НОВЫЙ
БОЛЬШОЙ
АНГЛО-РУССКИЙ
СЛОВАРЬ

в трёх томах
Около 250 000 слов

NEW ENGLISH-RUSSIAN
DICTIONARY

in three volumes
About 250 000 words

NEW ENGLISH-RUSSIAN DICTIONARY

Edited under the Supervision of Professor
E. M. MEDNIKOVA, Phil. Dr., and
Academician Yu. D. APRESYAN

VOLUME I
A — F

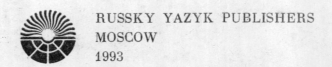

RUSSKY YAZYK PUBLISHERS
MOSCOW
1993

дает 9 том Lexique, целиком посвященный анализу стилистических помет во французских словарях XVII—XVIII веков.

Появилось почти столько же сборников и монографий. Мы упомянем две книги, хорошо отражающие стиль современной лексикографии. Первая из них (X. Эрнандес) посвящена двуязычным учебным словарям испанского языка. Оказывается, этих узко ориентированных словарей достаточно много, чтобы составить предмет монографического исследования. Вторая (М. Рипфель) посвящена анализу 736 рецензий в ученых изданиях и прессе на пять одноязычных немецких словарей. Выделяя прессу, мы хотим подчеркнуть, какой общественный резонанс вызывает публикация нового словаря.

На протяжении того же года вышло по крайней мере четыре крупных библиографии. Из них поименного упоминания в данном контексте заслуживают две: L. Zgusta, Lexicography Today. An Annotated Bibliography of the Theory of Lexicography (1988) и Eine Kommentierte Bibliographie der Wörterbuchbibliographen, 1728—1988 (1989). В первой учтено и проаннотировано свыше 5000 названий, в основном за 70-е и 80-е годы. Вторая книга является метабиблиографией библиографий, опубликованных на протяжении 260 лет, и содержит обширные сведения о них, начиная с числа обработанных языков и названий и кончая оценкой содержания и качества комментария.

Осознание культурной и политической роли словарей, расширение издательской деятельности в области лексикографии, подведение под нее мощной вычислительной базы привели к тому, что она превратилась в прибыльную отрасль народного хозяйства, чутко реагирующую на конъюнктуру рынка.

Однако для нас в данном контексте существенно другое. Вкладывая в лексикографию большие средства, частные фирмы или государство в целом не обязательно преследуют только коммерческие или рекламные цели. Во многих случаях речь идет о решении чисто культурных задач, к которым в первую очередь относится задача составления исторических словарей. Уже вышли многотомные исторические словари датского языка, британского и американского вариантов английского языка, выходят исторические словари древнееврейского, исландского, испанского, латинского, немецкого, французского, шведского, шотландского и других языков. Любопытно, что исторические словари английского языка составляются не только в Великобритании и США, но и в других странах, на других континентах. В Южной Африке, например, в 1983 г. вышел A Dictionary of South African English on Historical Principles, насчитывающий свыше 20 000 слов (этимология, произношение, варианты форм, дата первого появления, стилистические пометы, значение, иллюстрации, ссылки на другие словари). Несколько позднее аналогичная работа началась в Австралии, где в январе 1988 г., в ознаменование двухсотлетия страны, был создан Центр австралийского английского языка при Национальном Университете в Канберре. В конце 1988 г. этот центр уже выпустил The Australian National Dictionary, насчитывающий 10 000 единиц — слов и значений, вошедших в английский язык на территории Австралии. В это число включены и 400 слов, которые, по данным Р. Диксона, были заимствованы в австралийский английский из языков аборигенов. Словарь задуман как дополнение к Большому Оксфордскому словарю в 20 томах и является, следовательно, историческим; в частности, в нем фиксируется первое датированное появление нового слова или значения.

В связи с историческими словарями нельзя не упомянуть большую работу по исторической лексикографии, развернувшуюся в нашей стране. Мы имеем в виду такие издания, как Словарь древнерусского языка XI—XIV вв. (под редакцией Р. И. Аванесова), Словарь русского языка XI—XVII вв. (под редакцией С. Г. Бархударова и Г. А. Богатовой), Словарь русского языка XVIII в. (под редакцией Ю. С. Сорокина).

Даже такая не слишком процветающая страна, как Польша, посчитала возможным субсидировать работу над, по-видимому, самым большим в мире филологическим словарем — Словарем польского языка XVI века (под редакцией М. Р. Майеновой). Этот век был выбран как время наивысшего взлета польской культуры — литературы, искусства и языка. Словарь составляется на основе с п л о ш н о г о обследования в с е х польских текстов XVI века. Каждая словарная статья начинается с подробной схемы значений («путеводителя») и содержит информацию о грамматических формах и их частотности, значениях, жанровых особенностях и особенностях употребления (периферийность, эллиптичность и т. п.), синтаксических конструкциях, сочетаемости, устойчивых выражениях, этимологии. Все эти свойства описываются и иллюстрируются с исчерпывающей полнотой, так что словарные статьи «больших» слов (*дорога, другой, дух, душа*

и т. п.) занимают от 20 до 30 крупноформатных страниц. Уже вышло около 20 томов этого уникального издания.

Много внимания уделяется и созданию оптимальных условий для работы лексикографа. Все большее число полумеханических операций, связанных со сбором и первоначальной систематизацией исходного лексикографического материала, передается машине. В Институте русского языка РАН с начала 80-х годов осуществляется программа формирования машинных фондов, предназначенных в первую очередь для проведения разного рода лексикографических работ. В машинную форму переводятся картотеки, диалектологические карты, разнообразные тексты, материалы академических словарей и грамматик, составляются компьютерные конкордансы к произведениям ряда авторов и т. п. В Австралии, в словарном центре университета MacQuarie в Сиднее, созданы три крупных базы данных «картотечного» типа — корпус словаря, корпус цитат и корпус текстов австралийских писателей. Все семейство словарей MacQuarie — толковые, учебные, детские, идеографические и т. д. (всего около 15 книг) — готовятся на компьютерах.

Во многих странах создаются не просто компьютерные картотеки, а базы данных высокого уровня, позволяющие получать ответы на запросы по десяткам интересующих составителя словаря параметров. Например, в базе данных COBUILD (COLLINS Birmingham University International Language Database) можно получить такую нетривиальную информацию, как информация о типичных метонимиях в семантической структуре английских многозначных слов.

С переносом на магнитные носители целых словарей такой лексикографический сервис получил дальнейшее естественное развитие. В 1988 г. было завершено новое, 20-томное издание Большого Оксфордского словаря (The Oxford English Dictionary on Historical Principles). Представление о степени удобства работы с машинным корпусом этого словаря дает следующий пример. Поиск по запросу «указать словарные статьи, в этимологической зоне которых цитируются древневерхненемецкие параллели, а первые примеры датируются 1250—1251 годами» продолжается на половине словаря (10 томов с А по N) пять минут и завершается выдачей 570 словарных статей.

Однако все эти внешние проявления расцвета лексикографии интересны лишь постольку, поскольку они позволяют реформировать словарное дело по существу, и такая в н у т р е н н я я реформа лексикографии, действительно, происходит. Ее первопричиной является та попытка синтеза филологии и культуры, о которой шла речь в начале этого раздела, а результатом — появление некоего единства во все растущем разнообразии словарей. При этом отличительной чертой современной академической лексикографии является то, что импульс к обновлению она все чаще получает от более гибкой, быстрее реагирующей на культурные запросы учебной лексикографии.

К числу наиболее заметных общих черт большинства новых словарей и многих продолжающихся линий (Вебстер, Оксфорд, Лонгман, Робер, Ларусс, Дуден и другие) можно отнести:

— Стремление добиться такой полноты характеристики слова, которая позволяет не только понять его в заданном контексте, но и правильно употребить в собственной речи. Тем самым осуществляется переход к словарям активного типа. В английской лексикографии они называются «словарями для общения» (понимания и говорения), или продуктивными, во французской — двусторонними (réciproques), или кодирующими (de codage), а в немецкой — «словарями для письменной речи» (Schreibwörterbücher).

— Стремление преодолеть традиционную оторванность словарного описания языка от его общелингвистического, в частности, грамматического описания, сказывающееся прежде всего в учебных словарях.

— Стремление преодолеть традиционную оторванность всей лексикографии от теоретической лингвистики вообще и от семантики в особенности, тоже более всего заметное в учебных словарях.

— Переход от чисто филологического описания слова к цельному филологическому и культурному описанию слова-вещи, слова-понятия, с привлечением элементов энциклопедического и этнолингвистического знания (проект Н. И. Толстого у нас, проект Е. Бартминьского в Польше).

— Обогащение источников лексикографического материала за счет включения в него данных лингвистического эксперимента, с одной стороны, машинных баз данных, с другой.

— Обновление лексикографических приемов и средств — введение остенсивных («картиночных») определений, путеводителей (оглавлений) по словарной статье, перекрестных ссылок (особенно в серии Robert), оценок корректности использования того или иного слова в разных ситуациях на основании мнений представительной «языковой коллегии», или «языкового суда присяжных» (так называемой usage panel, реализующей известный принцип Французской Академии; в американской лексикографии он широко использовался при составлении The American Heritage Dictionary of the English Language, материал которого апробировался, часто с процентными оценками приемлемости, коллегией из ста членов — признанных носителей образцового английского языка).

Конечно, все сказанное выше касается в первую очередь толковых словарей. Двуязычные словари обычно преследуют чисто практические цели, и новый БАРС, разумеется, не должен уклоняться от решения практических задач. С другой стороны, словарь такого класса, как НБАРС, безусловно должен отражать хотя бы некоторые фундаментальные тенденции развития английской и всей мировой лексикографии. Воплотить их в естественной форме можно только на основе продуманной лексикографической теории, которая способна обеспечить и существенное расширение арсенала лексикографических услуг, и большее удобство в пользовании словарем. Как известно, нет ничего практичней хорошей теории.

Попытка реализовать эту общую установку на совмещение практической пользы с научностью сопряжена с необходимостью найти удовлетворительное решение ряда типичных для словарного дела антиномий, порождаемых всем ходом современного лексикографического процесса и, в частности, теми тенденциями развития лексикографии, которые были названы выше. Их можно сформулировать следующим образом:

— статичность словаря VS. динамичность языка;
— словарь как справочник VS. словарь как учебное пособие;
— словарь VS. грамматика;
— лексикографический портрет VS. лексикографический тип.

Обзор этих антиномий создает естественную основу для изложения лексикографической концепции НБАРС'а. Каждая из них разбирается на материале, иллюстрирующем какую-то вполне конкретную лексикографическую проблему и общий принцип ее решения.

2. СТАТИЧНОСТЬ СЛОВАРЯ И ДИНАМИЧНОСТЬ ЯЗЫКА

Словарь — это моментальный снимок вечно обновляющегося и находящегося в постоянном движении языка. Как добиться того, чтобы этот снимок все же давал неискаженное представление о действительности?

Для словаря общего назначения ответ на этот вопрос мы находим в принципе, который условно можно назвать принципом пропорциональной фокусировки. Коротко говоря, он состоит в следующем. Все единицы словаря устроены таким образом, что в них можно обнаружить ядро и несколько слоев все более далекой периферии. Это верно для всех элементов и частей словаря, начиная с отдельного лексического значения слова или отдельного слова и кончая классом слов или словарем в целом. Если представить себе мощный луч света, сфокусированный прямо на центре любой такой области, то ярче всего он будет освещать именно центр. Все находящиеся там объекты будут различимы до мельчайших деталей. По мере удаления от центра число освещенных объектов, равно как и интенсивность их освещения, будет падать, а на самой дальней периферии все погрузится в темноту. Умение пропорционально, плавно уменьшать освещенность при переходе от центра каждой лексической единицы и любых частей словаря к их периферии и составляет основной принцип лексикографической работы. Он позволяет сделать минимально искаженный моментальный снимок текущего состояния словаря.

Отношения центра и периферии с некоторым огрублением можно определить как отношения между различными типами языковых систем. Ядро лексики составляет основу литературного языка. Но литературный язык намного у́же национального. В последний входят некоторые другие языковые системы — диалекты, специальные языки науки и техники, профессиональные арго и жаргоны определенных социальных групп. Представление об объеме этих словарей могут дать такие цифры. В конце 70-х годов язык энтомологии насчитывал 300 000 терминов, а язык химии — свыше миллиона. Элементы этих систем, ближе всего соприкасающиеся с литературным языком, как раз и составляют периферийную лексику.

Центральность — периферийность можно рассматривать относительно нескольких шкал, или измерений. Главные из них — время, пространство, употребительность, степень сложности (производности), степень стилистической маркированности. При этом ядро лексики едино и неизменно для всех шкал.

На шкале в р е м е н и вокруг ядра словаря располагаются архаизмы, устаревающие и устаревшие слова, историзмы, старинные слова; ср., например, названия старинных музыкальных инструментов типа psaltery 'гусли', clavichord 'клавикорды'. В самое последнее время к этим четырем давно признанным категориям прибавилась еще одна — несовременные слова. Это — слова, которые перестали употребляться лет 10—20 назад в результате чисто лингвистических нововведений. Реалия, в сущности, остается, меняется только ее наименование. Такова, например, буквенная классификация фильмов по аудиториям, которым они адресованы. Буква A в этой классификации не так давно обозначала кинофильмы, на которые дети и подростки допускались только в сопровождении взрослых. Сейчас действует другая классификация фильмов. Денежное пособие для многодетных семей 15—20 лет назад называлось family allowance. Позднее этот вид материальной помощи был переименован в child benefit. Считать, что A-films, family allowance и другие подобные обозначения устарели, нельзя. При любом разумном понимании современного английского языка (язык XX века, язык второй половины XX века) они в него входят. Однако совсем не фиксировать их место на оси времени тоже нельзя, потому что тогда от читателя будет скрыт факт их анахроничности.

По другую сторону от нулевой отметки шкалы времени располагаются неологизмы. В массовых масштабах они возникают в результате научного, технического или культурного прогресса, т. е. в достаточно специальных областях. Мера их вхождения в общелитературный язык определяется степенью внедренности соответствующих идей, понятий, приборов или методов в повседневную жизнь. Достаточно вспомнить в этой связи такие далекие друг от друга, но одинаково популярные области, как психология (включая психоанализ) и вычислительная техника, «выбросившие» в общедоступный язык за последние четверть века большое число неологизмов. Показательно в этом отношении возрастание доли психологических терминов в словарях общего назначения на протяжении последних 20—25 лет. Так, в словаре H. C. Wyld'a The Universal Dictionary of the English Language (издания 1957 года) насчитывается 23 слова, начинающихся с элемента psycho-'психо-'), при общем объеме словника в 90—100 тыс. единиц. Любопытно, что в «Дополнениях» к Webster's Third New International Dictionary of the English Language (Merriam-Webster INC, Springfield, 1981), вышедших в 1980 г. отдельной тетрадкой, при словнике около 7000 единиц число терминов, начинающихся с элемента psycho-, почти такое же — 19. В словаре The American Heritage Dictionary of the English language (1981), по объему словника приблизительно равном словарю H. C. Wyld'a, но изданном на 24 года позже, их число возрастает до 50. Наконец, в двухтомном словаре Barnhart'ов The World Book Dictionary (1984) таких слов насчитывается 140. Правда, последний словарь превышает по объему первые два приблизительно на одну треть и в целом более энциклопедичен. Однако даже с этими поправками нельзя не признать, что лексикографическая оценка веса психологических и психоаналитических терминов в общем словарном составе английского языка существенно изменилась.

На шкале п р о с т р а н с т в а вокруг ядра словаря располагаются прежде всего диалектизмы. В двуязычном словаре, в равной мере ориентированном на оба главных варианта английского языка, учету подлежат и диалектизмы Великобритании, и диалектизмы США.

Огромный ареал английского языка порождает еще одну проблему — «полинациональности» некогда единого языка. Помимо английского она актуальна еще для нескольких языков — испанского (Испания и Латинская Америка), немецкого (Германия, Австрия, Швейцария), французского (Франция, Канада, Бельгия, Швейцария). В частности, применительно к английскому языку исследователи отмечают, что по крайней мере на территориях Южной Африки и Австралии (не говоря уж о Великобритании и США) возникают языковые особенности, формирующие не только диалектное своеобразие, но и своеобразие национальных вариантов л и т е р а т у р н о г о английского языка. Граждане этих стран ревниво относятся к тому, что они считают своим национальным словесным достоянием или своим национальным вкладом в общую копилку литературного языка. Это видно хотя бы из того перечня южноафриканских и австралийских словарей, который был приведен в первом разделе.

Тем самым в лексикографический оборот вводится новый лексический материал, который тоже требует внимания со стороны составителей любых английских словарей. Любопытно, например, что английскому языку Южной Африки человечество обязано словом concentration camp (так назывались лагеря для мирного бурского населения во время англо-бурской войны 1899—1902 гг.); что tiger в южноафриканском варианте обозначает леопарда; что глагол perform в Австралии приобрел значение 'скандалить'; что migrant в австралийском английском языке обозначает иммигранта, а не мигранта, причем так называют преимущественно австралийских иммигрантов, сохраняя для всех остальных (американских, израильских и т. д.) слово immigrant. Иногда такие различия касаются весьма тонких элементов смысла. Американец может сказать своему приятелю You should bring a bottle of wine to the party, даже если он сам не собирается там быть. Иными словами, он может смотреть на принос чего-либо глазами другого наблюдателя, отличного от говорящего. В устах австралийца такая фраза будет непременно значить, что он сам собирается быть на вечере.

Отметим, наконец, последнюю особенность пространственного измерения применительно к английскому языку. Бытуя на разноязычных территориях, он впитывает в себя элементы субстрата или соседних языков. Отсюда обилие на периферии английского языка галлицизмов, испанизмов, итальянизмов, германизмов, заимствований из различных языков Индии. Вспомним хотя бы такие хорошо известные и в русском слова, как curry 'карри', из тамильского kari 'соус', и sari 'сари', из хинди sāṛī 'одежда'.

Следующая важная шкала — это шкала у п о т р е б и т е л ь н о с т и. Ее следует рассмотреть в двух аспектах — чисто лингвистическом и общекультурном.

Лингвисты выделяют в языке систему (естественную норму) и узус. В систему входит все, что может быть образовано по правилам данного языка. Узус — то, что узаконено каждодневной языковой практикой говорящих.

Ясно, что в подавляющем большинстве случаев система и узус совпадают: то, что может быть выведено по правилам системы, как раз и оказывается наиболее употребительным в языковой практике и составляет, тем самым, ядро словаря. На периферии находятся явления, выводимые в системе, но не узаконенные узусом, или, наоборот, уже возникшие в узусе, но еще не узаконенные языковой нормой. Именно в этих случаях возникает трудная проблема лексикографической фильтрации материала.

Возьмем, например, слово salubrious в значении 'полезный для здоровья'. В системе английского языка, точнее, в его семантических правилах нет ничего, что запрещало бы словосочетания salubrious mineral waters 'целебные минеральные воды', salubrious diet [food] 'здоровая диета [пища]', salubrious way of life 'здоровый образ жизни'. В некоторых английских и американских словарях (в частности, The World Book Dictionary и Webster's Third) они включаются без каких-либо помет, по-видимому, именно потому, что не запрещены системой. И все же не менее обычны, чем, скажем, такие словосочетания, как salubrious mountain air 'целительный горный воздух', salubrious climate 'здоровый климат', salubrious environment 'экологически чистая среда' и т. п. Дело в том, что в узусе все более закрепляется один-единственный тип употребления salubrious (возможно, из-за постоянного использования этого слова в рекламе курортов), — 'здоровый' применительно к состоянию атмосферы, воздуха, окружающей среды. Имея в виду атмосферную незагрязненность, можно даже сказать salubrious district [suburb] 'экологически чистый район [пригород]', salubrious walk [camp-site] 'прогулочная дорожка [площадка для лагеря], расположенная в месте с чистым воздухом'. За значением 'здоровый, полезный' относительно пищи в узусе закрепилось прилагательное wholesome: wholesome food [diet] 'здоровая пища [диета]'. Из известных нам английских словарей это положение дел в какой-то мере отражено лишь в Большом Оксфордском словаре (The Oxford English Dictionary on Historical Principles). Там salubrious в прямом значении разбито по сочетаемости на четыре группы употреблений: 1) о пище и медикаментах, 2) о воздухе, климате, 3) о занятиях, 4) о физиологических процессах. При этом первая и третья группа снабжены пометой «редк.». Ее следовало бы распространить и на последнюю группу.

Шкала употребительности имеет, как было сказано, еще один важный аспект — культурно-энциклопедический. Мы уже говорили в разделе 2, что определяющей чертой всей современной лексикографии является синтез филологии и культуры в широком смысле слова. Раньше чисто филологический толковый словарь резко противополагался энциклопедическому справочнику. В первом предметом описания являются слова, во втором — объекты реальной действительности. Однако в XX веке, особенно во второй его половине, границы интеллектуального мира современного человека необычайно раздвинулись. То, что несколько десятилетий или даже десятилетие назад было на далекой периферии этого мира даже у высокообразованных носителей языка, становится, благодаря распространению специальных знаний и внедрению технических достижений в быт, достоянием все более широких масс носителей языка. В результате периферийная лексика перемещается ближе к центру словаря.

Наглядное представление об изменениях такого рода дает рост числа терминов из области вычислительной техники и информатики в «тезаурусе» образованных людей. Полтора десятилетия назад мало кто знал о параллельных процессорах и персональных ЭВМ, машинной графике, электронной почте, САПР'ах, СБИС'ах, СУБД, отладке и запуске программ, платах, факсах, дисплеях, терминалах, мониторах, дискетах, принтерах и многом, многом другом. Сейчас все это стало неотъемлемой частью профессиональной деятельности тысяч людей, характерной приметой их рабочих мест, а иногда даже и каждодневного быта.

Английские и особенно американские словари реагируют на этот и другие подобные процессы наращиванием элементов энциклопедичности. В них включается все большее число научных, научно-технических и других специальных терминов, а также общекультурных слов (библиеизмов, мифологизмов и т. п.). Новый БАРС не может оставаться в стороне от этих процессов.

Четвертая шкала, относительно которой должен оцениваться конфликт между устойчивым и меняющимся, реальным и потенциальным, центральным и периферийным, — это шкала с л о ж н о с т и, или п р о и з в о д н о с т и. Говоря об этой шкале, мы имеем в виду простоту и сложность, исходность и производность в любых проявлениях.

Наиболее наглядное из этих проявлений — деривация, или словообразование. Здесь возрастание сложности (периферийности) имеет ясное внешнее выражение — в производном слове появляются новые составные части.

Рассмотрим в связи с этим некоторые словообразовательные типы, в основе которых лежат слова brother 'брат', father 'отец', friend 'друг', gentleman 'джентльмен', man 'мужчина', mother 'мать', sister 'сестра', woman 'женщина'. 1) От основ этих восьми слов с помощью суффикса -ly 'свойственный или подобающий тому, что обозначено основой', образуются качественные прилагательные brotherly, fatherly, friendly, gentlemanly, manly, motherly, sisterly, womanly. 2) От этих качественных прилагательных с помощью суффикса -ness образуются существительные со значением 'характер поведения, свойственный или подобающий тому, что обозначено основой': brotherliness, fatherliness, friendliness, gentlemanliness, manliness, motherliness, sisterliness, womanliness. 3) От них же прибавлением отрицательного префикса un- получаются новые прилагательные со значением 'не свойственный или не подобающий тому, что обозначено основой': unbrotherly, unfatherly, unfriendly, ungentlemanly, unmanly, unmotherly, unsisterly, unwomanly. 4) Наконец, от прилагательных на un- в свою очередь могут быть образованы существительные с суффиксом -ness, имеющие общее значение 'характер поведения, не свойственный или не подобающий тому, что обозначено основой': unbrotherliness, unfatherliness, unfriendliness, ungentlemanliness, unmanliness, unmotherliness, unsisterliness, unwomanliness. Всего, таким образом, получается 32 производных слова.

Очевидно, что они лексикографически неравноценны. Некоторые из них находятся ближе к центру словаря, другие — дальше от него. Это касается как целых словообразовательных типов, так и отдельных элементов внутри одного словообразовательного типа.

Ясно, например, что четвертый тип периферийнее, чем три первых, а второй и третий — периферийнее, чем первый. Об этом свидетельствует не только их бо́льшая словообразовательная сложность, но и их обычная лексикографическая трактовка. В словаре The World Book Dictionary приводятся все 24 производных слова первых трех типов, но только четыре слова последнего типа: unfriendliness, ungentlemanliness, unmanliness, unwomanliness. В словаре The American Heritage Dictionary число производных слов последнего типа сокращается до двух: unfriendliness и unmanliness. В Chambers 20th Century Dictionary (London etc., 1983) нет ни одного такого слова. В двух последних словарях приводятся все производные вида «X + ly», но только по два производных вида «un + X + ly»: unfriendly и unmanly в Heritage, unbrotherly и unmotherly в Chambers.

К этому надо добавить, что хотя степень деривационной сложности второго и третьего типов одинакова, производные вида «un + X + ly» (unbrotherly) ближе к периферии словаря, чем производные вида «X + ly + ness» (brotherliness).

Это связано прежде всего с меньшей активностью и меньшей сферой действия префикса un- по сравнению с суффиксом -ness. Указанное соотношение второго и третьего типов четко проявляется и в господствующей лексикографической трактовке соответствующих производных слов. В Chambers даны все производные вида «X + ly + ness», в Heritage — почти все (за исключением gentlemanliness). Между тем, как мы уже сказали, производных типа «un + X + ly» в обоих словарях всего по два. Как бы ни относиться к этим лексикографическим решениям, совершенно ясно, что в них отражены достаточно устойчивые оценки степени периферийности слов.

Внутри одного словообразовательного типа слова тоже лексикографически неравноценны. Их положение относительно центра и периферии определяется степенью их реальности — потенциальности. Чисто потенциальные слова — выводимые в системе по продуктивным правилам, но еще не закрепленные в узусе, не обросшие своими значениями, грамматическими и стилистическими особенностями и т. п.— располагаются ближе к периферии.

В типе «X + ly» в свое время было слово fiendly 'злодейский, дьявольский', позднее выпавшее из языка. Оно и сейчас потенциально выводимо, но не фиксируется в качестве реально существующего ни одним английским или американским словарем (в Больших Оксфордском и Вебстеровском словарях оно помечено как устаревшее).

Все производные от основы woman- 'женщина' более периферийны, чем соответствующие производные от основы man- 'мужчина'. Это ясно из непосредственного сравнения слов manly — womanly, gentlemanly — gentlewomanly, gentlemanliness — gentlewomanliness, ungentlemanly — ungentlewomanly, ungentlemanliness — ungentlewomanliness. Словари четко улавливают это различие. Даже в таком почти исчерпывающем словаре, как Webster's Third (свыше 450 тыс. единиц), слов gentlewomanliness, ungentlewomanly и ungentlewomanliness нет, хотя соответствующая группа производных с основой man- приведена целиком.

Очень близка к словообразованию так называемая регулярная многозначность, т. е. такая комбинация значений многозначного слова, которая повторяется во многих или во всех словах определенного семантического класса. Обычно одно из повторяющихся значений служит в качестве исходного для других, производных от него значений. При прочих равных условиях производные значения, как и производные слова, оказываются дальше от центра, чем исходные.

По-видимому, все или почти все английские существительные, обозначающие сосуды, могут употребляться в значении 'всё вещество, которое содержится в наполненном сосуде': to drink a bottle of wine [a bucket of water, a glass of juice, a jug of milk] 'выпить бутылку вина [ведро воды, стакан сока, кувшин молока'], to eat a whole kettle of stew [two spoons of sugar] 'съесть целый котелок тушеного мяса [две ложки сахару]'. Однако не у всех существительных, обозначающих сосуды, это метонимически производное значение в равной мере актуально. Webster's Third фиксирует его для слов basin 'миска', bottle 'бутылка', bucket 'ведро', cup 'чашка', glass 'стакан', jug 'кувшин', kettle 'котелок', mug 'кружка', plate 'тарелка', spoon 'ложка' и ряда других, но не для слов decanter 'графин', pot 'котелок', saucepan 'кастрюля'. Это решение, как и в только что рассмотренном словообразовательном примере, отражает разную лексикографическую оценку степени периферийности метонимического значения. В случаях decanter, pot, saucepan оно является чисто потенциальным — выводимым по указанному выше общему правилу, но не узаконенным в узусе.

Последним лексикографически интересным проявлением шкалы сложности, или производности, является синтаксическая производность. Общее правило здесь то же, что и в уже рассмотренных случаях словообразовательной и семантической производности: синтаксическая конструкция тем ближе к периферии языка, чем больше степень ее производности.

Не входя в детали теоретически весьма непростого вопроса о том, что считать синтаксически производной конструкцией, проиллюстрируем это понятие на одном не вызывающем сомнений примере.

Известно, что в английском языке есть несколько экзотичных (с точки зрения других языков) пассивных конструкций. В них в позицию подлежащего при пассивной форме глагола перемещается не прямое дополнение активной формы, как это происходит в обычной пассивной конструкции, а косвенное дополнение, предложное дополнение или даже обстоятельство места. Примеры: 1) Mary gave him a book 'Мэри дала ему книгу' ⇒ He was given a book. 'Он был дан книгу'; 2) They didn't even look at the picture 'Они даже не посмотрели на картину' ⇒ The picture wasn't even looked at. 'Картина даже не была посмотрена на'; 3) Nobody has slept in the bed 'Никто не спал в этой постели' ⇒ The bed hasn't been slept in 'Постель была не смята'.

Все пассивные конструкции, включая и обычный пассив, производны от активной конструкции и в этом смысле периферийны. Более того, поскольку они строятся из активной конструкции с помощью достаточно общих грамматических правил, можно подумать, что они не представляют особого лексикографического интереса. Это, однако, не так. Пассив, как и любая другая грамматическая категория, может лексикализоваться. Тогда он приобретает бесспорную лексикографическую ценность.

Лексикализация пассива имеет два основных проявления. Во-первых, все экзотические пассивы лексически ограничены, т. е. свойственны замкнутым и небольшим по объему классам глаголов. В словаре этот факт должен отмечаться путем включения хотя бы одного примера экзотического пассива в словарную статью каждого такого глагола. Ср. This is the task you are assigned 'Вот задача, которая вам поручается', The doctor has been sent for 'За доктором послали', The bed has not been slept in 'Постель была не смята' и т. п.

Во-вторых, внутри каждого из описанных выше экзотических пассивов глаголы, в принципе способные его иметь, реально реагируют на возможности пассивизации по-разному. Ситуация похожа на случай с регулярной многозначностью. От одних глаголов пассив образуется совершенно свободно, потому что он узаконен узусом или даже лексикализован (см. примеры выше). Для других глаголов экзотический пассив — всего лишь потенциально возможная, но почти не реализуемая конструкция. Таковы, например, глаголы answer 'отвечать' и lie 'лежать'. Первый из них принадлежит к тому же классу глаголов, что give и assign, однако в его мире экзотический пассив отодвинут на гораздо более далекую периферию. Если он в принципе допустим, то он во всяком случае менее обычен, более метафоричен и т. п. Ср. «No drink, I hope», said Mrs. Claire severely, and was answered by further roars of laughter. (N. Marsh) 'Никакой выпивки, я надеюсь', — сказала мисс Клэр. В ответ раздался новый взрыв хохота'. Глагол lie принадлежит к классу глаголов, у которых есть третий экзотический пассив. Однако конструкция The bed has not been lain in, в отличие от синонимичной ей конструкции The bed has not been slept in, является скорее достоянием грамматических пособий, чем живой речи.

Оба рассмотренных экзотических пассива для глаголов answer и lie настолько периферийны, что необходимость их отражения в словаре становится по меньшей мере проблематичной.

Последняя упомянутая выше шкала — шкала стилистической маркированности. Ясно, что чем менее стилистически маркировано слово, его значение, определенный пласт лексики, чем шире сфера их действия в разнообразных функциональных стилях и жанрах языка, тем ближе они к ядру словаря.

В сущности, многие типы стилистической маркированности были уже упомянуты в связи с другими рассмотренными шкалами — времени, пространства, употребительности и т. п. Остается обсудить лишь одну важную шкалу, отражающую отношение данной лексической единицы к кодифицированному литературному языку.

Основные деления этой шкалы по одну сторону от нейтрального ядра — поэтическая, книжная, высокая, официальная лексика, а по другую — разговорная, просторечная, сленг, вульгарная, грубая, жаргонная, непристойная и иная подобная лексика. Очевидно, что эти две части шкалы неравноценны. Все слова высокого стиля остаются в пределах литературной нормы и, следовательно, должны войти в любой достаточно представительный словарь языка. Лексика низкого стиля, за исключением разговорной, лежит за пределами литературной нормы. При ее отборе для словаря следует руководствоваться теми же принципами, что и при отборе других типов периферийной лексики.

Положение различных пластов сниженной лексики относительно центра и периферии соответствует порядку их перечисления в предшествующем абзаце — от разговорной до непристойной.

Разговорная лексика образует последний слой литературного языка, и, естественно, подлежит безусловному включению в словарь.

Непристойная лексика находится далеко за пределами литературного языка. Раньше она никогда не включалась в нормативные словари. Однако в последнее время отношение к ней начинает меняться. В OED, Webster's Third и некоторых других больших словарях с давними традициями к ней сохраняется консервативное, хотя и не целиком негативное отношение. В Random House Dictionary of the English Language (издания 1987 года), The MacQuarie Dictionary (издания 1989 г.), последнем двуязычном Harrap's New Standard

French and English Dictionary (London, 1980) и даже таких относительно небольших учебных словарях, как COLLINS COBUILD English Language Dictionary (London and Glasgow, 1987) и Oxford Advanced Learner's Dictionary of Current English (Oxford, 1989) она представлена весьма полно. Любопытно, что в более ранних версиях последнего словаря, в частности, в The Advanced Learner's Dictionary of Current English (by A. S. Hornby, E. V. Gatenby, H. Wakefield) эта лексика на протяжении полутора — двух десятилетий (с момента первого издания 1948 года) совершенно не отражалась. НБАРС в этом отношении следует практике более (хотя и не совсем) консервативных словарей.

Промежуточные между разговорной и непристойной лексикой слои попадают в словарь с тем большей вероятностью, чем ближе они к разговорной лексике. В этом отношении наибольший интерес представляет сленг.

Если верить традиционным лексикографическим определениям (OED, Webster's Third, Random House и др., а также ряд теоретических работ), сленг — это разговорный язык, 1) стоящий существенно ниже стандартов языка образованных людей, 2) отличающийся образностью и экспрессивностью и 3) очень пестрый по своим непосредственным источникам (воровской жаргон, профессиональные языки, городское просторечие, диалекты и т. п.).

Значимость первого и последнего свойств сленга была переоценена во всех предшествующих изданиях БАРС'а, и этот стилистический пласт был признан не существующим в английском языке. Помета «сленг» (sl.) была заменена серией помет «жарг.», «прост.», «спец.», «проф.», «диал.».

Это решение следует признать ошибочным. Оно рассыпает живую и своеобразную категорию, явно существующую в языковом сознании англичан и американцев как нечто единое, на ряд мало связанных друг с другом категорий, не имеющих никакой английской специфики.

Существо сленга лучше схвачено в определениях новых словарей (COBUILD, Advanced Learner's), в которых подчеркиваются его социально-прагматическое аспекты. Это — сниженно-разговорный язык, который используется в неофициальных ситуациях устного общения. Им, в отличие от просторечия, могут пользоваться без риска для своей языковой репутации и вполне образованные люди, если они коротко знакомы друг с другом, вместе работают, имеют общие интересы и т. п. Этот пласт лексики обнаруживает, несмотря на свою неустойчивость и тенденцию к постоянному обновлению, большую жизнеспособность. На наших глазах он появляется и растет в языках, где его раньше не было, в частности, в русском. Достаточно вспомнить такие слова и обороты, как *железно, засветиться* (о преступнике), *тусовка* ('встреча молодежной компании'), *колёса* ('автомобиль'), *подогреться, завязать* ('перестать делать что-л.'), *прокол* ('неверный шаг, служебный проступок, за который можно ждать наказания'), *тянет / не тянет* ('справляется / не справляется'), *в нашей лавочке* ('в нашем учреждении'), *дать шороху, пудрить мозги, в гробу я его видел, ему это до лампочки* и т. п. На основании этих соображений в новом БАРС'е сленг, вместе с соответствующей пометой, был восстановлен в правах и достаточно широко представлен. Добавим, что присвоение этой пометы в НБАРС'е целиком определяется практикой авторитетных английских и американских словарей, а они в этом отношении непоследовательны. Критики первого издания Webster's Third отмечали, например, что big cheese 'шишка' и big wheel 'шишка' помечаются в нем как сленг, a big shot и big wig (с тем же значением) — нет. НБАРС, естественно, мог унаследовать этот недостаток, поскольку претендовать на независимое суждение в столь тонком вопросе мы не могли.

Подытожим сказанное.

Мы попытались увидеть нечто единое в свойствах, которыми могут различаться лексические единицы на осях времени, пространства, употребительности, структурной и семантической сложности, стилистической маркированности, и попытались закрепить представление об этом единстве в понятии центральности — периферийности. Мы сформулировали принцип пропорциональной фокусировки, с помощью которого предлагается решать, какой материал и в каком объеме подлежит включению в словарь. Его общая идея состоит в том, что п о л н о т а и д е т а л ь н о с т ь в освещении фактов, касающихся определенной лексической единицы или целого пласта лексики, должны равномерно уменьшаться при переходе от центра словаря к его периферии.

Словарь такого объема и назначения, как новый БАРС, не может полностью проигнорировать всю периферийную лексику — устаревшие слова, архаизмы, диалектизмы, научную и специальную терминологию, окказиональные употребления, несовременные слова, неологизмы, потенциальные слова и значения, лексикализованные синтаксические конструкции повышенной сложности, сленг, жаргонизмы и другие рассмотренные выше явления. Однако для включения такой единицы в словарь всегда нужно иметь какое-то дополнительное основание. Таким основанием может служить актуальность слова в современной художественной или общественно-политической литературе, его распространенность в литературе предшествующей эпохи, его включенность в личный тезаурус культурного носителя языка. С другой стороны, для помещения периферийного слова в словарь может быть достаточно социальной и бытовой актуальности обозначаемого им объекта действительности.

По указанным причинам в словарь должны войти такие лексические единицы, как psaltery 'гусли', clavichord 'клавикорды', family allowance 'детское пособие, пособие многодетным семьям', psychodynamic 'психодинамический', curry 'карри', sari 'сари', tiger *юж.-афр.* 'леопард', migrant *австрал.* 'иммигрант', Babel 'вавилонское столпотворение', Promised Land 'земля обетованная', Ark of the Covenant 'ковчег завета', Herculean labours 'подвиги Геракла', Saturnalia 'сатурналии', computer graphics 'машинная графика', card 'плата' (элемент компьютера), debug a program 'отладить программу', skunk (smb. in a game) 'раздолбать (кого-л. в игре)' и другие подобные. Однако вряд ли разумно включать в него такие узкоспециальные термины вычислительной техники и информатики, как landing zone 'зона посадки головок' или record locking 'захват записей'; такие диалектизмы, как американское bend 'попойка' или английское brenth 'ширина'; такие специфические единицы из равновидностей литературного английского языка, как южно-африканское brey 'разминать кожу' или австралийское разговорное bottler 'человек *или* вещь что надо' (не регистрируется ни одним английским или американским словарем, кроме Chambers); такие периферийные производные , как unsisterliness или unwomanliness; такие неканонические синтаксические конструкции, как he was answered by a roar of laughter; такие чисто потенциальные, не узаконенные узусом употребления, как to drink a decanter of wine.

С другой стороны, если какая-то периферийная лексическая единица включена в словарь, она не должна освещаться с той же степенью подробности, что и центральные единицы. Слово bottle в рассмотренном выше метонимическом значении 'все вещество, которое содержится в наполненной бутылке' достаточно иллюстрировать одним-двумя характерными словосочетаниями типа to drink a bottle of wine 'выпить бутылку вина'. Между тем основное значение этого слова должно быть разработано с гораздо большей степенью внимания к деталям. Для имен артефактов этого класса существенны и достаточно идиоматично выразимы функции соответствующего предмета, типичные производимые с ним действия, особенности его строения (формы), разновидности материала, из которого он изготавливается. Тем самым в словарь целесообразно включить словосочетания wine [milk] bottle 'винная [молочная] бутылка', baby bottle 'бутылочка для детского питания', glass [plastic] bottle 'стеклянная [пластиковая] бутылка', wide-mouthed bottle 'бутылка с широким горлышком', neck of a bottle 'горлышко бутылки', to open the bottle 'открыть бутылку', to sit over a bottle with smb. 'распить с кем-л. бутылочку', to discuss smth. over a bottle of wine 'обсудить что-л. за бутылкой вина'. Ср. также слово card в значениях 'игральная' карта и 'перфокарта'. Второе значение достаточно привести без иллюстраций, тем более что оно отражает пройденный этап компьютерной технологии. Для первого же необходимо указать, особенно в двуязычном словаре, такие типичные и идиоматично устроенные словосочетания, как court /американское face/ card 'фигурная /старшая/ карта', low /small, plain/ card 'нефигурная /младшая/ карта', trump card 'козырная карта', card table 'карточный столик', game of cards 'карты' (игра), pack /американское deck/ of cards 'колода карт', to play cards 'играть в карты', to play /to lead/ a card 'пойти картой', to cover a card 'покрыть /побить/ карту', to make a card 'брать взятку', to cut cards 'снимать колоду', to shuffle [to deal] cards 'тасовать [сдавать] карты', to back a card 'поставить на карту', to show one's cards 'открыть свои карты'.

Мы не случайно настаиваем на важности соблюдения пропорций в освещении центральных и периферийных явлений. Этот, казалось бы, естественный и даже тривиальный принцип оказывается очень непросто реализовать на практике. Во многих словарях большого объема периферийные явления гипертрофируются и заслоняют собой основу всякого словаря — его нейтральное стабильное ядро. В Webster's Third, например, приведено шесть значений слова bottle, причем такие переносные или специальные значения, как 'бурдюк' (goatskin bottle), 'количество вещества' (drank a bottle of wine), 'спиртное' (fond of the bottle ≅ 'выпивоха') проиллюстрированы, а основное значение только названо и не снабжено ни единым примером. В целом в Webster's Third, по осторожной оценке С. Ландау, 40% словника приходится на научные и технические термины; ту же оценку получил К. Барнхарт для студенческих вебстеровских словарей объемом в 150 000—160 000 слов. С учетом других подобных пластов словаря периферийная лексика приближается к половине словника или, может быть, даже превышает половину. Такая же картина в Большом Robert'е (в восьми томах). По подсчетам А. Рея, из 80 000 входящих в него слов ровно половину составляют периферийная лексика, по большей части — научно-технические термины. Из больших двуязычных словарей этим недостатком грешит уже упоминавшийся Harrap's Dictionary. В частности, на специальное значение card 'перфокарта' он приводит десять словосочетаний — больше, чем на основное значение 'игральная карта' (если, конечно, не считать фразем).

В этом отношении НБАРС ближе к традициям отечественной толковой лексикографии, которая дает более взвешенную картину соотношения центральной и периферийной лексики.

Заканчивая обсуждение принципа пропорциональной фокусировки, подчеркнем, что он не дает немедленных ответов на конкретные вопросы. Мы не можем раз и навсегда указать ту границу на каждой из рассмотренных шкал, за которой начинается лексикографически неинтересная периферия. Каждая лексическая единица является точкой приложения многих, часто разнонаправленных сил, и определить их равнодействующую во многих случаях бывает нелегко. Сформулированный принцип — всего лишь компас для ориентации в море разнородных фактов. Он не заменяет опыта и искусства лексикографа, без которых невозможно достичь той гармонии в освещении материала, которая позволяет угадать за моментальным статичным снимком постоянное движение живого языка.

3. СЛОВАРЬ КАК СПРАВОЧНИК И КАК УЧЕБНОЕ ПОСОБИЕ

Исторически словари возникали как справочники. Сначала — как справочники трудных слов, а со временем — всех слов вообще. В этом отношении они следовали за традиционными грамматиками языков: грамматики тоже мыслились как руководства, помогающие не столько создавать тексты, сколько понимать их. Правила построения текстов сообщались скорее в риториках.

В начале XX века в трудах Ф. Брюно, О. Есперсена, Л. В. Щербы и других классиков лингвистики грамматика была разделена на пассивную и активную. В пассивной (традиционной) факты излагаются в направлении от грамматических форм к выражаемому ими содержанию. В активной грамматике, которая в последнее время больше известна как функциональная, изложение строится в обратном направлении — от значения, которое требуется выразить, к возможным средствам его выражения.

Активная грамматика учит говорить и писать, пассивная — понимать. Для говорения требуется существенно больший объем собственно языковых знаний, чем для понимания. Поэтому еще одно различие между активной и пассивной грамматиками состоит в том, что первая должна описывать языковые факты гораздо более полно и детально, чем вторая.

Параллельно аналогичные идеи развивались в лексикографии, причем активные словари, построенные в направлении от содержания к форме (они называются идеографическими), появились даже раньше, чем активные грамматики. Первый такой словарь — Everyman's Thesaurus of English Words and Phrases,— составленный Питером Марком Роже, увидел свет в Англии в 1852 г.

Типичный идеографический словарь представляет собой иерархическую понятийную классификацию лексики. Начальные классы такой классификации (в пределах десятка) суть крупные понятийные категории типа 'отношения', 'пространство', 'время', 'материя', 'разум', 'воля', 'чувства', а концевые (около тысячи) — группы синонимичных или близких по смыслу лексических единиц, в том числе фразем. Группа 'судьба', например, может включать следующие лексические единицы: *чья-л. звезда, неумолимый рок, гороскоп; перспектива, предстоящее, будущее, новая жизнь; предвестие, дыхание чего-л.; предстоящий, нависающий, грозящий; предсказанный, предначертанный, начертанный на небесах; суженый, предопределенный; неумолимый, неизбежный; нависать, вырисовываться; приближаться, предстоять; предсказывать, предрекать, пророчить; в будущем, в свой черед; что бы ни случилось; придет время;* и т. п.

Таким образом, идеографический словарь предоставляет пользователю самый широкий выбор синонимов, квазисинонимов, аналогов, дериватов для адекватного выражения требуемой мысли.

Однако указание всех средств выражения определенного смысла еще не обеспечивает того, что он будет выражен правильно. Необходимо кроме этого сообщить пользователю еще и нормы сочетания лексических единиц друг с другом, чтобы он мог формулировать свои мысли так, как это принято в данном языке. Знание синонимов — лишь одна сторона способности, которая называется «свободное владение языком». Вторая ее сторона – знание сочетаемостных (комбинаторных) законов и правил языка.

Осознание этого факта привело к возникновению нового типа активного словаря, сообщающего максимум сведений и о синонимичных средствах языка, и о его комбинаторных правилах. Именно такой словарь обеспечивает возможность свободного и правильного использования лексических единиц в собственной речи говорящих.

Первые такие словари были составлены (А. Роймом) в 10-х годах нашего столетия в качестве пособия при изучении лексики английского и французского языков. Английский словарь, под названием A Dictionary of English Style, был переиздан в ГДР в 1955 г. При словнике в 4—4,5 тыс. единиц он почти не уступает по листажу американскому словарю для школьников Webster's New World Dictionary and Student Handbook (Nashville, 1972), насчитывающему свыше 20 тыс. единиц. Иначе говоря, по подробности разработки словарная статья из Reum'a превосходит словарную статью из Webster's в среднем в 4—5 раз. Достигается это за счет того, что в нем достаточно хорошо представлены синонимы, антонимы и дериваты ключевого слова, особенности его синтаксического управления, а также его семантическая и лексическая сочетаемость.

Хорошее представление о том, насколько подробно разрабатывается сочетаемость в таких словарях, дают словарные статьи существительных. В них сообщаются 1) традиционные эпитеты (например, *твердое, сложившееся, высокое, невысокое, низкое, лестное, нелестное мнение*); 2) глаголы, при которых данное слово играет роль подлежащего (*Мнение складывается, создается, укореняется, Мнения сталкиваются, разделяются, расходятся, сходятся, совпадают*); 3) глаголы, при которых данное слово играет роль дополнения (*иметь мнение, держаться мнения, приходить к мнению, оставаться при своем мнении, отказываться от мнения, отвергать [разделять] чье-л. мнение, менять мнения*). В словарных статьях, трактующих конкретную лексику, особенно артефакты, помимо этого перечисляются (на примере слова *пароход*) 1) функции и виды поведения данного объекта в различных типичных для него ситуациях (в порту *Пароход причаливает, швартуется, бросает якорь, встает под погрузку, берет на борт пассажиров* и т. п.; в море *Пароход находится в плавании, держит курс куда-л., попадает в шторм, дрейфует, лавирует, перевозит пассажиров и грузы* и т. п.; в аварийных условиях *Пароход дает течь, терпит кораблекрушение, дает сигнал бедствия, идет ко дну* и т. п.); 2) его существенные характеристики (*водоизмещение, осадка, остойчивость, грузоподъемность, тоннаж, экипаж, капитан* и т. п.); 3) его формы (например, *обводы*); 4) его виды; 5) его части.

Очевидно, что такие словари в гораздо большей степени обеспечивают активное овладение языком, чем традиционный словарь-справочник и даже чем чисто идеографический словарь.

С 50-х годов нашего столетия идеи активного словаря, независимо от словарей П. М. Роже и А. Ройма, стали энергично разрабатываться в американской, английской, немецкой, русской, французской и других развитых лексикографиях мира. При этом в одних словарях в фокусе внимания оказывались синонимические средства языка, в других — сочетаемость лексических единиц, включая глагольное управление. К числу первых относятся словари Вебстеровской линии, прежде всего, Webster's Third; словари Роберовской линии, прежде всего, Le Petit Robert. Dictionnaire alphabétique et analogique de la langue française. Paris, 1980; ряд учебных словарей, например, Dictionnaire Larousse du français langue étrangère (Larousse, 1979), Le Robert méthodique, Dictionnaire du français contemporain (Larousse, 1966). К числу вторых относятся различные версии Advanced Learner's Dictionary, «Учебный словарь сочетаемости слов русского языка» под редакцией П. Н. Денисова и В. В. Морковкина (М., «Русский язык», 1978), Longman Dictionary of Contemporary English (Longman, 1978), словарь Ю. Д. Апресяна и Э. Палл «Русский глагол — венгерский глагол. Управление и сочетаемость» (Будапешт,

1982), The BBI Combinatory Dictionary of English: A Guide to Word Combinations by M. Benson, E. Benson, and R. Ilson (John Benjamins Publishing Company, Amsterdam (Philadelphia), 1986). Лишь в двух известных нам словарях делается попытка реализовать принцип активности в обоих названных выше аспектах с достаточной полнотой. Это «Толково-комбинаторный словарь современного русского языка» И. А. Мельчука и А. К. Жолковского (Wiener Slawistischer Almanach, Вена, 1984) и «Англо-русский синонимический словарь» Ю. Д. Апресяна, В. В. Ботяковой, А. И. Розенмана и других авторов (М., «Русский язык», 1979). В первом из них впервые в мировой практике сочетаемость слов была описана на основе серьезной лингвистической теории.

Учитывая эту ясно выраженную тенденцию мировой лексикографии, мы попытались в новом издании БАРС'а усилить установку на активность. Поскольку, однако, мы были связаны жанром двуязычного словаря общего назначения, эта установка могла воплотиться только в более подробной разработке сочетаемости и синтаксических свойств слова.

Вопрос о сочетаемости и синтаксических свойствах особенно актуален для существительных и глаголов. Выше, на примере слов bottle 'бутылка' и card 'карта', *мнение* и *пароход* мы уже продемонстрировали, как мыслится описание сочетаемостных свойств существительных. Скажем теперь несколько слов о глаголах.

Самым важным синтаксическим свойством глаголов является их способность управлять существительными. Под управлением в лингвистике понимается способность слова подчинять себе имя обязательного участника обозначаемой им ситуации в определенной предложно-падежной форме (или какой-то другой форме, которая функционально эквивалентна ей, например в форме предложения).

Лексикографический интерес представляют по крайней мере следующие два аспекта управления: 1) число семантически обязательных синтаксических зависимых слова, или число его актантов (валентностей); 2) способы их выражения (оформления).

Интересен с этой точки зрения уже упоминавшийся глагол answer в главном значении 'отвечать'. Он описывает ситуацию с четырьмя участниками (актантами): 1) деятелем (кто отвечает), 2) содержанием ответа (что именно отвечает), 3) адресатом (кому отвечает) и 4) стимулом (на какой вопрос отвечает).

Первый из них, обычно выполняющий синтаксическую функцию подлежащего, представляет наименьший лексикографический интерес, поскольку выражается одинаково при подавляющем большинстве английских глаголов. Способы выражения подлежащего — предмет грамматики.

Второй актант — содержание ответа — выражается при глаголе answer наибольшим числом способов: а) придаточным дополнительным предложением, вводимым союзом that или бессоюзно: He answered (that) he didn't remember anything 'Он ответил, что ничего не помнит'; б) косвенным вопросом: You didn't answer why you had been absent [where you had been] 'Вы не ответили, почему вы не пришли [где вы были]'; в) местоименным существительным: What did he answer? 'Что он ответил?', He didn't answer anything 'Он ничего не ответил'; г) словом word в отрицательном или вопросительном контексте: He didn't answer a word 'Он не ответил ни слова'; д) адвербиальными фраземами in the affirmative 'положительно' и in the negative 'отрицательно'.

В роли третьего актанта — адресата — выступает любое слово со значением лица: to answer John [the teacher, the audience] 'ответить Джону [учителю, аудитории]'. Иными словами, эта позиция ограничена чисто семантически.

Наконец, в роли четвертого актанта — стимула — может выступать лексически ограниченная группа слов типа question 'вопрос', query 'запрос', request 'просьба', proposition 'предложение', invitation 'приглашение': He didn't answer the question [the request] 'Он не ответил на вопрос [не откликнулся на эту просьбу]'.

Очевидно, что в словаре активного типа, каким, по замыслу, является новый БАРС, эти свойства актантной (валентной) структуры глагола answer и особенности его сочетаемости по каждой валентности должны быть отражены как можно полнее.

Установка на активность отчетливо проявилась в НБАРС'е и при описании глаголов так называемой широкой семантики — do, get, go, have, make, take и т. п. Типовая словарная статья такого глагола разбивается на три крупных зоны, не считая зоны фразеологии: I самостоятельные значения, II лексически и конструктивно обусловленные значения, III полувспомогательные и вспомогательные значения.

Особый интерес в связи с принципом активности представляет вторая зона. Она разбивается на две подзоны — А и Б. В первой подзоне описываются значения, реализующиеся только в сочетании со словами замкнутых лексико-семантических классов, во второй — значения, реализующиеся только в строго определенных синтаксических конструкциях. Так, в словарной статье глагола do в зону А будут помещены значения 'приносить' (to do good 'приносить пользу', to do harm 'причинять вред'); 'оказывать' (to do smb. a favour [a kindness] 'оказывать кому-л. услугу [любезность]', to do smb. a good [a bad] turn 'оказать кому-л. хорошую [плохую] услугу', to do honour 'оказать честь'); 'заниматься' (to do lecturing [painting, gardening] 'заниматься чтением лекций [живописью, садоводством]', to do one's correspondence 'вести переписку', I have done enough reading for today 'На сегодня я достаточно читал', He did all the talking at lunch 'За обедом только он и говорил', You'll let me do the thinking 'Позвольте мне самому об этом подумать'); 'изучать' (to do medicine [Latin, mathematics] 'изучать медицину [латинский, математику]', to do a book 'прочитать книгу'); и т. п.

В зону Б будут помещены синтаксические конструкции to do /to be doing/ well [splendidly...], to do smb. well [handsomely...], to be /to have/ done with и другие, под каждой из которых дается ряд реализующихся в ней значений. Например, для первой конструкции это значения 'преуспевать' (Both sisters have done splendidly 'Обе сестры прекрасно устроились'); 'поправляться' (The patient is doing well now 'Больной поправляется'); 'успешно справляться' (The speaker did well 'Оратор произвел хорошее впечатление', He did brilliantly at his exam 'Он блестяще сдал экзамен').

Расширение функций активного словаря ни в коем случае не означает, что новый БАРС утрачивает функцию справочника. Как бы далеко ни продвинулся в направлении активности англо-русский словарь, в русскоязычной среде функция справочника должна сохраняться за ним в качестве основной. Это порождает некий лексикографический конфликт, требующий принципиального решения. В качестве справочника двуязычный словарь должен отвечать на возможно более широкий круг вопросов, касающихся, в частности, устаревших слов, архаизмов, диалектизмов, специальных терминов, жаргонизмов и других периферийных слоев лексики. В качестве учебного пособия для активного овладения языком он должен содержать богатую информацию о сочетаемости и синтаксических свойствах слов. При чересчур прямолинейной попытке удовлетворить требования, вытекающие из обеих этих установок, суммарная информация должна настолько возрасти в объеме, что в результате получится лексикографический монстр.

Указанный конфликт естественным образом разрешается на основе уже изложенного в предшествующем разделе принципа пропорциональной фокусировки. Дело в том, что требования, вытекающие из установок на справочность и активность, касаются различных частей словаря.

Активное и свободное владение литературным языком предполагает всестороннее знание только ядра его словаря. Для того, чтобы вполне адекватно выразить свою мысль, совсем не обязательно знать периферийную лексику. С другой стороны, чтобы понять какое-то слово в контексте, достаточно получить минимальную справку о его значении, но не о его комбинаторных возможностях и условиях употребления. Следовательно, чтобы удовлетворить наилучшим образом оба требования, достаточно описать подробно только ядро словаря, ограничившись простым переводом периферийной лексики. Но это — как раз тот тип лексикографического описания, который предполагает принципом пропорциональной фокусировки. Как видим, решение антиномии «центр — периферия» дает одновременно и решение антиномии «словарь как учебное пособие» — «словарь как справочник».

4. СЛОВАРЬ И ГРАММАТИКА

Словарь и грамматика в совокупности составляют основу описания всякого языка. У них разные объекты — в словаре описываются лексические единицы, а в грамматике формулируются правила их изменения (морфология) и правила построения более сложных единиц из более простых (словообразование, синтаксис). Чтобы лингвистическое описание языка в целом было эффективным, необходимо добиться максимальной согласованности лексикографического и грамматического описаний. Это значит, что лексическим единицам в словаре следует явным образом приписать все те свойства, обращения к которым требуют правила грамматики. С другой стороны, в грамматике должны быть описаны все типы поведения лексических единиц, не учтенные словарем. В противном случае словарь и грамматика не смогут взаимодействовать друг с другом. Лингвистическое описание, удовлетворяющее обоим сформулированным здесь условиям, мы называем интегральным.

Требование интегральности, при всей его теоретической естественности и кажущейся тривиальности, очень трудно реализовать на практике. К настоящему времени интегральные описания были разработаны только для компьютерных систем автоматического анализа и синтеза текстов, например, для систем машинного перевода. Такие системы не могут работать в условиях несогласованности словарной и грамматической информации. Что касается обычных грамматик и словарей, то они в принципе не настраиваются друг на друга. Традиционные грамматики пишут одни люди, а словари — другие, и почти никакого обмена информацией между ними не происходит. Единственная попытка согласовать грамматику и словарь в рамках традиционного (не формального) лингвистического описания была предпринята в Англии; см. школьную грамматику R. Quirk, S. Greenbaum, G. Leech, J. Svartvik, A Grammar of Contemporary English (London, 1972) и учебный словарь Longman Dictionary of Contemporary English (London, 1978), которые были задуманы и написаны как дополняющая друг друга пара.

В новом БАРС'е была сделана попытка преодолеть разрыв между словарным и грамматическим описаниями языка по крайней мере в нескольких (но, к сожалению, далеко не во всех) важных точках. Мы условно обозначим их как 1) морфологическая характеристика слова, 2) классификация слов по частям речи, 3) синтаксические свойства слова.

Принципы морфологической (словоизменительной) характеристики слова — тема, давно известная в лексикографии и достаточно хорошо разработанная. Связь между словарем и грамматикой осуществляется в этом случае двояко.

Во-первых, многие словари считают необходимым задать словоизменительную парадигму слова указанием некоторых его ключевых форм. Для английского языка, с его бедной и в высокой степени стандартизованной морфологией, ключевые грамматические формы должны указываться лишь в тех случаях, когда они озвучиваются нерегулярным способом. Таковы нерегулярные формы множественного числа у существительных (analysis — analyses 'анализ — анализы', man — men 'мужчина — мужчины', sheep — sheep 'овца — овцы', stratum — strata 'слой — слои', child — children 'ребенок — дети' и т. п.); так называемые неправильные формы у глаголов (take — took — taken 'брать — взял — взятый', write — wrote — written 'писать — писал — написанный', put — put — put 'класть — положил — положенный' и т. п.); супплетивные формы у существительных, глаголов, прилагательных и наречий (cow — уст. kine 'корова — коровы', go — went — gone 'идти — шел — шедший', bad — worse — worst 'плохой — хуже — наихудший', well — better — best 'хорошо — лучше — лучше всего'). НБАРС следует этой практике.

Во-вторых, некая нестандартность парадигмы может характеризовать не слово в целом, а слово в отдельных лексических значениях. В этих случаях имеет место большая или меньшая степень лексикализации грамматической формы. Такая нестандартность представляет не только первостепенный лексикографический, но и большой общелингвистический интерес. В ней проявляется одна общая закономерность устройства словаря любого языка. По мере продвижения от семантического центра слова к его периферии — производным, переносным, специальным, фразеологически связанным значениям — нарастает маркированность значений, т. е. число разного рода ограничений на возможности их реализации.

В ряде случаев сокращается число грамматических форм, в которых может быть реализовано данное лексическое значение.

Для существительных — это формы числа. Так, слово light в значении 'светофор' не имеет формы единственного числа: To stop for the lights 'остановиться на красный свет светофора'. Это ограничение проходит через многие другие значения слова light, такие как 'рампа', 'правила', 'способности'; ср. before the lights 'у рампы, на сцене', according to one's lights 'в соответствии со своими правилами' или 'в меру своих способностей'.

Для глаголов — это форма пассива. Так, преимущественно в пассиве реализуется значение 'разворачивать действие' у глагола lay (The scene of the novel is laid in London 'Действие романа разворачивается /происходит/ в Лондоне'), значение 'покрывать пятнами' у глагола spot (The table is spotted with ink 'Весь стол в чернильных пятнах'), значение 'выделять' у глагола define (The tree was defined against the sky 'Дерево четко вырисовывалось на фоне неба'). В перечисленных случаях происходит своеобразная рокировка двух конструкций: конструкцией первого плана оказывается пассивная. Это особенно характерно для некоторых глаголов со значением покрытия, наполнения, насыщения и других подобных. Таков, в частности, глагол saturate в основном и ряде переносных значений. Ср. The bread was saturated with water 'Хлеб был пропитан водой', You'll get saturated if you go out in this rain 'Ты насквозь промокнешь, если выйдешь в такой дождь', He is saturated with superstition 'Он находится целиком во власти суеверий', a style saturated with affectation 'стиль, пропитанный жеманством /полный жеманства/'.

Реже лексикализуются другие глагольные формы; ср. глагол flee 'бежать, спасаться бегством', который в значении 'пролететь, промелькнуть' употребляется только в формах прошедшего времени и причастия прошедшего времени: Life (had) fled 'Жизнь пролетела'.

Еще одна распространенная разновидность грамматической маркированности производных, переносных, специальных и фразеологически связанных значений — наличие у них особых грамматических форм. Существительное brother в основном значении 'брат' имеет нормальную форму множественного числа brothers, а в некоторых переносных значениях ('собрат', 'коллега', 'монах') — устаревшую форму brethren. Глагол hang 'висеть' в большинстве значений имеет формы hung (прошедшее время и причастие прошедшего времени), между тем как в значении 'вешать, казнить' используются формы hanged и hanged.

Все эти и другие подобные морфологические идиосинкразии самым тщательным образом регистрировались и регистрируются в БАРС'е. Повторим, однако, что в этом отношении он воспроизводит существующую лексикографическую практику.

Больше новизны содержится в частеречной классификации слов, проведенной в новом БАРС'е. В ней мы попытались преодолеть разрыв между словарным и грамматическим описаниями английского языка в трех важных точках: 1) трактовка числительных; 2) разграничение наречий и предлогов в составе глагольных словосочетаний; 3) разграничение существительных и прилагательных.

Одним из самых разительных примеров рассогласования словарного и грамматического описаний английского языка является трактовка числительных. Эта часть речи выделяется почти всеми теоретическими и учебными грамматиками, включая и классические, принадлежащие перу Г. Суита, О. Есперсена и других крупных филологов прошлого. Однако из всех просмотренных нами американских и английских толковых словарей (Webster's Third, Barnhart, Random House, American Heritage, OED, Chambers, Collins, Advanced Learner's, COBUILD, Wyld) ни один ее не признает. В некоторых употреблениях числительные считаются существительными, в других — прилагательными. The Advanced Learner's квалифицирует их как детерминативные местоимения, а COBUILD вводит даже особую часть речи number 'число'.

Давление этой давно сложившейся и нерушимой лексикографической традиции сказалось и во всех предшествующих изданиях БАРС'а. В настоящем издании мы от нее отходим, восстанавливая в правах, в согласии с существом дела и господствующей грамматической традицией, часть речи «числительное» (num).

Это решение, разумеется, не распространяется на случаи, когда числительное полностью субстантивируется, приобретая число (in fives 'по пяти, пятерками', to count by fives 'считать пятерками'), способность употребляться с неопределенным артиклем (I got a five 'Я получил пятерку'), способность управлять предлогом (There were five of them 'Их было пятеро', five of spades 'пятерка пик') и ряд других типичных для классических существительных морфологических и синтаксических свойств.

Речь идет лишь об употреблениях типа five books 'пять книг', twenty five 'двадцать пять', five-and-twenty 'двадцать пять', number five 'номер пять', room five 'комната пять, пятая комната', five by five 'пять на пять (о площади), to divide [to multiply] five by five 'разделить [умножить] пять на пять', five and five make ten 'пять плюс пять равно десяти'.

Основанием для нашего нового решения послужили следующие соображения.

1) У слов типа five в рассматриваемом круге употреблений отсутствуют формы числа — основной морфологической категории, характерной для настоящих существительных. Нет у них и морфологических признаков прилагательных — ни степеней сравнения, ни типичных для относительных прилагательных словообразовательных аффиксов.

2) Употребляясь с существительными, такие слова (за исключением one) требуют от них формы множественного числа: five books; никакие нормальные прилагательные и существительные не обладают этим свойством.

3) Сочетаясь друг с другом (twenty [X] five [Y]), они имеют особое аддитивное значение "X + Y", не свойственное внеш-

не похожим синтаксическим конструкциям с подлинными существительными. В типе stone wall 'каменная стена' семантические отношения очевидным образом другие. Что касается нормальных прилагательных, то они вообще не вступают ни в какие синтаксические отношения друг с другом.

4) Слова типа five используются в кратной конструкции five by five (с особым значением предлога by), которая совершенно не свойственна существительным и прилагательным.

Этот перечень специфических морфологических и синтаксических свойств числительных можно было бы продолжить, но и сказанного более чем достаточно для признания их в качестве особой части речи в английских словарях.

Еще одна точка, в которой наблюдается разрыв между установившейся лексикографической и грамматической классификацией слов по частям речи,— это наречия типа in, off, on, up и т. п. в составе так называемых фразовых глаголов.

Фразовые глаголы состоят, как правило, из глагола широкой семантики (come, do, get, go, keep, lie, make, put, set, sit, stand, take и т. п.) и такого наречия. Для них характерна равноударность обеих частей, а входящие в их состав наречия, за редкими исключениями, имеют в качестве основных пространственные значения.

К сожалению, из-за широко развитой в английском языке омонимии наречий и предлогов в американских и английских словарях к числу фразовых глаголов отнесены многие глаголы, управляющие предлогами. Эта ошибка перекочевала из них и в БАРС, где она была воспроизведена во всех предшествующих изданиях.

Так, в словарной статье глагола come 'приходить' в старом БАРС'е в зону фразовых глаголов включены следующие словосочетания глагола с сильноуправляемым предлогом: 1. come after 'следовать за': After Monday comes Tuesday 'За понедельником идет вторник'; 2. come before 1) 'считаться более важным': The commonwealth comes before everything 'Общественное благо превыше всего'; 2) 'предстать перед кем-л.': When he comes before the court 'Когда он предстанет перед судом'; 3. come between 'вмешиваться': He came between us 'Он встал между нами; Он нас разлучил'; 4. come by 'приобрести, получить': How did you come by that money? 'Как вам достались эти деньги'?; 5. come out 'выходить': When he came out of the house it was dark 'Когда он вышел из дому, было (уже) темно'; 6. come under 1) 'подходить (под рубрику и т. п.)': It comes under another section 'Это относится к другому разделу'; 2) 'подвергаться действию чего-л.': to come under smb.'s influence 'подпасть под чье-л. влияние'; 7. come within 'входить (в компетенцию и т. п.)': That doesn't come within my duties 'Это не входит в мои обязанности'. Такая же картина и во всех других словарных статьях глаголов широкой семантики.

Положение усугубляется тем, что фразовый глагол может не отличаться по значению от простого глагола в сочетании с предлогом. Предложение When he came out it was dark, с фразовым глаголом to come out, практически синонимично приведенному выше предложению When he came out of the house it was dark, с простым глаголом come, который сильно управляет предлогом out of.

Несмотря на все эти внешние сходства, наречия должны четко отделяться от предлогов, а фразовые глаголы — от соответствующих простых глаголов с сильным управлением на предложно-именную группу. Первые суть самостоятельные лексические единицы, достойные каждая собственной словарной статьи. Вторые суть конструктивно-обусловленные значения глаголов, которые должны помещаться в соответствующую зону их словарной статьи. Для глаголов широкой семантики — это зона II Б. Именно эти два решения и были проведены в новом БАРС'е.

Последней спорной проблемой теории частей речи, то или иное решение которой имеет критическое значение для словаря, является классическая проблема cannon ball 'пушечное ядро'. Здесь не место входить в подробности теоретических баталий вокруг словосочетаний этого типа, не утихающих в англистике в течение многих десятилетий. Изложим только нашу точку зрения на них и вытекающие из нее лексикографические решения.

Сочетания типа cannon ball суть синтаксические конструкции, состоящие из двух существительных. О субстантивном статусе первого существительного свидетельствует то, что оно может иметь форму множественного числа: ср. translations editor 'редактор переводов'. Однако в целом этот класс словосочетаний неоднороден. Дело в том, что первое существительное выполняет по отношению ко второму ту же роль, какую прилагательное-определение выполняет по отношению к определяемому им существительному. Функциональная и семантическая близость первых существительных в составе таких конструкций к прилагательным приводит к тому, что у них развиваются свойства последних. Это проявляется, например, в том, что они становятся синонимами однокорневых прилагательных. Так, у слова front 'перед' есть значение 'лобовой', в точности синонимичное одному из значений прилагательного frontal: front armour 'лобовая броня' — frontal surface 'лобовая /торцовая/ поверхность'.

Упомянем еще одно важное измерение словосочетаний типа cannon ball, повлиявшее на наши лексикографические решения, хотя и не связанное прямо с проблемой частей речи. Наряду со свободными словосочетаниями этого типа в английском языке образовалось и довольно много фразем. Таковы, например, словосочетания depth bomb 'глубинная бомба' и в особенности depth line /contour/ 'изобата', depth finder 'эхолот', в отличие от свободного словосочетания depth measurement 'измерение глубины'.

С учетом всех изложенных фактов в новом БАРС'е принята следующая трактовка словосочетаний типа cannon ball. 1) Свободные словосочетания, в которых первый элемент является несомненным существительным, разносятся по соответствующим значениям ключевого слова и приводятся после словосочетаний «прилагательное + существительное». 2) Если первый элемент превратился в несомненное прилагательное, выделяется соответствующий лексико-грамматический омоним, и представляющие его словосочетания приводятся в его словарной статье. 3) Для промежуточных между этими двумя полюсами случаев сохранена помета «в грамматическом значении прилагательного». 4) Фразеологизованные словосочетания этого типа, по большей части терминологические, независимо от природы первого элемента вынесены в отдельные вокабулы.

Изложенное решение отличается от того, которое было принято в предшествующем издании БАРС'а. Там, в сущности, не различались или недостаточно различались намеченные выше типы словосочетаний вида «существительное + существительное». Все такие словосочетания, и свободные, и идиоматичные, подавались в одном месте словарной статьи первого существительного — за змейкой после всех его значений. Тем самым предполагалось, что они имеют какой-то особый статус, отличный от статуса других словосочетаний. Это, конечно, не соответствует их реальному месту в синтаксисе английского языка. Они выглядят необычно только на фоне языков, в которых такой конструкции нет. Внутри английского они столь же нормальны, как и любые другие типы словосочетаний. Новая лексикографическая трактовка в большей мере отражает их реальную синтаксическую природу.

Последняя названная выше точка, в которой должно осуществляться взаимодействие грамматики и словаря,— это синтаксические свойства слова. Наибольший лексикографический интерес представляют два рода свойств — модели управления и синтаксические признаки слов.

Вопрос о моделях управления был рассмотрен выше в связи с проблематикой словарей активного типа на примере глагола answer. Нам остается рассмотреть вопрос о синтаксических признаках слова.

Под синтаксическими признаками мы понимаем те свойства слова, благодаря которым оно может или не может занимать определенные позиции в тех или иных синтаксических конструкциях. Многим синтаксическим признакам соответствуют подклассы некоторых частей речи. Так, в классе глаголов выделяется подкласс вспомогательных глаголов (признак aux); в классе союзов выделяются подклассы сочинительных (признак coord), соединительных (признак conj) и парных (признак corr) союзов. В классе местоимений выделяются подклассы личных (признак pers), указательных (признак demonstr), неопределенных (признак indef), вопросительных (признак inter), взаимных (признак recipr) и рефлексивных (признак refl) местоимений; в классе прилагательных выделяются предикативные прилагательные типа glad 'рад' (признак predic) и т. п.

Однако вводить такую дробную классификацию всей лексики в явном виде, т. е. снабжая каждый синтаксически значимый подкласс особым ярлыком, вряд ли целесообразно. Вместе с тем отразить разнообразные синтаксические свойства английских слов, особенно в тех случаях, когда они лексикализованы, было желательно. Поэтому в НБАРС'е было принято следующее компромиссное решение: интересные синтаксические свойства слова в большинстве случаев не называются, но иллюстрируются. Сошлемся на уже приводившийся пример — экзотичные пассивные конструкции английского языка. В тех случаях, когда они релевантны для глагола, т. е. перемещаются, в силу своей лексикализации, с периферии на первый план, они иллюстрируются соответствующими примерами: You are assigned a difficult task, The bed has not been slept in и т. п.(см. раздел 2).

Мы рассмотрели лишь несколько точек в системе английского языка, в которых осуществляется взаимодействие между его лексикографическим и грамматическим описанием. В любом развитом языке таких точек — сотни, если не тысячи. В сущности, на эту роль может претендовать любая морфологическая категория и любая синтаксическая конструкция. Обозреть этот материал целиком невозможно, но мы все же продолжим его обсуждение под новым углом зрения в следующем разделе.

5. ЛЕКСИКОГРАФИЧЕСКИЕ ПОРТРЕТЫ И ТИПЫ: ПЕРСПЕКТИВА

В начале предшествующего раздела мы ввели понятие интегрального описания языка — такого описания, в котором словарь и грамматика согласованы друг с другом и способны к функциональному взаимодействию. На этой основе можно определить понятие лексикографического портрета: под л е к с и к о г р а ф и ч е с к и м   п о р т р е т о м понимается по возможности исчерпывающая характеристика всех лингвистически существенных свойств лексемы, выполненная в рамках интегрального описания языка.

Интегральное описание предполагает, в частности, что в словаре каждой лексеме должны быть приписаны все свойства, обращения к которым могут потребовать лингвистические правила. Если подойти к описанию лексем с этой точки зрения, то окажется, что число их лексикографически релевантных свойств гораздо больше и что они гораздо разнообразней, чем принято было думать до сих пор. Первое отличие лексикографического портрета от обычного словарного описания как раз и состоит в обогащении словарной статьи лексемы новыми типами информации и в существенном расширении традиционной информации.

Еще одно важное свойство лексикографического портрета состоит в том, что всякий портрет должен соответствовать определенному лексикографическому типу. Л е к с и к о г р а ф и ч е с к и м   т и п о м мы называем более или менее компактную группу лексем, имеющих общие просодические, морфологические, синтаксические, семантические или сочетаемостные свойства и требующих поэтому единообразного словарного описания. Лексикографический тип тем интереснее, чем больше число таких общих свойств и чем больше число лингвистических правил, которые к этим свойствам апеллируют. Теоретически выявленный набор лексикографических типов данного языка является естественным и надежным основанием всякой практической лексикографической работы.

Ясно, что не все лексемы, принадлежащие к данному лексикографическому типу, должны обладать всеми характерными для него свойствами. Детали лексикографических портретов могут не совпадать. Поэтому при описании лексем в словаре необходимо уделять равное внимание как их общим свойствам (проблема у н и ф и к а ц и и, или лексикографических типов), так и тому, что отличает их друг от друга (проблема и н д и в и д у а л и з а ц и и, или лексикографических портретов).

Было бы неверно утверждать, что работа над новым БАРС'ом велась в рамках концепции лексикографических портретов и лексикографических типов. Эти теоретические понятия были сформулированы и введены в оборот после завершения работы над словарем. Тем не менее полезно обсудить и проиллюстрировать их в этой вводной статье. Во-первых, всякий лексикограф интуитивно стремится к тому, чтобы уловить неповторимые черты в облике каждого слова, с одной стороны, и зафиксировать общие свойства ряда слов, с другой. Поэтому можно утверждать, что неявным образом понятия лексикографического портрета и лексикографического типа использовались и в процессе работы над НБАРС'ом. По крайней мере три группы явлений были обработаны с принципиальной установкой на единообразие описания: слова широкой семантики (в особенности глаголы); числительные и омонимичные им существительные; разного рода аффиксы и другие элементы, используемые в процессах образования новых слов. Во-вторых, понятия лексикографического портрета и лексикографического типа выросли из размышлений над материалом НБАРС'а в такой же мере, как и из других лексикографических и теоретических занятий автора. В-третьих, они представляют собой сжатую формулировку дальнейшей программы работ над НБАРС'ом, которая должна быть начата сразу после выхода в свет данного издания словаря. При этом перспектива должна в большей мере касаться трактовки лексикографических типов, чем лексикографических портретов: последние в подготовленном издании НБАРС'а представлены, как нам кажется, с достаточной полнотой.

Конкретное обсуждение понятия лексикографического типа применительно к двуязычному словарю разумно провести на материале, который составляет национальную специфику входного языка относительно выходного. Даже с этим естественным ограничением количество уже известных нам лексикографических типов исчисляется сотнями. Введем поэтому еще одно ограничение — рассмотрим только те лексикографические типы, которые формируются синтаксическими особенностями английских слов. Соответствующий материал был введен в научный оборот в формальных моделях английского синтаксиса, разработанных И. А. Мельчуком и рядом его коллег. Конечно, и их можно будет рассмотреть только выборочно, потому что таких типов в английском языке насчитываются десятки.

Начнем с глаголов. Выше мы уже упоминали экзотические пассивы английского языка. Их лексикографическая ценность определяется тем, что они свойственны лексически или семантически замкнутым группам английских глаголов. Так, пассивная конструкция, в которой подлежащим становится косвенное беспредложное дополнение активной формы глагола, свойственна глаголам со значением передачи, сообщения, разрешения, запрещения, приказа: allow 'разрешать', assign 'поручать', bring 'приносить', buy 'покупать', give 'давать', lend 'одалживать', order 'приказывать', prohibit 'запрещать', sell 'продавать', send 'посылать', tell 'говорить, сообщать': The boy was allowed one more apple 'Мальчику разрешили взять еще одно яблоко', You were told a lie 'Вам солгали' и т. п. Очень своеобразны и такие английские глаголы, как forgive 'прощать' и forbid 'запрещать', управляющие сразу двумя прямыми дополнениями и допускающие вынос в позицию подлежащего не только первого, но и второго дополнения: You won't be forgiven anything 'Вам ничего не простят', The boy was forbidden entrance 'Мальчику не позволили войти'. Очевидно, что все эти и другие подобные глаголы должны быть обработаны в словаре единообразно, и рассмотренный экзотический пассив должен быть представлен хотя бы на уровне примеров в словарной статье каждого из них.

И в английском, и в русском языке есть трехвалентные связочные глаголы типа appoint 'назначать', call 'называть', elect 'избирать', nominate 'назначать', а с другой стороны — consider 'считать', find 'находить' (синонимичное consider) и ряд других. Для них характерна синтаксическая конструкция типа to elect smb. president 'избрать кого-л. президентом', to call smb. a barbarian 'называть кого-л. варваром', to consider /to find/ the book interesting 'считать /находить/ книгу интересной'. Поскольку в этой конструкции реализуются синтаксически обязательные валентности глаголов, она должна быть представлена в их словарных статьях независимо от каких-либо других соображений. Дополнительный интерес ей придает то обстоятельство, что в английском языке она характеризует более широкий класс глаголов, в частности, глаголы believe 'верить', hold 'держать', think 'думать'. В русском языке для этих глаголов не находится прямых синтаксических соответствий. Любопытно, в частности, что русский глагол *держать*, у которого в принципе есть значение 'считать' (ср. разговорное *Ты что, за дурака меня держишь?*), синтаксически принципиально отличается от своего ближайшего английского аналога. Тем важнее явно описать это различие в словарной статье двуязычного словаря.

Похожая конструкция, но с невалентным вторым зависимым — прилагательным или причастием — свойственна глаголам know 'знать', meet 'встречать', see 'видеть', send 'посылать', show 'показывать', weigh 'взвешивать' и т. п. И по-английски, и по-русски можно сказать 'Я знал ее совсем юной' I knew her quite young 'Я знал ее совсем юной', I met him fully dressed 'Я встретил его полностью одетым', The boy has never seen his father angry before 'Никогда раньше мальчик не видел своего отца рассерженным', She sent the girl to school hungry 'Она отправила девочку в школу голодной', The painter didn't like to show his pictures unfinished 'Художник не любил показывать незаконченные картины', The workers weighed the truck loaded 'Рабочие взвешивали грузовик в загруженном состоянии'. Эта конструкция тоже отличается от соответствующей русской большей лексической сферой действия. В частности, ее надо приписать глаголам hate, like, love, между тем как соответствующим русским глаголам *ненавидеть* и *любить* она чужда; ср. I like porridge hot 'Я люблю, когда овсянка горячая', I hate meat cold 'Я ненавижу, когда мясо холодное'. Такие систематические расхождения непременно должны фиксироваться в словаре.

Назовем еще один специфический для английского языка глагольный лексикографический тип — глаголы, которые приобретают способность управлять инфинитивом только в пассивной форме. Это такие глаголы, как declare 'объявлять', report 'докладывать', say 'говорить', state 'утверждать' и ряд других. Все они свободно употребляются в конструкции типа He is declared [reported, said, stated] to have been killed in the battle 'Объявлено [доложено, сказано, сообщено], что он пал в этой битве'. В русском языке, как видно из переводов, ей соответствует совсем другая конструкция. Тем больше оснований поставить ее в фокус внимания в словарных статьях глаголов, для которых это лексико-синтаксическое различие между английским и русским языками оказывается релевантным.

Перейдем к существительным и упомянем три класса слов, обладающих идиосинкратичными синтаксическими свойствами по сравнению с русским языком: существительные типа family 'семья', существительные типа manner 'способ' и существительные типа height 'высота'.

К первому классу относятся еще существительные cabinet 'кабинет', government 'правительство', team 'бригада, команда' и др. Они отличаются от соответствующих русских существительных тем, что в британском английском могут согласовываться с глаголом либо в единственном, либо во множественном числе — в зависимости от того, рассматриваем ли мы соответствующий объект как нечто целое или как совокупность элементов: The government has unanimously voted down the bill 'Правительство единогласно высказалось против законопроекта' — The government are a curious assortment of people 'В правительство вошла очень пестрая публика'. Эта категория слов хорошо известна традиционной грамматике; необходимо, чтобы она единообразно обрабатывалась и в словаре.

Ко второму классу относятся, кроме manner, существительные reason 'причина', time 'время', way 'способ' и некоторые другие. Их идиосинкратичным свойством является способность управлять беспредложным относительным предложением без вводящего относительного слова, например: The way he did it 'То, как он это сделал', The reason he did it 'Причина, по которой он это сделал'. Подчеркнем, что это свойство в значительной мере лексикализовано. Им не обладают такие семантически близкие к рассмотренным существительные, как cause 'причина' и place 'место'. Нельзя сказать *The cause he divorced her' 'Причина, по которой он с ней развелся', *The place he did it' 'Место, в котором он это сделал'. Надо: The cause for which he divorced her, The place he did it at.

Параметрические существительные age 'возраст', height 'высота', length 'длина', pressure 'давление', speed 'скорость', volume 'объем' и другие подобные используются в специфичной для английского языка композитно-атрибутивной конструкции типа a period twice this length 'период в два раза больший', a woman thrice his age 'женщина втрое старше его'. Поскольку у них нет буквальных соответствий в русском языке, понятно, как важно сосредоточить на них внимание в двуязычном словаре.

Мы сказали, что при обзоре синтаксических лексикографических типов опирались на материалы формальных моделей английского языка. В них рассматривается, как правило, от нескольких десятков до сотни таких типов. Очевидно, что при более полном академическом описании языка их число должно существенно возрасти. Ясно, какой большой интерес они представляют и для двуязычной, и для толковой лексикографии: в каждом из них представлено какое-то важное своеобразие лексической системы языка.

Выявление этих и других подобных лексикографических типов в исходном языке и их систематическое сопоставление с ближайшими аналогами в выходном языке должно рассматриваться как сверхзадача двуязычной лексикографии. Прямую задачу лексикографа можно считать выполненной тогда, когда пользователь находит в словаре всю нужную ему информацию. Но высшим достижением двуязычной лексикографии, безусловно, может быть признан лишь такой словарь, в котором лексика представлена как система. Последовательное и исчерпывающее сопоставление лексикографических типов в двуязычных словарях как раз и является средством достижения этой цели.

Подчеркнем еще раз: мы не претендуем на то, что в данном издании мы приблизились к выполнению этого замысла. Однако нам важно было его сформулировать, чтобы ясно представить дальнейшую перспективу нашего словаря.

Ю.Д. Апресян

КАК ПОЛЬЗОВАТЬСЯ СЛОВАРЕМ

1. ОРИЕНТАЦИЯ СЛОВАРЯ

Настоящее издание Нового Большого англо-русского словаря ориентируется на британский вариант современного английского литературного языка. Это означает, что
— фонетическая транскрипция всех слов дается в соответствии с британской произносительной нормой
— основными орфографическими вариантами слов являются британские. Американские орфографические варианты даются отдельными вокабулами с пометой *амер.* и отсылкой к соответствующему британскому варианту, например:

splendor... *амер.* = splendour

Весь английский текст Словаря дается в соответствии с британскими правилами орфографии, даже в тех случаях, когда соответствующее слово или его значение употребляется обычно за пределами Великобритании, например:

coloured II ... **3.** 1) *амер.* цветной (*о неграх, мулатах*)...
— особенности значения и употребления слов, свойственные британскому варианту английского языка, никак не оговариваются, в то время как аналогичные особенности, свойственные другим территориальным вариантам языка (американскому, австралийскому, канадскому, южноафриканскому и др.) фиксируются с помощью соответствующих помет.

2. СОСТАВ СЛОВАРЯ

В основной корпус Словаря включаются три типа единиц:
1) слова
2) словосочетания
3) словообразовательные и словоизменительные элементы.

Словник Словаря достаточно полно отражает английскую литературную и разговорную лексику. Помимо общеупотребительных слов, он содержит значительное количество научно-технических терминов, профессионализмов, сленговых элементов, жаргонизмов, некоторые устаревшие слова и диалектизмы.

В настоящее издание Словаря дополнительно включены новые слова и новые значения ранее зарегистрированных слов, получившие распространение в 60-е — 80-е годы XX века и зафиксированные наиболее авторитетными современными словарями английского языка, а также некоторые новые слова и значения, не попавшие в словари, но широко используемые в современной художественной, публицистической, научно-популярной и — отчасти — научной и технической литературе. С другой стороны, определенная часть редких и устаревших слов, в том числе устаревшие технические термины, помещавшиеся в предыдущие издания Словаря, из настоящего издания исключены.

2.1. СЛОВА

Корпус Словаря содержит практически все нерегулярно образуемые и супплетивные формы слов, в том числе формы третьего лица, прошедшего времени, активных и пассивных причастий у глаголов, множественного числа существительных, степеней сравнения прилагательных и наречий, косвенные (объектные) падежи личных местоимений[1]. При всех этих формах дается отсылка к основной форме слова, например:

 came *past от* come
 written II *p. p. от* write
 lying¹ III *pres. p. от* lie¹ II
 wives *pl от* wife
 mice *pl от* mouse
 foci *pl от* focus
 worse II *compar от* badly
 worst II *superl от* badly
 him *косв. п. от* he¹ *1 и 2*

В качестве самостоятельных слов в основной корпус Словаря включаются некоторые сокращения, воспринимаемые как слова (например, exam, maths, smog), а также самые употребительные буквенные сокращения, такие как i. e., e. g., etc., a. m., p. m. При всех таких единицах дается помета *сокр. от*, а в некоторых случаях и перевод; ср.:

 maths *разг. сокр. от* mathematics
 lab ... *n* (*сокр. от* laboratory) *разг.* лаборатория

Joe¹ ... *сокр. от* Johannes
 a. m. ... (*сокр. от* ante meridiem) **1.** 1) до полудня ...

Собственные имена (включая библейские и мифологические), а также географические названия приводятся в Приложениях, однако в тех случаях, когда такие слова имеют нарицательные значения или образуют устойчивые или фразеологические сочетания, они помещаются в основной корпус Словаря, например:

 Johnny ... **1.** см. Приложение 2. ... малый, парень ...
 Klondike ... **1.** см. Приложение 2. золотое дно ...
 Hanover ... **1.** см. Приложение 2.: Ганновер (*представитель династии*); the House of ~ Ганноверская династия
 Aphrodite ... **1.** 1) *греч. миф.* Афродита 2) красавица

Прилагательные и существительные, образованные от географических названий, даются в основном корпусе Словаря, например:

 Californian I ... *n* житель Калифорнии, калифорниец
 Californian II ... *a* калифорнийский

Иностранные и иноязычные слова (а также словосочетания, см. ниже), регулярно употребляющиеся в английском языке, но не ассимилированные или не полностью ассимилированные им, помещаются в основной корпус Словаря с соответствующей этимологической пометой или пояснением, например:

---

[1] Не имеют самостоятельных отсылочных статей формы множественного числа некоторых длинных иноязычных существительных, в основном латинского и греческого происхождения, типа pericardia (мн. число от pericardium), а также формы множественного числа сложных слов типа mothers-in-law (от mother-in-law) men-of-war (от man-of-war), charwomen (от charwoman).

ergo ... *лат.* сле́довательно
Dukhobors ... *русск. рел.* духобо́ры
geisha ... *яп.* ге́йша
kheda(h) ... западня́ для ди́ких слоно́в (*в Индии*)

В корпус Словаря не включаются окказионализмы и потенциальные слова, а также такие производные слова, значение которых легко выводится из значений его составных частей (типа unexpectedness 'неожиданность').

2.2. СЛОВОСОЧЕТАНИЯ

В корпус Словаря включаются следующие типы словосочетаний:
а) лексикализованные и терминологические словосочетания[2] (в большинстве случаев — именные), например:

daughter enterprise ... доче́рнее предприя́тие
French window ... 1. балко́нная дверь 2. двуство́рчатое окно́ ...
jet black ... чёрный как у́голь
pro and con ... «за» и «про́тив» ...
dolce far niente ... *ит.* восхити́тельное безде́лье

б) фразовые глаголы[3], т. е. глаголы с постпозитивным наречным показателем, например:

give up ... *phr v* ... 1. 1) отказа́ться ...
stand by ... *phr v* ... быть безуча́стным зри́телем ...

в) составные предлоги, союзы и наречия, например:

according to ... *phr prep* 1. в соотве́тствии с ...
according as ... *phr cj* 1. смотря́ по тому́, как ...
next to I ... *phr adv* почти́ ...
next to II ... *phr prep* ... по́сле; второ́й по величине́, ва́жности *и т. п.* ...

2.3. СЛОВООБРАЗОВАТЕЛЬНЫЕ И СЛОВОИЗМЕНИТЕЛЬНЫЕ ЭЛЕМЕНТЫ

Корпус Словаря содержит:
а) все служебные морфемы, регулярно употребляющиеся в современном английском языке, как словообразовательные, так и словоизменительные, в том числе:
— префиксы, например:

dis- ... *pref* 1. *образует слова со значением, противоположным значению производящей основы, или со значением отсутствия, лишения чего-л.*: disfluency ... 2. *встречается в словах, обозначающих разделение, отделение*: discriminate ...

— суффиксы, например:

-er[1] ... *suff образует форму сравнительной степени* ... colder ...
-er[2] ... *suff образует существительные от глагольных* (baker пе́карь) *и именных* (hatter шля́пник) *основ* ...

-dom ... *suff встречается в абстрактных и собирательных существительных* ... freedom свобо́да ...

— окончания, например:

-ed[1] ... *образует форму прошедшего времени стандартных глаголов*: loved, looked, wanted ...
-ed[2] ... *образует форму причастия I прошедшего времени стандартных глаголов*: loved, looked, wanted

б) полнозначные компоненты сложных слов, например:

electro- ... *в сложных словах имеет значение электри́ческий*; electrogenic электроге́нный; electropaint наноси́ть кра́ску электролити́ческим спо́собом ...
-gram ... *в сложных словах имеет значение за́пись, изображе́ние*: ideogram идеогра́мма; dactylogram отпеча́ток па́льцев ...

3. ПОРЯДОК РАЗМЕЩЕНИЯ ЛЕКСИЧЕСКИХ ЕДИНИЦ В СЛОВАРЕ

3.1. АЛФАВИТНЫЙ ПРИНЦИП

Единицы настоящего Словаря — словарные статьи, или вокабулы — упорядочены по заглавным словам (подробнее см. ниже, раздел 4. 1) и располагаются строго по алфавиту. При этом соблюдаются следующие правила:
1. Если заглавные слова отличаются друг от друга тем, что одно пишется с прописной, а другое со строчной буквы, первое помещается раньше, например:

Polish I ... *n* по́льский язы́к
Polish II ... *a* по́льский
polish I ... *n* 1. полиро́вка ...
polish II ... *v* 1. полирова́ть ...

Если одно и то же слово в одних значениях пишется с прописной, а в других — со строчной буквы, это указывается соответствующей буквой с точкой в круглых скобках при конкретных значениях, например:

saviour ... *n* 1. спаси́тель, избави́тель 2. (the S.) *рел.* ... Спаси́тель
Balaam ... *n* 1. *библ.* Валаа́м ... 2. (b.) *сл.* ме́лкие заме́тки для заполне́ния пробе́лов (*в газете, журнале и т. п.*)

2. Словосочетания, пишущиеся раздельно, даются до сложных слов с дефисным или слитным написанием, например:

back up[1] ... *phr v* ... 1) подде́рживать ...
back up[2] ... *phr v амер.* вызыва́ть зато́р ...
backup ... *n* 1. *косм.* дубли́рование ...

3. В случае, если возможно и дефисное, и раздельное написание какой-либо лексической единицы, дефис заключается в скобки; при этом в скобки заключается также помета, определяющая часть речи, например:

humane(-)killer ... (*n*) сре́дство для безболе́зненного умерщвле́ния живо́тных ...

4. Дефисное написание слова предшествует слитному написанию, например:

stone(-)wall ... (*n*) *австрал. парл. жарг.* 1) парла́ментская обстру́кция ...
stonewall ... *v полит. жарг.* ... де́лать обстру́кцию ...

5. Слово, содержащее апостроф, помещается после слова, не содержащего апострофа, например:

hell I ... *n* 1. ад ...
hell II ... *v разг.* 1. гуля́ть, кути́ть ...
hell III ... *int* чёрт ...
he'll ... *разг.* 1) *сокр. от* he will 2) *сокр. от* he shall

6. Орфографические варианты заглавных слов, а также близкие синонимы, не различающиеся при переводе, помещаются рядом через запятую, если при этом не нарушается алфавитный принцип, например:

acetose, acetous ... у́ксусный, ки́слый
dorter, dortour ... *n ист.* дортуа́р ...
Yogi, yogi ... йог
dancing-malady, dancing-mania ... *n мед.* хоре́я

Если орфографические варианты, не нарушающие алфавитного принципа, отличаются одной буквой в середине или в конце слова, они записываются в виде одного заглавного слова, а эта буква заключается в скобки, например:

veranda(h) ... вера́нда ...

Орфографические варианты с суффиксами -ce, -су записываются в сокращённой форме:

conversance, -су ... осведомлённость, знако́мство

Если орфографические варианты не могут быть помещены в одной вокабуле из-за нарушения алфавита, менее употребительный вариант даётся на своём алфавитном месте с отсылкой к основному варианту, например:

cabalism ... = cabbalism
chiccory ... = chicory

---

[2] В предыдущих изданиях словаря значительная часть таких словосочетаний давалась в словарных статьях существительных за «змейкой» (∫).
[3] Во всех изданиях Большого англо-русского словаря давались в статьях соответствующих глаголов за «прямоугольником» (□). Фразовые глаголы выделяются в отдельную вокабулу, если смысл хотя бы одного из их значений не складывается из смыслов глагольного и наречного компонентов.

3.2. УПОРЯДОЧЕНИЕ ЛЕКСИЧЕСКИХ И ЛЕКСИКО-ГРАММАТИЧЕСКИХ ОМОНИМОВ

Лексические омонимы обозначаются надстрочными арабскими цифрами, например:

cleave[1] ... *v* ... 1. 1) раска́лывать ...
cleave[2] ... *v* ... 1. остава́ться ве́рным (*кому-л., чему-л.*) ...
cleave[3] ... *n ирл.* корзи́на

При наличии нескольких лексических омонимов первыми даются наиболее употребительные.

Лексико-грамматические омонимы (т. е. слова, образованные по конверсии) обозначаются полужирными римскими цифрами. Вне зависимости от степени употребительности и реального направления словообразования для лексико-грамматических омонимов обычно соблюдается единый порядок подачи частей речи: 1) существительное; 2) прилагательное; 3) наречие; 4) числительное; 5) глагол; 6) местоимение; 7) предлог; 8) союз; 9) частица; 10) междометие. Например:

high I ... *n* ... вы́сшая то́чка ...
high II ... *a* ... высо́кий ...
high III ... *adv* ... высоко́ ...

Если лексико-грамматические омонимы есть у одного или нескольких лексических омонимов, то подача материала организуется по «гнездам»: сначала даются все лексико-грамматические омонимы первого лексического омонима, затем второго и т. д., например:

still[1] **I** ... *n* ... *поэт.* тишина́ ...
still[1] **II** ... *a* ... неподви́жный ...
still[1] **III** ... *adv* ... неподви́жно ...
still[1] **IV** ... *v* ... успока́ивать ...
still[2] **I** ... *adv* ... до сих пор ...
still[2] **II** ... *cj* ... всё же ...
still[3] **I** ... *n* ... дистилля́тор ...
still[3] **II** *v* ... дистилли́ровать ...

4. СТРУКТУРА СЛОВАРНОЙ СТАТЬИ

Словарная статья содержит:
1) заглавное слово
2) фонетическую транскрипцию
3) грамматическую характеристику
4) пометы, характеризующие область употребления лексической единицы и ее стилистическую окраску
5) русский перевод всех значений лексической единицы, примеры и иллюстрации (основная часть статьи)
6) фразеологию.

4.1. ЗАГЛАВНОЕ СЛОВО

В качестве заглавного слова могут выступать все типы единиц, указанные в начале раздела 2 — отдельные слова, словосочетания и части слов. Все они даются в обычной орфографической записи и выделяются полужирным шрифтом. Орфография выверена по наиболее авторитетным словарям, в первую очередь, по Concise Oxford Dictionary of Current English, 11th ed. London etc.: Oxford University Press, 1980 и Encyclopedic World Dictionary, ed. by Patrick Hanks. London etc.: Hamlyn, 1979.

Заглавное слово любого типа может быть снабжено надстрочной арабской цифрой (показателем лексической омонимии) или римской цифрой (показателем лексико-грамматической омонимии).

В словарных статьях отдельных изменяемых слов заглавное слово представляет собой:
— для существительных — форму единственного числа основного падежа (за исключением случаев, когда существительное имеет только форму множественного числа)
— для прилагательных и наречий, имеющих степени сравнения — форму положительной степени
— для глаголов — основную форму, или инфинитив (за исключением модальных глаголов, не имеющих инфинитива; в этом случае приводится форма простого настоящего времени)
— для личных местоимений — форму именительного падежа.

4.2. ТРАНСКРИПЦИЯ

Фонетическая транскрипция дается для всех лексических единиц, включая словосочетания и части слов. Она записывается в квадратных скобках с помощью следующих стандартных символов Международной фонетической ассоциации:

СОГЛАСНЫЕ ЗВУКИ

[b] back	[ŋ] sing			
[d] day	[p] pen			
[ð] they	[r] red			
[dʒ] jump	[s] son			
[f] few	[ʃ] shi			
[g] gay	[t] tea			
[h] hot	[tʃ] chat			
[j] yet	[θ] thing			
[k] key	[v] view			
[l] led	[w] wet			
[m] map	[z] zero			
[n] nod	[ʒ] measure			

ГЛАСНЫЕ ЗВУКИ

[æ] bad	[ə] about		
[ɑ:] barn	[əʊ] note		
[ɒ] pot	[ɜ:] bird		
[aɪ] bite	[ɪ] pit		
[aʊ] now	[i:] sheep		
[aɪə] tire	[ɪə] here		
[aʊə] tower	[u:] boot		
[ɔ:] born	[ʊ] put		
[ɔɪ] boy	[ʊə] poor		
[e] bed	[ʌ] cut		
[eə] there			
[eɪ] make			

Знак ударения ставится перед первым звуком ударного слога.

Круглые скобки в транскрипции используются для обозначения факультативно произносимых звуков или факультативных ударений, например:

hirable [ˈhaɪ(ə)rəb(ə)l] ...
debarb [(ˈ)diːˈbɑːb] ...

Равноупотребительные варианты произношения или ударения приводятся через запятую, например:

formidable [ˈfɔːmɪdəb(ə)l, fəˈmɪdəb(ə)l] ...

Если приводимые в одной словарной статье варианты слова произносятся по-разному, то изменяемая часть транскрипции выписывается отдельно, например:

hernsew, hernshaw, hernshew [ˈhɜːnsəʊ, -ʃɔː, -ʃəʊ] ...

Иногда транскрипция относится не ко всей вокабуле в целом, а к отдельным ее значениям, например:

conservator [ˈkɒnsəveɪtə] *n* 1. храни́тель... 2. [kənˈsɜːvətə] опеку́н

4.3. ГРАММАТИЧЕСКАЯ ИНФОРМАЦИЯ

Грамматическая информация содержит: 1) помету, определяющую часть речи; 2) сведения о нестандартно образуемых формах; 3) дополнительные грамматические сведения.

4.3.1. ЧАСТИ РЕЧИ

Помета, указывающая на часть речи, дается для всех отдельных слов[4], а также для словосочетаний типа «б» и «в» (см. раздел 2.2). В Словаре используются следующие пометы:
- *n* — существительное
- *a* — прилагательное
- *adv* — наречие
- *num* — (количественное) числительное
- *v* — глагол
- *pron* — местоимение
- *prep* — предлог
- *cj* — союз
- *part* — частица
- *int* — междометие

Все так называемые порядковые числительные (second, fifth и т. д.) считаются прилагательными.

При местоимениях, дополнительно к помете *pron*, дается указание на их разряд; при личных местоимениях, кроме того, в круглых скобках приводится форма косвенного падежа, например:

    someone ... *indef pron* 1) кто́-то, кто́-нибудь, кто́--либо ...
    she ... *pers pron* (her) 1. 1) она́ ...
    oneself ... *pron* А *refl* 1) себя́ ... Б *emph* 1) сам ...

Для фразовых глаголов (типа give up) используется помета *phr v*, для составных предлогов, союзов и наречий — соответственно пометы *phr prep*, *phr cj* и *phr adv*.

Иногда помета части речи характеризует не всю вокабулу в целом, а только некоторые ее значения. В таком случае после номера соответствующего значения слова даются пометы типа *в грам. знач. сущ.*, *в грам. знач. глагола* и т. д. Этот прием используется тогда, когда соответствующее слово не образует «полноценного» лексико-грамматического омонима, хотя и употребляется в некоторых контекстах, свойственных другой части речи, например:

    lame[1] I ... *a* 1. 1) хромо́й .... 5. *в грам. знач. сущ.* 1) (the ~) *собир.* хромы́е .... 2) се́рость, убо́жество ...

4.3.2. СВЕДЕНИЯ О НЕСТАНДАРТНО ОБРАЗУЕМЫХ ФОРМАХ

А. Существительные

При существительных в круглых скобках приводятся формы множественного числа, образуемые не по общим правилам, например:

    woman ... *n* (*pl* women) 1. же́нщина ...
    sheep ... *n* (*pl без измен.*) 1. овца́, бара́н ...

При указании форм множественного числа существительных латинского и греческого происхождения, а также некоторых других иноязычных существительных выписывается только конец основы с окончанием, например:

    phenomenon ... *n* (*pl* -mena) 1. 1) явле́ние, фено́мен ...

В случае, если у существительного возможна и регулярная, и нерегулярная форма множественного числа, указываются обе формы (в явном виде или с помощью сокращения *тж.*), например:

    motto ... *n* (*pl* -os, -oes [əʊz]) 1. деви́з, ло́зунг ...
    trousseau ... *n* (*pl* -seaux [-səʊ], -seaus [-səʊz]) *фр.* 1. прида́ное ...
    scarf ... *n* (*pl тж.* scarves) 1. 1) шарф ...
    brother ... *n* (*pl тж.* brethren) 1. брат ...

При указании нерегулярных форм множественного числа сложных слов выписывается только изменяемая часть слова, например:

    man-of-war ... *n* (*pl* men- [ˈmen-]) 1. вое́нный кора́бль ...
    chairwoman ... *n* (*pl* -women [-ˌwɪmɪn]) (же́нщина-)председа́тель ...

Транскрипции для нерегулярно образуемых форм, имеющих отсылочные статьи, даются в этих статьях, где данные формы выступают в качестве заглавных слов, например:

    women [ˈwɪmɪn] *pl от* woman
    oxen [ˈɒks(ə)n] *pl от* ox

Б. Прилагательные и наречия

При прилагательных и наречиях в круглых скобках через точку с запятой даются нестандартно образуемые формы сравнительной и превосходной степени сравнения, например:

    good II ... *a* (better; best) 1. 1) хоро́ший ...
    well[2] III ... *adv* (better; best) 1. 1) хорошо́ ...

Варианты форм степеней сравнения даются через запятую, например:

    far I ... *a* (farther, further; farthest, furthest) 1. да́льний ...

В. Глаголы

При глаголах в круглых скобках через точку с запятой даются нерегулярно образуемые формы прошедшего времени и пассивного причастия (в случае совпадения этих форм они выписываются один раз), например:

    go II ... *v* (went; gone) ...
    spend ... *v* (spent) ...

Варианты форм прошедшего времени и пассивного причастия даются через запятую, например:

    hang II ... *v* (hung, hanged [-d]) ...
    learn ... *v* (learned, learnt) ...

Для глагола be в круглых скобках выписываются все личные и неличные формы.

Устаревшие, диалектные и поэтические формы прошедшего времени и пассивного причастия в круглых скобках не приводятся, а даются на своем алфавитном месте и сопровождаются отсылкой к основной форме. Исключение составляют американские формы, например:

    get II ... *v* (got, *амер., уст. p. p. тж.* gotten[2]) ...

4.3.3. ДОПОЛНИТЕЛЬНЫЕ ГРАММАТИЧЕСКИЕ СВЕДЕНИЯ

К числу дополнительных грамматических сведений, приводимых в словарных статьях, относятся сведения
— о неполноте парадигмы, т. е. об отсутствии у слова тех или иных грамматических форм
— об особенностях согласования
— об особенностях управления
— о других особенностях синтаксического поведения слов, обусловливающих их способность входить в те или иные синтаксические конструкции.

А. Отсутствие грамматических форм

Если слово или какое-либо его значение употребляется не во всех грамматических формах, свойственных данной части речи, то при нем дается соответствующая помета. В первую очередь это касается ограничений на употребление множественного или единственного числа существительного, а также залога или времени глагола, например:

    works[1] ... *n pl* 1. 1) механи́зм ...
    congratulation ... *n обыкн. pl* поздравле́ние ...
    troop I ... *n* 1. гру́ппа люде́й ... 3. *pl* войска́ ... 4. *обыкн. pl* большо́е коли́чество ...
    footing ... *n* ... 2. *тк. sing* 1) положе́ние ...
    congest[1] ... *v* 1. *обыкн. pass* переполня́ть, перегружа́ть ...
    engage ... *v* ... 5. *обыкн. pass* обручи́ться .... 6. *преим. pass* пригласи́ть ...
    suppose II ... *v* Б *to be supposed to do smth.* име́ть определённые обяза́тельства ...
    use II ... *v* ... 6. (*употр. тк. в past* ...) име́ть обыкнове́ние ...

---

[4] Исключение составляют музыкальные термины итальянского происхождения типа allegro, moderato, scherzo и т. п.

Б. Особенности согласования

В тех случаях, когда существительное во всех или в некоторых значениях имеет особенности согласования с глаголом по числу, дается соответствующее указание, например:

police I ... *n* **1.** полиция ... **2.** *употр. с гл. во мн. ч.* полицейские ...

folk ... *n* **1.** 1) *собир. употр. с гл. во мн. ч.* люди, народ ...

works² ... *n употр. с гл. в ед. и мн. ч.* 1) завод, фабрика ...

Указание об особенностях согласования приводится также при существительных типа *pluralia tantum* (trousers, tongs, scissors и т. п.); при этом помета о множественном числе обычно не дается, например:

tongs ... *n употр. с гл. во мн. ч.* **1.** щипцы ...

В. Особенности управления

В словаре фиксируется специфическое управление предлогами со стороны слов (главным образом, глаголов) или их отдельных значений. Соответствующие предлоги записываются в круглых скобках через запятую, например:

congratulate ... *v* (on, upon) поздравлять ...

comply ... *v* **1.** (with) исполнять ... **2.** (with) подчиняться ... **3.** уступать, соглашаться ...

approve¹ ... *v* **1.** ... 2) (of) высказываться *или* относиться одобрительно ...

consist II ... *v* **1.** (of) состоять ... **2.** (in) заключаться ... **3.** (with) *книжн.* совпадать ...

equal II ... *a* **3.** 1) (with, to) не уступающий ... 2) (to) равняющийся, равный **4.** (to) способный, пригодный ... **5.** (*часто* to) соответствующий ...

Г. Другие синтаксические особенности

К числу указаний на синтаксические свойства английских лексических единиц, помимо отмеченных выше, относятся главным образом сведения о предикативном или атрибутивном употреблении слов или их отдельных значений (т. е. об употреблении, соответственно, в качестве сказуемого или определения), а также о рефлексивном употреблении глагола, например:

afraid ... *a predic* **1.** испуганный ...
glad I ... *a* **1.** *predic* довольный ...
your ... *poss pron* (*употр. тк. атрибутивно; ср.* yours) ... ваш, ваша, ваше, ваши
nerve II ... *v* 1) придавать силу ... 2) *refl* собираться с силами; ... to ~ oneself to a task собираться с силами для выполнения какой-л. задачи ...

4.4. ОГРАНИЧЕНИЯ НА СФЕРУ УПОТРЕБЛЕНИЯ И СТИЛИСТИЧЕСКАЯ ХАРАКТЕРИСТИКА

Как при лексических единицах в целом, так и при отдельных значениях могут приводиться характеристики, касающиеся их области употребления (профессиональной, научной, групповой, территориальной и т. п.) или стилистических особенностей. Примеры:

caliver ... *n ист.* лёгкий аркебуз
flick² ... *v вор. жарг.* резать

Dutch II ... *a* ... **2.** *уст., амер. разг.* немецкий ...
eagle ... *n* **1.** *зоол.* орёл ... **3.** (E.) *астр.* Орёл (*созвездие*) **5.** *амер. воен. жарг.* курсант лётной школы ...

В отличие от Большого англо-русского словаря, в настоящем словаре широко используется стилистическая помета *сл.* (сленг).

4.5. РУССКИЙ ПЕРЕВОД ЗНАЧЕНИЙ ЛЕКСИЧЕСКОЙ ЕДИНИЦЫ
(основная часть словарной статьи)

4.5.1. ИЕРАРХИЯ ЗНАЧЕНИЙ И ПОДЗНАЧЕНИЙ

Значения лексической единицы, как правило, располагаются в порядке убывания их употребительности (от «центра» к «периферии»), а также с учетом смысловой близости, стилистических особенностей и особенностей функционирования (лексически и синтаксически свободные значения предшествуют лексически и синтаксически связанным). Терминологические значения обычно даются после общеупотребительных (как нейтральных, так и стилистически маркированных) значений.

Значения и подзначения лексических единиц раскрываются с помощью переводов на русский язык, содержательных пояснений (выделяемых курсивом и заключаемым в круглые скобки), а также отсылок к другим словарным статьям или фрагментам данной словарной статьи.

Группировка значений осуществляется с помощью довольно сложной иерархической системы цифровых и буквенных символов, которая описывается ниже.

А. Обычные лексические единицы

Для нумерации значений используются полужирные арабские цифры с точкой. Внутри каждого значения могут выделяться подзначения, оформляемые светлыми арабскими цифрами со скобкой. Подзначения могут выделяться и у единственного значения лексической единицы; в этом случае полужирная арабская цифра не ставится.

В качестве подзначений одного значения часто фигурируют переходное и непереходное употребление глагола, например:

chime¹ II ... *v* **1.** 1) выбивать мелодию (*на колоколах, курантах*) 2) звучать, звонить, звенеть ...

В случае синонимии простого и фразового глаголов при соответствующем значении или подзначении в круглых скобках дается фразовое наречие, например:

gauge II ... *v* ... **4.** подгонять под определённый размер (*тж.* ~ up)

gather II ... *v* ... **2.** (*тж.* ~ in) 1) рвать (*цветы*) ... 2) снимать, собирать, убирать (*урожай*) ...

Если словосочетание, приводимое в качестве иллюстрации к какому-либо значению или подзначению, само имеет существенно разные значения, то они отмечаются русскими строчными буквами со скобкой, например:

church II ... **1.** церковный; ... ~ service а) церковная служба, богослужение; б) *разг.* молитвенник

Тот же прием используется и при описании фразеологии; см. ниже, раздел 4.6.

В словарных статьях служебных слов (предлогов, союзов и наречий) в последнем значении могут даваться грамматически релевантные словосочетания (составные предлоги, парные союзы и т. п.). Значения таких словосочетаний отделяются друг от друга русскими строчными буквами со скобкой, например:

as II ... *adv* ... **4.** *в сочетаниях*: as for что касается, что до ... as to а) относительно, о ... б) что до, что касается ...

Б. Слова «широкой семантики»

В словарных статьях ряда так называемых слов «широкой семантики» (существительных, прилагательных и глаголов), общее количество значений и подзначений у которых исчисляется десятками, для лучшей обозримости выделяются группы значений, отмечаемые светлыми римскими цифрами. Каждая такая группа дается с красной строки.

В словарных статьях многозначных союзов светлыми римскими цифрами выделяются группы значений, соответствующие синтаксическим типам союзов.

В словарных статьях глаголов широкой семантики, дополнительно к римским цифрам, используются прописные русские буквы А и Б. Номера групп закрепляются за различными типами значений:

I — свободные значения

II А — лексически связанные значения (т. е. значения, встречающиеся в основном в конкретных словосочетаниях)

II Б — конструктивно обусловленные значения (т. е. значения, выступающие в основном в определенных синтаксических конструкциях)

III А — значения с частичной десемантизацией (т. е. в основном достаточно грамматикализованные значения)

III Б — значения с полной десемантизацией (например, употребления глаголов be, do и др. в качестве вспомогательных или полувспомогательных)

Как и в статьях обычных лексических единиц, группы значений слов широкой семантики упорядочиваются по направлению от «центра» к «периферии».

В. Части слова

Значения частей слова — как аффиксов, так и компонентов сложных слов — группируются на тех же основаниях, что и значения обычных лексических единиц.

Для частей слова, включенных в Словарь в качестве самостоятельных лексических единиц, систематически указывается их словообразовательный тип. В этих целях используются три ключевых глагола, характеризующих часть слова с точки зрения его продуктивности и регулярности: *образует* (для продуктивных аффиксов и компонентов сложных слов), *встречается* (для непродуктивных, но живых частей слов, сохраняющих более или менее ясную семантику) и *выделяется* (для случаев остаточной выделимости с неясной семантикой).

Иногда лексические единицы, способные употребляться как самостоятельно, так и в качестве компонентов сложных слов, объединяются в одну словарную статью. В этом случае компоненты сложных слов даются в конце статьи, после всех самостоятельных значений, например:

maker ... *n* ... 7. (-maker) *как компонент сложных слов*: shoemaker сапо́жник; dressmaker портни́ха

4.5.2. ОФОРМЛЕНИЕ ПЕРЕВОДНЫХ ЭКВИВАЛЕНТОВ И ИЛЛЮСТРАЦИЙ

Для каждого значения или подзначения лексической единицы после его номера дается один русский эквивалент или несколько русских синонимических эквивалентов[5].

При необходимости после переводных эквивалентов в круглых скобках курсивом даются пояснения, касающиеся культурного фона слова, особенностей его употребления, сочетаемости и т. д.

Синонимические эквиваленты отделяются друг от друга запятыми, а переводы, между которыми имеются заметные смысловые или стилистические различия (недостаточные, однако, для того, чтобы сформировать отдельное значение или подзначение) — точками с запятой.

Иллюстративный материал упорядочен по степени возрастания структурной и смысловой сложности, а также с учетом стилистических особенностей. В частности, атрибутивные словосочетания (прилагательное + существительное, существительное + существительное и т. д.) даются перед глагольными словосочетаниями (глагол + существительное, глагол + наречие и т. д.); словосочетания даются перед целыми предложениями, а стилистически нейтральные выражения даются раньше, чем стилистически окрашенные.

В иллюстрациях и их переводах синонимы заключаются в косые скобки, факультативные элементы — в круглые скобки, а сочетаемостные варианты — в квадратные скобки, например:

battle¹ I ... *n* **1.** би́тва; сраже́ние, бой ... line of ~ а) ли́ния фро́нта; б) боево́й поря́док /строй/; to give ~ дава́ть бой /сраже́ние/;

beg¹ ... *v* **1.** 1) проси́ть; to ~ permission /leave/ (of smb.) проси́ть разреше́ния/позволе́ния/ (у кого́-л.) ...

bathe II ... *v* ... **2.** мыть, обмыва́ть ... to ~ one's eyes [a wound] промыва́ть глаза́ [ра́ну] ...

При отсутствии точного лексического или стилистического соответствия, а также при несовпадении образной основы у английского слова или выражения и его русского эквивалента перед последним ставится знак приблизительного равенства (≅), например:

dark II ... *a* ... **1.** 1) тёмный, чёрный ... as ~ as midnight /as pitch/ ≅ тьма кроме́шная, ни зги не ви́дно ...

При названиях животных и растений (в терминологическом употреблении) в круглых скобках курсивом дается стандартное латинское наименование, например:

fox I ... *n* **1.** 1) лиса́, лиси́ца ... 2) *зоол.* лиси́ца (*Vulpes*) ...

Переводы глаголов, как правило, даются в несовершенном виде.

В целях облегчения использования Словаря нерусскоязычными читателями все русские переводы даются в акцентуированной записи. В односложных словах ударение не указывается. Буква «ё» не заменяется на «е» и над ней не ставится знак ударения. Акцентуированная запись не применяется в пояснениях, даваемых курсивом.

4.6. ФРАЗЕОЛОГИЯ

Все фразеологические сочетания, содержащие данную лексическую единицу, приводятся за ромбом в конце словарной статьи, после всех нефразеологических значений. Это условие соблюдается даже в тех случаях, когда то или иное фразеологическое сочетание явным образом мотивировано каким-либо определенным значением лексической единицы.

Фразеологические сочетания упорядочиваются в соответствии с теми же принципами, что и иллюстрации к нефразеологическим значениям: структурно и семантически более простые сочетания предшествуют более сложным; словосочетания предшествуют предложениям (в том числе пословицам и поговоркам).

Если какое-либо фразеологическое сочетание имеет несколько значений, то они выделяются строчными русскими буквами со скобкой, например:

cropper³ ... *n разг.* 1) тяжёлое положе́ние ... ◊ to come a ~ а) свали́ться, упа́сть (*вниз голово́й*); б) потерпе́ть неуда́чу ...

Фразеологические сочетания, мотивированные несколькими полнозначными словами, как правило, помещаются только при одном из них.

5. ОТСЫЛКИ

В целях экономии места и компактности изложения материала в Словаре широко используются отсылки от одной словарной статьи к другой, а также от одного фрагмента данной словарной статьи к другому. Используются следующие основные знаки отсылки: равенство, пометы *см.*, *см. тж.*, *ср. тж.* и *сокр. от.* Отсылка обычно дается от менее употребительного или более сложного варианта к более употребительному или менее сложному.

Если слово или выражение, от которого дается отсылка, является орфографическим вариантом другого или полностью совпадает с ним по значению и сфере употребления, то в отсылочной статье (обычно после транскрипции) ставится знак равенства и не приводится никаких помет или пояснений, например:

calk [kɔ:k-] = caulk
theoric ... *а др.-греч.* относя́щийся к пра́зднествам ...; ~ fund = theoricon

Знак равенства используется также при отсылках от американских орфографических вариантов к британским, а также при отсылках от устаревших, редких или диалектных слов к общеупотребительным, например:

theater ... *амер.* = theatre
canicule ... *редк.* = dog-days
anyways ... *диал.* = anyway
choise ... *шотл.* = choose

---

[5] Авторы стремились помещать первыми семантически наиболее точные эквиваленты (даже в тех случаях, когда по степени употребительности они существенно отличаются от исходной английской лексической единицы в соответствующем значении).

Отсылки от стилистически окрашенных слов к нейтральным оформляются с помощью пометы *см.*, например:

dashy ... *разг. см.* dashing 3

Пояснения, относящиеся к нескольким однокоренным словам или лексико-грамматическим омонимам, приводятся один раз, а в остальных словарных статьях дается отсылка с помощью пометы *см.*, например:

sconce[4] **I** ... *n* **1.** 1) штраф (*обыкн. кружка пива*) за нарушение правил поведения (*в столовой Оксфордского университета*) ...

sconce[4] **II** ... *v уст.* налагать штраф ... [*см.* sconce[4] I 1]

В производных словах с продуктивными суффиксами -ness, -ed, -ly, -ing и др., как правило, дается один переводной эквивалент и производного отсылка к слову, от которого образовано данное, например:

cabined ... *a* **1.** имеющий каюты [*см.* cabin I] **2.** 1) стеснённый *и пр.* [*см.* cabin II] ...

Другой прием используется при описании производных слов с продуктивными многозначными суффиксами типа -er, -or, имеющих много потенциальных значений. Вместо русского эквивалента здесь дается отсылка к мотивирующей основе, например:

cadger ... *n* **1.** *см.* cadge II + -er ...

В этом случае читатель должен обратиться к статьям cadge II и -er, чтобы выбрать наиболее подходящую комбинацию значений.

Пометы *см. тж.* и *ср. тж.* используются тогда, когда разные значения или подзначения одного слова иллюстрируются одинаковыми словосочетаниями, а также в тех случаях, когда одно и то же словосочетание выступает и как свободное, и как фразеологическое, например:

corner I ... *n* ... **1.** 1) угол, уголок ... to turn the ~ завернуть за угол [*см. тж.* ◊] ... four ~s перекрёсток [*ср. тж.* 3] ... **3.** часть, район; the four ~s of the earth четыре страны света [*см. тж.* four ◊] ...

◊ ... to turn the ~ а) выйти из затруднительного *или* опасного положения ... [*см. тж.* 1, 1)] ...

Авторы стремились избегать отсылок от предыдущего тома Словаря к последующим.

6. СОВЕТЫ ДЛЯ НАЧИНАЮЩИХ

В некоторых ситуациях к Большому англо-русскому словарю приходится обращаться людям, не имеющим никаких или почти никаких знаний в грамматике и лексике английского языка. Часто такие читатели не находят в словаре нужного слова просто потому, что не могут определить его исходную форму. Специально для данной категории пользователей Словаря ниже приводится несколько полезных советов.

Прежде всего следует помнить, что все сколько-нибудь нестандартно образуемые словоформы даются в Словаре на своих алфавитных местах с отсылкой к основной форме. Поэтому, если интересующее Вас слово отсутствует на соответствующем алфавитном месте, это может означать либо то, что его действительно нет в Словаре, либо то, что оно представляет собой стандартно образуемую словоформу некоторого слова, исходная форма которого в Словаре есть.

Чтобы проверить последнее предположение, следует попытаться построить по встретившейся вам незнакомой словоформе исходную форму слова. Для этого нужно определить возможное окончание незнакомой словоформы и, отбросив или видоизменив его, получить гипотетическую исходную форму и попробовать отыскать ее в словаре.

Ниже перечисляются все возможные типы стандартных (графических) окончаний английских словоформ и указывается, как по этим окончаниям определить гипотетическую исходную форму. Поскольку некоторые окончания вкладываются друг в друга и/или требуют разных операций, одну и

№ п/п	Незнакомая словоформа	Окончание	Операция над окончанием	Исходная форма	Примеры
1	2	3	4	5	6
1.	XXXXXs	—s	отбросить: s ⇒ ∅	XXXXX	puts ⇒ put 'помещать' bags ⇒ bag 'сумка'
2.	XXXXXes	—es	отбросить: es ⇒ ∅	XXXXX	reaches ⇒ reach 'достигать' lashes ⇒ lash 'ресница'
3.	XXXXXies	—ies	видоизменить: ies ⇒ y	XXXXXy	specifies ⇒ specify 'указывать' flies ⇒ fly 'муха'
4.	XXXXXed	—ed	отбросить: ed ⇒ ∅	XXXXX	blinked ⇒ blink 'мигать'
5.	XXXXXed	—ed	видоизменить: ed ⇒ e	XXXXXe	faded ⇒ fade 'увядать'
6.	XXXXXied	—ied	видоизменить: ied ⇒ y	XXXXXy	specified ⇒ specify 'указывать'
7.	XXXXXCCed	—CCed	видоизменить: CCed ⇒ C	XXXXXC	slapped ⇒ slap 'шлепать'
8.	XXXXXing	—ing	отбросить: ing ⇒ ∅	XXXXX	bringing ⇒ bring 'приносить'
9.	XXXXXing	—ing	видоизменить: ing ⇒ e	XXXXXe	writing ⇒ write 'писать'
10.	XXXXXying	—ying	видоизменить: ying ⇒ ie	XXXXXie	dying ⇒ die 'умирать'
11.	XXXXXCCing	—CCing	видоизменить: CCing ⇒ C	XXXXXC	putting ⇒ put 'помещать'
12.	XXXXXer	—er	отбросить: er ⇒ ∅	XXXXX	smaller ⇒ small 'маленький'
13.	XXXXXer	—er	видоизменить: er ⇒ e	XXXXXe	nicer ⇒ nice 'милый'
14.	XXXXXier	—ier	видоизменить: ier ⇒ y	XXXXXy	prettier ⇒ pretty 'хорошенький'
15.	XXXXXCCer	—CCer	видоизменить: CCer ⇒ C	XXXXXC	bigger ⇒ big 'большой'
16.	XXXXXest	—est	отбросить: est ⇒ ∅	XXXXX	smallest ⇒ small 'маленький'
17.	XXXXXest	—est	видоизменить: est ⇒ e	XXXXXe	nicest ⇒ nice 'милый'
18.	XXXXXiest	—iest	видоизменить: iest ⇒ y	XXXXXy	prettiest ⇒ pretty 'хорошенький'
19.	XXXXXCCest	—CCest	видоизменить: CCest ⇒ C	XXXXXC	biggest ⇒ big 'большой'

ту же незнакомую форму, возможно, придется пропустить через таблицу окончаний несколько раз. XXXXX обозначает (графическую) основу словоформы, т. е. последовательность букв, предшествующую окончанию; С — любую согласную букву; СС — последовательность двух одинаковых согласных букв.

Покажем на нескольких примерах, как следует пользоваться этой таблицей.

1. Незнакомая словоформа — weighs. Находим в таблице строку 1, соответствующую окончанию -s; отбрасываем это окончание, получаем гипотетическую исходную форму weigh и ищем ее в Словаре на своем алфавитном месте.

2. Незнакомые словоформы — buses, fuses и axes. Из таблицы видно, что в этих словоформах можно выделить по два окончания — -s (строка 1) и -es (строка 2). Выполнив соответствующие операции над окончаниями, получаем для каждой словоформы по две гипотетических исходных формы — buse и bus для первой, fuse и fus для второй и ах и axe для третьей. Обратившись к Словарю, убеждаемся, что в первом случае верной оказалась вторая гипотеза (bus), во втором — первая гипотеза (fuse), а в третьем — обе гипотезы (ax и axe).

3. Незнакомая словоформа — defied. Находим в таблице строки 4 и 5, соответствующие окончанию -ed, и строку 6, соответствующую окончанию -ied. Выполнив указанные в этих строках операции, получаем три гипотетические исходные формы — defi, defie и defy. Обратившись к Словарю, убеждаемся, что верной оказалась лишь последняя из этих гипотез.

4. Незнакомые словоформы — cheating, creating и hoping. Находим в таблице строки 8 и 9, соответствующие окончанию -ing, и, выполнив указанные в этих строках операции, получаем для каждой словоформы по две гипотетических исходных формы — cheat и cheate — для первой, creat и create — для второй и hop и hope — для третьей. Обратившись к Словарю, убеждаемся, что в нем содержатся слова cheat, create, hop и hope[6].

5. Незнакомые словоформы — cleverer и purer. Находим в таблице строки 12 и 13, соответствующие окончанию -er, и, выполнив указанные в этих строках операции, получаем для каждой словоформы по две гипотетических исходных формы — clever и clevere — для первой, pur и pure — для второй. Обратившись к Словарю, убеждаемся, что в первом случае верной оказалась первая гипотеза (clever), а во втором — вторая гипотеза (pure).

6. Незнакомая словоформа — fattest. Находим в таблице строки 16 и 17, соответствующие окончанию -est, и строку 19, соответствующую окончанию -CCest. Выполнив указанные в этих строках операции, получаем три гипотетические исходные формы — fatte, fatt и fat. Обратившись к Словарю, убеждаемся, что верной оказалась лишь последняя из этих гипотез.

7. ЗНАКИ, ИСПОЛЬЗУЕМЫЕ В СЛОВАРЕ

~ (тильда) — заменяет заглавное слово в тексте данной словарной статьи[7].

◊ (ромб) — вводит фразеологическую зону словарной статьи.

‖ (параллельные линии) — используется в статьях числительных, обозначающих десятки и сотни, для отделения моделей составных числительных (типа forty-one) и составных порядковых прилагательных (типа forty-first).

= (знак равенства) — используется при отсылках к другим словарным статьям, а также при сопоставлении единиц измерения, относящихся к разным системам.

≅ (знак приблизительного равенства) — используется при отсутствии полного лексического или стилистического соответствия английского слова или выражения и его русского переводного эквивалента.

8. ПРИЛОЖЕНИЯ

Помимо основного корпуса, Словарь содержит следующие приложения:
1) список личных имен
2) список географических названий
3) список общеупотребительных сокращений
4) таблицы денежных единиц
5) таблицы мер и весов.

Л. Л. Иомдин

---

[6] При пользовании приведенной выше таблицей следует иметь в виду, что в некоторых, довольно редких, ситуациях правила построения исходных форм дают избыточные гипотезы; в частности, словоформа герундия hoping имеется только у глагола hope 'надеяться', но не у глагола hop 'прыгать' (у таких глаголов в форме герундия удваивается последняя согласная буква основы: hopping).

[7] С помощью тильды можно сокращенно записывать производные словоформы; в этом случае между тильдой и концевой частью словоформы не должно быть пробела. Например, в словарной статье глагола knit запись ~s означает "knits", ~ted — "knitted" и т. д.

ЛЕКСИКОГРАФИЧЕСКИЕ ИСТОЧНИКИ

The Shorter Oxford English Dictionary on Historical Principles, 3rd ed. rev. with addenda, Oxford, 1964.
The Concise Oxford Dictionary of Current English, 11th ed. London etc.: Oxford University Press, 1980.
H. C. Wyld. The Universal Dictionary of the English Language. London: Routledge & Kegan Paul, 1957.
Collins COBUILD English Language Dictionary. London & Glasgow: Collins, 1987.
Collins Dictionary of the English Language Dictionary, ed. by P. Hanks et al., 2nd ed. London & Glasgow: Collins, 1987.
Chambers 20th Century Dictionary, New ed. Cambridge etc.: Cambridge University Press, 1983.
A. S. Hornby, E. V. Gatenby, H. Wakefield. The Advanced Learner's Dictionary of Current English, 2nd ed. London: Oxford University Press, 1967.
Cassell's New English Dictionary, 2nd ed. London: Cassell & Co., 1978.
G. N. Garmonsway. The Penguin English Dictionary, rev. ed. London: Lane, 1976.
N. Webster. Webster's New International Dictionary of the English Language, 2nd ed. Springfield (Mass.): Merriam, 1957.
Webster's Third New International Dictionary of the English Language. Springfield (Mass.): Merriam-Webster, 1981.
N. Webster. Webster's New World Dictionary of the American Language. New York etc., 1974.
N. Webster. Webster's New World Thesaurus. New York: New Amer. Libr., 1975.
The Random House Dictionary of the English Language. Second Unabridged Edition. New York: Random House, 1987.
Funk and Wagnalls. Standard Dictionary of the English Language. International Edition. New York: Funk & Wagnalls, 1963.
The World Book Dictionary, ed. by C. L. Barnhart and R. K. Barnhart. V. 1—2. Chicago etc.: World Book, 1984.
C. L. Barnhart et al. The Second Barnhart Dictionary of New English. Bronxille (N. Y.): Barnhart Books, 1980.
Encyclopedic World Dictionary, ed. by Patrick Hanks. London etc.: Hamlyn, 1979.
The American Heritage Dictionary of the English Language, ed. by William Morris, New College ed. Boston etc.: Houghton Mifflin, 1982.
Harrap's New Standard French and English Dictionary, by J. E. Manison, rev. and ed. by R. P. L. Ledesert and M. Ledesert. London: Harrap, 1980.
Daniel Jones. Everyman's English Pronouncing Dictionary, 14th ed. London, 1977.
A. Reum. A Dictionary of English Style. München, 1961.
W. G. Smith. The Oxford Dictionary of English Proverbs, 2nd ed. Oxford, 1957.
Kenkyusha's New Collegiate Dictionary of English Collocations, ed. by Senkichiro Katsumata. Tokyo: Kenkyusha, 1973.
The Oxford Dictionary of Quotations, 2nd ed. London, New York, 1956.
Eric Partridge. A Dictionary of Slang and Unconventional English, 8th ed. London etc.: Routledge & Kegan Paul, 1984.
Mitford M. Mathews. A Dictionary of Americanisms on Historical Principles. Chicago, 1956.
B. Evans and C. Evans. A Dictionary of Contemporary American Usage. New York, 1957.
H. W. Horwill. A Dictionary of Modern American Usage. Oxford, 1952.
Margaret Nickolson. A Dictionary of American-English Usage. New York: New Amer. Libr., 1958.
Lester V. Berrey and Melvin Van Den Bark. The American Thesaurus of Slang, 2nd ed. New York, 1956.
H. Wentworth and S. B. Flexner. A Dictionary of American Slang. New York, 1957.
The Winston Dictionary of Canadian English. Toronto, Montreal, 1975.
The Australian Concise Oxford Dictionary of Current English, ed. by G. W. Turner, 7th ed. Melbourne: Oxford University Press, 1987.
A. Godman, E. M. F. Payne. Longman Dictionary of Scientific Usage. Москва: Русский язык, Harlow: Longman, 1987.
American Pocket Medical Dictionary, 19th ed. Philadelphia & London, 1953.
Webster's Geographical Dictionary. Springfield (Mass.), 1964.
Толковый словарь русского языка, тт. I—IV, под ред. проф. Д. Н. Ушакова. Москва: Гос. изд-во иностранных и национальных словарей, 1935—1940.
Словарь современного русского литературного языка, тт. I—XVII, Академия наук СССР — Институт русского языка. Москва — Ленинград: Изд-во Академии наук СССР, 1948—1965.
Словарь русского языка, тт. I—IV. Академия наук СССР — Институт русского языка, изд. 3. Москва: Русский язык, 1985—1988.
С. И. Ожегов. Словарь русского языка, изд. 20. Москва: Русский язык, 1988.
Русское литературное произношение и ударение, под ред. Р. И. Аванесова и С. И. Ожегова. Москва: Гос. изд-во иностранных и национальных словарей, 1959.
Орфографический словарь русского языка, Академия наук СССР — Институт русского языка, изд. 13 испр. и доп. Москва: Русский язык, 1974.
Орфоэпический словарь русского языка, сост. С. Н. Борунова, В. Л. Воронцова, Н. А. Еськова, Академия наук СССР — Институт русского языка, изд. 2. Москва: Русский язык, 1985.
А. А. Зализняк. Грамматический словарь русского языка, изд. 3. Москва: Русский язык, 1987.
Фразеологический словарь русского языка, под ред. А. И. Молоткова, изд. 3. Москва: Русский язык, 1978.
Советский энциклопедический словарь, изд. 4, испр. и доп. Москва: Советская энциклопедия, 1989.
Словарь иностранных слов, под ред. И. В. Лехина, С. М. Локшиной и др. изд. 15, испр. Москва: Советская энциклопедия, 1988.
Словарь лингвистических терминов, сост. О. С. Ахманова, изд. 3. Москва: Советская энциклопедия, 1966.
Англо-русский словарь, сост. В. К. Мюллер, изд. 21, испр. Москва: Русский язык, 1987.
Полный англо-русский словарь, сост. А. Александров. New York, 1927.
Русско-английский словарь, под общим руководством проф. А. И. Смирницкого, изд. 15, под ред. проф. О. С. Ахмановой. Москва: Русский язык, 1989.
Англо-русский фразеологический словарь, сост. А. В. Кунин, изд. 4, перераб. и доп. Москва: Русский язык, 1984.
Англо-русский библиотечно-библиографический словарь, сост. М. Х. Сарингулян. Москва: Изд-во Всесоюзной книжной палаты, 1958.
Англо-русский словарь книговедческих терминов, сост. Т. П. Елизаренкова. Москва: Советская Россия, 1962.
Англо-русский юридический словарь, сост. С. Н. Андрианов, А. С. Никифоров. Москва: Международные отношения, 1964.
Англо-русский дипломатический словарь, под общ. руковод-

ством В. С. Шах-Назаровой и др. Москва: Русский язык, 1989.

Англо-русский экономический словарь, под ред. А. В. Аникина. Москва: Русский язык, 1981.

Англо-русский общеэкономический и внешнеторговый словарь, сост. Е. Е. Израилевич, изд. 3, перераб. и доп. Москва: Советская энциклопедия, 1972.

Англо-русский политехнический словарь, под общей ред. А. Е. Чернухина, изд. 4. Москва: Русский язык, 1979.

Краткий англо-русский технический словарь, под ред. проф. д-ра тех наук А. Е. Десова, изд. 2. Москва: Советская энциклопедия, 1969.

Англо-русский физический словарь, под ред. проф. д-ра физ.-мат. наук Д. М. Толстого, изд. 3. Москва: Русский язык, 1978.

Англо-русский ядерный словарь, сост. д-р тех. наук Д. И. Воскобойник и М. Г. Циммерман. Москва: Физматгиз, 1960.

Англо-русский астрономический словарь, сост. О. А. Мельников и др., Москва. Советская энциклопедия, 1971.

Англо-русский астрогеофизический словарь, сост. Н. Ф. Трифонова, З. Д. Чекулаева. Москва: Физматгиз, 1962.

Англо-русский метеорологический словарь, сост. И. П. Гейбер. Ленинград: Гидрометеоиздат, 1969.

Англо-русский словарь математических терминов, Математический институт им. В. А. Стеклова Академии наук СССР. Москва: Изд-во иностранной литературы, 1962.

Англо-русский словарь по вычислительной технике, под ред. Е. К. Масловского, изд. 5. Москва, Русский язык, 1989.

Англо-русский словарь по программированию и информатике (с толкованиями), сост. А. Б. Борковский. Москва, Русский язык, 1987.

Англо-русский словарь по современной радиоэлектронике, сост. И. К. Калугин и др., изд. 2. Москва, Советская энциклопедия, 1972.

Англо-русский словарь по микроэлектронике, сост. К. Я. Прохоров. Москва, Русский язык, 1985.

Англо-русский словарь по телевидению, сост. В. А. Хлебородов, Л. П. Герман-Прозорова, И. С. Янкельсон, изд. 2. Москва: Русский язык, 1985.

Англо-русский словарь по фотографии и кинематографии, сост. А. А. Сахаров. Москва: Физматгиз, 1960.

Англо-русский электротехнический словарь, сост. д-р тех. наук Л. Б. Гейлер и канд. тех. наук Н. И. Дозоров, изд. 3. Москва: Физматгиз, 1961.

Англо-русский полиграфический словарь, под общей ред. А. А. Тюрина. Москва: Физматгиз, 1962.

Англо-русский океанографический словарь, сост. Н. Н. Горский, В. И. Горская. Москва: Гос. изд-во технико-теоретической литературы, 1957.

Морской англо-русский словарь, сост. А. М. Таубе и В. А. Шмид, изд. 2. Москва: Гос. изд-во иностранных и национальных словарей, 1951.

Англо-русский морской словарь, под ред. П. А. Фаворова. Москва: Советская энциклопедия, 1973.

Англо-русский военный словарь, под ред. В. Н. Шевчука и В. М. Полюхина, изд. 3. Москва: Военное изд-во Министерства обороны СССР, 1987.

Военный англо-русский словарь, сост. А. М. Таубе, изд. 3. Москва: Гос. изд-во иностранных и национальных словарей, 1949.

Англо-русский авиационный словарь, под общей ред. А. М. Мурашкевича. Москва: Советская энциклопедия, 1964.

Англо-русский словарь по космонавтике, под ред. акад. А. А. Благонравова. Москва: Военное изд-во Министерства обороны СССР, 1964.

Англо-русский ракетно-космический словарь, сост. А. М. Мурашкевич, А. А. Августов и др. Москва: Военное изд-во Министерства обороны СССР, 1966.

Англо-русский автотракторный словарь, сост. Б. В. Гольд и Р. В. Кугель, изд. 2. Москва: Гос. изд-во технико-теоретической литературы, 1957.

Англо-русский словарь по машиностроению и металлообработке, сост. С. И. Кречетников, изд. 2. Москва: Физматгиз, 1961.

Англо-русский словарь по деталям машин, под ред. проф. Л. Д. Белькинда. Москва: Физматгиз, 1959.

Англо-русский словарь по сварочному производству, сост. канд. тех. наук В. Т. Золотых, изд. 2. Москва: Советская энциклопедия, 1967.

Англо-русский металлургический словарь, под ред. Б. М. Вошедченко. Москва: Советская энциклопедия, 1974.

Англо-русский словарь по железнодорожной автоматике, телемеханике и связи, сост. канд. тех. наук И. С. Глузман. Москва: Физматгиз, 1958.

Англо-русский строительный словарь, сост. П. Г. Амбургер, изд. 3. Москва: Физматгиз, 1962.

Англо-русский геологический словарь, сост. Т. А. Софиано, изд. 2. Москва: Физматгиз, 1961.

Англо-русский горный словарь, сост. проф. Л. И. Барон и Н. Н. Ершов. Москва: Физматгиз, 1958.

Англо-русский химико-технологический словарь, под ред. В. В. Михайлова, изд. 6. Москва: Советская энциклопедия, 1971.

Англо-русский медицинский словарь, сост. М. П. Мультановский, А. Иванова, изд. 2. Москва: Медицина, 1969.

Англо-русский медицинский словарь, сост. Г. Н. Акжигитов и др. Москва: Русский язык, 1988.

Медицинская терминология на пяти языках, сост. Георги Д. Арнаудов. София: Медицина и физкультура, 1964.

Англо-русский биологический словарь, сост. И. Н. Афанасьева, С. Г. Васецкий и др. Москва: Русский язык, 1988.

Англо-русский гидробиологический словарь, сост. канд. биол. наук Н. Н. Смирнов. Москва: Гос. изд-во технико-теоретической литературы, 1955.

Англо-русский сельскохозяйственный словарь, сост. Б. Н. Усовский, Н. В. Геминова, Т. А. Красносельская, изд. 3. Москва — Ленинград: Гос. изд-во технико-теоретической литературы, 1956.

Англо-русский сельскохозяйственный словарь, сост. П. А. Адаменко и др. Москва: Русский язык, 1983.

Англо-русский словарь по сельскохозяйственной технике, под ред. Л. А. Корбута. Москва: Советская энциклопедия, 1965.

Англо-русский текстильный словарь, сост. З. Е. Рабинович, изд. 2. Москва: Физматгиз, 1961.

Англо-русский словарь по пищевой промышленности, группа сост. под ред. инж. М. И. Бенсона. Москва: Физматгиз, 1963.

УСЛОВНЫЕ СОКРАЩЕНИЯ

РУССКИЕ — RUSSIAN

ав. — авиация — aeronautics
австрал. — употребительно в Австралии — used in Australia
авт. — автомобильное дело — motor transport
амер. — американизм — Americanism
анат. — анатомия — anatomy
антр. — антропология — anthropology
араб. — арабский (язык) — Arabic
арх. — устаревшее слово *или* выражение — archaic
археол. — археология — archaeology
архит. — архитектура — architecture
астр. — астрономия — astronomy
афр. — 1) африканские языки — African languages 2) слово, употребляющееся в Африке — an English word as used in Africa

бакт. — бактериология — bacteriology
банк. — банковское дело — banking
безл. — безличный — impersonal
библ. — библеизм — biblical
биол. — биология — biology
биохим. — биохимия — biochemistry
бирж. — биржевое выражение — (on the) Stock Exchange
бот. — ботаника — botany
бран. — бранное слово *или* выражение — abusive or swear word, expression
брит. — употребительно в Великобритании — British
буд. — будущее время — future
будд. — относящийся к буддизму — Buddhistic
букв. — буквально — literally
бум. — бумажное дело — paper-making
бухг. — бухгалтерия — book-keeping
б. ч. — большей частью — in most cases

в. — век — century
в грам. знач. глагола — в грамматическом значении глагола — in the grammatical meaning of a verb
в грам. знач. нареч. — в грамматическом значении наречия — in the grammatical meaning of an adverb
в грам. знач. предлога — в грамматическом значении предлога — in the grammatical meaning of a preposition
в грам. знач. прил. — в грамматическом значении прилагательного — in the grammatical meaning of an adjective
в грам. знач. сущ. — в грамматическом значении существительного — in the grammatical meaning of a noun
вежл. — вежливое выражение — polite formula
венг. — венгерский (язык) — Hungarian
вест.-инд. — употребительно в Вест-Индии — used in West Indies
вет. — ветеринария — veterinary
вин. — винительный (падеж) — accusative (case)
вм. — вместо — instead of
воен. — военное дело — military
возвр. — возвратное (местоимение) — reflexive (pronoun)
возвыш. — возвышенно — elevated
вопр. — вопросительный — interrogative
вор. жарг. — воровской жаргон — thieves' cant
вост. — восточный — East
вр. — время — tense
вульг. — вульгарно — low, vulgar
вчт. — вычислительная техника — computers and data processing

г. — 1) город — town, city 2) год — year
г — грамм — gramme
гавайск. — гавайский (язык) — Hawaiian

гг. — годы — years
гельм. — гельминтология — helminthology
геогр. — география — geography
геод. — геодезия — geodesy
геол. — геология — geology
геральд. — геральдика — heraldry
герм. — германские языки — Germanic languages
гидр. — 1) гидрология — hydrology 2) гидротехника — hydraulic engineering
гл. — глагол — verb
гл. обр. — главным образом — chiefly
голл. — голландский (язык) — Dutch
горн. — горное дело — mining
грам. — грамматика — grammar
греч. — греческий (язык) — Greek
груб. — грубое слово *или* выражение — vulgar or low word or phrase

д. — дюйм — inch
дат. — дательный (падеж) — dative (case)
датск. — датский (язык) — Danish
детск. — детское слово *или* выражение — nursery word or phrase
диал. — диалектизм — dialect
дип. — дипломатический термин — a term used in diplomacy
дор. — дорожное дело — road building
др. — другой, другие — other(s)
др.-греч. — 1) древнегреческий язык — Old Greek 2) относящийся к Древней Греции — ref. to Ancient Greece
др.-евр. — древнееврейский — Hebrew
др.-ирл. — древнеирландский — Old Irish
др.-рим. — древнеримский — ref. to Ancient Rome

евр. — еврейский — Yiddish
египт. — египетский — Egyptian
ед. — единственное число — singular

ж. — женский (род) — feminine (gender)
жарг. — жаргонизм — jargon
ж.-д. — железнодорожное дело — railways
женск. — форма женского рода к — feminine of
жив. — живопись — painting

зал. — залив — bay
зап. — западный — West
звукоподр. — звукоподражательное слово — onomatopoetic word
знач. — значение — meaning; sense
зоол. — зоология — zoology

им. — именительный (падеж) — nominative (case)
инд. — 1) индийские языки — Indian languages 2) употребительно в Индии — used in India 3) английское слово, употребляющееся в Индии — an English word as used in India
информ. — информатика — informatics
и пр. — и прочее — et cetera, and so forth
ирл. — употребительно в Ирландии — used in Ireland
ирон. — иронически, в ироническом смысле — ironic
иск. — искусство — art
исл. — исландский (язык) — Icelandic
исп. — испанский (язык) — Spanish
ист. — относящийся к истории — history
ит. — итальянский (язык) — Italian
и т. д. — и так далее — et cetera, and so on
и т. п. — и тому подобное — et cetera

канад. — употребительно в Канаде — used in Canada
канц. — канцелярское слово или выражение — office term
карт. — термин карточной игры — cards
кг — килограмм — kilogramme
кино — кинематография — cinema
кит. — китайский (язык) — Chinese
км — километр — kilometre
книжн. — литературно-книжное слово — common literary or special literary word
кож. — кожевенное дело — tanning
ком. — коммерческий термин — commerce
кор. — корейский (язык) — Korean
косв. — косвенный (падеж) — oblique (case)
косм. — космонавтика — cosmonautics
кто-л. — кто-либо — somebody
кул. — кулинария — cooking, cookery

л. — лицо — person
л — литр — litre
ласк. — ласкательно — affectionate
лат. — латинский (язык) — Latin
лес. — лесное дело — forestry
лингв. — лингвистика — linguistics
лит. — литературоведение — theory and history of literature
лог. — логика — logic

м. — мужской (род) — masculine (gender)
м — метр — metre
малайск. — малайский (язык) — Malay
мат. — математика — mathematics
мг — миллиграмм — milligramme
мед. — медицина — medicine
мекс. — употребительно в Мексике — used in Mexico
мест. — местоимение — pronoun
метал. — металлургия — metallurgy
метеор. — метеорология — meteorology
мин. — минералогия — mineralogy
миф. — мифология — mythology
млн. — миллион — million
мм — миллиметр — millimetre
мн. — множественное число — plural
монг. — монгольский (язык) — Mongolian
мор. — морское дело — nautical
муз. — музыка — music

накл. — наклонение — mood
напр. — например — for example
нареч. — наречие — adverb
нариц. — нарицательное (имя) — common noun
наст. — настоящее время — present tense
нем. — немецкий (язык) — German
неодобр. — неодобрительно — derogatory, disapproving
неопр. — неопределённое (местоимение) — indefinite (pronoun)
неправ. вм. — неправильно вместо — used erroneously
неприст. — непристойное слово или выражение — obscene word or phrase
несовр. — несовременно — not in modern use
новозел. — употребительно в Новой Зеландии — used in New Zealand
норв. — норвежский (язык) — Norwegian
н. э. — нашей эры — Anno Domini

образн. — образное употребление — used figuratively
обыкн. — обыкновенно — usually
о-в(а) — остров(а) — island(s)
оз. — озеро — lake
океан. — океанография — oceanography
опт. — оптика — optics
особ. — особенно — especially
относ. — относительное (местоимение) — relative (pronoun)
отриц. — отрицательный — negative
офиц. — официальный термин — official term; официальное выражение — official phrase
охот. — охота — hunting

п. — падеж — case
палеонт. — палеонтология — paleontology
парл. — парламентское выражение — parliamentary term or phrase
п-в — полуостров — peninsula
пед. — педагогика — pedagogics
перен. — в переносном значении — in transferred use
перс. — персидский (язык) — Persian
повел. — повелительный — imperative
полигр. — полиграфия — printing

полит. — политический термин — political term
полит.-эк. — политическая экономия — political economy
польск. — польский (язык) — Polish
португ. — португальский (язык) — Portuguese
посл. — пословица — proverb
превосх. ст. — превосходная степень — superlative degree
предл. — предложный (падеж) — prepositional (case)
презр. — презрительно — contemptuous
преим. — преимущественно — mainly
пренебр. — пренебрежительно — derogatory
преф. — префикс — prefix
прил. — имя прилагательное — adjective
прич. — причастие — participle
прол. — пролив — strait
прост. — просторечие — vernacular
прост.-груб. — просторечно-грубое слово или выражение — vernacular and vulgar word or phrase
противоп. — противоположное — opposite
проф. — профессионализм — professionalism
прош. — прошедшее время — past tense
психиатр. — психиатрия — psychiatry
психол. — психология — psychology
пчел. — пчеловодство — apiculture

р. — 1) река — river 2) род — gender
радио — радиотехника — radio
разг. — разговорное слово, выражение — colloquial word, phrase
реакт. — реактивная техника — rocketry
редк. — редко(е слово или выражение) — rare, not in common use
рел. — религия — religion
рим. — римский — Roman
ритор. — 1) риторически — rhetorical 2) в риторике — in rhetoric
род. — родительный (падеж) — genitive (case)
рум. — румынский (язык) — Rumanian
русск. — русский (язык) — Russian
рыб. — 1) рыбоводство — pisciculture 2) рыболовство — fishing

сад. — садоводство — horticulture
санскр. — санскритский (язык) — Sanskrit
св. — связь — communication
сев. — северный — North
сканд. — скандинавский — Scandinavian
сл. — сленг — slang
см. — смотри — see
собир. — 1) собирательное (существительное) — collective noun 2) собирательно — collectively
собств. — собственное имя — proper name
сокр. — 1) сокращение — abbreviation 2) сокращённо — abbreviated
соотв. — соответствует — corresponds
социол. — социология — sociology
сочет. — сочетание — combination
спец. — термин, употребляющийся в разных областях знаний — term used in different branches of science or technology
спорт. — физкультура и спорт — sport
ср. — сравни — compare
сравнит. ст. — сравнительная степень — comparative degree
стат. — статистика — statistics
стил. — стилистика — stylistics
стих. — стихосложение — prosody
стр. — строительное дело — building
страх. — страховой термин — insurance
студ. — студенческое (выражение) — student (term)
суф. — суффикс — suffix
сущ. — имя существительное — noun
с.-х. — сельское хозяйство — agriculture

твор. — творительный (падеж) — instrumental (case)
театр. — театроведение, театр — theatre
текст. — текстильное дело — textile
тел. — телефония, телеграфия — telephone, telegraph
тех. — техника — technical
тж. — также — also
тк. — только — only
тлв. — телевидение — television
т. н. — так называемый — so-called
топ. — топография — topography
тур. — турецкий (язык) — Turkish
тюрк. — тюркские языки — Turkic languages

указ. — указательное (местоимение) — demonstrative (pronoun)

уменьш. — уменьшительная форма — diminutive form
унив. — университетское (выражение) — university (term)
употр. — употребляется — used
усил. — усилительно — emphatic
уст. — устаревшее слово, выражение — obsolete word, phrase

фарм. — фармацевтический термин — pharmacy
физ. — физика — physics
физиол. — физиология — physiology
филол. — филология — philology
филос. — философия — philosophy
фин. — финансовый термин — finance
финск. — финский (язык) — Finnish
фольк. — фольклор — folklore
фон. — фонетика — phonetics
фото — фотография — photography
фр. — французский (язык) — French

хим. — химия — chemistry
хр. — хребет — range

церк. — церковное слово, выражение — in ecclesiastical use
ч. — число — number
что-л. — что-либо — something

шахм. — термин шахматной игры — chess
шведск. — шведский (язык) — Swedish
школ. — школьное (выражение) — school (term)
шотл. — употребительно в Шотландии — used in Scotland
шутл. — шутливо — jocular

эвф. — эвфемизм — euphemism
эк. — экономика — economics
эл. — электротехника — electrical engineering
элк. — электроника — electronics
эллипт. — эллиптически — elliptical
эмоц.-усил. — эмоционально-усилительное — used as intensive; in emotional use
энт. — энтомология — entomology
эским. — эскимосский (язык) — Eskimo
этн. — этнография — ethnography

южн. — южный — South
южно-афр. — употребительно в Южно-Африканской Республике — used in the Republic of South Africa
юр. — юридический (термин) — law

яп. — японский (язык) — Japanese

АНГЛИЙСКИЕ — ENGLISH

a — adjective — имя прилагательное
adv — adverb — наречие
aux — auxilliary — вспомогательный глагол

cj — conjunction — союз
compar — comparative degree — сравнительная степень
conj — conjunctive — соединительный
coord — coordinative — сочинительный
corr — correlative — парный

demonstr — demonstrative — указательный

emph — emphatic — усилительный
etc — et cetera — и так далее

imp — imperative — повелительный
impers — impersonal — безличный
indef — indefinite — неопределённый
inf — infinitive — неопределённая форма глагола
int — interjection — междометие
inter — interrogative — вопросительный

Mt — mountain — гора

n — noun — имя существительное
nom — nominative — именительный (падеж)
num — numeral — числительное

part — particle — частица

pass — passive — страдательный (залог)
perf — perfect — перфект
pers — personal — личный
phr adv — phrase adverb — составное наречие
phr cj — phrase conjunction — составной союз
phr prep — phrase preposition — составной предлог
phr v — phrasal verb — фразовый глагол
pl — plural — множественное число
poss — possessive — притяжательный
p. p. — past participle — причастие второе
predic — predicative — предикативное употребление, предикативно
pref — prefix — приставка
prep — preposition — предлог
pres. p. — present participle — причастие первое
pres. perf — present perfect — настоящее совершенное время
pron — pronoun — местоимение

recipr — reciprocal — взаимный
refl — reflexive — возвратный
rel — relative — относительный

sing — singular — единственное число
St. — Saint — святой
suff — suffix — суффикс
superl — supperlative degree — превосходная степень

v — verb — глагол
vs — versus — в сравнении с

АНГЛИЙСКИЙ АЛФАВИТ

Aa	Gg	Nn	Uu
Bb	Hh	Oo	Vv
Cc	Ii	Pp	Ww
Dd	Jj	Qq	Xx
Ee	Kk	Rr	Yy
Ff	Ll	Ss	Zz
	Mm	Tt	

A

A, a [eɪ] *n* (*pl* As, a's, as [eɪz]) **1.** 1-я буква английского алфавита **2.** (A) высшая отметка, «отлично»; an A in history «отлично» по истории; straight A круглое «отлично» **3.** первый номер по порядку; company A in an infantry battalion первая рота пехотного батальона **4.** *редк.* кнопка телефона-автомата (*используется при междугородной связи в Великобритании*) **5.** *несовр.* 1) кинофильм, на который дети и подростки допускаются только в сопровождении взрослых 2) фильм только для взрослых **6.** предмет высшего сорта, класса *и т. п.*; grade A flour мука высшего сорта **7.** 1) малая полнота обуви 2) первый или второй номер бюстгальтера **8.** *полигр.* буква или литера A или a **9.** группа крови А **10.** (а) *мат.* а (*обозначение известного числа*) **11.** *муз.* ля **12.** *в грам. знач. прил.* (*тж. как компонент сложных слов*) (А) имеющий форму буквы А; А-образный; A-frame *тех.* А-образная опора; A-line трапециевидный (*о юбке, силуэте одежды и т. п.*)
◊ from A to Z от альфы до омеги, от а до я; с самого начала до самого конца; to know smth. from A to Z ≅ знать что-л. как свои пять пальцев; знать что-л. в совершенстве; from A to B из точки А в точку В; not to know A from B ≅ не знать (аза) в глаза; быть невежественным /неграмотным/

a¹ [eɪ] (*полная форма*); перед гласными *тж.* an [æn] ə (*редуцированная форма*) *неопределённый артикль* **1.** *выделяет предмет, существо или явление из группы однородных предметов, существ или явлений*: he is a teacher [an Englishman] он учитель [англичанин]; Murmansk is a port in the North Мурманск — северный порт; there is a book on the table на столе лежит книга; it was a dog and not a cat that bit me меня укусила собака, а не кошка; to eat an egg съесть яйцо; I met a girl [a friend of mine] я встретил (одну) девушку [одного своего друга]; come and see me on a Monday заходи ко мне как-нибудь в понедельник; he drives a Lada он ездит на «Ладе» **2.** *придаёт имени предмета, существа или явления обобщающий характер*: a horse is an animal лошадь — животное; a pencil is used to write with карандашом пользуются для письма, карандашом пишут; glucose is a simple sugar глюкоза — это моносахарид; she is an angel она (настоящий) ангел **3.** 1) один; a dozen eggs дюжина яиц; it costs a penny [a dollar] это стоит одно пенни [один доллар]; he hasn't a penny у него нет ни гроша; he could not say [I haven't understood] a word он не мог сказать [я не понял] ни (одного) слова; wait a minute подожди (одну) минут(к)у; they were killed to a man они были убиты все до единого /одного/ (человека); he emptied the glass at a draught он выпил стакан залпом 2) *употребляется с названиями парных предметов, воспринимаемых как единое целое*: a cup and saucer чашка с блюдцем; a knife and fork нож с вилкой **4.** некий, какой-то; a (certain) Mr. Smith has called звонил некий мистер Смит; in a sense /manner/ в каком-то /некотором/ смысле; in a measure в какой-то мере; to a degree в известной степени **5.** 1) *придаёт имени собственному нарицательный характер*: he thinks he is a Napoleon он считает себя Наполеоном; he behaves like a Don Juan он ведёт себя как донжуан 2) *придаёт имени собственному значение принадлежности к семье*: she married a Forsyte она вышла замуж за одного из (семьи) Форсайтов **6.** *перед именем автора обозначает произведение литературы или искусства*: the painting is a Rubens это картина Рубенса, это Рубенс **7.** *с неисчисляемыми существительными указывает на порцию, единицу чего-л.*: I'd like a coffee [a beer], please дайте, пожалуйста, чашечку кофе [кружку пива]; to have a soup съесть тарелку /порцию/ супу **8.** (*обыкн. после of, many of и т. п.*) такой же, одинаковый; all of a size все одного размера, все одной и той же величины; they think they are of an age они считают себя ровесниками /однолетками/; **9.** *образует множественное число в оборотах с* many: many a man многие люди, немало людей, не один человек; many a book многие книги, немало книг, не одна книга; many a day многие /долгие/, не одни дни, не один день **10.** *в сочетаниях*: a few days [men, books] несколько дней [человек, книг]; a great /good/ many days [men, books] очень много дней [человек, книг]; a little time [water, luck] немного времени [воды, везения /удачи/] **11.** *в эмоц.-усил. оборотах* 1) *с предшествующим* such, what: how can you be unhappy on such a (wonderful) day? как вы можете чувствовать себя несчастным в такой (прекрасный) день?; he is such a (great) talker он такой болтун /говорун/; what a day! что за день!, ну и денёк!; what a man какой человек!, ну и человек!, вот это человек!; what a time! ну и времечко! 2) *с предшествующими* how, so, as, too + *прилагательным*: how wonderful a day! какой прекрасный день!; how marvellous a coincidence какое удивительное совпадение!; so hard a task такая трудная /тяжёлая/ задача; too high a price слишком высокая /большая/ цена; she is too happy a woman to think of such trifles она слишком счастлива, чтобы думать о таких пустяках **12.** *в грам. знач. предлога* в; за; на; twice a day [a week, a month, a year] дважды /два раза/ в день [в неделю, в месяц, в год]; £40 a year сорок фунтов (стерлингов) в год; three shillings a dozen [a pound, a bottle] (по) три шиллинга за дюжину [за фунт, за бутылку]; 50 miles an hour пятьдесят миль в час; so much a man /a head/ столько-то на, за *или* с человека **13.** *в грам. знач. прил.* каждый; they were ten to a side их было по десять на каждой стороне /в каждой команде/

a² [ə] *v прост. сокр. от* have (*часто пишется слитно с предшествующей глагольной формой*); I should a *или* shoulda thought of it мне следовало бы подумать об этом (заранее); he'd a come if he could он бы пришёл, если бы смог

a³ [ə] *prep арх.* из; cloth a gold парча; time a day время дня

a⁴, a' [ɔː] *a шотл.* = all; for a' that несмотря на всё это

a-¹ [ə-] *pref встречается в наречиях и в предикативных прил., образованных преим. от исконных англ. основ*: abed в постели; afield в поле; akin родственный, сродни; alone одинокий; apace быстро; aloud громко; *особенно характерен для морской лексики*: abeam на траверзе; abaft, astern на корме; afloat, awash на плаву

a-² *pref выделяется в составе некоторых глаголов*: abide оставаться верным; alight спешиваться, приземляться; amend исправлять; amaze изумлять; arise появляться; ashame стыдить; avert отводить; avouch утверждать; avow признавать; await ожидать; awake, awaken пробуждать

a-³ [ə-, æ-, eɪ-] *pref образует прил. и сущ. терминологического характера* (*от основ с греч., изредка с лат. корнями*) *с общим значением отсутствия того, что выражено основой*: asymmetry асимметрия; atheist атеист; achromatic ахроматический; adipsia адипсия, (патологическая) потеря жажды; agravic не испытывающий силы притяжения; athymic без вилочковой железы; atoxic нетоксичный; *перед гласными используется вариант* an-: anastigmat анастигмат; anarchy анархия; anovulation отсутствие овуляции; *перед* h- *возможны оба варианта*: anharmonic негармонический, ahistoric внеисторический

-a [-ə] *suff образует форму мн. ч. лат. и греч. сущ. среднего рода, преим. научных терминов (особ. в области биологии)* **1.** *соотносится с* -um, *суф-*

A — ABA

фиксом ед. ч. лат. сущ.: herbaria гербарии; sera сыворотки; phyla (таксономические) типы; spectra спектры; scrota мошонки; incunabula инкунабулы; media средства, среды; symposia симпозиумы; bacteria бактерии; *формы на* -a *часто имеют параллельные варианты на* -ums: aquaria, -iums аквариумы; premia, -iums надбавки, премии; millenia, -iums тысячелетия **2.** *соотносится с* -on, *суффиксом ед. ч. греч. сущ.*: criteria критерии; phenomena явления; noumena ноумены; prolegomena пролегомены; automata автоматы; etyma этимоны **3.** *часто встречается в названиях высших биологических таксонов (не имеющих форм ед. ч.)*: Arthropoda членистоногие; Amphibia земноводные; Coelenterata кишечнополостные; Chiroptera рукокрылые; Hydrozoa гидроиды; Monotremata однопроходные

A1, A-1 [ˌeɪˈwʌn] **1.** судно первого класса в регистре английского Ллойда **2.** *разг.* первоклассный, превосходный, замечательный, первый сорт; to feel A1 прекрасно себя чувствовать; the meals there are A1 еда там первый класс

aa [ˈɑːˌɑː] *n амер.* застывшая лава (*особ. на Гавайях*)

aah [ɑː] *v* áхать; they were (oohing and) ~ing over the exciting news они (óхали и) áхали по поводу этой потрясающей новости

aardvark [ˈɑːdvɑːk] *n зоол.* африканский муравьед, трубкозуб (*Orycteropus gen.*)

aardwolf [ˈɑːdwʊlf] *n зоол.* протел, земляной волк (*Proteles cristata*)

Aaron's(-)rod [ˌeərənzˈrɒd] (*n*) **1.** *бот.* коровяк обыкновенный, медвежье ухо (*Verbascum thapsus*) **2.** *библ.* жезл Аарона **3.** *архит.* шест Аарона (*орнамент в виде шеста, увитого листьями*)

ab-¹ [æb-, əb-] *pref* встречается в книжн. словах (*с лат. корнями*) с общим значением удаления, отклонения *от чего-л.*: abdicate, abjure отрекаться; aberration аберрация; abnormal ненормальный; aboral аборальный, удалённый от рта; abuse неправильное употребление

ab-² [æb-] *pref* выделяется в названиях электромагнитных единиц (ныне отменённой) системы СГСМ: abampere абампер; abcoulomb абкулон

aba¹ [əˈbɑː, ɑːˈbɑː] *n араб.* **1.** ткань из верблюжьей или козьей шерсти **2.** аба, свободная верхняя одежда из верблюжьей или козьей шерсти

aba² [ˈæbə] *n спец.* альтазимут

abaca [ˌæbəˈkɑː] *n* абака, манила, манильская пенька; ~ горе манильский шпагат

abaci [ˈæbəkaɪ, ˈæbəsaɪ], *pl от* abacus

abaciscus [ˌæbəˈsɪskəs] *n* **1.** *архит.* абака, верхняя часть капители колонны **2.** плитка (*мозаики*)

aback [əˈbæk] *adv арх., мор.* назад ◇ to hold oneself /to stand/ ~ from держаться на расстоянии от; держаться в стороне от; избегать; taken ~ a) поражённый, ошеломлённый; захваченный врасплох; I was quite taken ~ at their bad manners я был неприятно поражён их невоспитанностью; б) *мор.* обстенённый (*о парусах*)

abacterial [ˌæbækˈtɪ(ə)rɪəl] *a спец.* безмикробный

abaculi [əˈbækjʊlaɪ] *pl от* abaculus

abaculus [əˈbækjʊləs] *n* (*pl* -li) **2.** плитка, кубик или шарик цветного стекла, эмали, камня *и т.п.* (*в мозаике или инкрустации*) **2.** абак(а); небольшие счёты

abacus [ˈæbəkəs] *n* (*pl* -ci, -ses [-sɪz]) **1.** абак(а); счёты **2.** *архит.* **1)** абак(а), верхняя часть капители колонны **2)** мозаичная панель **3.** *мат.* номограмма

Abaddon [əˈbædən] *n* **1.** *библ.* Аваддон (*ангел бездны*) **2.** *книжн.* преисподняя

abaft I [əˈbɑːft] *adv мор.* на корме или по направлению к корме

abaft II [əˈbɑːft] *prep мор.* сзади, позади; за; ~ the beam позади траверза

abalone [ˌæbəˈləʊnɪ] *n зоол.* морское ушко (*Haliotis spp.; съедобный моллюск*)

abampere [æˈbæmpeə] *n* единица силы тока СГСМ

abandon¹ I [əˈbændən] *n страх.* абандон

abandon¹ II [əˈbændən] *v* **1.** отказываться; оставлять; to ~ the attempt отказаться от попытки, прекратить попытки; to ~ (all) hope оставить (всякую) надежду; ~ hope all ye who enter here (Dante) оставь надежду всяк сюда входящий; the search was ~ed поиски были прекращены; to ~ a custom не сохранить /предать забвению/ обычай; immigrants slow to ~ their native languages иммигранты, неохотно отказывающиеся от своего родного языка **2.** сдавать; to ~ the city to the enemy сдать город врагу; to ~ oneself to the conqueror's mercy сдаться на милость победителя **3.** покидать, оставлять; самовольно уходить (*с поста и т. п.*); to ~ smb. бросить кого-л.; to ~ the sinking ship покинуть тонущий корабль; courage ~ed him мужество покинуло его **4.** *юр.* отказаться (*от собственности, от права и т. п.*) **5.** закрывать; консервировать (*предприятие и т. п.*) ◇ to ~ oneself to smth. предаваться чему-л.; отдаваться чему-л.; to ~ oneself to passion [despair] предаваться страсти [отчаянию]; to be ~ed to smth. предаваться чему-л.; испытывать что-л.; to be ~ed to grief [despair] предаваться горю [отчаянию]

abandon² [əˈbændən] *n* **1.** *книжн.* развязность; несдержанность; to do smth. with /at, in/ (complete) ~ делать что-л., (совершенно) забыв обо всём /отдавшись порыву/ **2.** импульсивность; энергия; to sing with ~ петь с чувством, забыться в песне; to wave one's hand with ~ энергично размахивать рукой; he spoke with complete ~ он говорил, забыв обо всём; его словно прорвало

abandoned [əˈbænd(ə)nd] *a* **1.** заброшенный, покинутый, оставленный; ~ area пустующая площадь **2.** *редк.* распутный, падший; ~ woman падшая женщина; ~ wretch [villain] отъявленный негодяй [злодей] **2.** несдержанный; безудержный, неконтролируемый; ~ hilarity безудержное веселье

abandonee [əˌbændəˈniː] *n* **1.** *юр.* лицо, в пользу которого имеет место отказ от права **2.** *мор.* страховщик, в пользу которого оставляется предмет страхования

abandonment¹ [əˈbændənmənt] *n* **1. 1)** оставление **2)** *юр.* оставление жены, ребёнка **2.** заброшенность, запущенность **3. 1)** отказ (*от права, иска*) **2)** *страх.* абандон

abandonment² [əˈbændənmənt] = abandon²

à bas [əˈbɑː] *фр.* долой!; ~ the profiteers долой спекулянтов!

abase [əˈbeɪs] *v* **1. 1)** унижать; to ~ oneself унизить, уронить себя, унизиться **2)** *арх.* уничижать **2.** понижать (*в чине, должности*)

abasement [əˈbeɪsmənt] *n* **1. 1)** унижение **2)** *арх.* уничижение (*себя*) **2.** понижение (*в чине, должности и т. п.*)

abash [əˈbæʃ] *v* смущать, конфузить; приводить в замешательство

abashed [əˈbæʃt] *a* смущённый, сконфуженный, смешавшийся; пристыжённый; to feel ~ смешаться, растеряться; he stood ~ when his mistakes were pointed out ему было ужасно неловко, когда ему указали на его ошибки

abashment [əˈbæʃmənt] *n* смущение; замешательство; растерянность

abasia [əˈbeɪzə, əˈbeɪzɪə] *n мед.* абазия, неспособность ходить

abask [əˈbɑːsk] *adv* на солнышке; в приятном тепле

abatable [əˈbeɪtəb(ə)l] *a юр.* аннулируемый, отменяемый; предусматривающий возможность аннулирования, отмены

abate [əˈbeɪt] *v* **1. 1)** ослаблять, уменьшать, умерять; to ~ the pain притуплять боль; to ~ the edge затупить остриё; to ~ not a jot of one's demands не отступать в своих требованиях ни на йоту; to ~ pride умерить гордыню; to ~ smb.'s spirits а) умерять чей-л. пыл; б) приводить кого-л. в уныние; испортить кому-л. настроение **2)** уменьшаться, ослабевать, утихать (*чаще о буре, эпидемии и т. п.*); the pain in his shoulder finally ~d боль в плече у него наконец утихла **2.** снижать, сбавлять; to ~ of /from/ the price *арх.* делать скидку, снижать цену; to ~ a tax снижать налог **3.** *юр.* отменять, прекращать; to ~ a nuisance прекратить нарушение общественного порядка **4.** стёсывать (*камень*) **5.** *метал.* отпускать (*сталь*)

abatement [əˈbeɪtmənt] *n* **1.** ослабление, уменьшение; смягчение; noise ~ campaign кампания за уменьшение (городского) шума; ~ of a storm затихание бури; ~ of the energies ослабление усилий **2. 1)** прекращение; устранение, отмена **2)** *юр.* аннулирование, отмена, прекращение; plea in ~ иск об аннулировании /отмене/ (*права и т. п.* — возражение ответчика против иска или его ходатайство о прекращении дела) **3.** *ком.* скидка, снижение; to make ~ сделать скидку, сбавить цену; no ~ made! по твёрдым ценам!, без запроса!

abater [əˈbeɪtə] *n юр.* прошение об аннулировании, прекращении (*иска, дела и т. п.*)

abatis [ˈæbətɪː, ˈæbətɪs] *n* (*pl тж. без измен.*) **1.** засека, завал **2.** ограда из колючей проволоки

abat-jour [ˌɑːbɑːˈʒuːr] *фр.* **1.** абажур (*обыкн. висячей лампы*) **2.** козырёк (*здания*)

abattage [ˌæbəˈtɑːʒ] *n* массовое уничтожение животных, чтобы предотвратить распространение инфекции

A-battery [ˈeɪˌbæt(ə)rɪ] *n радио, элк.* батарея накала

abattis [ˈæbətɪː, ˈæbətɪs] = abatis

abattoir [ˈæbətwɑː] *n фр.* **1.** скотобойня **2.** *ирон.* место истязаний (*боксёрский ринг, арена боя быков и т. п.*)

abat-vent [ˌɑːbɑːˈvɑːŋ] *n фр.* **1.** жалюзи **2.** односкатная крыша **3.** зонт дымовой трубы

abatvoix [ˌɑːbɑːˈvwɑː] *n спец.* акустический экран

abaxial [æb'æksɪəl] *a бот.* абаксиа́льный, напра́вленный от оси́; ~ leaf абаксиа́льный лист

Abba ['æbə] *n* **1.** *в текст.* а́вва, о́тче (*о боге*) **2.** *церк.* а́вва (*титулование епископов в некоторых церквах*)

abba [ə'ba:] = aba¹

abbacy ['æbəsɪ] *n* **1.** абба́тство, до́лжность *или* сан абба́та **2.** срок исполне́ния настоя́телем монастыря́ свои́х обя́занностей

abbatial [ə'beɪʃ(ə)l] *a* абба́тский, абба́товский

abbé ['æbeɪ] *n фр. церк.* **1.** оте́ц, ба́тюшка (*обращение к священнику*) **2.** абба́т

abbess ['æbes] *n* абба́тиса, настоя́тельница монастыря́

Abbevillean [,æb(ə)'vɪlɪən] *a геол.* **1.** Аббеви́льский **2.** *в грам. знач. сущ.* Аббеви́льская ста́дия (*ледникового периода*)

abbey ['æbɪ] *n* **1.** абба́тство, монасты́рь **2.** гла́вная це́рковь абба́тства **3.** (the A.) *разг.* Вестми́нстерское абба́тство (*в Лондоне*)

abbot ['æbət] *n* абба́т, настоя́тель монастыря́
◇ A. of Misrule /*шотл.* of Unreason/ глава́ рожде́ственских увеселе́ний, «пи́ра дурако́в» *и т. п.*

abbotship ['æbətʃɪp] = abbacy

abbreviate [ə'bri:vɪeɪt] *v* **1.** сокраща́ть (*на письме или в устной речи*); "January" is often ~d to "Jan." "January" ча́сто сокращённо обознача́ют че́рез "Jan." **2.** сокраща́ть, уре́зывать; to ~ a long speech сократи́ть дли́нную речь **3.** испо́льзовать сокраще́ния, аббревиату́ры; she ~d so much that it was hard to understand her letters она́ так ча́сто сокраща́ла слова́, что её пи́сьма бы́ло тру́дно понима́ть

abbreviated [ə'bri:vɪeɪtɪd] *a* **1.** сокращённый, укоро́ченный; ~ edition сокращённое изда́ние **2.** коро́ткий, едва́ прикрыва́ющий наготу́; ~ skirt коро́тенькая ю́бка

abbreviation [ə,bri:vɪ'eɪʃ(ə)n] *n* **1.** сокраще́ние (*действие*), аббревиа́ция **2.** сокраще́ние, аббревиату́ра; "arr." and "dep." are ~s of /for/ "arrive" and "depart" "arr." и "dep." явля́ются сокраще́ниями от "arrive" и "depart" **3.** *муз.* аббревиату́ра, упроще́ние но́тного письма́

abbreviator [ə'bri:vɪeɪtə] *n* **1.** *см.* abbreviate + -or **2.** состави́тель па́пского бре́ве

abbreviature [ə'bri:vɪeɪtʃə] *n* **1.** сокращённое изложе́ние **2.** *арх.* = abbreviation 2

ABC¹ [,eɪbi:'si:] *n* (*pl* ABC's, ABCs [,eɪbi:'si:z]) **1.** *амер. тж. pl* алфави́т, а́збука **2.** бу́кварь **3.** осно́вы, нача́тки; ~ of physics осно́вы фи́зики; not to understand the ~ of the position соверше́нно не понима́ть обстано́вки **4.** железнодоро́жный (алфави́тный) указа́тель, путеводи́тель
◇ as easy as ~ о́чень про́сто, элемента́рно; ≅ как два́жды два — четы́ре

ABC², **abc** [,eɪbi:'si:] *a* а́томный, биологи́ческий и хими́ческий; ~ warfare а́томная война́ с примене́нием биологи́ческого и хими́ческого ору́жия

ABC art [,eɪbi:'si:a:t] упрощённое иску́сство (*абстрактное, преимущественно использующее геометрические фигуры*)

ABC-book [,eɪbi:'si:buk] *n* буква́рь

ABC Powers [,eɪbi:'si:pauəz] *ист.* Аргенти́на, Брази́лия, Чи́ли

abdest ['a:bdest] *n перс.* а́бдест (*омовение рук у мусульман*)

abdicant I ['æbdɪkənt] *n кнжн.* челове́к, отрека́ющийся, отка́зывающийся (*от чего-л.*)

abdicant II ['æbdɪkənt] *a кнжн.* отка́зывающийся, отрека́ющийся; to be ~ of one's responsibilities пренебрега́ть свои́ми обя́занностями, снима́ть с себя́ отве́тственности

abdicate ['æbdɪkeɪt] *v* **1. 1)** отрека́ться (*от престола*) **2)** отка́зываться (*от права, поста и т. п.*) **2.** *юр.* отрека́ться (*от своего́ ребёнка*) **3.** *карт. разг.* вы́йти из игры́

abdication [,æbdɪ'keɪʃ(ə)n] *n* **1. 1)** отрече́ние (*от престола*) **2)** отка́з (*от права, претензии и т. п.*) **2.** сложе́ние полномо́чий; отка́з от до́лжности

abdomen ['æbdəmen, æb'dəumən] *n* **1)** *анат.* живо́т; брюшна́я по́лость **2)** *зоол.* абдо́мен, брюшно́й отде́л **3)** брюшко́ (*насекомого*)

abdominal [æb'dɔmɪn(ə)l] *a* **1.** брюшно́й; ~ belt /binder/ набрю́шник; ~ murmur урча́ние в животе́; ~ cavity *анат.* брюшна́я по́лость; ~ pains бо́ли в о́бласти живота́; ~ wall *анат.* брюшна́я сте́нка; ~ pregnancy *мед.* внема́точная бере́менность; ~ section *мед.* чревосече́ние, лапаротоми́я **2.** *зоол.* брюхопёрый

abdominoscopy [æb,dɔmɪ'nɔskəpɪ] *n мед.* осмо́тр, реви́зия брюшно́й по́лости (*с помощью инструмента*)

abdominous [æb'dɔmɪnəs] *a редк. преим. шутл.* пуза́тый, толстобрю́хий

abduce [æb'dju:s] *книжн.* = abduct 2

abducent [æb'dju:s(ə)nt] *a анат.* отводя́щий (*о мышце*)

abduct [æb'dʌkt, əb'dʌkt] *v* **1.** похища́ть, наси́льственно *или* обма́ном увози́ть (*особ. женщину или ребёнка*) **2.** *физиол.* оття́гивать, отводи́ть (*мышцу*)

abduction [æb'dʌkʃ(ə)n, əb'dʌkʃ(ə)n] *n* **1.** похище́ние, наси́льственный уво́з (*особ. женщины, ребёнка*) **2.** *физиол.* абду́кция, отведе́ние (*мышцы*) **3.** *лог.* силлоги́зм, ма́лая посы́лка кото́рого явля́ется лишь вероя́тной

abductor [æb'dʌktə] *n* **1.** похити́тель (*особ. женщины, ребёнка*) **2.** *анат.* отводя́щая мы́шца, абду́ктор

abeam [ə'bi:m] *adv мор.* на тра́верзе; с тра́верза

abear [ə'beə] *v диал.* терпе́ть, выноси́ть; she could not ~ the man она́ его́ на дух не принима́ла

abecedaria [,eɪbi:(:)si(:)'deəriə] *pl от* abecedarium

abecedarian I [,eɪbi:(:)si(:)'deəriən] *n* **1.** обуча́ющий *или* обуча́ющийся гра́моте **2.** новичо́к, начина́ющий

abecedarian II [,eɪbi:(:)si(:)'deəriən] *a* **1) 1)** относя́щийся к алфави́ту **2)** располо́женный в алфави́тном поря́дке **2.** а́збучный, элемента́рный

abecedarium [,eɪbi:(:)si(:)'deəriəm] *n* (*pl* -ria) уче́бник для начина́ющих, *особ.* буква́рь

abecedary I [,eɪbi:(:)'si:d(ə)rɪ] **1.** = abecedarian I **2.** = abecedarium

abecedary II [,eɪbi:(:)'si:d(ə)rɪ] = abecedarian II

abed I [ə'bed] *a predic арх.* **1)** лежа́щий, находя́щийся в посте́ли *или* на крова́ти **2)** прико́ванный к посте́ли; he was ~ with gout при́ступ пода́гры прикова́л его́ к посте́ли

abed II [ə'bed] *adv арх.* **1)** в посте́ли, на крова́ти **2)** в посте́ль, на крова́ть

a-begging [ə'begɪŋ] *adv* **1.** *уст.* ни́щенствуя, собира́я ми́лостыню; to go ~ **а)** ни́щенствовать, собира́ть ми́лостыню; **б)** собира́ть поже́ртвования **2.** без внима́ния, в небре́жности; the copy goes ~

нигде́ не хотя́т э́ту ру́копись принима́ть

Abel ['eɪb(ə)l] *n библ.* А́вель

abele [ə'bi:l, 'eɪb(ə)l] *n бот.* то́поль бе́лый (*Populus alba*)

abelmosk ['eɪblmɔsk] *n* **1)** *бот.* му́скусное де́рево (*Hibiscus moschatus*) **2)** му́скусное зерно́

Aberdeen Angus [,æbədi:n'æŋgəs] абердин-ангу́сская поро́да кру́пного рога́того скота́

Aberdonian [,æbə'dəunɪən] *n* абердине́ц (*житель или уроженец г. Абердина*)

Abernethy [,æbə'neθɪ] *n* абернети́ (*сухое печенье с тмином*)

aberrance, -cy [æ'berəns, ə'berəns, -sɪ] *n* **1.** *кнжн.* уклоне́ние от пра́вильного пути́ **2.** *биол.* аберра́ция, отклоне́ние от норма́льного ти́па

aberrant [æ'berənt, ə'berənt] *a* **1. 1)** сби́вшийся с пра́вильного пути́; заблужда́ющийся **2)** behaviour непредска́зуемое /нетипи́чное, анорма́льное/ поведе́ние отклони́вшийся; a rocket on an ~ course раке́та, отклони́вшаяся от за́данной траекто́рии (*полёта*) **2.** *биол.* аберра́нтный, отклоня́ющийся от норма́льного ти́па **3.** *в грам. знач. сущ.* челове́к, существо́ *или* предме́т с отклоне́ниями от но́рмы *или* ти́па

aberrate ['æbəreɪt] *v спец.* **1)** облада́ть аберра́цией **2)** аберри́ровать, отклоня́ться от но́рмы

aberration [,æbə'reɪʃ(ə)n] *n* **1.** уклоне́ние от пра́вильного пути́ *или* и́стины; заблужде́ние; an ~ from the truth отклоне́ние /отхо́д/ от и́стины **2.** помраче́ние ума́; забы́вчивость, больша́я рассе́янность; отключённость от окружа́ющего; his peculiarities are no more than harmless ~s его́ чуда́чества — э́то не что ино́е, как безоби́дная рассе́янность; the driver hit a pedestrian in a moment of ~ води́тель на миг заду́мался и тут же сбил прохо́жего **3. 1)** *астр., опт.* аберра́ция **2)** *биол.* аберра́ция, отклоне́ние от но́рмы

aberrational [,æbə'reɪʃ(ə)nəl] *a* **1.** заблужда́ющийся **2.** иррациона́льный **3.** *спец.* аберрацио́нный

aberrationist [,æbə'reɪʃ(ə)nɪst] *a психол.* челове́к с отклоне́ниями от но́рмы, *особ.* челове́к с непредска́зуемым поведе́нием

ab esse [,æb'eseɪ] *лат.* отсу́тствующий

abessive ['æbesɪv] *n грам.* абесси́в, лиши́тельный *или* изъя́тельный паде́ж

abet [ə'bet] *v* **1.** подстрека́ть, соде́йствовать соверше́нию (*особ. чего́-л. ду́рного*); поощря́ть (*кого́-л. сде́лать что-л.*); to ~ a swindler быть посо́бником моше́нника; to ~ (smb. in) a crime *юр.* подстрека́ть (*кого́-л.*) к соверше́нию преступле́ния; to aid and ~ *юр. см.* aid II **2.** *редк.* соде́йствовать; to ~ the cause of justice помога́ть соверше́нию правосу́дия

abetment [ə'betmənt] *n* подстрека́тельство, поощре́ние *и пр.* [*см.* abet]

abettal [ə'bet(ə)l] = abetment

abetter [ə'betə] *n* подстрека́тель; посо́бник; вдохнови́тель

abetting [ə'betɪŋ] *n юр.* соуча́стие

abettor [ə'betə] *n обыкн. юр.* **1)** соуча́стник; соуча́стник, соо́бщник, посо́бник **2)** подстрека́тель

ab extra [,æb'ekstrə] *лат.* снару́жи; извне́; a spectator ~ наблюда́тель со стороны́

abeyance, -cy [ə'beɪəns, -sɪ] *n* **1.** состоя́ние неопределённости, неизве́стности *или* ожида́ния; the custom was revived after an ~ of several centuries эта традиция возродилась после многовекового забвения; to be in /to fall into, to go into/ ~ находиться в состоянии неопределённости /неизвестности, ожидания/ [см. тж. 2, 2)]; to hold in ~ отсрочивать; let's hold that problem in ~ for a short while давайте отложим решение этого вопроса на некоторое время 2. *юр.* 1) временное прекращение; приостановление 2) временная отмена (*закона, права и т. п.*); to be in /to fall into/ ~ быть временно отменённым (*о законе, праве и т. п.*) [см. тж. 1] 3. *юр.* отсутствие владельца, претендента (*на собственность, наследство или наследственный титул*); lands in ~ выморочное имение, имение без владельца, бесхозное имущество 4. *хим., физ.* скрытое, латентное состояние

abeyant [ə'beɪənt] *a юр.* 1. бездействующий 2. оставшийся без владельца, бесхозный

abhor [əb'(h)ɔː] *v* 1) питать отвращение; ненавидеть; to ~ war [fascism] ненавидеть войну [фашизм] 2) *разг.* не выносить; I ~ such talk терпеть не могу таких разговоров

abhorrence [əb'(h)ɒrəns] *n* 1. 1) отвращение, омерзение; to hold in ~ питать отвращение /омерзение/ 2) *разг.* резко отрицательное отношение; to feel ~ of lies не выносить /не терпеть/ вранья 2. что-л. вызывающее отвращение; flattery is my ~ мне отвратительна лесть; не выношу /терпеть не могу/ лести

abhorrent [əb'(h)ɒrənt] *a* 1. вызывающий отвращение, претящий; отвратительный, гнусный, мерзкий; ~ deed гнусное деяние; lying is ~ to an honest man честному человеку ложь противна /претит/ 2. (to) несовместимый; противоположный; ~ to reason противоречащий разуму; cruelty is ~ to love жестокость несовместима с любовью 3. (of) питающий неприязнь, не переносящий (*чего-л.*); to be ~ of excess избегать излишеств

abidance [ə'baɪd(ə)ns] *n* 1. соблюдение (*чего-л.*); подчинение (*чему-л.*); ~ by rules соблюдение правил 2. *книжн.* пребывание, жительство

abide [ə'baɪd] *v* (abode, abided; abode, abided, abidden) 1. выносить, терпеть (*обыкн. в отрицательных и вопросительных предложениях*); I cannot ~ him я не выношу его; how can you ~ such behaviour? как ты можешь терпеть такое поведение?; I cannot ~ to see such cruelty я не могу смотреть на такую жестокость; I cannot ~ such incompetence я не могу мириться с такой плохой работой 2. *арх. книжн.* 1) оставаться, пребывать 2) проживать, жить, обитать; to ~ in /at/ a place проживать в каком-л. месте 3) вынести, пережить, вытерпеть; to ~ a vigorous onslaught подвергнуться яростным нападкам; to ~ terrors which other people shrank from encountering пережить ужасы, перед которыми другие дрогнули бы 3. *арх. книжн.* ждать, ожидать (*покорно или пассивно*); to ~ one's time выждать подходящий /удобный/ момент; to ~ one's fate (безропотно) ждать решения своей участи; to ~ the verdict of the judges спокойно ждать решения судей 4. (by) 1) оставаться верным, неизменным; to ~ by smth. твёрдо держаться чего-л.; to ~ by one's promises выполнять (свои) обещания; I ~ by what I said я всегда делаю то, что говорил; to ~ by a friend твёрдо стоять на стороне своего друга 2) следовать (*чему-л.*), выполнять (*что-л.*); действовать в соответствии (*с чем-л.*); придерживаться (*чего-л.*); to ~ by the terms [agreement, decision, rules] соблюдать /выполнять/ условия [договор, решение, правила]; to ~ by a peaceful policy придерживаться миролюбивой политики; to ~ by the umpire's decision подчиниться решению рефери /судьи/ 3) принимать (*что-л.*) во внимание; (быть вынужденным) считаться (*с чем-л.*); you'll have to ~ by the consequences тебе надо учесть возможные неприятные последствия

abiding [ə'baɪdɪŋ] *a* постоянный; неизменный; прочный; ~ friendship прочная дружба; ~ faith твёрдая вера; the ~ classics of literature неувядаемые классики, чьи имена не умрут; an old sailor's ~ love of the sea неистребимая любовь старого моряка к морю

abiding-place [ə'baɪdɪŋpleɪs] *n арх.* местожительство, местопребывание

à bientôt [ˌɑːbjæŋ'təʊ] *фр.* до скорого свидания

abietene [ˈæbɪətiːn] *n хим.* абиетин, хвойное масло

abigail [ˈæbɪgeɪl] *n* 1) (A.) *библ.* Авигея 2) *арх.* служанка, горничная, камеристка

ability [ə'bɪlɪtɪ] *n* 1. способность, возможность (*сделать что-л.*); ~ to walk [to weep, to understand] способность ходить [плакать, понимать]; a child's ~ to learn обучаемость ребёнка 2. 1) способность, ловкость; квалификация, умение; test /testing/ *спец.* психотехническое испытание; ~ factor *тех.* показатель работоспособности; a man of ~ способный *или* знающий /квалифицированный/ человек; ~ to write well владение слогом /пером/; to think clearly способность ясно мыслить; ~ in doing smth. ловкость в каком-л. деле; to treat smth. with ~ умело справляться с чем-л.; to the best of one's ~ по мере сил /способностей/ 2) *часто pl* способность; талант; дарование, одарённость; ~ for music [in mathematics] музыкальные [математические] способности; to be possessed of great ~ быть одарённым; composing music is beyond his abilities он не способен сочинять музыку 3. *ком.* платёжеспособность (*тж.* ~ to pay) 4. *юр.* правоспособность, компетенция

-ability [-ə'bɪlɪtɪ] (*тж.* -ibility) *suff* образует сущ. от прил. на -able (-ible): availability доступность; extensibility растяжимость

ab incunabulis [ˌæbɪŋkjuːˈnæbjʊlɪs] *лат.* с колыбели, с самого начала

ab initio [ˌæbɪˈnɪʃɪəʊ] *лат.* с начала

abintestate [ˌæbɪnˈtestɪt] *n юр.* наследник по закону

ab intra [ˌæbˈɪntrə] *лат.* изнутри

abiocoen [ˌeɪbaɪˈəsiːn] *n спец.* неживая природа, абиоцён

abiogenesis [ˌeɪbaɪə(ʊ)ˈdʒenəsɪs] *n биол.* абиогенез, возникновение жизни из неорганической природы

abiogenist [ˌeɪbaɪˈɒdʒɪnɪst] *n* сторонник теории абиогенеза, возникновения жизни из неорганической природы

abiogenous [ˌeɪbaɪˈɒdʒɪnəs] *a биол.* абиогенный

abiogeny [ˌeɪbaɪˈɒdʒɪnɪ] = abiogenesis

abiosis [ˌeɪbaɪˈəʊsɪs] *n биол.* абиоз, пониженная жизнеспособность органа или системы

abiotic [ˌeɪbaɪˈɒtɪk] *a спец.* 1. абиотический; неживой 2. нежизненный

abiotrophy [ˌeɪbaɪˈɒtrəfɪ] *n мед.* абиотрофия

abirritant I [æˈbɪrɪtənt] *n мед.* средство, уменьшающее раздражение

abirritant II [æˈbɪrɪtənt] *a мед.* успокаивающий, уменьшающий раздражение

abirritate [æˈbɪrɪteɪt] *v мед.* уменьшить раздражение

abject [ˈæbdʒekt] *a* 1. жалкий; презренный; низкий; ~ fear малодушный страх; ~ flatterer низкий льстец; ~ coward жалкий трус; ~ liar подлый лжец 2. униженный, находящийся в унизительном положении; to live in ~ poverty жить в жалкой нищете; ~ heirs обнищавшие наследники 3. подобострастный; ~ apology смиренное извинение

abjection [æbˈdʒekʃ(ə)n] *n* 1) униженность, приниженность 2) унижение, уничижение

abjective [ˈæbdʒektɪv] *a редк.* 1. деморализующий; ~ influence деморализующее влияние 2. унижающий, принижающий

abjuration [ˌæbdʒʊˈreɪʃ(ə)n] *n* 1. отречение; отступничество; oath of ~ (of allegiance) *амер.* клятвенное отречение от прежнего гражданства /подданства/ 2. отказ (*от претензий, иска и т. п.*)

abjure [əbˈdʒʊə] *v* 1. отрекаться; to ~ one's religion отрекаться от своей веры; to ~ one's errors (открыто) отказаться от своих заблуждений; to ~ allegiance *амер.* клятвенно отречься от прежнего гражданства /подданства/ 2. сториться, чуждаться; to ~ new ideas чураться новых мыслей 3. отказываться, отступаться; to ~ a claim отказываться от претензии *или* иска 4. *юр.* отрицать (*что-л.*) под присягой

abjurer, abjuror [əbˈdʒʊərə] *n* отрёкшийся (*от чего-л.*), отступник; ренегат

ablactate [æbˈlækteɪt] *v книжн.* отнимать от груди (*ребёнка*)

ablactation [ˌæblækˈteɪʃ(ə)n] *n* 1. *книжн.* 1) отнятие от груди; прекращение кормления грудью 2) *физиол.* отсутствие лактации, секреции молока 2. *сад.* аблактировка, прививка сближением

ablare [əˈbleə] *a predic* шумный; хриплый, сиплый

ablastemic [ˌeɪbləsˈtemɪk] *a биол.* беззародышевый

ablastous [əˈblæstəs] *a биол.* абластический, неспособный к прорастанию

ablate [əˈbleɪt] *v* 1. *мед. редк.* удалять, ампутировать; снимать 2. *косм.* 1) подвергаться абляции 2) охлаждать *или* охлаждаться путём уноса массы 2. *геол.* разрушаться под действием воды, подвергаться абляции (*о леднике*)

ablating [əˈbleɪtɪŋ] *a ав., косм.* абляционный; ~ material абляционный материал

ablation [əˈbleɪʃ(ə)n] *n* 1. *мед.* удаление; ампутация 2. *ав., косм.* абляция, унос массы потоком горячих газов; ~ shield абляционный /теплозащитный/ экран 3. *геол.* абляция, разрушение действием воды; ~ moraine абляционная морена

ablatitious [ˌæbləˈtɪʃəs] *a спец.* уменьшающий, отбирающий; ~ force *астр.* сила, уменьшающая притяжение спутника к планете

ablative¹ [ˈæblətɪv] *n грам.* 1) аблатив; отложительный, отделительный падеж; творительный падеж; ~ absolute аблатив абсолютный, абсолютная аблативная конструкция, абсолютный причастный оборот 2) слово в аблативе, в отделительном *или* творительном падеже

ablative[1] II ['æblətɪv] *a* аблати́вный; отдели́тельный; твори́тельный

ablative[2] [ə'bleɪtɪv] *a косм.* абляцио́нный; ~ nose-cone абляцио́нный головно́й обтека́тель

ablatively cooled [ə,bleɪtɪvlɪ'ku:ld] *ав., косм.* абляцио́нно охлажда́емый

ablator [ə'bleɪtə] *n* 1. *мед.* инструме́нт для произво́дства ампута́ции 2. *косм.* абляцио́нный, теплозащи́тный материа́л

ablaut ['æblaut] *n лингв.* абла́ут

ablaze I [ə'bleɪz] *a predic* 1. горя́щий, пыла́ющий; to be ~ пыла́ть; to set smth. ~ подже́чь что-л. 2. (with) сверка́ющий, сия́ющий, блиста́ющий; ~ with lights сверка́ющий /сия́ющий/ огня́ми; his face was ~ with excitement его́ лицо́ горе́ло от волне́ния 3. (with) возбуждённый, взволно́ванный, пы́лкий; ~ with anger пыла́ющий гне́вом; ~ with indignation кипя́щий негодова́нием

ablaze II [ə'bleɪz] *adv* в огне́, в пла́мени; the forest was set ~ by lightning лес загоре́лся от мо́лнии

able ['eɪb(ə)l] *a* 1. 1) спосо́бный, облада́ющий спосо́бностью; to be ~ to... мочь..., быть в состоя́нии (в си́лах/...); the baby is ~ to walk already ребёнок уже́ научи́лся ходи́ть; as I had money I was ~ to help her у меня́ бы́ли де́ньги, и я име́л возмо́жность ей помо́чь; shall /will/ you be ~ to come? вы смо́жете прийти́?; you are better ~ to do it than I am у вас э́то лу́чше полу́чится, чем у меня́; to pay платёжеспосо́бный; as one is ~ по ме́ре сил 2) кре́пкий, здоро́вый, го́дный; he is old but still quite ~ он стар, но ещё кре́пок; ~ to perform military service го́дный к вое́нной слу́жбе 2. 1) спосо́бный, тала́нтливый; ~ actor спосо́бный актёр; ~ speech тала́нтливая речь; he is the most ~ /the ~st/ man I know он са́мый спосо́бный /у́мный/ челове́к из всех, кого́ я зна́ю 2) компете́нтный, квалифици́рованный, уме́лый; ~ lawyer зна́ющий адвока́т; ~ direction компете́нтное руково́дство 3. *юр.* компете́нтный, правоспосо́бный 4. ~ in mind (находя́щийся) в здра́вом рассу́дке 4. *мор.* облада́ющий хоро́шими морехо́дными ка́чествами

◊ ~ seaman = able-bodied seaman [*см.* able-bodied]; ~ rating *мор.* матро́с (*в ВМС*)

-able [-əbl] *suff* 1. *образу́ет прил. со значе́нием возмо́жности осуществле́ния от перехо́дных глаго́лов*: pitiable досто́йный жа́лости; laughable смешно́й, смехотво́рный; trainable кото́рого мо́жно трениро́вать; attainable достижи́мый; inflatable надувно́й; exploitable (при)го́дный для эксплуата́ции 2. (*тж. -ible*) *встреча́ется в прил. лат. происхожде́ния со значе́нием возмо́жности (или невозмо́жности) осуществле́ния*: impeccable непогреши́мый, безупре́чный; practicable осуществи́мый, реа́льный; ineffable невырази́мый; navigable судохо́дный; insatiable ненасы́тный; inflammable горю́чий, воспламеня́ющийся; untenable непригодный, несостоя́тельный; separable отдели́мый, разъёмный; irreparable неисправи́мый; vulnerable рани́мый; invincible непобеди́мый 3. (*тж. -ible*) *встреча́ется в прил. ра́зного значе́ния, не свя́занного с иде́ей возмо́жности осуществле́ния*: suitable подходя́щий; amiable, amicable дружелю́бный; fashionable мо́дный; plausible правдоподо́бный; responsible отве́тственный; terrible ужа́сный

able-bodied [,eɪb(ə)l'bɒdɪd] *a* 1) кре́пкий, здоро́вый, го́дный (*к вое́нной слу́жбе*); ~ seaman матро́с (*звание*) 2) *эк.* трудоспосо́бный

ablegate ['æblɪgeɪt] *n* лега́т (*папы ри́мского*)

able-minded [,eɪb(ə)l'maɪndɪd] *a* у́мный, спосо́бный

ablen ['æblɪn] = ablet

ablepsia [ə'blepsɪə] *n мед.* слепота́

ablet ['æblɪt] *n зоол.* укле́йка (*Alburnus alburnus*)

ablins ['eɪblɪnz] *adv шотл.* мо́жет быть, возмо́жно

abloom [ə'blu:m] *a predic* цвету́щий, расцве́тший; parks ~ with roses парки с цвету́щими ро́зами

abluent ['æbluənt] *a мед.* 1. очища́ющий, мо́ющий 2. *в грам. знач. сущ.* мо́ющее *или* дезинфици́рующее сре́дство; детерге́нт

ablush [ə'blʌʃ] *adv редк.* 1. в смуще́нии; покрасне́в, вспы́хнув, покры́вшись румя́нцем 2. *в грам. знач. прил. обыкн. predic* смущённый; покрасне́вший, зарде́вшийся

abluted [ə'blu:tɪd] *a арх.* вы́мытый, отмы́тый до́чиста

ablution [ə'blu:ʃ(ə)n] *n* 1. *обыкн. pl* омове́ние; to perform one's ~s *шутл.* соверша́ть омове́ние 2) обмыва́ние; промыва́ние; очище́ние 2. вода́ или ина́я жи́дкость для омове́ния 3. *pl брит. воен.* санита́рно-бытовы́е помеще́ния (*ба́ня, пра́чечная, туале́т и т. п.*) 4. *тех.* промы́вка

ablutionary [ə'blu:ʃən(ə)rɪ] *a* свя́занный с омове́нием, обмыва́нием и т. п. [*см.* ablution]

ably ['eɪblɪ] *adv* 1. 1) уме́ло, иску́сно, ло́вко 2) компете́нтно; квалифици́рованно 2. умно́, тала́нтливо

abmodality [,æbmoʊ'dælɪtɪ] *n спец.* флуктуа́ция, отклоне́ние от сре́днего (*в стати́стике*)

Abnaki [æb'nɑ:kɪ] *n* (*pl тж. без измен.*) 1. 1) абна́ки, пле́мя североамерика́нских инде́йцев 2) инде́ец-абна́ки 2. язы́к пле́мени абна́ки

abnegate ['æbnɪgeɪt] *v кни́жн.* 1. отка́зывать себе́ (*в чём-л.*) 2. отка́зываться (*от прав, привиле́гий и т. п.*); to ~ one's powers сложи́ть с себя́ полномо́чия 3. отрица́ть, отверга́ть; отрека́ться; to ~ one's faith отрека́ться от свое́й ве́ры

abnegation [,æbnɪ'geɪʃ(ə)n] *n кни́жн.* 1. самоотрече́ние; самопоже́ртвование 2. отка́з (*от прав, привиле́гий и т. п.*) 3. отрече́ние 4. отрица́ние

abnodate ['æbnədeɪt] *v лес.* обреза́ть су́чья

abnormal [æb'nɔ:m(ə)l] 1. ненорма́льный; анома́льный; отклоня́ющийся от но́рмы; ~ children у́мственно отста́лые де́ти; ~ psychology психопатоло́гия; ~ law *юр.* специа́льные правовы́е но́рмы, регули́рующие положе́ние лиц, на кото́рых не распространя́ются о́бщие но́рмы пра́ва 2. 1) огро́мный, необы́чно большо́го разме́ра 2) отклоня́ющийся от сре́дней величины́; an ~ amount of rain выпаде́ние оса́дков вы́ше но́рмы (*для да́нного вре́мени го́да и т. п.*)

abnormalcy [æb'nɔ:m(ə)lsɪ] = abnormality

abnormality [,æbnɔ:'mælɪtɪ] *n* 1. ненорма́льность *и пр.* [*см.* abnormal] 2. анома́лия

abnormalize [æb'nɔ:məlaɪz] *v* 1. вызыва́ть анорма́льное, анорма́льное состоя́ние 2. увели́чивать (*что-л.*) до необы́чно больши́х разме́ров; вздува́ть, раздува́ть (*це́ны, при́были*)

abnormity [æb'nɔ:mɪtɪ] *n* 1. = abnormality 2. уро́дство; что-л. отта́лкивающее, вызыва́ющее брезгли́вость

Abo ['æboʊ] *n* (*сокр. от* Aborigine) *австрал. пренебр.* абориге́н

aboard I [ə'bɔ:d] *adv* 1. 1) на борту́ (*су́дна, самолёта, по́езда, авто́буса и т. п.*); welcome ~! приве́тствуем вас на борту́ на́шего самолёта (*обраще́ние стюарде́ссы*) 2) на борт (*су́дна, самолёта, по́езда, авто́буса и т. п.*); to get /to step/ ~ сесть на кора́бль, в самолёт *и т. п.*; to take goods ~ погрузи́ть това́ры на су́дно; all ~! поса́дка зака́нчивается! (*предупрежде́ние об отхо́де су́дна, отлёте самолёта*); б) поса́дка зако́нчена (*сигна́л к отправле́нию*) 2. вдоль; to keep the land /the coast/ ~ идти́ вдоль бе́рега (*о су́дне*); to be hard ~ стоя́ть вдоль бо́рта (*друго́го корабля́*); to fall ~ (of) а) столкну́ться, сцепи́ться (*с други́м су́дном*); б) брать на аборда́ж (*су́дно*)

aboard II [ə'bɔ:d] *prep* 1. 1) на борт (*су́дна, самолёта и т. п.*); to go ~ a ship сесть на кора́бль 2) на борту́ (*корабля́, самолёта и т. п.*); ~ the train *амер.* в ваго́не; ~ a camel (верхо́м) на верблю́де 2. вдоль; hard ~ the shore вдоль бе́рега; to lay ~ the enemy вплотну́ю подойти́ к проти́внику (*о су́дне*)

◊ to come /to get/ ~ *амер.* вступи́ть; стать уча́стником (*чего-л.*); when I got ~ the space program... когда́ я включи́лся в рабо́ту по освое́нию ко́смоса...

abode[1] [ə'boʊd] *n* 1. *кни́жн.* жили́ще; обита́лище; to make /to take up/ one's ~ with one's parents-in-law [in the country] посели́ться у роди́телей жены́ *или* му́жа [в дере́вне] 2. 1) пребыва́ние, прожива́ние 2) местожи́тельство, ме́сто жи́тельства (*тж.* place of ~); /with/ no fixed ~ без постоя́нного /определённого/ местожи́тельства

abode[2] [ə'boʊd] *past и p. p. от* abide

aboideau [,ɑ:bwɑ:'doʊ] (*pl* -deaus [-'doʊz] -deaux [-'doʊ]) = aboiteau

aboil [ə'bɔɪl] *a редк.* 1. кипя́щий, вскипа́ющий, закипа́ющий 2. нейстовый, я́ростный, разъярённый; ~ with indignation кипя́щий негодова́нием; the meeting was ~ with controversy на собра́нии разгоре́лись жа́ркие спо́ры

aboiteau [,ɑ:bwɑ:'toʊ] *n* (*pl* -teaus [-'toʊz], -teaux [-'toʊ]) *канад.* 1. шлю́зные воро́та 2. плоти́на, да́мба

abolish [ə'bɒlɪʃ] *v* 1. отменя́ть, упраздня́ть; положи́ть коне́ц (*чему́-л.*); to ~ slavery уничто́жить ра́бство; to ~ taxes отмени́ть /упраздни́ть/ нало́ги 2. уничтожа́ть, разруша́ть

abolishment [ə'bɒlɪʃmənt] *n* 1. отме́на, упраздне́ние 2. уничтоже́ние, разруше́ние

abolition [,æbə'lɪʃ(ə)n] *n* 1. отме́на; аннули́рование (*догово́ра, докуме́нта, зако́на и т. п.*); the ~ of capital punishment отме́на сме́ртной ка́зни 2. ликвида́ция, избавле́ние (*от чего́-л.*); устране́ние; the ~ of disease избавле́ние от боле́зни; исцеле́ние; the ~ of smallpox ликвида́ция о́спы 3. (*тж.* A.) *амер. ист.* отме́на, уничтоже́ние ра́бства и работорго́вли 4. *юр.* прекраще́ние уголо́вного пресле́дования

abolitionary [,æbə'lɪʃən(ə)rɪ] *a* 1. *амер. ист.* аболициони́стский 2. *редк.* разруши́тельный

abolitionism [,æbə'lɪʃ(ə)nɪz(ə)m] *n амер. ист.* аболициони́зм, борьба́ за отме́ну ра́бства

abolitionist [,æbə'lɪʃ(ə)nɪst] *n* 1. сторо́нник отме́ны, упраздне́ния (*зако́на и т. п.*) 2. (*тж.* A.) *амер. ист.* аболициони́ст, сторо́нник аболициони́зма

abolitionize [ˌæbə'lɪʃ(ə)naɪz] v *амер. ист.* пропагандировать аболиционизм
abomasum, abomasus [ˌæbə'meɪs(ə)m, ˌæbə'meɪsəs] n *анат.* сычуг
A-bomb ['eɪbɒm] n 1. атомная бомба 2. *в грам. знач. глагола* разрушать атомной бомбой
A-bomber ['eɪˌbɒmə] n атомный бомбардировщик
abominable [ə'bɒmɪnəb(ə)l] a 1. отвратительный, гнусный; ~ crime гнусное преступление 2. противный, гадкий; ужасный; ~ weather отвратительная /ужасная/ погода; ~ dinner дрянной обед
Abominable Snowman [ə,bɒmɪnəb(ə)l-'snəʊmæn] снежный человек, йети
abominate [ə'bɒmɪneɪt] v питать отвращение, ненавидеть; players ~ unfairness in an umpire спортсмены терпеть не могут необъективных судей; I ~ liars ненавижу лгунов
abomination [ə,bɒmɪ'neɪʃ(ə)n] n 1. отвращение, омерзение; to hold in ~ питать отвращение 2. 1) гнусность; нечто отвратительное, омерзительное, мерзость 2) *эмоц.-усил.* гадость; что-л. крайне неприятное, противное *и т. п.*; this coffee is an ~ этот кофе пить нельзя; в рот не возьмёшь
à bon marché [a:,bɒŋma:'ʃeɪ] *фр.* дёшево, по дешёвке; выгодно, со скидкой
abonnement [ə'bɒnmə̃] n *фр.* абонемент; подписка (*на что-л.*)
aboon I, II [ə'buːn] *поэт. см.* above I *и* II
aboriginal I [ˌæbə'rɪdʒ(ə)nəl] n 1. абориген, коренной житель; туземец 2. исконное слово
aboriginal II [ˌæbə'rɪdʒ(ə)nəl] a исконный, коренной, туземный; ~ customs обычаи коренного населения; Indians are ~ Americans исконные американцы — это индейцы
ab origine [ˌæbəʊ'rɪdʒɪniː] *лат.* с (самого) начала (*чего-л.*); от истоков
aborigine [ˌæbə'rɪdʒɪniː(:)] n 1. 1) туземец, абориген; представитель коренного населения 2) *А.* абориген Австралии 2. *pl* флора и фауна данного (географического) района
aborning I [ə'bɔːnɪŋ] a *книжн.* (за-)рождающийся, появляющийся на свет; a new area of architecture is ~ в архитектуре сейчас открывается новое поле деятельности
aborning II [ə'bɔːnɪŋ] adv при рождении, во время родов; при зарождении; the scheme died ~ проект умер, так и не успев родиться
abort I [ə'bɔːt] n *преим. спец.* аварийное прекращение (*испытаний, полёта, запуска и т. п.*); weather ~ отмена (*испытаний, полёта и т. п.*) в силу метеорологических условий /из-за погоды/; ~ rate процент несостоявшихся самолёто-вылетов; ~ from orbit уход с орбиты
abort II [ə'bɔːt] v 1. 1) иметь выкидыш, выкинуть; she ~ed her first child она выкинула первого ребёнка 2) производить (искусственный) аборт; the doctor had to ~ the baby доктору пришлось прервать беременность 2. развиться не полностью; прекратить развитие на начальной стадии 3. не удаваться; потерпеть неудачу (*обыкн. в самом начале чего-л.*); our plans ~ed наши планы сорвались 4. *спец.* прекращать, снимать (*испытание, полёт, запуск и т. п.*); снимать (*самолет*) с выполнения задания; возвращать (*ракету,*

снаряд) 2) прекращаться, не состояться, прерываться (*об испытании, полёте, запуске и т. п.*); отказать (*о механизме и т. п.*) 5. останавливать, прекращать (*что-л.*) в самом начале; to ~ a cold приостановить (дальнейшее) развитие простуды; troops ~ed the uprising войска подавили восстание
aborted [ə'bɔːtɪd] a 1. недоношенный; абортивный 2. недоразвитый 3. прекращённый, отменённый; остановленный; предотвращённый; ~ attempt неудачная попытка; ~ escape сорвавшийся побег
aborticide [ə'bɔːtɪsaɪd] n 1. вытравливание, умерщвление плода; аборт 2. абортивное средство; средство, вызывающее аборт
abortifacient I [ə,bɔːtɪ'feɪʃənt] n *мед.* средство, вызывающее аборт; абортивное средство
abortifacient II [ə,bɔːtɪ'feɪʃənt] a *мед.* вызывающий аборт
abortion [ə'bɔːʃ(ə)n] n 1. 1) преждевременное прекращение беременности, выкидыш 2) искусственный аборт; to have /to procure/ an ~ сделать аборт 2. недоносок 3. урод; ублюдок; what an ~! какое страшилище! 4. неудача, невезение; осечка 5. *биол.* приостановка развития (*органа*) 6. *мед.* приостановка развития болезни на начальной стадии 7. 1) *спец.* аварийное прекращение (*испытаний, полёта, запуска и т. п.*) 2) *вчт.* аборт
abortionist [ə'bɔːʃ(ə)nɪst] n 1. подпольный акушер; врач или знахарь, незаконно делающий аборты 2. *часто неодобр.* сторонник легализации абортов
abortive I [ə'bɔːtɪv] n 1. абортивное средство 2. выкидыш
abortive II [ə'bɔːtɪv] a 1. 1) неудавшийся, безуспешный, бесплодный; ~ attempt тщетная /бесплодная/ попытка; ~ scheme мертворождённый план; to be /to prove/ ~ не удаваться, не иметь успеха; to render ~ сорвать (*попытку и т. п.*) 2) *спец.* прерванный, прекращённый, несостоявшийся (*особ. о запуске ракеты и т. п.*) 2. преждевременный (*о родах*) 3. 1) *биол.* недоразвитый, абортивный 2) *бот.* недоразвитый, нежизнеспособный (*о семенах растений*) 4. *мед.* 1) вызывающий аборт 2) абортивный, обрывающий; ~ treatment обрывающее /абортивное/ лечение
aboulia [eɪ'buːlɪə] = abulia
abound [ə'baʊnd] v 1. быть, находиться, иметься в большом количестве; fish ~ in the lake в этом озере много /полно/ рыбы, это озеро изобилует рыбой 2. (in, with) изобиловать (*чем-л.*); land ~s in oil земля богата нефтью; woods ~ with game леса кишат дичью
◊ to ~ in one's own sense уст. придерживаться собственного мнения, упорствовать в собственном мнении
about I [ə'baʊt] a *predic* 1) двигающийся, находящийся в движении 2) вставший с постели; to be up /out/ and ~ а) быть на ногах, встать с постели; б) подняться после болезни 3) существующий, находящийся в обращении 4) *мор.* меняющий курс; ложащийся, поворачивающийся на другой галс
about II [ə'baʊt] adv указывает на 1. нахождение 1) в разных местах повсюду, везде; в разных местах; he was nowhere ~ его нигде не было (видно); don't leave papers lying ~ не разбрасывай бумаги где попало; there is a good deal of influenza ~ at present сейчас повсюду много случаев гриппа; there is a rumour ~ ходит слух 2) поблизости неподалёку, поблизости, рядом; several schoolboys were standing ~ рядом /неподалёку/ стояло несколько школьников; look ~ and see if you can find it поищи это где-нибудь здесь 2. движение 1) в разных направлениях по какой-л. ограниченной территории (*по комнате, городу, стране и т. п.*); взад и вперёд; *передаётся тж. глагольными префиксами*; to stroll ~ прогуливаться; they moved the furniture ~ они передвигали мебель 2) в противоположном направлении обратно; кругом; after swimming a mile he turned ~ and swam back to the shore проплыв милю, он повернул обратно к берегу; ~, ~ face turn *амер. воен.* кругом!; right ~ face *мор.* поворот (команда); to put /to go/ ~ *мор.* делать поворот оверштаг 3) по кругу, по окружности вокруг, в окружности; he looked ~ он оглянулся кругом 3. *приблизительность* около, приблизительно, почти; без малого; ~ thirty miles приблизительно тридцать миль; ~ three o'clock около трёх часов; ~ your size примерно вашего размера; he is ~ as tall as I am он почти такого же роста, как и я; it is ~ time you learned the rule пора бы вам выучить это правило; that's ~ right это более или менее правильно; just ~ enough *разг.* примерно столько и нужно; ≃ должно хватить; he is ~ ready он уже почти готов 4. *готовность* совершить какое-л. действие (*с последующим инфинитивом*): a plane ~ to take off самолёт, готовый к взлёту; to be ~ to do smth. собираться сделать что-л.; he was ~ to reply but thought better of it он собирался ответить, но раздумал
◊ ~ (just) the other way ~ (как раз) наоборот; what are you ~? чем вы заняты?, что вы делаете?, что собираетесь делать?; turn and turn ~ по очереди, один за другим
about III [ə'baʊt] prep 1. в пространственном значении указывает на 1) местоположение вокруг какого-л. предмета вокруг, кругом; there was a fence ~ the garden вокруг сада был забор; to gather ~ the fire собираться у камина или вокруг костра; from everywhere ~ them came strange sounds со всех сторон /отовсюду/ раздавались странные звуки; the folks ~ us окружающие нас люди 2) нахождение в разных местах, тут и там по; all his belongings were lying ~ the floor все его вещи были разбросаны по полу 3) близость неподалёку, поблизости, около; I dropped it somewhere ~ here я уронил это где-то здесь; stay ~ the house today не уходи сегодня далеко от дома 2. указывает на движение в разных направлениях по какой-л. ограниченной территории (*по комнате, городу, стране и т. п.*) туда и сюда, по; he walked ~ the garden он ходил по саду взад и вперёд, он расхаживал по саду; to run /to rush/ ~ the room метаться по комнате; he travelled ~ the country он путешествовал по стране 3. указывает на объект разговора, обсуждения, забот и т. п. о, относительно, насчёт; to speak [to think, to read, to write] ~ smb., smth. говорить [думать, читать, писать] о ком-л., чём-л.; "Much Ado Nothing" (*Shakespeare*) «Много шуму из ничего»; to worry ~ smth. беспокоиться о чём-л.; a story ~ dogs рассказ о собаках; tell me all ~ it расскажите мне всё, что вы знаете об этом; what /how/ ~...? как насчёт...?; what ~ your report? как насчёт вашего доклада?;

to come ~ business прийти по делу; she went ~ her usual duties она занялась своими обычными делами; do you know how to go ~ it? ты знаешь, как решить эту задачу /этот вопрос/? 4. *указывает на наличие* 1) *каких-л. предметов (документов, денег и т. п.)* при, с; have you any money ~ you? есть ли у вас с собой /при себе/ деньги?; they had lost all they had ~ them они потеряли всё, что при них было 2) *каких-л. свойств, качеств и т. п.* в, у; there is smth. ~ her в ней что-то есть; there is smth. queer ~ him в нём есть что-то странное; there is a look of kindness ~ his face у него доброе лицо 5. *в сочетаниях*: what is wrong ~ the colour? чем вам не нравится этот цвет?; what is it all ~? в чём дело?, о чём речь?, что происходит?; mind what you're ~! будьте внимательны!; be quick ~ it! (по)торопитесь (с этим)
 about-face I [ə'baʊtˌfeɪs] *n* 1. поворот кругом 2. отскок (прямо) назад *(при ударе)* 3. внезапное и полное изменение *(отношения, точки зрения и т. п.)*; they've done an ~ in their foreign policy они совершили поворот на сто восемьдесят градусов в своей внешней политике
 about-face II [ə'baʊtˌfeɪs] *v* 1. 1) повернуть кругом 2) повернуться кругом 2. отскочить (прямо) назад *(при ударе)* 3. внезапно и полностью изменить *(отношение, точку зрения и т. п.)*
 about-ship [ə'baʊtˌʃɪp] *v* менять курс, ложиться на другой галс; делать поворот оверштаг
 about-sledge [ə'baʊtsledʒ] *n* кувалда, кузнечный молот
 about-towner [ə'baʊt'taʊnə] *n* завсегдатай ночных клубов *и т. п.*; гуляка
 about-turn I, II [ə'baʊt'tɜːn] = = about-face I и II
 above I [ə'bʌv] *n (обыкн. the ~)* 1. 1) вышесказанное; вышеописанное; вышеизложенное; вышеупомянутое; the ~ will show... вышеупомянутое свидетельствует о том, что...; to refer to the ~ сослаться на упомянутое выше 2) лицо или лица, ранее указанные, упомянутые выше; вышепоименованное лицо; the ~ will all stand trial все упомянутые выше лица предстанут перед судом 2. 1) верх; a voice [the view] from ~ голос [вид] сверху 2) верх, руководство; order from ~ приказ свыше 3. небеса, небо; truly a gift from ~ поистине дар небес
 above II [ə'bʌv] *a* 1) вышесказанный; вышеприведённый, вышеупомянутый *и т. п.*; the ~ figures вышеприведённые цифры 2) вышестоящий; he appealed to the court ~ он апеллировал в суд высшей инстанции
 above III [ə'bʌv] *adv* 1. 1) наверху, вверху; выше; my bedroom is just ~ моя спальня наверху; ~ were the snowy peaks выше были снежные вершины 2) на небе; he was led ~ его провели наверх 3) на небе, в небесах; she has gone to her eternal rest ~ она обрела вечный покой 4) вверх или выше по течению; there's good fishing ~ выше по течению хорошо клюёт рыба 2. ранее, выше *(в тексте, в речи)*; as stated ~ как указано выше; see the notes ~ смотри примечания выше 3. 1) более, выше, свыше 2) *разг.* выше нуля; the temperature is five ~ пять градусов тепла 4. *зоол.* на спине
 above IV [ə'bʌv] *prep* 1. *в пространственном значении указывает на* 1) *местонахождение или движение над чем-л.* над, выше; the aeroplane flew ~ the clouds самолёт летел над облаками;

~ water над водой; they live ~ us они живут над нами /этажом выше/; to keep one's head ~ water a) держаться на поверхности; б) справляться с трудностями; the water reached their knees ~ вода была выше колен 2) *положение выше по течению, дальше по дороге и т. п.* выше, за; they fished ~ the bridge они удили рыбу за мостом 3) *положение или движение к северу* на север от, к северу от; six miles ~ Baltimore шесть миль к северу от Балтимора 2. *во временном значении указывает на что-л. происходившее раньше* ранее; not traced ~ the third century прослеживается только начиная с III века 3. *указывает на* 1) *превосходство в числе, превышение количества и т. п.* более, больше, свыше; there were ~ 500 people there там было свыше 500 человек; ~ 20 °C больше 20° по Цельсию; ~ zero выше нуля; ~ par выше номинала; ~ the average выше среднего; a boy ~ 12 years of age мальчик старше 12 лет; to live ~ one's means жить не по средствам 2) *более высокий ранг или положение, превосходство в способностях и т. п.* выше; he is head and shoulders ~ his comrades он на голову выше своих товарищей; earl is a title ~ viscount титул графа выше титула виконта; she married ~ her station она вышла замуж за человека, занимающего более высокое положение в обществе 3) *абсолютное превосходство* свыше, больше, выше, вне; they are ~ it они выше этого; ~ smb.'s understanding /comprehension/ выше чьего-л. понимания; ~ praise выше похвал; ~ prejudice выше предрассудков; ~ (all) suspicion вне (всяких) подозрений; his conduct was ~ reproach его поведение было безупречно; this is ~ price выше всякой цены; he is ~ telling a lie он не унизится до лжи; he is not ~ such trickery он вполне способен на такие уловки /ухищрения/; if you want to learn, you must not be ~ asking questions если вы хотите чему-нибудь научиться, не стесняйтесь спрашивать 4. *указывает на преимущество чего-л. перед чем-л. или предпочтение в выборе* скорее, больше; to favour one child ~ the other оказывать одному ребёнку больше внимания, чем другому ◇ ~ all прежде всего; всего важнее; превыше всего; главным образом; to be /get/ ~ oneself заноситься, задирать нос, задаваться; that's ~ me это выше моего понимания; я не могу этого понять
 above- [ə'bʌv-] *компонент сложных слов со значением* выше-; above-mentioned вышеупомянутый; above-stated вышеизложенный; above-cited вышеприведённый; abovesaid вышеуказанный *и т. п.*
 above-average [ə'bʌv'æv(ə)rɪdʒ] *a* необычный, исключительный; выше среднего; ~ child необыкновенно развитой ребёнок
 aboveboard I [ə'bʌv'bɔːd] *a* честный, открытый, прямой
 aboveboard II [ə'bʌv'bɔːd] *adv* честно, открыто, прямо
 above-critical [ə'bʌv'krɪtɪk(ə)l] *a тех.* надкритический, сверхкритический
 above-ground [ə'bʌv'graʊnd] *a* 1) наземный; ~ structure наземная постройка; ~ nuclear tests испытания ядерного оружия на земле и в атмосфере 2) *бот.* надземный; ~ organs надземные органы *(растения)* 2. живой; he is still ~ он ещё не в могиле 3. *амер.* открытый, прямой; откровенный
 above-mentioned [ə'bʌv'menʃ(ə)nd] *a* 1. вышеупомянутый 2. (the ~) *в*

ABO — ABR   A

грам. знач. сущ. вышеупомянутое; вышеупомянутые
 abovesaid [ə'bʌv'sed] *арх.* = above-mentioned
 abovestairs I [ə'bʌvˌsteəz] *n употр. с гл. в ед. ч.* верхний этаж
 abovestairs II [ə'bʌvˌsteəz] *adv* наверху, в верхнем этаже
 above-water [ə'bʌvˌwɔːtə] *a* 1) надводный 2) выше ватерлинии
 ab ovo [ˌæb'əʊvəʊ] *лат.* с самого начала *(букв.* от яйца*)*
 abracadabra [ˌæbrəkə'dæbrə] *n* 1. абракадабра, бессмыслица 2. абракадабра, магическая формула
 abradant I [ə'breɪdənt] *n тех.* абразив, абразивный материал
 abradant II [ə'breɪdənt] *a тех.* абразивный
 abrade [ə'breɪd] *v* 1. 1) стирать, снашивать трением 2) стираться, снашиваться; срабатываться 2. *редк.* портить, сводить на нет; to ~ a country's relationship with another country ухудшать отношения между двумя странами 3. сдирать *(кожу)* 4. *тех.* обдирать; шлифовать
 abrading [ə'breɪdɪŋ] *n спец.* 1. истирание 2. пескоструйная очистка поверхности 3. эрозия почвы
 Abraham ['eɪbrəhæm] *n библ.* Авраам; in ~'s bosom a) *библ.* на лоне Авраамовe; б) в состоянии райского блаженства ◇ to sham ~ притворяться больным, симулировать
 Abraham-man ['eɪbrəhæmˌmæn] *n (pl* -men [-men]) *ист.* юродствующий, нищий; бездомный бродяга, собирающий подаяние
 abranchial [ə'bræŋkɪəl] = abranchiate
 abranchiate [ə'bræŋkɪɪt] *a зоол.* безжаберный
 abrase [ə'breɪs] = abrade
 abraser [ə'breɪsə] = abrasive I
 abrasion [ə'breɪʒ(ə)n] *n* 1. трение, истирание 2. ссадина, механическое повреждение поверхности вследствие трения; ~ marks *фото* царапины *(на слое эмульсии)* [*см. тж.* 3]; ~ on one's knee ссадина на колене 3. *геол.* абразия, истирание; ~ marks следы абразии [*см. тж.* 2] 4. *тех.* 1) стирание, снашивание, срабатывание, износ; ~ resistance *тех.* сопротивление изнашиванию, стойкость; ~ testing *тех.* испытание на износ 2) шлифовка 5. выскабливание
 abrasive I [ə'breɪsɪv] *n тех.* абразив, абразивный или шлифовальный материал; ~ hardness активная /абразивная/ твёрдость (по склерометру); ~ wear *тех.* абразивный износ
 abrasive II [ə'breɪsɪv] *a* 1. *тех.* абразивный, шлифующий; ~ disc шлифовальный /абразивный/ круг 2. *геол.* размывающий 3. 1) резкий, колкий *(о тоне, замечании и т. п.)*; обидный 2) спорный; могущий вызвать разногласия, обиды *и т. п.*; ~ relationships натянутые взаимоотношения 3) раздражающий *(о человеке)*; несносный; ~ character невыносимый /несносный/ характер
 abraxas [ə'bræksəs] *n* 1) мистическое слово, заклинание 2) амулет
 abreact [ˌæbrɪ'ækt] *v психол.* дать выход подавляемым эмоциям при помощи абреакции [*см.* abreaction]
 abreaction [ˌæbrɪ'ækʃ(ə)n] *n психол.* абреакция, освобождение от напряжения, вызванного подавляемыми эмоциями, при помощи проигрывания конфликтной ситуации *(устного или ролевого)*

abreast [ə'brest] *adv* **1.** в ряд, рядом, на одной линии; three ~ по трое в ряд; to come ~ of a car поравняться с машиной; to stay ~ of a runner не отставать от бегущего **2.** не отставая; держась на (должном) уровне; to keep ~ of /with, in/ не отставать от, идти в ногу с; to keep ~ of /with/ the times идти в ногу с веком, не отставать от жизни; to be ~ of the times быть сыном своего времени; быть на уровне современности; to keep wages ~ of the cost of living повышать заработную плату в зависимости от роста стоимости жизни; to keep industry ~ of science внедрять достижения науки в производство; to keep ~ in scientific developments быть в курсе последних научных достижений; следить за развитием науки **3.** эл. в параллельном соединении **4.** мор. на одной линии; на траверзе; борт о борт **5.** воен. 1) в одном эшелоне 2) в один эшелон

abri [ɑ:'bri:] *n* (*pl* abris [-z]) *книжн.* убежище, укрытие; пристанище

abridge [ə'brɪdʒ] *v* **1.** сокращать; to ~ books сокращать книги; делать в книгах купюры; this physics course is ~d это сокращённый курс физики **2.** уменьшать, убавлять; ограничивать; урезывать (*права, привилегии и т. п.*); to ~ a visit сократить пребывание; to ~ smb.'s freedom ограничивать чью-л. свободу; modern transportation ~s distance современные виды транспорта сокращают расстояния **3.** *арх.* (of, from, to) лишать (*чего-л.*); to ~ smb. of power лишать кого-л. власти

abridged [ə'brɪdʒd] *a* сокращённый; ~ edition сокращённое издание

abridg(e)ment [ə'brɪdʒmənt] *n* **1.** сокращение; this manuscript requires no ~ эта рукопись не нуждается в сокращении **2.** 1) сокращённый текст; сокращённое издание; an ~ of a three-volume novel сокращённое издание трёхтомного романа 2) краткое изложение, конспект **3.** (of) ограничение (*прав и т. п.*)

abrim [ə'brɪm] *a predic* наполненный до краёв, полный до краёв; eyes ~ with tears глаза, полные слёз

abristle [ə'brɪsl] *a predic* ощетинившийся, колючий; a century ~ with dissent век, раздираемый рознью

abroach [ə'brəʊtʃ] *adv книжн.* **1.** в открытом или откупоренном состоянии; to set ~ откупоривать (*бочку и т. п.*) **2.** в движении; в возбуждении; to set mischiefs ~ вызвать волнения /беспорядки/

abroad [ə'brɔ:d] *adv* **1.** 1) за границей; to travel [to live] ~ путешествовать [жить] за границей 2) за границу; to go ~ поехать за границу **2.** *амер.* 1) в Европе 2) в Европу (*из-за океана*) **3.** 1) вне дома; no one is ~ in the noonday heat в полуденный зной на улицах никого не видно 2) из дому; he was ~ very early this morning сегодня он вышел из дому очень рано **4.** широко, повсюду; the trees spread their branches ~ деревья широко раскинули ветви; the news quickly got /spread/ ~ новость быстро распространилась **5.** далеко от цели (*при стрельбе, в играх*) **6.** *в грам. знач. сущ.* заграница; from ~ из-за границы

◇ all ~ далеко от истины; I may be a little ~ возможно, я ошибаюсь; to be all ~ а) быть в замешательстве; смутиться; б) глубоко заблуждаться; (очень) ошибаться в (своих) оценках, расчётах

abrogate ['æbrəgeɪt] *v* **1.** отменять, аннулировать (*закон и т. п.*) **2.** *книжн.* отказываться; отбрасывать; I cannot ~ my principles я не могу отречься от своих принципов /поступиться принципами/

abrogation [ˌæbrə'geɪʃ(ə)n] *n* отмена, аннулирование (*закона и т. п.*)

abrupt [ə'brʌpt] *a* **1.** внезапный; неожиданный; ~ departure внезапный отъезд; ~ turn неожиданный поворот; ~ discharge *эл.* мгновенный разряд; ~ change внезапное *или* резкое изменение состояния (*тж. спец.*); the train came to an ~ stop поезд резко затормозил **2.** резкий, грубый (*о манерах и т. п.*); ~ reply резкий ответ **3.** отрывистый, неровный (*о стиле*) **4.** крутой, обрывистый; ~ coast обрывистый берег; ~ curve *спец.* крутая кривая; the road is full of ~ turns на дороге много крутых поворотов **5.** скачкообразный (*об изменении и т. п.*)

abruption [ə'brʌpʃ(ə)n] *n редк.* отрыв, отторжение; разъединение; ~ of intercourse разрыв (отношений)

abruptly [ə'brʌptlɪ] *adv* **1.** внезапно, резко **2.** отрывисто

abruptness [ə'brʌptnɪs] *n* **1.** внезапность; неожиданность **2.** 1) резкость, грубость (*ответа и т. п.*) 2) отрывистость, неровность (*стиля*) **3.** крутизна, обрывистость

Absalom ['æbs(ə)ləm] *n* **1.** *библ.* Авессалом **2.** любимец отца **3.** сын, восстающий против отца

abscess ['æbses] *n* **1.** абсцесс, нарыв, гнойник **2.** *метал.* раковина

abscessed ['æbsest] *a* гнойный; нарывающий

abscind [æb'sɪnd] *v книжн.* отделять, отрезать, отсекать, отрубать

abscise [əb'saɪz] *v бот.* **1.** отделяться, опадать **2.** сбрасывать (*листву*)

abscisin [æb'sɪsɪn] *n биол.* абсцизин (*органическое вещество, регулирующее рост растений*)

absciss ['æbsɪs] = abscissa

abscissa [æb'sɪsə] *n* (*pl* -ae, -as [-əz]) *мат.* абсцисса; ось абсцисс

abscissae [æb'sɪsi(:)] *pl от* abscissa

abscisse ['æbsɪs] = abscissa

abscission [æb'sɪʃ(ə)n] *n* **1.** *мед.* отрезание, отнятие; ампутация **2.** *бот.* сбрасывание *или* опадение; ~ of fruits [leaves, buds] осыпание /опадение/ плодов [листьев, почек]

abscond [əb'skɒnd] *v* скрываться; бежать (*от суда, следствия и т. п.*); to ~ from prison сбежать /совершить побег/ из тюрьмы; the cashier ~ed with the bank's money кассир скрылся, прихватив с собой деньги банка

absence ['æbs(ə)ns] *n* **1.** отсутствие; отлучка; ~(s) from school пропуск(и) занятий; ~ from work невыход на работу, прогул; ~ from court неявка в суд; after an ~ of several weeks после отсутствия в течение нескольких недель; ~ of pattern *спец.* бессистемность, отсутствие упорядоченности; leave of ~ отпуск; during /in/ smb.'s ~ в чьё-л. отсутствие; did anything happen in my ~? что произошло, пока меня не было?; to be conspicuous by one's ~ блистать (своим) отсутствием; to be sentenced in one's ~ быть осуждённым заочно **2.** недостаток (*чего-л.*); неимение, отсутствие (*чего-л.*); in the ~ of за недостатком /за неимением/ (*чего-л.*); in the ~ of evidence за отсутствием /за неимением/ улик; in the ~ of witnesses за отсутствием свидетелей **3.** рассеянность (*обыкн.* ~ of mind)

◇ ~ makes the heart grow fonder *посл.* разлука усиливает любовь

absent I ['æbs(ə)nt] *a* **1.** отсутствующий; ~ on leave (находящийся) в отпуске; ~ without leave *воен.* находящийся в самовольной отлучке; to be ~ from school пропустить занятия (в школе); to be ~ from work не быть на работе; прогулять; to be ~ from duty не явиться на службу; he is ~ он отсутствует, его нет; revenge is ~ from his mind о мести он и не помышляет **2.** несуществующий; snow is ~ in some countries в некоторых странах никогда не бывает снега **3.** рассеянный; ~ look рассеянный /отсутствующий/ взгляд

◇ long ~, soon forgotten *посл.* ≅ с глаз долой, из сердца вон

absent II [əb'sent] *v* отсутствовать, не быть (*в каком-л. месте*); to ~ oneself from smth. а) уклоняться от чего-л.; б) отсутствовать где-л. (*без уважительной причины*); отлучаться откуда-л.

absent III ['æbs(ə)nt] *prep* без, в отсутствие

absentation [ˌæbs(ə)n'teɪʃ(ə)n] *n редк.* **1.** отсутствие; отлучка **2.** уклонение (*от чего-л.*)

absentee [ˌæbs(ə)n'ti:] *n* **1.** 1) отсутствующий; не явившийся; ~ interview *амер.* беседа для выяснения причин отсутствия, неявки, прогула *и т. п.* 2) прогульщик 3) лицо, отсутствующее при переписи *или* допросе 4) *воен.* отсутствующий на поверке; самовольно отлучившийся 5) владелец предприятия, живущий вдали от него 6) = absentee landlord 2) уклоняющийся (*от посещения собраний, занятий и т. п.*) 2) = absentee voter

absentee ballot [ˌæbs(ə)n'ti:'bælət] бюллетень для заочного голосования (*посылается по почте избирателем, находящимся в момент выборов вне своего избирательного округа*)

absenteeism [ˌæbs(ə)n'ti:ɪz(ə)m] *n* **1.** абсентеизм (*уклонение от участия в выборах, отсутствие на заседаниях и т. п.*) **2.** невыход(ы) на работу; прогул(ы) **3.** система землевладения, при которой помещик не проживает в своём имении

absentee landlord [ˌæbs(ə)n'ti:'lændlɔ:d] *n* помещик, живущий вне своего имения

absentee vote [ˌæbs(ə)n'ti:'vəʊt] заочное голосование (*по почте; тж.* absentee voting)

absentee voter [ˌæbs(ə)n'ti:'vəʊtə] голосующий заочно (*по почте*)

absence reo [æb,senteɪ'reɪəʊ] *юр.* в отсутствие ответчика

absently ['æbs(ə)ntlɪ] *adv* рассеянно

absentminded [ˌæbs(ə)nt'maɪndɪd] *a* рассеянный

absentmindedly [ˌæbs(ə)nt'maɪndɪdlɪ] *adv* рассеянно; по рассеянности

absinth(e) ['æbsɪnθ] *n* **1.** абсент, полынная водка **2.** = absinthium **3.** желтовато-зелёный цвет

absinthial [æb'sɪnθɪəl] *a* 1) полынный 2) горький, горестный

absinthism [æb'sɪnθɪz(ə)m] *n* отравление полынной водкой

absinthium [æb'sɪnθɪəm] *n бот.* полынь горькая *или* настоящая (*Artemisia absinthium*)

absit ['æbsɪt] *n* разрешение не присутствовать на занятиях (*в колледже или университете*)

absit omen [ˌæbsɪt'əʊmen] *лат.* не будем считать это дурной приметой, дурным предзнаменованием; ≅ чур меня

absolute I ['æbsəlu:t] *n* **1.** 1) *филос.* (*часто the* ~, *the* A.) абсолют; окончательная действительность (*в идеалис-*

тической философии) 2) (~s) абсолютные понятия, принципы, ценности и т. п.; to speak in terms of ~s оперировать абсолютными понятиями 2. *мат.* 1) абсолютная величина, модуль 2) абсолют

absolute II ['æbsəlu:t] *a* 1. полный, совершенный, безусловный, абсолютный; ~ indifference полное безразличие /равнодушие/; ~ beauty совершенная /идеальная/ красота; ~ promise ничем не обусловленное обещание; ~ purity первозданная /абсолютная/ чистота; ~ trust полное /абсолютное/ доверие 2. абсолютный, неограниченный, самовластный; ~ power неограниченная власть; ~ monarchy абсолютная монархия; ~ ruler самовластный правитель 3. чистый, беспримесный; ~ alcohol [ether] чистый спирт [эфир] 4. действительный, несомненный; ~ fact действительный /непреложный/ факт; ~ proof несомненное доказательство; ~ evidence неопровержимое свидетельство 5. относящийся к абсолюту; абсолютный (*в идеалистической философии*); ~ reality первоначальная, самосуществующая реальность; ~ абсолютная, непознаваемая реальность (*в идеалистической философии*); ~ idealism абсолютный идеализм; ~ ego трансцендентальное эго (*недоступное самонаблюдению; у Фихте*); ~ idea абсолютная идея (*у Гегеля*); ~ spirit всеобщий дух, Абсолют (*у Гегеля*) 6. *спец.* абсолютный; ~ humidity *физ.* абсолютная влажность; ~ scale абсолютная шкала; ~ system *физ.* абсолютная система единиц; ~ temperature *физ.* абсолютная /термодинамическая/ температура; ~ value абсолютная величина, абсолютное значение; ~ zero *физ.* абсолютный нуль (*температуры*); ~ address *вчт.* абсолютный адрес 7. *грам.* абсолютный; ~ construction абсолютный оборот /-ая конструкция/

absolute altimeter [,æbsəlu:t'ælti,mi:tə] *ав.* абсолютный высотомер, высотомер-измеритель истинной, геометрической высоты

absolute discharge [,æbsəlu:t'dɪstʃɑ:dʒ] *юр.* освобождение от уголовной ответственности (*обыкн. после уплаты штрафа*)

absolute impediment [,æbsəlu:t ɪm'pedɪmənt] *юр.* безусловное препятствие к вступлению в законный брак (*кровное родство и т. п.*)

absolutely [,æbsə'lu:tlɪ] *adv* 1. совершенно *и пр.* [*см.* absolute]; he refused — он отказался наотрез; he is ~ wrong он совершенно неправ 2. *эмоц.-усил.* конечно; точно, именно; вполне; are you sure? — A.! вы уверены? — Абсолютно /Конечно!/; this is ~ the newest thing in music это самое последнее слово в музыке 3. *грам.* употреблённый абсолютно, без прямого дополнения; transitive verb used ~ *грам.* переходный глагол, употреблённый без прямого дополнения 4. *филос.* независимо, самостоятельно

absolute majority [,æbsəlu:tmə'dʒɔrɪtɪ] 1) абсолютное большинство, свыше половины поданных голосов 2) *преим. амер.* абсолютное большинство всех имеющих право голосовать; ~ абсолютное большинство зарегистрированных избирателей (*в том числе неявившихся на избирательные участки*)

absolute music [,æbsəlu:t'mju:zɪk] абсолютная музыка (*род абстрактной музыки*)

absoluteness ['æbsəlu:tnɪs] *n* 1. *лог.* абсолютность 2. *филос.* независимая реальность

absolute pitch [,æbsəlu:t'pɪtʃ] *муз.* 1. абсолютная высота (*звука*) 2. абсолютный слух

absolution [,æbsə'lu:ʃ(ə)n] *n* 1. *юр.* абсолюция; оправдание; прощение; освобождение (*от ответственности, долгов, наказания*) 3. *рел.* 1) отпущение грехов; general ~ публичное /общее/ отпущение грехов 2) очищение; ~ from sins очищение от грехов /от скверны/

absolutism ['æbsəlu:tɪz(ə)m] *n* 1. абсолютизм; неограниченная монархия; самодержавие 2. определённость, несомненность 3. *филос.* философия абсолюта; учение об абсолюте (*в идеалистической философии*)

absolutist I ['æbsəlu:tɪst] *n* 1. сторонник абсолютизма, абсолютист 2. *филос.* сторонник философии абсолюта

absolutist II ['æbsəlu:tɪst] *a* 1. абсолютистский, деспотический; ~ tsarism царское самодержавие 2. отстаивающий абсолютизм, неограниченную монархию, самодержавие

absolutize ['æbsəlu:taɪz] *v книжн.* абсолютизировать; возводить в абсолют

absolutory [æb'sɒljut(ə)rɪ] *a* 1. *юр.* оправдательный; ~ sentence оправдательный приговор 2. *церк.* отпускающий грехи

absolve [əb'zɒlv] *v* 1. освобождать, избавлять (*от ответственности, долгов, наказания*); to ~ from a promise освободить от обещания; he was ~d from all blame с него были сняты все обвинения 2. оправдывать; выносить оправдательный приговор (*кому-л.*) 3. (from) прощать; to ~ from blame прощать вину 4. (of) *церк.* отпускать (*грехи*)

absolvent I [əb'zɒlvənt] *n* человек, дающий прощение, освобождение от каких-л. обязательств *и т. п.*

absolvent II [əb'zɒlvənt] *a* 1. прощающий; дающий прощение 2. освобождающий (*от ответственности, долгов, наказания*)

absolvo te [æb'sɒlvəʊ,teɪ] *лат.* отпускаю грехи твои

absonant ['æbsə(ʊ)nənt] *a книжн.* 1. нестройный, диссонирующий 2. (from, to) несогласный, противоречивый; behaviour that is ~ to nature противоестественное поведение

absorb [əb'zɔ:b, əb'sɔ:b] *v* 1. всасывать, впитывать; поглощать; абсорбировать; to ~ heat поглощать тепло; the sponge ~ed the spilled milk пролитое молоко впиталось в губку 2. поглощать; включать в своё число, присоединять; принимать; large companies ~ smaller ones крупные компании поглощают мелкие; the capacity of a country to ~ immigrants способность страны принимать иммигрантов 3. поглощать, захватывать (*внимание*); his work ~ed him работа увлекла /захватила/ его; ~ed in reading [in a book] поглощённый /захваченный/ чтением [книгой]; ~ed in thought /in one's own thoughts/ погружённый в мысли /в размышления/ 4. понимать, постигать, улавливать, схватывать; to ~ the full meaning of a remark полностью осознать смысл (*сделанного*) замечания 5. оплачивать, брать на себя (*расходы*); the company will ~ all the research costs компания оплатит все расходы на научные исследования 6. вынести, выдержать; перенести; the boxer ~ed the punches without buckling боксёр устоял на ногах; боксёр хорошо держал удар 7. *тех.* амортизировать (*толчки*)

absorbability [əb,zɔ:bə'bɪlɪtɪ, əb,sɔ:-ə'bɪlɪtɪ] *n* поглотительная способность, абсорбционная способность

absorbable [əb'zɔ:bəb(ə)l, əb'sɔ:bəb(ə)l] *a* поглощаемый, абсорбируемый

absorbance [əb'zɔ:bəns, əb'sɔ:bəns] *n физ.* спектральная поглощательная способность

absorbed [əb'zɔ:bd, əb'sɔ:bd] *a* поглощённый, захваченный; with an ~ attention затаив дыхание

absorbedly [əb'zɔ:bɪdlɪ, əb'sɔ:bɪdlɪ] *adv* с увлечением, увлечённо; с неотрывным вниманием

absorbefacient [əb,zɔ:bə'feɪʃ(ə)nt, əb,sɔ:bə'feɪʃ(ə)nt] *a спец.* усиливающий поглощение

absorbency [əb'zɔ:bənsɪ, əb'sɔ:bənsɪ] *n* поглотительная способность

absorbent I [əb'zɔ:bənt, əb'sɔ:bənt] *n* 1. поглотитель, абсорбент 2. промокательная бумага 3. *pl анат.* лимфатические сосуды

absorbent II [əb'zɔ:bənt, əb'sɔ:bənt] *a* абсорбирующий, всасывающий, поглощающий; ~ carbon активированный уголь; ~ cotton /cotton-wool/ гигроскопическая вата; ~ paper а) промокательная бумага; б) косметическая салфетка; ~ paper towels бумажные полотенца

absorber [əb'zɔ:bə, əb'sɔ:bə] *n* 1. *тех.* поглотитель, абсорбер 2. абсорбционный аппарат 3. *тех.* амортизатор, демпфер

absorbing [əb'zɔ:bɪŋ, əb'sɔ:bɪŋ] *a* 1. увлекательный, захватывающий; ~ book [play] увлекательная /захватывающая/ книга [пьеса] 2. всасывающий, впитывающий, абсорбирующий; ~ capacity /power/ поглотительная способность; ~ isotope поглощающий (*нейтроны*) изотоп; ~ medium поглощающая /абсорбирующая/ среда 3. *тех.* амортизирующий, смягчающий (*удар*)

absorptance [əb'zɔ:pt(ə)ns, əb'sɔ:pt(ə)ns] *n физ.* коэффициент поглощения, поглощательная способность

absorptiometer [əb,zɔ:pʃɪ'ɒmɪtə, əb,sɔ:pʃɪ-] *n хим.* абсорбциометр

absorption [əb'zɔ:pʃ(ə)n, əb'sɔ:pʃ(ə)n] *n* 1. 1) всасывание, впитывание 2) поглощение, абсорбция; ~ band *физ.* полоса поглощения; ~ capacity /power/ поглотительная способность; ~ circuit *радио* заградительный контур; ~ column /tower/ *хим.* поглотительная колонна; ~ of market *эк.* ёмкость рынка 2. поглощение, включение в число членов, присоединение; ассимиляция; ~ of small farms into the big one объединение /слияние/ небольших ферм в одну крупную 3. поглощённость, сосредоточенность, погружённость (*в мысли, работу и т. п.*); ~ in one's work [sport] увлечённость (*своей*) работой [спортом]

absorption coefficient [əb'zɔ:pʃ(ə)n,kəʊɪ'fɪʃ(ə)nt] 1. *физ.* коэффициент поглощения 2. *физиол.* скорость усваивания (*вещества*)

absorption nebula [əb'zɔ:pʃ(ə)n'nebjʊlə] *астр.* тёмная туманность

absorption spectroscopy [əb'zɔ:pʃ(ə)nspek'trɒskəpɪ] *физ.* абсорбционная спектроскопия

absorption spectrum [əb'zɔ:pʃ(ə)n'spektrəm] *физ.* спектр поглощения, абсорбционный спектр

absorptive [əb'zɔ:ptɪv, əb'sɔ:ptɪv] = absorbing

absorptivity [,æbzɔ:'tɪvɪtɪ, æbsɔ:'tɪvɪtɪ] *n* 1. 1) поглощательная, абсорбционная способность, всасывающая способность 2) поглощаемость 2. *физ.* поглощательная способность

ABS — ABU

absquatulate [æbˈskwɒtjʋleɪt] *v амер. прост.* сбегать, удирать, смываться; спасаться бегством

abstain [əbˈsteɪn] *v* 1. воздерживаться; to ~ from force [criticism] воздерживаться от применения силы [критики]; to ~ from drinking /from alcohol/ не употреблять спиртных напитков; to ~ from meat не есть мясного; when the cigars were passed he ~ed когда были предложены сигары, он отказался 2. 1) не голосовать, не принимать участия в голосовании, в выборах *и т. п.* 2) воздержаться (*при голосовании*); two delegates ~ed два делегата (при голосовании) воздержались

abstainer [əbˈsteɪnə] *n* 1. *см.* abstain + -er 2. непьющий, трезвенник (*часто* total ~) 3. воздержавшийся (*при голосовании*)

abstemious [əbˈstiːmɪəs] *a* 1. 1) воздержанный, умеренный (*в пище, питье*) 2) умеренный, скромный; ~ diet скудное питание; ~ life умеренный образ жизни 2. бережливый

abstention [əbˈstenʃ(ə)n] *n* 1. воздержание; воздержанность (*в еде и т. п.*) 2. 1) неучастие в голосовании; неявка (*на выборы и т. п.*) 2) воздержание при голосовании; carried with two ~s принято при двух воздержавшихся

abstentionist I [əbˈstenʃ(ə)nɪst] *n* воздерживающийся (*о человеке*); не принимающий участия (*особ. в политической жизни*)

abstentionist II [əbˈstenʃ(ə)nɪst] *a* воздерживающийся, воздержавшийся; не принимающий участия; ~ policy политика невмешательства

abstentious [əbˈstenʃəs] *a* 1. воздержанный; an ~ life аскетическая жизнь 2. скудный; ~ meal скудная трапеза

absterge [əbˈstɜːdʒ] *v книжн.* 1. 1) обтирать, стирать 2) очищать, прочищать, промывать 2. *мед.* очищать кишечник; давать слабительное

abstergent I [əbˈstɜːdʒ(ə)nt] *n* моющее средство (*мыло, порошок и т. п.*)

abstergent II [əbˈstɜːdʒ(ə)nt] *a* моющий, очищающий

abstersion [əbˈstɜːʃ(ə)n] *n* очищение, промывание

abstersive [əbˈstɜːsɪv] = abstergent II

abstinence [ˈæbstɪnəns] *n* 1. (from) воздержание; умеренность; воздержанность (*в пище, питье и т. п.*); ~ from meat вегетарианство; ~ from coffee [from tobacco] неупотребление кофе [табака] 2. трезвенность, полный отказ от потребления алкоголя (*тж.* total ~) 3. *церк.* пост; day of ~ постный день

abstinency [ˈæbstɪnənsɪ] = abstinence 1 *и* 3

abstinent [ˈæbstɪnənt] *a* 1. воздержанный, умеренный (*в пище, питье*); аскетический 2. постящийся

abstract I [ˈæbstrækt] *n* 1. 1) абстракция, отвлечённое понятие; in the ~ абстрактно, отвлечённо; in theory, теоретически; justice in the ~ идея всеобщей справедливости; справедливость вообще 2) отвлечённый термин 2. резюме, конспект, реферат, краткий обзор; ~ bulletin [journal] реферативный бюллетень [журнал] 3. *юр.* документ о правовом титуле (*тж.* ~ of title) 4. произведение абстрактного искусства; a geometric ~ in red and yellow абстрактная картина из красных и жёлтых геометрических фигур

abstract II [ˈæbstrækt] *a* 1. абстрактный, отвлечённый; ~ concept абстрактное понятие; ~ noun имя существительное отвлечённое /абстрактное/ 2. теоретический; ~ mathematics чистая математика; ~ science фундаментальная наука 3. трудный для понимания; малопонятный, неясный; ~ speculations абстрактное теоретизирование 4. *иск.* абстрактный, непрезентативный; ~ impressionism [expressionism] абстрактный импрессионизм [экспрессионизм]; ~ music абстрактная музыка

abstract III [əbˈstrækt] *v* 1. отнимать; отделять, извлекать; the letter was ~ed from the bag письмо было извлечено из портфеля; to ~ metal from ore извлекать металл из руды 2. 1) абстрагировать; рассматривать отвлечённо; to ~ oneself /one's mind/ from smth. отвлекаться от чего-л.; to ~ the notion of time and space рассматривать отвлечённо понятия времени и пространства 2) абстрагироваться; ~ing from отвлекаясь от 3. реферировать; резюмировать; суммировать 4. *разг.* похитить, украсть; увести

abstracted [əbˈstræktɪd] *a* 1. погружённый в мысли; рассеянный; with ~ eyes ничего не видящими глазами 2. отдалённый, удалённый

abstractedly [əbˈstræktɪdlɪ] *adv* 1. абстрактно, отвлечённо 2. рассеянно

abstracter [əbˈstræktə] *n* референт, составитель рефератов

abstracting [əbˈstræktɪŋ] *n информ.* реферирование; ~ service реферативная служба

abstraction [əbˈstrækʃ(ə)n] *n* 1. абстракция; отвлечение 2. погружённость мысли, задумчивость; рассеянность; with an air of ~ с отсутствующим видом 3. 1) произведения абстрактного искусства 2) абстракционизм 4. *эвф.* увод, угон 5. отвод; отведение, отделение; ~ of heat отвод тепла

abstractionism [əbˈstrækʃ(ə)nɪz(ə)m] *n* абстракционизм, абстрактное искусство

abstractionist [əbˈstrækʃ(ə)nɪst] *n* 1. представитель абстрактного искусства, абстракционист; сторонник абстракционизма 2. идеалист, мечтатель

abstractive [əbˈstræktɪv] *a* 1. абстрагирующий 2. отвлекающий 3. реферативный

abstractor [əbˈstræktə] = abstracter

abstract service [ˈæbstrækt͵sɜːvɪs] реферативная служба

abstriction [æbˈstrɪkʃ(ə)n] = abscission 2

abstruse [əbˈstruːs] *a* 1. трудный для понимания; невразумительный, тёмный, неясный; if you do not master arithmetic you will find algebra ~ если ты не овладеешь арифметикой, тебе будет трудно понять алгебру 2. скрытый, тайный (*о мыслях и т. п.*)

abstrusity [əbˈstruːsɪtɪ] *n* 1. малопонятность; невразумительность; неясность 2. *часто pl* неясное, непонятное место, малопонятный пункт *и т. п.*; the abstrusities of the criminal law тонкости уголовного права

absurd I [əbˈsɜːd] *n* 1) (the A.) *филос.* абсурд (*человеческого существования и т. п.*); theatre of the A. театр абсурда 2) абсурдность

absurd II [əbˈsɜːd] *a* 1. нелепый, абсурдный; глупый; смехотворный; what an ~ ideal какая нелепая мысль!; even sensible men do ~ things даже благоразумные люди иногда делают глупости; you look ~ in that hat! в этой шляпе ты настоящее посмешище /пугало/; в этой шляпе у тебя нелепый вид 2. *лог.* самопротиворечащий 3. *иск.* абсурдистский

absurdism [əbˈsɜːdɪz(ə)m] *n филос. иск.* абсурдизм

absurdist [əbˈsɜːdɪst] *n иск.* абсурдист; ~ theatre театр абсурда

absurdity [əbˈsɜːdɪtɪ, əbˈzɜːdɪtɪ] *n* 1) абсурдность, нелепость; несовместимость со здравым смыслом; the ~ of superstition нелепость суеверия 2) нелепый поступок; глупость, вздор

absurdly [əbˈsɜːdlɪ] *adv* нелепо; глупо; до смешного

abubble [əˈbʌb(ə)l] *a predic* 1. кипящий 2. кипучий

abuilding [əˈbɪldɪŋ] *a predic преим. амер.* строящийся, сооружаемый

abulia [eɪˈbjuːlɪə] *n* абулия, патологическое безволие (*в психиатрии*)

abundance [əˈbʌndəns] *n* 1. изобилие, избыток; to be in ~ изобиловать, иметься в изобилии; there was an ~ of rye last year в прошлом году был большой урожай ржи; ~ of the heart избыток /наплыв/ чувств 2. достаток, богатство; to live in ~ жить в довольстве /в достатке/ 3. множество; ~ of people стечение народа 4. *физ.* распространённость; ~ ratio относительная распространённость

abundant [əˈbʌndənt] *a* 1. 1) обильный, изобильный; ~ rainfall обильные дожди; ~ supplies более чем достаточный запас; ~ hair густые волосы; to be ~ иметься в изобилии; there is ~ proof that... есть немало доказательств того, что... 2) (in) богатый, изобилующий; a river ~ in salmon река, кишащая лососем 2. *физ.* распространённый

ab-unit [ˈæb͵juːnɪt] *n* (*сокр. от* absolute unit) *физ.* абсолютная единица системы СГСЭ или СГСМ

ab urbe condita [æb͵vəbeɪˈkɒndɪtɑː] *лат.* от основания города (*Рима; эра римского летоисчисления*); с незапамятных времён

aburst [əˈbɜːst] *adv редк.* лопаясь; разрываясь, взрываясь

abusage [əˈbjuːsɪdʒ] *n* неправильное употребление (*слов, выражений и т. п.*)

abuse I [əˈbjuːs] *n* 1. брань, ругательства; оскорбление; to exchange ~ оскорблять друг друга; to break out into ~ разразиться бранью; to heap /to shower/ ~ on smb. осыпать кого-л. оскорблениями 2. плохое или жестокое обращение; ~ of children жестокое обращение с детьми 3. неправильное употребление или (ис)пользование; ~ of words [terms] неправильное или необычное употребление слов [терминов]; ~s of figures подтасовка статистических данных 4. злоупотребление; crying ~ вопиющее злоупотребление; drug ~ злоупотребление наркотиками; ~ of power /authority/ злоупотребление властью; ~ of trust злоупотребление доверием; ~ of process *юр.* злоумышленное использование одной стороной процессуальных законов во вред противной стороне 5. 1) нападение; избиение 2) изнасилование, *особ.* совращение малолетних 6. *тех.* эксплуатация с нарушением правил или норм

abuse II [əˈbjuːz] *v* 1. оскорблять, ругать; поносить; to ~ smb. left and right ≅ поносить кого-л. на чём свет стоит; the candidates ~d each other кандидаты занимались взаимными нападками 2. 1) мучить; жестоко обращаться; to ~ a child жестоко обращаться с ребёнком; to ~ a horse загнать лошадь 2) портить; неосторожно пользоваться (*чем-л.*); to ~ one's eyesight перенапрягать зрение; не жалеть своих глаз 3. злоупотреблять; to ~ rights [privileges, smb.'s kindness] злоупотреблять правами [привилегиями, чьей-л. добротой]; to ~ one's authority превышать (свой) полномочия 4. неправильно или непривычно употреблять (слово, термин) 5. 1) нападать, избивать 2) совращать (малолетних); насиловать 6. *pass. уст.* быть введённым в заблуждение, быть обманутым 7. *тех.* эксплуатировать с нарушением правил *или* норм

abusive [ə'bju:sɪv] *a* 1. оскорбительный, бранный; ~ language брань, ругательства, оскорбительные выражения; an ~ letter ругательное письмо; you're an ~ bad old creature (*Dickens*) ты старый ругатель. 2.) жестокий, негуманный; ~ handling of the animal жестокое обращение с животными 2) оскорбляющий; готовый оскорбить, обидеть 3. злоупотребляющий (*чем-л.*) в личных интересах; коррумпированный; ~ exercise of power злоупотребление властью; ~ financial practices тёмные финансовые махинации

abut [ə'bʌt] *v* 1. (on, upon) примыкать, граничить 2. 1) (on, against) упираться 2. (on, upon) опираться 3. *тех.* соединять впритык

abutilon [ə'bju:tɪlən] *n бот.* канатник (*Abutilon avicennae*)

abutment [ə'bʌtmənt] *n* 1. межа, граница 2. *стр.* 1) контрфорс; пилястр 2) береговой устой (*моста*) ~ bay береговой пролёт 3. *тех.* торец; упор; опора, пята 4. *мед.* зуб, к которому приклеплён мост

abuttal [ə'bʌt(ə)l] *n* 1. = abutment 1 2. *pl* границы прилегающих земельных участков

abutter [ə'bʌtə] *n юр.* владелец прилегающего земельного участка

abutting [ə'bʌtɪŋ] *a* примыкающий; ~ joint соединение впритык /встык/

abuzz [ə'bʌz] *a predic* 1. жужжащий; lake ~ with outboards ≅ стрекотание моторок над озером 2. деятельный; a town ~ with excitement город, охваченный возбуждением

Abwehr ['ærveə, 'æbveə] *n нем. ист.* абвер (*немецкая контрразведка во время второй мировой войны*)

abysm [ə'bɪz(ə)m] *n поэт.* бездна, пропасть, пучина

abysmal [ə'bɪzməl] *a* 1. бездонный, глубокий 2. полный, крайний, ужасный; ~ ignorance полное /крайнее/ невежество; the food was ~ питание было ужасное /хуже нельзя/ 3. = abyssal

abyss [ə'bɪs] *n* 1. бездна, пропасть, пучина; the ~ of despair *образн.* безысходное горе; ~ of hopelessness *образн.* бездна /пучина/ отчаяния 2. первозданный хаос 3. океан. абиссаль, глубоководная зона

abyssal [ə'bɪs(ə)l] *a* 1. *океан.* абиссальный, глубинный, глубоководный; ~ depth абиссальные глубины (*более 6.000 м*) 2. *геол.* плутонический; извержённый; магматический; ~ rock извержённая /магматическая/ порода

Abyssinian I [,æbɪ'sɪnɪən] *n ист.* абиссинец; абиссинка (*см. тж.* Ethiopian I)

Abyssinian II [,æbɪ'sɪnɪən] *a ист.* абиссинский (*см. тж.* Ethiopian II)

abyssobenthos [ə,bɪsə(ʊ)'benθɒs] *n биол.* глубоководный бентос

ac- [ə-] = ad

acacia [ə'keɪʃə] *n* 1. 1) *бот.* акация (*Acacia spp.*) 2) робиния, лжеакация (*Robinia*) 3) цветок акации 2. гуммиарабик

Academe ['ækədi:m] *n др.-греч.* 1. Академы (*сад близ Афин, где Платон обучал своих учеников; тж.* the groves of ~) 2. (*обыкн. а.*) *поэт.* школа 3. (a.) *унив. проф.* 1) жизнь и обстановка колледжа, университета 2) научные круги (*специалисты, особ. в области гуманитарных наук*); профессура

academese [ə,kædə'mi:z] *n неодобр.* 1. научный жаргон 2. педантский слог; наукообразность (*стиля изложения*)

academia [,ækə'di:mɪə] = Academe 3

academic I [,ækə'demɪk] *n* 1. преподаватель, профессор *или* научный сотрудник (*высшего*) учебного заведения 2. *pl* чисто теоретические, академические аргументы, рассуждения, споры *и т. п.* 3. *pl* = academicals 4. *pl разг.* учебные занятия (*в колледже и т. п.*) 5. (A.) сторонник школы Платона, платонист (*см.* Academe 1)

academic II [,ækə'demɪk] *a* 1. 1) университетский; академический; ~ hour академический час; ~ year учебный год; ~ freedoms *унив.* академические свободы; ~ failure неуспеваемость; ~ curriculum курс обучения, учебный план университета *и т. п.*; ~ dress, *амер.* ~ costume = academicals 2) академический, относящийся к академии 3) фундаментальный (*противоп.* прикладному; *о науках*) 4) гуманитарный (*противоп.* техническому; *об образовании и т. п.*) 2. 1) академический, чисто теоретический, отвлечённый, оторванный от практики; ~ argument чисто теоретическое доказательство; out of purely ~ interest из чисто теоретического интереса 2) *неодобр.* не имеющий никакого практического значения; праздный (*о вопросе и т. п.*); an ~ discussion of a matter already settled бесполезное /бесцельное/ обсуждение уже решённого дела 3. канонический, традиционный; ~ painting академическая живопись 4. (A.) *филос.* платонический, относящийся к учению Платона

academical [,ækə'demɪk(ə)l] = academic II

academicals [,ækə'demɪk(ə)lz] *n pl* парадная университетская форма (*учащихся и преподавателей: мантия с капюшоном, шапочка с плоским верхом*)

academician [ə,kædə'mɪʃ(ə)n] *n* 1. академик; член академии наук, художеств *и т. п.* 2. студент, преподаватель, профессор *или* научный сотрудник высшего учебного заведения 3. традиционалист, приверженец канонов в философии, искусстве *и т. п.*

academicism [,ækə'demɪsɪz(ə)m] *n* 1) академизм, традиционность (*в искусстве, литературе и т. п.*) 2) формализм, педантизм

academic rank [,ækə'demɪk'ræŋk] *амер., канад.* учёное звание; должность в высшем учебном заведении

academism [ə'kædəmɪz(ə)m] *n* 1. = academicism 2. *филос.* платонизм, учение Платона

academist [ə'kædəmɪst] = academician 3

academy [ə'kædəmɪ] *n* 1. 1) академия; the A. of Arts Академия художеств (*в СССР*); the Royal A. of Arts Королевская Академия искусств (*в Великобритании*) 2) (the A.) академия, ежегодная выставка живописи и скульптуры (*в Лондоне*) 3) (the A.) = the Royal A. of Arts [*см.* 1)] 2. 1) высшее учебное заведение 2) привилегированное среднее (*частное*) учебное заведение 3) *амер.* частная средняя школа-интернат 3. специальное учебное заведение, школа; military ~ военное училище; riding ~ школа верховой езды; ~ of music музыкальное училище 4. (the A.) 1) филос. платонизм 2) = Academe 1

academy figure [ə'kædəmɪ,fɪgə] жив. акт (*рисунок*; изображение с натуры нагого тела)

Acadian [ə'keɪdɪən] *a* 1. *ист.* относящийся к французской колонии Акадия (*Новая Шотландия*) 2. *амер.* говорящий на акадском диалекте французского языка (*в Луизиане*) 3. *геол.* акадский, акадийский

acajou ['ækəʒu:] *n* 1. *бот.* акажу, анакардия западная (*Anacardium occidentale*) 2. красное дерево (*древесина*)

acalculia [,eɪkæl'kju:lɪə] *n мед.* акалькулия, нарушение способности совершать арифметические действия

acalycine [ə'kælɪsɪn] *a бот.* не имеющий (цветочной) чашечки

acanaceous [,ækə'neɪʃəs] *a бот.* имеющий шипы *или* колючки, колючий

acantha [ə'kænθə] *n* 1. *бот.* шип, колючка 2. *анат.* остистый отросток позвонка

acanthaster [,ækən'θæstə] *n зоол.* акантастер (*морская звезда, пожирающая коралловые рифы*)

acanthi [ə'kænθaɪ] *pl от* acanthus

acanthite [ə'kænθaɪt] *n мин.* акантит, серебристый блеск

acanthus [ə'kænθəs] *n (pl тж.* -thi) 1. *бот.* акант, аканф, медвежья лапа (*Acanthaceae fam.*) 2. *архит.* акант

a cap(p)ella [,ɑ:kə'pelə] *муз.* 1. а капелла, без инструментального сопровождения (*о хоровом пении*) 2. в стиле духовной музыки; храмовой (*о напеве и т. п.*)

acardia [ə'kɑ:dɪə] *n мед.* врождённое отсутствие сердца

acari ['ækəraɪ] *pl от* acarus

acariasis [,ækə'raɪəsɪs] *n мед.* акариазис

acaricide [ə'kærɪsaɪd] *n* акарицид, препарат для уничтожения клещей

acarid ['ækərɪd] *n (pl* -dae) *энт.* клещ (*Acaridae gen.*)

acaridae [ə'kærɪdi:] *pl от* acarid и acaridan

acaridan [ə'kærɪdən] *n (pl* -dae) *энт.* клещ, акарида (*Acaridae fam.*)

acarine ['ækəraɪn] *n энт.* акарида, клещ

acarology [,ækə'rɒlədʒɪ] *n* акарология (*раздел зоологии, изучающий клещей*)

acarpellous [,ækɑ:'peləs] *a бот.* беспестичный

acarpous [ə'kɑ:pəs] *a бот.* акарпный, без плодов

acarus ['ækərəs] *n (pl* -ri) *энт.* клещ, зудень (*Acarus*)

acaryotic cell [æ,kærɪ'ɒtɪk'sel] *биол.* безъядерная клетка, клетка с удалённым ядром

acatalectic [ə,kætə'lektɪk] *a стих.* акаталектический

acataleptic [ə,kætə'leptɪk] *a книжн.* непостижимый, непонятный

acaudal [ə'kɔ:d(ə)l] *a зоол.* бесхвостый

acaudate [ə'kɔ:deɪt] = acaudal

acaulescent [,ækɔ:'les(ə)nt] *a бот.* бесстебельный; имеющий неразвитой стебель

acaulous [ə'kɔ:ləs] = acaulescent

acausal [ə'kɔ:z(ə)l] *a книжн.* не имеющий причины; неказуальный; ~ connection связь, не являющаяся причинно-следственной

accede [ək'si:d] *v* (to) *офиц.* 1. вступать (в должность, во владение, в организацию); to ~ to an estate вступить во владение; to ~ to the throne взойти на престол 2. примыкать, присоединяться; to ~ to a confederacy примкнуть /присоединиться/ к союзу; to ~ to a treaty *дип.* присоединиться к договору (*на правах подписавшей стороны*) 3. соглашаться; to ~ to a request соглашаться с просьбой, удовлетворить просьбу; to ~ to a proposal принять предложение; my application for a change of department was ~d to моё заявление о переводе в другой отдел было удовлетворено 4. *юр.* увеличиваться в результате приращения (*об имуществе*)

accedence [əkˈsiːd(ə)ns] *n* 1. вступление (*в должность, во владение, в организацию*) 2. присоединение; ~ to a treaty *дип.* присоединение к договору (*на правах подписавшей стороны*) 3. согласие

accelerando [ək,seləˈrændəu] *муз.* ачелерандо

accelerant [əkˈselərənt] *n* 1) ускоритель (*процесса*) 2) *хим.* катализатор

accelerate [əkˈseləreɪt] *v* 1. 1) ускорять; форсировать; разгонять, увеличивать скорость; to ~ economic growth ускорять экономический рост 2) ускоряться; разгоняться 2. *амер., канад.* 1) проходить курс в сжатый срок; students who go to summer sessions are ~студенты, участвующие в летней сессии, чтобы досрочно сдать экзамен 2) обучать ускоренным методом; to ~ bright students продвигать /досрочно переводить в следующий класс *или* на следующий курс/ способных учащихся

accelerated [əkˈseləreɪtɪd] *a* 1. ускоренный; увеличенный (*о скорости*); ~ ageing ускоренное старение (*коньяка и т. п.*); ~ particle *физ.* ускоренная частица; ~ service *тех.* форсированный режим работы 2. *амер., канад.* проходимый в сжатые сроки (*о курсе обучения*); to take ~ math изучать математику по ускоренной программе

accelerating [əkˈseləreɪtɪŋ] *a* 1. ускоряющийся; ~ force *физ.* ускоряющая сила; ~ chamber *физ.* ускорительная камера; ~ capacity /ability/ *авт.* способность к ускорению; приёмистость; ~ machine *физ.* ускоритель (*частиц*) 2. *эк.* прогрессивная (*об оплате*); ~ wage rate прогрессивно-сдельная оплата (*труда*)

acceleration [ək,seləˈreɪʃ(ə)n] *n* 1. ускорение; constant /uniform/ ~ постоянное ускорение; ~ of gravity *физ.* ускорение силы тяжести; ~ lag *тех.* постепенное замедление; ~ test *тех.* испытание на ускорение *или* на разгон 2. *биол.* акселерация, ускоренное развитие 3. *амер., канад.* досрочный перевод способных учащихся в следующий класс *или* на следующий курс 4. *тех.* приёмистость

acceleration coefficient [ək,seləˈreɪʃ(ə)n,kəuɪˈfɪʃ(ə)nt] *эк.* коэффициент акселерации, акселератор

accelerative [əkˈselərətɪv] = accelerating

accelerator [əkˈseləreɪtə] *n* 1) ускоритель, акселератор 1) pedal *авт.* педаль акселератора 2) *тех.* дроссельная заслонка 2. *хим.* катализатор 3. *физ.* ускоритель 4. *воен.* многокаморное орудие 5. машина, развозящая почтальонов 6. *эк.* акселератор, коэффициент акселерации

accelerogram [əkˈseləˌgræm] *n* 1. *физ.* акселерограмма, запись ускорений 2. сейсмограмма (*ускорений*)

accelerograph [əkˈseləgrɑːf] *n* акселерограф, самописец ускорений *или* перегрузок

accelerometer [ək,seləˈrɒmɪtə] *n* *тех.* акселерометр

accent I [ˈæks(ə)nt] *n* 1. 1) ударение; to put the ~ on the first [last] syllable делать ударение на первом [последнем] слоге 2) знак ударения (*тж.* ~ mark) 2. 1) произношение; акцент; to speak with a foreign [slight, strong] ~ говорить с иностранным [лёгким, сильным] акцентом; to speak with a perfect ~ а) прекрасно говорить, иметь хорошее произношение; б) говорить без всякого акцента 2) иностранный акцент 3) *обыкн. pl* индивидуальные речевые особенности (*картавость, построение фразы и т. п.*); выговор 3. *pl поэт.* слова; язык; in the tender ~s of love нежным языком любви 4. *разг.* говор; внимание *или* интерес (*к чему-л.*); to give ~ to smth. подчёркивать /выделять/ что-л.; to put a considerable ~ on good manners придавать особое значение умению вести себя 5. отличительная, главная черта, отличительный признак; the ~ of Beethoven отличительная особенность музыки Бетховена 6. *pl* отделка; a blue dress with white ~s синее платье с белой отделкой 7. *муз.* акцент 8. *стих.* ритмическое ударение 9. *спец.* штрих, «прим» (*при символе*)

accent II [əkˈsent] *v* 1. делать ударение; произносить с ударением; to ~ the first syllable делать ударение на первом слоге 2. ставить знаки ударения 3. 1) выразительно произносить, выговаривать 2) *преим. амер.* подчёркивать, акцентировать; the President ~ed the gravity of the situation президент подчеркнул серьёзность положения 4. *муз.* акцентировать, выделять

accenter [əkˈsentə] = accentor

accent lighting [ˈæks(ə)nt,laɪtɪŋ] *спец.* направленное освещение

accentor [əkˈsentɔː; əkˈsentə] *n* 1. *зоол.* завирушка (*Prunellidae fam.*) 2. солирующий певец

accentual [ækˈsentʃuəl] *a* относящийся к ударению; акцентуальный; тонический; ~ prosody тоническое стихосложение

accentuate [əkˈsentʃueɪt] *v* 1. делать ударение 2. ставить знаки ударения 3. подчёркивать, выделять; the dark frame ~s the brightness of the picture тёмная рама подчёркивает светлый колорит картины 4. усугублять, обострять; the problem is ~d by a shortage of teachers проблема осложняется из-за нехватки учителей 5. *полигр.* выделять в тексте (*слова, фразы и т. п.*) шрифтом другого начертания

accentuation [ək,sentʃuˈeɪʃ(ə)n] *n* 1. постановка ударения 2. манера произнесения, выделение; акцентуация 4. *полигр.* выделение в тексте (*слова, фразы и т. п.*) шрифтом другого начертания

accentuator [əkˈsentʃueɪtə] *n* *радио* подчёркиватель; схема частотной коррекции

accept [əkˈsept] *v* 1. 1) принимать; брать (*предложенное*); to ~ a present [an invitation] принять подарок [приглашение]; to ~ in deposit принимать на хранение; to ~ bribes брать взятки; to ~ equipment производить приёмку оборудования 2) соглашаться; реагировать на что-л. положительно; to ~ office /a post/ согласиться занять должность; to ~ the resignation of the cabinet принять отставку правительства; to ~ an offer [an apology] принять предложение [извинения]; he proposed and she ~ed him он сделал предложение, и она согласилась (*стать его женой*) 2. 1) признавать, принимать, допускать; to ~ smb.'s views признавать чьи-л. взгляды; to ~ smth. at its face-value принимать что-л. за чистую монету; to ~ as valid and binding *юр.* признать действительным и обязательным; he refused to ~ the hypothesis он решительно отверг /отвёл/ эту гипотезу; the idea of universal education is widely ~ed идея всеобщего образования получила широкое признание 2) верить; the teacher won't ~ your excuse такой отговорке учитель не поверит; to ~ Catholicism перейти в католичество 3) принимать как неизбежное; мириться (*с чем-л.*); to ~ poor living conditions мириться с плохими условиями жизни; to ~ the situation мириться с положением 3. принимать (*в клуб и т. п.*), считать (*кого-л.*) приемлемым или подходящим; they ~ed her as one of the group они приняли её в свою среду; he is ~ed in this house его в этом доме принимают 4. *преим. юр., парл.* одобрить, утвердить; the report of the committee was ~ed доклад комитета был принят /одобрен, утверждён/; to ~ the record *спорт.* зарегистрировать рекорд 5. *ком.* акцептовать (*вексель*) 6. *тех.* подходить, соответствовать, вставляться; this socket won't ~ a three-pronged plug к этой розетке не подходит трёхштекерная вилка 7. *биол.* не вызывать отторжения

acceptability [ək,septəˈbɪlɪtɪ] *n* приемлемость

acceptable [əkˈseptəb(ə)l] *a* 1. приемлемый, подходящий; допустимый; your work is not ~, do it again ваша работа не годится /не отвечает требованиям/, переделайте её; the gift is very ~ подарок пришёлся кстати 2. приятный, угодный 3. выносимый, терпимый; ~ damage допустимый ущерб 4. *фин.* могущий быть акцептованным (*о векселе*)

acceptance [əkˈseptəns] *n* 1. принятие; приём; ~ of an invitation принятие приглашения; speech of ~ *амер.* речь с выражением согласия баллотироваться в президенты *или* в губернаторы; ~ flight *ав.* приёмно-сдаточный испытательный полёт; ~ pilot лётчик-испытатель; ~ trial *спец.* приёмные испытания; ~ sampling *ком.* выборочный контроль при приёмке (*товаров*) 2. признание; одобрение; to find ~ находить признание; ~ of a theory согласие с какой-л. теорией; to find market ~ найти рынок сбыта /покупателей/ (*о новом товаре*) 3. = acceptation 4. *фин.* акцепт; акцептование; ~ general акцептование векселя без каких-л. оговорок; ~ qualified, ~ special акцептование векселя с оговорками в отношении условий 5. приёмка (*готовых изделий*) 6. *физ.* акцептанс (*диапазон захвата*)

acceptancy [əkˈseptənsɪ] = acceptance 2 и 3

acceptant [əkˈseptənt] *a редк.* принимающий; согласный (*с чем-л.*)

acceptation [,æksepˈteɪʃ(ə)n] *n* принятое, обычное значение слова

accepted [əkˈseptɪd] *a* принятый; признанный; одобренный; ~ definition принятое определение; ~ truth общеизвестная истина; ~ pronunciation принятое произношение

accepted pairing [əkˈseptɪdˈpe(ə)rɪŋ] «допустимое сравнение изделий», реклама, не порочащая продукцию кон-

курёнта, но подчёркивающая преимущества своей
acceptee [ˌæksep'tiː] *n* принятый (*в вуз и т. п.*); зачисленный (*на военную службу*)
acceptive [ək'septɪv] *a редк.* 1. = acceptable 2. восприимчивый; to be ~ to smth. легко воспринимать что-л. 3. *спец.* годный к приёмке
acceptor [ək'septɔː, ək'septə] *n* 1. см. accept +-or 2. приёмщик; *ком. тж.* акцептант 3. *физ.* акцептор
access I ['ækses] *n* 1. доступ; ~ to markets доступ к рынкам; ~ to shelves открытый доступ к полкам (*в библиотеке*); on open ~ в открытом доступе; to have [to gain /to obtain/] ~ to иметь [получить] доступ к; easy of ~ доступный; difficult of ~ труднодоступный, малодоступный 2. подход; проход; подступ; ~ door лаз; горловина; ~ duct входной канал; ~ gully *тех.* смотровой канализационный колодец; ~ to the island [to the mountain] подход /подступ/ к острову [к горе] 3. въезд (*на дорогу*); дорожный подъезд; ~ road подъездной путь; ~ control ограничение въезда 4. *книжн.* приступ, припадок (*гнева, болезни и т. п.*); ~ of grief порыв горя 5. добавление; прирост; ~ of tone нарастание звука 6. *книжн.* приближение, наступление, приход; ~ and recess of the sea морской прилив и отлив; ~ of winter наступление зимы 7. *вчт.* доступ (*к ЭВМ*); queued ~ доступ с очередями; random ~ произвольный /прямой/ доступ; sequential ~ последовательный доступ; zero ~ быстрый [мгновенный/ доступ; remote /distant/ ~ теледоступ, дистанционный доступ; direct memory ~ прямой доступ в память; ~ right право доступа; ~ address указатель, ссылка; ~ control контроль доступа, управление 8. возможность выступить по телевидению (*предоставляется телекомпаниями непрофессионалам, политическим деятелям, особ. кандидатам в президенты*); ~ television телепередача, проводимая отдельной группой населения или организацией (*ветеранами войны, иммигрантами-неграми, вегетарианцами и т. п.*)
access II ['ækses] *v* 1. иметь доступ (*к чему-л.*) 2. производить машинный поиск (*данных*)
accessary I, II [ək'ses(ə)rɪ] *преим. юр.* = accessory I и II
accessibility [ək‚sesə'bɪlɪtɪ] *n* 1. 1) доступность 2) общедоступность (*романа и т. п.*); доступность, понятность читающей публике; «читабельность» 2. *тех.* удобство осмотра и обслуживания 3. восприимчивость
accessible [ək'sesəb(ə)l] *a* 1. доступный; достижимый; ~ to all доступный для всех 2. поддающийся (*влиянию*); податливый; ~ to bribery продажный; he is not ~ to pity его невозможно разжалобить 3. *тех.* удобный (*в употреблении*)
accession I [ək'seʃ(ə)n] *n* 1. доступ; подступ 2. вступление (*в должность и т. п.*); ~ to the throne восшествие на престол; ~ to manhood достижение совершеннолетия (*о мужчине*) 3. (to) *юр.* присоединение; ~ to a treaty [to a convention] присоединение к договору [конвенции] (*на правах подписавшей стороны до вступления соглашения в силу*) 4. прирост; прибавление; пополнение; ~ catalogue каталог новых приобретений /поступлений/ в библиотеке); ~ book инвентарная книга; ~ number инвентарный номер; the ~ of new members пополнение новыми членами; ~

вступление новых членов (*в организацию и т. п.*); ~ of territory присоединение территории; list of ~s to the library список новых поступлений в библиотеке 5. *юр.* приращение (*собственности*) 6. *арх., амер.* припадок, приступ (*болезни*)
accession II [ək'seʃ(ə)n] *v* 1) вносить (*книги*) в каталог 2) приобретать книги *и т. п.* для библиотеки
accessorial [ˌæksə'sɔːrɪəl] *a* 1. вспомогательный, дополнительный; ~ services вспомогательные службы; ~ agreement *юр.* акцессорный договор 2. *юр.* причастный (*к какому-л. преступлению*); ~ guilt виновность /вина/ соучастника преступления
accessorii [ˌæksə'sɔːrɪaɪ] *pl от* accessorius
accessorius [ˌæksə'sɔːrɪəs] *n (pl* -ii) *анат.* добавочный, вспомогательный орган, мускул, нерв *и т. п.*
accessorize [ək'sesəraɪz] *v амер.* снабжать аксессуарами, необходимыми принадлежностями; to ~ an outfit with a matching hat дополнить костюм шляпой подходящего цвета или из такого же материала
accessory I [ək'sesərɪ] *n* 1. *юр.* соучастник, совиновный; ~ after the fact соучастник после события преступления, укрыватель, недоноситель; ~ before the fact соучастник до события преступления, подстрекатель, пособник 2. *pl* 1) принадлежности, аксессуары; dress /clothing/ accessories аксессуары одежды; travel accessories дорожные принадлежности 2) арматура 3. вспомогательное, дополнительное оборудование, приспособление; вспомогательный прибор или механизм; accessories for a car include the heater and radio на автомобиле также устанавливаются обогреватель и радио 4. *геол.* второстепенные составные части пород 5. *геод.* привязочный ориентир
accessory II [ək'sesərɪ] *a* 1. добавочный, дополнительный, вспомогательный; ~ material вспомогательный материал; ~ work подсобная работа; ~ defenses *воен.* вспомогательные оборонительные сооружения; ~ buds *бот.* придаточные почки; ~ fruit *бот.* ложный плод 2. побочный, второстепенный; ~ characters *биол.* вторичные признаки вида; ~ genitals *биол.* добавочные половые органы 3. *юр.* соучаствующий 4. *геол.* акцессорный
access permit ['ækses‚pɜːmɪt] *амер.* допуск, специальное разрешение (*пользоваться секретными документами, находиться в запретной зоне и т. п.*)
access time ['ækses‚taɪm] *вчт.* 1) время обращения к ЭВМ 2) время выборки из памяти ЭВМ
acciaccatura [əˌtʃækə'tʊərə] *n муз.* короткий, перечёркнутый форшлаг
accidence ['æksɪd(ə)ns] *n* 1. *грам.* морфология 2. начатки, основы (*какого-л.*) предмета
accident ['æksɪd(ə)nt] *n* 1. несчастный случай; катастрофа; авария; railway [motor /motoring/] ~ железнодорожная [автомобильная] катастрофа; fatal ~ несчастный случай со смертельным исходом; industrial ~ несчастный случай на производстве; ~ frequency rate *амер.* коэффициент промышленного травматизма; ~ hospital травматологическая больница; ~ insurance страхование от несчастных случаев; ~ prevention а) техника безопасности; б) предупреждение несчастных случаев; ~ preventatives техника /средства/ безопасности; to have /to meet with/ an ~ по-

пасть в катастрофу, *особ.* дорожно-транспортное происшествие; потерпеть аварию /крушение/; to get back without ~ вернуться благополучно 2. случай, случайность; pure /mere/ ~ чистая случайность; ~ measures *воен.* меры предупреждения случайностей; by ~ случайно, нечаянно; we met by ~ rather than by design мы встретились скорее случайно, чем преднамеренно; nothing was left to ~ всё было предусмотрено, случайностям места не осталось 3. *лог.* случайное свойство; побочное обстоятельство 4. *геогр.* складка, неровность местности, рельефа 5. *филос.* акциденция, несущественное или неглавное качество предмета
◊ ~s will happen in the best regulated families всякое бывает; ≅ скандал в благородном семействе
accidental I [ˌæksɪ'dentl] *n* 1. 1) случайный элемент; несущественная черта 2) *филос.* несущественное свойство 2. *муз.* случайный знак альтерации 3. *pl жив.* световые эффекты, производимые дополнительным (*не дневным*) освещением 4. *юр.* несущественное условие (*сделки, договора*)
accidental II [ˌæksɪ'dentl] *a* 1. случайный, неожиданный; ~ coincidence случайное совпадение; ~ meeting нечаянная встреча; ~ president *шутл.* вице-президент, ставший президентом в связи со смертью или отставкой президента; ~ discharge *воен.* случайный выстрел; ~ cover *воен.* укрытие, представляемое местностью 2. второстепенный, несущественный; побочный, дополнительный; ~ benefits дополнительные выплаты; надбавки (*к зарплате*); ~ colour дополнительный цвет; songs are essentially ~ to Shakespeare's plays песни в пьесах Шекспира играют второстепенную роль 3. *филос.* несущественный, нерелевантный, не относящийся к сущности предмета
accidentalism [ˌæksɪ'dentəlɪz(ə)m] *n* 1. *жив.* использование световых эффектов [*см.* accidental I 3] 2. *филос.* акциденталиям (*субъективно-идеалистическое учение*)
accidentally [ˌæksɪ'dent(ə)lɪ] *adv* случайно; нечаянно, без умысла
accident boat ['æksɪd(ə)nt‚bəʊt] *мор.* дежурная спасательная шлюпка
accidented [ˌæksɪ'dentɪd] *a редк.* неровный, шероховатый; изрытый, бугристый, шишковатый
accident-prone ['æksɪd(ə)nt‚prəʊn] *a* 1. невезучий; ≅ тридцать три несчастья; he is ~ с ним вечно что-нибудь случается 2. небезопасный, высокоаварийный 3. имеющий подсознательное желание стать жертвой несчастного случая (*в психиатрии*)
accident severity rate [ˌæksɪd(ə)ntsɪ'verɪtɪ‚reɪt] число человеко-часов, потерянных из-за производственного травматизма
accidie ['æksɪdɪ] *n книжн.* 1. леность, апатия 2. безнадёжность; отчаяние
accipiter [ək'sɪpɪtə] *n зоол.* сокол, ястреб (*Accipiter gen.*)
accipitral, accipitrine [ək'sɪpɪtrəl, -triːn] *a* 1. *зоол.* ястребиный; относящийся к ястребам (*Accipitridae fam.*) 2. хищный, жадный
acclaim I [ə'kleɪm] *n* шумное, радостное приветствие или восклицание; возгласы одобрения
acclaim II [ə'kleɪm] *v* 1. шумно, бурно аплодировать (*кому-л.*); привет-

ствовать (*кого-л.*); to ~ the winner бурно приветствовать победителя 2. провозглашать; to ~ smb. (the) winner провозгласить кого-л. победителем; they ~ed him as the best writer of the year они провозгласили его лучшим писателем года 3. *канад.* одобрить кандидатуру единодушными возгласами с мест (*без формального голосования*)

acclamation [ˌækləˈmeɪʃ(ə)n] *n* 1. 1) шумное, радостное одобрение; приветственные возгласы; ~s of the multitude шумное /бурное/ одобрение толпы/; to hail with ~s приветствовать шумными возгласами одобрения 2) одобрение (*резолюции, кандидатуры*) возгласами с мест, аплодисментами *и т. п.* (*без формального голосования*); passed /carried, voted/ by ~ принято без голосования на основании единодушного (шумного) одобрения; the chairman was elected by ~ председатель был выбран без голосования при всеобщем одобрении 2. *церк.* 1) ответствие (*хора*) 2) ектенья, литания

acclamatory [əˈklæmət(ə)rɪ] *a* одобрительный; ~ shouts возгласы одобрения

acclimatation [əˌklaɪməˈteɪʃ(ə)n] *амер.* = acclimatization

acclimate [ˈæklɪmeɪt, əˈklaɪmət] *амер.* = acclimatize

acclimation [ˌæklɪˈmeɪʃ(ə)n] *амер.* = acclimatization

acclimatization [əˌklaɪmətaɪˈzeɪʃ(ə)n] *n* акклиматизация

acclimatize [əˈklaɪmətaɪz] *v* 1) акклиматизировать; to ~ oneself to the surroundings применяться /привыкнуть/ к окружающей обстановке 2) акклиматизироваться; these roses do not easily ~ эти розы плохо приживаются в новых условиях

acclivitous [əˈklɪvɪtəs] = acclivous

acclivity [əˈklɪvɪtɪ] *n* пологий подъём

acclivous [əˈklaɪvəs] *a* пологий, поднимающийся наклонно

accolade [ˈækəleɪd] *n* 1. похвала, одобрение, одобрительный или похвальный отзыв; the play received ~s from the press пьеса получила благоприятные отзывы в прессе 2. *ист.* аккола́да (*обряд посвящения в рыцари*) 3. *муз.* аккола́да

accommodate [əˈkɒmədeɪt] *v* 1. приспосабливать; to ~ oneself to smth. приспосабливаться /приноравливаться/ к чему-л.; to ~ oneself to smb. приноравливаться /привыкать/ к кому-л. 2. 1) давать пристанище; устраивать, размещать; to ~ for the night предоставить ночлег; устроить на ночь; to be well ~d хорошо устроиться, иметь все удобства 2) вмещать (*людей и т. п.*); the hotel ~s a hundred guests в гостинице может разместиться сто человек; will this elevator ~ 10 people? этот лифт может поднять десять человек? 3) расквартировывать (*войска*) 3. (*часто with*) снабжать; обеспечивать; предоставлять; to ~ smb. with a loan ссудить кого-л. деньгами, дать кому-л. взаймы; can you ~ him? ты можешь дать ему взаймы? 4. помогать, оказывать услугу; to ~ a client обслуживать клиента 5. 1) примирять; улаживать (*ссору, разногласия*); to ~ opinions согласовать мнения /точки зрения/; to ~ differences устранять разногласия; to ~ a dispute уладить спор 2) *преим. дип.* пойти навстречу (*кому-л.*); учесть (*чьи-л.*) интересы 3) мириться, примиряться 6. *физиол.* аккомодировать (*о глазе*)

accommodating [əˈkɒmədeɪtɪŋ] *a* 1. услужливый 2. уживчивый, сговорчивый; in an ~ spirit в духе примирения

accommodation [əˌkɒməˈdeɪʃ(ə)n] *n* 1. приспособление (*действие*) 2. 1) *амер. часто pl* приют, пристанище; стол и ночлег; помещение; furnished ~s меблированные комнаты; hotel ~ номер в гостинице; ~ allowance квартирное пособие, квартирные; wanted ~ for a married couple with small children in London супруги с маленькими детьми снимут дом *или* квартиру в Лондоне (*объявление*); hotel ~ was scarce в гостиницах свободных мест не было, почти все гостиницы были заняты; can we find ~ at the hotel for the night? можем ли мы устроиться на ночь /переночевать/ в этой гостинице?; what kind of ~ can you get in this city? как в этом городе можно устроиться с жильём? 2) расквартирование войск 3. *pl амер.* место (*в поезде, на пароходе и т. п.*); to book /to secure/ ~s on the train [on the airplane, on the bus] заказать билеты/зарезервировать места/ на поезд [на самолёт, на автобус] 4. соглашение; примирение; разрешение спора; to come to an ~ договориться; прийти к компромиссу 5. 1) удобство; for your ~ для вашего удобства 2) оказание услуг 6. *психол.* адаптация, аккомодация; притирка (*об отношениях между людьми*) 7. *амер.* ссуда 8. *мор.* расположение кают 9. *физиол.* аккомодация (*глаза*)

accommodation address [əˌkɒməˈdeɪʃ(ə)nəˌdres] 1) «чужой адрес», адрес, где согласились принимать чью-л. корреспонденцию (*магазин, банк и т. п.*) 2) адрес «почтовый ящик № …»

accomodation bill [əˌkɒməˈdeɪʃ(ə)nˌbɪl] *ком.* дружеский вексель

accomodation collar [əˌkɒməˈdeɪʃ(ə)nˌkɒlə] *амер. сл.* арест для выполнения плана *или* создания видимости работы (*полиции*)

accommodation hulk [əˌkɒməˈdeɪʃ(ə)nˌhʌlk] *мор.* жилой блокшив

accommodation ladder [əˌkɒməˈdeɪʃ(ə)nˌlædə] 1) приставная лестница 2) *мор.* забортный, наружный трап

accommodation train [əˌkɒməˈdeɪʃ(ə)nˌtreɪn] *амер.* местный пассажирский поезд, останавливающийся почти на всех станциях; местный поезд

accommodation unit [əˌkɒməˈdeɪʃ(ə)nˌjuːnɪt] жилая площадь, жилая единица; квартира; дом на одну семью

accommodative [əˈkɒmədeɪtɪv] *a* 1. удобный 2. услужливый

accommodator [əˈkɒmədeɪtə] *n амер.* домработница-подёнщица; женщина, приходящая убирать квартиру *и т. п.* по договорённости

accompaniment [əˈkʌmp(ə)nɪmənt] *n* 1. 1) сопровождение; the rain was an unpleasant ~ to our walk наша прогулка, к сожалению, проходила под дождём 2) дополнение (*к туалету и т. п.*); аксессуар; a black dress with red beads for ~ чёрное платье, дополненное красными бусами; cranberry sauce is a usual ~ to turkey к индейке обычно подают клюквенный соус 2. *муз.* аккомпанемент; she sang to a violin ~ она пела под аккомпанемент скрипки

accompanist [əˈkʌmp(ə)nɪst] *n* аккомпаниатор

accompany [əˈkʌmp(ə)nɪ] *v* 1. сопровождать; сопутствовать; may I ~ you? можно мне пойти с вами /проводить вас/?; accompanied by smb. в сопровождении кого-л.; accompanied with smth. сопровождаемый чем-л.; to ~ one's explanations with illustrations сопровождать объяснение примерами, объяснять наглядно; he accompanied his speech with gestures он сопровождал свою речь жестикуляцией 2. *муз.* аккомпанировать; she will ~ me on the piano она будет аккомпанировать мне на рояле

accompanying [əˈkʌmp(ə)nɪɪŋ] *a* сопровождающий, сопутствующий; ~ goods *ком.* сопутствующие товары; ~ artillery [tanks] *воен.* артиллерия [танки] сопровождения; ~ fire *воен.* огневое сопровождение; ~ trees *лес.* сопутствующие лесные породы

accompanyist [əˈkʌmp(ə)nɪɪst] = accompanist

accomplice [əˈkʌmplɪs] *n юр.* сообщник, соучастник (*преступления*)

accompliceship [əˈkʌmplɪsʃɪp] *n юр.* соучастие (*в преступлении*)

accomplish [əˈkʌmplɪʃ] *v* 1. 1) выполнять; how did you ~ this? как вам удалось этого добиться?; to ~ a task [a promise] выполнить задачу [обещание]; to ~ a feat совершить подвиг; to ~ one's object достичь своей цели 2) завершать, доводить до конца; to ~ a distance пройти /пробежать, проехать/ расстояние; he ~ed 60 years он достиг 60 лет, ему исполнилось 60 лет 2. *арх.* совершенствовать; делать совершенным

accomplished [əˈkʌmplɪʃt] *a* 1. законченный, завершённый, выполненный; ~ fact совершившийся факт 2. искусный, совершенный, опытный, квалифицированный; ~ musician искусный /превосходный/ музыкант; ~ villain [liar] законченный негодяй [лжец]; ~ hostess хозяйка, умеющая принять гостей 3. *арх.* получивший хорошее образование, воспитание (*преим. о девушке*); an ~ young girl благовоспитанная девица (*знающая языки, умеющая играть, рисовать и т. п.*); she is very ~ у неё множество талантов

accomplishment [əˈkʌmplɪʃmənt] *n* 1. выполнение, завершение; ~ of desires исполнение желаний; difficult of ~ трудновыполнимый 2. достижение; ~s of scientists открытия учёных; достижения науки; the teacher was proud of her pupil's ~s учительница гордилась успехами своих учеников 3. *обыкн. pl* 1) достоинства, совершенства; a man of many ~s человек, обладающий многими достоинствами; inspite of all her ~s несмотря на все её достоинства; good marksmanship is usually a manly ~ меткими стрелками обычно бывают мужчины 2) *арх.* достоинства благовоспитанной девицы; умение играть на фортепиано, рисовать, танцевать *и т. п.*

accord I [əˈkɔːd] *n* 1. согласие, единство; гармония; true ~ of hearts подлинный союз сердец; to be in ~, to be of one ~ сходиться во взглядах, придерживаться одного мнения; to bring into ~ согласовывать 2. гармоничное сочетание, гармония (*красок и т. п.*) 3. *муз.* аккорд 4. соглашение; договор, договорённость
◇ of its own ~ само по себе, самотёком; of one's own ~ добровольно, по собственной воле, по собственному почину; with one ~ единодушно, единогласно; in ~ with smth. в соответствии с чем-л., согласно чему-л.; out of ~ with smth. вразрез /в противоречии/ с чем-л.

accord II [əˈkɔːd] *v* 1. предоставлять, жаловать; to ~ a warm [hearty] wel-

come оказать тёплый [радушный/ сердечный/] приём; to ~ smb. permission дать разрешение кому-л.; to be ~ed permission to do smth. получить разрешение сделать что-л.; to be ~ed wide recognition получить широкое признание 2. (обыкн. with) согласовываться, гармонировать, соответствовать; his conduct and his principles do not ~ его поведение плохо согласуется с его принципами; to ~ with smb.'s hopes [wishes] отвечать чьим-л. надеждам [желаниям]
accordance [ə'kɔ:d(ə)ns] *n* 1. согласие, гармония; соответствие; in ~ with your request в соответствии с вашими пожеланиями 2. предоставление; the ~ of a privilege предоставление привилегии 3. *эк. проф.* согласная настройка
accordant [ə'kɔ:d(ə)nt] *a* 1. (with, to) соответственный, согласный, созвучный 2. *геол.* направленный по падению пластов
according [ə'kɔ:dıŋ] *a* 1. согласный, гармоничный 2. зависящий (*от чего-л.*); обусловленный (*чем-л.*); it's all ~ what you want to do всё зависит от того, что ты хочешь (с)делать
according as [ə'kɔ:dıŋəz] *phr cj* 1. смотря по тому как; you may either go or stay ~ you decide вы можете пойти или остаться, смотря по тому, как вы решите 2. *разг.* если, при условии (что); ~ I have the money I'll stay я останусь если у меня будут деньги
accordingly [ə'kɔ:dıŋlı] *adv* 1. соответственно; you told me to lock the door and I acted ~ вы велели мне запереть дверь, я так и сделал 2. таким образом; следовательно, поэтому; ~ we had to put an end to the whole undertaking вследствие этого нам пришлось отказаться от всего предприятия /дела/
according to [ə'kɔ:dıŋtu] *phr prep* 1. в соответствии с, согласно, по; ~ rule по правилу; ~ his promise согласно его обещанию; ~ age [height] по возрасту [по росту]; each man will be paid ~ his ability каждому рабочему будут платить в соответствии с его квалификацией 2. согласно (*чьему-л.*) заявлению; на основании (*какого-л.*) высказывания; по (*чьим-л.*) словам; ~ you are wrong по его словам, вы неправы; ~ this author... по утверждению этого автора...; ~ my watch it is four o'clock по моим часам сейчас четыре часа
accordion [ə'kɔ:dıən] *n* 1. 1) аккордеон 2) баян; гармоника 2. *ж.-д.* гармошка междувагонного соединения
accordionist [ə,kɔ:dıənıst] *n* 1) аккордеонист 2) баянист; гармонист
accordion-pleated [ə,kɔ:dıən'pli:tıd] *a* гофрированный
accordion pleats [ə'kɔ:dıən,pli:ts] гофрировка
accost I [ə'kɒst] *n* обращение, приветствие
accost II [ə'kɒst] *v* 1. обращаться (*к кому-л.*); заговаривать (*с кем-л.*) 2. приставать (*к кому-л. — особ. о проститутках*)
accouche [ə'ku:ʃ, ə'kaʊtʃ] *v редк.* 1. оказывать помощь при родах; быть акушеркой, акушером; принимать (ребёнка) 2. *амер. разг.* содействовать появлению на свет; he helped to ~ the symphony он помог рождению /появлению/ симфонии
accouchement [ə'ku:ʃmɒn, ə'ku:ʃmənt] *n фр.* разрешение от бремени, роды
accoucheur [ə,ku:'ʃɜ:] *n фр.* акушер
accoucheuse [ə,ku:'ʃɜ:z] *n фр.* акушерка
account I [ə'kaʊnt] *n* 1. 1) счёт; bank ~ счёт в банке; correspondent ~ корреспондентский счёт (*мелкого банка в крупном*); ~ current, current ~ текущий счёт; joint ~ общий счёт; private ~ счёт частного лица *или* фирмы; ~ rendered счёт, (вторично) предъявленный к оплате; on smb.'s ~ а) на чьём-л. счёте (*в банке*); б) за чей-л. счёт; for ~ of smth. ком. за чей-л. счёт; on ~ бирж. в счёт причитающейся суммы; to open [to close] an ~ with открывать [закрывать] счёт в (*банке, магазине и т. п.*); to be in ~ with иметь счёт у (*кого-л.*); иметь дела, быть связанным с (*фирмой и т. п.*); to pay /to settle/ an ~ заплатить по счёту, расплатиться; to settle /to balance, to square/ ~s with smb. а) рассчитаться /расплатиться/ с кем-л.; б) свести счёты с кем-л.; to pass /to carry, to place/ to ~ внести в /на/ счёт 2) расчёт; подсчёт; money of ~ ком. расчётная денежная единица; for the ~ бирж. с ликвидацией расчётов в течение ближайшего ликвидационного периода; to keep ~ of smth. вести счёт чему-л.; to take an ~ of smth. подсчитать что-л.; составить список чего-л.; произвести инвентаризацию чего-л. 3) *обыкн. pl* расчёты, отчётность; счета; activity ~s *эк.* хозяйственные счета; to adjust ~s *бух.* приводить книги в порядок; to cast ~s производить расчёт; to keep ~s *бух.* вести счета /бухгалтерские книги/; to learn ~s изучать счетоводство 4) кредит по открытому счёту (*в магазине и т. п.*; *тж.* charge ~); ~ card кредитная карточка (*выдаётся магазином клиенту, имеющему открытый счёт*); charge this coat to my ~ запишите это пальто на мой счёт 2. 1) отчёт; доклад, сообщение; an accurate /detailed, itemized/ ~ of smth. подробный доклад /отчёт/ о чём-л.; newspaper ~ газетный отчёт; газетное сообщение (о чём-л.); to call [to bring] to ~ потребовать отчёта /объяснения/; призвать к ответу; to give /to render, to send in/ an ~ давать /представлять/ отчёт, отчитываться; to give an ~ of smth. делать отчёт о чём-л.; описывать что-л.; давать сведения (*кому-л. в чём-л.*); объяснять что-л.; to give an ~ of one's absence объяснять причину своего отсутствия 2) описание, рассказ; ~ of the trip рассказ о поездке /путешествии/; to trust smb.'s ~ доверять чьему-л. рассказу; let us have your ~ of yesterday afternoon расскажи нам о том, что ты делал вчера днём 3) сводка (*данных*); 3. мнение, отзыв, оценка; according to all ~s, by /from/ all ~s по общему мнению, по словам всех; not to hold of much ~ быть невысокого мнения, невысоко ценить 4. причина, основание; on this ~ по этой причине; on what ~? на каком основании?; at all ~s в любом случае; во что бы то ни стало; not on any ~, on no ~ ни в коем случае, ни под каким видом, никоим образом; on ~ of из-за, вследствие, ввиду, по причине; on ~ by smb.'s ~ ради кого-л.; on the public ~ в общественных интересах 5. 1) значение, важность; of good /much, high/ ~ имеющий ценность /значение/; пользующийся авторитетом; to be reckoned of some ~ иметь некоторый вес, пользоваться определённым вниманием /уважением, авторитетом/; of no ~ не имеющий веса /значения/; не пользующийся авторитетом; of small ~ незначительный, не имеющий большого значения; to make little ~ of smb., smth. не придавать значения (*кому-л. чему-л.*); не быть высокого мнения (*о ком-л., чём-л.*); he is of small ~ here с ним здесь мало считаются 2) внимание (*к чему-л.*); принятие в расчёт (*чего-л.*); to take into ~ принимать во внимание; you must take into ~ the boy's long illness вы должны учесть /принять во внимание/, что мальчик долго болел; to leave smth. out of ~, to take no ~ of smth. не принимать во внимание /не обращать внимания на/ что-л. 6. выгода, польза; on one's own ~ а) в своих собственных интересах; б) на свой страх и риск; to turn smth. to (good) ~ обратить что-л. в свою пользу, использовать что-л. в своих интересах; извлечь из чего-л. выгоду; she turned her misfortune to ~ она извлекла пользу даже из своего несчастья 7. 1) = advertising account; they got the toothpaste ~ они получили заказ на рекламирование зубной пасты 2) (любой) заказчик, покупатель, клиент
◇ the great ~ *рел.* день страшного суда, судный день; to be called to one's ~, to go to one's ~, *амер.* to hand in one's ~s покончить счёты с жизнью, умереть; he cast up ~s *шутл.* его стошнило /вырвало/; to give a good ~ of oneself хорошо себя зарекомендовать, успешно справиться (*с чем-л.*); добиться хороших результатов; ≅ не ударить лицом в грязь
account II [ə'kaʊnt] *v* 1. считать, признавать; ~ smth. a merit считать что-л. достоинством; I ~ him a hero я считаю его героем; to ~ oneself lucky полагать, что ты счастливчик /что тебе везёт/; he was ~ed (to be) guilty его признали виновным; he was much [little] ~ed of его высоко [невысоко] ценили 2. (to, for) отчитываться (*перед кем-л. в чём-л.*); давать отчёт (*кому-л. в чём-л.*); you'll have to ~ to me if anything happens to her если с ней что-нибудь случится, ты мне ответишь; he ~ed for the money он отчитался за полученную сумму 3. (for) 1) отвечать, нести ответственность; he will ~ for his crime он ответит за своё преступление 2) *разг.* убить, уничтожить, обезвредить; поймать; I ~ed for three of the attackers я разделался с тремя из нападающих; he ~ed for five of the enemy planes он сбил пять вражеских самолётов 4. приписывать, вменять; many virtues were ~ed to him ему приписывали множество добродетелей 5. (for) объяснять; to ~ for one's absence [for being late] давать объяснения по поводу своего отсутствия [опоздания]; I cannot ~ for his behaviour я не могу объяснить его поведения; he could not ~ for his foolish mistake он не находил объяснения своей нелепой ошибке 6. (for) вызывать (*что-л.*), приводить (*к чему-л.*), служить причиной (*чего-л.*); the humidity ~s for the discomfort повышенная влажность является причиной дискомфорта; that ~s for it! вот, оказывается, в чём дело!
◇ one cannot ~ for tastes о вкусах не спорят
accountability [ə,kaʊntə'bılıtı] *n* 1. ответственность 2. 1) подотчётность 2) учитываемость, возможность учёта
accountable [ə'kaʊntəb(ə)l] *a* 1. ответственный, подотчётный; to be ~ for one's actions отвечать за свои поступки; to be ~ to smb. for the money one spends отчитываться перед кем-л. в деньгах; I am not ~ to you for my actions я не обязан давать вам отчёт о своих поступках; if anything happens to the boy I will hold you ~ если что-нибудь случится с мальчиком, вы будете отвечать 2. объяснимый; his bad

temper is easily ~, he has a toothache его раздражительность легко понять, у него болят зубы
accountably [ə'kaʊntəblɪ] *adv* объяснимо
accountancy [ə'kaʊntənsɪ] *n* бухгалтерское дело, счетоводство
accountant [ə'kaʊntənt] *n* 1. 1) бухгалтер; ~ branch *воен.* часть /отделение/ учёта и отчётности; ~'s office финансовый отдел, бухгалтерия 2) счетовод 3) ревизор; контролёр; фининспектор; ~ in charge главный бухгалтер-ревизор 2. *юр.* ответчик
accountant-general [ə,kaʊntənt'dʒenərəl] *n* главный бухгалтер
accountantship [ə'kaʊntəntʃɪp] *n* 1. бухгалтерское дело 2. должность бухгалтера
account book [ə'kaʊntbʊk] бухгалтерская книга
account executive [ə,kaʊntɪg'zekjʊtɪv] работник рекламного бюро, ведающий счетами клиентов
accounting [ə'kaʊntɪŋ] *n* 1. бухгалтерское, счётное дело 2. ведение бухгалтерских книг; ~ period отчётный период; финансовый год
◊ there is no ~ for tastes о вкусах не спорят
accounting machine [ə'kaʊntɪŋmə,ʃiːn] 1) счётно-аналитическая машина 2) бухгалтерская машина 3) табулятор
accounts department [ə'kaʊntsdɪ,paːtmənt] 1) бухгалтерия, бухгалтерский отдел 2) *воен.* финансовая часть
accounts payable [ə,kaʊnts'peɪəb(ə)l] *фин.* 1. счета кредиторов (*в балансе*); кредиторы по расчётам 2. кредиторская задолженность (*сумма*)
accounts receivable [ə,kaʊntsrɪ'siːvəb(ə)l] *фин.* 1. счета дебиторов (*в балансе*); дебиторы по расчётам 2. дебиторская задолженность (*сумма*)
accoutre [ə'kuːtə] *v преим. воен.* снаряжать, экипировать
accoutrement [ə'kuːtrəmənt] *n* 1. *обыкн. pl* 1) *воен.* (личное) снаряжение 2) *шутл.* одежда, платье, наряд (*туриста и т. п.*); багаж 2. снаряжение (*действие*)
accredit [ə'kredɪt] *v* 1. уполномочивать; to ~ an envoy снабдить посланника полномочиями /верительными грамотами/; he was ~ed to the chairman его уполномочили /облекли полномочиями/ для ведения переговоров с председателем 2) аккредитовать, принять в качестве аккредитованного лица (*дипломатического представителя и т. п.*); to ~ a journalist аккредитовать журналиста (*выдав ему удостоверение*); a correspondent ~ed at the White House корреспондент, аккредитованный при Белом доме; he was ~ed /to/ Moscow он был аккредитован в Москве 2. приписывать; относить на чей-л. счёт; he was ~ed with this poem, this poem was ~ed to him это стихотворение приписывали ему 3. (по)верить; доверять; I ~ed his tale я поверил его рассказу 4. 1) гарантировать качество 2) аккредитовать учебное заведение; признать высшее учебное заведение правомочным выдавать дипломы и присваивать учёные степени 5. кредитовать, предоставлять кредит
accreditation [ə,kredɪ'teɪʃ(ə)n] *n* 1. аккредитование, аккредитация (*дипломатических представителей, журналистов и т. п.*) 2. 1) признание соответствующим официальным нормам (*больниц и т. п.*) 2) аккредитация учебного заведения; признание за ним права выдавать дипломы и присваивать учёные степени
accredited [ə'kredɪtɪd] *a* 1. аккредитованный, имеющий официальные полномочия 2. общепринятый; ~ authority in mathematics признанный авторитет в математике 3. 1) гарантированного качества; качественный; ~ milk проверенное молоко, молоко гарантированного качества 2) признанный соответствующим существующим нормам 3) зарегистрированный официально, аккредитованный (*об учебном заведении и т. п.*); graduates of ~ high schools выпускники зарегистрированных /признанных государством/ средних школ
accrementition [,ækrɪmɪn'tɪʃ(ə)n] *n* = accretion 2
accrescence, -cy [ə'kres(ə)ns, -sɪ] *n* 1. = accretion 1, 2 и 3 2. *бот.* разрастание после отцветания
accrescent [ə'kres(ə)nt] *a* 1. постоянно растущий, нарастающий, увеличивающийся 2. *бот.* разрастающийся после отцветания
accrete I [ə'kriːt] *a бот.* сросшийся
accrete II [ə'kriːt] *v* 1. срастаться 2. прирастать 3. обрастать
accretion [ə'kriːʃ(ə)n] *n* 1. 1) разрастание; прирост; приращение; ~ of power усиление власти; ~ of territory приращение территории; ~ to the capital *эк.* прирост стоимости капитала 2) дополнение, добавка; the last part of the legend is a later ~ последняя часть легенды — это более позднее наслоение; towers and other ~s to the castle башни и другие позднейшие пристройки к замку; ~s of grime наслоения грязи (*на стенах и т. п.*) 2. *биол.* органический рост 3. срастание, сращение 4. *юр.* 1) = accession I 5 2) увеличение доли наследника (*в случае смерти, отказа от наследства и т. п. сонаследников*) 5. *геол.* аккреция, нанос земли 6. *pl метал.* настыли 7. *астр.* аккреция (*захват межзвёздного вещества небесным телом*); ~ disk аккреционный диск
accretive [ə'kriːtɪv] *a* 1. разрастающийся; увеличивающийся; нарастающий 2. срастающийся 3. *геол.* связанный с аккрецией, наносный 4. *метал.* настыльный 5. *астр.* аккрецирующий, аккреционный
accroach [ə'krəʊtʃ] *v редк.* присваивать, узурпировать, незаконно захватывать
accrual [ə'kruːəl] *n* 1. нарастание; накапливание 2. = accretion 4, 2)
accrue [ə'kruː] *v* 1. нарастать; накапливаться (*о задолженности и т. п.*); the interest on his bank account ~d over the years на его банковском счету за годы накопились проценты 2. (to) выпадать на долю, доставаться 3. возникать, происходить 4. 1) получать, добывать, приобретать; to ~ benefits пользоваться привилегиями; извлекать выгоду (*из чего-л.*) 2) *юр.* приобретать какое-л. право (*по давности и т. п.; тж.* to ~ a right)
accrued [ə'kruːd] *a эк.* 1. накопленный, наросший; ~ interest наросшие проценты; ~ income накопленный доход (*о процентах и т. п.*) 2. *фин.* начисленный, понесённый, но ещё не оплаченный (*о расходе*); ~ expense аккумулируемые непогашенные затраты, задолженность
acculturate [ə'kʌltʃəreɪt] *v* насаждать, прививать (*другую*) культуру; добиваться повышения, роста или качест-
венного изменения культурного уровня
acculturation [ə,kʌltʃə'reɪʃ(ə)n] *n* 1. повышение, рост культурного уровня; изменение примитивной *или* менее развитой культуры под влиянием более развитой 2. воспитание (*ребёнка*) в соответствии с нормами жизни данного общества; привитие (*ребёнку*) норм культуры поведения
acculturize [ə'kʌltʃəraɪz] = acculturate
accumbency [ə'kʌmbənsɪ] *n книжн.* лежачее *или* полулежачее положение (*откинувшись назад*)
accumbent [ə'kʌmbənt] *a* 1. *книжн.* возлежащий (*за столом*) 2. *бот.* прилегающий
accumulate [ə'kjuːmjʊleɪt] *v* 1. накапливать; аккумулировать; to ~ a fortune составить состояние 2) скопляться; накапливаться 3) нарастать 2. собирать (*данные и т. п.*); composer accumulating one award after another композитор, получающий одну награду за другой 3. *унив.* 1) сдавать несколько экзаменов для одновременного получения двух учёных степеней 2) сдавать экзамены в сжатые сроки
accumulation [ə,kjuːmjʊ'leɪʃ(ə)n] *n* 1. накопление; аккумуляция; primitive ~ *полит.-эк.* первоначальное накопление; ~ of power аккумулирование энергии; ~ of knowledge накапливание знаний 2. сбор (*данных, информации и т. п.*) 3. груда; масса; скопление; ~ of old papers кипа старых газет; ~ of trash груда мусора; there was an ~ of work while I was ill за время моей болезни накопилась масса работы 4. *унив.* 1) соединение в один нескольких экзаменов; совокупная сдача экзаменов 2) получение одновременно нескольких учёных степеней 3) сдача экзаменов в более сжатые сроки, чем обычно 5. *юр.* 1) совпадение юридических прав на одно имущество 2) совпадение разных обстоятельств, подтверждающих один и тот же факт 6. *фин.* накопление капитала путём присоединения к нему невыплаченных дивидендов
accumulative [ə'kjuːmjʊlətɪv] *a* 1. накопляющийся; ~ formations *геол.* аккумулятивные образования 2. кумулятивный 3. стяжательский; склонный к стяжательству
accumulator [ə'kjuːmjʊleɪtə] *n* 1. стяжатель 2. *унив.* студент, одновременно получающий несколько учёных степеней *или* сдающий экзамены в сжатые сроки 3. 1) *тех.* аккумулятор 2) *вчт.* сумматор; накапливающий регистр (*тж.* ~ register) 3) *эл.* аккумуляторная батарея
accumulator plant [ə'kjuːmjʊleɪtə,plɑːnt] растение-аккумулятор, растение с повышенной способностью аккумуляции
accuracy ['ækjərəsɪ] *n* точность, правильность; тщательность; ~ movement точность хода (*часов*); ~ table *воен.* таблица вероятности попаданий; ~ of fire *воен.* меткость стрельбы; ~ of hits *воен.* кучность боя; ~ of reading *спец.* точность отсчёта; within the ~ of... с точностью до ...; to speak one's mother tongue with ~ правильно говорить на родном языке; the task was executed with the greatest possible ~ задание было выполнено самым тщательным образом
accurate ['ækjərət] *a* 1. 1) точный, правильный; an ~ statement of what happened точное описание того, что произошло; ~ within 0.001 mm с точностью до 0,001 мм; you must take care

to be ~ in arithmetic в арифметике надо добиваться точности 2) *воен.* меткий, кучный; ~ fire меткий /кучный/ огонь; to take ~ aim хорошо прицеливаться **2.** аккуратный; тщательный; прилежный; ~ typist машинистка, не делающая опечаток /печатающая без ошибок/ **3.** *тех.* калиброванный; ~ to dimension точно по размеру

accurately [ˈækjərətlɪ] *adv* точно, правильно; безошибочно; тщательно, аккуратно

accurateness [ˈækjərətnɪs] *n* точность, правильность; безошибочность; аккуратность

accurse [əˈkɜːs] *v арх.* проклинать, предавать анафеме

accursed, accurst [əˈkɜːsɪd, əˈkɜːst] *a* **1.** проклятый **2.** ненавистный, отвратительный **3.** *разг.* мерзкий; несносный; this ~ noise этот чёртов шум; this ~ weather эта мерзкая погода; this ~ rain этот проклятый дождь

accusal [əˈkjuːz(ə)l] = accusation 1

accusant [əˈkjuːz(ə)nt] = accuser

accusation [ˌækjuˈzeɪʃ(ə)n] *n* **1.** обвинение; an ~ of murder обвинение в убийстве; to bring an ~ against smb. обвинить кого-л.; выдвинуть обвинение против кого-л.; to be under an ~ of... быть обвинённым в...; обвиняться в ....; to swear an ~ against smb. обвинять кого-л. под присягой **2.** *юр.* обвинительный акт, обвинительное заключение

accusative I [əˈkjuːzətɪv] *n грам.* винительный падеж; word in the ~ слово в винительном падеже

accusative II [əˈkjuːzətɪv] *a грам.* **1.** винительный **2.** = accusatory

accusatorial [əˌkjuːzəˈtɔːrɪəl] *a юр.* относящийся к обвинению

accusatory [əˈkjuːzət(ə)rɪ] *a* **1)** обвинительный, содержащий обвинение; ~ glance обвиняющий /гневный/ взгляд **2)** = accusatorial

accuse [əˈkjuːz] *v* **1. 1)** обвинять, винить; to ~ smb. of negligence [of unfaithfulness, of cheating at cards] обвинять кого-л. в халатности [в неверности, в шулерстве]; to ~ the technicians of carelessness which caused the breakdown возлагать на техников вину за аварию **2)** *юр.* обвинять (*кого-л.*); выдвинуть обвинение (*против кого-л.*); to ~ smb. of a crime обвинять кого-л. в преступлении **2.** придираться; порицать; осуждать; accusing the times is but excusing ourselves обвинять во всём время /времена/ — это значит просто оправдывать себя

accused [əˈkjuːzd] *a юр.* **1.** обвиняемый (в преступлении) **1.** (the ~) *в грам. знач. сущ.* **1)** обвиняемый; подсудимый **2)** *собир.* обвиняемые; подсудимые

accuser [əˈkjuːzə] *n* **1.** *юр.* обвинитель **2.** жалобщик

accustom [əˈkʌstəm] *v* (to) приучать; to ~ oneself (to smth.) приучать себя (к чему-л.); привыкать, приучаться; to ~ a hunting dog to the noise of a gun приучить охотничью собаку к ружейным выстрелам; to become /to get/ ~ed to smth. привыкнуть к чему-л.; he is ~ed to getting up early он привык рано вставать; this is not the kind of treatment I am ~ed to я не привык к такому обращению

accustomed [əˈkʌstəmd] *a* привычный, обычный; he spoke with ~ ease он говорил с присущей ему /обычной для него/ непринуждённостью; a salesgirl's smile заученная /традиционная/ улыбка продавщицы

ace I [eɪs] *n* **1.** *карт.* туз; the ~ of trumps а) козырной туз; б) главный козырь, самый веский довод; to trump smb.'s ~ а) побить чьего-л. туза козырем; б) парировать чей-л. удар **2. 1)** «один» (*в домино или костях*) **2)** загон мяча в лузу одним ударом (*гольф*) **3)** очко, выигранное одним ударом, броском *и т. п.* (*теннис, гандбол*) **3. 1)** ас, первоклассный лётчик-истребитель **2)** самолёт командира эскадрильи **4.** знаток, специалист высшей квалификации; ас; эксперт **5.** *разг.* маленькая частица, йота; чуточка; not worth an ~ нет ни грана; ни гроша не стоит; within an ~ of на волосок от, на грани, чуть не; within an ~ of death на волосок от смерти; he was within an ~ of telling her everything он чуть было не сказал ей обо всём **6.** *амер. сл.* один доллар **7.** *амер. сл.* один год тюрьмы **8.** *амер. сл.* **1)** столик на одного (*в ресторане*) **2)** посетитель-одиночка (*в ресторане*)

◊ the ~ of ~s лучший из лучших; ~ in the hole *амер.* а) скрытое преимущество, козырь, оставленный про запас; б) друг, на которого можно положиться в трудную минуту; to have an ~ up one's sleeve иметь козырь про запас

ace II [eɪs] *a* опытнейший, первоклассный; выдающийся; ~ flier первоклассный лётчик, лётчик-ас

ace III [eɪs] *v* **1.** *спорт.* получить очко одним ударом, броском *и т. п.* **2.** *амер. сл.* **1)** *унив.* получить высшую оценку (*на экзамене*) **2)** сделать (*что-л.*) отлично, в лучшем виде

-aceae [-ˈeɪʃiː] *suff pl* образует таксономические названия семейств растений: Fabaceae бобовые; Urticaceae крапивные; Oleaceae масличные

ace-deuce [ˈeɪsˌdjuːs] *n амер. сл.* **1.** тройка (*карта*) **2.** *в грам. знач. прил.* **1)** бросающийся в крайности; противоречивый **2)** разношёрстный, разномастный, пёстрый

acedia [əˈsiːdɪə] *n книжн.* **1)** леность, праздность **2)** равнодушие, безразличие; апатия

ace-high [ˈeɪs(ˈ)haɪ] *a амер. сл.* лучший из лучших; классный; ≅ блеск

Aceldama [əˈkɛldəmə] *n* **1)** *библ.* Акелдама, земля крови (*место самоубийства Иуды*) **2)** страшное, проклятое место

acellular [eɪˈsɛljʊlə] *a биол.* бесклеточный

acentric [əˈsɛntrɪk] *a* **1)** не имеющий центра; нецентрированный **2)** *мед.* краевой, периферический

-aceous [ˈ-eɪʃəs] *suff биол. образует прил. от лат. и греч. корней*: apiaceous зонтичный; cetaceous китовый; foliaceous лиственный, листовидный; gramineous злаковый

acephalous [əˈsɛfələs] *a* **1. 1)** *зоол.* ацефальный, безголовый **2)** *бот.* неголовчатый **2.** *шутл.* лишённый главы, руководителя **3.** лишённый начала (*о рукописи*); без первой строки (*о стихотворении и т. п.*)

acequia [əˈseɪkɪə] *n* ирригационный канал, ров (*в юго-западных штатах США*)

acerate, acerated [ˈæsəreɪt, -tɪd] *a биол.* игловидный, игольный; заострённый

acerb [əˈsɜːb] *a* **1.** кислый, терпкий **2.** резкий, грубый; язвительный

acerbate I [ˈæsəb(e)ɪt] *a книжн.* раздражённый, озлобленный; ожесточённый

acerbate II [ˈæsəbeɪt] *v* **1.** окислять; придавать терпкость **2.** *книжн.* озлоблять, ожесточать; раздражать

acerbic [əˈsɜːbɪk] *a* **1.** кислый, терпкий **2.** резкий, неприятный **3.** = acerb 2; ~ feuds жестокие распри

acerbity [əˈsɜːbɪtɪ] *n* **1.** терпкость; кислый *или* горький вкус **2. 1)** резкость, грубость; жестокость (*в характере человека*) **2)** грубость, резкое *или* грубое выражение

acerdese [ˌæsɜːˈdiːs] *n мин.* манганит

acerola [ˌæsəˈrəʊlə] *n бот.* мальпигия гранатолистная (*Malpighia gen.*)

acerose[1] [ˈæsərəʊs] *a бот.* игольчатый; ~ leaf хвоя, игла хвойных

acerose[2] [ˈæsərəʊs] *a* **1.** подобный мякине **2.** смешанный с мякиной

acerous [ˈæsərəs] *a* **1.** *зоол.* **1.** не имеющий усиков *или* щупалец **2.** безрогий

acervate [əˈsɜːvɪt] *a бот.* сгруппированный, скученный; растущий гроздьями, пучками *или* кистями

aces [ˈeɪsɪz] = ace-high

acescense [əˈsɛs(ə)ns] *n* окисление

acescent [əˈsɛs(ə)nt] *a* **1.** окисляющийся; могущий окислиться **2.** кислый, скисший **3.** *хим.* кисловатый

acet- [əˈsɛt-] *хим. в сложных словах имеет значение* относящийся к уксусной кислоте и её производным; acetum уксус; acetyl ацетил

acetabular [ˌæsɪˈtæbjʊlə] *a анат.* вертложный (*о впадине*)

acetabulum [ˌæsɪˈtæbjʊləm] *n анат.* вертложная впадина

acetaldehyde [ˌæsɪˈtældɪhaɪd] *n хим.* ацетильдегид

acetanilid(e) [ˌæsɪˈtænɪlɪd, -laɪd] *n фарм.* ацетанилид

acetate [ˈæsɪteɪt] *n* **1.** *хим.* соль уксусной кислоты; ацетат **2.** *текст.* ацетатная плёнка; ацетатная ткань; ~ silk ацетатный шёлк **3.** *полигр.* поливиниловая прокладка (*перед иллюстрацией*)

acetated [ˈæsɪteɪtɪd] *a хим.* ацетатный

acetic [əˈsiːtɪk] *a хим.* уксусный; ~ acid уксусная кислота

acetification [əˌsiːtɪfɪˈkeɪʃ(ə)n] *n хим.* окисление (*уксусное*)

acetify [əˈsiːtɪfaɪ] *v хим.* **1)** превращать в уксус *или* в уксусную кислоту **2)** превращаться в уксус *или* в уксусную кислоту

acetimeter [ˌæsɪˈtɪmɪtə] *n хим.* ацетометр

acetize [ˈæsɪtaɪz] = acetify

acetone [ˈæsɪtəʊn] *n хим.* ацетон

acetose, acetous [ˈæsɪtəʊs, ˈæsɪtəs] *a* уксусный; кислый

acetum [əˈsiːtəm] *n фарм.* уксус

acetyl [ˈæsɪtɪl, əˈsi(ː)tɪl] *n хим.* ацетил

acetylcholine [ˌæsɪtɪlˈkəʊli(ː)n] *n биохим.* ацетилхолин

acetylene [əˈsɛtɪli(ː)n] *n хим.* ацетилен; ~ welding ацетиленовая сварка; ~ lamp карбидная лампа

acetylide [əˈsɛtɪlaɪd] *n хим.* ацетиленистое соединение металла

acetylsalicylic acid [ˌæsɪtɪlˌsælɪˌsɪlɪkˈæsɪd] ацетилсалициловая кислота, аспирин

acey-deucy[1] [ˌeɪsɪˈdjuːsɪ] *n* «эйси-дьюси», вариант игры в триктрак

acey-deucy[2] [ˌeɪsɪˈdjuːsɪ] *a сл.* вполне подходящий, соответствующий; ≅ что надо

Achaean I [əˈkiːən] *n ист.* **1.** ахеец; the ~s ахейцы **2.** грек; гречанка

Achaean II [əˈkiːən] *a ист.* **1.** ахейский; ~ League Ахейский союз **2.** греческий

Achates [əˈkeɪtiːz] *n* **1)** *греч. миф.* Ахат, спутник Энея **2)** верный спутник; преданный друг

ache¹ I [eɪk] *n* боль (*особ.* продолжительная, тупая); to have an ~ испытывать боль; to have ~s and pains all over совершенно разболеться; ≅ всё болит

ache¹ II [eɪk] *v* 1. болеть, испытывать боль; my head [ear, stomach, tooth] ~s у меня болит голова [ухо, живот, зуб]; it made my head ~ у меня от этого разболелась голова; he ~d all over у него всё болело 2. болеть, сострадать; переживать (*о чём-л.*); my heart ~s at the sight of him, it makes my heart ~ to see him когда я вижу его, у меня сердце разрывается; she ~d for the hurt little dog ей было до слёз жаль раненую собаку 3. *разг.* жаждать, изо всех сил стремиться; I ~d to see him я очень хотел его увидеть; his body ~d for a rest всё его тело ныло от усталости; he was aching for home он истосковался по дому; he was aching to go/with a desire to go/ ему не терпелось уйти

ache² [eɪtʃ] *n* эйч, название буквы H

Achean I, II [əˈkiːən] = Achaean I *и* II

Achelous [ˌækəˈləʊəs] *n греч. миф.* Ахелой (*речное божество*)

achene [əˈkiːn] *n бот.* семянка

Acheron [ˈækərɒn] *n греч. миф.* 1. Ахерон (*река в подземном царстве*) 2. царство теней, Аид, Гадес

Acheulian [əˈʃuːlɪən] *a археол.* ашельский (*о культуре*)

achievability [əˌtʃiːvəˈbɪlɪtɪ] *n* достижимость

achievable [əˈtʃiːvəb(ə)l] *a* достижимый, достигаемый

achieve [əˈtʃiːv] *v* 1) достигать; добиваться; to ~ one's purpose /one's aim, one's end, one's ambition/ добиться своей цели /своей цели/; to ~ victory одержать победу; his words ~d their object его слова достигли (своей) цели; to ~ the impossible добиться невозможного 2) успешно выполнять; our plan was ~d наш план был успешно выполнен

achieved status [əˌtʃiːvdˈsteɪtəs] *социол.* приобретённый социальный статус; общественное положение, определяемое личными достижениями и успехами [*противоп.* ascribed status]

achievement [əˈtʃiːvmənt] *n* 1. 1) достижение, успех, победа; considerable ~s значительные успехи /достижения/; ~ sheet ведомость оценок; сведения об успеваемости; ~ test тест, определяющий качество работы учащегося и преподавателя (*в цифрах*); the ~s of science достижения науки; to be proud of one's ~s гордиться достигнутым; sense of ~ удовлетворение сделанным /достигнутым/, сознание своего успеха 2) подвиг; heroic ~s героические дела 2. выполнение; impossible of ~ невыполнимый

Achillean [ˌækɪˈliːən] *a* 1) *греч. миф.* подобный Ахиллу 2) неуязвимый, непобедимый

Achilles [əˈkɪliːz] *n* 1. *греч. миф.* Ахилл, Ахиллес 2. *астр.* Ахиллес (*астероид*)

◊ Achilles' tendon *анат.* ахиллово сухожилие; Achilles' heel, the heel of ~ ахиллесова пята, слабое /легко уязвимое/ место; Achilles' spear то, что ранит и исцеляет; ≅ чем ушибся, тем и лечись

aching [ˈeɪkɪŋ] *a* болящий, ноющий, больной; ~ tooth ноющий зуб; to do smth. with an ~ heart делать что-л. с тяжёлым сердцем; ~ void чувство пустоты /опустошённости/

achkan [ˈʌtʃkən] *n* хинди ачкан, аккан (*прилегающий кафтан до колен*)

acholia [eɪˈkəʊlɪə] *n физиол.* ахолия, недостаточное выделение желчи

achondrite [əˈkɒndraɪt] *n* ахондрит (*каменный метеорит*)

achoo [əˈtʃuː] *int амер.* апчхи!

achordate [æˈkɔːdeɪt] *a зоол.* бесхордовый

achromat [ˈækrə(ʊ)mæt] = achromatic lens [*см.* achromatic 2]

achromate [ˈækrə(ʊ)meɪt] *n* страдающий цветовой слепотой, дальтоник

achromatic [ˌækrə(ʊ)ˈmætɪk] *a* 1. бесцветный, лишённый окраски 2. *опт.* ахроматический; ~ lens линза, устраняющая хроматическую аберрацию 3. *мед.* страдающий цветовой слепотой, дальтонизмом 4. *биол.* неокрашенный; неокрашивающийся 5. *муз.* ахроматический

achromaticity [əˌkrəʊməˈtɪsɪtɪ] = achromatism

achromatin [əˈkrəʊmətɪn] *n биол.* ахроматин

achromatism [əˈkrəʊmətɪz(ə)m] *n спец.* ахроматизм, бесцветность

achromatize [əˈkrəʊmətaɪz] *v* 1) *спец.* обесцвечивать 2) *опт.* ахроматизировать

achromatophilous [əˌkrəʊməˈtɒfɪləs] *a биол.* неокрашивающийся или трудно окрашивающийся (*о клетке*)

achromatopsia [əˌkrəʊməˈtɒpsɪə] *n* ахроматопсия, общая цветовая слепота

achromatous [əˈkrəʊmətəs] *a* 1. бесцветный, лишённый окраски 2. слабоокрашенный; бледный

achromic [əˈkrəʊmɪk] = achromatic 1

achrous [əˈkrəʊəs] *a* 1) бесцветный, ахроматический 2) *биол.* непигментированный

Achtung! [ˈɑːhtʊŋ] *int нем.* внимание!

achy [ˈeɪkɪ] *a* нездоровый, слабый, больной; I feel ~ мне нездоровится; weeping made her eyes ~ от слёз у неё резало /щипало/ глаза

acicula [əˈsɪkjʊlə] *n* (*pl* -lae) *спец.* ацикула, иголочка; шипик

aciculae [əˈsɪkjuːliː] *pl от* acicula

acicular [əˈsɪkjʊlə] *a спец.* игольчатый; игловидный; остроконечный

acid I [ˈæsɪd] *n* 1. кислота 2. язвительность; ехидство; колкое, едкое замечание; he has nothing but ~ to offer as criticism его критика всегда сводится к злопыхательству 3. *сл.* «кислота», наркотик ЛСД; ~ freak наркоман, принимающий ЛСД

◊ to put on the ~ — *австрал. сл.* утащить, унести; взять, что плохо лежит

acid II [ˈæsɪd] *a* 1. кислый; ~ drops лимонные леденцы 2. 1) едкий, язвительный; wit ядовитое остроумие; ~ remarks about an opponent колкие /ехидные/ замечания по адресу противника 2) кислый, неприветливый; ~ look кислая мина; ~ individual озлобленный человек 3. *спец.* кислотный, кислый; ~ dye кислотный краситель; ~ medium кислая среда; ~ salt кислая соль; ~ hearth *метал.* кислый под; ~ dust пыль с подкисляющим эффектом (*загрязнитель окружающей среды*); ~ rain кислый /кислотный/ дождь; ~ egg /elevator/ *спец.* монтежю, кислотоподъёмник; ~ intoxication *мед.* ацидоз; ~ value *хим.* кислотное число; ~ estimation определение кислотности

acid-base [ˈæsɪdˌbeɪs] *a хим.* кислотно-щелочной, кислотно-основный

acid-fast [ˈæsɪdfɑːst] *a* кислотоупорный, кислотостойкий

acid-forming [ˈæsɪdˌfɔːmɪŋ] *a хим.* кислотообразующий

acidhead [ˈæsɪdhed] *n* наркоман, употребляющий ЛСД

acidic [əˈsɪdɪk] *a* 1. *мин.* кислый 2. = acid-forming

acidification [əˌsɪdɪfɪˈkeɪʃ(ə)n] *n хим.* 1) подкисление 2) окисление

acidify [əˈsɪdɪfaɪ] *v хим.* 1. подкислять 2. 1) окислять 2) окисляться

acidimeter [ˌæsɪˈdɪmɪtə] *n хим.* ацидометр

acidity [əˈsɪdɪtɪ] *n* 1. 1) кислота (*чего-л.*); кислый вкус 2) *хим.* кислотность 3) *мед.* повышенная кислотность (*желудочного сока*) 2. язвительность, ядовитость; ехидство

acidize [ˈæsɪdaɪz] = acidify

acidless trip [ˌæsɪdlɪsˈtrɪp] *амер. сл.* сеанс групповой психотерапии

acidly [ˈæsɪdlɪ] *adv* 1. кисло; с кислой миной 2. едко, язвительно; ядовито, колко

acidophilic [əˌsɪdəʊˈfɪlɪk] *a биол.* ацидофильный

acidophilus milk [ˌæsɪˌdɒfɪləsˈmɪlk] ацидофилин

acidosis [ˌæsɪˈdəʊsɪs] *n мед.* ацидоз

acid-proof [ˈæsɪdpruːf] = acid-fast

acid rain [ˌæsɪdˈreɪn] кислотный дождь

acid rock [ˌæsɪdˈrɒk] *муз.* психоделическая или галлюциногенная рок-музыка [*см.* acid I 3]

acid test [ˌæsɪdˈtest] 1. *хим.* проба на кислую реакцию 2. пробный камень, оселок; лакмусовая бумажка; последнее, решающее испытание; to withstand the ~ выдержать серьёзную проверку

acid-tongued [ˈæsɪdˌtʌŋd] *a* злоязычный, язвительный; ехидный

acid trip [ˌæsɪdˈtrɪp] *сл.* галлюцинации, вызванные ЛСД

acidulant [əˈsɪdjʊlənt] *n хим.* подкисляющее вещество

acidulate [əˈsɪdjʊleɪt] *v* 1. подкислять; прибавлять кислоту, приправлять кислотой 2. *книжн.* озлоблять, ожесточать; наполнять горечью; compliment ~d with scorn комплимент не без примеси пренебрежения

acidulous [əˈsɪdjʊləs] *a* 1. кисловатый; подкисленный 2. недовольный, брюзгливый; ~ satire едкая сатира

acidy [ˈæsɪdɪ] *a* кислый, горький; едкий, острый

acierage [ˈæsɪərɪdʒ] *n метал.* насталивание, гальваническое покрытие железом или сталью

acierate [ˈæsɪəreɪt] *v метал.* насталивать

aciform [ˈæsɪfɔːm] *a редк.* иглообразный, игольчатый, острый

acinaceous [ˌæsɪˈneɪʃəs] *a бот.* содержащий семена или косточки

acinacifolious [əˌsɪnəsɪˈfəʊlɪəs] *a бот.* саблевиднолистный

acinaciform [əˈsɪnəsɪfɔːm] *a бот.* саблевидный (*о листе*)

acinar [ˈæsɪnə] *a анат.* гроздевидный, ацинозный

acini [ˈæsɪnaɪ] *pl от* acinus

acinose [ˈæsɪnəʊs] *a спец.* 1) зернистый, зернистой структуры 2) гроздевидный, ацинозный

acinus [ˈæsɪnəs] *n* (*pl* -ni) 1. *бот.* отдельный плодик сборной костянки, косточка 2. *анат.* долька (*печени, лёгкого*)

-acious [ˈeɪʃəs] *suff* встречается в прил. лат. происхождения со значением обладающий каким-то признаком в большой степени: efficacious действенный; sagacious мудрый; pugnacious драчливый; loquacious словоохотливый

-acity [-'æsɪtɪ] *suff* встречается в *сущ.*, соотносимых с *прил.* на -acious perspicacity проницательность; mendacity лживость; salacity сладострастие; voracity прожорливость

Ack-Ack, ack-ack ['æk,æk] *n воен. жарг.* 1) зенитное орудие 2) зенитная артиллерия 3) зенитный огонь

ack emma ['æk'emə] *радио проф.* до полудня (a. m. *в радиопередаче*)

ackers ['ækəz] *n сл.* деньги

acknowledge [ək'nɒlɪdʒ] *v* 1. признавать, допускать, сознавать; to ~ one's mistakes признавать свои ошибки; they ~d having been defeated они признали (своё) поражение; this truth is universally ~d это общепризнанная истина; he was ~d as their leader он был (их) признанным лидером 2. узнавать, опознавать, распознавать; признавать; to ~ an acquaintance by bowing кивнуть знакомому в знак приветствия; I met her there but she didn't even ~ me я встретил её там, но она сделала вид, что не заметила меня 3. подтверждать (*получение чего-л.*); to ~ receipt подтвердить получение; to ~ a letter уведомить о получении письма; he ~d the greeting with a nod на приветствие он ответил кивком; 4. выражать признательность (*за что-л.*); to ~ gifts [a favour] письменно поблагодарить за подарки [за услугу]; to ~ smb.'s kindness поблагодарить за любезность; to ~ the applause раскланиваться (*об артисте*); выходить на аплодисменты 5. *юр.* признавать подлинным; подтверждать достоверность

acknowledged [ək'nɒlɪdʒd] *a* признанный; общепризнанный

acknowledgement [ək'nɒlɪdʒmənt] *n* 1. признание 2. подтверждение, уведомление о получении 3. признательность, благодарность; in ~ of smth. в знак благодарности /признательности/ за что-л. 4. *юр.* 1) подтверждение; официальное заявление 2) официальное признание себя отцом ребёнка

acknowledger [ək'nɒlɪdʒə] *n* 1. *см.* acknowledge + -er 2. *ж.-д.* аппаратура бдительности

acknowledgment [ək'nɒlɪdʒmənt] = acknowledgement

acline [ə'klaɪn] = aclinic line [*см.* aclinic]

aclinic [ə'klɪnɪk] *a* горизонтальный; без уклона; ~ line *спец.* магнитный экватор, аклиническая кривая; аклина

acme ['ækmɪ] *n* высшая точка; кульминационный пункт; ~ of perfection верх совершенства; to reach the ~ of skill достичь вершин мастерства

acmite ['ækmaɪt] *n мин.* акмит

acne ['æknɪ] *n мед.* 1) угорь; прыщ 2) сыпь, угреватость

acnode ['æknəʊd] *n мат.* изолированная точка кривой

acock [ə'kɒk] *adv* 1. набекрень 2. на взводе (*о курке*) 3. навострив (*уши*)

acockbill [ə'kɒkbɪl] *adv мор.* на весу (*о якоре*); негоризонтально (*о реях*)

acolyte ['ækəlaɪt] *n* 1) мальчик-прислужник (*в алтаре*) 2) дьякон (*у католиков*); псаломщик 2. помощник; правая рука; his admiring ~s его восторженные приспешники 3. *астр.* сателлит

aconite ['ækənaɪt] *n* 1) *бот.* аконит, борец (*Aconitum gen.*) 2) *фарм.* аконит 2. *поэт.* смертельный яд; отрава

a contrario [,eɪkən'treə(r)ɪəʊ] *лат.* из противоположного; наоборот

acorn ['eɪkɔːn] *n* 1. жёлудь 2. *мор.* клотик

acorn tube ['eɪkɔːn,tjuːb] *радио* лампа-жёлудь

acosmic [ə'kɒzmɪk] *a* 1. *филос.* акосмический; не имеющий космической организованности 2. беспорядочный, спутанный; дисгармоничный; хаотичный

acosmism [ə'kɒzmɪz(ə)m] *n филос.* акосмизм

acouasm [ə'kuːəz(ə)m] = acousma

acoumeter [ə'kuːmɪtə] *n мед.* акуметр, прибор для измерения остроты слуха

acousma [ə'kuːzmə] *n (pl тж.* -mata [-ətə]) *мед.* акоазма, слуховые галлюцинации в виде шума, стука, грохота и т. п.

acoustextile [,ækuː(ː)s'tekstaɪl] *n спец.* звукопоглощающая ткань

acoustic I [ə'kuːstɪk] *n* слуховой аппарат

acoustic II [ə'kuːstɪk] *a* 1. 1) акустический, звуковой; ~ velocity скорость звука; ~ mine [torpedo] *воен.* акустическая мина [торпеда]; ~ sounder *мор.* эхолот; ~ microscopy акустическая микроскопия; ~ shadow зона молчания, звуковая тень; ~ waves звуковые волны; ~ perfume приятный звуковой фон (*негромкая музыка и т. п.*) 2) слуховой; ~ apparatus слуховой аппарат; ~ duct *анат.* наружный слуховой проход; ~ nerve *анат.* слуховой нерв 2. неэлектронный (*о музыкальном инструменте*); ~ guitar обычная гитара 3. звукопоглощающий; ~ tile [material] звукопоглощающая плитка [-ий материал]

acoustical [ə'kuːstɪk(ə)l] = acoustic II; ~ holography *физ.* акустическая голография; ~ perfume = acoustic perfume [*см.* acoustic II 1, 1)]

acoustically [ə'kuːstɪk(ə)lɪ] *adv* акустически, с точки зрения акустики

acoustician [,ækuː'stɪʃ(ə)n] *n* 1. специалист по акустике 2. мастер по слуховым аппаратам

acoustics [ə'kuːstɪks] *n* 1. *употр. с гл. в ед. ч.* акустика 2. *употр. с гл. во мн. ч.* акустические свойства сооружения; ~ of buildings архитектурная /строительная/ акустика

acousto- [ə'kuːstəʊ-] *компонент сложных слов; в русском языке соответствует компоненту* -акустический, акусто-, соно-; acoustoelectric электроакустический; acoustothermal термоакустический; acoustochemistry акустохимия, сонохимия

acoustochemistry [ə,kuːstəʊ'kemɪstrɪ] *n спец.* акустохимия, сонохимия

acousto-electronic [ə,kuːstəʊɪ,lek'trɒnɪk] *a физ.* акустоэлектронный

acoustoelectronics [ə,kuːstəʊɪ,lek'trɒnɪks] *n физ.* акустоэлектроника (*электроника с участием звуковых волн в кристаллах*)

acoustooptics [ə,kuːstəʊ'ɒptɪks] *n* акустооптика

acoustoscopy [,ækuː(ː)s'tɒskəpɪ] *n* акустоскопия, акустические методы создания изображений

acquaint [ə'kweɪnt] *v* 1. знакомить, ознакомить; to ~ smb. with smth. познакомить /ознакомить/ кого-л. с чем-л.; to ~ oneself with the information [the situation, one's duties] ознакомиться с данными [с положением, со своими обязанностями] 2. познакомить, представить; to be ~ed быть знакомым; we are ~ed already мы уже знакомы; she ~ed her neighbour with my cousin она представила своего соседа моей двоюродной сестре 3. сообщать, извещать, информировать; I have the honour to ~ you with the following *офиц.* имею честь сообщить вам следующее; to be fully ~ed with smth. быть полностью информированным /осведомлённым/ относительно чего-л.

acquaintance [ə'kweɪntəns] *n* 1. знакомство; upon (further) ~ при более близком знакомстве; to make smb.'s ~, to make the ~ of smb., to make ~ with smb. познакомиться с кем-л.; to cultivate the ~ of smb. ценить чью-л. дружбу, поддерживать знакомство с кем-л.; to scrape ~ with smb. *разг.* навязывать знакомство кому-л., набиваться в знакомые к кому-л.; to drop an ~ раззнакомиться 2. (with) знание, осведомлённость; I have some ~ with the language я немного знаю этот язык 3. знакомый; знакомая; we are but slight ~s мы немного /едва/ знакомы; we have many ~s in our town в этом городе у нас много знакомых

acquaintanceship [ə'kweɪntənsʃɪp] *n* 1. знакомство; their ~ lasted many years они были знакомы долгие годы 2. (with, among) связи; he has wide ~ among all sorts of people у него широкие связи в разных кругах

acquest [æ'kwest] *n* 1. *книжн.* приобретение 2. *юр.* имущество, приобретённое (*кем-л.*) путём покупки или полученное в дар (*но не по наследству*); благоприобретённое имущество

acquiesce [,ækwɪ'es] *v* молча или неохотно соглашаться; he will never ~ он никогда не согласится; they have ~d in his resignation им пришлось согласиться на его отставку; he ~d in the plans his parents had made for him он не возражал /не протестовал/ против планов, предложенных ему родителями

acquiescence [,ækwɪ'es(ə)ns] *n* молчаливое или неохотное согласие

acquiescent [,ækwɪ'es(ə)nt] *a* молчаливо соглашающийся; непротестующий

acquirable [ə'kwaɪ(ə)rəb(ə)l] *a* достижимый

acquire [ə'kwaɪə] *v* 1. приобретать; получать; достигать; овладевать (*знаниями, навыками и т. п.*); to ~ friends приобрести друзей; to ~ distinction достичь известности, приобрести известность; to ~ a reputation for honesty славиться своей честностью; he ~d a strong liking for sports at camp в лагере он приохотился к спорту; to ~ currency стать распространённым, распространиться; стать употребительным (*о слове, выражении и т. п.*) 2. приобрести, купить; to ~ property купить /приобрести/ имение 3. *спец.* обнаружить и сопровождать объект (*радаром и т. п.*)

acquired [ə'kwaɪəd] *a* 1) благоприобретённый; ~ taste благоприобретённый вкус; привитая склонность; alcoholic drinks are an ~ taste пристрастие к спиртному вырабатывается постепенно; ~ character /characteristic/ *биол.* приобретённые свойства 2) наведённый (*о заболевании; в отличие от врождённого*)

acquirement [ə'kwaɪəmənt] *n* 1. приобретение (*привычек, навыков*); овладение (*знаниями*) 2. *часто pl* знание, навык, умение (*благоприобретённое*); her musical ~s are unusual for a girl of her age её музыкальная подготовка удивительна для девочки такого возраста

acquisition [,ækwɪ'zɪʃ(ə)n] *n* 1. 1) приобретение (*действие*); ~ of land приобретение земель; ~ cost *эк.* первоначальная стоимости (*при приобретении товара*) 2) приобретение, что-л. приобретённое; this picture is one of my recent ~s эта картина — одно из моих последних приобретений; he is a valuable ~ to the team он ценное приобретение для команды 3) комплектование (фонда библиотеки и т. п.); ~ department отдел комплектования 2. овладение; ~ of language овладение языком 3. спец. обнаружение и сопровождение объекта; засечка 4. сбор (информации, данных); ~ range косм. зона радиовидимости; ~ zone косм. зона связи

acquisitive [ə'kwɪzɪtɪv] *a* 1) жадно впитывающий; стремящийся приобрести; ~ mind пытливый ум; человек, стремящийся к знаниям; ~ of new ideas восприимчивый к новым идеям, обладающий чувством нового 2) жадный, склонный к стяжательству; the ~ instinct инстинкт стяжательства; ~ society общество стяжателей

acquisitiveness [ə'kwɪzɪtɪvnɪs] *n* стяжательство; жажда наживы, жадность

acquit [ə'kwɪt] *v* 1. 1) оправдывать, выносить оправдательный приговор; to ~ a prisoner оправдать подсудимого; he was ~ted by the jury присяжные его оправдали /вынесли ему оправдательный приговор/ 2) (of, редк. on) оправдывать в чём-л.; he was ~ted of murder он признан невиновным в убийстве; he was ~ted on the charge это обвинение было с него снято 2. часто refl (of, from) освобождать (от обязательства, долга, обещания и т. п.); снимать (ответственность и т. п.); to ~ oneself of a promise выполнить обещание; he ~ted himself of suspicion он снял с себя /отвёл от себя/ подозрение; to ~ oneself of one's duties well [ill] хорошо [плохо] справляться со своими обязанностями; выполнять [плохо] выполнять свой долг 3. платить (долг); расплачиваться; расквитаться; to ~ evil for evil платить злом за зло 4. *refl* держаться, вести себя; to ~ oneself well [ill] хорошо [плохо] вести себя /держаться/; to ~ oneself like a man держать себя /вести себя/ как (настоящий) мужчина; he ~ted himself well in battle он хорошо проявил себя в бою; recruits ~ted themselves like veterans новобранцы не отставали от опытных бойцов /дрались не хуже ветеранов/

acquittal [ə'kwɪtl] *n* 1. оправдание (*по суду*); sentence of ~ оправдательный приговор 2. освобождение (*от долга, обязательства*) 3. выполнение (*обязанностей, обещания и т. п.*)

acquittance [ə'kwɪt(ə)ns] *n* 1. освобождение (*от обязательства, долга*) 2. квитанция, расписка (*о погашении обязательства, об уплате долга*) 3. = acquittal 1 4. *тел.* подтверждение приёма

acquittance roll [ə'kwɪt(ə)ns‚rəʊl] *n* ведомость с расписками о получении заработной платы

acranial [ə'kreɪnɪəl] *a зоол.* бесчерепной, акраниальный

acrawl [ə'krɔ:l] *a* (with) *обыкн. ирон.* кишащий, изобилующий (*чем-л.*); a resort ~ with children курорт, кишащий детьми

acre ['eɪkə] *n* 1. акр 2. *pl* земли, поместье 3. *pl разг.* огромное количество; масса, бездна, пропасть, уйма; ~s of money куча денег
◇ God's A. кладбище

acreage ['eɪk(ə)rɪdʒ] *n* площадь земли в акрах; ~ planted посевная площадь; ~ reserve *амер.* заповедная площадь (*не подлежащая культивации*)

acred ['eɪkəd] *a* 1. обширный, раскинувшийся на много акров (*о поместье и т. п.*) 2. имеющий земельную собственность

acre-foot [‚eɪkə'fʊt] *n* акр-фут

acre-inch [‚eɪkə(r)'ɪntʃ] *n* акр-дюйм

acrid ['ækrɪd] *a* 1. острый (*на вкус и т. п.*); едкий (*о запахе, дыме*); раздражающий 2. 1) резкий (*о характере*) 2) язвительный (*о словах и т. п.*); ~ remark ехидное замечание, шпилька

acridine ['ækrɪd(a)ɪn] *n хим.* акридин

acridity [ə'krɪdɪtɪ] *n* 1. острота, едкость (*блюд, напитков*) 2. 1) резкость (*манер, поведения и т. п.*) 2) язвительность

acridness ['ækrɪdnɪs] = acridity

acridology [‚ækrɪ'dɒlədʒɪ] *n* изучение саранчи

Acrilan ['ækrɪlæn] *n* акрилан (*искусственное волокно*)

acrimonious [‚ækrɪ'məʊnɪəs] *a* жёлчный (*о характере*); язвительный, саркастический; quarrel ссора с резкими взаимными обвинениями; ~ answer колкий ответ; the debate became more ~ спор становился всё более ожесточённым

acrimony ['ækrɪmənɪ] *n* 1) жёлчность (*характера*) 2) язвительность, колкость; ехидство; to attack smb. with great ~ подвергать кого-л. злобным нападкам

acritarch ['ækrɪtɑ:k] *n биол.* акритарх, морской одноклеточный ископаемый организм (*неустановленной видовой принадлежности*)

acritical [ə'krɪtɪk(ə)l] *a мед.* литический, бескризисный

acro- ['ækrə(ʊ)-] *в сложных словах* (*с греч. корнями*) *имеет значение* верхний, высший; acrogenous акрогенный, возникающий на верхушке; acrophyte акрофит, высокогорное растение

acroamatic [‚ækrəʊə'mætɪk] *a книжн.* невразумительный, трудный для понимания; неясный

acrobat ['ækrəbæt] *n* 1. акробат 2. ловкач, проныра

acrobatic [‚ækrə'bætɪk] *a* акробатический

acrobatics [‚ækrə'bætɪks] *n* 1. 1) акробатика; гимнастика 2) *употр. с гл. во мн. ч.* акробатические *или* гимнастические упражнения 2. *употр. с гл. во мн. ч. ав.* фигурные полёты; высший пилотаж (*тж.* aerial ~) 3. *употр. с гл. во мн. ч.* эскапады, выходки; номера, проделки; ~ verbal ~ of a habitual liar словесные выверты неисправимого лгуна

acrocarpous [‚ækrə(ʊ)'kɑ:pəs] *a бот.* акрокарпный; верхоплодный

acrogenous [ə'krɒdʒ(ə)nəs] *a бот.* акрогенный, возникающий на верхушке

acrography [ə'krɒgrəfɪ] *n полигр.* меловая литография

acrolect ['ækrəʊlekt] *n лингв.* акролект, наиболее рафинированная форма литературного языка

acrolein [ə'krəʊlɪn] *n хим.* акролеин

acrolith ['ækrə(ʊ)lɪθ] *n иск.* акролит, скульптура из разнородных материалов (*обыкн. из мрамора для открытых частей тела*)

acromegaly [‚ækrə(ʊ)'megəlɪ] *n мед.* акромегалия

acronym ['ækrənɪm] *n* акроним

acrophobe ['ækrəfəʊb] *n мед.* акрофоб, больной, страдающий боязнью высоты

acrophobia [‚ækrə'fəʊbɪə] *n мед.* акрофобия, боязнь высоты

acrophony [ə'krɒfənɪ] *n спец.* акрофония, азбука в картинках

acropoleis [ə'krɒpəlaɪs] *pl от* acropolis.

acropolis [ə'krɒpəlɪs] *n* (*pl тж.* -leis) 1. *архит.* акрополь 2. (the A.) афинский Акрополь

acrospire ['ækrəspaɪə] *n бот.* зачаток первого листа; проросток зерна

acrospore ['ækrəspɔ:] *n бот.* акроспора

across I [ə'krɒs] *adv* 1. 1) поперёк, в ширину; от края до края; a line drawn ~ линия, проведённая поперёк; the lake is more than a mile ~ озеро имеет больше мили в ширину 2) по горизонтали (*в кроссвордах*) 2. 1) на ту сторону; when did he come ~? когда он перебрался?; I helped the blind man ~ я помог слепому перейти улицу 2) по ту сторону, на той стороне; by this time he is ~ теперь он уже там /на той стороне/ 3) (from) напротив; they live just ~ from us они живут прямо напротив нас 3. крест-накрест; with arms ~ скрестив руки 4. *эл.* (включено) параллельно

across II [ə'krɒs] *prep* в пространственном значении указывает на 1) пересечение чего-л. через; a bridge ~ the river мост через реку; to run [to walk] ~ the road [the street] перебежать [перейти] (через) дорогу (улицу); to swim ~ a river переплыть (через) реку; to go ~ the Channel пересечь Ла-Манш; to step ~ the threshold переступить (через) порог 2) *движение в любом направлении, кроме движения вдоль по*; the clouds scudded ~ the sky облака стремительно неслись по небу; to pass one's hand ~ one's forehead провести рукой по лбу; to slap smb. ~ the face ударить кого-л. по лицу 3) *положение предмета поперёк чего-л., под углом к чему-л.* поперёк; to lie ~ the bed лежать поперёк кровати; a coat thrown ~ a bench пальто, переброшенное через скамью; a car stood ~ the road поперёк дороги стояла машина; a headline ~ the front page of the paper заголовок через всю первую полосу газеты; the two lines cut ~ each other эти две линии пересекаются под прямым углом 4) *местонахождение по другую сторону чего-л.* через; по ту сторону или на той стороне; there is a forest ~ the river по ту сторону реки есть лес; he addressed me from ~ the room он обратился ко мне с противоположного конца комнаты; we heard the radio ~ the street на той стороне улицы играло радио; he lives ~ the street он живёт (через улицу) напротив; ~ the border a) через границу; б) за границей 5) *столкновение, встречу*; to come /to run/ ~ a friend неожиданно встретить знакомого; I came ~ this book at a secondhand bookshop я напал /наткнулся/ на эту книгу у букиниста
◇ ~ country напрямик, не по дорогам; [*другие сочетания см. под соответствующими словами*]

across-the-board I [ə‚krɒsðə'bɔ:d] *a* 1. всеобъемлющий, всесторонний; охватывающий всё; применимый ко всем случаям; без всяких исключений; ~ agreement всеобъемлющее соглашение; договорённость по всем вопросам; ~ controls контроль всех факторов; ~ bet тройное пари (*на скачках*); ставка на первую, вторую и третью лошадь 2. регулярный, транслируемый ежедневно в одно и то же время по рабочим дням (*о радио- и телепередачах*)

across-the-board II [ə‚krɒsðə'bɔ:d] *adv* всеобъемлюще, всесторонне; во всех аспектах; повсеместно

acrostic [ə'krɒstɪk] *n стих.* акростих

acroter [ə'krəʊtə] *n* (*pl тж.* -ria) *архит.* 1) акротерий, орнамент на парапётной стенке 2) небольшой пьедестал для статуи *или* орнамента

acroteria [ˌækrə(ʊ)'terɪə] *pl от* acroter *и* acroterium

acroterium [ˌækrə(ʊ)'terɪəm] *n* (*pl* -ria) = acroter

acrotism ['ækrə(ʊ)tɪz(ə)m] *n мед.* отсутствие пульсации *или* слабая пульсация

acrylic I [ə'krɪlɪk] *n* 1) акриловая смола 2) акриловое волокно 3) краска, замешанная на акриловой смоле 4) картина, написанная такой краской

acrylic II [ə'krɪlɪk] *a* акриловый; ~ resin акриловая смола; ~ plastic оргстекло, плексиглас

act I [ækt] *n* 1. дело; поступок; ~ of kindness доброе дело; ~ of cruelty жестокий поступок; проявление жестокости 2. акт, действие; деяние; criminal ~ преступное деяние; unilateral ~ односторонний акт, одностороннее действие; ~ of piracy акт пиратства; ~ of delivery роды; ~s of force действия, связанные с применением силы; ~ of war акт агрессии, вооружённая агрессия; ~ of worship богослужение 3. акт; закон; постановление; решение (*суда*); constituent ~ учредительный акт; ~ of Parliament парламентский акт, закон; ~ of Congress закон, принятый конгрессом 4. *юр., дип.* акт, документ; ~ of the law юридический акт; ~ and deed официальный документ, обязательство; final ~ заключительный акт (*конференции, совещания*) 5. 1) *театр.* акт, действие 2) *неодобр.* сцена; to put on an ~ разыграть сцену, устроить спектакль; she does not mean it, it's just an ~ у неё это не всерьёз, она просто прикидывается 3) номер программы (*в эстрадном представлении, в цирке и т. п.*); the next ~ will be a magician [trained dogs] следующий номер программы — фокусник [дрессированные собаки] 4) труппа, группа актёров, исполнителей 6. *унив.* диссертация 7. (the Acts) *pl употр. с гл. в ед. ч. библ.* Деяния апостолов 8. *иск., фото* акт, изображение обнажённой натуры ◊ to catch smb. in the (very) ~ (of doing smth.) поймать кого-л. на месте преступления, поймать кого-л. с поличным; to be in the ~ of doing smth. совершать что-л.; быть на грани совершения чего-л.; to get into /in on/ the /smb.'s/ ~ принимать участие, быть в доле, примазаться /пристроиться/ к какому-л. /чьему-л./ делу; to get one's ~ together *сл.* хорошо подготовиться; спланировать работу, привести в порядок /в систему/

act II [ækt] *v* 1. 1) действовать, поступать; вести себя; to ~ immediately действовать без промедления; to ~ wisely [foolishly] вести себя умно [глупо]; to ~ bravely проявить мужество, действовать смело; to ~ on /upon/ smth. действовать в соответствии с чем-л., to ~ on smb.'s suggestion действовать по чьей-л. подсказке; to ~ on /upon/ advice действовать по совету, поступать как советуют 2) (*часто* for) действовать, принимать участие (*в каком-л. деле и т. п.*); to ~ for smb. /on smb.'s behalf/ a) выполнять чьи-л. функции; исполнять обязанности, замещать (*кого-л., т. п.*); to ~ from чьего-л. лица; a solicitor ~s for his clients адвокат представляет интересы своих клиентов; to ~ on the defensive a) обороняться, защищаться, занимать оборонительную позицию; б) *воен.* находиться в обороне 3) действовать, работать (*о приборе и т. п.*); brakes refused to ~ тормоза отказали /не сработали/ 2. влиять, воздействовать; to ~ on the emotions воздействовать на чувства; these pills ~ on the liver эти таблетки (плохо) действуют на печень; does the drug take long to ~ on the pain? долго ли подействует это болеутоляющее?; acids ~ on metal кислоты воздействуют на металл 3. (up to) быть на высоте (*чего-л.*); соответствовать (*чему-л.*); to ~ up to one's promise сдержать обещание; to ~ up to one's principle(s) [opinions] действовать в соответствии со своими принципами [убеждениями], поступать согласно своим принципам [убеждениям]; to ~ up to one's reputation не обмануть ожиданий 4. (as) работать, служить, действовать в качестве...; to ~ as interpreter работать переводчиком; a trained dog can ~ as a guide to a blind man дрессированная собака может служить слепому проводником /поводырём/ 5. 1) *театр.* исполнять (роль), играть; to ~ the Ghost /the part of the Ghost/ in «Hamlet» играть роль призрака в «Гамлете» 2) играться (*о пьесе, роли*) his plays don't ~ well его пьесы трудно играть, его пьесы малосценичны 3) *неодобр.* прикидываться, притворяться; to ~ the fool *разг.* прикидываться простачком; he ~ed very angry он сделал вид, что страшно рассердился; to ~ interested притвориться /прикинуться/ заинтересованным; to ~ outraged virtue разыгрывать оскорблённую невинность ◊ to ~ one's age поступать /вести себя/ в соответствии со своим возрастом; ~ your age! не веди себя как ребёнок!, брось ребячиться!

Acta, acta ['æktə] *n pl офиц.* протоколы, акты; труды, записки; the ~ of a conference протоколы конференции

actable ['æktəb(ə)l] *a* 1) годный для постановки, игровой, сценичный (*о пьесе*) 2) благодарный, выигрышный (*о роли*)

Actaeon [æk'tiːɒn] *n греч. миф.* Актеон

act call ['ækt‚kɔːl] *театр.* 1) сигнал актёрам о начале представления 2) звонок, созывающий публику в зрительный зал

act drop ['ækt‚drɒp] *театр.* занавес, опускаемый между действиями или сценами (*тж.* ~ curtain)

actigraph ['æktɪgrɑːf] *n спец.* (самопишущий)регистратор активности (*вещества или организма*) [<activity + graph]

acting I ['æktɪŋ] *n* 1. 1) *театр.* игра 2) *неодобр.* притворство 2. исполнение (*обязанностей и т. п.*) 3. *pl* дела, поступки 4. активная, энергичная деятельность

acting II ['æktɪŋ] *a* 1. исполняющий обязанности; временный; ~ manager исполняющий обязанности управляющего /менеджера/; ~ officer *воен.* исполняющий обязанности офицера; ~ rank *воен.* временный чин, соответствующий временно занимаемой должности 2. действующий; ~ model действующая модель; A. Army *воен.* действующая армия 3. *театр.* предназначенный для исполнителей; актёрский или режиссёрский; an ~ version of a play режиссёрский вариант /экземпляр/ пьесы; ~ copy актёрский экземпляр пьесы (*с подробными ремарками к роли*)

acting area ['æktɪŋ‚e(ə)rɪə] *театр.* мизансцена; часть сцены, на которой происходит действие в данный момент

actinia [æk'tɪnɪə] *n* (*pl* -ae, -as [-əz]) *зоол.* актиния, морская анемона (*Actiniaria; Anthozoa*)

actiniae [æk'tɪnɪiː] *pl от* actinia

actinic [æk'tɪnɪk] *a спец.* актиничный, фотохимический; ~ rays актиничные /химически действующие/ лучи

actinide ['æktɪnaɪd] *n хим.* актинид, актиноид

actinisation [ˌæktɪn(a)ɪ'zeɪʃ(ə)n] *n спец.* актинизация (*пастеризация радиацией*)

actinism ['æktɪnɪz(ə)m] *n спец.* 1) актинизм, актиничность 2) фотохимическая активность

actinium [æk'tɪnɪəm] *n хим.* актиний; ~ emanation актинон, эманация актиния

actino- [ˌæktɪnə-] *в сложных словах имеет значение:* 1) связанный с излучением: actinometer актинометр, actinotherapy лучевая терапия 2) *биол.* имеющий радиальную структуру; actinomere актиномер, радиальный сегмент; actinomyces актиномицеты, лучистые грибки

actinolite [æk'tɪnəlaɪt] *n мин.* актинолит, лучистый камень

actinometer [ˌæktɪ'nɒmɪtə] *n* актинометр

actinomycetes [ˌæktɪnəʊ'maɪsiːts] *n pl бакт.* актиномицеты

actinomycosis [ˌæktɪnə(ʊ)maɪ'kəʊsɪs] *n спец.* актиномикоз

actinotherapy [ˌæktɪnə(ʊ)'θerəpɪ] *n мед.* лучевая терапия

actinouranium [ˌæktɪnə(ʊ)jʊ(ə)'reɪnɪəm] *n* актиноуран

action I ['ækʃ(ə)n] *n* 1. 1) действие; in ~ на ходу, действующий; в действии [*см. тж.* 7]; ~ at a distance *физ.* действие на расстоянии, дальнодействие; man of ~ человек дела, энергичный /деятельный/ человек; to take ~ a) начинать действовать; б) принимать меры; to bring /to call, to put, to set/ into ~ приводить в действие [*см. тж.* 7]; to put out of ~ вывести из строя; подбить (*танк и т. п.*); time has come for ~ настало время действовать; ~! мотор! (*команда начать съёмку и т. п.*) 2) действие, работа (*машины, механизма и т. п.*); действие; physical [mental] ~ физическая [умственная] деятельность /работа/; ~ potential *физиол.* потенциал действия; ~ of the bowels действие кишечника, стул 2. 1) действие, поступок; noble [mean] ~ благородный [подлый] поступок; to be responsible for one's ~s отвечать за свои действия /своё поведение/; to judge smb. by his ~s судить о ком-л. по его делам; all his ~s show всё его поведение говорит о /показывает/ 2) акция; выступление, действие; collective [preventive] ~ коллективное [превентивное] действие; joint ~ совместные действия; overt ~ against smb., smth. открытое выступление против чего-л., кого-л.; crisis that demands ~ instead of debate кризисная ситуация, требующая действий, а не рассуждений /споров/ 3. воздействие, влияние; the ~ of a drug [of sunlight] воздействие лекарства [солнечного света]; ~ of wind upon a ship's sails принцип действия ветра на паруса 4. действие, развёртывание событий, основная сюжетная линия (*в романе, пьесе и т. п.*); double ~ две сюжетные линии; the development of the ~ развитие действия; unity of ~ единство действия 5. 1) *театр.* физические действия, движения (*актёра*); жесты 2) *иск.* движение (*иллюзия движения в живописи, скульптуре*)

6. *юр.* иск; судебный процесс, судебное дело; amicable ~ «дружеское» судебное дело, дело, возбуждённое сторонами для получения судебного решения; to bring /to enter, to lay/ an ~ against smb., to take ~ against smb. возбудить против кого-л. (судебное) дело 7. *воен.* бой; сражение; боевые действия; ~! в бой!; in ~ в бою; в действии [*см. тж.* 1, 1)]; ~ radius *воен.* а) радиус действия; б) радиус хода; ~ pendant боевой вымпел; ~ station а) боевой пост; б) *мор.* место по боевому расписанию; ~ stations! *мор.* по местам!; ~ spring боевая пружина; to bring /to put/ into ~ вводить в бой [*см. тж.* 1,1)]; to go into ~ вступать в бой; to come out of ~ а) выйти из боя; б) выйти (выбыть) из строя; to be killed /to fall/ in ~ пасть в бою; he has seen /has been in/ ~ он побывал на передовой [в боях/]; through enemy ~ в результате действия противника 8. 1) *тех.* механизм 2) *муз.* механика (*инструмента*) 3) *воен.* ударный механизм 9. (the ~) 1) бурная деятельность (*в какой-л. области*); центр активности, гуща событий; to go where the ~ is направиться туда, где происходят основные события; активно включиться в работу, в борьбу *и т. п.* 2) *сл.* преступная деятельность; спекуляция на чёрном рынке, торговля наркотиками *и т. п.*; a piece of the ~ доля в афере; плата за соучастие (*в грабеже и т. п.*) 3) азартная игра, игра на деньги; where can I find some ~ ? где здесь можно сыграть на деньги? 10. *церк.* 1) служба, богослужение; *особ.* евхаристия 2) канон обедни 3) моменты богослужения с участием прихожан (*пение молитв и т. п.*) 11. *мат.* операция
◊ ~s speak louder than words не по словам судят, а по делам; suit the ~ to the word подкрепляйте слова делами
action II [ˈækʃ(ə)n] *v юр. редк.* возбуждать уголовное дело
actionable [ˈækʃ(ə)nəb(ə)l] *а юр.* дающий основания для судебного преследования; libel is ~ за диффамацию можно привлечь к ответственности
action card [ˈækʃ(ə)n͵kɑːd] *ком.* отрывной бланк запроса на рекламируемый товар (*в журнале*)
action current [ˈækʃ(ə)nˈkʌrənt] *физиол.* биоток
actionist [ˈækʃ(ə)nɪst] *n редк.* сторонник прямых действий
action level [ˈækʃ(ə)n͵lev(ə)l] *спец.* 1) пороговая доза вещества (*особ. вредного для организма*) 2) предельно допустимая концентрация (*нежелательного вещества в пищевом продукте*)
Action Painting [ˈækʃ(ə)n͵peɪntɪŋ] «активная живопись», ташизм (*разновидность абстрактного искусства: нанесение красок по интуиции*)
action replay [ˈækʃ(ə)nˈriːpleɪ] *тлв.* повторный показ острого момента (*спортивного состязания и т. п.*)
activate [ˈæktɪveɪt] *v* 1. активизировать 2. *спец.* активировать; повышать реактивную способность 2) *физ.* делать радиоактивным; ионизировать (*газ*) 3) *амер. воен.* 1) зачислять в часть 2) сформировывать и укомплектовывать часть 4. приводить в действие, включать (*оборудование*)
activated [ˈæktɪveɪtɪd] *а спец.* активированный [ˈæktɪveɪtɪd] carbon активированный /активный/ уголь; ~ mine *воен.* мина с ввинченным взрывателем; ~ water активированная вода
activation [͵æktɪˈveɪʃ(ə)n] *n* 1. *спец.* активация; ~ energy *физ.* энергия активации 2. *амер. воен.* формирование и укомплектование части; ~ area район формирования части
activation analysis [͵æktɪˈveɪʃ(ə)nə͵næləsɪs] *физ.* (нейтронно-)активационный анализ
activator [ˈæktɪveɪtə] *n спец.* активатор
active I [ˈæktɪv] *n* 1. *грам.* 1) активный *или* действительный залог 2) форма *или* конструкция в активном залоге; to put the sentence into the ~ поставить глагол предложения в активный залог 2. *полит.* активист; the ~ актив
active II [ˈæktɪv] *а* 1. деятельный, энергичный; активный; живой; ~ child [mind] живой ребёнок [ум]; ~ air defence *воен.* активная противовоздушная оборона; ~ repeater *радио* активный ретранслятор; ~ satellite активный спутник связи; ~ sports активные виды спорта; under ~ consideration внимательно /тщательно/ рассматриваемый /изучаемый, анализируемый/; to be ~ for one's age быть бодрым для своего возраста; to become ~ активизироваться; as ~ as a kitten резвый как котёнок; he leads an ~ life он ведёт активный /подвижный/ образ жизни 2. действительный; эффективный, практический, действенный; настоящий; ~ help настоящая помощь; ~ euthanasia *см.* euthanasia 1 3. 1) действующий; ~ volcano действующий вулкан; ~ laws действующие законы; ~ job текущее задание; ~ face а) рабочая грань (*режущего инструмента*); б) *горн.* действующий забой 2) быстродействующий; ~ remedy быстродействующее средство 4. *воен.* действующий; действительный; ~ army личный состав армии на действительной службе; ~ forces регулярные войска; ~ service а) участие в боевых действиях (*в Великобритании*); б) действительная военная служба (*в США*); ~ duty действительная военная служба; ~ list список командного состава, состоящего на действительной службе 5. активно протестующий; возмущённый (*о демонстрантах и т. п.*), бунтующий, мятежный (*о толпе и т. п.*) 6. *грам.* действительный; ~ voice действительный залог 7. *фин.* активный, находящийся в активе; ~ debt непогашенный долг; ~ balance активный (платёжный) баланс; ~ assets средства, находящиеся в обороте, активно используемые фонды 8. *эк.* 1) оживлённый; ~ demand оживлённый спрос; the market is ~ на рынке царит оживление 2) самодеятельный (*о населении*) 9. *спец.* активный; ~ immunity *мед.* активный иммунитет; ~ mass *физ.* действующая /активная/ масса; ~ site *биохим.* активный центр (*фермента*); ~ transport *биохим.* активный транспорт (*ионов через клеточную мембрану*) 10. *физ.* радиоактивный
activism [ˈæktɪvɪz(ə)m] *n* 1. *амер.* «активизм», активное вмешательство правительства в экономику, попытки государственного регулирования экономики 2. *полит.* массовая политическая активность; демонстрации, митинги протеста *и т. п.* 3. активизм (*доктрина, утверждающая, что деятельность является основой мира; в идеалистической философии*)
activist [ˈæktɪvɪst] *n* 1) активист 2) энергичный, напористый деятель; сторонник активных мер; активный политик; ~ president президент, проводящий активную политику
activity [ækˈtɪvɪtɪ] *n* 1. деятельность; man of ~ активный /деятельный/ человек; physical ~ физическая работа; двигательная активность (*подвижные игры, спорт и т. п.*) 2. 1) активность; энергия; time of full ~ период наибольшей активности; the film is full of ~ фильм полон событий, в картине всё время что-то происходит 2) активно действующая сила 3. *часто pl* 1) деятельность, действия (*в определённой области*); social ~ общественная деятельность; classroom activities классные занятия; literary activities литературная деятельность; he has many activities to take up his time when he's not working у него есть чем заняться в свободное от работы время 2) *воен.* боевые действия локального характера 4. *эк.* экономическая активность; хозяйственная деятельность; ~ in the market оживление на рынке; competitive ~ конкурентная борьба 5. *амер.* инстанция; орган, учреждение 6. *pl* показатели (*в экономических исследованиях*) 7. *эк.* самодеятельность (*населения*) 8. *физ.* радиоактивность
activity network [ækˈtɪvɪtɪ͵netwɜːk] *эк.* 1. сетевой график 2. временная последовательность операций
activize [ˈæktɪvaɪz] = activate
act of faith [ˈæktəvˈfeɪθ] 1. *рел.* испытание веры 2. *ист.* = auto-da-fé 3. *разг.* риск с надеждой выиграть; иррациональная уверенность в выигрыше; his marriage was actually an ~ он рискнул жениться в уверенности, что брак будет удачным
act of God [ˈæktəvˈgɒd] *юр.* стихийная сила, форс-мажор; стихийное бедствие (*служащее оправданием нарушения обязательства*)
act of grace [ˈæktəvˈgreɪs] 1) помилование, амнистия 2) парламентский акт о всеобщей амнистии
actograph [ˈæktəgrɑːf] = actigraph
actomyosin [͵æktəˈmaɪəsɪn] *n биохим.* актомиозин
acton [ˈæktən] *n* 1. *ист.* кожаная куртка, надевавшаяся под латы 2. куртка с вшитыми металлическими пластинками; пуленепробиваемый жилет
actor [ˈæktə] *n* 1. актёр; артист 2. деятель; действующее лицо
actorish [ˈæktərɪʃ] *а* 1. 1) актёрский; театральный 2) актёрствующий, позирующий 2. неубедительный, ненатуральный; the characters are so ~ that they seem phony персонажи представляются настолько надуманными, что им не веришь
actor-proof [ˈæktə͵pruːf] *а театр. жарг.* самоигральный; ≅ при всём желании не испортишь (*о роли, пьесе и т. п.*)
actory [ˈæktərɪ] = actorish
act out [ˈæktˈaʊt] *phr v* 1. разыгрывать, представлять (*кого-л., что-л.*); children like to ~ what they read дети любят изображать в лицах то, о чём они читали; to ~ an episode разыграть сценку 2. притворяться, прикидываться; изображать; to ~ injured innocence разыгрывать оскорблённую невинность 3. претворять в жизнь, осуществлять; they are unwilling to ~ their beliefs они не склонны жить в соответствии со своими убеждениями 4. каким-л. действием выдать бессознательные *или* подавленные побуждения, желания (*в процессе психоанализа*)
actress [ˈæktrɪs] *n* актриса; артистка
actressy [ˈæktrɪsɪ] *а* 1. характерный для актрисы; she is ~ in many ways

она во многих отношениях типичная актриса 2. позирующая; любующаяся собой

actual I ['æktʃʋəl] *n* **1.** *обыкн. pl* наличный, реальный товар **2.** (the a.) *филос.* действительность

actual II ['æktʃʋəl] *a* **1.** подлинный, действительный; фактически существующий; ~ figures реальные цифры; ~ size натуральная величина; фактический размер; ~ speed действительная скорость; ~ output a) *горн.* фактическая добыча; б) *тех.* полезная отдача, эффективная мощность; ~ numbers *воен.* наличный состав **2.** текущий, современный; актуальный; ~ position of affairs, ~ state of things фактическое /настоящее, существующее/ положение дел; ~ president нынешний президент
◇ in ~ fact в действительности, практически, по сути; ~ grace *рел.* благодать господня; ~ sin *рел.* индивидуальный грех (*противоп.* первородному)

actual allotment [ˌæktʃʋəˈlɔtmənt] *амер.* бюджетные ассигнования, утверждённые конгрессом

actualism [ˈæktʃʋəlɪz(ə)m] *n* актуализм (*в идеалистической философии*)

actualist [ˈæktʃʋəlɪst] *n* **1.** реалист **2.** актуалист, сторонник актуализма [*см.* actualism]

actualite [ˌæktʃʋælɪ'teɪ] *n фр.* **1.** актуальность, своевременность, злободневность **2.** *pl* новости, текущие события, последние известия

actuality [ˌæktʃʋˈælɪtɪ] *n* **1.** действительность; реальность **2.** *pl* подлинные условия, обстоятельства; факты; to adjust to the actualities of life приспосабливаться к условиям /к прозе/ жизни **3.** 1) документальность 2) документальный фильм (*тж.* ~ film) 3) *тлв., радио* репортаж с места события; прямая передача; wartime ~ shots военная кинохроника

actualization [ˌæktʃʋəlaɪˈzeɪʃ(ə)n] *n* **1.** реализация, осуществление; проведение в жизнь **2.** *лингв.* актуализация

actualize [ˈæktʃʋəlaɪz] *v* **1.** реализовывать, осуществлять; проводить в жизнь, претворять в дело **2.** делать актуальным, осовременивать

actually [ˈæktʃ(ʋ)əlɪ] *adv* **1.** фактически, на самом деле; в действительности, по-настоящему; do you ~ mean it? вы в самом деле имеете это в виду?; вы это всерьёз (говорите)?; you are ~ the only friend I have по правде говоря, ты мой единственный друг; what political group is ~ in power? какая политическая группировка находится сейчас у власти? **2.** как ни странно, как ни удивительно; даже; he ~ expected me to do this work for him! подумать только, он рассчитывал /считал/, что я сделаю эту работу за него!; he ~ offered to see me off он даже вызвался проводить меня; he ~ swore on ему даже побожился; are you living in London? — I am, ~! ты сейчас живёшь в Лондоне? — А ты как думал?

actuarial [ˌæktʃʋˈe(ə)rɪəl] *a* страховой, относящийся к страховому делу, актуарный

actuary [ˈæktʃʋ(ə)rɪ] *n* **1.** *страх.* актуарий **2.** *арх.* секретарь, регистратор, клерк

actuate [ˈæktʃʋeɪt] *v* **1.** 1) приводить в движение 2) включать, приводить в действие (*оборудование*); to ~ a machine заводить /запускать, включать/ машину **2.** *часто pass* побуждать; стимулировать; склонять; what motives ~d him? какими мотивами он руководствовался?; что его к этому побудило?;

~d by selfish motives движимый эгоистическими побуждениями **3.** *эл.* 1) возбуждать 2) срабатывать (*о реле*) 3) питать энергией

actuating fluid [ˈæktʃʋeɪtɪŋˈfluːɪd] *спец.* рабочее тело

actuation [ˌæktʃʋˈeɪ(ə)n] *n* **1.** приведение в действие; включение, завод, запуск (*оборудования*) **2.** побуждение

actuator [ˈæktʃʋeɪtə] *n тех.* **1.** (силовой) привод 2) пускатель

act up [ˈæktˈʌp] *phr v разг.* **1.** отвечать, реагировать, парировать **2.** 1) барахлить, плохо работать (*о машинах и т. п.*) 2) паясничать, ломаться; капризничать (*часто о детях*) 3) скандалить, выкидывать номера; her rheumatism started to ~ ревматизм снова начал её мучить

act-wait [ˈæktˌweɪt] *n театр.* антракт

act-warning [ˈæktˌwɔːnɪŋ] *n театр.* **1.** предупреждение актёру о времени выхода (на сцену) **2.** = act call

acuate [ˈækjʋɪt] *a* острый, заострённый

acuty [əˈkjuːtɪ] *n* **1.** острота; ~ of vision острота зрения; ~ of mind острый ум **2.** острый характер (*болезни*)

aculeate [əˈkjuːlɪɪt] *a* **1.** *бот.* покрытый мелкими колючками *или* шипами **2.** *зоол.* имеющий жало **3.** колючий; жалящий, ядовитый (*о словах и т. п.*)

acumen [ˈækjʋmən] *n* **1.** проницательность, сообразительность; острота ума; business ~ деловая хватка **2.** *бот.* заострённый кончик (*стебля, побега*)

acuminate I [əˈkjuːmɪneɪt] *a бот., биол.* остроконечный, заострённый

acuminate II [əˈkjuːmɪneɪt] *v* заострять, делать острым

acupressure [ˈækjʋˌpreʃə] *n мед.* **1.** массаж биологически активных точек кожи **2.** сдавливание *или* обкалывание кровеносного сосуда

acupunctural [ˌækjʋˈpʌŋktʃ(ə)rəl] *a* относящийся к иглоукалыванию, иглоукалывательный; ~ anaesthesia анестезия посредством иглоукалывания

acupuncture I [ˈækjʋˌpʌŋktʃə] *n мед.* иглоукалывание, иглотерапия, акупунктура

acupuncture II [ˈækjʋˌpʌŋktʃə] *v мед.* производить иглоукалывание, акупунктуру; лечить иглоукалыванием

acupuncturist [ˌækjʋˈpʌŋktʃərɪst] *n мед.* иглотерапевт, специалист по иглоукалыванию

acutance [əˈkjuːt(ə)ns] *n фото* чёткость, резкость (*изображения*)

acute I [əˈkjuːt] *n лингв.* акут, акутовое ударение, обозначенное диакритическим знаком (')

acute II [əˈkjuːt] *a* **1.** острый; ~ angle острый угол; ~ point *с.-х.* острый наконечник (*для культиваторных зубьев*) **2.** 1) острый, проницательный; ~ mind острый ум; ~ observer тонкий наблюдатель 2) острый, тонкий (*о слухе и т. п.*); ~ sense of smell тонкое обоняние; ~ eyesight острое зрение **3.** сильный, резкий (*об ощущениях*); ~ pain острая /резкая/ боль; ~ pleasure острое наслаждение; ~ jealousy жгучая ревность **4.** крайний, решающий, критический; ~ shortage острая нехватка; ~ distress крайняя нужда **5.** резкий, высокий, пронзительный (*о звуке*) **6.** *мед.* острый; ~ gastritis острый гастрит; ~ alcoholism *мед.* острое опьянение, отравление алкоголем **7.** *лингв.* акутовый, обозначенный диакритическим знаком (') (*напр.*, café, elité); ~ accent a) акут, акутовое ударение;

б) значок ударения, диакритический знак (')

acute-angled [əˌkjuːtˈæŋg(ə)ld] *a* остроугольный, с острыми углами

acute-care [əˌkjuːtˈkeə] *a амер.* предназначенный для интенсивной терапии при приступах и т. п.

acutely [əˈkjuːtlɪ] *adv* остро, резко

acutifoliate [əˌkjuːtɪˈfəʋlɪɪt] *a бот.* остролиственный

acyclic [əˈsaɪklɪk] *a* 1) *тех.* нецикличный; непериодического действия 2) *хим.* ациклический 3) *мат.* непериодический 4) *бот.* спиральный

ad¹ [æd] *n* (*сокр. от* advertisement) *разг.* объявление, реклама; want ~ объявление в газете в отделе спроса и предложения; ~ director заведующий отделом объявлений (*в газете и т. п.*); ~ pages [column] страница [колонка] объявлений; ~ music мелодия, постоянно сопровождающая рекламу (*какого-л.*) товара (*по радио или телевидению*); to put an ~ in the papers поместить объявление в газетах

ad² [æd] *редк. сокр. от* advantage I 3

ad- [æd-, əd-] *pref* встречается в словах лат. происхождения с общим значением приближения, примыкания: adhere, adjoin примыкать; admix примешивать; *варианты:* ac- (*перед* c, q), af- (*перед* f), ag- (*перед* g) al- (*перед* l), ap- (*перед* p), as- (*перед* s), at- (*перед* t): acclimatize акклиматизировать; affiliate, affix присоединять; aggregate совокупный; aggravate ухудшать; allocution обращение, увещание; appease умиротворять; append добавлять; assimilate ассимилировать; attain достигать; attract притягивать

-ad¹ [-æd, -əd] *suff* встречается в сущ., производных от греч. числительных, со значением группа с таким-то числом членов: dyad диада; triad триада; pentad пентада

-ad² [-æd, -əd] *suff* биол. производит наречия со значением по направлению к: ventrad по направлению к брюшной стороне; cephalad краниально, по направлению к голове

ad absurdum [ˌædæbˈsɜːdəm] *лат.* до абсурда

adactylous [əˈdæktɪləs] *a зоол.* лишённый пальцев, беспалый

adage [ˈædɪdʒ] *n* (старинная) пословица, поговорка; изречение

adagio [əˈdɑːdʒ(ɪ)əʋ] *муз.* адажио

Adam I [ˈædəm] *n* **1.** *библ.* Адам; ~ and Eve Адам и Ева **2.** 1) человек, мужчина 2) грешный человек; the old ~ *рел.* ветхий Адам, нераскаявшийся грешник
◇ ~'s ale /wine/ *шутл.* вода; the faithful ~ верный старый слуга; one's outward ~ *амер. шутл.* бренная плоть, тело; (as) old as ~ очень древний, старый как мир; not to know smb. from ~ совсем не знать кого-л.; не знать кого-л. в лицо

Adam II [ˈædəm] = Adam style

adamant I [ˈædəmənt] *n* 1) адамант, очень твёрдый минерал *или* металл 2) *поэт.* твёрдость; will of ~ стальная воля

adamant II [ˈædəmənt] *a* непреклонный; несокрушимый; I am ~ on this point от этого я не отступлюсь

adamantine I [ˌædəˈmæntaɪn] *n* **1.** *мин.* адамантин, алмазный блеск **2.** *горн.* закалённая стальная дробь (*для бурения*)

adamantine II [ˌædəˈmæntaɪn] *a* 1. адамантовый, имеющий свойства алмаза; очень твёрдый 2. несокрушимый, несгибаемый; ~ courage несгибаемое мужество 3. сверкающий как бриллиант, алмаз

Adamesque [ˌædəˈmesk] в стиле Адама [*см.* Adam style]

Adamic [ˈædəmɪk, əˈdæmɪk] *a редк.* адамов, относящийся к Адаму

Adamite [ˈædəmaɪt] *n* 1. человек, сын Адама 2. *рел.* адамит (*член средневековой христианской секты*) 3. нудист

Adam's-apple [ˌædəmzˈæp(ə)l] *n анат.* адамово яблоко, кадык

adamsite [ˈædəmsaɪt] *n* адамсит (*отравляющее вещество*)

Adam's-needle [ˌædəmzˈniːdl] *n бот.* юкка нитчатая *или* волокнистая (*Yucca filamentosa*)

Adam style [ˈædəmˌstaɪl] *архит., иск.* «стиль Адама», английская неоклассика

adangle [əˈdæŋg(ə)l] *a predic* висящий, свисающий; качающийся

adapt [əˈdæpt] *v* 1. 1) приспособлять; to ~ plans to suit new circumstances изменять планы в соответствии с новыми обстоятельствами; to ~ smth. to the needs of the people приспособить что-л. к нуждам людей; these tractors have been ~ed в конструкцию этих тракторов были внесены некоторые модификации 2) приспособляться, адаптироваться, применяться (*тж.* to ~ oneself); one must ~ to circumstances а) нужно применяться к обстоятельствам / считаться с обстоятельствами/; б) нужно действовать по обстоятельствам /в соответствии с обстановкой/ 2. 1) адаптировать, переделывать, облегчать (*текст, книгу и т. п.*); to ~ a book (for use in schools) адаптировать книгу (для школьного чтения) 2) экранизировать, инсценировать; to ~ a novel инсценировать роман; to ~ smth. for the screen экранизировать что-л.; a play ~ed for the radio радиопостановка по пьесе

adaptability [əˌdæptəˈbɪlɪtɪ] *n* адаптируемость, приспособляемость, способность к приспособлению

adaptable [əˈdæptəb(ə)l] *a* 1. легко приспособляющийся, адаптирующийся 2) умеющий приспосабливаться к новой обстановке, чужим людям *и т. п.*; ~ person уживчивый человек 2. поддающийся адаптации, переделке; ~ schedule гибкое расписание 3. подходящий, пригодный; soil ~ to growth of pomegranates почва, на которой могут расти гранаты

adaptation [ˌædəpˈteɪʃ(ə)n] *n* 1. адаптация, приспособление; ~ to the ground *воен.* применение к местности 2. 1) переделка; адаптация; translation and ~ of a French play перевод и сценическая редакция французской пьесы; ~ of a musical composition аранжировка музыкального произведения 2) инсценировка (*литературного произведения*); экранизация (*пьесы, романа*); ~ of a novel for the broadcasting радиокомпозиция по роману 3) переделка; что-л. переделанное, адаптированное; this book is an ~ of "Bleak House" эта книга — адаптированное издание «Холодного дома» 3. *физиол., физ.* аккомодация 4. *биол.* адаптация 5. внедрение (*новой техники и т. п.*)

adaptative [əˈdæptətɪv] == adaptive

~ powers способность приспособляться /применяться/

adapted [əˈdæptɪd] *a* адаптированный; переделанный; ~ text облегчённый /адаптированный/ текст 2) подогнанный 3) подходящий, пригодный; ~ to Arctic conditions а) приспособленный к условиям Арктики; б) привыкший жить в условиях Арктики

adapter [əˈdæptə] *n* 1. 1) *см.* adapt + -er 2) автор адаптации, инсценировки *и т. п.* 2. 1) *тех.* адаптер, переходник, соединительное *или* переходное устройство 2) держатель; ~ plug а) штепсель; б) *воен.* снарядная втулка; наконечник, ниппель 3. звукосниматель

adapter-booster [əˌdæptəˈbuːstə] *n амер. воен.* запальный стакан

adaption [əˈdæpʃ(ə)n] == adaptation

adaptive [əˈdæptɪv] *a* 1. приспосабливающийся, применяющийся; ~ colouring of a chameleon защитная окраска хамелеона; ~ convergence *спец.* приспособительная конвергенция; ~ radiation *спец.* эволюционная радиация 2. *вчт.* адаптивный

adaptor [əˈdæptə] == adapter

ad arbitrium [ˌædɑːˈbɪtrɪəm] *лат.* произвольно

ad astra [ˌædˈæstrə] *лат.* к звёздам

ad astra per aspera [ˌædˌæstrəpə(r)ˈæspərə] *лат.* через тернии к звёздам (*обык.* per aspera ad astra)

adat [ˈɑːdɑːt] *n* адат, обычное право (*некоторых мусульманских народов*)

A-day [ˈeɪˌdeɪ] *n* 1. *ист.* день испытания первой атомной бомбы 2. заранее намеченный день военного нападения, *обыкн.* атомного 3. *амер.* день, намеченный для какого-л. важного мероприятия

ad Calendas Graecas [ˌædkəˈlendəsˈgriːkəs] == ad Kalendas Graecas

ad captandum (vulgus) [ˌædkæpˈtændəm(ˈvʌlgəs)] *лат.* из желания угодить (толпе)

add [æd] *v* 1. (to) 1) прибавлять, добавлять; присоединять; придавать; to ~ lustre to smth. придавать блеск чему-л.; to ~ salt подсолить 2) добавлять, прибавлять, усиливать что-л.; to ~ to history приукрашивать историю; to ~ to one's experience обогатить свой опыт; this ~s to the impression это усиливает впечатление; this ~s to our difficulties это усугубляет наши трудности 2. прибавлять (*к сказанному*); I have nothing to ~ мне больше нечего добавить; я всё сказал 3. добавлять, накидывать (*тж.* on); he's ~ed on the ten per cent service charge он накинул ещё десять процентов за обслуживание 4. *мат.* складывать, находить сумму, суммировать (*тж.* ~ together); if you ~ 3 and /to/ 5 you get 8 если к трём прибавить пять, получится восемь; to ~ constructively складывать арифметически; to ~ vectorally складывать геометрически; to ~ twice удваивать; to ~ up to составлять в сумме

◊ to ~ insult to injury а) наносить новые оскорбления; б) усугублять трудности, ухудшать и без того тяжёлое положение; to ~ fuel /oil/ to the fire /to the flame/ подливать масла в огонь

addax [ˈædæks] *n зоол.* адда, антилопа мендес, антилопа пятнистоносая (*Addax nasomaculatus*)

added line [ˈædɪdˌlaɪn] *муз.* добавочная линейка (*нотного стана*)

added-value tax [ˈædɪdˈvæljuːˌtæks] *фин.* налог на добавленную стоимость (*налог на покупки; возрастает вместе с ростом цен*)

addend [ˈædend] *n мат.* второе слагаемое

addenda [əˈdendə] *pl от* addendum

addendum [əˈdendəm] *n* (*pl* -da) 1. приложение, дополнение (*к книге, договору и т. п.*) 2. *тех.* головка зуба зубчатого колеса

adder¹ [ˈædə] *n* 1. *см.* add + -er; the boy is a good ~ мальчик хорошо умеет складывать 2. сумматор, суммирующее устройство

adder² [ˈædə] *n зоол.* 1. гадюка обыкновенная (*Vipera berus*) 2. *разг.* ядовитая змея 3. *амер. разг.* уж

adder's-grass [ˈædəzˌgrɑːs] == adder's-tongue

adder's-mouth [ˈædəzˌmaʊθ] *n бот.* аретуза (*Arethusa*)

adder's-tongue [ˈædəzˌtʌŋ] *n бот.* кандык (*Erythronium*)

adder-subtractor [ˈædəsəbˈtræktə] *n вчт.* суммирующе-вычитающее устройство

addict I [ˈædɪkt] *n* 1. наркоман (*тж.* drug ~); cocaine [morphine] ~ кокаинист [морфинист] 2. 1) человек, приверженный чему-л. (*часто дурному*); раб привычки; tobacco ~ заядлый курильщик; alcohol ~ алкоголик; coffee ~ человек, который жить не может без кофе 2) поклонник; opera ~ страстный поклонник оперы; ballet [music] ~ балетоман [меломан]; football ~ заядлый футбольный болельщик; detective story ~ читатель, глотающий детективы

addict II [əˈdɪkt] *v* (to) 1. *refl* создавать, культивировать привычку (*обыкн. дурную*); предаваться чему-л.; to ~ oneself to vice предаваться пороку 2. посвящать; to ~ one's mind to business думать только о деле

addicted [əˈdɪktɪd] *a* склонный (*часто к дурному*); предающийся (*чему-л.*); постоянно делающий (*что-л.*) в силу привычки; ~ to drugs принимающий наркотики; ~ to drink предающийся пьянству; ~ to brooding склонный к грустным размышлениям; he was ~ to reading он пристрастился к чтению /стал читать запоем/; he is ~ to good works он посвятил себя добрым делам

addiction [əˈdɪkʃ(ə)n] *n* 1. склонность, неистребимая привычка; ~ to reading запойное чтение 2. наркомания (*тж.* drug ~); alcohol ~ алкоголизм

addictive [əˈdɪktɪv] *a* вызывающий привычку, привыкание (*часто о наркотиках*)

add in [ˈædˈɪn] *phr v* включать (в себя); don't forget to add me in не забудьте включить /записать/ меня

adding machine [ˈædɪŋməˌʃiːn] счётная машина; арифмометр

Addison's disease [ˈædɪs(ə)nzdɪˌziːz] *мед.* Аддисонова болезнь; бронзовая болезнь

additament [əˈdɪtəmənt] *n книжн.* добавление, дополнение

addition [əˈdɪʃ(ə)n] *n* 1. прибавление; дополнение; ~ in the margin заметки на полях; they've just had an ~ to the family у них (недавно произошло) прибавление семейства; ~ to the staff of the school новый учитель школы; ~ to the library новое поступление в библиотеку; in ~ кроме того, вдобавок; к тому же; in ~ he was rude to me вдобавок он мне нагрубил; in ~ to smth. в дополнение (*к чему-л.*); this is in ~ to what I said yesterday это я говорю в дополнение к сказанному вчера 2. *амер.* 1) пристройка (*к зданию*), крыло 2) пограничный участок земли, присоединённый к участку другого владельца 3) пригородный участок, выделенный для городского строительства 3. *pl эк.* прирост основного капитала 4. *мат.* сложение; суммирование 5. *хим.* примесь 6. *метал.* присадка; ~ agent легирующий элемент 7. *геол.* привнос

additional [əˈdɪʃ(ə)nəl] *a* добавочный, дополнительный; ~ charges дополнительные расходы

additionally [əˈdɪʃ(ə)nəlɪ] *adv* дополнительно; кроме того, сверх того

additit|ious [ˌædɪˈtɪʃəs] *a спец.* дополнительный; ~ force *астр.* сила, увеличивающая притяжение

additive I [ˈædɪtɪv] *n* 1. добавление, дополнение; добавка 2. 1) приправа; добавка (*пищевая и т. п.*) 2) присадка (*к смазочным маслам*)

additive II [ˈædɪtɪv] *a спец.* аддитивный, совокупный; кумулятивный; ~ reaction *хим.* реакция соединения; ~ process аддитивный способ цветного кино *или* цветной фотографии

additivity [ˌædɪˈtɪvɪtɪ] *n мат.* аддитивность, суммируемость

additory [ˈædɪt(ə)rɪ] *книжн. см.* additional

addle I [ˈædl] *a* 1. тухлый, испорченный; ~ egg тухлое яйцо, болтун 2. запутавшийся, плохо соображающий; an ~ brain ≅ мозги набекрень 3. (addle-) как компонент сложного слова глупый; ~-brained пустоголовый, безмозглый

addle II [ˈædl] *v* 1. 1) портить 2) тухнуть, портиться 2. 1) путать, запутывать; to ~ one's brain /one's head/ забивать себе голову (*чем-л.*) 2) запутываться, путаться

addle-brained [ˈædlˌbreɪnd] *a* 1. пустоголовый, безмозглый; ≅ мозги набекрень 2. помешанный

addle-headed [ˈædlˌhedɪd] = addle-brained

addle-pated [ˈædlˌpeɪtɪd] = addle-brained

add-on I [ˌædˈɒn] *n* 1. 1) прибавляемая величина, добавление, дополнение 2) дополнительный пункт, дополнительное условие *и т. п.* 2. *амер.* 1) приставка, повышающая возможности (технического) устройства 2) нестандартная или самодельная приставка (*к прибору*)

add-on II [ˌædˈɒn] *a* добавочный, дополнительный, вспомогательный; units приставки (*к приборам и т. п.*)

addorsed [əˈdɔːst] *a геральд.* соединённые спинами (*о геральдических животных*)

address I [əˈdres] *n* 1. адрес; to change one's ~ переехать 2. выступление; речь; обращение; адрес; opening ~ вступительное слово; formal ~ официальное выступление /-ая речь/; ~ on current problems доклад о текущих вопросах; to give /to deliver/ an ~ произнести речь; A. from the Throne тронная речь (*короля*); A. (to the Crown) ответ (*парламента*) на тронную речь 3. (официальная) форма обращения к кому-л. (*в устной речи или на письме; тж.* form of ~; what is the correct form of ~ to a life peer? как следует обращаться к пожизненному пэру? 4. *арх.* манера (*говорить*); man of rude ~ грубиян, неотёсанный человек 5. *арх.* ловкость, искусство, такт; a man of awkward ~ человек, не обладающий ловкостью; to show great ~ проявлять величайший такт; to handle a matter with ~ искусно справиться с каким-л. делом 6. *pl* ухаживание; to pay one's ~es to a lady ухаживать за дамой; to reject smb.'s ~es не принять чьего-л. заигрывания /ухаживания/ 7. *вчт.* адрес; ~ space адресное пространство

address II [əˈdres] *v* 1. 1) адресовать, направлять; to ~ a letter to smb. направить письмо кому-л.; he ~ed me to his chief он направил меня к своему начальнику; to ~ a ship адресовать судно; to ~ a warning to smb. послать кому-л. предупреждение 2) написать адрес (*на конверте и т. п.*) 2. 1) обращаться (*к кому-л.*); were your words ~ed to me or to him? вы говорите мне или ему?; he ~ed himself to the chairman он обратился к председателю 2) выступать; to ~ a meeting выступать с речью на собрании; обратиться к собравшимся 3. выбирать (официальную) форму обращения к кому-л.; обращаться; how does one ~ the governor? как следует обращаться к губернатору?; you ~ a woman chairman as Madam Chairwoman обращась к председателю-женщине, вы называете её госпожа председатель; soldiers ~ officers as sir солдаты говорят офицерам «сэр» 4. *refl* (to) направлять силы и энергию (*на что-л.*); браться за (*что-л.*); to ~ oneself to smth. приниматься за что-л.; to ~ oneself to the business of doing smth. приниматься за какое-л. дело; he ~ed himself to the main difficulty он постарался справиться с главной трудностью; there are two questions on which I will ~ myself in this lecture в своей лекции я остановлюсь на двух вопросах 5. *арх.* ухаживать, обхаживать, добиваться руки (*девушки*) 6. *вчт.* указывать адрес хранения информации

addressable [əˈdresəb(ə)l] *a вчт.* имеющий доступный адрес (*в ЭВМ*)

address book [əˈdresbʊk] адресная книга; алфавитная записная книжка

addressee [ˌædreˈsiː] *n* адресат

addresser [əˈdresə] *n* отправитель (*письма и т. п.*)

addressing [əˈdresɪŋ] *n вчт.* 1) адресация 2) способ адресации (*тж.* ~ mode)

addressing machine [əˈdresɪŋməˌʃiːn] адресационная машина, адресограф (*для печатания адресов на письмах, посылках и т. п.*)

addressless [əˈdreslɪs] *a* безадресный, без указания адреса

adduce [əˈdjuːs] *v* приводить (*в качестве доказательства*); ссылаться; to ~ proof [arguments] приводить доказательства [аргументы]; to ~ examples ссылаться на примеры; can you ~ any reason for his strange behaviour? вы можете как-то объяснить его странное поведение?

adducent [əˈdjuːs(ə)nt] *a анат.* приводящий (*о мышцах*)

adduct¹ [ˈædəkt] *n хим.* аддукт

adduct² [əˈdʌkt] *v физиол.* приводить (*о мышцах*)

adduction [əˈdʌkʃ(ə)n] *n* 1. приведение (*фактов, доказательств*) 2. *физиол.* приведение (*мышцы конечностей к средней линии тела*)

adductor [əˈdʌktə] *n анат.* приводящая мышца

add up [ˈædˌʌp] *phr v* 1. складывать; every time I add these figures up I get a different answer я складываю эти цифры, и всякий раз у меня получается другой ответ; the bill does not ~ in счёт вкралась ошибка; сумма, указанная в счёте, выведена неправильно 2. (to) сводиться (*к чему-л.*); означать, представлять собой; 3) быть понятным, иметь смысл; the various facts in the case just don't ~ разрозненные факты в данном деле никак между собой не согласуются 4. понимать, ясно видеть; I added him up at a glance я с первого взгляда понял, что он собой представляет

add-up [ˈædˌʌp] *n амер. разг.* суть, существо, содержание (*дискуссии и т. п.*)

-ade [-eɪd] *suff* выделяется в ряде существительных, заимствованных из французского или испанского языка и обозначающих 1. действие или процесс: cannonade канонада; masquerade маскарад 2. оценку деятельности или поведения: renegade ренегат 3. фруктовый напиток: lemonade лимонад; orangeade оранжад

adeem [əˈdiːm] *v* 1. *книжн.* взять назад, отобрать; отозвать (*завещание и т. п.*) 2. *юр.* лишать наследства

adelantado [ˌɑːdeɪlɑːnˈtɑːdəʊ] *n ист.* 1. губернатор испанской провинции или колонии 2. покоритель, колонизатор Латинской Америки

Adélie penguin [əˈdeɪlɪˈpeŋgwɪn] *зоол.* пингвин Адели (*Pygoscelis adeliae*)

ademption [əˈdempʃ(ə)n] *n юр.* лишение (*лица — чего-л.*); отмена дарения, завещания, особ. завещательного отказа

adenectomy [ˌædɪˈnektəmɪ] *n мед.* хирургическое удаление желёз

Adenese I [ˌɑːd(ə)ˈniːz] *n* житель или уроженец Адена

Adenese II [ˌɑːd(ə)ˈniːz] *a* относящийся к Адену, аденский

Adeni I, II [ˈɑːd(ə)nɪ] *n* = Adenese I и II

adenine [ˈædənɪ(ː)n] *n биохим.* аденин (*нуклеотид*)

adenitis [ˌædəˈnaɪtɪs] *n мед.* аденит

adeno- [ˈædɪnə-] *в сложных словах имеет значение железа, относящийся к железе*: adenocyte аденоцит; клетка железы; adenostemonous железисто-тычиночный

adenoid [ˈædɪnɔɪd] *a* 1) связанный с лимфатическими железами 2) аденоидный

adenoidectomy [ˌædɪnɔɪˈdektəmɪ] *n мед.* удаление аденоидов

adenoids [ˈædɪnɔɪdz] *n pl анат.* аденоиды

adenology [ˌædɪˈnɒlədʒɪ] *n* учение о железах

adenoma [ˌædɪˈnəʊmə] *n (pl тж.* -mata) *мед.* аденома

adenomata [ˌædɪnəʊˈmɑːtə] *pl от* adenoma

adenous [ˈædɪnəs] *a биол.* железистый

adenovirus [ˌædɪnə(ʊ)ˈvaɪ(ə)rəs] *n бакт.* аденовирус

adephagia [ˌædɪˈfeɪdʒə] *n мед.* прожорливость, ненасытность

adept I [ˈædept] *n* знаток, эксперт; to be an ~ in /at/ smth. /at doing smth./ быть мастером чего-л.; he is an ~ in chess он мастерски играет в шахматы; I am not an ~ at dancing танцевать я не мастер

adept II [ˈædept, əˈdept] *a* (in, at) сведущий; искусный; he is ~ at playing the piano он прекрасно играет на рояле; ~ tennis player опытный теннисист

adequacy [ˈædɪkwəsɪ] *n* 1. достаточность; the ~ of treatment with antibiotics is being tested сейчас проверяется результативность лечения антибиотиками 2. соответствие, адекватность; ~ of data достоверность данных 3. компетентность; ~ for the job соответствие (занимаемой) должности

adequate I [ˈædɪkwɪt] *a* 1. 1) достаточный; отвечающий требованиям; the salary is not ~ to support a family этого жалованья не хватает на содержание семьи; ~ strength *тех.* необходимая прочность; ~ grounds *преим. юр.* достаточное основание (*для возбуждения дела*) 2) соответствующий, адекватный; ~ compensation надлежащая /соответствующая/ компенсация; ~ definition соответствующее /адекватное/ определение; is language ~ to describe it? можно ли это описать словами?) 1) компетентный; he is an ~ man for the job он подходящий человек для этой работы 2) удовлетворительный, приличный, недурной; the performance was ~ though hardly exciting исполнение было вполне приличным, но ничего особенного

adequate II ['ædɪkweɪt] *v редк.* быть или делать достаточным *и пр.* [*см.* adequate I]

adequately ['ædɪkwɪtlɪ] *adv* 1. 1) достаточно 2) соответственно; адекватно 2. компетентно 3. удовлетворительно, неплохо

adequation [,ædɪ'kweɪʃ(ə)n] *n редк.* 1. выравнивание, уравнивание 2. эквивалент

adequative ['ædɪkwətɪv] *шотл.* = adequate I 1

adessive [ə'desɪv] *n грам.* адессив

à deux [ɑ:'dɜ:] *фр.* вдвоём, наедине

ad exemplum [,ædeg'zempləm] *лат.* для примера; по образцу

ad extra [,æd'ekstrə] *лат.* наружу, вовне

ad extremum [,ædeks'tri:məm] *лат.* 1) до конца 2) под конец 3) наконец

ad finem [,æd'fɪ:nem] *лат.* 1) до конца 2) к концу

ad gloriam [,æd'glɔ:rɪəm] *лат.* во славу, во имя славы

adglutinate I, II [ə'dglu:tɪneɪt] = agglutinate I *и* II

ad gustum [,æd'gʊstəm] *лат.* как нравится, по вкусу; на вкус

adharma [ə'dɑ:mə] *n* адхарма, неправота, неправда (*в индуизме*)

adhere [əd'hɪə] *v* (to) 1. прилипать, приставать, приклеиваться; mud ~d to our shoes грязь налипла на наши ботинки 2. 1) твёрдо держаться, придерживаться; to ~ to a decision придерживаться решения, выполнять решение; to ~ to a plan придерживаться плана; не отступать от плана 2) *юр.* присоединяться (*к договору, уже вступившему в силу*) 3. быть преданным (*чему-л.*); быть сторонником, приверженцем (*чего-л.*); быть *чьим-л.*/ единомышленником *и т. п.*; to ~ to a party принадлежать к /быть членом/ партии; to ~ to a creed [to a principle] твёрдо держаться какой-л. веры [какого-л. принципа] 4. *редк.* слеплять; приклеивать, склеивать

adherence [əd'hɪ(ə)rəns] *n* 1. приверженность, верность; ~ to a cause верность какому-л. делу 2. строгое соблюдение (*правил и т. п.*); ~ to specification точное соблюдение технических условий

adherent I [əd'hɪ(ə)rənt] *n* приверженец; последователь, сторонник, адепт

adherent II [əd'hɪ(ə)rənt] *a* 1. вязкий, клейкий, липкий 2) плотно прилегающий 2. = adnate 3. *грам.* определительный; определяющий существительное

adhesion [əd'hɪ:ʒ(ə)n] *n* 1. 1) прилипание; слипание; склеивание 2) *спец.* связь; слипание; ~ of soil *с.-х.* связность (*почвы*) 2. верность, преданность (*принципам и т. п.*) 3. *тех.* сцепление; ~ weight сцепной вес; ~ wheel фрикционный диск 4. *спец.* адгезия 5. *мед.* 1) спайка 2) рубец

adhesive I [əd'hɪ:sɪv] *n* 1. 1) липкий, клейкий *или* вязкий материал (*пластырь и т. п.*) 2) клейкая лента, скотч 2. адгезив, связывающий материал, вяжущее вещество (*клей, цемент и т. п.*) 3. почтовая марка на клею

adhesive II [əd'hɪ:sɪv] *a* 1. липкий, клейкий, вязкий; связывающий; ~ plaster липкий пластырь, лейкопластырь; ~ tape клейкая лента, скотч; ~ label наклейка (*на чемодан и т. п.*); ~ power *тех.* сила сцепления; ~ capacity а) *тех.* коэффициент сцепления; б) *геол.* связанность пород 2. *физ.* адгезионный

adhesiveness [əd'hɪ:sɪvnɪs] *n* 1. клейкость, липкость; адгезионная способность 2. *психол.* способность к ассоциированию

adhibit [æd'hɪbɪt] *v редк.* 1. прикладывать; to ~ the seal приложить печать, скрепить печатью 2. применять, принимать (*лекарство*) 3. принимать, впускать

ad hoc [æd'hɒk] *лат.* на данный случай; ~ committee специальный комитет, комитет ад хок 2) assumption произвольная /надуманная/ гипотеза

ad hoc(c)ery, ad hockery [æd'hɒkərɪ] решения, постановления, принятые на данный случай

ad hominem [æd'hɒmɪnem] *лат.* 1. рассчитанный на чувства *или* предубеждения, а не на разум (*об аргументации*) 2. являющийся личным выпадом, а не возражением по существу

ad honorem [,ædhə'nɔ:rem] *лат.* в честь

adiabat ['ædɪəbæt] *n физ.* адиабата

adiabatic [,ædɪə'bætɪk] *a физ.* адиабатный; адиабатический; ~ curve адиабата

adiaphorism [,ædɪ'æfərɪz(ə)m] *n книжн.* терпимость; нейтральное отношение (*особ. к религии*); безразличие

adiaphorist [,ædɪ'æfərɪst] *n книжн.* безразличный, безучастный, равнодушный человек (*особ. в вопросах религии*)

adiaphorous [,ædɪ'æfərəs] *a* 1. *книжн.* безразличный, нейтральный; ни плохой ни хороший 2. *мед.* безвредный

adiathermancy [,ædɪə'θɜ:mənsɪ] *n физ.* теплонепроницаемость, теплонепрозрачность

ad idem [,æd'(a)ɪdem] *лат.* согласно, с тем же результатом

adieu I [ə'dju:] *n* (*pl тж.* -eux [-z]) прощание; to make /to take/ one's ~s, to make /to take/ to bid /to say/ ~ (to smb.) прощаться (с кем-л.)

adieu II [ə'dju:] *int* прощай(те)!

ad infinitum [,ædɪnfɪ'naɪtəm] *лат.* до бесконечности

ad initium [,ædɪ'nɪʃɪəm] *лат.* в начале

ad interim [,æd'ɪntərɪm] *лат.* 1. 1) тем временем 2) временно; на данное время; to serve ~ занимать временную должность 2. временный; ~ report промежуточный доклад

a Dio [ɑ:'di:əʊ] *ит.* с богом!; прощайте!

adios [,ædɪ'əʊs] *int исп.* прощай(те)!

adipoma [,ædɪ'pəʊmə] *n* (*pl тж.* -mata [-mətə]) *мед.* липома, жировик, липобластома

adipose I ['ædɪpəʊs] *n* животный жир

adipose II ['ædɪpəʊs] *a* жирный, жировой; ~ tissue *анат.* жировая ткань

adiposis [,ædɪ'pəʊsɪs] *n мед.* липоматоз, (*частичное*) ожирение

adiposity [,ædɪ'pɒsɪtɪ] *n мед.* ожирение, тучность

adipsous [ə'dɪpsəs] *a мед.* жаждоутоляющий

adipsy ['ædɪpsɪ] *n мед.* неспособность ощущать жажду

adit ['ædɪt] *n* 1. горизонтальная подземная галерея, штольня 2. вход, проход 3. доступ, подход

adither [ə'dɪðə] *a predic редк.* взволнованный, возбуждённый; беспокойный; ~ seaside ~ with vacationing tourists пляж, звенящий голосами отпускников и туристов

adjacence [ə'dʒeɪs(ə)ns] = adjacency 1

adjacency [ə'dʒeɪs(ə)nsɪ] *n* 1. соседство; смежность 2. *pl* окрестности 3. *радио, тлв.* передача или объявление, непосредственно предшествующие другому *или* следующие за другим

adjacent [ə'dʒeɪs(ə)nt] *a* 1) прилежащий, примыкающий, смежный, соседний; ~ villages близлежащие /окрестные/ деревни; ~ angles *мат.* смежные углы; ~ strata а) *геол.* ближайшие породы; б) *горн.* непосредственная кровля *или* подошва 2) предшествующий чему-л. *или* следующий за чем-л.; находящийся напротив; see a map on the ~ page смотри карту на противоположной странице

adjacently [ə'dʒeɪs(ə)ntlɪ] *adv* рядом; по соседству

adject [ə'dʒekt] *v книжн.* добавлять, дополнять; присоединять

adjectival [,ædʒɪk'taɪv(ə)l] *a грам.* употреблённый в качестве прилагательного; адъективный

adjective I ['ædʒɪktɪv] *n грам.* (имя) прилагательное

adjective II ['ædʒɪktɪv] *a* 1. *грам.* относящийся к прилагательному; имеющий свойства и функции прилагательного 2. зависимый, подчинённый 3. *юр.* процессуальный (*о праве*)

adjectivize [ə'dʒektɪvaɪz] *v лингв.* адъективировать, переводить в разряд прилагательных

adjoin [ə'dʒɔɪn] *v* 1. примыкать, прилегать, граничить; the playing-field ~s the school спортивная площадка примыкает к школе; the two countries ~ эти две страны имеют общую границу 2. соединяться; the two houses ~ эти два дома соединяются между собой

adjoining [ə'dʒɔɪnɪŋ] *a* примыкающий, граничащий, соседний

adjoint I [ə'dʒɔɪnt] *n мат.* адъюнкт

adjoint II [ə'dʒɔɪnt] *a мат.* 1) сопряжённый; ~ differential equation сопряжённое дифференциальное уравнение 2) присоединённый

adjourn [ə'dʒɜ:n] *v* 1. откладывать, отсрочивать (*заседание и т. п.*); to ~ a meeting [a journey, one's departure, one's return] отложить собрание [поездку, свой отъезд, своё возвращение]; the commitee ~ed consideration of the question этот комитет отложил рассмотрение этого вопроса; the matter was ~ed *юр.* слушание дела было отложено 2. объявлять перерыв; Parliament [court] ~ed at five o'clock в пять часов был объявлен перерыв в заседании парламента [суда] 3. (to) 1) перенести заседание (*в другое место*); the committee ~ed to a larger hall заседания комитета были перенесены в более просторное помещение 2) *обыкн. шутл.* перейти в другое место; after dinner we ~ed to the garden после обеда мы перебазировались в сад

adjournment [ə'dʒɜːnmənt] *n* 1) отсрочка (*заседания и т. п.*); ~ sine die *дип.* отсрочка на неопределённый срок 2) перерыв (*в заседании и т. п.*)

adjudge [ə'dʒʌdʒ] *v* 1. принимать (официальное) решение, издавать приказ; the will was ~d void завещание было признано недействительным; he was ~d bankrupt он был объявлен банкротом 2. 1) выносить приговор, решение; to ~ smb. (to be) guilty признать кого-л. виновным; to ~ smb. to die [to jail] приговаривать кого-л. к смерти [к тюремному заключению]; the court ~d the dead man's house to his son суд присудил дом покойного его сыну 2) рассматривать в суде; to ~ a case слушать дело в судебном заседании 3) обрекать; to ~ smb. to beggary обрекать кого-л. на нищету 3. (to) присуждать (*компенсацию и т. п.*); to ~ a prize to smb. присудить кому-л. награду /приз/ 4. *книжн.* считать, полагать, рассматривать; the move was ~d unwise этот шаг был признан ошибочным

adjudg(e)ment [ə'dʒʌdʒmənt] *n* 1. судебное решение; вынесение приговора 2. установление, присуждение (*компенсации, награды, премии и т. п.*)

adjudicate [ə'dʒuːdɪkeɪt] *v* 1. судить; выносить приговор, судебное или арбитражное решение; to ~ on a matter выносить решение по какому-л. вопросу; to ~ upon a case выносить приговор по делу 2. разрешать дело, рассматривать спор

adjudication [ə,dʒuːdɪ'keɪʃ(ə)n] *n* 1) судебное решение, судебный приговор 2) вынесение судебного *или* арбитражного решения 3) объявление (*кого-л.*) несостоятельным должником (*решением суда*; *тж.* ~ in bankruptcy)

adjudicator [ə'dʒuːdɪkeɪtə] *n* третейский судья

adjudicatory [ə'dʒuːdɪkət(ə)rɪ] *a* судебный, правовой; ~ body судебный орган

adjugate ['ædʒʊg(e)ɪt] *n мат.* присоединённый, дополнительный

adjunct I ['ædʒʌŋkt] *n* 1. приложение, дополнение; придаток 2. помощник, адъюнкт; ~ professor *амер.* адъюнкт-профессор 3. *грам.* определение; обстоятельственное слово 4. *лог.* случайное свойство 5. *pl тех.* добавочные детали, принадлежности

adjunct II ['ædʒʌŋkt] *a* 1. прилагаемый; дополнительный, вспомогательный 2. временный, нештатный; проходящий стажировку

adjunction [ə'dʒʌŋkʃ(ə)n] *n* добавление; пополнение; присоединение

adjunctive [ə'dʒʌŋktɪv] *a* дополнительный, добавочный

adjuration [,ædʒʊ'reɪʃ(ə)n] *n* 1. мольба; заклинание 2. клятва 3. *юр.* 1) принесение присяги 2) приведение к присяге 3) предупреждение о последствиях лжесвидетельства; the prosecutor addressed a strong ~ to the witness to tell the whole truth прокурор строго предупредил свидетеля, что он обязан сказать всю правду

adjure [ə'dʒʊə] *v* 1. молить, заклинать 2. *юр.* 1) приводить к присяге 2) приносить присягу 3) предупреждать о необходимости соблюдения присяги; I ~ you to speak the truth именем закона приказываю вас говорить правду, предупреждаю, что вы обязаны говорить правду

adjust [ə'dʒʌst] *v* 1. приводить в порядок; улаживать; разрешать (*споры и т. п.*); to ~ preliminaries договориться о предварительных условиях; to ~

differences урегулировать /устранить/ разногласия 2. 1) приспособлять; пригонять, прилаживать; you should ~ your expenditure to your income деньги следует тратить в соответствии с доходами; ≅ по одёжке протягивай ножки; inflation ~ed с поправкой на инфляцию 2) согласовывать, подгонять (*данные и т. п.*) 3) *тж. refl* (to) приспособляться, адаптироваться, привыкать; freshmen soon ~ to school life новички быстро привыкают к школе; some wild beasts never ~ to life in a zoo некоторые дикие животные никак не приживаются в зоопарках; he ~ed himself very quickly to the heat of the country он быстро привык /приспособился/ к жаркому климату этой страны 3. 1) регулировать; настраивать; устанавливать; *тех. тж.* юстировать; to ~ the telescope to the eye отрегулировать телескоп по глазам; I must ~ my watch, it's slow мне нужно отрегулировать часы, они отстают; these desks can be ~ed to the height of any child эти парты можно поднимать и опускать /регулировать/ в соответствии с ростом любого ребёнка; please, do not ~ your sets просим извинить за технические помехи (*телевизионное объявление*) 2) *воен.* корректировать; to ~ fire корректировать огонь 3) устанавливать сумму, выплачиваемую по страховому полису

adjustable [ə'dʒʌstəb(ə)l] *a* регулируемый, приспособляемый; регулирующийся; ~ bookshelf подвижная полка в книжном шкафу; ~ spanner разводной (гаечный) ключ; ~ clamp *тех.* струбцин(к)а; ~ pitch *ав.* регулируемый шаг (*винта*); ~ spacing *с.-х.* регулировка по ширине междурядий

adjustability [ə,dʒʌstə'bɪlɪtɪ] *n* приспособляемость, гибкость; умение приспособиться к обстановке *и т. п.*

adjusted [ə'dʒʌstɪd] *a* 1. отрегулированный, настроенный, приспособленный; подогнанный 2. уточнённый, скорректированный; исправленный; ~ total окончательный итог; ~ fire *воен.* точный, прицельный огонь 3. спокойный, уравновешенный; уживчивый; хорошо себя чувствующий в любой обстановке; the child is well ~ ребёнок очень общителен

adjuster [ə'dʒʌstə] *n* 1. 1) монтажник, сборщик 2) регулировщик, выверщик 2. установочное, регулирующее, юстирующее устройство 3. натяжное приспособление; натяжной болт (*тж.* ~ bolt) 4. *амер. страх.* диспашер (*специалист по оценке убытков по общей аварии — в морском праве*)

adjusting [ə'dʒʌstɪŋ] *a тех.* регулирующий; установочный; ~ shop сборочная мастерская /-ый цех/; ~ device установочное /регулирующее/ устройство; ~ bolt натяжной болт; ~ wedge регулировочный клин; ~ point *амер. воен.* точка пристрелки

adjustment [ə'dʒʌstmənt] *n* 1. регулирование, согласование; to make ~ to village life приспособиться к сельской жизни 2. 1) улаживание, урегулирование; to work out an ~ выработать условия урегулирования 2) разрешение спора; мировое соглашение 3. 1) установка, сборка 2) регулировка, пригонка, настройка; выверка, юстировка (*прибора*); ~ of sight установка прицела; ~ of track ж.-д. рихтовка *или* выверка пути 3) *воен.* корректирование; ~ fire пристрелка, корректирование огня 4. регулирующее устройство, регулятор (*ручка, рукоятка и т. п.*) 5. 1) приспособляемость; адаптация,

привыкание 2) *биол.* приспособленность 6. *амер. страх.* составление диспаши, расчёт убытков по общей аварии (*тж.* claims ~) 7. уценка (*обыкн. дефектного товара*) 8. *бухг.* поправка, исправление записи (*по банковскому счёту*)

adjustor [ə'dʒʌstə] = adjuster

adjutancy ['ædʒʊt(ə)nsɪ] *n* должность адъютанта

adjutant¹ I ['ædʒʊt(ə)nt] *n* 1. *воен.* 1) адъютант 2) начальник строевого отдела *или* отделения личного состава 2. *арх.* помощник, ассистент

adjutant¹ II ['ædʒʊt(ə)nt] *a редк.* оказывающий помощь, помогающий, содействующий

adjutant² ['ædʒʊt(ə)nt] *n зоол.* марабу, аист индийский (*Leptoptilus*; *тж.* ~ bird, ~ stork)

adjutant general [,ædʒʊt(ə)nt'dʒen(ə)rəl] *воен.* 1) генеральный адъютант; генерал-адъютант 2) (the A. G.) *амер.* начальник административно-строевого управления сухопутных войск

adjutant-stork ['ædʒʊt(ə)nt,stɔːk] = adjutant²

adjuvancy ['ædʒʊvənsɪ] *n книжн.* помощь, содействие

adjuvant I ['ædʒʊvənt] *n* 1) помощник 2) вспомогательное средство 3) *фарм.* вспомогательное лекарственное вещество 4) = admixture

adjuvant II ['ædʒʊvənt] *a* 1) помогающий, вспомогательный 2) усиливающий действие (*медикамента и т. п.*); ~ therapy вспомогательная терапия

ad Kalendas Graecas [,ædkə,lendəs'griːkəs] *лат.* до греческих календ, никогда; на неопределённо долгий срок (*отложить*)

ad lib [,æd'lɪb] *разг.* 1. без подготовки, импровизируя, экспромтом; the best joke in the play was ~ самое смешное место в пьесе была импровизация актёра 2. неограниченно; to eat ~ есть сколько влезет

ad-lib I [,æd'lɪb] *n преим. pl разг.* 1) экспромт, импровизация (*с эстрады, перед микрофоном и т. п.*) 2) *театр.* отсебятина

ad-lib II [,æd'lɪb] *a разг.* неподготовленный, импровизированный (*о песне, выступлении и т. п.*); ~ comments замечания /комментарии/, сделанные с ходу

ad-lib III [,æd'lɪb] *v разг.* импровизировать, говорить экспромтом, без предварительной подготовки, не по тексту

ad libitum [,æd'lɪbɪtəm] *лат.* 1. = ad lib I 1) *и* 2) 2. *муз.* 1) ад либитум, на усмотрение исполнителя (*о темпе, громкости и т. п.*) 2) разрешение исключить часть *или* партию музыкального произведения

ad litteram [,æd'lɪtəræm] *лат.* буквально

ad locum [,æd'lɒʊkəm] *лат.* к данному месту, в связи с этим (*пометка, вводящая цитату*)

adman ['ædmæn] *n разг.* (*pl* -men [-men]) специалист по рекламе; рекламный агент; сотрудник рекламного агентства

admarginate [æd'mɑːdʒɪneɪt] *v книжн.* добавлять на полях; делать заметки на полях

admass I ['ædmæs] *n разг.* 1. легковерные массы; массы, легко поддающиеся влиянию рекламы, пропаганды *и т. п.* 2. *неодобр.* реклама, рассчитанная на массы; демагогическая пропаганда

admass II [ˈædmæs] *a* 1) рассчитанный на массового потребителя, на легковерного обывателя (*о рекламе, пропаганде и т. п.*) 2) *пренебр.* массовый; ~ culture массовая культура; ~ audience массовые потребители (*литературы, радиопередач и т. п.*); ~ society общество массовых потребителей; обывательское общество

admeasure [ædˈmeʒə] *v* отмерять; устанавливать пределы, границы

admeasurement [ædˈmeʒəmənt] *n* 1. отмеривание 2. величина, размер 3. *мор.* обмер (*судна*) 4. *юр.* пропорциональный раздел общего имущества *или* наследства

adminicle [ædˈmɪnɪk(ə)l] *n* 1) дополнительное, вспомогательное средство 2) *юр.* второстепенное, побочное доказательство

adminicular [ˌædmɪˈnɪkjʊlə] *a* вспомогательный, имеющий подчинённое значение; дополнительный

administer [ədˈmɪnɪstə] *v* 1. 1) управлять, вести дела; to ~ smb.'s affairs вести чьи-л. дела; to ~ the affairs of the state управлять государством; she ~s her household в доме она заправляет всем; to ~ trust territories управлять территориями под опекой; to ~ upon /to/ a will *юр.* управлять наследством (*в качестве исполнителя завещания*) 2) быть руководителем; осуществлять руководство, руководить, управлять 2. 1) оказывать, предоставлять; to ~ relief оказывать помощь; to ~ safeguards *юр.* проводить в жизнь гарантии; to ~ to smb.'s needs удовлетворять чьи-л. нужды /потребности/ 2) (to) помогать; оказывать содействие; to ~ to a person's comfort обеспечить удобства кому-л.; the government ~ed to the needs of the flood victims правительство оказало помощь жертвам наводнения 3. 1) отправлять, осуществлять; to ~ justice отправлять правосудие; to ~ the law проводить в жизнь законы, обеспечивать правопорядок 2) применять (*меры воздействия и т. п.*); to ~ punishment наказывать, применять наказание; to ~ a rebuke сделать выговор; to ~ a blow нанести удар; to ~ an oath to smb. приводить кого-л. к присяге 4. назначать, применять, давать (*лекарство*) 5. отправлять (*обряды*); to ~ the last sacraments *церк.* соборовать 6. *эк.* контролировать, регулировать (*цены, уровень заработной платы и т. п.*)

administered price [ədˌmɪnɪstədˈpraɪs] *эк.* монопольная (управляемая) цена

administerial [ədˌmɪnɪˈstɪ(ə)rɪəl] = administrative

administrant I [ədˈmɪnɪstrənt] *n* исполнитель

administrant II [ədˈmɪnɪstrənt] *a* административный; исполнительный

administrate [ədˈmɪnɪstreɪt] *амер.* = administer

administration [ədˌmɪnɪˈstreɪʃ(ə)n] *n* 1. 1) управление делами; ~ of a school дирекция школы 2) ведение (*дела, предприятия*); управление (*чем-л.*); ~ of a home ведение домашнего хозяйства; ~ of a big business requires skill управление большим предприятием требует квалификации 3) *воен.* управление тылом 2. администрация; руководство; military ~ военная администрация 3. *преим. амер.* 1) администрация, правительство; the A. правительство США (*во главе с президентом*); американская администрация; the Liberal ~ in Canada правительство либералов в Канаде 2) исполнительная власть (*в США*) 3) президентство; during the Eisenhower A. когда президентом был Эйзенхауэр 4. оказание помощи; снабжение; распределение; ~ and supply group *амер. воен.* административно-снабженческая группа; the Red Cross handled the ~ of aid распределением помощи занимался Красный Крест 5. 1) отправление (*правосудия*); ~ of the law обеспечение правопорядка 2) применение (*наказания*) 6. назначение *или* применение лекарств 7. *церк.* отправление (*обрядов*); ~ of last sacraments соборование 8. *юр.* управление и распоряжение наследством (*душеприказчиком или администратором наследства*); Letters of A. выдаваемые судом полномочия душеприказчику *или* администратору наследства на управление наследственным имуществом

administrative [ədˈmɪnɪstrətɪv] *a* 1. административный; управленческий; административно-хозяйственный; ~ duties административные функции; ~ ability организаторские способности; ~ law *юр.* административное право; ~ commandant *воен.* комендант станции или района; б) начальник тыла ~ platoon [company] *воен.* хозяйственный взвод [рота]; ~ unit административно-хозяйственная единица; ~ discharge увольнение из армии без суда (*в США*) 2. *преим. амер.* исполнительный (*о власти*); правительственный; ~ agency правительственное учреждение; ~ policies курс правительства 3. *воен.* тыловой; относящийся к компетенции службы тыла; ~ services службы тыла и снабжения; ~ arrangements [orders] распоряжения [приказы] по тылу; ~ link связь тыла; ~ operation манёвр тылами; ~ troops тыловые части и подразделения

administrator [ədˈmɪnɪstreɪtə] *n* 1. администратор; управляющий; административное, должностное лицо; руководитель работ; born ~ прирождённый руководитель 2. *юр.* 1) опекун 2) душеприказчик; администратор наследства; исполнитель завещания

administratrices [ədˌmɪnɪˈstreɪtrəsiːz] *pl от* administratrix

administratrix [ədˈmɪnɪstrətrɪks] *n* (*pl тж.* -ices) женщина — исполнитель завещания, душеприказчица, администратор наследства

admirable [ˈædm(ə)rəb(ə)l] *a* замечательный, превосходный; ~ qualities качества, достойные восхищения; ~ dinner отличный обед

admiral[1] [ˈædm(ə)rəl] *n* 1. адмирал; A. of the Fleet адмирал флота; full ~ полный адмирал 2. *уст.* флагманский корабль 3. командующий флотом 4. 1) начальник рыболовной флотилии 2) головное судно рыболовной флотилии ◇ ~ of the red *мор.* пьяница; to tap the ~ *мор.* пить тайком через отверстие, сделанное в бочке

admiral[2] [ˈædm(ə)rəl] *n энт.* бабочка-адмирал (*Vanessa atalanta*)

admiral ship [ˈædm(ə)rəlˌʃɪp] флагманский корабль

admiralty [ˈædm(ə)rəltɪ] *n* 1. (A.) адмиралтейство; военно-морское министерство (*Великобритании до 1964 г.*); First Lord of the A. первый лорд адмиралтейства, военно-морской министр (*до 1964 г.*) 2. адмиральское звание 3. = Admiralty Court 4. = admiralty law

Admiralty Court [ˌædm(ə)rəltɪˈkɔːt] адмиралтейский *или* морской суд

admiralty law [ˌædm(ə)rəltɪˈlɔː] *юр.* 1) морское право; военно-морское право 2) судебная практика по морским делам

admiralty mile [ˈædm(ə)rəltɪˌmaɪl] английская морская миля (*1853 м*)

admiration [ˌædməˈreɪʃ(ə)n] *n* 1. восхищение, восторг; profound [sincere, childlike] ~ глубокий [искренний, детский] восторг; cry of ~ восторженный возглас; note of ~ *полигр.* восклицательный знак; to be filled with ~ for smth. прийти в восторг от чего-л.; восхищаться чем-л.; lost in ~ в полном восторге /восхищении/, преисполненный восхищения; to excite general ~ вызывать всеобщее восхищение 2. предмет восхищения, поклонения; she was the ~ of all the young men ею восхищались все молодые люди 3. *уст.* изумление, удивление

admire [ədˈmaɪə] *v* 1. восхищаться, восторгаться; любоваться; to ~ smb. восхищаться кем-л.; I ~ him for his courage я восхищаюсь его мужеством; to ~ a baby любоваться младенцем 2. *часто ирон.* удивляться, изумляться; I ~ your nerve! ну и наглец же ты!; можно только удивляться твоему нахальству! 3. *амер., диал.* желать, хотеть; I should ~ to have you all go along мне бы хотелось, чтобы вы все тоже пошли

admirer [ədˈmaɪ(ə)rə] *n* 1. поклонник, кавалер, вздыхатель 2. любитель; an ~ of music любитель музыки

admiring [ədˈmaɪ(ə)rɪŋ] *a* восхищённый

admissibility [ədˌmɪsəˈbɪlɪtɪ] *n* допустимость, приемлемость

admissible [ədˈmɪsəb(ə)l] *a* 1. допустимый, приемлемый; an ~ excuse уважительная причина; is it ~ to smoke here? здесь можно /разрешается/ курить?; behaviour that was hardly ~ непозволительное поведение 2. допускаемый (*куда-л.*); имеющий допуск (*куда-л.*); only adults are ~ to this club в клуб принимаются только взрослые; children not ~ дети не допускаются (*на кинофильм и т. п.*) 3. *юр.* могущий быть принятым (*в качестве доказательства и т. п.*)

admission [ədˈmɪʃ(ə)n] *n* 1. 1) доступ, вход; ~ fee вступительный взнос; ~ free а) вход бесплатный /свободный/; б) приём без вступительного взноса; ~ by ticket вход по билетам; ~ of aliens into a country разрешение иностранным гражданам на въезд в страну; to gain ~ to получить доступ к; to grant ~ а) выдать разрешение на вход; б) принять (*в клуб, школу и т. п.*) 2) приём (*в организацию, учебное заведение и т. п.*); ~ to the school запись в школу; ~ to membership of the United Nations принятие (*государства*) в члены ООН; ~ to the Union *амер.* приём (*территории*) в состав Соединённых Штатов 3) входная плата (*тж.* price of ~); ~ is £1 входная плата — 1 фунт 2. признание (*чего-л.*) правильным, действительным *и т. п.*; serious ~ серьёзное признание; ~ of guilt признание вины; to make full ~ (s) полностью признаться 3. (to) допуск, допущение; ~ to the practice of law допущение к юридической практике /к ведению дел в суде/; ~ to pension *воен.* назначение пенсии 4. *тех.* впуск, наполнение, подвод (*пара или воздуха в цилиндр и т. п.*); ~ valve впускной клапан; ~ gear впускной механизм; ~ stroke ход впуска /всасывания/

Admission Day [ədˈmɪʃ(ə)nˌdeɪ] день принятия штата в состав Соединённых Штатов Америки (*праздник данного штата*)

admissive [əd'mɪsɪv] *a* (of) 1) допускающий 2) дающий, предоставляющий доступ

admit [əd'mɪt] *v* 1. 1) признавать, допускать; to ~ a hypothesis принимать гипотезу; to ~ an assumption сделать допущение; to ~ the truth of the story признавать достоверность рассказа; I ~ it to be true я признаю /допускаю/, что это правда /что это так/; you must ~ that he is right вы должны признать, что он прав; this, I ~, was wrong это, надо признаться, было неверно; it is generally ~ted that... общепризнано /общеизвестно/, что... 2) (*тж.* to) признавать (*вину*); признаваться, сознаваться (*в преступлении*); to ~ (to) stealing признаться /признаться/ в краже; he ~ted to the murder он признался в совершении этого убийства 2. 1) впускать, допускать; to ~ smb. into the house впустить кого-л. в дом; the key ~s to the garden это ключ от садовой калитки; to ~ to /into/ college [school, club] принять в колледж [школу, клуб]; this door ~s to the dining-room эта дверь ведёт в столовую; he was ~ted to the hospital suffering from burns его взяли в больницу с ожогами; children are not ~ted детям вход воспрещён; he was never ~ted into my confidence он никогда не пользовался моим доверием; windows ~ light and air to the room через окна в комнату поступают свет и свежий воздух 2) давать право на вход; the ticket ~s one это билет на одно лицо, по этому билету может пройти один человек 3) (to) принимать в члены (*организации*); to ~ to the UN принять (*государство*) в ООН 4) давать допуск; предоставлять право на должность *или* на привилегии; to be ~ted to the bar получить право адвокатской практики в суде 3. вмещать (*обыкн. о помещении*); the hall ~s 300 persons этот зал рассчитан на 300 человек; the garage door ~s two cars abreast в этот гараж могут въехать сразу два автомобиля; the harbour ~s large liners and cargo boats гавань может принимать пассажирские лайнеры и грузовые суда 4. *книжн.* (of) допускать, позволять; it does not ~ of doubt это не вызывает сомнений; it ~s of no delay это не терпит отлагательства; the words ~ of no other interpretation эти слова не допускают иного толкования; his conduct ~s of no complaint на его поведение жаловаться нельзя

admittable [əd'mɪtəb(ə)l] *a книжн.* допустимый

admittance [əd'mɪt(ə)ns] *n* 1. 1) доступ, вход; разрешение на вход; no ~! вход воспрещён!; to grant ~ допустить; б) разрешить войти; to obtain /to gain/ ~ получить доступ; to be refused ~ не быть допущенным, не быть пропущенным; no ~ except on business! ≅ посторонним вход воспрещён (*надпись*) 2) (to) приём в члены; ~ to the United Nations принятие (*государства*) в (члены) ООН 2. *эл.* полная проводимость, адмитанс

admitted [əd'mɪtɪd] *a* 1) признанный, общепризнанный; ~ fact общепризнанный факт 2) признавшийся; he's an ~ thief он сам признался, что он вор

admittedly [əd'mɪtɪdlɪ] *adv* 1. по общему признанию, общепризнанно; it is ~ difficult to admit one's mistake все знают, как трудно признавать свои ошибки 2. *как вводное слово* правда, конечно; (надо) признаться; ~, he's a great writer, but I dislike him as a person конечно, он великий писатель, но как человек он мне не нравится

admix [æd'mɪks] *v* 1) примешивать, подмешивать; смешивать 2) примешиваться; смешиваться

admixture [əd'mɪkstʃə] *n* 1. смешивание 2. 1) смесь 2) примесь 3) металл. присадка

ad modum [,æd'məvdəm] *лат.* наподобие

admonish [əd'mɒnɪʃ] *v* 1. 1) наставлять; предостерегать; предупреждать (*против совершения какого-л. проступка*); the teacher ~ed the boys of /against/ being late учитель предупредил мальчиков, чтобы они не опаздывали 2) (about, for) журить, корить; давать указание; делать замечание, выговор (*за какой-л. проступок*); the teacher ~ed him about excessive noise учитель потребовал, чтобы он перестал шуметь /возиться/ 2. убеждать, увещевать; to ~ smb. to do smth. убеждать кого-л. сделать что-л.; the policeman ~ed him not to drive so fast полицейский предложил ему сбавить скорость; the guide ~ed the climbers to follow him carefully проводник настойчиво просил альпинистов ни в коем случае не отставать от него 3. (of, about) напоминать, сообщать; to ~ smb. about his obligations напомнить кому-л. о его обязанностях

admonishment [əd'mɒnɪʃmənt] *n книжн.* наставление; предостережение, предупреждение

admonition [,ædmə'nɪʃ(ə)n] *n* 1. предостережение, предупреждение; увещевание; наставление, совет 2. 1) замечание, указание; he received an ~ from his teacher for not doing his homework учитель сделал ему замечание за невыученный урок 2) выговор; *воен. тж.* дисциплинарное замечание; to give an ~ сделать внушение; объявить выговор

admonitive [əd'mɒnɪtɪv] = admonitory

admonitory [əd'mɒnɪt(ə)rɪ] *a* предостерегающий; наставительный; укоризненный; ~ talk наставительная беседа, нотация; the librarian raised an ~ finger for silence библиотекарь поднял палец, предупреждая, что шуметь нельзя

admortization [əd,mɔːtɪ'zeɪʃ(ə)n] = amortization

adnate ['ædneɪt] *a бот., зоол.* сросшийся; сращенный

adnation [æd'neɪʃ(ə)n] *n бот.* сращение, приращение

ad nauseam [,æd'nɔːzɪəm] *лат.* до отвращения; I heard her complaints ~ меня уже тошнит от её жалоб

adnexa [æd'neksə] *n pl анат.* придатки

adnexal [æd'neksəl] *a анат.* относящийся к придаткам; ~ affection поражение придатков матки

adnominal [æd'nɒmɪn(ə)l] *a лингв.* адноминальный

adnoun ['ædnaʊn] *n уст. лингв.* прилагательное, *особ.* субстантивированное

ado [ə'duː] *n* 1. суета, суматоха, беспокойство; (to make) much ~ about smth. (поднять) большой шум из-за чего-л.; much ~ about nothing много шума из ничего 2. хлопоты, трудности, затруднения; to have much ~ испытывать большие затруднения, иметь много хлопот; without further /more, much/ ~ а) без дальнейших хлопот; б) без долгих разговоров; without much ~ he jumped into the water недолго думая он прыгнул в воду

adobe [ə'dəʊbɪ] *n* 1. *преим. амер.* 1) сырец, саман, кирпич воздушной сушки; ~ hut глинобитная хижина 2) саманная постройка 2. *геол.* пористая известковая глина; наносная тощая глина

ADM — ADO A

adobe dollar [ə'dəʊbɪ,dɒlə] *амер. пренебр.* мексиканское песо

adolesce [,ædə'les] *v преим. амер.* 1. достигать подросткового возраста; быть в возрасте 11—16 лет 2. вести себя как ребёнок; ребячиться

adolescence, -cy [,ædə'les(ə)ns, -sɪ] *n* 1. 1) отрочество 2) юность 2. моложавость

adolescent I [,ædə'les(ə)nt] *n* 1) подросток 2) юноша *или* девушка 11—16 лет (*иногда* 14—20) 2. неодобр. недоросль; инфантильная, незрелая личность

adolescent II [,ædə'les(ə)nt] *a* 1. 1) подростковый 2) юношеский, юный 2. ребячливый, незрелый, инфантильный; I find his humour a bit ~ мне кажется, его шуточки не совсем к лицу взрослому 3. *геол.* молодой; ~ mountains молодые горы

Adonic [ə'bɒnɪk] *a* 1. *греч. миф.* относящийся к Адонису 2. *стих.* адонический

Adonis [ə'dəʊnɪs] *n* 1. 1) *греч. миф.* Адонис 2) красавец-юноша 3) денди, красавчик 2. (*a.*) *бот.* горицвет, адонис (*Adonis gen.*)

adopt [ə'dɒpt] *v* 1. 1) усыновлять; удочерять; to ~ a child усыновить ребёнка 2) признавать в качестве кого-л.; to ~ a person as an heir признать кого-го-л. (своим) наследником 2. принимать, усваивать; выбирать; to ~ another course of action переменить тактику; to ~ a patronizing tone принять покровительственный тон; to ~ stolen goods *юр.* укрывать краденое; to ~ the attitude of an onlooker занять позицию /встать в позу/ стороннего наблюдателя 3. принимать голосованием, в ходе обсуждения голосовать за; to ~ a resolution принять резолюцию /решение/; to ~ a report одобрить доклад /отчёт/ 4. перенимать; to ~ smb.'s ideas перенять чьи-л. идеи; his methods should be ~ed следует перенять /использовать/ его методы 5. выдвинуть в качестве кандидата на выборах (*от политической партии*) 6. *лингв.* заимствовать (*без изменения формы*) 7. *воен.* принимать на вооружение

adoptability [ə,dɒptə'bɪlɪtɪ] *n* 1) приемлемость 2) подходящие данные (*ребёнка*) для усыновления

adoptable [ə'dɒptəb(ə)l] *a* приемлемый

adopted [ə'dɒptɪd] *a* 1. усыновлённый, удочерённая; ~ child приёмный ребёнок 2. усвоенный 3. заимствованный; ~ word заимствованное слово

adoptee [,ædɒp'tiː] *n* приёмный сын; приёмная дочь; усыновлённый мальчик; удочерённая девочка

adopter [ə'dɒptə] *n* 1. *см.* adopt + -er 2. приёмный отец; приёмная мать; *юр. тж.* усыновитель 3. *юр.* лицо, принимающее и укрывающее краденое

adoption [ə'dɒpʃ(ə)n] *n* 1. усыновление; to offer a child for ~ сдать ребёнка на усыновление; the country of his ~ его новая родина 2. принятие; the ~ of new rules принятие нового устава; ~ of the agenda утверждение повестки дня 3. *лингв.* заимствование (*без изменения формы*)

adoptive [ə'dɒptɪv] *a* 1. 1) усыновлённый, удочерённая; приёмный (*о ребёнке*) 2) приёмный (*о родителе*); ~ parents усыновители; one's ~ country новая родина; страна, принявшая кого-л. как сына 2. восприимчивый; легко усваи-

ADO — ADU

вающий; English is an ~ language английский язык легко заимствует иностранные слова

adorable [əˈdɔːrəb(ə)l] *a* 1. достойный обожания; обожаемый 2. *разг.* прелестный, восхитительный; ~ baby прелестный малыш; what ~ curtains! какие дивные занавески!

adoral [æˈdɔːrəl] *a анат.* расположенный около рта

adoration [ˌædəˈreɪʃ(ə)n] *n* 1. обожание; поклонение; popular ~ всеобщее поклонение; object of ~ предмет обожания /любви, поклонения/; to fall down in ~ пасть ниц 2. *рел.* поклонение; ~ of the Magi поклонение волхвов

adore [əˈdɔː] *v* 1. обожать; поклоняться; преклоняться 2. *разг.* очень любить, обожать; to ~ children [sweets, painting, music] очень любить /обожать/ детей [сладости, живопись, музыку]; to ~ swimming очень любить плавать; I ~ your new dress я в восторге от твоего нового платья 3. *рел.* поклоняться

adorer [əˈdɔːrə] *n* поклонник; обожатель

adorn [əˈdɔːn] *v* 1. 1) украшать; to ~ a room with flowers украшать комнату цветами; to ~ oneself with fine clothes наряжаться 2) служить украшением; to ~ the stage быть украшением сцены 2. приукрашивать, привирать; he ~ed his story with adventures that never happened он расцветил свой рассказ приключениями, которых никогда не было

adornment [əˈdɔːnmənt] *n* 1. украшение (*действие*) 2. 1) украшение; pl the beautiful ~s прекрасные украшения 2) краса (*чего-л.*); her hair is her best ~ её больше всего украшают волосы

adorno [əˈdɔːnəʊ] *n* (*pl* -nos) [-nəʊz] рельефный орнамент на керамике

adorsed [əˈdɔːst] = addorsed

adown [əˈdaʊn] *prep поэт.* вниз, внизу; ~ the stream of time вниз по реке времени

adoze [əˈdəʊz] *a predic* спящий, задремавший

ad patres [ˌædˈpɑːtreɪz] *лат.* к праотцам, к предкам

adperson [ˈædˌpɜːs(ə)n] *n* сотрудник рекламного бюро (*мужчина или женщина; см.* adman *и* adwoman)

adpress [ædˈpres] *v книжн.* прижимать

ad referendum [ˌædrefəˈrendəm] *лат.* (of) ад референдум; для (последующего) рассмотрения *или* одобрения (*кем-л.*) для доклада; to agree ~ *дип.* согласовать «ад референдум» с правительством; согласовать с последующей передачей на рассмотрение правительства

ad rem [ˌædˈrem] *лат.* 1. 1) к делу, к месту; относящийся к (данному) делу 2) *юр.* по существу, по делу; to reply ~ отвечать по существу дела 2. уместный; ~ remark уместное замечание

adrenal I [əˈdriːn(ə)l] *n анат.* надпочечник; надпочечная железа

adrenal II [əˈdriːn(ə)l] *a анат.* надпочечный; ~ gland /body/ надпочечник

adrenalectomy [əˌdriːnəˈlektəmɪ] *n мед.* адреналэктомия, удаление надпочечной железы

adrenalin [əˈdrenəlɪn] *n* 1) *биохим.* адреналин 2) стимул, стимулятор (*какой-л. деятельности*)

adrenalize [əˈdriːnəlaɪz] *v* стимулировать, возбуждать (*какую-л. деятельность*)

adrenolytic [əˌdriːnəˈlɪtɪk] *a мед.* адренолитический, понижающий кровяное давление

adret [æˈdreɪ] *n* южный склон горы (*особ. в Альпах*)

Adriatic I [ˌeɪdrɪˈætɪk] *n* Адриатика, Адриатическое море

Adriatic II [ˌeɪdrɪˈætɪk] *a* адриатический

adrift I [əˈdrɪft] *a predic* плывущий по течению, без руля и без ветрил; брошенный на произвол судьбы; to be ~ а) плыть по течению; б) блуждать; скитаться; в) *мор.* дрейфовать; his mind was ~ его мысли блуждали; I am all ~ я в растерянности /сбит с толку, запутался/

adrift II [əˈdrɪft] *adv* по течению; по воле волн; свободно, вольно; to set /to cut/ ~ а) пустить по течению; б) бросить на произвол судьбы; to go ~ дрейфовать; he cut himself ~ from his people [friends] он порвал со своими родными [друзьями]; the tip of your pen is coming ~ and will soon fall off колпачок вашей ручки отвинтился и скоро соскочит; to turn ~ а) выгнать из дому; б) бросить /оставить/ на произвол судьбы; в) уволить со службы

adrip [əˈdrɪp] *a predic* капающий, падающий каплями, стекающий; сочащийся

adroit [əˈdrɔɪt] *a* ловкий; искусный; находчивый; ~ debater искусный /находчивый/ спорщик; monkeys are ~ climbers обезьяны ловко лазают (по деревьям)

adroitly [əˈdrɔɪtlɪ] *adv* ловко; искусно, находчиво

adroitness [əˈdrɔɪtnɪs] *n* ловкость; искусность; находчивость

adroop [əˈdruːp] *a predic* свисающий, склонённый, поникший, опущенный; her neck ~ с поникшей головой

adscititious [ˌædsɪˈtɪʃəs] *a книжн.* привнесённый; дополнительный, добавочный; ~ customs alien to the tribe заимствованные обычаи, чуждые этому племени

adscript I [ˈædskrɪpt] *n ист.* крепостной, приписанный к определённой усадьбе

adscript II [ˈædskrɪpt] *a* 1. *ист.* приписанный к определённой усадьбе (*о крепостном*) 2. приписанный (ниже); ~ letter [character] приписанная буква [-ый иероглиф]

adscription [ædˈskrɪpʃ(ə)n] = ascription

adsorb [ədˈzɔːb] *v спец.* адсорбировать

adsorbate [ədˈzɔːbeɪt] *n спец.* адсорбат, адсорбированное вещество

adsorbent I [ədˈzɔːb(ə)nt] *n спец.* адсорбент, адсорбирующее вещество

adsorbent II [ədˈzɔːb(ə)nt] *a спец.* адсорбирующий

adsorber [ədˈzɔːbə] = adsorbent I

adsorption [ədˈzɔːpʃ(ə)n] *n физ., хим.* адсорбция

adsorptivity [ˌædzɔːpˈtɪvɪtɪ] *n физ., хим.* адсорбирующая способность

ad summum [ˌædˈsʌməm] *лат.* в высшей степени, до крайности

a due [ɑːˈduːeɪ] *муз.* вместе, в унисон (*о двух инструментах*)

adularia [ˌædjʊˈleərɪə] *n мин.* адуляр, прозрачный ортоклаз; лунный камень

adulate [ˈædjʊleɪt] *v* льстить; подхалимничать; низкопоклонничать

adulation [ˌædjʊˈleɪʃ(ə)n] *n* лесть; подхалимство; низкопоклонство; master of ~ подхалим

adulator [ˈædjʊleɪtə] *n* льстец, подхалим

adulatory [ˈædjʊleɪt(ə)rɪ] *a* льстивый; подхалимский; speech delivered before ~ listeners речь, обращённая к не в меру восторженной аудитории

adult I [ˈædʌlt, əˈdʌlt] *n* 1. взрослый, совершеннолетний; зрелый человек; courses for ~s школа для взрослых; for ~s only ≅ детям до 16 лет смотреть не разрешается (*надпись*); young ~s молодёжь (*в возрасте от 17 до 21 года*) 2. *юр.* 1) юноша старше 14 лет; девушка старше 12 лет; 2) совершеннолетний; лицо, достигшее совершеннолетия (*обыкн. 18—21 год*); ~s must accept full responsibility for their actions совершеннолетние должны нести полную ответственность за свои действия 3. *биол.* взрослая особь

adult II [ˈædʌlt, əˈdʌlt] *a* 1. 1) взрослый; совершеннолетний; зрелый 2) достойный взрослого; солидный, зрелый; ~ behaviour солидное поведение; ~ approach to the problem зрелый подход к вопросу 2. 1) для взрослых; ~ education обучение взрослых; ~ film /movie/ фильм для взрослых; ≅ дети до 16 лет не допускаются 2) *эвф.* «только для взрослых», порнографический; спекулирующий на сексе; ~ bookstore магазин порнографической литературы; ~ entertainment стриптиз, порнографические шоу *и т. п.*; ~ business district район публичных домов, кинотеатров, демонстрирующих откровенно сексуальные фильмы, кабаков со стриптизом *и т. п.* 3. 1) пожилой 2) предназначенный для пожилых; ~ communities дома или посёлки для престарелых

adulterant I [əˈdʌltərənt] *n* примесь (*снижающая качество*); фальсифицирующее вещество

adulterant II [əˈdʌltərənt] *a* фальсифицирующий (*о примеси*)

adulterate I [əˈdʌltərət] *a* 1. фальсифицированный (*о продукте и т. п.*); с примесью 2. *арх.* 1) виновный в прелюбодеянии 2) внебрачный, незаконнорождённый

adulterate II [əˈdʌltəreɪt] *v* фальсифицировать; ухудшать (*примесями*); подмешивать; to ~ milk with water разбавлять молоко водой

adulterated [əˈdʌltəreɪtɪd] *a* фальсифицированный, испорченный (*примесями и т. п.*); ~ milk разбавленное молоко

adulteration [əˌdʌltəˈreɪʃ(ə)n] *n* 1) фальсификация, подмешивание; ~ of food фальсификация продуктов питания 2) фальсифицированный продукт

adulterer [əˈdʌltərə] *n* прелюбодей; мужчина, совершающий адюльтер

adulteress [əˈdʌltrɪs] *n* прелюбодейка; женщина, совершающая адюльтер

adulterine [əˈdʌltəraɪn] *a* 1. внебрачный, незаконнорождённый 2. адюльтерный, связанный с прелюбодеянием 3. поддельный; подложный 4. *ист.* незаконный, неразрешённый 5. в грам. знач. сущ. редк. внебрачный ребёнок

adulterous [əˈdʌlt(ə)rəs] *a* виновный в нарушении супружеской верности; ~ relationship внебрачная связь (*лиц, состоящих в браке*); ≅ связь на стороне

adultery [əˈdʌlt(ə)rɪ] *n* 1) адюльтер, нарушение супружеской верности; измена 2) *библ., юр.* прелюбодеяние; to commit ~ совершить прелюбодеяние; *библ. тж.* прелюбодействовать

adulthood [ˈædʌlthʊd, əˈdʌlthʊd] *n* совершеннолетие; зрелость; взрослость

adultly [ˈædʌltlɪ, əˈdʌltlɪ] *adv* солидно, зрело; по-взрослому; ~ dressed boys мальчики, одетые как взрослые

adumbral [æˈdʌmbr(ə)l] *a книжн.* тенистый; затенённый

adumbrant [æ'dʌmbrənt] *a редк.* 1. контурный, едва намеченный 2. тенистый, затенённый

adumbrate ['ædʌmbreɪt] *v книжн.* 1. 1) делать набросок; намечать контур 2) *тех.* эскизировать 2. 1) знаменовать, предвещать 2) туманно намекать, делать неопределённые предсказания 3. затемнять, затенять

adumbration [ˌædʌm'breɪʃ(ə)n] *n книжн.* 1. набросок, эскиз 2. 1) признак, знак 2) неопределённое высказывание; туманные намёки 3. затемнение; тень

adumbrative [ə'dʌmbrətɪv] *a книжн.* 1. затемняющий 2. эскизный, контурный; едва обозначенный 3. 1) знаменующий, предвещающий 2) неопределённо намекающий, предсказывающий

adunation [ˌædju'neɪʃ(ə)n] *n книжн.* соединение, слияние (*в одно целое*)

adunc [ə'dʌŋk] *a редк.* загибающийся внутрь, крючкообразный

aduncate [ə'dʌŋkeɪt] *v редк.* загибаться внутрь

aduncous [ə'dʌŋkəs] *редк.* = adunc

ad unguem [ˌæd'ʊŋgwem] *лат.* точно; безукоризненно; до полного совершенства

adust [ə'dʌst] *a* 1. измельчённый, стёртый в порошок 2. выжженный, спалённый солнцем; почерневший, опалённый 3. *арх.* жёлчный; мрачный, тяжёлый, угрюмый

ad valorem [ˌædvæ'lɔːrem] *лат.* в соответствии со стоимостью, с объявленной цены; с ценности (*о пошлине*); ~ tariff стоимостный тариф; пошлины «ад валорем»

advance I [əd'vɑːns] *n* 1. продвижение, движение вперёд; ~ of glacier наступление ледника; ~ of an epidemic распространение эпидемии; ~ of waves *физ.* распространение волн; ~ of old age приближение старости 2. 1) *воен.* наступление; ~ in force наступление крупными силами; ~ of the main attack развитие главного удара; to sound the ~ давать сигнал к атаке; ~ on the enemy's position наступление на вражеские позиции 2) *воен.* продвижение от рубежа к рубежу; ~ by bounds /by rushes/ продвижение скачками /перебежками, перекатами/ 3) *тех.* опережение, предварение 3. прогресс; успех; улучшение; days of ~ век прогресса; industrial ~ индустриальный прогресс, успехи промышленности; ~ of science прогресс /успехи/ науки; technological ~ технический прогресс; great ~s in space travel большой шаг вперёд в области космических полётов 4. 1) повышение, рост (*цен и т. п.*); ~ in the cost of living повышение стоимости жизни; ~ on cottons рост цен на хлопчатобумажные изделия 2) продвижение (*по службе*); ~ in rank повышение в звании; ~ in office повышение /продвижение/ по службе ~ to the position of chairman выдвижение на должность председателя 5. аванс; ссуда; in ~ авансом [*см. тж.* ◊]; to pay in ~ платить заранее, выдавать аванс; the bank makes ~s банк предоставляет ссуды; ~ on salary аванс в счёт заработной платы 6. *обыкн. pl* заигрывание, попытки завязать дружбу *и т. п.*; to encourage smb.'s ~s поощрять чьё-л. ухаживание; to make ~s a) заигрывать, делать авансы; б) идти (*в чём-л.*) навстречу; to repel smb.'s ~s отвергать чьи-л. ухаживания /предложения/ 7. *амер.* предварительная подготовка, подготовительные мероприятия (*к визиту государственного деятеля и т. п.; см. тж.* advance party) 8. 1) заранее подго-

товленный репортаж (*о намечающемся событии, предстоящей церемонии и т. п.*) 2) предварительно разосланный или розданный текст (*речи, выступления и т. п.; тж.* ~ copy) 9. *воен.* передовые силы 10. *геол.* трансгрессия
◊ in ~ заранее, заблаговременно [*см. тж.* 5]; in ~ of smth. a) впереди чего-л.; б) раньше чего-л.; to be in ~ идти вперёд, спешить (*о часах*); to be in ~ of smth. прийти раньше кого-л. /обогнать/ кого-л.; well in ~ a) ушедший намного вперёд; Galileo was well in ~ of his time Галилей намного опередил своё время; б) задолго, заранее, заблаговременно; to reserve tickets well in ~ заблаговременно заказать билеты

advance II [əd'vɑːns] *a* 1. передний, передовой, головной; ~ section of a train головная часть /-ые вагоны/ поезда; an ~ student = advanced student 3) 2. сделанный, выданный, выплаченный *и т. п.* заранее, заблаговременно; ~ notice a) заявление об уходе с работы; б) уведомление о (предстоящем) увольнении; в) объявление о предстоящем поступлении книги в продажу 3. предварительный, опережающий; забегающий вперёд; ~ booking резервирование (*комнат в гостинице*); предварительный заказ (*билетов и т. п.*); ~ information предварительные сведения; ~ copy a) текст предстоящего выступления; б) *полигр.* сигнальный экземпляр

advance III [əd'vɑːns] *v* 1. 1) продвигаться, идти вперёд, наступать; he ~d on /upon/ me in a threatening manner он угрожающе двинулся на меня; to ~ at a great rate быстро двигаться вперёд; to ~ in years стареть 2) *воен.* наступать 2. 1) двигать, продвигать; to ~ the puck *спорт.* вести шайбу; to ~ the date (of the meeting) переносить день (собрания) на более ранний срок; we ~d the date of departure from July 20 to July 10 мы перенесли день отъезда с 20-го на 10-е июля 2) передвигать стрелки часов вперёд; all clocks should be ~d one hour стрелки всех часов должны быть передвинуты на час вперёд 3) способствовать (*чему-л.*); приближать, ускорять; to ~ growth ускорять рост; to ~ one's interests энергично отстаивать свои интересы; проталкивать свои дела *и т. п.* 3. 1) делать успехи; продвигаться; развиваться; to ~ in knowledge накапливать знания; to ~ in skill повышать квалификацию; to ~ in rank *воен.* получить следующее звание; as the work ~s по мере выполнения /по ходу/ работы 2) продвигать (*по службе*); he was ~d to the position of manager его теперь назначили управляющим; to ~ smb. from lieutenant to the rank of captain присвоить лейтенанту звание капитана 4. 1) повышать (*цену и т. п.*); the bank has ~d the rate of discount to 15% банк повысил процент учёта до 15% 2) повышаться, возрастать; coal ~d цена на уголь повысилась 5. 1) ссужать деньги; he ~d me £ 50 он дал мне взаймы 50 фунтов 2) платить авансом; to ~ a month's salary выплатить месячную зарплату авансом 6. выдвигать (*предложение, возражение*); to ~ an opinion высказать мнение; to ~ a claim заявить претензию 7. *амер.* проводить предварительные мероприятия по организации выступления, встречи, приёма политического деятеля, кандидата в президенты *и т. п.* 8. *тех.* наращивать (*трубу и т. п.*) 9. *физ.* опережать (*по фазе и т. п.*)

ADU — ADV   **A**

advance agent [əd'vɑːnsˌeɪdʒ(ə)nt] = advance man

advanced [əd'vɑːnst] *a* 1. выдвинутый вперёд, передовой; ~ works *воен.* передовые оборонительные сооружения; ~ depot *воен.* передовой склад; ~ service подача с использованием работы корпуса (*теннис*) 2. 1) передовой, прогрессивный, развитой; ~ ideas передовые /прогрессивные/ идеи 2) далеко зашедший; ~ stage of a disease поздняя стадия заболевания; запущенная болезнь; in an ~ state of intoxication в состоянии сильного опьянения 3) *обыкн. неодобр.* отрицающий традиции; нонконформистский 3. 1) немолодой; ~ age пожилой возраст; ~ in years, in ~ years престарелый 2) поздний; the night is far ~ сейчас глубокая ночь; the season is ~ уже конец сезона 4. 1) продвинутый (*об учащемся*); подготовленный, овладевший основами предмета [*см. тж.* advanced student] 2) рассчитанный на подготовленных учащихся; ~ studies курс повышенного типа [*см. тж.* advanced study]; "A. English Grammar" «Английская грамматика для совершенствующихся» (*название книги*) 5. самый современный; основанный на последних достижениях науки, техники *и т. п.*; aircraft of an ~ design самолёт самого современного образца /новейшей конструкции/ 6. выросший, возросший, увеличившийся; greatly ~ prices невероятный /огромный/ рост цен

advanced degree [əd'vɑːnstdɪˌgriː] учёная степень (*выше степени бакалавра*)

advanced guard [əd'vɑːnstˌgɑːd] = advance-guard

Advanced Level [əd'vɑːnstˌlev(ə)l] экзамен по программе средней школы на повышенном уровне (*сдаётся по окончании шестого класса в Великобритании*)

advanced standing [əd'vɑːnst'stændɪŋ] *амер.* статус студента, зачисленного на один из старших курсов с зачётом предметов, сданных в другом вузе

advanced student [əd'vɑːnstˌstjuː'd(ə)nt] 1) студент университета 2) аспирант 3) продвинутый, подготовленный учащийся; учащийся, уже овладевший основами предмета

advanced study [əd'vɑːnstˌstʌdɪ] *спец.* специальное исследование

advance-guard [əd'vɑːnsˌgɑːd] *n* 1) *воен.* авангард; ~ action бой авангарда; ~ point головной дозор; ~ reserve главные силы авангарда 2) авангард, авангардисты; ~ or experimental writing авангардистская или экспериментальная литература

advance man [əd'vɑːnsˌmæn] *амер. разг.* 1) уполномоченный кандидата (*в президенты и т. п.*), организующий ему выступления, торжественные встречи *и т. п.* 2) антрепренёр (*агент, подготавливающий гастроли цирковой или театральной труппы*)

advancement [əd'vɑːnsmənt] *n* 1. продвижение; the ~ of learning распространение образования 2. успех, прогресс 3. продвижение (*по службе*); повышение (*в звании*) 4. выдвижение (*предположения, гипотезы*) 5. *юр.* имущественное предоставление в порядке антиципации наследственной доли

advance party [əd'vɑːnsˌpɑːtɪ] 1. группа работников, выезжающая в страну, город *и т. п.* для подготовки к визиту

61

государственного деятеля, кандидата на президентских выборах и т. п. 2. 1) *воен.* головная походная застава 2) *мор.* передовая группа десанта 3. группа специалистов, выезжающая на место для подготовки рабочей площадки, коммуникаций и т. п.

advance payment [əd'vɑ:ns‚peɪmənt] *ком.* 1) авансовый платёж 2) досрочная выплата (долга; *тж.* ~ of a loan)

advance signal [əd‚vɑ:ns'sɪgn(ə)l] *ж.-д.* 1) извести́тельный звонковый сигнал (*о приближении поезда*) 2) сигнал для разрешения следования на занятый путь

advantage I [əd'vɑ:ntɪdʒ] *n* 1. преимущество; превосходство; the ~s of a good education преимущества хорошего образования; to gain /to get, to score, to win/ an ~ of /over/ smb. добиться преимущества /взять верх/ над кем-л.; оказаться в лучшем положении, чем кто-л.; to give /to provide, to confer on, to offer / no unilateral ~ to either side *дип., воен.* не давать преимущества ни одной из сторон; to take ~ of smb. а) обмануть /перехитрить/ кого-л. б) эксплуатировать кого-л. 2. выгода, польза; выигрыш (*в чём-л.*); ~ ground выгодная позиция /точка/; выгодное стратегическое положение; to take (full) ~ of smth. а) воспользоваться чем-л.; использовать что-л. в своих интересах; to take ~ of the opportunity воспользоваться случаем; б) злоупотреблять чем-л.; to take ~ of smb.'s good nature злоупотреблять чьей-л. добротой; to ~ выгодно, хорошо; в выгодном свете; this is to my ~ это мне выгодно; to turn smth. to one's ~ обратить что-л. себе на пользу; использовать что-л. в своих интересах; what you tell me is not to his ~ то, что вы мне рассказываете, характеризует его отнюдь не с лучшей стороны; in this light the picture shows to good ~ картина выигрывает при этом освещении; the picture is seen to more ~ from a distance эту картину лучше смотреть издали; to the best ~ наилучшим /самым выгодным/ образом, в самом выгодном свете; to show smth. to the best ~ представить что-л. в самом выгодном свете 3. *спорт.* преимущество в счёте (*в теннисе после счёта* "поровну"); ~ game игра, выигранная в партии после счёта по пяти; ~ in «больше» у подающего

◊ to take smb. at ~ захватить кого-л. врасплох; you have the ~ of me a) вы меня знаете, а я вас нет; б) вы знаете что-то такое, что мне неизвестно

advantage II [əd'vɑ:ntɪdʒ] *v* давать преимущество; благоприятствовать; способствовать; приносить пользу, выгоду; to ~ agriculture способствовать развитию сельского хозяйства; such action will ~ our cause такие действия обеспечат успех нашего дела /пойдут на пользу нашему делу/

advantaged [əd'vɑ:ntɪdʒd] *a* 1) обладающий преимуществом, имеющий превосходство; she is more ~ than her sister ей больше повезло, чем её сестре 2) обеспеченный; живущий в достатке; an ~ child ребёнок из обеспеченной семьи

advantageous [‚ædvən'teɪdʒəs] *a* выгодный; благоприятный, полезный; ~ position [offer, business] выгодное положение [предложение, дело]

advection [əd'vek∫(ə)n] *n* метеор. адвекция

advehent ['ædvɪənt] = afferent

advene [æd'vi:n] *v* книжн. 1. быть добавленным (как нечто дополнительное) 2. = accede 1

advent ['ædvent] *n* 1. книжн. прибытие, приход; since the ~ of atomic power с появлением /с открытием/ атомной энергии 2. (А.) *рел.* пришествие, *особ.* второе пришествие Христа (*тж.* Second A.) 3. (А.) *церк.* рождественский пост

Adventist ['ædventɪst] *n рел.* адвентист; Seventh-day ~ адвентист седьмого дня

adventitious [‚ædvən'tɪ∫əs] *a* 1. случайный; непредусмотренный, незапланированный; ~ aid помощь, оказываемая время от времени; неплановая помощь 2. *мед.* приобретённый 3. *биол.* 1) адвентициальный, придаточный; ~ bud [roots] придаточная почка [-ые корни] 2) побочный, случайный

adventive ['ædventɪv] = adventitious 3

adventure I [əd'vent∫ə] *n* 1. приключение; story of ~ приключенческий рассказ; spirit of ~ дух приключенчества; yearning after ~ жажда приключений; he is full of ~ он любит приключения, он любитель приключений; ~s in the mountains путешествия по горам; ≅ опасности путешествия по горам 2. смелое предприятие; авантюра; риск; to put (one's life) in ~ подвергать (свою) жизнь опасности /риску/ 3. коммерческая спекуляция, авантюра 4. *горн.* горное предприятие

adventure II [əd'vent∫ə] *v* 1) рисковать; to ~ one's life рисковать жизнью 2) (in, into, on, upon) отваживаться, осмеливаться; I'll ~ chiding может быть, меня и отругают, но я всё же рискну; to ~ an opinion осмелиться высказать своё мнение

adventurer [əd'vent∫(ə)rə] *n* 1. 1) авантюрист 2) беспринципный делец; аферист; проходимец 2. искатель приключений 3. солдат-наёмник

adventuresome [əd'vent∫əs(ə)m] *a редк.* склонный рисковать; дерзкий

adventuress [əd'vent∫(ə)rɪs] *n* 1. авантюристка, аферистка 2. искательница приключений

adventurism [əd'vent∫ərɪz(ə)m] *n* 1. вызывающее поведение, нарушение общепризнанных норм (*поведения*) 2. *преим. полит.* авантюризм

adventurist [əd'vent∫ərɪst] *a* авантюрный, рискованный 2) авантюристический

adventurous [əd'vent∫(ə)rəs] *a* 1. любящий приключения, безрассудно смелый 2. опасный, рискованный 3. предприимчивый

adverb ['ædvɜ:b] *n грам.* наречие

adverbial [əd'vɜ:bɪəl] *a грам.* наречный, относящийся к наречию, адвербиальный, обстоятельственный; ~ phrase обстоятельственный оборот

adverbiality [əd‚vɜ:bɪ'ælɪtɪ] *n грам.* адвербиальность; свойства наречия

adverbialize [əd'vɜ:bɪəlaɪz] *v грам.* адвербиализировать

adverbially [əd'vɜ:bɪəlɪ] *adv грам.* в качестве наречия, как наречие, адвербиально

ad verbum [‚æd'vɜ:bəm] *лат.* дословно, слово в слово, буквально

adversaria [‚ædvə'seə(ə)rɪə] *n pl* 1. комментарии; примечания 2. тетрадь для заметок, записей *и т. п.* 3. текст на противоположной странице

adversary I ['ædvəs(ə)rɪ] *n* 1. 1) противник; враг, неприятель 2) соперник; which school is our ~ in this week's game? против какой школы мы играем на этой неделе? 2. 1) оппонент, другая, вторая сторона в споре, дискуссии 2) *юр.* противная сторона

◊ the (old) A. эвф. враг рода человеческого, дьявол, сатана

adversary II ['ædvəs(ə)rɪ] *a* 1. антагонистический; враждебный 2. *юр.* состязательный (*о процессе*)

adversative I [əd'vɜ:sətɪv] *n грам.* противительное слово *или* противительный союз

adversative II [əd'vɜ:sətɪv] *a* 1. выражающий противоположное понятие (*о словах, терминах*) 2. *грам.* противительный (*о союзе*)

adverse ['ædvɜ:s] *a* 1. враждебный; антагонистический; ~ criticism враждебная /недоброжелательная/ критика 2. неблагоприятный; вредный, противоречащий (*чьим-л.*) интересам, желаниям *и т. п.*; under ~ circumstances при неблагоприятных обстоятельствах; it is ~ to their interests это противоречит их интересам 3. лежащий, расположенный напротив; противоположный; ~ page противоположная страница; ~ winds встречные /противные/ ветры 4. *бот.* обращённый

◊ ~ possession *юр.* владение, основанное на утверждении правового титула вопреки притязаниям другого лица

adversity [əd'vɜ:sɪtɪ] *n* 1. напасти, несчастья, превратности судьбы; the season of ~ полоса невезения; frowns of ~ гримасы судьбы; to be schooled in ~ не страшиться несчастий, быть закалённым; in the face of ~ перед лицом несчастья; to show courage under ~ проявлять мужество в тяжёлых обстоятельствах; to meet with adversities столкнуться с неприятностями 2. *спец.* неблагоприятный фактор; неблагоприятная обстановка

advert¹ ['ædvɜ:t] *n* (*сокр. от* advertisement) *разг.* объявление

advert² [æd'vɜ:t] *v арх.* 1. (to) обращаться к; ссылаться на; to ~ to other matters коснуться других вопросов, обратиться к другим делам; I ~ to what I have just said я возвращаюсь к тому, о чём я только что говорил 2. (*обыкн.* to) обращать внимание (*на что-л.*); замечать (*что-л.*); принимать во внимание (*что-л.*)

advertence, -cy [əd'vɜ:t(ə)ns, -sɪ] *n* 1) внимание (*к чему-л.*), внимательность, чуткость 2) проявление внимания

advertent [əd'vɜ:t(ə)nt] *a* внимательный, чуткий; заботливый

advertise ['ædvətaɪz] *v* 1. помещать объявление; to ~ for smth. давать /помещать/ объявление о чём-л.; you must ~ for a nanny вы должны дать /поместить/ объявление о няне; they ~d that they had a used car for sale они дали объявление о продаже своего подержанного автомобиля 2. рекламировать; to ~ goods рекламировать товары; it pays to ~ реклама себя окупает /окупается/ 3. афишировать, привлекать внимание; it's a pity he ~s so much жаль, что он так старается обратить на себя внимание; they do not exactly ~ their relationship они не очень афишируют свои отношения 4. выделять, подчёркивать; акцентировать 5. извещать, уведомлять, информировать; they ~d their agents abroad of their new product они сообщили своим зарубежным агентам о выпуске нового товара

advertised bidding [‚ædvətaɪzd'bɪdɪŋ] *ком.* открытые торги

advertisement [əd'vɜ:tɪsmənt] *n* 1. объявление; реклама; анонс; ~ manager заведующий отделом объявлений и рекламы; to insert /to put/ an ~ (in the newspaper) поместить объявление (в газете) 2. извещение; оповещение; to receive wide ~ широко распространиться, стать всеобщим достоянием

advertiser ['ædvətaɪzə] *n* 1. 1) *см.* advertise + -er 2) рекламодатель 2. газета с объявлениями; рекламное приложение (*к газете*)

advertising ['ædvətaɪzɪŋ] *n* 1. 1) рекламирование, реклама; ~ media such as newspapers and television такие средства /каналы/ рекламы, как газеты и телевидение 2) публикация объявлений 2. оплаченное объявление; рекламный анонс 3. рекламное дело; he is in ~ он работает в рекламном агентстве

advertising account [,ædvətaɪzɪŋə'kaʊnt] заказчик, клиент рекламного агентства, рекламодатель

advertising agency [,ædvətaɪzɪŋ'eɪdʒ(ə)nsɪ] рекламное агентство

advertising man ['ædvətaɪzɪŋ,mæn] = adman

advice [əd'vaɪs] *n* 1. 1) совет; a piece /a bit, a word/ of ~ совет; to ask /to seek/ smb.'s ~ советоваться с кем-л.; to follow smb.'s ~ следовать чьему-л. совету; to take smb.'s ~ послушаться чьего-л. совета; советоваться /консультироваться/ с кем-л.; to act on /at, by, under/ smb.'s ~ действовать /поступать/ по чьему-л. совету 2) консультация (*юриста, врача*); legal ~ консультация юриста 2. *обыкн. pl* сообщение; информация; извещение, уведомление; disagreeable ~s неприятные новости /известия/; ~ from abroad informs us that из сообщений, поступивших из-за рубежа, мы узнали, что 3. *ком.* авизо 4. = advice-boat 5. *в грам. знач. глагола ком.* авизовать

advice-boat [əd'vaɪs,bəʊt] *n ист.* посыльное судно, авизо

advisability [əd,vaɪzə'bɪlɪtɪ] *n* желательность; целесообразность; (благо)разумность; the ~ of holding a conference желательность проведения конференции

advisable [əd'vaɪzəb(ə)l] *a* рекомендуемый, целесообразный; желательный; разумный, благоразумный; ~ course разумная линия поведения; it is not ~ for you to go there вам не рекомендуется ходить туда

advisably [əd'vaɪzəblɪ] *adv* (благо)разумно, целесообразно; выгодно, уместно

advise [əd'vaɪz] *v* 1. 1) советовать; рекомендовать; to ~ smb. to the contrary советовать /рекомендовать/ кому-л. не делать (*чего-л.*); to ~ smb. on a question дать кому-л. совет по какому-л. вопросу; I ~ you to stay in bed я советую /рекомендую/ вам не вставать /лежать/ в постели; he ~d secrecy он посоветовал держать всё это в тайне; be ~d by me! *редк.* послушайте меня! 2) *амер.* советоваться; обсуждать; I shall ~ with my friends я посоветуюсь со своими друзьями 2. консультировать; to ~ on interior decoration давать консультацию по оформлению интерьера 3. извещать, сообщать; уведомлять; to ~ smb. of smth. сообщать кому-л. о чём-л.; to ~ the police about smth. сообщить в полицию о чём-л.; please ~ us when the goods reach you *офиц.* уведомите нас о получении товара

advised [əd'vaɪzd] *a* 1. обдуманный; намеренный 2. информированный, извещённый; he was kept thoroughly ~ of полностью в курсе дела /событий/ 3. (-advised) как компонент сложных слов получивший (какой-л.) совет; well(-)advised благоразумный;

ill(-)advised неблагоразумный; he would have been better-advised to maintain silence ему лучше было бы помолчать

advisedly [əd'vaɪzɪdlɪ] *adv* 1) обдуманно; намеренно 2) после тщательного рассмотрения

advisee [,ædvaɪ'ziː] *n* 1. (и)спрашивающий совета, обращающийся за советом 2. *унив.* подопечный куратора [*см.* adviser 3]

advisement [əd'vaɪzmənt] *n амер. арх.* обсуждение, подробное рассмотрение; under ~ на обсуждении, на рассмотрении

adviser [əd'vaɪzə] *n* 1. *см.* advise + -er 2. советник; консультант; legal ~ юрисконсульт; советник; medical ~ врач-консультант, консультирующий врач; technical ~ технический советник 3. *амер. унив.* наставник, куратор

advisor [əd'vaɪzə] = adviser 2

advisory I [əd'vaɪz(ə)rɪ] *n амер.* 1. 1) информационное сообщение, информационный бюллетень 2) прогноз погоды 2. доклад; письменная консультация; an ~ presented by a firm's legal counsel докладная записка, поданная юрисконсультом фирмы

advisory II [əd'vaɪz(ə)rɪ] *a* 1. совещательный; консультативный; ~ opinion a) совещательное мнение; б) консультативное заключение (*суда*); ~ committee /council, panel/ консультативный совет /комитет/; комиссия экспертов 2. содержащий совет, рекомендации; ~ letter письменная консультация

ad vitam [,æd'viːtəm] *лат.* на всю жизнь, пожизненно

advocaat ['ædvəkɑː] *n* «адвокат» (*напиток из виноградного спирта, желтков и сахара*)

advocacy ['ædvəkəsɪ] *n* 1) защита (*чего-л., кого-л.*); отстаивание, пропаганда (*чего-л.*); заступничество; ~ of peace защита дела мира; I owe my release to your ~ своим освобождением я обязан вашему заступничеству 2) *юр.* защита (*клиента*); защита интересов (*в суде и т. п.*)

advocate I ['ædvək(ə)t] *n* 1. адвокат, защитник; Lord A. лорд-адвокат, генеральный прокурор по делам Шотландии; faculty of ~s *шотл.* коллегия адвокатов 2. защитник, заступник; ~ of peace защитник /сторонник/ мира

advocate II ['ædvəkeɪt] *v* отстаивать, защищать, выступать в защиту (*взглядов, образа жизни и т. п.*); пропагандировать; to ~ peace выступать в защиту мира; I do not ~ building skyscrapers я не сторонник возведения небоскрёбов; he ~d higher salaries for teachers он отстаивал /боролся/ за повышение зарплаты учителям

advocation [,ædvə'keɪʃ(ə)n] *n шотл. юр.* истребование дела вышестоящей судебной инстанцией (*тж. в папском суде*)

advocatory ['ædvəkeɪt(ə)rɪ] *a* адвокатский; относящийся к адвокатуре

advocatus diaboli [,ædvə'keɪtəsdaɪ'æbəlaɪ, -diː'ɑːbəliː] *лат.* адвокат дьявола

advowee [əd,vaʊ'iː] *n церк.* 1. патрон, покровитель религиозной общины 2. лицо, распределяющее приходы

advowson [əd'vaʊz(ə)n] *n церк.* право распределять приходы, бенефиции

adwoman ['ædwʊmən] *n (pl* -women [-wɪmɪn]) *амер.* женщина — специалист по рекламе; женщина — рекламный агент; сотрудница рекламного агентства

ADV — AEO A

Adygei, Adyghe ['ɑːdə(ˈ)geɪ] *n* адыгеец; адыгейка; the ~s *собир.* адыгейцы

adynamia [,ædaɪ'neɪmɪə] *n мед.* бессилие; слабость, астения

adynamic [,ædaɪ'næmɪk] *a мед.* бессильный; слабый, астенический

adynamy [ə'dɪnəmɪ] = adynamia

adyta ['ædɪtə] *pl от* adytum

adytum ['ædɪtəm] *n (pl* -ta) 1. святая святых (*в храме*) 2. *часто шутл.* убежище; комната, в которую нет доступа посторонним (*кабинет учёного и т. п.*)

adz I, II [ædz] *амер.* = adze I и II

adze I [ædz] *n* 1. *тех.* тесло; струг, скобель 2) *ж.-д.* дексель для затёски шпал

adze II [ædz] *v* тесать, строгать, обтёсывать

Adzhar [ə'dʒɑː] *n* 1. аджарец; аджарка; the ~s *собир.* аджарцы 2. аджарский язык

Adzharian I [ə'dʒɑːrɪən] *n* 1. аджарец; аджарка; the ~s *собир.* аджарцы 2. аджарский язык

Adzharian II [ə'dʒɑːrɪən] *a* аджарский

adzuki bean [æd'zuːkɪbiːn] *бот.* фасоль адзуки или лучистая (*Phaseolus angularis*)

ae [eɪ] *a шотл.* один

-ae [-iː] *suff мн. ч. лат. слов, оканчивающихся в ед. ч. на* -a; algae водоросли; stelae стелы; tabulae дощечки для письма; coronae короны, венчики

aedicule ['edɪkjuːl] *n* 1. *книжн.* небольшое здание, домик 2. *церк.* рака, ковчег в форме домика

aedile ['iːdaɪl, 'eɪdaɪl] = edile

Aegean [iː'dʒiːən] *a* эгейский

Aegeus [iː'dʒjuːs] *n греч. миф.* Эгей

aegis ['iːdʒɪs] *n* 1. *греч. миф.* эгида (*щит Зевса*) 2. защита; under the ~ под эгидой, под защитой; under the ~ of the law под защитой закона; under the imperial ~ под покровительством императора 3. эгида; поддержка; руководство; a conference under the ~ of the UN конференция под эгидой /созванная по инициативе/ ООН; under the ~ of education department под руководством отдела образования

aegrotat ['eɪɡrətæt] *n унив.* справка об освобождении по болезни от выпускных экзаменов (*по отдельным дисциплинам*)

aelurophile [eɪ'lʊ(ə)rəfaɪl] *n книжн.* элурофил; любитель кошек; *ирон. тж.* кошатник, кошатница

aelurophobe [eɪ'lʊ(ə)rəfəʊb] *n книжн.* элурофоб; тот, кто боится *или* ненавидит кошек

aelurophobia [eɪ,lʊərə'fəʊbɪə] *n книжн.* элурофобия, ненависть к кошкам

Aeneas [iː'niːæs] *греч. миф.* Эней

Aeneid ['iːnɪɪd] *n* Энеида

aeneous [iː'niːəs] *a* 1. латунный; медный; бронзовый 2. красновато-жёлтый, цвета меди *или* бронзы

aenigma [ɪ'nɪɡmə] *редк.* = enigma

aenigmatic [,iːnɪɡ'mætɪk] *редк.* = enigmatic

Aeolian I [iː(ˈ)'əʊlɪən] *n ист.* эолиец

Aeolian II [iː(ˈ)'əʊlɪən] *a* эолийский

aeolian harp, aeolian lyre [iː(ˈ)əʊlɪənˈhɑːp, -'laɪə] эолова арфа

Aeolian mode [iː(ˈ)əʊlɪənˈməʊd] *муз.* эолийский лад

Aeolic [iː(ˈ)'ɒlɪk] *a ист.* эолийский, относящийся к эолийцам

aeolotropic [,iː(ˈ)ələ'trɒpɪk] *a физ.* анизотропный

AEO — AER

Aeolus ['i(:)ələs] *n греч. миф.* 1. Эо́л, повели́тель ветро́в 2. Эо́л, легенда́рный основа́тель страны́ эоли́йцев, родонача́льник гре́ческого пле́мени эоли́йцев

aeon ['i:ən, 'i:ɒn] *n* 1. *возвыш.* ве́чность 2. *геол.* э́ра 3. миллиа́рд лет (*едини́ца геологи́ческого вре́мени*)

aeonian [i:'əʊnɪən] *a возвыш.* ве́чный, бесконе́чный

aepyornis [,i:pɪ'ɔ:nɪs] *n палеонт.* эпио́рнис (*кру́пная пти́ца*)

aer- [e(ə)r-] = aero-

aerarian I [ɪ're(ə)rɪən] *n* член пода́тного сосло́вия (*в Дре́внем Ри́ме*)

aerarian II [ɪ're(ə)rɪən] *a* свя́занный с казно́й, фиска́льный (*в Дре́внем Ри́ме*)

aerarium [ɪ're(ə)rɪəm] *n* (*pl* -ria) госуда́рственная казна́ (*в Дре́внем Ри́ме*)

aerate ['e(ə)reɪt] *v* 1. прове́тривать, вентили́ровать 2. насыща́ть во́здухом или кислоро́дом; blood is ~d in the lungs кровь насыща́ется кислоро́дом в лёгких 3. подверга́ть де́йствию во́здуха *или* кислоро́да

aeration [e(ə)'reɪʃ(ə)n] *n* 1. *спец.* 1) прове́тривание, вентили́рование 2) аэра́ция; ~ of the soil аэра́ция по́чвы 2. сатура́ция

aerator ['e(ə)reɪtə] *n* 1. аэра́тор 2. сату́ратор

aere perennius [,i:reɪpə'renɪəs] *лат.* неруши́мый, ве́чный [*букв.* кре́пче бро́нзы]

aerial I ['e(ə)rɪəl] *n* 1. анте́нна; ~ mast ма́чта анте́нны 2. *спорт. разг.* пас в сто́рону воро́т сопе́рника (*футбо́л*)

aerial II ['e(ə)rɪəl] *a* 1. 1) возду́шный, авиацио́нный; свя́занный с во́здухом; ~ camera = aerocamera; ~ mapping /photography/ аэрофотосъёмка; ~ navigation аэронавига́ция; воздухопла́вание; ~ pick-up подхва́т гру́за пролета́ющим самолётом; ~ support авиацио́нная подде́ржка; ~ sickness возду́шная боле́знь; ~ contamination *мед.* а) загрязне́ние из во́здуха; б) возду́шная инфе́кция 2) возду́шный, газообра́зный; ~ currents пото́ки во́здуха; возду́шные тече́ния 2. 1) лёгкий, возду́шный, эфи́рный; ~ music грацио́зная /небе́сная/ му́зыка; ~ beings эфи́рные созда́ния 2) нереа́льный, бесплотный; эфеме́рный; ~ fancies заобла́чные фанта́зии; ~ creatures фантасти́ческие /бесплотные/ существа́ 3. надзе́мный, возду́шный; ~ ropeway /tramway/ возду́шно-кана́тная доро́га; фуникулёр; ~ ski-lift up the mountainside го́рная подвесна́я кана́тная доро́га для лы́жников; ~ layer *бот.* возду́шный отво́док; отво́док от стебля́ /от ствола́/; ~ growth *бот.* надзе́мный рост; рост надзе́мных часте́й 4. устремлённый вверх, ввысь; высо́кий, паря́щий; ~ mountains [spires] го́ры [шпи́ли], каса́ющиеся облако́в

aerial bar ['e(ə)rɪəl,ba:] возду́шная трапе́ция (*в ци́рке*)

aerialist ['e(ə)rɪəlɪst] *n амер.* возду́шный акроба́т

aeriality [,e(ə)rɪ'ælɪtɪ] *n* возду́шность, лёгкость; бестеле́сность; беспло́тность; нереа́льность

aerial ladder [,e(ə)rɪəl'lædə] дли́нная выдвижна́я ле́стница, *особ.* пожа́рная

aerial mosaic [,e(ə)rɪəlməʊ'zeɪɪk] *геод.* монта́ж после́довательных аэросни́мков; маршру́тный фотомонта́ж

aerial perspective [,e(ə)rɪəlpə'spektɪv] *жив.* возду́шная перспекти́ва

aerial railway ['e(ə)rɪəl,reɪlweɪ] *амер.* фуникулёр

aerial survey [,e(ə)rɪəl'sɜ:veɪ] 1. *геол.* возду́шная разве́дка (*ископа́емых и т. п.*) 2. *геод.* аэро(фото)съёмка; аэрофототопографи́ческая съёмка

aerial tanker [,e(ə)rɪəl'tæŋkə] самолёт-запра́вщик

aerial tramway [,e(ə)rɪəl'træmweɪ] *амер.* фуникулёр

aerie ['e(ə)rɪ, 'ɪ(ə)rɪ] *n* 1. гнездо́ хи́щной пти́цы, *особ.* орли́ное 2. дом, за́мок, кре́пость на непристу́пной скале́ 3. вы́водок (*в гнезде́ хи́щной пти́цы*)

aeriferous [e(ə)'rɪfərəs] *a биол.* воздухоно́сный

aerification [,e(ə)rɪfɪ'keɪʃ(ə)n] *n* 1. аэра́ция, насыще́ние во́здухом или кислоро́дом 2. вентили́рование, прове́тривание 3. сатура́ция

aeriform ['e(ə)rɪfɔ:m] *a* 1. газообра́зный; ~ body газообра́зное те́ло 2. эфеме́рный, бесплотный; нереа́льный; an ~ figure эфеме́рное виде́ние; ~ dreams эфеме́рные мечта́ния

aerify ['e(ə)rɪfaɪ] *v редк.* 1. аэри́ровать, насыща́ть во́здухом или кислоро́дом 2. вентили́ровать, прове́тривать 3. сатури́ровать

aero [e'(ə)rəʊ] *a* 1. возду́шный, авиацио́нный; ~ engine авиацио́нный дви́гатель 2. воздухопла́вательный, относя́щийся к аэроста́там 3. предназна́ченный для испо́льзования на откры́том во́здухе; ~ lens *фото* возду́шная ли́нза

aero- ['e(ə)rə(ʊ)-] (*тж.* аёро-, aer-) компоне́нт сло́жных слов терминологи́ческого хара́ктера; в ру́сском языке́ соотве́тствует преиму́щественно компоне́нтам авиа-, аэро-, воздухо-; aerobiology аэробиоло́гия; aerodynamics аэродина́мика; aerobomb авиабо́мба; aeronaut воздухопла́ватель

aeroallergen [,e(ə)rə(ʊ)'ælədʒɪn] *n мед.* аэроаллерге́н (*пыльца́ расте́ний и т. п.*)

aerobacteriology ['e(ə)rə(ʊ)bæk,tɪə-rɪ'ɒlədʒɪ] *n* микробиоло́гия во́здуха

aeroballistics [,e(ə)rə(ʊ)bə'lɪstɪks] *n воен.* аэробалли́стика

aerobat ['e(ə)rəbæt] *n ав. проф.* ма́стер вы́сшего пилота́жа

aerobatics [,e(ə)rə'bætɪks] *n ав.* 1) вы́сший пилота́ж 2) *употр. с гл. во мн. ч.* фигу́рные полёты

aerobe ['e(ə)rəʊb] *n биол.* аэро́б

aerobia [e(ə)'rəʊbɪə] *pl от* aerobium

aerobic [e(ə)'rəʊbɪk] *a* 1. относя́щийся к аэро́бике 2. *физиол.* 1) относя́щийся к улучше́нию кислоро́дного обме́на 3. *бакт.* аэро́бный, живу́щий в кислоро́дной атмосфе́ре

aerobics [e(ə)'rəʊbɪks] *n* аэро́бика

aerobiology [,e(ə)rə(ʊ)baɪ'ɒlədʒɪ] *n* аэробиоло́гия

aerobiosis [,e(ə)rəbaɪ'əʊsɪs] *n биол.* аэробио́з

aerobiotic [,e(ə)rəbaɪ'ɒtɪk] = aerobic

aerobium [e(ə)'rəʊbɪəm] *n* (*pl* -bia) = aerobe

aerobody ['e(ə)rə(ʊ)bɒdɪ] *n ав.* лета́тельный аппара́т ле́гче во́здуха (*аэроста́т и т. п.*)

aerobomb ['e(ə)rə(ʊ)bɒm] *n* авиабо́мба

aerobus ['e(ə)rəbʌs] *n* аэро́бус

aerocab ['e(ə)rəkæb] *n разг.* возду́шное такси́, *особ.* вертолёт

aerocamera [,e(ə)rə(ʊ)'kæmərə] *n фото* аэрока́мера

aerocar ['e(ə)rə(ʊ)ka:] *n* автомоби́ль-самолёт, автомоби́ль с выдвижны́ми кры́льями

aerocrete ['e(ə)rə(ʊ)kri:t] *n стр.* газобето́н

aerodist ['e(ə)rədɪst] *n спец.* теплуро́метр

aerodonetics [,e(ə)rədə(ʊ)'netɪks] *n спец.* тео́рия планери́зма, тео́рия паре́ния

aerodrome ['e(ə)rədrəʊm] *n* аэродро́м

aerodynamic [,e(ə)rəʊdaɪ'næmɪk] *a* 1. аэродинами́ческий 2. обтека́емой фо́рмы (*о ку́зове и т. п.*)

aerodynamic heating [,e(ə)rəʊdaɪ'næmk'hi:tɪŋ] аэродинами́ческий нагре́в (*объе́кта, входя́щего в пло́тные сло́и атмосфе́ры*)

aerodynamicist [,e(ə)rəʊdaɪ'næmɪsɪst] *n* аэродина́мик, специали́ст по аэродина́мике

aerodynamics [,e(ə)rəʊdaɪ'næmɪks] *n* аэродина́мика

aerodyne ['e(ə)rə(ʊ)daɪn] *n спец.* лета́тельный аппара́т тяжеле́е во́здуха

aeroelasticity [,e(ə)rəʊ,i:(:)læ'stɪsɪtɪ] *n ав.* аэроупру́гость

aeroembolism [,e(ə)rə(ʊ)'embəlɪz(ə)m] *n мед.* кессо́нная боле́знь, возду́шная эмболи́я

aerofoil ['e(ə)rə(ʊ)fɔɪl] *n ав.* 1) аэродинами́ческая пове́рхность; про́филь крыла́ 2) крыло́

aerogel ['e(ə)rə(ʊ)dʒel] *n физ.* аэроге́ль

aerogenic [,e(ə)rə(ʊ)'dʒenɪk] *a биол.* аэроге́нный, газообразу́ющий

aerogram ['e(ə)rəgræm] *n* 1. радиогра́мма 2. 1) письмо́, отпра́вленное авиапо́чтой 2) = air letter 3) *метеор.* аэрогра́мма

aerograph[1] ['e(ə)rə(ʊ)gra:f] *n* 1. аэрогра́ф 2. метеоро́граф 3. *редк.* радиотелегра́ф

aerograph[2] ['e(ə)rə(ʊ)gra:f] *n* 1. краскопу́льт 2. *в грам. знач. глаго́ла* 1) кра́сить краскопу́льтом 2) рисова́ть (*карти́ны или плака́ты*) с по́мощью краскопу́льта

aerographics [,e(ə)rə(ʊ)'græfɪks] = aerography

aerography [e(ə)'rɒgrəfɪ] *n* аэрогра́фия

aerogun ['e(ə)rə(ʊ)gʌn] *n воен.* авиапу́шка; авиапулемёт

aerohydroplane [,e(ə)rə(ʊ)'haɪdrə(ʊ)pleɪn] *n* гидропла́н

aerojet ['e(ə)rə(ʊ)dʒet] *a* возду́шно-реакти́вный

aerolite ['e(ə)rəlaɪt] *n* аэроли́т, ка́менный метеори́т

aerolith ['e(ə)rəlɪθ] = aerolite

aerologic, aerological [,e(ə)rə'lɒdʒɪk, -(ə)l] *a* аэрологи́ческий

aerology [e(ə)'rɒlədʒɪ] *n* аэроло́гия

aeromagnetic [,e(ə)rə(ʊ)mæg'netɪk] *a геол.* аэромагни́тный

aeromancy ['e(ə)rəmænsɪ] *n* аэрома́нтия, предсказа́ние бу́дущего по пого́дным при́знакам

aeromechanic I [,e(ə)rə(ʊ)mɪ'kænɪk] *n* 1. авиате́хник 2. специали́ст по аэромеха́нике

aeromechanic II [,e(ə)rə(ʊ)mɪ'kænɪk] *a* аэромехани́ческий; относя́щийся к аэромеха́нике

aeromechanics [,e(ə)rə(ʊ)mɪ'kænɪks] *n* аэромеха́ника

aeromedic [,e(ə)rə(ʊ)'medɪk] *n* авиацио́нный врач

aeromedicine [,e(ə)rə(ʊ)'meds(ə)n] *n* авиацио́нная медици́на

aerometeorograph [,e(ə)rə(ʊ)mi:tɪərəgra:f] *n ав.* аэрометеоро́граф

aerometer [e(ə)'rɒmɪtə] *n физ.* аэро́метр

aerometry [e(ə)'rɒmɪtrɪ] *n* аэроме́трия

aeromodeller [,e(ə)rə(ʊ)'mɒd(ə)lə] *n* авиамодели́ст

aeronaut ['e(ə)rənɔ:t] *n* 1. аэрона́вт, воздухопла́ватель 2. пило́т, лётчик 3. *редк.* возду́шный путеше́ственник

aeronautic, aeronautical [e(ə)rə'nɔ:tɪk, -(ə)l] *a* авиацио́нный; аэронавигацио́нный; воздухопла́вательный; ~ accident авиацио́нная катастро́фа; ~ mile авиацио́нная ми́ля; ~ chart аэронавигацио́нная ка́рта; ~ data аэронавигацио́нные да́нные

aeronautics [e(ə)rə'nɔ:tɪks] *n* аэрона́втика

aeronavigation [,e(ə)rə,nævɪ'geɪʃ(ə)n] *n* аэронавига́ция, самолётовожде́ние

aeronavigator [,e(ə)rə'nævɪgeɪtə] *n* штурма́н (*в авиации*)

aeroneurosis [,e(ə)rə(ʊ)njʊ'rəʊsɪs] *n мед.* аэроневро́з; функциона́льное не́рвное расстро́йство у лётчиков

aeronomy [e(ə)'rɒnəmɪ] *n* аэрономия, микрофи́зика атмосфе́ры

aero-optics [,e(ə)rəʊ'ɒptɪks] *физ.* атмосфе́рная о́птика

aeropathy [e(ə)'rɒpəθɪ] *n мед.* аэропа́тия, боле́знь декомпре́ссии, высо́тная боле́знь

aeropause ['e(ə)rəpɔ:z] *n ав., косм.* аэропа́уза

aerophilately [,e(ə)rəfɪ'lætlɪ] *n* аэрофилате́лия, изуче́ние и коллекциони́рование авиапочто́вых ма́рок и их гаше́ний

aerophobe ['e(ə)rəfəʊb] *n* 1) челове́к, испы́тывающий патологи́ческий страх пе́ред сквозняка́ми, све́жим во́здухом или микро́бами, переноси́мыми по во́здуху 2) челове́к, патологи́чески боя́щийся полётов

aerophobia [,e(ə)rə'fəʊbɪə] *n мед.* 1) аэрофо́бия, патологи́ческий страх пе́ред сквозняка́ми, све́жим во́здухом или микро́бами, переноси́мыми по во́здуху 2) аэрофо́бия, патологи́ческая боя́знь полётов

aerophone ['e(ə)rəfəʊn] *n* 1) 1) звукоусили́тель; усили́тель звуковы́х волн 2) *ав.* самолётное перегово́рное устро́йство 2. слухово́й аппара́т для тугоу́хих, аудифо́н 3. духово́й инструме́нт

aerophore ['e(ə)rəfɔ:] *n* аэрофо́р (*аппара́т для дыха́ния*)

aerophoto [,e(ə)rə'fəʊtəʊ] *n* (*pl* -os [-əʊz]) аэрофотогра́фия, аэросни́мок

aerophotography [,e(ə)rəfə'tɒgrəfɪ] *n* аэрофотогра́фия, аэрофотосъёмка

aerophysics [,e(ə)rə'fɪzɪks] *n* фи́зика атмосфе́ры

aerophyte ['e(ə)rəfaɪt] *n бот.* аэрофи́т

aeroplane ['e(ə)rəpleɪn] *n* самолёт, аэропла́н; ~ carrier авиано́сец; ~ shed анга́р; ~ hothouse *с.-х.* тепли́ца анга́рного ти́па, анга́рная тепли́ца

aeroplankton [,e(ə)rə(ʊ)'plæŋktən] *n биол.* аэропланкто́н (*микрооргани́змы в во́здухе*)

aeropulse ['e(ə)rəpʌls] *n* пульси́рующий возду́шно-реакти́вный дви́гатель

aeroshell ['e(ə)rə(ʊ)ʃel] *n косм.* защи́тный кожу́х для дви́гателей мя́гкой поса́дки

aerosiderite [,e(ə)rə(ʊ)'saɪdəraɪt] *n* аэросидери́т, желе́зный метеори́т

aerosiderolite [,e(ə)rə(ʊ)'saɪdərəlaɪt] *n* желе́зо-ка́менный метеори́т

aerosite ['e(ə)rəsaɪt] *n мин.* пираргири́т

aerosol ['e(ə)rəsɒl] *n* 1. аэрозо́льный балло́н(чик) (*тж.* ~ can, ~ container) 2. *спец.* аэрозо́ль

aerosol bomb ['e(ə)rəsɒl,bɒm] аэрозо́льная бо́мба (*балло́н с аэрозо́лем для обрабо́тки поле́й*)

aerosolize [,e(ə)rə'sɒlaɪz] *v* опры́скивать аэрозо́лем

aerosoloscope [,e(ə)rə'sɒləskəʊp] *n физ.* аэрозолоско́п

aerospace I [e(ə)rə(ʊ)speɪs] *n* 1. 1) возду́шное и косми́ческое простра́нство 2) изуче́ние возду́шно-косми́ческого простра́нства 2. промы́шленность, произво́дящая самолёты и косми́ческие лета́тельные аппара́ты, авиакосми́ческая промы́шленность

aerospace II ['e(ə)rə(ʊ)speɪs] *a* авиацио́нно-косми́ческий, аэрокосми́ческий; ~ industry авиацио́нно-косми́ческая /аэрокосми́ческая/ промы́шленность; ~ medicine авиацио́нно-косми́ческая медици́на; ~ vehicle авиацио́нно-косми́ческий /аэрокосми́ческий/ лета́тельный аппара́т; ~ engineering авиакосми́ческая промы́шленность; произво́дство самолётов и косми́ческих лета́тельных аппара́тов

aerosphere ['e(ə)rəsfɪə] *n* аэросфе́ра (*слой земно́й атмосфе́ры*)

aerostat ['e(ə)rə(ʊ)stæt] *n* аэроста́т; воздухопла́вательный шар

aerostatic, aerostatical [,e(ə)rə(ʊ)'stætɪk, -(ə)l] *a* 1. аэростати́ческий 2. относя́щийся к аэроста́ту

aerostatics [,e(ə)rə(ʊ)'stætɪks] *n* 1. аэроста́тика 2. воздухопла́вание

aerostation [,e(ə)rə(ʊ)'steɪʃ(ə)n] *n амер.* 1) воздухопла́вание 2) пилоти́рование дирижа́бля 2) тео́рия воздухопла́вания

aerosurveying [,e(ə)rə(ʊ)sɜ:'veɪɪŋ] *n* аэрофотосъёмка

aerotank ['e(ə)rətæŋk] *n* аэрота́нк, аэроте́нк (*устано́вка для очи́стки сто́чных вод*)

aerotaxis [,e(ə)rə'tæksɪs] *n биол.* аэрота́ксис

aerotechnical [,e(ə)rə(ʊ)'teknɪk(ə)l] *a* авиатехни́ческий

aerotechnics [,e(ə)rə(ʊ)'teknɪks] *n* авиацио́нная те́хника

aerotherapeutics [,e(ə)rə(ʊ),θerə'pju:tɪks] *n мед.* воздухолече́ние, лече́ние возду́шными ва́ннами *и т. п.*

aerothermodynamics ['e(ə)rə(ʊ),θɜ:məʊdaɪ'næmɪks] *n* аэротермодина́мика

aerotow I ['e(ə)rətəʊ] *n* букси́ровка самолёта в во́здухе

aerotow II ['e(ə)rətəʊ] *v* букси́ровать самолёт в во́здухе

aerotrain ['e(ə)rətreɪn] *n* по́езд на возду́шной поду́шке

aerotropic [,e(ə)rə'trɒpɪk] *a биол.* аэротро́пный

aerotropism [,e(ə)rə'trəʊpɪz(ə)m] *n биол.* аэротропи́зм

aeruginous [i(:)'ru:dʒɪnəs] *a* цве́та ме́дной зе́лени

aerugo [i(:)'ru:gəʊ] *n* 1) ме́дная о́кись, ме́дная зе́лень 2) *редк.* ржа́вчина

aery[1] ['e(ə)rɪ, 'ɪ(ə)rɪ] *n* = aerie

aery[2] ['e(ə)rɪ] *a поэт.* возду́шный, эфи́рный; неземно́й

Aeschylean [,i:skɪ'li(:)ən, ,eskɪ'li(:)ən] *a* 1) эсхи́лов, относя́щийся к Эсхи́лу 2) напи́санный в ду́хе Эсхи́ла, эсхи́ловский; прямо́й, открове́нный, грубова́тый

Aesculapian I [,eskjʊ'leɪpɪən, ,i:skjʊ'leɪpɪən] *n* врач, врачева́тель; эскула́п

Aesculapian II [,eskjʊ'leɪpɪən, ,i:skjʊ'leɪpɪən] *a* свя́занный с врачева́нием; медици́нский, враче́бный

Aesculapius [,eskjʊ'leɪpɪəs, ,i:skjʊ'leɪpɪəs] *n* 1. *рим. миф.* Эскула́п; *шутл.* врач, *тж.* врачева́тель

Aesir ['i:sɪə, 'i:zɪə] *n pl сканд. миф.* сонм бого́в

Aesop ['i:sɒp] *n* Эзо́п

Aesopian [i:'səʊpɪən] *a* 1) эзо́пов, относя́щийся к Эзо́пу 2) эзо́повский; име́ющий та́йный смысл; ~ language эзо́повский язы́к

Aesopic [i:'sɒpɪk] = Aesopian 2)

aesthesia [i:s'θi:zɪə] = esthesia

aesthesis [i:s'θi:sɪs] = esthesis

aesthete ['i:sθi:t] *n* эсте́т

aesthetic I [i:s'θetɪk] *n* 1. худо́жественные взгля́ды; one's personal ~ чьи-л. эстети́ческие воззре́ния 2. = aesthete

aesthetic II [i:s'θetɪk] *a* 1. 1) эстети́ческий 2) чу́вствующий красоту́, име́ющий разви́той вкус 2. чу́вственный (*о позна́нии*)

aesthetical [i:s'θetɪk(ə)l] *a* эстети́ческий, относя́щийся к эсте́тике

aesthetically [i:s'θetɪk(ə)lɪ] *adv* 1. эстети́чески, в соотве́тствии с при́нципами эсте́тики 2. чу́вственно, посре́дством чу́вственного восприя́тия

aesthetic distance [i:s,θetɪk'dɪstəns] *иск.* отстране́ние от содержа́ния произведе́ния иску́сства в це́лях его́ чи́сто эстети́ческой оце́нки

aesthetician [,i:sθə'tɪʃ(ə)n] *n* эсте́тик, специали́ст в о́бласти эсте́тики

aestheticism [i:s'θetɪsɪz(ə)m] *n* эстети́зм; эсте́тство

aesthetics [i:s'θetɪks] *n* эсте́тика

aestho-physiology [,i:sθə(ʊ),fɪzɪ'ɒlədʒɪ] *n* физиоло́гия о́рганов чувств

aestival [i:s'taɪv(ə)l] *a книжн.* ле́тний, относя́щийся к ле́ту

aestivaria [,i:stɪ've(ə)rɪə] *n pl* отде́лы ле́тников (*в ботани́ческих сада́х*)

aestivate ['i:stɪveɪt] *v зоол.* летова́ть, проводи́ть ле́то в спя́чке

aestivation [,i:stɪ'veɪʃ(ə)n] *n* 1. *бот.* расположе́ние часте́й в цвето́чной по́чке 2. *зоол.* ле́тняя спя́чка

aet., aetat. в во́зрасте ... (*обы́чно о сме́рти*); here lies N. N. ~ 71 здесь поко́ится N. N., сконча́вшийся в во́зрасте 71 го́да

aetatis suae [i:,teɪtɪs'su:i(:)] *лат.* в во́зрасте; ≅ а жития́ его́ бы́ло ... лет

aether ['i:θə] *n* 1. = ether 2. (A.) *др.-греч. миф.* Эфи́р

aethereal [i:'θɪ(ə)rɪəl] = ethereal

aethrioscope [i:(:)'θrɪəskəʊp] *n спец.* этриоско́п, криоме́тр

aetiologic [,i:tɪə'lɒdʒɪk] = etiologic

aetiological [,i:tɪə'lɒdʒɪk(ə)l] = etiological

aetiology [,i:tɪ'ɒlədʒɪ] *n* 1. *филос.* этиоло́гия, уче́ние о причи́нах, о причи́нности 2. *мед.* этиоло́гия, причи́на боле́зни

af- [ə-] = ad-

afar [ə'fɑ:] *adv* далеко́; вдали́; from ~ и́здали, издалека́; ~ off *арх.* издалека́

afeared, afeared [ə'fɪəd] *a прост.* испу́ганный, напу́ганный

afebrile [eɪ'fi:brɪl] *a мед.* безлихора́дочный

afetal [ə'fi:t(ə)l] *a физиол.* не содержа́щий плода́

affability [,æfə'bɪlɪtɪ] *n* приве́тливость; учти́вость, любе́зность

affable ['æfəb(ə)l] *a* приве́тливый; учти́вый, любе́зный

affably ['æfəblɪ] *adv* приве́тливо; учти́во, любе́зно

affair [ə'feə] *n* 1. де́ло; it is an ~ of a few days э́то вопро́с /де́ло/ не́скольких дней; private ~ ли́чное де́ло; it is not your ~ э́то не твоё де́ло, э́то не твоя́ забо́та; mind your own ~s *разг.* не су́йся не в своё де́ло; занима́йся свои́ми дела́ми; an ~ of honour де́ло че́сти (*особ. о поеди́нке*) 2. *pl* дела́, заня́тия; man of ~s делово́й челове́к; foreign ~s иностра́нные /вне́шние/ дела́; internal /domestic/ ~s вну́тренние дела́; ~s of state госуда́рственные дела́; Ministry of Home [Foreign] Affairs министе́рство вну́тренних [иностра́нных] дел; to put one's ~s in order привести́ дела́ в поря́док 3. рома́н, связь, любо́вная исто́рия; to have an ~ with smb. вступить в любовную связь с кем-л.; ≅ у него /у неё/ роман 4. *разг.* событие; история; штука; the concert [the reception] was a nice ~ это был хороший концерт [приём]; this house is a ramshackle ~ этот дом совсем разваливается; the meeting was a noisy ~ собрание прошло очень шумно; what is this ~ you've got on your head? что это за штука у тебя на голове? 5. *воен.* стычка, дело 6. *амер. разг.* торжественный приём, празднество, церемония *и т. п.*; that was quite an ~ всё было очень торжественно /парадно/

affaire [ə'feə] *фр.* 1. = affair 3 2. скандальное, шумное, сенсационное дело, афера

affaire d'amour [ə,feədə'muə] *фр.* любовная связь, роман; ≅ *шутл.* амурные дела

affaire d'honneur [ə,feədɔ'nɜː] *фр.* дело чести, дуэль

affect[1] I ['æfekt] *n психол.* аффект
affect[1] II [ə'fekt] *v* 1. (воз)действовать (*на что-л.*); влиять; the climate has ~ed his health этот климат (вредно) повлиял на его здоровье; to ~ public opinion [smb.'s resolution, smb.'s choice] оказать влияние на общественное мнение [на чьё-л. решение, на чей-л. выбор]; it ~s me personally это имеет ко мне прямое отношение, это касается меня лично 2. волновать, трогать; the news [smb.'s words] ~ed him greatly это известие [чьи-л. слова] на него сильно подействовало /подействовали/; to ~ smb. to tears растрогать кого-л. до слёз; he was not ~ed by the play пьеса его не тронула, пьеса оставила его равнодушным 3. вредить, наносить ущерб, плохо отражаться, задевать; to ~ smb.'s interests задевать чьи-л. интересы; smoking ~s health курить вредно для здоровья 4. *мед.* поражать; to ~ smb's heart [eye, lungs] подействовать кому-л. на сердце [глаза, лёгкие]; отразиться на чьём-л. сердце [чьих-л. глазах, лёгких]; smb.'s lungs [heart, liver] are [is] ~ed затронуты лёгкие [-о сердце, -а печень]

affect[2] [ə'fekt] *v* 1. 1) притворяться, прикидываться; делать вид, принимать вид; to ~ ignorance [indifference] притворяться незнающим [безразличным]; he ~ed illness not to go to work он симулировал болезнь, чтобы не идти на работу; to ~ composure напускать на себя спокойствие; to ~ the freethinker изображать из себя вольнодумца; he ~ed not to hear me он сделал вид, что не слышал меня 2) имитировать, копировать, подражать; to ~ a Southern accent говорить с нарочитым южным акцентом 2. часто употреблять; любить (*пользоваться чем-л.*); to ~ loud neckties любить /носить/ яркие /броские/ галстуки; she ~s old furniture она увлекается старинной мебелью; he's careless in dress он одевается нарочито небрежно; he ~s long words that few people can understand он щеголяет длинными словами, которые мало кто понимает 3. принимать форму, вид; drops of every fluid ~ a round figure капли любой жидкости принимают округлую форму 4. *редк.* нуждаться в определённых условиях (*о животных и растениях*); rice ~s moist land рису нужна влажная почва 5. населять, обитать (*о животных и растениях*); lions ~ Africa львы обитают в Африке; moss ~s the northern slopes мох предпочитает северные склоны /чаще растёт на северных склонах/

affectation [,æfek'teɪʃ(ə)n] *n* 1. 1) аффектация; неестественность, ненатуральность, деланность; there is ~ in his behaviour в его поведении нет естественности; she is sincere and quite without ~ она искренна, и в ней нет ни капли притворства; a man of a thousand ~s ломака; человек, лишённый простоты и естественности 2) (of) притворное проявление (*чего-л.*); ~ of interest деланная заинтересованность; an ~ of wit претензии на остроумие 3) вычурность, претенциозность (*языка, стиля*) 2. *редк.* показная любовь

affected[1] [ə'fektɪd] *a* 1. страдающий (*чем-л.*); поражённый (*болезнью*); ~ with gout [with rheumatism] страдающий подагрой [ревматизмом] 2. (by) 1) находящийся под влиянием (*чего-л.*); everyone felt ~ by the war война коснулась всех 2) взволнованный, расстроганный; ~ by the sad news расстроенный печальной вестью

affected[2] [ə'fektɪd] *a* 1. 1) показной; притворный, нарочитый, неестественный; ~ manners жеманство; ломание; ~ smile деланная /натянутая/ улыбка; ~ airs жеманство, манерничанье; аффектация 2) выдуманный, ложный; her noble pedigree благородное происхождение, которое она себе приписывает; their ~ wealth несуществующее /выдуманное/ богатство 3) вычурный, претенциозный (*о языке, стиле*) 2. предрасположенный, расположенный, настроенный, склонный (*к чему-л.*); well ~ toward a cause [a project] поддерживающий какое-л. дело [какой-л. проект]; I am well ~ towards her я к ней хорошо отношусь 3. *уст.* ценимый, уважаемый, любимый; a novel much ~ by our grandparents роман, который так любили наши бабушки и дедушки

affectedly [ə'fektɪdlɪ] *adv* 1) притворно 2) жеманно; искусственно; с аффектацией

affecting [ə'fektɪŋ] *a* 1) трогательный, волнующий; трогающий до слёз; умилительный; ~ scene [parting, reunion] трогательная сцена [-ое расставание, -ая встреча] 2) впечатляющий; ~ spectacle впечатляющее зрелище; ~ experience незабываемое событие /переживание/

affection [ə'fekʃ(ə)n] *n* 1. привязанность, любовь, расположение; sincere [true, tender] ~ искренняя [истинная, нежная] любовь /привязанность/; filial ~ сыновья любовь; to have /to feel/ an ~ towards smb. питать к кому-л. нежные чувства; любить кого-л.; быть привязанным к кому-л.; to set /to fix/ one's ~s upon smb. привязаться к кому-л.; полюбить кого-л.; the object of smb.'s ~s предмет чьей-л. любви 2. болезнь, заболевание; поражение (*какого-л. органа*); ~ of the throat [the heart, the liver] болезнь горла [сердца, печени] 3. воздействие, влияние 4. склонность, наклонность; стремление, влечение 5. *книжн.* эмоция, чувство, переживание; reason and ~s разум и чувства 6. 1) *филос.* случайность; volition and ~ волевой акт и случайность 2) атрибут, свойство; ~s of bodies свойства тел

affectional [ə'fekʃ(ə)nəl] *a книжн.* нежный, чувствительный

affectionate [ə'fekʃ(ə)nɪt] *a* любящий, нежный, ласковый; ~ brother любящий /нежный/ брат; ~ embrace тёплое объятие; ~ farewell [look] нежное прощание [-ый взгляд]

affectionately [ə'fekʃ(ə)nɪtlɪ] *adv* 1) нежно; ласково 2) с любовью (*в конце письма*; *тж.* ~ yours); ~ your brother Bill любящий тебя брат Билл

affectionless [ə'fekʃ(ə)nlɪs] *a* лишённый любви и ласки (*часто о ребёнке*); children from ~ homes дети из семей, где они никому не нужны

affective [ə'fektɪv] *a* 1) *психол.* эмоциональный 2) *психол.* вызывающий эмоции 3) *мед.* вызывающий расстройство психики; ~ insanity маниакально-депрессивный психоз

affenpinscher ['æf(ə)n,pɪntʃə] *n* аффенпинчер, обезьяний пинчер (*порода собак*)

afferent ['æfərənt] *a физиол.* афферентный, центростремительный, приносящий; ~ nerves центростремительные нервы; ~ vessels несущие сосуды

affettuoso [ə,fetjʊ'əʊzəʊ] *муз.* 1) нежно, томно 2) страстно, порывисто

affiance [ə'faɪəns] *v книжн.* 1. *обыкн. pass* обручать; просватать; to be ~d to smb. быть обручённым /помолвленным/ с кем-л.; to ~ a daughter дать разрешение /согласиться/ на брак дочери (*о родителях*) 2. *в грам. знач. сущ. арх., поэт.* обручение; помолвка

affianced [ə'faɪənst] *a книжн.* обручённый, помолвленный

affiant [ə'faɪənt] *n юр.* свидетель, подтверждающий своё письменное показание под присягой; лицо, дающее аффидевит

affiche [ə'fiːʃ] *n фр.* плакат, афиша

affidavit [,æfɪ'deɪvɪt] *n юр.* аффидевит, письменное показание, подтверждённое присягой или торжественным заявлением; to swear /to make/ an ~ давать показание под присягой, подтверждать письменное показание присягой; to take an ~ снимать или давать показание; принимать аффидевит

affiliable [ə'fɪlɪəb(ə)l] *a книжн.* 1) могущий быть прослеженным (*до чего-л.*) 2) присоединяемый (*к чему-л.*)

affiliate I [ə'fɪlɪɪt] *n* 1. *амер.* филиал, отделение (*организации, фирмы*) 2. эк. дочернее общество; компания-филиал 3. помощник, коллега; компаньон, партнёр

affiliate II [ə'fɪlɪɪt] *a книжн.* присоединённый, включённый

affiliate III [ə'fɪlɪeɪt] *v* 1. 1) присоединять; объединять; сливать; включать в систему в качестве филиала *и т. п.*; the College is ~d to the University этот колледж входит в состав университета; the two banks were ~d эти два банка объединились; he ~d himself with a local club он стал членом местного клуба 2) присоединяться; to ~ to /амер. with/ smth. присоединяться к чему-л.; to ~ with a political party вступить в политическую партию 2. *юр.* 1) устанавливать отцовство; the mother ~d her child upon ... мать ребёнка в суде доказала, что его отцом является... 2) устанавливать авторство 3. *юр.* усыновлять 4. *редк.* проследить источник, установить связи, происхождение; to ~ a language установить происхождение языка

affiliation [ə,fɪlɪ'eɪʃ(ə)n] *n* 1. 1) присоединение; принятие в члены; ~ fee вступительный взнос 2) членство; место работы; irrespective of party ~ независимо от партийной принадлежности; your ~? а) в какой партии вы состоите? б) где вы работаете? 2. *юр.* установление отцовства, авторства (*в суде*); ~ order судебное решение, устанавливающее отцовство и определяющее размер алиментов 3. *юр.* усыновление 4. 1) прослеживание истоков (*чего-л.*); установление связи (*с чем-л.*) 2) указание организации, где выполнена работа (*обыкн. в журналь-*

ных статьях и т. п.) **5.** 1) *офиц.* связь; to have ~s with an organization поддерживать связи с организацией 2) контакт, встреча; to have few ~ with the local population иметь мало контактов /редко встречаться *или* сталкиваться/ с местным населением

affinage [əˈfɪnɪdʒ] *n редк.* афинаж, рафинирование, очистка

affinal I [əˈfaɪn(ə)l] *n* родня по браку; свойственник

affinal II [əˈfaɪn(ə)l] *a книжн.* 1) находящийся в свойстве 2) имеющий общее происхождение; родственный

affined [əˈfaɪnd] *a* **1.** *книжн.* связанный (*чем-л.*); сходный, родственный, сродный **2.** *арх.* связанный обязательством

affinitive [əˈfɪnɪtɪv] *a книжн.* тесно связанный, *особ.* родственными узами

affinity [əˈfɪnɪtɪ] *n* **1.** близость, (духовное) родство; сходство; close ~ between smb., smth. тесная связь [-ое родство] между кем-л., чем-л.; spiritual ~ духовная близость; there is much ~ between them у них много общего; они очень близки **2.** 1) (взаимная) склонность, симпатия; he feels a strong ~ for /to/ her его сильно влечёт к ней; ~ for dancing любовь к танцам 2) предмет симпатии, родная душа **3.** *юр.* 1) свойство, родство по мужу *или* жене; related by ~ связанный свойством 2) *собир.* свойственники, родня мужа *или* жены **4.** сходство, структурная близость; ~ of languages сходство *или* родство языков **5.** *хим.* сродство **6.** *биол.* родовое сходство; филогенетическая близость

affinity group [əˈfɪnɪtɪˌgruːp] клуб единомышленников (*людей с общими интересами, увлечениями и т. п.*)

affirm [əˈfɜːm] *v* **1.** 1) подтверждать; утверждать; to ~ a decision подтвердить решение; to ~ the truth of the statement подтвердить правильность заявления; to ~ one's loyalty to smb. заявлять о своей преданности кому-л. 2) утверждать, заявлять; he ~ed his love for her он объявил о своей любви **2.** *юр.* 1) торжественно заявлять (*вместо присяги*) 2) скреплять (*подписью, печатью*) 3) утверждать решение суда низшей инстанции (*в апелляционном суде*) **3.** *возвыш.* защищать, становиться на защиту (*чего-л.*); to ~ life by refusing to kill утверждать жизнь, отказываясь убивать

affirmance [əˈfɜːməns] *n* 1) утверждение, подтверждение 2) торжественное заявление 3) *юр.* утверждение решения суда судом высшей инстанции

affirmant I [əˈfɜːmənt] *n юр.* лицо, делающее торжественное заявление (*вместо присяги*)

affirmant II [əˈfɜːmənt] *a книжн.* утверждающий, подтверждающий

affirmation [ˌæfəˈmeɪʃ(ə)n] *n* **1.** заявление, заверение; утверждение **2.** подтверждение **3.** *юр.* торжественное заявление (*вместо присяги у квакеров и др.*)

affirmative I [əˈfɜːmətɪv] *n* **1.** утверждение, заявление; to answer in the ~ ответить утвердительно, дать положительный ответ **2.** (the ~) сторона, выступающая «за» (*в споре, дискуссии*); to speak for the ~ выступать «за» **3.** *лог.* аффирматива, аффирмативное суждение

affirmative II [əˈfɜːmətɪv] *a* **1.** утвердительный; ~ answer [sentence] утвердительный ответ /-ое предложение/; ~ vote голос «за», голосование «за» **2.** позитивный, конструктивный; ~ approach конструктивный подход (*к какому-л.*

вопросу и т. п.) **3.** *лог.* аффирмативный **4.** *мат.* положительный

affirmatory [əˈfɜːmət(ə)rɪ] *a книжн.* утвердительный, утверждающий

affix I [ˈæfɪks] *n грам.* **1.** аффикс **2.** *редк.* приложение, дополнение

affix II [əˈfɪks] *v* **1.** (to, on, upon) 1) прикреплять; to ~ a placard on /upon/ a wall прикрепить /приклеить/ плакат на стену; to ~ a stamp приклеить марку 2) приписывать (*кому-л.*); to ~ blame to smb. приписывать вину кому-л.; сваливать вину на кого-л. **2.** (to, on, upon) прибавлять; присоединять; to ~ a letter [a syllable] to a word добавить букву [слог] к слову; to ~ a postscript сделать приписку, добавить постскриптум **3.** поставить (*подпись*); приложить (*печать*); to ~ one's signature [one's name] to a contract поставить подпись /своё имя/ под контрактом; to ~ the seal скрепить печатью

affixation [ˌæfɪkˈseɪʃ(ə)n] *n* **1.** = affixture **2.** *лингв.* аффиксация

affixture [ˈæfɪkstʃə] *n* 1) *книжн.* присоединение, прикрепление 2) приложение, дополнение

afflated [əˈfleɪtɪd] *a книжн.* вдохновенный

afflation [əˈfleɪʃ(ə)n] = afflatus

afflatus [əˈfleɪtəs] *n книжн.* вдохновение; озарение; откровение; the divine ~ *рел.* божественное откровение; боговдохновение

afflict [əˈflɪkt] *v* **1.** огорчать, беспокоить; сокрушать; приводить в отчаяние; to ~ smb. with (constant) complaints донимать кого-л. (постоянными) жалобами **2.** поражать (*о болезни*); to be ~ed with lameness хромать; to be ~ed with a sense of inferiority страдать комплексом неполноценности

affliction [əˈflɪkʃ(ə)n] *n* **1.** несчастье, бедствие; to bear up against ~ стойко переносить превратности судьбы **2.** печаль, скорбь; to be comforted in one's ~ найти утешение в скорби **3.** 1) болезнь, недуг 2) физический недостаток

afflictive [əˈflɪktɪv] *a книжн.* **1.** прискорбный, печальный **2.** болезненный; вызывающий *или* причиняющий страдание, боль

affluence [ˈæflʊəns] *n* **1.** изобилие, обилие, богатство; to live in ~ жить в достатке /в богатстве/; to rise to ~ разбогатеть **2.** приток, стечение, наплыв, обилие

affluent I [ˈæflʊənt] *n* **1.** приток (*реки*) **2.** *гидр.* подпор (*реки*) **3.** (the ~) *собир.* *употр. с гл. во мн. ч.* богачи, богатеи

affluent II [ˈæflʊənt] *a* **1.** изобильный, обильный, богатый; the ~ society общество изобилия; ~ in idioms богатый /изобилующий/ идиомами **2.** свободно текущий

afflux [ˈæflʌks] *n* **1.** прилив, приток; ~ of blood прилив крови; ~ of purchasers наплыв покупателей **2.** *тех.* впуск (*пара, воздуха*)

affluxion [əˈflʌkʃ(ə)n] = afflux

afforce [əˈfɔːs] *v редк.* укрепить; расширить состав (*включением новых членов*)

afford [əˈfɔːd] *v* **1.** иметь возможность, быть в состоянии (*сделать что-л.*); позволить себе (*покупку, удовольствие*); I can't ~ the journey я не могу себе позволить такое путешествие; I can't ~ the time я не могу выкроить время; у меня нет на это времени, мне некогда; I can't ~ the money мне это не по средствам; I can ~ to speak freely я могу себе позволить высказаться откровенно; you cannot ~ to neglect your health ты не имеешь права пренебрегать своим здоровьем **2.** предоставлять, давать; to

~ shelter предоставить /дать/ убежище; to ~ consolation приносить утешение; to ~ satisfaction давать удовлетворение; to ~ pleasure to smb. доставить удовольствие кому-л.; the transaction ~ed him a good profit сделка принесла ему большую прибыль; hills ~ a fine view с холмов открывается прекрасный вид; trees ~ shade деревья дают тень; olives ~ oil из маслин добывают масло

affordable [əˈfɔːdəb(ə)l] *a* возможный; допустимый; по средствам

afforest [əˈfɒrɪst] *v* засаживать лесом, облесить

afforestation [əˌfɒrɪˈsteɪʃ(ə)n] *n* лесонасаждение; облесение

afforested [əˈfɒrɪstɪd] *a* облесённый; засаженный лесом

affranchise [əˈfræntʃaɪz] *v* 1) *ист.* отпускать на волю (*невольника и т. п.*); давать вольную 2) освобождать (*от подати, обета, обязанностей*)

affranchisement [əˈfræntʃɪzmənt] *n ист.* 1) отпускная, вольная 2) освобождение (*от рабства, подати, обета*)

affray [əˈfreɪ] *n* **1.** нарушение общественного спокойствия, драка, шум, скандал; to cause an ~ затевать драку **2.** *юр.* драка в общественном месте

affreight [əˈfreɪt] *v* (за)фрахтовать (*судно*)

affreighter [əˈfreɪtə] *n* фрахтователь; наниматель (*судна*)

affreightment [əˈfreɪtmənt] *n* фрахтование (*судна*)

affricate [ˈæfrɪkɪt] *n фон.* аффриката, аффрикативный звук

affrication [ˌæfrɪˈkeɪʃ(ə)n] *n фон.* трансформация взрывного согласного звука в аффрикату

affricative I [əˈfrɪkətɪv] = affricate

affricative II [əˈfrɪkətɪv] *a фон.* аффрикативный

affright I [əˈfraɪt] *n поэт.* 1) испуг, страх 2) страшилище; что-л. пугающее

affright II [əˈfraɪt] *v поэт.* пугать, ужасать

affront I [əˈfrʌnt] *n* оскорбление (*публичное*); обида; унижение; афронт; deliberate [public] ~ преднамеренное [публичное] оскорбление; deadly /mortal/ ~ кровная /смертельная/ обида; ~ to smb.'s pride оскорбление чьего-л. достоинства; to offer an ~ to smb., to put an ~ (up)on smb. нанести оскорбление кому-л.; to suffer an ~ потерпеть афронт, почувствовать себя оскорблённым

affront II [əˈfrʌnt] *v* **1.** оскорблять, наносить оскорбление, обиду (*публично*); to be greatly ~ed быть глубоко оскорблённым; to ~ the eye [the ear] резать глаз [ухо]; to ~ smb.'s sense of beauty оскорблять чьё-л. чувство прекрасного **2.** смутить, привести в замешательство; пристыдить; сконфузить **3.** встретить смело, смотреть в лицо (*чему-л.*); to ~ death a hundred times много раз не дрогнув /смело/ смотреть в лицо смерти

affronté [əˈfrʌntiː] *a геральд.* 1) стоящий лицом к лицу 2) повёрнутый анфас, лицом

affronted [əˈfrʌntɪd] *a* **1.** глубоко оскорблённый; обиженный **2.** = affronté

affronter [əˈfrʌntə] *n книжн.* 1) *см.* affront II + -er 2) оскорбитель, обидчик

affronting [əˈfrʌntɪŋ] *a книжн.* оскорбительный, обидный

affusion [əˈfjuːʒ(ə)n] *n* 1) окропление (*при крещении и т. п.*) 2) обливание (*как метод лечения*)

AFG — AFR

Afghan I ['æfgæn] *n* 1. афга́нец; афга́нка; the ~s *собир.* афга́нцы 2. афга́нский язы́к, пушту́ 3. (a.) *амер.* вя́заный шерстяно́й плед 4. туркме́нский ковёр 5. афга́нская борза́я (*тж.* ~ hound)

Afghan II ['æfgæn] *a* афга́нский

afghanets ['æf'ga:nıts] *n русск.* афга́нец (*горячий сухой южный ветер*)

Afghani I ['æf'ga:nı] *n* 1. = Afghan I 1 и 2 2. (a.) афгани́ (*денежная единица Афганистана*)

Afghani II ['æf'ga:nı] = Afghan II

aficionado [ə,fɪʃɪə'na:dəʊ] *n исп.* (*pl* -os [-əʊz]) 1. ре́вностный покло́нник, побо́рник, приве́рженец, ревни́тель; crime-story ~s больши́е /стра́стные, зая́длые/ люби́тели детекти́вов 2. 1) боле́льщик; baseball ~ боле́льщик бейсбо́ла 2) стра́стный люби́тель корри́ды

afield [ə'fi:ld] *adv* 1. 1) за грани́цей; вдали́ от (родно́го) до́ма, вдалеке́ от до́ма; far ~ далеко́ 2) вдаль; за грани́цу; to go too far ~ сби́ться с пути́ 2. в стороне́, в сто́рону, за преде́лами; за ра́мками; to stray far ~ in one's reading быть о́чень начи́танным, чита́ть мно́го в ра́зных областя́х зна́ния; чита́ть совсе́м не по програ́мме (*об учащихся, студентах и т. п.*); разбира́ться в вы́боре чте́ния 3. в по́ле, на по́ле (*о сельскохозяйственных рабочих и войсках*)

afifi cotton [a:,fi:fi:'kɒtn] *с.-х.* афифи́ (*основной тип египетского хлопка*)

afire I [ə'faɪə] *a predic* 1) охва́ченный пла́менем 2) пыла́ющий стра́стью; with heart ~ с се́рдцем, пыла́ющим стра́стью; ~ with enthusiasm (for) охва́ченный энтузиа́змом; he was ~ with enthusiasm for the new movie он буква́льно загоре́лся /заболе́л/ э́той но́вой кинокарти́ной

afire II [ə'faɪə] *adv* в огне́; to set ~ поджига́ть

aflame [ə'fleɪm] *a predic* 1. объя́тый пла́менем, горя́щий, пыла́ющий огнё; the house was all ~ дом был объя́т пла́менем 2. сверка́ющий; горя́чий, пы́лкий; ~ with colour сверка́ющий кра́сками; ~ with blushes за́литый румя́нцем (*смущения, стыда*); ~ with curiosity сгора́я от любопы́тства; ~ with passion сжига́емый стра́стью

aflare [ə'fleə] *a predic* размета́вшийся; развева́ющийся; with bushy hair ~ с ко́пной взлохма́ченных воло́с

afloat I [ə'fləʊt] *a predic* 1. пла́вающий на пове́рхности воды́; плыву́щий по тече́нию; to be ~ плыть, пла́вать 2. (находя́щийся) в ходу́, в движе́нии; в по́лном разга́ре; rumours are ~ хо́дят слу́хи 3. покры́тый, за́литый водо́й; decks are ~ па́лубы за́литы /зато́плены/ водо́й 4. *мор.* (находя́щийся) на слу́жбе в вое́нном фло́те

afloat II [ə'fləʊt] *adv* 1. 1) на воде́, на мо́ре; на пове́рхности (*воды*); to keep ~ держа́ться на пове́рхности, не тону́ть (*ср. тж.* 4]; to bring /to get/ smth. ~ а) снять с ме́ли; б) пусти́ть в ход 2) в пла́вании; life ~ жизнь на мо́ре, жизнь моряка́; how long did you spend ~? как до́лго вы бы́ли в пла́вании? 3) *мор.* на плаву́; the ship was set ~ су́дно бы́ло спу́щено на́ воду 2. на борту́, на борт (*судна*); cargo ~ and ashore груз на борту́ и на берегу́ 3. в де́йствии, в де́ле; на ходу́; to get a new periodical ~ нача́ть изда́ние но́вого журна́ла 4. при деньга́х, не на мели́; lend me some money to keep me ~ одолжи́ мне де́нег, а то я на мели́ /чтобы я мог переби́ться/ [*ср. тж.* 1]

aflower [ə'flaʊə] *adv поэт.* в цвету́

aflush [ə'flʌʃ] *adv тех.* заподли́цо

aflutter [ə'flʌtə] *a predic книжн.* 1. тре́петный, дрожа́щий, колебю́щийся; в тре́пете, трепеща́; flags were ~ in the breeze фла́ги развева́лись на ветру́ 2. взволно́ванный, возбуждённый; трепе́щущий; the whole village was ~ with the news вся дере́вня была́ взбудора́жена э́тим изве́стием

afoam [ə'fəʊm] *adv книжн.* в пе́не, пе́нясь

afocal [eɪ'fəʊk(ə)l] *a опт.* афока́льный, внефоку́сный

à fond [a:'fɒŋ] *adv фр.* по́лностью, до конца́, основа́тельно, тща́тельно

afoot [ə'fʊt] *a predic* 1. в движе́нии, в де́йствии; to set smth. ~ пусти́ть что-л. в ход, привести́ что-л. в де́йствие; to set ~ an inquiry нача́ть рассле́дование 2. в проце́ссе подгото́вки (обыкн. о плохо́м); there is mischief ~ что́-то зате́вается 3. 1) пешко́м 2) *воен.* в похо́де

afore [ə'fɔ:] *adv* 1. *диал., прост.* впереди́ 2. (afore-) *как компонент сложных слов* вы́ше-, ра́ньше-; aforecited вышеприведённый; aforesaid вышеска́занный; aforementioned вышеупомя́нутый; aforethought преднаме́ренный, предумы́шленный

aforecited [ə'fɔ:,saɪtɪd] *a офиц.* вышеприведённый, вышеука́занный

aforehand [ə'fɔ:hænd] *adv диал.* заблаговре́менно

aforementioned [ə'fɔ:,menʃ(ə)nd] *a офиц.* вышеупомя́нутый, вышеска́занный

aforenamed [ə'fɔ:(,)neɪmd] *a офиц.* вышеназва́нный

aforesaid [ə'fɔ:sed] *a канц.* вышеупомя́нутый, вышеизло́женный, вышеска́занный

aforethought I [ə'fɔ:θɔ:t] *n юр.* преднаме́ренность, у́мысел

aforethought II [ə'fɔ:θɔ:t] *a юр.* предумы́шленный, преднаме́ренный; with malice ~ с зара́нее обду́манным (престу́пным) наме́рением

aforetime I [ə'fɔ:taɪm] *a арх.* предше́ствующий, пре́жний, бы́вший, проше́дший, да́вний

aforetime II [ə'fɔ:taɪm] *adv арх.* в бы́лые времена́, встарь, пре́жде

a fortiori [,eɪfɔ:tɪ'ɔ:r(a)ɪ] *лат.* с тем бо́льшим основа́нием; тем бо́лее

afoul [ə'faʊl] *a predic* 1. столкну́вшись; в запу́танном состоя́нии; запу́тавшись (*о снастях и т. п.*); to run ~ of smth. *мор.* а) запу́таться в чём-л. (*в водорослях и т. п.*); б) столкну́ться с чем-л. 2. в состоя́нии конфли́кта, столкнове́ния; to run /to fall/ ~ of smb. а) не пола́дить /не срабо́таться/ с кем-л.; поссо́риться с кем-л.; б) досади́ть кому́-л.; to run ~ of the law нару́шить зако́н, быть не в лада́х с зако́ном

afraid [ə'freɪd] *a predic* 1. испу́ганный, напу́ганный; боя́щийся; who is ~? кто испуга́лся? кто боится? to be ~ of smb., smth. боя́ться кого́-л., чего́-л.; to be ~ of hard work страши́ться /чура́ться/ тяжёлой рабо́ты; to be ~ for smb., smth. боя́ться /опаса́ться/ за кого́-л., за что́-л.; to make smb. ~ напуга́ть кого́-л.; he's ~ for his job он дрожи́т за своё ме́сто, он бои́тся потеря́ть рабо́ту 2. 1) сожале́ющий, огорчённый; to be ~ (that) ... боя́ться, как бы не...; I am ~ (that) we are late бою́сь, что мы опа́здываем; I am ~ that we may be late бою́сь, как бы нам не опозда́ть 2) к сожале́нию (*вежливая форма отка́за*); I am ~ I cannot give you his address к сожале́нию, я не могу́ вам дать его́ а́дрес; is the boss back yet? — I am ~ not босс уже́ верну́лся? — К сожале́нию нет 3. не жела́ющий, стесня́ющийся (*делать что-л.*); нерасполо́женный; опаса́ющийся; I was ~ of hurting his feelings я не хоте́л заде́ть его́ чувств /огорча́ть его́/; don't be ~ of asking ≅ не стесня́йтесь, задава́йте вопро́сы

◇ ~ to say "bo" to a goose бои́тся вы́молвить слове́чко; ≅ пи́кнуть не сме́ет

A-frame ['eɪ,freɪm] *n* констру́кция *или* зда́ние в фо́рме треуго́льника

Aframerican I, II [,æfrə'merɪkən] = Afro-American I *и* II

Afrasian I [,æf'reɪʒ(ə)n] *n* афразе́ец, челове́к сме́шанного а́фро-азиа́тского происхожде́ния

Afrasian II [,æf'reɪʒ(ə)n] *a* 1. относя́щийся к Афра́зии 2. сме́шанного а́фро-азиа́тского происхожде́ния

afreet ['æfri:t, ə'fri:t] *n араб. миф.* афри́т, злой дух

afresh [ə'freʃ] *adv* сно́ва, сы́знова, опя́ть; to start ~ нача́ть сно́ва /с са́мого нача́ла/

Afric ['æfrɪk] *a поэт.* африка́нский

African I ['æfrɪkən] *n* 1. африка́нец; африка́нка; the ~s *собир.* африка́нцы 2. 1) = Afro-American I 2) отдалённый пото́мок африка́нцев (*об американском негре или мулате*)

African II ['æfrɪkən] *a* 1) африка́нский; ~ languages африка́нские языки́ 2) относя́щийся к чёрным америка́нцам

Africana [,æfrɪ'kɑ:nə] *n pl* предме́ты, относя́щиеся к африка́нской культу́ре, исто́рии *и т. п.*; изде́лия африка́нских реме́сленников; африка́нский фолькло́р

Africander [,æfrɪ'kændə] = Afrikander

Africanderism [,æfrɪ'kændərɪz(ə)m] = Afrikanderism

African dominoes [,æfrɪkən'dɒmɪnəʊz] *сл.* домино́ по-африка́нски, ко́сти (*игра*)

African drum [,æfrɪkən'drʌm] ту́мба, африка́нский бараба́н

Africaner [,æfrɪ'kɑ:nə] = Afrikaner

Africanism ['æfrɪkənɪz(ə)m] *n* 1. тради́ции и культу́ра наро́дов А́фрики 2. пре́данность А́фрике, любо́вь к африка́нской прароди́не (*у чёрных америка́нцев*)

Africanist ['æfrɪkənɪst] *n* африкани́ст (*специалист по африканской культу́ре, исто́рии и т. п.*)

Africanization [,æfrɪkənaɪ'zeɪʃ(ə)n] *n* 1) африканиза́ция; перево́д обуче́ния и официа́льной перепи́ски на ме́стный африка́нский язы́к (*вместо языка бывшей колониальной держа́вы*) 2) переда́ча предприя́тий, ра́нее принадлежа́вших европе́йцам, в ру́ки африка́нцев 3) заме́на бе́лых чино́вников и специали́стов африка́нцами; ~ of the civil service африканиза́ция госуда́рственных учрежде́ний

Africanize ['æfrɪkənaɪz] *v* 1) африканизи́ровать (*учреждения, учебные заведения и т. п.*; *см.* Africanization) 2) заменя́ть бе́лых чино́вников и специали́стов африка́нцами (*в бывших коло́ниях*)

African marigold [,æfrɪkən'mærɪɡəʊld] *бот.* ба́рхатки прямостоя́чие (*Tagetes erecta*)

African millet [,æfrɪkən'mɪlɪt] *бот.* про́со африка́нское (*Pennisetum glaucum*)

African oak [,æfrɪkən'əʊk] *бот.* ти́ковое де́рево (*Tectona*)

African violet [,æfrɪkən'vaɪəlɪt] *бот.* африка́нская *или* узамба́рская фиа́лка (*Saintpaulla gen.*)

Afrikaans [,æfrɪ'kɑ:ns] *n* 1. африка́анс, бу́рский язы́к (*на основе голла́ндских диалектов*) 2. *в грам. знач. прил.*

1) относя́щийся к африка́ансу 2) относя́щийся к африка́ндерам

Afrikander [ˌæfrɪˈkændə] *n* **1.** африка́ндер *(самоназвание жителей Южно-Африканской Республики голландского происхождения);* бур; ~ Bond /Bund/ *ист.* Бу́рская ли́га **2.** *редк.* жи́тель *или* уроже́нец Ю́жно-Африка́нской Респу́блики, принадлежа́щий к бе́лой ра́се

Afrikanderism [ˌæfrɪˈkændərɪz(ə)m] *n* африкандери́зм, сло́во *или* выраже́ние, характе́рное для англи́йского языка́ жи́телей ЮАР; заи́мствование из языка́ африка́анс

Afrikaner [ˌæfrɪˈkɑːnə] = Afrikander

Afrit(e) [əˈfriːt] = afreet

Afro I [ˈæfrəʊ] *n* «а́фро», высо́кая причёска из ме́лких завитко́в, причёска под африка́нца

Afro II [ˈæfrəʊ] *a* **1.** в сти́ле африка́нцев, а́фро; ~ hairdo /hair-cut/ причёска «а́фро»; ~ clothes [wig] костю́м [пари́к] в сти́ле «а́фро» **2.** = Afro-American II

Afro- [ˈæfrə(ʊ)-] *в сложных словах имеет значение* африка́нский; Afro-American а́фро-америка́нский, относя́щийся к америка́нским не́грам

Afro-American I [ˌæfrəʊəˈmerɪkən] *n амер.* чёрный америка́нец, америка́нский негр

Afro-American II [ˌæfrəʊəˈmerɪkən] *a амер.* относя́щийся к чёрным америка́нцам; ~ music негритя́нская му́зыка; ~ studies курс ле́кций по пробле́мам культу́ры, исто́рии, литерату́ры *и т. п.* африка́нских *или* америка́нских не́гров *(в колледже или университете)*

Afro-Americanese [ˌæfrəʊəˌmerɪkəˈniːz] *n* жарго́н чёрных америка́нцев

Afro-Americanism [ˌæfrəʊəˈmerɪkənɪz(ə)m] *n* культу́ра чёрных америка́нцев

Afro-Asian I [ˌæfrəʊˈeɪʃ(ə)n] *n* уроже́нец *или* жи́тель одно́й из стран Афра́зии

Afro-Asian II [ˌæfrəʊˈeɪʃ(ə)n] *a* а́фро-азиа́тский

Afro-Asiatic [ˌæfrəʊˌeɪʒɪˈætɪk] *n* хами́то-семи́тская семья́ языко́в *(на территории юго-западной Азии и северной Африки)*

Afro-Cuban [ˌæfrəʊˈkjuːbən] *a* относя́щийся к куби́нцам африка́нского происхожде́ния, относя́щийся к темноко́жим куби́нцам

afroed [ˈæfrəʊd] *a* с причёской «а́фро»; ~ girls де́вушки, причёсанные на африка́нский мане́р

Afroism [ˈæfrəʊɪz(ə)m] *n* приве́рженность к африка́нской культу́ре

aft [ɑːft] *adv мор., ав.* **1)** в кормово́й ча́сти, в корме́; на корме́; fore and ~ во всю длину́ *(судна);* от но́са до кормы́ **2)** по направле́нию к корме́ **3)** за кормо́й

after¹ I [ˈɑːftə] *a* **1.** после́дующий; поздне́йший; in ~ years /days/ в бу́дущем; an ~ period of life после́дние го́ды жи́зни **2.** *обыкн. мор.* за́дний, кормово́й; the ~ part of the ship кормова́я часть корабля́; ~ hold за́дний трюм, кормово́й трюм

after¹ II [ˈɑːftə] *adv* **1.** пото́м, зате́м; поздне́е; впосле́дствии; three years ~ спустя́ /че́рез/ три го́да; the morning ~ на сле́дующее у́тро; you speak first, I shall speak ~ снача́ла говори́те вы, а зате́м скажу́ я; I never saw him ~ я никогда́ его́ бо́льше не ви́дел; soon ~ вско́ре по́сле того́; they lived happily ever ~ фольк. и жи́ли они́ до́лго и сча́стливо до глубо́кой ста́рости; ста́ли жить-пожива́ть да добра́ нажива́ть **2.** сза́ди, позади́; to follow ~ идти́ следо́м

after¹ III [ˈɑːftə] *prep* **1.** *во временно́м значе́нии указывает на* **1)** *после́довательную сме́ну явле́ний* по́сле; ~ Sunday comes Monday за воскресе́ньем сле́дует понеде́льник; ~ dark с наступле́нием темноты́ **2)** *промежуток времени, точку отсчёта или обстоятельство, после которого что-л. происходит* по́сле; че́рез, спустя́; ~ two years' absence че́рез двухле́тнего отсу́тствия; ~ a year че́рез год; спустя́ год; it is ~ five тепе́рь шесто́й час; ~ a while че́рез не́которое вре́мя, немно́го погодя́; ~ examining the patient the doctor wrote a prescription осмотре́в больно́го, до́ктор вы́писал реце́пт; the day ~ tomorrow послеза́втра **2.** *в пространственном значении указывает на* **1)** *местонахожде́ние позади́ кого́-л., чего́-л.,* по́зади, за; the school is just ~ the club шко́ла нахо́дится сра́зу за клу́бом **2)** *движение вслед за кем-л., чем-л.,* вслед за; to walk [to run] ~ smb. идти́ [бежа́ть] за кем-л.; the dogs ran ~ the fox соба́ки гнали́сь за лисо́й; they threw stones ~ him они́ кида́ли ка́мни ему́ вслед; shut the door ~ you закро́йте за собо́й дверь; ~ you! прошу́ вас! *(уступая кому-л. дорогу, пропуская кого-л. вперёд)* **3.** *указывает на следова́ние по поря́дку или по ва́жности* за; B comes ~ A Б идёт за А; one ~ another оди́н за други́м; he reads page ~ page он чита́ет страни́цу за страни́цей; day ~ day день за днём; изо дня в день; time ~ time не раз, постоя́нно **4.** *указывает на причи́ну* по́сле; ~ what has happened he won't go по́сле того́, что произошло́, он не пойдёт; ~ what you have said I shall be more careful по́сле того́, что вы сказа́ли, я бу́ду осторо́жнее **5.** *указывает на цель или направление поисков* в погоне, разы́скивая; I'm ~ a decent job я хочу́ устро́иться на хоро́шую рабо́ту; who is he ~? кого́ он и́щет /разы́скивает/?; she is ~ a husband она́ и́щет себе́ му́жа /охо́тится за женихо́м/; what are they ~ что им ну́жно? **6.** *указывает на проявление заботы, внимания о, относительно (обыкн. с глаголами* to ask, to inquire); to ask /to inquire/ ~ smb. спра́шивать о ком-л.; he asked ~ your health он справля́лся /спра́шивал/ о ва́шем здоро́вье; who will look /see/ ~ the baby [the house]? кто бу́дет присма́тривать за ребёнком [за до́мом]?; I can look ~ myself я (сам) суме́ю о себе́ позабо́титься **7.** *указывает на соответствие чему-л., подражание какому-л. образцу, сходство с кем-л.* согла́сно, по; he behaved ~ his nature его́ поведе́ние соотве́тствовало его́ хара́ктеру; this is ~ my own heart э́то мне по се́рдцу /по душе́/; ~ the same pattern по тому́ же образцу́; a painting ~ Titian карти́на в подража́ние Тициа́ну /под Тициа́на/; she was dressed ~ the latest fashion она́ была́ оде́та по после́дней мо́де; he takes ~ his father он похо́ж на отца́ **8.** *указывает на человека, в честь которого кто-л. назван* в честь по и́мени; he was named ~ his uncle ему́ да́ли и́мя в честь его́ дя́ди **9.** *ком.* в соотве́тствии, как ука́зано; ~ sight по предъявле́нии *(векселя);* ~ a date of сего́ числа́ *(надпись на векселях)* **10.** *в сочетаниях:* ~ all a) по́сле, несмотря́ на; ~ all my care the vase was broken несмотря́ на то, что я был о́чень осторо́жен, ва́за разби́лась; ~ all our advice you took that course несмотря́ на все на́ши сове́ты, вы так поступи́ли; б) в конце́ концо́в; всё же; ~ all, what does it matter? како́е э́то име́ет значе́ние, в конце́ концо́в?; I was right ~ all! всё же я был прав!

after¹ IV [ˈɑːftə] *cj* по́сле того́ как; I reached the station ~ the train had left я прие́хал на вокза́л по́сле того́, как по́езд ушёл

after² [ˈɑːftə] *n (сокр. от* afternoon) *разг.* вре́мя по́сле полу́дня; this ~ сего́дня днём

after- [ˈɑːftə-] *в сложных словах имеет значение:* **1.** (по)сле́дующий: aftershock афтершо́к, подзе́мный толчо́к, сле́дующий за землетрясе́нием; afterhours сверхуро́чная рабо́та; aftereffect отсро́ченные после́дствия; afterwind послевзры́вные возду́шные пото́ки **2.** *преим. мор.* за́дний: afterdeck ют; after-tossing зыбь за кормо́й

afterbirth [ˈɑːftəbɜːθ] *n* **1.** *юр.* ребёнок, роди́вшийся по́сле сме́рти отца́ *или* по́сле составле́ния завеща́ния **2.** *анат.* после́д, де́тское ме́сто, плаце́нта

afterbody [ˈɑːftəˌbɒdɪ] *n* **1)** *мор.* кормова́я часть ко́рпуса **2)** *ав.* хвостова́я часть ко́рпуса

after-born [ˈɑːftəbɔːn] *a* **1)** роди́вшийся по́сле сме́рти отца́ **2)** роди́вшийся позд́нее, младший

afterbrain [ˈɑːftəbreɪn] *n анат.* за́дний мозг

afterburner [ˈɑːftəˌbɜːnə] *n* **1.** *авт.* дожига́тель **2.** *ав.* форса́жная ка́мера

afterburning [ˈɑːftəˌbɜːnɪŋ] *n анат.* дожига́ние

after-care [ˈɑːftəkeə] *n* **1. 1)** долечива́ние; ухо́д *(за выздора́вливающим)* **2)** восстанови́тельная терапи́я *(после болезни, ранения);* реабилита́ция **3)** ухо́д и наблюде́ние за же́нщиной по́сле ро́дов **4)** диспансериза́ция вы́писавшихся из психиатри́ческих больни́ц **2.** наблюде́ние за прибы́вшими из мест заключе́ния, соде́йствие бы́вшим заключённым в трудоустро́йстве *и т. п.*

aftercast [ˈɑːftəkɑːst] *n* то́чная ко́пия *(литья́)*

aftercastle [ˈɑːftəˌkɑːs(ə)l] *n мор.* ют

afterclap [ˈɑːftəklæp] *n* неожи́данная неприя́тность; ≅ гром с я́сного не́ба

aftercrop [ˈɑːftəkrɒp] *n с.-х.* **1)** второ́й урожа́й **2)** второ́й уко́с **3)** после́дующая сельскохозя́йственная культу́ра *(в тот же год)*

afterculture [ˈɑːftəˌkʌltʃə] *n с.-х.* **1.** после́дующее размноже́ние *(селекти́рованных расте́ний)* **2.** подса́дка, пополне́ние древонасажде́ний

afterdamp [ˈɑːftədæmp] *n горн.* га́зовая смесь, образу́ющаяся по́сле взры́ва руди́чного га́за

afterdark [ˈɑːftədɑːk] *a* происходя́щий по́сле наступле́ния темноты́; вече́рний; ночно́й; ~ costumes вече́рние костю́мы; ~ bus run ночны́е ре́йсы авто́бусов

afterdeck [ˈɑːftədek] *n мор.* ют, па́луба кормово́й ча́сти

afterdinner [ˈɑːftəˌdɪnə] *a* послеобе́денный; ~ coffee послеобе́денный ко́фе; ~ speech выступле́ние на банке́те

after-effect [ˈɑːft(ə)rɪˌfekt] *n* **1.** после́дствие *(наступа́ющее не сра́зу)* **2. 1)** *спец.* последе́йствие **2)** побо́чное де́йствие *(лека́рств)*

afterfeed [ˈɑːftəfiːd] *n с.-х.* ота́ва

after-game [ˈɑːftəgeɪm] *n* **1)** о́тыгрыш **2)** но́вое сре́дство, что́бы нейтрализова́ть неуда́чу; there remains an ~ to play есть ещё одно́ сре́дство

afterglow [ˈɑːftəgləʊ] *n* **1. 1)** вече́рняя заря́ **2)** прия́тное воспомина́ние **2.** *физ.* послесвече́ние, фосфоресце́нция

after-grass [ˈɑːftəgrɑːs] *n с.-х.* ота́ва

aftergrowth [ˈɑːftəgrəʊθ] *n* **1.** = after-grass **2.** но́вый поворо́т собы́тий; неожиданное *или* нежелательное последствие

afterguard ['a:ftəga:d] *n мор. жарг.* 1. *собир.* яхтенные на полуюте 2. владелец яхты и его гости

afterheat ['a:ftəhi:t] *n* остаточное тепловыделение *(ядерного реактора)*

afterhours [,a:ftər'auəz] *n* происходящий после окончания рабочего дня; ~ club клуб встреч после рабочего дня

after-image ['a:ftər,ımıdʒ] *n* 1. *тлв.* остаточное изображение, послесвечение 2. *психол.* последовательный образ *(сохранение зрительного образа после исчезновения самого предмета)*

afterlife ['a:ftəlaıf] *n* 1. 1) *рел.* загробная жизнь 2) жизнь после смерти 2. *шутл.* последующий период жизни; what happens to graduates of Oxford in ~? какова дальнейшая судьба выпускников Оксфордского университета?

afterlight ['a:ftəlaıt] *n* 1. *театр.* задний свет 2. отсвет прошедших событий; in the ~ в свете того, что произошло
◊ in the cold ~ по зрелом размышлении

aftermath ['a:ftəmæθ] *n* 1. *с.-х.* 1) отава 2) второй покос 2. последствие *(бедствия, катастрофы)*; ~ of a storm последствия бури; ~ of war отзвук войны

after-milking ['a:ftə,mılkıŋ] *n с.-х.* додаивание

aftermost ['a:ftəməʋst] *a* 1. самый последний; задний 2. *мор.* ближайший к корме

afternoon I [,a:ftə'nu:n] *n* 1. время после полудня; часы от полудня до заката; in the ~ днём, после полудня; this ~ сегодня днём; on Sunday ~ в воскресенье днём; ~'s luncheon полдник 2. после, более поздняя часть *(чего-л.)*; in the ~ of life на склоне лет
◊ good ~! а) добрый день!, здравствуйте!; б) до свидания; *(говорится во второй половине дня)*

afternoon II [,a:ftə'nu:n] *a* дневной; происходящий между полуднем и закатом; ~ tea чай в пять часов; ~ reception [session] дневной приём [-ое заседание]; ~ clothes одежда для второй половины дня; I shall have my ~ sleep in, как обычно, поспл днём; ~ watch *мор.* послеобеденная вахта *(с 12 до 16 часов)*

afternooner [,a:ftə'nu:nə] *n амер. проф.* дневной выпуск газеты

afternoons [,a:ftə'nu:nz] *adv амер.* днём, во второй половине дня; he sleeps late and works ~ он поздно встаёт и работает во второй половине дня

after-pains ['a:ftəpeınz] *n pl* 1. *мед.* послеродовые схватки 2. неприятное чувство *(после чего-л.)*; тяжёлый осадок; ~ of conscience угрызения совести

afterpart ['a:ftəra:t] *n мор.* кормовая часть корпуса

afterpayment ['a:ftə,peımənt] *n* 1. последующий платёж 2. дополнительный платёж, доплата

afterpeak ['a:ftəpi:k] *n мор.* ахтерпик

afterpiece ['a:ftəpi:s] *n* 1. дивертисмент; пьеса, даваемая в заключение представления 2. послесловие 3. *мор.* задняя часть пера руля

afterpulse ['a:ftəpʌls] *n спец.* послеимпульс

afterpurification ['a:ftə,pjʋ(ə)rıfı'keıʃ(ə)n] *n спец.* доочистка, дополнительная очистка; последующая очистка

after-ripening ['a:ftə,raıp(ə)nıŋ] *n с.-х.* послеуборочное дозревание

after-roll ['a:ftərəʋl] *n* волны после бури

afters ['a:ftəz] *n pl разг.* сладкое *(блюдо)*, десерт; what's for ~? что у нас сегодня на третье /на сладкое/?

aftersales [a:ftəseılz] ~ послепродажный; ~ service of automobiles гарантийное обслуживание автомобилей

aftersensation [a:ftəsen,seıʃ(ə)n] *n психол.* сохранение ощущения после прекращения действия возбудителя

aftershaft ['a:ftəʃa:ft] *n зоол.* придаточное перо

aftershave ['a:ftəʃeıv] *n* лосьон, применяющийся после бритья; *(тж. ~ lotion)*

after-shine ['a:ftəʃaın] = afterglow 1

aftershock ['a:ftəʃɒk] *n* 1. *геол.* афтершок, толчок вслед за главным толчком землетрясения 2. = after-effect 1; the ~ of dismissal шок, последовавший за увольнением

after-ski ['a:ftəski:] *a* надеваемый после катания на лыжах; ~ shoes мягкая обувь для отдыха лыжника

aftersound ['a:ftəsaʋnd] *n* отзвук, отголосок; впечатление; резонанс; эхо

afterstrain ['a:ftəstreın] *n тех.* остаточное напряжение

after-supper ['a:ftə,sʌpə] *n* время после ужина *(до сна)*; ~ talk беседа после ужина; вечерняя беседа

afterswarm ['a:ftəswɔ:m] *n пчел.* вторичный рой, подрой *(пчёл)*

aftertaste ['a:ftəteıst] *n* 1. остающийся во рту *(при)вкус* 2. осадок, неприятное впечатление; ~ of a bad marriage неприятные воспоминания о неудачном браке

aftertax ['a:ftətæks] *a* остающийся после удержания *или* уплаты налога, особ. подоходного *(о заработной плате, доходе и т. п.)*; ~ earnings чистый заработок, чистый доход

after-theatre ['a:ftə,θıətə] *a* (происходящий) после окончания спектакля; ~ party банкет по окончании спектакля, особ. после премьеры

afterthought ['a:ftəθɔ:t] *n* 1. запоздалая мысль, запоздалое соображение; мысль, пришедшая в голову слишком поздно; запоздалое раздумье 2. 1) запоздалое объяснение, запоздалый ответ 2) увёртка *или* отговорка, придуманная задним числом 3. добавление, дополнение; дополнительная черта, качество *и т. п.*; the best part of the palace was an ~ самая красивая часть дворца была позднейшей пристройкой

aftertime ['a:ftətaım] *n книжн.* будущее

after-tossing ['a:ftə,tɒsıŋ] *n мор.* 1) (мёртвая) зыбь 2) волнение, след за кормой судна

after-touch ['a:ftətʌtʃ] *n фото* ретушёвка, ретушь

after-treatment ['a:ftə,tri:tmənt] *n* 1. *мед.* последующее лечение; долечивание 2. *тех.* окончательная обработка

afterward(s) ['a:ftəwəd(z)] *adv* впоследствии, потом, позже; buy now, pay ~! ≅ покупайте в рассрочку /в кредит/!

after-winter ['a:ftə,wıntə] *n* возвращение зимы

afterword ['a:ftəwɜ:d] *n* 1) послесловие, заключение *(в книге)*; эпилог 2) заключительное слово

afterwork ['a:ftəwɜ:k] *n тех.* последующая обработка *(материала и т. п.)*

afterworld ['a:ftəwɜ:ld] *n* потусторонний, загробный мир

afteryears ['a:ftəjıəz] *n pl* грядущие годы

aftmost ['a:ftməʋst] = aftermost 2

Aftonian phase [æf'təʋnıən,feız] *геол.* афтонская *или* первая межледниковая фаза *(в Северной Америке)*

aftward ['a:ftwəd] *adv мор.* к корме

ag- [ə-] = ad-

aga ['a:gə] *n тур.* 1. ага, господин 2. *ист.* ага, военачальник; генерал

agadic [ə'gædık] *a книжн.* легендарный

again [ə'ge(ı)n] *adv* 1. снова, вновь, опять; ещё раз; ~ and ~ снова и снова, то и дело; неоднократно; to do smth. ~ ещё раз что-л. сделать; to be back /home/ ~ снова вернуться домой; to be well ~ оправиться, выздороветь; (the) same ~ ещё столько же и того же *(при заказе спиртного)* 2. *как вводное слово* с другой стороны; к тому же, кроме того; and ~ we must remember... но, кроме того, следует помнить...; this is better but ~ it costs more это лучше, но, кстати, дороже; (and) then ~, I feel doubtful whether... (и) кроме того, я сомневаюсь, что(бы)... 3. вдвое *(о числе, объёме, расстоянии)*; as much ~ а) ещё столько же; б) вдвое больше; as far ~ вдвое дальше; half as large ~ в полтора раза больше 4. *редк.* в ответ; to answer ~ сказать *(что-л.)* в ответ 5. *в сочетаниях:* now and ~, ever and ~ иногда, время от времени; time and ~ неоднократно, часто, то и дело; over /once, yet/ ~ ещё раз

against [ə'ge(ı)nst] *prep указывает на* 1. противодействие чему-л. *или* несогласие с чем-л. 1) против; to fight ~ smb., smth. бороться против кого-л., чего-л. /с кем-л., чем-л./; to warn ~ smth. предостерегать против чего-л.; to vote ~ smb., smth. голосовать против кого-л., чего-л.; twenty votes ~ ten двадцать голосов против десяти; are you for or ~ the plan? вы поддерживаете этот план или нет?; I have nothing to say ~ it мне нечего возразить против этого 2) вопреки; I have trusted you ~ everything я верила вам несмотря ни на что /вопреки всему/; ~ reason вопреки разуму; to hope ~ hope надеяться вопреки всему; не терять надежды в безнадёжном положении 2. 1) *движение в противоположную сторону* против; to sail ~ the wind плыть против ветра; ~ the clock против часовой стрелки; ~ the sun в сторону, противоположную движению солнца, с запада на восток; ~ the hair /the grain/ а) *тех.* против волокна; б) против шерсти; не по вкусу, не по душе 2) нахождение на противоположной стороне против; ~ напротив, на противоположной стороне; over ~ the school прямо против школы 3. *местоположение около чего-л.*, рядом с чем-л. у; a piano stood ~ the wall у стены стояло пианино; the house was built ~ a hill дом был построен у самого холма 4. 1) соприкосновение или столкновение с чем-л. по, о, к; the rain was beating ~ the window дождь барабанил по стеклу; to throw a ball ~ the wall ударять мячом о стенку; to bump ~ smth. удариться обо что-л.; he struck his foot ~ a stone он ушиб ногу о камень 2) опору к, на; he leaned ~ a post он прислонился к столбу; she was sitting up in bed propped ~ pillows она сидела в кровати, обложенная подушками; she drew the child close ~ her она крепко прижала к себе ребёнка 5. фон, на котором выделяется какой-л. предмет на (фоне); по сравнению; the yellow stands out ~ the black жёлтое резко выделяется на чёрном; the trees were dark ~ the sky на фоне неба деревья казались тёмными 6. предохранение от чего-л. от; to protect ~ diseases предохранять /защищать/ от заболеваний; she shielded her face ~ the sun она заслонила лицо от солнца; he wrapped in a blanket ~ the cold of the night он завернулся в одеяло, чтобы ночью не замёрзнуть 7. *подготовку к чему-л.* про, на; to save money ~ the rainy day откладывать деньги про /на/ чёрный день; they bought preserves ~ the winter они купили консервы на зиму 8. *состязание, конкуренцию, соперничество с чем-л. или с кем-л.*; to run ~ one's own record time пытаться улучшить собственное время (*о бегуне*) 9. *противопоставление или сравнение* против (*обыкн.* as ~); three accidents this year as ~ thirty in 1964 три несчастных случая в этом году против тридцати в 1964 10. 1) *получение в обмен на что-л. или с записью на чей-л. счёт* на, против; to charge ~ smb.'s account *ком.* записывать на чей-л. счёт; payment ~ documents *ком.* оплата по предъявлении документов, оплата против документов; a drug sold ~ a written prescription лекарство, продаваемое только по рецепту 2) *предмет обмена* на; he exchanged books ~ sweets он обменял книги на конфеты 11. *завершение действия к определённому сроку* к; the end of the week к концу недели 12. *спец.* в зависимости от, в функции (от); to plot *y* ~ *x* построить график функции *у* по аргументу *x*

agal [ə'gɑ:l] *n араб.* агал (*шнур, придерживающий головной платок*)

agalactia [,ægə'læktɪə] *n мед., вет.* отсутствие молока, агалактия

agalactous [,ægə'læktəs] *a мед., вет.* не имеющая молока (*для кормления*)

agalaxy ['ægəlæksɪ] = agalactia

agalite ['ægəlaɪt] *n мин.* агалит, волокнистый тальк

agama ['ægəmə] *n зоол.* агама (*Agamidae fam.*; змея)

Agamemnon [,ægə'memnən] *n греч. миф.* Агамемнон, царь Аргоса

agamete [ə'gæmi:t] *n биол.* агамета

agamic [eɪ'gæmɪk] *a* 1. *биол.* агамный, бесполый 2. *бот.* криптогамный, тайнобрачный

agamogenesis [,ægəmə'dʒenɪsɪs] *n биол.* агамогенез, бесполое размножение

agamogenetic [,ægəmədʒɪ'netɪk] *a биол.* агамогенетический, размножающийся бесполым путём

agamous ['ægəməs] = agamic

agamy ['ægəmɪ] *n* 1. безбрачие 2. = agamogenesis

Aganippe [,ægə'nɪpɪ:] *n* 1) *греч. миф.* Аганиппа, источник на горе Геликон, возникший от удара копыта Пегаса 2) источник вдохновения; поэтический дар

agapae ['ɑ:gəpi:, ɑ:'gɑ:pi:] *pl от* agape[2]

agapanthus [,ægə'pænθəs] *n бот.* африканская лилия, африканский тюльпан (*Agapanthus gen.*)

agape[1] I [ə'geɪp] *a predic разг.* разинув рот; ~ with wonder (curiosity, expectation) разинув рот от удивления [любопытства, в ожидании]; ~ at smb., smth. изумлённый чем-л., чем-л.; to set ~ привести в крайнее удивление, ошеломить

agape[1] II [ə'geɪp] *adv* широко открыв, раскрыв; with mouth ~ разинув рот

agape[2] ['ɑ:gəpi, ɑ:'gɑ:peɪ] *n* (*pl* agapae) 1. любовь к ближнему; любовь-милосердие 2. братская любовь (*между людьми обоего пола*); чистая, целомудренная любовь 3. *церк. ист.* вечеря любви (*ритуал у ранних христиан*)

agaphite ['ægəfaɪt] *n* агафит, разновидность бирюзы

agar ['eɪgɑ:] *n бакт.* агар (*растительный студень*); glucose [casein, malt] ~ глюкозный [казеиновый, солодовый] агар

agar-agar [,eɪgɑ:r'eɪgɑ:] *n бакт.* агар-агар (*см. тж.* agar)

agaric ['ægərɪk] *n* 1. *бот.* 1) пластинчатый гриб 2) *pl* пластинниковые (*Agaricacea*) 2. *разг.* гриб, *преим.* съедобный; orange ~ рыжик; honey ~ опёнок; fly ~ мухомор; milk ~ груздь

agaricaceous [ə,gærɪ'keɪəs] *a бот.* пластинчатый, пластинниковый (*о грибах*)

agaric mineral ['ægərɪk'mɪn(ə)rəl] *мин.* горное молоко; калькгур; рыхлый кальцит

agastric [ə'gæstrɪk] *a зоол.* лишённый пищеварительных органов

agata ['ægətə] *n амер.* агата (*крапчатое розово-белое стекло*)

agate ['ægət] *n* 1. *мин.* агат 2. полировальный материал из агата 3. «агат», стеклянный, глиняный, каменный и т. п. шарик (*для детской игры*) 4. *амер. полигр.* агат (*шрифт размером около 5½ пунктов*)

agateware ['ægətweə] *n* 1. эмалированная посуда 2. обливная посуда

agathod(a)emon [,ægəθəʊ'di:mən] *n фольк.* добрый дух

agatize ['ægətaɪz] *v* обрабатывать под агат

agave [ə'geɪvɪ] *n бот.* агава, американское алоэ, столетник (*Agava*)

agaze [ə'geɪz] *a predic книжн.* смотрящий широко открытыми глазами, уставившийся (*особ. с удивлением*)

age I [eɪdʒ] *n* 1. 1) возраст; middle ~ средний возраст; a man of middle ~ человек средних лет; school ~ школьный возраст; the awkward [tender] ~ переходный [ранний] возраст; what is your ~? сколько вам лет?; at the ~ of twelve в возрасте двенадцати лет; five years of ~ пяти лет (от роду); I have a son your ~ у меня сын вашего возраста; of uncertain ~ неопределённого возраста; twice my ~ вдвое старше меня; to act /to be/ one's ~ вести себя сообразно своему возрасту; to bear one's ~ well выглядеть моложе своих лет; to look one's ~ выглядеть не старше и не моложе своих лет, выглядеть на свой возраст; over ~ старше установленного возраста; he won't be called up for military service, he is over ~ его не призовут в армию, он вышел из призывного возраста; what's the ~ of that church? когда (была) построена /сколько лет стоит/ та церковь? 2) продолжительность, срок жизни; the ~ of human life средняя продолжительность жизни человека 3) *юр.* совершеннолетие (*тж.* ~ of majority); to be of ~ достичь совершеннолетия; to be under ~ не достичь совершеннолетия, быть несовершеннолетним; to come of ~ достичь совершеннолетия, стать совершеннолетним; ~ of discretion возраст ответственности (*с которого человек отвечает за свои поступки, обыкн. 14 лет*); ~ of consent брачный возраст; возраст, с которого женщина или мужчина правомочны давать согласие на половые отношения (*16 лет в Великобритании*) 2. 1) *геол.* период, эра; the Ice A. ледниковый период; A. of Fishes девонский период; A. of Mammals кайнозой, кайнозойская эра; A. of Reptiles мезозой, мезозойская эра 2) *ист.* век, эпоха; the Stone [Bronze] A. каменный [бронзовый] век; the Middle Ages средневековье, средние века; the golden [silver, heroic] ~ золотой [серебряный, героический] век; the Elizabethan A. елизаветинская эпоха, эпоха королевы Елизаветы I; atomic ~, the ~ of atom атомный век, век атома; A. of Reason век разума, рационализма (*XIX в.*); to be behind the ~ отстать от века 3. *обыкн. pl разг.* долгий срок, вечность; ~s ago давным-давно; I have not seen you for ~s я не видел вас целую вечность 4. старость, дряхлость; to join the strength of youth and the wisdom of ~ сочетать силу юности с мудростью старости; from youth to ~ с юных лет до старости; the infirmities of ~ старческие болезни 5. *возвыш.* поколение; ~s yet unborn грядущие поколения 6. *тех.* срок службы (*машины и т. п.*); the ~ of boiler срок службы котла; the ~ of concrete возраст бетона 7. *карт.* игрок, сидящий слева от сдающего (*покер*) 8. *в грам. знач. прил.* возрастной (*преим. в статистике*); ~ group /class, bracket/ возрастная группа; ~ composition /distribution/ возрастной состав

age II [eɪdʒ] *v* 1. 1) стареть, стариться 2) состарить, старить; grief ~d him overnight горе состарило его за одну ночь 2. *спец.* 1) выдерживать; to ~ wine [cheese] выдерживать вино [сыр] 2) подвергать искусственному старению 3) вызревать 4) *эл.* тренировать

-age [-ɪdʒ] *suff* встречается в сущ. со значением: 1. *собирательности*: baggage, luggage багаж; garbage мусор; foliage листва; forage фураж; roughage грубые корма; silage силос; verbiage многословие 2. *действия*: tillage обработка почвы; drainage дренаж; stoppage остановка; leakage течь 3. *места (действия, жительства)*: orphanage сиротский приют; anchorage якорная стоянка; cottage коттедж 4. *социального положения*: baronage баронство; parentage происхождение 5. *конкретного предмета*: bandage бинт; carriage экипаж; *часто встречается в словах, связанных с судом и законами*: tutelage попечительство; marriage брак; pilferage мелкая кража; heritage наследство; suffrage голосование; postage почтовый сбор

aged ['eɪdʒ(ɪ)d] *a* 1. старый, престарелый, стареющий; my ~ father [parents] мой престарелый отец [мой -ые родители]; ~ population престарелые 2. в возрасте; a boy ~ fifteen мальчик пятнадцати лет, пятнадцатилетний мальчик; ~ horse лошадь старше шести лет 3. *редк.* старческий; ~ wrinkles старческие морщины 4. *спец.* выдержанный; ~ wine выдержанное вино; ~ cheese зрелый /выдержанный/ сыр; ~ meat созревшее мясо 5. 1) *тех.* подвергшийся старению, состаренный 2) *элк.* тренированный 6. *в грам. знач. сущ.* (the ~) *собир.* старики; старые, престарелые люди; a home for the ~ дом (для) престарелых

age-date ['eɪdʒ,deɪt] *v спец.* датировать (*определять возраст археологических или геологических материалов*)

age-hardened ['eɪdʒ,hɑ:dnd] *a метал.* дисперсионно-твердеющий, дисперсно-упрочнённый

age-hardening ['eɪdʒ,hɑ:dnɪŋ] *n метал.* дисперсионное твердение, упрочнение

ageing ['eɪdʒɪŋ] *n* 1. *спец.* созревание (*сыра, мяса*); выдержка, выдерживание (*вина*); ~ of flour созревание муки 2. *метал.* дисперсионное твердение; ста-

AGE — AGG

рение 3. *тех.* облагора́живание 4. вы́держка (*бетона*) 5. окисле́ние (*то́плива и ма́сел*) 6. *элк.* трениро́вка

ageism ['eɪdʒɪz(ə)m] *n* предубежде́ние про́тив како́й-л. возрастно́й гру́ппы, *особ.* дискримина́ция пожилы́х (*при на́йме на рабо́ту и т. п.*)

ageless ['eɪdʒlɪs] *a* 1) нестаре́ющий; ~ fashions фасо́ны, кото́рые никогда́ не выхо́дят из мо́ды; she is ~ вре́мя над ней не вла́стно 2) без во́зраста, неопределённого во́зраста 3) ве́чный; ~ truth ве́чная и́стина

age-long ['eɪdʒlɒŋ] *a* 1. веково́й; ~ glaciers дре́вние ледники́ 2. изве́чный; ~ dream изве́чная мечта́

age mate ['eɪdʒmeɪt] челове́к того́ же во́зраста; ≅ рове́сник

agen [ə'gen] *поэт. см.* again

agency ['eɪdʒ(ə)nsɪ] *n* 1. а) аге́нтство, представи́тельство; wire service ~ телегра́фное аге́нтство; news ~ информацио́нное аге́нтство; the large firm has agencies all over the word э́та кру́пная фи́рма име́ет свои́ представи́тельства во мно́гих стра́нах 2) о́рган, организа́ция; учрежде́ние; tourist /travel/ ~ бюро́ путеше́ствий; ~ of command [liaison] *амер. воен.* о́рган управле́ния войска́ми [обеспе́чения взаимоде́йствия]; specialized agencies специализи́рованные учрежде́ния (*в* ООН); Central Intelligence A. Центра́льное разве́дывательное управле́ние 2. соде́йствие, посре́дничество; by /through/ the ~ of smb., smth. посре́дством /при по́мощи, при соде́йствии/ кого́-л., чего́-л.; ~ nominated by the ~ of friends вы́двинутый на до́лжность стара́ниями друзе́й; ~ of Providence рука́ провиде́ния, про́мысл бо́жий 3. си́ла, фа́ктор; сре́дство; ~ of destruction сре́дство разруше́ния; iron is melted by the ~ of heat желе́зо расплавля́ется путём нагрева́ния, желе́зо пла́вится при нагрева́нии 4. де́йствие, де́ятельность (*аге́нта, представи́теля и т. п.*)

agency shop ['eɪdʒ(ə)nsɪˌʃɒp] *амер.* предприя́тие, где профсою́з представля́ет всех рабо́чих при заключе́нии коллекти́вного догово́ра и где все рабо́чие обя́заны де́лать отчисле́ния в профсою́з (*в том числе́ и не чле́ны сою́за*)

agenda [ə'dʒendə] *n* 1. *pl от* agendum 2. пове́стка дня; provisional /tentative/ ~ предвари́тельная пове́стка дня; an item on the ~ пункт /вопро́с/ пове́стки дня; the ~ as it stands пове́стка дня без измене́ний; to adopt the ~ приня́ть пове́стку дня; to place a question on the ~ включи́ть вопро́с в пове́стку дня 3. *вчт.* програ́мма

agendum [ə'dʒendəm] *n* (*pl* -da) 1. па́мятная кни́га 2. *редк.* пункт пове́стки дня

agenesia [ˌeɪdʒə'niːzɪə] = agenesis

agenesis [eɪ'dʒenɪsɪs] *n* 1. *физиол.* агене́з; врождённое отсу́тствие *или* недоразви́тие о́ргана 2. беспло́дие

agent ['eɪdʒ(ə)nt] *n* 1. а) аге́нт, представи́тель; посре́дник; дове́ренное лицо́; publicity ~ аге́нт по рекла́ме; commercial ~ комме́рческий /торго́вый/ аге́нт; consular ~ ко́нсульский аге́нт; diplomatic ~ дипломати́ческий представи́тель /аге́нт/; forwarding ~ экспеди́тор; ticket ~ *амер.* касси́р биле́тной ка́ссы; to act as smb.'s ~ быть чьим-л. представи́телем, выступа́ть в ка́честве чьего́-л. представи́теля, представля́ть кого́-л. 2) *pl* аге́нтство; joint ~s совме́стное (тра́нспортное) аге́нтство (*не́скольких компа́ний*); purchasing ~s снабже́нческая *или* заку́почная фи́рма 2. 1) аге́нт (*особ. о шпио́не*); secret /undercover/ ~ та́йный аге́нт 2) *амер. воен.* свя́зник; ордина́рец 3. 1) *амер.* сотру́дник (*госуда́рственного учрежде́ния*); federal ~s сотру́дники федера́льных учрежде́ний, *особ.* ФБР 2) организа́тор предвы́борной кампа́нии; дове́ренное лицо́ (*кандида́та*) 4. де́йствующая си́ла; фа́ктор; сре́дство; rain and frost are natural ~s дождь и моро́з — есте́ственные фа́кторы; chemical ~ хими́ческое вещество́, реакти́в; реаге́нт; ~ of fusion *метал.* пла́вень, флюс; ~ of disease *мед.* болезнетво́рное нача́ло; many insects are ~s of fertilization мно́гие насеко́мые спосо́бствуют опыле́нию расте́ний 5. *эк.* хозя́йственная едини́ца (*предприя́тие и т. п.*) 6. *амер. воен.* отравля́ющее вещество́; ~ blue [orange] *хим.* «аге́нт си́ний», «э́йджент блю» [«аге́нт ора́нжевый», «э́йджент о́рандж»] (*дефолиа́нты, испо́льзовавшиеся США в войне́ про́тив Вьетна́ма*) 7. *лингв.* а́генс, де́ятель (*тж.* ~ noun) 8. *хим.* реаге́нт

agential [ə'dʒenʃ(ə)l] *a* 1. относя́щийся к аге́нту *или* к аге́нтству, аге́нтурный 2. = agentive

agentive ['eɪdʒ(ə)ntɪv] *a грам.* аге́нтивный

agent provocateur [ˌɑːʒɒŋprɒvɒkə'tɜː] (*pl* agents provocateurs) *фр.* провока́тор

agentry ['eɪdʒ(ə)ntrɪ] *n* до́лжность и обя́занности аге́нта

agentship ['eɪdʒ(ə)ntʃɪp] = agency 2

age-old ['eɪdʒəʊld] *a* ста́рый, веково́й; традицио́нный; the ~ dream of men изве́чная мечта́ люде́й

age pigment ['eɪdʒˌpɪgmənt] *физиол.* ста́рческий пигме́нт, липофусци́н

agerasia [ˌædʒɪ'reɪzɪə] *n книжн.* сво́йство не старе́ть, ве́чно остава́ться ю́ным

age-related ['eɪdʒrɪˌleɪtɪd] *a* 1) возрастно́й 2) ста́рческий

age-specific ['eɪdʒspɪˌsɪfɪk] *a физиол.* возрастно́й; ~ death rate повозрастно́й коэффицие́нт сме́ртности (*в стати́стике*)

ageusia [ə'guːsɪə] *мед.* поте́ря вку́са

agger[1] ['ædʒə] *n др.-рим.* крепостно́й вал

agger[2] ['ædʒə] *n мор.* 1) двойно́й полусу́точный прили́в; прили́в с двумя́ ма́ксимумами (*тж.* double ~) 2) отли́в с двумя́ ми́нимумами

aggerate ['ædʒəreɪt] *v редк.* нагромо́ждать

aggie[1] ['ægɪ] *n детск.* «ага́тик», ша́рик [*см.* agate 3]

aggie[2] ['ægɪ] *n амер. студ. жарг.* 1. студе́нт сельскохозя́йственного колле́джа 2. (Aggies) *pl* гру́ппа, кома́нда *и т. п.* студе́нтов сельскохозя́йственного колле́джа

aggiornamenti [əˌdʒɔːnə'mentɪ] *pl от* aggiornamento

aggiornamento [əˌdʒɔːnə'mentəʊ] *n* (*pl* -ti) *ит.* модерниза́ция, осовреме́нивание; приведе́ние в соотве́тствие с тре́бованиями совреме́нности

agglomerate I [ə'glɒm(ə)rɪt] *n* 1. скопле́ние, нагроможде́ние 2. *тех., геол.* агломера́т, скопле́ние

agglomerate II [ə'glɒm(ə)rɪt] *a* нагромождённый; со́бранный вме́сте, в одно́ це́лое

agglomerate III [ə'glɒməreɪt] *v* 1. 1) собира́ться, скопля́ться 2) собира́ться, скопля́ться (*в ку́чу*) 2. *тех.* агломери́ровать

agglomeration [əˌglɒmə'reɪʃ(ə)n] *n* 1. накопле́ние; скопле́ние; ~s of new houses масси́вы новостро́ек 2. (городска́я) агломера́ция, конурба́ция; город-гига́нт (*тж.* urban ~) 3. *эк.* укрупне́ние, интегра́ция (*ры́нков и т. п.*); ~ of industries (территориа́льная) концентра́ция промы́шленности 4. *тех.* 1) агломера́ция 2) спека́ние 5. *биол.* агломера́ция

agglomerative [ə'glɒm(ə)rətɪv] *a* ска́пливающийся, агломери́рующий

agglutinant I [ə'gluːtɪnənt] *n* кле́ящее вещество́

agglutinant II [ə'gluːtɪnənt] *a* кле́йкий, скле́ивающий, ли́пкий

agglutinate I [ə'gluːtɪnɪt] *a* 1. скле́енный, сли́пшийся 2. *лингв.* агглютинати́вный

agglutinate II [ə'gluːtɪneɪt] *v* 1. 1) скле́ивать, соединя́ть 2) скле́иваться, соединя́ться 2. 1) превраща́ть в клей 2) превраща́ться в клей 3. *физиол.* агглютини́ровать

agglutinating [ə'gluːtɪneɪtɪŋ] *a лингв.* агглютини́рующий; ~ language агглютини́рующий язы́к

agglutination [əˌgluːtɪ'neɪʃ(ə)n] *n* 1. скле́ивание, слипа́ние; агглютина́ция 2. сочета́ние, комбина́ция, соедине́ние, сплав 3. *лингв.* агглютина́ция 4. 1) *мед.* агглютина́ция, скле́ивание (*бакте́рий, эритроци́тов и т. п.*) 2) *мед.* слипа́ние (*краёв ра́ны*)

agglutinative [ə'gluːtɪnətɪv] *a* 1. кле́йкий, ли́пкий, скле́ивающийся 2. *лингв.* агглютинати́вный; агглютини́рующий

agglutinin [ə'gluːtɪnɪn] *n физиол.* агглютини́н

aggradation [ˌægrə'deɪʃ(ə)n] *n геол.* аграда́ция; берегов́ые отложе́ния; намы́в; ~ plain аллювиа́льная равни́на у подно́жия гор

aggradational [ˌægrə'deɪʃ(ə)nəl] *a геол.* намывно́й, аградацио́нный

aggrade [ə'greɪd] *v спец.* 1) намыва́ть (*отложе́ния*) 2) иску́сственно подня́ть ло́же реки́

aggrandize [ə'grændaɪz] *v книжн.* 1. увели́чивать, уси́ливать; повыша́ть 2. 1) увели́чиваться (*о бога́тстве и т. п.*) 2) уси́ливаться, расширя́ться (*о вла́сти, могу́щества и т. п.*) 3) повыша́ться (*в чи́не, по слу́жбе*) 3. возвели́чивать; превозноси́ть (*сверх ме́ры*); восхваля́ть; to ~ oneself пыта́ться возвы́ситься, возвели́чивать себя́

aggrandizement [ə'grændɪzmənt] *n часто неодобр.* 1. 1) усиле́ние, расшире́ние (*вла́сти, могу́щества и т. п.*); to seek territorial ~ стреми́ться к территориа́льным захва́там 2) карье́ра, бы́строе продвиже́ние; he is willing to do anything for his own ~ он на всё спосо́бен, лишь бы вы́двинуться 2. возвели́чивание; восхвале́ние

aggranoy ['ægrənɔɪ] *v редк. разг.* раздража́ть, серди́ться; обижа́ть

aggravate ['ægrəveɪt] *v* 1. 1) ухудша́ть, уси́ливать, отягча́ть; to ~ an illness обостря́ть боле́знь; to ~ danger усугубля́ть опа́сность 2) *юр.* отягча́ть (*вину́*) 2. раздража́ть (*ко́жу*); расчёсывать; доводи́ть до воспале́ния; the child ~s the rash by rubbing ребёнок расчёсывает сыпь 3. *сл.* изводи́ть, раздража́ть; злить, серди́ть; threats will only ~ her угро́зами её мо́жно то́лько вы́вести из себя́; if he ~s me any more I'll hit him е́сли он не ко́нчит меня́ изводи́ть, я ему́ вре́жу; the whispering in class ~s the teacher перешёптывание в кла́ссе бе́сит учи́теля

aggravated ['ægrəveɪtɪd] *a* 1. усугублённый, уху́дшенный; ~ assault *юр.* физи́ческое наси́лие при отягча́ющих обстоя́тельствах; ~ illness обостри́вшееся заболева́ние 2. *сл.* раздражённый, рассе́рженный; to feel /to be/ ~ чу́вствовать раздражение, быть раздражённым; обижаться; злиться, «пыхтеть»

aggravating ['ægrəveɪtɪŋ] *a* 1. ухудшающий, усугубляющий; ~ circumstances *юр.* отягчающие (*вину*) обстоятельства 2. *сл.* раздражающий, досадный; how ~! какая досада!; what an ~ remark! какое неумное замечание!; ≅ ляпнул!; ~ behaviour невыносимое поведение; ~ child несносный ребёнок, чертёнок

aggravation [ˌægrə'veɪʃ(ə)n] *n* 1. ухудшение, усугубление; ~ of guilt отягчение вины; the ~ of the situation обострение положения, осложнение ситуации 2. отягчающее обстоятельство (*тж. юр.*) 3. *сл.* 1) раздражение, гнев, досада; Johnny causes me so much ~! Джонни доставляет мне столько неприятностей! 2) причина раздражения, гнева, досады; раздражитель; these continuous arguments are an ~ эти вечные споры выводят из себя /действуют на нервы/ 4. церковное осуждение

aggravator ['ægrəveɪtə] *n* 1. раздражитель 2. усугубляющее *или* отягчающее обстоятельство

aggregate I ['ægrɪgɪt] *n* 1. 1) совокупность; целое; in the ~ в совокупности, в целом; considered as an /one/ ~ рассматриваемый как единое целое 2) *спец.* комплект 2. *тех.* агрегат; совокупность (*машин и т. д.*) 3. *геол.* 1) скопление, масса 2) сросток минерала (*в породе*) 4. *тех.* скелетный материал; заполнитель (*бетона*) 5. *воен.* суммарное количество (*единиц вооружения*); to include in the ~ засчитывать в суммарном количестве 6. *эк.* сводный показатель 7. *информ.* агрегат, составное значение

aggregate II ['ægrɪgɪt] *a* 1. совокупный, собранный вместе, в одно целое; суммарный, итоговый, общий; ~ amount of indebtedness общая задолженность; ~ membership общее число членов; what were your ~ wages for this last year? какова общая сумма вашей заработной платы за истекший год? 2. *воен.* суммарный; ~ limitation суммарный предельный уровень (*вооружений*); ~ total общее суммарное количество (*единиц вооружения*) 3. *бот.* ~ fruit сборный плод

aggregate III ['ægrɪgeɪt] *v* 1. собирать в одно целое, соединять 2. составлять в общем (*сумму*); давать в совокупности 3. *книжн.* приобщать к коллекции *и т. п.*

aggregation [ˌægrɪ'geɪʃ(ə)n] *n* 1. скопище, куча, рой, полчище 2. агрегация, соединение частей 3. агрегат; масса, конгломерат 4. *биол.* ассоциация (*в экологии*)

aggregative ['ægrɪgeɪtɪv] *a* 1. 1) совокупный, составной 2) *тех.* агрегатный; укрупнённый, агрегированный (*о показателе*) 2. *биол.* социальный, общественный; стадный

aggregatory ['ægrɪgeɪt(ə)rɪ] = aggregative 1

aggress [ə'gres] *v редк.* 1) нападать (*первым*); затевать ссору; наступать 2) совершать агрессию; to ~ against a country вторгнуться в страну

aggressins [ə'gresɪnz] *n pl бакт.* агрессины

aggression [ə'greʃ(ə)n] *n* 1. неспровоцированное нападение, агрессия; direct [indirect] ~ прямая [косвенная] агрессия; unprovoked ~ неспровоцированная агрессия; war of ~ агрессивная война; ~ upon smb., smth. нападение на /агрессия против/ кого-л., чего-л. 2. *психол.* 1) агрессивность (*поведения*) 2) напористость, настойчивость, пробивная сила (*человека*) 3. ущемление (*прав, привилегий*); ~ upon their ancient liberties покушение на их исконные свободы

aggressive [ə'gresɪv] *a* 1. агрессивный, захватнический; ~ war агрессивная /захватническая/ война; ~ policy агрессивная политика; ~ acts against a country акты агрессии против какой-л. страны 2. агрессивный, задиристый; вызывающий; ~ behaviour агрессивное /вызывающее/ поведение (*прохожих и т. п.*); ~ tone угрожающий тон 3. 1) *преим. воен.* активный, энергичный, действенный; ~ assault стремительная атака; ~ defence активная оборона; ~ weapons наступательное оружие; ~ campaign against speeding активная кампания против автолихачества 2) настойчивый; напористый; пробивной; ~ adman напористый агент по рекламе; ~ selling навязывание товаров покупателям; as a salesman he's not ~ enough как коммивояжёру ему не хватает напористости /хватки/; he was ~ in business в бизнесе он шёл напролом 4. *спец.* коррозионный, агрессивный (*о среде*) 5. *в грам. знач. сущ.* агрессия; to assume /to take/ the ~ а) переходить в наступление, нападать; б) вести себя вызывающе

aggressively [ə'gresɪvlɪ] *adv* 1. агрессивно, вызывающе 2. энергично, настойчиво, напористо

aggressiveness [ə'gresɪvnɪs] *n* 1. агрессивность; вызывающее поведение 2. настойчивость, напористость

aggressivity [ˌægrə'sɪvɪtɪ] = aggressiveness

aggressor [ə'gresə] *n* 1. агрессор; potential ~ потенциальный агрессор 2. нападающая сторона; зачинщик

aggrieve [ə'griːv] *v обыкн. pass.* 1. удручать, угнетать; расстраивать; to be much ~d at /over/ smth. быть /чувствовать себя/ несправедливо обиженным, быть оскорблённым чем-л. 2. *юр.* 1) наносить ущерб 2) отказывать в удовлетворении (*требования*)

aggrieved [ə'griːvd] *a* 1. обиженный, оскорблённый; he felt ~ at the insult from his friend он глубоко переживал оскорбление, нанесённое ему другом 2. расстроенный, огорчённый; to say smth. in an ~ voice сказать что-л. обиженным тоном; to feel (oneself) ~ расстроиться, огорчиться 3. *юр.* 1) потерпевший ущерб, пострадавший; to make amends to an ~ person возместить ущерб пострадавшему 2) ущемлённый; ~ groups обездоленные группы населения

aggrievedly [ə'griːvɪdlɪ] *adv* обиженно, обеспокоенно, встревоженно; to say smth. ~ сказать что-л. обиженным тоном

aggro ['ægrəʊ] *n сл.* вызывающее, агрессивное поведение; уличная драка (*особ. между хиппи*)

agha ['ɑːgə] = aga

aghast [ə'gɑːst] *a predic* ошеломлённый, объятый страхом, поражённый ужасом, в ужасе; to stand ~ at smth. быть в ужасе от чего-л.; to leave smb. ~ напугать кого-л. до смерти

agile ['ædʒaɪl] *a* 1. подвижный, проворный, быстрый; живой; ~ as a squirrel проворный как белка 2. сообразительный; ~ wit /mind/ живой ум; mentally ~ с живым умом

agility [ə'dʒɪlɪtɪ] *n* 1. подвижность, проворство, быстрота; живость; ловкость 2. сообразительность (*тж.* mental ~)

agin[1] [ə'gɪn] *прост. см.* against

agin[2] [ə'gɪn] *прост. см.* again

aging ['eɪdʒɪŋ] = ageing

agio ['ædʒɪəʊ] *n* (*pl* -os [-əʊz]) *бирж.* 1. ажио, лаж 2. ажиотаж (*на бирже*)

agiotage ['ædʒɪtɪdʒ] *n бирж.* ажиотаж (*спекуляция денежными бумагами в расчёте на курсовые колебания*)

agism ['eɪdʒɪz(ə)m] = ageism

agist [ə'dʒɪst] *v преим. ист.* 1. брать (*скот*) на откорм или выпас 2. облагать налогом владельца пастбища

agitable ['ædʒɪtəb(ə)l] *a* 1. легко приходящий в волнение, впечатлительный; легко возбудимый 2. дискуссионный, спорный

agitate ['ædʒɪteɪt] *v* 1. волновать, возбуждать; to be deeply ~d about smth. быть глубоко взволнованным чем-л. 2. 1) обсуждать (горячо), подвергать серьёзному обсуждению, рассматривать (*планы, вопросы с целью изменения*) 2) *арх.* обдумывать 3. 1) (for, against) агитировать; to ~ for [against] smth. агитировать /вести агитацию/ за [против] чего-л. 2) подстрекать 4. 1) взбалтывать, перемешивать; приводить в движение; the wind ~s the sea ветер поднимает на море волну 2) встряхивать, трясти, трепать; махать; to ~ one's hat [a flag] махать шляпой [флагом]; to ~ a fan обмахиваться веером

agitated ['ædʒɪteɪtɪd] *a* взволнованный, возбуждённый, обеспокоенный; in an ~ manner взволнованно, возбуждённо

agitation [ˌædʒɪ'teɪʃ(ə)n] *n* 1. 1) волнение; возбуждение; смятение, беспокойство; nervous ~ нервное возбуждение; visible [inner] ~ заметное [внутреннее] волнение /беспокойство/; to keep in ~ держать в состоянии постоянного беспокойства; to express ~ выражать тревогу; to provoke /to produce/ ~ вызывать волнение /беспокойство/ 2) бурное волнение; the sea after a storm is in ~ море после бури неспокойно 2. 1) открытое, публичное обсуждение; preliminary [wide-spread] ~ предварительное [широкое] открытое обсуждение 2) агитация; revolutionary ~ революционная агитация; ~ literature агитационная литература; to carry on ~ for [against] smth. вести агитацию за что-л. [против чего-л.] 3. перемешивание, взбалтывание, встряхивание

agitational [ˌædʒɪ'teɪʃ(ə)nəl] *a* 1) агитационный, агитирующий; пропагандистский 2) рекламный

agitato [ˌɑːdʒɪ'tɑːtəʊ] *муз.* аджитато, взволнованно

agitator[1] ['ædʒɪteɪtə] *n* 1. агитатор; пропагандист 2. подстрекатель

agitator[2] ['ædʒɪteɪtə] *n* 1. *тех.* 1) мешалка 2) лопасть мешалки 2. *с.-х.* перемешиватель, ворошилка (*в бункере сеялки*)

agitprop I [ˌædʒɪt'prɒp] *n русск.* 1. агитация и пропаганда 2. (*часто* A.) агитпроп, отдел агитации и пропаганды

agitprop II [ˌædʒɪt'prɒp] *a* агитационный, пропагандистский

Aglaia [ə'gleɪə] *n греч. миф.* Аглая, одна из Харит

aglare [ə'gleə] *a predic* сияющий, сверкающий; ослепительный; his eyes were ~ with fury его глаза пылали гневом; buildings ~ in the sunlight здания, сверкающие на солнце

agleam [ə'gliːm] *a predic* мерцающий, светящийся; Christmas tree ~ with lights рождественская ёлка, горящая огнями

aglee [əˈgliː] = agley
aglet [ˈæglɪt] n 1. пистончик (обувного) шнурка 2. аксельбант 3. серёжка (берёзы, орешника)
agley [əˈgleɪ, əˈgliː] adv преим. шотл. косо, криво, искоса; вкривь и вкось; schemes gang ~ сорвавшиеся замыслы
aglimmer [əˈglɪmə] a predic мерцающий, тускло или слабо светящийся
aglint [əˈglɪnt] a predic сверкающий, переливающийся, искрящийся, поблёскивающий
aglisten I [əˈglɪs(ə)n] a predic сверкающий, сияющий, блестящий
aglisten II [əˈglɪs(ə)n] adv сверкая; with shoes ~ в начищенной до блеска обуви
aglitter [əˈglɪtə] a = aglare
aglossal, aglossate [eɪˈglɒs(ə)l, eɪˈglɒseɪt] a зоол. безъязычный
aglossia [eɪˈglɒsɪə] n 1. мед. аглоссия, отсутствие языка (врождённая аномалия) 2. немота
aglow [əˈgləʊ] a predic пылающий, сверкающий; ярко горящий, пламенеющий; the sky is ~ with the setting sun небо пылает в лучах заходящего солнца; all ~ with delight [with a long walk] раскрасневшись от удовольствия [от длинной прогулки]
aglutition [ˌæglʊˈtɪʃ(ə)n] n мед. затруднение глотания
agly [əˈglaɪ] = agley
agminate [ˈægmɪnɪt] a 1. собранный, сгруппированный; совокупный 2. бот. гроздевидный, пучковидный
agnail [ˈægneɪl] n 1. заусеница 2. ногтоеда, панариций
agnate I [ˈægneɪt] n юр. 1) агнат, родственник по отцу 2) агнат, предок или потомок по мужской линии
agnate II [ˈægneɪt] a 1. юр. 1) родственный по отцу, по мужской линии 2) происходящий от одного предка по мужской линии 2. книжн. близкий, родственный
agnatic [ægˈnætɪk] книжн. см. agnate II 1
agnation [ægˈneɪʃ(ə)n] n юр. 1) родство по отцу, агнация 2) общее происхождение от одного предка по мужской линии
Agni [ˈægniː] n инд. миф. Агни (бог огня)
agnomen [ægˈnəʊmen] n (pl тж. -mina) лат. 1) прозвание, дополнительное имя (в Древнем Риме — напр., Sulla Felix Сулла Счастливый) 2) прозвище
agnomina [ægˈnɒmɪnə] pl от agnomen
agnominal [ægˈnɒmɪn(ə)l] a имеющий прозвище, прозванный
agnominate [ægˈnɒmɪneɪt] v редк. давать прозвище
agnomination [ægˌnɒmɪˈneɪʃ(ə)n] n редк. 1. прозвище 2. стил. парономазия; аллитерация
agnosia [ægˈnɒz(ɪ)ə] n мед. агнозия, нарушение процессов узнавания (предметов, звуков и т. п.)
agnosic [ægˈnɒzɪk] a мед. агностический, относящийся к агнозии; ~ child ребёнок, страдающий агнозией
agnostic I [ægˈnɒstɪk] n филос. агностик
agnostic II [ægˈnɒstɪk] a филос. агностический
agnosticism [ægˈnɒstɪsɪz(ə)m] n филос. агностицизм
Agnus Dei [ˌægnəsˈdeɪiː] церк. 1. 1) «Агнец Божий» (часть мессы у католиков) 2) музыка к этой части 2. 1) изображение агнца, несущего крест (эмблема Христа) 2) образок или ладанка с изображением агнца
ago [əˈgəʊ] adv тому назад; many years ~ много лет тому назад, давно; long ~ (очень) давно, давным-давно; a long /good/ while ~ очень давно, так давно, что и не вспомнить; not long ~ недавно; how long ~ is it that you last saw her? когда вы видели её последний раз?; I met him no longer ~ than last week я встретил его не далее как на прошлой неделе
agog I [əˈgɒg] a predic возбуждённый, сгорающий от любопытства или нетерпения; to be all ~ to know what happened сгорать от нетерпения узнать, что произошло; to be all ~ for the news очень хотеть услышать новости; the court was ~ with gossip and scandal двор лихорадило от сплетен и злословия
agog II [əˈgɒg] adv в возбуждении; to set smb.'s curiosity ~ возбуждать чье-л. любопытство; to set smb. ~ взбудоражить /растревожить/ кого-л.
agogics [əˈgɒdʒɪks, əˈgɒgɪks] n муз. агогика (отклонения от темпа)
a-go-go I [əˈgəʊgəʊ] n разг. 1) дискотека 2) небольшой дансинг с ансамблем рок-н-ролл
a-go-go II [əˈgəʊgəʊ] a разг. 1. относящийся к дискотекам, танцам под магнитофон и т. п. 2. бурный, бешеный (о темпе, движении и т. п.) 3. ультрасовременный, сверхмодный
a-go-go III, à go-go, à Gogo [əˈgəʊgəʊ] adv разг. самозабвенно, в упоении; от всего сердца; до упаду (особ. о танцах)
agoing [əˈgəʊɪŋ] adv уст. в движении, на ходу; to set ~ пустить в ход
agon [ˈægən] n (pl тж. -nes) 1. 1) состязание, соревнование на приз (атлетов, певцов, поэтов и т. п.; в Древней Греции) 2) состязание, конкурс; соперничество 2. театр., лит. 1) ист. агон (часть древнегреческой комедии) 2) главный конфликт (пьесы, романа)
agonal [ˈægən(ə)l] a мучительный; агонизирующий; предсмертный
agone [əˈgəʊn] поэт. см. ago
agones [əˈgəʊniːz] pl от agon
agonic [əˈgɒnɪk] a спец. не образующий угла
agonic line [əˈgɒnɪkˈlaɪn] агоническая линия, линия нулевого магнитного склонения
agonist [ˈægənɪst] n 1. 1) участник состязания; соперник, противник; претендент (на приз и т. п.) 2) лит. главное действующее лицо, центральный персонаж, протагонист 2. человек, раздираемый (внутренними) противоречиями
agonistic, agonistical [ˌægəˈnɪstɪk, -(ə)l] a 1. атлетический (о состязаниях в Древней Греции) 2. книжн. полемический, воинственный 3. книжн. бьющий на эффект; аффектированный 4. зоол. враждебный, угрожающий (о поведении по отношению к особям того же вида)
agonistics [ˌægəˈnɪstɪks] n агонистика (состязания по гимнастике в Древней Греции)
agonize [ˈægənaɪz] v 1. 1) испытывать сильные мучения, быть в агонии, агонизировать 2) мучить; подвергать страданиям 2. (over, after) мучиться над чем-л.; биться над чем-л.; быть в нерешительности; to ~ after smth. прилагать отчаянные усилия к чему-л.; to ~ over a problem мучительно пытаться решить проблему; he ~s over every decision he has to make любое решение даётся ему нелегко
agonized [ˈægənaɪzd] a 1) мучительный; ~ cry крик боли; ~ indecision мучительные колебания; ~ reappraisal трудно дающийся пересмотр собственных взглядов 2) неистовый, безумный, отчаянный; ~ effort отчаянные усилия
agonizing [ˈægənaɪzɪŋ] a 1) агонизирующий 2) мучительный; ~ suspense мучительное сомнение; томительное ожидание (чего-л.)
agonothete [əˈgəʊnəθiːt] n организатор состязаний и игр (в Древней Греции и в Древнем Риме)
agony [ˈægənɪ] n 1. мука, страдание, мучительная боль (душевная или физическая); ~ of despair муки отчаяния; in an ~ of suspence [of doubt] терзаясь неведением [сомнениями]; to suffer agonies терпеть муки 2. эмоциональное возбуждение; to be in ~ of utter delight быть в полном восторге 3. обыкн. pl агония; предсмертная агония (тж. death или mortal agonies) 4. рел. страсти Христовы (перед распятием) 5. борьба; яростное сражение; ~ of war ужасы войны
◊ to pile on /to put on, to turn on/ the ~ преневр. изображать из себя мученика; разыгрывать, прикидываться больным или несчастным; бить на жалость
agony column [ˈægənɪˌkɒləm] 1. «объявления страждущих», раздел газеты с объявлениями о розыске пропавших детей и домашних животных, с призывами вернуться домой и т. п. 2. раздел газеты с советами читателям по личным вопросам
agora¹ [ˈægərə] n (pl тж. -rae) 1) агора, рыночная площадь и место народных собраний (в Древней Греции) 2) (the A.) Агора в Афинах
agora² [ˌægəˈrɑː] n (pl -rot(h)) агора (мелкая монета Израиля)
agorae [ˈægəriː] pl от agora¹
agoraphobe I [ˈæg(ə)rəfəʊb] n человек, страдающий агорафобией, боязнью пространства
agoraphobe II [ˈæg(ə)rəfəʊb] a страдающий агорафобией, боязнью пространства
agoraphobia [ˌæg(ə)rəˈfəʊbɪə] n мед. агорафобия, боязнь пространства
agoraphobic I, II [ˌæg(ə)rəˈfəʊbɪk] = agoraphobe I и II
agorot(h) [ˌægəˈrəʊt] pl от agora²
agouti [əˈguːtɪ] n зоол. 1. агути, золотистый заяц (Dasyprocta aguto) 2. агути, дикая окраска (светлое колечко на тёмном волосе)
agraffe [əˈgræf] n 1. аграф, пряжка 2. стр. 1) скоба 2) штырь 3. муз. демпфер
agrammatism [əˈgræmətɪz(ə)m] n мед. аграмматизм (разновидность афазии)
agrapha [ˈægrəfə] n употр. с гл. в ед. и мн. ч. апокрифические изречения Христа (не вошедшие в евангелия)
agraphia [əˈgræfɪə] n мед. аграфия, расстройство письма на почве афазии
agrarian I [əˈgre(ə)rɪən] n 1. аграрий, крупный землевладелец 2. член аграрной партии 3. сторонник аграрных реформ
agrarian II [əˈgre(ə)rɪən] a 1. аграрный, земельный; относящийся к землепользованию; ~ laws земельные законы; ~ reform аграрная реформа 2. сельский, сельскохозяйственный; фермерский 3. др.-рим. юр. относящийся к законам о разделе завоеванных земель 4. бот. дикорастущий
agrarianism [əˈgre(ə)rɪənɪz(ə)m] n движение за аграрную реформу и улучшение условий жизни фермеров, крестьян

agravic [ə'grævɪk] *a спец.* невесо́мый, находя́щийся в состоя́нии невесо́мости

agréation [ˌɑːgreɪ(1)ə'sjɒŋ] *n фр. дип.* запро́с агрема́на (*на назначение посла*)

agree [ə'griː] *v* **1.** 1) соглаша́ться; догова́риваться; сходи́ться во мне́ниях; to ~ with smb. согласи́ться с кем-л., быть одного́ мне́ния с кем-л.; to ~ in smth. име́ть на что-л. одина́ковые взгля́ды, име́ть одина́ковые мне́ния о чём-л.; we did not ~ у нас бы́ли ра́зные то́чки зре́ния; мы не договори́лись; the principles ~d upon при́нципы, по кото́рым дости́гнуто соглаше́ние; we are all ~d on finding him innocent мы все пришли́ к еди́ному мне́нию, что он невино́вен 2) усла́вливаться, сгова́риваться, догова́риваться; to ~ on /as to, about/ smth. договори́ться (*о чём-л.*), дости́гнуть соглаше́ния по како́му-л. вопро́су; we ~d to go there together мы усло́вились пойти́ туда́ вме́сте; to be ~d on (*в чём-л.*); ~d! *разг.* решено́!, по рука́м!; to ~ that smth. should be done договори́ться о необходи́мости сде́лать что-л. **2.** соглаша́ться, дава́ть согла́сие; he invited us and we ~d он пригласи́л нас, мы приня́ли приглаше́ние; to ~ to do smth. согласи́ться что-л. сде́лать; father has ~d to her marrying John оте́ц дал согла́сие на её брак с Джо́ном **3.** 1) согласо́вывать, одобря́ть; they have ~d the terms of surrender они́ согласова́ли усло́вия капитуля́ции; we ~ the stipulations мы одобря́ем э́ти усло́вия 2) утвержда́ть, одобря́ть; the inspector has ~d your return of income инспе́ктор утверди́л ва́шу нало́говую деклара́цию **4.** ла́дить, ужива́ться, жить в согла́сии; the children can never ~ де́ти постоя́нно ссо́рятся; they ~ well они́ хорошо́ живу́т /ла́дят/, они́ живу́т в согла́сии **5.** соотве́тствовать, гармони́ровать; to ~ with facts [with statements, with the original] соотве́тствовать /не противоре́чить/ фа́ктам [заявле́ниям, оригина́лу]; the figures do not ~ ци́фры не схо́дятся; this story ~s with hers э́тот расска́з совпада́ет с её ве́рсией; the two copies ~ о́ба экземпля́ра иденти́чны; this play does not ~ with the book пье́са о́чень отлича́ется от кни́ги, по кото́рой она́ напи́сана; ~ within... совпада́ть с то́чностью до...; theoretical predictions ~ within 1 per cent теорети́ческий расчёт совпада́ет (с о́пытом) с то́чностью до 1 проце́нта **6.** *обыкн. с отриц. разг.* быть поле́зным, подходя́щим; she wondered whether the climate would ~ with her она́ не зна́ла, ока́жется ли подходя́щим для неё э́тот кли́мат; smoking does not ~ with me кури́ть мне нельзя́; pepper does not ~ with me от пе́рца мне де́лается пло́хо **7.** *грам.* согласова́ться; the predicate ~s with its subject in number and person сказу́емое согласу́ется в лице́ и числе́ с подлежа́щим ◇ to ~ like dog(s) and cat(s) *посл.* жить как ко́шка с соба́кой; to ~ to differ ≅ ка́ждый остаётся при своём мне́нии

agreeability [əˌgriːə'bɪlɪtɪ] *n книжн.* прия́тность (*особ. в обхожде́нии*)

agreeable [ə'griːəb(ə)l] *a* **1.** прия́тный, ми́лый; ~ person прия́тный челове́к; ~ voice прия́тный го́лос; ~ weather хоро́шая пого́да; ~ to the taste [to the touch] прия́тный на вкус [на о́щупь]; to make oneself ~ (to smb.) стара́ться понра́виться /угоди́ть/ (кому́-л.) **2.** *разг.* согла́сный; to be ~ to smth. [to do smth.] соглаша́ться на что-л. [сде́лать что-л.]; if you are ~ е́сли вы согла́сны; I am quite ~ я гото́в, я согла́сен, я ничего́ не име́ю про́тив; I am ~ to doing what you suggest я гото́в сде́лать то, что вы предлага́ете **3.** (to) прие́млемый, подходя́щий; соотве́тствующий; ~ to the standards отвеча́ющий тре́бованиям; ~ to the order of the day в соотве́тствии с пове́сткой дня; that is ~ to me *парл., офиц.* я не возража́ю; music ~ to the occasion соотве́тствующая собы́тию му́зыка ◇ to do the ~ угожда́ть, стара́ться понра́виться

agreeably [ə'griːəblɪ] *adv* **1.** прия́тно, ми́ло; I was ~ surprised я был прия́тно удивлён **2.** соотве́тственно, согла́сно (*чему́-л.*); ~ to my instructions согла́сно да́нным мне / полу́ченным мно́ю/ указа́ниям

agreed [ə'griːd] *a* согласо́ванный; устано́вленный, решённый (*по обою́дному согла́сию*)

agreement [ə'griːmənt] *n* **1.** соглаше́ние, догово́р; collective ~ коллекти́вный догово́р; armistice ~ соглаше́ние о переми́рии; procedural ~ соглаше́ние /договорённость/ по процеду́рным вопро́сам; as part of the ~ в ра́мках соглаше́ния **2.** согла́сие; договорённость; by mutual ~ по взаи́мному согла́сию; ~ of opinion единомы́слие; in ~ with smth. в соотве́тствии с чем-л.; ~ among the members еди́нство мне́ний среди́ чле́нов (*организа́ции и т. п.*); ~ in principle *дип.* принципиа́льная договорённость; to be in ~ with smb. соглаша́ться с кем-л.; to come to /to arrive, to make/ an ~ on /upon, about/ smth. with smb. прийти́ к соглаше́нию по како́му-л. вопро́су с кем-л.; договори́ться о чём-л. с кем-л.; to reach ~ with smb. дости́гнуть договорённости /соглаше́ния/ с кем-л.; there is very little ~ about what to do net еди́нства мне́ний о том, что (сле́дует) де́лать; that seemed to be in excellent ~ with his calculations э́то, ви́димо, вполне́ совпада́ло с его́ расчётами **3.** *грам.* согласова́ние **4.** *спец.* согла́сие, совпаде́ние; ~ by order of magnitude совпаде́ние по поря́дку величи́ны

agrément [ˌɑː'greɪmɒŋ] *n фр.* **1.** *pl* прия́тные ка́чества, пре́лести **2.** *муз.* мели́зм **3.** *дип.* агрема́н

agrestal [ə'grest(ə)l] *a с.-х.* сорняко́вый

agrestic [ə'grestɪk] *a* **1.** 1) се́льский, дереве́нский 2) гру́бый, неотёсанный **2.** дикорасту́щий

agri- [ˈægrɪ-] = agro-

agribusiness [ˈægrɪˌbɪznɪs] = agrobusiness

agricole [ˈægrɪkəʊl] *n поэт.* землепа́шец, земледе́лец

agri-corporation [ˈægrɪˌkɔːpəˈreɪʃ(ə)n] *n* агрокорпора́ция, сельскохозя́йственное (капиталисти́ческое) объедине́ние (*занима́ется произво́дством, перерабо́ткой и сбы́том сельскохозя́йственной проду́кции*)

agricrime [ˈægrɪkraɪm] *n амер.* хище́ние те́хники и урожа́я у фе́рмеров

agricultural [ˌægrɪˈkʌltʃ(ə)rəl] *a* сельскохозя́йственный; земледе́льческий; ~ adviser консульта́нт по се́льскому хозя́йству; ~ chemistry агрохи́мия; ~ engineering сельскохозя́йственное машиностро́ение; ~ experiment(al) station сельскохозя́йственная о́пытная ста́нция; ~ implements сельскохозя́йственные ору́дия; сельскохозя́йственный инвента́рь; ~ machinery сельскохозя́йственные маши́ны; ~ labourers сельскохозя́йственные рабо́чие; ~ methods агроте́хника; ~ physics агрофи́зика; ~ show сельскохозя́йственная вы́ставка

agricultural ant [ˈægrɪˌkʌltʃərəl ˈænt] *энт.* мураве́й-жнец (*Pogonomyrmex*)

agriculturalist [ˌægrɪˈkʌltʃ(ə)rəlɪst] = agriculturist

agriculturally [ˌægrɪˈkʌltʃ(ə)rəlɪ] *adv* 1) с то́чки зре́ния се́льского хозя́йства 2) в о́бласти се́льского хозя́йства

agriculture [ˈægrɪˌkʌltʃə] *n* 1) се́льское хозя́йство 2) земледе́лие; агрокульту́ра; хлебопа́шество

agriculturist [ˌægrɪˈkʌltʃ(ə)rɪst] *n* 1. агроно́м 2. фе́рмер, земледе́лец

agrimony [ˈægrɪmənɪ] *n бот.* репешо́к, репе́йник (*Agrimonia*)

agrimotor [ˈægrɪˌməʊtə] *n с.-х.* тра́ктор

agrin [əˈgrɪn] *a predic* ухмыля́ясь, усмеха́ясь; с ухмы́лкой, с усме́шкой

agriology [ˌægrɪˈɒlədʒɪ] *n* сопостави́тельное изуче́ние исто́рии и бы́та первобы́тных племён и наро́дов

agripower [ˈægrɪˌpaʊə] *n* мо́щность, производи́тельная си́ла се́льского хозя́йства

agriproduct [ˈægrɪˌprɒdʌkt] *n* сельскохозя́йственная проду́кция

agri-proletariat [ˈægrɪˌprəʊlɪˈtɛ(ə)rɪət] *n* сельскохозя́йственный, се́льский пролетариа́т (*батраки́, сезо́нники и т. п.*)

agro- [ˈægrə(ʊ)-] (*тж.* agri-) *в сло́жных слова́х име́ет значе́ние относя́щийся к се́льскому хозя́йству:* agroecological агроэкологи́ческий; agrotechnology совреме́нные ме́тоды и сре́дства се́льского хозя́йства; agrotechny перерабо́тка сельскохозя́йственных проду́ктов на фе́рмах; agribusiness, agrobusiness агроби́знес; agri-industrial агропромы́шленный

agrobiologic, agrobiological [ˈægrə(ʊ)ˌbaɪəˈlɒdʒɪk, -(ə)l] *a* агробиологи́ческий

agrobiology [ˌægrə(ʊ)baɪˈɒlədʒɪ] *n* агробиоло́гия

agrobiz [ˈægrə(ʊ)bɪz] *разг. см.* agrobusiness

agrobusiness [ˈægrə(ʊ)ˌbɪznɪs] *n* агроби́знес, сельскохозя́йственный би́знес; капиталисти́ческое се́льское хозя́йство (*включа́я перерабо́тку и сбыт проду́кции*)

agrobusinessman [ˈægrə(ʊ)ˌbɪznɪsmən] *n* агробизнесме́н, фе́рмер-капитали́ст

agrochemical [ˌægrə(ʊ)ˈkemɪk(ə)l] *a* агрохими́ческий

agrochemicals [ˌægrə(ʊ)ˈkemɪk(ə)lz] *n pl* агрохимика́ты, сельскохозя́йственные химика́ты

agrochemistry [ˈægrə(ʊ)ˌkemɪstrɪ] *n* агрохи́мия

agrocity [ˈægrə(ʊ)ˌsɪtɪ] = agrogorod

agrocoenosis [ˌægrə(ʊ)sɪˈnəʊsɪs] *n с.-х.* агроцено́з, агробиоцено́з

agroecological [ˈægrəʊˌiːkəˈlɒdʒɪk(ə)l] *a* агроэкологи́ческий

agrogorod [ˌægrəʊˈgɒrəd] *n* (*pl тж.* -da) *русск.* агрогород

agrogoroda [ˌægrəʊˈgɒrˌdɑː] *pl от* agrogorod

agro-industrial [ˌægrə(ʊ)ɪnˈdʌstrɪəl] *a* агропромы́шленный; относя́щийся к агропромы́шленности

agro-industry [ˈægrə(ʊ)ˌɪndəstrɪ] *n* агропромы́шленность, агроинду́стрия

agrologic, agrological [ˌægrəˈlɒdʒɪk, -(ə)l] *a* агрологи́ческий, относя́щийся к почвове́дению

agrologist [əˈgrɒlədʒɪst] *n* специали́ст по агроло́гии, почвове́д

agrology [əˈgrɒlədʒɪ] *n* агроло́гия, почвове́дение

agromania [ˌægrə(ʊ)ˈmeɪnɪə] *n мед.* агрома́ния, патологи́ческое стремле́ние к уедине́нию на приро́де

AGR — AIL

agrometeorological [ˈægrə(ʊ)ˌmiːtɪərəˈlɒdʒɪk(ə)l] *a* агрометеорологический

agron [əˈgrɒn] *n с.-х.* горизонт A (*почвы*), перегнойно-элювиальный горизонт; выветривающийся, самый поверхностный горизонт

agronome [ˈægrənəʊm] *редк.* = agronomist

agronomic, agronomical [ˌægrəˈnɒmɪk, -(ə)l] *a* агрономический; ~ practices агротехника

agronomics [ˌægrəˈnɒmɪks] *n* агрономия

agronomist [əˈgrɒnəmɪst] *n* агроном

agronomy [əˈgrɒnəmɪ] *n* 1) агрономия 2) сельское хозяйство 3) земледелие, землепашество

agrophysics [ˌægrə(ʊ)ˈfɪzɪks] *n* агрофизика

agro-politics [ˈægrə(ʊ)ˌpɒlɪtɪks] *n амер.* сельскохозяйственная политика, политика в области сельского хозяйства, *особ.* в области сбыта продукции

agrostology [ˌægrəsˈtɒlədʒɪ] *n бот.* агростология, изучение злаков

agrotechnician [ˌægrə(ʊ)tekˈnɪʃ(ə)n] *n* специалист по сельскохозяйственной технике (*инженер или техник*)

agrotechnologist [ˌægrə(ʊ)tekˈnɒlədʒɪst] *n* 1. агроном 2. = agrotechnician

agrotechnology [ˌægrə(ʊ)tekˈnɒlədʒɪ] *n* агротехника

agrotechny [ˈægrəʊˌteknɪ] *n* местная переработка сельскохозяйственной продукции (*консервирование, сыроварение и т. п.*)

agrotown [ˈægrə(ʊ)taʊn] *n* = agrogorod

aground [əˈgraʊnd] *a predic* 1. 1) на мели; to be ~ сидеть на мели 2) на мель; to run /to go/ ~ сесть на мель 2. в затруднительном положении; без денег, на мели 3. *редк.* на земле; planes aloft and ~ самолёты в воздухе и на земле

ague [ˈeɪgjuː] *n* 1. *мед.* малярия, (болотная) лихорадка 2. лихорадочный озноб; burning ~ горячка ◊ ~s come on horseback but go away on foot *посл.* ≅ беда к нам верхом, а от нас пешком; болезнь входит пудами, а уходит золотниками

ague-cake [ˈeɪgjuːkeɪk] *n мед.* увеличение селезёнки при хронической малярии

ague-spell [ˈeɪgjuːspel] *n* знахарское средство против лихорадки (*заговор и т. п.*)

agueweed [ˈeɪgjuːwiːd] *n бот.* горечавка пятилистная (*Gentiana quinquefolia*)

aguey [ˈeɪgjʊɪ] = aguish

aguish [ˈeɪgjʊɪʃ] *a* 1. *мед.* 1) лихорадочный, малярийный 2) подверженный малярии 2. дрожащий, трясущийся

agush [əˈgʌʃ] *adv* потоком, струёй

ah [ɑː] *int* 1. ах!, а! (*восклицание, выражающее различные эмоции — радость, горе, восхищение, удивление, сомнение*) 2. *в грам. знач. сущ. pl* ахи; there were ohs and ahs of delight раздались восторженные охи и ахи

aha [ɑːˈhɑː] *int* ара! (*выражает торжество, удовлетворение и т. п.*) ~, so it's you hiding there! ара, так это вы здесь прячетесь!

Ahab [ˈeɪhæb] *n библ.* Ахав

aha reaction [ɑːˈhɑːrɪˌækʃ(ə)n] *психол.* озарение

à haute voix [ɑːˌəʊtvˈwɑː] *фр.* громким голосом, громко

achoo [ɑːˈtʃuː] *int* апчхи!

ahead I [əˈhed] *a* будущий, предстоящий; years ~ грядущие годы, будущее; the next job ~ предстоящая работа

ahead II [əˈhed] *adv* 1. вперёд; to plan ~ составлять /строить/ планы на будущее; to go /to get/ ~ а) продвигаться, устремиться вперёд; б) преуспевать, процветать; to put a clock ~ перевести стрелки часов вперёд; to look ~ смотреть вперёд; быть готовым к будущему; ~! *мор.* вперёд! (*команда*); ~ full speed! *мор.* полный вперёд! 2. впереди; ~ of time досрочно; walk ~ of us иди впереди нас; ~ by 6 points *спорт.* выигрывая 6 очков; to be ~ а) опережать, выигрывать; б) иметь преимущество, быть в выгодном положении 3. раньше, заранее 4. *мор.* перед носом

ahead-of-schedule [əˌhedəvˈʃedjuːl] *a* досрочный

aheap [əˈhiːp] *adv редк.* в куче, кучей; room ~ with books комната, заваленная книгами

ahem [mˈhm, əˈhʌm] *int* гм! (*выражает сомнение, недоверие, иронию и т. п.*)

a-hey [əˈheɪ] *int* эй! (*оклик*)

ahimsa [əˈhɪmsə] *n* принцип ненасилия (*в индуизме и буддизме*)

ahistoric, ahistorical [ˌæhɪsˈtɒrɪk, -(ə)l] *a* неисторический; антиисторический

ahold [əˈhəʊld] *n амер. разг.* удерживание; he grabbed ~ of my lapel он схватил /ухватил/ меня за лацкан

A-horizon [ˈeɪhəˌraɪz(ə)n] = agron

ahorse [əˈhɔːs] *adv* верхом, на коне

ahoy [əˈhɔɪ] *int мор.* на палубе!, на корабле! (*оклик*); ship [boat] ~! на судне [на шлюпке]!; all hands ~! все наверх!

Ahriman [ˈɑːrɪmən] *n перс.* Ариман, олицетворение злого начала (*в зороастризме*)

à huis clos [ɑːˌwiːˈkləʊ] *фр.* за закрытыми дверями, тайно

ahull [əˈhʌl] *adv мор.* без парусов с румпелем, вынесенным под ветер

ahum [əˈhʌm] *a* 1) рокочущий, гудящий 2) деятельный, бурный, кипучий; to be ~ with ideas быть переполненным (новыми) идеями

ai [eɪ] *int* 1) ай!; ох! 2) увы!

aid I [eɪd] *n* 1. помощь; содействие; поддержка; mutual ~ взаимопомощь; without ~ без посторонней помощи; ~ programme программа помощи; ~ post /station/ *воен.* медицинский пункт; to render /to lend/ ~ оказать помощь /поддержку/; to come to the ~ of smb. прийти к кому-л. на помощь; to call in smb.'s ~ обратиться к кому-л. за помощью; to go to smb.'s ~ прийти к кому-л. на помощь 2. *амер.* = aide 3. *спец.* протез, аппарат (*выполняющий функцию какого-л. органа*); hearing /deaf/ ~ слуховой аппарат 4. *pl* вспомогательные средства, пособия; training [visual] ~s учебные [наглядные] пособия; ~s and appliances приспособления, материальные средства 5. *pl воен. проф.* вспомогательные войска 6. *юр.* содействие; ~ and comfort помощь и поддержка (*часто преступнику*) 7. *ист.* дань вассала своему феодалу 8. *ист.* 1) денежная субсидия королю 2) заём в казначействе 9. *pl ист.* сборы, налоги, пошлины (*во Франции*) ◊ what's (all) this in ~ of? для чего это нужно?; к чему всё это?; what's all this holloing in ~ of? ≅ чего ты орёшь?

aid II [eɪd] *v* 1. помогать, оказывать помощь, поддержку; to ~ smb. to do smth. [in smth.] помогать кому-л. сделать что-л. [в чём-л.]; to ~ and abet *см.* abet 2. содействовать прогрессу, способствовать развитию; облегчать; ускорять; to ~ understanding облегчать взаимопонимание; to ~ recovery способствовать (быстрому) выздоровлению

aidant I [ˈeɪd(ə)nt] *n книжн.* 1. помощник, ассистент 2. дополнительное, вспомогательное средство

aidant II [ˈeɪd(ə)nt] *a книжн.* помогающий, вспомогательный

aid-de-camp [ˌeɪddəˈkæmp, ˌeɪddəˈkɒŋ] *n* (*pl* aids- [ˌeɪd-]) *амер.* = aide-de-camp

aide [eɪd, ed] *n* 1. 1) помощник (*руководителя*); консультант, референт, советник 2) помощник (*министра и т. п.*); ответственный работник (*подчинённый кому-л.*); the President and his ~s президент и его помощники (*включая членов правительства*) 2. 1) = aide-de-camp 2) санитарка, сиделка (*тж.* nurse's ~); санитар (*тж.* hospital ~)

aide-de-camp [ˌeɪddəˈkæmp, ˌeɪddəˈkɒŋ] *n* (*pl* aides- [ˌeɪd-]) 1. (личный) адъютант 2. *разг.* помощник, (ближайший) сотрудник

aide-mémoire [ˌeɪdmemˈwɑː] *n фр.* 1. *дип.* памятная записка 2. запись, заметка для памяти, памятка на календарном листке

aider [ˈeɪdə] 1) *см.* aid II + -er 2) *юр.* пособник; ~ and abettor пособник и подстрекатель

aidful [ˈeɪdf(ə)l] *a редк.* полезный

aidless [ˈeɪdlɪs] *a* 1. без чьей-л. помощи; самостоятельный 2. беспомощный

aidman [ˈeɪdmæn] *n* (*pl* -men [-men]) *воен. разг.* санитар

Aids [eɪdz] *n* (*сокр. от* acquired immunodeficiency syndrome) синдром приобретённого иммунодефицита, СПИД

aiglet [ˈeɪglet] = aglet

aigre-doux [ˌeɪgrəˈduː] *a фр.* кисло-сладкий

aigret [ˈeɪgret] = aigrette

aigrette [ˈeɪgret] *n* 1. плюмаж, султан; эгрет, эгретка 2. *тех.* пучок или сноп лучей 3. *бот.* пушок; хохолок; султанчик (*одуванчика, чертополоха и т. п.*)

aiguille [eɪˈgwiːl] *n* игла, шпиль, пик, остроконечная вершина (*особ. в Альпах*)

aiguillette [ˌeɪgwɪˈlet] *n воен.* аксельбант

aikido [eɪˈkiːdəʊ, aɪˈkiːdəʊ] *n* айкидо (*вид японской спортивной борьбы*)

aikuchi [aɪˈkuːtʃɪ] *n* (*pl без изм.*) *яп.* айкучи (*самурайский меч*)

ail I [eɪl] *n редк.* болезнь, недомогание, нездоровье, хворь

ail II [eɪl] *v* 1. хворать, чувствовать недомогание; заболевать; he ~s он хворает /болеет/; he ~ed sadly during the winter за эту зиму он сильно сдал 2. беспокоить, причинять боль, страдание, мучить, томить; what ~s him? что с ним?, что его беспокоит /мучит, гнетёт/?; it ~s me that... *возвыш.* мне больно /тяжело/, что...

ailanto, ailantus [eɪˈlæntəʊ, eɪˈlæntəs] *n бот.* айлант, китайский ясень (*Ailanthus altissima*)

aileron [ˈeɪlərɒn] *n обыкн. pl ав.* элерон; ~ angle угол отклонения элерона

ailing [ˈeɪlɪŋ] *a* 1. больной, нездоровый, болеющий 2. хилый, хворый, болезненный 3. находящийся в плохом состоянии; a financially ~ firm фирма, испытывающая финансовые трудности

ailment [ˈeɪlmənt] *n* недомогание, нездоровье, болезнь; hereditary [chronic] ~ наследственная [хроническая] болезнь; to diagnose [to neglect, to cure] an ~ устанавливать [запускать, излечивать] болезнь; to complain of some ~ жаловаться на недомогание

ailurophobe [eɪˈlu(ə)rəfəub] = aelurophobe

ailurophobia [eɪˌluərəˈfəubɪə] = aelurophobia

aim I [eɪm] *n* **1.** цель, намерение; стремление, замысел; noble ~ благородная цель; one's ~ in life цель жизни; ambitious [sinister, sordid] ~ честолюбивый [зловещий, подлый] замысел to gain/to attain/one's ~ достичь цели, осуществить свой замысел **2.** 1) цель, мишень; to miss one's ~ промахнуться, не попасть в цель 2) прицеливание; to take ~ at smth., smb. прицеливаться во что-л., в кого-л.; to take a good/unerring/ ~ метко стрелять, точно попадать в цель; to take careful ~ тщательно прицеливаться; his ~ is very good он очень меткий стрелок 3) линия прицела

aim II [eɪm] *v* **1.** 1) стремиться (*к чему-л.*); ставить (*что-л.*) своей целью, добиваться, домогаться (*чего-л.*); to ~ to do smth. /at doing smth./ стремиться сделать что-л.; to ~ at perfection /at being perfect/ стремиться к совершенству, to ~ deliberately /consciously/ at smth. сознательно добиваться чего-л.; to ~ futilely /vainly/ тщетно стремиться (*к чему-л*); what are you ~ing at? и к чему вы стремитесь? на что вы клоните?; на что вы намекаете? 2) *разг.* собираться, планировать делать (*что-л.*); she ~s to go tomorrow она собирается уезжать завтра; I ~ to be a writer я намерен стать писателем; he ~s to reform the organization он планирует /собирается/ перестроить всю организацию **2.** 1) целиться, прицеливаться; to fire without ~ ing стрелять, не прицеливаясь; to ~ at smb. прицелиться в кого-л. 2) нацеливать, направлять; to ~ one's efforts at smth. направлять усилия на что-л.; to ~ satire [criticism, an epigram, remarks] at smb., smth. направлять сатиру [критику, эпиграмму, замечания] против кого-л., чего-л. **3.** бросать, швырять; запускать (*чем-л.*); to ~ a book [a stone] at smb. швырнуть книгу [камень] в кого-л. **4.** метить; иметь в виду; to ~ high иметь /таить/ честолюбивые замыслы; метить высоко; to ~ above smth. метить слишком высоко; I am not ~ing at you я не имею вас в виду; я не хотел вас задеть /обидеть/; my remarks were not ~ ed at you мои замечания не были направлены в ваш адрес

aimak [ˈaɪmæk] *n* аймак (*территориальная единица в Монголии и Бурятии*)

aimed [eɪmd] *a* прицельный; ~fire [schoots] *воен.* прицельный огонь [-ая, стрельба]

aimer [ˈeɪmə] *n* 1) прицеливающийся 2) наводчик

aiming [ˈeɪmɪŋ] *n* **1.** прицеливание; наводка; ~ circle a) *воен.* артиллерийская буссоль; б) *геод.* буссоль-угломер; ~ device *воен.* ортоскоп; ~ post прицельная веха; ~ point *воен.* точка наводки, точка прицеливания; ~ silhouette фигурная мишень **2.** *опт.* визирование; ~ rule визирная линейка

aimless [ˈeɪmlɪs] *a* бесцельный, бессмысленный; нецелеустремлённый; ~ life жизнь без цели

aimlessly [ˈeɪmlɪslɪ] *adv* бесцельно, бессмысленно; нецелеустремлённо

aîné [eɪˈneɪ] *a фр.* старший (*о сыне; обыкн. после имени собственного*)

aînée [eɪˈneɪ] *a фр.* старшая (*о дочери; обыкн. после имени собственного*)

Aino [ˈaɪnəu] *n* (*pl* -os [-əuz], *тж. без измен.*) = Ainu I

ain't [eɪnt] *прост.* **1.** *сокр. от* am not; I ~ coming я не приду; I'm going to get well, ~ I? я поправлюсь, правда? **2.** *сокр. от* is not; are not; has not; have not; it ~ necessarily so это не обязательно так; they ~ got it у них этого нет

Ainu I [ˈaɪnuː] *n* **1.** айну, айны **2.** айнский язык

Ainu II [ˈaɪnuː] *a* айнский

air¹ [ɛə] *n* **1.** воздух; атмосфера; stale [fresh, foul, night, winter] ~ затхлый [свежий, спёртый, ночной, зимний] воздух; ~ current воздушное течение, воздушный поток, поток воздуха; ветер; in the (open) ~ на (открытом) воздухе, под открытым небом; to take the ~ подышать свежим воздухом, прогуляться [*см. тж.* 2, 1) *и* 8]; exposed to ~ находящийся на воздухе, подвергающийся воздействию атмосферы **2.** 1) воздушное пространство; воздух, небо (*как сфера действия авиации*); by ~ а) самолётом; авиапочтой; b) через воздух; to take the ~ взлететь, оторваться от земли; взмыть [*см. тж.* 1 *и* 8]; to command the ~ господствовать в воздухе /в небе/ 2) *преим. воен.* авиация; tactical ~ тактическая авиация; enemy ~ авиация противника **3.** (the ~) эфир on the ~ (передаваемый) по радио *или* телевидению; передаваемый в эфир; to be on the ~ a) передаваться /транслироваться/ по радио *или* телевидению; выступать по радио *или* телевидению; the President will be on the ~ tonight президент выступит по радио /по телевидению/ сегодня вечером; to go on the ~ a) выступать по радио; б) передаваться по радио; off the ~ не передаваемый по радио *или* телевидению, не передаваемый в эфир; б) окончившийся (*о радио- и телепередаче*); we'll be off the ~ until 19 hours объявляется перерыв до 19 часов; наши передачи возобновятся в 19 часов; to go off the ~ закончить передачу; we go off the ~ at 11 o'clock мы заканчиваем передачу в 11 часов **4.** 1) атмосфера, обстановка; friendly [hostile] ~ дружеская [враждебная] обстановка; a change of ~ перемена обстановки; to clear the ~ разрядить атмосферу /обстановку/; there was an ~ of poverty на всём лежала печать нужды 2) характер, манера, дух; his early work bore an ~ of freshness and originality его ранние работы /произведения/ отличались свежестью и оригинальностью **5.** лёгкий ветерок, дуновение; бриз; light ~ *мор.* маловетрие, тихий ветер (1 балл) **6.** 1) вид, выражение лица; манеры; with an ~ of importance с важным видом; with a decisive [businesslike, pathetic, belligerent] ~ с решительным [деловым, жалким, воинственным] видом; there was an ~ of mystery about him в нём было что-то загадочное, его окружала какая-то тайна 2) *обыкн. pl* важничанье, важный вид; жеманство; (too many) ~s and graces манерность, жеманство; to give oneself /to put on, to assume, to acquire/ ~s важничать, держаться высокомерно, изображать важную персону; she gives herself aristocratic ~s она корчит из себя аристократку **7.** *муз.* 1) мотив, мелодия, напев; stirring [plaintive, mournful] ~ волнующая [задорная, печальная] мелодия 2) партия сопрано *или* дисканта 3) ария; соло 4) песнь, песня (*эпохи королевы Елизаветы*) **8.** гласность, известность; to take ~ стать общеизвестным, получить огласку [*см. тж.* 1 *и* 2, 1)]; to give ~ to a plan [to a view, to an opinion] предать гласности /подвергнуть обсуждению, сделать общеизвестным/ план [точку зрения, мнение]; to give the ~ to one's grievances во всеуслышание жаловаться (*на что-л.*) **9.** авиапочтовая марка

◇ to vanish /to melt/ into thin ~ бесследно исчезнуть; out of thin ~ а) неконкретно, смутно, неясно, нечётко, туманно, расплывчато; б) из ничего, из ниоткуда; ≅ (высосать) из пальца; to be in the ~ а) носиться в воздухе, распространяться; циркулировать; rumours are in the ~ ходят слухи; ≅ слухом земля полнится; б) ≅ to be up in the ~; to be up in the ~ а) быть /находиться/ в неопределённом положении, «висеть в воздухе»; the contract is still up in the ~ неизвестно, будет ли заключён контракт; заключение контракта ещё висит в воздухе; б) огорчаться, беспокоиться, тревожиться; сердиться, гневаться; быть взволнованным; to keep smb. in the ~ держать кого-л. в состоянии неизвестности; a shot in the ~ выстрел наугад; to walk /to tread/ on ~ ≅ быть на седьмом небе, ног под собой не чуять (*от радости*); to get the ~ *амер. прост.* а) получить отставку (*у девушки*); б) быть выгнанным, уволенным с работы, со службы *и т. п.*; to give smb. the ~(s) *амер. прост.* а) дать отставку (*возлюбленному, жениху*); прекратить с кем-л. отношения; б) уволить, выгнать с работы, со службы; дать расчёт; to give smth. the ~ отмахнуться от чего-л., не принять во внимание что-л.; he gives the ~ to opinions he does not agree with он сбрасывает со счетов мнения, с которыми не согласен; to beat the ~ — *см.* beat¹ III ◇; to fish in the ~ заниматься бесполезной работой; ≅ толочь воду в ступе

air¹ II [ɛə] *a* **1.** 1) воздушный; ~ drainage *с.-х.* воздушный дренаж 2) наполненный воздухом; ~ ball воздушный шар(ик) (*игрушка*); ~ mattress надувной матрац; ~ bubble а) *метал.* пузырь (*в отливке*); раковина; б) *тех.* воздушный пузырёк (*в уровне*) **2.** пневматический, воздушный; ~ thermometer воздушный термометр; ~ bearing *тех.* пневматический подшипник **3.** 1) авиационный, воздушный; лётный; ~ armada воздушная армада; ~ attack налёт авиации; ~ bombardment воздушная бомбардировка, воздушный налёт; ~ offensive воздушное наступление; ~ superiority [supremacy] превосходство [абсолютное превосходство] в воздухе; ~ ammunition [support] авиационные боеприпасы [-ая поддержка]; ~ co-operation взаимодействие с авиацией; ~ sports авиаспорт; ~ zone зона полёта; ~ warning *воен.* а) служба воздушного наблюдения, оповещения и связи; б) сигнал воздушной тревоги; ~ ambulance санитарный самолёт; ~ jeep одноместный гражданский вертолёт; ~ formation *воен.* лётный строй; ~ navigation аэронавигация, самолётовождение; ~ interception *воен.* перехват самолётов противника; ~ objective *воен.* объект воздушного нападения; ~ observation *воен.* воздушное наблюдение; ~ priority *амер. воен.* очерёдность перевозки по воздуху 2) связанный с ВВС; A. Ministry министерство ВВС (*в Великобритании до 1964 г.*); A. Council Высший совет по делам авиации; ~ naval school военно-морское авиационное училище; A. Staff штаб военно-воздушных сил; штаб авиационного соединения

air² III [eə] v 1. проветривать, вентилировать; to ~ the room проветривать комнату 2. сушить, просушивать; to ~ the bedding выставить на солнце /сушить/ постельные принадлежности 3. 1) выставлять напоказ; заявлять во всеуслышание, провозглашать; to ~ one's opinions [one's theories] пространно излагать своё мнение [свои теории]; to ~ one's grievances жаловаться во всеуслышание; to ~ one's knowledge выставлять напоказ свою образованность; щеголять эрудицией; he constantly ~s his stupidity он постоянно демонстрирует свою глупость 2) обсуждать, «вентилировать»; the issue will be thoroughly ~ed вопрос будет всесторонне обсуждён 4. выгуливать, выводить на прогулку, на свежий воздух; to ~ the dog выгуливать собаку 5. разг. передавать в эфир; транслировать по радио или телевидению; вещать; to ~ a program передавать какую-л. программу

air² [eə] а шотл. ранний; прежний

air-actuated ['e(ə)r,ækʃueɪtɪd] a тех. пневматический (о приводе)

air alert ['e(ə)rə,lɜ:t] амер. 1) сигнал воздушной тревоги 2) воздушная тревога, боевая готовность

air arm ['e(ə)rɑ:m] = air force

air attaché ['e(ə)rə,tæʃeɪ] военно-воздушный атташе

air-bag ['eəbæg] n 1. ав. баллонет 2. надувное устройство; надувная резиновая лодка 3. авт. аварийная предохранительная подушка (автоматически заполняющаяся воздухом при столкновении)

air-ballon ['eəbə'lu:n] n воздушный шар; аэростат

air-base ['eəbeɪs] n авиабаза; ~ service squadron воен. батальон /команда/ аэродромного обслуживания; ~ unit амер. воен. базовая часть аэродромного обслуживания

air-based ['eəbeɪst] a воен. воздушного базирования (о пусковой установке и т. п.)

air-bath ['eəbɑ:θ] n 1) воздушная ванна 2) хим. воздушная баня

air-bed ['eəbed] n надувной матрац

air bill ['eəbɪl] = air waybill

air-bladder ['eəblædə] n 1. плавательный пузырь (у рыб) 2. воздушный пузырёк (в стекле) 3. = air-cell 1

air-blast ['eəblɑ:st] n 1. 1) сильная струя воздуха 2) тех. дутьё 2. (воздушная) ударная волна 3. с.-х. веялка 4. тех. вентилятор; воздуходувка

air blower ['eəbləuə] тех. воздуходувка

air-boat ['eəbəut] n катер с воздушным двигателем

airborne ['eəbɔ:n] a 1. находящийся, установленный на борту самолёта; бортовой; самолётный (об оборудовании) 2. авиационный, самолётный; radar самолётная радиолокационная станция; ~ platform воздушный старт; ~ warning and control system воен. самолётная система оповещения и управления; ~ survey аэросъёмка 3. воен. 1) воздушно-десантный; ~ division воздушно-десантная дивизия; ~ infantry пехота воздушно-десантных войск; ~ operation авиадесантная операция; ~ troops воздушно-десантные войска 2) запускаемый в воздухе 3) воздушного базирования; ~ launcher пусковая установка воздушного базирования 4. predic оторвавшийся от земли, находящийся в воздухе, в полёте; взлетевший; to become ~ оторваться от земли; to be ~ быть в воздухе 5. переносимый по воздуху (о семенах и т. п.)

airbound ['eəbaund] a затруднённый из-за наличия воздушной пробки (о подаче воды, топлива и т. п.)

air-brake ['eəbreɪk] n 1) пневматический тормоз 2) воздушный, аэродинамический тормоз

airbraking ['eəbreɪkɪŋ] n аэродинамическое торможение

airbrasive ['eəbreɪsɪv] n мед. пескоструйная бормашина [(air + abrasive)]

air-breather ['eə,bri:ðə] n ав. 1. воздушно-реактивный двигатель (тж. ~ engine) 2. аппарат с воздушно-реактивным двигателем

air-breathing ['eə,bri:ðɪŋ] n 1. ав. оснащённый воздушно-реактивным двигателем; ~ cruise missile крылатая ракета с воздушно-реактивным двигателем 2. зоол. лёгочный

airbrick ['eəbrɪk] n тех. 1) необожжённый кирпич, сырец; саман 2) пустотелый кирпич

air(-)bridge ['eəbrɪdʒ] (n) 1. воздушный мост 2. 1) надземный переход между двумя зданиями 2) крытый переход из аэровокзала к самолёту

airbrush ['eəbrʌʃ] n 1) пульверизатор, распылитель 2) тех. краскодувка, аэрограф 3) спец. краскопульт

air-built ['eəbɪlt] a ни на чём не основанный; воображаемый, призрачный, фантастический

air bump ['eəbʌmp] ав. воздушная яма

airburst ['eəbɜ:st] n воен. воздушный разрыв (бомбы); взрыв в воздухе

airbus ['eəbʌs] n тяжёлый пассажирский самолёт, аэробус

air cargo ['eə,kɑ:gəu] груз, перевозимый по воздуху

air carrier ['eə,kærɪə] 1. грузовой или почтовый самолёт 2. авиакомпания

air casing ['eə,keɪsɪŋ] стр. надувная оболочка

aircast ['eəkɑ:st] редк. = broadcast¹ I 1

air-castle ['eəkɑ:s(ə)l] n фантастический, необоснованный проект; фантазия; воздушные замки

air cav(alry) ['eə,kæv(ə)lrɪ) 1) «воздушная кавалерия»; воздушно-десантные войска 2) воздушно-десантная группа

air-cell ['eəsel] n 1. анат. лёгочная альвеола 2. зоол. пуба, воздушная полость в яйце

air-chamber ['eə,tʃeɪmbə] n 1. тех. воздушная камера 2. мор. воздушный ящик (шлюпки)

air-channel ['eətʃænl] n тех. воздухопровод; вентиляционная труба

air-chute ['eəʃu:t] n парашют

air cleaner ['eə,kli:nə] воздушный фильтр; воздухоочиститель

air coach ['eəkəutʃ] амер. 1) пассажирский самолёт второго класса (с удешевлённым тарифом); туристический авиалайнер 2) второй класс, удешевлённый класс (в самолёте)

air-cock ['eəkɒk] n продувочный краник

Air Command ['eəkə,mɑ:nd] авиационное командование (высшее организационное объединение ВВС США)

Air-Commodore [,eə'kɒmədɔ:] n воен. коммодор авиации (в Великобритании)

air-condition ['eəkən,dɪʃ(ə)n] v 1. оборудовать установкой для кондиционирования воздуха 2. кондиционировать; подвергать кондиционированию (помещение)

air-conditioned ['eəkən,dɪʃ(ə)nd] a с кондиционированным воздухом; ~ cinema кинотеатр с кондиционированием (воздуха)

air-conditioner ['eəkən,dɪʃ(ə)nə] n установка для кондиционирования воздуха, кондиционер

air-conditioning ['eəkən,dɪʃ(ə)nɪŋ] n кондиционирование воздуха

air control ['eəkən,trəul] 1. господство в воздухе 2. управление воздушным движением 3. = air-traffic control

air-controlled ['eəkən,trəuld] a тех. пневматический (об управлении)

air controller ['eəkən,trəulə] = air-traffic controller

ail-cool ['eəku:l] v 1. охлаждать струёй воздуха 2. 1) устанавливать кондиционер 2) кондиционировать (воздух); подвергать кондиционированию

air-cooled ['eəku:ld] a 1. 1) с воздушным охлаждением 2) охлаждённый на воздухе 2. разг. с кондиционированным воздухом

air-cooler ['eə,ku:lə] n тех. воздухоохладитель; воздушный радиатор

air-cooling ['eə,ku:lɪŋ] n тех. 1) воздушное охлаждение 2) охлаждение воздуха

air-corridor ['eə,kɒrɪdɔ:] n ав. воздушный коридор

air-course ['eəkɔ:s] n 1. тех. воздухопровод 2. горн. вентиляционная выработка

air-cover ['eə,kʌvə] n воен. 1) прикрытие с воздуха, авиационное прикрытие 2) воздушный конвой

aircraft ['eəkrɑ:ft] n употр. с гл. в ед. и мн. ч. 1. самолёт; летательный аппарат; ~ armament вооружение самолёта; ~ camera аэрофотоаппарат, аэрокамера; ~ crew экипаж самолёта; ~ gun авиапушка; ~ assembly собир. авиация; ~ park a) склад авиационной техники; б) место стоянки самолётов; ~ depot = park a); ~ identification опознавание самолётов

aircraft-carrier ['eəkrɑ:ft,kærɪə] n авианосец

aircraft hand ['eəkrɑ:ft,hænd] рядовая вспомогательного корпуса авиации (в ВВС Великобритании)

aircraftman ['eəkrɑ:ftmən] n (pl -men [-mən]) рядовой ВВС (Великобритании)

aircraft observer [,eəkrɑ:ftəb'zɜ:və] амер. воен. 1. лётчик-наблюдатель 2. воздушный наблюдатель (любой член экипажа кроме лётчика)

aircraftsman ['eəkrɑ:ftsmən] n (pl -men [-mən]) = aircraftman

aircraft spotter ['eəkrɑ:ft,spɒtə] наблюдатель за воздухом

aircraftswoman ['eəkrɑ:fts,wumən] n (pl -women [-,wɪmɪn]) = aircraftwoman

aircraftwoman ['eəkrɑ:ft,wumən] n (pl -women [-,wɪmɪn]) женщина-рядовой авиации ВВС (Великобритании)

aircrew ['eəkru:] n экипаж самолёта

aircrewman ['eəkru:mən] n (pl -men [-mən]) член экипажа самолёта

air-cure¹ ['eə,kjuə] n мед. аэротерапия

air-cure² ['eə,kjuə] v сушить, высушивать на воздухе, особ. в тени; вялить

air-cured ['eə,kjuəd] a воздушной сушки; ~ tobacco табак теневой сушки

air-curing ['eə,kjuərɪŋ] n спец. выдерживание на воздухе; теневая сушка

air-curtain ['eəkɜ:tn] n тёплая или охлаждённая воздушная завеса (в дверях магазина и т. п.)

air-cushion ['eə,kuʃ(ə)n] n 1. надувная подушка; резиновый круг 2. тех. пневматический буфер *или* амортизатор; амортизирующая воздушная камера 3. *спец.* воздушная подушка; ~ vehicle транспортное средство на воздушной подушке

air-cushioned ['eə,kuʃ(ə)nd] *a* на воздушной подушке

air dam ['eədæm] *ав., авт.* приспособление, улучшающее аэродинамические характеристики

air defense ['eədɪ,fens] *воен.* противовоздушная оборона, ПВО; air-defense area зона /участок, район/ ПВО; округ ПВО; ~ command *амер.* округ ПВО; air-defense interceptor ракета-перехватчик; истребитель-перехватчик; перехватчик ПВО

air detection ['eədɪ,tekʃ(ə)n] система воздушного обнаружения

air distingué [,eədɪstæŋ'geɪ] *фр.* импозантная, аристократическая внешность

air division ['eədɪ,vɪʒ(ə)n] *амер. воен.* военно-воздушная дивизия

air door ['eədɔː] = air curtain

air drag ['eədræg] *физ.* аэродинамическое сопротивление

air-drain ['eədreɪn] *n тех.* отдушина, выпор

air-dried ['eədraɪd] *a* воздушно-сухой; воздушной сушки

air-drill ['eədrɪl] *n тех.* пневматический перфоратор; пневматическая дрель

air-driven ['eə,drɪv(ə)n] *a тех.* пневматический, приводимый в действие сжатым воздухом; с пневмоприводом

airdrome ['eədrəʊm] *n* 1) аэродромные сооружения [-ое оборудование] 2) *амер.* аэропорт

airdrop I ['eədrɒp] *n* 1. сбрасывание с самолёта (*снаряжения, листовок и т. п.*) 2. *воен.* выброска (парашютного) десанта; десантирование с воздуха

airdrop II ['eədrɒp] *v* сбрасывать (*груз*) с самолёта

air-dry I ['eədraɪ] *a тех.* воздушно-сухой; воздушной сушки (*о табаке и т. п.*)

air-dry II ['eədraɪ] *v* высушивать на воздухе; вялить

air-duct ['eədʌkt] *n тех.* воздуховод

Airedale ['eədeɪl] *n* 1. эрдельтерьер (*порода собак; тж.* A. terrier) 2. *мор. жарг.* (а.) «эрдель» (*прозвище техника морской авиации или лётчика ВМС*)

air-eddy ['eəredɪ] *n* воздушный вихрь

air edition ['e(ə)rɪ,dɪʃ(ə)n] часть тиража газеты, предназначенная для перевозки авиапочтой (*печатается на тонкой бумаге*)

air embolism [,e(ə)r'embəlɪz(ə)m] = aeroembolism

air-engine ['e(ə)r,endʒɪn] *n* авиамотор; авиационный двигатель

airer ['e(ə)rə] *n* стойка для просушки одежды

air-exhauster ['e(ə)rɪg,zɔːstə] *n тех.* эксгаустер, вытяжной вентилятор

air express ['e(ə)rɪks,pres] *амер.* 1) срочная перевозка посылок самолётом 2) плата за доставку посылок авиапочтой

airfare ['eəfeə] *n* стоимость авиабилета

airfast ['eəfɑːst] *a тех.* воздухонепроницаемый

air-ferry ['eə,ferɪ] *n* воздушный мост

airfield ['eəfiːld] *n* 1) аэродром; ~ construction *воен.* аэродромные сооружения 2) *часто воен.* лётное поле, посадочная площадка

air-fitter ['eə,fɪtə] *n ав.* моторист-механик

air fleet ['eəfliːt] 1. = air force 2 2. *разг. см.* air force 1

air-flow ['eəfləʊ] *a тех.* обтекаемый

airflow ['eəfləʊ] *n* воздушное течение, воздушный поток

airfoil ['eəfɔɪl] = aerofoil

air force ['eəfɔːs] 1. военно-воздушные силы; ~ combat command соединение боевой авиации; A. F. Medal «Медаль военно-воздушных сил» (*в Великобритании*); ~ medical service медицинская служба военно-воздушных сил 2. *амер.* воздушная армия

airframe ['eəfreɪm] *n* планёр самолёта; корпус летательного аппарата

airfree ['eəfriː] *a тех.* безвоздушный; разреженный, вакуумный

airfreight I ['eəfreɪt] *n* 1. перевозка, транспортировка грузов по воздуху 2. 1) авиагруз 2) плата, взимаемая за перевоз груза по воздуху

airfreight II ['eəfreɪt] *v* перевозить груз по воздуху

airfreighter ['eə,freɪtə] *n* 1. грузовой самолёт 2. компания воздушных перевозок грузов

air-gap ['eəgæp] *n* 1) *тех.* просвет, зазор; воздушный промежуток 2) *эл.* искровой промежуток

air-gas ['eəgæs] *n* горючая смесь

air-gate ['eəgeɪt] *n* 1. заслонка 2. *горн.* вентиляционная подземная выработка

air-gauge ['eəgeɪdʒ] *n* манометр

airglow ['eəgləʊ] *n* (ночное) свечение неба; свечение атмосферы

airgraph I ['eəgrɑːf] *n* 1) микрофильмирование писем для пересылки авиапочтой 2) микрофильмированное письмо

airgraph II ['eəgrɑːf] *v* микрофильмировать письма для пересылки авиапочтой

air-grating ['eə,greɪtɪŋ] *n* вентиляционная решётка, отдушина

air-gun ['eəgʌn] *n* 1. = aquapulse gun 2. = air-rifle

air-gunner ['eə,gʌnə] *n воен.* воздушный стрелок

air ball ['eəbɔːl] 1) надувное сооружение 2) надувной купол (*для спортивных сооружений*)

air-hammer ['eə,hæmə] *n* 1. *тех.* пневматический молот 2. *горн.* отбойный молоток

air harbour ['eə,hɑːbə] аквапорт, гидропорт (*для гидросамолётов*)

air-hardening ['eə,hɑːdnɪŋ] *n метал.* нормализация

air-head, air-heading ['eəhed, 'eə,hedɪŋ] *n воен.* плацдарм (*для* воздушного десанта)

air-heater ['eə,hiːtə] *n тех.* калорифер, воздухоподогреватель; воздушный экономайзер

air hoist ['eəhɔɪst] пневматический подъёмник

air-holder ['eə,həʊldə] *n* герметически закупоренный сосуд

airhole ['eəhəʊl] *n* 1. вентиляционное отверстие, отдушина 2. полынья 3. *амер. ав.* воздушная яма 4. *метал.* 1) фурменное отверстие 2) выпор

airhop I ['eəhɒp] *n* короткий авиарейс

airhop II ['eəhɒp] *v амер. разг.* часто летать самолётом на короткие расстояния

air-hostess ['eə,həʊstɪs] *n* стюардесса

airhouse ['eəhaʊs] *n стр.* надувное сооружение

airily ['e(ə)rɪlɪ] *adv* 1. воздушно, легко, грациозно 2. 1) легкомысленно 2) беззаботно; весело

airiness ['e(ə)rɪnɪs] *n* 1. воздушность, лёгкость, грациозность 2. 1) весёлость, беззаботность 2) легкомыслие, ветреность

airing ['e(ə)rɪŋ] *n* 1. проветривание и просушивание; to give an ~ to smth. хорошо просушить что-л. на воздухе 2. прогулка; to go for an ~ прогуляться, пойти на прогулку; to take a dog for an ~ вывести /прогулять/ собаку 3. *тех.* 1) вентиляция; аэрация 2) вспенивание 4. 1) выставление напоказ, демонстрация 2) публичное обсуждение; «вентилирование»; to get a congressional ~ провентилировать вопрос в конгрессе; the matter is due for ~ вопрос вынесен на обсуждение 5. *радио, тлв.* выход в эфир, передача

airing cupboard ['e(ə)rɪŋ,kʌpbɔːd] сушилка, сушильный шкаф (*для белья*)

air injection ['e(ə)rɪn,dʒekʃ(ə)n] *тех.* впрыск сжатым воздухом (*топлива*)

air-jacket ['eə,dʒekɪt] *n* 1. надувной спасательный жилет 2. кожух воздушного охлаждения

air-jet ['eədʒet] *n тех.* форсунка

airjig ['eədʒɪg] *n тех.* воздушный сепаратор

airland ['eəlænd] *v* 1) сажать самолёт 2) производить выгрузку из самолёта (*войск и т. п.*)

airlane ['eəleɪn] *n* воздушная трасса

air-launch ['eəlɔːntʃ] *v* запускать в воздухе, с самолёта

air-launched ['eəlɔːntʃt] *a* 1) запускаемый в воздухе, с самолёта *и т. п.* 2) *воен.* воздушного базирования; ~ missile ракета воздушного базирования, авиационная ракета

airless ['eəlɪs] *a* 1. 1) безветренный, тихий 2) *разг.* ~ room душная комната 2. безвоздушный

air-letter ['eə,letə] *n* 1) авиаписьмо 2) тонкая бумага для авиапочты 3) почтовая бумага, складывающаяся в конверт

air-level ['eə,lev(ə)l] *n* 1. *тех.* ватерпас 2. *горн.* вентиляционный горизонт

airlift ['eə,lɪft] *n* 1. 1) воздушный мост 2) переброска по воздуху, воздушные перевозки 2. *тех.* аэролифт, сифон 3. подвесная канатная дорога 4. пневматический подъёмник 5. люди или грузы, перевозимые по воздуху 6. *в грам. знач. глагола* перевозить, перебрасывать по воздуху, осуществлять воздушные перевозки (*грузов*); перебрасывать самолётом (*войска и т. п.*)

airlifting ['eə,lɪftɪŋ] *n* воздушный мост

air-line ['eəlaɪn] *n амер.* прямая линия, кратчайшее расстояние между точками; ~ distance наикратчайшее расстояние; ~ highway прямое как стрела шоссе

airline ['eəlaɪn] *n* 1. 1) авиалиния 2) воздушная трасса 2. авиакомпания 3. воздухопровод

airline hostess ['eəlaɪn,haʊstɪs] *амер.* стюардесса

airliner ['eə,laɪnə] *n* рейсовый авиалайнер, воздушный лайнер, пассажирский самолёт

airload ['eələʊd] *n* 1. полезная нагрузка самолёта 2. аэродинамическая нагрузка

airlock ['eəlɒk] *n* 1. *тех.* воздушная пробка 2. *воен.* тамбур газоубежища 3. 1) *тех.* воздушный шлюз 2) *косм.* (переходной) шлюз (*тж.* ~ module)

air-locked ['eəlɒkt] *a* герметически закрытый; воздухонепроницаемый

air-log ['eəlɒg] *n ав.* аэролог

air-logged ['eəlɒgd] *a* = air-bound

airmail I ['eəmeɪl] *n амер.* авиапочта; ~ stamps марки для авиапочты; by ~ авиапочтой, самолётом

AIR — AIR

airmail II ['eəmeɪl] v посылать авиапочтой
airman ['eəmən] n (pl -men [-mən]) 1. 1) лётчик, авиатор; пилот 2) авиатехник; авиаинженер; ≅ технарь 2. амер. рядовой или сержант ВВС; ~ basic рядовой ВВС; ~ first [second, third] class рядовой ВВС первого [второго, третьего] класса
airmanship ['eəmənʃɪp] n искусство самолётовождения; лётное мастерство; лётное дело; лётная подготовка
air map ['eəmæp] аэронавигационная карта
airmark ['eəmɑːk] v ав. отмечать маркировочными знаками (посадочную полосу)
air marshal ['eə͵mɑːʃ(ə)l] маршал авиации (в Великобритании)
air mass ['eəmæs] метеор. воздушная масса (Земли)
air-mechanic ['eəmɪ͵kænɪk] n бортмеханик
Air Medal ['eə͵medl] амер. «Медаль военно-воздушных сил» (США)
air medicine ['eə͵meds(ə)n] авиационная медицина
air mile ['eəmaɪl] (международная) воздушная миля (единица расстояния в воздухоплавании — 1853 м)
air-minded ['eə͵maɪndɪd] a 1. интересующийся, увлекающийся летательными аппаратами и вопросами авиации и аэронавтики 2. предпочитающий самолёты всем другим видам транспорта; ≅ любящий летать
air-mine ['eəmaɪn] n воен. авиационная мина
air miss ['eəmɪs] ав. пролёт самолётов в опасной близости друг к другу; ≅ на грани столкновения
airmobile ['eəmə(ʊ)bɪːl] a амер. воен. аэромобильный, перебрасываемый по воздуху
air-monger ['eə͵mʌŋgə] n фантазёр
air-motor ['eə͵məʊtə] n пневматический двигатель
air observer ['e(ə)rəb͵zɜːvə] амер. = aircraft observer
airometer [e(ə)'rɒmɪtə] n аэрометр
air-operated ['e(ə)r͵ɒpəreɪtɪd] a тех. пневматический, с воздушным приводом
air-oven ['e(ə)r͵ʌv(ə)n] n тех. воздушная баня
airpark ['eəpɑːk] n 1) небольшой аэродром 2) амер. «аэропарк» (посёлок с аэродромом для личных самолётов)
air passage ['eə͵pæsɪdʒ] 1. воздушный коридор 2. путешествие по воздуху, самолётом 3. авиабилеты, билеты на самолёт; to book ~ for New York заказать билеты на самолёт до Нью-Йорка 4. тех. вентиляционный канал
air photograph ['eə͵fəʊtəgrɑːf] аэрофотоснимок
air-pillow ['eə͵pɪləʊ] = air-cushion
air-pipe ['eəpaɪp] n тех. вентиляционная труба
air piracy ['eə͵paɪ(ə)rəsɪ] воздушное пиратство; угон или похищение самолётов
air pirate ['eə͵paɪ(ə)rət] воздушный пират, угонщик самолёта
air pistol ['eə͵pɪstl] пневматический пистолет
air-pit ['eəpɪt] = airshaft
airplan ['eəplæn] n спец. фотоплан, аэрофотоснимок, аэрофотокарта
airplane ['eəpleɪn] n преим. амер. самолёт, аэроплан; ~ ambulance санитарный самолёт; ~ luggage чемоданы, сумки и т. п. облегчённого типа (для авиапутешествий)
airplane carrier ['eəpleɪn͵kærɪə] амер. = aircraft-carrier
airplane cloth ['eəpleɪn͵klɒθ] амер. 1. хлопчатобумажная ткань «самолётная» (обивочный материал) 2. ист. аэропланный холст (льняная ткань для крыльев первых самолётов)
airplane spin ['eəpleɪn͵spɪn] «мельница» (борьба)
air plant ['eəplɑːnt] бот. эпифит, надземное растение
airplay ['eəpleɪ] n радио трансляция звукозаписи (в эфир)
air plug ['eəplʌg] тех. воздушная пробка
air-pocket ['eə͵pɒkɪt] n 1. ав. воздушная яма 2. метал. раковина, газовый пузырь 3. воздушный мешок, воздушный карман (в трубах и т. п.)
air police ['eəpə͵liːs] (военно-)воздушная полиция
air pollution ['eəpə͵luːʃ(ə)n] загрязнение воздуха, атмосферы
air-port ['eəpɔːt] n мор. иллюминатор
airport ['eəpɔːt] n аэропорт
airport art ['eəpɔːt͵ɑːt] искусство аборигенов, приспособление ко вкусам иностранных туристов
airpost ['eəpəʊst] n воздушная почта, авиапочта
air potato ['eəpə͵teɪtəʊ] бот. ямс клубненосный (Dioscorea bulbifera)
airpower ['eə͵paʊə] военно-воздушная мощь страны
air-powered ['eə͵paʊəd] = air-operated
air-pressure ['eə͵preʃə] n 1. 1) давление воздуха, атмосферное давление 2) давление сжатого воздуха 2. аэродинамическое сопротивление
airproof I ['eəpruːf] a герметический воздухонепроницаемый; плотный
airproof II ['eəpruːf] v герметизировать; выкачивать воздух
air-pump ['eəpʌmp] n 1. тех. воздушный насос; поршневой компрессор 2. велосипедный насос
air-raid ['eəreɪd] n налёт авиации, воздушный налёт; ~ precautions воен. мероприятия по пассивной противовоздушной обороне (затемнение и т. п.); ~ warning амер. система оповещения о воздушном нападении; ~ shelter бомбоубежище
air-raider ['eə͵reɪdə] n самолёт, участвующий в воздушном налёте
air resistance ['eərɪ͵zɪstəns] физ. сопротивление воздуха, аэродинамическое сопротивление
air-rifle ['eə͵raɪf(ə)l] n духовое, пневматическое ружьё
air-root ['eəruːt] n бот. воздушный корень
air-route ['eəruːt] n воздушная трасса; маршрут полёта
air-sac ['eəsæk] = air-cell 1
air-safe cushion ['eəseɪf'kʊʃ(ə)n] = air-bag 2
airscape ['eəskeɪp] n амер. вид с высоты (птичьего полёта), панорама
air-scoop ['eəskuːp] n ав. воздухоприёмник, (напорный) воздухозаборник
air scout ['eə͵skaʊt] 1. самолёт-разведчик 2. наблюдатель за воздухом
airscrew ['eəskruː] n воздушный винт, пропеллер
air-scuttle ['eə͵skʌtl] n мор. иллюминатор
air-setting ['eə͵setɪŋ] n тех. твердение на воздухе (бетона и т. п.)
airshaft ['eəʃɑːft] n тех. вентиляционная шахта
airshed¹ ['eəʃed] n ангар
airshed² ['eəʃed] n приток воздуха (в данный район)
airship I ['eə͵ʃɪp] n дирижабль, воздушный корабль; ~ hangar ав. эллинг
airship II ['eə͵ʃɪp] v амер. перевозить грузы по воздуху; to ~ supplies to Greenland перебрасывать грузы самолётом в Гренландию
air show ['eə͵ʃəʊ] 1. 1) авиационная выставка 2) демонстрационные полёты 2. воен. жарг. действия авиации; воздушный бой
air shower ['eə͵ʃaʊə] физ. (космический) атмосферный ливень
air shuttle ['eə͵ʃʌtl] челночные авиарейсы (между двумя пунктами)
airshuttle ['eə͵ʃʌtl] v совершать челночные рейсы; we ~d to Washington мы отправились челночным рейсом в Вашингтон
airsick ['eə͵sɪk] a страдающий воздушной болезнью; to be ~ плохо переносить полёты /самолёт/; she felt terribly ~ в самолёте её тошнило /мутило/
airsickness ['eə͵sɪknɪs] n воздушная болезнь
air-slack ['eəslæk] a тех. отсыревший на воздухе
air-slake ['eəsleɪk] v гасить (известь) на воздухе
air sleeve ['eəsliːv] = airsock
airsock ['eəsɒk] метеор. ветровой конус
airspace ['eəspeɪs] n 1. щель, просвет, зазор 2. объём помещения 3. воздушное пространство; to violate ~ юр. нарушать воздушное пространство 4. каналы радиосвязи 5. ав. воздушные трассы
air-spaced ['eəspeɪst] a с воздушной прослойкой, изоляцией
airspeed I ['eəspiːd] n 1. воздушная скорость, скорость воздушного потока 2. скорость полёта
airspeed II ['eəspiːd] v посылать авиапочтой
air spray ['eəspreɪ] 1) распыление с воздуха (инсектицидов, отравляющих веществ и т. п.) 2) воен. поливка (ОВ) с воздуха
air-spray ['eəspreɪ] v распылять с воздуха
air sprayer ['eə͵spreɪə] пневматический распылитель, разбрызгиватель
air-spraying ['eə͵spreɪɪŋ] n 1) распыление, разбрызгивание сжатым воздухом 2) опрыскивание с воздуха
air stack ['eəstæk] ав. разг. «этажёрка», группа самолётов в зоне ожидания (посадки)
air stone ['eəstəʊn] n метеорит
air-stop ['eəstɒp] n 1) вертолётная станция 2) посадочная площадка
air-stove ['eəstəʊv] n калорифер
air-strainer ['eə͵streɪnə] n тех. воздухоочиститель; пылеуловитель
airstream ['eəstriːm] n спец. воздушный поток, воздушное течение
air strike ['eəstraɪk] налёт авиации; удар с воздуха (по наземным целям)
air-strip ['eə͵strɪp] n ав. взлётно-посадочная полоса
air structure ['eə͵strʌktʃə] 1. сооружение, поддерживаемое на весу реактивной струёй; сооружение на воздушной подушке 2. = air hall
air survey ['eə͵sɜːveɪ] 1) аэросъёмка; аэрофотосъёмка 2) = aerial survey
air system ['eə͵sɪstɪm] тех. 1. система воздушного охлаждения 2. пневматическая система
airt ['eət] n шотл. направление по компасу
air-taxi I ['eə͵tæksɪ] n воздушное такси, аэротакси (небольшой пассажирский самолёт для частных полётов на малые расстояния, особенно по трассам, не обслуживаемым авиалиниями)

air-taxi II ['eə‚tæksɪ] v летать на небольши́е расстоя́ния в специа́льно на́нятом самолёте
air tee ['eətiː] ав. поса́дочное Т
airtel [eə'tel] n гости́ница при аэропо́рте [< air + hotel]
air terminal ['eə‚tɜːmɪn(ə)l] аэровокза́л
air-tested ['eə‚testɪd] a спец. прошедший лётные испыта́ния
air-threads ['eəθredz] n pl лета́ющая паути́на
air-tight ['eətaɪt] a 1. непроница́емый для во́здуха, воздухонепроница́емый, германи́ческий 2. не име́ющий ни одного́ сла́бого ме́ста; ~ argument неопровержи́мый аргуме́нт; до́вод, под кото́рый не подкопа́ешься; ~ contract контра́кт, не оставля́ющий лазе́ек; ~ alibi желе́зное а́либи 3. недосту́пный (врагу́); непристу́пный; ~ frontier грани́ца на замке́; the team had an ~ defence у кома́нды была́ непробива́емая защи́та
air-tightly ['eə‚taɪtlɪ] adv германи́чески
airtillery [eə'tɪlərɪ] n воен. жарг. раке́тный обстре́л
air time ['eə‚taɪm] ра́дио, тлв. 1) вре́мя переда́чи; it is 3 minutes to ~ оста́лось три мину́ты до нача́ла переда́чи /до вы́хода в эфи́р/ 2) эфи́рное вре́мя, хронометра́ж, продолжи́тельность переда́чи
air-to-air [‚eətʊ'eə] a 1. 1) кла́сса «во́здух — во́здух» (о раке́те) 2) св. в звене́ «во́здух — во́здух» 2. авиацио́нный, возду́шный; ~ defense противовозду́шная оборо́на; ~ refuelling запра́вка лета́тельного аппара́та в во́здухе
air-to-ground [‚eətə'graʊnd] a 1) кла́сса «во́здух — земля́» (о раке́те) 2) св. в звене́ «во́здух — земля́»
air-to-surface [‚eətə'sɜːfɪs] a кла́сса «во́здух — земля́» (о раке́те); ~ signal связь «во́здух — земля́» самолёта с объе́ктом на пове́рхности
air-to-underwater ['eətʊ‚ʌndə'wɔːtə] a кла́сса «во́здух — подво́дная цель» (о раке́те); ~ communication связь с объе́ктом под водо́й
air tourist ['eə‚tʊ(ə)rɪst] = air coach
airtow ['eətəʊ] n возду́шный тяга́ч (для буксиро́вки самолётов)
air-track ['eətræk] = airway 1 и 3
air tractor ['eə‚træktə] самолёт сельскохозя́йственной авиа́ции
air traffic ['eə‚træfɪk] возду́шное движе́ние; возду́шные перево́зки; heavy ~ интенси́вное возду́шное движе́ние
air traffic control ['eə‚træfɪkən‚trəʊl] 1) управле́ние возду́шным движе́нием; возду́шная диспетчериза́ция 2) авиадиспе́тчерская слу́жба 3) авиадиспе́тчер
air traffic controller ['eə‚træfɪkən‚trəʊlə] авиадиспе́тчер, авиацио́нный диспе́тчер
air train ['eətreɪn] самолёт-буксиро́вщик с планёрами
air transport ['eə‚trænspɔːt] 1. возду́шный тра́нспорт; возду́шные перево́зки 2. тра́нспортный самолёт
air-transportable ['eə‚trænspɔːtəb(ə)l] a допуска́ющий перево́зку по во́здуху
air-trap ['eətræp] n тех. воздухоулови́тель
air travel ['eə‚træv(ə)l] 1. путеше́ствие по во́здуху, самолётом 2. коли́чество часо́в в полёте; налётанные часы́
airtraveller ['eə‚træv(ə)lə] n авиапасса́жир; пассажи́р самолёта
air-tyred ['eə‚taɪəd] a авт. на пневмати́ческих ши́нах; ~ tractor тра́ктор на пневмати́ческих ши́нах

air umbrella ['e(ə)rʌm'brelə] = air cover
air-valve ['eəvælv] n тех. ванту́з; возду́шный кла́пан
air vent ['eəvent] тех. сапу́н, вентиляцио́нное отве́рстие
air vesicle ['eə‚vesɪk(ə)l] 1) анат., бот. возду́шный пузырёк 2) анат. лёгочная альвео́ла
air-vessel ['eə‚ves(ə)l] n 1. = air-chamber 2. возду́шный сосу́д, резервуа́р 3. 1) дыха́тельное го́рло, трахе́я (насеко́мых) 2) воздухоно́сный сосу́д (расте́ний)
airward(s) ['eəwəd(z)] adv вверх, в во́здух
airwash ['eəwɒʃ] n очи́стка струй во́здуха
air-washer ['eə‚wɒʃə] n тех. водяно́й фильтр для во́здуха
airwave ['eəweɪv] n 1. ра́дио атмосфе́рная волна́ 2. pl ра́дио- или телевизио́нные (возду́шные) кана́лы
airway ['eəweɪ] n 1. возду́шная ли́ния, возду́шная тра́сса, авиали́ния 2. авиацио́нная компа́ния; British Airways «Бри́тиш Эруэ́йз» (госуда́рственная авиакомпа́ния) 3. горн. вентиляцио́нная вы́работка, вентиляцио́нный штрек 4. амер. разг. телевизио́нный кана́л 5. pl анат. дыха́тельные, возду́шные пути́ 6. тру́бка для интубацио́нного нарко́за или его сня́тия
air waybill ['eə‚weɪ‚bɪl] ком. авиатра́нспортная накладна́я
air well ['eəwel] = airshaft
airwoman ['eə‚wʊmən] n (pl -women [-wɪmɪn]) 1. же́нщина-лётчик, лётчица 2. разг. же́нщина-рядово́й ВВС
air-worthiness ['eə‚wɜːðɪnɪs] n 1) (при)го́дность к эксплуата́ции в во́здухе, в полёте; полётоприго́дность 2) приго́дность к лётной рабо́те
airworthy ['eə‚wɜːðɪ] a 1) приго́дный к полёту, го́дный для эксплуата́ции в во́здухе; с хоро́шими лётными ка́чествами, характери́стиками 2) го́дный к лётной рабо́те
airy ['e(ə)rɪ] a 1. 1) по́лный во́здуха; ~ room просто́рная ко́мната, где мно́го во́здуха 2) досту́пный ветра́м; ве́треный; ~ situation откры́тое ме́сто 2. возду́шный, лёгкий, эфи́рный, неве́сомый; ~ dress возду́шное пла́тье; ~ spirit беспло́тный дух; ~ garments прозра́чные оде́жды 3. изя́щный, возду́шный, грацио́зный; ~ tread лёгкая похо́дка; ~ figure то́нкая фигу́ра 4. весёлый, живо́й, беззабо́тный; ~ laughter весёлый /беззабо́тный/ смех 5. легкомы́сленный, пусто́й; ве́треный; ~ promises пусты́е обеща́ния; ~ criticism легкове́сная кри́тика 6. нереа́льный, фантасти́ческий, вы́мышленный; ~ notions фантасти́ческие иде́и /представле́ния/; ~ dreams фанта́зии; ~ phantoms сму́тные при́зраки 7. амер. разг. 1) ва́жничающий, зано́счивый 2) неесте́ственный; аффекти́рованный; ~ tone of voice неесте́ственный тембр го́лоса; аффекти́рованный тон 8. поэт. лета́ющий, возду́шный; birds and other ~ creatures пти́цы и други́е крыла́тые существа́ 9. располо́женный высоко́, уходя́щий ввысь; ~ pinnacles верши́ны гор, упира́ющиеся в облака́ /скрыва́ющиеся в облака́х/ 10. поэт. боже́ственный, незе́мной
airy-fairy [‚e(ə)rɪ'fe(ə)rɪ] a разг. 1. изя́щный, лёгкий, грацио́зный, возду́шный; ~ creatures незе́мные /эфи́рные/ созда́ния 2. вита́ющий в облака́х; мечта́тельный; причу́дливый; ~ schemes прожёкты, иллю́зии
aisle [aɪl] n 1. 1) боково́й приде́л или неф (хра́ма) 2) прохо́д ме́жду ряда́ми в це́ркви 2. 1) прохо́д ме́жду ряда́ми в теа́тре 2) коридо́р (в ваго́не по́езда, в авто́бусе) 3) прохо́д (в цеху́); пролёт (цеха) 4) прохо́д ме́жду по́лками (обыкн. в магази́не самообслу́живания) 3. амер. про́сека; алле́я в лесопа́рке
◊ down the ~ к алтарю́, под вене́ц; to lead down the ~ вести́ к алтарю́ /под вене́ц/; the parents hoped that their eldest daughter would be the first down the ~ роди́тели наде́ялись, что их ста́ршая дочь пе́рвой вы́йдет за́муж; to roll in the ~(s) валя́ться /ката́ться/ со́ сме́ху (в теа́тре и т. п.); to have the public rolling in the ~s насмеши́ть пу́блику до слёз, заста́вить пу́блику ката́ться со́ сме́ху
aisled [aɪld] a 1. име́ющий боковы́е кры́лья 2. име́ющий прохо́д (ме́жду ряда́ми)
aisle-sitter ['aɪl‚sɪtə] n амер. разг. зри́тель, занима́ющий ме́сто недалеко́ от прохо́да или ря́дом с прохо́дом, осо́б. театра́льный кри́тик
ait[1] [eɪt] n острово́к (на реке́, о́зере)
ait[2] [eɪt] n шотл. овёс
aitch I [eɪtʃ] n эйч, назва́ние бу́квы H
aitch II [eɪtʃ] a име́ющий фо́рму бу́квы H
aitch-bone ['eɪtʃbəʊn] n 1) крестцо́вая кость (мясно́й ту́ши) 2) огу́зок
aitchless ['eɪtʃlɪs] a 1) опуска́ющий звук [h] (при́знак необразо́ванности) 2) некульту́рный, не владе́ющий литерату́рным языко́м
aitt [eɪt] n шотл. овёс
ajangle [ə'dʒæŋg(ə)l] a натя́нутый (о струне́); he came with nerves ~ он пришёл весь взви́нченный
ajar[1] [ə'dʒɑː] a predic приоткры́тый, непло́тно закры́тый; the door was ~ дверь была́ приоткры́та; leave the door ~ не захло́пывайте дверь
ajar[2] [ə'dʒɑː] a predic книжн. 1) ре́зкий; не в тон 2) в разла́де, в ссо́ре (с кем-л., чем-л.); to be ~ with the facts противоре́чить фа́ктам
Ajax ['eɪdʒæks] греч. миф. Ая́кс
ajingle [ə'dʒɪŋg(ə)l] a predic звеня́щий, позвя́кивающий; бряца́ющий; pockets were ~ with coins в карма́нах позвя́кивали моне́ты
ajog [ə'dʒɒg] adv толчка́ми; подпры́гивая, подска́кивая, трусцо́й
ajoint [ə'dʒɔɪnt] adv на сты́ке; на шты́ре; на шарни́ре
ajonjoli [‚ə‚hɒnhə'liː] n разг. сеза́м, кунжу́т
ajutage ['ædʒʊtɪdʒ] n тех. 1) наса́дка 2) патру́бок
a.k.a., aka ['eɪ‚keɪ'eɪ] (сокр. от also known as) ина́че называ́емый; изве́стный та́кже под и́менем или кли́чкой; John Smith ~ George Brown Джон Смит, изве́стный та́кже как Джордж Бра́ун
akaryotic cell [‚æ‚kærɪ‚ɒtɪk'sel] = acaryotic cell
akene [ə'kiːn] = achene
aker ['eɪkə] арх. = acre
akimbo [ə'kɪmbəʊ] adv подбоче́нясь, ру́ки в бо́ки, на по́яс(е) (тж. with arms ~)
akin[1] [ə'kɪn] a predic 1. ро́дственный, родно́й, состоя́щий в кро́вном родстве́; ~ to smb. сродни́ кому́-л.; to be closely ~ быть бли́зким ро́дственником 2. похо́жий, схо́дный, бли́зкий; ~ to smth. похо́жий на что-л., бли́зкий к чему́-л.; those qualities were ~ to his own nature э́ти черты́ бы́ли сродни́ его́ со́бственному хара́ктеру; pity is often

~ to love от жалости до любви один шаг; an astonishment ~ to fear изумление, граничащее со страхом; most boys are ~ in their love of sports большинство мальчишек роднит любовь к спорту

akin² [æ'kɪn] *n* акын (*казахский народный певец*)

akinesia [ˌækɪ'niːsɪə] *n мед.* акинезия, акинез (*невозможность произвольных движений*)

akinetic [ˌækɪ'netɪk] *a* 1. *мед.* потерявший способность двигаться, неподвижный, страдающий акинезией 2. *биол.* акинетический, ацентрический (*о хромосоме*)

Akkadian I [ə'keɪdɪən] *n ист.* 1. *лингв.* 1) восточная группа семитских языков 2) аккадский язык 2. житель Аккада

Akkadian II [ə'keɪdɪən] *a* 1. *ист.* относящийся к Аккаду 2. *лингв.* аккадский, ассиро-вавилонский

akroter [ə'krəʊtə] = acroter

aktograph ['æktəgrɑːf] *n спец.* актограф

akvavit ['ækvəvɪt] = aquavit

al- [ə-] = ad-

-al¹ [-əl] (*тж.* -ial) *suff* 1) образует прил. от сущ. (в основном лат. и греч. происхождения): tribal племенной; nodal узловой; racial расовый; musical музыкальный 2) встречается в прил. лат. происхождения: local локальный; regal царственный; cordial сердечный; material материальный; equal равный; eternal вечный; infernal адский; rural сельский

-al² [-əl] *suff* встречается в субстантивированных прил. (с лат. корнями): animal животное; rival соперник; principal начальник; criminal преступник; signal сигнал; liberal либерал

-al³ [-əl] *suff* встречается в отглагольных сущ. (в основном лат. и фр. происхождения): revival возрождение; acquittal оправдание (*в суде*); proposal предложение; trial суд, процесс; denial отказ, отрицание; burial похороны

-al⁴ [-əl] *suff хим. образует названия* 1) *альдегидов*: glyoxal глиоксаль 2) *лекарств*: barbital барбитал; ethaminal этаминал

à la ['ɑːlɑː] *adv* 1. а-ля; в стиле, в духе, во вкусе; hairdo ~ Marilyn Monroe причёска а-ля /под/ Мерилин Монро; Hollywood ~ голливудски; demagoguery ~ Hitler демагогия гитлеровского толка 2. *кул.* приготовленный на какой-л. манер; ~ parisienne [Boston] по-парижски [по-бостонски]; lobster ~ king омар «кинг» (*в белом соусе*); ~ broche жаренный на вертеле

ala ['eɪlə] *n* (*pl* alae) 1. *анат., зоол.* крыло, крылоподобный придаток; the alae of the nose крылья носа 2. *бот.* пазуха, крыловидная структура; крылатка; «крылышко» на семени 3. подмышка; подмышечная впадина 4. *ист.* ала, комната, выходящая во двор или другую комнату (*в Древнем Риме*)

Alabama [ˌæləˈbæmə] *n* (*pl тж. без измен.*) 1. *см.* Приложение 2. 1) алабама (*племя североамериканских индейцев*) 2) индеец из племени алабама 3. язык племени алабама

Alabaman I [ˌæləˈbæmən] *n* житель или уроженец штата Алабама (*в США*), алабамец

Alabaman II [ˌæləˈbæmən] *a* 1. относящийся к штату Алабама (*в США*) 2. относящийся к индейскому племени алабама

Alabamian I, II [ˌæləˈbæmɪən] = Alabaman I и II

alabaster I ['æləbɑːstə] *n тех.* алебастр, гипс

alabaster II ['æləbɑːstə] *a* 1. алебастровый, сделанный из алебастра, гипсовый 2. белоснежный, белый как алебастр; молочный; ~ glass молочное стекло

alabastra [ˌæləˈbæstrə] *pl от* alabastron *и* alabastrum

alabastrine [ˌæləˈbæstrɪn] *a* 1) сделанный из алебастра, алебастровый, гипсовый 2) белый как алебастр; алебастровой белизны

alabastron [ˌæləˈbæstrɒn] *n* (*pl тж.* -ra) продолговатый сосуд для благовоний (*в Древней Греции и Древнем Риме*)

alabastrum [ˌæləˈbæstrəm] *n* (*pl тж.* -ra) = alabastron

à la carte [ˌɑːlɑːˈkɑːt] порционно, на заказ, по заказу (*о блюдах в ресторане*); ~ dinner обед из порционных блюд

alack [əˈlæk] *int поэт.* увы!

alack-a-day [əˈlækədeɪ] = alack

alacritous [əˈlækrɪtəs] *a редк.* ретивый, проявляющий готовность

alacrity [əˈlækrɪtɪ] *n* 1) живость 2) готовность, рвение; he accepted the invitation with ~ он с готовностью /с явным удовольствием/ принял приглашение

alae ['eɪliː] *pl от* ala

à la française [ˌɑːlɑːfrɒnˈseɪ] *фр.* на французский манер

alala [ˌɑːlɑːˈlɑː] *n* боевой клич (*в Древней Греции*)

alalia [əˈleɪlɪə] *n мед.* алалия, отсутствие *или* недоразвитие речи

alameda [ˌæləˈmeɪdə] *n амер.* аллея, обсаженная деревьями; бульвар

alamo [ˈæləməʊ] *n* (*pl* -os [-əʊz]) *амер. бот.* тополь дельтовидный (*Populus deltoides*)

à la mode [ˌɑːlɑːˈməʊd] *a* 1. модный; по последней моде 2. *кул.* 1) тушёный с овощами (*о говядине*); beef ~ говядина «аламод» 2) подаваемый с мороженым (*о десерте*); apple pie ~ яблочный пирог с мороженым, яблочный пирог

alamode [ˈæləməʊd] *n текст.* гладкокрашеная лёгкая шёлковая ткань «аламод»

alamort [ˌɑːlɑːˈmɔː] *a* 1. (находящийся) при смерти 2. унылый, меланхоличный

aland [əˈlænd] *adv редк.* 1) на суше, на берегу 2) на берег

à l'anglaise [ˌɑːlɒŋˈɡleɪz] *фр.* по-английски, на английский манер

alanine [ˈæləniːn] *n биохим.* аланин (*аминокислота*)

alar [ˈeɪlə] *a* 1. крыловидный; относящийся к крыльям 2. 1) *зоол.* имеющий крылья, с крыльями 2) *бот.* пазушный; с крылышками (*о семенах и т. п.*) 3. подмышечный

alarm I [əˈlɑːm] *n* 1. 1) тревога, сигнал опасности, предупреждение об опасности; false [midnight] ~ ложная (ночная) тревога; ~ call /note/ крик тревоги (*у животных, птиц*); ~ reaction *физиол.* стресс; тревожная реакция, реакция тревоги; to give /to sound, to beat, to raise/ the ~ бить /поднять/ тревогу, давать сигнал тревоги, бить в набат 2) тревожная сигнализация, звуковой сигнал предупреждения; fire ~ пожарная тревога; ~ signal сигнал тревоги; ~ gong *мор.* колокол громкого боя 3) сигнальный звонок, гудок; shrill ~ резкий тревожный гудок 4) *воен.* боевая тревога; ~ post место сбора по тревоге; ~ for instruction учебная тревога 5) *ист.* призыв к оружию 2. будильник (*тж.* ~ clock); I slept right through the ~ я не слышал звона будильника и поэтому проспал 3. смятение, страх; тревога; in ~ в смятении, в страхе; to feel /to take/ ~ at smth. встревожиться из-за чего-л. 4. акцент (*акцентированный удар ногой при продвижении вперёд — фехтование*)

alarm II [əˈlɑːm] *v* 1. 1) поднять тревогу, дать сигнал тревоги; предупредить об опасности 2) *воен.* поднять по тревоге; to ~ the camp поднять тревогу в лагере; поднять по тревоге лагерь; to ~ the guard вызвать караул; to ~ for instruction провести учебную тревогу 2. 1) встревожить, взволновать; напугать; насторожить; вызвать тревогу; to ~ profoundly [gravely] глубоко [серьёзно] волновать; to be ~ed by rumours взволноваться из-за слухов; to be ~ed at smth. встревожиться из-за чего-л., быть напуганным чем-л. 2) вспугнуть; to ~ the birds вспугнуть птиц

alarmable [əˈlɑːməb(ə)l] *a* тревожащийся по малейшему поводу, склонный впадать в панику

alarm-bell [əˈlɑːmbel] *n* 1. набатный колокол 2. сигнальный звонок 3. *ав.* аварийный сигнал

alarm clock [əˈlɑːmklɒk] будильник; what time shall I set the ~ for? на сколько поставить будильник?

alarmed [əˈlɑːmd] *a* встревоженный, обеспокоенный

alarm-gun [əˈlɑːmɡʌn] *n* сигнальная пушка

alarming [əˈlɑːmɪŋ] *a* тревожный, волнующий

alarmingly [əˈlɑːmɪŋlɪ] *adv* тревожно; his blood pressure is ~ high его высокое кровяное давление вызывает тревогу

alarmism [əˈlɑːmɪz(ə)m] *n* паникёрство

alarmist I [əˈlɑːmɪst] *n* паникёр

alarmist II [əˈlɑːmɪst] *a* паникёрский; легко впадающий в отчаяние, в панику

alarm-word [əˈlɑːmwɜːd] *n арх.* пароль

alarum [əˈlærəm] *n* 1. звуковой сигнал тревоги 2. механизм боя (*в часах*) 3. *поэт. см.* alarm I *и* II
◇ ~s and excursions a) *театр.* шум битвы (*ремарка в елизаветинской драме*); б) *шутл., ирон.* шумиха, суматоха, суета

à la russe [ˌɑːlɑːˈruːs] *фр.* в русском стиле, на русский манер

alary [ˈeɪlərɪ] *a биол.* 1) крыловидный 2) крыловой

alas [əˈlæs] *int* увы; ~! Poor Yorick! (Shakespeare) увы, бедный Йорик!

alaska [əˈlæskə] *n текст.* аляска (*полушерстяная и начёсная ткань*)

Alaska cod [əˈlæskəˌkɒd] *зоол.* тихоокеанская треска (*Gadus macrocephalus*)

Alaskan I [əˈlæskən] *n* житель или уроженец Аляски

Alaskan II [əˈlæskən] *a* аляскинский, относящийся к Аляске или к жителям Аляски

Alaskan malamute [əˌlæskənˈmæləmjuːt] аляска-маламут (*порода собак*)

Alastor [əˈlæstə] *n греч. миф.* Аластор, «Дурной глаз» (*демон мести*)

alate, alated [ˈeɪleɪt, -ɪd] = alar 2

alation [eɪˈleɪʃ(ə)n] *n бот., зоол.* расположение крыльев

alb [ælb] *n церк.* альба, стихарь

alba¹ [ˈælbə] *n* альба, утренняя песнь (*лирический жанр французских трубадуров*)

alba² [ˈælbə] *n анат.* белое вещество головного мозга

albacore [ˈælbəkɔː] *n зоол.* альбакор, длиннопёрый тунец (*Germo alalunga*)

Albanian I [ælˈbeɪnɪən] *n* 1. албанец; албанка; the ~s *собир.* албанцы 2. албанский язык
Albanian II [ælˈbeɪnɪən] *a* албанский
albata [ælˈbeɪtə] *n* нейзильбер
albatross [ˈælbətrɒs] *n* 1. *зоол.* альбатрос (*Diomedea exulans*) 2. 1) тяжкая ноша, ярмо; источник постоянной тревоги 2) помеха, трудноустранимое препятствие
albe [ˈælbɪ] = album 3
albedo [ælˈbiːdəʊ] *n* 1. *физ., астр.* альбедо 2. альбедо (*белый подкожный слой в плодах цитрусовых*)
albeit [ɔːlˈbiːɪt] *cj поэт.* хотя, даже хотя, тем не менее
Alberich [ˈɑːlbərɪkh] *n герм. миф.* Альберих, предводитель Нибелунгов
albert [ˈælbət] *n* «альберт», короткая цепочка для часов (*тж.* ~ chain)
albert-type [ˈælbətˌtaɪp] *n полигр.* альбертотипия, фототипия (*процесс и репродукция*)
albescence [ælˈbes(ə)ns] *n биол.* побеление, приобретение белой окраски; обесцвечивание
albescent [ælˈbes(ə)nt] *a биол.* беловатый; белёсый
albication [ˌælbɪˈkeɪʃ(ə)n] *n биол.* побеление, обесцвечивание, приобретение белой окраски
albicore [ˈælbɪkɔː] = albacore
albiflorous [ˌælbɪˈflɔːrəs] *a бот.* белоцветковый, с белыми цветками
Albigenses [ˌælbɪˈdʒensiːz] *n pl ист.* альбигойцы
albiness [ælˈbiːnɪs] *n редк.* альбиноска
albinic [ælˈbɪnɪk] = albinistic
albinism [ˈælbɪnɪz(ə)m] *n биол.* альбинизм, отсутствие нормальной пигментации
albinistic [ˌælbɪˈnɪstɪk] *a биол.* отмеченный альбинизмом, не имеющий нормальной пигментации
albino [ælˈbiːnəʊ] *n (pl -os* [-ouz]) *биол.* альбинос
albinoism [ælˈbiːnəʊɪz(ə)m] = albinism
Albion [ˈælbɪən] *n поэт.* Альбион (*Великобритания, особ. Англия*)
albite [ˈælbaɪt] *n мин.* альбит
alborada [ˌælbəˈrɑːdə] *n муз.* альборада, утренняя серенада
alborak [ˈælbəræk] *n араб.* крылатый белый мул (*который, по преданию, перенёс Магомета в рай*)
albugo [ælˈbjuːgəʊ] *n мед.* лейкома, бельмо
album [ˈælbəm] *n* 1. 1) альбом 2) бом пластинок 2. 1) долгоиграющая пластинка; долгоиграющий диск 2) магнитофонная запись длительного звучания 3. антология, сборник (*стихов, миниатюр и т. п.*) 4. *амер.* книга посетителей 5. альбом для вырезок (*из газет, журналов и т. п.*) 6. (белая) таблица (*для записи эдиктов, списков сенаторов и судей в Древнем Риме*)
albumen [ˈælbjʊmɪn] *n* 1. яичный белок 2. *биохим.* белок, белковое вещество, белковина, альбумин; ~ test *хим.* реакция на белок
albumen-free [ˈælbjʊmɪnˌfriː] *a биол.* безбелковый
albumenize [ælˈbjuːmɪnaɪz] = albuminize
albumin [ˈælbjʊmɪn] *n биохим.* альбумин
albuminate [ælˈbjuːmɪneɪt] *n хим.* альбуминат
albuminize [ælˈbjuːmɪnaɪz] *v биохим.* 1. покрывать, обрабатывать белком или белковым раствором, добавлять белок 2. получать альбумин(ы)
albuminoid I [ælˈbjuːmɪnɔɪd] *n биохим.* альбуминоид

albuminoid II, albuminoidal [ælˈbjuːmɪnɔɪd, -(ə)l] *a биохим.* белковидный
albuminose [ælˈbjuːmɪnəʊs] = albuminous
albuminous [ælˈbjuːmɪnəs] *a* 1. *спец.* имеющий свойства альбумина или белка; белковый, альбуминовый, содержащий альбумин 2. безвкусный, пресный, бесцветный
albuminuria [ælˌbjuːmɪˈnjʊ(ə)rɪə] *n мед.* альбуминурия, белок в моче
alburn [ˈælbɜːn] *n* 1. = alburnum 2. уклейка (*рыба*)
alburnum [ælˈbɜːnəm] *n* 1) заболонь, оболонь 2) мезга
Albyn [ˈælbɪn] *n поэт.* Шотландия
alcade [ælˈkeɪd] = alcalde 2
alcahest [ˈælkəhest] = alkahest
Alcaic I [ælˈkeɪɪk] *n стих.* 1) алкеева строфа (*тж.* ~ stanza) 2) *обыкн.* pl стихи, написанные алкеевой строфой; Greater [Lesser] ~ большая [малая] алкеева строфа
Alcaic II [ælˈkeɪɪk] *a стих.* 1) написанный алкеевой строфой 2) алкаический (*о размере*)
alcaide [ælˈkaɪd, ælˈkeɪd] *n преим. ист.* 1. 1) начальник, комендант крепости 2) начальник тюрьмы (*в Испании, Португалии, Мавритании*) 3) губернатор или судья (*в Северной Африке*) 2. тюремщик, тюремный надзиратель
alcalde [ælˈkældɪ] *n* 1. алькальд, алькад (*старшина общины, судья в Испании, Португалии и странах Латинской Америки*) 2. *амер.* алькальд; мэр города, наделённый правами судьи (*в юго-западных штатах*)
alcanna [ælˈkænə] *n* 1. хна (*краска*) 2. *бот.* альканна (*Alkanna spp.*)
alcayde [ælˈkaɪd, ælˈkeɪd] = alcaide
alcazar [ælˈkæzə, ælkəˈzɑː] *n* 1) алькасар, крепость (*мавританская или испанская*); дворец 2) (А.) Алькасар, дворец мавританских королей в Севилье
Alcestis [ælˈsestɪs] *n греч. миф.* Алкеста, Алцеста
alchemic, alchemical [ˌælˈkemɪk, -(ə)l] *a* алхимический, относящийся к алхимии
alchemist [ˈælkəmɪst] *n* алхимик
alchemistic, alchemistical [ˌælkəˈmɪstɪk, -(ə)l] *a* алхимический
alchemize [ˈælkəmaɪz] *v* неузнаваемо изменять, превращать в нечто новое (*как в алхимии*)
alchemy [ˈælkəmɪ] *n* 1. алхимия 2. магическая сила (*превращения, возрождения и т. п.*); the ~ of spring колдовство весны; весеннее пробуждение природы
Alcides [ælˈsaɪdiːz] *n греч. миф.* Алкид (*предполагаемое настоящее имя Геракла*)
alclad [ˈælklæd] *a* в алюминиевой фольге
Alcmene [ælkˈmiːnɪ(ː)] *n греч. миф.* Алкмена (*мать Геракла*)
alcohol [ˈælkəhɒl] *n* 1. 1) спирт; absolute ~ абсолютный /чистый/ спирт; denatured ~ денатурат; methyl /wood/ метиловый /древесный/ спирт; ~ thermometer спиртовой термометр; ~ test *с.-х.* спиртовая проба (*молока*) 2) *хим.* этиловый спирт 2. алкоголь, спиртные напитки; ~ addict алкоголик; ~ dependence *мед.* алкоголизм
alcoholate [ˈælkəhɒleɪt] *n хим.* алкоголят
alcohol-fast [ˈælkəhɒlˌfɑːst] *a* спиртоустойчивый
alcoholic I [ˌælkəˈhɒlɪk] *n* 1. алкоголик 2. *обыкн. pl* спиртные, алкогольные напитки
alcoholic II [ˌælkəˈhɒlɪk] *a* 1. алкогольный, спиртовой; ~ fumes пары спирта;

ALB — ALD

~ drinks спиртные напитки 2. 1) страдающий алкоголизмом 2) пьющий, постоянно пьянствующий 3. заспиртованный
alcoholically [ˌælkəˈhɒlɪk(ə)lɪ] *adv* нетрезво; smiling ~ пьяно улыбаясь, с пьяной улыбкой
alcoholicity [ˌælkəhɒˈlɪsɪtɪ] *n* алкогольность
alcoholism [ˈælkəhɒlɪz(ə)m] *n* 1. алкоголизм; chronic ~ хроническое пьянство 2. алкогольное отравление, алкогольная интоксикация
alcoholization [ˌælkəhɒlaɪˈzeɪʃ(ə)n] *n* 1. *хим.* алкоголизация 2. алкогольная интоксикация
alcoholize [ˈælkəhɒlaɪz] *v* 1. *хим.* 1) превращать в спирт; алкоголизировать 2) насыщать спиртом 2. *мед.* обрабатывать, пропитывать спиртом 3. спаивать, напаивать, одурманивать спиртным
alcoholometer [ˌælkəhɒˈlɒmɪtə] *n* спиртомер
alcoholometry [ˌælkəhɒˈlɒmɪtrɪ] *n* измерение крепости спирта
alcoholysis [ˌælkəˈhɒlɪsɪs] *n хим.* алкоголиз
Alcoran [ˌælkɒˈrɑːn] *n* Алкоран, Коран
Alcoranic [ˌælkɒˈrɑːnɪk] *a рел.* относящийся к Корану или к исламу
Alcoranist [ˌælkɒˈrɑːnɪst] *n* толкователь Корана, *особ.* догматик
alcornoco, alcornoque [ˌɑːlkəˈnəʊkəʊ, ˌɑːlkəˈnəʊkə] *n* кора некоторых ценных древесных пород
alcove [ˈælkəʊv] *n* 1. 1) альков, ниша, углубление 2) отгороженная часть комнаты 2. 1) укромный уголок сада 2) уединённая дача; беседка в саду
alcyon I [ˈælsɪən] *n зоол.* зимородок (*Alcedinidae fam.*)
alcyon II [ˈælsɪən] *a* спокойный, тихий (*о погоде*)
Alcyone [ælˈsaɪənɪ] *n* 1. *греч. миф.* Алкиона, Альциона, Галкиона (*дочь Эола*) 2. *астр.* 1) Альциона (*звезда в созвездии Тельца*) 2) одна из плеяд
Aldebaran [ælˈdebərən] *n астр.* Альдебаран (*альфа Тельца*)
aldehyde [ˈældɪhaɪd] *n хим.* альдегид
alder [ˈɔːldə] *n бот.* ольха (*Alnus*); black ~ ольха чёрная (*Alnus glutinosa*)
alderfly [ˈɔːldəflaɪ] *n энт.* вислокрылка (*Sialida*)
alderman [ˈɔːldəmən] *n (pl -men* [-mən]) 1. олдермен (*старший советник муниципалитета в Лондоне*); член совета графства (*в Англии и Уэльсе*) 2. *амер.* олдермен, член совета района 3. *ист.* олдермен; наместник, правитель 4. *ист.* глава гильдии
◊ to walk /to come/ an ~'s pace важно выступать, шествовать
aldermanate [ˈɔːldəmeneɪt] *n* 1. звание олдермена 2. совет олдерменов
aldermancy [ˈɔːldəmənsɪ] = aldermanship
aldermanry [ˈɔːldəmənrɪ] *n* 1. район городского управления или графство, где есть олдермен 2. звание олдермена
aldermanship [ˈɔːldəmənʃɪp] *n* должность или звание олдермена
aldern [ˈɔːldən] *a* ольховый, сделанный из ольхи
Aldine I [ˈɔːldaɪn] *n* альдина (*издание итальянского книгопечатника и издателя Альда Мануция; XVI в.*)
Aldine II [ˈɔːldaɪn] *a* альдинский (*изданный Альдом Мануцием* [*см.* Aldine I]); ~ edition альдинское издание

ALD — ALG

Aldis lamp ['ɔ:ldɪslæmp] *спец.* сигнальная лампочка Áлдиса

aldosterone [æl'dɒstərəʊn] *n биохим.* альдостерóн, альдокортин (*гормон*)

ale [eɪl] *n* эль; светлое пиво; fresh [strong, bitter] ~ свежий (крéпкий, гóрький) эль; to brew ~ варить пиво; in the ~ выпивши, «под мухой»

alea jacta est [,æleɪə'jæktə,est] *лат.* жрéбий брóшен

aleak [ə'li:k] *a predic* давший течь, утéчку; протекáющий

aleatoric [,æliə'tɒrɪk] *a муз.* алеаторический

aleatory ['æliət(ə)rɪ] *a* 1. 1) зависящий от результáтов бросáния игрáльной кости 2) случáйный, зависящий от стечéния обстоятельств, от случая; ~ contract *юр.* алеатóрный /рискóвый/ договóр 2. *муз.* алеаторический; ~ composition /music/ алеатóрика

ale-barrel ['eɪl,bærəl] *n* бóчка пива (*36 галлонов*)

ale-brewer ['eɪl,bru:(ə)ə] *n* пивовáр

alec ['ælɪk] *n редк.* 1) сельдь 2) мéлкая сельдь в маринáде

aleconner ['eɪl,kɒnə] *n* 1. инспéктор пивных и бáров (*следит за тóчностью налива, проверяет ёмкости*) 2. *ист.* инспéктор, проверяющий кáчество пива; инспéктор-дегустáтор

alecost ['eɪlkɒst] = costmary

Alecto [æ'lektəʊ] *n греч. миф.* Алектó (*одна из эрин(н)ий*)

alectryomancy [ə'lektrɪə,mænsɪ] *n* мáгия, колдовствó с использованием петухá; гадáние на петухé

alectryon [ə'lektrɪɒn] *n книжн.* петýх

ale-draper ['eɪl,dreɪpə] *n ист.* хозяин пивнóй, кабатчик

alee [ə'li:] *adv мор.* 1) под вéтром 2) в подвéтренную стóрону

ale-firkin ['eɪl,fɜ:kɪn] *n* бочóнок пива, эля (*8—9 галлонов*)

alegar ['ælɪgə] *n* 1) кислый эль 2) солóдовый ýксус

ale-grains ['eɪlgreɪnz] *n pl* отстóй, подóнки, выжимки сóлода, остающиеся пóсле пивоварéния

alehoof ['eɪlhu:f] *n бот.* бýдра плющевидная (*Glechoma hederacea*)

alehouse ['eɪlhaʊs] *n* пивнáя, паб

ale-kilderkin ['eɪl,kɪldəkɪn] *n* полбочóнка пива

Alemanic I, II [,ælə'mænɪk] = Alemannic I и II

Alemanni [,ælə'mænaɪ] *n pl ист.* алемáны

Alemannic I [,ælə'mænɪk] *n* алемáннский гóвор *или* диалéкт (*преим. в Швейцарии*)

Alemannic II [,ælə'mænɪk] *a* алемáннский, немéцкий (*о говоре немецкой Швейцарии*)

alembic [ə'lembɪk] *n* перегóнный куб ◇ through the ~ of fancy сквозь призму воображéния

alembicate [ə'lembɪkeɪt] *v* дистиллировáть (*в перегонном кубе*)

Alençon [ə'lensɒn] *n* 1) алансóнское кружево; ручные французские кружевá 2) машинные кружевá, имитирующие алансóнские

Alençon lace [ə,lensɒn'leɪs] = Alençon

ale-pole ['eɪlpəʊl] *n ист.* шест пéред пивнóй (*заменяющий вывеску*)

Aleppo grass [ə'lepəʊgrɑ:s] *бот.* сóрго хлéбное *или* алéппское (*Sorghum halepense*)

alerion [ə'lerɪən] *n герáльд.* орёл без клювá *или* лап

alert I [ə'lɜ:t] *n воен.* 1. состояние боевóй готóвности; боевóе дежýрство; high degree of ~ высóкая стéпень боеготóвности; ~ crew [pilot] дежýрный экипáж [лётчик]; ~ position положéние готóвности; ~ station позиция, занимáемая по тревóге; ~ weapons дежýрные боевые срéдства; on the ~ а) в боевóй готóвности; б) начекý, насторожé; to put smb. on the ~ насторожить когó-л. 2. 1) тревóга, сигнáл тревóги 2) воздýшная тревóга; blue [red] ~ воздýшная тревóга «синяя» [«крáсная»]; white ~ отбóй воздýшной тревóги

alert II [ə'lɜ:t] *a* 1. бдительный, насторожé, осторóжный; suspiciously ~ подозрительно-насторожённый; ~ to /for/ the opportunity ожидáющий удóбного случая; a good hunting dog is ~ to every sound хорóшая охóтничья собáка всегдá чýтко реагирует на любóй звук 2. 1) живóй, провóрный, скóрый; рéзвый; amazingly ~ удивительно живóй; ~ sparrow юркий воробéй 2) смéтливый, понятливый; mentally ~ с живым умóм; he's an ~ boy он парень бойкий /не промáх, смышлёный/ 3) (with) пóлный (*чего-л.*); живýщий (*чем-л.*); ~ with hope [with curiosity] пóлный надéжд [любопытства]

alert III [ə'lɜ:t] *v* 1. объявлять тревóгу, поднимáть по тревóге 2. предупреждáть (*об опасности и т. п.*); the doctor ~ed me to the danger of not getting enough sleep врач предупредил меня об опáсных послéдствиях недосыпáния 3. приводить в готóвность

alerting [ə'lɜ:tɪŋ] *n информ.* сигнáльное оповещéние

alertness [ə'lɜ:tnɪs] *n* 1. бдительность, настороженность; nervous ~ нéрвное напряжéние; scientific ~ осторóжность в наýке; practical ~ повседнéвная бдительность 2. живость, провóрство, рéзвость, растороáпность; quick /sharp/ ~ крáйняя растороáпность, бойкость; mental ~ живость умá 3. *воен.* боевáя готóвность

-ales ['eɪli:z] *suff pl биол.* образует таксономические названия порядков растéний: ericales вéресковые; rosales розóцветные; geranales герáниевые

ale-tap ['eɪltæp] *n* 1. кран пивнóй бóчки 2. пóгреб для хранéния бóчек с пивом

alethiology [ə,li:θɪ'ɒlədʒɪ] *n редк.* раздéл лóгики, трактýющий проблéмы истины

alette [ə'let] *n архит.* 1) пилястра 2) ~s

aleuromancy [ə'ljʊ(ə)rə,mænsɪ] *n ист.* гадáние на мукé

aleurometer [,æljʊ'rɒmɪtə] *n спец.* алейрóметр

aleuronat [ə'ljʊ(ə)rənæt] *n* мукá, изготóвленная из алейрóна (*см.* aleurone)

aleurone [ə'ljʊərəʊn] *n спец.* алейрóн, алейрóновое зернó (*белок в клетках семян*)

Aleut [ə'l(j)u:t] *n.* 1. алеýт; алеýтка 2. алеýтский *или* унангáнский язык

Aleutian I [ə'l(j)u:ʃɪən] *n* алеýт; алеýтка; the ~s *собир.* алеýты

Aleutian II [ə'l(j)u:ʃɪən] *a* алеýтский

ale-vat ['eɪlvæt] *n* пивнóй чан

A Level ['eɪ,lev(ə)l] = Advanced Level

alevin ['ælɪvɪn] *n* мéлкая рыбёшка, мóлодь, *особ.* лосóся

alewife¹ ['eɪlwaɪf] *n арх.* (*pl* -wives [-waɪvz]) хозяйка пивнóй

alewife² ['eɪlwaɪf] *n зоол.* сельдь (*Pomolobus pseudoharengus*)

ale-wort ['eɪlwɜ:t] *n* пивнóе сýсло

alexander¹ [,ælɪg'zɑ:ndə] *n* (*тж.* A.) «аликзáндер», коктéйль из ликёра, джина *и* сливок

alexander² [,ælɪg'zɑ:ndə] *n бот.* смирния (*Smyrnium gen.*)

Alexandrian I [,ælɪg'zɑ:ndrɪən] *n* 1. житель *или* уроженец Александрии 2. послéдователь александрийской литерáтурной *или* философской школ

Alexandrian II [,ælɪg'zɑ:ndrɪən] *a* 1. александрийский (*о философии, эпохе и т. п.*); the ~ Library Александрийская библиотéка 2. относящийся к Александру Македóнскому 3. = Alexandrine II

Alexandria senna [,ælɪg,zɑ:ndrɪə'senə] *фарм.* александрийский лист

Alexandrine, alexandrine I [,ælɪg'zɑ:ndrɪn] *n стих.* 1) александрийский стих (*шестистопный ямб с цезурой после третьей стопы*) 2) александрина (*система двустиший александрийского стиха со смежными рифмами*)

Alexandrine, alexandrine II [,ælɪg'zɑ:ndrɪn] *a* 1) александрийский (*о стихе*) 2) написанный александрийским стихóм

alexandrite [,ælɪg'zɑ:ndraɪt] *n мин.* александрит

alexia [ə'leksɪə] *n мед.* алексия, пóлная неспосóбность читáть

alexin(e) [ə'leksɪn] *n физиол.* алексин, комплемéнт

ale-yeast ['eɪlji:st] *n* пивные дрóжжи

alezan [,ɑ:lə'zɑ:n] *n* гнедáя лóшадь

ALFA, Alfa ['ælfə] *n амер. радио* áльфа, обозначéние буквы «а»

alfa ['ælfə] = alfa grass

Alfa code ['ælfə,kəʊd] *спец.* фонетический код; обозначение букв алфавита кóдовыми названиями

alfa grass ['ælfəgrɑ:s] *n бот.* травá áльфа, спáрто, эспáрто (*Stipa tenacissima*)

alfalfa [æl'fælfə] *n бот.* люцéрна (*Medicago sativa*); ~ huller *с.-х.* люцéрновая тёрка

alfalfa butterfly [æl,fælfə'bʌtəflaɪ] *энт.* желтýшка (*Colias eurytheme*)

alfaqui [,ælfə'ki:] *n араб.* 1. мусульмáнский свящéнник, муллá 2. истолковáтель корáна

al fine [æl'fi:neɪ] *муз.* до концá

al fresco [æl'freskəʊ] = alfresco II

alfresco I [æl'freskəʊ] *a* происходящий *или* находящийся на воздухе, на прирóде; ~ luncheon зáвтрак на воздухе; ~ café открытое кафе

alfresco II [æl'freskəʊ] *adv* под открытым нéбом, на (открытом) воздухе; we dined ~ during the summer лéтом мы обéдали на воздухе в садý *и т. п.*/

alga ['ælgə] *n* (*pl* algae) водóросль

algae ['ældʒi:] *pl om* alga

algaecide ['ældʒɪsaɪd] = algicide

algaeologist [,ældʒɪ'ɒlədʒɪst] = algologist

algaeology [,ældʒɪ'ɒlədʒɪ] = algology

algal ['ælgəl] *a бот.* относящийся к вóдорослям, водоросневый

algar(r)oba [,ælgə'rəʊbə] *n бот.* цератóния, рожкóвое дéрево, царьгрáдский стручóк (*Ceratonia siliqua*)

algatron ['ælgətrɒn] *n* лабораторная устанóвка для выращивания вóдорослей (*в контролируемых климатических условиях*)

algebra ['ældʒɪbrə] *n* 1. áлгебра 2. учéбник áлгебры

algebraic, algebraical [,ældʒɪ'breɪɪk, -(ə)l] *a* 1. алгебраический 2. *спец.* использующий бýквы *или* символы вмéсто чисел

algebraically [,ældʒɪ'breɪɪk(ə)lɪ] *adv* алгебраическим спóсобом; алгебраически

algebraic number [,ældʒɪ,breɪɪk'nʌmbə] *мат.* 1) относительное число 2) алгебраическое число

algebraist [ˈældʒɪˌbreɪɪst] *n* алгебраист, специалист по алгебре
algebraize [ˈældʒɪbreɪz] *v* мат. 1) алгебраизировать 2) решать алгебраическим способом
algedonic [ˌældʒɪˈdɒnɪk] *a* книжн. связанный со страданием и радостью
Algerian I [ælˈdʒɪ(ə)rɪən] *n* алжирец; алжирка; the ~s *собир.* алжирцы
Algerian II [ælˈdʒɪ(ə)rɪən] *a* алжирский
Algerine I, II [ˈældʒəriːn] = Algerian I *u* II
algesia [ælˈdʒiːzɪə] *n мед.* повышенная чувствительность к боли
algesis [ælˈdʒiːsɪs] *n физиол.* болевое ощущение, алгезис
algetic [ælˈdʒetɪk] *a мед.* болезненный, повышенно чувствующий, болевой
-algia [-ˈældʒə] *компонент сложных слов со значением* боль, болевой; neuralgia невралгия; cephalgia головная боль
algicide [ˈældʒɪsaɪd] *n* альгицид, препарат для борьбы с водорослями
algid [ˈældʒɪd] *a* 1) холодный, похолодевший 2) *мед.* характеризующийся ознобом
algidity [ælˈdʒɪdɪtɪ] *n* 1) холод, прохладность 2) *мед.* озноб, дрожь (*особ. при тяжёлых формах малярии*)
algoid [ˈælɡɔɪd] *a* водорослевидный, напоминающий водоросли, похожий на водоросли
Algol[1] [ˈælɡɒl] *n астр.* Алголь (*звезда в созвездии Персея*)
ALGOL, Algol[2] [ˈælɡɒl] *n информ.* АЛГОЛ (*язык программирования*)
algolagnia [ˌælɡəʊˈlæɡnɪə] *n мед.* садомазохизм
algological [ˌælɡəˈlɒdʒɪk(ə)l] *a* относящийся к водорослям
algologist [ælˈɡɒlədʒɪst] *n* специалист по водорослям
algology [ælˈɡɒlədʒɪ] *n* альгология (*раздел ботаники, изучающий водоросли*)
algometer [ælˈɡɒmɪtə] *n* алгометр, прибор для измерения чувствительности кожи
Algonkian I [ælˈɡɒŋkɪən] *n* 1. = Algonquian I 2 2. = Algonquian I 3. *геол.* алгонк, алгонкский период, алгонкская система
Algonkian II [ælˈɡɒŋkɪən] *a* 1. = Algonquian II 2. *геол.* алгонкский
Algonkin I, II [ælˈɡɒŋkɪn] = Algonquian I *u* II
Algonquian I [ælˈɡɒŋkwɪən] *n* 1. = Algonquin 1 2. *лингв.* 1) алгонкинские языки 2) (*собственно*) алгонкинский язык
Algonquian II [ælˈɡɒŋkwɪən] *a* алгонкинский; относящийся к алгонкинам
Algonquin [ælˈɡɒŋkwɪn] *n* 1. алгонкин; мужчина *или* женщина из племени алгонкинов; the ~s *собир.* алгонкины (*группа индейских племён Северной Америки*) 2. алгонкинский язык
algophagous [ælˈɡɒfəɡəs] *a зоол.* питающийся водорослями
algophilia [ˌælɡə(ʊ)ˈfɪlɪə] *n мед.* мазохизм, наслаждение болью
algophobia [ˌælɡə(ʊ)ˈfəʊbɪə] *n мед.* патологический страх перед болью
algor [ˈælɡɔ:] *n мед.* озноб (*особ. при лихорадке*)
algorism [ˈælɡərɪz(ə)m] *n* 1. арабская *или* десятеричная система счисления 2. *спец.* алгоритм
algorithm [ˈælɡərɪð(ə)m] *n спец.* алгоритм; ~ validation проверка /доказательство/ правильности алгоритма
algorithmic [ˌælɡəˈrɪðmɪk] *a мат.* алгоритмический; ~ language *вчт.* алгоритмический язык

algous [ˈælɡəs] *a* 1. *бот.* водорослевидный 2. заросший водорослями
alguazil [ˌælɡwəˈzɪl] *n* альгвасил (*полицейский в Испании*)
alhagi [ælˈheɪdʒɪ] *n бот.* верблюжья колючка (*Alhagi camelorum*)
Alhambra [ælˈhæmbrə] *n* Альгамбра (*крепость-дворец мавританских властителей около Гренады в Испании*)
Alhambresque [ˌælhæmˈbresk] *a* 1) *архит.* мавританский (*о стиле*) 2) дворцовый, роскошный (*о здании*)
alias I [ˈeɪlɪəs] *n* другое, вымышленное имя; прозвище, кличка; to travel /by/ an ~ путешествовать под чужим /вымышленным/ именем; the thief had several ~es у этого вора было несколько кличек; the files indicate that Smith is an ~ for Simpson досье свидетельствует, что его настоящая фамилия Симпсон, а не Смит
alias II [ˈeɪlɪəs] *adv* иначе (называемый), известный под именем; John Smith ~ the Baby Джон Смит, известный под кличкой /по прозвищу/ Бэби
alibi I [ˈælɪbaɪ] *n* 1. *юр.* алиби; dubious [unquestioned, faked] ~ сомнительное [бесспорное, сфабрикованное] алиби; to prove [to have, to establish, to substantiate] an ~ доказывать [иметь, устанавливать, подтверждать] алиби 2. *разг.* оправдание, предлог; he's always looking for an ~ у него всегда на всё готово оправдание /готова отговорка/; what's your ~ for being late this time? что ты на этот раз придумаешь, чтобы оправдать своё опоздание?
alibi II [ˈælɪbaɪ] *v* 1. *юр.* представлять алиби; Brown is ~ed by Green Грин подтвердил алиби Брауна, Грин показал, что Браун был в другом месте (*в момент совершения преступления*) 2. *разг.* оправдывать; ссылаться на какой-л. предлог; отговариваться (*чем-л.*); he ~ed for her that she was very busy в её оправдание он сказал, что она была очень занята
alibility [ˌæləˈbɪlɪtɪ] *n книжн.* питательность
alible [ˈæləb(ə)l] *a книжн.* питательный
Alice band [ˈælɪsˈbænd] лента Алисы, цветная головная повязка *или* лента
Alice blue [ˈælɪsˈbluː] бледно-голубой
alicyclic [ˌælɪˈsaɪklɪk] *a хим.* алициклический
alidad, alidade [ˈælɪdæd, ˈælɪdeɪd] *n тех.* алидада; угломер
alien I [ˈeɪlɪən] *n* 1. чужестранец, иноземец, иностранец (*обыкн. о ненатурализованных иностранцах*); resident ~ иностранец, постоянно проживающий в стране; nonresident ~ иностранец, временно проживающий в стране; objectionable ~s *юр.* нежелательные иностранцы; enemy ~s враждебные иностранцы, граждане неприятельского государства; to naturalize ~s натурализовать иностранцев; to grant naturalization to an ~ разрешить иностранцу натурализоваться 2. отщепенец; изгой 3. *редк.* человек, на которого не распространяются права гражданства, привилегии *и т. п.* 4. инопланетянин; пришелец из космоса (*в фантастике*) 5. *лингв.* иноязычное, чужое слово
alien II [ˈeɪlɪən] *a* 1. чужестранный, иноземный, иностранный, чужой; ~ domination иностранное владычество; ~ soil [shores, tongue] чужая земля [-ие берега, -ой язык]; ~ ami /friend/ *юр.* дружественный иностранец, гражданин государства, с которым нет состояния войны; ~ enemy *юр.* враждебный иностранец, гражданин неприятельского государства; ~ crops *с.-х.* ввезён-

ные /интродуцированные/ культуры, экзоты 2. 1) (to) чуждый, несвойственный; ambition [vanity] is ~ to his nature честолюбие [тщеславие] чуждо ему; ~ to the country [me, smb.'s nature] не свойственный этой стране [мне, чьему-л. характеру]; it is ~ to my thoughts ≅ у меня этого и в мыслях нет 2) (from) другой; отличающийся, противоположный; these principles are ~ from ours эти принципы (значительно) отличаются от наших 3. внеземной, инопланетный; космический 4. иноязычный, заимствованный из другого языка; ~ word иноязычное /заимствованное/ слово; ~ speech иностранная речь
alien III [ˈeɪlɪən] *амер.* = alienate 2
alienability [ˌeɪlɪənəˈbɪlɪtɪ] *n юр.* отчуждаемость
alienable [ˈeɪlɪənəb(ə)l] *a юр.* отчуждаемый (*об имуществе*)
alienage [ˈeɪlɪənɪdʒ] *n юр.* положение, статут ненатурализованного иностранца; declaration of ~ декларация об отказе от гражданства
alienate [ˈeɪlɪəneɪt] *v* 1. отдалять, делать чужим; охлаждать (*привязанность, дружбу и т. п.*); to be completely [finally, temporarily, irretrievably] ~d навсегда [окончательно, временно, непоправимо] разойтись /стать друг другу чужими, охладеть/; he has ~d his entire family он оттолкнул от себя всю семью, он порвал отношения со своей семьёй; this gradually ~d him from all his friends это постепенно отдалило его от всех (его) друзей 2. *юр.* отчуждать (*имущество, права и т. п.*)
alienation [ˌeɪlɪəˈneɪʃ(ə)n] *n* 1. отчуждение, охлаждение (*чувств*); complete [temporary, permanent] ~ полный [временный, окончательный] разрыв 2. *юр.* отчуждение (*имущества и т. п.*); ~ of affection *юр.* «отчуждение привязанности», увод жены от мужа или мужа от жены 3. умопомешательство, психическое заболевание; психоз 4. 1) отрыв от общества и людей; отказ от производительного труда, общественных интересов 2) уход в хиппи 5. *стат.* отсутствие корреляции
alienator [ˈeɪlɪəneɪtə] *n* 1. *см.* alienate + -or 2. *юр.* лицо, отчуждающее имущество
alienee [ˌeɪlɪəˈniː] *n юр.* лицо, в пользу которого отчуждается имущество
alienigenate [ˌeɪlɪəˈnɪdʒɪnɪt] *a книжн.* из другой страны (*о людях*)
alieni generis [ˌælɪˈeɪnɪˈdʒenərɪs] *лат.* другого типа
alieni juris [ˌælɪˈeɪnɪˈjʊ(ə)rɪs, -ˈdʒʊ(ə)rɪs] *лат. юр.* под чьей-л. опекой, на чьём-л. попечении
alienism[1] [ˈeɪlɪənɪz(ə)m] *n* психиатрия
alienism[2] [ˈeɪlɪənɪz(ə)m] *n* (юридическое) положение иностранца в чужой стране
alienist [ˈeɪlɪənɪst] *n* психиатр, *особ.* удостоверяющий вменяемость *или* невменяемость обвиняемого
aliens duty [ˈeɪlɪənzˈdjuːtɪ] *ист.* торговые налоги на чужеземцев
alif [ˈɑːlɪf] *n* алеф (*первая буква арабского алфавита*)
aliform [ˈeɪlɪfɔːm] *a* крыловидный
alight[1] [əˈlaɪt] *a predic* 1. зажжённый; горящий, охваченный огнём; to get smth. ~ зажечь что-л.; to be ~ гореть; lamps are ~ лампы зажжены 2. светящийся, сияющий; faces ~ with happiness сияющие радостью лица

ALI — ALI

alight[2] [ə'laɪt] *v (past и p. p. тж.* alit) 1. 1) сходить, выходить (*из поезда, автобуса и т. п.*); to ~ at a station выходить на станции; to assist smb. to ~ помочь кому-л. выйти (*из экипажа и т. п.*); don't ~ from the moving train! не прыгайте на ходу! (*надпись в поезде*); all passengers for Eton ~ here все пассажиры, едущие в Итон, выходят здесь 2) спешиваться 2. (on) опускаться, садиться, спускаться (*на что-л.*); birds ~ on a tree птицы садятся на дерево; snow ~s on a roof снег падает на крышу; to ~ on one's feet упасть на ноги; встать на ноги (*после падения, прыжка*) 3. приземляться, садиться; совершать посадку 4. остановиться (*в гостинице и т. п.*) 5. *книжн.* (on, upon) случайно обнаружить (*что-л.*); to ~ upon a collection of manuscripts случайно натолкнуться на собрание рукописей

alighting [ə'laɪtɪŋ] *n* 1. высадка на берег 2. посадка; приземление; спуск; ~ gear посадочное устройство самолёта; ~ deck посадочная палуба

align [ə'laɪn] *v* 1. 1) располагать по одной линии; ставить в ряд; выстраивать в шеренге; располагаться в одну линию, выстраиваться в шеренгу 3) *воен.* строиться; равняться, выравнивать строй 2. вступать в союз; объединяться; to ~ oneself with smb., smth. присоединяться к кому-л., чему-л.; Germany was ~ed with Japan in World War II Германия и Япония были союзниками во второй мировой войне 3. нацеливаться, наводить; to ~ the sights of a rifle and the mark прицеливаться в мишень 4. настраивать (*телевизор, радиоприёмник*) 5. *воен.* производить трассировку, центровку 6. *тех.* устанавливать соосно, выравнивать

alignment [ə'laɪnmənt] *n* 1. 1) расположение по одной линии; построение в шеренгу; the desks are in ~ парты стоят ровно /в ряд/; to put into ~ выровнять 2) *тех.* выравнивание 3) *воен.* выравнивание строя 4) *воен.* линия строя 2. 1) группировка, блок, союз; a present ~ of forces in the world современная расстановка сил в мире; restricted /closed/ military ~ замкнутая военная группировка 2) образование, формирование группы, союза, блока *и т. п.* 3. настройка (*радиоприёмника, телевизора*); this radio is out of ~ этот радиоприёмник не настроен 4. *дор.* трасса (*движения*) 5. *стр.* 1) план этажа здания 2) первоначальный или основной план 6. *топ.* визирование через несколько точек 7. *тех.* совпадение осей, соосность 8. *тех.* пригонка, центровка; ~ error ошибка при установке 9. *мор.* створ 10. *физ.* 1) ориентация, выстраивание (*частиц и т. п.*) 2) выстраивание (*атомов или атомных ядер*) 11. *опт.* юстировка

alignment chart [ə'laɪnmənt,tʃɑːt] *мат.* 1) горизонтальная проекция 2) номограмма

alike I [ə'laɪk] *a predic* похожий; подобный; такой же, одинаковый, один и тот же; ~ in beauty [value, development] равный по красоте [ценности, развитию]; ~ in complexion с одинаковым /с таким же/ цветом лица; the brothers were very much [strikingly] ~ братья были очень [поразительно] похожи друг на друга; their size [character, colour] was perfectly ~ их размер [характер, цвет] был абсолютно одинаков; they are all ~ in appearance они все на одно лицо

alike II [ə'laɪk] *adv* подобно; точно так же, (почти) одинаково; summer and winter ~ как летом, так и зимой, зимой и летом, круглый год; to behave [to act] ~ вести себя [поступать] одинаково; to treat everybody ~ относиться ко всем одинаково /ровно/; both were implicated ~ оба были в равной степени замешаны

aliment I ['ælɪmənt] *n* 1. пища, питание 2. поддержка, подкрепление 3. *шотл. юр.* алименты; содержание (*кого-л.*)

aliment II ['ælɪmənt] *v* 1. поддерживать, помогать 2. платить алименты; содержать (*кого-л.*)

alimental [,ælɪ'mentl] *a книжн.* питательный, снабжающий питанием

alimentary [,ælɪ'ment(ə)rɪ] *a* 1. 1) пищевой 2) питательный; связанный с питанием; ~ therapeutics диетотерапия 3) *анат.* пищеварительный; ~ system органы пищеварения 2. поддерживающий, подкрепляющий, оказывающий помощь 3. *юр.* алиментный, относящийся к алиментам; связанный с содержанием (*кого-л.*)

alimentary canal, alimentary tract [,ælɪ,ment(ə)rɪkə'næl, -'trækt] *анат.* пищеварительный тракт

alimentation [,ælɪmen'teɪʃ(ə)n] *n* 1. питание, кормление; forced ~ насильственное кормление 2. поддержка, поддержание, подкрепление, помощь; the ~ of the poor помощь неимущим 3. *спец.* нарастание (*льда, фирна и т. п.*); ~ of glacier нарастание ледника

alimentative [,ælɪ'mentətɪv] *a редк.* питательный

alimony ['ælɪmənɪ] *n* 1. содержание, пропитание, прокорм 2. алименты; суммы, выплачиваемые на её содержание на время раздельного жительства супругов или бывшей жене после развода; ~ drone *презр.* алиментщица-тунеядка, паразитка, живущая на алименты; to provide one's wife with ~ платить жене алименты; to entitle to ~ давать право на получение алиментов; to sue for ~ подавать в суд на алименты; to settle ~ on smb. устанавливать кому-л. содержание

A-line I ['eɪ,laɪn] *n* 1) трапециевидный силуэт 2) одежда трапециевидного силуэта

A-line II ['eɪ,laɪn] *a* напоминающий букву А, трапециевидный; ~ dress [skirt] платье [юбка] трапециевидной формы

aline [ə'laɪn] = align

alineation [ə,laɪnɪ'eɪʃ(ə)n] = allineation

alinement [ə'laɪnmənt] = alignment

aliped I ['ælɪped] *n* крылоногое (*животное*) (*летучая мышь и т. п.*)

aliped II ['ælɪped] *a зоол.* крылоногий

aliphatic [,ælɪ'fætɪk] *a хим.* алифатический; ~ compound алифатическое соединение

aliquant ['ælɪkwɒnt] *a мат.* не делящий без остатка; ~ part число, на которое другое число не делится без остатка

aliquation [,ælɪ'kweɪʃ(ə)n] *n метал.* расслаивание, ликвация

aliquot I ['ælɪkwɒt] *n* 1. вполне определённое количество 2. *хим.* аликвотная проба

aliquot II ['ælɪkwɒt] *a* 1. *мат.* делящий без остатка; ~ parts делители или множители, на которые другое число делится без остатка; 2 and 3 are ~ parts of 6 шесть делится на 2 и 3 без остатка 2. кратный 3. секционный 4. *хим.* составляющий определённую часть целого; an ~ quantity of acid for analysis аликвотное количество кислоты для анализа

alist [ə'lɪst] *a predic* с креном; to be ~ иметь крен, крениться

alit [ə'lɪt] *past и p. p. от* alight

alium ['ælɪəm] *n бот.* растение семейства луковых (*Alium*); лук, чеснок *и т. п.*

aliunde [,eɪlɪ'ʌndɪ, 'ælɪəndɪ(:)] *adv юр.* (полученные) из другого источника; ~ evidence дополнительные данные

alive [ə'laɪv] *a обыкн. predic* 1. живой, в живых; ~ or dead живой или мёртвый; any man ~ любой человек; to burn [to bury] smb. ~ сжечь [закопать] кого-л. живым /заживо/; while ~ при жизни; to be ~ остаться /быть/ живым, жить; the greatest man ~ величайший из всех живущих на земле людей; that made me the happiest man ~ это сделало меня счастливейшим человеком на свете; no man ~ никто, ни один человек; it is a wonder I'm still ~ удивительно, что я остался жив; to come ~ again ожить, возродиться 2. существующий, действующий; живой, остающийся в силе; traditions that are still ~ сохранившиеся /всё ещё живые/ традиции; to keep ~ поддерживать, сохранять; to keep smth. ~ не давать чему-л. угаснуть, поддерживать в чём-л. жизнь; to keep the fire [the conversation] ~ поддерживать огонь [разговор]; to keep discontent [hatred, sedition] ~ не давать угаснуть недовольству [ненависти, возмущению]; to keep the attention of the audience ~ (за)владеть вниманием аудитории /зрителей/ 3. живой, бодрый, энергичный; very much /thoroughly/ ~ полный жизни; beamingly ~ сияющий и жизнерадостный; although old he is still ~ он стар, но всё ещё полон жизни /совершенно бодр/; her eyes were wonderfully intelligent and ~ у неё были удивительно умные и живые глаза; his face was suddenly ~ его лицо внезапно оживилось 4. (with) изобилующий (*чем-л.*), полный (*чего-л.*); ~ with vermin кишащий паразитами; river ~ with fish река, изобилующая рыбой; ~ with sounds of music наполненный звуками музыки; ~ with emotion переполненный чувств; в избытке чувств; the street was ~ with people улица была полна народу 5. (to) осознающий, живо воспринимающий, остро чувствующий; ~ to the danger остро чувствующий опасность; ~ to the beauty of a poem живо воспринимающий красоту стихов; ~ to the influence of music глубоко чувствующий музыку; to be ~ to a fact [possibilities] ясно представлять себе какой-л. факт [возможности]; are you ~ to what is going on? ты замечаешь /соображаешь/, что творится вокруг? 6. *театр. редк.* живой, настоящий, не заснятый; an ~ theatre театр с живыми актёрами, настоящий театр (*в противоп. фильму-спектаклю*) 7. *горн.* продуктивный 8. действующий, на ходу (*о предприятии*) 9. *эл.* 1) (находящийся) под напряжением 2) включённый (*о микрофоне*)

◇ ~ and kicking *шутл.* полон жизни; жив и здоров; ≅ жив, курилка!; look ~! пошевеливайся! поторапливайся!, живей!; man ~! а) живей!, быстрей!; б) чёрт возьми! вот те на!, вот так так! (*восклицание, выражающее удивление, досаду и т. п.*)

alizarin [əˈlɪzərɪn] *n хим.* ализари́н; ~ dye ализари́новый пигме́нт; ~ colours ализари́новые краси́тели

alkahest [ˈælkəhest] *n* универса́льный раствори́тель, алкаге́ст (*в алхимии*)

alkalescence, -cy [ˌælkəˈles(ə)ns, -sɪ] *n хим.* 1) (сла́бая) щёлочность 2) подщела́чивание

alkali [ˈælkəlaɪ] *n* (*pl тж.* -lies [-laɪz]) *хим.* щёлочь; ~ element щелочно́й мета́лл; ~ halides щелочегало́иды (*поваренная соль и т. п.*); ~ soil солонча́к, сильнощелочна́я по́чва; ~ disease щелочна́я боле́знь (*животных*)

alkalic [ˈælkəlɪk] *a хим.* щелочно́й

alkali flat [ˌælkəlaɪˈflæt] *амер.* ме́лкий периоди́чески пересыха́ющий солонова́тый водоём

alkalify [ˈælkəlɪfaɪ] *v хим.* сообща́ть щелочны́е сво́йства; подщела́чивать, ощела́чивать

alkalimeter [ˌælkəˈlɪmɪtə] *n хим.* алкали́метр (*прибор для определения содержания щёлочи в растворе*)

alkaline [ˈælkəlaɪn] *a хим.* щелочно́й; ~ earth metal щёлочноземе́льный мета́лл; ~ soil солоне́ц, солонцо́вая по́чва, щелочна́я по́чва

alkalinity [ˌælkəˈlɪnɪtɪ] *n хим.* щёлочность

alkalinize [ˈælkəlɪnaɪz] *v хим.* подщела́чивать

alkalization [ˌælkəlaɪˈzeɪʃ(ə)n] *n хим.* подщела́чивание; ~ of soil ощела́чивание по́чвы

alkalize [ˈælkəlaɪz] = alkalinize

alkaloid I [ˈælkəlɔɪd] *n хим.* алкало́ид

alkaloid II [ˈælkəlɔɪd] *a хим.* алкало́идный

alkanet [ˈælkənet] *n бот.* алка́на краси́льная (*Alkanna tinctoria*)

alkekengi [ˌælkɪˈkendʒɪ] *n бот.* физа́лис, вишня полевая (*Physalis alkekengi*)

alki¹ [ˈælkɪ] *adv* 1. постепе́нно, ма́ло-пома́лу (*слово североамериканских индейцев*) 2. (A.) деви́з шта́та Вашингто́н

alki² [ˈælkɪ] = *редк.* alky

Alkoran [ˌælkəˈrɑːn] = Alcoran

alky [ˈælkɪ] *n* 1. *сл.* 1) спиртно́е 2) самого́н 3) техни́ческий спирт 2. алка́ш

alkyl [ˈælkɪl] *a хим.* алки́л

alkylate [ˈælkɪleɪt] *v хим.* алкили́ровать

alkylation [ˌælkɪˈleɪʃ(ə)n] *n хим.* алкили́рование

all I [ɔːl] *n* 1. (*часто* A.) всё су́щее; мир, вселе́нная; this above ~ э́то превы́ше всего́ 2. са́мое дорого́е *или* це́нное для кого́-л.; to give [to lose] one's ~ отда́ть [потеря́ть] са́мое дорого́е на све́те; to stake one's ~ in this struggle поста́вить на ка́рту всё в э́той борьбе́

all II [ɔːl] *a* 1. весь, це́лый, вся, всё; ~ his life вся его́ жизнь; he lived here ~ his life он прожи́л здесь всю свою́ жизнь; ~ the time всё вре́мя; ~ (the) day весь /це́лый/ день; he sat up ~ night он не ложи́лся (спать) всю ночь; он вообще́ не ложи́лся; ~ the year round кру́глый год; ~ England [the country, the world] вся А́нглия [страна́, весь мир]; ~ the company вся компа́ния 2) все (лю́ди); ~ things всё, все ве́щи; ~ countries все стра́ны; at ~ times во все времена́, всегда́; a film suitable for ~ ages фильм, кото́рый мо́гут смотре́ть взро́слые и де́ти; ~ men [things] are not equally dependable не на всех люде́й [не на всё] мо́жно в ра́вной сте́пени полага́ться 2. вся́кий, всевозмо́жный; любо́й; in ~ directions во всех направле́ниях; ~ manner of... вся́кого ро́да...; ~ manner of men [of things] вся́кие /ра́зные/ лю́ди [ве́щи]; in ~ respects во всех отноше́ниях; at ~ events во вся́ком /в любо́м/ слу́чае, при всех обстоя́тельствах; at ~ hours в любо́е вре́мя 3. весь, наибо́льший, преде́льный; максима́льно возмо́жный; with ~ respect с по́лным /с до́лжным, со всем/ уваже́нием; with ~ speed с преде́льной ско́ростью; in ~ haste со всей поспе́шностью; he spoke in ~ earnestness он говори́л со всей серьёзностью /соверше́нно серьёзно/; I wish you ~ happiness я жела́ю вам са́мого большо́го сча́стья 4. како́й-нибудь, како́й бы то ни́ было; beyond ~ doubt вне вся́кого сомне́ния; he denied ~ responsibility [intention] он сказа́л, что он ни за что не отвеча́ет [что у него́ не́ было подо́бных наме́рений] 5. *эмоц.-усил.* весь; he was ~ ears он весь обрати́лся в слух; he was ~ eyes он смотре́л во все глаза́; I am ~ attention я весь внима́ние; she is ~ gratitude она́ сама́ благода́рность; he was ~ smiles он весь расплы́лся в улы́бке; a face ~ pimples не лицо́, а одни́ прыщи́ 6. *амер. диал.* (за)ко́нчившийся, исте́кший ≅ был да сплыл; the pie is ~ весь пиро́г съе́ден; пиро́г ко́нчился; the butter is ~ ма́сло ко́нчилось, ма́сла бо́льше нет

◇ ~ things require skill but an appetite *посл.* ≅ аппети́т даётся от рожде́ния; of ~ people кто-кто́, но не вы (*выражение удивления чьим-л. поступком, кем-л.*); of ~ people he should be the last to complain не ему́ бы жа́ловаться!; у него́ ме́ньше всех основа́ний для жа́лоб; why ask me to help, of ~ people? с како́й ста́ти /почему́/ вы обраща́етесь за по́мощью и́менно ко мне?; of ~ idiots /nitwits/! ≅ свет таки́х дурако́в не ви́дел!

all III [ɔːl] *adv* 1. 1) всеце́ло, целико́м, по́лностью; ~ set гото́вый к де́йствию, в по́лной гото́вности; the pin is ~ gold була́вка вся из зо́лота; ~ covered with mud весь забры́зганный гря́зью /в грязи́/; that's ~ wrong э́то совсе́м не так, э́то неве́рно; things are ~ wrong всё идёт не так, всё пошло́ пра́хом; I am ~ for staying here я целико́м за то, что́бы оста́ться здесь; my wife is ~ for calling in a doctor моя́ жена́ обяза́тельно хо́чет позва́ть врача́ 2) совсе́м, соверше́нно; he was ~ alone он был соверше́нно оди́н; he did it ~ alone он сде́лал э́то без посторо́нней по́мощи /сам, самостоя́тельно/; he arrived ~ too late он пришёл совсе́м по́здно 3) то́лько, ничего́ кро́ме, исключи́тельно; he spent his income ~ on pleasure он тра́тил (свой) де́ньги то́лько на развлече́ния; ~ words and no thoughts сплошны́е /одни́/ слова́ и никаки́х (свои́х) мы́слей 2. *спорт. жарг.* по́ровну, ро́вно (*о счёте*); the score was two ~ счёт был по два; love ~ по нулю́, 0:0 3. *в сочетаниях:* ~ along *разг.* а) всё вре́мя, всегда́; I knew it ~ along я всегда́ э́то знал; не э́то бы́ло давно́ изве́стно; б) = along the line [*см.* along II 1, 2); *см. тж.* all along]; ~ round, ~ around круго́м, со всех сторо́н [*см. тж.* all-around II, all-round]; ~ through всё целико́м, до конца́; to read a book ~ through прочита́ть кни́гу от ко́рки до ко́рки; riding ~ through the night е́хал всю ночь напролёт; ~ at once вдруг, сра́зу, внеза́пно; одновреме́нно; he has made up his mind ~ at once? он что же, вдруг так сра́зу и реши́л?; ~ of a sudden вдруг, неожи́данно; *см. тж.* all but; ~ the better [worse] тем лу́чше [ху́же]; ~ the more (so) тем бо́лее; тем бо́льше основа́ний (*сделать, сказать что-л.*); ~ the same а) безразли́чно, всё равно́; it's ~ the same to me whether he comes or not мне всё равно́, придёт он и́ли нет; if it is ~ the same to you е́сли вы не возража́ете; е́сли э́то вам безразли́чно; б) всё-таки, тем не ме́нее; ~ the same I wish you hadn't done it и всё же мне жаль, что вы э́то сде́лали; it's ~ the same, безразли́чно; it's ~ one to me мне э́то безразли́чно

◇ ~ there зо́ркий, бди́тельный, всегда́ начеку́; not ~ there а) придуркова́тый, глупова́тый; б) чо́кнутый, «с приве́том»; he is not quite ~ there у него́ не все до́ма; ~ in *см.* all in; ~ out *см.* all out; ~ over а) *см.* all over; б) (по)ко́нчено, зако́нчено, заверше́но; their troubles are ~ over все их неприя́тности позади́; it is ~ over with him с ним всё ко́нчено; с ним поко́нчено; для него́ всё ко́нчено, он поги́б; the game is ~ over игра́ око́нчена; ~ up а) *полигр.* (по́лностью) на́бранный; б) безнадёжный, пропа́щий, it's ~ up with him — they've caught him тепе́рь ему́ кры́шка /с ним поко́нчено, он челове́к ко́нченый/ — они́ схвати́ли /пойма́ли/ его́; ~ of a dither /doodah, flutter/ в состоя́нии расте́рянности и недоуме́ния

all IV [ɔːl] *indef pron* 1. 1) все; ~ agree все согла́сны; ~ are present все прису́тствуют; we ~ love him мы все его́ лю́бим; they ~ came late все они́ опозда́ли 2) всё; ~ is lost всё пропа́ло; is that ~ you want to say? э́то всё, что вы хоти́те сказа́ть?; I know it ~ я всё э́то зна́ю; in good time все в своё вре́мя; in the middle of it ~ в середи́не /в разга́ре/ всего́ э́того (*разговора, события и т. п.*) 2. *в сочетаниях:* ~ of а) все; ~ of them must come они́ все должны́ прийти́; б) всё; ~ of it всё (целико́м); ~ of this is beside the point всё э́то к де́лу не отно́сится; it cost him ~ of 1000 dollars э́то ему́ сто́ило по ме́ньшей ме́ре /це́лых/ 1000 до́лларов; most of ~ бо́льше всего́; I love him most of ~ я люблю́ его́ бо́льше всего́; best of ~ а) лу́чше всего́; (the) best of ~ would be to... лу́чше всего́ бы́ло бы...; б) бо́льше всего́; I love him best of ~ я люблю́ его́ бо́льше всех; when I was busiest of ~ когда́ я был бо́льше всего́ за́нят; one and ~, each and ~ все до одного́; ~ and sundry, one and ~ все без исключе́ния, все подря́д, все до одного́

◇ not at ~ ничу́ть; not at ~ good [clever, stupid] ниско́лько /совсе́м, отню́дь/ не хоро́ш [не умён, не глуп]; б) пожа́луйста, не сто́ит благода́рности (*в ответ на «спасибо»*); nothing at ~ а) совсе́м ничего́; б) ерунда́; and ~ а) и всё остально́е; he bought the house and ~ он купи́л дом со всем, что в нём бы́ло; б) и так да́лее, и всё тако́е про́чее, и тому́ подо́бное; I wash and scrub and dust and ~ я стира́ю, мо́ю полы́, вытира́ю пыль и так да́лее; in ~ всего́; there were only ten men in ~ их бы́ло всего́ де́сять (челове́к); in ~, ~ in ~, the article undergoes 20 inspections в ито́ге ка́ждое изде́лие проверя́ется 20 раз; б) в о́бщем; take it ~ in ~, this has been a hard week в о́бщем и це́лом неде́ля была́ тру́дная; ~ in ~, he is right в о́бщем /в це́лом/ он прав; ~ in ~, it might be worse в о́бщем, де́ло могло́ оберну́ться ху́же; ~ in ~ са́мое дорого́е; са́мое ва́жное; her work was ~ in ~ to her рабо́та была́ для неё всем; they are ~ in ~ to each other они́ души́ друг в дру́ге не ча́ют; г) по́лностью, целиком; and trust me not at all or ~ in — и либо вовсе мне не верь, либо доверяй полностью /во всём/; take smb., smth. for ~ in — в полном смысле; he is a man, take him for ~ in ~ он настоящий мужчина; ~ to pieces в полном упадке сил (*физических и моральных*); for — хотя; for — he is so silent nothing escapes him хоть он и молчит, ничто от его внимания; — for nothing зря, напрасно; for — I care ≅ мне это безразлично; he may be dead for — I care мне совершенно всё равно, жив он или нет; for — he may say... что бы он ни говорил /ни сказал/... at — а) вообще; if he comes at — или он вообще придёт; б) хоть сколько-нибудь; if he coughs at — she runs to him стоит ему только кашлянуть, она бежит к нему; if you hesitate at — если вы хоть сколько-нибудь колеблетесь /сомневаетесь/; without at — presuming to criticize you... отнюдь не желая критиковать вас... not to know what — и так далее, и прочее; she must have a new hat, new shoes, and I don't know what — ей нужна новая шляпа, новые туфли и всякое такое; if at — а) если и есть, то очень мало; б) если это случится /произойдёт/; he will write to you tomorrow if at — он вам напишет завтра, если вообще будет писать; he will be here in time if at — если он придёт, то (придёт) вовремя; — to the good всё к лучшему; — told с учётом всего; в общем и целом; there were six people — told в конечном счёте их оказалось шестеро; — that *см.* all that; — very well but... (*выражает сомнение*); she says he's reliable which is — very well, but it doesn't convince me она говорит, что он человек надёжный, но меня это не очень убеждает; it's — very well for you to say so, but... вам легко так говорить, но...

all- [ɔ:l-] *образует сложные прилагательные со значением* **1.** *всеобщности* (*от сущ. и прил.*): All-American всеамериканский; All-State всего штата; All-Union всесоюзный; all-purpose универсальный; all-day круглосуточный **2.** *чистоты, исключительности* (*от сущ.*): all-black только из чёрных; all-wool чистой шерсти; all-professional состоящий только из профессионалов **3.** *поэт. максимальной степени* (*от прил. и прич.*): all-powerful мощнейший; all-pervading всеохватывающий; all-pitiless *редк.* безжалостный; all-seeing всевидящий

all-absorbing [ˌɔ:ləb'sɔ:bɪŋ] *a* всепоглощающий, захватывающий; страстный (*об увлечении и т. п.*); ~ struggle борьба, требующая затрат всех сил

Allah ['ælə:, 'ælə] *n* аллах

all along [ˌɔ:lə'lɔŋ] *phr prep разг.* из-за, по (*тж.* — of); it was ~ your idleness that you were plucked ты провалился на экзамене только из-за своей лени; it happened ~ your carelessness это произошло по вашей небрежности; it's ~ of you всё это из-за вас

alla marcia [ˌælə'mɑ:tʃə] *муз.* в темпе марша

all-American I [ˌɔ:lə'merɪkən] *n* **1.** сборная команда США (*существует тк. теоретически; её состав определяется обыкн. путём опроса студентов*) **2.** 1) лучший спортсмен в США (*в своём виде спорта*); спортсмен года (*избирается путём опроса*) 2) лучший исполнитель (*музыки, роли и т. п.*) в США; актёр, музыкант, певец года (*определяется путём опроса*)

all-American II [ˌɔ:lə'merɪkən] *a* **1.** 1) чисто американский 2) типично американский; американский до мозга костей; an ~ boy типичный молодой американец **2.** всеамериканский; относящийся к США в целом **3.** не выходящий за пределы США **4.** панамериканский, относящийся ко всем американским государствам **5.** *спорт.* сборный (*о команде США*) **6.** признанный (*путём опроса*) лучшим в США представителем какой-л. профессии или категории лиц *и т. п.* (*в данное время*); an ~ full-back лучший американский защитник, «защитник года» (*футбол*)

allantoid [ə'læntɔɪd] *a физиол.* аллантоидный

allantois [ə'læntəʊɪs] *n физиол.* аллантоис

alla prima [ˌælə'pri:mə] *жив.* 1) алла прима, живопись по сырому 2) исполнение в один сеанс

alla-around I [ˌɔ:lə'raʊnd] *n спорт.* многоборье

all-around II [ˌɔ:lə'raʊnd] *a* **1.** = all-round **2.** всеохватывающий, всеобъемлющий; ~ failure полная неудача, полный провал, фиаско; the best ~ exhibit наиболее полная /всеобъемлющая/ выставка **3.** всесторонний, универсальный; — football player футболист-универсал; футболист, который может играть и в защите и в нападении

all-arounder [ˌɔ:lə'raʊndə] *n амер.* всесторонне одарённый человек, многогранная личность

allative ['ælətɪv] *n грам.* аллатив, падеж приближения

allay [ə'leɪ] *v* **1.** *книжн.* ослаблять, смягчать, облегчать; успокаивать; to ~ pain [anger] смягчать боль [гнев]; to ~ excitement успокаивать волнение; to ~ trouble /anxiety/ унять тревогу; to ~ thirst утолять жажду; to ~ dust прибить пыль; to ~ fears заглушить /снять/ страхи /опасения/ **2.** *редк.* уменьшать, утишать, укрощать; to ~ the storm укрощать бурю

all but ['ɔ:lbʌt] *phr adv* почти; едва не...; it's ~ done это почти что закончено /сделано/; можно сказать, что это уже закончено; I ~ died я чуть не умер; it's ~ impossible это почти невозможно; he ~ drowned он чуть не утонул; she is ~ nine years old ей скоро исполнится девять лет

all-cast [ˌɔ:l'kɑ:st] *a метал.* цельнолитой

all-clear [ˌɔ:l'klɪə] **1.** 1) отбой 2) сигнал отбоя (*тж.* ~ signal) **2.** сигнал к началу действий; ≅ «добро»

allcomers [ˌɔ:l'kʌməz] *n pl* 1) открытое состязание; конкурс *и т. п.* для всех желающих 2) (массовая) драка, свалка

all-crop drill [ˌɔ:l'krɒp,drɪl] *с.-х.* универсальная сеялка

all-day [ˌɔ:l'deɪ] *a* продолжающийся весь день; — event мероприятие (*приём, зрелище и т. п.*), занимающее целый день; ~ tour of the city экскурсия по городу, рассчитанная на целый день

allegation [ˌælɪ'ɡeɪʃ(ə)n] *n* **1.** утверждение (*обыкн. голословное*); unsubstantiated [unsupported] ~ необоснованное [ничем не подкреплённое /голословное/] заявление; to prove [to refute] an ~ подтверждать [опровергать] заявление **2.** оправдание, предлог; довод; ссылка (*на какую-л. причину*) **3.** *юр.* заявление, утверждение; ~ of faculties заявление жены (*предъявляющей иск об алиментах*) о материальном положении мужа

allege [ə'ledʒ] *v* **1.** утверждать, заявлять (*обыкн. голословно*); they are ~d to have signed a secret treaty утверждают, что они якобы подписали тайное соглашение; to ~ repeatedly [insistently] заявлять неоднократно [настойчиво]; to ~ smth. as a fact заявлять о чём-л. как о несомненном факте; so they ~, but have they any proof? так они говорят, но есть ли у них (какие-нибудь) доказательства?; they are ~d to have been bribed [killed, ruined] утверждают, что они подкуплены [убиты, разорены]; he is ~d to be untrustworthy на него якобы нельзя положиться; the statement ~d to have been made by the defendant is clearly untrue заявление, приписываемое подсудимому, явно не соответствует действительности **2.** 1) приводить в оправдание — в качестве объяснения; оправдывать (*чем-л.*); ссылаться (*на что-л.*); to ~ illness объяснять (*что-л.*) болезнью, оправдываться, ссылаясь на болезнь; to ~ smth. as a reason for not doing the work ссылаться на что-л. как на причину того, что работа не выполнена 2) приводить в доказательство, в подтверждение; to ~ an authority ссылаться на авторитет **3.** *юр.* заявлять (*что-л.*) под присягой (*в суде*)

alleged [ə'ledʒd] *a* **1.** утверждаемый (*обыкн. голословно*); the ~ refusal [acceptance] якобы полученный отказ [-ое согласие]; to lay the blame on smb. for his ~ refusal... возлагать на кого-л. вину за то, что он якобы отказался...; the ~ murderer лицо, обвиняемое в убийстве; предполагаемый убийца; ~ crime *юр.* вменяемое в вину /инкриминированное/ преступление **2.** сомнительный, мнимый; подозрительный, не внушающий доверия; ~ miracle так называемое /мнимое/ чудо; he bought an antique vase он купил антикварную вазу сомнительной подлинности

allegedly [ə'ledʒdlɪ] *adv* по утверждению (*обыкн. голословному*); как утверждают (*обыкн. о том, что не соответствует действительности*); будто бы, якобы; difficult [impossible, successful] якобы трудный [невозможный, успешный]; he ~ lost consciousness он будто бы /как утверждают/ потерял сознание; he is ~ a liar говорят, что он лжец

allegiance, -cy [ə'li:dʒ(ə)ns, -sɪ] *n* **1.** верность, лояльность, преданность (*обыкн. государству, правительству и т. п.*); ~ to the flag верность родине; to declare ~ заявлять о своей лояльности; to swear ~ клясться в верности; his ~s are divided он сам не знает, кому (*или чему*) он больше предан; он нетвёрд в своих убеждениях **2.** верность, привязанность; преданная любовь; we owe ~ to our friends мы обязаны стоять за своих друзей; his ~ to his brother lasted all his life он всю жизнь преданно любил брата **3.** *юр.* пребывание в подданстве *или* гражданстве; to change ~ перейти в гражданство другой страны; переменить гражданство **4.** *ист.* вассальная зависимость; верноподданство; to free from ~ освобождать от вассальной зависимости

allegiant [ə'li:dʒ(ə)nt] *a* лояльный, верный, преданный

allegoric, allegorical [ˌælɪ'ɡɒrɪk, -(ə)l] *a* аллегорический, иносказательный; ~ figure [poem] аллегорическая фигура [поэма]; ~ meaning переносное значение

allegorically [ˌælɪ'ɡɒrɪk(ə)lɪ] *adv* аллегорически, иносказательно; в качестве аллегории

allegorism ['ælɪg(ə)rɪz(ə)m] *n* 1. иносказание; аллегория 2. толкование Библии как аллегории
allegorist ['ælɪg(ə)rɪst] *n* 1) аллегорист, создатель аллегорий 2) тот, кто выражается аллегорически
allegoristic [,ælɪgə'rɪstɪk] *a* аллегоричный, аллегористический
allegorize ['ælɪgəraɪz] *v* 1. изображать, толковать, трактовать аллегорически 2. создавать аллегории; изъясняться иносказательно, аллегорически
allegory ['ælɪg(ə)rɪ] *n* аллегория; иносказание; apt [hidden] ~ удачная [скрытая] аллегория; philosophical ~ аллегория, имеющая философский смысл
allegretto [,ælɪ'gretəʊ] *муз.* аллегретто
allegro [ə'le(ɪ)grəʊ] *муз.* аллегро
allel(e) [ə'liːl] *n* аллель (*в генетике*)
all-electric [,ɔːlɪ'lektrɪk] *a* полностью электрифицированный; ~ kitchen кухня с полным электрооборудованием, полностью электрифицированная кухня
allelism [ə'liːlɪz(ə)n] *n* аллелизм (*в генетике*)
allelo- [ə'lelə-] *биол.* в сложных словах имеет значение друг друга: allelocatalysis аллелокатализ (*взаимное ускорение роста микроорганизмов, находящихся вместе*); allelopathy аллелопатия (*вредное влияние одного растения на другое*)
allelogenesis [ə,liːlə'dʒenɪsɪs] *a* аллелогения (*в генетике*)
allelomimetic [ə,liːləmɪ'metɪk] *a* биол. подражательный, имитирующий (*о поведении животных*)
allelomorph [ə'liːləmɔːf] *n* аллеломорф (*в генетике*)
alleluia [,ælɪ'luːjə] *int* аллилуйя
allemande ['ælmɑːnd] *n* аллеманда (*танец*)
all-embracing [,ɔːlɪm'breɪsɪŋ] *a* всеобъемлющий; ~ definition исчерпывающее определение; ~ charity безграничное милосердие
all-encompassing [,ɔːlɪn'kʌmpəsɪŋ] *a* всеохватывающий, всеобъемлющий; ~ love любовь ко всем на свете
allergen ['ælədʒən] *n* спец. аллерген
allergenic [,ælə'dʒenɪk] *a* спец. 1) вызывающий аллергию; аллергический; asthma is an ~ condition астма — это аллергическое заболевание
allergist ['ælədʒɪst] = allergologist
allergic [ə'lɜːdʒɪk] *a* 1. спец. 1) аллергический; ~ reaction to wool аллергическая реакция на шерсть 2) страдающий аллергическим заболеванием, подверженный аллергии; he is ~ to pollens у него аллергия на цветочную пыльцу 2. 1) чувствительный (*к чему-л.*); отрицательно реагирующий (*на что-л.*); ~ to criticism болезненно реагирующий /обижающийся/ на критику; I'm ~ to big cities в больших городах я чувствую себя неуютно 2) *разг.* испытывающий (сильную) неприязнь, антипатию (*к чему-л., кому-л.*); не выносящий (*чего-л.*); he is ~ to draughts он не выносит сквозняков; I'm ~ to him он мне неприятен, я его не переношу; I'm ~ to marriage *шутл.* жениться — это не для меня
allergist ['ælədʒɪst] = allergologist
allergologist [,ælə'gɒlədʒɪst] *n* специалист по аллергии *или* аллергическим заболеваниям; врач-аллерголог
allergology [,ælə'gɒlədʒɪ] *n* аллергология
allergy ['ælədʒɪ] *n* 1. *спец.* аллергия; повышенная чувствительность 2. (to) антипатия, (сильная) неприязнь; he has an ~ to /for/ work он не любит работать, его не заставишь работать; I have a positive ~ for him видеть его не могу

allerion [ə'lɪ(ə)rɪən] *n геральд.* орлёнок без ног и клюва с распростёртыми крыльями
alleviant [ə'liːvɪənt] *n* 1) болеутоляющее (лекарство) 2) успокаивающее (средство)
alleviate [ə'liːvɪeɪt] *v* 1) облегчать, смягчать (*боль, страдание*); to ~ sorrows [sufferings] облегчать горе [страдания]; her sympathy ~d his distress её сочувствие умерило его отчаяние 2) *мед.* частично снимать (*симптомы*)
alleviation [ə,liːvɪ'eɪʃ(ə)n] *n* 1) облегчение, смягчение, уменьшение (*боли, страдания и т. п.*); ~ of taxes снижение /облегчение/ бремени налогов; his friend's sympathy was an ~ of his grief сочувствие друга служило ему утешением в горе 2) *мед.* частичное снятие (*симптомов*)
alleviative [ə'liːvɪeɪtɪv] 1) облегчающий, смягчающий (*боль, страдания*); уменьшающий 2) *мед.* частично снимающий (*симптомы*); паллиативный
alleviator [ə'liːvɪeɪtə] *n* 1. болеутоляющее *или* успокаивающее средство 2. *тех.* демпфер
alleviatory ['ælɪvɪət(ə)rɪ] = alleviative
all-expense [,ɔːlɪks'pens] = all-expenses-paid
all-expenses-paid [,ɔːlɪks'pensɪz,peɪd] *a* включающий *или* покрывающий все расходы; оплаченный заранее; ~ trip полностью оплаченная поездка; комплексная путёвка; ~ scholarship стипендия, включающая полное содержание
alley[1] ['ælɪ] *n* 1. аллея; дорожка (*в саду, парке*); shady [secluded, lonely] ~ тенистая [уединённая, безлюдная] аллея 2. 1) узкая улица, переулок (*обыкн. в городских трущобах*); проулок; filthy [twisting] ~ грязный [кривой] переулок; blind ~ *см.* blind alley 2) узкий проход между домами *и т. п.* 3. кегельбан 4. *спорт.* 1) коридор (*на теннисной площадке*) 2) проход между противниками 5. проход между рядами (*в театре и т. п.*) 6. *полигр.* пропуск нескольких строк
◇ up /down/ one's ~ *амер.* в чьих-л. возможностях *или* в чьём-л. вкусе; ≃ по его части; the designing of clothes is right up his ~ моделирование одежды — как раз его дело
alley[2] ['ælɪ] = ally[2]
alley cat ['ælɪkæt] 1. *обыкн. амер.* 1) бездомная, бродячая кошка 2) беспородная домашняя кошка 2. *сл.* гулящая девка, шлюха
alleyway ['ælɪweɪ] *n* 1. 1) = alley[1] 2), 2) 2) проход, коридор (*на судне*) 2. коридор (*гребного вала*)
all-faith [,ɔːl'feɪθ] *a амер.* межцерковный, *особ.* предназначенный для католиков и протестантов; ~ chapel часовня всех (христианских) вероисповеданий
All-father ['ɔːl,fɑːðə] *n рел.* 1. отец всех, Бог 2. главное божество (*языческой религии*)
all-fired I [,ɔːl'faɪəd] *a амер. разг.* адский; невообразимый; чертовский; ~ hurry сумасшедшая спешка; ~ gall неслыханное нахальство
all-fired II [,ɔːl'faɪəd] *adv разг.* неслыханно, немыслимо; чертовски; ~ sure of oneself самоуверен до предела /до невозможности/
All Fools' Day [,ɔːl'fuːlz,deɪ] «день всех дураков», 1-е апреля (*день розыгрышей*)
all fours [,ɔːl'fɔːz] 1. 1) четыре конечности (*животного*) 2) *шутл.* руки и

ноги (*человека*); on ~ на четвереньках [*ср. тж.* ◇]; to land on ~ приземлиться на все четыре (*лапы*) [*см. тж.* 2, 1)] 2. 1) *ав.* четыре точки (*самолёта*); to land on ~ приземлиться на четыре точки 2) *мор.* четыре мёртвых якоря; ~! стать на четыре мёртвых якоря! (*команда*) 3. *употр. с гл. в ед. ч.* карточная игра для двоих 4. игра в домино, в которой учитываются только четыре очка и очки, кратные четырём
◇ to be /to stand/ on ~ (with) быть /находиться/ в точном соответствии (с); быть тождественным чему-л.; the decision I just quoted is on ~ with this case решение, которое я только что процитировал, полностью соответствует обстоятельствам дела
all get-out [,ɔːl'getaʊt] *амер. сл.* возможный, вообразимый; as ~ в высшей степени, предельный; the wind was as cold as ~ был чертовски холодный ветер; he's handsome as ~ он красив невообразимо
allgood ['ɔːlgʊd] *n бот.* марь цельнолистная (*Chenopodium bonus-henricus*)
all hail [,ɔːl'heɪl] *int арх.* приветствую тебя /вас/; здравствуй(те)!
Allhallowmas(s) [,ɔːl'hæləʊməs] = Allhallows
Allhallows [,ɔːl'hæləʊz] *n церк.* день всех святых (*1-е ноября*)
Allhallow's Eve [,ɔːl'hæləʊz,iːv] канун дня всех святых (*31-е октября*)
Allhallowtide [,ɔːl'hæləʊtaɪd] *арх.* день и канун дня всех святых
allheal [,ɔːl'hiːl] *n бот.* 1) валериана (*Valeriana*) 2) опопанакс (*Opopanax*) 3) *разг.* целебная травка (*в народной медицине*)
alliaceous [,ælɪ'eɪʃ(ə)s] *a* 1. луковый, чесночный (*обыкн. о запахе или вкусе*) 2. *бот.* относящийся к луковичным
alliance [ə'laɪəns] *n* 1. союз, объединение; связь; соединение, слияние; интеграция; in ~ with в союзе с (*кем-л., чем-л.*); we are hoping for an ~ with the workers of other factories мы надеемся объединиться /объединить усилия/ с рабочими других фабрик; a close ~ between government and industry укрепление связи между правительством и промышленностью 2. союз (*обыкн. между государствами*); альянс; defensive [military] ~ оборонительный [военный] союз; Holy A. *ист.* Священный Союз; an ~ between states союз между государствами; to make /to form, to conclude/ an ~ заключать союз; to terminate /to dissolve, to revoke/ an ~ разорвать союз, выйти из союза; to unite in ~ объединяться в союз 3. союз, объединение, ассоциация, федерация (*организаций, партий и т. п.*); political [tribal] ~ политическое [племенное] объединение; International Cooperative A. Международный кооперативный альянс 4. брак; брачный союз (*тж.* ~ by marriage); matrimonial /nuptial/ ~ брачный союз; unhappy ~ неудачный брак; a desirable ~ (for) подходящий жених /-ая невеста/ (*для кого-л.*); arms of ~ *геральд.* герб, полученный в результате брака и соединённый со своим 5. (духовное) родство, общность
allied [ə'laɪd] *a* 1. (*часто* A.) союзный, союзнический; the A. Powers союзные державы; A. armies [forces] армии [вооружённые силы] союзных держав 2. ассоциированный, присоединённый (*как филиал и т. п.*); ~ banks

ассоциированные банки 3. родственный, близкий; похожий; ~ sciences [subjects] смежные науки [дисциплины]; painting and other ~ arts живопись и родственные /близкие/ ей искусства; ~ rocks *геол.* генетически связанные породы; ~ species *биол.* родственные виды; this disease is closely ~ to malaria эта болезнь напоминает малярию

Allies ['ælaız] *n pl* 1. *ист.* Антанта; Тройственное согласие (*блок Англии, Франции и России*) 2. государства — члены антифашистской коалиции во 2-й мировой войне

alligator[1] ['ælıgeıtə] *n* 1. *зоол.* 1) аллигатор (*Alligator gen.*) 2) *разг.* крокодил 3) кожа аллигатора *или* крокодила (*натуральная или имитация*); ~ shoes [bag] обувь [сумочка] из крокодиловой кожи 2. *тех.* щёковая камнедробилка (*тж.* ~ squeezer) 3. автомобиль-амфибия 4. *амер. сл.* 1) любитель музыки в стиле свинга *или* джайва 2) танец типа свинга, джайва 3) *пренебр.* белый джазист (*в речи негров*) ◊ see you later, ~! *шутл.* до скорого свидания!; ещё увидимся!

alligator[2] ['ælıgeıtə] *v* коробиться; покрываться трещинами (*о краске и т. п.*)

alligator apple ['ælıgeıtə'(r)æp(ə)l] *бот.* анона обыкновенная (*Anona glabra*)

alligator clip ['ælıgeıtə,klıp] *эл.* аллигаторный зажим, «крокодил»

alligator pear ['ælıgeıtə,peə] *бот.* авокадо, аллигаторова груша (*Persea gratissima*)

alligator shear(s) ['ælıgeıtə,ʃıə(z)] механические, рычажные ножницы

alligator snapper ['ælıgeıtə,snæpə] *зоол.* грифовая черепаха (*Macroclemys temmincki*)

all-important [,ɔ:lım'pɔ:t(ə)nt] *a* имеющий первостепенное значение, крайне важный; ~ question решающий вопрос

all in [,ɔ:l'ın] *разг.* выдохшийся, измученный, крайне утомлённый; I am ~ я совсем без сил; we were ~ at the end of the day к концу дня мы едва держались на ногах /были без (задних) ног/

all-in ['ɔ:lın] *a* 1. включающий всех *или* всё; at the ~ price по совокупной цене 2. допускающий любые приёмы (*борьба*) 3. *муз.* исполняемый всем ансамблем (*джаза; противоп.* сольному исполнению)

all-inclusive [,ɔ:lın'klu:sıv] *a* включающий всех *или* всё, учитывающий всё; комплексный; ~ price цена, включающая все виды обслуживания (*туриста и т. п.*)

allineation [ə,lını'eıʃ(ə)n] = alignment 1

all-in-one I [,ɔ:lın'wʌn] *n* грация (*корсет с бюстгалтером*)

all-in-one II [,ɔ:lın'wʌn] *a* 1. *тех.* цельный, неразъёмный 2. *элк.* 1) монолитный 2) собранный в одном блоке

all-in-package [,ɔ:lın'pækıdʒ] *a* объединённый, совокупный (*о мероприятиях и т. п.*); this was an ~ deal это была многосторонняя /широкая/ сделка

allision [ə'lıʒ(ə)n] *n мор.* столкновение судна, имеющего ход, со стоящим неподвижно

alliteral [ə'lıt(ə)rəl] *a редк.* аллитерированный, аллитерирующий

alliterate [ə'lıtəreıt] *v* 1. аллитерировать 2. использовать аллитерацию (*в художественных произведениях*)

alliteration [ə,lıtə'reıʃ(ə)n] *n фон.* аллитерация; consonantal ~ аллитерация согласных звуков; vocalic ~ вокалическая аллитерация, ассонанс

alliterative [ə'lıt(ə)rətıv] *a фон.* аллитерирующий, повторяющийся в аллитерации

all-knowing [,ɔ:l'nəʋıŋ] *a* всезнающий, всеведущий

all-mash ['ɔ:lmæʃ] *n с.-х.* комбикорм

all-merciful [,ɔ:l'mɜ:sıf(ə)l] *a* всемилостивый, всеблагой (*о боге*)

all-metal [,ɔ:l'metl] *a* цельнометаллический

all-might ['ɔ:l,maıt] *n поэт.* всемогущество

allmouth ['ɔ:lmaʋθ] *n зоол.* морской чёрт (*Lophius piscatorius*)

allness ['ɔ:lnıs] *n книжн.* всеобщность, универсальность

all-night ['ɔ:lnaıt] *a* 1) ночной; продолжающийся всю ночь (*напролёт*); ~ pass ночной пропуск; ~ sitting of Parliament заседание парламента, продолжавшееся до утра; ~ vigil a) ночное дежурство; б) ночное бдение 2) ночной, работающий *или* открытый всю ночь; ~ drugstore дежурная аптека; ~ diner ночная закусочная

all-nighter [,ɔ:l'naıtə] *n разг.* 1. «ночное бдение» (*о работе, заседании и т. п.*); ~s over important papers ночами сидеть над важными бумагами 2. полуночник

allo- ['ælə, 'ælɒ-] в сложных словах имеет значение иной, другой: allopathy аллопатия; allochtonous аллохтонный, происходящий из другого места; allonym аллоним; allopatric аллопатрический; связанный с разными местами обитания; образует 1) *хим.* названия (*более устойчивых*) изомеров: allocholesterol аллохолестерин; allolactose аллолактоза 2) *лингв.* названия непротивопоставленных друг другу вариантов одной языковой единицы: allophone аллофон; allomorph алломорф

allocate ['æləkeıt] *v* 1. 1) предназначать, назначать; ассигновывать; to ~ funds for new projects [to education] ассигновать средства на разработку новых проектов [на развитие образования] 2) распределять; отводить (*какую-л. часть*); размещать; to ~ duties распределять обязанности; to ~ a duty to smb. вменить что-л. кому-л. в обязанность; to ~ tasks among human and automated components определять, какие операции могут быть выполнены автоматами, а какие требуют участия человека; to ~ lands among crops распределять /отводить/ землю под определённые культуры; that space has already been ~d for building a new hospital это место уже отведено под строительство новой больницы 2. *книжн.* устанавливать место, локализовать

allocation [,ælə'keıʃ(ə)n] *n* 1. 1) ассигнование; отчисление; undrawn ~s неиспользованные отчисления 2) *спец.* распределение, развёрстка; размещение, аллокация; frequency ~ *радио* распределение частот; ~ map *вчт.* таблица распределения; ~ of felling *с.-х.* порядок рубки /сводки/ леса, лесорубочный оборот; to be on ~ нормироваться (*о дефицитных товарах, сырье и т. п.*); ~ of labour распределение рабочей силы; ~ of currency распределение /квотирование/ валюты; investment ~ аллокация инвестиций 2. *книжн.* локализация, установление места

allocatur [,ælə'keıtə] *лат. юр.* решено, разрешается

allochromatic [,ælə(ʋ)krə(ʋ)'mætık] *a спец.* аллохроматический; меняющий цвет (*об александрите и т. п.*)

allochrous [æ'lɒkrə(ʋ)əs] *a спец.* меняющий окраску

allochthonous [ə'lɒkθənəs] *a геол.* аллохтонный

allocution [,ælə'kju:ʃ(ə)n] *n* 1. *книжн.* обращение; назидательная речь, увещание 2. *церк.* аллокуция (*обращение папы к коллегии кардиналов*) 3. обращение полководца к армии (*в Древнем Риме*)

allod ['ælɒd] = allodium

allodial [ə'ləʋdıəl] *a ист.* аллодиальный, свободный от ленных повинностей

allodification [ə,lɒdıfı'keıʃ(ə)n] *n ист.* превращение (*земельного участка*) в аллод

allodium [ə'ləʋdıəm] *n ист.* аллод

allogamy [ə'lɒgəmı] *n бот.* аллогамия, перекрёстное опыление

allogeneic [,ælədʒı'ni:k] *n биол.* аллогенный, генетически отличающийся

allogeneous [,ælə'dʒi:nıəs] *a книжн.* разнородный

allogenic [,ælə'dʒenık] *a геол.* аллогенный; чужеродный (*об обломочных породах*)

allograft ['æləgrɑ:ft] *n биол.* аллотрансплантат, ткань, пересаженная от генетически несходного организма

allograph ['æləgrɑ:f] *n* 1. аллограф (*подпись, поставленная за другое лицо*) 2. *лингв.* аллограф(а)

allometry [ə'lɒmıtrı] *n биол.* аллометрия

allomon ['æləmɒn] *n* алломон (*вещество, выделяемое организмом для привлечения или отпугивания организмов другого вида*)

allomorphism [,ælə'mɔ:fız(ə)m] *n спец.* 1) алломорфизм (*принятие разной кристаллической формы при одинаковых химических свойствах*) 2) = allotropism

allonge [ə'lɒnʒ] *n юр.* аллонж, дополнительный протокол, приложение (*к документу*)

allonym ['ælənım] *n* 1. аллоним (*чужое подлинное имя, взятое как псевдоним*) 2. сочинение, произведение, опубликованное под аллонимом

allopath ['æləpæθ] *n* аллопат

allopathic [,ælə'pæθık] *a* аллопатический

allopathist [ə'lɒpəθıst] = allopath

allopathy [ə'lɒpəθı] *n* 1. *мед.* аллопатия 2. *биол.* аллопатия, химическое взаимодействие соседствующих организмов

allopatric [,ælə(ʋ)'pætrık] *a биол.* аллопатрический, с разобщёнными ареалами (*о виде*)

allopelagic [,æləpe'lædʒık] *a* разноглубинный, обитающий на различных глубинах

allophane ['æləfeın] *n мин.* аллофан

allophone ['æləfəʋn] *n фон.* аллофон(а)

allophonic [,ælə'fɒnık] *a фон.* аллофонный

alloplasm ['æləplæz(ə)m] *n биол.* аллоплазма

allopolyploid [,ælə(ʋ)'pɒlıplɔıd] *n биол.* аллополиплоид, полиплоид с неодинаковым набором хромосом

all-or-none [,ɔ:lə'nʌn] *a* категорический; не допускающий отступлений или компромиссов; ≅ или так или никак; an ~ decision бескомпромиссное решение

all-or-none law [,ɔ:lə'nʌn,lɔ:] = all-or-nothing law

all-or-nothing [,ɔ:lə'nʌθıŋ] *a* 1. = all-or-none 2. дотошный; ~ perfectionist человек, не мирящийся ни с какими недочётами, недоделками *и т. п.* **3.** ставящий всё на карту; to play an ~ game идти ва-банк; ≅ пан или пропал

all-or-nothing law [‚ɔ:lə'nʌθɪŋ‚lɔ:] *физиол.* закон «всё или ничего»

allosome ['æləsəum] *n биол.* 1) аллосома 2) половая хромосома

allosteric [‚ælə(u)'sterɪk] *a хим.* аллостерический

allot [ə'lɒt] *v* 1. *часто pass* 1) отводить, выделять *(на чью-л. долю)*; предназначать; назначать; to ~ smth. to smb. for a purpose предназначать кому-л. что-л. для какой-л. цели; to ~ credits предоставлять /выделять/ кредиты; to ~ a task возлагать /ставить, определять/ задачу; they were ~ted a house to live in им отвели отдельный дом; our class was ~ted the flower garden нашему классу была поручена работа в цветнике; what is ~ted to you? что пришлось на вашу долю?; each speaker is ~ted five minutes каждому оратору даётся 5 минут, регламент выступления — 5 минут 2) отчислять, ассигновывать; to ~ money for a park ассигновывать деньги /отчислять средства/ на устройство парка; to ~ credits предоставлять кредиты; to ~ profits распределять прибыль; to ~ fairly [unjustly, impartially] распределять честно [несправедливо, беспристрастно] **3.** *воен.* 1) придавать 2) вводить в состав

allotheism [‚ælə(u)'θi:ɪz(ə)m] *n* аллотеизм *(почитание чужих богов)*

allotment [ə'lɒtmənt] *n* **1.** выделение, распределение; назначение; ~ of billets *воен.* отвод квартир; ассигнования *(из бюджета)*; actual ~ *амер.* бюджетные ассигнования, утверждённые конгрессом 2) *тех.* развёрстка, распределение (нагрузки) **2.** 1) доля, (выделяемая) часть; your ~ is four dollars ваша доля — четыре доллара 2) участь, удел; судьба **3.** участок, отдаваемый в аренду; огород; ~ holder арендатор; субарендатор; ~ crops огородные культуры *(на небольшом участке)* **4.** выделение акций пайщику; ~ of shares распределение акций **5.** *воен.* 1) придание 2) введение в состав **6.** *амер. воен.* выплата *(части зарплаты)* по аттестату; ~ check денежный аттестат на семью

allotriophagy [‚ælətraɪ'ɒfədʒɪ] *n* извращённый аппетит, патологическое влечение к поеданию несъедобных вещей

allotrophic [‚ælə'trɒfɪk] *a мед.* аллотрофный

allotropic, allotropical [‚ælə'trɒpɪk, -(ə)l] *a спец.* аллотропный, аллотропический

allotropism [ə'lɒtrəpɪz(ə)m] *n спец.* аллотропия *(изменение физических свойств без изменения химического состава)*

allotropy [ə'lɒtrəpɪ] = allotropism

allottee [ə‚lɒ'ti:] *n* получающий земельный надел, участок; мелкий арендатор

allotype ['ælətaɪp] *n биол.* аллотип

all out [‚ɔ:l'aut] *phr adv разг.* от всей души; изо всех сил; to go ~ to win напрягать все силы, стремиться победить; не жалеть сил для победы; we had to row ~ to keep up with them нам пришлось грести изо всех сил, чтобы не отстать от них

all-out ['ɔ:laut] *a разг.* **1.** = all-in 1 **2.** изнурительный, напряжённый; ~ attack *воен.* массированное наступление, удар всеми силами **3.** всеобщий, всеохватывающий; ~ warfare тотальная /всеобщая/ война; ~ effort напряжение всех сил; ~ сверхскоростной

all-outer [‚ɔ:l'autə] *n амер. разг.* 1) сторонник решительных *или* крайних мер; решительный, идущий напролом человек 2) фанатик; экстремист

all over [‚ɔ:l'əuvə] *phr adv* **1.** всюду, повсюду; he looked ~ for the missing dog он всюду искал пропавшую собаку **2.** 1) полностью, целиком, сплошняком; ~ coloured *текст.* гладкокрашеный; decorated ~ with a flower pattern с цветочным рисунком по всему полю *(о ткани и т. п.)* 2) во всех отношениях; she is her mother ~ она копия своей матери /пошла в мать/ во всех отношениях

all-over [‚ɔ:l'əuvə] *a* **1.** сплошной; ровно покрывающий всю поверхность; ~ pattern сплошной рисунок; узор, покрывающий всю ткань **2.** *в грам. знач. сущ.* материал со сплошным, повторяющимся рисунком

all-overish [‚ɔ:l'əuv(ə)rɪʃ] *a разг.* не совсем здоровый, чувствующий (общее) недомогание; I feel ~ мне что-то не по себе

allow [ə'lau] *v* **1.** позволять, разрешать; давать разрешение; to ~ smb. to do smth. позволять кому-л. делать что-л.; to be ~ed to do smth. иметь разрешение делать что-л.; she is not ~ed out after dark ей не разрешают выходить из дому после наступления темноты; to ~ oneself to do smth. позволять себе (сделать) что-л.; she ~ed herself no sweets она старалась не есть конфет; smoking [shooting] is not ~ed (here) «не курить» [«охота запрещена»] *(объявление)*; no dogs ~ed «с собаками вход воспрещён», «провоз собак запрещён» *(объявление)*; will you ~ me to use your pen? можно мне взять вашу ручку?; ~ me позвольте мне *(предлагая помочь снять пальто и т. п.)*; perhaps I may be ~ed to speak now теперь позвольте мне сказать несколько слов /выступить/; she ~ed her imagination full play она дала волю своему воображению /своей фантазии/ **2.** допустить *(что-л.)* по недосмотру; недоглядеть, просмотреть *(что-л.)*; to ~ a door to remain open забыть закрыть /затворить/ дверь, случайно оставить дверь открытой; to ~ a cake to burn сжечь пирог **3.** 1) (for) предусматривать; учитывать, принимать во внимание; делать поправку на *(что-л.)*; to ~ for other expenses [future development] учитывать другие расходы [возможные события]; to ~ an inch for shrinkage припустить дюйм на усадку; to ~ a gallon for leakage скинуть галлон на утёчку; it will take thirty minutes to get to the station, ~ing for traffic delays с учётом дорожных заторов /пробок/ путь до станции займёт тридцать минут; you must ~ for his being ill вы должны учесть /принять во внимание/, что он болен 2) (of) допускать; the matter ~s of no delay дело не терпит отлагательства; the machine does not ~ of rough treatment с этой машиной нельзя так неосторожно обращаться; evidence that ~s of only one conclusion данные, на основе которых можно сделать только один вывод **4.** давать возможность, делать возможным; this gate ~s access to the garden через эту калитку можно пройти в сад; the prize ~s me to buy a motorcycle на премию я могу купить себе мотоцикл; as soon as circumstances ~ как только позволят обстоятельства **5.** давать, выдавать *(обыкн. деньги)*; предоставлять; to ~ smth. regularly [lavishly, intermittently] выплачивать что-л. регулярно [щедро, нерегулярно]; to ~ smb. spending money выдавать кому-л. деньги на мелкие расходы; how much money does your father ~ you for books? сколько (денег) даёт тебе отец на книги?; they ~ me one afternoon a week мне предоставляют один свободный вечер в неделю **6.** признавать *(справедливым, правильным)*; соглашаться; to ~ a claim [an argument] признавать (справедливым) требование [довод]; one must ~ his cleverness /that he is clever/ нужно признать, что он умён **7.** *ком.* делать, предоставлять скидку; to ~ smb. a discount давать /предоставлять/ кому-л. скидку; to ~ a shilling in the pound делать скидку в один шиллинг с каждого фунта **8.** *амер. прост.* считать, признавать, делать вывод, заключение; to ~ as how признавать, считать, полагать; Jones ~s as how maybe Sherman is right Джоунз говорит, что Шерман, возможно, прав

allowability [ə‚lauə'bɪlɪtɪ] *n* допустимость, приемлемость; позволительность, законность

allowable I [ə'lauəb(ə)l] *n* **1.** то, что допускается, разрешается, считается приемлемым *или* законным **2.** *амер.* нефтяная квота *(объём разрешаемой добычи нефти)*

allowable II [ə'lauəb(ə)l] *a* допустимый, приемлемый; позволительный, законный; ~ load допустимая нагрузка; ~ to smb. приемлемый для кого-л.; ~ to sale допущенный к продаже; ~ to error допускающий ошибку; in some parks it is ~ to walk on the grass в некоторых парках разрешается ходить по траве /по газонам/

allowably [ə'lauəblɪ] *adv* позволительно; допустимо; приемлемо

allowance I [ə'lauəns] *n* **1.** 1) порция; паёк; рацион, норма отпуска, квота; ~ of food норма выдачи продуктов; water [bread] ~ норма выдачи воды [хлеба]; ~ of ammunition *воен.* боекомплект; to put on short ~ перевести на ограниченную норму, урезать норму 2) *pl воен.* довольствие; виды довольствия. **2.** 1) денежное пособие, денежная помощь; содержание; dress [book] ~ деньги *(получаемые)* на одежду [книги]; liberal [modest, regular, intermittent, stated] ~ щедрая [скромная, регулярная, нерегулярная, обусловленная] денежная помощь; family ~ несовр. пособие многодетным семьям; cost-of-living ~ надбавка на дороговизну; ~ in lieu *воен.* пайковые деньги; to allot [to concede, to continue] ~ устанавливать сумму выплаты [соглашаться на выплату, продолжать выплачивать определённую денежную сумму] 2) *амер.* карманные деньги; деньги на мелкие расходы *(школьникам и т. п.)* 3) *юр.* суммы, выплачиваемые на содержание *(кого-л., чего-л.)*; entertainment ~ представительские расходы; travelling ~ а) проездные; б) суточные; в) *воен.* путевые деньги **3.** 1) принятие во внимание, в расчёт; поправка, скидка *(на что-л.)*; оправдание *(чему-л.)*; ~ for wind *воен.* поправка на ветер; to make ~(s) принимать *(что-л.)* во внимание; учитывать *(что-л.)*; оправдывать *(чем-л.)*; to make ~ for smb.'s illness [youth, inexperience] принимать во внимание чью-л. болезнь [молодость, неопытность]; to make ~s /every/ ~ учитывать все обстоятельства /всё/;

всячески оправдывать; to make ~ for future developments учитывать возможность дальнейших событий 2) скидка или надбавка с учётом (чего-л.); depreciation ~ эк. амортизационные отчисления; to make ~ for leakage [waste] делать скидку на утёчку [брак], учитывать возможность утёчки [брака] 3) ком. скидка; an ~ for cash on a bill скидка за оплату наличными 4. признание (обоснованным, законным и т. п.); подтверждение; уступка; ~ of claim признание обоснованности претензии 5. примиренчество; толерантность; одобрение; ~ of neocolonialism терпимость к неоколониализму 6. редк. разрешение; позволение 7. фин. допустимое отклонение от стандартного размера и веса монеты 8. тех. припуск; допуск; зазор (положительная разность); негативный ~ (отрицательная разность) 9. спорт. гандикап, фора, преимущество

allowance II [ə'lauəns] v книжн. 1. рационировать потребление; вводить карточную или пайковую систему 2. назначать содержание, паёк и т. п. 3. (регулярно) выдавать в ограниченном количестве

allowedly [ə'lauɪdlɪ] adv книжн. 1. дозволенным образом 2. = admittedly

alloy I ['ælɔɪ] n 1. сплав (металлов); an ~ of many peoples сплав многих народов /национальностей/ 2. метал. примесь, лигатура, присадка 2) тж. [ə'lɔɪ] примесь (чего-л.) дурного; pleasure without ~ ничем не омрачённое удовольствие 3. проба (обыкн. драгоценного металла)

alloy II [ə'lɔɪ] v 1. сплавлять (металлы) 2. добавлять примесь (к металлу), легировать 3. портить, омрачать; her happiness was ~ed by her mother's illness болезнь матери омрачала её счастье

alloyage [ə'lɔɪɪdʒ] n метал. легирование

alloying [ə'lɔɪɪŋ] n метал. сплавление; ~ element легирующий элемент, легирующая присадка

alloy steel [,ælɔɪ'stiːl] легированная сталь

alloy transistor [,ælɔɪtræn'zɪstə] элк. сплавной или вплавной транзистор

all-pervading [,ɔːlpə'veɪdɪŋ] a всепроникающий, распространяющийся повсюду, пронизывающий; ~ principle универсальный принцип

all-play-all [,ɔːlpleɪ'ɔːl] n спорт. соревнование по круговой системе

all-powerful [,ɔːl'pauəf(ə)l] a всемогущий, всесильный

all-purpose [,ɔːl'pɜːpəs] a универсальный, широко применимый; ~ tractor универсальный трактор; ~ cleaning liquid универсальное моющее средство; ~ weapon воен. универсальное оружие

all ready [,ɔːl'redɪ] вполне готовый; полностью, совершенно готовый; the men were ~ to start work рабочие приготовились начать работу

all-red [,ɔːl'red] a ист. «сплошь красный», британский; относящийся к Британской империи (Великобритания и её владения обозначались на картах красным цветом)

all right [,ɔːl'raɪt] 1. удовлетворительный; достаточный, not very good in the first role but ~ in the second не блистал в первой роли, но справился со второй; his work was found ~ его работа была одобрена 2. подходящий; не вызывающий возражений; that is ~ with me я согласен, я не возражаю; a picture that is ~ for children картина, которую можно показывать детям 3. здоровый, благополучный; he was ill but he is ~ again он был болен, а теперь поправился; is the driver ~ after the accident? водитель не пострадал при аварии? 4. приемлемо; как нужно; doing ~ дела идут хорошо, всё в порядке; getting /coming/ along ~ дело двигается; всё идёт нормально /как надо/ 5. разг. разумеется, конечно, несомненно; the elements has been conquered ~, but it still hits back стихия покорена, в этом нет сомнения, но она ещё показывает себя; he has pneumonia ~ у него воспаление лёгких, это уж точно; you'll hear about this ~! вы ещё услышите об этом, можете не сомневаться! 6. ладно!, хорошо!, согласен!, идёт!; да! (в ответах); ~, I'll meet you at ten ладно, встретимся в десять ~ for you, I am going ну и ладно, я ухожу; ~! You'll be sorry! ну хорошо, ты ещё пожалеешь об этом!

◇ a bit of ~ неплохой поступок (обыкн. о прекрасном поступке); недурно сделано; ≅ прекрасно, отлично; the way he saved that girl's life was a bit of ~ спасая девушку, он неплохо себя показал

all-right [,ɔːl'raɪt] a разг. 1) честный, порядочный, надёжный; an ~ порядочный человек; честный малый 2) превосходный, отличный; an ~ party весёлая вечеринка

allrightnik [,ɔːl'raɪtnɪk] n амер. сл. самодовольный обыватель

all-risk(s) insurance [,ɔːl'rɪsk(s)ɪn'ʃ(u)ərəns] страх. полное страхование, страхование на все случаи жизни

all-round [,ɔːl'raund] a 1. разг. всесторонний, многосторонний, разносторонний; ~ man всесторонне одарённый /развитой/ человек, многосторонний человек; ~ sportsman разносторонний спортсмен 2. спорт. абсолютный; ~ champion абсолютный чемпион 3. круговой; ~ view панорамный вид /обзор/; ~ defence воен. круговая оборона; ~ fire /traverse/ воен. круговой обстрел 4. полный, комплексный; ~ price ком. а) полная цена (включающая все надбавки к базисной цене); б) паушальная цена, цена на круг

all-rounder [,ɔːl'raundə] n 1. разг. 1) воротник 2) ошейник 2. спорт. десятиборец 3. всесторонне одарённый человек

All-Russian [,ɔːl'rʌʃ(ə)n] a всероссийский

All-Saints' cherry [,ɔːl,seɪnts'tʃerɪ] бот. гриот, вишня чёрная поздняя (Prunus cerasus)

All Saints' Day [,ɔːl'seɪntsdeɪ] церк. день всех святых (1 ноября)

allseed ['ɔːlsiːd] n бот. 1. марь многосемянная (Chenopodium polyspermum) 2. горец птичий, спорыш, гусятница, буркун (Polygonum aviculare) 3. радиола (Radiola gen.)

all-seeing [,ɔːl'siːɪŋ] a всевидящий

all-sky camera [,ɔːl'skaɪ'kæm(ə)rə] спец. камера с полем зрения, охватывающим полусферу; камера кругового обзора (для съёмки полярных сияний и т. п.)

allsorts ['ɔːlsɔːts] n употр. с гл. во мн. ч. конфеты ассорти

All Souls' Day [,ɔːl'səulzdeɪ] церк. «День всех душ», день поминовения усопших (2 ноября)

allspice ['ɔːlspaɪs] n 1. бот. гвоздичное дерево, перец гвоздичный (Pimenta officinalis) 2. гвоздика, ямайский душистый перец (пряность)

all-star ['ɔːlstɑː] a 1. театр., кино 1) состоящий из звёзд (о труппе) 2) с участием (одних только) звёзд (о постановке); special ~ matinée дневной спектакль с участием звёзд 2. в грам. знач. сущ. спорт. 1) игрок сборной команды, состоящей из первоклассных спортсменов 2) актёр из сильной театральной труппы

all-sufficient [,ɔːlsə'fɪʃ(ə)nt] a 1) вполне, совершенно достаточный; самодовлеющий, самодостаточный 2) эк. не нуждающийся в помощи извне

all-terrain vehicle [,ɔːlte'reɪn'viːɪk(ə)l] авт. вездеход

all that [,ɔːl'ðæt] phr adv до такой степени; так уж (сильно); things are not ~ good at the moment дела сейчас идут не так уж хорошо; we did not take his threats ~ seriously мы не отнеслись к его угрозам не очень /не слишком/ серьёзно; it isn't ~ dear to us мы этим не так уж /не особо/ дорожим; it is not so difficult as ~ это не так уж трудно; это только кажется (таким) трудным

all-time [,ɔːltaɪm] a 1. небывалый; непревзойдённый; ~ record непревзойдённый рекорд; ~ high [low] небывало высокий [низкий] (об уровне цен и т. п.); ~ rogue мошенник, каких свет не видывал 2. вечный; годный на все времена; неизменный; an ~ box office favourite актёр, неизменно пользующийся кассовым успехом 3. памятный, незабываемый; неизгладимый

all-transistorized [,ɔːltræn'zɪstəraɪzd] a элк. (собранный) целиком на транзисторах

allude [ə'luːd] v 1. упоминать, ссылаться; to ~ to recent facts [to a sentence, to a situation] ссылаться на последние события [на фразу, на обстановку]; to ~ to smb. ссылаться на кого-л., упоминать кого-л.; don't ~ to this question не касайтесь этого вопроса 2. (глухо) намекать, (косвенно) указывать; подразумевать; the story ~s to a recent transaction в этом рассказе содержится (скрытый) намёк на недавнюю сделку; he didn't mention your name but I'm sure he was alluding to you он не назвал вашего имени, но я уверен, что он имел в виду вас; I am not alluding to anybody in particular я конкретно никого в виду не имею

All-Union [,ɔːl'juːnɪən] n всесоюзный

all-up-weight [,ɔːl'ʌpweɪt] n 1) ав. общий полётный вес 2) реакт. стартовый вес (ракеты)

allure I [ə'l(j)uə] n привлекательность; обаяние, шарм; the book has a certain ~ for which it is hard to find a reason эта книга обладает притягательной силой, которую трудно объяснить

allure II [ə'l(j)uə] v 1. прельщать, соблазнять, завлекать, заманивать; to be ~d by smb. быть обольщённым кем-л.; to be ~d into doing smth. поддаться соблазну сделать что-л.; to ~ artfully [adroitly] завлекать искусно [ловко]; to ~ smb. from his duty заставить кого-л. забыть свой долг 2. 1) привлекать; to be ~d to learning [to art, to music] испытывать тяготение к науке [искусству, музыке]; to ~ smb. with promises увлечь кого-л. обещаниями 2) очаровывать, пленять

allurement [ə'l(j)uəmənt] 1. соблазн; обманчивая прелесть; ~s of the big city соблазны большого города 2. книжн. привлекательность, очарование; притягательная сила 3. обольщение

allurer [ə'l(j)uərə] n обольститель, соблазнитель

alluring [ə'l(j)ʊ(ə)rɪŋ] *a* 1) соблазнительный, обольстительный; an ~ beauty обольстительная красотка 2) заманчивый; притягательный; ~ proposal [prospects] заманчивое предложение [-ые перспективы]

alluringly [ə'l(j)ʊ(ə)rɪŋlɪ] *adv* 1) соблазнительно, заманчиво 2) привлекательно, чарующе

allusion [ə'luːʒ(ə)n] *n* 1. ссылка; упоминание (*устное или письменное*); ~ book сборник ссылок к произведениям известного писателя; to make an [no] ~ to... ссылаться [не ссылаться] на... 2. намёк; (косвенное) указание; obscure [crude, casual] ~ туманный [грубый, случайный] намёк 3. *лит.* аллюзия

allusive [ə'luːsɪv] *a* 1. содержащий ссылку; изобилующий ссылками 2. содержащий намёк; намекающий (*на что-л.*) 3. *арх.* символический; иносказательный; A. Arms *геральд.* герб, символически изображающий фамильное имя; ~ style of poetry поэзия символизма

allusively [ə'luːsɪvlɪ] *adv* 1. намекая, с намёком (*на что-л.*) 2. иносказательно

alluvia [ə'luːvɪə] *pl от* alluvium

alluvial [ə'luːvɪəl] *a геол.* наносный, аллювиальный; ~ soil аллювиальная почва; ~ deposit *горн.* россыпь; ~ plain аллювиальная равнина, пойма, долина разлива

alluvian [ə'luːvɪən] *редк.* = alluvial

alluvion [ə'luːvɪən] *n* 1. нанос, намывная земля; намыв 2. наводнение 3. = alluvium

alluvium [ə'luːvɪəm] *n* (*pl* -via, -s [-z]) 1) *геол.* аллювий; аллювиальные формации; наносные отложения 2) *с.-х.* аллювиальная почва, наносная земля

all-weather [ˈɔːlˈweðə] *a* 1. 1) всепогодный; работающий, пригодный для эксплуатации в любую погоду; ~ boat всепогодное судно (*обыкн. спасательное*); ~ shelter укрытие /навес/ от непогоды; ~ aircraft *ав.* всепогодный самолёт; ~ landing *ав.* посадка в любую погоду 2) испытанный при любой погоде; ~ years of ~ experience in the Arctic опыт работы в Арктике при любых метеорологических условиях 2. устойчивый против атмосферных воздействий; погодостойкий; ~ paint стойкая краска, краска для наружных работ

all-welded [ˌɔːlˈweldɪd] *a* цельносварной

all-wheel [ˈɔːlwiːl] *a авт.* с приводом на все колёса

all-wing aeroplane [ˈɔːlwɪŋˈe(ə)rəpleɪn] «летающее крыло» (*тип самолёта*)

all work [ˈɔːlwɜːk] всякая работа по дому; maid of ~ служанка, выполняющая всю домашнюю работу, «прислуга за всё»

ally¹ I [ˈælaɪ] *n* 1. союзник; faithful [loyal, trusty, tested, perfidious] ~ верный [преданный, надёжный, испытанный, коварный] союзник; ~ of the moment временный /случайный/ союзник, попутчик 2. помощник, пособник, слуга 3. что-л. родственное по структуре, свойствам *и т. п.*; the mosses and their allies мхи и родственные им растения

ally¹ II [ə'laɪ] *v* 1. 1) вступать в союз, объединяться; to ~ against smb., smth. объединяться в борьбе против кого-л., чего-л. 2) (with, to) соединять(ся (*договором, союзом, браком*; *тж.* to ~ oneself); he allied himself with a wealthy family by marriage женившись, он стал членом богатого семейства 2. *pass* быть связанным родственными узами, общностью происхождения *и т. п.*; English is closely allied to Swedish английский и шведский — близкородственные языки; dogs are allied to wolves собаки и волки относятся к одному семейству

ally² [ˈælɪ] *n* шарик из алебастра (*для детской игры*)

all-year [ˈɔːljɪə] *a* 1. 1) круглогодичный, круглогодовой; занимающий целый год, длящийся *и т. п.* в течение всего года; ~ activity круглогодичная деятельность 2) используемый круглогодично; ~ pasture пастбище /выгон/, на котором круглый год пасётся скот; ~ fishing grounds водоёмы, на которых рыбная ловля ведётся круглый год 2. открытый, действующий круглый год; ~ resort курорт, принимающий отдыхающих; действующий круглый год

allyl [ˈælɪl] *a хим.* аллил; ~ alcohol аллиловый спирт

alm [ɑːm] *n редк.* дар, пожертвование (*см. тж.* alms)

alma [ˈælmə] *n* альмэ (*египетская танцовщица*)

Almagest [ˈælməʤest] *n* 1. «Альмагест» (*трактат Птолемея по астрономии*) 2. (a.) название крупных трудов по астрологии *или* алхимии

almagra [ælˈmeɪgrə] *n* тёмно-красная охра

almah [ˈælmə] = alma

almain-rivets [ˈælmeɪnˈrɪvɪts] *n pl* вид лёгких и гибких доспехов

Alma Mater, alma mater [ˌælməˈmeɪtə, -ˈmɑːtə] *лат.* 1. альма-матер (*об университетах и колледжах*); my ~ is Moscow University я окончил Московский университет 2. *амер.* школьный *или* университетский гимн

almanac [ˈɔːlmənæk] *n* 1. календарь; альманах; "Farmer's A." "Poor Richard's A." «Альманах бедного Ричарда» (*сборник афоризмов и парадоксов Б. Франклина*) 2. 1) справочник, ежегодник; the CBS News A. ежегодник радиовещательной корпорации Си-би-эс 2) каталог предсказываемых событий (*таблицы наступления приливов и т. п.*)

Almanac de Gotha [ˈɔːlmənækdəˈgɔθə] Готский альманах (*ежегодный справочник о королевских семьях Европы*)

almandine, almandite [ˈælməndaɪn, ˈælməndaɪt] *n мин.* альмандин, железный гранат

alme(h) [ˈælmə] = alma

almightily [ɔːlˈmaɪtɪlɪ] *adv* прост. сильно, очень, крайне; I was ~ angry я страшно разозлился

almighty I [ɔːlˈmaɪtɪ] *a* 1. всемогущий; всесильный; (the) A. God, God A. всемогущий Бог; the ~ dollar a) всемогущий доллар; б) *разг.* деньги; the ~ power всесильная власть 2. *эмоц.-усил.* ужасный, жуткий; ~ nonsense ужасный вздор; he's in an ~ fix он оказался в жутком положении; у него сейчас огромные неприятности

almighty II [ɔːlˈmaɪtɪ] *adv* ужасно, чрезвычайно; чертовски, дьявольски; it gets ~ cold становится чертовски холодно; he is ~ proud [rich, clever] он чертовски горд [богат, умён]; he was ~ hungry он был зверски голоден; an ~ fine girl потрясающая девочка

almond I [ˈɑːmənd] *n* 1. 1) *бот.* миндаль (*Amygdalus communis*); ~ tree миндальное дерево 2) миндальный орех; shelled ~ очищенный миндаль 2. *анат.* миндалина, миндалевидная железа; ~ of the throat глоточная миндалина 3. желтовато-коричневый, светло-коричневый цвет; цвет миндаля 4. миндалевидный предмет, *особ.* украшение (*подвеска и т. п.*) 5. миндальный жмых 6. = almond tumbler

almond II [ˈɑːmənd] *a* миндальный; ~ milk [oil] миндальное молоко [масло]; ~ cookies миндальное печенье; ~ cake a) миндальный торт; б) миндальный жмых

almond-eyed [ˌɑːməndˈaɪd] *a* с миндалевидными глазами

almond green [ˌɑːməndˈgriːn] *амер.* желтовато-зелёный цвет

almond-shaped [ˌɑːməndˈʃeɪpt] *a* миндалевидный

almond tumbler [ˈɑːməndˌtʌmblə] миндальный турман (*порода голубей*)

almoner [ˈɑːmənə] *n* 1. *ист.* раздающий милостыню (*должностное лицо при дворе или религиозной организации*); Hereditary Grand A., Lord High A. должностное лицо при английском дворе, ведающее раздачей милостыни 2. работник сферы социального обслуживания, ведающий оплатой лечения и бытовым обслуживанием больных

almonry [ˈɑːmənrɪ] *n ист.* место раздачи милостыни

almost I [ˈɔːlməʊst] *a* почти полный, фактический; with ~ reverence с видимым почтением /уважением/

almost II [ˈɔːlməʊst] *adv* почти; ~ always почти всегда; ~ ready почти готово; I ~ missed the train я чуть не опоздал на поезд; ~ never почти никогда; ~ no one почти никто, едва ли кто-нибудь; the speaker said ~ nothing оратор почти ничего (нового) (и) не сказал ◊ ~ was never hang'd, ~ never killed a fly ≅ «почти» не считается

alms [ɑːmz] *n* (*pl без измен.*) *употр. с гл. в ед. и мн. ч.* 1. милостыня, подаяние; пожертвование (*в пользу бедных и церкви*); to ask /to beg/ ~ of smb. просить милостыню у кого-л.; to give ~ to smb. подавать милостыню кому-л.; to donate ~ подавать нищим; to support smb. by ~ содержать кого-л. за счёт пожертвований 2. подаяние молящихся, пожертвования (*собираемые во время богослужения*) 3. *юр.* владение на основе благотворительности

alms-basket [ˈɑːmzˌbɑːskɪt] *n* кружка *или* ящик для сбора пожертвований ◊ to live on the ~ жить за счёт пожертвований

alms-box [ˈɑːmzbɒks] = alms-basket

alms-deed [ˈɑːmzdiːd] *n* милосердие, благотворительность

alms-folk [ˈɑːmzfəʊk] *n собир. употр. с гл. во мн. ч.* призреваемые; бедняки, живущие за счёт благотворительности

alms-gift [ˈɑːmzgɪft] = alms 1

almsgiver [ˈɑːmzgɪvə] *n* раздающий *или* подающий милостыню; благотворитель, благотворительница

almsgiving [ˈɑːmzgɪvɪŋ] *n* раздача милостыни

alms-house [ˈɑːmzhaʊs] *n ист.* дом призрения, богадельня

almsman [ˈɑːmzmən] *n* (*pl* -men [-mən]) 1. бедняк *или* нищий, живущий на подаяние *или* за счёт благотворительности 2. *арх.* благодетель; тот, кто подаёт милостыню

almucantar, almucantarat [ˌælməˈkæntə, ˌælmjʊˈkæntæt, -tærət] *n астр.* альмукантарат

almug [ˈælmʌg] *n библ.* красное дерево

alnico [ˈælnɪkəʊ] *n* альнико (*магнитный сплав*)

alod [ˈælɒd] = allodium

alodial [əˈləʊdɪəl] = allodial

alodium [əˈləʊdɪəm] *n* (*pl* -dia) = allodium

aloe ['æləʊ] *n* **1.** *бот.* алоэ (*Aloe gen.*); столетник **2.** *pl употр. с гл. в ед. ч.* 1) *мед.* сабур (*слабительное*) 2) сок алоэ; сок столетника **3.** *pl употр. с гл. в ед. ч.* светло-зелёный цвет с желтоватым отливом (*тж.* ~s green)

aloft I [ə'lɒft] *adv* **1.** *книжн.* **1)** наверху; в высоте; в воздухе; the flag was ~ флаг был поднят 2) ввысь, вверх, наверх **2.** *книжн.* 1) на небесах, в небеса 2) на небеса; to go ~ отойти в мир иной, умереть **3.** *мор.* на марсе, на реях **4.** *ав.* в полёте, в воздухе; meals served ~ питание авиапассажиров на борту

aloft II [ə'lɒft] *prep* 1) *поэт.* над; the silver moon rose ~ the sea над морем взошла серебристая луна 2) *шутл.* поверх; bright signs ~ hotels яркие вывески на крышах гостиниц

alogia [ə'ləʊdʒɪə] = aphasia

alogical [eɪ'lɒdʒɪk(ə)l] *a* алогичный, алогический, противоречащий логике

aloha I [ə'ləʊ(h)ɑ:] *n* гавайск. **1.** любовь **2.** привет

aloha II [ə'ləʊ(h)ɑ:] *int* привет!
◇ A. State «Приветливый штат» (*штат Гавайи*)

aloha shirt [ə'ləʊ(h)ɑ:,'ʃɜ:t] «гавайка», мужская рубашка навыпуск с пёстрым, ярким рисунком

aloin ['æləʊɪn] *n фарм.* алоин, слабительное из алоэ

alone I [ə'ləʊn] *a predic* **1.** 1) один, одинокий; в одиночестве; all /quite/ ~ совсем один; I want to be ~ я хочу побыть один, мне нужно побыть одному 2) один, единственный, отличный от других; he is not ~ in his interests [conclusions] он не одинок в своих интересах [выводах]; we are not ~ in thinking that... не только мы думаем, что...; is mankind ~ in the Universe? есть ли ещё разумные существа во Вселенной? **2.** уникальный, несравнимый (*ни с кем, ни с чем*); he is ~ among them in devotion to duty по преданности долгу его нельзя /сравнить ни с кем из них/; he is ~ in his ability to solve financial problems он обладает уникальной способностью разрешать финансовые трудности

alone II ['əˈləʊn] *adv* **1.** в одиночестве, наедине, одиноко; to live [to sit, to die] ~ жить [сидеть, умирать] в одиночестве; does she live ~? она что, одна живёт? ~ with smb. наедине с кем-л.; ~ with his thoughts наедине /один на один/ со своими мыслями **2.** *усил.* только, исключительно, единственно; he ~ is to blame он единственный виновник; science ~ can do it только наука может это сделать; he ~ could achieve this никто кроме него не мог бы добиться /достичь/ этого; man shall not live by bread ~ *библ.* не хлебом единым жив человек **3.** в одиночку, без посторонней помощи; you can't lift the trunk ~ ты не сможешь (при)поднять сундук сам; the widow raised her three children practically ~ вдова воспитала троих детей фактически без чьей-л. поддержки
◇ to leave /to let/ smb., smth. ~ оставлять кого-л., что-л. в покое; не трогать кого-л., что-л.; leave /let/ me ~! оставь меня в покое!; отстань!; leave that ~! перестань об этом говорить!; оставь этот вопрос!; хватит об этом; ~ (that) ... не говоря уже о..., не учитывая даже...; I have no time for this journey let ~ the money needed у меня нет времени на такое путешествие, не говоря уже о деньгах

along I [ə'lɒŋ] *adv* **1.** дальше, вперёд; to go ~ двигаться дальше; идти своей дорогой; they were told to move ~ им велели не задерживаться /пройти/ (*обыкн. о приказании полицейского*) **2.** в длину, вдоль; параллельно; в том же направлении; he ran ~ beside me он бежал рядом со мной **3.** *амер. разг.* уже, ближе к (*часто* well ~); ~ toward evening ближе к вечеру; the afternoon was well ~ уже было далеко за полдень, день клонился к вечеру; a man well ~ in years человек уже в летах; he was ~ towards fifty ему уже было под пятьдесят; work on the new ship is quite far ~ работа по строительству нового судна в полном разгаре **4.** 1) (*часто* with) с, вместе с; come ~! пошли!; come ~ with us! идём с нами!; ~ with children grown-ups came to see the play вместе с детьми и взрослые пришли посмотреть пьесу 2) *амер.* взяв, прихватив с собой; they carried me ~ with them они увели меня с собой; fetch it ~ ! принеси /захвати/ это с собой; he took his sister ~ он прихватил с собой сестру **5.** *амер. разг.* где-то, приблизительно, около, примерно (*о времени*); ~ about four o'clock приблизительно часа в четыре, около четырёх часов **6.** *в сочетаниях:* right ~ *амер.* всегда, непрерывно, постоянно; all ~ а) во всю длину; б) с самого начала, всё время; he knew it all ~ он знал это всё время /с самого начала/; [*см. тж.* all along]; to be ~ приехать, прикатить; he will be ~ soon он скоро придёт /появится/; I'll be ~ in ten minutes я вернусь /буду/ через десять минут; get /go/ ~ with you! убирайтесь!; вон отсюда!; довольно!

along II [ə'lɒŋ] *prep* **1.** *в пространственном значении указывает на* 1) *движение вдоль чего-л.* вдоль (по), по; to walk ~ the road идти по дороге; to pass ~ the street проходить по улице, идти вдоль улицы; pass ~ the bus please! пройдите, пожалуйста, в середину салона (автобуса)!; to sail ~ the coast плыть вдоль берега; ~ here [there] в этом [том] направлении 2) *расположение вдоль чего-л.* (вдоль) по; bookcases ~ the walls книжные шкафы по стенам /вдоль стен/; trees ~ the river деревья по берегам реки; section ~ the line MP *мат.* сечение по линии MP; all ~ the line а) по всей линии; б) во всём; во всех отношениях; a row of primroses ~ (by) the hedge ряд примул вдоль изгороди; cottages ~ by the lake коттеджи, расположенные вдоль озера **2.** *указывает на течение действия* в течение, во время; somewhere ~ the journey I lost my hat во время путешествия я где-то потерял свою шляпу **3.** *указывает на соответствие* в соответствии с, согласно, по; на основании; ~ the lines just stated, I suggest we start the new project я предлагаю начать разработку нового проекта в соответствии с указанными здесь направлениями

along of [ə'lɒŋəv] *phr prep амер. прост.* 1) из-за, вследствие, по причине; we weren't invited ~ your rudeness нас не пригласили из-за вашей невоспитанности 2) вместе с, с; you come ~ me to the store пойдём со мной в магазин

alongshore [ə,lɒŋ'ʃɔ:] *adv книжн.* 1) у берега, на берегу 2) *мор.* вдоль берега; to sail ~ идти вдоль берега

alongside I [ə,lɒŋ'saɪd] *adv* **1.** 1) рядом, около; бок о бок; вблизи; sit ~ me садись рядом (со мной) 2) в дополнение; в совместно; this list enumerates units to be used ~ the SI units в этом списке перечисляются единицы, которые можно использовать в дополнение к единицам международной системы **2.** *мор.* 1) у борта, вдоль борта; борт о борт; к борту; to tow a ship ~ буксировать судно борт о борт 2) у стенки *или* к стенке (причала, пристани); to be ~ стоять на причале; it is difficult to get ~ трудно пристать; come ~! причаливай(те)!; to go ~ пришвартовываться **3.** *ком.* с доставкой груза к борту судна; to deliver goods ~ доставить товар к борту судна

alongside II [ə,lɒŋ'saɪd, ə'lɒŋsaɪd] *prep* **1.** (*обыкн.* of) около, рядом, у; to walk [to sit] ~ of smb. идти [сидеть] рядом с кем-л.; I stood ~ of me он стоял около меня; the car stopped ~ the kerb машина остановилась у тротуара **2.** *мор.* 1) у борта, вдоль борта; борт о борт; к борту; to come ~ a ship пристать к борту судна; to moor ~ a ship пришвартоваться к борту судна; the ships lay ~ each other суда стояли борт о борт; to pass ~ a ship плыть вдоль борта какого-л. судна 2) у стенки *или* к стенке (причала, пристани); to come ~ the quay подойти к стенке (пристани); ~ the quay вдоль стенки пристани

aloof I [ə'lu:f] *a* отчуждённый, холодный; замкнутый, необщительный; ~ manner необщительность, сдержанное поведение

aloof II [ə'lu:f] *adv* **1.** (from) в отдалении, вдали от; в стороне; ~ from the commotion [excitement, confusion] в стороне от суматохи [волнений, смятения] **2.** отчуждённо, холодно; замкнуто; to keep /to stand/ ~ держаться в стороне; to stand ~ from family joys and sorrows оставаться безучастным к семейным радостям и горестям; to keep oneself ~ from smth. чуждаться чего-л.; to live ~ from the world вести замкнутый образ жизни; уйти от мира

aloofness [ə'lu:fnɪs] *n* отчуждённость, холодность; равнодушие; замкнутость, необщительность; dignified [icy, courteous] ~ полное достоинства [ледяное, вежливое] равнодушие; to maintain /to preserve/ ~ (from) оставаться в стороне (от чего-л.), оставаться чуждым (чему-л.)

alopecia [,ælə'pi:ʃə] *n* 1) *мед.* облысение, плешивость 2) лысина

alopecoid [,æ'lɒpɪkɔɪd] *a спец.* лисий, лисичий; с повадками лисицы

aloud [ə'laʊd] *adv* **1.** 1) естественным, нормальным голосом; не шёпотом; they could not speak ~ in the library в библиотеке они не могли разговаривать громко 2) вслух; to read ~ читать вслух (*не про себя*) 3) громко, во весь голос; to laugh ~ громко смеяться; to call ~ for help громко звать на помощь; the pain caused him to cry ~ он вопил от боли **2.** *эмоц.-усил.* ощутимо; сильно; вовсю; it reeks ~ ужасно /страшно/ воняет

alow [ə'ləʊ] *adv* **1.** *книжн.* 1) внизу 2) вниз **2.** в нижней части судна
◇ ~ and aloft повсюду, и там и сям

alp [ælp] *n* **1.** 1) *книжн.* горная вершина 2) высокая гора (*обыкн. со снежной вершиной*) **2.** летнее горное пастбище; альпийское пастбище

alpaca¹ [æl'pækə] *n* **1.** *зоол.* альпака, альпага (*Lama pacos*) **2.** 1) шерсть альпаки (*тж.* ~ wool) 2) лёгкая натуральная ткань «альпага» 3) искусственная ткань «альпага»

alpaca² [æl'pækə] *n* нейзильбер, никелевый сплав

alpeen [æl'pi:n, əl'pi:n] *n ирл.* дубина, дубинка

alpenglow ['ælpənɡləʊ] *n* розовый отблеск солнца на вершинах гор при закате и восходе солнца

alpenhorn ['ælpənhɔːn] *n* альпийский (пастуший) рожок

alpenstock ['ælpənstɒk] *n* альпинистская палка, альпеншток

alpestrian [æl'pestrɪən] *n редк.* альпинист

alpestrine [æl'pestrɪn] *а бот.* субальпийский

alpha ['ælfə] *n* 1. альфа (*первая буква греческого алфавита α*) 2. начало; первоначало; источник 3. первый член ряда (*в научной терминологии*) 4. (A.) *астр.* альфа (*звезда созвездия, обыкн. самая яркая*); A. Centauri альфа Центавра 5. *физ.* альфа-частица 6. *унив.* альфа, оценка отлично (*на экзамене*); ~ plus ≅ пять с плюсом

◇ ~ and omega *а*) альфа и омега; начало и конец; *б*) сущность, самое главное; the ~ and omega of ethics суть этики

alphabet I ['ælfəbet] *n* 1. алфавит; азбука; the English [Russian] ~ английский [русский] алфавит; the phonetic ~ фонетический алфавит 2. основы (*науки*); элементарные знания (*в какой-л. области*); ~ of chemistry азбука /начатки, основы/ химии 3. *св.* кодовый набор (*при передаче данных; тж.* code ~)

alphabet II ['ælfəbet] *v амер.* = alphabetize

alphabetarian [,ælfəbe'teə(ə)rɪən] *n редк.* тот, кто изучает азбуку; начинающий ученик

alphabet code ['ælfəbet,kəʊd] *радио, тел.* буквенный код

alphabetic, alphabetical [,ælfə'betɪk, -(ə)l] *а* 1) алфавитный; ~ arrangement алфавитный порядок; расположение по алфавиту; the words in a dictionary are in an ~ order слова в словаре расположены в алфавитном порядке 2) азбучный

alphabetical agency [,ælfə'betɪk(ə)l'eɪdʒ(ə)nsɪ] *амер. разг.* ведомственное учреждение; отдел, комиссия, бюро (*по его сокращённому названию, составленному из первых букв полного названия*)

alphabetically [,ælfə'betɪk(ə)lɪ] *adv* в алфавитном порядке, по алфавиту

alphabetics [,ælfə'betɪks] *n редк.* (*употр. с гл. в ед. ч.*) способ транскрибирования звуков речи при помощи букв

alphabetization [,ælfəbetaɪ'zeɪʃ(ə)n] *n* 1. расположение в алфавитном порядке 2. алфабетизация (*иероглифической письменности и т. п.*); ~ of non-alphabetic languages перевод языков, не имеющих алфавита, на буквенное письмо

alphabetize ['ælfəbetaɪz] *v* 1. располагать в алфавитном порядке 2. алфабетизировать, переводить на буквенное письмо (*языки с иероглифической письменностью и т. п.*)

alphabet soup ['ælfəbet,suːp] 1. «азбучный» суп (*с макаронными изделиями в виде букв*) 2. *амер. шутл.* аббревиатуры, сокращения, *особ.* названий правительственных учреждений

alpha decay ['ælfədɪ'keɪ] *физ.* альфа-распад

alpha-helical [,ælfə'helɪk(ə)l] *а биохим.* альфа-спиральный, односпиральный (*о белковой молекуле*)

alpha helix ['ælfə'hiːlɪks] *биохим.* альфа-спираль (*первичная структура белковой молекулы*)

alphameric [,ælfə'merɪk] = alphanumeric(al)

alphanumeric(al) [,ælfənjuː'merɪk(ə)l] *а вчт.* буквенно-цифровой, алфавитно-цифровой; текстовый

alpha particle ['ælfə,pɑːtɪk(ə)l] *физ.* альфа-частица

alpha-radioactive ['ælfə,reɪdɪəʊ'æktɪv] *а физ.* альфа-(радио)активный

alpha rays ['ælfə,reɪz] *физ.* альфа-излучение, альфа-частицы

alpha rhythm ['ælfə,rɪð(ə)m] *физиол.* альфа-ритм

alphascope ['ælfəskəʊp] *n вчт.* устройство для вывода буквенной информации на дисплей ЭВМ

alpha test ['ælfə,test] *вчт.* лабораторные испытания

alpha wave ['ælfə'weɪv] = alpha rhythm

alphenic [æl'fenɪk] *n* белый ячменный *или* тростниковый сахар

Alpheus [æl'fiːəs] *n греч. миф.* Алфей (*речной бог*)

alphorn ['ælphɔːn] = alpenhorn

alphosis [æl'fəʊsɪs] *n физиол.* отсутствие пигментации, альбинизм

Alpine I ['ælpaɪn] *n* альпиец, представитель подрасы альпийцев

Alpine II ['ælpaɪn] *а* 1. альпийский, относящийся к Альпам 2. (a.) горный, высокогорный, альпийский; ~ hut горная хижина; ~ pastures горные /альпийские/ пастбища; ~ plants альпийские /высокогорные/ растения; ~ gardening альпийское садоводство, садовые посадки на скалах; ~ meadows высокогорные /альпийские/ луга; ~ tundra альпийская тундра, безлесное плоскогорье 3. (тж. а.) относящийся к горнолыжному двоеборью (*скоростной спуск и гигантский слалом*); ~ combined competition, ~ combination двоеборье (*горнолыжный спорт*) 4. *бот., зоол.* альпийский (*в номенклатуре*); произрастающий *или* обитающий в горной местности; ~ bearberry альпийская медвежья ягода (*Arctostaphylos alpina*); ~ fir *бот.* альпийская пихта (*Abies lasiocarpa*); ~ ibex *зоол.* горный альпийский козёл (*Carpa ibex*); ~ poppy *бот.* мак альпийский (*Papaver alpinum*) 5. *антр.* относящийся к подрасе альпийцев; альпийский, реттский

alpine hat ['ælpaɪn'hæt] альпийская шляпа, шляпа горца (*фетровая шляпа с пером или кисточкой*)

alpinism ['ælpɪnɪz(ə)m] *n* альпинизм; скалолазание (*особ. в Альпах*)

alpinist ['ælpɪnɪst] *n* 1. альпинист, скалолаз 2. горнолыжник

already [ɔːl'redɪ] *adv* 1. 1) уже; when I called he had ~ left когда я пришёл, его уже не было дома; have you finished it ~? неужели вы уже (за)кончили?; is it noon ~? неужели сейчас уже полдень?) 2) уже, ранее; I've been there ~ я уже (по)бывал там 3) *в отрицательных предложениях* ещё не, пока не; you're not leaving us ~, are you? ты ведь ещё не уходишь? 2. *амер. разг. выражает нетерпение* же, ну; let's go ~! ну пойдём же!; what is it ~? ну что такое случилось? в чём же дело?

alright [ɔːl'raɪt] = all right

Alsatia [æl'seɪʃ(ɪ)ə] *n ист.* Эльзас (*древнее название*)

Alsatian¹ I [æl'seɪʃ(ə)n] *n* эльзасец; эльзаска; житель *или* уроженец Эльзаса

Alsatian¹ II [æl'seɪʃ(ə)n] *а* эльзасский

Alsatian² [æl'seɪʃ(ə)n] *n* восточноевропейская овчарка (*тж.* ~ dog)

alsike clover ['ælsaɪk,kləʊvə, 'ɔːlsɪk-] *бот.* шведский *или* гибридный клевер (*Trifolium hybridum*)

also ['ɔːlsəʊ] *adv* 1. 1) также, тоже; I bought food and ~ some household items я купила продукты, а также кое-что для хозяйства; I ~ was glad to see them я тоже был рад их видеть; it should ~ be stated that... необходимо также отметить /сказать, заявить/, что... 2) к тому же; притом; that dress is pretty, and cheap ~ то платье миленькое и к тому же дешёвое 2. *в грам. знач. союза* и; he was mean, ~ ugly он был злобен и уродлив 3. *в сочетаниях*: not only... but ~ как... так и, не только, но и...; he not only read the book but ~ remembered what he had read он не только прочитал книгу, но и запомнил прочитанное

also-ran ['ɔːlsəʊræn] *n* 1. *спорт.* 1) спортсмен, не оказавшийся в тройке призёров, не занявший призового места 2) спортсмен *или* команда, регулярно не занимающие призовых мест, выбывающие из игры 3) лошадь, не оказавшаяся на скачках в тройке призёров, не занявшая призового места 2. 1) посредственность, заурядный человек; пустое место (*в искусстве, политике и т. п.*) 2) *пренебр.* вечный неудачник (*о спортсмене, коне*); первый с конца; пустой номер

alt I [ælt] *n муз.* высокий звук; in ~ *а*) в альтовом ключе; *б*) в приподнятом настроении

alt II [ælt] *а муз.* альтовый, высокий

Altaian I [æl'teɪən] *n* 1. алтаец; алтайка 2. алтайский язык

Altaian II [æl'teɪən] *а* алтайский

Altaic [æl'teɪɪk] = Altaian II

altaite [æl'teɪaɪt] *n мин.* алтаит, теллуристый свинец

altar ['ɔːltə] *n* 1. 1) *церк.* алтарь; ~ boy мальчик, прислуживающий в алтаре; ~ rails алтарная ограда; ~ curtain алтарная завеса; to lead smb. to the ~ вести к алтарю, жениться на ком-л.; to sacrifice at the ~ жертвовать на алтарь (*чего-л.*); приносить жертву (*чего-л.*); to kill an animal on the ~ принести в жертву животное 3) *церк.* престол (*стол в алтаре храма*); high ~ главный престол; ~ cloth напрестольная пелена 2. (A.) *астр.* Алтарь, Жертвенник (*созвездие южного неба*) 3. *тех.* порог (*печи и т. п.*)

altarage ['ɔːltərɪdʒ] *n церк.* 1. 1) приношения на алтарь 2) подношения, пожертвования церкви 2. 1) плата священнику за требы 2) взнос в церковь на поминовение усопшего (*в течение какого-л. срока*)

altar bread ['ɔːltəbred] хлеб святого причастия; просвира, просфора

altar-fire ['ɔːltə,faɪə] *n* жертвенный огонь

altarpiece ['ɔːltəpiːs] *n церк.* запрестольный образ; запрестольная перегородка

altar stand ['ɔːltəstænd] *церк.* аналой

altar wine ['ɔːltəwaɪn] *церк.* причастное вино

altazimuth [æl'tæzɪməθ] *n астр.* альтазимут

alter ['ɔːltə] *v* 1. изменять, переделывать, менять; to ~ one's way of living /mode of life/ менять образ жизни; to ~ the course изменять направление /курс/; to ~ one's mind *арх.* передумать, принять другое решение; to ~ radically [slightly] менять коренным образом [слегка]; that ~s matters /the case/ это меняет дело 2) видоизменять, вносить изменения; to ~ a decree [a will] внести изменения в декрет [в завещание]; to ~ clothes переделывать платье; to ~ quantitatively [markedly,

ALT — ALT

intangibly] изменять количественно [заметно, неощутимо] 3) изменяться; to ~ for the better [the worse] изменяться к лучшему [к худшему]; to ~ subtly [considerably, appreciably] неуловимо [значительно, заметно] изменяться; Moscow has ~ed a great deal since 1945 Москва очень изменилась с 1945 г.; he has considerably ~ed since his illness он сильно сдал после болезни 4) *муз.* альтерировать 2. *эвф.* холостить, кастрировать (*животных*)

alterability [ˌɔːltərə'bɪlɪtɪ] *n* изменяемость, видоизменяемость; изменчивость

alterable ['ɔːltərəb(ə)l] *a* изменяемый, видоизменяемый; поддающийся изменению, переменам

alterant ['ɔːltərənt] *a книжн.* вызывающий изменения, видоизменения, перемены

alteration [ˌɔːltə'reɪʃ(ə)n] *n* 1. 1) изменение, перестройка (*процесс*); basic [significant, profound] ~ коренное [знаменательное, глубокое] изменение; to undergo ~ подвергаться перестройке 2) перемена; trifling [subtle] ~s незначительные [неуловимые] изменения /перемены/; to make ~s вносить изменения; there has been an ~ in our plans в наши планы были внесены коррективы 3) переделка (*одежды и т. п.*); my coat needs ~ мне нужно переделать (своё) пальто 2. 1) *мед.* изменение, перестройка (*организма*) 2) *тех.* деформация 3) *геол.* изменения пород по сложению и составу; метаморфическое вытеснение 3. *юр.* изменение условий договора (*соглашением сторон*) 4. *муз.* альтерация

alterative I [ˈɔːltərətɪv] *n мед.* укрепляющее средство

alterative II ['ɔːltərətɪv] *a* 1) способный вызывать изменения 2) способный изменяться, меняющийся 3) *мед.* укрепляющий; восстанавливающий, восстановительный

altercate ['ɔːltəkeɪt] *v* препираться, пререкаться; шумно *или* горячо спорить; ссориться

altercation [ˌɔːltə'keɪʃ(ə)n] *n* перебранка, препирательство; ссора; размолвка; domestic ~ семейная ссора; the two teams had an ~ over the umpire's decision соперники вступили в спор из-за решения судьи

altered ['ɔːltəd] *n разг.* старый автомобиль с форсированным мотором (*для участия в гонках за лидером*)

altered chord ['ɔːltəd,kɔːd] *муз.* альтерированный аккорд

alter ego [ˌæltər'iːɡəʊ] *лат.* второе я; самый близкий друг и единомышленник

alterity [ɔːl'terɪtɪ] *n редк.* разница, различие, отличие; несхожесть

alternant [ɔːl'tɜːnənt] *a* 1. 1) чередующийся 2) *спец.* переменный 2. *спец.* пересаивающийся, перемежающийся 3. *в грам. знач. сущ. лингв.* альтернант, вариант; morphemic ~ вариант морфемы

alternat [ˌæltɜː'nɑː] *n юр.* альтернат (*в международном праве*)

alternate I [ɔːl'tɜːnɪt] *n* 1. что-л. чередующееся (*с чем-л.*) 2) чередование 2. альтернатива; выбор 3. *юр., дип.* альтернат, вариант (*в международном праве*) 4. *амер.* 1) дублёр; замена; запасной игрок 2) заместитель 3) кандидат в члены (*совета и т. п.*) 5. *театр.* 1) pl актёры, играющие в очередь одну роль; дублёры 2) дублёр 6. *тех.* вариант (*конструкции*)

alternate II [ɔːl'tɜːnɪt] *a* 1. 1) чередующийся; поочерёдный; ~ day and night а) то днём, то ночью; б) то день, то ночь; ~ capital and small letters прописные буквы, чередующиеся со строчными; ~ laughter and tears и смех и слёзы, то смех, то слёзы; to work /to serve/ ~ shifts работать посменно; ~ bearing *с.-х.* периодическое плодоношение; ~ crop *с.-х.* пожнивная культура; ~ husbandry *с.-х.* плодопеременное хозяйство; ~ mode *вчт.* режим попеременного доступа 2) *эл.* переменный (*о токе*) 3) *спец.* перемежающийся; чередующийся; пересаивающийся; ~ stresses знакопеременные усилия *или* напряжения 2. каждый второй; on ~ days, each ~ day через день, каждый второй день 3. запасный; замещающий; ~ materials заменители; ~ emplacement [target, airdrome] запасная (огневая) позиция [цель, -ый аэродром]; ~ design вариант (конструкции) 4. взаимный, обоюдный; ~ favours взаимные услуги /одолжения/; ~ acts of kindness жесты доброй воли с обеих сторон 5. 1) допускающий выбор из двух *или* более предметов, явлений *и т. п.* 2) *вчт.* альтернативный 6. *бот., зоол.* очередный; ~ leaves очередные листья

alternate III ['ɔːltəneɪt] *v* 1. 1) (*обыкн.* with) чередоваться, сменяться, сменять друг друга; wet days ~ with fine days дождливые дни чередуются с ясными; fields ~d with meadows поля сменялись лугами; the flood and ebb ~ with each other приливы и отливы сменяют друг друга; hope and fear ~d in my breast в моей душе надежда сменялась страхом 2) (between) колебаться; to ~ between hope and despair (быстро) переходить от надежды к отчаянию; he ~d between high spirits and low spirits у него хорошее настроение быстро сменяется дурным 3) чередовать; делать (*что-л.*) попеременно, по очереди; to ~ in setting the table по очереди накрывать на стол; to ~ hot and cold compresses прикладывать попеременно горячие и холодные компрессы; he ~d kindness with severity он был то добрым, то строгим 2. *театр.* 1) исполнять один за другим (*разнообразные номера программы*) 2) быть дублёром; играть в очередь с другим актёром 3. *эл.* менять полярность

alternate angles [ɔːl'tɜːnɪt'æŋɡlz] *мат.* противолежащие углы

alternately [ɔːl'tɜːnɪtlɪ] *adv* поочерёдно, попеременно; сменяя друг друга, чередуясь друг с другом

alternate wheat [ɔːl'tɜːnɪt'wiːt] *с.-х.* пшеница-двуручка

alternating ['ɔːltəneɪtɪŋ] *a* чередующийся; перемежающийся; сменяющий друг друга; ~ discharge *эл.* периодический разряд; ~ motion *тех.* возвратно-поступательное движение; ~ leaf position *бот.* очередное листорасположение; ~ douche *мед.* контрастный душ; ~ insanity *психиатр.* циркулярный психоз; the ~ distance of the rocket from Earth переменное расстояние ракеты от Земли

alternating current [ˌɔːltəneɪtɪŋ'kʌrənt] *эл.* переменный ток

alternating-current [ˌɔːltəneɪtɪŋ'kʌrənt] *a* переменного тока

alternating light [ˌɔːltəneɪtɪŋ'laɪt] *мор.* маяк с переменным огнём

alternating personality [ˌɔːltəneɪtɪŋˌpɜːsə'nælɪtɪ] *психиатр.* раздвоение личности; расщепление личности

alternating-sign [ˌɔːltəneɪtɪŋˌsaɪn] *a мат.* знакопеременный, знакочередующийся

alternating voltage [ˌɔːltəneɪtɪŋ'vəʊltɪdʒ] *эл.* переменное напряжение

alternation [ˌɔːltə'neɪʃ(ə)n] *n* 1. 1) чередование; (регулярная) смена; periodical [endless, rapid] ~ периодическая [бесконечная, быстрая] смена (*чего-л.*); the ~ of day and night [of cold and heat] чередование дня и ночи [холода и тепла]; the ~ of seasons смена времён года; ~ of generations *биол.* переменное поколений, смена поколений 2) *лингв.* чередование звуков в морфемах 2. *физ.* половина цикла (*колебания*); полупериод 3. *pl геол.* пропластки

alternative I [ɔːl'tɜːnətɪv] *n* 1. альтернатива; выбор из двух возможностей; undesirable ~ нежелательная альтернатива; to propose [to endorse, to reject] an ~ предлагать [принимать, отклонять] альтернативу; to be confronted with an ~ стоять перед альтернативой; her father gave her the ~ of staying in high school or going to work отец предложил ей выбрать одно из двух: продолжать учиться в школе или поступить на работу 2. одна из двух *или* нескольких возможностей; единственный выбор; одно из двух; to have no ~ не иметь (другого) выбора; my preference is for the last of these ~s я предпочитаю последнюю из этих возможностей; there is no other ~ but нет другого пути кроме; there was no ~ but to agree with him ничего другого не оставалось, как согласиться с ним 3. *лингв.* дублет

alternative II [ɔːl'tɜːnətɪv] *a* 1. 1) альтернативный 2) второй (*из двух возможных*); другой; we returned by the ~ road мы вернулись другой дорогой; we have several ~ plans у нас есть несколько разных планов, у нас есть и другие планы 2. взаимоисключающий; the two plans are not necessarily ~ два плана отнюдь не исключают друг друга 3. *спец.* 1) знакопеременный 2) переменно действующий 4. нетрадиционный; ~ society «альтернативное общество» (*в противоп. современному буржуазному*; *лозунг радикально настроенной молодёжи*); ~ culture «альтернативная культура» (*отказ от традиционных культурных ценностей*; *часто пропагандируется радикально настроенной молодёжью*); ~ energy *тех.* альтернативный вид энергии (*энергия ветра, солнца и т. п.*); нетрадиционный источник энергии

alternative conjunction [ɔːl'tɜːnətɪvkən'dʒʌŋkʃ(ə)n] 1) противительный союз 2) разделительный союз

alternatively [ɔːl'tɜːnətɪvlɪ] *adv* альтернативно, в качестве альтернативы, или же

alternative technology [ɔːl'tɜːnətɪvtek'nɒlədʒɪ] безотходная технология, альтернативная технология (*не наносящая ущерба природной среде*)

alternator ['ɔːltəneɪtə] *n эл.* генератор переменного тока, альтернатор

alternion [ɔːl'tɜːnɪən] *n мат.* альтернион, гиперкомплексное число

Althaea [æl'θiːə] *n греч. миф.* Алтея, Алфея

althaea, althea [æl'θiːə] *n* 1. *бот.* алтей (*Althea gen.*); ~ root алтейный корень, алтея аптечной 2. *амер. разг.* (любое) растение семейства мальвовых (*Malvaceae*)

Althing ['ɔːlθɪŋ] *n* альтинг (*парламент в Исландии*)

altho, altho' [ɔːl'ðəʊ] *амер. прост. см.* although

althorn ['ælthɔːn] *n* альтгорн (*мундштучный духовой инструмент*)

although [ɔːl'ðəʊ] *cj* вводит уступительные придаточные предложения.

а тж. уступительные и противительные обороты хотя и, несмотря на то, что; если бы даже; ~ they tried hard, they did not succeed несмотря на то, что они прилагали все усилия, им не удалось добиться своего; I'll be there, ~ I may be late я там буду, хотя, может быть, и опоздаю

alti ['ælt(ə)ɪ] *pl от* alto I
alti- ['æltɪ-] *компонент сложных слов со значением* высокий, высотный; altimeter альтиметр, высотомер; altisonant высокопарный

altichamber ['æltɪˌtʃeɪmbə] = altitude chamber
altigraph ['æltɪgrɑːf] *n спец.* альтиграф
altiloquence [æl'tɪləkwens] *n ритор.* высокопарность
altimeter ['æltɪˌmiːtə] *n* альтиметр, высотомер
altimetry [æl'tɪmətrɪ] *n* альтиметрия
altiscope ['æltɪskəʊp] *n опт.* зенитный перископ
altisonant [æl'tɪsənənt] *a ритор.* высокопарный, выспренний, громкий
altitude ['æltɪtjuːd] *n* 1. 1) высота; высота над уровнем моря; an ~ of 10,000 ft высота в 10 000 футов; considerable [breath-taking, dizzy, unattainable] ~ значительная [захватывающая дух, головокружительная, недосягаемая] высота; to gain an ~ of достигать *(какой-л.)* высоты; to be [to live] at an ~ of... находиться [жить] на высоте...; ~ control *ав.* высотное управление, высотный корректор; руль высоты; ~ correction *ав.* поправка на высоту; ~ gauge = altimeter; ~ separation *ав.* эшелонирование по высоте 2) высота, вышина; размер по вертикали; the buildings of Paris are not of great ~ здания в Париже не очень высокие 3) *спец.* отметка высоты 2. *обыкн. pl* высокая местность; высоты; mountain ~s горные высоты; it is difficult to breathe in [at] these ~s на такой высоте трудно дышать 3. 1) (of) вершина, верх, высшая ступень; the ~ of passion пик /апогей/ страсти; ~ of happiness верх счастья 2) высокое положение *(человека)*; принадлежность к верхушке *(власти и т. п.)* 4. высота треугольника 5. *астр.* высота, угол возвышения *(светила)*
◊ to grab for ~ а) *ав. проф.* пытаться набрать высоту, подняться выше противника в воздушном бою; б) рассвирепеть, взбеситься; разозлиться

altitude chamber ['æltɪtjuːdˌtʃeɪmbə] барокамера, высотная камера
altitude dial ['æltɪtjuːdˌdaɪəl] солнечные часы
altitude sickness ['æltɪtjuːdˌsɪknɪs] высотная болезнь; горная болезнь
altitudinal [ˌæltɪ'tjuːdɪn(ə)l] *a* высотный
altitudinous [ˌæltɪ'tjuːdɪnəs] *a часто шутл.* высокий, возвышенный
alto I ['æltəʊ] *n (pl* -os [-əʊz], -ti) *муз.* 1. контральто 2. 1) контратенор 2) альт 3. 1) альт *(струнный или духовой инструмент)* 2) = althorn 3) альтовый гобой, английский рожок
alto II ['æltəʊ] *a муз.* 1. альтовый; ~ clef альтовый ключ 2. относящийся к альтовой разновидности струнных *или* духовых инструментов; ~ clarinet альтовый кларнет; ~ flute альтовая флейта; ~ horn = althorn; ~ trombone альтовый тромбон
altocumuli [ˌæltəʊ'kjuːmjʊlaɪ] *n pl от* altocumulus
altocumulus [ˌæltəʊ'kjuːmjʊləs] *n (pl* -li) *метеор.* 1) высококучевое облако 2) *собир.* высококучевые облака

altogether I [ˌɔːltə'ɡeðə] *n* 1. целое, совокупность 2. (the ~) *разг.* обнажённая модель; in the ~ обнажённая *(обыкн. о женщине, модели художника и т. п.)*; to be in the ~ быть в костюме Адама *или* в костюме Евы
altogether II [ˌɔːltə'ɡeðə] *adv* 1. вполне, совсем, совершенно; not ~ bad неплохой, приличный; I don't ~ agree with you я не совсем /не во всём/ с вами согласен 2. в общем, в целом, учитывая всё; ~, I am not sorry I stayed after all в целом я не сожалею, что я всё-таки остался 3. всего, вместе; there are ~ ten students in the group всего в группе десять студентов; the debt amounted ~ to twenty dollars долг в сумме составил двадцать долларов
alto-relievi [ˌɑːtəʊrɪ'liːvɪ] *pl от* alto-relievo
alto-relievo [ˌɑːtəʊrɪ'liːvəʊ] *n (pl тж.* -vi) *архит.* горельеф *(скульптурный)*
altostrati [ˌæltəʊs'trɑːtaɪ] *pl от* altostratus
altostratus [ˌæltəʊs'trɑːtəs] *n (pl* -ti) *метеор.* 1) высокослоистое облако 2) *собир.* высокослоистые облака
altricial [æl'trɪʃ(ə)l] *a* неоперившийся и беспомощный *(о вылупившемся птенце)*
altruism ['æltrʊɪz(ə)m] *n* альтруизм
altruist ['æltrʊɪst] *n* альтруист
altruistic [ˌæltrʊ'ɪstɪk] *a* альтруистический
altruistically [ˌæltrʊ'ɪstɪk(ə)lɪ] *adv* альтруистично, как альтруист, из альтруистских побуждений
aludel ['æljʊdel] *n хим.* алудель *(возгонный сосуд)*
alula ['æljʊlə] *n (pl* -lae) 1) *зоол.* крылышко, придаточное крыло 2) *энт.* лопасть аксиллярной мембраны крыла
alulae ['æljʊliː] *pl от* alula
alum ['æləm] *n* квасцы; exsiccated ~ жжёные квасцы; ~ tanning *спец.* квасцовое дубление
alumina [ə'l(j)uːmɪnə] *n* 1) *мин.* глинозём 2) *хим.* окись алюминия
aluminiferous [əˌljuːmɪ'nɪfərəs] *a спец.* содержащий алюминий *или* алюминиевые квасцы
aluminium I [ˌæljʊ'mɪnɪəm] *n хим.* алюминий
aluminium II [ˌæljʊ'mɪnɪəm] *a* алюминиевый; ~ saucepan алюминиевая кастрюля; ~ ware (кухонная) алюминиевая посуда; ~ foil алюминиевая фольга *(бытовая)*
aluminize [ə'ljuːmɪnaɪz] *v метал.* алитировать
aluminography [əˌl(j)uːmɪ'nɒɡrəfɪ] *n полигр.* алюминография
aluminous [ə'l(j)uːmɪnəs] *a* 1. глинозёмистый 2. квасцовый
aluminum I, II [ə'luːmɪnəm] *амер.* = aluminium I, II
alumna [ə'lʌmnə] *n (pl* -nae) бывшая питомица, бывшая студентка, выпускница *(колледжа или университета)*; alumnae reunion традиционный сбор бывших студенток
alumnae [ə'lʌmniː] *pl от* alumna
alumni [ə'lʌmnaɪ] *pl от* alumnus
alumnus [ə'lʌmnəs] *n (pl* -ni) 1. бывший питомец, бывший студент, выпускник *(колледжа или университета)* 2. *часто ирон.* питомец, воспитанник; an ~ of a penal colony ≅ свой «университеты» он проходил в исправительной колонии
alumroot ['æləmruːt] *n бот.* 1. герань пятнистая *(Geranium maculatum)* 2. хейхера американская *(Heuchera americana)* 3. корень герани или хейхеры *(вяжущее вещество)*
alum stone ['æləmstəʊn] = alunite

ALT — AMA   A

alunite ['æljʊnaɪt] *n мин.* алунит, квасцовый камень
alunogen [ə'ljuːnədʒɪn] *n мин.* алуноген, железные квасцы
alure ['æljʊə] *n архит.* галерея, крытый переход *(в монастыре)*
alveary ['ælvɪərɪ] *n* 1. пчелиный улей 2. «Пчелиный улей» *(название первого многоязычного словаря)* 3. *анат.* наружный слуховой проход
alveated ['ælvɪeɪtɪd] *a* конусообразный
alveola [æl'vɪələ] *n (pl* -lae) *биол.* 1. ямка, ячейка 2. = alveole
alveolae [æl'vɪəliː] *pl от* alveola
alveolar I ['ælvɪələ, ˌælvɪ'əʊlə] *n фон.* альвеолярный *или* апикально-альвеолярный звук
alveolar II ['ælvɪələ, ˌælvɪ'əʊlə] *a* 1. *спец.* ячеистый, луночный; ~ cylinder *с.-х.* ячеистый цилиндр *(триера)* 2. *фон.* альвеолярный
alveolar abscess ['ælvɪələˌæbses] *мед.* флюс
alveolate(d) ['ælvɪəleɪt(ɪd)] *a* сотовый, сотовидный; ячеистый
alveole ['ælvɪəʊl] *n* 1) ячейка, луночка; альвеола 2) каверна
alveoli [ælˈvɪəʊlaɪ] *pl от* alveolus
alveolus [ˌælvɪ'əʊləs] *n (pl* -li) = alveole
alveopalatal [ˌælvɪəʊ'pælətl] *a фон.* альвеоло-палатальный
always ['ɔːlw(e)ɪz] *adv* 1. 1) всегда, при всех обстоятельствах; без исключения; there's ~ a first time ≅ когда-то это должно было начаться; the sun ~ rises in the east солнце встаёт на востоке; not ~ не всегда; иногда; he isn't ~ trustworthy ему не всегда можно верить; we do not ~ agree мы иногда не соглашаемся друг с другом 2) всегда, навсегда, навечно; will you love me ~? ты всегда будешь любить меня? 2. в крайнем случае, при необходимости; she can ~ move back to her parents она может при необходимости в случае чего/ переехать обратно к родителям; I can ~ go to work в крайнем случае я могу поступить на работу, пойти работать я могу всегда 3. *часто неодобр.* вечно, постоянно, беспрерывно; why are you ~ finding fault? почему ты вечно к чему-то придираешься?; he's ~ asking silly questions он постоянно задаёт дурацкие вопросы
alycha [ˌælɪ'tʃɑː] *n бот.* алыча, слива растопыренная *(Prunus divaricata)*
alyssum ['ælɪs(ə)m] *n бот.* бурачок *(Alyssum gen.)*
AM¹ [ˌeɪ'em] *n* = a. m.
AM² [ˌeɪ'em] *ист. (сокр. от* anno mundi) от сотворения мира *(в обозначении дат)*
am [æm *(полная форма)*; əm, m *(редуцированные формы)*] 1-е л. ед. ч. настоящего времени гл. be
a. m. [ˌeɪ'em] *(сокр. от* ante meridiem) 1. 1) до полудня; to catch the 8 ~ (train) from London успеть на утренний восьмичасовой поезд из Лондона 2) *разг.* утро; shall we meet Saturday ~? давайте встретимся в субботу утром 2. утренний выпуск газеты
ama ['ɑːmə] *n яп.* ама, ныряльщица за жемчугом
amadan ['æmədɔːn] *n ирл. фольк.* злой дух *(убивающий прикосновением)*
amadelphous [ˌæmə'delfəs] *a книжн.* стадный; живущий стадами, стаями

97

AMA — AMB

amadou ['æmədu:] *n* трут

amah ['æmə, 'a:mə] *n* (*в странах Востока*) 1) áма, горничная, камеристка 2) áма, няня; кормилица

amain [ə'meɪn] *adv арх., поэт.* 1. всеми силами, сильно, бурно, яростно 2. на полной скорости; очень быстро; немедленно 3. чрезвычайно, крайне

Amalekite [ə'mæləkaɪt] *n библ.* амалекитянин; амалекитянка

amalgam [ə'mælgəm] *n* 1. *спец.* амальгама 2. смесь, сплав, соединение, сочетание; his character is a strange ~ of contradictory traits в его характере причудливо уживаются противоречивые черты; ~ of good and evil сочетание добра и зла

amalgamate I [ə'mælgəmɪt] *a* 1) соединённый, объединённый; смешанный 2) амальгамирующий (*о языках*)

amalgamate II [ə'mælgəmeɪt] *v* 1. объединять, объединять, сливать, укрупнять; to ~ companies [businesses] объединять /укрупнять/ компании [предприятия]; to ~ interests *ком.* объединять интересы; to ~ races смешивать народности /расы/; they've just been ~d with a Birmingham company только что произошло слияние их фирмы с бирмингемской 2. 1) соединять со ртутью; амальгамировать 2) соединяться со ртутью

amalgamating languages [ə'mælgəmeɪtɪŋ'læŋgwɪdʒɪz] амальгамирующие языки

amalgamation [ə,mælgə'meɪʃ(ə)n] *n* 1. слияние, объединение; ~ of railway companies слияние железнодорожных компаний; industrial ~ слияние промышленных предприятий; compulsory ~ обязательное слияние 2) смешение; racial [ethnic] ~ расовое [этническое] смешение 2. союз, объединение; the country is an ~ of many peoples эта страна — сплав многих народов 3. амальгамирование

amalgamative [ə'mælgəmeɪtɪv] *a* имеющий тенденцию к соединению, слиянию

amalgamator [ə'mælgəmeɪtə] *n* 1) *см.* amalgamate II + -or 2) *тех.* амальгаматор

amalgamize [ə'mælgəmaɪz] = amalgamate II

Amalthaea, Amalthea [,æməl'θi:ə] *n греч. миф.* Амалфея, Амалтея (*коза, вскормившая младенца Зевса*); horn of ~ рог Амалфеи, рог изобилия

amandin [ə'mændɪn] *n* 1. амандин, белок сладкого миндаля 2. миндальный крем

amandine [ə'mændaɪn] *a* приготовленный с миндалём; заправленный миндалём

amanita [,æmə'naɪtə] *n* 1. шляпочный гриб; поганка 2. *бот.* мухомор (*Amanita muscaria*) 3. *бот.* поганка бледная, ложный шампиньон (*Amanita phalloides*)

amant [ə'mɒŋ] *n фр.* возлюбленный

amante [ə'mɒnt] *n фр.* возлюбленная

amanuenses [ə,mænjʊ'ensi:z] *pl от* amanuensis

amanuensis [ə,mænjʊ'ensɪs] *n* (*pl* -ses) 1) переписчик; секретарь (*пишущий или печатающий под диктовку*) 2) *шутл.* секретарша; переписчица

amaranth [ˈæmərænθ] *n* 1. *бот.* амарант, щирица (*Amaranthus gen.*) 2. *поэт.* сказочный неувядаемый цветок 3. амарантовый, пурпурный цвет

amaranthine [,æmə'rænθ(a)ɪn] *a* 1. *бот.* амарантовый, относящийся к амаранту 2. *поэт.* неувядаемый, вечный; the ~ flower of Faith неувядаемый цветок веры 3. цвета амаранта, пурпурный

amarelle [,æmə'rel] *n бот.* амарель (*Prunus cerasus acida*)

amaryllis [,æmə'rɪlɪs] *n* 1. (A.) *поэт.* пастушка (*в пасторали*) 2. *бот.* амариллис (*Amaryllis gen.*)

amass [ə'mæs] *v* 1. 1) собирать, накапливать; копить; to ~ riches собирать /копить/ богатства; to ~ a fortune (с)копить состояние 2) собирать, набирать, складывать; he ~ed papers for burning он собрал бумаги, чтобы сжечь 2. *поэт.* собираться, скопляться; the clouds ~ed above the hills над холмами собрались /нависли/ тучи

amassment [ə'mæsmənt] *n книжн.* 1. собирание, скапливание 2. скопище, груда, куча

amate [ə'meɪt] *v поэт.* приводить в уныние, угнетать; cold blasts ~d flowers холодный ветер погубил цветы

Amaterasu [,a:mətə'ra:su:] *n яп.* Аматерасу, богиня Солнца (*в синтоизме*)

amateur I ['æmət(ʃ)ə, ,æmə'tз:] *n* 1. 1) любитель, непрофессионал; enthusiastic ~ энтузиаст-любитель; gifted ~ талантливый любитель 2) спортсмен-любитель, спортсмен-непрофессионал; only ~s are permitted to compete in the Olympic games профессионалы не допускаются к участию в Олимпийских играх 2. *пренебр.* дилетант; человек, имеющий поверхностные знания; mere ~ всего лишь дилетант; you can tell from his painting that he is an ~ по его картине сразу видно, что он дилетант; ≅ его картина написана на любительском уровне 3. поклонник, приверженец; болельщик; ~ of the cinema любитель кино

amateur II ['æmət(ʃ)ə] *a* 1. любительский, непрофессиональный, самодеятельный; ~ football непрофессиональный футбол; ~ play любительский спектакль; ~ theatricals театральная самодеятельность; ~ painter художник-любитель, самодеятельный художник; ~ photographer фотограф-любитель; ~ sportsman спортсмен-любитель; спортсмен-непрофессионал 2. *пренебр.* дилетантский; слабый, незрелый, несовершенный; his piano performance was very ~ его игра на рояле была на любительском уровне; он играл как дилетант

amateurish ['æmətərɪʃ, ,æmə'tjʊərɪʃ, ,æmə'tз:rɪʃ] *a пренебр.* любительский, непрофессиональный, дилетантский; неквалифицированный; ~ attempt неумелая попытка; deplorably ~ work удручающе дилетантская работа

amateurishly ['æmətərɪʃlɪ, ,æmə'tjʊərɪʃlɪ, ,æmə'tз:rɪʃlɪ] *adv пренебр.* по-дилетантски, непрофессионально, неквалифицированно; на любительском уровне

amateurism ['æmət(ʃ)ərɪz(ə)m, ,æmə'tз:rɪz(ə)m] *n* 1. дилетантизм 2. статус любителя (*у спортсмена*)

amative ['æmətɪv] *a книжн.* 1) влюбчивый 2) эротический

amatorial [,æmə'tɔ:rɪəl] *a книжн.* любовный, эротический

amatorious [,æmə'tɔ:rɪəs] *a* = amatory

amatory ['æmət(ə)rɪ] *a книжн.* любовный, эротический; ~ look страстный взгляд; ~ verses любовные стихи

amaurosis [,æmɔ:'rəʊsɪs] *n мед.* полная слепота, амавроз

a maximum ad minima [eɪ,mæksɪməmæd'mɪnɪmə] *лат.* от большого к малому

amaze I [ə'meɪz] *n поэт., арх.* изумление, удивление

amaze II [ə'meɪz] *v* поражать, изумлять, удивлять; to ~ smb. by /with/ smth. удивить кого-л. чем-л.; to be ~d at smth. удивиться чему-л., быть поражённым чем-л.; he is utterly ~d он крайне удивлён /поражён/; to be speechlessly ~d потерять дар речи от изумления; it ~d me to hear that you were leaving я был крайне удивлён, услышав, что вы уезжаете; you ~ me! *ирон.* ≅ ну ты скажешь!, ну ты даёшь!

amazed [ə'meɪzd] *a* крайне удивлённый, поражённый, изумлённый; ~ look удивлённый /изумлённый/ взгляд

amazement [ə'meɪzmənt] *n* изумление, удивление; sheer /blank/ ~ крайнее /полное/ изумление; in mute ~ онемев от удивления, в немом изумлении; ~ at smth. удивление по поводу чего-л.; in /with/ ~ с удивлением; изумлённо; filled /struck/ with ~ поражённый, полный изумления; to one's ~ к своему удивлению /изумлению/

amazing [ə'meɪzɪŋ] *a* 1) удивительный, поразительный; an ~ event [transformation, story] удивительное событие [превращение, -ая история] 2) *эмоц.-усил.* потрясающий, изумительный; my wife is an ~ woman моя жена — замечательная /исключительная/ женщина; the new car has ~ speed у нового автомобиля потрясающая скорость

amazingly [ə'meɪzɪŋlɪ] *adv* изумительно, удивительно, поразительно

Amazon ['æməz(ə)n] *n* 1. 1) *греч. миф.* амазонка (*женщина из племени воительниц*) 2) женщина из легендарного племени амазонок Южной Америки 2. (a.) 1) амазонка, всадница 2) мужеподобная женщина 3. 1) = Amazon ant 2) агрессивная самка муравья

Amazon ant ['æməz(ə)n,ænt] *энт.* муравей-амазонка (*Polyergus spp.*)

Amazonian [,æmə'zəʊnɪən] *a* 1. свойственный амазонкам, характерный для амазонок; воинственный, смелый 2. (a.) мужеподобный 3. относящийся к реке Амазонке *или* к её бассейну

Amazonism [,æmə'zʊnɪz(ə)m] *n* 1. мужеподобие, мужской характер (*у женщины*) 2. «амазонство», стремление женщин брать на себя роль мужчины на работе, в быту *и т. п.*; отказ от женственности

amazonite ['æməz(ə)naɪt] = amazon-stone

amazon-stone ['æməz(ə)nstəʊn] *n мин.* амазонит

ambages [æm'beɪdʒɪz, 'æmbɪdʒɪz] *n pl* 1. обходные манёвры; тактика затяжек 2. околичности, обиняки 3. *арх.* окольные пути, кривые дороги

ambagious [æm'beɪdʒəs] *a книжн.* 1) окольный, обходный, кружный 2) описательный, перифрастический

ambari, ambary ['æmbərɪ] *n бот.* кенаф (*Hibiscus cannabinus*)

ambassade ['æmbəseɪd] *арх.* = embassy

ambassador [æm'bæsədə] *n* 1. 1) посол (*должность и дипломатический ранг*); roving ~, ~ without function посол по особым поручениям; A. Extraordinary чрезвычайный посол; A. Plenipotentiary полномочный посол; A. Extraordinary and Plenipotentiary чрезвычайный и полномочный посол; Ordinary /Resident/ ~ постоянный посол; the French A. to Japan французский посол в Японии; ~ designate назначенный, но ещё не вручивший верительных грамот посол; to exchange ~s обменяться послами; to raise to the rank of ~ возвести в ранг посла 2) = ambassador-at-large 3) (A.) посол (*титулование*); A. Harriman посол Гарриман 2. постоянный представи́тель (*госуда́рства*) при междунаро́дной организа́ции; the US A. to the UN постоя́нный представи́тель США при ООН; the Danish ~ to NATO представи́тель Да́нии в НАТО 3. посла́нец, ве́стник; an ~ of peace посла́нец /ве́стник/ ми́ра; goodwill ~ посла́нец до́брой во́ли 4. посре́дник, представи́тель; to act as smb.'s ~ in a negotiation выступа́ть в ка́честве чьего́-л. представи́теля в перегово́рах, быть чьим-л. посре́дником, вести́ перегово́ры от чьего́-л. и́мени

ambassador-at-large [æm͵bæsədərət-'la:dʒ] *n* посо́л по осо́бым поруче́ниям; специа́льный представи́тель (*госуда́рства*)

ambassadorial [æm͵bæsə'dɔ:rɪəl] *a* посо́льский; ~ talks перегово́ры на у́ровне посло́в; перегово́ры ме́жду посла́ми; ~ law *юр.* посо́льское пра́во; talks on the ~ level перегово́ры на у́ровне посло́в

ambassadorship [æm'bæsədə͵ʃɪp] *n* 1. 1) ранг посла́ 2) до́лжность и полномо́чия посла́

ambassadress [æm'bæsədrɪs] *n* 1. супру́га посла́ 2. *редк.* же́нщина-посо́л 3. посла́нница, ве́стница

amber I ['æmbə] *n* 1. янта́рь 2. жёлтый цвет, цвет янтаря́ 3. *дор.* жёлтый сигна́л, жёлтый свет (*светофо́ра*)

amber II ['æmbə] *a* 1) янта́рный; ~ beads янта́рные бу́сы 2) жёлтый, янта́рный (*о цве́те*); ~ light жёлтый сигна́л, жёлтый свет (*светофо́ра*); ~ hair золоти́стые /ры́жеватые/ во́лосы 3) *палеонт., геол.* находи́мый в янтаре́; ~ fauna живо́тные, сохрани́вшиеся в янтаре́; ~ flora расте́ния, находи́мые в янтаре́

amber III ['æmbə] *v редк.* 1. окра́шивать в янта́рный цвет 2. сохраня́ть в смоле́, упако́вывать в смолу́; засмоли́ть

amber forest ['æmbə͵fɔrɪst] ископа́емый лес (*из кото́рого образова́лся янта́рь*)

ambergris ['æmbəgri(:)s] *n* а́мбра (*употребля́ется в парфюме́рии*)

amberina [͵æmbə'ri:nə] *n амер.* амбери́на (*жёлтое и́ли кра́сное худо́жественное стекло́*)

amberoid ['æmbərɔɪd] *n* 1) иску́сственный, синтети́ческий янта́рь 2) прессо́ванный и́ли лито́й янта́рь

amber-varnish ['æmbə͵va:nɪʃ] *n* гля́нец, наведённый копа́ловой каме́дью

ambi- [æmbɪ-] *pref* образу́ет (*от лат. корней*) *прил. и сущ. со значе́нием* о́ба; и тот и друго́й; ambidextrous в ра́вной ме́ре владе́ющий обе́ими рука́ми; ambivalent амбивале́нтный

ambiance ['æmbɪəns] = ambience

ambidexter I [͵æmbɪ'dekstə] *n* 1. челове́к, одина́ково владе́ющий обе́ими рука́ми 2. *арх.* двуру́шник, преда́тель; взя́точник

ambidexter II [͵æmbɪ'dekstə] *арх.* = ambidextrous

ambidexterity [͵æmbɪdeks'terɪtɪ] *n* 1. спосо́бность одина́ково свобо́дно владе́ть обе́ими рука́ми 2. разносторо́ннее разви́тие; ло́вкость, расторо́пность 3. *книжн.* двули́чность, двуру́шничество 4. *спец.* билатера́льность, зерка́льная, пра́во-ле́вая симметри́я

ambidexterous [͵æmbɪ'dekstrəs] = ambidextrous

ambidextral [͵æmbɪ'dekstrəl] = ambidextrous 4

ambidextrous [͵æmbɪ'dekstrəs] *a* 1. одина́ково свобо́дно владе́ющий обе́ими рука́ми 2. спосо́бный; уме́лый 3. *арх.* двули́чный 4. *спец.* билатера́льный, зерка́льно-симметри́чный

ambience ['æmbɪəns] *n книжн.* 1) окруже́ние, обстано́вка; среда́; the family ~ круг семьи́, семе́йное окруже́ние 2) атмосфе́ра; дух; о́бщее настрое́ние; the ~ of Paris street life атмосфе́ра пари́жских у́лиц, дух Пари́жа

ambient I ['æmbɪənt] *n книжн.* вне́шние усло́вия, вне́шняя среда́ (*тж.* outside ~)

ambient II ['æmbɪənt] *a книжн.* 1. окружа́ющий, охва́тывающий; вне́шний; ~ noises окружа́ющие нас шу́мы; ~ temperature температу́ра окружа́ющей среды́ 2. омыва́ющий

ambient air standard ['æmbɪənt'ɛə͵stændəd] *спец.* преде́льно допусти́мая концентра́ция в во́здухе (*вре́дного вещества́*), ПДК

ambigenous [æm'bɪdʒɪnəs] *a спец.* гибри́дный

ambiguity [͵æmbɪ'gju:ɪtɪ] *n* 1. нея́сность, двусмы́сленность, неопределённость, неоднозна́чность, дво́йственность; to express oneself with ~ выража́ться нея́сно /двусмы́сленно/; there is a slight ~ in his words в его́ слова́х есть не́которая неопределённость; его́ слова́ мо́жно поня́ть по-ра́зному; to answer without any ~ дать прямо́й /недвусмы́сленный/ отве́т; the ~ of her self-image дво́йственность её представле́ния о само́й себе́ 2. двусмы́слица; двусмы́сленность; двусмы́сленное выраже́ние; apparent [deliberate] ~ очеви́дная [наме́ренная] двусмы́слица; to use ambiguities выража́ться тума́нно; let's clear up the ambiguities in this paragraph дава́йте уточни́м не́которые нея́сные места́ /выраже́ния/ в э́том абза́це 3. *лингв.* неоднозна́чность; омоними́я (*в осо́бенности синтакси́ческая*); the ~ of a sentence омоними́чность предложе́ния 4. *лог.* ло́жное доказа́тельство из-за двусмы́сленности языково́го выраже́ния и́ли значе́ния

ambiguous [æm'bɪgjuəs] *a* 1. двусмы́сленный; ~ words [allusions] двусмы́сленные слова́ [намёки] 2. нея́сный, нечёткий, неопределённый, допуска́ющий двойно́е толкова́ние; неоднозна́чный; ~ answer неопределённый /невразуми́тельный/ отве́т; ~ terms неопределённые /нечёткие/ усло́вия; ~ statement заявле́ние, допуска́ющее двойно́е толкова́ние; ~ style нея́сный стиль; undeniably ~ безусло́вно допуска́ющий ра́зное толкова́ние; eyes of an ~ colour глаза́ неопределённого /меня́ющегося/ цве́та 3. *лингв.* неоднозна́чный; омоними́чный; the sentence is two ways ~ (э́то) предложе́ние двузна́чно

ambiguously [æm'bɪgjuəslɪ] *adv* двусмы́сленно; нея́сно, неопределённо; неоднозна́чно

ambiguousness [æm'bɪgjuəsnɪs] *n* двусмы́сленность; нея́сность, неопределённость; неоднозна́чность

ambil(a)evous [͵æmbɪ'li:vəs] *a книжн.* неуклю́жий (*в обраще́нии с веща́ми*); ≅ безру́кий, ру́ки-крю́ки

ambilateral [͵æmbɪ'læt(ə)rəl] *a* двусторо́нний, билатера́льный

ambiparous [æm'bɪpərəs] *a бот.* содержа́щий заро́дыш цветк(о́в) и ли́стьев

ambiphony [æm'bɪfənɪ] *n* амбифони́я (*разнови́дность стереофо́нии*)

ambiplasma [͵æmbɪ'plæzmə] *n физ.* амбиплазма́ (*смесь вещества́ с антивеществом*)

ambipolar [͵æmbɪ'pəulə] *a физ.* амбиполя́рный

ambisextrous [͵æmbɪ'sekstrəs] *a* 1. предназна́ченный для обо́их поло́в; ~ clothing оде́жда, кото́рую мо́гут носи́ть и мужчи́ны и же́нщины 2. включа́ющий мужчи́н и же́нщин; ~ party ве́чер со сме́шанным соста́вом госте́й

ambisexual [͵æmbɪ'sekʃuəl, -'seksjuəl] *a* 1. *биол.* амбисексуа́льный; гермафроди́тный; обоепо́лый 2. *бот.* однодо́мный

ambisonics [͵æmbɪ'sɒnɪks] *n* звукоза́пись, создаю́щая «эффе́кт прису́тствия»

ambisyllabic [͵æmbɪsɪ'læbɪk] *a фон.* амбисиллаби́ческий

ambit ['æmbɪt] *n* 1. 1) преде́лы, грани́цы; диапазо́н; within the ~ of в преде́лах 2) сфе́ра (*де́ятельности, примене́ния*) 2. окре́стности 3. *юр.* преде́лы компете́нции, юрисди́кции

ambitendency [͵æmbɪ'tendənsɪ] *n психиатр.* раздвое́ние чувств; амбивале́нтность

ambition I [æm'bɪʃ(ə)n] *n* 1. 1) честолю́бие; tremendous [satisfied] ~ кра́йнее [удовлетворённое] честолю́бие; youthful ~ ю́ношеское честолю́бие; to stifle ~ подави́ть честолюби́вые за́мыслы; free from ~ лишённый честолю́бия; eaten up with ~ снеда́емый честолю́бием 2) *обыкн. pl* честолюби́вый за́мысел; political ~s полити́ческие амби́ции /притяза́ния/; imperial ~s импе́рские амби́ции; to achieve [to cherish] ~s осуществля́ть [леле́ять] честолюби́вые мечты́; to attain ~s доби́ться осуществле́ния честолюби́вых за́мыслов 2. 1) стремле́ние; lifelong ~ стремле́ние /мечта́/ всей жи́зни; sole ~ еди́нственное жела́ние; absurd ~ неле́пое стремле́ние; lofty ~s благоро́дные стремле́ния /жела́ния/; the ~ of commanding жела́ние кома́ндовать; ~ for smth. стремле́ние к чему́-л.; ~ to do smth. [to be smb.] стремле́ние сде́лать что-л. [стать кем-л.] 2) цель; предме́т, объе́кт жела́ний; мечта́; it is his ~ to become a writer его́ мечта́ — стать писа́телем; success crowned his ~ его́ мечта́ осуществи́лась, его́ стремле́ния увенча́лись успе́хом 3. трудолю́бие; акти́вность; эне́ргия; инициати́ва (*в рабо́те*); he felt sick and had no ~ он чу́вствовал себя́ пло́хо, и ему́ ничего́ не хоте́лось де́лать; he has plenty of drive and ~ он о́чень напо́рист и энерги́чен

ambition II [æm'bɪʃ(ə)n] *v редк.* честолюби́во стреми́ться (*к чему́-л.*); домога́ться (*чего́-л.*)

ambitionist [æm'bɪʃ(ə)nɪst] *n книжн.* честолюби́вый челове́к, честолю́бец

ambitious [æm'bɪʃəs] *a* 1. честолюби́вый; extremely ~ кра́йне честолюби́вый; ruthlessly /mercilessly/ ~ не остана́вливающийся ни пе́ред чем в свои́х честолюби́вых за́мыслах 2. стремя́щийся (*к чему́-л.*); стра́стно добива́ющийся (*чего́-л.*); ~ of wealth [honour] стремя́щийся к бога́тству [к по́честям]; ~ of love домога́ющийся (*чьей-л.*) любви́; he is ~ of /for/ power он домога́ется вла́сти /стреми́тся к вла́сти/; он властолюби́в; ~ to do smth. мечта́ющий сде́лать что-л. 3. трудолюби́вый; акти́вный, энерги́чный, инициати́вный; an ~ boy стара́тельный ю́ноша; the new worker is not at all ~ но́вый сотру́дник како́й-то вя́лый 4. тре́бующий огро́мных уси́лий, необы́чных спосо́бностей *и т. п.*; грандио́зный, велича́венный; ~ plans вели́чественные за́мыслы, далеко́ иду́щие пла́ны; ~ program обши́рная /грандио́зная/ програ́мма; an ~ attempt to climb the dangerous mountain сме́лая попы́тка покори́ть опа́сный пик 5. претенцио́зный; изы́сканный, вы́чурный; ~ style вы́чурный стиль

AMB — AME

ambitus ['æmbɪtəs] *n* (*pl без измен.*) **1.** наружный край (*раковины и т. п.*) **2.** *архит.* открытое пространство вокруг здания

ambivalence [æm'bɪvələns] *n* **1)** раздвоение чувств, двойственность отношения (*к кому-л., чему-л.*) **2)** *психиатр.* амбивалентность

ambivalency [æm'bɪvələnsɪ] = ambivalence

ambivalent [æm'bɪvələnt] *a* **1.** раздвоённый (*о чувстве и т. п.*); двойственный (*об отношении и т. п.*) **2.** *психиатр.* амбивалентный

ambivert ['æmbɪvɜːt] *n психиатр.* амбиверт; человек, которому свойственны черты как экстраверта, так и интроверта

amble I ['æmb(ə)l] *n* **1.** иноходь **2.** лёгкая, неторопливая походка; to come along at an ~ подойти не спеша /вразвалку/ **3.** прогулка неторопливым шагом

amble II ['æmb(ə)l] *v* **1. 1)** бежать иноходью **2)** ехать верхом на иноходце **2. 1)** двигаться мелкими шагами, семенить (*тж.* to ~ along) **2)** идти лёгким, неторопливым шагом; to ~ lazily лениво двигаться; he ~d around the town for hours он бродил по городу

ambler ['æmblə] *n* **1.** *см.* amble II + -er **2.** иноходец

ambling ['æmblɪŋ] *n* **1.** иноходь **2.** *спорт.* одношажный ход на лыжах

amblosis [æm'bləʊsɪs] *n мед.* выкидыш, аборт

amblyopia [ˌæmblɪ'əʊpɪə] *n мед.* амблиопия

amblyopic [ˌæmblɪ'əʊpɪk] *a мед.* страдающий амблиопией

ambo ['æmbəʊ] *n* (*pl* -os [-əʊz]) *церк.* амвон

amboceptor [ˌæmbəʊ'septə] *n биохим.* амбоцептор, антитело, противотело

ambolic I [æm'bɒlɪk] *n мед.* абортивный препарат, средство, вызывающее аборт

ambolic II [æm'bɒlɪk] *a мед.* абортивный, вызывающий аборт

ambroid ['æmbrɔɪd] *n* = amberoid

ambrosia [æm'brəʊzɪə] *n* **1.** *греч. миф.* **1)** пища богов (*источник их бессмертия*) **2) 1)** «пища богов», деликатес; лакомое блюдо **2)** *кул.* «амброзия» (*десерт из тёртого кокосового ореха и апельсинов*) **3.** источник наслаждения (*поэзия, музыка и т. п.*) **4.** перга **5.** (A.) *бот.* амброзия (*Ambrosia gen.*)

ambrosia beetle [æm'brəʊzɪəˌbiːtl] *энт.* **1.** древесинник (*Xyloterus*) **2)** короед (*Xyloborus*)

ambrosial [æm'brəʊzɪəl] *a возвыш.* **1.** божественный, неземной **2.** восхитительный; сладостный; ~ air благоуханный воздух; ~ locks восхитительные локоны

Ambrosian [æm'brəʊzɪən] *a церк.* амвросианский; приписываемый святому Амвросию; ~ chant амвросианские песнопения; ~ office /rite/ амвросианская служба, амвросианский чин /обряд/

ambrosian [æm'brəʊzɪən] = ambrosial

ambry ['æmbrɪ] *n* **1.** *арх.* **1)** шкафчик **2)** хранилище, кладовая; буфетная **2.** ниша в стене церкви для хранения книг, утвари **3.** *неправ. вм.* almonry

ambs-ace ['æmzˌeɪs] *n арх.* **1.** по очку на обеих костях; голи (*в триктраке*); самое малое количество очков в игре в кости **2.** неудача, невезение **3.** ничтожное количество (*чего-л.*), самая малость, капелька

ambulacra [ˌæmbjʊ'leɪkrə] *pl от* ambulacrum

ambulacrum [ˌæmbjʊ'leɪkrəm] *n* (*pl* -ra) *зоол.* **1.** амбулакральная ножка **2.** ходильная нога

ambulance ['æmbjʊləns] *n* **1.** полевой госпиталь; ~ airdrome *амер.* эвакуационный аэродром; ~ box походная аптечка. **1) 1)** санитарная карета, повозка (*тж.* ~ waggon) **2)** (авто)машина скорой помощи, «скорая помощь»; санитарно-транспортное средство (*автомашина и т. п.*); ~ airplane [car, train] санитарный самолёт [автомобиль, поезд]; ~ orderly санитар санитарной машины **3.** амбулатория, медпункт; ~ station for accidents пункт скорой помощи; травматологическая амбулатория

ambulance chaser ['æmbjʊlənsˌtʃeɪsə] *амер. разг.* **1)** адвокат, навязывающий свои услуги лицам, пострадавшим от несчастных случаев **2)** излишне напористый, навязчивый адвокат

ambulanceman ['æmbjʊlənsmən] *n* (*pl* -men [-mən]) работник скорой помощи (*санитар, водитель и т. п.*)

ambulant ['æmbjʊlənt] *a* **1.** переходящий с одного места на другое, передвигающийся; ~ merchant коробейник **2.** переходящий с одной части тела на другую, блуждающий (*о болезни*) **3. 1)** не требующий постельного режима (*о болезни*) **2)** *мед.* амбулаторный; ~ clinic амбулатория; ~ patient ходячий больной **4.** = ambulatory II 6

ambulate ['æmbjʊleɪt] *v часто шутл.* передвигаться, ходить с места на место; бродить

ambulator ['æmbjʊleɪtə] *n* **1.** *книжн. см.* ambulate + -or **2.** колесо со счётным механизмом, шагомер **3.** *амер.* дальномер

ambulatory I ['æmbjʊlət(ə)rɪ] *n книжн.* галерея для прогулок; крытая внутренняя галерея, крытая аркада (*в монастыре*)

ambulatory II ['æmbjʊlət(ə)rɪ] *a книжн.* **1.** пеший, пешеходный **2. 1)** удобный, приспособленный для ходьбы, прогулок **2)** *зоол.* ходильный (*о ноге*) **3.** происходящий во время прогулки **4. 1)** нестационарный, без постоянного местопребывания, передвижной; ~ court выездной суд **2)** кочевой; ~ life of a shepherd кочевая жизнь чабана; Lapps live in ~ villages moving with their herds of reindeer лапландцы живут во временных посёлках, кочуя вместе со стадами оленей **5. 1)** способный, могущий передвигаться, ходячий (*о больном*); during his convalescence he was ~ в период выздоровления он мог ходить **2)** амбулаторный; ~ medical care амбулаторное лечение **6.** *юр.* допускающий изменение, внесение поправок; a man's will is ~ until his death человек волен изменить своё завещание, пока он жив

ambuscade I [ˌæmbʊs'keɪd] *n* = ambush I

ambuscade II [ˌæmbʊs'keɪd] *v* **1)** сидеть, быть в засаде **2)** устраивать засаду

ambuscader [ˌæmbʊs'keɪdə] *n* животное, подстерегающее добычу в засаде

ambush I ['æmbʊʃ] *n обыкн. воен.* **1)** засада; to be /to lie, to lurk, to wait/ in ~ находиться в засаде; to trap the enemy by ~ заманить противника в засаду /ловушку/; to be attacked from (an) ~ подвергнуться нападению из засады; to fall into an ~ попасть в засаду; to make /to lay/ an ~ устраивать засаду **2)** засада, отряд, находящийся в засаде; the ~ was a dozen well-armed men в засаде находилось /сидело/ двенадцать хорошо вооружённых людей

ambush II ['æmbʊʃ] *v обыкн. воен.* **1)** устраивать засаду **2)** нападать из засады **3)** заманивать в засаду; the police ~ed the criminal and arrested him полиция заманила преступника в засаду и арестовала его

ambystoma [æm'bɪstəmə] *n зоол.* амбистома (*Ambystoma*)

ameba [ə'miːbə] = amoeba
ameban [ə'miːbən] = amoeban
amebiasis [ˌæmɪ'baɪəsɪs] = amoebiasis
amebic [ə'miːbɪk] = amoebic
amebiform [ə'miːbɪfɔːm] = amoebiform
amebocyte [ə'miːbəsaɪt] = amoebocyte
ameboid [ə'miːbɔɪd] = amoeboid

âme damnée [ˌɑːmdɑː'neɪ] *n фр.* **1.** пропащая душа; продавший душу (*дьяволу*) **2.** орудие (*в чьих-л. руках*), марионетка; добровольный раб

ameer [ə'mɪə] *n* эмир

ameerate ['æmɪrət] = amirate

ameiosis [ˌæmaɪ'əʊsɪs] *n биол.* амейоз

amelcorn ['æmlkɔːn] *n* пшеница-полба, двузернянка, эммер

amelia [eɪ'miːlɪə] *n мед.* амелия, врождённое отсутствие рук или ног

ameliorable [ə'miːlɪərəb(ə)l] *a книжн.* **1)** поддающийся улучшению **2)** предназначенный для мелиорации

ameliorant [ə'miːlɪərənt] *n с.-х.* мелиорант (*вещество, улучшающее почву*)

ameliorate [ə'miːlɪəreɪt] *v* **1.** *книжн.* улучшать; повышать качество **2.** *с.-х.* **1)** мелиорировать; окультуривать **2)** улучшаться

amelioration [əˌmiːlɪə'reɪʃ(ə)n] *n книжн.* **1. 1)** мелиорация; окультуривание (*почвы*); drainage [irrigation] ~ осушительная [оросительная] мелиорация **2)** площадь под мелиорацией **2.** улучшение; исправление (*процесс и результат*)

ameliorative [ə'miːlɪərətɪv] *a книжн.* **1)** улучшающий **2)** мелиоративный

ameliorator [ə'miːlɪəreɪtə] *n* **1)** *см.* ameliorate + -or **2)** мелиоратор **3)** *с.-х.* мелиорант

ameliotory [ə'miːlɪət(ə)rɪ] = ameliorative

Amen ['ɑːmən] = Amon

amen I [ˌɑː'men, ˌeɪ'men] *n* **1.** *церк.* аминь. **2.** *шутл.* одобрение, согласие, «добро»; to say /to give/ ~ to smth. соглашаться с чем-л., одобрять что-л., давать своё согласие на что-л. **3.** заключение, заключительные слова; to sing the ~ закончить (*что-л.*); пропеть аминь

amen II [(ˌ)ɑː'men, (ˌ)eɪ'men] *adv церк.* аминь; ~ I say unto you аминь /истинно/ глаголю /говорю/ вам

amen III [(ˌ)ɑː'men, (ˌ)eɪ'men] *int* **1)** *церк.* аминь! (*в конце молитвы*) **2)** правда!; хорошо (сказано)!; пусть так и будет!

amenability [əˌmiːnə'bɪlɪtɪ] *n* **1.** податливость; сговорчивость, послушание **2.** *книжн.* ответственность **2)** *юр.* ответственность перед законом, подсудность

amenable [ə'miːnəb(ə)l] *a* **1.** послушный, сговорчивый; ~ to discipline подчиняющийся дисциплине; ~ to reason слушающий голос разума; winningly ~ подкупающе сговорчивый **2. (to) 1)** *книжн.* ответственный (*перед чем-л., кем-л.*) **2)** подлежащий (*чему-л.*); data ~ to analysis данные, подлежащие анализу /изучению/; my discoveries are ~ to the usual tests мои открытия ещё должны пройти надлежащие испытания

3. *юр.* ответственный (*перед законом*); подсудный; ~ to tribunal подсудный трибуналу 4. поддающийся; подверженный; склонный; расположенный; ~ to flattery падкий на лесть; ~ to kindness отзывчивый на доброту; ~ to advice прислушивающийся к совету; ~ to the touch осязаемый на ощупь
amenably [ə'mi:nəblɪ] *adv книжн.* 1. послушно 2. согласно, в соответствии; ~ to the rules согласно правилам
amen corner ['eɪmen,kɔ:nə] *амер.* 1) часть церкви с местами самых усердных прихожан (*обыкн.* близ *кафедры проповедника*) 2) самая истовая часть молящихся (*возглашающая «аминь» после молитв*)
amend [ə'mend] *v* 1. 1) исправлять, улучшать, изменять к лучшему; to ~ one's way of living [one's conduct] изменить свой образ жизни [своё поведение] (к лучшему); to ~ the situation выправить положение; to ~ one's table manners научиться правильно вести себя за столом; the spelling in my essay was ~ed by the teacher учитель исправил орфографические ошибки в моём сочинении 2) исправлять, избавляться от пороков, недостатков; it is never late to ~ никогда не поздно исправиться 2. вносить изменения, поправки (*в законопроект, предложение и т. п.*); to ~ a Bill [a text] вносить поправки в законопроект [в текст]; to adopt a resolution as ~ed принять резолюцию со всеми поправками
amendable [ə'mendəb(ə)l] *a* исправимый; поддающийся улучшению
amendatory [ə'mendət(ə)rɪ] *a* 1) вносящий поправку, изменяющий 2) *амер.* способствующий исправлению
amende [ə'mend] *n* компенсация, возмещение (*за нанесённый ущерб*)
amende honorable [a,mɑ̃:nd ɔnɔ'ra:blə, ə,mend'ɒnərəb(ə)l] *фр.* 1) публичное признание вины, публичное извинение 2) компенсация за оскорбление чести
amendment [ə'mendmənt] *n* 1. 1) улучшение, исправление; работа по улучшению (*чего-л.*); устранение недостатков 2) (внесённое) исправление; (сделанная) поправка; ~ list список исправлений (*вносимых в документ, чертёж и т. п.*) 2. 1) поправка, дополнение (*к резолюции, законопроекту*); to move /to propose/ an ~ to the Bill [to the resolution, to the text] внести поправку в законопроект [в резолюцию, в текст]; to make [to insert, to reject] an ~ сделать [внести, отклонить] поправку; to second an ~ выступить в защиту поправки, поддержать предложение о поправке; the 18th A. восемнадцатая поправка (*к конституции США*) 2) *юр.* поправка, исправление (*ошибок в ходе процесса, состязательных бумаг и т. п.*) 3. улучшение (*в течении болезни*) 4. *с.-х.* 1) улучшение (*почвы*); мелиорация 2) почвоулучшатель, мелиорант
amends [ə'mendz] *n употр. с гл. в ед. и мн. ч.* 1) вознаграждение, компенсация; to make ~ to smb. for smth. загладить вину за что-л. перед кем-л.; компенсировать что-л. кому-л.; he made ~ for his rudeness by giving her some flowers он преподнёс ей цветы, чтобы как-то загладить свою грубость 2) *юр.* компенсация, возмещение *или* покрытие причинённого ущерба; the court ordered that ~ be made to the widow суд постановил, чтобы вдове была выдана компенсация
amene [ə'mi:n] *a книжн.* приятный, любезный

amenity [ə'mi:nɪtɪ, ə'menɪtɪ] *n* 1. 1) приятность, прелесть; мягкость; the ~ of the Californian climate прелесть климата Калифорнии; ~ of temper мягкость характера 2) вежливость, учтивость; любезность; культура поведения; an exchange of amenities обмен любезностями; saying "thank you" is an ~ that should be taught to young children детей с самого раннего возраста надо приучать говорить «спасибо» 2. *pl* прелести, красоты; amenities of nature красоты природы; amenities of home life прелести семейной жизни 3. *pl* комфорт, комфортабельность; social amenities социально-культурное и бытовое обслуживание; amenities of modern life современный комфорт; a new district requires amenities such as schools, restaurants and a cinema в новом (жилом) районе должно предусматриваться строительство школ, ресторанов и кинотеатра 2) коммунальные удобства; an apartment with all modern amenities квартира с современными удобствами 3) необходимые предметы быта; television is among the amenities of modern life жизнь современного человека трудно себе представить без телевидения 4. *юр., ком.* обстоятельство, повышающее ценность недвижимого имущества
amenophily [,æmə'nɒfɪlɪ] *n бот.* аменофилия, опыление с помощью ветра
amenorrhea, amenorrhoea [ə,menə'rɪə] *n мед.* отсутствие месячных, аменорея
Amen-Ra ['a:mən'ra:] = Amon-Ra
a mensa et thoro [eɪ,mensæt'θɔːrəʊ] *лат. юр.* «с отлучением от стола и ложа» (*при раздельном жительстве супругов по решению суда*); divorce ~ решение суда о раздельном жительстве супругов (*без расторжения брака*)
ament[1] ['eɪmənt] *n бот.* серёжка (*тип соцветия*)
ament[2] ['eɪmənt] *n мед.* слабоумный, идиот
amenta [ə'mentə] *pl от* amentum
amentaceous [,æmən'teɪʃəs] *a* 1) *бот.* серёжчатый 2) серёжконосный
amental [ə'ment(ə)l] *a книжн.* лишённый разума
amentia [ə'menʃə] *n мед.* аментивный синдром, аменция, слабоумие
amentiferous [,æmən'tɪfərəs] *a бот.* серёжконосный
amentum [ə'mentəm] *n (pl* -ta) = ament[1]
Amerasian I [,æmə'reɪʃ(ə)n, -eɪʒ(ə)n] *n* человек смешанного американо-азиатского происхождения, *особ.* при отце-американце
Amerasian II [,æmə'reɪʃ(ə)n, -eɪʒ(ə)n] *a* смешанного американо-азиатского происхождения, *особ.* родившийся от отца-американца
amerce [ə'mɜːs] *v книжн.* 1) штрафовать, налагать штраф 2) применить санкцию; to ~ an estate to the Crown конфисковывать поместье в пользу короны
amercement [ə'mɜːsmənt] *n* 1. *книжн.* 1) наказание, санкция (*за проступок*) 2) наложение штрафа (*по усмотрению штрафующего*) 2. *юр.* денежный штраф (*размер которого устанавливается по усмотрению штрафующего, а не законом*)
amerciament [ə'mɜːsɪəmənt] = amercement
America [ə'merɪkə] *n* 1. *см.* Приложение 2. *разг.* Америка, Соединённые Штаты Америки 3. (*тж.* the ~s) американский континент; Северная, Центральная и Южная Америка
America-Firster [ə,merɪkə'fɜːstə] *n амер.* член *или* сторонник американ-

AME — AME A

ской изоляционистской группы «Америка превыше всего»
American I [ə'merɪkən] *n* 1. американец; американка; гражданин *или* гражданка Соединённых Штатов; the ~s *собир.* американцы 2. житель *или* уроженец американского континента; South ~ южноамериканец; Latin American латиноамериканец 3. индеец *или* индианка Северной *или* Южной Америки; First /Native/ ~s первые /коренные/ американцы (*самоназвание индейцев*) 4. английский язык в Америке (*обыкн.* ~ English); to speak ~ говорить на американском варианте английского языка
American II [ə'merɪkən] *a* 1. американский; North [South, Latin] ~ североамериканский [южноамериканский, латиноамериканский]; ~ states a) американские государства; страны американского континента; б) *редк.* страны Западного полушария; ~ colonies *ист.* английские колонии в Северной Америке 2. американский, относящийся к Соединённым Штатам; ~ citizen американский гражданин *или* американская гражданка, гражданин *или* гражданка Соединённых Штатов; ~ Administration правительство США; ~ technology [industry, universities] американская техника [промышленность, -ие университеты] 3. относящийся к северо- *или* южноамериканским индейцам
Americana [ə,merɪ'ka:nə] *n употр. с гл. в ед. и мн. ч.* «Американа», издания, материалы, сборники статей, памятники, относящиеся к культуре и быту Америки
American aloe [ə,merɪkən'æləʊ] *бот.* американское алоэ, столетник (*Agava americana*)
American apple [ə,merɪkən'æp(ə)l] яблоко «американка» (*крупный сорт*)
American artichoke [ə,merɪkən'a:tɪtʃəʊk] *бот.* земляная груша, топинамбур (*Helianthus tuberosus*)
American ash [ə,merɪkən'æʃ] *бот.* ясень американский (*Fraxinus americana*)
American Beauty [ə,merɪkən'bju:tɪ] американская красавица (*гибридный сорт красной розы*)
American bison [ə,merɪkən'baɪs(ə)n] = buffalo[1] 3)
American bollworm [ə,merɪkən'bəʊlwɜːm] *зоол.* совка хлопковая, коробочный червь (*Chloridea obsoleta*)
American bond [ə,merɪkən'bɒnd] *стр.* американская перевязка (*кирпичная кладка*)
American cheese [ə,merɪkən'tʃi:z] американский сыр, американский чеддер
American chestnut [ə,merɪkən'tʃesnʌt] *бот.* каштан американский, каштан зубчатый (*Castanea dentata*)
American cloth [ə,merɪkən'klɒθ] лощёная клеёнка (*мебельная*)
American cockroach [ə,merɪkən'kɒkrəʊtʃ] *энт.* таракан американский (*Periplaneta americana*)
American copper [ə,merɪkən'kɒpə] *энт.* червонец американский (*Lycaena hypophlaeas*)
American cotton [ə,merɪkən'kɒtn] *текст.* американский хлопок «упланд»
American cranberry [ə,merɪkən'krænb(ə)rɪ] *бот.* клюква крупноплодная (*Vaccinium macrocarpon*)
American eagle [ə,merɪkən'i:g(ə)l] 1. *зоол.* белоголовый орлан (*Haliaeetus*

AME — AMI

leucocephalus) 2. «Американский орёл» (*герб и эмблема США*)

American elm [ə,merɪkən'elm] *бот.* ильм американский, ильм белый (*Ulmus americana*)

American Empire [ə,merɪkən'empaɪə] *иск.* американский ампир (*стиль мебели и т. п.; XIX в.*)

American English [ə,merɪkən'ɪŋglɪʃ] американский вариант английского языка; английский язык в США; to translate from British English into ~ переводить с британского английского языка на американский

Americanese [ə,merɪkə'niːz] = Americanism 3

American football [ə,merɪkən'futbɔːl] американский футбол (*с овальным мячом*)

American Indian [ə,merɪkən'ɪndɪən] американский индеец; американская индианка; американский абориген, член одного из индейских племён Северной, Центральной *или* Южной Америки

Americanism [ə'merɪkənɪz(ə)m] *n* 1. приверженность к американской цивилизации, культуре *и т. п.*; проамериканские настроения 2. американский обычай, американская традиция, черта американского образа жизни *и т. п.* 3. *лингв.* американизм, слово, выражение *и т. п.*, характерные для английского языка в США

Americanist [ə'merɪkənɪst] *n* 1. американист, специалист по Америке 2. 1) специалист по истории и культуре американских индейцев 2) специалист по индейским языкам

Americanization [ə,merɪkən(a)ɪ'zeɪʃ(ə)n] *n* 1. 1) американизация, воспитание в американском духе (*иммигрантов в США*) 2) обучение английскому языку (*иммигрантов*) 2. подражание американцам; заимствование американских слов и оборотов, обычаев *и т. п.*

Americanize [ə'merɪkənaɪz] *v* 1. 1) американизировать; придавать характерные американские черты; to ~ spelling американизировать написание /орфографию/ 2) американизироваться 2. употреблять американизмы (*в речи*) 3. принимать в гражданство США

American language [ə,merɪkən'læŋgwɪdʒ] = American English; Dictionary of the ~ словарь американского языка (*толковый*)

American leopard [ə,merɪkən'lepəd] ягуар

Americanly [ə'merɪkənlɪ] *adv редк.* по-американски, в американском духе *или* стиле; ~ rich ≅ богат, как американец

American marten [ə,merɪkən'mɑːtɪn] 1) *зоол.* американская куница (*Martes americana*) 2) мех американской куницы, куний мех

American mink [ə,merɪkən'mɪŋk] 1) *зоол.* американская норка (*Mustela vison*) 2) мех американской норки

American mulberry [ə,merɪkən'mʌlb(ə)rɪ] *бот.* шелковица красная, шелковичное дерево (*Morus rubra*)

Americanocracy [ə,merɪkə'nɒkrəsɪ] *n неодобр.* американократия; американское господство

Americanologist [ə,merɪkə'nɒlədʒɪst] *n* американолог, американист

Americanophile [ə'merɪkənəfaɪl] *n* американофил

Americanophobe [ə'merɪkənəfəub] *n* американофоб

American organ [ə,merɪkən'ɔːgən] фисгармония

American ostrich [ə,merɪkən'ɒstrɪtʃ] *разг.* американский страус, нанду

American plan [ə'merɪkən,plæn] полный пансион (*в гостинице*)

American plane tree [ə,merɪkən'pleɪntriː] *бот.* платан *или* чинар американский (*Platanus occidentalis*)

American red raspberry [ə'merɪkən,red'rɑːzb(ə)rɪ] *бот.* малина американская красная (*Rubus strigosus*)

American Revised Version [ə'merɪkənrɪ,vaɪzd'vɜːʃ(ə)n] «Американская исправленная версия» (*издание Библии, вышедшее в 1901 г.*)

American Revolution [ə,merɪkən,revə'luːʃ(ə)n] «американская революция», Война за независимость (1775—1783)

American saddle horse [ə,merɪkən'sædl,hɔːs] американская верховая лошадь

American Spanish [ə,merɪkən'spænɪʃ] испанский язык стран Латинской Америки

American Standard Version [ə,merɪkən'stændəd'vɜːʃ(ə)n] = American Revised Version

American Stock Exchange [ə,merɪkən'stɒkks,tʃeɪndʒ] американская фондовая биржа (*в Нью-Йорке*)

American trotter [ə,merɪkən'trɒtə] американский рысак (*тж.* American trotting horse)

American woodcock [ə,merɪkən'wudkɒk] *зоол.* американский вальдшнеп (*Philohela minor*)

americium [,æmə'rɪsɪəm] *n хим.* америций

Amerind [ˈæmərɪnd] *n* америнд, американский индеец, эскимос *или* алеут

Amerindian [,æmə'rɪndɪən] = Amerind

Amerindic [,æmə'rɪndɪk] *a* относящийся к индейцам, эскимосам *или* алеутам

Amertoy [ˈæmətɔɪ] *n* «амертой», американский тойтерьер (*комнатная собачка*)

âmes damnées [,ɑːmdɑː'neɪ(z)] *pl от* âme damnée

Ames test [ˈeɪmz,test] *биол.* испытание, тест на канцерогенность по частоте мутаций

ametabolic [ə,metə'bɒlɪk] *a зоол.* аметаболический

ametallous [ə'metələs] *a спец.* неметаллический

amethyst I [ˈæməθɪst] *n* 1. *мин.* аметист; Oriental ~ лиловый сапфир 2. цвет аметиста, фиолетовый цвет

amethyst II [ˈæməθɪst] *a* 1. аметистовый, с аметистом; ~ brooch аметистовая брошь 2. цвета аметиста, фиолетовый

amethystine [,æmə'θɪstɪn] = amethyst II

Ametropia [,æmɪ'trəupɪə] *n мед.* аметропия (*в офтальмологии*)

Amharic [æm'hærɪk] *n* амхарский язык

ami [æ'miː] *n* (*pl* -is [-'iː]) *фр.* 1. друг 2. *сл.* американец (*особ. во Франции*); ~, go home! американцы, убирайтесь домой!

amiability [,eɪmɪə'bɪlɪtɪ] *n* 1. благожелательность, дружелюбие; sincere ~ искреннее расположение 2. приветливость, мягкость; добродушие; condescending ~ снисходительное добродушие 3. *pl* милые слова; комплименты; an exchange of amiabilities обмен любезностями

amiable [ˈeɪmɪəb(ə)l] *a* 1. любезный, благожелательный, дружелюбный; sincerely ~ искренне дружелюбный; winningly ~ подкупающе любезный; ~ disposition благожелательность; добродушный нрав 2. симпатичный; привлекательный; приятный, милый; ~ child милый ребёнок; ~ gathering приятное общество

amiably [ˈeɪmɪəblɪ] *adv* дружески; любезно, мило; приветливо; to speak [to behave] ~ говорить [держаться] любезно /приветливо/

amianthus [,æmɪ'ænθəs] = amiantus

amiantus [,æmɪ'æntəs] *n мин.* амиант, волокнистый асбест, горный лён

amic [ˈæmɪk] *a хим.* аминовый; ~ acid аминовая кислота

amicability [,æmɪkə'bɪlɪtɪ] *n* дружелюбие, дружественное отношение

amicable [ˈæmɪkəb(ə)l] *a* 1) дружественный, дружелюбный; ~ relations дружественные отношения; ~ meeting дружеская встреча; ~ numbers *мат.* дружественные числа 2) *часто юр.* мирный, полюбовный; ~ settlement а) решение (вопроса) мирным путём, полюбовное решение; б) мировая сделка; to settle difficulties in an ~ way урегулировать трудности мирным путём; we reached an ~ agreement мы пришли к полюбовному соглашению

amicably [ˈæmɪkəblɪ] *adv* дружески, мирно, полюбовно; to live together ~ мирно жить, уживаться друг с другом

amice [ˈæmɪs] *n* 1. *церк.* палий; амофор, нарамник 2. капюшон или накидка с капюшоном (*пилигримов и монахов*) 3. *унив.* капюшон (*преподавателей и студентов, надеваемый поверх мантии*)

amicus curiae [ə,miːkəs'kjurɪɑː] *лат. юр.* консультант, советник в судебном процессе

amicus humani generis [ə,miːkəshuː,mɑːniː'generɪs] *лат.* друг человечества

amid [ə'mɪd] *prep книжн.* указывает на 1. нахождение в середине чего-л. *или* на движение в центр чего-л. в середину 2. нахождение среди каких-л. предметов или в каких-л. условиях в окружении, посреди, среди, между; ~ the trees в деревьях, среди деревьев; villages ~ the woodlands деревни посреди лесов; unseen ~ the throng незаметный в толпе; ~ the noise of the crowd в шуме толпы

amidase [ˈæmədeɪs, ˈæmədeɪz] *n биохим.* амидаза (*фермент*)

amide [ˈæmaɪd, ˈæmɪd] *n хим.* амид

amidmost [ə'mɪdməust] *adv книжн.* 1. в самой середине 2. *в грам. знач. предлога* в центре (*чего-л.*)

amidopyrine [ə,miːdəu'paɪriːn] *n фарм.* амидопирин

amidship [ə'mɪdʃɪp] = amidships

amidships [ə'mɪdʃɪps] *adv* 1. *мор.* посередине судна; в средней части судна; в районе миделя; helm ~!, *амер.* rudder ~! прямо руля! (команда) 2. по мидели самолёта 3. *разг.* в бок, в середину; в боку

amidst I [ə'mɪdst] *adv* в середине

amidst II [ə'mɪdst] = amid

amie [æ'miː] *n* (*pl* -ies [-'iː]) *фр.* 1. подруга, приятельница 2. любовница, возлюбленная

amigo [ə'miːgəu] *n исп.* друг, приятель

amimia [eɪ'mɪmɪə] *n мед.* амимия, отсутствие *или* ослабление выразительности лицевой мускулатуры

amin [ˈæmɪn] = amine

amination [,æmɪ'neɪʃ(ə)n] *n хим.* аминирование

amine [ˈæmiːn, ə'miːn, ˈæmaɪn] *n хим.* амин

amino [ə'miːnəu] *n тех.* аминопласт

amino acid [ə,miːnəu'æsɪd] *биохим.* аминокислота

aminoplast [ə'mi:nəʊˌplɑ:st] *n тех.* аминопласт

aminopyrine [əˌmi:nəʊ'paɪri:n] *n фарм.* амипирин

amir [ə'mɪə] = ameer

amirate ['æmɪrət] *n* эмират

Amish I ['æmɪʃ, 'ɑ:mɪʃ] *n употр. с гл. во мн. ч. рел.* аманиты; секта американских меннонитов; последователи епископа Аммана (*XVII в.*)

Amish II ['æmɪʃ, 'ɑ:mɪʃ] *a* аманитский, относящийся к американским меннонитам (*XVII в.*)

amiss I [ə'mɪs] *a predic* ошибочный, неверный, неправильный; несоответствующий; what is ~? что случилось?, в чём дело?; there is something ~ with him с ним что-то неладно; it would not be ~ for you to offer an apology было бы неплохо, если бы ты принёс извинения /извинился/

amiss II [ə'mɪs] *adv* 1. ошибочно, неверно, неправильно; дурно, плохо; to take smth. ~ дурно истолковывать что-л., превратно понимать что-л.; to act ~ поступать плохо /неверно/, ошибаться; to think ~ плохо думать (*о ком-л., чём-л.*); your work is going ~ today у тебя сегодня работа не клеится [*ср. тж.* ◊]; did I speak ~? я что-нибудь не так сказал? 2. некстати, несвоевременно; to come [to happen] ~ произойти [случиться] не вовремя /некстати/; nothing comes ~ to him ему всё годится, ему всё кстати [*ср.* ◊] ◊ to go ~ потеряться, пропасть [*ср. тж.* 1]; my watch has gone ~ никак не могу найти свои часы, мои часы куда-то запропастились; nothing comes ~ to a hungry stomach на голодный желудок всё сойдёт; ≅ голод — лучший повар [*ср.* 2]

amitosis [ˌæmɪ'təʊsɪs] *n биол.* амитоз

amity ['æmɪtɪ] *n* дружелюбие, дружественные отношения, согласие (*особ. между государствами*)

ammeter ['æmɪtə, 'æmˌmi:tə] *n эл.* амперметр

ammite ['æmaɪt] *n мин.* оолит

ammo ['æməʊ] *n воен. проф.* боеприпасы

Ammon[1] ['æmən] = Amon

Ammon[2] ['æmən] *n ист., библ.* Аммон, земля аммонитян

ammonal ['æmənæl] *n* аммонал

ammonia [ə'məʊnɪə] *n* 1) *хим.* аммиак 2) *разг.* нашатырный спирт

ammoniac [ə'məʊnɪæk] *a хим.* аммиачный

ammoniacals [ˌæmə'naɪək(ə)lz] *n pl с.-х.* аммиачные удобрения

ammonia solution [əˌməʊnɪəsə'lu:ʃ(ə)n] = ammonia spirit

ammonia spirit [əˌməʊnɪə'spɪrɪt] *хим.* нашатырный спирт

ammoniation [əˌməʊnɪ'eɪʃ(ə)n] *n хим. с.-х.* аммонизация

ammonia water [əˌməʊnɪə'wɔ:tə] *хим.* аммиачная вода

ammonify [ə'məʊnɪfaɪ] *v хим.* 1) аммонифицировать 2) аммонифицироваться

Ammonite ['æmənaɪt] *n ист. библ.* аммонитянин

ammonite ['æmənaɪt] *n палеонт.* аммонит

ammonium chloride [əˌməʊnɪəm'klɔ:raɪd] нашатырный спирт, хлористый аммоний

ammonium nitrate [əˌməʊnɪəm'naɪtreɪt] нитрат аммония, аммиачная селитра

ammonolysis [ˌæmə'nɒlɪsɪs] *n хим.* аммонолиз

ammonotherapy [əˌməʊnəʊ'θerəpɪ] *n мед.* псаммотерапия, лечение песочными ваннами

ammophilous [ə'mɒfɪləs] *a бот., зоол.* песколюбивый

ammophos [ə'mɒfəs] *n с.-х.* аммофос (*сложное удобрение*)

ammophoska [ˌæmə'fɒskə] *n с.-х.* аммофоска (*сложное удобрение*)

ammunition I [ˌæmju'nɪʃ(ə)n] *n* 1. *воен.* боеприпасы; ~ bearer /number/ подносчик патронов; ~ belt патронная лента, патронташ; ~ pouch патронная сумка; ~ clip патронная обойма; ~ detail команда подносчиков боеприпасов; ~ dump полевой склад боеприпасов; ~ distributing point пункт распределения боеприпасов; ~ point пункт боепитания; ~ identification маркировка боеприпасов; ~ lot партия боеприпасов 2. средство нападения или защиты; оружие, орудие; give me some ~ for the debate помоги мне подготовиться к спору /дискуссии/; they borrow their critical ~ from Aristotle своё критическое оружие они заимствуют у Аристотеля

ammunition II [ˌæmju'nɪʃ(ə)n] *v воен.* снабжать боеприпасами

amnesia [æm'ni:zɪə] *n мед.* 1) нарушение памяти, амнезия 2) выпадение памяти, пробел в воспоминаниях

amnesic I, II [æm'ni:zɪæk] = amnesic I и II

amnesic I [æm'ni:zɪk] *n* человек, страдающий потерей памяти, амнезией

amnesic II [æm'ni:zɪk] *a* утративший память, страдающий амнезией

amnestic [æm'nestɪk] *a мед.* вызывающий нарушение памяти

amnesty I ['æmnəstɪ] *n* 1. амнистия; general [complete, partial] ~ общая [полная, частичная] амнистия; to proclaim [to grant] ~ объявить [дать] амнистию; to return home under an ~ быть освобождённым по амнистии, быть амнистированным; to be included in the ~ быть включённым в список амнистированных, попасть под амнистию 2. (все)прощение; желание, стремление забыть *или* простить (*что-л.*); by mutual ~ простив друг другу прошлые обиды

amnesty II ['æmnəstɪ] *v* амнистировать; давать амнистию; to be amnestied попасть под амнистию, быть освобождённым по амнистии

amnia ['æmnɪə] *pl от* amnion

amniography [ˌæmnɪ'ɒɡrəfɪ] *n мед.* амниография (*радиографическое исследование амниона*)

amnion ['æmnɪən] *n* (*pl тж.* -nia) *физиол.* водная оболочка, амнион

amnios ['æmnɪəs] = amnion

amnioscopy [ˌæmnɪ'ɒskəpɪ] *n мед.* амниоскопия (*визуальное исследование амниона*)

amniote ['æmnɪəʊt] *n зоол.* амниот (*животное, имеющее амнион*)

amniotic [ˌæmnɪ'ɒtɪk] *a физиол.* амниотический; ~ fluid околоплодные воды, амниотическая жидкость

amock I, II, III [ə'mɒk] = amok I, II и III

amoeba [ə'mi:bə] *n* (*pl* -bae, -s [-z]) *зоол.* амёба (*Protozoa*)

amoebae [ə'mi:bi:] *pl от* amoeba

amoebaean [ˌæmɪ'bi:ən] *a стих.* амебейный (*о композиции на основе расширенной анафоры*)

amoeban [ə'mi:bən] *a* 1. *мед.* амёбный 2. *зоол.* амёбовидный

amoebean [ˌæmɪ'bi:ən] = amoebaean

amoebiasis [ˌæmɪ'baɪəsɪs] *n мед.* амёбиаз, амёбная дизентерия

amoebic [ə'mi:bɪk] = amoeban

amoebic dysentery [əˌmi:bɪk'dɪs(ə)nt(ə)rɪ] = amoebiasis

amoebid [ə'mi:bɪd] *n* 1) = amoeba 2) амёбовидное животное

amoebiform [ə'mi:bɪfɔ:m] = amoeboid

amoebocyte [ə'mi:bəsaɪt] *n физиол.* амёбоцит

amoeboid [ə'mi:bɔɪd] *a биол.* 1) амёбоидный 2) амёбовидный

amoebosis [ˌæmɪ'bəʊsɪs] *n* амебоз (*болезнь пчёл*)

amok I [ə'mɒk] *n* амок, приступообразное нарушение сознания; приступ непреодолимого влечения к убийству

amok II [ə'mɒk] *a* 1. бешеный, озверевший 2. вышедший из-под контроля; неудержимый

amok III [ə'mɒk] *adv* бешено, безудержно; to run ~ а) быть охваченным безудержным желанием убивать; бешеный; б) выйти из-под контроля; стать неуправляемым; our spending has run ~ мы тратили деньги направо и налево; a virus that has run ~ вирус, с которым никак не удаётся справиться

amole [ə'məʊlɪ; ə'məʊleɪ] *n амер.* мыльный корень (*корень некоторых растений, заменяющий мыло*)

Amon ['ɑ:mən] *n египт. миф.* Амон, бог Солнца

among [ə'mʌŋ] *prep* указывает на 1. 1) *положение среди группы предметов или лиц* среди, посреди, между; a village ~ the hills деревня среди холмов; a house ~ the trees дом, окружённый деревьями; one ~ many один из многих 2) *движение предмета или лица среди других предметов или лиц* среди; через; he passed ~ the crowd он пробирался через /сквозь/ толпу; the explorers had to grope their way ~ the ruins исследователям пришлось ощупью пробираться среди развалин 2. 1) *связь предмета или лица с другими предметами или лицами* среди; ~ guests were two actors среди гостей были два актёра; several ~ the audience heard it кое-кто из публики слышал это 2) *превосходство над другими предметами или лицами* (*обыкн. при прилагательных в превосходной степени*) из, среди; fairest ~ women красивейшая из женщин; pre-eminent ~ the writers of his day самый выдающийся из писателей того времени; Paris is ~ the largest cities in the world Париж — один из самых больших городов мира 3. *распределение чего-л. среди нескольких человек между*; to divide property ~ the heirs разделить имущество между наследниками; not five pounds ~ them у них нет и пяти фунтов на всех 4. *взаимность отношений или связанность действий* между, между собой; lasting peace ~ the peoples прочный мир между народами; they quarrel ~ themselves они ссорятся между собой; settle it ~ yourselves уладьте это между собой; договоритесь об этом сами; you have, ~ you, spoiled the child вы все вместе испортили /избаловали/ ребёнка 5. *соотнесённость действий с какой-л. средой, эпохой и т. п.* у, среди, в эпоху; it was the custom ~ our ancestors таков был обычай наших предков; ~ the ancient Greeks у древних греков 6. *в сочетаниях*: from ~ из, среди; a strange figure rose from ~ the crowd над толпой возвышалась странная фигура; ~ other things между прочим; ~ other things he said that... между прочим он сказал, что...

amongst [ə'mʌŋst] *книжн. см.* among
Amon-Ra ['ɑ:mən'rɑ:] *n егип. миф.* Амо́н-Ра́, бог Со́лнца
amontillado [ə,mɒntɪ'lɑ:dəʊ] *n* амонтильядо, вы́держанный сухо́й хе́рес ◇ an ~ manner суха́я сде́ржанная мане́ра (*речи и т. п.*)
Amor ['eɪmɔ:] *n* 1. *греч. миф.* Аму́р 2. *иск.* аму́р, купидо́н
amoral [eɪ'mɒrəl, æ'mɒrəl] *a* 1. внеэти́ческий, нейтра́льный в отноше́нии мора́ли 2. 1) амора́льный, безнра́вственный 2) не име́ющий твёрдых мора́льных при́нципов, нра́вственных убежде́ний *и т. п.*; he is ~ он не понима́ет, что тако́е мора́льные но́рмы
amoralism [eɪ'mɒrəlɪz(ə)m, æ'mɒrəlɪz(ə)m] *n* 1) аморали́зм; отрица́ние мора́ли 2) безнра́вственность, амора́льность, духо́вный распа́д
amorality [,eɪmɒ'rælɪtɪ, ,æmɒ'rælɪtɪ] *n* амора́льность; безнра́вственность
amorce [ə'mɔ:s] *n* 1. *ист.* порохово́й заря́д для огнестре́льного ору́жия 2. писто́н (*для игру́шечного пистоле́та*)
amorettі [,æmə'retɪ] *pl от* amoretto
amoretto [,æmə'retəʊ] *n* (*pl* -ti) *um. иск.* аму́р; купидо́н
amorini [,æmə'ri:nɪ] *pl от* amorino
amorino [,æmə'ri:nəʊ] *n* (*pl* -ni) *um.* = amoretto
amorist ['æmərɪst] *n* 1. охо́тник до любо́вных приключе́ний 2. а́втор любо́вной ли́рики
Amorite ['æmərаɪt] *n ист.* амори́т; the ~s *pl собир.* аморе́йцы, аморе́и (*дре́внее семити́ческое пле́мя*)
amoroso [,ɑ:mə'rəʊsəʊ] *муз.* аморо́зо; не́жно, стра́стно
amorous ['æm(ə)rəs] *a* 1. 1) влю́бчивый; ~ disposition влю́бчивый хара́ктер 2) эроти́ческий, эроти́чный 2. *арх.* (*обыкн.* of) влюблённый (*в кого́-л.*); he became ~ of her он влюби́лся в неё; ~ twosomes *разг.* влюблённые /не́жничающие/ па́рочки 3. любо́вный; ~ songs любо́вные пе́сни; poetry любо́вная ли́рика; an ~ novel рома́н про любо́вь
amorously ['æm(ə)rəslɪ] *adv* 1) влюблённо; любо́вно 2) с вожделе́нием
amor patriae [,æmɔ:'pætrɪi:] *лат.* любо́вь к ро́дине, патриоти́зм
amorph ['eɪmɔ:f, ə'mɔ:f] *n* биол. амо́рф, амо́рфный ген
amorphic [ə'mɔ:fɪk] = amorphous
amorphisation [ə,mɔ:fɪ'zeɪʃ(ə)n] *n* аморфиза́ция, перехо́д в амо́рфное состоя́ние
amorphism [ə'mɔ:fɪz(ə)m] *n* аморфи́зм, амо́рфное состоя́ние
amorphous [ə'mɔ:fəs] *a* 1. амо́рфный, бесфо́рменный; ~ clouds бесфо́рменные облака́ 2. 1) хаоти́чный, беспоря́дочный 2) нечёткий, нея́сный, неопределённый; ~ plans неопределённые пла́ны 3. *тех., биол.* амо́рфный, некристалли́ческий, бесструкту́рный
amort [ə'mɔ:t] *a арх.* 1) умира́ющий 2) уны́лый, пода́вленный
amortisseur [ɑ:,mɔ:tɪ's3:] *n тех.* де́мпфер; амортиза́тор; успокои́тель
amortizable [ə'mɔ:taɪzəb(ə)l] *a* погаша́емый (*о до́лге*); аннули́руемый, выпла́чиваемый
amortization [ə,mɔ:taɪ'zeɪʃ(ə)n, ,æmɔ:-] *n эк.* 1. амортиза́ция, погаше́ние до́лга в рассро́чку 2. амортизацио́нные отчисле́ния; амортизацио́нный фонд 3. *юр.* отчужде́ние земе́льной со́бственности по «пра́ву мёртвой руки́» 4. *тех.* амортиза́ция, демпфи́рование; поглоще́ние, смягче́ние уда́ра 5. смягче́ние уда́ра или толчка́ при приземле́нии (*лёгкая атле́тика*)
amortize [ə'mɔ:taɪz] *v эк.* 1. погаша́ть в рассро́чку (*долг*), амортизи́ровать 2. производи́ть амортизацио́нные отчисле́ния 3. *бухг.* спи́сывать 4. *юр.* 1) отчужда́ть недви́жимость по «пра́ву мёртвой руки́» 2) передава́ть недви́жимость юриди́ческому лицу́ без пра́ва её дальне́йшего отчужде́ния 5. *тех.* амортизи́ровать, демпфи́ровать
amortizement [ə'mɔ:tɪzmənt] = amortization
amor vincit omnia [,æmɔ:'vɪnkɪt'ɒmnɪə] *лат.* любо́вь побежда́ет всё
amotivational [eɪ,məʊtɪ'veɪʃ(ə)nəl] *a психол.* немотиви́рованный
amount I [ə'maʊnt] *n* 1. коли́чество; величина́; small [large, considerable, trifling] ~ of smth. небольшо́е [большо́е, значи́тельное, ничто́жное] коли́чество чего́-л.; he has any ~ of money у него́ де́нег хвата́ет; ~ of business торго́вый оборо́т; ~ of housing жили́щный фонд; ~ of turnover су́мма оборо́та капита́ла; ~ of employment *эк.* за́нятость; in ~ по коли́честву, коли́чественно; the ~ of clouds *метеор.* балл о́блачности; the ~ used *тех.* затра́та /расхо́д/ (*чего́-л.*); the ~ of deflection *тех.* стрела́ проги́ба 2. всё, весь объём, вся ма́сса; a great ~ of negligence больша́я сте́пень хала́тности; непрости́тельная небре́жность; the ~ of evidence against him is great про́тив него́ со́брано огро́мное коли́чество ули́к; he has an enormous ~ of energy он челове́к неистощи́мой эне́ргии 3. о́бщая су́мма, ито́г; what is the ~ of the debt? какова́ о́бщая су́мма до́лга? 4. *бухг.* основна́я су́мма и проце́нты с неё; ~ due су́мма к получе́нию, причита́ющаяся су́мма; ~ at risk *страх.* страхова́я су́мма
amount II [ə'maʊnt] *v* 1. (to) составля́ть (*су́мму*); доходи́ть до; достига́ть (*чего́-л.*); равня́ться (*чему́-л.*); the bill ~s to £25 счёт составля́ет су́мму в 25 фу́нтов 2. (to) быть ра́вным, равноси́льным, равнозна́чным; означа́ть; ~ to a refusal [to a threat] быть равноси́льным отка́зу [угро́зе]; to ~ to very little, not to ~ to much не име́ть большо́го значе́ния, о́чень ма́ло зна́чить; what does it ~ to? что э́то зна́чит?; it ~s to this /that/ э́то означа́ет сле́дующее 3. станови́ться (*кем-л., чем-л.*), добива́ться (*чего́-л.*); he'll never ~ to anything из него́ никогда́ ничего́ не вы́йдет
amour [ə'mʊə, ə'mʊ:] *n* 1. любо́вная исто́рия, рома́н 2. та́йная любо́вная связь, любо́вная интри́га
amourette [,æmʊ'ret] *n книжн.* любо́вная интри́жка; ~ аму́ры
amour-propre [ə,mʊə'prɒprə] *n фр.* самолю́бие; го́рдость; чу́вство со́бственного досто́инства
amove [ə'mu:v] *v юр.* увольня́ть
amp¹ [æmp] *n* (*сокр. от* amplified guitar) *амер. проф. жарг.* электрогита́ра
amp² [æmp] *n* (*сокр. от* amplifier) *разг.* усили́тель
amp³ [æmp] *n* (*сокр. от* ampoule) *разг.* а́мпула
amp⁴ [æmp] *n* (*сокр. от* ampere) ампе́р
ampelite ['æmpəlaɪt] *n мин.* у́глистый сла́нец
ampelography [,æmpə'lɒgrəfɪ] *n* ампелогра́фия
ampelopsis [,æmpə'lɒpsɪs] *n бот.* ампело́псис, виногра́довник (*Ampelopsis gen.*)
amperage ['æmp(ə)rɪdʒ] *n эл.* си́ла то́ка (*в ампе́рах*)
ampere ['æmpeə] *n эл.* ампе́р
ampere-hour [,æmpeə'raʊə] *n эл.* ампе́р-ча́с
amperemeter ['æmpeə,mi:tə] = ammeter
ampere-turn [,æmpeə'tɜ:n] *n эл.* ампе́р-вито́к
ampere-voltmeter [,æmpeə'vəʊlt,mi:tə] *n эл.* вольтампермéтр, ампервольтмéтр
amperometer [,æmpə'rɒmɪtə] = ammeter
ampersand ['æmpəsænd] *n полигр.* знак & (= and)
amphetamine [æm'fetəmi(:)n] *n фарм.* амфетами́н (*стимуля́нт*)
amphi- [æmfɪ-] *pref* встреча́ется в *сущ. и прил. греч. происхожде́ния со значе́нием* о́ба; и тот и друго́й; amphichrome расте́ние с цветка́ми ра́зной окра́ски на одно́м стébлe; amphipneustic двоякоды́шащий (*име́ющий и жа́бры, и лёгкие*)
amphiarthroses [,æmfɪɑ:'θrəʊsɪ:z] *pl от* amphiarthrosis
amphiarthrosis [,æmfɪɑ:'θrəʊsɪs] *n* (*pl* -ses) *анат.* амфиартро́з, полуподви́жный суста́в
amphibia [æm'fɪbɪə] *n pl зоол.* амфи́бии, земново́дные
amphibian I [æm'fɪbɪən] *n* 1. *зоол.* амфи́бия, земново́дное 2. *бот.* земново́дное расте́ние 3. 1) существо́ двойственной, противополо́жной приро́ды 2) челове́к, облада́ющий двойственной нату́рой *или* веду́щий двойной о́браз жи́зни 4. самолёт-амфи́бия 5. *воен.* амфиби́йно-деса́нтное сре́дство; деса́нтная гу́сеничная маши́на; ~ tank танк-амфи́бия
amphibian II [æm'fɪbɪən] = amphibious 1 *и* 3
amphibiotic [,æmfɪbaɪ'ɒtɪk] *a зоол.* амфибио́нтный, земново́дный
amphibious [æm'fɪbɪəs] *a* 1. *зоол., бот.* земново́дный 2. име́ющий двойственную приро́ду 3. *спец.* амфиби́йный, пла́вающий; ~ vehicle автомоби́ль-амфи́бия 4. *воен.* деса́нтный; ~ support подде́ржка морско́го деса́нта
amphibole ['æmfɪbəʊl] *n мин.* амфибо́л, рогова́я обма́нка
amphibolic [,æmfɪ'bɒlɪk] *a* 1. *книжн.* 1) двусмы́сленный 2) *лог.* амфиболи́ческий 2. *мин.* име́ющий сво́йства амфибо́ла 3. *мед.* коле́блющийся; нея́сный, сомни́тельный
amphibological [,æm(,)fɪbə'lɒdʒɪk(ə)l] *a книжн.* 1) двусмы́сленный (*о предложе́нии, фра́зе*) 2) уклоня́ющийся (*от прямо́го отве́та*)
amphibology [,æmfɪ'bɒlədʒɪ] = amphiboly
amphibolous [æm'fɪbələs] *a лог.* име́ющий два смы́сла, неоднозна́чный
amphiboly [æm'fɪbəlɪ] *n книжн.* 1) двусмы́сленное выраже́ние; двусмы́сленность; софи́зм 2) слове́сная уве́ртка, уклоне́ние (*от прямо́го отве́та*)
amphibrach ['æmfɪbræk] *n стих.* амфибра́хий
amphibrachic [,æmfɪ'brækɪk] *a стих.* амфибрахи́ческий
amphicarpic, amphicarpous [,æmfɪ'kɑ:pɪk, -pəs] *a бот.* несу́щий два разли́чных ти́па плодо́в, амфикарпи́ческий
amphictyon [æm'fɪktɪən] *n* амфиктио́н, член сове́та амфиктиони́и (*в Дре́вней Гре́ции*)
amphictyonic [æm,fɪktɪ'ɒnɪk] *a ист.* относя́щийся к амфиктиони́и, амфиктиони́ческий; A. League дельфи́йско-пиле́йская амфиктиони́я
amphictyony [æm'fɪktɪənɪ] *n* амфиктиони́я (*в Дре́вней Гре́ции*)
amphidiploid [,æmfɪ'dɪplɔɪd] *n биол.* амфидипло́ид (*гибри́дный органи́зм, име́ющий набо́ры хромосо́м обо́их роди́тельских ви́дов*)

amphigenesis [ˌæmfɪˈdʒenəsɪs] *n биол.* амфигенез, двуполое размножение
amphigony [æmˈfɪɡənɪ] *n биол.* амфигония, двуполое размножение
amphigory [ˈæmfɪɡ(ə)rɪ] *n* шуточные стихи, бурлеск; пародия
amphigouri [ˌæmfɪˈɡʊərɪ] = amphigory
amphimacer [æmˈfɪməsə] *n стих.* амфимакр (*античная пятидольная стопа*); критская стопа
amphimictic [ˌæmfɪˈmɪktɪk] *a биол.* амфимиктический, размножающийся половым путём
amphimixis [ˌæmfɪˈmɪksɪs] *n биол.* 1. амфимиксис, половое размножение (*через слияние двух гамет*) 2. скрещивание
amphimorphic [ˌæmfɪˈmɔːfɪk] *a геол.* амфиморфный (*образовавшийся наложением двух процессов*)
Amphion [æmˈfaɪən, ˈæmfɪən] *n греч. миф.* Амфион (*сын Зевса*)
amphipath, amphipathic [ˈæmfɪpæθ, ˌæmfɪˈpæθɪk] =
amphiphile [ˈæmfɪfaɪl] *n хим.* амфифильное вещество (*напр., растворяющееся и в воде, и в жирах*)
amphiphilic [ˌæmfɪˈfɪlɪk] *a хим.* амфифильный
amphiprostyle [æmˈfɪprəstaɪl] *n архит.* амфипростиль (*здание с портиками у торцов и без боковых колонн*)
amphisbaena [ˌæmfɪsˈbiːnə] *n* 1. *греч. и рим. миф.* амфисбена, двуглавый змий 2. *зоол.* амфисбена, двуходка (*Amphisbaena gen.*)
amphistylar [ˌæmfɪˈstaɪlə] *a архит.* с портиками у торцов *или* у боков здания
amphitheater [ˈæmfɪˌθɪətə] *амер.* = amphitheatre
amphitheatre [ˈæmfɪˌθɪətə] *n* 1. амфитеатр; natural ~ естественный амфитеатр 2. место проведения состязаний, игр, представлений *и т. п.*; арена, стадион 3. большая аудитория; лекционный зал 4. операционная с галереей для студентов
amphitheatric, amphitheatrical [ˌæmfɪθɪˈætrɪk, -(ə)l] *a* 1) имеющий вид амфитеатра; расположенный амфитеатром 2) происходящий в амфитеатре; имеющий отношение к амфитеатру
amphithecia [ˌæmfɪˈθiːsɪə] *pl от* amphithecium
amphithecium [ˌæmfɪˈθiːsɪəm] *n (pl* -cia*) биол.* амфитеций
Amphitrite [ˌæmfɪˈtraɪtɪ(ː)] *n греч. миф.* Амфитрита, владычица морей
Amphitryon [æmˈfɪtrɪən] *n* 1) *греч. миф.* Амфитрион 2) гостеприимный хозяин
amphogenic [ˌæmfəˈdʒenɪk] *a биол.* амфогенный (*дающий потомков обоего пола*)
amphora [ˈæmfərə] *n (pl тж.* -rae*)* 1. амфора 2. *ист.* амфора, мера жидкости (≅ 9 галлонам у древних греков и 6 галлонам у римлян) 3. *бот.* амфора, нижняя часть спорогония
amphorae [ˈæmfəriː] *pl от* amphora
amphoral [ˈæmf(ə)rəl] *a* похожий на амфору; амфороподобный, амфоровидный
amphoric [æmˈfɒrɪk] *a* 1. *редк.* = amphoral 2. *мед.* амфорический (*о дыхании*)
amphoteric [ˌæmfəˈterɪk] *n хим.* амфотерный
amphtrac [ˈæmftræk] = amtrack
ample [ˈæmp(ə)l] *a* 1. 1) обильный; богатый; ~ resources богатые /большие/ ресурсы; ~ award щедрая награда; ~ opportunities широкие возможности; ~ supply of bread [of water] обильные запасы хлеба [воды]; to have ~ means быть состоятельным /богатым/ человеком; to make ~ promises давать щедрые обещания; ≅ сулить золотые горы; to give ~ scope to one's imagination дать простор воображению; to make ~ amends for smth. возместить с лихвой что-л.; to give ~ praise расточать похвалы, осыпать похвалами, превозносить 2) (вполне) достаточный (*для чего-л.*); ~ room for smth. достаточно места для чего-л.; £5 will be ~ for my needs мне вполне достаточно пяти фунтов; ~ time to do smth. достаточно /хватит/ времени для чего-л. 2. *книжн.* просторный, вместительный, обширный; ~ room [house, hall] просторная комната [-ый дом, зал]; ~ territories обширные территории; the new car has an ~ boot у нового автомобиля вместительный багажник 3. пространный, подробный; ~ style пространная манера изложения, многословие; ~ description [narrative] полное /подробное/ описание [-ый рассказ] 4. полный, пышный (*о фигуре*) 5. *тех.* с достаточным запасом (*прочности и т. п.*)
amplexicaul [æmˈpleksɪkɔːl] *a бот.* стеблеобъемлющий (*о листе*)
amplexifoliate [æmˌpleksɪˈfəʊlɪɪt] *a бот.* листообъемлющий
ampliate [ˈæmplɪɪt] *a редк.* увеличенный, расширенный; усиленный
ampliation [ˌæmplɪˈeɪʃ(ə)n] *n* 1. *редк.* увеличение, расширение; усиление 2. *юр.* отсрочка решения дела в связи с необходимостью дополнительного расследования
ampliative [ˈæmplɪətɪv] *a лог.* развивающий (*мысль*); разъясняющий, дополняющий; синтетический; ~ inference индуктивный метод
amplidyne [ˈæmplɪdɪn] *n эл.* амплидин, электромеханический усилитель
amplification [ˌæmplɪfɪˈkeɪʃ(ə)n] *n* 1. увеличение, расширение; распространение; the matter requires ~ вопрос требует дальнейшей разработки 2. развитие (*предложения, мысли*); дополнение к сказанному 3. пространное заявление; развёрнутое описание; обстоятельное сообщение *и т. п.* 4. *лингв.* 1) расширение, распространение; ~ of the predicate распространение сказуемого 2) дополнение 5. *эл., радио* усиление; ~ factor коэффициент усиления 6. увеличение (*оптического прибора*) 7. *спец.* амплификация
amplificatory [ˈæmplɪfɪkeɪt(ə)rɪ] *a редк.* увеличивающий; дополнительный, расширяющий
amplifier [ˈæmplɪfaɪə] *n* 1. *см.* amplify + -er 2. *радио* усилитель; tube ~ радио ламповый усилитель 3. 1) (сменная) линза между объективом и окуляром микроскопа 2) насадочная линза к фотоаппарату 4. громкоговоритель, репродуктор
amplifier-rectifier [ˈæmplɪfaɪəˈrektɪfaɪə] *n эл.* усилитель-выпрямитель
amplify [ˈæmplɪfaɪ] *v* 1. увеличивать, расширять; усиливать; to ~ the demand for a product by advertising повышать спрос на какое-л. изделие посредством рекламы 2. 1) развивать (*мысль и т. п.*); подробно описывать; сообщать подробности; приводить (дополнительные) примеры, иллюстрации *и т. п.*; уточнять; to ~ a story рассказать историю более подробно 2) распространяться, останавливаться на подробностях; to ~ on /upon/ smth. распространяться о чём-л. 3. преувеличивать; to ~ difficulties преувеличивать трудности 4. *эл., радио* усиливать; to ~ the sound from the radio увеличивать громкость звучания радиоприёмника
amplitude [ˈæmplɪtjuːd] *n* 1. *книжн.* обширность, большой объём; простор, широта; диапазон; размах; полнота 2. обилие, изобилие; an ~ of money масса /куча/ денег 3. широта взглядов, масштабность мышления 4. 1) *астр.* амплитуда; ~ modulation амплитудная модуляция 2) *физ.* размах 5. дальность действия; радиус действия
amplitudinous [ˌæmplɪˈtjuːdɪnəs] *a книжн.* 1. большой, обширный, просторный, широкий; масштабный; ~ performance свободная /раскованная/ манера исполнения 2. *спец.* с (большим) размахом колебаний
amply [ˈæmplɪ] *adv* 1. вполне достаточно; обильно; to be ~ supplied with food иметь большой запас продовольствия; хорошо снабжаться предметами питания; ~ rewarded щедро вознаграждённый 2. широко, просторно 3. подробно, пространно
ampoule [ˈæmpuːl] *n мед.* ампула
ampul(e) [ˈæmp(j)uːl] = ampoule
ampulla [æmˈpʊlə] *n (pl* -lae*)* 1. *др.-рим.* ампула, небольшая амфора; сосуд с двумя ручками 2. *церк.* 1) сосуд с миром) сосуд с вином *или* водой для мессы 3. = ampoule 4. *анат.* ампула, пузырёк
ampullaceous [ˌæmpəˈleɪʃəs] *a книжн.* имеющий форму круглой бутыли; похожий на пузырь
ampullae [æmˈpʊliː] *pl от* ampulla
ampullar, ampullary [æmˈpʊlə, -(ə)rɪ] = ampullaceous
ampullate [ˈæmpəlɪt] = ampullaceous
amputate [ˈæmpjʊteɪt] *v* 1. отнимать, ампутировать 2. *шутл.* сокращать, урезывать; if you ~ a dozen pages you will have a better essay если вы сократите очерк страниц на десять, он от этого только выиграет
amputation [ˌæmpjʊˈteɪʃ(ə)n] *n* 1. *мед.* ампутация, отсечение; отделение, вычленение 2. сокращение, урезывание
amputee [ˌæmpjʊˈtiː] *n* человек с ампутированной конечностью, инвалид
ampyces [ˈæmpksiːz] *pl от* ampyx
ampyx [ˈæmpɪks] *n (pl тж.* ampyces*) др.-греч.* обруч (*держащий волосы*); налобная повязка
amreeta I, II [ʌmˈriːtə] = amrita I и II
amrita I [ʌmˈriːtə] *n инд. миф.* 1) амрита, эликсир жизни; напиток бессмертия 2) бессмертие богов
amrita II [ʌmˈriːtə] *a поэт.* бессмертный, божественный
amtrack [ˈæmtræk] *n воен.* плавающий гусеничный транспортёр
amuck I, II, III [əˈmʌk] = amok I, II и III
amulet [ˈæmjʊlɪt, ˈæmjʊlet] *n* амулет, талисман
Amur cork tree [əˌmʊəˈkɔːktriː] *бот.* амурский бархат, амурское пробковое дерево, бархатное дерево (*Phellodendron amurense*)
Amur lilac [əˌmʊəˈlaɪlək] *бот.* амурская сирень (*Syringa amurensis*)
Amur vine [əˌmʊəˈvaɪn] *бот.* амурский виноград (*Vitis amurensis*)
amuse [əˈmjuːz] *v* 1. забавлять, развлекать; to ~ smb. with jokes [stories] развлекать /смешить/ кого-л. шутками [рассказами]; to ~ smb. by doing smth. занимать /развлекать/ кого-л. чем-л.; I was much ~d at the joke я очень смеялся над этим анекдотом; I was highly ~d by their tricks меня смешили их вы-

AMU — ANA

ходки; to keep smb. ~d развлекать кого-л., не давать кому-л. скучать 2. изумляться, (приятно) удивляться; we were ~d to learn that... мы были приятно удивлены, узнав, что... /когда узнали, что.../; I was secretly ~d by his threats про себя я от души посмеялся над его угрозами 3. проводить (приятно) время, коротать досуг; to ~ one's leisure проводить /коротать/ свой досуг; to ~ oneself with smth. /by doing smth./ заниматься чем-л., занимать своё время чем-л.

amused [ə'mju:zd] *a* 1. довольный; ~ spectators заинтересованные зрители 2. изумлённый, (приятно) удивлённый; she looked ~ было видно, что она приятно удивлена /что это её забавляет/ 3. весёлый, радостный; улыбающийся; we are not ~ нам не смешно

amusedly [ə'mju:zɪdlɪ] *adv* 1. с удовольствием 2. изумлённо; с (приятным) удивлением 3. весело, радостно

amusement [ə'mju:zmənt] *n* 1. 1) обыкн. *pl* развлечение, увеселение, забава; innocent ~s невинные забавы /развлечения/; favourite ~ grounds /park/ парк с аттракционами; ~ arcade зал игральных автоматов; игротека; plenty of ~s — plays, moving pictures, football matches, and so on масса развлечений — театры, кино, футбол и прочее 2) удовольствие; to find much ~ in /to derive much ~ from/ reading получать большое удовольствие от чтения; to do smth. for one's own ~ делать что-л. для собственного удовольствия 3) (приятное) занятие, времяпрепровождение; idle ~ пустое /бесцельное/ препровождение времени; favourite [chief] ~ любимое /основное/ занятие; to want /to seek/ time-killing ~ стремиться занять (чем-л.), чтобы убить время 2. (приятное) изумление, (радостное) удивление; in ~ изумлённо, с удивлением; in secret [childish] ~ тайно [по-детски] забавляясь; to the ~ of everybody, to everybody's ~ к всеобщему удивлению 3. веселье, радость; unconcealed [puzzled, round-eyed] ~ нескрываемая [смешанная с изумлением, наивная] радость; to cause /to provoke/ great ~ вызвать всеобщее веселье, рассмешить, позабавить

amusement tax [ə'mju:zmənt,tæks] налог на развлечения (*на билеты в кино, театры и т. п.*)

amusia [eɪ'mju:zɪə] *n мед.* амузия, утрата способности воспринимать музыку (*в связи с поражением коры мозга*)

amusing [ə'mju:zɪŋ] *a* забавный, смешной; занятный, развлекательный

amusingly [ə'mju:zɪŋlɪ] *adv* забавно, смешно

amusive [ə'mju:zɪv] *a редк.* = amusing

amygdala [ə'mɪgdələ] *n* (*pl* -lae) 1. *бот.* миндалина (*тип плода*) 2. *анат.* 1) миндалевидная железа, миндалина 2) мозжечковая миндалина

amygdalaceous [ə,mɪgdə'leɪʃəs] *a* миндальный, относящийся к миндалю

amygdalae [ə'mɪgdəli:] *pl от* amygdala

amygdalate [ə'mɪgdəleɪt] *a спец.* миндальный; миндалевидный

amygdalin [ə'mɪgdəlɪn] *n хим., фарм.* амигдалин

amygdalitis [ə,mɪgdə'laɪtɪs] *n мед.* тонзиллит, воспаление миндалин

amygdaloid I [ə'mɪgdəlɔɪd] *n геол.* амигдалоид

amygdaloid II [ə'mɪgdəlɔɪd] *a* 1. *спец.* миндалевидный 2) *геол.* амигдалоидный

amyl ['æmɪl] *n хим.* амил

amylaceous [,æmɪ'leɪʃəs] *a* содержащий крахмал, крахмалистый

amyl acetate [,æmɪl'æsɪteɪt] *хим.* амилацетат

amyl alcohol [,æmɪl'ælkəhɔl] *хим.* амиловый спирт

amylase ['æmɪleɪz, 'æmɪleɪs] *n биохим.* амилаза (*фермент*)

amylene ['æmɪli:n] *n хим.* амилен

amyloid ['æmɪlɔɪd] *n биохим.* амилоид

amyloidosis [,æmɪlɔɪ'dəʊsɪs] *n мед.* амилоидоз

amyloplast ['æmɪlə,plɑ:st] *n бот.* амилопласт

amylose ['æmɪləʊz, 'æmɪləʊs] *n биохим.* амилоза

amylum ['æmɪləm] *n спец.* крахмал

amynodont [ə'mɪnədɔnt] *n палеонт.* аминодонт

amyotonia [eɪ,maɪə'təʊnɪə] *n мед.* понижение тонуса мышц

amyotrophic [eɪ,maɪə'trɔfɪk] *a мед.* амиотрофический

amyotrophy [,eɪmɪ'ɔtrəfɪ] *n мед.* амиатрофия, атрофия мышц

amyous ['æmɪəs] *a мед.* 1) слабый; с расслабленными мышцами 2) безмышечный

an[1] [æn (*полная форма*); ən, n (*редуцированные формы*)] *неопределённый артикль, употребляется перед словами, начинающимися с гласного звука и иногда со звука h; см.* a

an[2], **an'** [æn, ən] *диал., разг. см.* and II

an- [æn-, ən-] = a-[3]

-an [-ən] (*тж.* -ian, -ean) *suff образует относительные прил.* 1. *от географических названий* (*при субстантивации обычно обозначает представителей народа*): American американский, американец; Roman римский; римлянин; Oxonian оксфордский; Russian русский 2. *от личных имён и фамилий* (*при субстантивации обычно обозначает последователя соответствующего лица*): Lutheran лютеранский; лютеранин; Christian христианский; христианин; Lucullean, Lucullian лукулловский; Marxian марксистский; Shakespearian шекспировский; шекспировед; Victorian викторианский; викторианец 3. *зоол. от лат. таксономических названий отрядов и классов животных* (*на русский язык переводятся род. п. исходных названий*): mammalian, gallinacean, avian, crocodilian, molluscan 4. *встречается в прил. лат. и греч. происхождения, производных от сущ. других разрядов*: urban городской; pygmaean пигмейский; cyclopean циклопический; pagan языческий; antediluvian допотопный; republican республиканский

ana ['ɑ:nə] *n книжн.* 1. сборник изречений, анекдотов 2. изречение, анекдот; рассказ (*о ком-л.*)

-ana [ænə] (*тж.* -iana) *suff от географических названий и фамилий образует сущ. со значением* собрание материалов относительно данного места или человека: Africana африкана; Shakespeariana шекспириана

Anabaptism [,ænə'bæptɪz(ə)m] *n рел.* анабаптизм

Anabaptist I [,ænə'bæptɪst] *n рел.* анабаптист

Anabaptist II [,ænə'bæptɪst] *a рел.* анабаптистский

anabases [ə'næbəsi:z] *pl от* anabasis

anabasine [ə'næbəsi(:)n] *n хим.* анабазин, анабазин-сульфат (*инсектицид*)

anabasis [ə'næbəsɪs] *n* (*pl* -ses) 1. 1) *ист.* анабасис (*поход Кира младшего против Артаксеркса*) 2) *лит.* анабасис, описание похода; the A. «Анабасис» Ксенофонта (*о походе Кира*) 2. 1) военный поход; Napoleon's anabases наполеоновские походы 2) трудное и опасное отступление

anabatic [,ænə'bætɪk] *a метеор.* анабатический, восходящий

anabiosis [,ænəbaɪ'əʊsɪs] *n* 1. *биол.* анабиоз 2. оживление, возвращение к жизни

anabiotic [,ænəbaɪ'ɔtɪk] *a биол.* анабиотический, связанный с анабиозом

anableps ['ænəblɛps] *n зоол.* четырёхглазка (*Anableps tetrophthalmus*)

anabolic I [,ænə'bɔlɪk] *n физиол.* анаболический стероид (*используется для увеличения мышечной массы у спортсменов и т. п.*)

anabolic II [,ænə'bɔlɪk] *a физиол.* анаболический, ассимиляционный; ~ steroid анаболический стероид

anabolism [ə'næbəlɪz(ə)m] *n физиол.* анаболизм, процессы ассимиляции

anabranch ['ænəbrɑ:ntʃ] *n* 1) рукав, протока, отходящая от реки и впадающая в неё ниже по течению 2) протока, теряющаяся в песках

anacamptics [,ænə'kæm(p)tɪks] *n опт.* катоптрика

anacard ['ænəkɑ:d] *n бот.* анакард, акажу (*Anacardium occidentale* — *дерево и орех*)

anachoret(e) [ə'nækərɛt] = anchoret

anachorism [ə'nækərɪz(ə)m] *n книжн.* нечто, не свойственное стране, местным условиям

anachorite [ə'nækəraɪt] = anchoret

anachronic, anachronical [,ænə'krɔnɪk, -(ə)l] = anachronistic, anachronical

anachronism [ə'nækrənɪz(ə)m] *n* 1) *неодобр.* нечто отжившее, устарелое; пережиток; monarchy [the House of Lords] is an ~ монархия [палата лордов] досталась нам в наследство от прошлого 2) анахронизм, хронологическая ошибка; flagrant ~ вопиющий анахронизм; to assign Michelangelo to the 14th century is an ~ атрибуция Микеланжело к четырнадцатому веку является хронологической ошибкой); it was an ~ to say "Julius Caesar looked at his watch" сказать «Юлий Цезарь посмотрел на ручные часы» значит допустить анахроническую ошибку

anachronistic, anachronistical [ə,nækrə'nɪstɪk, -(ə)l] *a* анахроничный, анахронический

anachronize [ə'nækrənaɪz] *v редк.* неправильно определять время какого-л. явления; допускать анахронизмы

anachronous [ə'nækrənəs] *a* неправильно датированный, анахроничный

anacidity [,ænə'sɪdɪtɪ] *n мед.* нулевая кислотность

anaclasis [ə'nækləsɪs] *n стих.* анакласа

anaclastic[1] [,ænə'klæstɪk] *a стих.* анакластический

anaclastic[2] [,ænə'klæstɪk] *a опт.* диоптрический

anaclastics [,ænə'klæstɪks] *n опт.* диоптрика

anaclinal [,ænə'klaɪn(ə)l] *a геол.* анаклинальный

anaclitic [,ænə'klɪtɪk] *a книжн.* несамостоятельный, зависимый

anacolutha [,ænəkə'lu:θə] *pl от* anacoluthon

anacoluthic [,ænəkə'lu:θɪk] *a стил.* с анаколуфом

anacoluthon [ˌænəkəˈluːθɒn] *n* (*pl* -tha) *стил.* анаколуф

anaconda [ˌænəˈkɒndə] *n* 1. 1) *зоол.* анаконда (*Eunectes murinus*) 2) *разг.* крупная змея, *особ.* констриктор 2. *карт.* «анаконда» (*разновидность покера*)

Anacreontic [əˌnækrɪˈɒntɪk] *a* 1. *лит.* 1) анакреон(т)ический (*о поэзии*) 2) анакреон(т)ов; относящийся к Анакреон(т)у 2. любовный, чувственный; эротический

anacreontic I [əˌnækrɪˈɒntɪk] *n* 1) анакреон(т)ическая поэзия 2) стихотворение в подражание Анакреон(т)у

anacreontic II [əˌnækrɪˈɒntɪk] = Anacreontic

anacruses [ˌænəˈkruːsiːz] *pl от* anacrusis

anacrusis [ˌænəˈkruːsɪs] *n* (*pl* -ruses) 1. *стих.* анакруза, анакруса 2. *муз.* анакруза, затакт

anadem [ˈænədem] *n поэт.* гирлянда, венок из цветов

anadiplosis [ˌænədɪpˈləʊsɪs] *n стил.* анадиплосис, подхват, стык

anadrom [ˈænədrɒm] *n рыб.* проходная рыба

anadromous [əˈnædrəməs] *a рыб.* анадромный, проходной

anadromy [əˈnædrəmɪ] *n* анадромия, миграция из морей в реки для метания икры (*лосося и т. п.*)

anaemia [əˈniːmɪə] *n* 1. *мед.* анемия, малокровие 2. худосочие, бледность 2) слабость, беспомощность, вялость (*слога и т. п.*); his writing suffers from ~ его писания невыразительны

anaemic [əˈniːmɪk] *a* 1. *мед.* анемичный, малокровный 2. 1) бледный, худосочный 2) слабый, вялый (*о слоге и т. п.*); ~ novel слабый /серый/ роман; ~ economy слаборазвитая /больная/ экономика

anaerobe [əˈnɛərəʊb, ˈænərəʊb] *n биол.* анаэроб

anaerobia [ˌænəˈrəʊbɪə] *pl от* anaerobium

anaerobic [ˌænəˈrəʊbɪk] *a биол.* анаэробный

anaerobion [ˌænəˈrəʊbɪən] = anaerobe

anaerobiosis [ˌænˌeərəbaɪˈəʊsɪs] *n биол.* анаэробиоз

anaerobiotic [ˌænˌeərəbaɪˈɒtɪk] = anaerobic

anaerobium [əˌneəˈrəʊbɪəm] *n* (*pl* -bia) = anaerobe

anaerophyte [əˈnɛərəfaɪt] *n бот.* анаэробное растение

anaesthesia [ˌænɪsˈθiːzɪə] *n мед.* обезболивание, анестезия

anaesthesiologist [ˌænɪsˌθiːzɪˈɒlədʒɪst] = anaesthetist

anaesthesiology [ˌænɪsˌθiːzɪˈɒlədʒɪ] *n мед.* анестезиология

anaesthesis [ˌænɪsˈθiːsɪs] = anaesthesia

anaesthetic I [ˌænɪsˈθetɪk] *n мед.* анестезирующее, обезболивающее средство

anaesthetic II [ˌænɪsˈθetɪk] *a* обезболивающий, анестезирующий

anaesthetist [əˈniːsθətɪst] *n мед.* анестезист, анестезиолог

anaesthetize [əˈniːsθətaɪz] *v* анестезировать, обезболивать

anagalactic [ˌænəɡəˈlæktɪk] *a астр.* анагалактический, (находящийся) вне нашей галактики

anageneses [ˌænəˈdʒenəsiːz] *pl от* anagenesis

anagenesis [ˌænəˈdʒenəsɪs] *n* (*pl* -ses) *физиол.* 1) анагенез, специализация и появление новых органов в процессе эволюции 2) регенерация ткани

anaglyph [ˈænəɡlɪf] *n* 1. *архит.* анаглиф (*рельефный орнамент*) 2. *опт.* анаглиф, стереоскопическое двухцветное изображение

anaglyphoscope [ˌænəˈɡlɪfəskəʊp] *n* очки для разглядывания стереоскопических двухцветных изображений

anaglyphy [əˈnæɡlɪfɪ] *n* 1) искусство резьбы по камню 2) барельеф на камне

anagliptics [ˌænəˈɡlɪptɪks] = anaglyphy 1)

anagnorisis [ˌænəɡˈnɒrɪsɪs] *n книжн.* 1. признание, опознание 2. развязка, заключительная сцена (*в драматическом произведении*)

anagoge [ˈænəɡəʊdʒɪ, -ɡɒdʒɪ] *n* 1. духовное, мистическое значение *или* истолкование (*чего-л.*) 2. *рел.* «параллельные места» Библии; тексты Ветхого завета, предвосхищающие учение Нового завета

anagram [ˈænəɡræm] *n* 1. анаграмма 2. *употр. с гл. в ед. ч.* анаграммы (*настольная игра в слова*)

anagrammatic, anagrammatical [ˌænəɡrəˈmætɪk, -(ə)l] *a* анаграмматический; анаграммный

anagrammatism [ˌænəˈɡræmətɪz(ə)m] *n* составление анаграмм

anagrammatist [ˌænəˈɡræmətɪst] *n* составитель анаграмм

anagrammatize [ˌænəˈɡræmətaɪz] *v* составлять анаграммы

anal [ˈeɪn(ə)l] *a* 1) *анат.* заднепроходный, анальный 2) анальный, анально-сексуальный (*в психоанализе*)

analcime [əˈnælsaɪm] = analcite

analcite [əˈnælsaɪt] *n мин.* анальцим (*силикат натрия и алюминия*)

analecta, analects [ˌænəˈlektə, ˈænəlekts] *n pl книжн.* аналекты, литературный сборник (*обыкн. как заглавие*); Confucian ~ аналекты Конфуция

analemma [ˌænəˈlemə] *n астр.* аналемма, зодиакальный круг солнечных часов

analepsy [ˈænəlepsɪ] *n мед.* восстановление *или* укрепление здоровья (*после болезни*)

analeptic [ˌænəˈleptɪk] *n мед.* аналептик, укрепляющее *или* возбуждающее средство

analgesia [ˌæn(ə)lˈdʒiːzɪə] *n мед.* 1. обезболивание 2. анальгезия, нечувствительность к боли

analgesic I [ˌæn(ə)lˈdʒiːzɪk] *n мед.* анальгетик, болеутоляющее средство

analgesic II [ˌæn(ə)lˈdʒiːzɪk] *a мед.* 1. обезболивающий; болеутоляющий, анальгетический 2. нечувствительный к боли

analgetic I, II [ˌæn(ə)lˈdʒetɪk] = analgesic I *и* II

anallobar [əˈnæləbɑː] *n метеор.* зона повышенного давления

analog [ˈænəlɒɡ] *амер.* = analogue

analoga [əˈnæləɡə] *pl от* analogon

analog computer [ˌænəlɒɡkəmˈpjuːtə] *n* аналоговая вычислительная машина

analog formation [ˌænəlɒɡfɔːˈmeɪʃ(ə)n] моделирование (*в кибернетике*)

analogic [ˌænəˈlɒdʒɪk] *a* относящийся к аналогии, аналогичный

analogical [ˌænəˈlɒdʒɪk(ə)l] *a* аналогический, основанный на аналогии; ~ languages аналогические языки

analogism [əˈnæləˌdʒɪz(ə)m] *n* аналогизм; заключение по аналогии

analogize [əˈnælədʒaɪz] *v* 1. объяснять, изображать (*что-л.*) по аналогии; рассуждать, делать выводы, доказывать (*что-л.*) по аналогии; пользоваться аналогией 2. *редк.* быть аналогичным, быть сравнимым, сопоставимым; проявлять черты сходства; to ~ with smth. походить на что-л. 3. уподоблять, сравнивать, выявлять черты сходства

analogon [əˈnæləɡɒn] *n* (*pl* -ga) *уст.* = analogue

analogous [əˈnæləɡəs] *a* 1. аналогичный, сходный; ~ poles *эл.* одноимённые полюсы; ~ with each other похожие друг на друга, сходные; to be ~ to smth. быть похожим на что-л., походить на что-л., напоминать что-л. 2. *биол.* аналогичный, являющийся аналогом; функционально подобный; the wing of a fly is ~ to the wing of a bird крыло мухи выполняет ту же функцию, что крыло птицы

analogue [ˈænəlɒɡ] *n* 1. аналог; вариант 2. *биол.* аналогичный, функционально подобный орган 3. *вчт.* аналог; аналоговое устройство, моделирующее устройство; моделирующая система (*в кибернетике*)

analogue computer [ˌænəlɒɡkəmˈpjuːtə] = analog computer

analogy [əˈnælədʒɪ] *n* 1. аналогия, сходство; ~ between organs сходство между органами; ~ with /to/ smth. аналогия с чем-л.; ~ on the ~ of, by /from/ ~ with smth. по аналогии с чем-л.; to bear ~ to smth. быть сходным с чем-л. /похожим на что-л./; to draw an ~ between smth. and smth. сравнить что-л. с чем-л., провести аналогию между чем-л. и чем-л.; to reason from ~ рассуждать по аналогии 2. *редк.* лицо, занимающее аналогичную должность в другом ведомстве *или* в другой стране; British Foreign Minister and his French ~ министр иностранных дел Великобритании и его коллега из Франции 3. *мат.* равенство отношений

analphabet(e) [ˌænˈælfəbet] *n* (совершенно) неграмотный человек

analphabetic [ˌænælfəˈbetɪk] *a* 1. расположенный не в алфавитном порядке 2. неграмотный, не умеющий читать и писать

analysand [əˈnælɪsænd] *n психол.* объект психоанализа

analyse [ˈænəlaɪz] *v* 1. анализировать, исследовать; подробно разбирать, подвергать анализу; продумывать; carefully [profoundly, chemically, scientifically] ~ подвергать тщательному [глубокому, химическому, научному] анализу; logically [minutely] ~ разбирать логически [до мельчайших подробностей]; to ~ legally [financially] тщательно продумать с юридической [финансовой] точки зрения 2. *грам.* разбирать (*предложение*) 3. подвергать психоанализу; лечить психоанализом 4. *хим.* разлагать 5. *тлв.* разлагать (*изображение*) 6. *бухг.* распределять, разносить

analyser [ˈænəlaɪzə] *n* 1. *см.* analyse + -er 2. 1) анализатор (*электронный прибор*) 2) тестер 3. *физ.* рассеивательная призма

analyses [əˈnælɪsiːz] *pl от* analysis

analysing [ˈænəlaɪzɪŋ] *n тлв.* разложение изображения, развёртка

analysis [əˈnælɪsɪs] *n* (*pl* -ses) 1. 1) анализ, исследование, подробное рассмотрение; critical ~ критический анализ; ~ of variance *мат.* дисперсионный анализ 2) результаты анализа, исследования 2. *грам.* разбор; sentence ~ синтаксический разбор /анализ/ 3. психоанализ; to be under ~ подвергаться психоанализу; лечиться психоанализом 4. 1) аналитический метод, анализ; spectral ~ спектральный анализ 2) алгебраический анализ 3) матема-

тический анализ, дифференциальное и интегральное исчисление 5. *хим.* разложение, анализ; qualitative [quantitative] ~ качественный [количественный] анализ 6. *бухг.* метод расчёта
◊ in the last ~ в конечном счёте, в конце концов
analyst ['ænəlɪst] *n* 1. аналитик 2. лаборант-химик 3. специалист по психоанализу, психиатр, пользующийся методом психоанализа; врач-психоаналитик 4. *амер.* комментатор, обозреватель; news ~ обозреватель текущих событий; diplomatic ~ комментатор по внешнеполитическим вопросам 5. специалист по системному анализу (*тж.* systems ~)
analytic [ˌænə'lɪtɪk] = analytical
analytical [ˌænə'lɪtɪk(ə)l] *a* аналитический; ~ investigation аналитическое /теоретическое/ исследование; ~ mind аналитический ум /склад ума/
analytical balance [ˌænə'lɪtɪk(ə)l'bæləns] аналитические весы
analytical chemistry [ˌænə'lɪtɪk(ə)l'kemɪstrɪ] аналитическая химия
analytical geometry [ˌænə'lɪtɪk(ə)ldʒɪ'ɒmətrɪ] аналитическая геометрия
analytical languages [ˌænə'lɪtɪk(ə)l'læŋwɪdʒɪz] аналитические языки
analytic geometry [ˌænə'lɪtɪkdʒɪ'ɒmətrɪ] = analytical geometry
analytics [ˌænə'lɪtɪks] *n* 1. искусство анализа 2. *лог.* техника логического анализа; аналитика 3. *мат.* представление в аналитической форме
analyzable [ˌænə'laɪzəb(ə)l] *a* поддающийся анализу
analyze ['ænəlaɪz] = analyse
amnesis [ˌæmˈniːsɪs] *n* 1. *книжн.* воспоминание, память (*о далёком прошлом*) 2. *мед.* амнез
anamorphic [ˌænə'mɔːfɪk] *a опт.* анаморфотный; ~ lens анаморфотная линза; анаморфотный объектив
anamorphism [ˌænə'mɔːfɪz(ə)m] *n спец.* 1. искажённая проекция 2. переход от низшего типа к высшему 3. анаморфизм
anamorphize [ˌænə'mɔːfaɪz] *v опт.* 1. аноморфировать, трансформировать с помощью анаморфотной насадки 2. проецировать с помощью анаморфотной насадки
anamorphoscope [ˌænə'mɔːfəskəʊp] *n опт.* анаморфотная насадка
anamorphosis [ˌænə'mɔːfəsɪs] *n* 1) *опт.* анаморфоз, искажённое изображение 2) анаморфирование 2. *биол.* анаморфоз, изменение формы путём эволюции
anamorphotic [ˌænəmɔː'fɒtɪk] = anamorphic
ananas ['ænənəs, -æs] *n амер.* ананас
ananda [ɑː'nɑːndə] *n* ананда, полное блаженство (*в индуизме*)
anandrous [æ'nændrəs] *a бот.* бестычинковый
Ananias [ˌænə'naɪəs] *n* 1) *библ.* Ананий 2) *разг.* лжец, обманщик; враль
anantherous [æ'nænθərəs] *a бот.* беспыльниковый
ananthous [æ'nænθəs] *a бот.* бесцветковый, нецветущий
ananym ['ænənɪm] *n* аним, настоящее имя *или* настоящая фамилия, написанные в обратном порядке букв (*в качестве псевдонима*); Rael is the ~ of Lear "Rael" — это ананим фамилии "Lear"
anapaest ['ænəpest, 'ænəpiːst] *n стих.* 1. анапест (*стопа*) 2. стихи, написанные анапестом

anapaestic, anapaestical [ˌænə'pestɪk, ˌænəpɪ'stɪk, -(ə)l] *a* написанный анапестом
anapest ['ænəpest] = anapaest
anapestic, anapestical [ˌænə'pestɪk, -(ə)l] = anapaestic, anapaestical
anaphase ['ænəfeɪz] *n биол.* анафаза
anaphora [ə'næfərə] *n* 1. *стил.* анафора 2. (*тж.* A.) *церк.* молитва перед причащением
anaphrodisia [ˌænæfrə'dɪzɪə] *n физиол.* угасание полового влечения и потенции
anaphrodisiac I [ˌænæfrə'dɪzɪæk] *n фарм.* средство, успокаивающее половое возбуждение
anaphrodisiac II [ˌænæfrə'dɪzɪæk] *a фарм.* успокаивающий половое возбуждение
anaphroditous [ˌænæfrə'daɪtəs] *a физиол.* лишённый полового влечения
anaphylactic [ˌænəfɪ'læktɪk] *a биол.* анафилактический; сверхчувствительный; ~ shock анафилактический шок
anaphylaxis [ˌænəfɪ'læksɪs] *n мед.* анафилаксия
anaplasia [ˌænə'pleɪzɪə] *n биол.* анаплазия, дедифференцировка
anaplasmosis [ˌænəplæz'məʊsɪs] *n вет.* анаплазмоз
anaplastic [ˌænə'plæstɪk] *a* относящийся к восстановительной хирургии, анапластический
anaplasty [ˈænəplæstɪ] *n мед.* пластическая хирургия
anaplerosis [ˌænəplɪ'rəʊsɪs] *n книжн.* заживление раны, восполнение недостатка ткани
anaplerotic [ˌænəplɪ'rɒtɪk] *a* заживляющий, восстанавливающий недостающую ткань
anapophysis [ˌænə'pɒfɪsɪs] *n анат.* анапофиз
anaptotic [ˌænæp'tɒtɪk] *a лингв.* утрачивающий флексии (*о языке*)
anaptyctic [ˌænæp'tɪktɪk] *a лингв.* анаптиктический, вставной (*о гласном звуке*); эвфонический
anaptyxis [ˌænæp'tɪksɪs] *n лингв.* анаптиксис, вставка звука
anarch I ['ænɑːk] *n* 1. *поэт.* вождь, руководитель восстания 2. *неодобр.* анархист; мятежник
anarch II ['ænɑːk] *a редк.* анархический; не имеющий правительства
anarchic, anarchical [æ'nɑːkɪk, -(ə)l] *a* 1. анархический, защищающий теорию и практику анархизма 2. анархичный, беспорядочный; разнузданный, беззаконный; ведущий к анархии; ~ violence разгул насилия; ~ bands pillaged the countryside банды всякого сброда грабили деревни 3. неупорядоченный; бесформенный; ~ art forms формы искусства, не считающиеся с его законами
anarchism ['ænəkɪz(ə)m] *n* анархизм
anarchist I ['ænəkɪst] *n* 1. анархист 2. *неодобр.* мятежник, бунтовщик; повстанец
anarchist II ['ænəkɪst] = anarchic
anarchistic [ˌænə'kɪstɪk] = anarchic
anarcho-syndicalism [æ'nɑːkəʊ'sɪndɪk(ə)lɪz(ə)m] *n* анархо-синдикализм
anarcho-syndicalist [æ'nɑːkəʊ'sɪndɪk(ə)lɪst] *n* анархо-синдикалист
anarchy ['ænəkɪ] *n* 1. анархия; to cast into ~ ввергать в анархию 2. = anarchism 3. отсутствие законной власти (*в стране*) 4. беззаконие; отсутствие правопорядка 4. беспорядок, неупорядоченность; хаос
anarthria [æ'nɑːθrɪə] *n мед.* утрата членораздельной речи
anarthrous [æ'nɑːθrəs] 1. *грам.* употребляемый без артикля (*обыкн. о гре-*

ческих существительных) 2. *зоол.* без сочленений, без суставов, лишённый различимого сустава
anasarca [ˌænə'sɑːkə] *n мед.* анасарка, водянка кожи
anaseismic [ˌænə'saɪzmɪk] *a* перемещающийся вертикально (*о подземных толчках*)
anastatic [ˌænə'stætɪk] *a* 1. *полигр.* анастатический 2. *мед.* восстанавливающий
anastigmat [ə'næstɪgmæt, ˌænə'stɪgmæt] *n опт.* анастигмат
anastigmatic [ˌænəstɪg'mætɪk] *a опт.* анастигматический
anastomose [ə'næstəməʊs] *v анат., бот.* 1) анастомозировать, соединять анастомозом 2) срастаться, переплетаться
anastomosis [əˌnæstə'məʊsɪs] *n анат., бот.* анастомоз, соустие; homocladic ~ анастомоз между веточками одной артерии
anastrophe [ə'næstrəfɪ] *n лингв.* анастрофа
anathema [ə'næθɪmə] *n* 1. *церк.* анафема, отлучение от церкви 2. проклятие; incoherent [violent] ~s бессвязные [страшные] проклятия; to fulminate ~s сыпать проклятиями, осыпать бранью; his misbehaviour brought upon him his father's ~ он вёл себя недостойно, и отец проклял его 3. 1) человек, отлучённый от церкви, преданный анафеме 2) отщепенец; человек, заклеймённый позором, отлучённый от общества 4. предмет ненависти, осуждения *или* порицания; these ideas are (an) ~ to me эти мысли мне ненавистны; here his name is ~ его имя произносят здесь с ужасом и отвращением
anathematic(al) [əˌnæθɪ'mætɪk(ə)l] *a* проклятый, окаянный
anathematization [əˌnæθɪmət(ə)ˈzeɪʃ(ə)n] *n* 1. *церк.* предание анафеме; отлучение от церкви 2. проклятие
anathematize [ə'næθɪmətaɪz] *v* 1. *церк.* предавать анафеме; отлучать от церкви 2. проклинать (*что-л., кого-л.*); осыпать проклятиями
Anatolian I [ˌænə'təʊlɪən] *n* 1. уроженец *или* житель Анатолии 2. 1) диалект турецкого языка в Анатолии 2) *собир.* (мёртвые) языки анатолийской группы 3. *текст.* анатолийский ковёр (*с длинным ворсом*)
Anatolian II [ˌænə'təʊlɪən] *a* анатолийский
anatomic, anatomical [ˌænə'tɒmɪk, -(ə)l] *a* 1. анатомический 2. морфологический, структурный
anatomically [ˌænə'tɒmɪk(ə)lɪ] *adv* 1. анатомически 2. морфологически, структурно
anatomical pathology [ˌænə'tɒmɪk(ə)lpə'θɒlədʒɪ] патологическая анатомия
anatomism [ə'nætəmɪz(ə)m] *n* 1. анализ, детальный разбор анатомического строения 2. анатомизм
anatomist [ə'nætəmɪst] *n* 1. анатом 2. препаратор; прозектор 3. аналитик; исследователь; economic ~s экономисты-аналитики
anatomization [əˌnætəm(ə)ɪ'zeɪʃ(ə)n] *n* 1. вскрытие, анатомирование 2. тщательное изучение
anatomize [ə'nætəmaɪz] *v* 1. вскрывать, анатомировать 2. анализировать, подвергать тщательному изучению
anatomy [ə'nætəmɪ] *n* 1. анатомирование, вскрытие 2. анатомия; Animal [Human] A. анатомия животных [человека] 3. *шутл.* человеческое тело; lovely ~ чудесная фигура 4. скелет; мумия 5. строение, структура; the book studies the ~ of modern society книга исследует структуру современного общества

6. детальный анализ, подробное рассмотрение; "A. of a Murder" «История одного убийства» (*название книги*)

anatripsis [ˌænəˈtrɪpsɪs] *n мед.* втирание

Anaxagorean [ˌænæksæɡəˈriːən] *a филос.* анаксагоровский

Anaxagorize [ˌænækˈsæɡəraɪz] *v филос.* придерживаться учения Анаксагора

anaxial [æˈnæksɪəl] *a* анаксиальный, без осевой симметрии

Anaximandrian [æˌnæksɪˈmændrɪən] *n филос.* последователь Анаксимандра

anbury [ˈænb(ə)rɪ] *n* **1.** *бот.* кила капусты и других крестоцветных **2.** *вет.* чирей, веред

-ance [-əns] (*тж.* **-ence**) *suff* **1.** встречается в *сущ.*, обозначающих процесс, состояние или свойство и производных от глаголов (*как правило, фр. и лат. происхождения*): assistance помощь; resemblance сходство; forbearance воздержанность; coincidence совпадение; preference предпочтение **2.** (*тж.* **-ancy, -ency**) встречается в *сущ.*, обозначающих состояние или свойство и производных от *прил.* на **-ant, -ent**: elegance изящество; vigilance бдительность; importance важность; independence независимость; silence молчание; constancy постоянство; clemency милосердие

ancestor [ˈænsəstə, ˈænsestə] *n* **1.** предок, прародитель; remote [illustrious] ~s отдалённые [знаменитые] предки; ~ worship культ предков **2.** предшественник; прототип; прообраз; предтеча; the ~ of the modern bicycle предшественник современного велосипеда **3.** образец, пример, эталон; he is my spiritual ~ он мой духовный наставник /ориентир/ **4.** *юр.* предшествующий владелец **5.** *физ.* **1)** исходное явление **2)** исходная частица

ancestorial [ˌænsesˈtɔːrɪəl] = ancestral

ancestral [ænˈsestrəl] *a* **1.** наследственный, родовой; полученный по наследству (*от предков*); ~ estates наследственные имения; ~ forms of life унаследованный от предков уклад жизни; ~ feature *биол.* наследственный признак, наследственная черта; ~ property *юр.* недвижимость, перешедшая к собственнику от предков; England was the ~ home of the Pilgrims (американские) пилигримы были выходцами из Англии **2.** являющийся предшественником, прототипом, прообразом, предтечей **3.** *биол.* **1)** анцестральный, наследственный **2)** атавистический

ancestress [ˈænsəstrɪs, ˈænsestrɪs] *n* **1.** прародительница **2.** предшественница

ancestry [ˈænsəstrɪ, ˈænsestrɪ] *n* **1.** **1)** род, происхождение; родословная; of French ~ родом из Франции **2)** древний род; famous by ~ родовитый **2.** *собир.* предки, праотцы, прародители **3.** происхождение *или* история развития явления, идеи, стиля *и т. п.*

anchithere [ˈænkɪˌθɪ(ə)reɪ] *n палеонт.* анхитерий

anchor I [ˈæŋkə] *n* **1.** якорь; sea ~ плавучий якорь; at (an) ~ на якоре; to be /to lie, to ride/ at ~ стоять на якоре; to cast /to drop/ ~ бросить якорь (*тж. перен.*); to come /to bring (a ship)/ to (an) ~ стать на якорь, бросить якорь; to let go the ~ отдать якорь; to ride at single ~ **а)** стоять на одном якоре; **б)** проявлять неосторожность /неосмотрительность/; to weigh /to raise/ ~ поднимать якорь; **б)** сниматься с якоря, уходить в плавание (*о судах*); **в)** приготовиться уйти *или* покинуть (свой) пост; to drag the ~ дрейфовать; the ~ comes home, the ~ drives **а)** якорь не держит, судно дрейфует; **б)** предприятие терпит неудачу **2.** якорь спасения, символ надежды; hope is his only ~ надежда — это всё, что у него осталось **3.** *тех.* анкер; железная связь; ~ bolt анкерный болт **4.** *ж.-д.* противоугон **5.** *воен.* опорный пункт; важный в тактическом отношении пункт **6.** **1)** спортсмен последнего этапа (*в эстафете*); сильнейший спортсмен в (сборной) команде **2)** замыкающий в команде при перетягивании каната **7.** *pl сл.* тормоза (*автомашины*) **8.** = anchorman 3

◊ to lay /to cast, to have/ an ~ to windward принимать меры предосторожности

anchor II [ˈæŋkə] *a мор.* якорный; ~ cable якорная цепь (канат); ~ capstan якорный шпиль, кабестан; ~ fluke лапа якоря; ~ knot якорный узел; ~ stay оттяжной трос; ~ hold якорная стоянка; ~ ground якорное место; ~ dues /duty/ якорный сбор; ~ lining якорная подушка; ~ ring якорное кольцо, скоба якоря; ~ shackle якорная скоба; ~ stock якорный шток; ~ tow якорный канат, якорная цепь; ~ watch вахта на якорной стоянке

anchor III [ˈæŋkə] *v* **1.** **1)** ставить на якорь; to ~ a ship ставить судно на якорь; останавливать судно; to be ~ed быть на якоре /на причале/; ~! закрепись! (*команда в гребле*) **2)** стать на якорь, бросить якорь; the ship ~ed in the bay судно бросило якорь в заливе **3)** устроиться на постоянное жительство, обосноваться, осесть **2.** скреплять, закреплять, фиксировать; to ~ a tent (to the ground) закрепить палатку **3.** уцепиться, вцепиться, ухватиться; to ~ fast to the prey крепко /цепко/ держать (*в зубах, когтях и т. п.*) **4.** *спорт.* бежать последний этап (*в эстафете*) **5.** *тлв., радио* быть ведущим; вести передачу; to ~ a television interview проводить (*с кем-л.*) телевизионное интервью

◊ to ~ one's hopes возлагать надежды

anchorage[1] [ˈæŋk(ə)rɪdʒ] *n* **1.** якорная стоянка **2.** стоянка на якоре **3.** якорный сбор **4.** набор корабельных якорей **5.** закрепление, жёсткая заделка; анкераж **6.** надёжная опора; якорь спасения; прибежище

anchorage[2] [ˈæŋk(ə)rɪdʒ] *n* жилище отшельника, убежище анахорета

anchorage-ground [ˈæŋk(ə)rɪdʒˌɡraʊnd] *n* **1)** якорное место **2)** грунт якорного места

anchoress [ˈæŋk(ə)rɪs] *n* отшельница, затворница

anchoret [ˈæŋk(ə)rət] *n* отшельник, затворник, анахорет

anchoretic [ˌæŋkəˈretɪk] *a книжн.* затворнический, отшельнический

anchor-ice [ˈæŋk(ə)raɪs] *n* донный лёд

anchoring-ground [ˈæŋk(ə)rɪŋˌɡraʊnd] *n* = anchorage-ground 2)

anchoring organ [ˈæŋk(ə)rɪŋˈɔːɡən] *биол.* орган прикрепления

anchoring-place [ˈæŋk(ə)rɪŋˌpleɪs] = anchorage-ground 2)

anchorite [ˈæŋkəraɪt] = anchoret

anchorless [ˈæŋkəlɪs] *a* **1.** без якоря **2.** **1)** дрейфующий **2)** плывущий по течению; ≅ без руля и без ветрил

anchorman [ˈæŋkəmæn] *n* (*pl* -men [-men]) **1.** опора, душа (*какого-л. дела*); he's our ~ у нас на нём всё держится **2.** = anchor I 6 **3.** *радио, тлв.* **1)** ведущий (*программы*) **2)** журналист, ведущий репортажи с мест событий

anchor slings [ˈæŋkəˌslɪŋz] обвязка самосохранения (*альпинизм*)

anchovy [ˈæntʃəvɪ] *n* **1.** *зоол.* **1)** анчоус (*Engraulis*) **2)** *pl* анчоусовые (*Engraulidae*) **2.** **1)** камса, хамса (*тж.* Azov ~, Black Sea ~) **2)** килька (*тж.* German ~); ~ paste анчоусовая паста; паштет из рубленой кильки; ~ toast бутерброд с анчоусами; тост с килькой

anchusa [æŋˈkjuːsə] *n бот.* румянка (*Anchusa*)

anchusin [ˈæŋkjʊsɪn] *n* анхузин (*красящее вещество корня румянки*)

anchylose I [ˈæŋkaɪləʊs] = ankylosis

anchylose II [ˈæŋkaɪləʊs] = ankylose

anchylosis [ˌæŋkaɪˈləʊsɪs] = ankylosis

ancien régime [ˌɑːnsjæ̃reɪˈʒiːm] *фр.* **1)** *ист.* старый режим (*о королевском строе во Франции до революции 1789 г.*) **2)** старый режим, отживший порядок дел

ancient[1] **I** [ˈeɪnʃ(ə)nt] *n* **1. 1)** человек античного мира, *особ.* древний грек, древний римлянин **2)** (the ~s) *pl* народы античного мира, *особ.* греки и римляне **2.** (the ~s) *pl* писатели, мыслители и художники античности, *особ.* Греции и Рима; he was deeply read in the ~s он обладал глубокими познаниями в области античной литературы **3.** старик, старец; a penniless ~ старик, живущий в нищете **4.** древняя монета

◊ the A. of Days *рел.* Предвечный

ancient[1] **II** [ˈeɪnʃ(ə)nt] *a* **1.** античный, древний; ~ art [literature] античное искусство [-ая литература]; ~ languages древние языки; ~ Rome Древний Рим; ~ Greece Древняя Греция; the ~ world древний мир, античность **2.** древний; старинный; in ~ times в древние /давние/ времена; ~ city древний город; ~ monuments старинные памятники, памятники старины; ~ customs старинные обычаи, обычаи предков **3. 1)** старый, престарелый; патриархальный **2)** почтенный, убелённый сединами; умудрённый (годами) **4.** старомодный; давно вышедший из моды; старинный

ancient[2] [ˈeɪnʃ(ə)nt] *n уст., поэт.* **1.** флаг; знамя **2.** знаменосец **3.** поручик; Iago was Othello's ~ Яго был поручиком у Отелло

Ancient Greek [ˈeɪnʃ(ə)ntˈɡriːk] древнегреческий язык

ancient history [ˌeɪnʃ(ə)ntˈhɪst(ə)rɪ] **1.** история древнего мира, античности; древняя история **2.** *разг.* известный факт, что-л. общеизвестное; her marriage is ~ now о её замужестве все уже давно знают

anciently [ˈeɪnʃ(ə)ntlɪ] *adv книжн.* **1)** издревле, в старину; в стародавние времена **2)** раньше, прежде; некогда

ancientry [ˈeɪnʃ(ə)ntrɪ] *n арх.* **1)** древность **2)** *pl* древности **3)** старомодность

ancilla [ænˈsɪlə] *n* **1.** *книжн. см.* ancillary I **2.** *арх.* служанка

ancillarity [ˌænsɪˈlærɪtɪ] *n мат.* дополнительность

ancillary I [ænˈsɪlərɪ] *n книжн.* **1.** дополнение, дополнительная или вспомогательная часть, деталь **2.** помощник; ассистент

ancillary II [ænˈsɪlərɪ] *a книжн.* **1. 1)** подчинённый, вспомогательный, подсобный; ~ workers вспомогательный или обслуживающий персонал; ~ industries неосновные /неведущие/ отрасли промышленности **2)** дополнительный; ~ evidence is needed нужны новые доказательства; нужно подтверждение этих показаний; ~ attachment *юр.* дополнительное обеспечение иска; ~ measures *спец.* побочные меры 2. *арх.* рабо́лепный, прислужнический

ancipital [æn'sɪpɪt(ə)l] *a редк.* 1. 1) двуглавый 2) с двумя острыми концами 2. *бот.* обоюдоо́стрый (*о стебле*)

ancipitous [æn'sɪpɪtəs] = ancipital 2

ancistroid [æn'sɪstrɔɪd] *a книжн.* крючкообразный, серповидный, изогнутый

ancon ['æŋkɒn] *n* (*pl* -nes [-niːz]) 1. *архит.* анкона (*выступ вертикального архитрава*) 2. *редк.* локоть

-ancy [-(ə)nsɪ] = -ance 2

and I [ænd] *n* знак &

and II [ænd (полная форма); ənd, ən, nd (редуцированные формы)] *cj* I 1. соединяет однородные члены предложения и целые предложения и, с; Paul ~ Mary Пол и Мери; apples, pears ~ plums яблоки, груши и сливы; they sang ~ danced они пели и танцевали; you ~ I мы с вами 2. 1) *из названий, преим. предметов питания и быта, образует сочетания, часто употребляемые с глаголом в ед. числе и с неопределённым артиклем* с; bread ~ butter хлеб с маслом; ham ~ eggs яичница с ветчиной; knife ~ fork нож с вилкой, столовый прибор из двух предметов; whisky ~ soda виски с содовой; father ~ mother отец с матерью; родители; all men ~ women все люди; fish ~ chips is a good supper рыба с картошкой — хороший ужин 2) *амер. прост. в усечённых словосочетаниях*: coffee ~ (*вм.* coffee and doughnuts) кофе с пончиками; ham ~ (*вм.* ham and eggs) яичница с ветчиной; pork ~ (*вм.* pork and beans) свинина с фасолью 3. 1) *образует многозначные числа*: two hundred ~ twenty five двести двадцать пять; two thousand ~ thirty две тысячи тридцать; four ~ twenty двадцать четыре 2) *присоединяет дроби к целым числам*, с; four ~ three quarters четыре и три четверти; four ~ a half четыре с половиной 4. 1) *разг.* присоединяет инфинитив к глаголам go, come, try *и некоторым другим и указывает на цель, намерение для того чтобы, и*; go ~ look at it пойди и взгляни на это; come ~ see давай посмотри-ка; try ~ do it попробуй это сделать; mind ~ bring the book не забудь принести книгу; let's wait ~ see ≅ поживём — увидим 2) *после глагола* go *вносит в высказывание элемент неожиданности*: the patient went and died on me мой пациент неожиданно умер [взял да и умер]; his wife went and had another child его жена взяла да и родила ещё одного ребёнка 3) *присоединяет прилагательные* nice *и* good *к другим прилагательным и придаёт им усилительное значение*: the room was nice ~ cool в комнате была приятная прохлада; he was good ~ angry он был взбешён; I'll go when I'm good ~ ready я поеду, когда буду совершенно готов 5. *соединяя два одинаковых слова, подчёркивает* 1) *различие в качестве, свойствах* и; there are friends ~ friends есть друзья и друзья; there are dogs ~ dogs, some mean, some friendly собаки бывают разные — одни злые, другие добрые 2) *значение множественности или длительности процесса* и; better ~ better всё лучше и лучше; worse ~ worse всё хуже и хуже; for hours ~ hours час за часом; в течение долгих часов; he talked ~ talked он говорил и говорил; we walked miles ~ miles мы всё шли и шли 6. *в сочетаниях*: ~ so on, ~ so forth a) и так далее, и тому подобное; we discussed travelling, sightseeing, ~ so forth мы говорили о путешествиях, достопримечательностях и тому подобное; б) и другие; и прочие; parties, picnics ~ so on вечера, пикники и многое другое; ~ then a) а потом, и затем; б) кроме того, помимо этого; ~ yet, ~ still and all, всё же, однако; ~ how ещё как; you must be tired! — ~ how! ну вы, должно быть, устали! — Ещё бы!; *другие сочетания см. под соответствующими словами*

II 1. присоединяет слово или предложение, прибавляющее что-л. логически непосредственно не связанное с высказанной мыслью 1) дополнительное сообщение и; к тому же, при этом; it is a mere joke, ~ a poor one это просто анекдот, к тому же /при этом/ глупый 2) сообщение, имеющее значение результата, следствия и *т. п.* а, и; he told her ~ she wept он сказал ей, и она заплакала 2. *после глаголов в повелительном наклонении вводит предложение, выражающее неизбежное следствие* а и; stir ~ you are a dead man (по)шевельнись — и ты покойник

III *употребляется при противопоставлении* а, и; you take a seat, ~ I shall stand вы садитесь, а я постою; they stayed at home, ~ we left они остались дома, а мы ушли; you are wrong, ~ you insist on being right вы неправы и упорствуете в своей неправоте

IV *разг. в начале вопросительного предложения* 1) *выражает удивление и*, неужели; ~ you did it? и ты это сделал? 2) *обозначает переход к новой мысли* а; ~ who goes with you? а кто с вами поедет?; ~ what good can it do? а что хорошего может получиться из этого?

Andalusian I [ˌændə'luːʒ(ə)n, -'luːzɪən] *n* житель *или* уроженец Андалусии

Andalusian II [ˌændə'luːʒ(ə)n, -'luːzɪən] *a* андалусский

andante [æn'dæntɪ] *муз.* анда́нте

andantino [ˌændæn'tiːnəʊ] *муз.* андантино

Andean [æn'diːən] *a* 1. относящийся к Андам; имеющий сходство с Андами (*горами*) 2. (a.) грандиозный, величественный

andesite ['ændəzaɪt] *n мин.* андезит

andiron ['ændaɪən] *n* железная подставка для дров в камине

and/or [(')ˌænd'ɔː] *cj офиц.* и/или, один из двух или оба вместе; to study history ~ art изучать историю или искусство и то и другое; insurance covering fire ~ wind damage страхование от убытков, причинённых огнём или ветром или тем и другим вместе

andro- ['ændrə(ʊ)-] *в сложных словах имеет значение* мужской: andrology андрология (*наука о болезнях мужчин*); androcentrism андроцентризм (*сосредоточенность на мужчинах при полном забвении женщин*)

androcentric [ˌændrə'sentrɪk] *a книжн.* патриархальный; характеризующийся господствующим положением мужчины; ~ society a) *ист.* патриархальный строй; б) общество, построенное на ведущей роли мужчин

androclinia [ˌændrə'klɪnɪə] *pl от* androclinium

androclinium [ˌændrə'klɪnɪəm] *n* (*pl* -ia) *бот.* андроклиний, пыльниковая ямка

androcracy [æn'drɒkrəsɪ] *n* 1) *ист.* патриархат 2) власть мужчин; господствующее положение мужчин (*в обществе*)

androcratic [ˌændrə'krætɪk] *a* 1) *ист.* патриархальный 2) характеризующийся властью *или* ведущим положением мужчин в обществе

androecium [æn'driːsɪəm, -ʃɪəm] *n бот.* андроцей

androgen ['ændrədʒən] *n биохим.* андроген

androgyne ['ændrədʒɪn] *n* 1. *бот.* обоеполое растение 2. гермафродит, андрогин

androgynous [æn'drɒdʒɪnəs] *a* 1. *бот.* обоеполый, гермафродитный 2. гермафродитный, соединяющий в себе свойства мужского и женского пола

androgyny [æn'drɒdʒɪnɪ] *n* гермафродитизм

android¹ ['ændrɔɪd] *n* андроид, человекоподобный робот (*преим. в фантастике*)

android² ['ændrɔɪd] *a* мужской; относящийся к мужскому полу; ~ glands мужские половые железы, семенники

andrology [æn'drɒlədʒɪ] *n* наука о мужских болезнях (*особ. половой сферы*)

Andromache [æn'drɒməki(ː)] *n греч. миф.* Андромаха

Andromeda [æn'drɒmədə] *n* 1. *греч. миф.* Андромеда 2. *астр.* Андромеда (*созвездие*); ~ nebula туманность Андромеды

Andromedids [æn'drɒmədɪdz] *n pl астр.* Андромедиды, Биэлиды (*метеорный поток*)

andromonoecious [ˌændrəmə'niːʃəs] *a бот.* однодомный, только с мужскими цветами

andron ['ændrɒn] *n ист.* 1. андрон, мужская половина дома (*в Древней Греции*) 2. проход между двумя перистилями (*в римском доме*)

andropetalous [ˌændrə'petələs] *a бот.* андропетальный (*имеющий лепестковидные тычинки*)

androphore ['ændrəfɔː] *n бот.* андрофор

androsphinx [(')ˌændrəsfɪŋks] *n* сфинкс с головой мужчины

androspore ['ændrəspɔː] *n бот.* 1) андроспора, микроспора 2) оплодотворяющая спора

androsterone [æn'drɒstərəʊn] *n биохим.* андростерон, мужской гормон

ane [eɪn] *шотл.* = one

-ane [-eɪn] *suff хим.* образует названия насыщенных органических соединений: ethane этан; propane пропан; hexane гексан

anear I [ə'nɪə] *adv арх.* почти

anear II [ə'nɪə] *prep арх.* вблизи, около, подле

aneath [ə'niːθ] *шотл.* = beneath II

anecdota [ˌænɪk'dəʊtə] = anecdotage¹

anecdotage¹ [ˌænɪk'dəʊtɪdʒ] *n собир.* анекдоты; занимательные, пикантные или поучительные истории; эпизоды из жизни выдающихся людей (*особ. неопубликованные*)

anecdotage² [ˌænɪk'dəʊtɪdʒ] *n ирон.* любовь к рассказыванию случаев из своей жизни; старческая болтливость; grandfather is in his ~ дед любит предаваться воспоминаниям [⟨anecdote + dotage⟩]

anecdotal [ˌænɪk'dəʊt(ə)l] *a* 1. включающий эпизоды, *особ.* из жизни знаменитостей; the book is ~ and easy to read в книге много интересных эпизодов, и она легко читается 2. *иск.* фабульный, сюжетный (*об изобразительном искусстве*)

anecdote ['ænɪkdəʊt] *n* 1. 1) (короткий) рассказ, история; эпизод; witty [amusing, interesting] ~ остроумный [забавный, интересный] рассказ 2) анекдот 2. *часто pl* неопубликованные, неизвестные (*обыкн. пикантные*) биографические подробности

anecdotic, anecdotical [ˌænɪkˈdɒtɪk, -(ə)l] *a* 1. анекдотичный 2. примечательный; невероятный 3. умеющий рассказывать анекдоты 4. = anecdotal

anecdotist [ˌænɪkˈdəʊtɪst] *n* рассказчик анекдотов

anechoic [ˌæneˈkəʊɪk] *a спец.* безэховый; ~ chamber заглушённая камера

anele [əˈniːl] *v арх.* 1. соборовать (*умирающего*) 2. совершить миропомазание

anelectric [ˌænɪˈlektrɪk] *a* 1. 1) неэлектризуемый 2) неэлектризующий 2. *в грам. знач. сущ.* неэлектризуемое тело

anelectrode [ˌænɪˈlektrəʊd] *n эл.* анод

anemia [əˈniːmɪə] = anaemia
anemic [əˈniːmɪk] = anaemic
anemochore [ˈænɪməkɔː] *n биол.* анемохор (*организм, распространяемый воздушными течениями*)

anemochorous [ˌænɪməˈkɔːrəs] *a биол.* анемохорный, распространяемый воздушными течениями

anemogamous [ˌænɪˈmɒgəməs] *a* анемогамный, ветроопыляемый (*о растении*)

anemogram [əˈneməgræm] *n метеор.* анемограмма (*запись показаний анемографа*)

anemograph [əˈneməgrɑːf] *n метеор.* анемограф; анеморумбограф

anemology [ˌænɪˈmɒlədʒɪ] *n* анемология (*наука о ветрах*)

anemometer [ˌænɪˈmɒmɪtə] *n метеор.* анемометр; ветромер

anemometric(a)l [ˌænɪməʊˈmetrɪk(ə)l] *a метеор.* анемометрический

anemometrograph [ˌænɪməʊˈmetrəgrɑːf] *n метеор.* анемограф

anemometry [ˌænɪˈmɒmɪtrɪ] *n метеор.* анемометрия

anemone [əˈnemənɪ] *n* 1. *бот.* анемон, ветреница (*Anemone*) 2. *разг.* актиния, морской анемон (*тж.* sea ~)

anemony [əˈnemənɪ] = anemone
anemophilous [ˌænɪˈmɒfɪləs] *a бот.* анемофильный, ветроопыляемый

anemophily [ˌænɪˈmɒfɪlɪ] *n бот.* анемофилия, ветроопыление

anemoscope [əˈneməskəʊp] *n метеор.* анемоскоп

anent [əˈnent] *prep* 1. *канц.* относительно, касательно, о; ~ the allegedly dead suffix "hood" к вопросу о якобы мёртвом суффиксе "hood" 2. *арх.* напротив, рядом, около

anenterous [æˈnent(ə)rəs] *a зоол.* не имеющий пищеварительного тракта

anepigraphic [æˌnepɪˈgræfɪk] *a* без надписи *или* легенды (*о монете и т. п.*)

anergy [ˈænədʒɪ] *n* 1. *мед.* отсутствие энергии; вялость, инертность, астения (*симптом неврастении и т. п.*) 2. *физиол.* анэргия; отсутствие защитных реакций; нечувствительность к раздражителям (*ядам, антигенам и т. п.*)

aneroid I [ˈænərɔɪd] *n* анероид, анероидный прибор

aneroid II [ˈænərɔɪd] *a* анероидный, безжидкостный

aneroid barometer [ˌænərɔɪdbəˈrɒmɪtə] барометр-анероид

anesthesia [ˌænɪsˈθiːzɪə] = anaesthesia

anesthesiologist [ˌænɪsˌθiːzɪˈɒlədʒɪst] = anaesthetist

anesthesiology [ˌænɪsˌθiːzɪˈɒlədʒɪ] = anaesthesiology

anesthesis [ˌænɪsˈθiːsɪs] = anaesthesis

anesthetic I [ˌænɪsˈθetɪk] = anaesthetic I

anesthetic II [ˌænɪsˈθetɪk] *a* 1. = anaesthetic II 2. *книжн.* бесчувственный; ничего не чувствующий

anesthetist [əˈniːsθətɪst] = anaesthetist

anesthetize [əˈniːsθətaɪz] *v* 1. = anaesthetize 2. уменьшать, снимать, заглушать (*эмоции, напряжение и т. п.*)

anestrus [æˈniːstrəs] *n* 1) *зоол.* анэструс, период полового покоя, отсутствия половой охоты 2) *с.-х.* отсутствие течки

anetic [əˈnetɪk] *a мед.* болеутоляющий, успокаивающий

aneuch I, II [əˈn(j)uːk] *шотл.* = enough I *и* II

aneurin [ˈænjʊ(ə)rɪn] *n биохим.* тиамин, витамин B₁

aneurism, aneurysm [ˈænjʊrɪz(ə)m] *n мед.* аневризм(а), расширение сосуда

anew [əˈnjuː] *adv* 1. снова, ещё раз; to play the tune ~ снова сыграть ту же мелодию 2. иначе, заново, по-новому, по-иному; to write a story ~ ещё раз переделать рассказ; переписать рассказ заново

anfractuose [ænˈfræktjʊəs] *редк.* = anfractuous

anfractuosity [ænˌfræktjʊˈɒsɪtɪ] *n книжн.* 1. 1) извилистость, извилина; кривизна 2) извилистый проход, извилистая расщелина *и т. п.* 2. запутанность, затейливость, сложность

anfractuous [ænˈfræktjʊəs] *a книжн.* извилистый; спиралевидный

angakok [ˈæŋgəkɒk] = angekok

angary [ˈæŋgərɪ] *n* ангария; право воюющей стороны на захват, использование *или* разрушение имущества нейтрального государства с последующей компенсацией

angekok [ˈæŋgəkɒk] *n* шаман (*у эскимосов*)

angel I [ˈeɪndʒ(ə)l] *n* 1. 1) *рел.* ангел; the fallen ~ падший ангел; Люцифер, сатана; evil ~ злой дух, демон-искуситель; ~ of death ангел смерти; host of ~s силы небесные; the devil and his ~s дьявол и его присные; as pure [gentle, mild] as an ~ чист [нежен, кроток] как ангел; voice of an ~ *разг.* ангельский голосок; to have the patience of an ~ иметь ангельское терпение 2) ангел (*о человеке*); ангельское существо; a little ~ ангелочек (*о ребёнке*); what is it, my ~? в чём дело, ангел мой?; she's an ~ of mercy она милосердная душа; be an ~ and fetch my coat [turn off the radio] будь так добр /сделай милость/, принеси мне пальто [выключи радио] 3) *поэт.* вестник, посланник, гонец; soft breezes, the ~s of spring тёплые ветры, гонцы весны 2. 1) *разг.* устроитель, лицо, финансирующее какое-л. мероприятие, организация (*политическую или избирательную кампанию и т. п.*) 2) *театр.* покровитель, меценат (*финансирующий постановку*) 3. = angel-noble 4. *радио разг.* радарное эхо (*от неразличимого отражения*) 5. *мор.* верхний летучий парус

◊ to join the ~s *амер.* отправиться в лучший мир, умереть; enough to make the ~s weep ≅ тут и камни заплачут; to be on the side of the ~s а) стоять на правильной, *обыкн.* традиционной точке зрения; б) поддерживать правое дело; в) вести себя благородно; помогать бедным *и т. п.*; to entertain ~s unawares а) *библ.* не зная, оказать гостеприимство ангелам; б) принимать человека, не зная о его высоком положении

angel II [ˈeɪndʒ(ə)l] *v* 1. *сл.* покровительствовать, поддерживать, финансировать (*театр, выборную кампанию и т. п.*) 2. *ав. проф.* набирать высоту

angel cake [ˈeɪndʒ(ə)lˌkeɪk] светлый бисквит

angel dust [ˈeɪndʒ(ə)lˌdʌst] *амер. сл.* «ангельская пыль» (*опасный наркотик*)

Angeleno I [ˌændʒɪˈliːnəʊ] *n* (*pl* -nos [-nəʊz]) *разг.* уроженец *или* житель Лос-Анджелеса

Angeleno II [ˌændʒɪˈliːnəʊ] *a разг.* относящийся к Лос-Анджелесу, лосанджелесский

angelet [ˈeɪndʒəlet] *n книжн.* ангелок, ангелочек (*тж. о ребёнке*)

angel-eyes [ˈeɪndʒ(ə)laɪz] = angels' eyes

angelfish [ˈeɪndʒ(ə)lfɪʃ] *n* (*pl тж. без изменений*) *зоол.* 1. морской ангел (*Squatina squatina*) 2. брама, длиннопёрый морской лещ (*Brama rali*)

angel food cake [ˈeɪndʒ(ə)lfuːdˌkeɪk] = angel cake

angelhood [ˈeɪndʒ(ə)lhʊd] *n* 1. 1) ангельский чин 2) *собир.* ангелы 2. ангельский характер; кроткий человек

angelic [ænˈdʒelɪk] *a* 1. *церк.* ангельский; ~ messenger небесный вестник 2. ангельский, кроткий, добрый; ~ sweetness неземная кротость

◊ A. Doctor Фома Аквинский

angelica [ænˈdʒelɪkə] *n бот.* ангелика, дудник (*Angelica*)

angelical [ænˈdʒelɪk(ə)l] = angelic

angelically [ænˈdʒelɪk(ə)lɪ] *adv* ангельский; to behave ~ быть кротким как ангел

angel-like [ˈeɪndʒ(ə)llaɪk] *a* ангелоподобный, похожий на ангела

angel-noble [ˈeɪndʒ(ə)lˌnəʊb(ə)l] *n ист.* ангел-нобль (*золотая монета; XIV — XVI вв.*)

angelolatry [ˌeɪndʒəˈlɒlətrɪ] *n церк.* поклонение ангелам

angelology [ˌeɪndʒəˈlɒlədʒɪ] *n церк.* раздел теологии, трактующий об ангелах

angels' eyes [ˈeɪndʒ(ə)lzˌaɪz] *бот.* вероника (*Veronica gen.*)

angels-on-horseback [ˌeɪndʒ(ə)lzɒnˈhɔːsbæk] *n pl* «ангелы на конях», острая закуска из устриц и бекона на гренках

Angelus, angelus [ˈændʒələs] *n церк.* 1. «Ангелюс», молитва богородице 2. колокол, призывающий к чтению молитвы «Ангелюс» (*тж.* ~ bell)

anger I [ˈæŋgə] *n* 1. гнев, ярость; (крайнее) раздражение; controlled [sham, hot] ~ сдерживаемый [притворный, неистовый] гнев; in ~ в гневе, в ярости; в раздражении; fit of ~ приступ гнева /ярости/; in a moment /fit/ of ~ в минуту гнева /ярости/; blind with ~ ослеплённый гневом; to flush with ~ вспыхнуть от гнева; to burn with ~ пылать гневом 2. *арх.* раздражение, воспаление; (жгучая) боль

anger II [ˈæŋgə] *v* 1. 1) сердить, злить, вызывать (*чей-л.*) гнев; раздражать; to ~ smb. сердить кого-л., вызывать чей-л. гнев; to be ~ed by smth. быть разгневанным /рассерженным/ чем-л., разгневаться на что-л. 2) сердиться, злиться; распаляться; he ~s easily он быстро выходит из себя; его легко разозлить 2. *арх.* вызывать раздражение, воспаление

Angevin, Angevine I [ˈændʒɪvɪn] *n ист.* 1. представитель Анжуйской династии; Плантагенет 2. уроженец *или* житель французской провинции Анжу, анжуец

Angevin, Angevine II [ˈændʒɪvɪn] *a ист.* 1. принадлежащий к Анжуйской королевской династии Плантагенетов (*в Англии*) 2. анжуйский

angina [ænˈdʒaɪnə] *n мед.* 1. ангина 2. = angina pectoris 3. острая боль

anginal [ænˈdʒaɪn(ə)l] *a* относящийся к ангине *или* стенокардии

angina pectoris [ænˌdʒaɪnəˈpektərɪs] *мед.* грудная жаба, стенокардия

angio- [ˈændʒɪ:ə(ʊ)-] *мед., биол.* в сложных словах имеет значение кровеносные сосуды *или* сосуды растений: angiopathy ангиопатия; angiotomy ангиотомия, вскрытие сосуда

angiocardiogram [ˌændʒɪəˈkɑ:dɪəgræm] *n мед.* ангиокардиограмма

angiocardiography [ˌændʒɪəˌkɑ:dɪˈɒgrəfɪ] *n мед.* ангиокардиография

angiocarpous [ˌændʒɪəˈkɑ:pəs] *a бот.* ангиокарпный, покрытоплодный

angiogram [ˈændʒɪəgræm] *n мед.* ангиограмма

angiography [ˌændʒɪˈɒgrəfɪ] *n мед.* ангиография, рентгенография кровеносных сосудов

angiology [ˌændʒɪˈɒlədʒɪ] *n* ангиология (*раздел анатомии, изучающий сосуды*)

angioma [ˌændʒɪˈəʊmə] *n* (*pl тж.* -mata) *мед.* ангиома

angiomata [ˌændʒɪˈəʊmətə] *pl от* angioma

angiospasm [ˈændʒɪəˌspæz(ə)m] *n мед.* ангиоспазм, сосудистый спазм

angiosperm [ˈændʒɪəspɜ:m] *n бот.* покрытосемянное, покрытосеменное (*растение*)

angiospermous [ˌændʒɪəˈspɜ:məs] *a* покрытосемянный, покрытосеменное (*о растении*)

angiotomy [ˌændʒɪˈɒtəmɪ] *n мед.* ангиотомия, рассечение кровеносного сосуда

anglaise [ɒŋˈgleɪz] *n ист.* англез (*танец*)

angle¹ I [ˈæŋg(ə)l] *n* 1. угол; acute [right, obtuse] ~ острый [прямой, тупой] угол; solid ~ *мат.* пространственный угол; at right ~s под прямым углом; at an ~ of под углом в (*столько-то градусов*); on the ~ косо, наклонно; to inscribe an ~ *мат.* вписывать угол; the leg /the side/ of an ~ сторона угла; vertex of an ~ вершина угла; at an ~ (with smth.) под углом, наклонно (к чему-л.); ~ of contact *физ.* краевой угол, угол смачивания; ~ of convergence /divergence/ *физ.* угол схождения [расхождения] пучка (*частиц или квантов*); ~ of displacement *физ.* угловое смещение; ~ of lag *физ.* угол отставания; угол запаздывания; угол замедления; ~ of celestial body *астр.* угол светила; ~ of dip *физ.* угол магнитного наклонения; магнитная широта; of aspect угол обзора; ~ of approach угол сближения; ~ of bank *ав.* угол крена; б) *геод.* угол наклона; ~ of attack угол атаки (*самолёта*); ~ of climb *ав.* угол набора высоты; ~ of dive *ав.* угол пикирования; ~ of entry *косм.* угол входа (*космического корабля в атмосферу*); ~ of glide *ав.* угол планирования; ~ of emergency /of deviation/ *спец.* угол девиации /отклонения/; ~ of entrance *мор.* угол носового заострения (*корпуса*); ~ of incidence а) *опт.* угол падения; б) *опт.* угол атаки самолёта; ~ of reflection [of refraction] *опт.* угол отражения [преломления]; ~ of rest *физ.* угол естественного откоса; ~ of run *мор.* угол кормового заострения (*корпуса*); ~ of heel *мор., ав.* угол крена; ~ of slip /of slide/ *тех.* угол скольжения; ~ of stall *ав.* критический /срывной/ угол атаки 2. *разг.* 1) точка зрения, угол зрения; подход; social [legal, humanitarian, odd] ~ социальная [юридическая, гуманная, странная] точка зрения; divergent ~s разные подходы, разные точки зрения; ~s of approach to smth. разный подход к чему-л.; to get the right ~ подходить с правильных позиций; he looked at the problem only from his own ~ он смотрит на этот вопрос только с точки зрения своих интересов 2) сторона, аспект (*вопроса, дела и т. п.*); there are many ~s to this question это многоаспектный вопрос; to look at the question from all ~s рассматривать вопрос со всех точек зрения; to get a new ~ on smth. рассматривать что-л. в другом аспекте /с другой стороны, под другим углом/ 3) оттенок, тон, настрой (*в журналистике*); this column always has a humorous ~ статьи этой рубрики всегда написаны в юмористическом ключе /духе/ 3. *амер. сл.* 1) выгодное дельце, (лёгкий) барыш; what's your ~ in this? что ты думаешь иметь от этого?, что тебе обломится от этого? 2) хитрость, уловка, неэтичный поступок; обходной манёвр; he always has an ~ to beat the other fellow он всегда знает, как обойти противника 4. угольник; угломер; угловой шаблон 5. *тех.* уголок, угловое железо (*профиль металла*)

angle¹ II [ˈæŋg(ə)l] *v* 1. 1) двигаться *или* наклоняться под углом; to ~ across the road пересечь дорогу наискось 2) (резко) сворачивать, (внезапно) поворачивать; the road here ~s to the right в этом месте дорога (резко) поворачивает направо 3) *ав.* лететь с углом сноса 2. 1) помещать, размещать под углом *или* по углам 2) располагаться под углом; образовывать угол 3. писать тенденциозно *или* в расчёте на какую-л. группу читателей; подавать под каким-л. углом зрения (*в журналистике*); she ~d her column of chitchat toward teenagers свою статью, написанную в стиле непринуждённой беседы, она адресовала молодёжи; he does not ~ his story он объективно излагает события

angle² I [ˈæŋg(ə)l] *n арх.* 1) рыболовный крючок; to fish with an ~ ловить рыбу на удочку 2) рыболовные снасти

angle² II [ˈæŋg(ə)l] *v* 1. удить рыбу, ловить рыбу на удочку; to ~ for trout удить форель 2. (for) добиваться (*чего-л. — обыкн. нечестными путями, интригами*); зондировать почву (*насчёт чего-л.*); to ~ for compliments [for an invitation] напрашиваться на комплименты [на приглашение]; to ~ for promotion закидывать удочку /зондировать почву/ насчёт повышения

angle bar [ˈæŋg(ə)l͵bɑ:] = angle¹ I 5

angle bracket [ˈæŋg(ə)l͵brækɪt] 1. угольник, угловое железо 2. угловая, ломаная скобка (⟨ ⟩)

angle-crab [ˈæŋg(ə)l͵kræb] *n ав.* угол сноса

angled [ˈæŋg(ə)ld] *a* 1. угловой; с углом *или* углами 2. помещённый под углом (к чему-л.)

angle iron [ˈæŋg(ə)l͵aɪən] *спец.* угольник

angle-plate [ˈæŋg(ə)lpleɪt] *n тех.* косынка

angler¹ [ˈæŋglə] *n* 1. рыболов (*с удочкой*), рыболов-спортсмен; ardent ~ страстный рыбак 2. 1) плут, мошенник, любитель выманить что-л. у кого-л. 2) поездной вор

angler² [ˈæŋglə] *n зоол.* морской чёрт, удильщик (*Lophius piscatorius*)

anglerfish [ˈæŋgləfɪʃ] = angler²

Angles [ˈæŋg(ə)lz] *n pl собир. ист.* англы

angle shot [ˈæŋg(ə)l͵ʃɒt] *амер.* 1. *проф.* кадр, снятый под углом; кадр или фотоснимок, снятый в резком ракурсе 2. *спорт.* пас, подача через поле, площадку и т. п.

anglesite [ˈæŋg(ə)lsaɪt] *n мин.* англезит, свинцовый купорос

anglesmith [ˈæŋg(ə)lsmɪθ] *n* сварщик (*в судостроении*)

angle-wise [ˈæŋg(ə)lwaɪz] *adv* под углом

angleworm [ˈæŋg(ə)lwɜ:m] *n* земляной червь

Anglia [ˈæŋglɪə] *n ист.* Англия, страна англов; East ~ Восточная Англия (*королевство*; *VI — VIII вв.*)

Anglian I [ˈæŋglɪən] *n ист.* 1. *pl собир.* англы 2. язык англов

Anglian II [ˈæŋglɪən] *a* относящийся к англам

Anglic I [ˈæŋglɪk] *n* 1. «англик», один из упрощённых вариантов английского языка (*для международного общения*) 2. = Anglian I 2

Anglic II [ˈæŋglɪk] = Anglian II

Anglican I [ˈæŋglɪkən] *n* (человек) принадлежащий к англиканской церкви; англиканец, англиканка; the ~s *собир.* англиканцы

Anglican II [ˈæŋglɪkən] *a* 1. англиканский, относящийся к англиканской церкви; ~ chant мелодия /напев/ англиканских псалмов; ~ Communion объединение англиканских церквей всего мира; ~ Church а) англиканская церковь (*государственная церковь Англии*; *тж.* Church of England); б) любая англиканская церковь 2. *амер.* английский, английского происхождения

Anglicanism [ˈæŋglɪkənɪz(ə)m] *n* англиканское вероисповедание; англиканство

Anglice [ˈæŋglɪsɪ] *adv книжн.* по-английски, на английский лад; München ~ Munich Мюнхен, который по-английски называется Munich

Anglicism [ˈæŋglɪsɪz(ə)m] *n* 1. англицизм; типично английское слово, выражение *и т. п.* 2. типично английский обычай, английская черта (*образа жизни*) *и т. п.*

Anglicist [ˈæŋglɪsɪst] *n преим. амер.* 1. англист (*специалист по английскому языку*) 2. = Anglist 2

Anglicization, anglicization [ˌæŋglɪs(ə)ɪˈzeɪʃ(ə)n] *n* англизация

Anglicize [ˈæŋglɪsaɪz] *v* англизировать, придавать английские черты

Anglification [ˌæŋglɪfɪˈkeɪʃ(ə)n] = Anglicization

Anglify [ˈæŋglɪfaɪ] = Anglicize

angling [ˈæŋglɪŋ] *n* ужение; ~ rod рыболовная удочка

Anglist [ˈæŋglɪst] *n амер.* 1. = Anglicist 2. 1) специалист по Великобритании, по истории Англии *и т. п.*; англовед 2) специалист по английской литературе

Anglistics [æŋˈglɪstɪks] *n* англистика

Anglo [ˈæŋgləʊ] *n амер.* 1) англо-американец, американец английского происхождения 2) (белый) американец нелатинского происхождения (*скандинавского, ирландского, немецкого и т. п.*)

Anglo- [ˈæŋglə(ʊ)-] компонент сложных слов; в русском языке соответствует компоненту англо-; Anglo-Soviet англо-советский; anglomania англомания

Anglo-American I [͵æŋɡləʊəˈmerɪkən] *n* 1) а́нгло-америка́нец, америка́нец англи́йского происхожде́ния; the ~s *pl собир.* а́нгло-америка́нцы 2) (бе́лый) жи́тель Се́верной Аме́рики, говоря́щий на англи́йском языке́ (*скандина́вского, неме́цкого и др. происхожде́ния*)

Anglo-American II [͵æŋɡləʊəˈmerɪkən] *a* 1) а́нгло-америка́нский; ~ cooperation а́нгло-америка́нское сотру́дничество 2) относя́щийся к а́нгло-америка́нцам [*см.* I 1)]

Anglo-Canadian I [͵æŋɡləʊkəˈneɪdɪən] *n* 1) а́нгло-кана́дец, кана́дец англи́йского происхожде́ния; the ~s *pl собир.* а́нгло-кана́дцы 2) кана́дец, говоря́щий на англи́йском языке́; англофо́н

Anglo-Canadian II [͵æŋɡləʊkəˈneɪdɪən] *a* 1) а́нгло-кана́дский 2) относя́щийся к кана́дцам, говоря́щим на англи́йском языке́

Anglo-Catholic [͵æŋɡləʊˈkæθəlɪk] *a церк.* англокатоли́ческий

Anglo-Catholicism [͵æŋɡləʊkəˈθɒlɪsɪz(ə)m] *n* англокатолици́зм (*наиболее консервативное направление в англика́нской це́ркви*)

Anglo-Catholics [͵æŋɡləʊˈkæθəlɪks] *n pl собир.* англокато́лики (*наиболее консервативная часть англиканской це́ркви*)

Anglo-French I [͵æŋɡləʊˈfrentʃ] *n ист.* францу́зский язы́к норма́ннов (*переселившихся в Англию*)

Anglo-French II [͵æŋɡləʊˈfrentʃ] *a* 1. а́нгло-францу́зский 2. *ист.* относя́щийся к а́нгло-норма́ннскому языку́, а́нгло-норма́ннский

Anglo-Indian I [͵æŋɡləʊˈɪndɪən] *n* 1. 1) а́нгло-инди́ец, еврази́ец; а́нгло-индиа́нка, еврази́йка; the ~s *pl собир.* а́нгло-инди́йцы 2) *pl собир.* пото́мство от сме́шанных бра́ков англича́н с инди́йцами 2. *преим. ист.* англича́нин, постоя́нно живу́щий *или* до́лго жи́вший в Индии; англи́йский колониза́тор И́ндии 3. речь, характе́рная для а́нгло-инди́йцев; включе́ние инди́йских слов в англи́йскую речь; произнесе́ние инди́йских слов на англи́йский лад *и т. п.*

Anglo-Indian II [͵æŋɡləʊˈɪndɪən] *a* 1. а́нгло-инди́йский (*о потомстве от сме́шанных браков*); еврази́йский 2. *преим. ист.* 1) постоя́нно живу́щий *или* до́лго жи́вший в Индии (*об англича́нине*) 2) характе́рный для англича́н, живу́щих в Индии (*о слове, выражении и т. п.*); "ayah" is an ~ name for a nurse англича́не в Индии называ́ют нянь «а́йя»

Anglo-Irish I [͵æŋɡləʊˈaɪrɪʃ] *n* 1. (the ~) *собир.* 1) а́нгло-ирла́ндцы; ли́ца сме́шанного а́нгло-ирла́ндского происхожде́ния 2) а́нгло-ирла́ндцы, ирла́ндцы англи́йского происхожде́ния; пото́мки англича́н, не́когда колонизи́ровавших Ирла́ндию 2. ирла́ндский вариа́нт англи́йского языка́

Anglo-Irish II [͵æŋɡləʊˈaɪrɪʃ] *a* а́нгло-ирла́ндский

Anglomane [ˈæŋɡlə(ʊ)meɪn] *редк.* = Anglomaniac

Anglomania [͵æŋɡləˈmeɪnɪə] *n* англома́ния

Anglomaniac [͵æŋɡləˈmeɪnɪæk] *n редк.* англома́н

Anglo-Norman I [͵æŋɡləʊˈnɔːmən] *n* 1. *ист.* а́нгло-норма́нн; норма́нн, пересели́вшийся в Англию 2. францу́зский язы́к норма́ннов (*переселившихся в Англию*)

Anglo-Norman II [͵æŋɡləʊˈnɔːmən] *a* 1. а́нгло-норма́ннский 2. относя́щийся к норма́ннам, пересели́вшимся в Англию

Anglophil, Anglophile [ˈæŋɡlə(ʊ)fɪl, -faɪl] *n* англофи́л

Anglophilia [͵æŋɡlə(ʊ)ˈfɪlɪə] *n* англофили́я

Anglophobe [ˈæŋɡlə(ʊ)fəʊb] *n* англофо́б

Anglophobia [͵æŋɡlə(ʊ)ˈfəʊbɪə] *n* англофо́бия

Anglophone I [ˈæŋɡlə(ʊ)fəʊn] *n* англофо́н, челове́к, родны́м языко́м кото́рого явля́ется англи́йский язы́к (*особ. о жи́теле многоязычной страны́*); Quebec's ~s жи́тели Квебе́ка, говоря́щие на англи́йском языке́, англоязы́чное населе́ние Квебе́ка

Anglophone II [ˈæŋɡlə(ʊ)fəʊn] *a* говоря́щий на англи́йском языке́, англоязы́чный; ~ Canadians кана́дцы, чьим родны́м языко́м явля́ется англи́йский; ~ countries стра́ны, где наибо́лее распространённым (иностра́нным) языко́м *или* одни́м из госуда́рственных языко́в явля́ется англи́йский

Anglo-Saxon I [͵æŋɡləʊˈsæks(ə)n] *n* 1. *ист.* англоса́кс 2. 1) (чистокро́вный) англича́нин, англоса́кс 2) *амер.* англоса́кс, челове́к, вы́ходец *или* пото́мок вы́ходцев из А́нглии 3. жи́тель англоязы́чного госуда́рства, *особ.* англича́нин *или* америка́нец 4. англоса́ксонский, древнеангли́йский язы́к 5. 1) просто́й, гру́бый (англи́йский) язы́к; англи́йское просторе́чие 2) брань, непристо́йности; ≅ нехоро́шие слова́

Anglo-Saxon II [͵æŋɡləʊˈsæks(ə)n] *a* 1. а́нгло-саксо́нский 2. древнеангли́йский 3. англи́йского происхожде́ния 4. 1) гру́бый, просторе́чный 2) непристо́йный; he answered with a short ~ word в отве́т он вы́ругался, он отве́тил ко́ротко и нецензу́рно

Anglo-Saxondom [͵æŋɡləʊˈsæks(ə)ndəm] *n* 1. *собир.* англоса́ксы (*англича́не и америка́нцы*) 2. англосаксо́нские госуда́рства (*обыкн. Великобритания и США*)

Anglo-Saxonism [͵æŋɡləʊˈsæks(ə)nɪz(ə)m] *n* 1. англосаксони́зм (*слово, выражение и т. п., типичное для древнеанглийского языка*) 2. англосаксо́нский национа́л-шовини́зм, убежде́ние в превосхо́дстве англосаксо́нской ра́сы

angola [æŋˈɡəʊlə] *непра́в. вм.* angora

Angolan I [æŋˈɡəʊlən] *n* анго́лец, жи́тель *или* уроже́нец Анго́лы; the ~s *собир.* анго́льцы

Angolan II [æŋˈɡəʊlən] *a* анго́льский

angor [ˈæŋɡə] *n мед.* 1) сжа́тие, стесне́ние (*в груди́*) 2) мучи́тельный страх, тоска́

Angora [æŋˈɡɔːrə] *n* 1. анго́рская ко́шка (*тж.* ~ cat) 2. *зоол.* анго́рская коза́ (*Capra angorensis; тж.* ~ goat) 3. *зоол.* анго́рский пухо́вый кро́лик (*Lepus cuniculus angorensis; тж.* ~ rabbit) 4. (a.) 1) шерсть «анго́ра» (*тж.* ~ wool) 2) мохе́р 5. (a.) ткань из ше́рсти анго́рской козы́ *или* анго́рского кро́лика

angostura [͵æŋɡəˈstjʊərə] *n* 1) ангосту́ра (*горькая кора; используется в медицине; тж.* ~ bark) 2) (A.) «Ангосту́ра» (*фирменное название горькой настойки; тж.* A. bitters)

angrily [ˈæŋɡrɪlɪ] *adv* серди́то, гне́вно

angriness [ˈæŋɡrɪnɪs] *n* 1. гнев, я́рость, негодова́ние 2. воспале́ние, покрасне́ние (*раны и т. п.*)

angry [ˈæŋɡrɪ] *a* 1. серди́тый, гне́вный, я́ростный, раздражённый; ~ voices серди́тые /раздражённые/ голоса́; ~ with smb. [at/about/ smth.] серди́тый на кого́-л. [на что-л.]; to be ~ся; to get /to grow/ ~ рассерди́ться; to make smb. ~ рассерди́ть /разгне́вать/ кого́-л.; he was ~ at being kept waiting он был возмущён, что его́ заста́вили ждать; he was ~ with himself for having lost the set он проигра́л сет и был недово́лен (сами́м) собо́й; he will be ~ to learn that… он вы́йдет из себя́, когда́ узна́ет, что… 2. воспалённый, покрасне́вший, кра́сный (*о ра́не, я́зве и т. п.*) 3. штормово́й, бушу́ющий, бу́рный, грозово́й (*о мо́ре, не́бе, облака́х и т. п.*)

Angry Young Man [͵æŋɡrɪjʌŋˈmæn] 1) «серди́тый молодо́й челове́к» (*обыкн. о писа́теле, принадлежа́щем к литерату́рному тече́нию 50-х гг. в Великобрита́нии*) 2) (a. y. m.) молодо́й бунта́рь (*обыкн. из интеллектуа́лов*); angry young men крити́чески настро́енная молодёжь

Angst [æŋst] *n нем.* страх, беспоко́йство; тоска́; трево́га

Angstrom, angstrom [ˈæŋstrəm, ˈæŋstrɒm] *n физ.* а́нгстрем (Å) (*тж.* ~ unit)

anguiform [ˈæŋɡwɪfɔːm] = anguine

anguine [ˈæŋɡwɪn] *a* змееви́дный, змееподо́бный

anguish I [ˈæŋɡwɪʃ] *n* му́ка, боль, муче́ние, страда́ние; ~ of body and mind физи́ческие и душе́вные страда́ния /муче́ния, му́ки/; to be in ~ at /over/ smth. терза́ться /му́читься/ чем-л., сокруша́ться о чём-л.; to suffer ~ терпе́ть (невыноси́мые) му́ки

anguish II [ˈæŋɡwɪʃ] *v* 1) приноси́ть боль, вызыва́ть страда́ния, му́чить 2) страда́ть, му́читься (*от бо́ли и т. п.*); выноси́ть, терпе́ть му́ку

anguished [ˈæŋɡwɪʃt] *a* 1) испы́тывающий му́ки, страда́ющий; ~ in body and mind испы́тывающий душе́вные и физи́ческие страда́ния 2) страда́льческий, му́ченический; выража́ющий боль; томя́щийся; ~ сгу крик бо́ли, отча́янный крик (*о по́мощи и т. п.*)

angular [ˈæŋɡjʊlə] *a* 1. 1) углово́й; ~ point верши́на угла́ 2) с (о́стрыми) угла́ми 2. углова́тый, нело́вкий, нескла́дный; ~ figure углова́тая фигу́ра; ~ youth нескла́дный /углова́тый/ ю́ноша; ~ movements нело́вкие /углова́тые/ движе́ния 3. худо́й, костля́вый 4. сварли́вый, неужи́вчивый 5. *тех.* углово́й, углово́й, коле́нчатый; ~ test испыта́ние на изги́б; ~ hole гранёное отве́рстие; ~ aperture *опт.* углова́я аперту́ра

angularity [͵æŋɡjʊˈlærɪtɪ] *n* 1. нали́чие (о́стрых) угло́в 2. углова́тость, нело́вкость; ~ of character тру́дный, неро́вный хара́ктер 3. *тех.* углова́тость, изре́занность; the ~ of the coastline неро́вность /изре́занность/ берегово́й ли́нии 4. *тех.* 1) у́гол переко́са 2) расположе́ние под угло́м 5. *авт.* у́гол шатуна́ с осью цили́ндра дви́гателя

angularly [ˈæŋɡjʊləlɪ] *adv* 1. под (о́стрым) угло́м 2. углова́то, нело́вко, нескла́дно

angular momentum [͵æŋɡjʊləməˈmentəm] *физ.* моме́нт коли́чества *или* и́мпульса движе́ния, углово́й моме́нт

angulate [ˈæŋɡjʊlɪt] *a* име́ющий углы́, с угла́ми; углообра́зный

angulation [͵æŋɡjʊˈleɪʃ(ə)n] *n* 1. углова́я констру́кция, строе́ние; образова́ние с (о́стрыми) угла́ми 2. (то́чное) измере́ние угло́в

angulometer [͵æŋɡjʊˈlɒmɪtə] *n* прибо́р для измере́ния нару́жных угло́в

angulous [ˈæŋɡjʊləs] = angular

Angus [ˈæŋɡəs] = Aberdeen Angus

angustate [æŋˈɡʌstɪt] *a спец.* су́женный у основа́ния

anhedonia [͵ænhɪˈdəʊnɪə] *n психол.* по́лное равноду́шие к ра́достям жи́зни

ANH — ANI

anhedral[1] [æn'hi:drəl] *a мин.* ангедральный, без ясно выраженных граней

anhedral[2] [æn'hi:drəl] *a ав.* поднятый кверху или опущенный книзу (*о крыльях или хвосте*)

anhelation [ˌænhɪ'leɪʃ(ə)n] *n мед.* одышка

anhidrosis [ˌænhɪ'drəʊsɪs] *n мед.* отсутствие потоотделения

anhidrotic [ˌænhɪ'drɒtɪk] *n мед.* средство, уменьшающее потоотделение

anhistous [æn'hɪstəs] *a биол.* бесструктурный

anhungered [æn'hʌŋgəd] *a* 1. *арх.* голодный 2. *поэт.* жаждущий; ~ for joy жаждущий радости

anhydride [æn'haɪdraɪd] *n хим.* ангидрид

anhydrite [æn'haɪdraɪt] *n мин.* ангидрит, безводный гипс

anhydrous [æn'haɪdrəs] *a хим.* безводный; ~ alcohol абсолютный спирт

anhypnosis [ˌænhɪp'nəʊsɪs] *n мед.* бессонница

ani[1] ['ɑ:nɪ, ə'ni:] *n зоол.* кукушка-ани (*Crotophagus*)

ani[2] ['eɪnaɪ] *pl от* anus

aniconic [ˌænaɪ'kɒnɪk] *a рел.* 1) неиконический, запрещающий иконы, образа *и т. п.*; иконоборческий 2) запрещающий изображение человека (*в исламе и т. п.*)

aniconism [ˌænaɪ'kɒnɪz(ə)m] *n рел.* 1) иконоборчество; запрет на изображение божества 2) поклонение предметам, символизирующим, но не изображающим бога (*в исламе и т.п.*)

anigh I [ə'naɪ] *adv арх.* близко, вблизи

anigh II [ə'naɪ] *prep арх.* близко к (*чему-л.*); ~ the tree у дерева

anight(s) [ə'naɪt(s)] *adv арх.* ночью, по ночам

anil [ænɪl] *n* 1. *бот.* индиго (*Indigofera*) 2. индиго (*краска*)

anile ['eɪnaɪl, 'ænaɪl] *a презр.* 1) старушечий; ~ ideas бабьи представления 2) слабоумный; выживший из ума

anilic [ə'nɪlɪk] *a* аниговый

aniline ['ænɪli(:)n] *n хим.* анилин; ~ dye анилиновый краситель

anility [æ'nɪlɪtɪ] *n* 1) старость, дряхлость (*женщин*) 2) старческое слабоумие

anima ['ænɪmə] *n книжн.* 1. (*pl* -ae) душа 2. *психол.* 1) истинная душа; внутренняя сущность (*человека*); его истинное «я»; ~ and persona истинное лицо человека и его маска 2) женское начало (*особ. в психологии мужчины*)

animadversion [ˌænɪmæd'vɜːʃ(ə)n] *n книжн.* порицание, хула, критика

animadvert [ˌænɪmæd'vɜːt] *v книжн.* (on, upon) порицать, хулить, критиковать, осуждать

animae ['ænɪmi:] *pl от* anima

animal I ['ænɪm(ə)l] *n* 1. животное; зверь; domestic [four-footed, herbivorous] ~s домашние [четвероногие, травоядные] животные; fur-bearing ~s *собир.* пушной зверь; dumb ~ бессловесная тварь 2. млекопитающее (*животное*) 3. 1) животное, зверь, скотина (*о человеке*) 2) животная природа, животное начало (*в человеке*); to rouse the ~ in smb. пробудить в ком-то зверя 4. *разг.* что-л. странное, необычное; штука; the new airplane was a fast ~ новый самолёт был быстроходной штучкой; there ain't no such ~! *шутл.* такого не бывает! 5. *pl* полимино (*математическая игра*)

animal II ['ænɪm(ə)l] *a* 1. животный, относящийся к животному миру; анимальный; ~ life жизнь животных; ~ heat температура тела теплокровных животных; ~ hauling живое тягло, животная тяга; ~ bones костяная мука (*удобрение*); ~ chemistry биохимия животных; ~ charcoal животный уголь; ~ worship поклонение (*какому-л.*) животному; обожествление животных; культ животных 2. относящийся к животноводству, животноводческий; ~ breeder животновод; ~ farm животноводческое хозяйство, животноводческая ферма 3. неодор. животный; физический, плотский; чувственный; ~ desires физические /плотские/ влечения; ~ nature животная природа, животное начало; ~ needs физиологические потребности; ~ fear животный страх; ~ breeding /raising/ животноводство

animalcula [ˌænɪ'mælkjʊlə] *pl от* animalculum

animalcular [ˌænɪ'mælkjʊlə] *a биол.* микроскопический; простейший (*об организме*)

animalcule [ˌænɪ'mælkju:l] *n* 1. микроскопический организм; простейшее животное 2. *арх.* крошечное, маленькое животное, зверёк (*о мыши и т. п.*)

animalculine [ˌænɪ'mælkjʊlɪn] = animalcular

animalculum [ˌænɪ'mælkjʊləm] *n* (*pl* -la) = animalcule

animal-drawn ['ænɪm(ə)l,drɔ:n] *a* на животной тяге; запряжённый лошадью, волами *и т. п.*

animal flower ['ænɪm(ə)l,flaʊə] зоофит (*животное, напоминающее растение*)

animalhood ['ænɪm(ə)lhʊd] *n* животное начало

animal husbandry [ˌænɪm(ə)l'hʌzbəndrɪ] 1) скотоводство; животноводство 2) животноводческое *или* скотоводческое хозяйство

animalier ['ænɪməˌlɪə] *n редк.* художник-анималист

animalism ['ænɪməlɪz(ə)m] *n* 1. *филос.* анимализм 2. здоровое плотское существование; жизнелюбие

animalist ['ænɪməlɪst] *n* 1. сторонник теории анимализма 2. чувственный человек, сенсуалист 3. художник-анималист

animalistic [ˌænɪmə'lɪstɪk] *a* 1. в виде животного; ~ doorknob дверная ручка в виде головы животного 2. *филос.* анималистический 3. чувственный, плотский

animality [ˌænɪ'mælɪtɪ] *n* 1. 1) животный мир 2) принадлежность к миру животных 2. животное начало в человеке; животные побуждения, потребности *и т. п.* 3. = animal spirits

animalization [ˌænɪməl(a)ɪ'zeɪʃ(ə)n] *n* 1. анимализация (*придание человеческому изображению животного облика*) 2. превращение (*человека*) в животное; доведение до скотского состояния; возбуждение низменных страстей 3. распространение видов животных на земном шаре

animalize ['ænɪməlaɪz] *v спец.* 1. анимализировать 2. превращать (*человека*) в животное; доводить до скотского состояния; возбуждать низменные страсти

animal kingdom [ˌænɪm(ə)l,kɪŋdəm] животный мир, животное царство, фауна

animal liberation [ˌænɪm(ə)l,lɪbə'reɪʃ(ə)n] (активное) общественное движение в защиту животных

animally ['ænɪm(ə)lɪ] *adv* как животному, по-животному; по-скотски

animal magnetism [ˌænɪm(ə)l'mægnɪtɪz(ə)m] 1. чувственная привлекательность; физическая красота 2. животный магнетизм, месмеризм

animal park ['ænɪm(ə)l,pɑ:k] *амер.* зоопарк с бесклеточным содержанием зверей

animal spirits [ˌænɪm(ə)l'spɪrɪts] жизнерадостность, бодрость; неунывающий дух; жизнелюбие

animal starch ['ænɪməl,stɑ:tʃ] животный крахмал, гликоген

animate I ['ænɪmɪt] *a* 1. 1) живой; ~ nature живая природа; ~ beings живые существа 2) одушевлённый, немёртвый 2. оживлённый, воодушевлённый 3. животный, анимальный

animate II ['ænɪmeɪt] *v* 1. оживить, вдохнуть жизнь 2. оживлять; придавать бодрость, давать (новый) импульс, стимул *и т. п.*; to ~ a lecture with witty remarks оживлять лекцию остроумными замечаниями; to ~ smb.'s courage вдохнуть в кого-л. мужество; a smile ~d his face улыбка оживила его лицо 3. воодушевлять; вдохновлять; будоражить; his excitement ~d us его возбуждение передалось нам; be ~d by the best intentions быть движимым самыми лучшими побуждениями 4. побуждать, подстёгивать к действиям; ~d by religious zeal побуждаемый религиозным рвением; the motives which ~ this man мотивы, которыми руководствуется в своих действиях этот человек 5. приводить в действие, в движение; windmills are ~d by the wind мельницы приводятся в движение силой ветра 6. *кино* мультиплицировать; создавать мультфильмы (*по сказке и т. п.*)

animated ['ænɪmeɪtɪd] *a* 1. оживлённый, живой; ~ conversation [expression /face/] оживлённый разговор [-ое выражение лица] 2. живой; ~ bodies живые организмы 3. движущийся; ~ dolls куклы, умеющие ходить 4. мультипликационный; ~ cartoons мультипликация; мультипликационный фильм, мультфильм

animater ['ænɪmeɪtə] = animator

animateur [ˌænɪmə'tɜ:] *n книжн.* побудительный мотив *или* фактор

animation [ˌænɪ'meɪʃ(ə)n] *n* 1. оживление; живость; воодушевление; with ~ живо, с воодушевлением; devoid of ~ безжизненный, бесстрастный 2. жизнь, жизнедеятельность 3. *кино* 1) изготовление мультипликации 2) мультфильм 3) «оживление» неподвижного изображения

animative ['ænɪmeɪtɪv] *a* оживляющий, живительный

animato [ˌænɪ'mɑ:təʊ] *муз.* анимато, оживлённо

animator ['ænɪmeɪtə] *n* 1. *см.* animate II + -or 2. художник-мультипликатор

animism ['ænɪmɪz(ə)m] *n филос.* 1. анимизм 2. спиритуализм

animist ['ænɪmɪst] *n* 1. анимист, сторонник теории анимизма 2. спиритуалист

animistic [ˌænɪ'mɪstɪk] *a* 1. анимистический 2. спиритуалистический

animosity [ˌænɪ'mɒsɪtɪ] *n* враждебность, злоба; вражда; with ~ враждебно, злобно

animus ['ænɪməs] *n* 1. *книжн.* предубеждение; враждебность 2. *юр.* намерение, умысел

anion ['ænaɪən] *n физ.* анион

anisated ['ænɪseɪtɪd] *a* смешанный с анисом, приправленный анисом

anise ['ænɪs] *n бот.* анис (*Pimpinella anisum*)

aniseed ['ænɪsi:d] *n* анисовое семя; ~ ball анисовое драже (*конфета*)

anisette [ˌænɪ'zet] *n* анисовая настойка, анисовая водка

anisic [ə'nɪsɪk] *a* анисовый

anisogamy [ˌænaɪ'sɒɡəmɪ] *n биол.* анизогамия

anisomerous [ˌænaɪ'sɒmərəs] *a биол.* 1. неизомерный, неравночленный 2. равнозернистый (*о структуре*)

anisometric [ˌænaɪsə(ʊ)'metrɪk] *a* 1. *хим.* анизометрический, из одних и тех же элементов, но в разных отношениях 2. *биол.* имеющий несимметричные части

anisophylly [ˌænaɪsəʊ'fɪlɪ] *n бот.* анизофилия, неравнолистность

anisotropic [ˌænaɪsə(ʊ)'trɒpɪk] *a спец.* анизотропный

anisotropy [ˌænaɪ'sɒtrəpɪ] *n спец.* анизотропия, анизотропность

anker ['æŋkə] *n* 1. *старинная мера жидкости* = 31 л) 2. бочонок (*вместимостью в один анкер*)

ankerite ['æŋkəraɪt] *n мин.* анкерит

ankh [æŋk] *n* анк, египетский крест (*T-образная фигура, увенчанная кольцом; символ жизни в Древнем Египте*)

ankle ['æŋk(ə)l] *n анат.* лодыжка; ~ bone таранная кость; ~ joint голеностопное сочленение, голеностопный сустав

ankle-deep I ['æŋk(ə)l,diːp] *a* доходящий до лодыжки; ~ dust пыль по самую щиколотку; he is ~ in problems он увяз в разных сложностях

ankle-deep II ['æŋk(ə)l,diːp] *adv* до щиколотки, по лодыжку; rain water ran ~ после дождя воды было по щиколотку

anklet ['æŋklɪt] *n* 1. ножной браслет 2. *pl* короткие носки 3. *pl* сандалеты с перепонкой на щиколотке

ankor ['æŋkə] = anker

ankus ['æŋkəs] *n* (*pl тж. без измен.*) хинди анкас, стрекало для слона (*шест с острым наконечником и крючком*)

ankylose ['æŋkɪləʊz] *v мед.* 1. терять подвижность (*о суставах*) 2. срастаться (*о костях и т. п.*)

ankylosis [ˌæŋkɪ'ləʊsɪs] *n мед.* анкилоз, неподвижность сустава

anlace ['ænləs] *n ист.* кинжал (*который носили за поясом*)

anlage ['ænlɑːɡə] *n* 1. *биол.* зачаток, закладка органа (*в эмбрионе*) 2. = blastema 3. задатки; предрасположение (*к чему-л.*)

anna ['ænə] *n ист.* анна, ана (¹/₁₆ *рупии; мелкая монета в Индии*)

annal ['æn(ə)l] *n редк.* 1) хроника событий одного года 2) хроникальная запись отдельного события

annalist ['ænəlɪst] *n* летописец; анналист; историограф

annalistic [ˌænə'lɪstɪk] *a* летописный; историографический

annals ['æn(ə)lz] *n pl* 1. анналы, летописи 2. исторические хроники 3. ежегодник (*научное периодическое издание*)

annates ['æn(e)ɪts] *n pl церк. ист.* аннаты

anneal [ə'niːl] *v* 1. 1) *тех.* отжигать; прокаливать; отпускать 2) *тех.* обжигать (*стекло, керамические изделия*) 3) *биохим.* ренатурировать ДНК, соединять комплементарные нити ДНК 2. закалять; делать стойким; to ~ the mind дать закалку уму

annealing [ə'niːlɪŋ] *n тех.* 1) отжиг 2) *редк.* нормализация, отпуск; ~ colours *спец.* цвета побежалости

annectent [ə'nektənt] *a книжн.* присовокупленный; служащий связующим звеном

annelid ['ænəlɪd] *n зоол.* кольчатый червь (*Annelida*)

annex I ['æneks] *n* 1. пристройка, крыло; флигель; ~ to a hotel флигель гостиницы 2. приложение, дополнение (*к документу, книге и т. п.*); ~ to a treaty [to a convention] дополнение к договору [к конвенции] 3. ~ memory *вчт.* буферная память, буферное запоминающее устройство 3. *тех.* приставка

annex II [ə'neks] *v* 1. 1) присоединять, аннексировать; to ~ territory аннексировать [захватывать] территорию 2) включать в состав; outlying districts were ~ed by the city пригороды вошли в черту города 2. прилагать, присоединять в виде приложения, присовокуплять (*к документу, книге и т. п.*); to ~ to a treaty [to a convention] прилагать к договору [к конвенции]; translation with a glossary ~ed перевод с приложением глоссария 3. быть свойственным, присущим; privileges ~ed to royalty привилегии, присвоенные членам королевского дома; happiness is not always ~ed to wealth счастье не всегда сопутствует богатству 4. *шутл.* захватить, присвоить; who has ~ed my pencil? кто украл у меня карандаш?

annexation [ˌænek'seɪʃ(ə)n] *n* 1) присоединение, аннексия; forcible ~ насильственная аннексия; ~ of territory захват территории 2) *амер.* (to) присоединение (*к чему-л.*); вхождение (*в состав чего-л.*); the ~ of Texas to the United States добровольное присоединение Техаса к Соединённым Штатам

annexationist [ˌænek'seɪʃ(ə)nɪst] *n* аннексионист, захватчик

annexe ['æneks] = annex I

annexion [ə'nekʃ(ə)n] = annexation

Annie Oakley [ˌænɪ'əʊklɪ] *амер. сл.* пригласительный билет или пропуск, контрамарка

annihilate [ə'naɪəleɪt] *v* 1. уничтожать; the avalanche ~d the village лавина стёрла деревню с лица земли; the enemy army was ~d армия неприятеля была уничтожена 2. *редк.* упразднять, отменять (*закон, постановление и т. п.*) 3. аннигилировать

annihilated [ə'naɪəleɪtɪd] *a* уничтоженный (полностью)

annihilation [əˌnaɪə'leɪʃ(ə)n] *n* 1. полное уничтожение 2. *редк.* упразднение, отмена 3. *физ.* аннигиляция

annihilative [ə'naɪəleɪtɪv] *a* истребительный

annihilator [ə'naɪəleɪtə] *n мат.* аннулятор

anniversarily [ˌænɪ'vɜːs(ə)rɪlɪ] *adv книжн.* ежегодно

anniversary I [ˌænɪ'vɜːs(ə)rɪ] *n* годовщина; празднование годовщины (*какого-л. события*); the A. of Roosevelt's New Deal годовщина со дня (провозглашения) Нового Курса (президента) Рузвельта; the ~ of Shakespeare's birth годовщина рождения Шекспира; wedding ~ годовщина свадьбы

anniversary II [ˌænɪ'vɜːs(ə)rɪ] *a* 1. ежегодный, годовой; an ~ occasion ежегодно отмечаемое событие 2. юбилейный; ~ issue юбилейный выпуск; ~ dinner (торжественный) обед в ознаменование (какого-л.) события

Anno Domini [ˌænəʊ'dɒmɪnaɪ] *лат.* 1. год господень, год от рождества Христова 2. *разг.* старость; возраст; ~ is the trouble! старость /старея/ вот беда!; his chief complaint is A.D. главное, на что он жалуется, — это возраст

anno Hegirae [ˌænəʊhɪ'dʒaɪəriː] *лат.* год хиджры, начало мусульманского летосчисления (622 н. э.)

anno mundi [ˌænəʊ'mʊndɪ] *лат.* 1) год (с начала) мира 2) год от сотворения мира (*в обозначении дат; см. тж.* AM²)

annona [ə'nəʊnə] *n бот.* анона (*Annonaceae gen.*)

annonce [ə'nɒns] *редк.* = announcement

anno regni [ˌænəʊ'reɡnaɪ] *лат.* 1) год царствования 2) в (*такой-то*) год его царствования (*в обозначении дат*)

annotate ['ænəteɪt] *v* 1. комментировать (*текст*), снабжать примечаниями 2. аннотировать

annotated ['ænəteɪtɪd] *a* 1. снабжённый комментариями, примечаниями; ~ edition издание с примечаниями 2. аннотированный

annotation [ˌænə'teɪʃ(ə)n] *n* 1. аннотирование 2. аннотация; примечания, комментарий 3. *юр. ист.* назначение места ссылки 4. *юр.* вызов лица, безвестно отсутствующего

annotative ['ænəteɪtɪv] *a* аннотационный

annotator ['ænəteɪtə] *n* 1. аннотатор 2. комментатор

announce [ə'naʊns] *v* 1. объявлять, извещать; анонсировать; заявлять; to ~ smb.'s arrival [departure, birth, death] извещать /объявлять/ о чьём-л. прибытии [отъезде, рождении, о чьей-л. смерти]; it has been ~d that the conference will be held in Moscow (в печати) было объявлено, что конференция состоится в Москве; to ~ the lap-time *спорт.* объявлять результат бега после каждого круга 2. 1) оповещать, возвещать; давать знать (*не словесно*); to ~ smth. by a peal of bells возвестить о чём-л. колокольным звоном; an occasional shot ~d the presence of the enemy случайный выстрел выдал присутствие противника 2) *амер.* работать диктором на радио *или* телевидении 3. докладывать (*о посетителе и т. п.*); объявлять; to ~ dinner докладывать, что обед подан; пригласить к столу 4. (for) *амер.* предложить свою кандидатуру; выразить готовность баллотироваться; he ~d for the U. S. Senate [for governor] он заявил, что намерен выставить свою кандидатуру в сенат США [в губернаторы]

announcement [ə'naʊnsmənt] *n* 1) объявление, анонс, извещение; сообщение (*тж. по радио*); spot ~ *разг.* объявление (*по радио между обычными передачами*) 2) доклад (*о приходе*) 3) карточка, бланк (*для извещений, приглашений и т. п.*)

announcer [ə'naʊnsə] *n* 1. *см.* announce + -er 2. *радио, тлв.* диктор 3. ведущий (*концерта и т. п.*)

anno urbis conditae [ˌænəʊˌʊəbɪs'kɒndɪtaɪ] *лат.* 1) год основания города (Рима, 753 до н. э.) 2) со дня основания Рима (*в обозначении дат*)

annoy [ə'nɔɪ] *v* 1. досаждать, докучать, надоедать; раздражать; беспокоить; to ~ smb. раздражать кого-л.; досаждать кому-л.; to be ~ed with smb. быть недовольным кем-л.; to ~ smb. to death надоедать кому-л. до смерти; he ~ed me by playing finger practice /scales/ он раздражал меня /надоедал мне/ своими гаммами; he was /felt/~ed with the bad weather [constant noise, silly questions] ему надоела /наскучила/ плохая погода [надоел вечный шум, надоели глупые вопросы]; I felt /was/ ~ed when he refused to help my boy мне было досадно /неприятно/, что он отказался помочь моему сыну 2. *воен.* беспокоить (*противника*)

annoyance [ə'nɔɪəns] *n* 1. досада, неприятность; раздражение 2. надоедание, приставание 3. источник раздражения; some visitors are an ~ от некоторых посетителей можно с ума сойти; constant traffic noise is an ~ постоянный шум уличного движения трудно переносить

annoyed [əˈnɔɪd] *a* недовольный, раздражённый, раздосадованный; in an ~ voice недовольным /раздражённым/ тоном

annoying [əˈnɔɪɪŋ] *a* досадный, раздражающий, надоедливый, беспокоящий; how ~! какая досада!

annoyingly [əˈnɔɪɪŋlɪ] *adv* раздражающе, надоедливо, неприятно

annual I [ˈænjʊəl] *n* 1. однолетник, однолетнее растение 2. ежегодник (книга)

annual II [ˈænjʊəl] *a* ежегодный; годовой, годичный; ~ fair ежегодная ярмарка; ~ income [balance, examination] годовой доход [баланс, экзамен]; ~ review обзор литературы за год; ~ crop с.-х. однолетняя культура; ~ cut ежегодная рубка; годичная лесосека; ~ felling а) годичная рубка (леса); б) площадь годичной вырубки (леса); ~ mileage годичный пробег (транспорта); ~ march *метеор.* годовые колебания (барометрического давления)

annualization [ˌænjʊəl(a)ɪˈzeɪʃ(ə)n] *n эк.* пересчёт в годовое исчисление, на год

annually [ˈænjʊəlɪ] *adv* ежегодно, в год; to commemorate [to celebrate] ~ ежегодно отмечать [праздновать]

annual ring [ˌænjʊəlˈrɪŋ] 1) годичный слой (в древесине) 2) годичное кольцо (на рогах)

annuary [ˈænjʊərɪ] *n* ежегодник

annuitant [əˈnjuːɪt(ə)nt] *n* лицо, получающее ежегодную ренту

annuity [əˈnjuːɪtɪ] *n* 1. (ежегодная) рента; ежегодный доход; ~ on an accident ежегодная выплата за увечье; ~ for life, life ~ пожизненная рента 2. аннуитет, ежегодно уплачиваемый взнос (по договору, завещанию и т. п.)

annul [əˈnʌl] *v* 1. аннулировать, отменять; уничтожать; to ~ a law [a decree] отменять закон [постановление]; to ~ an agreement аннулировать соглашение; to ~ marriage признать брак недействительным 2. свести на нет; нейтрализовать; to ~ the drug effect нейтрализовать действие лекарственного препарата

annular I [ˈænjʊlə] *n редк.* безымянный палец

annular II [ˈænjʊlə] *a* 1. 1) кольцеобразный, кольцевой; ~ recess *тех.* кольцевая выточка; ~ eclipse *астр.* кольцеобразное затмение 2) *мед.* перстневидный, кольцевидный 2. носящий кольцо; имеющий кольца

annularly [ˈænjʊləlɪ] *adv* кольцеобразно

annulary I [ˈænjʊl(ə)rɪ] *n* безымянный палец

annulary II [ˈænjʊl(ə)rɪ] *a* безымянный (о пальце)

annulate [ˈænjʊlɪt] *a* 1) кольчатый, с кольцами 2) *бот.* кольцеобразный

annulated [ˈænjʊleɪtɪd] *a* кольчатый, с кольцами; состоящий из колец

annulation [ˌænjʊˈleɪʃ(ə)n] *n* 1. кольцеобразная структура 2. образование колец 3. *редк.* кольцо

annulet [ˈænjʊlɪt] *n* 1. колечко 2. *архит.* поясок (колонны), завиток

annuli [ˈænjʊlaɪ] *pl от* annulus

annullable [əˈnʌl(ə)l] *a редк.* отменимый, такой, который можно аннулировать, отменить

annulment [əˈnʌlmənt] *n* 1. 1) аннулирование, отмена; уничтожение 2) (судебное) постановление о признании брака недействительным 2. вытеснение тяжёлых воспоминаний из сознания (в психоанализе)

annuloid [ˈænjʊlɔɪd] *a зоол.* кольцеобразный; кольчатый

annulose [ˈænjʊləʊs] *a зоол.* состоящий из колец *или* кольцеобразных сегментов

annulus [ˈænjʊləs] *n* (*pl* -li, -ses [-sɪz]) 1. *бот.* кольцо, колечко, кольцеобразное тело (мицелия гриба, спорангия папоротника) 2. *тех.* узкое кольцо (зазор и т. п.) 3. *мат.* плоское круговое кольцо

annunciate [əˈnʌnsɪeɪt] *v возвыш.* возвещать, объявлять

annunciation [əˌnʌnsɪˈeɪʃ(ə)n] *n* 1. *возвыш.* возвещение, объявление 2. (A.) *церк.* благовещение (*тж.* A. Day)

annunciator [əˈnʌnsɪeɪtə] *n* 1. *арх. возвыш.* вестник, возвеститель 2. устройство (аварийной или тревожной) сигнализация

annuntiate [əˈnʌnʃɪeɪt] = annunciate

annus mirabilis [ˌænəsmɪˈrɑːbɪlɪs] *лат.* год чудес; выдающийся, чудесный год

A No 1 [ˈeɪˌnʌmbəˈwʌn] *амер. разг.* первоклассный, превосходный, замечательный, первый сорт

anoa [əˈnəʊə] *n зоол.* аноа, целебесский карликовый буйвол (Anoa depressicornis)

anociassociation [əˌnəʊsɪəˌsəʊsɪˈeɪʃ(ə)n] *n мед.* обеспечение комфортного состояния больного во время операции (обезболивание, психологическая подготовка и т. п.)

anode [ˈænəʊd] *n эл.* 1) анод, положительный электрод 2) антикатод (рентгеновской трубки) 3) анод (электронной лампы)

anodic [æˈnɒdɪk] *a эл.* анодный

anodization [ˌænəʊdaɪˈzeɪʃ(ə)n] *n тех.* анодирование

anodize [ˈænə(ʊ)daɪz] *v тех.* анодировать, подвергать анодной обработке

anodizing [ˈænə(ʊ)daɪzɪŋ] = anodization

anodyne I [ˈænədaɪn] *n* 1. *мед.* болеутоляющее средство; анальгетический препарат 2. 1) утешение, забвение (в горе и т. п.); что-л. отвлекающее (от дум и т. п.); music was an ~ to his grief он находил утешение только в музыке

anodyne II [ˈænədaɪn] *a* 1. *мед.* болеутоляющий; упокаивающий 2. утешающий, приносящий забвение; отвлекающий

anoesia [ˌænəʊˈiːzə] = anoia

anoesis [ˌænəʊˈiːsɪs] *n мед.* сумеречное состояние (при сохранении чувственного восприятия)

anoestrus [əˈniːstrəs] = anestrus

anoetic [ˌænəʊˈetɪk] *a мед.* не полностью сознающий, находящийся на грани сознания

anogenic [ˌænə(ʊ)ˈdʒenɪk] *a геол.* аногенный, изверженный

anoia [əˈnɔɪə] *n мед.* идиотия, идиотизм

anoint [əˈnɔɪnt] *v* 1. смазывать (кожу, рану — жиром, мазью) 2. *церк.* 1) помазывать (миром) 2) миропомазывать (на царство); they ~ed him king он был миропомазан на королевский престол 3) *шутл.* отдубасить, отколотить

anointed [əˈnɔɪntɪd] *a* 1. смазанный (жиром, мазью) 2. *церк.* 1) помазанный 2) миропомазанный 3. (the ~) *в грам.* знач. сущ. помазанник; the Lord's A. помазанник божий

anointing [əˈnɔɪntɪŋ] = anointment; ~ of the sick *церк.* помазание болящих (*обыкн.* о соборовании умирающих)

anointment [əˈnɔɪntmənt] *n* 1. смазывание 2. *церк.* 1) помазание 2) миропомазание

anolyte [ˈænə(ʊ)laɪt] *n спец.* анолит

anomalism [əˈnɒməlɪz(ə)m] *n* аномальность; аномалия

anomalist [əˈnɒməlɪst] *n лингв.* аномалист

anomalistic, anomalistical [əˌnɒməˈlɪstɪk, -(ə)l] *a* 1. аномальный 2. *лингв.* аномалистский 3. *астр.* аномалистический; ~ year [month] аномалистический год [месяц]

anomalous [əˈnɒmələs] *a* 1. аномальный, ненормальный, неправильный 2. (to) *амер.* несоответствующий, несовместимый 3. *грам.* неправильный

anomalous water [əˈnɒmələsˈwɔːtə] *физ.* аномальная вода, поливода

anomaly [əˈnɒməlɪ] *n* 1. аномалия, отклонение от нормы; неправильность; ненормальность 2. непоследовательность (в поступках, поведении); парадоксальность; the anomalies of human nature странности человеческой души

anomic [əˈnɒmɪk] *a книжн.* неупорядоченный; бесцельный; разложившийся

anomie [ˈænəmɪ] *n* 1. = anomy 2. *книжн.* аномия, падение нравов; крах традиционных устоев 3. состояние отчуждения (человека или группы лиц), вызванное аномией 4. распад личности, моральное разложение

anomy [ˈænəmɪ] *n* 1. *арх.* беззаконие, нарушение закона 2. *редк.* = anomie

anon [əˈnɒn] *adv арх.* 1. 1) тотчас, сейчас 2) вскоре 2. *в грам. знач. междометия* (*обыкн.* в ответе тому, кого не расслышал) 1) сейчас!, иду! 2) простите, что вы сказали?

anonym [ˈænənɪm] *n* 1. аноним 2. псевдоним 3. произведение неизвестного автора; книга без указания автора и т. п.

anonymity [ˌænəˈnɪmɪtɪ] *n* 1. анонимность (об авторах или произведениях) 2. безликость (архитектуры и т. п.); отсутствие индивидуальности 3. чувство обезличенности, ощущение потерянности (у жителей крупных городов)

anonymon [əˈnɒnɪmɒn] *n редк.* анонимное литературное произведение

anonymous [əˈnɒnɪməs] *a* 1. анонимный; безымянный; ~ letter письмо без подписи; анонимка; ~ pamphlet брошюра без указания (имени) автора; ~ author а) автор, пишущий под псевдонимом; б) неизвестный автор; ~ donor жертвователь, пожелавший остаться неизвестным 2. безликий; бесцветный; неотличимый от других; drab ~ houses серые безликие дома

anonymuncule [əˌnɒnɪˈmʌŋkjuːl] *n презр.* анонимный писака

anopheles [əˈnɒfɪliːz] *n энт.* анофелес, малярийный комар (Anopheles)

anophyte [ˈænə(ʊ)faɪt] *n бот.* мох, прямостоячее моховидное растение

anorak [ˈænəræk] *n* анорак; тёплая куртка на молнии с капюшоном

anorectic, anorectous [ˌænəˈrektɪk, ˌænəˈrektəs] = anorexious

anerexia [ˌænəˈreksɪə] *n мед.* 1) отсутствие аппетита 2) анорексия, патологическое отвращение к пище; отказ принимать пищу (*тж.* ~ nervosa)

anorexiant [ˌænəˈreksɪənt] *n фарм.* препарат, снижающий аппетит (для желающих похудеть)

anorexic [ˌænəˈreksɪk] *a мед.* 1) страдающий отсутствием аппетита 2) испытывающий отвращение к пище (*особ. при эмоциональном стрессе*); страдающий анорексией

anorexy ['ænəˌreksɪ] = anorexia

anorganic [ˌænɔː'ɡænɪk] *a хим.* неорганический

anorthic [æ'nɔːθɪk] *a спец.* триклинный

anorthite [æ'nɔːθaɪt] *n мин.* анортит, известковый полевой шпат

anorthoscope [æ'nɔːθəskəup] *n* анортоскоп (*оптическая игрушка*)

anorthosite [ə'nɔːθəsaɪt] *n мин.* анортозит

anosmia [æ'nɒzmɪə] *n мед.* аносмия, отсутствие обоняния

another I [ə'nʌðə] *a* 1. 1) другой, ещё (один); won't you have a cup of coffee? не хотите ли ещё чашку кофе?; have ~ try! попытайтесь ещё раз!; in ~ ten years ещё через десять лет; ~ two minutes and I should have missed the train ещё две минуты, и я бы опоздал на поезд; without a ~ word не говоря ни слова 2) подобный, второй (такой же, как); ещё один похожий; he may turn to be ~ Shakespeare он, может быть, станет новым /вторым/ Шекспиром 2. 1) другой, иной; отличный, непохожий; that is quite ~ matter это совсем другое дело; I feel ~ man я чувствую себя (совершенно) другим человеком; couldn't we do it ~ time? неужели мы не можем сделать это в другой раз?; look at the difficulty ~ way взгляните на эту трудность иначе /с иной точки зрения/ 2) другой, новый; she now has ~ husband у неё теперь другой муж; ~ day, ~ plan что ни день, то новый план

◊ ~ place другая палата (*члены палаты общин — о палате лордов и наоборот*); ~ pair of shoes совсем другое дело; ~ другой коленкор

another II [ə'nʌðə] *indef pron* 1. 1) другой, ещё один; many ~ has seen it это видели и многие другие 2) ещё один, подобный; such ~ ещё один такой же 2. 1) другой, иной; take this cup away and bring me ~ уберите эту чашку и принесите другую; I don't like this hat, show me ~ мне эта шляпа не нравится, покажите другую 2) другой (*в противопоставлении к* one); one would blame him, ~ would excuse him один его обвиняет, другой оправдывает; science is one thing, art is ~ наука — одно, искусство — совсем другое; one way or ~ так или иначе

◊ one ~ друг друга; love one ~ любите друг друга; (taken) one with ~ а) вместе (взятый); б) в среднем (взятый); tell us ~ рассказывайте это кому-нибудь другому; ask (me) ~ почём я знаю; трудно ответить; you are ~ *сл.* сам такой, от такого (же) слышу

anourous [ə'nuərəs] *a зоол.* бесхвостый

anovulation [ˌænəvjuː'leɪʃ(ə)n] *n физиол.* прекращение овуляции

anoxia [ə'nɒksɪə] *n мед.* аноксия, недостаток кислорода (*в крови*)

anoxic [ə'nɒksɪk] *a хим.* бескислородный

ansa ['ænsə] *n (pl -sae)* преим. археол. ручка-колечко (*на вазе и т. п.*)

ansae ['ænsiː] *pl от* ansa

ansate ['ænseɪt] *a* преим. археол. имеющий ручку, рукоятку и т. п.

Ansatz ['ænzɑːts] *n нем.* подход (*к решению задачи, обыкн. в физике*)

Anschauung ['ɑːnʃau̯ʊŋ] *n нем.* филос. созерцание; чувственное восприятие

Anschluss ['ænʃlʊs] *n нем.* ист. аншлюс (*насильственное включение Австрии в состав фашистской Германии; 1938—1945*)

anserine, anserous ['ænsəraɪn, 'ænsərəs] *a* 1. *зоол.* гусиный 2. глупый (как гусыня)

answer I ['ɑːnsə] *n* 1. 1) ответ; возражение; favourable [ready, evasive] ~ положительный [быстрый, уклончивый] ответ; in ~ to smth. в ответ на что-л.; возражая на что-л.; an ~ in the affirmative [in the negative] положительный [отрицательный] ответ; to give an ~ отвечать; to have /to receive, to get/ an ~ получать ответ; to vouchsafe no ~ не удостоить ответом; to teach foreign languages through questions and ~s преподавать иностранные языки вопросно-ответным методом 2) ответное действие, (ответная) реакция; the ~ was a volley of fire в ответ раздался залп; his only ~ was to walk out вместо ответа он вышел из комнаты 2. 1) решение (*вопроса и т. п.*); ответ, объяснение; to find the ~ to smth. решить проблему чего-л., справиться с чем-л., победить что-л.; prohibition might not be the ~ запрещение спиртных напитков ещё не решение проблемы; the system is not necessarily the ~ for these states данная система может оказаться неподходящей для этих стран 2) решение (*задачи*); the ~ to 3 × 17 is 51 3 × 17 равно 51; ~ to a chess problem решение шахматной задачи 3) ответ, разгадка 3. равноценная, достойная замена; this fictional spy is a French ~ to James Bond шпион в этом французском романе вполне достоин своего коллеги Джеймса Бонда; he has the reputation of being the American ~ to Caruso у него репутация американского Карузо 4. *юр.* письменное объяснение ответчика по делу 5. *муз.* ответ (*в фуге*)

◊ he knows all the ~s ≅ он за словом в карман не полезет; a soft ~ turns /turneth/ away wrath *библ.* кроткий ответ отвращает гнев; ≅ повинную голову меч не сечёт; the ~'s a /the/ lemon *сл.* дудки!, номер не пройдёт!; ~ to the maiden's prayer *сл.* а) красавец-мужчина; б) популярный киноактёр

answer II ['ɑːnsə] *v* 1. 1) отвечать; to ~ questions [letters] отвечать на вопросы [на письма]; to ~ a charge [a remark] возражать на обвинение [на замечание]; to ~ smb. отвечать кому-л., not to ~ a word не вымолвить в ответ ни слова 2) откликаться, реагировать; to ~ a call 2) откликнуться на зов; б) ответить по телефону; to ~ the bell /the door/ отворить дверь (*на звонок, на стук*); to ~ to a name of откликаться на (*какое-л.*) имя; to ~ blows with blows отвечать ударом на удар; to ~ to a treatment поддаваться лечению (*о болезни*); to ~ the whip повиноваться удару хлыста (*о лошади*); to ~ the helm *мор.* слушаться руля (*о корабле*); when I call you, you should ~ at once когда я тебя зову, ты должен сразу откликнуться 2. соответствовать, отвечать, удовлетворять (*чему-л.*); to ~ the description [the purpose] соответствовать описанию [цели]; to ~ hopes [expectations] оправдывать надежды [ожидания] 3. удаваться, иметь успех; the plan [the experiment] has not ~ed план [эксперимент] не удался /оказался неудачным/ 4. 1) исполнять; to ~ orders [demands] исполнять приказания [требования]; to ~ obligations выполнять обязательства 2) удовлетворять (*что-л.*); to ~ claims удовлетворять жалобы; to ~ debts уплачивать долги 5. 1) (for) отвечать, ручаться, нести ответственность (*за кого-л., за что-л.*); to ~ for smb. ручаться за кого-л.; to ~ for smb.'s honesty ручаться за чью-л. честность;

to ~ for one's wrong-doings отвечать /нести ответственность/ за свои проступки 2) (to) отвечать, нести ответственность перед кем-л.; you'll have to ~ to me if any harm comes to this child если с ребёнком что-нибудь случится, вы мне за него ответите 6. (for) заменять (*что-л.*); служить (*чем-л.*); on the picnic a newspaper ~ed for a tablecloth на пикнике газета заменяла нам скатерть

answerable ['ɑːns(ə)rəb(ə)l] *a* 1. ответственный, несущий ответственность; to be ~ to smb. for smth. отвечать /нести ответственность/ перед кем-л. за что-л.; I am ~ for his safety я отвечаю за его безопасность 2. такой, на который можно возразить *или* ответить; his arguments are not ~ на его аргументы нечего возразить 3. *арх.* соответствующий, отвечающий (*чему-л.*); the results were not ~ to the hopes результаты не оправдали надежд

answerableness ['ɑːns(ə)rəb(ə)lnɪs] *n* 1. ответственность 2. возможность ответить, возразить (*на что-л.*)

answer back ['ɑːnsə'bæk] *phr v* 1. дерзить, грубить (*в ответ на замечание*); огрызаться; when your mother scolds you you shouldn't ~ когда мама делает тебе выговор, нельзя с ней пререкаться 2. ответить ударом на удар; не давать спуску; when newspaper attacked him he answered back когда газеты обрушились на него, он не остался в долгу

answering service ['ɑːns(ə)rɪŋˌsɜːvɪs] служба секретарей-телефонисток (*отвечающих на звонки клиентам во время их отсутствия*)

ant [ænt] *n* 1. *энт.* муравей (*Formicidae*); ~ eggs муравьиные яйца 2) *разг.* термит 2. *pl сл.* беспокойство, тревога, неудовлетворённость (*тж.* ~s in one's pants)

an't [ɑːnt] 1) *прост. сокр. от* are not, am not 2) *диал. сокр. от* is not, has not, have not

-ant [-ənt] *suff* 1. (*тж.* -ent) встречается с прил. фр. и лат. происхождения: significant значительный; arrogant высокомерный; tolerant терпимый; vacant свободный, вакантный; verdant зеленеющий; fragrant ароматный; evident очевидный; complacent самодовольный 2. (*тж.* -ent) встречается в отглагольных сущ. фр. и лат. происхождения, обозначающих лицо или деятеля: descendant потомок; servant слуга; rodent грызун; student студент; mutant мутант; inhabitant, resident житель 3. *производит (от глаголов) названия веществ по их действию*: lubricant смазка; fumigant фумигант; oxidant окислитель; deodorant деодорант; propellant ракетное топливо; coolant хладагент; anovulant ановулянт; arrestant вещество, заставляющее насекомое остановиться и начать кормиться

anta ['æntə] *n (pl -tae)* архит. анта, угловая пилястра

antacid I [æn'tæsɪd] *n фарм.* антацидное, противокислотное средство

antacid II [æn'tæsɪd] *a спец.* нейтрализующий кислоту

antae ['æntiː] *pl от* anta

Antaean [æn'tiː(ː)ən] *a книжн.* 1) антеев, характерный для Антея (*см.* Antaeus) 2) связанный с матерью-родиной, с родной землёй, народом, жизнью

Antaeus [æn'tiː(ː)əs] *n греч. миф.* Антей

antagonism [æn'tæɡənɪz(ə)m] *n* 1. вражда; враждебность; неприятие

ANT — ANT

(*чего-л.*); сопротивление (*чему-л.*); ~ to /against/ smb., smth. враждебное отношение к кому-л., чему-л.; неприятие кого-л., чего-л.; to be in ~ with smb. быть во враждебных отношениях с кем-л.; her plan to become an actress met with ~ of her family её намерение стать актрисой натолкнулось на сопротивление всей семьи 2. 1) антагонизм, противоборство; ~ between factions фракционная борьба; ~ between capital and labour антагонизм труда и капитала; ~ between good and evil антагонизм /противоборство/ добра и зла 2) антагонистическое противоречие; to come /to be brought/ into ~ with smth. вступать в противоречие с чем-л.

antagonist [æn'tægənɪst] *n* 1. враг, противник, соперник; the knight defeated all ~s рыцарь победил всех соперников 2. *лит.* антагонист, враг главного героя (*романа, драмы*); соперник протагониста; Jago is the ~ of Othello Яго — антагонист Отелло 3. *анат.* антагонист (*мышца*) 4. *анат.* противолежащий зуб 5. *фарм.* препарат, нейтрализующий действие другого препарата (*противоядие и т. п.*)

antagonistic, antagonistical [æn,tægə'nɪstɪk, -(ə)l] *a* 1. враждебный; противодействующий, противоборствующий; cats and dogs are often ~ кошки и собаки часто не ладят 2. антагонистический; ~ contradictions антагонистические противоречия; ~ classes антагонистические классы

antagonistically [æn,tægə'nɪstɪk(ə)lɪ] *adv* антагонистично, враждебно

antagonize [æn'tægənaɪz] *v* 1. вызывать противодействие 2. 1) порождать антагонизм, вражду 2) восстанавливать против себя, отталкивать; her sarcasm ~d even her friends её сарказм оттолкнул от неё даже друзей; her pedantry ~d the pupils дети невзлюбили учительницу за педантизм 3. *амер.* противодействовать; сопротивляться; бороться (*против чего-л.*)

antalgic [æn'tældʒɪk] *a* болеутоляющий

antalkaline [æn'tælkəlaɪn] *a хим.* нейтрализующий щёлочь, уменьшающий щёлочность

antapex [ænt'eɪpeks] *n астр.* антиапекс

Antarctic [æn'tɑːktɪk] *n* (the ~) Антарктика

antarctic [æn'tɑːktɪk] *a* (*часто* A.) антарктический; A. Circle Южный полярный круг; A. Pole Южный полюс; ~ fauna антарктическая фауна; ~ explorers исследователи Антарктики

Antares [æn'teərɪːz] *n астр.* Антарес (*альфа Скорпиона*)

ant-bear ['æntbeə] *n зоол.* 1. муравьед (*Myrmecophaga*) 2. трубкозуб (*Orycteropus capensis*)

ante I ['æntɪ] *n* 1. первая ставка (*в карточной игре, обыкн. в покере*) 2. 1) доля, часть; взнос 2) *сл.* деньги; сумма; цена; these improvements would raise the ~ эти усовершенствования удорожат изделие; they decided to increase the ~ for pollution control они решили увеличить ассигнования /раскошелиться/ на борьбу с загрязнением среды

ante II ['æntɪ] *v* 1. ставить (*на карту*); делать первую ставку (*покер*) 2. *амер. разг.* вносить (свою) долю; делать взнос (*тж.* ~ up); to ~ up to buy smth. покупать что-л. в складчину; he ~d up his half of the bill он оплатил свою половину счёта

ante- ['æntɪ-, 'æntɪ-] *pref* встречается в *прил. и сущ.* со значением предшествования (*во времени или пространстве*): antecedent предшествующий; antechamber прихожая; antepartum предродовой

anteater ['æntiːtə] = ant-bear

antebellum [,æntɪ'beləm] *a* 1. до войны, довоенный 2. *амер. ист.* до гражданской войны в США (*до 1861 г.*); an ~ brick mansion кирпичный дом середины XIX столетия /довоенной кладки/

antecede [,æntɪ'siːd] *v* предшествовать (*по времени, месту, рангу и т. п.*); Shakespeare ~s Milton Шекспир является предшественником Мильтона

antecedence [,æntɪ'siːd(ə)ns] *n* 1. 1) предшествование 2) первенство, первичность, приоритет 2. *астр.* видимое движение планеты к западу

antecedency [,æntɪ'siːd(ə)nsɪ] *n арх.* 1) предшествование 2) *pl* предшествующие события

antecedent I [,æntɪ'siːd(ə)nt] *n* 1. предшествующее, предыдущее; the glorious ~s of our nation славное прошлое нашего народа 2. *pl* прошлая жизнь, прошлое (*происхождение, образование, работа и т. п.*); his ~s а) его биография, его прошлое; б) его корни, предки, родители; a man of unknown ~s человек без роду без племени 3. *мат.* предыдущий член отношения 4. 1) *грам.* антецедент, существительное или его эквивалент, к которому относится последующее (*особ. относительное*) местоимение; in "the man who came" "man" is the ~ of "who" в предложении "the man who came" к слову "man" относится местоимение "who" 2) *лог.* антецедент, предпосылка в силлогизме

antecedent II [,æntɪ'siːd(ə)nt] *a* 1. предшествующий, предыдущий 2. априорный, доопытный 3. *геол.* антецедентный, эпигенетический, первоначальный

antecedently [,æntɪ'siːd(ə)ntlɪ] *adv* 1. ранее, прежде (чем) 2. априорно

antecessor [,æntɪ'sesə] *n* 1. *книжн.* предшественник; предтеча 2. *юр.* родственник по восходящей линии 3. *юр.* предшествующий владелец

antechamber [,æntɪ'tʃeɪmbə] *n* 1. вестибюль, передняя, прихожая 2. *тех.* форкамера, аванкамера

antedate I ['æntɪdeɪt] *n* дата, поставленная задним числом

antedate II ['æntɪdeɪt] *v* 1. датировать задним числом 2. *книжн.* предшествовать; radio и television радио существовало раньше телевидения 3. *арх.* предвосхищать 4. (*ошибочно*) относить к более ранней дате; to ~ a historical event датировать какое-л. историческое событие более ранним годом, чем оно произошло в действительности 5. возвращать, отбрасывать в прошлое; to ~ one's thoughts by remembering past events мысленно возвращаться в прошлое, предаваться воспоминаниям 6. *редк.* ускорять; the cold weather ~d their departure холодная погода ускорила их отъезд

antediluvial [,æntɪdɪ'luːvɪəl] *уст.* = antediluvian II 2

antediluvian I [,æntɪdɪ'luːvɪən] *n* 1) допотопная личность; = ископаемое (*о человеке*); человек старомодных, отживших взглядов 2) древний старец, развалина

antediluvian II [,æntɪdɪ'luːvɪən] *a* 1. *библ.* допотопный; происходивший или живший до (всемирного) потопа; ~ patriarchs патриархи времён до всемирного потопа (*от Адама до Ноя*) 2. допотопный, устаревший, старомодный; ~ ideas допотопные идеи; ~ automobile автомобиль старинной модели

antefix ['æntɪfɪks] *n архит.* антефикс

anteflexion [,æntɪ'flekʃ(ə)n] *n мед.* загиб (*матки*)

antehall ['æntɪhɔːl] *n* вестибюль перед холлом

antelope ['æntɪləʊp] *n зоол.* антилопа (*Antilope gen.*)

antelucan [,æntɪ'ljuːkən] *a редк.* предрассветный

antemeridian [,æntɪmə'rɪdɪən] *a арх.* утренний, дополуденный

ante meridiem [,æntɪmə'rɪdɪəm] *лат.* до полудня

ante mortem [,æntɪ'mɔːtəm] *лат.* до смерти; ~ statement предсмертные показания

antemundane [,æntɪ'mʌndeɪn] *a книжн.* существовавший до сотворения мира

antenatal [,æntɪ'neɪtl] *a* 1) утробный, периода утробного развития 2) предродовой; ~ care патронаж беременных; наблюдение в женской консультации

antenati [,æntɪ'neɪtaɪ] *n pl* дети, родившиеся *или* зачатые до брака родителей

antenna [æn'tenə] *n* (*pl* -nae, -as [-əz]) 1. (*pl* -as) *радио* антенна; mast ~ *амер.* антенна-мачта; coil ~ рамочная антенна; drag ~ выпускная антенна; ~ mine *мор.* антенная мина 2. *энт.* усик, сяжок, щупальце 3. клювик (*у плодов*) 4. *пе ́*, нюх; keen political ~е острое политическое чутьё; хороший политический нюх; to have ~e for detail уметь хорошо разбираться в нюансах

antenna chlorophyll [æn'tenə,klɔːrəfɪl] *биохим.* антенный хлорофилл

antennae [æn'teniː] *pl от* antenna

antennal, antennary [æn'ten(ə)l, æn'ten(ə)rɪ] *a энт.* антеннальный, имеющий усики; усиковый

antenniferous [,æntɪ'nɪfərəs] *a энт.* имеющий усики

antennule [æn'tenjuːl] *n энт.* микроскопические усики

antenuptial [,æntɪ'nʌpʃ(ə)l] *a юр.* добрачный

ante omnia [,æntɪ'ɒmnɪə] *лат.* до всего, прежде всего; во-первых

antependium [,æntɪ'pendɪəm] *n церк.* антиминс, вместопрестольник

antepenult [,æntɪpɪ'nʌlt] *n* третий слог от конца

antepenultimate [,æntɪpɪ'nʌltɪmət] *a* третий от конца (*обыкн. о слоге*)

anteposition [,æntɪpə'zɪʃ(ə)n] *n грам.* препозиция

anteprandial [,æntɪ'prændɪəl] *a арх.* предобеденный

anterior [æn'tɪ(ə)rɪə] *a* 1. (to) предшествующий; events ~ to the last war события, предшествовавшие последней войне 2. *анат.* передний; ~ tooth передний зуб; ~ chamber передняя камера глаза; ~ tibial muscle передняя мышца голени

anteriority [,æntɪ(ə)rɪ'ɒrɪtɪ] *n книжн.* 1. предшествование; первенство 2. переднее положение

anteriorly [æn'tɪ(ə)rɪəlɪ] *adv* 1. *книжн.* ранее, прежде чем 2. *анат.* спереди

anteroom [,æntɪru(ː)m] *n* 1) передняя, прихожая 2) приёмная

antescript ['æntɪskrɪpt] *n редк.* 1. приписка в начале письма 2. письмо до постскриптума

antetype ['æntɪtaɪp] *n* прототип

anteversion [,æntɪ'vɜːʃ(ə)n] *n мед.* смещение вперёд, поворот кпереди

anteverted [,æntɪ'vɜːtɪd] *a мед.* повёрнутый кпереди

ant-heap [,ænt,hiːp] = anthill

anthelia [ænt'hiːlɪə, æn'θiːlɪə] *pl от* anthelion

anthelion [ænt'hi:liən, æn'θi:liən] *n* (*pl тж.* -lia) *астр.* антелий, противосолнце

anthelmintic [ˌænθel'mɪntɪk, ˌænθɪl'mɪntɪk] *n мед.* глистогонное средство

anthem ['ænθ(ə)m] *n* 1. гимн 2. государственный, национальный гимн 3. *церк.* 1) псалом 2) антифон

anthemia [æn'θi:mɪə] *pl от* anthemion

anthemion [æn'θi:mɪən] *n* (*pl* -mia) *архит.* антемий (*цветочный орнамент*)

anther ['ænθə] *n бот.* пыльник, пыльниковый мешок; ~ stalk тычиночная нить

antheral ['ænθərəl] *a бот.* пыльниковый, имеющий пыльники; относящийся к пыльникам

anther dust ['ænθəˌdʌst] *бот.* пыльца

antheriferous [ˌænθə'rɪfərəs] *a бот.* несущий пыльники

antherozoid, antherozooid [ˌænθərə(ʊ)'zɔɪd, -zu:ɪd] *n бот.* антерозоид

anthesis [æn'θi:sɪs] *n бот.* 1) цветение, период цветения, полное цветение 2) цветение

anthill ['ænt,hɪl] *n* муравейник, муравьиная куча

ant-hillock ['ænt,hɪlək] = anthill

anthodium [æn'θəʊdɪəm] *n бот.* антодий; головка; корзинка (*тип соцветия*)

anthological [ˌænθə'lɒdʒɪk(ə)l] *a* антологический

anthologist [æn'θɒlədʒɪst] *n* составитель антологии

anthologize [æn'θɒlədʒaɪz] *v* 1) составлять антологию 2) включать в антологию

anthology [æn'θɒlədʒɪ] *n* антология

anthophagous [æn'θɒfəgəs] *a биол.* питающийся цветами, цветоядный (*о жуках*)

anthophore ['ænθəfɔ:] *n бот.* антофор, цветоножка

anthozoan [ˌænθə'zəʊən] *n зоол.* морское членистоногое животное (*Anthozoa*)

anthracene ['ænθrəsi:n] *n хим.* антрацен

anthracite ['ænθrəsaɪt] *n* антрацит

anthracnose [æn'θræknəʊs] *n* антракноз (*болезнь растений*)

anthracosilicosis [ˌænθrəkə(ʊ)ˌsɪlɪ'kəʊsɪs] *n мед.* антракосиликоз

anthracosis [ˌænθrə'kəʊsɪs] *n мед.* антракоз

anthragenesis [ˌænθrə'dʒenəsɪs] *n тех.* углефикация

anthrax ['ænθræks] *n* 1. *мед., вет.* 1) карбункул, чумной нарыв 2) сибирская язва, антракс 2. антракс, анфракс, карбункул (*драгоценный камень древних*)

anthrop- ['ænθrəp-] = anthropo-

anthropic, anthropical [æn'θrɒpɪk, -(ə)l] *a спец.* 1) человеческий, относящийся к человеку или человечеству 2) обусловленный влиянием человека

anthropo- ['ænθrəpə(ʊ)-] *в сложных словах* (*с греч. корнями*) *имеет значение* человек; человеческий: anthroposphere антропосфера; anthropogenic антропогенный

anthropocentric [ˌænθrəpə(ʊ)'sentrɪk] *a филос.* антропоцентрический, считающий человека центром вселенной и высшей целью мироздания

anthropocentrism [ˌænθrəpə(ʊ)'sentrɪz(ə)m] *n филос.* антропоцентризм, воззрение, согласно которому человек есть центр и высшая цель мироздания

anthropochore ['ænθrəpəkɔ:] *n бот.* антропохор, растение, занесённое человеком

anthropogenesis [ˌænθrəpə(ʊ)'dʒenəsɪs] = anthropogeny

anthropogenetic [ˌænθrəpə(ʊ)dʒɪ'netɪk] *a* антропогенетический

anthropogenic [ˌænθrəpə(ʊ)'dʒenɪk] *a* антропогенный, вызванный деятельностью человека (*об изменениях климата и т. п.*)

anthropogeny [ˌænθrə'pɒdʒɪnɪ] *n* антропогенез

anthropography [ˌænθrə'pɒgrəfɪ] *n* антропография

anthropoid I ['ænθrəpɔɪd] *n* антропоид, человекообразная обезьяна

anthropoid II ['ænθrəpɔɪd] *a* 1. человекообразный; ~ apes человекообразные обезьяны 2. *презр.* обезьяноподобный; an ~ gangster гангстер, зверь, горилла

anthropoidal [ˌænθrə'pɔɪdl] = anthropoid II

anthropolatry [ˌænθrə'pɒlətrɪ] *n* обожествление человека, поклонение человеку как божеству

anthropolite, anthropolith [æn'θrəʊpəlaɪt, -lɪθ] *n* антрополит (*окаменелые остатки человека*)

anthropological [ˌænθrəpə'lɒdʒɪk(ə)l] *a* антропологический

anthropologically [ˌænθrəpə'lɒdʒɪk(ə)lɪ] *adv* антропологически; с точки зрения антропологии

anthropologist [ˌænθrə'pɒlədʒɪst] *n* антрополог

anthropology [ˌænθrə'pɒlədʒɪ] *n* антропология

anthropometric, anthropometrical [ˌænθrəpə'metrɪk, -(ə)l] *a* антропометрический

anthropometry [ˌænθrə'pɒmɪtrɪ] *n* антропометрия

anthropomorph ['ænθrəpəmɔ:f] *n иск.* изображение человека; человеческая фигура

anthropomorphic, anthropomorphical [ˌænθrəpə'mɔ:fɪk, -(ə)l] *a* антропоморфический, человекоподобный; ~ deities божества в образе человека

anthropomorphism [ˌænθrəpə'mɔ:fɪz(ə)m] *n* антропоморфизм

anthropomorphize [ˌænθrəpə'mɔ:faɪz] *v* наделять человеческими качествами; очеловечивать (*неодушевлённые предметы, животных и т. п.*); to ~ deities наделять богов человеческими чертами; создавать богов по образу и подобию человека

anthropomorphology [ˌænθrəpəmɔ:'fɒlədʒɪ] = anthropomorphism

anthropomorphous [ˌænθrəpə'mɔ:fəs] *a* 1. антропоморфный, человекообразный 2. антропоморфический

anthroponomical [ˌænθrəpə'nɒmɪk(ə)l] *a* антропономический

anthroponomics [ˌænθrəpə'nɒmɪks] = anthroponomy

anthroponomy [ˌænθrə'pɒnəmɪ] *n редк.* антропономия (*наука о законах человеческого поведения*)

anthropopathism, anthropopathy [ˌænθrə'pɒpəθɪz(ə)m, -pəθɪ] *n* антропопатия (*приписывание человеческих свойств животным, божествам и т. п.*)

anthropophagi [ˌænθrə'pɒfəgaɪ] *n pl* каннибалы, людоеды, антропофаги

anthropophagic [ˌænθrəpə'fædʒɪk] *a* каннибальский

anthropophagism [ˌænθrə'pɒfədʒɪz(ə)m] *n* каннибализм, людоедство, антропофагия

anthropophagite [ˌænθrə'pɒfədʒaɪt] *n* каннибал

anthropophagous [ˌænθrə'pɒfəgəs] *a* каннибальский, людоедский

anthropophagy [ˌænθrə'pɒfədʒɪ] = anthropophagism

anthropophobe [ˌænθrəpəfəʊb] *n* человеконенавистник

anthropophobia [ˌænθrəpə'fəʊbɪə] *n* антропофобия, человеконенавистничество

anthropophuism [ˌænθrəpə'fju:ɪz(ə)m] *n* антропофуизм (*наделение богов человеческими чертами*)

anthropopsychism [ˌænθrəpə'saɪkɪz(ə)m] *n филос.* антропопсихизм (*приписывание природе души, сходной с человеческой*)

anthroposophy [ˌænθrə'pɒsəfɪ] *n* антропософия

anthroposphere [ˌænθrəpə'sfɪə] *n* ноосфера, сфера разумной деятельности (*человечества*)

anthropotechnics [ˌænθrəpə'teknɪks] *n* эргономика, эргономия

anthropotomy [ˌænθrə'pɒtəmɪ] *n* антропотомия; анатомия человека

anthropozoology [ˌænθrəpəʊ(ʊ)'ɒlədʒɪ] *n* антропозоология, зоология человека (*как представителя животного мира*)

anti¹ [ˈæntɪ] *n неодобр.* оппозиционер, фрондёр; бунтарь

anti¹ II [ˈæntɪ] *prep* против; ~ everything new против всего нового

anti² [ˈæntɪ] *n сл.* противоракетный снаряд

anti- [ˈæntɪ-, ˈæntaɪ-, ˈæntə-] *pref* образует сущ. и прил. со значением: 1. выступающий против чего-л., враждебный чему-л.: antifascist антифашист(-ский); antidrug выступающий против наркотиков; antifeminist антифеминист; antiscience выступающий против чрезмерного развития науки; antiunion антипрофсоюзный 2. предохраняющий от чего-л., препятствующий чему-л., нейтрализующий что-л.: antiballistic, antimissile противоракетный; antifungal противогрибковый; antimagnetic противомагнитный: *особ. лечебное и гигиеническое средство*: antidepressant антидепрессант; antiperspirant средство от потения 3. противоположный по направлению, функции: anticyclone антициклон; anticodon антикодон (*участок молекулы транспортной РНК, взаимодействующий с кодоном информационной РНК*); antibody антитело 4. *иск., лит.* совершенно нетрадиционный; antinovel антироман; anti-hero антигерой; antiart антиискусство 5. *физ.* относящийся к антимиру: antiatom антиатом; antimatter антивещество

antiaerial [ˌæntɪ'e(ə)rɪəl] *a* зенитный, противовоздушный

antiager [ˌæntɪ'eɪdʒə] *n тех.* противостаритель

antiairborne [ˌæntɪ'eəbɔ:n] *a* противодесантный, против воздушных десантов; ~ troops войска для уничтожения воздушного десанта противника

anti-aircraft [ˌæntɪ'eəkrɑ:ft] *n собир. воен.* зенитные средства

anti-aircraft II [ˌæntɪ'eəkrɑ:ft] *a* зенитный; ~ artillery зенитная артиллерия; ~ fire зенитный огонь; ~ battery а) зенитная батарея; б) зенитная артиллерия корабля; ~ command командование ПВО; ~ defence противовоздушная оборона; ~ gun зенитное орудие; ~ security противовоздушная оборона; ~ missile зенитный управляемый реактивный снаряд

antialcoholism [ˌæntɪ'ælkəhɒlɪz(ə)m] *n* борьба с пьянством и алкоголизмом, *особ.* со свободной продажей спиртного

antiallergen [ˌæntɪ'ælədʒən] *n мед.*

антиаллерге́н; противоаллерги́ческий фа́ктор
antiallergenic [ˌæntɪˌæləˈdʒenɪk] = antiallergic
antiallergic [ˌæntɪəˈlɜːdʒɪk] *a мед.* противоаллерги́ческий, антиаллерги́ческий
anti-American [ˌæntɪəˈmerɪkən] *a* антиамерика́нский
antiamphibious [ˌæntɪæmˈfɪbɪəs] *a* противодеса́нтный; предназна́ченный для уничтоже́ния морски́х деса́нтов; ~ mine field противодеса́нтное ми́нное по́ле
antianxiety [ˌæntɪæŋˈzaɪətɪ] *a фарм.* успока́ивающий, седати́вный; ~ drugs успокои́тельные препара́ты
antiapex [ˌæntɪˈeɪpeks] = antapex
antiar [ˈæntɪə] *n* 1) *бот.* анча́р, антиа́рис африка́нский (*Antiaris toxicaria*) 2) яд анча́ра
anti-Arab [ˌæntɪˈærəb] *a* антиара́бский
antiarmour [ˌæntɪˈɑːmə] *a воен.* бронебо́йный
antiarrythmic [ˌæntɪəˈrɪðmɪk] *a фарм.* антиаритми́ческий, снима́ющий аритми́ю (*се́рдца*)
anti-art [ˈæntɪˌɑːt] *n* 1) антииску́сство; иску́сство, отмета́ющее все тради́ции 2) = Dadaism
antiatom [ˌæntɪˌeɪtəm] *n физ.* антиа́том, а́том антивещества́
antiauthoritarian [ˈæntɪɔːˌθɒrɪˈte(ə)rɪən] *a* антиавторита́рный; бо́рющийся с авторитари́змом
antiauthority [ˌæntɪɔːˈθɒrɪtɪ] *a* протвя́щийся вла́сти; антиправи́тельственный
antiauxin [ˌæntɪˈɔːksɪn] *n биол.* противоростово́е вещество́ расте́ний
antibacchius [ˌæntɪbəˈkaɪəs] *n стих.* антиба́кхий
antibacterial [ˌæntɪbækˈtɪ(ə)rɪəl] *a биохим.* противобактери́йный, антибактериа́льный, антимикро́бный
antiballistic [ˌæntɪbəˈlɪstɪk] *a* противораке́тный; ~ missile антираке́та, противораке́та
antibilious [ˌæntɪˈbɪlɪəs] *a мед.* противожёлчный
antibiosis [ˌæntɪbaɪˈəʊsɪs] *n биол.* антибио́з, бактериа́льный антагони́зм; антагонисти́ческое взаимоотноше́ние органи́змов
antibiotic I [ˌæntɪbaɪˈɒtɪk] *n биол.* антибио́тик
antibiotic II [ˌæntɪbaɪˈɒtɪk] *a* 1) *биол.* относя́щийся к антибио́тикам 2) *биол.* относя́щийся к антибио́зу 3) *арх.* уничтожа́ющий жизнь
antiblack [ˌæntɪˈblæk] *a амер.* антинегритя́нский; настро́енный про́тив чернокожих; ~ attitude не́нависть к чёрным
antiblackism [ˌæntɪˈblækɪz(ə)m] *n амер.* антинегритя́нская пози́ция; недоброжела́тельство *или* не́нависть к чёрным; бе́лый раси́зм
antiblackout suit [ˌæntɪˈblækaʊtˌsjuːt] *ав.* противоперегру́зочный костю́м
antibody [ˈæntɪˌbɒdɪ] *n физ.* те́ло из антивещества́ 2) *биол.* антите́ло
antibrachium [ˌæntɪˈbreɪkɪəm] *n анат.* предпле́чье
antic I [ˈæntɪk] *n* 1. *pl* грима́сы, ужи́мки; шутовство́; кривля́нье; to play ~s кривля́ться, выки́дывать номера́ 2. *арх.* скомороох, фигля́р
antic II [ˈæntɪk] *a* 1. кривля́ющийся, пая́сничающий; абсу́рдный, неле́пый 2. резвя́щийся 3. *арх.* гроте́скный, шутовско́й

anticapitalist(ic) [ˌæntɪˈkæpɪtlɪst(ɪk)] *а* антикапиталисти́ческий
anticarious [ˌæntɪˈke(ə)rɪəs] *a мед.* антикарио́зный, предотвраща́ющий ка́риес зубо́в
anticatalyst [ˈæntɪˌkætəlɪst] *n хим.* отрица́тельный катализа́тор; катализа́торный яд
anticathode [ˈæntɪˌkæθəʊd] *n* антикато́д (*рентге́новской тру́бки*)
anti-Catholic [ˌæntɪˈkæθ(ə)lɪk] *a* 1. антикатоли́ческий 2. *в грам. знач. сущ.* проти́вник католици́зма
anticentre [ˈæntɪˌsentə] *n геол.* антипо́д эпице́нтра (*землетрясе́ния*)
anticharm [ˈæntɪˌtʃɑːm] *n физ.* антича́рм, антиочарова́ние (*характери́стика ква́рка*)
antichlor [ˈæntɪˌklɔː] *n хим.* нейтрализа́тор хло́ра, гипосульфи́т
Antichrist [ˈæntɪˌkraɪst] *n рел.* 1) анти́христ 2) лже-Христо́с 3) (a.) проти́вник христиа́нства
antichristian [ˌæntɪˈkrɪstʃən] *a рел.* антихристиа́нский, противохристиа́нский; несогла́сный с христиа́нским уче́нием
anticipant I [ænˈtɪsɪpənt] *n* тот, кто ожида́ет *и пр.* [*см.* anticipate]
anticipant II [ænˈtɪsɪpənt] *a* (of) ожида́ющий *и пр.*; we were eagerly ~ of her arrival мы с нетерпе́нием жда́ли её прие́зда
anticipate [ænˈtɪsɪpeɪt] *v* 1. 1) ожида́ть, предви́деть, предчу́вствовать; предвкуша́ть; to ~ success [happy solution, favourable decision] предви́деть успе́х [благоприя́тное разреше́ние (*чего́-л.*), положи́тельное реше́ние]; to ~ pleasure from smth. предвкуша́ть удово́льствие от чего́-л. 2) опаса́ться; to ~ a failure [a refusal, a disaster] опаса́ться прова́ла [отка́за, катастро́фы] 2. предупрежда́ть, предвосхища́ть; предуга́дывать, прогнози́ровать; to ~ smb.'s wishes [needs, arguments] предупрежда́ть /предвосхища́ть/ чьи-л. жела́ния [тре́бования, аргуме́нты]; to ~ the enemy's move предуга́дывать ход проти́вника 3. опережа́ть; to ~ smb. in doing smth. опережа́ть кого́-л. в чём-л.; to ~ one's ruin приближа́ть /ускоря́ть/ свою́ ги́бель 4. *фин.* де́лать, испо́льзовать ра́ньше вре́мени; to ~ payment уплати́ть ра́ньше сро́ка; to ~ one's salary [income] истра́тить зара́нее свою́ зарпла́ту [свой дохо́д]
anticipation [ænˌtɪsɪˈpeɪʃ(ə)n] *n* 1. ожида́ние, предви́дение, предчу́вствие; предвосхище́ние; предвкуше́ние; опасе́ние; ~ of joy [pleasure] предвкуше́ние ра́дости [удово́льствия]; to exceed one's worst ~s превосходи́ть наиху́дшие опасе́ния; in (pleasurable) ~ of в (прия́тном) ожида́нии (*чего́-л.*); in ~ of an early reply в ожида́нии /ожида́я/ ско́рого отве́та; thanking you in ~ зара́нее благода́рный (*концо́вка письма́*) 2. *юр.* преждевре́менность соверше́ния де́йствия *или* тре́бования о выполне́нии (*чего́-л.*); ~ of payment досро́чный платёж 3. 1) преждевре́менное наступле́ние 2) *мед.* наступле́ние ра́ньше сро́ка (*менструа́ции и т. п.*)
anticipative [ænˈtɪsɪpətɪv] *a* предвосхища́ющий; предупрежда́ющий
anticipatorily [ænˌtɪsɪˈpeɪt(ə)rɪlɪ] *adv книжн.* 1. предвари́тельно; в предви́дении (*чего́-л.*); в предупрежде́ние (*чего́-л.*) 2. зара́нее; преждевре́менно, досро́чно
anticipatory [ænˌtɪsɪˈpeɪt(ə)rɪ] *a* 1. предвари́тельный; предупрежда́ющий 2. преждевре́менный, досро́чный
anticize [ˈæntɪsaɪz] *v редк.* скоморо́шничать, кривля́ться, поте́шать

anticlerical [ˌæntɪˈklerɪk(ə)l] *a* антиклерика́льный
anticlericalism [ˌæntɪˈklerɪk(ə)lɪz(ə)m] *n* антиклерикали́зм
anticlimactic [ˌæntɪklaɪˈmæktɪk] *a* 1. характеризу́ющийся спа́дом, перехо́дом от торже́ственного к смешно́му, от захва́тывающего к ску́чному 2. разочаро́вывающий
anticlimax [ˌæntɪˈklaɪmæks] *n* 1. спад, разря́дка напряже́ния 2. разочарова́ние; after his election promises his actual performance was an ~ по́сле предвы́борных обеща́ний его́ практи́ческая де́ятельность принесла́ разочарова́ние 3. *стил.* антиклима́кс, спад
anticline [ˈæntɪklaɪn] *n геол.* антиклина́ль, антиклина́льная скла́дка, седло́, седлови́на
anticlockwise [ˌæntɪˈklɒkwaɪz] *adv* про́тив часово́й стре́лки
anticoagulant [ˌæntɪkəʊˈæɡjʊlənt] *n* антикоагуля́нт, вещество́, заде́рживающее свёртывание кро́ви
anticoagulate [ˌæntɪkəʊˈæɡjʊleɪt] *v биохим.* предохраня́ть от свёртывания; противоде́йствовать свёртыванию
anticoincidence [ˌæntɪkəʊˈɪnsɪd(ə)ns] *n лог., физ.* антисовпаде́ние
anticolonial [ˌæntɪkəˈləʊnɪəl] *a* антиколониа́льный; напра́вленный про́тив колониали́зма
anticolonialism [ˌæntɪkəˈləʊnɪəlɪz(ə)m] *n* антиколониали́зм; борьба́ с колониали́змом и его́ пережи́тками; to achieve independence through ~ доби́ться незави́симости путём борьбы́ с колониа́льными держа́вами
anticonstitutional [ˈæntɪˌkɒnstɪˈtjuːʃ(ə)nəl] *a* антиконституцио́нный; противоре́чащий конститу́ции
anticontamination [ˈæntɪkənˌtæmɪˈneɪʃ(ə)n] *a* предохраня́ющий от загрязне́ния
anticonvulsant, anticonvulsive [ˌæntɪkənˈvʌls(ə)nt, -sɪv] *a мед.* противосу́дорожный
anticorrodant [ˌæntɪkəˈrəʊdənt] *n спец.* противокоррозио́нное вещество́, замедли́тель ржавле́ния
anticorrosive [ˌæntɪkəˈrəʊsɪv] *a* антикоррози́йный, противокоррозио́нный; предохраня́ющий от корро́зии
anti-crease process [ˈæntɪˌkriːsˈprəʊses] обрабо́тка тка́ни, придаю́щая ей несминае́мость
anticreeper [ˌæntɪˈkriːpə] *n ж.-д.* противоуго́н
anticrop I [ˈæntɪkrɒp] *n* сре́дство для уничтоже́ния урожа́я (*хими́ческое ору́жие*)
anticrop II [ˈæntɪkrɒp] *a* испо́льзуемый для уничтоже́ния урожа́я (*о хими́ческом ору́жии*)
anticyclone [ˌæntɪˈsaɪkləʊn] *n метеор.* антицикло́н
antidazzle [ˌæntɪˈdæz(ə)l] *a* неослепля́ющий (*о све́те фар*)
antidemocrat [ˌæntɪˈdeməkræt] *n* проти́вник демокра́тии
antidemocratic [ˌæntɪˌdeməˈkrætɪk] *a* антидемократи́ческий
antidepressant [ˌæntɪdɪˈpres(ə)nt] *n фарм.* 1. антидепресса́нт 2. *в грам. знач. прил.* снима́ющий депре́ссию
antidetonator [ˌæntɪˈdetəneɪtə] *n спец.* антидетона́тор
antideuterium [ˌæntɪdjuː(ː)ˈtɪ(ə)rɪəm] *n физ.* антидейте́рий
antidiphtheritic [ˈæntɪˌdɪfθəˈrɪtɪk] *a мед.* противодифтери́йный
antidiscrimination [ˈæntɪdɪsˌkrɪmɪˈneɪʃ(ə)n] *n* борьба́ с дискримина́цией; ~ legislation законода́тельство, запреща́ющее дискримина́цию
antidisestablishmentarian [ˈæntɪdɪs-

antidotal [ˌæntɪˈdəʊtl] *a* противоядный

antidotally [ˌæntɪˈdəʊt(ə)lɪ] *adv* в качестве противоядия

antidote [ˈæntɪdəʊt] *n* 1. *мед., фарм.* антидот; противоядие; milk is an ~ for some poisons молоко нейтрализует некоторые яды 2. лекарство, средство против чего-л.; ~ for boredom лекарство от скуки

antidromic [ˌæntɪˈdrɒmɪk] *a* 1. *физиол.* текущий в направлении, противоположном обычному 2. *бот.* антидромный

antidrug [ˌæntɪˈdrʌg] *a амер.* направленный против злоупотребления наркотиками; ~ effort борьба с наркоманией

antidumping [ˌæntɪˈdʌmpɪŋ] *n эк.* антидемпинг

antielectron [ˌæntɪɪˈlektrɒn] *n физ.* позитрон

antienzyme [ˌæntɪˈenzaɪm] *n биохим.* антифермент (*вещество, нейтрализующее действие фермента*)

antiestablishment [ˌæntɪɪsˈtæblɪʃmənt] *a* направленный против истеблишмента; отвергающий социальные, экономические и этические принципы господствующих классов

anti-fascist I [ˌæntɪˈfæʃɪst] *n* антифашист

anti-fascist II [ˌæntɪˈfæʃɪst] *a* антифашистский

antifat [ˌæntɪˈfæt] *a* уменьшающий отложение жира; ~ diet диета, способствующая похуданию

antifebrific [ˌæntɪfɪˈbrɪfɪk] = antifebrile

antifebrile [ˌæntɪˈfiːbraɪl] *a* противолихорадочный

antifederalist [ˌæntɪˈfed(ə)rəlɪst] *n амер. ист.* антифедералист

antifeminism [ˌæntɪˈfemɪnɪz(ə)m] *n* 1. антифеминизм, неприятие феминизма 2. женоненавистничество

antiferromagnetic [ˌæntɪˌferəʊmægˈnetɪk] *a физ.* антиферромагнитный

antifertility [ˌæntɪfɜːˈtɪlɪtɪ] *a* противозачаточный; ~ agents противозачаточные препараты /средства/

antiflash [ˌæntɪˈflæʃ] *a* изолирующий пламя; ~ charge *воен.* беспламенный заряд; ~ glove защитная асбестовая рукавица

antifouling [ˌæntɪˈfaʊlɪŋ] *a мор.* предохраняющий от обрастания (*подводные сооружения, днища и т. п.*); ~ paint противообрастающая краска

antifreeze [ˈæntɪfriːz] *n* антифриз, незамерзающая жидкость

antifriction I [ˌæntɪˈfrɪkʃ(ə)n] *n тех.* антифрикционный материал

antifriction II [ˌæntɪˈfrɪkʃ(ə)n] *a тех.* антифрикционный, уменьшающий трение; ~ metal *см.* Babbit-metal

antifungin [ˌæntɪˈfʌndʒɪn] *n фарм.* антифунгин

antigalaxy [ˌæntɪˈgæləksɪ] *n астр.* антигалактика

anti-Gallic [ˌæntɪˈgælɪk] = anti-Gallican

anti-Gallican [ˌæntɪˈgælɪkən] *a* антигалльский, антифранцузский

anti-gas [ˌæntɪˈgæs] *a воен.* противохимический; ~ equipment а) оборудование противохимической службы; б) средства противохимической защиты; ~ intelligence химическая разведка; ~ officer начальник *или* офицер химической службы

antigen [ˈæntɪdʒən] *n физиол.* антиген

Antigone [ænˈtɪgənɪ] *n греч. миф.* Антигона

antigravity I [ˌæntɪˈgrævɪtɪ] *n физ.* антигравитация

antigravity II [ˌæntɪˈgrævɪtɪ] *a* 1) *физ.* антигравитационный 2) *косм.* противоперегрузочный

anti-G-suit [ˌæntɪˈdʒiːˌsjuːt] *n ав. разг.* противоперегрузочный костюм

antihaemorrhagic [ˌæntɪˌheməˈrædʒɪk] *a мед.* кровоостанавливающий, останавливающий кровотечение

antihalation [ˌæntɪhəˈleɪʃ(ə)n] *n фото* 1. противоореольность (*плёнки*) 2. *в грам. знач. прил.* противоореольный (*о плёнке*)

antihandling fuze [ˌæntɪˈhændlɪŋˌfjuːz] *воен.* неизвлекаемый взрыватель

antihelices [ˌæntɪˈhelɪsiːz] *pl от* antihelix

antihelix [ˌæntɪˈhiːlɪks] *n* (*pl* -helices) *анат.* противозавиток (*ушной раковины*)

antihelminthic [ˌæntɪhelˈmɪnθɪk] *a мед.* противоглистное, глистогонное средство

anti-hero [ˌæntɪˈhɪ(ə)rəʊ] *n* (*pl* -oes [-əʊz]) *лит.* антигерой

anti-hum [ˌæntɪˈhʌm] *n* шумоглушитель (*тж.* ~ device)

antihumanism [ˌæntɪˈhjuːmənɪz(ə)m] *n* антигуманизм, человеконенавистничество

antihyperon [ˌæntɪˈhaɪpərɒn] *n физ.* антигиперон

antihypertensive I [ˈæntɪˌhaɪpəˈtensɪv] *n* противогипертоническое лекарство

antihypertensive II [ˈæntɪˌhaɪpəˈtensɪv] *a фарм.* противогипертонический, снижающий кровяное давление

antihypnotic [ˌæntɪhɪpˈnɒtɪk] *a* вызывающий бессонницу; отгоняющий сон; coffee is ~ после кофе плохо спится

anti-icer [ˌæntɪˈaɪsə] *n ав.* противообледенитель, антиобледенитель

anti-imperialistic [ˌæntɪɪmˈpɪ(ə)rɪəlɪstɪk] *a* антиимпериалистический

anti-integration [ˌæntɪˌɪntəˈgreɪʃ(ə)n] *n амер.* противодействие (расовой) интеграции (*особ. школ*)

anti-intellectual [ˌæntɪˌɪntɪˈlektʃʊəl] *a* 1. антиинтеллектуальный; отрицательно относящийся к интеллектуалам, к интеллигенции, к научной и творческой работе *и т. п.* 2. *филос.* отрицающий способности разума в познании

antijamming I [ˈæntɪˌdʒæmɪŋ] *n радио* 1) устранение помех 2) защита от помех

antijamming II [ˈæntɪˌdʒæmɪŋ] *a радио* 1) помехоустойчивый 2) противопомеховый

antiknock [ˌæntɪˈnɒk] *n тех.* антидетонатор; ~ value *авт.* октановое число (*бензина*)

antilabor [ˌæntɪˈleɪbə] *a амер.* 1) антирабочий, ущемляющий интересы рабочего класса 2) антипрофсоюзный; ~ law закон, направленный против профсоюзов

antilitter [ˌæntɪˈlɪtə] *a* запрещающий сорить (*в общественных местах*); ~ regulations правила содержания в чистоте парков *и т. п.*

antilogarithm [ˌæntɪˈlɒgərɪð(ə)m] *n мат.* антилогарифм

antilogous [ænˈtɪləgəs] *a книжн.* противоречивый

antilogy [ænˈtɪlədʒɪ] *n книжн.* противоречие (*в терминах или в мыслях*)

antilymphocyt(ic) serum [ˌæntɪˌlɪmfəˈsɪt(ɪk)ˈsɪ(ə)rəm] *мед.* антилимфоцитарная сыворотка (*для предотвращения отторжения пересаженной ткани*)

antimacassar [ˌæntɪməˈkæsə] *n* салфеточка (*на спинке или ручках мягкой мебели*)

antimagnetic [ˌæntɪmægˈnetɪk] *a физ.* 1) немагнитный 2) противомагнитный, экранирующий от магнитных полей; ~ watch антимагнитные часы

antimalarial [ˌæntɪməˈle(ə)rɪəl] *a мед.* противомалярийный; ~ drug противомалярийное лекарство

anti-Marxist [ˌæntɪˈmɑːksɪst] *a* антимарксистский; несовместимый с марксизмом

antimask, antimasque [ˈæntɪmɑːsk] *n ист.* комическая интерлюдия (*в театре масок*)

antimatter [ˈæntɪˌmætə] *n физ.* антивещество

antimech [ˈæntɪmek] *n амер. воен.* 1) противотанковые средства 2) противотанковая оборона

anti-mechanized [ˌæntɪˈmekənaɪzd] *a амер. воен.* противотанковый; ~ defense противотанковая оборона; ~ security меры противотанковой обороны

antimensian, antimensium [ˌæntɪˈmensɪən, ˌæntɪˈmensɪəm] *n церк.* антиминс, алтарный покров

antimere [ˈæntɪmɪə] *n часто pl зоол.* антимера

antimetabole [ˌæntɪmeˈtæbəlɪ] *n ритор.* антиметабола

antimetathesis [ˌæntɪmeˈtæθəsɪs] *n ритор.* антиметатеза

antimicrobial I [ˌæntɪmaɪˈkrəʊbɪəl] *n* противомикробный *или* антибактериальный препарат

antimicrobial II [ˌæntɪmaɪˈkrəʊbɪəl] *a* противомикробный, антибактериальный

antimicrobic [ˌæntɪmaɪˈkrəʊbɪk] = antimicrobial II

antimilitarism [ˌæntɪˈmɪlɪtərɪz(ə)m] *n* антимилитаризм; борьба против милитаризма

antimilitarist, antimilitaristic [ˌæntɪˈmɪlɪtərɪst, ˌæntɪˌmɪlɪtəˈrɪstɪk] *a* антимилитаристский

antimissile I [ˈæntɪmɪsaɪl] *n воен.* противоракета, антиракета

antimissile II [ˈæntɪmɪsaɪl] *a воен.* противоракетный; ~ missile противоракета, антиракета; ~ research исследования в области противоракетной обороны; ~ defense penetration aids средства преодоления противоракетной обороны

antimode [ˈæntɪməʊd] *n мат.* антимода (*точка минимума плотности распределения*)

antimonate [ˈæntɪməneɪt] *n хим.* антимонат, соль сурьмяной кислоты

antimonsoon [ˌæntɪmɒnˈsuːn] *n метеор.* антимуссон

antimony [ˈæntɪmənɪ] *n хим.* сурьма

antimony glance [ˈæntɪmənɪˌglɑːns] *мин.* антимонит, сурьмяный блеск

antimutagen [ˌæntɪˈmjuːtədʒən] *n биол.* антимутаген (*вещество, снижающее частоту мутаций*)

antimycotic [ˌæntɪmaɪˈkɒtɪk] *a спец.* убивающий грибки, противогрибковый

antinatalism [ˌæntɪˈneɪtlɪz(ə)m] *n* антинатализм, движение за ограничение рождаемости

antinatalist [ˌæntɪˈneɪtlɪst] *n* сторонник ограничения рождаемости

antinational [ˌæntɪˈnæʃ(ə)nəl] *a* антинациональный

antineoplastic [ˈæntɪˌniː(ː)əʊˈplæstɪk] *a мед.* противоопухолевый, противораковый

antineuralgics [ˌæntɪˌnjʊ(ə)ˈrældʒɪks]

ANT — ANT

n pl фарм. лекарственные средства против невралгии

antineutrino [ˌæntɪnjuːˈtriːnəʊ] *n* (*pl* -os [-əʊz]) *физ.* антинейтрино

antineutron [ˈæntɪˌnjuːtrɒn] *n физ.* антинейтрон

anting [ˈæntɪŋ] *n зоол.* «энтинг», муравление (*копание птицы в муравейнике, набирание муравьёв в перья*)

antinode [ˈæntɪˌnəʊd] *n физ.* пучность (*волны*)

antinoise [ˌæntɪˈnɔɪz] *a тех.* противошумовой; противопомеховый

antinomian [ˌæntɪˈnəʊmɪən] *n* аморалист; человек, отвергающий социально обусловленную мораль

antinomic, antinomical [ˌæntɪˈnɒmɪk, -(ə)l] *a филос.* антиномический, противоречивый

antinomy [ænˈtɪnəmɪ] *n* **1.** *юр.* противоречие между двумя законами; противоречие в законе **2.** *филос.* антиномия, противоречие; парадокс

antinovel [ˈæntɪˌnɒv(ə)l] *n лит.* антироман

antinuclear [ˌæntɪˈnjuːklɪə] *a* **1.** *биол.* антиядерный (*вступающий в реакцию с ядром клетки*) **2.** направленный против использования атомной энергии, *особ.* в военных целях

antinucleon [ˌæntɪˈnjuːklɪɒn] *n физ.* антинуклон

antinuke, antinuker [ˌæntɪˈnjuːk, -ə] *n разг.* участник движения против использования атомной энергии

antiodontalgic [ˌæntɪəʊdɒnˈtældʒɪk] *a фарм.* снимающий зубную боль

antioxidant [ˌæntɪˈɒksɪd(ə)nt] *n хим.* **1.** антиокислитель, ингибитор **2.** противостаритель

antipapal [ˌæntɪˈpeɪp(ə)l] *a* враждебный папству

antipapist [ˌæntɪˈpeɪpɪst] *n преим. ист.* антипапист, противник папства; антикатолик, противник католичества

antiparallel [ˌæntɪˈpærəlel] *a мат.* антипараллельный

antiparasitic [ˌæntɪpærəˈsɪtɪk] *a* уничтожающий паразитов; инсектицидный

antiparliamentary [ˌæntɪˌpɑːləˈment(ə)rɪ] *a ист.* враждебный Долгому парламенту *или* парламентской партии

antiparticle [ˈæntɪˌpɑːtɪk(ə)l] *n физ.* античастица

antipasti [ˌæntɪˈpæstiː] *pl от* antipasto

antipasto [ˌæntɪˈpæstəʊ] *n* (*pl* -tos [-təʊz], -ti) итальянская закуска ассорти

antipathetic, antipathetical [ˌæntɪpəˈθetɪk, -(ə)l] *a* **1.** (to) отрицательно относящийся (*к чему-л.*); питающий отвращение, антипатию; ~ to violence ненавидящий насилие; he was ~ to any change он был против любых перемен; I am ~ to large dogs большие собаки меня раздражают **2.** враждебный; не уживающийся друг с другом; несовместимый; cats and dogs are often ~ как правило, кошки и собаки плохо уживаются; these two ideas are completely ~ эти две мысли совершенно несовместимы /диаметрально противоположны/ **3.** (to) антипатичный, противный; the very idea was ~ to her одна мысль об этом внушала ей отвращение; the new house was ~ to all of us новый дом никому из нас не понравился

antipathetically [ˌæntɪpəˈθetɪk(ə)lɪ] *adv* с антипатией, с отвращением

antipathize [ænˈtɪpəðaɪz] *v редк.* **1.** испытывать антипатию **2.** делать антипатичным, отвратительным

antipathy [ænˈtɪpəθɪ] *n* **1.** глубокая неприязнь; антипатия **2.** предмет, объект антипатии, отвращения **3.** *спец.* несовместимость; ~ of minerals антагонизм минералов

antiperistaltic [ˌæntɪˌperɪˈstæltɪk] *a спец.* противоперистальтический

antiperistases [ˌæntɪpəˈrɪstəsiːz] *pl от* antiperistasis

antiperistasis [ˌæntɪpəˈrɪstəsɪs] *n* (*pl* -ses [-siːz]) *книжн.* сопротивление, реакция

antipersonnel [ˌæntɪpɜːsəˈnel] *a воен.* уничтожающий живую силу; ~ bomb осколочная бомба; ~ mine [obstacle] противопехотная мина /-ое препятствие/

antiperspirant [ˌæntɪˈpɜːspɪrənt] *n* средство от потливости

antiphlogistic [ˌæntɪflə(ʊ)ˈdʒɪstɪk] *a мед.* противовоспалительный

antiphon [ˈæntɪfən] *n церк.* **1.** антифон **2.** ответствие

antiphonal [ænˈtɪfən(ə)l] = antiphonary

antiphonary [ænˈtɪfən(ə)rɪ] *n церк.* книга антифонов, осмогласник

antiphony [ænˈtɪfənɪ] *n* **1.** *церк.* переменное пение двух хоров **2.** = antiphon

antiphrases [ænˈtɪfrəsiːz] *pl от* antiphrasis

antiphrasis [ænˈtɪfrəsɪs] *n* (*pl* -ses) *лингв.* антифраз(ис)

antipleion [ænˈtɪplaɪən] *n* область пониженного метеорологического параметра

antipodal [ænˈtɪpədl] *a* **1.** антиподный **2.** прямо, диаметрально противоположный

antipode [ˈæntɪpəʊd] *n* антипод, прямая, полная противоположность; exact ~s of opinion диаметрально противоположные точки зрения

antipodean [ænˌtɪpəˈdiːən] *a* **1.** = antipodal **2.** *шутл.* вверх тормашками

antipodes [ænˈtɪpədiːz] *n* **1.** 1) *употр. с гл. в ед.ч.* страны противоположных полушарий 2) жители стран, находящихся в противоположных полушариях; антиподы **2.** 1) (the A.) район Австралии и Новой Зеландии 2) *шутл.* наши антиподы, австралийцы и новозеландцы

antipole [ˈæntɪpəʊl] *n* **1.** противоположный полюс **2.** полная противоположность

antipollutant [ˌæntɪpəˈluːt(ə)nt] *n* антиполлютант, противозагрязнитель (*окружающей среды*)

antipollution [ˌæntɪpəˈluːʃ(ə)n] *a* защищающий окружающую среду от загрязнения

antipope [ˈæntɪpəʊp] *n ист.* антипапа

antipoverty [ˌæntɪˈpɒvətɪ] *a* направленный на борьбу с бедностью; ~ programs мероприятия по борьбе с бедностью

antiprism [ˈæntɪˌprɪz(ə)m] *n мат.* антипризма, призматоид, призмоид

antiproton [ˈæntɪˌprəʊtɒn] *n физ.* антипротон

antipruritic [ˌæntɪprʊ(ə)ˈrɪtɪk] *a фарм.* уменьшающий *или* снимающий зуд

antipsychotic [ˌæntɪsaɪˈkɒtɪk] *a мед.* антипсихотический; снимающий *или* предотвращающий приступы психоза

antiptosis [ˌæntɪˈtəʊsɪs] *n грам.* антиптозис

antipyretic I [ˌæntɪpaɪ(ə)ˈretɪk] *n фарм.* противолихорадочное *или* жаропонижающее средство

antipyretic II [ˌæntɪpaɪ(ə)ˈretɪk] *a фарм.* жаропонижающий

antipyrotic [ˌæntɪpaɪ(ə)ˈrɒtɪk] *n фарм.* средство против ожогов; препарат, заживляющий ожоги

antiquarian I [ˌæntɪˈkwe(ə)rɪən] *n* **1.** = antiquary **2.** большой формат чертёжной бумаги

antiquarian II [ˌæntɪˈkwe(ə)rɪən] *a* **1.** антикварный; ~ book букинистическая книга **2.** посвящённый древностям; ~ section отдел древностей (*музея*)

antiquarium [ˌæntɪˈkwe(ə)rɪəm] *n редк.* хранилище древностей

antiquark [ˈæntɪˌkwɔːk] *n физ.* антикварк

antiquary [ˈæntɪkwərɪ] *n* **1.** антиквар; знаток, любитель, собиратель древностей **2.** антиквар, торговец антикварными вещами; букинист **3.** *ист.* хранитель древностей (*титул*)

antiquate [ˈæntɪkweɪt] *v редк.* **1.** вытеснять *или* заменять устаревшее; the refrigerator ~d the icebox (электрический) холодильник вытеснил ледник **2.** 1) придавать старый, старомодный вид; отделывать под старину 2) подделывать под старину (*особ. мебель*)

antiquated [ˈæntɪkweɪtɪd] *a* **1.** устарелый, старомодный; he is ~ in manners [in dress] у него старомодная манера держаться [одеваться] **2.** отживший, вышедший из употребления; ~ notions устарелые представления /понятия/; ~ words архаичные слова; ~ laws старые /потерявшие силу/ законы **3.** отделанный *или* подделанный под старину (*особ. о мебели*) **4.** *шутл.* старый, дряхлый; this ~ truck этот ветхий грузовик

antique I [ænˈtiːk] *n* **1.** 1) памятник древности, произведение древнего (*особ.* античного) искусства 2) (the ~) *разг.* древнее (*особ.* античное) искусство; античный стиль **2.** предмет антиквариата; to sell ~s продавать антикварные вещи; содержать антикварный магазин **3.** *полигр.* антиква (*шрифт*) **4.** *полигр.* неглазированная бумага; бумага «под старину» (*шероховатая*)

antique II [ænˈtiːk] *a* **1.** древний, старинный; an ~ city древний город 2) античный; ~ heroes герои античности **2.** антикварный; ~ vase [mirror] антикварная /старинная/ ваза [-ое зеркало]; ~ shop антикварный магазин; ~ dealer антиквар **3.** 1) старомодный, устаревший; ~ manners and graces старомодная учтивость 2) выделанный *или* подделанный под старину; ~ chair кресло под старину /в стиле ретро/

antique III [ænˈtiːk] *v редк.* **1.** отделывать *или* подделывать под старину **2.** *разг.* ходить по антикварным магазинам; охотиться за антиквариатом, стариной *и т.п.* **3.** тиснить; выдавливать рельефное изображение (*на бумаге, ткани*)

antiquely [ænˈtiːklɪ] *adv редк.* в старинной, древней манере

antiquer [ænˈtiːkə] *n* **1.** антиквар; собиратель древностей **2.** мастер поддельного антиквариата, *особ.* краснодеревщик

antiquitarian [ænˌtɪkwɪˈte(ə)rɪən] *n редк.* поклонник античности

antiquities [ænˈtɪkwɪtɪz] *n pl* **1.** древности; памятники древности (*особ. античного мира*); Greek and Roman ~ греческие и римские древности; памятники Греции и Рима **2.** обычаи, традиции, дела древних времён

antiquity [ænˈtɪkwɪtɪ] *n* **1.** древний мир; античность; классическая древность; nations [history] of ~ народы [история] древнего мира **2.** древность, глубокая старина; Athens is a city of great ~ Афины — очень древний город; a family of great ~ древний род, старинная семья; to ascend to ~ восходить к глубокой древности **3.** *собир.* древние (*народы*)

antiracism [,æntɪ'reɪsɪz(ə)m] *n* антирасизм; неприятие расизма; борьба с расовыми предубеждениями

antirattler [,æntɪ'rætlə] *n* тех. амортизатор (*толчков или стука*)

antireflection [,æntɪrɪ'flekʃ(ə)n] *a* 1) *радио* антиотражающий 2) *опт.* просветляющий; просветлённый

antireligious [,æntɪrɪ'lɪdʒəs] *a* антирелигиозный

anti-revolutionary ['æntɪ,revə'luːʃ(ə)n(ə)rɪ] *a* контрреволюционный

antirheumatics [,æntɪruː'mætɪks] *n pl* противоревматические лекарства

antirrhinum [,æntɪ'raɪnəm] *n бот.* львиный зев (*Antirrhinum spp.*)

antirust [,æntɪ'rʌst] *a* 1. антикоррозийный 2. нержавеющий

anti-satellite [,æntɪ'sætəlaɪt] *a воен.* противоспутниковый; ~ satellite противоспутниковый спутник

antiscians, antiscii [æn'tɪʃənz, æn'tɪʃɪaɪ] *n pl* антийские (*люди, живущие на одной долготе, но на противоположных сторонах экватора*)

antiscience [,æntɪ'saɪəns] *a* направленный против развития науки

antiscientific ['æntɪ,saɪən'tɪfɪk] *a* 1. = antiscience 2. антинаучный

antiscorbutic [,æntɪskɔː'bjuːtɪk] *a спец.* противоцинготный

antisegregationist ['æntɪ,segrɪ'geɪʃ(ə)nɪst] *n амер.* противник (*расовой*) сегрегации; сторонник (*расовой*) интеграции (*особ. школ*)

anti-Semite [,æntɪ'siːmaɪt] *n* антисемит

anti-Semitic [,æntɪsɪ'mɪtɪk] *a* антисемитский

anti-Semitism [,æntɪ'semɪtɪz(ə)m] *n* антисемитизм

antisepalous [,æntɪ'sepələs] *a бот.* с тычинками против *или* впереди чашелистиков

antisepsis [,æntɪ'sepsɪs] *n* антисептика, обеззараживание

antiseptic I [,æntɪ'septɪk] *n* антисептическое средство, антисептик

antiseptic II [,æntɪ'septɪk] *a* 1. 1) противогнилостный; антисептический 2) использующий, применяющий антисептики 2. 1) безукоризненно чистый; промытый до блеска 2) аккуратный до педантизма; скучно-упорядоченный 3. обтекаемый (*о формулировке*); приглаженный, эвфемистический; ~ phrases such as "acceptable losses at the battlefield" обтекаемые фразы, как, например: «приемлемые боевые потери»

antiseptisize [,æntɪ'septɪsaɪz] *v* обеззараживать; стерилизовать; дезинфицировать

antisexist [,æntɪ'seksɪst] *n* выступающий против дискриминации женщин

antisexual [,æntɪ'sekʃʊəl] *a амер.* возражающий против бесстыдства, *особ.* против коммерческой эксплуатации секса, против порнографии *и т. п.*

antiship [,æntɪ'ʃɪp] *a воен.* предназначенный для поражения кораблей; ~ mission задачи борьбы с кораблями (*противника*)

antiskid [,æntɪ'skɪd] *a* нескользящий; препятствующий скольжению

antislavery [,æntɪ'sleɪv(ə)rɪ] *a* аболиционистский, антирабовладельческий

antismog [,æntɪ'smɒg] *a тех.* предотвращающий образование смога

antismoking [,æntɪ'sməʊkɪŋ] *a* борющийся с курением; антитабачный, антиникотиновый; ~ campaign кампания против курения

antisocial [,æntɪ'səʊʃ(ə)l] *a* 1. антиобщественный; ~ behaviour антиобщественное поведение; it is ~ to play a transistor in public включать транзистор в общественных местах — значит не считаться с другими людьми 2. 1) необщительный; замкнутый; he is not ~, just shy он не замкнут, а просто застенчив 2) недружелюбный, неприветливый

antispasmodic [,æntɪspæz'mɒdɪk] *a мед.* спазмолитический; антиспазматический; прекращающий спастическое, судорожное сокращение

antispast ['æntɪspæst] *n стих.* антиспаст

antisplash [,æntɪ'splæʃ] *a тех.* грязезащитный

antistat ['æntɪstæt] *a спец.* антистатический; снимающий статическое электричество (*с тканей и т. п.*)

antistatic I [,æntɪ'stætɪk] *n тех.* антистатик

antistatic II [,æntɪ'stætɪk] *a* = antistat

antistrophe [æn'tɪstrəfɪ] *n* 1. антистрофа (*в древнегреческом хоре и танцах*) 2. *лингв.* анастрофа 3. *стил. уст.* использование в споре аргумента противника

antistrophon [æn'tɪstrəfən] *n стил. уст.* аргумент противника, используемый против него

antisubmarine [,æntɪsʌbmə'riːn] *a воен.* противолодочный; ~ warfare противолодочные операции

antisudorific [,æntɪ,sjuːdə'rɪfɪk] *a фарм.* противопотовый; снижающий потоотделение

antisymmetric [,æntɪsɪ'metrɪk] *a мат.* антисимметричный, кососимметричный

antisymmetry [,æntɪ'sɪmɪtrɪ] *n мат.* антисимметрия

anti-tank [,æntɪ'tæŋk] *a воен.* противотанковый; ~ defence [weapon] противотанковая оборона [-ое оружие]; ~ rocket launcher реактивный противотанковый гранатомёт; ~ stopline [ditch] противотанковый рубеж [ров]; ~ terrain *амер.* танконедоступная местность

antitechnological ['æntɪ,teknə'lɒdʒɪk(ə)l] *a* направленный против технического прогресса (*преим. в целях охраны природы и здоровья человека*)

antitechnology [,æntɪtek'nɒlədʒɪ] *n* сопротивление техническому прогрессу (*особ. осуществляемому в ущерб человеческому здоровью и природе*)

antiterrorist [,æntɪ'terərɪst] *a* направленный против терроризма *или* террористов; борющийся с терроризмом

antitheatre ['æntɪ,θɪətə] *n* антитеатр, театр абсурда

antitheft device [,æntɪ'θeftdɪ'vaɪs] *авт* противоугонное устройство

antitheism [,æntɪ'θiːɪz(ə)m] *n* атеизм, безбожие

antitheist [,æntɪ'θiːɪst] *n* атеист, безбожник

antitheses [æn'tɪθəsiːz] *pl от* antithesis

antithesis [æn'tɪθəsɪs] *n* (*pl* -ses) 1. *филос.* антитезис 2. *стил.* антитеза, резкое противопоставление противоположностей 3. полная противоположность; striking [complete] ~ резкая [полная] противоположность, резкий контраст

antithesize [æn'tɪθəsaɪz] *v филос.* 1) являться антитезой 2) противопоставлять (*в качестве антитезы*); выражать антитезой

antithetic, antithetical [,æntɪ'θetɪk, -(ə)l] *a* 1. *филос.* антитетический 2. прямо противоположный, несовместимый (*о событиях и т. п.*)

antithetically [,æntɪ'θetɪk(ə)lɪ] *adv* 1. *филос.* в качестве *или* в функции антитезы 2. прямо противоположно

antitoxic [,æntɪ'tɒksɪk] *a* 1. относящийся к антитоксинам 2. являющийся противоядием; нейтрализующий яды

antitoxin [,æntɪ'tɒksɪn] *n* 1) *спец.* антитоксин 2) противоядие

antitrade [,æntɪ'treɪd] *n метеор.* антипассат

antitransformation ['æntɪ,trænsfə'meɪʃ(ə)n] *n спец.* обратное преобразование

antitrust [,æntɪ'trʌst] *a преим. амер.* антимонополистический, антитрестовский, направленный против монополий *и т. п.*

antitussive [,æntɪ'tʌsɪv] *n фарм.* средство против кашля

antitypal ['æntɪtaɪp(ə)l] *a* 1. *лит.* относящийся к противоположному типу; являющийся антиподом (*кого-л.*) 2. *рел.* предвосхищающий; являющийся прообразом

antitype ['æntɪtaɪp] *n* 1. *лит.* противоположный тип; Othello and Jago are ~s Отелло и Яго как типы противоположны друг другу 2. *рел.* (ветхозаветный) прообраз

antitypous [æn'tɪtɪpəs] *a редк.* сопротивляющийся силе; крепкий, прочный

antitypy [æn'tɪtɪpɪ] *n редк.* сопротивление материалов

antiunion [,æntɪ'juːnɪən] *a амер.* антипрофсоюзный; ~ laws законы, направленные против профсоюзов

anti-U.S. ['æntɪ,juː'es] *a* антиамериканский; направленный против США

anti-utopia ['æntɪjuː'təʊpɪə] *n лит.* антиутопия

anti-utopian I [,æntɪjuː'təʊpɪən] *n* предсказатель мрачного будущего человечества; социолог-пессимист

anti-utopian II [,æntɪjuː'təʊpɪən] *a лит.* относящийся к антиутопии; описывающий антиутопию

antivermicular [,æntɪvɜː'mɪkjʊlə] *a* противоглистный, глистогонный

antiviral [,æntɪ'vaɪ(ə)r(ə)l] *a спец.* противовирусный

antiwar [,æntɪ'wɔː] *a* антивоенный

antiwear [,æntɪ'weə] *a спец.* противоизносный

antiwhite [,æntɪ'waɪt] *a* направленный против представителей белой расы; настроенный против белых

antiworld ['æntɪ,wɜːld] *n* антимир

antizymic, antizymotic [,æntɪ'zaɪmɪk, ,æntɪzaɪ'mɒtɪk] *a спец.* препятствующий брожению

antlered ['æntləd] *a* с ветвистыми рогами, имеющий рога (*об олене*)

antlers ['æntləz] *n pl* оленьи рога

ant-lion ['ænt,laɪən] *n энт.* муравьиный лев (*Myrmeleon formicarius*)

antodontalgic [,æntəʊdɒn'tældʒɪk] = antiodontalgic

antoeci [æn'tiːsaɪ] = antiscians

antonomasia [,æntənə'meɪzɪə] *n стил.* антономасия

antonym ['æntənɪm] *n лингв.* антоним

antonymous [æn'tɒnɪməs] *a лингв.* антонимичный

antonymy [æn'tɒnɪmɪ] *n лингв.* антонимия

antra ['æntrə] *pl от* antrum

antre ['æntə] *n поэт.* пещера

antrorse [æn'trɔːs] *a книжн.* загнутый вперёд *или* вверх

antrum ['æntrəm] *n* (*pl* -ra) *физиол.* полость

antsy ['æntsɪ] *a сл.* беспокойный, дёрганый; to feel ~ ≅ места себе не находить

Anubis [ə'njuːbɪs] *n миф.* Анубис (*древнеегипетский бог, покровитель загробного мира*)

anuclear [æˈnjuːklɪə] *n спец.* безъя́дерный

A-number-1, A-number-one [ˈeɪˌnʌmbəˈwʌn] *a амер. разг.* первокла́ссный, отли́чный; ≅ пе́рвый сорт

anuran I [əˈnjʊərən] *n зоол.* лягу́шка, жа́ба

anuran II [əˈnjʊərən] *a зоол.* лягу́шечий, жа́бий; относя́щийся к лягу́шкам или жа́бам

anury [əˈnjuːrɪ] *n мед.* анури́я

anus [ˈeɪnəs] *n (pl тж. ani)* *анат.* а́нус, ана́льное отве́рстие, за́дний прохо́д

anvil [ˈænvɪl] *n* 1. накова́льня; ~ *тех.* шабот, поднакова́льня; the hero was hardened on the ~ of war геро́й закали́лся в огне́ войны́ 2. *анат.* накова́льня (*в ухе*) 3. *тех.* пя́тка, упо́рный сте́ржень (*измери́тельного инструме́нта*)
◊ to be on /upon/ the ~ подгота́вливаться; обсужда́ться

anxiety [æŋˈzaɪətɪ] *n* 1. трево́га, беспоко́йство, боя́знь; страх; slight [vague, acute] ~ лёгкое [сму́тное, си́льное] беспоко́йство; to be in ~ about smth. беспоко́иться /трево́житься/ о чём-л.; to wait smth. with ~ ждать чего́-л. с трево́гой /со стра́хом/ 2. *мед.* патологи́ческое состоя́ние трево́ги, беспричи́нного стра́ха; чу́вство мучи́тельного беспоко́йства; ~ depression депре́ссия, свя́занная с чу́вством непо́лноценности, сомне́ния в свои́х си́лах *и т. п.* 2. *обыкн. pl* неприя́тности, забо́ты; all these anxieties made him look pale and thin по́сле /от/ всех пережи́тых им волне́ний он побледне́л и похуде́л 3. стра́стное жела́ние; стремле́ние, рве́ние; ~ for knowledge жа́жда зна́ний, стремле́ние к зна́ниям; ~ to please стремле́ние угоди́ть /понра́виться/ (*кому́-л.*); my chief ~ is to help them я пре́жде всего́ стремлю́сь помо́чь им

anxiolytic [ˌæŋzaɪəˈlɪtɪk] *n мед.* транквилиза́тор, нейроле́птик, седати́вный препара́т

anxious [ˈæŋkʃəs] *a* 1. 1) беспоко́ящийся, трево́жащийся, волну́ющийся, опаса́ющийся; to be /to feel/ ~ about smb.'s health [future, welfare] беспоко́иться /трево́житься/ о чьём-л. здоро́вье [бу́дущем, благополу́чии] 2) трево́жный, беспоко́йный; ~ moment трево́жный пери́од /моме́нт/; ~ time тру́дное /трево́жное/ вре́мя; ~ business хлопотно́е де́ло 2. стремя́щийся (*к чему́-л.*), стра́стно жела́ющий (*чего́-л.*); to be ~ for success /to succeed/ стреми́ться к успе́ху; the boy is ~ for a bicycle ма́льчик мечта́ет о велосипе́де; I am ~ for your impressions мне не те́рпится узна́ть, како́е у вас оста́лось впечатле́ние; to be eagerly /deeply, keenly, terribly/ ~ to get smth. горе́ть жела́нием доби́ться чего́-л.; получи́ть что-л.; he is ~ to do his best он стара́ется сде́лать всё, что мо́жет; I am ~ for the morning to come я жду не дожду́сь утра́
◊ ~ seat /bench/ *амер.* ме́сто ка́ющегося гре́шника (*в не́которых це́рквах*); on the ~ seat ≅ в беспоко́йстве; как на у́глях

anxiously [ˈæŋkʃəslɪ] *adv* 1. с волне́нием, трево́жно, беспоко́йно 2. *разг.* о́чень, чрезвыча́йно

any I [ˈenɪ] *a* 1. *в вопроси́тельных и усло́вных предложе́ниях* 1) како́й-нибудь; did you meet ~ difficulties? бы́ли ли у вас каки́е-нибудь тру́дности?; do you know ~ actors personally? ты знако́м с кем-нибудь из актёров?; he knows English if ~ man does уж е́сли кто и зна́ет англи́йский, так э́то он; он зна́ет англи́йский как никто́ друго́й 2) ско́лько-нибудь, како́е-либо коли́чество; have you ~ milk [sugar]? есть ли у вас молоко́ [са́хар]? 2. *в отрица́тельных предложе́ниях* 1) никако́й, ни оди́н; he cannot see ~ difference between these two statements он не ви́дит никако́й ра́зницы ме́жду э́тими двумя́ выска́зываниями 2) ниско́лько; he hasn't ~ money у него́ совсе́м нет де́нег 3. *в утверди́тельных предложе́ниях* 1) вся́кий, любо́й; ask ~ person you meet спроси́те любо́го, кто вам встре́тится; ~ plan would be better than no plan любо́й план был бы лу́чше, чем отсу́тствие пла́на 2) како́й бы то ни́ было; ~ help will be valuable вся́кая по́мощь бу́дет це́нной; in ~ case в любо́м слу́чае 2) како́й бы то ни́ было; in his book we miss ~ attempt to explain в его́ кни́ге мы не ви́дим да́же попы́тки дать объясне́ние

any II [ˈenɪ] *adv* 1. *в вопроси́тельных и усло́вных предложе́ниях* ско́лько-нибудь; ещё; will you have ~ more tea? хоти́те ещё ча́ю?; is that ~ better? так лу́чше?, ра́зве так не лу́чше?!; ~ longer бо́льше (не); he does not live there ~ longer он бо́льше там не живёт; if you stay here ~ longer… е́сли вы ещё здесь хоть на ско́лько-нибудь заде́ржитесь… 2. *в отрица́тельных предложе́ниях* ничу́ть; I am not ~ better мне ничу́ть не лу́чше; he is not ~ the worse for it он ниско́лько от э́того не пострада́л; it has not become ~ less true э́то отню́дь не ста́ло ме́нее пра́вильным; they have not behaved ~ too well они́ не сли́шком-то хорошо́ себя́ вели́; it's not been ~ too easy making conversation вести́ бесе́ду бы́ло далеко́ /отню́дь/ не легко́ 3. *в утверди́тельных предложе́ниях* ещё; опя́ть; I am surprised you come here ~ more я вообще́ удивля́юсь, что вы сюда́ опя́ть пришли́ 4. *амер. разг.* вообще́, во́все, совсе́м; it did not influence him ~ э́то ниско́лько на него́ не повлия́ло; I haven't fished ~ for ten years вот уже́ де́сять лет, как я не хожу́ на ры́бную ло́влю; did you sleep ~? вы хоть ско́лько-нибудь поспа́ли?
◊ ~ old… *сл.* како́й-нибудь, како́й придётся; пе́рвый попа́вшийся, пе́рвый подверну́вшийся; ~ old excuse пе́рвая прише́дшая в го́лову отгово́рка; ~ old car [house] пе́рвый попа́вшийся автомоби́ль [дом]; ~ old how любы́м спо́собом, как придётся; we'll do it ~ old how мы сде́лаем э́то любы́м спо́собом

any III [ˈenɪ] *indef pron* 1. *в вопроси́тельных и усло́вных предложе́ниях* кто́-нибудь, что́-нибудь; have you ~ of these? у вас есть что́-нибудь из э́того?; if ~ think so they are mistaken е́сли кто́-нибудь ду́мает /е́сли есть лю́ди, кото́рые ду́мают/ так, они́ заблужда́ются 2. *в отрица́тельных предложе́ниях* ничто́; I don't like ~ of these actors мне никто́ из э́тих арти́стов не нра́вится 3. *в утверди́тельных предложе́ниях* 1) вся́кий, любо́й; he is free to choose ~ of these books он мо́жет вы́брать любу́ю из э́тих книг 2) кто бы то ни́ было, (хоть) оди́н; it is ridiculous to suppose there are ~ who would run risks неле́по предполага́ть, что найдётся (хоть) кто́-нибудь, кто пошёл бы на риск 2. *в сочета́ниях:* if ~ е́сли и есть, то…; there are few English books, if ~, in that library е́сли в э́той библиоте́ке и есть англи́йские кни́ги, то их о́чень ма́ло; in that library почти́ нет англи́йских книг; I have little time, if ~ у меня́ почти́ нет вре́мени
◊ to get ~ *амер. сл.* переспа́ть с же́нщиной; getting ~? как у тебя́ дела́ с ба́бами?

anybody I [ˈenɪˌbɒdɪ] *n* 1) ва́жное лицо́; everybody who is ~ will be there там бу́дут все, кто име́ет хоть ско́лько-нибудь заме́тное положе́ние /все ва́жные лю́ди/; you must work hard if you wish to be ~ ну́жно упо́рно рабо́тать, е́сли хо́чешь вы́биться в лю́ди; was she ~ before her marriage? да что она́ собо́й представля́ла до заму́жества? 2) пренебр. незначи́тельный, незаме́тный челове́к; two or three anybodies два и́ли три каки́х-то челове́ка; he isn't just ~ он не про́сто пе́рвый встре́чный

anybody II [ˈenɪˌbɒdɪ] *indef pron* 1. *в вопроси́тельных и усло́вных предложе́ниях* кто́-нибудь; is there ~ here? здесь есть кто́-нибудь?; if ~ thinks this question is not settled, let him speak up е́сли кто́-нибудь счита́ет, что э́тот вопро́с не урегули́рован, пусть вы́скажется 2. *в отрица́тельных предложе́ниях* никто́; he hasn't seen ~ there он там никого́ не ви́дел; you needn't disturb ~ вам не ну́жно никого́ беспоко́ить 3. *в утверди́тельных предложе́ниях* 1) вся́кий, любо́й; ~ else кто́-нибудь друго́й, кто́-нибудь ещё; ~ can do it э́то мо́жет сде́лать вся́кий /любо́й/; ~ but he can say this уж кто́-кто бы говори́л, то́лько не он; he is more to be pitied than ~ его́ стои́т пожале́ть бо́льше, чем кого́-либо друго́го; он бо́льше всех досто́ин жа́лости; he speaks better than ~ он говори́т лу́чше всех 2) кто бы то ни́ было; there was hardly ~ there вряд ли там был (хоть) кто́-нибудь; he spoke to her as gently as he had ever spoken to ~ in his life он говори́л с ней так мя́гко, как он ни с кем никогда́ не говори́л

anyhow [ˈenɪhaʊ] *adv* 1. во что бы то ни ста́ло; в любо́м слу́чае, во вся́ком слу́чае; как бы то ни́ бы́ло; ~ you must admit I was right и всё же вы должны́ призна́ть, что я был прав; I shall go ~ whether it rains or not я всё равно́ пойду́ (незави́симо от того́), бу́дет дождь и́ли нет; you won't be late ~ в любо́м слу́чае вы успе́ете 2. ка́к-нибудь, любы́м путём, так и́ли ина́че; we could not get into the building ~ мы ника́к не могли́ попа́сть в э́то зда́ние 3. 1) как попа́ло, ко́е-ка́к, спустя́ рукава́; the work was done ~ рабо́та была́ вы́полнена кра́йне небре́жно 2) пло́хо, нева́жно; to feel ~ чу́вствовать себя́ нева́жно; things are all ~ дела́ так себе́

any more [ˌenɪˈmɔː] 1. = anymore 2. бо́льше; I don't want ~ я бо́льше не хочу́; let's not have ~ fighting дава́й бо́льше не ссо́риться 3. тепе́рь; уже́; I don't smoke ~ я уже́ /тепе́рь/ не курю́, я бро́сил кури́ть 4. *в сравне́ниях* как и; не бо́льше чем; you can't go without warm clothing here ~ than in your own country здесь, как и у вас на ро́дине, без тёплой оде́жды обойти́сь нельзя́; I don't like it ~ than you do мне э́то нра́вится не бо́льше, чем вам

anymore [ˌenɪˈmɔː] *adv амер. разг. с отрица́нием* бо́льше; уже́ не; he didn't know ~ whether he was glad or sorry он уже́ сам не понима́л — рад он и́ли огорчён; nobody wears such hairdos ~ таки́х причёсок бо́льше никто́ не но́сит

any one [ˈenɪwʌn] 1. кто бы то ни́ бы́ло; любо́й (челове́к); ~ of them любо́й /ка́ждый/ из них; this cannot be done by ~ man в одино́чку э́того не мо́жет сде́лать ни оди́н челове́к 2. = anybody I *и* II 3. что-л. отде́льно взя́тое; more crime in New York than in ~ city in the world в Нью-Йо́рке бо́льше преступле́ний, чем в любо́м друго́м го́роде ми́ра

anyone ['enɪwʌn] = anybody I и II; can ~ go to this movie or is it just for adults? на э́тот фильм пропуска́ют /пуска́ют/ то́лько взро́слых и́ли всех?; if only I knew ~ to talk to е́сли бы то́лько я кого́-нибудь знал, с кем мо́жно поговори́ть; he doesn't care for ~ ему́ ни до кого́ нет де́ла

anyplace ['enɪpleɪs] adv амер. разг. 1) везде́, всю́ду; где бы то ни́ было 2) куда́ бы то ни́ было, куда́ уго́дно

anyroad ['enɪrəʊd] прост. = anyway

anything I ['enɪθɪŋ] indef pron 1. в вопроси́тельных и усло́вных предложе́ниях 1) что́-нибудь; is there ~ you want? вам что́-нибудь ну́жно?; if you need ~ they will help you е́сли вам что́-нибудь пона́добится /бу́дет ну́жно/, они́ вам помо́гут; if ~ should happen to him... е́сли бы с ним что́-нибудь случи́лось...; I'm going to the post. Anything I can do for you? я иду́ на по́чту. Вам ничего́ не ну́жно? 2) разг. ско́лько-нибудь; do you see ~ of your friend? вы когда́-нибудь ви́дите своего́ дру́га?; if he is ~ of a gentleman he will apologize е́сли в нём есть хоть ка́пля поря́дочности, он извини́тся 2. в отрица́тельных предложе́ниях ничего́; ничто́; никто́; he hasn't taken ~ он ничего́ не взял; he doesn't do ~ at all он совсе́м ничего́ не де́лает; not that he knows ~ about it вряд ли он что́-нибудь об э́том зна́ет; наве́рно, он ничего́ об э́том не зна́ет; I was cut a little in the fight, but it wasn't ~ в дра́ке меня́ немно́го пора́нили, но э́то ничего́ /но э́то пустя́к/; he isn't ~ in the local government в ме́стных о́рганах вла́сти он никто́ /не име́ет никако́го влия́ния/ 3. в утверди́тельных предложе́ниях всё; (всё) что уго́дно; he will do ~ to help you он сде́лает всё, что́бы вам помо́чь; I would give ~ to know я бы отда́л всё на све́те, что́бы узна́ть (об э́том); я бы мно́гое дал, что́бы узна́ть (об э́том); he eats ~ он ест всё подря́д; ~ you say всё, что вы хоти́те; как хоти́те, так и бу́дет 4. в сочета́ниях: ~ but a) всё что уго́дно, то́лько не...; he is ~ but a scholar он всё что уго́дно, то́лько не учёный; б) далеко́ не; совсе́м не; it is ~ but pleasant э́то о́чень не прия́тно; he is ~ but mad он во́все не сумасше́дший; ≃ он себе́ на уме́; if ~ е́сли уж на то пошло́; во вся́ком слу́чае, как бы то ни́ было, скоре́е... чем; like ~ си́льно, стреми́тельно, изо всех сил; though he ran like ~, he missed the train хотя́ он и бежа́л сломя́ го́лову, он опозда́л на по́езд; as ~ чрезвыча́йно, ужа́сно; he will be as peeved as ~ он бу́дет стра́шно раздражён; it's as simple [easy] as ~ э́то совсе́м про́сто [легко́]; not for ~ ни за что́; I wouldn't do it for ~ я ни за что бы э́того не сде́лал; ~ разг. и́ли что́-нибудь тако́е; что́-нибудь в э́том ро́де; if he wants to speak to me or ~ I'll be here all day е́сли он захо́чет поговори́ть со мной и́ли е́сли ему́ ещё что́-нибудь пона́добится, то я бу́ду здесь весь день

◊ ~ goes всё сойдёт; in this case ~ goes в э́том слу́чае всё сойдёт /пройдёт/; тут всё дозво́лено; an ~ goes attitude /approach/ нетре́бовательность, неразбо́рчивость; not make /not think/ ~ of smth. не придава́ть значе́ния чему́-л.

anything II ['enɪθɪŋ] adv ско́лько-нибудь; в како́й-либо ме́ре; is this article ~ like his? ра́зве э́та статья́ (хоть) ско́лько-нибудь похо́жа на его́ статью́?; is

her dress ~ like mine? ра́зве её пла́тье хоть чём-то напомина́ет моё?

anytime ['enɪtaɪm] adv амер. разг. всегда́, в любо́е вре́мя; you can visit us ~ мо́жете приходи́ть к нам в любо́е вре́мя

anyway ['enɪweɪ] adv 1. во вся́ком слу́чае; как бы то ни́ было; I'll go ~, no matter what you say я всё равно́ пойду́, что бы вы ни говори́ли 2. как придётся, как попа́ло (часто just ~); don't do the job just ~ э́ту рабо́ту нельзя́ де́лать ко́е-ка́к; he damped the tools in the box just ~ он как попа́ло побро́сал инструме́нты в я́щик

anyways ['enɪweɪz] диал. = anyway

anywhen ['enɪwen] adv амер. разг. 1) когда́-нибудь; в како́е-либо вре́мя 2) в любо́е вре́мя, всегда́

anywhere ['enɪweə] adv 1. где́-нибудь, куда́-нибудь; have you seen him ~? вы его́ где́-нибудь ви́дели?; it is too late to go ~ сейча́с уже́ по́здно идти́ куда́ бы то ни́ было 2. в отрица́тельных предложе́ниях нигде́; никуда́; I can't find him ~ я нигде́ не могу́ его́ найти́; we are not going ~ tonight сего́дня мы никуда́ не идём 3. в сочета́ниях: ~ between... and что́-то ме́жду...и; ~ between 40 and 60 students in a class в кла́ссе обыкнове́нно быва́ет от 40 до 60 уча́щихся; the foundation of the monument was ~ between 400 500 BC па́мятник был заложён где́-то ме́жду 400 и 500 года́ми до н. э.; ~ from... to... что́-то ме́жду; не́что сре́днее ме́жду; it costs ~ from five to seven dollars э́то сто́ит до́лларов пять-семь

◊ ~ near a) в како́й-либо сте́пени; she's not ~ near as kind as he is она́ далеко́ /отню́дь/ не так добра́, как он; б) бли́зко; this is not to say that we are ~ near to being able to... э́то не зна́чит, что мы в ближа́йшем бу́дущем полу́чим возмо́жность...; the job is not ~ near done рабо́та ещё далеко́ не ко́нчена; to get ~ продви́нуться, вы́двинуться, доби́ться успе́ха; you'll never get ~ with that attitude с таки́м отноше́нием ты далеко́ не уе́дешь

anywise ['enɪwaɪz] adv любы́м путём; каки́м-либо о́бразом

Anzac ['ænzæk] n (сокр. от the Australian and New Zealand Army Corps) ист. 1. солда́т Австрали́йского и Новозела́ндского арме́йского ко́рпуса [см. 2] pl Австрали́йский и Новозела́ндский арме́йский ко́рпус (в пе́рвой мирово́й войне́)

A.O.K., A-OK, A-Okay ['eɪ(.)əʊ'keɪ] adv 1) косм. все систе́мы функциони́руют норма́льно 2) разг. всё в поря́дке; на высоте́

A one ['eɪ'wʌn] амер. разг. первокла́ссный, отли́чный

Aonian [eɪ'əʊnɪən] a ист., миф. аони́йский, относя́щийся к Ао́нии (ча́сти Бео́тии); ~ sisters аони́йские сёстры, аони́ды (одно́ из про́звищ муз); the ~ maids поэт. аони́йские де́вы (о му́зах)

aorist ['e(ɪ)ərɪst] n грам. аори́ст

aorta [eɪ'ɔ:tə] n анат. ао́рта

aortal, aortic [eɪ'ɔ:t(ə)l, eɪ'ɔ:tɪk] a ана́т. аорта́льный; ~ arch дуга́ ао́рты

aoudad ['ævdæd] n зоол. гри́вистый (африка́нский) бара́н (Ammotragus lervia)

à outrance [ˌɑː(ˌ)uː'trɒns] фр. до после́дней кра́йности; до конца́; battle ~ бой не на жизнь, а на́ смерть; a Protestant ~ я́рый протеста́нт

ap- [ə-] = ad-

apace [ə'peɪs] adv книжн. 1. бы́стро; old age comes on ~ не успе́ешь огля-

ну́ться, как наступи́т ста́рость 2. (with, of) вро́вень (с кем-л., с чем-л.); to keep ~ with smth., smb. не отстава́ть от чего́-л., кого́-л.; идти́ ного́й в но́гу с кем-л., с чем-л.

Apache [ə'pætʃɪ] n (pl тж. без изме́н.) апа́ч (инде́ец пле́мени апа́чей)
◊ the ~ State «штат Апа́чей», шутли́вое назва́ние шта́та Аризо́на (США)

apache [ə'pæʃ] n (пари́жский) апа́ш, банди́т; ~ dance та́нец апаше́й

apagoge [ˌæpə'gəʊdʒɪ] n 1. мат. непрямо́е доказа́тельство 2. лог. апагоги́ческое доказа́тельство путём сведе́ния аргуме́нта к абсу́рду

apanage ['æpənɪdʒ] = appanage

à part [ɑ:'pɑ:] теа́тр. в сто́рону (рема́рка)

apart [ə'pɑ:t] adv 1. 1) в отдале́нии, в стороне́, обосо́бленно; far /wide/ ~ на большо́м расстоя́нии друг от дру́га; this house stood ~ from others э́тот дом стоя́л отде́льно /в стороне́/ от други́х; keep the dogs ~ не подпуска́йте соба́к друг к дру́гу; towns 20 miles ~ города́, отстоя́щие друг от дру́га на 20 миль; he tried to keep ~ from family squabbles он стара́лся держа́ться в стороне́ от семе́йных склок 2) в сто́рону; to set English books ~ отложи́ть в сто́рону англи́йские кни́ги; to set some money ~ отложи́ть немно́го де́нег (для како́й-л. це́ли) 2. разде́льно, по́рознь; врозь; разли́чно, отли́чно от; to live /to dwell/ ~ жить врозь; the friends have grown much ~ друзья́ разошли́сь /охладе́ли друг к дру́гу/; ~ in manner [in behaviour /in demeanour/] не похо́жий (на други́х) по свое́й мане́ре держа́ться [по своему́ поведе́нию]; the various meanings of a word must be kept clearly ~ in a dictionary в словаре́ разли́чные значе́ния сло́ва должны́ чётко разграни́чиваться; they are so much alike that only their mother knows them ~ они́ так похо́жи друг на дру́га, что то́лько мать мо́жет различи́ть их; you must view each argument ~ ну́жно рассма́тривать ка́ждый аргуме́нт в отде́льности 3. на ча́сти, на куски́; to fall ~ разва́ливаться на ча́сти /на куски́/; to take ~ а) разобра́ть, демонти́ровать; to take the watch ~ разобра́ть часы́; б) раскритикова́ть, разнести́, разгроми́ть; she was taken ~ for her stand её чуть не растерза́ли за за́нятую е́ю пози́цию; в) дото́шно разобра́ться (в чём-л.); разобра́ть (что-л.) по ко́сточкам; дета́льно проанализи́ровать; the manager will take your excuses ~ заве́дующий бы́стро разберётся в ва́ших отгово́рках 4. (from) кро́ме; не счита́я, не говоря́ о; ~ from his knowledge [affection] помимо его́ зна́ний [привя́занности]; ~ from other considerations time is a factor кро́ме всех други́х соображе́ний, ну́жно учи́тывать и фа́ктор вре́мени

◊ jesting /joking/ ~ шу́тки в сто́рону

apartheid [ə'pɑ:t(h)eɪt, ə'pɑ:t(h)aɪt] n апартеи́д

apartment [ə'pɑ:tmənt] n 1. обыкн. pl меблиро́ванные ко́мнаты; ~s to let сдаётся внаём (объявле́ние) [ср. тж. ◊] 2. амер. кварти́ра; private [bachelor, spacious] ~ ча́стная [холоста́я, просто́рная] кварти́ра 3. 1) ко́мната 2) pl апартаме́нты; Royal Apartments Короле́вские поко́и 4. амер. = apartment building 5. арх. жили́ще; помеще́ние

◊ to have ~s to let ≅ не все до́ма, ви́нтиков не хвата́ет [ср. тж. 1]

APA — APO

apartment building [ə'pɑ:tmənt,bıldıŋ] *амер.* многоквартирный дом; многоэтажное жилое здание

apartment hotel [ə'pɑ:tmənthəu,tel] многоквартирный дом с гостиничным обслуживанием; гостиница, где сдаются номера и квартиры

apartment house [ə'pɑ:tmənthaus] *амер.* многоквартирный дом

apartment module [ə'pɑ:tmənt'mɔdju:l] *стр.* блок-квартира

apastra [ə'pæstrə] *pl от* apastron

apastron [ə'pæstrɔn] *n* (*pl* -stra) *астр.* апоастр, апоастрий

apatetic [,æpə'tetɪk] *a зоол.* имитирующий окраску или форму, мимикрический

apathetic, apathetical [,æpə'θetɪk, -(ə)l] *a* равнодушный, безразличный; апатичный

apathetically [,æpə'θetɪk(ə)lı] *adv* равнодушно, безразлично; апатично

apathy ['æpəθɪ] *n* безразличие, равнодушие; апатия, вялость; complete [strange] ~ towards smth. полное [странное] равнодушие к чему-л.; political ~ аполитичность; политическая пассивность

apatite ['æpətaɪt] *n мин.* апатит

apatosaurus [,æpətə(ʊ)'sɔ:rəs] *n* палеонт. апатозавр, бронтозавр

ape I [eɪp] *n* 1. 1) *зоол.* обезьяна, преим. человекообразная, примат (*Anthropoidae или Pongidae*); great ~s человекообразные приматы 2) *разг.* обезьяна, обезьянка (*макака, мартышка и т. п.*) 2. 1) обезьяна, кривляка; to play the ~ обезьянничать, передразнивать 2) мужлан, громила; хам ◇ to go ~ about /over/ smth., smb. с ума сходить по чему-л., кому-л.; приходить в восторг или отчаяние (*по какому-л. поводу*)

ape II [eɪp] *v* обезьянничать, (глупо или слепо) подражать; подделываться; to ~ manners [fashions, habits] подражать манерам (модам, обычаям); to ~ it *разг.* паясничать, кривляться, валять дурака

apeak [ə'pi:k] *adv* стоймя, «на попа» 2) *мор.* вертикально, отвесно; (о)панёр (*о якоре*)

ape-man ['eɪp,mæn] *n* (*pl* -men [-men]) 1. палеонтр., питекантроп, синантроп; переходная форма от высшей обезьяны к человеку 2. *лит.* человек, с младенчества воспитанный обезьянами

aper ['eɪpə] *n зоол.* кабан, вепрь (*Sus scrofa fera*)

aperçu [æpз:'su:] *n* (*pl* -cus [-'su:]) *фр.* 1. мимолётный взгляд; мимолётное впечатление 2. резюме; краткий очерк; реферат

aperient [ə'pɪərɪənt] *a мед.* слабительный, послабляющий

aperiodic [,eɪpɪ(ə)rɪ'ɔdɪk] *a* непериодический, ациклический

aperitif [ə,perɪ'ti:f] = aperitive¹

aperitive¹ [ə'perɪtɪv] *n* аперитив, рюмочка перед едой; глоток спиртного для аппетита

aperitive² [ə'perɪtɪv] = aperient

aperture ['æpətʃə] *n* 1. отверстие; скважина, щель 2. *стр.* проём; пролёт; ~ of a door дверной проём 3. 1) *опт.* апертура 2) *фото* отверстие диафрагмы объектива; relative ~ а) светосила; б) относительное отверстие

aperture card ['æpətʃə,kɑ:d] *информ.* апертурная карта, просветная, микрофильмовая карта

apertured ['æpətʃəd] *a опт.* снабжённый диафрагмой

aperture synthesis ['æpətʃə,sɪnθəsɪs] *радио, опт.* апертурный синтез

apery ['eɪp(ə)rɪ] *n* 1. обезьяний питомник 2. 1) *неодобр.* подражание, обезьянничанье 2) глупая выходка; выпендривание

apex ['eɪpeks] *n* (*pl тж.* apices) 1. вершина, верх; высшая точка; the ~ of one's career вершина карьеры 2. *анат.* 1) верхушка, оконечность; ~ of the heart верхушка сердца 2) верхушка лёгкого 3) корень зуба 3. *мат.* вершина (*геометрической фигуры*); ~ down [up] расположенный вершиной вниз [вверх] 4. *астр.* апекс 5. *стр.* конёк крыши; ~ stone ключевой /замыкающий/ камень 6. *горн.* приёмная площадка уклона; бремсберг 7. *геол.* 1) ближайшая к поверхности часть жилы 2) *амер.* гребень (*антиклинали*); вершина (*складки*) 8. *лингв.* 1) апекс (*знак, употреблявшийся римлянами для указания долготы гласного*) 2) знак долгого слога (*в древнееврейском алфавите*)

apex-beat ['eɪpeks,bi:t] *n физиол.* сердечный верхушечный толчок

apfelstrudel ['æpf(ə)l,ʃtru:d(ə)l] *n кул.* яблочный штрудель; слоёный рулет с яблоками

aphaeresis [ə'fɪərɪsɪs, ə'fɪərɪsɪs] *n лингв. редк.* аферезис

aphagia [ə'feɪdʒə] *n мед.* афагия, утрата глотательной способности

aphanite ['æfənaɪt] *n мин.* афанит

aphasia [ə'feɪzjə] *n мед.* афазия, потеря речи (*полная или частичная*)

aphelia [ə'fi:lɪə] *pl от* aphelion

aphelion [ə'fi:lɪən] *n* (*pl* -lia) *астр.* афелий

apheliotropic [ə,fi:lɪə'trɔpɪk] *a бот.* афелиотропический, отворачивающийся от солнца

apheliotropism [ə,fi:lɪ'ɔtrəpɪz(ə)m] *n бот.* афелиотропизм, отрицательный гелиотропизм

apheresis [ə'ferɪsɪs] *преим. амер.* = aphaeresis

aphesis ['æfɪsɪs] *n лингв.* постепенная редукция краткого неударного гласного в начале слова

aphicide ['eɪfɪsaɪd] *n спец.* афицид (*инсектицид против тли*)

aphid ['eɪfɪd] *n энт.* тля растительная (*Aphididae*)

aphides ['eɪfɪdi:z] *pl от* aphis

aphis ['eɪfɪs] *n* (*pl* aphides) = aphid

aphonia [æ'fəʊnɪə] *n мед.* афония, потеря голоса

aphonic [æ'fɔnɪk] *a* 1. 1) афонический, беззвучный; безгласный 2) *мед.* страдающий афонией, потерей голоса 2. 1) *лингв.* непроизносимый (*о букве*) 2) *фон.* глухой (*о звуке*)

aphony ['æfənɪ] = aphonia

aphorism ['æfərɪz(ə)m] *n* афоризм

aphorist ['æfərɪst] *n* автор, создатель афоризмов

aphoristic, aphoristical [,æfə'rɪstɪk, -(ə)l] *a* 1. афористичный, имеющий форму афоризма 2. изобилующий афоризмами

aphoristically [,æfə'rɪstɪk(ə)lı] *adv* афористично, в форме афоризма

aphorize ['æfəraɪz] *v* 1) говорить афоризмами 2) создавать афоризмы

aphotic [ə'fəʊtɪk] *a спец.* лишённый света; ~ region /zone/ океаническая зона вечной темноты

aphrodisiac I [,æfrə'dɪzɪæk] *n* средство, усиливающее половое чувство

aphrodisiac II [,æfrə'dɪzɪæk] *a* возбуждающий или усиливающий половое чувство

Aphrodite [,æfrə'daɪtɪ] *n* 1. 1) *греч. миф.* Афродита 2) красавица 2. (a.) *энт.* нимфалида (*Speyeria aphrodite*)

aphthae ['æfθi:] *n pl мед.* афты, язвочки в полости рта

aphthong ['æfθɔŋ] *n лингв.* немая буква; буква, не произносимая в слове

aphthous ['æfθəs] *a вет.* ящурный; поражённый ящуром; ~ fever ящур

aphyllous [ə'fɪləs] *a бот.* безлистный

aphylly [ə'fɪlɪ] *n бот.* отсутствие листьев

apiaceous [,eɪpɪ'eɪʃəs] *a бот.* зонтичный

apian ['eɪpɪən] *a* пчелиный

apiarian [,eɪpɪ'eərɪən] *a* 1) пчелиный 2) пасечный

apiarist ['eɪpɪərɪst] *n* пчеловод, пасечник

apiary ['eɪpɪərɪ] *n* пчельник, пасека; ~ house омшаник, зимовник (*для зимовки пчёл*)

apical ['eɪpɪk(ə)l, 'æpɪk(ə)l] *a* 1. верхушечный, апикальный; ~ cone *бот.* вегетационная верхушка; конус нарастания; ~ point *бот.* точка роста; ~ cavity *мед.* верхушечная каверна 2. *мат.* находящийся при вершине; вершинный 3. *фон.* апикальный (*о звуке*)

apices ['eɪpɪsi:z] *pl от* apex

A-picture ['eɪ,pɪktʃə] *n несовр.* кинофильм категории «А» (*на который допускаются дети старше 5 лет*)

apiculate [ə'pɪkjʊlɪt] *a спец.* остроконечный

apiculture ['eɪpɪ,kʌltʃə] *n* пчеловодство

apiece [ə'pi:s] *adv* 1) за штуку; со штуки; six pence ~ по шести пенсов за штуку 2) *разг.* каждый; за, на каждого; to give the boys two books ~ раздать мальчикам по две книги на каждого; to fine (the boys) a dollar ~ взять штраф по доллару с каждого (*мальчика*)

Apis ['ɑ:pɪs] *n* Апис (*священный белый бык у древних египтян*)

apis ['eɪpɪs] *n энт.* пчела (*Apidae*)

apish ['eɪpɪʃ] *a* 1) обезьяний, похожий на обезьяну 2) обезьянничающий, слепо или глупо подражающий 3) ломающийся, выпендривающийся, валяющий дурака

apisination [,eɪpɪsɪ'neɪʃ(ə)n] *n редк.* отравление пчелиным ядом; ядовитое действие пчелиного укуса

apitoxin [,eɪpɪ'tɔksɪn] *n* апитоксин, пчелиный яд

apivorous [ə'pɪvərəs] *a* пчелоядный

aplacental [,æplə'sent(ə)l] *a биол.* не имеющий плаценты, без плаценты

aplanat ['æplənæt] *n опт.* апланат

A-plant ['eɪ,plɑ:nt] *n* атомная электростанция

aplasia [eɪ'pleɪzə] *n мед.* аплазия, неполное или неправильное развитие органа

aplenty [ə'plentɪ] *adv прост.* много, в большом количестве; предостаточно; he had troubles ~ неприятностей у него хватало

aplomb [ə'plɔm] *n* 1. апломб; самоуверенность (*в обращении, разговоре*) 2. отвесное положение; перпендикулярность

apnea ['æpnɪə] = apnoea

apneuses [æp'nju:si:z] *pl от* apneusis

apneusis [æp'nju:sɪs] *n* (*pl* -ses) = apnoea

apnoea ['æpnɪə] *n мед.* 1) апноэ, прекращение или остановка дыхания 2) одышка, затруднённое дыхание

apo- ['æpə-, ə'p-] *pref* образует научные термины с общим значением удаления, отдельности: aposelenum апоселе́ний (*точка наибольшего отклонения орбиты космического корабля от лунной поверхности*); apophyte апофи́т (*растение, захватывающее территории хозяйственной деятельности человека*); apocarpous апока́рпный (*образованный не сросшимися между собой плодолистиками*)

apoapsis [ˌæpə(ʊ)ˈæpsɪs] *n* (*pl* -apsides [-æpˈsaɪdiːz]) *астр.* апоапси́да

apocalips [əˈpɒkəlɪps] *n* 1) открове́ние; проро́ческое предвиде́ние 2) (A.) *библ.* Апока́липсис, открове́ние Иоа́нна Богосло́ва 2. цепь траги́ческих собы́тий, катаклиз́м; ги́бель ми́ра, всего́ живу́щего *и т. п.*

apocalyptic, apocalyptical [əˌpɒkəˈlɪptɪk, -(ə)l] *a* 1. 1) (A.) апокалипти́ческий, относя́щийся к библе́йским проро́чествам, *особ.* к Апока́липсису 2) проро́ческий; ~ vision проро́ческое виде́ние 2. 1) предвеща́ющий коне́ц све́та 2) несу́щий ги́бель всему́ живо́му; катастрофи́ческий, траги́ческий; ~ nuclear war катастро́фа я́дерной войны́; ~ scenes of death and destruction траги́ческое зре́лище сме́рти и разруше́ния 3) мра́чный, пессимисти́ческий (*о прогнозах, комментариях*) 3. реша́ющий; реши́тельный, поворо́тный

apocalyptically [əˌpɒkəˈlɪptɪk(ə)lɪ] *adv* 1. подо́бно Апока́липсису; проро́чески 2. мра́чно, пессимисти́чески

apocalypticism, apocalyptism [əˌpɒkəˈlɪptɪsɪz(ə)m, -tɪz(ə)m] *n* 1. *рел.* ожида́ние конца́ све́та и стра́шного суда́ 2. апокалипти́ческий, кра́йне пессимисти́ческий взгляд на судьбу́ плане́ты; ожида́ние всео́бщей ги́бели в я́дерной войне́

Apocalyptist [əˌpɒkəˈlɪptɪst] *n* а́втор Апока́липсиса

apocarpous [ˌæpə(ʊ)ˈkɑːpəs] *a бот.* апока́рпный (*о цветке*)

apochromat [ˌæpə(ʊ)ˈkrəʊmæt] *n опт.* апохрома́т, апохромати́ческий объекти́в

apochromatic [ˌæpəkrəˈmætɪk] *a опт.* апохромати́ческий

apocopate [əˈpɒkəpeɪt] *v лингв.* усека́ть коне́ц сло́ва

apocope [əˈpɒkəpɪ] *n лингв.* апо́копа, усече́ние (*конца слова*)

apocopic [ˌæpəˈkɒpɪk] *a лингв.* усечённый (*о слове*)

apocrisiary [ˌæpəˈkrɪsɪərɪ] *n* па́пский ну́нций

Apocrypha [əˈpɒkrɪfə] *n* 1. *pl употр. с гл. в ед. ч. церк.* апо́крифы, апокрифи́ческие, неканони́ческие кни́ги 2. (*тж.* а.) 1) апо́криф; произведе́ние, а́втор кото́рого не устано́влен *или* сомни́телен 2) непрове́ренное выска́зывание, безоснова́тельно припи́сываемое кому́-л.

apocryphal [əˈpɒkrɪf(ə)l] *a* 1. *церк.* апокрифи́ческий, неканони́ческий 2. недостове́рный; выдава́емый за по́длинный; сомни́тельный

apocynthion [ˌæpə(ʊ)ˈsɪnθɪən] *n астр.* апоселе́ний

apodal [ˈæpəd(ə)l] = apodous

apodeictic [ˌæpəˈdaɪktɪk] = apodictic

apodictic [ˌæpəˈdɪktɪk] *a лог.* аподикти́ческий, неопровержи́мый

apodictical [ˌæpəˈdɪktɪk(ə)l] = apodictic

apodoses [əˈpɒdəsiːz] *pl от* apodosis

apodosis [əˈpɒdəsɪs] *n* (*pl* -ses) *грам.* апо́дозис

apodous [ˈæpədəs] *a зоол.* 1) апода́льный, безно́гий 2) голобрю́хий, не име́ющий брюшно́го плавника́

apodyterium [ˌæpəʊdɪˈtɪ(ə)rɪəm] *n* раздева́льная пе́ред ба́ней *или* гимнасти́ческим за́лом (*в Древней Греции и в Древнем Риме*)

apoga(e)ic [ˌæpəˈdʒiːɪk] = apogean

apogamy [əˈpɒɡəmɪ] *n биол.* апога́мия, беспо́лое размноже́ние

apogean [ˌæpəˈdʒiːən] *a астр.* апоге́йный; находя́щийся в апоге́е

apogee [ˈæpədʒiː] *n* 1. *астр.* апоге́й 2. апоге́й, наивы́сшая то́чка; the ~ of power [of glory] апоге́й /зени́т/ вла́сти [сла́вы]

apogeotropic [ˌæpədʒɪəˈtrɒpɪk] *a бот.* апогеотропи́ческий, наделённый отрица́тельным геотропи́змом

apogeotropism [ˌæpədʒɪˈɒtrəpɪz(ə)m] *n бот.* апогеотропи́зм, отрица́тельный геотропи́зм

apograph [ˈæpəɡrɑːf] *n книжн.* то́чная ко́пия

apolaustic [ˌæpə(ʊ)ˈlɔːstɪk] *a книжн.* предаю́щийся наслажде́ниям

apolitical [ˌeɪpəˈlɪtɪk(ə)l] *a* 1. аполити́чный; полити́чески пасси́вный 2. не име́ющий полити́ческого значе́ния, не влия́ющий на поли́тику

Apollinarian [əˌpɒlɪˈne(ə)rɪən] *a* посвящённый Аполло́ну

Apollinian [ˌæpəˈlɪnɪən] = Apollonian

Apollo [əˈpɒləʊ] *n* 1. 1) *греч. миф.* Аполло́н; ~ Belvedere Аполло́н Бельведе́рский (*статуя*) 2) краса́вец 2. (а.) 1) *энт.* (ба́бочка) аполло́н (*Parnassius apollo*) 3. *астр.* Аполло́н (*астероид*)

Apollo asteroid *астр.* астеро́ид, орби́та кото́рого пересека́ется с орби́той Земли́; астеро́ид гру́ппы Аполло́на

Apollonian [ˌæpəˈləʊnɪən] *a* 1. 1) посвящённый Аполло́ну 2) подо́бный Аполло́ну; прекра́сный 2. (*тж.* а.) 1) споко́йный, уравнове́шенный, дисциплини́рованный 2) *этн.* упоря́доченный, стаби́льный, не скло́нный к переме́нам; ~ order found in some American Indian peoples традицио́нный укла́д не́которых племён америка́нских инде́йцев

Apollonic [ˌæpəˈlɒnɪk] = Apollonian 1

apollonicon [ˌæpəˈlɒnɪkɒn] *n* аполлоникó́н (*большой орган с пятью клавиатурами*)

Apollyon [əˈpɒlɪən] *n библ.* Аполлио́н, а́нгел бе́здны

apologetic [əˌpɒləˈdʒetɪk] *a* 1. извиня́ющийся, прося́щий извине́ния; чу́вствующий свою́ вину́; опра́вдывающийся; to be (very) ~ извиня́ться, говори́ть извиня́ющимся то́ном; to be ~ for /about/ smth. извиня́ться за что-л.; to be openly ~ открыто призна́ть свою́ вину́ 2. примири́тельный; to speak in an ~ tone разгова́ривать /говори́ть/ примири́тельным то́ном; with an ~ smile сконфу́женно улыба́ясь 3. защити́тельный, опра́вдывающий; апологети́ческий (*обыкн.* о *трактате, выступлении и т. п.*); ~ writings of the early Christians раннехристиа́нская апологе́тика

apologetically [əˌpɒləˈdʒetɪk(ə)lɪ] *adv* 1. извиня́ясь, признава́я свою́ вину́, оши́бку; опра́вдываясь; to speak ~ говори́ть извиня́ющимся то́ном 2. сконфу́женно; примири́тельно; to say smth. ~ сказа́ть что-л. конфу́зясь

apologetics [əˌpɒləˈdʒetɪks] *n* апологе́тика

apologia [ˌæpəˈləʊdʒɪə] *n* апология

apologist [əˈpɒlədʒɪst] *n часто неодобр.* аполо́ге́т, защи́тник

apologize [əˈpɒlədʒaɪz] *v* 1. извиня́ться, проси́ть проще́ния; to ~ to smb. for smth. извиня́ться пе́ред кем-л. за что-л.; to ~ for one's words [for coming late] извиня́ться за свои́ слова́ [за опозда́ние]; to ~ for an incident принести́ извине́ния за инциде́нт; I ~ прошу́ проще́ния; извини́те, пожа́луйста 2. *арх.* выступа́ть в защи́ту чего-л.; быть апологе́том (*чего-л.*)

apologue [ˈæpəlɒɡ] *n лит.* 1) аполо́г нравоучи́тельная исто́рия; при́тча; ба́сня 2) аллего́рия

apology [əˈpɒlədʒɪ] *n* 1. извине́ние, про́сьба о проще́нии; sincere [public, suitable] ~ и́скреннее [публи́чное, подоба́ющее] извине́ние; humble ~ смире́нное раска́яние; to make /to offer/ an ~ приноси́ть извине́ния, проси́ть проще́ния; to make a muttered /murmured/ ~ пробормота́ть извине́ния; by way of ~ в ка́честве извине́ния, как извине́ние 2. аполо́гия; защи́та, оправда́ние, объясне́ние 3. *разг.* плоха́я заме́на, сла́бое подо́бие; a mere ~ for a dinner жа́лкое подо́бие обе́да; an ~ for a painting карти́на, с позволе́ния сказа́ть; a sad ~ for a hat не шля́пка, а чёрт зна́ет что

apolune [ˈæpə(ʊ)luːn] *n астр.* апоселе́ний

apomecometry [ˌæpəmɪˈkɒmɪtrɪ] *n спец.* измере́ние расстоя́ний ме́жду отдалёнными предме́тами

apomict [ˈæpəmɪkt] *n биол.* апоми́кт (*организм, возникший бесполым путём*)

apomixis [ˌæpəˈmɪksɪs] *n биол.* апоми́ксис (*размножение бесполым путём*)

aponeurosis [ˌæpənjʊˈrəʊsɪs] *n анат.* апоневро́з

apopetalous [ˌæpəˈpetələs] *a бот.* апопета́льный, многолепестко́вый

apophasis [əˈpɒfəsɪs] *n ритор.* фигу́ра умолча́ния

apophthegm [ˈæpəθem] *n ритор.* апо́ф(т)е́гма

apophyge [əˈpɒfɪdʒɪ] *n архит.* апо́фига, вы́кружка у конца́ и нача́ла сте́ржня коло́нны

apophysis [əˈpɒfɪsɪs] *n* 1. *бот.* апофи́за, вы́рост под коро́бочкой (*у мхов*) 2. *анат.* апофи́з, отро́сток, вы́рост (*кости*) 3. *геол.* апофи́за, прожи́лок, отро́сток

apoplectic, apoplectical [ˌæpəˈplektɪk, -(ə)l] *a* 1. *мед.* 1) апоплекси́ческий 2) страда́ющий от апопле́ксии; скло́нный к апопле́ксии 2. *разг.* 1) красноли́цый (*о цвете лица*); краснолицый, побагрове́вший (*от злости и т. п.*) 2) угрожа́ющий жи́зни (*о волнении*); he flew into an ~ rage он так разъяри́лся, что у него́ не случи́лся инсу́льт

apoplexy [ˈæpəpleksɪ] *n* 1. *мед.* инсу́льт, апопле́ксия мо́зга; апоплекси́ческий уда́р 2. *бот.* фоллета́ж (*усыхание побегов*)

aporose [ˌæpəˈrəʊs] *a спец.* лишённый пор, непо́ристый

aport [əˈpɔːt] *adv мор.* по *или* на ле́вую сто́рону су́дна, к бакпо́рту; helm ~! ле́во руля́! (*команда*)

aposelene, aposelenium [ˌæpəsɪˈliːnɪ, -nɪəm] *n астр.* апоселе́ний

aposematic [ˌæpəsɪˈmætɪk] *a зоол.* апосемати́ческий, отпу́гивающий; ~ coloration отпу́гивающая окра́ска

aposepalous [ˌæpəˈsepələs] *a бот.* свобо́днолистный (*о чашечке цветка*)

aposiopeses [ˌæpəzaɪəˈpiːsiːz] *pl от* aposiopesis

aposiopesis [ˌæpəzaɪəˈpiːsɪs] *n* (*pl* -ses) *стил.* апосиопе́зис

apostasy [əˈpɒstəsɪ] *n книжн.* 1. отсту́пничество (*от принципов, убежде́ний и т. п.*); изме́на (*делу, партии и т. п.*); ренега́тство 2. *рел.* апоста́зия, вероотсту́пничество; е́ресь

apostate I [əˈpɒsteɪt] *n книжн.* 1. от-

APO — APP

ступник, изменник; ренегат 2. *рел.* апостат, вероотступник; еретик
apostate II [ə'pɒsteɪt] *a книжн.* 1. отступнический, изменнический; ренегатский 2. *рел.* вероотступнический, еретический
apostatic, apostatical [ˌæpə(ʊ)'stætɪk, -(ə)l] *редк.* = apostate II
apostatize [ə'pɒstətaɪz] *v книжн.* 1. отступаться (*от убеждений, принципов и т. п.*); изменить (*делу, партии и т. п.*); стать ренегатом 2. *рел.* отступиться от веры; впасть в ересь
a posteriori [ˌeɪpɒsterɪ'ɔːr(a)ɪ] *лат.* 1. апостериори, эмпирически, из опыта, по опыту 2. апостериорный, основанный на опыте
apostil, apostille [ə'pɒstɪl] *n книжн.* заметка на полях
apostle [ə'pɒs(ə)l] *n* 1. апостол; the Twelve Apostles двенадцать апостолов 2. поборник, сторонник; ревнитель; проповедник; ~ of temperance [of free trade] поборник умеренности [свободы торговли] 3. (A.) Апостол (*церковная книга*)
Apostles' Creed [ə'pɒs(ə)lz'kriːd] *церк.* символ веры (*краткое изложение догматов христианства*)
apostleship [ə'pɒs(ə)lʃɪp] *n* апостольство
apostle spoon [ə'pɒs(ə)l'spuːn] серебряная ложка с ручкой в форме фигуры апостола; крестильная ложка (*некогда подарок на крестины*)
apostolate [ə'pɒstəlɪt] *n* 1. *церк.* апостольский сан (*папы римского*) 2. апостольская миссия, апостольство
apostolic, apostolical [ˌæpə'stɒlɪk, -(ə)l] *a* 1. *рел.* апостольский; ~ fervour *образн.* проповеднический пыл 2. *церк.* 1) апостольский, апостолический; ~ church апостольская церковь; A. Fathers a) святые отцы (церкви) (*первые проповедники христианства*); б) святоотеческие книги; ~ succession передача апостольской благодати (*при рукоположении епископов*) 2) папский, относящийся к папе римскому; ~ see папский престол; ~ delegate апостольский легат (*в стране, с которой Ватикан не имеет дипломатических отношений*)
apostrophe[1] [ə'pɒstrəfɪ] *n стил.* апострофа, риторическое обращение
apostrophe[2] [ə'pɒstrəfɪ] *n лингв.* апостроф
apostrophic[1] [ˌæpə'strɒfɪk] *a стил.* апострофический, относящийся к апострофе
apostrophic[2] [ˌæpə'strɒfɪk] *a лингв.* апострофический, относящийся к апострофу
apostrophize[1] [ə'pɒstrəfaɪz] *v книжн.* обращаться (*к кому-л., чему-л.* в речи, поэтическом произведении *и т. п.*)
apostrophize[2] [ə'pɒstrəfaɪz] *v* ставить знак апострофа
apothecaries' measure [ə'pɒθək(ə)rɪzˌmeʒə] аптекарские меры веса и объёма
apothecaries' weight [ə'pɒθək(ə)rɪzˌweɪt] аптекарский вес
apothecary [ə'pɒθək(ə)rɪ] *n* 1. *арх.* 1) аптекарь 2) аптека 2. фармацевт (*звание в Великобритании*)
apothegm ['æpəθem] = apophthegm
apothem ['æpəθem] *n мат.* апофема
apotheoses [əˌpɒθɪ'əʊsiːz] *pl от* apotheosis
apotheosis [əˌpɒθɪ'əʊsɪs] *n (pl* -ses) 1. прославление, апофеоз 2. обожествление 3. идеал, чистейший образец; she is

the ~ of womanhood она воплощение женственности 4. *церк.* 1) канонизация 2) *редк.* вознесение к славе
apotheosize [əˌpɒθɪ'əʊsaɪz] *v* обожествлять; прославлять, возвеличивать
apotropaic [ˌæpətrə'peɪɪk] *a книжн.* отвращающий беду; ~ charms амулеты от сглаза *и т. п.*
appal(l) [ə'pɔːl] *v* ужасать, устрашать, приводить в ужас, в смятение; потрясать; we were ~ed at the news мы были потрясены этим известием
appalling [ə'pɔːlɪŋ] *a* ужасающий, ужасный; потрясающий
appallingly [ə'pɔːlɪŋlɪ] *adv* ужасающе, потрясающе
appanage ['æpənɪdʒ] *n* 1. 1) атрибут; естественное дополнение к чему-л.; ~ of wealth атрибут богатства 2) привилегии; the ~ of high rank привилегии высокого поста 2. *ист.* апанаж, удел (*на содержание младших детей феодального владыки*) 3. зависимая территория
apparat ['æpəræt] *n русск.* аппарат (*партийный, государственный*)
apparatchik ['æpərætʃɪk] *n русск.* аппаратчик
apparatus [ˌæpə'reɪtəs] *n (pl тж. без измен.)* 1. 1) прибор, инструмент; аппарат; heating ~ обогревательный прибор; to apply [to adjust, to modernize, to improve] an ~ использовать [налаживать, модернизировать, совершенствовать] аппарат /прибор/ 2) аппаратура; monitoring ~ сигнализационная аппаратура; chemical [physical] ~ химическая [физическая] аппаратура; measuring ~ измерительная аппаратура; X-ray ~ рентгеновская установка 3) машина, механизм; simple [elaborate] ~ простой [сложный] механизм 2. *физиол.* система органов (*выполняющих одну функцию*); the digestive [respiratory] ~ пищеварительные [дыхательные] органы; perceptive ~ органы восприятия; lymphatic ~ лимфатическая система 3. 1) государственная машина 2) аппарат (*государственный, партийный*) 4. справочный аппарат (*литературный, исторический и т. п.*); critical ~, ~ criticus справочный критический материал 5. снаряд (*гимнастический*); ~ gymnastics снарядовая гимнастика; ~ activities упражнения на снарядах
apparel I [ə'pærəl] *n* 1. 1) *преим. амер.* одежда, предметы одежды; ladies' [children's] ~ дамская [детская] одежда; ready-made ~ готовое платье 2) *возвыш.* одеяние, наряд; rich [gorgeous, ceremonious] ~ богатые [пышные, торжественные] одежды; the bright ~ of spring яркий весенний наряд (*природы*) 2. *арх.* снаряжение
apparel II [ə'pærəl] *v* 1. 1) *возвыш.* облачать, наряжать; he was ~led in the habit of a Spanish Grandee он был облачён в наряд испанского гранда 2) украшать 2. *арх.* снаряжать, оборудовать
apparency [ə'pærənsɪ] *n* 1. *арх.* очевидность, явность, наглядность 2. *юр.* положение прямого наследника
apparent I [ə'pærənt] *a* 1. видимый, (легко) различимый; ~ to the naked eye видимый невооружённым глазом; ~ to the most casual observer (легко) обнаруживаемый даже случайным наблюдателем 2. явный, очевидный, несомненный; наглядный; ~ error [deceit, contradiction] явная ошибка [-ый обман, -ое противоречие]; ~ sense of a passage (of a law) совершенно ясный смысл отрывка [закона]; to become ~ выявляться, обнаруживаться, становиться

очевидным 3. видимый, кажущийся; ~ cause кажущаяся причина (*не истинная*); ~ death *мед.* мнимая смерть; ~ indifference напускное безразличие; ~ grief притворное горе
apparent II [ə'pærənt] *v редк.* делать очевидным, явным, выявлять
apparent horizon [əˌpærənθə'raɪz(ə)n] видимый горизонт; мнимый горизонт
apparently [ə'pærəntlɪ] *adv* 1. явно, очевидно, несомненно; he ~ likes this work ему явно нравится эта работа 2. по видимости, по внешнему виду; he is ~ friendly он производит впечатление дружелюбного /дружелюбно настроенного/ человека 3. видимо, по-видимому, вероятно; he is ~ a good teacher по-видимому, он хороший преподаватель
apparent noon [ə'pærəntˌnuːn] *астр.* истинный полдень
apparent time [ə'pærənt'taɪm] *астр.* истинное время, солнечное время (*тж.* apparent solar time)
apparition [ˌæpə'rɪʃ(ə)n] *n* 1. видение, призрак, привидение; horrible [fantastic] ~ ужасное [фантастическое] видение; the ~ of one's dead wife призрак покойной жены 2. *редк.* явление, появление (*часто чего-л. необычного, неожиданного*); the sudden ~ of a dark figure внезапное появление какой-то тёмной фигуры 3. *астр.* период видимости (*небесного тела*)
apparitional [ˌæpə'rɪʃ(ə)nəl] *a* призрачный; подобный привидению
apparitor [ə'pærɪtə] *n* 1. *ист.* один из помощников судьи (*в Древнем Риме*) 2. судебный исполнитель церковного суда (*ранее тж.* гражданского суда) 3. *арх.* глашатай, герольд, вестник
appassionato [əˌpæsjə'nɑːtəʊ] *муз.* страстно, со страстью
appeal I [ə'piːl] *n* 1. воззвание, обращение, призыв; World Peace Council's A. Обращение Всемирного Совета Мира; to support an ~ поддерживать обращение /призыв/; to make an ~ to smb.'s feelings взывать к чьим-л. чувствам 2. просьба, мольба (*обыкн. о помощи*); mute [eloquent, urgent] ~ безмолвная [красноречивая, настоятельная] просьба; to respond to an ~ реагировать на просьбу; to make an ~ for help молить /взывать/ о помощи 3. привлекательность, притягательность, очарование; singular [rare, poetic, mysterious] ~ особое [редкое, поэтическое, таинственное] обаяние; delicate ~ тонкое очарование; movies have a great ~ for him он очень увлекается кинематографом 4. *юр.* 1) обжалование, жалоба; апелляция; right of ~ право обжалования (*судебного решения или приговора*); by way of ~ путём обжалования (*приговора, решения суда*); to be without (further) ~ не подлежать обжалованию; to file an ~ подавать жалобу, апеллировать в высшую инстанцию; подавать дело на пересмотр 2) *юр.* право апелляции 5. *спорт.* апелляция к судье; to make an ~ to the umpire обращаться к судье (*с просьбой о решении спорного вопроса*); апеллировать к судье (*в случае нарушения правил и т. п.*) 6. *редк.* применение, употребление; to make an ~ to force [to arms] прибегать к силе [к оружию] (*для решения спорного вопроса*)
appeal II [ə'piːl] *v* 1. апеллировать, взывать; обращаться с призывом; to ~ to the public for contributions обратиться к общественности с просьбой о пожертвованиях (*на оказание помощи пострадавшим и т. п.*); to ~ to reason

128

[to smb.'s feelings] взывать /апеллировать/ к разуму [к чьим-л. чувствам]; I ~ to you to say whether I am speaking the truth я прошу вас подтвердить, что я говорю правду 2. просить, молить, умолять; to ~ for mercy молить о пощаде; the drifting ship ~ed for help дрейфующее судно взывало о помощи 3. (to) привлекать, интересовать; волновать, трогать; to ~ to the eye радовать глаз; the paintings ~ to him картины привлекают /волнуют/ его; does this sort of music ~ to you? вам нравится /вас трогает/ такая музыка? 4. (to) ссылаться; аргументировать (чем-л.); to ~ to facts [to experience] ссылаться на факты [на опыт]; to ~ to history обращаться к истории, призывать в свидетели историю; he ~ed to the number of dead as the reason why the fighting should stop необходимость выхода из боя он аргументировал числом убитых 5. юр. обжаловать, апеллировать, подавать апелляционную жалобу; to ~ against the judge's decision обжаловать решение судьи; the sentence has been ~ed against решение суда обжаловано; приговор суда обжалован 6. спорт. апеллировать к арбитру; обращаться к судье за разрешением спорного вопроса, конфликта и т. п.; the captain ~ed against the light капитан обратился к арбитру с предложением прекратить игру из-за наступления сумерек 7. (to) прибегать (к чему-л.); if you do not obey I shall ~ to force если вы не подчинитесь, я применю силу
◇ to ~ from Philip drunk to Philip sober просить кого-л. трезво взвесить все обстоятельства и пересмотреть неразумное /необдуманное/ решение

appealable [əˈpiːləb(ə)l] *a* 1. доступный мольбам, просьбам 2. *юр.* подлежащий обжалованию

appealer [əˈpiːlə] *n* 1. *см.* appeal II + -er 2. = appellant I

appealing [əˈpiːlɪŋ] *a* 1. умоляющий; трогательный; ~ glance [tone, gesture] умоляющий взгляд [тон, жест] 2. привлекательный, обаятельный; an ~ baby прелестный малыш

appealingly [əˈpiːlɪŋlɪ] *adv* 1) умоляюще; трогательно 2) обаятельно

appealingness [əˈpiːlɪŋnɪs] *n* 1) трогательность; жалобность 2) привлекательность, обаятельность

appear [əˈpɪə] *v* I 1. появляться, показываться; to ~ simultaneously [mysteriously] появляться одновременно [таинственно]; to ~ on the horizon [in the south of France] появляться на горизонте [на юге Франции]; the town ~ed below us внизу под нами показался город; he promised to be home at four o'clock but did not ~ until six он обещал быть дома в четыре часа, а явился только в шесть 2. 1) бывать в обществе, на приёмах и т. п.; to ~ in society появляться в обществе; to ~ at social gatherings бывать на вечерах 2) выступать (*об актёре, лекторе, музыканте и т. п.*); исполнять роль (*в фильме*); to ~ as /in the character of/ Hamlet выступать в роли Гамлета; to ~ in every big concert hall in Europe выступать /играть, петь/ во всех больших концертных залах Европы 3) появляться (*в печати*), выходить (*о свете*), издаваться (*о книгах, периодических изданиях и т. п.*); the book ~ed last month книга вышла /появилась/ в прошлом месяце 4) находиться, быть; the idea ~s in many old books эту мысль можно найти во многих старых книгах 3. казаться, представляться, производить впечатление; to ~ as helpless as a child производить впечатление беспомощного ребёнка; the work ~s to be interesting эта работа представляется интересной; it ~s to me that you are all mistaken мне кажется /по-моему/, вы все ошибаетесь; you ~ to know everything похоже на то, что вы всё знаете; there ~s to have been a mistake похоже, что произошло недоразумение; strange as it may ~ как ни странно это может показаться; will she win? — It ~s so [it ~s not] она выиграет? — Видимо, да [Видимо, нет] 4. явствовать, следовать; быть явным, очевидным; it ~s /will ~/ from this that... из этого ясно, что...; it ~s from what you say из того, что вы говорите, следует 5. *преим. юр.* представать перед судом; являться в суд; выступать в суде; to ~ before a judge [a tribunal] предстать перед судьёй [трибуналом]; to ~ for the defendant выступать (*в суде*) в качестве защитника обвиняемого; to ~ for the prosecution выступать в качестве прокурора /обвинителя/

III A *как глагол-связка в именном составном сказуемом* выглядеть, иметь вид; to ~ sad [ill, decrepit] выглядеть печальным [больным, дряхлым]; he ~ed not at all disconcerted у него был совершенно не расстроенный вид

appearance [əˈpɪə(ə)rəns] *n* 1. 1) внешний вид, внешность, наружность; in ~ по внешнему виду; to judge by ~s судить по внешности; to have a noble [a charming, a repulsive] ~ иметь благородную [очаровательную, отталкивающую] наружность /внешность/; to be wonderfully improved in one's ~ необыкновенно похорошеть; everything resumed its usual ~ всё вновь обрело свой прежний вид; ~s are deceitful внешность обманчива 2) видимость; маска; although hostile, he tried to preserve the ~ of neutrality он был настроен враждебно, но скрывал это под личиной беспристрастия 3) вид, изображение (*на снимке и т. п.*) 2. вероятность, правдоподобие; in /to, by, from/ all ~s судя по всему, по всей видимости, по всей вероятности; ~s are all against you на первый взгляд всё против вас; видимо, всё складывается неблагоприятно для вас; he was to all ~s dead по всем признакам он был мёртв 3. появление (*в поле зрения*); the time of the sun's ~ время появления /восхода/ солнца; the ~ of the warships появление военных судов; the comet duly made its ~ as predicted комета появилась точно в рассчитанный момент 4. 1) появление (*на приёмах и т. п.*); to make one's ~ in society появляться /бывать/ в обществе; my ~ at the party was not very welcome на вечере я был встречен холодно; to put in an ~ появиться где-л. *или* заглянуть куда-л. ненадолго; I don't want to go to the reception, but I'd better put in an ~ мне не хочется идти на приём, но придётся заглянуть на минутку 2) выступление (*в театре, концерте и т. п.*); to make one's first ~ on the stage дебютировать (*в качестве актёра*) 5. появление, выход (*в свет*), публикация (*книги, периодического издания и т. п.*) 6. 1) явка (*в суд*); выступление (*в суде*); default of ~ неявка на судебное заседание; to make one's ~ явиться (*к назначенному сроку*) на судебное заседание 7. 1) явление (*обыкн.* странное); a queer ~ in the sky странное явление на небе 2) призрак, привидение 8. (*пустая*) видимость; парад

9. *pl* приличия; внешняя сторона (*жизни, быта*); to keep up /to preserve, to save/ ~s соблюдать приличия; делать вид, что ничего не произошло 10. *филос.* чувственное восприятие предмета в отличие от реального его существования

appearingly [əˈpɪə(ə)rɪŋlɪ] *adv книжн.* по-видимому; по всей видимости; судя по внешнему виду

appeasable [əˈpiːzəb(ə)l] *a* поддающийся уговорам, сговорчивый, покладистый, незлопамятный

appease [əˈpiːz] *v* 1. 1) успокаивать; умиротворять; ублаготворять; to ~ wrath [passion] укрощать гнев [страсть]; to ~ a madman утихомирить /унять/ сумасшедшего 2) проводить политику умиротворения (*агрессора*) 2. утолять; to ~ hunger утолять голод; to ~ curiosity удовлетворять любопытство 3. облегчать, смягчать, успокаивать; to ~ pain облегчать боль; to ~ sorrow [grief] смягчать печаль [горе]

appeasement [əˈpiːzmənt] *n* 1. 1) умиротворение 2) политика умиротворения (*агрессора*; *тж.* a policy of ~) 2. 1) утоление (*голода и т. п.*) 2) облегчение (*боли и т. п.*)

appeaser [əˈpiːzə] *n* 1. *см.* appease + -er 2. миротворец 3. умиротворитель (*агрессора*)

appellant I [əˈpelənt] *n юр.* сторона, подающая апелляцию, податель апелляции

appellant II [əˈpelənt] *a юр.* 1) подающий апелляцию 2) апелляционный

appellate [əˈpelɪt] *a юр.* апелляционный; ~ court апелляционный суд (*в США*); ~ jurisdiction право вышестоящего суда пересмотреть приговор или решение нижестоящего суда

appellation [ˌæprɪˈleɪʃ(ə)n] *n* 1. *книжн.* имя, название, обозначение, термин 2. наречение; присвоение какого-л. имени

appellative I [əˈpelətɪv] *n* 1) *грам. уст.* имя (*существительное*) нарицательное 2) *книжн.* имя, прозвище

appellative II [əˈpelətɪv] *a* 1. *грам.* нарицательный 2. *книжн.* называющий, нарекающий 3. *редк.* эмоционально окрашенный, выразительный

appellee [ˌæpəˈliː] *n юр.* ответчик по апелляции

appellor [əˈpelə] *n* 1. *юр.* лицо, обвиняющее (*кого-л.*) 2. *ист.* лицо, бросающее вызов (*на дуэль и т. п.*)

append [əˈpend] *v* 1. прибавлять, добавлять, прилагать (*к книге, документу, письму*); to ~ a list of names [notes, a bibliography] прилагать список имён [примечания, библиографию] 2. *книжн.* прикреплять, подвешивать (*к чему-л.*) 3. *канц.* прикладывать (*печать*); ставить (*подпись*); to ~ a signature and a seal to a document скреплять документ подписью и печатью

appendage [əˈpendɪdʒ] *n* 1. 1) придаток, привесок 2) *бот.* отросток 3) *анат.* отросток, придаток 2. *книжн.* приложение, дополнение; ~s of a property угодья, службы (*имения*); the dance is merely an ~ to the song этот танец лишь дополняет песню 3. запасной прибор 4. дополнительное приспособление

appendant I [əˈpendənt] *n* 1. *юр.* дополнительное, субсидиарное право 2. *арх.* привесок, придаток; приложение

appendant II [əˈpendənt] *a* 1. *юр.* 1) дополнительный, субсидиарный 2) присоединённый; присовокуплённый 2. *книжн.* сопровождающий, сопутствующий; salary ~ to a position жалованье, полагающееся по должности; ~ circumstances привходящие /сопутствующие/ обстоятельства 3. (to) *редк.* прикреплённый; a notice ~ to the door объявление, висящее на двери

appendectomy [ˌæpɪnˈdektəmɪ] *n мед.* аппендэктомия, удаление червеобразного отростка

appendical [əˈpendɪk(ə)l] *a* 1) *книжн.* дополнительный, служащий приложением 2) *анат.* относящийся к аппендиксу

appendices [əˈpendɪsiːz] *pl от* appendix I

appendicitis [əˌpendɪˈsaɪtɪs] *n мед.* аппендицит

appendicle [əˈpendɪk(ə)l] *n книжн.* небольшое добавление; небольшой придаток; отросточек

appendicular [ˌæpənˈdɪkjʊlə] *a книжн.* 1. *мед.* аппендикулярный 2. *зоол.* относящийся к придатку *или* отростку

appendiculate, appendiculated [ˌæpənˈdɪkjʊleɪt, -ɪd] *a спец.* имеющий отросток *или* придаток

appendix I [əˈpendɪks] *n* (*pl тж.* -dices) 1. приложение, добавление (*к книге, документу и т. п.*) 2. *анат.* аппендикс, придаток, отросток 3. *ав.* аппендикс (*аэростата*)

appendix II [əˈpendɪks] *v редк.* давать в приложении; the book is profusely ~ed в книге масса приложений

apperceive [ˌæpɜːˈsiːv] *v* 1. *книжн.* воспринимать сознанием; осознавать; постигать 2. *психол.* осваивать новую информацию на фоне определённого запаса знаний

apperception [ˌæpɜːˈsepʃ(ə)n] *n* 1. *психол., филос.* 1) апперцепция; сознательное восприятие 2. самосознание

appertain [ˌæpəˈteɪn] *v книжн.* (to) 1. принадлежать, относиться; входить в компетенцию (*о праве, власти, решении и т. п.*); duties and privileges ~ing to the office обязанности и права, связанные с этим постом 2. быть связанным (*с чем-л.*), быть присущим (*чему-л.*); forestry ~s to geography, botany and agriculture лесоводство связано с географией, ботаникой и сельским хозяйством

appetence, -cy [ˈæpɪt(ə)ns, -sɪ] *n книжн.* 1. устремление; страсть, жажда; влечение (*особ. половое*) 2. инстинктивная, естественная склонность 3. близость, сходство (*неодушевлённых предметов*)

appetent [ˈæpɪt(ə)nt] *a книжн.* стремящийся (*к чему-л.*); жаждущий, страстно желающий (*чего-л.*)

appetite [ˈæpɪtaɪt] *n* 1. аппетит; good [healthy, poor] ~ хороший [здоровый, плохой] аппетит; to give smb. an ~ возбуждать аппетит у кого-л.; to lose one's ~ потерять аппетит 2. *физиол.* потребность организма (*инстинктивная*); sexual ~ половое влечение 3. вкус (*к чему-л.*), жажда, страсть, склонность; human ~s людские страсти; ~ for pleasure [for fame, for glory] жажда удовольствий [известности, славы]; ~ for reading [for music] вкус /склонность/ к чтению [к музыке]; cultural ~s of our time культурные запросы современного человека
◊ the ~ comes with eating *посл.* аппетит приходит во время еды; a good ~ is the best sauce *посл.* хороший аппетит — лучшая приправа; ≅ голод — лучший повар

appetitive [ˈæpɪˌtaɪtɪv] *a уст.* 1) имеющий аппетит 2) охваченный желанием, стремлением (*к чему-л.*) 2. возбуждающий аппетит

appetize [ˈæpɪtaɪz] *v редк.* возбуждать, вызывать аппетит

appetizer [ˈæpɪtaɪzə] *n* 1) закуска; olives and pickles are good ~s оливки и маринованные огурчики едят для аппетита 2) рюмочка спиртного перед едой; аперитив

appetizing [ˈæpɪtaɪzɪŋ] *a* 1) аппетитный, вкусный 2) возбуждающий аппетит; ~ smells from the kitchen дразнящие кухонные ароматы

Appian Way [ˈæpɪənˈweɪ] *ист.* Аппиева дорога (*между Римом и Капуей*)

applaud [əˈplɔːd] *v* 1) аплодировать, рукоплескать; to ~ an actor [a speaker] аплодировать актёру [оратору] 2) восхищаться; приветствовать, одобрять; to ~ smb.'s skill [address] восхищаться чьим-л. мастерством [чьей-л. ловкостью]; to ~ smb.'s decision одобрять чьё-л. решение

applaudingly [əˈplɔːdɪŋlɪ] *adv* аплодируя, рукоплеща; одобрительно

applause [əˈplɔːz] *n* 1. аплодисменты, рукоплескания; овация; a storm of ~ бурные аплодисменты, овация; ~ broke out раздался взрыв аплодисментов; to rise in ~ встречать (*кого-л.*) овацией; устроить овацию 2. восхищение, одобрение; to win general ~ вызвать всеобщее восхищение; the kind of ~ every writer wants признание, о котором мечтает каждый писатель

applausive [əˈplɔːsɪv] *a книжн.* выражающий одобрение, похвалу, восхищение

apple [ˈæp(ə)l] *n* 1. яблоко; ~ butter [brandy] яблочное повидло [-ая водка] 2) *разг.* яблоня; ~ blossom яблоневый цвет, цветок яблони 3) *шутл.* яблоко соблазна; соблазн, искушение; запретный плод 2. *амер. сл.* 1) парень, человек; bad ~ негодяй, подлец; smooth ~ ловкач, пройдоха 2) большой город; Big A. Нью-Йорк 3) шумная улица 3. *амер. сл.* 1) земной шар, планета 2) бейсбольный мяч 3) ручная граната; бомба 4) камень, булыжник
◊ ~ of one's eye зеница ока; his daughter is the ~ of his eye он в дочери души не чает; ~ of discord яблоко раздора; ~ of Sodom а) *библ.* содомское яблоко; б) красивый, но гнилой плод; в) обманчивая внешность; ~ of love, love ~ *арх.* помдамур, помидор

apple-blossom weevil [ˈæp(ə)lˌblɒs(ə)mˈwiːv(ə)l] *энт.* цветоед яблонный (*Anthonomus pomorum*)

applecart [ˈæp(ə)lkɑːt] *n* тележка с яблоками
◊ to upset smb.'s ~ расстроить чьи-л. планы; ≅ спутать все карты

apple-cheeked [ˈæp(ə)lˌtʃiːkt] *a* розовощёкий, свеженький (*о ребёнке, девушке*); ≅ щёчки как яблочки

apple dumpling [ˌæp(ə)lˈdʌmplɪŋ] яблоко (запечённое) в тесте

apple green [ˌæp(ə)lˈɡriːn] светло-зелёный цвет; an ~ scarf [blouse] светло-зелёный шарф [-ая блузка]

applejack [ˈæp(ə)ldʒæk] *n разг.* яблочная водка

apple-john [ˈæp(ə)ldʒɒn] *n арх.* яблоко, дозревающее и сморщивающееся в процессе длительной лёжки

appleknocker [ˈæp(ə)lˌnɒkə] *n амер. пренебр.* 1) фермер, земледелец 2) деревенщина, мужлан

apple marrow [ˌæp(ə)lˈmærəʊ] яблочная мезга, яблочная пульпа

apple-pie I [ˌæp(ə)lˈpaɪ] *n* яблочный пирог; as American as ~ чисто американский

apple-pie II [ˌæp(ə)lˈpaɪ] *a* 1. безукоризненный (*о порядке*); in ~ order в полном порядке; ≅ безупречная организация 2. *амер.* типично американский; ~ virtues традиционные американские добродетели; ~ patriotism американский шовинизм

apple-polish [ˈæp(ə)lˌpɒlɪʃ] *v амер.* 1) подлизываться (*к учителю*) 2) лебезить, подхалимствовать; to ~ one's boss выслуживаться перед начальством

apple-polisher [ˈæp(ə)lˌpɒlɪʃə] *n амер.* 1) подлиза (*о школьнике*) 2) подхалим, любитель выслужиться

apple pulp [ˌæp(ə)lˈpʌlp] = apple marrow

applesauce [ˈæp(ə)lsɔːs] *n амер.* 1. яблочный соус; яблочное пюре 2. *сл.* 1) грубая лесть 2) чепуха

apple strudel [ˌæp(ə)lˈstruːd(ə)l] яблочный штрудель, слоёный рулет с яблоками

apple-tree [ˈæp(ə)ltriː] *n бот.* яблоня (*Malus*); dwarf ~ яблоня карликовая; paradise ~ парадизка, райская яблоня (*Malus paradisiaca*); ~ canker чёрный рак /-ая гниль/ яблонь

appliance [əˈplaɪəns] *n* 1. 1) приспособление, устройство 2) электрический (бытовой) прибор; office ~ оргтехника 2. *редк.* применение, использование 3. пожарная машина

applicability [ˌæplɪkəˈbɪlɪtɪ] *n* применимость, пригодность

applicable [əˈplɪkəb(ə)l] *a* применимый, пригодный; соответствующий, подходящий; ~ to all cases применимый во всех случаях; the new law is ~ from next Monday закон входит в силу с будущего понедельника

applicant [ˈæplɪkənt] *n* заявитель, проситель; тот, кто подаёт заявление, податель просьбы (*о приёме в учебное заведение, зачислении на работу и т. п.*); кандидат, претендент; there were a hundred ~s было подано сто заявлений; an ~ for the position претендент на должность, желающий получить должность

application [ˌæplɪˈkeɪʃ(ə)n] *n* 1. 1) заявление; заявка; written ~ письменное заявление; ~ form бланк заявки; бланк для заявления; ~ for the position [for the job] заявление о зачислении на должность [о приёме на работу]; to get books [catalogues] on ~ получить книги [каталоги] по заявке; to send /to put/ in an ~ подать заявление 2) просьба, обращение; ~ for help просьба /ходатайство/ о помощи; to refuse an ~ отказать в просьбе /в ходатайстве/; ~ to smb. for smth. обращение к кому-л. за чем-л. 3) *юр.* заявление, письменное ходатайство суду *или* судье 2. 1) применение, приложение; использование; ~ of atomic energy for peaceful purposes применение атомной энергии в мирных целях; ~ of a theory in actual practice применение теории в практической деятельности; ~ of the law to the present case применение закона к данному случаю; such terms have no ~ with it такие термины неприменимы к этому 2) применение, употребление; for external ~ only только для наружного употребления /пользования/ (*о лекарстве*); ~ of force *физ.* приложение силы 3. 1) прикладывание, накладывание; нанесение (*слоя вещества*); ~ of dressing to a wound наложение повязки на рану; ~ of ice to the forehead прикладывание льда ко лбу; ~ of forceps *мед.* наложение акушерских щипцов 2) *мат.* наложение 3) *с.-х. проф.* внесение удобрений или ядохимикатов; heavy ~ обильное удобрение; supplemental ~ дополнительное удобрение, подкормка; liberal ~ повышенное удобрение; light ~ внесение малых доз (ядохимикатов) 4. 1) компресс, примочка *и т. п.*; hot and cold ~s горячие и холодные компрессы 2) аппликация (вышивка) 5. прилежание, рвение, внимание; to give ~ to work [to study] усердно работать [заниматься]; to lack ~ не проявлять особого рвения; my work demands close ~ моя работа требует пристального внимания 6. *информ.* (прикладная) программа (*тж.* ~ program)

application engineer [ˌæplɪˈkeɪʃ(ə)nˌendʒɪˈnɪə] (инженер-)прикладник

application-oriented [ˌæplɪˈkeɪʃ(ə)nˌɔrɪˈentɪd] *a информ.* проблемно-ориентированный

application program package [ˌæplɪˈkeɪʃ(ə)nˌprəʊɡræmˈpækɪdʒ] пакет прикладных программ

applications satellite [ˌæplɪˌkeɪʃ(ə)nzˈsætəlaɪt] *косм.* специальный спутник, спутник специального назначения (*для связи, навигации и т. п.*)

applicative [əˈplɪkətɪv] *a* 1) применимый, приложимый; практический 2) прикладной

applicator [ˈæplɪkeɪtə] *n* 1. *мед.* инструмент для введения в полость лечебного средства, 2. лопаточка, палочка (*деревянная, стеклянная*) для нанесения грима, клея *и т. п.*

applicatory [əˈplɪkət(ə)rɪ] *a* применимый на практике; практический, практичный

applied [əˈplaɪd] *a* 1. прикладной, практический; ~ science [art] прикладная наука [-ое искусство]; ~ music практические занятия по музыке и пению (*в учебных заведениях*); ~ anatomy топографическая анатомия; ~ chemistry прикладная химия 2. приложенный, прилагаемый; ~ force *физ.* приложенная сила

appliqué [əˈpliːkeɪ] *n фр.* аппликация (вышивка)

apply [əˈplaɪ] *v* 1. 1) обращаться с просьбой, просить (*о чём-л.*); to ~ for a rise /*амер.* raise/ просить прибавки; to ~ to smb. for smth. обращаться к кому-л. за чем-л.; to ~ to smb. for instructions обращаться /обратиться/ к кому-л. за инструкциями 2) подавать заявление (*обыкн. о приёме на работу, в учебное заведение и т. п.*); to ~ for a job [for the vacant office] подавать заявление о приёме на работу [на вакантную должность]; to ~ as a teacher [as a typist] подавать заявление на должность преподавателя [машинистки] 2. использовать, применять, употреблять; to ~ a sum of money to the payment of a debt отдать деньги в уплату долга; to ~ an epithet to smb. а) употребить по отношению к кому-л. какой-л. эпитет; I would hardly ~ the term scholarship to such learning as his я бы не назвал его познания учёностью; б) обозвать кого-л.; to ~ a nickname дать прозвище; to ~ a hold *спорт.* применить захват; to ~ economic sanctions применить экономические санкции; to ~ an embargo наложить эмбарго; to ~ the brakes *авт.* нажать на тормоза; to ~ pressure to get what one wants оказать давление, чтобы добиться желаемого 3. 1) прикладывать, прилагать, накладывать; to ~ a match to a candle зажигать свечу (спичкой); to ~ one's eye to a telescope приложить глаз к телескопу; to ~ glass-cups [leeches] ставить банки [пиявки]; to ~ a bandage to a sore наложить повязку на болячку; to ~ glue [paint] to a surface покрыть поверхность клеем [краской] 2) *мат.* накладывать 4. применяться, быть применимым; касаться, относиться; this rule does not always ~ это правило не всегда применимо; that argument does not ~ in this case этот аргумент в данном случае не применим /не годится/; what I said does not ~ to you мои слова к вам не относятся; говоря это, я не имел в виду вас 5. сосредоточить (силы); приложить, направить (энергию *и т. п.*); посвятить (себя); to ~ oneself to one's job [to mathematics] усердно выполнять свою работу [заниматься математикой]; he applied himself to learning French он прилежно взялся за изучение французского языка; to ~ one's mind to a task внимательно заниматься выполнением какой-л. задачи; we must ~ our energies to finding a solution мы должны сделать всё, чтобы решить эту задачу

appoggiatura [əˌpɒdʒəˈtʊərə] *n муз.* аподжатура, форшлаг

appoint [əˈpɔɪnt] *v* 1. 1) назначать (на пост), утверждать (в должности); to ~ smb. ambassador [head-master] назначать кого-л. послом [директором школы]; to ~ smb. to a post назначать кого-л. на пост /на должность/; they ~ed White manager /to be manager, as manager/ Уайта сделали управляющим 2) создавать; to ~ a committee создать комиссию 2. договариваться, условливаться (*о месте или времени*); назначать; to ~ a day for the wedding [for the meeting, for the trial] назначить день свадьбы [собрания, суда] 3. *арх., поэт.* предписывать; law ~s that the criminal shall be punished по закону преступник должен понести наказание

appointé [ˌɑːpwɒnˈteɪ] *a фр. геральд.* соприкасающийся в конечных точках

appointed [əˈpɔɪntɪd] *a* 1. снаряжённый, оборудованный; badly ~ house плохо обставленный дом; fully ~ workshop мастерская с полным оборудованием; thus ~ he was ready to start снаряжённый /экипированный/ таким образом, он был готов отправиться в путь 2. условленный, определённый, назначенный заранее; ~ time [place] назначенное время [место] 3. назначенный (в противоп. выборному); an ~ official официальное лицо по назначению (не выборное)

-appointed [-əˈpɔɪntɪd] компонент сложного слова со значением 1. обставленный, оборудованный; a well-appointed house хорошо обставленный и содержащийся в порядке дом 2. назначенный; newly-appointed officials сотрудники, только что принятые на работу

appointee [əˌpɔɪnˈtiː] *n* 1. *книжн.* назначаемое лицо 2. *юр.* бенефициарий

appointive [əˈpɔɪntɪv] *a преим. амер.* 1) занимаемый по назначению, невыборный; ~ office невыборный пост; пост, занимаемый по назначению 2) дающий право назначать (на государственной службе); ~ powers право назначения

appointment [əˈpɔɪntmənt] *n* 1. 1) назначение (на должность, пост); ~ of trustees назначение опекунов; smb.'s ~ as secretary [manager] назначение кого-л. секретарём [управляющим] 2) *воен.* присвоение звания 2. должность, пост, место; назначение; ~s committee; ~s board комиссия по распределению выпускников (*при университетах и колледжах Великобритании*); to have /to hold/ an ~ as a professor [as an engineer] занимать должность профессора [инженера] 3. 1) встреча, свидание; to make [to have] an ~ for 6 o'clock договориться /условиться/ встретиться в 6 часов; to keep [to break] an ~ прийти [не прийти] на свидание (*в назначенное время, место*) 2) приём (*у врача и т. п.*); to have an ~ with the doctor быть назначенным /записанным/ на приём к врачу; he will see you only by ~ он примет вас только по предварительной записи 4. *pl* 1) обстановка, оборудование дома, гостиницы *и т. п.* 2) *воен.* предметы снаряжения 3) *тех.* фурнитура 5. *арх.* предписание, распоряжение 6. *юр.* распределение наследственного имущества по доверенности; power /right/ of ~ право распоряжения имуществом (*предоставляемое лицу, не являющемуся его собственником*)

apportion [əˈpɔːʃ(ə)n] *v* 1. *книжн.* распределять; разделять, делить (*в соответствии с чем-л.*); to ~ one's time between various occupations распределять своё время между различными занятиями; this sum of money is to be ~ed among the six boys эту сумму надо поделить между шестью мальчиками 2. наделять (*чем-л.*); выделять; I have ~ed you different duties each day of the week на каждый день недели я даю тебе определённые задания

apportionment [əˈpɔːʃ(ə)nmənt] *n* 1. *книжн.* соответствующее, пропорциональное распределение; equal ~ равномерное распределение 2. *амер.* определение количества членов палаты представителей от каждого штата (*в соответствии с численностью населения*) 3. *амер.* пропорциональное распределение (предполагаемой) суммы налогов между отдельными штатами

appose [æˈpəʊz] *v книжн.* 1. прикладывать; to ~ a seal приложить печать 2. помещать рядом, бок о бок (*с чем-л.*); ставить перед (*кем-л.*)

apposer [æˈpəʊzə] *n ист.* ревизор, чиновник казначейства, проверяющий отчётность шерифов

apposite [ˈæpəzɪt] *a книжн.* соответствующий, подходящий, уместный, удачный; ~ remark уместное замечание

apposition [ˌæpəˈzɪʃ(ə)n] *n* 1. приложение, наложение; the ~ of a seal приложение печати 2. *книжн.* соположение, контактное положение 3. *грам.* приложение

appositional [ˌæpəˈzɪʃ(ə)nəl] *a книжн.* приложенный; соположенный

appositive I [æˈpɒzɪtɪv] *n* слово или предложение в функции приложения

appositive II [æˈpɒzɪtɪv] *a грам.* относящийся к приложению; используемый в функции приложения

appositively [æˈpɒzɪtɪvlɪ] *adv грам.* в функции приложения

appraisable [əˈpreɪzəb(ə)l] *a* оценимый, поддающийся оценке

appraisal [əˈpreɪz(ə)l] *n* 1. 1) оценка стоимости (имущества) 2) оценка (*деятельности и т. п.*); ~ of achievements оценка достижений; incorrect ~ of public opinion неправильная оценка /-ный анализ/ общественного мнения 3) аттестация, деловая характеристика (работника) 4) экспертиза, оценка (качества *и т. п.*) 2. оценочная ведомость, оценочный документ 3. *с.-х.* бонитировка, апробация

appraise [ə'preɪz] v 1. оценивать, определять стоимость; to ~ a farm at a certain sum оценить ферму в определённую сумму 2. дать оценку, определить качество; to ~ the ability of one's students дать оценку способностям своих учеников; определить уровень подготовки учащихся

appraiser [ə'preɪzə] n книжн. 1. см. appraise + -er 2. оценщик, таксатор, оценочная фирма

appraisingly [ə'preɪzɪŋlɪ] adv оценивающе, оценивая; she looked at him ~ она смотрела на него как бы оценивая

appreciable [ə'priːʃəb(ə)l] a 1. поддающийся оценке, могущий быть оценённым 2. ощутимый, заметный, существенный, значительный; ~ quantity значительное количество; ~ difference существенная /заметная/ разница

appreciably [ə'priːʃəblɪ] adv ощутимо, заметно, существенно; значительно; weather changed ~ погода заметно изменилась

appreciate [ə'priːʃɪeɪt] v 1. 1) ценить, высоко ставить; to ~ smb.'s friendship [erudition] ценить чью-л. дружбу [эрудицию]; I'm afraid no one ~s his endeavours боюсь, что до его стараний никому дела нет 2) быть признательным, благодарным (за что-л.); I ~ your kindness благодарю вас за внимание /любезность, добрые чувства/; your offer of help is highly ~d выражаем горячую признательность за предложение помощи 2. 1) оценивать по достоинству, понимать значение; to ~ the difficulty [the risk] правильно оценивать трудности (опасность); to ~ the true force [the full meaning] по-настоящему понять /оценить/ истинную силу [всё значение]; to ~ a rest after hard work знать цену отдыху после напряжённой работы; do you fully ~ the dangers of this job? учитываете ли вы все опасности, связанные с этим поручением? 2) хорошо разбираться (в чём-л.); быть знатоком, ценителем; to ~ poetry [music] тонко чувствовать поэзию [музыку] 3. эк. 1) повышать цену; this land has ~d greatly цена на эту землю значительно повысилась 2) повышаться в цене; дорожать; soon the land will ~ greatly скоро цена на этот участок (земли) резко возрастёт

appreciated [ə'priːʃɪeɪtɪd] a 1. ценимый по достоинству; высоко ценимый 2. повысившийся в цене, вздорожавший

appreciation [ə,priːʃɪ'eɪʃ(ə)n] n 1. высокая оценка; признательность, благодарность (за что-л.); ~ of friendship [of kindness] признательность за дружбу [за доброту]; he showed no ~ of my advice он не оценил мой совет; in sincere ~ of your valuable help... в знак искренней признательности за ваше неоценимое содействие... 2. 1) оценка по достоинству; понимание (чего-л.); to write an ~ of a play письменно изложить свои впечатления от спектакля; they are mistaken in their ~ of the country's economic conditions они неправильно оценивают экономическое положение страны 2) правильное восприятие; умение хорошо разобраться (в чём-л.); ~ of music [of poetry] понимание музыки [поэзии]; ~ of aesthetic value тонкое восприятие эстетической ценности 3. повышение ценности или цены (на что-л.); вздорожание

appreciative [ə'priːʃətɪv] a 1. высоко ценящий (что-л.); признательный (за что-л.); ~ of favour [of kindness, of advice] признательный за услугу [за доброе отношение, за совет] 2. правильно понимающий ценность, значение (чего-л.); хорошо разбирающийся (в чём-л.); ~ audience чуткая /благодарная/ аудитория; ~ of minute difference of colour тонко чувствующий малейшие оттенки цвета

appreciatory [ə'priːʃət(ə)rɪ] книжн. = appreciative

apprehend [,æprɪ'hend] v 1. предчувствовать, предвидеть, предполагать (недоброе); опасаться; ждать (чего-л.) со страхом; to ~ disagreeable surprises опасаться неприятных неожиданностей; to ~ a danger предчувствовать опасность; to ~ the aggravation of a malady предполагать ухудшение в ходе болезни; to ~ a change of weather ожидать, что погода испортится 2. арестовывать; задерживать; to ~ a thief [a deserter] задержать /схватить/ вора [дезертира] 3. арх., книжн. постигать, понимать; to ~ the intentions of an author понять замысел автора; you are, I ~, ready to pay вы, как я понимаю, готовы уплатить

apprehensibility [,æprɪ,hensɪ'bɪlɪtɪ] n постижимость, доступность восприятию

apprehensible [,æprɪ'hensɪb(ə)l] a 1) постижимый, доступный пониманию, восприятию 2) заметный, ощутимый

apprehension [,æprɪ'henʃ(ə)n] n 1. чаще pl опасение, дурное предчувствие, страх; vague ~ смутное /неясное/ опасение; filled with the most fearful ~s полный самых ужасных предчувствий; in a tone of ~ в тревожном тоне 2. способность постигать, воспринимать; понимание; weak ~ слабое восприятие; quick [dull] of ~ быстро /медленно/ соображающий; of feeble /dull/ ~ непонятливый, туповатый 3. 1) книжн. концепция, понимание; идея, понятие; представление; dull [clear] ~ неясное [ясное] представление; I do not have a clear ~ of algebra я слабо разбираюсь в алгебре 2) лог. представление 4. задержание, арест

apprehensive [,æprɪ'hensɪv] a 1. опасающийся, испытывающий тревогу, сомнения, ждущий (чего-л.) со страхом; предчувствующий недоброе; ~ of the future [of the issue] полный опасений за будущее [за исход]; ~ of the disaster предчувствующий несчастье; ~ for her health тревожащийся о её здоровье 2. книжн. (легко) воспринимающий, понимающий, понятливый 3. книжн. относящийся к восприятию, к пониманию

apprehensively [,æprɪ'hensɪvlɪ] adv со страхом, опасливо, с опаской; предчувствуя недоброе

apprentice I [ə'prentɪs] n 1. 1) ученик, подмастерье; ~ course курс практического обучения (какой-л. специальности); ~ training профессиональное /производственное/ обучение; to bind ~ to a tailor [to a shoemaker] отдавать в учение к портному [сапожнику] (на определённый срок) 2) новичок; she is an ~ in cooking она ещё только учится готовить 2. ист. адвокат, практикующий менее шестидцати лет 3. мор. 1) юнга 2) амер. младший матрос, проходящий специальную подготовку 3) штурманский ученик

apprentice II [ə'prentɪs] v отдавать в учение; to ~ smb. to a tailor [to a shoemaker] отдавать кого-л. в учение портному [сапожнику] (на определённый срок)

apprenticement [ə'prentɪsmənt] n редк. 1) обучение ремеслу 2) срок пребывания в учениках

apprenticeship [ə'prentɪʃɪp] n 1. учение, обучение (ремеслу); ученичество; to serve one's ~ находиться в учении, проходить обучение; служить у хозяина в учениках 2. 1) срок, период обучения 2) ист. семилетний срок; three ~s have passed away прошёл двадцать один год

appressed [ə'prest] a прижатый, сдавленный; leaves ~ against the stem листья, прижатые к стеблю

appression [ə'preʃ(ə)n] n спец. ощущение (собственного) веса, весомость

apprise [ə'praɪz] v книжн. уведомлять, осведомлять, извещать; to ~ smb. of smth. осведомлять кого-л. о чём-л.; they should be fully ~d of the situation их надо ввести в курс дела; им надо дать полную информацию об обстановке

apprize [ə'praɪz] = apprise

appro ['æprəʊ] n (сокр. от approval) ком. одобрение; on ~ на пробу (о товарах, присланных с правом возврата)

approach I [ə'prəʊtʃ] n 1. 1) приближение; приход, наступление; the ~ of winter [of night] приближение /наступление/ зимы [ночи]; at our ~ при нашем приближении, когда мы подошли; on nearer ~ we saw... когда мы подошли ближе, мы увидели...; easy [difficult] of ~ легкодоступный [труднодоступный] (о месте; тж. о человеке) 2) воен. подступ; подход; сближение; ~ march воен. марш-подход; ~ march formation воен. предбоевой порядок; ~ trench воен. ход сообщения; ~ clearance разрешение на посадку; ~ light входной огонь аэродрома 2. обыкн. pl 1) подступы; at the ~es to the city на подступах к городу 2) дор. подъезд, подъездной путь (тж. ~ road) 3. подход (к рассмотрению, изучению чего-л.); one-sided [unified] ~ односторонний [единый] подход; the best ~ to the study of the spoken language наилучший подход к изучению разговорного языка; new lines of ~ to the problem новый путь к разрешению этого вопроса 4. pl авансы, подходы; to make ~es to smb. делать кому-л. авансы; подъезжать к кому-л. с просьбой, предложением и т. п.; to make ~es to a girl ухаживать за девушкой, заигрывать с девушкой 5. тех. подача, подвод (суппорта станка и т. п.) 6. метеор. надвижение 7. спорт. разбёг 8. косм. сближение (кораблей); final ~ причаливание 9. спорт. выводящий удар (гольф; тж. ~ shot)

approach II [ə'prəʊtʃ] v 1. 1) подходить, приближаться; to ~ smb. подойти (близко) к кому-л.; to ~ the town [the house] подъезжать к городу [к дому]; the boy is ~ing manhood мальчик скоро станет взрослым; the work is ~ing completion работа идёт к концу 2) близиться; winter is ~ing наступает зима; holidays are ~ing приближаются каникулы 3) воен. подступать, сближаться 4) воен. сближаться 5) косм. сближаться (о кораблях) 2. граничить (с чем-л.), приближаться (к чему-л.); his kindness ~es imbecility его доброта граничит с глупостью; to ~ perfection быть близким к совершенству; the wind was ~ing a gale ветер становился ураганным /переходил в ураган/ 3. 1) обращаться (к кому-л. с просьбой, предложением); вступать в переговоры; when is the best time to ~ him? когда удобнее всего поговорить с ним /обратиться к нему/?; he was ~ed by several Hollywood producers к нему обращались с предложениями несколько голливудских продюсеров 2) *воен.* обращаться; to ~ a commander обращаться к начальнику 3) *разг.* подъезжать, подкатываться (к *кому-л. с чем-л.*); have you ~ed the manager about a raise? ты не пробовал подъехать к заведующему относительно прибавки? 4) ухаживать, пытаться соблазнить

approachability [əˌprəʊtʃəˈbɪlɪtɪ] *n* доступность; достижимость

approachable [əˈprəʊtʃəb(ə)l] *a* доступный; достижимый

approachless [əˈprəʊtʃlɪs] *a поэт.* недоступный, недосягаемый

approbate [ˈæprə(ʊ)beɪt] *v* 1. *амер.* санкционировать 2. = approve¹ 1 и 2

approbation [ˌæprəˈbeɪʃ(ə)n] *n* 1. похвала, одобрение 2. санкция, утверждение

approbative [ˈæprəbeɪtɪv] *a книжн.* одобрительный

approbatory [ˈæprəbeɪt(ə)rɪ] *a книжн.* относящийся к санкции, одобрению; одобрительный, санкционирующий

approof [əˈpruːf] *n арх.* 1. испытание, проверка; проба 2. одобрение

appropinquate [ˌæprə(ʊ)ˈpɪŋkweɪt] *v* 1) приближать 2) приближаться

appropriable [əˈprəʊprɪəb(ə)l] *a* 1. могущий быть присвоенным 2. могущий быть ассигнованным

appropriate I [əˈprəʊprɪɪt] *a* 1. соответствующий, подходящий; уместный; ~ instruments нужные инструменты; ~ examples уместные /подходящие/ примеры; ~ for a hot day /for arctic weather/ приспособленный /пригодный/ для жаркой погоды [для арктических условий]; ~ to occasion [to the theme] соответствующий случаю [теме] 2. (to) *книжн.* присущий, свойственный; ~ to smb. приличествующий /подобающий/ кому-л. 3. *уст.* присвоенный, приданный; принадлежащий 4. *уст.* своекорыстный, эгоистичный

appropriate II [əˈprəʊprɪeɪt] *v* 1. 1) присваивать; to ~ a piece of property [of land] присвоить себе (чужую) собственность [землю] 2) *часто шутл.* стащить, стянуть; who ~d my dictionary? кто утащил у меня словарь? 2. (to, for) ассигновать, выделять, отводить (*средства*); to ~ money for research program выделить средства на программу исследований

appropriately [əˈprəʊprɪɪtlɪ] *adv* соответственно, соответствующим образом

appropriateness [əˈprəʊprɪɪtnɪs] *n* соответствие; уместность; справедливость (*замечания и т. п.*); точность (*выражения*)

appropriate technology [əˈprəʊprɪɪtteknɒlədʒɪ] 1. техника для развивающихся стран (*созданная с учётом местных условий*) 2. экологически целесообразная технология (*рационально использующая природные ресурсы и мало загрязняющая окружающую среду*)

appropriation [əˌprəʊprɪˈeɪʃ(ə)n] *n* 1. присвоение; ~ of a piece of property [of the best land] присвоение (чужой) собственности [лучшей земли] 2. (незаконно) присвоенное, (незаконное) приобретение; присвоенная собственность *и т. п.* 3. ассигнование, выделение на специальных целей; A. Bill финансовый законопроект; ~ of payments *юр.* отнесение платежа к определённому долгу 4. ассигнованные суммы, средства; фонд

appropriative [əˈprəʊprɪətɪv] *a книжн.* носящий характер присвоения

approvable [əˈpruːvəb(ə)l] *a* заслуживающий, достойный одобрения

approval [əˈpruːv(ə)l] *n* 1. одобрение; to nod in ~ одобрительно кивать головой; кивнуть в знак согласия; (the faintest) sign of ~ (малейший) знак одобрения; to receive [to merit] ~ получать [заслуживать] одобрение; I hope this plan has /meets with/ your ~ я надеюсь, что вы одобряете этот план 2. одобрение, утверждение, санкция, визирование; the plan was submitted for ~ план был передан на утверждение /на согласование/ 3. *pl ком.* предметы, посланные покупателю на пробу (*с правом возврата*)

approve¹ [əˈpruːv] *v* 1. 1) одобрять, считать правильным; to ~ the policies of the government одобрить политику правительства; I entirely ~ that precaution я полностью одобряю /считаю правильной/ эту меру предосторожности 2) (of) высказываться *или* относиться одобрительно (*к кому-л., чему-л.*); I ~ of him мне он нравится; я хорошо к нему отношусь; my fiancée's mother does not ~ of me мать моей невесты относится ко мне неодобрительно 2. одобрять, утверждать, санкционировать; to ~ a report [a plan, the minutes of the meeting] утверждать доклад [план, протокол совещания]; the minutes were read and ~d протокол был зачитан и утверждён; Congress ~d the proposed budget конгресс принял /утвердил/ предложенный бюджет 3. *арх.* проявлять (*себя*); показывать (*что-л. на деле*); to ~ oneself зарекомендовать себя, проявить себя (*с положительной стороны*); to ~ oneself a man of courage показать себя мужественным человеком

approve² [əˈpruːv] *v юр.* завышать ценность своего имущества

approved [əˈpruːvd] *a* 1. одобренный; принятый; утверждённый; санкционированный; ~ agenda окончательная повестка дня 2. испытанный, проверенный, апробированный; the old ~ manner старый испытанный способ 3. *тех.* принятый (*приёмщиком*); испытанный

approved school [əˈpruːvdˌskuːl] исправительная школа для малолетних преступников (*в Великобритании до 1971*)

approvement¹ [əˈpruːvmənt] *n юр.* доказательство вины (обвиняемого) на основании показаний осведомителя

approvement² [əˈpruːvmənt] *n юр., ист.* увеличение ценности своего имущества, *особ.* незаконным присоединением общественных земель

approver [əˈpruːvə] *n юр.* преступник, сознавшийся в преступлении и выдавший своих сообщников

approvingly [əˈpruːvɪŋlɪ] *adv* одобрительно

approximal [əˈprɒksɪm(ə)l] *a анат.* смежный, соприкасающийся

approximant [əˈprɒksɪmənt] *n мат.* аппроксимирующая функция

approximate I [əˈprɒksɪmɪt] *a* 1. приблизительный, приблизительно точный, относительно верный; ~ cost [distance] приблизительная стоимость [-ое расстояние]; а) ~ value a) приблизительная ценность; б) *мат., тех.* приближённое значение; an ~ account of what happened более или менее правильное изложение происшедшего 2. обладающий большим сходством, близкий 3. *спец.* близкий, расположенный близко в *грам. знач. сущ. редк.* приблизительно точный итог, приблизительное количество

approximate II [əˈprɒksɪmeɪt] *v* 1. 1) приближаться, быть приблизительно точным, верным, равным, тождественным; to ~ to the truth приближаться /быть близким/ к истине; to ~ to the description [to what was said] более или менее точно соответствовать описанию [тому, что было сказано]; the crowd ~d a thousand people в толпе было примерно тысяча человек 2) приближать, добиваться приблизительной точности *или* тождественности 2. *редк.* 1) приближаться, становиться ближе; to ~ to a solution of the problem подходить к решению задачи 2) приближать, сближать

approximately [əˈprɒksɪmɪtlɪ] *adv* приблизительно, приближённо

approximation [əˌprɒksɪˈmeɪʃ(ə)n] *n* 1. приближение, приблизительная точность, адекватность, тождественность, приблизительное соответствие; а very close ~ to the truth очень близко к истине; 25 000 miles is an ~ of the circumference of the earth 25 000 миль — это приблизительная длина земной окружности; а mere ~ лишь приблизительно точно /правильно/ 2. *редк.* приближение, сближение (*чего-л.*) 3. *мат.* аппроксимация; to a first ~ в первом приближении 4. *с.-х.* прививка сближением, аблактировка

approximative [əˈprɒksɪmətɪv] *книжн. см.* approximate I

appulse [æˈpʌls] *n астр.* приближение одной планеты к другой

appurtenance [əˈpɜːtɪnəns] *n* 1. *книжн. обыкн. pl* необходимая принадлежность; аксессуары 2. *тех.* дополнительное приспособление 3. *редк.* принадлежность (*к кому-л., чему-л.*) 4. *юр.* принадлежность главной вещи 5. *юр.* преимущественное право, связанное с (*каким-л.*) имуществом

appurtenant I [əˈpɜːtɪnənt] *n юр.* принадлежность главной вещи

appurtenant II [əˈpɜːtɪnənt] *a* 1. *книжн.* 1) принадлежащий 2) приличествующий, уместный 2. *юр.* владеющий по праву собственности

apraxia [eɪˈpræksɪə] *n мед.* апраксия, нарушение целенаправленных движений

après- [ˈæpreɪ-] *компонент сложных слов со значением* после; après-ski shoes мягкая обувь для отдыха лыжника; après-swim wrappers пляжные халаты; après-forty fashions одежда для женщин старше сорока лет

après moi le déluge [ˌæpreɪˈmwɑːləˈdeɪluː:ʒ] *фр.* после меня (хоть) потоп

apricot [ˈeɪprɪkɒt] *n* 1. абрикос 2. *бот.* абрикос, абрикосовое дерево (*Prunus armeniaca*) 3. абрикосовый цвет (*тж.* ~ colour)

apricot plum [ˈeɪprɪkɒtˌplʌm] *бот.* абрикосовая слива (*Prunus simonii*)

April [ˈeɪprəl] *n* апрель; in ~ в апреле; ~ days апрельские дни; ~ shower а) внезапный ливень; ~ weather а) переменчивая погода; б) частая смена настроения

◇ ~ fish первоапрельская шутка; the ~ showers bring forth /out/ May flowers ≅ в апреле дожди, в мае цветы

April fool [ˌeɪprəlˈfuːl] жертва первоапрельской шутки

April Fools' Day [ˌeɪprəlˈfuːlzˌdeɪ] = All Fools' Day

a priori [ˌeɪpraɪˈɔːraɪ, ˌɑːprɪˈɔːriː] *лат.* 1. априори; заранее; до опыта; to determine the value of smth. ~ определять априорно ценность чего-л. 2. 1) ап-

APR — ARA

риорный; доопытный; ~ reasoning дедуктивное мышление 2) предположительный

apriorism [ˌeɪprɪˈɔrɪz(ə)m] *n* 1. = apriority 2. *филос.* априоризм; априорный принцип

apriority [ˌeɪpraɪˈɔrɪtɪ] *n* априорность

apron [ˈeɪprən] *n* 1. передник, фартук 2. полсть (*в экипаже*) 3. *сл.* 1) женщина; ≅ юбка 2) домашняя хозяйка; жена 3) бармен, буфетчик 4. *театр.* авансцена (*тж.* stage) 5. *спец.* лоток, жёлоб, скат 6. *гидр.* порог, водобой 7. *тех.* 1) пластина (*конвейера*) 2) фартук (*суппорта станка*) 8. *мор.* фальстем 9. ширина набережной 10. ледяной (*подводный*) таран айсберга 11. нажимной элеватор (*в сноповязалке или комбайне*) 12. *воен.* оттяжка проволочного заграждения 13. *воен.* маскировка орудия 14. 1) *ав.* бетонированная площадка (*перед ангаром*) 2) *авт.* паркинг 15. островной шельф

apronful [ˈeɪprənful] *n* полный фартук (*чего-л.*); an ~ of apples полный фартук яблок

apron-string [ˈeɪprənˌstrɪŋ] *n* завязка передника, фартука
◊ to be tied to one's wife's [mother's] ~s ≅ быть под каблуком у жены [у матери]; без жены [без матери] не сметь шагу ступить

apropos [ˌæprəˈpəʊ] *adv книжн.* 1. кстати, между прочим; ~ did he mention his new job? к слову сказать /кстати/, он говорил, что поступил на новую работу? 2. что касается, относительно, возвращаясь к (*обсуждаемому вопросу*); ~ of our talk в связи с нашим разговором; ~ of nothing ни с того ни с сего; ≅ ни к селу ни к городу 3. в *грам. знач. прил.* своевременный, уместный, соответствующий (*сути дела*); the remark was very ~ это замечание было весьма своевременно /кстати/

aprowl [əˈpraʊl] *a predic* бродя, расхаживая, шаря; to be ~ for something to eat искать чего бы съесть

apse [æps] *n* 1. *архит.* апсида, полукруглая часть здания 2. = apsis 1)

apsides [ˈæpsɪdɪz] *pl от* apsis

apsis [ˈæpsɪs] *n* (*pl* apsides) 1) *часто pl астр.* апсида 2) = apse 1

apsychic, apsychical [æpˈsaɪkɪk, -(ə)l] *a арх.* не связанный с сознанием; не управляемый сознанием

apt [æpt] *a* 1. подходящий, уместный, соответствующий; ~ quotation [remark, comparison] удачная цитата [-ое замечание, сравнение] 2. склонный; имеющий свойство, подверженный; ~ to take fire [to rust] легковоспламеняющийся [быстро ржавеющий]; ~ to take offence обидчивый; not ~ to forgive не склонный прощать; злопамятный; I am ~ to hurry я вечно спешу; a careless person is ~ to make mistakes невнимательный человек обязательно наделает ошибок 3. способный, понятливый, восприимчивый; ~ pupil способный ученик 4. подходящий, пригодный; he proved an ~ tool in the hands of the conspirators он оказался подходящим орудием в руках заговорщиков

apteral [ˈæptər(ə)l] *a редк.* 1. *архит.* без боковых колонн 2. = apterous

apteroid [ˈæptərɔɪd] *a зоол.* с зачаточными крыльями

apterous [ˈæptərəs] *a зоол.* бескрылый

apteryx [ˈæptərɪks] *n зоол.* киви (*Apteryx*)

aptitude [ˈæptɪtjuːd] *n* 1. пригодность; уместность; соответствие 2. склонность, подверженность (*чему-л.*) 3. способность; сообразительность; одарённость; musical [unusual, natural] ~ музыкальная [удивительная, природная] одарённость; ~ test проверка способности (*учащегося с целью определения целесообразности соответствующего курса обучения*)

aptly [ˈæptlɪ] *adv* 1. соответствующим, надлежащим образом 2. быстро, легко, умело

aptness [ˈæptnɪs] *n* 1. соответствие (*чему-л.*); пригодность; уместность 2. способность; одарённость; сообразительность 3. склонность, природное свойство

aptote [ˈæptəʊt] *n грам.* несклоняемое имя существительное

aptotic [æpˈtɒtɪk] *a* 1. *лингв.* аморфный (*о языке*) 2. *грам.* несклоняемый

apyretic [ˌæpaɪˈretɪk] *a мед.* безлихорадочный

apyrexia, apyrexy [ˌæpɪˈreksɪə, ˈæpɪreksɪ] *n мед.* отсутствие лихорадки, безлихорадочный период (*малярии*)

apyrous [əˈpaɪrəs] *a спец.* огнестойкий

aqua [ˈækwə] *n* (*pl тж.* aquae) 1. *хим., фарм.* вода; раствор; жидкость 2. цвет морской волны (*тж.* ~ colour)

aqua- [ˈækwə-] (*тж.* aqui-) *в сложных словах имеет значение* вода, водный: aquanaut акванавт; aquiculture аквикультура

aqua-belle [ˈækwəbel] *n фр. шутл.* прекрасная купальщица, красавица в купальном костюме

aquaboard [ˈækwəbɔːd] = aquaplane I

aquacade [ˈækwəkeɪd] *n* 1) водная феерия 2) спортивный праздник на воде

aqua destillata [ˌækwə ˌdestɪˈlɑːtə] *лат.* дистиллированная вода

aquae [ˈækwiː] *pl от* aqua

aquafarm [ˈækwəfɑːm] *n* морская ферма (*для разведения рыб и т. п.*)

aquafortis [ˌækwəˈfɔːtɪs] *n* 1. концентрированная азотная кислота 2. *иск.* офорт

aquafortist [ˌækwəˈfɔːtɪst] *n* офортист

aquakinetics [ˌækwəkɪˈnetɪks] *n* аквакинетика, обучение плаванию младенцев

aqualung [ˈækwəlʌŋ] *n* акваланг

aqualunger [ˈækwəˌlʌŋə] *n* аквалангист

aquamarine [ˌækwəməˈriːn] *n* 1. *мин.* аквамарин 2. цвет морской волны (*тж.* ~ colour)

aqua mirabilis [ˌækwəmɪˈræbɪlɪs] *ист.* «чудесная вода» (*спиртовая настойка из трав и пряностей*)

aquanaut [ˈækwənɔːt] *n* акванавт, исследователь-подводник

aquanautics [ˌækwəˈnɔːtɪks] *n* акванавтика, исследование подводного пространства

aquaplane I [ˈækwəpleɪn] *n спорт.* акваплан, водная лыжа

aquaplane II [ˈækwəpleɪn] *v авт.* аквапланировать (*о колесе автомобиля*)

aquapulse gun [ˈækwəpʌlsˌgʌn] *океан.* «подводная пушка» (*для исследования океанического дна*)

aqua regia [ˌækwəˈriːdʒɪə] *хим.* царская водка

aquarelle [ˌækwəˈrel] *n* акварель

aquarellist [ˌækwəˈrelɪst] *n* акварелист

aquaria [əˈkwe(ə)rɪə] *pl от* aquarium

aquarial [əˈkwe(ə)rɪəl] *редк.* = aquarian II

aquarian I [əˈkwe(ə)rɪən] *n редк.* 1. 1) аквариумист, любитель аквариумных рыбок 2) *арх.* владелец аквариума 2. = Aquarius 2

aquarian II [əˈkwe(ə)rɪən] *a редк.* аквариумный, относящийся к аквариуму

aquarium [əˈkwe(ə)rɪəm] *n* (*pl тж.* -ia) аквариум

Aquarius [əˈkwe(ə)rɪəs] *n* 1. *астр.* Водолей (*созвездие и знак зодиака*) 2. человек, родившийся под знаком Водолея (*в астрологии*)

aquatel [ˈækwətel] *n* стоянка для плавучих домов

aquatic I [əˈkwætɪk, əˈkwɒtɪk] *n* 1. водяное растение *или* животное 2. любитель водного спорта 3. *редк.* водохлёб

aquatic II [əˈkwætɪk, əˈkwɒtɪk] *a* 1. 1) водный; ~ sports водный спорт 2) водяной; ~ plants *бот.* гидрофиты, водяные растения 2. *хим.* гидратационный

aquatically [əˈkwætɪk(ə)lɪ, əˈkwɒtɪk(ə)lɪ] *adv* на воде, по воде; водой, водным путём

aquatics [əˈkwætɪks, əˈkwɒtɪks] *n* *употр. с гл. во мн. ч.* водный спорт

aquatint [ˈækwətɪnt] *n иск.* акватинта

aquation [æˈkweɪʃ(ə)n] *n хим.* гидратация

aquatone [ˈækwətəʊn] *n полигр.* фототипия

aquavit [ˈækwəvɪt] *n* аквавит, скандинавская тминная водка

aqua vitae [ˌækwəˈvaɪtiː, -ˈviːtaɪ] *лат.* 1. *шутл.* «живая вода» (*об алкогольном напитке*) 2. очищенный спирт

aqueduct [ˈækwɪdʌkt] *n* 1. *тех.* акведук 2. *анат.* канал, труба, проток

aqueous [ˈækwɪəs, ˈeɪkwɪəs] *a* 1. водяной; водный; водянистый; ~ solution водный раствор; ~ chamber *анат.* передняя камера глаза; ~ humour *физиол.* водянистая влага (*глаза*) 2. *геол.* водного происхождения; ~ rock осадочная порода

aqui- [ˈækwɪ-] = aqua-

aquiculture [ˈækwɪˌkʌltʃə] *n* 1) аквакультура, марикультура, разведение морских животных и растений в естественных условиях 2) гидропоника

aquifer [ˈækwɪfə] *n геол.* водоносный пласт, водоносный горизонт (*почвы*)

aquiferous [æˈkwɪfərəs] *a геол.* водоносный (*о пласте, горизонте*)

Aquila [ˈækwɪlə] *n астр.* созвездие Орла

aquilegia [ˌækwɪˈliːdʒ(ɪ)ə] *n бот.* аквилегия, водосборный колокольчик, голубки (*Aquilegia gen.*)

aquiline [ˈækwɪlaɪn] *a* 1) орлиный 2) орлиный, похожий на клюв орла; ~ nose орлиный нос

aquilon [ˈækwɪlɒn] *n уст., поэт.* аквилон, северный *или* северо-восточный ветер

aquiver [əˈkwɪvə] *a predic* дрожа, трепеща; ~ with excitement дрожа от волнения

aquose [ˈeɪkwəʊs] *a редк.* водянистый

ar [ɑː] *n* ар, название буквы R

-ar[1] [-ə] *suff* выделяется в немногих сущ., обозначающих лицо-деятеля: beggar нищий; liar лжец

-ar[2] [-ə] (*тж.* -ear, -iar) *suff* встречается в прил., производных от основ сущ. на -l, -le: scalar скалярный; solar солярный; polar полярный; nuclear ядерный; angular угловой; popular народный

Arab I [ˈærəb] *n* 1. араб; арабка; the ~s *собир.* арабы 2. = arab 3. арабская лошадь, *особ.* скакун

Arab II [ˈærəb] *a* арабский; ~ nations /states/ арабские государства; ~ League Лига арабских государств /стран/; ~ horse = Arab I 3

arab [ˈærəb] *n* 1. *пренебр.* бродяга; city /street/ ~s дети улицы, беспризор-

ники 2. у́личный торго́вец 3. *амер.* ара́п, черномазый (*о темнокожем выходце из Азии или Европы*)
araba [ə'rɑ:bə] *n араб.* арба́
arabesque I [ˌærə'besk] *n* 1. *архит.* арабе́ска (*орнамент*) 2. *спорт.* «ла́сточка» 3. *полигр.* арабе́ска; раппо́рт 4. *муз.* арабе́ска 5. арабе́ск (*поза в балете*) 6. *книжн.* слове́сный вы́верт; претенцио́зность ре́чи; ~s of alliteration вы́чурность аллитера́ции
arabesque II [ˌærə'besk] *a* 1. укра́шенный арабе́сками 2. причу́дливый; причу́дливо переплета́ющийся; фантасти́ческий 3. (A.) *иск., архит.* маврита́нский; ара́бский; арави́йский
arabesquely [ˌærə'beskli] *adv книжн.* 1) в сти́ле арабе́сок 2) в маврита́нском сти́ле
Arabian I [ə'reɪbɪən] *n* 1. арави́ец; арави́йка 2. *арх.* ара́б
Arabian II [ə'reɪbɪən] *a* 1. арави́йский 2. *арх.* ара́бский
◇ the ~ bird a) фе́никс; б) чу́до, уни́кум
Arabian camel [əˌreɪbɪən'kæm(ə)l] *зоол.* верблю́д одного́рбый, дромаде́р, дже́ммель (*Camelus dromedarius*)
Arabian millet [əˌreɪbɪən'mɪlɪt] *бот.* со́рго обыкнове́нное (*Sorghum vulgare*)
Arabic I ['ærəbɪk] *n* ара́бский язы́к
Arabic II ['ærəbɪk] *a* ара́бский; ~ alphabet ара́бский алфави́т; ~ numerals ара́бские ци́фры
Arabica [ə'ræbɪkə] *n* ко́фе «ара́бика»
arability [ˌærə'bɪlɪtɪ] *n с.-х.* па́хотопригодность
Arabism ['ærəbɪz(ə)m] *n* араби́зм
Arabist ['ærəbɪst] *n* 1. араби́ст; специали́ст по ара́бскому языку́ 2. *полит.* защи́тник интере́сов ара́бских наро́дов
arable ['ærəb(ə)l] *a с.-х.* 1) па́хотный; обраба́тываемый, культиви́руемый; ~ land па́хотная земля́, па́шня, ни́ва, па́хота; ~ layer па́хотный слой, па́хотный горизо́нт 2) культу́рный; ~ meadow культу́рный луг
arable farming [ˌærəb(ə)l'fɑ:mɪŋ] земледе́лие, хлебопа́шество; полево́дство; зерново́е хозя́йство
Araby ['ærəbɪ] *n поэт.* Ара́вия
arachis ['ærəkɪs] *n* ара́хис, земляно́й оре́х; ~ oil оре́ховое ма́сло, ара́хисовое ма́сло
Arachne [ə'ræknɪ] *n греч. миф.* Ара́хна
Arachnida [ə'ræknɪdə] *n pl зоол.* паукообра́зные, арахни́ды
arachnoid I [ə'ræknɔɪd] *n анат.* паути́нная оболо́чка (*мозга*)
arachnoid II [ə'ræknɔɪd] *a* 1. *зоол.* паукообра́зный 2. *спец.* паути́нный, паутинообра́зный; покры́тый волоска́ми в ви́де паути́ны; ~ sheath *анат.* паути́нная оболо́чка (*мозга*)
arachnoidite [ˌæræk'nɔɪdaɪt] *n мед.* арахноиди́т, воспале́ние паути́нной оболо́чки (*мозга*)
arachnology [ˌæræk'nɒlədʒɪ] *n* арахноло́гия, изуче́ние паукообра́зных
aragonite [ə'rægənaɪt, 'ærəgənaɪt] *n мин.* арагони́т
Aramaean I [ˌærə'mi(:)ən] *n ист.* 1. араме́янин; араме́янка; the ~s *собир.* араме́и 2. = Aramaic I
Aramaean II [ˌærə'mi(:)ən] *a* относя́щийся к араме́ям или к Араме́е (*дре́вней Си́рии*)
Aramaic I [ˌærə'meɪɪk] *n* араме́йский язы́к
Aramaic II [ˌærə'meɪɪk] *a* араме́йский; ~ alphabet араме́йский алфави́т, араме́йское письмо́
Aramean I, II [ˌærə'mi(:)ən] = Aramaean I *и* II
araneid [ə'reɪnɪ(:)ɪd] *n зоол.* пау́к (*Arachnida*)

araneidal [ˌærə'nɪ:ɪdəl] = araneidan II
araneidan I [ˌærə'nɪ:ɪdən] = araneid
araneidan II [ˌærə'nɪ:ɪdən] *а зоол.* паукообра́зный
Arapaho(e) [ə'ræpəhəʊ] *n (pl тж. без измен.)* арапа́хо (*племя североамерика́нских инде́йцев или инде́ец из э́того пле́мени*)
araphorostic [ˌærəfə'rɒstɪk] *a редк.* сде́ланный из це́льного куска́; бесшо́вный
araucaria [ˌærɔ:'ke(ə)rɪə] *n бот.* арука́рия (*Araucaria spp.*)
arbalest ['ɑ:bəlɪst] *n ист.* арбале́т, лук-самостре́л
arbalester ['ɑ:bəlɪstə] *n ист.* стрело́к из арбале́та
arbalist ['ɑ:bəlɪst] = arbalest
arbalister ['ɑ:bəlɪstə] = arbalester
arbiter ['ɑ:bɪtə] *n* 1. *юр.* трете́йский судья́, арби́тр 2. *книжн.* 1) власти́тель, повели́тель 2) (верхо́вный) судья́; ~ of our fate /of our destinies/ верши́тель на́шей судьбы́ /на́ших суде́б/ 3. *спорт.* гла́вный судья́
arbitrable ['ɑ:bɪtrəb(ə)l] *а юр.* подлежа́щий рассмотре́нию в арбитра́жном поря́дке; ~ dispute спор, разреши́мый в трете́йском суде́ /в арбитра́же/
arbitrage ['ɑ:bɪtrɪdʒ] *n* 1. *фин., бирж.* арбитра́ж, арбитра́жные опера́ции (*поку́пка и прода́жа це́нных бума́г, това́ров и т. п. на разли́чных ры́нках*) 2. *редк.* арбитра́ж, трете́йское реше́ние
arbitral ['ɑ:bɪtrəl] *а* арбитра́жный, трете́йский (*о решении и т. п.*)
arbitrament [ɑ:'bɪtrəmənt] *n* 1. *юр.* реше́ние трете́йского суда́, арбитра́жа 2. *спорт.* реше́ние гла́вного судьи́ 3. *арх.* пра́во реша́ть; неограни́ченная верхо́вная власть
arbitrarily ['ɑ:bɪtrərɪlɪ] *adv* 1. произво́льно 2. *книжн.* деспоти́чно
arbitrariness ['ɑ:bɪtrərɪnɪs] *n* 1. произво́льность 2. *книжн.* деспоти́зм
arbitrary ['ɑ:bɪtrərɪ] *a* 1. произво́льный, случа́йный; ~ choice случа́йный вы́бор; вы́бор науда́чу; ~ signs and symbols *полигр.* усло́вные зна́ки и обозначе́ния 2. *книжн.* капри́зный, непостоя́нный; своево́льный 3. *книжн.* деспоти́чный; ~ rule деспоти́зм, произво́л вла́сти; ~ government автокра́тия
arbitrate ['ɑ:bɪtreɪt] *v* 1. *юр.* 1) выноси́ть трете́йское реше́ние 2) быть трете́йским судьёй, де́йствовать в ка́честве трете́йского судьи́ 3) передава́ть вопро́с на разреше́ние трете́йского суда́; to ~ differences передава́ть разногла́сия на реше́ние арби́тра 2. рассуди́ть (*спо́рящих*); the teacher ~d between the two boys in their quarrel учи́тель рассуди́л поссо́рившихся ма́льчиков
arbitration [ˌɑ:bɪ'treɪʃ(ə)n] *n юр.* 1. разбо́р спо́ра трете́йским судо́м, арбитра́жем 2. соглаше́ние сторо́н о переда́че их спо́ра на разреше́ние трете́йского суда́ 3. трете́йский суд, арбитра́ж; to settle by ~ разреши́ть спор трете́йским судо́м; ~ tribunal, court of ~ трете́йский /арбитра́жный/ суд
arbitrator ['ɑ:bɪtreɪtə] = arbiter 1 *и* 2
arbitrement [ɑ:'bɪtrəmənt] = arbitrament
arblast ['ɑ:blɑ:st] = arbalest
arbor[1] ['ɑ:bə] *n* 1. (*pl -res* [-ri:z]) *бот.* де́рево (*в отличие от кустарника*) 2. *амер.* = arbour
arbor[2] ['ɑ:bə] *n* 1. *тех.* вал, шпи́ндель, ось; опра́вка 2. *метал.* армату́ра лите́йного сте́ржня; ~ press *тех.* пресс для запрессо́вки
arboraceous [ˌɑ:bə'reɪʃəs] *a* 1) древови́дный 2) древе́сный
arboral ['ɑ:bər(ə)l] = arboreal
arborary ['ɑ:bərərɪ] = arboreal

ARA — ARC A

Arbor Day ['ɑ:bəˌdeɪ] *амер.* день древонасажде́ния
arboreal [ɑ:'bɔ:rɪəl] *a* 1. древе́сный 2. обита́ющий на дере́вьях
arboreous [ɑ:'bɔ:rɪəs] *a* 1. древе́сный 2. древови́дный 3. леси́стый
arborescence [ˌɑ:bə'res(ə)ns] *n* древови́дное образова́ние
arborescent [ˌɑ:bə'res(ə)nt] *a* 1. древови́дный; ~ crystals *мин.* дендри́ты; ~ structure *метал.* дендри́тная структу́ра 2. разветвля́ющийся подо́бно де́реву
arboret ['ɑ:bərɪt] *n арх.* 1. де́ревце, куст 2. куста́рник; ро́щица 3. бесе́дка, уви́тая зе́ленью
arboreta [ˌɑ:bə'ri:tə] *pl от* arboretum
arboretum [ˌɑ:bə'ri:təm] *n (pl тж. -ta)* 1) древе́сный пито́мник 2) дендра́рий
arboriculture ['ɑ:bərɪˌkʌltʃə] *n* древово́дство, разведе́ние древе́сных поро́д
arboriculturist [ˌɑ:bərɪ'kʌltʃərɪst] *n* лесово́д
arboriform ['ɑ:bərɪfɔ:m] = arborescent 2
arborist ['ɑ:bərɪst] *n* 1. = arboriculturist 2 ботани́к, герба́рист
arborization [ˌɑ:bər(ə)ɪ'zeɪʃ(ə)n] *n спец.* образова́ние древови́дного рису́нка
arborize ['ɑ:bəraɪz] *v* разветвля́ться, ветви́ться
arborous ['ɑ:bərəs] *a* древе́сный
arbor vitae [ˌɑ:bɔ:'vaɪtɪ:] *бот.* ту́я восто́чная (*Thuja occidentalis*)
arbor wind ['ɑ:bəˌwaɪnd] *бот.* декорати́вный вид ипоме́и (*Ipomoea tuberosa*)
arbour ['ɑ:bə] *n* бесе́дка, уви́тая зе́ленью
arbuscle ['ɑ:bʌsl] *n бот.* 1. древови́дный куста́рник; ка́рликовое де́рево 2. ветвя́щаяся гауста́рия
arbute ['ɑ:bju:t] *поэт. см.* arbutus
arbutus [ɑ:'bju:təs] *n бот.* земляни́чное де́рево (*Arbutus*)
arc I [ɑ:k] *n* 1. а́рка, свод, изги́б 2. *мат.* дуга́ 3. *эл.* 1) электри́ческая, во́льтова дуга́; ~ lamp дугова́я ла́мпа; ~ light дугово́й свет 2) и́скра (*при замыка́нии тока*)
arc II [ɑ:k] *v* (arced, arcked) *эл.* 1) образо́вывать дугу́ 2) искри́ть
arcade [ɑ:'keɪd] *n* 1. 1) пасса́ж (*с магази́нами*) 2) галере́я игровы́х автома́тов 2. *архит.* арка́да, сво́дчатая галере́я 3. сво́дчатая ни́ша в стене́
Arcadia [ɑ:'keɪdɪə] *n* 1) Арка́дия (*идилли́ческая страна́ арка́дских пасту́шков*) 2) идилли́ческий край неви́нных наслажде́ний; ми́рный брег
Arcadian I [ɑ:'keɪdɪən] *n* 1) арка́дский пастушо́к; обита́тель счастли́вой, идилли́ческой страны́
Arcadian II [ɑ:'keɪdɪən] *a* 1) арка́дский, относя́щийся к Арка́дии; пасту́шеский, идилли́ческий 2) *лит.* пастора́льный
arcadian [ɑ:'keɪdɪən] *a* име́ющий арка́ды, с арка́дами
Arcady ['ɑ:kədɪ] *поэт. см.* Arcadia
arcana [ɑ:'keɪnə] *n pl* 1. *pl от* arcanum 2. та́йны; зага́дки; непознава́емое; ~ of nature та́йны приро́ды; ~ of political intrigues секре́ты полити́ческих интри́г 3. ма́гия, таи́нственные си́лы 4. кни́ги о ма́гии, яснови́дении, парапсихоло́гии *и т. п.*
arcane [ɑ:'keɪn] *a* та́йный, скры́тый; тёмный, зага́дочный; сокрове́нный; ~ rites та́йные обря́ды; заклина́ния, за́говоры, колдовство́ *и т. п.*; ~ knowledge зна́харство, колдовство́
arcanum [ɑ:'keɪnəm] *n (pl тж.* arcana*)* волше́бное зе́лье; чуде́сный эликси́р

arcature ['ɑ:kətʃə] *n архит.* сводчатая балюстрада

arc-boutant [,ɑ:bu(:)'tɒŋ] *n* (*pl* arcs-boutants* ['tɒŋ]) *фр. стр.* аркбутан, наружная подпорная арка; арочный контрфорс

arc cosecant [,ɑ:kkəʊ'si:kənt] *мат.* арккосеканс

arc cosine [,ɑ:k'kəʊsaɪn] *мат.* арккосинус

arc cotangent [,ɑ:kkəʊ'tændʒ(ə)nt] *мат.* арккотангенс

arch¹ I [ɑ:tʃ] *n* 1. 1) арка; свод, аркада; semicircular [pointed] ~es полукруглые [остроконечные] арки; triumphal ~ триумфальная арка /-ые ворота/; ~ falsehood *стр.* кружала, опалубка свода; the ~es of a bridge [of a viaduct] своды моста [виадука] 2) сводчатый проход, переход 2. 1) дуга 2) что-л. по форме напоминающее арку *или* дугу; ~ of the foot *анат.* свод стопы; ~ of the ribs *анат.* рёберная дуга; ~ of the aorta *анат.* дуга аорты 3) радуга 3. (the A.) небосвод; the starry ~ звёздное небо 4. *спорт.* траектория (*полёта снаряда*); flat ~ пологая траектория; high ~ крутая, навесная траектория 5. лука (*седла*); front [rear] ~ передняя [задняя] лука 6. *спорт.* прогиб 7. *геол.* антиклиналь 8. *горн.* целик

arch¹ II [ɑ:tʃ] *v* 1. перекрывать сводом; возводить своды; the river is ~ed over by a bridge через реку перекинут мост 2. выгибать, изгибать дугой; to ~ the eyebrows поднимать брови (дугой); the cat ~ed its back кошка выгнула спину 3. придавать форму арки

arch² [ɑ:tʃ] *a* 1. игривый, лукавый, с хитрецой; ~ look [smile] лукавый взгляд [-ая улыбка]; to look ~ иметь игриво-лукавый вид (*обыкн. о женщинах и детях*) 2. хитрый, ловкий

arch³ [ɑ:tʃ] *a* главный; самый важный; the ~ rebel предводитель повстанцев

arch- [-ɑ:tʃ-] (*тж.* archi-, arche-) *pref* встречается в существительных и прилагательных 1. *со значением* 1) главный, старший, высший (*преимущественно в званиях, титулах и т. п.*): archbishop архиепископ, archdeacon архидиакон, archduke эрцгерцог 2) первоначальный, первичный, исконный: arch-father прародитель; archiblast протоплазма яйцеклетки 2. *с эмоционально-усилительным значением высшей степени качества*: archenemy заклятый враг; arch-liar отъявленный лжец; arch-rogue архиплут

Archaean [ɑ:'ki:ən] *a геол.* архейский, докембрийский

archaebacteria [,ɑ:kɪbæk'tɪ(ə)rɪə] *n pl биол.* архебактерии, архибактерии

arhaeo- ['ɑ:kɪə(ʊ)-] (*тж.* archeo-) в сложных словах (*с греч. корнями*) имеет значение древний: archaeology археология; archaeopteryx археоптерикс; archeozoic археозойский; archeomagnetism археомагнетизм

archaeoastronomer [,ɑ:kɪəʊə'strɒnəmə] *n* древний астроном; астроном времён античности

archaeoastronomy [,ɑ:kɪəʊə'strɒnəmɪ] *n* 1. археоастрономия, античная астрономия 2. история древней астрономии

archaeography [,ɑ:kɪ'ɒgrəfɪ] *n* археография

archaeologian [,ɑ:kɪə'lɒdʒɪən] = archaeologist

archaeologic, archaeological ['ɑ:kɪə'lɒdʒɪk, -(ə)l] *a* археологический

archaeologist [,ɑ:kɪ'ɒlədʒɪst] *n* археолог

archaeology [,ɑ:kɪ'ɒlədʒɪ] *n* археология

archaeomagnetism [,ɑ:kɪə'mægnɪtɪz(ə)m] *n геол.* археомагнетизм

archaeometry [,ɑ:kɪ'ɒmɪtrɪ] *n* датирование археологических находок

archaeopteryx [,ɑ:kɪ'ɒptərɪks] *n палеонт.* археоптерикс (*Archaeopteryx macrura*)

Archaeozoic [,ɑ:kɪə'zəʊɪk] *a геол.* археозойский; ~ era археозойская эра

archaic [ɑ:'keɪɪk] *a* 1. архаичный, устарелый; ~ word лексический архаизм; ~ traditions отжившие традиции 2. древний; ~ sculpture древняя скульптура 3. вышедший из употребления; ~ laws устаревшие законы

archaism [ɑ:'keɪɪz(ə)m] *n* 1. архаизм, архаичность; архаичный стиль 2. архаизм, архаичное слово *или* выражение 3. отжившее установление, устаревший институт; judicial ~ правовой архаизм, устаревшее юридическое представление

archaist [ɑ:'keɪɪst] *n книжн.* 1. любитель выражаться старомодно 2. любитель древностей; антиквар

archaistic [,ɑ:keɪ'ɪstɪk] *a* 1. архаический, стилизованный под старину; псевдоархаический

archaize [ɑ:'keɪaɪz] *v* 1. архаизировать, стилизовать под старину 2. (широко) пользоваться архаизмами

archangel ['ɑ:keɪndʒ(ə)l] *n рел.* архангел

archbishop [,ɑ:tʃ'bɪʃəp] *n* архиепископ

archbishopric [,ɑ:tʃ'bɪʃəprɪk] *n* 1) архиепископство 2) архиепископская епархия

arch-butler [,ɑ:tʃ'bʌtlə] *n ист.* обер-мундшенк

arch-buttress [,ɑ:tʃ'bʌtrɪs] = arc-boutant

arch-chamberlain [,ɑ:tʃ'tʃeɪmbəlɪn] *n ист.* обер-камергер

arch-chanter [,ɑ:tʃ'tʃɑ:ntə] *n* регент (*певчих в соборе*)

archdeacon [,ɑ:tʃ'di:kən] *n* архидиакон

archdiocese [,ɑ:tʃ'daɪəsɪ(:)s] *n церк.* митрополия, епархия архиепископа

archducal [,ɑ:tʃ'dju:k(ə)l] *a ист.* эрцгерцогский

archduchess [,ɑ:tʃ'dʌtʃɪs] *n ист.* эрцгерцогиня

archduchy [,ɑ:tʃ'dʌtʃɪ] *n ист.* эрцгерцогство

archduke [,ɑ:tʃ'dju:k] *n ист.* эрцгерцог

arche- ['ɑ:kɪ-] = arch-

Archean [ɑ:'ki:ən] = Archaean

arched [ɑ:tʃt] *a* арочный, дуговой, сводчатый; ~ girder *стр.* арочная балка *или* ферма

archegay ['ɑ:tʃɪgaɪ] = assagai

archegonia [,ɑ:kɪ'gəʊnɪə] *pl от* archegonium

archegonium [,ɑ:kɪ'gəʊnɪəm] *n* (*pl* -nia) *бот.* архегоний (*у папоротников, мхов и др.*)

archenemy [,ɑ:tʃ'enəmɪ] *n* 1) заклятый враг; главный враг 2) враг рода человеческого, дьявол

archeo- ['ɑ:kɪə(ʊ)-] = archaeo-

archer ['ɑ:tʃə] *n* 1. стрелок из лука, лучник 2. (A.) *астр.* Стрелец (*созвездие*)

archery ['ɑ:tʃərɪ] *n* 1. искусство стрельбы из лука; стрельба из лука 2. *собир.* снаряжение стрелка из лука 3. *ист. собир.* лучники 4. *ист.* 1) феодальная воинская повинность 2) *собир.* лучники феодала

Arches ['ɑ:tʃɪz] *n* (*сокр. от* Court of Arches) *разг.* церковный апелляционный суд (*англиканской церкви*)

arches ['ɑ:tʃɪz] *n мор. разг. см.* archipelago

archetypal ['ɑ:kɪtaɪp(ə)l] *a* первичный, первоначальный, исконный

archetype ['ɑ:kɪtaɪp] *n* 1. прототип; оригинал, образец (*с которого снимаются копии*); модель 2. *спец.* архетип 3. *филос.* идея, мысль, определяющая форму предмета

archetypist ['ɑ:kɪtaɪpɪst] *n* исследователь первопечатных книг

arch-father [,ɑ:tʃ'fɑ:ðə] *n* прародитель, праотец

archfiend [,ɑ:tʃ'fi:nd] *n* враг рода человеческого, сатана

arch-flamen [,ɑ:tʃ'fleɪmen] *n* 1) *ист.* верховный фламин (*верховный жрец Юпитера в Древнем Риме*) 2) архиепископ; архипастырь

archfoe [,ɑ:tʃ'fəʊ] *n* враг рода человеческого, дьявол

archi- ['ɑ:kɪ-] = arch-

archiater [,ɑ:kɪ'eɪtə] *n ист.* (главный) придворный врач, врач короля

archibenthos [,ɑ:kɪ'benθɒs] *n палеонт.* архибентос

archie¹ I ['ɑ:tʃɪ] *n воен. проф.* 1. тяжёлое зенитное орудие; зенитная пушка; ~ fire огонь зенитной артиллерии 2. *pl* разрывы зенитных снарядов

archie¹ II ['ɑ:tʃɪ] *v воен. проф.* обстреливать зенитным огнём

archie² ['ɑ:tʃɪ] *n сл.* муравей

archiepiscopacy [,ɑ:kɪɪ'pɪskəpəsɪ] *n* архиепископство

archiepiscopate [,ɑ:kɪɪ'pɪskəpət] *n* = archiepiscopacy

archil ['ɑ:kɪl] *n* 1. *бот.* леканора, роккелла (*Roccella spp., Lecanora spp.*) 2. орсель (*краска из леканоры*)

archimage ['ɑ:kɪmeɪdʒ] *n* верховный маг; великий колдун, волшебник

archimandrite [,ɑ:kɪ'mændraɪt] *n церк.* архимандрит

Archimedean [,ɑ:kɪ'mi:dɪən] *a* архимедов; ~ principle закон Архимеда; ~ screw архимедов винт

archimime ['ɑ:kɪmaɪm] *n ист.* 1. главный шут 2. главный мим (*изображавший покойного в похоронной процессии в Древнем Риме*)

arching ['ɑ:tʃɪŋ] *n* 1. выкладка сводов 2. *спорт.* прогибание

archipelago [,ɑ:kɪ'peləgəʊ] *n* (*pl* -os, -oes [-əʊz]) 1. 1) море *или* водное пространство с многочисленными островами 2) (A.) *уст.* Эгейское море 2. архипелаг; группа островов

archiphoneme [,ɑ:kɪ'fəʊni:m] *n лингв.* архифонема

architect I ['ɑ:kɪtekt] *n* 1. архитектор, зодчий; naval ~ корабельный инженер 2. творец, создатель; the ~s of the Constitution творцы конституции; ~ of one's own happiness /fortunes/ ≅ кузнец своего счастья; хозяин своей судьбы

architect II ['ɑ:kɪtekt] *v* строить, планировать, конструировать; the house was ~ed to harmonize with the landscape дом был архитектурно привязан к ландшафту

architectonic, architectonical [,ɑ:kɪtek'tɒnɪk, -(ə)l] *a* 1. 1) архитектурный; строительный 2) структурный 2. *уст.* относящийся к систематизации науки

architectonics [,ɑ:kɪtek'tɒnɪks] *n* 1) архитектура, зодчество 2) архитектоника (*тж. книги и т. п.*)

architectural [,ɑ:kɪ'tektʃ(ə)rəl] *a* архитектурный; ~ engineer инженер-строитель; ~ engineering строительная техника

architecturalist [,ɑ:kɪ'tektʃ(ə)rəlɪst] *n* специалист по архитектуре, знаток архитектуры

architecturally [,ɑ:kɪ'tektʃ(ə)rəlɪ] *adv*

архитектýрно, зóдчески; с тóчки зрéния архитектýры
architecture [ˈɑːkɪtektʃə] *n* 1. 1) архитектýра, зóдчество; строи́тельное искýсство 2) архитектýрный стиль; Gothic [Russian, Arabian] ~ готи́ческий [рýсский, маврита́нский] стиль 3) архитектýрное сооружéние, здáние; ruins of ancient ~s развáлины стари́нных сооружéний 2. *книжн.* структýра, строéние; ~ of the snow структýра снéга; ~ of speech строй /построéние/ рéчи; ~ of a molecule строéние молéкулы
architrave [ˈɑːkɪtreɪv] *n архит.* архитрáв
archival [ɑːˈkaɪv(ə)l] *a* 1. архи́вный; ~ depository храни́лище архи́вных материáлов, архи́в; ~ science архиви́стика, архивовéдение 2. отражённый в докумéнтах *или* летопи́сях
archive [ˈɑːkaɪv] *n* 1. *обыкн. pl* архи́в (*храни́лище и материáлы*) 2. *возвыш.* храни́лище; the experience was sealed in the ~ of her memory э́то пережива́ние онá бéрежно храни́ла в пáмяти
archivist [ˈɑːkɪvɪst] *n* 1) архивáриус; храни́тель архи́ва 2) архивовéд
archivistics [ˌɑːkɪˈvɪstɪks] *n* архиви́стика, архивовéдение
archivolt [ˈɑːkɪvəʊlt] *n архит.* архивóльт
archlute [ˈɑːtʃluːt] *n* теóрба (*стари́нный муз. инструмéнт*)
archly [ˈɑːtʃlɪ] *adv* 1) игри́во, лукáво, насмéшливо 2) хи́тро, ковáрно
archness [ˈɑːtʃnɪs] *n* 1) игри́вое лукáвство; насмéшливость 2) хи́трость, лукáвство
archon [ˈɑːkɒn] *n* 1. *ист.* архóнт (*вы́сшее должностнóе лицó в Дрéвней Грéции*) 2. власти́тель, властели́н
archosaur [ˈɑːkəsɔː] *n палеонт.* археозáвр
arch-prelate [ˌɑːtʃˈprɛlɪt] = archbishop
arch-presbyter [ˌɑːtʃˈprɛzbɪtə] *n церк.* протопресви́тер
archpriest [ˌɑːtʃˈpriːst] *n* 1. первосвящéнник 2. *церк.* 1) протоиерéй 2) благочи́нный 3) протопресви́тер
arch-see [ˌɑːtʃˈsiː] *n* епáрхия архиепи́скопа
arch support [ˈɑːtʃsəˌpɔːt] супинáтор (*в óбуви*)
arch-traitor [ˌɑːtʃˈtreɪtə] *n* 1) ковáрный предáтель 2) Иýда 3) Сатанá
arch-villain [ˌɑːtʃˈvɪlən] *n* архизлодéй, глáвный злодéй
archway [ˈɑːtʃweɪ] *n* 1) прохóд под áркой, свóдчатый прохóд 2) áрка над прохóдом
archwise [ˈɑːtʃwaɪz] *adv* в фóрме áрки *или* свóда
-archy [-əkɪ, -ɑːkɪ] компонéнт слóжных слов со значéнием власть; monarchy монáрхия, самодержáвие; geriarchy власть стáрцев
arciform [ˈɑːsɪfɔːm] *a* дугообрáзный
arcing [ˈɑːkɪŋ] *n эл.* искрéние; образовáние *или* горéние дуги́
arc-jet (engine) [ˈɑːkdʒet(ˈendʒɪn)] (*n*) *ав.* реакти́вный дви́гатель с электродугово́м подогрéвом тóплива
arcked [ɑːkt] *past и р. р. от* arc II
arcology [ɑːˈkɒlədʒɪ] *n* 1) архит. арколóгия 2) гóрод, постро́енный по еди́ному плáну, под одни́м кýполом [< architectural + ecology]
arc-over [ˌɑːkˈəʊvə] *n эл.* перекры́тие, дуговóй разря́д
arc secant [ˌɑːkˈsiːkənt] *мат.* арксéканс
arc sine [ˌɑːkˈsaɪn] *мат.* аркси́нус
arc tangent [ˌɑːkˈtændʒənt] *мат.* арктáнгенс
arctation [ɑːkˈteɪʃ(ə)n] *n мед.* сужéние, арктáция

arctic I [ˈɑːktɪk] *n (обыкн.* A.) 1) Áрктика 2) Céверный поля́рный круг
arctic II [ˈɑːktɪk] *a* 1. аркти́ческий, céверный, поля́рный; A. Circle Céверный поля́рный круг; A. Pole Céверный пóлюс; ~ smoke поля́рный /аркти́ческий/ тумáн 2. 1) óчень холóдный; суро́вый, ледянóй; ~ weather ледянóй хóлод, суро́вый моро́з 2) *перен.* непривéтливый; ~ welcome холóдный приём; ~ smile ледянáя улы́бка
arctic fox [ˈɑːktɪkˈfɒks] *n зоол.* песéц (*Alopex lagopus*)
arcticize [ˈɑːktɪsaɪz] *v* приспособля́ть к рабóте *или* жи́зни в аркти́ческих усло́виях
arctic lights [ˈɑːktɪkˈlaɪts] céверное сия́ние
arctics [ˈɑːktɪks] *n pl амер.* тёплые непромокáемые бóты
arctic seal [ˈɑːktɪkˈsiːl] *ком.* «кро́лик под кóтик» (*мех*)
Arcturus [ɑːkˈtjʊərəs] *n астр.* Арктýр (*звездá*)
arcual [ˈɑːkjʊəl] = arcuate
arcuate, arcuated [ˈɑːkjʊ(e)ɪt, -ɪd] *a* 1) дугообрáзный, сóгнутый в ви́де дуги́, áрки, свóда 2) *архит.* áрочный
arcuation [ˌɑːkjʊˈeɪʃ(ə)n] *n* 1. сгибáние в фóрме áрки 2. *мед.* изги́б, искривлéние (*кости*) 3. *бот.* укоренéние 4. 1) использовáние áрок в строи́тельстве 2) систéма áрок
arcus [ˈɑːkəs] *n метеор.* швáловый воротни́к
-ard [-əd] *suff* встречáется в сущ., обознача́ющих лицó: Spaniard испáнец; blinkard моргýн; wizzard колдýн; обы́чно указывает на отрицáтельные кáчества: sluggard лентя́й; dotard маразмáтик; bastard ублю́док; drunkard пья́ница
ardea [ˈɑːdɪə] *n зоол.* цáпля (*Ardea gen.*)
Arden [ˈɑːdn] *n* 1) *лит.* Арденский лес (*мéсто дéйствия комéдии Шекспи́ра «Как вам это понрáвится»*; *тж.* Forest of ~) 2) мéсто романти́ческих похождéний и фантасти́ческих происшéствий
ardency [ˈɑːd(ə)nsɪ] *книжн. см.* ardour
Ardenn [ˌɑːˈden] *n* ардéн (*порода тяжеловозных лошадéй*; ~ horse)
ardent [ˈɑːd(ə)nt] *a* 1. горя́чий, пы́лкий, стрáстный; рéвностный; ~ love пы́лкая /стрáстная/ любóвь; ~ hate [longing] жгýчая нéнависть [-ее желáние]; ~ champion [admirer] стрáстный борéц [поклóнник]; ~ follower [supporter] рéвностный послéдователь [стороник]; to be an ~ student of ancient history с увлечéнием изучáть исто́рию Дрéвнего ми́ра 2. пыла́ющий, обжигáющий; ~ heat паля́щий зной; ~ eyes пыла́ющий взор 3. *мор.* рыскли́вый (*о сýдне*)
ardentia verba [ɑːˌdentɪəˈvɜːbə] *лат.* я́ркая, стрáстная речь
ardently [ˈɑːd(ə)ntlɪ] *adv* горячó, пы́лко, стрáстно
ardent spirits [ˌɑːdəntˈspɪrɪts] крéпкие спиртны́е напи́тки
ardometer [ɑːˈdɒmɪtə] *n физ.* ардóметр, прибóр для измерéния высóких (*пове́рхностных*) температýр
ardor [ˈɑːdə] = ardour
ardour [ˈɑːdə] *n* 1. страсть, пыл, пы́лкость; рвéние, энтузиáзм; to fight with ~ страстно боро́ться (*за что-л.*); to argue with ~ с жáром спóрить /докáзывать/ 2. жарá, жар
arduous [ˈɑːdjʊəs] *a* 1. трýдный, напряжённый; ~ task [duty] трýдная задáча [обя́занность]; ~ life тя́жкая жизнь; ~ paths трýдные пути́ 2. энерги́чный, неутоми́мый; напряжённый (*о дéятельности и т. п.*); ~ efforts неослáбные

уси́лия; ~ manual labour изнури́тельный ручнóй труд 3. крутóй, труднодостýпный; an ~ hill крутáя горá, крутóй подъём
arduously [ˈɑːdjʊəslɪ] *adv* 1. с трудóм, с напряжéнием 2. энерги́чно, неутоми́мо
are[1] [ə, ɑː *перед гласным* (*полные формы*); ə, ər *перед гласным* (*редуци́рованные формы*)] 2-е л. ед. и мн. ч. настоя́щего врéмени глагóла be
are[2] [ɑː] *n* ар (*мéра земéльной плóщади*)
area [ˈe(ə)rɪə] *n* 1. 1) плóщадь, прострáнство, учáсток; vast ~ огрóмная плóщадь, общи́рное прострáнство; sown ~, ~ under crops посевнáя плóщадь; ~ sown to wheat, wheat growing ~ посевнáя плóщадь под пшени́цей; ~ under glass *с.-х.* плóщадь под стекло́м, закры́тый грунт; ~ of a room плóщадь кóмнаты; ~ of bearing *тех.* опóрная пове́рхность; bombing ~ *воен.* плóщадь бомбометáния; ~ bombing *воен.* бомбометáние по плóщади; ~ target *воен.* цель большóй плóщади; ~ of dispersion *воен.* плóщадь рассéивания 2) *мат.* плóщадь; ~ of a triangle плóщадь треугóльника 2. райóн, óбласть; зóна; geographic ~ географи́ческий райóн; postal ~ микрорайóн, обслýживаемый почтóвым отделéнием; service ~ *тех.* обслýживаемая зóна; dollar [sterling] ~ дóлларовая [стéрлинговая] зóна; free ~ зóна свобо́дной торгóвли; ~ headquarters штаб райóна дислокáции войск; ~ штаб воéнного óкруга 3. сфéра (*дéятельности*); óбласть (*исслéдования и т. п.*); in the ~ of language teaching [of foreign policy] в óбласти преподавáния языкóв [внéшней поли́тики]; ~s of agreement *полит.* óбласти соглáсия; вопросы, по кото́рым возмóжно *или* дости́гнуто соглашéние 4. размáх, охвáт; сфéра; ~ of thought кругозóр 5. 1) прохóд, ведýщий ко входу в подвáл 2) прия́мок пéред óкнами подвáльного этажá 6. *анат.* пóле (*коры́ головнóго мо́зга*) 7. *спец.* зóна; плóщадь 8. *спорт.* зóна
area agreement [ˌe(ə)rɪəgriːmənt] коллекти́вный договóр мéжду предпринимáтелем и рабо́чими какóй-л. óтрасли промы́шленности, распространя́ющийся на определённый райóн
area code [ˈe(ə)rɪəˌkəʊd] *амер., канáд.* трёхзнáчный междугорóдный телефóнный код
areal I [ˈe(ə)rɪəl] *n биол.* ареáл, зóна обитáния, óбласть распространéния
areal II [ˈe(ə)rɪəl] *a* региона́льный; ~ map *геол.* кáрта с окóнтуренными залéжами; ~ linguistics лингвисти́ческая геогрáфия
area material [ˈe(ə)rɪəməˌtɪ(ə)rɪəl] *полигр.* печáтный материáл, подсчи́тываемый по плóщади (*напр., иллюстрáции*)
area navigation [ˈe(ə)rɪənævɪˈgeɪʃ(ə)n] *ав.* автомати́ческая авиацио́нная навигáция по радиомая́кам
area rug [ˈe(ə)rɪəˌrʌg] небольшóй ковёр
area salesman [ˌe(ə)rɪəˈseɪlzmən] *ком.* коммивояжёр, обслýживающий отдéльный райóн, учáсток *и т. п.*; мéстный торгóвый агéнт
area scanning [ˈe(ə)rɪəˌskænɪŋ] *спец.* просмóтр изображéния по плóщади
area school [ˈe(ə)rɪəˌskuːl] *амер.* объединённая райóнная шкóла (*обслýживающая нéсколько микрорайо́нов*)
area sketch [ˈe(ə)rɪəˌsketʃ] *топ.* крóки

area study ['e(ə)rɪə,stʌdɪ] 1) краеведение 2) краеведческое исследование

areaway ['e(ə)rɪəweɪ] *n амер.* 1. = area 5, 2) 2. проход между зданиями

areca ['ærɪkə] *n бот.* арека (*Areca gen.*)

areligious [ˌeɪrɪ'lɪdʒəs] *a* неверующий; не связанный с религией

arena [ə'riːnə] *n* (*pl тж.* -ae) 1. арена; ~ for boxing matches ринг 2. *театр.* круглая сцена (*без авансцены; тж.* ~ stage) 3. место действия; поприще; in the world ~ на мировой арене; the ~ of politics политическое поприще; ~ of war театр военных действий
◇ ~ of the bears and bulls *бирж. проф.* фондовая биржа

arenaceous [ˌærɪ'neɪʃəs] *a* 1. песчанистый, песчаный; содержащий песок 2. растущий на песке

arenae [ə'riːniː] *pl от* arena

arenaria [ˌærɪ'ne(ə)rɪə] *n бот.* песчанка (*Arenaria gen.*)

arena theatre [ə'riːnəˌθɪətə] «круглый театр» (*со сценой в середине зала; тж.* стиль постановок в таком театре)

arenation [ˌærɪ'neɪʃ(ə)n] *n мед.* песочная ванна; лечебное применение горячего песка

arenose ['ærɪnəʊz] *a редк.* песчаный, песчанистый

aren't [ɑːnt] *разг. сокр. от* are not *и* am not; I'm your friend, ~ I? я ваш друг, правда?; you are tired, ~ you? вы устали, верно?

areocentric [ˌærɪə(ʊ)'sentrɪk] *a астр.* ареоцентрический, марсоцентрический

areographic [ˌærɪə(ʊ)'græfɪk] *a астр.* ареографический, относящийся к описанию Марса

areography [ˌærɪ'ɒgrəfɪ] *n* ареография, описание Марса

areoid ['ærɪɔɪd] *n астр.* ареоид, фигура Марса

areola [ə'riːələ] *n* (*pl тж.* -ae) 1. 1) *анат.* околососковый кружок 2) *мед.* кружок вокруг бородавки, гнойничка *и т. п.* 2. *бот.* ограниченный участок листовой пластинки 3. *энт.* участок крыла насекомого, ограниченный жилкованием

areolae [ə'riːəliː] *pl от* areola

areolar tissue [əˌriːələ'tɪʃuː, -'tɪsjuː] *анат.* рыхлая соединительная ткань

areole ['ærɪəʊl] = areola

areology [ˌærɪ'ɒlədʒɪ] *n*ареология (*раздел палеонтологии, посвящённый изучению Марса*)

areometer [ˌærɪ'ɒmɪtə] *n физ.* ареометр

areometry [ˌærɪ'ɒmɪtrɪ] *n спец.* ареометрия (*определение плотности жидкостей*)

areopagite [ˌærɪ'ɒpəgaɪt] *n* член ареопага (*в Древней Греции*)

Areopagus [ˌærɪ'ɒpəgəs] *n* 1. ареопаг (*в Древней Греции*) 2. (*a.*) верховный суд

areostyle [ˌærɪə(ʊ)'staɪl] *n архит.* ареостиль

Ares ['eərɪːz] *n греч. миф.* Арес (*бог войны*)

arête [ə're(ɪ)t] *n фр.* острый гребень горы (*альпинизм*)

Arethusa [ˌærɪ'θjuːzə] *n* 1) *греч. миф.* Аретуза, нимфа источника 2) (*а.*) *поэт.* источник, ключ

argali ['ɑːgəlɪ] *n зоол.* аргали, архар, горный баран (*Ovis argali*)

argent ['ɑːdʒənt] *n* 1. *геральд.* серебро 2. *поэт.* серебристость

argent II ['ɑːdʒənt] *a арх. поэт.* серебряный, серебристый; ~ moon серебристый месяц; he carried an ~ shield в руке его был серебряный щит

argentan ['ɑːdʒəntən] *n* нейзильбер (*сплав*)

argentic [ɑː'dʒentɪk] *a хим.* серебряный

argentiferous [ˌɑːdʒən'tɪfərəs] *a* серебронóсный, содержащий серебрó (*о руде*)

Argentine I ['ɑːdʒəntaɪn] *n* 1. *см.* Приложение 2. аргентинец; аргентинка

Argentine II ['ɑːdʒəntaɪn] *a* аргентинский

argentine I ['ɑːdʒəntaɪn] *n мин.* аргентин

argentine II ['ɑːdʒəntaɪn] *a* серебряный, серебристый

Argentinean, Argentinian [ˌɑːdʒən'tɪnɪən] = Argentine II

argentite ['ɑːdʒəntaɪt] *n мин.* аргентит, серебряный блеск

argentry ['ɑːdʒəntrɪ] *n уст.* столовое серебро

argentum [ɑː'dʒentəm] *n хим.* серебро

argil ['ɑːdʒɪl] *n* гончарная *или* белая глина

argillaceous [ˌɑːdʒɪ'leɪʃəs] *a* глинистый, содержащий глину

argillite ['ɑːdʒɪlaɪt] *n мин.* аргиллит, глинистый сланец

arginine ['ɑːdʒɪniːn] *n биохим.* аргинин (*аминокислота*)

Argive ['ɑːgaɪv, 'ɑːdʒaɪv] *n* 1. *ист.* аргивянин, житель Аргоса 2. грек

argle-bargle [ˌɑːgl'bɑːgl] = argy-bargy I

Argo ['ɑːgəʊ] *n* 1. *греч. миф.* Арго, корабль аргонавтов 2. *астр.* Арго, Корабль Аргонавтов (*созвездие*)

argol¹ ['ɑːgəl] *n* неочищенный винный камень

argol² ['ɑːgəl] *n тюрк.* кизяк

argon ['ɑːgɒn] *n хим.* аргон

Argonaut ['ɑːgənɔːt] *n* 1. *греч. миф.* аргонавт 2. (*а.*) *зоол.* аргонавт, моллюск из класса головоногих (*Nautilus spp.*) 3. *амер., канад. ист.* искатель счастья *или* золотоискатель (*во время «золотой лихорадки» в Калифорнии в 1849*)

argosy ['ɑːgəsɪ] *n ист.* 1. 1) большое торговое судно 2) караван торговых судов 2. *поэт.* корабль 3. *книжн.* хранилище, сокровищница; an ~ of railway folklore неисчерпаемый запас поездных анекдотов

argot ['ɑːgəʊ] *n* 1. аргó, жаргóн; thieves' ~ воровской жаргон; блатной язык; soldiers' ~ военный сленг 2. неодобр. профессиональная заумь; злоупотребление терминологией; the ~ of sociologists [of philosophers] непонятный непосвящённым язык социологов [философов]

argotic [ɑː'gɒtɪk] *a* арготический, жаргонный, сленговый

arguable ['ɑːgjʊəb(ə)l] *a* 1. спорный, требующий доказательства; сомнительный; that their decision was the best one is ~ можно согласиться в том /далеко не бесспорно/, что их решение является наилучшим 2. могущий быть доказанным; it is ~ that… можно утверждать, что…; есть основания думать, что…

argue ['ɑːgjuː] *v* 1. спорить; to ~ with smb. about smth. спорить с кем-л. о чём-л.; he is always ready to ~ он всегда затевает споры 2. аргументировать; приводить доводы; to ~ against [in favour of] smth. приводить доводы против [в пользу] чего-л.; he ~d for a different policy он доказывал необходимость новой политики; to ~ round and round the subject ходить вокруг да около, говорить не по существу; the counsel ~d the case адвокат излагал свои соображения по делу 3. убеждать, советовать; to ~ into smth. убедить в чём-л.; he ~d me into accepting his proposal он убедил меня принять его предложение; to ~ out of smth. разубедить в чём-л.; to ~ smb. out of an opinion разубедить кого-л.; he ~s that she should not go он не советует ей ехать; his letter ~s restraint в своём письме он призывает к сдержанности 4. утверждать, доказывать; to ~ that something isn't true категорически отрицать правильность *или* справедливость чего-л.; to ~ that black is white доказывать, что чёрное — это белое; he ~s that his discovery changed the course of history он утверждает, что его открытие повлияло на ход истории 5. свидетельствовать (*о чём-л.*), служить доказательством, подтверждением (*чего-л.*); to ~ from the sample *стат.* судить на основании выборки; his accent ~s him (to be) foreigner произношение выдаёт в нём иностранца; his clothes ~ his poor taste его одежда говорит о его плохом вкусе
◇ to ~ in circle впадать в порочный круг, рассуждать по кругу

argue away ['ɑːgjuːə'weɪ] *phr v* доказать неправильность, несостоятельность (*довода, возражения и т. п.*)

argufy ['ɑːgjʊfaɪ] *v прост.* спорить по пустякам, пререкаться

argument ['ɑːgjʊmənt] *n* 1. довод, доказательство, аргумент; weak [unconvincing] ~ слабый [неубедительный] довод; ~ from design *филос.* телеологический довод; to refute ~s опровергнуть доводы 2. аргументация; аргументированное выступление (*в защиту чего-л.*); let's settle this affair by ~ not by fighting давайте уладим дело обсуждением доводов каждой стороны, а не нападками друг на друга 3. спор, дискуссия; an ~ with the referee спор с рефери; it is beyond ~ that… совершенно бесспорно /и спорить нечего/, что… 4. 1) тема *или* основная идея (*литературного произведения*); the central ~ of his paper was presented with clarity главная тема его работы была изложена ясно 2) краткое содержание (*книги*) 5. *лог.* средний термин силлогизма 6. *мат.* аргумент, независимая переменная 7. *информ., вчт.* параметр; ~ list список параметров; ~ passing передача параметров

argumenta [ˌɑːgjʊ'mentə] *pl от* argumentum

argumentation [ˌɑːgjʊmən'teɪʃ(ə)n] *n* 1. аргументация, приведение доводов 2. спор

argumentative [ˌɑːgjʊ'mentətɪv] *a* 1. 1) любящий спорить 2) свидетельствующий (*о чём-л.*), являющийся доказательством (*чего-л.*) 2. спорный, дискуссионный

argumentum [ˌɑːgjʊ'mentəm] *n* (*pl* -ta) *лог., мат.* доказательство

argumentum ad hominem [ˌɑːgjʊˌmentəmæd'hɒmɪnem] *лат.* аргументум ад хоминем, аргумент «к человеку» (*рассчитан на восприятие и особенности убеждаемого*)

argumentum ad ignorantium [ˌɑːgjʊˌmentəmædɪgnə'ræntɪum] *лат.* аргументум ад игнорантиум, доказательство, рассчитанное на неосведомлённость противника

argumentum ad rem [ˌɑːgjʊˌmentəmæd'rem] *лат.* аргументум ад рем, доказательство по существу дела

argumentum baculinum [ˌɑːgjʊˌmentəmˌbækə'lɪnum] *лат.* «убеждение» с позиции силы; кулачное право [*букв.* палочная аргументация]

argumentum ex silentio [ˌɑːgjʊˌmentəmekssɪˈlentɪəʊ] *лат.* молчаливая аргументация [*букв.* доказательство (выводимое) из умолчания]

Argus [ˈɑːgəs] *n* 1) *греч. миф.* Аргус 2) бдительный страж 2. (a.) = argus pheasant

Argus-eyed [ˌɑːgəsˈaɪd] *a* бдительный; зоркий

argus pheasant [ˌɑːgəsˈfez(ə)nt] *зоол.* аргус, фазан-аргус (*Argusianus gen.*)

argute [ɑːˈgjuːt] *a* 1. резкий, пронзительный (*о звуке*) 2. проницательный, хитрый 3. *бот.* острозубчатый, с острыми зубцами (*о листе*)

argy-bargy I [ˌɑːdʒɪˈbɑːdʒɪ] *n сл.* спор, перепалка; пререкания, грызня

argy-bargy II [ˌɑːdʒɪˈbɑːdʒɪ] *v сл.* спорить, ссориться; пререкаться; грызться, лаяться

argyle [ɑːˈgaɪl] *n* 1) вязка с узором «ромбиками» из разноцветной шерсти на гладком фоне 2) вещи, связанные такой вязкой (*особ. галстуки, носки*)

arhar [ɑːˈhɑː] *n* архар, голубиный горох (*Cajanus indicus*)

Arhat, arhat [ˈɑːhət] *n санскр.* архат, буддист, достигший нирваны

arhythmia [əˈrɪðmɪə] = arrhythmia

arhythmic [əˈrɪðmɪk] = arrhythmic

aria [ˈɑːrɪə] *n муз.* ария

Ariadne [ˌærɪˈædnɪ] *n греч. миф.* Ариадна; ~'s clew /thread/ нить Ариадны, путеводная нить

Arian I, II [ˈe(ə)rɪən] = Aryan I и II

-arian [-ˈe(ə)rɪən] *suff* встречается в *сущ. и прил. лат. происхождения со значением*: 1. (человек) с такими-то взглядами, убеждениями, поведением: authoritarian авторитарный; disciplinarian сторонник строгой дисциплины; latitudinarian сторонник терпимости; humanitarian гуманитарный; гуманист; vegetarian вегетарианец; sectarian сектант; egalitarian эгалитарный; totalitarian тоталитарный 2. (человек) такого-то возраста: octogenarian восьмидесятилетний (старик); centenarian столетний (старик)

arthr- [ɑːθr-] = arthro-

arthro- [ˈɑːθrə(ʊ)-] (*тж.* arthr-) *мед., биол.* в сложных словах имеет значение сустав, член: arthroplasty артропластика; arthropoda членистоногие; arthritis артрит

Arianism [ˈe(ə)rɪənɪz(ə)m] *n церк.* арианство, ересь Ария

arid [ˈærɪd] *a* 1. 1) сухой, безводный; засушливый; *метеор. тж.* аридный; ~ zone аридная /засушливая/ зона 2) бесплодный; ~ desert бесплодная пустыня 2. скучный, сухой, неинтересный; ~ scientific studies сухие научные изыскания

aridity, aridness [əˈrɪdɪtɪ, ˈærɪdnɪs] *n* 1. 1) сухость, засушливость 2) бесплодность 2. скука; сухость

Ariel [ˈe(ə)rɪəl] *n астр.* Ариэль (*спутник Урана*) 2. 1) *лит.* Ариэль (*персонаж комедии Шекспира «Буря»*) 2) добрый гений

ariel [ˈe(ə)rɪəl] *n зоол.* газель арабская (*Gasella arabica*)

Aries [ˈe(ə)rɪ(ː)z] *n* 1. *астр.* Овен (*созвездие и знак зодиака*) 2. человек, родившийся под знаком Овна (*в астрологии*)

arietta [ˌɑːrɪˈetə, ˌærɪˈetə] *n муз.* ариэтта

aright [əˈraɪt] *adv* правильно, верно; to set ~ исправлять; налаживать; have I understood you ~? я вас правильно понял?; if I heard you ~ you said you would go если я не ослышался, вы сказали, что уедете

aril [ˈærɪl] *n бот.* ариллус, кровелька, присемянник; кожура (*семени*)

ariose [ˈɑːrɪəʊs, ˈærɪəʊs] *a муз.* певучий, мелодичный

arioso [ˌɑːrɪˈəʊzəʊ] *n муз.* ариозо

a-riot [əˈraɪət] *a predic редк.* буйно, беспорядочно

arise [əˈraɪz] *v* (arose; arisen) 1. возникать, появляться; a question [a controversy] arose возник вопрос [спор]; doubts [difficulties] arose появились сомнения [трудности]; a strong wind arose поднялся /начался/ сильный ветер 2. (from, out of) проистекать, являться результатом; accidents often ~ from carelessness неосторожность часто ведёт /приводит/ к несчастным случаям; nothing ~s out of his statement из его заявления ничего не вытекает 3. 1) подниматься, вставать; my lady sweet, ~! (*Shakespeare*) вставай, моя красавица! (*арх., поэт.*) всходить (*о солнце и т. п.*); a small white cloud arose above the horizon над горизонтом появилось белое облачко 3) воскресать 4. раздаваться (*о звуке*); подниматься (*о шуме*); a shout arose from the crowd из толпы раздался крик 5. *поэт.* восставать; подниматься на борьбу; ~, ye prisoners of starvation вставай, проклятьем заклеймённый, весь мир голодных… (*начало «Интернационала»*)

arisen [əˈrɪz(ə)n] *p. p. от* arise

arista [əˈrɪstə] *n* (*pl* -ae) *бот.* ость

aristae [əˈrɪstiː] *pl от* arista

Aristaeus [ˌærɪsˈtiː(ː)əs] *n греч. миф.* Аристей, покровитель земледелия (*божество*)

aristarch [ˈærɪstɑːk] *n книжн.* аристарх, строгий критик

aristarchy [ˈærɪstɑːkɪ] *n книжн.* аристархия, власть выдающихся людей

aristate [əˈrɪsteɪt] *a бот.* щетинконосный; остистый

aristo [ˈærɪstəʊ] *n преим. ирон.* аристократ

aristocracy [ˌærɪˈstɒkrəsɪ] *n* 1. 1) аристократия, высший слой дворянства, родовитая знать 2) высший слой (*общества*); избранные; элита; ~ of talent творческая элита 2. *ист.* аристократия; государственное устройство, основанное на власти знати

aristocrat [ˈærɪstəkræt, əˈrɪstəkræt] *n* 1) аристократ; аристократка 2) лучший представитель; цвет (*чего-л.*); this brand is the ~ of table wines это вино — самое изысканное из столовых вин

aristocratic, aristocratical [ˌærɪstəˈkrætɪk, -(ə)l] *a* аристократический; ~-bearing благородная осанка

aristocraticism [ˌærɪstəˈkrætɪsɪz(ə)m] *n* аристократизм, аристократичность

aristocratism [ˌærɪˈstɒkrətɪz(ə)m] *n* аристократическое высокомерие

aristoi [ˈærɪstɔɪ] *n pl греч.* 1) аристократы 2) *употр. с гл. в ед. ч.* знать; элита; hoi polloi and ~ чернь и знать

Aristotelean [ˌærɪstə(ʊ)ˈtiːlɪən] = Aristotelian II

Aristotelian I [ˌærɪstə(ʊ)ˈtiːlɪən] *n* последователь Аристотеля

Aristotelian II [ˌærɪstə(ʊ)ˈtiːlɪən] *a* аристотелевский

arithmancy [əˈrɪθmənsɪ] *n* гадание по числам

arithmetic I [əˈrɪθmətɪk] *n* 1. 1) арифметика; four operations of ~ четыре действия арифметики 2) *разг.* арифметика, знание арифметики; his ~ is poor он не силён в арифметике, арифметика у него хромает 2. *разг.* учебник арифметики 3. *вчт.* арифметическое устройство (*ЭВМ*) 4. расчёт(ы); faulty political ~ неоправдавшиеся политические расчёты

arithmetic II [ˌærɪθˈmetɪk] = arithmetical

arithmetical [ˌærɪθˈmetɪk(ə)l] *a* арифметический; числовой; ~ mean *мат.* среднее арифметическое; ~ progression [sign] *мат.* арифметическая прогрессия [-ий знак]

arithmetically [ˌærɪθˈmetɪk(ə)lɪ] *adv* арифметически

arithmetician [əˌrɪθməˈtɪʃ(ə)n] *n* арифметик

arithmograph [əˈrɪθməgrɑːf] *n* арифмограф

arithmometer [ˌærɪθˈmɒmɪtə] *n* арифмометр

a rivederci [ˌærɪvəˈdeətʃɪ] *ит. разг.* до свидания, пока

Arizonan I [ˌærɪˈzəʊnən] *n* аризонец; аризонка; житель *или* уроженец штата Аризона

Arizonan II [ˌærɪˈzəʊnən] *a* аризонский

Arizona ruby [ˌærɪˌzəʊnəˈruːbɪ] *мин.* рубиново-красный гранат; пироп

Arizonian I, II [ˌærɪˈzəʊnɪən] = Arizonan I и II

ark [ɑːk] *n* 1. 1) *библ.* ковчег; Noah's A. Ноев ковчег 2) убежище, укрытие 2. *преим. церк.* ларец, ковчежец; рака (*с мощами*); киот (*для иконы*); A. of the Covenant ковчег завета 3. *преим. амер.* 1) сплав, особ. старое, списанное судно, устаревший пароход 2) баржа 3) колымага (*о старом автомобиле*) 4) большое, некрасивое здание, громадина, урод 4. *амер.* большая теплица под плёнкой
◇ to touch /to lay hands on/ the A. осквернить святыню; the A. rested on mt. Ararat нашёл чем удивить!; out of the A. допотопный; you must have come out of the A., you were born in the ~ *шутл.* ≅ вы что, с луны свалились?

Arkansan I [ɑːˈkænz(ə)n] *n* арканзасец; житель *или* уроженец штата Арканзас

Arkansan II [ɑːˈkænz(ə)n] *a* арканзасский

Arkansawyer [ˈɑːk(ə)nˌsɔːjə] *n прост.* арканзасец

Arkie [ˈɑːkɪ] *n амер. разг.* 1) арканзасец 2) «арки», кочующий сельскохозяйственный рабочий 3) бедняк-фермер с Юга (*США*)

arkose [ˈɑːkəʊs] *n мин.* аркоз, аркозовый песчаник

arkwright [ˈɑːkraɪt] *n* краснодеревец высокой квалификации

arles [ɑːlz] *n употр. с гл. в ед. и мн. ч. шотл.* задаток, залог

arm¹ [ɑːm] *n* 1. 1) рука (*от плеча до кисти*); ~ sling перевязь для (сломанной) руки; at ~'s length на расстоянии вытянутой руки [*см. тж.* ◇]; to run /to rush, to fling, to fly/ into smb.'s ~s броситься кому-л. в объятия; under one's ~ под мышкой 2) передняя лапа животного 2. 1) могущество, власть, сила; secular ~ светская власть; the long /strong/ ~ of the law а) могущество закона; б) сильные правоохранительные органы 2) административное подразделение, отдел, управление; the research ~ of a company научно-исследовательское бюро корпорации; the administrative ~ of a school административный отдел учебного заведения; учебная часть, ректорат *и т. п.* 3. 1) узкий морской залив 2) рукав реки 4. (большая) ветвь дерева 5. рукав (платья) 6. ручка, подлокотник (*кресла*) 7. *спорт.* 1) бросок; удар; сила броска, удара *и т. п.* 2) игрок с сильным броском, ударом *и т. п.* 8. 1) сторона угла 2) одна из равных сторон равнобе́дренного треуго́льника 9. *тех.* 1) плечо́ (*рычага́*) 2) кронште́йн, консо́ль 3) ру́чка, рукоя́тка 4) валёк (*весла́*) 5) спи́ца (*колеса́*) 6) стрела́ (*кра́на*) 7) рог (*я́коря*) 8) но́жка (*ци́ркуля*) 9) крыло́ (*семафо́ра*) 10) загреба́ющая ла́па, скребо́к 10. *эл.* подвижно́й конта́кт, ползу́н

◇ ~ in — *см.* arm-in-arm; infant in ~s грудно́й ребёнок; at ~'s length на почти́тельном расстоя́нии [*см. тж.* 1, 1)]; to rescue smb. from the ~s of death вы́рвать кого́-л. из когте́й сме́рти; to receive /to welcome/ smb. with open ~s приня́ть кого́-л. с распростёртыми объя́тиями; on the ~ *амер. сл.* а) в креди́т; б) беспла́тно; to put the ~ on smb. *сл.* тре́бовать де́нег у кого́-л.; заста́вить кого́-л. заплати́ть (*долг и т. п.*); stretch your ~ no further than your sleeve will reach *посл.* ≅ по оде́жке протя́гивай но́жки

arm[1] II [ɑ:m] *v редк.* 1. вести́ под́ руку 2. обхвати́ть руко́й

arm[2] I *n* 1. обыкн. *pl* 1) ору́жие; offensive ~s наступа́тельные вооруже́ния, наступа́тельное ору́жие; ~s race го́нка вооруже́ний; ~s control а) контро́ль над вооруже́ниями; б) ограниче́ние вооруже́ний; stand of ~s по́лное вооруже́ние солда́та; ~ s of precision ору́жие то́чного бо́я; up in ~s а) гото́вый к борьбе́; б) в по́лной боево́й гото́вности; в) охва́ченный восста́нием; under ~s под ружьём; to be under ~s находи́ться на вое́нной слу́жбе; to ~s! к ору́жию!; to carry ~s носи́ть ору́жие; to bear ~s служи́ть в а́рмии [*см. тж.* 4]; to bear /to take (up)/ ~s (against) взя́ться за ору́жие, восста́ть с ору́жием в рука́х (*про́тив*); to throw down one's ~s броса́ть ору́жие, сдава́ться; to present ~s *воен.* брать на карау́л 2) *юр.* предме́т, испо́льзуемый в ка́честве ору́жия; an axe or a stick might be ~s for defence or attack топо́р и́ли дуби́нка мо́гут быть ору́дием самозащи́ты и́ли нападе́ния 3) *поэт.* доспе́хи 2. род войск; the air ~ вое́нно-возду́шные си́лы; all ~s of the fighting forces все ро́да войск вооружённых сил 3. *pl* вое́нные де́йствия, война́; success in ~s успе́х в вое́нных де́йствиях 4. *pl* герб (*обыкн.* coat of ~s); to bear ~s име́ть герб

arm[2] II [ɑ:m] *v* 1. 1) вооружа́ть; the warship was ~ed with nuclear weapons вое́нный кора́бль был оснащён я́дерным ору́жием 2) *часто refl* вооружа́ться; he ~ed himself with a big stick он вооружи́лся большо́й па́лкой 2. (by, with) запасти́сь (*чем-л.*), вооружи́ться (*чем-л.*); the students came ~ed with pencils and notebooks пришли́ студе́нты, запа́сшиеся карандаша́ми и блокно́тами; to be ~ed with facts and figures взять на вооруже́ние фа́кты и ци́фры; to ~ oneself with patience [with knowledge] вооружи́ться терпе́нием [зна́ниями]; ~ed by an inveterate optimism вооружённый неистощи́мым оптими́змом 3. *воен.* взводи́ть (*куро́к*)

arm-action [ˈɑːmˌækʃ(ə)n] *n спорт.* рабо́та рук

armada [ɑːˈmɑːdə] *n* 1. арма́да; the Invincible /Spanish/ A. *ист.* «Непобеди́мая арма́да»; ~ возду́шная арма́да 3. коло́нна та́нков, грузовико́в *и т. п.*

armadillo [ˌɑːməˈdɪləʊ] *n* (*pl* -os, -oes [-əʊz]) *зоол.* армади́л, броненосец (*Dasypus gen.*)

Armageddon [ˌɑːməˈɡed(ə)n] *n* 1) *библ.* армагеддо́н, би́тва в день стра́шного суда́ 2) вели́кое побо́ище; после́дний сме́ртный бой ме́жду си́лами добра́ и зла 3) ги́бель ми́ра (*в я́дерной войне́ и т. п.*); the arms race can lead to ~ го́нка вооруже́ний мо́жет повести́ к но́вому армагеддо́ну

armalcolite [ɑːˈmælkəlaɪt] *n* армалько́лит (*лу́нный минера́л*)

armament [ˈɑːməmənt] *n* 1. 1) вооруже́ние (*де́йствие*) 2) *часто pl* вооруже́ния; bloated ~s чрезме́рные вооруже́ния; conventional ~s обы́чные вооруже́ния; nuclear ~s я́дерные вооруже́ния; ~s race, rush of ~s го́нка вооруже́ний; the defensive ~ of plants and animals защи́тные приспособле́ния расте́ний и живо́тных 3) тяжёлые морски́е ору́дия 2. *часто pl* вооружённые си́лы

armamentaria [ˌɑːməmənˈteə(ə)rɪə] *pl от* armamentarium

armamentarium [ˌɑːməmənˈteə(ə)rɪəm] *n* (*pl тж.* -ria) 1) оснаще́ние враче́бного кабине́та и́ли медици́нского учрежде́ния (*включа́я инструмента́рий, аппарату́ру, спра́вочники и т. п.*) 2) обору́дование лаборато́рии, уче́бного кабине́та *и т. п.*; the ~ of up-to-date school обору́дование совреме́нной шко́лы

armaria [ɑːˈmeə(ə)rɪə] *pl от* armarium

armarian [ɑːˈmeə(ə)rɪən] *n ист.* храни́тель книг и ру́кописей (*в монастыре́*)

armarium [ɑːˈmeə(ə)rɪəm] *n* (*pl* -ria) = ambry

armature [ˈɑːmətʃə] *n* 1. *воен.* 1) броня́ 2) защи́тное вооруже́ние 2. *тех.* армату́ра 3. *эл.* 1) я́корь 2) обкла́дка конденса́тора 3) броня́ (*ка́беля*) 4. *зоол.* шпо́ра 5. *иск.* карка́с (*ста́туи*)

armband [ˈɑːmbænd] *n* 1. 1) нарука́вная повя́зка; black ~ тра́урная повя́зка 2) *воен.* нарука́вная наши́вка 2. брасле́т для ноше́ния вы́ше ло́ктя

armbar [ˈɑːmbɑː] *n спорт.* подры́в (*приём борьбы́*)

arm-bending [ˈɑːmˌbendɪŋ] *n спорт.* сгиба́ние рук

armchair [ˈɑːmtʃeə] *n* 1. кре́сло (*с подлоко́тниками*) 2. *в грам. знач. прил.* кабине́тный; пасси́вный; ~ strategist [politician] кабине́тный страте́г [поли́тик]; ~ traveller люби́тель книг и фи́льмов о да́льних стра́нах; ≅ кинопуте́шественник

arm-chair bed [ˌɑːmtʃeəˈbed] кре́сло-крова́ть

armdrag [ˈɑːmdræɡ] *n* рыво́к за́ руку (*борьба́*)

armed[1] [ɑːmd] *a* 1. вооружённый; укреплённый; ~ neutrality [camp] вооружённый нейтралите́т [ла́герь]; ~ services = armed forces 2. вооружённый, соверша́емый с примене́нием ору́жия; ~ robbery вооружённое ограбле́ние; ~ attack [intervention] вооружённое нападе́ние [-ая интерве́нция]; ~ conflict вооружённый конфли́кт, вооружённое столкнове́ние; война́; ~ vehicle *воен.* вооружённое сре́дство 3. *воен.* взведённый (*о курке́ и т. п.*)

◇ ~ at all points во всеору́жии; ~ to the teeth вооружённый до зубо́в

armed[2] [ɑːmd] *a* 1. име́ющий ру́ки, ру́чки *и т. п.*; an ~ chair кре́сло с подлоко́тниками 2. (-armed) име́ющий (*таки́е-то*) ру́ки; long-armed длиннору́кий

armed forces [ˌɑːmdˈfɔːsɪz] вооружённые си́лы (*страны́*)

Armenian I [ɑːˈmiːnɪən] *n* 1. армяни́н; the ~s *собир.* армя́не 2. армя́нский язы́к

Armenian II [ɑːˈmiːnɪən] *a* армя́нский

arm file [ˈɑːmfaɪl] брусо́вка (*кру́пный напи́льник*)

armful [ˈɑːmfʊl] *n* 1. 1) оха́пка; ~ of hay оха́пка се́на 2) большо́е коли́чество; flowers by the ~ цветы́ це́лыми оха́пками 2. *амер. разг.* по́лная, «сдо́бная» де́вушка (*пы́шка*)

armhole [ˈɑːmhəʊl] *n* про́йма

armiger [ˈɑːmɪdʒə] *n* (*pl тж.* -ri) *ист.* 1. лицо́, име́ющее пра́во на герб 2. оружено́сец

armigeri [ˈɑːmɪdʒ(ə)rɪ] *pl от* armiger

armillaria [ˌɑːmɪˈleə(ə)rɪə] *n бот.* опёнок настоя́щий (*Armillaria mellea*)

armillary [ˈɑːmɪlərɪ] *a* армилля́рный, состоя́щий из коле́ц и́ли круго́в; ~ sphere армилля́рная сфе́ра (*дре́вний астрономи́ческий прибо́р*)

arm-in-arm [ˌɑːmɪnˈɑːm] *adv* 1. под́ руку; to walk ~ ходи́ть под́ руку 2. рука́ об́ руку, в те́сном содру́жестве

arming [ˈɑːmɪŋ] *n* 1) вооруже́ние (*де́йствие*) 2) боево́е снаряже́ние

armipotence [ɑːˈmɪpət(ə)ns] *n редк.* вое́нная си́ла, мощь

armipotent [ɑːˈmɪpət(ə)nt] *a редк.* мо́щный, си́льный в вое́нном отноше́нии

armistice [ˈɑːmɪstɪs] *n* переми́рие; прекраще́ние вое́нных де́йствий; general [partial] ~ о́бщее (части́чное) переми́рие

Armistice Day [ˈɑːmɪstɪsˌdeɪ] 1) день заключе́ния переми́рия, положи́вшего коне́ц пе́рвой мирово́й войне́ (*11 ноября́ 1918 го́да*) 2) день па́мяти поги́бших на войне́ (*11 ноября́*)

armless[1] [ˈɑːmlɪs] *a* 1. безру́кий 2. не име́ющий ветве́й

armless[2] [ˈɑːmlɪs] *a* безору́жный

armlet [ˈɑːmlɪt] *n* 1. брасле́т для ноше́ния вы́ше ло́ктя, нарука́вник, повя́зка 3. *воен. ист.* нару́чник (*доспе́ха*) 4. 1) небольшо́й морско́й зали́в 2) рука́в реки́

armload [ˈɑːmləʊd] *n* оха́пка; ~ of old clothes гру́да старья́; he carried an ~ of books у него́ в рука́х была́ це́лая оха́пка книг

armlock [ˈɑːmlɒk] *n* рыча́г ло́ктя (*приём борьбы́*)

armoire [ɑːˈmwɑː] *n* большо́й шкаф, *осо́б.* гардеро́б

armor I, II [ˈɑːmə] *амер.* = armour I и II

armored [ˈɑːməd] *амер.* = armoured

armorer [ˈɑːmərə] *амер.* = armourer

armorial I [ɑːˈmɔːrɪəl] *n* гербо́вник

armorial II [ɑːˈmɔːrɪəl] *a* геральди́ческий, ге́рбовый; ~ bearings геральди́ческие фигу́ры

armorist [ˈɑːmərɪst] *n* знато́к гера́льдики

armory[1] [ˈɑːmərɪ] *амер.* = armoury

armory[2] [ˈɑːmərɪ] *n* 1. гера́льдика 2. *арх.* геральди́ческие фигу́ры

armour I [ˈɑːmə] *n* 1. броня́ (*корабля́, та́нка и т. п.*); ~ belt *мор.* бронево́й по́яс 2. бронета́нковые войска́ 3. 1) *ист.* доспе́хи, ла́ты, шлем *и т. п.* 2) кольчу́га (*под оде́ждой*) 4. щит, защи́та; опо́ра; a chilling courtesy was his only ~ ледяна́я учти́вость была́ его́ еди́нственным сре́дством защи́ты; behind the ~ of knowledge [of prosperity] за бронёй /за стено́й/ образо́ванности [материа́льной обеспе́ченности] 5. скафа́ндр (*водола́за, космона́вта*) 6. *зоол., бот.* па́нцирь 7. *эл.* оплётка (*про́вода*)

armour II [ˈɑːmə] *v* покрыва́ть бронёй

armour-bearer [ˈɑːməˌbe(ə)rə] *n ист.* оружено́сец

armour-clad [ˈɑːməˌklæd] *a* 1. броно́сный, бронирова́нный 2. *в грам. знач. сущ.* брономе́сец

armoured [ˈɑːməd] *a* 1. *воен.* 1) брони́рованный; ~ personnel carrier бронетранспортёр; ~ fighting vehicle бронема́шина; бронетранспортёр; ~ train бронепо́езд; ~ turret брониро́ванная

башня; ~ observation post бронированный наблюдательный пункт, наблюдательный пункт 2) бронетанковый; ~ forces бронетанковые войска 2. *ист.* в доспехах 3. *тех.* усиленный, армированный; в защищённом исполнении; ~ cable бронированный кабель; ~ glass небьющееся /армированное/ стекло; ~ hose панцирный шланг
◇ ~ cow *амер. воен. жарг.* сгущённое молоко
armoured car [͵ɑ:məd'kɑ:] 1) *воен.* бронемашина 2) бронированный автомобиль *(для перевозки ценностей)*
armoured concrete [͵ɑ:məd'kɒŋkri:t] железобетон
armoured scales [͵ɑ:məd'skeɪlz] *энт.* щитовки, щитовковые тли, кокциды
armourer [ˈɑ:mərə] *n* 1. владелец оружейного завода 2. оружейный мастер, оружейник; ~ shop оружейная мастерская 3. каптенармус
armour-piercing [͵ɑ:mə'pɪəsɪŋ] *a воен.* бронебойный
armour-plate [͵ɑ:mə'pleɪt] *n воен.* броневой лист, броневая плита
armour-plated [͵ɑ:mə'pleɪtɪd] *a* бронированный, броненосный
armoury [ˈɑ:mərɪ] *n* 1. 1) склад оружия, арсенал 2) арсенал средств *и т. п.*; запас чего-л.; political ~ политический арсенал 2. *амер.* учебный манеж 3. (A.) Оружейная палата *(Кремля)* 4. 1) оружейный завод 2) оружейная мастерская 5. мастерство оружейника
armozeen, armozine [͵ɑ:mə(ʊ)'zi:n] *n* армозин, толстый чёрный шёлк
armpad [ˈɑ:m͵pæd] *n* (мягкий) подлокотник *(кресла)*
armpit [ˈɑ:m͵pɪt] *n* 1. *анат.* подмышка, подмышечная впадина 2. *амер. сл.* грязное, отвратительное место; клоака
◇ to be in debt up to the ~s ≅ *амер.* быть по уши в долгах
armrack [ˈɑ:m͵ræk] *n воен.* пирамида для винтовок
armrest [ˈɑ:m͵rest] *n* подлокотник *(особ. в автомобиле, самолёте)*
armroll [ˈɑ:m͵rəʊl] *n* отжимание руки вращением *(борьба)*
arm-saw [ˈɑ:msɔ:] *n* ручная пила, ножовка
armscye, armseye [ˈɑ:msaɪ, ˈɑ:mzaɪ] = armhole
armstrong [ˈɑ:mstrɒŋ] *n амер. сл.* «армстронг», высокая нота или ряд высоких нот на трубе *(в джазе)*
arm-twist [ˈɑ:mtwɪst] *n* «узел» *(борьба)*
arm-twisting [ˈɑ:m͵twɪstɪŋ] *n* 1. выворачивание рук *(пытка)* 2. *сл.* «выкручивание рук», грубый нажим
armure [ˈɑ:mjʊə] *n текст.* армюр
arm-waver [ˈɑ:m͵weɪvə] *n амер. сл.* крикун, горлопан; демагог
arm-wrestling [ˈɑ:m͵reslɪŋ] *n спорт.* арм-рестлинг
army I [ˈɑ:mɪ] *n* 1. 1) (the ~) армия *(вооружённые силы страны)*; the A. армия Великобритании, сухопутные войска; A. in the Field действующая армия; ~ of occupation оккупационная армия; to enter /to go into, to join/ the ~ поступить на военную службу 2) армия *(оперативное объединение; тж.* field ~) 3) *амер.* наземные войска 2. множество, масса, толпа; армия; ~ of unemployed армия безработных; ~ of insects тучи насекомых; the whole ~ of words вся масса слов 3. (A.) Армия *(в названиях обществ)*; Salvation A. Армия спасения; Blue Ribbon A. Общество трезвенников
army II [ˈɑ:mɪ] *a* военный, армейский; ~ bisquits *разг.* сухари; ~ bible *воен. разг.* устав; ~ number личный номер военнослужащего; ~ troops армейские части *(не входящие в состав корпусов)*; A. Manual устав сухопутных /наземных/ войск; A. Regulations директивы по армии *(в США)*; ~ ambulance походный госпиталь; ~ medical service военно-санитарная служба; ~ surplus излишки военного имущества, идущие на распродажу
army ants [ˈɑ:mɪ͵ænts] *энт.* муравьи бродячие *(Dorylinae)*
army beef [ˈɑ:mɪ͵bi:f] *воен. разг.* мясные консервы
army brat [ˈɑ:mɪ͵bræt] *разг.* армейский отпрыск *(ребёнок военнослужащего, особ. живущий на военной базе)*
army corps [ˈɑ:mɪkɔ:] армейский корпус
army list [ˈɑ:mɪ͵lɪst] список офицерского состава армии
arnica [ˈɑ:nɪkə] *n бот.* арника, баранья трава *(Arnica Montana)*
ar'n't, arn't [ɑ:nt] *разг. сокр. от* are not
aroar [əˈrɔ:] *a predic* с рёвом
aroba [əˈrəʊbə] = araba
aroint [əˈrɔɪnt] *v imp* уходи!; ~ thee, witch! *(Shakespeare)* прочь, ведьма!
aroma [əˈrəʊmə] *n (pl тж.* -ata) 1. аромат, приятный запах, благоухание; delicate ~ тонкий аромат; ~ of hot coffee аромат горячего кофе; ~ of a wine букет вина 2. особенность; *(едва различимый)* признак, привкус; there was an ~ of wealth in the house в доме всё дышало богатством
aromata [əˈrəʊmətə] *редк. pl от* aroma
aromatic I [͵ærəˈmætɪk] *n* 1. ароматическое, душистое вещество; растение с пряным запахом *и т. п.* 2. химическая отдушка
aromatic II [͵ærəˈmætɪk] *a* 1. ароматический, душистый; ~ oil благовонное масло; ~ vinegar туалетный уксус 2. *хим.* ароматический; ~ compound соединение ароматического ряда
aromatization [ə͵rəʊmət(ə)ɪˈzeɪʃ(ə)n] *n* 1) *преим. кул.* добавление приправы, пряностей; отдушивание 2) *хим.* ароматизация
aromatize [əˈrəʊmətaɪz] *v* 1) *преим. кул.* отдушивать; приправлять душистым веществом; добавлять приправы 2) *хим.* ароматизировать
arose [əˈrəʊz] *past от* arise
around I [əˈraʊnd] *adv* 1.) кругом; вокруг; to turn ~ вращаться [*см. тж.* 4]; he was turning ~ and ~ он вертелся как волчок; a dense fog lay ~ кругом был густой туман, всё вокруг было окутано густым туманом 2) повсюду *(тж.* all ~); all ~ were signs of decay повсюду были следы упадка; to follow smb. ~ повсюду следовать за кем-л.; to wander ~ брести, не разбирая дороги; he walked ~ to see the town он бродил по улицам, чтобы осмотреть город; don't leave your clothes lying ~ не разбрасывай свой вещи как попало 2. в окружности; в обхвате; for ten miles ~ на десять миль в окружности; the tree measures four feet ~ дерево имеет четыре фута в обхвате 3. *амер. разг.* вблизи, поблизости; there was no one ~ никого поблизости не было; wait ~ awhile подождите немного где-нибудь тут; to hang ~ околачиваться поблизости, слоняться; ~ here здесь, в этих местах; I'll be ~ if you should want me я пока побуду здесь, на случай, если я тебе понадоблюсь 4. обратно; to turn ~ a) поворачивать назад; б) изменить взгляды; [*см. тж.* 1, 1)] 5. с начала до конца, напролёт; the weather here is mild the year ~ здесь круглый год стоит мягкая погода; there is enough coffee to go ~ кофе хватит на всех 6. *второй компонент фразового глагола*: come ~ to see us зайди(те) к нам; he's now able to be ~ but he is not yet fully well он уже встаёт, но ещё не совсем поправился; *другие сочетания см. под соответствующими словами*
◇ to have been ~ a) много путешествовать, повидать свет; б) набраться опыта; I have been ~ and I know one or two things about life мне приходилось бывать в переделках, и я кое-что понимаю в жизни; в) *презр.* видать виды *(особ. о женщине)*; this girl has been ~ a lot это многоопытная девица
around II [əˈraʊnd] *prep указывает на* 1. *движение или нахождение вокруг* вокруг, кругом; to travel ~ the world совершать кругосветное путешествие; he wrapped his blanket ~ him он завернулся в одеяло; woods lay ~ the house вокруг дома был лес; she gave a glance ~ the room она обвела взглядом комнату; she had a coat ~ her shoulders она набросила пальто на плечи 2. *разг. нахождение неподалёку* неподалёку, вблизи, около, за; the child played ~ the house ребёнок играл около дома; ~ the corner сразу за углом; please stay ~ the house a) пожалуйста, не уходи далеко от дома; б) пожалуйста, посиди дома 3. *амер. разг.* 1) *нахождение в разных местах* повсюду; he leaves his books ~ the house его книги валяются по всему дому 2) *движение в разных направлениях* по; to roam ~ the country скитаться /бродить/ по стране; he travelled ~ the country он путешествовал /ездил/ по стране 4. *разг.* приблизительность приблизительно, примерно, около; it cost ~ five dollars это стоило около пяти долларов; ~ four o'clock приблизительно в четыре часа, около четырёх часов; ~ sixty guests примерно шестьдесят гостей
around-the-clock [ə͵raʊndðəˈklɒk] *a* круглосуточный; steel-making requires ~ work, seven days a week выплавка стали требует круглосуточной работы без выходных дней
arousal [əˈraʊz(ə)l] *n* 1. пробуждение 2. возбуждение, *особ.* половое
arouse [əˈraʊz] *v* 1. 1) будить, пробуждать; to ~ smb. from his sleep разбудить спящего; to ~ smb. from his indifference расшевелить кого-л. 2) просыпаться, пробуждаться; the village began to ~ деревня стала просыпаться 2. вызывать, возбуждать *(чувства)*; пробуждать *(способности, силы)*; to ~ pity [sorrow, suspicion, curiosity] возбудить жалость [грусть, подозрение, любопытство]; to ~ the dormant faculties пробудить дремлющие силы /способности/ 3. 1) возбуждать, волновать; the news ~d the whole country это сообщение взбудоражило всю страну 2) вызывать половое возбуждение
arow [əˈrəʊ] *a predic* рядом, в ряд; в одном ряду; a little house with trees ~ домик со стоящими рядом деревьями
aroynt [əˈrɔɪnt] = aroint
arpeggio [ɑ:ˈpedʒɪəʊ] *n (pl* -os [-əʊz]) *муз.* арпеджио
arpent [ˈɑ:pənt] *n фр.* арпан *(мера площади)*
arquebus [ˈɑ:kwɪbəs] *n ист.* аркебуза; пищаль
arquebusier [͵ɑ:kwɪbəˈsɪə] *n ист.* воин, вооружённый аркебузой, пищалью
arrack [ˈærək, ˈɑ:ræk] *n арабск.* арак

(*крепкий спиртной напиток из риса, сока пальмы и т. п.*)

arrah ['ærə] *int ирл.* выражает изумление, негодование и т. п. это ещё что?; вот как?

arraign [ə'reɪn] *v* 1. *юр.* привлекать к суду (*по уголовному делу*); предъявлять обвинение; he was ~ed on a charge of murder его предали суду по обвинению в убийстве 2. обвинять; призывать к ответу; to ~ before the bar of public opinion привлекать к суду общественного мнения

arraignment [ə'reɪnmənt] *n* 1. *юр.* привлечение к суду (*по уголовному делу*); предъявление обвинения 2. резкая критика, осуждение

arrange [ə'reɪndʒ] *v* 1. 1) приводить в порядок; to ~ business /affairs/ приводить в порядок /устраивать/ дела; to ~ one's hair [one's dress, one's tie] привести в порядок волосы [платье, галстук]; to ~ oneself приводить себя в порядок 2) располагать в определённом порядке, систематизировать, классифицировать; to ~ books in alphabetical order расположить книги в алфавитном порядке; to ~ books on the shelves расставить книги на полках; to ~ flowers составлять букеты; расставлять цветы (*в помещении, на столе и т. п.*) 2. условливаться, договариваться, приходить к соглашению; to ~ for an appointment договориться о свидании; day and hour to be ~d день и час будут согласованы дополнительно; we ~d to meet at five мы уговорились /условились/ встретиться в 5 часов; to ~ with the enemy договориться с противником (*о прекращении огня и т. п.*); to ~ an exchange of war prisoners организовать обмен военнопленными 3. уладить, урегулировать; she had to ~ disputes between her two sons ей приходилось улаживать споры между двумя сыновьями; the differences have been ~d разногласия урегулированы /сняты/ 4. 1) (*обыкн.* for) принимать меры; проводить подготовку, давать распоряжения; ~ for the car to be there распорядитесь, чтобы туда подали машину; they have ~d for the sick man to be hospitalized они организовали госпитализацию больного; I'll ~ for the parcel to be sent by air mail я дам указание отослать пакет авиапочтой 2) устроить, ухитриться (*сделать что-л.*); can you ~ to meet me this evening? вы сможете устроить так, чтобы мы встретились сегодня вечером? 5. приспособлять, переделывать; to ~ a novel for the stage инсценировать роман 6. *муз.* аранжировать, перелагать; a nocturne ~d for a full orchestra ноктюрн в переложении для оркестра 7. *воен.* 1) выстраивать; to ~ troops for battle выстроить войска к бою 2) занять боевой порядок 8. *тех.* 1) монтировать 2) закреплять (*обрабатываемое изделие на станке*)

arrangement [ə'reɪndʒmənt] *n* 1. приведение в порядок; расположение в определённом порядке, расстановка, классификация, систематизация; the ~ of a library систематизация библиотеки; ~ by size расстановка по размеру, форматная расстановка (*книг*) 2. 1) договорённость, соглашение; to come to an ~ прийти к соглашению; to make an ~ сговориться, условиться; the price of the house is a matter of ~ о цене дома надо будет договариваться 2) *ком.* договорённость между должником и кредиторами о льготах по обязательствам на основании компромиссного соглашения 3. разрешение (*спора*); урегулирование; ~ of conflict урегулирование конфликта 4. *pl* меры, мероприятия; приготовления; to make ~s (for) принимать меры (к); делать приготовления (к) 5. 1) компоновка, составление (*чего-л.*); the art of flower ~ искусство составления букетов, икебана 2) композиция; there were some beautiful ~s at the flower-show на цветочной выставке были /можно было видеть/ прекрасные композиции 6. 1) переделка, приспособление 2) *муз.* аранжировка 7. *тех.* монтаж 8. *спец.* компоновка; схема, планировка; ~ of the lanes *спорт.* распределение дорожек

arranger [ə'reɪndʒə] *n муз.* аранжировщик

arrant ['ærənt] *a* 1. сущий; отъявленный; ~ fool набитый дурак; ~ hypocrite отъявленный лицемер; ~ nonsense сущий вздор; ~ thief разбойник с большой дороги 2. *ист.* странствующий; ~ knight странствующий рыцарь

arras ['ærəs] *n* 1. 1) гобелены, шпалеры, затканные фигурами 2) настенный ковёр 2. *театр.* занавес, отделяющий часть сцены (*особ. в театре времён Шекспира*)
◇ behind the ~ *шутл.* притаившийся, скрывающийся

arrasene [,ærə'si:n] *n* «аррасен», шерстяной *или* шёлковый шнур (*для вышивания*)

array I [ə'reɪ] *n* 1. строй, боевой порядок (*тж.* battle ~); построение 2. войско; вооружённые отряды; the baron and his feudal ~ барон и его феодальное войско; the crowd were met by an ~ of policemen навстречу толпе двинулся отряд вооружённых полицейских 3. 1) масса, множество, совокупность; ~ of wedding gifts груда /гора/ свадебных подарков; ~ of problems масса /куча/ проблем; he was unable to escape an ~ of facts он был вынужден отступить перед множеством предъявленных ему фактов 2) (of) набор, комплект (*чего-л.*); a beautiful ~ of dress materials прекрасный выбор плательных тканей; a fine ~ of tools отличный комплект инструментов; an imposing ~ of statistics убедительный подбор статистических данных 3) *вчт.* массив; поле; матрица; сетка; adjustable ~ массив с переменными границами; sparse ~ разрежённый массив; разрежённая матрица; ~ cell /component/ элемент массива; ~ of information массив информации /данных/ 4. *поэт.* наряд, одеяние, облачение; holiday ~ праздничное одеяние; bridal ~ подвенечный наряд 5. *юр.* список присяжных заседателей 6. *радио* многовибраторная, сложная антенна 7. *элк.* матрица

array II [ə'reɪ] *v* 1. строить (*войска*); soldiers were ~ed on the hill солдаты выстроились на холме; the Duke and his men ~ed themselves against the King герцог и его войско готовились к выступлению против короля 2. *поэт.* одевать, наряжать (*во что-л.*); облачать; to ~ oneself одеваться, наряжаться; she was ~ed for her wedding она была в подвенечном наряде 3. *юр.* составлять список присяжных

arrayal [ə'reɪəl] *n* 1. построение; приведение в боевой порядок 2. строй

arrear [ə'rɪə] *n* 1. *обыкн. pl* задолженность, просрочка платежа; неуплаченная по счёту сумма; ~s of interest просроченные проценты; ~s of rent [of wages] задолженность по квартплате [по заработной плате]; to be in ~(s) просрочить платёж, иметь задолженность; to collect ~s *фин.* инкассировать просроченные суммы 2) отставание; недоделка; ~s of housing отставание в жилищном строительстве; незавершённое строительство; ~s of work недоделки в работе; to be in ~s of smth. отставать от чего-л.; I have ~s of correspondence to catch up on у меня завал неотвеченных писем 2. *уст.* задняя, конечная часть; хвост колонны *и т. п.*

arrearage [ə'rɪərɪdʒ] *n* 1. = arrear 1 2. *pl* недоимки, долги 3. задолженность (*читателей в библиотеке*) 4. *арх.* запас

arrect [ə'rekt] *a редк.* 1. стоящий торчком (*об ушах*) 2. настороженный

arrest I [ə'rest] *n* 1. 1) арест, задержание; home ~ домашний арест; ~ in quarters казарменный арест, домашний арест (*военнослужащего*); to put /to place/ smb. under ~ арестовать /взять под стражу/ кого-л. 2) наложение ареста (*на имущество*); ~ of a vessel задержание судна; goods under ~ товар, на который наложен арест 2. задержка, остановка; ~ of development задержка развития /роста/; ~ of haemorrhage *мед.* остановка кровотечения; cardiac ~ *мед.* остановка сердца; ~ of judg(e)ment *юр.* а) приостановка исполнения решения; б) отсрочка вынесения решения 3. = arrest 1

arrest II [ə'rest] *v* 1. 1) арестовывать, задерживать; брать под стражу 2) накладывать арест на имущество; to ~ goods наложить арест на товары 2. задерживать, останавливать; to ~ growth задерживать рост; to ~ inflation приостановить инфляцию; sickness ~ed his activities болезнь положила конец его деятельности 3. приковывать, останавливать; to ~ sight [attention, interest] приковывать взгляд [внимание, интерес] 4. *тех.* прекращать действие, выключать (*машину, прибор*); тормозить 5. *спец.* арретировать (*весы*)

arrestee [əres'ti:] *n* арестованный, задержанный; арестант; ~ erroneous лицо, подвергнутое аресту по ошибке

arrester [ə'restə] *n* 1. см. arrest II + -er 2. *юр.* лицо, производящее арест *или* налагающее арест на имущество 3. *эл.* разрядник; lightning ~ грозовой разрядник, молниеотвод 4. *тех.* 1) останов, защёлка, стопорное устройство 2) арретир, успокоитель (*в приборах*)

arresting [ə'restɪŋ] *a* 1. привлекающий внимание; захватывающий; ~ speech захватывающая речь; ~ picture картина, от которой нельзя глаз оторвать; ~ personality запоминающаяся личность 2. *тех.* задерживающий; останавливающий; ~ device а) останавливающее устройство; б) храповой механизм; в) арретир; г) защёлка, собачка

arrestive [ə'restɪv] *a редк.* приковывающий внимание, интерес

arrestment [ə'restmənt] *n юр.* 1) *обыкн. шотл.* задержание, арест 2) наложение ареста на имущество должника, находящееся у третьего лица

arrêt [ə'reɪ] *n фр.* 1. *ист.* указ, решение французского короля *или* парламента 2. останавливающий укол (*фехтование*)

arrhythmia [ə'rɪðmɪə] *n мед.* аритмия
arrhythmic, arrhythmical [ə'rɪðmɪk, -(ə)l] *a мед.* аритмичный

arrière-ban [,ærɪə'bæn] *n фр. ист.* 1. призыв вассалов на войну 2. ополчение вассалов

arrière-pensée [,ærɪə'pɒnseɪ] *n фр.* задняя мысль

arris ['ærɪs] *n тех.* 1) ребро; кромка 2) острый угол

arrisways [ˈærɪsweɪz] *adv* по диагонали, наискось (*о кладке кирпича, распиловке и т. п.*)

arrival [əˈraɪv(ə)l] *n* 1) 1) приезд, прибытие; unexpected ~ неожиданный приезд; ~ time время прибытия (*поезда и т. п.*); ~ platform платформа, к которой прибывает поезд; port of ~ порт прибытия; on ~ of the train по прибытии поезда; ~ in Moscow [at the resort] прибытие в Москву [на курорт]; ~ home приезд домой 2) получение; waiting for the ~ of the news в ожидании новостей; immediately after the ~ of your letter *канц.* немедленно по получении вашего письма 2. принятие, достижение (*соглашения и т. п.*); ~ at a decision принятие решения 3. 1) вновь прибывший; he was a late ~ он поздно приехал; there were several new ~s at school в школу поступило несколько новичков; first ~s will be the first served кто пришёл раньше, того раньше обслужат; ≅ обслуживание в порядке очереди 2) *шутл.* новорождённый; the new ~ was a boy на свет появился мальчик 4. *спорт.* приход к финишу

◊ "to wait ~" «до востребования» (*надпись на посылке и т. п., ожидающей прихода адресата*)

arrive [əˈraɪv] *v* 1. прибывать, приезжать; all the guests have ~d все гости уже прибыли; to ~ in London [at a port] прибыть в Лондон [в порт]; the police ~d on /upon/ the scene на место происшествия прибыла полиция; sold "to ~" *ком.* к прибытию (*условие сделки при продаже товара, находящегося в пути*) 2. (at) достигать (*чего-л.*), приходить (*к чему-л.*); to ~ at an understanding достигнуть взаимопонимания; to ~ at a decision принять решение; to ~ at a conclusion прийти к заключению 2) достигать (*обыкн. какого-л. возраста*); to ~ at the age of twenty достигнуть двадцати лет 3. наступать (*о времени*); at last the hour ~d наконец час пришёл /настал/ 4. сделать карьеру; добиться успеха, признания; a genius who had never ~d гений, не получивший признания 5. *эвф.* родиться; her baby ~d during the night она родила ночью

arrivé [ˌærɪˈveɪ] *n фр.* 1) удачливый честолюбец *или* карьерист; человек, добившийся богатства, влияния *и т. п.* 2) выскочка, парвеню

arrivisme [ˌærɪˈviːz(ə)m] *n фр.* карьеризм; честолюбивые замыслы

arriviste [ˌærɪˈviːst] *n фр.* карьерист, честолюбец 2) выскочка, парвеню

arroba [əˈrəʊbə] *n исп.* арроба (*мера веса или объёма*)

arrogance [ˈærəgəns] *n* высокомерие, надменность, заносчивость; самонадеянность; intolerable ~ нетерпимое высокомерие

arrogant [ˈærəgənt] *a* 1. высокомерный, надменный, заносчивый; самонадеянный 2. наглый; бесцеремонный; ~ claims наглые претензии

arrogantly [ˈærəgəntlɪ] *adv* высокомерно, надменно, заносчиво; самонадеянно

arrogate [ˈærəgeɪt] *v книжн.* 1. нагло требовать; предъявлять необоснованные претензии; посягать (*на что-л.*) 2. присваивать; to ~ the right to make decisions присвоить право выносить решения 3. приписывать; don't ~ evil motives to me не приписывайте мне дурных побуждений

arrogation [ˌærəˈgeɪʃ(ə)n] *n* 1) необоснованные претензии 2) присвоение

arrondissement [ˌærɔnˈdiːsmɑːnt] *n фр.* 1) административное подразделение департамента во Франции; район 2) муниципальное подразделение, городской район

arrosion [əˈrəʊʒ(ə)n] *n мед.* аррозия, разъедание

arrow I [ˈærəʊ] *n* 1. стрела; to hunt with bow and ~ охотиться с луком (и стрелами); straight as an ~ а) прямой как стрела; б) честный, неподкупный (*тж.* straight ~) 2. *топ.* колышек мерной цепи 3. 1) размерная стрелка (*на чертеже*) 2) стрелка-указатель 4. что-л. напоминающее по форме стрелу; ~s of lightning shot across the sky небо прорезали зигзаги молний 5. (A.) *астр.* Стрела (*созвездие*)

◊ broad ~ = broad-arrow; an ~ left in smb.'s quiver неиспользованное средство, оставшееся про запас

arrow II [ˈærəʊ] *v* 1. пускать стрелы 2. мчаться стрелой 3. отмечать стрелкой; the most important points are ~ed самые важные пункты помечены стрелками 4. пронзать, прорывать; the pickerel would occasionally ~ the surface щука иногда выскакивает на поверхность воды 5. резко подниматься; the plane ~ed upward to 75000 feet самолёт взвился /взмыл/ на высоту 75000 футов

arrowhead [ˈærəʊhed] *n* 1. наконечник, остриё стрелы 2. 1) размерная стрелка (*на чертеже*) 2) стрелка-указатель 3. что-л. напоминающее по форме остриё стрелы 4. *бот.* стрелолист (*Sagittaria gen.*)

◊ broad ~ = broad arrow

arrow-headed [ˈærəʊˌhedɪd] *a* клинообразный, заострённый; ~ characters клинопись

arrow-loop [ˈærəʊluːp] *n* бойница

arrow-poison [ˈærəʊˌpɔɪz(ə)n] *n* кураре

arrowroot [ˈærəʊruːt] *n* 1. *бот.* маранта (*Maranta spp.*) 2. аррорут (*мука из подземных побегов или корневищ маранты и некоторых др. растений*)

arrow-slit [ˈærəʊslɪt] = arrow-loop

arrow wing [ˈærəʊwɪŋ] *ав.* стреловидное крыло

arrow-wood [ˈærəʊwʊd] *n амер. бот.* калина (*Viburnum*)

arrowy [ˈærəʊɪ] *a* 1. стреловидный; остроконечный 2. быстрый как стрела; ~ swallow быстрокрылая ласточка 3. колкий, язвительный, острый; ~ words язвительные слова; ~ tongue острый язык

arroyo [əˈrɔɪəʊ] *n* (*pl* -os [-əʊz]) 1. ручей, речка 2. *амер.* арройо (*сухое русло реки, дно оврага*)

'Arry [ˈærɪ] *n* 1. *прост.* = Harry [*см.* Приложение] 2. *пренебр.* кокни, весёлый и не очень грамотный лондонец

arse [ɑːs] *n* 1) *груб.* задница 2) *сл.* дурак, тупица; you silly ~! ну ты дурак /балда/!

◊ ~ over tit /tip/ *груб.* кое-как, кувырком, «через задницу»

arse about [ˈɑːsəˌbaʊt] *phr v груб.* валять дурака; stop arsing about and get back to work хватит ваньку валять, берись за работу

arsenal [ˈɑːs(ə)n(ə)l] *n* 1. 1) *воен.* арсенал, цейхгауз 2) склад, запас оружия; the police found an ~ of knives and guns in his house в его доме полиция нашла целый склад ножей и пистолетов 3) запас вооружений, арсенал (*страны*); bulging atomic ~ разбухший атомный арсенал 2. источник силы; оружие, орудие; to use one's ~ of charms [of blandishments] прибегать к кокетству [к лести]; ~ of propaganda пропагандистский арсенал; запас средств пропаганды

arsenate [ˈɑːs(ə)nɪt] *n хим.* арсенат, соль мышьяковой кислоты

arsenic I [ˈɑːs(ə)nɪk] *n хим.* мышьяк

arsenic II [ɑːˈsenɪk] *a хим.* содержащий мышьяк; ~ acid мышьяковая кислота; ~ hydride мышьяковистый водород; ~ powder белый мышьяк

arsenical [ɑːˈsenɪk(ə)l] = arsenic II

arsenolite [ɑːˈsenəlaɪt] *n мин.* арсенолит, самородная окись мышьяка

arsenopyrite [ˌɑːs(ə)nə(ʊ)ˈpaɪraɪt] *n мин.* арсенопирит, мискикель, мышьяковый колчедан

arses [ˈɑːsiːz] *pl от* arsis

arsheen [ɑːˈʃiːn] *n русск.* аршин

arsis [ˈɑːsɪs] *n* (*pl* arses) 1) *стих.* арсис, ударный слог стопы 2) *муз.* слабая, безударная часть такта

arson [ˈɑːs(ə)n] *n юр.* поджог

ars longa, vita brevis [ˌɑːzˈlɒŋgəˌviːtəˈbreviːs] *лат.* жизнь коротка, искусство вечно

arsonist [ˈɑːs(ə)nɪst] *n* поджигатель

ars poetica [ˌɑːzpəʊˈetɪkə] *лат.* искусство поэзии

arsy-varsy [ˌɑːsɪˈvɑːsɪ] *амер.* = arsy-versy

arsy-versy [ˌɑːsɪˈvɜːsɪ] *adv сл.* задом наперёд; шиворот-навыворот; в полном беспорядке; she filed all the papers ~ она все документы как попало

art¹ I [ɑːt] *n* 1. 1) искусство; antique ~ античное искусство; popular /folk/ ~ народное искусство; work [masterpiece, treasures] of ~ произведение [шедевр, сокровища] искусства 2) изобразительное искусство; decorative [applied] ~ декоративное [прикладное] искусство; to be talented for an ~ иметь призвание к какому-л. виду искусства; she is studying ~ and music she изучает изобразительное искусство и музыку 2. *pl* 1) гуманитарные науки (*тж.* liberal ~s); faculty of ~ отделение гуманитарных наук; ~s student студент отделения гуманитарных наук; ~s college гуманитарный колледж; history, literature and philosophy are ~s история, литература и философия — это гуманитарные науки; to graduate in ~s окончить отделение гуманитарных наук 2) искусства (*в названиях учёных степеней и факультетов*); Bachelor [Master] of Arts бакалавр [магистр] искусств 3. *обыкн. pl* ремёсла; useful /mechanical/ ~s ремёсла 4. умение, искусство, мастерство; military [culinary] ~ военное [кулинарное] искусство; ~ of healing искусство врачевания; ~ of execution мастерство исполнения; there is an ~ to making bread выпечка хлеба — особое искусство; the ~ of making friends умение заводить друзей 5. *обыкн. pl* 1) хитрости, коварство; ~s and wiles of politicians хитрости и уловки политиканов; he gained his ends by ~ он хитростью достиг своей цели 2) колдовство, магия; the witch deceived the girl by her ~s ведьма околдовала девушку 6. *спец.* дизайн 7. *полигр. собир.* иллюстративный материал (*в книге, журнале*); is there any ~ with this story? к этому рассказу будут иллюстрации? 8. *сл.* 1) фотографии разыскиваемых преступников 2) фотографии красоток, *обыкн.* обнажённых, *или* знаменитостей

◊ manly ~ бокс; ~ for ~'s sake искусство для искусства; to be ~ and part in smth. быть причастным к чему-л.; ~ is long, life is short *посл.* жизнь коротка, искусство вечно

art¹ II [ɑ:t] *a* 1. худо́жественный; pottery [needlework, glass] худо́жественная кера́мика [вы́шивка, -ое стекло́]; ~ edition худо́жественное изда́ние; ~ editor *см.* art director 2 2. относя́щийся к иску́сству, *особ.* изобрази́тельному; ~ critic искусствове́д; ~ criticism искусствове́дение; ~ book кни́га по иску́сству; ~ gallery карти́нная галере́я; ~ exhibition вы́ставка карти́н *и т. п.*; ~ student молодо́й худо́жник, уча́щийся худо́жественной шко́лы; ~ dealer торго́вец произведе́ниями иску́сства 3. *театр., кино* некомме́рческий; экспериме́нтальный; ~ film а) экспериме́нтальный фильм (*тж.* ~ movie); б) фильм, рассчи́танный на подгото́вленных зри́телей; некассовый фильм; ~ theater а) *амер.* кинотеа́тр, демонстри́рующий экспериме́нтальные *или* иностра́нные фи́льмы; б) экспериме́нтальный теа́тр, ста́вящий пье́сы, не рассчи́танные на ка́ссовый успе́х; теа́тр для серьёзного зри́теля 4. профессиона́льный (*противоп.* наро́дному); класси́ческий; ~ music класси́ческая му́зыка; ~ song пе́сня для конце́ртного исполне́ния; рома́нс

art² [ɑ:t] *уст., поэт.* 2-е л. ед. ч. настоя́щего вре́мени глаго́ла be

art brut [ˌɑ:(t)ˈbru:(t)] *фр.* «сыро́е иску́сство», непрофессиона́льное иску́сство (*рису́нки, скульпту́ра и т. п., сде́ланные детьми́, заключёнными, умалишёнными и т. п.*)

art deco [ˌɑ:(t)ˈdekəʊ] *иск.* «ар деко́», декорати́вный стиль, отлича́ющийся я́ркими кра́сками и геометри́ческими фо́рмами (*20—30 гг. XX в.*)

art director [ˈɑ:tdˌ(a)ɪˌrektə] 1. худо́жественный руководи́тель (*теа́тра, киносту́дии*) 2. гла́вный худо́жник (*журна́ла, рекла́много аге́нтства и т. п.*); заве́дующий отде́лом иллюстра́ций 3. *кино* худо́жник фи́льма; худо́жник-постано́вщик

artefact [ˈɑ:tɪfækt] *n* 1. 1) (любо́й) проду́кт, сде́ланный челове́ком; (любо́й) предме́т, отлича́ющийся от приро́дного объе́кта 2) *pl* артефа́кты, па́мятники материа́льной культу́ры, оста́тки материа́льной культу́ры дре́внего челове́ка; arrowheads, pottery and other ~s наконе́чники стрел, гли́няные изде́лия и други́е артефа́кты 2. артефа́кт, ло́жное изображе́ние (*напр., в опти́ческой систе́ме*)

artefactitious [ˌɑ:tɪfækˈtɪʃəs] *a книжн.* сде́ланный рука́ми челове́ка, не приро́дный; относя́щийся к артефа́ктам

artefactual [ˌɑ:tɪˈfæktʃʊəl] *a* сде́ланный челове́ком; относя́щийся к артефа́ктам; ~ remains of primitive peoples оста́тки материа́льной культу́ры первобы́тных люде́й

artel [ɑ:ˈtel] *n русск.* арте́ль

Artemis [ˈɑ:təmɪs] *n греч. миф.* Артеми́да

artemisia [ˌɑ:təˈmɪzɪə] *n бот.* артеми́зия (*Artemisia spp.*)

arterial [ɑ:ˈtɪərɪəl] *a* 1. *анат.* артериа́льный; ~ bleeding *мед.* артериа́льное кровотече́ние 2. разветвля́ющийся; ~ drainage систе́ма дрена́жа с разветвля́ющимися кана́лами; ~ navigation навига́ция по вну́тренним во́дным путя́м 3. магистра́льный; гла́вный магистра́льный; ~ traffic движе́ние по гла́вным у́лицам *или* доро́гам 4. *в грам. знач. сущ.* магистра́льная доро́га; тра́нспортная арте́рия

arterialize [ɑ:ˈtɪərɪəlaɪz] *v физиол.* превраща́ть вено́зную кровь в артериа́льную

arteriole [ɑ:ˈtɪ(ə)rɪəʊl] *n анат.* ме́лкая арте́рия

arteriology [ɑ:ˌtɪ(ə)rɪˈɒlədʒɪ] *n* артериоло́гия

arteriosclerosis [ɑ:ˌtɪ(ə)rɪəʊsklɪəˈrəʊsɪs] *n мед.* артериосклеро́з

arteritis [ˌɑ:təˈraɪtɪs] *n мед.* артерии́т, воспале́ние арте́рий

artery [ˈɑ:tərɪ] *n* 1. *анат.* арте́рия 2. 1) магистра́ль; кана́л разветвлённой систе́мы коммуника́ций 2) гла́вный путь, кана́л; arteries of commerce комме́рческие /торго́вые/ кана́лы 3. *амер.* во́дная арте́рия; гла́вная река́ бассе́йна

artesian [ɑ:ˈti:zɪən] *a* артезиа́нский; ~ well артезиа́нский коло́дец

artful [ˈɑ:tf(ə)l] *a* 1. хи́трый, ло́вкий; ~ design кова́рный за́мысел; ~ dodge ло́вкая увёртка 2. иску́сный, ло́вкий 3. *редк.* иску́сственный

artfulness [ˈɑ:tf(ə)lnɪs] *n* 1. хи́трость, ло́вкость 2. иску́сство, уме́ние

arthralgia [ɑ:ˈθrældʒɪə] *n мед.* артралги́я, боль в суста́вах

arthritic [ɑ:ˈθrɪtɪk] *a спец.* 1. относя́щийся к суста́ву 2. артрити́ческий, подагри́ческий

arthritis [ɑ:ˈθraɪtɪs] *n мед.* артри́т, воспале́ние суста́ва

arthropathy [ɑ:ˈθrɒpəθɪ] *n мед.* заболева́ние суста́вов

arthropoda [ɑ:ˈθrɒpədə] *n pl энт.* членисто́ногие, артропо́ды (*Arthropoda*)

arthroses [ɑ:ˈθrəʊsi:z] *pl от* arthrosis

arthrosis [ɑ:ˈθrəʊsɪs] *n (pl* -ses) *мед.* артро́з

arthrotomy [ɑ:ˈθrɒtəmɪ] *n мед.* артротоми́я, резе́кция суста́ва

arthrotropic [ˌɑ:θrəˈtrɒpɪk] *a мед.* вызыва́ющий воспале́ние, заболева́ние суста́вов

arthrous [ˈɑ:θrəs] *a* суставно́й

Arthurian Romances [ɑ:ˈθjʊ(ə)rɪənrə(ʊ)ˈmænsɪz] *лит.* рома́ны и поэ́мы «Арту́рова ци́кла» (*по леге́ндам о короле́ Арту́ре*)

artichoke [ˈɑ:tɪtʃəʊk] *n бот.* 1. артишо́к (*Cynara scolymus*) 2. земляна́я гру́ша, топинамбу́р (*Helianthus tuberosus*)

article I [ˈɑ:tɪk(ə)l] *n* 1. предме́т; вещь; toilet ~s туале́тные принадле́жности; saleable [unsaleable] ~ хо́дкий [нехо́дкий] това́р; taxed ~ облага́емый по́шлиной; ~ of luxury предме́т ро́скоши; ~ of luggage ме́сто (*бага́ж*); ~s of uniform *воен.* предме́ты обмундирова́ния; ~s of consumption потреби́тельские това́ры; what is this ~? э́то что за вещь?; как называ́ется э́тот предме́т? 2. статья́ (*в печа́тном изда́нии*); leading ~ передова́я статья́ (*газе́ты*); ~s on gardening [on new industries] статьи́ о садово́дстве [о но́вых отрасля́х промы́шленности] 3. 1) пункт, пара́граф, статья́; final ~ заключи́тельная статья́; the first ~ of the Constitution [of a treaty] пе́рвая статья́ конститу́ции [догово́ра] 2) пункт обвини́тельного а́кта 4. *pl* догово́р, соглаше́ние; Articles of Confederation *амер. ист.* Догово́р об образова́нии конфедера́ции трина́дцати англи́йских коло́ний в Се́верной Аме́рике (*пе́рвая конститу́ция США; 1781 г.*); Articles of War вое́нный ко́декс (*в США*); Articles of apprenticeship *ист.* усло́вия догово́ра ме́жду ученико́м и хозя́ином; Articles of Association уста́в акционе́рного о́бщества; ~s of incorporation *амер.* свиде́тельство о регистра́ции корпора́ции; to be under ~s быть свя́занным догово́ром /контра́ктом/; ~s of employment трудово́е соглаше́ние; in ~s в тече́ние сро́ка учени́чества /стажиро́вки/ 5. *грам.* арти́кль; the definite [the indefinite] ~ определённый [неопределённый] арти́кль 6. *церк.* до́гмат; ~s of faith си́мвол ве́ры, кре́до; the Thirty-nine Articles «39 стате́й», свод до́гматов англика́нской це́ркви 7. *амер. сл.* тип, ли́чность, шту́чка; smart /slick/ ~ проны́ра, ловка́ч; you sloppy ~! ах ты грязну́ля!; who is that cute ~ over there? кто она́, вот э́та хоро́шенькая шту́чка? 8. *арх.* моме́нт; in the ~ of death в моме́нт сме́рти 9. *зоол.* сегме́нт

article II [ˈɑ:tɪk(ə)l] *v* 1. 1) (against) предъявля́ть пу́нкты обвине́ния (*кому́-л.*) 2) обвиня́ть 2. 1) (to, with) *ист.* отдава́ть по контра́кту в уче́ние /поступи́ть *или* приня́ть на рабо́ту в ка́честве стажёра/; to ~ an apprentice взять в ученики́ (*на определённый срок*); he ~d with a Halifax law firm он стажи́руется в юриди́ческой конто́ре в Галифа́ксе

articled clerk [ˈɑ:tɪk(ə)ldˈklɑ:k] клерк-стажёр (*конто́ры адвока́та*), юри́ст-пра́ктик

articulable [ɑ:ˈtɪkjʊləb(ə)l] *a* могу́щий быть вы́раженным слова́ми; вырази́мый; specific and ~ facts конкре́тные и поддаю́щиеся описа́нию фа́кты

articulacy [ɑ:ˈtɪkjʊləsɪ] *n* вня́тность ре́чи; хоро́шая ди́кция

articular [ɑ:ˈtɪkjʊlə] *a анат., мед.* суставно́й

articulate I [ɑ:ˈtɪkjʊlɪt] *a* 1. 1) членоразде́льный; ~ speech членоразде́льная речь 2) я́сный, отчётливый; ~ shape отчётливые очерта́ния; each tiny figure in the pattern was ~ ка́ждая отчётливая фигу́рка на рису́нке была́ отчётливо видна́ 2. 1) я́сный, хорошо́ соста́вленный, сформули́рованный; ~ argument я́сно сформули́рованный /чёткий/ до́вод; ~ system of philosophy стро́йная филосо́фская систе́ма 2) уме́ющий хорошо́ выража́ть свои́ мы́сли; he is not very ~ он не о́чень я́сно /чётко/ выража́ет /формули́рует/ свои́ мы́сли 3. *редк.* вычленённый; стоя́щий отде́льно, отграни́ченный от други́х; ~ area отде́льный райо́н; ~ period of history истори́ческий пери́од, стоя́щий особняко́м 4. *бот., зоол., анат.* коле́нчатый, суста́вчатый; членистый 5. *тех.* 1) шарни́рный; сочленённый 2) коле́нчатый

articulate II [ɑ:ˈtɪkjʊleɪt] *v* 1. 1) произноси́ть отчётливо, я́сно; to ~ distinctly име́ть чёткую ди́кцию 2) *фон.* артикули́ровать 2. я́сно выража́ть, формули́ровать; to ~ an idea [one's grievances] сформули́ровать мысль [свои́ жа́лобы]; to ~ one's anger изли́ть в слова́х гнев 3. координи́ровать; to ~ a programme for all school grades соста́вить координи́рованную програ́мму для всех кла́ссов шко́лы 4. *анат.* 1) *обыкн. pass* свя́зывать, соединя́ть; сочленя́ть суста́вами 2) соединя́ться, сочленя́ться

articulated [ɑ:ˈtɪkjʊleɪtɪd] *a* сочленённый; ~ bus спа́ренный авто́бус; ~ lorry автопо́езд; ~ harrow *с.-х.* члени́стая борона́

articulation [ɑ:ˌtɪkjʊˈleɪʃ(ə)n] *n* 1. 1) членоразде́льное произноше́ние; good [poor] ~ чёткая [невня́тная] ди́кция 2) *фон.* артикуля́ция; ~ basis артикуляцио́нная ба́за 3) слове́сное выраже́ние, формулиро́вка; the ~ of a new thought формулиро́вка но́вой мы́сли; to give ~ to one's real feelings вы́сказать свои́ и́стинные чу́вства 2. 1) сочлене́ние, соедине́ние 2) спо́соб соедине́ния, сочлене́ния 3. 1) *анат., зоол.* суста́в 2) *бот.* ме́сто прикрепле́ния листа́ на сте́бле 4. *тех.* 1) сочлене́ние, шарни́р 2) ось шарни́ра, центр шарни́ра; то́чка враще́ния (*коле́на*)

articulationist [ɑ:ˌtɪkjʊˈleɪʃ(ə)nɪst] *n* логопе́д, обуча́ющий звуково́й ре́чи глухонемы́х
articulatory [ɑ:ˈtɪkjʊlət(ə)rɪ] *a* фон. артикуляцио́нный; ~ organs артикуляцио́нные о́рганы (*речи*)
artifact [ˈɑ:tɪfækt] = artefact
artifactitious [ˌ:ɑtɪfækˈtɪʃəs] = artefactitious
artifactual [ˌɑ:tɪˈfæktʃʊəl] = artefactual
artifice [ˈɑ:tɪfɪs] *n* 1. иску́сная проде́лка; махина́ция; уло́вка; harmless [wicked] ~ безоби́дная (зла́я) проде́лка; ingenious ~ иску́сная махина́ция; to employ /to practise/ numerous ~s прибега́ть ко вся́ким уло́вкам 2. 1) хи́трость, ло́вкость; to make smb. do smth. by ~ хи́тростью заста́вить кого́-л. сде́лать что-л.; her conduct is free from ~ она́ ведёт себя́ соверше́нно бесхи́тростно 2) неи́скренность; social ~ све́тское притво́рство
artificer [ɑ:ˈtɪfɪsə] *n* 1. реме́сленник; ма́стер 2. меха́ник 3. изобрета́тель 4. артиллери́йский те́хник; оруже́йный те́хник
artificial [ˌɑ:tɪˈfɪʃ(ə)l] *a* 1. 1) иску́сственный, не приро́дный; ~ flowers иску́сственные цветы́; ~ satellite иску́сственный спу́тник (*Земли́ и т. п.*); ~ daylight иску́сственный дневно́й свет; ~ atmosphere кондициони́рованный во́здух 2) иску́сственный, синтети́ческий; ~ silk иску́сственный шёлк; ~ mineral синтети́ческий минера́л 3) подде́льный, фальши́вый; ~ teeth вставны́е зу́бы; ~ eye глазно́й проте́з 1) *биол., физиол.* иску́сственный, служа́щий замени́телем 5) *мед.* иску́сственный, проводи́мый с по́мощью иску́сственных приёмов или те́хники; ~ respiration [alimentation] иску́сственное дыха́ние [пита́ние]; ~ feeding а) наси́льственное кормле́ние; б) иску́сственное вска́рмливание; ~ insolation /sun treatment/ *мед.* облуче́ние, светолече́ние; ~ pneumothorax лече́бный пневмото́ракс 2. притво́рный, напускно́й, де́ланный; ~ smile притво́рная /де́ланная/ улы́бка; ~ laugh ненатура́льный смех; ~ tears глицери́новые слёзы (*в кино*)
◇ ~ year гражда́нский или календа́рный год
artificial horizon [ˌɑ:tɪˌfɪʃ(ə)ləˈraɪz(ə)n)] *ав.* иску́сственный горизо́нт (*прибо́р*)
artificial insemination [ˌɑ:tɪˌfɪʃ(ə)lɪnsemɪˈneɪʃ(ə)n] *с.-х.* иску́сственное осемене́ние
artificial intelligence [ˌɑ:tɪˌfɪʃ(ə)lɪnˈtelɪdʒ(ə)ns] иску́сственный интелле́кт, «электро́нный мозг»
artificial language [ˌɑ:tɪˌfɪʃ(ə)lˈlæŋwɪdʒ] 1. *лингв.* иску́сственный язы́к (*эспера́нто и т. п.*) 2. маши́нный язы́к, язы́к программи́рования
artificial person [ˌɑ:tɪˌfɪʃ(ə)lˈpɜ:s(ə)n] *юр.* юриди́ческое лицо́
artificial perception [ˌɑ:tɪˌfɪʃ(ə)lpəˈsep(ə)n] *информ.* распознава́ние о́бразов
artificial pollination [ˌɑ:tɪˌfɪʃ(ə)lpɒlɪˈneɪʃ(ə)n] *с.-х.* иску́сственное опыле́ние 2) иску́сственное осемене́ние
artificial selection [ˌɑ:tɪˌfɪʃ(ə)lsɪˈlekʃ(ə)n] *биол.* иску́сственный отбо́р; селе́кция
artificiality [ˌɑ:tɪfɪʃɪˈælɪtɪ] *n* 1. иску́сственность 2. что-л. иску́сственное
artificials [ˌɑ:tɪˈfɪʃ(ə)lz] *n pl* 1. 1) что-л. иску́сственное, имити́рующее настоя́щее 2) *амер.* иску́сственные цветы́ 2. иску́сственное удобре́ние
artillerist [ɑ:ˈtɪl(ə)rɪst] *n* 1. специали́ст в о́бласти артилле́рии 2. = artilleryman

artillery [ɑ:ˈtɪl(ə)rɪ] *n* 1. артилле́рия; accompanying ~ артилле́рия сопровожде́ния /подде́ржки пехо́ты/; ~ battalion артиллери́йский дивизио́н (*в США*); ~ board огнево́й планше́т; ~ engagement /exchanges/ артиллери́йская перестре́лка; ~ mount артиллери́йская устано́вка; ~ observation aircraft, ~ directing plane самолёт-корректиро́вщик; ~ observer артиллери́йский наблюда́тель; ~ preparation fire артиллери́йская подгото́вка; ~ support артиллери́йская подде́ржка; ~ range артиллери́йский полиго́н; ~ in support подде́рживающая артилле́рия; ~ under command при́данная артилле́рия; ~ with the army артилле́рия а́рмии (*в США*); the ~ of satire ого́нь /ору́жие/ сати́ры 2. *амер. сл.* пистоле́т, нож и т. п. 3. *амер. сл.* шприц «ору́дие» (*наркома́на*)
artilleryman [ɑ:ˈtɪl(ə)rɪmən] *n* (*pl* -men [-mən]) 1) артиллери́ст 2) *ист.* пушка́рь
artillery officer [ɑ:ˈtɪl(ə)rɪˌɒfɪsə] 1) офице́р-артиллери́ст 2) нача́льник артилле́рии
artiodactyl I [ˌɑ:tɪə(ʊ)ˈdæktɪl] *n зоол.* представи́тель парнокопы́тных, парнокопы́тное
artiodactyl II [ˌɑ:tɪə(ʊ)ˈdæktɪl] *a зоол.* парнокопы́тный
artisan [ˌɑ:tɪˈzæn] *n* 1. реме́сленник, мастерово́й 2. *pl преим. ист.* трудово́е городско́е населе́ние; городски́е низы́ 3. *мор.* мла́дший специали́ст
artist [ˈɑ:tɪst] *n* 1. 1) худо́жник, *особ.* живопи́сец 2) тво́рческий рабо́тник в о́бласти изобрази́тельных иску́сств; скульптор, гравиро́вщик, *редк.* архите́ктор 2. арти́ст, актёр; opera ~ о́перный певе́ц; ~ of the dance арти́ст(ка) бале́та 3. арти́ст, ма́стер своего́ де́ла; ~ in words ма́стер сло́ва; this cook is an ~ э́тот по́вар — настоя́щий арти́ст 4. *амер.* обма́нщик, плут; he is an ~ with cards он ло́вкий карто́чник /шу́лер/
artiste [ɑ:ˈtɪ:st] *n* 1. арти́ст; арти́стка; профессиона́льный певе́ц, танцо́р, актёр 2. *шутл.* арти́ст, ма́стер своего́ де́ла; this dress-designer is an ~ э́тот моделье́р — настоя́щий худо́жник
artistic [ɑ:ˈtɪstɪk] *a* 1. 1) артисти́ческий; ~ temperament артисти́ческий темпера́мент 2) худо́жественный; ~ skill худо́жественное мастерство́ 3) артисти́чный; лю́бящий и понима́ющий иску́сство; she is very ~ а) она́ о́чень артисти́чна; б) она́ разбира́ется в иску́сстве 4) эстети́ческий; ~ principles эстети́ческие при́нципы 2. мастерско́й; высокопрофессиона́льный; ~ handling of a delicate situation профессиона́льный подхо́д к реше́нию щекотли́вого вопро́са
artistic administrator [ɑ:ˈtɪstɪkədˈmɪnɪstreɪtə] = art director 1
artistical [ɑ:ˈtɪstɪk(ə)l] = artistic
artistically [ɑ:ˈtɪstɪk(ə)lɪ] *adv* 1. артисти́чески, мастерски́; ~ done мастерски́ вы́полненный 2. с худо́жественной то́чки зре́ния
artistic director [ɑ:ˈtɪstɪkd(a)ɪˈrektə] = art director 1
artistry [ˈɑ:tɪstrɪ] *n* 1. артисти́зм, артисти́чность; худо́жественность исполне́ния 2. заня́тие иску́сством; профе́ссия худо́жника; мастерство́
artless [ˈɑ:tlɪs] *a* 1. просто́й; безыску́сственный; ~ grace есте́ственная /врождённая/ гра́ция 2. простоду́шный, бесхи́тростный; ~ village girl простоду́шная дереве́нская де́вушка; ~ mind наи́вность, простоду́шие; ~ questions наи́вные вопро́сы 3. гру́бый, пло́хо вы́полненный; ~ and massive pillars тяжёлые неуклю́жие коло́нны 4. неуме́лый, неиску́сный, нело́вкий; an ~ translation неквалифици́рованный перево́д

artlessly [ˈɑ:tlɪslɪ] *adv* 1. про́сто; бесхи́тростно, простоду́шно, наи́вно 2. неиску́сно, неуме́ло; ~ wrought неуме́ло сде́ланный
artmobile [ˈɑ:tmə(ʊ)bi:l] *n амер.* автофурго́н с прице́пом, обору́дованный для передвижны́х худо́жественных вы́ставок
Art Nouveau [ˌɑ:(t)nu:ˈvəʊ] *фр.* стиль «моде́рн» (*худо́жественный и архитекту́рный стиль конца́ XIX — нача́ла XX вв.*)
arts and crafts [ˌɑ:tsəndˈkrɑ:fts] 1. прикладно́е иску́сство 2. наро́дное тво́рчество (*особ. резьба́, вы́шивка и т. п.*); куста́рные ремёсла
artsy [ˈɑ:tsɪ] *a* 1. претенду́ющий на худо́жественность 2. чрезме́рно разукра́шенный, вы́чурный 3. *неодобр.* претенду́ющий на любо́вь к иску́сству и понима́ние его́; име́ющий дилета́нтский подхо́д к иску́сству
artsy-craftsy [ˌɑ:tsɪˈkrɑ:ftsɪ] = arty-crafty
art up [ˈɑ:tˈʌp] *phr v* украша́ть, занима́ться украша́тельством
artware [ˈɑ:tweə] *n* предме́ты прикладно́го иску́сства; кера́мика, декорати́вные тка́ни и т. п.
artwork [ˈɑ:twɜ:k] *n* 1. *амер. собир.* произведе́ния иску́сства; ~ sold on the sidewalk карти́ны и т. п., продава́емые на у́лице 2. скульпту́ра, ста́туя, *особ.* абстра́ктная; an 8-foot metal ~ восьмифу́товая металли́ческая констру́кция 3. *собир.* иллюстра́ции, иллюстрати́вный материа́л (*в журна́ле и т. п.*) 4. *полигр.* фотографа́т, фотоабло́н
arty [ˈɑ:tɪ] *a разг.* 1. претенду́ющий на худо́жественность 2. претенду́ющий на понима́ние иску́сства
arty-and-crafty [ˌɑ:tɪəndˈkrɑ:ftɪ] = arty-crafty
arty-crafty [ˌɑ:tɪˈkrɑ:ftɪ] *a ирон.* 1) претенцио́зный, вы́чурный; «худо́жественный» 2) увлека́ющийся куста́рными про́мыслами
arum [ˈe(ə)rəm] *n бот.* а́рум, аро́нник (*Arum gen.*)
arum lily [ˈe(ə)rəmˌlɪlɪ] 1) *бот.* а́рум куку́шечный (*Arum maculatum*) 2) *разг.* бе́лая ли́лия (*высо́кая*)
arundinaceous [əˌrʌndɪˈneɪʃəs] *a бот.* камышеви́дный, тростнико́вый
arvo [ˈɑ:vəʊ] *австрал. сл. см.* afternoon
-ary¹ [-ərɪ] *suff* встреча́ется в прил. лат. происхожде́ния: ordinary обы́чный; secondary втори́чный; plenipotentiary полномо́чный; binary бина́рный; military воённый; imaginary вообража́емый; elementary элемента́рный
-ary² [-ərɪ] *suff* встреча́ется в сущ. фр. и лат. происхожде́ния, обознача́ющих 1. лицо́ с таки́м-то сво́йством или фу́нкцией: notary нота́риус; secretary секрета́рь; emissary эмисса́р; adversary проти́вник; functionary чино́вник; missionary миссионе́р; visionary ми́стик; revolutionary революционе́р 2. *конкре́тные и абстра́ктные объе́кты* (*субстанти́вированные прил. на -ary¹*): summary резюме́; corollary сле́дствие; documentary документа́льный фильм; obituary некроло́г; tributary прито́к (*реки́*)
-ary³ [-ərɪ] = ery
Aryan I [ˈe(ə)rɪən] *n* арие́ц; ари́йка; the ~s *pl собир.* ари́йцы
Aryan II [ˈe(ə)rɪən] *a* ари́йский
Aryanism [ˈe(ə)rɪənɪz(ə)m] *n* фаши́стская тео́рия превосхо́дства «ари́йской ра́сы» над все́ми остальны́ми

aryl ['ærɪl] *n* хим. арил
arytenoid cartilage [ˌærɪ'tiːnɔɪd-'kɑːt(ə)lɪdʒ] анат. черпаловидный хрящ
as¹ I [æz (*полная форма*); əz, z (*редуцированные формы*)] *rel pron* **1.** вводит придаточные определительные предложения или обороты *с* such, the same *или* so *в главном предложении* какой, который, как, что; he came the same day as you он приехал в один день с вами **2.** вводит придаточные определительные предложения, относящиеся ко всему главному предложению что, и это; he was telling the truth, as you could see by his face он говорил правду, что /и это/ было видно по его лицу

as¹ II [æz (*полная форма*); əz, z (*редуцированные формы*)] *adv* **1.** как (например); some animals as the fox and the squirrel have bushy tails у некоторых животных, как (например) у лис и белок, пушистые хвосты **2.** как, одинаково; deaf as a post глухой как пень; late as usual опоздал как всегда; as such как таковой; man as man человек как таковой **3.** *в сочетаниях*: as for что касается, что до; as for that book I don't like it что касается этой книги, то мне она не нравится; as from канц. после; с такого-то числа; as from a date to be specified /of a date, which is to be determined /установлена/ позднее; I'm resigning from the committee as from now я выхожу из состава комитета с сего числа; as much так; I thought as much я так и думал; as of *амер.* = as for; as per *ком.*, *канц.* согласно; as per order согласно заказу; as per copy enclosed согласно прилагаемой копии; as to а) относительно, о; he said nothing as to wages он ничего не сказал относительно заработной платы; б) что до, что касается; as to you, you can do whatever you like что касается вас, то можете делать всё, что хотите; I am not certain as to whether this is true я не уверен, правда это или нет; as well а) с таким же успехом; желательно, лучше; you may just as well stay вы можете с таким же успехом остаться; we might as well begin at once хорошо /лучше/ было бы начать сразу; you might as well go вы бы лучше пошли; б) также, к тому же; he takes English lessons on Mondays and Fridays as well он занимается английским по понедельникам, а также по пятницам; as yet до сих пор; пока ещё; there has been no change as yet пока ещё нет перемен; *другие сочетания см. под соответствующими словами*

as¹ III [æz (*полная форма*); əz, z (*редуцированные формы*)] *cj* **1.** в придаточных предложениях и обстоятельственных оборотах времени (*часто* just as) когда; в то время как, по мере того как; as I was coming here I lost my key когда я шёл сюда, я потерял ключ; (just) as he finished his speech (как раз) в тот момент, когда он кончил говорить; she sang as she worked работая, пела /напевала/ **2.** в придаточных предложениях 1) причины так как, поскольку, раз; as I am here, I'd better stay раз я уже здесь, я лучше останусь; covered with dust as he was, he didn't want to come in он не хотел входить, так как был весь в пыли 2) *образа действия* как; he will do as he likes он поступит /сделает/ как захочет; they rose as one man они поднялись все как один **3.** вводит обстоятельственные обороты сравнения как; подобно тому как; white as snow белый как снег [*см. тж.* as... as]; in the same way as before как и раньше; do as I do делай как я **4.** вводит предикатив и др. члены предложения со значением как, в качестве; передаётся тж. твор. падежом; to work as teacher [as judge] работать учителем [судьёй]; he introduced her as his sister он представил её как свою сестру; he appeared as King Lear он выступил в роли короля Лира; it is regarded as an accident это рассматривается как несчастный случай; as a very old friend of your father как старый друг вашего отца; he meant it as a joke он сказал это в шутку **5.** (*в сочетании с* so) вводит инфинитив результата и цели чтобы; that he is not so foolish as to do that on не так глуп, чтобы сделать это; be so good as to send it to me будьте добры прислать это мне **6.** *употребляется во вводных словах и предложениях как*; as you know как вы знаете, как известно; as seems better to you как вам кажется лучше; as is common /customary/ как принято; as it happens оказывается, между прочим; as it happens he is a friend of mine между прочим, он мой друг; they were looking for a flat, as arranged как было условлено, они искали квартиру **7.** *в сочетаниях*: as against по сравнению; the business done this year amounts to £ 20000 as against £ 15 000 last year в этом году мы выполнили заказов на 20 тысяч фунтов стерлингов по сравнению с 15 тысячами фунтов стерлингов в прошлом году; as if словно, как будто; he looks as if he had seen a ghost у него такой вид, словно привидение увидел; as if you didn't know that! уж будто бы вы этого не знали [*см. тж.* as if]; as it is в действительности, и так, однако; we hoped things would get better but as it is they are getting worse мы надеялись, что положение улучшится, но в действительности оно ухудшается; you have too many friends as it is у вас и так слишком много друзей; bad as it is, it could be worse как это ни плохо, однако могло быть и хуже; as is а) *разг.* как есть, в том состоянии, в котором что-л. находится; we bought the table as is мы купили стол, как он есть; б) *ком.* без гарантии качества; as is sale продажа товара на условии «как есть», без гарантии качества; as it stands без перемен, так; as it stands, it is good enough в таком виде это не так уж плохо; as it was как ни, хотя; tired as they were, they continued their way как они ни устали /хотя они очень устали/, они продолжали свой путь; strange as it may seem как ни странно; try as they would как бы они ни старались; she was near enough to tears as it was она и без того чуть не плакала; as... so так... (и); as A is to B, so B is to C A относится к B, как B относится к C; as fire warms the body so does kindness warm the heart огонь согревает тело, доброта — душу; as you treat me, so will I treat you как вы относитесь ко мне, так и я буду относиться к вам; as though = as if; it looks as though it might rain похоже, (что) пойдёт дождь

◊ as you were! *воен.* отставить!; as you do! *мор.* так держать! (команда); as who should say *арх.* так сказать; если можно так выразиться; as things, persons go что касается чего-л., кого-л.; he is quite well-behaved as boys go для мальчика он довольно хорошо себя ведёт; it was very cheap as prices of cars go учитывая нынешние цены на автомобили, мы купили машину дёшево

as² [æz] *n* (*pl* asses ['æsiːz]) *ист.* **1.** ас (древнеримская мера веса) **2.** ас (древнеримская бронзовая монета)
as- [ə-] = ad-
asafoetida [ˌæsə'fetɪdə] *n* асафетида (растительная смола, используемая в медицине)
asale [ə'seɪl] *a predic* спец. в продаже
asana ['ɑːsənə] *n* асана (поза в гимнастике йогов)
asar ['ɑːvsə] *n* геол. эскер, оз, длинный узкий кряж ледникового происхождения
as... as [æz...æz] *corr cj* **1.** такой же... как, так же... как (при сравнении); he speaks English as easily as he speaks French он говорит по-английски так же свободно, как по-французски; he walked as fast as he could он спешил как только мог; he is as capable as his father on такой же способный (человек), как его отец; is it as interesting as that? неужели это так интересно?; one is as bad as the other один другого стоит; it is as easy as anything это очень легко **2.** в сочетаниях: as far as а) до (какого-л. места); we walked as far as the post office мы дошли до почты; б) насколько, поскольку; as far as I can judge this is correct насколько я могу судить, это правильно; I shall help you as far as I can я сделаю для вас всё, что смогу; as far back as давно; as far back as three years целых три года назад; as good as в сущности, фактически; the case is as good as lost дело, в сущности, проиграно; she has as good as admitted она почти призналась; её слова фактически являются признанием; as long as a) до тех пор пока; keep it as long as you need it держите это у себя, пока вам это (будет) нужно; б) поскольку; при условии; as long as you apologize I'm satisfied вы извинились, и мне этого вполне достаточно; I will lend you the book as long as you keep it clean я дам вам (почитать) эту книгу при условии, что вы будете аккуратно обращаться с ней; as much /as many/ as а) (столько, сколько; take as much /as many/ as you like возьмите сколько хотите; I need as many men as you can spare я использую всех людей, которых ты сможешь выделить; б) *усил.* целых; it weighs as much as 70 tons это весит целых 70 тонн; we bought as many as six dictionaries мы купили целых шесть словарей; as recently as ещё, всего, только; I saw him as recently as last week я видел его всего на прошлой неделе; as soon as а) как только; as soon as he noticed it как только он это заметил; б) столь же охотно; I would (just) as soon stay at home as go for a walk мне всё равно, что сидеть дома, что идти гулять; в) в дополнение; кроме того; не только... но и; there was a couch as well as a bed in the room в комнате, кроме кровати, была также кушетка; he gave me advice as well as money кроме денег он дал мне также совет; he was a real scholar as well as a great composer этот великий композитор был также настоящим учёным; by day as well as by night не только ночью, но и днём
asbestine [æs'bestaɪn] *a* 1) асбестовый 2) негорючий
asbestos [æs'bestəs] *n* мин. асбест, горный лён
asbestosis [ˌæsbe'stəʊsɪs] *n мед.* асбестоз
asbolite ['æsbəlaɪt] *n* мин. асболит, асболан
ascariases [ˌæskə'raɪəsiːz] *pl om* ascariasis
ascariasis [ˌæskə'raɪəsɪs] *n* (*pl* -ses) *мед., вет.* аскаридоз

ascarid ['æskərɪd] *n* (*pl тж.* -des) *зоол.* аскари́да, немато́да (*Ascaridae*)
ascarides [æs'kærɪdiːz] *pl от* ascaris *и* ascarid
ascaris ['æskərɪs] *n* (*pl* ascarides) = ascarid
as cast [əz'kɑːst] *метал.* лито́й, в лито́м ви́де
ascend [ə'send] *v* 1. 1) поднима́ться, восходи́ть (*тж.* ~ up); mist ~ed from the valley из доли́ны поднима́лся тума́н; to ~ a mountain взойти́ /подня́ться/ на го́ру; to ~ a river подня́ться к верхо́вью реки́; to ~ the throne вступи́ть /взойти́/ на престо́л; to ~ a ladder влезть /взобра́ться/ на ле́стницу 2) *поэт.* возвыша́ться 2. поднима́ться; продвига́ться (*по службе и т. п.*); to ~ to the climax of one's glory дости́чь верши́ны сла́вы 3. *книжн., рел.* возноси́ться 4. восходи́ть; вести́ происхожде́ние (*от чего-л.*); to ~ lineally восходи́ть по прямо́й ли́нии 5. *астр.* восходи́ть 6. *муз.* повыша́ться (*о звуке*); звуча́ть то́ном вы́ше 7. *ав.* набира́ть высоту́
ascendance [ə'sendəns] = ascendancy
ascendancy [ə'sendənsɪ] *n* власть, госпо́дство, домини́рующее влия́ние; to have /to exercise/ ~ over smb. име́ть власть над кем-л., госпо́дствовать над кем-л.
ascendant I [ə'sendənt] *n* 1. влия́ние, власть, преоблада́ние; to be in the ~ госпо́дствовать, име́ть большо́е влия́ние; his ideas are now in the ~ его́ иде́и распространя́ются всё ши́ре /возоблада́ли/; his star is in the ~ его́ звезда́ восхо́дит, он в зени́те сла́вы /влия́ния/ 2. 1) зодиака́льное созве́здие, находя́щееся над горизо́нтом в час чьего́-л. рожде́ния (*в астрологии*) 2) гороско́п 3. пре́док, ро́дственник по восходя́щей ли́нии
ascendant II [ə'sendənt] *a* 1. восходя́щий; ~ Venus *астр.* восходя́щая Вене́ра 2. госпо́дствующий, преоблада́ющий; ~ position госпо́дствующее положе́ние; ~ power превосходя́щая си́ла
ascendence [ə'sendəns] = ascendance
ascendency [ə'sendənsɪ] = ascendancy
ascendent I, II [ə'sendənt] = ascendant I *и* II
ascender [ə'sendə] *n полигр.* 1) ве́рхний выносно́й элеме́нт строчно́й бу́квы 2) строчна́я бу́ква с ве́рхним выносны́м элеме́нтом (d, k, h *и др.*)
ascending [ə'sendɪŋ] *a* 1. восходя́щий; ~ scale *муз.* восходя́щая га́мма; ~ aorta *анат.* восходя́щая часть дуги́ ао́рты 2. иду́щий по восходя́щей ли́нии от пото́мков к пре́дкам; ~ collateral branch восходя́щая бокова́я ли́ния
ascension [ə'senʃ(ə)n] *n* 1. восхожде́ние, подъём 2. *арх.* подъём, продвиже́ние; прихо́д (*к власти*); ~ to the throne восше́ствие на престо́л 3. *астр.* подъём небе́сных тел над горизо́нтом небе́сной сфе́ры 4. (the A.) *рел.* вознесе́ние; A. Day пра́здник вознесе́ния
ascensional [ə'senʃ(ə)nəl] *a* 1. восходя́щий 2. подъёмный; ~ power *ав.* подъёмная си́ла; ~ rate *ав.* ско́рость набо́ра высоты́, ско́рость подъёма
Ascensiontide [ə'senʃ(ə)ntaɪd] *n церк.* де́сять дней от вознесе́ния до ду́хова дня
ascensive [ə'sensɪv] *a книжн.* восходя́щий; поднима́ющийся
ascensor [ə'sensə] *n* лифт, подъёмник
ascent [ə'sent] *n* 1. подъём, восхожде́ние; to make an ~ of the stairs подня́ться по ле́стнице; to effect an ~ of a mountain соверши́ть восхожде́ние на́ гору; to make an ~ of a river пойти́ вверх по реке́; the ~ of vapours from the earth ≅ от земли́ шёл /поднима́лся/ пар 2. повыше́ние, продвиже́ние (*по службе и т. п.*); his ~ to governorship заня́тие им поста́ губерна́тора 3. 1) крутизна́; подъём; rapid ~ круто́й подъём 2) прямо́й ряд ступе́ней, марш 4. *косм.* взлёт 5. 1) восхожде́ние по генеалоги́ческой ли́нии 2) обраще́ние к про́шлому; our ~ into the past на́ше обраще́ние к про́шлому 6. из ви́са в упо́р (*гимнастика*)
ascertain [ˌæsə'teɪn] *v* 1) выясня́ть; убежда́ться, удостоверя́ться; to ~ the truth вы́яснить и́стину; I ~ed that he was right я удостове́рился, что он прав 2) устана́вливать; to ~ smb.'s guilt [smb.'s innocence] установи́ть чью-л. вину́ /чью-л. невино́вность/; to ~ how the thing happened установи́ть, как э́то произошло́
ascertainment [ˌæsə'teɪnmənt] *n* выясне́ние, установле́ние, удостовере́ние; ~ of facts выясне́ние фа́ктов
asceses [ə'siːsiːz] *pl от* ascesis
ascesis [ə'siːsɪs] *n* (*pl* asceses) *книжн.* аске́за, самоограниче́ние
ascetic I [ə'setɪk] *n* аске́т; подви́жник; отше́льник
ascetic II [ə'setɪk] *a* 1) аскети́ческий 2) возде́ржанный; ~ habits [existence] аскети́ческие привы́чки [-ая жизнь]
ascetical [ə'setɪk(ə)l] = ascetic II
asceticism [ə'setɪsɪz(ə)m] *n* аскети́зм
asci ['æskaɪ] *pl от* ascus
ascians [ə'ʃɪənz] *n pl* а́скии (*обита́ли зо́ны эква́тора*)
ascidia [ə'sɪdɪə] *pl от* ascidium
ascidium [ə'sɪdɪəm] *n* (*pl* -dia) *зоол.* асци́дия
ascientific [ˌeɪsaɪən'tɪfɪk] *a* нену́чный, не осно́ванный на нау́чном ме́тоде; that philosophy is ~, not to say antiscientific э́та филосо́фия нену́чна, что́бы не сказа́ть антинау́чна
ascigerous [ə'sɪdʒərəs] *a бот.* су́мчатый; ~ stage су́мчатая ста́дия (*грибов*)
ascites [ə'saɪtiːz] *n мед.* асци́т
Asclepiadean [əsˌkliːpɪə'di(ː)ən] *a стих.* асклепиа́дов
Asclepius [əs'kliːpɪəs] *n греч. миф.* Аскле́пий, бог врачева́ния
ascomycetes [ˌæskə'maɪsiːtiːz] *n pl бот.* аскомице́ты, су́мчатые грибы́ (*Ascomycetes*)
ascorbic acid [əˌskɔːbɪk'æsɪd] *фарм., хим.* аскорби́новая кислота́
Ascot I ['æskət] *n* 1. А́скот (*знамени́тое ме́сто ежего́дных ска́чек*) 2. (а.) а́скотский га́лстук (*с широ́кими, как у ша́рфа, конца́ми*)
Ascot II ['æskət] *a* относя́щийся к ипподро́му А́скот или к ска́чкам на нём
ascribable [ə'skraɪbəb(ə)l] *a* могу́щий быть припи́санным (*чему-л.*), отнесённый за счёт (*чего-л.*); his quick recovery is ~ to his sound constitution его́ бы́строе выздоровле́ние мо́жно отнести́ за счёт кре́пкого сложе́ния
ascribe [ə'skraɪb] *v* (to) 1. припи́сывать (*кому-л.*); to ~ a quality [an opinion] to smb. припи́сывать кому́-л. ка́чество [мне́ние]; this play is sometimes ~d to Shakespeare э́ту пье́су иногда́ припи́сывают Шекспи́ру 2. относи́ть за счёт (*чего-л.*); his death was ~d to poison счита́ют, что он был отра́влен /отрави́лся/; his success can be ~d to talent and hard work его́ успе́х мо́жно отнести́ за счёт тала́нта и упо́рной рабо́ты
ascribed status [ə'skraɪbd'steɪtəs] *социол.* социа́льный ста́тус по рожде́нию; обще́ственное положе́ние, определя́емое происхожде́нием
ascription [ə'skrɪpʃ(ə)n] *n* 1. 1) припи́сывание; the ~ of their failure to lack of money is not honest относи́ть их неуда́чи за счёт недоста́тка средств про́сто нече́стно 2) атрибу́ция; the ~ of this work to Schubert may be false атрибу́ция э́того о́пуса Шу́берту мо́жет оказа́ться оши́бочной 2. *социол.* социа́льное происхожде́ние
ascus ['æskəs] *n* (*pl* -ci) *бот.* аск (*плодова́я су́мка су́мчатых грибо́в*)
asdic ['æzdɪk] *n спец.* гидролока́тор; ~ operator гидроаку́стик
-ase [-eɪz, -eɪs, -əz] *suff биол., хим.* образу́ет назва́ния ферме́нтов: lactase лакта́за; pectase пекта́за; oxidase окси́да́за
asea [ə'siː] *adv* 1) на́ мо́ре 2) к мо́рю
aseismatic [ˌeɪsaɪz'mætɪk] *a геол.* асейсми́чный
aseismic [ə'saɪzmɪk] *a* 1. *стр.* антисейсми́ческий 2. = aseismatic
aseity [ə'siːɪtɪ] *n* самозарождённое существова́ние; ве́чное и незави́симое бытие́ (*в идеалисти́ческой филосо́фии*)
asepsis [eɪ'sepsɪs] *n* асе́птика
aseptic I [eɪ'septɪk] *n* асепти́ческое сре́дство
aseptic II [eɪ'septɪk] *a* 1. асепти́ческий, обеззара́женный, стери́льный 2. *неодобр.* бесцве́тный, бесстра́стный; ~ essays безли́кие о́черки; an ~ view of civilization бесстра́стный взгляд на цивилиза́цию
aceptisize [eɪ'septɪsaɪz] *v* стерилизова́ть, обеззара́живать
asexual [eɪ'sekʃuəl, eɪ'seksjuəl] *a* 1. асексуа́льный, беспо́лый 2. *биол.* неполово́й, вегетати́вный 3. равноду́шный к полово́й жи́зни; холо́дный в полово́м отноше́нии
asexualize [eɪ'sekʃuəlaɪz, eɪ'seksjuəlaɪz] *v* кастри́ровать
Asgard, Asgardhr, Asgarth ['æsgɑːd, 'æsgɑːðr, 'æsgɑːθ] *n сканд. миф.* А́сгард (*обитель богов и павших героев*)
ash¹ [æʃ] *n* 1. 1) *обыкн. pl* зола́, пе́пел; wood ~ древе́сная зола́; cigarette ~ пе́пел от сигаре́ты; a heap of ~(es) ку́ча пе́пла; to lay /to burn, to reduce/ to ~es сжига́ть дотла́ 2) *хим.* зола́; ~ content *спец.* зо́льность, содержа́ние золы́; ~ free basis *хим.* беззо́льная часть 3) *хим.* нота́ш (*тж.* soda ~) 2. 1) *pl возвыш.* прах, бре́нные оста́нки; his ~es lie in Westminster Abbey его́ прах поко́ится в Вестми́нстерском абба́тстве; peace to his ~es мир пра́ху его́ 2) оста́тки (*цивилиза́ции и т. п.*); the ~es of the ancient empire обло́мки /разва́лины/ дре́вней импе́рии; the ~es of their love всё, что оста́лось от их любви́ 3. *поэт.* 1) пе́пельный цвет 2) мертве́нная бле́дность; the lip of ~es мертве́нно-бле́дные /пе́пельные/ гу́бы 4. *геол.* 1) вулкани́ческий пе́пел (*тж.* volcanic ~) 2) туф из вулкани́ческого пе́пла; ~ beds пе́пловые сло́и; ~ cone ту́фовый /пе́пловый/ ко́нус
◇ to put ~es on one's head посыпа́ть пе́плом главу́, вы́разить глубо́кое раска́яние; to turn to ~es разлете́ться в прах (*о наде́ждах*)
ash¹ II [æʃ] *v* посыпа́ть пе́плом
ash² [æʃ] *n бот.* я́сень (*Fraxinus gen.*)
ashake [ə'ʃeɪk] *a predic* дрожа́щий, трепе́щущий
ashamed [ə'ʃeɪmd] *a predic* пристыжённый; to be /to feel/ ~ of smth. стыди́ться чего́-л.; to feel ~ for smb. стыди́ться за кого́-л.; I am ~ to confess мне сты́дно призна́ться; to make smb. ~ пристыди́ть кого́-л.
ashberry ['æʃberɪ] *n* ряби́на (*я́года*)
ash-bin [æʃˌbɪn] *n* 1. я́щик, у́рна для му́сора; мусоросбо́рник 2. *тех.* зо́льник
ash-blond ['æʃˌblɒnd] *a* пе́пельный (*о цве́те воло́с блонди́нки*)

ASH —ASK

ash-box ['æʃbɒks] *n тех.* зольник; поддувало
ashcake ['æʃkeɪk] *n амер. диал.* лепёшка, испечённая в золе
ash can ['æʃkæn] *амер.* 1. = ash-bin 2. *мор. жарг.* глубинная бомба 3. *кино жарг.* дуговая лампа верхнего света
Ash-can school ['æʃkænˌskuːl] *амер. иск.* «школа мусорщиков», художники-реалисты, писавшие сцены городской жизни (*в начале XX в.*)
ash-dry ['æʃdraɪ] *a* сухой и рассыпающийся как пепел; his mouth and his spirit were ~ у него пересохло во рту и упало настроение
ashen[1] ['æʃ(ə)n] *a* 1. пепельный, из пепла 2. 1) пепельный (*о цвете*) 2) мертвенно-бледный
ashen[2] ['æʃ(ə)n] *a* ясеневый
ashen-gray soil [ˌæʃ(ə)ngreɪˈsɔɪl] зольно-серая почва; подзол
ashery ['æʃərɪ] *n* 1. *тех.* зольник 2. предприятие по производству поташа
Ashes ['æʃɪz] *n* (the ~) «Урна с прахом» (*кубок, присуждаемый на матчах по крикету между командами Великобритании и Австралии*); to bring home the ~ победить в матче; to bring back the ~ отыграться
ashfall ['æʃfɔːl] *n геол.* выброс вулканического пепла; пепельный дождь
ash-grey, ash-gray ['æʃgreɪ] *a* пепельно-серый
ash-heap ['æʃhiːp] *n метал.* шлаковый отвал
ash-hole ['æʃhəʊl] = ashery 1
ashine [əˈʃaɪn] *a predic книжн.* сияя, в сиянии
ashing ['æʃɪŋ] *n тех.* озоление
A-ship ['eɪˌʃɪp] *n* атомоход
ashipboard [əˈʃɪpbɔːd] *adv редк.* на борту судна
ashiver [əˈʃɪvə] *a predic* дрожащий; she was still ~ она всё ещё дрожала
ash-key ['æʃkiː] *n бот.* крылатка (*плод ясеня*)
ashlar ['æʃlə] *n стр.* 1. тёсаный камень; ~ facing облицовка из тёсаного камня 2. кладка из тёсаного камня
ashless ['æʃlɪs] *a* беззольный (*о топливе*)
ashling ['æʃlɪŋ] *n* молодое ясеневое деревце
ashman ['æʃmən] *n* (*pl* -men [-mən]) *амер.* мусорщик
ashore [əˈʃɔː] *adv* 1) к берегу, на берег; to go /to come/ ~ сходить на берег; to run /to be driven/ ~ наскочить на мель 2) на берегу, на суше
ashpan ['æʃpæn] = ashpit
ashpit ['æʃpɪt] *n тех.* зольник
ashplant ['æʃplɑːnt] *n* 1) молодое ясеневое деревце 2) ясеневая трость; ясеневый хлыст
ashram ['æʃrəm, 'æʃræm] *n хинди* 1. ашрам, убежище отшельника 2. *амер.* «коммуна» хиппи; притон наркоманов
ash-rich ['æʃˌrɪtʃ] *a* многозольный (*о топливе*)
Ashtoreth ['æʃtəreθ] *n миф.* Астарта, Иштар (*ассиро-вавилонская богиня плодородия и любви*)
ashtray ['æʃtreɪ] *n* пепельница
Ashur [ɑːˈʃʊə] *n миф.* Ашшур (*верховное божество в Ассирии*)
Ash Wednesday [ˌæʃˈwenzdɪ] *церк.* пепельная среда, день покаяния (*первый день великого поста в англиканской церкви*)
ashy ['æʃɪ] *a* 1. пепельный, из пепла; засыпанный пеплом 2. 1) пепельного цвета 2) бледный как смерть

Asiad ['eɪʃɪəd] *n* Азиатские игры, Игры Азиатского континента
Asian I ['eɪʃ(ə)n, 'eɪʒ(ə)n] *n* житель или уроженец Азии
Asian II ['eɪʃ(ə)n, 'eɪʒ(ə)n] *a* 1. относящийся к Азии, азиатский; ~ countries страны Азии, азиатские страны 2. относящийся к жителям или уроженцам Азии
Asianic [ˌeɪʃɪˈænɪk] *a лингв.* малоазиатский, распространённый в Малой Азии
Asiatic I [ˌeɪʃɪˈætɪk, ˌeɪʒɪˈætɪk] *n часто пренебр.* азиат
Asiatic II [ˌeɪʃɪˈætɪk, ˌeɪʒɪˈætɪk] *a часто пренебр.* азиатский
aside I [əˈsaɪd] *n* 1. 1) *театр.* ремарка «в сторону» 2) замечание сделанное «про себя» 2. отступление (*в речи*); анекдот *или* шутка по ходу рассказа 3. второстепенное событие; второстепенное произведение *и т. п.*; the ~s of history побочные /второстепенные/ исторические факты
aside II [əˈsaɪd] *adv* 1. указывает на 1) отход или отвод от прежнего направления, пути, темы разговора *и т. п.* в сторону; передаётся тж. с помощью приставок; to turn ~ свернуть в сторону; step ~ отойдите (в сторону), разрешите пройти; to speak ~ говорить в сторону (*обычно об актёре*); to take smb. ~ отводить кого-л. в сторону (*для разговора*); he drew the curtain ~ он отдёрнул занавес 2) нахождение поодаль в стороне; he stood ~ он стоял поодаль 2. указывает на откладывание, отмену, избавление от чего-л. *и т. п.*; часто передаётся приставкой от-; to put /to set/ money ~ откладывать /копить/ деньги; to lay ~ bad habits отказаться от плохих привычек; set this book ~ for me отложите для меня эту книгу; when spring came she put ~ her winter clothes когда пришла весна, она убрала зимние вещи; put ~ gloomy thoughts выбросьте мрачные мысли из головы; put your troubles ~ отбросьте заботы 3. *в сочетаниях:* ~ from а) помимо, ~ from the question of need of this device we must think of the cost помимо вопроса о необходимости этого приспособления, мы должны подумать о том, сколько оно будет стоить; б) *амер.* за исключением, ~ from arithmetic, I have finished my homework я сделал все уроки, кроме арифметики; ~ from a fright I was uninjured я только испугался и всё; в) *амер.* в дополнение; не только; others ~ from the captain had noticed this не только капитан, но и другие заметили это
◇ joking ~ шутки в сторону; joking ~, I mean it кроме шуток, я говорю это совершенно серьёзно; to be set ~ быть обойдённым (*при назначении на должность и т. п.*)
asiderite [əˈsɪdəraɪt] *n* асидерит (*каменный метеорит без железа*)
as if [əzˈɪf] *phr cj* 1. вводит придаточные предложения разного типа и отдельные члены предложения, выражающие нереальные сравнения (как) если бы, (как) будто бы, словно, как бы; he walked fast ~ trying to escape он шёл быстро, словно стараясь скрыться; he looks ~ he had been seriously ill он выглядит как после тяжёлой болезни; it looks ~ it may rain похоже на то, что пойдёт дождь; he looked up ~ for approval он поднял глаза, как бы ища одобрения 2. употребляется в восклицательных предложениях (как) будто бы, словно; ~ you didn't know that! как /уж/ будто бы вы этого не знали!

asimmer [əˈsɪmə] *a predic книжн.* закипающий; to be ~ закипать, кипеть на маленьком огне
asinine ['æsɪnaɪn] *a книжн.* 1. ослиный 2. глупый, упрямый; ~ excuse дурацкая отговорка; what an ~ remark! что за идиотское замечание!
asininity [ˌæsɪˈnɪnɪtɪ] *n* глупость, чушь, ерунда; глупый поступок
as it were [ˌæzɪtˈwɜː] так сказать; некоторым образом; he became, ~, a man without a country он стал, если можно так выразиться, человеком без родины
ask [ɑːsk] *v* 1. 1) спрашивать; to ~ a question задать вопрос; to ~ the way спросить дорогу /как пройти/; to ~ the time спросить, который час 2) (about, after) осведомляться; he ~ed me about my work он спросил меня о моей работе; to ~ after smb.'s health осведомиться о чьём-л. здоровье 3) (for) спрашивать, хотеть видеть (*кого-л.*); просить к телефону (*кого-л.*); has anybody ~ed for me? кто-нибудь спрашивал меня?; call Extension 6740 and ~ for Miss Peters позвоните по добавочному 6740 и спросите мисс Питерс 2. 1) (по)просить; to ~ advice просить совета; to ~ for help [for money] просить помощи [денег]; to ~ smth. of /from/ smb. просить что-л. у кого-л.; he ~ed a favour of me он попросил меня об услуге 2) просить разрешения (сделать что-л.); he ~ed to speak он попросил слова; he ~ed to open the window он попросил разрешения открыть окно 3. 1) требовать; it is too much to ~ of me вы слишком многого хотите от меня; to ~ (for) complete obedience требовать беспрекословного повиновения 2) требоваться; быть необходимым; требовать; the job ~s time эта работа требует времени; for this experiment ~s patience для этого опыта требуется /нужно, необходимо/ терпение 4. приглашать (*тж.* ~ out); to ~ smb. to dinner пригласить кого-л. к обеду; to ~ smb. in [up, down] попросить кого-л. войти [подняться наверх, спуститься] 5. назначать цену; запрашивать (*какую-л. сумму*); he ~ed $ 3000 for the car за этот автомобиль он просил 3000 долларов
◇ to ~ the banns *см.* banns; ~ me another *амер.* не знаю, не спрашивай(те) меня; ≃ спросите меня что-нибудь полегче; to ~ for the moon требовать *или* желать невозможного; to ~ for trouble, to ~ for it напрашиваться на неприятность; ≃ лезть на рожон; ~ no questions and you will hear no lies *посл.* не задавай вопросов и не услышишь лжи
askance [əˈskæns, əˈskɑːns] *adv* 1. криво, косо 2. искоса, с подозрением; to look /to view, to eye/ ~ at smb. смотреть на кого-л. с подозрением /с недоверием, косо/; he looked ~ at my offer к моему предложению он отнёсся недоверчиво
askant [əˈskænt] *редк.* = askance
ask around [ˈɑːskəˌraʊnd] *phr v амер.* расспрашивать тут и там; I don't know, but ~, somebody will know я не знаю, но поспрашивайте (прохожих), кто-нибудь должен знать
askew I [əˈskjuː] *a* 1) косой, кривой 2) искажённый; some of his facts and dates are ~ некоторые приведённые им факты и даты перепутаны /неверны/
askew II [əˈskjuː] *adv* криво, косо; ≃иск оса; the blinds are hanging ~ шторы висят криво; he wore his hat ~ шляпу он носил набекрень; he looked ~ at me он косо посмотрел на меня
asking ['ɑːskɪŋ] *n* 1. обращение с воп-

ро́сом, вопро́сы 2. *арх.* оглаше́ние в це́ркви
◊ it's yours for the ~ (вам) сто́ит то́лько попроси́ть; to lose nothing for ~ ≅ попы́тка не пы́тка; a спрос не беда́
asking price ['ɑːskɪŋˌpraɪs] *ком.* запра́шиваемая цена́; пе́рвая цена́, называ́емая продавцо́м (*предусма́тривающая возмо́жность ски́дки, торга́ и т. п.*); his ~ for the picture is £1000 за карти́ну он про́сит ты́сячу фу́нтов
ask out [ˈɑːskˈaʊt] *phr v* 1. приглаша́ть (*куда́-л.*); to ~ to dinner приглаша́ть пообе́дать в рестора́не 2. проси́ться вы́йти; a pupil asked out шко́льник попроси́л разреше́ния вы́йти; the dog is asking out соба́ка про́сится, что́бы её вы́пустили 3. подава́ть в отста́вку; подава́ть заявле́ние об ухо́де; six teachers asked out шесть учителе́й по́дали заявле́ние об ухо́де
aslant I [əˈslɑːnt] *adv* ко́со, на́искось; накло́нно, пока́то; the rain was falling ~ шёл косо́й дождь; to wear one's hat ~ носи́ть шля́пу набекре́нь
aslant II [əˈslɑːnt] *prep* поперёк, на́искось; че́рез; the log lay ~ the track бревно́ лежа́ло поперёк пути́
asleep [əˈsliːp] *a predic* 1. спя́щий; fast /sound/ ~ спя́щий кре́пким сном; to be ~ спать; to fall ~ засну́ть; to lull a child ~ ука́чивать ребёнка 2. *эвф.* усо́пший; уме́рший 3. тупо́й, вя́лый, апати́чный; he is ~ to the danger он соверше́нно не понима́ет опа́сности 4. заде́ревший, онеме́вший (*о руке́, ноге́*)
◊ to be ~ at the switch спать на посту́; хала́тно относи́ться к свои́м обя́занностям
aslope [əˈsləʊp] *adv* ко́со, пока́то; на скло́не, на ска́те
as maintained [ˌæzmeɪnˈteɪnd] *спец.* устано́вленный, утверждённый (*о разме́ре этало́на*)
asmear [əˈsmɪə] *a predic книжн.* в пя́тнах, запа́чканный
Asmodeus [æsˈməʊdɪəs] *n др.-евр. миф.* Асмоде́й (*де́мон*)
asmoke [əˈsməʊk] *a predic книжн.* в дыму́
asocial [eɪˈsəʊʃ(ə)l] *a* 1. необщи́тельный, за́мкнутый; неконта́ктный; he was ~ and suspicious of others он не сходи́лся с людьми́ и относи́лся к ним с подозре́нием 2. асоциа́льный; несовмести́мый с интере́сами о́бщества; ~ act антиобще́ственный посту́пок
asociality [ˌeɪsəʊʃɪˈælɪtɪ] *n* 1. за́мкнутость, необщи́тельность 2. пренебреже́ние к обще́ственным интере́сам и тради́циям; кра́йний индивидуали́зм
asomatous [əˈsəʊmətəs] *a книжн.* бесте́лесный, беспло́тный
ASP [æsp] *n* (*сокр. от* Anglo-Saxon Protestant) *разг.* америка́нец англосаксо́нского происхожде́ния и протеста́нтского вероиспове́дания (*америка́нец, кото́рого в Соединённых Шта́тах счита́ют «чи́стым» в расо́вом отноше́нии*)
asp[1] [æsp] *n* 1. *зоол.* 1) гадю́ка (*Viperidae fam.*) 2) випе́ра (*Vipera aspis*) 3) а́спид (*Elaps gen.*) 2. *разг.* змея́ (*ocо́б. ядови́тая*) 3. урей (*изображе́ние змеи́ на коро́не фарао́нов*)
asp[2] [æsp] *арх., поэт.* = aspen
asparagine [əˈspærədʒɪ(ː)n] *n биохим.* аспараги́н (*аминокислота́*)
asparagus [əˈspærəgəs] *n* 1) *бот.* спа́ржа (*Asparagus officinalis*) 2) аспара́гус (*декорати́вные сте́бли спа́ржи*) 3) *кул.* столо́вая спа́ржа, молоды́е побе́ги спа́ржи; ~ tips голо́вки спа́ржи
asparkle [əˈspɑːk(ə)l] *a predic* сверка́ющий, искря́щийся; eyes ~ сия́ющие глаза́

aspartic [əˈspɑːtɪk] *n биохим.* аспараги́новая кислота́ (*аминокислота́*)
aspect [ˈæspekt] *n* 1. (вне́шний) вид; выраже́ние (*глаз, лица́*); of pleasing ~ прия́тного ви́да; a man with a serious ~ челове́к, вы́глядящий серьёзно; to have /to bear/ an ~ име́ть вид; to assume an ~ приня́ть вид 2. аспе́кт, сторона́; то́чка зре́ния; to view the matter in /under/ this ~ рассмотре́ть де́ло с э́той стороны́ /то́чки зре́ния/ 3. сторона́ (*зда́ния и т. п.*), обращённая на юг, се́вер и т. п.; the eastern ~ of the house восто́чная сторона́ до́ма; the house has a south ~ фаса́д до́ма выхо́дит на юг 4. *pl* перспекти́вы; economic ~s экономи́ческие перспекти́вы 5. *грам.* вид 6. *спец.* ра́курс 7. *астр.* конфигура́ция (*плане́ты и т. п.*) 8. показа́ние (*прибо́ра*)
aspect ratio [ˈæspektˌreɪʃɪəʊ] 1) *опт.* форма́т, отноше́ние сторо́н изображе́ния (*ширины́ к высоте́*); аспе́ктовое отноше́ние 2) *физ.* аспе́ктное отноше́ние
aspect-stabilized [ˌæspektˈsteɪbɪlaɪzd] *а косм.* ориенти́рованный в простра́нстве (*о космона́вте*)
aspectual [æˈspektʃʊəl] *a грам.* видово́й, аспектуа́льный
aspen I [ˈæspən] *n бот.* 1. оси́на (*Populus tremula*) 2. то́поль осинообра́зный (*Populus tremuloides*)
aspen II [ˈæspən] *a* оси́новый
◊ to quake /to tremble/ like an ~ leaf дрожа́ть как оси́новый лист
asperate [ˈæspəreɪt] *v книжн.* де́лать гру́бым, шерохова́тым, шерша́вым
asperges [æˈspɜːdʒɪz] *n церк.* кропле́ние свято́й водо́й
aspergilla [ˌæspəˈdʒɪlə] *pl от* aspergillum
aspergillum [ˌæspəˈdʒɪləm] *n* (*pl* -la, -s [-z]) *церк.* кропи́ло
asperifoliate [ˌæspərɪˈfəʊlɪɪt] *a бот.* с гру́быми, жёсткими ли́стьями
asperity [æˈsperɪtɪ, əˈsperɪtɪ] *n* 1. 1) гру́бость, жесто́кость (*хара́ктера*) 2) ре́зкость, гру́бость (*то́на*); to speak with ~ говори́ть раздражённо 3) ре́зкость, ре́зкие слова́; an exchange of asperities обме́н ре́зкостями 2. суро́вость (*кли́мата*) 3. *pl* тру́дности, лише́ния; asperities of a cold winter тру́дности холо́дной зимы́ 4. 1) неро́вность, шерохова́тость 2) *pl* неро́вности, неро́вные места́; asperities of the moon [of the ground] неро́вности на пове́рхности луны́ [грунта́] 5. ре́зкость (*зву́ка*)
aspermia [æˈspɜːmɪə] *n биол., мед.* аспе́рмия
asperse [əˈspɜːs] *v* 1. позо́рить, клевета́ть, поро́чить; to ~ smb.'s character [smb.'s name] поро́чить чью-л. репута́цию [чьё-л. и́мя] 2. (with) *церк.* обры́згивать, кропи́ть (*свято́й водо́й*)
aspersion [əˈspɜːʃ(ə)n] *n* 1. поноше́ние, клевета́; to cast ~s on smb.'s character клевета́ть на кого́-л. 2. *церк.* окропле́ние
aspersive [əˈspɜːsɪv] *a книжн.* клеветни́ческий, очерни́тельский; ~ rumours клеветни́ческие слу́хи
aspersoria [ˌæspəˈsɔːrɪə] *pl от* aspersorium
aspersorium [ˌæspəˈsɔːrɪəm] *n* (*pl* -ria, -s [-z]) *церк.* 1) кропи́льница 2) кропи́ло
asphalt I [ˈæsfælt] *n* 1) асфа́льт 2) би́тум
asphalt II [ˈæsfælt] *a* асфа́льтовый; ~ road асфальти́рованная доро́га; ~ stone *мин.* асфа́льтовая поро́да; ~ concrete *стр.* асфальтобето́н; ~ plant *стр.* асфа́льтовый смеси́тель; ~ work асфальти́рование; ~ cloud *воен.* тепло́вая противораке́тная защи́та из асфа́льтовых части́ц

◊ ~ jungle асфа́льтовые джу́нгли (*о большо́м го́роде или городско́м райо́не*)
asphalt III [ˈæsfælt] *v* покрыва́ть асфа́льтом, асфальти́ровать
asphaltic [æsˈfæltɪk] *a* асфа́льтовый
asphaltite [ˈæsfæltaɪt] *n мин.* асфальти́т
asphaltum [ˈæsfæltəm] = asphalt I
aspherical [eɪˈsferɪk(ə)l] *a* 1. *мат.* асферичный, асферический 2. *опт.* свобо́дный от сфери́ческой аберра́ции
asphericity [ˌeɪsfɪə(ə)ˈrɪsɪtɪ] *n мат.* асфери́чность
aspherics [eɪˈsferɪks] *n pl опт.* асфери́ческие ли́нзы
asphodel [ˈæsfədel] *n* 1. *бот.* ца́рские ку́дри, златоо́к, златоцве́тник (*Asphodelus gen.*) 2. *поэт.* нарци́сс 3. *собир. поэт.* асфо́дел, неувяда́ющие ли́лии Елисе́йских поле́й
Asphodel Fields [ˈæsfədelˌfiːldz] *поэт.* Елисе́йские поля́
asphyxia [æsˈfɪksɪə] *n мед.* отсу́тствие дыха́ния, асфикси́я, удушье
asphyxiant I [æsˈfɪksɪənt] *n* удуша́ющее, отравля́ющее вещество́
asphyxiant II [æsˈfɪksɪənt] *a* удуша́ющий; ~ gas удуша́ющий газ
asphyxiate [æsˈfɪksɪeɪt] *v* 1) вызыва́ть асфикси́ю, души́ть; to be ~d by gas отрави́ться га́зом 2) задыха́ться
asphyxiator [æsˈfɪksɪeɪtə] *n* (углеки́слотный) огнетуши́тель
asphyxy [æsˈfɪksɪ] = asphyxia
aspic[1] [ˈæspɪk] *n* 1) желе́ на мясно́м и́ли ры́бном бульо́не; fish [tongue] in ~ заливна́я ры́ба [-о́й язы́к] 2) заливно́е блю́до; fish ~ ры́бное заливно́е
aspic[2] [ˈæspɪk] *n бот.* лава́нда садо́вая (*Lavandula spica*)
aspic[3] [ˈæspɪk] *поэт.* = aspen II
aspidistra [ˌæspɪˈdɪstrə] *n* 1) *бот.* аспиди́стра, «дру́жная семе́йка» (*Aspidistra gen.*) 2) ≅ фи́кус, гера́нь на око́шке (*как си́мвол меща́нского благополу́чия*)
aspirant I [əˈspaɪ(ə)rənt] *n* претенде́нт; кандида́т; соиска́тель; presidential ~s претенде́нты на пост президе́нта; to /for/ honours честолю́бец
aspirant II [əˈspaɪ(ə)rənt] *a* 1. стремя́щийся (*к чему́-л.*); домога́ющийся (*чего́-л.*); ~ pilots бу́дущие пило́ты 2. = aspiring
aspirate I [ˈæspɪrɪt] *n фон.* 1. придыха́тельный согла́сный звук 2. знак придыха́ния
aspirate II [ˈæspɪreɪt] *v* 1. *фон.* произноси́ть с придыха́нием 2. *тех.* вса́сывать 3. *мед.* отса́сывать (*жи́дкость, газ, гной*) из како́й-л. по́лости с по́мощью аспира́тора
aspiration [ˌæspɪˈreɪʃ(ə)n] *n* 1. стремле́ние, си́льное жела́ние (*дости́гнуть чего́-л.*); his ~ for fame [to become famous] его́ стремле́ние к сла́ве [стать знамени́тым]; the ~s of the developing countries наде́жды развива́ющихся стран 2. *редк.* дыха́ние; вдох 3. *фон.* придыха́ние 4. *мед.* отса́сывание гно́я и́ли жи́дкости из како́й-л. по́лости 5. *спец.* подса́сывание, подсо́с
aspirator [ˈæspɪreɪtə] *n спец.* 1. аспира́тор 2. отса́сывающее устро́йство; вытяжно́й вентиля́тор
aspire [əˈspaɪə] *v* 1. (to, after, at) стреми́ться, домога́ться; to ~ to honours [to riches] стреми́ться к по́честям [к бога́тству]; to ~ after glory гна́ться за сла́вой; he ~d to a career in medicine он мечта́л стать врачо́м 2. *поэт.* поднима́ться, возвыша́ться, вы́ситься

ASP — ASS

aspirin [ˈæsprɪn] *n* 1) аспири́н 2) табле́тка аспири́на; take two ~s прими́те две табле́тки аспири́на

aspiring I [əˈspaɪ(ə)rɪŋ] *n* стремле́ние

aspiring II [əˈspaɪ(ə)rɪŋ] *a* 1. честолюби́вый 2. *арх., поэт.* подыма́ющийся

asportation [ˌæspɔːˈteɪʃ(ə)n] *n юр.* незако́нный уво́з чужо́го иму́щества с це́лью присвое́ния

asprawl [əˈsprɔːl] *a predic редк.* растяну́вшись; he threw himself all ~ on the ground он растяну́лся на земле́

asquint [əˈskwɪnt] *a predic* ко́со (*обыкн. с гл.* look); to look ~ а) коси́ть глаза́ми; б) смотре́ть ко́со /подозри́тельно/

ass¹ [æs] *n* 1. *зоол.* 1) осёл дома́шний, иша́к (*Equus asinus*) 2) *арх., библ.* осли́ца; Balaam's ~ валаа́мова осли́ца; ~es' milk молоко́ осли́цы 2. 1) глупе́ц; тупи́ца; don't be an ~ не глупи́! 2) упря́мец
◊ to act /to play/ the ~ валя́ть дурака́; to make an ~ of oneself [of smb.] ста́вить себя́ [кого́-л.] в глу́пое положе́ние; to be an ~ for one's pains оста́ться в дурака́х; не получи́ть благода́рности за свои́ труды́; never bray at an ~ ≅ не свя́зывайся с дурако́м

ass² [æs] *n амер. груб.* = arse; a bit of ~ а) ба́ба, девчо́нка; ≅ ю́бка; б) сноше́ние с же́нщиной

ass about [ˈæsəˈbaʊt] *phr v сл.* валя́ть дурака́

assafetida [ˌæsəˈfetɪdə] = asafoetida

assagai [ˈæsɪɡaɪ] *n* 1. ассага́й, мета́тельное копьё с желе́зным наконе́чником 2. древеси́на, испо́льзуемая для произво́дства дро́тиков

assai [æˈsaɪ] *ит. муз.* асса́и; доста́точно, о́чень; allegro ~ быстре́е, чем алле́гро

assail [əˈseɪl] *v* 1. 1) наступа́ть, атакова́ть, напада́ть внеза́пно и я́ростно; the fortress was ~ed on all sides кре́пость была́ атако́вана со всех сторо́н; we were ~ed by a violent hailstorm нас засти́г си́льный град 2) одолева́ть, му́чить; to be ~ed with /by/ doubts му́читься сомне́ниями; he was ~ed by fears им овладе́ли стра́хи 3) забра́сывать, засыпа́ть; he was ~ed with questions его́ заброса́ли /засы́пали/ вопро́сами; to ~ smb. with epigrams высме́ивать кого́-л. в эпигра́ммах 2. реши́тельно, с жа́ром бра́ться за де́ло, набра́сываться (*на рабо́ту и т. п.*); he ~ed the difficulty with eagerness он ри́нулся на преодоле́ние тру́дностей

assailable [əˈseɪləb(ə)l] *a* откры́тый для нападе́ния, напа́док *и т. п.*; уязви́мый

assailant [əˈseɪlənt] *n* 1. проти́вник, напада́ющая сторона́ 2. вражде́бно настро́енный кри́тик

Assamese I [ˌæsəˈmiːz] *n* 1. асса́мец; the ~ *собир.* асса́мцы 2. асса́мский язы́к

Assamese II [ˌæsəˈmiːz] *a* асса́мский

assart I [əˈsɑːt] *n* 1. выкорчёвывание дере́вьев и куста́рника; расчи́стка ле́са под па́шню 2. уча́сток ле́са, расчи́щенный под па́шню

assart II [əˈsɑːt] *v* выкорчёвывать дере́вья, расчища́ть лес под па́шню

assassin [əˈsæsɪn] *n* 1. уби́йца политического *или* обще́ственного де́ятеля 2. (Assassins) *ист.* фана́тики-мусульма́не (*ча́сто одурма́ненные гаши́шем*), убива́вшие крестоно́сцев

assassinate [əˈsæsɪneɪt] *v* 1. убива́ть полити́ческих *или* обще́ственных де́ятелей (*по иде́йным моти́вам или за де́ньги*); President Kennedy was ~d in Dallas президе́нт Ке́ннеди был уби́т в Да́лласе 2. (преднаме́ренно) подрыва́ть, губи́ть (*что-л.*); to ~ smb.'s character погуби́ть чью́-л. че́стное и́мя, подорва́ть чью́-л. репута́цию

assassination [əˌsæsɪˈneɪʃ(ə)n] *n* 1. уби́йство полити́ческого или обще́ственного де́ятеля (*по иде́йным моти́вам или за де́ньги*); ~ attempt on the Pope покуше́ние на па́пу ри́мского 2. подры́в (*чего-л.*); character ~ зло́бная клевета́, диффама́ция

assassin bugs [əˈsæsɪnˌbʌɡz] *энт.* клопы́-хи́щнецы (*Reduviidae*)

assault I [əˈsɔːlt] *n* 1. (вооружённое) нападе́ние, ата́ка; штурм, при́ступ; to make an ~ upon smb. соверши́ть нападе́ние на кого́-л.; to make an ~ upon a fortress штурмова́ть /атакова́ть/ кре́пость; to take /to carry, to win/ a fortress by ~ брать кре́пость при́ступом; to repulse /to repel/ an ~ отрази́ть штурм /ата́ку/; to withstand an ~ вы́держать штурм /ата́ку/ 2. 1) ре́зкие выступле́ния (*против кого́-л., чего́-л.*); напа́дки; ~s upon the prerogatives of Parliament [upon the constitution] ре́зкие выступле́ния про́тив прерогати́в парла́мента [про́тив конститу́ции] 2) оби́да, оскорбле́ние; some music is an ~ on the ears есть му́зыка, кото́рая оскорбля́ет слух 3. *юр.* 1) слове́сное оскорбле́ние и угро́за де́йствием; to commit an ~ upon smb. оскорби́ть кого́-л. де́йствием, напа́сть на кого́-л.; ~ and battery оскорбле́ние де́йствием 2) *эвф.* изнаси́лование 4. 1) штурм (*альпини́зм*) 2) нападе́ние, ата́ка (*фехтова́ние*); ~ against the blade ата́ка на клино́к
◊ ~ of /at/ arms руже́йные приёмы

assault II [əˈsɔːlt] *a* штурмово́й; атаку́ющий; ~ aviation [boat] штурмова́я авиа́ция [ло́дка]; ~ wave атаку́ющая цепь; ~ fire ого́нь с после́днего рубежа́ пе́ред ата́кой; ~ distance диста́нция ата́ки; ~ echelon пе́рвый эшело́н; ~ position исхо́дное положе́ние для ата́ки; ~ gun а) противота́нковая самохо́дная пу́шка; б) штурмово́е ору́дие; ~ landing craft деса́нтно-вы́садочное сре́дство; A. Royal Engineers штурмовы́е сапёры

assault III [əˈsɔːlt] *v* 1. 1) напада́ть, атакова́ть; штурмова́ть, идти́ на при́ступ; to ~ a city [a fortress] штурмова́ть го́род [кре́пость] 2) де́йствовать ре́зко, гру́бо, неприя́тно (*на что-л.*); the cries ~ed his ears кри́ки оглуши́ли его́ 2. ре́зко выступа́ть (*против чего́-л.*); критикова́ть, подверга́ть напа́дкам; оскорбля́ть; to ~ smb.'s honour оскорби́ть /заде́ть/ чью́-л. честь; to ~ smb.'s reputation подрыва́ть чью́-л. репута́цию 3. *юр.* 1) грози́ть физи́ческим наси́лием 2) *эвф.* изнаси́ловать

assaulter [əˈsɔːltə] *n* 1. *см.* assault III + -er 2. зачи́нщик, напада́ющий; атаку́ющий 3. *юр.* лицо́, оскорби́вшее (*кого́-л.*) де́йствием *или* угрожа́ющее (*кому́-л.*) физи́ческим наси́лием

assaultive [əˈsɔːltɪv] *a* 1. 1) психиа́тр. агресси́вный (*о поведе́нии*) 2) бу́йный (*о больно́м*) 2. *юр.* свя́занный с физи́ческим наси́лием; ~ offences such as robbery and homicide преступле́ния про́тив ли́чности, наприме́р грабёж и уби́йство

assay I [əˈseɪ] *n* 1. испыта́ние; прове́рка 2) про́ба мета́ллов; ка́чественный ана́лиз (*руд и мета́ллов*); mark of ~ про́бное клеймо́ 3) коли́чественные да́нные, полу́ченные в результа́те ана́лиза 2. образе́ц (*для ана́лиза*) 3. *уст.* попы́тка

assay II [əˈseɪ] *v* 1. 1) испы́тывать; проверя́ть; подверга́ть испыта́нию; to ~ one's strength испро́бовать /испыта́ть/ свои́ си́лы 2) брать про́бу 3) анализи́ровать; проводи́ть коли́чественный ана́лиз 2. *арх.* про́бовать, пыта́ться; to ~ the impossible пыта́ться сде́лать невозмо́жное

assayer [əˈseɪə] *n* про́бирщик; хи́мик-лабора́нт

assaying [əˈseɪɪŋ] *n* 1. опро́бование; определе́ние мета́лла в руде́ 2. про́бирное иску́сство 3. *хим.* коли́чественный ана́лиз

assay-master [əˈseɪˌmɑːstə] *n* про́бирщик

assay office [əˈseɪˈɒfɪs] 1) про́бирная пала́та 2) *амер.* госуда́рственная про́бирная лаборато́рия

assegai [ˈæsɪɡaɪ] = assagai

assemblage [əˈsemblɪdʒ] *n* 1. сбор, собира́ние; накопле́ние 2. собра́ние, гру́ппа; an ~ of all ages and nations собра́ние люде́й всех возрасто́в и национа́льностей 3. скопле́ние, гру́да; an ~ of bare rocks нагроможде́ние го́лых скал 4. *иск.* ассамбля́ж, скульпту́ра-колла́ж (*абстра́ктная компози́ция из металлоло́ма, де́рева, бума́ги и т. п.*) 5. *тех.* 1) сбо́рка 2) устано́вка, монта́ж, приго́нка часте́й 6. *геол.* форма́ция; скопле́ние, ассоциа́ция 7. *мат.* семе́йство; ~ of curves семе́йство кривы́х

assemblagist [əˈsemblɪdʒɪst] *n иск.* (ску́льптор-)ассамблажи́ст [*см.* assemblage 4]

assemble [əˈsemb(ə)l] *v* 1. 1) созыва́ть; собира́ть; to ~ friends [pupils, followers] собира́ть друзе́й [ученико́в, после́дователей]; to ~ an audience собра́ть аудито́рию; crowds of people ~d themselves on the bank то́лпы наро́да собрали́сь на берегу́ 2) собира́ться; Parliament has ~d собра́лся парла́мент 2. 1) подбира́ть, собира́ть; to ~ information for a report подбира́ть да́нные для докла́да 2) составля́ть; to ~ a book составля́ть кни́гу, де́лать сбо́рник 3) *тех.* монти́ровать, собира́ть 4) *кино* монти́ровать на́черно, подбира́ть ка́дры в сцена́рной после́довательности 3. *вчт.* транcли́ровать (*с языка́ ассе́мблера*)

assembler [əˈsemblə] *n* 1. *см.* assemble + -er 2. (рабо́чий-)сбо́рщик 3. сбо́рочное устро́йство 4. *полигр.* верста́тка 5. *вчт.* 1) програ́мма-ассе́мблер, трансля́тор, компону́ющая програ́мма 2) ассе́мблер (*язы́к программи́рования ЭВМ*)

assembling [əˈsemblɪŋ] *n* сбо́рка; устано́вка, монта́ж

assembly [əˈsemblɪ] *n* 1. сбор, собра́ние, о́бщество; ~ of stockholders собра́ние акционе́ров; unlawful ~ *юр.* незако́нное сбо́рище; the right of ~ пра́во собра́ний; to convoke /to summon/ [to hold] an ~ созыва́ть [проводи́ть] собра́ние; never had there been so full an ~ никогда́ ещё не́ было тако́го большо́го сбо́рища 2. 1) ассамбле́я, собра́ние; 2) constituent ~ учреди́тельное собра́ние; United Nations General A. Генера́льная Ассамбле́я Организа́ции Объединённых На́ций (А.) законода́тельное собра́ние, *обыкн.* ни́жняя пала́та законода́тельного о́ргана шта́та (*в США*) 3. *тех.* 1) компле́кт 2) агрега́т 3) у́зел, сбо́рка 4. *спец.* монта́ж, сбо́рка; ~ drawing монта́жный чертёж; ~ shop [plant] сбо́рочный цех [заво́д]; ~ line сбо́рочный конве́йер, ли́ния пото́чной сбо́рки; to come off the ~ line сходи́ть с конве́йера; ~ jig а) *тех.* сбо́рочный стенд; б) *мор.* ста́пель 5. *воен.* 1) сигнал для сбора 2) сбор, сосредоточение; ~ area район сосредоточения; ~ point сборный пункт 6. *физ.* ансамбль (*частиц*) 7. *биол.* наименьшее сообщество организмов (*колония и т. п.*) 8. *вчт.* трансляция (*с языка ассемблера*)

assembly language [ə'semblɪ,læŋwɪdʒ] = assembler 5 2)

assemblyman [ə'semblɪmæn] *n* (*pl* -men [-men]) 1. член законодательного собрания 2. (A.) член нижней палаты законодательного органа штата (*в США*)

assembly room [ə'semblɪ,ru(:)m] 1. зал для приёмов, собраний, балов *и т. п.* 2. сборочный цех

assemblywoman [ə'semblɪ,wʊmən] *n* (*pl* -women [-,wɪmɪn]) 1. женщина-член законодательного собрания 2. (A.) женщина-член нижней палаты законодательного органа штата (*в США*)

assent I [ə'sent] *n* 1. согласие; silent [reluctant] ~ молчаливое [неохотное] согласие; with one ~ единогласно; by common ~ с общего согласия; to give one's ~ to a plan одобрить /принять/ план; to nod ~ кивнуть в знак согласия 2. *офиц.* утверждение, одобрение; разрешение; санкция; Royal ~ королевская санкция (*одобрение монархом законопроекта*); by /with/ ~ с разрешения

assent II [ə'sent] *v* (to) 1. соглашаться; to ~ to a proposal [to a statement, to an opinion] согласиться на предложение [с заявлением, с мнением]; to ~ by a nod выразить согласие кивком головы; her father will never ~ to that marriage её отец никогда не даст согласия на этот брак 2. уступать (*чему-л.*); to ~ to desire [to request] уступить желанию [просьбе] 3. разрешать, санкционировать; the king ~ed to the resolution король санкционировал решение

assentaneous [,æsən'teɪnɪəs] *a* соглашающийся со всем, почтительный

assentation [,æsen'teɪʃ(ə)n] *n* согласие, данное из желания угодить; угодливость

assenter [ə'sentə] = assentor

assentor [ə'sentə] *n* 1. *см.* assent II + -or 2. *pl* восемь избирателей, поддерживающих выдвижение кандидата в парламент (*необходимо для его регистрации*)

assert [ə'sɜːt] *v* 1. утверждать, заявлять; it is not directly ~ed but it seems to be implied об этом не заявлено прямо, но это, видимо, подразумевается; his friends ~ed that he was innocent его друзья утверждали, что он невиновен 2. 1) *юр.* предъявлять претензию (*на что-л.*) 2) отстаивать, доказывать (*права*); to ~ one's independence отстаивать свою независимость; to ~ one's manhood доказывать своё право называться мужчиной ◊ to ~ oneself а) самоутверждаться; стараться завоевать признание; б) вести себя уверенно, властно

assertative [ə'sɜːtətɪv] = assertive

assertedly [ə'sɜːtɪdlɪ] *adv* якобы; the arrest of two men ~ scheming to take a bank арест двух человек, которые якобы замышляли ограбить банк

assertion [ə'sɜːʃ(ə)n] *n* 1. утверждение; mere ~ голословное утверждение 2. 1) *юр.* заявление (*прав, претензий*) 2) притязание 3. *лог.* суждение 4. *психол.* уверенность в себе; ~ training выработка уверенности в себе, «лечение от застенчивости»

assertive [ə'sɜːtɪv] *a* 1. утвердительный, положительный; in an ~ form в утвердительной форме 2. чрезмерно настойчивый, самоуверенный; напористый; ~ manner самоуверенная манера; to speak in an ~ tone говорить в тоне, не допускающем возражений 3. *психол.* уверенный в себе; не страдающий застенчивостью

assertor [ə'sɜːtə] *n* 1. *см.* assert + -or 2. защитник, поборник, сторонник

Asses' bridge [,æsɪz'brɪdʒ] *шутл.* «ослиный мост» (*пятая теорема в первой книге эвклидовой геометрии*) ◊ he never crossed the ~ ≅ трудная задача ему не по плечу

assess [ə'ses] *v* 1. 1) определять размер налога или штрафа 2) оценивать имущество для обложения налогом 3) облагать налогом *или* штрафовать 4) определять размер ущерба; to ~ damages определить сумму денежного возмещения (*за причинённый ущерб*) 2. оценивать, давать оценку (*положения и т. п.*); to ~ a personality дать оценку личных качеств человека; to ~ a speech at its true worth определить истинную ценность какого-л. выступления

assessable [ə'sesəb(ə)l] *a* подлежащий обложению (*налогом*)

assessed valuation [ə'sest,væljʊ'eɪʃ(ə)n] *эк.* оценочная стоимость (*имущества и т. п.*)

assesseur [,ɑːse'sɜː] *n фр.* угловой судья (*фехтование*)

assessment [ə'sesmənt] *n* 1. оценка имущества для взимания налогов 2. обложение (*налогом*) 3. размер налога 4. оценка, мнение, суждение; ~ of forces оценка сил; what is your ~ of this state of affairs? как вы оцениваете /смотрите на/ такое положение вещей?

assessment centre [ə'sesmənt,sentə] распределительный центр (*для малолетних правонарушителей*)

assessor [ə'sesə] *n* 1. *юр.* 1) юридический советник судьи (*обыкн. не юриста*) 2) эксперт, консультант при суде, комиссии *и т. п.* 2. налоговый инспектор; эксперт по оценке (*недвижимого имущества*)

asset ['æset] *n* 1. *pl фин.* активы (*баланса*); ~s and liabilities актив и пассив 2. *эк.* имущество; достояние; средства; авуары, активы; капитал; фонды; personal ~s личное имущество, движимое имущество 3. *pl юр.* имущество, наследство, из которого могут быть выплачены долги; имущество несостоятельного должника 4. *разг.* ценное качество, плюс; good health is a great ~ хорошее здоровье — большое благо; his wit is his chief ~ остроумие — это его главный козырь; beauty is her only ~ красота — это её единственное достоинство /-ый плюс/

asset-capacity ratio ['æsetkə,pæsɪtɪ'reɪʃɪəʊ] *эк.* коэффициент капиталомощности

asseverate [ə'sevəreɪt] *v юр.* торжественно заявлять

asseveration [ə,sevə'reɪʃ(ə)n] *n юр.* торжественное заявление, утверждение; клятвенное заверение

asshead ['æshed] *n* осёл, тупица, олух

ass-headed [,æs'hedɪd] *a* глупый, тупой

Asshur [ɑː'ʃʊə, 'æsə] = Ashur

assibilation [ə,sɪbɪ'leɪʃ(ə)n] *n фон.* ассибиляция

assiduity [,æsɪ'djuːɪtɪ] *n* 1. усердие, прилежание; усидчивость; рачительность 2. *обыкн. pl* ухаживание

assiduous [ə'sɪdjʊəs] *a* 1) усердный, прилежный; рачительный; to be ~ in one's work прилежно /усидчиво/ работать 2) верный, постоянный; ~ patrons of the opera постоянные поклонники /почитатели/ оперы

assify ['æsɪfaɪ] *v шутл.* дурачить

assign I [ə'saɪn] *n юр.* правопреемник; цессионарий; heirs and ~s наследники и правопреемники

assign II [ə'saɪn] *v* 1. 1) назначать (*срок*); to ~ a day for the trial назначить день (для) судебного разбирательства 2) определять, устанавливать (*границу, предел*) 3) предназначать, отводить (*что-л. кому-л.*); these rooms have been ~ed to us эти комнаты отведены нам; to ~ smb. his share [his portion] определить чью-л. долю [часть] 2. давать, поручать (*задание, работу*); вменять в обязанность; to ~ lessons задавать уроки; to ~ to stand guard *воен.* посылать в караул; to ~ a mission *воен.* поставить задачу; two pupils were ~ed to sweep the classroom двум ученикам было поручено подмести класс; ~ your best man to do the job на это задание выдели самого надёжного работника; this is the task you are ~ed вот заданная вам работа 3. назначать на должность, *особ.* штатную 4. ассигновать; to ~ a sum ассигновать сумму 5. приписывать; to ~ a quotation erroneously to Shakespeare ошибочно приписывать цитату Шекспиру; jealousy was ~ed as the motive for the crime считали, что причиной преступления является ревность 6. *юр.* передавать, переуступать (*права и т. п.*); цедировать 7. *тех.* 1) сообщать (*скорость, движение*) 2) назначать (*допуски и т. п.*) 8. *вчт.* присваивать

assignable [ə'saɪnəb(ə)l] *a* 1. (to) объяснимый (*чем-л.*) 2. *филос.* неслучайный, имеющий определённую причину; ~ to several causes объясняемый несколькими причинами 3. могущий быть приписанным (*кому-л.*); the work is ~ to a 12th century poet это произведение можно приписать перу одного из поэтов XII века 4. *юр.* подлежащий переуступке, цедированию

assignat [,æsɪn'jɑː] *n фр. ист.* ассигнация (*бумажные деньги, выпущенные во время Великой Французской революции*)

assignation [,æsɪg'neɪʃ(ə)n] *n* 1. 1) назначение, определение, предоставление (*в чьё-л. распоряжение*) 2. условленная встреча; любовное *или* тайное свидание; ~ house, house of ~ дом свиданий 3. ассигнация 4. *юр.* передача, переуступка (*права или собственности*); цедирование

assigned convict [ə,saɪnd'kɒnvɪkt] *ист.* прикреплённый ссыльный (*для бесплатной работы у фермеров-колонистов в Австралии*)

assigned counsel [ə,saɪnd'kaʊns(ə)l] *юр.* защитник по назначению (*назначается судом неимущим обвиняемым*)

assigned risk [ə,saɪnd'rɪsk] *страх.* установленный процент риска

assignee [,æsaɪ'niː] *n* 1. представитель; уполномоченный, агент; ~ in bankruptcy попечитель по делам о несостоятельности 2. *юр.* 1) правопреемник; цессионарий 2) патентовладелец

assignement [ə'saɪnmənt] *n* 1. назначение; ~ to a position назначение на должность; I shall soon be leaving for an ~ in India я скоро уезжаю на работу в Индию 2. 1) ассигнование; ~ of sums ассигнование сумм 2) выделение, распределение; ~ of lands выделение земельных участков 3. 1) задание; his ~ was to find the murderer ему было поручено найти убийцу 2) *амер.* домашнее задание (*ученика*); to do one's ~ делать уроки 4. приписывание (*чего-л. кому-л.*) 5. *ист.* прикрепление ссыльных к колонистам для бесплатной работы (*в Австралии*) 6. *юр.* 1) цессия, передача, уступка (*прав и т. п.*); ~ clause условие о переуступке (*в страховом полисе*) 2) документ о передаче, цессии *и т. п.*; ~ of a contract переуступка контракта; ~ of copyright передача авторского права 7. *вчт.* присваивание; ~ statement оператор присваивания

assignor [ə'saınə] *n юр.* лицо, передающее (*кому-л.*) право или имущество; цедент

assimilability [ə,sımılə'bılıtı] *n физиол.* усвояемость

assimilable [ə'sımıləb(ə)l] *a физиол.* усвояемый

assimilate [ə'sımıleıt] *v* 1. (to, with) 1) ассимилировать, уподоблять, делать подобным; to ~ a voiceless sound to a voiced sound *фон.* уподобить глухой звук звонкому, ассимилировать 2) ассимилироваться, уподобляться, делаться подобным 2. *социол.* 1) (*часто into*) ассимилировать (*этническую группу*); поглощать (*пришлое население*); the country ~d many immigrants эта страна ассимилировала много иммигрантов 2) (with) ассимилироваться, сливаться (*с другой национальностью*); European immigrants do not quickly ~ with the rest of the Australian population иммигранты из Европы не скоро сливаются с остальным населением Австралии 3. усваивать, впитывать; to ~ ideas [what one reads] усваивать мысли [прочитанное]; he ~d many new experiences on his tour во время своей поездки он впитал много новых впечатлений 4. (to) приспосабливать; they ~d their customs to the new environment свои обычаи они приспособили к новой обстановке 5. *физиол.* 1) ассимилировать, поглощать, усваивать; to ~ food усваивать пищу 2) ассимилироваться, поглощаться, усваиваться 6. (to, with) сравнивать

assimilation [ə,sımı'leıʃ(ə)n] *n* 1. ассимиляция, уподобление; ~ of sounds [of languages] ассимиляция звуков [языковая ассимиляция]; progressive [regressive] ~ *фон.* прогрессивная [регрессивная] ассимиляция 2. ассимиляция, слияние с другой национальностью; ассимилирование (*иммигрантов и т. п.*) 3. *физиол.* усвоение, ассимиляция 4. сравнение

assimilationism [ə,sımı'leıʃ(ə)nız(ə)m] *n* 1. политика насильственной ассимиляции 2. доктрина желательности ассимиляции (*отказа от своих национальных черт, в т. ч. языка, и полного слияния с местным населением*)

assimilative [ə'sımılətıv] *a* ассимилирующий; ~ coloration *биол.* мимикрическая /покровительственная, криптическая, защитная/ окраска

assise [æ'si:z] *n геол.* свита; ярус

assist I [ə'sıst] *n* 1. *амер. разг.* помощь; she finished her homework without an ~ from her father она доделала уроки без помощи отца 2. *тех.* вспомогательный механизм 3. *спорт.* результативная передача

assist II [ə'sıst] *v* 1. помогать, содействовать; to ~ smb. with smth. /in doing smth., to do smth./ помочь кому-л. в чём-л. /чем-л. или сделать что-л./; to ~ smb. with the form-filling, to ~ smb. to fill in the form помочь кому-л. заполнить бланк; to ~ smb. with money помочь кому-л. деньгами; the father ~ed his son with his mathematics отец помогал сыну в математике; good glasses will ~ you to read в хороших очках вам будет легче читать 2. (into, up, across) помогать, поддерживая; to ~ an old lady into the bus подсадить старую даму в автобус; to ~ a lame man up the stairs помочь хромому подняться по лестнице; to ~ a blind man across the street перевести слепого через улицу 3. (in) принимать участие; ассистировать; to ~ in the work принимать участие в работе 4. *ирон.* только присутствовать (*и ничего не делать*); he ~ed at the ceremony он присутствовал на церемонии, только и всего
◇ to ~ in the French sense присутствовать, не принимая участия

assistance [ə'sıst(ə)ns] *n* 1) помощь, содействие; mutual ~ взаимопомощь; technical ~ техническая помощь; to render /to give, to lend/ ~ оказывать помощь /содействие/; can I be of any ~? могу ли я помочь вам?; they came to my ~ они пришли мне на помощь 2) вспомоществование, пособие

assistant I [ə'sıst(ə)nt] *n* 1. (to) помощник; ассистент; референт; ~ to the Secretary of State [to the manager, to the editor] помощник государственного секретаря [директора, редактора]; manager's ~ помощник директора (*технический*; *ср.* assistant manager [*см.* assistant II 1]) 2. сотрудник; работник; (senior [junior]) research ~ (старший [младший]) научный сотрудник; laboratory ~ лаборант 3. вспомогательное средство; ~ to memory средство, способствующее запоминанию, мнемоническое средство

assistant II [ə'sıst(ə)nt] *a* 1. замещающий, помогающий; ~ manager заместитель заведующего; A. Secretary of State заместитель государственного секретаря (*в США*); A. Secretary of the Army заместитель военного министра (*в армии США*) 2. младший, рядовой; ~ lecturer ассистент, младший преподаватель (*вуза*)

assistant professor [ə,sıst(ə)ntprə'fesə] доцент (*учёное звание ниже чем associate professor*)

assistantship [ə'sıst(ə)ntʃıp] *n амер. унив.* должность ассистента на неполной ставке (*предоставляется аспирантам*)

assisted [ə'sıstıd] *a* 1. сделанный с чьей-л. помощью 2. принудительный; ~ take-off *ав.* принудительный взлёт

assisted panel [ə,sıstıd'pæn(ə)l] *вчт.* окно комментариев, вспомогательное окно

assistless [ə'sıstlıs] *a поэт.* беспомощный

assize [ə'saız] *n* 1. судебное разбирательство 2. 1) *pl ист.* ассизы, выездная сессия суда присяжных (*в графствах*) 2) *шотл.* суд присяжных 3. *ист.* твёрдо установленная цена, мера *или* вес
◇ great /last/ ~ страшный суд

associable [ə'səʊʃ(ı)əb(ə)l, ə'səʊsıəb(ə)l] *a* ассоциируемый *и пр.* [*см.* associate III]

associate I [ə'səʊʃııt, ə'səʊsııt] *n* 1. компаньон, партнёр, член товарищества 2. коллега; приятель, товарищ; my most intimate ~s мои самые близкие друзья /товарищи/; business ~s коллеги по работе; crime ~s сообщники 3. 1) член организации, имеющий ограниченные права (*совещательный голос и т.п.*); кандидат в члены (*какой-л. организации*) 2) член-корреспондент (*научного общества*); ~s of the Academy of Sciences члены-корреспонденты Академии наук 4. *амер.* степень, присваиваемая выпускнику среднего специального учебного заведения; ~ in arts диплом выпускника гуманитарного /среднего специального/ училища 5. *юр.* сообщник, соучастник, пособник 6. *ист.* судебный чиновник судов общего права

associate II [ə'səʊʃııt, ə'səʊsııt] *a* 1. 1) объединённый, тесно связанный; ~ societies объединённые общества 2) являющийся помощником *или* заместителем; ~ judge заместитель судьи; ~ producer *кино* помощник продюсера, постановщик фильма 3. пользующийся ограниченными правами; имеющий совещательный голос; ~ membership in a society статус кандидата в члены какого-л. общества; to be promoted from ~ to full membership быть переведённым из кандидатов в члены (*ассоциации и т. п.*) 4. *бот.* сопутствующий; ~ species *лес.* ассоциативные /сопутствующие/ породы

associate III [ə'səʊʃıeıt, ə'səʊsıeıt] *v* 1. 1) объединяться (*в общество, блок, союз*) 2) объединять; to ~ one firm with another объединить одну фирму с другой; to ~ two firms слить две фирмы 2. присоединять (*в качестве участника, компаньона и т. п.*); to ~ oneself присоединиться к мнению *и т. п.*; солидаризироваться; I ~ myself with that answer я присоединяюсь к этому ответу; to ~ oneself with smb. in a business undertaking участвовать с кем-л. в совместном коммерческом предприятии 3. ассоциировать, вызывать ассоциацию; напоминать; we ~ the name of Columbus with the discovery of America имя Колумба ассоциируется /связано/ у нас с открытием Америки; the doctor is always ~d in the child's mind with injections в детском мозгу врачи и уколы связаны неразрывно 4. (with) общаться; to ~ with men much older than oneself общаться с людьми намного старше себя; to ~ with riff-raff якшаться со шпаной; to ~ only with wealthy people знаться только с богачами 5. соединять, вводить в состав соединения; gold ~d with copper сплав золота с медью

associated [ə'səʊʃıeıtıd, ə'səʊsıeıtıd] *a* 1. объединённый, соединённый; присоединённый; ~ company *ком.* дочернее общество; ~ weed *с.-х.* сопутствующий сорняк 2. ассоциированный 3. действующий совместно; взаимодействующий; ~ movement *физиол.* содружественное движение (*глаз*) 4. *спец.* вызванный, обусловленный (*чем-л.*), связанный (*с чем-л.*)

associated gas [ə,səʊʃıeıtıd'gæs] нефтяной газ, попутный газ (*при добыче нефти*)

associate professor [ə,səʊʃııtprə'fesə] *унив.* адъюнкт-профессор (*научное звание выше чем* assistant professor)

association [ə,səʊsı'eıʃ(ə)n, ə,səʊʃı'eıʃ(ə)n] *n* 1. 1) общество, ассоциация, объединение; Automobile A. автомобильная ассоциация (*в Великобритании*) 2) соединение (*действие*); сотрудничество, совместная работа; соавторство; in ~ with smb. совместно с кем-л.; I am working in ~ with another person я работаю в соавторстве с другим лицом; "by Smith, in ~ with Brown" «автор Смит, литературная обработка Брауна» 2. ассоциация, связь (*идей и т. п.*); pleasant ~s with the place приятные воспоминания, связанные с этим местом; ~ of similarity [of contrariety, of contiguity] ассоциация по сходству [по контрасту, по смежности]; ~ psychology ассоциативная психология 4. общение, близость; I benefited much from my ~ with him общение с ним дало мне очень много 5. *сокр. от* association football 6. *биол.* ассоциация, сообщество растений *или* животных 7. *хим.* ассоциация молекул (*тж.* molecular ~)

association football [ə,səʊsɪeɪʃ(ə)n-ˈfʊtbɔːl] футбол (*по правилам Национальной ассоциации футболистов Англии*)

associative [əˈsəʊʃɪətɪv, əˈsəʊsɪətɪv] *a* 1. *психол., мат.* ассоциативный; ~ activity ассоциативная деятельность 2. общительный

assoil [əˈsɔɪl] *v арх.* 1. прощать; отпускать (*грехи*) 2. оправдывать по суду 3. искупать (*грехи*)

assonance [ˈæsənəns] *n* 1. созвучие 2. *стих.* неполная рифма, ассонанс 3. неполное, приблизительное соответствие; ~ between facts некоторая аналогия между фактами

assonant I [ˈæsənənt] *n* слово *или* слог, созвучные с другим словом *или* слогом

assonant II [ˈæsənənt] *a* созвучный

assort [əˈsɔːt] *v* 1. сортировать, подбирать, группировать; классифицировать; to ~ goods сортировать товары 2) распадаться на группы, классы 2. (with) согласоваться, гармонировать, подходить; it ill ~s with her character это не соответствует её характеру 3. снабжать (*склад, магазин*) ассортиментом товаров 4. *редк.* (with) водить компанию (*с кем-л.*); общаться

assortative breeding [ə,sɔːtətɪvˈbriːdɪŋ] *биол.* выборочное скрещивание

assorted [əˈsɔːtɪd] *a* 1. 1) сортированный; классифицированный; ~ goods сортированные товары 2) относящийся к различным категориям; неоднородный; многообразный 2. *ком.* продаваемый в наборе; ~ chocolates шоколадные конфеты ассорти; ~ fruits фруктовый набор (*в корзинке и т. п.*) 3. 1) подходящий; a poorly ~ pair мало подходящая друг другу пара 2. (-assorted) *как компонент сложных слов со значением* подходящий, соответствующий; ill-assorted couple совершенно неподходящая пара

assorting engine [ə,sɔːtɪŋˈendʒɪn] *с.-х.* сортировочная машина; триер

assortment [əˈsɔːtmənt] *n* 1. сортировка 2. 1) выбор, ассортимент; rich ~ of goods богатый выбор /ассортимент/ товаров 2) набор; ~ of tools набор инструментов 3. *спец.* сортамент

assuage [əˈsweɪdʒ] *v* 1. успокаивать, смягчать (*боль, горе и т. п.*); time ~s время лечит 2. умиротворять, успокаивать 3. утолять (*голод, жажду*)

assuagement [əˈsweɪdʒmənt] *n* 1. успокоение *и пр.* [*см.* assuage] 2. болеутоляющее средство

assuasive [əˈsweɪsɪv] *a* успокаивающий, смягчающий; ~ voice успокаивающий голос

assume [əˈsjuːm] *v* 1. 1) принимать, брать (*на себя*); to ~ responsibility взять на себя ответственность; to ~ charge of a business принять на себя ведение дел (*фирмы*); to ~ the command *воен.* принимать командование 2) предпринимать; to ~ measures принять меры; to ~ the offensive *воен.* перейти в наступление 2. присваивать, узурпировать; to ~ a right to oneself присвоить себе право; he ~d the reins of government он узурпировал власть; he ~d a new name он принял псевдоним /вымышленное имя/ 3. предполагать, допускать; let us ~ that this is true допустим, это правда; ~ his innocence /him to be innocent, that he is innocent/ исходить из предположения о его невиновности /что он не виновен/; he is not such a fool as you ~d him to be он не такой дурак, каким вы его считаете; assuming her surmises are true... если исходить из того, что её предположения правильны...; assuming it rains tomorrow what shall we do? предположим /допустим/, завтра пойдёт дождь, что мы будем делать? 4. 1) притворяться, напускать на себя; to ~ a look of innocence принять невинный вид; to ~ airs напускать на себя важность, важничать; they ~d to have knowledge of the fact они заявили, что (они) якобы знают об этом факте 2) важничать; вести себя высокомерно 5. принимать (*определённый характер, форму*); to ~ the original form принять первоначальную форму; to ~ new habits of life изменить свои привычки; his illness ~d a grave character его болезнь приняла серьёзный характер; the campaign ~d world-wide proportions кампания приобрела мировые масштабы /охватила весь мир/; to ~ a formation *воен.* построиться

assumed [əˈsjuːmd] *a* 1. притворный, напускной; ~ ignorance притворное незнание 2. вымышленный, ложный; ~ name вымышленное имя, псевдоним 3. присвоенный 4. предполагаемый, допущенный; ~ load *тех.* расчётная нагрузка

assuming [əˈsjuːmɪŋ] *a* надменный, заносчивый, самонадеянный

assumpsit [əˈsʌmpsɪt] *n юр.* 1. устное *или* не скреплённое печатью письменное обязательство 2. иск об ущербе, основанный на неисполнении *или* нарушении обязательства [*см.* 1]

assumption [əˈsʌmpʃ(ə)n] *n* 1. 1) принятие на себя (*ответственности, обязанности и т. п.*); ~ of risk принятие на себя риска; ~ of office [of the presidency] вступление в должность [на пост президента] 2) *юр.* принятие на себя устного *или* письменного обязательства 2. присвоение, захват; ~ of power захват власти 3. притворство; ~ of friendliness напускное дружелюбие 4. высокомерие, надменность; самонадеянность 5. 1) предположение, допущение; исходное положение; we proceed from the ~ that... мы исходим из того, что...; unwarrantable ~ ни на чём не основанное предположение 2) *лог.* исходная посылка силлогизма 6. *рел.* 1) взятие живым на небо 2) (A.) Успение (богородицы) (*праздник*)

assumptive [əˈsʌmptɪv] *a* 1. предположительный, допускаемый 2. самонадеянный; высокомерный; ~ tone надменный тон

◇ ~ arms *геральд.* присвоенный, ненаследственный герб

Assur [ɑːˈsʊə, ˈæsə] = Ashur

assurance [əˈʃʊ(ə)rəns] *n* 1. уверение, заверение, гарантия; ~ of support заверения в поддержке; in spite of all his ~s несмотря на все его заверения /обещания/; to give ~s дать заверения, гарантировать 2. уверенность; to shake smb.'s ~ поколебать чью-л. уверенность; to make ~ double /doubly/ sure (*Shakespeare*) а) вдвойне себя застраховать; б) устранить все возможные сомнения; adequate ~ of compliance with the obligations assumed *дип.* достаточная уверенность в выполнении принятых обязательств 3. уверенность в себе; твёрдость; неустрашимость; [to behave] with ~ говорить [вести себя] уверенно; to meet danger with ~ смело встречать опасность 4. самоуверенность, самонадеянность; наглость; he had the ~ to deny it у него хватило наглости отрицать это; where did you pick up so much ~? где ты набрался такого нахальства? 5. страхование (*обыкн.* жизни) 6. *юр.* передача имущества *или* имущественных прав по договору

assurance coefficient, assurance factor [ə,ʃʊ(ə)rənskəʊɪˈfɪʃ(ə)nt, -ˈfæktə] *тех.* запас прочности, коэффициент запаса прочности

assure [əˈʃʊə] *v* 1. 1) (*обыкн.* of) уверять, заверять; to ~ smth. upon oath клятвенно заверять в чём-л.; he ~s me of his innocence он уверяет меня, что невиновен; he ~s me that I am mistaken он доказывает мне, что я ошибаюсь; he ~d me to the contrary он заверил меня в противном; assuring you of my highest esteem *офиц.* примите уверения в моём к вам уважении /почтении/; 2) *refl* убеждаться; to ~ oneself of smth. убедиться в чём-л.; before going to bed she ~d herself that the door was locked прежде чем лечь спать, она проверила, заперта ли дверь /удостоверилась, что дверь заперта/ 2. обеспечивать, гарантировать; to ~ good work гарантировать хорошую работу; they are ~d against any unpleasant consequences они гарантированы от неприятных последствий; to ~ comfort обеспечить комфорт 3. успокаивать; the father ~d his frightened child отец успокаивал испуганного ребёнка 4. страховать (*жизнь*); to ~ one's life with /in/ a company застраховать жизнь в страховом обществе

assured [əˈʃʊəd] *a* 1. уверенный; you may rest ~ (that) вы можете быть уверены /спокойны/; вы можете не беспокоиться 2. самоуверенный, наглый; ~ ignorance самоуверенное невежество 3. гарантированный, обеспеченный; ~ sale *ком.* гарантированная продажа; ~ income обеспеченный доход /заработок/; ~ destruction *дип., воен.* гарантированное уничтожение; ~ inoperability *дип., воен.* гарантированная непригодность для боевого применения 4. застрахованный 5. (the ~) *в грам. знач. сущ.* 1) застрахованный, страхователь (*лицо или группа лиц, в пользу которых выписан страховой полис*) 2) страховая компания, страховщик

assuredly [əˈʃʊ(ə)rɪdlɪ] *adv* 1. конечно, несомненно 2. с уверенностью

assuredness [əˈʃʊ(ə)rɪdnɪs] *n* 1. уверенность 2. уверенность в себе; твёрдость; to encounter with ~ any opposition с твёрдостью встретить любое противодействие /сопротивление/ 3. самоуверенность, наглость

assurer [əˈʃʊ(ə)rə] *n* страховщик

assurgent [əˈsɜːdʒənt] *a* 1. подымающийся 2. *бот.* вьющийся (*о стебле*) 3. *геральд.* вздымающийся на волнах

assuror [əˈʃʊ(ə)r(ə)] = assurer

assy[1] *сокр. от* assembly

assy[2] *n проф.* узел, сборка

Assyrian I [əˈsɪrɪən] *n* 1. ассириец; ассирийка 2. ассирийский язык

Assyrian II [əˈsɪrɪən] *a* ассирийский

Assyriology [ə,sɪrɪˈɒlədʒɪ] *n* ассириология

astable [eɪˈsteɪb(ə)l] *a спец.* нестабильный, неустойчивый

astarboard [əˈstɑːbɔːd] *adv мор.* на правом борту

astart [əˈstɑːt] *adv* внезапно

Astarte [æˈstɑːtɪ] *n миф.* Астарта (*богиня Луны и плодородия в Финикии*)

astasia [əˈsteɪʒə] *n мед.* астазия, расстройство двигательной деятельности

astatic [əˈstætɪk] *a* 1. неустойчивый, нестабильный 2. *физ.* астатический; ~

coil *радио* астатическая катушка; ~ needle астатическая магнитная стрелка

asteism ['æstɪɪ(ə)m] *n ритор.* лёгкая, тонкая ирония

astel ['æstəl] *n горн.* затяжка кровли

aster ['æstə] *n бот.* астра (*Aster gen.*); ~ family семейство сложноцветных (*Compositae*)

astereognosis [ə,stɪərɪə'gnəusɪs] *n мед.* стереоагнозия, астереогнозия (*нарушение чувства осязания*)

asteria [æ'stɪ(ə)rɪə] *n мин.* звёздчатый камень, *особ.* сапфир

asteriated [æ'stɪ(ə)rɪeɪtɪd] *a* 1. лучистый, звездообразный; с лучами, исходящими из центра 2. *мин.* звёздчатый (*о кварце, сапфире*)

asterisk I ['æst(ə)rɪsk] *n* 1. звёздочка 2. *полигр.* звёздочка, знак сноски

asterisk II ['æst(ə)rɪsk] *v полигр.* отмечать звёздочкой

asterism ['æst(ə)rɪz(ə)m] *n* 1. *астр.* созвездие 2. *полигр.* три звёздочки 3. *мин.* астеризм (*кристаллов*)

astern [ə'stɜːn] *adv мор.* 1) на корме; за кормой 2) назад; to fall ~ of отстать от (*другого судна*); ~ flag [half, slow] speed! назад полный [средний, малый] (ход)!; some yachts tow small boats ~ некоторые яхты тянут на буксире небольшие лодки

asternal [ə'stɜːn(ə)l] *a анат.* 1. астернальный, ложный (*о ребре*) 2. не имеющий грудины

asteroid I ['æstərɔɪd] *n* 1. *астр.* астероид, малая планета 2. *зоол.* морская звезда (*Asteroidea*)

asteroid II ['æstərɔɪd] *a* звездообразный

asteroidal [,æstə'rɔɪdl] *a* астероидный; ~ belt пояс астероидов

asthenia [æs'θiːnɪə] *n мед.* астения, бессилие; общая слабость

asthenic, asthenical [əs'θenɪk, -(ə)l] *a мед.* астенический, слабый

asthenopia [,æsθə'nəupɪə] *n мед.* астенопия, слабость зрения

asthenosphere [əs'θiːnəsfɪə] *n геол.* астеносфера

asthma ['æsmə] *n мед.* астма, удушье

asthmatic I [æs'mætɪk] *n* больной астмой, астматик

asthmatic II [æs'mætɪk] *a мед.* 1. 1) страдающий астмой 2) астматический (*о дыхании*) 2. противоастматический (*о лекарстве, веществе*)

asthmatical [æs'mætɪk(ə)l] = asthmatic II

as though [əz'ðəu] = as if

astigmatic [,æstɪg'mætɪk] *a* 1. *мед. опт.* астигматический; ~ lenses астигматические линзы 2. видящий всё в искажённом свете; близорукий, подслеповатый; ~ fanaticism слепой фанатизм; the ~ views of a bigot извращённые убеждения расиста

astigmatism [ə'stɪgmətɪz(ə)m] *n* 1. *мед., опт.* астигматизм 2. *неодобр.* слепота, неумение видеть правду

astigmatizer [ə'stɪgmətaɪzə] *n опт.* астигматизатор

astir [ə'stɜː] *a predic* 1. находящийся в движении 2. взволнованный, возбуждённый; everybody was ~ with the news все были взволнованы известием 3. на ногах, вставший с постели; you're ~ early this morning вы сегодня рано поднялись

as-told-to [əz'təuldtu] *a* написанный с чьих-л. слов (*о книге*)

astonish [ə'stɒnɪʃ] *v* удивлять, изумлять; to be ~ed at smth. изумляться /удивляться/ чему-л.; we were ~ed to hear that мы были поражены, когда это узнали

astonishing [ə'stɒnɪʃɪŋ] *a* удивительный, изумительный; age of ~ events век удивительных событий; man of ~ memory человек с поразительной /необыкновенной/ памятью; it is ~ to me that he should be absent я поражён тем, что он не явился

astonishment [ə'stɒnɪʃmənt] *n* 1) удивление, изумление; to our ~ к нашему удивлению 2) то, что вызывает удивление; his silence has long been my ~ его молчание давно уже удивляет меня

astoop [ə'stuːp] *a predic книжн.* наклонившись, нагнувшись; в наклонном положении

astound [ə'staund] *v* поражать, изумлять; to ~ the world with great events потрясти мир великими событиями

astounding [ə'staundɪŋ] *a* поразительный, удивительный; ~ memory потрясающая память

astr- [æstr-] = astro-

astraddle [ə'strædl] *adv* 1. широко расставив ноги 2. верхом (*тж. на стуле*); to ride ~ ехать верхом

Astraea [æ'striːə] *n греч. миф.* Астрея (*божество справедливости*)

astragal ['æstrəg(ə)l] *n* 1. *архит.* астрагал, ободок вокруг колонны 2. = astragalus 1

astragali [æ'strægəlaɪ] *pl от* astragalus

astragalomancy [æ'strægələ,mænsɪ] *n* гадание на костях

astragalus [æ'strægələs] *n* (*pl* -li) 1. *анат.* таранная кость 2. *зоол.* бедренная кость (*у животных*) 3. *бот.* астрагал (*Astragalus gen.*) 4. = astragal 1

astrain [ə'streɪn] *a predic* в напряжении

astrakhan [,æstrə'kæn] *n* 1. каракуль, каракулевая шкурка; ~ coats каракулевые шубы 2. *текст.* искусственная мерлушка

astral I ['æstrəl] *n* астральная лампа, бестеневая лампа

astral II ['æstrəl] *a* 1. 1) звёздный; ~ distances межзвёздные /космические/ расстояния 2) имеющий форму звезды; звездообразный 2. астральный, мистически связанный со звёздами; ~ body а) астральное тело (*в теософии*); б) бесплотный двойник человека 3. мечтательный, витающий в облаках 4. высший; занимающий высокое положение

astrand [ə'strænd] *a predic книжн.* на берегу; boat washed ~ выброшенная на берег лодка

astraphobia [,æstrə'fəubɪə] *n мед.* астрафобия, патологическая боязнь грозы, грома и молнии

astration [æ'streɪʃ(ə)n] *n астр.* 1. звездообразование, рождение новых звёзд 2. превращения (вещества) в недрах звёзд

astray [ə'streɪ] *adv* заблудившись, сбившись с пути; to go /to run/ ~ заблудиться, сбиться с пути; to lead ~ сбить с пути; ввести в заблуждение; I have gone ~ somewhere in my calculations в своих расчётах я где-то что-то напутал

Astrea [æ'striːə] = Astraea

astrict [ə'strɪkt] *v редк.* 1. связывать моральными *или* юридическими обязательствами 2. (to) ограничивать 3. стягивать, сжимать 4. вызывать запор

astriction [ə'strɪkʃ(ə)n] *n* 1. стягивание (*под действием вяжущих средств*) 2. *мед.* запор

astrictive I, II [ə'strɪktɪv] = astringent I *и* II

astride I [ə'straɪd] *adv книжн.* 1. верхом; to ride ~ ехать верхом 2. расставив ноги; to stand ~ стоять расставив ноги

astride II [ə'straɪd] *prep* 1. верхом на (*чём-л.*); to sit ~ a horse [a chair] сидеть верхом на лошади [на стуле] 2. по обеим сторонам, вдоль (*чего-л.*); the city lies ~ a tarred road город расположен по обеим сторонам шоссе; to be ~ a road *воен.* оседлать /перерезать/ дорогу

astringe [ə'strɪndʒ] *v редк.* 1. стягивать, сжимать 2. вызывать запор

astringency [ə'strɪndʒənsɪ] *n* 1. вяжущее свойство; терпкость; the ~ of tea вяжущее свойство чая 2. суровость; строгость

astringent I [ə'strɪndʒənt] *n* вяжущее средство

astringent II [ə'strɪndʒənt] *a* 1. вяжущий, стягивающий; ~ substances [medicines] вяжущие вещества [лекарства] 2. строгий, суровый; dry ~ comments сухой и строгий комментарий

astrionics [,æstrɪ'ɒnɪks] *n* астрионика, космическая электроника

astro ['æstrəu] *a амер.* космический; an ~ power держава, имеющая космические корабли

astro- ['æstrə(u)-] *в сложных словах имеет значение* звёздный, космический, астрономический: astronomy астрономия; astrobleme след на земной коре, оставленный метеоритом; astrodynamics динамика космических объектов

astroasthenia [,æstrə(u)əs'θiːnɪə] *n* астроастения, утомление космонавтов в результате длительного полёта

astrobiology [,æstrə(u)baɪ'ɒlədʒɪ] *n* астробиология

astrobleme ['æstrə(u)bliːm] *n редк.* астроблема, метеоритный кратер

astrobotany [,æstrə(u)'bɒtənɪ] *n* астроботаника

astrochemistry [,æstrə(u)'kemɪstrɪ] *n* астрохимия, химия небесных тел и межзвёздной среды

astrochronology [,æstrə(u)krə'nɒlədʒɪ] *n астр.* определение возраста звёзд или галактик

astrocompass [,æstrə(u)'kʌmpəs] *n* астрокомпас, астрономический компас

astrodome ['æstrədəum] *n* астрокупол, башня для астрономических наблюдений

astrodynamics [,æstrə(u)daɪ'næmɪks] *n* астродинамика, звёздная динамика

astrogate ['æstrəgeɪt] *v редк.* управлять космическим кораблём вручную (*не дистанционно*)

astrogation [,æstrə'geɪʃ(ə)n] *n редк.* астронавигация, космическая навигация

astrogator ['æstrəgeɪtə] *n редк.* лётчик-космонавт; навигатор космического корабля

astrogeography [,æstrə(u)dʒɪ'ɒgrəfɪ] *n* астрогеография

astrogeology [,æstrə(u)dʒɪ'ɒlədʒɪ] *n* астрогеология

astrognosy [æs'trɒgnəsɪ] *n* астрогнозия

astrograph ['æstrəgrɑːf] *n* астрограф

astrohatch ['æstrəhætʃ] *n ав.* астролюк, люк для астрономических наблюдений

astroid [æ'strɔɪd] *n мат.* астроида

astrolabe ['æstrəleɪb] *n геод.* астролябия

astrolatry [æ'strɒlətrɪ] *n* астролатрия, поклонение небесным телам

astrolithology [,æstrəlɪ'θɒlədʒɪ] *n* астролитология, наука о метеорах

astrologer [ə'strɒlədʒə] *n* астролог; звездочёт

astrologic(al) [ˌæstrəˈlɒdʒɪk(ə)l] *a* астрологический
astrology [əˈstrɒlədʒɪ] *n* астрология
astromancy [ˈæstrəmænsɪ] *n* 1) астрология; гадание, предсказание судьбы по звёздам 2) *уст.* астрономия
astromedicine [ˌæstrə(ʊ)ˈmeds(ə)n] *n* космическая медицина
astrometry [əˈstrɒmɪtrɪ] *n* астрометрия
astronaut [ˈæstrənɔːt] *n амер.* астронавт, космонавт; American ~s and Soviet cosmonauts американские и советские космонавты
astronautess [ˈæstrənɔːtɪs] *n обыкн. шутл.* женщина-космонавт
astronautical [ˌæstrəˈnɔːtɪk(ə)l] *a* относящийся к астронавтике, к космонавтике; ~ expert специалист по космонавтике
astronautics [ˌæstrəˈnɔːtɪks] *n* астронавтика, космонавтика
astronavigation [ˌæstr(ə)(ʊ)nævɪˈɡeɪʃ(ə)n] *n* астронавигация, навигация по звёздам
astronette [ˌæstrəˈnet] = astronautess
astronomer [əˈstrɒnəmə] *n* астроном; A. Royal королевский астроном (*звание директора Гринвичской обсерватории*)
astronomic [ˌæstrəˈnɒmɪk] = astronomical
astronomical [ˌæstrəˈnɒmɪk(ə)l] *a* 1. астрономический; ~ year астрономический год; ~ navigation навигация по звёздам, астронавигация 2. астрономический, огромный (*о цифрах и т. п.*); ~ sums of money астрономические суммы /средства/
astronomical clock [ˌæstrəˌnɒmɪk(ə)lˈklɒk] астрономические часы (*маятниковые часы, показывающие звёздное время*)
astronomical unit [ˌæstrəˌnɒmɪk(ə)lˈjuːnɪt] астрономическая единица (*ок. 93 млн. миль*)
astronomy [əˈstrɒnəmɪ] *n* астрономия; physical ~ физическая астрономия
astrophotography [ˌæstrə(ʊ)fəˈtɒɡrəfɪ] *n* астрофотография
astrophotometer [ˌæstrəfəˈtɒmɪtə] *n* астрофотометр
astrophysical [ˌæstrə(ʊ)ˈfɪzɪk(ə)l] *a* астрофизический
astrophysicist [ˌæstrə(ʊ)ˈfɪzɪsɪst] *n* астрофизик
astrophysics [ˌæstrə(ʊ)ˈfɪzɪks] *n* *употр. с гл. в ед. и мн. ч.* астрофизика
astroscope [ˈæstrəskəʊp] *n* астроскоп
astro-shot, astro-sight [ˈæstrə(ʊ)ʃɒt, ˈæstrə(ʊ)saɪt] *n косм.* астроориентация
astrospace [ˈæstrə(ʊ)speɪs] *n* межзвёздное пространство; дальний космос
astrosphere [ˈæstrə(ʊ)sfɪə] *n биол.* астросфера, лучистая сфера
astrovehicle [ˈæstrə(ʊ)ˌviːɪk(ə)l] *n* космический корабль
astucious [əˈstjuːʃəs] *редк.* = astute
astute [əˈstjuːt] *a* 1. проницательный, сообразительный, умный; ~ observer проницательный наблюдатель; ~ businessman умный /ловкий/ коммерсант 2. хитроумный, коварный; ~ manipulation of facts хитроумное манипулирование фактами; an ~ appeal to smb.'s weaknesses коварное использование чьих-л. слабостей
astuteness [əˈstjuːtnɪs] *n* 1) проницательность 2) хитрость, коварство
astylar [əˈstaɪlə] *n архит.* без колонн и пилястр
A-sub [ˈeɪsʌb] *n воен. разг.* атомная подлодка
asunder [əˈsʌndə] *adv* 1.) порознь, отдельно 2.) to drive ~ разогнать или бросаться в разные стороны; to rush ~ броситься в разные стороны 2) далеко друг от друга; the two places lay far ~ эти два места находятся далеко друг от друга; wide ~ as pole and pole полярно противоположные 2. на куски, на части; to break [to cut, to rend/to tear/] ~ разломать [разрезать, разорвать] на куски /пополам/; her heart was torn ~ её сердце разрывалось на части
Asur [ɑːˈsʊə, ˈæsə] = Ashur
aswarm [əˈswɔːm] *a predic* кишащий; streets are ~ with humanity улицы кишат народом
asway [əˈsweɪ] *a predic книжн.* качаясь, раскачиваясь
aswim [əˈswɪm] *a predic спец.* на плаву
aswirl [əˈswɜːl] *a predic* крутящийся, вертящийся; with skirts ~ с развевающимися юбками
aswoon [əˈswuːn] *a predic* в обмороке, в беспамятстве
asyla [əˈsaɪlə] *pl от* asylum 2
asyllabic, asyllabical [ˌæsɪˈlæbɪk, -(ə)l] *a лингв.* неслоговой
asylum [əˈsaɪləm] *n* 1. убежище, приют; богадельня; orphan ~ сиротский приют; ~ for the poor богадельня 2. (*pl тж.* -la) убежище, защита; diplomatic ~ дипломатическое убежище; territorial ~ территориальное убежище; to grant (political) ~ предоставлять (политическое) убежище 3. *редк.* психиатрическая больница
asymmetric, asymmetrical [ˌeɪsɪˈmetrɪk, -(ə)l] *a* 1. асимметричный 2. триклинный (*о кристалле*)
asymmetry [eɪˈsɪmɪtrɪ] *n* асимметрия, асимметричность
asymptomatic [ˌeɪsɪmptəˈmætɪk] *a мед.* бессимптомный; ~ patient пациент, не обнаруживающий симптомов заболевания
asymptote [ˈæsɪmtəʊt] *n мат.* асимптота
asynchronism [eɪˈsɪŋkrənɪz(ə)m] *n* асинхронизм
asynchronous [eɪˈsɪŋkrənəs] *a* асинхронный
asyndetic [ˌæsɪnˈdetɪk] *a лингв.* асиндетический, бессоюзный
asyndeton [əˈsɪndɪtən] *n лингв.* асиндетон, бессоюзие
asynergy [eɪˈsɪnədʒɪ] *n мед.* асинергия, отсутствие координированных движений мышц
asyntactic [ˌæsɪnˈtæktɪk] *a лингв.* асинтаксический, не по правилам синтаксиса
asystole [əˈsɪstəlɪ] *n мед.* асистолия
at [æt] (*полная форма*; ət *редуцированная форма*) *prep* 1. *в пространственном значении указывает на* 1) *нахождение около какого-л. предмета* у, около; at the door [the window, the sea] у двери [у окна, у моря]; at the table за столом, у стола (*ср. тж.* 4) 2) *нахождение в каком-л. месте* на, в; at my aunt's [at Robinson's] (в доме) у моей тётки [у Робинсона]; at the factory [station] на фабрике [на станции] 3) *нахождение в каком-л. географическом пункте, особ. небольшом* в, на; at Elgin в Элгине; at St. Helena на острове Св. Елены 4) *достижение места назначения* к, на, в, до; to arrive at one's destination прибыть к месту /на место/ назначения; to arrive at Manchester прибыть /приехать/ в Манчестер 5) *проникновение через дверь, калитку и т. п.* через, сквозь; to come in at the front door войти через парадную дверь 2. *при обозначении временных отношений указывает на* 1) *какой-л. момент или период времени* в, на, при, по; *передаётся тж. наречиями*; at two o'clock в два часа; at dusk в сумерки; at dawn на закате; at night ночью; at an appointed [set] date в назначенный [установленный] срок; at present в настоящее время; at one's arrival по прибытии; at parting при расставании; at the beginning of the twentieth century в начале двадцатого века 2) *возраст* в; at an early age в раннем возрасте; at the age of 70, at 70 years of age в возрасте 70 лет 3. *указывает на деятельность или процесс, часто связанные с нахождением в определённом месте* в, на, у; at school в школе; at Oxford в Оксфорде (*в университете*); at the wheel за рулём; за штурвалом; at the piano за роялем; at the meeting на собрании; at dinner [lunch, supper] за обедом [завтраком, ужином] 4. *указывает на состояние* в, за, на; *передаётся тж. наречиями*; at peace в мире; at war в состоянии войны; at rest а) в покое; б) без движения; неподвижный; в) мёртвый; at leisure на досуге; at work за работой; at table за едой, за обедом, ужином *и т. п.* (*ср. тж.* 1, 1)) 5. *указывает на направленность действия* на, в, за; to point at smb., smth. указывать на кого-л., на что-л.; to look [to stare, to gaze] at smb., smth. смотреть [глядеть, уставиться] на кого-л., на что-л.; to throw smth. at smb. бросать что-л. в кого-л.; to shoot at smb., smth. стрелять в кого-л., во что-л. (*но* промахнуться); to talk at smb. разговаривать с кем-л. агрессивно; up and at them, boys! вперёд, ребята, бей их! 6. *указывает на образ действия* в, с, на; *передаётся тж. твор. падежом и наречиями*; at a flash в одно мгновение; at intervals с промежутками, с перерывами; время от времени; at a run бегом; at a foot's pace шагом 7. *указывает на причину* при, по, на; *передаётся тж. твор. падежом*; at the sign по знаку; at smb.'s request по чьей-л. просьбе; to be angry at smth. злиться на что-л.; surprise at smth. удивление по поводу чего-л.; he was pleased at hearing the news он обрадовался, услышав новость 8. *указывает на количество, меру, цену* при, на, по, с, в; at 90° Fahrenheit при 90° по Фаренгейту; at 2 pounds a dozen по 2 фунта за дюжину; at a speed of 25 km со скоростью 25 км 9. *указывает на* 1) *предмет занятий* над; в; to work /to toil, to labour/ at smth. трудиться над чем-л.; заниматься чем-л.; he is working at physics он занимается физикой; what are you at? *разг.* чем вы занимаетесь?; что вы делаете?; he is hard at it он за это взялся серьёзно; он усиленно работает над этим 2) *сферу проявления способностей* к; good at languages способный к языкам; he is quick at understanding он сообразителен 10. *в сочетаниях*: at that а) к тому же; he lost his umbrella and a new one at that он потерял зонт, да ещё новый к тому же; б) на том; let it go at that на том мы и покончим; в) даже так; at that you can make good profit даже так /при этих условиях/ вы можете выиграть /выгадать/; *другие сочетания см. под соответствующими словами*
at- [ə-] = ad-
atabal [ˈætəˌbæl] *n ист.* литавра (*у мавров*)
at-a-boy [ˈætəˌbɔɪ] = attaboy
atactic [əˈtæktɪk] *a спец.* атактический, несогласованный, некоординированный

ATA — ATI

ataghan [ˈætəgən] *n* ятага́н
Atalanta [ˌætəˈlæntə] *n* 1) *греч. миф.* Атала́нта 2) быстроно́гая бегу́нья
at all [ətˈɔːl] *phr adv* 1. ниско́лько; I am not ~ interested мне э́то ниско́лько /ничу́ть/ не интере́сно; he doesn't smoke ~ он совсе́м не ку́рит 2. никогда́; do you ever go there ~ ? вы когда́-нибудь там быва́ете?
◊ not ~ а) ниско́лько, совсе́м нет (*в ответах*); do you like the place itself? — Not ~ вам нра́вится само́ ме́сто? — Ниско́лько; б) э́то ничего́, пожа́луйста (*в ответе на извинение*); I am sorry to trouble you. — Not ~ извини́те за беспоко́йство. — Ничего́, пожа́луйста
ataman [ˈætəmən] *n русск.* атама́н
ataractic I [ˌætəˈræktɪk] = ataraxic
ataractic II [ˌætəˈræktɪk] *a фарм.* успокои́тельный, снима́ющий напряже́ние
ataraxia [ˌætəˈræksɪə] = ataxy
ataraxic [ˌætəˈræksɪk] *n фарм.* транквилиза́тор, седати́вное сре́дство
ataraxy [ˈætəræksɪ] *n* атара́ксия, споко́йствие ду́ха, невозмути́мость
atavic [əˈtævɪk] *a* 1) относя́щийся к отдалённым пре́дкам 2) = atavistic
atavism [ˈætəvɪz(ə)m] *n* атави́зм
atavistic [ˌætəˈvɪstɪk] *a* атависти́ческий
ataxia [əˈtæksɪə] = ataxy
ataxic [əˈtæksɪk] *a мед.* атакси́ческий
ataxite [əˈtæksaɪt] *n геол.* атакси́т
ataxy [əˈtæksɪ] *n мед.* 1) атакси́я; расстро́йство координа́ции движе́ний 2) та́бес, сухо́тка спинно́го мо́зга (*тж.* locomotor ~)
atchoo [əˈtʃuː] *int* апчхи́!
Ate [ˈeɪtɪ] *n* 1. *греч. миф.* А́та, А́те (*олицетворение мгновенного безумия*) 2. мгнове́нное безу́мие, безу́мный поры́в (*в греческом театре*)
ate [et, eɪt] *past от* eat
-ate[1] [-ət, -ɪt] *suff* встреча́ется в *сущ. лат. происхождения*, обознача́ющих 1. лицо́ (*по его должности, общественному положению*): advocate адвока́т; candidate кандида́т; laureate лауреа́т; legate лега́т; magnate магна́т 2. гру́ппу люде́й (*по их общественному положению*), принадле́жность к тако́й гру́ппе, соотве́тствующее положе́ние: episcopate епископа́т; noviatate послу́шничество; pontificate понтифика́т; principate принципа́т 3. конкре́тные и абстра́ктные объе́кты (*субстантиви́рованные прил. на* -ate³): certificate удостовере́ние; affricate аффрика́та; aggregate скопле́ние
-ate[2] [-eɪt] *suff хим. образует назва́ния солей* (*и шире — анио́нов*) *от названий кислот на* -ic: nitrate нитра́т; manganate мангана́т; silicate силика́т
-ate[3] [-ɪt, -ət, -eɪt] *suff* встреча́ется в *прил. фр. и лат. происхождения*: inanimate неодушевлённый; appropriate подходя́щий; intimate инти́мный; affectionate лю́бящий; private ча́стный; legitimate зако́нный; moderate скро́мный
-ate[4] [-eɪt] *suff образует* 1. кауза́тивные глаго́лы *от сущ. и прил.*: complicate усложни́ть; liberate освободи́ть; elongate удлини́ть; repatriate репатрии́ровать; animate оживи́ть; nominate назнача́ть 2. глаго́лы разного значения, *соотносимые с сущ. на* -ation: indicate ука́зывать; separate отделя́ть; negotiate отрица́ть; irrigate ороша́ть; negotiate вести́ перегово́ры; correlate коррели́ровать; iterate повторя́ть

atechnic [əˈteknɪk] *a редк.* не разбира́ющийся в те́хнике; неквалифици́рованный
atelier [əˈtelɪeɪ] *n* мастерска́я, ателье́, сту́дия (*художника и т. п.*)
atellan [əˈtelən] *n* ателла́на (*древнеримское народное представление, часто политического характера*)
a tempo [ˌɑːˈtempəʊ] *ит. муз.* в пре́жнем те́мпе
atemporal [əˈtempər(ə)l] *a* не относя́щийся к определённому вре́мени, вневре́менный
Aten [ˈɑːt(ə)n] = Aton
A-test [ˈeɪtest] *n* лаборато́рные испыта́ния
Athabascan I, II [ˌæθəˈbæskən] = Athapascan I и II
athanasia, athanasy [ˌæθəˈneɪzɪə, əˈθænəsɪ] *n редк.* бессме́ртие
Athapascan I [ˌæθəˈpæskən] *n* 1. атапа́ск (*североамериканский индеец*) 2. (the ~) атапа́скские языки́
Athapascan II [ˌæθəˈpæskən] *a лингв.* атапа́скский
atheism [ˈeɪθɪɪz(ə)m] *n* атеи́зм
atheist [ˈeɪθɪɪst] *n* атеи́ст
atheistic, atheistical [ˌeɪθɪˈɪstɪk, -(ə)l] *a* атеисти́ческий
atheling [ˈæθəlɪŋ] *n ист.* принц, князь, представи́тель зна́ти (*у англосаксов*)
athematic[1] [ˌeɪθɪˈmætɪk] *a* непрогра́ммный (*о музыке*)
athematic[2] [ˌeɪθɪˈmætɪk] *a лингв.* атемати́ческий
Athena [əˈθiːnə] *n грч. миф.* Афи́на
Athenaeum [ˌæθəˈniːəm] *n* 1. Атене́й (*храм богини Афины в Древней Греции*) 2. школа ора́торского иску́сства (*в Древнем Риме*) 3. 1) Атене́ум (*название литературных и научных обществ*) 2) (*а.*) чита́льня; библиоте́ка 4. (*а.*) журна́л *и т. п.*, посвящённый вопро́сам литерату́ры или иску́сства
Athene [əˈθiːnɪ] = Athena
Atheneum [ˌæθəˈniːəm] = Athenaeum
Athenian I [əˈθiːnɪən] *n* афиня́нин, афиня́нка
Athenian II [əˈθiːnɪən] *a* афи́нский
athermanous [əˈθɜːmənəs] *a спец.* нетеплопрозра́чный
athermic [əˈθɜːmɪk] *a спец.* нетеплово́й, атерми́ческий
atherogenic [ˌæθərəˈdʒenɪk] *a мед.* атероге́нный (*вызывающий дегенеративное изменение стенок артерий*)
atheroma [ˌæθəˈrəʊmə] *n мед.* 1) атеро́ма, киста́ са́льной железы́ 2) жирово́е перерожде́ние (*крупной артерии*)
atherosclerosis [ˌæθərə(ʊ)skləˈrəʊsɪs] *n мед.* атеросклеро́з
athirst [əˈθɜːst] *a predic книжн.* 1. томи́мый жа́ждой; ~ for knowledge жа́ждущий зна́ний 2. *арх.* страда́ющий от жа́жды; to be ~ хоте́ть пить
athlete [ˈæθliːt] *n* 1. спортсме́н, *особ.* легкоатле́т 2. атле́т, челове́к кре́пкого телосложе́ния 3. уча́стник атлети́ческого состяза́ния в Дре́внем Гре́ции или Дре́внем Ри́ме
athlete's foot [ˈæθliːtsˈfʊt] *мед.* грибко́вое заболева́ние ног, мико́з, дерматофито́з
athlete's heart [ˈæθliːtsˈhɑːt] расшире́ние се́рдца (*часто связанное с занятием спортом*)
athletic [æθˈletɪk] *a* 1. спорти́вный; ~ ground спорти́вная площа́дка 2. атлети́ческий, си́льный, му́скулистый; ~ build атлети́ческое телосложе́ние 3. *спорт.* атлети́ческий; ~ feats спорти́вные достиже́ния
athletics [æθˈletɪks] *n употр. с гл. в ед. и мн. ч.* атле́тика; заня́тия спо́ртом; track-and-field ~ лёгкая атле́тика; to engage in ~ а) занима́ться лёгкой атле́тикой; б) занима́ться спо́ртом; to compete in ~ уча́ствовать в соревнова́ниях по лёгкой атле́тике
athletic support(er) [æθˌletɪksəˈpɔːt(ə)] суспензо́рий (*спортсмена*)
athodyd [ˈæθədɪd] *n тех.* прямото́чный возду́шно-реакти́вный дви́гатель
at-home [ətˈhəʊm] *n разг.* небольшо́й, неофициа́льный приём госте́й, назна́ченный на определённое вре́мя; there will be an ~ at the Embassy from 4 to 6 в посо́льстве бу́дет приём с четырёх до шести́ часо́в
-athon [-əˈθɒn] *в сложных словах* (*чаще авторских неологизмах*) *имеет значение* до́лгое и изма́тывающее мероприя́тие: workathon не́что кра́йне трудоёмкое; space-athon соревнова́ние (*госуда́рств*) в ко́смосе; косми́ческий марафо́н; bikeathon велосипе́дный марафо́н
athrill [əˈθrɪl] *a predic книжн.* трепе́щущий от возбужде́ния, *особ.* ра́достного, испы́тывающий восто́рг, упое́ние
athrob [əˈθrɒb] *a predic книжн.* в волне́нии, тре́петно
athwart I [əˈθwɔːt] *adv* 1) *книжн.* попере́к; на́искось; перпендикуля́рно 2) *мор.* на тра́верзе; на пересе́чку ку́рса; to run ~ вреза́ться в борт су́дна 2. *арх.* про́тив, наперекор
athwart II [əˈθwɔːt] *prep* 1. *книжн.* попере́к; на́искось; перпендикуля́рно к; the tree fell ~ the road де́рево упа́ло попере́к доро́ги; to throw a bridge ~ a river перебро́сить мост че́рез ре́ку; mountains lie ~ the wind путь ве́тру прегражда́ют го́ры; to run ~ a ship вреза́ться в борт друго́го су́дна 2. вопреки́, про́тив; назло́; ~ his plans вопреки́ его́ пла́нам; ~ the wishes of his friends про́тив жела́ния его́ друзе́й; to come ~ smb. встре́титься кому́-л.
athwartships [əˈθwɔːtʃɪps] *adv мор.* попере́к корабля́, на тра́верзе
athymia, athymy [əˈθɪmɪə, ˈæθɪmɪ] *n книжн.* меланхо́лия
-atic [-ˈætɪk] *suff выделяется у ряда прилагательных литературно-книжной речи*: aquatic водяно́й; во́дный; erratic оши́бочный; lymphatic лимфати́ческий
atilt [əˈtɪlt] *a predic, adv* 1. ко́со, на́бок; cap ~ ша́пка набекре́нь; hold the bottle slightly ~ наклони́те немно́го буты́лку 2. *ист.* с копьём наперевес; to run /to ride/ ~ with /at, against/ smb. состяза́ться с кем-л. /напада́ть на кого́-л./ с копьём в рука́х (*на коне*); to run ~ at death броса́ть вы́зов сме́рти
atingle [əˈtɪŋɡ(ə)l] *a predic* 1. возбуждённый, ра́достно взволно́ванный 2. испы́тывающий покалы́вание, пощи́пывание; fingers ~ with cold па́льцы, кото́рые покалывало от хо́лода
-ation [-ˈeɪʃ(ə)n] (*тж.* -tion, -ion) *suff* 1. *образует сущ. от глаголов* (*преимущественно с лат., фр. и греч. корнями*) *со значением процесса или состояния*: approbation одобре́ние; collaboration сотру́дничество; demonstration демонстра́ция; education образова́ние; polymerization полимериза́ция; starvation го́лод(а́ние); translation перево́д; unification унифика́ция 2. *встречается в сущ. фр. и лат. происхождения, не обозначающих процесса*: aviation авиа́ция; civilization цивилиза́ция; combination комбина́ция; consolation сожале́ние; corporation корпора́ция; destination назначе́ние; population населе́ние; situation ситуа́ция; vacation кани́кулы
atiptoe [əˈtɪptəʊ] *a predic, adv* на носка́х, на цы́почках

Atlantean[1] [ˌætlænˈtiːən] *a* 1. относящийся к Атланту, Атласу 2. титанический, могучий

Atlantean[2] [ˌætlænˈtiːən] *a* относящийся к Атлантиде

Atlantes [ətˈlæntiːz] *n pl* атланты, жители Атлантиды

atlantes [ətˈlæntiːz] *n pl архит.* атланты, статуи, поддерживающие перекрытия

Atlanthropus [ˌætlænˈθrəʊpəs] *n палеонт.* атлантроп (*древний человек, найденный в Алжире в 1954 г.*)

Atlantic [ətˈlæntɪk] *a* 1. атлантический; ~ liner трансатлантический лайнер /-ое судно/; ~ islands острова Атлантического океана. 2. *амер.* восточный; northern and southern, ~ and western северный и южный, восточный и западный 3. *полит.* североатлантический; относящийся к НАТО; the ~ Alliance североатлантический союз; the ~ community страны НАТО, Североатлантическое сообщество 4. *редк.* Atlantean[1] 1

Atlantic Charter [ətˌlæntɪkˈtʃɑːtə] *ист.* Атлантическая Хартия (*1941*)

Atlanticism [ətˈlæntɪsɪz(ə)m] *n* атлантизм, политика тесного сотрудничества между странами Западной Европы и Соединёнными Штатами в рамках Североатлантического договора

Atlantis [ətˈlæntɪs] *n* Атлантида (*легендарный остров, опустившийся в океан*)

at large [ətˈlɑːdʒ] 1. 1) на свободе, свободный; на просторе; to set ~ освободить; he will soon be ~ он скоро выйдет на свободу 2) незанятый, без определённых занятий 2. пространно, подробно, со всеми деталями; to talk [to write] ~ говорить [писать] пространно /подробно/; to go into the question ~ подробно осветить /рассмотреть/ вопрос 3. в целом, весь; country ~ вся страна; people ~ широкие слои населения; public ~ широкая публика, все; the Forsyte family ~ все Форсайты 4. случайно; без разбору; he scatters imputations ~ он бросает обвинения направо и налево 5. имеющий широкие *или* необычные полномочия 6. вообще, в общем смысле; promises made ~ неконкретные обещания 7. независимо от партийной принадлежности; eight of the State's seats in the House were filled ~ из всех мест, которые имеет наш штат в палате представителей, восемь получили независимые кандидаты

at-large [ətˈlɑːdʒ] *a амер. полит.* представляющий весь штат *или* округ, а не какую-л. партию; ~ candidate независимый /беспартийный/ кандидат

Atlas[1] [ˈætləs] *n* 1) *греч. миф.* Атлас, Атлант (*титан, держащий на плечах небесный свод*) 2) титан, могучий герой; надёжная опора

Atlas[2] [ˈætləs] *sing к* Atlantes

atlas[1] [ˈætləs] *n* 1. атлас (*географический, зоологический, ботанический и т. п.*) 2. большой формат писчей *или* чертёжной бумаги 3. *анат.* атлант, первый шейный позвонок. *sing к* atlantes

atlas[2] [ˈætləs] *n текст.* атлас, особ. переплётный

atlatl [ˈætlætl, ˈɑːtlɑːtl] *n ист.* атлатль (*устройство для метания копья у ацтеков*)

atman [ˈætmən] *n* (*в философии индуизма*) 1) жизненное начало, душа 2) (A.) всеобщее «я», мировая душа

atmidometer [ˌætmɪˈdɒmɪtə] = atmometer

atmogenic [ˌætmə(ʊ)ˈdʒenɪk] *a геол.* атмогенический (*о породах*); атмосферический (*об отложениях*); эоловый

atmolysis [ətˈmɒlɪsɪs] *n физ.* атмолиз

atmometer [ətˈmɒmɪtə] *n метеор.* атмометр

atmosphere [ˈætməsfɪə] *n* 1. 1) атмосфера 2) газообразная среда *или* оболочка (*небесного тела и т. п.*) 3) воздух (*в помещении, городе и т. п.*) 4) *спец.* параметры (*искусственной*) атмосферы 2. окружающая среда, обстановка, атмосфера; friendly [tense] ~ дружественная [напряжённая] обстановка; ~ of freedom, peace and security атмосфера свободы, мира и безопасности 3. *физ.* атмосфера (*единица измерения давления*)

◇ ~ player *кино разг.* статист, участник массовки, актёр окружения

atmospheric [ˌætməsˈferɪk] *a* 1. атмосферный, атмосферический; метеорологический; ~ pressure атмосферное давление 2. создающий определённую атмосферу; производящий определённое впечатление; ~ lighting соответствующее освещение (*создающее настроение*)

atmospherical [ˌætməsˈferɪk(ə)l] *редк.* = atmospheric

atmospherics [ˌætməsˈferɪks] *n pl радио* атмосферики, свистящие помехи, вистлеры

atmospherium [ˌætməsˈfɪ(ə)rɪəm] *n* атмосфериум (*камера для моделирования атмосферных или метеорологических явлений*)

atole [əˈtəʊleɪ] *n амер.* атоле (*кукурузная каша*)

atoll [ˈætɒl] *n* атолл, кольцеобразный коралловый остров; ~ lake лагуна атолла; ~ structure *спец.* кольцеобразная структура

atom [ˈætəm] *n* 1. атом; tagged ~ меченый атом; ~ bomb атомная бомба; ~ test испытание атомной бомбы; ~ smashing *физ.* а) бомбардировка атомного ядра частицами; б) расщепление атомного ядра; ~s for peace program программа использования энергии в мирных целях 2. 1) мельчайшая частица; to smash to ~s, to break to /into/ ~s разбить вдребезги; there is not an ~ of truth in what he said в том, что он сказал, нет ни капли /ни слова/ правды; 2) крошечное существо; a little ~ of a bird маленькая пичужка

atomaniac I [ˌætəˈmeɪnɪæk] *n* проповедник атомной войны

atomaniac II [ˌætəˈmeɪnɪæk] *a* разжигающий атомную истерию

atomarium [ˌætəˈme(ə)rɪəm] *n спец.* зал для демонстрации строения атома

atom-bomb [ˈætəmbɒm] *v* 1) сбрасывать атомные бомбы 2) разрушать атомной бомбардировкой

atomedics [ˌætəˈmedɪks] *n* ядерная медицина (*методы диагностики и лечения с помощью ионизирующих излучений*)

atomic [əˈtɒmɪk] *a* 1. атомный; ~ energy атомная энергия; ~ age атомный век; век использования атомной энергии; ~ nucleus атомное ядро; ~ structure строение атома; ~ formula *хим.* структурная формула; ~ weight атомный вес; ~ pile атомный котёл; ~ waste радиоактивные отходы; ~ oxygen *хим.* атомарный кислород 2. 1) атомный, использующий энергию атома; ~ propulsion движение при помощи атомного двигателя; ~ ship атомоход; ~ power station атомная электростанция; ~ weapon [bomb] атомное оружие [-ая бомба] 2) атомный, оснащённый атомным оружием *или* применяющий его; ~ warfare атомная война; война с применением атомного оружия; ~ bomber атомный бомбардировщик-носитель атомного оружия; ~ diplomacy «атомная дипломатия», дипломатия угрозы применения атомного оружия; ~ holocaust гибель мира в атомной войне 3. крошечный, микроскопический; ~ changes еле заметные перемены 4. 1) *редк.* огромный; ~ effort колоссальные усилия; ~ stimulus to business громадный стимул деловой активности 2) *сл.* потрясающий, сногшибательный; an ~ blonde ≅ блондинка — закачаешься! 5. *спец.* атомистический; ~ theory *филос.* атомистическая теория 6. *лог.* атомарный, неделимый; неразложимый; ~ fact [sentence] атомарный факт [-ое предложение]

atomical [əˈtɒmɪk(ə)l] = atomic

atomic boiler [əˌtɒmɪkˈbɔɪlə] *спец.* атомная станция теплоснабжения, «атомная котельная»

atomic calendar [əˌtɒmɪkˈkælɪndə] установка для датирования по радиоуглероду

atomic clock [əˌtɒmɪkˈklɒk] *спец.* атомные часы

atomic cloud [əˌtɒmɪkˈklaʊd] атомный гриб, грибовидное облако (*от взрыва атомной бомбы*)

atomic cocktail [əˌtɒmɪkˈkɒkteɪl] *мед. проф.* атомный коктейль (*взвесь радиоактивных изотопов для лечения рака*)

atomichron [əˈtɒmɪkrɒn] *n* атомный эталон частоты

atomicity [ˌætəˈmɪsɪtɪ] *n хим.* 1) атомность 2) валентность 3) основность

atomic number [əˌtɒmɪkˈnʌmbə] *физ.* атомный номер, порядковое число атома (*в периодической системе элементов*)

atomics [əˈtɒmɪks] *n* 1. атомная энергетика 2. атомная техника 3. ядерная физика

atomic submarine [əˌtɒmɪkˈsʌbməriːn] 1) подводная лодка с атомным двигателем 2) подводная лодка, оснащённая атомным оружием

atomism [ˈætəmɪz(ə)m] *n* 1. *спец.* атомизм, атомистика 2. раздроблённость, распылённость (*предприятий в отрасли и т. п.*)

atomist [ˈætəmɪst] *n* 1. *разг.* атомник, атомщик 2. последователь теории атомизма (*в философии*)

atomistic [ˌætəˈmɪstɪk] *a* 1. раздроблённый, состоящий из множества мелких частиц, элементов; ~ society раздробленное общество, общество, разбитое на антагонистические группы 2. *спец.* атомистический

atomize [ˈætəmaɪz] *v* 1. распылять (*жидкость*) 2. дробить, тончайше измельчать (*твёрдое тело*) 3. дробить (*на группы*); разъединять, разбивать 4. подвергать атомному удару; уничтожать атомным оружием

atomized [ˈætəmaɪzd] *a* 1. распылённый (*о жидкости*) 2. раздроблённый, измельчённый (*о твёрдом теле*) 3. разъединённый, разобщённый 4. разрушенный, уничтоженный атомным оружием

atomizer [ˈætəmaɪzə] *n* 1) пульверизатор, распылитель 2) *тех.* форсунка, распылитель жидкости 3) гидропульт 4) механизм для тончайшего измельчения (*твёрдого тела*)

atom-monger [ˈætəmˌmʌŋgə] *n разг.* поджигатель атомной войны

atom probe [ˈætəmˌprəʊb] *физ.* «атомный зонд» (*метод регистрации вида отдельных атомов*)

ATO — ATT

atom-smasher ['ætəm‚smæʃə] *n физ.* ускоритель частиц

atomy[1] ['ætəmɪ] *n арх.* 1) скелет 2) мощи, кожа да кости

atomy[2] ['ætəmɪ] *n арх.* 1. атом, пылинка 2. *поэт.* крошечное существо, эльф

Aton ['ɑ:t(ə)n] *n егип. миф.* Атон, бог солнца

atonal [eɪ'təʊnl] *a муз.* атональный

atonality [‚eɪtəʊ'nælɪtɪ] *n муз.* атональность

atone [ə'təʊn] *v* 1. заглаживать, искупать (*вину*); to ~ sin искупить грех 2. (for) возмещать, компенсировать; how can I ~ for hurting your feelings? чем я могу загладить ту обиду, которую вам нанёс? 3. *арх.* примирять; улаживать (*ссору*)

atonement [ə'təʊnmənt] *n* 1. искупление, расплата 2. возмещение, компенсация; to make /to offer/ ~ (for) предложить компенсацию (за) 3. *арх.* примирение 4. (the A.) *рел.* искупление (грехов человечества) (*Христом*)

at-oneness [ət'wʌnnɪs] *n книжн.* единство, гармония; слитность; a sense of ~ with the universe чувство единства /общности/ со всей вселенной

atonic [æ'tɒnɪk] *a* 1. *фон.* 1) безударный; ~ syllable безударный слог 2) без голоса, глухой 2. *мед.* вялый, атонический

atony ['ætənɪ] *n мед.* вялость, атония

atop I [ə'tɒp] *adv* наверху, сверху; a glass of beer with white foam ~ стакан пива с белой пеной; ~ of наверху; on the vershine (*чего-л.*); ~ of the cliff на вершине утёса

atop II [ə'tɒp] *prep* на; поверх; над; ~ the waves на гребне волн; he had a hat ~ his head на голове у него была шляпа

-ator [-'eɪtə] *suff* встречается в словах, обозначающих 1. деятеля: aviator лётчик 2. *инструмент*, *аппарат*: separator сепаратор

atour I [ə'təʊə] *adv шотл.* сверх, вдобавок

atour II [ə'təʊə] *prep шотл.* 1. над 2. вопреки

at par [ət'pɑ:] *phr adv* по паритету; по номиналу

atrabilarian I [‚ætrəbɪ'le(ə)rɪən] *n* ипохондрик

atrabilarian II [‚ætrəbɪ'le(ə)rɪən] = atrabilarious

atrabilarious [‚ætrəbɪ'le(ə)rɪəs] *a* жёлчный; меланхолический, ипохондрический

atrabiliary [‚ætrə'bɪlɪərɪ] *a* 1. *спец.* жёлчный; ~ capsules *анат.* надпочечники 2. = atrabilious

atrabilious [‚ætrə'bɪlɪəs] *a* 1) жёлчный; раздражительный 2) меланхолический

atrament ['ætrəmənt] *n арх.* чернила, чёрная краска

atraumatic [‚eɪtrɔ:'mætɪk] *a мед.* атравматический; ~ needle атравматическая игла

atremble [ə'tremb(ə)l] *a predic* дрожащий, трепещущий; she was all ~ она вся дрожала

Atreus ['eɪtr(ɪ)u:s] *n греч. миф.* Атрей

atria ['eɪtrɪə] *pl от* atrium

atrial ['eɪtrɪəl] *a анат.* относящийся к предсердию

Atrides [ə'traɪdi:z] *n pl греч. миф.* Атриды, сыновья Атрея

atrip [ə'trɪp] *a predic мор.* 1. отделившийся от грунта (*о якоре*); anchor's ~! встал якорь! 2. незарифленный (*о парусах*) 3. готовый к спуску (*о стеньге*)

atrium ['ætrɪəm] *n (pl тж.* -ia) 1. атрий, атриум (*в античном римском доме — главное помещение*) 2. *архит.* атриум, крытый портик 3. *анат.* 1) átрий, предсердие 2) полость; пазуха; синус

-atrix [-'eɪtrɪks] *suff образует от глагольных основ существительные, обозначающие деятельницу*: aviatrix лётчица; testatrix завещательница

atrocious [ə'trəʊʃəs] *a* 1. жестокий, зверский, свирепый, ужасный; ~ crime зверское /гнусное/ преступление; ~ weapons of modern warfare чудовищное оружие современной войны; ~ working conditions ужасающие условия труда 2. *разг.* отвратительный, противный; ~ weather отвратительная /гнусная/ погода; ~ handwriting отвратительный почерк; ~ dress ужасное платье

atrociously [ə'trəʊʃəslɪ] *adv эмоц.-усил.* ужасно, весьма; ~ bad dinner скверный /отвратительный/ обед; ~ bad manners чудовищная невоспитанность

atrocity [ə'trɒsɪtɪ] *n* 1. 1) жестокость, зверство; acts of ~ злодеяния, зверства 2) жестокий поступок, злодейское преступление; fascist atrocities in Byelorussia зверства фашистов в Белоруссии; atrocities of war ужасы войны 2. *разг.* грубая ошибка, промах; бестактность; atrocities in spelling ужасные /грубые/ ошибки в орфографии 3. *разг.* что-л. плохое, ужасное, отвратительное; this film [this dress] is an ~ этот фильм [это платье] просто ужас /кошмар/

atrophic [ə'trɒfɪk] *a* истощённый, атрофический

atrophied ['ætrəfɪd] *a* 1. атрофированный; ~ muscles атрофированные мышцы 2. истощённый, изнурённый; ~ talent угасший талант

atrophous ['ætrəfəs] = atrophic

atrophy I ['ætrəfɪ] *n* 1. *мед.* 1) атрофия органа; исхудание 2) *биол.* остановка развития 2. притупление (*какого-л. чувства*), утрата (*свойства*); ~ of conscience утрата совести; ~ of the whole soul a) полное бездушие б) духовная смерть
◇ ~ of purse *шутл.* тощий кошелёк

atrophy II ['ætrəfɪ] *v* 1. атрофироваться 2. изнурять 3. истощаться; a talent can ~ if it is not used талант может иссякнуть, если его не использовать

atropine ['ætrəpɪn] *n хим., фарм.* атропин

atropism ['ætrəpɪz(ə)m] *n мед.* отравление атропином

Atropos ['ætrəpɒs] *n греч. миф.* Атропос (*мойра, перерезающая нить жизни*)

atry [ə'traɪ] *a predic мор.* в крутой бейдевинд, под штормовыми парусами

atta ['ɑ:tɑ:] *n инд.* áтта, пшеничная мука (*обыкн. грубого помола*)

attabal ['ætəbæl] = atabal

attaboy ['ætəbɔɪ] *int* молодец!; молодчина!; браво!

attach [ə'tætʃ] *v* 1. (to) 1) прикреплять, присоединять; скреплять, связывать; to ~ a label to a parcel прикрепить /приклеить/ ярлык к пакету; to ~ a stamp наклеить марку; to ~ a seal to a document ставить на документе печать; скрепить документ печатью; to ~ one's name to a document подписать документ, поставить свою подпись под документом; the boy ~ed a rope to his sled мальчик привязал к санкам верёвку; I ~ed a trailer to the car я прицепил трейлер к машине 2) прикладывать, прилагать; to ~ documents to a letter приложить к письму документы; copies ~ed to the document экземпляры, приложенные к документу; ~ed you will find, ~ed please find... *канц.* при сём прилагается...; you will find ~ed to this letter... *канц.* в приложении к настоящему письму посылаем вам... 3) пристраивать; a house with a garage ~ed дом с гаражом; дом с пристроенным к нему гаражом 2. (to) *refl* присоединяться; he ~ed himself to a society [to a political party] он вступил в общество [в политическую партию]; the lost dog ~ed itself to a boy потерявшая хозяина собака пристала к мальчику; the boys ~ed themselves to a travelling circus мальчики увязались за бродячим цирком 3. (to) прикомандировывать, прикреплять; he was ~ed to a regiment он был прикомандирован к полку; the new firm ~ed him to the sales division новая фирма передала /назначила/ его в торговый отдел 4. (to) *обыкн. pass* привязывать, располагать к себе; to be ~ed to smb., smth. любить кого-л., что-л.; испытывать привязанность к кому-л., чему-л.; he is foolishly ~ed to old customs он глупо держится за старые обычаи 5. (to) приписывать, придавать; to ~ importance to a question придавать значение вопросу, считать вопрос важным 6. (to) быть свойственным, присущим; no blame ~s to his act в его поступке нет ничего зазорного; far reaching implications ~ to this decision это решение может повлечь к далеко идущим последствиям 7. *юр.* вступать в законную силу, быть действительным; the insurance ~es from the moment the goods leave the warehouse страхование действительно с того момента, как товар вывезен со склада 8. *юр.* 1) арестовывать 2) накладывать арест (*на имущество*); описывать (*имущество*) 9. *вчт.* подключать

attachable [ə'tætʃəb(ə)l] *a* 1. могущий быть прикреплённым (*к чему-л.*) 2. *юр.* подлежащий аресту или описи

attaché [ə'tæʃeɪ] *n* 1. *дип.* атташе; naval [military, air, commercial] ~ военно-морской [военный, военно-воздушный, торговый] атташе; press ~ пресс-атташе, атташе по связи с печатью; cultural ~ атташе по культурным связям 2. = attaché case

attaché case [ə'tæʃeɪkeɪs] «дипломат», плоский чемоданчик

attached [ə'tætʃt] *a* 1. 1) прикреплённый 2) *воен.* прикомандированный; приданный; ~ unit приданная часть 3. имеющий общую стену с соседним строением (*о доме*) 4. *юр.* 1) арестованный, взятый под стражу 2) описанный (*об имуществе*) 5. *зоол.* сидячий, стационарный, не меняющий места обитания; ~ barnacles усоногие раки, приросшие к подводным скалам и т. п.

attachedly [ə'tætʃɪdlɪ] *adv* преданно; yours ~ преданный вам (*в конце письма*)

attachment [ə'tætʃmənt] *n* 1. прикрепление, присоединение; ~ flange *тех.* соединительный фланец 2. привязанность, преданность; ~ to a friend преданность /привязанность/ к другу; ~ to the cause верность /приверженность/ общему делу 3. вступление в силу; ~ of insurance вступление страхования в силу 4. *воен.* прикомандирование; оп (to) временно прикомандированный (к 5. *юр.* 1) наложение ареста (*на имущество*) 2) приказ об аресте лица или наложении ареста на имущество 6. 1) дополнительное приспособление, приставка наса́дка; buttonhole-making ~ to a sewing machine приспособле́ние к швейной маши́не для обмётывания пе́тель 2) застёжка; запо́р; зажи́м; ~s of a pair of skis крепле́ние на лы́жах

attack I [ə'tæk] *n* 1. 1) нападе́ние; sudden /surprise/ ~ внеза́пное нападе́ние; armed ~ вооружённое нападе́ние 2) наступле́ние, наступа́тельный бой; ата́ка; composed /direct/ ~ сло́жная [пряма́я] ата́ка *(фехтование)*; ~ position *воен.* исхо́дное положе́ние для наступле́ния; ~ formation *воен.* боево́й поря́док в наступле́нии; ~ against an organized position наступле́ние на зара́нее подгото́вленную оборо́ну проти́вника; ~ in force ата́ка кру́пными си́лами; to make an ~ (on) атакова́ть, наступа́ть (на); to open an ~ нача́ть наступле́ние; to carry /to deliver/ an ~ атакова́ть, наноси́ть уда́р 2. напа́дки, вражде́бная кри́тика; ~ against the policy of government in the House of Commons кри́тика поли́тики прави́тельства в пала́те о́бщин 3. *мед.* при́ступ, вспы́шка *(болезни)*; припа́док, криз, ата́ка; ~ of fever при́ступ лихора́дки; ~ of flu вспы́шка гри́ппа 4. *муз.* ата́ка 5. корро́зия, агресси́вное де́йствие среды́ 6. *собир. спорт.* напада́ющие, нападе́ние *(хоккей)*

attack II [ə'tæk] *v* 1. напада́ть; атакова́ть; to ~ a town напа́сть на го́род; to ~ an enemy напа́сть на проти́вника, атакова́ть проти́вника 2. напада́ть, критикова́ть; to ~ smb.'s conduct подверга́ть кри́тике /критикова́ть/ чьё-л. поведе́ние; the candidate angrily ~ed his opponent кандида́т подве́рг своего́ сопе́рника ожесточённой напа́дкам 3. энерги́чно бра́ться за рабо́ту; приступа́ть, подступи́ться; to ~ a task [a problem] энерги́чно взя́ться за выполне́ние зада́ния [за разреше́ние пробле́мы]; she ~ed housecleaning она́ с жа́ром принялась за (генера́льную) убо́рку; he ~ed his dinner at once *шутл.* он сра́зу набро́сился на обе́д 4. поража́ть *(о болезни)*; a disease that ~s children боле́знь, поража́ющая дете́й 5. 1) разруша́ть; the damp is ~ing the wall сы́рость разруша́ет сте́ну 2) поража́ть, причиня́ть уще́рб; crops were ~ed by locusts посе́вы бы́ли уничто́жены саранчо́й 3) *тех.* разъеда́ть, корроди́ровать; acid ~s metals кислота́ разъеда́ет мета́ллы 4) *метал.* трави́ть 5) *хим.* вступа́ть в реа́кцию

attackable [ə'tækəb(ə)l] *a* 1. откры́тый для нападе́ния, уязви́мый; ~ point уязви́мый пункт 2. *тех.* подве́рженный разруше́нию, разъеда́нию, корро́зии

attack aviation [ə'tæk,eɪvɪ'eɪʃ(ə)n] штурмова́я авиа́ция

attack boat [ə'tækbəʊt] торпе́дный ка́тер

attack bomber [ə'tæk,bɔmə] бомбарди́ровщик-штурмови́к

attack dog [ə'tækdɔg] служе́бная соба́ка, обу́ченная защи́тно-патру́льной слу́жбе

attackman [ə'tækmæn] *n (pl* -men [-men]) *спорт.* напада́ющий

attack missile [ə'tæk,mɪsaɪl] уда́рная раке́та

attack plane [ə'tæk,pleɪn] *ав.* штурмови́к

attack submarine [ə'tæk,sʌbməri:n] торпе́дная подво́дная ло́дка

attack zone [ə'tækzəʊn] *спорт.* зо́на нападе́ния

attagirl ['ætə,gɜ:l] *int* молодчи́на!, молоде́ц де́вчонка!

attain [ə'teɪn] *v* 1. достига́ть, добива́ться; to ~ aims [ideals] дости́чь це́ли [идеа́ла]; to ~ freedom доби́ться освобожде́ния /свобо́ды/ 2. достига́ть, добира́ться; he ~ed the opposite shore он дости́г противополо́жного бе́рега; to ~ the top of the mountain добра́ться до верши́ны горы́; sequoia trees ~ to a great height секво́йи достига́ют большо́й высоты́ 3. дости́чь како́го-л. во́зраста, дожи́ть; he ~ed the age of ninety он до́жил до девяно́ста лет 4. (to) приобрета́ть, получа́ть, достига́ть; he ~ed to power /to prosperity/ он дости́г вла́сти [благосостоя́ния]; to ~ to man's estate дости́чь возмужа́лости

attainability [ə,teɪnə'bɪlɪtɪ] *n* достижи́мость; ~ of certain knowledge возмо́жность овладе́ть определёнными зна́ниями

attainable [ə'teɪnəb(ə)l] *a* достижи́мый; the highest pitch of perfection ~ вы́сшая сте́пень соверше́нства, кото́рой мо́жно дости́чь

attainder [ə'teɪndə] *n ист.* лише́ние гражда́нских и иму́щественных прав *(лица, приговорённого к сме́ртной ка́зни или объявленного вне закона за особо тя́жкое преступле́ние)*

attainment [ə'teɪnmənt] *n* 1. *тк. sing* достиже́ние, приобрете́ние; above /beyond/ ~ недосяга́емый; недостижи́мый; ~ of truth постиже́ние и́стины 2. *обыкн. pl* на́выки, зна́ния, квалифика́ция; his scientific ~s его́ нау́чные достиже́ния; a man of ~s челове́к с больши́ми зна́ниями; a man of varied ~s разносторо́нний челове́к

attainment test [ə'teɪnmənt,test] = achievement *[см.* achievement 1]

attaint I [ə'teɪnt] *n* 1. = attainder 2. *арх.* позо́р

attaint II [ə'teɪnt] *v* 1. *ист.* лиша́ть гражда́нских и иму́щественных прав *(в связи с вынесе́нием сме́ртного пригово́ра или объявле́нием вне зако́на за особо тя́жкое преступле́ние)* 2. *арх.* позо́рить, клейми́ть, бесче́стить

attar ['ætə] *n* ро́зовое ма́сло *(тж.* ~ of roses*)*

attellan [ə'telən] = atellan

attemper [ə'tempə] *v* 1. сме́шивать в соотве́тствующей пропо́рции 2. регули́ровать температу́ру 3. успока́ивать; умеря́ть, смягча́ть 4. (to) *книжн.* приспоса́бливать 5. *редк.* зака́ливать *(металл)*

attemperator [ə'tempəreɪtə] *n тех.* регуля́тор температу́ры, термоста́т

attemperment [ə'tempəmənt] *n* 1. созда́ние ну́жной температу́ры 2. обеспе́чение необходи́мого соста́ва сме́си

attempt I [ə'tempt] *n* 1. попы́тка, про́ба; to save smb.'s life попы́тка спасти́ чью́-л. жизнь; to make an ~ сде́лать попы́тку; we made an ~ to climb the mountain мы попыта́лись подня́ться на (э́ту) го́ру 2. (on, upon) покуше́ние; ~ upon the life of smb. покуше́ние на чью́-л. жизнь; ~ on the world speed record попы́тка поби́ть мирово́й реко́рд ско́рости 3. (at) результа́т неуда́чной попы́тки; неуда́чная про́ба; her ~ at a raisin cake had to be thrown away испечённый е́ю на про́бу кекс с изю́мом пришло́сь вы́бросить; the boy's ~ at English composition неуме́лое /нескла́дное/ сочине́ние, напи́санное шко́льником на англи́йском языке́

attempt II [ə'tempt] *v* 1) пыта́ться, про́бовать; сде́лать попы́тку; to ~ smth. /to do smth./ пыта́ться сде́лать что́-л.; to ~ flying /to fly/ попро́бовать лета́ть; to ~ a difficult task про́бовать вы́полнить тру́дную зада́чу; to ~ (to climb) the mountain попыта́ться подня́ться на́ гору; to ~ a settlement of the dispute постара́ться разреши́ть /ула́дить/ спор; I will ~ a reply to your question попыта́юсь отве́тить на ваш вопро́с 2) пыта́ться преодоле́ть *(что-л.)*; пыта́ться подчини́ть, захвати́ть *или* уничто́жить *(что-л.)*; to ~ a man's life покуша́ться на чью́-л. жизнь

attempted [ə'temptɪd] *a* неуда́вшийся; ограни́чившийся попы́ткой; ~ murder [crime] *юр.* покуше́ние на уби́йство [попы́тка соверши́ть преступле́ние]

attend [ə'tend] *v* 1. посеща́ть, прису́тствовать; to ~ a lecture [a meeting, a concert, a ceremony] прису́тствовать на ле́кции [на собра́нии, на конце́рте, на церемо́нии]; to ~ school ходи́ть в шко́лу; the meeting will be well ~ed на собра́нии бу́дет мно́го наро́ду 2. (to) уделя́ть внима́ние, быть внима́тельным; to ~ to what is said относи́тесь со внима́нием к тому́, что ска́зано; please ~! слу́шайте!, бу́дьте внима́тельны!; you are not ~ing! вы меня́ не слу́шаете! 3. 1) (to) забо́титься *(о чём-л.)*; следи́ть *(за чем-л.)*; to ~ to the education of one's children следи́ть за воспита́нием свои́х дете́й; to ~ to one's own business забо́титься о свои́х со́бственных дела́х; if you go out, who will ~ to the baby? — Don't worry, everything will be ~ed to е́сли вы уйдёте, кто присмо́трит за ребёнком? — Не беспоко́йтесь, всё бу́дет устро́ено; I have an urgent matter to ~ to мне ну́жно заня́ться одни́м сро́чным де́лом /ула́дить оди́н неотло́жный вопро́с/ 2) *(часто* on, upon) уха́живать, забо́титься *(о больно́м)*; he was ~ed by the best doctors его́ лечи́ли лу́чшие врачи́; two nurses ~ed night and day on the dying man две сиде́лки и днём и но́чью дежу́рили у посте́ли умира́ющего; he has a psychiatrist ~ing him он нахо́дится под наблюде́нием психиа́тра 4. 1) (on, upon) прислу́живать *(тж. за столо́м)*; she has many servants ~ing upon her у неё мно́го прислу́ги 2) (on) обслу́живать; to ~ to a customer обслужи́ть клие́нта; are you being ~ed to? ва́ми уже́ занима́ются? *(вопро́с продавца́ покупа́телю)* 3) сопровожда́ть *(высокопоста́вленное лицо́)*; быть в сви́те *(короля́ и т. п.)*; noble ladies ~ed the queen придво́рные да́мы сопровожда́ли короле́ву 5. *книжн.* быть прису́щим *или* свя́занным; сопу́тствовать; our plans were ~ed with great difficulties выполне́ние на́ших пла́нов бы́ло сопряжено́ большо́ми тру́дностями; a method that is ~ed by some risk ме́тод, свя́занный с не́которым ри́ском; danger ~ed everything he did все его́ де́йствия бы́ли свя́заны с ри́ском; may good luck *(success)* ~ you! пусть сча́стье /уда́ча/ сопу́тствует вам! 6. (upon) выполня́ть прика́зания, жела́ния; your wishes will be ~ed upon ва́ши прика́зания бу́дут вы́полнены

attendance [ə'tendəns] *n* 1. прису́тствие; ~ list спи́сок прису́тствующих; to circulate an ~ list попроси́ть прису́тствующих расписа́ться; your ~ is requested про́сим вас прису́тствовать 2. 1) посеща́емость; poor ~ плоха́я посеща́емость; ~ teacher *амер.* шко́льный рабо́тник, отве́тственный за посеща́емость и за возвраще́ние прогу́льщиков в шко́лу; to take ~ де́лать перекли́чку; the teacher takes ~ before class до заня́тий учи́тель прово́дит перекли́чку; ~ at school is compulsory посеще́ние шко́лы обяза́тельно 2) *пед. проф.* день заня́тий в шко́ле; how many ~s has he made? ско́лько дней он был в шко́ле?; he missed three ~s this year в э́том году́ он прогуля́л три дня 3. аудито́рия, пу́б-

ATT — ATT

лика; large [small] ~ больша́я [небольша́я] аудито́рия; there was a large ~ at the meeting на собра́нии бы́ло мно́го наро́ду 4. сви́та; to be in ~ сопровожда́ть (короля́ и т. п.); Major X was in ~ upon the Queen короле́ву сопровожда́л майо́р X 5. ухо́д, обслу́живание; medical ~ медици́нское обслу́живание, враче́бный ухо́д; now that the patient is out of danger the doctor is no longer in ~ тепе́рь, когда́ пацие́нт вне опа́сности, врач уже́ не нахо́дится при нём всё вре́мя 6. ухо́д (за маши́ной); техобслу́живание
◊ to dance ~ on /upon/ smb. прислу́живаться, ходи́ть на за́дних ла́пках пе́ред кем-л.

attendant I [ə'tendənt] *n* 1. 1) сопровожда́ющее лицо́; спу́тник 2) обслу́живающее лицо́; служи́тель; капельди́нер; medical ~ сиде́лка, медсестра́; museum ~ смотри́тель в музе́е 3) *pl* обслу́живающий персона́л; слу́ги 4) сви́та; the President and his ~s президе́нт и сопровожда́ющие его́ ли́ца 5) (дежу́рный) опера́тор 2. лицо́, прису́тствующее на собра́нии, заседа́нии и т. п. 3. сопу́тствующее обстоя́тельство

attendant II [ə'tendənt] *a* 1. сопровожда́ющий, сопу́тствующий; ~ circumstances сопу́тствующие /приходя́щие/ обстоя́тельства; war and its ~ horrors война́ и свя́занные с не́ю у́жасы; old age and its ~ evils ста́рость и прису́щие ей бе́ды 2. обслу́живающий; to be ~ on smb. прислу́живать кому́-л. 3. прису́тствующий; crowd толпа́ прису́тствующих 4. *муз.* ро́дственный; ~ keys ро́дственные тона́льности

attending physician [ə,tendıŋfı'zıʃ(ə)n] лече́щий врач, ордина́тор

attent [ə'tent] *a арх.* внима́тельный, забо́тливый

attentat(e) [ə'tentıt] *n уст.* аттента́т, попы́тка (обыкн. неуда́чная) соверши́ть преступле́ние, свя́занное с наси́лием над ли́чностью

attention [ə'tenʃ(ə)n] *n* 1. внима́ние, внима́тельность; to attract ~ привлека́ть внима́ние; to call /to draw/ smb.'s ~ to smth. обраща́ть чьё-л. внима́ние на что-л.; to give (one's) ~ to smth. уделя́ть внима́ние кому́-л., чему́-л.; to pay ~ to smb., to smth. обраща́ть внима́ние на кого́-л., на что-л.; he is all ~ он весь внима́ние; the matter shall have immediate ~ де́ло бу́дет неме́дленно рассмо́трено; ~ of smb. *канц.* на чьё-л. рассмотре́ние; "A. Mr. Roberts" «внима́нию г-на Ро́бертса» (надпись на письме́, адресо́ванном учрежде́нию; указа́ние, кто и́менно занима́ется да́нным вопро́сом) 2. забо́та, забо́тливость, внима́тельность; ухо́д; he received immediate ~ from the doctor врач неме́дленно оказа́л ему́ по́мощь 3. *ча́сто pl* внима́ние, благоскло́нность; уха́живание; to pay ~s to a lady уха́живать за да́мой; they showed the old lady numerous little ~s они́ ча́сто ока́зывали ста́рой ле́ди ма́ленькие зна́ки внима́ния 4. ухо́д (за маши́ной); техобслу́живание; old cars need a lot of ~ to keep them working за ста́рыми маши́нами ну́жен хоро́ший ухо́д, ина́че они́ вы́йдут из стро́я 5. *воен.* строева́я сто́йка, положе́ние «сми́рно»; to come to ~ приня́ть положе́ние «сми́рно»; to call to ~ дать кома́нду «сми́рно»; to stand at ~ стоя́ть по строево́й сто́йке; ~! слу́шать прика́з! (кома́нда) 6. [ʃʌn] *в грам. знач. межд. воен.* сми́рно! (кома́нда)

attentional [ə'tenʃ(ə)nəl] *a психол., пед.* относя́щийся к внима́нию (*как к фа́ктору обуче́ния*)

attention-getting [ə'tenʃ(ə)n,getıŋ] *a* привлека́ющий внима́ние; вызыва́ющий (*о поведе́нии и т. п.*); ~ colour бро́ский цвет

attentive [ə'tentıv] *a* 1. внима́тельный; ~ to duty внима́тельный к исполне́нию свои́х обя́занностей; ~ audience внима́тельная аудито́рия; ~ забо́тливый; she was very ~ to her little brother она́ о́чень забо́тилась о своём ма́леньком бра́те 3. ве́жливый, предупреди́тельный; ~ to ladies предупреди́тельный к да́мам

attenuant I [ə'tenjuənt] *n фарм.* вещество́, разжижа́ющее кровь, разбави́тель

attenuant II [ə'tenjuənt] *a фарм.* разжижа́ющий; расслабля́ющий

attenuate I [ə'tenjuıt] *a* 1. то́нкий, худо́й, истощённый; ~ hands то́нкие /худы́е/ ру́ки 2. разжижённый; ~ substance разжиже́нное вещество́

attenuate II [ə'tenjueıt] *v* 1. 1) истоща́ть, изнуря́ть 2) *редк.* худе́ть; ослабева́ть 2. растворя́ть, разбавля́ть; разжижа́ть; разреза́ть 3. 1) *книжн.* ослабля́ть, смягча́ть; to ~ one's appetite по́ртить аппети́т 2) *физ., мат.* ослабля́ть

attenuated [ə'tenjueıtıd] *a* 1. истощённый, изнурённый; ~ by hunger исхуда́вший от го́лода 2. растворённый; разжижённый; a powerful poison, used in an ~ form as a medicine си́льный яд, в разба́вленном ви́де испо́льзуемый как лека́рство 3. *биол.* осла́бленный в свое́й вируле́нтности (*о микро́бах*); ~ virus осла́бленный ви́рус

attenuation [ə,tenjʋ'eıʃ(ə)n] *n* 1. истоще́ние, изнуре́ние 2. разжиже́ние; разбавле́ние 3. *биол.* ослабле́ние (*осо́б. вируле́нтности ви́руса*) 4. *спец.* 1) затуха́ние; ~ constant *ра́дио* коэффицие́нт затуха́ния 2) ослабле́ние 5. *геол.* затуха́ние (*скла́дки*); выкли́нивание (*пласта́*) 6. *тех.* демпфи́рование

attenuator [ə'tenjueıtə] *n спец.* аттенюа́тор, ослаби́тель

attest I [ə'test] *n юр., арх.* 1. доказа́тельство, свиде́тельское показа́ние 2. по́дпись, удостоверя́ющая что-л.

attest II [ə'test] *v* 1. удостоверя́ть, подтвержда́ть (*официа́льно — по́дписью или кля́твой*); заверя́ть, свиде́тельствовать; to ~ a signature засвиде́тельствовать /заве́рить/ по́дпись 2. 1) свиде́тельствовать, дава́ть свиде́тельские показа́ния 2) свиде́тельствовать (*о чём-л.*); дока́зывать; демонстри́ровать; the success ~s his ability э́тот успе́х свиде́тельствует о его́ тала́нте; feats which ~ to his strength of will по́двиги, кото́рые пока́зывают /демонстри́руют/ си́лу его́ во́ли 3. 1) приводи́ть к прися́ге 2) зачисля́ть на вое́нную слу́жбу 4. *арх.* призыва́ть в свиде́тели; to ~ the gods призыва́ть в свиде́тели бого́в

attestant I [ə'testənt] *n* лицо́, удостоверя́ющее (*что-л. по́дписью*); deed to which they are ~s докуме́нт, кото́рый они́ удостоверя́ют по́дписью

attestant II [ə'testənt] *a* свиде́тельствующий

attestation [,æte'steıʃ(ə)n] *n* 1. 1) свиде́тельское показа́ние 2) да́ча свиде́тельского показа́ния 2. 1) форма́льное подтвержде́ние (*завеща́ния и т. п.*) 2) засвиде́тельствование (*докуме́нта*) 3. *воен.* приведе́ние к прися́ге

attestator [,æte'steıtə] = attestor

attested [ə'testıd] *a* 1. заве́ренный, засвиде́тельствованный; ~ copy заве́ренная ко́пия; ~ document засвиде́тельствованный докуме́нт 2. прове́ренный, клеймёный (*о пищевы́х проду́ктах*); ~ milk па́спортное молоко́ (*не тре́бующее пастериза́ции*)

attestor [ə'testə] *n юр.* свиде́тель

Attic I ['ætık] *n ист.* 1. жи́тель А́ттики; афиня́нин 2. атти́ческий диале́кт (*гре́ческого языка́*)

Attic II ['ætık] *a* 1. *ист.* атти́ческий; афи́нский 2. класси́ческий (*о сти́ле*); ~ prose класси́ческая про́за
◊ ~ salt /wit/ атти́ческая соль, то́нкая остро́та; ~ faith непоколеби́мая ве́рность

attic ['ætık] *n* 1. 1) черда́к 2) мансо́рда; мезони́н 3) (the ~s) *pl* ве́рхний эта́ж до́ма 2. *архит.* а́ттик 3. *шутл.* голова́, «черда́к»; he has rats in the ~ ≅ у него́ ви́нтиков не хвата́ет

atticism ['ætısızm] *n книжн.* 1. аттици́зм 2. краси́вый слог, изя́щный стиль

attire I [ə'taıə] *n* 1. *книжн.* наря́д; убо́р; одея́ние, облаче́ние; earth in her rich ~ земля́ в бога́том убо́ре 2. *охот., гера́льд.* оле́ньи рога́

attire II [ə'taıə] *v преим. pass книжн.* одева́ть, облача́ть; украша́ть, наряжа́ть (*осо́б. в торже́ственных слу́чаях*); priests ~d in white духове́нство в бе́лом облаче́нии

attitude ['ætıtju:d] *n* 1. пози́ция, отноше́ние; friendly [impartial] ~ towards smb. дру́жеское [беспристра́стное] отноше́ние к кому́-л.; to adopt an intransigent ~ over smth. заня́ть непрекло́нную пози́цию по отноше́нию к чему́-л.; ~ of mind склад ума́; what's your ~ towards this question? как вы отно́ситесь к э́тому вопро́су? 2. 1) пози́ция, оса́нка; hesitating [melancholy] ~ нереши́тельная [заду́мчивая] по́за; ~ of pride [arrogance] го́рдая [надме́нная] по́за; ~ of admiration [despair] по́за, выража́ющая восхище́ние [отча́яние]; to assume /to adopt/ the ~ of a boxer ready to fight приня́ть сто́йку боксёра, пригото́вившегося к бо́ю 2) *иск.* по́за (*в изобрази́тельном иску́сстве*) 3) аттитю́д (*в класси́ческом бале́те*) 3. *спец.* (простра́нственное) положе́ние 4. *психол.* социа́льная устано́вка 5. *геол.* залега́ние
◊ to strike an ~ *неодобр.* а) встать в по́зу, упере́ться; б) приня́ть эффе́ктную /театра́льную/ по́зу; he is always striking a pious ~ он всегда́ стара́ется выставить напока́з свою́ набо́жность

attitudinize [,ætı'tju:dınaız] *v книжн.* принима́ть (театра́льную) по́зу, пози́ровать; stop attitudinizing не станови́сь в по́зу

attitudinizing [,ætı'tju:dınaızıŋ] *n* претенцио́зность; melodramatic ~ мелодрами́ческое кривля́нье /позёрство/

atto- ['ætəʋ-] *pref* образу́ет назва́ния физи́ческих едини́ц, со значе́нием 10^{-18}: attosecond 10^{-18} сек.

attorn [ə'tɜ:n] *v юр.* 1. поруча́ть (*что-л.*); передава́ть каки́е-л. права́; доверя́ть 2. дава́ть согла́сие но́вому владе́льцу иму́щества на продле́ние аре́нды

attorney [ə'tɜ:nı] *n юр.* адвока́т; пове́ренный; юри́ст; чино́вник о́рганов юсти́ции; прокуро́р, атто́рней; A. General а) вы́сший чино́вник о́рганов юсти́ции (*явля́ющийся чле́ном кабине́та мини́стров*); генера́льный атто́рней (*в Великобрита́нии*); б) мини́стр юсти́ции и генера́льный прокуро́р (*в США*); ~ general гла́вный прокуро́р шта́та (*в США*); district /circuit/ ~ прокуро́р о́круга (*в США*); private ~ = attorney-in-fact; by ~ по дове́ренности

attorney-at-law [ə,tɜ:nıət'lɔ:] *n* (*pl* attorneys- [ə,tɜ:nız-]) пове́ренный в суде́, адвока́т (*в США*)

attorney-in-fact [ə,tɜ:nıın'fækt] *n* (*pl* attorneys- [ə,tɜ:nız-]) *ком.* лицо́, де́йствующее по дове́ренности

attorneyship [əˈtɜːnɪʃɪp] *n* 1) профессия адвоката 2) звание адвоката

attract [əˈtrækt] *v* 1. притягивать; magnet ~s steel магнит притягивает сталь; salt ~s moisture соль впитывает влагу 2. прельщать, пленять, привлекать; to ~ attention привлекать внимание; this scheme does not ~ me этот план не прельщает меня; to ~ admirers пленять поклонников; he ~ed a large number of followers он увлёк за собой многочисленных последователей

attractable [əˈtræktəb(ə)l] *a* притягиваемый; parts ~ by magnet детали, притягиваемые магнитом

attractant [əˈtræktənt] *n энт.* аттрактант

attraction [əˈtrækʃ(ə)n] *n* 1. притяжение; тяготение; magnetic ~ магнитное притяжение; Earth's ~ земное притяжение; universe ~ всемирное тяготение 2. привлекательность; прелесть, очарование; the exhibition has very little ~ for me эта выставка меня мало интересует; she possesses many ~s в ней много обаяния 3. *преим. pl* приманка; ~s of a big city соблазны большого города 4. аттракцион

attraction mode [əˈtrækʃ(ə)n,məʊd] *вчт.* демонстрационный режим

attractive [əˈtræktɪv] *a* притягательный, привлекательный, заманчивый; ~ smile очаровательная улыбка; ~ offer [idea] заманчивое предложение [-ая мысль]; to offer goods at ~ prices предлагать товары по ценам, устраивающим покупателей

attractiveness [əˈtræktɪvnɪs] *n* привлекательность, притягательная сила

attractive power [əˈtræktɪvˈpaʊə] *физ.* сила притяжения

attractor [əˈtræktə] *n* 1. *см.* attract + -or 2. «магнит», универмаг, привлекающий покупателей в торговый центр 3. *мат.* аттрактор

attrahent [ˈætrəhənt] *a энт.* притягивающий, притягательный

attributable [əˈtrɪbjʊtəb(ə)l] *a* могущий быть приписанным (*чему-л.*), отнесённым (*к чему-л.*)

attribute I [ˈætrɪbjuːt] *n* 1. отличительная черта, качество, свойство; beauty was an ~ of the family все члены этой семьи отличались красотой; politeness and patience are ~s of a good teacher хорошему учителю присущи вежливость и терпение 2. символ, атрибут; Hercules with his usual ~, the club Геркулес со своим неизменным атрибутом — палицей; the crown is an ~ of kingship корона — символ /атрибут/ королевской власти 3. *грам.* определение, атрибут 4. *филос.* атрибут, неотъемлемое свойство 5. *вчт.* признак, метка 6. *биол.* признак

attribute II [əˈtrɪbjuːt] *v* (to) 1. приписывать (*чему-л.*); объяснять (*чем-л.*); he ~d his success to hard work он объяснял свой успех упорным трудом; to her father can be ~d her intelligence and to her mother her beauty ум у неё от отца, а красота от матери 2. считать чьим-л. неотъемлемым свойством; we ~ courage to the lion and cunning to the fox мы приписываем храбрость льву, а хитрость лисе 3. приписывать авторство; Shakespeare's plays have often been ~d to Bacon автором пьес Шекспира часто объявляли Бэкона; the tune is usually ~d to Bach эта мелодия обычно приписывается Баху; ~d author предполагаемый автор; лицо, которому приписывается авторство 4. *редк.* относить (*событие*) к определённому месту и времени

attribution [ˌætrɪˈbjuːʃ(ə)n] *n* 1. приписывание, отнесение (*к чему-л.*); атрибуция, установление авторства, подлинности *и т. п.*; the ~ of that poem to Byron was proved to be wrong атрибуция этой поэмы Байрону оказалась ошибочной 2. ссылка на источник (*устной информации*); no ~, not for ~ (для опубликования) без ссылки на источники 3. *арх.* власть, компетенция (*правителя, делегата и т. п.*)

attributive I [əˈtrɪbjʊtɪv] *n грам.* определение, атрибут

attributive II [əˈtrɪbjʊtɪv] *a грам.* определительный, атрибутивный; the ~ use of a noun атрибутивное употребление имени существительного

attrit [əˈtrɪt] *v книжн.* изнурить, измотать (*противника и т. п.*); взять измором

attrition [əˈtrɪʃ(ə)n] *n* 1. 1) трение, истирание 2) потёртость 2. истощение, изнурение; a war of ~ война на истощение 3. 1) *геол.* абразия 2) выскабливание, абразия 4. отсев (*студентов, сотрудников и т. п.*); убыль (*персонала*) 5. *рел.* сокрушение сердца

attritional [əˈtrɪʃ(ə)nəl] *a* изнуряющий, изматывающий

attrition mill [əˈtrɪʃ(ə)n,mɪl] *тех.* дисковая дробилка; дисковая мельница

attrition out [əˈtrɪʃ(ə)n,aʊt] *phr v* сокращать штат путём незаполнения открывающихся вакансий

attrition-resistant [əˌtrɪʃ(ə)nrɪˈzɪstənt] *a тех.* износостойкий

attritive [əˈtraɪtɪv] *a* абразивный

attritus [əˈtraɪtəs] *n геол.* аттрит, продукт истирания

attune [əˈtjuːn] *v* 1. делать созвучным, гармоничным; our minds are ~d наши души настроены на одну волну; мы мыслим одинаково 2. приучать; приспособлять; you must ~ your ears to modern music вам нужно приучить свой слух к современной музыке; the poet successfully ~d his language to the times in which he lived поэту удалось приспособить свой язык к требованиям своего времени; ears ~d to the sound of gunfire слух, привыкший к грохоту орудий 3. настраивать (*музыкальный инструмент, радио*)

atty *сокр. от* attorney

atwain [əˈtweɪn] *adv арх.* 1) *шотл.* пополам 2) порознь

atweel [əˈtwiːl] *adv шотл.* конечно, наверно

atwirl [əˈtwɜːl] *a predic* кружащийся, вертящийся; hundreds of dancers were ~ simultaneously сотни танцующих кружились одновременно

atwitter [əˈtwɪtə] *a predic* трепещущий (*от возбуждения*); находящийся в радостном волнении; to be ~ at smth. волноваться по поводу /в предвкушении/ чего-л.

atypical [eɪˈtɪpɪk(ə)l] *a* нетипичный, атипичный

aubade [ˈəʊˌbɑːd] *n фр.* 1. *поэт.* 1) пение птиц на рассвете 2) утренняя серенада 2. утренний концерт

aubaine [əʊˈbeɪn] *n фр. ист.* право французского короля на наследство иностранного подданного, умершего во Франции

auberge [əʊˈbeəʒ] *n фр.* трактир, гостиница

aubergine [ˈəʊbəʒiːn] *n* 1. *бот.* баклажан (*Solanum melongena*) 2. красновато-лиловый цвет

auburn [ˈɔːbən] *a* золотисто-каштановый, красновато-коричневый, рыжеватый (*обыкн. о волосах*)

au contraire [ˌəʊkɒnˈtreə] *фр.* напротив, наоборот

ATT — AUD A

au courant [ˌəʊkuːˈrɒŋ] *фр.* хорошо осведомлённый, в курсе (*событий, дела и т. п.*)

auction I [ˈɔːkʃ(ə)n] *n* 1. 1) аукцион, торги; ~ sale продажа с аукциона; ~ mart /room/ аукционный зал; to sell by ~, to put up to ~, *амер.* to sell /to put up/ at ~ продавать с аукциона 2) *pl* аукционные продажи 2. = auction bridge ◊ Dutch ~ «голландский аукцион» (*публичная продажа, при которой аукционист постепенно снижает объявленную цену, пока не найдётся покупатель*); all over the ~ *австрал.* везде, повсюду

auction II [ˈɔːkʃ(ə)n] *v* продавать с аукциона, продавать с молотка (*тж.* ~ off); when the artist died his family ~ed his paintings когда художник умер, семья продала его картины с аукциона; to ~ off one's furniture пустить с молотка мебель

auction bridge [ˈɔːkʃ(ə)nˈbrɪdʒ] *карт.* бридж «аукцион» (*игра типа «винт»*)

auctioneer I [ˌɔːkʃəˈnɪə] *n* аукционист

auctioneer II [ˌɔːkʃəˈnɪə] = auction II

auctorial [ɔːkˈtɔːrɪəl] = authorial

audacious [ɔːˈdeɪʃəs] *a* 1. смелый, отважный; отчаянный; ~ explorer отважный исследователь 2. дерзкий, нахальный 3. оригинальный, живой; a bright ~ comedy весёлая искромётная комедия

audacity [ɔːˈdæsɪtɪ] *n* 1. 1) смелость, отвага; audacities of style эпатирующие детали стиля 2) смелость, безрассудство 2. нахальство, дерзость; the calumnies which he had the ~ to spread клеветнические измышления, которые он имел наглость распространять 3. наглая выходка; наглое замечание

audi- [ˈɔːdɪ-] = audio-

audibility [ˌɔːdɪˈbɪlɪtɪ] *n* слышимость, внятность; low ~ плохая слышимость

audible [ˈɔːdɪb(ə)l] *a* 1. слышный, внятный; слышимый; he was scarcely ~ его было едва слышно; ~ whisper громкий шёпот 2. звуковой; ~ alarm звуковой сигнал тревоги; звуковой аварийный сигнал

audibly [ˈɔːdɪblɪ] *adv* слышно, внятно; вслух; to speak ~ говорить громко /внятно/; her heart throbbed ~ слышно было биение её сердца

audience [ˈɔːdɪəns] *n* 1. 1) публика, зрители, аудитория; to perform before a large ~ выступать перед большой аудиторией; an ~ of 20,000 двадцать тысяч зрителей; his book has reached a wide ~ его книга дошла до широких кругов читателей 2) радиослушатели; телезрители; a TV commentator may have an ~ of millions телекомментатора одновременно слушают и смотрят миллионы 2. *офиц.* 1) аудиенция (*у кого-л.*); private ~ частная аудиенция; ~ room зал для приёмов (*во дворце и т. п.*); an ~ with the President приём /аудиенция/ у президента; to be received in ~ by smb. получить аудиенцию у кого-л.; to grant an ~ дать аудиенцию 2) (with) возможность высказаться (*кому-л.*), встреча (*для изложения своих взглядов*); he should have an ~ with the committee ему нужно дать возможность выступить на заседании комитета

audience-proof [ˈɔːdɪəns,pruːf] *a театр. жарг.* обеспеченный успехом у любой публики (*о спектакле*); «верняк»; ~ comedy комедия, которая пользуется большим успехом у любой аудитории

audient ['ɔ:dɪənt] *a книжн.* слушающий, внимающий

audile I ['ɔ:daɪl] *n* человек, у которого слуховая память сильнее зрительной и моторной

audile II ['ɔ:daɪl] *a* обладающий хорошей слуховой памятью, легко воспринимающий на слух

audimeter [ɔ:'dɪmɪtə] *n тлв.* электронный регистратор количества зрителей (*в выборе данной программы*)

auding ['ɔ:dɪŋ] *n психол., пед.* аудирование

audio I ['ɔ:dɪəʊ] *n* 1. звукозапись и воспроизведение звука 2. аппаратура для записи и воспроизведения звука

audio II ['ɔ:dɪəʊ] *a* 1. слуховой, звуковой; ~ frequency звуковая частота 2. относящийся к записи и воспроизведению звука; ~ course учебный курс /курс лекций/ на магнитофонной ленте

audio- ['ɔ:dɪə(ʊ)-] (*тж.* audi-) *в сложных словах имеет значение* слуховой, акустический: audiometer аудиометр; audiovisuals аудиовизуальные средства

audio frequency [,ɔ:dɪəʊ'fri:kwənsɪ] *физ.* звуковая, низкая частота

audiogram ['ɔ:dɪəʊgræm] *n мед.* аудиограмма

audio-lingual, audiolingual [,ɔ:dɪəʊ-'lɪŋgwəl] *a* аудиоречевой, связанный с использованием слуха и речи; ~ approach to teaching аудиоречевой подход к обучению, аудиоречевые методы обучения

audiologist [,ɔ:dɪ'ɒlədʒɪst] *n* (врач-)ушник; отоларинголог

audiology [,ɔ:dɪ'ɒlədʒɪ] *n* учение о слухе

audiometer [,ɔ:dɪ'ɒmɪtə] *n спец.* аудиометр

audion ['ɔ:dɪɒn] *n радио* аудион

audiophile ['ɔ:dɪəʊfaɪl] *n амер.* любитель хорошей (звуковоспроизводящей) аппаратуры; he is an ~ он с умом сходит по хорошим системам

audiophilia [,ɔ:dɪəʊ'fɪlɪə] *n редк.* аудиофилия, увлечение громкой музыкой, *особ.* в записи

audio pollution [,ɔ:dɪəʊpə'lu:ʃ(ə)n] *редк.* шумовое загрязнение окружающей среды

audio range ['ɔ:dɪəʊ,reɪndʒ] *спец.* диапазон звуковых частот

audio response unit [,ɔ:dɪəʊrɪ'spɒns,ju:nɪt] *вчт.* устройство речевого вывода

audiotactile [,ɔ:dɪəʊ'tæktaɪl] *a* звукотактильный, звукоосязательный; ~ stimuli звукотактильные раздражители

audiotape ['ɔ:dɪə(ʊ)teɪp] *n* лента звукозаписи

audiotyping [,ɔ:dɪəʊ'taɪpɪŋ] *n* печатание на машинке на слух (*с магнитофона, диктофона*)

audiotypist [,ɔ:dɪəʊ'taɪpɪst] *n* фономашинистка (*печатает материал с диктофонной записи*)

audiovisual [,ɔ:dɪəʊ'vɪʒʊəl] *a* аудиовизуальный; ~ aids аудиовизуальные (учебные) пособия (*звуковые фильмы, видеомагнитофоны, видеодиски и т. п.*)

audiovisuals [,ɔ:dɪəʊ'vɪʒʊəlz] *n pl* аудиовизуальные средства (*обучения и т. п.*)

audit I ['ɔ:dɪt] *n* 1. проверка, ревизия (*баланса, отчётности и т. п.*) 2. регулирование счетов между помещиком и арендатором 3. *ком.* опрос потребителей
◇ ~ ale «ревизорское пиво», особо крепкое пиво

audit II ['ɔ:dɪt] *v* 1. проверять (*бухгалтерские книги, отчётность и т. п.*); проводить ревизию; ревизовать; ~ed and found correct проверено и найдено правильным 2. посещать лекции (*в колледже и т. п.*) в качестве вольнослушателя

auditing committee [,ɔ:dɪtɪŋkə'mɪtɪ] ревизионная комиссия

audition I [ɔ:'dɪʃ(ə)n] *n* 1. слушание, выслушивание 2. слух, чувство слуха 3. *театр., кино* проба, прослушивание (*исполнителей*); исполнение ролей (*в кинофильме*); first ~ первое прослушивание, первый тур (*конкурса и т. п.*) 4. *психол., пед.* аудирование

audition II [ɔ:'dɪʃ(ə)n] *v амер. театр., кино* 1) устраивать пробу, прослушивать (*вокалистов, актёров и т. п.*) 2) проходить пробу (*об исполнителях*); I'm ~ing for a part in the play tomorrow завтра меня будут пробовать на роль в этой пьесе

auditive ['ɔ:dɪtɪv] = auditory[2] II

auditor ['ɔ:dɪtə] *n* 1. ревизор, контролёр отчётности 2. *юр.* аудитор 3. 1) вольнослушатель (*в учебном заведении*) 2) слушатель, присутствующий в зале *и т. п.*

auditoria [,ɔ:dɪ'tɔ:rɪə] *pl от* auditorium

auditorial [,ɔ:dɪ'tɔ:rɪəl] *a* 1. ревизионный, контрольный 2. *редк.* = auditory[2] II

auditorium [,ɔ:dɪ'tɔ:rɪəm] *n (pl тж. -ria)* 1. зрительный зал, аудитория; конференц-зал 2. концертный зал (*здание*); дом конференций *и т. п.*; лекторий

auditorship ['ɔ:dɪtəʃɪp] *n* должность ревизора

auditory[1] ['ɔ:dɪt(ə)rɪ] *n* 1) аудитория, слушатели 2) = auditorium

auditory[2] I ['ɔ:dɪt(ə)rɪ] *n анат.* слуховой нерв

auditory[2] II ['ɔ:dɪt(ə)rɪ] *a анат.* слуховой, относящийся к органу слуха; ~ acuity острота слуха; ~ canal наружный слуховой канал; ~ nerve слуховой нерв; ~ passage слуховой проход; ~ tube евстахиева труба; ~ difficulties for which an ear operation was necessary ослабление слуха, потребовавшее ушной операции

auditory arts ['ɔ:dɪt(ə)rɪ,ɑ:ts] театр и музыка

audi, vide, sile [,aʊdɪ,vɪdeɪ'sɪleɪ] *лат.* слушай, смотри и молчи

au fait [,əʊ'feɪ] *фр.* в курсе дел; хорошо информированный

auf Wiedersehen [,aʊf'vi:dəzeɪn] *нем.* до свидания

Augean [ɔ:'dʒi(:)ən] *a* 1) *греч. миф.* авгиев, относящийся к Авгию 2) грязный, запущенный; an ~ task тяжёлая и грязная работа; to clean the ~ stables а) чистить авгиевы конюшни; б) навести порядок в запущенном деле *и т. п.*

augend ['ɔ:dʒənd] *n мат.* первое слагаемое

auger ['ɔ:gə] *n тех.* 1. 1) бурав, сверло 2) бур 2. витая буровая сталь 3. шнек (*транспортёра*)

auger in ['ɔ:gər ɪn] *phr v ав. жарг.* «пробуравить землю», разбиться

aught[1] I [ɔ:t] *n арх., поэт.* что бы то ни было

aught[1] II [ɔ:t] *adv* в какой-л. степени; for ~ I know ≅ я не знаю /понятия не имею/; судя по тому немногому, что я знаю; he might be dead for ~ I know я боюсь, что он уже умер; it might be so for ~ I care это может быть и так, мне это всё равно

aught[2] [ɔ:t] *n поэт.* ноль; ничто

aught[3] [ɔ:t] *n шотл.* имущество, добро

augite ['ɔ:dʒaɪt] *n мин.* авгит

augment I ['ɔ:gmənt] *n* увеличение, прибавление

augment II [ɔ:g'ment] *v* 1. 1) увеличивать, прибавлять; to ~ one's power [one's influence] укрепить свою власть [своё влияние]; he ~s his wages by working evenings он прирабатывает по вечерам /вечерами/ 2) *редк.* увеличиваться, прибавляться; the sound of traffic ~s during the morning по утрам шум транспорта усиливается; his family ~ed семья у него выросла /увеличилась/ 2. *геральд.* прибавить знаки отличия к гербу

augmentation [,ɔ:gmen'teɪʃ(ə)n] *n* 1. увеличение, прирост; приращение 2. добавление 3. *мед.* нарастание (*температуры, симптома*) 4. *муз.* увеличение 5. *геральд.* добавление знаков отличия к гербу

augmentative I [ɔ:g'mentətɪv] *n грам.* увеличительный аффикс; увеличительное слово

augmentative II [ɔ:g'mentətɪv] *a* 1. увеличивающий, увеличительный 2. *грам.* увеличительный; ~ suffix увеличительный суффикс

augmented [ɔ:g'mentɪd] *a* увеличенный, расширенный; ~ edition расширенное издание; ~ interval *муз.* увеличенный интервал

augmentor [ɔ:g'mentə] *n тех.* манипулятор

au gratin [,əʊ'grætɪn] *фр.* обжаренный в сухарях или в тёртом сыре

augur I ['ɔ:gə] *n* 1. *ист.* авгур (*в Древнем Риме*) 2. прорицатель

augur II ['ɔ:gə] *v книжн.* 1. предвещать; to ~ well [ill] of /for/ smth. служить хорошим [плохим] предзнаменованием чего-л., предвещать хорошее [плохое]; this closeness ~s a thunderstorm эта духота предвещает грозу 2. предсказывать, предвидеть; I ~ his failure /that he will fail/ я предвижу его неудачу /что его постигнет неудача/

augural ['ɔ:gjʊr(ə)l] *a книжн.* предвещающий (*хорошее или плохое*); ~ sign зловещий знак

augury ['ɔ:gjʊrɪ] *n книжн.* 1. предзнаменование 2. предчувствие 3. гадание; предсказание

August ['ɔ:gəst] *n* август; in ~ в августе; ~ days августовские дни

august [ɔ:'gʌst] *a книжн.* 1) величественный, полный достоинства, внушающий благоговейный страх; ~ personage внушительная личность; ~ spectacle величественное зрелище 2) (*часто* A.) августейший (*о монархе*); his ~ father его августейший отец

Augustan [ɔ:'gʌstən] *a ист.* относящийся к эпохе Августа; ~ age а) век /эпоха/ Августа; б) век неоклассической литературы и искусства (*в Англии XVII в.*)

Augustin(e), Augustinian [ɔ:'gʌstɪn, ,ɔ:gə'stɪnɪən] *n рел.* 1. *ист.* августинец, последователь учения Августина 2. монах-августинец

auh [ɔ:] *int редк.* фу! (*восклицание, выражающее отвращение*)

au jus [,əʊ'ʒu:(s)] *фр. кул.* в собственном соку (*о мясе*)

auk [ɔ:k] *n зоол.* чистик, гагарка бескрылая (*Alcidae*)

aula ['ɔ:lə] *n (pl -lae)* 1) внутренний двор (*собора и т. п.*) 2) большая комната; зал 3) зал университета (*особ. в Германии*)

aulae ['ɔːliː] pl om aula
au lait [ˌəʊ'leɪ] фр. кул. с молоком
aularian [ɔː'leəriən] n студент, живущий в общежитии (в Оксфорде и Кембридже)
auld [ɔːld] a шотл. старый; ~ lang syne доброе старое время; A. Reekie «Старый дымокур» (шутливое название Эдинбурга)
auldfarran(d) [ˌɔːld'færən(d)] a шотл. 1) умудрённый опытом 2) умный не по годам
aulic ['ɔːlɪk] a ист. принадлежащий к королевскому двору, придворный
auloi ['ɔːlɔɪ] pl om aulos
aulophyte ['ɔːləfaɪt] n бот. аулофит, симбионт
aulos ['ɔːlɒs] n (pl auloi) муз. авлос (античный духовой инструмент)
au naturel [ˌəʊnætjʊ'rel] фр. 1. в натуральном виде 2. просто приготовленный, без приправ (о еде) 3. голышом; ≅ в чём мать родила
aunt [ɑːnt] n 1. тётка, тётя; great ~ двоюродная бабка /бабушка/ 2. амер. 1) тётка (фамильярное обращение) 2) детск. тётя 3. амер. сл. 1) бандерша, содержательница публичного дома 2) старая проститутка 3) старый педераст ◊ my ~! = вот те на!, вот так так!, вот так штука!, ну и ну!; tell it to my old ~ Fanny ≅ расскажите это своей бабушке
Aunt Edna [ˌɑːnt'ednə] пренебр. театрал или телезритель, придерживающийся старинных традиций; театрал-консерватор
auntie ['ɑːntɪ] n 1. ласк. 1) тётушка 2) тётя (обращение ребёнка к пожилой женщине) 2. (A.) шутл. Тётушка (Би-би-си) 3. воен. жарг. «тётка», противоракета
aunt-in-law [ˌɑːntɪn'lɔː] n редк. (pl aunts- [ˌɑːnts-]) жена дяди, тётка
Aunt Jane [ˌɑːnt'dʒeɪn] амер. презр. негритянка-подхалимка, негритянка, предающая интересы негров
Aunt Jemima [ˌɑːntdʒe'maɪmə] = Aunt Jane
Aunt Sally [ˌɑːnt'sælɪ] 1. «тётка Салли» (ярмарочная игра) 2. предмет насмешек или оскорблений
Aunt Tabby [ˌɑːnt'tæbɪ] амер. пренебр. «тётка Табби», женщина консервативных взглядов
Aunt Tom [ˌɑːnt'tɒm] 1. = Aunt Jane 2. = Aunt Tabby
aunty ['ɑːntɪ] = auntie
au pair [ˌəʊ'peə] фр. помощница по хозяйству (иностранка; обыкн. работает за квартиру, стол, обучаясь одновременно языку; тж. ~ girl)
au pied de la lettre [əʊˌpjeɪdəlɑː'letr] фр. буквально
aura ['ɔːrə] n 1. лёгкое дуновение 2. тончайший аромат 3. мед. аура; состояние, предшествующее эпилептическому припадку 4. 1) атмосфера, дух; характер; an ~ of friendship атмосфера дружбы 2) (производимое) впечатление; he had about him an ~ of greatness от него веяло величием; the place had an ~ of peace здесь всё дышало миром /спокойствием/ 5. аура, таинственная эманация, свечение тела; мистический свет 6. радио свечение в электронной лампе
aural[1] ['ɔːrəl] a 1. ушной; ~ department ушное отделение (больницы); ~ impression слуховое восприятие; ~ surgeon специалист по ушным болезням, отиатр 2. акустический; ~ beacon акустический маяк; ~ null радиомолчание
aural[2] ['ɔːrəl] a 1. относящийся к ауре 2. светящийся, испускающий таинственное излучение

auralize ['ɔːrəlaɪz] v представлять себе звук (чего-л.); мысленно слышать (что-л.)
aurally ['ɔːrəlɪ] adv на слух, устно
auramine ['ɔːrəmi(ː)n] n хим. аурамин (жёлтый краситель)
aurata [ɔː'reɪtə] n зоол. золотистый морской карась, аурата (Aurata aurata)
aurate ['ɔːr(e)ɪt] n хим. аурат
aureate ['ɔːrɪɪt] a книжн. 1) золотистого цвета 2) раззолоченный, ослепительный 3) сверкающий красноречием; блестящий (о речи); ~ diction цветистая речь
aureola, aureole [ɔː'rɪələ, 'ɔːrɪəʊl] n 1. астр. ореол; светлое сияние, лучистая корона 2. 1) рел. небесный венец (мучеников, святых) 2) сияние, нимб (на изображениях святых) 3. ореол, слава; the ~ of motherhood ореол материнства; there was an ~ of youth and health about him на нём весь сиял /светился/ молодостью и здоровьем 4. ореолы, разводы на ткани вокруг вычищенного пятна 5. геол. контактовая зона
au revoir [ˌəʊrə'vwɑː] фр. до свидания
auric ['ɔːrɪk] a редк. золотосодержащий, золотоносный
aurichalcite [ˌɔːrɪ'kælsaɪt] n мин. аурихальцит
auricle ['ɔːrɪk(ə)l] n анат. 1. ушная раковина 2. ушко предсердия
auricula [ɔː'rɪkjʊlə] n (pl тж. -lae) бот. примула, аврикула (Primula auricula)
auriculae [ɔː'rɪkjʊliː] pl om auricula
auricular [ɔː'rɪkjʊlə] a 1. 1) ушной, слуховой 2) имеющий форму ушной раковины 2. книжн. сказанный на ухо, секретный; ~ confession тайная исповедь (священнику); ~ witness юр. свидетель, дающий показания со слов других 3. анат. относящийся к ушку предсердия, аурикулярный
auriculate [ɔː'rɪkjʊlɪt] a бот. ухообразный, ушковидный
auriferous [ɔː'rɪf(ə)rəs] a золотоносный, золотосодержащий; ~ vein золотоносная жила; ~ alluvial /gravel/ золотоносная россыпь
aurifex ['ɔːrɪfeks] n золотых дел мастер
aurification [ˌɔːrɪfɪ'keɪʃ(ə)n] n 1) работа по золоту 2) пломбирование зуба золотом
auriform ['ɔːrɪfɔːm] a имеющий форму уха, ухообразный, ушковидный
Auriga [ɔː'raɪgə] n астр. Возничий (созвездие)
Aurignacian [ˌɔːrɪg'neɪʃ(ə)n] n палеонт. 1) Ориньяк (одна из культур верхнего палеолита) 2) древний человек периода Ориньяка
auriphrygiate [ˌɔːrɪ'frɪdʒɪɪt] a вышитый золотом; окаймлённый золотом
auriscope ['ɔːrɪskəʊp] n отоскоп (инструмент для исследования уха)
aurist ['ɔːrɪst] n специалист по ушным болезням; отиатр
aurited ['ɔːraɪtɪd] = auriculate
aurochs ['ɔːrɒks] n (pl без измен.) зоол. 1. зубр (Bos bonasus) 2. тур (Bos primigenius)
aurora [ɔː'rɔːrə] n (pl тж. -ae) 1. (A.) рим. миф. Аврора 2. 1) поэт. аврора, утренняя заря, рассвет 2) заря жизни 3. полярное сияние (тж. ~ polaris); ~ australis южное полярное сияние; ~ borealis северное полярное сияние
aurorae [ɔː'rɔːriː] pl om aurora
auroral [ɔː'rɔːr(ə)l] a 1. поэт. утренний, относящийся к утренней заре 2. поэт. розовый, румяный; сияющий 3. относящийся к раннему периоду (чего-л.) 4. авроральный, относящийся к полярным сияниям или вызванный ими
aurorean [ɔː'rɔːrɪən] a поэт. похожий на зарю; свежий, розовый
aurous ['ɔːrəs] a содержащий золото
aurulent ['ɔːrʊlənt] a цвета золота, золотистый
aurum ['ɔːrəm] n хим. золото
auscultate ['ɔːsk(ə)lteɪt] v мед. выслушивать (больного)
auscultation [ˌɔːsk(ə)l'teɪʃ(ə)n] n мед. выслушивание, аускультация (больного)
auscultatory [ɔː'skʌltət(ə)rɪ] a мед. относящийся к выслушиванию; полученный путём выслушивания
Ausländer ['aʊslændə] n нем. иностранец; чужеземец, пришелец
auspex ['ɔːspeks] n (pl -pices) авгур, жрец-прорицатель (в Древнем Риме)
auspicate ['ɔːspɪkeɪt] v книжн. 1. начинать (что-л.), особ. при благоприятных условиях 2. прославлять, отмечать начало (чего-л.) 3. предсказывать, предвещать
auspice ['ɔːspɪs] n 1. 1) предзнаменование (обыкн. доброе); under favourable ~s при благоприятных обстоятельствах, при обстоятельствах, обещающих успех 2) предсказание, обыкн. приятное 2. обыкн. pl покровительство; under the ~s ... под покровительством..., при содействии...; meeting under the ~s of the World Peace Council собрание, организованное Всемирным Советом Мира; under the ~s of the cultural exchange program в рамках программы культурного обмена; under the ~s of the Queen под покровительством /патронажем/ королевы
auspices ['ɔːspɪsɪz] pl om auspex
auspicial [ɔː'spɪʃ(ə)l] a 1. относящийся к авгурам, к предсказаниям или предсказателям 2. приносящий удачу; ~ rites ритуалы, долженствующие принести удачу (молебствия и т. п.)
auspicious [ɔː'spɪʃəs] a 1. 1) благоприятный; ~ event [circumstance, beginning, year] благоприятное событие [обстоятельство, начало, -ый год]; ~ moment удачный момент 2) редк. предсказывающий что-л. хорошее 3) благосклонно настроенный, добрый 2. процветающий
auspiciously [ɔː'spɪʃəslɪ] adv благоприятно; при счастливых, благоприятных обстоятельствах
Aussie[1] ['ɒzɪ] n разг. 1. австралиец, особ. австралийский солдат; австралийка 2. Австралия; you are in ~ now, not in your country вы сейчас в Австралии, а не в своей стране /не у себя дома/
Aussie[2] ['ɒzɪ] = Australian terrier
austempering ['ɔːsˌtemp(ə)rɪŋ] n метал. аустемперинг
austenite ['ɔːstɪnaɪt] n метал. аустенит
auster ['ɔːstə] n поэт. 1) южный ветер 2) южная страна
austere [ɔː'stɪə] a 1. 1) строгий, суровый; ~ face [look, man] суровое лицо [-ый взгляд, человек] 2) суровый, аскетический; ~ life суровый /аскетический/ образ жизни 3) простой, без роскоши; ~ repast простая пища 4) строгий, чистый (о стиле); ~ chair with a straight back стул строгих линий с прямой спинкой 2. терпкий, горький; ~ wine терпкое вино
austerity [ɒ'sterɪtɪ, ɔː'sterɪtɪ] n 1. 1) строгость, суровость 2) часто pl суровость, аскетизм; самоограничение;

AUS — AUT

the austerities of a hermit's life аскетизм жизни отшельника 3) простота, отсутствие роскоши 4) крайняя экономия; ~ national ~ program политика строгой /суровой/ экономии (*во время войны и т. п.*); ~ car *авт.* экономичный автомобиль **2.** терпкость

Austin ['ɒstɪn] = Augustin(e); ~ friar монах ордена августинцев, августинец

austral ['ɔːstr(ə)l] *a* **1.** южный, астральный; ~ land [ocean] южная земля [-ый океан] **2.** (A.) *редк.* австралийский

Australasia [ˌɒstrə'leɪʒə] *n* 1) Австралазия 2) Океания

Australasian I [ˌɒstrə'leɪʒ(ə)n, -ʃ(ə)n] *n* 1) житель Австралазии 2) житель Океании

Australasian II [ˌɒstrə'leɪʒ(ə)n, -ʃ(ə)n] *a* 1) относящийся к Австралазии 2) относящийся к Океании

Australian I [ɒ'streɪlɪən] *n* **1.** австралиец; австралийка; уроженец *или* житель Австралии; new ~ иммигрант, недавно поселившийся в Австралии **2.** австралийский абориген; представитель коренного населения Австралии **3.** 1) один из языков австралийских аборигенов 2) английский язык в Австралии (*тж.* ~ English)

Australian II [ɒ'streɪlɪən] *a* австралийский; ~ crawl *спорт.* австралийский кроль; ~ ballot (бумажный) бюллетень для тайного голосования

Australiana [ɒˌstreɪlɪ'ɑːnə] *n* **1.** австралиана, предметы, относящиеся к культуре и истории Австралии; early ~ предметы, относящиеся к ранней истории Австралии (*кустарные ткани и т. п.*) **2.** 1) австралийские предания, песни 2) анекдоты об австралийцах

Australian bear [ɒˌstreɪlɪən'beə] сумчатый медведь, коала

Australianism [ɒ'streɪlɪənɪz(ə)m] *n* **1.** *лингв.* австрализм (*в английском языке*) **2.** австралийский шовинизм **3.** поведение, характер типичного австралийца

Australian pine [ɒˌstreɪlɪən'paɪn] *бот.* казуарина хвощевидная (*Casuarina equisetifolia*)

Australian rye-grass [ɒˌstreɪlɪən'raɪgrɑːs] *бот.* райграс итальянский *или* многоукосный (*Lolium italicum*)

Australian terrier [ɒˌstreɪlɪən'terɪə] австралийский терьер

Australoid I [ɒ'streɪlɔɪd] *n этн.* австралоид, абориген Австралии *или* прилегающих островов

Australoid II ['ɒstrəlɔɪd] *a этн.* австралоидный

Australopithecine I [ˌɒstrələʊ'pɪθəsiːn] *n палеонт.* представитель рода австралопитеков

Australopithecine II [ˌɒstrələʊ'pɪθəsiːn] *a палеонт.* относящийся к австралопитекам

Australopithecus [ˌɒstrələʊ'pɪθəkəs] *n палеонт.* австралопитек (*ископаемая человекообразная обезьяна, найденная в Африке*)

Austrian I ['ɒstrɪən] *n* австриец; австрийка

Austrian II ['ɒstrɪən] *a* австрийский

austringer ['ɔːstrɪndʒə] *n ист.* сокольничий, сокольник

Austro-¹ [ˌɒstrə(ʊ)-] компонент сложных слов со значением **1.** южный; Austro-Asiatic относящийся к Южной Азии **2.** австралийский; Austro-Malaysian австралийско-малайзийский

Austro-² ['ɒstrə(ʊ)-] компонент сложных слов со значением австрийский: Austro-Hungarian Австро-Венгерский; Austro-Italian австрийско-итальянский

Austro-Asiatic [ˌɒstrəʊˌeɪʒɪ'ætɪk] *a* 1) относящийся к Южной Азии 2) относящийся к языкам стран Южной Азии (*кхмерскому, вьетнамскому и др.*)

Austronesian [ˌɒstrə'niːʒ(ə)n] *n* относящийся к Австронезии (*к островам южной и центральной Атлантики*)

autarch ['ɔːtɑːk] = autocrat

autarchy¹ ['ɔːtɑːkɪ] *n* автократия, самодержавие

autarchy² ['ɔːtɑːkɪ] = autarky

autarky ['ɔːtɑːkɪ] *n эк.* автаркия

aut Caesar aut nihil /nullus/ [ˌautˌkaɪsɑː/-ˌsiːzə/autˈnihil/-ˈnuləs/] *лат.* или всё, или ничего [*букв.* или Цезарь, или никто]

autecology [ˌɔːtɪ'kɒlədʒɪ] *n* аутоэкология

autel [ɔː'tel] *n* мотель

auteur [əʊ'tɜː] *n фр.* кинорежиссёр с индивидуальным творческим почерком

auteurism [əʊ'tɜːrɪz(ə)m] *n* индивидуальный стиль в кинорежиссуре, авторский кинематограф

auteur theory [əʊ'tɜːˌθɪ(ə)rɪ] теория авторского кинематографа (*согласно которой автором фильма должен быть режиссёр*)

authentic [ɔː'θentɪk] *a* **1.** 1) подлинный; аутентичный; ~ signature [picture] подлинная подпись [картина]; ~ text подлинный /аутентичный/ текст 2) *юр.* действительный, документально доказанный, имеющий законную силу **2.** достоверный, верный; ~ news достоверные сведения /известия/; an ~ reproduction of a medieval farmhouse верная во всех подробностях модель средневекового крестьянского дома **3.** *разг.* искренний, подлинный; with ~ feeling с искренним /неподдельным/ чувством **4.** *муз.* автентический; ~ cadence [mode] автентический каданс [лад]

authentically [ɔː'θentɪk(ə)lɪ] *adv* подлинно, достоверно; аутентично, из первоисточника

authenticate [ɔː'θentɪkeɪt] *v* **1.** удостоверять, скреплять (*печатью и т. п.*); свидетельствовать **2.** 1) устанавливать подлинность; to ~ a signature удостоверить, заверить подпись; to ~ a painting установить подлинность картины 2) устанавливать авторство картины, стихотворения *и т. п.*; the painting has been ~d as a Rembrandt было установлено, что картина написана Рембрандтом; to ~ the authorship of an old poem установить авторство старинного стихотворения

authentication [ɔːˌθentɪ'keɪʃ(ə)n] *n* **1.** удостоверение или засвидетельствование подлинности (*документа и т. п.*); заверка (*подписи*); the use of seals for ~ of a contract приложение печати для засвидетельствования подлинности договора; ~ code *воен.* код позывных; код опознавательных сигналов **2.** атрибуция (*произведения искусства*)

authenticity [ˌɔːθen'tɪsɪtɪ] *n* подлинность, достоверность; аутентичность

author I [ɔː'θə] *n* **1.** 1) автор, писатель; ~'s edition издание автора; ~'s alteration авторская правка; ~'s copy авторский экземпляр; ~'s royalty авторский гонорар 2) произведения автора; to find a quotation in an ~ найти цитату в одном из произведений автора; have you read this ~? вы читали этого писателя? **2.** 1) творец, создатель; the ~ of a theory создатель /автор/ теории 2) инициатор, виновник (*чего-л.*); ~ of mischief /of evil/ дух зла, сатана; who is the ~ of this rumour? кто пустил этот слух? **3.** (the A.) *рел.* бог, творец
◇ choose an ~ as you choose a friend ≅ выбирай книгу (так), как выбираешь друга

author II [ɔː'θə] *v* 1) быть автором (*чего-л.*), написать (*что-л.*); who ~ed this play? кто автор этой пьесы?, кто написал эту пьесу? 2) создать, составить (*план*); изобрести (*модель*)

authoress [ˌɔː'θ(ə)rɪs] *n иногда пренебр.* писательница

authorial [ɔː'θɔːrɪəl] *a* авторский; ~ bias авторское пристрастие

authoritarian I [ɔːˌθɒrɪ'te(ə)rɪən] *n* **1.** сторонник авторитарной власти **2.** любитель командовать; деспот

authoritarian II [ɔːˌθɒrɪ'te(ə)rɪən] *a* **1.** авторитарный; ~ government [regime] авторитарное правительство [-ый режим] **2.** властный, не терпящий возражений; ~ parents строгие родители; don't be so ~! ≅ не командуй, пожалуйста!

authoritative [ɔː'θɒrɪtətɪv] *a* **1.** 1) влиятельный, авторитетный; ~ statement [opinion] авторитетное заявление [мнение]; body sufficiently ~ to act орган, достаточно авторитетный для того, чтобы действовать 2) исходящий от законной власти; официальный; непререкаемый; ~ orders from the president официальное распоряжение президента; ~ church doctrine непререкаемая догма церкви **2.** авторитетный, заслуживающий доверия; ~ information достоверная информация; to have smth. from an ~ source получить сообщение из авторитетного источника; ~ dictionary надёжный словарь **3.** повелительный, властный, не терпящий возражений; ~ tone властный /повелительный/ тон; ~ manner властная манера

authoritatively [ɔː'θɒrɪtətɪvlɪ] *adv* **1.** авторитетно; to state ~ that... авторитетно заявить, что... **2.** властно, решительно; to interpose ~ решительно вмешаться

authoritativeness [ɔː'θɒrɪtətɪvnɪs] *n* 1) авторитетность 2) властность, решительность

authority [ɔː'θɒrɪtɪ] *n* **1.** власть; supreme ~ верховная власть; the ~ of Parliament власть /полномочия/ парламента; a man set in ~ лицо, облечённое властью; to have [to exercise] ~ иметь [осуществлять] власть; who is in ~ here? кто здесь за главного?; кто здесь командует? **2.** 1) полномочие; право, права; компетенция; to give [to receive] ~ (for an act /to do smth./) давать [получать] полномочия (на что-л.); who gave you the ~ to do this? кто уполномочил вас сделать это?; to act with the ~ of the law действовать на основании закона; to act on smb.'s ~ действовать на основании полученных полномочий; to act on one's own ~ действовать самостоятельно /по собственному почину, на свой страх и риск/; only the treasurer has the ~ to make payments только казначей имеет право совершать выплаты 2) документ, подтверждающий полномочия; доверенность; ордер, грамота *и т. п.*; here is my ~ вот документ, подтверждающий мои полномочия **3.** 1) *обыкн. pl* власти, начальство; администрация; local authorities местные власти; органы местного самоуправления; the municipal authorities муниципальные власти; to apply to the authorities обратиться к властя́м 2) *воен.* инста́нция; нача́льник 3) (A.) о́рган, управле́ние; отде́л; Port of London A. Управле́ние Ло́ндонского по́рта; National Command ~ Вы́сшее национа́льное вое́нное кома́ндование (*в США*) 4. авторите́т, вес, влия́ние; to have ~ with smb. по́льзоваться авторите́том у кого́-л. 5. 1) авторите́т, кру́пный специали́ст; he is an ~ on phonetics он явля́ется авторите́том в о́бласти фоне́тики 2) авторите́тный исто́чник (*кни́га, докуме́нт и т. п.*); to quote one's authorities ссыла́ться на авторите́тные исто́чники; to know smth. on good ~ знать что-л. из достове́рного исто́чника 6. основа́ние; what is your ~ for that statement? како́е вы име́ете основа́ние для подо́бного утвержде́ния?; on the ~ of papers по сообще́ниям газе́т 7. вес, убеди́тельность; си́ла; his strong bass lent ~ to the performance его́ мо́щный бас сде́лал исполне́ние осо́бенно впечатля́ющим

authorization [ˌɔːθərɑɪˈzeɪʃ(ə)n] *n* 1. уполномо́чивание, санкциони́рование 2. разреше́ние, са́нкция, лице́нзия (*на изда́ние и т. п.*)

authorize [ˈɔːθərɑɪz] *v* 1. разреша́ть, санкциони́ровать; to ~ the substitution дава́ть разреше́ние на заме́ну (*спорт. тж.* игроко́в); the government ~d a housing project прави́тельство одо́брило план жили́щного строи́тельства; the dictionary ~s the two spellings of the word слова́рь допуска́ет о́ба написа́ния э́того сло́ва 2. *юр.* уполномо́чивать; to ~ smb. to act for one уполномо́чить кого́-л. де́йствовать от своего́ и́мени; she is ~d to act for her husband она́ име́ет дове́ренность от своего́ му́жа 3. опра́вдывать, объясня́ть; his action is ~d by the situation его́ посту́пок объясня́ется созда́вшейся ситуа́цией; customs ~d by time обы́чаи, освящённые вре́менем 4. *юр.* легализова́ть, призна́ть зако́нным

authorized [ˈɔːθərɑɪzd] *a* 1. уполномо́ченный; ~ agent уполномо́ченный аге́нт 2. разрешённый, санкциони́рованный; ~ edition изда́ние, вы́пущенное с разреше́ния а́втора; ~ translation авторизо́ванный перево́д; ~ capital *эк.* разрешённый к вы́пуску акционе́рный капита́л; уста́вный капита́л; ~ abbreviation *воен.* устано́вленное сокраще́ние; ~ equipment and stores *воен.* та́бельное снаряже́ние и иму́щество; ~ access *вчт.* санкциони́рованный до́ступ; ~ user *вчт.* а) зарегистри́рованный по́льзователь; б) привилегиро́ванный по́льзователь

Authorized Version [ˌɔːθərɑɪzdˈvɜːʃ(ə)n] «Официа́льный вариа́нт» (*англи́йский перево́д Би́блии 1611 г., одо́бренный королём Я́ковом*)

authorless [ˈɔːθəlɪs] *a* и́зданный без указа́ния а́втора, анони́мный

authorling [ˈɔːθəlɪŋ] *n пренебр.* писа́телишка, писа́ка

authorly [ˈɔːθəlɪ] = authorial

authorship [ˈɔːθəʃɪp] *n* 1. а́вторство; book of doubtful ~ кни́га, а́втор кото́рой не устано́влен 2. профе́ссия писа́теля, писа́тельство 3. нача́ло, происхожде́ние; исто́чник; ~ of crime исто́чник преступле́ния

autism [ˈɔːtɪz(ə)m] *n психол., психиа́тр.* аути́зм; оторва́нность от люде́й, от жи́зни, погружённость в свой со́бственный мир

autist [ˈɔːtɪst] *n психиа́тр.* больно́й аути́змом, аути́ст (*преим. о ребёнке*)

auto I [ˈɔːtəʊ] *n амер. разг.* авто́, маши́на

auto II [ˈɔːtəʊ] *v амер. разг.* е́здить в авто́, води́ть маши́ну

auto- [ˈɔːtə(ʊ)-] *в сло́жных слова́х име́ет значе́ние* 1. де́лающий сам, производи́мый сами́м, самостоя́тельно: autogestion рабо́чее самоуправле́ние; autoregulation саморегуля́ция; autocytolysis аутоцито́лиз; autobiography автобиогра́фия; autodidact автодида́кт, самоу́чка 2. автомати́ческий: autoland автомати́ческая поса́дка (самолёта); autopen автоперо́ (*воспроизводя́щее факси́миле*) 3. автомоби́льный: autocross автокро́сс; autodrome автодро́м; autotrain по́езд, перевозя́щий пассажи́ров и их автомоби́ли

autoanalyser [ˌɔːtəʊˈænəlɑɪzə] *n спец.* автомати́ческий анализа́тор

autoanalyses [ˌɔːtəʊəˈnælɪsɪz] *pl от* autoanalysis

autoanalysis [ˌɔːtəʊəˈnælɪsɪs] *n* (*pl* -ses) 1. *психиа́тр.* самоана́лиз; психоана́лиз самого́ себя́ 2. *спец.* иссле́дование с по́мощью автомати́ческого анализа́тора

autoantibody [ˌɔːtəʊˈæntɪbɒdɪ] *n биол.* аутоанти́тело

Autobahn [ˈɔːtə(ʊ)bɑːn] *n* (*pl* -en [-ən]) *нем.* автостра́да

autobike [ˈɔːtəbɑɪk] *n разг.* мотоци́кл

autobiographer [ˌɔːtəbɑɪˈɒɡrəfə] *n* автобио́граф

autobiographic, autobiographical [ˌɔːtəbɑɪəˈɡræfɪk, -(ə)l] *a* автобиографи́ческий, автобиографи́чный

autobiographist [ˌɔːtəbɑɪˈɒɡrəfɪst] *редк.* = autobiographer

autobiography [ˌɔːtəbɑɪˈɒɡrəfɪ] *n* автобиогра́фия

autobody [ˈɔːtəˌbɒdɪ] *n проф.* ку́зов автомоби́ля

autobus [ˈɔːtəbʌs] *n амер.* авто́бус

autocar [ˈɔːtəkɑː] *n редк.* автомоби́ль

autocephalous [ˌɔːtəʊˈsefələs] *a* 1. *редк.* самостоя́тельный, никому́ не подчинённый 2. *церк.* автокефа́льный

autochanger [ˈɔːtə(ʊ)ˌtʃeɪndʒə] *n редк.* устро́йство для автомати́ческой сме́ны грампласти́нок на прои́грывателе

autochthon [ɔːˈtɒkθən] *n* (*pl тж.* -nes [-niːz]) *обыкн. pl* 1. автохто́ны, первонача́льные обита́тели страны́, абориге́ны 2. *биол.* автохто́ны 3. *геол.* автохто́нные структу́ры

autochthonal, autochthonous [ɔːˈtɒkθən(ə)l, ɔːˈtɒkθənəs] *a* 1. *спец.* автохто́нный, абориге́нный 2. *геол.* автохто́нный, образова́вшийся на ме́сте нахожде́ния

autocide[1] [ˈɔːtəsɑɪd] *n биол.* самоуничтоже́ние (*из-за наруше́ния спосо́бности ви́да к воспроизво́дству*)

autocide[2] [ˈɔːtəsɑɪd] *n амер. редк.* самоуби́йство в автомоби́льной катастро́фе

autoclastic [ˌɔːtə(ʊ)ˈklæstɪk] *a геол.* аутокласти́ческий, разру́шенный на ме́сте

autoclave [ˈɔːtəkleɪv] *n тех.* автокла́в

autocode [ˈɔːtəkəʊd] *n вчт.* автоко́д (*язы́к программи́рования*)

autocorrelation [ˌɔːtə(ʊ)ˌkɒrɪˈleɪʃ(ə)n] *n мат.* автокорреля́ция

auto court [ˈɔːtəˌkɔːt] *амер.* 1) автопансиона́т 2) моте́ль

autocracy [ɔːˈtɒkrəsɪ] *n* самодержа́вие, автокра́тия

autocrat [ˈɔːtəkræt] *n* 1. самоде́ржец, автокра́т 2. де́спот, дикта́тор

autocratic, autocratical [ˌɔːtəˈkrætɪk, -(ə)l] *a* 1. самодержа́вный, автократи́ческий; ~ government самодержа́вие 2. деспоти́ческий, дикта́торский; his ~ manner его́ деспоти́зм /дикта́торский тон/; don't be so ~! переста́ньте кома́ндовать!

autocritical [ˌɔːtəˈkrɪtɪk(ə)l] *a* самокрити́чный; самокрити́ческий

autocriticism [ˌɔːtəˈkrɪtɪsɪz(ə)m] *n* самокри́тика

autocross [ˈɔːtə(ʊ)krɒs] *n* автокро́сс

autocue [ˈɔːtə(ʊ)kjuː] *n элк.* телесуфлёр, телевизио́нный суфлёр (*приспособле́ние для незаме́тного чте́ния те́кста*)

autocycle [ˈɔːtə(ʊ)ˌsaɪk(ə)l] *n редк.* мотоци́кл

auto-da-fe, auto-de-fe [ˌɔːtəʊdɑːˈfeɪ, ˌɔːtəʊdəˈfeɪ] (*pl* autos- [ˈɔːtəʊ-]) *n ист.* аутодафе́

autodidact [ˌɔːtəʊˈdaɪdækt] *n книжн.* автодида́кт, самоу́чка

autodom [ˈɔːtəˌdɒm] *n амер.* «автомоби́льный мир», мир автомобилестрои́телей и торго́вцев автомоби́лями

autodrome [ˈɔːtə(ʊ)drəʊm] *n амер.* автодро́м

autodyne [ˈɔːtə(ʊ)dɑɪn] *n ра́дио* 1. автоди́н 2. приёмник с обра́тной свя́зью

autoecism [ɔːˈtiːsɪz(ə)m] *n биол.* однохозя́йность (*парази́та*)

autoeroticism [ˌɔːtəʊɪˈrɒtɪsɪz(ə)m] *n мед.* 1. аутоэроти́зм; мастурба́ция 2. самопроизво́льное полово́е возбужде́ние

autoerotism [ˌɔːtəʊˈɪrɒtɪz(ə)m] = autoeroticism

autoette [ˌɔːtəʊˈet] *n* мотоци́кл-фурго́н

autoformer [ˈɔːtə(ʊ)ˌfɔːmə] = autotransformer

autogamy [ɔːˈtɒɡəmɪ] *n* 1) *биол.* автога́мия, самооплодотворе́ние 2) *бот.* самоопыле́ние

autogenesis [ˌɔːtəˈdʒenɪsɪs] *n биол.* автогене́з

autogenic [ˌɔːtəˈdʒenɪk] *a спец.* аутоге́нный

autogenic training [ˌɔːtəˌdʒenɪkˈtreɪnɪŋ] *психол.* 1) аутотре́нинг, аутоге́нная трениро́вка 2) обуче́ние самоконтро́лю за физиологи́ческим состоя́нием органи́зма

autogenous[1] [ɔːˈtɒdʒɪnəs] *a тех.* автоге́нный; ~ welding автоге́нная сва́рка

autogenous[2] [ɔːˈtɒdʒɪnəs] *a биол.* 1. аутоге́нный, эндоге́нный, возни́кший внутри́ органи́зма 2. взя́тый из *или* произведённый со́бственным органи́змом; ~ graft аутотрансплантат; ~ vaccine аутовакци́на

autogeny [ɔːˈtɒdʒɪnɪ] = autogenesis

autogestion [ˌɔːtə(ʊ)ˈdʒestʃ(ə)n] *n эк.* рабо́чее самоуправле́ние

autogiro [ˌɔːtəˈdʒɑɪ(ə)rəʊ] = autogyro

autograft [ˈɔːtəɡrɑːft] *n мед.* аутотрансплантат

autograph I [ˈɔːtəɡrɑːf] *n* 1. авто́граф; ~ book /album/ альбо́м для авто́графов; ~ collector коллекционе́р авто́графов; ~ will завеща́ние, напи́санное руко́й завеща́теля 2. оригина́л ру́кописи 3. литографи́рованная ко́пия ру́кописи

autograph II [ˈɔːtəɡrɑːf] *v* 1. дать со́бственноручную по́дпись; поста́вить авто́граф; ~ed copy экземпля́р с авто́графом 2. писа́ть собственнору́чно; to ~ a will написа́ть завеща́ние со́бственной руко́й 3. печа́тать литографи́ческим спо́собом

autographer [ɔːˈtɒɡrəfə] *n* 1. *см.* autograph II + -er 2. коллекционе́р авто́графов

autographic, autographical [ˌɔːtəˈɡræfɪk, -(ə)l] *a* собственнору́чно напи́санный; ~ copy экземпля́р /оригина́л/, собственнору́чно напи́санный а́втором

autography [ɔːˈtɒɡrəfɪ] *n* 1. подпи́сывание *или* надпи́сывание со́бственной руко́й 2. собра́ние авто́графов 3. *полигр.* автогра́фия

autogyro [ˌɔːtəˈdʒɑɪ(ə)rəʊ] *n* (*pl* -os [-əʊz]) *ав.* 1) вертолёт 2) автожи́р

autohypnosis [ˌɔːtə(ʊ)hɪpˈnəʊsɪs] *n* аутогипно́з, самовнуше́ние

AUT — AUT

auto-ignition [ˌɔ:təʊɪɡˈnɪʃ(ə)n] *n* самовоспламенение, самовозгорание

autoimmune [ˌɔ:təʊɪˈmjuːn] *a биол.* аутоиммунный; ~ disease *мед.* аутоиммунная болезнь

autoinfection [ˌɔ:təʊɪnˈfekʃ(ə)n] *n мед.* аутоинфекция, самозаражение

auto-inoculation [ˌɔ:təʊɪˌnɒkjʊˈleɪʃ(ə)n] *n мед.* прививка аутовакциной

autointoxication [ˌɔ:təʊɪnˌtɒksɪˈkeɪʃ(ə)n] *n мед.* самоотравление организма, аутоинтоксикация

autoist [ˈɔ:təʊɪst] *n амер. разг.* автомобилист

autoland [ˈɔ:tə(ʊ)lænd] *n ав.* 1) автоматическая посадка 2) посадка по приборам, слепая посадка [< automatic + landing]

autoloader [ˈɔ:tə(ʊ)ləʊdə] *n амер. редк.* автопогрузчик

autologous [ɔ:ˈtɒləɡəs] *a физиол.* взятый у той же особи; ~ graft аутотрансплантат

Autolycus [ɔ:ˈtɒlɪkəs] *n* 1) *миф., лит.* Автолик (*ученик Гермеса и персонаж «Зимней сказки» Шекспира*) 2) плут, воришка

autolysis [ɔ:ˈtɒlɪsɪs] *n биол.* автолиз (*распад тканей или клеток в живом организме*)

automaker [ˈɔ:tə(ʊ)meɪkə] *n амер.* 1. автомобилестроитель; автоконструктор 2. фирма-изготовитель автомашин, автомобильная компания

automanipulation [ˌɔ:tə(ʊ)məˌnɪpjʊˈleɪʃ(ə)n] *n* мастурбация

automanual [ˌɔ:tə(ʊ)ˈmænjʊəl] *a тех.* полуавтоматический

automarket [ˈɔ:tə(ʊ)ˌmɑ:kɪt] *n амер.* магазин-автомат

automat [ˈɔ:təmæt] *n амер.* 1. (*тж.* A.) кафе-автомат 2. торговый автомат 3. = automaton

automata [ɔ:ˈtɒmətə] *pl от* automaton

automate [ˈɔ:təmeɪt] *v* 1) автоматизировать; переводить на автоматическую работу; вводить автоматизацию 2) автоматизироваться; переходить на автоматическую работу

automated data processing [ˈɔ:təmeɪtɪdˌdeɪtəˈprəʊsesɪŋ] (*сокр.* ADP) автоматическая обработка данных

automatic I [ˌɔ:təˈmætɪk] *n* 1. автоматический механизм; автоматическое устройство; this record-player is an ~ это проигрыватель-автомат 2. 1) автоматическая винтовка, автомат 2) *амер.* автоматический пистолет

automatic II [ˌɔ:təˈmætɪk] *a* 1. 1) автоматический, автоматизированный; ~ machine автомат; ~ telephone exchange автоматическая телефонная станция; ~ coupling *ж.-д.* автосцепка; ~ line *тех.* автоматическая линия; ~ stocker *тех.* механическая топка 2) относящийся к автоматическому оружию; ~ rifle а) автоматическая винтовка, автомат; б) *амер.* ручной пулемёт; we came under ~ fire мы попали под автоматный обстрел 2. обязательный, непременный; you will get an ~ increase in every year каждый год вы автоматически /регулярно/ будете получать прибавку к зарплате 3. машинальный; an ~ response непроизвольная реакция; she knew the lesson so well that her answers were ~ она знала урок назубок и поэтому отвечала не задумываясь 4. *физиол.* непроизвольный; бессознательный; breathing is ~ мы дышим бессознательно; ~ blinking of the eyelids непроизвольное моргание

automatical [ˌɔ:təˈmætɪk(ə)l] *редк.* = automatic II

automatically [ˌɔ:təˈmætɪk(ə)lɪ] *adv* 1. автоматически 2. непроизвольно

automatic pilot [ˌɔ:təˈmætɪkˈpaɪlət] 1. *ав.* автопилот 2. *мор.* авторулевой, автоматическая система управления судном

automatics [ˌɔ:təˈmætɪks] *n тех.* автоматика

automation [ˌɔ:təˈmeɪʃ(ə)n] *n* автоматизация; перевод на автоматическую работу

automatism [ɔ:ˈtɒmətɪz(ə)m] *n* 1. автоматизм; автоматическое действие 2. *физиол.* автоматизм, непроизвольность (*функций, рефлексов*) 3. *психол.* автоматическая, неосознанная деятельность (*под влиянием гипноза, сомнамбулизма и т. п.*) 4. *иск.* автоматизм, исключение сознания из творческой деятельности с целью дать простор подсознанию (*у сюрреалистов*)

automatize [ɔ:ˈtɒmətaɪz] = automate

automaton [ɔ:ˈtɒmətən] *n* (*pl тж.* -ata) 1. 1) автомат, *особ.* в виде человека 2) *промышленный робот* 2. электронная игрушка; самодвижущийся человечек, зверёк *и т. п.* 3. бездушный, сухой человек; ≅ не человек, а автомат /робот/ 4. *вчт.* автомат; finite-state ~ конечный автомат; push-down ~ магазинный автомат, автомат с магазинной памятью

automobile I [ˈɔ:təməbi:l] *n* автомобиль

automobile II [ˈɔ:təməbi:l] *a* 1. автомобильный; ~ business автомобильное дело; ~ railway car *ж.-д.* автовагон, автомотриса; ~ transportation а) автотранспорт; б) автомобильные перевозки; ~ mechanic автомеханик 2. самодвижущийся

automobile III [ˈɔ:təməbi:l] *v* водить автомобиль; ездить на автомобиле

automobilist [ˌɔ:təˈməʊbɪlɪst] *n* автомобилист

automobilize [ˌɔ:təˈməʊbɪlaɪz] *v редк.* 1) пользоваться автомобильным транспортом; ездить на автомобиле 2) водить автомобиль 3) снабжать автомобилями; the city is becoming ~d в городе становится всё больше машин

automorphism [ˌɔ:təˈmɔ:fɪz(ə)m] *n мат.* автоморфизм

automotive [ˌɔ:təˈməʊtɪv] *a* 1. самоходный, самодвижущийся 2. автомобильный; ~ industry /business/ автомобильная промышленность; ~ engineering автостроение; ~ spare parts запчасти к автомобилям

autonavigator [ˌɔ:tə(ʊ)ˈnævɪɡeɪtə] *n спец.* автоштурман, автоматическая навигационная система

autonomic I [ˌɔ:tə(ʊ)ˈnɒmɪk] *n спец.* самонастраивающаяся система

autonomic II [ˌɔ:tə(ʊ)ˈnɒmɪk] *a* 1. *редк.* = autonomous 1 2. *биол.* 1) самоуправляемый, независимый 2) связанный с вегетативной нервной системой; ~ nervous system вегетативная нервная система

autonomics [ˌɔ:tə(ʊ)ˈnɒmɪks] *n* наука и техника самоуправляющихся систем

autonomist [ɔ:ˈtɒnəmɪst] *n* автономист, сторонник автономии

autonomous [ɔ:ˈtɒnəməs] *a* 1. 1) независимый (*о государстве*) 2) автономный, самоуправляющийся; ~ republic автономная республика; ~ tariff *ком.* автономный тариф 2. = autonomic II 2 3. независимый; никому не подчинённый; ~ group *полит.* группа независимых; ~ school system независимая (*от государства*) школьная система 4. *филос.* управляющий самим собой; руководящийся своими собственными принципами; ~ thinking автономное мышление

autonomy [ɔ:ˈtɒnəmɪ] *n* 1. 1) независимость; независимая государственность 2) автономия, самоуправление 2. право на самоуправление 3. 1) независимое государство 2) автономная республика, область *и т. п.* 4. 1) независимость, *особ.* моральная; свобода (*мысли и т. п.*) 2) *филос.* автономия; доктрина, утверждающая способность человека управлять собой на основе своих собственных принципов и законов

autonym [ˈɔ:tənɪm] *n редк.* 1. настоящая фамилия (*автора*); Charles Lutwidge Dodgson is the ~ of Lewis Carroll Льюиса Кэрролла по-настоящему звали Чарлз Латуидж Доджсон 2. книга, изданная под настоящей фамилией автора

autopia [ɔ:ˈtəʊpɪə] *n редк.* зона, выделенная исключительно для движения автотранспорта

autopilot [ˈɔ:təʊˌpaɪlət] = automatic pilot

autopista [ˌɔ:tə(ʊ)ˈpɪstə] *n исп.* автострада

autoplasty [ˈɔ:təˌplæstɪ] *n мед.* пересадка ткани, взятой у самого больного, аутопластика

autopollution [ˌɔ:təˈpəˈlu:ʃ(ə)n] *n редк.* загрязнение среды автотранспортом

autopolo [ˈɔ:təˌpəʊləʊ] *n редк.* автополо (*поло на автомобилях*)

autopositive film [ˌɔ:tə(ʊ)ˈpɒzɪtɪvˈfɪlm] *фото, кино* прямопозитивная плёнка

autopsist [ˈɔ:tɒpsɪst] *n* патологоанатом

autopsy I [ˈɔ:tɒpsɪ] *n* 1. вскрытие трупа, аутопсия 2. критический разбор события, матча *и т. п.* 3. *филос.* личное наблюдение *или* самонаблюдение

autopsy II [ˈɔ:tɒpsɪ] *v* производить вскрытие трупа

autoptic [ɔ:ˈtɒptɪk] *a книжн.* виденный собственными глазами; основанный на личных наблюдениях

autoput [ˈɔ:tə(ʊ)pʊt] *n* автострада (*в Югославии*)

auto-racing [ˌɔ:tə(ʊ)ˈreɪsɪŋ] *n* автомобильный спорт, автомобильные гонки

autoradiograph [ˌɔ:tə(ʊ)ˈreɪdɪəɡrɑ:f] *n физ.* авторадиограмма, радиоавтограмма

autoradiography [ˌɔ:tə(ʊ)ˌreɪdɪˈɒɡrəfɪ] *n физ.* авторадиография, радиоавтография

autoregulation [ˌɔ:tə(ʊ)ˌreɡjʊˈleɪʃ(ə)n] *n* 1. *биол.* саморегуляция 2. *спец.* авторегулирование, саморегулирование

autorifle [ˌɔ:təˌraɪf(ə)l] *n амер. воен.* ручной пулемёт

autoroute [ˈɔ:təru:t] *n фр.* автострада

autosome [ˈɔ:təsəʊm] *n биол.* неполовая хромосома, аутосома

autostop [ˈɔ:təstɒp] *n* автостоп, передвижение на попутных машинах

autostrada [ˈɔ:tə(ʊ)strɑ:də] *n* (*pl тж.* -de) автострада

autostrada [ˈɔ:tə(ʊ)strɑ:deɪ] *pl от* autostrada

autosuggestion [ˌɔ:tə(ʊ)səˈdʒestʃ(ə)n] *n* самовнушение

autosyn [ˈɔ:təsɪn] *n эл.* автосин, тип сельсина

autotelic [ˌɔ:tə(ʊ)ˈtelɪk] *a филос.* имеющий цель в самом себе; самодовлеющий

autotherapy [ˌɔ:tə(ʊ)ˈθerəpɪ] *n* 1. самолечение 2. спонтанное, самопроизвольное лечение

auto-timer [ˈɔ:tə(ʊ)ˌtaɪmə] *n спец.* автотаймер; автоматические контактные часы

autotomy [ɔː'tɒtəmɪ] *n зоол.* аутотомия, самоампутация части тела

autotox(a)emia [ˌɔːtə(ʊ)tɒk'siːmɪə] = autointoxication

auto-train ['ɔːtə(ʊ)treɪn] *n амер.* 1) маршрутный поезд, оборудованный для перевозки пассажиров с автомобилями 2) железнодорожное обслуживание такими поездами

autotransformer [ˌɔːtə(ʊ)træns'fɔːmə] *n эл.* автотрансформатор

autotransfusion [ˌɔːtə(ʊ)træns'fjuː-ʒ(ə)n] *n мед.* аутотрансфузия

autotransplant [ˌɔːtə(ʊ)'trænsplɑːnt] *n мед.* аутотрансплантат

autotransplantation [ˌɔːtə(ʊ)ˌtrænsplɑːn'teɪʃ(ə)n] *n мед.* аутотрансплантация, пересадка ткани, взятой у самого больного

autotroph ['ɔːtətrəʊf] *n бот.* автотроф, автотрофное растение

autotrophic [ˌɔːtə'trɒfɪk] *a биол.* автотрофный; ~ plant автотрофное растение, автотроф

autotruck ['ɔːtətrʌk] *n амер.* грузовик, грузовой автомобиль

autotuning I [ˌɔːtə(ʊ)'tjuːnɪŋ] *n спец.* автоматическая настройка; самонастройка

autotuning II [ˌɔːtə(ʊ)'tjuːnɪŋ] *a спец.* самонастраивающийся

autotype I ['ɔːtətaɪp] *n полигр.* автотипия, факсимильный отпечаток

autotype II ['ɔːtətaɪp] *v полигр.* делать автотипный снимок

autovac [ˌɔːtə'væk] *n авт.* вакуум-бачок

autres temps, autres mœurs [əʊtrə-ˈtɒmʊtrəˈmɜːs] *фр.* другие времена, другие нравы

autumn I ['ɔːtəm] *n* 1) осень; late ~ поздняя /глубокая/ осень; in ~ осенью 2) период начинающегося увядания; the ~ of one's life осень жизни, пожилой возраст

autumn II ['ɔːtəm] *a* осенний; ~ rains [flowers, fashions] осенние дожди [цветы, моды]; ~ sowing *с.-х.* озимый сев, сев озимых

autumnal [ɔː'tʌmnəl] *a* 1. *обыкн. поэт.* 1) осенний; ~ leaves осенние листья; ~ equinox *астр.* осеннее равноденствие; it is getting ~ наступает осень 2) *перен.* относящийся к закату дней, жизни; ~ face увядшее лицо 2. цветущий или созревающий осенью

autunite [ɔː'tənaɪt] *n мин.* отунит, радиоактивная урановая руда

aut vincere aut mori [aʊtˌvɪŋkəreɪaʊt-'mɒrɪ] *лат.* победить или умереть; победа или смерть

auxanometer [ˌɔːksə'nɒmɪtə] *n биол.* ауксанометр (*прибор для изучения процессов роста*)

auxesis [ɔːk'siːsɪs] *n биол.* 1) стимулятор роста (*клеток*) 2) рост (*особ. без деления клеток*)

auxiliary I [ɔːg'zɪlɪərɪ] *n* 1. 1) помощник, подчинённый; the doctor tries to find three auxiliaries to work under him врач пытается найти трёх медсестёр 2) *pl* вспомогательный или обслуживающий персонал; работники среднего и низшего звена 2. *грам.* вспомогательный глагол 3. *амер. воен.* рядовая женского вспомогательного корпуса 4. *обыкн. pl* иностранные наёмные войска; наёмники 5. *pl* 1) вспомогательные устройства 2) оборудование для собственных нужд (*электроустановки и т. п.*) 6. *мат.* вспомогательная функция 7. *мор.* вспомогательное судно

auxiliary II [ɔːg'zɪlɪərɪ] *a* 1. 1) вспомогательный; ~ verb *грам.* вспомогательный глагол; ~ arm *воен.* вспомогательный род войск; ~ point *амер.* *воен.* вспомогательная точка (*наводки*); ~ target *воен.* репер; ~ engine вспомогательный двигатель 2) добавочный, дополнительный; ~ accessories *геол.* случайные спутники, второстепенные минералы; ~ transmission *авт.* дополнительная коробка передач, демультипликатор 2. запасной; аварийный; ~ landing field *воен.* вспомогательный аэродром 3. *мор.* оборудованный стационарным вспомогательным двигателем (*о парусном судне*)

auxiliary memory [ɔːg'zɪlɪərɪ'memərɪ] *вчт.* внешняя память, внешнее запоминающее устройство

auxin ['ɔːksɪn] *n* ауксин (*ростовое вещество*)

ava, ava' [ə'vɑː] *шотл.* = of all; at all

avail I [ə'veɪl] *n* 1. польза, выгода; of ~ полезный, пригодный; of no ~, without ~ бесполезный; we tried to revive him but to no ~ мы пытались его оживить, но безрезультатно 2. *обыкн. pl амер. ком.* вырученная от продажи сумма

avail II [ə'veɪl] *v* 1. быть полезным, выгодным, пригодным, помогать; this scheme will not ~ этот план не годится; the medicine did not ~ это лекарство не помогало; this will ~ you nothing это вам ничего не даст; against such an onslaught [storm] nothing could ~ перед таким напором [штормом] ничто устоять не могло 2. (of) дать, предоставить; he ~ed himself of his position он использовал своё положение; you should ~ yourself of every chance to improve your English пользуйтесь любым случаем, чтобы усовершенствоваться в английском языке

availability [əˌveɪlə'bɪlɪtɪ] *n* 1. пригодность, полезность 2. наличие; the ~ of water power близость источников гидроэнергии; export availabilities *ком.* экспортные возможности; наличие экспортных товаров 3. *амер. полит.* 1) перспективность, популярность (*кандидата в президенты*) 2) согласие кандидата баллотироваться 4. *тех.* эксплуатационная готовность 5. *вчт.* готовность данных (*к вводу в ЭВМ*)

available [ə'veɪləb(ə)l] *a* 1. (при)годный, полезный; ~ capacity *тех.* полезная мощность; ~ hydrogen *хим.* активный водород; ~ head *гидр.* используемый напор; ~ moisture *с.-х.* доступная влажность (*почвы для растений*) 2. 1) наличный, имеющийся в распоряжении, доступный; ~ supplies наличные запасы; ~ assets *эк.* легко реализуемые /ликвидные/ активы; ~ capital *эк.* ликвидный капитал; to make smth. ~ предоставлять что-л., делать что-л. доступным; by all ~ means всеми доступными средствами 2) имеющийся в продаже; these shoes are not ~ in your size такой обуви вашего размера в продаже нет 3) свободный; имеющий время (*для чего-л.*); the doctor is not ~ now доктор сейчас занят; are you ~ tomorrow morning? вы свободны /вы сможете уделить мне время/ завтра утром? 3. действительный, имеющий силу, годный; tickets ~ for three days only билеты действительны только на трое суток 4. *амер. полит.* 1) перспективный, популярный (*о кандидате в президенты*) 2) согласившийся баллотироваться

aval [ɑː'vɑːl] *n ком.* аваль, поручительство в платеже (*обозначаемое на самом векселе*)

avalanche I ['ævəlɑːnʃ] *n* 1. лавина, снежный обвал; ~ of ice ледовый обвал 2. масса (*чего-л.*); лавина; ~ of papers [letters, circulars] поток газет [писем, циркуляров]; ~ of blows [missiles] град ударов [снарядов]; ~ of words поток слов; an ~ of books fell off the shelf с полки обрушилась лавина книг 3. *физ.* лавина

avalanche II ['ævəlɑːnʃ] *v* 1. сползать лавиной (*о снеге и т. п.*) 2. заваливать, засыпать

avalanchine ['ævəlɑːnʃaɪn] *a* 1) лавинный, обвальный 2) всё сметающий на своём пути; мощный, огромный; ~ sums of money гигантские денежные средства

Avalon ['ævəlɒn] *n* (остров) Авалон, «земной рай» кельтских легенд

avant-corps [ˌævɒŋ'kɔː] *n фр. архит.* выступающий фасад

avant-garde I [ˌævɒŋ'gɑːd] *n* 1. авангард 2. авангард, авангардисты (*в искусстве, литературе*)

avant-garde II [ˌævɒŋ'gɑːd] *a* авангардистский; ~ writers писатели-авангардисты; ~ painting авангардистская живопись

avant-gardism [ˌævɒŋ'gɑːdɪz(ə)m] *n иск., лит.* авангардизм

avant-gardist [ˌævɒŋ'gɑːdɪst] *n* 1. авангардист (*о писателе, художнике*) 2. *в грам. знач. прил.* авангардистский

Avar ['ɑːvɑː] *n* 1. авар; аварка 2. аварский язык

avarice ['ævərɪs] *n* алчность, жадность, корыстолюбие; insatiable ~ ненасытная жадность; pecuniary ~ жадность к деньгам; to hoard in ~ проявлять чрезмерную скупость, скопидомствовать
◊ rich beyond the dreams of ~ ≅ владеть всеми богатствами мира; богат как Крез; poverty is in want of much, ~ of everything *посл.* бедному нужно многое, жадному — всё

avaricious [ˌævə'rɪʃəs] *a* алчный, жадный, корыстолюбивый

avast [ə'vɑːst] *int мор.* стой!, стоп!

avatar ['ævətɑː] *n* 1) *инд. миф.* аватара, реальное воплощение божества 2) *книжн.* воплощение; высшее проявление (*чего-л.*); олицетворение; he sees himself as a technological ~ в технике он считает себя богом

avaunt [ə'vɔːnt] *int арх. презр.* прочь!, вон!

ave I ['ɑːv(e)ɪ] *n лат.* 1. приветствие; привет (*при прощании или встрече*) 2. (A.) *сокр. от* Ave Maria; saying Aves чтение молитвы богородице

ave II ['ɑːv(e)ɪ] *int лат. книжн.* 1) привет!; ~ Caesar! привет Цезарю!; ~ Maria! *церк.* радуйся, дева! 2) прости!, прощай!

avellan(e) [ə'velən] *n бот.* лещина, фундук, американский лесной орех (*Corylus avellana*)

Ave Maria, Ave Mary [ˌɑːv(e)ɪmə'riːə, -'me(ə)rɪ] Аве Мария (*молитва богородице*)

avener ['ævɪnə] *n ист.* старший королевский конюший

avenge [ə'vendʒ] *v* мстить; to ~ insult [wrong] (up)on smb. отомстить за оскорбление [за зло] кому-л.; to ~ oneself on one's enemy for the insult отомстить своему врагу за (это) оскорбление; I am ~d я от(о)мщён

avengeful [ə'vendʒf(ə)l] *a* мстительный

avenger [ə'vendʒə] *n* мститель

avenging [ə'vendʒɪŋ] *a* мстящий, карающий; ~ angel ангел-мститель

avens ['ævɪnz] *n бот.* гравилат городской (*Geum urbanum*)

aventail, aventayle ['ævənteɪl] *n ист.* передняя подвижная часть шлема

aventurine [ə'ventjʊrɪ(:)n] *n мин.* авантюрин

avenue ['ævɪnju:] *n* 1. авеню, дорога или аллея, обсаженная деревьями (*часто ведущая к дому*); двойной ряд деревьев; ~ of limes липовая аллея 2. авеню, проспект, широкая улица (*особ. в США*) 3. путь, средство; ~ to success [to fame, to wealth, to prosperity] путь к успеху [к славе, к богатству, к процветанию]; ~ of contact пути для установления контактов; to leave no ~ unexplored использовать все пути /все возможности/ 4. проход (*особ. узкий*); ~ to India путь в Индию; ~ of approach *воен.* подступ

aver [ə'vɜ:] *v* 1. *книжн.* утверждать; he proudly ~red that he needed no help он гордо заявил, что в помощи не нуждается 2. *юр.* доказывать

average I ['æv(ə)rɪdʒ] *n* 1. 1) среднее (число); above [below] the ~ выше [ниже] среднего; his work is about /up to/ the ~ его работа не хуже и не лучше, чем у других; on an /the/ ~ five pages a day переводить в среднем пять страниц в день; to ascertain /to determine, to obtain/ the ~ выводить среднее 2) *мат.* среднее арифметическое 2. *страх.* 1) авария (*убытки, причинённые судну, грузу и фрахту*); general [particular, petty] ~ общая [частная, малая] авария 2) распределение убытков от аварии между владельцами груза, судна; ~ adjuster диспашер; ~ statement диспаша

average II ['æv(ə)rɪdʒ] *a* 1. средний; ~ temperature средняя температура; ~ rainfall средняя норма выпадения осадков; ~ life средняя продолжительность жизни 2. 1) обычный, нормальный, средний; ~ man [ability] средний человек [-ие способности]; ~ reader рядовой /широкий/ читатель; a man of ~ height человек среднего роста 2) посредственный; there was nothing special about his performance, it was only ~ в его исполнении не было ничего особенного, оно было весьма средним; boys of ~ intelligence ребята, не хватающие звёзд с неба /средних способностей/

average III ['æv(ə)rɪdʒ] *v* 1. составлять, достигать, равняться в среднем; his wages ~ 60 pounds его заработок составляет в среднем 60 фунтов; they ~d 100 miles a day они делали в среднем 100 миль в день 2. *мат.* выводить среднее значение, усреднять 3. *бирж.* последовательно скупать или продавать акции по мере изменения их курса; to ~ down [up] скупать акции по мере снижения [повышения] их курса 4. *страх.* распределять убыток между акционерами

average out ['æv(ə)rɪdʒ'aʊt] *phr v* 1. осуществлять коммерческую или финансовую сделку безубыточно 2. быть примерно равным (*чему-л.*); his taxes should ~ to about a fifth of his income налоги составят примерно 20% его дохода; our speed averaged out at 40 miles an hour оказалось, что в среднем мы делали по 40 миль в час 3. уравнивать, уравновешивать; взаимно сводить на нет; the good things and the bad things in life ~ in the end жизненные удачи и неудачи в конце концов уравновешивают друг друга

averin ['eɪv(ə)rɪn] *n бот.* морошка (*Rubus chamaemorus*)

averment [ə'vɜ:mənt] *n* 1. *книжн.* 1) утверждение 2) удостоверение какого-л. факта или обстоятельства 2. *юр.* 1) доказательство 2) представление доказательства

Avernal [ə'vɜ:n(ə)l] *a рим. миф.* относящийся к царству мёртвых

Avernus [ə'vɜ:nəs] *n рим. миф.* 1) Аверн(о) (озеро, считавшееся входом в подземное царство) 2) Аверн, царство мёртвых

averruncator [ˌævərʌŋ'keɪtə] *n с.-х.* садовые или шпалерные ножницы

averse [ə'vɜ:s] *a* 1. нерасположенный, несклонный, питающий отвращение (*к чему-л.*); питающий отвращающий (*что-л.*); ~ to war ненавидящий войну; he is ~ to hard work он терпеть не может перегружать себя работой; he is not ~ to *разг.* не расположенный сделать что-л.; to be not ~ to *разг.* не возражать против чего-л.; I am not ~ to a good meal я не против хорошего обеда; I was not ~ to dancing myself when I was a young man в молодости и я не был не прочь потанцевать 2. *бот.* повёрнутый (*от стебля*)

aversion [ə'vɜ:ʃ(ə)n] *n* 1. отвращение, антипатия; to have a great ~ to /for/ smb., smth. испытывать /питать/ отвращение к кому-л., чему-л.; to take /to conceive/ an ~ to smb. почувствовать отвращение /антипатию/ к кому-л.; ~ to food отказ от приёма пищи, отвращение к пище 2. предмет антипатии, отвращения; smb.'s pet ~ неодобр. предмет недовольства *и т. п.*; ≅ козёл отпущения у кого-л.

aversion therapy [ə'vɜ:ʃ(ə)nˌθerəpɪ] *психиатр.* лечение посредством выработки условнорефлекторной реакции отвращения (*к алкоголю и т. п.*)

aversive [ə'vɜ:sɪv] *a мед.* создающий отвращение (*к алкоголю и т. п.*)

avert [ə'vɜ:t] *v* 1) отводить (*глаза, взгляд, руку*); to ~ one's gaze отвести глаза 2) отвлекать (*мысли*) 2. предотвращать, отражать (*особ. что-л. неприятное*); to ~ war [danger, illness, a catastrophe, an accident, a tragic end] предотвратить войну [опасность, болезнь, катастрофу, несчастный случай, трагический конец]; to ~ suspicion отвести подозрение

Avesta [ə'vestə] *n перс.* Авеста

avgas ['ævgæs] *n ав. проф.* авиационный бензин [< aviation + gasoline]

avian ['eɪvɪən] *n зоол.* птичий

aviarist ['eɪvɪərɪst] *n* 1) *арх.* птицевод 2) любитель домашних певчих птиц; владелец питомника для птиц

aviary ['eɪvɪərɪ] *n* 1) птичник, птичий двор 2) вольер (*для певчих и экзотических птиц*)

aviate ['eɪvɪeɪt] *v* 1) летать на самолёте; пользоваться воздушным транспортом 2) управлять самолётом; вести, пилотировать самолёт

aviation [ˌeɪvɪ'eɪʃ(ə)n] *n* авиация; general ~ гражданская авиация; ~ cadet курсант авиашколы; ~ engine авиационный двигатель, авиамотор; ~ spirit авиационный бензин; ~ medicine авиационная медицина; ~ pay *амер. воен.* надбавка к окладу военнослужащих за участие в полётах

aviator ['eɪvɪeɪtə] *n редк.* лётчик, авиатор, пилот

aviators ['eɪvɪeɪtəz] *n употр. с гл. во мн. ч. разг.* очки-консервы

aviatress, aviatrix ['eɪvɪeɪtrɪs, ˌeɪvɪ'eɪtrɪks] *n редк.* лётчица

avicide ['eɪvɪsaɪd] *n редк.* истребление птиц

aviculture ['eɪvɪˌkʌltʃə] *n* птицеводство

avid ['ævɪd] *a* 1) алчный, жадный; an ~ reader человек, читающий запоем 2) (of, for) алчущий, жаждущий (*чего-л.*); ~ of power [of fame, of success] жаждущий власти [славы, успеха]; ~ for praise [for applause] ищущий похвал [признания]

avidity [ə'vɪdɪtɪ] *n* 1. алчность, жадность; to eat [to read] with ~ есть [читать] с жадностью; to do smth. горячее желание сделать что-л.; he accepted the offer with ~ он ухватился за это предложение 2. *хим.* сила кислоты или основания

avidly ['ævɪdlɪ] *adv* алчно, жадно, с жадностью

aviette [ˌeɪvɪ'et] *n несовр.* авиетка, небольшой самолёт

avifauna [ˌeɪvɪ'fɔ:nə] *n зоол.* орнитофауна, птичья фауна (*какого-л. района или страны*)

avigation [ˌeɪvɪ'geɪʃ(ə)n] *n амер.* аэронавигация

avigraph ['eɪvɪgrɑ:f] *n ав.* курсограф, автоштурман, автоматический прокладчик курса

avionic [ˌeɪvɪ'ɒnɪk] *a* относящийся к авионике; ~ equipment авиационное электронное оборудование

avionics [ˌeɪvɪ'ɒnɪks] *n* 1) авиационная радиоэлектроника 2) авиационное электронное оборудование

avirulence [eɪ'vɪrjʊləns] *n биол.* невирулентность, отсутствие вирулентности

avirulent [eɪ'vɪrjʊlənt] *a биол.* невирулентный

aviso [ə'vaɪzəʊ] *n* (*pl* -os [-əʊz]) 1. *банк.* авизо 2. *мор.* посыльное судно

avital [ə'vaɪtl] *a книжн.* древний, стародавний, прадедовский; ~ customs древние обычаи

avitaminosis [eɪˌvɪtəmɪ'nəʊsɪs] *n мед.* авитаминоз

avocado [ˌævə'kɑ:dəʊ] *n* 1) *бот.* авокадо, аллигаторова груша (*Persea gratissima*) 2) плод авокадо

avocation [ˌævə'keɪʃ(ə)n] *n книжн.* 1. избранная профессия; призвание; he is a musician by ~ он музыкант по призванию /«от бога»/ 2. хобби, любимое занятие, увлечение (*чем-л.*); конёк; reading is my ~ чтение — это моя страсть; he is a lawyer by vocation, poetry is his ~ по профессии он юрист, а по призванию — поэт 3. *обыкн. pl арх.* развлечение; worldly ~s светские развлечения

avocational [ˌævə'keɪʃ(ə)nəl] *a* любительский, самодеятельный; относящийся к хобби; ~ musicians самодеятельные музыканты, музыканты-любители

avocet ['ævəset] *n зоол.* шилоноска, шилоклювка (*Recurvirostra spp.*)

avoid [ə'vɔɪd] *v* 1. избегать, сторониться, уклоняться; to ~ smb. избегать /сторониться/ кого-л.; to ~ danger [an accident] избежать опасности [уберечься от несчастного случая]; to ~ doing smth. избегать чего-л. /делать что-л./, уклоняться от чего-л.; he couldn't ~ uttering his opinion ему пришлось высказать своё мнение; to ~ some place стараться не бывать где-л. 2. *юр.* отменять, аннулировать; делать недействительным; to ~ a sentence отменять приговор; to ~ an agreement [a document] аннулировать соглашение [документ] 3. *уст.* опорожнять, освобождать

avoidable [ə'vɔɪdəb(ə)l] *a* не неизбежный; такой, которого можно избежать;

the accident was ~ несча́стного слу́чая мо́жно бы́ло бы избежа́ть

avoidance [əˈvɔɪd(ə)ns] *n* 1. избежа́ние, уклоне́ние (*от чего-л.*); for the ~ of smth. во избежа́ние чего́-л.; ~ of old friends нежела́ние встреча́ться со ста́рыми друзья́ми 2. *юр.* отме́на, аннули́рование; the ~ of the marriage признание бра́ка недействи́тельным

avoidant [əˈvɔɪd(ə)nt] *a психол.* за́мкнутый (*о челове́ке*); неконта́ктный, необщи́тельный

avoiding line [əˈvɔɪdɪŋˌlaɪn] *дор.* обходно́й путь

avoidless [əˈvɔɪdlɪs] *a поэт.* неизбе́жный, неотврати́мый

avoirdupois [ˌævədjuːˈpwɑː] *n* 1. «эвердью́пойс» (*английская систе́ма мер ве́са для всех това́ров, кро́ме благоро́дных мета́ллов, драгоце́нных камне́й и лека́рств*) 2. *амер. разг.* тя́жесть, изли́шний вес; ту́чность

avolitional [ˌævəˈlɪʃ(ə)nəl] *a кни́жн.* не зави́сящий от во́ли

avoset [ˈævəset] = avocet

à votre santé [ɑːˌvɒtrəsɒnˈteɪ] *фр.* за ва́ше здоро́вье

avouch [əˈvaʊtʃ] *v кни́жн.* 1. 1) утвержда́ть, дока́зывать; to ~ the exact contrary утвержда́ть соверше́нно противополо́жное 2) подтвержда́ть (*чьи-л. показа́ния и т. п.*); to ~ one's words with proofs подтвержда́ть свои́ слова́ доказа́тельствами 2. *тж. refl* признава́ться; to ~ oneself (to be) a coward признава́ться в тру́сости 3. *арх.* руча́ться, гаранти́ровать; to ~ for smb.'s reputation поручи́ться за чью-л. репута́цию

avouchment [əˈvaʊtʃmənt] *n кни́жн.* 1. заявле́ние 2. гара́нтия 3. призна́ние

avoué [ɑːvuːˈeɪ] *n фр.* 1. патро́н, покрови́тель 2. адвока́т (*по гражда́нским дела́м во Фра́нции*)

avow [əˈvaʊ] *v* 1. *кни́жн.* 1) признава́ть, откры́то заявля́ть; to ~ one's errors признава́ть свои́ оши́бки; to ~ one's determination to fight to the end заявля́ть о свое́й реши́мости боро́ться до конца́ 2) *refl* признава́ться; he ~ed himself to be an enemy of democracy он откры́то объяви́л себя́ проти́вником демокра́тии 2. *юр.* подтвержда́ть, признава́ть како́й-л. факт

avowal [əˈvaʊəl] *n* откры́тое призна́ние; to make an ~ of one's sentiments признава́ться в свои́х чу́вствах

avowant [əˈvaʊənt] *n юр.* отве́тчик (*в и́ске о восстановле́нии нару́шенного владе́ния*), признаю́щий факт захва́та чужо́го иму́щества и пыта́ющийся оправда́ть э́тот захва́т

avowed [əˈvaʊd] *a* откры́то при́знанный; общепри́знанный; the ~ enemy закля́тый враг; the ~ head of this literary school при́знанный глава́ э́той литерату́рной шко́лы

avowedly [əˈvaʊɪdlɪ] *adv* 1) пря́мо, откры́то, гла́сно; to be ~ in the wrong быть я́вно непра́вым, я́вно ошиба́ться 2) по всео́бщему призна́нию

avulsion [əˈvʌlʃ(ə)n] *n* 1. *кни́жн.* отры́в, разры́в, наси́льственное разъедине́ние 2. *юр.* аву́льсия, отры́в су́ши (*неожи́данное перемеще́ние уча́стка земли́ к чужо́му владе́нию всле́дствие измене́ния ру́сла реки́, наводне́ния и т. п.*) 3. отня́тие, отреза́ние (*ча́сти те́ла*; *случа́йное или хирурги́ческое*); *мед. тж.* аву́льсия

avuncular [əˈvʌŋkjələ] *a* 1. дя́дин; ~ families *этн.* семе́йства, чьей главо́й явля́ется брат ма́тери (*у не́которых инде́йских племён*) 2. *ирон.* сво́йственный до́брому дя́дюшке; ≅ оте́ческий; ~ advice оте́ческий сове́т; ~ indul-gence снисходи́тельность ста́рого челове́ка к ребёнку *или* де́вушке; ~ tone покрови́тельственный тон 3. *сл.* росто́вщи́ческий

aw [ɔː] *int амер.* ай!, о! (*выража́ет лёгкое раздраже́ние, недове́рие, иногда́ сочу́вствие*); ~ heck! вот чёрт возьми́!; ~ nuts! ай, кака́я ерунда́!

await [əˈweɪt] *v* 1. ждать, ожида́ть; дожида́ться; to ~ smb. [smb.'s answer, arrival, decision] ждать кого́-л. [чьего́-л. отве́та, прие́зда, реше́ния]; a treaty ~ing ratification догово́р, пока́ ещё не ратифици́рованный; ~ s предстои́т (*кому́-л.*); what fate ~s him? кака́я судьба́ ему́ угото́вана /предстои́т/?; a hearty welcome ~s him его́ ожида́ет тёплый приём

awake I [əˈweɪk] *a predic* 1. бо́дрствующий, просну́вшийся; to be ~ а) просну́ться; б) бо́дрствовать, не спать; to lie ~ all night пролежа́ть всю ночь не смыка́я глаз; to be ~ for forty-eight hours or more не спать бо́лее двух су́ток; broad ~ бо́дрствующий, соверше́нно очну́вшись от сна 2. (to) я́сно сознаю́щий; понима́ющий; осмотри́тельный, бди́тельный, настороже́; to be ~ to the needs [to the danger] я́сно понима́ть ну́жды [опа́сность]; to be ~ to one's faults осознава́ть свои́ оши́бки

awake II [əˈweɪk] *v* (awoke; awoke, awaked) 1. 1) буди́ть; to ~ smb. буди́ть кого́-л.; to ~ пробужда́ть; to ~ interest in smb. пробуди́ть в ком-л. интере́с; to ~ smb. to a sense of duty пробуди́ть в ком-л. чу́вство до́лга 2. 1) просыпа́ться; to ~ from a sound sleep просну́ться /пробуди́ться/ от кре́пкого сна; to ~ to one's surroundings прийти́ в созна́ние и поня́ть, где нахо́дишься 2) (to) осозна́ть (*что-л.*); начина́ть я́сно понима́ть (*что-л.*); to ~ to the fact that... осозна́ть тот факт, что...; to ~ to the realities of the situation наконе́ц-то поня́ть реа́льное положе́ние

awaken [əˈweɪkən] *v* 1. пробужда́ть (*чу́вство, жела́ние и т. п.*); to ~ jealousy [suspicion] возбужда́ть ре́вность [подозре́ние]; to ~ compassion пробуди́ть сострада́ние 2. (to) заста́вить (*кого́-л.*) осозна́ть (*что-л. в ком-л.*); стимули́ровать (*что-л. в ком-л.*); to ~ smb. to his responsibilities напо́мнить кому́-л. о его́ обя́занностях; to ~ smb. to a sense of shame пристыди́ть кого́-л., заста́вить кого́-л. почу́вствовать стыд 3. *поэт.* 1) просыпа́ться 2) пробужда́ться (*от апа́тии и т. п.*)

awakening [əˈweɪkənɪŋ] *n* 1. пробужде́ние 2. утра́та иллю́зий, осозна́ние (*происходя́щего*); rude ~ глубо́кое разочарова́ние

awanting [əˈwɒntɪŋ] *a арх.* недостаю́щий, отсу́тствующий

award I [əˈwɔːd] *n* 1. (прису́ждённая) награ́да *или* наказа́ние; to give (the highest) ~ присужда́ть (вы́сшую) награ́ду 2. 1) присужде́ние (пре́мии, награ́ды) 3.) *юр.* арбитра́жное реше́ние 2) реше́ние (*жюри́, суда́*) 4. *эк.* 1) вы́дача, предоставле́ние госуда́рственного зака́за (*ча́стной фи́рме*); contract ~ заключе́ние контра́кта (*госуда́рственным ве́домством с ча́стным предприя́тием*) 2) госуда́рственный зака́з (*на поста́вку чего́-л.*); defence ~s зака́зы на поста́вку вое́нной те́хники

award II [əˈwɔːd] *v* 1. присужда́ть (*что-л.*), награжда́ть (*чем-л.*); to ~ smb. the (first) prize присужда́ть кому́-л. (пе́рвую) пре́мию 2. *спорт.* дать дополни́тельное вре́мя; to ~ punishment *воен.* налага́ть взыска́ние 2. *юр.* выноси́ть реше́ние (*о трете́йском суде́*); to ~ a new sentence вы́нести но́вый пригово́р; the judge ~ed her £200 as damages судья́ присуди́л ей 200 фу́нтов сте́рлингов в возмеще́ние уще́рба 3. *эк.* выдава́ть, предоставля́ть зака́з на поста́вку (*ча́стной фи́рме*); to ~ a contract заключи́ть контра́кт (*госуда́рственное ве́домство с ча́стной фи́рмой*)

awardee [əwɔːˈdiː] *n* призёр; лауреа́т

aware [əˈweə] *a* 1. *predic* (о)сознаю́щий (*что-л.*), зна́ющий (*что-л.*); осведомлённый (*о чём-л.*); we became ~ (of) нам ста́ло изве́стно (что); to be ~ of danger сознава́ть опа́сность, отдава́ть себе́ отчёт в грозя́щей опа́сности 2. созна́тельный, подгото́вленный; he is politically ~ он полити́чески гра́мотен; an artistically ~ person челове́к, хорошо́ разбира́ющийся в иску́сстве 3. чу́ткий, отзы́вчивый; it is nice to be with such an ~ person прия́тно встреча́ться с таки́м чу́тким /понима́ющим/ челове́ком

awareness [əˈweənɪs] *n* осведомлённость, информи́рованность

awareness news [əˈweənɪsˌnjuːz] *информ.* сигна́льная информа́ция

awash [əˈwɒʃ] *a predic кни́жн.* 1. на пове́рхности воды́; на волна́х; the buoy floats ~ буй пла́вает на пове́рхности воды́ 2. смы́тый водо́й; everything on the deck was ~ на па́лубе всё бы́ло смы́то (водо́й) 3. зато́пленный водо́й; decks ~ with icy water па́лубы, зали́тые ледяно́й водо́й 4. *спец.* 1) вро́вень с пове́рхностью волны́ 2) скрыва́ющийся и обнажа́ющийся в зави́симости от прили́вов (*о камня́х, бе́реге*) 5. зато́пленный, зава́ленный (*чем-л.*); newspapers were ~ with rumours газе́ты бы́ли полны́ ра́зных слу́хов; the music was ~ with melancholy му́зыка была́ прони́зана меланхо́лией 6. *сл.* пья́ный; slightly ~ навеселе́

A-waste [ˈeɪˌweɪst] *n* радиоакти́вные отхо́ды

away I [əˈweɪ] *a* 1. *predic* 1) отсу́тствующий, в отсу́тствии; to be ~ отсу́тствовать; уе́хать; he is ~ он уе́хал из до́му 2) отстоя́щий, удалённый, находя́щийся на расстоя́нии; a small town ten miles ~ небольшо́й городо́к, находя́щийся на расстоя́нии десяти́ миль /в десяти́ ми́лях/ отсю́да 2. *спорт.* проводи́мый не на своём по́ле (*об игре́*); an ~ team кома́нда госте́й; home and ~ games и́гры на своём и чужо́м по́ле

away II [əˈweɪ] *adv* 1. выража́ет 1) отдалённость от како́го-л. ме́ста далеко́; ~ from home вдали́ от до́ма; far ~ далеко́; ~ off *амер.* далеко́ 2) отдалённость во вре́мени давно́; ~ back о́чень давно́; ~ back in the twenties давны́м-давно́ /ещё/ в 20-е го́ды 2. выража́ет 1) уменьше́ние, исчезнове́ние: to boil ~ вы́кипеть; to pass ~ умере́ть; to waste ~, to pine ~ ча́хнуть; to make ~ with smb. уничто́жить /уби́ть/ кого́-л.; ~ with smb., smth. доло́й кого́-л., что-л.; ~ with you прочь!; ~ with this! убери́те э́то!; to make ~ with smth. разру́шить что́-л.; he made ~ with himself он поко́нчил жизнь самоуби́йством; sounds were dying ~ зву́ки та́яли 2) переда́чу в по́льзование друго́му лицу́: to give ~ smth. to smb. дать /подари́ть/ что́-л. кому́-л.; to give ~ a secret вы́дать та́йну 3. *эмоц.-усил.* сра́зу же, незамедли́тельно; say ~! ну, выкла́дывай!; right /straight/ ~ неме́дленно

◊ far /out/ and ~ вне вся́кого сравне́ния, намно́го; бесспо́рно; he is the

AWE — AXI

best shot out and ~ он бесспорно лучший стрелок

awe I [ɔː] *n* 1) благоговейный страх, трепет, благоговение; ~ of God страх божий; to strike with ~ внушать благоговейный страх /благоговение/ 2) трепет (*перед кем-л.*); глубокое почтение и страх; to be /to stand/ in ~ of smb. трепетать перед кем-л.

awe II [ɔː] *v возвыш.* 1) внушать благоговение 2) пугать, внушать ужас; the profound silence ~d everyone глубокое молчание пугало всех; to ~ smb. into smth. запугав, вынудить /заставить/ кого-л. сделать что-л.; the children were ~d into silence перепуганные дети замолчали

aweary [əˈwɪ(ə)rɪ] *a predic* поэт. усталый, утомлённый (чем-л.)

aweather [əˈweðə] *adv* мор. с наветренной стороны

aweigh [əˈweɪ] *adv* мор. на весу (*о якоре*), anchor's ~! встал якорь! (*команда*)

awe-inspiring [ˈɔːɪnˌspaɪ(ə)rɪŋ] *a* 1) внушающий благоговейный ужас 2) повергающий в трепет 3) *разг.* волнующий, впечатляющий; not an ~ performance *ирон.* не особенно впечатляющее исполнение

aweless [ˈɔːlɪs] *a* 1. бесстрашный, бестрепетный 2. непочтительный; кощунственный

awesome [ˈɔːs(ə)m] *a* 1. внушающий страх, приводящий в трепет; ужасный 2. преисполненный страха; благоговейный, почтительный; ~ admiration благоговейное восхищение

awe-striken [ˈɔːˌstrɪkən] = awe-struck
awe-struck [ˈɔːstrʌk] *a* преисполненный благоговения, благоговейного страха

awful I [ˈɔːf(ə)l] *a* 1. *эмоц.-усил.* 1) ужасный, отвратительный; ~ manners [handwriting, storm] ужасные манеры [-ый почерк, -ая буря]; to be ~ about the matter /the affair/ отвратительно вести себя в этом деле; to be ~ for the health for smb.'s future/ быть губительным для здоровья [для чьего-л. будущего] 2) огромный; they took an ~ chance он пошли на огромный риск 2. 1) ужасный, страшный; ~ tragedy ужасная трагедия; to die an ~ death умереть мучительной смертью; his sufferings were ~ to behold на его страдания было невозможно смотреть без ужаса 2) внушающий страх, благоговение; to be in ~ fear испытывать благоговейный страх 3. *арх., поэт.* величественный; ~ sight величественное зрелище

awful II [ˈɔːf(ə)l] *adv разг.* 1) очень, весьма; he did an ~ good job of this он прекрасно выполнил эту работу 2) ужасно; to be ~ tired ужасно устать

awfully [ˈɔːf(ə)lɪ] *adv эмоц.-усил.* 1. ужасно, очень, крайне; to be ~ sorry [glad, interested] очень сожалеть [радоваться, интересоваться]; thanks ~! огромное спасибо! 2. [ˈɔːfulɪ] ужасно, страшно; he suffered ~ он ужасно страдал

awhile [əˈwaɪl] *adv* ненадолго; на короткое время; we rested ~ at the side of the road мы немного посидели на обочине дороги

awhirl [əˈwɜːl] *a predic* кружащийся; dancers were ~ to the strains of a waltz танцующие кружились под звуки вальса

awing [əˈwɪŋ] *adv редк.* на крыльях, летя, порхая

awkward [ˈɔːkwəd] *a* 1. неуклюжий, неловкий; нескладный; ~ gait неуклюжая походка; he is still an ~ skater он ещё плохо держится на льду; to be ~ in one's speech [in one's movements] с трудом говорить [двигаться]; to be ~ with one's hands не знать, куда девать руки; the child is still ~ with a spoon and fork ребёнок ещё плохо справляется с ложкой и вилкой 2. 1) неудобный; ~ door [handle, step] неудобная дверь [ручка, ступенька]; the machine is ~ to handle на этой машине трудно работать 2) неловкий, неудобный; затруднительный; ~ situation затруднительное *или* неловкое положение; ~ question щекотливый вопрос; ~ time неудобное время; ~ pause неловкое молчание; to feel ~ with smb. чувствовать себя неловко с кем-л. 3. *разг.* опасный; трудный (*часто о человеке*); ~ blow опасный удар; ~ customer а) опасный тип; б) опасная тварь (*о собаке и т. п.*); an ~ corner to turn опасный поворот; don't be ~, we have to get this finished by 5 o'clock не выдумывай /не капризничай/, эту работу мы должны закончить к пяти часам

awkward age [ˌɔːkwədˈeɪdʒ] отрочество, переходный возраст

awkwardly [ˈɔːkwədlɪ] *adv* 1. неуклюже, неловко; нескладно 2. неудобно, затруднительно

awkward squad [ˈɔːkwədˌskwɒd] *воен. проф.* 1) отстающие по строевой подготовке солдаты 2) взвод новобранцев 3) новички, неопытные люди

awl [ɔːl] *n* шило
◊ to pack up one's (ends and) ~s запаковывать все пожитки

awless [ˈɔːlɪs] *амер.* = aweless

awl-shaped [ˈɔːlˌʃeɪpt] *a бот.* шиловидный (*о листьях*)

awlwort [ˈɔːlwɜːt] *n бот.* шильник (*Subularia*)

awn [ɔːn] *n бот.* ость (*колоса*)

awnchaff [ˈɔːntʃɑːf] *n с.-х.* костра, костри́ка

awned [ɔːnd] *a бот.* остистый; ~ wheat остистая пшеница; усатка (*Triticum vulgare aristata*)

awning [ˈɔːnɪŋ] *n* 1. навес, тент 2. укрытие

awnless [ˈɔːnlɪs] *a бот.* безостый; ~ wheat безостая пшеница, гирка (*Triticum vulgare miticum*)

awny [ˈɔːnɪ] == awned

awoke [əˈwəʊk] *past и p. p. от* awake II

AWOL, Awol [ˌeɪˌdʌbəljuːˈəʊˈel, ˈeɪwɒl] *a* (*сокр. от* absent without leave) *воен.* 1. находящийся в самовольной отлучке 2. *в грам. знач. сущ.* военнослужащий, находящийся в самовольной отлучке

awry I [əˈraɪ] *a predic* 1. кривой, косой; a face ~ with pain лицо, искажённое болью; her hat was ~ шляпка у неё съехала набок 2. неправильный, нехороший; неудачный

awry II [əˈraɪ] *adv* 1. косо, набок; to look ~ смотреть косо, коситься 2. неправильно, нехорошо; неудачно; all his plans have gone ~ все его планы провалились; to take smth. ~ истолковать что-л. в дурную сторону; to go /to run, to step, to tread, to walk/ ~ а) сбиться с правильного пути; б) испортиться

ax¹ I, II [æks] = axe¹ I *и* II
ax² [æks] = axe²
axal [ˈæks(ə)l] = axial

axe¹ I [æks] *n* 1. 1) топор; колун 2) ледоруб 3) *ист.* секира; боевой топор 2. *ист.* 1) топор палача 2) отсечение головы, казнь 3. (the ~) *разг.* 1) сокращение (*бюджета, штатов*); to get the ~ а) оказаться уволенным; б) подвергнуться урезке, сокращению; to give the ~ а) уволить; б) сокращать, урезывать; we were going to build a new school but it got the ~ from the government мы собирались построить новую школу, но правительство не дало на неё денег 2) исключение из школы 3) отставка (*полученная от невесты и т. п.*); разрыв отношений; he is bitter because his girl has given him the ~ он расстроен потому, что его девушка дала ему отставку
◊ to lay the ~ to the root of smth., to set the ~ to smth. приступать к уничтожению чего-л., разрушать что-л.; to hang up one's ~ отойти от дел; to have an ~ to grind преследовать своекорыстные цели; to fit /to put/ the ~ in /on/ the helve а) преодолеть трудность, решить задачу; б) разрешить сомнение; to send the ~ after the helve рисковать последним, упорствовать в безнадёжном деле; to get it where the chicken got the ~ *сл. см.* chicken ◊

axe¹ II [æks] *v* 1. работать топором 2. *сл.* урезывать, сокращать (*бюджет, ассигнования, штаты и т. п.*) 3. *разг.* 1) исключать; вычёркивать, зачёркивать; вырезать; to ~ an episode from the series исключить одну серию из многосерийного фильма 2) исключать (*кого-л.*); выгонять; увольнять; he was ~d from the football team его выгнали из футбольной команды 3) *разг.* запретить, «зарубить»; a TV program was ~d телевизионная программа не была выпущена в эфир /была «зарезана»/ 4) *разг.* задерживать прохождение (*законопроекта и т. п.*); снимать с обсуждения (*вопрос*)

axe² [æks] *n сл.* музыкальный инструмент, *особ.* саксофон

axe-grinder [ˈæksˌgraɪndə] *n неодобр.* своекорыстный человек; ≅ без выгоды (*для себя*) ничего не сделает

axe-grinding [ˈæksˌgraɪndɪŋ] *n неодобр.* своекорыстие; действие, подсказанное стремлением к выгоде

axehammer [ˈæksˌhæmə] *n* геологический молоток

axeman [ˈæksmæn] *n (pl* -men [-men]) 1. лесоруб 2. *ист.* воин, вооружённый боевым топором 3. *ирон.* администратор, объявляющий работникам об увольнении; кадровик, подготавливающий списки на увольнение

axenic [eɪˈzɪnɪk, eɪˈzenɪk] *a биол.* 1. аксенический, не содержащий других живых организмов (*о культуре*) 2. стерильный, безбактериальный

axes [ˈæksiːz] *pl от* axis¹

axial [ˈæksɪə] *a* 1. осевой, аксиальный; по направлению оси; ~ angle *мин.* угол оптических осей; ~ bearing *тех.* упорный подшипник, подпятник; ~ section геологический разрез (*продольный профиль*); ~ thrust *тех.* осевое усилие 2. *мед.* осевой, относящийся ко второму шейному позвонку

axiality [ˌæksɪˈælɪtɪ] *n мат.* осевая симметрия

axiferous [ækˈsɪfərəs] *a бот.* имеющий ось

axiform [ˈæksɪfɔːm] *a* осевидный

axifugal [ˌæksɪˈfjuːg(ə)l] *a* центробежный

axil [ˈæks(ə)l] *n бот.* влагалище (*листа*); пазуха

axilla [ækˈsɪlə] *n (pl* -lae) 1. *анат.* подмышечная впадина 2. = axil

axillae [ækˈsɪliː] *pl от* axilla

axiology [ˌæksɪˈɒlədʒɪ] *n* аксиология (*философское учение о ценностях*)

axiom [ˈæksɪəm] *n* аксиома

axiomatic, axiomatical [ˌæksɪəˈmætık, -(ə)l] *a* аксиоматический, самоочевидный, не требующий доказательств

axiomatics [ˌæksıəˈmætıks] *n* аксиоматика (*совокупность исходных понятий или определений*)

Axis [ˈæksıs] *n полит*. **1.** *ист*. ось Берлин — Рим; гитлеровская Германия и её союзники; ~ powers державы оси **2.** (*часто* a.) *неодобр*. ось, блок; политическая коалиция; the Washington — Bonn a. ось Вашингтон — Бонн

axis[1] [ˈæksıs] *n* (*pl* axes) **1.** 1) ось; ~ of advance *воен*. ось наступления; ~ of pitch *ав*. ось продольной устойчивости; ~ of signal communication *воен*. ось связи 2) центральный вопрос, стержень (*чего-л*.) **2.** 1) геометрическая ось; the visual ~ оптическая ось (*прибора*); body ~ ось тела (*гимнаста*); ~ of abscissas [ordinates] *мат*. ось абсцисс [ординат]; ~ of the equator, terrestrial ~ земная ось; apparatus ~ *спорт*. ось снаряда 2) *редк*. вал; ~ of rotation ось вращения **3.** *бот*. главная или центральная ось растения, главный стебель **4.** *анат*. второй шейный позвонок

axis[2] [ˈæksıs] = axis deer

axis deer [ˈæksıs͵dıə] *зоол*. пятнистый олень (*Cervus axis*)

axisymmetric [ˌæksıˈsımetrık] *a спец*. осесимметричный, с осью симметрии

axle [ˈæks(ə)l] *n* **1.** *тех*. ось, вал; front [rear] ~ передняя [задняя] ось; ~ weight *тех*. нагрузка на ось **2.** *авт*. 1) полуось, ведущий мост **3.** *pl ж.-д.* число осей в составе

axle-bearing [ˈæks(ə)l͵be(ə)rıŋ] *n* 1) *ж.-д.* букса 2) *авт*. осевой подшипник

axle-box [ˈæks(ə)lˌbɒks] *n ж.-д.* букса, корпус подшипника

axled [ˈæks(ə)ld] *a* осевой

axle-grease [ˈæks(ə)lˌgri:s] *n* **1.** колёсная мазь; тавот, консистентная смазка **2.** *шутл*. 1) помада для волос 2) сливочное масло

axle-pin [ˈæks(ə)lpın] *n тех*. чека

axletree [ˈæks(ə)lˌtri:] *n тех*. колёсный вал, ось

axman [ˈæksmæn] *n* (*pl* -men [-men]) **1.** = axeman **2.** *геод. проф*. 1) рабочий с мерной лентой 2) землемер

Axminster [ˈæksmınstə] *n* (*сокр. от* Axminster carpet) аксминстер

Axminster carpet [ˈæksmınstəˌkɑ:pıt] аксминстерский ковёр

axoidean [ækˈsɔıdıən] = axial

axolotl [ˈæksəlɒtl] *n зоол*. аксолотль (*личинка амбистомы*)

axon, axone [ˈæksɒn, ˈæksəun] *n анат*. аксон, отросток осевого цилиндра (*нервной клетки*)

axonometry [ˌæksəˈnɒmıtrı] *n мат*. аксонометрия

axstone [ˈæksstəun] *n мин*. нефрит

axunge [ˈæksʌndʒ] *n редк*. внутренний, нутряной жир, нутряное сало (*особ. гусиное или свиное*)

ay[1] [eı] = aye[1]

ay[2] [eı] *int арх*. ах!, ой! (*выражает удивление*) ~ me! увы!, горе мне!

ay[3] [aı] = aye[1] II

ayah [ˈaıə] *n инд*. айя, няня или служанка из местных жителей

Ayatollah [ˌaıəˈtɒlə] *n перс*. аятолла

aye[1] I [aı] *n* 1) положительный ответ 2) голос «за» при голосовании; the ~s te, кто есть, сэр! (*ответ офицеру*) 2) я! (*на перекличке*)

aye[1] II [aı] *int мор*. 1) есть!; ~, sir! есть, сэр! (*ответ офицеру*) 2) я! (*на перекличке*)

aye[2] [eı] *adv арх*., *поэт*. всегда, постоянно; for ever and ~ навсегда, вечно; love will ~ endure любовь никогда не умирает

aye-aye [ˈaıˌaı] *n зоол*. ай-ай, руконожка мадагаскарская (*Daubentonia madagascariensis*)

Aymara [ˈaıməˌrɑ:] *n* **1.** аймара (*индеец южноамериканского племени аймара*) **2.** язык племени аймара

ayre [eə] *n* мадригал (*песня елизаветинских времён*)

ayrie [ˈeərı] *уст*. = aerie

Ayrshire [ˈeəʃə] *n* айрширская порода молочного скота

Ayurveda [ˌɑ:jəˈveıdə] *n санскр*. аюрведа, древнеиндийская медицина

azalea [əˈzeılıə] *n бот*. азалия (*Azalea spp*.)

azan [ɑ:ˈzɑ:n] *n араб*. азан, призыв к молитве (*провозглашается с минаретов*)

azedarac(h) [əˈzedəræk] *n бот*. мелия, ацедарах (*дерево с ценной древесиной*; *Melia azedarach*)

azeotrope [əˈzi:ətrəup] *n хим*. **1.** азеотроп 2) азеотропическая смесь

Azerbaidjan, Azerbaidjanian [ˌæzəbaıˈdʒɑ:n, ˌɑ:zəbaıˈdʒɑ:n, -ıən] = Azerbaijan

Azerbaijan [ˌæzəbaıˈdʒɑ:n, ˌɑ:zəbaıˈdʒɑ:n] *a* азербайджанский

Azerbaijani I [ˌæzəbaıˈdʒɑ:nı, ˌɑ:zəbaıˈdʒɑ:nı] *n* (*pl тж. без измен*.) **1.** азербайджанец; азербайджанка; the ~ *собир*. азербайджанцы **2.** азербайджанский язык

Azerbaijani II [ˌæzəbaıˈdʒɑ:nı, ˌɑ:zəbaıˈdʒɑ:nı] *a* азербайджанский; ~ writers писатели Азербайджана

Azerbaijanian I, II [ˌæzəbaıˈdʒɑ:nıən, ˌɑ:zəbaıˈdʒɑ:nıən] = Azerbaijani I *и* II

Azilian [əˈzılıən] *a археол*. азильский, ашильский, относящийся к периоду между палеолитом и неолитом

azimuth [ˈæzıməθ] *n астр*., *геод*. азимут; magnetic ~ магнитный азимут; ~ compass азимутальный компас; ~ sight пеленгатор

azimuthal [ˌæzıˈmju:θ(ə)l] *a* азимутальный

azo [ˈeızəu] *a хим*. азо-; ~ group азо-группа; ~ dye азокраситель

azobenzene [ˌeızəuˈbenzi:n] *n хим*. азобензол

azoic [eıˈzəuık] *a* 1) (*тж*. A.) *геол*. азойский 2) не содержащий органических остатков

azonal [æˈzəunl] *a книжн*. 1) не разделённый на зоны; нерайонированный 2) *спец*. азональный; ~ soil *с.-х*. азональная /интерзональная/ почва

azonic [æˈzɒnık] *a редк*. не ограниченный какой-л. зоной, не местный

azoospermia [əˌzəuəˈspɜ:mıə] *n вет*. азооспермия

azote [əˈzəut] *n хим*. азот

azoth [ˈæzɒθ] *n* 1) ртуть (*в алхимии*) 2) универсальное лекарство Парацельса

azotic [əˈzɒtık] *a хим*. азотный; ~ acid азотная кислота

azotize [əˈzəutaız] *v хим*. азотировать; нитрировать

azotobacter [əˈzəutəˌbæktə] *n бакт*. азотобактер

azotobacterin [əˌzəutəˈbækt(ə)rın] *n* азотобактерин

Azrael [ˈæzreı(ə)l] *n* Азраил (*ангел смерти — у евреев и магометан*)

Aztec I [ˈæztek] *n* **1.** ацтек (*индеец племени ацтеков*) **2.** ацтекский язык

Aztec II [ˈæztek] *a* ацтекский; относящийся к ацтекам или к языку ацтеков; ~ art искусство ацтеков
◊ ~ two-step *амер*. «ацтекский танец», понос (*особ у туристов*)

azuline [ˈæzjulaın] *n редк*. лазурно-голубой цвет

azure I [ˈæʒə, ˈæʒjuə, ˈæʒjuə] *n* **1.** лазурь, синева **2.** *поэт*. небесная лазурь, небосвод

azure II [ˈæʒə, ˈæʒjuə, ˈæʒjuə] *a* голубой, лазурный

azure stone [ˈæʒəstəun] *мин*. ляпис-лазурь

azurine [ˈæʒjuraın, ˈæʒjuraın] *a* бледно-голубой, серо-голубой

azurite [ˈæʒjuraıt, ˈæʒjuraıt] *n мин*. азурит, синий малахит

azurmalachite [ˌæʒəˈmæləkaıt] *n мин*. синий малахит

azury [ˈæʒ(ə)rı] *a редк*. голубой, голубоватый

azygous [ˈæzıgəs] *a спец*. непарный; ~ vein непарная вена

azyme [ˈæz(ə)ım] *n церк*. опреснок

B

B, b [bi:] *n* (*pl* Bs, b's [bi:z]) **1.** 2-я буква английского алфавита **2.** (B) *амер*. отметка «хорошо»; a B in history «хорошо» по истории **3.** (b) *мат*. b (*обозначение известного числа*) **4.** (B) *муз*. си; B flat си-бемоль; B sharp си-диез **5.** *в грам. знач. прил*. (*тж. как компонент сложных слов*) 1) имеющий форму буквы B; B-образный 2) второсортный, второразрядный, второстепенный; B class, B grade второго класса /сорта/; a class B motion picture посредственный /низкопробный/ фильм; фильм, который идёт вторым экраном 3) второй (*по счёту*)
◊ B flat *шутл*. клоп; the three Bs великая тройка (*Бах, Бетховен, Брамс*); not to know B from a bull's foot /from a battledore, *амер*. from a broomstick/ не разбираться в элементарных вещах, быть круглым невеждой; ни аза не знать

baa I [bɑ:] *n* блеяние овцы

baa II [bɑ:] *v* блеять

Baal [bɑ:l, ˈbeıəl] *n* (*pl тж*. -lim) **1.** *миф*. Баал, Ваал (*древнее семитское божество*) **2.** идол

baa-lamb [ˈbɑ:læm] *n детск*. ягнёнок, барашек, «бяшка»

Baalim [ˈbɑ:lım, ˈbeıəlım] *pl от* Baal

Baalish [ˈbɑ:lıʃ, ˈbeıəlıʃ] *a* 1) *миф*. относящийся к Баалу, баалов 2) идолопоклоннический

Baalism [ˈbɑ:lız(ə)m, ˈbeıəlız(ə)m] *n* 1) поклонение Баалу 2) идолопоклонство

Baalist [ˈbɑ:lıst, ˈbeıəlıst] *n* 1) служитель Баала 2) идолопоклонник

baas [bɑ:s] *n южно-афр*. хозяин (*часто в обращении*)

bab [bæb] *n диал*. ребёнок, малыш

baba[1] [ˈbɑ:bɑ:] *n детск*. папа

baba[2] [ˈbɑ:bɑ:] *n фр*. ромовая баба

babbie [ˈbæbı] *n диал*. ребёнок, дитя; малыш

babbit I [ˈbæbıt] = Babbit-metal

babbit II [ˈbæbıt] *v тех*. заливать баббитом

Babbit-metal [ˈbæbıtˌmetl] *n метал*. баббит

Babbitry, babbitry [ˈbæbıtrı] *n книжн*. мещанство; мораль и вкусы среднего американского буржуа

Babbitt, babbitt [ˈbæbıt] *n* 1) *лит*. Бэббит (*герой одноимённого романа Синклера Льюиса*) 2) мещанин, бездуховный обыватель, средний американский буржуа

BAB — BAB

Babbitt-metal [ˈbæbɪtˈmetl] = Babbit-metal

babble I [ˈbæb(ə)l] *n* 1. 1) лепет; child's ~ детский лепет 2) бормотание; I could not make out his ~ я не мог разобрать, что он бормочет 2. болтовня; she couldn't stand the ~ of her neighbours она не выносила болтовни соседей 3. невнятный шум, гомон; the ~ of the brook журчание ручейка; the ~ of birds щебетание птиц 4. *радио* сложные искажения

babble II [ˈbæb(ə)l] *v* 1. 1) лепетать 2) бормотать, говорить невнятно; бурчать; he ~d something in response в ответ он что-то промямлил 2. 1) болтать; she ~d on without stopping она болтала без умолку 2) выболтать, проболтаться, проговориться (*тж.* ~ out); to ~ (out) a secret выболтать секрет 3. 1) производить невнятный шум; журчать (*о воде*) 2) щебетать, гомонить (*о птицах*)

babblement [ˈbæb(ə)lmənt] = babble I

babbler [ˈbæb(ə)lə] *n* 1. *см.* babble II + -er 2. болтун, пустомеля; говорун; ≅ язык без костей 3. брехливая собака

babbling I [ˈbæb(ə)lɪŋ] *n* 1. лепет (*ребёнка*) 2. болтовня, переливание из пустого в порожнее; the constant ~ of idle gossips пересуды досужих сплетников 3. *охот.* заливистый лай собаки (*когда она напала на след зверя*)

babbling II [ˈbæb(ə)lɪŋ] *a* 1) болтливый, говорливый 2) журчащий; ~ brook а) говорливый ручеёк; б) *разг.* болтушка, говорливая женщина

babby [ˈbæbɪ] = babbie

Babcock test [ˈbæbkɒkˈtest] проба Бэбкока (*исследование молока на содержание жира*)

babe [beɪb] *n* 1. *поэт.* дитя, младенец; ~ of love дитя любви (*о внебрачном ребёнке*) 2. наивный *или* неопытный человек; сущий ребёнок; a mere ~ in the ways of the world человек, не имеющий никакого жизненного опыта 3. *амер. разг.* красотка; малышка, крошка (*о девушке*)
◊ ~s in the wood наивные /доверчивые, простодушные/ люди; ~s and sucklings простаки, новички, неопытные люди; ≅ молоко на губах не обсохло; ~ unborn сущий младенец (*о непрактичном человеке*); ~s in Christ *рел.* новообращённые (*христиане*)

babehood [ˈbeɪbhʊd] *поэт. см.* babyhood

Babel [ˈbeɪb(ə)l] *n* 1. *библ.* 1) Вавилон; the tower of ~ вавилонская башня 2) вавилонское столпотворение; смешение языков 2. (*часто* b.) 1) столпотворение; путаница; what a ~! ну и неразбериха!; a perfect ~ полная разноголосица 2) гам и гам; a ~ of voices гам, галдёж 3. (*часто* b.) 1) постройка огромных размеров; здание-гигант 2) фантастический замысел; неосуществимый план; 'tis but a ~ это неосуществимо

babelism [ˈbeɪb(ə)lɪz(ə)m] *n* 1) неразбериха, сумятица 2) бред, чушь

babelize [ˈbeɪb(ə)laɪz] *v* создавать путаницу обычаев и языков; war ~d the peoples of Europe война перемешала народы Европы

babelized [ˈbeɪb(ə)laɪzd] *a* запутанный, сумбурный

babies'-breath [ˈbeɪbɪzbreθ] *n бот.* 1. перекати-поле, кичим метельчатый (*Gypsophila paniculata*) 2. подмаренник мягкий (*Galium mollugo*)

babies'-slippers [ˈbeɪbɪzˈslɪpəz] *n pl бот.* лядвенец рогатый (*Lotus corniculatus*)

baboo [ˈbɑːbuː] *n инд.* 1. господин (*тж. как обращение*) 2. индийский дворянин 3. клерк-индиец, пишущий по-английски 4. *пренебр.* ломаная и напыщенная английская речь; ~ English ломаный английский язык в Бенгалии 5. 1) *пренебр.* индиец, получивший образование в английской школе; «англизированный туземец» 2) индиец, говорящий на ломаном английском языке

baboon [bəˈbuːn] *n зоол.* 1. бабуин, павиан (*Papio gen.*) 2. грубый, жестокий и неумный человек; ≅ медведь

baboonery [bəˈbuːn(ə)rɪ] *n* 1. колония обезьян 2. кривлянье; непристойное поведение; stop this ~! перестаньте кривляться!; ведите себя прилично!

baboonish [bəˈbuːnɪʃ] *a пренебр.* обезьяноподобный; ~ manners обезьяньи повадки; непристойное поведение; отвратительное кривлянье

babouches [bəˈbuːʃɪz] *n pl* бабуши (*туфли без задника*)

babu [ˈbɑːbuː] = baboo

babuina [ˌbæbjuˈaɪnə] *n зоол.* самка бабуина

babul [bɑːˈbuːl] *n* 1. акация аравийская (*Acacia arabica*) 2. смола, стручки *или* кора акации

babushka [bəˈbʊʃkə] *n русск.* 1. головной платок; косынка 2. старая женщина, бабушка

baby I [ˈbeɪbɪ] *n* 1. 1) младенец, ребёнок, дитя; ~'s formula детская питательная смесь 2) детёныш (*особ. у обезьян*) 2. 1) малыш, самый маленький (*в семье и т. п.*); mother's ~ мамин любимчик, маменькин сынок; the ~ of the family младший в семье, «наш малыш»; B. of the House *разг.* «дитя» палаты общин, самый молодой член парламента 2) *разг.* малышка, малютка; крошка, детка (*в обращении*) 3. инфантильный человек; he is a regular ~ он сущий младенец 4. *разг.* (хорошенькая) девушка *или* молодая женщина (*тж.* sugar ~); she is my ~ это моя девушка 5. *разг.* парень, малый, детина 6. *разг.* 1) детище, порождение, творение (*об изобретении, проекте и т. п.*) 2) предмет, вещь; is that car there your ~? вот эта машина — ваша?
◊ to play the ~ ребячиться; дурачиться; to give smb. to hold /to carry/ the ~ a) переложить ответственность на кого-л.; б) связать кого-л. по рукам и ногам; to send a ~ on an errand заранее обрекать дело на провал; I was left holding the ~ ≅ всю ответственность взвалили на меня; расхлёбывать кашу пришлось мне

baby II [ˈbeɪbɪ] *a* 1. детский, младенческий; ~ clothes приданое для новорождённого; одежда для детей младшего возраста 2. ребяческий, детский; инфантильный; ~ act ребяческий /несерьёзный, легкомысленный/ поступок [*см. тж.* baby act] 3. 1) маленький; ~ elephant слонёнок; ~ sister (младшая) сестрёнка 2) *разг.* небольшого размера, малых габаритов; малоформатный; маломощный; ~ moon искусственный спутник (Земли); ~ car малолитражный автомобиль; ~ tank *воен.* танкетка; ~ plane *ав.* авиетка; ~ spot(-light) *кино* малый линзовый кинопрожектор «бэби»

baby III [ˈbeɪbɪ] *v* 1. обращаться (*с кем-л.*) как с ребёнком; баловать (*кого-л.*); she babied him through all the years она нянчилась с ним долгие годы 2. обращаться с осторожностью

baby act [ˈbeɪbɪækt] закон *или* постановление об охране прав несовершеннолетних; to plead the ~ ссылаться на молодость *или* неопытность (*как на смягчающее вину обстоятельство*)

baby-battering [ˈbeɪbɪˌbæt(ə)rɪŋ] *n* систематические побои, жестокие телесные наказания малолетних детей родителями

baby battery [ˌbeɪbɪˈbæt(ə)rɪ] электрическая батарейка

baby-beef [ˈbeɪbɪbiːf] *n* (*pl* -beeves [-biːvz]) 1. особо откормленный телёнок от 12-ти до 20-ти месяцев 2. *тк. sing* телятина (*мясо особо откормленного скота до полутора лет*)

baby blue [ˌbeɪbɪˈbluː] светло-голубой цвет

baby boom [ˈbeɪbɪbuːm] резкое увеличение рождаемости (*в первое десятилетие после второй мировой войны*)

baby buggy [ˈbeɪbɪˌbʌgɪ] детская коляска

baby bust [ˈbeɪbɪbʌst] внезапный спад рождаемости

baby carriage [ˈbeɪbɪˌkærɪdʒ] = baby buggy

baby doll [ˈbeɪbɪdɒl] *амер. разг.* куколка, красотка

baby face [ˈbeɪbɪfeɪs] 1) кукольное лицо, личико 2) = baby doll

baby-farm [ˈbeɪbɪfɑːm] *n* семья, принимающая детей на воспитание за плату

baby-farmer [ˈbeɪbɪˌfɑːmə] *n* женщина, берущая детей на воспитание за плату

baby(-)grand [ˌbeɪbɪˈgrænd] (*n*) кабинетный рояль (*тж.* ~ piano)

babyhood [ˈbeɪbɪhʊd] *n* 1. 1) младенчество, раннее детство 2) *собир.* маленькие дети, малыши 2. ребячество; ребячливость; this is no place for ~ здесь не место для шалостей

baby-house [ˈbeɪbɪhaʊs] *n редк.* кукольный дом

babyish [ˈbeɪbɪɪʃ] *a* 1. 1) детский, младенческий; to have a ~ look быть похожим на младенца 2) простой; доступный ребёнку; it's a ~ problem это задача для детей 2. глупый; наивный, ребячливый; what a ~ thing to do! что за ребячество!

babyism [ˈbeɪbɪɪz(ə)m] *n* 1. = babyhood 2. детское слово *или* выражение

baby-jumper [ˈbeɪbɪˌdʒʌmpə] *n* ходунок (*приспособление, поддерживающее ребёнка, ещё не умеющего ходить*)

baby kisser [ˈbeɪbɪˌkɪsə] *амер. разг.* политикан, заигрывающий с избирателями

baby kissing [ˈbeɪbɪˌkɪsɪŋ] *амер. разг.* заигрывание с избирателями

baby-like I [ˈbeɪbɪlaɪk] *a* ребяческий, свойственный ребёнку

baby-like II [ˈbeɪbɪlaɪk] *adv* как ребёнок; по-детски; ребячливо, ребячески

baby linen [ˈbeɪbɪˌlɪnɪn] пелёнки

Babylon [ˈbæbɪlən] *n* 1. *см.* Приложение 2. (*современный*) Вавилон (*город, утопающий в роскоши и пороках*) 3. *презр.* Вавилон, папский престол (*о Ватикане*)

Babylonian I [ˌbæbɪˈləʊnɪən] *n* 1. *ист.* вавилонянин, житель Вавилона 2. *уст.* 1) папист 2) католик 3. астролог

Babylonian II [ˌbæbɪˈləʊnɪən] *a* 1. *ист.* вавилонский; ~ captivity *библ.* вавилонское пленение 2. огромный 3. 1) продажный, подлый 2) порочный, греховный

Babylonic [ˌbæbɪˈlɒnɪk] = Babylonian II

Babylonish [ˌbæbɪˈləʊnɪʃ] *a* 1) вавилонский 2) напоминающий вавилонское столпотворение *или* смешение языков, запутанный

baby-minder ['beɪbɪˌmaɪndə] = baby-sitter
baby powder ['beɪbɪˌpaudə] детская присыпка
baby-rocking ['beɪbɪˌrɒkɪŋ] *n* укачивание (*при езде, полёте и т. п.*)
baby-sit ['beɪbɪsɪt] *v* 1) сидеть, оставаться с (чужими) детьми (*за плату, пока родителей временно отсутствуют*) 2) работать приходящей няней
baby-sitter ['beɪbɪˌsɪtə] *n* приходящая няня (*часто школьница или студентка*), остающаяся с детьми за плату
baby-snatcher ['beɪbɪˌsnætʃə] *n* 1. похититель детей 2. *разг.* похитительница младенца (*о старухе, женившейся на себе молодого*)
baby-snatching ['beɪbɪˌsnætʃɪŋ] *n* похищение детей
baby spot ['beɪbɪspɒt] фонарь (*на сцене*)
baby talk ['beɪbɪtɔːk] 1) детский лепет 2) сюсюканье (*взрослых*)
bac [bæk] *n карт. разг.* баккара
bacca [bæk] *n бот. я́года
baccalaurean [ˌbækəˈlɔːrɪən] *a книжн.* холостяцкий
baccalaureate [ˌbækəˈlɔːrɪət] *n* 1. степень бакалавра 2. богослужение в высшем учебном заведении (*обычно в воскресенье накануне присуждения степеней*); ~ sermon *амер.* напутственная речь выпускникам учебного заведения 3. *книжн.* холостяк
baccarat [ˈbækərɑː] *n карт.* баккара
baccate [ˈbækeɪt] *a бот.* 1. ягодоносный 2. ягодовидный
Bacchae [ˈbækiː] *n pl* вакханки
bacchanal I [ˌbækəˈnæl, ˈbækən(ə)l] 1. 1) вакханка 2) жрец Вакха, Бахуса 3) поклонник Бахуса, пьяница, кутила, гуляка 2. (Bacchanals) = Bacchanalia 3. вакхическая песнь; вакхический танец 4. *иск.* вакхическая сцена (*в живописи, скульптуре*)
bacchanal II [ˌbækəˈnæl, ˈbækən(ə)l] *a* 1) (B.) *миф.* вакхический, относящийся к Вакху, Бахусу 2) вакхический, разгульный
Bacchanalia [ˌbækəˈneɪlɪə] *n pl* 1. *ист.* вакханалия, празднество в честь Вакха, Бахуса 2. (b.) вакханалия, оргия
bacchanalian I [ˌbækəˈneɪlɪən] *n книжн.* пьяница, гуляка, кутила
bacchanalian II [ˌbækəˈneɪlɪən] *a* 1) *ист.* вакханальный, относящийся к вакханалиям; вакхический 2) разгульный, пьянствующий
bacchanalize [ˈbækənəlaɪz] *v книжн.* 1) кутить, предаваться разгулу, оргиям 2) превращать в вакханалию, в оргию
bacchant [ˈbækənt] *n* 1. жрец Вакха, Бахуса 2. поклонник Вакха, гуляка, пьяница
bacchante [bəˈkæntɪ] *n* вакханка, жрица Вакха, Бахуса
Bacchantic [bəˈkæntɪk] *a* относящийся к вакханкам; вакхический
bacchic [ˈbækɪk] *a* 1) (B.) *миф.* вакхический; относящийся к Вакху, Бахусу 2) имеющий характер вакханалии, оргии; пьяный, разгульный, исступлённый, весёлый
bacchius [bæˈkaɪəs] *n стих.* бакхий
Bacchus [ˈbækəs] *n миф.* Вакх, Бахус *или* Дионис; a lover of ~ *шутл.* поклонник Бахуса, любитель выпить
bacciferous [bækˈsɪf(ə)rəs] *a бот.* ягодоносный
bacciform [ˈbæksɪfɔːm] *a бот.* ягодовидный
baccivorous [bækˈsɪv(ə)rəs] *a книжн.* питающийся ягодами
baccy [ˈbækɪ] *n* (*сокр. от* tobacco) *разг.* табак; got any ~? табачок есть?, закурить найдётся?

bach I [bætʃ] *n* (*сокр. от* bachelor) *амер. разг.* холостяцкий образ жизни
bach II [bætʃ] *v амер. разг.* 1. жить холостяком, бобылём; жить самостоятельно (*тж.* to ~ it) 2. вести хозяйство по-холостяцки в отсутствие жены
bachelor [ˈbætʃ(ə)lə] *n* 1. 1) холостяк; old ~ старый холостяк; confirmed ~ убеждённый холостяк; he is a ~ он холост /неженат/ 2) *зоол.* холостяк (*молодой самец в стаде*) 2. бакалавр; B. of Arts бакалавр гуманитарных и математических наук; B. of Civil Law бакалавр гражданского права; B. of Education бакалавр педагогических наук; B. of Letters /Literature/ бакалавр литературы; B. of Science бакалавр наук 3. *ист.* рыцарь (*особ. молодой*); рыцарь-вассал 4. *в грам. знач. прил.* холостяцкий; ~ party холостяцкая пирушка (*перед свадьбой*); мальчишник ◊ ~'s wife *шутл.* идеальная женщина, «мечта холостяка»
bachelor chest [ˌbætʃ(ə)ləˈtʃest] комод-конторка (*с наклонным верхом*)
bachelorette [ˌbætʃ(ə)ləˈret] *n редк.* холостячка, одинокая молодая женщина, живущая самостоятельно
bachelorhood [ˈbætʃ(ə)ləhud] *n* 1. холостяцкая жизнь 2. *редк.* степень бакалавра; to receive one's ~ получить степень бакалавра
bachelorism [ˈbætʃ(ə)lərɪz(ə)m] *n* 1. = bachelorhood 1 2. холостяцкая привычка, холостяцкая черта
bachelor's [ˈbætʃ(ə)ləz] *n разг.* (*сокр. от* bachelor's degree) степень бакалавра
bachelor's-button [ˈbætʃ(ə)ləzˌbʌtn] *n бот.* 1. лютик (*Ranunculus*) 2. василёк голубой (*Centaurea cyanus*) 3. амарант шарообразный (*Gomphrena globosa*)
bachelorship [ˈbætʃ(ə)ləʃɪp] *n* 1. = bachelorhood 1 2. степень бакалавра гуманитарных наук
bachle [ˈbɑːk(ə)l] = bauchle
bacillaemia [ˌbæsɪˈliːmɪə] *n мед.* присутствие микробов в крови, бациллемия
bacillary [bəˈsɪlərɪ] *a спец.* бациллярный, палочковидный, палочкообразный
bacilli [bəˈsɪlaɪ] *pl от* bacillus
bacilli-carrier [bəˈsɪlɪˌkærɪə] *n мед.* бациллоноситель
bacilliform [bəˈsɪlɪfɔːm] *a мед.* бациллярный, палочковидный; напоминающий бациллу
bacillus [bəˈsɪləs] *n* (*pl* -li) бацилла, палочка
back¹ [bæk] *n* 1. 1) спина; broad ~ широкая спина; широкие плечи; board ~ *мед.* щит (*для исправления спины*); to carry smth. on one's ~ нести что-л. на спине; to lie on one's ~ а) лежать на спине; б) нести непосильное бремя; ≅ надеть себе на шею хомут; to fall on one's ~ упасть навзничь; to be on one's ~ лежать (больным) в постели; to pat on the ~ а) похлопать по спине; б) покровительствовать (*кому-л.*); поощрять (*кого-л.*); в) подбадривать; to stab in the ~ а) всадить нож в спину; б) предать; в) предательски нападать; клеветать, злословить за чьей-л. спиной; he has a strong ~ а) у него широкая спина; б) он всё вынесет; его всем сломить; excuse my ~ извините, я повернулся *или* я сижу к вам спиной 2) спина, спинка (*животного*) 3) *pl* высококачественные, первосортные кожи 4) спина (*одежды*); the ~ of a coat спина пальто 2. 1) спинной хребет; позвоночник; he has broken his ~ у него перелом позвоночника 2) поясница, крестец; a sharp pain in the ~ острая боль в пояснице; to strain one's ~ потянуть спину 3. 1) задняя, тыльная часть (*чего-л.*); the ~ of the head затылок; the ~ of the hand тыльная сторона руки; the ~ of a leaf нижняя поверхность листа; the ~ of the foot *анат.* тыл стопы; the ~ of a chair спинка стула; the ~ of a book корешок книги; ~ of a rudder *мор.* спинка руля; ~ of a knife тупая сторона ножа; this sound is pronounced with the ~ of the tongue *фон.* этот звук произносится с помощью задней части языка 2) *тех.* задняя грань (*резца*); затылок или обух инструмента; ~ of an arch *стр.* внешняя поверхность арки 4. задняя, более отдалённая часть (*чего-л.*); задний план; at the ~ сзади, позади [*ср. тж.* ◊]; at the ~ of one's mind в глубине души [*ср. тж.* ◊]; the garden at the ~ of the house сад за домом; a room in the ~ of the house задняя комната; the money was in the ~ of the drawer деньги лежали в глубине ящика; we must get to the ~ of this мы должны добраться /докопаться/ до сути дела 5. оборотная сторона; изнанка; the ~ of cloth [rug] изнанка ткани [ковра]; see on the ~ смотри(те) на обороте; sign on the ~ распишитесь на обороте (*чека, счёта*) 6. гребень (*волны, горы*); the monument stood on the ~ of a hill памятник стоял на вершине холма 7. нагота, неприкрытое тело (*когда речь идёт об одежде*); одежда; ~ and belly одежда и стол /еда/ [*см. тж.* ◊]; I haven't a rag to my ~ а) мне нечего надеть; б) мне нечем прикрыть свою наготу; she puts all she earns on her ~ она тратит на одежду всё, что зарабатывает 8. *спорт.* защитник (*тж.* full ~); half ~ полузащитник 9. *мор.* киль; кильсон 10. *горн.* висячий бок (*пласта*); кровля (*забоя*); потолок (*выработки*); кливажная трещина 11. нижняя дека (*музыкального инструмента*) ◊ ~ to вплотную, впритык; the ~ of beyond глушь, край света; at the ~ of beyond *шутл.* на краю света; в недосягаемости; ≅ у чёрта на куличках [*ср. тж.* 4]; with one's ~ to /against/ the wall припёртый к стенке, в отчаянном положении; behind smb.'s ~ за чьей-л. спиной, в отсутствие кого-л.; за глаза, тайком; to be on smb.'s ~ привязываться /приставать/ к кому-л.; не давать житья кому-л.; придираться к кому-л.; набрасываться /накидываться/ на кого-л.; she is always on his ~ if he comes home late когда он приходит домой поздно, ему всегда достаётся от неё; to get off smb.'s ~ отстать /отвязаться/ от кого-л.; оставить в покое кого-л.; to be (flat /put, thrown/) on one's ~ быть в безнадёжном /беспомощном/ положении; he is flat on his ~ after a long succession of failures постоянные неудачи сломили его; ≅ его положили на обе лопатки; to be at the ~ of smb. стоять за кем-л.; to stand behind smb.'s ~ а) стоять за кем-л., оказывать кому-л. поддержку; б) преследовать кого-л.; гнаться по пятам за кем-л.; to be at the ~ of the pack «наступать на пятки», идти непосредственно за лидером, «дышать в спину»; to be at the ~ of smth. а) скрываться за чем-л., таиться в чём-л.; what's at the ~ of it? что за этим кроется?; б) быть зачинщиком чего-л.; to turn one's ~ обратиться в бегство; отступить; ≅ показать

пя́тки; to get one's ~ up a) рассерди́ться, разозли́ться, вы́йти из себя́; ощети́ниться; б) заупря́миться, упере́ться; to put /to set/ smb.'s ~ up рассерди́ть кого́-л., восстанови́ть кого́-л. про́тив себя́; to see smb.'s ~, to see the ~ of smb. а) ви́деть чей-л. ухо́д; I'm always glad to see the ~ of him я всегда́ жду не дожду́сь его́ ухо́да; б) изба́виться /отде́латься/ от кого́-л.; to put one's ~ into one's work рабо́тать энерги́чно /с энтузиа́змом/; вкла́дывать всю ду́шу в рабо́ту; to give smb. the ~ отверну́ться от кого́-л., игнори́ровать кого́-л.; to turn one's ~ upon /on/ smb. поверну́ться к кому́-л. спино́й, отверну́ться от кого́-л.; порва́ть отноше́ния с кем-л.; to bow /to crouch/ one's ~ гнуть спи́ну (перед кем-л.); подчиня́ться; подхали́мничать; to cast behind the ~ библ. забы́ть и прости́ть; to beat smb. ~ and belly изби́ть до полусме́рти [см. тж. 7]; he has them on his ~ они́ сидя́т у него́ на ше́е; you give me a pain in the ~ ты мне ужа́сно надое́л

back[1] II [bæk] *a* 1. за́дний; ~ rows за́дние /после́дние/ ряды́; ~ garden сад за до́мом; ~ entrance чёрный ход; ~ seam изна́ночный шов; ~ edge /margin/ полигр. вну́треннее /корешко́вое/ по́ле (страни́цы); ~ elevation *тех.* вид сза́ди, за́дний фаса́д; ~ vowel фон. гла́сный за́днего ря́да; ~ light кино за́дний контржу́рный свет; ~ lighting кино контржу́рное освеще́ние; ~ projection кино рирпрое́кция, прое́кция на просве́т 2. отдалённый, да́льний; ~ settlement да́льнее поселе́ние; ~ street глуха́я у́лица; ~ alley a) глухо́й переу́лок; б) трущо́бы, задво́рки; ~ blocks отдалённые кварта́лы; ~ district *амер.* се́льский райо́н, глушь; ~ road просёлочная доро́га 3. обра́тный; ~ current обра́тное тече́ние; ~ freight обра́тный фрахт /груз/; ~ azimuth *топ.* обра́тный а́зимут; обра́тное направле́ние 4. 1) запозда́лый, отста́лый; to have a ~ view of things име́ть отста́лые взгля́ды 2) ста́рый; a ~ number /issue/ (of a magazine) а) ста́рый но́мер (журна́ла); б) отста́лый челове́к, ретрогра́д; в) не́что устаре́вшее, несовреме́нное, допото́пное; ~ file компле́кт предше́ствующих номеро́в периоди́ческого изда́ния 5. *преим. амер.* заде́ржанный, просро́ченный; сле́дуемый или упла́чиваемый за про́шлое вре́мя; ~ pay *амер.* жа́лованье за прорабо́танное вре́мя; б) заде́ржанная зарпла́та; ~ rent [taxes] *амер.* кварти́рная пла́та [нало́ги] за проше́дшее вре́мя; ~ payment просро́ченный платёж; ~ order невы́полненный зака́з; ~ lessons невы́ученные уро́ки, уро́ки за пропу́щенное вре́мя 6. *воен.* тылово́й; ~ areas тыл(ы́), тылвы́е райо́ны; ~ line defence оборо́на тылово́й полосы́

back[1] III [bæk] *adv* 1. сза́ди, позади́; keep ~! не подходи́(те)!, отойди́(те)!; he stood ~ in the crowd он стоя́л позади́ в толпе́; the police kept the crowd ~ поли́ция сде́рживала толпу́ 2. 1) обра́тно, наза́д; ~ and forth взад и вперёд; there and ~ туда́ и обра́тно, ~ there! осади́! наза́д!; ~ home на ро́дине; I knew him ~ home я знал его́, когда́ жил на ро́дине; to get [to take, to send, to bring] ~ получи́ть [взять, посла́ть, принести́] наза́д /обра́тно/; to go [to come, to run, to ride, to fly] ~ пойти́ [прийти́, прибежа́ть, е́хать, лете́ть] обра́тно; to sit ~ откину́ться на спи́нку кре́сла; удо́бно усе́сться; to look ~ а) огля́дываться наза́д, ки́нуть взгляд в про́шлое; б) жале́ть о про́шлом; раска́иваться в соде́янном; to go ~ from /upon/ one's word не сдержа́ть, нару́шить сло́во; to step ~ а) сде́лать шаг наза́д; б) нанести́ защи́тный уда́р; to push the bolt ~ отодви́нуть засо́в /задви́жку/; he is just ~ from voyage он то́лько что верну́лся из морско́го путеше́ствия; when will they be ~? когда́ они́ верну́тся? 2) сно́ва, опя́ть; the liquid turned ~ into gas жи́дкость сно́ва преврати́лась в газ 3) *тех.* (в направле́нии) про́тив часово́й стре́лки 3. 1) (тому́) наза́д; an hour or so ~ о́коло ча́са наза́д; for years ~ в тече́ние мно́гих лет; if we go ~ a few years... е́сли верну́ться к тому́ /е́сли вспо́мнить/, что бы́ло не́сколько лет (тому́) наза́д..., it was way ~ in 1890 э́то бы́ло ещё в 1890 году́; far ~ in the Middle Ages давны́м-давно́, ещё в сре́дние века́ 2) с опозда́нием; с отстава́нием; he was three days ~ in his work в свое́й рабо́те он отста́л на три дня 4. *ука́зывает на отве́тное де́йствие*: to pay ~ а) отда́ть долг; б) отплати́ть; to answer ~ возража́ть (*особ. на замеча́ние*); to hit /to strike/ ~ дать сда́чи; to love ~ отвеча́ть взаи́мностью; to talk ~ огрыза́ться; to bow ~ to smb. отвеча́ть на приве́тствие; I had a bit of my own ~ on him *разг.* я отомсти́л ему́ 5. *ука́зывает на сде́рживание или заде́ржку:* to hold ~ the tears сде́рживать слёзы; to hold ~ wages заде́рживать зарпла́ту 6. *в сочета́ниях*: ~ from в стороне́, вдалеке́ от; ~ from the road в стороне́ от доро́ги; ~ of *амер.* а) сза́ди, позади́; he rode ~ of the cart он е́хал верхо́м позади́ теле́ги; б) (стоя́щий *или* скрыва́ющийся) за; various motives were ~ of this reversal of policy э́та переме́на поли́тики диктова́лась мно́гими соображе́ниями; each speaker told what the organization ~ of him wanted ка́ждый ора́тор расска́зал, чего́ хо́чет организа́ция, кото́рую он представля́ет

back[1] IV [bæk] *v* 1. 1) подде́рживать, подкрепля́ть (*тж.* ~ up); to ~ a plan [a draft resolution, an appeal] подде́ржать план [прое́кт резолю́ции, призы́в]; to ~ an argument with proof подкрепи́ть аргумента́цию доказа́тельствами; to ~ smb. (up) ока́зывать кому́-л. подде́ржку, соде́йствовать кому́-л. 2) закрепля́ть (я́корь *и т. п.*) 3) укрепля́ть; подпира́ть (сте́ну *и т. п.*) 4) наклоня́ть; прислоня́ть; he ~ed the mirror against the wall он прислони́л зе́ркало к стене́ 2. субсиди́ровать; финанси́ровать; his father ~ed him in business оте́ц финанси́ровал его́ де́ло /предприя́тие/; the project was ~ed by the Chicago financiers предприя́тие субсиди́ровалось финанси́стами Чика́го 3. 1) ста́вить (*на игрока́, боксёра, ло́шадь*); to ~ a wrong horse а) поста́вить не на ту ло́шадь; б) просчита́ться, ошиби́ться в расчётах 2) (on) наде́яться на (кого́-л., что-л.); I ~ed on his ability to get out of scrapes я рассчи́тывал на его́ спосо́бность выходи́ть сухи́м из воды́ 4. 1) дви́гать в обра́тном направле́нии; оса́живать; отводи́ть; to ~ a car дава́ть за́дний ход маши́не; to ~ in (a car) ввести́ маши́ну в гара́ж за́дним хо́дом; to ~ out выезжа́ть отку́да-л. за́дним хо́дом; to ~ a horse оса́живать ло́шадь; to ~ the troops into position отводи́ть войска́ на исхо́дные пози́ции; to ~ the oars *мор.* таба́нить; to ~ water а) *мор.* таба́нить; б) идти́ на попя́тный, отступа́ть, отступа́ться; ~ her! *мор.* за́дний ход! (*кома́нда*) 2) дви́гаться в обра́тном направле́нии, идти́ за́дним хо́дом; отходи́ть, отступа́ть, пя́титься; he ~ed a step or two to let them pass он отступи́л на не́сколько шаго́в, что́бы пропусти́ть их 5. сади́ться на ло́шадь; е́хать верхо́м; объезжа́ть ло́шадь; she ~ed the horse at a jump она́ вскочи́ла на ло́шадь одни́м прыжко́м 6. 1) покрыва́ть; снабжа́ть спи́нкой; to ~ a book перепле́сти кни́гу; the wardrobe was ~ed with plywood за́дняя сте́нка шка́фа была́ оби́та фане́рой 2) ста́вить на подкла́дку; a coat ~ed with fur шу́ба на меху́ 7. примыка́ть (*сза́ди*); the hills ~ed the town за го́родом раски́нулись холмы́, го́род стоя́л у подно́жия холмо́в; we saw a sandy beach ~ed by chalk cliffs мы уви́дели песча́ный пляж на фо́не мелов́ых утёсов; our house ~s on to a park за́дняя стена́ на́шего до́ма выхо́дит в парк 8. 1) подпи́сывать, скрепля́ть по́дписью; утвержда́ть; визи́ровать 2) *фин.* индосси́ровать (ве́ксель); to ~ a bill поста́вить свою́ по́дпись на оборо́тной стороне́ ве́кселя, гаранти́ровать опла́ту ве́кселя 9. аккомпани́ровать; сопровожда́ть му́зыкой (*тж.* ~ up)
◊ to ~ and fill а) *мор.* лежа́ть в дре́йфе; б) передвига́ться зигза́гами; в) *амер.* колеба́ться, проявля́ть нереши́тельность; he ~ed and filled until the last moment он колеба́лся до после́дней мину́ты

back[2] [bæk] *n* коры́то; чан; большо́й бак

back- [bæk-] *в сло́жных слова́х име́ет значе́ние* за́дний, ты́льный, обра́тный: backdrop за́дник, backlands хи́нтерланд; backscatter *физ.* обра́тное рассе́яние; backlash отве́тная реа́кция на (*како́е-л.*) социа́льное движе́ние

backache ['bækeɪk] *n* боль в спине́ или поясни́це; простре́л

back action ['bæk'ækʃ(ə)n] *тех.* за́дний ход; обра́тное де́йствие

back-alley [,bæk'ælɪ] *a* непригля́дный, нечистопло́тный, сомни́тельный (*о поведе́нии и т. п.*); ~ morals сомни́тельная мора́ль; ни́зкие нра́вы; ~ political schemes полити́ческие махина́ции

back-answer ['bæk,ɑ:nsə] = back-talk

back-arching ['bæk,ɑ:tʃɪŋ] *n* прогиба́ние спины́ (*гимна́стика*)

back-axle [,bæk'æks(ə)l] *n* *авт.* за́дний мост, за́дняя ось

backbalance ['bæk,bæləns] *n* противове́с; баланси́р

backband ['bækbænd] *n* чересседе́льник

backbeat ['bækbi:t] *n* фо́новый ритм в рок-му́зыке

backbench [,bæk'bentʃ] *n* за́дняя скамья́ (*где сидя́т рядовы́е чле́ны парла́мента*)

backbencher [,bæk'bentʃə] *n* рядово́й член парла́мента, «заднескаме́ечник»

backbend ['bækbend] *n* за́дний мост (*гимна́стика*)

backbit ['bækbɪt] *past от* backbite II

backbite I ['bækbaɪt] *n* злосло́вие (по а́дресу отсу́тствующего); (загла́зная) клевета́

backbite II ['bækbaɪt] *v* (backbit; backbitten) злосло́вить (об отсу́тствующем); клевета́ть за чьей-л. спино́й

backbitten ['bæk,bɪtn] *p. p. от* backbite II

back-blocks ['bækblɔks] *n pl австрал.* 1) ме́стность, удалённая от путе́й сообще́ния; глушь, глуби́нка 2) райо́н трущо́б; да́льние скотово́дческие зе́мли

backblow ['bækbləʊ] *n* 1. 1) уст. уда́р в спи́ну 2) неожи́данный уда́р; ~s of fortune уда́ры судьбы́ 2. *воен.* отда́ча; отка́т ору́дия

backboard I ['bækbɔ:d] *n* **1.** 1) спинка (*в лодке, повозке*) 2) задний борт грузовика **2.** спинодержатель (*корсет для выпрямления спины*) **3.** баскетбольный щит

backboard II ['bækbɔ:d] *v* заставлять носить спинодержатель

backbone ['bækbəʊn] *n* **1.** *анат.* позвоночник, позвоночный столб; спинной хребет; her dress showed too much ~ *шутл.* на ней было платье с большим вырезом на спине **2.** основа; суть; сущность; ~ road магистраль; the ~ of a theory основа теории; the ~ of the subject суть предмета; the ~ of the feudal system главная опора феодального строя; such men are the ~ of the country на таких людях держится мир **3.** твёрдость характера; сила воли; to lack ~ быть безвольным человеком; he hasn't enough ~ у него слабый характер; do you have enough ~ to overcome hard luck? у тебя хватит мужества преодолеть неудачи? **4.** *тех.* каркас, несущая часть, главная опора (*конструкции*) **5.** корешок (*книги*) ◊ ~ to the ~ до мозга костей; насквозь; во всех отношениях; he is a reactionary to his very ~ он реакционер до мозга костей

backboned ['bækbəʊnd] *a* **1.** *зоол.* позвоночный; ~ animal позвоночное животное **2.** твёрдый; решительный

backbone line ['bækbəʊn'laɪn] *вчт.* магистральная линия

back-breaker ['bæk‚breɪkə] *n* сл. 1) крепкий орешек; трудная задача 2) изнурительная работа

back-breaking ['bæk‚breɪkɪŋ] *a* изнурительный, требующий огромного напряжения сил, непосильный; каторжный (*о работе*); it's a ~ task на этом деле у него недолго сломать

back burner [‚bæk'bɜ:nə] 1) задняя конфорка; to put on a ~ поставить на заднюю конфорку (*см. тж.* 2) 2) второе место; to put on a ~ отодвинуть; б) отложить на более позднее время

back-burner ['bæk‚bɜ:nə] *a* второстепенный; a ~ issue неосновной /мелкий/ вопрос

back-cast ['bækka:st] *a* (от)брошенный назад; ~ glance взгляд через плечо

backcast I ['bækka:st] *n диал.* обратный бросок

backcast II ['bækka:st] *v* воссоздавать прошлое

back-chain ['bæktʃeɪn] *n* чересседельник

back-chat ['bæktʃæt] *n* **1.** = back-talk **2.** быстрый обмен репликами (*в комедии*)

backcloth ['bækklɒθ] *n театр.* задник

back-coat ['bækkəʊt] *n стр.* обмазка; первый намёт штукатурки

backcomb ['bækkəʊm] *v* начёсывать, взбивать; to ~ one's hair взбивать /начёсывать/ волосы

back combing ['bæk‚kəʊmɪŋ] начёс; to build up hairdos with ~ делать начёс

back corkscrew ['bæk'kɔ:kskru:] *спорт.* винт назад со входом головой (*прыжки в воду*)

back-country [‚bæk'kʌntrɪ] *n* 1) малонаселённая, удалённая от путей сообщения местность; глушь 2) эк. сельскохозяйственный район, тяготеющий к данному пункту 3) *амер.* отсталый сельскохозяйственный район на окраине штата

back-countryman ['bæk‚kʌntrɪmən] (*pl* -men [-mən]) *амер.* провинциал, сельский житель

back-coupling ['bæk‚kʌplɪŋ] *n* спец. обратная связь

back-court ['bækkɔ:t] *n* **1.** *спорт.* зона защиты **2.** *с.-х.* птичий или скотный двор

backcross ['bækkrɒs] = backcrossing

backcrossing ['bæk‚krɒsɪŋ] *n с.-х.* обратное скрещивание, беккросс

backdate [‚bæk'deɪt] *v* проводить (*что-л.*) задним числом; when an increase was given in M.P.s' pay, it was ~d увеличение жалованья членам парламента было проведено задним числом

backdigger ['bæk‚dɪgə] *n тех.* обратная лопата (*тип экскаватора*)

back door [‚bæk'dɔ:] **1.** 1) чёрный ход 2) запасный выход 3) потайная дверь **2.** действия с «чёрного хода»; закулисные интриги; to get the place /post/ through the ~ получить место /устроиться/ по протекции /‹по блату›/

back-door ['bæk'dɔ:] *a* закулисный, тайный (*об интригах и т. п.*); ~ goings-on действия исподтишка

back down [‚bæk'daʊn] *phr v* **1.** отступать **2.** отступаться; отказываться (*от своей претензии и т. п.*)

backdown ['bækdaʊn] *n* отступление; сдача позиций; капитуляция

back-draught ['bækdra:ft] *n тех.* **1.** обратная тяга **2.** взрыв газа в шахте

backdrop ['bækdrɒp] *n* **1.** декорации, художественное оформление **2.** фон, на котором развёртываются события; against the ~ of crisis в обстановке кризиса **3.** = backcloth

backed [bækt] *a* **1.** имеющий поддержку (*и см.* back¹ IV) **2.** со спинкой (*о стуле и т. п.*) **3.** на подкладке; ~ with satin на атласной подкладке **4.** с опорой **5.** *фото* с (противоореольной) подложкой **6.** (-backed) *как компонент сложных слов* имеющий (*такую-то*) спину; straight-backed с прямой спиной; hump-backed горбатый

back-end [‚bæk'end] *n* **1.** конец; задняя часть; ~ of a cane нижний конец трости; ~ of a screwdriver ручка отвёртки **2.** диал. 1) конец сезона, года 2) поздняя осень **3.** *тех.* переработка отработавшего ядерного топлива

back-entry ['bæk‚entrɪ] *n спорт.* простой прыжок назад со входом головой, простой полуоборот назад (*прыжки в воду*)

backer ['bækə] *n* **1.** см. back¹ IV + -er **2.** ставящий на игрока, боксёра *и т. п.*; this horse has the most ~s на эту лошадь больше всего ставят

backet ['bækɪt] *n* **1.** неглубокий чан, корытце **2.** рыб. верша

backfall [‚bæk'fɔ:l] *n* **1.** падение на спину (*особ. в спортивной борьбе*); падение навзничь **2.** рычажок в механизме органа

back fat ['bækfæt] шпиг, спинной жир, хребтовый шпиг, хребтовое сало

back field ['bækfi:ld] защитники (*футбол*)

backfill I ['bækfɪl] *n* **1.** засыпка канавы, закладка выемки **2.** материал для засыпки

backfill II ['bækfɪl] *v* заполнять, заделывать, закладывать или засыпать выемку ранее вынутой породой или землёй

backfiller ['bæk‚fɪlə] *n* машина для засыпки, закладки

back-fire I ['bækfaɪə] *n* **1.** *тех.* обратная вспышка **2.** встречный огонь (*костёр для тушения лесного пожара*)

back-fire II [‚bæk'faɪə] *v* **1.** давать обратную вспышку (*о двигателе*) **2.** привести к неожиданным неприятным последствиям (*для самого замышлявшего*); his plan /plot/ ~d его план обернулся против него самого **3.** зажигать встречный огонь (*для тушения лесного пожара*)

backfit ['bækfɪt] *n* незначительная модификация (*оборудования*)

backflow ['bækfləʊ] *n спец.* противоток, обратный поток

back-formation ['bækfɔ:‚meɪʃ(ə)n] *n* **1.** лингв. обратное словообразование, регрессивная деривация **2.** слово, образованное способом регрессивной деривации (*напр.*, to typewrite *от* a typewriter)

back-frame ['bækfreɪm] *n* хребтовая рама (*мотоцикла и т. п.*)

backfriend ['bækfrend] *n* **1.** друг-покровитель **2.** *арх.* мнимый друг; тайный враг

backfurrow ['bæk‚fʌrəʊ] *n с.-х.* развальная борозда

backgammon ['bækgæmən] *n* **1.** триктрак (*игра*) **2.** победа с трёхкратным перевесом в счёте

background ['bækgraʊnd] *n* **1.** 1) задний план; фон; red spots on a white ~ красные крапинки на белом фоне /поле/; to melt into the ~ сливаться с фоном; the white house stood out against the ~ of the dark forest белый дом выделялся на фоне тёмного леса, the shed stood in the ~ сарай стоял в глубине 2) незаметное положение; to stay in the ~ оставаться в тени /на заднем плане/; to cultivate a ~ manner стараться держаться незаметно; the question has fallen into the ~ вопрос утратил остроту **2.** 1) предпосылка; подоплёка; the ~ of the war причины войны; предвоенная обстановка; the ~ of the deal was easy to explain подоплёка этой сделки была легко объяснима 2) история вопроса; сведения общего характера; исходные данные; give me the ~ of the problem расскажите мне, как возник этот вопрос **3.** 1) подготовка, образование; квалификация; he has the right ~ for the job у него хорошая подготовка для этой работы 2) (биографические или анкетные) данные; происхождение; общественный и моральный облик; связи и окружение (*человека*); to look up smb.'s ~ наводить справки о ком-л. /о чьём-л. происхождении и связях, моральном облике и т. п./; what is his ~? что он собой представляет? **4.** *кино* 1) обстановка; место действия 2) предметы или действующие лица, расположенные в глубине кадра; ~ projection рирпроекция 3) второстепенное действие **5.** *театр.*, *кино* фон, музыкальное сопровождение, шумовое оформление *и т. п.* **6.** *физ.* послесвечение; ~ radiation фоновое излучение

backgrounder ['bæk‚graʊndə] *n амер.* 1) пресс-конференция информационного характера; разъяснение позиции правительства (*журналистам*) 2) памятная записка, раздаваемая журналистам, с изложением позиции правительства (*в каком-л. вопросе*)

background knowledge ['bækgraʊnd‚nɒlɪdʒ] **1.** фундаментальные знания, основы **2.** лингв. фоновые знания; ≅ пресуппозиция

backhand I ['bækhænd] *n* **1.** 1) «бекхенд», удар слева (*теннис*) 2) удар тыльной стороной руки (*волейбол и т. п.*) **2.** почерк с наклоном в обратную сторону

backhand II ['bækhænd] = backhanded

backhand III ['bækhænd] *adv* наотмашь, тыльной стороной руки (*об*

ударе); he hit him ~ across the face он уда́рил его́ нао́тмашь по лицу́
backhand IV [ˈbækhænd] *v* уда́рить нао́тмашь, ты́льной стороно́й руки́
backhanded [ˌbækˈhændɪd] *a* 1. нанесённый ты́льной стороно́й руки́ (*об уда́ре*); he cut down the running man with a powerful ~ blow он сбил с ног бегу́щего си́льным уда́ром нао́тмашь 2. с накло́ном вле́во (*о по́черке*) 3. 1) двусмы́сленный, сомни́тельный; ~ compliment сомни́тельный комплиме́нт 2) ко́свенный; ~ reminder ко́свенное напомина́ние, намёк 4. нело́вкий, неуклю́жий (*особ. в рабо́те*); небре́жный 5. свёрнутый, скру́ченный в обра́тную сто́рону (*о верёвке*)
backhander [ˌbækˈhændə] *n* 1. 1) уда́р ты́льной стороно́й руки́, нао́тмашь 2) *сл.* преда́тельский уда́р, нож в спи́ну, подно́жка 2. *разг.* ли́шний стака́нчик (*вина́*) 3. *разг.* взя́тка
backhaul [ˈbækhɔːl] *n* 1. *спец.* обра́тный транзи́т; обра́тный груз 2. *ж.-д.* доста́вка порожняка́
backhouse [ˈbækhaus] *n* 1) надво́рная постро́йка 2) надво́рная убо́рная, отхо́жее ме́сто
backing [ˈbækɪŋ] *n* 1. 1) подде́ржка; одобре́ние; подкрепле́ние 2) *собир.* сторо́нники; he has a large ~ у него́ мно́го сторо́нников, его́ мно́гие подде́рживают 3) укрепле́ние, закрепле́ние 4) опо́ра, подпо́рка 5) *тех.* вкла́дыш подши́пника, опо́ра 6) *муз.* сопровожде́ние соли́ста, аккомпанеме́нт 2. 1) субсиди́рование; финанси́рование 2) *фин.* покры́тие, обеспе́чение; ~ of gold, gold ~ покры́тие зо́лотом, золото́е обеспе́чение 3. 1) обра́тная сторона́, оборо́т; изна́нка; mirrors have a ~ of quicksilver с обра́тной стороны́ зеркала́ покрыва́ются амальга́мой 2) подкла́дка 3) спи́нка 4. *кино́* за́дник (*рисо́ванный и́ли фотографи́ческий*) 5. 1) отступле́ние; попя́тное движе́ние, обра́тный ход, за́дний ход; there is no ~ out of it now тепе́рь отступа́ть невозмо́жно; we have no ~ room /space/ нам не́куда отступа́ть 2) *тех.* реверси́рование (*маши́ны*); движе́ние в обра́тную сто́рону 6. 1) обье́здка ло́шади 2) поса́дка на ло́шадь 7. *полигр.* 1) печа́тание на оборо́тной стороне́ листа́ (*ча́сто* ~ up) 2) кругле́ние корешка́ кни́жного бло́ка 8. *редк.* замедле́ние, заде́ржка, запа́здывание
backing light [ˈbækɪŋlaɪt] 1. диффу́зное освеще́ние декора́ций в глубине́ сце́ны 2. *авт.* фона́рь за́днего хо́да
backing storage [ˈbækɪŋˈstɔːrɪdʒ] *вчт.* вне́шняя па́мять, вне́шнее запомина́ющее устро́йство
back-jack-knife [ˌbækdʒækˈnaɪf] *n спорт.* прыжо́к согну́вшись, «щу́ка» (*прыжки́ в во́ду*)
back judge [ˈbækdʒʌdʒ] гла́ва суде́йской брига́ды (*футбо́л*)
backlash I [ˈbæklæʃ] *n* 1. неожи́данное си́льное движе́ние наза́д 2. 1) отве́тный уда́р 2) отрица́тельная реа́кция; white ~ «бе́лый бумера́нг», реа́кция бе́лых раси́стов на борьбу́ за права́ чёрных 3. 1) *тех.* мёртвый ход 2) *ав.* скольже́ние (*винта́*) 4. *тех.* зазо́р, люфт
backlash II [ˈbæklæʃ] *v амер.* 1) отвеча́ть уда́ром на уда́р 2) вызыва́ть отрица́тельную реа́кцию
backlight [ˈbæklaɪt] *v фо́то* освеща́ть контрже́рным све́том
back list, backlist [ˈbæklɪst] (*n*) катало́г книг, име́ющихся в прода́же (*но не входя́щих в число́ но́винок*)

backlog [ˈbæklɒɡ] *n* 1. большо́е поле́но (*для подде́ржки дров в ками́не*) 2. 1) резе́рв, запа́с; заде́л 2) *эк.* портфе́ль зака́зов 3) задо́лженность (*по выпу́ску проду́кции*); ~ of orders невы́полненные зака́зы; ~ of debts накопи́вшаяся задо́лженность; ~ of demand неудовлетворённый спрос; ~ of payment неупла́ченные су́ммы; просро́ченные платежи́; ~ of work отстава́ние в рабо́те; to catch up with the ~ ликвиди́ровать отстава́ние
back lot [ˈbæklɒt] *кино́* съёмочная площа́дка на откры́том во́здухе
back-lying [ˈbækˌlaɪɪŋ] *n* положе́ние лёжа на спине́ (*гимна́стика*)
back matter [ˈbækˌmætə] *полигр.* аппара́т (*кни́ги — приложе́ния, табли́цы и т. п.*)
backmost [ˈbækməust] *a* са́мый за́дний
back motion [ˌbækˈməuʃ(ə)n] = back action
back-mutate [ˌbækmjuːˈteɪt] *v биол.* мути́ровать к первонача́льному ви́ду
back off [ˈbækˈɒf] *phr v* 1. 1) отстраня́ться, отступа́ть 2) *сл.* отвяжи́сь!, отста́нь!, отцепи́сь!, отвали́! 2) *разг.* тормози́ть, замедля́ться 3. изгиба́ться наза́д
back-of-the-book [ˌbækəvðəˈbuk] *a амер.* представля́ющий интере́с для широ́кого кру́га чита́телей, зри́телей, слу́шателей (*о но́востях в нау́ке, иску́сстве и т. п. в отли́чие от официа́льных сообще́ний*)
back-of-the-envelope [ˌbækəvðɪˈenvələup] *a* бы́стро и легко́ определя́емый, не тре́бующий сло́жных расчётов
back out [ˈbækˈaut] *phr v* 1. (of) уклоня́ться от (*чего́-л.*); отступа́ть от (*чего́-л.*); to ~ of a promise не сдержа́ть обеща́ния; to ~ of a contract *ком.* отступи́ть от контра́кта 2. выви́нчивать; отводи́ть (*ре́жущий инструме́нт*) 3. *вчт.* отменя́ть (*измене́ния*); восстана́вливать (*преды́дущее состоя́ние*)
back-out [ˈbækaut] *n амер.* отка́з от обеща́ния, от свое́й пози́ции и т. п.
backpack I [ˈbækpæk] *n* ра́нец; рюкза́к; ~ parachute наспи́нный парашю́т
backpack II [ˈbækpæk] *v* 1) уча́ствовать в туристи́ческом похо́де, ходи́ть в похо́д 2) занима́ться альпини́змом 3) носи́ть что-л. в рюкзаке́
backpacker [ˈbækˌpækə] *n* 1) пе́ший тури́ст 2) альпини́ст
backpacking [ˈbækˌpækɪŋ] *n* 1) пе́ший тури́зм 2) туристи́ческий похо́д
back-page [ˈbækpeɪdʒ] *n* 1) оборо́тная сторона́ (*листа́*) 2) после́дняя страни́ца
back-pedal [ˌbækˈpedl] *v* 1. тормози́ть велосипе́д 2. *сл.* 1) ме́длить; приостана́вливать, тормози́ть (*де́ло*) 2) идти́ на попя́тный
back-piece [ˈbækpiːs] *n* 1. *ист.* спинна́я часть кира́сы 2. спи́нка (*оде́жды и т. п.*)
backplate [ˈbækpleɪt] = back-piece
back-pressure [ˈbækˌpreʃə] *n тех.* противодавле́ние
back-rest [ˈbækrest] *n* 1. спи́нка (*у ме́бели*); опо́ра для спи́ны (*для лежа́чих больны́х и т. п.*) 2. *тех.* люне́т (*тока́рного и́ли шлифова́льного станка́*)
back road [ˈbækrəud] *n* просёлочная доро́га
back-room I [ˌbækˈruːm, -ˈrum] *n* 1. за́дняя ко́мната (*в ба́ре и т. п.*) 2. *ча́ще амер.* ме́сто, где происхо́дит секре́тная де́ятельность (*осо́б. полити́ческая*); закули́сные перегово́ры *и т. п.*; boys in the ~ *сл.* поли́тика́ны и их окруже́ние 3. секре́тная лаборато́рия; секре́тное констру́кторское бюро́, нау́чно-иссле́довательское учрежде́ние *и т. п.*
back-room II [ˌbækˈruːm, -ˈrum] *a* 1. 1) закули́сный; ~ compromises закули́сные компроми́ссы 2) *амер.* относя́щийся к закули́сной полити́ческой де́ятельности 2. секре́тный, име́ющий вое́нное значе́ние; засекре́ченный; ~ boys *сл.* учёные /констру́кторы/, рабо́тающие над но́выми ви́дами ору́жия; нау́чные сотру́дники секре́тных лаборато́рий *и т. п.*
back-rope [ˈbækrəup] *n* чересседе́льник
back run [ˈbækˈrʌn] 1. обра́тный ход 2. *австрал.* уча́сток земли́, за́нятый под обще́ственное па́стбище
Backs [bæks] *n* па́рки и лужа́йки кембри́джских ко́лледжей вдоль реки́ Кем
backscatter [ˈbækˌskætə] *n физ.* обра́тное рассе́яние, рассе́яние наза́д
back-scratch [ˈbækskrætʃ] *v разг.* подхали́мничать, лаке́йствовать; ≅ лиза́ть и́ли чеса́ть пя́тки
back-scratcher [ˈbækˌskrætʃə] *n* 1) па́лка для чеса́ния спины́ 2) *разг.* подхали́м, лизоблю́д
back seat [ˈbækˈsiːt] 1. ме́сто сза́ди 2. *разг.* скро́мное положе́ние; to take a ~ занима́ть незаме́тное ме́сто; игра́ть второстепе́нную роль
back-seat driver [ˌbæksiːtˈdraɪvə] *иро́н.* 1) пассажи́р, даю́щий води́телю указа́ние, как вести́ маши́ну 2) безотве́тственный челове́к, даю́щий сове́ты и́ли «це́нные» указа́ния
backset I [ˈbækset] *n* 1. 1) заде́ржка; поме́ха, препя́тствие; противоде́йствие; it was a ~ to their plan э́то помеша́ло осуществле́нию их пла́на 2) неуда́ча; ухудше́ние (*положе́ния*) 3) рециди́в (*боле́зни*) 2. обра́тное тече́ние; небольшо́й водоворо́т 3. *с.-х.* перепа́шка; оборо́т (*пласта́*) 4. зазо́р в дверно́м замке́
backset II [ˈbækset] *a* (находя́щийся) в вы́ключенном положе́нии
backset III [ˈbækset] *v амер. с.-х.* перепа́хивать (*зе́млю в пре́риях*)
back-settler [ˌbækˈsetlə] *n амер.* жи́тель отдалённого поселе́ния; пересе́ленец и́ли колони́ст, обжива́ющий но́вые места́
backshaft [ˈbækʃɑːft] *n* вал шестерён за́днего хо́да
backsheesh [ˈbækʃiːʃ] = baksheesh
back-shift [ˈbækʃɪft] *n горн.* втора́я сме́на; подготови́тельная сме́на
back shop [ˈbækʃɒp] подсо́бные мастерски́е
back-shot [ˈbækʃɒt] *n авт.* «вы́стрел» в гли́шителе
backside [ˈbæksaɪd] *n* 1. за́дняя, ты́льная сторона́ 2. я́годицы, зад; a kick in the ~ пино́к 3. *диал.* 1) надво́рные постро́йки 2) отхо́жее ме́сто
backsight [ˈbæksaɪt] *n* 1. *геод.* обра́тное визи́рование 2. *воен.* прице́л; це́лик (*пистоле́та*) колодка; ~ leaf прице́льная ра́мка; прице́льная пла́нка
back-slang [ˈbækslæŋ] *n лингв.* (воро́вский) жарго́н на осно́ве перевора́чивания сло́ва (*напр., уnnep вм. penny*)
backslant [ˈbækslɑːnt] *n полигр.* шрифт с накло́ном вле́во
backslap [ˈbækslæp] *v* покрови́тельственно и́ли фамилья́рно похло́пывать по плечу́, по спине́
backslapper [ˈbækˌslæpə] *n пренебр.* руба́ха-па́рень; развя́зный челове́к, проявля́ющий пока́зное друже́лю́бие
backslapping [ˈbækˌslæpɪŋ] *n пренебр.* (покрови́тельственное) похло́пывание по плечу́; панибра́тство, амикоше́нство
backslid [ˌbækˈslɪd] *past от* backslide II
backslidden [ˌbækˈslɪdn] *p. p. от* backslide II

backslide I ['bækslaɪd] *n* 1) *рел.* вероотступничество 2) отступничество, ренегатство 3) возврат, рецидив (*алкоголизма, преступности и т. п.*)

backslide II [ˌbæk'slaɪd] *v* (backslid; backslidden) 1) *рел.* отступаться от правой веры; впадать в вероотступничество, в ересь, в грех 2) впадать в ренегатство; отказываться от прежних убеждений *и т. п.* 3) переживать рецидив (*особ. преступности, алкоголизма и т. п.*); катиться по наклонной плоскости; to ~ into intemperance снова запить; you are doing excellent work now, I hope you won't ~ вы сейчас отлично работаете, надеюсь, что дальше будет не хуже

backslider [ˌbæk'slaɪdə] *n* 1) *рел.* вероотступник 2) ренегат, отступник 3) вернувшийся к дурным привычкам

backspace I ['bækspeɪs] *n* 1) клавиша «обратный ход» (*на пишущей машинке*; ~ key) 2) *вчт.* возврат

backspace II [ˌbæk'speɪs] *v* возвращать каретку пишущей машинки на один знак (*нажав специальную клавишу*)

backspacer [ˌbæk'speɪsə] = backspace I

backspin ['bækspɪn] *n спорт.* обратное вращательное движение (*мяча, шара и т. п.*); подкрутка

backspinner ['bækˌspɪnə] *n* мяч, летящий с обратным вращением (*теннис*); крученый мяч

backsplice ['bækspaɪs] *n мор.* оплётка (*конца троса*)

backstage I [ˌbæk'steɪdʒ] *n театр.* пространство за сценой, кулисами

backstage II [ˌbæk'steɪdʒ] *a театр.* 1. 1) происходящий за кулисами 2) закулисный, тайный; ~ life личная жизнь актёров 2. происходящий в глубине сцены; ~ whisper громкий /театральный/ шёпот

backstage III [ˌbæk'steɪdʒ] *adv театр.* 1. 1) за кулисами 2) за кулисы 2. в глубине сцены

backstairs I ['bækˌsteəz] *n pl* 1) чёрная лестница 2) боковой вход; лестница для менее почётных посетителей 3) лазейка; обходной путь 4) закулисные методы *или* интриги

backstairs II ['bækˌsteəz] *a презр.* закулисный, тайный, тёмный; ~ influence закулисное влияние; ~ politics нечистоплотная /грязная/ политика, грязные методы; to listen to ~ gossip прислушиваться к кухонным пересудам; he can wait — he's nothing but a ~ client он может подождать — не такая уж он и важная птица

backstay ['bækster] *n* 1. *тех.* оттяжка; подкос 2. *мор.* бакштаг; фордун 3. *горн.* ловитель вагонеток

backster ['bækstə] *n* деревянная *или* пробковая сандалия (*для хождения по гальке*)

back-stitch ['bækstɪtʃ] *n* 1) шов «за иголку» 2) сдвоенная строчка (*швейная*)

backstop I ['bækstɒp] *n* 1. поддержка, содействие, помощь; to provide a ~ быть /служить/ опорой 2. опора (*о механизме, методе, принципе*) 3. *тех.* останов, упор, собачка 4. *воен.* мишенный вал, пулепоглотитель

backstop II ['bækstɒp] *v* оказывать поддержку, содействие; служить опорой; to found funds to ~ the program создать целевой фонд; trained counsellors ~ the teaching staff преподаватели пользуются помощью квалифицированных консультантов

back-stope ['bækstəʊp] *n горн.* потолкоуступный забой

backstrap ['bækstræp] *n* (книжный) корешок

back-strapped ['bækstræpt] *a* 1. *мор.* задерживаемый течением (*о парусном судне*) 2. в безвыходном положении; бессильный что-л. предпринять

backstreet ['bækstriːt] *a разг.* нелегальный, подпольный; совершаемый украдкой, втихомолку; ~ abortions подпольные аборты; ~ intrigues закулисные интриги

backstroke I ['bækstrəʊk] *n* 1. ответный удар 2. *тех.* обратный удар; отдача пружины 3. *спорт.* плавание на спине

backstroke II ['bækstrəʊk] *v спорт.* плыть на спине

backswept ['bækswept] *a* 1. зачёсанный назад 2. *ав.* имеющий положительную стреловидность

backswimmer ['bækˌswɪmə] *n зоол.* гладыш (*Notonectida*)

backswing ['bækswɪŋ] *n* замах назад (*при ударе по мячу; теннис*)

backsword ['bæksɔːd] *n* 1. *ист.* палаш (*рубящее оружие с одним остриём*) 2. фехтовальная палка, рапира 3. фехтовальщик

back-talk ['bæktɔːk] *n разг.* дерзкий ответ, непочтительное возражение (*старшему по возрасту или по положению*); to give ~ огрызаться; I want none of your ~ не смей мне грубить

back-to-basics [ˌbæktə'beɪsɪks] *a амер.* предполагающий возврат к основным принципам (*религии, образования и т. п.*); ~ approach ортодоксальный подход; ~ lifestyle патриархальный образ жизни

backtrack I ['bæktræk] *n воен.* отход; отступление

backtrack II ['bæktræk] *v* 1. 1) отходить, отступать (*тем же путём, каким пришёл*) 2) отступаться, отказываться 3) нарушать обещание; отказываться от своего слова 4) *полит.* менять курс 2. возвращаться

backtracking ['bækˌtrækɪŋ] *n* 1. возврат, возвращение (*к исходному положению*) 2. *вчт.* перебор с возвратами, бэктрекинг

back up¹ ['bæk'ʌp] *phr v* 1) поддерживать; to ~ words with deeds подтвердить слова делами; to ~ a theory with facts подкрепить теорию фактами; he backed up my story он подтвердил сказанное мной 2) давать задний ход 3) подниматься на кошках спиной к склону (*альпинизм*) 4) сопровождать музыкой; backed up by the jazz quartet *редк.* в сопровождении джазового квартета

back up² ['bæk'ʌp] *phr v амер.* вызывать затор, пробку; to ~ traffic создавать затор в движении (*транспорта*)

backup¹ I ['bækʌp] *n* 1. *косм.* дублирование 2. 1) дублёр, замена (*космонавт-дублёр*) 3) ракета-дублёр 4) запасной вариант; резервная программа 5) *спец.* дублирующий элемент *или* агрегат 6) *вчт.* резервная копия, резерв (*тж.* ~ copy)

backup¹ II ['bækʌp] *a* 1. запасной, запасный, резервный; дублирующий; ~ control *спец.* резервное управление 2. служащий аккомпанементом; сопровождающий (*о музыке*); аккомпанирующий

backup² ['bækʌp] *n* затор, пробка; sewage ~ засорение стока; a ~ of cars *амер.* скопление автомашин, транспортная пробка

Backus normal form ['bækəs'nɔːməlfɔːm] *вчт.* нормальная форма Бэкуса

Backus notation ['bækəsnəʊ'teɪʃ(ə)n] = Backus normal form

backveld I ['bækvelt, -felt] *n южно-афр.* местность, удалённая от городов, глушь

backveld II ['bækvelt, -felt] *a* провинциальный; глухой, отдалённый

backward I ['bækwəd] *n поэт.* прошлое; the dark ~ and abysm of time (*Shakespeare*) туманное прошлое

backward II ['bækwəd] *a* 1. обратный (*обыкн. о движении*); ~ flow *тех.* противоток; ~ take *кино* обратная съёмка; кинокадр, снятый приёмом обратной съёмки; on seeing me he made a ~ movement увидев меня, он отступил /сделал шаг назад/ 2. 1) отсталый; ~ children умственно *или* физически отсталые дети; ~ mind неразвитый ум; ~ country отсталая страна 2) поздний; запоздалый; ~ autumn запоздалая осень; ~ in one's preparations отставший с подготовкой; the melons are ~ this year дыни поздно поспели /появились/ в этом году 3. 1) медлящий, мешкающий; делающий неохотно; he is ~ in giving his views он неохотно высказывает своё мнение; he was not ~ in helping me он не замедлил помочь мне 2) робкий, застенчивый; ~ lover нерешительный влюблённый; he is not ~ in asking favours он не стесняется просить об одолжениях

backward III ['bækwəd] *adv* 1. назад; to look ~ смотреть назад /через плечо/; to turn one's head ~ обернуться, оглянуться; to fall ~ упасть навзничь; to cast a light ~ отражать свет; to turn ~ from one's beliefs отступать от своих убеждений; to look ~ over one's earlier mistakes учиться на ошибках; he stepped ~ он сделал шаг назад, он отступил на шаг; they pushed the car ~ они толкнули машину назад. В обратном направлении; ~ and forward а) а) взад и вперёд; б) *разг.* досконально, тщательно; he knew his lesson ~ and forward он знал урок назубок /наизусть/; ~ march! кругом марш! (*команда*) 3. наоборот, задом наперёд; to walk ~ пятиться; to say the alphabet ~ называть буквы алфавита в обратном порядке; to sit ~ on a horse сидеть на лошади лицом к хвосту; to read ~ читать от конца к началу; to ring the bells ~ а) звонить в колокола, начиная с басов; б) бить тревогу 4. превратно; извращённо, искажённо; ошибочно; to spell smb. ~ представить кого-л. в невыгодном свете; оклеветать кого-л.; to think ~ of smth. ошибиться в чём-л. 5. к худшему; affairs are going ~ дела идут всё хуже ◊ to lean over ~ а) перегибаться назад; б) из кожи (вон) лезть (*особ. для исправления допущенной ошибки или несправедливости*); to go /to turn/ ~ *библ.* впасть в грех; once away, the arrow won't fly ~ *посл.* ≅ сделанного не воротишь

backwardation [ˌbækwə'deɪʃ(ə)n] *n* 1) скидка по сравнению с котировкой товара на более близкие сроки 2) *бирж.* депорт, скидка за согласие на перенос расчётов по срочной сделке

backwardness ['bækwədnɪs] *n* отсталость *и пр.* [см. backward II 2 *и* 3]

backwards ['bækwədz] = backward III

backwash I ['bækwɒʃ] *n* 1) вода, отбрасываемая винтом парохода; волны от парохода; the ~ of the steamer made our little boat rock волна от проходящего парохода качала нашу лодочку 2) отголосок (*какого-л. события*); ~ of hard times последствия тяжёлых

времён 3) обратный поток; завихрение воздуха (*за автомобилем, самолётом*) 4) откат (*волны от берега*)
backwash II [ˈbækwɒʃ] *v* 1. подвергать действию напора воды; создавать волну 2. *текст.* промывать *или* обезжиривать (*шерсть*)
backwater I [ˈbækˌwɔ:tə] *n* 1. 1) заводь, запруженная вода, затон; верхний бьеф 2) тихая заводь, болото, застой; intellectual ~ отупляющая обстановка, интеллектуальное болото; this area is a ~ это /здесь/ сонное царство 2. *спец.* противотечение; струя обратного течения 3. = backwash I 1)
backwater II [ˈbækˌwɔ:tə] *v* 1) изменить курс судна на противоположный 2) сдать свои позиции; изменить своё мнение; I predict that the council will ~ я предвижу, что совет пойдёт на попятный
back-way [ˈbækweɪ] *n* 1. чёрный ход 2. окольный, обходный путь; there is no ~ есть только один путь
backwind¹ [ˈbækwɪnd] *v* (backwound) отнимать ветер (*на парусных гонках*)
backwind² [ˈbækwaɪnd] *v* (backwound) перематывать плёнку назад, в обратном направлении
backwoods I [ˈbækwʊdz] *n pl* 1) лесная глушь 2) задворки, захолустье 3) пустынное, необжитое место 4) неразведанная область; the ~ of English literature неисследованная часть английской литературы
backwoods II [ˈbækwʊdz] *a* 1) живущий в лесной глуши; характерный для отдалённых мест; глухой 2) тёмный, малокультурный, неотёсанный, провинциальный
backwoodsman [ˈbækwʊdzmən] *n* (*pl* -men [-mən]) 1) обитатель лесной глуши 2) *шутл.* дикарь, медведь (*о провинциале*) 3) *ирон.* «гость из глуши» (*о члене палаты лордов, редко бывающем на заседаниях*)
back-word [ˈbækwə:d] *n диал.* 1. невыполнение обещания 2. грубый ответ 3. отказ от выполнения заказа; перенос срока выполнения заказа 4. отмена приглашения
backwound [ˈbækwaʊnd] *p. p.* от backwind²
backwrap [ˈbækræp] *n* халат, юбка *и т. п.* с запахом сзади
backyard I [ˌbækˈjɑ:d] *n* 1. 1) двор или садик за домом 2) приусадебный участок, усадьба; огород 3) задний двор 2. уязвимое место; we must clean up our own ~ before criticizing others прежде чем критиковать других, нужно избавиться от собственных недостатков 3. *сл.* циркачи (*артисты в отличие от администрации*) 4. *амер. разг.* родные, знакомые места; своя округа; ≅ по соседству
backyard II [ˌbækˈjɑ:d] *a* местный; частный; особый; ~ production местное /кустарное/ производство; ~ measures мероприятия местного значения
backyarder [ˌbækˈjɑ:də] *n* мелкий производитель (*разводящий кур, кроликов и т. п. на приусадебном участке*)
bacon [ˈbeɪkən] *n* копчёная свиная грудинка, бекон; ~ and eggs яичница с грудинкой; a rasher of ~ тонкий кусок грудинки; a gammon of ~ свиной окорок; ветчина 2. *разг.* награда; прибыль, выигрыш; to bring home the ~ a) заработать достаточно; ≅ на хлеб с маслом/; б) добиться своего; добиться успеха; оказаться в выигрыше

◊ to save one's ~ a) убраться подобру-поздорову; спасти свою шкуру; б) оказаться не в накладе; добиться своего
beconburger [ˈbeɪkənˌbɜ:gə] *n* булочка с ломтиком бекона
baconer [ˈbeɪkənə] *n с.-х.* беконная свинья
Baconian [beɪˈkəʊnɪən] *n* 1. последователь философии Бэкона 2. *лит.* сторонник мнения, что произведения Шекспира написаны Бэконом
bacony [ˈbeɪkənɪ] *a* жирный; ожиревший; ~ liver *мед.* ожирение печени
bacteremia [ˌbæktəˈri:mɪə] *n* присутствие микробов в крови; бактериемия
bacteri- [bækˈtɪ(ə)rɪ-] = bacterio-
bacteria [bækˈtɪ(ə)rɪə] *pl om* bacterium
bacteriaemia [ˌbæktəˈri:mɪə] = bacteremia
bacterial [bækˈtɪ(ə)rɪəl] *a* бактериальный; ~ action деятельность микробов; ~ cultivation выращивание бактерий; ~ equilibrium of soil *с.-х.* бактериальный баланс почвы
bacterian [bækˈtɪ(ə)rɪən] *редк.* = bacterial
bactericidal [bækˌtɪ(ə)rɪˈsaɪdl] *a* бактерицидный; убивающий бактерии
bactericide [bækˈtɪ(ə)rɪsaɪd] *n* бактерицид, антибактерийный препарат
bacterio- [bækˈtɪ(ə)rɪə(ʊ)-] (*тж.* bacteri-) в сложных словах с лат. и греч. корнями имеет значение бактерия, микроорганизм: bacteriolysin бактериолизин (*препарат, вызывающий растворение микроорганизмов*); bactericidin бактерицидный препарат
bacteriological [bækˌtɪ(ə)rɪəˈlɒdʒɪk(ə)l] *a* бактериологический; ~ warfare бактериологическая война; ~ weapons бактериологическое оружие
bacteriologist [bækˌtɪ(ə)rɪˈɒlədʒɪst] *n* бактериолог
bacteriology [bækˌtɪ(ə)rɪˈɒlədʒɪ] *n* бактериология
bacteriolysis [bækˌtɪ(ə)rɪˈɒlɪsɪs] *n спец.* бактериолиз
bacteriophage [bækˈtɪ(ə)rɪəfeɪdʒ] *n спец.* бактериофаг
bacteriophobia [bækˌtɪ(ə)rɪəˈfəʊbɪə] *n* страх заразиться чем-л.
bacteriorhodopsin [bækˌtɪ(ə)rɪərəʊˈdɒpsɪn] *n* биохим. бактериородопсин (*белок, преобразующий световую энергию в химическую*)
bacterioscopy [bækˌtɪ(ə)rɪˈɒskəpɪ] *n* бактериоскопия
bacteriosis [bækˌtɪ(ə)rɪˈəʊsɪs] *n спец.* бактериоз
bacteriostat [bækˈtɪ(ə)rɪəstæt] *n* бактериостат (*вещество, подавляющее рост бактерий*)
bacterium [bækˈtɪ(ə)rɪəm] *n* (*pl* -ria) бактерия, микроб
Bactrian [ˈbæktrɪən] *n зоол.* бактриан, верблюд двугорбый (*Camelus bactrianus*)
baculi [ˈbækjʊlaɪ] *pl om* baculus
baculiform [bæˈkjuːlɪfɔ:m] *a спец.* палочковидный
baculine [ˈbækjʊl(a)ɪn] *a книжн.* палочный, относящийся к палочному наказанию; ~ discipline палочная дисциплина; дисциплина из-под палки; ~ argument *ирон.* аргументация с помощью палки
baculus [ˈbækjʊləs] *n* (*pl* baculi) *лат.* жезл, посох (*как символ власти*); скипетр
bad¹ I [bæd] *n* 1. плохое, дурное; to take the ~ with the good стойко переносить превратности судьбы; ≅ в жизни всякое бывает 2. плохое состояние; to exchange the ~ for better поправить свои дела; his health went from ~ to worse ему становилось всё хуже и хуже; I am with you for ~ or worse я готов разделить с тобой все невзгоды; ~ is the best впереди ничего хорошего не предвидится 3. (the ~) *собир.* злодеи 4. *фин. проф.* дефицит; 500 pounds to the ~ долг в 500 фунтов стерлингов

◊ to be in ~ a) быть в беде; б) (with smb.) не нравиться (кому-л.); быть в немилости (у кого-л.); he is in ~ with his mother-in-law тёща его не жалует; to go to the ~ a) сбиться с пути (истинного); плохо кончить; she wept at seeing her son go to the ~ она обливалась слезами, видя, что её сын всё больше опускается; б) пропасть, погибнуть
bad¹ II [bæd] *a* (worse; worst) 1. 1) плохой, дурной, скверный; ~ action [handwriting, novel, reputation, habit, food, manners, housing] скверный поступок [почерк, роман, -ая репутация, привычка, пища, -ые манеры, жилищные условия]; ~ visibility плохая /слабая/ видимость; ~ luck неудача, невезение; ~ news неприятная /тяжёлая/ весть; дурные вести; ~ man a) дурной человек; б) *амер.* бандит; ~ taste плохой вкус, безвкусица [*см. тж.* 7]; the remark was in ~ taste (это было) очень неуместное /бестактное/ замечание; in the ~ sense of the word в плохом смысле этого слова; to feel ~ чувствовать себя неловко [*см. тж.* 5 *и* ◊]; to be in ~ temper быть в плохом настроении /раздражённым/; he is a ~ correspondent он не любит отвечать на письма; the light is ~ мало света; the machine was in ~ condition машина была неисправна; he is in ~ shape a) *разг.* он в плохом состоянии; б) *спорт.* он не в форме; it is ~ to tell lies лгать нехорошо; it is very ~ of you это очень плохо /дурно/ с вашей стороны 2) с отрицанием, *преим. разг.* неплохой, недурной; not a ~ fellow неплохой парень; he is not a ~ player он недурно играет; not a ~ idea неплохая мысль, недурная идея; ≅ я не возражаю; not half /so, too/ ~ отлично, здорово 2. 1) безнравственный; развращённый; порочный; ~ woman развратная женщина; children should not have access to ~ books детям нельзя давать безнравственные книги 2) непристойный, неприличный; ~ language сквернословие; ~ word непристойное слово, ругательство; to call smb. ~ names обзывать кого-л. 3. гнилой; испорченный, недоброкачественный; ~ fish тухлая рыба; ~ air испорченный /загрязнённый/ воздух; ~ water плохая /непригодная (для питья)/ вода; to go ~ гнить, разлагаться; fish soon goes ~ in hot weather в жаркую погоду рыба быстро портится 4. неполноценный, некачественный, с дефектами; ~ heating ≅ плохо топят 5. больной; ~ tooth больной /гнилой/ зуб; ~ leg a) повреждённая нога; б) нарыв на ноге; ~ eyes слабое зрение; to feel ~ плохо себя чувствовать [*см. тж.* 1, 1) *и* ◊]; to be ~ with fever болеть лихорадкой; he is in ~ health он нездоров, у него слабое здоровье; it is so ~ with him он так сильно болен; she was taken ~ ей стало плохо [*см. тж.* ◊] 6. неискренний; нечестный; to act in ~ faith поступать нечестно /недобросовестно/; заведомо обманывать 7. неприятный; противный; ~ smell неприятный запах; ~ taste противный вкус; неприятный привкус (*во рту*) [*см. тж.* 1, 1)] 8. (*часто* for) неблагоприятный; неподходящий; вредный; ~ environment

плохо́е /неподходя́щее/ окруже́ние, неблагоприя́тная обстано́вка; ~ food for the young неподходя́щая пи́ща для дете́й; smoking [tension] is ~ for you куре́ние [напряже́ние] вам вре́дно; small print is ~ for the eyes от ме́лкого шри́фта по́ртятся глаза́; the weather is ~ for tennis пого́да неблагоприя́тна для те́нниса; it was a ~ time /moment/ to let her know ей рассказа́ли об э́том в неподходя́щий моме́нт 9. фальши́вый, подде́льный, недействи́тельный; ~ coin фальши́вая моне́та; ~ passport а) фальши́вый /подде́льный/ па́спорт; б) недействи́тельный /просро́ченный/ па́спорт; ~ will завеща́ние, не име́ющее зако́нной си́лы; ~ insurance claim ло́жный /необосно́ванный/ страхово́й иск 10. неве́рный, ло́жный, непра́вильный; нето́чный, оши́бочный; ~ spelling непра́вильное /оши́бочное/ написа́ние; ~ grammar а) граммати́ческая оши́бка; б) негра́мотная речь; ~ guess неве́рная дога́дка; ~ laws несправедли́вые зако́ны; to speak ~ French говори́ть на ло́маном францу́зском языке́; to see smth. in a ~ light ви́деть что-л. в превра́тном све́те; to put a ~ construction on smth. ло́жно /превра́тно/ толкова́ть что-л.; ви́деть или изобража́ть что-л. в ло́жном све́те 11. неуда́чный; ~ try неуда́чная попы́тка; ~ excuse сла́бое оправда́ние; ~ crop неурожа́й; ~ picture кино́ фотографи́ческий брак, неудовлетвори́тельное ка́чество изображе́ния; ~ ticket сл. неуда́чная ста́вка (на бега́х); ~ bet прои́гранное пари́; ~ buy невы́годная поку́пка 12. (at) неуме́лый, неспосо́бный; ~ at figures пло́хо счита́ющий, неспосо́бный к арифме́тике; to be ~ at tennis пло́хо игра́ть в те́ннис 13. разг. си́льный, о́стрый, большо́й; интенси́вный; ~ cold си́льный на́сморк; си́льная просту́да; ~ pain ре́зкая боль; is the pain very ~? о́чень бо́льно?; a ~ attack of gout о́стрый при́ступ пода́гры; ~ bruise си́льный уши́б, большо́й синя́к; ~ blunder непрости́тельный про́мах; ~ crime тя́жкое преступле́ние; to suffer ~ losses понести́ больши́е поте́ри; to have a ~ temperature име́ть высо́кую температу́ру; he has a ~ fall он упа́л и си́льно расши́бся 14. злой, злобный, злове́щий; the ~ fairy зла́я фе́я; ~ omen дурно́е предзнаменова́ние; to give smb. a ~ look зло́бно посмотре́ть на кого́-л. 15. непослу́шный; Johnnie has been a ~ boy today Джо́нни сего́дня пло́хо себя́ вёл /не слу́шался/ 16. амер. сл. отли́чный, превосхо́дный; первокла́ссный; he is a ~ man on drums он маста́к игра́ть на бараба́не
◇ a ~ character /egg, hat, lot, penny, sort/ а) мёрзкая ли́чность, негодя́й; б) непутёвый челове́к; ~ disease дурна́я боле́знь (си́филис); a ~ case а) тяжёлый слу́чай; б) тяжёлый больно́й; в) (of) ре́зкое проявле́ние (чего́-л.); ~ blood вражда́; ссо́ра; to make ~ blood between people ссо́рить друг с дру́гом, восста́навливать друг про́тив дру́га; ~ form невоспи́танность, вульга́рность, плохи́е мане́ры; this is ~ form поря́дочные лю́ди так не де́лают; too ~ о́чень жаль; it's too ~! как жаль!; to keep ~ hours вести́ непра́вильный о́браз жи́зни; по́здно ложи́ться и по́здно встава́ть; to be in a ~ way быть в тяжёлом положе́нии (физи́чески, мора́льно и т. п.); he is in a ~ way а) ему́ о́чень пло́хо, он о́чень плох; он си́льно бо́лен; б) ему́ пло́хо прихо́дится, дела́ его́ пло́хи; to feel ~ about smth. беспоко́иться о чём-л., испы́тывать угрызе́ния со́вести, сожале́ть

(о сде́ланном и т. п.) [ср. тж. 1, 1) и 5]; to give smb. a ~ time му́чить кого́-л., издева́ться над кем-л.; to be taken /to have it/ ~ a) тяжело́ заболе́ть; б) си́льно пережива́ть (что-л.); в) си́льно увле́чься (чем-л.); to have a ~ time пережива́ть тяжёлое вре́мя; to have a ~ time doing smth. с больши́м трудо́м де́лать что-л.; to give smb. up as a ~ job отказа́ться от чего́-л. как от безнадёжного /обречённого на прова́л/ де́ла; to turn up like a ~ penny возвраща́ться к владе́льцу про́тив его́ жела́ния; появля́ться сно́ва вопреки́ (чьему́-л.) жела́нию; to be in smb.'s ~ books быть у кого́-л. на плохо́м счету́; I am in his ~ books он меня́ недолю́бливает

bad[1] **III** [bæd] разг. см. badly II
bad[2] [bæd] арх. past от bid II
bad actor [,bæd'æktə] сл. 1. подле́ц, негодя́й; злой, опа́сный, вре́дный челове́к 2. закорене́лый престу́пник, отъя́вленный злоде́й 3. опа́сное живо́тное; зла́я соба́ка; норови́стая ло́шадь и т. п.
badass ['bædæs] n сл. зади́ра, забия́ка
bad conduct discharge [,bæd'kɔndʌktdɪs'tʃɑːdʒ] воен. увольне́ние из а́рмии за недосто́йное поведе́ние
baddie ['bædɪ] n сл. ча́сто иро́н. злоде́й, осо́б. в фи́льме; плохо́й дя́дя, бя́ка; ~s and goodies отрица́тельные и положи́тельные геро́и; плохи́е и хоро́шие (дя́ди или тёти)
baddish ['bædɪʃ] a нева́жный
bade [beɪd] past от bid II
badge[1] **I** [bædʒ] n 1. 1) значо́к; эмбле́ма; кока́рда; police ~ жето́н полице́йского; merit ~ знак отли́чия; the delegates exchanged ~s делега́ты обме́нивались значка́ми; the Golden Lion is the ~ of their regiment золото́й лев — эмбле́ма их полка́; the ~ of his cap showed him to be a flyer су́дя по кока́рде на его́ фура́жке, он был лётчик 2) воен. знаки разли́чия; ~s of rank знаки разли́чия (зва́ния) 3) мор. знак на корме́ корабля́ 2. си́мвол, при́знак; chains are the ~ of slavery це́пи — си́мвол ра́бства; courtesy is the ~ of a gentleman ве́жливость — при́знак хорошо́ воспи́танного челове́ка; the top hat and striped trousers once served as the ~ of a diplomat не́когда диплома́та узнава́ли по цили́ндру и брю́кам в поло́ску 3. дип. полице́йский
badge[1] **II** [bædʒ] v отмеча́ть зна́ком или значко́м; the flag of the regiment was ~d with the blood of its heroic dead зна́мя полка́ бы́ло освящено́ кро́вью па́вших геро́ев
badge[2] [bædʒ] = bag[2]
badged [bædʒd] a клеймённый; с ме́ткой или тавро́м
badgeless ['bædʒlɪs] a необозна́ченный, без отличи́тельного или опознава́тельного знака́; the cargo was ~ на гру́зе не́ было никаки́х би́рок
badgeman ['bædʒmən] n (pl -men [-mən]) ни́щий, име́ющий разреше́ние проси́ть пода́яние
badger[1] **I** ['bædʒə] n 1. 1) зоол. барсу́к (Meles meles) 2) барсу́чий мех 2. австрал. зоол. 1) = bandicoot 2) вомба́т (Phascolomys ursinus) 3. 1) кисть из барсу́чьего во́лоса (для жи́вописи, бритья́) 2) ёрш (для чи́стки вну́тренней пове́рхности труб) 4. = badger-fly 5. (B.) амер. «барсу́к» (про́звище жи́телей штата Виско́нсин)
◇ ~ game амер. сл. шанта́ж; to draw the ~ раздража́ть, вы́вести из терпе́ния; to overdraw the ~ превы́сить кредит в ба́нке

badger[1] **II** ['bædʒə] v 1) трави́ть (как барсука́); ~ed to death by creditors затра́вленный /за́гнанный в гроб/ кредито́рами 2) дразни́ть; пристава́ть; придира́ться; stop ~ing me! отста́нь!, не пристава́й! 3) выкля́нчивать; to ~ a favour out of smb. добива́ться усту́пок у кого́-л.; to ~ (for) smth. кля́нчить что-л.
badger[2] **I** ['bædʒə] n уст., диал. разно́счик, мелочно́й торго́вец
badger[2] **II** ['bædʒə] v диал. сбива́ть це́ну
badger-baiting ['bædʒə,beɪtɪŋ] n охот. тра́вля барсуко́в (соба́ками)
badger-dog ['bædʒədɔg] n та́кса (поро́да соба́к)
badger-drawing ['bædʒə,drɔːɪŋ] = badger-baiting
badgerer ['bædʒərə] = badger-dog
badger-fly ['bædʒəflaɪ] n рыб. иску́сственная му́ха
badger-legged [,bædʒə'legd] a коротконо́гий
badgerly ['bædʒəlɪ] a седовла́сый; пожило́й
badger plane ['bædʒə,pleɪn] тех. приспособле́ние для изготовле́ния шпунто́в, кана́вок, па́зов (в столя́рном де́ле)
Badger State ['bædʒə,steɪt] амер. «Барсу́чий штат» (шутл. назва́ние штата Виско́нсин)
badigeon [bə'dɪdʒ(ə)n] n стр. раство́р из ги́пса и ка́менной кро́шки для вну́тренних отде́лок
badinage I ['bædɪnɑːʒ] n 1) доброду́шная насме́шка, подшу́чивание, подтру́нивание 2) шутли́вая бесе́да, болтовня́
badinage II ['bædɪnɑːʒ] v доброду́шно подшу́чивать, поддра́знивать; шути́ть
badlands ['bædlændz] n 1. с.-х. неплодоро́дная по́чва 2. геол. ме́стность, си́льно расчленённая эро́зией 3. топ. си́льно пересечённая ме́стность, бе́дленд
badlous ['bædləs] a кашта́нового цве́та
badly I ['bædlɪ] a predic разг. 1. больно́й; he felt ~ ему́ нездоро́вилось 2. сожале́ющий (о чём-л.); I felt ~ about your leaving so soon мне бы́ло жаль, что вы ушли́ так ра́но 3. гру́стный, пода́вленный
badly II ['bædlɪ] adv (worse; worst) 1. пло́хо и пр. [см. bad1 II]; he is doing ~ его́ дела́ иду́т нева́жно 2. эмоц.-усил. о́чень си́льно, интенси́вно; кра́йне; ~ injured си́льно повреждённый; искале́ченный; to be ~ ill быть опа́сно больны́м; to want smth. ~ си́льно жела́ть чего́-л.; he needs the medicine ~ он кра́йне нужда́ется в э́том лека́рстве; their hockey team was ~ beaten их хокке́йная кома́нда потерпе́ла жесто́кое пораже́ние 3. с сожале́нием, тя́жко; he took the news of his mother's death ~ он тяжело́ воспри́нял изве́стие о сме́рти ма́тери
◇ to be ~ off нужда́ться; быть в тру́дном положе́нии; he is not so ~ off он не так уж пло́хо живёт; he is ~ off for friends у него́ ма́ло друзе́й, с друзья́ми у него́ де́ло пло́хо
badman ['bædmæn] n (pl -men [-men]) амер. ист. банди́т, граби́тель, головоре́з (в за́падных шта́тах)
badminton ['bædmɪnt(ə)n] n 1. бадминто́н; ~ bird мя́чик или пёрышко для бадминто́на, бадминто́нный вола́н 2. крюшо́н из кра́сного вина́
bad-mouth ['bædmaʊð] v амер. сл. черни́ть, поро́чить; облива́ть гря́зью

BAD — BAG

badness ['bædnɪs] *n* негодность *и пр.* [*см.* bad¹ II]

bad-news [,bæd'nju:z] *n* 1. дурные вести, дурное известие; неприятная весть 2. *разг.* 1) неприятность; трудное положение 2) *амер.* скучная *или* противная личность; зануда; противный человек; прохвост

bad shot ['bæd'ʃɒt] 1. 1) промах (*в стрельбе*) 2) догадка невпопад; ≅ пальцем в небо 3) неудачная попытка 2. плохой стрелок

bad-tempered [,bæd'tempəd] *a* злой, раздражительный

bad time ['bæd'taɪm] 1. тяжёлые времена; тягостный момент; the prosecutor gave the witness a very ~ прокурор поставил свидетеля в трудное положение 2. *воен.* время, не засчитываемое (*солдату*) в срок службы (*вид взыскания*)

Baedeker ['beɪdəkə] *n* Бедекер (*название путеводителей по разным странам для путешественников, туристов*); a ~ to the restaurants of Europe справочник ресторанов Европы

baff [bɑ:f] *n шотл.* шлепок; лёгкий, мягкий удар

baffle I ['bæf(ə)l] *n* 1. 1) неудача, разочарование 2) препятствие, помеха, преграда 2. *тех.* 1) боковое 2) отражательная перегородка, дефлектор, экран (*тж.* ~ plate) 3) диафрагма 4) глушитель; замедлитель 3. *спец.* 1) звукопоглощающий экран 2) отражательная доска (*громкоговорителя*)

baffle II ['bæf(ə)l] *v* 1. озадачивать; сбивать с толку; I was ~d by the new turn in the matter я был озадачен новым поворотом дела; the last examination question ~d him completely последний вопрос на экзамене окончательно сбил его с толку 2. мешать, препятствовать; расстраивать (*замысел и т. п.*); to ~ the enemy's plans опрокинуть расчёты врага; to ~ pursuit ускользнуть от преследования; he was ~d in his hopes он обманулся в своих надеждах 3. бросать из стороны в сторону; отбрасывать 4. *уст.* 1) обманывать, вводить в заблуждение; провести 2) опозорить 5. *спец.* отклонять *или* изменять направление течения (*жидкости, газа, звуковых волн и т. п.*)

◇ to ~ description не поддаваться описанию

baffled ['bæf(ə)ld] *a* 1. озадаченный; сбитый с толку 2. недоуменный; ~ question недоумённый вопрос

bafflegab ['bæf(ə)lgæb] *n амер. неодобр.* бюрократическая абракадабра; невразумительный язык официальных документов, лишь вводящий в заблуждение

baffle painting ['bæf(ə)l,peɪntɪŋ] *воен.* маскировочная окраска, камуфляж

baffler ['bæflə] *см.* baffle II + -er

baffling ['bæflɪŋ] *a* 1. трудный, затруднительный; ~ problem трудный /обескураживающий/ вопрос 2. неблагоприятный; ~ wind противный ветер; неустойчивый ветер 3. непостижимый, загадочный; ~ person загадочная личность

baft¹ [bɑ:ft] *n* бафта (*восточная ткань*)

baft² [bɑ:ft] *adv* 1. *мор.* сзади, позади 2. *редк.* после

bag² I [bæg] *n* 1. 1) мешок; сума; paper ~ (бумажный) пакет; бумажный мешок; saddle ~ седельный вьюк, перемётная сума 2) портфель; сумка; ранец; gum ~ спортивная сумка; shopping ~ хозяйственная сумка; evening ~ вечерняя /театральная/ сумочка; blue /green/ ~ *ист.* портфель адвоката 3) кошелёк 4) чемодан; Gladstone ~ кожаный саквояж; overnight ~ небольшой чемодан (*для однодневной поездки*) 5) *редк.* рюкзак 6) дипломатическая почта (*тж.* diplomatic ~) 7) *pl* мешки под глазами (*тж.* ~s under one's eyes). 2. 1) ягдташ 2) добыча охотника; he got a very poor ~ он почти ничего не настрелял 3) добыча, трофеи; ~ of POW's was 10,000 было захвачено в плен 10 000 солдат и офицеров противника 4) потери противника 3. мешок (*мера объёма*); ~ of cement мешок цемента (= 42,63 кг) 4. *pl разг.* брюки; штаны (*тж.* pair of ~s) 5. *pl* 1) богатство, златые горы 2) богачи, толстосумы; денежный мешок 6. *pl разг.* множество, масса; груды; ~s of time to catch the train до поезда ещё уйма времени 7. *разг.* увольнение; to give smb. the ~ выгнать кого-л. с работы, уволить кого-л. 8. *сл.* баба, бабёнка, девка 9. *разг.* круг интересов; призвание; любимое занятие; jazz isn't my ~ джаз — это не для меня; he is in the opera ~ он любитель оперы 10. настроение; the boss is in the mean ~ today хозяин сегодня зол как чёрт 11. положение, ситуация; дела и проблемы; we're in another ~ now сейчас положение изменилось; сейчас речь идёт о другом 12. источник разочарования; помеха, препятствие; жалоба 13. стиль исполнения (*музыки*); he's in the soul ~ он исполнитель в стиле «соул» 14. *сл.* порция наркотика; порошок кокаина *и т. п.* 15. *воен.* котёл, мешок 16. 1) вымя 2) *зоол.* сумка, мешок; полость; honey ~ медовый мешок /желудок/ (*у пчелы*) 17. *геол.* полость (*в горной породе*) 18. *горн.* бумажная оболочка (*взрывчатого вещества*)

◇ ~ and baggage a) со всеми пожитками; I'll send him away ~ and baggage я его выгоню и чтобы духу его здесь не было; б) целиком и полностью, без остатка; a ~ of bones ≅ кожа да кости; a ~ of wind пустозвон, хвастун, пустомеля; the whole ~ of tricks всяческие ухищрения, всё, что только возможно; one more pull — and it's in the ~ ещё одно усилие — и дело в шляпе; to put smb. in a ~ ≅ одолеть кого-л.; ≅ он у меня в кармане; to leave smb. holding the ~ покинуть кого-л. в беде; свалить на кого-л. ответственность; I was left holding the ~ расхлёбывать кашу пришлось мне; to let the cat out of the ~ — *см.* cat I ◇; to set one's ~ for smth. *амер.* расставлять сети, стараться захватить что-л.; зариться на что-л.; to set one's ~ for the office of mayor метить на пост мэра

bag¹ II [bæg] *v* 1. 1) класть, накладывать в мешки, кули, пакеты *и т. п.* 2) загнать в лузу (*шар*); he ~ged the ball nicely он хорошо положил шар в лузу 2. 1) класть (*убитую дичь*) в ягдташ 2) настрелять (*дичи*); he ~ged a hare он убил зайца 3) *разг.* брать без спроса; присваивать; захватывать; to ~ the best seats занять лучшие места; who's ~ged my matches? кто взял /прикарманил/ мои спички? 4) захватывать (*трофеи*) 7) *воен.* сбивать (*самолёты*) 6) брать в плен 7) *сл.* арестовать, схватить; ~ged by the police схваченный полицией 3. *разг.* собирать; to ~ subscriptions собирать подписи; to ~ butterflies коллекционировать бабочек 4. 1) оттопыриваться; сидеть мешком, надуваться; trousers that ~ at the knees брюки, которые пузырятся на коленках; his coat ~s about him like a sack пальто сидит на нём мешком /висит на нём/ 2) *мор.* наполняться ветром (*о парусе*) 5. вьючить, навьючивать 6. *разг.* увольнять, выгонять с работы 7. *мор.* сбиться с курса 8. *театр.* приподнять занавес

bag² [bæg] *v* жать серпом

baga ['beɪgə] *n* (*сокр. от* rutabaga) *разг.* брюква

bagasse [bə'gæs] *n* 1. выжимки, жмых (*сахарной свёклы или сахарного тростника*) 2. низкосортная бумага (*из выжимок сахарной свёклы или сахарного тростника*)

bagatelle [,bægə'tel] *n* 1. 1) безделушка, пустяк 2) багатель, небольшая музыкальная пьеса 3) шуточные стихи 2. багатель (*вид бильярда*)

bag-fox ['bægfɒks] *n* живая лисица (*которую держат в мешке, а потом выпускают и травят собаками*)

bagful ['bægful] *n* 1. полный мешок 2. *разг.* уйма, масса, куча; we had a ~ of fun мы здорово повеселились

baggage ['bægɪdʒ] *n* 1. *амер.* багаж; the porter carried her ~ носильщик нёс её багаж 2. *шутл.* (*особ. в сочетании с определениями*) девчонка; плутовка; saucy /pert/ ~ озорница, насмешница; impudent ~ дерзкая девчонка 3. 1) *груб.* шлюха, распутница 2) старая ведьма, карга 4. *уст.* бремя, обуза 5. *воен.* возимое имущество; personnel ~ личные вещи (*военнослужащих*)

baggage animal ['bægɪdʒ,ænɪm(ə)l] вьючное животное

baggage car ['bægɪdʒkɑ:] *амер.* багажный вагон

baggage check [,bægɪdʒ'tʃek] *амер.* багажная квитанция

baggage detail ['bægɪdʒdɪ'teɪl] *воен.* погрузочная команда

baggageman ['bægɪdʒmæn] *n* (*pl* -men [-men]) = baggagemaster

baggagemaster ['bægɪdʒ,mɑ:stə] *n амер.* носильщик

baggage room ['bægɪdʒru:m, -rum] *амер.* камера хранения багажа

baggage-smasher ['bægɪdʒ,smæʃə] *n амер.* 1. *сл.* носильщик 2. *воен. жарг.* писарь части

baggage train ['bægɪdʒtreɪn] *воен.* вещевой обоз

bagged [bægd] *a* 1. 1) находящийся в мешке; засыпанный в мешок 2) *спец.* инкапсулированный 2. висящий мешком; мешковатый (*об одежде*); обвисший; растянувшийся (*о трикотаже и т. п.*); ~ trousers брюки с пузырями на коленках; ~ sails обвисшие паруса 3. *сл.* пьяный

bagger ['bægə] *n* 1) упаковщик в мешки 2) машина для загрузки мешков; мешконасыпатель

baggie ['bægɪ] *n преим. шотл.* 1. брюхо 2. мешочек

baggies ['bægɪz] *n употр. с гл. мн. ч. разг.* купальные трусы (*свободного покроя*)

bagging ['bægɪŋ] *n* 1. мешковина, дерюга 2. упаковка в мешки; мешкование 3. *с.-х.* изолирование мешочками (*растений*)

baggy ['bægɪ] *a* 1. мешковатый; дряблый, обвисший; ~ cheeks дряблые щёки; ~ trousers (поношенные или неотглаженные) брюки с пузырями на коленках; ~ skin under one's eyes мешки под глазами 2. высокопарный, напыщенный (*о речи*)

Bagheera [bə'gɪ(ə)rə] *n* немнущийся бархат, панбархат

bag-holder ['bæɡˌhəʊldə] *n с.-х.* мешкодержатель

bag-house ['bæɡhaʊs] *n метал.* пылеулови́тельная ка́мера с ма́терчатыми фи́льтрами

bag job ['bæɡdʒɒb] *амер. сл.* «опера́ция со взло́мом», незако́нное вторже́ние для о́быска помеще́ния (*с по́мощью отмы́чек*)

bag man ['bæɡmən] *вор. жарг.* 1) посре́дник ме́жду престу́пным ми́ром и поли́цией 2) га́нгстер, собира́ющий о́ткупные де́ньги и распределя́ющий их среди́ чле́нов ша́йки *и т. п.*

bagman ['bæɡmən] *n* (*pl* -men [-mən]) 1. старьёвщик 2. *пренебр.* 1) коммивояжёр 2) лото́чник, продаве́ц с лотка́ 3. *редк.* сортиро́вщик по́чты 4. = bag-fox 5. *австрал.* бродя́га

bag-muff ['bæɡmʌf] *n* му́фта-су́мочка

bagnio ['bænjəʊ] *n* (*pl* -os [-əʊz]) 1. *редк.* публи́чный дом 2. *уст.* ба́ня (*осо́б. с пари́льней*) 3. *ист.* тюрьма́ для рабо́в (*на Восто́ке*)

bagpipe¹ ['bæɡpaɪp] *n* 1. *часто pl* волы́нка (*муз. инструме́нт*) 2. пустоме́ля; болту́н; многосло́вный ора́тор, водоле́й

bagpipe² ['bæɡpaɪp] *v мор.* обсте́нить (*паруса́*)

bagpiper ['bæɡˌpaɪpə] *n* волы́нщик (*музыка́нт*)

bag-play ['bæɡpleɪ] *n сл.* подхали́мство, уго́дничество; показно́е стара́ние

bag-punching ['bæɡˌpʌntʃɪŋ] *n* трениро́вка в уда́рах по подвесно́й гру́ше (*бокс*)

bag ration [ˌbæɡˈræʃ(ə)n] *воен.* неприкоснове́нный запа́с продово́льствия (*в вещево́м мешке́*)

bags [bæɡz] *int шќол. разг.* чур! (*тж.* ~ it!); ~ I! чур, моё (не тро́гать)!; ~, I go first! чур, я пе́рвый!

bag table ['bæɡˌteɪb(ə)l] рабо́чий стол для шитья́

bag-trier ['bæɡˌtraɪə] *n с.-х.* мешко́вый щуп, зонд для отбо́ра проб из мешко́в

baguette [bæˈɡet] *n* 1. *архит.* баге́т, астрага́л 2. баге́та (*драгоце́нный ка́мень в фо́рме прямоуго́льника*) 3. дли́нный францу́зский хлеб

bagwash ['bæɡwɒʃ] *n амер. разг.* пра́чечная

bag-wig ['bæɡwɪɡ] *n ист.* пари́к с косо́й в се́тке

bagwork ['bæɡwɜːk] *n* да́мба из мешко́в с землёй или песко́м (*для защи́ты от па́водка*)

bagworm ['bæɡwɜːm] *n энт.* мешо́чница поденкоподо́бная (*Thyridopteryx ephemeraeformis*)

bah [bɑː] *int* ещё что!, вот ещё!, чушь! (*выража́ет пренебреже́ние, проте́ст*)

Bahadur [bəˈhɑːdə] *n инд.* 1) господи́н; су́дарь 2) *ирон.* ва́жная о́соба, вельмо́жа

baht [bɑːt] *n* (*pl тж. без измен.*) бат (*де́нежная едини́ца Таила́нда*)

baignoire [beɪnˈwɑː] *n фр. теа́тр.* ло́жа бенуа́ра

bail¹ I [beɪl] *n юр.* 1) зало́г; поручи́тельство; ~ above поручи́тельство за упла́ту присуждённой су́ммы; ~ below, special ~ предвари́тельное поручи́тельство; to stand ~ for smb. внести́ зало́г /поручи́тельство/ за кого́-л.; to let to /out on/ ~ освободи́ть из заключе́ния под зало́г /под поручи́тельство/; to accept ~ for the prisoner отпусти́ть аресто́ванного на пору́ки /под зало́г/; to forfeit /to jump/ one's ~ не яви́ться в суд (*об отпу́щенном под зало́г*); to save one's ~ to surrender to one's ~ яви́ться в суд в назна́ченный срок (*об отпу́щенном под зало́г*) 2) поручи́тель; to be /to go/ ~ стать поручи́телем; to be /to go/ ~ или внести́ зало́г (*за обвиня́емого*); to give /to find, to offer/ ~ найти́ себе́ поручи́теля 3) вре́менное освобожде́ние аресто́ванного под зало́г или поручи́тельство; he is out on short ~ его́ ненадо́лго освободи́ли на пору́ки /под зало́г/ 4) *разг.* руча́тельство, пору́ка; I'll go ~ for that я бу́ду отвеча́ть за э́то, я руча́юсь за э́то; (я) гото́в би́ться об закла́д ◊ straw ~ *амер.* ненадёжное поручи́тельство; ли́повая гара́нтия; to give leg ~ *шутл.* удра́ть, дать тя́гу

bail¹ II [beɪl] *v* 1. *юр.* 1) брать (*кого́-л.*) на пору́ки; вноси́ть зало́г или дава́ть поручи́тельство (*за аресто́ванного*) 2) освобожда́ть из заключе́ния под зало́г или поручи́тельство; отпуска́ть на пору́ки; to be ~ed for trial быть освобождённым до суда́ под поручи́тельство или зало́г 3) *разг.* руча́ться (*за что-л.*) 2. доставля́ть (*това́ры*) в креди́т 3. передава́ть иму́щество на хране́ние; to ~ cloth to a tailor for a suit дать портно́му материа́л для костю́ма

bail² I [beɪl] *n* ведро́, ковш, черпа́к (*для выче́рпывания воды́ из ло́дки*)

bail² II [beɪl] *v* 1. 1) выче́рпывать во́ду (*из ло́дки; тж.* ~ out) 2) отка́чивать во́ду 2. *горн.* тарта́ть (*нефть*)

bail³ [beɪl] *n* 1. ду́жка ча́йника, ведра́ *и т. п.* 2. 1) дуга́, ско́ба, пе́тля 3. бумагодержа́тель (*в пи́шущей маши́нке и др. устро́йствах*)

bail⁴ I [beɪl] *n* 1. *pl ист.* вне́шняя огра́да кре́пости из ко́льев и брёвен 2. *ист.* нару́жный двор феода́льного за́мка 3. перегоро́дка ме́жду сто́йлами в коню́шне 4. ма́ленькая переклади́на, лежа́щая на трёх ко́лышках, кото́рая защища́ет от уда́ра мяча́ игрока́ с лапто́й (*крике́т*)

bail⁴ II [beɪl] *v редк.* 1) окружа́ть огра́дой 2) ограни́чивать, свя́зывать

bailable ['beɪləb(ə)l] *a юр.* 1) име́ющий пра́во на освобожде́ние из заключе́ния под зало́г или поручи́тельство 2) допуска́ющий переда́чу на пору́ки

bailage ['beɪlɪdʒ] *n* сбор за доста́вку това́ра

bail-bond ['beɪlbɒnd] *n юр.* 1) поручи́тельство за я́вку отве́тной стороны́ в суд 2) обяза́тельство, выдава́емое лицо́м, беру́щим (*кого́-л.*) на пору́ки

bailee [beɪˈliː] *n юр.* депозита́рий; отве́тственный храни́тель (*иму́щества*); поклажеприн́иматель; залогополуча́тель; арендова́тель

bailer¹ ['beɪlə] *n* 1. *см.* bail² II + -er 2. 1) ковш, черпа́к для воды́ 2) *мор.* ле́йка (*для отлива́ния воды́ из шлю́пки*) 3. *горн.* желонка для тарта́ния (*не́фти*)

bailer² ['beɪlə] *n* бе́йлер (*бросо́к в крике́те*)

bailey ['beɪlɪ] *n* 1) стена́ за́мка 2) двор за́мка; outer [inner] ~ нару́жный [вну́тренний] двор ◊ Old B. Оу́ля Бе́йли, Центра́льный уголо́вный суд (*в Ло́ндоне*)

bailie ['beɪlɪ] *n* 1. *шотл. ист.* ба́льи; городско́й судья́ 2. = alderman 1

bailiff ['beɪlɪf] *n* 1. *юр.* 1) бе́йлиф, суде́бный при́став; замести́тель шери́фа 2) суде́бный исполни́тель 3) *амер.* замести́тель или помо́щник шери́фа 2. управля́ющий име́нием 3. *ист.* бе́йлиф (*представи́тель короля́, осуществля́ющий администрати́вную и суде́бную власть*; *сохрани́лось как почётное зва́ние не́которых суде́й*)

◊ ~'s follower сы́щик; шпик

bailing ['beɪlɪŋ] *n горн.* 1) тарта́ние (*не́фти*) 2) отка́чка воды́ (*из ша́хты*) бадья́ми или скипа́ми

bailiwick ['beɪlɪwɪk] *n* 1) *ист.* о́круг или юрисди́кция городско́го судьи́ или бе́йлифа 2) сфе́ра компете́нции; знако́мая о́бласть; to confine suggestions to one's own ~ держа́ть своё мне́ние при себе́; this is not in my ~ э́то не по мое́й ча́сти; э́то меня́ не каса́ется, э́то не моё де́ло

bail jumper ['beɪlˌdʒʌmpə] вы́пущенный из заключе́ния под зало́г и сбежа́вший

bailment ['beɪlmənt] *n юр.* 1. 1) освобожде́ние на пору́ки или под зало́г 2) взя́тие на пору́ки; да́ча поручи́тельства; внесе́ние зало́га; поручи́тельство 2. депони́рование, зало́г, переда́ча иму́щества в зави́симое держа́ние

bailor ['beɪlə] *n юр.* депоне́нт; ссудода́тель; арендода́тель

bail out ['beɪlˈaʊt] *phr v* 1. 1) вы́ручить из беды́; the Government can't ~ all the companies прави́тельство не в состоя́нии спасти́ все компа́нии от банкро́тства 2) вы́путаться (*из неприя́тной ситуа́ции*); his partner bailed out before the business got on its feet его́ партнёр бро́сил де́ло пре́жде, чем оно́ пошло́ 2. *см.* bail¹ II 1, 1) *и* 2) 3. 1) выбра́сываться, пры́гать с парашю́том 2) сбра́сывать во́дные лы́жи (*чтобы избежа́ть несча́стного слу́чая*) 3) уходи́ть, покида́ть

bailout I ['beɪlaʊt] *n* 1. *разг.* вы́ручка; по́мощь (*в тру́дном положе́нии*) 2. 1) прыжо́к с парашю́том 2) авари́йное покида́ние (*самолёта и т. п.*)

bailout II ['beɪlaʊt] *a* 1) спаси́тельный авари́йный, сро́чный, неотло́жный; ~ measures for hard-pressed businesses сро́чные ме́ры для спасе́ния прогора́ющих фирм

bailsman ['beɪlzmən] *n* (*pl* -men [-mən]) *юр.* поручи́тель (*за аресто́ванного*)

bail up ['beɪlˈʌp] *phr v австрал.* 1. привя́зывать (*коро́ву*) к перегоро́дке (*при дое́нии*) 2. остана́вливать с це́лью грабежа́; ~! ру́ки вверх!

bain [beɪn] *adv диал.* бли́зко, сподру́чно

bain-marie [ˌbæmməˈriː] *n* (*pl* bains-[ˌbæn-]) *фр.* 1) парова́рка (*кастрю́ля*) 2) *спец.* водяна́я ба́ня

Bairam ['baɪrɑːm] *n* байра́м (*мусульма́нский пра́здник*)

bairn [beən] *n шотл.* ребёнок, дитя́, ча́до; сын; дочь

bairn-team, bairn-time ['beəntiːm, -taɪm] *n шотл.* де́ти; вы́водок ребя́т

bait¹ I [beɪt] *n* 1. прима́нка; нажи́вка; worms are good ~ for fish червяки́ — хоро́шая нажи́вка для ры́бы 2. искуше́ние, собла́зн; the ~ proved to be too much for her собла́зн для неё оказа́лся сли́шком вели́к; to rise to the ~, to jump at the ~, to swallow the ~ попа́сться на у́дочку, клю́нуть на что-л.; he fell for the ~ immediately он сра́зу подда́лся искуше́нию 3. отра́ва для крыс, насеко́мых *и т. п.*; инсектици́д; сре́дство для уничтоже́ния грызуно́в 4. тра́вля соба́ками 5. *сл.* гнев, я́рость 6. 1) еда́, заку́ска (*в доро́ге*) 2) корм (*для лошаде́й*) 3) прива́л; after a short ~ the travellers went on по́сле коро́ткого прива́ла путеше́ственники пое́хали да́льше 4) кормле́ние лошаде́й (*в пути́*)

bait¹ II [beɪt] *v* 1. наса́живать нажи́вку на крючо́к; to ~ the hook *образн.* расста́вить се́ти (*кому́-л.*) 2. 1) лови́ть на у́доч-

BAI — BAL

ку, на прима́нку; the mouse was ~ed with cheese мышь попа́лась на сыр 2) завлека́ть, соблазня́ть; to ~ smb. with promises соблазни́ть кого́-л. обеща́ниями 3. 1) трави́ть (*соба́ками*); to ~ smb. with dogs натрави́ть на кого́-л. соба́к; the dogs ~ed the bear соба́ки трави́ли медве́дя 2) трави́ть, запека́ть, подверга́ть тра́вле, пресле́дованию; изводи́ть, не дава́ть поко́я 3) дразни́ть, подтру́нивать; she loves to ~ him пресле́довать его́ му́жское самолю́бие 4. *редк.* 1) корми́ть лошаде́й (*в пути́*) 2) де́лать прива́л, остана́вливаться 3) заде́рживаться; good news ~s ≅ до́брая весть ули́ткой ползёт

bait[2] [beɪt] = **bate**[3]

baiter ['beɪtə] *n* 1. *см.* **bait**[1] II + -er 2. (-baiter) *как компоне́нт сло́жных слов* пресле́дователь; Negro-baiter пресле́дователь не́гров, раси́ст (*осо́б. на ю́ге США*); Jew-baiter я́рый антисеми́т; Red-baiter реакционе́р, пресле́дующий «кра́сных»

baiting ['beɪtɪŋ] *n* 1. 1) тра́вля; bull ~ тра́вля привя́занного быка́ соба́ками (*развлече́ние, ра́нее популя́рное в А́нглии*) 2) (-baiting) *как компоне́нт сло́жных слов* пресле́дование; Negro-baiting тра́вля не́гров; Jew-baiting пресле́дование евре́ев 2. = **bait**[1] I 6 3. подко́рмка, прика́рмливание (*живо́тных в запове́дниках*)

baize I [beɪz] *n* 1. *текст.* 1) ба́йка 2) бо́брик 3) гру́бое сукно́ (*осо́б. зелёное*) 2. за́навес, ска́терть *и т. п.* из ба́йки, сукна́; the green ~ on a billiard-table зелёное сукно́ билья́рдного стола́

baize II [beɪz] *v* обива́ть *или* покрыва́ть сукно́м

bajree ['bɑːdʒriː] *n бот.* про́со жемчу́жное (*Pennisetum glaucum*)

bake I [beɪk] *n* 1. 1) вы́печка, выпека́ние 2) запека́ние (*карто́феля и т. п.*) 2. *шотл.* пече́нье 3. *амер.* 1) засто́лье или пикни́к, когда́ гла́вным угоще́нием явля́ется печёное изде́лие 2) пикни́к на морско́м берегу́, где гла́вное угоще́ние — печёные моллю́ски

bake II [beɪk] *v* 1. 1) печь, выпека́ть; запека́ть; to ~ a pie спечь пиро́г 2) пе́чься, запека́ться; these apples ~ badly э́ти я́блоки печь нельзя́, э́ти я́блоки пло́хо пеку́тся; the cake will ~ in about half an hour пиро́г до́лжен стоя́ть в духо́вке приме́рно полчаса́ 2. 1) припека́ть, суши́ть; lips ~d with heat гу́бы, пересо́хшие /спёкшиеся/ от жары́; the sun is baking the ground through and through со́лнце прока́ливает зе́млю 2) *разг.* загора́ть, жа́риться на со́лнце; she ~d all day in the sun она́ весь день жа́рилась /лежа́ла/ на со́лнце 3) *разг.* запа́риться; open the window — I'm baking in here откро́й окно́, я умира́ю от жары́ 3. запека́ться, затвердева́ть; the clay ~d гли́на запекла́сь /затверде́ла/; there was no snow and the frost ~d the ground сне́га не́ было, и земля́ промёрзла 4. *тех.* 1) прока́ливать 2) спека́ть 3) обжига́ть (*кирпичи́*) 4) суши́ть (*фо́рмы и т. п.*)

baked [beɪkt] *a* печёный; ~ apples [potatoes] печёные я́блоки [-ый карто́фель]; ~ oysters запечённые у́стрицы
◇ ~ wind бахва́льство, брехня́

baked Alaska [ˌbeɪktəˈlæskə] *кул.* «запечённая Аля́ска», торт-безе́ с моро́женым

baked-apple berry ['beɪktˌæp(ə)l'berɪ] *бот.* моро́шка (*Rubus chamaemorus*)

bake-house ['beɪkhaʊs] *n* пека́рня

bakelite ['beɪkəlaɪt] *n спец.* бакели́т

bakemeat ['beɪkmiːt] *n уст.* пиро́г с мя́сом

bake-off ['beɪkɒf] *n* ко́нкурс на лу́чший пиро́г

baker ['beɪkə] *n* 1. 1) *см.* **bake** II + -er; she is a good ~ она́ хорошо́ печёт пироги́ 2) пе́карь; бу́лочник 2. *амер.* перено́сная печь 3. иску́сственная му́ха (*для ры́бной ло́вли*)
◇ ~'s dozen чёртова дю́жина

baker-legged [ˌbeɪkəˈlegd] *a* кривоно́гий

Baker-Nunn camera [ˌbeɪkəˈnʌnˌkæm(ə)rə] опти́ческий прибо́р для слеже́ния за иску́сственными спу́тниками Земли́

baker's feet [ˌbeɪkəzˈfiːt] *мед.* X-обра́зные но́ги; коле́ни, отклонённые внутрь

baker's knees, baker's legs [ˌbeɪkəzˈniːz, -ˈlegz] = **baker's feet**

baker's salt [ˌbeɪkəzˈsɔːlt] пека́рный порошо́к, углекислый аммо́ний

baker's yeast [ˌbeɪkəzˈjiːst] хлебопека́рные дро́жжи

bakery ['beɪk(ə)rɪ] *n* 1. 1) пека́рня; хлебозаво́д 2) бу́лочная 2. *редк.* ремесло́ пе́каря

bake sale [ˈbeɪkseɪl] прода́жа дома́шних печёных изде́лий (*для сбо́ра средств с благотвори́тельными це́лями*)

bake-shop ['beɪkʃɒp] = **bakery**

bakestone ['beɪkstəʊn] *n уст.* пло́ский ка́мень *или* про́тивень в пе́чи для вы́печки

bakeware ['beɪkweə] *n* жаропро́чная (ку́хонная) посу́да (*стекля́нная, керами́ческая*)

baking ['beɪkɪŋ] *n* 1. вы́печка; выпека́ние; ~ capacity /strength/ хлебопека́рная спосо́бность (*муки́*) 2. *тех.* горя́чая су́шка; о́бжиг; ~ oven суши́лка

baking coal ['beɪkɪŋkəʊl] спека́ющийся у́голь

baking-hot ['beɪkɪŋhɒt] *a* зно́йный

baking pan ['beɪkɪŋpæn] фо́рма для пирога́

baking-powder, baking-soda ['beɪkɪŋˌpaʊdə, -ˌsəʊdə] *n* пека́рный порошо́к (*двууглеки́слая со́да*); со́да для пече́ния

baking test [ˌbeɪkɪŋˈtest] про́бная вы́печка

baksheesh, bakshish [ˈbækʃiːʃ, ˈbækʃɪʃ] *n перс.* 1. 1) бакши́ш; чаевы́е 2) магары́ч, взя́тка 2. *воен.* нетру́дная зада́ча 3. *ав.* вы́лет без встре́чи с проти́вником

bal [bɔːl] *n диал.* ша́хта; го́рное предприя́тие

Balaam ['beɪlæm] *n* 1. *библ.* Валаа́м; the ass of ~ валаа́мова осли́ца 2. (b.) *сл.* ме́лкие заме́тки для заполне́ния пробе́лов (*в газе́те, журна́ле и т. п.*)

Balaam basket ['beɪlæmˌbɑːskɪt] реда́кционная корзи́нка для ме́лких заме́ток

Balaamite ['beɪləmaɪt] *n* челове́к, испо́льзующий рели́гию в коры́стных це́лях; ханжа́

Balaclava helmet [ˌbæləˈklɑːvəˈhelmɪt] вя́заный шлем (*осо́б. у солда́т и го́рцев*); *воен. тж.* подшле́мник

balalaika [ˌbæləˈlaɪkə] *n ру́сск.* балала́йка

balance I ['bæləns] *n* 1. 1) весы́; quick /Roman/ ~ безме́н, пружи́нные весы́; assay ~ пробирные весы́ 2) ча́ша весо́в; to ~ склоня́ть ча́шу весо́в, дава́ть переве́с 2. 1) равнове́сие; состоя́ние равнове́сия; stable ~ усто́йчивое равнове́сие (*тж. спорт.*); ~ of nature приро́дное равнове́сие; off ~ неусто́йчивый, ша́ткий; to maintain a strict ~ of forces стро́го подде́рживать равнове́сие сил; to hold the ~ even сохраня́ть равнове́сие; to keep /to hold, to preserve/ one's ~ уде́рживать /сохраня́ть/ равнове́сие (*ср. тж.* 3); to lose ~ потеря́ть равнове́сие; to make out the ~ уравнове́шивать, приводи́ть в состоя́ние равнове́сия; the blow threw him off his ~ уда́р сбил его́ с ног 2) душе́вное равнове́сие; споко́йствие; уравнове́шенность; to be off one's ~ потеря́ть равнове́сие /душе́вный поко́й/; to lose one's ~ вы́йти из себя́, потеря́ть равнове́сие; she was thrown off her ~ with anger она́ была́ вне себя́ от негодова́ния; he kept his ~ even at the most trying moments он не теря́л самооблада́ния да́же в са́мые тру́дные мину́ты 3) пропорциона́льность; гармони́ческое сочета́ние; the ~ of colours гармо́ния кра́сок 4) *спец.* бала́нс; heat [energy, neutron] ~ *физ.* теплово́й [энергети́ческий, нейтро́нный] бала́нс 3. реша́ющий фа́ктор; реша́ющее влия́ние *или* значе́ние; to hold the ~ осуществля́ть контро́ль, распоряжа́ться (*ср. тж.* 2, 1)]; the ~ of advantage lies with him на его́ стороне́ значи́тельные преиму́щества; the ~ of our fortune rests with him на́ша судьба́ в его́ рука́х 4. 1) противове́с, компенса́тор; ги́ря 2) бала́нс (*шест канатохо́дца*) 5. ма́ятник, баланси́р (*в часово́м механи́зме*) 6. 1) *фин.* бала́нс; са́льдо; оста́ток; adverse ~ пасси́вный бала́нс; trade ~ оста́ток торго́вый бала́нс; favourable [unfavourable] ~ акти́вный [пасси́вный] бала́нс; sterling ~s сте́рлинговые счета́, сте́рлинговые авуа́ры; ~ of payments платёжный бала́нс; ~s with foreign banks оста́тки на счета́х в заграни́чных ба́нках, иностра́нная нали́чность, нали́чность ка́ссы; ~ of an account оста́ток счёта; on ~ по́сле подведе́ния бала́нса (*ср. тж.* ◇); to strike the ~ a) подводи́ть бала́нс; б) подводи́ть ито́ги; to bring accounts to a ~ составля́ть сво́дный бала́нс 2) *разг.* оста́ток; he spent the ~ of his life in travel оста́ток жи́зни он провёл в стра́нствиях; he gave the ~ of his dinner to the dog он бро́сил оста́тки обе́да соба́ке 7. (B.) *астр.* Весы́ (*созве́здие и знак зодиа́ка*) 8. *спорт.* 1) бру́сья 2) сто́йка; one hand ~ сто́йка на одно́й руке́
◇ upon /on/ (a) ~ a) по зре́лом размышле́нии, хорошо́ взве́сив обстоя́тельства; с учётом всего́ вы́шеска́занного; б) в коне́чном счёте, в ито́ге; [*ср. тж.* 6, 1)]; to be in the ~ быть нерешённым; the future is in the ~ бу́дущее нея́сно; to swing /to be, to tremble/ in the ~ a) висе́ть на волоске́, быть в крити́ческом положе́нии; б) колеба́ться, сомнева́ться; to hang in the ~ быть бро́шенным на ча́шу весо́в; to weigh in the ~ взве́шивать, обсужда́ть, оце́нивать (*до́воды, досто́инства и т. п.*); to be weighed in the ~ and found wanting не вы́держать прове́рки; to turn the ~ склони́ть ча́шу весо́в; a moth will turn the ~ ме́лочь /случа́йность/ мо́жет измени́ть всё

balance II ['bæləns] *v* 1. 1) баланси́ровать, сохраня́ть равнове́сие, быть в равнове́сии; do these scales ~? ча́ши весо́в уравнове́шены? 2) *refl* баланси́ровать; the little boy was balancing himself on the edge of a chair ма́льчик кача́лся /баланси́ровал/ на краю́ сту́ла 2. 1) приводи́ть в равнове́сие; уравнове́шивать, ура́внивать; to ~ foreign trade *эк.* сбаланси́ровать вне́шнюю торго́влю; the teams were perfectly ~d си́лы кома́нд бы́ли соверше́нно равны́ 2) удовлетворя́ть потре́бность (*в това́ре*) 3. *бухг.* 1) подсчи́тывать, подыто́-

живать; сводить, заключать, закрывать (*счета, книги*); погашать; подбивать баланс; to ~ an account уравнять /погасить/ счёт; to ~ the books закрыть /забалансировать/ (бухгалтерские) книги; to compute and ~ one's gain and loss подводить итог прихода и расхода 2) сводиться, балансироваться; the accounts don't ~ счета не сходятся 4. взвешивать, определять вес (*приблизительно*) 5. взвешивать, обдумывать; сопоставлять; to ~ probabilities сопоставлять возможности; she ~d her answer to the sum with his она слагала свой и его ответы на задачу 6. медлить, колебаться; a disposition to ~ and temporize склонность к медлительности и колебаниям; to ~ in indecision быть в нерешительности 7. (by, with, against) 1) противопоставлять, нейтрализовать, компенсировать; to ~ a disadvantage by /with/ smth. восполнять ущерб чем-л.; нейтрализовать вред; the advantages more than ~ the disadvantages достоинства вполне покрывают недостатки; her lack of politeness was ~d by her readiness to help недостаток вежливости сглаживался у неё готовностью помочь 2) *спец.* добавлять недостающее количество 8. делать балансе (*в танце*)
 balance-beam ['bælənsbi:m] *n* 1. коромысло весов; балансир 2. противовес (*обыкн.* подъёмного моста) 3. *спорт.* гимнастическое бревно
 balance-bridge ['bælənsbrɪdʒ] *n* подъёмный мост
 balanced ['bælənst] *a* 1. 1) уравновешенный 2) спокойный, уравновешенный; ~ type *мед.* уравновешенный тип; he has a well ~ mind он уравновешенный человек 2. обдуманный, взвешенный; ~ judgement продуманное суждение 3. гармоничный, пропорциональный, соразмерный; ~ diet рациональная диета, диета с пропорциональным сочетанием питательных элементов; ~ ration *с.-х.* сбалансированный (кормовой) рацион; ~ composition сбалансированный состав (*представительств и т. п.*); ~ reduction of armaments сбалансированное сокращение вооружений
 balance-master ['bælənsˌmɑːstə] *n* эквилибрист, балансёр, канатоходец
 balance-mistress ['bælənsˌmɪstrɪs] *n* эквилибристка, канатная плясунья
 balance of terror [ˌbælənsəv'terə] *полит., воен.* равновесие сил устрашения (*сдерживающий эффект ядерного оружия*)
 balance plough ['bælənsplau] *с.-х.* балансирный плуг
 balancer ['bælənsə] *n* 1. *см.* balance II + -er 2. эквилибрист, балансёр, акробат 3. шест эквилибриста, баланс 4. *тех.* стабилизатор; балансировочное устройство; уравнитель 5. *энт.* жужжальца
 balance-room ['bælənsruːm, -rʊm] *n* помещение для взвешивания, весовая
 balance-sheet ['bælənsʃiːt] *n фин.* баланс, балансовый отчёт
 balance-step ['bælənsstep] *n воен.* парадный шаг с выдержкой
 balance-weight ['bælənsweɪt] *n* противовес
 balance-wheel ['bælənswi:l] *n* 1. баланс (*часов*) 2. *тех.* маховик
 balancing ['bælənsɪŋ] *n* 1. компенсация 2. балансирование, уравновешивание; балансировка
 balaniferous [ˌbælə'nɪf(ə)rəs] *a* желудоносный
 balanoid ['bælənɔɪd] *a* желудеобразный
 balas, balas-ruby ['bæləs, -ˌruːbɪ] *n мин.* прозрачная шпинель

 balaustine I [bə'lɔːstɪn] *n* сухие цветки граната (*используемые в медицине*)
 balaustine II [bə'lɔːstɪn] *a* гранатовый
 balboa [bæl'bəʊə] *n* бальбоа (*денежная единица Панамы*)
 balbriggan [bæl'brɪɡən] *n* 1. *текст.* 1) гладкий хлопчатобумажный трикотаж 2) бельевой шерстяной трикотаж 2. *pl* трикотажное бельё
 balbutient [bæl'bjuːʃ(ə)nt] *a редк.* заикающийся
 balbuties [bæl'bjuːʃiːz] *n мед.* 1) заикание 2) *редк.* шепелявость
 balconet ['bælkənet] *n архит.* ограда, фальшивый балкон у окна
 balconette ['bælkənet] *n редк.* балкончик
 balconied ['bælkənɪd] *a* с балконом, с балконами; ~ house дом с балконами
 balcony ['bælkənɪ] *n* 1. балкон; recessed ~ лоджия 2. 1) *театр.* балкон первого яруса 2) верхняя галерея (*в зале*)
 bald [bɔːld] *a* 1. лысый, плешивый; ~ pate a) плешь, лысина; б) *пренебр.* тонзура (*католического монаха*); ~ patch плешинка, проплешина; ~ ringworm *мед.* стригущий лишай; to go ~ лысеть; to be ~ at the temples иметь залысины на висках 2. 1) оголённый, обнажённый; лишённый покрова (*растительности, перьев, шерсти и т. п.*); ~ hill голый холм; ~ of vegetation лишённый растительности 2) неприкрытый; ~ egoism неприкрытый эгоизм; ~ lie наглая ложь; ~ rudeness откровенная грубость 3. неприкрашенный, прямой, простой; a ~ statement of fact голые факты, изложение фактов без комментариев 4. пустой, бессодержательный 5. убогий, скудный; бесцветный; ~ prose серая /скучная/ проза; ~ style убогий стиль 6. с белым пятном на голове (*о животном*) 7. *тех.* без фланца, без борта
 ◊ ~ as a coot /as a billiard ball, as an egg/ совершенно лысый, лысый как колено
 baldachin, baldaquin ['bɔːldəkɪn] *n* балдахин
 bald-coot ['bɔːldkuːt] *n* 1. *зоол.* лысуха (*Fulica atra*) 2. *пренебр.* 1) лысый, плешивый человек 2) ~ монах (с тонзурой)
 bald cypress ['bɔːld'saɪprɪs] *бот.* кипарис болотный (*Taxodium distichum*)
 balden ['bɔːldn] *v редк.* 1) лысеть 2) вызывать облысение
 balderdash ['bɔːldədæʃ] *n* 1. галиматья, вздор, набор слов 2. *уст.* бурда (*мутная жидкость*)
 bald-faced ['bɔːldfeɪst] *a* 1. с белым пятном на лбу (*о лошади*) 2. *сл.* явный, неприкрытый; ~ lie наглая ложь
 bald-head ['bɔːldhed] *n* 1. лысый, плешивый (человек) 2. животное с белым пятном на лбу
 bald-headed I [ˌbɔːld'hedɪd] *a* 1. лысый, плешивый 2. = bald-faced 3. *мор., разг.* без верхних парусов
 bald-headed II [ˌbɔːld'hedɪd] *adv* напролом, напрямую; to go at /for/ smth. ~ преследовать /добиваться/ чего-л., не считаясь ни с чем; идти напролом
 baldicoot ['bɔːldɪkuːt] *n* = bald-coot
 balding ['bɔːldɪŋ] *a* лысеющий
 baldly ['bɔːldlɪ] *adv* 1. открыто, прямо; to put it ~ сказать прямо /напрямик/; говорить без обиняков 2. скудно, убого, голо; the room was ~ furnished в комнате почти не было мебели
 bald-nosed ['bɔːldnəʊzd] = bald-faced 1
 bald-pate ['bɔːldpeɪt] *а пренебр.* лысый, плешивый

 bald-rib ['bɔːldrɪb] *n* 1. рёбрышко (*свиной грудинки*) 2. *шутл.* одни рёбра; ≅ рёбра пересчитать можно
 baldric ['bɔːldrɪk] *n* 1. перевязь, портупея 2. *поэт.* зодиак, «небесный пояс» (*тж.* ~ of the heavens)
 baldy ['bɔːldɪ] *n сл.* лысый, плешивый
 bale¹ I [beɪl] *n* 1. кипа (*товара*); тюк; связка; узел; a ~ of cotton кипа хлопка; a ~ of hay тюк прессованного сена 2. *разг.* охапка, куча 3. *арх.* набор игральных костей 4. *спец.* брикет
 bale¹ II [beɪl] *v* 1) укладывать в тюки, вязать в узлы, увязывать в кипы 2) *спец.* пакетировать, брикетировать (*стружку и т. п.*); прессовать (*сено в тюки*); тюковать
 bale² [beɪl] *n поэт.* 1. зло, вред, гибельное влияние (*чего-л.*) 2. несчастье, бедствие; горе, страдание, муки; day of ~ and bitterness тяжёлый день, день неудач; to bring tidings of ~ приносить дурные вести
 baled [beɪld] *a спец.* тюкованный, в тюках (*о сене и т. п.*); в кипах (*о хлопке и т. п.*); в мягкой таре; брикетированный
 baleen [bə'liːn] *n* китовый ус
 bale-fire ['beɪlˌfaɪə] *n преим. шотл.* 1. сигнальный огонь 2. костёр (*особ.* погребальный *или* праздничный)
 baleful ['beɪlf(ə)l] *a* 1. 1) злобный, злой; мрачный; ~ stare мрачный взгляд; to give a ~ look бросить злобный взгляд 2) пагубный, гибельный; вредный; ~ envy [prejudices] пагубная зависть [-ые предрассудки]; ~ weeds *поэт.* вредные сорняки, ядовитые растения 2. *арх.* печальный, тоскующий
 balefully ['beɪlf(ə)lɪ] *adv* злобно, зло; озлобленно
 bale-goods ['beɪlɡʊdz] *n pl* товары в тюках, кипах, в мягкой таре
 baleless ['beɪlləs] *a уст.* безобидный, безвредный
 baler ['beɪlə] *n тех.* 1) пресс-подборщик (*сена, соломы и т. п.*) 2) упаковочный пресс
 balestra [bə'lestrə] *n* скачок вперёд с выпадом, балестра (*фехтование*)
 baline ['beɪl(a)ɪn] *n* мешковина
 Balinese [ˌbɑːlɪ'niːz] *a* живущий на о-ве Бали; относящийся к о-ву Бали
 balinger ['bælɪndʒə] *n ист.* вельбот
 baling-press ['beɪlɪŋpres] *n* пакетировочный, брикетировочный *или* кипный пресс
 balista [bə'lɪstə] = ballista
 balistraria [ˌbælɪ'streə(ə)rɪə] *n ист.* амбразура (*крепости*)
 balk I [bɔː(l)k] *n* 1. препятствие, помеха, задержка; to proceed without ~s действовать без помех 2. ошибка, упущение; to make a ~ совершить промах (*ср. тж.* ◊); ◊ 3. *редк.* поражение; разочарование; to meet with a ~ потерпеть поражение; испытать разочарование; to have a sad ~ горько разочароваться 4. 1) *с.-х.* межа; невспаханная полоса земли; огрех 2) *уст.* пропуск, пробел 5. *спец.* 1) подпорка 2) окантованное бревно, брус, балка 3. *pl* чердак 7. *диал.* коромысло (*весов*) 8. *геол.* выклинивание пласта; пережим пласта 9. *спорт.* незавершённый удар, незавершённое движение; to commit a ~ сделать неудачную попытку
 ◊ to make a ~ of good ground упустить удобный случай [*ср. тж.* 2]
 balk II [bɔː(l)k] *v* 1. препятствовать, мешать, задерживать; to ~ progress

тормозить прогресс; to be ~ed of one's purpose не достичь цели, не осуществить задуманного; the enemy is ~ed движение противника приостановлено; he was ~ed in his plans его замыслы не осуществились 2. пропускать, обходить; оставлять без внимания; to ~ an opportunity [a chance] упустить возможность [удобный случай]; to ~ one's turn пропустить очередь; death ~s no creature смерть никого не обходит 3. отвергать, отклонять; уклоняться; to ~ an unpleasant duty уклоняться от неприятной обязанности 4. 1) артачиться, упираться; внезапно остановиться; the horse ~ed a leap лошадь заартачилась перед прыжком 2) остановиться, внезапно переменить решение; she was ~ing at the price (высокая) цена удерживала её от покупки); he ~ed at making the speech он передумал и не стал выступать с речью 5. уст. 1) межевать 2) насыпать в кучи

balkline [ˈbɔː(l)klaɪn] *n спорт.* стартовая линия, черта

balk-ploughing [ˈbɔː(l)k,plaʊɪŋ] *n с.-х.* попеременная вспашка всвал и вразвал

balky [ˈbɔː(l)kɪ] *a* 1) норовистый (*о лошади*) 2) упрямый, несговорчивый; с норовом

ball[1] [bɔːl] *n* 1. 1) шар; the terrestrial ~ *возвыш.* земной шар; the Earth is a ~ Земля — шар; meat ~s фрикадельки, тефтели; moth ~s нафталиновые шарики; ~ of wool клубок шерсти; ~ of cotton ватный шарик; ~s of mud комья грязи; ~ of fire огненный шар (*о солнце, молнии, атомном взрыве и т. п.*) [*см. тж.* ◇] 2) шаровидный объект; ~ of earth *с.-х.* «стул», ком земли, окружающий корни растения; ~ plant растение с комом земли; ~ planting посадка с комом земли; ~ mill *тех.* шаровая мельница; ~ mount *воен.* шаровая установка; б) *ав.* сферическая турельная установка; ~ pyrite *геол.* шаровидное включение пирита 2. 1) мяч; stationary ~ неподвижный мяч (*футбол*); dead ~, ~ out of play *спорт.* мяч вне игры; ~ is in [out of] play *спорт.* мяч в игре [вне игры]; to kick the ~ about гонять мяч 2) *спорт.* удар, бросок (*мячом*); good ~ точный удар (*мячом*); wide ~ неточный удар /бросок/; adopted ~ засчитанный мяч 3. пуля; снаряд; ядро; powder and ~ порох и пули; smoke ~ *воен.* дымовой снаряд; дымовая бомба; ~ ammunition боевые патроны общего назначения (*с обыкновенными пулями*) 4. *амер.* бейсбол; to play ~ играть в бейсбол [*см. тж.* ◇] 5. *вет.* пилюля 6. *редк.* баллотировочный шар 7. *бот.* 1) шаровидный плод 2) семенная коробочка 3) клубок (*семян*) 8. *уст.* держава (*символ власти*); the sceptre and the ~ скипетр и держава 9. *pl* *груб.* 1) яйца, чушь, вздор; to make ~s of smth. испортить что-л.; всё перепутать 2) дерзость; хладнокровие; they didn't have enough ~s to try it у них не хватило пороху сделать это 10. закруглённая или выдающаяся часть (*чего-л.; обыкн. в человеческом теле*); ~ of the eye *анат.* глазное яблоко; ~ of the knee *анат.* коленная чашка; ~ of the thumb *анат.* возвышение большого пальца руки, тенар

◇ ~ and chain а) цепь с ядром (*на ноге каторжника*); б) бремя, обуза; тяжкая обязанность; в) *сл.* законная супруга; the three (golden) ~s вывеска на лавке ростовщика; ~ of fortune игрушка судьбы; ~ of lead *сл.* башка; ~ of fire *сл.* а) знойная красавица; страстная /соблазнительная/ женщина; б) «огонь» (*о блестящем, энергичном человеке*) [*см. тж.* 1, 1)]; ~ of wax *сл.* всё на свете; всё с начала до конца, всё возможное; to keep one's eyes on the ~ *амер.* а) быть расторопным; знать своё дело; б) быть на высоте /«на уровне»/; her typing is on the ~ она отлично печатает; to have smth. ~ *сл.* обладать способностями, ловкостью, талантом; быть ловким; get on the ~! *амер.* скорей!, пошевеливайся!; to carry the ~ *амер.* а) активно действовать; б) нести всю ответственность; the ~ is with you ваша очередь; to have the ~ at one's feet иметь шансы на успех; быть хозяином положения; to catch /to take/ the ~ before the bound поспешить, не выждать удобного момента; забегать вперёд; to start the ~ rolling а) начать какое-л. дело; б) начать разговор; to keep up the ~, to keep the ~ rolling а) поддерживать разговор; б) продолжать дело; to take up the ~ а) вступить в разговор; б) принять дело (*от кого-л.*); to strike the ~ under the line потерпеть неудачу; to play ~ а) (with) сотрудничать (*с кем-л.*); б) поддерживать хорошие отношения; you play ~ with me and I play ~ with you ты меня не подведи, и я тебе не подведу; ≅ ты — мне, я — тебе; б) *сл.* развёртывать деятельность; [*см. тж.* 4]; behind the eight ~ *см.* eight ball; to run with the ~ *амер.* перехватить, перебить (*заказ*)

ball[1] II [bɔːl] *v* 1. 1) собирать, свивать в клубок; комкать 2) свиваться в клубок; сжиматься в комок 2. *неприст.* иметь сношение, спать (*с женщиной*)
◇ to ~ the jack *сл.* быстро действовать

ball[2] I [bɔːl] *n* 1) бал; costume ~ бал-маскарад; to give a ~ давать бал; to open the ~ а) открывать бал; б) начинать дело 2) *сл.* приятное времяпрепровождение; to have a ~ with smth. насладиться чем-л.; to have (oneself) a ~ а) повеселиться, веселиться вовсю; б) пуститься во все тяжкие

ball[2] II [bɔːl] *v амер. сл.* веселиться вовсю; предаваться безудержному веселью, кутежам *и т. п.*; ≅ пуститься во все тяжкие

ballad [ˈbæləd] *n* 1) баллада; ~ stanza *стих.* балладная строфа 2) народная песня (*сентиментально-повествовательного характера*) 3) *уст.* сатирическая песенка

ballade [bæˈlɑːd] *n* 1) *стих.* баллада (*лирическое стихотворение из трёх строф с рефренами и с посылкой*) 2) = ballad 2) 3) *муз.* баллада (*вокальное произведение или инструментальная пьеса*)

balladeer [ˌbæləˈdɪə] *n* певец, исполнитель баллад

balladist [ˈbælədɪst] *n* автор или исполнитель баллад

balladize [ˈbælədaɪz] *v* 1) представлять в форме баллады 2) сочинять баллады

ballad-monger [ˈbæləd,mʌŋgə] *n* 1. *ист.* автор или продавец баллад 2. *пренебр.* рифмоплёт

balladry [ˈbælədrɪ] *n редк.* 1. (народные) баллады 2. 1) стиль баллад 2) сложение баллад 3) *уст.* стихоплётство

ball-and-socket joint [ˌbɔːlən(d)ˈsɒkɪtˌdʒɔɪnt] *тех.* шаровое шарнирное соединение

ballast I [ˈbæləst] *n* 1. 1) балласт; ~ trimming *мор.* укладка балласта; ~ dues *мор.* балластный сбор; in ~ а) без полезного груза, (только) с балластом (*о судах*) б) в качестве балласта (*о материале*) 2) уравновешенность, устойчивость (*характера и т. п.*); mental ~ уравновешенность; to have no ~, to lack ~ быть неуравновешенным, быстро терять самообладание 3) стабилизирующий фактор; the ~ of a steady income уверенность, которую даёт постоянный доход /заработок/ 2. 1) *дор.* балластный слой 2) балласт, щебень, гравий; ~ road дорога с щебёнчатым или гравийным покрытием; ~ bed *ж.-д.* земляное полотно (*под балласт*) 3. *эл.* балластный резистор

ballast II [ˈbæləst] *v* 1. 1) грузить балластом (*судно, аэростат*) 2) стабилизировать; умерять, остепенять; to ~ impetuosity умерять пыл; new responsibilities ~ed him новые обязанности заставили его остепениться 2. *дор.* балластировать; покрывать щебёнкой, гравием

ballastage [ˈbæləstɪdʒ] *n мор.* плата за балласт

ballasting [ˈbæləstɪŋ] *n* материал для балластировки

ball-bearing [ˌbɔːlˈbɛərɪŋ] *n тех.* 1) шарикоподшипник 2) шариковая, шаровая опора

ball boy [ˈbɔːlbɔɪ] мальчик, подбирающий мяч (*теннис*)

ball-cartridge [ˌbɔːlˈkɑːtrɪdʒ] *n воен.* боевой патрон общего назначения (*с обычной пулей*)

ball-clay [ˈbɔːlkleɪ] *n спец.* 1) комовая глина 2) пластичная глина

ball cock [ˈbɔːlkɒk] *тех.* поплавковый кран

balled [bɔːld] *a* 1) собранный в клубок 2) свёрнутый в шарик; скомканный

balled-up [ˌbɔːldˈʌp] *a амер. сл.* запутанный; запутавшийся; сбитый с толку

ballerina [ˌbæləˈriːnə] *n* (*pl* -пе) балерина; ведущая балерина (*классического балета*)

ballerine [ˌbæləˈriːnɪ] *редк. pl от* ballerina

ballet [ˈbæleɪ] *n* 1) балет 2) труппа танцоров-профессионалов 3) музыка к балету

ballet-dancer [ˈbæleɪ,dɑːnsə] *n* 1) артист балета, танцовщик 2) артистка балета, танцовщица, балерина

ballet-girl [ˈbæleɪgɜːl] = ballet-dancer 2)

ballet-master [ˈbæleɪ,mɑːstə] *n* балетмейстер

balletomane [ˈbælɪtəmeɪn, bəˈletə-] *n* балетоман

balletomania [ˌbælɪtəˈmeɪnɪə] *n* балетомания

ballet slippers [ˈbæleɪˌslɪpəz] балетные туфли

ballet-skirt [ˈbæleɪskɜːt] *n* балетная пачка

ball-frame [ˈbɔːlfreɪm] *n* счёты

ball game [ˈbɔːlgeɪm] *n* 1) игра с мячом; игра в мяч 2) бейсбол 2. *амер. разг.* 1) поле деятельности; not to be in the ~ выйти из игры; оказаться не у дел 2) обстановка, ситуация

ball-hardness [ˈbɔːl,hɑːdnɪs] *n тех.* твёрдость по Бринелю

balling [ˈbɔːlɪŋ] *n* 1. 1) сливание в клубок 2) *текст.* намотка в клубки 2. *тех.* скатывание в глыбу; комкование

ballism [ˈbælɪz(ə)m] *n мед.* дрожание, дрожательный паралич

ballista [bəˈlɪstə] *n* (*pl* -tae, -s [-z]) *воен. ист.* баллиста

ballistae [bəˈlɪstiː] *pl om* ballista
ballistic [bəˈlɪstɪk] *a* баллисти́ческий; ~ missile баллисти́ческая раке́та; ~ rocket баллисти́ческий реакти́вный снаря́д; ~ guided missile баллисти́ческий управля́емый реакти́вный снаря́д; ~ curve баллисти́ческая крива́я; ~ course /path, trajectory/ баллисти́ческая траекто́рия; ~ data баллисти́ческие да́нные, балли́стика (*ору́жия*); ~ pendulum баллисти́ческий ма́ятник (*прибо́р*)
ballistics [bəˈlɪstɪks] *n* балли́стика
ballistite [ˈbælɪstaɪt] *n воен.* баллисти́т (*безды́мный по́рох*)
ballistocardiograph [bəˌlɪstə(ʊ)ˈkɑːdɪəgrɑːf] *n мед.* баллистокардио́граф
ballistocardiography [bəˌlɪstə(ʊ)ˌkɑːdɪˈɒgrəfɪ] *n мед.* баллистокардиогра́фия
ball-jasper [ˈbɔːlˌdʒæspə] *n мин.* шарова́я я́шма (*преим. с концентри́ческой полоса́тостью*)
ball lightning [ˌbɔːlˈlaɪtnɪŋ] шарова́я мо́лния
ballonet [ˌbæləˈnet] *n ав.* балло́нет
balloon I [bəˈluːn] *n* 1. 1) возду́шный шар; toy ~ де́тский возду́шный шар; dirigible /navigable/ ~ управля́емый возду́шный шар 2) *ав.* неуправля́емый аэроста́т; captive ~ привязно́й аэроста́т 3) *спец.* шар-зонд, зонд; radio-sounding ~ радиозо́нд 4) 1) балло́н (*авт.* балло́н, ши́на ни́зкого давле́ния (*тж.* ~ tyre) 3) стекля́нная ко́лба 3. не́что ду́тое; ~ мы́льный пузы́рь; the hollow ~ of applause недолгове́чная сла́ва 4. шарообра́зно подстри́женные куст *или* кро́на де́рева 5. ова́л *или* круг (*в кото́рый впи́сываются слова́ лица́, изображённого на рису́нке, преим. на карикату́ре*) 6. *архит.* шар на верши́не коло́нны ◇ ~ trial про́бный шар; the ~ goes up де́йствия начали́сь; сигна́л по́дан
balloon II [bəˈluːn] *v* 1. 1) раздува́ться, надува́ться (*о паруса́х и т. п.*) 2) надува́ть, растя́гивать 2. поднима́ться, лета́ть на возду́шном ша́ре, аэроста́те 3. бы́стро увели́чиваться *или* расти́ (*тж.* ~ out)
balloon apron [bəˈluːnˌeɪprən] аэроста́тное загражде́ние
balloon astronomy [bəˈluːnəˈstrɒnəmɪ] балло́нная астроно́мия (*с подъёмом астрономи́ческих прибо́ров на стратоста́тах*)
balloon barrage [bəˈluːnˌbærɑːʒ] = balloon apron
balloon bed [bəˈluːnbed] стоя́нка аэроста́та
balloon-borne [bəˈluːnbɔːn] *a спец.* 1. поднима́емый на аэроста́те; ~ rocket запуска́емая с аэроста́та раке́та 2. поднима́емый на шара́х-зо́ндах
balloon-car [bəˈluːnkɑː] *n* гондо́ла аэроста́та
balloon-carried [bəˈluːnˌkærɪd] = balloon-borne
ballooner [bəˈluːnə] *n* воздухопла́ватель, аэрона́вт
ballooning [bəˈluːnɪŋ] *n спец.* за́пуск шаро́в-зо́ндов
balloonist [bəˈluːnɪst] *n* воздухопла́ватель, аэрона́вт
balloon-sleeve [bəˈluːnˌsliːv] *n* пы́шный рука́в, рука́в фона́риком
ballot¹ [ˈbælət] *n* 1. избира́тельный бюллете́нь, баллотиро́вочный шар 2. 1) баллотиро́вка; та́йное голосова́ние (*тж.* secret ~); single ~ вы́боры с одно́й баллотиро́вкой; successive ~s вы́боры с не́сколькими баллотиро́вками; to elect /to vote/ by ~ избира́ть та́йным голосова́нием 2) *амер.* голосова́ние (*тж.* откры́тое); peace ~ рефере́ндум; to take a ~ проводи́ть голосова́ние; our candidate was defeated on the third ~ в тре́тьем ту́ре голосова́ния наш кандида́т провали́лся 3. спи́сок кандида́тов для голосова́ния; he demanded his name to be placed on the ~ он тре́бовал, что́бы его́ кандидату́ру включи́ли в спи́сок для голосова́ния 4. результа́ты голосова́ния; коли́чество по́данных голосо́в 5. жеребьёвка 6. пра́во избира́ть
ballot² II [ˈbælət] *v* 1. 1) проводи́ть (*та́йное*) голосова́ние; баллоти́ровать 2) *амер.* голосова́ть за [про́тив] кого́-л. 2. тяну́ть жре́бий; to ~ for places *спорт.* проводи́ть жеребьёвку
ballot² [ˈbælət] *n* небольша́я ки́па
ballot-box [ˈbælətbɒks] *n* 1) избира́тельная у́рна; ~ stuffing *амер. сл.* фальсифика́ция вы́боров; to stuff the ~ *амер. сл.* фальсифици́ровать вы́боры 2) та́йное голосова́ние
ballotini [ˌbæləˈtiːnɪ] *n pl* стекля́нные гра́нулы (*для шлифо́вки и т. п.*)
ballot-paper [ˈbælətˌpeɪpə] *n* избира́тельный бюллете́нь
ballot-rigging [ˈbælətˌrɪgɪŋ] *n* подтасо́вка результа́тов голосова́ния
ballottement [bəˈlɒtmənt] *n мед.* баллоти́рование (*плода́ в ма́тке*)
ball park [ˈbɔːlpɑːk] 1. стадио́н, по́ле (*футбо́льное и т. п.*) 2. *амер. разг.* о́бщая, приме́рная *или* гру́бая оце́нка; приме́рное коли́чество; a proposal in the ~ of $50 000 предложе́ние поря́дка /где-то в райо́не/ 50 ты́сяч до́лларов
ball-park [ˈbɔːlpɑːk] *a амер. разг.* приблизи́тельный, приме́рный; ~ figure приме́рная ци́фра; су́мма, устано́вленная на глазо́к
ballplayer [ˈbɔːlˌpleɪə] *n* профессиона́льный игро́к, *особ.* в бейсбо́л
ball-point pen [ˌbɔːlpɔɪntˈpen] ша́риковая автору́чка
ball-proof [ˈbɔːlpruːf] *a* пуленепробива́емый, пулесто́йкий, брониро́ванный
ball-room [ˈbɔːlruːm, -rʊm] *n* ба́льный, танцева́льный зал; ~ dancing ба́льные та́нцы
ball-shaped [ˈbɔːlʃeɪpt] *a* шарообра́зный
balls up [ˈbɔːlzˈʌp] *phr v неприст.* 1. = ball up 3 2. напорта́чить
balls-up [ˈbɔːlzʌp] *n неприст.* неразбери́ха, пу́таница
ballsy [ˈbɔːlsɪ] *a груб.* напо́ристый, энерги́чный, пробивно́й
ball up [ˈbɔːlˈʌp] *phr v* 1. 1) забива́ть (*гря́зью, сне́гом и т. п.*) 2) забива́ться (*гря́зью, сне́гом и т. п.*) 2. ката́ть, лепи́ть ко́мья (*из сне́га, гря́зи и т. п.*); children were balling up snow to make a snowman де́ти лепи́ли снежну́ю ба́бу 3. *неприст.* пу́тать; сбива́ть с то́лку; he balled up the deal он сорва́л всё де́ло; everything was balled up начала́сь по́лная неразбери́ха 4. *сл.* провали́ться на экза́мене
ball-up [ˈbɔːlʌp] = balls-up
ballute [bəˈluːt] *n ав.* комбини́рованная систе́ма торможе́ния возду́шным ша́ром и парашю́том [< ballon + parachute]
ball-valve [ˈbɔːlvælv] *n тех.* сфери́ческий кла́пан
bally [ˈbælɪ] *a сл.* (*эвф. вме́сто* bloody) чертовский; what a ~ nuisance! что за чертовщи́на!, како́е безобра́зие!; whose ~ fault is it? како́й дура́к э́то натвори́л?; we had a ~ good time мы чертовски хорошо́ провели́ вре́мя
ballyhoo I [ˌbælɪˈhuː] *n* 1) *сл.* шуми́ха; what's all the ~ about? в чём де́ло?, за что шум? 2) чепуха́
ballyhoo II [ˌbælɪˈhuː] *v сл.* шу́мно и назо́йливо реклами́ровать; поднима́ть шуми́ху (*вокру́г чего́-л.*); раздува́ть (*сла́ву*)

BAL — BAL   B

ballyrag [ˈbælɪræg] *v прост.* 1) си́льно руга́ть, разноси́ть (*кого́-л.*) 2) запу́гивать
balm I [bɑːm] *n* 1. 1) бальза́м 2) бальза́м, целе́бное сре́дство; ~ for a sad heart бальза́м для скорбя́щего се́рдца; to pour ~ into smb.'s wounds лить бальза́м на чьи-л. ра́ны, утоля́ть чьи-л. страда́ния 2. *бот.* бальза́мник (*Amyris gen.*; *тж.* ~ tree) 3. арома́т, благоуха́ние ◇ is there no ~ in Gilead? а) *библ.* ра́зве нет бальза́ма в Галаа́де?; б) ра́зве нет исцеле́ния?; ра́зве нет утеше́ния?; heart ~ *амер.* де́нежная компенса́ция бы́вшей возлю́бленной *или* неве́сте
balm II [bɑːm] *v арх.* 1. успока́ивать, утоля́ть боль 2. бальзами́ровать
balmacaan [ˌbælməˈkɑːn] *n* балмака́н (*широ́кое мужско́е пальто́ регла́н*)
balm-cricket [ˈbɑːmˌkrɪkɪt] *n* цика́да
Balmoral [bælˈmɒrəl] *n* 1. Балмора́л (*короле́вский за́мок в Шотла́ндии*; *тж.* ~ Castle) 2. (b.) 1) шотла́ндская ша́почка 2) *текст.* балмора́л (*шерстяна́я саржа*) 3) пёстрая шерстяна́я (ни́жняя) ю́бка 4) башма́к на шнуро́вке
balmy [ˈbɑːmɪ] *a* 1. благово́нный, арома́тный; аромати́ческий; ~ sap души́стый сок, аромати́ческая смола́ (*де́рева*); the ~ breath of spring благоуха́ние весны́; the ~ perfume of roses арома́т роз 2. не́жный, сла́дкий; ~ zephyrus ла́сковый зефи́р; the ~ slumbers of youth сла́дкие сны ю́ности; to enjoy a ~ sleep сла́дко спать 3. цели́тельный; успокои́тельный; ~ ointment целе́бная мазь 4. *редк.* смоли́стый, бальзами́ческий 5. *сл.* глу́пый, слабоу́мный; рехну́вшийся, спя́тивший ~ talk иди́отский разгово́р; ~ on the crumpet спя́тивший, рехну́вшийся, вы́живший из ума́; to go ~ спя́тить, свихну́ться; he's ~ у него́ ви́нтика не хвата́ет
balnea, balneae [ˈbælnɪə, ˈbælnɪiː] *pl om* balneum
balneal [ˈbælnɪəl] *a мед.* бальнеологи́ческий
balneary [ˈbælnɪərɪ] *n* 1. ба́ня; ме́сто купа́ния 2. лече́бный минера́льный исто́чник 3. *мед.* ва́нное заведе́ние; бальнеологи́ческое отделе́ние
balneo- [ˈbælnɪə(ʊ)-] *мед.* в сло́жных слова́х име́ет значе́ние (лече́бная) ва́нна: balneotherapy бальнеотерапи́я
balneography [ˌbælnɪˈɒgrəfɪ] *n* бальнеогра́фия
balneological [ˌbælnɪəˈlɒdʒɪk(ə)l] *a* бальнеологи́ческий
balneology [ˌbælnɪˈɒlədʒɪ] *n* бальнеоло́гия
balneotherapy [ˌbælnɪəˈθerəpɪ] *n* бальнеотерапи́я; лече́ние ва́ннами, купа́ниями
balneum [ˈbælnɪəm] *n (pl* -neae, -nea) 1. *ва́нна*; купа́ние 2. *тех.* водяна́я *или* песча́ная ба́ня
baloney [bəˈləʊnɪ] = boloney
balsa [ˈbɔːlsə] *n ист.* 1. *бот.* ба́льза (*Ochroma lagopus*) 2. *редк.* ба́льзовый плот 3. спаса́тельный плот
balsam I [ˈbɔːls(ə)m] *n* 1. 1) бальза́м; ~ of fir хво́йный экстра́кт; кана́дский бальза́м 2) утеше́ние; the ~ of appreciation цели́тельный бальза́м призна́ния 2. = balsam fir *и* balsam poplar 3. = balsamine 4. *сл.* де́ньги
balsam II [ˈbɔːls(ə)m] *v* 1. 1) применя́ть бальза́м, сма́зывать бальза́мом 2) успока́ивать 2. *редк.* бальзами́ровать
balsamation [ˌbɔːlsəˈmeɪʃ(ə)n] *n* бальзами́рование
balsam fir [ˌbɔːlsˈfɜː] *бот.* пи́хта бальзами́ческая (*Abies balsamea*)

BAL — BAN

balsamic [bɔːlˈsæmɪk] *a* 1) бальзами́ческий 2) успока́ивающий
balsamiferous [ˌbɔːlsəˈmɪf(ə)rəs] *a* выделя́ющий бальза́м
balsamine [ˈbɔːlsəmɪn] *n бот.* бальза́мин (*Impatiens balsamina*)
balsam poplar [ˌbɔːls(ə)mˈpɒplə] *бот.* то́поль инде́йский бальзами́ческий (*Populus tacamahaca*)
balsam tree [ˌbɔːls(ə)mˈtriː] = balm I 2
Baltic [ˈbɔːltɪk] *a* балти́йский
Balto- [ˈbɔːltəʊ-] компоне́нт сло́жных слов — прилага́тельных; в ру́сском языке́ соотве́тствует компоне́нту балти́йско-, ба́лто-; Balto-Slavic балти́йско-славя́нский
Baluchi I [bəˈluːtʃɪ] *n* (*pl тж. без измен.*) 1. белу́дж, представи́тель наро́дности белу́джи; *the ~ собир.* белу́джи 2. бало́чи (*язы́к белу́джей*)
Baluchi II [bəˈluːtʃɪ] *a* белу́джский; относя́щийся к белу́джам *или* Белуджиста́ну
baluster [ˈbæləstə] *n* 1. *обыкн. pl* баля́сина пери́л ле́стницы, сто́йка пери́л 2. *pl* балюстра́ды; пери́ла; парапе́т; ~ railing балюстра́да, пери́ла парапе́та
balustered [ˈbæləstəd] *a* с пери́лами
balustrade [ˌbæləsˈtreɪd] *n* балюстра́да; парапе́т; пери́ла
bam I [bæm] *n сл.* обма́н, надува́тельство; ро́зыгрыш
bam II [bæm] *v сл.* обма́нывать, надува́ть; разы́грывать (*кого-л.*); ве́шать лапшу́ на у́ши
bambini [bæmˈbiːnɪ] *pl от* bambino
bambino [bæmˈbiːnəʊ] *n* (*pl -ni*) *ит.* 1) дитя́, ребёнок 2) *жив.* младе́нец (Иису́с) 3) *сл.* крошка (*о верзи́ле*)
bamboo I [ˌbæmˈbuː] *n* 1. *бот.* 1) бамбу́к (*Bambusa и др.*) 2) ви́нная па́льма (*Raphia vinifera*) 2. бамбу́ковая трость
bamboo II [ˌbæmˈbuː] *v* бить па́лкой, нака́зывать бамбу́ковой тро́стью
bamboozle I [bæmˈbuːz(ə)l] *n прост.* обма́н, моше́нничество, надува́тельство
bamboozle II [bæmˈbuːz(ə)l] *v прост.* 1. одура́чивать, надува́ть; to ~ smth. out of smb. обма́ном вы́манить что́-л. у кого́-л.; to ~ smb. into smth. обма́ном вовле́чь кого́-л. во что́-л. 2. мистифици́ровать, разы́грывать; сбива́ть с то́лку
bamboozler [bæmˈbuːzlə] *n прост.* обма́нщик, моше́нник
ban¹ I [bæn] *n* 1. запре́т; запреще́ние; test ~ запреще́ние испыта́ний; to be under a ~ находи́ться под запре́том, быть запрещённым; to put under a ~ налага́ть запре́т, запреща́ть; to lift the ~ снять запре́т 2. объявле́ние вне зако́на; изгна́ние (*как ме́ра наказа́ния*); the B. of the (Holy Roman) Empire *ист.* объявле́ние вне зако́на (*в Свяще́нной Ри́мской импе́рии*); to keep one's ~ жить в ссы́лке; to break one's ~ нару́шить прика́з об изгна́нии, незако́нно верну́ться 3. 1) *церк.* ана́фема, отлуче́ние от це́ркви; under the ~ отлучённый от це́ркви 2) прокля́тие 3) осужде́ние, отрица́тельное отноше́ние, неодобри́тельный пригово́р; неприя́тие (*о́бществом и т. п.*); society's ~ on war осужде́ние войны́ обще́ственностью; such opinions were under the ~ of society таки́е взгля́ды осужда́лись /отверга́лись/ обще́ственным мне́нием 4. *ист.* объявле́ние (*о́рганов вла́сти*), призы́в (*преим. к ору́жию*) 5. *pl уст.* = banns
ban¹ II [bæn] *v* 1. налага́ть запре́т, запреща́ть; to ~ a play [a demonstration, a meeting] запрети́ть пье́су [демон-

стра́цию, собра́ние]; to ~ a newspaper закры́ть газе́ту 2. 1) *церк.* предава́ть ана́феме; отлуча́ть от це́ркви 2) *уст., диал.* руга́ть, проклина́ть
ban² [bæn] *n фр. ист.* 1. призы́в (васса́лов) под ружьё 2. *воен.* разря́д ополче́ния (*во Фра́нции и Герма́нии*)
banal [bəˈnɑːl, bəˈnæl] *a* 1. бана́льный; по́шлый; ~ idea изби́тая мысль 2. *ист.* общи́нный; обяза́тельный для всех подвла́стных феода́лу; ~ mill общи́нная ме́льница (*на кото́рую все крестья́не бы́ли обя́заны свози́ть зерно́ для помо́ла*)
banality [bəˈnælɪtɪ] *n* 1) бана́льность, тривиа́льность, по́шлость 2) бана́льность, о́бщее ме́сто; to utter banalities говори́ть по́шлости, вести́ пустопоро́жний разгово́р, говори́ть о пустяка́х
banana [bəˈnɑːnə] *n* 1. *бот.* бана́н (*Musa gen.*) 2) бана́н (*плод*); a hand of ~s гроздь бана́нов 2. *сл.* 1) шут, кло́ун, ко́мик 2) «бана́нчик» (*о краси́вой мула́тке*) 3. *сл.* нос
◇ to get /to go/ ~s *сл.* спя́тить, рехну́ться; to drive smb. ~s свести́ кого́-л. с ума́
banana belt [bəˈnɑːnəbelt] *амер. разг.* зи́мние куро́рты с мя́гким кли́матом
banana-head [bəˈnɑːnəhed] *n амер. сл.* балда́, тупи́ца
Bananaland [bəˈnɑːnəlænd] *n австрал. разг.* Квинсленд
banana oil [bəˌnɑːnəˈɔɪl] 1. *хим.* амилацета́т, бана́новая эссе́нция 2. *сл.* чушь, вздор; враки
banana republic [bəˈnɑːnərɪˌpʌblɪk] *пренебр.* бана́новая респу́блика (*о ма́лой латиноамерика́нской стране́*)
banana seat [bəˈnɑːnəsiːt] удлинённое велосипе́дное седло́
banana split [bəˈnɑːnəsplɪt] «бана́новый сплит» (*разре́занный вдоль бана́н с моро́женым, сби́тыми сли́вками, оре́хами*)
banausic [bəˈnɔːsɪk] *a* 1. *редк.* сво́йственный меха́нику 2. *книжн.* узкопракти́ческий, утилита́рный; ~ architecture функциона́льная архитекту́ра 3. *редк.* 1) реме́сленный, куста́рный 2) простонаро́дный
Banbury [ˈbænb(ə)rɪ] *n* Ба́нбери (*го́род в А́нглии, не́когда центр пурита́нства*); ~ man пурита́нин, ханжа́
◇ ~ tarts пиро́жные с я́блоками и изю́мом; selling like ~ cakes бо́йко продаётся, пря́мо нарасхва́т; ~ cheese *шутл.* ≅ ко́жа да ко́сти (*от назва́ния о́чень пло́ского сы́ра*)
banc [bæŋk, bɑːŋk] *n* суде́йская скамья́; суд; in ~ в по́лном соста́ве (*о суде́*)
banco [ˈbɑːŋkəʊ] *n* 1. = banc 2. *школ.* приготовле́ние дома́шнего зада́ния
band¹ I [bænd] *n* 1) тесьма́, ле́нта; завя́зка; crêpe ~ тра́урная (кре́повая) повя́зка (*на рукаве́*); rubber ~ (кру́глая) рези́нка (*апте́чная, канцеля́рская и т. п.*) 2) поясо́к; реме́нь, ремешо́к 2. 1) свя́зующее звено́; свя́зующая нить; у́зы, связь; the ~s of matrimony у́зы бра́ка 2) *pl арх.* це́пи, око́вы 3) *арх.* = bond¹ I 3. 1) свя́зка, вяза́нка 2) *мед.* перевя́зка; тяж; свя́зка; банда́ж 4. 1) полоса́, поло́ска; кайма́, кро́мка; the cup had a wide yellow ~ at the top на ча́шке был широ́кий жёлтый ободо́к 2) ярлы́к, этике́тка; накле́йка 3) *воен.* полоса́ обстре́ла; ~ of fire полоса́ сплошно́го пораже́ния огнём 4) *pl* две (бе́лые) поло́ски, спуска́ющиеся с воротника́ (*у судьи́ и англика́нского свяще́нника*) 5. *разг.* 1) око́лыш 2) шля́пная ле́нта 6. пло́ский воротни́к (*пла́тья*) 7. звукова́я доро́жка на грампласти́нке 8. *тех.* 1) приводно́й реме́нь 2) ле́нта

тра́нспортёра 3) стяжно́й хому́т, бу́гель, банда́ж 4) дверна́я пе́тля 9. *геол.* просло́ек (*поро́ды*) 10. *ра́дио* полоса́ часто́т 11. *физ.* 1) диапазо́н 2) энергети́ческая зо́на (*в твёрдом те́ле*) 12. *полигр.* 1) бинт (*переплёта*) 2) манже́тка (*кни́ги*) 13. *тех.* доро́жка за́писи на магни́тном бараба́не *или* ди́ске 14. *мед.* кла́ммер
◇ ~ of hope *шутл.* ста́рая де́ва, и́щущая жениха́
band¹ II [bænd] *v* 1. свя́зывать, соединя́ть 2. скрепля́ть обо́дьями *или* обруча́ми; обива́ть желе́зными полоса́ми (*я́щики и т. п.*) 3. наноси́ть поло́сы; обводи́ть кро́мкой, поло́ской 4. *уст.* перевя́зывать, накла́дывать повя́зку
band² I [bænd] *n* 1. отря́д, (организо́ванная) гру́ппа (люде́й) 2) орке́стр; military ~ вое́нный орке́стр; jazz ~ джаз-ба́нд, джаз-орке́стр 2) гру́ппа музыка́нтов, игра́ющих на одноро́дных инструме́нтах (*в орке́стре*) 3) орке́стр, исполня́ющий наро́дные мело́дии (*обы́чно на та́нцах*) 3. ба́нда, ша́йка; a ~ of robbers ша́йка разбо́йников, ба́нда граби́телей 4. ста́я (*живо́тных*); a ~ of wild dogs ста́я ди́ких соба́к
◇ when the ~ begins to play ≅ когда́ завари́лась ка́ша, когда́ разыгра́лся сканда́л; to beat the ~ с большо́й си́лой, оби́льно; it rained all day to beat the ~ весь день дождь лил как из ведра́; then the ~ played и тогда́ всё ко́нчилось
band² II [bænd] *v* 1) объединя́ть, соединя́ть; ~ed by sympathy свя́занные взаи́мной симпа́тией; to ~ people together объединя́ть люде́й 2) объединя́ться (*в организа́цию*); вступа́ть в сою́з, организо́ваться; the people ~ed together against the common enemy наро́д объедини́лся про́тив о́бщего врага́ 3) распределя́ть шко́льников по спосо́бностям (*для после́дующего подбо́ра соста́ва кла́ссов*)
bandage I [ˈbændɪdʒ] *n* 1. 1) бинт, повя́зка; to remove a ~ from a wound снять повя́зку с ра́ны; they put a ~ over his eyes ему́ завяза́ли глаза́ 2) *мед.* перевя́зка, банда́ж; ~ gauze ма́рлевый бинт 2. 1) связь, скре́па 2) соедине́ние 3. *ж.-д.* банда́ж (*колеса́*)
bandage II [ˈbændɪdʒ] *v* перевя́зывать, бинтова́ть; накла́дывать повя́зку; to ~ smb.'s eyes наложи́ть повя́зку на глаза́, завяза́ть кому́-л. глаза́; she ~d his leg skillfully она́ ло́вко забинтова́ла ему́ но́гу
bandaging room [ˈbændɪdʒɪŋruːm, -rʊm] перевя́зочная
band-aid [ˈbændeɪd] *a* вре́менный (*о сре́дствах, реше́ниях и т. п.*)
bandaite [ˈbændaɪt] *n мин.* лабрадо́ровый даци́т
bandana [bænˈdænə] = bandanna
bandanna [bænˈdænə] *n* 1. пёстрый плато́к (*обы́чно шёлковый или хлопчатобума́жный*) 2. *текст.* си́тец «банда́на» (*с вы́травным рису́нком в ви́де горо́ха*)
bandbox [ˈbændbɒks] *n* 1) карто́нка (*для шляп, лент и т. п.*) 2) *разг.* помеще́ние ме́ньше обы́чного разме́ра; ≅ спи́чечный коро́бок; куря́тник (*о до́мике*); пятачо́к (*о ма́лой пло́щади*)
◇ just out of a ~ оде́тый с иго́лочки
band-brake [ˈbændbreɪk] *n тех.* ле́нточный то́рмоз
band-case [ˈbændkeɪs] = bandbox 1)
band-collar [ˈbændˌkɒlə] *n* 1) воротни́к-сто́йка 2) *ист.* бры́жи, рюш
band conveyor [ˈbændkənˌveɪə] ле́нточный конве́йер
bandeau [ˈbændəʊ] *n* (*pl* -deaux [-dəʊz]) *фр.* 1) ле́нта *или* о́бруч для

волос 2) шарф, обвивающий голову 2. внутренний ободок шляпы (*дамской*) 3. узкий бюстгальтер без бретелек 4. повязка на глаза

banded ['bændɪd] *a* 1) имеющий кайму, кромку, полосу (*другого цвета*); окаймлённый 2) *геол.* ленточный, полосчатый

bandelet ['bændɪlɪt] *n* 1. каёмка, ободок, полоска 2. *архит.* перевязь (*колонны*)

bander ['bændə] *n* 1. *см.* band² II + -er 2. 1) сочлен (*по организации*) 2) сотоварищ (*по заговору, шайке*); сообщник, соучастник *преступления*

banderilla [ˌbændə'ri:(l)jə] *n исп.* бандерилья

banderillero [ˌbændərɪ:'(l)je(ə)rəʊ] *n исп.* бандерильеро

banderol(e) [ˌbændə'rəʊl] *n* 1. 1) длинный, узкий флажок, вымпел 2) *воен.* сигнальный флажок; значок линейного 3) знамя, которым накрывают гроб великого человека 2. *геральд.* лента с эмблемой или девизом (*на щите и т. п.*) 2) *архит.* скульптурное украшение в виде ленты с надписью 3. *иск.* легенда (*на гравюре*)

bandersnatch ['bændəsnæʧ] *n* чудовище, чудище (*по книге Л. Кэрролла «В Зазеркалье»*)

band-gap ['bændgæp] *n физ.* запрещённая (энергетическая) зона

bandhouse ['bændhaʊs] *n вор. жарг.* тюрьма

bandicoot ['bændɪku:t] *n зоол.* бандикут, крупная крыса (*Nesokia bandicota*)

banding¹ ['bændɪŋ] *n* 1. объединение (*действие*); the ~ of the five groups объединение пяти групп 2. *школ.* распределение школьников на три группы по способностям (*для последующего подбора классов из учащихся разного уровня; производится в последнем классе начальной школы*)

banding² ['bændɪŋ] *n* 1. обозначение полосами; нанесение полос 2. *с.-х.* накладывание ловчих поясов (*на деревья*) 3. кольцевание, окольцовывание (*птиц, деревьев*) 4. *геол.* полосчатость (*руд*); слоистость (*породы*) 5. *спец.* образование полосчатой структуры

band-iron ['bænd‚aɪən] *n тех.* полосовое железо; полосовая сталь

bandit ['bændɪt] *n* (*pl тж.* -itti) разбойник, бандит; ~

banditti [bæn'dɪ:tɪ] *n* 1. *pl от* bandit 2. *собир. употр. с гл. в ед. ч.* шайка, банда; he had assembled a ~ он собрал банду

bandle ['bændl] *n* ирландская мера длины (= 2 футам)

bandleader ['bænd‚li:də] *n* руководитель джаз-оркестра

bandlet ['bændlɪt] = bandelet

band-master ['bænd‚mɑ:stə] *n* 1) дирижёр (*особ. духового оркестра*); капельмейстер 2) *воен.* старшина военного оркестра

bandog ['bændɒg] *n* 1) цепная собака 2) английский дог, ищейка

◊ to speak ~ and Bedlam нести несусветную чушь

bandoleer [ˌbændə'lɪə] *n* нагрудный патронташ

bandolero [ˌbændə'lɪ(ə)rəʊ] *n* (*pl* -os [-əʊz]) *исп.* разбойник

bandolier [ˌbændə'lɪə] = bandoleer

bandoline ['bændəlɪ:n] *n* фиксатуар

bandore [bæn'dɔ:] *n уст.* лютня

band-pass ['bændpɑ:s] *a элк.* полосно-пропускающий, полосной, полосовой; ~ filter полосный /полосовой/ фильтр

band razor ['bænd‚reɪzə] безопасная бритва с лезвием

bandrol ['bændrəʊl] = banderol(e)

band-saw ['bændsɔ:] *n тех.* ленточная пила

band selector ['bændsɪ‚lektə] *радио* переключатель диапазонов

bandsman ['bændzmən] *n* (*pl* -men [-mən]) оркестрант, музыкант оркестра

band spectrum ['bænd‚spektrəm] *физ.* полосатый спектр

band-spread ['bændspred] *n радио* растягивание диапазона настройки

band-stand ['bændstænd] *n* эстрада для оркестра

bandster ['bændstə] *n* вязальщик снопов

band tire, band tyre ['bænd‚taɪə] массивная шина, каток

bandwagon ['bænd‚wægən] *n* 1. фургон *или* грузовик с оркестром (*передвижного цирка и т. п.*) 2. *амер.* 1) победившая сторона, победители; to be on the ~ победить (*особ. на выборах*); to climb on /to jump aboard/ the ~ *ирон.* примкнуть /примазаться/ к победившей партии или к стороне, имеющей перевес 2) массовое движение; reform ~ swept across the country движение за преобразования охватило страну 3) мода, повальное увлечение; sports car ~ увлечение гоночными автомашинами

bandwidth ['bændwɪdθ] *n радио* ширина полосы (*частот*)

bandy¹ I ['bændɪ] *n спорт.* 1) русский хоккей 2) хоккейная клюшка 3) игра, предшествовавшая теннису

bandy¹ II ['bændɪ] *a* 1) кривой (*о ногах*) 2) кривоногий

bandy¹ III ['bændɪ] *v* 1. 1) перебрасывать (*мяч и т. п.*); перекидываться, бросать друг другу; to ~ a ball перебрасываться мячом 2) перебрасываться, обмениваться; to ~ words препираться, обмениваться колкостями; to ~ looks переглядываться; how dare you ~ words with me? как вы смеете мне возражать?; they came near to ~ing blows они чуть не подрались 2. передавать из уст в уста; обсуждать (*часто* ~ about); to ~ a rumour распространять слух; the story was soon bandied about вскоре все об этом узнали; his name was bandied about by one and all все о нём говорили, он стал предметом пересудов 3. спорить, соперничать

bandy² ['bændɪ] *n* банди (*индийская повозка*)

bandy³ ['bændɪ] *a* полосатый

bandy⁴ ['bændɪ] *v арх.* 1) объединять 2) объединяться

bandy-legged [ˌbændɪ'legd] *a* кривоногий

bane I [beɪn] *n* 1. отрава; яд; drink has been the ~ of his life пьянство — его погибель; her neighbours were the ~ of her life соседи отравляли ей жизнь 2. *редк.* яд; ~ and antidote яд и противоядие 3. *уст.* убийство; смерть, гибель

bane II [beɪn] *v уст.* губить, отравлять

baneberry ['beɪnb(ə)rɪ] *n бот.* воронец (*Actaea gen.*)

baneful ['beɪnf(ə)l] *a* 1. гибельный, губительный; вредный; ~ influence пагубное влияние; ~ superstition вредный предрассудок; the ~ effect of alcohol губительное влияние алкоголя 2. *арх.* ядовитый (*о грибах, растениях*)

banewort ['beɪnwɜ:t] *n бот.* 1) красавка 2) лютик-прыщенец; сонная трава 3) *диал.* (*любое*) ядовитое растение

bang¹ I [bæŋ] *n* 1. сильный удар; he got a nasty ~ on the head a) его сильно ударили по голове; б) он сильно ударился головой 2. 1) внезапный шум, взрыв, выстрел; to shut the door with a ~ хлопнуть дверью; the gun went off with a loud ~ раздался громкий выстрел; the ~ of the violent explosion could be heard for miles and miles грохот сильного взрыва был слышен за много миль 2) *pl радио* трески 3) *звукоподр.* бах!, бац!; ~! and the tyre exploded бах! — и шина лопнула 3. *разг.* стремительность; напор; энергия; he started with a ~ его начало было стремительным; he was fairly clever, but what he lacked was ~ он был довольно умён, но ему не хватало одного — энергии; the project carried plenty of ~ о это был действенный план 4. *полигр. разг.* восклицательный знак 5. *амер. сл.* 1) удовольствие, наслаждение; приятное возбуждение; to get a ~ out of smth. испытать наслаждение от чего-л. 2) впрыскивание наркотика; he gave himself a ~ он впрыснул себе наркотик 3) половое сношение

◊ to go over with a ~ — проходить блестяще (*о гастролях и т. п.*); иметь шумный успех; to come up with a ~ — вспыхнуть с новой силой

bang¹ II [bæŋ] *adv разг.* 1. как раз, прямо; ~ on time как раз вовремя, точно в назначенный час; the picture fell ~ on his head картина упала прямо ему на голову 2. вдруг, внезапно; he jumped ~ out of the window он взял да и выпрыгнул из окна 3. *эмоц.-усил.* здорово, очень; a ~ good chappie чертовски славный парень 4. громко, шумно

◊ ~ off *сл.* тотчас, сразу, тут же; he gave me an answer ~ off он ответил не задумываясь; ~ to rights *сл.* на месте преступления

bang¹ III [bæŋ] *v* 1. 1) ударить, стукнуть; to ~ a wedge with a hammer ударить молотком по клину; to ~ the table with one's fist стучать кулаком по столу; to ~ a drum [a gong] бить в барабан [в гонг]; to ~ on the door барабанить в дверь; to ~ a mat against the wall выбивать /выколачивать/ коврик о стену 2) удариться, стукнуться (*тж.* ~ oneself); to ~ against smth. наткнуться /налететь/ на что-л.; to ~ oneself against a tree с разгона удариться о дерево; he ~ed his head as he went through the doorway входя, он стукнулся головой о притолоку 2. 1) хлопать; I heard a window ~ in the basement слышал, как в подвале хлопало раскрытое окно 2) захлопнуть (*часто* ~ to); to ~ the door хлопнуть дверью; to ~ the door to с шумом захлопнуть дверь 3) захлопнуться (*часто* ~ to); the door ~ed after him за ним с шумом захлопнулась дверь 3. грохотать; the gun ~ed грохнул выстрел; the anvil ~ed with hammers наковальня звенела от ударов молота 4. *разг.* бить, колотить, тузить 5. *сл.* побивать, превосходить; this will ~ the limit any day это превзойдёт всё 6. *сл.* впрыскивать себе наркотик (*особ.* героин); быть наркоманом. 7. *груб.* трахнуть

◊ to be ~ed up about smth. нервничать по какому-л. поводу; to ~ one's head against a brick wall пытаться пробить головой стену, стараться напрасно (*употребляется только во временах Continuous*)

bang² I [bæŋ] *n обыкн. pl* чёлка

bang² II [bæŋ] *v* 1. подстригать волосы чёлкой; the girls had their hair ~ed low over their foreheads девушки носи-

ли чёлки почти до бровей 2. коротко стричь хвост лошади *или* собаке
bang about ['bæŋə'baʊt] *phr v* шуметь
bangalore torpedo [,bæŋgə'lɔːˌpiː-dəʊ] *воен.* удлинённый подрывной заряд для проделывания проходов в проволочных заграждениях и минных полях
bang-bang [,bæŋ'bæŋ] *n разг.* скорострельное оружие (*автомат, пулемёт*)
bangboard ['bæŋbɔːd] *n* бортовая доска, обеспечивающая сохранность сыпучих грузов
bang down ['bæŋ'daʊn] *phr v* 1) захлопнуть, с шумом закрыть; внезапно опустить; to ~ a window с шумом закрыть окно (*со спускающейся рамой*) 2) забить, заколотить; to ~ the lid of a box забить крышку ящика
banged [bæŋd] *a сл.* пьяный; ~ up to the eyes пьяный в стельку
banger ['bæŋə] *n* 1. *см.* bang¹ III + -er 2. *разг.* шутиха, фейерверк 3. *разг.* «драндулет» (*об автомобиле*) 4. *сл.* небылица, враки 5. *сл.* сосиска
banging ['bæŋɪŋ] *a эмоц.-усил.* громадный, чудовищный
Bangladeshi I [,bæŋglə'deʃɪ] *n* житель *или* уроженец Бангладеш; бангладешец
Bangladeshi II [,bæŋglə'deʃɪ] *a* бангладешский, относящийся к Бангладеш
bangle¹ ['bæŋg(ə)l] *n* запястье, браслет (*ручной или ножной*)
bangle² ['bæŋg(ə)l] *v диал.* 1. висеть, свисать 2. парить в воздухе (*о птицах*) 3. растрачивать на пустяки (*тж.* ~ away); he has ~d away a fortune он промотал состояние
bangled ['bæŋg(ə)ld] *a* висячий, обвислый
bang off ['bæŋ'ɒf] *phr v* 1. зря тратить (*патроны*); he banged off two rounds of ammunition он сделал два выстрела впустую 2. отбарабанить (*мотив*) 3. *сл.* прихлопнуть, убить (*кого-л.*)
bang-on [,bæŋ'ɒn] *a сл.* 1. классный, потрясающий, отличный; ≅ закачаешься; that hat is absolutely ~ эта шляпка просто чудо 2. в самую точку; попавший в цель 2) подходящий, что надо
bang out ['bæŋ'aʊt] *phr v* 1. громко исполнять (*музыку*) 2. разг. писать (*что-л.*) быстро, *особ.* печатать на пишущей машинке
Bang's disease ['bæŋzdɪˌziːz] *вет.* инфекционный аборт, болезнь Банга
bangtail ['bæŋteɪl] *n* 1) коротко подстриженный хвост (*у лошади*) 2) *сл.* беговая лошадь; дикая лошадь
bang up ['bæŋ'ʌp] *phr v* 1. *амер. разг.* разрушить, искорёжить что-л.; he banged up his car in the race он разбил машину на гонках 2. *разг.* поранить (*часть тела*) 3. *амер. сл.* обрюхатить 4. *сл.* запереть заключённого в камере, *особ.* на ночь
bang-up ['bæŋʌp] *a сл.* отличный, великолепный, отменный, первоклассный; ~ idea превосходная идея; ~ story увлекательный рассказ; ~ finale *проф.* эффектный финал (*музыкальный*); to look ~ выглядеть замечательно
bang-zone ['bæŋzəʊn] *n амер. ав.* зона звуковых ударов (*от самолётов*)
banian ['bænɪən] *n инд.* 1. = banyan 2. 1) индус-торговец 2) маклер, посредник (*связанный с европейской фирмой*) 3. халат (*восточный*); просторная рубаха
banian-day ['bænɪənˌdeɪ] *n мор.* постный день

banish ['bænɪʃ] *v* 1. 1) изгонять, подвергать изгнанию; ссылать, высылать; the native population was ~ed from the island by the colonialists колонисты изгнали туземцев с острова; he ~ed himself voluntarily он подверг себя добровольному изгнанию 2) *уст.* объявлять вне закона 2. прогонять, выгонять; to ~ from the house выгнать из дому; to ~ from one's presence прогнать с глаз долой; приказать удалиться 3. отгонять (*мысли и т. п.*); избавляться; to ~ fear избавиться от страха; to ~ shyness преодолеть застенчивость; you must ~ all suspicion отбросить подозрения; you must ~ all thought of ever reaching fame вы должны отказаться от мысли о славе
banishment ['bænɪʃmənt] *n* изгнание, высылка; ~ for life пожизненная ссылка; to go into ~ отправиться в ссылку; to break ~ нарушать приказ об изгнании, незаконно возвращаться (*на родину*)
banister ['bænɪstə] *n* 1. = baluster 1 2. *pl* перила (*лестницы*); поручни (*трапа, эскалатора*); to slide down the ~ скатываться по перилам
banjer ['bændʒə] = banjo 1
banjo ['bændʒəʊ] *n* (*pl* -os, -oes [-əʊz]) 1. банджо (*муз. инструмент*) 2. *сл.* лопата (*тж.* Irish, Army ~) 3. *тех.* коробка, кожух, картер
banjore ['bændʒɔː] = banjo 1
bank¹ I [bæŋk] *n* 1. 1) вал, насыпь; дамба; to dig up a ~ of earth возвести земляной вал 2) крутой склон 2. берег (*реки, озера*) 3. отмель, банка, риф; oyster ~ устричная отмель /банка/; fisheries ~ *спец.* рыбная банка; ice ~ ледяное поле 4. нанос, занос; snow ~ сугробы, снежные заносы; the ~ of clouds spelled rain гряда облаков предвещала дождь; we ran into a ~ of fog мы попали в полосу тумана 5. борт бильярдного стола 6. *ав.* крен, вираж 7. *горн.* 1) забой, залежь; ~ of ore пластообразная рудная залежь 2) уступ 3) устье шахты
bank¹ II [bæŋk] *v* 1. сгребать в кучу, наваливать; to ~ snow сгребать снег в кучи; the chairs were ~ed one upon the other стулья взгромоздили один на другой 2) делать насыпь; окружать валом, насыпью; to ~ in окапываться 3) громоздиться, вздыматься; clouds are ~ing along the horizon облака скучились на горизонте; горизонт затянут облаками 2. запруживать 3. окружать, окаймлять; the river is ~ed high on both sides река заключена в крутые берега 4. прикрывать (*костёр*) валежником (*чтобы он горел спокойно и долго*) 5. *ав.* делать вираж; накреняться 6. сесть на мель (*гребля*) 7. *сл.* играть шара от борта (*бильярд*)
bank² I [bæŋk] *n* 1. 1) банк; B. of England, the B. Английский банк (*государственный банк Великобритании*); branch ~ отделение банка; ~ of issue /of circulation/ эмиссионный банк; to keep an account at a ~ иметь счёт в банке; to keep an account with the National B. иметь счёт в государственном банке 2) копилка; father gave her a quarter for her piggy ~ отец дал ей двадцать пять центов (положить) в копилку 3) *ист.* лавка ростовщика; стол или лавка менялы 2. фонд; общий запас; резерв; blood ~ а) запас /банк/ крови (*для переливания*); б) донорский пункт; cornea ~ запас роговицы (*для пересадки*) 3. банк (*в азартных играх*); to keep the ~ держать банк; to break the ~ сорвать банк

◇ he is as safe as a ~ он вполне надёжный человек; in the ~ в убытке; three discount houses were in the ~ for a small amount три учётных конторы понесли небольшой убыток; to keep smth. in ~ держать что-л. про запас; you can't put it in the ~ *амер.* ≅ из спасиба шубу не сошьёшь
bank² II [bæŋk] *v* 1. класть деньги в банк; держать, иметь деньги в банке *или* сберкассе; to ~ at /with/ the B. of England а) держать деньги в Английском банке; б) *фин.* вести дела с Английским банком 2. владеть банком, быть банкиром; заниматься банковским делом 3. превращать (*имущество*) в деньги; to ~ an estate продать имение 4. метать банк (*в картах и т. п.*) 5. (on, upon) *разг.* рассчитывать, полагаться; to ~ on /upon/ smb.'s support рассчитывать на чью-л. поддержку; I was ~ing on his honesty when I closed the deal я полагался на его честность, когда заключал сделку; you can ~ on it being true можете быть уверены — это правда
bank³ I [bæŋk] *n* 1. *преим. спец.* ряд, комплект, набор; серия; ~ of cylinders блок цилиндров; ~ of boilers батарея котлов; ~ of needles *текст.* ряд игл, игольница; ~ of sieves набор сит; ~ of lamps *кино* осветительный агрегат; ~ of keys клавиатура (*пишущей машинки, линотипа, органа и т. п.*) 2. *уст.* скамья (*на галере и т. п.*) 2) суд; судебное присутствие 3. верстак 4. *полигр.* подзаголовок
bank³ II [bæŋk] *v спец.* группировать для совместной работы; комплектовать; the electric lamps were ~ed in rows of ten электролампы были сгруппированы по десять в ряд
bankable ['bæŋkəb(ə)l] *a фин.* принимаемый *или* пригодный к учёту; ~ securities учитываемые ценности, векселя; ~ project проект с финансовым обеспечением
bank acceptance ['bæŋkək'septəns] банковский акцепт, акцептованный банком вексель
bank account ['bæŋkəˌkaʊnt] банковский счёт, счёт в банке; I have a very small ~ у меня на счёте мало денег
bank balance ['bæŋkˌbæləns] остаток счёта в банке
bank-bill ['bæŋkbɪl] *n фин.* 1. тратта, выставленная на банк 2. *амер., уст.* = bank-note
bank blood ['bæŋkblʌd] кровь для переливания
bank-book ['bæŋkbʊk] *n* 1) банковская книжка, лицевой счёт 2) сберегательная книжка
bank call ['bæŋkkɔːl] *амер.* ревизия банка; a spring ~ found most banks in good condition весенняя ревизия показала, что дела большинства банков идут неплохо
bank card ['bæŋkkɑːd] (банковская) кредитная карточка (*для безналичного расчёта*)
bank chain ['bæŋk'tʃeɪn] горный кряж
bank-cheque ['bæŋktʃek] *n фин.* банковский чек
bank-court ['bæŋkkɔːt] *n* 1) еженедельное совещание директоров банка 2) общее собрание акционеров банка
bank-credit ['bæŋkˌkredɪt] *n фин.* кредит в банке, банковский кредит
bank deposit ['bæŋkdɪˌpɒzɪt] депозит, банковский вклад
bank discount ['bæŋkˌdɪskaʊnt] банковская учётная ставка
bank draft ['bæŋkdrɑːft] = bank-bill 1
banker¹ ['bæŋkə] *n* 1. 1) банкир 2) *pl* банкирский дом, банкирская контора,

банк 2. банковский работник, служащий банка 3. 1) банкомёт, крупьё (*в азартных играх*) 2) *карт.* банк (*игра*)
banker[2] ['bæŋkə] *n* 1. рыболовное судно *или* рыбак (*выходящие на промысел у берегов Ньюфаундленда*) 2. землекоп
banker[3] ['bæŋkə] *n* 1) подставка, скамья (*при скульптурных работах*) 2) творило (*инструмент каменщика или штукатура*)
banker-mark ['bæŋkəmɑːk] *n* клеймо каменщика (*на обработанном камне*)
banker's bank ['bæŋkəzbæŋk] центральный банк
banker's bill ['bæŋkəzbɪl] = bank-bill
bankers' hours [,bæŋkəz'auəz] сокращённый рабочий день
banket ['bæŋkɪt] *n геол.* банкет
bank-full ['bæŋkful] *adj* полный до краёв
bank holiday [,bæŋk'hɒlɪdɪ] 1. 1) неприсутственный день (*в Великобритании*); (*большой*) праздник 2) день, когда закрыты банки 2. *амер.* период с 6 до 13 марта 1933 года, когда по указу президента все банки США были закрыты
banking[1] ['bæŋkɪŋ] *n фин.* 1) банковское дело 2) банковский оборот
banking[2] ['bæŋkɪŋ] *n* 1. устройство, сооружение насыпи; строительство дамб и набережных 2. 1) береговая насыпь 3. прибрежное рыболовство (*особ. у Ньюфаундленда*) 4. *спец.* замедление, приостановка; ограничение (*хода маятника и т. п.*) 5. крен, вираж (*автомобиля, мотоцикла и т. п.*)
banking accommodation [,bæŋkɪŋə,kɒmə'deɪʃ(ə)n] банковские услуги; банковская ссуда, банковский кредит
banking board ['bæŋkɪŋbɔːd] бортик (*на хоккейном поле*)
banking business ['bæŋkɪŋ,bɪznɪs] 1) (частный) банк 2) операции банка
banking-house ['bæŋkɪŋhaus] *n* банк, банкирский дом, банкирская контора
banking-up ['bæŋkɪŋʌp] *n* окучивание
bank letter ['bæŋk,letə] финансовый бюллетень
bank locomotive ['bæŋk,ləukə'məutɪv] *ж.-д.* толкач
bank night ['bæŋknaɪt] *амер. разг.* лотерея, проводимая в кинотеатрах
bank-note ['bæŋknəut] *n* кредитный билет, банкнота
bank paper ['bæŋk,peɪpə] *собир. фин.* 1) банкноты 2) векселя, принимаемые банком к учёту
bank rate ['bæŋkreɪt] *фин.* учётная ставка банка
bankroll I ['bæŋkrəul] *n амер.* денежные средства; финансовые ресурсы (*страны или отдельного лица*)
bankroll II ['bæŋkrəul] *v амер. сл.* финансировать; субсидировать; to ~ a new housing development выделять средства на новый жилой массив
bankrupt I ['bæŋkrʌpt] *n* банкрот, несостоятельный должник; moral ~ моральный банкрот; mental ~ человек, оказавшийся бессильным в решении (*какой-л.*) задачи; интеллектуальный банкрот; a ~ in love неудачник в любви; a ~ in honour бесчестный человек; a ~ to all intents and purposes человек, несостоятельный во всех отношениях; to be a ~ in all manner of understanding не иметь ни капли здравого смысла
◊ to play the ~ *уст.* а) растратить чужие деньги; б) не оправдать доверия
bankrupt II ['bæŋkrʌpt] *a* 1) *фин.* обанкротившийся; несостоятельный, неплатёжеспособный; to be /to turn, to become/ ~ обанкротиться, прекратить платежи; to make ~ а) разорить; довести до банкротства; б) подорвать, скомпрометировать 2) несостоятельный, не оправдавший (*доверия и т. п.*); провалившийся; ~ in policy политически несостоятельный; to be morally ~ морально обанкротиться 3) лишённый чего-л.; ~ of compassion чёрствый, безжалостный; ~ in reputation пользующийся дурной славой, с подмоченной репутацией; ~ in ability неспособный, умственно несостоятельный; ~ in /of/ intelligence тупой, умственно несостоятельный; ~ of ideas лишённый воображения, неспособный выдвигать *или* воспринимать новые идеи; the story was entirely ~ of humour рассказ начисто лишён юмора
bankrupt III ['bæŋkrʌpt] *v* довести до банкротства, разорить; greed had soon ~ed his convictions жадность быстро довела его до морального падения, его погубила жадность
bankruptcy ['bæŋkrʌpt(s)ɪ] *n* 1) *фин., юр.* банкротство, несостоятельность; ~ law закон о несостоятельности; fraudulent ~ злостное банкротство; court of ~ суд по делам о несостоятельности 2) крах, провал; банкротство (*политики и т. п.*); the ~ of ability неспособность к чему бы то ни было; полная несостоятельность; a general ~ of reputation in both parties крах репутации обеих партий
bank sand ['bæŋksænd] речной песок
bankseat ['bæŋksiːt] *n стр.* береговая опора
bank-side ['bæŋksaɪd] *n* 1. 1) покатый склон берега 2) край берега (*озера, реки*) 2. (B.) *ист.* район театров (*по южному берегу Темзы*)
banksman ['bæŋksmən] *n* (*pl* -men [-mən]) *горн.* рукоятчик; рабочий у устья шахты
bank statement ['bæŋk'steɪtmənt] 1. баланс (*на определённую дату*) 2. перечень банковских счетов
bank-stock ['bæŋkstɒk] *n* акционерный капитал банка
bank up ['bæŋk'ʌp] *phr v* 1. запруживать 2. поддерживать огонь (*костра и т. п.*); it is time they banked up that furnace пора подбросить угля в топку 3. 1) сгребать в кучу 2) штабелевать (*брёвна*) 3) *с.-х.* окучивать
banner I ['bænə] *n* 1. 1) знамя, флаг, стяг; red ~ красное знамя; the ~ of revolution [freedom, peace, independence] знамя революции [свободы, мира, независимости]; under the ~ (of national liberation) под знаменем (национального освобождения); to join /to follow/ the ~ (of) а) стать под знамёна; б) стать на (*чью-л.*) сторону; to unfurl one's ~ а) развернуть своё знамя; б) объявить свою программу; изложить свои взгляды 2) *церк.* хоругвь 2. *амер. полигр.* флаговый заголовок; газетный заголовок во всю ширину полосы (*независимо от размера статьи*); «шапка» (*тж.* ~ head, ~ head-line) 3. *бот.* флаг *или* парус (*в цветке мотыльковых*)
◊ to carry the ~ *амер. ирон.* скитаться всю ночь напролёт, не имея пристанища (*о безработном и т. п.*)
banner II ['bænə] *a амер.* наилучший, образцовый; ведущий; ~ year рекордный год; ~ occasion прекрасный случай; ~ investment выгоднейшее капиталовложение; ~ state *полит.* передовой штат (*о штате с наибольшим числом избирателей, голосующих за данную партию*); of the ~ class первоклассный, отличнейший
banner III ['bænə] *v книжн.* 1. украшать флагами; снабжать знаменем 2. собирать под знамёна 3. печатать под крупным заголовком; the newspapers ~ed it газеты кричали об этом
banner-bearer ['bænə,be(ə)rə] *n* знаменосец
banner cloud ['bænə,klaud] *метеор.* облачный флаг, облачное знамя
banner-cry ['bænəkraɪ] *n* боевой клич
banneret[1] ['bænərɪt] *n* 1) баннерет (*дворянское звание в Великобритании*) 2) *ист.* рыцарь, ведущий вассальное войско под своим знаменем
banneret[2] ['bænəret] = bannerette
bannerette [,bænə'ret] *n* флажок, вымпел
bannerline I ['bænəlaɪn] = banner I 2
bannerline II ['bænəlaɪn] = banner III 3
bannerman ['bænəmən] *n* (*pl* -men [-mən]) знаменосец
bannerol [,bænə'rəul] *n* 1. = banderol(e) 2. знамя, покрывающее гроб
bannister ['bænɪstə] = banister
bannock ['bænək] *n шотл.* большая лепёшка (*из овсяной, ячменной или гороховой муки*)
banns [bænz] *n pl* оглашение имён лиц, предполагающих вступить в брак (*в церкви или в ином предписанном законом месте*); to ask /to call, to publish, to put up /the ~ объявлять о предстоящем браке (*с целью выяснения, не имеется ли препятствий к нему*); to forbid the ~ заявить протест против заключения брака
banquet I ['bæŋkwɪt] *n* пир, пиршество; банкет, торжественный обед; ~ hall пиршественный или банкетный зал; to give a ~ дать обед /банкет/
banquet II ['bæŋkwɪt] *v* 1. 1) пировать 2) устраивать пир; to ~ one's guests угощать гостей на славу 2. давать банкет, торжественный обед 3. (on, upon) лакомиться (*чем-л.*); есть с охотой
banqueter ['bæŋkwɪtə] *n* 1) гость на банкете, пиршестве; участник банкета 2) *pl* пирующие
banquet lamp [,bæŋkwɪt'læmp] банкетная лампа; высокая настольная керосиновая лампа «под старину»
banquette [bæŋ'ket] *n* 1. 1) скамья (*в дилижансе и т. п.*) 2) сиденье вдоль стены в ресторане 2. *амер.* тротуар; пешеходная дорожка 3. *воен.* стрелковая ступень; банкет 4. *спец.* берма, уступ; насыпь, банкет
banshee, banshie [bæn'ʃiː] *n ирл., шотл. фольк.* привидение-плакальщица; дух, вопли которого предвещают смерть; to cry like a ~ издавать леденящий душу вопль
bant [bænt] *v редк.* соблюдать голодную диету, быть *или* сидеть на голодной диете
bantam I ['bæntəm] *n* 1. (B.) бентамка (*порода мелких кур*) 2. 1) драчун-коротышка; ≅ «настоящий петух» 2) *воен. жарг.* коротышка, низкорослый солдат 3. *сокр. от* bantam-weight I
bantam II ['bæntəm] *a* 1) небольшой, мелкий; малогабаритный, портативный; ~ car лёгкий грузовой автомобиль, джип; ~ edition издание малого формата 2) малорослый, низкорослый; невысокий, но бойкий и задорный; ~ battalion *воен. жарг.* батальон из крепких низкорослых солдат 3) *спорт.* легчайший (*о весе*)
bantam-weight I ['bæntəmweɪt] *n спорт.* боксёр *или* борец легчайшего веса

BAN — BAR

bantam-weight II ['bæntəmweɪt] *a* лёгкий; небольшого размера, миниатюрный; a ~, 17 inch TV set портативный телевизор
banteng [baːnˈteŋ] *n зоол.* бантенг (*Bos banteng*)
banter I ['bæntə] *n* 1) добродушное подшучивание; шутки 2) шутливая беседа; there was much ~ going on at the party на вечеринке много шутили
banter II ['bæntə] *v* 1. 1) добродушно подшучивать, подтрунивать, поддразнивать 2) (with) вести шутливую беседу, обмениваться шутками; father enjoys ~ing with his children папа любит пошутить с детьми 2. *арх.* высмеивать 3. *арх.* одурачивать, надувать
banting ['bæntɪŋ] *n* голодная диета
bantling ['bæntlɪŋ] *n презр.* отродье, ублюдок (*о ребёнке*)
Bantu ['bæntuː] *n* (*pl без изм., тж.* -s [-z]) *этн., лингв.* банту
banyan¹ ['bænjən, 'bænjæn] *n бот.* баньян (*Ficus bengalensis*)
banyan² ['bænjən] = banian 2, 3
banzai [bænˈzaɪ] *int яп.* 1. банзай!, ура!, да здравствует! 2. *в грам. знач. глагола воен. жарг.* атаковать, идти «на ура»
◊ ~ attack, ~ charge *воен. жарг.* отчаянная атака; психическая атака
baobab ['beɪəbæb] *n бот.* баобаб (*Adasonia gen.*)
bap [bæp] *n шотл.* булочка
baptism ['bæptɪz(ə)m] *n* 1. крещение; крестины; name of ~ имя, данное при крещении; private ~ крещение на дому; ~ of blood а) мученичество; б) *воен.* первое ранение; первые боевые потери части или соединения; ~ of fire боевое крещение; he received ~ его окрестили 2. введение, внедрение; Iraq had its TV ~ в Ираке пришло телевидение
baptismal [bæpˈtɪzm(ə)l] *a* относящийся к крещению, крестильный; name имя, данное при крещении; ~ certificate свидетельство о крещении; ~ ceremony крестины
baptist ['bæptɪst] *n* 1. *церк.* креститель; John the B. Иоанн Креститель; B.'s day — праздник Иоанна Крестителя, Иванов день 2. баптист
baptistery, baptistry ['bæptɪstrɪ] *n церк.* 1. баптистерий (*придел в церкви*) 2. купель (*у баптистов*)
baptize [bæpˈtaɪz] *v* 1. *церк.* 1) крестить; совершать обряд крещения 2) давать имя, нарекать; the baby was ~d (by the name of) William при крещении ребёнку дали имя Уильям 2. креститься, подвергаться обряду крещения 3. очищать духовно; sorrow had ~d her горе облагородило её 4. знаменовать собой новый этап; the flight of Gagarin ~d the world into the age of man in space полёт Гагарина открыл новую космическую эру в развитии человечества
bar¹ I [baː] *n* I 1. 1) кусок, брусок; chocolate ~ плитка шоколада; wooden ~ брусок дерева; ~ of metal полоса металла; ~ of soap брусок /кусок/ мыла 2) брикет; ~ of metal болванка, чушка; ~ of copper медная болванка; ~ of lead свинцовая чушка; ~ of gold слиток золота 3) *тех.* пруток, штанга, стержень; арматурное железо 5) *эл.* пластина (*коллектора*); шина 6) *спец.* линейка; планка; рейка; measuring ~ *топ.* мерная рейка 7) ~ crowbar 8) *разг.* руль велосипеда 2. 1) перекладина; the ~ in a barrel поперечина на дне бочки 2) *горн.* горизонтальный перекладь; верхняк (*в крепи*) 3. засов, щеколда 4. шлагбаум; toll ~, the ~ of a gatehouse шлагбаум заставы (*где взимаются сборы за въезд, пошлины и т. п.*) 5. 1) полоса (*света, цвета*); a ~ of green fringed her skirt на ней была юбка с зелёной каймой 2) *геральд.* полоса (*на щите*) 6. 1) *pl* решётка (*тюремная*); behind the ~s за решёткой, в тюрьме 2) *амер. воен.* противомоскитная сетка 7. 1) нанос песка, отмель, бар, гряда; перекат; sand ~ песчаный нанос /бар/; ice ~ ледяные торосы; труднопроходимая кромка льда; the ship stuck fast on the ~ пароход основательно сел на мель 2) *горн.* россыпь в реке 3. *горн.* 1) (режущий) бар врубовой машины 2) колонка бурильного молотка 3) буровая штанга 9. *геол.* жила, пересекающая рудный шток 10. *муз.* 1) такт 2) тактовая черта; double ~ конец музыкальной фразы 11. *спорт.* 1) перекладина (гимнастическая) 2) *pl* брусья; uneven ~s разновысокие брусья 3) планка для прыжков в высоту; he cleared the ~ at two metres он взял двухметровую высоту 4) жердь (гимнастическая) 5) *pl* гантели 6) штанга с постоянным весом 12. *воен.* 1) полоска (знак различия) 2) *амер. ~s разг.* получить офицерское звание 2) орденская планка, колодка с орденскими ленточками 3) пряжка на орденской ленте (*к английским орденам*)
II (*часто* to) препятствие, преграда; помеха; барьер, ограничение; language ~ языковый барьер; ~ to happiness помеха счастью; ~ to economic development препятствие на пути экономического развития; to let down the ~ отменить ограничения (*торговые и т. п.*); poor health may be a ~ to success in one's studies плохое здоровье может помешать успеху в занятиях
◊ colour ~ «цветной барьер», расовая дискриминация; to cross the ~ перейти в лучший мир, умереть
bar¹ II [baː] *v* 1. 1) запирать (на засов); to lock and ~ the door запереть дверь на замок и на засов /на задвижку/; to ~ the door against smb. запереться от кого-л. 2) набивать решётки (*на окна*); забивать (*железными полосами, досками*) 2. 1) закрывать; загораживать, перегораживать, преграждать; the exits were ~red все выходы были закрыты; a fallen tree is ~ring the way упавшее дерево загородило дорогу; soldiers ~red the way солдаты преградили путь; the bears were ~red in their den медвежью берлогу обложили со всех сторон 2) тормозить, препятствовать, мешать; останавливать; to ~ progress [national liberation, economic development] препятствовать /мешать/ прогрессу [национальному освобождению, экономическому развитию]; what is ~ring our advance? что мешает нашему продвижению?; she ~red his insinuations with a witty remark остроумным замечанием она парировала его выпады; what ~s you from coming to the theatre with us? что вам мешает /почему вы не можете/ пойти с нами в театр?; they ~red the possibility of his ever returning они исключили всякую возможность его возвращения 3) запрещать; to ~ smoking запретить курение; to ~ from fishing запретить рыбную ловлю; dogs are ~red from the store вход в магазин с собаками воспрещён; to ~ all claims completely and finally *юр.* исключить все претензии полностью и окончательно 4) (from) удерживать (*от чего-л.*); to ~ smb. from undesirable actions удерживать кого-л. от нежелательных поступков 5) исключать, отстранять; he was ~red from the contest его не допустили к соревнованию 3. *разг.* не любить, не выносить; what I ~ is a man who talks about what he doesn't know не выношу людей, которые говорят о том, чего не знают 4. испещрять полосами, исполосовывать; crimson ~red с алыми полосами; ~red feathers полосатое оперение 5. 1) *юр.* аннулировать, отменить 2) *спец.* не засчитывать, признавать недействительным; to ~ the dice смешать игральные кости (*в знак недействительности игры*); his move with the pawn has been ~red его ход пешкой не был засчитан
bar¹ III [baː] *prep уст.* исключая, не считая; ~ none без всяких исключений; все *или* всё без исключения; he is the best student, ~ none он бесспорно лучший студент; I can come any day ~ Monday я смогу прийти в любой день, кроме понедельника
bar² [baː] *n* 1. 1) барьер, отделяющий судей; he was brought to the ~ by two constables двое полицейских подвели его к барьеру (*на суде*) 2) судебное присутствие; суд в полном составе; at the ~ на суде, на открытом заседании; prisoner at the ~ подсудимый; trial at (the) ~ открытый процесс; on the wrong side of the ~ на скамье подсудимых; to be tried at (the) ~ быть судимым в открытом суде; to plead at the ~ выступать в суде 3) суд, мнение, суждение; the ~ of public opinion суд общественного мнения; the ~ of conscience голос совести 2. *парл.* барьер, отделяющий места членов палаты общин *и т. п.* 3. (the B.) адвокатура, коллегия адвокатов; сословие адвокатов; барристеры (*в Великобритании*); to be at the B. быть барристером /адвокатом/; to go /to be called/ to the B. быть принятым в адвокатское сословие, стать адвокатом /барристером/; to be called within the B. быть назначенным королевским адвокатом /барристером высшего ранга/ (*в Великобритании*); to read for the B. готовиться к адвокатуре; учиться на юридическом факультете; General Council of the B. генеральный совет сословия барристеров (*представительный орган барристеров в Великобритании*) 4. *юр.* правовое препятствие; возражение (*ответчика*); отвод; приостановка (*действия чего-л.*); blank ~ возражение ответчика, в котором предлагается истцу указать место происшествия *и т. п.*; plea in ~ возражение по существу иска, возражение против права предъявлять иск
◊ in ~ of... в качестве веского довода против...; ~ and bench адвокатура и суд; адвокаты и судьи
bar³ [baː] *n* 1. бар, закусочная; буфет; snack ~ закусочная; milk ~ кафе-молочная 2. 1) стойка, прилавок (*особ. для подачи алкогольных напитков*) 2) прилавок, стол (*в магазинах самообслуживания*) 3. сервировочный столик
bar⁴ [baː] *n физ.* бар (*единица давления*)
bar⁵ [baː] = barmaster
bar⁶ [baː] *n спец.* черта над символом
Barabbas [bəˈræbəs] *n библ.* Варавва
baragnosis [ˌbærægˈnəʊsɪs] *n физиол.* неспособность определять вес предметов
baragouin [ˌbærəˈgwiːn] *n фр.* тарабарщина
bar-and-grill [ˌbaːrən(d)ˈgrɪl] *n амер.* гриль-бар

barathea [ˌbærəˈθiːə] *n текст.* баратея (*мягкая ткань из шёлка с шерстью или хлопком, часто в рубчик*)

barathrum [ˈbærəθrəm] *n редк.* 1) яма; пропасть; бездна 2) адская бездна, ад 3) ненасытная утроба, прорва (*о жадном человеке*)

barb¹ I [bɑːb] *n* 1. колючка; остриё; зубец (*стрелы, рыболовного крючка*); шип (*колючей проволоки*); зазубрина 2. жало, колкость; остроумия и *т. п.*); the ~ stuck ≅ стрела попала в цель; her teasing words had the quality of a ~ — they stuck её слова так и жалили 3. *уст.* борода 4. 1) кружевной шарф 2) *церк.* белый плоёный нагрудник монахинь 5. ус (*у рыбы*) 6. *бот.* колючка, шип; *пс* 7. *зоол.* бородка (*пера*) 8. 1) *тех.* заусенец, грат 2) бородка (*ключа*)

barb¹ II [bɑːb] *v* 1. 1) делать зубцы, зазубрины; the Indians ~ed their arrows индейцы зазубривали свои стрелы; he ~ed his reply *образн.* он в ответ сказал колкость 2) насаживать крючки, шипы 2. уколоть 3. *редк.* уязвить, задеть; she ~ed him with her laughter её смех задел /уязвил/ его 4. *редк.* подрезать, подстригать; косить 5. *тех.* снимать заусенцы, удалять зазубрины

barb² [bɑːb] *n* 1. берберский конь 2. берберский голубь

Barbadian I [bɑːˈbeɪdɪən] *n* житель о-ва Барбадоса

Barbadian II [bɑːˈbeɪdɪən] *a* относящийся к Барбадосу; барбадосский

Barbado(e)s leg [bɑːˈbeɪdəʊzˌleɡ] *мед.* слоновость

Barbado(e)s pride [bɑːˌbeɪdəʊzˈpraɪd] *бот.* цезальпиния красивейшая (*Caesalpinia pulcherrima*)

barbaralia [ˌbɑːbəˈreɪlɪə] *n книжн. ирон.* иностранный акцент

Barbaresque I [ˌbɑːbəˈresk] *n уст.* берберец

Barbaresque II [ˌbɑːbəˈresk] *a* 1. берберский; *уст.* берберийский 2. 1) грубый, варварский (*о стилях в искусстве*)

barbarian I [bɑːˈbeərɪən] *n* 1. 1) (B.) *ист.* варвар; Romans and Barbarians римляне и варвары 2) неуч, невежда, дикарь; young ~s лоботрясы (*преим. о школьниках*) 3) *уст., библ.* чужестранец, пришелец; I am to him a ~, and he is a ~ to me *библ.* я для него чужестранец, и он для меня чужестранец 2. (B.) берберец; *уст.* берберийец

barbarian II [bɑːˈbeərɪən] *a* 1. (B.) *ист.* варварский, относящийся к варварам; B. tribes варварские племена 2) варварский, дикий, грубый; ~ style варварский стиль; ~ treatment жестокое /грубое/ обращение 3) *уст.* чужестранный 2. (B.) берберский; *уст.* берберийский

barbaric [bɑːˈbærɪk] *a* 1. 1) варварский, дикий; первобытный 2) грубый, неотёсанный, некультурный; примитивный, дикий; ~ taste грубый /неразвитый/ вкус; ~ notions примитивные представления; ~ decorations аляповатые украшения; the hall was decorated in ~ splendour зал был украшен с аляповатой роскошью 2. *редк.* относящийся к варварам

barbarism [ˈbɑːbərɪz(ə)m] *n* 1. 1) варварство 2) невежество; грубость 2. *лингв.* варваризм

barbarity [bɑːˈbærɪtɪ] *n* 1. 1) варварство, жестокость, бесчеловечность 2) *pl* зверства 2. грубость (*вкуса, стиля, манер*); безвкусица 3. *лингв. уст.* варваризм

barbarize [ˈbɑːbəraɪz] *v* 1. 1) повергать в состояние варварства, одичания

2) одичать, стать варваром 2. испещрять (*речь*) варваризмами; злоупотреблять иностранными словами

barbarous [ˈbɑːb(ə)rəs] *a* 1. 1) варварский, жестокий, бесчеловечный; ~ warfare варварские методы ведения войны; ~ cruelty бесчеловечная жестокость; ~ treatment of war prisoners зверское /жестокое/ обращение с военнопленными; ~ aspect of nuclear war бесчеловечная сущность ядерной войны 2) варварский, некультурный, дикий; ~ conduct безобразное /дикое/ поведение; ~ habit of talking at the top of one's voice дикая манера кричать во всё горло 3) неправильный, искажённый, грубый (*о языке*) 2. дикий, оглушительный (*о звуках*); ~ noise оглушительный шум (*голосов, музыки*); ~ music оглушающая музыка 3. чужестранный, чужой 4. (B.) *редк.* варварский; относящийся к варварам; ~ ages эпоха варварства

barbate [ˈbɑːbeɪt] *a* 1. *зоол.* бородатый, усатый 2. *бот.* остистый

barb bolt [ˈbɑːbˌbəʊlt] анкерный болт, заершенный болт

barbecue I [ˈbɑːbɪkjuː] *n* 1. 1) барбекю, целиком зажаренная туша (*быка, свиньи*) 2) барбекю, жаркое на вертеле (*типа шашлыка*); ~ sauce пряный острый соус для жаркого 2. 1) пикник или приём на открытом воздухе, во время которого гостей угощают мясом, жаренным на вертеле 2) *амер.* ресторан типа шашлычной 3. 1) *рама* с вертелом (*для жаренья, вяления или копчения туши*) 2) кроватная рама 3) настил для сушки кофейных бобов и *т. п.*

barbecue II [ˈbɑːbɪkjuː] *v* 1. 1) жарить целиком (*быка, барана и т. п.*) 2) жарить (*мясо, редк. рыбу*) ломтиками на вертеле 2. *уст.* сушить на солнце (*бобы и т. п.*)

barbed [bɑːbd] *a* 1) имеющий колючки, шипы; колючий; зазубренный; ~ hook (рыболовный) крючок с зазубриной 2) острый, колючий, колкий, язвительный; ~ wit злое остроумие; ~ hints колкие намёки; ~ words колкости 3) с наконечником (*о стреле*)

barbed tributary [ˌbɑːbdˈtrɪbjʊt(ə)rɪ] приток, впадающий в реку против течения

barbed wire [ˌbɑːbdˈwaɪə] колючая проволока; ~ entanglement *воен.* проволочные заграждения

barbel [ˈbɑːb(ə)l] *n* 1. *зоол.* усач (*Barbus barbus*) 2. усик (*у рыбы*)

barbell [ˈbɑːbel] *n спорт.* 1) гантель 2) *pl* штанга

barbellate [ˈbɑːbəleɪt] *a бот.* мелкобородчатый

barber I [ˈbɑːbə] *n* парикмахер (*мужской*); цирюльник, брадобрей; ~ ('s) pole столб со спиральной бело-красной окраской (*вывеска парикмахера*); ~ ('s) block болванка для париков; ~ ('s) college школа парикмахерского дела; at the ~'s в парикмахерской
◊ every ~ knows that это известно всему свету; ≅ секрет полишинеля; one ~ shaves another gratis ≅ рука руку моет; no ~ shaves so close but another finds work ни один мастер не сделает работу так, чтобы другой не нашёл в ней недостатков

barber II [ˈbɑːbə] *v амер.* 1) брить и стричь 2) подстригать, подрезывать

barberry [ˈbɑːb(ə)rɪ] *n бот.* 1) барбарис (*Berberis vulgaris*) 2) барбарис (*ягода*)

barber's chair [ˌbɑːbəzˈtʃeə] 1) парикмахерское кресло (*с изменяющимся углом наклона*) 2) *разг.* регулируемое кресло космонавта

barbershop [ˈbɑːbəʃɒp] *n* парикмахерская

barber's itch [ˌbɑːbəzˈɪtʃ] *мед.* паразитарный сикоз

barber-surgeon [ˌbɑːbəˈsɜːdʒ(ə)n] *n уст.* брадобрей, отворяющий кровь

barbette [bɑːˈbet] *n воен. уст.* барбет; ~ carriage барбетная установка

barbican [ˈbɑːbɪkən] *n воен. ист.* барбакан, навесная башня; постройка, обороняющая подъёмный мост

bar bit [ˈbɑːˌbɪt] удила

barbital [ˈbɑːbɪtæl] *n фарм.* веронал

barbital sodium [ˌbɑːbɪtælˈsəʊdɪəm] *фарм.* мединал, веронал-натрий

barbiton [ˈbɑːbɪtɒn] *n ист.* лира; лютня

barbiturate [bɑːˈbɪtʃʊrɪt] *n фарм.* барбитурат

barbotage [ˈbɑːbətɪdʒ] *n тех.* барботирование

barbut(e) [ˈbɑːbət] *n ист.* забрало с Т-образной прорезью (*для глаз и носа*)

barbwire I [ˈbɑːbwaɪə] = barbed wire

barbwire II [ˈbɑːbwaɪə] *v* ставить проволочные заграждения

barcarol(l)e [ˌbɑːkəˈrəʊl] *n муз.* баркарола

Barcelona chair [ˌbɑːsəˈləʊnəˈtʃeə] металлический стул с кожаным сиденьем

barchan(e) [ˈbɑːkɑːn] *n тюрк.* бархан

bar chart [ˈbɑːtʃɑːt] = bar graph

bar code [ˈbɑːkəʊd] штриховой или линейчатый код (*на упаковке товара для идентификации артикула оптическим просмотровым устройством*)

bard¹ [bɑːd] *n* 1) *ист.* бард (*у кельтов*) 2) *шотл. ист.* менестрель 3) *возвыш.* певец, бард; the B. of Avon бард с Эвона (*Шекспир*)

bard² I [bɑːd] *n ист.* 1. *обыкн. pl* конский доспех 2. *pl* доспехи, латы

bard² II [bɑːd] *v ист.* оснащать доспехами

bard³ [bɑːd] *n* ломтик сала

bardic [ˈbɑːdɪk] *a ист.* относящийся к бардам; ~ poetry поэзия бардов

bardlet [ˈbɑːdlɪt] *n* 1) начинающий, молодой поэт 2) *пренебр.* рифмоплёт

bardocucullus [ˌbɑːdəkjʊˈkjuːləs] *n ист.* плащ с капюшоном

Bardolater [bɑːˈdɒlətə] *n шутл.* шекспиропоклонник, шекспироман

Bardolatry [bɑːˈdɒlətrɪ] *n шутл.* шекспиропоклонничество, шекспиромания

bardship [ˈbɑːdʃɪp] *n редк.* талант, призвание, положение барда, певца (*поэта*)

bardy [ˈbɑːdɪ] *a шотл.* смелый, дерзкий; вызывающий

bare I [beə] *a* 1. 1) нагой, голый; обнажённый; ~ knees голые коленки; ~ feet босые ноги; ~ to the waist обнажённый /голый/ до пояса; with one's head ~ с непокрытой /обнажённой/ головой 2) вскрытый, разоблачённый; to lay ~ обнажать, раскрывать, разоблачать; he laid ~ his heart before her он открыл ей душу; their plans were laid ~ их замыслы были раскрыты /разоблачены/ 3) голый, непокрытый; пустой; ~ walls голые стены (*без картин*); ~ floor пол без ковра; ~ pate голый /лысый/ череп; ~ flank *воен.* открытый /обнажённый/ фланг; to sleep on ~ boards спать на голых досках; to fight with ~ hands драться голыми руками (*без оружия*); the trees are al-

ready ~ ли́стья с дере́вьев уже́ облете́ли; the country was eaten ~ by locusts саранча́ опустоши́ла поля́; the dog picked the bone ~ соба́ка обглода́ла кость начисто 4) эл. неизоли́рованный, го́лый 2. (of) лишённый (чего́-л.); ~ of thought /ideas/ бе́дный мы́слями; ~ of fear не зна́ющий стра́ха; room ~ of furniture ко́мната без ме́бели; to be ~ of credit не по́льзоваться дове́рием; име́ть плоху́ю репута́цию 3. 1) неприкра́шенный, го́лый; ~ dislike нескрыва́емая неприя́знь; ~ facts го́лые фа́кты; ~ recital of the proceedings просто́е изложе́ние происходи́вшего; to tell the ~ truth сказа́ть чи́стую пра́вду 2) неподтверждённый, голосло́вный; ~ excuses пусты́е отгово́рки, неубеди́тельные /необосно́ванные/ оправда́ния; to believe smb. on his ~ word, to take smb. at his ~ word ре́дк. пове́рить кому́-л. (про́сто) на сло́во 4. 1) едва́ доста́точный, ску́дный, минима́льный; незначи́тельный; ~ possibility /chance/ минима́льная вероя́тность /возмо́жность/; ~ civility а) элемента́рная ве́жливость; б) холо́дное обхожде́ние (на грани неучти́вости); ~ subsistence wage зарпла́та, обрека́ющая на полуголо́дное существова́ние; ску́дный прожи́точный ми́нимум; deprived of the ~ necessities of life лишённый са́мого необходи́мого; elected by a ~ majority и́збранный незначи́тельным большинство́м; he earned a ~ living on этом едва́ зараба́тывал на жизнь; he gets a third of a column in the encyclopaedia в энциклопе́дии ему́ отведено́ не бо́лее тре́ти столбца́; he offered the man a ~ fiver to do the job он предложи́л челове́ку жа́лкую /всего́ лишь/ пятёрку за э́то де́ло 5. эмоц.-усил. мале́йший, оди́н то́лько; at the ~ mention of his name she would begin to cry при одно́м /просто́м/ упомина́нии о нём она́ начина́ла пла́кать; the ~ thought of such a crime made her shudder одна́ мысль о тако́м преступле́нии заста́вила её содрогну́ться 5. поно́шенный, изно́шенный, потёртый (об оде́жде)
◇ ~ bones а) суть; these are the bones of their policy в э́том суть их поли́тики; такова́ их поли́тика без прикра́с б) го́лые фа́кты; ~ weight чи́стый вес; ~ contract юр. безусло́вное обеща́ние (чего́-л.) или отка́з (от чего́-л.); in one's ~ skin соверше́нно го́лый; ≅ в чём мать родила́; ≅ as Job обездо́ленный; сир и наг (как Йов); ≅ as the back of my hand ≅ го́лый как коле́но; the ~ flesh cannot stand it э́того челове́ка не в состоя́нии вы́нести

bare II [beə] v 1. оголя́ть, обнажа́ть; to ~ one's arm for vaccination обнажи́ть ру́ку для приви́вки; to ~ one's head обнажи́ть го́лову; to ~ a sword обнажи́ть меч /шпа́гу/ 2. открыва́ть, раскрыва́ть; to ~ one's heart /soul, thoughts/ откры́ть се́рдце [ду́шу, мы́сли] 3. 1) опусто́шать; they burned the houses and ~d the gardens они́ сжига́ли дома́ и опустоша́ли сады́ 2) (of, from) снима́ть, обдира́ть; лиша́ть (чего́-л.)

bareback I [ˈbeəbæk] a без седла́; ~ horse неосёдланная ло́шадь

bareback II [ˈbeəbæk] adv без седла́; to ride ~ е́здить верхо́м без седла́ /на неосёдланной ло́шади/

bare-backed I [ˌbeəˈbækt] a 1. с го́лой спино́й, обнажённый до по́яса 2. = bareback I

bare-backed II [ˌbeəˈbækt] = bareback II

barebone [ˈbeəbəʊn] n ча́ще pl разг. ко́жа да ко́сти, скеле́т (о челове́ке)

bareboned [ˌbeəˈbəʊnd] a худо́й, изможде́нный

barebones [ˈbeəbəʊnz] adj ску́дный

barefaced [ˌbeəˈfeɪst] a 1. 1) с откры́тым лицо́м (без ма́ски, без забра́ла) 2) безборо́дый, безу́сый; ~ youth зелёная молодёжь 2. 1) откры́тый, прямо́й; ~ approach прямолине́йный подхо́д; he was a ~ fellow and was never loth to have his say он был прямы́м челове́ком и никогда́ не стесня́лся говори́ть откры́то 2) я́вный, нескрыва́емый, откры́тый; ~ and open tyranny я́вная /неприкры́тая/ тирани́я 3) бессты́дный, бессты́жий; на́глый; ~ lie на́глая ложь; ~ impudence наха́льство и на́глость; ~ inquisitiveness бесстыдные расспро́сы

barefacedness [ˌbeəˈfeɪstnɪs, -ˈfeɪsɪdnɪs] n на́глость; де́рзость; бессты́дство

barefisted [ˌbeəˈfɪstɪd] a 1. без перча́ток (о кула́чном бое) 2. безжа́лостный, жесто́кий

barefoot I [ˈbeəfʊt] a босо́й; a ~ jump had them over the brook in a jiffy разу́вшись, они́ легко́ перепры́гнули ручеёк

barefoot II [ˈbeəfʊt] adv босико́м; to walk ~ ходи́ть босико́м

barefooted [ˌbeəˈfʊtɪd] a босо́й, босоно́гий

barege [bəˈreʒ] n фр. 1. текст. баре́ж, вуа́ль 2. минера́льная вода́ «баре́ж» (по назва́нию исто́чника)

barehanded I [ˌbeəˈhændɪd] a 1) с го́лыми рука́ми (без перча́ток, без ору́жия); to fight ~ дра́ться го́лыми рука́ми 2) без осна́стки, без инструме́нта; useless ~ attempt to do the job тще́тная попы́тка вы́полнить рабо́ту го́лыми рука́ми

barehanded II [ˌbeəˈhændɪd] adv 1. го́лыми рука́ми 2. разг. на ме́сте преступле́ния; с поли́чным

bare-headed I [ˌbeəˈhedɪd] a с непокры́той голово́й; простоволо́сый; обнажи́вший го́лову

bare-headed II [ˌbeəˈhedɪd] adv без ша́пки, сняв головно́й убо́р; обнажи́в го́лову

bareknuckle I [ˈbeəˌnʌk(ə)l] a 1. = barefisted 2. бесцеремо́нный, на́глый 3. беспоща́дный; he developed his talent for ~ politics он вы́работал в себе́ спосо́бность к жёсткой поли́тике

bareknuckle II [ˈbeəˌnʌk(ə)l] adv 1. без перча́ток (о бое, дра́ке) 2. без церемо́ний, на́гло

barelegged [ˌbeəˈlegɪd, -ˈlegd] a с го́лыми нога́ми, без чуло́к

barely [ˈbeəlɪ] adv 1. едва́; то́лько; чуть не; е́ле-е́ле; лишь, с трудо́м; we ~ caught the train мы едва́ не опозда́ли на по́езд; he ~ escaped on crutches он едва́ унёс но́ги; she is ~ sixteen ей едва́ испо́лнилось шестна́дцать; it is ~ 3 o'clock сейча́с то́лько три часа́; with ~ strength enough to move едва́ дви́гаясь от сла́бости 2. го́ло; бе́дно; the room was ~ furnished ко́мната была́ бе́дно обста́влена 3. ре́дк. прямо́; откры́то; he stated the case ~ before us он открове́нно /пря́мо/ изложи́л нам всё де́ло 4. про́сто; всего́ лишь; not ~ in word but truly in deed не про́сто на слова́х, но и на де́ле

barenecked [ˌbeəˈnekt] a с откры́той ше́ей; декольти́рованный

bareness [ˈbeənɪs] n 1. неприкры́тость; обнажённость, нагота́ 2. ску́дость; бе́дность

baresark I [ˈbeəsɑːk] = berserk(er)

baresark II [ˈbeəsɑːk] adv ист. без па́нциря, без лат

baresthesia [ˌbærəsˈθiːʒə] n физиол. чу́вство или ощуще́ние давле́ния

bare testing [ˌbeəˈtestɪŋ] элк. холосто́е испыта́ние

barf [bɑːf] v амер. груб. блева́ть

barfly [ˈbɑːflaɪ] n амер. сл. завсегда́тай кабако́в, ба́ров

bargain¹ I [ˈbɑːgɪn] n 1. торго́вая сде́лка; догово́р о поку́пке; договорённость; good ~ вы́годная сде́лка; bad /hard, losing/ ~ невы́годная сде́лка; ~ and sale юр. догово́р о ку́пле-прода́же земли́; to make a ~ договори́ться (о чём-л.); заключи́ть соглаше́ние; she made a ~ with the porter [the cabman, the boatman] она́ усло́вилась о цене́ с носи́льщиком [шофёром такси́, ло́дочником]; to close /to conclude, to settle/ a ~ with smb. заключа́ть с кем-л. сде́лку; to strike a ~ а) заключи́ть сде́лку /соглаше́ние/; договори́ться; б) купи́ть по дешёвке; заключи́ть вы́годную сде́лку; to drive a hard ~ мно́го запра́шивать, торгова́ться; to bind the ~ дать зада́ток при поку́пке; to be off (with) one's ~ аннули́ровать сде́лку; освободи́ться от обяза́тельства; to have the best of a ~ извле́чь наибо́льшую вы́году из соглаше́ния; вы́играть (от чего́-л.); I hope you will stand by your ~ наде́юсь, что вы не изме́ните своему́ сло́ву; that's a ~! договори́лись!, идёт! [ср. тж. 2] 2. вы́годная поку́пка, что-л. ку́пленное по дешёвке; ~ sale распрода́жа (в магази́не); to buy at a ~ покупа́ть по дешёвке; he had it at a ~ он это доста́л дёшево; I picked up a ~ accidentally я случа́йно купи́л это о́чень дёшево; that's a ~ at this price э́то о́чень дёшево, э́то почти́ что да́ром [ср. тж. 1]; the counter was displaying ~s на прила́вке бы́ли вы́ставлены това́ры по сни́женным це́нам; their maid was a real ~ их служа́нка была́ настоя́щим кла́дом 3. разг. сгово́рчивый челове́к; челове́к с лёгким хара́ктером (обы́чно в отриц. предложе́нии); his mother-in-law is no ~ его́ тёща не пода́рок, у его́ тёщи тяжёлый хара́ктер [ср. тж. ◇]
◇ wet /Dutch/ ~ сде́лка, заключённая за буты́лкой вина́; по ~ сл. ≅ не бог весть что (о некраси́вой де́вушке, непривлека́тельном молодо́м челове́ке); King's bad ~ никуды́шный воя́ка; a ~ is a ~ а) угово́р доро́же де́нег; б) что сде́лано, того́ не воро́тишь; to make the best of a bad ~ не па́дать ду́хом, мири́ться с превра́тностями судьбы́; into the ~ в прида́чу, за ту же це́ну; I bought a car and got two spare wheels into the ~ я купи́л автомоби́ль и в прида́чу получи́л два запасны́х колеса́; б) кро́ме того́, поми́мо того́; the new housekeeper proved to be a fine cook into the ~ но́вая эконо́мка оказа́лась к тому́ же прекра́сной куха́ркой

bargain¹ II [ˈbɑːgɪn] v 1. торгова́ться, ряди́ться; вести́ перегово́ры, дога́вариваться (об усло́виях и т. п.); усла́вливаться; to ~ for better conditions тре́бовать улучше́ния усло́вий; let's try to ~ with that man дава́йте поторгу́емся с ним 2. заключи́ть сде́лку; прийти́ к соглаше́нию; усло́виться, договори́ться; to ~ a new wage increase вести́ перегово́ры об увеличе́нии зарабо́тной пла́ты; we ~ed for the house and purchased it мы заключи́ли сде́лку на поку́пку до́ма и приобрели́ его́; I have ~ed to be landed in France я договори́лся, чтобы меня́ вы́садили во Фра́нции; we ~ed on a three-year term мы сошли́сь на сро́ке в три го́да 3. разг. 1) (for) ожида́ть, предви́деть (что-л. — ча́сто неприя́тное); that's more than I ~ed for э́того я не ожида́л; э́то для меня́ неприя́тная неожи́данность; I hadn't ~ed for so much trouble я не ду́мал, что будет так тру́дно; I didn't ~ for your bringing your friends я не рассчи́тывал, что ты приведёшь свои́х друзе́й, твои́ друзья́ свали́лись на меня́ как снег на́ голову 4) (on) рассчи́тывать, наде́яться; I ~ed on your helping me я рассчи́тывал, что вы помо́жете мне 4. *разг.* поменя́ть; to ~ one trouble for another ≅ меня́ть ши́ло на мы́ло

bargain² [ˈbɑːɡɪn] *n диал.* небольшо́й земе́льный уча́сток

bargain away [ˈbɑːɡɪnəˈweɪ] *phr v* отда́ть за бесце́нок; разбаза́рить

bargain basement [ˈbɑːɡɪnˈbeɪsmənt] отде́л удешевлённых това́ров универма́га (*часто в подвале*)

bargain-basement [ˈbɑːɡɪnˌbeɪsmənt] *a* 1) удешевлённый, дешёвый 2) ху́дшего ка́чества

bargain counter [ˈbɑːɡɪnˌkaʊntə] *n* 1. отде́л това́ров по сни́женным це́нам 2. ме́сто проведе́ния свобо́дных диску́ссий, открове́нного обме́на взгля́дами

bargainee [ˌbɑːɡɪˈniː] *n юр.* покупа́тель земли́

bargain hunter [ˈbɑːɡɪnˌhʌntə] покупа́тельница, бе́гающая по магази́нам в по́исках поку́пок по дешёвке; завсегда́тай распрода́ж

bargaining [ˈbɑːɡɪnɪŋ] *n эк.* 1) веде́ние перегово́ров 2) заключе́ние сде́лки 3) торги́

bargaining chip [ˈbɑːɡɪnɪŋˈtʃɪp] *разг.* преиму́щество, ко́зырь (*которые могут быть использованы при торге, на переговорах и т. п.*)

bargain money [ˈbɑːɡɪnˌmʌnɪ] зада́ток

bargain off [ˈbɑːɡɪnˈɒf] *phr v* сбыть с рук

bargainor [ˈbɑːɡɪnə] *n юр.* продаве́ц земли́

barge¹ I [bɑːdʒ] *n* 1. 1) ба́ржа́; ба́рка; шала́нда, барка́с; a ~ of state *ист.* короле́вская ба́рка 2) адмира́льский ка́тер 3) экскурсио́нный, туристи́ческий парохо́д 4) плаву́чий дом, ба́ржа, ба́рка *и т. п.*, приспосо́бленные для жилья́ 5) *разг.* посу́дина (*пренебр. о судне*) 2. *с.-х.* поло́вник

barge¹ II [bɑːdʒ] *v* 1. перевози́ть на ба́рже́ 2. дви́гаться ме́дленно, неуклю́же; to ~ one's way through the crowd пробира́ться сквозь толпу́ 3. (into, against) ната́лкиваться (с разбе́га) на (*кого-л., что-л.*); he ~d into me он налете́л на меня́

barge² [bɑːdʒ] *n сл.* перепа́лка, ру́гань

bargeboard [ˈbɑːdʒbɔːd] *n стр.* доска́, закрыва́ющая фронто́нные стропи́льные но́ги

barge course [ˈbɑːdʒkɔːs] *стр.* ве́рхний ряд кирпиче́й, образу́ющий карни́з стены́

bargee [bɑːˈdʒiː] *n* ба́рочник, водоле́й
◊ he's a regular ~ он ужа́сный груби́н; to swear like a ~ ≅ руга́ться как изво́зчик

barge in [ˈbɑːdʒɪn] *phr v разг.* 1. вме́шиваться, встрева́ть (*в разговор*); he always barges in when not wanted он ве́чно ле́зет не в своё де́ло, когда́ его́ не про́сят; don't ~ не су́йся, не твоё де́ло 2. 1) входи́ть без стука́ 2) явля́ться без приглаше́ния; быть непро́шеным го́стем

bargeman [ˈbɑːdʒmən] *n* (*pl* -men [-mən]) 1. член кома́нды на ба́ржи *или* ба́рке 2. = bargemaster

bargemaster [ˈbɑːdʒˌmɑːstə] *n* хозя́ин *или* шки́пер ба́ржи, ба́рки

barge-pole [ˈbɑːdʒpəʊl] *n* шест для отта́лкивания ба́ржи
◊ I would not touch him with a ~ ≅ мне на него́ и смотре́ть проти́вно

barghest [ˈbɑːɡɪst] *n шотл. фольк.* злой дух в о́бразе соба́ки, предвеща́ющий смерть *или* несча́стье

bar girl [ˈbɑːɡɜːl] 1. = barmaid 2. проститу́тка, подбира́ющая клие́нтов в ба́рах

bar graph [ˈbɑːɡrɑːf] *мат.* гистогра́мма, столбиковый гра́фик

barhop [ˈbɑːhɒp] *v амер. сл.* шата́ться по ба́рам

bariatrics [ˌbærɪˈætrɪks] *n мед.* лече́ние от ожире́ния, терапи́я наруше́ния жирово́го обме́на

baric¹ [ˈbærɪk] *a хим.* ба́риевый

baric² [ˈbærɪk] *a* относя́щийся к атмосфе́рному давле́нию; барометри́ческий

barilla [bəˈrɪlə] *n* 1. *бот.* соля́нка (*Salsola spp.*) 2. бари́лла, со́да из золы́ во́дорослей и други́х расте́ний

baring [ˈbeərɪŋ] *n* 1. 1) обнаже́ние 2) раскры́тие, разоблаче́ние 2. *горн.* 1) обнаже́ние *или* вскры́тие пласта́ 2) у́гольная ме́лочь, штыб 3. *геол.* поро́да, покрыва́ющая поле́зное ископа́емое

bar-iron [ˈbɑː(r)ˌaɪən] *n тех.* пруткое́ железо

barite [ˈbeəraɪt] = baryte

baritone [ˈbærɪtəʊn] *n муз.* барито́н (*голос и муз. инструмент*)

barium [ˈbeərɪəm] *n хим.* ба́рий

bark¹ [bɑːk] *n* 1) лай 2) ла́ющий звук; ре́зкий *или* отры́вистый звук; rasping ~ ла́ющий ка́шель; ~ of a gun гро́хот вы́стрела 3) о́крик; ря́вканье 4) гру́бый отве́т
◊ his ~ is worse than his bite ≅ брехли́вая соба́ка ла́ет, но не куса́ет

bark¹ II [bɑːk] *v* 1. 1) ла́ять; to ~ one's head off а) оглуши́тельно ла́ять; б) ора́ть 2) ря́вкать; to ~ at one's children повыша́ть го́лос /ора́ть/ на дете́й; the sergeant ~ed "Attention!" сержа́нт ря́вкнул: «Сми́рно!» 3) *разг.* производи́ть ре́зкий ла́ющий звук; ка́шлять; the engine ~ed мото́р оглуши́тельно чихну́л; the guns ~ed загреме́ли вы́стрелы 2. *амер. разг.* зазыва́ть (*зрителей*)
◊ to ~ at the moon ла́ять на луну́, занима́ться бесполе́зным де́лом; to ~ up the wrong tree а) обру́шиться не на то /не на того́/; б) напра́вить свои́ уси́лия не на то́; ≅ идти́ по ло́жному сле́ду; if she expects me to get her a job, she ~s up the wrong tree напра́сно она́ наде́ется на то, что я найду́ ей рабо́ту

bark² I [bɑːk] *n* 1. 1) кора́; луб; he stripped the tree of its ~ он содра́л кору́ с де́рева 2) *сл.* ко́жа 2. *мед.* хи́нная ко́рка, хи́на (*тж.* Jesuits' ~, Peruvian ~) 3. дуби́льная кора́
◊ a man with the ~ on *амер.* неотёсанный, но хоро́ший челове́к; to take the ~ off smth. обесце́нивать что-л.; лиша́ть что-л. обая́ния /привлека́тельности/; to talk the ~ of a tree заговори́ть кого́-л. до поте́ри созна́ния; to come /to go/ between the ~ and the tree вме́шиваться в чужи́е (*особ. семе́йные*) дела́; станови́ться ме́жду му́жем и жено́й

bark² II [bɑːk] *v* 1. образо́вывать, нара́щивать кору́ (*о дереве*); покрыва́ть коро́й 2. дуби́ть 3. ссади́ть, содра́ть ко́жу; he ~ed his knee [elbow] он ссади́л коле́нку [оборва́л локото́к] 4. *спец.* ока́ривать, сдира́ть кору́

bark³ [bɑːk] *n* 1. барк (*парусное судно*) 2. *поэт.* ло́дка, ладья́

bark beetle [ˈbɑːkˌbiːtl] *энт.* жук-короéд (*Scolytidae fam.*)

barkeeper [ˈbɑːˌkiːpə] *n* 1. буфе́тчик, ба́рмен 2. содержа́тель таве́рны, хозя́ин ба́ра, заку́сочной, каба́чик

barken [ˈbɑːkən] *v* 1. = bark² II 4 2. образо́вывать ко́рку, засыха́ть

BAR — BAR   **B**

barkentine [ˈbɑːkəntiːn] = barquentine

barker¹ [ˈbɑːkə] *n* 1. 1) см. bark¹ II + -er 2) брехли́вая соба́ка, пустола́йка 3) крику́н; груби́н 2. зазы́ва 3. аукциони́ст 3. *сл.* 1) револьве́р, пистоле́т 2) *воен.* тяжёлое ору́дие
◊ great ~s are no biters *посл.* брехли́вые соба́ки не куса́ются, вспы́льчивые лю́ди отхо́дчивы

barker² [ˈbɑːkə] *n спец.* 1) око́рщик 2) око́рочный бараба́н

barkery [ˈbɑːk(ə)rɪ] *n* дуби́льный заво́д, дуби́льня

barkhan [ˈbɑːkɑːn] = barchan(e)

barking I [ˈbɑːkɪŋ] *n* лай; the ~ kept me awake соба́чий лай не дава́л мне усну́ть

barking II [ˈbɑːkɪŋ] *a* 1. ла́ющий; ~ voice ла́ющий го́лос 2. гру́бый; ~ criticism ре́зкая недоброжела́тельная кри́тика
◊ ~ dogs *сл.* уста́вшие *или* стёртые но́ги; ~ dogs seldom bite ≅ гро́мко ла́ет, да не куса́ет, брехли́вые соба́ки не куса́ются

Barkis [ˈbɑːkɪs] *n* 1. *лит.* Ба́ркис (*возчик в романе Диккенса «Давид Копперфильд»*) 2. простова́тый, но неизме́нно ве́рный влюблённый

barky [ˈbɑːkɪ] *a* 1) покры́тый коро́й 2) коря́вый, заскору́злый

barley¹ [ˈbɑːlɪ] *n бот.* ячме́нь (*Hordeum*); peeled ~ обру́шенный ячме́нь; я́чневая крупа́; pearl /French, pot/ ~ перло́вая крупа́

barley² [ˈbɑːlɪ] *int диал.* чур-чура́! (*в детских играх*)
◊ to cry ~ *см.* cry II ◊

barley-bird [ˈbɑːlɪbɜːd] *n* дубоно́с (*птица*)

barley-bree [ˈbɑːlɪbriː] = barley-broth

barley-broth [ˈbɑːlɪbrɒθ] *n* 1) кре́пкое ячме́нное пи́во 2) ви́ски

barley-corn [ˈbɑːlɪkɔːn] *n* 1. = barley¹ 2. ячме́нное зерно́ 3. *ист.* треть дю́йма

barley-sugar [ˈbɑːlɪˌʃʊɡə] *n* ячме́нный са́хар (*леденцы*)

barley-water [ˈbɑːlɪˌwɔːtə] *n* ячме́нный отва́р

bar lift [ˈbɑːlɪft] *спорт.* бу́гельный подъёмник

bar-line [ˈbɑːlaɪn] = bar¹ I, I 10

barlow [ˈbɑːləʊ] *n амер.* ма́ленький перочи́нный нож с одни́м ле́звием

Barlow's disease [ˈbɑːləʊzdɪˌziːz] *мед.* де́тская цинга́

barm [bɑːm] *n* 1) ма́точные *или* зада́точные дро́жжи 2) заква́ска

bar magnet [ˈbɑːˌmæɡnɪt] *тех.* сте́ржневой магни́т

barmaid [ˈbɑːmeɪd] *n* буфе́тчица; официа́нтка в ба́ре, в пивно́й; ба́рменша

barman [ˈbɑːmən] *n* (*pl* -men [-mən]) 1) ба́рмен, буфе́тчик 2) трактирщик; каба́тчик

barmaster [ˈbɑːˌmɑːstə] *n* управля́ющий ша́хтой *или* рудником

Barmecidal [ˌbɑːmɪˈsaɪdl] *a редк.* подо́бный пи́ру без угоще́ния; иллюзо́рный, вообража́емый, ненастоя́щий; мни́мый

Barmecide [ˈbɑːmɪsaɪd] *n* 1) *лит.* Бармеци́д (*персидский принц из сказок «Тысяча и одна ночь»*) 2) челове́к, даю́щий пусты́е обеща́ния, ока́зывающий мни́мые благодея́ния

Barmecide feast [ˈbɑːmɪsaɪdˈfiːst] 1) Бармеци́дов пир, ви́димость угоще́ния 2) притво́рное гостеприи́мство, ви́димость ще́дрости и раду́шия

bar mill ['bɑ:mɪl] *тех.* 1) заготовочный стан 2) полосовой стан
barm-team ['bɑ:mti:m] = bairn-team
barmy ['bɑ:mɪ] *a* 1. пенистый; забродивший; ~ beer пенистое пиво 2. *разг.* нелепый, идиотский; спятивший; ~ on the crumpet не в своём уме
barn [bɑ:n] *n* 1. 1) амбар; рига, житница; гумно 2) скотный двор; коровник; хлев; стойло; конюшня 3) сарай (*для машин и т. п.*) 4) сарай, казарма; a regular ~ of a place не помещение, а настоящий сарай /а какая-то казарма/; 2. парк, депо, гараж, база (*общественного транспорта*); car ~ *амер.* трамвайный парк 3. *театр. жарг.* летний театр; помещение для летних гастролей 4. *физ.* барн (*единица площади поперечного сечения, равная* 10^{-28} $м^2$)
◇ born in a ~ *амер.* невоспитанный, не умеющий себя держать; ≅ в хлеву родился
barnacle[1] ['bɑ:nək(ə)l] *n* 1. *обыкн. pl* 1) щипцы 2) *спец.* кляпцы; кляп 2. *разг.* очки, пенсне
barnacle[2] ['bɑ:nək(ə)l] *n* 1. *зоол.* 1) казарка белощёкая (*Branta leucopsis*) 2) усоногий рак (*Cirripedia*) 3) морская уточка (*Lepadidae*) 2. 1) неотвязный человек; ≅ банный лист 2) *амер.* человек, крепко держащийся за своё место *или* должность
barnacled ['bɑ:nək(ə)ld] *a* 1. покрытый *или* обросший ракушками 2. *разг.* с очками на носу; ≅ очкарик
barn dance ['bɑ:ndɑ:ns] 1) сельский праздник с танцами (*часто проводимыми в амбаре*) 2) танец типа польки
barn-door [,bɑ:n'dɔ:] *n* 1. ворота амбара 2. *фото* экран *или* затенитель для регулировки освещения при съёмке
◇ not to be able to hit a ~ быть никудышным стрелком, мазать; to nail smb. to the ~ выставить кого-л. на поругание, пригвоздить кого-л. к позорному столбу
barn-door skate ['bɑ:ndɔ:'skeɪt] *зоол.* крупный атлантический скат (*Raja laevis*)
barney[1] ['bɑ:nɪ] *n* 1. 1) встреча по боксу (*на приз*) 2) подстроенный результат встречи по боксу (*на приз*) 2. 1) драка 2) *спор.* ссора 3. ошибка, промах
barney[2] ['bɑ:nɪ] *n* *австрал. разг.* весёлая толпа
barney[3] ['bɑ:nɪ] *n* *горн.* противовес (*тележка с грузом*)
barn-floor ['bɑ:nflɔ:] *n с.-х.* ток; гумно
barnman ['bɑ:nmən] *n* (*pl* -men [-mən]) молотильщик
barn-owl ['bɑ:naʊl] *n* *зоол.* сипуха (*Strix gen.*)
barn raising ['bɑ:n,reɪzɪŋ] *амер.* «постройка амбара», коллективная помощь соседей фермеру в строительстве (*сопровождается едой и выпивкой*)
barnstorm ['bɑ:nstɔ:m] *v* *пренебр.* 1) давать представления в сараях (*о бродячих актёрах*) 2) гастролировать в провинции (*об актёрах, лекторах и т. п.*) 3) переигрывать; играть на публику 4) *амер.* демонстрировать фигуры высшего пилотажа перед зрителями провинциальных городов и деревень 5) выступать на показательных состязаниях после окончания сезона (*о спортсменах-профессионалах*) 6) *амер.* выезжать в агитационную поездку по стране; произносить речи на местных собраниях (*во время предвыборной кампании*)
barnstormer ['bɑ:n,stɔ:mə] *n* *пренебр.* 1) бродячий актёр 2) гастролёр (*о музыканте, актёре, лекторе и т. п.*) 3) *амер.* кандидат на выборную должность, выехавший в агитационную поездку по стране; разъездной пропагандист (*во время предвыборной кампании*)
barnyard I ['bɑ:njɑ:d] *n* 1) гумно; ток 2) скотный двор
barnyard II ['bɑ:njɑ:d] *a* 1) гуменный; ~ fodder гуменные корма (*отходы от молотьбы*) 2) непристойный, вульгарный; ~ humour солёный юмор
barnyard fowl ['bɑ:njɑ:d,faʊl] домашняя птица
barnyard grass ['bɑ:njɑ:d,grɑ:s] *бот.* просо куриное, ежовник (*Echinochloa crusgalli*)
baro- ['bærə(ʊ)-] *физ.* в сложных словах имеет значение давление; вес: barodynamics бародинамика (*механика тяжёлых сооружений*); barophilic барофильный (*живущий в условиях высокого давления*); baroswitch механизм радиозонда, включающий аппаратуру при определённом атмосферном давлении
baroclini(ci)ty [,bærə'klɪnɪtɪ, (-klɪ'nɪsɪtɪ)] *n* *метеор.* бароклинность, бароклинное распределение массы
barococo [,bɑ:rə'kəʊkəʊ] *a* вычурный (*о стиле*); [<baroque + rococo]
barocyclonometer [,bærə(ʊ),saɪklə'nɒmɪtə] *n* (баро)циклонометр (*прибор для определения места циклонов*)
barognosis [,bærəg'nəʊsɪs] *n* *физиол.* способность определять вес (*предметов*)
barogram ['bærəgræm] *n* барограмма
barograph ['bærəgrɑ:f] *n* барограф
barometer [bə'rɒmɪtə] *n* барометр; at what height is the ~? что показывает барометр?; the ~ points (to) fair /variable, rain/ барометр показывает /пошёл на/ хорошую (переменную, дождливую) погоду; the ~ is falling [rising] барометр падает [поднимается] 2) индикатор; newspapers are often called ~s of public opinion прессу часто называют барометром общественного мнения
barometers [bə'rɒmɪtəz] *n* барометры (*статистические показатели*)
barometric, barometrical [,bærə'metrɪk, -(ə)l] *a* барометрический; ~ pressure атмосферное давление
barometrically [,bærə'metrɪk(ə)lɪ] *adv* по барометру; с помощью барометра
barometry [bə'rɒmɪtrɪ] *n* *физ.* барометрия, измерение давлений
baron ['bær(ə)n] *n* 1. 1) барон 2) (the ~s) *ист.* лорды, пэры; высшее феодальное дворянство; знать 2. 1) магнат, туз, вельможа; Wall Street ~s заправилы Уолл-стрита; Hollywood ~ магнат американской кинопромышленности /Голливуда/; coal [soap, sausage, oil] ~s угольные [мыльные, колбасные, нефтяные] короли; cattle ~s крупные скотоводы 2) *амер. воен. разг.* командующий армией 3. *юр.* судья (*суда казначейства*; *тж.* B. of the Exchequer) 4. толстый филей (*тж.* ~ of beef)
baronage ['bær(ə)nɪdʒ] *n* 1. баронство, титул барона 2. 1) *собир. ист.* бароны, лорды, пэры; знать, верхушка феодалов 2) книга пэров
baroness ['bær(ə)nɪs] *n* баронесса
baronet ['bær(ə)nɪt, -net] *n* баронет
baronetage ['bær(ə)nətɪdʒ] *n* 1. = baronetcy 2. книга баронетов
baronetcy ['bær(ə)nɪtsɪ] *n* титул баронета
baronetize ['bær(ə)nətaɪz] *v* давать титул баронета
barong [bɑ:'rɒŋ] *n* баронг, паранг (*филиппинский кинжал*)
baronial [bə'rəʊnɪəl] *a* 1. 1) баронский; ~ rank титул барона 2) *ист.* относящийся к баронам, лордам, верхушке феодального дворянства 2. *часто ирон.* пышный, роскошный; ~ splendour пышная роскошь; ~ mansion a) замок феодала; б) роскошный дом; не дом, а дворец
baronize ['bærənaɪz] *v* давать титул барона
barony ['bærənɪ] *n* 1. баронство, титул барона 2. 1) поместье барона 2) *ист.* земли под властью (*данного*) феодала 3) *шотл.* большое имение 3. *ирл.* район (*административная единица*)
baroque I [bə'rɒk, bə'rəʊk] *n* барокко
baroque II [bə'rɒk, bə'rəʊk] *a* 1. 1) барочный, в стиле барокко 2. 1) гротесковый; вычурный; причудливый 2) неправильной формы (*о жемчужине*)
baroreceptor [,bærə(ʊ)rɪ'septə] *n* *биол.* барорецептор
baroscope ['bærəskəʊp] *n* *физ.* бароскоп
barosphere ['bærəsfɪə] *n* *метеор.* баросфера
barotolerance [,bærə(ʊ)'tɒl(ə)rəns] *n* *мед.* способность выдерживать высокое давление
barotropic [,bærə'trɒpɪk] *a* *физ.* баротропный
barouche [bə'ru:ʃ] *n* ландо; четырёхместная коляска
bar out ['bɑ:(r)'aʊt] *phr v* 1. 1) не впускать в дверь (*закрыв её на засов*); Jack's father barred him out отец забаррикадировал дверь на задвижку, и Джек не смог войти в дом 2) не допускать (*в организацию и т. п.*); to ~ undesirable persons не допускать /исключить возможность/ проникновения нежелательных лиц 2. *школ.* устраивать обструкцию (*учителям*)
bar pin ['bɑ:pɪn] декоративная заколка
barque [bɑ:k] = bark[3]
barquentine ['bɑ:kəntɪn] *n* *мор.* шхуна-барк, баркентина
barrable ['bɑ:rəb(ə)l] *a* *юр.* подлежащий приостановке
barracan ['bærəkæn] *n* 1) грубая шерстяная ткань (*для бурнусов, пастушьих плащей и т. п.*) 2) *текст.* водонепроницаемая ткань «баракан» 3) плащ-дождевик из баракана
barrack I ['bærək] *n* 1. 1) *преим. pl* часто употр. с гл. в ед. ч. казарма; ~(s) bag *воен.* казарменный вещевой мешок 2) барак 3) неуютное помещение; некрасивое здание; a regular ~ of a place не дом, а казарма 2. *диал.* лачуга, хижина, шалаш; to be confined to ~s быть вынужденным ютиться в лачуге 3. *амер.* навес (*для сена и т. п.*)
barrack[1] II ['bærək] *v* размещать в бараках, в казармах
barrack[2] ['bærək] *v* 1) *австрал.* громко высмеивать, освистывать (*спортсменов*) 2) болеть за свою команду
barrack-room ['bærəkru:m, -rʊm] *n* казарма, казарменное помещение; ~ lawyer *воен. разг.* «казарменный юрист», солдат, знающий все детали дисциплинарной практики; ~ language солдатские словечки, сквернословие; ~ joke солдатский /непристойный/ анекдот
barracoon [,bærə'ku:n] *n* *ист.* загон (*для негров-рабов или заключённых*)
barracoota [,bærə'ku:tə] = barracuda
barracuda [,bærə'kju:də] *n* (*pl тж. без измен.*) *зоол.* барракуда, морская щука (*Sphyraena*)
barrage ['bærɑ:ʒ] *n* 1. 1) заграждение 2) плотина; запруда; дамба 3) запруживание 2. 1) *воен.* заградительный огонь; ~ of fire огневой вал; creeping /moving/ ~ ползущий огневой вал; to deliver /to drop, to fire, to lay/ a ~ вести

(заградительный) огонь; to throw up a ~ вести зенитный огонь; вести заградительный огонь по самолётам 2) огонь по противнику (*в речи, статье*) 3) масса, поток; а ~ of questions град вопросов 3. *ав., мор.* барраж; заграждение; барражирование 4. 1) звуковой, шумовой вал 2) *радио* радиопомехи

barrage II ['bærɑ:ʒ] *v* 1. *воен.* 1) вести артиллерийский обстрел 2) вести заградительный огонь 3. ставить заграждения 3. *ав.* барражировать

barrage balloon ['bærɑ:ʒbə,lu:n] аэростат заграждения

barranca [bəˈræŋkə] *n исп.* 1) глубокое ущелье 2) *амер.* овраг или сухое речное русло с крутыми берегами

barrator ['bærətə] *n* 1. сутяга, кляузник 2. взяточник (*особ. о судье*) 3. *мор. юр.* лицо, виновное в баратрии [*см.* barratry 3] 4. *уст.* подпольной адвокат

barratrous ['bærətrəs] *n мор. юр.* виновный в баратрии [*см.* barratry 3]

barratry ['bærətrɪ] *n юр.* 1. сутяжничество, кляузничество 2. 1) взяточничество, дача взятки 2) вынесение несправедливого приговора подкупленным судьёй 3. *мор.* баратрия (*ущерб, нанесённый судну или грузу капитаном или командой по преступной небрежности или умышленно*)

barred [bɑ:d] *a* 1. 1) перекрытый, закрытый 2) ограждённый решёткой 3) запрещённый, запретный 2. размещённый полосами; полосатый; ~ fabrics ткани в полоску

barrel I ['bærəl] *n* 1. 1) бочка, бочонок; ~ staves бочарная клёпка; ~ of beer бочка пива 2) спиртное, хмельное 3) *разг.* куча, уйма; а ~ of fun = очень весело, забавно 2. баррель (*мера жидких, сыпучих и некоторых твёрдых материалов: мыла, солонны и т. п.*) 3. *воен.* ствол (*огнестрельного оружия*); ~ receiver ствольная коробка; ~ burst разрыв в канале ствола; a gun with two ~s двуствольное ружьё, двустволка 4. трубка (*в авторучке*); полость (*в карандаше*) 5. *тех.* 1) цилиндр, барабан 2) втулка; гильза 3) бобина; катушка 4) тубус (*микроскопа*) 6. *стр.* свод (*туннеля*) 7. *анат.* барабанная полость (*уха*) 8. *амер.* «кубышка» (*средства на ведение политической кампании*) 9. круп (*лошади, коровы*)

◊ ~ over a ~ неловкое, беспомощное положение; they really had us over a ~ они связали нас по рукам и ногам; to hit the ~ начать пьянствовать; to scrape the (bottom of the) ~ *разг.* с трудом набрать необходимую сумму

barrel II ['bærəl] *v* 1. разливать по бочкам; затаривать в бочки 2. хранить на складе 3. *разг.* двигаться очень быстро

barrel-bellied ['bærəl,belɪd] *a* толстобрюхий

barrel-bulk ['bærəlbʌlk] *n* объёмный баррель (*мера сыпучих мер*)

barrel chair ['bærəl'tʃeə] *амер.* кресло-бочонок (*с полукруглой спинкой, составляющей единое целое с подлокотниками*)

barrel chest ['bærəltʃest] *анат.* бочкообразная грудная клетка

barrel cuff ['bærəlkʌf] манжет на пуговице

barrel distortion ['bærəldɪsˈtɔ:ʃ(ə)n] *опт.* бочкообразная дисторсия

barrel engine ['bærəl,endʒɪn] *тех.* бескривошипный двигатель барабанного типа

barrel-head ['bærəlhed] *n* днище бочки

barrelhouse ['bærəlhaus] *n амер. сл.* 1) кабак, трактир; ~ jazz скверный джаз 2) *уст.* публичный дом

barrelled ['bærəld] *a* 1. упакованный в бочки 2. бочкообразный 3. уложенный в два ската (*о дороге*) 4. *тех.* галтованный 5. (-barrelled) *как компонент сложных слов* имеющий ствол; single-barrelled gun одноствольное ружьё; одностволка

barrel-organ ['bærəl,ɔ:gən] *n* шарманка

barrel-roll ['bærəlrəul] *n ав.* бочка (*фигура высшего пилотажа*)

barrel-vault ['bærəlvɔ:lt] *n архит.* цилиндрический свод

barren I ['bærən] *n* 1) пустырь, пустошь 2) *амер.* песчаная равнина, покрытая кустарником

barren II ['bærən] *a* 1. 1) бесплодный, неспособный к деторождению; ~ woman бесплодная женщина; ~ marriage бездетная семья; the dog was ~ of pups собака не приносила щенят 2) яловый (*о скоте*) 3) *бот.* бесплодный; бессемянный; ~ trees деревья, не приносящие плодов 4) *спец.* стерильный 2. бесплодный, неплодородный, тощий (*о земле*); ~ land /soil/ бесплодная /неплодородная/ земля; ~ tоющие почвы 3. (of) бедный (*чем-л.*); лишённый (*чего-л.*); ~ of ideas бедный мыслями; ~ of imagination [of creative spirit] лишённый воображения [творческого духа]; ~ of interest скучный, совершенно неинтересный; she was completely ~ of charm она была совершенно лишена обаяния; hearts ~ of kindness сердца, не знающие жалости 4. 1) пустой, бессодержательный; ~ scheme пустая /бесплодная/ затея; ~ praise пустые похвалы, ничего не стоящие комплименты; ~ life бессмысленно прожитая жизнь; ~ style сухой /бедный/ язык (*лит. произведения*); ~ efforts бесплодные /тщетные/ усилия 2) скучный, равнодушный, бессодержательный, глупый (*о человеке*); ~ spectators равнодушные зрители; his is a ~ mind он человек ограниченный 5. бесполезный, невыгодный 6. *горн.* непродуктивный; не содержащий полезного ископаемого, пустой (*о породе*); ~ rock пустая порода; ~ sand непродуктивный песок; ~ well непродуктивная скважина

◊ ~ fig-tree а) *библ.* бесплодная смоковница; б) бездетная женщина; в) пустоцвет (*о человеке*)

barrenwort ['bærənwɜ:t] *n бот.* бесцветник, горянка (*Epimedium gen.*)

barret ['bærət] *n* 1) берет 2) = biretta

barrette [bə'ret] *n* заколка-пряжка (*для волос*)

barretter [bə'retə] *n элк.* бареттер

barricade I ['bærɪkeɪd, ,bærɪ'keɪd] *n* 1) баррикада; ~ tactics тактика баррикадных боёв 2) преграда 3) *воен.* заграждение 4) *дор.* ограждение

barricade II ['bærɪkeɪd, ,bærɪ'keɪd] *v* 1. баррикадировать; to ~ the door забаррикадировать дверь; streets were ~d на улицах были сооружены баррикады 2. (from, against) оградить (*себя и т. п. от кого-л., чего-л.*)

barricado I, II [,bærɪ'keɪdəu] *редк.* = barricade I и II

barrier I ['bærɪə] *n* 1. 1) барьер; перила, ограждение; show your ticket at the ~ of the railway station предъявляйте билет у контрольного барьера железнодорожной станции; the police formed a ~ around the building полиция образовала кордон вокруг здания 2) застава, шлагбаум; custom duty was collected at the ~ на заставе взимали пошлину 3) *спец.* барьер; sonic [energy, heat, nuclear] ~ звуковой [энергетический, тепловой, ядерный] барьер 2. 1) *спорт.* препятствие 2) стартовые ворота на бегах 3) *воен.* заграждение; ~ zone полоса препятствий /заграждений/ 4) преграда; помеха, препятствие; trade ~s торговые ограничения /барьеры/; помехи на пути развития торговли; poor health may be a ~ to education плохое здоровье может помешать получению образования 5) перегородка, барьер; стена; national [racial] ~s национальные [расовые] перегородки; the ~s of class or caste классовые или кастовые барьеры 3. (естественная) граница, линия раздела, рубеж; естественная преграда; the Sahara Desert is a natural ~ that separates North and Central Africa пустыня Сахара — естественная граница между Северной и Центральной Африкой 4. *ист.* 1) пограничная крепость, форт 2) *pl* барьер (*на рыцарском турнире*) 5. *спец.* шельфовый лёд, обрыв материкового льда; ice ~ кромка льда, ледяной барьер 6. *горн.* перемычка; целик

barrier II ['bærɪə] *v* ограждать барьером, обносить перилами *и т. п.*

barrier beach ['bærɪə'bi:tʃ] береговой вал, отмель вдоль берега, бар

barrier cream ['bærɪə'kri:m] защитный крем; защитная мазь

barrier light ['bærɪəlaɪt] заградительный прожектор

barrier-reef ['bærɪə'ri:f] *n* барьерный коралловый риф, коралловый барьер

barrier-treaty ['bærɪə,tri:tɪ] *n ист.* договор о государственных границах

barring¹ ['bɑ:rɪŋ] *n* 1. *тех.* проворачивание (*маховика*); пуск в ход (*машины*); ~ engine пусковой двигатель 2. *горн.* крепление кровли, шахтная крепь

barring² ['bɑ:rɪŋ] *prep* кроме, за исключением, исключая; ~ accidents за исключением несчастных случаев; excellent book ~ one or two chapters прекрасная книга, если не считать одной-двух глав; ~ a miracle, everything will be lost если не произойдёт чуда, всё погибло

barring-out [,bɑ:rɪŋ'aut] *n* обструкция учителям, забастовка (*учителя не впускают в класс*)

barrio ['bɑ:rɪəu, 'bæ-] *n* 1. район, округ, пригород (*в испаноязычных странах*) 2. *амер.* район большого города, населённый преимущественно латиноамериканцами

barrister ['bærɪstə] *n юр.* барристер; inner ~ барристер высшего ранга, выступающий в суде внутри барьера, отделяющего судей от подсудимых; utter /outer/ ~ барристер, выступающий в суде вне барьера, отделяющего судей от подсудимых; briefless ~ адвокат без практики; revising ~ барристер, проверяющий списки избирателей по выборам в парламент; уполномоченный по ревизии избирательных списков

bar-room ['bɑ:ru:m, -rum] *n* бар, закусочная; буфет (*в гостинице и т. п.*)

barrow¹ ['bærəu] *n* 1. холм, пригорок (*невысокая*) гора 2. могильный холм, курган

barrow² ['bærəu] *n диал.* боров, кастрированный хряк

barrow³ I ['bærəu] *n* 1. тачка; ручная тележка; powered ~ самоходная тележка 2. носилки

barrow³ II ['bærəu] *v* подвозить (*материал*) в тачках

barrow⁴ ['bærəu] *n* фланелевый спальный мешок для младенцев

barrow boy ['bærəubɔɪ] уличный торговец

BAR — BAS

barspoon ['bɑːspuːn] *n* мерная ложка (*для алкогольных напитков*)
barstool ['bɑːstuːl] *n* табурет с круглым мягким сиденьем, *обыкн.* высокий
bar tack ['bɑːtæk] закрепка (*на шве в месте напряжения ткани*)
bartend ['bɑːtend] *v разг.* работать буфетчиком, барменом
bartender ['bɑːˌtendə] *n* буфетчик, бармен
barter I ['bɑːtə] *n* 1) мена; меновая торговля, бартер (*тж.* ~ trade) 2) товарообменная сделка 3) товар для обмена
barter II ['bɑːtə] *v* 1) менять, обменивать, вести меновую торговлю; to ~ ware for ware обмениваться товарами 2) давать взамен; to ~ blows драться
barter away ['bɑːtə(r)ə'weɪ] *phr v* обменять; променять (на худшее); to ~ one's freedom поступиться свободой; to ~ one's soul for gain (за)продать душу
barter's itch ['bɑːtəzɪtʃ] *вет.* чесотка
Bartholomew [bɑː'θɒləmjuː] *n библ.* Варфоломей
bartisan, bartizan ['bɑːtɪz(ə)n, ˌbɑːtɪ'zæn] *n ист.* сторожевая башенка
barton ['bɑːt(ə)n] *n* 1. усадьба (*фермы*); двор 2. ферма, находящаяся в эксплуатации у владельца (*не арендованная*) 3. *с.-х.* птичий двор; курятник
bar up ['bɑː(r)'ʌp] *phr v* 1. запирать на засов, на задвижку 2. забивать железными полосами, досками и т. п.
barycentre ['bærɪˌsentə] *n физ.* барицентр, центр тяжести (*геометрической фигуры*)
barye ['bɑːrɪ, 'bærɪ] *n физ.* микробар
baryon ['bærɪɒn] *n физ.* барион (*массивная элементарная частица*)
baryonium [ˌbærɪ'əʊnɪəm] *n физ.* барионий, «ядерный атом» (*система из нуклона и антинуклона*)
baryon number ['bærɪɒn'nʌmbə] *физ.* барионное число (*характеристика барионов*)
barysphere ['bærɪsfɪə] *n геол.* барисфера
baryta [bə'raɪtə] *n хим.* окись бария
barytes [bə'raɪtiːz] *n мин.* барит, тяжёлый шпат
barythymia [ˌbærɪ'θaɪmɪə] *n психол.* угрюмость, мрачность
barytic [bə'rɪtɪk] *a хим.* баритовый
baryton ['bærɪtɒn] *n муз.* виола да гамба с дополнительным набором симпатических струн
barytone ['bærɪtəʊn] = baritone
basal ['beɪs(ə)l] *a книжн.* 1. лежащий в основе, основной; главный; ~ metabolism *физиол.* основной обмен веществ; ~ area *лес.* общая суммарная площадь массива 2. *геол.* базальный 3. *стат.* базисный, основной
basal cell ['beɪs(ə)l'sel] *анат.* базальная, нижняя клетка
basalt ['bæsɔːlt, bə'sɔːlt] *n* 1. *мин.* базальт 2. базальтовый фарфор (*род чёрного фарфора*)
basaltic [bæ'sɔːltɪk, bə-] *a мин.* базальтовый
basan ['bæz(ə)n] *n редк.* дублёная овчина
bascule ['bæskjʊl, -skjuːl] *n* подвижная ферма (*подъёмного моста*); подъёмное крыло (*моста*)
bascule-bridge [ˌbæskjʊl'brɪdʒ] *n* подъёмный, разводной мост
base¹ I [beɪs] *n* 1. основа, основание; базис; база, низ, дно; mountain ~ подножие горы; ~ of the great pyramid основание великой пирамиды; ~ of the

skull *анат.* основание черепа; ~ of a leaf *бот.* пазуха листа; ~ of a cloud, cloud ~ *метеор.* нижняя сторона /граница/ облака; основание /базис/ облака 2) основа, основание, основной момент, пункт; a sound ~ for reform прочное основание реформы; a clear ~ for action ясный план действий; to stand on a sound ~ стоять на твёрдой почве (*в выводах и т. п.*); the ~ of his thought runs true основа его рассуждений верна 2. 1) база; опорный пункт; air [military, naval] ~ воздушная [военная, морская] база; supply ~ база снабжения; the ~ of operations *воен.* основной район опорных пунктов *преим. воен.* (стартовая) площадка; launching ~ стартовая позиция (*ракеты*) 3) *воен.* орудийная платформа 3. 1) основание (*геометрической фигуры*) 2) основание (*системы счисления логарифмов*) 4. 1) *стр.* основание, донная часть; фундамент 2) *архит.* пьедестал, цоколь; ~ of a pillar цоколь колонны; ~ of a statue пьедестал статуи 3) *тех.* фундаментная плита (*машины*); основная доска (*прибора*) 4) *тех.* штатив 5. 1) *геол.* подошва (*тж.* ~ surface) 2) *геол.* подстилающий слой, подстилающая порода 3) *геод.* базис 6. *эл.* 1) цоколь (*лампы*) 2) изолирующее основание (*рубильника и т. п.*) 7. *кино* подложка 8. *хим.* основание 9. *полигр.* 1) ножка литеры, подставка клише 10. *лингв.* основа (*слова*) 11. 1) *спорт.* место старта; стартовая площадка или линия; home ~ цель, финиш (*бейсбол*) [*ср. тж.* ◇ 2) «дом» (*в играх*) 12. *воен.* дно снаряда; запоясковая часть снаряда
◇ off ~ *амер.* а) необоснованный, неуместный (*об утверждении*); б) ошибающийся, заблуждающийся, далёкий от истины; в) врасплох, неожиданно; (to be) off one's ~ (быть) не в своём уме; ≃ винтика не хватает; to get to first ~ *амер.* добиться первого /первоначального/ успеха (*в чём-л.*); to reach home ~ успешно закончить дело [*ср. тж.* 11. 1)]
base¹ II [beɪs] *a* 1. основной, базисный; фундаментальный 2. основной 3. *спец.* 1) основной; ~ rock *геол.* основная порода; ~ pay а) эк. основная заработная плата; б) *воен.* основное денежное довольствие; ~ map рабочая схематическая карта; ~ circle *тех.* основная окружность (*зубчатого зацепления*); ~ point *топ.* основной ориентир; ~ piece *воен.* основное орудие; ~ salary тарифная ставка (*оплаты труда*) 2) базовый; относящийся к базе; ~ camp а) базовый лагерь (*альпинистов и т. п.*); б) центральный посёлок (*лесорубов и т. п.*); ~ depot *воен.* базовый склад; ~ area *воен.* район базирования; ~ area soldier *воен. разг.* тыловик; ~ hospital *воен.* базовый госпиталь 3) базисный; ~ year эк. базисный год; ~ time норма /норматив/ времени; ~ price эк. базисная цена 4. *воен.* донный; ~ charge донный заряд 5. *ав.* наземный
base¹ III [beɪs] *v* 1. (on, upon) основывать, обосновывать; ~d on experiment основанный на опыте, опирающийся на опыты; bank-notes ~d on gold банкноты, обеспеченные золотом 2. базировать; размещать войска 3. *стр.* фундировать
base² [beɪs] *a* 1. низкий, низменный, подлый; ~ act низкий поступок; ~ person подлая личность, гнусный тип; ~ ingratitude чёрная неблагодарность; ~ mind подлая душонка; of ~ descent низкого происхождения; from ~ motives из низменных побуждений 2. 1) нижний;

B. Egypt *уст.* Нижний Египет 2) низкий; негромкий; ~ sound [voice] низкий звук [голос] 3) *арх.* низкорослый, невысокий 3. 1) низкокачественный, некачественный; a cheap and ~ imitation дешёвая низкопробная подделка 2) ~ oil сырая нефть, ~ ore бедная руда 2) фальшивый, неполноценный *или* низкого достоинства (*о монете*) 4. зазорный; no needed service is to be looked upon as ~ ≃ всякий труд почётен 5. 1) неблагодарный, окисляющийся (*о металлах*) 2) низкопробный (*о сплаве*) 6. простонародный, грубый, испорченный (*о языке*); ~ Latin вульгарная /народная/ латынь; ~ language а) испорченный /засорённый/ язык; б) грубые /похабные/ выражения 7. *уст.* незаконный, незаконнорождённый; ~ son внебрачный сын 8. *юр. преим. ист.* принудительный; рабский, крепостной; ~ tenure крепостная система землепользования; ~ service отработочная, барщина; ~ estate низшее сословие; крепостные крестьяне
base³ [beɪs] *n* игра в бары (*тж.* prisoner's ~)
baseball ['beɪsbɔːl] *n спорт.* 1) бейсбол 2) бейсбольный мяч
baseband ['beɪsbænd] *n радио* основная полоса (*частот*)
baseboard ['beɪsbɔːd] *n стр.* плинтус
base-born ['beɪsbɔːn] *a* 1) низкого, плебейского происхождения 2) подлый, низкий; ~ cad гнусный негодяй 2. незаконнорождённый
base bullion [ˌbeɪs'bʊljən] нерафинированный металл
basecourse ['beɪskɔːs] *n дор.* профилированное покрытие
base-court ['beɪskɔːt] *n* задний двор (*замка, фермы*)
Basedow's disease ['bɑːzɪdəʊzdɪˌziːz] *мед.* базедова болезнь
base exchange¹ [ˌbeɪsɪks'tʃeɪndʒ] *амер.* магазин на авиационной *или* военно-морской базе
base exchange² [ˌbeɪsɪks'tʃeɪndʒ] *хим.* основной обмен
base-frequency ['beɪs'friːkwənsɪ] *n радио* основная или главная частота
base hearted [ˌbeɪs'hɑːtɪd] подлый; ≃ низкая душонка
baselard ['beɪslɑːd] *n ист.* кинжал
baseless ['beɪslɪs] *a* 1. необоснованный, пустой; ~ fears [rumours, gossip] необоснованные страхи [слухи, сплетни] 2. не имеющий базы, лишившийся базы
base level ['beɪsˌlev(ə)l] предельный уровень (*до которого поток может размыть своё русло; в море или в озере*)
base-line ['beɪslaɪn] *n преим. спец.* 1. база, базис, основание; основная линия; базисная линия 2. *воен.* линия снабжения армии 3. *спорт.* задняя линия площадки; ~ style of the game стиль игры «у задней линии» (*теннис*) 4. база (*интерферометра*) 5. предельное допустимое содержание (*химического элемента*) в организме
base load ['beɪsləʊd] *эл.* базовая нагрузка, основная нагрузка
basely ['beɪslɪ] *adv* низко; подло; бесчестно
basement ['beɪsmənt] *n* 1. основание; фундамент, цоколь, низ здания 2. подвал; (полу)подвальный этаж; цокольный этаж
basement complex ['beɪsmənt'kɒmpleks] *геол.* часть литосферы ниже чехла осадочных пород
base metal [ˌbeɪs'metl] 1. цветной металл (*недрагоценный, напр. олово, свинец, медь, цинк*) 2. основной компонент сплава 3. металлическая заготовка

base-minded [ˌbeɪsˈmaɪndɪd] *a* подлый; питающий грязные мысли

baseness ['beɪsnɪs] *n* 1. низость *и пр.* [*см.* base²] 2. подверженность коррозии

base-plate ['beɪspleɪt] *n тех.* опорная плита

base-rate ['beɪsreɪt] *n эк.* тарифная оплата

bases ['beɪsiːz] *pl от* basis

base-spirited [ˌbeɪsˈspɪrɪtɪd] *a* подлый, низкий; трусливый

base surge ['beɪsˌsɜːdʒ] *воен.* базисная волна (*ядерного взрыва*)

bash¹ [bæʃ] *n* 1) *разг.* сильный удар 2) *воен. жарг.* атака, удар 3) *разг.* попытка; to have a ~ at smth. сделать попытку, попробовать взяться за что-л.

bash II [bæʃ] *v разг.* колотить, бить; to ~ in the lid of a box продавить крышку коробки; with his face ~ed in с разбитым (до неузнаваемости) лицом

bash² [bæʃ] *n сл.* гулянка; оргия; разгульное времяпрепровождение; to be on the ~ a) загулять; кутить, пьянствовать; б) заниматься проституцией

basha ['bɑːʃə] *n инд.* бамбуковая хижина с тростниковой крышей

bashaw [bəˈʃɔː] *n тур.* 1) *уст.* (турецкий) паша 2) *ирон.* вельможа, «шишка», «туз» (*особ. о должностном лице*)

basher ['bæʃə] *n* 1. *см.* bash II + -er 2. *сл.* 1) убийца, бандит 2) профессиональный боксёр 3. *сл.* соломенная шляпа

bashful ['bæʃfʊl] *a* застенчивый, робкий; скромный; ~ child робкий ребёнок; ~ looks скромный вид; ~ glance стыдливый взгляд; ~ young girl застенчивая девушка

bashi-bazouk [ˌbæʃɪbəˈzuːk] *n тур. ист.* башибузук (*наёмный солдат, отличавшийся особенно большой жестокостью*)

basic ['beɪsɪk] *a* 1. основной, главный, самый существенный; ~ principles основные принципы; ~ fact основной /самый существенный/ факт; ~ argument основное /главное/ соображение; ~ issues основные /жизненно важные/ вопросы; ~ wage /pay/ основная заработная плата; ~ commodities основные товары; ~ industry a) основная отрасль промышленности; б) тяжёлая промышленность; ~ research a) теоретические исследования; б) фундаментальное исследование, работа по фундаментальной проблеме; ~ size *спец.* номинальный размер; ~ diet *мед.* основная диета; ~ weapons *воен.* основное (стрелковое) оружие; to be ~ to a theory быть основой теории 2. элементарный, начальный, упрощённый; ~ private *амер. воен.* (необученный) рядовой (*неспециалист*); ~ training основная /начальная/ подготовка; основной курс боевой подготовки 3. табельный (*об имуществе*) 4. 1) *мин., геол.* основной, базитовый; базальный; ~ rock основная порода, базит; ~ magma основная /базальная/ магма 2) *спец.* основный; ~ dye основный краситель; ~ salt основная соль 5. *фин.* номинальный

basic adjustment ['beɪsɪkəˈdʒʌstmənt] *эк.* структурная перестройка (*платёжного баланса*)

basically ['beɪsɪk(ə)lɪ] *adv* 1. в основном, по существу, в самой своей основе 2. *разг.* в сущности; по правде говоря

basic anhydride ['beɪsɪkænˈhaɪdraɪd] *хим.* ангидрид основания, основный окисел

basic dress [ˌbeɪsɪkˈdres] тёмное платье без отделки (*надевается с разными поясами, шарфами, украшениями*)

Basic English ['beɪsɪkˈɪŋglɪʃ] *лингв.* бейсик инглиш (*упрощённый английский язык из 850 слов, предложенный Ч. Огденом, и система обучения этому языку*)

basicity [beɪˈsɪsɪtɪ] *n хим.* валентность, основность

basic record [ˌbeɪsɪkˈrekɔːd] *преим. амер. воен.* 1) личное дело 2) *pl* строевые документы

basics ['beɪsɪks] *n* основы

basic slag [ˌbeɪsɪkˈslæɡ] *метал.* основной шлак

basidia [bəˈsɪdɪə] *pl от* basidium

basidium [bəˈsɪdɪəm] *n* (*pl* -dia) *бот.* базидий

basil¹ ['bæz(ə)l] *n бот.* базилик (*Ocimum gen.*)

basil² ['bæz(ə)l] *n* 1. дублёная овчина 2. пергамент (*из кожи*) 3. переплётная дублёная овечья кожа

basil³ ['bæz(ə)l] *неправ. вм.* bezel

basilar ['bæzɪlə, 'bæzɪlɑː] *a анат.* основной; ~ artery [bone] основная артерия [кость]

basilect ['beɪsɪlekt] *n лингв.* базилект, просторечный вариант языка

basilic [bəˈzɪlɪk] *a* 1. похожий на базилику 2. королевский, царский 3. *мед.* выступающий, важный

basilica [bəˈsɪlɪkə, -ˈzɪl-] *n* (*pl тж.* -ae) базилика

basilicae [bəˈzɪlɪsiː] *редк. pl от* basilica

basilicon [bəˈzɪlɪkən] *n* (чудодейственная) целебная мазь

basilicum [bəˈzɪlɪkəm] *лат. см.* basilicon

basilisk I ['bæzɪlɪsk, 'bæz-] *n* 1. *фольк.* василиск; sighted like the ~ с взором, поражающим насмерть 2. *зоол.* василиск (*Basiliscus*) 3. *ист.* пушка «василиск»

basilisk II ['bæzɪlɪsk, 'bæz-] *a* 1) роковой, смертоносный 2) завораживающий, гипнотизирующий (*особ. о взгляде*)

basilisk-glance ['bæzɪlɪskˌɡlɑːns, 'bæz-] *n разг.* 1) человек с «дурным глазом» 2) глаз

basin ['beɪs(ə)n] *n* 1. миска, (плоская) чаша, таз; earthenware ~ глиняная миска; copper ~ медный таз 2. резервуар, водоём; пруд; the ~ at the bottom of the waterfall водоём /бассейн/ у подножия водопада; ~ irrigation *с.-х.* орошение затоплением 3. бассейн (*реки, моря*); the Thames ~ бассейн Темзы; catchment ~ водосборная площадь, бассейн реки 4. *геол.* 1) (тектонический) бассейн 2) залежь 3) котловина, мульда; ~ fold *геол.* структурная складка, структурный бассейн 5. 1) часть океана или моря, отделённая подводными возвышенностями 2) мелкая бухта; dock ~ портовый бассейн 6. *бот.* вдавленность (*у ножки или верхушки плода*)

basinet ['bæsɪnət] *n ист.* лёгкий шлем с забралом

basinful ['beɪs(ə)nfʊl] *n* 1. (полная) миска, (полный) таз (*чего-л.*); ~ of gruel миска каши 2. *разг.* уйма; ~ of work уйма работы; ~ of trouble куча неприятностей; ~ of excitement масса волнений

basing point ['beɪsɪŋˈpɔɪnt] *эк.* базисный пункт (*для расчёта цен на продукты*)

basin range ['beɪs(ə)nreɪndʒ] *геол.* сбросовый, глыбовый хребет

basis ['beɪsɪs] *n* (*pl* bases) 1. базис; основа; основание; ~ and superstructure базис и надстройка; on the ~ of peaceful coexistence на основе мирного сосуществования; on this ~ на этом основании, исходя из этого 2. основной компонент, основа; the ~ of this beverage is milk этот напиток делается на молоке 3. *редк.* основание, фундамент
◇ to be on a first-name ~ with smb. называть друг друга по именам; ≅ быть на «ты»

bask [bɑːsk] *v* 1) греться; наслаждаться теплом; to ~ in the sun греться на солнце, загорать 2) наслаждаться, согреваться (*каким-л.*) чувством; to ~ in fame греться в лучах славы

basket I ['bɑːskɪt] *n* 1. корзина, корзинка; clothes ~ бельевая корзина; waste-paper ~ мусорная корзина; work ~ рабочая корзинка (*для рукоделия*); ~ of apples [fish] корзина яблок [рыбы] 2. корзина (*аэростата*); гондола (*воздушного шара*) 3. *ист.* наружные места в дилижансе 4. эфес 5. кольцо лыжной палки 6. собрание, коллекция, совокупность, набор предметов 7. *тех.* решётчатый кузов, короб 8. *тех.* ковш (*землечерпалки или многоковшового экскаватора*) 9. *тех.* сетка (*всасывающей трубы*) 10. (баскетбол) 1) корзина 2) попадание (мячом в корзину) 11. текст. рогожка (*переплетение; тж.* weave) 12. эвф. вм. bastard I 1 13. полит., дип. «корзина», группа вопросов, подлежащих обсуждению в совокупности 14. эк. набор, «корзина» потребительских товаров (*тж.* market ~, ~ of goods)
◇ the pick of the ~ отборный, самый лучший; to be left in the ~ остаться за бортом; to give smb. the ~ отказать в ~ ≅ ему медведь на ухо наступил

basket II ['bɑːskɪt] *v* 1. складывать в корзины 2. бросать в корзину для мусора, выкидывать

basket-ball ['bɑːskɪtbɔːl] *n спорт.* 1) баскетбол 2) баскетбольный мяч

basketballer ['bɑːskɪtˌbɔːlə] *n* баскетболист

basket case ['bɑːskɪtkeɪs] 1. эвф. инвалид с ампутированными руками и ногами; тяжелораненый 2. *сл.* ненормальный, псих 3. *сл.* немощь; слабость, изношенность; an economic ~ слаборазвитая экономика

basket chair ['bɑːskɪtˌtʃeə] плетёное кресло со спинкой, составляющей одно целое с подлокотниками

basketful ['bɑːskɪtfʊl] *n* (полная) корзина (*чего-л.*); three ~s of apples три корзинки яблок

basket lunch ['bɑːskɪtˈlʌntʃ] пикник (*особ. устраиваемый с благотворительной целью*)

basket meeting ['bɑːskɪtˈmiːtɪŋ] *амер.* религиозное собрание, проводимое в форме пикника

basket-osier ['bɑːskɪtˌəʊʒə] = basket-willow

basketry ['bɑːskɪtrɪ] *n* 1. 1) плетёные, корзиночные изделия 2) плетение корзин 2. переплетение, сплетение (*веток дерева и т. п.*)

basket-stitch ['bɑːskɪtˌstɪtʃ] *n* шов «ришелье» (*в вышивке*)

basket-willow ['bɑːskɪtˌwɪləʊ] *n бот.* ива корзиночная (*Salix viminalis*)

basket-work ['bɑːskɪtwɜːk] *n* 1. плетёные, корзиночные изделия 2. переплетение, сплетение, переплёт (*железных прутьев, лент и т. п.*) 3. вышивка типа «ришелье»

basking-shark ['bɑːskɪŋˌʃɑːk] *n зоол.* гигантская акула (*Cetorhinus maximus*)

basnat, basnet, basnette, basnite ['bæsnɪt] = basinet
basophile ['beɪsəfaɪl, 'beɪzə-] *n биол.* базофил
Basque I [bæsk, bɑːsk] *n* 1. баск 2. баскский язык
Basque II [bæsk, bɑːsk] *a* баскский, относящийся к баскам
basque [bæsk] *n* 1. 1) баска (*женского платья*) 2) блузка или лиф в талию, в обтяжку 2. *тех.* облицовка, футеровка, набойка (*печи или горна*)
bas-relief [ˌbɑːrɪˈliːf, bæs-] *n* барельеф; ~ printing *полигр.* рельефная печать
bass¹ [beɪs] *n муз.* 1) бас 2) = bass-viol 3) = double-bass
bass¹ [beɪs] *a муз.* басовый; низкий; ~ clef басовый ключ
bass² [bæs] *n* 1. лубяное волокно 2. циновка, плетёная сумка *и т. п.* из липового лыка
bass³ [bæs] *n мин.* 1) твёрдая глина 2) углистый сланец
bass⁴ [bæs] *n* (*pl без изм.*) окунь
bass clarinet ['beɪsˌklærɪˈnet] басс-кларнет (*муз. инструмент*)
bass-drum ['beɪsˈdrʌm] *n* большой барабан
basse [bæs] = bass⁴
basset¹ ['bæsɪt] *n* бассет (*порода собак*)
basset² ['bæsɪt] *n геол.* выход на поверхность пласта или жилы
basset² II ['bæsɪt] *v геол.* выходить на поверхность (*о пласте или жиле*)
basset-horn ['bæsɪthɔːn] *n* бассетгорн (*муз. инструмент*)
bassinet(te) [ˌbæsɪˈnet] *n* 1. плетёная колыбель с верхом; плетёная кроватка для новорождённого; (*глубокая*) детская коляска 2. = basinet
bassist ['beɪsɪst] *n* оркестрант, играющий на одном из инструментов басовой группы 2. = basso
basso ['bæsəʊ] *n ит.* 1. *муз.* бас (*голос*); ~ buffo бассо буффо (*комический бас*); ~ cantante бассо кантанте (*высокий бас*); ~ profundo /profondo/ бассо профундо (*низкий бас*) 2. партия баса
bassoon [bəˈsuːn] *n* фагот
bassoonist [bəˈsuːnɪst] *n* фаготист
bass-relief [ˌbæsrɪˈliːf] *редк.* = bass-relief
bass-viol ['beɪsˈvaɪəl] *n* 1. 1) виолончель 2) контрабас 2. *уст.* виола да гамба (*муз. инструмент*)
bass-wood ['bæswʊd] *n бот.* липа американская (*Tilia americana*)
bast [bæst] *n* 1. лыко, луб; мочало; ~ mats /matting/ рогожа; ~ shoes лапти 2. верёвка, циновка *и т. п.* из лыка
basta! ['bɑːstə] *int ит.* хватит!, достаточно!, баста!
bastard I ['bæstəd, 'bɑː-] *n* 1. 1) внебрачный, побочный, незаконнорождённый ребёнок; ~ eigne /elder/ *юр.* внебрачный сын родителей, вступивших впоследствии в брак, от которого у них родился второй сын 2) *груб.* ублюдок 3) *разг.* шельмец, бедняга, бедолага; lucky ~ счастливчик; ≅ повезло подлецу! 2. 1) *бот.* помесь, гибрид 2) *зоол.* помесь, метис 3) нечто смешанное, неоднородное; помесь; ≅ ни то ни сё 3. *спец.* баст (*сахар низкого качества*) 4. *уст.* вино типа «мускатель»
bastard II ['bæstəd, 'bɑː-] *a* 1. внебрачный, побочный, незаконнорождённый 2. 1) неполноценный, фальшивый; нестандартный; ~ diamonds алмазы низкого качества, не чистой воды; to speak ~ French говорить на ломаном французском языке 2) смешанный, неоднородный; ~ type *полигр.* смешанный /нестандартный/ шрифт; ~ granite *геол.* гнейсогранит; ~ rocks *геол.* ублюдковые горные породы; ~ fallow *с.-х.* частичное парование; полупар, краткосрочная залежь 3) поддельный, фальшивый, притворный; ~ good nature напускное добродушие; ~ charity показное милосердие; ~ patriotism показной патриотизм 4) *редк.* незаконный 3. *спец.* очень крепкий; грубый; массивный; ~ coal *горн.* крепкий /сверхтвёрдый/ уголь; ~ leather backing *тех.* прокладка из грубой кожи, сальник; ~ file драчёвый напильник 4. *тех.* неправильной или необычной формы или размера
bastardize ['bæstədaɪz, 'bɑː-] *v* 1. 1) доказывать незаконнорождённость ребёнка 2) *уст.* иметь побочных детей 2. 1) ухудшать, портить; to ~ the language коверкать язык, засорять язык; говорить на ломаном языке 2) вырождаться, ухудшаться
bastardly ['bæstədlɪ, 'bɑː-] *a уст.* 1. незаконнорождённый, внебрачный 2. ничего не стоящий, ни на что не годный 3. поддельный, фальшивый; a ~ version of a text искажённый вариант текста
bastard saffron ['bæstədˈsæfrən, 'bɑː-] *бот.* сафлор красильный (*Carthamus tinctorius*)
bastard title ['bæstədˌtaɪtl, 'bɑː-] *полигр.* шмуцтитул
bastard toadflax ['bæstədˈtəʊdflæks, 'bɑː-] *бот.* льнянка (*Linaria vulgaris*)
bastard wing ['bæstədˈwɪŋ, 'bɑː-] *зоол.* крылышко (*часть крыла у птицы*)
bastardy ['bæstədɪ, 'bɑː-] *n* 1. рождение вне брака; внебрачность, незаконнорождённость 2. блуд
baste¹ [beɪst] *v* смётывать; сшивать на живую нитку; собирать кое-как; to ~ a hem in place приметать подол ◇ to ~ up a story состряпать рассказ, выдумать /сочинить/ историю
baste² [beɪst] *v* 1. поливать жаркое (*жиром, подливкой — в духовке*) 2. to ~ flints with butter ≅ толочь воду в ступе
baste³ [beɪst] *v* дубасить; колотить (*палкой*)
bastel-house ['bæstlhaʊs] *n* сильно укреплённое жилище; дом-крепость
baster ['beɪstə] *n* смётка, намётка
bastide [bɑːˈstiːd] *n фр.* деревянный дом
bastile [bæˈstiːl] = bastille
bastille [bæˈstiːl] *n ист.* 1. крепость, форт; бастион замка 2) осадная башня на колёсах 2. 1) тюрьма 2) (the B.) Бастилия; B. day день взятия Бастилии (*французский национальный праздник*)
bastinade I, II [ˌbæstɪˈnɑːd] = bastinado I *и* II
bastinado I [ˌbæstɪˈneɪdəʊ, -ˈnɑː-] *n* (*pl* -os [-əʊz]) 1) удар палкой или дубинкой 2) бастонада, битьё по пяткам (*наказание — в некоторых странах Востока*) 2. палка, дубинка
bastinado II [ˌbæstɪˈneɪdəʊ, -ˈnɑː-] *v* 1) бить палками по пяткам 2) *уст.* дубасить, колотить палкой
basting¹ ['beɪstɪŋ] *n обыкн. pl* намётка (*в шитье*); to take out ~s выдернуть намётку
basting² ['beɪstɪŋ] *n* соус к мясу
bastion ['bæstɪən] *n* 1) *воен.* бастион 2) оплот
bat¹ [bæt] *n* 1. *зоол.* летучая мышь обыкновенная (*Vespertilio murinus*) 2. (B.) *воен.* 1) «Бэт» (*радиолокационная управляемая бомба*) 2) батальонное безоткатное орудие «Бэт» ◇ as blind as a ~ совершенно слепой; to have ~s in one's belfry, to be ~s быть не в своём уме, спятить, рехнуться; he is ~s у него не все дома; to go like a ~ out of hell ≅ нестись, как будто черти гонятся за тобой
bat² I [bæt] *n* 1. 1) дубина, палка 2) било (*для льна*) 3) лапта, бита (*крикет и бейсбол*); to carry one's ~ а) стоять у калитки (*в крикете*); б) стоять на посту; выполнять трудное или опасное задание 4) *редк.* ракетка (*теннис*) 5) палка Арлекина (*в буффонаде*) 2. *сокр. от* batsman; the best ~ in the team лучший игрок с битой (*в команде*) 3. *разг.* удар 4. *разг.* шаг, темп; at a good ~ быстро, в хорошем темпе; to go full ~ гнать вовсю 5. *стр.* неполный кирпич, половняк 6. *с.-х.* планка мотовила
◇ off one's own ~ самостоятельно; right off the ~ сразу, без промедления; the news came right off the ~ известие было передано сразу же /незамедлительно/
bat² II [bæt] *v* 1. дубасить, бить дубинкой, избивать; to go to ~ for *сл.* заступаться, кидаться в бой за (*кого-л.*) 2. *спорт.* 1) бить битой или лаптой по мячу 2) отбить мяч руками
bat³ [bæt] *v* 1) *разг.* хлопать глазами; мигать, моргать 2) *уст.* махать, взмахивать (*крыльями*)
◇ not to ~ an eye, without ~ting an eyelid ≅ и глазом не моргнул, и бровью не повёл; не смутился и не удивился
bat⁴ [bæt] *n* 1. *обыкн. pl* ватная прокладка или подкладка; подбивка (*одеяла*); набивка (*матраца*); wool ~ шерстяной ватин 2. фетр, войлок
bat⁵ [bæt] *n амер. сл.* кутёж, гулянка; to go on a ~ кутить; загулять, запить
bat⁶ [bæt] *n сл.* иностранный язык (*первоначально об индийских языках*); to sling the ~ объясняться с местным населением (*на местном языке*)
bat around [ˈbætəˈraʊnd] *phr v сл.* 1. шляться по свету 2. обсуждать, прикидывать
batata [bəˈtɑːtə] *n бот.* батат, сладкий картофель (*Ipotoea batatas*)
batch¹ I [bætʃ] *n* 1. 1) партия выпеченного (*в один приём*) хлеба; замес; выпечка 2) партия фарфоровых или фаянсовых изделий, обожжённых одновременно 2. 1) кучка, пачка, ряд, партия, серия; ~ production серийное производство; ~ of books [letters, documents] пачка /связка/ книг [писем, документов]; ~ of eggs кладка яиц (*насекомых*); ~ of goods партия товаров 2) группа; ~ of visitors группа /вереница/ посетителей /гостей/; ~ of recruits *воен.* команда новобранцев 3. 1) *стр.* замес (*бетонной смеси*) 2) *спец.* дозировка; порция 3) process циклический или периодический процесс 4. *вт.* пакет (*обрабатываемых*) данных; ~ entry пакетный ввод (*данных*); ~ job пакетное задание; ~ mode пакетный режим
◇ of the same ~ того же сорта /рода/; ≅ одним миром мазаны
batch¹ II [bætʃ] *v спец.* дозировать
batch² [bætʃ] *n разг.* холостяк
batcher ['bætʃə] *n стр.* дозатор (*для бетона*)
batchmeter ['bætʃˌmiːtə] = batcher
batchwise ['bætʃwaɪz] *adv* по партиям, партиями (*о производстве*)
batchy ['bætʃɪ] *a сл.* помешанный; слабоумный
bate¹ I [beɪt] *n уст.* уменьшение, снижение; вычет
bate¹ II [beɪt] *v* 1. убавлять, сбавлять, уменьшать, умерять; to ~ expense

сокращáть расхóды; to ~ demands снизить трéбования; to ~ claims отказáться от чáсти претéнзий; not to ~ a farthing не сбáвить /не уступи́ть/ ни скинýть/ ни грошá; not to ~ an inch не отступи́ть ни на шаг 2. опускáть, понижáть в цене; to ~ the edge of a sword притупи́ть меч 4. слабéть, хирéть; hope ~d day by day надéжда угасáла с кáждым днём
◊ to ~ smb.'s pride унижáть когó-л.
bate² [beɪt] v мягчи́ть (кóжу)
bate³ [beɪt] v 1) охот. бить или взмáхивать крыльями (о сóколе) 2) трепетáть, би́ться
bate⁴ [beɪt] n разг. я́рость, гнев; to get in a ~ about smth. приходи́ть в я́рость /бéшенство/ из-за чегó-л.
bat-eared ['bætɪəd] a 1) имéющий ýши, как у летýчей мы́ши 2) амер. разг. ≅ ýшки топóриком
bateau [bæˈtəʊ] n (pl -aux [-əʊz] канад. 1) (небольшáя речнáя) плоскодóнная лóдка 2) воен. понтóн; ~ bridge понтóнный /наплавнóй/ мост
bateau neck [bæˈtəʊˌnek] «лóдочка» (вы́рез у плáтья)
bated ['beɪtɪd] a сдéрживаемый; with ~ breath затаи́в дыхáние
batells ['bætlz] = battels
bat-eyed ['bætaɪd] a недальнови́дный, недалёкий, непроницáтельный; ≅ не ви́дит, что (у негó) под нóсом дéлается
bat-fowl ['bætfaʊl] v лови́ть птиц нóчью, ослепля́я их свéтом
bat-fowler ['bætˌfaʊlə] n ночнóй птицелóв
bath I [bɑːθ] n (pl baths [bɑːðz, bɑːθs]) 1. 1) купáние (в вáнне, в бáне); мытьё; shower ~ душ; blood ~ кровáвая бáня, резня́; ~ soap бáнное мы́ло; ~ sponge гýбка (для мытья́ тéла); ~ point /station/ воен. обмывóчный пункт; бáня, душевáя; to have /to take/ a ~ принимáть вáнну; мы́ться, купáться; to be in a ~ of bliss купáться в мóре блажéнства; his head was in a ~ of sweat по егó лицý струи́лся пот; sea-water ~s are essential for your health морски́е вáнны необходи́мы для вáшего здорóвья 2) водá в вáнне; ~ salts аромати́ческий состáв для вáнны; your ~ is ready вáша вáнна готóва 2. 1) вáнна; ~ mat ко́врик (резиновый и т. п.) у вáнны; a full-length ~ вáнна стандáртной длины́ 2) вáнная кóмната; every hotel room has a private ~ в кáждом нóмере гости́ницы есть вáнная кóмната 3. обыкн. pl бáня; купáльня; водолечéбница; Turkish ~s турéцкие бáни; swimming ~s бассéйн для плáвания (закры́тый) 4. 1) спец. вáнна 2) фото, раствóр; расплáв 3) фото, полигр., текст. вáнна, вáнночка; раствóр 4) спец. бáня
◊ Order of the B. óрден Бáни; to take a ~ амер. сл. пойти́ ко дну, потерпéть фиáско, хлебнýть гóря; a wealthy family that took a ~ in the Depression богáтая семья́, котóрая разори́лась во врéмя депрéссии
bath II [bɑːθ] v 1) мыть, купáть; to ~ the baby купáть ребёнка 2) мы́ться, купáться (в вáнне)
Bath brick ['bɑːθbrɪk] брусóк из мелкозерни́стого песчáника для тóчки и полирóвки металли́ческих издéлий
Bath bun ['bɑːθbʌn] сдóбная бýлочка с изю́мом, цукáтами и т. п.
Bath-chair ['bɑːθtʃeə] n крéсло на колёсах для больны́х
bathe I [beɪð] n купáние (в мóре, рекé); to have a ~ вы́купаться, искупáться
bathe II [beɪð] v 1. купáться (в мóре, рекé); плáвать; it was too cold to ~ для купáния бы́ло сли́шком хóлодно; to ~ in blood плáвать /купáться/ в крови́ 2) редк. мы́ться, купáться (в вáнне и т. п.) 2. мыть, обмывáть; отмывáть; to ~ one's face умы́ться, обмы́ть лицó (пóсле слёз и т. п.); to ~ one's eyes [a wound] промывáть глазá [рáну]; to ~ an injured leg промывáть больнýю нóгу 3. омывáть (берегá); ~d by the waters of the Pacific омывáемый вóдами Ти́хого океáна 4. заливáть; ~d in sweat [in tears] облива́ющийся пóтом [слезáми]; to ~ one's hands in blood обагри́ть рýки крóвью; the garden was ~d in moonlight сад был зáлит лýнным свéтом
bather ['beɪðə] n 1. купáльщик; купáльщица 2. pl мóющиеся 2. воен. ли́чный состáв, пропускáемый чéрез обмывóчный пункт
bathetic [bəˈθetɪk] a 1) стил. неожи́данно переходя́щий от возвы́шенного сти́ля к вульгáрному 2) ложнопатети́ческий; до смешнóго напы́щенный или сентиментáльный; ~ funeral scene пы́шные пóхороны
bathhouse ['bɑːθhaʊs] n 1) бáня 2) купáльня; раздевáльня (на пля́же)
bathinette [ˌbæðəˈnet] n амер. складнáя резиновая дéтская вáнночка
bathing ['beɪðɪŋ] n купáние; ~ costumes /suits/ [trunks, caps] купáльные костю́мы [плáвки, шáпочки]; ~ beach пляж; ~ tent воен. палáтка обмывóчного пýнкта
bathing beauties ['beɪðɪŋˈbjuːtɪz] амер. красóтки в купáльных костю́мах (в ревю, на конкурсах красоты и т. п.)
bathing-box ['beɪðɪŋbɒks] n каби́на для переодевáния на пля́же
bathing-hut ['beɪðɪŋhʌt] = bathing-box
bathing-place ['beɪðɪŋpleɪs] n морскóй курóрт
bathmism ['bæθmɪz(ə)m] n регуля́ция питáния и рóста
batho- ['bæθə(ʊ)-] (тж. bathy-) в слóжных словáх с греч. корня́ми имéет значéние глубóкий, глубокóводный: bathometer батóметр; bathygram батигрáмма (график акустического зондирования моря)
batholite, batholith ['bæθəlaɪt, -lɪθ] n геол. батоли́т
bathometer [bəˈθɒmɪtə] n батóметр
bathophobia [ˌbæθəˈfəʊbɪə] n мед. боя́знь падéния с высоты́
bât-horse ['bɑːhɔːs] n 1) вью́чная лóшадь (офицерская) 2) с.-х. ломовáя лóшадь
bathos ['beɪθɒs] n 1. 1) стил. неожи́данный перехóд от возвы́шенного сти́ля к вульгáрному 2) лóжный пáфос; смешнáя напы́щенность или сентиментáльность 2. падéние; развенчáние 3. глуби́на, бéздна; the ~ of stupidity предéл глýпости
bathrobe ['bɑːθrəʊb] n купáльный халáт
bathroom ['bɑːθruːm, -rʊm] n 1) вáнная (кóмната) 2) эвф. убóрная
Bathsheba ['bæθʃɪbə] n библ. Вирсáвия
bath-towel ['bɑːθˌtaʊəl] n большóе махрóвое полотéнце
bath-tub ['bɑːθtʌb] n 1. вáнна 2. сл. 1) коля́ска мотоци́кла 2) большóй автомоби́ль
bath-tub gin ['bɑːθtʌbˌdʒɪn] сл. самогóн; сквéрный джин
bathy- ['bæθɪ-] = batho-
bathygram ['bæθɪɡræm] n батигрáмма; за́пись про́филя морскóго дна
bathylite ['bæθɪlaɪt] = batholite
bathymetry [bæˈθɪmɪtrɪ] n батимéтрия, измерéние больши́х глуби́н

bathypito(t)meter [ˌbæθɪpɪˈtəʊmɪtə] n батипитóметр (прибор для исследования морских течений)
bathyscaphe ['bæθɪskeɪf] n спец. батискáф
bathyseism ['bæθɪsaɪz(ə)m] n землетрясéние на большóй глубинé
bathysphere ['bæθɪsfɪə] n спец. батисфéра
bathythermograph [ˌbæθɪˈθɜːməɡrɑːf] n спец. батитермóграф
batic [bəˈtiːk, ˈbætɪk] n текст. бáтик; бáтиковая печáть
bating ['beɪtɪŋ] уст. = barring²
batiste [bæˈtiːst, bə-] n текст. бати́ст
batlet ['bætlɪt] n уст. валёк, колотýшка
batman ['bætmən] n (pl -men [-mən]) воен. денщи́к, вестовóй, ординáрец
bat-minded [ˌbætˈmaɪndɪd] a глýпый, ограни́ченный; ≅ дáльше своегó нóса не ви́дит
bat-money ['bætˌmʌnɪ] n воен. дéньги, выдавáемые (офицéру) на перевóзку багажá, багáжные
bat-mule ['bætmjuːl] n вью́чный мул
baton I ['bætɒn] n 1. жезл; a Field-Marshal's ~ фельдмáршальский жезл 2. дирижёрская пáлочка; under the ~ of A., under A.'s ~ под управлéнием A. (об оркестре); дирижёр (дирижи́рует, дирижи́ровал/ A. 3. дуби́нка (полицéйского) 4. спорт. 1) эстафéтная пáлочка; to pass the ~ передавáть эстафéту 2) эстафéта 5. школ. укáзка
◊ ~ sinister ист. чёрная полосá в гéрбе незаконнорождённого ры́царя
baton II ['bætɒn] v бить полицéйской дуби́нкой
baton gun ['bætn̩ˌɡʌn] орýжие, стреля́ющее резиновыми пýлями
batonist ['bætənɪst] n дирижёр оркéстра и ансáмбля
batoon I, II [bəˈtuːn] уст. = baton I и II
bat out [bætˈaʊt] phr v амер. сл. сляпáть; to ~ an outline of a story in two hours состря́пать расскáз за два часá
bats [bæts] a сл. сумасшéдший; it's driving me ~ это свóдит меня́ с умá, от этого рехнýться мóжно
batsman ['bætsmən] n (pl -men [-mən]) игрóк с битóй; отбивáющий мяч (крикет и бейсбол)
batt [bæt] = bat⁴
battailous ['bætɪləs] a уст. 1) вои́нственный; драчли́вый 2) готóвый к бою́
battalia [bəˈteɪlɪə] n 1) ист. боевóй поря́док; in ~ в боевóм поря́дке, готóвый к бою́ 2) уст. вóйско, вооружённые си́лы
battalia pie [bəˈteɪlɪəˌpaɪ] пирóг с потрохáми
battalion [bəˈtælɪən] n воен. 1. батальóн; амер. тж. артиллери́йский дивизиóн; ~ group усилeнный батальóн 2. уст. вóйско, áрмия
battel ['bætl̩] = battle² I
battels ['bætlz] n pl унив. 1) казённый кошт (студентов Оксфорда) 2) отчёт о сýммах, изрáсходованных на содержáние студéнтов
battement [ˌbætəˈmɒ̃] n фр. батмáн (балет)
batten¹ I ['bætn̩] n 1. стр. 1) рéйка, нащéльник 2) pl бáтенсы, половы́е дóски 2. спорт. лáта пáруса
batten¹ II ['bætn̩] v (тж. ~ down, ~ up) 1) скрепля́ть дóсками 2) мор. задрáивать (лю́ки; обыкн. ~ down) 3) стр. скрепля́ть рéйками, плáнками

batten² ['bætn] *v* 1) жиреть, откармливаться (*особ. о животном*) 2) откармливать (*особ. животное*) 3) жить в роскоши и безделье 4) наживаться за счёт других; companies who ~ on the efforts of others компании, которые процветают за чужой счёт 2. улучшать, удобрять землю; повышать плодородие

batten³ ['bætn] *n текст.* батан (*ткацкого станка*)

battening ['bætnɪŋ] *n* 1) дощатая переборка 2) обшивка тонкими досками

batter¹ I ['bætə] *n* 1. бездрожжевое, жидкое тесто, болтушка 2. 1) месиво; липкая грязь 2) *спец.* мятая глина 3. *полигр.* сбитый шрифт 4. *воен.* 1) пробивание бреши артогнём 2) сильный артиллерийский обстрел

batter¹ II ['bætə] *v* 1. 1) колотить, дубасить, колошматить; to ~ at the door колотить в дверь; to ~ (away) at each other драться, колотить /дубасить/ друг друга; to ~ in /down/ a nail вбить /забить, вогнать/ гвоздь; to ~ down a door вышибить дверь 2) долбить; разбивать; the boat was ~ed to pieces by the waves волны разбили лодку вдребезги 3) громить, бить (*идейного противника и т. п.*); разносить, подвергать уничтожающей критике 2. плющить (*металл*) 3. *спец.* месить, мять (*глину*) 4. *полигр.* сбивать шрифт 5. *воен.* 1) пробивать брешь артогнём 2) *разг.* вести бой, наносить удары; громить (*противника*)

batter² ['bætə] *n преим. спец.* 1) уступ, уклон (*стены, дороги*) 2) скос (*каменной кладки*) 3) откос; скат

batter³ ['bætə] = batsman

batter board ['bætəbɔ:d] *стр.* стойка обноски (*котлована*)

battercake ['bætəkeɪk] *n* блин; оладья

battered ['bætəd] *a* 1. избитый; разбитый 2. потрёпанный, изношенный; ~ pavement выбитая мостовая 3. *полигр.* дефектный; ~ letter а) дефектная /плохо отпечатанная/ буква; б) сбитая литера

battered child syndrome ['bætəd,tʃaɪld'sɪndrəʊm] синдром жестокого обращения (*с ребёнком*)

battering ['bæt(ə)rɪŋ] *n* 1. 1) избиение, град ударов 2) сильный стук (*в дверь и т. п.*) 3) долбление 2. вмятина 3. *воен.* 1) огонь на разрушение 2) *ист.* брешированное

battering-ram ['bæt(ə)rɪŋræm] *n* 1) *воен. ист.* таран; стенобитное орудие 2) пробивной человек

battery ['bæt(ə)rɪ] *n* 1. *воен.* 1) батарея; ~ position огневая позиция батареи; ~ salvo батарейный залп; to bring a ~ into action ввести орудия в бой 2) канонада; артиллерийский обстрел 2. *эл.* (аккумуляторная) батарея, аккумулятор; ~ car электроавтомобиль, аккумуляторный автомобиль; ~ cell гальванический элемент 3. *тех.* 1) группа *или* батарея одинаковых деталей; комплект, набор; atomic /nuclear/ ~ атомная батарея; ~ of cards *текст.* комплект чесальных машин; ~ of kilns *спец.* блок сушильных камер 2) магазин (*ткацкого станка и т. п.*) 4. *с.-х.* батарея, группа дисков дисковой бороны *или* культиватора на одном валу 5. *преим. юр.* 1) избиение, побои 2) оскорбление действием, нанесение побоев; an action for ~ иск за оскорбление действием 6. *муз.* ударная группа (*оркестра*) 7. *психол.* набор текстов (*для определения способностей, уровня развития и т. п.*; *тж.* ~ of tests, test ~) 8. *стат.* комбинация нескольких критериев

◇ in ~ а) в боевом положении; б) на огневой позиции; cooking ~ кухонная посуда, кастрюли; to turn smb.'s ~ against himself *редк.* бить врага его же оружием; to mask one's batteries скрывать свои намерения; ≅ держать нож за пазухой

battery-operated ['bæt(ə)rɪ'ɒpəreɪtɪd] *a* с батарейным питанием

battik ['bætɪk] = batik

batting¹ ['bætɪŋ] *n* 1. ватин; ватная или шерстяная прокладка 2. фетр (*технический*)

batting² ['bætɪŋ] *n* удар, подача (*крикет, бейсбол*)

batting average ['bætɪŋ'æv(ə)rɪdʒ] 1. *спорт.* средний уровень (*чьих-л. достижений*) 2. *разг.* общий уровень (*чьей-л. подготовки, успехов и т. п.*)

battle¹ I ['bætl] *n* 1. битва; сражение; ~ alarm боевая тревога; ~ area поле боя; ~ casualties потери в бою; ~ scene батальная сцена; drawn ~ бой с неопределённым исходом; B. of Britain *ист.* «битва за Англию» (*воздушные бои в 1940—41 гг.*); line of ~ а) линия фронта; б) боевой порядок /строй/; killed in ~ погиб в бою /на фронте/; to offer ~ предлагать /навязывать/ бой; to give ~ давать бой /сражение/; to join ~ вступать в бой; to refuse ~ отказаться /уклониться/ от боя 2. борьба; losing ~ безнадёжная борьба, верное поражение; обречённая на провал деятельность; ~ of life борьба за существование; the ~ of the books *ирон.* учёная дискуссия; a ~ of wits битва умов, состязание в остроумии; to fight one's ~ бороться за свои убеждения *или* интересы; to do ~ with /over/ smth. бороться с чем-л. 3. единоборство, поединок; схватка; trial by ~ *ист.* ордалия, судебный поединок (*одержавший победу считался оправданным*) 4. *ист.* войско, воинство

◇ half the ~ — залог успеха; to be above the ~ — стоять в стороне /над схваткой/, занимать беспристрастную /объективную/ позицию; to fight smb.'s ~s for him лезть в драку за кого-л.; the ~ is to the strong побеждает сильнейший

battle¹ II ['bætl] *v* 1. сражаться, драться, бороться; to ~ through life пробивать дорогу в жизни; to ~ against the wind бороться с ветром, идти против ветра; to ~ with adversity бороться с превратностями судьбы; to ~ for the title of champion оспаривать звание чемпиона 2. *воен.* строить в боевой порядок

battle² I ['bætl] *a диал.* 1. сочный, питательный (*о травах*) 2. тучный, плодородный (*о земле*)

battle² II ['bætl] *v* 1) откармливать (*скот*) 2) удобрять (*почву*)

battle array ['bætlə'reɪ] боевой порядок

battle-ax(e) ['bætlæks] *n* 1. *ист.* боевой топор 2. *сл.* баб-яга

battle cruiser ['bætl,kru:zə] линейный крейсер

battle-cry ['bætlkraɪ] *n* 1) боевой клич 2) (боевой) лозунг

battledore I ['bætldɔ:] *n* 1. валёк, колотушка; скалка 2. ракетка (*для игры в волан*); ~ and shuttlecock волан (*игра*)

battledore II ['bætldɔ:] *v* кидать туда и обратно, перебрасываться

battle dress ['bætldres] походное обмундирование

battle fatigue ['bætlfə'ti:g] *мед.* психическая травма, полученная в ходе боевых действий

battlefield I ['bætlfi:ld] *n* поле сражения, поле боя; face of the ~ картина сражения, вид поля боя

battlefield II ['bætlfi:ld] *a воен.* тактический; фронтовой, боевой; ~ atomic weapon тактическое атомное оружие; ~ mobility тактическая подвижность

battle-field surgery ['bætlfi:ld'sɜ:dʒ(ə)rɪ] военно-полевая хирургия

battlefront ['bætlfrʌnt] *n воен.* передний край

battle-grey a [,bætl'greɪ] защитного цвета

battle-ground ['bætlgraʊnd] *n* 1. = battle-field 2. театр военных действий; район боя

battle group ['bætlgru:p] *воен.* боевая группа

battle jacket ['bætl,dʒækɪt] короткая куртка с накладными карманами (*обыкн. форменная*)

battle line ['bætllaɪn] 1) боевой порядок 2) линия фронта

battlement ['bætlmənt] *n* 1) парапетная стенка с бойницами 2) зубчатая стена 3) зубчатые вершины гор

battle-order ['bætl'ɔ:də] *n воен.* 1. боевой порядок 2. боевой приказ 3. походная форма, боевая форма одежды

battle-piece ['bætlpi:s] *n* батальная картина, батальная сцена

battleplane ['bætlpleɪn] *n* боевой самолёт

battle royal [,bætl'rɔɪəl] 1) генеральное сражение 2) *шутл.* баталия, побоище (*о драке, споре и т. п.*)

battle-scarred ['bætlska:d] *a* 1) пострадавший в бою; ~ warship повреждённый (в бою) военный корабль 2) повреждённый, потрёпанный; ≅ видавший виды

battle-seasoned ['bætl'si:z(ə)nd] *a* обстрелянный, бывалый

battleship ['bætlʃɪp] *n мор.* линейный корабль

battleship grey [,bætlʃɪp'greɪ] голубовато-серый цвет

battle sight ['bætlsaɪt] *воен.* постоянный прицел

battlesome ['bætls(ə)m] *a* несговорчивый; задиристый, вздорный и сварливый

battle station ['bætl,steɪʃ(ə)n] *воен.* место в бою; место по боевому расписанию (*на корабле*)

battle-tested ['bætl'testɪd] *a воен.* проверенный в бою; имеющий боевой опыт, обстрелянный

battle-tried ['bætltraɪd] = battle-tested

battle-wagon ['bætl,wægən] *n мор. жарг.* линкор

battlewise ['bætlwaɪz] *a* умело действующий в бою

battle-worthy ['bætl,wɜ:ðɪ] *a воен.* боеспособный

battologize [bə'tɒlədʒaɪz] *v книжн.* 1) повторять одно и то же (*слово*) 2) *неодобр.* твердить одно и то же; повторяться

battology [bə'tɒlədʒɪ] *n* ненужное повторение тех же слов; тавтология, пустословие

battue [bə't(j)u:] *n фр.* 1. *охот.* облава; охота путём обкладывания зверя 2. 1) облава (*на людей*); погоня, розыск 2) бойня, массовое убийство (*особ. мирных жителей*)

batture [bə'tjʊə] *n с.-х.* затапливаемая зона между рекой и дамбой обвалования

batty ['bætɪ] *a* 1. *разг.* спятивший, помешавшийся, не в своём уме 2. *редк.* похожий на летучую мышь

batwing ['bætwɪŋ] *a* напоминающий по форме крылья летучей мыши; ~

sleeve рука́в «лету́чая мышь» (с широ́кой про́ймой, у́зкий в запя́стье).
baubee, baubie [bɔːˈbiː] = bawbee
bauble [ˈbɔːb(ə)l] *n* 1. 1) безделу́шка; побряку́шка (*часто пренебр. о кольца́х, серьга́х и т. п.*) 2) безде́лица, пустя́к 2. *уст.* погрему́шка, игру́шка 3. *ист.* шутовско́й жезл с погрему́шкой, ки́сточкой *и т. п.*
bauchle [ˈbaːk(ə)l] *n шотл.* 1) сто́птанный башма́к 2) безде́льник, ло́дырь
Baucis [ˈbɔːsɪs] *n греч. миф.* Бавки́да; Philemon and ~ а) Филемо́н и Бавки́да; б) долголе́тнее супру́жеское сча́стье
baud [bɔːd] *n информ.* бод (*едини́ца ско́рости переда́чи информа́ции*)
baudekin, baudkin [ˈbɔːdkɪn] *уст.* = baldachin
baudrons [ˈbɔːdrənz] *n шотл.* ко́шка, ки́ска, котёнок
bauge [bɔːdʒ] *n стр.* штукату́рный раство́р с соло́мой
bauld [bɔːld] *диал.* = bold
baulk I, II [bɔː(l)k] = balk I и II
baum marten [ˈbəʊmˈmaːtn] *зоол.* 1) куни́ца европе́йская (*Martes martes*) 2) куни́ца америка́нская (*Martes americana*)
bauson [ˈbɔːs(ə)n] *n уст.* 1. барсу́к 2. 1) толстя́к 2) упря́мец; ≅ с ме́ста не сдви́нешь
bausond [ˈbɔːs(ə)nd] *a диал.* белоло́бый (*о живо́тных*)
bauxite [ˈbɔːksaɪt] *n мин.* бокси́т, алюми́ниевая руда́
bavardage [ˌbaːvɑːˈdɑːʒ] *n фр.* (глу́пая) болтовня́; чепуха́
Bavarian I [bəˈveə(ə)rɪən] *n* 1. бава́рец; бава́рка 2. бава́рский диале́кт
Bavarian II [bəˈveə(ə)rɪən] *a* бава́рский, относя́щийся к Бава́рии
Bavarian cream [bəˈveə(ə)rɪənˈkriːm] желе́ со взби́тыми сли́вками
bavin [ˈbævɪn] *n* 1) вяза́нка хво́роста 2) *спец.* фаши́на; ~ drainage фаши́нный дрена́ж
bawbee [bɔːˈbiː] *n шотл.* ме́лкая моне́та, полпе́нса; he is careful of the ~s он эконо́мит ка́ждую копе́йку
bawcock [ˈbɔːkɒk] *n уст.* молоде́ц, молодчи́на
bawd¹ I [bɔːd] *n* 1. содержа́тельница публи́чного до́ма 2. *редк.* проститу́тка 3. сво́дня, сво́дница
bawd¹ II [bɔːd] *v редк.* сво́дничать
bawd² [bɔːd] *n диал.* за́яц
bawdry [ˈbɔːdrɪ] *n* 1. непристо́йности, поха́бщина 2. *уст.* сво́дничество 3. *уст.* блуд, прелюбодея́ние
bawdy I [ˈbɔːdɪ] *n* непристо́йности; to talk ~ говори́ть непристо́йности
bawdy II [ˈbɔːdɪ] *a* 1. непристо́йный, неприли́чный, поха́бный; гря́зный (*об анекдо́те и т. п.*)
bawdy-house [ˈbɔːdɪhaʊs] *n разг.* публи́чный дом
bawl I [bɔːl] *n разг.* вопль, вы́крик; гро́мкие рыда́ния, всхли́пывания
bawl II [bɔːl] *v разг.* 1) вопи́ть, выкри́кивать, ора́ть, реве́ть; вопи́ть; to ~ at smb. крича́ть /ора́ть/ на кого́-л.; to ~ against smth., smb. гро́мко протестова́ть про́тив чего́-л.; выкри́кивать угро́зы кому́-л.; to ~ across the street крича́ть че́рез у́лицу; to ~ about the house вопи́ть на весь дом; to ~ at the top of one's lungs крича́ть во всё го́рло; to ~ one's head off ора́ть как ре́заный; to ~ and squall а) вопи́ть, горла́нить, драть го́рло; б) ≅ рвать и мета́ть; to ~ oneself hoarse ора́ть до хрипоты́; the child was ~ing all night ребёнок ора́л всю ночь; you needn't ~, I can hear quite well не ори́те, я прекра́сно слы́шу 2) гро́мко реклами́ровать свой това́р

bawler [ˈbɔːlə] *n пренебр.* крику́н, горла́н, горло́дёр (*часто о пропове́днике, у́личном торго́вце и т. п.*)
bawley [ˈbɔːlɪ] *n редк.* бо́ули (*про́мысловое па́русное су́дно*)
bawl out [ˈbɔːlˈaʊt] *phr v* 1. вскри́кнуть; завопи́ть, заора́ть; to ~ abuse выкри́кивать руга́тельства; to ~ for smth. тре́бовать чего́-л. кри́ком; to ~ murder крича́ть «ре́жут!»; ≅ крича́ть карау́л 2. *амер. разг.* брани́ть, руга́ть; to bawl smb. out наора́ть на кого́-л., разнести́ /взгреть/ кого́-л.; you'll get bawled out тебе́ бу́дет нагоня́й
bawn [bɔːn] *n ист.* укреплённый двор за́мка
bawtie, bawty [ˈbɔːtɪ] *n шотл.* 1. больша́я соба́ка 2. за́яц
baxter [ˈbækstə] *n диал.* пе́карь
bay¹ [beɪ] *n* 1. 1) бу́хта, зали́в; the B. Биска́йский зали́в 2) изги́б в кро́мке льда 2. изги́б (*горы́*) 3. *амер.* уча́сток пре́рии, вкли́нивающийся в лес
bay² I [beɪ] *n* 1. лай 2. положе́ние за́гнанного зве́ря; безвы́ходное положе́ние; an animal at ~ за́гнанный (*соба́ками*) зверь; to be /to stand/ at ~ быть в безвы́ходном положе́нии; to turn to ~ отбива́ться от наседа́ющих враго́в; отча́янно защища́ться; to bring /to drive/ to ~ а) загна́ть (*зве́ря*) б) прижа́ть к стене́; поста́вить в безвы́ходное положе́ние; в) *воен.* си́льно тесни́ть (*проти́вника*); to keep /to hold/ at ~ a) *охот.* не подпуска́ть к себе́ (*соба́к — о зве́ре*); б) держа́ть (*кого́-л.*) в стра́хе; не дава́ть (*кому́-л.*) хо́ду; в) *воен.* не дава́ть переды́шки, постоя́нно беспоко́ить (*проти́вника*)
bay² II [beɪ] *v* 1. ла́ять (*обы́кн. о го́нчих*); кида́ться с ла́ем 2. 1) *охот.* трави́ть (*зве́ря*) соба́ками; гоня́ть (*за́йца*) 2) *с.-х.* загоня́ть (*ове́ц*) 3) *охот.* загна́ть (*зве́ря*) 4. 1) *охот.* не подпуска́ть го́нчих (*о зве́ре*) 2) отбива́ться, отча́янно защища́ться
◇ to ~ (at) the moon ла́ять на луну́, занима́ться бесполе́зным де́лом
bay³ I [beɪ] *n стр.* 1) пролёт (*ме́жду коло́ннами и т. п.*) 2) пролёт моста́ 2. *архит.* ни́ша; вы́ступ (*ко́мнаты*) с окно́м; «фона́рь» 3. 1) *с.-х.* сто́йло для ло́шади 2) *ж.-д.* сто́йло в депо́ 4. 1) железнодоро́жная платфо́рма 2) платфо́рменные пути́ 2) на́бережная 3) *дор.* карма́н (*уши́рение прое́зжей ча́сти для остано́вки тра́нспорта*) 5. площа́дка, запру́женное ме́сто 6. 1) *спец.* отсе́к; пролёт; помеще́ние, простра́нство 2) *воен.* уча́сток транше́и 7. *мор. редк.* корабе́льный лазаре́т
bay³ II [beɪ] *v* запру́живать; заде́рживать во́ду плоти́ной
bay⁴ [beɪ] *n* 1. 1) ла́вровое де́рево (*бот.* лавр (*Laurus nobilis*; *тж.* ~ laurel) 2. *pl* 1) ла́вровый вено́к 2) ла́вры
◇ to carry off the ~s завоева́ть пе́рвое ме́сто
bay⁵ I [beɪ] *n* гнеда́я ло́шадь
bay⁵ II [beɪ] *a* гнедо́й; кашта́нового цве́та
bayadère [ˌbaːjəˈdeə] *n фр.* 1. бая́дера 2. *текст.* «баядерка» (*полоса́тая ткань*)
Bayard¹ [ˈbeɪəd] *n арх.* 1. (b.) гнеда́я ло́шадь 2. 1) Байя́р (*чу́до-конь ры́царских рома́нов*) 2) (b.) *шутл.* чу́до-конь (*о любо́й ло́шади*) 3. (b.) 1) *уст.* отча́янная голова́ 2) самоуве́ренный неу́ч
Bayard² [ˈbeɪəd] *n арх.* ры́царь без стра́ха и упрёка
bayberry [ˈbeɪb(ə)rɪ] *n бот.* восковни́ца (*Myrica gen.*)

BAU — BE   B

bay cherry [ˈbeɪˌtʃerɪ] *бот.* лавровишня (*Prunus laurocerasus*)
baygall [ˈbeɪgɔːl] *n амер.* заро́сшая боло́тистая ме́стность; низи́на
bay laurel [ˈbeɪˌlɔrəl] *бот.* лавр благоро́дный (*Laurus nobilis*)
bay leaf [ˈbeɪliːf] *кул.* лавро́вый лист
bayman [ˈbeɪmən] *n* челове́к, живу́щий на берегу́ бу́хты *или* зали́ва
baymouth [ˈbeɪmaʊθ] *n* вход в зали́в, у́стье зали́ва
bayonet I [ˈbeɪənɪt, -net] *n* 1. штык; ~ charge /assault/ штыкова́я ата́ка; at the point of ~ си́лой ору́жия; ≅ под ду́лом пистоле́та; to fix [to unfix] ~ примыка́ть [отмыка́ть] штык 2. *pl* солда́ты, штыки́; he had twenty ~s under his command под его́ нача́лом бы́ло два́дцать штыко́в 3. *тех.* штыково́й, байоне́тный замо́к 4. *эл.* цо́коль ла́мпы; патро́н Сва́на
bayonet II [ˈbeɪənɪt, -net] *v* 1. 1) коло́ть штыко́м 2) уда́рить в штыки́ 2. заставля́ть си́лой ору́жия; to ~ into submission подавля́ть штыко́м /си́лой ору́жия/
bayonet-joint [ˈbeɪənɪtˌdʒɔɪnt] *n спец.* соедине́ние с защёлкой
bayou [ˈbaɪuː] *n амер.* 1. рука́в в де́льте реки́ 2. 1) руче́й, протека́ющий че́рез заболо́ченную ме́стность 2) стари́ца
bay-rum [ˌbeɪˈrʌm] *n* лавровишневая вода́
Bay Street [ˈbeɪstriːt] 1. Бей-стрит (*у́лица в делово́м райо́не Торо́нто, Кана́да*) 2. фина́нсовые интере́сы Кана́ды
bay-tree [ˈbeɪtriː] = bay laurel
bay-window [ˌbeɪˈwɪndəʊ] *n* 1. *архит.* э́ркер, фона́рь 2. *сл.* (то́лстое) брю́хо
baywood [ˈbeɪwʊd] *n бот.* светения крупноли́стная (*Swietenia macrophylla*)
bazaar [bəˈzɑː] *n* 1. (восто́чный) база́р 2. благотвори́тельный база́р 3. универса́льный магази́н; большо́й торго́вый зал
bazar [bəˈzɑː] = bazaar
bazoo [bəˈzuː] *n сл.* 1) рот, гло́тка; shut up your ~! заткни́сь! 2) брехня́, враньё, вздор
bazooka [bəˈzuːkə] *n амер.* базу́ка (*реакти́вный гранатомёт*)
BBC English [ˌbiːbiːˈsiːˌɪŋglɪʃ] англи́йский язы́к ди́кторов Би-би-си́; безукори́зненно пра́вильный англи́йский язы́к
bdellium [ˈdelɪəm] *n* 1. ар́оматическая смола́ 2. *библ.* це́нное вещество́
be [biː] (*по́лная фо́рма*); bɪ (*редуци́рованная фо́рма*) *v* (*ед. ч.* was, *мн. ч.* were; been; *наст. вр.* 1-е *л. ед. ч.* am, 3-е *л. ед. ч* is, 2-е *л. ед. ч. и* 1-е, 2-е, 3-е *л. мн. ч. ;уст.* 2-е *л. ед. ч. наст. вр.* art) I 1. быть, существова́ть; I think, therefore I am я мы́слю, сле́довательно, я существу́ю; the greatest genius that ever was велича́йший ге́ний, кото́рый когда́-либо существова́л; to be no more *возвыш.* сконча́ться, умере́ть; прекрати́ть существова́ние; Troy is no more Тро́и бо́льше не существу́ет; to be, or not to be — that is the question (*Shakespeare*) быть и́ли не быть, вот в чём вопро́с 2. 1) быть, находи́ться; прису́тствовать; пребыва́ть; he will be here all the year out он бу́дет (находи́ться) здесь весь год; is he often in town? ча́сто ли он быва́ет в го́роде?; I was before you in the queue я стоя́л пе́ред ва́ми в о́череди; the horse was below in the hold ло́шадь помести́ли в трю́ме;

he was at the ceremony он присутствовал на церемонии; the key is in the lock ключ (находится) в замке; I'll be down in a minute я сейчас спущусь; output is considerably below last year's level выпуск продукции намного ниже прошлогоднего /значительно ниже прошлогоднего, значительно упал по сравнению с прошлогодним/ 2) быть, оставаться; don't be long! не задерживайся!, приходи скорее!; what a time you have been! как ты долго!; he was a long time reaching the shore ему понадобилось много времени, чтобы достичь берега 3. происходить, случаться, совершаться; it was yesterday это было /произошло, случилось, состоялось/ вчера; when is the wedding to be? когда должна состояться /будет/ свадьба?; the New Year is on Sunday this time в этот раз Новый год приходится /падает/ на воскресенье; how is it that you were there? как получилось, что вы оказались там? 4. 1) равняться, составлять; twice two is four дважды два — четыре; let x be ten предположим, (что) x равняется десяти 2) разг. стоить; how much is it? сколько это стоит?; how much are these shoes? сколько стоят эти ботинки?; this book is five shillings эта книга стоит пять шиллингов 3) значить, стоить; it is nothing to me мне это ничего не стоит, для меня это ничего не составляет /не значит/; what is all that to me? что мне всё это?, какое мне до этого дело? 5. возвыш. сопутствовать (в восклицательных предложениях как пожелание); success (be) to your efforts! желаю успеха в ваших начинаниях!, да сопутствует вам удача!; victory be yours! желаю (вам) победы!

II Б 1. there is имеется, есть; there are many English books in our library в нашей библиотеке (имеется) много английских книг; there is plenty of time времени вполне достаточно, ещё есть масса времени; there are no roads дорог нет; there will be dancing будут танцы; there was once an old man... жил-был однажды старик... 2. to have been 1) посещать, бывать; has he been to London? он бывал в Лондоне?; I've been there! a) я там был!; б) разг. это мне известно!; 2) приходить, заходить; has anyone been? кто-нибудь заходил?, был кто-нибудь?; has the post [the milkman] been? была ли почта [был ли /приходил/ молочник]? 3. to be at smth. разг. 1) намереваться сделать или сказать что-л.; I don't understand what exactly he is at я не понимаю, что именно он хочет сказать; what would you be at? каковы ваши намерения? 2) нападать, набрасываться на что-л.; the mice are at the cheese again мыши опять добрались до сыра 3) брать без спроса; he's been at my shaving things again он опять брал (без спроса) мой бритвенные принадлежности 4. to be at smb. разг. приставать к кому-л.; she's always at me она всегда меня пилит 5. to be above smth. /doing smth./ быть выше чего-л.; не опускаться до чего-л.; to be above suspicion быть выше /вне/ подозрений; to be above criticism быть выше всякой критики, быть безупречным; he is above reproach его не за что упрекнуть; he is above such matters он такими делами не занимается, он до такого (дела) не унизится; he is above taking bribes брать взятки — ниже его достоинства 6. to be beneath smth., smb. быть ниже чего-л., кого-л.; to be beneath contempt [attention] не заслуживать (даже) презрения [внимания]; it is beneath you /your dignity/ это ниже вашего достоинства 7. to be beyond smth., smb. быть за пределами чего-л., возможностей кого-л.; his behaviour is beyond my endurance я не могу больше терпеть его поведение; he is not beyond redemption он ещё может исправиться; this is beyond a joke это уже не шутка; it was beyond expectation такого нельзя было ожидать, на такое нельзя было надеяться; I am beyond caring мне уже всё равно; what you say is beyond me мне совершенно непонятно то, что ты говоришь 8. to be abreast of smth. быть в курсе чего-л.; he's abreast of developments in his field он в курсе последних достижений в своей области 9. to be after smb. преследовать, пытаться поймать кого-л.; the police were after him полиция преследовала его 10. to be after smth. покушаться на что-л., стремиться завладеть чем-л.; he's after my job он метит на моё место; he's after her money он охотится за её деньгами 11. to be about to do smth. собираться, намереваться сделать что-л.; he was about to send for you он собирался послать за вами; she was about to speak, but changed her mind она хотела было заговорить, но передумала 12. to be against smth. противоречить чему-л., идти вразрез с чем-л.; lying is against my principles не в моих правилах врать 13. to be for smth. стоять или быть за; who is for going home? кто за то, чтобы идти домой? 14. to be for some place отправляться, ехать куда-л.; are you for Bristol? вы едете в Бристоль? 15. to be on smb. 1) разг. быть оплаченным кем-л.; put your money away, it's on me убери деньги, я угощаю; the drinks are on the house хозяин (бара, ресторана и т. п.) угощает; the tickets are on me я плачу за билеты 2) внезапно наступить, подоспеть (о праздниках, сборах и т. п.); the wet season was on us неожиданно на нас обрушился сезон дождей; Christmas was on us наступило рождество 16. to be on smth. входить в состав, быть членом (комиссии и т. п); he is on the board он входит в состав правления 17. to be on smb., smth. быть поставленным на кого-л., что-л.; my money is on this horse я поставил на эту лошадь 18. to be up to smth. 1) замышлять, затевать что-л.; the boys are up to smth. мальчики что-то затевают; he is up to no good он затевает что-то скверное, от него хорошего не жди 2) быть осведомлённым о чём-л.; the police must be up to all the dodges полиции должно быть известно обо всех уловках 19. not to be up to (doing) smth. не быть в состоянии сделать что-л., не справиться с чем-л.; I am not up to going to the theatre tonight я не в состоянии пойти сегодня вечером в театр; he is not up to his job он не справляется со своей работой; he is not up to his father as a scholar как учёный он значительно уступает (своему) отцу 20. to be up to smb. быть возложенным на кого-л. (об ответственности); зависеть от кого-л.; it is up to him to decide от него зависит решение, он должен решить; it is up to you to choose вы выбираете /решаете/; whether you learn or not is entirely up to you учиться или нет — твоё дело 21. to be up against smth., smb. столкнуться с чем-л., кем-л.; встретить отпор; he's up against some real opposition он будет иметь дело с сильной оппозицией; he's up against it разг. он столкнулся с большими трудностями 22. to be up for smth. 1) быть поднятым, возникать, рассматриваться (о вопросе и т. п.); to be up for review пересматриваться; to be up for debate обсуждаться, быть поставленным на обсуждение 2) рассматривать в суде, судить; he was up in court for this его за это судили 3) предназначаться к продаже; to be up for auction продаваться на аукционе /с молотка/ 4) быть выдвинутым кандидатом, быть претендентом (на должность, пост и т. п.); he's up for admission to the society at the next meeting его будут принимать в кружок на следующем собрании 23. to be with smb. 1) поддерживать кого-л.; we're with you all the way мы пойдём с тобой до конца; she is at one with her husband она заодно со (своим) мужем 2) понимать, следить за тем, что говорят; are you still with me — or shall I go over it again? ты следишь за ходом моей мысли или мне повторить ещё раз? 24. to be with smb., smth. работать у кого-л., где-л. (по найму), I'm with a shipping firm я работаю в транспортной фирме

III А 1. как глагол-связка 1) быть; he is a teacher он учитель; are they English? они англичане?; ten yards is a lot десять ярдов — это очень много; his is a fine house его дом чудесный, у него прекрасный дом; our task is to finish the work in time наша задача — вовремя кончить работу; she has been a mother to me она мне была вместо матери; she is twenty ей двадцать лет; today is the tenth сегодня десятое (число); tomorrow is Friday завтра пятница; the wall is six foot high стена имеет шесть футов в высоту; what is it ? a) что это?; б) в чём дело?; to see things as they are видеть вещи такими, какие они есть; if I were you... если бы я был на вашем месте...; seeing is believing увидеть — (это) значит убедиться /поверить/ 2) находиться в (каком-л.) состоянии; чувствовать, ощущать (что-л.); I am cold [hot] мне холодно [жарко]; he is asleep [alive, tired] он спит [жив, устал]; he is glad [nervous, silent, happy] он рад [нервничает, молчит счастлив]; he is absent он отсутствует; he is in trouble он попал в беду, у него неприятности; he is at work [at play] он работает [играет]; isn't he lucky? везёт же ему! 2. с последующим инфинитивом выражает 1) долженствование, обусловленное договорённостью, планом: he is to come at six он должен прийти в шесть (часов); he was to come at six он должен был прийти в шесть; he was to have come at six он должен был прийти в шесть (но не пришёл); when am I to come? когда мне приходить?, когда мне нужно прийти?; the house is to let дом сдаётся в аренду; he was never to see her again ему больше никогда не суждено было её увидеть; it was not to be этому не суждено было сбыться /осуществиться/; they are not to be trusted им нельзя доверять; such men are to be pitied rather than despised таких людей надо не презирать, а жалеть 2) возможность: he was nowhere to be found его нигде нельзя было найти /отыскать/; not a cloud was to be seen не видно было ни облачка; how am I to get through all this work today? как я смогу справиться со всей этой работой сегодня? 3) намерение, желание (в условных предложениях): if we are to come in time, we must start at once если мы хотим прийти вовремя, надо отправляться 3. уст. в сочетании с p. p. глаголов to come, to fall, to sit, to run,

to get *и др.*: winter was come зима наступила; the sun was risen солнце встало
III Б 1. *в сочетании с pres. p. служит для образования длительной формы*: he was talking to his son at the time в тот момент он беседовал с сыном; he is working он (сейчас) работает; this question is being discussed этот вопрос сейчас обсуждается 2. *в сочетании с p. p. переходных и ряда непереходных глаголов служит для образования пассивной формы*: this was made by my son это было сделано моим сыном; they will be punished они будут наказаны, их накажут; such questions are settled by the committee такие вопросы решаются комитетом; he was asked to come его попросили прийти; this book was much spoken of об этой книге много говорили
◊ to be above one /one's head/ *разг.* быть выше чьего-л. понимания; to be at it шалить, проказничать; the children are at it again дети опять принялись за своё; to be hard at it /at work/ *разг.* а) быть очень занятым; б) напряжённо работать; they were hard at it /at work/ the whole night они работали изо всех сил всю ночь напролёт; to be at one with smb. быть с кем-л. заодно; to be beside oneself with grief [anxiety, alarm, *etc.*] потерять голову от горя [волнения, беспокойства *и т. п.*]; to be beside oneself with rage выйти из себя, разгневаться; to be beside the point не иметь отношения (*к данному вопросу, делу и т.п.*); for the time being пока; the manager for the time being временно исполняющий обязанности заведующего; somebody will be in for it кому-то попадёт /влетит, нагорит/; far be it from me to do this я вовсе не собираюсь /я далёк от того, чтобы/ делать это; be (that) as it may как бы то ни было; пусть будет что будет; let it be! оставь это в покое!, пусть всё остаётся как есть!; so be it да будет так, пусть так и будет; how are you? а) как вы поживаете?; б) как вы себя чувствуете?; you never know where you are with him никогда не знаешь, что он может сделать /как он поступит, как себя с ним вести, чего от него ждать/; be yourself!, be your age! не глупи!, не валяй дурака!; you've been and gone and done it! *сл.* ну и наделали вы дел!, ну натворили вы бед!; I'll be! *амер. сл.* вот те на!, господи боже мой!, ну и ну! (*восклицание, выражающее удивление*)

be- [bı-] *pref* 1. *образует от именных основ переходные глаголы* (*преим. употребляемые в форме причастия прошедшего времени*) *со значением* снабжать, покрывать, окружать чем-л. (в большой или чрезмерной степени): becloud закрыть облаками; becross награждать орденами; bedew покрыть росой; befetter сковать; beflag разукрасить флагами; beplaster наштукатурить; besiege осадить; bewig украсить париком 2. *образует от глагольных основ переходные глаголы со значением интенсивности*: befall, bechance выпасть на долю; bedraggle, bedabble забрызгать полностью; beflatter льстить без меры; bemaster овладеть полностью; beweep, bewail, bemoan оплакивать; bepraise безмерно хвалить, превозносить 3. *встречается в отыменных переходных глаголах со значением* 1) называть *таким-то образом*: bemonster называть чудовищем; betitle величать титулом; bedoctor величать доктором 2) *приводить в такое-то состояние*: becalm успокаивать; bedim затуманить; befoul осквернить; belittle умалять; befool, besot одурачить; benumb приводить в оцепенение 3) *влиять подобно кому-л.*: bedevil мучить, наводить порчу; befriend относиться дружески; bewitch околдовать 4. *выделяется в глаголе* behead обезглавить

be about ['bıːə'baʊt] *phr v* 1. быть поблизости; he is somewhere about он где-то здесь; he is not about его здесь нет 2. иметься, быть распространённым; there are many shops about in this little town в этом городке много магазинов; there's a lot of ice about on the roads на дорогах гололедица; there is flue about сейчас (по)всюду (свирепствует) грипп 3. встать, быть на ногах; приступить к работе; they are about already они уже встали; at eight they were about their business already в восемь часов они уже занялись своими делами 4. выздороветь, быть на ногах; оправиться после болезни (*тж.* be up and about)

beach I [biːtʃ] *n* 1. 1) отлогий морской берег; взморье; пляж; берег озера или большой реки 2) приливная полоса берега; ~ gravel береговой галечник 3) *воен.* береговой вал 2. *воен.* пункт высадки (морского) десанта; ~ combat бой за морской плацдарм; to open a ~ занимать плацдарм на берегу
◊ on the ~ а) *мор.* на берегу; б) без работы, без денег, «на мели»; ~ mariner а) «бич», моряк, списанный с судна; б) *шутл.* сухопутный моряк

beach II [biːtʃ] *v* 1. посадить на мель 2. 1) вытаскивать, выгружать на берег 2) выгружаться, высаживаться на берег 3) *воен.* подходить вплотную к берегу для высадки

beach bag ['biːtʃbæg] пляжная сумка

beach ball ['biːtʃbɔːl] 1. 1) береговой сигнальный шар 2) большой надувной мяч для игры на пляже 2. *косм.* герметичная сфера для спасения космонавта (*при переходе в спасательный корабль*)

beachboy ['biːtʃbɔɪ] *n* служитель на пляже (*часто инструктор по плаванию*)

beach bunny ['biːtʃˌbʌnɪ] *сл.* любительница посещать пляжи, *обыкн.* в мужской компании

beachcomb ['biːtʃkəʊm] *v* пренебр. 1) перебиваться случайными заработками 2) попрошайничать в питейных заведениях *и т. п.*

beachcomber ['biːtʃˌkəʊmə] *n* 1. 1) (белый) житель тихоокеанских островов, перебивающийся случайной работой 2) *пренебр.* лицо без определённых занятий; бродяга на побережье, живущий случайным заработком; ≅ «бич» 2. морской вал, длинная океанская волна, набегающая на берег

beachcombing ['biːtʃˌkəʊmɪŋ] *n* пренебр. 1) жизнь на случайные заработки 2) попрошайничество в питейных заведениях *и т. п.*

beached [biːtʃt] *a* 1. вытащенный или выброшенный на берег 2. имеющий отлогий берег или пляж 3. *уст.* галечный, покрытый галькой

beachfront ['biːtʃfrʌnt] *n* береговая линия

beach grass ['biːtʃgrɑːs] *бот.* песколюб, аммофила (*Ammophila arenaria*)

beachhead ['biːtʃhed] *n* 1. *воен.* плацдарм высадки (морского) десанта; ~ assault высадка (морского) десанта; захват (приморского) плацдарма 2. позиция, плацдарм; American capital has made enormous ~s in recent years за последние годы американский капитал занял прочные позиции 2. переворот (*в технике и т. п.*); новый принцип; a ~ in automative industry переворот в автомобилестроении

BE — BEA   B

beach-la-mar [ˌbiːtʃləˈmɑː] *n* лингв. бичламар (*жаргон из смеси английского и малайского*)

beach-master ['biːtʃˌmɑːstə] *n* воен. комендант пункта высадки (морского) десанта

beach-rescue ['biːtʃˌreskjuː] *n* спасатель (тонущих); работник спасательной станции

beach ridge ['biːtʃrɪdʒ] геол. береговой вал

beach robe ['biːtʃrəʊb] пляжный халат

beach-sand ['biːtʃsænd] *n* морской или речной песок

beach seine ['biːtʃseɪn] закидной невод

beach umbrella ['biːtʃʌmˈbrelə] большой пляжный зонт

beach-wagon ['biːtʃˌwægən] *n* 1) легковой автомобиль-фургон 2) *уст.* открытая коляска (*обычно двухместная*)

beachwear ['biːtʃweə] *n* пляжная одежда (*купальники, пляжные халаты и т. п.*)

beachy ['biːtʃɪ] *a* галечный, покрытый галькой

beacon I ['biːkən] *n* 1) сигнальный огонь (*тж.* ~ fire; ~ light) 2) маяк, путеводная звезда; ~ of the wise путеводная звезда мудрецов; ~s of hope поэт. предвестники счастья; луч надежды 2. 1) световой маяк 2) радиомаяк; radar ~ радиолокационный маяк 3. бакен, буй; safety ~ спасательный буй; ~ buoy *мор.* ограждающий буй 4. *спец.* береговой знак, веха; триангуляционный знак 5. *разг.* знак «переход» (*жёлтый столб с шаром*) 7) переносной фонарь (*для сигнализации при строительстве дороги*) 6. *ав.* сигнальная башня

beacon II ['biːkən] *v* 1. 1) освещать сигнальными огнями; to ~ the dale with midnight fires осветить долину ночными кострами 2) светить, указывать путь; быть маяком, путеводной звездой 2. 1) *мор.* обставлять знаками 2) *геод.* маркировать, обозначать вехами; устанавливать геодезические сигналы; to ~ out a boundary демаркировать границу

beaconage ['biːkənɪdʒ] *n* 1. маячный сбор 2. маяки, бакенов *и т. п.* [*см.* beacon I]; система навигационного ограждения

bead I [biːd] *n* 1. 1) бусина; бисерина, шарик; to thread ~s нанизывать бусы 2) *pl* бусы; бисер; glass ~s стеклярус 3) эл. изоляционная бусинка 2. *pl* церк. чётки; to count /to say, to tell/ one's ~s читать молитву по чёткам, молиться 3. пузырёк (*пены*); пена 4. 1) капля (*пота и т. п.*) 2) *pl* архит. капельки (*украшение на фронтоне*) 5. узелок, шишечка (*в вышивке или вязанье*); ~ in yarn текст. шишечка или узелок на пряже 6. пузырёк (*газа, воздуха*); wine with a fine ~ игристое вино 7. *метал.* королёк 8. *тех.* заплечик; кромка, реборда 9. *воен. разг.* мушка; to get one's ~ прицеливаться, наводить (на); to draw a ~ (on) наводить (на); целиться (в), брать на прицел; to keep a ~ on a) удерживать прицел (на); держать на прицеле; б) держать под обстрелом 10. *pl* счёты (*устройство*)
◊ to pray without one's ~s просчитаться, ошибиться; ≅ не заглянув в святцы, бух в колокола

bead II [biːd] *v* украшать *или* отделывать бусами; вышивать бисером 2. нанизывать 3. образовать капли, пузырьки́ *и т. п.*; the sweat ~ed on his brow у него́ на лбу вы́ступил пот, его́ лоб покры́лся испа́риной 4. *уст.* чита́ть моли́твы 5. *тех.* развальцо́вывать

beaded ['biːdɪd] *a* 1. укра́шенный бу́сами; вы́шитый би́сером; отде́ланный стекля́русом 2. покры́тый пузырька́ми, пузыря́щийся 3. наниза́нный (*о буса́х*) 4. име́ющий фо́рму бу́синки, ка́пли 5. *геол.* чётковидный

bead-house ['biːdhaʊs] *n пренебр.* богаде́льня

beading ['biːdɪŋ] *n* 1. отде́лка из бус; вы́шивка би́сером; стекля́рус (*на тю́ле и т. п.*) 2. *мед.* утолще́ние, чётки; ~ of the ribs рахи́тические чётки 3. *архит.* бу́сы (*орна́мент*) 4. *тех.* 1) развальцо́вка, чека́нка труб 2) загиба́ние кро́мок 5. *метал.* наплы́в на пове́рхности; ~ weld *тех.* сварно́й шов ва́ликом

beadle ['biːdl] *n* 1. университе́тский пе́дель 2. *уст.* церко́вный сто́рож 3. *юр.* суде́бный посы́льный, курье́р

beadledom ['biːdldəm] *n* 1. тупа́я стара́тельность; выслу́живание 2. канцеля́рщина, бюрократи́зм

bead-roll ['biːdrəʊl] *n* 1. *церк.* помина́льный спи́сок 2. *редк.* спи́сок, пе́речень

beadsman ['biːdzmən] *n* (*pl* -men [-mən]) 1. 1) *уст.* моля́щийся (*за благоде́теля*) 2) призрева́емый в богаде́льне 2. *шотл.* ни́щий

beadswoman ['biːdz‚wʊmən] *n* (*pl* -women [-‚wɪmɪn]) 1) *уст.* моля́щаяся (*за благоде́теля*) 2) призрева́емая в богаде́льне

beadwork ['biːdwɜːk] *n* вы́шивка би́сером; отде́лка бу́сами, стекля́русом

beady ['biːdɪ] *a* 1. как бу́синки, кру́глый и блестя́щий; ~ eyes глаза́-бу́синки 2. покры́тый ка́плями (*по́та и т. п.*) 3. пузы́рчатый, пузыря́щийся

beady-eyed ['biːdɪaɪd] *a* с пронзи́тельным взгля́дом

beagle I ['biːg(ə)l] *n* 1. коротконо́гая го́нчая (*поро́да соба́к*) 2. *пренебр.* ище́йка, шпик

beagle II ['biːg(ə)l] *v амер. сл.* выню́хивать

beak¹ I [biːk] *n* 1. клюв 2. 1) *шутл.* нос крючко́м 2) *тех.* 1) но́сик (*кувши́на, ча́йника и т. п.*) 2) зубе́ц, о́стрый коне́ц; шип (*подко́вы и т. п.*) 3) *бот.* «но́сик» (*вы́тянутая часть плода́*) 4) *тех.* рог (*накова́льни*) 4. = beak-head 1, 2) 5. *гидр.* нос, водоре́з 6. *архит.* слезни́к

beak¹ II [biːk] *v* 1) схвати́ть *или* уда́рить клю́вом 2) клева́ть

beak² [biːk] *n сл.* 1. судья́ 2. учи́тель

beaked ['biːkt] *a* 1. име́ющий клюв 2. крючкова́тый, и́зогнутый; ~ pelvis *анат.* клювови́дный таз 3. выступа́ющий, остроконе́чный (*о мы́се и т. п.*)

beaker ['biːkə] *n* 1. стака́н для вина́; бока́л (*без но́жки*); a full ~ of wine бока́л, по́лный вина́ 2. *арх.* ча́ша, ку́бок 3. мензу́рка, лаборато́рный стака́н

beak-head ['biːkhed] *n мор.* 1) нос, мыс 2) *ист.* би́кхед, би́гхед 2. *архит.* орна́мент в ви́де головы́ с клю́вом

beak-iron ['biːk‚aɪən] *n* накова́льня с ро́гом

beaky ['biːkɪ] *a* 1. с клю́вом 2. похо́жий на клюв 3. *сл.* носа́тый

beal¹ [biːl] *v диал.* нарыва́ть, созрева́ть (*о нары́ве*)

beal² [biːl] *n редк.* у́стье реки́

be-all ['biːɔːl] *n поэт.* всё, це́лое; be-all and end-all всё в жи́зни; коне́ц и нача́ло всего́; victories are not the ~ of the Olympic Games побе́ды — не гла́вное в олимпи́йских и́грах

be along ['biːə'lɒŋ] *phr v* приходи́ть; I'll ~ soon я ско́ро приду́; will he ~ to the meeting? он придёт на собра́ние?

beam I [biːm] *n* 1. 1) луч; ~ of sunlight со́лнечный луч; ~ of hope луч наде́жды; ~ of truth свет и́стины; ~ of comfort не́которое утеше́ние, про́блеск наде́жды; the ~s of a smile лучеза́рная улы́бка; to enjoy the ~s of smb.'s kindness не́житься в луча́х чьей-л. доброты́ 2) *разг.* лучеза́рная улы́бка, ≅ рот до уше́й; there was a ~ from ear to ear on her happy face её счастли́вое лицо́ расплы́лось в улы́бке 2. 1) *физ.* луч; пучо́к луче́й; on the ~ а) по лучу́ (*о направле́нии самолёта, снаря́да*); б) *разг.* в ну́жном направле́нии; [*см. тж.* ◇ 3 *и* ◇]; off the ~ а) с отклоне́нием от луча́ (*о самолёте*); б) *разг.* сби́вшийся с доро́ги, с пути́; [*см. тж.* ◇] 2) *ав.* то́чный курс, ука́занный радиолучо́м; ~ radio station дирекцио́нная радиоста́нция; ~ antenna *радио* лучева́я /остронапра́вленная/ анте́нна 3. *мор.* тра́верз; on the ~ на тра́верзе II 1. 1) *стр.* брус; ба́лка; бимс; ~ bridge ба́лочный мост 2) ба́лка; бревно́; перекла́дина 3) *библ.* дре́во (*креста́*) 2. *тех.* баланси́р; коромы́сло (*весо́в*); to strike /to kick/ the ~ а) опусти́ться (*о ча́ше весо́в*); б) потерпе́ть пораже́ние 3. гряди́ль (*плу́га*) 4. *мор.* бимс; ширина́ (*су́дна*); broad in the ~ а) широ́кий (*о су́дне*); б) *разг.* толстоза́дый; to load to the ~ s нагрузи́ть до преде́ла 5. *горн.* верхня́к 6. *текст.* тка́цкий наво́й 7. *уст.* ды́шло 8. *мор.* веретено́ я́коря 9. *ав.* лонжеро́н 10. основна́я ветвь оле́ньих рого́в ◇ on the ~ пра́вильно, как ну́жно; всё в поря́дке [*см. тж.* I 2, 1) *и* 3]; off the ~ *сл.* а) неве́рный, оши́бочный; б) неуме́стный; [*см. тж.* I, 2, 1)]

beam II [biːm] *v* 1. испуска́ть лучи́, свети́ть; сия́ть 2. сия́ть, улыба́ться лучеза́рной улы́бкой; to ~ with pleasure сия́ть от удово́льствия /ра́дости/; to ~ at /upon/ smb. приве́тливо /ла́сково/ улыба́ться кому́-л.; her countenance ~ed with smile её лицо́ сия́ло улы́бкой; he merely sat and ~ed on смея́л, молча́л и улыба́лся во весь рот 3. *физ.* 1) излуча́ть (*пучко́м*) 2) концентри́ровать в пучо́к 4. *радио* направля́ть; to ~ program at some country вести́ напра́вленную переда́чу 5. *радио* обнару́живать радиолокацио́нным ме́тодом 6. *ав.* наводи́ть (*самолёт*) по лучу́

beam-compass ['biːm‚kʌmpəs] *n* штангенци́ркуль

beamed [biːmd] *a* 1. с ветви́стыми рога́ми, соха́тый (*об оле́не*) 2. *спец.* напра́вленный (*о луче́*)

beam-ends ['biːm'endz] *n pl мор.* коне́ц би́мсов; on her ~ (лежа́щий) на борту́ (*о су́дне*); on one's ~ в тяжёлом *или* безвы́ходном положе́нии

beaming I ['biːmɪŋ] *n* 1. облуче́ние 2. *физ.* концентра́ция луче́й в пучо́к

beaming II ['biːmɪŋ] *a* 1. испуска́ющий лучи́ 2. сия́ющий; лучеза́рный, лучи́стый

beamish ['biːmɪʃ] *a часто пренебр.* сия́ющий, дово́льный

beam landing ['biːm‚lændɪŋ] *ав.* поса́дка по лучу́

beam-lead ['biːmliːd] *n воен.* наведе́ние по лучу́

beam-power tube ['biːm‚paʊə'tjuːb] *элк.* 1. мо́щная (электро́нно-)лучева́я тру́бка 2. мо́щный лучево́й тетро́д

beam rider ['biːm‚raɪdə] *воен.* раке́та, управля́емая по лучу́

beam sea ['biːmsiː] *мор.* во́лны, почти́ перпендикуля́рные ку́рсу су́дна; волна́ с тра́верза

beam(-)splitter ['biːm‚splɪtə] *n* 1. *опт.* светодели́тель 2. расщепи́тель пучка́ (*части́ц*)

beam tetrode ['biːm‚tetrəʊd] = beam-power tube 2

beam weaponry ['biːm‚wepənrɪ] *воен.* лучево́е *или* «пучко́вое» ору́жие

beamwidth ['biːm‚wɪdθ] *n радио* ширина́ луча́

beamy¹ ['biːmɪ] *a* сия́ющий, лучи́стый

beamy² ['biːmɪ] *a* 1. масси́вный, огро́мный 2. широ́кий (*о корабле́*) 3. с ветви́стыми рога́ми, соха́тый (*об оле́не*)

bean I [biːn] *n* 1. *бот.* 1) фасо́ль (*Phaseolus gen.*) 2) боб (*Faba vulgaris*); ~ cultures *с.-х.* бобо́вые культу́ры; ~ huller *с.-х.* лу́щилка для бобо́в 3) боб, се́мя бобови́дной фо́рмы; coffee ~s кофе́йные бобы́; horse ~s ко́нские бобы́ 2. 1) горо́шина, оре́шек, ша́рик 2) *горн.* оре́шек (*класс у́гля*) 3. *сл.* моне́та, «гроши́»; ≅ де́ньги; not to have a ~ не име́ть ни гроша́; not worth a ~ ≅ гроша́ ло́маного не сто́ит 4. *сл.* голова́, башка́; use your ~! ≅ шевели́ мозга́ми! 5. *воен. жарг.* 1) *pl* продово́льствие; ~s and bullets продово́льствие и боеприпа́сы; ~ gun похо́дная ку́хня (*В.*) 2) нача́льник продово́льственного снабже́ния 3) *pl* заве́дующий столо́вой ◇ old ~ старина́, дружи́ще (*обраще́ние*); a hill of ~s чепуха́; full of ~s *см.* full¹ I ◇; not to care a ~ for /about/ smth. быть соверше́нно безразли́чным к чему́-л.; to give smb. ~s взгреть /взду́ть/ кого́-л.; to get ~s получи́ть взбу́чку; получи́ть «на оре́хи»; to spill the ~s *амер. разг.* а) проболта́ться, вы́дать секре́т; б) расстро́ить (*чьи-л.*) пла́ны; в) оказа́ться в глу́пом положе́нии, попа́сть впроса́к; to know how many ~s make five, to know one's ~s *амер. сл.* знать что к чему́; знать своё де́ло

bean II [biːn] *v сл.* уда́рить по голове́, дать по башке́ (*бро́сив что-л.*)

beanbag ['biːnbæg] *n* погрему́шка (*с сухи́ми боба́ми*)

bean-eater ['biːn‚iːtə] *n амер. шутл.* «бобое́д» (*про́звище жи́телей г. Босто́на*)

beanery ['biːn(ə)rɪ] *n сл.* столо́вка, дешёвый рестора́нчик

bean-feast ['biːnfiːst] *n* 1) ежего́дный обе́д, устра́иваемый хозя́ином для слу́жащих 2) пиру́шка, попо́йка

beanie ['biːnɪ] *n* кру́глая ша́почка без поле́й (*ти́па тюбете́йки*)

bean king ['biːnkɪŋ] бобо́вый коро́ль (*коро́ль на пра́зднованиии двена́дцатой но́чи, наше́дший боб, спря́танный в двена́дцатом пироге́*)

beano ['biːnəʊ] *n прост.* 1. гуля́нка, пиру́шка, попо́йка 2. = bingo¹

bean-ore ['biːnɔː] *n геол.* бобо́вая руда́, зерни́стый бу́рый железня́к

bean-pole ['biːnpəʊl] *n* 1. *с.-х.* опо́ра для фасо́ли *или* горо́ха 2. *разг.* жердь, оря́сина (*о долговя́зом челове́ке*)

bean-shaped structure ['biːnʃeɪpt'strʌktʃə] *спец.* горохова́тая структу́ра (*по́чвы*)

bean-shooter ['biːn‚ʃuːtə] *n* духово́е ружьё, стреля́ющее боба́ми (*игру́шка*)

bean-stick ['biːnstɪk] = bean-pole

bean tree ['biːntriː] *бот.* золото́й дождь, бобо́вник анаголи́стный (*Laburnum anagyroides*)

bean-wagon ['biːn‚wægən] *n амер. разг.* заку́сочная, «забега́ловка»

beany¹ ['biːnɪ] = beanie

beany² ['biːnɪ] *a* 1. име́ющий вкус бобо́в 2. по́лный бобо́в 3. *сл.* 1) энерги́чный, весёлый 2) спя́тивший

bear¹ I [beə] *n* 1. 1) медве́дь; медве́дица; ~'s cub медвежо́нок; ~ driver вожа́к медве́дя 2) медве́дь, неуклю́жий челове́к; ~ sport шу́мная, гру́бая игра́ /заба́ва/; to play the ~ вести́ себя́ как медве́дь, быть гру́бым /неуклю́жим, беста́ктным/; what a ~! что за медве́дь!, ну и грубия́н! 3) медве́жий мех 2. десяти́чная дробь 3. *бирж. проф.* спекуля́нт, игра́ющий на пониже́ние, «медве́дь»; ~ market ры́нок с тенде́нцией на пониже́ние /operation /speculation/ спекуля́ция на пониже́ние; to sell a ~ а) игра́ть на пониже́ние; б) прода́ть то, чего́ не име́ешь, наду́ть; go to a ~ игра́ть на пониже́ние 4. ручно́й дыропробивно́й пресс, медве́дка 5. *метал.* «козёл»
◊ Great [Little /Lesser/] B. Больша́я [Ма́лая] Медве́дица (*созве́здие*); as cross as a ~ with a sore head ≅ зол как чёрт; смо́трит зве́рем; you must not sell the skin till you have shot the ~ ≅ нельзя́ дели́ть шку́ру неуби́того медве́дя; to take a ~ by the tooth ≅ лезть в медве́жье ло́гово /в пе́кло/; had it been a ~ it would have bitten you *уст.* ≅ ты не ви́дишь того́, что лежи́т у тебя́ под но́сом; to be a ~ for punishment а) не боя́ться лише́ний, дурно́го обраще́ния *и. т. п.*; быть закалённым; б) идти́ напроло́м к це́ли, добива́ться своего́, несмотря́ ни на каки́е тру́дности; to have a ~ by the tail *амер.* ≅ дразни́ть медве́дя, бесце́льно рискова́ть, неразу́мно подверга́ть себя́ опа́сности; loaded for ~ *амер. сл.* гото́в к дра́ке, на взво́де
bear¹ II [beə] *v бирж. проф.* игра́ть на пониже́ние
bear² [beə] *v* (bore; borne, born) 1. 1) переноси́ть, перевози́ть; the ship bore him to a distant country кора́бль унёс его́ далеко́ от ро́дины; the mules ~ing the baggage remained behind му́лы с кла́дью оста́лись позади́ 2) *книжн.* носи́ть, нести́ (*обыкн. что-л. тяжёлое*); to ~ a banner нести́ зна́мя; to come ~ing rich gifts прийти́ с бога́тыми дара́ми 2. 1) гнать, нести́ (*тж.* ~ along); the crowd bore us along толпа́ увлекла́ нас за собо́й; the boat was borne backward by the wind ве́тер отнёс ло́дку наза́д 2) направля́ться, повора́чиваться; держа́ться; to ~ east [north, south, west] дви́гаться на восто́к [на се́вер, на юг, на за́пад]; to ~ before the wind *мор.* спуска́ться по ве́тру; to ~ a course *мор.* прокла́дывать курс (*по ка́рте*); when you come to the bridge ~ to the right когда́ подойдёте к мосту́, поверни́те напра́во; the road ~s to the right доро́га отклоня́ется впра́во 3) *книжн.* находи́ться, простира́ться (*о ме́стности и т. п.*); the land ~s south of us земля́ к югу от нас 4) наводи́ть (*ору́дие и т. п.*); to bring /to put/ a telescope [a gun] to ~ on smth. навести́ телеско́п [ору́дие] на что-л.; to bring one's mind to ~ on smth. сосредото́чить всё своё внима́ние на чём-л. 3. 1) име́ть, нести́ на себе́; to ~ the marks [signs, traces] of smth. име́ть при́знаки [зна́ки, следы́] чего́-л.; to ~ an evil look вы́гляде́ть злове́ще; the monument bore an inscription на па́мятнике была́ на́дпись; the letter ~s his signature на письме́ стои́т его́ по́дпись; what date does that letter ~? каки́м число́м поме́чено э́то письмо́? 2) име́ть, облада́ть; to ~ a name [a title] носи́ть и́мя [ти́тул]; to ~ an office занима́ть пост; to ~ rule /sway/ держа́ть в свои́х рука́х власть, вла́ствовать; to ~ a good character име́ть хоро́шую репута́цию, по́льзоваться до́брой сла́вой 4. выде́рживать, нести́ тя́жесть,

нагру́зку (*тж.* ~ up); his shoulders can ~ a heavy load он мо́жет нести́ на плеча́х тяжёлый груз; will the ice ~ today? доста́точно ли кре́пкий лёд сего́дня?; ~ steady! *мор.* так держа́ть! 5. (on, upon) 1) опира́ться (*на что-л.*); стоя́ть (*на чём-л.*); нажима́ть, дави́ть; a beam ~ing on /upon/ two uprights брус, опира́ющийся на два столба́; the whole building ~s on these columns э́ти коло́нны подде́рживают всё зда́ние; to ~ hard /heavily/ on нава́ливаться, дави́ть на; the old man was ~ing heavily on his stick стари́к тяжело́ опира́лся на трость; don't ~ hard on the pencil — it will break не нажима́й си́льно на каранда́ш — он слома́ется; to bring all one's strength to ~ on a lever изо все́х сил нава́литься /нажа́ть/ на рыча́г; to bring pressure to ~ on smb. ока́зывать давле́ние на кого́-л. 2) име́ть отноше́ние к (*чему́-л.*), быть свя́занным с (*чем-л.*); the fact does not ~ on the subject э́тот факт не име́ет отноше́ния к де́лу; a resolution bearing on the matter резолю́ция по э́тому вопро́су 6. допуска́ть, разреша́ть; he spends more than his salary can ~ он тра́тит бо́льше, чем позволя́ет ему́ жа́лованье; your words ~ only one interpretation ва́ши слова́ мо́жно истолкова́ть то́лько так; there are passages in the book that will ~ skipping в кни́ге есть места́, кото́рые вполне́ мо́жно пропусти́ть; his language does not ~ repeating его́ язы́к не для прили́чного о́бщества 7. (*р. р. тж.* born) 1) рожда́ть; производи́ть на свет; borne by Eve, born of Eve рождённый Е́вой; she has borne him five children она́ родила́ ему́ пятеры́х дете́й; I was born in 1922 я роди́лся в 1922 году́ 2) приноси́ть плоды́; the trees ~ fruit дере́вья прино́сят плоды́; his efforts bore fruit его́ уси́лия увенча́лись успе́хом; these shares ~ 5 per cent interest э́ти а́кции даю́т 5% при́были 8. *refl* держа́ться, вести́ себя́; to ~ oneself with dignity вести́ себя́ с досто́инством
◊ to ~ one's head high высоко́ нести́ го́лову, держа́ться незави́симо /сме́ло/
II А 1. 1) терпе́ть, выноси́ть, выде́рживать (*боль, пы́тки и т. п.*); to ~ pain [wrong] терпе́ть боль [оби́ду]; to ~ torture [a test] вы́нести [вы́держать] пы́тку [испыта́ние]; to ~ strain [affliction] переноси́ть напряже́ние [несча́стье] 2) переноси́ть (*опера́цию и т. п.*); he bore the operation satisfactorily он удовлетвори́тельно перенёс опера́цию; how do you ~ air travel? как вы перено́сите самолёт? 2. *обыкн. в отрица́тельных или вопроси́тельных предложе́ниях* терпе́ть, выноси́ть; мири́ться (*с чем-л.*); I cannot ~ him я его́ терпе́ть не могу́ /не выношу́/; I cannot ~ the sight of him ви́деть его́ не могу́; I cannot ~ to see it мне тяжело́ на э́то смотре́ть; the charge will not ~ examination обвине́ние несостоя́тельно /соверше́нно не обосно́вано/; this ~s no comparison with... э́то не выде́рживает сравне́ния с... 3. нести́ (*расхо́ды, убы́тки*); to ~ losses терпе́ть убы́тки /уще́рб/; let him ~ the expenses пусть он возьмёт расхо́ды на себя́ /распла́чивается/ 4. дава́ть (*показа́ния*); to ~ evidence /testimony, witness/ дава́ть свиде́тельские показа́ния свиде́тельствовать; he will ~ witness that... он мо́жет засвиде́тельствовать, что...; to ~ false witness лжесвиде́тельствовать; thou shalt not ~ false witness against thy neighbour *библ.* не послу́шествуй на дру́га твоего́ свиде́тельства ло́жна 5. пита́ть, та́ить (*чу́вства и т. п.*); to ~ malice [spite, ill-feeling] таи́ть

зло́бу [оби́ду, недоброжела́тельство]; to ~ goodwill относи́ться доброжела́тельно; the love she bore him любо́вь, кото́рую она́ к нему́ пита́ла 6. распространя́ть (*слу́хи и т. п.*); разноси́ть (*спле́тни и т. п.*); to ~ tales разноси́ть слу́хи, распространя́ть спле́тни; to ~ good news принести́ до́брые ве́сти 7. име́ть; to ~ resemblance име́ть схо́дство; to ~ relation име́ть отноше́ние; it ~s no relation to the matter э́то не име́ет отноше́ния к де́лу
II Б 1. *to bear against smth.* упира́ться во что-л.; пло́тно прилега́ть к чему́-л. 2. *to be borne in on /upon/ smb.* стать я́сным, поня́тным кому́-л.; it was gradually borne in upon him that... до него́ постепе́нно дошло́, что..., ма́ло-пома́лу он по́нял /осозна́л/, что... 3. *to bear with smb., smth.* терпели́во относи́ться к кому́-л., чему́-л., мири́ться с кем-л., чем-л.; ~ with me бу́дьте ко мне снисходи́тельны
◊ to ~ arms а) носи́ть ору́жие; служи́ть в а́рмии; б) име́ть или носи́ть герб; to ~ arms against smb. подня́ть ору́жие на кого́-л., восста́ть с ору́жием в рука́х про́тив кого́-л.; to ~ a part in smth. принима́ть уча́стие в чём-л.; to ~ in mind име́ть в виду́, по́мнить, учи́тывать, принима́ть во внима́ние; to ~ company составля́ть компа́нию; to ~ a hand помога́ть, соде́йствовать; ~ a hand! а) помоги́те!; б) *мор.* нава́лись!, взя́ли! (*кома́нда*); ~ for action! к бою́! (*кома́нда*); to ~ smb. in hand а) держа́ть кого́-л. в рука́х; б) *уст.* обма́нывать, води́ть кого́-л. за нос; to ~ one's age well вы́глядеть молодцева́то; не чу́вствовать бре́мени лет; to ~ the brunt *см.* brunt; to ~ smb. a grudge име́ть зуб про́тив кого́-л., зата́ить зло́бу про́тив кого́-л.; to ~ and forbear проявля́ть терпе́ние и вы́держку, облада́ть а́нгельским терпе́нием; born yesterday наи́вный, дове́рчивый; ≅ как бу́дто то́лько вчера́ на свет роди́лся; in all one's born days за всю свою́ жизнь
bear³ [beə] *n диал.* ячме́нь
bear⁴ [beə] *n диал.* на́волочка
bearable ['be(ə)rəb(ə)l] *a* 1) сно́сный, терпи́мый 2) *часто тех.* допусти́мый; ~ load допуска́емая нагру́зка
bear animalcule ['beə(r)ænɪ'mælkjuː1] *зоол.* тихохо́дка (*Tardigradus*)
bear away ['be(ə)rə'weɪ] *phr v* 1. унести́, увести́; she bore away the child она́ увела́ ребёнка 2. завоева́ть (*особ. приз*); he bore away the first prize он получи́л пе́рвую пре́мию; to ~ the palm вы́йти победи́телем; быть уве́нчанным ла́врами; to ~ the bell взять пе́рвое ме́сто 3. *мор.* приводи́ться или приводи́ться к ве́тру; to ~ in the main держа́ть /пра́вить/ в мо́ре
bearberry ['beəb(ə)rɪ] *n бот.* толокня́нка, медве́жья я́года (*Arctostaphylos uva-ursi*)
bearbine ['beəbaɪn] *бот.* вьюно́к (*Convolvulus*)
bearcat ['beəkæt] *n* 1. *зоол.* па́нда, медве́дь коша́чий (*Ailurus fulgens*) 2. 1) *амер. разг.* отва́жный бое́ц, смельча́к, «настоя́щий тигр» 2) *разг.* задира, драчу́н 3) *разг.* ко́шка, злю́ка, ве́дьма 4) *амер. разг.* пы́лкая краса́вица; ≅ не же́нщина, а ого́нь
beard I [bɪəd] *n* 1. 1) борода́; long [flowing, grey, red] ~ дли́нная [волни́стая, седа́я, ры́жая] борода́ 2) борода́ и усы́, расти́тельность на лице́ 3) бород-

ка (*у животного*) 4) *сл.* би́тник, «борода́тый интеллиге́нт», «борода́ч», «серди́тый молодо́й челове́к» 2) 1) *бот.* ость (*колоса*); мо́чка (*растения*) 2) *энт.* волоски́ 3. зубе́ц; зазу́брина 4. голо́вка вяза́льного крючка́ *или* крючко́вой трикота́жной иглы́

◊ to one's ~ откры́то, в лицо́; to speak in one's ~ говори́ть невня́тно; бормота́ть себе́ под нос; to laugh in one's ~ смея́ться исподтишка́; ≅ усмеха́ться в усы́; to take by the ~ говори́ть сме́ло; ≅ брать быка́ за рога́

beard II [bɪəd] *v* 1. хвата́ть за́ бороду 2. *разг.* сме́ло выступа́ть про́тив (*кого́-л.*); to ~ a lion in his den лезть в ло́гово зве́ря, сме́ло подходи́ть к опа́сному /стра́шному/ челове́ку 3. очища́ть от зазу́брин; отёсывать (*края́ доски́*) по лине́йке 4. *редк.* 1) брить бо́роду 2) стричь (*животных*)

bearded ['bɪədɪd] *a* 1. борода́тый; уса́тый; с расти́тельностью на лице́; ~ like the pard (*Shakespeare*) уса́тый как леопа́рд 2. *бот.* покры́тый *или* снабжённый колю́чками; ости́стый; уса́тый 3. *уст., поэт.* с хвосто́м (*о коме́те*) 4. (-bearded) *как компонент сложных слов* име́ющий тако́го-то бо́роду; grey-bearded седоборо́дый

bearded vulture ['bɪədɪd'vʌltʃə] *зоол.* борода́ч-ягня́тник (*Pypaetus barbatus*)

beardless ['bɪədlɪs] *a* 1. безборо́дый; безу́сый; ~ lad безу́сый юне́ц 2) ю́ный, нео́пытный 2. 1) *бот.* безо́стый, неопушённый; лишённый мо́чки 2) *энт.* лишённый волоско́в

beard lichen, beard moss ['bɪəd'laɪkən, -'lɪtʃɪn, -'mɒs] мох, свиса́ющий с дере́вьев

bear-dog ['beədɒg] *n* медвежа́тник (*охо́тничья соба́ка*)

bear down ['beə'daʊn] *phr v* 1. преодолева́ть; сломи́ть; to ~ resistance [the enemy] сломи́ть сопротивле́ние [врага́]; to ~ smb.'s assurance сбить спесь с кого́-л.; сконфу́зить кого́-л.; borne down by misfortune сломле́нный невзго́дами 2. (upon, on) 1) устремля́ться, набра́сываться, налета́ть; обру́шиваться; атакова́ть; the falcon bore down upon its prey со́кол устреми́лся на свою́ добы́чу 2) тяготи́ть 3) *мор.* подходи́ть с наве́тренной стороны́ 3. 1) приложи́ть все уси́лия; he bore down in the last lap of the race он вы́ложился в после́днем у́частке 2) ту́житься при ро́дах

beardtongue ['bɪəd,tʌŋ] *n бот.* пентасте́мон (*Pentastemon*)

bearer ['be(ə)rə] *n* 1. 1) *см.* bear² + -er; ensign ~ знамено́сец; ~ of news ве́стник; ~ of rumours перено́счик слу́хов; ~ of dispatches дипломати́ческий курье́р 2) носи́льщик (*паланки́на и т. п.*) 3) посы́льный 4) перено́счик гру́зов, носи́льщик (*при альпини́сте, путеше́ственнике и т. п.*) 5) санита́р 6. *горн.* целя́к (*ти́тула, герба́*) 3. принося́щий плоды́; this tree is a good ~ э́то де́рево хорошо́ плодоно́сит 4. *офиц., фин.* пода́тель; предъяви́тель; носи́тель; чек на предъяви́теля; ~ bond [cheque, instrument] *фин.* облига́ция [чек, це́нная бума́га] на предъяви́теля; the ~ of this letter пода́тель сего́ письма́ 5. *тех.* 1) опо́ра, несу́щая дета́ль констру́кции 2) поду́шка 3) *горн.* це́лик

bear-garden ['beə,gɑ:dn] *n ист.* 1) медве́жий садо́к, ме́сто тра́вли медве́дей 2) ме́сто попо́йки, дра́ки; don't turn the place into a ~ ≅ не устра́ивайте здесь база́ра /кабака́/

bear-hound ['beəhaʊnd] = bear-dog

bear-hug ['beəhʌg] *n* 1. 1) медве́жья хва́тка 2) *шутл.* объя́тие, от кото́рого ко́сти треща́т 2. хва́тка (*борьба́*)

bearing I ['be(ə)rɪŋ] *n* 1. ноше́ние; the ~ of arms is forbidden ноше́ние ору́жия запрещено́ 2) 1) рожде́ние, произведе́ние на свет 2) плодоноше́ние; ста́дия *или* спосо́бность плодоноше́ния; to keep trees in ~ уха́живать за дере́вьями, что́бы они́ приноси́ли плоды́ 3) плоды́, урожа́й; rich mellow ~s обра́зн. оби́льный урожа́й плодо́в 3) поведе́ние, мане́ра держа́ться; they loved her for her kindly ~ её люби́ли за доброту́ /за прия́тное обхожде́ние/ 2) оса́нка, вы́правка; proud ~ го́рдая оса́нка; the ~ of a soldier вое́нная вы́правка 4. терпе́ние; вы́держка; past ~, beyond all ~ нестерпи́мо; there is no ~ him он невыноси́м 5. отноше́ние, аспе́кт, сторона́; подхо́д; to consider a matter in all its ~s рассмотре́ть что-л. со всех сторо́н; the legal ~s of a case юриди́ческая сторона́ де́ла; to have no ~ on the subject не име́ть отноше́ния к де́лу /к те́ме/; his foolish question has no ~ on the problem его́ глу́пый вопро́с не по де́лу 6. 1) *часто pl спец.* направле́ние, ориента́ция; курс *или* направле́ние по ко́мпасу, а́зимут, пе́ленг, румб; ~ error оши́бка пе́ленга; radio ~ радиопе́ленг; magnetic ~ а) магни́тный а́зимут /пе́ленг/; б) направле́ние магни́тной стре́лки; compass ~ а) ко́мпасный а́зимут, ко́мпасный пе́ленг; б) направле́ние по ко́мпасу; ~s of smth. местонахожде́ние чего́-л.; to take one's ~s определя́ть своё положе́ние, ориенти́роваться; to lose one's ~s заблуди́ться, потеря́ть ориента́цию; to be out of ~ растеря́ться, запу́таться 2) *мор.* местоположе́ние корабля́ 7. подши́пник 8. опо́ра, то́чка опо́ры, опо́рная пове́рхность 9. *горн.* простира́ние (*пласта́ или рудного те́ла*) 10. геральд. фигу́ра (*на гербе́*)

◊ to bring smb. to his ~s поста́вить кого́-л. на ме́сто; сбить с кого́-л. спесь

bearing II ['be(ə)rɪŋ] *a* 1. 1) несу́щий 2) *спец.* несу́щий; опо́рный; ~ cable [course, stratum] несу́щий кана́т [слой, пласт]; ~ block [pile, reaction] опо́рная поду́шка (свая, -ое давле́ние); ~ capacity a) допусти́мая нагру́зка, грузоподъёмность; б) подъёмная спосо́бность (*дрожже́й*); ~ value *см.* capacity a); ~ picket а) *воен.* артиллери́йская опо́рная ве́ха; б) геодези́ческая ве́ха 2. 1) производя́щий на свет; рожда́ющий 2) плодонося́щий

bearing box ['be(ə)rɪŋbɒks] *тех.* бу́кса

bearing metal ['be(ə)rɪŋ,metl] = Babbit-metal

bearing-rein ['be(ə)rɪŋreɪn] *n* мартинга́л (*часть ко́нской сбру́и*)

bearish ['be(ə)rɪʃ] *a* 1. гру́бый, неотёсанный; ~ fellow ме́дведь, грубия́н; ~ manners медве́жьи пова́дки, гру́бость; ~ embrace медве́жьи объя́тия 2. пессимисти́чный; he is now ~ on the programme он не возлага́ет наде́жд на програ́мму 3. *бирж. проф.* понижа́тельный; ~ operation /speculation/ спекуля́ция на пониже́ние; to have a ~ effect вызыва́ть пониже́ние цен

bear-lead ['beəli:d] *v* тащи́ть за собо́й

bear leader ['beə,li:də] *n* 1. вожа́к медве́дя 2. *ист. шутл.* гуверне́р (*осо́б. путеше́ствующий с бога́тым ю́ношей*); дя́дька, ме́нтор 3. навя́занный ли́дер

bear market ['beə,mɑ:kɪt] *бирж.* ры́нок, на кото́ром наблюда́ется тенде́нция к сниже́нию ку́рсов (*а́кций*)

bear oak ['beə(r)'əʊk] *бот.* дуб ка́рликовый (*Quercus ilicifolia*)

bear off ['be(ə)r'ɒf] *phr v* 1. уноси́ть 2. отклоня́ться 3. *мор.* отва́ливать, отта́лкиваться; пра́вить в мо́ре; to ~ the anchor отвести́ я́корь; to ~ from the land пра́вить /удаля́ться/ от бе́рега; ~! отва́ливай!

bear on ['be(ə)r'ɒn] *phr v* дви́гаться в за́данном направле́нии

be around [bi:ə'raʊnd] *phr v* 1. = be about 1 2. = be about 2 3. *разг.* акти́вно рабо́тать, функциони́ровать и занима́ть заме́тное положе́ние (*в како́й-л. о́бласти*); he's been around the sports commentating scene for a good many years мно́го лет он был одни́м из веду́щих спорти́вных коммента́торов; this singer will be around for a few years yet э́тот певе́ц ещё не́сколько лет бу́дет по́льзоваться популя́рностью 4. 1) заходи́ть (*к кому́-л.*), навеща́ть (*кого́-л.*); I'll be around by nine я приду́ к девяти́ 2) быть, сиде́ть у кого́-л. в гостя́х 5. *разг. обыкн. в perf* быть иску́шённым, умудрённым в жите́йских дела́х; быть о́пытным ≅ он тёртый кала́ч; that's a girl that's been around ≅ э́та деви́ца вида́ла ви́ды

bear out ['be(ə)r'aʊt] *phr v* подде́рживать; подтвержда́ть, подкрепля́ть; to ~ a statement поддержа́ть како́е-л. заявле́ние; to bear smb. out, to ~ what smb. has said подтверди́ть чьи-л. слова́; you will bear me out that... вы мо́жете подтверди́ть, что...; nothing is so ridiculous but custom may bear it out обы́чай опра́вдывает и са́мое смешно́е

bear-pit ['beəpɪt] *n* медве́жья я́ма

bear-play ['beəpleɪ] *n* 1) шу́мная возня́ 2) гру́бое, бесцеремо́нное поведе́ние

bear rumours ['beə,ru:məz] *проф. жарг.* па́ника, трево́жные слу́хи (*на би́рже*)

bear's breech ['beəzbri:tʃ] = acanthus 1

bear's ear ['beəzɪə] *бот.* медве́жье у́шко, первоцве́т, аври́кула (*Primula auricula*)

bear's-foot ['beəzfʊt] *n бот.* моро́зник (*Helleborus foetidus*)

bearskin ['beə,skɪn] *n* 1. медве́жья шку́ра, медве́жий мех 2. медве́жья по́лость; ковёр из медве́жьей шку́ры 3. (мехово́й) ки́вер (*англи́йских гва́рдейцев*) 4. *текст.* пальто́вая ткань с дли́нным во́рсом 5. *бирж. проф.* «медве́дь», спекуля́нт, игра́ющий на пониже́ние (*тж.* ~ jobber)

Bear State ['beə,steɪt] *амер.* «Медве́жий штат» (*шутли́вое назва́ние шта́та Арканза́с*)

bear up ['be(ə)r'ʌp] *phr v* 1. подде́рживать, подба́дривать; to ~ a principle отста́ивать при́нцип 2. 1) вы́держать, не слома́ться; the floor will ~ under the weight of the new machine пол вы́держит тя́жесть но́вой маши́ны 2) держа́ться сто́йко; to ~ against misfortune не сломи́ться под тя́жестью го́ря, выде́рживать уда́ры судьбы́ 3. *мор.* спуска́ться под ве́тер

bearward, bearwarden ['beəwɔ:d, -wɔ:dn] *n* вожа́к медве́дя

bearwood ['beəwʊd] *n* 1. *бот.* круши́на (*Rhamnus gen.*) 2. *фарм.* круши́на

beast [bi:st] *n* 1. 1) зверь; живо́тное (*млекопита́ющее*); wild ~ ди́кий зверь; ~ of burden вью́чное живо́тное; ~ of prey хи́щный зверь, хи́щник; a huge ~ of a horse грома́дный конь; ~ зверь, а не ло́шадь 2) (*pl тж. без измен.*) *с.-х.* скот; голова́ скота́; heavy ~s кру́пный (рога́тый) скот; light ~s ме́лкий скот; herd of forty ~(s) ста́до в со́рок голо́в 2. (*о челове́ке*) 1) зверь, животное; Nazi ~s нацистские звери 2) *бран.* скот, скотина; свинья; drunken ~ пьяная скотина; the filthy ~! вот свинья!; to make a ~ of oneself вести себя безобразно /по-скотски/ 3) *шутл.* упрямец, нехороший человек; don't be a ~, do as I ask you не упрямься, сделай, как тебя просят 3. (the B.) *библ.* зверь, антихрист 4. *эмоц.-усил.* очень трудное дело; a ~ of a job чертовски трудное /неприятное/ задача

beast epic ['bi:st,epɪk] стихотворная сказка, басня о животных, олицетворяющих людей

beast-fly ['bi:stflaɪ] *n* овод

beastliness ['bi:stlɪnɪs] *n* 1. 1) грязь, скотство, свинство; непристойность; гадость, безобразие; to live in a state of ~ совершенно опуститься, вести скотский образ жизни; this book is sheer ~ эта книга полна всяких гадостей; he has a mind full of ~ ему всегда приходят в голову грязные мысли 2) гадость (*о пище*) 2. зверство

beastly I ['bi:stlɪ] *a* 1. скотский, свинский; непристойный, гадкий, грязный; ~ vice of drinking to excess скотская привычка напиваться; ~ hole грязная дыра 2. *эмоц.-усил.* неприятный, противный; what ~ weather! какая мерзкая погода!

beastly II ['bi:stlɪ] *adv* 1) скотски, свински, отвратительно; he is ~ drunk он напился как свинья 2) *эмоц.-усил.* ужасно, страшно, крайне; ~ bad news пренеприятное известие; it is ~ cold ужасно холодно; it is a ~ difficult language to learn этот язык чертовски труден

beat¹ I [bi:t] *n* 1. 1) удар; бой; the ~ of a drum барабанный бой; the ~ of waves on a beach прибой 2) *спец.* пульсация (*напр., сердца*); колебание (*маятника и т. п.*); the ~ of the heart биение сердца; his heart missed a ~ его сердце замерло (*от волнения*) 2. *муз.* 1) ритм; такт; in ~ в ритме; off the ~ не в ритме; off ~ а) синкопический (*о музыке*); б) неровный (*о поведении человека*); [*ср. тж.* ◇] 2) отсчитывание такта; he kept ~ with his hand он отбивал такт рукой 3) доля (*единица ритма, метра*); strong [weak] ~ сильная [слабая] доля; four ~s to a measure четырёхдольный размер, четырёхдольный такт 4) взмах дирижёрской палочки 3. 1) дозор, обход; маршрут дозора; район патрулирования; a policeman on his ~ полицейский на своём участке; a street-walker on the ~ проститутка, вышедшая на промысел; to be on the ~ совершать обход; обходить дозором 2) *охот.* место облавы 4. *амер. сл.* сенсационное сообщение (*опубликованное в одной газете раньше, чем во всех остальных*) 5. *разг.* нечто выдающееся, невиданное; you never saw the ~ of it вы никогда ничего подобного не видали; I've never seen his ~ он бесподобен 6. *амер. разг.* 1) мошенник, обманщик; hotel ~s постояльцы, уезжающие из гостиницы, не уплатив по счёту 2) тунеядец 3) = beatnik; the ~ generation 7. 1) *разг.* надувательство; мошенничество; to get a ~ on smb. надуть кого-л. 2) убытки 8. батман (*фехтование*) 9. *мор.* лавирование; курс против течения или ветра 10. *кино* «хлопушка» (*при съёмке звуковых фильмов*) 11. pl *физ.* биения

◇ to be off one's ~ а) быть вне привычной обстановки, не в своей стихии; б) чувствовать себя не так, как всегда; it is off my ~ altogether это не по моей части, это не моё дело [*ср. тж.* 2, 1)]

beat¹ II [bi:t] *a* 1. *амер. разг.* усталый, измотавшийся, разбитый, выдохшийся (*о человеке*) 2. *амер. разг.* ошарашенный 3. относящийся к битникам; ~ poetry поэзия битников

beat¹ III [bi:t] *v* (beat; beaten, beat) I 1. бить, ударять; колотить, стучать; to ~ at /on/ the door колотить /стучать/ в дверь; to ~ a nut-tree сбивать орехи с дерева (*с помощью шеста*); the hail was ~ing against the window-panes град барабанил в окна; the shore waves бились /разбивались/ о берег; the hailstorm had ~en the wheat град побил пшеницу; the eagle ~s the air with its wings орёл машет /хлопает/ крыльями 2. 1) бить, побить; избивать; badly ~en сильно избитый; to ~ with a stick отдубасить палкой; to ~ with a whip (от)хлестать, (от)стегать кнутом; to ~ to death забить до смерти; to ~ black and blue избить до синяков; you ought to be well ~en! тебя надо бы хорошенько вздуть! 2) колоть, измельчать; to ~ to powder, to ~ small истолочь в порошок; to ~ to pieces расколоть на куски 3. 1) побить, победить; to ~ smb. on points *спорт.* победить по очкам; to ~ for the loss of only two games *спорт.* выиграть с потерей только двух игр; to ~ smb. to his /her/ knees смирить, унизить кого-л.; their team was ~en их команда потерпела поражение; I can ~ you at swimming в плавании я тебя побью, пожалуй я лучше тебя; the enemy was ~en and scattered враг был разбит и обращён в бегство 2) *разг.* превосходить; быть лучше, выше; to ~ all превзойти всё; as a story-teller Chaucer ~s all his contemporaries как рассказчик Чосер выше всех своих современников; that ~s everything I ever heard это поразительно, никогда ничего подобного не слышал 3) *амер. разг.* обойти, надуть, обмануть; to ~ a statute обойти закон; to ~ a grocer's bill обмануть бакалейщика, не заплатив по счёту 4) (to) обогнать; ≅ обскакать; to ~ smb. to smth. раньше кого-л. прийти куда-л. или добиться чего-л.; to ~ it не оказаться быстрее кого-л. в чём-л.; обогнать, перегнать кого-л. 5) *разг.* озадачить; it ~s me это выше моего понимания; can you ~ it? ну, что ты на это скажешь?, можете себе представить что-л. подобное? 4. биться, трепетать; пульсировать; his heart ~ with joy его сердце забилось /затрепетало/ от радости; the flag was ~ing in the wind флаг развевался по ветру, ветер трепал флаг; the waves were ~ing (against) the shore волны разбивались /плескались/ о берег; the cans ~ in the van банки гремели /громыхали/ в кузове 5. обыскивать, обшаривать, устраивать облаву; to ~ the jungle for monkeys организовать в джунглях облаву на обезьян; to ~ the town for smb. исколесить /объездить, исходить/ весь город в поисках кого-л.; the posse ~ the countryside for the fugitive отряд прочесал местность в поисках беглеца 6. *амер. разг.* убегать, удирать (*преим.* to ~ it); let's ~ it давай смоемся /давай сбежим отсюда/, ≅ убирайся!, пошёл вон!, отвали! 7. *физ.* создавать биения

II А 1. 1) отбивать (*такт, время*); to ~ time а) отбивать такт; б) делать (*что-л.*) в такт (*маршировать и т. п.*); he was ~ing time with his foot он отбивал такт ногой; the clock was ~ing midnight било полночь 2) бить (*в барабан и т. п.*); подавать сигнал; to ~ the drum бить в барабан [*см. тж.* ◇]; to ~ a retreat а) *воен. ист.* бить

отступление (*на барабане*); б) давать сигнал к отступлению; в) бить отбой, отступать (*от своей позиции и т. п.*); г) *разг.* убегать, уносить ноги; to ~ a charge а) *воен. ист.* бить наступление; б) подавать сигнал к наступлению /к атаке/; to ~ an alarm бить тревогу; to ~ daybreak *воен.* бить зорю; to ~ to arms а) *воен.* бить сбор; б) призывать к оружию; ~ to arms! оружие к осмотру! (*команда*); to ~ a parley а) *воен. ист.* давать сигнал к переговорам; б) предлагать перемирие 3) звучать при ударе (*о барабане и т. п.*); the drums were ~ing били барабаны 2. 1) взбивать (*яйца, белки и т. п.*); вымешивать (*тесто*; *тж.* ~ up); to ~ eggs [cream] взбивать яйца [сливки]; to ~ pillows взбивать подушки; to ~ dough месить тесто 2) взбиваться (*о яйцах и т. п.*); this cream does not ~ well эти сливки плохо взбиваются 3) размешивать (*глину и т. п.*); to ~ clay мять глину 4) размешиваться (*о глине и т. п.*) 3. 1) выколачивать, выбивать (*одежду и т. п.*; *тж.* ~ up); to ~ carpets [rugs, curtains] выбивать ковры [половики, занавески] 2) отбивать (*мясо и т. п.*) 3) *тех.* ковать, чеканить; to ~ flat плющить, сплющивать; to ~ into leaf расплющивать металл; they shall ~ their swords into plough-shares *библ., поэт.* они перекуют свои мечи на орала 4) молотить, выколачивать (*злаки*) 5) трепать (*лён*) 4. пробивать, протаптывать, прокладывать (*дорогу и т. п.*); to ~ a walk утрамбовывать дорожку; to ~ the streets гранить мостовую; to ~ one's way through проложить /пробить/ себе дорогу 5. *мор., спорт.* лавировать; бороться со встречным ветром *или* течением; продвигаться против ветра; to ~ along the wind держать курс по ветру; to ~ (up) to windward приводить на ветер

II Б 1. to beat smth. into smth. 1) вбивать, вколачивать; вдалбливать; to beat a nail into the wall вбить гвоздь в стену; to beat smth. into one's head вбить себе в голову что-л.; I can't beat it into his head никак не могу втолковать ему это 2) смешать, взбивая 2. to beat smb. into smth., into doing smth. (битьём) заставить кого-л. сделать что-л.; вынудить кого-л. к чему-л.

◇ to ~ one's head against a wall биться головой о стенку; to ~ the drum *сл.* а) трезвонить, разглагольствовать; б) хвастаться, рекламировать, раздувать; [*см. тж.* II 1, 2)]; to ~ one's breast бить себя в грудь, каяться; to ~ one's brains /head/ (out) with /about, on/ smth. ломать себе голову над чем-л.; to ~ the air /the wind/ ≅ толочь воду в ступе; to ~ the hoof ходить пешком, на своих (на) двоих; to ~ one's gums /chops/ *сл.* трепать языком, болтать, разглагольствовать; to ~ hollow /to a frazzle, all to pieces/ а) разбить наголову; б) избить до полусмерти; to ~ the living daylights out of smb. *амер. сл.* избить кого-л. до полусмерти; to ~ the rap *амер.* уйти от возмездия /закона/; you won't easily ~ it у тебя лучше не выйдет /не получится/; it ~s the band /creation, cock-fighting, the Dutch, my grandmother, the devil, hell/ это превосходит всё, это невероятно /потрясающе/; enough flowers were sent to ~ the band завалили /засыпали/ цветами; it rained to ~ the band дождь лил как из ведра; to ~ smb.'s

BEA — BEA

time *сл.* отбивать у кого-л. невесту, жениха; to ~ one's way *амер. сл.* ехать без билета, путешествовать зайцем *или* на своих (на) двоих; to ~ about the bush ходить вокруг да около, вилять, подходить к делу издалека, говорить обиняками; stop ~ing about the bush! говорите прямо; one ~s the bush while another catches the birds ⇒ чужими руками жар загребать

beat[2] [bi:t] *n* сорняки, сжигаемые для удобрения

beat about ['bi:tə'baʊt] *phr v* 1. метаться 2. беспокойно искать, разыскивать 3. *мор.* менять направление

beat back ['bi:t'bæk] *phr v* 1. отбивать, отражать (атаку, удары *и т. п.*); the enemy was beaten back атака противника была отбита 2. отгонять; he beat me back он оттолкнул /оттеснил, отогнал/ меня; the policemen ~ the rioting mob полицейские разогнали протестующую толпу 3. сбить (пламя) 4. *мор.* идти с трудом

beat down ['bi:t'daʊn] *phr v* 1. сбить; свалить с ног, столкнуть 2. прибить, повалить (градом, дождём); the rain has beaten down the corn [flowers, the dust] дождь побил хлеб [поломал цветы], прибил пыль 3. ярко сиять; палить (о солнце); the sun beat down mercilessly солнце нещадно палило 4. *разг.* сбивать (цену); to ~ a price сбивать цену; to beat a man down in price заставить кого-л. уступить в цене; добиться скидки 5. подавлять; to ~ all opposition подавить всякое сопротивление

beaten I ['bi:tn] *a* 1. 1) битый, избитый, побитый 2) разбитый, побеждённый, враг; ~ enemy разбитый /побеждённый/ враг; ~ champion побитый /потерпевший поражение/ чемпион 3) обессиленный 2. взбитый (о сливках *и т. п.*), воздушный (о тесте) 3. протоптанный, проторённый; ~ path /track/ а) хоженая /протоптанная/ тропинка; б) проторённый путь; off /out of/ the ~ path /track, line/ а) в стороне от лёгких дорог; на своём собственном пути; б) оригинальный, самобытный 4. *тех.* раскованный; ornaments of ~ silver and ~ gold украшения из чеканного серебра и золота 5. *тех.* расплющенный, фольговый 6. *воен.* обстреливаемый; поражаемый; ~ area обстреливаемый участок /район/; ~ zone площадь падения снарядов 7. *охот.* пройденный загонщиками (об участке)

beaten II ['bi:tn] *p. p. от* beat[1] III

beaten cob construction [,bi:tn'kɒbkən'strʌkʃ(ə)n] глинобитная *или* землебитная постройка

beater ['bi:tə] *n* 1. *см.* beat[1] III + -er 2. колотушка; выбивалка; валёк; веселка, пест; carpet ~ выбивалка для ковров; egg ~ дающий взбивание или веничек для сбивания яиц 3. *тех.* 1) било, барабан (трепального станка) 2) трепало, било, битер (в комбайне или молотилке); ~ drum *с.-х.* бильный /молотильный/ барабан 3) лопасть мешалки 4. *дор.* подбойка, трамбовка 5. *охот.* загонщик

beat generation ['bi:t,dʒenə'reɪʃ(ə)n] битники (усталое, разбитое, разочарованное поколение)

beatific, beatifical [bɪə'tɪfɪk, -(ə)l] *a* 1. блаженный; ~ smile блаженная улыбка 2. *рел.* видение райского блаженства

beatification [bɪ,ætɪfɪ'keɪʃ(ə)n] *n* 1. 1) благословение 2) дарование блаженства 2. *церк.* причисление к лику блаженных (первая ступень канонизации у католиков)

beatify [bɪ'ætɪfaɪ] *v* 1. 1) давать блаженство 2) благословлять 2. *церк.* причислять к лику блаженных

beat in ['bi:t'ɪn] *phr v* 1. проломить; вдавить, раздавить; to beat the door [smb.'s head] in проломить дверь [голову] 2. вколачивать, вдалбливать, вбивать

beating ['bi:tɪŋ] *n* 1. 1) битьё; порка; to take a ~ а) быть избитым; б) терпеть поражение; нести потери; the boy was given a sound ~ мальчишку здорово выпороли 2) *сл.* массаж 3) *текст.* удар батана 2. 1) *разг.* поражение; we gave the enemy a good ~ мы здорово потрепали противника 2) убытки 3. ~ сбивание (яиц *и т. п.*) 2) разбивание, измельчение 3) трепание (пеньки) 4. равномерный стук; биение; ~ of a watch тиканье часов; ~ of the heart биение сердца 5. 1) пульсация; пульсирующее движение 2) *физ.* биения 6. *мор.* продвижение против ветра

beatitude [bɪ'ætɪtjuːd] *n* 1. 1) блаженство 2) (the Beatitudes) *pl церк.* заповеди блаженства 3) (B.) блаженство (титулование патриарха); your [his] B. ваше [его] блаженство 2. благословение 3. = beatification 2

beat man ['bi:tmæn] газетный репортёр (специализирующийся по одной теме, работающий в одной области)

beatnik ['bi:tnɪk] *n* битник [*ср. тж.* beat generation]

beat off ['bi:t'ɒf] *phr v* отгонять; he ~ the savage dog он отогнал разъярённую собаку 2. *неприст.* заниматься мастурбацией

beat out ['bi:t'aʊt] *phr v* 1. сбивать; the dry grass caught fire but we soon beat it out сухая трава загорелась, но мы быстро сбили огонь 2. выковывать 3. (of) выбивать; to ~ of reason а) разубедить; б) сбить с толку; to ~ of countenance приводить в замешательство, смущать; to ~ smb.'s brains вышибить мозги, убить; he cannot beat it out of his head он никак не может выбросить это из головы 4. отбивать такт; to ~ the tune выстукивать мотив 5. (of) выманить; обманным путём лишить; he beat her out of a hundred dollars он надул её на сто долларов 6. *разг.* быстро сочинить, состряпать 7. *разг.* выяснять, уяснять; to ~ the meaning of smth. выяснить значение чего-л.; let's beat the matter out давай разберёмся, в чём дело

beatster ['bi:tstə] *амер.* = beatnik

beat up ['bi:t'ʌp] *phr v* 1. взбивать (яйца, белки *и т. п.*) 2. *разг.* зверски избивать; калечить 3. вербовать; to ~ (for) soldiers набирать войско /рекрутов/ 4. *мор.* бороться со встречным ветром, продвигаться против ветра 5. 1) волновать, возбуждать 2) волноваться; to ~ and down a) метаться; б) колебаться 6. обыскивать, обшаривать 7. гнать (дичь); to ~ to the guns *охот.* гнать дичь на охотников

◇ to ~ the quarters (of) ввалиться к кому-л. (без приглашения); поднять всех на ноги (неожиданным визитом); he beats it up a lot *сл.* он ведёт разгульный образ жизни

beat-up ['bi:tʌp] *a разг.* потрёпанный, поношенный; разбитый; повреждённый; ≅ видавший виды; a ~ old jalopy ≅ драндулет, побывавший в переделках

beau [bəʊ] *n* (*pl тж.* beaux [bəʊz]) 1. щёголь, франт, *ирон.* кавалер, поклонник; an old ~ старый селадон; she had many ~s у неё было много поклонников

Beau Brummel [,bəʊ'brʌməl] 1) *ист.* Красавчик Бруммель 2) щёголь, денди; законодатель мод

Beaufort('s) scale ['bəʊfət(s),skeɪl] *метеор.* бофортова шкала (ветров)

beau geste [,bəʊ'ʒest] *фр.* красивый жест

beau-ideal [,bəʊə'dɪəl] *n* (*pl* beaux-ideal, beaus-ideal [,bəʊz-]) *фр.* верх совершенства, идеал; the ~ of fashion последний крик моды 2. *редк.* прекрасное, идеальная красота

beauish ['bəʊɪʃ] *a* щегольской

beau-monde [,bəʊ'mɔːnd] *n фр.* высший свет, бомонд

beauricular [,bi:ɔː'rɪkjʊlə] *a* 1) имеющий два ушных отверстия *или* уха 2) *бот.* двуухий

beaut [bjuːt] *n австрал., амер. сл.* красота, красотища; it's a ~, all right вот это красота, ничего не скажешь

beauteous ['bjuːtɪəs] *a книжн.* 1) прекрасный, красивый 2) очаровательная, прелестная (*тк. о женщине*)

beautician [bjuː'tɪʃ(ə)n] *n* косметолог, косметичка

beautification [,bjuːtɪfɪ'keɪʃ(ə)n] *n* украшение

beautiful I ['bjuːtɪf(ə)l] *n* 1. (the ~) прекрасное; love of the ~ любовь к прекрасному 2. (the ~) *собир.* красивые люди; the young, the ~ brave молодые, красивые, смелые 3. *разг.* красотка (в обращении)

beautiful II ['bjuːtɪf(ə)l] *a* 1. прекрасный, красивый; ~ face [poem, painting] прекрасное лицо [-ые стихи, -ая картина]; ~ women [roses, clothes] красивые женщины [розы, -ая одежда] 2. 1) превосходный, великолепный, прекрасный, приятный; ~ weather прекрасная погода; ~ ride приятная прогулка; ~ soup [dinner, wine] превосходный суп [обед, -ое вино]; ~ patience отменное терпение; ~ organization безукоризненная /отличная/ организация

Beautiful People ['bjuːtɪf(ə)l'piːp(ə)l] *разг.* (the ~) светское общество; высшие круги общества; законодатели мод, нравов *и т. п.*

beautify ['bjuːtɪfaɪ] *v* 1) украшать; делать красивым 2) становиться (более) красивым; украшаться

beautility [bjuː'tɪlɪtɪ] *n* красота и практичность (о коммерческих качествах) [< beauty + utility]

beauty ['bjuːtɪ] *n* 1. 1) красота; прекрасное; ~ of form [voice, melody, verse, feeling] красота формы [голоса, мелодии, стиха, чувств]; spiritual ~ духовная красота; ~ preparations косметика; средства ухода за кожей *и т. п.*; ~ doctor косметолог; косметичка; ~ culture косметика, массаж, парикмахерское дело *и т. п.*; to be in the flower of one's ~ быть в расцвете красоты; блистать красотой 2) *часто pl* привлекательная *или* красивая черта; украшение; beauties of nature красоты природы; her smile was one of her beauties улыбка была одним из её украшений; the poem contains a thousand beauties в поэме тысячи прекрасных мест 2. *ирон.* прелесть; that's the ~ of it в этом-то вся прелесть; I can't say that I see the ~ of it я не вижу в этом ничего смешного *или* интересного; his black eye was a ~ синяк у него был — просто прелесть; you are a ~, I must say хорош же ты, нечего сказать 3. 1) красавица; faded beauties увядшие /перезрелые/ красотки 2) красотка, красавец (в обращении, преим. к лошадям и собакам) 4. *собир. библ., поэт.* краса, цвет (народа *и т. п.*) 5. *разг.* преимущество, достоинство

◇ ~ is but skin-deep ≅ нельзя судить о человеке по внешнему виду; ~ is in the eye of the beholder *см.* beholder ◇

beauty contest ['bjuːtɪˌkɒntest] конкурс красоты

beauty parlo(u)r ['bjuːtɪˌpɑːlə] *амер.* = beauty shop

beauty queen ['bjuːtɪkwiːn] королева красоты, победительница на конкурсе красоты

beauty shop ['bjuːtɪʃɒp] косметический кабинет; дамский салон

beauty show ['bjuːtɪʃəʊ] 1. парад красавиц (*на конкурсе*) 2. = beauty contest

beauty sleep ['bjuːtɪsliːp] 1) сон днём (*особенно перед обедом, балом, вечером и т. п.*) 2) первые часы сна (*до полуночи*)

beauty spot ['bjuːtɪspɒt] 1. 1) мушка (*на лице*) 2) родинка 2. живописная местность 3. особо привлекательная черта

beaux-arts [bəʊ'zɑː] *n pl фр.* изящные искусства; художества

beaux-esprits [ˌbəʊzeˈspriː] *pl от* bel-esprit

beauxite ['bəʊzaɪt, 'bɔːksaɪt] = bauxite

beaver¹ I ['biːvə] *n* 1. 1) *зоол.* бобр (*Castor fiber*); ~ colony колония бобров 2) работяга, хлопотун; to work like a ~ трудиться до усталости, работать не щадя сил; ≅ работать как пчёлка; as busy as a ~ очень энергичный и занятый 2. бобёр, бобровый мех; ~ collar бобровый воротник 3. 1) касторовая шляпа; in ~ *унив. жарг.* не в студенческой форме, в партикулярном платье 2) *ист.* бобровая шапка 4. *сл.* борода, бородач 5. *текст.* бобрик; cotton ~ хлопчатобумажная фланель

beaver¹ II ['biːvə] *v разг.* проявлять усердие (*в работе, учёбе и т. п.*); стараться, корпеть (*обыкн.* ~ away)

beaver² ['biːvə] *n ист.* забрало

beaverette [ˌbiːvəˈret] *n* кролик под бобра, поддельный бобёр из кроличьего меха

beaver-rat ['biːvəræt] *n зоол.* бобровая крыса (*Hydromys spp.*)

Beaver State ['biːvəˌsteɪt] *амер.* «Бобровый штат» (*популярное название штата Орегон*)

beavertail ['biːvəteɪl] *n радио жарг.* радиолокатор

beaverteen [ˌbiːvəˈtiːn] *n текст.* бивертин

beavery ['biːv(ə)rɪ] *n* бобровник

be away ['biːə'weɪ] *phr v* 1. отсутствовать; he is away он уехал 2. 1) быть убранным, спрятанным (*за ненадобностью*) 2) *сл.* быть упрятанным в тюрьму 3. *спорт.* начать бег, стартовать (*тж. перен.*); be well away a) вырваться вперёд; б) *разг.* шумно веселиться (*о пьяном*); by the time we arrived he was away к нашему приходу он уже был хорош 4. *разг.* быть погружённым в свои мысли 5. *разг.* иметь шанс на успех

be back ['biː'bæk] *phr v* 1. 1) вернуться; I'll ~ in time я вернусь вовремя 2) снова войти в моду 2. быть на месте; the books must ~ by Saturday все книги должны быть на месте; make sure the dogs are back in their kennels проверь, привязаны ли /на месте ли/ собаки

be behind ['biːbɪ'haɪnd] *phr v* 1. 1) задерживаться, запаздывать; we are behind this morning мы сегодня опаздываем 2) не выполнять вовремя обязательств; to ~ with one's rent быть задолжником по квартире /не отставать; they were behind their rivals они отстали от своих соперников 2. проигрывать;

to ~ on points проигрывать по очкам 3. быть причиной, лежать в основе; what is behind his interest in us? что вызвало его интерес к нам?

bebop ['biːbɒp] *n* бибоп, род джазовой музыки

bebung ['beɪbʊŋ] *n муз. жарг.* вибрато

becalm [bɪ'kɑːm] *v* 1. успокаивать; утешать; умиротворять 2. *мор.* 1) отнять ветер 2) *обыкн. pass* заштилеть (*о судне*)

became [bɪ'keɪm] *past от* become

because [bɪ'kɒz, -kəz] *cj* 1. потому что, так как; we stayed at home ~ it rained [was late] мы остались дома, так как шёл дождь [было поздно]; the boy was crying ~ he was hungry мальчик плакал, потому что хотел есть; ~ he dashed off some sonnets he thinks himself a poet он настрочил несколько сонетов и теперь возомнил себя поэтом; I was the more astonished ~ I had not expected it я тем более удивился, что не ожидал этого 2. *диал.* (для того) чтобы 3. *в сочетаниях:* ~ of из-за, вследствие; ~ of me из-за меня; I said nothing ~ of the children being there я ничего не сказал, потому что там были дети; ~ that, ~ why *уст.* потому что

bechamel ['beɪʃəmel] *n кул.* бешамель (*тж.* ~ sauce)

bechance [bɪ'tʃɑːns] *v книжн.* 1) случаться; происходить, случайно 2) выпадать на (*чью-л.*) долю; all happiness ~ to thee! (*Shakespeare*) да сопутствует тебе удача во всём!

bêche-de-mer [ˌbeɪʃdə'meə] *n* 1. *диал.* трепанг 2. = beach-la-mar

beck¹ I [bek] *n* мановение; сигнал или знак рукой, кивок головой *и т. п.*; to give a ~ дать знак 2. *преим. шотл.* кивок (*в знак приветствия*); поклон; реверанс
◇ to be at smb.'s ~ and call быть всецело в чьём-л. распоряжении; быть у кого-л. на побегушках

beck¹ II [bek] *v* 1. 1) давать знак (*кивком, рукой*) 2) манить к себе 2. *шотл.* кланяться; кивать, приседать (*в знак приветствия*) 3. *охот.* подманивать птицу

beck² [bek] *n редк.* ручеёк

becket ['bekɪt] *n мор.* 1) стропка, штерт 2) очко

beckon I ['bekən] *n* 1. кивок; манящий жест 2. вабик

beckon II ['bekən] *v* 1. (to, in) подзывать кивком головы; манить к себе; to ~ with the hand поманить рукой 2. вабить, приманивать (*птиц*) дудочкой *или* вабиком

Becky Sharp ['bekɪ'ʃɑːp] 1) *лит.* Бекки Шарп (*героиня романа Теккерея «Ярмарка тщеславия»*) 2) авантюристка, охотящаяся за богатым мужем

becloud [bɪ'klaʊd] *v* 1. заволакивать (*облаками*) 2. 1) затемнять (*зрение, рассудок*) 2) затушевывать, прятать (*что-л.*) 3) unpleasant facts скрыть /утаить/ неприятные факты

become [bɪ'kʌm] *v* (became; become) I 1. делаться, становиться; приличествовать, соответствовать, подходить; a caterpillar ~s a butterfly гусеница превращается в бабочку 2. (of) случаться; what has ~ of him? что с ним случилось?; б) куда он делся?; what will ~ of the children? что будет /станется/ с детьми? 3. 1) годиться; приличествовать, соответствовать, подходить; it doesn't ~ you to complain вам не к лицу жаловаться; it ~s a man of honour to speak the truth честному человеку подобает говорить правду; he thinks everything ~s him он думает, ему всё дозволено ~ к лицу, идти; the dress ~s you это платье вам идёт 3) гармонировать; дополнять (*что-л.*); the silvery moonlight ~s the stillness of the night серебристый свет луны придаёт необыкновенное очарование тишине ночи 4. *мат.* принимать вид (*о выражении*)

III ▲ как глагол-связка для обозначения перехода в какое-л. состояние: to ~ famous прославиться, стать знаменитым; to ~ angry рассердиться; to ~ cold a) похолодеть; б) похолодать; в) замёрзнуть; to ~ red покраснеть; to ~ old постареть, состариться; to ~ thin похудеть; to ~ interested заинтересоваться; to ~ accustomed привыкнуть

becoming I [bɪ'kʌmɪŋ] *n* 1. становление 2. *редк.* приличия, благопристойность; декорум

becoming II [bɪ'kʌmɪŋ] *a* 1. приличествующий, подобающий, соответствующий; conduct not ~ to a lady неподобающее поведение для дамы; with a modesty ~ his age с подобающей /приличествующей/ его возрасту скромностью 2. идущий к лицу (*об одежде*); подходящий; she was wearing a very ~ hat шляпка ей очень шла /была ей к лицу/ 3. привлекательный; women in hair curlers are hardly ~ женщины в бигуди отнюдь не привлекательны

becomingly [bɪ'kʌmɪŋlɪ] *adv* 1. подходяще 2. 1) к лицу; ~ dressed одетый к лицу 2) со вкусом

becquerel ['bekərel] *n физ.* беккерель (*единица радиоактивности*)

bed I [bed] *n* 1. 1) кровать, постель; ложе; folding [camp] ~ раскладная [походная] кровать; single [double] ~ односпальная [двуспальная] кровать; soft [hard, comfortable] ~ мягкая [жёсткая, удобная] постель; hospital ~ больничная койка; ~ of boards нары; ~ of state *ист.* королевское ложе; ~ lamp [light] лампа у кровати; ~ sheet простыня; ~ linen постельное бельё; ~ pad наматрасник; стёганая подстилка между матрасом и простынёй; ~ warmer грелка (*для постели*); ~ care *мед.* а) лечение стационарных больных; уход за лежачими больными; б) постельный режим; ~ capacity число коек (*в больнице*); ~ availability наличие свободных коек; on the ~ of sickness на одре болезни; on the ~ of death на смертном одре; to go to ~ ложиться спать (*см. тж.* ◇]; to put (a child) to ~ укладывать (ребёнка) *[ср. тж.* ◇]; to make the ~ a) застилать /убирать/ постель (*утром*); б) (по)стелить постель (*вечером*); to change the ~ сменить постельное бельё; to take to one's ~ слечь в постель; to keep to one's ~ лежать в постели, не вставая (*о больном*); to leave one's ~ ~ подняться с постели, встать на ноги (*о больном*) 2) матрац, тюфяк; подстилка; feather ~ перина; ~ of hay [leaves] постилка из сена [листьев]; ~ of straw соломенный тюфяк; the soldiers lay down on a ~ of straw солдаты улеглись на соломе; the dog on his ~ in the corner собака на своей подстилке в углу 3) брачное ложе, брак; marriage [nuptial] ~ брачное ложе; to be false to one's ~ *арх.* изменять супругу; the eldest son of the second ~ старший сын от второго брака 4) *поэт.* смертное ложе, могила (*тж.* narrow ~, ~ of dust); ~ of honour a) поле чести, поле брани; б) воинское кладбище, братская могила; to fall on the ~ of honour пасть на поле чести /в бою/; пасть смертью храбрых; to put to ~

209

with a shovel похоронить, закопать 2. ночлег; ~ and breakfast ночлег и завтрак; to make up a ~ устроиться на ночлег 3. 1) клумба; гряда, грядка; flower ~ *см.* flower-bed; ~ of onions грядка лука 2) *с.-х.* почва, подготовленная под посев 3) *бот.* место семян (*в стручке*) 4. заросль; ~ of nettles [rushes] заросли крапивы [камыша] 5. русло (*реки*); дно (*моря*); ложе (*океана*) 6. *дор.* полотно дороги; ~ of ballast балластный слой 7. *стр.* 1) основание (*для фундамента*) 2) ряд кирпичей каменной кладки 3) верхняя *или* нижняя грань кирпича 8. *геол.* 1) горизонт; залегание, пласт 2) подстилающий слой; ~ extension *геол.* протяжённость пласта; простирание; ~ outcropping *геол.* выход пласта на поверхность 9. 1) *тех.* станина, рама 2) *тех.* шабот (*молота*) 3) *полигр.* талер, опорная плита 4) *метал.* лещадь 5) *тех.* слой, насыпка 6) стенд, установка

◊ ~ of roses безбедное /безмятежное/ существование; ~ of thorns тернистый путь; ≅ не жизнь, а мука; ~ of nails а) ложе факира (*доска, утыканная гвоздями*); б) трудное и неприятное положение /ситуация/; переделка, передряга; he was given a ~ of nails in his job на работе он попал в переплёт; у него неприятности на работе; to die in one's ~ умереть естественной смертью; too fond of one's ~ лежебока; to go to ~ a) (with) спать/сожительствовать/ (*с кем-л.*) б) *полигр. жарг.* идти в печать; [*см. тж.* 1; 1)]; the paper has gone to ~ газета подписана в печать; to put (a newspaper) to ~ *полигр. жарг.* работать (над подготовкой номера газеты) до подписания в печать; to put to ~ *юр. жарг.* отправить (*присяжных*) в совещательную комнату [*ср. тж.* 1, 1)]; go to ~! *сл.* заткнись!; иди ты!; brought to ~ рожающая; to be brought to ~ (of a boy) родить (*мальчика*), разрешиться от бремени (*мальчиком*); to go to ~ in one's boots *сл.* быть мертвецки пьяным; to get out of ~ on the wrong side ≅ встать с левой ноги; as you make your ~, so you must lie on it *посл.* как постелешь, так и поспишь; ≅ что посеешь, то и пожнёшь

bed II [bed] *v* 1) класть в постель; укладывать спать 2) ложиться в постель; to ~ with smb. a) ночевать с кем-л.; спать с кем-л. /сожительствовать/ (*с кем-л.*) 3. *разг.* спать /сожительствовать/ (*с кем-л.*) 3. сажать, высаживать (*растения*); to ~ up *с.-х.* напахивать борозды, гребневать 3. стлать подстилку (*для животных*); to ~ down a horse with straw подстлать лошади соломы 4. *спец.* ставить на основание *или* на фундамент; to ~ bricks in mortar класть кирпичи на раствор 5. *геол.* напластовываться; to ~ up напластовывать 6. *уст.* брать жену на брачное ложе

bedabble [bɪ'dæb(ə)l] *v* замочить; забрызгать

bedad [bɪ'dæd] *int* ирл. (*эвф. вм.* by God!) ей-богу!

bedamn [bɪ'dæm] *v* проклинать

bed and board [,bed(ə)n(d)'bɔːd] 1) квартира и стол 2) *юр.* стол и ложе, супружеские отношения; separation from ~ отлучение (*супруга*) от стола и ложа, разрыв супружеских отношений; she has left his ~ она ушла от мужа

bedarken [bɪ'dɑːkən] *v редк.* затемнять; повергать во тьму

bedash [bɪ'dæʃ] *v* 1. *редк.* 1) обрызгать, плеснуть 2) размалевать 2. разбить вдребезги, уничтожить; his dreams were ~ed его мечты разлетелись в прах

bedaub [bɪ'dɔːb] *v* 1. запачкать, замазать; залипать 2. безвкусно украшениями

bedaze [bɪ'deɪz] *v* изумлять, ошеломлять

bedazzle [bɪ'dæz(ə)l] *v* ослепить блеском

bedbound ['bedbaʊnd] = bedridden

bedbug ['bedbʌɡ] *n* 1. *энт.* клоп постельный (*Cimex lectularius*) 2. *амер. сл.* проводник пульмановского вагона

bed-cap ['bedkæp] *n ист.* ночной колпак *или* чепец

bedchamber ['bed,tʃeɪmbə] *n* 1) *уст.* спальня 2) королевская опочивальня; Gentleman of the B. постельничий (*придворное звание*); Lady of the B. фрейлина королевы

bed-closet ['bed,klɒzɪt] *n* альков

bed-clothes ['bedkləʊðz, -kləʊz] *n pl* постельное бельё и одеяла

bedcover ['bed,kʌvə] *n* покрывало (*на кровать*)

beddable ['bedəb(ə)l] *a разг.* соблазнительная, волнующая, сексапильная (*о женщине*)

bedder ['bedə] *n* 1. *см.* bed II + -er 2. *диал.* обойщик, драпировщик 3. *унив. жарг.* 1) служитель *или* служительница, стелющий постели 2) спальня 4. растение, высаживаемое в грунт 5. *спец.* лежняк, нижний жёрнов 6. *амер.* фермер, обрабатывающий пойменные земли

bedding ['bedɪŋ] *n* 1. постельные принадлежности; матрац 2. подстилка для скота 3. *уст.* ложе 4. *стр.* основание, фундамент 5. *геол.* залегание; напластование; ~ plane плоскость напластования 6. укладка (*труб и т. п.*) 7. *с.-х.* 1) подготовка почвы к посеву 2) посадка (*растений*) 3) устройство временных цветников

bedding-out [,bedɪŋ'aʊt] *n* высадка в грунт (*горшечных цветов*)

bedding-up [,bedɪŋ'ʌp] *n с.-х.* приготовление ложа (*для посева*)

bed down ['bed'daʊn] *phr v* 1. закреплять 2. уложить; устроить на ночлег (*человека, животное*) 3. лечь спать, улечься; расположиться на ночлег 4. *воен.* располагать на отдых

beddy-bye ['bedɪbaɪ] *n разг., шутл.* 1. кроватка 2. сон; it's ~ time пора бай-бай; баиньки пора

bede[1] [biːd] *n* горная кайла, кирка
bede[2] [biːd] *n уст.* молитва

bedeck [bɪ'dek] *v* украшать, убирать; разукрашивать; ~ed with jewels [medals] увешанный драгоценностями [медалями]

bedeg(u)ar ['bedɪɡə] *n бот.* губчатый нарост *или* галл (*создаваемый орехотворками*)

bedehouse ['biːdhaʊs] = bead-house
bedel(l) ['biːdl] = beadle 1
bedesman ['biːdzmən] = badsman

bedevil [bɪ'dev(ə)l] *v* 1. путать, сбивать с толку; to be ~led in a mass of figures запутаться в цифрах 2. мучить; терзать; изводить 3. портить; извращать, искажать 4. околдовать, сглазить; напустить порчу

bedew [bɪ'djuː] *v книжн.* окропить росой; оросить; обрызгать; eyes ~ed with tears глаза, увлажнённые слезами

bedfast ['bedfɑːst] *амер.* = bedridden
bedfellow ['bed,feləʊ] *n* 1) спящий (*с кем-л.*) на одной постели 2) *шутл.* наложница; жена 3) компаньон; (со)товарищ

◊ an awkward ~ неуживчивый, «трудный» человек; misery makes strange ~s *посл.* с кем не поведёшься в нужде

bedfellowship ['bed,feləʊʃɪp] *n* тесная дружба, близкие отношения

bed-foot ['bedfʊt] *n* изножье (*кровати*); on /at/ the ~ в ногах (*кровати*)

Bedford cord ['bedfəd'kɔːd] *текст.* бедфордский репс

Bedfordshire ['bedfədʃ(ɪ)ə] *n* 1. *см.* Приложение 2. *шутл. вм.* bed I 1, 1); to be headed for ~ идти спать, отправиться на боковую

bedframe ['bedfreɪm] = bedstead
bedgown ['bedɡaʊn] *n арх.* 1. женская ночная сорочка 2. *диал.* блуза (*работницы*)

bed-head ['bedhed] *n* изголовье (*кровати*)

bedight I [bɪ'daɪt] *a арх.* украшенный, разодетый

bedight II [bɪ'daɪt] *v арх. поэт.* одевать; покрывать

bedim [bɪ'dɪm] *v* 1. затемнять; затуманивать; помрачать; eyes ~med with tears глаза, затуманенные слезами 2. *с.-х.* этиолировать (*растения*)

bed in ['bed'ɪn] *phr v воен.* закреплять; вкапывать; the guns were bedded in орудия были вкопаны в землю 2. *вит.* полностью отдаваться

Bedivere ['bedɪvɪə] *n* 1) Бедивир (*персонаж легенды о короле Артуре*) 2) верный рыцарь

bedizen [bɪ'daɪz(ə)n] *v* 1) ярко украшать; ~ed with flags расцвеченный флагами; ~ed with jewels увешанный драгоценностями 2) пёстро вырядиться; to ~ oneself with нацепить на себя (*массу украшений и т. п.*)

bed jacket ['bed,dʒækɪt] стёганая ночная кофточка

bedlam ['bedləm] *n* 1. 1) (B.) Бедлам (*психиатрическая больница в Лондоне*) 2) сумасшедший дом, бедлам 2. *уст.* сумасшедший, помешанный

◊ Jack /Tom/ o'B. сумасшедший

bedlamite ['bedləmaɪt] *n* содержащийся в доме умалишённых; сумасшедший

bedmaker ['bed,meɪkə] *n* служитель (*в университетском общежитии*)

bedmate ['bedmeɪt] = bedfellow

bed-of-honour [,bedəv'ɒnə] *n* могила воина, павшего в бою

bedouin ['bedʊɪn] *n* (*pl тж. без измен.*) 1) (*обыкн.* B.) бедуин 2) кочевник, цыган

Bedouinism ['bedʊɪnɪz(ə)m] *n* 1. кочевой образ жизни 2. бродяжничество

be down ['biː'daʊn] *phr v* 1. снижаться; the level of demand is down спрос упал; their prices are down они снизили цены; eggs were down 15 per cent яйца подешевели на пятнадцать процентов; the temperature is down температура упала /снизилась/ 2) терять; I was down to six stone я похудела до шести стоунов = сорока килограммов; he is 10 points down а) он потерял десять очков; б) у него на десять очков меньше 3) закатиться (*о солнце*) 2. *разг.* 1) недоставать; we're forty pounds down у нас недостача в сорок фунтов 2) (to) всё израсходовать; I'm down to my last bob /penny/ ≅ я истратил всё до копейки, у меня не осталось ни гроша; the soldiers were down to their last cartridge у солдат оставались последние патроны 3. 1) быть записанным, быть внесённым в список, в расписание; is the date down in your diary? указана ли дата в твоём дневнике?; your words are down here in black and white твои слова записаны здесь чёрным по белому; his name is down for this school он в списке будущих учеников этой школы; he is down for a speech его записали на выступление; the case is down for hearing in 3 days дело будет рассматриваться через три дня 2) подписываться (*на пожертвование*); to ~ for 20 pounds подписаться на двадцать фунтов 4. *разг.* быть в плохом настроении 5. (on) *разг.* быть настроенным против, порицать, осуждать (*кого-л.*); why are you down on me? почему ты ко мне так плохо относишься?; she thought that the teacher was down on her она считала, что учительница к ней придирается 5. настаивать на уплате (*долга, штрафа, компенсации*) 6. (on) *разг.* быстро замечать; the examiners were down on his mistake in a flash экзаменаторы сразу же заметили его ошибку 7. (with) *разг.* болеть; they are both down with the flu они оба свалились с гриппом

◊ to ~ on one's luck терпеть неудачи в делах; he's down on his luck ему не везёт, ему не повезло; to ~ in the mouth /in the dumps/ быть в плохом настроении, быть унылым; to ~ and out оказаться без средств, быть разорённым; to ~ at heel быть поношенным, потрёпанным (*об одежде*); быть стоптанным (*об обуви*); иметь жалкий, нищенский вид (*о человеке*); to ~ from a University закончить университет и вернуться домой (*особ. об Оксфордском и Кембриджском университетах*)

bed-pan ['bedpæn] *n* 1. металлическая постельная грелка 2. *мед.* подкладное судно; ~ commando *воен. жарг.* медицинский персонал

bed place ['bedpleɪs] 1) альков 2) стенной шкаф (*куда убирается кровать и постельные принадлежности*)

bedplate ['bedpleɪt] *n* 1) *тех.* фундаментная плита; станина; цоколь 2) *полигр.* талер

bed-post ['bedpəʊst] *n* столбик кровати
◊ in the twinkling of a ~ мигом; between you and me and the ~ строго конфиденциально, между нами

bed-quilt ['bedkwɪlt] *n* (небольшое) стёганое одеяло

bedrabble [bɪ'dræb(ə)l] *v уст.* заляпать грязью; ~d with rain с потёками от дождя

bedraggle [bɪ'dræg(ə)l] *v* забрызгать грязью; испачкать (*платье*)

bedraggled [bɪ'dræg(ə)ld] *a* 1. забрызганный; испачканный; ~ skirt юбка с заляпанным грязью подолом; she looked rather ~ она была растрёпана и неопрятно одета 2. мокрый и обвислый

bedrail ['bedreɪl] *n* перильце (*детской кровати или больничной койки*)

bedral ['bedrəl] *n шотл.* церковный сторож; звонарь

bedrench [bɪ'drentʃ] *v редк.* промочить насквозь, вымочить

bed rest ['bedrest] 1. постельный режим (*больного*) 2. приспособление для сидения в постели

bedrid ['bedrɪd] *a уст.* 1. изнурённый; бессильный, слабый; ~ argument беспомощный довод; ~ in his faculties неспособный, ограниченных способностей 2. *уст.* = bedridden

bedridden ['bed,rɪdn] *a* прикованный к постели болезнью

bed-rock ['bedrɒk] *n* 1. 1) *геол.* коренная, подстилающая порода, бедрок 2) *стр.* скальное основание 3) прочное основание; to be kept to ~ быть хорошо обоснованным 2. основные принципы; базис, основа (*рассуждения и т. п.*); факты, лежащие в основе (*чего-л.*); to get down /to reach/ (solid) ~ докопаться до истины /до сути дела/ 3. самый низкий уровень (*цен и т. п.*); ~ price низкая /крайняя/ цена

bedroll ['bedrəʊl] *n* постельные принадлежности в скатке (*у солдат, туристов*)

bedroom I ['bedruːm, -rʊm] *n* спальня; ~ suite спальный гарнитур (*мебели*); ~ slippers домашние туфли

bedroom II ['bedruːm, -rʊm] *a* 1. *амер.* относящийся к «спальному району» города 2. постельный; ~ scenes альковные сцены; ~ comedy альковный фарс 3. *разг.* сексуальный, возбуждающий

bedroom chart ['bedruːmtʃɑːt, -ruːm-] *мед.* история болезни, скорбный лист

bedroom community ['bedruːmkə'mjuːnɪtɪ, -ruːm-] «спальный район» города (*где нет промышленных предприятий, с населением, работающим в другом городе или районе*)

bedroom diagnosis ['bedruːmdaɪəɡ'nəʊsɪs] *мед.* клинический диагноз

bedroom note ['bedruːmnəʊt] = bedroom chart

bedroom suburb ['bedruːm'sʌbɜːb, -ruːm-] «спальный пригород», жилые кварталы пригорода (*с населением, работающим в другом месте*)

bedrop [bɪ'drɒp] *v уст.* 1) окроплять; опрыскивать 2) усеивать, осыпать

bedsheet ['bedʃiːt] *n* простыня

bedside I ['bedsaɪd] *n* место у кровати, постели; at /by/ the ~ у постели; to keep books at one's ~ держать книги на ночном столике /у изголовья кровати/; to sit /to watch/ at smb.'s ~ ухаживать за больным; she never left her son's ~ она ни на минуту не отходила от больного сына

bedside II ['bedsaɪd] *a* 1. ухаживающий за больным; young doctors need practice молодым докторам нужна практика ухода за больными 2. относящийся к лежачим больным 3. прикроватный; ~ table ночной столик, тумбочка; ~ Bible библия, постоянно лежащая у изголовья 4. предназначенный для лёгкого чтения перед сном

bedside manner [,bedsaɪd'mænə] *n* 1. умение подойти к больному, врачебный такт 2. мягкая манера убеждать

bed-sit, bed-sitter [,bed'sɪt, -'sɪtə] *разг. см.* bed-sitting-room

bed-sitting-room [,bed'sɪtɪŋruːm, -rʊm] *n* жилая комната (спальня и гостиная вместе)

bedsocks ['bedsɒks] *n pl* толстые шерстяные носки (*надеваемые на ночь*)

bed-sore ['bedsɔː] *n* пролежень

bedspace ['bedspeɪs] *n* количество мест (*в гостинице*); количество коек (*в больнице, общежитии*)

bedspread ['bedspred] *n* лёгкое постельное покрывало

bedspring ['bedsprɪŋ] *n* матрасная пружина

bedstead ['bedsted] *n* кровать (*без матраса*); остов, станок кровати

bedstone ['bedstəʊn] *n* нижний жёрнов мельницы

bedstraw ['bedstrɔː] *n бот.* подмаренник (*Galium gen.*)

bed-tested ['bed,testɪd] *a спец.* прошедший стендовые испытания

bedtick ['bedtɪk] *n уст.* мешок для тюфяка, наперник

bedticking ['bed,tɪkɪŋ] *n уст. текст.* тик для перин, подушек или матрасов

bedtime I ['bedtaɪm] *n* время ложиться спать; my ~ is 11 o'clock я ложусь спать в 11 часов; it's past ~ давно пора спать

bedtime II ['bedtaɪm] *a* проделываемый перед сном, на сон грядущий

bedtime story ['bedtaɪm,stɔːrɪ] 1) сказка (*рассказываемая детям на ночь*) 2) *pl* сказки, бредни, небылицы

Bedu ['beduː] *a* бедуинский

Beduin ['beduɪn] *n* bedouin

bedwarmer ['bed,wɔːmə] *n* металлическая постельная грелка

bed-wetting ['bed,wetɪŋ] *n мед.* ночное недержание мочи

bed-work ['bedwɜːk] *n уст.* лёгкая работа; ~ irrigation *с.-х.* простейшая ирригация (*посредством пуска воды вдоль гряд*)

bedworthy ['bed,wɜːðɪ] = beddable

bee [biː] *n* 1. *энт.* пчела (*Apis mellifera*); female /queen/ ~ пчелиная матка; working ~ пчела-работница; ~ escape *с.-х.* уход роя (*из улья*); ~ pasture [plants] медоносная площадь [~ растения]; ~ veil покрывало *или* сетка от пчёл; ~ venom пчелиный яд; ~s transferring перегон пчёл (*в новый улей*) 2. *амер.* 1) помощь соседям; совместная работа *или* развлечения; spinning [husking, quilting] ~ помощь соседям в прядении [лущении кукурузы, стёжке одеял] 2) *неодобр.* действия скопом; hanging [lynching] ~ толпа вешателей [линчевателей] 3) конкурс; spelling ~ школьный конкурс на знание орфографии

◊ the ~'s knees *сл.* величина, шишка (*о человеке*); уникум; busy as a ~ очень занятой; трудолюбивый; ≅ работяга; a ~ in one's bonnet /head/ а) причуда; помешательство (*на чём-л.*); ≅ не все дома; б) тайный умысел; to have ~s in the head быть фантазёром, чудаком; to ~ тронуться; to put the ~ on smb. *амер. сл.* просить денег взаймы, выпрашивать что-л. у кого-л.

Beeb [biːb] *n разг.* Би-би-си (*британская радиокорпорация*)

bee balm ['biːbɑːm] *бот.* монарда (*Monarda*)

beebee gun [biː'biːɡʌn] духовое ружьё

bee-beetle ['biː,biːtl] *n энт.* жучок пчелиный (*Trichodes apiarius*)

beebread ['biːbred] *n* перга, цветень (*цветочная пыльца, собираемая пчёлами*)

beech [biːtʃ] *n* 1) *бот.* бук (*Fagus gen.*) 2) буковая древесина

beechdrops ['biːtʃdrɒps] *n бот.* 1. эпифегус американский (*Epiphaegus americana*) 2. заразиха американская (*Orobanche americana*)

beechen ['biːtʃ(ə)n] *a* буковый

beech-marten ['biːtʃ,mɑːtɪn] *n зоол.* куница каменная (*Martes foina*)

beechmast ['biːtʃmɑːst] = beechnut

beechnut ['biːtʃnʌt] *n* буковый орешек

beech-wheat ['biːtʃwiːt] = buckwheat

beechy ['biːtʃɪ] *a* 1. буковый 2. изобилующий буком

bee-eater ['biː,iːtə] *зоол.* пчелоед (*Meropidae*)

beef¹ [biːf] *n* 1. говядина, мясо; ~ bull бык мясной породы; ~ raising разведение мясного скота, мясное скотоводство; ~ bacon солёная и копчёная говядина; ~ horse ~ конина 2. (*pl* beeves, *амер.* beefs [biːfs]) *спец.* бык *или* корова (*откормленные на убой*); мясной скот (*тж.* ~ on the hoof) 3. 1) мясная туша (*тж.* ~ carcass) 2) *разг.* туша (*о человеке*); he showed less ~ он малость похудел 3) *разг.* (мускульная) сила; the crew is lacking in ~ физическая подготовка команды слаба; he has plenty of ~ у него хорошо развита мускулатура

beef¹ I [biːf] *n сл.* 1. жалоба, претензия; недовольство 2. уголовное преследование; обвинение в уголовном преступлении 3. *спорт.* ссора

beef II [biːf] *v сл.* жаловаться, сетовать, ворчать; stop ~ing! перестань ныть /скулить/!

BEE — BEF

beefalo ['bi:fələʊ] *n* гибрид коровы и бизона [< beef + buffalo]

bee-farming ['bi:ˌfɑ:mɪŋ] *n* пчеловодство

beefburger ['bi:fbɜ:gə] *n* булочка с рубленым бифштексом

beefcake ['bi:fkeɪk] *n* амер. сл. образец мужской красоты (*фото мужчины атлетического телосложения*)

beefeater ['bi:fˌi:tə] *n* 1. 1) (B.) лейб-гвардеец (*при английском дворе*) 2) бифитер, солдат охраны лондонского Тауэра 2. «мясоед», обжора (*о зажиревшем прислужнике*) 3. амер. сл. англичанин

beefer ['bi:fə] *n* 1. сл. нытик 2. вор. жарг. доносчик

beef extract ['bi:f'ekstrækt] говяжий экстракт (*для бульонов, соусов и т. п.*)

beef-head ['bi:fhed] *n* груб. болван, тупица

beef-squad ['bi:fskwɒd] *n* амер. сл. банда наёмных громил (*для избиения бастующих*)

beef-steak ['bi:fsteɪk] *n* бифштекс

beefsteak mushroom ['bi:fsteɪkˌmʌʃru:m, -rʊm] *n* бот. печёночный гриб (*Fistulina hepatica*)

beef-tea [ˌbi:f'ti:] *n* крепкий бульон

beef up ['bi:f'ʌp] *phr v* сл. увеличивать; to ~ benefits for retired workers повысить пособия для пенсионеров 2. *разг.* усиливать, укреплять, подкреплять (*людьми, средствами и т. п.*); расширять; наращивать; to ~ an engine форсировать двигатель; the police was beefed up by troops на помощь полиции были брошены войска /солдаты/

beef-witted [ˌbi:f'wɪtɪd] *a разг.* глупый, тупой

beef-wood ['bi:fwʊd] *n бот.* казуарина (*Casuarina gen.*)

beefy ['bi:fɪ] *a прост.* 1) здоровенный, сильный, крепкий; мускулистый 2) мясистый; жирный, тучный 3) мясной; ~ taste вкус мяса

bee-glue ['bi:glu:] *n* пчелиный клей, прополис

beehive ['bi:haɪv] *n* 1. улей 2. суматоха, суета 3. пышная женская причёска, пучок с начёсом

beehive oven ['bi:haɪvˌʌv(ə)n] *тех.* круглая, ульевая печь периодического действия (*коксовая и т. п.*)

Beehive State ['bi:haɪvˌsteɪt] *амер.* «Пчелиный штат» (*популярное название штата Юта*)

beehouse ['bi:haʊs] *n* пчельник; омшаник

beekeeper ['bi:ˌki:pə] *n* пчеловод, пасечник

beekeeping ['bi:ˌki:pɪŋ] *n* пчеловодство

beele ['bi:l] *n диал.* кирка рудокопа

bee-line ['bi:laɪn] *n* 1. кратчайшее расстояние между двумя точками; прямая; to make a ~ for smth. направиться кратчайшим путём /прямиком/ к чему-л. 2. линия лёта пчелы со взятком до улья

Beelzebub [bɪ'elzɪbʌb] *n* Вельзевул, дьявол, сатана
◊ call in ~ to cast out Satan призывать на помощь Вельзевула, чтобы изгнать Сатану; ≅ клин клином вышибают

bee-master ['bi:ˌmɑ:stə] = beekeeper

bee-moth ['bi:mɒθ] *n* пчелиная моль, восковая или вощинная моль (*Galleria mellonella*)

been [bi:n, bɪn] *p. p.* от be

beep¹ [bi:p] *n амер.* небольшой, лёгкий джип

beep² I [bi:p] *n разг.* 1) гудок 2) телеметрический сигнал

beep² II [bi:p] *v* гудеть, сигналить (*тж.* to ~ a horn)

bee plant [bi:pɑ:nt] *бот.* медонос

beer¹ [bɪə] *n* 1) пиво; ~ mug [bottle, glass, yeast] пивная кружка [бутылка, -ой стакан, -ые дрожжи]; ~ parlour *амер.* пивная; ginger ~ имбирное пиво 2) слабый алкогольный напиток
◊ small ~ а) слабое пиво; б) мелочи; to chronicle small ~ отмечать несущественные подробности; to think no small ~ of oneself быть о себе высокого мнения; to be (be in) ~ быть под хмельком /навеселе/; life is not all ~ and skittles жизнь не простая штука; ≅ жизнь прожить — не поле перейти

beer² [bɪə] *n текст.* расчётная единица основы

beer-engine ['bɪ(ə)rˌendʒɪn] = beer-pump

beer-faucet ['bɪəˌfɔ:sɪt] *n* пивной саторатор

beer-garden ['bɪəˌgɑ:dn] *n* пивная на открытом воздухе

beer-hall ['bɪəhɔ:l] = beerhouse

beerhouse ['bɪəhaʊs] *n* пивная

beeriness ['bɪ(ə)rɪnɪs] *n пренебр.* (лёгкое) опьянение

beer-money ['bɪəˌmʌnɪ] *n* деньги на пиво (*прислуге*)

beer-pump ['bɪəpʌmp] *n* пивной насос

beery ['bɪ(ə)rɪ] *a* 1) пивной; ~ smell пивной дух; ~ breath дыхание, отдающее пивом 2) подвыпивший; ~ good humour хорошее настроение после выпивки

beest [bi:st] *сокр.* от beestings

beestings ['bi:stɪŋz] *n употр. с гл. в ед. и мн. ч.* молозиво

bees-wax I ['bi:zwæks] *n* 1. (пчелиный) воск; ~ candle восковая свеча 2. *сл. вм.* business; none of your ~! не твоё дело!; mind your own ~! не лезь не в своё дело!

bees-wax II ['bi:zwæks] *v* натирать воском

beeswing ['bi:zwɪŋ] *n* 1) налёт на старом выдержанном вине (*особ. на портвейне*) 2) выдержанное вино

beet¹ [bi:t] *n* 1. *бот.* свёкла (*Beta vulgaris*); ~ red свёкла столовая; white /sugar/ ~ свёкла сахарная; ~ sugar свекловичный сахар; ~ digger /lifter/ *с.-х.* свеклоподъёмник; ~ harvester свеклоуборочная машина 2. *с.-х.* сноп соломки льна

beet² [bi:t] *v диал.* 1. исправлять, чинить 2. помогать 3. разложить (*костёр*); поддерживать (*огонь*)

beet-faced [ˌbi:t'feɪst] *a* краснолицый, с пунцовым лицом

beetle¹ I ['bi:tl] *n* 1. 1) жук; carpet ~ ковровый жучок 2) *энт.* отряд жесткокрылых (*Coleoptera*) 2. *разг.* таракан
◊ blind as a ~ совершенно слепой; ≅ слепой как крот

beetle¹ II ['bi:tl] *v разг.* быстро двигаться; to ~ off убегать, разбегаться; ~ into the garden! марш в сад!; his eyes ~d across the page он пробежал глазами страницу

beetle² I ['bi:tl] *n* 1. трамбовка, баба; колотушка (*деревянная*) 2. *текст.* трепальная машина (*для пеньки*); колотильная, бительная машина 3. толкушка
◊ to be between the ~ and the block находиться между молотом и наковальней, быть в безвыходном положении

beetle² II ['bi:tl] *v* 1. трамбовать, дробить 2. топать сапожищами 3. толочь, разминать 4. *ав. жарг.* летать

beetle³ ['bi:tl] *n* 1) тупость 2) тупица

beetle⁴ I ['bi:tl] *a* выступающий; нависший (*часто о бровях*)
◊ I rather would a husband wed with a ~ brow than a ~ head *посл.* лучше муж некрасивый, чем муж глупый

beetle⁴ II ['bi:tl] *v* выступать; нависать

beetle-browed [ˌbi:tl'braʊd] *a* 1. с нависшими бровями 2. насупленный; угрюмый, мрачный

beetle-crusher ['bi:tlˌkrʌʃə] *n* 1. *шутл.* 1) ножища 2) сапожище 2. *воен. жарг.* пехотинец 3. *сл.* полицейский

beetle-head ['bi:tlhed] *n разг.* болван, тупица

beetleweed ['bi:tlwi:d] *n бот.* галакс безлистный (*Galax aphylla*)

beet pest ['bi:tpest] *энт.* свекловичный долгоносик (*Bothynoderes punctiventris*)

bee-tree ['bi:tri:] *n* колода (*улей*); борть

beet-root ['bi:tru:t] *n* свёкла, бурак (*корнеплод свёклы*); ~ soup свекольник, борщ

beeves [bi:vz] *n pl* 1) *pl* от beef¹ 2) *с.-х.* рогатый скот

beezer ['bi:zə] *n сл.* нос, нюхалка

befall [bɪ'fɔ:l] *v* (befell; befallen) 1. случаться (*с кем-л.*); приключаться; выпадать на (*чью-л.*) долю; a strange fate befell him его постигла /ему выпала/ странная судьба; what befell him? что с ним стало?; I fear some evil will ~ боюсь, что случится беда 2. *уст.* (to) 1) подходить, быть подходящим 2) относиться (*к чему-л.*) 3. *арх.* доставаться по праву

befallen [bɪ'fɔ:lən] *p. p.* от befall

befeather [bɪ'feðə] *v* украшать перьями

befell [bɪ'fel] *past* от befall

befit [bɪ'fɪt] *v* годиться, подходить; приличествовать; words to ~ the occasion речь, приличествующая случаю

befitting [bɪ'fɪtɪŋ] *a* подходящий; in a ~ way надлежащим /должным/ образом

beflag [bɪ'flæg] *v* украшать флагами

befog [bɪ'fɒg] *v* 1. затуманивать 2. *книжн.* запутывать, осложнять

befool [bɪ'fu:l] *v* 1. одурачивать; обманывать 2. 1) считать дураком 2) называть глупцом; высмеивать

before I [bɪ'fɔ:] *adv* 1. раньше, прежде; come at five o'clock, not ~ приходите в 5 часов, не раньше; I have never seen him ~ я никогда раньше не видел его; silent as ~ молчаливый, как и прежде 2. 1) впереди; there were trees ~ впереди были деревья; this page and the one ~ эта страница и предыдущая 2) вперёд; he has gone on ~ он ушёл вперёд 3. *в сочетаниях:* the year ~ год назад; a moment ~ минуту назад, только что; long ~ задолго до, давно уже; the day ~ накануне; it had been fine the day ~ накануне была хорошая погода

before II [bɪ'fɔ:] *prep* 1. *во временном значении указывает на предшествование* до; раньше; ~ Christ до рождества Христова; come ~ five o'clock приходите до пяти часов; they took a walk ~ dinner они погуляли перед обедом; ~ answering the letter he reread it прежде чем ответить на письмо, он его перечитал; the generations ~ us предыдущие поколения 2. *в пространственном значении указывает на нахождение или движение перед кем, чем-л.* перед; a leaf ~ the wind листок, гонимый ветром; she saw a road ~ her она увидела перед собой дорогу; he sat (just) ~ me она сидела (прямо) передо мной /напротив меня/; he stared ~ him он смотрел прямо перед собой 3. *указывает на* 1) *протекание процесса в чьём-л. присутствии* перед, в присутствии; ~ one's (very) eyes прямо на глазах у кого-л.; ~ smb.'s face открыто, прямо; he spoke out ~ everyone он заявил это открыто /открыто/ 2) *присутствие в какой-л. организации, в суде и т. п. по вызову* перед; he appeared ~ the judge [the court, the committee] он предстал перед судьёй [судом, комиссией] 3) *рассмотрение, обсуждение вопроса кем-л.* на, в, перед; *тж. передаётся твор. падежом;* the question is ~ the meeting [the committee, Parliament] вопрос должен обсуждаться на собрании [в комитете, в парламенте]; the case ~ the court дело, которое рассматривается судом 4. *указывает на что-л. предстоящее* перед; his whole life is ~ him вся жизнь у него ещё впереди; he was a man with no future ~ him это был человек без будущего; we have two problems ~ us перед нами две задачи, нам предстоит решить две задачи 5. *указывает на превосходство в положении, ранге, способностях и т. п.* перед, впереди; to be ~ others in class [at school] быть впереди других в классе [в школе]; a general comes ~ a colonel генерал по званию /по чину/ старше полковника 6. *употребляется при выражении предпочтения или преимущества* скорее чем; death ~ dishonour лучше смерть, чем позор /бесчестье/; he will die ~ betraying his country он скорее умрёт, чем предаст родину; I love him ~ myself я люблю его больше самого себя 7. *в сочетаниях:* the day ~ yesterday позавчера, третьего дня; ~ everything else прежде всего; ~ long скоро, вскоре; ~ then до того времени; ~ now раньше; it ought to have been done ~ now это должно было быть сделано раньше

before III [bɪˈfɔ:] *cj* 1. прежде чем, раньше чем, до того как; пока не; I must finish my work ~ I go home я должен прежде кончить работу, а уж потом идти домой; come and see me ~ you leave зайдите ко мне до отъезда; it will be long ~ we see him again мы теперь увидим его очень нескоро; I hadn't waited long ~ he came мне не пришлось его долго ждать; I'll do it now ~ I forget я сделаю это сейчас, пока я не забыл 2. скорее чем; he will die ~ he yields on ~one point он скорее умрёт, чем сдастся

beforehand I [bɪˈfɔ:hænd] *a predic* заблаговременный; to be ~ with a suggestion иметь наготове предложение

beforehand II [bɪˈfɔ:hænd] *adv* заранее, вперёд; заблаговременно; авансом; to pay rent ~ *редк.* платить за квартиру авансом; to make preparations ~ делать заблаговременные приготовления; one must see to it ~ об этом надо позаботиться заранее

before-mentioned [bɪˌfɔ:ˈmenʃ(ə)nd] *a* вышеупомянутый, вышесказанный

before-tax [bɪˈfɔ:tæks] *a* начисленный до уплаты налогов; ~ profits прибыль до уплаты налога; ~ earnings /income/ заработок *или* доход без удержания налога

beforetime [bɪˈfɔ:taɪm] *adv уст.* исконú; некогда

befoul [bɪˈfaʊl] *v* 1. пачкать, осквернять 2. опутывать; the rope was ~ed by weeds верёвка была оплетена сорняками

befriend [bɪˈfrend] *v* относиться дружески; способствовать, помогать; to ~ one another помогать друг другу; he

~ed the lost boy он выручил из беды потерявшегося мальчика

befringe [bɪˈfrɪndʒ] *v* окаймлять; обшивать бахромой

befuddle [bɪˈfʌdl] *v* 1) опьянять 2) одурманивать; сбивать с толку

beg¹ [beg] *v* 1. 1) просить; to ~ permission /leave/ (of smb.) просить разрешения /позволения/ (у кого-л.); to ~ a favour of /from/ smb. просить кого-л. о любезности /об одолжении/; I ~ your pardon a) прошу извинить меня; простите, пожалуйста; б) простите, что вы сказали?, повторите, пожалуйста, я не расслышал 2) умолять, молить; to ~ for help просить /умолять/ о помощи; to ~ for mercy молить о пощаде; to ~ for one's life молить (*убийцу, судью*) о пощаде 2. нищенствовать; просить подаяния; to ~ from door to door просить милостыню, ходить с сумой; to ~ one's bread жить подаянием 3. служить, стоять на задних лапках (*о собаке*) 4. *канц.* сметь, осмеливаться; to ~ to do smth. взять на себя смелость /позволить себе/ сделать что-л.; I ~ to report осмелюсь /имею честь/ доложить; I ~ to differ позволю себе не согласиться; I ~ to say разрешите сказать; позволю себе выразить мнение; we ~ to inform you извещаем вас; we ~ to enclose при сём прилагается; we ~ to acknowledge the receipt... настоящим подтверждаем получение...

◊ to ~ the question a) голословно утверждать что-л.; приводить в качестве аргумента спорное положение; but that is begging the question! но это не доказательство!; б) уклоняться от предмета спора /от сути дела/; to ~ smb. for a fool *уст.* считать кого-л. дураком

beg² [beg] *n уст.* бек, бей
begad [bɪˈgæd] *int разг.* ей-богу!
began [bɪˈgæn] *past от* begin
begat [bɪˈgæt] *уст. past от* beget
begats [bɪˈgæts] *n pl сл.* отпрыски, потомки

begem [bɪˈdʒem] *v* украшать драгоценными камнями

beget [bɪˈget] *v* (begot, *уст.* begat; begotten) 1. 1) *книжн.* быть отцом, производить на свет; Abraham begat Isaac *библ.* Авраам родил Исаака 2) порождать; war ~s misery война порождает страдания; beauty that ~s wonder and admiration красота, вызывающая удивление и восхищение 2. *уст.* приобретать; вырабатывать; to ~ a temperance (*Shakespeare*) учитесь сдержанности

begetter [bɪˈgetə] *n* 1) *редк.* родитель 2) виновник; породивший

begetting power [bɪˈgetɪŋˌpaʊə] *физиол.* способность производить потомство, половая потенция

beggar I [ˈbegə] *n* 1. 1) нищий, попрошайка; ~ woman [maid] нищенка 2) бедняк, неимущий 2. (*часто с прилагательными*) *шутл.* парень, малый; плут; nice little ~s плутишки (*о детях, зверёнышах и т. п.*); poor ~ бедняга; insolent ~ нахал; unfortunate ~ неудачник; lucky ~ счастливчик; he's a good-hearted ~ он добрый малый /парень/

◊ a ~ on horseback ≅ выскочка; ворона в павлиньих перьях; he is a ~ for work ≅ у него работа в руках горит; to know smb. as well as a ~ knows his bag /dish/ ≅ знать кого-л. как облупленного; ~s cannot /must not/ be choosers *посл.* беднякам не приходится выбирать

beggar II [ˈbegə] *v* 1. доводить до нищеты; разорять; пускать по миру;

to ~ oneself разориться; conscience ~s any man that keeps it (*Shakespeare*) совестливый человек не разбогатеет 2. 1) превосходить; to ~ compare быть вне всякого сравнения; it ~s all description это не поддаётся описанию 2) *редк.* заставлять; to ~ smb. out of his obstinacy перебороть чьё-л. упрямство; to ~ smb. into submission вынудить кого-л. подчиниться

beggardom [ˈbegədəm] *n* 1. *собир.* нищие, нищая братия 2. нищенство

beggarhood [ˈbegəhʊd] *n* 1. нищета 2. нищий люд, беднота

beggarism [ˈbegərɪz(ə)m] *n* 1. нищенство 2. нищета

beggarliness [ˈbegəlɪnɪs] *n* 1. нищета 2. жалкий вид; оборванность (*одежды*) 3. недостаточность

beggarly I [ˈbegəlɪ] *a* 1. 1) нищенский; ~ hovel нищенская лачуга 2) жалкий; мизерный; ~ arguments жалкие отговорки; ~ wage нищенская /жалкая/ зарплата; ~ amount of learning ничтожный запас знаний; a few ~ pounds мизерная сумма в несколько фунтов; ≅ жалкие гроши 2. низкий, подлый; ~ thanks чёрная неблагодарность

beggarly II [ˈbegəlɪ] *adv* 1) нищенски 2) умоляюще, как нищий

beggar-my-neighbour I [ˌbegəmaɪˈneɪbə] *n* 1. детская игра, в которой победитель захватывает все карты побеждённого

beggar-my-neighbour II [ˌbegəmaɪˈneɪbə] *a* разбогатевший за счёт других

beggar's-button [ˌbegəzˈbʌtn] = burdock

beggar's-lice [ˌbegəzˈlaɪs] *n* репей; растение с прицепляющимися *или* прилипающими плодами

beggar's-ticks [ˌbegəzˈtɪks] *n бот.* череда (*Bidens*)

beggarweed [ˈbegəwi:d] *n бот.* десмодиум (*Desmodium*)

beggary [ˈbegərɪ] *n* 1. нищета, нужда; крайняя бедность; to live in ~ жить в нищете; reduced to ~ доведённый до нищеты 2. 1) *собир.* нищие, нищая братия 2) притон нищих 3. нищенство

begging I [ˈbegɪŋ] *n* нищенство; выпрашивание

begging II [ˈbegɪŋ] *a* 1. 1) нищенствующий 2) содержащий просьбу, мольбу; ~ letter письмо с просьбой о вспомоществовании 2. бесполезный; пустой; никому не нужный; if these things are going ~ I'll take them если эти вещи никому не нужны, (то) я заберу их; his job has gone ~ его должность свободна /вакантна/; his proposals went ~ его предложения не были приняты

◊ ~ rhyme *стих.* бедная рифма

begging bowl [ˈbegɪŋbəʊl] 1. миска для сбора пищи священниками в Азии 2. просьба о помощи

begin [bɪˈgɪn] *v* (began; begun) 1. начинать; приступать (*к чему-л.*); to ~ at the beginning начинать с самого начала; to ~ again начать снова /сначала/; that's wrong, let's ~ again это неправильно, давайте начнём сначала /повторим/; to ~ on a) браться за (*что-л.*); б) брать начало от (*чего-л.*); to ~ over начинать сызнова; to ~ upon = to ~ on; to ~ with начать с (*чего-л.*) [*см. тж.* 2 *и* ◊]; to ~ the score *спорт.* открывать счёт; he began studying /to study/ English он начал изучать английский язык; he began his breakfast он принялся за завтрак; we ~ at page three начнём с третьей страни́цы; where to ~? с чего́ нача́ть?; where do we ~? с чего́ мы начнём?; I do not know how to ~ a) не зна́ю, с чего́ нача́ть; б) не зна́ю, за что взя́ться; ≅ рабо́ты по го́рло 2. начина́ться; to ~ with начина́ться с (*чего-л.*) [*см. тж.* 1 *и* ◊]; the word ~s with a capital letter сло́во начина́ется с загла́вной бу́квы; the play ~s with a prologue пье́са начина́ется с проло́га /открыва́ется проло́гом/; the performance ~s at seven представле́ние начина́ется в 7 часо́в; it is ~ning to rain начина́ется дождь; when did life ~ on Earth? когда́ возни́кла жизнь на Земле́? 3. осно́вывать, создава́ть; they began the club a year ago клуб откры́ли год наза́д 4. (*обыкн. с отрица́нием*) *амер. эмоц.-усил.* быть далёким от, да́же не приближа́ться к; the machine does not ~ to meet the specifications маши́на ни в ко́ей ме́ре не отвеча́ет техни́ческим усло́виям; I do not ~ to understand you отка́зываюсь вас понима́ть; я соверше́нно вас не понима́ю; they do not ~ to compare их соверше́нно нельзя́ сра́внивать; ≅ одному́ далеко́ до друго́го; the statement does not ~ to be comprehensible enough заявле́ние кра́йне невразуми́тельно ◊ to ~ with a) во-пе́рвых, пре́жде всего́; нача́ть с того́, что...; to ~ with, I did not see him во-пе́рвых, я его́ не ви́дел; б) снача́ла, на пе́рвых пора́х [*тж.* 1, 2 *и* ◊]; to ~ at the wrong end нача́ть не с того́ конца́, неуда́чно взя́ться за де́ло; to ~ the world начина́ть самостоя́тельную жизнь; well begun is half done *посл.* хоро́шее нача́ло полде́ла откача́ло

beginner [bɪˈgɪnə] *n* 1. *см.* begin + -er 2. новичо́к; начина́ющий; not bad for a ~ для новичка́ непло́хо; English for ~s курс англи́йского языка́ для начина́ющих; ~'s luck ≅ новичка́м везёт

beginning I [bɪˈgɪnɪŋ] *n* 1. нача́ло; ~ of the press *спорт.* нача́ло жи́ма; ~ of a stroke *спорт.* зано́с, нача́ло гребка́; to read a book from ~ to end прочита́ть кни́гу от нача́ла до конца́; it is important to make a good ~ ва́жно хорошо́ нача́ть 2. 1) исхо́дная то́чка; исто́чник, происхожде́ние; *pl* истоки; нача́льная ста́дия; the ~s of scientific agriculture пе́рвые шаги́ сельскохозя́йственной нау́ки; the ~s of English poetry исто́ки англи́йской поэ́зии 3. (the ~) *рел.* первопричи́на; нача́ло всех нача́л
◊ a good ~ is half the battle *посл.* хоро́шее нача́ло полде́ла откача́ло; a bad ~ makes a bad ending *посл.* плохо́е нача́ло — плохо́й и коне́ц

beginning II [bɪˈgɪnɪŋ] *a* нача́льный, вво́дный

begird [bɪˈgɜːd] *v* (begirt, begirded [bɪˈgɜːdɪd]; begirt) (with) 1) опоя́сывать, окружа́ть 2) перевя́зывать ле́нтой, тесьмо́й

begirt I [bɪˈgɜːt] *a* окружённый; опоя́санный

begirt II [bɪˈgɜːt] *past и p. p. от* begird

beglamour [bɪˈglæmə] *v* 1. очаро́вывать, пленя́ть, ослепля́ть; ~ed by sheer novelty, he overrates the work бу́дучи увлечён новизно́й произведе́ния, он переоце́нивает его́ 2. придава́ть очарова́ние

begloom [bɪˈgluːm] *v* омрача́ть

beg off [ˈbegˈɒf] *phr v* 1. отпроси́ться; to ~ for the afternoon отпроси́ться на

ве́чер 2. вызволя́ть кого́-л. из беды́; вы́молить кому́-л. проще́ние, свобо́ду

begoggled [bɪˈgɒg(ə)ld] *a* в защи́тных очка́х

begone¹ [bɪˈgɒn] *a* охва́ченный

begone² I [bɪˈgɒn] *v арх.* пойти́ вон; the prince bade him ~ принц веле́л ему́ убира́ться восвоя́си

begone² II [bɪˈgɒn] *int редк.* вон!, убира́йся!

begonia [bɪˈgəʊnɪə] *n бот.* бего́ния (*Begonia gen.*)

begorra [bɪˈgɒrə] *int ирл.* кляну́сь бо́гом!, ей-бо́гу!

begot [bɪˈgɒt] *past от* beget

begotten I [bɪˈgɒtn] *a книжн.* 1. 1) рождённый; ~ of his Father *библ.* от отца́ рождённый 2) порождённый; ~ by despair порождённый отча́янием 2. (-begotten) как компоне́нт сло́жных слов рождённый; first-begotten первородждённый, пе́рвенец; only-begotten еди́нородный, еди́нственный (*о ребёнке*); lawfully-begotten законнорождённый

begotten II [bɪˈgɒtn] *p. p. от* beget

begrace [bɪˈgreɪs] *v редк.* титулова́ть "Your Grace", «ва́ша ми́лость»

begrime [bɪˈgraɪm] *v* 1) па́чкать са́жей, ко́потью; мара́ть; ~d with dust запылённый 2) черни́ть

begrudge [bɪˈgrʌdʒ] *v* 1. 1) зави́довать; no one ~d him his good fortune никто́ не позави́довал его́ сча́стью 2) (at) ворча́ть, выража́ть недово́льство (*по по́воду чего-л.*) 2. жале́ть (*де́ньги и т. п.*); скупи́ться; to ~ the cost of a school не дать де́нег на образова́ние (*сы́на, до́чери*); скупи́ться на пла́ту за обуче́ние

beguile [bɪˈgaɪl] *v* 1. 1) обма́нывать; you have ~d all my hopes вы обману́ли мои́ наде́жды 2) (into, of, out of) вовлека́ть обма́нным путём (*во что-л.*), выма́нивать (*что-л.*); to ~ smb. into doing smth. подби́ть кого́-л. на что-л.; обма́нным путём уговори́ть кого́-л. сде́лать что-л.; to ~ smb. of smth. вы́манить у кого́-л. что-л.; he was ~d into parting with his money у него́ вы́манили де́ньги 2. помога́ть корота́ть часы́; развлека́ть, отвлека́ть; скра́шивать; to ~ weary hours with music корота́ть часы́ за му́зыкой; разве́ять ску́ку музици́рованием; our journey was ~d with pleasant talk за прия́тной бесе́дой на́ше путеше́ствие прошло́ незаме́тно 3. обольща́ть, соблазня́ть; увлека́ть, очаро́вывать

beguin [bə(ɪ)ˈgæn] *n фр.* 1. уха́живание, флирт 2. 1) влюблённость, страсть 2) возлю́бленный; возлю́бленная

beguine [bɪˈgiːn] *n* бегу́н (*танец, похо́жий на ру́мбу*)

begum [ˈbeɪgəm, ˈbiː-] *n урду́* бегу́ма

begun [bɪˈgʌn] *p. p. от* begin

behalf [bɪˈhɑːf] *n в сочета́ниях:* 1. *уст.* in ~ of для; ра́ди; в по́льзу; в защи́ту; in my [his, her] ~ в мои́х [его́, её] интере́сах; in ~ of oppressed peoples в защи́ту /в интере́сах/ угнетённых наро́дов; to speak /to plead/ in ~ of smb.'s case выступа́ть в защи́ту кого́-л., выска́зываться в чью-л. по́льзу 2. on ~ (of) от лица́, от и́мени (*кого-л.*); for and on ~ of N. *юр.* за и от и́мени N. (*перед по́дписями лиц, зако́нно уполномо́ченных подпи́сываться за кого-л.*); to speak on ~ of all progressive men and women выступа́ть от лица́ всех прогресси́вных люде́й; I am speaking on my husband's ~ я говорю́ от и́мени своего́ му́жа 3. in this /that/ ~ *уст., юр.* в э́том отноше́нии; по э́тому вопро́су; a statute in that ~ зако́н о том же

behave [bɪˈheɪv] *v* 1. 1) вести́ себя́; поступа́ть; to ~ well [badly, courageously, abominably] вести́ себя́ хорошо́ [пло́хо, му́жественно, отврати́тельно]; to ~ oneself with gallantry держа́ться благоро́дно; to ~ with insolence поступа́ть на́гло; держа́ться вызыва́юще; to ~ like a man of sense поступа́ть благоразу́мно; to ~ like a pig вести́ себя́ по-сви́нски; to ~ to /toward/ относи́ться к (*кому-л.*); поступа́ть с (*кем-л.*) 2) *разг.* вести́ себя́ хорошо́, прили́чно (*особ. о де́тях*); will you make your boy ~? заста́вьте ва́шего ма́льчика вести́ себя́ прили́чно! ~ yourself! веди́ себя́ хорошо́! 2. рабо́тать чётко, бесперебо́йно (*о маши́не*); how is your new car behaving? как е́здит /рабо́тает/ твоя́ но́вая маши́на? 3. реаги́ровать (на); water ~s in different ways when it is heated and when it is frozen сво́йства воды́ разли́чны при нагрева́нии и охлажде́нии

behaviour [bɪˈheɪvɪə] *n* 1. 1) поведе́ние; посту́пки; мане́ры; ~ report a) отме́тка за поведе́ние (*шко́льника*); замеча́ния учи́теля в та́беле и́ли дневнике́; б) *воен. жарг.* письмо́ солда́та домо́й; good [bad, courageous, abominable] ~ хоро́шее [плохо́е, му́жественное, отврати́тельное] поведе́ние; ill ~ неблагови́дные посту́пки; a guide to correct ~ руково́дство по хоро́шему то́ну /по культу́ре поведе́ния/; to put smb. on his best ~ внуши́ть кому́-л., что́бы он вёл себя́ хорошо́ /прояви́л вы́держку/; the children were on their best ~ де́ти вели́ себя́ приме́рно 2) хоро́шие мане́ры; благовоспи́танность; to be on /upon/ one's ~ прояви́ть вы́держку, благовоспи́танность 3) *психол.* поведе́ние; реа́кция на окружа́ющую обстано́вку 2. (to, towards) отноше́ние, обраще́ние; gentle ~ towards the children мя́гкое обраще́ние с детьми́ 3. *тех.* 1) поведе́ние (*мета́лла*); ка́чество (*мета́лла*) 2) режи́м рабо́ты (*маши́ны и т. п.*) 3) состоя́ние, сво́йства; ~ of neutrons *физ.* судьба́ нейтро́нов; magnetic ~ магни́тные сво́йства; ~ of well *горн.* состоя́ние сква́жины

behavioural [bɪˈheɪvɪərəl] *книжн.* поведе́нческий; ~ sciences поведе́нческие нау́ки; ~ patterns моде́ли поведе́ния

behaviouralism [bɪˈheɪvɪərəlɪz(ə)m] = behaviourism

behaviourism [bɪˈheɪvɪərɪz(ə)m] *n психол.* бихевиори́зм

behaviour mod [bɪˈheɪvɪəˌmɒd] (*сокр. от* behaviour modification) *спец.* модифика́ция поведе́ния (*обы́чно в антигума́нных це́лях*)

behaviour therapy [bɪˈheɪvɪəˈθerəpɪ] *психиатр.* трудотерапи́я (невро́тиков)

behead [bɪˈhed] *v* отруба́ть го́лову, обезгла́вливать; казни́ть

beheading [bɪˈhedɪŋ] *n* обезгла́вливание; отсече́ние головы́; the ~ of St. John the Baptist *церк.* усекнове́ние главы́ Иоа́нна Крести́теля

beheld [bɪˈheld] *past и p. p. от* behold I

behemoth [bɪˈhiːmɒθ] *n* 1) *библ.* бегемо́т 2) чудо́вище

behest [bɪˈhest] *n поэт.* 1) повеле́ние; прика́з 2) за́поведь, заве́т; I am ready to act at your ~ я гото́в испо́лнить ва́шу во́лю 3) про́сьба, приглаше́ние; at the ~ of smb. по приглаше́нию кого́-л.

behind I [bɪˈhaɪnd] *n прост.* 1) за́дняя сторона́; за́дний фаса́д, спина́ (*тж. челове́ка*); спи́нка (*оде́жды*) 2) зад

behind II [bɪˈhaɪnd] *adv* 1. 1) сза́ди, позади́; to walk [to run] ~ идти́ [бежа́ть] позади́ /сле́дом/; to leave ~ a) оста́вить по́сле себя́; б) оста́вить позади́, перегнать; to leave smth. ~ оставлять что-л.; the girl he left ~ девушка, которая осталась у него на родине (*о невесте солдата и т. п.*) 2) назад; don't look ~ не оглядывайся 3) в запасе; but stronger evidence is ~ в запасе есть /позже будут приведены/ ещё более веские доказательства **2.** *употребляется с рядом глаголов, придавая им значение отставать, не успевать и т. п.*; to be ~ отставать; to be ~ in /with/ one's studies [work] отставать в учёбе [в работе]; special classes for children who are ~ специальные занятия с отстающими детьми; to be ~ with one's payments запаздывать с уплатой /с платежами/; to be ~ in the score *спорт.* отставать в счёте; to fall ~ отставать; the clock runs ~ часы отстают; the train runs ~ поезд опаздывает

behind III [bɪ'haɪnd] *prep* **1.** 1) *указывает на положение непосредственно за каким-л. предметом или движение вслед за ним* за, позади, сзади; look ~ the door посмотри за дверью; the house is ~ those trees дом находится за теми деревьями; the sun went ~ the clouds солнце зашло за тучи; he walked with his hands ~ his back он шёл, заложив руки за спину; he shut the door ~ him он закрыл за собой дверь; he walked (just) ~ me он шёл следом за мной 2) *указывает на чью-л. поддержку* за; he has smb. ~ him его кто-то поддерживает, за ним кто-то стоит **2.** *указывает на запаздывание, отставание* позади; *передаётся тж. описательно*; ~ time поздно; ~ the times отсталый, устарелый; to be ~ smb. in knowledge уступать кому-л. в знаниях; the train was ~ schedule поезд опоздал; he is ~ other boys of his age он отстаёт от своих ровесников; a country far ~ its neighbours страна, сильно отстающая от соседних стран **3.** *указывает на оставление чего-л. после ухода, отъезда, смерти и т. п.* после; the enemy left nothing but ruin ~ him после отхода неприятеля остались одни лишь развалины; he left three children ~ him после себя он оставил троих детей **4.** *указывает на что-л. ещё не известное или скрытое*; as; there is smth. strange ~ that remark это замечание сделано неспроста; what is ~ all this? что за всем этим кроется?; what was ~ his interest in your welfare? чем объяснить его интерес к твоим делам?

behindhand I [bɪ'haɪndhænd] *a* 1) опоздавший, запоздавший; she is always ~ вечно она опаздывает 2) отсталый, отстающий; ~ with an answer задержавшийся с ответом; to be ~ in one's work отставать в работе; to be ~ in politeness не отличаться вежливостью 3) задолжавший, имеющий задолженность; ~ in /with/ rent задолжавший за квартиру, задержавший квартплату ◇ to be ~ with the world a) отставать от жизни; б) быть неудачником

behindhand II [bɪ'haɪndhænd] *adv* с опозданием; задним числом; he handed his assignment in ~ он сдал задание не в срок
◇ ~ wise ≅ задним умом крепок

behind-the-scenes [bɪ,haɪndðə'si:nz] *a* закулисный, тайный; much could be accomplished by quiet ~ work многого можно добиться неофициальным путём

behold I [bɪ'həʊld] *v* (beheld) *книжн.* 1) смотреть, созерцать; to ~ the sunrise любоваться восходом солнца 2) узреть; заметить

behold II [bɪ'həʊld] *int уст.* смотри!, вот!; ~ the man *библ.* се человек

beholden [bɪ'həʊldn] *a уст.* обязанный, признательный; ~ to smb. for smth. обязанный кому-л. чем-л.

beholder [bɪ'həʊldə] *n книжн., поэт.* зритель, очевидец, наблюдатель
◇ beauty is in the eye of the ~ *посл.* у каждого своё представление о красоте

behoof [bɪ'hu:f] *n книжн.* польза, выгода, интерес; in /for, to/ his [her, your] ~ в его [её, ваших] интересах

behoove [bɪ'hu:v] = behove

behooveful [bɪ'hu:vf(ə)l] *a арх.* полезный, выгодный; уместный

behove [bɪ'həʊv] *v книжн.* надлежать, приличествовать, следовать (*обыкн.* it ~s to); it ~s you to do this вам надлежит сделать это; it does not ~ you to act in this manner вам не пристало так поступать

beige I [beɪʒ] *n* **1.** цвет беж **2.** *уст.* ткань из некрашеной шерсти

beige II [beɪʒ] *a* бежевый

be in ['bi:'ɪn] *phr v* **1.** 1) находиться, быть дома, на месте; she called at his office but he was not in она зашла к нему на службу, но его там не оказалось 2) *сл.* находиться в тюрьме; отбывать срок **2.** быть, находиться у власти; the Liberals were in к власти пришли либералы **3.** 1) прибыть, прийти; is the train in? поезд прибыл?; the mail is in почта пришла 2) прибывать (*о воде*); достигать высокого уровня; the tide is in прилив достиг высшей точки **4.** наступать; summer is in наступило лето; football isn't yet in футбольный сезон ещё не начался; strawberries are in наступила пора клубники, клубника созрела **5.** быть собранным (*об урожае*) **6.** быть в моде; leather is in at the moment сейчас модны кожаные изделия **7.** продолжать гореть; the fire we lit last night is still in огонь, который мы разожгли вчера, всё ещё горит **8.** быть, стоять на подаче (*в крикете*) **9.** (for) *разг.* ожидаться в будущем; we are in for a storm нас захватит гроза; we might ~ for a frosty spell возможно, будут заморозки; we are in for a pleasant surprise нас ждёт приятный сюрприз; they are in for a row они поссорятся **10.** (for) 1) подавать заявление, претендовать на какую-л. должность; he's in for an administrative job а) он в списке (кандидатов) на административную должность; б) он хотел бы устроиться на административную должность 2) *спорт.* быть включённым в список участников; I am in for the competition я буду участвовать в этом соревновании **11.** (on) 1) принимать участие в чём-л., разделять что-л.; are the police in on this? полиция принимает участие в этом деле? 2) быть осведомлённым; they want to ~ on the new pension scheme они хотят знать о новом порядке выплаты пенсий
◇ to be all in *разг.* быть утомлённым, изнурённым; after six weeks of such work I was just about all in шесть недель такой работы измотали меня вконец; to be (well) in with smb. *разг.* быть хорошо знакомым с кем-л.; he is in with many influential people у него много знакомых среди влиятельных людей; he's well in with all the television crowd он свой человек у телевизионщиков

be-in ['bi:ɪn] *n разг.* дружеская встреча (*в парке и т. п.*); собрание друзей

bein [bi:n] *a диал.* **1.** удобный, уютный **2.** зажиточный

being I ['bi:ɪŋ] *n* **1.** 1) существование, жизнь; in ~ а) существующий (*о предмете*); б) живой, находящийся в живых (*о человеке*); to come into ~ возникнуть, появиться на свет; to call into ~ вызвать к жизни; создать; new cities, brought into ~ by man новые города, созданные человеком; the law was in ~ since... *юр.* закон имел силу с... 2) *филос.* determines consciousness бытие определяет сознание; ~ for itself бытие для себя; ~ in itself бытие в себе; ~ intentional существование только в разуме **2.** (живое) существо; a living ~ живое существо; human ~s люди **3.** существо, суть (*человека*); love of life was the very core of his ~ любовь к жизни владела всем его существом; to the very roots of one's ~ до мозга костей, до глубины души; his very ~ was revolted он был возмущён до глубины души **4.** бытность; пребывание; his ~ here shouldn't bother you то, что он /его пребывание/ здесь, не должно вас тревожить
◇ the Supreme B. *рел.* всевышний, верховное существо (*о боге*); to have no settled ~ не иметь определённого местожительства или занятия; as God is in ~! ей-богу!

being II ['bi:ɪŋ] *a* существующий, настоящий; the time ~ настоящее время; for the time ~ пока что

be inside ['bi:ɪn'saɪd] = be in 1, 2)

bejabers [bɪ'dʒæbəz] *int груб.* чёрт возьми!; чёрт побери!

bejan ['bi:dʒ(ə)n] *n шотл. унив.* «желторотый» (*о первокурснике*)

bejesus [bɪ'dʒi:zəs] *n амер. сл.* **1.** внутренности, кишки, потроха; to knock /to hit, to kick, to beat/ the ~ out of smb. выпустить из кого-л. кишки **2.** = bejabers

bejewel [bɪ'dʒu:əl] *v* украшать драгоценными камнями; усыпать драгоценностями

beknave [bɪ'neɪv] *v* обзывать, ругать последними словами

Bel [bel] *n миф.* Ваал

bel [bel] *n физ.* бел (*электроакустическая единица*)

belabour [bɪ'leɪbə] *v* **1.** *книжн.* 1) бить, колотить; to ~ with a stick дубасить палкой; ~ed by his own fears and fancies замученный собственными страхами и фантазиями 2) осыпать бранью **2.** *уст.* обрабатывать; трудиться (*над чем-л.*) **3.** возиться (*с чем-л.*); бесполезно тратить время и силы

belaid [bɪ'leɪd] *past и p. p. от* belay II

belate [bɪ'leɪt] *v уст.* задерживать

belated [bɪ'leɪtɪd] *a* **1.** задержавшийся, запоздалый, поздний; ~ excuse [confession] запоздалое извинение [признание]; ~ account отчёт, поступивший с опозданием **2.** застигнутый темнотой, ночью (в пути) **3.** отживший, устарелый; ~ view of smth. устаревшее представление о чём-л.

belaud [bɪ'lɔ:d] *v уст.* восхвалять, превозносить

belay I [bɪ'leɪ] *n* охранение, страховка (*альпинизм*); poor ~ небрежная /недостаточная/ страховка; positive ~ надёжная страховка

belay II [bɪ'leɪ] *v* (belayed, belaid) **1.** *мор.* закрепить (*канат*); завёртывать (*снасть*); ~ the line! завернуть трос! (*команда*); ~ ho!, ~ there! завернуть! (*команда*); ~ that! отставить! (*команда*) **2.** охранять, страховать (*альпинизм*)

belay III [bɪ'leɪ] *int разг.* хватит!, стоп!, отставить это!

belaying-pin [bɪ'leɪɪŋpɪn] *n мор.* кофель-нагель

bel canto [ˌbelˈkæntəʊ] *um. муз.* белька́нто

belch I [beltʃ] *n* 1) 1) отры́жка; to give a loud ~ гро́мко рыгну́ть 2) изрыга́ние (*ды́ма и т. п.*); столб (*огня́, пе́пла*) 2. *сл.* плохо́е пи́во

belch II [beltʃ] *v* 1. 1) груб. рыга́ть, страда́ть отры́жкой 2) рвать, вырыва́ть, страда́ть рво́той 3) изверга́ть (*ла́ву, пе́пел*); выбра́сывать (*ого́нь, дым*) (*тж.* ~ forth, ~ out); the cannons roared, ~ing fire and smoke пу́шки греме́ли, изрыга́я пла́мя и дым 4) изрыга́ть (*руга́тельства; тж.* ~ forth, ~ out) 2. *сл.* жа́ловаться, ныть, скули́ть

belcher [ˈbeltʃə] *n* 1) си́ний (ше́йный) плато́к в бе́лый горо́шек 2) пёстрый плато́к *или* шарф

beldam [ˈbeldəm] *n* 1. ве́дьма; колду́нья 2. 1) ста́рая карга́, ве́дьма 2) стару́ха 3. *уст.* ба́бка; праба́бка; прароди́тельница

beldame [ˈbeldəm] = beldam

beleaguer [bɪˈliːɡə] *v* 1) осажда́ть; окружа́ть; оцепля́ть; a city ~ed by the enemy го́род, осаждённый враго́м /проти́вником/ 2) донима́ть, беспоко́ить; ~ed by sickness неотсту́пно пресле́дуемый боле́знью; the President is ~ed by problems президе́нт в плену́ пробле́м

belemnite [ˈbeləmnaɪt] *n палеонт.* беле́мнит

bel-esprit [ˌbeleˈspriː] *n* (*pl* beaux-esprits) *фр.* остроу́мный челове́к; то́нкий ум

belfry [ˈbelfrɪ] *n* 1. колоко́льня, зво́нница 2. ба́шня; каланча́ 3. *с.-х. редк.* сара́й, наве́с 4. *ист.* подвижна́я оса́дная ба́шня 5. *разг.* голова́, мозги́, «черда́к»

belga [ˈbelɡə] *n* бе́льга (*де́нежная едини́ца Бе́льгии 1926—1945 гг.*)

Belgae [ˈbeldʒiː] *n pl ист.* бе́лги

Belgian I [ˈbeldʒ(ə)n] *n* 1. бельги́ец; бельги́йка 2. тяжелово́з бельги́йской поро́ды

Belgian II [ˈbeldʒ(ə)n] *a* бельги́йский

Belgic [ˈbeldʒɪk] *a* 1. относя́щийся к бе́лгам 2. бельги́йский

Belgravia [belˈɡreɪvɪə] *n* 1) Бельгре́йвия (*фешене́бельные кварта́лы в лондонском Вест-Энде вокру́г Белгрейв-скве́р*) 2) вы́сший свет

Belgravian I [belˈɡreɪvɪən] *n* 1. челове́к, прожива́ющий в Белгре́йвии 2. 1) аристокра́т 2) челове́к, принадлежа́щий к вы́сшему све́ту

Belgravian II [belˈɡreɪvɪən] *a* 1) относя́щийся к вы́сшему све́ту [*см.* Belgravia] 2) роско́шный, мо́дный, элега́нтный

Belial [ˈbiːlɪəl] *n* 1) *библ.* Велиа́р, сатана́ 2) де́мон; па́дший а́нгел ◊ ~ man of ~ нечести́вец

belie [bɪˈlaɪ] *v* 1. дава́ть неве́рное представле́ние; представля́ть в ло́жном све́те; his appearance ~d him его́ нару́жность создаёт непра́вильное представле́ние о нём; his cheerful appearance ~d his true feelings под напускно́й весёлостью он скрыва́л свои́ и́стинные чу́вства 2. изоблича́ть, разоблача́ть; опроверга́ть; противоре́чить; his acts ~ his words его́ посту́пки расхо́дятся со слова́ми 3. не опра́вдывать (*наде́жд и т. п.*); отступа́ться (*от при́нципов и т. п.*); to ~ one's principles измени́ть свои́м убежде́ниям; to ~ one's faith отступи́ть от ве́ры; to ~ one's inner thoughts лгать самому́ себе́; the expectations based on his early successes were completely ~d later on наде́жды, порождённые его́ пе́рвыми успе́хами, пото́м ру́хнули 4. *книжн.* оболга́ть, оклевета́ть; he was inclined to abuse and ~ those who disagreed with him на несогла́сных с ним он изверга́л пото́ки бра́ни и клеветы́

belief [bɪˈliːf] *n* 1. ве́ра, дове́рие; beyond /past/ ~ невероя́тно, немы́слимо; hard of ~ недове́рчивый; light of ~ легкове́рный; unworthy of ~ не заслу́живающий дове́рия (*о слу́хе и т. п.*); it staggers ~ тру́дно пове́рить; I haven't much ~ in his honesty я не сли́шком ве́рю в его́ че́стность 2. 1) ве́ра, убежде́ние; a man of strong ~s глубоко́ убеждённый /иде́йный/ челове́к; he has a strong ~ in all-round education он глубоко́ убеждён в необходи́мости всесторо́ннего образова́ния 2) *рел.* ве́ра, ве́рование; the B. си́мвол ве́ры, кре́до; heathen ~s язы́ческие ве́рования; strange ~s стра́нные пове́рья; superstitious ~s суеве́рия, приме́ты; ~ in God [afterlife] ве́ра в бо́га [загро́бную жизнь]; the ~s of the Christian Church вероуче́ния /до́гмы/ христиа́нской це́ркви 3. *разг.* мне́ние, убежде́ние; понима́ние; wrong ~ непра́вильное мне́ние, заблужде́ние; it is my ~ that... по-мо́ему, по моему́ мне́нию /убежде́нию/; to the best of my ~ наско́лько я понима́ю, наско́лько мне изве́стно; in the wrong ~ that... исходя́ из непра́вильного представле́ния, что...; оши́бочно ду́мая, что...

believability [bɪˌliːvəˈbɪlɪtɪ] *n* достове́рность, правдоподо́бие

believable [bɪˈliːvəb(ə)l] *a* вероя́тный; правдоподо́бный

believe [bɪˈliːv] *v* 1. 1) ве́рить; to ~ a rumour [a statement, a lie] пове́рить слу́ху [утвержде́нию, вы́думке]; I ~ you я вам ве́рю; I ~ what he says я ве́рю его́ слова́м; I made him ~ it я убеди́л его́ в э́том; you'd better ~ it *разг.* мо́жете быть уве́рены 2) доверя́ть; to ~ smb. implicitly всеце́ло доверя́ть кому́-л.; to ~ smb.'s word /smb. on his word/ ве́рить кому́-л. на́ сло́во; a man who deserves to be ~d челове́к, кото́рый заслу́живает (вся́ческого) дове́рия; 3) (in, *редк.* on) *рел.* ве́ровать, ве́рить; to ~ in God [in Holy Spirit] ве́ровать в бо́га [в свято́го ду́ха]; to ~ in spiritualism [in ghosts] ве́рить в спирити́зм [в привиде́ния] 2. (in) ве́рить (*в кого́-л., во что-л.*); возлага́ть наде́жды (*на что-л., кого́-л.*); to ~ in human nature ве́рить в челове́ка; I ~ in early rising я счита́ю, что ра́но встава́ть поле́зно; I ~ in getting plenty of exercise я придаю́ большо́е значе́ние физкульту́ре; I ~ in you a) я ве́рю вам, я счита́ю вас че́стным челове́ком; б) я ве́рю в вас, я возлага́ю на вас больши́е наде́жды; he did not ~ in women он был нелёстного мне́ния о же́нщинах 3. ду́мать, полага́ть, счита́ть; I ~ (that) you are right [wrong] мне ка́жется /я ду́маю/, что вы пра́вы [ошиба́етесь]; people ~d the Earth to be flat лю́ди ду́мали, что земля́ пло́ская; I ~ so ду́маю, что так; пра́вильно, ве́рно; will they be ready tomorrow? — I ~ so [I ~ not] бу́дут они́ за́втра гото́вы? — Ка́жется /ду́маю, ду́мается, полага́ю, по-ви́димому/ бу́дут [Ка́жется /по-ви́димому, по всей вероя́тности/ нет; вряд ли, едва́ ли]; the plan is ~d to be realistic план счита́ют реа́льным; полага́ют, что план осуществи́м; I ~ him to be alive я ду́маю, что он жив; он, по всей вероя́тности, жив; he is ~d to be in Paris ду́мают /говоря́т/, что он в Пари́же; we ~ him to be the man for the job мы счита́ем, что для э́той рабо́ты он о́чень подхо́дит; I'd ~ absolutely anything of that man от э́того челове́ка мо́жно всего́ ожида́ть 4. име́ть како́е-л. мне́ние; to ~ meanly of smb., smth. *арх.* быть плохо́го мне́ния /ду́мать пло́хо/ о ком-л., чём-л.; to ~ meanly of one's neighbour ду́мать пло́хо /быть неле́стного мне́ния/ о своём бли́жнем

◊ to make ~ а) де́лать вид, притворя́ться; б) вообража́ть (*особ. в де́тских и́грах*); let's make ~ we're pirates дава́й(те) игра́ть в пира́тов

believer [bɪˈliːvə] *n* 1. *рел.* ве́рующий; true ~ правове́рный 2. (in) ве́рящий (*во что-л.*); сторо́нник, защи́тник; a ~ in universal suffrage сторо́нник всео́бщего избира́тельного пра́ва; he is a great ~ in fresh air as a cure for illness он убеждён, что пребыва́ние на све́жем во́здухе спосо́бствует излече́нию от боле́зни

belike [bɪˈlaɪk] *adv арх.* вероя́тно, по-ви́димому, быть мо́жет

Belisha beacon [bəˌliːʃəˈbiːkən] фона́рь Бели́ши (*жёлтый мига́ющий шар на полоса́том столбе́, обознача́ющий перехо́д че́рез у́лицу*)

belittle [bɪˈlɪtl] *v* 1. умаля́ть; преуменьша́ть; принижа́ть; to ~ smb.'s accomplishments умаля́ть чьи-л. досто́инства; to feel ~d in the presence of smb. чу́вствовать себя́ прини́женным /ничто́жным/ в чьём-л. прису́тствии 2. *уст.* уменьша́ть

belive [bɪˈlaɪv] *adv шотл.* жи́во, бы́стро, сию́ мину́ту

Belizean I [bəˈliːzɪən] *n* жи́тель *или* уроже́нец Бели́за

Belizean II [bəˈliːzɪən] *a* относя́щийся к Бели́зу; ~ independence незави́симость Бели́за

bell¹ [bel] *n* 1. 1) ко́локол; колоко́льчик; бубе́нчик; Tom ~ большо́й ко́локол; alarm ~ *см.* alarm-bell; ~ loft звонни́ца, помеще́ние для колоколо́в на колоко́льне 2) *обыкн. pl* звон, перезво́н (*колоколо́в*); passing ~ похоро́нный звон 3) звоно́к; to answer the ~ откры́ть дверь на звоно́к; there is the ~! звоня́т! 2. *pl муз.* карильо́н; подбо́р колоколо́в 3. *обыкн. pl* 1) кура́нты; a chime of ~s бой кура́нтов 2) *мор.* скля́нки; to strike the ~s бить скля́нки; four ~s четы́ре скля́нки (*2 часа́, 6 и́ли 10 часо́в*) 3) *мор.* ры́нда; скля́нка 4. 1) колоколообра́зный предме́т, ко́локол; diving ~ водола́зный ко́локол 2) ко́нус (*до́мны*) 5. *бот.* 1) ча́шечка цветка́ 2) колоко́льчик (*о фо́рме цветка́*) 6. *архит.* капите́ль кори́нфской коло́нны 7. *геол.* нави́сшая поро́да 8. *спорт.* ги́ря, шта́нга 9. *pl* брю́ки клёш 10. *зоол.* «зо́нтик» меду́зы; ко́локол, нектофо́р

◊ saved by the ~ а) спасённый то́лько го́нгом (*о боксёре, избежа́вшем нока́ута*); б) чу́дом спа́сшийся; спасённый в после́днюю мину́ту; to bear /to carry away/ the ~ а) завоева́ть пе́рвенство; получи́ть пе́рвый приз; б) идти́ пе́рвым; быть вожако́м; to lose the ~ *уст.* потерпе́ть пораже́ние; with ~s on *эмоц.-усил.* (*особ. после бра́нного сло́ва*) ≅ ты́сячу раз; a fool with ~s on ≅ дура́к в квадра́те; to crack the ~ провали́ться; завали́ть де́ло; to ring a ~ напомина́ть, наводи́ть на мысль, каза́ться знако́мым; to ring the ~ удовлетворя́ть; по́льзоваться успе́хом, нра́виться; the book rings the ~ with teenagers э́та кни́га нахо́дит о́тклик у молодёжи; to ring the ~s торжествова́ть побе́ду; to ring one's own ~ бахва́литься, занима́ться саморекла́мой; to hang the ~

about the cat's neck = to bell the cat [*см.* bell¹ II ◊]; to curse by ~, book and candle a) *ист.* отлучить от церкви; б) *шутл.* отвергнуть окончательно, бесповоротно

bell¹ II [bel] *v* 1. привешивать колокол; прикреплять колокольчик; обивать бубенчиками 2. 1) раздуваться колоколом (*о юбке и т. п.*) 2) раздувать (*тж.* ~ out) 3. звонить, бить в колокола
◊ to ~ the cat отважиться; взять на себя инициативу в опасном /рискованном/ деле; поставить себя под удар

bell² I [bel] *n охот.* клич, рёв оленя-самца (*во время течки у самок*)

bell² II [bel] *v* 1) токовать (*о тетереве*); реветь (*об олене*) 2) кричать, реветь

belladonna [ˌbeləˈdɒnə] *n бот.* белладонна, сонная одурь; красавка (*Atropa belladonna*)

belladonna lily [ˌbeləˈdɒnəˈlɪlɪ] *бот.* амариллис (*Amaryllis belladonna*)

bellarmine [ˈbelɑːmiːn, -mɪn] *n ист.* пузатый каменный кувшин с узким горлышком

bell-bottomed [ˈbelˌbɒtəmd] *a* колоколом; расклёшенный; ~ trousers *см.* bell-bottoms

bell-bottoms [ˈbelˌbɒtəmz] *n pl* брюки клёш

bellboy [ˈbelbɔɪ] *n* коридорный, посыльный (*в гостинице*)

bell buoy [ˈbelbɔɪ] *мор.* буй с колоколом

bell captain [ˈbelˌkæptɪn] старший коридорный

bell-crank [ˈbelkræŋk] *n тех.* угловой или коленчатый рычаг

bell curve [ˈbelkɜːv] *мат.* колоколообразная, гауссова кривая, кривая нормального распределения

belle [bel] *n* красавица; southern ~ *амер.* красавица с юга (*особ. из семьи плантатора*); the ~ of the ball царица бала

belled [beld] *a* с раструбом, воронкообразный

belleek [bɪˈliːk] *n* «беллик» (*фирменное название высококачественного фарфора, изготовляемого в Северной Ирландии*; *тж.* B. ware)

Bellerophon [bɪˈlerəfən] *n др.-греч. миф.* Беллерофо(н)т

belles-lettres [ˌbelˈletrə] *n pl* 1) художественная литература; беллетристика 2) *стил.* стиль художественной речи (*тж.* ~ style)

bellet(t)rist [ˌbelˈletrɪst] *n* беллетрист

bellet(t)ristic [ˌbeləˈtrɪstɪk] *a* беллетристический

bellflower [ˈbelˌflaʊə] *n* колокольчик (*цветок*)

bell glass [ˈbelɡlɑːs] = bell jar

bellhop [ˈbelhɒp] *амер. разг. см.* bellboy

bellicose [ˈbelɪkəʊs] *a* 1) воинственный, агрессивный; воинственный; ~ statements воинственные заявления; ~ tribe воинственное племя; an editorial in a ~ vein передовая статья в воинствующем /вызывающем/ тоне 2) драчливый; a drunk in a ~ mood пьяный, лезущий в драку

bellicosity [ˌbelɪˈkɒsɪtɪ] *n* воинственность 2) драчливость; агрессивность

bellied [ˈbelɪd] *a* 1. 1) пузатый; a ~ bottle пузатая бутылка; ~ sails паруса, наполненные ветром 2) толстопузый, толстобрюхий 2. (-bellied) *как компонент сложных слов* с таким-то животом; big-bellied, round-bellied, barrel-bellied толстобрюхий, толстопузый; flat-bellied поджарый

belligerancy [bɪˈlɪdʒ(ə)rənsɪ] = belligerency

belligerence [bɪˈlɪdʒ(ə)rəns] *n* 1. воинственность, состояние войны

belligerency [bɪˈlɪdʒ(ə)rənsɪ] *n* 1. воинственность 2. *юр.* 1) состояние войны 2) статус, положение воюющей стороны

belligerent I [bɪˈlɪdʒ(ə)rənt] *n* 1. *юр.* воюющая сторона; the ~s государства, находящиеся в состоянии войны 2. *шутл.* участник драки

belligerent II [bɪˈlɪdʒ(ə)rənt] *a* 1) *юр.* находящийся в состоянии войны, воюющий; ~ powers воюющие державы; accessory [principal] ~ второстепенная (главная] воюющая сторона 2) *права воюющих сторон* 2) воинственный; агрессивный; to speak in a ~ tone говорить в угрожающем тоне

bellipotent [bɪˈlɪpət(ə)nt] *a шутл.* грозный; непобедимый

bell-jar [ˈbeldʒɑː] *n* стеклянный колпак

bell lap [ˈbellæp] *спорт.* финишный круг (*отмечаемый ударами колокола*)

bellman [ˈbelmən] *n* (*pl* -men [-mən]) *ист.* глашатай

bell metal [ˈbelˌmetl] колокольная бронза

bell-mouthed [ˈbelmaʊθ] = belled

Bellona [beˈləʊnə] *n др.-рим. миф.* Беллона

bellow I [ˈbeləʊ] *n* 1) мычание, рёв (*животных*) 2) рёв, вопль; the deafening ~ of the sea оглушающий рёв моря; the ~ of the cannon грохот пушек

bellow II [ˈbeləʊ] *v* 1) мычать; реветь (*о животных*) 2) реветь (*о буре и т. п.*); the wind ~ed in the night ветер выл в ночи 3) вопить, орать; to ~ with pain взвыть от боли; to ~ an order выкрикнуть приказ

bellow forth, bellow out [ˈbeləʊˈfɔːθ, -ˈaʊt] *phr v* выкрикивать (*ругательства и т. п.*)

bellows [ˈbeləʊz] *n pl* 1. кузнечные мехи 2. *тех.* сильфон, гофрированная мембрана 3. 1) гармошка между вагонами 2) мехи (*фотоаппарата*) 4. *сл.* лёгкие

bell-pull [ˈbelpʊl] *n* сонетка, шнурок колокольчика

bell-push [ˈbelpʊʃ] *n* кнопка звонка

bell-ringer [ˈbelˌrɪŋə] *n* 1. звонарь 2. *амер. сл.* обходчик квартир (*о коммивояжёре, сборщике пожертвований, агитирующем за кандидата и т. п.*) 2) мелкий политикан 3. *ж.-д. жарг.* машинист 4. *сл.* музыкант

bells [belz] = bell-bottoms

bell-shaped [ˈbelʃeɪpt] *a* колоколообразный; ~ sleeves рукава колоколом; расклёшенные рукава

Bell's palsy [ˈbelzˈpɔːlzɪ] *мед.* периферический паралич лицевого нерва

bell tent [ˈbeltent] круглая палатка

belltower [ˈbelˌtaʊə] *n* колокольня

bellum internecinum [ˌbeləmˌɪntəˈnekɪnəm] *лат.* губительная война, война на истребление

bellum omnium contra omnes [ˌbeləmˈɒmnɪəmˈkɒntrəˈɒmneɪz] *лат.* война всех против всех

bell-wether [ˈbelˌweðə] *n* 1) баран-вожак (*в стаде*) 2) *презр.* вожак, главарь 3) авангард; Paris once used to be the ~ of the fashion industry Париж некогда являлся законодателем мод

bellwort [ˈbelwɜːt] *n бот.* увулярия (*Uvularia gen.*)

belly I [ˈbelɪ] *n* 1. 1) живот, брюхо, пузо; the lower ~ нижняя часть живота, ~ landing *ав.* посадка «на брюхо», посадка с убранным шасси, посадка на фюзеляж; ~ crawl *воен.* ползание по-пластунски; to crawl on one's ~ а) ползти на животе; б) подзать на брюхе, пресмыкаться 2) *сл.* брюхо, желудок; with an empty ~ голодный; on an empty ~ натощак; to have a full ~ быть сытым, наесться досыта 3) аппетит; a coward doesn't have much of a ~ for fighting у труса нет особого вкуса к борьбе; ≅ трус не играет в хоккей 2. 1) *анат.* брюшко (*насекомого и т. п.*); ~ of muscle брюшко мышцы 2) первый желудок (*у жвачных*) 3. 1) *книжн.* чрево, утроба; Jonah in the ~ of the fish *библ.* Иона во чреве китовом; the ~ of hell преисподняя, ад 2) *уст.* чрево матери 4. *геол.* 1) утолщение пласта 2) колоколообразное включение минерала в жиле 5. верхняя дека (*струнного инструмента*); дека (*рояля*) 6. *мор.* пузо (*паруса*)
◊ to be given to one's ~ предаваться чревоугодию; ≅ поклоняться мамоне; the ~ has no ears ≅ соловья баснями не кормят; the ~ is not filled with fair words словами сыт не будешь; what is got over the devil's back is spent under his ~ *посл.* ≅ худо нажитое впрок нейдёт

belly II [ˈbelɪ] *v* 1) надуваться, пучиться; вспучиваться; раздуваться 2) наполняться ветром (*о парусах*) 3) надувать, раздувать

belly-ache I [ˈbelɪeɪk] *n* 1. *разг.* боль в животе 2. *сл.* жалоба, нарекание

belly-ache II [ˈbelɪeɪk] *v сл.* жаловаться, ныть; «скулить»

bellyband [ˈbelɪbænd] *n* 1. подпруга 2. бандаж

belly-bound [ˈbelɪbaʊnd] *a разг.* страдающий запором

belly button [ˈbelɪˌbʌtn] *сл.* пупок

belly-dance [ˈbelɪdɑːns] *n* танец живота

belly-flop I [ˈbelɪflɒp] *n* удар животом о воду (*при нырянии*)

belly-flop II [ˈbelɪflɒp] *v* 1. удариться животом о воду 2. = belly-land

bellyful [ˈbelɪfʊl] *n* 1. сытость; to have a ~ наесться досыта 2. *сл.* пресыщение; I got a ~ (of) я сыт по горло (*чем-л.*) 3. *сл.* беременность

belly-god [ˈbelɪɡɒd] *n* чревоугодник

bellyhold [ˈbelɪhəʊld] *n ав.* багажное отделение под салоном самолёта

belly-land [ˈbelɪlænd] *v ав.* садиться «на брюхо», посадить самолёт на фюзеляж

belly laugh [ˈbelɪlɑːf] *разг.* утробный, безудержный смех; смех до колик в животе

belly out [ˈbelɪˈaʊt] *phr v* надуваться, наполняться ветром (*о парусах*)

belly tank [ˈbelɪtæŋk] *ав.* подфюзеляжный бак

belly up [ˈbelɪˈʌp] *phr v* 1. упасть навзничь 2. *разг.* рухнуть замертво; подохнуть 3. (to) *сл.* протолкаться, «переть» 4. *воен. разг.* посадить на препятствие

belly-wash [ˈbelɪwɒʃ] *n сл.* пойло (*виски, пиво, кофе и т. п.*)

belly-whop [ˈbelɪwɒp] *v амер. сл.* 1. кататься на санках, лёжа на животе 2. плюхнуться животом о воду

belly-worm [ˈbelɪwɜːm] *n прост.* глиста(я)

belong [bɪˈlɒŋ] *v* 1. (to) принадлежать, быть собственностью; the book ~s to me это моя книга; I can use it, but it does not ~ to me я могу этим пользоваться, но это не моя собственность /не моё/ 2. 1) (to) принадлежать, быть частью; to ~ to a certain set принадлежать

BEL — BEM

к определённому кругу (общества); to ~ to a club быть членом клуба; this ~s to a different historical period это относится к другому историческому периоду; this wheel ~s to the car это колесо от автомашины 2) *разг.* быть частью группы *и т. п.*; составлять одно целое (*с кем-л., чем-л.*); an ardent wish to ~ горячее желание стать частью коллектива или группы /войти в семью *и т. п.*/; stockings that do not ~ два разных чулка; things that ~ together парные предметы *или* предметы, составляющие комплект 3. (among, in, on, with, *редк.* under) *преим. амер.* относиться, иметь отношение; сочетаться, подходить; the name of Koch ~s with that of Pasteur имя Коха можно поставить рядом с именем Пастера; cheese ~s with salad сыр хорош с салатом; where do these things ~? где место этим вещам?, куда их положить?; the letter ~s in the archives этому письму место в архиве; she ~s in the movies её место в кино, ей следовало бы стать киноактрисой; these dishes ~ in the cupboard эта посуда всегда стоит в буфете; this book ~s here [on this shelf] этой книге полагается лежать здесь [стоять на этой полке]; ~ here a) я рядом из этих мест; б) моё место здесь 4. *уст.* приличествовать, подобать; it does not ~ to do this этого делать не следует /не нужно/; it does not ~ to a child to interrupt his parents ребёнку не пристало перебивать родителей

belonging [bɪˈlɒŋɪŋ] *n* связь, общность; feeling of not ~ чувство одиночества /отчуждения/; a sense of ~ existing within an organization сплочённость /духовная близость/ членов организации

belongings [bɪˈlɒŋɪŋz] *n pl* 1. вещи, принадлежности; пожитки; I left my ~ in the hotel я оставил свои вещи в гостинице 2. принадлежности (*аппарата и т. п.*); части, детали 3. *уст.* близкие; семья, родственники; to be trouble enough to one's ~ доставлять немало хлопот своим родным

beloved I [bɪˈlʌvɪd] *n* возлюбленный, возлюбленная

beloved II [bɪˈlʌvɪd, bɪˈlʌvd] *a* 1. любимый, возлюбленный; dearly ~ brethren *церк.* возлюбленные братья; Mary A., ~ wife of William A. Мери А., горячо любимая жена Уильяма А. (*надгробная надпись*) 2. *шутл., ирон.* излюбленный; милый сердцу; he lost his ~ pipe он потерял свою любимую трубку; long words ~ of bureaucrats длинные речи, милые сердцу бюрократов

below I [bɪˈləʊ] *adv* 1. 1) внизу; ниже; the court ~ нижестоящая судебная инстанция; to remain ~ оставаться внизу; to be ~ находиться внизу; we could hear the noise ~ мы слышали шум внизу; his apartment is ~ его квартира прямо под нами 2) вниз; to go ~ спускаться вниз 3) ниже по течению; there is good fishing ~ ниже по течению хорошо ловится рыба 4) ниже нуля; the temperature is five ~ today сегодня пять градусов мороза 2. ниже, дальше; see ~ смотри ниже (*на странице, в статье и т. п.*); the passage quoted ~ отрывок, приводимый ниже /дальше/; 3. *в сочетаниях*: here ~ на земле (*в отличие от неба*); the place ~ ад; down ~ а) в преисподней; б) в могиле; в) на дне моря; all hands ~! *мор.* все вниз! (*команда*); under ~! *мор.* берегись!, полундра! (*команда*) 4. *театр.* на авансцене

below II [bɪˈləʊ] *prep* указывает на 1. *местоположение ниже чего-л., под чем-л.* ниже, под; ~ sea level ниже уровня моря; ~ the third floor четвёртого /*амер.* третьего/ этажа; ~ the surface а) под водой; б) под землёй; в) под поверхностью; ~ the bridge ниже моста (*по течению реки*); the sun set ~ the horizon солнце закатилось 2. *положение ниже по уровню, по рангу и т. п.* ниже; ~ zero ниже нуля; ~ (the) average [normal] ниже среднего [нормального]; he is ~ his schoolfellows in class он отстаёт от других учеников в классе; a captain is ~ a general in rank капитан ниже генерала по званию /рангу/ 3. ниже (*достоинства*); it is ~ you это недостойно вас; it would be ~ me to answer him отвечать ему было бы ниже моего достоинства; it is ~ his dignity это ниже его достоинства 4. *в сочетаниях*: ~ ground в земле, в могиле; ~ stairs в помещении для прислуги; ~ criticism ниже всякой критики; ~ one's breath тихо, шёпотом; ~ the mark а) плохого качества; б) чувствующий себя плохо, слабо; ~ par а) *фин.* ниже номинала или паритета; б) неважно; I feel ~ par я плохо себя чувствую

belowdecks [bɪˈləʊdeks] *adv* в трюме, в каютах

belowground I [bɪˈləʊɡraʊnd] *a* 1. подземный 2. погребённый, похороненный; мёртвый

belowground II [bɪˈləʊɡraʊnd] *adv* под землёй

Belshazzar [belˈʃæzə] *n ист.* Валтасар; ~'s feast а) *библ.* Валтасаров пир; б) беспечное веселье накануне гибели

belt I [belt] *n* 1. 1) пояс, кушак, ремень; портупея; cross /shoulder/ ~ перевязь /ремень, лента/ через плечо 2) пояс (*с подвязками*); корсет; бандаж 2. 1) пояс, зона, район; полоса; corn ~ *амер.* кукурузный пояс /-ая зона/; a green ~ around the city зелёный пояс вокруг города; shelter ~ полезащитная лесная полоса; ~ planting с.-х. ленточный посев; ~ of ice зона льдов; ~ of fire *воен.* полоса сплошного поражения; ~ of wire *воен.* полоса проволочных заграждений; ~ road *воен.* рокадная дорога 2) *лес.* шпалера; ~ of trees кулисы (*деревья, оставляемые при сводке для лесовозобновления*) 3. *воен.* пулемётная лента 4. *мор.* броневой пояс (*военного корабля*) 5. 1) *тех.* приводной ремень; ~ transmission ременная передача; ~ tightener натяжное устройство для ремня 2) лента (*конвейера*) 6. *геогр.* узкий пролив 7. 1) *астр.* пояс; ~s of Jupiter пояса Юпитера 2) = belt line 8. *архит.* облом 9. *сл.* рюмка, стаканчик спиртного 10. *сл.* встряска; потрясение; to get a ~ out of smth. быть потрясённым чем-л. 11. *сл.* кайф, кейф 12. интервал (*в статистике*)

◊ under one's ~ а) в желудке; to have a few Scotches under one's ~ выпить несколько стаканчиков виски; ≅ заложить за галстук; б) в прошлом; на счету (*у кого-л.*); he has three classical roles under his ~ он сыграл три классические роли; в) *сл.* при себе; keep the warning under your ~ ≅ молчи в тряпочку; to hit /to strike, to tackle/ below the ~ а) нанести удар ниже пояса (*в борьбе, боксе*); б) применить запрещённый приём; нанести предательский удар; to lay under one's ~ *прост.* наедаться до отвала; to tighten one's ~ затянуть потуже пояс; to have the champion's ~ быть чемпионом (*по боксу*)

belt II [belt] *v* 1. 1) подпоясывать; затягивать поясом (*тж.* ~ on); to ~ on the shoulders надевать через плечо 2) опоясывать; очерчивать (*кругом*); the beaver ~ed the tree with his teeth бобёр обгрыз дерево кругом 3) вешать на пояс; he ~ed on his sword он прицепил к поясу саблю 2. 1) пороть ремнём 2) *сл.* ударить кулаком, треснуть 3. *амер. сл.* пить (*спиртное*); to ~ the grape пьянствовать 4. *сл.* двигаться рывками; мчаться сломя голову; to ~ downstairs кубарем скатиться по лестнице

Beltane [ˈbelt(e)ɪn] *n шотл. ист.* праздник костров (*первого мая старого стиля*)

belt-conveyor [ˌbeltkənˈveɪə] *n* ленточный транспортёр или конвейер

belt down [ˈbeltˈdaʊn] *phr v* выпивать (*обыкн. алкогольные напитки*); ≅ закладывать за воротник

belt-drive [ˌbeltˈdraɪv] *n тех.* ремённая передача; ремённый привод

belted [ˈbeltɪd] *a* 1. опоясанный, полосатый; ~ cattle голландский скот 3. *тех.* с ремённым приводом 4. *ист.* пожалованный поясом (*в знак достоинства*); титулованный; ~ knight [earl] возведённый в рыцарское [графское] достоинство 5. помеченный лентой или полоской другого цвета 6. прикреплённый к поясу; ~ sword сабля на поясе

belting [ˈbeltɪŋ] *n* 1. *тех.* 1) ремённая передача 2) приводные ремни 2. *текст.* бельтинг (*техническая ткань для приводных ремней*) 3. *редк.* пояс 4. *сл.* порка; взбучка

belt line [ˈbeltlaɪn] *амер.* трамвайное кольцо; кольцевая трамвайная или троллейбусная линия; окружная железная дорога; кольцевая линия метро

beltline¹ [ˈbeltlaɪn] *n* талия

beltline² [ˈbeltlaɪn] *n амер.* конвейер

belt off [ˈbeltˈɒf] *phr v разг.* поспешить уйти прочь; улизнуть, смыться

belt out [ˈbeltˈaʊt] *phr v* 1. *разг.* петь или играть очень громко; наяривать; распевать во всё горло 2. *амер. сл.* громко пить, хлебать

belt printer [ˈbeltˈprɪntə] *вчт.* ленточное печатающее устройство

belt-saw [ˈbeltsɔː] *n* ленточная пила

belt-tightening [ˈbeltˌtaɪtnɪŋ] *n амер.* вынужденное уменьшение расходов; ≅ подтянуть потуже пояс

belt up [ˈbeltˈʌp] *phr v сл.* притихнуть; замолчать, заткнуться (*обыкн. в повел. накл.*); заткнись!

belt-way [ˈbeltweɪ] *n амер.* кольцевая автодорога

beluga [bɪˈluːɡə] *n зоол.* 1. белуга (*Huso huso*) 2. белуха (*Delphinapterus leucas*)

belvedere [ˈbelvɪdɪə] *n* 1. *архит.* бельведер 2) (В.) Бельведер (*картинная галерея в Ватикане*); Apollo B. Аполлон Бельведерский 2. бельведер (*сорт сигар*)

Belzebub [ˈbelzɪbʌb] = Beelzebub

bema [ˈbiːmə] *n* (*pl* -ta) *ист.* возвышение (*место алтаря в греческом храме, трибуна оратора и т. п.*)

bemad [bɪˈmæd] *v арх.* сводить с ума

bemata [ˈbiːmətə] *pl от* bema

bemaul [bɪˈmɔːl] *v* искалечить, избить до полусмерти

bemaze [bɪˈmeɪz] *v арх.* ставить в тупик, сбивать с толку; ошеломлять

bemean [bɪˈmiːn] *v книжн.* унижать, позорить; to ~ oneself ронять своё достоинство

bemedalled [bɪˈmedld] *a* увешанный медалями, орденами

bemire [bɪˈmaɪə] *v* 1. толкнуть в грязь; забрызгать грязью; I was filthily ~d я был весь в грязи; doubt ~s the soul *образн.* сомнения отравляют душу 2. утонуть в грязи

bemist [bɪˈmɪst] *v редк.* затуманивать

bemoan [bɪˈməʊn] *v* оплакивать

bemock [bɪˈmɒk] *v редк.* издеваться; глумиться; осмеивать

bemuse [bɪˈmjuːz] *v редк.* ошеломлять, поражать

bemused [bɪˈmjuːzd] *a* 1. ошеломлённый, озадаченный; поставленный в тупик 2. замечтавшийся; погружённый в свои мысли

ben[1] I [ben] *n* «чистая» комната, горница (*за кухней*)

ben[1] II [ben] *a диал.* внутренний (*особ. о помещении*)

ben[1] III [ben] *adv диал.* 1. 1) внутри 2) внутрь 2) в горницу 2) в горнице

ben[2] [ben] *n шотл.* горная вершина

bename [bɪˈneɪm] *v* (*уст. p. p.* be-nempt) *арх.* называть, величать

bench I [bentʃ] *n* I 1. скамейка, скамья 2. поперечная скамья, банка (*на шлюпке*) 3. 1) верстак 2) станок (*верстачный*) 3) *тех.* (испытательный) стенд 4) *физ.* (оптическая) скамья 4. стеллаж (*в теплице*) 5. 1) помост для демонстрации собак на выставке 2) выставка собак 6. плоская возвышенность 7. отмель, банка 8. *горн.* уступ карьера, ступенчатая выемка, берма 9. *метал.* батарея реторт 10. *спорт.* 1) скамья для запасных игроков 2) запасные игроки II 1. 1) место судей (*в зале суда*) 2) суд, судебное присутствие 3) судейская должность; he was appointed to the ~ его назначили судьёй 4) *собир.* судьи, судейская коллегия; King's /Queen's/ B. *ист.* Суд королевской скамьи; Masters of the B. старейшины корпораций барристеров («*Судебных Иннов*») 5) епископат 2. место в парламенте; the Treasury ~ правительственная скамья; back ~es скамьи рядовых членов парламента

◊ the ~ and the bar судьи и адвокаты; on the ~ a) председательствующий в суде; б) входящий в состав суда; в) *спорт.* находящийся на скамье для запасных игроков или на штрафной скамье; to sit on the ~ а) судить (*кого-л.*); б) заседать, принимать участие в рассмотрении дела (*в качестве судьи*); to be raised to the ~ а) получить место судьи; б) получить сан епископа

bench II [bentʃ] *v* I 1. обставлять скамейками, ставить скамейки 2. 1) сажать на скамейку 2) сидеть на скамейке; садиться на скамейку 3. демонстрировать на выставке (*преим. собак*) 4. 1) *спорт.* удалять игрока с поля 2) вывести из игры (*противника и т. п.*) II 1) выдвигать на должность судьи 2) занимать должность судьи 3) заседать, быть членом суда (*в качестве судьи*)

benchboard [ˈbentʃbɔːd] *n* пульт управления

bench clamp [ˈbentʃklæmp] *тех.* верстачные тиски, струбцина

bench dog [ˈbentʃdɒg] собака, представленная на выставке

bencher [ˈbentʃə] *n* 1. член руководства одной из корпораций барристеров 2. *разг.* член палаты общин 3. сидящий на скамье (*напр., гребец*) 4. *уст.* судья; олдермен

bench hook [ˈbentʃhʊk] = bench clamp

benching [ˈbentʃɪŋ] *n* 1. террасирование 2. *геол.* система уступов 2) *горн.* работа уступами

bench jockey [ˈbentʃˌdʒɒkɪ] 1. *сл.* запасной игрок, оскорбляющий игроков команды противника (*обыкн. в бейсболе*) 2. злопыхатель

benchland [ˈbentʃlənd, -lænd] = bench I 6

bench-lathe [ˈbentʃleɪð] *n* настольный токарный станок

bench-legged [ˌbentʃˈleg(ɪ)d] *a* с широкой постановкой ног или лап

benchmark I [ˈbentʃmɑːk] *n* 1) *геод.* отметка уровня, опорная отметка, репер 2) *тж.* 3) *вчт.* эталонный тест (*тж.* ~ test) 4) точка, начало отсчёта 5) *ком.* лимитная, справочная цена 6) база (*в статистике*) 7) исходные данные для сравнительной оценки

benchmark II [ˈbentʃmɑːk] *v вчт.* определять эффективность системы, проверять по эталонному тесту

bench scientist [ˈbentʃˌsaɪəntɪst] 1) кабинетный 2) учёный, работающий в лаборатории

bench-show [ˈbentʃʃəʊ] *n* выставка животных (*преим. собак*)

bench stop [ˈbentʃstɒp] = bench clamp

bench-system [ˈbentʃˌsɪstɪm] *n горн.* работа уступами; ступенчатая разработка

bench-table [ˈbentʃˌteɪb(ə)l] *n архит.* низкое каменное сиденье в церковной нише, около колонны и т. п.

bench-terrace [ˈbentʃˌterəs] *n с.-х.* ступенчатая, скамьевидная терраса

bench-test [ˈbentʃtest] *n тех.* стендовое испытание

bench-vice [ˈbentʃvaɪs] *n тех.* верстачные, стуловые тиски

benchwarmer [ˈbentʃˌwɔːmə] *n спорт.* запасной игрок (*редко играющий*)

bench warrant [ˈbentʃˌwɒrənt] *юр.* распоряжение суда

bench-work [ˈbentʃwɜːk] *n* слесарная обработка

bend[1] I [bend] *n* 1. 1) сгиб, изгиб; кривизна; дуга; ~ of the arm локтевой сгиб 2) сгибание 3) согнутое состояние 2. поворот; а ~ of a river излучина реки; a sharp ~ in a road крутой поворот дороги; a road makes many ~s дорога очень извилистая 3. наклон (*корпуса, головы и т. п.*); a ~ of the head наклон головы; back [front, side] ~ наклон назад [вперёд, в сторону] 4. стремление; склонность, влечение 5. *тех.* колено, отвод 6. *pl мор.* 1) вельсы 2) шпангоуты 7. *pl разг.* кессонная болезнь; воздушная эмболия

◊ above one's ~ *амер.* не по силам, не по способностям; on the ~ *сл.* в запое; to give up being on the ~ бросить пить; get a ~ on you! пошевеливайся!; round the ~ *разг.* свихнувшийся, не в своём уме

bend[1] II [bend] *v* (bent) I 1. 1) гнуть, сгибать; изгибать; to ~ a pipe at the right angle согнуть трубу под прямым углом; a bow сгибать лук 2) гнуться, сгибаться; the stick ~s but does not break палка гнётся, но не ломается; to ~ under a strain гнуться /прогибаться/ под давлением /тяжестью/; to ~ beneath a burden согнуться под тяжестью 2. 1) наклонять; to ~ one's body наклониться; to ~ one's head over a book склониться над книгой 2) наклоняться; she bent over her child она наклонилась к ребёнку, она склонилась над ребёнком; can you ~ down and touch your toes, without ~ing your knees? ты можешь нагнуться и дотронуться до кончиков пальцев, не сгибая колени?; to ~ low before smb. склониться перед кем-л. в глубоком поклоне; to be bent with age сутулиться /согнуться/ с годами 3. 1) поворачивать, сворачивать; the road [the river] ~s to the right направо [река] поворачивает направо 2) направляться; to ~ one's steps towards a place отправиться куда-л.; to ~ one's steps homewards направиться домой; повернуть свои стопы к дому 4. 1) покорять, подчинять; to ~ smb. to one's will подчинить кого-л. своей воле; to ~ smb. to a strict discipline заставить кого-л. подчиниться строгой дисциплине /соблюдать строгий режим/; she is determined, I can't ~ her она приняла твёрдое решение, я не могу заставить её изменить его 2) покоряться, подчиняться; to ~ to smb.'s will покориться чьей-л. воле; he bent to her wishes он уступил её желаниям, он сделал, как она хотела 5. *шотл.* пьянствовать

II А 1. обратить (*взор, внимание и т. п.*); all eyes were bent on her все взоры /взоры всех присутствующих/ были обращены на неё /прикованы к ней/; with his eyes bent on the ground потупив взор, опустив глаза, уставившись в землю 2. приложить (*усилия и т. п.*); направить (*энергию и т. п.*); to ~ all one's energies to one's task направить всю свою энергию на что-л.; to ~ every effort сделать всё возможное; to ~ one's mind to study /решить/ посвятить себя занятиям; he couldn't ~ his mind to his studies он никак не мог заставить себя заниматься; to ~ one's rage against smb. озлобиться на кого-л., излить на кого-л. свою злобу

II Б to be bent on smth. (*on doing smth.*) решиться на что-л.; твёрдо решить что-л. сделать; he's bent on mastering Spanish он твёрдо решил овладеть испанским

◊ to ~ the knee a) преклонить колена; б) молиться; to ~ the neck гнуть шею, покоряться, унижаться; to ~ the oars налечь на вёсла; to ~ the brow a) поднимать брови; б) хмурить брови, хмуриться; to ~ with the wind подчиняться обстоятельствам

bend[2] I [bend] *n мор.* узел

bend[2] II [bend] *v* (bent) *мор.* привязывать (*тросы, паруса*)

bend[3] [bend] *n* 1. *геральд.* пояс (*диагональная полоса, идущая от левой верхней стороны герба, изображённого на щите*) 2. *спец.* наиболее толстая часть шкуры быка (*идущая на приготовление ремней, подмёток и т. п.*) 3. *геол.* твёрдая, слежавшаяся глина

Benday, benday [benˈdeɪ] *n полигр.* тангир; тангирная сетка

bended I [ˈbendɪd] *a* согнутый; on ~ knee стоя на колене

bended II [ˈbendɪd] *v уст. p. p.* от bend[1] II

bender [ˈbendə] *n* 1. 1) *см.* bend[1] II + -er 2) сгорбленный, сутулый человек 2. щипцы, клещи 3. *сл.* шестипенсовик 4. *шотл.* пьяница 5. *амер. сл.* кутёж; to be on a ~ быть пьяным; ≅ быть под градусом, заложить за галстук 6. *амер. разг.* нога 7. *сл.* нечто огромное или прекрасное; ≅ громадина; красотища

bending [ˈbendɪŋ] *n* 1) сгибание; ~ press *тех.* гибочный пресс 2) изгиб, кривизна

bend-leather [ˈbendˌleðə] *n* толстая кожа (*см.* bend[3] 2)

bendlet [ˈbendlɪt] *n геральд.* узкий пояс

bend sinister ['bend'sınıstə] *геральд.* левая перевязь

bendy ['bendı] *a геральд.* разделённый на равное количество (*обыкн.* шесть) полос (*о щите*)

bene ['ben(e)ı] *n уст.* мольба, просьба

beneaped [bı'ni:pt] *a мор.* обмелевший; оказавшийся на малой воде во время отлива

beneath I [bı'ni:θ] *adv* 1) внизу; the valley lay ~ долина лежала внизу 2) ниже 3) на нижней стороне; leaves dark above and light ~ листья сверху тёмные, а снизу светлые 4) ниже по званию; the officers heard grumbling in the ranks ~ офицеры ощущали недовольство нижних чинов

beneath II [bı'ni:θ] *prep указывает на* 1) *положение непосредственно под чем-л.* под; he sat ~ a tree он сидел под деревом; ~ the same roof под одной крышей; to slip ~ the water нырнуть 2) *положение ниже чего-л.* ниже; the town is ~ the castle город расположен ниже замка 3) у подножия; a house ~ a tall cliff дом у подножия скалы 2. *подчинённость или подвластность* под, при; ~ the yoke of the conqueror под игом завоевателя; to live ~ tyranny жить под игом тирании 3. *нахождение под тяжестью, бременем и т. п.* под; to bend ~ a burden согнуться под тяжестью (*чего-л.*); the ground gave way ~ the foot почва подалась под тяжестью ноги; she dropped her eyes ~ his gaze она опустила глаза под его взглядом 4. *несовместимость с достоинством, честью и т. п.* ниже; ~ smb.'s dignity ниже чьего-л. достоинства; ~ criticism ниже всякой критики; that conduct is ~ you это поведение недостойно вас 5. 1) *более низкий моральный или умственный уровень* ниже; don't look on them as ~ you не смотрите на них свысока; he is far ~ her in intelligence она гораздо умнее его 2) *более низкий ранг, положение и т. п.*; to marry ~ oneself вступить в неравный брак, сделать мезальянс 6. *в сочетаниях*: ~ one's breath тихо, шёпотом; she hummed a tune ~ her breath она тихонько напевала

benedick ['benıdık] = benedict

benedict ['benıdıkt] *n* 1) *шутл.* новобрачный; убеждённый холостяк, наконец женившийся (*по имени героя комедии Шекспира «Много шума из ничего»*) 2) женатый мужчина

Benedictine[1] [,benı'dıktın] *n* монах или монахиня бенедиктинского ордена; бенедиктинец; ~ rule устав бенедиктинского ордена

Benedictine[2] [,benı'dıkti:n] *n* бенедиктин (*ликёр*)

benediction [,benı'dık∫(ə)n] *n церк.* 1. благословение 2. благодарение; молитва (*перед едой и после еды*) 3. (B.) посвящение в сан аббата (*у католиков*) 4. (B.) освящение церковного имущества

benedictive [,benı'dıktıv] *a церк.* благословляющий

benedictory [,benı'dıkt(ə)rı] *a церк.* благословляющий

Benedictus [,benı'dıktəs] *n* «Бенедиктус» (*гимн или часть реквиема*)

benefaction [,benı'fæk∫(ə)n] *n* 1. благодеяние, милость; благотворительность 2. пожертвование (*на благотворительные нужды*)

benefactor [,benı'fæktə] *n* благодетель; благотворитель, благожелатель

benefactress [,benı'fæktrıs] *n* благодетельница; благотворительница

benefactrix [,benı'fæktrıks] (*pl* -xes, -trices [-trəsi:z] = benefactress

benefic [bı'nefık] *a* 1) *уст.* благоприятный; благотворный (*в астрологии*) 2) *арх.* милостивый; благосклонный

benefication [,benıfı'keı∫(ə)n] *n горн.* обогащение руды

benefice I ['benıfıs] *n* 1. *ист.* земельное феодальное владение, бенефиций 2. *церк.* 1) сан священника 2) доход священника 3) приход

benefice II ['benıfıs] *v* 1. *ист.* давать надел 2. *церк.* давать приход

beneficence [bı'nefıs(ə)ns] *n* 1) благодеяние 2) милосердие, доброта

beneficent [bı'nefıs(ə)nt] *a* 1. милосердный; добрый 2. благотворный, полезный; ~ bacteria полезные бактерии

beneficial [,benı'fı∫(ə)l] *a* 1. благотворный, полезный; целительный; ~ effect положительное воздействие; I hope your holiday will be ~ надеюсь, ваш отпуск пойдёт вам на пользу 2. выгодный 3. *юр.* пользующийся собственностью для извлечения (личной) выгоды

beneficiary [,benı'fı∫(ə)rı] *n* 1. лицо, оказавшееся в выигрыше, к выгоде которого что-л. происходит; all the children of the neighbourhood are beneficiaries of the new playground are в округе пользуются новой площадкой для игр; this politician will be the ~ of the taxpayers' discontent этот политикан воспользуется недовольством налогоплательщиков 2. священник, стоящий во главе прихода 3. 1) *юр.* лицо, получающее доходы с доверительной собственности или в пользу которого эта собственность учреждена, бенефициарий 2) бенефициар (*получатель денег по аккредитиву и т. п.*) 4. *ист.* владелец бенефиция или феода; феодальный вассал 5. тот, кто получает экономическую выгоду (*от внедрения новшества*)

beneficiation [,benıfı∫ı'eı∫(ə)n] *n горн.* обогащение (*руды*)

benefit I ['benıfıt] *n* 1. 1) преимущество, привилегия 2) польза, благо; public ~ общественное благо; for the ~ of smb. на благо /в пользу/ кого-л.; for your special ~ (только) ради вас; to be for the ~ of one's health быть полезным для здоровья; to give smb. the ~ of one's experience [knowledge] поделиться с кем-л. своим опытом [знаниями]; he gave us the ~ of his advice он помог нам советом; the book wasn't of much ~ to me книга не принесла мне особенной пользы 3) выгода; редко денежная прибыль; to get /to derive/ ~ from smth. извлекать пользу /выгоду/ из чего-л. 2. благодеяние, милость, доброе дело; ~ concert [performance] благотворительный концерт [-ое представление]; to confer ~s on /upon/ smb. осыпать кого-л. милостями 3. пенсия, пособие (*страховое, по безработице, по болезни и т. п.*) 4. *юр.* неподсудность 5. *театр.* бенефис (*тж.* ~ night) 6. *церк. уст.* приход

benefit II ['benıfıt] *v* 1. 1) приносить пользу, помогать; оказывать благотворное (воз)действие; the sea air will ~ you морской воздух будет вам полезен 2) приносить выгоду, прибыль 2. 1) получать пользу, помощь; he ~ed by the medicine лекарство помогло ему 2) извлекать выгоду

benefit of clergy [,benıfıtəv'klə:dʒı] 1. *ист.* неподсудность духовенства светскому суду 2. церковный обряд; they are living together without ~ они живут в браке невенчанными

benefit of the doubt [,benıfıtəvðə'daut] презумпция невиновности

◊ to give smb. the ~ a) оправдать кого-л. за недостаточностью улик; б) принять что-л. на веру

benefit society ['benıfıtsə,saıətı] общество взаимопомощи

Benelux ['benılʌks] *n ист.* Бенилюкс

benempt I [bı'nem(p)t] *v уст. past и p. p. от* bename

benempt II [bı'nem(p)t] *a уст.* наречённый, поименованный

benet [bı'net] *v* заманить в сеть, опутать сетью

benevolence [bı'nev(ə)ləns] *n* 1. 1) благожелательность, доброжелательность, благосклонность 2) доброта, добросердечие; человеколюбие 2. 1) благотворительность 2) щедрость 3) благодеяние; пожертвование; дар; to give a large ~ to a hospital щедро пожертвовать на больницу 4. *ист.* подать, взимавшаяся с населения под видом добровольного приношения

benevolent [bı'nev(ə)lənt] *a* 1. благожелательный, доброжелательный, благосклонный 2) щедрый; великодушный

Bengal [beŋ'gɔ:l] *a* бенгальский

Bengalee I, II [beŋ'gɔ:li:] = Bengali I и II

Bengalese [,beŋgə'li:z] (*pl без изменн.*) = Bengali I

Bengal fire ['beŋgɔ:l'faıə] = Bengal light

Bengali I [beŋ'gɔ:li:] *n* 1. бенгалец; бенгалка 2. бенгальский язык

Bengali II [beŋ'gɔ:li:] *a* бенгальский

bengaline ['beŋgəli:n] *n* ткань «бенгалин» (*в рельефный рубчик*)

Bengal light ['beŋgɔ:l'laıt] бенгальский огонь

benight [bı'naıt] *v* 1. ввергнуть во мрак невежества; the Aristotelian astronomy ~ed science for many years астрономия Аристотеля на много лет затормозила развитие научной мысли 2. 1) *поэт.* покрывать мраком ночи 2) *возвыш.* быть застигнутым темнотой (*особ. в пути*)

benighted [bı'naıtıd] *a* 1. находящийся во мраке (*невежества, предрассудков*); отсталый, некультурный; ~ prejudices закоснелые предрассудки 2. *возвыш.* застигнутый темнотой; ~ travellers застигнутые ночью путешественники

benign [bı'naın] *a* 1. милостивый; милосердный 2. кроткий, ласковый 3. мягкий, благодатный (*о климате*) 4. плодородный, плодоносный (*о почве*) 5. *мед.* 1) в лёгкой форме; неопасный 2) доброкачественный (*об опухоли*)

◊ ~ neglect нарочитое невнимание; ≅ закрывать глаза, смотреть сквозь пальцы

benignancy [bı'nıgnənsı] = benignity

benignant [bı'nıgnənt] *a* 1. благожелательный, благосклонный; добрый 2. = benign 4, 5

benignity [bı'nıgnıtı] *n* добросердечие, доброта

Benin [be'nın] *a* относящийся к Бенину, бенинский

Beninese [,benı'ni:z] *n* житель или уроженец Бенина

benison ['benıs(ə)n] *n арх.* благословение

Benjamin ['bendʒ(ə)mın] *n* 1) *библ.* Веньямин, младший любимый сын Иакова 2) младший сын; любимый ребёнок

benjamin[1] ['bendʒ(ə)mın] *n сл.* мужское пальто

benjamin[2] ['bendʒ(ə)mɪn] *n* **1.** *бот.* бензо́ин, бензо́йное де́рево (*тж.* ~ bush, ~ tree) **2.** бензо́ин (*смола этого дерева*)

benmost ['benməʊst] *a шотл.* глубоча́йший, лежа́щий глубоко́ внутри́

benne ['benɪ] *n бот.* кунжу́т, сеза́м (*Sesamum indicum*)

Bennery ['ben(ə)rɪ] *n* национализа́ция предприя́тий

bennet ['benɪt] *n бот.* грави́лат (*Geum*)

Bennington ['benɪŋtən] *n амер.* «Бе́ннингтон» (*фирменное название глазуро́ванной керамики*)

benny ['benɪ] *n сл.* **1)** табле́тка бензедри́на **2)** табле́тка любо́го амфетами́на

bent[1] I [bent] *n* **1.** скло́нность, накло́нность; стремле́ние, влече́ние; to have a ~ for study [music, poetry] име́ть скло́нность к учёбе [му́зыке, поэ́зии]; to follow one's ~ сле́довать свои́м накло́нностям /вку́сам/ **2.) 1)** натяже́ние (*лука, пружины*) **2)** *редк.* напряжённое состоя́ние; напряже́ние душе́вных сил; to the top of one's ~ (*Shakespeare*) совсе́м, по́лностью; вво́лю; вдо́воль **3.** *редк.* **1)** изги́б; кривизна́, искривле́ние **2)** склон холма́ **4.** *тех.* ра́мный элеме́нт констру́кции

bent[1] II [bent] *a* **1. 1)** и́зо́гнутый, криво́й **2)** наклонённый, со́гнутый **2.** (on) скло́нный к чему́-л.; реши́вшийся на что-л.; he's ~ on being a doctor он реши́л стать врачо́м **3.** направля́ющийся куда́-л.; ~ homeward возвраща́ющийся домо́й **4.** *сл.* **1)** нече́стный, подве́рженный корру́пции; ~ politicians прода́жные поли́тиканы **2)** кра́деный **3)** извращённый, противоесте́ственный; гомосексуа́льный **4)** чудакова́тый, «с приве́том» **5)** вы́веденный из равнове́сия; ~ out of shape вне себя́ (*от злости*)

bent[1] III [bent] *past и p. p. от* bend[1] II

bent[2] [bent] *n* **1.** ста́рые вы́сохшие сте́бли трав **2.** ме́сто, покры́тое ста́рыми вы́сохшими стебля́ми трав **3.** соцве́тие подоро́жника **4.** ~ grass *диал.* ве́ресковая пу́стошь

bent[3] [bent] *past и p. p. от* bend[2] II

bent grass ['bentgrɑːs] *бот.* **1.** жесткоколо́систые тра́вы **2.** полеви́ца (*Agrostis gen.*)

benthal I ['benθ(ə)l] *n* дно мо́ря *или* океа́на

benthal II ['benθ(ə)l] *a* до́нный; придо́нный

Benthamism ['benθəmɪz(ə)m] *n* уче́ние Бента́ма, утилитари́зм

benthic ['benθɪk] *a* бенти́ческий, относя́щийся к бе́нтосу [*см. тж.* benthos]

benthoal [ben'θəʊəl] = benthonic

benthon ['benθən] = benthos

benthonic [ben'θɒnɪk] *a* до́нный, бентони́ческий

benthos ['benθɒs] *n* бе́нтос (*флора и фауна морско́го дна*)

benthoscope ['benθəskəʊp] *n* батисфе́ра

bentonite ['bentənaɪt] *n геол.* бентони́т

bentwood ['bentwʊd] *n* гну́тая древеси́на

benumb [bɪ'nʌm] *v* **1.** приводи́ть в оцепене́ние, де́лать нечувстви́тельным; her hands were ~ed by /with/ cold её ру́ки онеме́ли от хо́лода **2.** притупля́ть (*чувства, волю*) парализова́ть

benumbed [bɪ'nʌmd] *a* **1.** окочене́вший **2. 1)** приту́плённый **2)** оцепене́лый

ben venuto! [ˌbenvɪ'nuːtəʊ] *ит.* добро́ пожа́ловать!

benz [benz-] = benzo-

Benzedrine ['benzɪdriːn] *n фарм.* бензедри́н (*амфетамин; фирменное название наркотика*)

benzene ['benziːn, ben'ziːn] *n* бензо́л

benzin ['benziːn] = benzine

benzine ['benziːn, ben'ziːn] *n* бензи́н, лёгкий бензи́н; петроле́йный эфи́р

benzo- ['benzə(ʊ)-] (*тж.* benz-) *хим.* в названиях хими́ческих веще́ств ука́зывает на нали́чие бензо́льного кольца́: benzonitrile бензонитри́л; benzaldehyde бензальдеги́д

benzoin ['benzəʊɪn, 'benzɔɪn] *n* бензо́ин

benzol ['benzɒl, -zl] *n* бензо́л, сыро́й бензо́л

benzyl ['benziːl, -zɪl] *n хим.* бензи́л

be off ['biː'ɒf] *phr v* **1.** уходи́ть, отправля́ться; the train is off по́езд ушёл; the racers were off at the shot бегуны́ стартова́ли по вы́стрелу **2.** сорва́ться, не состоя́ться, быть отменённым; he told me that the trip was off он сказа́л мне, что пое́здка не состои́тся **3.** быть свобо́дным; we were off for the afternoon втору́ю полови́ну дня мы бы́ли свобо́дны **4.** ошиби́ться, просчита́ться; he was off at least a thousand dollars in his estimate в свои́х подсчётах он оши́бся по кра́йней ме́ре на ты́сячу до́лларов **5.** быть отключённым (*о воде, электри́честве и т. п.*); the light is off свет вы́ключен; the water is off вода́ перекры́та **6.** *разг.* потеря́ть интере́с, вкус, аппети́т к чему́-л.; I've been off cigarettes for three months я бро́сил кури́ть три ме́сяца наза́д, я не курю́ уже́ три ме́сяца; he's off his food у него́ пропа́л аппети́т **7.** оторва́ться, отлете́ть; the handle is off ру́чка отлома́лась **8.** быть вы́черкнутым из меню́, ко́нчиться; steak is off бифште́ксов нет **9.** *разг.* проту́хнуть (*о продуктах*); this fish is slightly off э́та ры́ба слегка́ припа́хивает **10.** (on) *разг.* нача́ть говори́ть до́лго и ну́дно; she's off on her pet subject опя́ть она́ заве́ла о своём

be on ['biː'ɒn] *phr v* **1.** горе́ть, быть зажжённым, включённым (*о свете, газе и т. п.*); all the lights were on включи́ли весь свет, горе́ли все ла́мпы, бы́ло по́лное освеще́ние **2. 1)** идти́ (*о спектакле, фильме*); демонстри́роваться; the new feature film is on now сейча́с э́тот но́вый худо́жественный фильм уже́ идёт /вы́шел на экра́ны/; what's on today? что сего́дня идёт (*в театре, кино*)? **2)** предстоя́ть; не отменя́ться, не снима́ться с пове́стки дня; the strike is still on а) реше́ние о забасто́вке остаётся в си́ле; б) забасто́вка продолжа́ется; it is simply not on э́то про́сто невозмо́жно **3)** слу́шаться (*о процессе*); the case will ~ again де́ло бу́дет слу́шаться сно́ва **3.** находи́ться на сце́не (*об актёре, хоре и т. п.*); he is on for most of the second act он на сце́не /он за́нят/ почти́ весь второ́й акт **4.** *разг.* ну́дно, упо́рно повторя́ть, талды́чить; she's always on about his success ве́чно она́ говори́т о его́ успе́хах; I've been on at her to change her hairstyle я мно́го раз говори́л ей, что́бы она́ измени́ла причёску **5.** *разг.* **1)** связа́ться, установи́ть связь; I've been on to the accounts people about your expenses я связа́лся с бухгалте́рией по по́воду /относи́тельно/ ва́ших расхо́дов **2)** напа́сть на след; быть осведомлённым; the police are on to the thieves поли́ция напа́ла на след воро́в; they were on to him for his currency deals они́ зна́ли о его́ валю́тных махина́циях [*см. тж.* ◇]

◇ to be well on in /into/ smth. быть продви́нутым во вре́мени; it was well on in the evening бы́ло дово́льно по́здно; by now, he must be well on into his seventies тепе́рь ему́ уже́, наве́рное, далеко́ за се́мьдесят; to be on to a good thing *разг.* хорошо́ устро́иться; they were on to him [to his tricks] они́ ви́дели его́ [его́ уло́вки] наскво́зь [*см. тж.* 5 2)]

be out ['biː'aʊt] *phr v* **1. 1)** не быть до́ма, на ме́сте; отсу́тствовать; when I phoned they told me the boss was out когда́ я позвони́л, мне отве́тили, что хозя́ина нет /он вы́шел/; I was out at the pictures меня́ не́ было до́ма, я ходи́л в кино́ **2)** *сл.* быть вы́пущенным из тюрьмы́, быть на свобо́де **2.** пога́снуть, быть вы́ключенным (*о свете, газе и т. п.*); the fire is out ого́нь поту́х **3. 1)** отходи́ть, удаля́ться; we were sixty miles out from base мы находи́лись на расстоя́нии шести́десяти миль от ба́зы; our aircraft was barely half-an-hour out of London when it developed engine trouble наш самолёт был всего́ в получа́се лёта от Ло́ндона, когда́ вы́шел из стро́я мото́р **2)** спада́ть, уходи́ть (*о воде*); the tide is out now сейча́с отли́в **4. 1)** быть удалённым, извлечённым; the splinter is out (of finger) зано́зу вы́тащили (из па́льца) **2)** быть вы́веденным, уничто́женным; the mark's out пятно́ вы́ведено /стёрто/ **5.** *разг.* вы́йти из мо́ды; long skirts are out дли́нных ю́бок не но́сят, дли́нные ю́бки не в мо́де **6.** *разг.* **1)** конча́ться (*о сезоне, календа́рном пери́оде*); before the week /the year, etc./ is out до конца́ неде́ли /го́да и т. д./ **2)** (of) не име́ть; I am out of cigarettes у меня́ ко́нчились сигаре́ты; I'm quite out of breath я совсе́м запыха́лся **7. 1)** быть опублико́ванным; вы́йти из печа́ти **2)** быть объя́вленными, вы́вешенными (*о результа́тах экза́менов, спи́сках и т. п.*) **8.** прису́тствовать (*в большо́м коли́честве*); all members of the club were out in strength at the meeting на ми́тинг вы́шли все чле́ны клу́ба **9.** раскры́ться, обнару́житься; the secret is out секре́т раскры́т, та́йна раскры́та **10.** *разг.* быть и́згнанным; быть исключённым (*из учебного заве́дения*); быть уво́ленным (*с работы*); one more fight and you'll be out for good ещё одна́ дра́ка, и тебя́ вы́гонят навсегда́ **11.** *проф. жарг.* прекрати́ть рабо́ту, забастова́ть **12.** быть ви́димым, не закры́тым облака́ми (*о солнце, луне, звёздах*); the sun's out со́лнце вы́шло /вы́глянуло/ из-за туч **13.** зацвести́, расцвести́, распусти́ться **14.** *разг.* быть запрещённым, недопусти́мым; all arguments are out! никаки́х спо́ров! **15.** быть нето́чным, непра́вильным (*о прогно́зе и т. п.*); subsequent events showed how well out he was in his analysis после́дующие собы́тия показа́ли, как си́льно он оши́бся в своём ана́лизе **16.** *разг.* собира́ться, име́ть наме́рение; they are out to repeat the attack они́ собира́ются вновь предприня́ть наступле́ние **17.** *сл.* **1)** кре́пко спать; sleep well? — Yes. Must have been dead out хорошо́ спало́сь? — Да, наве́рное, совсе́м отключи́лся **2)** потеря́ть созна́ние

◇ to ~ of place быть неуме́стным; to ~ of keeping with smth. не соотве́тствовать чему́-л.; to be well out of it /that/ *разг.* уда́чно избежа́ть чего́-л.; not married yet? You're well out of it ты ещё не жена́т? Тебе́ повезло́

be over [ˈbiːˈəʊvə] *phr v* **1.** окончиться, завершиться; the meeting was over before ten o'clock собрание закончилось до десяти часов; the lesson is over урок окончен **2.** оставаться (*от чего-л.*); a small piece of flannel was over остался кусок фланели **3.** приехать навестить (*издалека*); will you be over on Saturday? ты заедешь в субботу? **4.** (*тж.* be all over) 1) распространяться (*о новостях, сплетнях*); it's all over the office это известно всей конторе 2) *разг. спорт.* доминировать, господствовать; the visiting team was all over us for the first ten minutes of play первые десять минут игры команда гостей была хозяином поля
◊ to be long over smth. тратить много времени на что-л.; don't be long over breakfast не сиди слишком долго за завтраком; to be all over smb. приветствовать кого-л. слишком радостно; бросаться в объятия кому-л.; I'd hardly set foot inside the door when that dog of theirs was all over me не успел я войти в дверь, как их собака радостно бросилась на меня; to ~ and done with *разг.* полностью закончиться и забыться; their quarrels were all over and done with с их ссорами было покончено раз и навсегда

bepaint [bɪˈpeɪnt] *v уст.* 1) красить, окрашивать, раскрашивать 2) покраснеть, зардеться

bepuff [bɪˈpʌf] *v уст.* 1) раздуваться, распухать; ~ed appearance надутый вид 2) расхваливать, превозносить до небес

bequeath [bɪˈkwiːð, -ˈkwiːθ] *v* 1) завещать (*особ. движимое имущество; тж. перен.*) 2) *уст.* поверять

bequeathal [bɪˈkwiːð(ə)l] *n* 1. завещание 2. = bequest

bequeather [bɪˈkwiːðə] *n* завещатель

bequest [bɪˈkwest] *n* 1) *юр.* завещательный отказ недвижимости 2) наследство

berate [bɪˈreɪt] *v* ругать, бранить, поносить

Berber I [ˈbɜːbə] *n* **1.** бербер **2.** берберский язык

Berber II [ˈbɜːbə] *a* берберский

berberis [ˈbɜːb(ə)rɪs] *n бот.* барбарис (*Berberis vulgaris*)

berberry [ˈbɜːb(ə)rɪ] = barberry

berceuse [beəˈsɜːz] *n муз.* колыбельная

Bercy [beəˈsiː] *n* белый соус (*из жира, вина, лимонного сока, петрушки и т. д.*)

bere¹ [bɪə] = bear³
bere² [bɪə] = bear⁴

bereave [bɪˈriːv] *v* **1.** (bereaved [bɪˈriːvd], bereft) *обыкн. pass* лишать; to be ~d /bereft/ of relatives потерять близких; to be bereft of reason лишаться рассудка; to be bereft of one's joy [life] лишиться радости [жизни]; an accident bereft him of his children несчастный случай отнял у него детей; he was ~d of his wife у него недавно умерла жена; ~d of all hope она потеряла всякую надежду; he was bereft of the power of speech он потерял дар речи; nothing can ~ me of my memories of the past ничто не может заставить меня забыть прошлое **2.** *уст.* ограбить, отнять (*что-л.*)

bereaved [bɪˈriːvd] *a* потерявший родственников, осиротевший; the ~ parents were full of grief for their dead child потеряв ребёнка, родители были безутешны

bereavement [bɪˈriːvmənt] *n* **1.** тяжёлая утрата, потеря (*особ. родственника*); лишение **2.** *уст.* ограбление

bereft I [bɪˈreft] *a* утративший; ~ of all hope лишённый всякой надежды; ~ of home he left the country оставшись без крова, он покинул этот край

bereft II [bɪˈreft] *past и p. p. от* bereave

Berenice's Hair [ˌberəˈnaɪsɪzˈheə] *астр.* Волосы Вероники (*созвездие*)

beret [ˈbereɪ] *n* берет

berg [bɜːg] *n* 1) айсберг, плавучая ледяная гора 2) южно-афр. гора

bergall [ˈbɜːgɔːl] *n зоол.* губан, таутогалабрус (*Tautogalabrus adspersus*)

bergamot [ˈbɜːgəmɒt] *n бот.* бергамот настоящий (*Citrus bergamia*)

bergamot mint [ˈbɜːgəmɒtˈmɪnt] *бот.* мята лимонная (*Mentha citrata*)

bergamot pear [ˈbɜːgəmɒtˈpeə] *бот.* груша бергамотная (*Pyrus communis или bergamota*)

bergamot tree [ˈbɜːgəmɒtˈtriː] = bergamot

bergère [beəˈʒeə] *n* мягкий стул с высокой спинкой и подлокотниками

bergeret, bergerette [ˌbeəʒəˈret] *n* пастораль

bergmeal, bergmehl [ˈbɜːgmiːl, ˈbɜːgmel] *n геол.* диатомит, трепел

bergstock [ˈbɜːgstɒk] = alpenstock

berhyme [bɪˈraɪm] *v* 1) писать стихи (*о ком-л.*); сочинять эпиграммы 2) писать памфлеты, пасквили; злословить

beribboned [bɪˈrɪbənd] *a* украшенный лентами

beri-beri [ˌberɪˈberɪ] *n* бери-бери, авитаминоз

berime [bɪˈraɪm] = berhyme

Berith [bəˈriːθ] *n евр.* обряд обрезания

berk [bɜːk] *n сл.* болван, дурак

berkelium [ˈbɜːkɪlɪəm, bəˈkiːlɪəm] *n хим.* берклий

Berkshire [ˈbɑːkʃ(ɪ)ə] *n* беркшир, беркширская порода свиней

Berlin [bɜːˈlɪn] *n* **1.** см. Приложение **2.** старинный дорожный экипаж **3.** *авт.* кузов «лимузин» с внутренней перегородкой (*тж.* ~e) **4.** тонкая вязаная шерсть **5.** вязаные перчатки **6.** танец типа польки
◊ ~ blue берлинская лазурь

Berliner [bɜːˈlɪnə] *n* берлинец; West ~ *новр.* житель Западного Берлина

berm [bɜːm] *n* 1) берма; уступ; надводная береговая терраса; ~ ditch нагорная канава 2) отмель на берегу реки 3) *амер.* дорожная обочина 4) обход (*у подошвы крепостного вала*)

Bermuda cedar [bəˈmjuːdəˈsiːdə] *бот.* можжевельник бермудский (*Juniperus bermudiana*)

Bermuda grass [bəˈmjuːdəgrɑːs] бермудская трава, свинорой (*Cynodon dactylon*)

Bermuda onion [bəˈmjuːdəˈʌnjən] бермудка (*сорт лука*)

Bermuda rig [bəˈmjuːdəˈrɪg] *спорт.* бермудские паруса

Bermudas [bəˈmjuːdəz] *n pl разг.* = Bermuda shorts

Bermuda shorts [bəˌmjuːdəˈʃɔːts] бермуды, брюки до колен

Bermuda skirt [bəˌmjuːdəˈskɜːt] юбка до колен

Bermuda Triangle [bəˈmjuːdəˈtraɪæŋg(ə)l] «Бермудский треугольник»

Bernardine [ˈbɜːnədɪn, -dɪn] *n* бернардинец (*монах*)

be round [ˈbiːˈraʊnd] *phr v* = be around; he was round at my house all evening он весь вечер (про)сидел у меня

berried [ˈberɪd] *a* **1.** имеющий ягоды **2.** имеющий форму ягоды

berried plant [ˌberɪdˈplɑːnt] *с.-х.* растение с декоративными плодами

berry I [ˈberɪ] *n* **1.** ягода **2.** икринка, зёрнышко икры **3.** зерно (*кофе и т. п.*) **4.** мясистый плод (*томат, виноград, крыжовник и т. п.*) **5.** *амер. разг.* доллар

berry II [ˈberɪ] *v* **1.** приносить ягоды **2.** собирать ягоды

bersagliere [ˌbeəsɑːlɪˈe(ə)reɪ] *n* (*pl* -ri) стрелок *или* снайпер в итальянской армии

bersaglieri [ˌbeəsɑːlɪˈe(ə)reɪ] *pl от* bersagliere

berseem [bəˈsiːm] *n бот.* клевер египетский, клевер александрийский (*Trifolium alexandrinum*)

berserk I [bɜːˈsɜːk, bə-] *n* **1.** *ист.* неистовый, бесстрашный и неуязвимый древнескандинавский воин **2.** неистовый человек

berserk II [bɜːˈsɜːk, bə-] *a* обезумевший; неистовый, яростный; ~ rage неистовый гнев; to go ~ впасть в исступление; крушить всё вокруг

berserker [bɜːˈsɜːkə, bə-] = berserk I

berth I [bɜːθ] *n* **1.** 1) койка (*на пароходе*); to settle in one's ~ улечься в койку 2) спальное место, полка (*в вагоне и т. п.*) **2.** причал; место стоянки (*судна, самолёта*); building ~ *мор.* стапель **3.** каюта (*на пароходе*) **4.** помещение, жилище **5.** место, должность; good ~ выгодная должность **6.** 1) стартовый номер (*в соревнованиях*) 2) номер в программе)
◊ to give a wide ~ to обходить (*кого-л. или что-л.*); избегать, уклоняться от (*чего-л.*)

berth II [bɜːθ] *v* **1.** ставить на якорь (*судно*) **2.** 1) предоставлять койку, спальное место 2) занимать спальное место **3.** предоставлять место, должность

bertha [ˈbɜːθə] *n* большой кружевной воротник

berthage [ˈbɜːθɪdʒ] *n* 1) *мор.* причальная линия 2) плата за стоянку; причальный сбор

Berthon boat [ˈbɜːθənˌbəʊt] *мор.* складная спасательная шлюпка

Bertie Wooster [ˈbɜːtɪˈwʊstə] 1) *лит.* Берти Вустер (*персонаж произведений П. Г. Вудхауса*) 2) (добродушный и глуповатый) богатый бездельник

Bertillon system [ˈbɜːtɪjɒnˌsɪstɪm] бертильонаж (*система опознавания преступников*)

beryl [ˈberɪl] *n мин.* берилл

berylliosis [bɪˌrɪlɪˈəʊsɪs] *n мед.* бериллиоз

beryllium [bəˈrɪlɪəm] *n хим.* бериллий

beseech [bɪˈsiːtʃ] *v* (besought) умолять, молить, просить, упрашивать; to ~ smb. for smth. [to do smth.] просить кого-л. о чём-л. [сделать что-л.]; I ~ you to listen умоляю вас выслушать; I ~ you never to utter this word again прошу вас никогда больше не произносить этого слова; I ~ your workship's pardon (Shakespeare) молю Вашу милость о прощении

beseecher [bɪˈsiːtʃə] *n книжн.* проситель

beseeching [bɪˈsiːtʃɪŋ] *a* умоляющий, просительный

beseem [bɪˈsiːm] *v книжн., арх.* подобать, подходить, приличествовать; it ill ~s you to refuse вам не следует отказываться; her modesty ~ed her well скромность очень шла ей

beset [bɪˈset] *v* (beset) **1.** осаждать; to ~ with questions осаждать /забрасывать/ вопросами; the problem is ~ with difficulties эту проблему нелегко будет решить; we were ~ by mosquitoes нас донима́ли комары́; he was ~ by fear его́ охвати́л страх 2. окружа́ть; he was ~ by the crowd он был окружён толпо́й 3. занима́ть, прегражда́ть (доро́гу) 4. украша́ть (орна́ментом и т. п.); the bracelet was ~ with pearls брасле́т был укра́шен же́мчугом

besetting [bɪˈsetɪŋ] *a* (постоя́нно) пресле́дующий, трево́жащий; ~ temptation постоя́нное искуше́ние; ~ difficulty ве́чная поме́ха

beshow [bɪˈʃəʊ] *n зоол.* у́гольная ры́ба (*Anoplopoma fimbria*)

beshrew [bɪˈʃruː] *v уст.* проклина́ть; накли́кать беду́

beside [bɪˈsaɪd] *prep* 1. ря́дом, о́коло, близ, во́зле; he sat [stood, walked] (close) ~ his friend он сиде́л [стоя́л, шёл] ря́дом со свои́м дру́гом; a house ~ the sea дом о́коло /у/ мо́ря; there is a path ~ the river вдоль реки́ идёт тропи́нка 2. вдоба́вок к, помимо, кроме; other men ~ ourselves were helping помога́ли не то́лько мы 3. по сравне́нию с; this invention is nothing ~ yours это изобрете́ние ничто́ по сравне́нию с ва́шим; there is no one to set ~ him его́ нельзя́ сравни́ть ни с кем 4. вне, за преде́лами; ~ the mark а) ми́мо це́ли; б) некста́ти; he has nothing ~ this у него́, кро́ме э́того, ничего́ нет; ~ the point /the question/ не по существу́, не отно́сится к де́лу; it is ~ our purpose в на́ши зада́чи э́то не вхо́дит; this is ~ the matter in hand э́то не отно́сится к обсужда́емому вопро́су 5. *в сочета́ниях:* ~ oneself вне себя́; he was ~ himself with anger [joy] он был вне себя́ от гне́ва [ра́дости]

besides I [bɪˈsaɪdz] *adv* 1) кро́ме того́; помимо того́, та́кже, вдоба́вок к тому́; many more ~ ещё мно́гие; nothing ~ то́лько э́то и ничего́ бо́льше; he is ignorant of politics, whatever he may know ~ сколь ни глубоки́ его́ зна́ния, в поли́тике он профа́н 2) *как вво́дное сло́во* кро́ме того́; it is too late. Besides, I am tired сли́шком по́здно, и, кро́ме того́, я уста́л

besides II [bɪˈsaɪdz] *prep* кро́ме, поми́мо; I want nothing ~ this я ничего́ не хочу́, кро́ме э́того; ~ the fact that... не счита́я того́, что...; others came to the picnic ~ us на пикни́к пришли́ не то́лько мы, но и други́е

besiege [bɪˈsiːdʒ] *v* 1. *воен.* осажда́ть; обложи́ть (*го́род, кре́пость*); блоки́ровать 2. окружа́ть, толпи́ться 3. осажда́ть, забра́сывать (*про́сьбами, вопро́сами, приглаше́ниями*)

besiegement [bɪˈsiːdʒmənt] *n* оса́да, окруже́ние

besieger [bɪˈsiːdʒə] *n* осажда́ющая сторона́

beslave [bɪˈsleɪv] *v книжн.* порабоща́ть

beslaver [bɪˈsleɪvə] *v редк.* 1. слюня́вить, мочи́ть 2. гру́бо льстить

beslobber [bɪˈslɒbə] *v* 1. слюня́вить 2. покрыва́ть ча́стыми мо́крыми поцелу́ями, «обслюня́вить» 3. рабо́лепно льстить

beslubber [bɪˈslʌbə] *v редк.* загрязня́ть, па́чкать

besmear [bɪˈsmɪə] *v* заса́ливать; па́чкать, грязни́ть

besmirch [bɪˈsmɜːtʃ] *v* 1. па́чкать, загрязня́ть; лиша́ть бле́ска; закопти́ть 2. черни́ть, поро́чить, пятна́ть (*репута́цию и т. п.*); to ~ the family's good name опозо́рить семью́

besmoke [bɪˈsməʊk] *v* оку́ривать

besom¹ I [ˈbiːz(ə)m] *n* 1. метла́ 2. *бот.* ве́реск обыкнове́нный (*Calluna vulgaris*)

besom¹ II [ˈbiːz(ə)m] *v* мести́, подмета́ть (*тж.* ~ away, ~ out)

besom² [ˈbiːz(ə)m] *n шотл.* потаску́шка
◇ to jump the ~ соверша́ть шу́точный бра́чный обря́д

besom³ [ˈbiːz(ə)m] *n* око́нтовка карма́на

besom-head [ˈbiːz(ə)mhed] *n* балда́, болва́н

besom-rider [ˈbiːz(ə)m,raɪdə] *n фольк.* ве́дьма на помеле́

besot [bɪˈsɒt] *v* 1. пьяни́ть, кружи́ть го́лову (*о вине́*) 2. 1) одурма́нивать, ода́чивать 2) притупля́ть ра́зум, созна́ние; he was ~ted by the rhythm он был во вла́сти ри́тма

besotted [bɪˈsɒtɪd] *a* опьянённый, одурма́ненный

besought [bɪˈsɔːt] *past и p. p. от* beseech

bespake [bɪˈspeɪk] *v арх. past от* bespeak

bespangle [bɪˈspæŋɡ(ə)l] *v* осыпа́ть или украша́ть блёстками

bespatter [bɪˈspætə] *v* 1. усе́ивать; a plaque ~ed with rubies пло́ская брошь, усы́панная руби́нами 2. забры́згивать гря́зью 3. черни́ть, клевета́ть, позо́рить, поро́чить

bespattered [bɪˈspætəd] *a* забры́зганный

bespeak [bɪˈspiːk] *v* (bespoke, *арх.* bespake; bespoken) 1. 1) зака́зывать зара́нее; to ~ a box at the theatre заказа́ть ло́жу в теа́тре; every room in this hotel is already bespoken все ко́мнаты в э́том оте́ле уже́ за́няты 2) заруча́ться; may I ~ your help? могу́ я заручи́ться ва́шей по́мощью? 2. де́лать на зака́з (*обувь, оде́жду*) 3. свиде́тельствовать, означа́ть; his manners bespoke him to be a gentleman по его́ мане́рам бы́ло ви́дно, что он воспи́танный челове́к 4. предвеща́ть, предзнаменова́ть; today's events ~ future tragedy сего́дняшние собы́тия предвеща́ют бу́дущую траге́дию 5. *поэт.* обраща́ться (*к кому́-л.*)

bespeckle [bɪˈspek(ə)l] *v* де́лать пёстрым; раскра́шивать в ра́зные цвета́

bespectacled [bɪˈspektək(ə)ld] *a* нося́щий очки́, в очка́х

bespell [bɪˈspel] *v* околдо́вывать

bespoke I [bɪˈspəʊk] *n* оде́жда, сши́тая на зака́з

bespoke II [bɪˈspəʊk] *a* сши́тый на зака́з

bespoke III [bɪˈspəʊk] *past от* bespeak

bespoken [bɪˈspəʊkən] *p. p. от* bespeak

bespread [bɪˈspred] *v* (bespread) *редк.* 1. покрыва́ть; устила́ть 2. украша́ть

besprent [bɪˈsprent] *a поэт.* окроплённый

besprinkle [bɪˈsprɪŋk(ə)l] *v* обры́згивать, окропля́ть

Bessemer process [ˈbesɪməˌprəʊses] *метал.* бессеме́ровский проце́сс

best I [best] *n* 1. са́мое лу́чшее, вы́сшая сте́пень (*чего́-л.*) 2. выходно́е пла́тье; Sunday ~ пра́здничное /лу́чшее/ пла́тье 3. лу́чшие лю́ди; наибо́лее квалифици́рованные, зна́ющие рабо́тники *и т. п.*; he is among the ~ in his profession он оди́н из лу́чших специали́стов в свое́й о́бласти; with the ~ наравне́ с лу́чшими; не ху́же други́х
◇ all for the ~ всё к лу́чшему; at ~ в лу́чшем слу́чае; to be ~ быть в уда́ре /на высоте́/; быть в наилу́чшем ви́де /состоя́нии/; to do /to try/ one's ~ сде́лать всё возмо́жное, не щади́ть уси́лий, проявля́ть ма́ксимум эне́ргии; to have /to get/ the ~ of it взять верх, победи́ть, одоле́ть (*в спо́ре и т. п.*); to make the ~ of it /of a bad bargain, of business, of the job/ му́жественно переноси́ть несча́стья /затрудне́ния/, не па́дать ду́хом в беде́; to make the ~ of smth. a) испо́льзовать что-л. наилу́чшим о́бразом /максима́льно/; б) примири́ться с неизбе́жным; to make the ~ of one's way идти́ как мо́жно скоре́е, спеши́ть; to the ~ of one's ability в по́лную ме́ру сил /спосо́бностей/; to the ~ of my belief /knowledge/ наско́лько мне изве́стно

best II [best] *a* 1. *superl от* good II 2. 1) лу́чший; the ~ thing лу́чше всего́; са́мое лу́чшее; the ~ of wives лу́чшая /доброде́тельнейшая/ из жён; he feels ~ in the morning у́тром он чу́вствует себя́ лу́чше всего́ 2) са́мый подходя́щий; the ~ man for the job наибо́лее подходя́щий челове́к для э́той рабо́ты 3. бо́льший; the ~ part of smth. бо́льшая /значи́тельная/ часть чего́-л.; the ~ part of an hour почти́ час, до́брый час 4. основно́й, гла́вный; the ~ of all trades са́мая ва́жная профе́ссия
◇ to put one's ~ foot /leg/ foremost /forward/ а) идти́ как мо́жно быстре́е, прибавля́ть ша́гу, торопи́ться; б) сде́лать всё возмо́жное

best III [best] *adv* 1. *superl от* well² III 2. наилу́чшим о́бразом, лу́чше всего́; to work ~ рабо́тать лу́чше всех; as ~ one can в ме́ру свои́х сил 3. бо́льше всего́; which do you like ~? что вам нра́вится бо́льше всего́? 4. (best-) *как компоне́нт сло́жных слов* са́мый; the best-hated man са́мый ненави́стный челове́к; the best-loved teacher (са́мый) люби́мый учи́тель

best IV [best] *v разг.* 1. нанести́ пораже́ние; взять верх (*над кем-л.*); after a long struggle we ~ed them по́сле дли́тельной борьбы́ мы победи́ли их 2. провести́, перехитри́ть

bestain [bɪˈsteɪn] *v редк.* покрыва́ть пя́тнами, па́чкать

bestar [bɪˈstɑː] *v редк.* усыпа́ть или украша́ть звёздами

best-bower [ˈbestˌbaʊə] *n* 1) *мор.* запа́сный станово́й я́корь 2) *карт.* джо́кер

best boy [ˌbestˈbɔɪ] *разг.* возлю́бленный

bestead I [bɪˈsted] *a* 1) *арх.* располо́женный, помещённый 2) поста́вленный в (*каки́е-л.*) усло́вия; well ~ в хоро́шем положе́нии; hard /ill/ ~ а) в тяжёлом положе́нии; б) в опа́сности

bestead II [bɪˈsted] *v* (besteaded [-ɪd]; bested, bestead) *книжн.* 1) помога́ть 2) быть поле́зным

bested I [bɪˈsted] = bestead I

bested II [bɪˈsted] *p. p. от* bestead II

best girl [ˌbestˈɡɜːl] *разг.* возлю́бленная

bestial [ˈbestɪəl] *a* 1) ско́тский, живо́тный; ди́кий 2) несде́ржанный, бессты́дный 4) отврати́тельный; гря́зный 5) в ви́де живо́тного

bestiality [ˌbestɪˈælɪtɪ] *n* 1. ско́тство, гру́бость; бессты́дство, распу́щенность; похотли́вость 2. содоми́я, скотоло́жство

bestiarist [ˈbestɪərɪst] *n редк.* а́втор ба́сен о живо́тных

bestiary [ˈbestɪərɪ] *n уст.* средневеко́вое собра́ние ба́сен, ска́зок, аллего́рий о живо́тных; бестиа́рий

besticulture [ˈbestɪˌkʌltʃə] *n редк.* охо́та и рыболо́вство

bestir [bɪˈstɜː] *v книжн.* пробужда́ть, побужда́ть к де́йствию; to ~ oneself энерги́чно взя́ться

best man [ˌbestˈmæn] ша́фер

bestow [bɪ'stəʊ] *v* 1. (on, upon) *возвыш.* дарить; даровать; жаловать; присуждать; to ~ a title присваивать звание; to ~ an office предоставлять должность; he ~ed a fortune upon his nephews он оставил наследство своим племянникам 2. *книжн.* посвящать, отдавать, тратить (*время, энергию*); he ~ed much time on the project он потратил много времени на этот проект 3. *уст.* выдавать замуж 4. *уст.* приютить; Sir, can you tell, where he ~s himself (*Shakespeare*) скажите, сэр, где он остановился
bestowal [bɪ'stəʊəl] *n поэт.* дар; награждение; награда
bestraddle [bɪ'strædl] = bestride
bestreak [bɪ'striːk] *v* маркировать, отмечать полосами
bestrew [bɪ'struː] *v книжн.* (bestrewed [bɪ'struːd]; bestrewed [-d], bestrewn) 1. разбрасывать; усыпать 2. покрывать толстым слоем, устилать; to ~ the floor with papers устлать пол газетами; papers ~ed the park парк был замусорен бумагой
bestrewn [bɪ'struːn] *p. p. от* bestrew
bestrid [bɪ'strɪd] *p. p. от* bestride
bestridden [bɪ'strɪdn] *p. p. от* bestride
bestride [bɪ'straɪd] *v* (bestrode; bestrid, bestridden) 1. садиться *или* сидеть верхом; to ~ a horse *возвыш.* восседать на лошади; to ~ a chair *шутл.* «оседлать» стул, сесть верхом на стул 2. стоять расставив ноги 3. перешагивать 4. перекрывать, перекидываться (*о радуге, мосте*)
bestrode [bɪ'strəʊd] *past от* bestride
best-seller [,best'selə] *n* 1) ходкая, сенсационная книга; бестселлер 2) автор бестселлера
best-selling [,best'selɪŋ] *a* ходкий (*о книге*); популярный; ~ author автор бестселлеров
bestud [bɪ'stʌd] *v* инкрустировать, отделывать; a bracelet ~ded with jewels браслет, усыпанный драгоценностями
bet I [bet] *n* 1. пари; even ~ пари с равными шансами; a ~ to /for/ win, place or show тройное пари (*на скачках*); ставка на первую, вторую и третью лошадь (*тж.* across-the-board ~); to make /to lay/ a ~ заключать /держать/ пари; to lose [to win] a ~ проиграть [выиграть] пари 2. ставка, условие (*в пари*) 3. человек, команда, предмет *и т. п.*, по поводу которых заключается пари; this team is a good ~ эта команда безусловно выиграет 4. выбор, вариант; taking the short cut home is your safest ~ самое правильное решение — пойти домой кратчайшим путём; the best ~ on a rainy day is to remain indoors в дождливый день лучше всего сидеть дома 5. твёрдое убеждение, уверенность; my ~ is that... я уверен в том, что...
bet II [bet] *v* (bet, betted ['betɪd]) 1. держать, биться об заклад; to ~ on [against] держать пари за [против]; he ~ five pounds on the horse он поставил пять фунтов на эту лошадь; I'll ~ against your winning держу пари, что вы проиграете; he ~ me a pound I would not do it он поспорил со мной на фунт, что я не сделаю этого; to ~ across the board заключать тройное пари (*на скачках*); делать ставку на первую и вторую и третью лошадь (*тж.* to ~ each way заключать двойное пари; делать ставку на первую и вторую лошадь 2. быть уверенным в чём-л.; I ~ you are wrong я убеждён, что вы неправы
◊ you ~! *амер.* будьте уверены!; конечно!; ещё бы!; to ~ one's bottom dollar /boots, shirt/ on smth. быть абсолютно уверенным в чём-л.; ≅ дать голову на отсечение
beta ['biːtə] *n* 1. бета (*2-я буква греческого алфавита β*) 2. 1) оценка «бета»; ≅ четвёрка с минусом *или* тройка с плюсом 2) *унив.* бета (*символ для обозначения принадлежности студента к группе средней успеваемости*) 3. *астр.* вторая по яркости звезда в созвездии 4. *физ.* бета-частица, электрон
beta-active [,biːtə'æktɪv] *a физ.* бета-активный
beta-blocker ['biːtə,blɒkə] *n фарм.* бета-блокатор (*лекарство для сердечных больных*)
beta decay ['biːtədɪ,keɪ] *физ.* бета-распад
beta emitter ['biːtəɪ,mɪtə] *физ.* бета-излучатель
beta gauge ['biːtəgeɪdʒ] *тех.* электронный толщиномер
betaine ['biːtɪːn] *n биохим.* бетаин
betake [bɪ'teɪk] *v* (betook; betaken) *refl* 1. заставлять; прибегать; обращаться; to ~ oneself to one's studies посвятить себя занятиям 2. отправляться, удаляться; you'd better ~ yourself to a place of safety вы бы лучше укрылись в безопасном месте
◊ to ~ oneself to one's heels удирать, бежать без оглядки, пуститься наутёк
betaken [bɪ'teɪkən] *p. p. от* betake
beta particle ['biːtə,pɑːtɪk(ə)l] *физ.* бета-частица
beta rays ['biːtəreɪz] *физ.* бета-лучи
beta rhythm ['biːtə,rɪð(ə)m] *физиол.* бета-волны (*мозга*)
beta test ['biːtətest] *вчт.* опытная эксплуатация; испытания в производственных условиях
betatron ['biːtətrɒn] *n физ.* бетатрон
beta wave ['biːtəweɪv] = beta rhythm
bete [biːt] = beet[2]
betel ['biːtl] *n бот.* бетель (*Piper betle*)
betel nut ['biːtlnʌt] плод бетельной пальмы
betel palm ['biːtlpɑːm] *бот.* бетельная пальма, арека катеху (*Areca catechu*)
bête noire [,bet'nwɑː] *фр.* 1) ненавистный, противный человек 2) предмет ненависти, отвращения
bethel ['beθ(ə)l] *n* 1. *библ.* святое место 2. сектантская церковь (*в Великобритании*) 3. *амер.* церковь или часовня для моряков
Bethesda [be'θezdə] *n* 1. *библ.* пруд в древнем Иерусалиме с целебной водой 2. целебный источник 3. часовня
bethink [bɪ'θɪŋk] *v* (bethought) 1. *уст.* размышлять; поразмыслить; призадуматься; I should ~ myself of the need to study я должен решить, нужно ли мне заниматься 2. *книжн.* вспоминать, припоминать; напоминать; I bethought me /myself/ that I ought to write some letters я вспомнил, что мне нужно написать несколько писем; you should ~ yourself of your duty вы не должны забывать о своём долге
bethought [bɪ'θɔːt] *past и p. p. от* bethink
be through ['biːˌθruː] *phr v* 1. 1) (за-)кончить, завершить; he won't ~ today until six o'clock до шести он сегодня не кончит /не освободится/; I am through with it! *разг.* всё, с этим покончено!

2) *разг.* порвать отношения; we're through между нами всё кончено 3) (with) *разг.* устать; she was through trying to pretend that she loved him ей надоело притворяться, что она его любит 2. связаться по телефону, дозвониться, попасть; go ahead! you're through говорите, вас соединили
bethumb [bɪ'θʌm] *v* замусолить (*страницы книги*)
bethump [bɪ'θʌmp] *v редк.* 1) сильно ударить с глухим шумом 2) удариться с глухим стуком
betid [bɪ'tɪd] *past и p. p. от* betide
betide [bɪ'taɪd] *v* (betid) *употр. тк.* в 3-ем л. ед. ч. и безл. оборотах *книжн.* случаться; постигать; whate'er ~ you if... *возвыш.* горе тебе, если...
betime [bɪ'taɪm] *уст.* = betimes 1
betimes [bɪ'taɪmz] *adv поэт.* 1. своевременно, вовремя 2. быстро 3. рано; to rise ~ рано вставать (*утром*)
betoken [bɪ'təʊkən] *v книжн.* 1. означать, служить признаком; his smile ~ed his satisfaction его улыбка означала, что он доволен 2. предвещать, презнаменовать, предсказывать; that ~s no good to me это не предвещает мне ничего хорошего
beton [beɪ'tɒn, 'betən] *n стр.* бетон
betony ['betənɪ] *n бот.* буковица (*Betonica gen.*)
betook [bɪ'tʊk] *past от* betake
betoss [bɪ'tɒs] *v* раскидывать, разбрасывать, расшвыривать
betray [bɪ'treɪ] *v* 1. изменять, становиться предателем, совершать предательство 2. выдавать; to ~ oneself а) выдать себя, невольно обнаружить себя; б) случайно проговориться; his voice ~ed him выдал его голос; his mistakes ~ed his lack of education его ошибки свидетельствуют о недостатке образования; his face ~s his fear на его лице написан страх; he ~ed his ignorance он обнаружил своё невежество 3. подводить; не оправдывать (*доверия, надежд*); he ~ed my trust in him он обманул моё доверие; my judgement would not ~ me моя интуиция меня не подведёт; я могу положиться на свою оценку 4. обманывать, соблазнять
betrayal [bɪ'treɪəl] *n* 1. измена, предательство 2. признак (*чего-л.*); this statement was a ~ of his ignorance on the subject это заявление говорило о его невежестве в данной области
betrayer [bɪ'treɪə] *n* изменник
betrim [bɪ'trɪm] *v уст.* отделывать
betroth [bɪ'trəʊð, -'trəʊθ] *v* обручать, помолвить; to ~ oneself to smb. обручиться с кем-л.; she is ~ed to him она с ним помолвлена
betrothal [bɪ'trəʊð(ə)l] *n* обручение, помолвка
betrothed I [bɪ'trəʊðd, -'trəʊθt] *n* суженый; суженая; вступающий *или* вступающая в брак
betrothed II [bɪ'trəʊðd, -'trəʊθt] *a* обручённый; the ~ pair жених и невеста
betta ['betə] *n зоол.* бойцовая рыбка (*Betta splendens*)
better[1] ['betə] *n* держащий пари
better[2] **I** ['betə] *n* лучший; лучшее; one's ~s высшие по положению, вышестоящие лица; старшие; to change for the ~ измениться к лучшему
◊ to think (all) the ~ of smb. быть высокого мнения о ком-л.; for ~ or worse в счастье и в несчастье, в радости и в горе
better[2] **II** ['betə] *a* 1. *compar от* good II 2. 1) лучший; высший; one's ~ feel-

ings лу́чшие чу́вства 2) бо́лее подходя́щий, бо́лее вы́годный; you are a ~ man for this job than I am ты бо́льше подхо́дишь для э́той рабо́ты, чем я 3. лу́чше; I am /feel/ ~ today мне сего́дня лу́чше; are you feeling any ~? вы себя́ лу́чше чу́вствуете? 4. бо́льший; the ~ part /half/ of smth. бо́льшая часть чего́-л., большинство́; I haven't been there for the ~ part of twenty years я не́ был там почти́ два́дцать лет
◇ ~ sort выдаю́щиеся лю́ди; no ~ than ничу́ть не лу́чше; to /to be/ ~ than one's word ≅ сде́лать бо́льше обе́щанного; no ~ than she should be эвф. ≅ она́ не отлича́ется стро́гостью поведе́ния

better² III [ˈbetə] *adv* 1. *compar от* well² III 1) лу́чше; he does it ~ than I do он де́лает э́то лу́чше меня́ 3. в бо́льшей сте́пени; бо́льше; I like him ~ than his brother он мне нра́вится бо́льше, чем его́ брат; ~ than a pound бо́льше фу́нта 4. полне́е; основа́тельнее; сильне́е; he is ~ loved than ever его́ лю́бят сильне́е, чем когда́-либо; to be ~ off жить лу́чше (*материа́льно*); he is ~ off now that he has a new job тепе́рь, когда́ у него́ но́вая рабо́та, он лу́чше обеспе́чен; to go one ~ превзойти́; he tried to go us one ~ by bidding twice as much for it он пыта́лся одоле́ть нас, увели́чив ста́вки вдво́е
◇ to think ~ of smth. переду́мать, измени́ть мне́ние; I know ~ меня́ не проведёшь; ~ late than never лу́чше по́здно, чем никогда́; the sooner the ~ чем скоре́е, тем лу́чше

better² IV [ˈbetə] *v* 1. 1) улучша́ть; исправля́ть; соверше́нствовать; he never ~ed his earlier works он никогда́ не переплю́нул свои́ ра́нние произведе́ния 2) улучша́ться, исправля́ться; the situation has ~ed since yesterday со вчера́шнего дня положе́ние выправилось / ≅ дела́ пошли́ в го́ру/ 3) *refl* получи́ть повыше́ние; продви́нуться (*по слу́жбе*); in a few years he had ~ed himself considerably by his talents and industry за не́сколько лет он значи́тельно продви́нулся по слу́жбе благодаря́ свои́м спосо́бностям и трудолю́бию 2. превосходи́ть, превыша́ть; the other classes cannot ~ our grades други́е кла́ссы не могу́т обогна́ть нас в учёбе /по успева́емости/

better half [ˌbetəˈhɑːf] дража́йшая полови́на, жена́
better-known [ˌbetəˈnəʊn] *a* хорошо́ изве́стный; знамени́тый
betterment [ˈbetəmənt] *n* 1. улучше́ние, соверше́нствование; исправле́ние; ~ of land *с.-х.* мелиора́ция 2. *юр.* увеличе́ние состоя́ния 3. *тех.* модерниза́ция
better-off [ˌbetə(r)ˈɒf] *a* (наибо́лее) обеспе́ченный; бога́тый
better-to-do [ˌbetətəˈduː] = better-off
betting [ˈbetɪŋ] *n* пари́, закла́д; заключе́ние пари́
bettor [ˈbetə] = better¹
betty¹ [ˈbetɪ] = Betty lamp
betty² [ˈbetɪ] *n* пу́динг из хле́ба и фру́ктов
Betty lamp [ˈbetɪlæmp] кероси́новая ла́мпа (*самой простой констру́кции*)
between I [bɪˈtwiːn] *n* 1) что́-л., занима́ющее промежу́точное положе́ние 2) шве́йные и́глы сре́днего разме́ра
between II [bɪˈtwiːn] *adv* ме́жду; he separated them by rushing ~ он разня́л их, бро́сившись ме́жду ни́ми; to go /to act/ ~ де́йствовать в ка́честве посре́дника; the space ~ промежу́точное простра́нство

between III [bɪˈtwiːn] *prep указывает на* 1. 1) *положе́ние предме́та или его́ движе́ния в како́м-л. промежу́тке* ме́жду; посреди́; there was a table ~ the door and the window ме́жду две́рью и окно́м стоя́л стол; the river flows ~ wooded banks река́ протека́ет меж леси́стых берего́в; I don't want to stand ~ them я не хочу́ стоя́ть ме́жду ни́ми; я не хочу́ меша́ть им; ~ two fires *образн.* ме́жду двух огне́й 2) *како́й-л. вид связи между двумя пу́нктами* ме́жду; a train [a plane] ~ Moscow and Leningrad по́езд [самолёт] ме́жду Москво́й и Ленингра́дом; a road runs ~ the two cities э́ти два го́рода соединя́ются доро́гой 2. *промежу́ток вре́мени между какими-л. двумя моме́нтами* ме́жду; ~ 1941 and 1945 ме́жду 1941 и 1945 гг.; it happened ~ one and two э́то случи́лось ме́жду ча́сом и двумя́; we went out ~ the acts в антра́кте мы вы́шли 3. *неопределённость ка́чества, коли́чества, расстоя́ния и т. п.* о́коло; (не́что сре́днее) ме́жду; ~ five and six miles away на расстоя́нии пяти́-шести́ миль; it weighs ~ 50 and 60 kilos э́то ве́сит 50—60 кг; it is something ~ an armchair and a sofa э́то не́что сре́днее ме́жду кре́слом и куше́ткой 4. *связи, взаимоде́йствие, отноше́ния* ме́жду; agreement [coalition, war] ~ two [three] countries соглаше́ние [коали́ция, война́] ме́жду двумя́ [тремя́] стра́нами; a marriage ~ Mr. A. and Mrs. B. брак ме́жду господи́ном А. и госпожо́й Б.; a look passed ~ them они́ обменя́лись взгля́дами; there was great friendship ~ them их свя́зывала больша́я дру́жба; there was no love lost ~ them они́ друг дру́га терпе́ть не могли́; ~ ourselves, ~ you and me ме́жду на́ми, конфиденциа́льно, по секре́ту 5. *распределе́ние чего́-л. между кем-л.* ме́жду; divide it ~ the two children [the members of the family] подели́те э́то ме́жду двумя́ детьми́ [ме́жду чле́нами семьи́] 6. 1) *совме́стность уси́лий* вме́сте; let us do it ~ us сде́лаем э́то вме́сте; they landed the fish ~ them все вме́сте они́ вы́тащили ры́бу; they dragged the boat out ~ them совме́стными уси́лиями они́ вы́тащили ло́дку 2) *совме́стность владе́ния* на всех; they had 50 rubles ~ them у них бы́ло 50 рубле́й на всех 7. *сопоставле́ние или вы́бор* ме́жду; there is not much resemblance ~ them ме́жду ни́ми ма́ло схо́дства; what's the difference ~ this and that? кака́я ра́зница ме́жду э́тим и тем?; choose ~ them вы́берите что́-нибудь одно́ 8. *результа́т взаимоде́йствия не́скольких фа́кторов* из-за; ~ her job and studies she has no time for fun из-за рабо́ты и заня́тий у неё не остаётся вре́мени на развлече́ния 9. *в сочета́ниях:* as ~ *юр.* в отноше́ниях ме́жду; as ~ sellers and buyers в отноше́ниях ме́жду продавца́ми и покупа́телями; in a) в промежу́точном положе́нии; б) посреди́ (*чего́-л.*); окружённый (*чем-л.*)

betweenbrain [bɪˈtwiːnbreɪn] *n анат.* промежу́точный мозг
between-girl [bɪˈtwiːngɜːl] = between-maid
between-maid [bɪˈtwiːnmeɪd] *n уст.* помо́щница куха́рки *или* го́рничной; служа́нка для чёрной рабо́ты
betweentimes [bɪˈtwiːntaɪmz] *adv* иногда́, вре́мя от вре́мени, по времена́м
betweenwhiles [bɪˈtwiːnwaɪlz] *adv* = betweentimes
betwixt I [bɪˈtwɪkst] *adv уст., поэт.* ме́жду; ~ and between *разг.* ни то ни сё
betwixt II [bɪˈtwɪkst] *уст.* = between III

BET — BEW   B

be up [ˈbiːˈʌp] *phr v* 1. 1) встать, просну́ться; she isn't up yet она́ ещё не вста́ла 2) быть на нога́х, бо́дрствовать; I was up till three last night вчера́ я до трёх не ложи́лся спать 3) *разг.* почу́вствовать себя́ лу́чше, встать на но́ги; don't worry, your husband'll ~ again in a few days не беспоко́йтесь, ваш муж попра́вится /бу́дет на нога́х/ че́рез не́сколько дней 2. повы́ситься в цене́; the shares are up today сего́дня а́кции подняли́сь 3. зако́нчиться, прекрати́ться; my leave is up у меня́ ко́нчился о́тпуск; the game is up игра́ око́нчена; б) всё сорвало́сь; time is up вре́мя истекло́ 4. 1) жить, побыва́ть в кру́пном го́роде 2) быть студе́нтом и жить в университе́тском го́роде (*особ. в Оксфорде или Кембридже*) 5. (as far as, to) доходи́ть до, достига́ть, достава́ть до; the water was up as far as my shoulders вода́ доходи́ла мне до плеч 6. *разг.* (with) случа́ться; what's up? что происхо́дит?; what's up with you now? ну что с тобо́й тепе́рь? 7. (*обыкн.* be well up in smth.) *разг.* хорошо́ разбира́ться в чём-л.; быть знатоко́м чего́-л.
◇ to ~ and doing быть энерги́чным, развива́ть бу́рную де́ятельность; to ~ and about выздора́вливать, попра́виться по́сле боле́зни, быть на нога́х

bevatron [ˈbiːvətrɒn] *n физ.* беватро́н, сверхмо́щный циклотро́н
bevel I [ˈbev(ə)l] *n тех.* 1) скос, накло́н, у́гол (*кроме прямого*) 2) ма́лка
bevel II [ˈbev(ə)l] *a* косо́й, косоуго́льный; ~ edge *тех.* ско́шенный край, фа́ска
bevel III [ˈbev(ə)l] *v* ска́шивать, обреза́ть на́искось; снима́ть фа́ску
bevel gear [ˈbev(ə)lgɪə] (ведо́мое) кони́ческое зу́бчатое колесо́
bevelling [ˈbev(ə)lɪŋ] *n тех.* коса́я зато́чка
bevel-pinion [ˈbev(ə)lˌpɪnɪən] *n* (веду́щее) кони́ческое зу́бчатое колесо́
bevel square [ˈbev(ə)lskweə] ма́лка, складно́й уго́льник
beverage [ˈbev(ə)rɪdʒ] *n* питьё, напи́ток
bevy [ˈbevɪ] *n* 1. 1) компа́ния, собра́ние (*преим. же́нское*) 2) компле́кт, набо́р (*каких-л. предме́тов*) 2. 1) ста́я (*птиц*) 2) небольшо́е ста́до
bewail [bɪˈweɪl] *v* сокруша́ться; опла́кивать; се́товать; скорбе́ть; сожале́ть; to ~ the death of a friend скорбе́ть о сме́рти дру́га; to ~ the fact сожале́ть о фа́кте; he was ~ing his failure in the examination он сокруша́лся по по́воду своего́ прова́ла на экза́мене
beware [bɪˈweə] *v* бере́чься, остерега́ться; "beware of the dog!" «береги́сь, зла́я соба́ка!», «осторо́жно, соба́ка!» (*на́дпись*); "beware of pickpockets!" «остерега́йтесь воро́в!» (*на́дпись*); tell him to ~ of strangers скажи́те ему́, что́бы он остерега́лся посторо́нних люде́й; ~ lest..., ~ that... not смотри́, что́бы не...; ~ the fury of a patient man ≅ не выводи́ челове́ка из себя́
beweep [bɪˈwiːp] *v* (bewept) *арх.* опла́кивать
bewept [bɪˈwept] *past и p. p. от* beweep
bewhiskered [bɪˈwɪskəd] *a* 1. уса́тый 2. устаре́вший; ≅ с бородо́й; the ~ notion that the common toad causes warts устаре́вшее представле́ние о том, что жа́бы вызыва́ют борода́вки
bewigged [bɪˈwɪɡd] *a* нося́щий пари́к

bewilder [bɪˈwɪldə] v смущать, озадачивать, приводить в недоумение; ставить в тупик; сбивать с толку; he looked ~ed у него был смущённый вид; to ~ smb. with a question озадачить /сбить с толку/ кого-л. вопросом
bewildered [bɪˈwɪldəd] a смущённый, озадаченный, сбитый с толку
bewilderment [bɪˈwɪldəmənt] n 1. смущение, замешательство 2. беспорядок, путаница, неразбериха
bewitch [bɪˈwɪtʃ] v 1. околдовывать, заколдовывать 2. очаровывать, пленять, восхищать
bewitched [bɪˈwɪtʃt] a 1. заколдованный 2. очарованный
bewitchery [bɪˈwɪtʃ(ə)rɪ] = bewitchment
bewitchment [bɪˈwɪtʃmənt] n 1. колдовство 2. очарование, обаяние, чары
bewray [bɪˈreɪ] v уст. невольно выдавать; разглашать; предавать
bewrite [bɪˈraɪt] v уст. (bewrote; bewritten) описывать; I have been more bewritten than any man since Byron обо мне писали больше, чем о ком-л. со времён Байрона
bewritten [bɪˈrɪtn] p. p. от bewrite
bewrote [bɪˈrəʊt] past от bewrite
bey [beɪ] n тур. бей
beyond I [bɪˈjɒnd] n загробная жизнь (тж. great ~); what can we know of the ~ ? что мы знаем о потустороннем мире?; ◇ the back of ~ очень отдалённое место, глушь, край света; she lives at the back of ~ она живёт на краю света
beyond II [bɪˈjɒnd] adv 1. вне, за пределами; the ocean and the lands ~ океан и страны, лежащие за ним; in the days of Byron and ~ во времена Байрона и ещё раньше 2. вдали; дальше, на расстоянии; the hills далеко /вдали/ были холмы 3. редк. кроме того
beyond III [bɪˈjɒnd] prep указывает на 1. нахождение за, по ту сторону за; ~ the river за рекой; ~ the horizon за горизонтом; ~ the seas за океаном; the house is ~ the club дом находится за клубом; ~ this country за пределами этой страны; he could not be heard ~ the second row его не было слышно дальше второго ряда 2. более поздний срок, время позже; don't stay out ~ nine o'clock не приходите (домой) позже девяти часов 3. выход за пределы, границы, рамки чего-л. выше, сверх, вне; ~ one's reach вне досягаемости; ~ belief невероятно; ~ compare /comparison/ вне всякого сравнения; ~ doubt несомненно, бесспорно; ~ all question вне всякого сомнения; ~ expression невыразимо; ~ one's grasp недостижимо; ~ hope безнадёжно; ~ the mark слишком далеко; не по существу; ~ measure a) без числа; б) неизмеримо; ~ the scope за рамками, за пределами (рассмотрения, работы); ~ repair не подлежит ремонту; ~ cure неизлечимый; ~ (one's) endurance невыносимый, непереносимый; it is ~ a joke это дело нешуточное; the price was ~ what he could pay цена была для него слишком высока; Tom is far ~ his brother in physics Том знает физику гораздо лучше, чем его брат; this is ~ my understanding /разг. me/ это выше моего понимания; to live ~ one's income жить не по средствам; to go ~ one's authority превысить власть /полномочия/; it is ~ my powers это мне не по силам; it is ~ all praise это выше всяких похвал; he is ~ recovery он безнадёжен, его нельзя спасти

4. наличие чего-л. дополнительного, добавочного кроме, сверх, больше; помимо; he said nothing ~ what we already knew он не сказал ничего нового; всё, что он сказал, нам было известно и без него; is there any hotel ~ this? есть ещё гостиницы, кроме этой?
bezant [ˈbez(ə)nt] n 1. ист. византин (золотая монета) 2. архит. орнамент в виде дисков 3. геральд. кружок на щите (свидетельствует, что его носитель участвовал в крестовом походе)
bezazz [bɪˈzæz] n сл. шик, высокий класс, стиль; he's got ~ он шикарный парень
bezel I [ˈbez(ə)l] n 1. скошенная грань стамески 2. грань драгоценного камня 3. гнездо (камня в перстне или в часах) 4. желобок, в который вправляется стекло часов 5. гнездо камня подшипника (в приборах)
bezel II [ˈbez(ə)l] v тех. скашивать, сошлифовывать или срезать наискось
bezique [bɪˈziːk] n безик (карточная игра)
bezoar [ˈbezəʊə] n вет. безоаровый камень (в желудке жвачных)
bezonian [bɪˈzəʊnɪən] n арх. негодяй
bhang [bæŋ] n хинди банг, гашиш
bi, II [baɪ] вульг. сокр. от bisexual I и II
bi- [baɪ-] pref (тж. bin-) образует прилагательные и существительные (изредка — глаголы) со значением двойной, дважды: bifocal двухфокусный; bilateral двусторонний; bilingual двуязычный; bivalve двустворчатый; biaxial двухосный; biconvex двояковыпуклый; binaural бинауральный (слышимый обоими ушами); bicycle велосипед; bicarbonate бикарбонат; biplane биплан; bisect разрезать пополам
Biafran [bɪˈɑːfræn] n уроженец или житель Биафры
bialy [bɪˈɑːlɪ] n (pl -lys [-lɪz] или без измен.) плоская булочка с луком
biangular [baɪˈæŋgjʊlə] a мат. двухугольный
biannual [baɪˈænjʊəl] a двухлетний, случающийся или происходящий два раза в год
bias I [ˈbaɪəs] n 1. уклон, наклон, склон, покатость 2. косая линия в ткани; to cut on the ~ кроить /резать/ по косой линии, по диагонали 3. 1) пристрастие, предубеждение, пристрастное отношение; political ~ политическая необъективность; racial ~ расовый предрассудок; with considerable ~ с явным пристрастием; without ~ без пристрастия; lack of ~ беспристрастность, непредвзятость; ~ against smth., smb. предубеждение против чего-л., кого-л.; ~ towards /in favour of, as regards to/ smth., smb. пристрастное отношение к чему-л., кому-л.; to have a ~ towards [against] smth. быть пристрастным к чему-л. [предубеждённым против чего-л.]; to be free from ~ быть беспристрастным 2) (for) склонность, уклон 4. элк. смещение, напряжение смещения 5. спец. 1) систематическая погрешность; отклоняющее влияние (тж. systematic ~) 2) смещение ошибка, погрешность измерения; ~ in sampling смещение выборки (в статистике); ~ sampling смещённый /пристрастный/ отбор 6. 1) неправильная форма кегельного шара (позволяющая ему двигаться не по прямой) 2) траектория такого шара
bias II [ˈbaɪəs] a косой, разрезанный, проведённый и т. п. по косой линии; ~ binding косая бейка (для подшивки подола и т. п.)
bias III [ˈbaɪəs] adv редк. 1. косо, по косой линии, по диагонали; to cut ~ кроить по косой 2. уст. неправильно; криво
bias IV [ˈbaɪəs] v склонять, настраивать; оказывать влияние или давление; to ~ smb. favourably [unfavourably, fatally] оказывать благоприятное [неблагоприятное, роковое] влияние; to ~ smb.'s opinion оказывать влияние на чьё-л. мнение; to be ~(s)ed against smb. иметь предубеждение против кого-л.; to be ~(s)ed by interest руководствоваться материальными соображениями /собственной выгодой/
biased [ˈbaɪəst] a 1. пристрастный, предубеждённый 2. спец. смещённый, несимметричный; систематически отклоняющийся (от ожидаемого значения); ~ coins несимметричные монеты; ~ estimate смещённая оценка 3. эк. смещённый, отклонённый 4. (-biased) как компонент сложных слов с (таким-то) уклоном; theoretically = biased с теоретическим уклоном
bias-ply tire [ˈbaɪəsplaɪˌtaɪə] = bias tire
bias tire [ˈbaɪəsˌtaɪə] авт. шина с диагональным кордом
biathlete [baɪˈæθliːt] n биатлонист
biathlon [baɪˈæθlɒn] n спорт. биатлон, лыжное двоеборье
biaxial [baɪˈæks(ə)l] a двухосный
bib¹ [bɪb] n 1) детский нагрудник 2) верхняя часть фартука
bib² [bɪb] v разг. пьянствовать, выпивать
bibacious [bɪˈbeɪʃəs] редк. = bibulous 2
bib and tucker [ˌbɪb(ə)n(d)ˈtʌkə] разг. одежда, платье; best ~ лучшее /выходное/ платье
bibation [bɪˈbeɪʃ(ə)n] n 1. пьянство 2. выпивка (напитки)
bibb [bɪb] n затвор, пробка, кран
bibber [ˈbɪbə] n пьянчуга, пьяница
bibcock [ˈbɪbkɒk] n кран с загнутым носиком
bibelot [ˈbɪb(ə)ləʊ] n 1. безделушка 2. миниатюрная книга
Bible [ˈbaɪb(ə)l] n 1) Библия 2) экземпляр библии 3) (b.) настольная книга, руководство; this dictionary should be your ~ when studying English этот словарь будет для тебя настольной книгой при изучении английского языка
Bible Belt [ˈbaɪb(ə)lbelt] амер. библейский пояс, библейский край (районы на юге и среднем западе США)
Bible-Christian [ˈbaɪb(ə)lˈkrɪstʃən, -tɪən] n 1. образовый христианин 2. религиозная секта методистов (организованная в 1815 г.)
Bible-clerk [ˈbaɪb(ə)lklɑːk] n студент, в обязанности которого входит читать библию перед едой (в колледжах Оксфордского университета)
Bible-oath [ˈbaɪb(ə)ləʊθ] n клятва, принесённая на библии
Bible paper [ˈbaɪb(ə)lˌpeɪpə] полигр. библьдрук, особо тонкая непрозрачная бумага
biblic, biblical [ˈbɪblɪk, -(ə)l] a библейский
biblicism [ˈbɪblɪsɪz(ə)m] n 1. неукоснительное соблюдение библейских заповедей 2. библейский архаизм
biblio- [ˈbɪblɪə(ʊ)-] в сложных словах с греч. корнями имеет значение книга, книжный: bibliology книговедение; bibliognost книжник, библиограф; bibliopegy переплётное дело
bibliobus [ˈbɪblɪəbʌs] n библиотека-автомобиль, передвижная библиотека
biblioclast [ˈbɪblɪəklæst] n человек, уничтожающий или портящий книги
bibliofilm [ˈbɪblɪəfɪlm] n микрофильм
bibliogenesis [ˌbɪblɪəʊˈdʒenəsɪs] n создание или производство книг

bibliognost [ˈbɪblɪəgnɒst] *n редк.* знаток книг; книговед, библиограф
bibliograph I [ˈbɪblɪəgrɑːf] = bibliographer
bibliograph II [ˈbɪblɪəgrɑːf] *v* составлять библиографию
bibliographer [ˌbɪblɪˈɒgrəfə] *n* библиограф
bibliographic, bibliographical [ˌbɪblɪəˈgræfɪk, -(ə)l] *a* библиографический
bibliography [ˌbɪblɪˈɒgrəfɪ] *n* 1. библиография 2. библиографический справочник, указатель и т. п.
biblioklept [ˈbɪblɪəklept] *n редк.* книжный вор, похититель
bibliolatry [ˌbɪblɪˈɒlətrɪ] *n* 1. суеверное поклонение библии 2. страстное библиофильство; библиомания
bibliology [ˌbɪblɪˈɒlədʒɪ] *n книжн.* книговедение, библиология
bibliomancy [ˈbɪblɪəˌmænsɪ] *n* гадание по библии
bibliomania [ˌbɪblɪə(ʊ)ˈmeɪnɪə] *n* библиомания
bibliomaniac [ˌbɪblɪə(ʊ)ˈmeɪnɪæk] *n* библиоман
bibliometrics [ˌbɪblɪə(ʊ)ˈmetrɪks] = bibliometry
bibliometry [ˌbɪblɪˈɒmɪtrɪ] *n* библиометрия (*количественный анализ произведений печати*)
bibliopegy [ˌbɪblɪˈɒpɪdʒɪ] *n спец.* переплётное дело, искусство переплёта
bibliophage [ˈbɪblɪəfeɪdʒ] *n книжн.* страстный любитель чтения; ≃ пожиратель книг, книжный червь
bibliophagist [ˌbɪblɪˈɒfədʒɪst] = bibliophage
bibliophile [ˈbɪblɪəfaɪl] *n* библиофил; книголюб
bibliophobe [ˈbɪblɪəfəʊb] *n* библиофоб; книгоненавистник
bibliopole [ˈbɪblɪəpəʊl] *n книжн.* торговец книгами, букинист
bibliotaph [ˈbɪblɪətɑːf] *n редк.* библиотаф (*человек, скрывающий свои книги от посторонних*)
bibliotheca [ˌbɪblɪəˈθiːkə] *n книжн.* 1. библиотека 2. библиографический каталог 3. *уст.* библия
bibliothecal [ˌbɪblɪəˈθiːk(ə)l] *a редк.* библиотечный
bibliothèque [ˌbɪblɪəˈtek] *n фр.* библиотека
bibliotherapy [ˈbɪblɪə(ʊ)ˌθerəpɪ] *n* библиотерапия
Biblist [ˈbaɪb(ə)lɪst] *n* приверженец библии
biblus [ˈbɪbləs] *n* папирус
bib overalls [ˈbɪbˌəʊvərɔːlz] фартук с грудкой, нагрудником
bibulosity [ˌbɪbjʊˈlɒsɪtɪ] *n* пьянство
bibulous [ˈbɪbjʊləs] *a* 1. впитывающий влагу; ~ paper промокательная бумага 2. 1) пьянствующий; ~ nose красный нос пьяницы 2) пьяный
bicameral [baɪˈkæm(ə)rəl] *a* двухпалатный (*о законодательной системе или о парламенте*)
bicameralist [baɪˈkæm(ə)rəlɪst] = bicamerist
bicamerist [baɪˈkæmərɪst] *n книжн.* сторонник двухпалатной парламентской системы
bicarb [baɪˈkɑːb, ˈbaɪkɑːb] *n сл.* питьевая сода
bicarbonate [baɪˈkɑːb(ə)n(e)ɪt] *n хим.* двууглекислая соль
bicarbonate of soda [baɪˌkɑːb(ə)n(e)ɪtəvˈsəʊdə] сода (питьевая)
bicentenary I [ˌbaɪsenˈtiːn(ə)rɪ] *n* двухсотлетие, двухсотлетняя годовщина
bicentenary II [ˌbaɪsenˈtiːn(ə)rɪ] *a* двухсотлетний
bicentennial I, II [ˌbaɪsenˈtenɪəl] = bicentenary I и II

bicephalous [baɪˈsef(ə)ləs] *a* двуглавый
biceps [ˈbaɪseps] *n анат.* двуглавая мышца, бицепс
bichloride [baɪˈklɔːraɪd] *n хим.* двухлористое соединение
bichromate [baɪˈkrəʊmɪt] *n хим.* 1) соль двухромовой кислоты, бихромат 2) бихромат калия, хромпик
bichrome [ˈbaɪkrəʊm] = bicolour
bicipital [baɪˈsɪpɪt(ə)l] *a анат.* 1. двухголовый, двуглавый 2. относящийся к двуглавой мышце
bicircular [baɪˈsɜːkjʊlə] *a* состоящий из двух окружностей; ~ goniometer *спец.* двукружный гониометр
bicker¹ I [ˈbɪkə] *n* 1. пререкание, перебранка; constant ~ вечное пререкание; petty ~ мелкая ссора, перебранка 2) стычка, драка 2. журчание (*ручья и т. п.*) 3. мерцание (*огня, свечи*)
bicker¹ II [ˈbɪkə] *v* 1. пререкаться, препираться, ссориться 2. драться; колотить друг друга 3. 1) журчать (*о ручье*) 2) стучать (*о дожде*) 4. *поэт.* мерцать (*о свете, пламени*)
bicker² [ˈbɪkə] *n шотл.* деревянный сосуд для вина
bickern [ˈbɪkən] *n спец.* верстачная двурогая наковальня
Bickford fuse [ˈbɪkfədˈfjuːz] *горн.* бикфордов шнур
bicolour [ˈbaɪkʌlə] *a* двухцветный
biconcave [baɪˈkɒnkeɪv] *a опт.* двояковогнутый
biconic [baɪˈkɒnɪk, -ˈkəʊnɪk] *a* биконический
biconjugate [baɪˈkɒndʒʊg(e)ɪt] *a бот.* спаренный
biconvex [baɪˈkɒnveks] *a опт.* двояковыпуклый
bicorn [ˈbaɪkɔːn] *a* двурогий
bicorne [ˈbaɪkɔːn] *n* шляпа с загнутыми боковыми полями
bicorporal [baɪˈkɔːp(ə)rəl] *a* двухкорпусный
bicron [ˈbaɪkrɒn] *n* нанометр (*миллионная часть миллиметра*)
bicultural [baɪˈkʌlt(ə)rəl] *a* принадлежащий к двум культурам или являющийся результатом их слияния
bicuspid [baɪˈkʌspɪd] *n* малый коренной зуб, премоляр
bicuspid valve [baɪˌkʌspɪdˈvælv] *анат.* двустворчатый митральный клапан
bicycle I [ˈbaɪsɪk(ə)l] *n* велосипед
bicycle II [ˈbaɪsɪk(ə)l] *v* ездить на велосипеде
bicycler [ˈbaɪsɪklə] = bicyclist
bicyclic¹ [ˌbaɪˈs(a)ɪklɪk] *a* велосипедный
bicyclic² [ˌbaɪˈs(a)ɪklɪk] *a хим.* двухъядерный, двухпериодный
bicyclist [ˈbaɪsɪklɪst] *n* велосипедист
bid I [bɪd] *n* 1. 1) предложение цены (*на аукционе*); заявка (*на торгах*) 2) предлагаемая цена (*на аукционе, на торгах*); £2,500 ~ предлагаемая цена в 2500 фунтов стерлингов; further /higher/ ~ более высокая (предлагаемая) цена; last ~ окончательная цена; take-over ~ a) цена, предлагаемая крупной фирмой меньшей при слиянии; б) предложение о слиянии фирм; to advance a ~ делать заявку /предложение/ цены; to make a ~ for smth. a) предложить цену на что-л.; б) попытаться получить что-л.; [*ср. тж.* 3] 3) *амер.* цена на выполнение подряда 4) *амер.* отдача или продажа с торгов 2. предложение; ~ for disarmament предложение о разоружении 3. попытка (*тж. спорт.*); претензия; домогательство; a foolhardy ~ безрассудная попыт-

ка; to make a ~ for power попытаться прийти к власти [*ср. тж.* 1, 2)]; to make a ~ for smb.'s sympathy попытаться вызвать симпатию; добиваться расположения 4. *амер. разг.* приглашение; a ~ to a wedding приглашение на свадьбу 5. *карт.* объявление масти; объявление количества взяток, торги; to make a ~ of /in/ diamonds объявить бубны
bid II [bɪd] *v* (bade, bid, bad; bidden, bid) 1. 1) предлагать цену (*на аукционе, торгах*); to ~ £20 for smth. предложить 20 фунтов за что-л.; to ~ a fair price предложить хорошую цену; to ~ against /over/ smb. предлагать более высокую цену, чем кто-л.; взвинчивать цену на торгах; делать конкурирующее предложение; he was ~ding against /over/ me он предлагал большую цену, чем я 2) принимать участие (в торгах); I'm not ~ding today я сегодня участвовать в аукционе не буду 2. добиваться; to ~ for smth. вести борьбу за что-л.; to ~ for votes стараться набрать голоса 3. *книжн., поэт.* приказывать; просить; do as you are ~den делайте, как вам приказано; ~ him come in просите его войти; they were ~(den) to attend им было велено присутствовать; he bade me (to) sit down он попросил меня сесть 4. *уст.* объявлять, заявлять; to ~ the banns оглашать (*имена вступающих в брак в церкви*); to ~ good morning [good night] пожелать доброго утра [доброй ночи]; to ~ welcome приветствовать; to ~ goodbye /adieu, farewell /прощаться 5. *уст.* приглашать; to ~ smb. to dinner пригласить кого-л. к обеду 6. *карт.* объявить масть; объявить количество взяток
◊ to ~ beads читать молитвы, перебирать чётки; to ~ defiance to smb. не считаться с /пренебрегать/ кем-л.; бросать вызов кому-л.; to ~ fair казаться вероятным; it ~s fair to be a fine day день обещает быть хорошим
bidarka [baɪˈdɑːkə] *n* байдарка
biddable [ˈbɪdəb(ə)l] *a* 1. послушный 2. сильный (*о картах*); a ~ hand at bridge хорошая карта в бридже
bidden¹ [ˈbɪdn] *p. p. от* bid II
bidden² [ˈbɪdn] *p. p. от* bide
bidder [ˈbɪdə] *n* лицо, выступающее на торгах, покупщик; претендент; the highest /best/ ~ лицо, предлагающее наивысшую цену
bidding [ˈbɪdɪŋ] *n* 1. 1) предложение цены (*на аукционе*); надбавка к цене 2) торги; brisk ~ бойкие торги 3) *амер.* заявка на получение подряда 2. приказание; распоряжение; to be at smb.'s ~ быть в чьём-л. распоряжении; to do smb.'s ~ исполнять чьи-л. приказания; we must heed the teacher's ~ мы должны слушаться учителя 3. приглашение; призыв 4. *карт.* объявление (*ставок*)
bidding prayer [ˈbɪdɪŋˌpreə] приглашение к молитве (*на официальных церемониях*)
biddy¹ [ˈbɪdɪ] *n амер.* 1) *разг.* служанка-ирландка 2) *сл.* склочница
biddy² [ˈbɪdɪ] *n уст., диал.* курица; цыплёнок
bide [baɪd] *v* (bode, bidded [ˈbɪdɪd]; bided [ˈbaɪdɪd], bidden) 1. *арх.* жить, проживать; оставаться (где-л.); to ~ at home оставаться дома; you ~ where you be *диал.* оставайтесь там, где вы находитесь 2. выжидать; to ~ one's time ожидать подходящего момента /благоприятного случая/ 3. *арх.* терпеть, выносить

bident ['baɪdent] *n* 1) двузубый инструмент (*вилы и т. п.*) 2) двузубец
bidental [baɪ'dentl] = bidentate
bidentate [baɪ'denteɪt] *a* двузубый
bidet ['bi:deɪ] *n* 1. *редк.* лошадка, пони 2. биде
bidigitate [baɪ'dɪdʒɪteɪt] *a* двузначный (*о числе*); состоящий из двух цифр
bidimensional [‚baɪdaɪ'menʃ(ə)nəl] *a мат., физ.* двухмерный, имеющий два измерения
bid in ['bɪd'ɪn] *phr v* предлагать наиболее высокую цену (*на аукционе*)
biding ['baɪdɪŋ] *n* 1. *книжн.* 1) ожидание 2) промедление 2. *уст.* пребывание; ~ place местопребывание
bidirectional [‚baɪdɪ'rekʃ(ə)nəl] *a* двунаправленный; действующий в двух направлениях, реверсивный
bidonville [‚bi:dɔn'vi:l] *n* «бидонвиль», посёлок городской бедноты; лачуги из жестяной тары и т. п.
bid up ['bɪd'ʌp] *phr v* 1. набавлять цену; the goods were ~ far beyond their real value цены на товары были сильно завышены 2. *карт.* повышать ставку
bield I [bi:ld] *n диал.* 1. убежище 2. помощь, защита 3. смелость, уверенность
bield II [bi:ld] *v диал.* 1. 1) давать убежище 2) находить убежище 2. защищать, укрывать 3. быть уверенным, смелым
biennia [baɪ'enɪə] *pl om* biennium
biennial I [baɪ'enɪəl] *n* 1. двухлетнее растение; двулетник 2. событие, происходящее раз в два года
biennial II [baɪ'enɪəl] *a* 1) двухлетний 2) длящийся два года 3) происходящий раз в два года, каждые два года; ~ election выборы, происходящие раз в два года
biennium [baɪ'enɪəm] *n* (*pl тж.* -nia) *лат.* двухлетний период
bier [bɪə] *n* 1. 1) похоронные дроги 2) гроб, могила; to weep round smb.'s ~ рыдать у чьего-л. гроба 2. *ист.* носилки
bifacial [baɪ'feɪʃ(ə)l] *a* 1) двуликий 2) *бот.* двусторонний
bifariamous, bifari(o)us [baɪ'fe(ə)rɪəməs, baɪ'fe(ə)rɪəs] *a бот.* двухрядный
biferous ['baɪf(ə)rəs] *a бот.* плодоносящий дважды в год
biff I [bɪf] *n сл.* удар
biff II [bɪf] *v сл.* ударить, стукнуть; to ~ on the nose дать по носу
biffin ['bɪfɪn] *n* 1) тёмно-красное яблоко для печения *или* варки 2) печёное яблоко
bifid ['baɪfɪd] *a книжн.* раздвоённый, расщеплённый на две доли
bifilar [baɪ'faɪlə] *a тех.* бифилярный
biflex ['baɪfleks] *a* дважды изогнутый
bifocal [baɪ'fəʊk(ə)l] *a* двухфокусный, бифокальный
bifocals [baɪ'fəʊk(ə)lz] *n употр. с гл.* во мн. ч. двухфокусные, бифокальные очки
bifold ['baɪfəʊld] *a книжн.* двойной, сдвоенный
bifoliate [baɪ'fəʊlɪeɪt] *a бот.* двулистный
biforate [baɪ'fɔ:rɪt] *a биол.* имеющий два отверстия
biforked [baɪ'fɔ:kt] *a* раздвоённый
biform ['baɪfɔ:m] *a* имеющий две формы
bifront, bifrontal, bifronted [baɪ'frʌnt, -(ə)l, -ɪd] *a книжн.* двуликий, двойной
bifunctional [baɪ'fʌŋkʃ(ə)nəl] *a спец.* бифункциональный

bifurcate I [baɪ'fɜ:kɪt] *a* раздвоённый (*о ветке, реке, дороге и т. п.*)
bifurcate II ['baɪfəkeɪt] *v* 1) раздваивать, разветвлять 2) разветвляться (*о реке, дороге*)
bifurcation [‚baɪfə'keɪʃ(ə)n] *n* раздвоение, разветвление; бифуркация
big¹ I [bɪg] *a* 1. 1) большой, крупный; ~ book [hotel] большая книга [гостиница]; ~ game крупная дичь; ~ repair капитальный ремонт; ~ gun тяжёлое орудие; ~ stuff *амер. разг.* тяжёлый снаряд; ~ close-up *кино* очень крупный план (*часть лица или деталь предмета*) 2) высокий; ~ man [tree] высокий человек [-ое дерево] 3) широкий; ~ margins большие /широкие/ поля (*книги, тетради*); ~ shoulders широкие плечи; in a ~ way в широком масштабе 2. громкий, сильный; ~ noise сильный шум; ~ voice [roar] громкий голос [-ое рычание] 3. взрослый; ~ boy взрослый мальчик 4. важный, значительный; ~ man важный или известный человек; ~ event важное событие; ~ news важные новости, важное сообщение /известие/; ~ responsibility [difference] большая ответственность [разница]; to look ~ иметь важный вид 5. (with) 1) беременная (*тж.* ~ with child) 2) чреватый, полный; ~ with news полный новостей; eyes ~ with tears глаза, полные слёз; ~ with consequences чреватый последствиями; ~ with fate роковой; full of ~ talk хвастливый, полный тщеславия; с самомнением 5. великодушный, благородный; ~ heart большое сердце; ~ mind широкий ум; ~ nature широкая натура 7. *амер. сл.* знаменитый; Frank Sinatra is very ~ in Las Vegas Фрэнк Синатра очень популярен в Лас-Вегасе 8. ˙(big-) *как компонент сложных слов* больше-, широко-; big-boned широкостный
◊ the B. Five «Большая пятёрка» (*Советский Союз, США, Великобритания, Франция и Китай в Совете Безопасности ООН*); ~ eater хороший едок; ~ joke хорошая шутка; ~ money большие деньги; ~ talk хвастливый ~ toe большой палец (*ноги*); to be ~ on smth. быть поклонником /энтузиастом/ чего-л.; to be /to get, to grow/ too ~ for one's boots /shoes/ важничать
big¹ II [bɪg] *adv разг.* 1. хвастливо, с важным видом; to talk ~ хвастаться, бахвалиться 2. с размахом, крупно; to think ~ иметь широкие замыслы; ≅ не мелочиться 3. успешно; to go over ~ блестяще удаться
big² [bɪg] = bigg
big³ [bɪg] *v шотл.* строить
bigam(e) ['baɪgəm] *уст.* = bigamous
bigamist ['bɪgəmɪst] *n* двоеженец; двумужница
bigamous ['bɪgəməs] *a* имеющий двух жён *или* имеющая двух мужей одновременно, двубрачный
bigamy ['bɪgəmɪ] *n* бигамия; двоеженство; двоемужие; двубрачие
Big Apple [‚bɪg'æp(ə)l] *разг.* Нью-Йорк
big apple¹ [‚bɪg'æp(ə)l] *прост.* самая важная часть; центр, фокус; главная забота; the ~ of his life is himself все его интересы сосредоточены на нём самом
big apple² [‚bɪg'æp(ə)l] быстрый танец, популярный в 30-е годы XX в.
bigaroon [‚bɪgə'ru:n] = bigarreau
bigarreau [‚bɪgə'rəʊ] *n* крупная вишня
Big Bang, big bang theory [‚bɪg'bæŋ ‚θɪ(ə)rɪ] «большой взрыв» (*теория происхождения Вселенной*)
Big Beat, big beat [‚bɪg'bi:t] *сл.* биг-бит, рок (*музыка*)

Big Ben [‚bɪg'ben] «Большой Бен» (*часы на здании английского парламента*)
Big Bertha [‚bɪg'bɜ:θə] «Большая Берта» (*немецкая пушка*)
Big Board [‚bɪg'bɔ:d] *разг.* Нью-Йоркская фондовая биржа
big-boned [‚bɪg'bəʊnd] *a* широкостный
big boy [‚bɪg'bɔɪ] *разг.* важная персона; шишка; the big boys on Wall Street воротилы Уолл-Стрита
big brother [‚bɪg'brʌðə] 1. старший брат 2. человек, покровительствующий младшему; ≅ отец родной 3. (В. В.) диктатор
big bud [‚bɪg'bʌd] столбур (*болезнь растений*)
big bug [‚bɪg'bʌg] *сл.* = bigwig
big business [‚bɪg'bɪznɪs] 1. *собир.* большой бизнес 2. доходное дело
big cheese [‚bɪg'tʃi:z] *сл.* = big boy
big-city ['bɪg‚sɪtɪ] *a амер. сл.* столичный
Big Crunch [‚bɪg'krʌntʃ] *астр.* «большое сжатие» (*конечная стадия цикла пульсации Вселенной*)
big deal [‚bɪg'di:l] 1. = big boy 2. *амер. пренебр.* важное занятие
Big Dipper [‚bɪg'dɪpə] *амер. астр.* Большая Медведица
big dipper [‚bɪg'dɪpə] колесо обозрения
bigeminal [baɪ'dʒemɪnəl] *a* сдвоенный, двойной; парный; ~ pregnancy двуплодная беременность
big enchilada ['bɪg‚enkɪ'lɑ:də] *амер. сл.* воротила, шишка
big end [‚bɪg'end] *авт.* большая головка шатуна
bigener ['baɪdʒɪnə] *n биол.* межродовой гибрид
bigeneric [‚baɪdʒɪ'nerɪk] *a биол.* обладающий признаками двух различных родов
bigeye ['bɪgaɪ] *n зоол.* бычеглазый окунь, каталуфа, приакантус (*Priacanthus*)
big-eyed [‚bɪg'aɪd] *a* 1) имеющий большие глаза, большеглазый 2) широко раскрывший глаза (*от удивления и т. п.*); ~, the children looked at the elephant дети во все глаза смотрели на слона
bigeye tuna ['bɪgaɪ'tju:nə] *зоол.* большеглазый тунец (*Thunnus obesus*)
Big-foot, bigfoot ['bɪgfʊt] *n амер.* йети, «снежный человек»
bigg [bɪg] *n шотл.* четырёхрядный ячмень
big game [‚bɪg'geɪm] 1. *охот.* крупные животные (*напр., львы, слоны*) 2. *разг.* важная цель; the district attorney was after ~: the leader of the gang окружной прокурор охотился за «важной птицей» — главарём банды
biggety ['bɪgɪtɪ] *a амер. сл.* ≅ с гонором
biggie ['bɪgɪ] *n амер. разг.* шишка; важная персона; Hollywood ~ голливудский магнат
biggin¹ ['bɪgɪn] *n уст.* 1. 1) детская шапочка 2) капюшон 2. головной убор адвоката высшего разряда 3. *диал.* ночной колпак
biggin² ['bɪgɪn] *n уст.* кофейник с ситечком
biggin³ ['bɪgɪn] *n диал.* дом, здание
bigging¹ ['bɪgɪŋ] 1. *шотл.* = biggin³ 2. надворная постройка
bigging² ['bɪgɪŋ] *n горн.* породный целик
biggish ['bɪgɪʃ] *a* довольно большой; великоватый
biggity ['bɪgɪtɪ] = biggety
big gun [‚bɪg'gʌn] *амер. сл.* = big boy

bighead ['bɪghed] *n разг.* 1) самомнение, высокомерие, самодовольство, гонор 2) человек с большим самомнением; хвастун

bigheaded [ˌbɪg'hedɪd] *a* самодовольный, самовлюблённый

big-hearted [ˌbɪg'hɑːtɪd] *a* 1. добрый; щедрый; великодушный; a ~ gesture дружественный жест 2. воодушевлённый, полный энтузиазма

bighorn ['bɪghɔːn] *n зоол.* баран канадский снежный, толсторог (*Ovis canadensis*)

big house [ˌbɪg'haus] *амер. сл.* исправительная тюрьма

bight [baɪt] *n* 1. излучина (*реки*) 2. бухта 3. *мор.* шлаг (*троса*), бухта, петля троса 4. *уст.* изгиб (*тела*) 5. угол

big labor [ˌbɪg'leɪbə] *амер.* основные профсоюзы

Big League, big league [ˌbɪg'liːg] 1) *спорт.* большая лига (*особ. в бейсболе*) 2) верхушка, элита (*о представителях какой-л. профессии и т. п.*)

big-league [ˌbɪg'liːg] *a амер.* стоящий на высоте; главный, важный; знаменитый, известный

big mouth [ˌbɪg'mauθ] *сл.* хвастун; болтун

big name [ˌbɪg'neɪm] *разг.* 1) знаменитость (*знаменитый артист*); известная, выдающаяся личность; известное имя

big-name [ˌbɪg'neɪm] *a* 1) знаменитый, известный; ~ guests at a hotel знаменитости, живущие в отеле 2) выдающийся; a ~ novel выдающийся роман, написанный известным писателем

bigness ['bɪgnɪs] *n* 1. величина, размер 2. величие 3. «большой бизнес», крупнейшие корпорации (< big + business)

big noise [ˌbɪg'nɔɪz] *сл.* = big boy

big oil [ˌbɪg'ɔɪl] крупные нефтяные компании США

big one ['bɪgwʌn] *амер. разг.* тысяча долларов

bigot ['bɪgət] *n* 1. слепой приверженец, фанатик, изувер 2. *амер.* расист 3. *уст.* ханжа

bigoted ['bɪgətɪd] *a* фанатический, нетерпимый

bigotry ['bɪgətrɪ] *n* слепая приверженность, фанатизм

big pot [ˌbɪg'pɒt] = big boy

bigraph ['baɪgrɑːf] *n мат.* двудольный граф (< bipartite + graph)

Big Science [ˌbɪg'saɪəns] *n* научная программа, требующая крупных капиталовложений 2) фундаментальные научные исследования, «большая наука»

big shot [ˌbɪg'ʃɒt] *сл.* = big boy

big sister [ˌbɪg'sɪstə] 1. старшая сестра 2. девушка *или* женщина, покровительствующая младшим; ≅ мать родная

big stick [ˌbɪg'stɪk] *полит.* большая дубинка

big-ticket [ˌbɪg'tɪkɪt] *a амер. сл.* дорогой, дорогостоящий

big time ['bɪgtaɪm] *амер. разг.* 1. 1) представление (*особ. эстрадное*), имеющее шумный успех 2) успех, экстра-класс (*об артисте, спортсмене*); footballer breaking into the ~ игрок, пробившийся в большой футбол

big-time ['bɪgtaɪm] *а амер. разг.* 1. пользующийся шумным успехом 2. выдающийся, классный; ~ singer замечательный певец

big-timer [ˌbɪg'taɪmə] *n разг.* знаменитость; актёр, спортсмен *и т. п.* высшего класса

big top [ˌbɪg'tɒp] *разг.* 1) самая большая палатка цирка 2) цирк

big tree [ˌbɪg'triː] *бот.* веллингтония, мамонтово дерево, секвойя гигантская (*Sequoia gigantea*)

big wheel [ˌbɪg'wiːl] 1. *амер.* колесо обозрения 2. воротила

bigwig ['bɪgwɪg] *n ирон.* важная персона, «шишка»

bigwigged ['bɪgwɪgd] *a разг.* важный

bihourly [baɪ'auəlɪ] *a амер.* (происходящий) раз в два часа; каждые два часа

bijou I ['biːʒuː] *n* (*pl* bijoux ['biːʒuːz]) 1) драгоценность; украшение, безделушка 2) маленькая изящная вещица

bijou II ['biːʒuː] *a* маленький и изящный; ~ camera миниатюрный фотоаппарат

bijouterie [bɪ'ʒuːt(ə)rɪ] *n фр.* 1) драгоценности; безделушки, побрякушки 2) поддельные драгоценности; бижутерия

bijugate [baɪ'dʒuːg(e)ɪt, 'baɪdʒuː-] *a бот.* двупарный

bijugous ['baɪdʒugəs] = bijugate

bike¹ [baɪk] *n диал.* 1. осиное *или* пчелиное гнездо; рой 2. толпа народа

bike² I [baɪk] *n разг.* 1) велосипед 2) мотоцикл; мотороллер; мопед

bike² II [baɪk] *v разг.* 1) ездить на велосипеде 2) ездить на мотоцикле, мотороллере *или* мопеде

biker ['baɪkə] *n разг.* 1) велосипедист 2) мотоциклист (*часто член банды*)

bikeway ['baɪkweɪ] *n амер.* велосипедная дорожка (*закрытая для автотранспорта*)

bikh [bɪk] *n инд.* 1) яд, добываемый из аконита 2) аконит (*растение или корень*)

bikie ['baɪkɪ] *австрал. сл.* = biker

bikini [bɪ'kiːnɪ] *n* бикини, купальный костюм с очень короткими трусиками и лифчиком

bilabial I [baɪ'leɪbɪəl] *n фон.* губно-губной звук

bilabial II [baɪ'leɪbɪəl] *a фон.* билабиальный, губно-губной

bilabiate [baɪ'leɪbɪɪt] *a бот.* двугубый

bilaminar [baɪ'læmɪnə] *a* дву(х)слойный

bilaminate [baɪ'læmɪn(e)ɪt] = bilaminar

bilander ['bɪləndə] *n* небольшое двухмачтовое судно

bilateral [baɪ'læt(ə)rəl] *n* двусторонние переговоры

bilateral [baɪ'læt(ə)rəl] *a* двусторонний; билатеральный; ~ treaty [agreement] двусторонний договор [-ее соглашение]; ~ observation *воен.* двустороннее наблюдение

bilateral symmetry [baɪˌlæt(ə)rəl'sɪmɪtrɪ] зеркальная симметрия

bilayer ['baɪˌleɪə] *n* 1) *спец.* двойной слой 2) *биол., анат.* двуслойная, бислойная структура (*из мономолекулярных слоёв*)

bilberry ['bɪlb(ə)rɪ] *n бот.* черника (*Vaccinium myrtillus*)

bilbo¹ ['bɪlbəu] *n* (*pl* -oes [-əuz]) *обыкн. pl* ножные кандалы

bilbo² ['bɪlbəu] *n* (*pl* -os [-əuz]) *уст.* испанский клинок

bilboquet ['bɪlbəket] *n фр.* бильбоке

bile [baɪl] *n* 1. жёлчь; ~ cyst *анат.* жёлчный пузырь 2) избыток жёлчи 2. раздражительность, жёлчность

bilection [baɪ'lekʃ(ə)n] = bolection

bile duct ['baɪldʌkt] *анат.* жёлчный проток

bile-stained ['baɪlsteɪnd] *а мед.* желтушный

bilestone ['baɪlstəun] *n мед.* жёлчный камень

bi-level ['baɪˌlev(ə)l] *n* «дом в двух уровнях», здание, состоящее из полуподвала и одного этажа (*со входом на уровне земли*)

bilevel [ˌbaɪ'lev(ə)l] *a спец.* двухуровневый, имеющий два уровня

bilge I [bɪldʒ] *n* 1. днище (*судна*); ~ way *мор.* спусковые полозья 2. = bilge water 3. средняя, наиболее широкая часть бочки 4. *разг.* ерунда; болтовня 5. *тех.* стрела прогиба

bilge II [bɪldʒ] *v* 1) пробить подводную часть судна 2) давать течь (*о судне*)

bilge board ['bɪldʒbɔːd] *мор.* шверц, выдвижной боковой киль

bilged ['bɪldʒd] *a* 1. получивший пробоину в подводной части 2. снабжённый шверцем

bilge keel ['bɪldʒkiːl] боковой киль

bilge out ['bɪldʒaut] *амер. сл.* = flunk(-)out

bilge piece ['bɪldʒpiːs] = bilge keel

bilge pump ['bɪldʒpʌmp] трюмная помпа

bilge water ['bɪldʒˌwɔːtə] трюмная вода

bilgy ['bɪldʒɪ] *a редк.* трюмный

bilharzia [bɪl'hɑːzɪə] *n бот.* бильгарция, шистозома кровяная (*Schistosoma haematobium*)

bilharziasis [ˌbɪlhɑː'zaɪəsɪs] *n мед.* бильгарциоз, шистозомиаз

biliary ['bɪlɪərɪ] *a* 1. жёлчный; ~ calculus *мед.* жёлчный камень; ~ colic *мед.* жёлчная колика 2. = bilious 2

biliment ['bɪlɪmənt] *n уст.* 1. украшение, отделка платья 2. тиара, диадема

bilinear [baɪ'lɪnɪə] *a* билинейный

bilingual I [baɪ'lɪŋgwəl] *n* человек, говорящий на двух языках, билингвист

bilingual II [baɪ'lɪŋgwəl] *а* 1. двуязычный 2. говорящий на двух языках

bilingualism [baɪ'lɪŋgwəlɪz(ə)m] *n* билингвизм

bilinguist [baɪ'lɪŋgwɪst] = bilingual I

bilious ['bɪlɪəs] *a* 1. *уст.* = biliary I 2. *мед.* страдающий от разлития жёлчи; ~ attack приступ разлития жёлчи; ~ patient больной, страдающий разлитием жёлчи 3. 1) раздражительный, мрачный 2) отвратительный, скверный; ~ weather *разг.* отвратная погода

biliously ['bɪlɪəslɪ] *adv* жёлчно; раздражительно

biliousness ['bɪlɪəsnɪs] *n* жёлчность; раздражительность

bilirubin [ˌbɪlɪ'ruːbɪn] *n биохим.* билирубин

biliteral I [baɪ'lɪt(ə)rəl] *n* корень слова из двух букв

biliteral II [baɪ'lɪt(ə)rəl] *a* состоящий из двух букв; двухбуквенный (*напр., о коде*)

biliteralism [baɪ'lɪt(ə)rəlɪz(ə)m] *n лингв.* билитерализм

biliverdin [ˌbɪlɪ'vɜːdɪn] *n* зелёный жёлчный пигмент

bilk I [bɪlk] *n* 1. жульничество, обман 2. = bilker 3. *уст.* чепуха, пустые слова

bilk II [bɪlk] *v* 1) обманывать, мошенничать 2) уклоняться от уплаты (*долга и т. п.*) 3) избегать, ускользать; улизнуть; to ~ a cabman сбежать, не уплатив кэбмену /шофёру такси/; to ~ a creditor ускользнуть от кредитора

bilker ['bɪlkə] *n сл.* жулик, мошенник

bill¹ I [bɪl] *n* 1. счёт; grocery ~ счёт в бакалейной лавке; padded ~s раздутые счета; payable ~s счета, подлежащие оплате; ~ of costs *юр.* а) ведомость издержек по делу; б) счёт адвокатских расходов; to charge smth. on the ~ записать что-л. в счёт; to foot the ~ оплатить расходы (*по счёту*); to meet a ~

BIL — BIM

оплати́ть счёт; to make out a ~ соста́вить счёт; to run up a ~ име́ть счёт (*в магази́не, у портно́го и т. п.*); have you paid the hotel ~? вы оплати́ли счёт в гости́нице? **2.** 1) спи́сок, инвента́рь; ~ of materials специфика́ция; ~ of parcels факту́ра, накладна́я; to make out a ~ соста́вить спи́сок 2) докуме́нт; ~ of credit аккредити́в; ~ of debt долгова́я распи́ска; ~ of sight разреше́ние вскрыть това́р в прису́тствии тамо́женных чино́вников; ~ of store разреше́ние на беспо́шлинный прово́з това́ров **3.** билль, законопрое́кт; private ~ законопрое́кт, име́ющий ме́стное значе́ние; to introduce /to bring in/ a ~ внести́ законопрое́кт; to pass [to throw out] a ~ приня́ть [отклони́ть] законопрое́кт **4.** 1) програ́мма (*театра́льная, конце́рта и т. п.*); to change (the) ~ смени́ть програ́мму; to head /to top/ the ~ быть гвоздём програ́ммы 2) афи́ша, плака́т **5.** *амер.* банкно́т, казначе́йский биле́т; five-dollar ~ биле́т в пять до́лларов **6.** 1) ве́ксель, тра́тта (*тж.* ~ of exchange); short(-dated) [long(-dated)] ~ краткосро́чный [долгосро́чный] ве́ксель; outstanding ~ неопла́ченный ве́ксель; ~ at par ве́ксель по номина́лу; ~ at sight тра́тта, сро́чная неме́дленно по предъявле́нии; ~ on London ве́ксель на Ло́ндон; to discount a ~ дисконти́ровать ве́ксель; the ~ becomes due наступа́ет срок упла́ты по ве́кселю 2) торго́вый контра́кт; деклара́ция 3) накладна́я 4) о́пись това́ров (*при перево́зке*) **7.** *юр.* (исково́е) заявле́ние, иск; ~ of complaint исково́е заявле́ние; ~ of indictment обвини́тельный акт, предъявля́емый на реше́ние «большо́му жюри́»; ~ of review иск о пересмо́тре реше́ния суда́; to ignore the ~ прекраща́ть де́ло; the Grand Jury ignored /threw out/ the ~ «большо́е жюри́» призна́ло обвине́ние необосно́ванным и прекрати́ло де́ло **8.** *уст.* 1) докуме́нт с печа́тью 2) па́пская бу́лла **9.** *уст.* па́сквиль, памфле́т **10.** *уст.* пи́сьменное заявле́ние высокопоста́вленному лицу́ **11.** *уст.* жа́лоба, про́сьба **12.** *уст.* заявле́ние в фо́рме пети́ции в верхо́вный суд **13.** *уст.* реце́пт **14.** *мор.* спи́сок чле́нов кома́нды с распределе́нием обя́занностей

◊ butcher's ~ спи́сок уби́тых на войне́; to fill the ~ a) не сходи́ть с афи́ши (*о пье́се*); б) затми́ть всех свои́м успе́хом (*об актёре*); в) подходи́ть, удовлетворя́ть тре́бованиям, соотве́тствовать; that will fill /answer/ the ~ э́то пойдёт

bill¹ II [bɪl] *v* **1.** объявля́ть в афи́шах; Irving was ~ed to appear as Hamlet было объя́влено, что Ирвинг бу́дет выступа́ть в ро́ли Га́млета **2.** обкле́ивать афи́шами **3.** 1) выставля́ть *или* выпи́сывать счёт; ~ me for $ 3 запиши́ на мой счёт 3 до́ллара; запиши́ за мной 3 до́ллара 2) фактури́ровать; выпи́сывать накладну́ю

bill² I [bɪl] *n* **1.** клюв **2.** (у́зкий) мыс; Portland B. По́ртландский мыс **3.** *амер. разг.* козырёк (*фура́жки*) **4.** *мор.* носо́к я́коря

bill² II [bɪl] *v* 1) целова́ться клю́виками (*о голубя́х*) 2) воркова́ть, ласка́ться

◊ to ~ and coo *разг.* целова́ться, ласка́ться

bill³ I [bɪl] *n* **1.** 1) садо́вые но́жницы; сека́ч, кривой нож для обруба́ния сучьев 2) ки́рка, мотыга **2.** *уст.* алеба́рда **3.** *редк.* = billman **4.** *уст.* коро́ткий меч **5.** остриё ла́пы я́коря

bill³ II [bɪl] *v* 1) рабо́тать садо́выми но́жницами, подстрига́ть 2) рабо́тать моты́гой, копа́ть

billabong ['bɪləbɒŋ] *n австрал.* 1) залив, образо́ванный у́стьем реки́; рука́в; ста́рица 2) у́стье реки́

billboard¹ ['bɪlbɔːd] *n* **1.** *амер.* доска́ для афи́ш и объявле́ний **2.** *тлв.* ано́нс, оповеще́ние о програ́мме

billboard² ['bɪlbɔːd] *n мор.* я́корная поду́шка

bill-broker ['bɪlˌbroʊkə] *n* ве́ксельный ма́клер, бро́кер

billbug ['bɪlbʌɡ] *n энт.* долгоно́сик (*Sphenophorus*)

billet¹ I ['bɪlɪt] *n* **1.** *воен.* 1) о́рдер на посто́й 2) помеще́ние для посто́я; to go into ~s располага́ться на кварти́рах 3) размеще́ние по кварти́рам **2.** до́лжность; good [bad] ~ хорошо́ [пло́хо] опла́чиваемая до́лжность **3.** *уст.* про́пуск

billet¹ II ['bɪlɪt] *v воен.* расквартиро́вывать, размеща́ть (*войска́*); the soldiers were ~ed at /in/ a village солда́ты были расквартиро́ваны в дере́вне; the soldiers were ~ed on /upon/ the villagers солда́ты стоя́ли на посто́е в дома́х крестья́н; the soldiers were ~ed with the villagers солда́ты жи́ли вме́сте с крестья́нами

billet² ['bɪlɪt] *n* **1.** поле́но, чурба́н, пла́шка **2.** *уст.* то́лстая па́лка **3.** *метал.* брусо́к; загото́вка, билле́т; суту́нка; болва́нка **4.** седе́льный реме́нь 2) пе́тля на ремне́ за пря́жкой **5.** *архит.* продолгова́тый орна́мент норма́ндского сти́ля **6.** *гера́льд.* брусо́чек **7.** *pl тех.* мелкосо́ртное *или* среднесо́ртное желе́зо

billet-doux [ˌbɪleɪ'duː] *n* (*pl* billets-doux [-'duːz]) любо́вное письмо́

billeter, billetor ['bɪlɪtə] *n* квартирье́р

billfish ['bɪlfɪʃ] *n зоол.* 1) сарга́н (*Tylosurus*) 2) мака́йра (*Makaire albida*) 3) па́нцирная щу́ка (*Lepisosteus*) 4) макреле́щука (*Scomberesox*)

billfold ['bɪlfoʊld] *n амер.* (небольшо́й) бума́жник

billhead ['bɪlhed] *n* 1) бланк для счето́в, факту́р, накладны́х 2) назва́ние и а́дрес организа́ции, печа́таемые на бла́нке; ≅ «ша́пка»

billhook ['bɪlhʊk] *n* реза́к, криво́й садо́вый нож

billiard ['bɪljəd] *a* билья́рдный

billiard-ball ['bɪljədbɔːl] *n* билья́рдный шар

billiard-cue ['bɪljədkjuː] *n* кий

billiard-marker ['bɪljədˌmɑːkə] *n* маркёр

billiard-room ['bɪljədruːm, -rʊm] *n* билья́рдная

billiards ['bɪljədz] *n pl* билья́рд

billiard-table ['bɪljədˌteɪb(ə)l] *n* билья́рдный стол

billing ['bɪlɪŋ] *n театр.* поря́док расположе́ния имён исполни́телей на афи́ше *или* в програ́мме; top ~ веду́щий исполни́тель

billing machine ['bɪlɪŋməˌʃiːn] *n* счётно-печа́тающая бухга́лтерская маши́на

Billingsgate ['bɪlɪŋzgeɪt] *n* **1.** *разг.* площадна́я брань (*по назва́нию большо́го ры́бного ры́нка в Ло́ндоне*) **2.** *уст.* руга́тель, скверносло́в

billion ['bɪljən] *n* 1) *амер.* миллиа́рд 2) триллио́н, число́ 10^{12}

billionaire [ˌbɪljə'neə] *n* миллиарде́р

Bill Jim [bɪl dʒɪm] *разг.* Билл Джим (*про́звище австрали́йца*)

billman ['bɪlmən] *n* (*pl* -men [-mən]) **1.** рабо́чий, рабо́тающий ки́ркой, моты́гой **2.** *уст.* алеба́рдщик

bill of entry [ˌbɪləv'entrɪ] тамо́женная деклара́ция (по прихо́ду)

bill of exceptions [ˌbɪləvɪk'sepʃ(ə)nz] *шотл.* спи́сок возраже́ний (про́тив де́йствий судьи́)

bill of exchange [ˌbɪləvɪks'tʃeɪndʒ] *ком.* переводно́й ве́ксель, тра́тта

bill of fare [ˌbɪləv'feə] меню́

bill of goods [ˌbɪləv'gʊdz] *ком.* номенклату́ра това́ров

◊ to sell a ~ *сл.* подтасова́ть фа́кты; заморо́чить го́лову

bill of health [ˌbɪləv'helθ] каранти́нное свиде́тельство, санита́рное удостовере́ние

◊ a clean ~ хоро́ший о́тзыв о чьей-л. рабо́те

bill of indictment [ˌbɪləvɪn'daɪtmənt] обвини́тельное заключе́ние

bill of lading [ˌbɪləv'leɪdɪŋ] *ком.* тра́нспортная накладна́я, коносаме́нт

bill of particulars [ˌbɪləvpə'tɪkjʊləz] *юр.* **1.** обвини́тельное заключе́ние; обвини́тельный акт **2.** 1) исково́е заявле́ние 2) возраже́ния отве́тчика по и́ску

Bill of Rights [ˌbɪləv'raɪts] *ист.* **1.** билль о права́х (*в Великобрита́нии*) **2.** пе́рвые де́сять попра́вок к конститу́ции США

bill of sale [ˌbɪləv'seɪl] закладна́я; ку́пчая

billon ['bɪlən] *n* 1) билло́н, низкопро́бное серебро́ *или* зо́лото 2) моне́та из тако́го мета́лла

billow I ['bɪloʊ] *n поэт.* **1.** больша́я волна́, вал **2.** лави́на **3.** мо́ре

billow II ['bɪloʊ] *v поэт.* вздыма́ться, волнова́ться

billowy ['bɪloʊɪ] *a* **1.** *поэт.* вздыма́ющийся (*о волна́х и т. п.*); ~ skirts *разг.* пы́шные ю́бки **2.** волни́стый, пересечённый (*о ме́стности*)

billposter ['bɪlˌpoʊstə] *n* **1.** раскле́йщик афи́ш **2.** афи́ша, плака́т

billsticker ['bɪlˌstɪkə] *n* = billposter 1

billy¹ ['bɪlɪ] *n* **1.** (полице́йская) дуби́нка **2.** *австрал.* жестяно́й (похо́дный) котело́к **3.** *сокр. от* billy-goat **4.** *эмоц.-усил. разг.* си́льно, чрезвыча́йно, изо всех сил; to laugh like ~ смея́ться до упа́ду; he ran to beat ~ он бежа́л что было ду́ху; to shout like ~ крича́ть во всю гло́тку **5.** *текст.* ро́вничная маши́на для ше́рсти

billy² ['bɪlɪ] *n шотл.* това́рищ, прия́тель

billyboy ['bɪlɪbɔɪ] *n мор.* кабота́жное па́русное су́дно, однопа́лубная ба́ржа́

billycan ['bɪlɪkæn] = billy¹ 2

billy cart ['bɪlɪkɑːt] *австрал.* де́тская теле́жка

billycock ['bɪlɪkɒk] *n разг.* котело́к (*шля́па*)

billy-goat ['bɪlɪgoʊt] *n разг.* козёл

billy-o(h) ['bɪlɪoʊ] = billy¹ 4

bilobate(d) [baɪ'loʊbeɪt(ɪd)] *a бот.* двудо́льный, двулопастно́й

bilobed, bilobular ['baɪloʊbd, baɪ'lɒbjʊlə] = bilobate(d)

bilocellate [ˌbaɪloʊ'sel(e)ɪt] *a бот., зоол.* разделённый на два отде́ла

bilocular [baɪ'lɒkjʊlə] *a бот., зоол.* двугнёздный, двухка́мерный

biloculate [baɪ'lɒkjʊl(e)ɪt] = biloculаr

bilsted ['bɪlsted] *n бот.* стира́ксовое *или* а́мбровое де́рево, ликвидамба́р смолоно́сный (*Liquidambar styraciflua*)

biltong ['bɪltɒŋ] *n* провя́ленное мя́со, наре́занное у́зкими поло́сками

bim [bɪm] *n амер. сл.* 1) ба́ба; де́вка 2) шлю́ха

bimah ['biːmə] = bema

bimanal ['b(a)ɪmənəl] = bimanous

bimane ['baɪmeɪn] *n* двуру́кое живо́тное

bimanous ['b(a)ɪmənəs] *a зоол.* двуру́кий

bimanual [baɪˈmænjʊəl] *a спец.* пользующийся обеими руками (*при исследовании и т. п.*)
bimbashi [ˈbɪmbəʃɪ] *n ист.* 1) турецкий офицер 2) английский офицер в Египте
bimbo [ˈbɪmbəʊ] *n* (*pl* -s, -es [-z]) *сл. пренебр.* 1. парень, чувак 2. = bim
bimensal [baɪˈmens(ə)l] *книжн. см.* bimonthly II
bimestrial [baɪˈmestrɪəl] *a книжн.* 1) продолжающийся два месяца 2) происходящий раз в два месяца
bimetal I [ˈbaɪˌmetl] *n тех.* биметалл
bimetal II [ˈbaɪˌmetl] *a* биметаллический
bimetallic [ˌbaɪmɪˈtælɪk] = bimetal II
bimetallism [baɪˈmet(ə)lɪz(ə)m] *n эк.* биметаллизм
bimillenary [ˌbaɪmɪˈlenərɪ] *a книжн.* двухтысячный
bimillennial [ˌbaɪmɪˈlenɪəl] *a книжн.* двухтысячелетний
bimillennium [ˌbaɪmɪˈlenɪəm] *n книжн.* двухтысячелетие, двухтысячелетняя годовщина
Bimlipatam jute [bɪmˈliːpətəmˈdʒuːt] *бот.* кенаф (*Hibiscus cannabinus*)
bimodal [baɪˈməʊdl] *a стат.* бимодальный, двухвершинный
bimodule [ˈbaɪˌmɒdjuːl] *n мат.* бимодуль, двойной модуль
bimolecular [ˌbaɪməˈlekjʊlə] *a* двухмолекулярный
bimonthly I [baɪˈmʌnθlɪ] *n* журнал, выходящий раз в два месяца
bimonthly II [baɪˈmʌnθlɪ] *a* 1. происходящий или выходящий раз в два месяца 2. происходящий или выходящий два раза в месяц
bimonthly III [baɪˈmʌnθlɪ] *adv* 1. раз в два месяца 2. два раза в месяц
bimorph [ˈbaɪmɔːf] *n элк.* биморфный пьезоэлемент (*тж.* ~ cell)
bimotored [baɪˈməʊtəd] *a* двухмоторный
bin I [bɪn] *n* 1. закром, ларь; бункер; резервуар; ~ space полезное место; ёмкость 2. мусорное ведро 3. корзина *или* мешок для сбора хмеля 4. 1) клетка для бутылок в винном погребе 2) сорт вина 5. силосная яма 6. (the ~) *сл.* сумасшедший дом
bin II [bɪn] *v* хранить в закромах, в ларе, в бункере
bin- [baɪn-] = bi-
binary I [ˈbaɪnərɪ] *n* 1. набор из двух предметов 2. двойная звезда 3. двойной, бинарный сплав 4. *сокр. от* binary nerve gas
binary II [ˈbaɪnərɪ] *a* 1) двойной, сдвоенный; ~ measure двухчастный такт; ~ mixture *хим.* бинарная смесь; ~ molecule *хим.* двухатомная молекула 2) двучленный 3) *спец.* двойчатый
binary arithmetic [ˌbaɪnərɪəˈrɪθmətɪk] = binary notation
binary chop [ˌbaɪnərɪˈtʃɒp] *вчт.* двойчный поиск, поиск делением пополам
binary colour [ˌbaɪnərɪˈkʌlə] составной, сложный цвет, цвет, образованный сложением двух первичных основных цветов
binary compound [ˌbaɪnərɪˈkɒmpaʊnd] *хим.* двойное соединение
binary digit [ˌbaɪnərɪˈdɪdʒɪt] 1. двоичная цифра 2. = bit[3]
binary fission [ˌbaɪnərɪˈfɪʃ(ə)n] *физ.* двойное деление 2) *биол.* деление надвое
binary form [ˌbaɪnərɪˈfɔːm] *муз.* двухчастная форма
binary gas [ˌbaɪnərɪˈɡæs] = binary nerve gas
binary granite [ˌbaɪnərɪˈɡrænɪt] *геол.* двуслюдяной гранит
binary nerve gas [ˌbaɪnərɪˈnɜːvɡæs] *воен.* бинарный нервный газ [*см. тж.* binary weapon]
binary notation [ˌbaɪnərɪnəʊˈteɪʃ(ə)n] двоичная система счисления
binary opposition [ˌbaɪnərɪˌɒpəˈzɪʃ(ə)n] *лингв.* бинарная оппозиция
binary scale [ˌbaɪnərɪˈskeɪl] = binary notation
binary star [ˌbaɪnərɪˈstɑː] *астр.* двойная звезда
binary system [ˌbaɪnərɪˈsɪstɪm] 1. = binary notation 2. = binary star 3. двойная бинарная система
binary weapon [ˌbaɪnərɪˈwepən] *воен.* бинарное химическое оружие
binate [ˈbaɪneɪt] *a бот.* двойной, парный, растущий парами
binational [baɪˈnæʃ(ə)nəl] *a* двунациональный
binationalism [baɪˈnæʃ(ə)nəlɪz(ə)m] *n* двунациональная культура, двунациональность
binaural [ˌbaɪnˈɔːrəl] *a* 1) стереофонический 2) относящийся к обоим ушам, бинауральный; ~ stethoscope стетоскоп для обоих ушей
bin-burned grain [ˈbɪnbɜːndˈɡreɪn] самосогревшееся в закромах зерно
bind[1] I [baɪnd] *n* 1) связывание 2) связанность, связь 3) узы; путы 4) *разг.* безвыходное положение, тупик; to be in a ~ попасть в переплёт, оказаться загнанным в угол; this schedule has us in a ~ этот график связал нас по рукам и ногам 2. *муз.* лигатура 3. захват оружия (*фехтование*); ~ blade attack атака с захватом 4. угольный сланец 5. плеть, стебель ползучего растения
bind[1] II [baɪnd] *v* (bound) I 1. 1) вязать, связывать; to ~ hand and foot связать по рукам и ногам; bound with ropes связанный верёвками 2) привязывать; the dog was bound to a tree собака была привязана к дереву 3) повязывать, завязывать; her head was bound by a kerchief её голова была повязана платком 4) затягивать поясом 5) опоясывать 2. переплетать (*книгу*); I shall have these magazines bound in one volume мне переплетут эти журналы в общий переплёт 3. обшивать, обвязывать (*края*); the edge of the carpet was worn out, so we had it bound край коврa обтрепался, поэтому мы дали его обшить 4. 1) делать твёрдым, плотным; frost ~s the ground in winter мороз сковывает землю зимой; to ~ the loose sand закреплять рыхлый песок 2) затвердевать (*о снеге, грязи, глине*); clay ~s when it is heated глина становится твёрдой /схватывается/ при нагревании 5. закреплять желудок, вызывать запор
II A 1. обязывать (*законом и т. п.*); связывать (*договором и т. п.*); his word ~s him to good behaviour данное им слово обязывает его хорошо вести себя; the court's decision ~s them to pay the fine по решению суда они обязаны уплатить штраф; ~ing our agreement with a friendly handshake скрепив соглашение дружеским рукопожатием 2) *refl* обязаться, взять на себя обязательство; связать себя договором; he bound himself to take part in the expedition он взял на себя обязательство участвовать в экспедиции 2. скреплять, подтверждать (*сделку*); to ~ a bargain скрепить сделку (*задатком, подписью*)
II Б 1. 1) to be bound to do smth. обязательно сделать что-л.; чувствовать моральную обязанность *или* потребность сделать что-л.; he is bound to come on обязательно придёт; he is bound to find a way out он обязательно найдёт выход 2) to be bound to be, to happen etc. обязательно произойти, случиться; it is bound to happen это неминуемо произойдёт; it is bound to rain tomorrow завтра обязательно будет дождь; we are bound to be successful нет сомнения, что у нас всё получится 2. to be bound by smth. быть связанным чем-л.; he is bound by a promise он связан обещанием 3. to be bound for some place направляться куда-л.; the ship is bound for Bristol корабль идёт в Бристоль; I am bound for the sea я выхожу в море 4. to be bound up in smth., smb. быть поглощённым чем-л., кем-л.; she is bound up in her work она целиком ушла в работу
◇ to be bound apprentice быть отданным в ученье (*ремеслу*)
bind[2] I [baɪnd] *n сл.* 1) зануда 2) тощища; нудная работа, речь *и т. п.*
bind[2] II [baɪnd] *v сл.* нудить; надоедать (*поучениями и т. п.*)
bind down [ˈbaɪndˈdaʊn] *phr v* обязывать; the young scientist felt bound down by a lot of rules молодой учёный чувствовал себя связанным множеством правил
binder [ˈbaɪndə] *n* 1. переплётчик 2. вязальщик (*снопов и т. п.*) 3. повязка, верёвка, жгут 4. обложка, папка (*для газет, журналов и т. п.*) 5. *тех.* 1) связь (*конструктивный элемент*) 2) связующая, соединительная деталь 6. связующее вещество 7. сноповязалка, самовязка 8. *мед.* набрюшник, повязка 9. *амер.* задаток; залог
binder('s) twine [ˈbaɪndə(z)ˈtwaɪn] *с.-х.* сноповязальный шпагат
bindery [ˈbaɪnd(ə)rɪ] *n* переплётная (мастерская)
binding I [ˈbaɪndɪŋ] *n* 1. переплёт; half-cloth ~ составной переплёт (*с тканевыми углами и корешками*) 2. 1) связывание 2) вязка снопов; уборка сноповязалкой 3) обвязка, обшивка, оковка 4. 1) *спец.* бандаж; связь 2) сращивание (*электропроводов*) 5. накладывание ловчего пояса на ствол дерева 6. крепление (*лыж*); heel ~ пяточное крепление; racing ~ беговое крепление; spring ~ крепление с пружинной пяточным зажимом; screw ~ ввинчивающееся крепление; toe ~ носковое крепление 7. *физ., хим.* связь (*между частицами*)
binding II [ˈbaɪndɪŋ] *a* 1. 1) связующий; ~ effect связывающее действие (*корней, трав и т. п.*); ~ course *стр.* связующий слой; тычковый ряд кладки 2) вяжущий; ~ agent /medium/ вяжущее средство (*цемент и т. п.*); ~ power вяжущая способность 2. обязывающий, обязательный; in a ~ form в форме обязательства; a promise given under compulsion is not ~ обещание, данное по принуждению, ни к чему не обязывает
binding energy [ˈbaɪndɪŋˌenədʒɪ] *физ.* энергия связи
bindle [ˈbɪndl] *n амер. сл.* узелок с вещами, который носит бродяга на палке через плечо; ≅ связка
bindlestiff [ˈbɪndlstɪf] *n амер. сл.* бродяга
bind off [ˈbaɪndˈɒf] *phr v* снять последний ряд петель со спиц, закрыть ряд
bind over [ˈbaɪndˈəʊvə] *phr v* 1. обязывать (*что-л. сделать*); to ~ to appear обязывать явиться в суд; to ~ to keep the peace обязывать соблюдать общественное спокойствие 2. приговорить к условной мере наказания

BIN — BIO

bind-reins [ˈbaɪndreɪnz] *n pl* чумбу́р (*конный спорт*)

bind up [ˈbaɪnd'ʌp] *phr v* 1. перевя́зывать; the wound was bound up carefully ра́на была́ тща́тельно перевя́зана 2. переплета́ть в о́бщий переплёт 3. свя́зывать; this problem is bound up with many others э́та пробле́ма свя́зана со мно́гими други́ми 4. быть за́нятым; to be bound up in smth. быть погружённым во что-л.; быть за́нятым чем-л.; to be bound up in smb. быть поглощённым кем-л.; жить интере́сами кого́-л.

bindweed [ˈbaɪndwiːd] *n* 1. *бот.* вьюно́к (*Convolvulus*); trailing ~ берёзка, вьюно́к полево́й, повите́ль (*Convolvulus arvensis*) 2. вью́щееся расте́ние

bine [baɪn] *n* побе́г, плеть, ползу́чий сте́бель

bineutron [baɪˈnjuːtrɒn] *n физ.* дине́йтрон, бинейтро́н

bing¹ [bɪŋ] *n* о́стрый, ре́зкий звук; ≅ дзинь; бип

bing¹ II [bɪŋ] *v* издава́ть ре́зкий звук; дребезжа́ть

bing¹ III [bɪŋ] *int* дзинь!; бип!

bing² [bɪŋ] *n* 1. *диал.* ку́ча, гру́да 2. *горн.* отва́л

binge [bɪndʒ] *n разг.* 1) кутёж, вы́пивка; to be on a ~ быть навеселе́ 2) разгу́л

bingo¹ [ˈbɪŋɡəʊ] *n* би́нго (*игра́ ти́па лото́*); ~ palace клуб *или* иго́рный дом для би́нго

bingo² [ˈbɪŋɡəʊ] *int сл.* бах! (*выража́ет внеза́пность или си́льный уда́р*); we are all set when, ~, I get this letter мы устро́ились и вдруг — бах! Я получа́ю э́то письмо́

binit [ˈbɪnɪt] *n мат.* 1) двои́чный знак или -ая ци́фра 2) = bit³

binman [ˈbɪnmæn, -mən] *n* (*pl* -men) му́сорщик

binnacle [ˈbɪnək(ə)l] *n* накто́уз (*ко́мпаса*)

binocle [ˈbɪnək(ə)l] *n редк.* бино́кль

binocular [baɪˈnɒkjʊlə] *a опт.* бинокуля́рный; ~ vision бинокуля́рное зре́ние

binoculars [b(a)ɪˈnɒkjʊləz] *n pl* бино́кль

binomial I [baɪˈnəʊmɪəl] *n мат.* 1) бино́м, двучле́н; Newtonian ~ бино́м Нью́тона 2) двойно́е назва́ние

binomial II [baɪˈnəʊmɪəl] *a* 1) *мат.* двучле́нный, биномиа́льный; ~ equation двучле́нное уравне́ние 2) = binominal

binominal [baɪˈnɒmɪn(ə)l] *a зоол., бот.* име́ющий два назва́ния

binomial nomenclature [baɪˈnɒmɪn(ə)l-nəʊˈmenklətʃə] номенклату́ра с родовы́м и видовы́м обозначе́нием расте́ний и живо́тных

binominated [baɪˈnɒmɪneɪtɪd] *a* име́ющий два назва́ния, два и́мени

binormal [baɪˈnɔːm(ə)l] *a мат.* бинорма́ль

binotonous [baɪˈnɒtənəs] *a редк.* на двух но́тах; ~ сту крик на двух но́тах

bint [bɪnt] *n груб.* де́вка, ба́ба

Bintu, bintu [ˈbɪntuː] *n* уроже́нец А́фрики или А́зии, получи́вший образова́ние в А́нглии

binturong [bɪnˈtʊ(ə)rɒŋ] = bearcat 1

binuclear [baɪˈnjuːklɪə] = binucleate

binucleate [baɪˈnjuːkliː(e)ɪt] *a спец.* двухъя́дерный

bio [ˈbaɪəʊ] *n разг.* биогра́фия

bio- [ˈbaɪə(ʊ)-] *в сло́жных слова́х име́ет значе́ние жизнь, биоло́гия; биологи́ческий:* bioclean биологи́чески чи́стый;

biogas биога́з; **biography** биогра́фия; **biometrics** биоме́трика

bioaccumulation [ˈbaɪəʊˌkjuːmjʊˈleɪʃ(ə)n] *n* накопле́ние токси́ческих веще́ств живы́ми органи́змами, биоаккумули́рование

bioacoustics [ˌbaɪəʊəˈkuːstɪks] *n* биоаку́стика, изуче́ние звуковы́х сигна́лов живы́х органи́змов

bioactive [ˌbaɪəʊˈæktɪv] *a* ока́зывающий возде́йствие на живо́е вещество́; физиологи́чески акти́вный

bioactivity [ˌbaɪəʊækˈtɪvɪtɪ] *n* биологи́ческая *или* физиологи́ческая акти́вность (*лека́рства и т. п.*)

bio-aeration [ˌbaɪəʊə(ə)ˈreɪʃ(ə)n] *n* аэра́ция при биохими́ческой очи́стке (*сто́чных вод*)

bioassay [ˌbaɪəʊˈæseɪ] *n* биологи́ческая про́ба, биопро́ба

bioastronautics [ˌbaɪəʊˌæstrəˈnɔːtɪks] *n* косми́ческая биомедици́на

bioautography [ˌbaɪəʊɔːˈtɒɡrəfɪ] *n биол.* биоавтогра́фия

bioavailability [ˌbaɪəʊveɪləˈbɪlɪtɪ] *n* 1) биологи́ческая це́нность (*пи́щи*) 2) биологи́ческая досту́пность (*лека́рственного вещества́*)

bioblast [ˈbaɪəblæst] *n биол.* заро́дышевая кле́тка

bio-bubble [ˌbaɪə(ʊ)ˌbʌb(ə)l] *n амер. сл.* экосфе́ра, экологи́ческая сфе́ра

biocatalysis [ˌbaɪəkəˈtælɪsɪs] *n* биоката́лиз

biocatalyst [ˌbaɪəˈkæt(ə)lɪst] *n биохим.* ферме́нт; биокатализа́тор

biocenose, biocenos(is) [ˌbaɪəˈsiːnəs, ˌbaɪəˈsiːnəʊs(ɪs)] *n* биоцено́з, соо́бщество органи́змов

biocentric [ˌbaɪəˈsentrɪk] *a* «биоцентри́ческий», рассма́тривающий живу́ю приро́ду как гла́вную це́нность

bioceramic [ˌbaɪəʊsɪˈræmɪk] *n* биокера́мика (*керами́ческий материа́л, вжи́вляемый при протези́ровании*)

biochemical [ˌbaɪəʊˈkemɪk(ə)l] *a* биохими́ческий

biochemist [ˌbaɪəʊˈkemɪst] *n* биохи́мик

biochemistry [ˌbaɪəʊˈkemɪstrɪ] *n* 1. биохи́мия, биооргани́ческая хи́мия 2. биохими́ческий соста́в (*органи́зма, кле́тки*) 3. биохими́ческие превраще́ния (*в органи́зме, биоцено́зе*)

biochip [ˈbaɪə(ʊ)tʃɪp] *n* 1. *мед.* импланти́рованный полупроводнико́вый да́тчик 2. *вчт.* миникомпью́тер на органи́ческих моле́кулах

biocidal [ˌbaɪə(ʊ)ˈsaɪdl] *a* биоци́дный, уничтожа́ющий (всё) живо́е; ~ temperature температу́ра, при кото́рой невозмо́жна жизнь; ~ radiation жёсткая радиа́ция

biocide [ˈbaɪəsaɪd] *n* 1. биоци́д; уничтоже́ние всего́ живо́го 2. вещество́, уничтожа́ющее живы́е органи́змы (*напр., пестици́д*)

bioclastic [ˌbaɪə(ʊ)ˈklæstɪk] *a геол.* биокласти́ческий

bioclimatology [ˌbaɪəʊˌklaɪməˈtɒlədʒɪ] *n* биоклиматоло́гия, изуче́ние влия́ния кли́мата на живу́ю приро́ду

biocompatibility [ˌbaɪəʊkəmˌpætəˈbɪlɪtɪ] *n* биологи́ческая совмести́мость (*вещества́ или материа́ла*)

biocompatible [ˌbaɪəʊkəmˈpætəb(ə)l] *a* биологи́чески совмести́мый, совмести́мый с живы́ми тка́нями

bio-contamination [ˈbaɪəʊkənˌtæmɪˈneɪʃ(ə)n] *n* загрязне́ние биосфе́ры

biocontent [ˌbaɪəʊˈkɒntent] *n* о́бщее содержа́ние эне́ргии в органи́зме или популя́ции

biocontrol [ˌbaɪəʊkənˈtrəʊl] *n* биологи́ческое регули́рование чи́сленности ви́да

bioconversion [ˌbaɪəʊkənˈvɜːʃ(ə)n] *n тех.* биоконве́рсия, превраще́ние, перерабо́тка с по́мощью микрооргани́змов

biocybernetics [ˌbaɪəʊˌsaɪbəˈnetɪks] *n* биокиберне́тика, био́ника

biodata [ˌbaɪə(ʊ)ˈdeɪtə] *амер.* = curriculum vitae

biodegradability [ˌbaɪəʊdɪˌɡreɪdəˈbɪlɪtɪ] *n тех.* 1) спосо́бность к разложе́нию микрооргани́змами (*пластма́сс*) 2) подве́рженность вре́дному де́йствию микрооргани́змов

biodegradable [ˌbaɪəʊdɪˈɡreɪdəb(ə)l] *a тех.* 1) разлага́емый микрооргани́змами (*о пластма́ссах*) 2) по́ртящийся под де́йствием микрооргани́змов

biodegradation [ˌbaɪəʊˌdeɡrəˈdeɪʃ(ə)n] *n* биологи́ческий распа́д, -ое разложе́ние

biodegrade [ˌbaɪəʊdɪˈɡreɪd] *v* разлага́ться, распада́ться под де́йствием микрооргани́змов

biodeterioration [ˌbaɪəʊdɪˌtɪ(ə)rɪəˈreɪʃ(ə)n] = biodegradation

biodynamics [ˌbaɪəʊdaɪˈnæmɪks] *n* биодина́мика

biodyne [ˈbaɪə(ʊ)daɪn] *n* биостимуля́тор

bioecology [ˌbaɪəʊɪˈkɒlədʒɪ] *n* биоэколо́гия

bioelectricity [ˌbaɪəʊɪˌlekˈtrɪsɪtɪ] *n* биоэлектри́чество, электри́чество живо́тного происхожде́ния

bioelectrogenesis [ˌbaɪəʊɪˌlektrəʊˈdʒenəsɪs] *n* вы́работка электри́чества живы́ми органи́змами

bioelectronics [ˌbaɪəʊɪˌlekˈtrɒnɪks] *n* 1. биоэлектро́ника 2. ква́нтовая биохи́мия

bioelement [ˌbaɪəʊˈelɪmənt] *n биохим.* (хими́ческий) элеме́нт в соста́ве живы́х органи́змов

bioenergetics [ˌbaɪəʊˌenəˈdʒetɪks] *n* биоэнерге́тика

bioenergy [ˌbaɪəʊˈenədʒɪ] *n* 1. эне́ргия биологи́ческих проце́ссов 2. эне́ргия, получа́емая из биото́плива

bioengineer [ˌbaɪəʊˌendʒɪˈnɪə] *n* специали́ст в о́бласти биомедици́нской те́хники; биоинжене́р

bioengineering [ˌbaɪəʊˌendʒɪˈnɪ(ə)rɪŋ] *n* 1) биоинжене́рия 2) биомедици́нская те́хника

bioenvironmental [ˌbaɪəʊɪnˌvaɪ(ə)rənˈment(ə)l] *a* биоэкологи́ческий, относя́щийся к биосфе́ре

bioethical [ˌbaɪəʊˈeθɪk(ə)l] *a* 1) биоэти́ческий, свя́занный с природоохра́нным поведе́нием 2) относя́щийся к эти́ческим пробле́мам, возника́ющим при биологи́ческих иссле́дованиях

bioethics [ˌbaɪəʊˈeθɪks] *n* э́тика биологи́ческих иссле́дований

biofacies [ˌbaɪə(ʊ)ˈfeɪʃiːz] *n геол.* биофа́ция, ассоциа́ция или подразделе́ние по хара́ктеру органи́ческих оста́тков

biofeedback [ˌbaɪə(ʊ)ˈfiːdbæk] *n* 1. обра́тная связь в биологи́ческих объе́ктах 2. клини́ческий монито́ринг (*непреры́вное слеже́ние за состоя́нием пацие́нта с по́мощью электро́нных средств*)

biofeedback training [ˌbaɪə(ʊ)ˈfiːdbækˈtreɪnɪŋ] ме́тод обуче́ния самоконтро́ля за физиологи́ческим состоя́нием органи́зма

biofuel [ˌbaɪə(ʊ)ˈfjʊəl] *n* биото́пливо, биологи́ческое то́пливо

biogen [ˈbaɪə(ʊ)dʒən] *n* биоге́н

biogenesis [ˌbaɪə(ʊ)ˈdʒenɪsɪs] *n* биогене́з

biogenetic [ˌbaɪəʊdʒɪˈnetɪk] *a* биогенети́ческий

biogenous [baɪˈɒdʒɪnəs] *a* биоге́нный; органи́ческого происхожде́ния

biogeny [baɪˈɒdʒɪnɪ] = biogenesis

biogeocenology [ˌbaɪə(ʊ)dʒiːəˈ(ʊ)siːˈnɒlədʒɪ] *n* биогеоценология, наука о биогеоценозах

biogeocenose, biogeocenosis [ˌbaɪə(ʊ)dʒiːə(ʊ)siːnəʊs, -siːˈnəʊsɪs] *n* биогеоценоз, сообщество организмов и среды

biogeochemistry [ˌbaɪə(ʊ)dʒiːə(ʊ)ˈkemɪstrɪ] *n* биогеохимия, химия биогеоценозов

biogeocoenology [ˌbaɪə(ʊ)dʒiːə(ʊ)siːˈnɒlədʒɪ] = biogeocenology

biogeocoenose, biogeocoenosis [ˌbaɪə(ʊ)dʒiːə(ʊ)siːnəʊs, -siːˈnəʊsɪs] = biogeocenose, biogeocenosis

biogeodynamics [ˌbaɪə(ʊ)dʒiːə(ʊ)daɪˈnæmɪks] *n* биогеодинамика (*изменения компонентов биогеоценоза в ходе природных процессов*)

biogeography [ˌbaɪəʊdʒɪˈɒgrəfɪ] *n* биогеография

biogeology [ˌbaɪəʊdʒɪˈɒlədʒɪ] *n* биогеология

biogeosphere [ˌbaɪə(ʊ)ˈdʒiːəsfɪə] *n* биогеосфера, «слой жизни» на Земле

bioglass [ˈbaɪə(ʊ)glɑːs] *n* bioceramic

biograph I [ˈbaɪəgrɑːf] *амер. уст.* = cinematograph I

biograph II [ˈbaɪəgrɑːf] = biographize

biographee [baɪˌɒgrəˈfiː] *n редк.* человек, биография которого написана или пишется

biographer [baɪˈɒgrəfə] *n* биограф

biographic, biographical [ˌbaɪəˈgræfɪk, -(ə)l] *a* биографический

biographize [baɪˈɒgrəfaɪz] *v книжн.* писать (*чью-л.*) биографию

biography [baɪˈɒgrəfɪ] *n* биография; жизнеописание

biohazard [ˌbaɪə(ʊ)ˈhæzəd] *n* 1) биологическая опасность 2) биологически опасное вещество

biohazardous [ˌbaɪə(ʊ)ˈhæzədəs] *a* относящийся к опасным последствиям биологических исследований

bioherm [ˈbaɪə(ʊ)hɜːm] *n геол.* биогерм

bioindustry [ˌbaɪə(ʊ)ˈɪndəstrɪ] *n* 1. биоиндустрия; промышленность биологических источников энергии 2. микробиологическая промышленность

bioinorganic [ˌbaɪə(ʊ)ɪnɔːˈgænɪk] *a* бионеорганический (*относящийся к участию неорганических веществ в биологических процессах*)

bioinstrumentation [ˌbaɪə(ʊ)ˌɪnstrəmənˈteɪʃ(ə)n] *n* оборудование, аппаратура для биологических исследований

bioliths [ˈbaɪə(ʊ)lɪθs] *n pl геол.* биолиты, органогенные породы

biologic I [ˌbaɪəˈlɒdʒɪk] *n* биопрепарат

biologic II [ˌbaɪəˈlɒdʒɪk] = biological

biological [ˌbaɪəˈlɒdʒɪk(ə)l] *a* биологический; ~ environment биологическая среда; ~ methods методы биологии; ~ ripeness биологическая *или* физиологическая зрелость

biological clock [ˌbaɪəˌlɒdʒɪk(ə)lˈklɒk] биологические часы (*биологический механизм, регулирующий периодичность жизнедеятельности организма*)

biological control [ˌbaɪəˈlɒdʒɪk(ə)lkənˈtrəʊl] биологический контроль (*за численностью вредных насекомых или растений*)

biological cybernetics [ˌbaɪəˈlɒdʒɪk(ə)lˌsaɪbəˈnetɪks] биокибернетика, бионика

biological engineering [ˌbaɪəˈlɒdʒɪk(ə)lˌenʤɪˈnɪərɪŋ] = bioengineering

biological half-life [ˌbaɪəˈlɒdʒɪk(ə)lˈhɑːflaɪf] период полувыведения какого-л. вещества *или* изотопа из организма

biological warfare [ˌbaɪəˈlɒdʒɪk(ə)lˈwɔːfeə] биологическая война

biologism [baɪˈɒlədʒɪz(ə)m] *n* биологизм

biologist [baɪˈɒlədʒɪst] *n* биолог

biologize [baɪˈɒlədʒaɪz] *v книжн.* 1) быть биологом-любителем 2) биологизировать, рассматривать, трактовать с точки зрения биологии 3) *уст.* гипнотизировать

biology [baɪˈɒlədʒɪ] *n* биология

bioluminescence [ˌbaɪəʊˌluːmɪˈnes(ə)ns] *n* биолюминесценция, свечение живых организмов

biolysis [baɪˈɒlɪsɪs] *n биол.* биолизис, разрушение живых тканей под действием организмов

biolytic [ˌbaɪəˈlɪtɪk] *a* разлагающийся под действием организмов (*о живых тканях*)

biomagnetism [ˌbaɪə(ʊ)ˈmægnɪtɪz(ə)m] *n* биомагнетизм

biomagnification [ˌbaɪəʊˌmægnɪfɪˈkeɪʃ(ə)n] *n* повышающаяся концентрация токсических веществ в каждом новом звене пищевой цепи

biomass [ˈbaɪə(ʊ)mæs] *n* 1) биомасса (*количество вещества живых организмов на единицу поверхности суши или объёма воды*) 2) *тех.* биомасса (*растительный материал в качестве источника энергии*)

biomaterial [ˌbaɪəʊməˈtɪ(ə)rɪəl] *n мед.* биоматериал, биологически совместимый материал (*для протезирования*)

biomathematics [ˌbaɪə(ʊ)ˌmæθɪˈmætɪks] *n* математическая биология, биоматематика

biome [ˈbaɪəʊm] *n биол.* биом (*совокупность видов растений и животных, населяющих данный район*)

biomechanics [ˌbaɪəʊmɪˈkænɪks] *n* биомеханика

biomedical [ˌbaɪəʊˈmedɪk(ə)l] *a* биомедицинский; медико-биологический

biomedical engineering [ˌbaɪəʊˈmedɪk(ə)lˌenʤɪˈnɪ(ə)rɪŋ] биомедицинская техника, биоинженерия

biomedicine [ˌbaɪəʊˈmeds(ə)n] *n* медико-биологические исследования

biometeorology [ˌbaɪə(ʊ)ˌmiːtɪəˈrɒlədʒɪ] *n* bioclimatology

biometer [baɪˈɒmɪtə] *n* биологический индикатор (*загрязнений среды и т. п.*)

biometrics [ˌbaɪə(ʊ)ˈmetrɪks] *n* биометрия

biomolecule [ˌbaɪə(ʊ)ˈmɒlɪkjuːl] *n* 1. биомолекула 2. сайзер, гипотетическое минимальное молекулярное образование

biomorphism [ˌbaɪə(ʊ)ˈmɔːfɪz(ə)m] *n* отражение форм живой природы в искусстве

bionavigation [ˈbaɪə(ʊ)ˌnævɪˈgeɪʃ(ə)n] *n* бионавигация (*способность животных выбирать направление движения при сезонных миграциях*)

bionic [baɪˈɒnɪk] *a* 1. относящийся к бионике; бионический 2. *разг.* исключительно сильный *или* мощный

bionicist [baɪˈɒnɪsɪst] *n* бионик, специалист в области бионики

bionics [baɪˈɒnɪks] *n* 1. бионика 2. замена органов тела электронными *или* механическими устройствами

bionomics [ˌbaɪəˈnɒmɪks] *n* биономия; экология

bionosis [baɪˈɒnəsɪs] *n спец.* болезнь, вызванная живым возбудителем

biont [ˈbaɪɒnt] *n биол.* бионт, индивидуальный организм

biontization [ˌbaɪɒntaɪˈzeɪʃ(ə)n] *n* биотизация

bioorganic [ˌbaɪəʊˈgænɪk] *a* биохимический, биоорганический; ~ chemistry биоорганическая химия

bioorganics [ˌbaɪəʊˈgænɪks] *n* биохимия, биоорганическая химия

biopack [ˈbaɪə(ʊ)pæk] *n косм.* комплекс жизнеобеспечения

biophagous [baɪˈɒfəgəs] *a биол.* питающийся живыми организмами

biophil elements [ˈbaɪəfɪlˈelɪmənts] основные химические элементы в составе живой природы

biophilic [ˌbaɪə(ʊ)ˈfɪlɪk] *a книжн.* жизнелюбивый, жизнерадостный

biophor(e) [ˈbaɪə(ʊ)fɔː] *n* гипотетический минимальный элемент протоплазмы, способный к росту и воспроизведению

biophysics [ˌbaɪə(ʊ)ˈfɪzɪks] *n* биофизика, биологическая физика

biophyte [ˈbaɪəfaɪt] *n бот.* биофит, растительный паразит

biopic [ˈbaɪəpɪk] *n разг.* биографический фильм, фильм-биография

bioplasm [ˈbaɪəplæz(ə)m] *n* 1) протоплазма 2) биоплазма (*ненаучное представление о силовом поле, которое возникает вокруг живого организма*)

bioplast [ˈbaɪəplæst] *n биол.* клеточная органелла

biopolymer [ˌbaɪə(ʊ)ˈpɒlɪmə] *n* биохим. биополимер, биологический полимер

biopreparation [ˈbaɪə(ʊ)ˌprepəˈreɪʃ(ə)n] *n* биопрепарат; биологический препарат для прививок против заразных болезней

bioproductivity [ˈbaɪə(ʊ)ˌprɒdʌkˈtɪvɪtɪ] *n спец.* биопродуктивность, биологическая продуктивность

biopsy I [ˈbaɪɒpsɪ] *n мед.* биопсия

biopsy II [ˈbaɪɒpsɪ] *v мед.* 1) брать на биопсию (*материал*) 2) проводить биопсию

biopsychic [ˌbaɪə(ʊ)ˈsaɪkɪk] *a* биопсихический

bioregulator [ˌbaɪə(ʊ)ˈregjʊleɪtə] *n* биорегулятор, регулятор жизненных процессов

biorheology [ˌbaɪə(ʊ)rɪˈɒlədʒɪ] *n* реология жидких сред живых организмов, биореология

biorhythm [ˈbaɪə(ʊ)rɪð(ə)m] *n физиол.* биоритм, биологический ритм

bios [ˈbaɪɒs] *n* 1. бактериальные факторы роста 2. ростовое вещество дрожжей

biosatellite [ˌbaɪə(ʊ)ˈsætɪlaɪt] *n* биоспутник, биологический спутник (*с подопытными живыми организмами на борту*)

bioscience(s) [ˌbaɪə(ʊ)ˈsaɪəns(ɪz)] *n* бионауки, биологические науки, науки о жизни

bioscope [ˈbaɪəskəʊp] *n кино* биоскоп

bioscopy [baɪˈɒskəpɪ] *n* обнаружение признаков жизни (*организма*)

biosemiotics [ˌbaɪə(ʊ)ˌsemɪˈɒtɪks] *n* биосемиотика, биологическая семиотика

biosensor [ˌbaɪə(ʊ)ˈsensə] *n физиол.* биодатчик; орган чувствительности

bioshield [ˈbaɪə(ʊ)ʃiːld] *n* защитная оболочка (*в ней производится стерилизация космического корабля перед запуском*)

biosocial [ˌbaɪə(ʊ)ˈsəʊʃ(ɪ)əl] *a* биосоциальный

biosociology [ˈbaɪə(ʊ)ˌsəʊsɪˈɒlədʒɪ] *n* биосоциология

biospeleology [ˈbaɪə(ʊ)ˌspiːlɪˈɒlədʒɪ] *n* биологический анализ пещерных организмов

biosphere [ˈbaɪəsfɪə] *n* биосфера

biostatics [ˌbaɪə(ʊ)ˈstætɪks] *n* биостатика

biostrome [ˈbaɪə(ʊ)strəʊm] *n геол.* биостром (*образование на дне моря из остатков организмов*)

BIO — BIR

biosynthesis [ˌbaɪə(ʊ)'sɪnθəsɪs] *n* биосинтез
biosystem [ˌbaɪə(ʊ)'sɪstɪm] *n* биосистема
biosystematics [ˈbaɪə(ʊ)ˌsɪstɪ'mætɪks] *n* биосистематика, таксономия
biota [baɪ'əʊtə] *n* 1. биота, флора и фауна определённого района 2. *бот.* туя биота (*Thuja biota*)
biotaxy ['baɪətæksɪ] *n* систематика живых организмов
biotechnics [ˌbaɪə(ʊ)'teknɪks] *n* биотехника
biotechnologist [ˌbaɪə(ʊ)tek'nɒlədʒɪst] *n* биотехнолог, специалист по биотехнологии
biotechnology [ˌbaɪə(ʊ)tek'nɒlədʒɪ] *n тех.* биотехнология
biotelemetry [ˌbaɪə(ʊ)tɪ'lemɪtrɪ] *n спец.* биотелеметрия
biotherapy [ˌbaɪə(ʊ)'θerəpɪ] *n* лечение биопрепаратами (*гормонами, сыворотками и т. п.*)
biotic [baɪ'ɒtɪk] *a биол.* 1) жизненный, живой, биотический 2) взаимозависимый
biotic potential [baɪ'ɒtɪkpə'tenʃ(ə)l] способность организма *или* вида к размножению и выживанию
biotics [baɪ'ɒtɪks] *n элк.* биотика, использование биоорганических молекул для электроники
biotite ['baɪətaɪt] *n мин.* биотит
biotomy [baɪ'ɒtəmɪ] *n* вивисекция
biotope ['baɪətəʊp] *n библ.* биотоп
biotransformation ['baɪə(ʊ)ˌtrænsfə'meɪʃ(ə)n] *n биохим.* биотрансформация (*химические превращения в живом организме*)
biotron ['baɪətrɒn] *n спец.* биотрон, климатрон (*камера искусственного климата для биологических исследований*)
biotype ['baɪətaɪp] *n биол.* биотип, совокупность индивидуумов одного и того же генотипа
biowarfare [ˌbaɪə(ʊ)'wɔːfeə] = biological warfare
biowaste ['baɪə(ʊ)weɪst] *n* биологические отходы; отходы жизнедеятельности
biparasitic [ˌbaɪpærə'sɪtɪk] *a биол.* паразитирующий на паразите
biparental [ˌbaɪpə'rentl] *a биол.* относящийся к обоим родителям; унаследованный от обоих родителей
biparous ['bɪpərəs] *a* 1. *зоол.* рождающая одновременно двух детёнышей 2. *бот.* разветвляющийся на две ветви, на два побега
bipartisan [ˌbaɪpɑːtɪ'zæn] *a* двухпартийный
bipartite [baɪ'pɑːtaɪt] *a* 1. двусторонний (*о соглашении и т. п.*) 2. состоящий из двух частей 3. *бот.* разделённый на две части, двураздельный 4. *мат.* двудольный
bipartition [ˌbaɪpɑː'tɪʃ(ə)n] *n* разделение на две части
biped I ['baɪped] *n* двуногое животное
biped II ['baɪped] *a* двуногий
bipedal [baɪ'piːdl] = biped II
bipetalous [baɪ'petləs] *a* двулепестный
biphase, biphasic ['baɪfeɪz, ˌbaɪ'feɪzɪk] *a эл.* двухфазный
biplanar [baɪ'pleɪnə] *a мат.* двухплоскостной, биплана́рный
biplane ['baɪpleɪn] *n ав.* биплан
bipod ['baɪpɒd] *n воен.* сошка
bipolar [baɪ'pəʊlə] *a* двухполюсный; биполярный

bipropellant [ˌbaɪprə'pelənt] *n* двухкомпонентное ракетное топливо
bipyramid [ˌbaɪ'pɪrəmɪd] *n спец.* бипирамида
biquadrate [ˌbaɪ'kwɒdr(e)ɪt] *n мат.* биквадрат, четвёртая степень
biquadratic I [ˌbaɪkwɒ'drætɪk] *n мат.* биквадратное уравнение; уравнение четвёртой степени
biquadratic II [ˌbaɪkwɒ'drætɪk] *a мат.* биквадратный, четвёртой степени
biradial symmetry [baɪ'reɪdɪəl'sɪmɪtrɪ] двухлучевая симметрия
biradiate [baɪ'reɪdɪɪt] *a спец.* дву(х)лучевой
biramous [bɪ'reɪməs] *a зоол.* двуветвистый
birch I [bɜːtʃ] *n* 1. *бот.* берёза (*Betula alba*) 2. розга
birch II [bɜːtʃ] *v* сечь розгой
birchbark ['bɜːtʃbɑːk] *n* берёзовая кора
birchen ['bɜːtʃən] *a арх.* берёзовый, сделанный из берёзы
Bircher, Birchist, Birchite ['bɜːtʃə, 'bɜːtʃɪst, 'bɜːtʃaɪt] *n амер.* бэрчист, член «общества Джона Бэрча», крайний реакционер, расист
birch partridge ['bɜːtʃˌpɑːtrɪdʒ] *зоол.* воротничковый рябчик (*Bonasa umbellus*)
birch-rod ['bɜːtʃrɒd] = birch I 2
birchwood ['bɜːtʃwʊd] *n* 1. древесина берёзы 2. берёзовая роща
bird I [bɜːd] *n* 1. птица; ~ dung гуано, птичий помёт 2. *разг.* 1) девчонка, легкомысленная женщина 2) парень, человек; a gay ~ весельчак; an odd ~ чудак 3. *разг.* 1) летательный аппарат, самолёт, управляемая ракета 2) *амер. воен.* военный лётчик 4. 1) *разг.* заключённый, арестант; преступник; the ~ is flown птичка улетела 2) *сл.* тюремный срок (*заключения*) 5. спутник Земли весом в 100 фунтов 6. волан (*в бадминтоне*) 7. *спорт.* тарелочка (*мишень при стрельбе*) 8. (the ~) грубый жест; ≅ кукиш 9. *амер.* орёл (*знак воинского звания*) 10. *арх.* птенец
◊ ~ of Jove *поэт.* орёл; ~ of Juno павлин; ~ of wonder (птица) феникс; a ~ of one's own brain (своя) собственная идея /мысль/; to do smth. like a ~ делать что-л. охотно; to eat like a ~ есть мало (*в пище*); to get the ~ *сл.* а) быть уволенным; б) быть освистанным; to give the ~ *сл.* а) уволить; б) освистать; for the ~s *сл.* а) дрянь, никуда не годится; б) простак, молокосос; you're one for the ~s all right ≅ тебя любой обведёт вокруг пальца; a little ~ told me *сл.* слухом земля полнится; to make a ~ *воен. жарг.* попадать (*в цель*), поражать; ~ in the bush нечто нереальное *или* неизвестное; ≅ журавль в небе; a ~ in the hand нечто реальное; a ~ in the hand is worth two in the bush *посл.* ≅ не сули журавля в небе, дай синицу в руки; ~s of a feather ≅ одного поля ягода; ~s of a feather flock together *посл.* ≅ рыбак рыбака видит издалека; an old ~ ≅ стреляный воробей; an old ~ is not caught with chaff *посл.* ≅ старого воробья на мякине не проведёшь; an early ~ ранняя пташка; (it is) the early ~ (that) catches the worm *посл.* ранняя пташка червяка ловит; ≅ кто рано встаёт, того удача ждёт; to kill two ~s with one stone ≅ убить двух зайцев одним ударом
bird II [bɜːd] *v* 1. ловить, стрелять птиц 2. изучать птиц в естественных условиях
bird band ['bɜːdbænd] *амер.* кольцо для кольцевания птиц
birdbath ['bɜːdbɑːθ] *n* ванночка, купальня для птиц

birdbrained ['bɜːdbreɪnd] *a разг.* глупый; ≅ с куриными мозгами
birdcage ['bɜːdkeɪdʒ] *n* 1. клетка (*для птиц*) 2. *сл.* приспособление для бросания костей
bird call ['bɜːdkɔːl] 1. звук, издаваемый птицей; пение; щебет *и т. п.* 2. *охот.* дудочка, манок
bird-cherry ['bɜːdˌtʃerɪ] *n бот.* черешня (*Prunus avium*)
bird dog I ['bɜːdˌdɒɡ] *амер.* 1. охотничья собака, натасканная на птиц 2. *сл.* 1) ищейка, сыщик 2) агент (*фирмы и т. п.*), подыскивающий заказы
bird dog II ['bɜːdˌdɒɡ] *амер. разг.* 1. вынюхивать; преследовать; приставать; следовать по пятам 2. подыскивать заказы
birder ['bɜːdə] *n* птицелов
bird-fancier ['bɜːdˌfænsɪə] *n* 1. любитель птиц, птицевод 2. продавец птиц
bird hawk ['bɜːdhɔːk] *n* ястреб (*Accipitrina*)
birdhouse ['bɜːdhaʊs] *n* 1. гнездо 2. скворечник
birdie ['bɜːdɪ] *n* 1. птичка, пташка 2. *радио разг.* свист в приёмнике (*при настройке*) 3. волан (*в бадминтоне*)
birdlime ['bɜːdlaɪm] *n* птичий клей
birdling ['bɜːdlɪŋ] *n* птенец
birdman ['bɜːdmæn, -mən] *n* (*pl* -men) 1. *разг.* лётчик 2. продавец *или* ловец птиц 3. орнитолог 4. таксидермист
bird-nest ['bɜːdnest] = bird's-nest
bird of Minerva [ˌbɜːdəvmɪ'nɜːvə] сова (*как символ мудрости*)
bird of paradise [ˌbɜːdəv'pærədaɪs] *зоол.* райская птица (*Paradisea*)
bird of passage [ˌbɜːdəv'pæsɪdʒ] 1. перелётная птица 2. *разг.* бродяга, шатун
bird of peace [ˌbɜːdəv'piːs] *библ.* голубь
bird of prey [ˌbɜːdəv'preɪ] хищная птица
bird pepper ['bɜːdˌpepə] разновидность мелкого стручкового перца
bird ring ['bɜːdrɪŋ] кольцо для кольцевания птиц
birdscarer ['bɜːdˌskeə(ə)rə] *n спец.* отпугиватель птиц
birdseed ['bɜːdsiːd] *n* птичий корм
bird's-eye I ['bɜːdzaɪ] *n бот.* 1. первоцвет (*Primula farinosa*) 2. полосатость листьев 3. *сл.* прожекторная лампа
bird's-eye II ['bɜːdzaɪ] *a* 1. видимый с большого расстояния *или* сверху; ~ view of the city а) вид на город с высоты птичьего полёта; б) общая перспектива города 2. обобщённый *или* краткий; a ~ view of the problem сжатый /беглый/ обзор проблемы
bird's-eye maple [ˌbɜːdzaɪ'meɪp(ə)l] птичий глаз (*ценный сорт кленовой древесины*)
bird's-foot ['bɜːdzfʊt] *n бот.* 1. лядвенец (*Lotus*) 2. сераделла (*Ornithopus*)
bird shot ['bɜːdʃɒt] *охот.* мелкая дробь
bird's-nest I ['bɜːdznest] *n* 1. птичье гнездо 2. ласточкино гнездо (*китайское лакомство*) 3. вис носками сзади (*гимнастика*)
bird's-nest II ['bɜːdznest] *v* охотиться за птичьими гнёздами
birdsong ['bɜːdsɒŋ] *n* пение птиц
bird strike ['bɜːdstraɪk] столкновение самолёта со стаей птиц
bird-watch ['bɜːdwɒtʃ] *v* изучать птиц в естественных условиях
bird watcher ['bɜːdˌwɒtʃə] *сл.* 1. орнитолог 2. *амер. сл.* журналист, специализирующийся на сообщениях о запусках и испытаниях ракет
bird-witted ['bɜːdˌwɪtɪd] = birdbrained

birdwoman ['bɜːdˌwʊmən] *n* (*pl* -women [-wɪmən]) лётчица
birdy ['bɜːdɪ] *a* 1. птицеподобный, птичий 2. птичий; ~ spots места обитания пернатых; ≅ птичьи базары
birdyback ['bɜːdɪbæk] *n ав.* перевозка гружёных автоприцепов самолётом
birefringence [ˌbaɪrɪˈfrɪndʒ(ə)ns] *n опт.* двойное лучепреломление; двулучепреломление, двупреломление
birefringent [ˌbaɪrɪˈfrɪndʒ(ə)nt] *a опт.* двоякопреломляющий
bireme ['baɪriːm] *n ист.* галера с двумя рядами вёсел
biretta [bɪˈretə] *n* головной убор католических священников
birk I, II [bɜːk] *шотл.* = birch I *и* II
birkie ['bɜːkɪ] *n* 1. *ирон.* умник 2. парень
birle [bɜːl] *v шотл.* 1) разливать, наливать 2) снабжать выпивкой 3) *уст.* пировать, пить круговую чашу
birlinn ['bɪəlɪn] *n ист.* большая гребная лодка (*шотландских вождей*)
biro ['baɪ(ə)rəʊ] *n* шариковая ручка
birotation [ˌbaɪrəʊˈteɪʃ(ə)n] *n физ.* мутаротация, мультиротация
birr I [bɜː] *n шотл.* 1. энергия; импульс 2. усиленная артикуляция 3. жужжание
birr II [bɜː] *v* 1) жужжать 2) двигаться с жужжанием
birse [bɜːs] *n* 1. щетина 2. 1) вспышка гнева 2) вспыльчивость; ершистость
birth I [bɜːθ] *n* 1. рождение, зарождение, начало, источник; to give ~ to а) родить, произвести на свет; б) дать начало (*чему-л.*); to crush a movement at ~ подавить движение в самом начале; new /second/ ~ второе рождение, возрождение 2. роды; two at a ~ двойня 3. 1) происхождение; English by ~ англичанин по происхождению; of good [humble] ~ знатного [незнатного] происхождения; 2) знатное происхождение; he is a man of ~ and breeding он из знати /знатной семьи/ 4. натура; призвание; musician by ~ музыкант по призванию
birth II [bɜːθ] *v редк.* родить
birth canal ['bɜːθkəˌnæl] *анат.* родовые пути
birth certificate ['bɜːθsəˌtɪfɪkət] свидетельство о рождении
birth control ['bɜːθkənˌtrəʊl] 1. регулирование рождаемости 2. противозачаточные меры
birthday ['bɜːθd(e)ɪ] *n* 1) день рождения 2) начало
Birthday Honours ['bɜːθd(e)ɪˌɒnəz] присуждение почётных титулов и награждение орденами и медалями по случаю официального дня рождения монарха (*в Великобритании*)
birthday suit ['bɜːθd(e)ɪs(j)uːt] *разг. шутл.* кожа; ≅ в чём мать родила
birth defect ['bɜːθˌdɪfekt, -dɪˌfekt] врождённый дефект, врождённый порок развития
birthless ['bɜːθlɪs] *a* 1. простого звания, незнатный 2. бесплодный, невыгодный
birthmark ['bɜːθmɑːk] *n* родимое пятно, родинка
birthnight ['bɜːθnaɪt] *n редк.* ночь, в которую кто-л. родился
birth pangs ['bɜːθpæŋz] родовые схватки; ~ of a new project муки рождения нового проекта
birth pill ['bɜːθpɪl] противозачаточная таблетка
birthplace ['bɜːθpleɪs] *n* место рождения, родина
birthrate ['bɜːθreɪt] *n* рождаемость, коэффициент рождаемости
birthright ['bɜːθraɪt] *n* 1. право первородства 2. 1) юр. право по рождению,

право в силу происхождения 2) неотъемлемое право
birthroot ['bɜːθruːt] *n бот.* триллиум (*растение, из корней которого изготовляют настойку, помогающую, как считают, в облегчении родов*)
birthstone ['bɜːθstəʊn] *n* «свой камень», камень, соответствующий месяцу чьего-л. рождения (*напр., гранат — январю*)
birth trauma ['bɜːθˌtrɔːmə] *мед.* родовая травма
birthwort ['bɜːθwɜːt] *n бот.* 1. кирказон (*Aristolochia*) 2. хохлатка, ряст (*Corydalis*)
bis [bɪs] *adv* ещё раз, вторично, бис
biscuit ['bɪskɪt] *n* 1. 1) сухое печенье, крекер; ship's ~ галета 2) *амер.* песочное печенье, печенье из пресного теста 2. бисквитный, неглазурованный фарфор 3. светло-коричневый цвет 4. *сл.* коричневый матрас
◇ to take the ~ превосходить всё
biscuit glacé [ˌbɪskɪtɡlæˈseɪ, bɪsˌkwiːt-] сливочное мороженое, обсыпанное крошками миндального печенья
biscuit tortoni [ˌbɪskɪttɔːˈtəʊnɪ, bɪsˌkwiːt-] = biscuit glacé
biscutate [baɪˈskjuːteɪt] *a редк.* двущитовой, имеющий два щита
bise [biːz] *n* биза (*резкий ветер, дующий с Альп*)
bisect [baɪˈsekt] *v* 1) разрезать, разделить пополам 2) *мат.* делиться пополам
bisection [baɪˈsekʃ(ə)n] *n* деление пополам
bisector [baɪˈsektə] *n* средняя линия
bisectrix [baɪˈsektrɪks] *n мат.* биссектриса
biseptate [baɪˈsepteɪt] *a бот.* двураздельный, с двумя отделениями
biserial [baɪˈsɪ(ə)rɪəl] *a* двухсерийный
biserrate [baɪˈsereɪt] *a бот.* двузубый, с рассечёнными зубцами
bisexual I [baɪˈsekʃʊəl] *n* бисексуалист (*человек, вступающий как в гомо-, так и в гетеросексуальные отношения*)
bisexual II [baɪˈsekʃʊəl] *a* 1) *биол.* гермафродитный; двуполый 2) бисексуальный; испытывающий влечение к лицам обоих полов
bishop I ['bɪʃəp] *n* 1. епископ 2. *шахм.* слон 3. «бишоп» (*напиток из вина и фруктов*) 4. *амер. уст.* турнюр
◇ the ~ has played the cook епископ был здесь поваром; ≅ блюдо подгорело
bishop II ['bɪʃəp] *v уст.* 1. возводить в сан епископа 2. дать пригореть
bishopess ['bɪʃəpes] *n* жена епископа
bishopric ['bɪʃəprɪk] *n* 1) сан епископа 2) епархия
bishop's-cap ['bɪʃəpskæp] *n бот.* мителла (*Mitella*)
bishop sleeve ['bɪʃəpˌsliːv] широкий рукав, стянутый у запястья
bishop's-weed ['bɪʃəpswiːd] *n бот.* сныть обыкновенная (*Aegopodium podagraria*)
bisk [bɪsk] *n* 1) суп из птицы *или* кролика 2) раковый суп 3) овощной суп-пюре 2. мороженое с размельчёнными орехами и печеньем
Bismarck herring ['bɪzmɑːkˌherɪŋ] маринованная сельдь (*филе*)
bismuth ['bɪzməθ] *n хим.* висмут
bismuthite ['bɪzməθaɪt] *n мин.* висмутит
bison ['baɪs(ə)n] *n зоол.* бизон, зубр американский (*Bison americanus*)
bisonant [baɪˈsəʊnənt] *a* состоящий из двух звуков
bison grass ['baɪs(ə)nɡrɑːs] *бот.* бизонова трава (*Buchloe dactyloides*)
bisque[1] [bɪsk] *n* фора в теннисе *или* крокете

bisque[2] [bɪsk] = biscuit 2
bisque[3] [bɪsk] = bisk
bissextile I [bɪˈsekstaɪl] *n книжн.* 1) високосный год 2) лишний день високосного года
bissextile II [bɪˈsekstaɪl] *a* високосный
bistable [ˌbaɪˈsteɪb(ə)l] *a элк.* бистабильный, с двумя устойчивыми состояниями
bistatic [ˌbaɪˈstætɪk] *a радио* с разнесёнными передатчиком и приёмником; ~ radar бистатический радиолокатор
bister ['bɪstə] *амер.* = bistre
bistort [ˈbɪstɔːt] *n бот.* раковые шейки (*Polygonum bistorta*)
bistoury ['bɪstʊrɪ] *n* бистури (*хирургический нож*)
bistre ['bɪstə] *n* 1) бистр, тёмно-коричневая краска 2) тёмно-коричневый цвет
bistro ['biːstrəʊ] *n разг.* бистро; маленькое кафе; закусочная; ресторанчик
bisulcate, bisulcated, bisulcous [baɪˈsʌlkeɪt, -ɪd, baɪˈsʌlkəs] *a* 1) *зоол.* двукопытный 2) двубороздчатый
bisulphate [baɪˈsʌlfeɪt] *n хим.* бисульфат
bisulphite [baɪˈsʌlfaɪt] *n хим.* бисульфит
bi-swing ['baɪswɪŋ] *a* со встречной складкой на спине (*о куртке, пальто*)
bisymmetry [ˌbaɪˈsɪmɪtrɪ] *n* билатеральная, зеркальная симметрия
bit[1] [bɪt] *n* 1. 1) кусок; кусочек; small ~s of sugar кусочки сахара; small ~s of plaster куски штукатурки; every ~ of всё; he ate all the cake ~ by ~ он по кусочку съел весь пирог (*см. тж.* ◇); to go /to come/ to ~s разбиться на мелкие кусочки 2) частица, доля; give me a ~ дай мне немного /часть/ 2. (a ~) небольшое количество, немного, чуть-чуть; ~ at a time понемногу, не спеша, постепенно; wait a ~ подожди немного; I am a ~ tired я немного устал; he is a ~ late он слегка опоздал; not a ~ нисколько, ничуть; he is not a ~ tired он совсем не устал; he is a ~ of a coward не трусоват ли 3. *разг.* мелкая монета; threepenny ~ монета в три пенса; short ~ *амер.* монета в 10 центов; long ~ монета в 15 центов; two ~s *амер.* монета в 25 центов 4. *амер. сл.* срок заключения 5. *амер. сл.* эпизодическая роль (*тж.* ~ part, ~ role); ~ player (кино)актёр *или* (кино)актриса, исполняющие эпизодические роли; статист(ка) 6. поведение, образ действий; this is strictly a fascist ~ так могут поступать только фашисты 7. обычная процедура; the familiar 1-2-3-4 ~ to check the acoustics обычная процедура счёта вслух, принятый в таких случаях счёт раз-два-три-четыре для проверки акустики 8. мода, фасон; стиль (*одежды*); the bouffant ~ мода на пышные юбки и рукава 9. предмет обсуждения; as for the ~ about marriage... если речь идёт о браке...
◇ ~ by ~ постепенно [*см. тж.* 1, 1)]; a good /nice/ ~ изрядно, много; a good ~ older много старше; a nice ~ of money немало денег; a saucy ~ дерзкая девчонка; ~s and pieces всякая всячина, всякий хлам; остатки, обрёзки, кусочки чего-л.; to do one's ~ внести свою лепту; исполнить свой долг; to take a ~ of doing требовать затрат усилий; a ~ much необдуманно, неосмотрительно; ≅ хватить через край; a ~ of all right *разг.* здорово, хорошо

bit² I [bɪt] *n* 1. 1) бур 2) бурав 3) зубило 4) зубок (*врубовой цепи*); вставной резец 2. режущая кромка (*инструмента*) 3. бородка ключа 4. головка паяльника 5. удила, мундштук; трензель; to be on the ~ идти на поводу; to be over the ~ не слушаться повода (*конный спорт*); to draw ~ а) натянуть поводья, остановить лошадь; б) замедлить, уменьшить скорость

◇ to champ at the ~ проявлять нетерпение; to take the ~ between one's teeth закусить удила, не знать удержу

bit² II [bɪt] *v* 1. взнуздывать 2. обуздывать, сдерживать

bit³ [bɪt] *n вчт.* бит; (двоичная) единица информации; ~ rate скорость передачи информации; ~ image двоичный образ, битовый образ

bit⁴ [bɪt] *past и p. p. от* bite II

bitangent [ˌbaɪˈtændʒ(ə)nt] *n мат.* (общая) касательная к двум точкам (*кривой*)

bitbrace [ˈbɪtbreɪs] *n тех.* коловорот

bitch¹ I [bɪtʃ] *n* 1. сука 2. *в названиях животных означает самку*: ~ wolf волчица 3. *груб.* сука 4. *сл.* жалоба 5. неприятность; трудность; гадость, дрянь; ≅ паршивое дело

bitch¹ II [bɪtʃ] *v сл.* жаловаться, ворчать, скулить

bitch² [bɪtʃ] *груб. см.* botch¹ II 2

bitch box [ˈbɪtʃbɒks] *ав. жарг.* селектор

bitched-up [ˌbɪtʃtˈʌp] *a сл.* испорченный, изгаженный; сорванный; перепутанный

bitchery [ˈbɪtʃ(ə)rɪ] = bitchiness

bitch goddess [ˈbɪtʃˈgɒdɪs] *сл.* изменчивая фортуна, богиня удачи

bitchiness [ˈbɪtʃɪnɪs] *n сл.* 1) злобность; зловредность; вредность (*характера*); стервозность 2) распутство

bitch lamp [ˈbɪtʃlæmp] коптилка

bitch up [ˈbɪtʃˈʌp] *phr v амер. сл.* 1) напакостить; навредить; сделать гадость 2) испортить (*дело*)

bitchy [ˈbɪtʃɪ] *a* стервозный, поганый

bit density [ˈbɪtˌdensɪtɪ] *вчт.* плотность записи

bite I [baɪt] *n* 1. 1) укус 2) рана или след от укуса; the ~ became infected рана от укуса инфицировалась 2. клёв (*рыбы*); he had been fishing all the morning but hadn't had a single ~ всё утро удил рыбу, но у него ни разу не клюнуло 3. 1) кусок (*пищи*); without ~ or sup не пивши, не евши 2) лёгкая закуска; to have a ~ перекусить; закусить 4. острая боль; the ~ of the wound боль от раны 5. острота (*ощущения и т. п.*); the ~ of his sarcasm жало его сарказма 6. отравление (*при гравировке*) 7. *уст.* шулер; жулик 8. *мед.* прикус 9. *тех.* зажатие, сцепление 10. *амер. разг.* сумма денег (*в счёт какого-л. платежа*); the local tax took a large ~ out of his salary ему пришлось отвалить большой кусок зарплаты в уплату местного налога

◇ to put the ~ on smb. *амер. сл.* (пытаться) занять /перехватить/ денег у кого-л.

bite II [baɪt] *v* (bit; bitten, bit) 1. 1) кусать, жалить, кусаться 2) (at) надкусывать, пробовать 2. 1) клевать, брать приманку 2) *разг. обыкн. pass* попадаться на удочку, поддаваться обману; we were bitten when we bought that old car при покупке подержанной машины нас надули 3. 1) причинять боль 2) жечь (*о перце, горчице и т. п.*) 3) щипать (*о морозе*) 4. разъедать (*о кислотах*) 5. язвить, говорить колкости 6. *сл.* ухватиться (*за предложение*); I hoped she would be interested in my plan, but she didn't ~ я надеялся заинтересовать её своим планом, но она не клюнула на него 7. *редк.* колоть, рубить (*саблей*) 8. *обыкн. pass* (with) заражённый, увлечённый (*чем-л.*) 9. *тех.* 1) брать металл (*о напильнике*) 2) зацеплять; the wheels will not ~ колёса скользят; the brake will not ~ тормоз не берёт 3) *мор.* забирать (*о якоре*) 10. *амер. сл.* раздражать; what's biting you? ≅ какая муха тебя укусила?

◇ to ~ one's lips кусать губы, нервничать; to ~ the tongue прикусить язык; to ~ the dust /the ground, the sand/ а) быть убитым; б) падать ниц, быть поверженным во прах; быть побеждённым; быть униженным; to ~ the bullet с неохотой браться за что-л.; to ~ the hand that feeds one ≅ рубить сук, на котором сидишь; once bitten twice shy *посл.* ≅ пуганая ворона куста боится; обжёгшись на молоке, будешь дуть и на воду

bite back [ˈbaɪtˈbæk] *phr v разг.* сдерживать себя; he bit back the remarks он воздержался от замечаний; he was about to tell the secret, but he bit his words back он собирался выболтать секрет, но вовремя прикусил язык

bite off [ˈbaɪtˈɒf] *phr v* откусывать

◇ to bite smb.'s head off *разг.* сорвать зло на ком-л.; to ~ more than one can chew взяться за непосильное дело, переоценить свои силы

biter [ˈbaɪtə] *n* 1. *см.* bite II + -er 2. кусающееся животное

◇ the ~ bit попался, который кусался

bite-size [ˈbaɪtsaɪz] *a* крохотный, крошечный; a ~ sandwich бутерброд «на один укус»; a ~ boy ≅ мальчик с пальчик

biting [ˈbaɪtɪŋ] *a* 1) острый, едкий 2) резкий, пронизывающий; ~ wind резкий /пронизывающий/ ветер 3) язвительный, колкий; ~ words язвительные замечания, колкости

biting louse [ˌbaɪtɪŋˈlaʊs] *энт.* пухоперо́еды, пухо́еды (*Mallophaga*)

bit map [ˈbɪtmæp] *вчт.* 1. битовый массив; растр 2. буфер изображения

bitonal [baɪˈtəʊnl] *a муз.* в двух тональностях

bit part [ˈbɪtpɑːt] эпизодическая роль

bit rate [ˈbɪtreɪt] *вчт.* скорость передачи информации в бит/сек

bitstock [ˈbɪtstɒk] *n* коловорот; дрель

bitsy [ˈbɪtsɪ] *a разг.* крохотный, малюсенький

bitt [bɪt] *n мор.* 1) кнехт, причальная тумба 2) *pl* битсы

bitte [ˈbɪtə] *int нем.* 1) пожалуйста; если вам угодно 2) простите

bitter¹ I [ˈbɪtə] *n* 1) горькое пиво 2) горькое лекарство 3) горечь

◇ to take the ~ with the sweet ≅ в жизни всякое бывает

bitter¹ II [ˈbɪtə] *a* 1. горький; ~ taste горький (при)вкус 2. горький, мучительный; the ~ truth горькая истина; ~ moment горькая минута; ~ feeling горькое чувство; ~ disappointment горькое разочарование; ~ hardships тяжёлые лишения; ~ tears горькие слёзы; ~ grief сильное горе; ~ poverty ужасная нищета; ~ lesson жестокий урок; ~ hatred жгучая ненависть; ~ remark горькие слова; to be ~ about smth. злобствовать по поводу чего-л.; to be in ~ на что-л. 3. сильный, резкий; ~ cold страшный холод; сильный мороз 4. злой, ожесточённый; ~ enemy злейший враг

◇ ~ as gall, ~ as wormwood горький как полынь

bitter¹ III [ˈbɪtə] *adv* 1. *уст., диал., поэт.* = bitterly 1 2. *эмоц.-усил.* очень, ужасно; it was ~ cold стояли ужасные холода, был сильный мороз

bitter¹ IV [ˈbɪtə] *v* 1) горчить 2) делать горьким

bitter² [ˈbɪtə] *n мор.* шлаг на битенге

bitter almond [ˌbɪtə(r)ˈɑːmənd] *бот.* горький миндаль (*Amygdalus communis*)

bitter aloe [ˌbɪtə(r)ˈæləʊ] *бот.* алоэ, столетник (*Agava americana*)

bitterbump [ˈbɪtəbʌmp] = bittern¹

bittercress [ˈbɪtəkres] *n бот.* сурепка (*Barbarea spp.*)

bitter earth [ˌbɪtə(r)ˈɜːθ] *хим.* магнезия

bitter end¹ [ˌbɪtə(r)ˈend] 1. самый конец, предел; to the ~ до последнего; his insulting behaviour was the ~ его оскорбительное поведение переполнило чашу терпения 2. смерть; to fight to the ~ стоять насмерть; биться до последнего

bitter end² [ˌbɪtə(r)ˈend] *мор.* коренной конец (*якорной цепи*)

bitter-end [ˈbɪtə(r)end] *a* упрямый, твердолобый

bitter-ender [ˌbɪtə(r)ˈendə] *n разг.* 1) стойкий, принципиальный человек 2) упрямец, твердолобый

bitterish [ˈbɪt(ə)rɪʃ] *a* горьковатый

bitterling [ˈbɪtəlɪŋ] *n зоол.* горчак (*Rhodeus*)

bitterly [ˈbɪtəlɪ] *adv* 1. горько; he was ~ disappointed он почувствовал горькое разочарование 2. *эмоц.-усил.* сильно, очень; it was ~ cold было очень холодно 3. злобно, ожесточённо; to speak ~ about smth. говорить о чём-л. со злобой

bittern¹ [ˈbɪtən] *n зоол.* выпь (*Botaurus stellaris*)

bittern² [ˈbɪtən] *n хим.* рапа, маточный раствор (*в соленарнях*)

bitterness [ˈbɪtənɪs] *n* горечь

bitter-nut [ˈbɪtənʌt] *n бот.* гикори (*Carya amara*)

bitter orange [ˌbɪtə(r)ˈɒrɪndʒ] *бот.* померанец, горький апельсин (*Citrus aurantium*)

bitter pill [ˌbɪtəˈpɪl] горькая пилюля

bitter pit [ˌbɪtəˈpɪt] горькая ямчатость (*плодов*)

bitter principle [ˈbɪtəˌprɪnsɪp(ə)l] *спец.* горькое вещество (*напр., грейпфрута*)

bitterroot [ˈbɪtəruːt] *n* 1. *бот.* льюизия оживающая (*Lewisia rediviva*) 2. корень горечавки

bitter rot [ˌbɪtəˈrɒt] = anthracnose

bitters [ˈbɪtəz] *n pl* 1) горькое лекарство 2) горькая настойка 3) горькое пиво

bitter-spar [ˈbɪtəspɑː] *n мин.* доломит

bittersweet I [ˌbɪtəˈswiːt] *n* 1. горькая радость; ~(s) of daily life горести и радости повседневной жизни 2. *бот.* паслён сладко-горький (*Solanum dulcamara*)

bittersweet II [ˌbɪtəˈswiːt] *a* 1) горьковато-сладкий 2) сладостно-горький

bitterweed [ˈbɪtəwiːd] *n бот.* амброзия трёхраздельная (*Ambrosia trifida*)

bittock [ˈbɪtək] *n шотл.* крошечка, капелька

bitty [ˈbɪtɪ] *a* 1) маленький, крохотный 2) разрозненный; отрывочный; разношёрстный; составленный из кусочков 3) неоднородный; бессвязный; эклектичный (*о художественном образе и т. п.*)

bitumen [ˈbɪtjʊmɪn] *n* битум, асфальт

bituminous [bɪ'tjuːmɪnəs] *a* битумный, битуминозный; ~ concrete асфальтобетон; ~ industry каменноугольная промышленность; ~ sprayer гудронатор

bituminous coal [bɪ,tjuːmɪnəs'kəʋl] жирный, битуминозный уголь

bivalent I [,baɪ'veɪlənt] *n биол.* бивалент *(пара гомологичных хромосом)*

bivalent II [,baɪ'veɪlənt] *a* двухвалентный

bivalve I ['baɪvælv] *n зоол.* двустворчатый моллюск

bivalve II ['baɪvælv] *a зоол., бот.* двустворчатый

bivalved ['baɪvælvd] = bivalve II

bivalvous [baɪ'vælvəs] = bivalve II

bivariate [baɪ've(ə)rɪɪt] *a стат.* двумерный

bivinyl [,baɪ'vɪnɪl] *n хим.* бутадиен, дивинил

bivocal [baɪ'vəʋk(ə)l] *n фон.* двугласный дифтонг

bivoltine [baɪ'vɒltaɪn] *a биол.* имеющий два поколения в год

bivouac I ['bɪvʋæk] *n* бивак; место расположения; ~ site место бивака; ~ outpost *амер.* сторожевое охранение; to go into ~ располагаться биваком

bivouac II ['bɪvʋæk] *v* стоять, располагаться биваком

biwa ['biːwɑː] *n бот.* мушмула японская (*Eryobotrya japonica*)

biweekly I [,baɪ'wiːklɪ] *n* периодическое издание, выходящее раз в две недели *или* два раза в неделю

biweekly II [,baɪ'wiːklɪ] *a* 1. выходящий раз в две недели 2. выходящий два раза в неделю

biweekly III [,baɪ'wiːklɪ] *adv* 1. раз в две недели 2. два раза в неделю

biyearly I [,baɪ'jɪəlɪ] *a* 1. происходящий два раза в год 2. происходящий раз в два года

biyearly II [,baɪ'jɪəlɪ] *adv* 1. два раза в год 2. раз в два года

biz [bɪz] *разг. см.* business

bizarre [bɪ'zɑː] *a* странный, причудливый, эксцентричный

blab I [blæb] *n* 1. болтун 2. болтовня

blab II [blæb] *v* 1) болтать *(о чём-л.)* 2) разболтать, выболтать *(секрет и т. п.)*

blabber I ['blæbə] *n* 1. болтун, пустомеля 2. болтовня

blabber II ['blæbə] *v* болтать

blabbermouth ['blæbəmaʋθ] *n сл.* трепач

black I [blæk] *n* 1. 1) чёрный цвет, чернота 2) чёрная краска, чернь 2. чёрное платье, траурное платье 3. грязь, сажа; you have some ~ on your hand у вас на руке что-то чёрное 4. 1) чернокожий 2) *(тж.* B.) чёрный, (американский) негр 5. *шахм.* 1) чёрное поле *(доски)* 2) чёрные фигуры 3) игрок, играющий чёрными 6. *воен. проф.* яблоко мишени ◊ to swear /to prove/ ~ is white называть чёрное белым, заведомо говорить неправду; to be in the ~ а) вести дело с прибылью; б) быть платёжеспособным; to go into ~ (начать) давать прибыль; стать рентабельным

black II [blæk] *a* 1. чёрный; ~ cloth чёрное сукно; ~ powder чёрный порох; ~ with age почерневший от времени; ~ and tan чёрный с рыжими подпалинами 2. тёмный; ~ clouds чёрные тучи; ~ night тёмная ночь; ~ darkness кромешная тьма; ~ water глубокая /тёмная/ вода *(в реке, озере, море)*; ~ heat *тех.* тёмный нагрев; ~ iron чёрная жесть; heavens ~ with clouds небо, затянутое чёрными тучами; his face was ~ with rage его лицо потемнело от гнева 3. 1) чернокожий, чёрный; there is

~ blood in his veins в его жилах течёт негритянская кровь; ~ law закон, относящийся только к цветным; ~ races чёрные расы 2) *(тж.* B.) чёрный, относящийся к чёрным американцам; B. actors чёрные актёры 4. грязный; ~ hands грязные руки; ~ linen грязное бельё 5. 1) мрачный, унылый, безнадёжный; ~ despair безысходное отчаяние; ~ day чёрный день; things look ~ положение кажется безнадёжным 2) *иск., лит.* «чёрный», беспросветно мрачный и уродливый; ~ humour «чёрный юмор», мрачный гротеск 6. 1) страшный, ужасный; ~ deed чёрное дело, гнусное преступление; ~ curse страшное проклятие; ~ heart злодей, подлец; ~ sins тяжкие грехи; ~ moment тяжёлая минута; ~ ordeal страшное испытание 2) зловещий; ~ augury зловещее предсказание; ~ tidings дурные предзнаменования 7. злой, злобный; ~ look злобный взгляд; to be ~ at /upon/ smb. сердиться на кого-л., бросать на кого-л. злобные взгляды 8. *эмоц.-усил.* отъявленный, крайний; ~ ingratitude чёрная неблагодарность; ~ lie низкая ложь; ~ cruelty ужасная жестокость; a ~ born fool набитый дурак 9. закоренелый, твердолобый; ~ republican крайний республиканец 10. купленный на чёрном рынке 11. бойкотируемый; to declare a company's goods ~ объявить бойкот товарам компании 12. подпольный; тайный ◊ ~ area «чёрный» район *(район безработицы, инфекции, неграмотности и т. п., отмеченный на карте чёрной краской)*; ~ gang *мор. жарг.* кочегары; as ~ as ink а) чёрный как сажа; б) мрачный, безрадостный; ~ as hell /night, pitch, soot, my hat/ ≅ тьма кромешная; ~ as sin /thunder, thundercloud/ мрачнее тучи; ~ and blue сплошь в синяках; he is not so ~ as he is painted он не так плох, как его изображают; ~ in the face багровый *(от раздражения или напряжения)*; to know ~ from white быть себе на уме, понимать что к чему

black III [blæk] *v* 1. окрашивать в чёрный цвет 2. чистить ваксой, ваксить 3. *редк.* чернить *(кого-л.)* 4. чернеть, становиться чёрным 5. *проф.* 1) бойкотировать *(предприятие и т. п.)* в знак протеста *или* в поддержку забастовки 2) запретить членам профсоюза работу на каком-л. заводе *и т. п.*

black alder [,blæk'ɔːldə] *бот.* 1. крушинник (ломкий) (*Frangulla alnus*) 2. ольха чёрная *или* клейкая (*Alnus glutinosa*)

blackamoor ['blækəmʋə] *n арх., шутл.* негр, арап

black-and-blue [,blækən(d)'bluː] *a* в синяках; to beat ~ избить до синяков, живого места не оставить

black-and-tan [,blækən(d)'tæn] *a* 1) чёрный с подпалинами *(о собаке)* 2) *амер. сл.* обслуживающий белых и чёрных *(о кафе, баре и т. п.)*

Black and Tans [,blækən(d)'tænz] 1) *ист.* английские карательные отряды в Ирландии 2) *амер. пренебр.* сторонники участия чёрных в работе комитетов республиканской партии

black and white [,blækən(d)'waɪt] 1. письменно; in ~ в письменной форме; to put in ~ написать (чёрным по белому) 2. рисунок пером 3. чёрно-белый фильм

black-and-white [,blækən(d)'waɪt] *a* 1. письменный 2. чёрно-белый; ~ television чёрно-белое телевидение; ~ artist художник-график 3. крайний, непримиримый; ~ morality строгая /пу-

ританская/ мораль; ~ judgement бескомпромиссное /безапелляционное/ суждение

black art [,blæk'ɑːt] 1. чёрная магия 2. негритянское искусство

black-a-vised ['blækəvaɪst] *a диал.* темнокожий, смуглый

black-bag job ['blækbæg,dʒɒb] незаконный обыск помещения в отсутствие владельца; вторжение *(полиции и т. п.)* в закрытое помещение с целью изъятия документов, обнаружения улик *и т. п.*

blackball I ['blækbɔːl] *n* 1. чёрный шар *(при баллотировке)* 2. 1) род ваксы 2) состав для чистки меди

blackball II ['blækbɔːl] *v* 1. забаллотировать 2. мазать ваксой 3. 1) подвергать остракизму 2) запрещать

blackband ['blækbænd] *n горн.* углистый железняк

black bass [,blæk'bæs] *зоол.* чёрный морской окунь, микроптерус (*Micropterus*)

black bear [,blæk'beə] 1. *зоол.* барибал, американский чёрный медведь (*Euarctos americanus*) 2. чёрный, гималайский *или* белогрудый медведь (*Ursus thibetanus*)

black beetle [,blæk'biːtl] *энт.* чёрный таракан (*Pariplaneta orientalis*)

black-bellied plover [,blæk,belɪd'plʌvə] *зоол.* тулес (*Squatarola squatarola*)

Black Belt [,blæk'belt] «чёрный пояс», южные районы США, где преобладает чёрное население

black belt [,blæk'belt] 1. *пренебр.* негритянские кварталы 2. чернозёмные районы 3. «чёрный пояс» *(высшее звание в дзюдо и карате)*

blackberry ['blækb(ə)rɪ] *n* 1. ежевика 2. *диал.* чёрная смородина

blackbird[1] ['blækbɜːd] *n зоол.* дрозд чёрный (*Turdus merula*)

blackbird[2] ['blækbɜːd] *n* негр *или* другой темнокожий невольник

blackbirder ['blækbɜːdə] *n* 1. работорговец 2. корабль работорговца

black blizzard [,blæk'blɪzəd] *амер. диал.* пыльная буря

blackboard ['blækbɔːd] *n* классная доска

blackboard jungle [,blækbɔːd'dʒʌŋg(ə)l] «школьные джунгли», школа с низким уровнем обучения и дисциплины *(в бедном районе города)*

black body [,blæk'bɒdɪ] *физ.* абсолютно чёрное тело

black book [,blæk'bʋk] чёрный список; to be in smb.'s ~ быть на плохом счету у кого-л.; быть у кого-л. в немилости

black bourse [,blæk'bʋəs] = black market

black box [,blæk'bɒks] 1) *спец.* «чёрный ящик» *(любая система неизвестного устройства с известной реакцией на сигналы)* 2) *сл.* засекреченное изобретение, устройство *и т. п.*; таинственное явление, оружие *и т. п.*

black bread [,blæk'bred] ржаной, чёрный хлеб

black-browed [,blæk'braʋd] *a* 1) чернобровый, с тёмными бровями 2) насупившийся; хмурый, мрачный

blackbutt ['blækbʌt] *n бот.* эвкалипт шариковый (*Eucalyptus pilularis*)

black cancer [,blæk'kænsə] *мед.* меланома

black cap [,blæk'kæp] 1) чёрная шапочка судьи, надеваемая при произне-

BLA — BLA

сении смертного приговора 2) судья в чёрной шапочке

blackcap ['blækkæp] *n зоол.* 1. славка-черноголовка (*Sylvia atricapilla*) 2. камышовая овсянка (*Emberiza schoeniclus*) 3. черноголовый чекан (*Saxicola torquata*)

black cattle [ˌblæk'kætl] крупный рогатый скот

black chaser [ˌblæk'tʃeɪsə] = blacksnake

black cherry ['blæk ˌtʃerɪ] *бот.* 1. черёмуха поздняя (*Padus serrotina*) 2. черешня, птичья вишня (*Cerasus avium*) 3. белладонна (*Belladonna*)

black coal [ˌblæk'kəʊl] = bituminous coal

black cock ['blækkɒk] тетерев

black code [ˌblæk'kəʊd] законы штатов США (*в основном южных, ограничивающие гражданские права чёрных*)

black comedy [ˌblæk'kɒmɪdɪ] «чёрная комедия» (*мрачная, пессимистическая пьеса-гротеск*)

Black Country ['blækˌkʌntrɪ] чёрная страна (*промышленные районы средней Англии*)

blackcurrant [ˌblæk'kʌrənt] *n бот.* чёрная смородина (*Ribes nigrum*)

Black Death [ˌblæk'deθ] *ист.* чёрная смерть (*чума в Европе в XIV в.*)

black diamond [ˌblæk'daɪəmənd] 1. coal I 2. = carbonado[1]

black dog [ˌblæk'dɒg] *сл.* зелёная тоска, уныние, хандра

black draught [ˌblæk'drɑːft] слабительное (*из александрийского листа*)

black earth [ˌblæk'ɜːθ] чернозём

blacken ['blækən] *v* 1) делать чёрным, тёмным 2) загорать 2. чернить, клеветать

Black English [ˌblæk'ɪŋglɪʃ] негритянский диалект английского языка

blackening ['blækənɪŋ] *n фото* почернение

blackey ['blækɪ] = blacky I

black eye [ˌblæk'aɪ] 1. подбитый глаз 2. *разг.* стыд и срам; the insult gave his pride a ~ оскорбление сильно его задело 3. *амер.* плохая репутация

black-eyed [ˌblæk'aɪd] *a* 1. черноглазый 2. с подбитым глазом

blackeyed pea [ˌblækaɪd'piː] *бот.* коровий горох (*Vigna sinensis*)

blackeyed Susan [ˌblækaɪd'suːz(ə)n] *бот.* «черноглазая Сусанна», рудбекия (*Rudbekia hirta*)

blackface ['blækfeɪs] *n* 1. 1) черномордое животное 2) черномордая овца 2. *амер.* 1) негр-певец 2) актёр, выступающий в роли негра; to appear in ~ выступать в роли негра 3. *полигр.* жирный шрифт 4. *сл.* = bold face 1

blackfaced [ˌblæk'feɪst] *a* 1. темнокожий 2. унылый; мрачный 3. *полигр.* жирный (*о шрифте*)

blackfellow [ˌblæk'feləʊ] *n австрал. сл.* чернокожий (*об аборигене*)

black fever ['blæk ˌfiːvə] (пятнистая) лихорадка Скалистых гор

blackfish ['blækfɪʃ] *n* 1. *зоол.* гринда, чёрный дельфин (*Globiocephalus melas*) 2. (любая) рыба чёрной окраски

black flag ['blæk flæg] 1. пиратский флаг 2. флаг на тюрьме в день казни

black-flag ['blækflæg] *v спорт.* дать сигнал автогонщику покинуть трассу

black fly [ˌblæk'flaɪ] *энт.* 1. мошка (*Simuliida*) 2. тля чёрная (*Aphis rumicis*)

Blackfoot ['blækfʊt] *n* 1) индеец племени «черноногих» 2) *собир.* племя черноногих

black friar [ˌblæk'fraɪə] доминиканец (*монах*)

black frost [ˌblæk'frɒst] 1) сильный мороз без инея 2) гололёд, гололёдица (*на шоссе*)

black game ['blækgeɪm] *зоол.* тетерев-глухарь (*Lyrurus tetrix*)

black gold [ˌblæk'gəʊld] *разг.* 1. нефть, «чёрное золото» 2. резина, каучук

black grass ['blækgrɑːs] *бот.* лисохвост полевой (*Alopecurus agrestis*)

black grouse [ˌblæk'graʊs] = black game

blackguard I ['blægɑːd, -əd] *n* подлец, мерзавец

blackguard II ['blægɑːd, -əd] *v* 1. ругаться, поносить 2. подло вести себя

blackguardly I ['blægɑːdlɪ, -ədlɪ] *a* подлый, низкий

blackguardly II ['blægɑːdlɪ, -ədlɪ] *adv* подло, низко

black gum [ˌblæk'gʌm] *бот.* 1. эвкалипт яйцевидный (*Eucalyptus ovata*) 2. нисса лесная (*Nissa silvatica*)

Black Hand [ˌblæk'hænd] 1. «Чёрная рука» (*секретная организация преступников*) 2. *сл.* шайка бандитов

black haw [ˌblæk'hɔː] *бот.* 1. калина сливолистная (*Viburnum prunifolium*) 2. боярышник Дугласа (*Crataegus douglasi*)

blackhead ['blækhed] *n* 1. угорь (*на лице*) 2. (любая) черноголовая птица 3. *вет.* инфекционный энтерогепатит

blackheart [ˌblæk'hɑːt] *n* почернение сердцевины картофеля (*при хранении*)

black-hearted [ˌblæk'hɑːtɪd] *a* злой; злобный, недоброжелательный

black henbane [ˌblæk'henbeɪn] *бот.* белена (*Hyoscyamus niger*)

black hole [ˌblæk'həʊl] 1. 1) темница 2) карцер 3) гауптвахта 2. *астр.* чёрная дыра, коллапсар

black horehound [ˌblæk'hɔːhaʊnd] *бот.* белокудренник чёрный (*Ballota nigra*)

black humour [ˌblæk'hjuːmə] иск. «чёрный юмор»

black ice [ˌblæk'aɪs] ледяная корка (*тонкая*)

blackie ['blækɪ] = blacky I

blacking ['blækɪŋ] *n* 1. вакса, гуталин 2. *тех.* припыл; формовочные чернила 3. чернение

blacking-out [ˌblækɪŋ'aʊt] *n* вымарывание текста (*цензором*)

black ink [ˌblæk'ɪŋk] *амер.* прибыль

blackjack I ['blækdʒæk] *n* 1. *амер. разг.* дубинка 2. пиратский флаг, «чёрный Джек» 3. *бот.* дуб мэриландский (*Quercus marilandica*) 4. кувшин для пива 5. *горн.* сфалерит, цинковая обманка 6. *карт.* игра в очко 7. жжёный сахар (*для подкрашивания спиртных напитков, кофе и т. п.*)

blackjack II [ˌblækdʒæk] *v* 1) избивать дубинкой 2) принуждать, заставлять

black kite [ˌblæk'kaɪt] *зоол.* коршун обыкновенный (*Milvus ater*)

black lead [ˌblæk'led] графит

blackleg I ['blækleg] *n* 1. 1) = black stem 2. *вет.* эмфизематозный карбункул 2. штрейкбрехер 3. шулер, плут

blackleg II ['blækleg] *v* быть штрейкбрехером

black-letter [ˌblæk'letə] *n* 1) старинный английский готический шрифт 2) книга, напечатанная английским готическим шрифтом

◇ ~ day a) будний день; б) день неудач /невезенья/; печальный день

black-light [ˌblæk'laɪt] *физ.* невидимый свет (*инфракрасный или ультрафиолетовый*)

blacklight trap [ˌblæklaɪt'træp] инфракрасная ловушка для насекомых

black list ['blæk ˌlɪst] 1) чёрный список 2. список несостоятельных должников

black-list ['blæklɪst] *v* вносить в чёрный список

black locust [ˌblæk'ləʊkəst] *бот.* белая акация (*Robinia pseudoacacia*)

black lung(s) [ˌblæk'lʌŋ(z)] антракоз, «чёрные лёгкие» (*болезнь шахтёров*)

blackly ['blæklɪ] *adv* 1) уныло, мрачно 2) зло, сердито 3) недоброжелательно, зловредно

black magic [ˌblæk'mædʒɪk] чёрная магия

blackmail I ['blækmeɪl] *n* шантаж; вымогательство

blackmail II ['blækmeɪl] *v* шантажировать; вымогать деньги

blackmailer ['blækmeɪlə] *n* шантажист; вымогатель

Black Maria [ˌblækmə'raɪə] *разг.* 1. тюремная карета, «чёрный ворон» 2. тяжёлый снаряд

black mark [ˌblæk'mɑːk] пометка о неблагонадёжности

black market [ˌblæk'mɑːkɪt] чёрный рынок

black marketeer [ˌblækˌmɑːkɪ'tɪə] спекулянт

black mass [ˌblæk'mæs] 1. реквием, заупокойная служба 2. чёрная месса, которую служат в честь сатаны

black mint [ˌblæk'mɪnt] *бот.* мята перечная чёрная (*Mentha piperita*)

Black Monday [ˌblæk'mʌndɪ] 1) *церк.* понедельник на Фоминой неделе 2) *школ. разг.* первый день после каникул

black money [ˌblæk'mʌnɪ] *амер. сл.* подпольные доходы (*скрываемые от налогообложения*)

Black Monk [ˌblæk'mʌŋk] бенедиктинец (*монах*)

black mulberry [ˌblæk'mʌlb(ə)rɪ] *бот.* шелковица чёрная (*Morus nigra*)

Black Muslim [ˌblæk'mʊzlɪm] *амер.* негр-мусульманин (*борющийся за сегрегацию белых и негров и проповедующий превосходство негритянской расы*)

black nationalist [ˌblæk'næʃ(ə)nəlɪst] негритянский активист; борец за гражданские права негров

blackness ['blæknɪs] *n* 1. 1) чернота 2) мрак, темнота 3) мрачность, уныние 2. 1) принадлежность к чёрной расе 2) характерные черты негров 3) расовая гордость негров; негритянское самосознание 3. *физ.* 1) степень приближения к абсолютно чёрному телу 2) непрозрачность

blacknull ['blæknʌl] *n бот.* пшеница-черноколоска (*Triticum durum*)

blacknull oat [ˌblæknʌl'əʊt] овёс черногривый

black oil ['blækɔɪl] мазут

black out [ˌblæk'aʊt] *phr v* 1. 1) вычёркивать, вымарывать (*о цензоре*) 2) заливать часть текста чёрной краской 2. затемнять; выключать свет; маскировать 3. на мгновение терять сознание или слепнуть 4. заглушать (*радиопередачу*) 5. прекратить телепередачу из-за забастовки работников телевидения

blackout I ['blækaʊt] *n* 1. *театр.* выключение света на сцене (*для эффектного окончания*) 2. 1) затемнение, светомаскировка 2) временное отсутствие электрического освещения (*во время аварии и т. п.*) 3) нарушение связи (*тж.* radio ~) 4) задержка показа телепрограммы (*обыкн. спортивной*) 3. 1) временная потеря сознания; провал памяти 2) временная слепота (*лётчика при вне-*

за́пном поворо́те и т. п.) **4.** 1) вы́марка, исключе́ние из те́кста 2) запре́т на публика́цию сообще́ний; there was a complete ~ on today's discussions на публика́цию сообще́ний о сего́дняшних перегово́рах наложен по́лный запре́т 3) прекраще́ние, приостано́вка; newspaper ~ невы́ход газе́т; забасто́вка печа́тников **5.** *воен. жарг.* чёрный ко́фе **6.** *физ.* гаше́ние (*луча́*)

blackout II ['blækaʊt] *a* **1.** затемнённый **2.** *амер.* засекре́ченный
◇ ~ dial фосфоресци́рующий цифербла́т

Black Panther [,blæk'pænθə] «Чёрная Панте́ра» (*политическая организа́ция*)

black plate [,blæk'pleɪt] чёрная жесть

black poplar [,blæk'pɒplə] *бот.* осоко́рь (*Populus nigra*)

black pot ['blækpɒt] **1.** сорт гру́бой чёрной кера́мики **2.** кровяна́я колбаса́

blackpowder ['blæk,paʊdə] *n* чёрный по́рох

Black Power [,blæk'paʊə] «власть чёрным» (*лозунг негров, борющихся за свои права*)

black pudding [,blæk'pʊdɪŋ] кровяна́я колбаса́

black quarter [,blæk'kwɔːtə] = anthrax 1

black race [,blæk'reɪs] чёрная ра́са

Black Rod [,blæk'rɒd] церемонийме́йстер с чёрной була́вой

black rot [,blæk'rɒt] *бот.* чёрная гниль, блекро́т

black rust [,blæk'rʌst] *бот.* чёрная ржа́вчина злако́в

blackseed-onion [,blæksiː'dʌnjən] *n* лук-сея́нец, лук-черну́шка

black sheep [,blæk'ʃiːp] *разг.* отщепе́нец, негодя́й, вы́родок

blackshirt ['blækʃɜːt] *n* чернору́башечник, фаши́ст

blacksmith ['blæksmɪθ] *n* кузне́ц

blacksnake ['blæksneɪk] *n* **1.** *зоол.* 1) по́лоз-уда́в (*Coluber constrictor*) 2) яма́йская чёрная змея́ (*Ocyophis ater*) **2.** *амер.* дли́нный тяжёлый кнут (*сплетённый из кожи*)

blacksploitation [,blæksplɔɪ'teɪʃ(ə)n] = blaxploitation

black spot ['blækspɒt] **1.** уча́сток доро́ги повы́шенной опа́сности **2.** *с.-х.* чёрная пятни́стость (*болезнь растений*) **3.** райо́н, поражённый экономи́ческой депре́ссией

black spruce [,blæk'spruːs] *бот.* ель чёрная (*Picea mariana*)

black stem [,blæk'stem] *с.-х.* «чёрная но́жка», аскохито́з; пятни́стость *или* почерне́ние стебле́й

blackstrap ['blækstræp] густа́я тростнико́вая мела́сса (*удобрение*)

Black studies [,blæk'stʌdɪz] = Afro-American studies [*см.* Afro-American II]

black swan [,blæk'swɒn] 1) *зоол.* ле́бедь чёрный (*Chenopsis atrata*) 2) что-л. ре́дкое *или* вообража́емое; ре́дкость, курьёз; плод воображе́ния

blacktail ['blækteɪl] *n* (черноxво́стый) оле́нь-мул (*тж.* ~ed deer)

blackthorn ['blækθɔːn] *n бот.* терно́вник, тёрн (*Prunus spinosa*)

black tie [,blæk'taɪ] **1.** (чёрный) га́лстук-ба́бочка **2.** стро́гий вече́рний костю́м

blacktop ['blæktɒp] *n амер. дор.* щебёночно-асфа́льтовое покры́тие

blacktown ['blæktaʊn] *n амер.* негритя́нский райо́н го́рода

blackvein ['blækveɪn] *n энт.* беля́нка (*Aporia*)

black-veined white ['blækveɪnd'waɪt] *бот.* боя́рышница (*Aporia crataegi*)

black wages [,blæk'weɪdʒɪz] повы́шенная зарпла́та (*для привлечения белых рабочих*)

black-wash ['blækwɒʃ] *n* **1.** формо́вочные черни́ла; чёрная кра́ска *и т. п.* **2.** клевета́

blackwash ['blækwɒʃ] *v* **1.** кра́сить чёрной кра́ской **2.** клевета́ть

blackwater fever [,blækwɔːtə'fiːvə] *мед.* гемоглобинури́йная лихора́дка

blackweed ['blækwiːd] *n бот.* **1.** кресто́вник Я́кова (*Senecio jacobaea*) **2.** амбро́зия высо́кая (*Ambrosia elatior*)

black widow [,blæk'wɪdəʊ] 1) *энт.* чёрный пау́к, «чёрная вдова́» (*Latrodectus mectans*) 2) *амер. сл.* де́вушка, не по́льзующаяся успе́хом

black-wood ['blækwʊd] *n* чёрное де́рево

blacky I ['blækɪ] *n разг.* **1.** черноко́жий, негр **2.** люба́я чёрная пти́ца *или* живо́тное

blacky II ['blækɪ] *a* черноватый

blad¹ I [blaːd] *n шотл.* си́льный уда́р

blad¹ II [blaːd] *v шотл.* си́льно ударя́ть

blad² [blaːd] *n шотл.* кусо́к, комо́к

bladder ['blædə] *n* **1.** 1) пузы́рь 2) *анат.* мочево́й пузы́рь (*тж.* urinary ~ 2.) ка́мера; football ~ футбо́льная ка́мера **3.** 1) пустоме́ля 2) *разг.* газе́та

bladder campion ['blædə'kæmpɪən] *бот.* смолёвка широколи́стная, хлопу́шка (*Silene latifolia*)

bladdered lard [,blædəd'laːd] ну́тряно́е са́ло в плёнке

bladder fern [,blædə'fɜːn] *бот.* пузы́рник (*Cystopteris*)

bladder worm ['blædəwɜːm] *зоол.* цистице́рк, личи́нка ле́нточного червя́

bladderwort ['blædəwɜːt] *n бот.* пузы́рчатка (*Utricularia*)

bladdery ['blædərɪ] *a* **1.** пузы́рчатый **2.** пусто́й, по́лый

blade I [bleɪd] *n* **1.** 1) ле́звие 2) клино́к; strong [weak] part of the ~ си́льная [сла́бая] часть клинка́ 3) фехтова́льщик **2.** 1) дли́нный, у́зкий лист; побе́г, стебелёк; in the ~ незре́лый 2) *бот.* листова́я пласти́нка **3.** 1) ло́пасть; лопа́тка; the ~ of an oar а) ло́пасть весла́; б) *ав.* ло́пасть винта́ 2) эл. нож (*рубильника*) 3) крыло́ (*вентилятора, семафора*) **4.** перо́ (*руля железнодорожной стрелки*) **5.** полотно́ (*пилы*) **6.** *спец.* ло́пасть, крыло́ (*обтюратора*) **7.** *анат., фон.* пере́дняя часть языка́ **8.** *сл.* (разби́тной) па́рень; a knowing ~ проны́до́ха; a jolly old ~ весельча́к; a cunning ~ хитре́ц; a (young) ~ франт, фат

blade II [bleɪd] *v* **1.** наса́живать ле́звие **2.** пуска́ть побе́ги **3.** счища́ть грязь, гра́вий бульдо́зером **4.** *диал.* рвать траву́

blade-bone ['bleɪdbəʊn] *n анат.* лопа́тка

bladed ['bleɪdɪd] *a* **1.** *геол.* пласти́нчатый **2.** (-bladed) как компоне́нт сло́жных слов -ло́пастный; three-bladed propeller трёхло́пастный пропе́ллер

bladelet ['bleɪdlɪt] *n археол.* ма́ленький нож

blades [bleɪdz] *n амер.* кукуру́зные ли́стья (*корм для скота*)

blade tools ['bleɪd'tuːlz] ре́жущие инструме́нты, ножевы́е изде́лия

blading ['bleɪdɪŋ] *n тех.* набо́р лопа́ток турби́ны

blae I [bleɪ] *n* затверде́вший гли́нистый сла́нец *или* песча́ник

blae II [bleɪ] *a диал.* **1.** 1) се́ро-си́ний, свинцо́вый 2) ту́склый **2.** мра́чный, уны́лый

blaeberry ['bleɪb(ə)rɪ] = bilberry

blague [blaːg] *n фр.* 1) чепуха́, болтовня́ 2) хвастовство́, пуска́ние пы́ли в глаза́

blah I [blaː] *n* **1.** *сл.* чепуха́, вздор **2.** (the ~s) *амер. сл.* плохо́е настрое́ние *или* самочу́вствие; хандра́; I have the ~s мне что́-то не по себе́; мне немно́го нездоро́вится

blah II [blaː] *a сл.* ску́чный, неинтере́сный; a novel ≅ мура́, а не кни́га; a ~ personality зану́да

blah-blah [,blaː'blaː] *v сл.* болта́ть чепуху́

blah-blah-blah [,blaːblaː'blaː] *adv* прост. и тому́ подо́бное; и всё тако́е про́чее

blain [bleɪn] *n* нары́в, чи́рей; пу́стула

blamable ['bleɪməb(ə)l] = blameable

blame I [bleɪm] *n* **1.** порица́ние, упрёк; to deserve ~ заслу́живать порица́ния; to incur ~ for smth. навле́чь (на себя́) упрёк за что-л.; his conduct is free from ~ его́ поведе́ние безупре́чно **2.** вина́, отве́тственность; the ~ is partly mine вина́ части́чно лежи́т на мне; the ~ lies with me вина́ лежи́т на мне; where does the ~ lie for his failure? в чём причи́на его́ неуда́чи?; it is small ~ to you вы не о́чень винова́ты; to bear the ~ нести́ отве́тственность; приня́ть на себя́ вину́; to lay /to cast, to put/ the ~ (for smth.) upon smb., to lay the ~ at smb.'s door возложи́ть вину́ (за что-л.) на кого́-л.; to take the ~ upon oneself взять на себя́ вину́; to shift the ~ on smb. свали́ть вину́ на кого́-л.; to shun the ~ избега́ть отве́тственности

blame II [bleɪm] *v* 1) обвиня́ть, порица́ть; вини́ть; who is to ~? кто винова́т?; you are to ~ вы должны́ нести́ отве́тственность; I am in no way to ~ я соверше́нно не винова́т; to be much to ~ быть о́чень винова́тым; he is entirely to ~ он целико́м винова́т; to ~ smb. for smth. вини́ть кого́-л. в чём-л., возлага́ть вину́ за что-л. на кого́-л.; he cannot be ~d for it он в э́том не вино́вен; she ~d herself for having committed an error она́ винила́ себя́ в том, что соверши́ла оши́бку; I have nothing to ~ myself for мне не́ в чем себя́ упрекну́ть; she ~d it on him она́ счита́ла его́ вино́вным в э́том 2) (on) относи́ть (что-л. плохо́е) за счёт чего́-л.; the fire can be ~d on a short circuit пожа́р произошёл от коро́ткого замыка́ния
◇ bad workers often ~ their tools *посл.* ≅ у худо́го пи́льщика пила́ винова́та; плохо́му танцо́ру но́ги меша́ют

blameable ['bleɪməb(ə)l] = blameworthy

blamed I [bleɪmd] *a амер., диал.* прокля́тый, чёртов

blamed II [bleɪmd] *adv амер., диал.* чертовски, весьма́; well, it's ~ mean ну это чертовски по́дло

blameful ['bleɪmf(ə)l] *a* **1.** = blameworthy **2.** скло́нный осужда́ть други́х

blameless ['bleɪmlɪs] *a* безупре́чный

blameworthy ['bleɪm,wɜːðɪ] *a* 1) заслу́живающий порица́ния 2) наказу́емый

blanch¹ I [blaːntʃ] *a гера́льд.* бе́лый, серебри́стый

blanch¹ II [blaːntʃ] *v* **1.** бели́ть, отбе́ливать **2.** 1) де́лать бле́дным; вы́белить, обесцве́тить; age had ~ed his hair го́ды убели́ли его́ во́лосы (седино́й); fear ~ed her lips от стра́ха у неё побеле́ли гу́бы 2) бледне́ть (*от ужаса и т. п.*); her cheeks ~ed with fear она́ побледне́ла от стра́ха 3) обесцве́чивать, этиоли́ровать (*растения*) 3. 1) обва́ривать и очища́ть шелуху́ 2) бланширова́ть 4. луди́ть

blanch² [blɑ:ntʃ] *v редк.* 1) отвора́чиваться 2) поверну́ть наза́д (*оленя*)

blanched [blɑ:ntʃt] *a спец.* бланширо́ванный

blancher¹ ['blɑ:ntʃə] *n* 1) *спец.* бели́льщик, закальщик 2) бланширо́вочная маши́на (*в консервном производстве*)

blancher² ['blɑ:ntʃə] *n* 1. нереши́тельный *или* непосле́довательный челове́к; трус 2. *охот.* заго́нщик

blanching ['blɑ:ntʃɪŋ] *n* 1. отбе́ливание 2. *бот.* обесцве́чивание, этиоли́рование 3. бланширова́ние (*консервов*)

blanch over ['blɑ:ntʃ'əʋvə] *phr v* обеля́ть, опра́вдывать, выгора́живать

blancmange [blə'mɒn(d)ʒ] *n* бланманже́

bland [blænd] *a* 1. ве́жливый, ла́сковый; a voice sweetly ~ не́жный /ла́сковый/ го́лос 2. вкра́дчивый, льсти́вый; ~ smile льсти́вая улы́бка 3. мя́гкий (*о климате и т. п.*); ~ air тёплый во́здух 4. сла́бый, успока́ивающий; ~ diet лёгкая дие́та; ~ medicine успока́ивающее сре́дство /лека́рство/

blandiloquence [blæn'dɪləkwəns] *n редк.* льсти́вые ре́чи

blandish ['blændɪʃ] *v* 1. упра́шивать, зада́бривать; угова́ривать 2. льстить

blandishment ['blændɪʃmənt] *n* 1. угова́ривание, упра́шивание 2. *обыкн. pl* льсти́вые ре́чи

blank I [blæŋk] *n* 1. пусто́е, свобо́дное ме́сто (*особ. на бумаге*); leave a ~ for his signature оста́вьте ме́сто для его́ по́дписи 2. бланк 3. тире́, отто́чие (*вместо пропущенного или нецензурного слова*); про́черк; про́пуск (*оставленное место*) 4. 1) пробе́л; he must fill in the ~s in his education он до́лжен воспо́лнить пробе́лы в своём образова́нии; the next ten years of his life are a ~ о после́дующих десяти́ года́х его́ жи́зни ничего́ неизве́стно 2) прова́л в па́мяти; my mind is a complete ~ я ничего́ не по́мню 5. пустота́, опустошённость; her son's death made a great ~ in her life по́сле сме́рти сы́на её жизнь ста́ла соверше́нно пусто́й 6. пусто́й лотере́йный биле́т; to draw a ~ а) вы́нуть пусто́й биле́т; б) потерпе́ть неуда́чу 7. сло́во, впи́санное курси́вом в парла́ментский билль 8. пласти́нка *или* по́ле без очко́в (*в домино*) 9. *воен.* я́блоко мише́ни, цель 10. *тех.* 1) загото́вка; болва́нка 2) вы́рубка (*из-под штампа*) 11. *радио* дно (*электро́нно-лучево́й*) тру́бки 12. *хим.* сле́пой о́пыт 13. *спец.* па́уза, пробе́л (*при вычислениях*)

◊ ~ check in ~ чек на предъяви́теля; plea in ~ = blank plea [*см.* blank II ◊]

blank II [blæŋk] *a* 1. 1) чи́стый, неиспи́санный (*о бумаге*); ~ paper [sheet, space] чи́стая бума́га [страни́ца, -ое ме́сто] 2) незапо́лненный (*о документе и т. п.*); ~ bill бла́нковый ве́ксель; ~ (voting) bulletin незапо́лненный избира́тельный бюллете́нь; ~ credit бла́нковый креди́т, креди́т без обеспе́чения; ~ map нема́я ка́рта; ~ file неполный ряд; ~ hole *горн.* безру́дная сква́жина; ~ spot огре́х (*на пашне или покосе*) 2. незастро́енный (*о месте*); there are still many ~ spaces in this suburb в э́том при́городе ещё мно́го незастро́енных мест 3. холосто́й (*о патроне, заряде*); ~ ammunition холосты́е боеприпа́сы; ~ cartridge холосто́й патро́н; ~ charge холосто́й заря́д; ~ firepowder по́рох для холосты́х заря́дов; ~ shot холосто́й вы́стрел 4. невырази́тельный; лишённый содержа́ния, пусто́й; ~ existence пусто́е /бесполе́зное/ существова́ние; ~ face невырази́тельное /непроница́емое/ лицо́; ~ look невырази́тельный /бессмы́сленный/ взгляд; a ~ stretch of road скучна́я часть доро́ги; ~ years беспло́дные го́ды; his memory is ~ у него́ пробе́л в па́мяти 5. озада́ченный, смущённый; to look ~ каза́ться озада́ченным, име́ть озада́ченный вид 6. *эмоц.-усил.* по́лный, абсолю́тный; ~ amazement неопису́емое удивле́ние; ~ despair по́лное отча́яние; ~ impossibility по́лная невозмо́жность; ~ silence абсолю́тное молча́ние; with ~ awe в немо́м благогове́нии; to decline ~ отказа́ть наотре́з; to deny smth. ~ по́лностью отрица́ть что-л.; ~ terror gripped him его́ охвати́л безотчётный страх 7. сплошно́й; ~ wall глуха́я стена́; ~ window ло́жное /слепо́е/ окно́ 8. *эмоц.-усил.* чёртов; that is your ~ dog again! опя́ть э́та ва́ша чёртова соба́ка! 9. *амер.* э́нский, N-ский; ~ unit N-ская часть 10. незавершённый, необрабо́танный; ~ a key загото́вка /болва́нка/ ключа́ 11. *уст.* бе́лый, бесцве́тный

◊ ~ assay *спец.* слепа́я про́ба; ~ plea /bar/ возраже́ние в проце́ссе (*которым жалобщику вменяется в обязанность точно указать место происшествия*)

blank III [blæŋk] *v* 1. *см.* blank out 1 2. ста́вить тире́, отто́чие вме́сто гру́бого *или* нецензу́рного сло́ва 3. *амер. спорт.* обыгра́ть «всухую» 4. *уст.* 1) озада́чивать, ста́вить в тупи́к 2) расстра́ивать (*пла́ны*) 5. *тех.* штампова́ть

blank check, blank cheque ['blæŋk'tʃek] 1. незаполненный чек, чек на предъяви́теля 2. *разг.* свобо́да де́йствий; to give a ~ предоста́вить свобо́ду де́йствий; дать карт-бла́нш; to get a ~ получи́ть пра́во де́йствовать по своему́ усмотре́нию

blank endorsement [,blæŋkɪn'dɔ:smənt] *ком.* бла́нковый индоссаме́нт (*без указа́ния лица́, кото́рому переуступа́ется докуме́нт*)

blanket I ['blæŋkɪt] *n* 1. 1) шерстяно́е одея́ло 2) попо́на 2. что-л. закрыва́ющее, покрыва́ющее; покро́в; ~ of snow сне́жный покро́в; ~ of leaves ковёр из ли́стьев 3. 1) защи́тный слой 2) *геол.* пове́рхностный слой, нано́с; покро́в 4. доро́жное покры́тие 5. густа́я подли́вка 6. кито́вый жир 7. *воен.* 1) густо́й дым, задымле́ние 2) дымова́я заве́са; ~ door газонепроница́емый за́навес 8. *физ.* 1) оболо́чка; покры́тие 2) зо́на воспроизво́дства (*реа́ктора*) 9. *метеор.* сплошна́я о́блачность

◊ a wet ~ а) челове́к, расхола́живающий други́х; б) что-л. де́йствующее расхола́живающе, отбива́ющее охо́ту; to put /to play/ a wet ~ on smb. охлажда́ть чей-л. пыл; born on the wrong side of the ~ рождённый вне бра́ка, внебра́чный

blanket II ['blæŋkɪt] *a* 1. о́бщий, по́лный, всеобъе́млющий, без огово́рок; ~ ballot голосова́ние спи́ском; ~ proposal ко́мплексное предложе́ние; ~ complaint коллекти́вная жа́лоба; ~ price о́бщая цена́ (*за весь ку́пленный това́р*); ~ rules о́бщие пра́вила; ~ vote южно-афр. всео́бщее голосова́ние (*включа́ющее африка́нцев*) 2. спорт. одновреме́нный; ~ finish одновреме́нный фи́ниш

blanket III ['blæŋkɪt] *v* 1. покрыва́ть (*одея́лом*) 2. подбра́сывать на одея́ле 3. охва́тывать, включа́ть в себя́ 4. замя́ть (*вопро́с и т. п.*); the scandal was ~ed сканда́л замя́ли 5. *амер.* затмева́ть (*кого́-л.*); оставля́ть в тени́ 6. заглуша́ть шум, радиопереда́чу *и т. п.* 7. залива́ть густы́м со́усом 8. *воен.* задымля́ть; создава́ть дымову́ю заве́су 9. *воен.* 1) накрыва́ть огнём 2) подверга́ть интенси́вной бомбардиро́вке (*тж.* to ~ with bombs) 10. *мор.* отня́ть ве́тер

blanket bath ['blæŋkɪt,bɑ:θ] *мед.* вла́жное обёртывание

blanket cover ['blæŋkɪt'kʌvə] по́лный охва́т (*вопроса*)

blanketed ['blæŋkɪtɪd] *a* 1. 1) заку́танный в одея́ло 2) оку́танный; a ship ~ in fog кора́бль, оку́танный тума́ном 2. *амер.* с бе́лой полосо́й (*о ма́сти живо́тного*)

blanketing I ['blæŋkɪtɪŋ] *n* 1. материа́л для одея́л 2. *физ.* воспроизво́дство я́дерного то́плива

blanketing II ['blæŋkɪtɪŋ] *a* густо́й, пло́тный; интенси́вный; ~ smoke *воен.* дымова́я заве́са; ~ fire *воен.* интенси́вный обстре́л

blanket policy ['blæŋkɪt,pɒlɪsɪ] *страх.* по́лис, перекрыва́ющий все страховы́е слу́чаи, генера́льный по́лис

blanket sheet ['blæŋkɪt,ʃi:t] *амер.* 1) газе́тный лист большо́го форма́та 2) ба́йковое одея́ло

blanket stitch ['blæŋkɪt,stɪtʃ] обмёточный шов

blankety-blank [,blæŋkɪtɪ'blæŋk] *n* эвфеми́зм, заменя́ющий руга́тельство; who the ~ are you? да кто же вы, так вас растак?

blanking ['blæŋkɪŋ] *n* 1. *эл.* запира́ние (*электро́нно-лучево́й тру́бки*) 2) *физ.* гаше́ние (*луча́*) 2. *тех.* вы́рубка *или* штампо́вка из листа́; ~ die вырубно́й штамп

blankly ['blæŋklɪ] *adv* 1. безуча́стно, ту́по, невырази́тельно; to stare ~ at smb. [at smth.] безуча́стно /ту́по/ смотре́ть на кого́-л. [на что-л.] 2. пря́мо, реши́тельно; to deny smth. ~ категори́чески отрица́ть что-л.; to decline ~ отказа́ть наотре́з 3. кра́йне, по́лностью; he is ~ atheistic он настоя́щий атеи́ст

blank off ['blæŋk'ɒf] *phr v* 1. *воен.* маскирова́ть, загора́живать 2. *тех.* заглуши́ть (*трубу́*)

blank out ['blæŋk'aʋt] *phr v* 1. прикрыва́ть, закрыва́ть, загора́живать 2. *тех.* штампова́ть 3. *полигр.* де́лать тисне́ние на переплёте без кра́ски и зо́лота 4. *радио* перебива́ть, заглуша́ть 5. стать нечётким, расплы́вчатым; the television screen blanked out изображе́ние на экра́не расплы́лось; her mind blanked out её созна́ние затума́нилось; у неё помути́лось в голове́

blank verse [,blæŋk'vɜ:s] бе́лый стих

blanquette [blɑŋ'ket] *n* тушёное бе́лое мя́со под бе́лым со́усом

blare I [bleə] *n* 1. 1) звук трубы́; the ~ of the trumpets [of the brass] зву́ки фанфа́р [ме́дных инструме́нтов] 2) рёв; ре́зкий, неприя́тный звук (*радио и т. п.*) 3) автомоби́льный гудо́к 2. я́ркий цвет; ослепи́тельный блеск; the ~ of colour in the picture ослепи́тельные кра́ски карти́ны

blare II [bleə] *v* 1. 1) труби́ть, игра́ть на ме́дных инструме́нтах; the band ~d (out) a march духово́й орке́стр сыгра́л марш 2) вопи́ть, ора́ть, реве́ть (*о радио и т. п.*) 3) дать автомоби́льный гудо́к; to ~ (out) a warning предупреди́ть автомоби́льным сигна́лом 2. я́рко свети́ться, слепи́ть глаза́

blarney I ['blɑ:nɪ] *n разг.* сла́дкие ре́чи, лесть

blarney II ['blɑ:nɪ] *v разг.* обма́нывать, угова́ривать ле́стью, льстить

blasé ['blɑ:zeɪ] *a* пресы́щенный

blaspheme [blæsˈfiːm] v поносить; богохульствовать
blasphemous [ˈblæsfɪməs] a богохульный
blasphemy [ˈblæsfɪmɪ] n богохульство

blast¹ [blɑːst] n 1. сильный порыв ветра; icy ~ ледяной ветер 2. 1) поток, струя воздуха; а ~ of steam струя пара; ~ cleaning тех. пескоструйная очистка 2) тех. дутьё, форсированная тяга 3. 1) звук духового инструмента; to blow a ~ on the horn затрубить в рог 2) гудок, сирена; to sound а ~ мор. дать гудок 4. взрыв, взрывание; to set off a ~ произвести взрыв 5. (подрывной) заряд 6. взрывная, ударная волна 7. пагубное влияние; проклятие; he turned the blessing into а ~ он превратил благословение в проклятие 8. сл. вызов по телефону; give me a ~ звякните мне 9. амер. сл. удар кулаком; put the ~ on him стукни его 10. амер. сл. разгон, критика 11. разг. проклятие, ругательство 12. амер. сл. провал, неудача 13. сл. наркотики 14. амер. разг. выпивка, попойка 15. шотл. табачный дым 16. уст. вспышка молнии 17. воен. дульное пламя
◇ in ~ действующий (об оборудовании); out of ~ бездействующий (об оборудовании); to go full ~ быть в полном /самом/ разгаре, работать полным ходом; filibuster was going full ~ обструкция приняла большой размах

blast¹¹ [blɑːst] v 1. взрывать, подрывать 2. тех. вдувать воздух; продувать 3. повреждать (растения и т. п.); frost ~s the fruit-buds мороз губит почки фруктовых деревьев 4. 1) разрушать (надежды, планы); my personal prospects were ~ed мои личные планы потерпели крах; time has ~ed his ambitions время разрушило его замыслы 2) губить, уничтожать; дискредитировать; his evidence was ~ed его показания были полностью опровергнуты 5. ругать, проклинать; ~ it! чёрт возьми! 6. амер. сл. публично критиковать, нападать, разносить; he ~ed away at the false idealism of his opponents он набросился на ложный идеализм своих противников 7. амер. сл. злоупотреблять наркотиками 8. амер. рекламировать; they ~ed their product они рекламировали свою продукцию 9. сильно дуть 10. играть (на трубе) 11. объявлять, провозглашать 12. запускать (ракету), перемещать с помощью реактивной тяги 13. вчт. освобождать

blast² [blæst] n бласт (незрелая клетка)

blast area [ˈblɑːstˌe(ə)rɪə] воен. 1) зона поражения ударной волной 2) задульный конус

blast away [ˈblɑːstəˈweɪ] phr v сильно шуметь

blast-drier [ˈblɑːstˌdraɪə] n воздушная сушилка (для зерна)

blasted [ˈblɑːstɪd] a 1.) разрушенный; an old ~ apple-tree старая расщеплённая молнией яблоня 2) горн. взорванный; пострадавший от взрыва при палении шпуров 3. разг. проклятый; ~ nuisance ужасная досада; ~ mess чёртова неразбериха

blastema [blæsˈtiːmə] n биол. бластема

blast-engine [ˈblɑːstˌendʒɪn] n воздуходувка

blaster [ˈblɑːstə] n 1. горн. взрыватель (тж. ~ machine) 2. запальщик

blast freezing [ˈblɑːstˈfriːzɪŋ] замораживание в интенсивном потоке воздуха

blast furnace [ˈblɑːstˌfɜːnɪs] тех. 1) домна 2) ватержакетная печь

blast-hole [ˈblɑːsthəʊl] n горн. шпур
blastie [ˈblɑːstɪ, ˈblæ-] n шотл. карлик
blasting I [ˈblɑːstɪŋ] n 1. порча, гибель 2. горн. взрывные работы; паление шпуров 3. дутьё; продувка, обдув 4. радио дребезжание (громкоговорителя)
blasting II [ˈblɑːstɪŋ] a 1. губительный 2.) подрывной; ~ machine = blaster 1 2) взрывчатый; бризантный; ~ oil нитроглицерин
blasting cap [ˈblɑːstɪŋkæp] подрывной капсюль, капсюль-детонатор
blast-meter [ˈblɑːstˌmiːtə] n тех. тягомер
blastoderm [ˈblæstədɜːm] n биол. бластодерма, зародышевая оболочка
blast off [ˈblɑːstˈɒf] phr v 1. отрываться от земли, взлетать, стартовать (о космическом корабле) 2. амер. сл. отправиться, уйти не попрощавшись
blast-off [ˈblɑːstɒf] n 1. взлёт, старт (космического корабля) 2. момент отрыва ракеты от пусковой установки
blastogenesis [ˌblæstə(ʊ)ˈdʒenəsɪs] n биол. бластогенез
blastogenic [ˌblæstəˈdʒenɪk] a биол. бластогенный, зародышевый
blastolation [ˌblæstəˈleɪʃ(ə)n] n биол. образование бластул
blastomere [ˈblæstəmɪə] n биол. бластомер
blastproof [ˈblɑːstpruːf] a спец. взрывобезопасный; взрывостойкий
blast screen [ˈblɑːstskriːn] реакт. решётка — отражатель газовой струи
blastula [ˈblæstjʊlə] n биол. бластула (стадия развития зародыша)
blast wave [ˈblɑːstweɪv] взрывная, ударная, детонирующая волна
blasty [ˈblɑːstɪ] a ветреный, с порывами ветра
blat [blæt] v амер. 1. блеять 2. разг. болтать; попусту орать
blatancy [ˈbleɪt(ə)nsɪ] n крикливость и пр. [см. blatant 1, 2]
blatant [ˈbleɪt(ə)nt] a 1. крикливый, вульгарный 2. шумный; шумливый 3. 1) вопиющий; ~ injustice вопиющая несправедливость 2) явный, очевидный; ~ lie явная ложь
blate [bleɪt] a шотл. 1) застенчивый 2) отсталый; глуповатый
blather I, II [ˈblæðə] = blether I и II
blatter [ˈblætə] v болтать
blaxploitation [ˌblæksplɔɪˈteɪʃ(ə)n] n кино эксплуатация чернокожих актёров (продюсерами) [<black + exploitation]
blay [bleɪ] n зоол. уклейка (Alburnus)
blaze¹ [bleɪz] n 1. 1) пламя, яркий огонь; in a ~ в огне; to set smth. in a ~ зажечь /воспламенить/ что-л.; the fire burst /sprang/ into a ~ огонь вспыхнул 2) вспышка (страсти, гнева и т. п.); in a ~ of anger в порыве гнева 2. пожар; to put the ~ out потушить пожар 3. яркий свет или цвет; a ~ of lights море огней; the ~ of searchlights ослепительный свет прожекторов; in the ~ of the day среди бела дня; ~ of publicity полная гласность 4. блеск, великолепие; in the full ~ of beauty во всём блеске красоты 5. pl 1) эвф. ад; go to ~s! иди к чёрту; so much money gone to ~s столько денег пролетело; what the ~s! какого чёрта! 2) эмоц.-усил. изо всех сил; like ~s с яростью; неистово; to run like ~s бежать что есть духу
blaze¹ II [bleɪz] v 1.) гореть ярким пламенем 2) редк. воспламенять, зажигать (тж. ~ up) 2. 1) сиять, сверкать (часто ~ forth); his eyes were blazing его глаза сверкали, блистать; his fame ~d widely abroad слава

о нём разнеслась по всему миру. 3. кипеть, неистовствовать; he was blazing with fury /with anger/ он кипел от бешенства, он исходил злобой
blaze² I [bleɪz] n 1. отметина, белое пятно (на лбу животного) 2. 1) метка, зарубка (на дереве) 2) путь (в лесу), отмеченный зарубками
blaze² II [bleɪz] v 1. 1) метить (деревья); делать отметки (на чём-л.) 2) отмечать (дорогу) зарубками; to ~ the trail а) отмечать путь в лесу, делая зарубки на деревьях; б) прокладывать путь; to ~ a trail into space проложить путь в космос
blaze³ [bleɪz] v разглашать (часто ~ abroad); to ~ a rumour (abroad) распространять слух
blaze away [ˈbleɪzəˈweɪ] phr v 1. (at) воен. открывать огонь, вести огонь 2. разг. быстро или горячо говорить, выпаливать 3. (at) разг. работать с увлечением (над чем-л.); ~! валяй!, жарь!
blaze out [ˈbleɪzˈaʊt] phr v (at) рассердиться на кого-л.
blazer [ˈbleɪzə] n 1. яркая фланелевая спортивная куртка; блейзер 2. разг. наглая ложь 3. амер. разг. 1) вульгарная, крикливая вещь 2) нескромность 4. жаровня; спиртовка
blaze up [ˈbleɪzˈʌp] phr v 1. вспыхнуть; the old conflict blazed up again старый конфликт вновь разгорелся 2) рассердиться; разразиться гневом
blazing [ˈbleɪzɪŋ] a 1. ярко горящий, пылающий, полыхающий 2. 1) явный; ~ scent охот. горячий след (тж. перен.) 2) заведомый; вопиющий; ~ lie наглая ложь 3. эмоц.-усил. чертовский; what's the ~ hurry? какого чёрта торопиться?, что за спешка, чёрт побери?
blazon I [ˈbleɪz(ə)n] n 1. геральд. 1) герб, эмблема 2) описание герба 2. прославление; провозглашение; выставление напоказ
blazon II [ˈbleɪz(ə)n] v 1. оповещать широко, разглашать; выставлять напоказ (часто ~ forth, ~ out, ~ abroad) 2. геральд. описывать или изображать герб 3. украшать гербами
blazoner [ˈbleɪz(ə)nə] n герольд
blazonry [ˈbleɪz(ə)nrɪ] n 1. гербы 2. геральдика 3. блестящая демонстрация, артистический показ
ble [-b(ə)l] = -able
bleach I [bliːtʃ] n 1. 1) хлорная, белильная известь 2) отбеливающее вещество 2. отбеливание, беление
bleach II [bliːtʃ] v 1) белить, отбеливать 2) обесцвечивать 3) побелеть; обесцветиться
bleached [bliːtʃt] a обесцвеченный; blond химическая /крашеная/ блондинка; ~ sand подзол
bleacher [ˈbliːtʃə] n 1. 1) отбеливающее средство; 2) отбеливатель (для дела и т. п.) 2) текст. отбельщик, белильщик 2. pl амер. дешёвые места для зрителей (на стадионе и т. п.)
bleacherite [ˈbliːtʃəraɪt] n амер. зритель (на стадионе на дешёвых местах)
bleachery [ˈbliːtʃərɪ] n текст. белильный цех, белильное отделение
bleaching [ˈbliːtʃɪŋ] n отбеливание, беление
bleaching powder [ˈbliːtʃɪŋˌpaʊdə] хлорная известь, белильная известь
bleak¹ [bliːk] a 1. не защищённый от ветра, открытый 2. холодный; суровый (о погоде); ~ wind холодный ветер 3. лишённый растительности 4. унылый,

мра́чный; ~ prospects печа́льные перспекти́вы; ~ smile печа́льная улы́бка

bleak² [bli:k] *n зоол.* укле́йка (*Alburnus*)

blear I [blɪə] *a* 1) затума́ненный (*слеза́ми*) 2) нея́сный; сму́тный; расплы́вчатый

blear II [blɪə] *v* 1) затума́нивать (*взор, полиро́ванную пове́рхность*); to ~ the eyes а) тума́нить взор; б) сбива́ть с то́лку, обма́нывать; ~ing eyes слезя́щиеся глаза́ 2) де́лать сму́тным, нея́сным

blear-eyed [͵blɪə(ə)r'aɪd] *a* 1) с затума́ненным взо́ром 2) близору́кий 3) недально́видный, тупова́тый

bleary [ˈblɪə(ə)rɪ] = blear I

bleat I [bli:t] *n* бле́яние; мыча́ние (*телёнка*)

bleat II [bli:t] *v* 1. бле́ять; мыча́ть 2. говори́ть то́нким го́лосом; to ~ out a protest сла́бо протестова́ть 3. говори́ть глу́пости, болта́ть; разба́лтывать; he ~ed it all over the place он разболта́л об э́том повсю́ду 4. *разг.* ныть, жа́ловаться на судьбу́; stop ~ing about your problems прекрати́ жа́ловаться на свои́ тру́дности

bleb [bleb] *n* 1. волды́рь, пузы́рь 2. пузырёк (*в стекле́, воде́*) 3. *метал.* пузы́рь, ра́ковина 4. *pl мед.* пузырча́тка, пе́мфигус

blebby [ˈblebɪ] *a* пузы́ристый

bled I [bled] *а полигр.* напеча́танный в обре́з; сли́шком си́льно обре́занный; ~ edge сре́занное по́ле (*страни́цы*); ~ illustration иллюстра́ция, завёрстанная в по́ле

bled II [bled] *past и p. p. от* bleed II

blee [bli:] *n уст.* цвет (*лица́*)

bleed I [bli:d] *n полигр.* иллюстра́ция на всю страни́цу, включа́я поля́, иллюстра́ция в обре́з

bleed II [bli:d] *v* (bled) 1. кровото́чить; истека́ть кро́вью; to ~ to death умере́ть от поте́ри кро́ви; he is ~ing at the nose у него́ кровь но́сом идёт; my heart ~s се́рдце кро́вью облива́ется 2) пролива́ть кровь (*в бою́*) 2. пуска́ть кровь; вымога́ть де́ньги; they bled him for a cool thousand они́ вы́манили у него́ це́лую ты́сячу 2) подверга́ться вымога́тельству 4. спуска́ть кровь (*после забо́я живо́тных*) 5. *спец.* 1) сочи́ться, проса́чиваться 2) подса́чивать (*дере́вья*) 6. 1) отводи́ть (*во́ду*); выпуска́ть (*во́здух*) 2) продува́ть; отбира́ть (*пар*); стра́вливать (*давле́ние; тж.* ~ down) 2) опора́жнивать (*бак*) 7. линя́ть (*о мате́рии*) 8. *полигр.* обреза́ть страни́цу в край; печа́тать иллюстра́ции в обре́з

◊ to ~ white а) обескро́вить; б) обобра́ть до ни́тки; выка́чать все де́ньги; paper ~s little бума́га всё те́рпит

bleeder [ˈbli:də] *n* 1. *см.* bleed II + -er 2. гемофи́лик 3. *сл.* 1) негодя́й, подле́ц 2) иждиве́нец, парази́т 4. *тех.* 1) кран *или* тру́бка для спу́ска жи́дкости (*тж.* ~ cock) 2) предохрани́тельный кла́пан (*на трубопрово́де*) 5. *ра́дио* предохрани́тельное сопротивле́ние 6. *спец.* тру́бка для подсо́чки дере́вьев

bleeding I [ˈbli:dɪŋ] *n* 1. кровотече́ние; ~ sickness *мед.* кровото́чивость, гемофили́я; ~ at the nose кровоте́чение из но́са 2. кровопуска́ние 3. *тех.* 1) вы́пуск во́здуха *или* га́за из систе́мы 2) спуск, отво́д (*жи́дкости*) 5. *горн.* суфля́рное выделе́ние (*мета́на*) 6. *кино* искаже́ние изображе́ния 7. *метал.* прорыв мета́лла 8. *лес.* подсо́чка

bleeding II [ˈbli:dɪŋ] *a* 1. облива́ющийся, истека́ющий кро́вью 2. обескро́вленный, обесси́ленный; ~ country обескро́вленная страна́ 3. по́лный жа́лости, сострада́ния; with a ~ heart се́рдце, облива́ющееся кро́вью; ~ words слова́, по́лные сострада́ния; the most ~ pity о́страя жа́лость 4. *эвф. вм.* bloody I 5

bleeding-heart [͵bli:dɪŋˈhɑ:t] *n* 1. *неодобр.* чу́ткая ли́чность; челове́к, скло́нный проявля́ть изли́шнее сочу́вствие к други́м 2. *бот.* дице́нтра великоле́пная, «разби́тое се́рдце» (*Dicentra spectabilis*)

bleep¹ [bli:p] *n* 1) сигна́л спу́тника Земли́ 2) *элк.* «бип», коро́ткий писк

bleep² [bli:p] = blip II 3

bleeper [ˈbli:pə] *n элк.* генера́тор преры́вистого звуково́го сигна́ла

blemish I [ˈblemɪʃ] *n* 1. 1) недоста́ток; without ~ соверше́нный, безукори́зненный, непоро́чный; to find a ~ in smth. находи́ть в чём-л. недоста́тки 2) пятно́, шрам *и т. п.* 3) *тех.* пове́рхностный поро́к 4) крап (*на фотоплёнке*) 2. позо́р; a ~ name without ~ незапя́тнанное и́мя

blemish II [ˈblemɪʃ] *v* 1. по́ртить 2. пятна́ть, позо́рить

blench¹ [blentʃ] *v* уклоня́ться; отступа́ть (*пе́ред чем-л.*); to ~ the facts игнори́ровать фа́кты

blench² [blentʃ] = blanch¹ II

blend I [blend] *n* 1. 1) смесь 2) сме́шивание 3) *спец.* купа́ж; this coffee is a ~ of two sorts э́тот ко́фе — смесь двух сорто́в 2. перехо́д одного́ цве́та или́ отте́нка в друго́й 3. *лингв.* сло́во-гибри́д, обра́зованное путём контра́кции двух осно́в; motel is composed of mo/tor and ho/tel and is called a ~ сло́во мо́тель составля́ется из двух слов и называ́ется сло́вом-гибри́дом 4. *воен.* камуфля́жная окра́ска 5. *амер.* = blended whiskey

blend II [blend] *а уст.* сме́шанный; ~ corn посе́янные вме́сте пшени́ца и рожь

blend III [blend] *v* (blended, blent) 1. 1) сме́шивать; изготовля́ть смесь; to ~ paints сме́шивать кра́ски 2) сме́шиваться, слива́ться; the two rivers ~ their waters во́ды э́тих двух рек слива́ются; oil and water do not ~ ма́сло и вода́ не сме́шиваются 3) *спец.* купажи́ровать; to ~ tea [coffee, wine] сме́шивать сорта́ ча́я [ко́фе, вина́] 2. 1) влива́ть, объединя́ть; to ~ parties объединя́ть па́ртии 2) слива́ться, объединя́ться 3) незаме́тно переходи́ть из отте́нка в отте́нок 4. подбира́ть цвета́ 5. 1) сочета́ть; the diverse elements of his character are strangely ~ed ра́зные черты́ его́ хара́ктера стра́нно сочета́ются 2) (in, with) сочета́ться, гармони́ровать; these two colours ~ well э́ти два цве́та хорошо́ сочета́ются; how well the new curtains ~ with the rug но́вые занаве́ски великоле́пно гармони́руют с ковро́м 6. стира́ться, исчеза́ть (*о разли́чиях*)

blende [blend] *n мин.* сфалери́т, ци́нковая обма́нка

blended [ˈblendɪd] *а* сме́шанный; ~ fuel сме́шанное то́пливо; ~ gasoline этили́рованный бензи́н; ~ product сме́шанный проду́кт

blended whiskey [ˈblendɪd͵wɪskɪ] *амер.* «сме́шанное ви́ски» (*1 часть ви́ски на 4 части спи́рта*)

blender [ˈblendə] *n* 1. *см.* blend III + -er 2. *разг.* общи́тельный челове́к 3. сме́ситель, ми́ксер 4. *тех.* 1) смеси́тель (*кран*) 2) меша́лка

blend in [ˈblendˈɪn] *phr v* 1. сочета́ться; these colours ~ nicely э́ти цвета́ хорошо́ сочета́ются /гармони́руют/; new buildings were to ~ with the old но́вые постро́йки должны́ бы́ли органи́чно вписа́ться в ста́рые 2. подме́шивать, вбива́ть; ~ a little flour into this mixture доба́вьте в э́ту смесь немно́го муки́

blending [ˈblendɪŋ] *n* 1. 1) составле́ние сме́сей (*кра́сок, цеме́нта и т. п.*) 2) *спец.* добавле́ние приса́док 2. *спец.* сме́шивание; купа́ж, купажи́рование; ~ bin *с.-х.* за́кром для сме́шивания зерна́

blending inheritance [ˈblendɪŋɪnˈherɪt(ə)ns] *биол.* сме́шанная, сли́тная насле́дственность

blend-word [ˈblendwɜ:d] = blend I 3

Blenheim spaniel [ˈblenɪmˈspænɪəl] бле́нимский спание́ль (*поро́да соба́к*)

blenny [ˈblenɪ] *n зоол.* морска́я соба́чка (*Blennius spp.*)

blent [blent] *past и p. p. от* blend III

blepharoplasty [ˈblefərə͵plɑ:stɪ] *n* пласти́ческая опера́ция на ве́ках

bless [bles] *v* (blessed [-st], blest) 1. 1) благословля́ть; освяща́ть 2) благословля́ть, благодари́ть; to ~ one's stars благодари́ть судьбу́; I ~ him for his kindness я благода́рен ему́ за его́ доброту́ 3) перекре́стить; to ~ oneself крести́ться, перекрести́ться, осени́ть себя́ кре́стным зна́мением 2. славосло́вить 3. 1) де́лать счастли́вым, осчастли́вливать; he was ~ed with good health здоро́вьем его́ бог не оби́дел 2) счита́ть себя́ счастли́вым 4. проси́ть ми́лости у бо́га; ~ these children го́споди, поми́луй э́тих дете́й 5. предохраня́ть от зла; heaven ~ this house да храня́т небеса́ э́тот дом

◊ ~ me /my soul/!, ~ my /your/ heart!, ~ my heart and soul! а) го́споди!, по́моги!; че́стное сло́во!; ви́дит бог! (*выража́ет удивле́ние, негодова́ние, испу́г*); б) ей-бо́гу (*выража́ет ра́дость и т. п.*); well I'm blest! не мо́жет быть!; I haven't a penny to ~ myself with у меня́ нет ни гроша́ за душо́й; God ~ you! а) дай вам бог здоро́вья!; б) бу́дьте здоро́вы (*при чиха́нии*)

blessed I [ˈblesɪd] *n* (the ~) *собир.* блаже́нные, счастли́вые

blessed II [ˈblesɪd] *а* 1. 1) благослове́нный; освящённый; свяще́нный 2) (В.) *церк.* блаже́нный (*пе́рвая ступе́нь канониза́ции*); the B. Trinity Свята́я Тро́ица 2. 1) счастли́вый, блаже́нный; these were the ~ days э́то бы́ли счастли́вые дни; the ~ ones *рел.* блаже́нные 2) прино́сящий ра́дость; the ~ rain followed a drought по́сле за́сухи прошёл благослове́нный дождь 3. *сл. эмоц.-уси́л.* прокля́тый, чёртов; what a ~ nuisance кака́я ужа́сная ску́ка; the whole ~ lot вся компа́ния; every ~ one все до одного́

blessed event [͵blesɪdɪˈvent] *разг. эвф.* 1. рожде́ние ребёнка 2. младе́нец

blessedness [ˈblesɪdnɪs] *n* сча́стье, блаже́нство; single ~ *шутл.* холоста́я жизнь

Blessed Virgin [͵blesɪdˈvɜ:dʒɪn] де́ва Мари́я

blessing [ˈblesɪŋ] *n* 1. благослове́ние 2. бла́го, благоде́яние 3. 1) блаже́нство, сча́стье 2) счастли́вый дар 4. моли́тва (*до и по́сле еды́*) 5. *шутл.* руга́нь, брань; he got quite a ~ from his superior ему́ здо́рово влете́ло от нача́льства

◊ unappropriated ~ *шутл.* незаму́жняя же́нщина; a ~ in disguise неприя́тность, неожи́данно оберну́вшаяся бла́гом; ≅ не́ было бы сча́стья, да несча́стье помогло́; count your ~s счита́й себя́ счастли́вым; счита́й, что тебе́ во мно́гом повезло́

blest I [blest] *поэт. см.* blessed II

blest II [blest] *past и p. p. от* bless

blether I [ˈbleðə] *n сл.* болтовня́, вздор

blether II [ˈbleðə] *v* 1. *сл.* болта́ть

вздор, трещать 2. *диал.* громко кричать
bletting ['bletɪŋ] *n* послеуборочное дозревание плодов, дозаривание
blew[1] [blu:] *past от* blow[2] II
blew[2] [blu:] *past от* blow[3] II
blewits ['blu:ɪts] *n* рядовка (*съедобный гриб*)
blight I [blaɪt] *n* 1. болезнь растений, характеризующаяся завяданием, прекращением роста, опаданием листьев без гниения 2. 1) насекомые-паразиты на растениях 2) что-л. уничтожающее растения или приносящее им вред 3. то, что портит удовольствие, разрушает планы; this was a ~ upon his youth это отравило всю его юность; his illness was a ~ to his hopes болезнь разрушила все его надежды 4. упадок, гибель; деградация; urban ~ упадок городов
blight II [blaɪt] *v* 1. приносить вред (*растениям*) 2. разрушать (*надежды*); отравлять (*удовольствие и т. п.*) 3. разрушаться; портиться
blighted ['blaɪtɪd] *a* пришедший в упадок; плохой; ~ area а) городской район, пришедший в упадок; трущобы; б) район, охваченный депрессией; район хронической безработицы
◇ a ~ spring makes a barren year ≅ безводная весна — бесплодная земля
blighter ['blaɪtə] *n* 1. губитель 2. *разг.* 1) ничтожество; неприятный человек, тип 2) парень; you lucky ~! вот счастливец!; poor ~ бедняга
blighty I ['blaɪtɪ] *n воен. жарг.* 1. (В.) Англия, родина, going back to B. возвращаясь на родину 2. *ист.* ранение, обеспечивающее отправку на родину
blighty II ['blaɪtɪ] *a сл.* отечественный; an exhibition and sale of ~ industries выставка и продажа отечественной промышленной продукции
blimey ['blaɪmɪ] *int сл.* вот это да!, иди ты!, чтоб мне провалиться!; ~! It's Eliza! А чтоб тебя! Да ведь это Элиза!
blimp[1] [blɪmp] *n разг.* 1) чинуша, тупой исполнитель; тупица, человек-автомат; 2) робот, автомат
blimp[2] [blɪmp] *n* 1. *воен. жарг.* дирижабль 2. *кино* звукозаглушающий бокс кинокамеры
blind I [blaɪnd] *n* 1. штора, маркиза; жалюзи (*тж.* Venetian ~); ставень; lower /pull down/ the ~s опустить шторы; raise /draw up/ the ~s поднимите шторы 2. (the ~) *собир. употр. с гл. во мн. ч.* слепые 3. *pl* наглазники, шоры 4. предлог, отговорка; обман; his piety is only a ~ его благочестие просто маска; his helpful offer is no more than a ~ он предлагает свою помощь лишь для отвода глаз 5. *разг.* пьянка 6. = blind alley 7. *охот.* засидка 8. *спец.* заглушка 9. 1) *фото* шторка 2) *опт.* диафрагма, бленда 10. *воен.* дымовая завеса; дымовой экран 11. *воен.* неразорвавшийся снаряд
blind II [blaɪnd] *a* 1. 1) слепой, незрячий; ~ obedience слепое повиновение; ~ in /of/ an eye слепой на один глаз; to go /to become/ ~ ослепнуть 2) предназначенный для слепых; ~ asylum приют для слепых 2. (to) не видящий, не замечающий; не обращающий внимания; to be ~ to one's interests не видеть своей выгоды; to be ~ to smb.'s faults /drawbacks/ не видеть чьих-л. недостатков; to be ~ to the beauties of nature не воспринимать красот природы; to be ~ to the obvious ничего не замечать; to be ~ to the future не задумываться о будущем 3. 1) действующий вслепую; search поиск вслепую 2) *кино* ~ booking заключение контракта на прокат кинофильма заранее (*до окончания*

съёмок *или без предварительного просмотра*); ~ cultivation *с.-х.* обработка вслепую (*по не взошедшему ещё посеву*); ~ шаровка *тех.* test *спец.* слепой тест, слепое испытание; to go it ~ действовать вслепую; играть втёмную 2) бессмысленный, безрассудный; in his ~ haste he was almost run over он бежал как сумасшедший и чуть не попал под машину 4. 1) невидимый, скрытый; ~ hemming /stitch/ потайной шов 2) *горн.* не имеющий выхода на поверхность (*о жиле, стволе*); ~ drain подземный дренаж, подземная, закрытая дрена; ~ pit /shaft/ *горн.* гезенк, слепая шахта 5. неясный, неразборчивый; ~ copy напечатанный; ~ letter письмо без адреса или с неполным /нечётким/ адресом; ~ department на почте, где разбираются письма с неполными или неразборчиво написанными адресами; ~ man /officer, reader/ почтовый чиновник, разбирающий письма с неполным или нечётко написанным адресом 6. 1) глухой (*о стене и т. п.*) 2) оканчивающийся тупиком, не имеющий прохода; ~ maze лабиринт без выхода; ~ path тупик; ~ flange *тех.* заглушка трубы 3) *стр.* фальшивый (*об окне, двери*); ~ arch декоративная арка 7. матовый (*о краске*) 8. *разг.* пьяный (*тж.* ~ drunk); ~ to the world вдребезги пьяный; to drink oneself ~ напиться до чёртиков 9. без цветов и плодов 10. *ав.* слепой, по приборам; ~ flying слепой полёт; ~ landing посадка по приборам; слепая /автоматическая/ посадка
◇ ~ Tom жмурки; ~ spot а) *анат.* слепое пятно (*сетчатки глаза*); б) неразличие, непонимание; clothing was her ~ spot она не заботилась о своих нарядах /была безразлична к одежде/; to turn a ~ eye to smth. не обращать на что-л. внимания; as ~ as a bat /a beetle, a mole/ ≅ слепая курица; the ~ leading the ~ ≅ слепой ведёт слепого; in the country of the ~ the one-eyed man is king *посл.* среди слепых и одноглазый — король
blind III [blaɪnd] *v* 1. 1) ослеплять, лишать зрения 2) слепить глаза, ослеплять; he was ~ed by the spotlight луч прожектора ослепил его 3) ослеплять, поражать; to ~ smb. to facts сделать кого-л. слепым к фактам 2) затемнять; darkness ~ed the sky тьма окутала небо; shrubbery ~ing all the windows кусты затеняющие все окна 2) затмевать; her beauty ~ed all the rest своей красотой она затмила всех 3. скрывать, обманывать; to ~ the real state of affairs скрывать истинное положение дел 4. *фото* диафрагмировать
blindage ['blaɪndɪdʒ] *n* 1. *воен.* блиндаж 2. траверс
blind alley [,blaɪnd'ælɪ] 1. тупик 2. безвыходное положение 3. бесперспективное занятие; your job is a ~ ваша работа бесперспективна
blind-alley [,blaɪnd'ælɪ] *a* 1. безвыходный 2. бесперспективный
blind-coal ['blaɪndkəʊl] *n* беспламенный уголь, антрацит
blind curve [,blaɪnd'kɜ:v] *авт.* поворот с плохой обзорностью, видимостью
blind date [,blaɪnd'deɪt] *разг.* 1) свидание с незнакомым человеком 2) незнакомый человек, с которым предстоит встреча
blinded ['blaɪndɪd] *a* 1. ослеплённый 2. зашторенный
blinder ['blaɪndə] *n сл.* 1. великолепное представление 2. пирушка, попойка
blinders ['blaɪndəz] *n pl* шоры, наглазники

blindfold I ['blaɪndfəʊld] *n* повязка на глазах
blindfold II ['blaɪndfəʊld] *a* 1. с завязанными глазами 2. действующий вслепую, безрассудный
blindfold III ['blaɪndfəʊld] *adv* 1. с завязанными глазами 2. вслепую; to know ones' way ~ прекрасно знать дорогу 3. безрассудно; to act ~ действовать вслепую или безрассудно
blindfold IV ['blaɪndfəʊld] *v* 1) завязывать глаза 2) ослеплять; мешать видеть (*что-л.*) *или* разобраться (*в чём-л.*); prejudices ~ the mind предрассудки ослепляют ум
blind gut ['blaɪndgʌt] *анат.* слепая кишка
blinding I ['blaɪndɪŋ] *n* 1. 1) ослепление; ~ by headlights ослепление фарами 2) *спорт.* ослепление светом 2. *дор.* мелкий заполняющий каменный материал (*для дорог и шоссе*)
blinding II ['blaɪndɪŋ] *a* 1. 1) ослепляющий 2) смущающий, сбивающий с толку 2. *эмоц.-усил.* чертовский, проклятый
blindly ['blaɪndlɪ] *adv* 1) безрассудно 2) машинально
blind-man's-buff [,blaɪndmænz'bʌf] *n* жмурки
blind man's hoiday [,blaɪndmænz'hɒlɪdɪ] сумерки
blindness ['blaɪndnɪs] *n* 1. слепота 2. ослепление; безрассудство
blind pig ['blaɪnd'pɪg] *амер. сл.* бар, где незаконно торгуют спиртными напитками
blind side ['blaɪndsaɪd] 1. сторона, в которую не смотрят 2. слабая струнка, чьё-л. слабое место 3. часть поля напротив рефери (*регби*)
blindside ['blaɪndsaɪd] *v* 1. ударить со стороны, в которую не смотрят 2. нанести неожиданный удар, ударить исподтишка 3. огорошить
blind-spot ['blaɪndspɒt] *n* 1. *физиол.* мёртвая точка, слепое пятно 2. «белое пятно», область, в которой данное лицо плохо разбирается 3. *радио* зона молчания, мёртвая зона 4. участок плохой обзорности, видимости (*на дороге*)
blind-staggers [,blaɪnd'stægəz] *n* 1. *pl вет.* вертячка, ценуроз (*болезнь овец*); воспаление мозговых покровов (*у лошадей*); менингит с энцефалитом 2. *амер. сл.* сильная степень опьянения; ≅ в стельку
blind-storey ['blaɪnd,stɔ:rɪ] *n арх.* этаж без наружных окон, глухой этаж
blind tiger [,blaɪnd'taɪgə] = blind pig
blindweed ['blaɪndwi:d] *n бот.* пастушья сумка (*Capsella bursa pastoris*)
blind-worm ['blaɪndwɜ:m] *n зоол.* слепозмейка (*Typhlops*)
blinger ['blɪŋə] *n амер. сл.* громадина, чудовище; one ~ of a headache ≅ голова раскалывается
blink I [blɪŋk] *n* 1. 1) мигание; моргание; several ~s will get a cinder out of the eye моргнув несколько раз, удалишь соринку из глаза 2) мерцание; небольшая вспышка света; ~ signal *спец.* проблесковый сигнал 2. миг, мгновение; like a ~ *разг.* моментально; he must have died like a ~ он, должно быть, сразу умер 3. *шотл.* быстрый взгляд 4. ледяной отблеск
◇ on the ~ в плохом состоянии, не в порядке; to be on the ~ потерпеть аварию (*об оборудовании*); выйти из строя

blink II [blɪŋk] *v* 1. 1) мигать, моргать; don't ~ your eyes не моргай; to ~ away a tear смахнуть ресницами слезу; to ~ away /back/ (one's) tears пытаться сдержать слёзы, щуриться 3) ослеплять; the sun is ~ing my eyes солнце слепит мне глаза 2. мерцать; the lights of a steamer ~ed out at sea огни парохода мерцали в море 3. смотреть, посматривать; she ~ed at him она взглянула на него из-под полуопущенных ресниц 4. скисать (*о молоке, пиве*) 5. 1) избегать, игнорировать; to ~ the facts игнорировать факты; to ~ the question уклоняться от ответа (*на вопрос*) 2) (at) закрывать глаза (*на что-л.*); to ~ at smth. закрывать глаза на что-л.

blinker I ['blɪŋkə] *n* 1. *см.* blink II + -er 2. *pl* наглазники, шоры; to be /to run/ in ~s *сл.* быть в шорах (*о человеке*) 3. *pl* защитные очки 4. 1) глаз 2) глазок (*в двери и т. п.*) 3) подбитый глаз 6. *воен.* светосигнальный аппарат; ~ lantern сигнальная лампа 7. *тех.* блинкер

blinker II ['blɪŋkə] *v* 1. надевать шоры 2. обманывать

blinkered ['blɪŋkəd] *a* тупой, ограниченный

blinkers ['blɪŋkəz] = blinders

blinking ['blɪŋkɪŋ] *a* 1. моргающий, мигающий 2. *эмоц.-усил.* чертовский

blink microscope ['blɪŋk,maɪkrəskəup] *опт.* блинк-микроскоп

blip I [blɪp] *n* 1. *радио* отражённое изображение *или* выброс сигнала (*на экране*) 2. *элк.* оптическая поисковая метрика (*на экране*)

blip II [blɪp] *v* 1. *радио* появиться на экране (*о сигнале*) 2. *ав. жарг.* убить на контакте 3. *тлв.* исключать часть звучания из видеозаписи; swearwords were ~ped by a censor по требованию цензора бранные слова были выброшены

blip off ['blɪp'ɒf] *phr v амер. сл.* убить, прикончить, укокошить

bliss [blɪs] *n* блаженство, счастье

blissful ['blɪsf(ə)l] *a* блаженный, счастливый

blissful ignorance ['blɪsf(ə)l'ɪgnərəns] блаженное счастливое неведение

blissfulness ['blɪsf(ə)lnɪs] *n* блаженство

blissom I ['blɪsəm] *a* в охоте (*об овце*)

blissom II ['blɪsəm] *v* 1. покрывать, спаривать 2. быть в охоте

bliss out ['blɪs'aʊt] *phr v амер. сл.* быть в экстазе; ≅ кейфовать

blissout ['blɪsaʊt] *n амер. сл.* состояние блаженства; кейф, кайф

blister I ['blɪstə] *n* 1. водяной пузырь, волдырь 2. нарывной пластырь 3. *разг.* зануда 4. *сл.* повестка в полицию; he had tree ~s у него три привода 5. *тех.* 1) пузырь, раковина (*в металле*) 2) блистер (*вздутие на облучённом материале*) 6. *мор.* противоминная наделка 7. *ав.* блистерный отсек; блистер

blister II ['blɪstə] *v* 1. покрываться пузырями, волдырями 2. вызывать волдырь (*на коже*); to ~ a tongue обжечь язык 3. *разг.* избить, поколотить 4. *разг.* 1) поносить, оскорблять 2) надоедать

blister-beetle ['blɪstə,bi:tl] *n энт.* шпанская мушка (*Epicauta vittata*)

blistered ['blɪstəd] *a* ноздреватый пузырчатый

blister-fly ['blɪstəflaɪ] = blister-beetle

blister-gas ['blɪstəgæs] *n воен.* отравляющее вещество кожно-нарывного действия

blistering I ['blɪst(ə)rɪŋ] *n метал.* 1) томление 2) образование вздутий (*на облучённом материале*)

blistering II ['blɪst(ə)rɪŋ] *a* 1. вызывающий волдыри 2. 1) очень горячий 2) разъярённый, сердитый, гневный; a ~ condemnation гневное проклятие; he wrote a ~ letter он написал сердитое письмо 3. стремительный; ~ production pace динамичное развитие производства

blister pack ['blɪstəpæk] прозрачная, блистерная упаковка (*для показа продукта*)

blistery ['blɪst(ə)rɪ] *a* покрытый волдырями

blithe [blaɪð] *a поэт.* блаженный, счастливый; беспечный; ~ and gay весёлый и радостный; in ~ ignorance в блаженном неведении

blithering ['blɪð(ə)rɪŋ] *a разг.* 1. болтающий глупости, несущий чепуху 2. *эмоц.-усил.* совершенный, законченный; ~ idiot полный идиот

blithesome ['blaɪðs(ə)m] = blithe

blitz I [blɪts] *n разг.* 1. = blitzkrieg 2. 1) сильная бомбёжка; налёт авиации 2) стремительное наступление 3) *спорт. сл.* контратака

blitz II [blɪts] *a* стремительный (*об атаке, налёте и т. п.*)

blitz III [blɪts] *v разг.* 1) *воен.* бомбить; производить налёт 2) стремительно наступать 3) *спорт. сл.* опекать игрока противника, владеющего мячом

blitzkrieg ['blɪtskri:g] *n нем. воен.* блицкриг, молниеносная война

blizzard ['blɪzəd] *n* метель, (снежная) буря, буран, вьюга; пыльная буря 2. *амер.* 1) залп (*ружейный*) 2) меткий выстрел; to take a ~ at smth. выстрелить во что-л. 3. *амер.* остроумная реплика; уничтожающий ответ 2) нападки 4. *разг.* 1) сильный удар 2) упадок, кризис; trade ~ упадок торговли

Blizzard State ['blɪzəd,steɪt] *амер.* «Вьюжный штат» (*шутливое название штата Южная Дакота*)

bloat¹ I [bləʊt] *n* 1. *вет.* тимпанит 2. *сл.* утопленник 3. *сл.* пьяница 4. *амер. разг.* 1) раздувание штатов *или* расходов 2) волокита 5. *спец.* вздутие (*консервов*)

bloat¹ II [bləʊt] *v* 1) раздуваться; пухнуть, he begins to ~ он начинает толстеть; his income is ~ing его доходы растут 2) надувать, раздувать

bloat² [bləʊt] *v* коптить (*рыбу*)

bloated¹ ['bləʊtɪd] *a* 1. 1) жирный; обрюзгший; оплывший жиром; ~ body [face] обрюзгшее тело [лицо]; ~ with overeating разжиревший от обжорства 2) раздутый, чрезмерный; ~ budget раздутый бюджет; ~ majority огромное большинство 2. надменный, надутый, чванный 3. вздутый (*о консервах*)

bloated² [ ] *a* копчёный

bloater¹ ['bləʊtə] *n* 1. *разг.* франт. *разг.* любезный; my ~ мой милый

bloater² ['bləʊtə] *n* копчёная селёдка

blob I [blɒb] *n* 1. 1) капля 2) шарик (*глины, воска*); a ~ of wool ватный шарик; a ~ of a nose нос пуговкой 3) цветное пятнышко; a ~ of paint пятнышко краски; клякса 2. 1) *разг.* нуль (*при счёте*) 2) *разг.* незначительный человек; ≅ пустое место 3. *диал.* прыщик 4. *воен. жарг.* стакан пива 5. 1) бесформенный предмет 2) нечёткие эмоции

blob II [blɒb] *v* 1. делать, сажать кляксы; to ~ paint on the wall брызнуть краской на стену; my fountain-pen is ~bing моя ручка течёт 2. *сл.* болтать

bloc [blɒk] *n* блок, объединение; опposing ~s противостоящие друг другу блоки

block¹ I [blɒk] *n* 1. 1) чурбан; колода; starting ~s *спорт.* стартовые колодки 2) (каменная) глыба 3) *ист.* плаха; the ~ казнь на плахе; to be sent to the ~ быть приговорённым к смерти 3. 1) жилищный массив 2) *преим. амер.* квартал; walk three ~s пройдите три квартала; he lives two ~s from us он живёт в двух кварталах от нас; to do the ~s *австрал.* прогуливаться 3) (городская) площадь 4) многоквартирный дом (*тж.* ~ of flats) 4. 1) преграда; затор (*движения и т. п.*); there was a ~ in the pipe and the water could not flow away труба засорилась, и вода не сходила 2) дорожная пробка, дорожный затор (*тж.* traffic ~) 5. 1) обструкция (*в парламенте*) 2) *спорт.* перехват (*инициативы противника*); natural /pick off/ ~ заслон (*волейбол*) 2) строительный блок 2) *амер.* большой полый кирпич 3) кубик, игрушечный кирпичик 4) кубик (*концентрата*) 5) что-л. имеющее форму кирпича, кубика *и т. п.*; a ~ of soap кусок мыла; a ~ of cigarettes блок сигарет (*20 пачек*) 7. *полигр.* 1) деревянная печатная форма 2) клише, (металлический) штамп 8. болван(ка), форма для шляп 9. *разг.* болван, тупица, «бревно» 10. *сл.* башка 11. группа однородных предметов; a ~ of seats in a theatre несколько рядов в театре (*между проходами*) 12. = bloc 13. блокнот 14. *тех.* 1) блок, шкив 2) сухарь, колодка 3) блок цилиндров 15. *воен.* шашка (*подрывная, дымовая*) 16. *амер.* подставка на аукционе; to go to the ~ продаваться на аукционе 17. насест (*для сокола*) 18. ж.-д. блокпост 19. *мед.* блокада 20. *элк.* внезапное прекращение колебания осциллятора; ~ diagram блок-схема 21. *горн.* целик 22. *австрал.* геодезический участок 23. *мор.* кильблок, стапель-блок 24. блок, глыба (*породы*) 25. *психол.* 1) тормоз, заторможенность; writer's ~ творческий тупик писателя; временная утрата способности писать 2) неспособность запомнить, заучить что-л.; he has a mental ~ about spelling ему никак не даётся орфография
◇ a chip off the old ~ *см.* chip I ◇; to cut ~s with a razor тратить силы впустую; ≅ стрелять из пушек по воробьям

block¹ II [blɒk] *v* 1. 1) преграждать, препятствовать, блокировать (*часто* ~ up); to ~ the access закрыть доступ; all the roads were ~ed by the heavy snowfalls из-за сильных снегопадов по дорогам нельзя было проехать; they ~ed up the entrance to the cave они завалили вход в пещеру 2) мешать, препятствовать, создавать трудности; the commander succeeded in ~ing the enemy's plan командиру удалось сорвать план противника; to ~ an appointment помешать назначению (*на пост*) 3) *спорт.* блокировать 2. задерживать прохождение законопроекта (*в парламенте и т. п.*) 3. надевать на болванку, придавать форму 4. поддерживать, подпирать 5. *спец.* нарезать на блоки, брикеты 6. = block in *и* block out 7. *фин.* блокировать; задерживать, замораживать (*кредиты*) 8. ж.-д. блокировать 9. *тех.* подклинивать, заклинивать 10. 1) закупоривать, засорять 2) закупориваться, засоряться 11. *радио* забивать, глушить, заглушать 12. *хим.* лишать активности 13. *мед.* прекращать проводимость (*в нервном стволе*); блокировать 2) *психол.* прерыва́ть ассоциа́ции 14. печа́тать без отсту́пов

block² [blɒk] *v театр.* плани́ровать мизансце́ны; расставля́ть актёров

blockade I [blɒ'keɪd] *n* 1. блока́да; long-distance ~ блока́да с да́льнего расстоя́ния; notified [pacific, war] ~ нотифици́рованная [ми́рная, вое́нная] блока́да; paper ~ неэффекти́вная блока́да; to break /to run/ a ~ прорва́ть блока́ду; to raise the ~ снять блока́ду; breach of ~ проры́в блока́ды 2. *амер.* зато́р движе́ния

blockade II [blɒ'keɪd] *v* 1. блоки́ровать, меша́ть, препя́тствовать

blockade-runner [blɒ'keɪdˌrʌnə] *n* су́дно, кото́рое пыта́ется прорва́ть блока́ду

blockage ['blɒkɪdʒ] *n* 1. 1) блокиро́вка 2) заку́порка (*отве́рстия и т. п.*) 2. *амер. дор.* ша́шка 3. устро́йство загражде́ния 4. *амер.* ще́бень

block-almanac ['blɒkˌɔːlmənæk] *n* отрывно́й календа́рь

block and tackle [ˌblɒkən(d)'tæk(ə)l] *мор.* та́ли

block booking ['blɒkˌbʊkɪŋ] *кино* заключе́ние контра́кта на прока́т не́скольких фи́льмов по спи́ску, навя́занному прока́тчиком; контра́кт «с нагру́зкой»

block-buster ['blɒkˌbʌstə] *n разг.* 1. *сл.* бо́мба большо́го кали́бра 2. *кино* дорогосто́ящий кинофи́льм, отлича́ющийся пы́шностью постано́вки 3. спекули́рует городско́й недви́жимостью (*дома́ми, уча́стками*)

blockbusting I ['blɒkˌbʌstɪŋ] *n* 1. *сл.* разруше́ние 2. спекуля́ция городско́й недви́жимостью (*дома́ми, уча́стками*)

blockbusting II ['blɒkˌbʌstɪŋ] *a разг.* ошеломля́ющий, потряса́ющий; a ~ performance потряса́ющий спекта́кль

block club ['blɒkklʌb] *n* гру́ппа жи́телей городско́го кварта́ла (*организо́ванная с це́лью улучше́ния бы́та и самооборо́ны*)

block diagram ['blɒk'daɪəgræm] 1) *радио* скеле́тная схе́ма 2) блок-схе́ма 3) *тех.* простра́нственная диагра́мма; аксономе́трия

blocked [blɒkt] *a* 1. *фин.* заморо́женный, блоки́рованный; ~ accounts блоки́рованные счета́ 2. сблоки́рованный; име́ющий фо́рму блока́ 3. поставля́емый в ви́де (отде́льных) блоков, компле́ктов

blocked shoes ['blɒktˌʃuːz] *n* бале́тные ту́фли (*с укреплённым носко́м для та́нца на пуа́нтах*)

blocker ['blɒkə] *n мед., тех.* блока́тор

blockfront ['blɒkfrʌnt] *n амер.* лицева́я сторона́ кварта́ла (*фаса́ды домо́в*)

block grant ['blɒkˌgrɑːnt] *амер.* целева́я де́нежная субси́дия федера́льного прави́тельства шта́там

blockhead ['blɒkhed] *n* болва́н

blockhouse ['blɒkhaʊs] *n* 1. *стр.* сруб 2. *ж.-д.* блокпо́ст 3. *сл.* тюрьма́ 4. *воен.* блокга́уз 5. *воен.* укры́тие, бу́нкер

block in ['blɒk'ɪn] *phr v* 1. набра́сывать (*рису́нок, схе́му*); he blocked the picture in roughly он сде́лал набро́сок карти́ны 2. *см.* block out 1 3. заполня́ть; the previous owner blocked in the open fireplaces предыду́щий владе́лец заложи́л откры́тые ками́ны

blocking¹ ['blɒkɪŋ] *n* 1. *тех.* подкла́дка; раскли́нка 2. *ж.-д.* блокиро́вка 3. запира́ние, блокиро́вка 4. *метал.* дово́дка пла́вки 5. *метал.* черново́й руче́й штампа́ 6. *мед.* прова́л в па́мяти; переры́в в тече́нии мы́слей

blocking² ['blɒkɪŋ] *a* блоки́рующий; ~ course ряд ка́мня *или* кирпича́ над венча́ющим карни́зом

blocking² ['blɒkɪŋ] *n театр.* плани́рование мизансце́ны; расстано́вка актёров

blocking capacitor (condenser) ['blɒkɪŋkə'pæsɪtə (kən'densə)] *эл.* подстро́ечный конденса́тор

blocking third ['blɒkɪŋ'θɜːd] *полит.* «блоки́рующая треть», треть голосо́в плюс ми́нимум оди́н го́лос (*там, где реше́ние счита́ется при́нятым при большинстве́ в две тре́ти голосо́в*)

blockish ['blɒkɪʃ] *a* тупо́й, глу́пый

block lava ['blɒkˌlɑːvə] *геол.* база́льтовая, глы́бовая ла́ва

block-letter [ˌblɒk'letə] *n* 1. гроте́сковый шрифт; ру́бленый шрифт 2. печа́тная бу́ква

block off ['blɒk'ɒf] *phr v* прегражда́ть, отделя́ть; a land slide has blocked off traffic о́ползень перекры́л доро́гу

block-off ['blɒkɒf] *n спорт.* поворо́т волчко́м

block out ['blɒk'aʊt] *phr v* 1. набра́сывать вчерне́, намеча́ть; to ~ a plan наброса́ть план 2. выма́рывать (*о цензу́ре*) 3. ретуши́ровать 4. *с.-х.* букети́ровать, прорежива́ть (*посе́вы*)

block party ['blɒkˌpɑːtɪ] *амер.* благотвори́тельная вечери́нка (*проводи́мая жи́телями городско́го кварта́ла на у́лице*)

block-printing ['blɒkˌprɪntɪŋ] *n поли́гр.* ксилогра́фия

block programming ['blɒkˌprəʊgræmɪŋ] организа́ция ра́дио- *или* телепереда́ч, рассчи́танных на конкре́тную аудито́рию

block release ['blɒkrɪ'liːs] освобожде́ние от рабо́ты (*для профессиона́льной переподгото́вки; в Великобрита́нии*)

blockship ['blɒkʃɪp] *n* 1. бло́кшив, су́дно, приспосо́бленное под жильё, склад *и т. п.* 2. зато́пленное су́дно (*для закры́тия фарва́тера*)

block signal ['blɒk'sɪgn(ə)l] *ж.-д.* блокиро́вочный сигна́л

block-stone ['blɒkstəʊn] *n дор.* брусча́тка

block system ['blɒk'sɪstɪm] *ж.-д.* блокиро́вочная систе́ма, блокиро́вка

block-tyre ['blɒkˌtaɪə] *n авт.* масси́вная ши́на

block vote ['blɒkvəʊt] представи́тельное голосова́ние (*в профсою́зах А́нглии*)

blockwatchers ['blɒkˌwɒtʃəz] *n* комите́т самообороны [*см.* block club]

blockwork ['blɒkwɜːk] *n* бло́чное, моду́льное строи́тельство

blocky ['blɒkɪ] *a* 1. масси́вный, уве́систый; a ~ pony корена́стый по́ни 2. име́ющий пя́тна све́та и те́ни (*напр. на фо́то*)

bloke [bləʊk] *n разг. пренебр.* тип, ли́чность

blond I [blɒnd] *n* блонди́н

blond II [blɒnd] *a* 1. = blonde II 2. све́тлый (*о ме́бельной древеси́не*)

blonde I [blɒnd] *n* 1. блонди́нка 2. бло́нды, шёлковое кру́жево то́нкой рабо́ты

blonde II [blɒnd] *a* 1) белоку́рый, све́тлый 2) белоко́жий, с о́чень бе́лой ко́жей

blonde III [blɒnd] *v* кра́ситься под блонди́нку, обесцве́чивать во́лосы

blood I [blʌd] *n* 1. кровь; ~ loss поте́ря кро́ви, кровопоте́ря; ~ flow кровото́к; ~ supply кровоснабже́ние; ~ clot (coagulation) сгу́сток [свёртывание] кро́ви; ~ spitting кровоха́рканье; ~ on the floor кровопроли́тие; man of ~ жесто́кий челове́к, уби́йца; to spit ~ ха́ркать кро́вью; to shed /to spill/ ~ пролива́ть кровь; to give one's ~ for one's country отда́ть жизнь за ро́дину; to let one's ~ пусти́ть кровь; to set one's ~ hammering in one's temples заста́вить кровь стуча́ть в виска́х; to taste ~ a) узна́ть вкус кро́ви (*о живо́тных*); б) вкуси́ть (*чего́-л.*); ~ rushed into her cheeks /to her forehead/ она́ покрасне́ла; ~ rushed to his head кровь уда́рила ему́ в го́лову; to stain one's hands with ~ запятна́ть ру́ки кро́вью; to dip one's hands in ~ убива́ть; to have smb.'s ~ on one's head быть вино́вным в чьей-л. сме́рти *или* в чём-л. несча́стье 2. 1) род; происхожде́ние; base ~ а) незако́нноро́жденность; б) ни́зкое происхожде́ние; fresh ~ но́вая /неродственная/ кровь в семье́; high /blue/ ~ родови́тость, аристократи́ческое происхожде́ние, «голуба́я кровь» [*см. тж.* blue blood]; of the royal ~ короле́вского происхожде́ния; the ties of ~ у́зы кро́ви; one's own flesh and ~ ро́дственник; ~ will tell происхожде́ние ска́зывается; the call of the ~ го́лос кро́ви; it runs in his ~ э́то у него́ в роду́ /в крови́/ 2) родови́тость; высо́кое происхожде́ние; prince of the ~ принц кро́ви 3) *обыкн. pl амер. сл.* америка́нские не́гры 4) *разг.* чистокро́вное живо́тное 3. темпера́мент, хара́ктер; стра́стность; ~ is up стра́сти разгоре́лись; my ~ is up я взбешён 4. сок (*де́рева, плода́*) 5. *разг. уст. франт,* де́нди 6. дешёвый сенсацио́нный рома́н; журна́л, печа́тающий стра́шные *или* дешёвые сенсацио́нные исто́рии; ~ books дешёвые детекти́вные рома́ны

◇ young ~ но́вый /молодо́й/ член па́ртии; bad ~ вражде́бность; to make bad ~ between smb. вызыва́ть вражду́ ме́жду кем-л.; cold ~ хладнокро́вие; in cold ~ хладнокро́вно; ~ and iron а) вое́нная си́ла, милитари́зм; б) the Man of B. and Iron; the Man of B. and Iron ~ «Желе́зный ка́нцлер» (*про́звище Би́смарка*); to be out for ~ жа́ждать кро́ви; more than flesh and ~ can stand бо́льше, чем мо́жет вы́держать челове́к; to chill /to freeze/ the ~ ледени́ть кровь; to curdle smb.'s /the/ ~ холоди́ть /ледени́ть/ кровь, ужаса́ть; to make smb.'s ~ boil привести́ кого́-л. в бе́шенство; to make smb.'s ~ turn привести́ кого́-л. в у́жас; my ~ ran cold я похолоде́л от у́жаса; to have no ~ in one's veins быть тру́сом /нереши́тельным, несме́лым/; to infuse ~ into an undertaking оживи́ть де́ло; ~ is thicker than water кровь не вода́; го́лос кро́ви не заглуши́ть; ≅ свой своему́ понево́ле брат; you cannot get /take/ ~ from /out of/ a stone его́ /её и т. п./ не разжа́лобишь

blood II [blʌd] *v* 1. пуска́ть кровь 2. 1) приуча́ть соба́ку к кро́ви 2) приуча́ть (*к чему́-л.*)

blood-and-guts [ˌblʌdən(d)'gʌts] *a разг.* 1. свире́пый, жесто́кий 2. кровавый; ~ thriller крова́вый боеви́к /три́ллер/

blood-and-nerve poison [ˌblʌdən(d)'nɜːvˌpɔɪz(ə)n] *воен.* общеядови́тое отравля́ющее вещество́

blood-and-thunder [ˌblʌdən(d)'θʌndə] *a разг.* мелодраматический; по́лный у́жасов

blood bank ['blʌdbæŋk] запа́с консерви́рованной кро́ви, банк кро́ви

bloodbath ['blʌdbɑːθ] *n* крова́вая ба́ня, ма́ссовое уби́йство

blood-brain barrier ['blʌdbreɪn'bærɪə] *физиол.* гематоэнцефали́ческий, гемоэнцефали́ческий барье́р

blood brother [ˌblʌd'brʌðə] 1. родно́й брат; *юр. тж.* полноро́дный брат 2. побрати́м

BLO — BLO

blood count ['blʌdkaunt] анализ крови
bloodcurdling ['blʌd,kɜ:dlɪŋ] *a* чудовищный, ужасающий; леденящий кровь; ~ sight зрелище, от которого кровь стынет в жилах
blood donor ['blʌd,dəunə] донор
blooded ['blʌdɪd] *a* 1. чистокровный (*о лошади*) 2. окровавленный 3. *воен.* обескровленный, понёсший потери, ослабленный потерями 4. (-blooded) *как компонент сложных слов со значением* -кровный; hot-blooded теплокровный
blood feud ['blʌdfju:d] кровная месть
blood group ['blʌdgru:p] группа крови
blood-guilty ['blʌd,gɪltɪ] *a юр.* виновный в убийстве *или* в пролитии крови
blood heat ['blʌdhi:t] нормальная температура тела
blood-horse ['blʌdhɔ:s] *n* чистокровная лошадь
bloodhound ['blʌdhaund] *n* 1. 1) ищейка (*порода собак*) 2) английская гончая (*порода собак*) 2. сыщик 3. кровожадный человек
bloodiness ['blʌdɪnɪs] *n* 1. кровожадность 2. кровопролитие
bloodless ['blʌdlɪs] *a* 1. 1) бескровный, обескровленный, бледный; ~ lips бескровные /бледные/ губы 2) бескровный, совершаемый без пролития крови; ~ victory победа, доставшаяся малой кровью 2. безжизненный, вялый, анемичный 3. бесчувственный, бесстрастный
blood-letting ['blʌd,letɪŋ] *n* 1. *мед.* кровопускание; вскрытие вены 2. = bloodshed
bloodline ['blʌdlaɪn] *n* 1. родословная 2. семейство (*животных или растений*)
blood-lust ['blʌdlʌst] *n* жажда крови
blood meal ['blʌdmi:l] *с.-х.* кровяная мука
bloodmobile ['blʌd,məubaɪl] *n амер.* передвижная установка для сбора крови с донорских пунктов
blood money ['blʌd,mʌnɪ] 1. *ист.* 1) плата наёмному убийце 2) *ист.* деньги, выплачиваемые следующему в роду (*при кровной мести*) 3) деньги, которые платят свидетелю за показания, ведущие к осуждению на смерть 2. *воен. проф.* пенсия за ранение 3. деньги за каторжный труд
blood orange [,blʌd'ɒrɪndʒ] королёк (*сорт апельсина*)
blood picture ['blʌd,pɪktʃə] *мед.* картина крови
blood plasma ['blʌd,plæzmə] *физиол.* плазма крови, сыворотка крови
blood platelet ['blʌd,pleɪtlɪt] *физиол.* тромбоцит, кровяная пластинка
blood-poisoning ['blʌd,pɔɪz(ə)nɪŋ] *n* сепсис, заражение крови
blood pressure ['blʌd,preʃə] кровяное давление
blood pudding [,blʌd'pudɪŋ] кровяная колбаса
blood purge ['blʌdpɜ:dʒ] резня, чистка, массовое истребление (*противников и т. п.*)
blood-red [,blʌd'red] *a* кроваво-красный
blood relation, blood relative ['blʌd,leɪʃ(ə)n, -,relətɪv] кровный, близкий родственник
blood revenge ['blʌdrɪ,vendʒ] 1) кровная месть 2) родовая вражда
bloodroot ['blʌdru:t] *n бот.* 1. волчья стопа канадская (*Sanguinaria canadensis*) 2. лапчатка (*Potentilla*)

blood royal ['blʌd'rɔɪəl] королевская семья
blood sausage [,blʌd'sɒsɪdʒ] = blood pudding
blood serum ['blʌd,sɪ(ə)rəm] сыворотка крови
bloodshed ['blʌdʃed] кровопролитие; массовое убийство, бойня
bloodshot ['blʌdʃɒt] *a* налитый кровью, воспалённый (*о глазах*)
blood spitting ['blʌd,spɪtɪŋ] кровохарканье
blood sport ['blʌdspɔ:t] виды спорта *или* зрелища, в которых убивают животных (*охота, коррида и т. п.*)
bloodstain ['blʌdsteɪn] *n* кровяное, кровавое пятно
bloodstained ['blʌdsteɪnd] *a* 1. запачканный, забрызганный кровью 2. запятнанный кровью, виновный в убийстве
bloodstock ['blʌdstɒk] *n* чистокровные животные (*особ. лошади*)
bloodstone ['blʌdstəun] *n мин.* 1. красный железняк 2) гелиотроп, кровавик
bloodstream ['blʌdstri:m] *n* ток крови, кровоток; to deliver a drug into the ~ вводить лекарство в вену
blood-stroke ['blʌdstrəuk] *n* кровоизлияние (*в мозг*); апоплексия, инсульт
bloodsucker ['blʌd,sʌkə] *n* 1. пиявка 2. 1) кровопийца, кровосос, эксплуататор 2) вымогатель, грабитель
blood test ['blʌdtest] 1) анализ крови, исследование крови 2) определение группы крови
bloodthirst ['blʌdθɜ:st] *n редк.* жажда кровопролития
bloodthirsty ['blʌd,θɜ:stɪ] *a* кровожадный; жаждущий кровопролития
blood transfusion ['blʌdtræns,fju:ʒ(ə)n] *мед.* переливание крови
blood type ['blʌdtaɪp] = blood group
blood-type ['blʌdtaɪp] *v* определять группу крови
blood-vessel ['blʌd,ves(ə)l] *n* кровеносный сосуд
blood wag(g)on ['blʌd,wægən] *воен. жарг.* санитарная автомашина
blood-warm ['blʌdwɔ:m] *a* тёплый как кровь, нагретый до температуры тела
blood-wite ['blʌdwaɪt] *n книжн.* 1) наказание за убийство 2) выкуп, пеня, вергельд
bloodwood ['blʌdwud] *n* красное дерево
bloodworm ['blʌdwɜ:m] *n зоол.* 1. червь красного цвета 2. мотыль, личинка комаров-дергунов 3. *pl* полихеты-теребеллиды (*Terebellidae*)
bloody I ['blʌdɪ] *a* 1. 1) окровавленный; кровоточащий; ~ nose кровотечение из носа 2) кровавый; ~ flux дизентерия; ~ expectoration = blood spitting; ~ vomit кровавая рвота 2. кровопролитный; ~ battle кровопролитное сражение 3. кровавый, кровожадный; B. (Queen) Mary Мария Кровавая 4. кроваво-красного цвета 5. *бран.* проклятый; ~ liar лгун паршивый; you ~ fool! ах ты дурак!; not a ~ one ни одной собаки, ни души
bloody II ['blʌdɪ] *adv груб.* чертовски, очень; he can ~ well get his own dinner ничего с ним не случится, если он сам позаботится об обеде
bloody III ['blʌdɪ] *v* окровавить, покрыть кровью
bloody-bones ['blʌdɪbəunz] *n pl* пугало; Rawhead and B. пугало, бука
bloody Mary, bloody mary [,blʌdɪ'me(ə)rɪ] «кровавая Мэри» (*коктейль из водки и томатного сока*)
bloody-minded [,blʌdɪ'maɪndɪd] *a* 1. жестокий, кровожадный 2. извращён-

ный 3. *груб.* зловредный; несговорчивый; озлобленный; возмущённый; вредный (*о человеке*)
bloody murder [,blʌdɪ'mɜ:də] *амер.* = blue murder
bloody shirt [,blʌdɪ'ʃɜ:t] *амер.* средство *или* повод для разжигания чувства мести; to wave a ~ разжигать страсти, натравливать одного на другого
blooey ['blu:ɪ] *a амер. сл.* неисправный; his compass must've gone ~ его компас, должно быть, врёт
bloom¹ I [blu:m] *n* 1. 1) цвет, цветение; in ~ в цвету; to burst into ~ расцвести 2) цветок 2. расцвет; in full ~ в полном расцвете (*сил и т. п.*); ~ of youth расцвет юности; to take the ~ off smth. погубить что-л. в самом расцвете 3. 1) восковой налёт (*на листьях или плодах*) 2) пушок (*на плодах*) 4. (здоровый) румянец, хороший цвет лица 5. выцвет (*соли на почве*) 6. налёт на хорошо выдубленной коже; налёт на новой монете 7. излучение, флуоресценция
bloom¹ II [blu:m] *v* 1. 1) цвести, давать цветы 2) расцветать; быть в расцвете 2. *тех.* 1) образовывать налёт 2) покрываться налётом
bloom² [blu:m] *n метал.* 1. стальная заготовка; блюм 2) крица
bloomed [blu:md] *a поэт.* распустившийся, расцветший; в цвету (*тж. о человеке*)
bloomer¹ ['blu:mə] *n* 1. цветущее растение 2. украшенная орнаментом заглавная буква 3. *разг.* ошибка, промах; I made a terrible ~ я допустил непростительную ошибку
bloomer² ['blu:mə] *n уст.* 1. *pl* 1) женские спортивные брюки; шаровары 2) *разг.* штанишки 2. женский костюм с короткой юбкой и широкими штанами
bloomery ['blu:m(ə)rɪ] *n тех. уст.* кричный горн
blooming¹ ['blu:mɪŋ] *n метал.* блюминг, обжимный стан
blooming² I ['blu:mɪŋ] *n* 1) *тех.* выцветание; помутнение 2) *тлв.* ореол; расплывание (*изображения*); ненасыщенность (*цвета изображения*)
blooming² II ['blu:mɪŋ] *a* 1. цветущий 2. процветающий, преуспевающий 3. *эвф. вм.* bloody I 5 3. *эмоц.-усил.* отъявленный, отчаянный; ~ fool набитый дурак
blooming sally [,blu:mɪŋ'sælɪ] *бот.* иван-чай, кипрей (*Epilobium angustifolium*)
bloomy ['blu:mɪ] *a* 1) цветущий 2) покрытый налётом
bloop I [blu:p] *n* 1. *радио* воющий, ревущий звук 2. *кино* склеивание киноплёнки 3. *амер. разг.* промах
bloop II [blu:p] *v амер. разг.* 1. *радио* выть, реветь 2. ударить (*кого-л.*) 3. промахнуться (*бейсбол*)
blooper ['blu:pə] *n амер. разг.* 1. оговорка, публичная ошибка 2. *радио* генерирующий приёмник
blossom I ['blɒs(ə)m] *n* 1. 1) цвет, цветение (*преим. плодовых деревьев*); in ~ в цвету; to burst into ~ расцвести 2) цветок; cherry ~(s) цветы на вишне; ~ cluster /truss/ соцветие; ~ drop сброс цветков; ~ fall отцветание, опадение цветов; spray of ~ цветущая ветка; to bear ~ цвести; to nip ~ побить (*морозом*) 3) период цветения (*особ. плодовых деревьев*) 2. расцвет; in the ~ of one's youth в расцвете юности; ~ of literature расцвет литературы 3. *геол.* окисленное *или* выветрившееся обнажение угольного пласта *или* рудной жилы 4. *сл.* милашка, цветочек

blossom II ['blɒs(ə)m] *v* 1. цвести; расцветать; распускаться (*тж.* ~ out) 2. преуспевать; расцветать
blossom forth ['blɒs(ə)m'fɔːθ] = blossom out
blossom out ['blɒs(ə)m'aʊt] *phr v* 1. развиваться; my daughter is blossoming out моя дочь становится красавицей; she blossomed out into a charming girl она превратилась в очаровательную девушку; our plans are beginning to ~ наши планы начинают осуществляться 2. становиться оживлённым, оживать; he has really blossomed out since he came to live here он просто ожил за то время, что живёт здесь
blossomy ['blɒsəmɪ] *a* покрытый цветами; а ~ valley цветущая долина, долина в цвету
blot¹ I [blɒt] *n* 1. пятно 2. клякса, помарка, неясное, стёршееся место в тексте *и т. п.*; to make a ~ (по)ставить кляксу 3. пятно, позор, бесчестье; а ~ on smb.'s character /honour, reputation/ пятно на чьей-л. репутации; without a ~ on one's character с незапятнанной репутацией 4. что-л. уродливое, громоздкое, неприятное для глаза; it is a ~ on the landscape это портит пейзаж
blot¹ II [blɒt] *v* 1. 1) делать кляксы, пачкать 2) пачкаться, становиться грязным; fabric that ~s маркая материя 2. (*тж.* ~ out) 1) стирать, вычёркивать; смазывать написанное; замарывать; a memory never to be ~ted out *образн.* неизгладимое воспоминание 2) заглаживать 3) затмевать, заменять; заслонять; the Moon was ~ted by the Earth's shade тень Земли затмила Луну; a cloud has ~ted out the moon туча закрыла луну 3. пятнать, бесчестить 4. промакивать (*промокательной бумагой*) 5. малевать
◊ to ~ one's copybook замарать свою репутацию
blot² I [blɒt] *n* 1) незащищённая шашка (*в игре в триктрак*) 2) уязвимое, слабое место; to hit a ~ ударить по слабому /уязвимому/ месту
blotch I [blɒtʃ] *n* 1. 1) прыщ, угорь 2) пятно, бородавка (*у растений*) 2. пятно, клякса; the snow fell in large ~es снег падал большими хлопьями
blotch II [blɒtʃ] *v* покрывать пятнами, кляксами
blotchy ['blɒtʃɪ] *a* 1. угреватый, прыщавый 2. 1) покрытый пятнами, кляксами, в пятнах 2) пятнистый
blot out ['blɒt'aʊt] *phr v* 1. закрывать, заслонять; the landscape was blotted out by the fog всё было окутано туманом 2. уничтожать, разрушать; the monarchy was blotted out монархия была низложена 3. *амер. сл.* убивать; ≅ стереть в порошок
blotter ['blɒtə] *n* 1. промокательная бумага 2. писака, бумагомаратель 3. 1) *ком.* мемориал, торговая книга 2) *амер.* книга записей; police ~ журнал регистрации приводов
blottesque I [blɒ'tesk] *n книжн.* 1) (живописный) набросок 2) мазня 3) (словесное) описание, сделанное широкими мазками
blottesque II [blɒ'tesk] *a книжн.* написанный густыми мазками (*о картине*)
blotting ['blɒtɪŋ] *n* 1. промокание 2. стирание, уничтожение написанного 3. пятно, клякса
blotting-case ['blɒtɪŋkeɪs] *n* пресс-папье
blotting-pad ['blɒtɪŋpæd] *n* блокнот с промокательной бумагой
blotting paper ['blɒtɪŋˌpeɪpə] промокательная бумага; фильтровальная бумага

blotto ['blɒtəʊ] *a сл.* вдребезги пьяный; he was really ~ last night он вчера вечером был пьян как сапожник
blouse I ['blaʊz] *n* 1. блузка 2. блуза, свободная кофта *или* куртка 3. *воен.* куртка; тужурка; китель
blouse II [blaʊz] *v* наплывать, нависать (*о блузе и т. п.*)
blouson ['bluːzɒn, 'blaʊzɒn] *n* 1) блузон, блуза с напуском 2) платье с втачным поясом и лифом с напуском
blow¹ [bləʊ] *n* 1. удар; retaliatory ~ ответный удар; возмездие; illegal ~ *спорт.* запрещённый удар; at a /one/ ~ одним ударом; сразу; to administer /to deal, to deliver, to strike/ a ~ a) наносить удар; б) причинять вред; to come /to fall, to get/ to ~s вступить в драку, дойти до рукопашной; to exchange ~s драться; to rain ~s upon smb. осыпать кого-л. градом ударов; to strike a ~ for помогать; to strike a ~ against противодействовать; to aim a ~ at smb.'s authority подрывать чей-л. авторитет; without striking a ~ без усилий 2. несчастье, удар судьбы; it came as a crushing ~ to us для нас это был страшный удар 3. *горн.* горный удар; обрушение кровли
◊ the first ~ is half the battle *посл.* ≅ хорошее начало полдела откачало; лиха беда начало
blow² I [bləʊ] *n* 1. дуновение; порыв ветра; to get oneself a ~ подышать свежим воздухом 2. 1) звук духового инструмента 2) звук при сморкании 3. фонтан кита 4. *разг.* 1) хвастовство 2) хвастун 5. *метал.* 1) продувка 2) бессемерование 6. *геол.* выход рудной жилы на дневную поверхность 7. *сл.* 1) *воен.* передышка 2) отдых, перерыв, чтобы перекусить; ≅ перекур 3) = blow-out 2 8. кладка яиц мухами 9. *сл.* кокаин
blow² II [bləʊ] *v* (blew; blown) I 1. дуть, веять (*о ветре*); it was ~ing hard ул сильный ветер; it is ~ing a gale будет буря 2. 1) гнать (*ветром*); развевать; the wind blew the tent over ветер перевернул палатку; many trees were ~n down ветер свалил много деревьев; a lot of dust was ~n in нанесло /нагнало/ много пыли 2) нестись, быть гонимым ветром (*часто* ~ away); to ~ away an obstacle *воен.* снести препятствие артиллерийским огнём 3. 1) играть (*на духовом инструменте*); дуть (*в свисток*) 2) издавать звук (*о духовом инструменте*); свистеть (*о сирене, свистке и т. п.*); stop work when the whistle ~s прекратить работу по свистку 4. 1) дуть на что-л., студить; to ~ on one's coffee (по)дуть на горячий кофе согревать, сушить *или* охлаждать дыханием; to ~ on one's fingers дуть на застывшие пальцы 3) раздувать (*огонь, мехи*) 5. выдувать (*стеклянные изделия и т. д.*); ~ glass выдувать стекло; ~ bottles выдувать бутылки; ~ bubbles пускать (мыльные) пузыри 6. 1) продувать, прочищать (*тж.* ~ through; ~ out); to have the pipes ~n (through /out/) прочистить (*продуть*) трубы 2) очищать от содержимого (*воздухом или газом*); to ~ an egg выпить яйцо (*через дырочку*); ~ your nose well хорошенько высморкайся 7. 1) взрывать (*тж.* ~ up, ~ down, ~ in); they blew the door in and entered они взорвали дверь и вошли внутрь; the gates were ~n up with dynamite ворота были взорваны динамитом 2) взрываться (*тж.* ~ up); the gun blew *сл.* орудие взорвалось 8. лопаться (*о вакуумной трубке, камере, покрышке и т. п.*); разорваться от внутреннего давления; this

BLO — BLO B

tin has ~n эта консервная банка вздулась 9. 1) пыхтеть; тяжело дышать; the old man was puffing and ~ing старик пыхтел и отдувался 2) загнать (*лошадь*) 10. 1) перегорать (*о предохранителях*) 2) пережигать (*предохранители*; *тж.* ~ out); he's ~n the fuse (out) он пережёг пробки [*см. тж.* ◊] 11. распространять (*новости, слухи, тж.* ~ about, ~ abroad); the rumour has widely ~n about, that... широко распространился слух, что... 12. бушевать, разражаться гневом 13. разоблачать; the spy's cover was ~n шпиона разоблачили 14. *разг.* хвастаться 15. 1) транжирить; he blew his last money on a show он потратил свои последние деньги на театр 2) *разг.* угощать; he blew me to a dinner он угостил меня обедом 16. *сл.* уходить, удирать 17. *сл.* проиграть, проворонить 18. *сл.* ликвидировать; похерить 19. *разг.* хандрить 20. *театр. жарг.* забыть текст, реплику 21. *сл.* мастерски делать что-л.; he's great conversation он мастер на разговоры, он любит много говорить 22. (*p. p.* blowed) *эвф.* ругать, проклинать; ~ it! чёрт возьми!; I'm ~ed if I know провалиться мне на этом месте, если я знаю 23. класть яйца (*о мухах*) 24. выпускать фонтан (*о ките*) 25. *разг.* курить *или* вдыхать наркотик 26. *уст.* разжигать (*страсти*) 27. *амер. сл.* заниматься минётом, феллацио 28. *метал.* подавать дутьё 29. *тех.* парить (*о сальнике, фланце*)
II Б *to* blow smth. *to some state* приводить что-л. в какое-л. состояние; to ~ shut захлопнуть; the wind blew the door shut дверь захлопнуло ветром; to ~ open а) распахивать; б) распахиваться; when the door blew open the crowd rushed in когда дверь распахнулась, толпа бросилась внутрь; to ~ to pieces а) разбить вдребезги; б) разорвать на куски; to ~ one's hair dry высушить волосы феном
◊ to ~ one's brains (out) пустить пулю в лоб; to ~ a kiss послать воздушный поцелуй; to ~ hopes /speculations/ sky-high /to smithereens/ разбить надежды в прах; to ~ sky-high сильно выбранить, выругать; to ~ one's own horn /trumpet/ хвастаться; to ~ great guns дуть, бушевать (*о буре, ветре*); to ~ hot and cold постоянно менять свой взгляды; ~ high, ~ low что бы ни случилось; to ~ one's cool /one's top/ потерять самообладание, выйти из себя; to ~ smb.'s mind а) волновать, возбуждать; б) захватить врасплох, поставить в тупик; в) испытывать наркотическое возбуждение, быть в трансе; to ~ the whistle on smth. положить конец чему-л.; it's about time someone blew the whistle on his dishonest practices пора прекратить его бесчестные махинации; to ~ the lid off smth. *амер. разг.* разоблачать, обнародовать что-л.; to ~ the cobwebs away проветрить мозги; to ~ a fuse *амер. сл.* а) раздражаться; б) взрываться от гнева; [*см. тж.* I 10,2)]; to ~ smb.'s head off изругать кого-л.; you'll get your head ~n off не сносить тебе головы

blow³ I [bləʊ] *n* 1) цвет, цветение 2) расцвет
blow³ II [bləʊ] *v* (blew; blown) 1) цвести 2) расцветать
blow about ['bləʊə'baʊt] *phr v* 1. разбрасывать, развеивать (*листья, бумагу*) 2. растрепать; the wind had

BLO — BLU

blown her hair about на ветру́ во́лосы у неё растрепа́лись
blow around ['bləuə'raund] = blow about
blow-back ['bləubæk] *n* 1. отда́ча (*при выстреле*) 2. *разг.* доброво́льное возвраще́ние укра́денного
blowball ['bləubɔ:l] *n* пуши́стая семенна́я голо́вка одува́нчика
blow-by ['bləubaı] *n тех.* про́пуск или проры́в га́за; проса́чивание
blow-by-blow [,bləubaı'bləu] *a* подро́бный, доскона́льный, исче́рпывающий; to give a ~ account дать подро́бный отчёт
blow down ['bləu'daun] *phr v* вы́пустить пар
blowdown ['bləudaun] *n* 1. разры́в ко́нтура теплоноси́теля (*на а́томной электроста́нции*) 2. ветрова́л
blower[1] ['bləuə] *n* 1. *см.* blow[2] II + -er 2. труба́ч 3. кит 4. *амер.* хвасту́н 5. *разг.* телефо́н 6. *разг.* трепа́ч 7. *груб.* де́вка, проститу́тка 8. *тех.* 1) вентиля́тор 2) воздуходу́вка 9. *геол.* тре́щина, че́рез кото́рую выделя́ется газ
blower[2] ['bləuə] *n* 1. цвету́щее расте́ние
blowfish ['bləufıʃ] *n pl* иглобрю́хие, скалозу́бовые, ры́бы-соба́ки (*Tetraodontidae*)
blowfly ['bləuflaı] *n* мясна́я му́ха
blowgun ['bləugʌn] *n* 1. тру́бка для выдува́ния отра́вленных стрел (*на о. Калиманта́н и т. п.*) 2. игру́шечное духово́е ружьё 3. *тех.* распыли́тель
blowhard I ['bləuha:d] *n амер. разг.* хвасту́н
blowhard II ['bləuha:d] *a амер. разг.* хвастли́вый
blowhole ['bləuhəul] *n* 1. ды́хало (*у кита и т. п.*) 2. отду́шина, отве́рстие во льду, че́рез кото́рое ды́шат киты́, тюле́ни *и т. п.* 3. вентиляцио́нное отве́рстие (*в туннеле*) 4. *метал.* пузы́рь, ра́ковина (*в отливке*)
blow in ['bləu'ın] *phr v* 1. *сл.* внеза́пно появи́ться; зайти́ мимохо́дом; what good wind blew you in? каки́м счастли́вым ве́тром вас занесло́? 2. *сл.* вы́лететь в трубу́; растра́нжирить де́ньги; съесть все запа́сы 3. *метал.* заду́ть (*доме́нную печь*) 4. заби́ть, нача́ть фонтани́ровать (*о нефти*)
blowing[1] I ['bləuıŋ] *n* 1. дунове́ние 2. дыха́ние, сопе́ние (*особ. живо́тных*) 3. *разг.* хвастовство́ 4. откла́дывание яиц му́хами 5. 1) дутьё 2) сдува́ние, обдува́ние 6. 1) проса́чивание, уте́чка (*газа, пара*) 2) фонтани́рование 7. выдува́ние (*стекла*) 8. дефе́кт (*в фарфоре*)
blowing[1] II ['bləuıŋ] *a* ве́треный
blowing[2] I ['bləuıŋ] *n* 1) цвете́ние 2) расцве́т
blowing[2] II ['bləuıŋ] *a* цвету́щий
blowing-iron ['bləuıŋ'aıən] *n* стеклоду́вная тру́бка
blowing-up [,bləuıŋ'ʌp] *n* 1. взрыв 2. *разг.* нагоня́й
blowing well ['bləuıŋ'wel] артезиа́нский коло́дец
blowlamp ['bləulæmp] *n* пая́льная ла́мпа
blowmobile ['bləuməu,bi:l] *n* аэроса́ни
blow moulding ['bləu,məuldıŋ] *метал.* формо́вка на песко́дувной маши́не
blown[1] I [bləun] *a* 1. гони́мый ве́тром 2. запыха́вшийся; a ~ horse загна́нная ло́шадь; he was too ~ to speak он так запыха́лся, что не мог говори́ть 3. наду́тый (*тж.* ~ up) 4. передава́емый шёпотом, намёками 5. *метал.* по́ристый, ноздрева́тый 6. *эл.* перегоре́вший
blown[1] II [bləun] *p. p. от* blow[2] II
blown[2] I [bləun] *a* расцве́тший; в цвету́
blown[2] II [bləun] *p. p. от* blow[3] II
blown sap ['bləunsæp] *лес.* двойна́я забо́лонь
blown-up [,bləun'ʌp] *a* 1. увели́ченный (*о карти́не, фотогра́фии и т. п.*) 2. преувели́ченный; a ~ expense account разду́тый отчёт о расхо́дах 3. взо́рванный, разру́шенный взры́вом
blow off ['bləu'ɒf] *phr v* 1. = blow down 2. 1) дать вы́ход чу́вствам, разряди́ться; to ~ steam *разг.* «вы́пустить пар»; рассла́биться; дать вы́ход эне́ргии 2) жа́ловаться, пла́каться 3. израсхо́довать (*снаря́ды и т. п.*); to ~ all ammunition растра́тить все боеприпа́сы 4. спуска́ть (*во́ду из котла́*)
blow-off ['bləuɒf] *n* 1. вы́пуск во́здуха, па́ра 2. *разг.* хвасту́н 3. *амер. разг.* коро́нный но́мер 4. кульминацио́нный пункт, вы́сшая то́чка 5. *разг.* внеза́пная вспы́шка (*эмо́ций*) 6. *реакт.* отделе́ние (*ступе́ней раке́ты*)
blow out ['bləu'aut] *phr v* 1. задува́ть, гаси́ть (*свечу́, ла́мпу*) 2. надува́ть; to ~ one's cheeks наду́ть щёки 3. раздува́ться 4. затева́ть (*ссо́ру*) 5. ло́пнуть (*о ши́не*) 6. 1) испо́ртить, останови́ть; the damaged wire blew out the cooker плита́ не рабо́тает из-за повреждённого про́вода 2) испо́ртиться, переста́ть рабо́тать 7. вы́дуть (*доме́нную печь*) 8. 1) вы́дохнуть 2) вы́сморкаться 9. вырва́ться из-под контро́ля, прорва́ться (*о га́зе, не́фти и т. п.*) 10. сти́хнуть, переста́ть; the storm blew (itself) out after three days шторм стих че́рез три дня
blow-out ['bləuaut] *n* 1. 1) проко́л или разры́в ши́ны 2) проко́лотая ши́на 2. *разг.* кутёж, пиру́шка, шу́мное весе́лье 3. *амер. арх.* ссо́ра, вспы́шка гне́ва 4. *эл.* гаше́ние (*дуги*) 5. фонта́н; oil ~ вы́брос не́фти
blow over ['bləu'əuvə] *phr v* 1. проходи́ть, минова́ть (*о грозе́, бу́ре*) 2. забыва́ться, улету́чиваться из па́мяти; the scandal soon blew over о сканда́ле ско́ро забы́ли 3. *разг.* прекраща́ться; I hope your troubles will soon ~ наде́юсь, ва́ши неприя́тности ско́ро ко́нчатся
blowpipe ['bləupaıp] *n* 1. пая́льная тру́бка; сва́рочная горе́лка 2. стеклоду́вная тру́бка 3. тру́бка для пуска отра́вленных стрел
blowse [blauz] = blowze
blow snake ['bləusneık] *зоол.* свиномо́рдый уж (*Heterodon*)
blowsy ['blauzı] = blowzy
blowtorch ['bləutɔ:tʃ] *n* 1. = blowlamp 2. *ав. жарг.* 1) реакти́вный дви́гатель 2) самолёт с реакти́вным дви́гателем
blow up ['bləu'ʌp] *phr v* 1. разруша́ть, расстра́ивать; to ~ plans разруша́ть пла́ны 2. надува́ть (*ши́ну и т. п.*) 3. надува́ться, ва́жничать, пы́житься; he was blown up with pride он наду́лся от го́рдости 4. уси́ливаться (*о ве́тре*) 5. вы́звать (*дождь, бу́рю о ветре*); it is blowing up for rain ве́тер принесёт дождь 6. *разг.* брани́ть, руга́ть 7. *разг.* выходи́ть из себя́; every time he sees me he blows up он лезет в буты́лку, когда́ ви́дит меня́ 8. *фото увели́чивать* 9. *кино* переводи́ть киноплёнку с у́зкой плёнки на станда́ртную (*ме́тодом опти́ческой печа́ти*) 10. возника́ть, появля́ться; a storm blew up разыгра́лся шторм; this problem has blown up recently эта пробле́ма возни́кла неда́вно

blow-up ['bləuʌp] *n* 1. взрыв 2. *разг.* нагоня́й 3. *разг.* 1) вспы́шка гне́ва, раздраже́ния 2) сканда́л 4. *горн.* вспу́чивание 5. 1) *фото, тлв.* большо́е увеличе́ние 2) *кино* кру́пный план 6. *амер. разг.* увели́ченная ко́пия 7. банкро́тство
blow-well ['bləuwel] *n* артезиа́нский коло́дец
blowy ['bləuı] *a разг.* ве́треный
blowze [blauz] *n груб.* то́лстая красноще́кая ба́ба
blowzy ['blauzı] *a* 1. то́лстый и красноще́кий 2. растрёпанный, неря́шливый
blub[1] [blʌb] *n* вздутие (*штукату́рки*); пузы́рь, возду́шный мешо́к
blub[2] I [blʌb] *n разг.* плач, рёв
blub[2] II [blʌb] *v разг.* пла́кать, реве́ть
blubber I ['blʌbə] *n* 1. во́рвань 2. меду́за 3. плач, рёв 4. *диал.* пузы́рь (*на воде́*) 5. ли́шний жир (*на те́ле*)
blubber II ['blʌbə] *a* то́лстый, распу́хший (*о губа́х*)
blubber III ['blʌbə] *v* 1. гро́мко пла́кать, реве́ть 2. *уст.* пузы́риться
blubbered ['blʌbəd] *a* 1) запла́канный, зарёванный 2) распу́хший от слёз
blubberheaded [,blʌbə'hedıd] *a сл.* тупо́й, глу́пый
blubbery ['blʌb(ə)rı] *a* 1. распу́хший 2. жи́рный, обрю́згший
bluchers ['blu:tʃəz] *n pl* 1) коро́ткие тяжёлые сапоги́ 2) мужски́е боти́нки на шнурка́х (*язычо́к и верх из одного́ куска́ ко́жи*)
bludge I [blʌdʒ] *n австрал. сл.* лёгкая рабо́та
bludge II [blʌdʒ] *v австрал. сл.* отлы́нивать от рабо́ты
bludgeon I ['blʌdʒ(ə)n] *n* дуби́нка; to strike with a ~ уда́рить дуби́нкой
bludgeon II ['blʌdʒ(ə)n] *v* 1. ударя́ть, бить дуби́нкой 2. запу́гивать; вынужда́ть; he was ~ed into paying the money его́ заста́вили заплати́ть
bludger ['blʌdʒə] *n австрал. сл.* безде́льник
blue I [blu:] *n* 1. си́ний цвет; голубо́й цвет; Oxford ~ тёмно-си́ний цвет; Cambridge ~ светло-голубо́й цвет 2. 1) си́няя кра́ска; голуба́я кра́ска; Berlin /Prussian/ ~ берли́нская лазу́рь; Paris ~ пари́жская лазу́рь 2) си́нька 3. (the ~) 1) не́бо 2) мо́ре, океа́н 4. 1) си́нее пла́тье (*фо́рма*); men /gentlemen, boys/ in ~ полице́йские 2) *разг.* полице́йский 3) *мор.* си́нее обмундирова́ние 4. моря́к 5. *pl* 1) (the ~s) войска́ в си́ней фо́рме 2) (the Blues) ко́нная гва́рдия 6. 1) цвет па́ртии то́ри 2) консерва́тор, то́ри; true ~ настоя́щий то́ри; the old strife of Blues and Yellows ста́рая борьба́ ме́жду консерва́торами и либера́лами 3) *амер. ист.* солда́ты а́рмии Се́вера 7. член университе́тской спорти́вной кома́нды; Dark Blues кома́нды Оксфо́рда или Ха́рроу; Light Blues кома́нды Ке́мбриджа или Ито́на; to get /to win/ one's ~ быть включённым в университе́тскую кома́нду; an old B. член кома́нды, неоднокра́тно уча́ствовавший в межуниверсите́тских состяза́ниях 8. *разг. см.* bluestocking 9. что-л. си́нее; bits of old Nankin ~ образцы́ стари́нного нанки́нского голубо́го фарфо́ра
◇ a bolt from the ~ *см.* bolt[1] I ◇; to be in the ~ a) сби́ться с пути́, пойти́ по плохо́й доро́жке; б) потерпе́ть неуда́чу /пораже́ние/; в) *австрал.* быть в долгу́; to disappear into the ~ исче́знуть и́з виду, затеря́ться; out of the ~ внеза́пно, неожи́данно, без предупрежде́ния

blue II [blu:] *a* 1. си́ний; голубо́й, лазу́рный; голубова́тый; the ~ hills of

Sussex голубоватые холмы Сассекса; dark ~, navy ~ тёмно-синий; ~ milk снятое молоко; ~ eyes а) голубые глаза; б) синяки под глазами 2. посиневший; to go ~ with cold посинеть от холода; baby cried till it was ~ in the face ребёнок так плакал /кричал/, что весь посинел (*ср. тж.* ◇ 3. неяркий (*о пламени*) 4. испуганный; унылый, подавленный; to look ~ иметь унылый вид; things look ~ дела плохи; I am not a bit ~ over the prospect я ничуть не огорчён этой перспективой; I am ~ у меня хандра, у меня плохое настроение 5. верный, постоянный (*тж.* true ~); he is true ~ to his principles он верен своим принципам 6. 1) относящийся к партии тори, консервативный; to vote ~ голосовать за консерваторов 2) *амер.* пуританский, строгий 7. *эмоц.-усил.* страшный, ужасный; in ~ fear /funk/ в ужасной панике, в страшном замешательстве 8. *разг.* непристойный, скабрёзный; to tell ~ stories /jokes/ рассказывать неприличные анекдоты 9. *ирон.* учёный (*о женщине*) 10. *австрал. разг.* пьяный 11. в стиле «блюз»

◇ ~ water открытое море; ~ blanket а) *ист.* знамя эдинбургских ремесленников; б) небо; ~ dahlia редкость, нечто необычное; by all that is ~ клянусь чем угодно; to be ~ in the face в изнеможении; побагроветь (*от усилий, раздражения и т. п.*); ~ до посинения (*ср. тж.* II 2); he ran until he was ~ in the face он бежал, пока совершенно не выбился из сил; you can say that until you are ~ in the face можешь говорить об этом до хрипоты /пока не надоест/; to make /to turn/ the air ~ ругаться, сквернословить; till all is ~ до предела, до крайности; to burn ~ быть дурным предзнаменованием; to drink till all is ~ допиться до белой горячки; once in a ~ moon очень редко

blue III [blu:] *v* 1. 1) окрашивать в синий цвет 2) синеть 2. синить 3. воронить сталь 4. *сл.* промотать, спустить; to ~ the family fortunes промотать состояние семьи, пустить на ветер наследство

blue baby ['blu:ˌbeɪbɪ] ребёнок с врождённым пороком сердца

blueback ['blu:bæk] *n зоол.* нерка красная (*Oncorhynchus nerka*)

blue bear [ˌblu:'beə] *n* белый медведь

Bluebeard ['blu:bɪəd] *n* 1) Синяя Борода 2) женоубийца

bluebell ['blu:bel] *n бот.* 1) пролеска (*Scilla gen.*) 2) колокольчик (*Campanula gen.*)

blueberry ['blu:b(ə)rɪ] *n* черника; брусника; голубика

bluebill ['blu:bɪl] *n зоол.* чернеть морская (*Nyroca marila*)

Blue Bird ['blu:bɜ:d] девочка-скаут младшего возраста

bluebird ['blu:bɜ:d] *n* мелкая певчая птица с голубой окраской спины

blue-black [ˌblu:'blæk] *a* иссиня-чёрный

blue blood [ˌblu:'blʌd] 1. «голубая кровь», аристократическое происхождение; 2. аристократ (*ср. тж.* blood I 2]

blue-bonnet ['blu:ˌbɒnɪt] *n* 1. круглая плоская синяя шапочка (*которую носили в Шотландии*) 2. крестьянин или солдат в шапочке [*см.* 1] 3. шотландец 4. василёк

bluebook ['blu:bʊk] *n* 1. (*тж.* Blue Book) *амер.* Синяя книга (*сборник официальных документов, парламентские стенограммы*) 2. *амер. разг.* государственная роль в обществе; календарь высшего света 3. (*тж.* Blue Book) *амер.* путеводитель для автомобилистов 4. *амер.* 1) тетрадь в синей обложке для письменных экзаменационных работ 2) *разг.* экзамен (*в университете*)

bluebottle ['blu:ˌbɒtl] *n* 1. *энт.* трупная муха (*Calliphora erythrocephala*) 2. *бот.* василёк (синий) (*Centaurea cyanus*) и другие растения с синими цветами (*напр.*, колокольчик) 3. *разг.* синий мундир; полицейский

bluecap ['blu:kæp] *n* 1.= blue-bonnet 1 2. *диал.* сеголётка, лосось до года 3. *разг.* шотландец 4. *зоол.* синяя синица, лазоревка (*Parus caeruleus*)

blue cheese [ˌblu:'tʃi:z] голубой сыр (*типа рокфора*)

blue chip [ˌblu:'tʃɪp] 1) акция компании, выплачивающей высокие дивиденды 2) ценное имущество, особ. резервное 3) *карт.* синяя фишка (*на крупную сумму*)

blue-chip [ˌblu:'tʃɪp] *a* 1) относящийся к ценному имуществу 2) высшего класса; высшего качества, высококачественный, первосортный; ~ college престижный колледж

bluecoat ['blu:kəʊt] *n* 1. *ист.* синее платье слуг *или* детей из сиротского приюта 2. *ист.* учащийся в школе для бедных 3. *разг.* 1) солдат 2) матрос 3) полицейский 4. *амер. ист.* солдат армии северян

blue-collar (worker) [ˌblu:kɒlə('wɜ:kə)] (*n*) «синий воротничок», производственный рабочий

blue cornflower [ˌblu:'kɔ:nflaʊə] *бот.* василёк (синий) (*Centaurea cyanus*)

Blue Cross [ˌblu:'krɒs] медицинское страховое общество

blue devils [ˌblu:'dev(ə)lz] 1. уныние 2. белая горячка

blue discharge ['blu:dɪsˌtʃɑ:dʒ] *амер. воен. разг.* увольнение из армии без положительной аттестации

blue disease ['blu:dɪˌzi:z] *мед.* 1. синюха, цианоз 2. лихорадка Скалистых гор

blue dun [ˌblu:'dʌn] *рыб.* искусственная муха

blue earth [ˌblu:'ɜ:θ] *мин.* кимберлит

blue-envelope mail ['blu:ˌenviəʊpˌmeɪl] *воен. проф.* солдатские письма; корреспонденция, пересылаемая бесплатно

blue-eyed [ˌblu:'aɪd] *a* 1) голубоглазый 2) *уст.* синеглазый ~ белый (*о человеке*) 3) *канад.* английский, англо-саксонский; ~ poets английские поэты
◇ ~ boy любимчик, всеобщий баловень

blue-eyed devil [ˌblu:aɪd'dev(ə)l] *амер. сл.* белый (человек)

blue film [ˌblu:'fɪlm] порнографический фильм

bluefin ['blu:fɪn] *n зоол.* голубой тунец (*Thunnus thynnus*)

bluefish ['blu:fɪʃ] *n* 1) голубая рыба 2) *зоол.* пеламида (*Sarda sarda*)

blue flag [ˌblu:'flæg] *бот.* касатик разноцветный (*Iris versicolor*)

blue flu [ˌblu:'flu:] забастовка государственных служащих, участники которой симулируют болезнь (*особ. полицейские*)

blue fox ['blu:fɒks] голубой песец

blue gas [ˌblu:'gæs] *спец.* водяной газ

bluegrass ['blu:grɑ:s] *n* 1. *бот.* 1) мятлик (*Poa gen.*) 2) пырей (*Agropyron scabrum*) 2. муз. «блуграсс» (*разновидность музыки «кантри»*) [*см.* country I 8]

Bluegrass State ['blu:grɑ:sˌsteɪt] *амер.* «Пырейный штат» (*шутливое название штата Кентукки*)

blue-green algae [ˌblu:gri:n'ældʒɪ] сине-зелёные водоросли

blue ground ['blu:graʊnd] *геол.* кимберлитовая алмазосодержащая брекчия

blue heaven [ˌblu:'hev(ə)n] *амер. сл.* амобарбитал (*в голубых таблетках*)

blue helmets [ˌblu:'helmɪts] «голубые каски», войска ООН

blueing ['blu:ɪŋ] *n* 1. подсинивание (белья) 2. синька 3. воронение (стали)

bluejack ['blu:dʒæk] *n* 1. *бот. амер.* дуб мериленский (*Quercus marilandica*; *тж.* ~ oak) 2. *мин.* халькантит

bluejacket [ˌblu:'dʒækɪt] *n воен. разг.* английский *или* американский матрос

blue jeans [ˌblu:'dʒi:nz] *амер. разг.* джинсы из синей ткани

blue-John [ˌblu:'dʒɒn] *n амер. разг.* 1) жидкое, снятое молоко 2) прокисшее молоко

blue law ['blu:lɔ:] *амер. разг.* 1) пуританский закон 2) закон, регулирующий режим воскресного дня

Blue Law State ['blu:lɔ:ˌsteɪt] *амер.* «Пуританский штат» (*шутливое название штата Коннектикут*)

blue-line ['blu:laɪn] *спорт.* линия подачи (*в хоккее, теннисе и т. п.*)

blue-lines ['blu:laɪnz] *n pl ав.* линии, идущие с севера на юг

blue Monday [ˌblu:'mʌndɪ] 1. понедельник перед великим постом (*тж.* B. Monday) 2. тяжёлый день *тж.* прогул после праздника

blue murder [ˌblu:'mɜ:də] *сл.* 1. караул; to scream /to cry, to shout, to yell/ ~ а) кричать караул; поднимать шум /вопль/; б) орать, дико вопить (*без особой причины*) 2. *амер.* 1) полное поражение, провал 2) трудная задача
◇ like ~ чертовски быстро, со всех ног, сломя голову

blueness ['blu:nɪs] *n* синева

bluenose [ˌblu:'nəʊz] *n* 1. «синеносый» (*сорт картофеля, который выращивают в провинции Нова Скотия в Канаде*) 2. прозвище жителя этой провинции [*см.* 1] 3. *амер.* пуританин, ригорист

bluenosed ['blu:nəʊzd] *a* 1. с синим носом 2. *разг.* пуританский

blue note [ˌblu:'nəʊt] промежуточная нота в джазе (*особ. в блюзе*)

blue pencil [ˌblu:'pens(ə)l] 1. карандаш для исправлений при редактировании 2. редакторская правка; сокращения; the ~ of the censor цензурные сокращения

blue-pencil [ˌblu:'pens(ə)l] *v разг.* редактировать; сокращать; вычёркивать

blue peter [ˌblu:'pi:tə] 1. *мор.* флаг отплытия 2. *разг.* знак, что пора уходить

blue plant ['blu:plɑ:nt] *бот.* кунжут (*Sesamum indicum*)

blue plate [ˌblu:'pleɪt] *n* 1. тарелка для горячих блюд с несколькими отделениями 2. горячие блюда (*собир. названия блюд в меню*)

blueprint I ['blu:ˌprɪnt] *n* 1. синька, светокопия 2. план, проект, программа; намётки; a ~ for a control system проект по созданию системы контроля; national referendum ~ проект национального референдума 3. чертёж

blueprint II ['blu:ˌprɪnt] *v* 1. делать светокопию; светокопировать (чертежи) 2. вырабатывать, планировать, намечать

blue ribbon [ˌblu:'rɪbən] 1. орденская лента (*особ. ордена Подвязки*) 2. отличие; награ́да; гла́вный приз; ~ of the Atlantic приз корабля́ за ско́рость 3. ле́нточка тре́звенника (значо́к); Blue Ribbon Army о́бщество тре́звенников

blue-ribbon [ˌbluːˈrɪbən] *a разг.* вы́сшего ка́чества, первокла́ссный; специа́льно подо́бранный; ~ jury /panel/ тща́тельно подо́бранное жюри́ прися́жных заседа́телей

blue-rinse(d) [ˈbluːrɪns(t)] *a амер.* ухо́женная и акти́вная (*о пожило́й же́нщине*)

blue rot [ˌbluːˈrɒt] синева́ древеси́ны

blue ruin [ˌbluːˈruːɪn] скве́рный джин

blues [bluːz] *n* 1. *муз.* блюз 2. (the ~) *разг.* хандра́, меланхо́лия; to have (a fit of) the ~ хандри́ть; it gives me the ~ э́то нагоня́ет на меня́ тоску́

Blue Shield [ˌbluːˈʃiːld] *амер.* медици́нская страхова́я организа́ция, осуществля́ющая страхова́ние по по́воду хирурги́ческих опера́ций

blue shift [ˌbluːˈʃɪft] *астр.* фиоле́товое смеще́ние (*спе́ктра; тж.* blueshift)

blue-shift [ˌbluːˈʃɪft] *v* обнару́живать фиоле́товое смеще́ние (*спектра́льных ли́ний*)

blue-sky [ˌbluːˈskaɪ] *a амер. разг.* 1. 1) обесце́ненный, бро́совый; ~ stock ли́повая а́кция 2) регламенти́рующий вы́пуск *или* прода́жу а́кций и це́нных бума́г 2. наду́манный, прожектёрский; ~ research project неосуществи́мый прое́кт

blue-sky bargaining [ˈbluːskaɪˌbɑːɡɪnɪŋ] *сл.* торг с запро́сом (*при составле́нии коллекти́вного догово́ра*)

blue spar [ˌbluːˈspɑː] *мин.* лазури́т

blue spruce [ˌbluːˈspruːs] *бот.* ель голуба́я (*Picea pungens*)

blue-steel [ˌbluːˈstiːl] *n* воронёная сталь

bluestocking [ˈbluːˌstɒkɪŋ] *n ирон.* «си́ний чуло́к», учёная же́нщина; педа́нтка

bluestone [ˈbluːstəʊn] *n* ме́дный купоро́с

blue streak [ˌbluːˈstriːk] *амер. разг.* «метео́р» (*о стреми́тельном челове́ке или бы́стро дви́жущемся предме́те*); like a ~ бы́стро, эффекти́вно, молниено́сно; he can read like a ~ ≅ он глота́ет кни́ги; to talk a ~ тарато́рить, говори́ть без умо́лку

bluet [ˈbluːɪt] *n* 1. *бот.* василёк (*Centaurea cyanus*) 2. *амер.* цвето́к из семе́йства маре́ны

blue vitriol [ˌbluːˈvɪtrɪəl] = bluestone

blue whale [ˌbluːˈweɪl] *зоол.* си́ний полоса́тик (*Balaenoptera*)

bluey I [ˈbluːɪ] *n австрал.* 1. узело́к обита́теля за́рослей (*обы́чно завёрнутый в си́нее одея́ло*); to hump ~ бродя́жничать 2. (си́няя) руба́шка из гру́бого материа́ла

bluey II [ˈbluːɪ] *a* голубова́тый, синева́тый

bluff¹ I [blʌf] *n* отве́сный бе́рег; обры́в, утёс

bluff¹ II [blʌf] *a* 1. отве́сный, круто́й, обры́вистый; ~ body *спец.* пло́хо обтека́емое те́ло 2. грубова́то-доброду́шный; he said it with ~ downright honesty он сказа́л э́то пря́мо и открове́нно

◊ as ~ as a night constable груб как ночно́й полице́йский

bluff² I [blʌf] *n разг.* 1) обма́н, блеф; to call smb.'s ~ заста́вить (проти́вника) раскры́ть ка́рты; 2) не позво́лить себя́ обману́ть; разоблачи́ть чей-л. манёвр; не подда́ться на провока́цию; не дать взять себя́ на пу́шку; was it an exceedingly clever ~? не́ было ли э́то о́чень то́нким притво́рством?; the offer was a ~ э́то предложе́ние оказа́лось блефом 2) обма́нщик 3) *карт.* блеф 4) пуста́я угро́за

bluff² II [blʌf] *v разг.* 1. 1) обма́нывать; he was ~ed by his opponent проти́вник суме́л его́ провести́ 2) *карт.* блефова́ть 2. (into) втира́ться; обма́ном доби́ться чего́-л.; to ~ one's way into a job проле́зть на до́лжность; he ~ed us into believing he was a doctor он вы́дал себя́ за врача́, и мы пове́рили 3. запу́гивать, брать на пу́шку (*тж.* ~ off)

◊ to ~ it out вы́крутиться; ≅ вы́йти сухи́м из воды́

bluffer [ˈblʌfə] *n* обма́нщик; that supreme political ~ э́тот непревзойдённый ма́стер полити́ческого блефа

bluffy [ˈblʌfɪ] *a* 1. изре́занный (*о берегово́й ли́нии*); круто́й, отве́сный 2. грубова́тый, прямо́й

bluish [ˈbluːɪʃ] *a* 1. синева́тый, голубова́тый; ~ discoloration *мед.* синю́шная окра́ска 2. (bluish-) как компоне́нт сло́жных слов голубова́то-; bluish-green голубова́то-зелёный

blunder I [ˈblʌndə] *n* 1. гру́бая оши́бка; he committed /made/ a ~ он соверши́л большу́ю оши́бку 2. *уст.* смяте́ние

blunder II [ˈblʌndə] *v* 1. 1) гру́бо ошиба́ться; допусти́ть про́мах 2) напо́ртить, напу́тать; пло́хо спра́виться (*с чем-л.*); he ~ed through his examination paper он наде́лал оши́бок в пи́сьменной экзаменацио́нной рабо́те; the negotiation was hopelessly ~ed by him он безнадёжно запу́тал перегово́ры 2. дви́гаться о́щупью, неуве́ренно (*тж.* ~ about, ~ along); to ~ one's way along идти́ о́щупью; to ~ through one's work рабо́тать вслепу́ю; he managed to ~ through он ко́е-как справился 3. (against, into, on, upon) (случа́йно) ната́лкиваться, натыка́ться; to ~ against smb. [smth.] натолкну́ться на кого́-л. [на что-л.]; to ~ upon the truth он случа́йно узна́л и́стину; he never ~ed upon a bon mot он никогда́ и случа́йно не сказа́л ничего́ остроу́много 4. (*обыкн.* ~ out) 1) проболта́ться; сболтну́ть, сказа́ть глу́пость; he ~ed out a secret он вы́болтал та́йну 2) сказа́ть невня́тно; to ~ (out) one's thanks пробормота́ть слова́ благода́рности

blunder away [ˈblʌndə(r)əˈweɪ] *phr v* упусти́ть; to ~ one's chance упусти́ть удо́бный слу́чай

blunderbuss [ˈblʌndəbʌs] *n* 1. *ист.* короткоство́льное ружьё с раструбом 2. = blunderhead

blunderhead [ˈblʌndəhed] *n разг.* болва́н, дура́к

blundering [ˈblʌnd(ə)rɪŋ] *a* 1) оши́бочный; ~ citations and erroneous interpretations неве́рные цита́ты и оши́бочные толкова́ния 2) нело́вкий, неуме́лый; with ~ fingers неуклю́же, неуме́ло; his ~ account of this его́ сби́вчивый расска́з об э́том

blunge [blʌndʒ] *v* переме́шивать гли́ну с водо́й (*в гонча́рном произво́дстве*)

blunger [ˈblʌndʒə] *n* глиноме́шалка

blunt I [blʌnt] *n* 1. што́пальная иго́лка 2. *разг.* дура́к, болва́н 3. *сл.* де́ньги; нали́чные

blunt II [blʌnt] *a* 1. тупо́й; ~ angle [pencil, edge] тупо́й у́гол [каранда́ш, -о́е ле́звие]; scissors with ~ ends но́жницы с тупы́ми /закруглёнными/ конца́ми 2. 1) непоня́тливый, туповатый 2) притуплённый, сму́тный (*об ощуще́ниях и т. п.*) 3. грубова́тый, ре́зкий, прямо́й; the ~ facts упря́мые фа́кты; ~ answer прямо́й отве́т; rude and ~ people гру́бые и ре́зкие лю́ди; he was ~ in his bearing у него́ бы́ли грубова́тые мане́ры

blunt III [blʌnt] *v* 1) притупля́ть, заостря́ть; to ~ the effect осла́бить впечатле́ние; to ~ the edge of the pain притупи́ть остроту́ бо́ли; to ~ the attack *воен.* сде́рживать на́тиск; their sensitiveness was ~ed их восприи́мчивость притупи́лась 2) притупля́ться, затупля́ться; the edge of this knife will never ~ ле́звие э́того ножа́ никогда́ не зату́пится

bluntly [ˈblʌntlɪ] *adv* пря́мо, ре́зко, напрямик

blur I [blɜː] *n* 1. пятно́, кля́кса 2. 1) помутне́ние, потемне́ние, расплы́вчатость 2) нея́сные, расплы́вшиеся очерта́ния; что-л. нея́сное, неотчётливое; the ~ of the spring foliage лёгкая ды́мка весе́нней зе́лени; he went on reading until the print was only a ~ он чита́л до тех пор, пока́ бу́квы не сли́лись в одну́ сплошну́ю ма́ссу 3. пятно́, поро́к; a ~ on his honour пятно́ на его́ че́сти; to cast a ~ upon smb.'s reputation черни́ть чью-л. репута́цию 4. *кино* нере́зкость

blur II [blɜː] *v* 1. па́чкать, мара́ть; де́лать кля́ксы 2. де́лать нея́сным; затума́нивать; затемня́ть (*сознание и т. п.*); tears ~red her eyes слёзы застила́ли ей глаза́; the tracks are ~red следы́ полустёрты; the haze ~s the outlines of the mountains ды́мка скры́ла очерта́ния гор; the vision became ~red ви́димость ста́ла плохо́й; our sense became ~red на́ши чу́вства притупи́лись 2) де́латься нея́сным, затемня́ться; her eyes ~red with tears её взор затума́нился слеза́ми 3. стира́ть, изгла́живать (*тж.* ~ out); to ~ out distinctions стира́ть разли́чия 4. 1) пятна́ть (*репута́цию и т. п.*) 2) уро́довать; a face ~red by selfishness лицо́, кото́рое по́ртила печа́ть эгои́зма

blurb I [blɜːb] *n разг.* кра́ткая аннота́ция, рекла́мное объявле́ние на кни́гу (*на обло́жке или суперобло́жке*)

blurb II [blɜːb] *v разг.* де́лать рекла́мное объявле́ние, реклами́ровать (*кни́гу*)

blurred [blɜːd] *a* 1. запа́чканный, изма́занный; ~ finger запа́чканный па́лец (*черни́лами и т. п.*) 2. нея́сный, тума́нный; расплы́вчатый, сма́занный; ~ impression а) нея́сное впечатле́ние; б) *полигр.* гря́зный о́ттиск; ~ image расплы́вчатое изображе́ние; ~ photograph нея́сная /бле́дная/ фотогра́фия; to have a ~ vision of smth. а) нея́сно ви́деть что-л.; б) име́ть о чём-л. сму́тное представле́ние

blurry [ˈblɜːrɪ] = blurred

blurt I [blɜːt] *n* необду́манное выска́зывание; неосторо́жное сло́во, сужде́ние

blurt II [blɜːt] *v* сболтну́ть, вы́палить (*обыкн.* ~ out, ~ forth); he ~ed out the whole story [the truth] он вы́болтал /вы́ложил/ всю исто́рию [пра́вду]

blush I [blʌʃ] *n* 1. кра́ска стыда́, смуще́ния; to put to the ~ заста́вить покрасне́ть, вогна́ть в кра́ску; to spare smb.'s ~es щади́ть чью-л. скро́мность; she turned away to hide her ~es она́ отверну́лась, что́бы скрыть своё смуще́ние; she said it with a ~ она́ сказа́ла э́то и зарде́лась 2. 1) ро́зовый цвет *или* о́тблеск 2) багря́нец, кра́сный цвет

◊ at (the) first ~ а) с пе́рвого взгля́да; б) на пе́рвый взгля́д; at first ~ he thought the job would be easy на пе́рвый взгляд рабо́та показа́лась ему́ лёгкой

blush II [blʌʃ] *v* 1) краснеть, заливаться краской от смущения, стыда; to ~ like a rose зардеться как маков цвет; to ~ to the roots of one's hair покраснеть до корней волос; I ~ for you я краснею за вас; I do not to own that I am wrong я не стыжусь признаться, что я неправ 2) смущаться, вгонять в краску

blusher [ˈblʌʃə] *n* румяна

blushful [ˈblʌʃ(ə)l] *a* 1. застенчивый; стыдливый 2. 1) румяный, красный 2) розовый

blushing [ˈblʌʃɪŋ] *a* 1. скромный, застенчивый; краснеющий, смущающийся; ~ bride смущённая невеста 2. *эвф. вм.* bloody I 5

blushless [ˈblʌʃlɪs] *a* 1) беззастенчивый 2) бесстыдный, бесстыжий

bluster I [ˈblʌstə] *n* 1. рёв бури 2. 1) рёв духового инструмента 2) хвастун 1) невероятный шум 3. 1) пустые угрозы 2) громкие слова; хвастовство

bluster II [ˈblʌstə] *v* 1. бушевать, реветь (*о буре*) 2. 1) шуметь, неистовствовать, угрожать; to ~ into obedience запугать и заставить повиноваться; to ~ out threats изрыгать угрозы, грозиться 2) хвастаться
◇ to ~ one's way out of a difficulty вырваться из затруднительного положения

blusterer [ˈblʌst(ə)rə] *n* 1) шумливый, задиристый человек 2) хвастун

blusterous [ˈblʌst(ə)rəs] *a* 1. бурный, буйный 2. 1) шумливый 2) хвастливый

blustery [ˈblʌst(ə)rɪ] = blusterous

Blut und Eisen [ˌbluːtʊntˈaɪz(ə)n] *нем.* кровь и железо (*суть доктрины Бисмарка*)

blype [blaɪp] *n шотл.* обрывок, клок

bo¹ [bəʊ] *n амер. прост.* приятель, друг (*особ. в обращении*)

bo² [bəʊ] *n* (*pl* boes [bəʊz]) *амер. сл.* (*сокр. от* hobo) бродяга

bo³ [bəʊ] *int* у-у! (*восклицание, употребляющееся, чтобы испугать или удивить*); can't say "bo" to a goose очень робок; ≅ и мухи не обидит

boa [ˈbəʊə] *n* 1. удав, питон 2. боа, горжетка

boa constrictor [ˌbəʊəkənˈstrɪktə] *зоол.* боа-констриктор (*Constrictor*)

Boanerges [ˌbəʊəˈnɜːʒiːz] *n pl* 1. *библ.* Воанергес, сыны громовы (*апостолы Иоанн и Иаков*) 2. *употр. с гл. в ед.* громогласный проповедник; оратор-громовержец

boar [bɔː] *n* 1. хряк, боров, кабан 2. *зоол.* кабан (*Sus scrofa*) 3. хряковина (*мясо хряка*)

board¹ I [bɔːd] *n* I 1. 1) доска; ironing ~ гладильная доска; bed of ~s *амер.* 1) *спец.* доски шириной более 20 см и толщиной до 5 см 2. *pl* 1) подмостки, сцена; to go on the ~s пойти на сцену, стать актёром; to tread the ~s быть актёром *спец.* 2) подмости 3. классная доска 4. доска для сёрфинга 5. полка 6. 1) плотный картон 2) крышка, переплёт 7. *австрал.* настил, на котором стригут овец 8. *разг.* картина, которая продаётся на улице

II 1. *поэт.* стол (*преим. обеденный*); groaning ~ стол, уставленный яствами; hospitable ~ хлебосольство, гостеприимство; a simple ~ of meat and potatoes нехитрое блюдо из мяса и картошки 2. пища, питание, стол; ~ and lodging стол и квартира, пансион; ~ bill *амер.* плата за пансион; how much do you pay for bed and ~? сколько вы платите за стол и квартиру?

III 1. борт (*корабля*); on ~ 1) на борту (*корабля*); на пароходе; на борту б) *амер.* в вагоне (*железнодорожном, трамвайном*); на самолёте; to come /to go/ on ~ сесть на корабль, на самолёт; to go by the ~ а) упасть за борт; б) быть выброшенным за борт 2. *мор.* галс 3. бортик (*хоккей*)

IV 1. коммутатор 2. *тех.* приборная доска, панель прибора; control ~ пульт управления; on ~ в рабочем положении 3. планшет 4. *элк., вчт.* монтажная плата; bare ~ пустая /несмонтированная/ плата
◇ above ~ честно; under ~ подло; ~ and ~, ~ by ~ рядом; to sweep the ~(s) а) *карт.* забрать все ставки, выиграть; б) преуспеть, добиться решающего успеха; to bet across the ~ *сл.* ставить сразу на несколько условий (*на бегах*)

board¹ II [bɔːd] *v* 1. 1) настилать пол, обшивать досками 2) забивать, заколачивать досками (*тж.* up) 2. 1) столоваться; to ~ with smb. столоваться у кого-л. 2) предоставлять питание *или* полный пансион (*жильцу и т. п.*); she ~s two boys у неё на пансионе два мальчика 3. 1) сесть на корабль 2) *амер.* сесть в поезд, в трамвай, на самолёт 4. *разг.* обращаться, приставать (*к кому-л.*); заигрывать (*с кем-л.*) 5. прижать к бортику (*в хоккее*) 6. *разг.* проводить медосмотр новобранцев; he was ~ed yesterday and passed for general service вчера он прошёл комиссию и был признан годным к службе 7. *мор.* лавировать 8. *мор.* брать на абордаж

board² [bɔːd] *n* правление; совет; коллегия; департамент; министерство; ~ of directors правление; совет директоров; ~ of governors правление; ~ of trustees совет опекунов; a school ~ попечительский совет

boarder [ˈbɔːdə] *n* 1. 1) пансионер; квартирант, жилец 2) пансионер, школьник интерната 2. *мор.* идущий на абордаж

board fence [ˈbɔːdfens] дощатый забор

board game [ˈbɔːdgeɪm] настольная игра (*шахматы и т. п.*)

board in [ˈbɔːdˈɪn] *phr v* столоваться у хозяйки

boarding [ˈbɔːdɪŋ] *n* 1. 1) обшивка досками 2) доски 2. *ав.* посадка 3. *кож.* накатывание мерей 4. *мор.* (взятие на) абордаж

boarding-card [ˈbɔːdɪŋkɑːd] *n* посадочный талон

boarding house [ˈbɔːdɪŋhaʊs] пансион; меблированные комнаты со столом

boarding party [ˈbɔːdɪŋˌpɑːtɪ] абордажная команда

boarding pass [ˈbɔːdɪŋpɑːs] посадочный талон для пересечения границы (*на самолёте*)

boarding school [ˈbɔːdɪŋˌskuːl] пансион, закрытое учебное заведение; школа-интернат

boarding-ship [ˈbɔːdɪŋʃɪp] *n мор.* досмотровое судно

boardless plough [ˈbɔːdlɪsˈplaʊ] *с.-х.* безотвальный плуг

board lot [ˈbɔːdlɒt] лот (*единица сделок на фондовой бирже*)

Board of Admiralty [ˈbɔːdəvˈædm(ə)rəltɪ] совет адмиралтейства

Board of Education [ˈbɔːdəvˌedjʊˈkeɪʃ(ə)n] *амер.* министерство просвещения

board of elections [ˈbɔːdəvɪˈlekʃ(ə)nz] *амер.* комиссия из представителей двух ведущих политических партий для наблюдения за ходом выборов

board of estimate [ˈbɔːdəvˈestɪmɪt] *амер.* бюджетная комиссия

Board of Health [ˈbɔːdəvˈhelθ] департамент, отдел здравоохранения

Board of Trade [ˈbɔːdəvˈtreɪd] 1) министерство торговли (*в Великобритании*) 2) торговая палата (*в США*)

board out [ˈbɔːdˈaʊt] *phr v* 1. столоваться и жить вне дома 2. помещать в интернат, пансионат *и т. п.*; your family is so large that three of the children will have to ~ ваша семья такая большая, что троих детей придётся устроить в интернат

board room [ˈbɔːdruːm, -rʊm] 1. зал заседаний совета директоров (*фирмы*) 2. помещение в маклерской конторе с телетайпом для приема последних биржевых новостей

board round [ˈbɔːdˈraʊnd] *phr v амер. ист.* питаться по очереди во всех домах селения (*об учителе или священнике*)

board rule [ˈbɔːdruːl] линейка для определения объёма брусьев, досок *и т. п.*

board school [ˈbɔːdskuːl] 1. *уст.* = boarding school 2. *ист.* школа, руководимая школьным советом

boardwages [ˈbɔːdˌweɪdʒɪz] *n pl* 1. стоимость жилья и питания (*часть зарплаты, выплачиваемая прислуге и т. п.*) 2. столовые и квартирные (*как часть зарплаты*) 3. скудный заработок

boardwalk [ˈbɔːdwɔːk] *n амер.* 1) дощатый настил, мостки; тротуар 2) променад на пляже

boardy [ˈbɔːdɪ] *a разг.* жёсткий, негибкий

boarish [ˈbɔːrɪʃ] *a* 1. кабаний; ~ bristle свиная щетина 2. грубый, чувственный

boast¹ I [bəʊst] *n* 1. хвастовство, похвальба; empty ~ пустое хвастовство; to make ~ of smth. хвастаться /похваляться/ чем-л. 2. предмет гордости; the baby is her ~ ребёнок — предмет её гордости

boast¹ II [bəʊst] *v* 1. (of, about) хвастать, хвастаться, похваляться; not much to ~ of похвастать(ся) нечем 2. гордиться; the town ~s of its gardens город гордится своими садами

boast² [bəʊst] *v* грубо обтёсывать (*камень*)

boast³ I [bəʊst] *n* удар за боковую линию (*в теннисе*)

boast³ II [bəʊst] *v* послать мяч за боковую линию (*в теннисе*)

boaster¹ [ˈbəʊstə] *n* хвастун

boaster² [ˈbəʊstə] *n* пазовик; зубило (*каменщика*); скарпель

boastful [ˈbəʊstf(ə)l] *a* хвастливый

boat I [bəʊt] *n* 1. 1) лодка; шлюпка; *бот*; pair-oar [four-oar] ~ лодка с одной парой [с двумя парами] вёсел; inrigged ~ *спорт.* лодка с уключинами, укреплёнными на бортах; outrigged ~ *спорт.* лодка с вынесенными за борт уключинами; to lower the ~s спустить шлюпки; to take the ~ а) пересесть в лодки (*с тонущего корабля*) 2) судно, корабль; to go by ~ ехать на пароходе; to take the ~ = сесть на судно 3) подводная лодка 2. 1) *спец.* лодочка (*лабораторная*) 2) сосуд в форме лодочки; sauce ~ соусник
◇ to be in the same ~ быть в одинаковом положении; быть /сидеть/ в одной лодке; to sail in the same ~ действовать сообща, быть заодно; to sail one's own ~ действовать самостоятельно; to burn one's ~s сжечь (свои) корабли, отрезать себе путь к отступлению; to miss the ~ упустить возможность /случай/; to have an oar

in every ~ во всё вмéшиваться; to push out the ~ *прост.* угощáть, платить за выпивку; to put on the ~ выслать за предéлы страны; to find oneself in the wrong ~ попáсть впросáк; оказáться в затруднительном положéнии; to rock the ~ *разг.* возмущáть спокóйствие, нарушáть покóй; изменять ход собы́тий

boat II [bəʊt] *v* 1. перевозить по водé 2. катáться на лóдке; we ~ed up the river мы поднялись на лóдке вверх по рекé 3. втя́гивать пóйманную ры́бу в лóдку

boatable ['bəʊtəb(ə)l] *a* судохóдный (*о реке, канале*)

boatage ['bəʊtɪdʒ] *n* 1. перевóзка на шлю́пке *или* кáтере 2. оплáта за перевóзку на шлю́пке *или* кáтере

boatbill ['bəʊtbɪl] *n зоол.* 1) ложноклю́вая кóлпица (*Cochlearius cochlearia*) 2) рогоклю́в (*Eurylaemus*)

boat-bridge ['bəʊtbrɪdʒ] *n* понтóнный мост

boatbuilding ['bəʊt,bɪldɪŋ] *n* судострoéние

boat-crutch ['bəʊtkrʌtʃ] *n* уключина

boat-davit ['bəʊt,dævɪt] *n мор.* шлю́пбáлка

boat-deck ['bəʊtdek] *n* шлю́почная пáлуба

boatel [bəʊ'tel] *n* прибрéжная гостиница, отéль для путешéственников на лóдках (*с причáлами для лóдок постоя́льцев*) [< boat + hotel]

boater ['bəʊtə] *n* 1) лóдочник на канáле 2) катáющийся на лóдке; гребéц 2. *разг.* канотьé, мужскáя солóменная шля́па (*жёсткая*)

boat-fly ['bəʊtflaɪ] *n зоол.* гребля́к, водянóй клоп (*Notonecta glauca*)

boatful ['bəʊtfʊl] *n* 1. пассажи́ры и комáнда сýдна 2. лóдка, пóлная до откáза

boathook ['bəʊthʊk] *n* отпóрный крюк

boathouse ['bəʊthaʊs] *n мор.* э́ллинг

boating ['bəʊtɪŋ] *n* лóдочный спорт; грéбля; to go ~ катáться на лóдке

boatload ['bəʊtləʊd] *n* пóлная нагрýзка шлю́пки *или* лóдки

boatman ['bəʊtmən] *n* (*pl* -men [-mən]) 1. лóдочник 2. = boat-fly

boat neck ['bəʊtnek] = bateau neck

boatplane ['bəʊtpleɪn] *n* гидросамолёт

boat race ['bəʊtreɪs] состязáние по грéбле

boat seaplane ['bəʊt'siːpleɪn] = boatplane

boatsman ['bəʊtsmən] *уст.* = boatman 1

boat spike ['bəʊtspaɪk] наибóльший формáт конвéрта (40 *см*)

boatswain ['bəʊs(ə)n] *n* (глáвный) бóцман

boatswain's chair [,bəʊs(ə)nz'tʃeə] верёвочная лю́лька (*для моряка, крáсящего борт сýдна*)

boattail ['bəʊteɪl] *n* суживающаяся хвостовáя часть (*пули, снаряда*)

boat-tailed [,bəʊt'teɪld] *a* с обтекáемой *или* суживающейся хвостовóй чáстью

boat-train ['bəʊttreɪn] *n* пóезд, соглáсованный с парохóдным расписáнием

boat-woman ['bəʊt,wʊmən] *n* (*pl* -women [,-wɪmɪn]) лóдочница

boatyard ['bəʊtjɑːd] *n* 1) шлю́почная мастерскáя 2) катеростроительный завóд

Bob [bɒb] *n см.* Приложéние

◊ ~'s your uncle *сл.* всё прекрáсно; you go and ask for the job and he remembers your name, and ~'s your uncle ты идёшь и прóсишь рабóту, он вспоминáет твоё имя, и всё в поря́дке

bob¹ I [bɒb] *n* 1. кóротко подстри́женные вóлосы, корóткая стри́жка (*у женщины*) 2. 1) завитóк (*волóс*) 2) пучóк (*волóс*); to twist up one's hair in a ~ закрути́ть вóлосы в пучóк 3. корóткий парик 4. корóтко подрéзанный хвост (*лóшади, собáки*) 5. 1) поплавóк 2) *уст.* подвéска, висю́лька; серьгá 3) *рыб.* искýсственная мýха 6. 1) *тех.* отвéс; груз отвéса 2) маятник, балансир 3) *мор.* лот 7. 1) узел; бант; помпóн (*шерстянóй*) 2) хвост (*бумáжного змея*)

bob¹ II [bɒb] = bobbed

bob¹ III [bɒb] *v* 1. 1) кóротко стричь; остригáть стри́чься (*о женщине*); she ~bed her hair онá кóротко постри́гла вóлосы 3) кóротко подрезáть хвост (*лóшади, собáке*) 2. удить (*угрéй на приманку*)

bob² I [bɒb] *n* 1. 1) рéзкое движéние; толчóк; to bear /to shift/ a ~ торопи́ться, пошевéливаться [*ср. тж.* 4] 2) лёгкий удáр; a ~ on the chin лёгкий удáр по подборóдку 3) бы́стрый кивóк *или* покáчивание головóй 2. приседáние, (неуклю́жий) книксен; the village girls made a ~ as they passed проходя́, деревéнские дéвушки дéлали книксен 3. *шотл.* стари́нный тáнец 4. припéв; to bear a ~ подхвáтывать припéв [*ср. тж.* 1, 1)]

bob² II [bɒb] *a разг.* живóй, весёлый

◊ all is ~ всё в поря́дке

bob² III [bɒb] *adv разг.* бы́стро, внезáпно; ~! and away it went трах! и нет ничегó!

bob² IV [bɒb] *v* 1. 1) качáться; a bottle was ~bing about in the sea буты́лка покáчивалась на волнáх 2) дви́гать вверх-вниз; дви́гать из стороны́ в стóрону; to ~ one's head кивáть, качáть головóй 2. подскáкивать, подпры́гивать (*тж.* ~ up and down); a boy was ~bing up and down on the horse мáльчика трясло́ и подбрáсывало на лóшади, мáльчик тря́сся в седлé 3. 1) приседáть; he ~bed and the stone missed him он присéл, и кáмень не попáл в негó 2) дéлать книксен (*тж.* ~ a curtsy) 4. танцевáть 5. удáрять (пáлкой с крýглым набалдáшником) 6. слегкá удáрять, постýкивать 7. (at, for) ловить зубáми (*вися́щие вишни или я́блоки в водé — игра*)

◊ he's ~bed on a court martial егó ожидáет военно-полевóй суд

bob³ I [bɒb] *n* 1. лóвкий приём, обмáн 2. насмéшка, издéвка

bob³ II [bɒb] *v* 1. 1) *уст.* обмáнывать 2) вымáнивать, надувáть; to ~ smb. out of smth. выманить что-л. у когó-л. 2. высмéивать, насмехáться

bob⁴ I [bɒb] *амер.* = bobsled I

bob⁴ II [bɒb] *v амер.* 1. катáться с гор 2. перевозить на санях

bob⁵ [bɒb] *n* гáмма колокóльного перезвóна

bob⁶ [bɒb] *n разг.* шкóльник, учени́к (*в Итоне*)

bob⁷ [bɒb] *n* (*pl без изм.*) *разг.* ши́ллинг; ~ a nob по ши́ллингу на брáта

bob⁸ [bɒb] *n тех. проф.* кóжаный полировáльный круг

bobbed [bɒbd] *a* 1) подстри́женный, подрéзанный 2) кóротко остри́женный 3) с помпóном, бáнтом *и т. п.*

bobber ['bɒbə] *n* 1. = bob² IV +-er 2. поплавóк 3. *сл.* дружóк, приятель 4. *прост.* сплéтник, трепло́ 5. *спорт.* бобслéист; спортсмéн-сáночник

bobbery ['bɒb(ə)rɪ] *n рéдк. разг.* шум, скандáл; to kick up a ~ поднять шум, устрóить скандáл

bobbin ['bɒbɪn] *n* 1. 1) катýшка 2) коклю́шка 2. шпýля, цéвка 3. бобина 4. *авт.* катýшка зажигáния

bobbinet ['bɒbɪnet] = bobbin-net

bobbing ['bɒbɪŋ] *n* 1) удáр 2) битьё 2. *разг.* рéзкое замечáние; вы́говор 3. 1) приседáние 2) тáнец; there was plenty of ~ from the girls дéвушки без концá пляcáли 4. ужéние угрéй на червя́

bobbing-target ['bɒbɪŋ,tɑːgɪt] *n воен.* появля́ющаяся мишéнь

bobbin lace ['bɒbɪnleɪs] бобинное кружево

bobbin-net ['bɒbɪnnet] *n текст.* тюль (гарди́нный), маши́нное кружево

bobbin-reel ['bɒbɪnriːl] *n текст.* мотовило

bobble I ['bɒb(ə)l] *n* 1. бýрный потóк 2. *сл.* прóмах, промáшка

bobble II ['bɒb(ə)l] *v* 1. бурли́ть 2. *сл.* дать мáху, совершить прóмах 3. *спорт. жарг.* промахнýться

bobby ['bɒbɪ] *n разг.* бóбби, полисмéн

bobby-dazzler ['bɒbɪ,dæzlə] *n разг.* сногсшибáтельный предмéт *или* человéк; his new tie is a ~ у негó гáлстук — закачáешься

bobby pin ['bɒbɪpɪn] *амер.* закóлка для волóс

bobbysocker ['bɒbɪ,sɒkə] = bobbysoxer

bobbysocks ['bɒbɪsɒks] = bobbysox

bobbysox ['bɒbɪsɒks] *n амер. разг.* корóткие носки́ (*для дéвочек-подрóстков*)

bobbysoxer ['bɒbɪ,sɒksə] *n амер. разг.* дéвочка-подрóсток; ю́ная мóдница

bobcat ['bɒbkæt] *n* 1. *зоол.* рысь ры́жая (*Lynx rufus*) 2. (B.) бойскáут млáдшей грýппы

bob-cherry ['bɒb,tʃerɪ] *n* дéтская игрá [*см.* bob² IV 7]

bob-curl ['bɒbkɜːl] *n* завитóк (*волóс*)

bob in ['bɒb'ɪn] *phr v рéдк.* входи́ть, заходи́ть; the servant bobbed in with tea служáнка вошлá с чáем; will you ~, old man? не зайдёшь ли, старинá?

bob off ['bɒb'ɒf] *phr v* отдéлаться от чегó-л. обмáном; he bobbed off his old nag он сплáвил свою́ стáрую кобы́лу

bobolink ['bɒb(ə)lɪŋk] *n зоол.* тупиáл ри́совый (*Dolichonyx oryzivorus*)

bob skate ['bɒbskeɪt] конёк с двумя́ полóзьями

bobsled I ['bɒbsled] *n* 1. *спорт.* бобслéй 2. пáрные салáзки из брёвен

bobsled II ['bɒbsled] *v спорт.* катáться с гор (*на санкáх с рулём*)

bobsleigh I, II ['bɒbsleɪ] = bobsled I и II

bobstay ['bɒbsteɪ] *n мор.* ватершáг

bobtail I ['bɒbteɪl] *n* 1. обрéзанный, кýцый хвост 2. лóшадь *или* собáка с обрéзанным хвостóм 3. *воен. жарг.* увольнéние из áрмии за недостóйное поведéние (*тж.* ~ discharge)

◊ rag, tag and ~ сброд, вся́кая шýшера

bobtail II ['bɒbteɪl] *a* 1. с обрéзанным, кýцым хвостóм 2. урéзанный, сокращённый

bobtail III ['bɒbteɪl] *v* 1. подрезáть хвост (*лóшади или собáке*) 2. укорáчивать; he ~ed his coat он укороти́л свой пиджáк 3. урéзать, сокращáть

bobtailed ['bɒbteɪld] = bobtail II

bob up ['bɒb'ʌp] *phr v* 1. выскáкивать 2. появля́ться на повéрхности; the cork bobbed up прóбка всплылá на повéрхность 3. неожи́данно появи́ться; after months in hiding he bobbed up in Paris он скрывáлся нéсколько мéсяцев, а потом вдруг появился в Париже; the question has bobbed up вопрос возник неожиданно; his book is likely to ~ for notice его книга, очевидно, получит известность 4. часто подниматься с места для выступления

bob veal [ˌbɒbˈviːl] телятина

bobwhite [ˌbɒbˈwaɪt] *n зоол.* куропатка виргинская (*Colinis virginianus*)

bobwig [ˈbɒbwɪg] *n ист.* парик с короткими кудрями *или* с короткой косичкой

bocage [bə(ʊ)ˈkɑːʒ] *n* 1. кустарник 2. подлесок

bocal [bə(ʊ)ˈkɑːl] *n фр.* бокал

bocasin [ˈbɒkəsɪn] *n* высококачественный переплётный холст

bocca [ˈbɒkə] *n* 1) *геол.* бокка 2) небольшое устье

boccie [ˈbɒtʃɪ] *n* бочи, итальянские кегли

boche [bɒʃ] *n* бош (*пренебр. прозвище немецкого солдата; тж.* B.)

bock¹ [bɒk] *n* 1) крепкое тёмное (*немецкое*) пиво (*тж.* ~ beer) 2) *разг.* стакан пива 2. французская пивная кружка в 1/4 литра

bock² [bɒk] *n* баранья переплётная кожа, заменитель сафьяна

bocking [ˈbɒkɪŋ] *n* грубая шерстяная ткань

boco [ˈbəʊkəʊ] *n разг.* нос

boco-smasher [ˈbəʊkəʊˌsmæʃə] *n прост.* драчун, громила, хулиган

bod [bɒd] *n сл.* парень, личность

bodacious [bəʊˈdeɪʃəs] *амер. сл.* безрассудный [< bold + audacious]

bode¹ [bəʊd] *n ист.* герольд, вестник

bode² I [bəʊd] *n* 1. *арх.* предзнаменование 2. *диал.* предложение (цены)

bode² II [bəʊd] *v книжн.* 1) предвещать, сулить; to ~ ill [well] служить дурным [хорошим] предзнаменованием; this ~s a happy ending это предвещает счастливый исход 2) предчувствовать 3) предвидеть

bode³ [bəʊd] *past и p.p. от* bide

bodeful [ˈbəʊdf(ə)l] *a арх.* грозный, зловещий; предвещающий несчастье; there was a ~ pause наступила зловещая пауза

bodega [bəʊˈdiːgə, -ˈdeɪgə] *n исп.* винный погреб, погребок

bodement [ˈbəʊdmənt] *n книжн.* 1. предсказание 2. 1) предзнаменование; знамение, знак 2) дурное предзнаменование

boden [ˈbəʊdn] *a шотл.* одетый; снаряжённый; well [ill] ~ хорошо [плохо] одетый *или* снаряжённый

bodgie [ˈbɒdʒɪ] *n австрал. сл.* член хулиганской шайки подростков

bodice [ˈbɒdɪs] *n* 1) (прилегающий) лиф (*платья*) 2) корсаж; tight [fitting] ~ тесный [прилегающий] корсаж 3) *уст.* корсет; лифчик

bodiless [ˈbɒdɪlɪs] *a* бестелесный

bodily I [ˈbɒdɪlɪ] *a* 1) телесный, физический; ~ fear животный страх; ~ suffering физические страдания 2) вещественный, материальный

bodily II [ˈbɒdɪlɪ] *adv* 1. лично, собственной персоной; he came ~ он явился сам /лично/ 2. 1) целиком; the building was transported ~ to another place всё здание целиком было передвинуто в другое место; the audience rose ~ все присутствующие встали; все вставали, как один человек; they resigned ~ они в полном составе подали в отставку 2) *тех.* в собранном виде

bodily disease [ˈbɒdɪlɪdɪˈziːz] *мед.* соматическое заболевание

boding I [ˈbəʊdɪŋ] *n* предзнаменование, знак

boding II [ˈbəʊdɪŋ] *a* предвещающий

bodkin [ˈbɒdkɪn] *n* 1. 1) шило 2) длинная тупая игла (*для вдевания резинки*) 2. длинная шилька для волос 3. *разг.* человек, зажатый двумя другими; to ride [to sit] ~ ехать [сидеть] втиснутым между двумя соседями; to walk ~ идти под руку с двумя дамами 4. *уст.* кинжал 5. типографское шило

bodle [ˈbɒdl] *n ист.* мелкая медная шотландская монета; самая мелкая монета

Bodleian I [bɒdˈliːən, ˈbɒd-] *n* Бодлианская библиотека (*Оксфордского университета*)

Bodleian II [bɒdˈliːən, ˈbɒd-] *a* бодлианский; the ~ library Бодлианская библиотека (*Оксфордского университета*)

body I [ˈbɒdɪ] *n* I 1. 1) тело; плоть; ~ temperature температура тела; ~ weight вес тела; absent in ~, present in soul его здесь нет, но душой он с нами 2) туловище 3) корпус (*лошади*); he was a ~ behind он отстал на корпус (*на скачках*) 4) ствол; стебель 5) *рел.* тело господне 2. труп, тело; several bodies were washed ashore на берег вынесло несколько трупов 3. *разг., диал.* человек; dear /nice/ old ~ милая старушка; decent ~ приличный человек 4. 1) главная, основная часть (*чего-л.*); the ~ of the book основная часть книги (*без предисловия, примечаний и т. п.*); ~ of the hall часть зала, отведённая для делегатов (*в ООН*); the main ~ *воен.* основные силы; ~ of the race *спорт.* основная дистанция бега 2) *архит.* главный корабль неф. церкви, 3) корпус (*книги*) 5. 1) предмет 2) *спец.* тело, вещество; solid [liquid, gaseous] bodies твёрдые [жидкие, газообразные] тела; heavenly bodies небесные тела; black ~ *физ.* абсолютно чёрное тело; ~ of flame язык пламени; ~ of fuel слой топлива 6. 1) консистенция (*жидкости и т. п.*); ~ of oil густота масла 2) кроющая способность (*краски*) 3) крепость (*вина*); the wine has no ~ вино слабое 7. кузов 8. остов 9. корпус (*корабля*) 10. *ав.* фюзеляж 11. *тех.* станина 12. ствольная коробка (*винтовки*) 13. стакан, корпус (*снаряда*) 14. лиф (*платья*) 15. *полигр.* ножка литеры 16. *уст.* реторта, перегонный куб

II 1. 1) группа людей; a ~ of electors избиратели; large bodies of unemployed men большие группы безработных 2) орган; общество; ассоциация; лига; advisory ~ консультативный орган; diplomatic ~ дипломатический корпус; governing ~ административный совет; legislative [executive] ~ законодательная [исполнительная] власть; законодательный [исполнительный] орган; learned ~ учёное общество; the school governing ~ школьное управление; standing ~ постоянный орган; subsidiary ~ вспомогательный орган 3) юридическое лицо, субъект (*права*) 4) отряд, воинская часть; a ~ of cavalry кавалерийский отряд; a ~ of troops отряд войск 2. 1) группа предметов, вещей; совокупность, комплекс; a great ~ of facts масса фактов 2) сборник (*законов и т. п.*) 3. большое количество (*чего-л.*); масса; массив; ~ of cold air масса холодного воздуха; ~ of water масса воды, водная поверхность; ~ of information большой объём информации

◇ heir of the ~ *юр.* наследник по нисходящей линии; to keep ~ and soul together сводить концы с концами, поддерживать существование; in a ~ в полном составе; в совокупности; over my dead ~ *разг.* только через мой труп

body II [ˈbɒdɪ] *v* 1. придавать форму 2. изображать; воплощать; типизировать (*тж.* ~ forth); his main character bodies forth the age в его главном герое воплощены черты века

body armour [ˈbɒdɪˌɑːmə] бронежилет, пуленепроницаемый жилет

body bag [ˈbɒdɪbæg] похоронный мешок, мешок с молнией для перевозки трупа (*преим. погибшего солдата*)

body blow [ˈbɒdɪbləʊ] 1) удар в корпус (*бокс*) 2) тяжкий, сокрушительный удар

body-boat [ˈbɒdɪbəʊt] *n воен.* плавательный костюм

body-build [ˈbɒdɪbɪld] *n* телосложение

body-builder [ˈbɒdɪˌbɪldə] *n* 1. *спорт.* культурист 2. тренажёр 3. питательный продукт

body-building [ˈbɒdɪˌbɪldɪŋ] *n спорт.* культуризм, бодибилдинг

body burden [ˈbɒdɪˌbɜːdn] *мед.* задержанное в организме радиоактивное вещество

body cavity [ˈbɒdɪˈkævɪtɪ] *анат.* полость (*тела*)

body cell [ˈbɒdɪsel] *биол.* соматическая клетка

bodycheck [ˈbɒdɪtʃek] *n спорт.* 1) блокировка, блок; силовой приём 2) заслон

body clock [ˈbɒdɪklɒk] = biological clock

body-cloth [ˈbɒdɪklɒθ] *n* 1) попона 2) *pl* нижнее бельё

body-coat [ˈbɒdɪkəʊt] *n* облегающее платье

body-colour [ˈbɒdɪˌkʌlə] *n* 1) телесный цвет 2) *жив.* корпусная краска

body-control [ˈbɒdɪkənˌtrəʊl] *n спорт.* владение телом

body corporate [ˌbɒdɪˈkɔːp(ə)rɪt] = corporation

body count [ˈbɒdɪkaʊnt] *n* 1) количество убитых, потери убитыми; *воен. тж.* прямой подсчёт потерь на поле боя 2) число жертв (*несчастных случаев и т. п.*)

body English [ˈbɒdɪˌɪŋglɪʃ] *амер. разг.* жестикуляция зрителей *или* игроков (*во время спортивной игры*)

bodyguard [ˈbɒdɪgɑːd] *n* 1. 1) личная охрана 2) эскорт 2. телохранитель

bodying [ˈbɒdɪɪŋ] *n* 1. *хим.* полимеризация 2. *тех.* сгущение

body language [ˈbɒdɪˌlæŋgwɪdʒ] (бессознательная) жестикуляция и мимика

body-lifter [ˈbɒdɪˌlɪftə] = body-snatcher

bodyline work [ˌbɒdɪlaɪnˈwɜːk] *разг.* нечестная игра, недобросовестная работа

body louse [ˈbɒdɪlaʊs] *энт.* вошь платяная (*Pediculus corposis*)

body-on-body [ˌbɒdɪɒnˈbɒdɪ] *n* ближний бой с прикосновением рук и туловища (*фехтование*)

body-plan [ˈbɒdɪplæn] *n мор.* корпус (*на теоретическом чертеже*)

body politic [ˌbɒdɪˈpɒlɪtɪk] *книжн.* государство

body press [ˈbɒdɪpres] захват в спортивной борьбе (*при котором вес тела используется, чтобы прижать противника, лежащего на спине*)

body shirt [ˈbɒdɪʃɜːt] 1) облегающая блузка, батник 2) батник с трусами (*типа купальника*)

body-size [ˈbɒdɪsaɪz] *n полигр.* кегль (*литеры*)

body slam [ˈbɒdɪslæm] бросок (*приём в спортивной борьбе*)

body-snatcher ['bɒdɪˌsnætʃə] *n* 1. *ист.* похититель трупов 2. *воен. жарг.* 1) снайпер 2) санитар 3. *амер. сл.* репортёр, освещающий деятельность выдающихся лиц

bodystocking ['bɒdɪˌstɒkɪŋ] *n* трико, женское нижнее бельё, комбинация из лифа и колготок

bodysuit ['bɒdɪs(j)uːt] *n* комбинация из майки и трусов (*трикотажное нижнее бельё в виде купальника*)

body-surf ['bɒdɪsɜːf] *v* кататься на гребне волны без доски

body-type ['bɒdɪtaɪp] *n* *полигр.* шрифт основного текста

bodywork ['bɒdɪwɜːk] *n* 1. *авт.* кузов 2. кузовостроение

boe [bəʊ] = bo²

Boeotian I [bɪˈəʊʃ(ə)n] *n* 1. *ист.* беотиец 2. *книжн.* тупица, невежда

Boeotian II [bɪˈəʊʃ(ə)n] *a* 1. *ист.* относящийся к Беотии 2. *книжн.* грубый, тупой

Boer [bəʊə, bɔː(ə)] *n* 1. бур (*африкан(д)ер*); ~ War *ист.* англо-бурская война 2. сорт южноафриканского табака (*тж.* ~ tobacco)

bœuf à la mode [ˌbɜːfɑːlɑːˈmɒd, -ˈməʊd] *фр.* тушёное мясо с овощами

boff [bɒf] *n* 1. *сл.* оглушительный, утробный хохот, гогот 2. *театр.* 1) уморительная реприза; хохма 2) кассовая постановка

boffin ['bɒfɪn] *n сл.* 1) учёный; специалист-консультант, эксперт 2) изобретатель (*особ. занимающийся новыми видами оружия и т. п.*)

boffinry ['bɒfɪnrɪ] *n сл.* учёность, заумь

boffo I ['bɒfəʊ] *амер. сл.* = boff

boffo II ['bɒfəʊ] *a амер. сл.* 1. громкий, оглушительный 2. восторженный 3. очень успешный; сенсационный; блистательный 4. смешной, уморительный

boffola [bɒˈfəʊlə] *амер. сл. см.* boff

bog I [bɒg] *n* 1. 1) болото, трясина 2) *тк. sing* болотистая почва; ~ bath торфяная ванна; ~ coal бурый уголь; ~ ore *мин.* болотная руда, чёрная охра 2. *часто pl груб.* уборная, нужник

bog II [bɒg] *v* увязать, тонуть в трясине

bog bean ['bɒgbiːn] = buck-bean

bog-berry ['bɒg(ə)rɪ] *n* 1. *бот.* клюква (*Oxycoccus palustris*) 2. *амер. разг.* мелкая клубника

bog down ['bɒgˈdaʊn] *phr v* 1. (*обыкн. p. p.*) 1) застрять; the bill can be /get/ bogged down in Congress законопроект может застрять в конгрессе 2. *разг.* быть, стать бездейственным 3. *разг.* срывать; препятствовать; to ~ an attack сорвать атаку; the attack was bogged down атака захлебнулась

bogey ['bəʊgɪ] = bogy

bogeyman [ˈbəʊgɪmæn] *n* (*pl* -men [-mən]) страшилище, призрак, привидение

boggard ['bɒgəd] *n* *диал., фольк.* домовой, привидение

boggish ['bɒgɪʃ] *a* болотистый

boggle I ['bɒg(ə)l] *n* 1. *редк.* 1. испуг, страх (*часто лошади*) 2. *разг.* неумелая работа; путаница; what a ~ he did make of it! ну и напутал он!; they got into that ~ in their expedition они попали в переделку во время экспедиции 3. колебания, сомнения; to make ~ колебаться

boggle II ['bɒg(ə)l] *v* 1. (at) пугаться, бояться 2. отпрянуть, дёрнуться, отшатнуться 3. (at, about, over) колебаться, сомневаться, останавливаться 4. (at, over) делать (*что-л.*) неумело, портить; to ~ at a lock не суметь открыть замок; to ~ over the exercise напутать в упражнении; he ~d his first attempt с первого раза у него ничего не получилось 5. идти на риск в игре, рисковать 6. лукавить, хитрить, увиливать 7. поражать, изумлять; to ~ imagination поражать воображение; the distance of a light-year ~s the mind расстояние в световой год нельзя себе представить /уму непостижимо/

boggy¹ ['bɒgɪ] *a* 1. болотистый; ~ hollows болотистые низины 2. дряблый, рыхлый; ~ flesh дряблое тело

boggy² ['bɒgɪ] *n груб.* (детский) понос

boghead ['bɒghed] *n* богхед, кеннельский уголь; битуминозный каменный уголь (*тж.* ~ coal)

bog-house ['bɒghaʊs] *n груб.* уборная, нужник

bogie ['bəʊgɪ] *n* 1. 1) *тех.* каретка 2) *тех.* опорный каток гусеничного хода; ~ wheel опорный ролик тележки; колесо /каток/ каретки 3) *ж.-д.* двухосная тележка (*тж.* ~ truck) 2. = bogy

bogle ['bəʊg(ə)l] *n шотл.* 1) привидение, призрак; домовой 2) пугало

bog moss ['bɒgmɒs] *бот.* сфагнум, торфяной мох, белый болотный мох (*Sphagnum*)

bog oak ['bɒgəʊk] морёный дуб

bogtrot ['bɒgtrɒt] *v* 1) жить в болотах 2) ходить по болотам

bogtrotter ['bɒgˌtrɒtə] *n* 1. *уст.* обитатель болот 2. *пренебр.* ирландец

bog up ['bɒgˈʌp] *phr v сл.* запутать, смешать; she'd got everything bogged up она всё перепутала

bogus¹ I ['bəʊgəs] *n* 1. *уст.* машина для чеканки фальшивой монеты 2. *полигр.* использованная отливная форма

bogus¹ II ['bəʊgəs] *a* поддельный, фиктивный, фальшивый; ~ affair /transaction/ мошенническая сделка; ~ prisoner осведомитель (*в тюрьме*); ~ marriage фиктивный брак

bogus² ['bəʊgəs] *n амер.* напиток из рома и патоки

bog-wood ['bɒgwʊd] = bog oak

bogy ['bəʊgɪ] *n* 1. домовой; привидение 2. пугало, жупел 3. *разг.* помещик 4. *разг.* полицейский; сыщик; осведомитель 5. *воен. жарг.* ошибка 6. *сл.* 1) неопознанный самолёт 2) неопознанный летающий объект

bohea [bəʊˈhiː] *n* низший сорт чёрного китайского чая

Bohemia [bəʊˈhiːmɪə] *n* 1. *см.* Приложение 2. (*тж.* b.) *собир.* богема

Bohemian I [bəʊˈhiːmɪən] *n* 1. богемец 2. цыган 3. (*тж.* b.) представитель богемы

Bohemian II [bəʊˈhiːmɪən] *a* 1. богемский; ~ glass богемское стекло 2. цыганский 3. (*тж.* b.) богемный

bohemium [bəʊˈhiːmɪəm] *n хим.* богемий, рений

bohunk ['bəʊhʌŋk] *n амер. сл.* 1) выходец из центральной Европы 2) неквалифицированный рабочий 3) мужлан, мужик

boil¹ I [bɔɪl] *n* 1. 1) кипение; to bring to the ~ доводить до кипения; to come to the ~ а) закипать; б) дойти до критической точки; the crisis came to a ~ кризис достиг своего апогея; to keep on /at/ the ~ поддерживать кипение; the coffee was near the ~ кофе почти вскипел 2) волнение; бешенство; on the ~ в возбуждённом состоянии 2. *редк.* кипящая жидкость; put the linen into a ~ of soap положите бельё в кипящий мыльный раствор 3. прыжок рыбы из воды 4. *амер.* водоворот (*на поверхности воды*)

boil¹ II [bɔɪl] *v* 1. 1) кипятить; варить (*тж.* ~ up); to ~ potatoes варить картофель; to ~ clothes /laundry/ кипятить бельё 2) кипятиться; вариться 3) кипеть, бурлить; to ~ away выкипать; to make smb.'s blood ~ довести кого-л. до бешенства 2. сердиться, кипятиться (*тж.* ~ over) 3. выпрыгивать из воды (*о рыбе*)

◊ to ~ the pot, to make the pot ~, to keep the pot ~ing а) зарабатывать на кусок хлеба; б) халтурить

boil² [bɔɪl] *n* 1. фурункул, нарыв, чирей 2. пузырь (*на крашеной поверхности*); the paint swelled into ~s краска дала пузыри, краска вспучилась

boil down ['bɔɪlˈdaʊn] *phr v* 1. 1) уваривать; выпаривать; сгущать 2) увариваться; выпариваться 2. 1) сокращать, сжимать 2) сокращаться, сжиматься; сводиться; the matter boils down to this дело сводится к следующему; it boils down to nothing это ни к чему не приводит

boiled [bɔɪld] *a* 1. варёный; кипячёный; ~ egg яйцо в мешочек; soft ~ egg яйцо всмятку; hard ~ egg яйцо вкрутую 2. *сл.* пьяный

◊ to feel like a ~ rag быть усталым /измученным/; ≅ как выжатый лимон

boiled dinner [ˌbɔɪldˈdɪnə] *амер.* блюдо из тушёного мяса и овощей

boiled oil [ˌbɔɪldˈɔɪl] олифа

boiled shirt [ˌbɔɪldˈʃɜːt] 1. крахмальная белая рубашка 2. *амер. разг.* чопорный, напыщенный человек

boiled sweet [ˌbɔɪldˈswiːt] карамель, леденцы

boiler ['bɔɪlə] *n* 1. паровой котёл, бойлер 2. реторта 3. кипятильник; титан; бак для кипячения 4. овощи, годные для варки 5. суповая курица, курица для варки

◊ to burst one's ~ *амер. разг.* плохо кончить; to burst smb.'s ~ *амер. разг.* довести кого-л. до беды

boiler-house ['bɔɪləhaʊs] *n* котельная

boilermaker ['bɔɪləˌmeɪkə] *n* 1. изготовитель котлов 2. «ёрш» (*виски, запиваемое пивом*)

boiler-plant ['bɔɪləˌplɑːnt] *n* котельная установка

boiler-plate ['bɔɪləpleɪt] *n* 1. котельный лист; толстолистовое железо 2. *наст.* *амер.* стереотип, который получают мелкие газеты от крупных газетных агентств 4. *амер.* газетный материал; новости 5. *амер. сл.* полномасштабная модель космического корабля

boiler room [ˈbɔɪlərum, -rʊm] 1. 1) котельная, котельное отделение, кочегарка 2) бойлерная 2. *амер. сл.* контора по продаже незарегистрированных ценных бумаг по телефону

boiler shop ['bɔɪləʃɒp] = boiler room 2

boilersuit ['bɔɪləs(j)uːt] *n* (рабочий) комбинезон

boiling I ['bɔɪlɪŋ] *n* 1) кипение 2) кипячение

boiling II ['bɔɪlɪŋ] *a* кипящий; бурлящий; ~ hot горячий как кипяток; ~ waves пенящиеся волны; ~ water бурлящая вода; under a ~ sun под палящим солнцем; ~ with anger вне себя от гнева

boiling point, boiling temperature [ˈbɔɪlɪŋpɔɪnt, -ˌtemp(ə)rətʃə] 1) *физ.* точка, температура кипения 2) критическая точка; tensions reached the ~ напряжение достигло своей критической точки

boiling-water reactor [ˈbɔɪlɪŋˌwɔːtərɪˈæktə] кипящий (ядерный) реактор, реактор с кипящей водой

будут отменены; the recognized and ~ principles общепризнанные и установленные принципы 4. обвиняемый в правонарушении

booked-out, booked-up [ˌbʊktˈaʊt, ˌbʊktˈʌp] *a* 1) не имеющий свободных мест (*о театре*); the house was ~ все билеты были распроданы 2) не имеющий свободного времени; I am ~ for the next month у меня все дни расписаны на месяц вперёд

book end [ˈbʊkend] книгодержатель, подставка для книг (*стоящих на столе или полке*)

booker [ˈbʊkə] *n редк.* бухгалтер

bookfair [ˈbʊkfɛə] *n* 1. книжная ярмарка 2. благотворительная распродажа книг (*в присутствии авторов*)

book-fell [ˈbʊkfel] *n ист.* 1. тонкий пергамент (*для письма*) 2. рукопись на пергаменте

book-holder [ˈbʊkˌhəʊldə] *n* 1. подставка для книги 2. *театр. уст.* суфлёр

book-hunter [ˈbʊkˌhʌntə] *n* собиратель редких книг

bookie [ˈbʊkɪ] *n разг.* букмекер (*на скачках*)

book in [ˈbʊkɪn] *phr v* 1) зарегистрировать в гостинице; I'll just book you in and then you can have a rest я только вас зарегистрирую, и вы можете идти отдыхать 2) зарегистрироваться в гостинице 2. заказывать заранее, бронировать; I've booked you in at the National Hotel я заказал тебе номер в гостинице «Националь» 3. отметить табель при приходе на работу

booking [ˈbʊkɪŋ] *n* 1. 1) заказ 2) продажа билетов 2. *кино* заключение контракта на прокат кинофильма 3. запись геодезических наблюдений

booking agent [ˈbʊkɪŋˌeɪdʒ(ə)nt] 1. = booking clerk 2. антрепренёр

booking clerk [ˈbʊkɪŋklɑːk] *n* кассир билетной, багажной *или* театральной кассы

booking hall [ˈbʊkɪŋhɔːl] = booking office

booking office [ˈbʊkɪŋˌɒfɪs] билетная касса

book inventory [ˈbʊkˌɪnv(ə)ntrɪ] 1. инвентарный учёт товарно-материальных запасов 2. *pl* учётные товарно-материальные запасы 3. стоимость таких запасов по бухгалтерской книге

bookish [ˈbʊkɪʃ] *a* 1. книжный; a ~ way of speaking книжная речь 2. 1) учёный 2) знающий жизнь только по книгам; оторванный от жизни; a ~ cast of mind склонность к теоретизированию, отвлечённый ум 3. педантичный 4. литературный

book jacket [ˈbʊkˌdʒækɪt] суперобложка

bookkeeper [ˈbʊkˌkiːpə] *n* бухгалтер; счетовод

bookkeeping [ˈbʊkˌkiːpɪŋ] *n* 1) бухгалтерия; счетоводство 2) регистрация данных

bookland [ˈbʊklænd] *n ист.* общинная земля, дарованная кому-л. лицу

book latin [ˈbʊkˌlætɪn] 1. латынь 2. книжный язык

book-learned [ˈbʊkˌlɜːnɪd] *a неодобр.* книжный, не знающий ничего, кроме книг; оторванный от жизни

book-learning [ˈbʊkˌlɜːnɪŋ] *n* книжные, научные знания; книжность

bookless [ˈbʊklɪs] *a* 1. *поэт.* необразованный 2. не имеющий книг

booklet [ˈbʊklɪt] *n* брошюра, книжечка; буклет

bookling [ˈbʊklɪŋ] *n редк.* малоформатная книга

booklore [ˈbʊklɔː] книжн. см. book-learning

bookmaker [ˈbʊkˌmeɪkə] *n* 1. компилятор 2. букмекер

bookman [ˈbʊkmæn] *n (pl* -men [-men]) 1. учёный 2. 1) книгоиздатель 2) продавец книг

bookmark [ˈbʊkmɑːk] *n* 1. закладка (*в книге*) 2. = bookplate

bookmarker [ˈbʊkˌmɑːkə] = bookmark 1

book match [ˈbʊkmætʃ] спичка из картонной книжечки

bookmobile [ˈbʊkməʊˌbiːl] *n амер.* передвижная библиотека на автомашине; библиобус, библиотека-автобус

book name [ˈbʊkneɪm] термин (*в зоологии и ботанике в отличие от разговорного названия*)

book-oath [ˈbʊkəʊθ] *n* клятва, принесённая на библии

Book of Books [ˌbʊkəvˈbʊks] = Bible

Book of Common Prayer [ˈbʊkəvˈkɒmənˈpreɪə] *церк.* Книга общей молитвы

book off [ˈbʊkɒf] *phr v амер.* 1. отметить табель при уходе с работы 2. *разг.* объявить о намерении не работать в определённый день (*особ. из-за разногласий с администрацией*); to ~ sick сказаться больным

book out [ˈbʊkaʊt] *phr v* выписаться из гостиницы; заплатить по счёту; I'd like to ~ early in the morning утром я бы хотел выехать из гостиницы рано

bookplate [ˈbʊkpleɪt] *n* экслибрис

book post [ˈbʊkpəʊst] 1) почтовое отделение по пересылке книг; by ~ почтовой бандеролью 2) = book-postage

book-postage, book-rate [ˈbʊkˌpəʊstɪdʒ, -reɪt] *n* почтовые расходы по пересылке книг

bookrack [ˈbʊkræk] *n* 1. пюпитр, подставка для книги 2. книжная полка

book-read [ˈbʊkred] *a редк.* начитанный

bookrest [ˈbʊkrest] = bookrack 1

book review [ˈbʊkrɪˌvjuː] рецензия на новую книгу

bookseller [ˈbʊkˌselə] *n* торговец книгами, продавец книг; second-hand ~ букинист

bookselling [ˈbʊkˌselɪŋ] *n* книжная торговля, книготорговля

bookshelf [ˈbʊkʃelf] *n (pl* -shelves [-ʃelvz]) книжная полка

bookshop [ˈbʊkʃɒp] *n* книжный магазин

bookstack [ˈbʊkstæk] *n* стеллаж для книг

bookstall [ˈbʊkstɔːl] *n* 1) книжный киоск 2) газетный киоск

bookstand [ˈbʊkstænd] *n* 1. = bookstall 2. книжный стенд 3. пюпитр (*для большой книги, словаря и т. п.*)

bookstore [ˈbʊkstɔː] *n амер.* книжный магазин

booksy [ˈbʊksɪ] *разг. см.* bookish

book through [ˈbʊkˈθruː] *phr v* купить транзитный билет, купить билет до места назначения с возможным использованием нескольких видов транспорта

book-token [ˈbʊkˌtəʊkən] *n* билет, который может быть обменен на книгу в книжном магазине (*часто служит подарком*)

book typography [ˈbʊktaɪˈpɒɡrəfɪ] полиграфическое оформление книги

book up [ˈbʊkˈʌp] *phr v pass* закупать, занимать; the restaurant is fully booked up все места в ресторане забронированы; the performance is fully booked up все билеты на этот спектакль проданы

book-value [ˈbʊkˌvæljuː] *ком.* стоимость по книгам

book-ways [ˈbʊkweɪz] *adv редк.* в форме книги

book-wise [ˈbʊkwaɪz] *a* учёный; образованный

bookwise [ˈbʊkwaɪz] *редк.* = book-ways

bookwork [ˈbʊkwɜːk] *n* 1. работа с книгами (*в отличие от практической работы*) 2. изучение книг по программе учебного заведения 3. ведение учёта

bookworm [ˈbʊkwɜːm] *n* 1. книжный червь; книжная моль 2. буквоед 3. библиоман; ≅ книжный червь

booky [ˈbʊkɪ] *разг. см.* bookish

Boolean algebra [ˈbuːlɪənˈældʒɪbrə] *вчт.* булева алгебра, алгебра логики

Boolean expression [ˈbuːlɪənɪksˈpreʃ(ə)n] *вчт.* булево выражение, логическое выражение

boom¹ I [buːm] *n* 1. 1) гул, рокот (*грома, колокола, выстрела и т. п.*); the dull ~ of the disturbed sea глухой гул волнующегося моря; the loud ~ of a gun громкий звук ружейного выстрела 2) гудение, жужжание; ~ of beetles жужжание жуков 2. крик выпи 3. *ав.* звуковой удар, звуковая ударная волна

boom¹ II [buːm] *v* 1. гудеть, рокотать; бухать (*тж.* ~ out); the clock ~ed out twelve часы гулко пробили двенадцать 2) жужжать 2. кричать (*чаще о выпи*) 3. говорить глубоким, низким голосом (*тж.* ~ out); he ~s out his lines свою реплику он произносит сочным голосом

boom² I [buːm] *n* 1. бум, быстрый подъём (*деловой активности*); the great ~ in building set in начался быстрый подъём в строительстве 2. шумиха, шумная реклама; ажиотаж; a ~ was worked up before the arrival of the singer ещё до приезда певицы начался ажиотаж 3. рост популярности политического деятеля

boom² II [buːm] *v* 1. быстро расти (*о ценах, спросе*); trade is ~ing торговля процветает /расширяется/; the stocks may ~ today and drop tomorrow акции могут сегодня подскочить, а завтра упасть; his books are ~ing его книги пользуются большим спросом 2. создавать шумиху, сенсацию; рекламировать; they ~ed him for mayor вокруг его кандидатуры на пост мэра развернулась предвыборная шумиха

boom³ I [buːm] *n* 1. *мор.* гик 2. *тех.* стрела, вылет (*крана*) 3. *мор., воен.* бон, боновое заграждение (*в виде брёвен и т. п.; тж.* ~ defence) 4. *стр.* пояс (*арки, моста*) 5. *ав.* лонжерон хвостовой фермы 6. *кино, тле.* 1) операторский кран 2) микрофонный журавль 7. *спорт.* бревно, бум
◊ to lower the ~ *сл.* принять строгие меры; разгромить; he lowered the ~ at the first late payment когда ему задержали оплату, он стал действовать решительно

boom³ II [buːm] *v* 1. устраивать запань 2. 1) быстро плыть *или* идти (*о судах*) 2) *мор.* идти на всех парусах; we were ~ing along all night целую ночь мы шли вперёд на всех парусах

boom-and-bust [ˈbuːmən(d)ˈbʌst] *n амер. разг.* цикл «бум — спад» (*в экономике*)

boom carpet [ˈbuːmˌkɑːpɪt] *ав.* звуковой ковёр (*зона, испытывающая звуковой удар*)

boom city [ˈbuːmˌsɪtɪ] = boomtown

boomer¹ [ˈbuːmə] *n амер. разг.* 1. 1) тот, кто создаёт ажиотаж, шумиху 2) переселенец, спешно переезжающий в годы бума в новый город *или* район; the Okhlahoma ~s переселенцы, ринувшиеся в Оклахому с целью захвата участков 2. мигрирующий рабочий, батрак

boomer² ['bu:mə] *n австрал.* самец кенгуру

boomerang I ['bu:məræŋ] *n* 1. бумеранг 2. замысел, обратившийся против замышлявшего; ~ effect обратный эффект, эффект бумеранга

boomerang II ['bu:məræŋ] *v* действовать подобно бумерангу; his argument ~ed его довод обратился против него самого

Boomer State ['bu:mə‚steɪt] *амер.* «Батрацкий штат» (*шутливое название штата Оклахома*)

boominess ['bu:mɪnɪs] *n спец.* гулкость (*помещения*)

booming¹ ['bu:mɪŋ] *n* 1. 1) гудение, гул, рёв, рокот 2) жужжание 2. *горн.* смыв водяным валом

booming² ['bu:mɪŋ] *a* преуспевающий; растущий

boom off ['bu:m'ɒf] *phr v* отталкивать шестом

boom out ['bu:m'aʊt] *phr v мор.* выносить

boomtown ['bu:mtaʊn] *n амер.* город, возникший в результате экономического подъёма

boon¹ [bu:n] *n* 1. благо, благодеяние; преимущество; удобство; parks are a great ~ to people in big cities парки — великое благо для жителей больших городов 2. *арх.* просьба, мольба 3. *ист.* барщина

boon² II [bu:n] *a* 1. доброжелательный; приятный, весёлый; ~ companion хороший /добрый/ приятель 2. *арх.* щедрый (*о природе*); приятный, благотворный (*о климате и т. п.*)

boon² [bu:n] *n с.-х.* костра

boondocks *n разг.* (*обыкн.* the ~) *употр. с гл. во мн. ч.* 1) глушь, захолустье, «дыра» 2) пустыня, необжитая местность

boondoggle ['bu:n‚dɒg(ə)l] *v амер. сл.* заниматься пустым, бессмысленным делом

boonies ['bu:nɪz] = boondocks 1)

boor [bʊə] *n* 1. грубый, невоспитанный человек, хам 2. сл. мужик, деревенщина 3. (B.) = Boer 1 4. *уст.* крестьянин

boorish ['bʊ(ə)rɪʃ] *a* 1) невоспитанный, грубый, хамский 2) мужицкий, мужиковатый

boost I [bu:st] *n разг.* 1. 1) поддержка; проталкивание; to give smb. a ~ поддержать кого-л. 2) создание популярности; рекламирование; he got a good ~ at the start ему с самого начала создали хорошую рекламу 2. повышение (*цены, зарплаты и т. п.*) 3. *эл.* добавочное напряжение 4. *воен. проф.* 1) обстрел; налёт 2) поиск 5. *воен.* 1) разгон (*ракеты*) 2) форсаж (*двигателя*)

boost II [bu:st] *v разг.* 1. 1) поднимать; подпихивать (*сзади*) 2) помогать выдвинуться; активно поддерживать; to ~ smb. into a position устроить кого-л. на место; he was ~ed into power by business interests он пришёл к власти благодаря поддержке деловых кругов 3) рекламировать; способствовать росту популярности (*особенно книги или автора*); many reviewers were ~ing it as his best book многие рецензенты рекламировали это произведение как его лучшую книгу; perhaps advertising might ~ the sales может быть, реклама увеличит сбыт (*товаров*) 2. повышать; to ~ spirits поднимать настроение; to ~ prices взвинчивать цены 3. 1) *физ.* повышать давление, напряжение 2) *тех.* форсировать (*двигатель и т. п.*) 4. *воен.* ускорять 5. *спорт.* принять и передать (*мяч*) 6. *амер. сл.* воровать

booster ['bu:stə] *n амер.* 1. *разг.* горячий сторонник, защитник; a great ~ for one's home town большой патриот родного города 2. *сл.* рекламщик, толкач 3. *сл.* зазывала 4. *сл.* магазинный вор 5. 1) *тех.* побудитель, усилитель, бустер, сервомеханизм 2) *сл.* бустерный, предварительный ускоритель, ускоритель-инжектор 6. *воен.* усилитель детонатора; промежуточный детонатор 7. *воен.* ракета-носитель; стартовый двигатель (*тж.* ~ rocket)

booster fuel ['bu:stə‚fjʊəl] топливо ракеты-носителя

booster-light ['bu:stəlaɪt] *n кино* заполняющий свет, подсветка

booster line ['bu:stəlaɪn] трубка с рядом маленьких горелок (*в духовке и т. п.*)

booster station ['bu:stə‚steɪʃ(ə)n] 1. радио ретрансляционная станция 2. компрессорная станция (*трубопровода*)

boost-glide vehicle ['bu:stglaɪd'vi:-k(ə)l] ракетоплан

boot¹ I [bu:t] *n* 1. 1) ботинок, башмак; high /riding/ ~s *pl спорт.* бутсы; nailed ~s альпинистские окованные ботинки 3) *разг.* пинок ногой 2. *ист.* колодки (*орудие пытки*) 3. *амер. сл.* новобранец, новичок (*о моряке*) 4. фартук (*экипажа*); (*кожаный*) чехол (*автомашины*) 5. 1) багажник (*автомашины*) 2) *ав.* контейнер для багажа (*в карете*) 6. загрузочная воронка 7. *pl ав. проф.* протектор антиобледенителя 8. 1) обёртка (*початка кукурузы*) 2) влагалище (*листа*)
◇ seven-league ~s семимильные сапоги, сапоги-скороходы; ~ and saddle уст. а) садись!; ≅ по коням! (*сигнал в кавалерии*); б) *амер.* седлай!; the ~ is on the other leg /foot/ а) положение изменилось; б) теперь ответственность лежит на другом; to die in one's ~s, to die with one's ~s on а) умереть скоропостижно; б) умереть на своём посту; to get [to give smb.] (the order of) the ~ быть уволенным [уволить кого-л.]; to have one's heart in one's ~s струсить; ≅ душа в пятки ушла; to be in smb.'s ~s быть на чьём-л. месте; ≅ быть в чьей-л. шкуре; like old ~s *сл.* здорово, чертовски; вовсю; изо всех сил; to move /to start/ one's ~s уходить, отправляться; you bet your ~s *сл.* будьте уверены; to lick the ~s подхалимничать; to put the ~ in а) подвергать злобным и несправедливым нападкам; травить; б) заниматься опасными видами спорта (*напр. регби*); to wipe one's ~s on smb. унижать, попирать; ≅ вытирать ноги

boot¹ II [bu:t] *v* 1. надевать ботинки, обуваться 2. дать пинок, пнуть; наподдать (*ногой*); to ~ smb. in the face съездить кому-л. по физиономии 3. *сл.* увольнять (*тж.* ~ out, ~ round); he has been quietly ~ed out его потихоньку убрали /выперли/ 4. *амер. разг.* шагать, маршировать (*обыкн.* to ~ it) 5. 1) дать неточный пас (*бейсбол*) 2) упустить шанс; ≅ прошляпить 6. *ист.* пытать испанским сапогом

boot² I [bu:t] *n* 1. *уст.* выгода, польза 2. *сл.* деньги, аванс (*зарплаты*)
◇ to ~ в придачу; he is dishonest and a coward to ~ он нечестный малый и предатель вдобавок

boot² II [bu:t] *v* 1. помогать, быть выгодным; what ~s it? какая от этого польза?; it ~s not это бесполезно 2. *сл.* брать деньги взаймы, занимать 3. *уст.* обогащаться

boot³ [bu:t] *арх.* = booty

bootblack ['bu:tblæk] *n преим. амер.* чистильщик сапог

bootboy ['bu:tbɔɪ] *n* мальчик-коридорный (*в гостинице*)

boot camp ['bu:tkæmp] *воен.* учебный лагерь (*для новобранцев*)

booted ['bu:tɪd] *a* 1. обутый; ~ and spurred а) одетый для верховой езды; б) в полной готовности 2. покрытый колючим кустарником

bootee ['bu:ti:, ‚bu:'ti:] *n* 1) (тёплый) дамский ботинок 2) пинётка, детский вязаный башмачок 3) многослойные утеплённые сапоги из синтетических материалов 4) обувь для хирургов

booter ['bu:tə] *n разг.* футболист

Boötes [bəʊ'əʊti:z] *n астр.* Волопас (*созвездие*)

booth [bu:ð] *n* 1. 1) киоск; палатка 2) будка; кабина; sentry ~ будка часового; a waiter took us to a separate ~ официант отвёл нас в отдельную кабинку 2. кабина для голосования 3. кабина для прослушивания (*звукозаписей*) 4. *арх.* шалаш

boot hill ['bu:thɪl] *n амер. ист.* кладбище в пограничном городке на Западе

bootikin ['bu:tɪkɪn] *n* 1) детский вязаный башмачок 2) клеёнчатый ботинок на шерстяной подкладке (*как средство против подагры*) 3) испанский сапог (*орудие пыток*)

booting ['bu:tɪŋ] *n бот.* трубкование, выход в трубку

bootjack ['bu:tdʒæk] *n* 1. приспособление для снимания сапог 2. *горн.* ловильный крючок

bootlace ['bu:tleɪs] *n* шнурок для ботинок
◇ to pull /to lift, to raise/ oneself by one's (own) ~s *разг.* добиться чего-л. с лёгкостью /без труда/, одним махом, в два счёта/

boot-last ['bu:tla:st] *n* сапожная колодка; распорка для обуви

bootleg I ['bu:tleg] *n* 1. голенище; long ~ высокое голенище 2. *амер. сл.* спиртные напитки, продаваемые или производимые тайно; ~ industry организованная контрабанда спиртных напитков; ~ town город, живущий тайной продажей спиртных напитков 3. *горн.* невзорвавшийся заряд 4. хищническая мелкая шахта

bootleg II ['bu:tleg] *a сл.* 1) продаваемый тайно, незаконно, из-под полы; ~ whisky контрабандное виски 2) тайный, незаконный; ~ radio station подпольная /нелегальная/ радиостанция

bootleg III ['bu:tleg] *v сл.* 1) тайно торговать контрабандными или самогонными спиртными напитками 2) тайно торговать или нелегально распространять (*что-л.*); to ~ books продавать запрещённые книги; to ~ aliens into the country нелегально ввозить в США иммигрантов

bootlegger ['bu:t‚legə] *n сл.* 1) торговец контрабандными спиртными напитками, бутлегер; самогонщик 2) торговец запрещёнными товарами

bootless¹ ['bu:tlɪs] *a* без башмаков, без сапог; босоногий, необутый

bootless² ['bu:tlɪs] *a* бесполезный; ~ effort тщётное усилие; ~ errand бессмысленное поручение

bootlick I ['bu:tlɪk] *амер. сл.* = bootlicker

bootlick II ['bu:tlɪk] *v амер. сл.* льстить, подхалимничать, лизать пятки; he ~ed anybody suspected of having money он подлизывался к каждому, у кого, по его мнению, водились денежки

bootlicker ['buːtˌlɪkə] *n сл.* подхалим, льстец, подлиза, лизоблюд

bootmaker ['buːtˌmeɪkə] *n* сапожник

boot-polish ['buːtˌpɒlɪʃ] *n* вакса

boots [buːts] *n* 1. коридорный 2. *сл.* младший офицер (*в полку*); младший член клуба 3. (-boots) *как компонент сложных слов разг.* человек, парень; why don't you rise, Mr. lazy-boots? почему ты не встаёшь, лентяй?; you are clumsy-boots of a packer! ну и нескладный ты упаковщик!

bootstrap I ['buːtstræp] *n* 1. ушко, петля на заднике ботинка (*облегчающая его надевание*) 2. *вчт.* начальная загрузка 3. *физ.* бутстрап, «зашнуровка»
◇ to pull oneself by one's ~s = to pull oneself by one's (own) bootlaces [*см.* bootlace] ◇

bootstrap II ['buːtstræp] *v* добиваться без посторонней помощи; to ~ oneself самому пробивать себе дорогу

boot-top ['buːttɒp] *n* отворот сапога, верхняя часть голенища

boot-topping ['buːtˌtɒpɪŋ] *n мор.* очистка и окраска наружного борта у ватерлинии

boot training ['buːtˌtreɪnɪŋ] *амер. разг.* 1) обучение новобранцев 2) период обучения новобранцев

boot tree ['buːttriː] *амер.* = boot-last

booty ['buːtɪ] *n* 1. трофеи 2. награбленное добро, добыча 2) ценное приобретение
◇ to play ~ а) помогать выигрышу партнёра; б) играть нечестно, мошенничать в соревнованиях (*и т. п.*; в) намеренно проигрывать, завлекая неопытного игрока

booze I [buːz] *n разг.* 1. выпивка, спиртной напиток 2. попойка; to be on the ~ пьянствовать

booze II [buːz] *v разг.* пьянствовать, выпивать; he spends every night boozing with his friends все вечера он проводит с друзьями за выпивкой

booze away ['buːzəˌweɪ] *phr v разг.* пропиться, пропивать, тратить все деньги на выпивку; to ~ the last of one's wages пропить последние деньги

boozer ['buːzə] *n разг.* 1. пьяница, выпивоха 2. пивная, кабачок, паб, забегаловка

booze-up ['buːzʌp] *n сл.* пьянка, попойка

boozy ['buːzɪ] *a разг.* 1. пьяный 2. пьющий, пьянствующий; а ~ type любитель поддать

bop¹ I [bɒp] *n сл.* удар (*кулаком, дубинкой и т. п.*)

bop¹ II [bɒp] *v сл.* ударить

bop² [bɒp] = bebop

bo-peep [bəʊ'piːp] *n* ку-ку (*игра в прятки с ребёнком*); to play ~ играть в прятки; he was forced to play ~ with his creditors он был вынужден прятаться от своих кредиторов; were these your ~ thoughts? это были ваши тайные мысли?

bopper ['bɒpə] *n разг.* 1) музыкант, исполняющий джазовую музыку 2) любитель *или* любительница джаза

bopping gang ['bɒpɪŋˌgæŋ] *амер. сл.* группа молодых хулиганов

boppist, bopster ['bɒpɪst, 'bɒpstə] = = bopper

bora ['bɔːrə] *n метеор.* бора

boracic [bə'ræsɪk] = boric

boracic acid [bəˌræsɪk'æsɪd] = boric acid

boracite ['bɔːrəsaɪt] *n мин.* борацит

borage ['bɒrɪdʒ] *n бот.* 1) бурачник (*Borago gen.*) 2) бурачник лекарственный, огуречник (*Borago officinalis*)

borasca, borasco, borasque [bə'rɑːskə, bə'rɑːskəʊ, bə'rɑːsk] *n* неистовый порыв ветра

borate ['bɔːreɪt] *n хим.* соль борной кислоты, борат

borax ['bɔːræks] *n* 1. *хим.* бура; ~ soap борное мыло 2. *амер. сл.* дешёвая мебель

borax bead ['bɔːræksbiːd] *хим.* перл буры

borazon ['bɔːrəzɒn] *n хим.* боразон, кубический нитрид бора (*сверхтвёрдое вещество*)

borborygmus [ˌbɔːbə'rɪgməs] *n мед.* урчание в животе

Bordeaux [bɔː'dəʊ] *n* 1) бордо (*вино*) 2) (b.) *сл.* кровь 3) = Bordeaux mixture

Bordeaux mixture [bɔːˌdəʊ'mɪkstʃə] *с.-х.* бордоская жидкость

bordel, bordello [bɔː'del, -'deləʊ] *n* (*pl* -los [-ləʊz]) бордель

border I ['bɔːdə] *n* 1. граница; ~ control post *воен.* пограничный контрольно-пропускной пункт; on the ~ на границе, в пограничном районе; over the ~ через границу; out of ~s за границей; no man in /within/ our ~ knows it никто в нашей стране этого не знает 2. (the B.) 1) граница между Англией и Шотландией 2) граница между США и Мексикой 3) граница между США и Канадой 4) пограничный район; the enemy ravaged the ~s враг разграбил пограничные районы 3. предел, грань, граница; beyond the ~ of science за пределами науки; to be on the ~ of граничить с чем-л. 4. край, кайма, бордюр, кромка; a coloured ~ round a dress цветная отделка /кайма/ по подолу платья; the newspapers appeared with black ~s in sign of mourning в знак траура газеты вышли в траурных рамках 5) окаймляющий газон; бордюр (*клумбы*); ~ plant бордюрное растение; ~ method of irrigation *с.-х.* орошение методом чеков 5. *архит.* фриз 6. *спорт.* бровка беговой дорожки; inner ~ внутренняя бровка

border II ['bɔːdə] *v* 1. 1) граничить; lands that ~ the Mediterranean страны, которые расположены на побережье Средиземного моря; the two countries ~ on /upon/ one another /on each other/ две страны граничат друг с другом 2) (on, upon) быть на грани; it ~s on insanity это граничит с безумием; he is ~ing on sixty ему под шестьдесят 3) походить, быть похожим; this ~s upon truth это похоже на правду; colour ~ing on red цвет, приближающийся к красному 2. 1) окаймлять; a low stone-wall ~s the road низкая каменная стена идёт вдоль дороги; the fields are ~ed by large forests поля окружены большими лесами; the lane is ~ed by trees вдоль тропинки растут деревья 2) обшивать; the cap was ~ed with lace чепчик был обшит кружевом

bordereau [ˌbɔːdə'rəʊ] *n* (*pl* -reaux [-'rəʊ(z)]) опись (*часто подробный перечень документов*)

bordered ['bɔːdəd] *a* окаймлённый

borderer ['bɔːd(ə)rə] *n* житель пограничного района

bordering ['bɔːd(ə)rɪŋ] *n* 1. окаймление; кайма 2. *с.-х.* обвалование

borderland ['bɔːdəlænd] *n* 1. 1) пограничная область, пограничная полоса (*особенно между Англией и Шотландией*) 2) промежуточная область (*в науке*) 3) грань, граница; ~ between genius and insanity грань между гениальностью и безумием 2. *спец.* бордерленд

borderline I ['bɔːdəlaɪn] *n* граница; демаркационная линия; on the very ~ на самой границе

borderline II ['bɔːdəlaɪn] *a* 1) пограничный 2) стоящий на грани (*чего-л.*); граничащий; промежуточный; спорный; a ~ case а) промежуточный случай; б) больной с пограничным состоянием (*о психопате*); ~ cases of arthritis *мед.* промежуточные формы артрита 3) сомнительный; стоящий на грани непристойности; ~ jokes сомнительные анекдоты /шутки/; ~ remarks замечания на грани допустимого; he publishes thrillers and rather shocking ~ books он издаёт триллеры и книги довольно сомнительного содержания

Border-side ['bɔːdəsaɪd] *n* район близ границы (*между Англией и Шотландией*)

Border States ['bɔːdəˌsteɪts] *амер. ист.* пограничные штаты (*расположенные на границе между Севером и рабовладельческим Югом*)

border stone ['bɔːdəstəʊn] *дор.* бордюр, бортовой камень

bordure ['bɔːdjʊə] *n геральд.* кайма

bore¹ I [bɔː] *n* 1. высверленное *или* расточенное отверстие 2. *горн.* скважина, шпур 3. *воен.* 1) канал ствола 2) калибр оружия

bore¹ II [bɔː] *v* 1. сверлить, растачивать 2) поддаваться сверлению 2. бурить 3. с трудом прокладывать себе путь; протискиваться; to ~ one's way through the crowd пробиться через толпу 4. вытягивать голову (*о лошади*) 5. *спорт. жарг.* 1) оттолкнуть, отпихнуть 2) вывести своего противника из состязания; he ~d his opponent он заставил своего противника выйти из борьбы
◇ to ~ from within *полит.* вести подрывную работу изнутри; разваливать организацию, засылая провокаторов; to ~ one's eyes out таращить глаза

bore² [bɔː] *n* скука; what a ~! какая скука /тоска/! 2) скучный человек, зануда; he is a terrible ~ он ужасно скучный человек

bore² II [bɔː] *v* надоедать; наскучить; he ~s me stiff он мне до смерти надоел; I hope you are not getting ~d listening to me я надеюсь, что вам не наскучило слушать меня; television ~d me to distraction [to death] телевизор надоел мне до безумия [до смерти]

bore³ [bɔː] *past от* bear²

bore⁴ [bɔː] *n* бор (*приливный вал в устье реки*)

boreal ['bɔːrɪəl] *а астр.* бореальный, северный, арктический

Boreas ['bɔːrɪæs] *n миф.* Борей (*северный ветер*)

borecole ['bɔːkəʊl] *n бот.* капуста листовая грюнколь, браунколь (*Brassica oleracea или acephala*)

boredom ['bɔːdəm] *n* скука, тоска

borehole ['bɔːhəʊl] *n* буровая скважина; шпур

borer ['bɔːrə] *n* 1. 1) бурав, бур 2) бурильный молоток 3) сверло 2. 1) бурильщик 2) сверловщик 3) сверлильщик 3. *энт.* точильщик, сверлильщик (*Sesia*)

borescope ['bɔːskəʊp] *n* бороскоп (*прибор для внутреннего осмотра труб*)

boresome ['bɔːs(ə)m] *а* надоедливый, скучный

bore-well ['bɔːwel] *n* 1. артезианский колодец 2. буровая скважина

boric ['bɔːrɪk] *а хим.* борный

boric acid [ˌbɔːrɪk'æsɪd] *хим.* борная кислота

boride ['bɔːraɪd] *n хим.* борид

boring¹ ['bɔːrɪŋ] *n* 1. сверление, расточка 2. бурение 3. буровая скважина; шпур 4. 1) (просверлённое) отверстие

BOR — BOT

2) *горн.* шурф 3) диаметр в свету 5. *pl* буровые работы 6. *pl* 1) буровая мука *(мелочь)* 2) стружки от сверления
boring¹ II ['bɔ:rɪŋ] *a* 1. сверлящий 2. буровой, предназначенный для бурения; ~ bar a) *тех.* расточная штанга; б) *горн.* буровая штанга; ~ machine сверлильный станок, бурильная машина; бурильный молоток; перфоратор; ~ rig *горн.* буровой станок; ~ tool a) буровой инструмент; б) расточный резец
boring² ['bɔ:rɪŋ] *a* надоедливый; скучный; thoroughly ~ evening удивительно скучный вечер; his attempts to moralize are tedious and ~ его попытки читать мораль скучны и надоедливы
borism ['bɔ:rɪz(ə)m] *n* отравление борной кислотой
born I [bɔ:n] *a* 1) прирождённый; ~ poet прирождённый поэт 2) задуманный ◊ in all one's ~ days за всю свою жизнь
born II [bɔ:n] *p. p. от* bear
born-again [,bɔ:nə'ge(ɪ)n] *a* 1. *рел.* утвердившийся в вере *(после испытаний)* 2. вновь обратившийся к старому занятию 3. проснувшийся *(об интересе)*
borne¹ [bɔ:n] *уст.* = bourn¹
borne² [bɔ:n] *p. p. от* bear
borné [bɔ:neɪ] *a фр.* ограниченный, с узким кругозором
bornite ['bɔ:naɪt] *n мин.* борнит, пёстрая медная руда
boron ['bɔ:rɒn] *n хим.* бор
borosilicate [,bɔ:rə'sɪlɪk(e)ɪt] *n* боросиликат
borough ['bʌrə] *n* 1. 1) городок, местечко, населённый пункт; Parliamentary ~ город, представленный в английском парламенте; close /pocket/ ~ *ист.* город, в котором выборы находятся под контролем одного лица; rotten ~ *ист.* «гнилое местечко»; ~ court sessions четвертные сессии городского суда 2) город, выбирающий одного или более представителя в парламент; to own /to buy/ a ~ контролировать выборы в каком-л. округе 2. *амер.* один из пяти районов Нью-Йорка *(тж.* municipal ~) 3. округ *(штата Аляска в США)* 4. *амер.* город средней величины с определёнными привилегиями *(в некоторых штатах)*
borough-English [,bʌrə'ɪŋglɪʃ] *n юр. ист.* переход наследства к младшему сыну наследователя *(в некоторых городах и местечках)*
boroughmonger ['bʌrə,mʌŋgə] *n ист.* торговец мандатами «гнилых местечек» *(в парламенте)*
borrow¹ I ['bɒrəʊ] *n* 1. *шотл. юр.* залог; поручительство 2. *юр. уст.* поручитель 3. *уст.* давать взаймы
borrow¹ II ['bɒrəʊ] *v* 1. 1) занимать, брать на время; одалживать; to ~ heavily влезать в долги; to ~ smth. of /from/ smb. занимать что-л. у кого-л. 2) *мат.* занимать *(при вычитании)* 2. заимствовать; he ~ed my theory on faith заимствовал мою теорию, он воспользовался моей теорией 3. *ирон.* красть 4. *уст.* выкупать 5. *уст.* поручиться *(за кого-л.)* 6. *диал.* давать взаймы ◊ to ~ trouble напрашиваться на неприятности
borrow² ['bɒrəʊ] *v мор.* заходить *(о ветре)*
borrowed ['bɒrəʊd] *a* 1. взятый взаймы; одолженный 2. чужой, присвоенный; he travelled under a ~ name он путешествовал под чужим именем
borrowed time ['bɒrəʊd'taɪm] время сверх ожидаемого; they were living on ~, facing deportation срок их пребывания в стране истёк, и они ожидали депортации
borrowing ['bɒrəʊɪŋ] *n* 1. одалживание; to go ~ просить взаймы 2. *эк.* 1) заём 2) кредит 3. *лингв.* заимствование; English has many ~s from other languages в английском много заимствований из других языков ◊ ~ days a) *шотл.* последние три дня марта *(по поверью, очень ветреные и дождливые);* б) первые одиннадцать дней мая
borrow pit ['bɒrəʊpɪt] *горн.* карьер
borsalino [,bɔ:sə'li:nəʊ] *n* мужская широкополая мягкая фетровая шляпа
borsch, borscht [bɔ:ʃ, bɔ:ʃt] *n* борщ
borscht circuit ['bɔ:ʃt,sɜ:kɪt] *амер. сл.* летние театры, кабаре и ночные клубы дачно-курортного района близ Нью-Йорка
borsholder ['bɔ:s,həʊldə] *n ист.* 1. глава округа, наместник 2. нижний чин в полиции
borstal ['bɔ:stl] = Borstal institution
Borstal institution ['bɔ:stl,ɪnstɪ'tju:ʃ(ə)n] *ист.* борстальское учреждение *(пенитенциарное учреждение для преступников в возрасте от 14 до 21 года)*
bort [bɔ:t] *n мин.* борт; чёрный алмаз
borzoi ['bɔ:zɔɪ] *n* борзая *(порода собак)*
boscage ['bɒskɪdʒ] *n* заросли; роща
bosch [bɒʃ] *n* голландский маргарин
bosh¹ I [bɒʃ] *pl разг.* вздор, чепуха, глупая болтовня; don't talk ~! не болтай глупостей!
bosh¹ II [bɒʃ] *int* вздор!, глупости!, чепуха!
bosh² [bɒʃ] *n тех.* 1. ванна для охлаждения инструмента 2. *pl* заплечики доменной печи
bosh-shot ['bɒʃ,ʃɒt] *n сл.* неудачная попытка; промах, просчёт
Bosjesman ['bɒʃəsmən] = bushman
bosk [bɒsk] *n* 1. чаща, рощица; лесок 2. *диал.* куст
bosket ['bɒskɪt] *n* 1) роща 2) боскет
bosky¹ ['bɒskɪ] *a* 1. поросший лесом или кустарником 2. тенистый
bosky² ['bɒskɪ] *a диал., сл.* подвыпивший; he became uncommonly ~ он здорово опьянел
bo's'n ['bəʊs(ə)n] = boatswain
bosom I ['bʊz(ə)m] *n* 1. *поэт.* грудь 2) душа, сердце; his sorrows were locked in his own ~ он затаил в своём сердце печаль 2. лоно; in the ~ of one's family в кругу семьи 3. недра, глубины; ~ of the sea морские глубины, пучина; minerals in earth's deepest ~ минералы глубоко в недрах земли; in the ~ of the forest в самой чаще леса 4. пазуха; to put smth. in one's ~ положить что-л. за пазуху 5. грудь *(рубашки и т. п.);* перёд лифа *(платья)* 6. манишка; starched ~ крахмальная манишка 6. круглая впадина, углубление ◊ to take smb. to one's ~ а) приблизить кого-л. к себе, сделать кого-л. другом; б) жениться
bosom II ['bʊz(ə)m] *a* интимный, близкий; ~ friend закадычный друг
bosom III ['bʊz(ə)m] *v* 1. лелеять 2. обнимать; прижимать к груди
bosomed ['bʊzəmd] *a* скрытый, спрятанный; a house ~ in trees дом, скрытый деревьями /утопающий в зелени/
bosomy ['bʊzəmɪ] *a* с пышной грудью, грудастая *(о женщине)*
boson ['bəʊsɒn] *n физ.* бозон
bosquet ['bɒskɪt] = bosket
boss¹ I [bɒs] *n* 1. *разг.* хозяин, предприниматель; босс 2. *амер.* босс, политический заправила 3. 1) десятник 2) штейгер 4. глава группировки в мафии
boss¹ II [bɒs] *a* 1. главный 2. *амер. сл.* первоклассный
boss¹ III [bɒs] *v разг.* 1) быть хозяином, предпринимателем 2) распоряжаться, хозяйничать; быть заводилой; to ~ the show распоряжаться /заправлять/ всем; I did not ~ the job, it was sister! я тут ни при чём, это всё сестра!
boss² I [bɒs] *n сл.* промах, ошибка
boss² II [bɒs] *v сл.* 1) промахнуться; he had six shots at the target and he ~ed every time он шесть раз пытался попасть в цель и каждый раз бил мимо 2. напутать, напортить; you are simply ~ing up the whole show вы просто всё дело портите
boss³ I [bɒs] *n* 1. 1) шишечка; розетка *(на переплёте, удилах и т. п.)* 2) *стр.* рельефное украшение; орнамент, покрывающий места пересечения балок 3) металлическая запонка 2. *ист.* выпуклость в центре щита 3. *тех.* бобышка, прилив, выступ 4. *геол.* купол, шток 6. *тех.* втулка колеса
boss³ II [bɒs] *v* 1) делать выпуклый орнамент 2) украшать выпуклым орнаментом
boss⁴ [bɒs] *n стр.* 1. лоток 2. творило *(для извести)*
boss⁵ [bɒs] *n амер. диал.* корова; тёлка
bossage ['bɒsɪdʒ] *n архит.* рустик
bossa nova [,bɒsə'nəʊvə] боссанова *(музыкальный ритм и танец)*
bossdom ['bɒsdəm] *n амер.* 1. сфера влияния политического деятеля 2. влияние бизнесменов на политику
bossed [bɒst] *a* 1. выпуклый; выдающийся, выступающий вперёд 2. шишковатый
bosselated ['bɒsɪleɪtɪd] *a физиол.* имеющий небольшие выпуклости, бугорчатый, шишковатый
boss-eyed [,bɒs'aɪd] *a разг.* 1. кривой, косой, косоглазый 2. однобокий 3. мошеннический
bossing ['bɒsɪŋ] *n* 1. *горн.* подрубка *(мощного) пласта* 2. грунтовка фаянса
bossism ['bɒsɪz(ə)m] *n амер. сл.* система, при которой политические партии контролируются партийными боссами
boss-shot ['bɒsʃɒt] *n сл.* ошибка, промашка
bossy¹ ['bɒsɪ] *a разг.* распоряжающийся, заправляющий всем; he is rather ~ он любит распоряжаться /командовать/
bossy² ['bɒsɪ] *n амер. разг.* 1. корова 2. *мясо,* a slice of ~ кусочек мяса; ~ in bowl тушёное мясо
bossy³ ['bɒsɪ] *a* украшенный барельефами; выпуклый
boston ['bɒst(ə)n] *n* 1. *карт.* бостон 2. бостон *(вальс)*
boston arm ['bɒst(ə)nɑ:m] биопротез руки
Boston Tea Party ['bɒst(ə)n'ti:,pɑ:tɪ] *амер. ист.* «бостонское чаепитие», бостонский бунт *(против ввоза англичанами чая)*
bosun ['bəʊs(ə)n] = boatswain
bot [bɒt] *n* 1. личинка овода 2. *вет.* гельминтоз *(у лошадей)* 3. *сл.* туберкулёзный больной
bota ['bəʊtə] *n* бурдюк
botanic [bə'tænɪk] *a редк.* ботанический; the B. Gardens Ботанический сад *(в Лондоне)*
botanical I [bə'tænɪk(ə)l] *n* лекарство из растительного сырья *(из трав)*
botanical II [bə'tænɪk(ə)l] *a* ботанический
botanise ['bɒtənaɪz] = botanize
botanist ['bɒtənɪst] *n* ботаник
botanize ['bɒtənaɪz] *v* ботанизировать; собирать гербарий, травы

botany ['bɒtənɪ] *n* ботаника
Botany Bay ['bɒtənɪ'beɪ] 1. *см.* Приложение 2. 1) *ист.* место ссылки 2) ссылка, каторга
Botany wool [,bɒtənɪ'wʊl] австралийская мериносовая шерсть
botargo [bə'tɑ:gəʊ] *n* (*pl* -oes, -os [-əʊz]) приправа из икры кефали
botch[1] I [bɒtʃ] *n* 1. заплата 2. 1) плохо, небрежно сделанная работа; to make a ~ напортачить; he made a miserable ~ of this article он совершенно испортил эту статью 2) плохой работник, неумеха
botch[1] II [bɒtʃ] *v* 1. неумело латать 2. 1) портить; делать плохо *или* небрежно; to ~ a block of marble испортить кусок мрамора 2) состряпать (*часто* ~ up, ~ together); to ~ up an essay состряпать статейку
botch[2] [bɒtʃ] *n диал.* прыщ, язва
botched [bɒtʃt] *a* 1. залатанный 2. плохо сделанный, состряпанный, халтурный
botcher[1] ['bɒtʃə] *n* плохой работник, «сапожник»; a miserable ~ of dramas жалкий кропатель пьес
botcher[2] ['bɒtʃə] *n* молодой лосось
botchery ['bɒtʃ(ə)rɪ] *n* 1. халтура 2. заплатки
botchy ['bɒtʃɪ] *a* неумелый, плохо сделанный; халтурный
botfly ['bɒtflaɪ] *n этн.* овод (*Zarvivoridae fam.*)
both I [bəʊθ] *a* оба, обе; и тот и другой; ~ sisters are doctors обе сестры — врачи; I want ~ books мне нужны обе книги; she kissed him on ~ cheeks она поцеловала его в обе щёки; you can't have it ~ ways *разг.* нельзя иметь и то и другое; приходится выбирать одно из двух
both II [bəʊθ] *adv арх.* 1) тоже, также; I have seen your brother and your sister ~ я видел вашего брата и вашу сестру тоже; ~ ... and *см.* both ... and 2) одинаково, одновременно; he fears and hopes ~ at once он боится и в то же время надеется
both III [bəʊθ] *pron* оба, обе; и тот и другой; I see them ~ я вижу их обоих; we wrote to them ~ мы написали им обоим; ~ were punished наказали обоих; they ~ went there они оба пошли туда; they are ~ gone они оба ушли, нет ни того ни другого; I saw ~ of them yesterday вчера я видел и того и другого; have you read these books? Yes, I have read ~ вы прочли эти книги? — Да, и ту и другую; ~ of them joined us они оба присоединились к нам; ~ of these possibilities must be taken into account нужно учесть обе эти возможности
both... and [bəʊθ...ənd] *corr cj* не только..., но и; как..., так и...; ~ man and bird and beast человек, и зверь, и птица; he is both a good doctor and a clever man он не только хороший врач, но и умный человек; both in Europe and in Asia как в Европе, так и в Азии, и в Европе и в Азии; the picture both attracts and repels me эта картина и привлекает и отталкивает меня одновременно; both now and always во все времена
bother I ['bɒðə] *n* 1. беспокойство, хлопоты; источник беспокойства; we had a little ~ with him at first вначале он причинил нам некоторое беспокойство; I am giving you a lot of ~ я причиняю вам много хлопот 2. надоедливый человек; what a ~ you are! отстань, ты мне надоел!
bother II ['bɒðə] *v* 1) надоедать, беспокоить; don't ~ me with foolish questions! не приставай ко мне с глупыми вопросами!; he ~s me to death он надоел мне до смерти 2) беспокоить, волновать; a point, which has ~ed us вопрос, который нас беспокоил; he can't be ~ed его нельзя тревожить; his stomach has been ~ing him его беспокоит желудок 3) трудиться, давать себе труд; don't ~ to make tea не возьмусь; don't ~ to lock the door! дверь можешь не закрывать, не беспокойся!; he didn't ~ to be polite он не потрудился быть вежливым; she didn't ~ to lower her voice она даже не старалась /не потрудилась/ говорить (по)тише
◇ to ~ one's head /brains/ ломать голову; don't ~ your head about me! не беспокойтесь за меня!; I'm ~ed! чёрт возьми!
bother III ['bɒðə] *int выражает раздражение или досаду* тьфу ты!; да ну тебя!; чёрт возьми!
botheration I [,bɒðə'reɪʃ(ə)n] *n разг. см.* bother I 1
botheration II [,bɒðə'reɪʃ(ə)n] *int арх. разг.* какая досада!; чёрт возьми!; чёрт подери!
bothersome ['bɒðəs(ə)m] *a* беспокойный, надоедливый; докучливый
bothy ['bɒθɪ] *n шотл.* лачуга, хижина; маленький домик
botoné, botonée, botony ['bɒtənɪ, -n1] *n геральд.* крест в форме трилистника
bo tree ['bəʊtri:] *инд.* 1. фиговое дерево 2. (B.) священное дерево (*у буддистов*)
botryoid, botryoidal ['bɒtrɪɔɪd, -dl] *a* кистевидный, гроздевидный
botryose ['bɒtrɪəʊs] *a* 1) = botryoid 2) *бот.* кистеносный
bott [bɒt] = bot
bottine [bɒ'ti:n] *n* 1) дамский *или* детский ботинок 2) *pl* полусапожки
bottle[1] I ['bɒtl] *n* 1) бутылка, бутыль; баллон; to drink a whole ~ выпить целую бутылку 2) флакон, пузырёк 3) рожок, бутылочка (*для кормления грудных детей*); to bring a child on the ~ искусственно вскармливать ребёнка 2. (the ~) 1) вино, водка; to be too fond of the ~ любить выпить; he is addicted to the ~ он сильно пьёт; to discuss smth. over a ~ обсуждать что-л. за бутылкой вина; to take to the ~ пристраститься к вину 2) искусственное питание (*в отличие от грудного молока*)
◇ to crack a ~ together распить (*с кем-л.*) бутылку, «раздавить бутылочку»; to know smb. from his ~ up ≅ знать кого-л. с пелёнок; to pass the ~ of smoke лицемерить, притворяться; знать, что это не так, и помалкивать; to hit the ~ *сл.* а) регулярно пить (спиртное); выпивать; б) пьянствовать, забалдеть
bottle[1] II ['bɒtl] *v* разливать по бутылкам; хранить в бутылках
bottle[2] ['bɒtl] *n диал.* охапка сена
◇ to look for a needle in a ~ of hay искать иголку в стоге сена
bottle baby ['bɒtl,beɪbɪ] *амер.* 1. *разг.* искусственно, искусственно вскормленный ребёнок 2. *сл.* пьяница, пьянчуга
bottle-brush ['bɒtlbrʌʃ] *n* 1. щётка для мытья бутылок, ёрш 2. *бот.* хвощ полевой (*Equisetum arvense*)
bottle club ['bɒtlklʌb] *амер. сл.* частный клуб, в котором подают алкогольные напитки после закрытия питейных заведений
bottled ['bɒtld] *a* 1. разлитый в бутылки, бутылочный (*о вине, пиве и т. п.*) 2. имеющий форму бутылки 3. *сл.* сдерживаемый (*о гневе, смущении и т. п.*) 4. *сл.* пьяный
bottled gas ['bɒtld,gæs] баллонный газ, газ в баллонах (*для кухни и т. п.*)

bottle-fed ['bɒtlfed] *a* искусственно вскормленный
bottle-feed ['bɒtlfi:d] *v* (bottle-fed [-fed]) вскармливать искусственно (*новорождённого*)
bottle-glass ['bɒtlglɑ:s] *n* бутылочное стекло
bottle green [,bɒtl'gri:n] тёмно-зелёный, бутылочного цвета
bottle-head ['bɒtlhed] *n* 1. *уст.* глупец 2. *зоол.* 1) мелкий кит 2) = bottle nose
bottle-holder ['bɒtl,həʊldə] *n разг.* 1. секундант (*боксёра*) 2. сторонник, помощник
bottle in ['bɒtl'ɪn] = bottle up
bottle-jack ['bɒtldʒæk] *n* 1. приспособление для вращения вертела 2. *ж.-д.* паровозный домкрат
bottleneck I ['bɒtlnek] *n* 1. горлышко бутылки 2. 1) узкий проход, проезд 2) узкое место; препятствие, помеха 3. *тех.* горловина 4. *воен.* дефиле
bottleneck II ['bɒtlnek] *v* 1) ставить в трудное положение; затруднять; to ~ traffic создавать пробки (*в уличном движении*) 2) испытывать затруднения; задерживаться, откладываться; decisions ~ on his desk документы залёживаются на его письменном столе
bottleneck (guitar) ['bɒtlnek(gɪ'tɑ:)] (*n*) способ игры на гитаре (*к струнам прижимают металлическую пластинку или горло бутылки*)
bottleneck inflation ['bɒtlnekɪn'fleɪʃ(ə)n] *эк.* рост цен, не сопровождающийся ростом спроса
bottle nose ['bɒtlnəʊz] толстый, распухший красный нос, «нос пьяницы»
bottlenose ['bɒtlnəʊz] *n зоол.* бутылконос (*Hyperoödon rostratus*)
bottle off ['bɒtl'ɒf] *phr v* разливать из бочек по бутылкам
bottle party ['bɒtl,pɑ:tɪ] 1) пирушка в складчину 2) ночной клуб
bottle-screw ['bɒtlskru:] *n* штопор
bottle up ['bɒtl'ʌp] *phr v* 1) закупоривать 2) сдерживать, скрывать; to ~ one's anger сдерживать гнев 3) *воен.* окружать, замыкать в кольцо окружения; to ~ the enemy's fleet запереть вражеский флот
bottle-washer ['bɒtl,wɒʃə] *n* 1.) мойщик бутылок 2) *разг.* уборщица 2. *разг.* фактотум
bottling ['bɒtlɪŋ] *n* разлив по бутылкам
bottom I ['bɒtəm] *n* 1. низ, нижняя часть; конец; the ~ of a tree комель; the ~ of a mountain основание /подножие/ горы; from top to ~ сверху донизу; at the ~ of a page внизу страницы; at the ~ of the stairs на нижней площадке лестницы; at the ~ of the pocket в глубине кармана; at the ~ of a table в конце стола; to be at the ~ of a class быть последним учеником в классе 2. суть, основа, основание; at (the) ~ в основе; по сути; he is at ~ a good-hearted fellow в сущности он добродушный парень; to be at the ~ of smth. быть подлинной причиной или источником чего-л.; her headache was at the ~ of her grumpy behaviour на самом деле её ворчливость вызвана головной болью; to get to the ~ of smth. добраться до сути чего-л. 3. дно (*моря, реки, озера*); to go [to send] to the ~ пойти [пустить] ко дну; to take the ~ *мор.* сесть на грунт /на мель/; to touch ~ а) коснуться дна, достать до дна; б) достигнуть предельно низкого уровня; the market has touched

BOT — BOU

/has reached/ ~ цены на рынке упали до самого низкого уровня; в) совершенно опуститься 4. дно, днище; ~ door трап, люк; ~ escape десантный люк (*боевой машины*); the ~ of a bucket [of a cup] дно ведра [чашки]; to drain /to empty/ a goblet to the ~ осушить бокал до дна 5. *мор.* 1) днище; подводная часть корабля 2) судно (*торговое*); goods imported in British ~s товар, ввезённый на британских судах 6. сиденье (*стула*) 7. *разг.* 1) зад; I'll smack your ~ я тебя отшлёпаю, я тебе дам по попке 2) задняя часть брюк 8. запас жизненных сил, выносливость; крепость (*человека, лошади и т. п.*); a horse of good ~ очень крепкая /выносливая/ лошадь 9. *стр.* ложе реки 10. 1) *стр.* основание, фундамент 2) *метал.* под 3) *геол.* постель, грунт, почва; подстилающая порода; ~ soil подпочва 4) *текст.* грунт, протрава, закрепитель красителя 11. басовые *или* баритональные инструменты в оркестре ◊ at the ~ of the heart в глубине души; from the ~ of the heart из глубины души; от всего сердца; to have no ~ быть неистощимым /неисчерпаемым/; to scrape the ~ of the barrel ≅ скрести по сусекам; to knock the ~ out of smth. выбить почву из-под ног; подорвать, опровергнуть, свести на нет (*аргумент, теорию и т. п.*); this news has knocked the ~ out of my life то, я узнал, перевернуло всю мою жизнь; the ~ falls out (of) ≅ почва уходит из-под ног; there's no ~ to it этому нет конца; этому конца и края не видно; ~s up! пей до дна!; to stand on one's own ~ быть независимым; every tub must stand on its own ~ ≅ каждый должен сам о себе заботиться

bottom II [ˈbɒtəm] *a* 1. 1) самый нижний; ~ shelf нижняя полка; ~ rung нижняя ступенька приставной лестницы; ~ row нижний ряд 2) последний, крайний; ~ price крайняя цена 2. находящийся на дне; ~ fish донная рыба 3. служащий причиной; лежащий в основе ◊ ~ drawer ящик комода, в котором хранится приданое невесты; to bet one's ~ dollar *амер. разг.* см. bet II

bottom III [ˈbɒtəm] *v* 1. приделывать дно, низ, сиденье; to ~ a chair приделать сиденье к стулу 2. касаться дна; измерять глубину 3. добираться до сути, искать причину; вникать, понимать; to ~ smb.'s plans [arguments] понять чьи-л. планы [доводы] 4. 1) (on, upon) *обыкн. pass* основывать, давать обоснование; his arguments were ~ed on good practical sense он рассуждал вполне здраво 2) *книжн.* основываться; on what do his arguments ~? на чём основываются его доводы? 5. *тех.* грунтовать

bottom dog [ˈbɒtəmdɒg] *разг.* неудачник; жертва несправедливости

bottomed [ˈbɒtəmd] *a* 1. имеющий дно 2. основанный; обоснованный, имеющий обоснование 3. (-bottomed) *как компонент сложных слов со значением* имеющий дно определённого типа; flat-bottomed boat плоскодонка

bottom grass [ˈbɒtəmgrɑːs] низинные травы

bottom heat [ˈbɒtəmhiːt] естественное *или* искусственное тепло в почве

bottom ice [ˈbɒtəmaɪs] донный лёд

bottoming [ˈbɒtəmɪŋ] *n* 1) *дор.* щебё-

ночный слой 2) *стр.* устройство основания

bottom land [ˈbɒtəmlænd] *амер.* пойма

bottomless [ˈbɒtəmlɪs] *a* 1. бездонный; ~ abyss бездонная пропасть 2. безграничный, беспредельный; ~ gloom беспросветный мрак; ~ stupidity непроходимая глупость; his kindness seemed ~ его доброта не знает границ 3. непостижимый; ~ mystery непостижимая тайна 4. необоснованный; ~ arguments аргументация, не выдерживающая критики; неубедительные соображения 5. не имеющий сиденья (*о стуле*) 6. полностью обнажённый (*о танцовщице*) 7. с участием обнажённых танцовщиц и артисток (*о балете, опере и т. п.*)

bottomless pit [ˈbɒtəmlɪsˈpɪt] ад, преисподняя

bottom line [ˈbɒtəmlaɪn] 1) практический результат; итог 2) основной момент; skip the details and give me the ~ опусти детали и изложи суть

bottom-line [ˈbɒtəmlaɪn] *a* 1. заинтересованный только в прибылях 2. прагматичный, реалистичный 3. итоговый, окончательный; ~ cost итоговая стоимость (*продукции*); ~ profit окончательная прибыль

bottommost [ˈbɒtəmməʊst] *a* самый нижний

bottom out [ˈbɒtəmˈaʊt] *phr v* достичь нижнего предела (*экономического кризиса*) перед фазой оживления

bottom round [ˈbɒtəmˈraʊnd] *спец.* филей

bottomry I [ˈbɒtəmrɪ] *n юр.* бодмерея

bottomry II [ˈbɒtəmrɪ] *v юр.* закладывать судно *или* его груз

bottomry-bond [ˈbɒtəmrɪbɒnd] *n юр.* бодмерейный договор

bottom-up I [ˌbɒtəmˈʌp] *a спец.* восходящий

bottom-up II [ˌbɒtəmˈʌp] *adv* 1) вверх дном 2) снизу вверх

bottom-upwards [ˌbɒtəmˈʌpwədz] = bottom-up II

botulinus [ˌbɒtjuˈl(a)ɪnəs] *n бакт.* возбудитель ботулизма

botulism [ˈbɒtjʊlɪz(ə)m] *n мед.* ботулизм

bouclé [ˈbuːkleɪ] *n текст.* букле

boudoir [ˈbuːdwɑː] *n* будуар

bouffant I [buːˈfɒŋ, -fɒnt] *n* пышная женская причёска, начёс

bouffant II [ˈbuːfɒŋ, -fɒnt] *a* широкий, свободный (*об одежде*); ~ skirt пышная юбка; ~ sleeves рукава-фонарики; ~ draperies занавески в сборку; ~ hairdo причёска «паж»

bouffe [buːf] *a* комический, буф [(опера + bouffe)]

bougainvillaea [ˌbuːɡənˈvɪlɪə] *n бот.* бугенвиллия

bouge [buːdʒ] = bilge I 3

bough [baʊ] *n* 1. сук 2. *уст.* виселица 3. *шотл.* нога

bough-pot [ˈbaʊpɒt] *n уст.* 1) ваза, горшок для цветов 2) букет цветов

bought¹ I [bɔːt] *n шотл.* загон для овец

bought¹ II [bɔːt] *v шотл.* загонять овец в загон

bought² [bɔːt] *n* 1. загиб; изгиб 2. петля 3. *уст.* складка (*ткани*)

bought³ [bɔːt] *past и p. p. от* buy II

boughten [ˈbɔːtn] *a диал., амер.* готовый, купленный готовым; ~ shirt готовая рубашка

bougie [ˈbuːʒɪ] *n* 1. восковая свеча 2. *мед.* расширитель, буж

bouillabaisse [ˌbuːjəˈbes] *n* 1. рыба, тушённая в воде *или* в белом вине 2. попурри; ~ of essays сборник очерков

bouilli [ˈbuːjiː] *n фр.* варёное *или* тушёное мясо

bouillon [ˈbuːjɒn, -ɒŋ] *n* 1. бульон, суп; ~ cube бульонный кубик 2. *биол.* питательная среда для выращивания микроорганизмов

bouk [buːk] *n диал.* туловище, тело

boulangerite [buːˈlaːndʒəraɪt] *n мин.* буланжерит

boulder [ˈbəʊldə] *n* 1. валун 2. галька, голыш 3. глыба, масса, крупный кусок

boulder clay [ˈbəʊldəkleɪ] *геол.* валунная глина

bouldering [ˈbəʊld(ə)rɪŋ] *n* практика в технике скалолазания

boulder-period [ˈbəʊldəˌpɪ(ə)rɪəd] *n геол.* ледниковый период

boulder-stone [ˈbəʊldəstəʊn] = boulder 1 *и* 2

bouldery [ˈbəʊld(ə)rɪ] *a* валунистый, валунный

boule [buːl] *n мин.* искусственный рубин

boulevard [ˈbuːl(ə)vɑː(d)] *n* 1. бульвар 2. *амер.* проспект

bouleversement [buːlˈvæːsmənt] *n фр.* потрясение; крах

boulter [ˈbəʊltə] *n* длинная леса с большим количеством крючков

boun I [baʊn] *a уст.* 1. готовый 2. готовый *или* желающий уйти

boun II [baʊn] *v уст.* 1. 1) приготовлять 2) приготовляться 2. отправляться

bounce I [baʊns] *n* 1. 1) прыжок, скачок; отскок; with a ~ (одним) скачком; to run /to spring/ up the stairs in four or five ~s четырьмя-пятью прыжками подняться по лестнице; the boy caught the ball at one ~ мяч подскочил, и мальчик тут же его поймал 2) подскок (*самолёта*) при посадке; подпрыгивание (*автомашины*) на дороге 3) *воен.* рикошет 2. 1) сильный, внезапный удар; the ~ burst open the door от сильного толчка дверь распахнулась 2) *геол.* горный удар 3. упругость; the ball has lost its ~ мяч потерял упругость 4. хвастовство, похвальба; the whole story is ~ вся эта история — сплошная выдумка 5. *разг.* увольнение; to get [to give smb.] the ~ «вылететь» [выгнать] с работы 6. *сл.* энергия, отвага 7. *амер. кино* яркость

bounce II [baʊns] *v* 1. 1) подпрыгивать; отскакивать; the ball doesn't ~ well мяч плохо подпрыгивает /отскакивает/; the boy was bouncing up and down on the bed мальчик подпрыгивал на кровати 2) подпрыгивать при посадке (*о самолёте*); подпрыгивать на дороге (*об автомашине*); occupants of the car were ~d from side to side сидевших в машине бросало из стороны в сторону 3) *воен.* рикошетировать 2. ходить подпрыгивая, двигаться неловко, с шумом 3. 1) (into) вскакивать, врываться; to ~ into the room влететь /ворваться/ в комнату 2) (out of) выскакивать; to ~ out of the room выскочить из комнаты; to ~ out of a chair вскочить со стула 4. хвастать; don't listen to him, he is bouncing не слушайте его, он хвастается 5. (запугиванием *или* обманом) заставить, уговорить, склонить сделать (*что-л.*); to ~ smth. out of smb. выманить что-л. у кого-л.; he tried to ~ me into a rash decision by concealing half the facts скрыв от меня половину обстоятельств, он пытался склонить меня к поспешному /необдуманному/ решению 6. *разг.* увольнять, выгонять 7. *спорт.* бить (*обо что-л.*) мячом 8. *фин.* 1) быть возвращённым банком ремитенту (*ввиду отсутствия средств на счету плательщика* — *о чеке*); the cheque ~d чек не был оплачен банком; чек оказался недействительным 2) выписывать чек на сумму, отсутствующую на теку-

щем счёте вкладчика 9. *сл.* пробрать взгреть (*кого-л.*); дать встряску
  bounce III [baʊns] *adv* вдруг; внезапно
  bounce IV [baʊns] *int* бум!
  bounce back ['baʊns'bæk] *phr v разг.* 1. оправиться (*от удара и т. п.*); прийти в норму (*после болезни и т. п.*); воспрянуть; share prices bounced back цены акций вновь пришли в норму 2. *разг.* оказаться эффективным; возыметь должное действие
  bouncer ['baʊnsə] *n* 1. *см.* bounce II + -er 2. *разг.* 1) хвастун, лгун 2) хвастовство, наглая ложь 3. *разг.* громадина 4. *сл.* вышибала 5. *чек*, который не может быть оплачен банком (*ввиду отсутствия средств на счету плательщика*)
  bouncing I ['baʊnsɪŋ] *n* 1. = bounce I 1, 1) *и* 2); ~ on the toes прыжки на месте, подпрыгивание 2. *тлв.* неустойчивость изображения по вертикали; line ~ *амер.* подёргивание строк
  bouncing II ['baʊnsɪŋ] *a* 1. 1) здоровый, рослый, крупный; two ~ boys два крупных мальчугана 2) большой, неловкий, неуклюжий 2. хвастливый 3. подпрыгивающий
  bouncing Bet, bouncing Bess ['baʊnsɪŋ'bet, -'bes] разновидность мыльной травы
  bouncy ['baʊnsɪ] *a разг.* 1. 1) = bouncing II 3 2) тряский 3) пружинистый 2. *муз.* синкопированный 3. 1) оживлённый 2) энергичный, бодрый 3) задорный
  bound¹ [baʊnd] *a* 1. *predic* 1) обязанный, вынужденный; ~ to military service военнообязанный; he is legally ~ to do it по закону он обязан сделать это 2) непременный, обязательный; something is ~ to happen что-то обязательно должно произойти; the plan is ~ to succeed план непременно удастся; this horse is ~ to win эта лошадь обязательно выиграет; he is ~ to die ему суждено умереть 2. *predic амер. разг.* решившийся (*на что-л.*); намеренный (*сделать что-л.*); he is ~ he will have his way он решил поступить по-своему 3. *спец.* несвободный, связанный; ~ energy *физ.* связанная энергия 4. переплетённый, в переплёте (*о книге и т. п.*); ~ in leather в кожаном переплёте 5. *мед. проф.* страдающий запором
  bound² [baʊnd] *past и p. p. от* bind² II
  bound³ I [baʊnd] *n* 1. 1) прыжок, скачок; with one ~ одним прыжком; а ~ forward быстрое движение/рывок/ вперёд 2) *воен.* перебежка 2. 1) отскок (*мяча*); to catch a ball on the ~ поймать мяч, как только он отскочит 2) *воен.* рикошет (*тж.* ~ shot) 3. *поэт.* сильный удар сердца
  bound³ II [baʊnd] *v* 1. прыгать, скакать; быстро бежать, нестись; to ~ up вскакивать; his dog came ~ing to meet him собака бросилась ему навстречу; big rocks were ~ing down the side of the hill по склонам горы скатывались огромные камни; his heart ~ed with joy его сердце радостно колотилось /ёкнуло/ 2. 1) отскакивать (*о мяче и т. п.*); the ball struck the wall and ~ed back to me мяч ударился об стену и отскочил обратно ко мне 2) *воен.* отскакивать, рикошетировать
  bound⁴ I [baʊnd] *n* 1. 1) *книжн.* граница, предел; the farthest ~s of the ocean далёкие пределы океана 2) *обыкн. pl* предел, границы, рамки; within the ~s of reason [of possibility] в пределах разумного [возможного]; to overstep the ~s of common sense перейти границы здравого смысла; to keep within ~s держать в определённых рамках; to pass all ~s переходить все границы, не

знать границ; to put /to set/ ~s to smth. ограничивать /сдерживать/ что-л.; there are no ~s to his ambitions его желаниям нет предела 2. 1) *обыкн. pl* определённый район, *особ.* территория, за пределами которой (учащимся) не разрешается выходить; out of ~s а) запрещённый для военнослужащих (*о квартале, ресторане и т. п.*); б) запретный, закрытый; недоступный; out of ~s to critical assessment не подлежащий критике; to trespass on smb.'s ~s вторгаться в чью-л. территорию; this café has been placed out of ~s for schoolboys вход в это кафе школьникам запрещён 2) зона; he kicked the ball out of ~s он выбил мяч с поля 3. *мат.* предел (*переменной величины*)
  bound⁴ II [baʊnd] *v* 1. ограничивать, служить границей; England is ~ed on the north by Scotland на севере Англия граничит с Шотландией; the Pacific Ocean ~s California on the west с запада Калифорнию омывает Тихий океан 2. *амер.* называть, указывать границы; to ~ France назвать границы Франции 3. ограничивать, сдерживать; you should ~ your desires by reason вы должны разумно ограничивать свои желания; no nice scruples ~ed his conduct он не отличался щепетильностью
  bound⁵ [baʊnd] *a predic* 1. готовый (*особ. к отправлению*); направляющийся (*куда-л.*); a ship ~ for a voyage готовый к отплытию; ~ to start on Tuesday готовый отправиться в путь во вторник; a ship ~ for /to/ London судно, направляющееся в Лондон; homeward ~ направляющийся на родину /в порт приписки/; outward ~ направляющийся за границу (*о судне*) 2. (-bound) как компонент сложных слов направляющийся (*куда-л.*); south-bound идущий на юг; Venus-bound rocket ракета, запущенная в сторону Венеры
  boundary ['baʊnd(ə)rɪ] *n* 1. 1) граница, межа; ~ dispute [sign, commission, waters] пограничный спор [знак, -ая комиссия, -ые воды]; ~ light *ав.* пограничный огонь (*аэродрома*); ~ river пограничная река; ~ post межевой знак; artificial [natural] ~ искусственная [естественная] граница; land boundaries сухопутные границы; to draw [to extend] boundaries провести [расширить] границы; this stream forms a ~ between the two estates граница между двумя владениями проходит по этому ручью 2) *спорт.* граница поля, ограничительная линия поля; удар за линию поля 3) *воен.* разграничительная линия 2. предел, граница; ~ conditions [value] *спец.* граничные условия [-ое значение]; ~ lubrication *тех.* граничная смазка
  boundary line ['baʊnd(ə)rɪlaɪn] пограничная линия; граница
  boundary protection ['baʊnd(ə)rɪprə'tekʃ(ə)n] *вчт.* защита памяти
  boundary-rider ['baʊnd(ə)rɪ,raɪdə] *n австрал.* объездчик, следящий за исправностью изгородей
  bound charge ['baʊnd'tʃɑːdʒ] *физ.* связанный заряд
  bounded ['baʊndɪd] *a мат.* ограниченный
  bound electron ['baʊndɪ'lektrɒn] связанный электрон
  bounden I ['baʊndən] *a* 1. требуемый; необходимый; обязательный; ~ duty святая обязанность, прямой долг 2. обязанный
  bounden II ['baʊndən] *уст. p. p. от* bind II
  bounder¹ ['baʊndə] *n* 1. тот, кто размечает границы, межевик 2. *диал.* граница, межа

bounder² ['baʊndə] *n разг.* прохвост, пройдоха; хам
  bound form ['baʊndfɔːm] *лингв.* связанная форма
  boundless ['baʊndlɪs] *a* безграничный, беспредельный; ~ ocean беспредельный океан; ~ kindness безграничная доброта
  boundlessly ['baʊndlɪslɪ] *adv* безгранично, беспредельно
  bound up ['baʊnd'ʌp] (in, with) 1) тесно связанный; a farmer's life is ~ in his work жизнь фермера неотделима от его труда 2) верный, преданный; the old friends are completely ~ in each other старые друзья очень преданы друг другу
  bound verse ['baʊnd'vɜːs] метрический стих (*в отличие от свободного*)
  bounteous ['baʊntɪəs] *a книжн.* 1. щедрый; ~ giver дающий щедрой рукой 2. достаточный; обильный, щедрый; ~ harvest обильный урожай
  bounteously ['baʊntɪəslɪ] *adv книжн.* щедро; обильно
  bountiful ['baʊntɪf(ə)l] = bounteous
  bounty I ['baʊntɪ] *n* 1. щедрость 2. (щедрый) подарок, дар; ~ of nature дары природы 3. поощрительная правительственная премия; King's /Queen's/ ~ пособие матери, родившей тройню
  bounty II ['baʊntɪ] *v* 1. премировать, вознаграждать; the bobcat is often regarded as a predator and is bountied рысь часто считают вредным хищником, и за её истребление выплачивается премия 2. одаривать
  bounty hunter [,baʊntɪ'hʌntə] охотник, истребляющий вредных животных с целью получить вознаграждение
  bounty jumper [,baʊntɪ'dʒʌmpə] *амер.* человек, записавшийся в ряды армии за вознаграждение, а затем дезертировавший (*во времена гражданской войны*)
  bouquet [bəʊ'keɪ, buː-] *n* 1. 1) букет 2) хвала, одобрение; ~s and brickbats хвала и хула, захваливание и поношение 2. букет, аромат вина 3. сигара с острыми концами
  bouquetière [,buːkeɪ'tjeə] *a кул.* букетьер с гарниром из красиво нарезанных овощей
  bouquiniste [,buːkɪ'niːst] *n фр.* букинист
  bourbon ['buːbən, 'buːə-] *n амер. 1. пренебр.* реакционер, консерватор 2. бербон, бурбон (*кукурузное или пшеничное виски; тж.* ~ whisky)
  bourdon ['bʊədn] *n* 1) басовый регистр (*органа*) 2) басовая трубка (*волынки*)
  bourette [bʊ'ret] *n текст.* бурет
  bourg [bʊə(g)] *n* 1. *ист.* небольшой город *или* деревня вблизи замка 2. европейский городок (*в отличие от английского* town)
  bourgeois¹ I ['bʊəʒwɑː] *n* 1. буржуа 2. *ист.* горожанин
  bourgeois¹ II ['bʊəʒwɑː] *a* буржуазный
  bourgeois² [bɜː'dʒɔɪs] *n полигр.* боргес (*шрифт*)
  bourgeoisie [,bʊəʒwɑː'ziː] *n* буржуазия; petty ~ мелкая буржуазия
  bourgeoisify [,bʊəʒwɑː'zɪfaɪ] *v* обуржуазиться
  bourgeon I, II ['bɜːdʒ(ə)n] = burgeon I *и* II
  bourn¹ [bɔːn] *n* ручей
  bourn² [bɔːn] = bourne²
  bourne¹ [bɔːn] = bourn¹
  bourne² [bɔːn] *n* 1. *поэт.* цель 2. *уст.* граница, предел 3. владения

BOU — BOW

bournonite ['bʊənənaɪt] *n мин.* бурнонит
bourrée ['bʊreɪ] *n муз.* буррé
bourrelet ['bʊ(ə)rəleɪ] *n текст.* бурлé
bourride ['bʊrɪd] *n* заливнóе из рыбы (*с желтками и чесноком*)
bourse [bʊəs] *n* фóндовая бúржа (*особ. парúжская*)
bourtree ['bʊətriː] *n бот.* бузинá чёрная (*Sambucus nigra*)
bouse¹ I [buːz] *n редк. прост.* 1. 1) алкогóльный напúток 2) сквéрное винó 2. попóйка
bouse¹ II [buːz] *v редк. прост.* пьянствовать, выпивáть
bouse² [buːz] *n* низкосóртная рудá
bouse³ [baʊz] *v мор.* натя́гивать трос с помощью тáлей; выбирáть (*снáсти*)
bousouki [bʊ'zuːkɪ] *n* = bouzouki
bousy ['buːzɪ] = boozy
bout [baʊt] *n* 1. раз, приём; this ~ на этот раз; at one ~ рáзом; в одúн присéст, однúм мáхом; a ~ of cleaning генерáльная убóрка 2. *спорт.* 1) схвáтка; встрéча; бой; a ~ with the adversary схвáтка с протúвником; boxing ~ встрéча по бóксу; ~ with the gloves бокс; ~ of one touch [of five touches] бой на одúн укóл [на пять уколóв] (*фехтовáние*) 2) заéзд 3. припáдок, прúступ (*болéзни, кáшля и т. п.*); a ~ of fever прúступ лихорáдки; a bad coughing ~ сúльный прúступ кáшля; drinking ~ запóй 4. *уст.* поворóт
boutique [buː'tiːk] *n* 1) небольшóй магазúн жéнской одéжды (*особ. дорогóй*); мóдная лáвка 2) отдéл универмáга, отдéл товáров для жéнщин
boutiquier [ˌbuːtɪ'kjeɪ] *n* владéлец мóдной лáвки
boutonniere [ˌbuːtə'njeə] *n* бутоньéрка
bouts-rimés [ˌbuː'riːmeɪ] *n pl* 1) рифмóванные окончáния строк 2) сочинéние стихóв с зарáнее зáданными рúфмами 3) буримé, стихú с такúми рúфмами
bouzouki [bʊ'zuːkɪ] *n* (*pl* -kia [-kɪə]) грéческая гитáра
bovarism, bovarysm ['bəʊvərɪz(ə)m] *n* романтúческие взгля́ды на жизнь (*по имени главной героини романа Флобера «Мадам Боварú»*)
bovey coal ['bʌvɪkəʊl] бýрый ýголь
bovid ['bəʊvɪd] *a зоол.* относя́щийся к полорóгим жвáчным живóтным
bovine I ['bəʊvaɪn] *n* жвáчное живóтное
bovine II ['bəʊvaɪn] *a* 1. бы́чий, бычáчий; корóвий; ~ hides and skins *спец.* тяжёлое кожсырьё; ~ heart *мед.* бы́чье сéрдце 2. глýпый, тупóй, медлúтельный; ~ stupidity ≅ глуп как корóва
Bovril ['bɒvrɪl] *n* «Бóврил» (*мяснóй экстрáкт для бульóна; фúрменное назвáние*)
bovver I ['bɒvə] *n сл.* ýличная дрáка (*особ. между бáндами*)
bovver II ['bɒvə] *v сл.* учáствовать в ýличных дрáках
bovver-boots ['bɒvəbuːts] *n* ботúнки со стальны́м носкóм и шипáми (*для драк*)
bovver boys ['bɒvəbɔɪz] *сл.* ýличные хулигáны
bow¹ I [bəʊ] *n* 1. 1) лук (*оружие*) 2) *pl* лýчники, стрелкú из лýка 2. 1) что-л. имéющее фóрму дугú 2) *стр.* áрка 3) *поэт.* рáдуга 3. 1) смычóк 2) удáр смычкá 4. 1) смычóк дрéли или пилы́ 5. седéльная лукá, арчáк 6. 1) бант; a ~ of red ribbon бант из крáсной лéнты; to tie shoe-laces in a ~ завязáть шнуркú бáнтиком 7. *спец.* лекáло 8. *спец.* токо-

приёмник, бýгель (*электровоза*) 9. *архит.* éркер 10. *амер.* заýшник (*очкóв*) 11. *амер.* металлúческое кольцó, испóльзуемое в кáчестве рýчки (*в нóжницах, ключé, часáх и т. п.*)
◊ to draw a /the/ long ~ сúльно преувелúчивать, расскáзывать небылúцы; to draw a ~ at a venture сдéлать (*что-л.*) наугáд /наудáчу/; another /second, extra/ string to one's ~ запаснóй вариáнт /ход/; draw not your ~ till your arrow is fixed *посл.* ≅ семь раз отмéрь, одúн раз отрéжь
bow¹ II [bəʊ] *v* владéть смычкóм; he ~s admirably он великолéпно владéет смычкóм
bow² I [baʊ] *n* поклóн; to give smb. a ~ поклонúться комý-л.; to make one's ~ а) оклáняться, удалúться; to make one's best ~ вéжливо /учтúво/ оклáняться; б) уйтú в отстáвку; в) поклонúться, отвéсить поклóн, привéтствовать поклóном; to take a ~ расклáниваться (*в ответ на аплодисменты*)
bow² II [baʊ] *v* клáняться; to ~ smb. into the room с поклóном ввестú когó-л. в кóмнату; he ~ed to us as he passed проходя́ мúмо, он поклонúлся нам 2) кивнýть, наклонéнием головы́ вы́разить (*что-л.*); to ~ one's thanks поклонúться в знак благодáрности; to ~ one's assent кивнýть в знак соглáсия 2. подчиня́ться (*тж.* ~ down); to ~ to the inevitable [to fate] покоря́ться неизбéжному [судьбé]; to ~ to smb.'s decision подчинúться чьемý-л. решéнию 3. преклоня́ться (*тж.* ~ down); to ~ to a great writer преклоня́ться перед велúким писáтелем; to ~ /before/ grandeur [magnanimity] преклоня́ться перед велúчием [великодýшием] 4. (*тж.* ~ down) *диал.* 1) гнуть, сгибáть, наклоня́ть; the branches were ~ed down with the weight of the snow вéтки согнýлись под тя́жестью снéга; he ~ed his head over a book он склонúл гóлову над кнúгой; his father is ~ed with age егó отéц согнýлся от стáрости; his heart was ~ed with grief гóре сломúло его; not to ~ the neck to the invaders не покоря́ться захвáтчикам 2) гнýться, сгибáться, наклоня́ться; the trees ~ed as the wind swept over them дерéвья гнýлись при кáждом порыве вéтра
◊ to ~ and scrape угóдничать, зайскивать; to ~ down one's ear to smb. благосклóнно внимáть комý-л.
bow³ [baʊ] *n* 1. нос (*корабля, дирижáбля*); ~ chock for chain [for rope] *мор.* носовóй полуклю́з для цепú [для трóса]; ~s on *мор.* нóсом вперёд 2. = bowman²
bow-backed ['bəʊbækt] *a* с сóгнутой или вóгнутой спинóй, сутýлый, сгóрбленный
bow-bearer ['bəʊˌbe(ə)rə] *n* нúзший слýжащий леснóго вéдомства, объéздчик
Bow bells [ˌbəʊ'belz] колоколá цéркви Сент-Мáри-ле-Бóу (*в центре Лондона*); born within the sound of ~ настоя́щий лóндонец /кóкни/
bow-boy ['bəʊbɔɪ] *n* амýр с лýком и стрéлами, купидóн
bow-chaser ['baʊˌtʃeɪsə] *n ист.* погóнное орýдие
bow compass(es) ['bəʊˌkʌmpəs(ɪz)] кронцúркуль
Bowden cable ['bəʊdn'keɪb(ə)l] *тех.* бóуденовский трос
bowdlerize ['baʊdləraɪz] *v* выбрáсывать *или* заменя́ть нежелáтельные местá (*в книге и т. п.*); выхолáщивать
bow down ['baʊ'daʊn] *phr v* 1. огранúчивать свобóду (*когó-л.*) стрóгим полúтическим контрóлем 2. *обыкн. pass* страдáть 3. признáть поражéние

bowdrill ['bəʊdrɪl] *n тех.* смычкóвая дрель
bowed [baʊd] *a* сóгнутый; искривлённый; ~ shoulders [back] сутýлые плéчи [-ая спинá]; ~ down with care слóмленный заботами
bowel I ['baʊəl] *n* 1. *мед.* 1) кишкá 2) *pl* кишéчник; пищеварúтельный тракт; to move one's ~s имéть стул 2. *pl* 1) внýтренняя часть (*чего-л.*) 2) *геол.* нéдра 3. *арх. обыкн. pl* сострадáние; the ~s of compassion [of pity] чýвство сострадáния [жáлости]; to have no ~s быть безжáлостным
bowel II ['baʊəl] *v* потрошúть, вынимáть внýтренности
bowelled ['baʊəld] *a* 1. вы́потрошенный 2. с внýтренностями
bowel movement ['baʊəlˌmuːvmənt] 1. испражнéние, дефекáция 2. испражнéния
bower¹ I ['baʊə] *n* 1. дáча, коттéдж 2. бесéдка 3. *поэт.* жилúще, приют 4. *уст., поэт.* будуáр
bower¹ II ['baʊə] *v* окружáть, осеня́ть
bower² ['baʊə] *n* музыкáнт, игрáющий на смычкóвых инструмéнтах
bower³ ['baʊə] *n мор.* станóвой я́корь
bower⁴ ['baʊə] *n карт.* однá из сáмых крýпных карт (*в некоторых карточных играх*); right ~ козырнóй валéт; left ~ валéт одинáковой с кóзырем мáсти; best ~ джóкер
bowerbird ['baʊəbɜːd] *n зоол.* шалáшник, бесéдковая птúца (*Ptilonorhynchidae*)
bowermaiden ['baʊəˌmeɪdn] *n арх.* служáнка (*при госпожé*)
bowery¹ ['baʊ(ə)rɪ] *n амер.* 1. *ист.* фéрма, усáдьба 2. 1) (B.) Бáуэри (*улица в Нью-Йорке*) 2) квартáл низкопрóбных кабакóв и бездóмных бродя́г
bowery² ['baʊ(ə)rɪ] *a* с бесéдками; тенúстый
bowet ['buːɪt] *n шотл.* фонáрик
bowfin ['bəʊfɪn] *n зоол.* áмия *или* úльная ры́ба (*Amia calva*)
bow hand ['bəʊhænd] рукá, котóрая дéржит лук (*лéвая*) *или* смычóк (*прáвая*)
◊ on the ~ непрáвильно; мúмо цéли
bowie¹ ['bəʊɪ] = bowie knife
bowie² ['baʊɪ, 'bɔːwɪ] *n шотл.* 1. таз 2. деревя́нная мúска
bowie knife ['bəʊɪnaɪf] (*pl* -knives [-naɪvz]) *амер.* длúнный охóтничий нож; фúнка
bowing ['bəʊɪŋ] *n муз.* 1) игрá на скрипúчных инструмéнтах 2) тéхника владéния смычкóм 3) штрих
bowing acquaintance ['bəʊɪŋə'kweɪnt(ə)ns] шáпочное знакóмство
bow-instrument ['bəʊˌɪnstrəmənt] *n муз.* смычкóвый инструмéнт
bowknot ['bəʊnɒt] = bow¹ I 6
bowl¹ [bəʊl] *n* 1. 1) мúска; таз 2) чáшка; soup ~ бульóнная чáшка; tea ~ пиалá 3) чан, резервуáр 4) сушúлка для волóс (*в парикмáхерской*) 2. 1) кýбок, чáша 2) содержúмое кýбка; the flowing ~ спиртны́е напúтки 3) (the ~) пúршество, весéлье; the cheerful ~ весёлая пирýшка 3. вáза (*для фрýктов, цветóв и т. п.*) 4. 1) чашеобрáзная часть (*трýбки для курéния и т. п.*) 2) углублéние (*лóжки, подсвéчника, чáшки и т. п.*) 3) ложбúна, впáдина 5. *амер.* амфитеáтр; стадиóн 6. 1) *проф.* резервуáр 2) *метал.* тúгель 7. *мат.* сферúческий сегмéнт
bowl² [bəʊl] *n* 1. 1) шар *или* диск (*в игрé в шары́, кéгли и т. п.*) 2) *pl* игрá в шары́ 3) *pl диал.* кéгли 2. *шотл.* мрáморный шáрик 3. *мор. разг.* земнóй шар; around the ~ вокрýг свéта 4. *тех.* рóлик

bowl² II [bəʊl] *v* 1. играть в шары 2. 1) катить (*шар, обруч и т. п.*) 2) катиться (*тж.* ~ along); we ~ed along the smooth road мы быстро ехали по ровной дороге 3. 1) подавать мяч (*крикет*) 2) метать мяч (*бейсбол*) 4. увозить (*в экипаже, колеснице, повозке и т. п.*)

bowlder ['bəʊldə] = boulder

bowl down ['bəʊl'daʊn] *phr v разг.* 1) сбить 2) привести в замешательство, смутить; вывести из равновесия, огорчить; I was bowled down by bad news я был расстроен неприятным известием; to ~ like ninepins выводить из строя один за другим

bowleg ['bəʊleg] *n мед.* саблевидная нога

bow-legged ['bəʊ,leg(i)d] *a* 1) кривоногий, косолапый 2) *мед.* имеющий саблевидные ноги

bowler¹ ['bəʊlə] *n* 1. игрок в шары 2. боулер (*крикет*)

bowler² ['bəʊlə] *n* котелок (*мужская шляпа*); battle ~ *воен. жарг.* стальной шлем
◇ to get the /a/ ~ hat быть уволенным с военной службы

bowlful ['bəʊlfʊl] *n* миска (*чего-л.*)

bow light ['bəʊlaɪt] *мор.* носовой отличительный огонь (*ходовой или сигнальный*)

bowline ['bəʊlaɪn] *n* 1) *мор.* булинь; беседочный узел; on a ~ круто к ветру 2) *спорт.* узел, булинь; double ~ двойной булинь (*альпинизм*)

bowling ['bəʊlɪŋ] *n* 1. игра в кегли, боулинг 2. игра в шары 3. подача мяча (*крикет*)

bowling alley ['bəʊlɪŋ,ælɪ] кегельбан

bowling green ['bəʊlɪŋgri:n] лужайка для игры в шары

bowl out ['bəʊl'aʊt] = bowl down

bowl over ['bəʊl'əʊvə] *phr v разг.* 1. = bowl down 2. очень удивить *или* шокировать; your sudden news has quite bowled me over ваше неожиданное сообщение совершенно сразило меня

bowman¹ ['bəʊmən] *n* (*pl* -men [-mən]) стрелок из лука, лучник

bowman² ['bəʊmən] *n* (*pl* -men [-mən]) баковый гребец (*ближний к носу*)

bow-member ['bəʊ,membə] *n стр.* кружало

bow net ['bəʊnet] верша

bow out ['bəʊ'aʊt] *phr v* 1. откланяться, распрощаться; to bow oneself out уйти с поклоном 2. расстаться с политической деятельностью, сойти со сцены, выйти из игры; уступить; Gim bowed (himself) out of the competition when he learned who his opponent was Джим вышел /решил выйти/ из игры, когда узнал, кто его противник

bow pen ['bəʊpen] = bow compass(es)

bowsaw ['bəʊsɔ:] *n* лучковая пила

bowse¹ I, II [baʊz] = bouse¹ и II

bowse² [baʊz] = bouse²

bowser ['baʊzə] *n* теплозаправщик

bowshot ['bəʊʃɒt] *n* дальность полёта стрелы

bowsprit ['bəʊsprɪt] *n мор.* бушприт

Bow Street ['bəʊstri:t] 1) Боу-стрит (*улица в Лондоне, на которой расположено здание главного уголовного полицейского суда*) 2) уголовный полицейский суд

Bow Street Runners ['bəʊstri:t'rʌnəz] *ист.* сыщики уголовного полицейского суда (*тж.* Bow Street officers)

bowstring I ['bəʊstrɪŋ] *n* 1. тетива 2. шнурок для удушения (*в Турции*)

bowstring II ['bəʊstrɪŋ] *v* задушить с помощью шнурка

bow thruster ['bəʊ,θrʌstə] вспомогательный винт на носу судна

bow tie [,bəʊ'taɪ] 1) галстук-бабочка 2) плюшка в форме бабочки

bow window [,bəʊ'wɪndəʊ] 1. *архит.* окно с выступом, эркер 2. *разг.* пузо, брюхо

bow-wow I [,baʊ'waʊ] *n звукоподр.* 1) гавканье, собачий лай 2) ['baʊwaʊ] *детск.* собака, гав-гав

bow-wow II [,baʊ'waʊ] *a* резкий, безапелляционный; the (big) ~ style категорическая манера выражения

bow-wow III [,baʊ'waʊ] *v* 1) лаять 2) рычать, ворчать, огрызаться, тявкать (*тж. перен.*)

bowyer ['bəʊjə] *n* 1) мастер, изготовляющий луки; торговец луками 2) = bowman¹

box¹ [bɒks] *n* 1. 1) коробка; ящик; сундук; ~ honey секционный мёд, мёд в секциях 2) ~ respirator противогаз с коробкой; ~ barrage *воен.* огневое окаймление; ~ magazine *воен.* коробчатый магазин; a ~ with pills коробка пилюль; ~ of matches коробка спичек 2) содержимое коробки, ящика, сундука *и т. п.*; he ate a whole ~ of chocolates он съел целую коробку шоколада 3) кружка (*для сбора денег*) 2. *театр.* 1) ложа 2) сиденье в ложе (*особ. дамы*) 3. 1) *редк.* тюремная камера; prisoner's ~ скамья подсудимых 2) скамья присяжных (*заседателей*) (*в зале судебного заседания; тж.* jury ~) 3) место для дачи свидетельских показаний (*в зале судебного заседания; тж.* witness ~) 4. 1) ящик под сиденьем кучера; козлы 2) *сл.* гроб 5. 1) отделённая перегородкой часть таверны, харчевни *и т. п.* 2) стойло 6. 1) небольшой домик (*охотничий и т. п.*) 2) будка (*часового, сторожа и т. п.*) 3) телефонная будка 7. рождественский подарок (*в коробке; обыкн.* Christmas ~) 8. *тех.* 1) букса; втулка; вкладыш (*подшипника*) 2) муфта 3) картер 4) кожух 9. рудничная угольная вагонетка 10. (the ~) *разг.* «ящик», телевизор; to see smb. on the ~ увидеть кого-л. по телеку 11. *амер. разг.* 1) рояль; пианино 2) (любой) струнный инструмент 3) граммофон 12. абонементный почтовый ящик 13. большой сундук, раскрывающийся как шкаф 14. *полигр.* врезка (*в газете — для последних сообщений и т. п.*)
◇ ~ of dominoes а) рот; б) пианино, рояль; ~ of tricks проказник; to be in a ~ быть в тяжёлом положении; to be in the wrong ~ быть в ложном /неловком/ положении; ≅ быть не в своей тарелке; to be in the same ~ with smb. быть в одинаковом с кем-л. затруднительном положении; to go home in a ~ умереть *или* быть убитым; to be in one's thinking ~ погрузиться в размышления

box¹ II [bɒks] *v* 1. 1) класть, помещать в коробку, в ящик (*тж.* ~ up, ~ in) 2) ставить в стойло (*лошадь и т. п.*) 2. подсачивать дерево 3. 1) окаймлять рамкой 2) *воен.* окружать (*огнём; тж.* ~ in) 4. подавать (*документы*) в суд 5. *спорт.* 1) взять бегуна в «коробочку» 2) зажать (*бегуна*)
◇ to ~ the compass а) *мор.* правильно называть все 32 румба компаса в прямом и обратном порядке; б) совершать полный кругооборот; прийти к тому, с чего начал

box² I [bɒks] *n* удар (*рукой или кулаком*); a ~ on the ear затрещина

box² II [bɒks] *v* 1. *спорт.* боксировать 2. ударить (*рукой или кулаком*); to ~ the ear дать затрещину

box³ [bɒks] *n бот.* пальма кавказская, самшит (*Buxus gen.*)

box about ['bɒksə'baʊt] *phr v мор.* блуждать, не находя выхода

BOW — BOX B

Box and Cox I [,bɒks(ə)n(d)'kɒks] *a* чередующийся

Box and Cox II [,bɒks(ə)n(d)'kɒks] *adv* по очереди

box-barrow ['bɒks,bærəʊ] *n* тачка с высокими бортами

box-beam ['bɒksbi:m] *n* балка коробчатого сечения

box bed ['bɒksbed] 1) кровать в стене (*на день убирающаяся*); кровать-альков 2) складная кровать

box bolt ['bɒksbəʊlt] дверная задвижка; шпингалет

box calf ['bɒkska:f] (*pl* -calves [-ka:vz]) бокс, хромовая телячья кожа

box camera ['bɒks,kæm(ə)rə] неподвижная фотокамера (*с постоянным фокусным расстоянием и простым затвором*)

boxcar ['bɒkska:] *амер.* = box-wagon 1

boxcloth ['bɒksklɒθ] *n* вид сукна с гладкой лицевой стороной; сукно «бокс»

box coat ['bɒkskəʊt] 1) кучерское пальто, часто с пелериной 2) короткое свободное пальто из тяжёлого материала

box-coupling ['bɒks,kʌplɪŋ] *n тех.* соединительная коробка или муфта

box display ['bɒksdɪ,spleɪ] *вчт. жарг.* вывод информации на экран (*телевизора*)

boxed [bɒkst] *а амер. сл.* 1. 1) одурманенный наркотиками 2) пьяный 2. сидящий в тюрьме

boxer¹ ['bɒksə] *n спорт.* боксёр

boxer² ['bɒksə] *n* боксёр (*порода собак*)

boxer³ ['bɒksə] *n австр. разг.* котелок (*шляпа*)

boxer⁴ ['bɒksə] *n тех.* упаковщик (*о машине или человеке*)

boxers ['bɒksəz] *n pl* мужские нижние трусы на резинке

box-form ['bɒksfɔ:m] *n метал.* опока

boxful ['bɒksfʊl] *n* полный ящик

boxhaul ['bɒkshɔ:l] *v мор.* поворачивать через фордевинд

boxhead ['bɒkshed] *n полигр.* заголовок в рамке

boxholder ['bɒks,həʊldə] *n* 1. абонент ложи (*в театре, на стадионе; часто по подписке*) 2. абонент почтового ящика

box in ['bɒks'ɪn] *phr v* втискивать, запихивать

boxing¹ ['bɒksɪŋ] *n* 1. упаковка (*в ящики*) 2. 1) материал для ящиков 2) тара 3) оконная рама

boxing² ['bɒksɪŋ] *n* бокс; professional [amateur] ~ профессиональный [любительский] бокс

Boxing Day ['bɒksɪŋdeɪ] «день подарков» (*второй день рождества, когда слуги, посыльные и т. п. получают подарки*)

boxing glove ['bɒksɪŋglʌv] боксёрская перчатка

box iron ['bɒks,aɪən] духовой утюг; утюг на углях

box junction ['bɒks,dʒʌŋkʃ(ə)n] 1. *эл.* соединительная кабельная муфта 2. *дор.* «коробка» (*вид перекрёстка*)

box-keeper ['bɒks,ki:pə] *n* капельдинер при ложах

box kite ['bɒkskaɪt] коробчатый воздушный змей

box loom ['bɒkslu:m] многочелночный ткацкий станок

box lunch ['bɒkslʌntʃ] *амер.* обед фабричного изготовления в упаковке

boxman ['bɒksmən] *n* (*pl* -men [-mən]) 1. шихтовщик (*доменной печи*) 2. промывальщик угля 3. упаковщик (*ящиков*)

267

BOX — BRA

box number ['bɒks,nʌmbə] номер почтового ящика (*вместо адреса*)
box off ['bɒks'ɒf] *phr v* отделять, разделять
box office ['bɒks,ɒfɪs] 1. театральная касса 2. *театр.* 1) сбор (*тж.* ~ receipts) 2) кассовый успех; that show will be a good ~ эта постановка будет делать полные сборы
box-office ['bɒks,ɒfɪs] *a театр. разг.* «кассовый» (*о пьесе*), популярный, имеющий успех у массовой публики (*о фильме, пластинке и т. п.*); (good) ~ play «кассовая» пьеса
box oyster ['bɒks,ɔɪstə] *амер.* крупная устрица
box pleat ['bɒksplɪ:t] бантовая складка, бантовка
boxroom ['bɒksru:m, -rʊm] *n* кладовка, чулан
box scene ['bɒkssi:n] = box set
box seat ['bɒkssi:t] 1. козлы 2. место в ложе
box set ['bɒksset] *театр.* павильон
box social ['bɒks'səʊʃ(ə)l] благотворительная распродажа
box spanner ['bɒks,spænə] = box wrench
box spring ['bɒksprɪŋ] пружинный матрас
box turtle ['bɒks,tɜ:tl] *зоол.* коробчатая черепаха (*Terrapene*)
box up ['bɒks'ʌp] *phr v* втискивать, запихивать; we were boxed up in a small room нас втиснули в маленькую комнату
box-up ['bɒksʌp] *n разг.* путаница
box-wagon ['bɒks,wægən] *n* 1. крытый товарный вагон 2. *амер.* открытый вагон удлинённой формы (*иногда без мест для сидения*)
boxwood ['bɒkswʊd] *n* 1) = box³ 2) древесина самшита
boxwork ['bɒkswɜ:k] *n мин.* ячеистая, ящичная текстура (*руд*)
box wrench ['bɒksrentʃ] *тех.* торцевой ключ
boxy ['bɒksɪ] *a* 1. квадратный; приземистый; коробкообразный; a ~ house дом как коробка 2. свободного покроя; прямой
boy I [bɔɪ] *n* 1. 1) мальчик; girl ~ неженка, «девчонка»; whipping ~ мальчик, воспитывающийся вместе с принцем и подвергающийся порке за провинности принца; ~s will be ~s детских /мальчишеских/ лет; ~ б) юноши должны перебеситься 2) *разг.* человек, малый, парень; nice ~ славный малый; old ~ а) старый школьный *или* университетский товарищ; б) старик; в) дружище, старина; [*ср. тж.* ◇] 2. *разг.* сын, наследник 3. *мор.* юнга 4. 1) бой (*слуга-туземец на Востоке*) 2) мальчик на побегушках; рассыльный, посыльный, бой; messenger ~ мальчик-посыльный; ~ in buttons мальчик-коридорный, мальчик-лифтёр, мальчик-швейцар 5. *диал.* мужчина (*особ. неженатый*) 6. *разг.* шампанское
◇ the ~s а) *разг.* чисто мужская компания; б) *полит.* приспешники; big ~ а) *амер.* хозяин; заправила; б) *воен. жарг.* тяжёлое орудие; тяжёлый танк; тяжёлый бомбардировщик; yellow ~ золотая монета [*ср. тж.* 1, 2)]; Nancy /pansy/ ~ педераст; since Adam was a ~ ≅ с незапамятных времён
boy II [bɔɪ] *int* выражает удивление, недовольство, восторг ≅ ой!; ~! Isn't it hot! уф! как жарко!; my ~!,

oh, ~! а) правда?, да ну?; б) здорово!; ~! Do I remember him! помню ли я его? Ещё бы!
boyar, boyard [bɒ'ja:, 'bɔɪa:d] *n русск. ист.* боярин
boycott I ['bɔɪkɒt] *n* бойкот; to apply the ~ прибегнуть к бойкоту; to put under ~, to put a ~ on (smb.) бойкотировать (*кого-л.*)
boycott II ['bɔɪkɒt] *v* бойкотировать
boyfriend ['bɔɪfrend] *n разг.* «молодой человек», возлюбленный
boyhood ['bɔɪhʊd] *n* 1. отрочество 2. *собир.* мальчики, мальчишки, ребята
boyish ['bɔɪɪʃ] *a* 1. отроческий; связанный с детством; my ~ days дни моего отрочества 2. 1) мальчишеский 2) под мальчика (*о стрижке и т. п.*) 3) ребячливый, живой, весёлый 3. неопытный, непрактичный
boyishness ['bɔɪɪʃnɪs] *n* ребячество, ребячливость
boyo ['bɔɪəʊ] *n* (*pl* -os [-əʊz]) *ирл. разг.* 1) парень, мальчик 2) *pl* ребята
boy scout [,bɔɪ'skaʊt] 1) бойскаут 2) *амер. сл.* непрактичный человек, идеалист
boysenberry ['bɔɪz(ə)nb(ə)rɪ] *n* бойзенова ягода
boy's love [,bɔɪz'lʌv] *диал.* кустарниковая полынь
boy wonder ['bɔɪ,wʌndə] *амер. разг.* вундеркинд
bozo ['bəʊzəʊ] *n* (*pl* -os [-əʊz]) *амер. сл.* детина, мужлан; тип
B-picture ['bi:,pɪktʃə] *n* низкопробный кинофильм
bra [bra:] *n разг.* бюстгальтер, лифчик
brabble I ['bræb(ə)l] *n уст., диал.* пререкания; ссора из-за пустяков
brabble II ['bræb(ə)l] *v уст., диал.* пререкаться; ссориться из-за пустяков
braburner ['bra:,bɜ:nə] *n амер. сл. презр.* суфражистка
brace I [breɪs] *n* 1. 1) связь; подкос; скоба; скрепа 2) подтяжка, скреп (*для деревьев*) 2. (*pl без измен.*) пара (*особ. о дичи*); a ~ of pheasants пара фазанов; twenty ~ of hares двадцать пар зайцев 3. *pl* подтяжки 4. свора (*ремень*) 5. *pl* 1) фигурные скобки 2) *муз.* аккола́да 6. коловорот 7. *мор.* горн. выход из шахты 9. *pl* ортодонтические скобы, пластинки (*для исправления зубов*)
◇ in a ~ of shakes моментально, в мгновение ока
brace II [breɪs] *v* 1. 1) связывать, привязывать; скреплять; прикреплять 2) подпирать; обхватывать 2. натягивать; to ~ a bow натянуть лук 3. напрягать (*силы, волю и т. п.; тж.* ~ up); to ~ one's energies /heart/ собраться с духом, взять себя в руки; to ~ (oneself) up напрячь все силы; собраться с силами; to ~ oneself for a task приготовиться к выполнению задания 4. поддерживать брюки помочами (*часто* ~ up) 5. *мор.* брасопить (*тж.* ~ up) 6. заключать в фигурные скобки
brace and bit [,breɪs(ə)n(d)'bɪt] коловорот
braced [breɪst] *a* 1. *тех.* 1) креплёный; усиленный (*рёбрами и т. п.*) 2) расчалённый 2. *геральд.* переплетённый, сплетённый
bracelet ['breɪslɪt] *n* 1. браслет 2. *обыкн. pl разг.* наручники 3. *обыкн. pl ист.* наручи (*в латах*)
bracemate ['breɪsmeɪt] *n* одна из пары собак, обученных охотиться вместе
bracer¹ ['breɪsə] *n* 1. скрепление, связь; скоба 2. укрепляющее средство 3. *разг.* глоток спиртного, живительная влага, рюмка для бодрости

bracer² ['breɪsə] *n* 1. напульсник (*у стрелков, фехтовальщиков и т. п.*) 2. *ист.* наручи (*в латах*)
bracero [bra:'se(ə)rəʊ] *n* (*pl* -os [-əʊz]) *исп.* мексиканец, получивший разрешение на кратковременное пребывание в США в качестве сезонного рабочего
brace up ['breɪs'ʌp] *phr v* освежать; стимулировать, бодрить; the sea air braces up морской воздух бодрит
brach [brætʃ] *n уст.* ищейка-сука
brachia ['breɪkɪə, 'bræ-] *pl от* brachium
brachial ['breɪkɪəl, 'bræ-] *a анат.* плечевой; ~ artery плечевая артерия; ~ plexus плечевое сплетение
brachiate I ['breɪkɪ(e)ɪt, 'bræ-] *a* 1. *бот.* ветвистый, разветвлённый 2. *зоол.* имеющий руки
brachiate II ['breɪkɪeɪt, 'bræ-] *v* прыгать по веткам деревьев, хватаясь руками подобно обезьяне
brachiotomy [,breɪkɪ'ɒtəmɪ, ,bræ-] *n мед.* удаление руки
brachium ['breɪkɪəm, 'bræ-] *n* 1) *анат.* предплечье, часть руки от локтя до плеча 2) рукоподобный захват (*у робота*)
brachy- ['brækɪ-] *в сложных словах с греч. корнями имеет значение* короткий, краткий; brachycephal брахицефа́л; brachydactyly брахидактилия; brachysyllabic краткосложный
brachyaxis ['brækɪ,æksɪs] *n мин.* бра́хи-ось
brachycephalic [,brækɪsɪ'fælɪk] *a спец.* брахицефалический
brachycephaly [,brækɪ'sefəlɪ] *n спец.* брахицефалия
bracing I ['breɪsɪŋ] *n тех.* крепление; связь; ~ wire расчалка, ванта
bracing II ['breɪsɪŋ] *a* бодрящий; укрепляющий; ~ air бодрящий воздух; ~ climate здоровый климат
brack I [bræk] *n* 1) *диал.* изъян 2) *ком.* брак 3) *ком.* бракераж (*в балтийских портах*)
brack II [bræk] *v* браковать товары (*в балтийских портах*)
bracken ['brækən] *n бот.* папоротник-орляк (*Pteris aquilina*)
bracker ['brækə] *n* бракёр
bracket I ['brækɪt] *n* 1. 1) кронштейн; консоль; опора; скоба (*крепежная*) 2) *мор.* бракет; кница 2. 1) небольшая полочка 2) бра 3. *обыкн. pl* скобки; round [square] ~s круглые [квадратные] скобки 4. 1) группа, категория; рубрика; the 24 to 55 age ~ лица в возрасте от 24 до 55 лет; temperature beyond the 65° to 85° ~ температура выше полосы 65°—85°; there are several income ~s население делится на несколько групп по доходу 2) группировка, интервал значений (*в статистике*) 5. *воен.* вилка (*при пристрелке*) 6. скобка (*фигура в конькобежном спорте*) 7. наружная газовая *или* электрическая арматура 8. *мат.* объединительная черта (*над выражением*) 9. боковая сторона лафета 10. песня в стиле калипсо с бессмысленным набором слов
bracket II ['brækɪt] *v* 1. заключать в скобки 2. соединять скобками 3. ставить в один ряд (*с кем-л., чем-л.*); группировать; the two sportsmen were ~ed for the prize оба спортсмена завоевали призовые места 4. *воен.* 1) отыскивать вилку 2) захватывать в вилку
bracket-change-bracket [,brækɪttʃeɪndʒ'brækɪt] *n* восьмёрка со скобками (*фигура в конькобежном спорте*)
bracket clock ['brækɪtklɒk] настольные часы
bracket winch ['brækɪtwɪntʃ] *мех.* настенная лебёдка

brackish ['brækɪʃ] *a* 1) солоноватый (*о почве, водоёме и т. п.*) 2) противный; неприятный (*на вкус*); отвратительный

bract [brækt] *n бот.* прицветник, кроющий лист

bracteate, bracteolate ['bræktɪeɪt, 'bræktɪəleɪt] *a бот.* имеющий прицветники *или* кроющие листья

brad [bræd] *n* 1. гвоздь без шляпки, штифтик 2. *pl разг.* деньги; медные монеты

bradawl ['brædɔ:l] *n* шило

Bradshaw ['brædʃɔ:] *n* «Брадшо» (*справочник расписания движения пассажирских поездов в Великобритании; тж.* ~'s Monthly Railway Guide)

bradsot ['brædzɔt] *n вет.* брадзот, злокачественный отёк (*болезнь овец*)

bradycardia [,brædɪ'kɑ:dɪə] *n мед.* брадикардия, замедленный сердечный ритм

bradyon ['brædɪɔn] *n физ.* брадион, тардон (*досветовая частица*)

bradyseism ['brædɪsaɪz(ə)m] *n* медленные колебания земной коры, брадисейсмы

brae [breɪ] *n шотл.* 1. крутой берег реки 2. склон холма

brag I [bræg] *n* 1. 1) хвастовство 2) предмет хвастовства 2. хвастун 3. старинная карточная игра типа покера

brag II [bræg] *a* 1. великолепный; ~ horse лошадь, которой можно гордиться 2. *уст.* хвастливый

brag III [bræg] *v* хвастаться; to ~ of /about/ one's courage хвастаться своей храбростью

braggadocio [,brægə'dəʊ(t)ʃɪəʊ, -kɪəʊ] *n книжн.* 1. (*pl* -cios [-(t)ʃɪəʊz, -kɪəʊz]) хвастун 2. бахвальство

braggart I ['brægət] *n* хвастун

braggart II ['brægət] *a* хвастливый

bragger ['brægə] = braggart I

braggery ['bræg(ə)rɪ] *n* хвастовство

bragget ['brægɪt] *n* пиво с мёдом

Brahm [brɑ:m] *n инд. рел.* Брахма

Brahma¹ ['brɑ:mə] = Brahm

Brahma² ['brɑ:mə] *сокр. от* Brahmapootra

Brahman ['brɑ:mən] *n инд.* брахман, брамин

Brahmanism ['brɑ:mənɪz(ə)m] = Brahminism

Brahmapootra [,brɑ:mə'pu:trə] *n* брамапутра (*порода кур*)

Brahmin ['brɑ:mɪn] *n* 1. брамин 2. (*обыкн.* b.) 1) утончённый интеллектуал, эрудит; аристократ духа 2) *ирон.* жрец культуры, учёный муж 3) *амер. неодобр.* аристократ (*особ. из Новой Англии*)

Brahminism ['brɑ:mɪnɪz(ə)m] *n* брахманизм

braid I [breɪd] *n* 1. 1) шнурок; (плетёная) тесьма; галун 2) жгут 3) оплётка 2. коса (*волос*)

braid II [breɪd] *v* 1. 1) заплетать; завязывать лентой 2) *поэт., диал.* плести 2. украшать тесьмой, шнуром, галуном 3. *эл.* оплетать (*провод*); обматывать

braided ['breɪdɪd] *a* 1. сплетённый, плетёный 2. украшенный плетением, тесьмой *и т. п.*

braiding ['breɪdɪŋ] *n* 1. *собир.* тесьма; ленты; галуны 2. украшение тесьмой, лентами, галунами 3. *эл.* оплётка провода, обмотка

brail I [breɪl] *n* 1. *мор.* гитов, горден 2. путы для сокола

brail II [breɪl] *v* 1. *мор.* брать на гитовы 2. опутывать крылья сокола

braille [breɪl] *n* 1) шрифт Брайля (*для слепых*) 2) система чтения и письма для слепых (*по выпуклым точкам*)

brain I [breɪn] *n* 1. 1) головной мозг; disease of the ~ болезнь мозга; to blow out one's ~s пустить себе пулю в лоб 2) *pl* мозги (*кушанье*) 2. 1) *обыкн. pl разг.* рассудок, разум; умственные способности; интеллект, ум; powerful [weak, clear] ~ могучий [слабый, светлый] ум; use your ~s! шевели мозгами!, подумай!; that's beyond my ~ это выше моего понимания, это недоступно моему уму 2) (а ~) *разг.* умник, умница, «голова», мыслящая личность 3. *pl кино проф.* киносценарист, автор литературного сценария 4. *проф.* электронный мозг (*ЭВМ*)
◊ to crack one's ~(s) спятить, свихнуться; to cudgel /to beat, to puzzle, to rack, to drag/ one's ~s about /with/ smth. ломать себе голову над чем-л.; to have smth. on the ~ только и думать о чём-л., увлекаться чем-л., помешаться на чём-л.; to make smb.'s ~ reel поразить /ошеломить/ кого-л.; to pick /to suck/ smb.'s ~s использовать чужие мысли, присваивать чужие идеи; to turn smb.'s ~ а) вызывать головокружение у кого-л.; б) вскружить кому-л. голову; to tax one's ~ поставить перед собой трудную задачу; to have one's ~s on ice сохранять ледяное спокойствие; it soaked into his ~ ему это стало совершенно ясно, это дошло до его сознания; an idle ~ is the devil's workshop ≅ лень — мать всех пороков

brain II [breɪn] *v* размозжить голову

brain box ['breɪnbɔks] 1) = braincase 2) *разг.* (электронная) вычислительная машина

brain bucket ['breɪn,bʌkɪt] *амер. сл.* (защитный) шлем

braincase ['breɪnkeɪs] *n* череп

brainchild ['breɪntʃaɪld] *n* (*pl* -children [-,tʃɪldrən]) *разг.* оригинальная мысль, идея, замысел; детище

brain-convolution ['breɪn,kɔnvə'lu:ʃ(ə)n] *n* мозговая извилина

brain-cortex ['breɪn,kɔ:teks] *n* (*pl* -cortices [-,kɔ:tɪsi:z]) кора головного мозга

brain death ['breɪndeθ] прекращение деятельности коры головного мозга

brain drain ['breɪndreɪn] *разг.* «утечка умов», «утечка мозгов», эмиграция научных и творческих работников

brain-drain ['breɪndreɪn] *v разг.* эмигрировать для получения работы на более выгодных условиях (*о научных и творческих работниках*)

brainfag ['breɪnfæg] *n* нервное истощение, переутомление

brain fever ['breɪn,fi:və] 1) воспаление мозга 2) болезнь, осложнённая мозговыми явлениями 3) *мед.* менингит; энцефаломиелит

brain-growth ['breɪngrəʊθ] *n* опухоль головного мозга

brainish ['breɪnɪʃ] *a уст.* твердолобый

brainless ['breɪnlɪs] *a* безмозглый, глупый, пустоголовый

brainpan ['breɪnpæn] *n* черепная коробка, череп

brain-picking ['breɪn,pɪkɪŋ] *a амер. разг.* 1) плагиат 2) расспросы

brainpower ['breɪn,paʊə] *n* 1. мыслительные способности 2. *собир.* мыслящие люди; интеллектуальная элита; a conference of all ~ совещание всех лучших умов

brainsick ['breɪnsɪk] *a* помешанный; сумасшедший, свихнувшийся

brain softening ['breɪn,sɔf(ə)nɪŋ] размягчение головного мозга

brain stem ['breɪnstem] *анат.* ствол мозга

brainstorm I ['breɪnstɔ:m] *n* 1. припадок безумия 2. *разг.* 1) блестящая идея, великолепный план 2) бредовая мысль, идея 3. *амер.* = brainstorming

brainstorm II ['breɪnstɔ:m] *v* 1. проводить коллективное обсуждение 2. решать проблему *и т. п.* сообща

brainstormer ['breɪn,stɔ:mə] *n* участник коллективного обсуждения

brainstorming ['breɪn,stɔ:mɪŋ] *n* «мозговая атака»; коллективное обсуждение проблем при полной свободе выдвижения проектов решения, в том числе иррациональных

brains trust ['breɪnztrʌst] 1. радио- *или* теледискуссия 2. *амер.* = brain trust

brain sucker ['breɪn,sʌkə] живущий чужими мыслями, эксплуатирующий чужой ум

brain surgeon ['breɪn,sɜ:dʒ(ə)n] нейрохирург

brainteaser ['breɪn,ti:zə] *n разг.* головоломка

brain trust ['breɪntrʌst] «мозговой трест»; группа экспертов

brain-tunic ['breɪn,tju:nɪk] *n* мозговая оболочка

brain unit ['breɪn,ju:nɪt] *разг.* бортовая аппаратура самонаведения (*ракеты*)

brainwash I ['breɪnwɔʃ] = brainwashing

brainwash II ['breɪnwɔʃ] *v* «промывать мозги», подвергать идеологической обработке

brainwashing ['breɪn,wɔʃɪŋ] *n* «промывка мозгов», идеологическая обработка

brainwave ['breɪnweɪv] *n* 1. *pl* электроэнцефалограмма 2. *разг.* блестящая идея, неожиданно пришедшая в голову

brainwork ['breɪnwɜ:k] *n* 1. умственная деятельность, работа (*в противоп. физической*) 2. работа мысли, мышление; обдумывание

brainworker ['breɪn,wɜ:kə] *n* работник умственного труда

brainy ['breɪnɪ] *a разг.* умный, мозговитый, башковитый

braird [breəd] *n шотл.* росток, побег, всход; молодое растение

braise [breɪz] *v* тушить мясо, предварительно его обжарив

brake¹ I [breɪk] *n* 1. тормоз; ~ action торможение; to put on /to slam on, to apply/ the ~ затормозить; to act as a ~ on progress [initiative] тормозить прогресс (инициативу) 2. рукоятка (*насоса*)

brake¹ II [breɪk] *v* тормозить

brake² [breɪk] *n бот.* папоротник (*Pteris gen.*)

brake³ [breɪk] *n* чаща; заросли кустарника

brake⁴ I [breɪk] *n* 1. трепало (*для льна, пеньки*) 2. тестомешалка 3. большая борона

brake⁴ II [breɪk] *v* 1. мять, трепать (*лён*) 2. месить тестомешалкой 3. разбивать комья (*бороной*)

brake⁵ [breɪk] *n* 1. станок для ковки лошадей 2. *ист.* дыба

brake⁶ [breɪk] *уст. past от* break¹ II

brakeage ['breɪkɪdʒ] = braking

brake band ['breɪkbænd] *тех.* тормозная лента

brake-gear ['breɪkgɪə] *n тех.* тормозная система

brake horsepower [,breɪk'hɔ:spaʊə] *авт.* тормозная мощность (*в лошадиных силах*)

brakelight ['breɪklaɪt] *n* стоп-сигнал, фонарь сигнала торможения

brake lining [,breɪk'laɪnɪŋ] *тех.* тормозная накладка

brake(s)man ['breɪk(s)mən] *n* (*pl* -men [-mən]) **1.** тормозной кондуктор **2.** машинист шахтной подъёмной машины
brake shoe ['breɪkʃu:] *тех.* тормозная колодка, тормозной башмак
brake van ['breɪkvæn] тормозной вагон
braking ['breɪkɪŋ] *n* торможение; ~ distance тормозной путь, тормозной пробег; ~ incline а) *горн.* бремсберг; б) *ж.-д.* тормозная горка
braky ['breɪkɪ] *a* заросший кустарником *или* папоротником
braless ['bra:lɪs] *a predic* без бюстгальтера
Bramah lock ['bra:məlɒk, 'bra:mə-] замок сподвижными вырезами
bramble ['bræmb(ə)l] *n бот.* **1)** куманика, ежевика (*Rubus fruticosus*) **2)** = blackberry
brambling ['bræmblɪŋ] *n зоол.* юрок (*Fringilla montifringilla*)
bran [bræn] *n* отруби, высевки; to bolt to the ~ подвергать тщательному рассмотрению
brancard ['bræŋkəd] *n* подстилка для лошади
branch I [bra:ntʃ] *n* **1. 1)** ветка (*дерева*) **2)** *шутл.* ребёнок, отпрыск **2.** отрасль (*промышленности, науки и т. п.*); ~ of learning отрасль знания; pathology is a ~ of medicine патология — один из разделов медицины **3.** филиал, отделение; ~ establishment филиал, отделение; ~ post-office (местное) почтовое отделение; ~ bank отделение банка; a neighbourhood ~ of the city library соседнее /ближайшее/ отделение городской библиотеки **4.** линия, ветвь (*родства*); English is a ~ of the Germanic family of languages английский язык — ветвь германской языковой группы **5. 1)** рукав (*реки*) **2)** *амер.* приток; ручей **3)** ответвление (*дороги и т. п.*); ~ line железнодорожная ветка **c)** *эл.* ответвлённая цепь **4)** отрог (*горной цепи*) **5)** *геол.* крыло (*складки*) **6.** *воен.* **1)** род войск; служба (*тж.* ~ of the service) **2)** *амер.* отдел, отделение (*в штабе*) **7.** (В.) *амер. полит.* власть (*тж.* B. of Government); the Executive B. исполнительная власть; президент и его правительство; the Judicial B. судебная власть; судебные органы; the Legislative B. законодательная власть; законодательный орган, конгресс **8.** *тех.* отвод; тройник; ~ pipe патрубок **9.** *вчт.* ветвь (*дерева, программы*) **10.** *вчт.* переход, операция перехода; ~ instruction команда перехода
◊ to hold out the olive ~ делать мирные предложения, стараться уладить дело миром
branch II [bra:ntʃ] *v* **1.** раскидывать ветви (*тж.* ~ forth, ~ out) **2. 1)** разветвляться, расходиться (*тж.* ~ off, ~ away, ~ out); the road ~es here здесь дорога разветвляется **2)** сделать ответвление (*коммуникации и т. п.*; *тж.* ~ off) **3)** быть порождением, возникать из чего-л.; poetry that ~ed from Baudelaire направление в поэзии, вызванное к жизни Бодлером **3.** вышивать узор из цветов, веток, листьев
branched [bra:ntʃt] *a* ветвистый, с ветвями
brancher ['bra:ntʃə] *n* молодой сокол *или* другая молодая хищная птица
branchia ['bræŋkɪə] = branchiae
branchiae ['bræŋkɪi:] *n pl зоол.* жабры
branchial ['bræŋkɪəl] *a зоол.* жаберный, бронхиальный; ~ cleft [plate] жаберная щель [пластинка]
branchiate ['bræŋkɪ(ə)ɪt] *a зоол.* имеющий жабры
branchio- ['bræŋkɪə(ʊ)-] *биол.* в сложных словах с греч. корнями имеет значение жабры: branchiomere жаберный сегмент; branchiomycosis жаберная гниль
branchless ['bra:ntʃlɪs] *a* **1.** без веток, без сучьев **2.** без ответвлений (*о дороге и т. п.*)
branchlet ['bra:ntʃlɪt] *n* веточка
branch off ['bra:ntʃ'ɒf] *phr v* **1)** свернуть с главной дороги на второстепенную (*о машине, поезде и т. п.*) **2)** отклоняться (*от темы*)
branch out ['bra:ntʃ'aʊt] *phr v* расширить дело, открыть (*новый цех, отдел и т. п.*); they now branched out into new activities теперь они занялись новым делом
◊ to ~ into a long discourse пуститься в длинные рассуждения
branchpoint ['bra:ntʃpɔɪnt] *n вчт.* точка ветвления
branch water ['bra:ntʃˌwɔ:tə] **1.** вода из ручья **2.** *амер.* простая вода (*в отличие от содовой при разведении виски*)
branchy ['bra:ntʃɪ] *a* **1.** ветвистый **2.** разветвлённый
brand I [brænd] *n* **1.** головня, головешка **2. 1)** выжженное клеймо; тавро **2)** фабричная марка; фабричное клеймо **3. 1)** *ист.* выжженное клеймо у преступника **2)** клеймо, печать позора; the ~ of villainy печать злодейства /подлости/ **4.** сорт, качество, марка; good ~ of flour хороший сорт муки; good ordinary ~ обычный коммерческий сорт **5.** *поэт.* факел **6.** *поэт.* меч **7.** *бот.* **1)** ржавчинный *или* головнёвый гриб **2)** головня вонючая (*Tilletia tritici*)
◊ a ~ from /out of/ the fire /the burning/ а) человек, спасённый от грозящей ему опасности /от верной гибели/; б) человек, спасённый от позора *или* греха
brand II [brænd] *v* **1. 1)** выжигать, ставить клеймо **2)** оставлять отпечаток в памяти; it is ~ed on my mind это запечатлелось в моей памяти **3)** выделять, накладывать отпечаток; her hairstyle ~s her as old fashioned эта причёска делает её старомодной **2.** клеймить; to ~ with infamy позорить; to ~ smb. as a liar [a coward, a thief] заклеймить кого-л. как лжеца (труса, вора]
brandade [brænˈdaˌdeɪ] *n* рыбное (*особ. селёдочное*) пюре с приправой
bran-deer ['brændɪə] *n* (*pl без изм.*, олень-самец с тёмно-коричневой грудью
brandenburg(s) ['brændənbɜ:g(z)] *n уст.* орнамент из тесьмы с петлями для застёгивания одежды
brander I ['brændə] *n* **1)** клеймовщик, маркировщик **2)** аппарат для клеймения; маркировочная машина **3)** *диал.* рашпер
brander II ['brændə] *v диал.* жарить на рашпере
brandied ['brændɪd] *a* пропитанный *или* приправленный бренди; смешанный с бренди; ~ peaches персики в бренди
brand image ['brændˌɪmɪdʒ] представление о товаре; авторитет товарной марки
brandiron ['brændˌaɪən] *n* **1)** клеймо **2)** тавро
brandish ['brændɪʃ] *v* **1.** (угрожающе) размахивать мечом *и т. п.*; the old man ~ed his walking stick at the dog старик грозил собаке палкой **2.** выставлять напоказ; рекламировать; this trade mark is ~ed everywhere эта марка рекламируется повсюду
brandling ['brændlɪŋ] *n* **1.** *зоол.* дождевой *или* земляной червь (*Lumbricus terrestris*) **2.** *диал.* молодой лосось
brand name ['brændneɪm] **1)** торговое название *или* фирменная марка (*товара*) **2)** товар, пользующийся высокой репутацией
brand-new [ˌbrændˈnju:] *a* совершенно новый, с иголочки, новёхонький
brandy ['brændɪ] *n* бренди, коньяк
brandyball ['brændɪbɔ:l] *n* круглая конфета с ликёром
brandy-bottle ['brændɪˌbɒtl] *n* бутылка для бренди *или* бутылка бренди
brandy mint ['brændɪmɪnt] перечная мята
brandysnap ['brændɪsnæp] *n* тонкий круглый тягучий пряник
brangle ['bræŋg(ə)l] *n диал.* шумная ссора, скандал
brank [bræŋk] *n диал.* гречиха
branks [bræŋks] *n pl ист. шотл.* металлическая рама с кляпом (*орудие наказания сварливых и грубых женщин*)
brankursine [bræŋˈkɜ:sɪn] *n бот.* медвежья лапа, акант, аканф (*Acanthaceae fam.*)
bran-new [ˌbrænˈnju:] = brand-new
brannigan ['brænɪgən] *n амер. сл.* шумная ссора; драка, потасовка
branny ['brænɪ] *a* **1)** с отрубями **2)** похожий на отруби
bran-pie ['brænpaɪ] = bran-tub
brant¹ [brænt] *a диал.* **1)** крутой и гладкий **2)** высокий, прямой; горделивый
brant² [brænt] *n зоол.* казарка (*Branta gen.*)
brant goose [ˌbræntˈgu:s] (*pl* -geese [-ˈgi:s]) *зоол.* казарка чёрная (*Branta bernicla*)
bran-tub ['bræntʌb] *n* кадка с отрубями, в которой прячут (рождественские) подарки
brash¹ I [bræʃ] *n* **1.** *диал.* приступ болезни **2.** высыпание на коже **3.** изжога; кислая отрыжка **4.** внезапный ливень
brash¹ II [bræʃ] *a* **1.** **1)** порывистый, стремительный **2)** поспешный; ~ act опрометчивый поступок **2.** нахальный, зарвавшийся, дерзкий
brash² I [bræʃ] *n* **1.** груда обломков *или* осколков (*камня, льда и т. п.*) **2.** хворост; валежник
brash² II [bræʃ] *a амер.* хрупкий, ломкий (*преим. о древесине*)
brashy ['bræʃɪ] *a* разломанный, в виде осколков
braslip ['bra:slɪp] *n* дамская комбинация с лифом, заменяющим бюстгальтер
brasque [bra:sk] *n метал.* огнеупорная набойка
brass I [bra:s] *n* **1.** латунь, жёлтая медь; red ~ красная латунь, томпак **2.** the ~(es) *собир.* медные духовые инструменты **3.** медная (мемориальная) доска **4.** *преим. pl* что-л. сделанное из меди; медная посуда, медные украшения *и т. п.* **5. 1)** твёрдость; живучесть **2)** нечувствительность **6.** *сл.* деньги **7.** *разг.* наглость, бесстыдство; he had the ~ to go to the party uninvited он набрался наглости пойти на вечеринку без приглашения **8.** *сл. см.* brass hat; top ~ руководящая верхушка; police ~ полицейское начальство; TV network ~ заправилы телевидения **9.** *воен. разг.* стреляные гильзы **10.** *pl геол.* пирит в угле **11.** *pl тех.* вкладыши (*подшипника*)
◊ as bold as ~ бесстыдный, наглый

brass II [brɑ:s] *a* латунный; ~ plate а) медная дощечка (*на двери*); б) мемориальная доска
◇ ~ farthing медный грош; not to care a ~ farthing быть совершенно безразличным; to come /to get/ down to ~ nails /tacks/ докапываться до сути дела, вникать в подробности; after the exchange of a few pleasantries we got down to ~ tacks после обмена любезностями мы сразу приступили к делу; to part ~ rags with smb. *мор. жарг.* порвать дружбу с кем-л.; ≅ расплеваться с кем-л.

brass III [brɑ:s] *v* 1. покрывать латунью, медью 2. *разг.* нагло вести себя (*обыкн.* to ~ it)

brassard, brassart [ˈbræˈsɑ:d, bræˈsɑ:t] *n* 1. нарукавная повязка 2. *ист.* часть доспехов, прикрывающая всю руку *или* руку от плеча до локтя

brass band [ˌbrɑ:sˈbænd] медный духовой оркестр

brassbound [ˈbrɑ:sbaʊnd] *a* 1. отделанный медью; ~ box коробка с медными накладками 2. педантичный, ортодоксальный; закоренелый; ~ fanatics оголтелые фанатики 3. наглый

brass-collar [ˌbrɑ:sˈkɒlə] = brassbound 2

brassed off [ˌbrɑ:stˈɒf] *сл.* уставший и раздражённый; to be ~ по горло

brasserie [ˈbræs(ə)rɪ] *n* 1. пивной бар, пивная 2. пивоваренный завод

brassey [ˈbrɑ:sɪ] = brassie

brass-foil [ˈbrɑ:sfɔɪl] *n* латунная фольга

brass-founder [ˈbrɑ:sˌfaʊndə] *n* меднолитейщик

brass hat [ˌbrɑ:sˈhæt] *сл.* 1. *воен.* старший офицер, штабной офицер 2. *pl* начальство, руководство

brassie [ˈbrɑ:sɪ] *n* клюшка для гольфа (подбитая латунью)

brassiere [ˈbræzjə] *n* бюстгальтер, лифчик

brassily [ˈbrɑ:sɪlɪ] *adv* нагло, бесцеремонно, вызывающе

brass knuckles [ˌbrɑ:sˈnʌk(ə)lz] кастет

brass monkey [ˌbrɑ:sˈmʌŋkɪ] *сл.* чертовски холодный

brass ring [ˌbrɑ:sˈrɪŋ] *амер. сл.* 1. большой приз 2. шанс получить богатство *или* добиться успеха; when he sees the ~ coming round, he can't help grabbing it он никогда не упустит своего шанса

brass up [ˈbrɑ:sˈʌp] *phr v разг.* платить

brassware [ˈbrɑ:sweə] *n* изделия из меди *или* её сплавов

brass winds [ˌbrɑ:sˈwɪndz] медные духовые инструменты

brass-works [ˈbrɑ:swɜ:ks] *n* медеплавильный завод

brassy I [ˈbrɑ:sɪ] = brassie

brassy II [ˈbrɑ:sɪ] *a* 1. латунный, омеднённый 2. медный (*о цвете*) 3. металлический (*о звуке*); ~ blare металлический звук трубы; ~ cough резкий кашель 4. *разг.* бесстыдный, наглый, нахальный, бесцеремонный; ~ salesman навязчивый коммивояжёр; ~ impudence наглая бесцеремонность 5. шумный, грохочущий; ~ nightclub ночной клуб, где всегда стоит шум

brat¹ [bræt] *n пренебр.* щенок, сопляк; плохо воспитанный ребёнок

brat² [bræt] *n* 1. *диал.* 1) передник, фартук; нагрудник 2) тряпка 3) попона для осла 4) комбинезон, рабочий халат 2. *шотл.* плёнка на каше *и т. п.*

brattery [ˈbræt(ə)rɪ] *n пренебр.* детская

brattice I [ˈbrætɪs] *n горн.* перемычка, парус

brattice II [ˈbrætɪs] *v горн.* делать перемычки, устанавливать паруса

bratticing [ˈbrætɪsɪŋ] = brattishing

brattish [ˈbrætɪʃ] = bratty

brattishing [ˈbrætɪʃɪŋ] *n* 1. выпуклый орнамент 2. *горн.* костровая крепь

brattle I [ˈbrætl] *n шотл.* грохот, рокот

brattle II [ˈbrætl] *v шотл.* грохотать, греметь; рокотать

bratty [ˈbrætɪ] *a* проказливый, дерзкий, своевольный (*о ребёнке*)

bravado [brəˈvɑ:dəʊ] *n* (*pl* -oes, -os [-əʊz]) бравада, показная храбрость

brave I [breɪv] *n* 1. храбрец; the ~ *собир.* смельчаки, храбрецы 2) индейский воин 3) *уст.* наёмный убийца
◇ none but the ~ deserves the fair ≅ смелость города берёт

brave II [breɪv] *a* 1. храбрый, смелый; be ~! смелее! 2. *книжн.* нарядный, прекрасно одетый 3. *уст.* прекрасный, превосходный, великолепный

brave III [breɪv] *adv поэт.* храбро, смело

brave IV [breɪv] *v* 1. храбро встречать; to ~ one's enemy [danger, death] храбро встречать врага [опасность, смерть]; we decided to ~ the storm несмотря на шторм, мы решили выйти в море 2. бросать вызов, бравировать; to ~ public opinion бросать вызов общественному мнению; to ~ it out a) вести себя вызывающе; б) вытерпеть, перенести, пережить (*угрозы, подозрения и т. п.*)

bravery [ˈbreɪv(ə)rɪ] *n* 1. храбрость, смелость, мужество 2. *книжн.* великолепие, показная роскошь

bravissimo [brɑ:ˈvi:sɪməʊ] *int* брависсимо!

bravo¹ [ˈbrɑ:vəʊ] *int* браво!

bravo² [ˈbrɑ:vəʊ] *n* (*pl* -oes, -os [-əʊz]) браво, наёмный убийца; бандит, головорез

bravura I [brəˈvjʊ(ə)rə] *n* 1. *муз.* 1) бравурность 2) бравурный пассаж, бравурная пьеса 2. отличное исполнение 3. бравада

bravura II [brəˈvjʊ(ə)rə] *a* 1. бравурный 2. отличный; ~ performance прекрасное исполнение

braw [brɔ:] *шотл.* = brave II 2 *и* 3

brawl I [brɔ:l] *n* 1) шумная ссора; скандал; уличная драка 2) журчание

brawl II [brɔ:l] *v* 1. скандалить; драться 2. журчать (*о ручье*)

brawler [ˈbrɔ:lə] *n* драчун; скандалист

brawly [ˈbrɔ:lɪ] *adv шотл.* великолепно, прекрасно

brawn I [brɔ:n] *n* 1. (хорошо развитые) мускулы, мускульная сила 2. мясистая часть тела, туша 3. 1) засоленная свинина 2) студень из свиной головы и говяжьих ножек; зельц 4. *диал.* свинья, откормленная на убой

brawn II [brɔ:n] *v* 1. делать твёрдым, делаться твёрдым, затвердевать 2. откармливать на убой (*свинью*)

brawn drain [ˈbrɔ:ndreɪn] «утечка мускулов»; эмиграция рабочих, спортсменов *и т. п.*

brawny [ˈbrɔ:nɪ] *a* 1. мускулистый, сильный, дюжий; ~ arm сильная /мускулистая/ рука 2. затвердевший, затвердевший

braws [brɔ:z] *n pl шотл.* 1) нарядность 2) нарядная одежда

braxy [ˈbræksɪ] = bradsot

bray¹ I [breɪ] *n* 1. рёв, крик осла 2. неприятный резкий звук

bray¹ II [breɪ] *v* 1. 1) реветь, кричать (*об осле*) 2) *презр.* пронзительно кричать, истошно вопить 3) *презр.* изрекать глупости 2. издавать резкий неприятный звук (*о трубе и т. п.*)

bray² [breɪ] *v* 1. толочь 2. *полигр.* наносить краску тонким слоем

brayer¹ [ˈbreɪə] *n* 1. *см.* bray¹ II + -er 2. осёл

brayer² [ˈbreɪə] *n полигр.* деревянный ролик для нанесения краски

braze I [breɪz] *v* 1) делать твёрдым; придавать твёрдость 2) изготовлять из меди, украшать медными деталями; покрывать *или* оковывать медью

braze II [breɪz] *v* паять твёрдым

brazen I [ˈbreɪz(ə)n] *a* 1. 1) медный; бронзовый 2) похожий на медь; ~ sky багровое небо 3) пронзительный, резкий, металлический (*о звуке и т. п.*); ~ tones of voice металлические нотки в голосе 2. бесстыдный, наглый; ~ hussy бесстыжая девчонка; a ~ violation of the rules беззастенчивое нарушение правил
◇ ~ age медный век

brazen II [ˈbreɪz(ə)n] *v* держаться развязно; нагло отрицать (*тж.* ~ out); to ~ it out a) начисто отрицать свою вину; б) нагло выпутываться /выкручиваться/

brazen face [ˈbreɪz(ə)nfeɪs] наглость, бесстыдство

brazen-faced [ˈbreɪz(ə)nˈfeɪst] *a* наглый, бесстыдный, бесстыжий

brazier [ˈbreɪzjə] *n* 1. медник 2. жаровня

brazil [ˈbræzɪl] *n* 1) серный колчедан, пирит 2) уголь с пиритом

Brazilian I [brəˈzɪlɪən] *n* бразилец; бразильянка

Brazilian II [brəˈzɪlɪən] *a* бразильский

Brazilian artichoke [brəˈzɪlɪənˈɑ:tɪtʃəʊk] *бот.* земляная груша, топинамбур (*Helianthus tuberosus*)

brazil nut [brəˈzɪlˌnʌt] *бот.* бразильский *или* американский орех (*Bertholletia excelsa*)

brazilwood [brəˈzɪlwʊd] *n* 1) *бот.* цезальпиния (*Caesalpinia spp.*) 2) древесина цезальпинии

brazing torch [ˈbreɪzɪŋˈtɔ:tʃ] паяльная лампа

brea [ˈbreɪə] *n геол.* кир, минеральный дёготь

breach I [bri:tʃ] *n* 1. 1) пролом, пробоина, отверстие, брешь; to get out through a ~ пролезть /выбраться/ через отверстие 2) *воен.* брешь; the guns made a ~ in the wall орудия пробили брешь в стене 2. разрыв (*отношений*); ~ between friends размолвка между друзьями; to heal the ~ положить конец долгой ссоре, помириться 3. *юр.* нарушение (*закона, обязательства и т. п.*); ~ of the law нарушение закона; ~ of justice несправедливость; ~ of (the) peace нарушение общественного порядка; ~ of contract /of covenant/ нарушение договора; ~ of confidence злоупотребление доверием; ~ of trust доверительные действия *или* нарушение доверительным собственником своих обязанностей; ~ of promise нарушение обязательства /обещания/; ~ of faith супружеская измена; ~ of prison побег заключённого (*из места заключения*); ~ of privilege нарушение привилегий /прав/ законодательного органа (*парламента, сената и т. п.*); ~ of order нарушение регламента; ~ of discipline *воен.* дисциплинарный проступок 4. *мор.* буруны; волны, разбивающиеся о берег *или* о корабль; clear ~ волны, перекатывающиеся через судно, не разбиваясь; clean ~ волны, сносящие с корабля мачты *и т. п.*

◇ without a ~ of continuity непрерывно; a custom more honoured in the ~ а) обычай, который не стоит соблюдать; вредная традиция; б) неправ. обычай, который часто нарушается; to stand in /to throw oneself into/ the ~ принять на себя всю силу удара, броситься в прорыв

breach II [briːtʃ] *v* **1.** пробивать брешь; проламывать (*отверстие*); проделать проход **2.** нарушать; this fundamental principle has been ~ed этот основополагающий принцип был нарушен **3.** *мор.* выскакивать из воды (*о ките*)

breachy ['briːtʃɪ] *a* непоседливый; беспокойный; ~ horse норовистая лошадь

bread I [bred] *n* **1. 1)** хлеб; stale [new] ~ чёрствый [свежий] хлеб; white ~ белый хлеб; brown ~ а) хлеб из непросеянной муки (*в Великобритании*); б) тёмный хлеб из пшеницы *или* ржи, смешанной с кукурузой; black ~ чёрный хлеб; a slice of ~ ломтик хлеба; to raise /to set/ ~ ставить тесто на дрожжах **2)** *собир.* пища, снедь **2. 1)** средства к существованию; to make /to earn/ one's ~ зарабатывать на хлеб **2)** *сл.* деньги, гроши

◇ daily ~ хлеб насущный; ~ and wine причастие; ~ and salt хлеб-соль; ~ upon the waters добрые дела /благодеяния/, совершаемые бескорыстно, без расчёта на оплату; to take the ~ out of smb.'s mouth отбивать хлеб у кого-л.; to eat the ~ of affliction ≅ хлебнуть горя; to eat the ~ of idleness вести праздную жизнь; to break ~ а) есть; б) *церк.* причащаться; to break ~ with smb. а) разделить трапезу с кем-л.; б) пользоваться чьим-л. гостеприимством; ~ buttered on both sides благоприятные обстоятельства, обеспеченность, достаток; to know on which side one's ~ is buttered знать свою выгоду, быть себе на уме; ≅ не дура, знает, что сладко; to quarrel with one's ~ and butter действовать вопреки своей выгоде; half a loaf is better than no ~ *посл.* ≅ на безрыбье и рак рыба

bread II [bred] *v* обваливать в сухарях, панировать

bread and butter [ˌbred(ə)n(d)'bʌtə] **1)** хлеб с маслом, бутерброд **2)** *разг.* средства к существованию

bread-and-butter [ˌbred(ə)n(d)'bʌtə] *a разг.* **1.** детский, юный, незрелый; ~ miss *арх.* школьница, девочка школьного возраста **2.** повседневный, обыденный **3.** доставляющий средства к существованию, насущный; ~ item насущно необходимый предмет **4.** практический, конкретный; ~ arguments практические соображения

bread-and-butter letter [ˌbred(ə)n(d)'bʌtə͵letə] *разг.* письмо с выражением благодарности за гостеприимство

bread-and-butter pudding [ˌbred(ə)n(d)'bʌtə͵pudɪŋ] хлебный пудинг (*горячее сладкое блюдо*)

bread and cheese [ˌbred(ə)n(d)'tʃiːz] простая, скудная пища

bread and circuses [ˌbred(ə)n(d)'sɜːkəsɪz] **1)** хлеб и зрелища (*как средство приглушить недовольство масс*); ~! хлеба и зрелищ! **2)** благосостояние

bread and scrape [ˌbred(ə)n(d)'skreɪp] скудная пища, хлеб и вода

breadbasket ['bred͵bɑːskɪt] *n* **1. 1)** корзина для хлеба **2)** главный зерновой район, житница страны (*тж.* ~ of the nation) **2.** *сл.* брюхо, живот **3.** *воен. жарг.* кассетная авиабомба

breadbin ['bredbɪn] *n* хлебница (*для хранения хлеба*)

breadboard I ['bredbɔːd] *n* **1. 1)** доска для резки хлеба **2)** доска для разделки теста **2.** *элк.* макет электронной схемы (*для удобного экспериментирования*)

breadboard II ['bredbɔːd] *v элк.* макетировать электронную схему

bread-corn ['bredkɔːn] *n* хлеб, зерно, *особ.* рожь

breadcrumb ['bredkrʌm] *n* **1. 1)** крошка **2)** *pl* панировочные сухари **2.** хлебный мякиш

breadfruit ['bredfruːt] *n* плод хлебного дерева

breadfruit tree ['bredfruːt͵triː] *бот.* хлебное дерево (*Artocarpus gen.*)

bread grain ['bredgreɪn] продовольственное зерно, хлебное зерно

breadknife ['brednaɪf] *n* хлебный нож; хлебная пила

breadline ['bredlaɪn] *n амер.* очередь (*безработных*) за бесплатным питанием; to be on the ~ жить в нужде; быть в тяжёлом материальном положении

breadmaking ['bred͵meɪkɪŋ] *n* хлебопечение, выпечка хлеба

breadroot ['bredruːt] *n бот.* псоралея съедобная (*Psoralea esculenta*)

breadslicer ['bred͵slaɪsə] *n* хлеборезка

breadstuff ['bredstʌf] *n обыкн. pl* **1)** зерно; мука **2)** хлебные изделия

breadth [bredθ, bretθ] *n* **1.** ширина; the room is six feet in ~ ширина комнаты шесть футов **2.** полотнище; определённая ширина (*ткани, линолеума и т. п.*); a ~ of cloth полотнище ткани **3. 1)** широта (*кругозора, интересов и т. п.*); ~ of mind широта ума **2)** *иск.* широта трактовки, художественное обобщение **4.** несдержанность, вольность, свобода (*в разговоре, поведении*); too much ~ in his behaviour ≅ он слишком много себе позволяет **5.** *тех.* просвет, пролёт

◇ by a hair's ~ нисколько, совсем не; it won't shake my belief in him by a hair's ~ это нисколько не поколеблет мою веру в него; by /within/ a hair's ~ of smth. на волосок от чего-л.; he was within a hair's ~ of being run over by a car его чуть не переехала машина; to a hair's ~ точь-в-точь, в точности

breadthways ['bredθweɪz, 'bretθ-] *adv* в ширину

breadthwise ['bredθwaɪz, 'bretθ-] = breadthways

bread-ticket ['bred͵tɪkɪt] *n* хлебная карточка

bread wheat ['bredwiːt] = bread-corn

breadwinner ['bred͵wɪnə] *n* **1.** кормилец (*семьи*) **2.** занятие, ремесло, источник существования

break¹ I [breɪk] *n* **1. 1)** пролом; разрыв; отверстие, щель; брешь; трещина; ~ in the pipe-line разрыв трубопровода, пробоина в трубопроводе **2)** проламывание; пробивание **3)** прорыв; long [short] pass ~ быстрый прорыв длинным [коротким] пасом (*баскетбол*) **2. 1)** перерыв; пауза, перемена (*в школе*); a ~ in the song пауза в песне *или* пении; without a ~ беспрерывно; a ~ for commercial перерыв в программе для передачи рекламы; ~ for P. T., the P. T. ~ физкультпауза, пятиминутка (*на производстве*); there was a ~ in the conversation разговор прервался, все вдруг замолчали **2)** многоточие *или* другой знак, указывающий на внезапную паузу **3)** *стих.* цезура **3.** раскол (*тж.* ~ of relations); to make a ~ with smb. порвать с кем-л. **4.** первое появление; the ~ of day /of dawn/ рассвет **5.** *амер. разг.* **1)** нарушение приличий **2)** ошибка, неуместное замечание; to make a (bad) ~ а) сделать ложный шаг; б) сделать неуместное замечание; в) проговориться, обмолвиться **6.** внезапная перемена; a ~ in the weather внезапное изменение погоды; a ~ in one's way of living изменение в образе жизни **7.** побег (*из тюрьмы; тж.* ~ out); to make a ~ for it (попытаться) сбежать **8.** *амер. бирж.* внезапное падение цен **9.** *амер. полит.* передача голосов другому кандидату (*на съезде*) **10.** *амер. разг.* шанс; (благоприятная) возможность, (счастливый) случай; even ~s равные шансы; lucky ~ счастливый случай; bad ~ невезение, неудача; the ~s were against us нам не везло; he gets all the ~s ему всегда везёт /фартит/ **11.** участок вспаханной земли (*под пастбище, пахоту и т. п.*) **12.** *амер. разг.* кража со взломом **13.** *диал.* большое количество (*чего-л.*) **14.** игра о борт (*хоккей*) **15.** *геол.* **1)** разрыв, нарушение **2)** малый сброс **16.** переход лошади с одного шага на другой **17.** *спорт.* **1)** первый удар **2)** право первого удара **3)** удачная серия ударов

◇ ~ in the clouds просвет (*в тучах*), луч надежды

break¹ II [breɪk] *v* (broke, *уст.* brake; broken, *поэт.* broke) **I 1. 1)** ломать; to ~ a rod [a stick] сломать прут (палку); to ~ in two разломить, сломать пополам; to ~ one's leg [one's arm, one's neck] сломать ногу (руку, шею); to ~ on the wheel *ист.* колесовать **2)** ломаться; the bench broke скамейка сломалась; the branch bent but did not ~ ветка согнулась, но не сломалась **3)** взламывать; to ~ a lock [a door] взломать замок (дверь) **2.** (*тж.* ~ up) **1)** разбивать; to ~ a window [dishes] разбить окно (посуду); to ~ (in) to pieces /asunder/ разбить на куски; to ~ to atoms разбить вдребезги; to ~ up an attack расстроить атаку (противника) **2)** разбиваться; the vase broke ваза разбилась; the ship broke up on the rocks корабль разбился о скалы; glass ~s easily стекло легко бьётся; my heart is ~ing моё сердце разрывается **3. 1)** разрывать; прорывать; to ~ the tape *спорт.* финишировать; to ~ the enemy front прорвать фронт противника; to ~ from one's bonds разорвать оковы, вырваться из неволи; to ~ open взламывать, открывать силой; to ~ open a lock [a safe] взломать замок (сейф); to ~ open a door выломать дверь; to ~ open a letter распечатать письмо; to ~ a deadlock найти выход из тупика **2)** (по)рваться, разрываться; the rope broke and he fell to the ground верёвка порвалась, и он упал **3)** вскрываться, прорываться; to ~ loose /free/ а) вырваться на свободу; his fury broke loose он дал волю своему бешенству; her hair had broken loose её волосы рассыпались; б) сорваться с цепи; the boil broke нарыв прорвался **4.** портить, ломать, приводить в негодность; to ~ a clock [a sewing-machine] сломать часы [швейную машину] **5. 1)** прерывать, нарушать; to ~ silence нарушить молчание; to ~ the peace нарушить мир /покой/; to ~ one's fast разговеться; to ~ the thread of a thought прервать нить /ход/ мысли **2)** временно прекращать, делать остановку (*тж.* ~ off); to ~ from work сделать перерыв /передышку/ в работе; let's ~ (off) for half an hour and have some tea давайте прервёмся на полчаса и выпьем чаю; we broke our journey at the village мы сделали привал в деревне 3) прерываться (*о голосе*) 4) *эл.* прерывать (*ток*); размыкать (*цепь*) 6. (into) 1) врываться, вламываться; to ~ into a house ворваться в дом; the store was broken into магазин ограбили 7. 1) ослаблять; to ~ the blow [the fall] ослабить /уменьшить/ силу удара [падения]; the trees round the house ~ the force of the wind деревья, окружающие дом, защищают его от ветра 2) слабеть, ослабевать; прекращаться; the frost broke мороз ослабел /отпустил/; the spell of fine weather has broken погода испортилась; his attention broke его внимание ослабло 8. рассеиваться, расходиться; проходить; clouds broke тучи рассеялись; darkness broke темнота рассеялась; his gloom broke его дурное настроение прошло; the enemy broke before them противник отступил в беспорядке 9. 1) начаться, наступить; the day /dawn/ broke рассвело 2) разразиться (*тж.* ~ out); ten minutes later the storm broke десятью минутами позже разразилась буря; his anger broke он разъярился 10. 1) разорять, приводить к банкротству; to ~ the bank а) подорвать банк; б) *карт.* сорвать банк; the money-lenders soon broke him ростовщики вскоре разорили его; he was completely broke(n) он был совершенно разорён 2) разориться, обанкротиться; he will be broke soon он скоро обанкротится 3) понижать в должности; to ~ a general разжаловать генерала 4) *амер. бирж.* внезапно упасть в цене 11. вырываться, убегать (*тж.* ~ out); to ~ (out of) prison убежать из тюрьмы; to ~ cover выйти из убежища (*о дичи*) 12. срываться; a cry broke from her lips крик вырвался из её уст 13. лопаться, давать ростки; the buds are ~ing почки лопаются 14. *разг.* случаться, происходить; anything broken? — Nothing much что-нибудь случилось? — Ничего особенного 15. *спорт.* выйти из «боксинга» (*о бегунах*); освободиться от захвата противника (*в боксе*) 16. *лингв.* перейти в дифтонг.

II А 1. 1) нарушать (*слово, обещание, закон и т. п.*); to ~ one's word не сдержать слова; to ~ a marriage расторгнуть брак; to ~ an appointment не явиться в назначенное время *или* место; не прийти на свидание; to ~ faith with smb. обмануть кого-л.; нарушить данное кому-л. слово; не выполнить (данного кому-л.) обещания; to ~ a law [a contract, an oath] нарушить закон [договор, клятву]; to ~ the sanctuary нарушить право убежища 2) сбиться (*с ритма и т. п.*); to ~ the rhythm *спорт.* нарушать ритм; to ~ contact *см.* contact I 1; to ~ step *воен.* идти не в ногу; сбиться с ноги 2. 1) разрознивать (*собрание сочинений, коллекцию и т. п.*); to ~ a set а) разрознить комплект /набор/; б) продавать комплект /набор/ отдельными предметами (*в разрозненном виде*); through losing that book you have broken the set потеряв эту книгу, вы разрознили собрание сочинений 2) *ж.-д.* расформировывать (*состав*) 3) расстраивать (*ряды*); ~ ranks! *воен.* разойдись! 4) *разг.* разменивать (*деньги*) 3. сломить (*сопротивление, волю и т. п.; тж.* ~ down); to ~ opposition сломить оппозицию; they couldn't ~ his will они не могли сломить его волю; to ~ the spirit of the army сломить дух армии; to ~ a strike сорвать забастовку 4. сообщать (*известия*); to ~ a secret раскрыть тайну; to ~ one's mind to smb. *уст.* раскрыть кому-л. свою душу; he broke the

news of her husband's death to her он сообщил ей о смерти её мужа; he broke his purpose to me он раскрыл мне свои планы 5. 1) разрыхлять, вскапывать (*грунт, почву, тж.* ~ up); to ~ the ground, to ~ fresh /new/ ground а) распахивать землю, поднимать целину; б) *воен.* начинать рытьё окопов; начинать новое дело; делать первые шаги (*в чём-л.*) 2) прокладывать, пробивать (*дорогу*) 6. (*тж.* ~ in) 1) выезжать (*лошадь*); дрессировать; обучать; to ~ (in) a horse объезжать /выезжать/ лошадь 2) дисциплинировать, прививать навыки; обуздывать; to ~ (in) a child приучать ребёнка к дисциплине 7. ссадить, содрать (*кожу*) 8. появляться (*на поверхности*); to ~ surface появиться на поверхности (*о подводной лодке*); to ~ the water выскочить из воды (*о рыбе*) 9. резать на куски (*дичь, птицу*) 10. аннулировать по решению суда (*завещание и т. п.*) 11. *горн.* отбивать (*породу*) 12. мять, трепать (*пеньку, лён*)

II Б 1. to break into smth. 1) внезапно начинать что-л.; to ~ into (a loud) laughter (громко) рассмеяться, расхохотаться; to ~ into tears залиться слезами, расплакаться; her face broke into a radiant smile сияющая улыбка озарила её лицо; to ~ into a run [into a gallop] пуститься бежать [в галоп]; the waiting crowds broke into loud cheers толпа ожидающих разразилась приветственными возгласами 2) неожиданно изменить скорость движения; to ~ into stride *спорт.* войти в свой шаг; to ~ into column *воен.* построиться в колонну; the herd broke into a gallop табун перешёл в галоп 3) начать тратить (*о монетах и банкнотах*); to ~ into a pound note разменять фунт 2. to break upon smb. 1) представляться кому-л., предстать перед кем-л.; a new landscape broke upon us нашему взору представился новый пейзаж 2) осенить кого-л., внезапно прийти в голову кому-л.; the truth broke upon me мне сразу всё стало ясно 3. to break with smb., smth. порывать отношения с кем-л., чем-л.; to ~ with a firm разорвать отношения с фирмой; he has broken with the past он порвал с прошлым ◊ to ~ the back (of) а) изнурять работой, перегружать; б) = to ~ the neck (of smth.); to ~ one's back сломать себе шею; б) перегрузиться; he won't ~ his back working он не надорвётся на работе; б) обанкротиться, потерпеть крах; to ~ the camel's back ≅ переполнить чашу терпения; to ~ (the) camp сниматься с лагеря; to ~ the neck (of smth.) а) сокрушить; сломить сопротивление; б) одолеть самую трудную часть (*чего-л.*); в) суметь пережить самое тяжёлое; to ~ one's neck а) сломать себе шею; б) нестись сломя голову; to ~ the record побить рекорд; to ~ a jest отпустить /отколоть/ шутку; to ~ a lance with smb. а) сражаться на турнире с кем-л.; б) ломать копья, спорить с жаром с кем-л.; to ~ shins *прост.* занимать деньги; to ~ ship не явиться на пароход по истечении отпуска; to ~ the slate *амер.* снять свою кандидатуру (*на выборах*); to ~ bulk а) начинать разгрузку; распаковывать; б) рассортировать груз по назначению; to ~ into pictures *кино проф.* а) экранизировать; б) прорваться на экран (*об актёре*); to ~ the bridge дожать из положения «на мосту» (*борьба*); to ~ no squares не причинять вреда, не нарушать порядок, не иметь большого значения; to ~ no bones не причинять

вреда; no bones are broken ничего плохого не случилось; to ~ one's head over smth. ломать себе голову над чем-л.; to ~ the ice сломать лёд, сделать первый шаг, положить начало; to ~ bread (with smb.) *см.* bread I ◊; ~ it down! *австрал.* перестаньте говорить об этом!; to ~ even а) остаться при своих (*в игре*); б) *ком.* окончиться безубыточно; покрыть свои расходы; it is the first time in five years we broke even впервые за пять лет мы завершили год без убытка; to ~ stones выполнять тяжёлую работу, зарабатывать на жизнь тяжёлым трудом; to ~ china наделать переполох, вызвать беспорядок; to ~ a butterfly /a fly/ on the wheel ≅ стрелять из пушек по воробьям; who ~s pays *посл.* кто разбил, тот и платит; ≅ сам заварил кашу, сам и расхлёбывай

break² [breɪk] *n* 1. рама для выездки лошадей 2. большой открытый экипаж с двумя продольными скамьями

break³ [breɪk] *n* 1) брейк, сольная импровизация в джазе 2) брейк (*танец*)

breakable ['breɪkəb(ə)l] *a* ломкий, хрупкий

breakables ['breɪkəb(ə)lz] *pl* ломкие, хрупкие предметы (*стаканы, чашки и т. п.*)

breakage ['breɪkɪdʒ] *n* 1. 1) отламывание, разламывание 2) поломка; авария 3) лом; бой; поломанные предметы 2. 1) убыток, причинённый поломкой 2) возмещение за поломку 3. незаполненные промежутки в грузовом трюме 4. *горн.* 1) отбойка 2) дробление, измельчение (*руды*) 5. *текст.* обрывность нитей

break away ['breɪkə'weɪ] *phr v* 1. отрывать, разрывать; the wing of the plane broke away and the plane crashed крыло отвалилось, и самолёт потерпел аварию 2. поспешно уйти, убежать 3. *спорт.* делать фальстарт 4. отдалиться; отделиться; he broke away from all his old friends он отошёл от всех своих старых друзей 5. избавиться, покончить (*с чем-л.*); to ~ from bad habits отделаться от дурных привычек, бросить дурные привычки; to ~ from one's old life покончить с прошлой жизнью; to ~ from the ordinary methods of instruction отказаться от старых методов обучения 6. разойтись, рассеяться, рассосаться; ~! а) разойдись!; б) брейк! (*бокс*); the darkness broke away стало светать

breakaway I ['breɪkəweɪ] *n* 1. отход (*от традиций и т. п.*) 2. *воен., спорт.* отрыв; ~ from the racers отрыв от гонщиков (*велоспорт*) 2) «беглец» (*велосипедист, оторвавшийся от группы гонщиков*) 3. *ав.* выход самолёта из общего строя, отваливание 4. 1) выход (*из партии и т. п.*) 2) раскол, откол (*фракции*) 5. *австрал.* отставание скота от стада; пропажа скота из стада

breakaway II ['breɪkəweɪ] *a* отколовшийся; ~ group [faction] отколовшаяся группа [фракция]

break back ['breɪk'bæk] *phr v спорт.* внезапно повернуть назад

break-back ['breɪkbæk] *a* сокрушительный

breakbone fever ['breɪkbəʊn'fiːvə] лихорадка денге

break-bulk ['breɪkbʌlk] *a* загружённый навалом, насыпью

break down ['breɪk'daʊn] *phr v* 1. сломать, разрушить; сбить; they broke

BRE — BRE

the door down они сби́ли /вы́ломали/ дверь 2. слома́ться, разруши́ться; вы́йти из стро́я (*о маши́не и т. п.*); потерпе́ть ава́рию 3. ухудша́ться, сдава́ть (*о здоро́вье*); his health broke down егó здорóвье пошатну́лось 4. потерпе́ть неуда́чу, провали́ться; all our plans broke down все на́ши пла́ны провали́лись; the negotiations broke down перегово́ры сорвали́сь; he broke down in the middle of his speech он запну́лся в середи́не свое́й ре́чи 5. не вы́держать, потеря́ть самооблада́ние, распла́каться; she suddenly broke down and cried она́ вдруг не вы́держала и распла́калась 6. разбива́ть (*на кла́ссы, катего́рии и т. п.*) 7. *хим.* растворя́ться (*в воде́*) 8. *воен.* захлебну́ться (*о наступле́нии*) 9. разбира́ть (*механи́зм*); to ~ a pistol разобра́ть пистоле́т 10. смягча́ть; приглуша́ть (*цвет*)

breakdown I ['breikdaun] *n* 1. 1) поло́мка механи́зма, маши́ны; ава́рия 2) наруше́ние движе́ния (*на желе́зной доро́ге и т. п.*) 3) *эл.* пробо́й (*изоля́ции*); ~ test испыта́ние на пробо́й 2. (по́лный) упа́док сил; nervous ~ не́рвное расстро́йство; разва́л, распа́д; ~ of the Roman Empire круше́ние /распа́д/ Ри́мской импе́рии 4. 1) разложе́ние (*веществá*) 2) разбо́рка (*на ча́сти*) 3) ана́лиз 4) расчлене́ние, разби́вка на ме́лкие гру́ппы 5. брейк, стреми́тельный негритя́нский та́нец 6. *воен.* распределе́ние

breakdown II ['breikdaun] *a* авари́йный; ремо́нтный; ~ gang авари́йная кома́нда; ~ crane авари́йный кран; ~ lorry ремо́нтная лету́чка, ремо́нтная мастерска́я на автомаши́не

breakdown voltage ['breikdaun'vəultɪdʒ] *эл.* пробивно́е напряже́ние, напряже́ние пробо́я

breaker[1] ['breikə] *n* 1. *см.* break II + -er 2. взло́мщик 3. наруши́тель (*зако́на и т. п.*) 4. дрессиро́вщик 5. бре́йкер, исполни́тель(ница) бре́йка 6. буру́н 7. *горн.* отбо́йщик 8. *тех.* дроби́лка 9. *текст.* трепа́лка 10. *эл.* выключа́тель, прерыва́тель 11. *гидр.* ледоре́з; бык (*моста́*) 12. *авт.* бре́кер (*покры́шки*) ◊ ~s ahead! береги́сь!, впереди́ опа́сность!

breaker[2] ['breikə] *n* небольшо́й бочо́нок

break even ['breik'i:v(ə)n] *phr v* станови́ться безубы́точным, достига́ть у́ровня безубы́точности

break-even I [,breik'i:v(ə)n] *n* безубы́точность

break-even II [,breik'i:v(ə)n] *a эк.* безубы́точный

breakfast I ['brekfəst] *n* у́тренний за́втрак; to have ~ за́втракать ◊ ~ wedding — прие́м госте́й по́сле венча́ния /сва́дьбы/

breakfast II ['brekfəst] *v* 1) за́втракать 2) подава́ть за́втрак; корми́ть за́втраком

breakfast food ['brekfəstfu:d] *амер.* овся́ные хло́пья (*гото́вое блю́до к за́втраку*)

break forth ['breik'fɔ:θ] *phr v* 1) вырыва́ться; the soldiers broke forth an ambush солда́ты вы́скочили из заса́ды 2) пробива́ть себе́ путь, пробива́ться (*о ручье́ и т. п.*) 3) разрази́ться (*тира́дой, ре́чью*) 4) воскли́кнуть; to ~ into explanations пусти́ться в объясне́ния; the shouts of joy broke forth from the crowd в толпе́ разда́лись ра́достные кри́ки 4) разрази́ться (*о войне́, эпиде́мии и т. п.*)

break in ['breik'ɪn] *phr v* 1. 1) врыва́ться, вла́мываться 2) выла́мывать; разла́мывать; to ~ a door вы́ломать дверь 2. (*обы́кн.* on, upon) вме́шиваться (*в разгово́р и т. п.*); прерыва́ть; to ~ on smb.'s privacy наруши́ть чей-л. поко́й /чьё-л. уедине́ние/ 3. привыка́ть к чему́-л. но́вому; разна́шивать (*о́бувь*); носи́ть (*но́вую оде́жду*), что́бы привы́кнуть; обка́тывать (*но́вую автомаши́ну*) 4. вводи́ть в курс де́ла; приобща́ть к чему́-л. 5. *воен.* вкли́ниваться 6. *ра́дио* перебива́ть

break-in ['breikɪn] *n* 1. 1) взлом (*с це́лью ограбле́ния*) 2) незако́нное вторже́ние 2. *спорт.* прорыв 3. *воен.* вкли́нивание

breaking ['breikɪŋ] *n* 1. 1) поло́мка; разры́в; ~ of the waters *мед.* разры́в пло́дных оболо́чек; ~ of contact *воен.* отры́в от проти́вника 2) разрыва́ние; обрыва́ние, прерыва́ние; разрыва́ние; ~ capacity *эл.* разрывна́я мо́щность; ~ piece *тех.* предохрани́тельная часть; ~ test *спец.* испыта́ние до разруше́ния (*образцá*) 2. объе́здка (*лошаде́й*) 3. *амер.* распа́ханная целина́; ~ of sod *с.-х.* взмёт по́чвы 4. нача́ло, наступле́ние; ~ of spring нача́ло весны́ 5. *горн.* 1) отбо́йка 2) дробле́ние 7. *текст.* мя́тие

breaking and entering [,breikɪŋənd'ent(ə)rɪŋ] *юр.* взлом и проникнове́ние (*вторже́ние в помеще́ние с це́лью грабежа́ и т. п.*)

breaking-in [,breikɪŋ'ɪn] *n* 1. *тех.* прира́ботка, обка́тка 2. *ра́дио* перебива́ние рабо́ты 3. установле́ние но́вых конта́ктов; приспособле́ние к но́вому ме́сту (*жи́тельства*)

breaking-out [,breikɪŋ'aut] *n* вы́сыпь, сыпь

breaking point ['breikɪŋpɔint] 1. *физ.* разруша́ющее (механи́ческое) напряже́ние 2. *хим.* то́чка осветле́ния или рассло́ения (*жи́дкости*)

breakneck ['breiknek] *a* опа́сный; at ~ pace /speed/ сломя́ го́лову, с головокружи́тельной быстрото́й /ско́ростью/

break off ['breik'ɔf] *phr v* 1. отла́мывать 2. внеза́пно прерва́ть (*разгово́р, знако́мство и т. п.*); to break (it) off with smb. (сра́зу) прекрати́ть с кем-л. знако́мство, порва́ть с кем-л.; to ~ in a speech внеза́пно прерва́ть речь; to ~ a habit (раз и навсегда́) отказа́ться от привы́чки; the engagement is broken off помо́лвка расстро́илась; to ~ combat /action/ *воен.* вы́йти из бо́я

break-off ['breikɔf] *n* 1. разры́в (*отноше́ний*) 2. *воен.* отры́в от проти́вника

break out ['breik'aut] *phr v* 1. выла́мывать; to ~ a pane вы́бить окно́ 2. вспы́хивать (*о пожа́ре, войне́, эпиде́мии*); a strike broke out in the docks в дока́х вспы́хнула забасто́вка 3. высыпа́ть (*о сы́пи на ко́же*) 4. (in, into) покрыва́ться (*сы́пью*); he broke out in /into/ pimples у него́ появи́лись прыщи́, он покры́лся прыща́ми; to ~ into a sweat покры́ться по́том 5. вырыва́ться, убега́ть; to ~ of barracks *воен.* уйти́ из казармы без увольни́тельной (запи́ски) 6. разрази́ться; war broke out in 1939 в 1939 г. разрази́лась война́

break-out ['breikaut] *n* 1. побе́г (*из тюрьмы́ и т. п.*) 2. вспы́шка, ма́ссовое проявле́ние (*недово́льства, эпиде́мии и т. п.*) 3. *воен. разг.* вы́ход на операти́вный просто́р; ~ battle бой на проры́в

breakover ['breik,əuvə] *n полигр.* продолже́ние те́кста, перенесённое на другу́ю страни́цу

breakpoint ['breikpɔint] *n вчт.* контро́льная то́чка; ~ instruction кома́нда остано́ва

break-spark ['breikspa:k] *n тех.* и́скра при размыка́нии то́ка

break-stone ['breikstəun] *n* ще́бень

break through ['breik'θru:] *phr v* 1. прорва́ться, проби́ться; our soldiers broke the enemy line through на́ши солда́ты прорва́ли оборо́ну проти́вника; the sun broke through (the clouds) со́лнце проби́лось (сквозь ту́чи) 2. сде́лать ва́жное откры́тие; доби́ться нау́чных достиже́ний; соверши́ть проры́в

breakthrough ['breikθru:] *n* 1. *воен.* проры́в; ~ charge ата́ка с це́лью проры́ва; ~ tank танк проры́ва 2. достиже́ние; откры́тие; побе́да (*нау́чная и т. п.*); проры́в; a ~ like atomic fission тако́й переворо́т в нау́ке, как расщепле́ние а́тома; I take it to be an important ~ that... я счита́ю большо́й побе́дой, что... 3. 1) про́сека 2) *горн.* просе́чка, сбо́йка 4. 1) проры́в (*воды́*) 2) *эл.* пробо́й

break up ['breik'ʌp] *phr v* 1. расформиро́вывать; распуска́ть, разгоня́ть (*собра́ние, толпу́, ба́нду и т. п.*); let's ~ our party дава́йте разойдёмся 2. расходи́ться (*о собра́нии, компа́нии и т. п.*); the company soon broke up компа́ния вско́ре разошла́сь 3. разруша́ть (*семью́, дом*) 4. распада́ться, разва́ливаться (*о семье́, импе́рии, дру́жбе и т. п.*); they broke up after years of bickering они́ года́ми ца́пались и наконе́ц разошли́сь 5. закрыва́ться на кани́кулы; распуска́ть на кани́кулы; school will ~ next week заня́тия в шко́ле прекратя́тся на сле́дующей неде́ле; the boys will ~ next month ма́льчики бу́дут распу́щены на кани́кулы в сле́дующем ме́сяце 6. вскрыва́ться (*о реке́*); the ice broke up лёд тро́нулся 7. меня́ться (*о пого́де*); the weather breaks up пого́да меня́ется 8. *разг.* сдава́ть; he is breaking up он теря́ет си́лы 9. *разг.* расстра́ивать, огорча́ть; he was (all) broken up by the news э́та но́вость о́чень огорчи́ла его́ 10. *хим.* дисперги́ровать 11. *физ.* расщепи́ть 12. *разг.* ло́паться от сме́ха

break-up ['breikʌp] *n* 1. 1) разва́л; разруше́ние 2) распа́д; разложе́ние; разделе́ние 2. 1) прекраще́ние (*заня́тий в шко́ле и т. п.*) 2) ро́спуск парла́мента 3. разры́в (*между друзья́ми, супру́гами*)

breakwall ['breikwɔ:l] = breakwater

breakwater ['breik,wɔ:tə] *n* волноло́м, волноре́з, мол

bream[1] [bri:m] *n зоол.* лещ (*Abramis*)

bream[2] [bri:m] *v мор.* обжига́ть и чи́стить (*подво́дную часть корабля́*)

breast I [brest] *n* 1. 1) грудь; ~ milk матери́нское /грудно́е/ молоко́; ~ nipple сосо́к; a child at the ~ грудно́й ребёнок; the ~ of the sea *поэт.* грудь мо́ря; to give the ~ to a child корми́ть ребёнка гру́дью 2) исто́чник пита́ния 2. моло́чная, грудна́я железа́ 3. 1) ве́рхняя пере́дняя часть оде́жды, груди́; ~ pocket нагру́дный /ве́рхний/ карма́н 2) *ист.* кира́са, часть лат, прикрыва́ющая грудь 4. со́весть, душа́; to have a troubled ~ беспоко́иться 5. *стр.* 1) часть стены́ от подоко́нника до по́ла 2) ни́жняя часть ба́лки 6. *горн.* грудь забо́я 7. пере́дняя ве́рхняя часть чего́-л.; the ~ of a hill склон холма́ ◊ to make a clean ~ of smth. чистосерде́чно признава́ться в чём-л.

breast II [brest] *v* 1. стать гру́дью про́тив (*чего́-л.*); боро́ться; противи́ться, восставать; to ~ the waves бороться с волнами (о пловце, корабле) **2.** 1) взбираться (*на гору и т. п.*) 2) преодолевать (*гору, препятствие и т. п.*) **3.** идти рядом, бок о бок ◇ to ~ the tape *спорт.* прийти к финишу первым

breast-band ['brestbænd] *n* шлейка (*в упряжи*)

breast-beating ['brest,bi:tɪŋ] *n* показное раскаяние *или* оплакивание; to indulge in ~ about smth. бить себя в грудь по поводу чего-л.

breastbone ['brestbəʊn] *n* грудина, грудная кость

breast-collar [,brest'kɒlə] *n* нагрудник (*в упряжи*)

breast-deep ['brestdi:p] *adv* по грудь

breast drill ['brest'drɪl] *тех.* грудная дрель

breast-fed [,brest'fed] *a* вскармливаемый грудью

breastfeed ['brestfi:d] *v* кормить грудью

breast-feeding ['brest,fi:dɪŋ] *n* грудное вскармливание, кормление грудью

breast-high [,brest'haɪ] *a* **1.** доходящий до груди **2.** погружённый по грудь

breast-pang ['brestpæŋ] *n* грудная жаба, стенокардия

breastpin ['brestpɪn] *n* булавка (*для галстука*); брошь

breastplate ['brestpleɪt] *n* **1.** нагрудник (*кирасы*) **2.** грудной ремень, подперсье (*в сбруе*) **3.** *зоол.* 1) пластрон 2) нижняя часть щита (*черепахи*)

breastplough, breastplow ['brestplaʊ] *n* ручной плуг для резки торфа

breast-pump ['brestpʌmp] *n* *мед.* молокоотсос

breast-rail ['brestreɪl] *n* поручень

breast stroke ['breststrəʊk] *спорт.* стиль плавания «брасс»; to do the ~ плыть брассом

breast stroker ['brest,strəʊkə] *n* брассист

breastsummer ['bres(t)səmə] *n* *стр.* ригель

breast wall ['brestwɔ:l] подпорная стенка

breast wheel ['brestwi:l] *гидр.* среднебойное колесо

breastwork ['brestwɜ:k] *n* **1.** *воен.* бруствер **2.** *мор.* поручни

breath [breθ] *n* **1.** 1) дыхание; second ~ а) *спорт.* второе дыхание; б) новый прилив энергии; alternate ~ дыхание на обе стороны (*плавание*); one-side ~ дыхание в одну сторону (*плавание*); short of ~ страдающий одышкой; to draw ~ а) дышать; б) существовать; [*см. тж.* 1, 2)]; to be out of /to lose one's/ ~ запыхаться, задохнуться; to bate /to hold/ one's ~ затаить дыхание; with bated ~ затаив дыхание; to get one's ~, to gather /to take/ ~ перевести дух, отдышаться; to catch one's ~ а) *разг.* отдышаться; б) затаить дыхание; she caught her ~ for joy от радости у неё перехватило дыхание 2) вздох; to take a deep ~ глубоко вздохнуть; to draw ~ вздохнуть [*см. тж.* 1, 1)] 3) вдыхаемый и выдыхаемый воздух; bad ~ *мед.* дурной запах изо рта **2.** 1) дуновение; a ~ of fresh air дуновение свежего ветерка 2) благоухание; the ~ of flowers благоухание цветов; the ~ of spring дыхание весны **3.** лёгкий, еле слышный звук; шёпот; below /under/ one's ~ шёпотом, тихо **4.** 1) момент, мгновение 2) пауза, передышка **5.** 1) запотевание, влажный след от дыхания (*на холодном предмете*); a ~ on smb.'s reputation пятно на чьей-л. репутации **6.** *фон.* выдыхание воздуха без вибрации голосовых связок (*при произнесении глухих звуков*); ~ consonant глухой согласный **7.** лёгкий след, намёк; the ~ of suspicion тень подозрения ◇ to draw the first ~ родиться; to draw one's last ~ испустить дух, испустить последний вздох; the ~ of one's life, the ~ of the nostrils жизненная необходимость, что-л. необходимое человеку как воздух; to stop smb.'s ~ задушить кого-л.; to take smb.'s ~ away удивить /поразить/ кого-л.; to spend /to waste/ (one's) ~ говорить на ветер, попусту тратить слова; to keep one's ~ to cool one's porridge помалкивать, держать своё мнение при себе; ≅ держать язык за зубами; (all) in a /in one, in the same/ ~ а) одним духом, одним залпом, не переводя дыхания; б) одновременно; в то же время; to save one's ~ не трудиться говорить, возражать *и т. п.*, так как это бессмысленно

breathability [,bri:ðə'bɪlɪtɪ] *n* **1.** 1) пригодность для дыхания 2) способность дышать **2.** воздухопроницаемость

breathable ['bri:ðəb(ə)l] *a* **1.** пригодный для дыхания **2.** воздухопроницаемый

breathalyse ['breθ(ə)laɪz] *v* проверять водителей (*с помощью алкогольно-респираторной трубки*)

breathalyser, breathalyzer ['breθ(ə)laɪzə] *n* алкогольно-респираторная трубка (*для определения опьянения*) [< breath + analyser]

breathe [bri:ð] *v* **1.** 1) дышать; вдыхать; выдыхать; to ~ freely свободно дышать 2) вздохнуть 3) (into) вдохнуть новую жизнь в кого-л.; to ~ life into a stone оживить камень **2.** жить, существовать; he's still breathing он ещё дышит, он ещё жив; a better fellow does not ~ лучше него нет человека /никого не найти/. **3.** 1) слегка дуть (*о ветре*) 2) благоухать 3) едва доноситься, слабо раздаваться (*о звуке*) **4.** говорить тихо, шептать; he softly ~d her name он прошептал её имя; not to ~ a syllable /a word/ словом не обмолвиться, держать в секрете **5.** (upon) 1) дуть (*на что-л.*) 2) запятнать (*чью-л.*) репутацию, чернить, клеветать **6.** играть на духовых инструментах; дуть в духовые инструменты **7.** дать передохнуть; to ~ a horse дать лошади передохнуть **8.** утомить, измотать **9.** выражать (*что-л.*), дышать (*чем-л.*); his words ~ a spirit of humanity его слова проникнуты человеколюбием **10.** *фон.* произносить без вибрации голосовых связок ◇ to ~ freely /easily/ чувствовать облегчение (*от беспокойства или боли*), вздохнуть с облегчением; to ~ again *разг.* а) снова почувствовать облегчение; to ~ down smb.'s neck подгонять кого-л.; ≅ стоять у кого-л. над душой; to ~ one's last /breath/ испустить последний вздох; to ~ a vein *уст.* пустить кровь

breathed [breθt] *a* **1.** *фон.* глухой (*о звуке*) **2.** (-breathed) как компонент сложных слов имеющий такой-то тип дыхания; short-breathed с учащённым дыханием

breathe in ['bri:ðɪn] *phr v* *муз.* брать дыхание

breathe out ['bri:ð'aʊt] *phr v* **1.** делать выдох, выдыхать **2.** выражать; to ~ threats изрыгать угрозы; дышать угрозой

breather ['bri:ðə] *n* **1.** *см.* breathe + -er; he is a mouth ~ он дышит через рот **2.** живое существо **3.** работа, вызывающая учащённое дыхание; climbing the mountain was a real ~ взбираясь на гору, они совсем задохнулись **4.** короткая передышка; to take /to have/ a ~ сделать короткую передышку **5.** респиратор **6.** *тех.* сапун (*двигателя*) **7.** суфлёр

breathing I ['bri:ðɪŋ] *n* **1.** 1) дыхание; rough [smooth] ~ затруднённое [ровное] дыхание 2) вздох **2.** 1) лёгкое дуновение 2) благоухание **3.** 1) миг, момент 2) пауза, передышка **4.** (after) сильное желание, стремление **5.** высказывание **6.** *фон.* 1) придыхание 2) знак, указывающий на придыхание **7.** дыхательные упражнения

breathing II ['bri:ðɪŋ] *a* 1) дышащий, живой 2) словно живой (*о статуе, портрете и т. п.*)

breathing hole ['bri:ðɪŋhəʊl] 1) вентиляционное отверстие 2) отдушина (*во льду*)

breathing-in [,bri:ðɪŋ'ɪn] *n* вдох; вдыхание

breathing-out [,bri:ðɪŋ'aʊt] *n* выдох; выдыхание

breathing space ['bri:ðɪŋspeɪs] **1.** передышка **2.** свободное пространство

breathing-spell, breathing-time ['bri:ðɪŋspel, -taɪm] = breathing space 1

breathless ['breθlɪs] *a* **1.** запыхавшийся; задыхающийся **2.** мёртвый, бездыханный; ~ corpse безжизненное /бездыханное/ тело; бездыханный труп **3.** затаивший дыхание; ~ expectation напряжённое ожидание; ~ silence напряжённая /мёртвая/ тишина; they listened to his story with ~ attention они слушали его рассказ, затаив дыхание **4.** безветренный, неподвижный; ~ weather [day] безветренная погода [-ый день]

breathlessness ['breθlɪsnɪs] *n* одышка

breathtaking ['breθ,teɪkɪŋ] *a* поразительный, захватывающий

breath test ['breθtest] контроль выдоха, анализ для определения опьянения (*обыкн. с помощью алкогольно-респираторной трубки*)

breathy ['breθɪ] *a* с придыханием (*о звуке или манере пения*)

breck [brek] *n* вересковая пустошь

bred[1] [bred] *n* *диал.* доска; дощечка

bred[2] [bred] *past и p. p. от* breed II

brede[1] I [bri:d] *n* *диал.* ширина

brede[1] II [bri:d] *v* *диал.* **1.** расширять **2.** 1) распространять 2) распространяться

brede[2] I [bri:d] *n* *уст.* плетение

brede[2] II [bri:d] *v* *уст.* заплетать, плести

bred-in-the-bone [,bredɪnðə'bəʊn] *a* прочный; основательный; с глубокими корнями

bree [bri:] *n* *шотл.* 1) бульон 2) сок

breech I [bri:tʃ] *n* **1.** зад, ягодицы **2.** шерсть-обножка (*с задних ног и ляжек овцы*) **3.** *воен.* казённая часть; казённик

breech II [bri:tʃ] *v* **1.** надевать штаны **2.** бить по заду, по мягкому месту **3.** снабжать огнестрельное оружие казённой частью

breech baby ['bri:tʃ,beɪbɪ] *разг.* ребёнок, родившийся ягодицами *или* ногами вперёд

breechblock ['bri:tʃblɒk] *n* *воен.* затвор

breechcloth ['bri:tʃklɒθ] *n* набедренная повязка

breech delivery ['bri:tʃdɪ'lɪv(ə)rɪ] *мед.* ягодичные роды

breeched [briːtʃt, britʃt] *a* в бриджах
breeches [ˈbriːtʃɪz, ˈbritʃɪz] *n* употр. с гл. во мн. ч. 1) бриджи (*тж.* a pair of ~) 2) *разг.* брюки
◇ ~ part *театр.* мужская роль, исполняемая женщиной; роль травести; to wear the ~ a) обладать мужским характером; б) верховодить в доме, держать мужа под башмаком
breeches buoy [ˈbriːtʃɪz‚bɔɪ] *мор.* спасательная беседка (*для снятия людей с аварийного судна*)
breeching [ˈbriːtʃɪŋ] *n* 1. *воен.* казённик, казённая часть 2. дымоходы от нескольких топок в общую дымовую трубу 3. шлея (*часть упряжи*) 4. трос для крепления пушек у бортов (*на старинных кораблях*)
breech-loader [ˈbriːtʃˌləʊdə] *n воен.* орудие, заряжающееся с казённой части
breech-mechanism [ˈbriːtʃˈmekənɪz(ə)m] *n воен.* затвор, затворный механизм
breech-ring [ˈbriːtʃrɪŋ] *n воен.* казённик
breech-sight [ˈbriːtʃsaɪt] *n воен.* прицел
breed I [briːd] *n* 1. порода; a new ~ of cattle [of horses] новая порода рогатого скота [лошадей]; people of true English ~ истинные англичане 2. потомство, поколение 3. сорт, род, категория; thinkers of much the same ~ мыслители одного и того же направления; men of the same ~ люди одного толка 4. *амер. разг. пренебр.* полукровка
breed II [briːd] *v* (bred) 1. 1) размножаться, плодиться; давать приплод; to ~ true давать породистый приплод; to ~ like rabbits плодиться как кролики, быстро размножаться 2) вынашивать (*детёнышей*); высиживать (*цыплят*); выводить (*птенцов*) 3) *диал.* быть беременной 2. разводить; to ~ cattle [hens, ducks] разводить рогатый скот [кур, уток]; the pond ~s fish в пруду водится рыба 3. воспитывать, обучать; to ~ smb. to the law дать кому-л. юридическое образование 4. порождать, вызывать; to ~ wars порождать войны; war ~s misery and ruin война приносит нищету и разорение
◇ to ~ in and in заключать браки между родственниками из поколения в поколение; to ~ out a) воздерживаться от родственных браков; б) проводить селекцию; в) искоренять; cruelty has not been yet bred out of the human species жестокость ещё не искоренена в людях; what is bred in the bone will come out in the flesh *посл.* природу не скроешь
breeder [ˈbriːdə] *n* 1. *см.* breed II 2 + -er; cattle ~ скотовод; poultry ~ птицевод; plant ~ растениевод 2. производитель (*о животном*) 3. 1) причина 2) источник 3) инициатор 4. *физ.* реактор-размножитель
breeder reactor [ˈbriːdərɪˈæktə] (ядерный) реактор-размножитель, бридерный реактор
breeding [ˈbriːdɪŋ] *n* 1. размножение (*животных, птиц*); in-and-in ~ *биол.* родственное спаривание, узкородственное, инбридинг; ~ colour *биол.* брачная окраска, брачный наряд; ~ site гнездовье птиц; ~ season /period/ *с.-х.* случный сезон; spring is the season of ~ for birds весна — период размножения птиц 2. 1) разведение, выведение (*животных, птиц*); sheep ~ овцеводство; ~ place *энт.* место выплаживания; ~ sow свиноматка 2) улучшение породы; ~ nursery селекционный питомник; ~ stock племенной скот; ~ purpose *с.-х.* племенное назначение; ~ strains *с.-х.* маточное потомство, элита 3. воспитание; *уст. тж.* образование; he received his ~ at Oxford он воспитывался в Оксфорде 4. хорошие манеры, воспитанность; умение вести себя; a man of fine ~ хорошо воспитанный человек 5. *физ.* (расширенное) воспроизводство ядерного топлива
breeding ground [ˈbriːdɪŋɡraʊnd] 1. нерестилище 2. источник, очаг
breed of cat [ˌbriːdəvˈkæt] *разг.* тип; вид; класс; football players are a special ~ футболисты — особенные люди
breeks [briːks] *n* употр. с гл. во мн. ч. *диал.* брюки, штаны
breen [briːn] *n* коричневато-зелёный цвет
breeze¹ I [briːz] *n* 1. 1) (лёгкий) ветерок; бриз 2) *мор.* ветер 2. *разг.* ссора, перебранка 3. *разг.* шёпотом передаваемые новости, слухи 4. *амер. разг.* пустячное дело; работа легче лёгкого
◇ in a ~ легко; he got the job done in a ~ он выполнил работу без труда /играючи/; to go like a ~ лететь как на крыльях; to bat /to shoot/ the ~ *амер. воен. жарг.* а) болтать, трепаться; б) нести вздор, загибать; to fan the ~s заниматься бесплодным делом; ≡ носить воду в решете
breeze¹ II [briːz] *v* 1. *редк.* веять, слабо дуть (*о ветре*) 2. *амер. разг.* промчаться 3. (*часто* along, into, through) *разг.* делать что-л. небрежно, наспех; he ~d through the task он выполнил поручение кое-как 4. ехать вскачь (*на лошади*)
breeze² [briːz] *n* каменноугольный мусор, угольная пыль; штыб
breezeblock [ˈbriːzblɒk] *n* блок из шлакобетона
breeze in [ˈbriːzˈɪn] *phr v разг.* 1) неожиданно приехать, прийти *и т. п.* 2) прийти в хорошем настроении; Jim just breezed in, full of the good news Джим просто влетел, переполненный хорошими новостями
breeze up [ˈbriːzˈʌp] *phr v* усиливаться (*о ветре*)
breezeway [ˈbriːzweɪ] *n амер.* крытый переход между зданиями
breezy [ˈbriːzɪ] *a* 1. 1) свежий, прохладный (*о погоде*) 2) подверженный действию ветра, открытый (*о местности*) 2. живой, весёлый; беззаботный
bregma [ˈbreɡmə] *n анат.* темя
bregmatic [breɡˈmætɪk] *a анат.* теменной; ~ fontanelle большой /передний/ родничок
brehon [ˈbriːhən] *n ист.* судья в Ирландии
brekker [ˈbrekə] *n унив. жарг.* завтрак
breloque [brəˈlɒk] *n* брелок
Bren gun [ˈbrenɡʌn] *n* лёгкий (ручной) пулемёт Брена
brer, br'er [breə] *n* (*сокр. от* brother) *амер. прост.* брат
brere [brɪə] *диал., поэт. см.* brier
Bret [bret] = Brit
bretelle [brəˈtel] *n* бретелька
brethren [ˈbreðrən] *n книжн., поэт.* 1. *pl от* brother 2. *pl* собратья; братия
Breton [ˈbretn] *n* 1. бретонец, бретонка 2. бретонский язык
breton [ˈbretn] *n* невысокая шляпа со слегка загнутыми полями
Bretwalda [bretˈwɔːldə] *n* «повелитель бриттов» (*титул королей древней Англии*)

breve [briːv] *n* 1. папское бреве 2. *юр.* предписание, повестка 3. *полигр.* значок краткости над гласными (ă) 4. *муз.* бревис
brevet I [ˈbrevɪt] *n воен.* 1. 1) внеочередной чин, внеочередное звание (*не дающее права на денежное содержание*) 2) жалованная грамота 2. свидетельство пилота
brevet II [ˈbrevɪt] *v* присвоить внеочередной чин, внеочередное звание с сохранением прежнего денежного содержания
breviary [ˈbriːvɪərɪ, ˈbre-] *n* 1. католический требник 2. краткое изложение
brevier [brəˈvɪə] *n полигр.* петит
breviped [ˈbrevɪped] *a* 1. коротконогий 2. с маленькой ступнёй
brevirostrate [ˌbrevɪˈrɒstreɪt] *a* короткоклювый
brevity [ˈbrevɪtɪ] *n* 1. краткость, недолговечность; the ~ of human life быстротечность жизни человека 2) краткость, немногословие; ~ of speech краткость речи
brew I [bruː] *n* 1) варка (*пива и т. п.*) 2) сваренный напиток 3) заварка (*чая*)
brew II [bruː] *v* 1. (*тж.* ~ up) варить (*пиво и т. п.*) 2) приготовлять (*пунш*) 3) *разг.* заваривать (*чай*) 2. затевать, замышлять; the boys are ~ing mischief мальчишки затевают какую-то шалость /замышляют недоброе/ 3. назревать, надвигаться (*тж.* ~ up); a storm [trouble] is ~ing (up) надвигается гроза [беда]
◇ as you ~ so must you drink /bake/ ≡ сам заварил кашу, сам и расхлёбывай
brewage [ˈbruːɪdʒ] *n* 1. пивоварение, варка (*пива и т. п.*) 2. напиток, приготовленный путём смешения
brewer [ˈbruːə] *n* 1. пивовар 2. зачинщик
brewer's barley [ˌbruːəzˈbɑːlɪ] *бот.* пивоваренный ячмень (*Hordeum distichum*)
brewer's grains [ˌbruːəzˈɡreɪnz] = brewery mash
brewer's yeast [ˌbruːəzˈjiːst] пивные дрожжи
brewery [ˈbruː(ə)rɪ] *n* пивоварня, пивоваренный завод; ~ mash пивная мешанка (*корм для скота*)
brew-house [ˈbruːhaʊs] *уст.* = brewery
brewing [ˈbruːɪŋ] *n* 1. 1) пивоварение 2) стряпня 2. количество пива, сваренное за один раз 3. *мор. проф.* скопление грозовых туч
brewis [ˈbruːɪs] *n* 1. ломтики хлеба, смоченные в бульоне, подливе *и т. п.* 2. бульон из говядины
brewster [ˈbruːstə] *n диал.* пивовар
brew up [ˈbruːˈʌp] *phr v воен. разг.* поджечь танк
brew-up [ˈbruːʌp] *n разг.* приготовление чая
briar [ˈbraɪə] = brier
bribability [ˌbraɪbəˈbɪlɪtɪ] *n* подкупность, продажность
bribable [ˈbraɪbəb(ə)l] *a* подкупный, продажный
bribe I [braɪb] *n* 1. взятка, подкуп; to take ~s брать взятки; to offer /to give, to hand out/ ~s давать взятки 2. компенсация; оплата
bribe II [braɪb] *v* предлагать, давать взятку, подкупать; to ~ a judge [witness] подкупить судью [свидетеля]; the child was ~d to take the medicine ребёнка задобрили, чтобы он выпил лекарство; he had been ~d into silence /to say nothing/ его подкупом заставили молчать
bribeless [ˈbraɪblɪs] *a* неподкупный

briber ['braɪbə] *n* дающий взятку, взяткодатель
bribery ['braɪb(ə)rɪ] *n* 1) взяточничество; подкупность, продажность; judicial ~ подкуп судьи, дача взятки судье 2) подкуп избирателей
bribetaker ['braɪb͵teɪkə] *n* взяточник, взяткополучатель
bric-à-brac ['brɪkə͵bræk] *n* старинные безделушки; антикварные вещицы
brick I [brɪk] *n* 1. 1) кирпич; клинкер 2) *pl* детские кубики (*тж.* box of ~s) 2. брусок, брикет (*мыла, чая, мороженого и т. п.*) 3. *разг.* славный парень, молодчина, «молоток»; you behaved like a ~ ты вёл себя молодцом 4. промах, нарушение правил поведения; to drop a ~ *разг.* допустить бестактность, сделать промах, «ляпнуть» 5. *амер. сл.* пакет марихуаны ёмкостью 1 килограмм
◇ like a ~, like ~s охотно; энергично; only a ~'s throw from совсем рядом, в двух шагах; to have a ~ in one's hat *амер.* напиться, наклюкаться; like a cat on hot ~s как на горячих угольях; to make ~s without straw делать (*что-л.*) впустую, заниматься бесполезным делом; to hit the ~s *амер. сл.* бастовать; like a ton of ~s стремительно; ≅ как таран; his dreams never reached the stage of ~s and mortar его мечты так и не осуществились
brick II [brɪk] *a* кирпичный, клинкерный; ~ lining *тех.* футеровка; ~ pavement клинкерная мостовая
◇ to knock /to run/ one's head against a ~ wall лбом стену прошибать; лезть на рожон
brick III [brɪk] *v* класть кирпичи; облицовывать; выкладывать кирпичом; мостить кирпичом
brickbat ['brɪkbæt] *n* 1. обломок кирпича 2. недоброжелательное, резкое замечание; нелестный отзыв; the minister collected a lot of ~s министр подвергся резкой критике
brick-box ['brɪkbɒks] *n* коробка с детскими кубиками
brick-bread ['brɪkbred] *n* хлеб в форме кирпичика, буханка
brick-earth ['brɪkɜːθ] *n* кирпичная глина
bricken ['brɪkən] *a* кирпичный, из кирпича
bricket, brickette ['brɪkɪt, brɪ'ket] *n* брикет (*особ. мороженого*)
brickfield ['brɪkfiːld] *n* кирпичный завод
brickfielder ['brɪk͵fiːldə] *n* австрал. сильный тёплый ветер
brickie ['brɪkɪ] *n* = bricky I
brick in ['brɪk'ɪn] = brick up
brick-kiln ['brɪk͵kɪln] *n* печь для обжига кирпича
bricklayer ['brɪk͵leɪə] *n* каменщик
bricklayer's hammer ['brɪk(͵)leɪəz'hæmə] *стр.* молоток каменщика
bricklaying ['brɪk͵leɪɪŋ] *n* кладка кирпича
brickle ['brɪk(ə)l] *a* арх., диал. ломкий, хрупкий
brick-tea ['brɪktiː] *n* плиточный чай
brick up ['brɪk'ʌp] *phr v* 1) закладывать и заделывать кирпичом 2) замуровывать в стене
brickwork ['brɪkwɜːk] *n* кирпичная кладка
bricky I ['brɪkɪ] *n разг.* каменщик
bricky II ['brɪkɪ] *a* 1. сделанный из кирпича, кирпичный 2. кирпичного цвета
brickyard ['brɪkjɑːd] *n* кирпичный завод
bricole ['brɪkəl, brɪ'kəʊl] *n* 1. удар от борта (*в бильярде*) 2. непрямой неожиданный удар

bridal I ['braɪdl] *n преим. поэт.* свадебный пир, свадьба
bridal II ['braɪdl] *a* 1) свадебный; ~ banquet свадебный пир; ~ party гости со стороны невесты; ~ reception (party) свадебный приём, свадьба, приём гостей после венчания 2) брачный; ~ trip брачный вылет (*пчелиной матки*)
bridal suite ['braɪdl'swiːt] каюта люкс
bridal wreath ['braɪdl'riːθ] сплетённые кольца (*свадебный символ*)
bride¹ [braɪd] *n* 1) невеста 2) новобрачная, молодая
◇ the B. of the Sea «Невеста моря» (*Венеция*)
bride² [braɪd] *n* 1. паутинка, соединяющая узоры кружева 2. шляпная резинка
bride-cake ['braɪdkeɪk] *n* свадебный пирог
bride-couple ['braɪd͵kʌp(ə)l] *n* новобрачные
bridegroom ['braɪdgruːm, -grʊm] *n* 1) жених 2) новобрачный
bride price ['braɪdpraɪs] выкуп за невесту
bride's basket ['braɪdz͵bɑːskɪt] хрустальная ваза в серебряной оправе с ручкой
bridesmaid ['braɪdzmeɪd] *n* подружка невесты
bridesman ['braɪdzmæn] *n арх.* (*pl* -men [-men]) шафер, дружка (*на свадьбе*)
bridewell ['braɪdwəl] *n* исправительная тюрьма, исправительный дом
bridge¹ I [brɪdʒ] *n* 1. 1) мост; мостик; ~ span пролёт моста; ~ member звено моста; ~ site место наводки /постройки/ моста; to throw a ~ навести мост 2) перемычка, перегородка 2. *мор.* капитанский мостик 3. переносица (*тж.* ~ of the nose) 4. подставка, кобылка (*скрипки, гитары и т. п.*) 5. мост (*зубной протез*) 6. *тех.* порог топки 7. *эл.* 1) перемычка 2) параллельное соединение, шунт
◇ to burn one's ~s *см.* burn¹ II ◇; to throw smb. over the ~ предательски поступить по отношению к кому-л., подставить кому-л. ножку, подвести кого-л., «утопить»; don't cross the ~s before you come to them *посл.* ≅ не следует создавать себе трудностей заранее; let every man praise /speak well of/ the ~ he goes over *посл.* ≅ не плюй в колодец, пригодится воды напиться
bridge¹ II [brɪdʒ] *v* 1. 1) наводить, строить мост; to ~ a river построить мост через реку 2) соединять мостом 2. перекрывать 3. преодолевать препятствия 4. *горн.* затягивать кровлю 5. *эл.* шунтировать; to ~ a gap ликвидировать разрыв /отставание/
bridge² [brɪdʒ] *n карт.* бридж
bridgeboard ['brɪdʒbɔːd] *n стр.* тетива (*лестницы*), косоур
bridgebuilder ['brɪdʒ͵bɪldə] *n* 1) мостостроитель 2) сторонник «наведения мостов» (*между противниками*); ≅ миротворец
bridge crane ['brɪdʒkreɪn] мостовой кран, портальный кран
bridgehead ['brɪdʒhed] *n* 1) *воен.* предмостное укрепление; плацдарм 2) завоёванная позиция (*для дальнейших исследований, разработок и т. п.*)
bridge-laying tank ['brɪdʒleɪɪŋ'tæŋk] *воен.* танковый мостоукладчик
bridgeman ['brɪdʒmən] 1. = bridgebuilder 2. = bridgemaster
bridgemaster ['brɪdʒ͵mɑːstə] *n* смотритель моста
bridge over ['brɪdʒ'əʊvə] *phr v* 1) на-

водить, строить переправу 2) преодолевать (*что-л.*); to ~ the difficulties преодолеть трудности
bridgework ['brɪdʒwɜːk] *n* мост (*зубной протез*)
bridging ['brɪdʒɪŋ] *n* 1. перекрывание; ~ of a gap заполнение или ликвидация разрыва 2. *стр.* настил; помост 2) затяжка 3. *стр.* распорки 4. 1) наводка моста; ~ site место наводки /постройки/ моста 2) наведение мостов (*в международной политике*) 5. *эл.* шунтирование 6. *спорт.* расклинка (*способ движения в камине — альпинизм*)
bridging host ['brɪdʒɪŋ'həʊst] = bridging species
bridging shot ['brɪdʒɪŋ'ʃɒt] *кино* кадр, восполняющий разрыв во времени *или* действии фильма; кадр для монтажного перехода
bridging species ['brɪdʒɪŋ'spiːʃiːz] *биол.* промежуточный хозяин (*растение или животное*)
bridging title ['brɪdʒɪŋ͵taɪtl] *кино* соединительная надпись (*между двумя сценами кинофильма, отделёнными друг от друга временем или местом*)
bridle I ['braɪdl] *n* 1. 1) узда, уздечка; to give a horse the ~ а) отпустить /ослабить/ поводья; б) предоставить /дать/ полную свободу действий 2) сдерживающее начало, узда; препятствие; to put a ~ on smb. сдерживать /обуздывать/ кого-л.; she must put a ~ on her tongue ей надо попридержать язычок 2. = branks 3. *анат.* уздечка (*языка*) 4. 1) *тех.* рессорный хомут, затяжка 2) *эл.* короткий отрезок провода 5. *мор.* бридель 6. уздечка (*аэростата*)
◇ to turn ~ повернуть назад, отправиться восвояси
bridle II ['braɪdl] *v* 1. взнуздывать 2. обуздывать, сдерживать; to ~ one's temper обуздать нрав; to ~ one's ambitions [passions] сдержать желания [страсти] 3. (*обыкн.* ~ up) 1) задирать нос, важничать 2) возмущаться, выражать негодование; to ~ with anger взорваться от возмущения; to ~ at smb.'s remarks взвиться от чьих-л. замечаний
bridle hand ['braɪdlhænd] левая рука всадника
bridlepath ['braɪdlpɑːθ] *n* верховая, вьючная тропа
bridle-rein ['braɪdlreɪn] *n* повод
bridle-wise ['braɪdlwaɪz] *a* слушающаяся поводьев (*о лошади*)
bridoon [brɪ'duːn] *n* трензель
Brie [briː] *n* бри (*сорт сыра*)
brief I [briːf] *n* 1. краткое изложение; сводка, резюме; in ~ вкратце, в немногих словах 2. *юр.* 1) краткое письменное изложение дела (*составленное солиситором для барристера*) 2) *разг.* дело, клиент; to take a ~ а) принимать ведение дела в суде; б) выступать в защиту (*кого-л.*); to hold a ~ а) вести дело в качестве барристера; б) выступать в защиту (*кого-л.*); to have plenty of ~s иметь большую практику (*об адвокате*) 3. *юр.* предложение суда ответчику удовлетворить предъявленный ему иск 4. папское бреве 5. *воен.* инструкция, даваемая лётчику перед боевым вылетом
◇ to hold no ~ (for) не отстаивать, не защищать; быть в восторге от, не восхищаться; I hold no /little/ ~ for that я отнюдь не являюсь сторонником этого

brief II [bri:f] *a* 1. короткий, недолгий; ~ experience небольшой опыт; ~ review краткий обзор; ~ remarks краткие замечания 2. лаконичный, краткий, сжатый (*о слоге*); to be ~ короче говоря 3. *редк.* резкий, грубый (*о манерах*) 4. *диал.* распространённый, обычный (*о болезни*)

brief III [bri:f] *adv* 1. *уст.* короче говоря 2. *поэт.* вскоре, тотчас

brief IV [bri:f] *v* 1. кратко излагать; резюмировать 2. *юр.* 1) давать инструкции адвокату 2) поручать ведение дела 3. 1) подробно осведомлять 2) устраивать брифинг 3) инструктировать (*лётчика перед боевым вылетом*) 4. *разг.* рассказывать

brief bag ['bri:fbæg] = briefcase
briefcase ['bri:fkeɪs] *n* портфель
briefing ['bri:fɪŋ] *n* 1) инструктаж, инструктирование 2) брифинг, инструктивное совещание 3) инструкция, указания; ~ meeting инструктивное заседание
briefless ['bri:flɪs] *a* не имеющий практики, клиентов (*об адвокате*)
briefly ['bri:flɪ] *adv* кратко, сжато
briefness ['bri:fnɪs] *n* краткость, сжатость
briefs [bri:fs] *n pl разг.* 1) *употр.* с гл. во мн. ч. 1) шорты, трусы; короткие подштанники 2) краткая сводка
brier ['braɪə] *n* 1. *бот.* шиповник (*Rosa canina*) 2. *бот.* вереск крупный средиземноморский (*Erica arborea*) 3. *собир.* заросль вереска 4. курительная трубка, сделанная из корня верескового дерева
briery ['braɪ(ə)rɪ] *a* колючий; с шипами
brig [brɪg] *n* 1. бриг, двухмачтовое судно 2. *амер.* 1) помещение для арестованных на военном корабле 2) *воен. проф.* гауптвахта
brigade I [brɪ'geɪd] *n* 1. бригада; команда; отряд 2. *воен.* бригада; ~ commander командир бригады; ~ group усиленная бригада; бригадная группа; ~ major начальник оперативно-разведывательного отделения штаба бригады
brigade II [brɪ'geɪd] *v* 1. *воен.* 1) сводить в бригаду 2) придавать бригаде 2. распределять по группам
brigadier [ˌbrɪgə'dɪə] *n воен.* 1) бригадир (*в армии Великобритании*) 2) *амер.* = brigadier-general
brigadier-general [ˌbrɪgə'dɪə'dʒen(ə)rəl] *n* 1. *уст.* = brigadier 1) 2. бригадный генерал (*в армии США*)
brigand ['brɪgənd] *n* разбойник, бандит
brigandage ['brɪgəndɪdʒ] *n* разбой, бандитизм
brigandine ['brɪgændɪn] *n ист.* кольчуга, панцирь
brigantine¹ ['brɪgəntɪn] *n мор.* бригантина; шхуна-бриг
brigantine² ['brɪgəntɪn] = brigandine
bright I [braɪt] *n поэт.* яркость, свет; in the ~ of the moon при свете луны
bright II [braɪt] *a* 1. яркий, блестящий; светлый; ~ star [flash, colours] яркая звезда [вспышка, -ие цвета]; ~ day светлый день; ~ red ярко-красный; ~ eyes блестящие /ясные/ глаза; ~ annealing *тех.* светлый отжиг 2) благоприятный, радужный, полный надежд; ~ future светлое будущее; ~ prospects радужные перспективы 2. ясный (*о звуке*) 3. светлый, прозрачный (*о жидкости*), полированный 5. блестящий, великолепный; ~ reply [plan] блестящий ответ [план]; ~ idea блестящая /великолепная/ идея 6. способный, сообразительный, смышлёный; ~ boy способный /смышлёный/ мальчик; ~ imagination живое воображение 7. весёлый; живой, полный бодрости, оптимизма; to keep ~ in spite of one's misfortune не терять бодрости духа несмотря на несчастье 8. острый, настороженный; to keep a ~ lookout быть начеку, сохранять бдительность
◊ to look on the ~ side (of things) смотреть на вещи оптимистически; as ~ as a button /a new pin, a sixpence/ чистенький, нарядный

bright III [braɪt] = brightly
brighten ['braɪtn] *v* 1. 1) проясняться; the sky is ~ing небо проясняется; their countenances ~ed into smiles их лица озарились улыбкой 2) наполнять радостью, радовать; she has ~ed my whole life она озарила всю мою жизнь 2. придавать блеск; очищать, полировать (*металл*) 3. украшать; the flowers ~ the room эти цветы украшают комнату
brightening ['braɪtnɪŋ] *n* 1. раннее утро, заря 2. озарение, прояснение
bright-eyed [ˌbraɪt'aɪd] *a* 1. ясноглазый 2. лучезарный; ~ schemes розовые планы
brightly ['braɪtlɪ] *adv* ярко и *пр.* [*см.* bright II]
brightness ['braɪtnɪs] *n* яркость и *пр.* [*см.* bright II]
bright's disease ['braɪtsdɪˌziːz] *мед.* воспаление почек, брайтова болезнь
brightwork ['braɪtwɜːk] *n* 1) *авт.* блестящая или декоративная деталь 2) *тех.* обработанная начисто детали
brill [brɪl] *n зоол.* калкан, ромб, камбала гладкая (*Bothus rhombus*)
brilliance, -cy ['brɪlɪəns, -sɪ] *n* 1. 1) яркость, блеск; the ~ of a lamp яркий свет лампы 2) блеск; ~ of mind блеск ума 3) способности; his ~ as a pianist was known all over the world его талант пианиста известен всему миру 2. *тлв.* яркость (*экрана трубки*)
brilliant I ['brɪlɪənt] *n* 1. бриллиант 2. *полигр.* диамант
brilliant II ['brɪlɪənt] *a* 1. блестящий, сверкающий; яркий; ~ sunshine ослепительный /яркий/ солнечный свет; ~ polish тонкая полировка, полировка до блеска 2. блестящий, выдающийся; ~ mind [intellect] блестящий /выдающийся/ ум [интеллект]; ~ wit блестящее остроумие
brillianteer [ˌbrɪlɪən'tɪə] *v* гранить алмаз(ы)
brilliant green ['brɪlɪənt'griːn] *хим.* бриллиантовый зелёный (*краситель*)
brilliontine ['brɪlɪəntɪn] *n* 1. бриллиантин 2. *текст.* бриллиантин (*плательная ткань*)
brim I [brɪm] *n* 1. край (*сосуда*); full to the ~ полный до краёв 2. поле (*шляпы*) 3. *арх.* поверхность воды 4. *арх.* берег (*реки, озера, моря*)
brim II [brɪm] *v* 1) наполняться до краёв; she was ~ming with happiness она вся излучала счастье; his voice ~med with anger его голос был полон злобы 2) *редк.* наполнять до краёв; переполнять
brimful ['brɪm'ful] *a* полный до краёв; to fill a glass ~ наполнить стакан до краёв; he is ~ of new ideas он полон замыслов, у него масса новых идей
brimless ['brɪmlɪs] *a* не имеющий полей, без полей (*о шляпе*)
brimmed [brɪmd] *a* 1. полный до краёв 2. с полями (*о шляпе*)
brimmer ['brɪmə] *n* полный до краёв бокал

brimmy ['brɪmɪ] *a* широкополый
brim over ['brɪm'əuvə] *phr v* 1) переливаться через край 2) (with) иметь в изобилии; he brims over with health он пышет здоровьем; Mary was brimming over with joy Мэри переполняла радость
brimse [brɪmz] *n диал.* овод
brimstone ['brɪmstəun] *n* самородная сера; ~ and treacle *уст.* сера и патока (*слабительное*)
brindle ['brɪndl] = brindled
brindled ['brɪnd(ə)ld] *a* полосатый, пятнистый (*особ. о коровах и кошках*)
brine I [braɪn] *n* 1. 1) рассол; тузлук 2) *спец.* охлаждающий соляной раствор 2. *обыкн. поэт.* океан, море; воды океана, моря 3. *поэт.* слёзы
brine II [braɪn] *v* солить, засаливать; опускать в соляной раствор
brine-spring ['braɪnsprɪŋ] *n* соляной источник
bring [brɪŋ] *v* (brought) I 1. 1) приносить; ~ your books with you принесите с собой книги; ~ me a cup, please! принеси мне, пожалуйста, чашку! 2) (*тж.* ~ along, ~ over, ~ round) приводить (*с собой*); ~ your friend with you next time you come когда вы придёте в следующий раз, приведите с собой своего приятеля; why don't you ~ your brother along? почему вы не приведёте с собой своего брата?; what ~s you here today? что привело вас сюда сегодня?; a shriek brought him to the door услышав крик, он кинулся к двери 3) (*тж.* ~ round) привозить, доставлять; to ~ to market пустить в продажу, выбросить на рынок; they brought him safe to land его благополучно доставили на землю /на сушу/; he brought his wife a handsome present from town он привёз жене из города прекрасный подарок; the goods were brought (round) early this morning товар был доставлен сегодня рано утром 4) предать в руки закона; to ~ a criminal to justice *юр.* предать преступника суду, отдать преступника в руки правосудия 2. вызывать, влечь за собой, быть причиной (*тж.* ~ forth, ~ on); to ~ (on) a fever вызвать лихорадку; this sad news brought tears to her eyes печальное известие вызвало у неё слёзы; it brought a blush to her cheeks это заставило её покраснеть; spring ~s warm weather весна несёт с собой тепло; the inclement weather brought (forth) a host of diseases холодная погода вызвала массовые заболевания 3. (to) довести (*до чего-л.*); to ~ the score to... довести счёт до... 4. (into) вводить (*в действие и т. п.*); to ~ into vogue /fashion/ вводить в моду; to ~ into action а) приводить в действие; б) вводить в бой 5. приносить доход, прибыль; the goods brought low prices товар продан по низкой цене; his literary work ~s him but a small income литературная работа приносит ему небольшой доход; how much did your fruit crop ~ last year? сколько вы выручили за продажу прошлогоднего урожая фруктов?; used cars brought a good price in the summer летом подержанные машины удалось продать по хорошей цене

II А 1) возбуждать (*дело*); to ~ an action against smb. возбудить дело против кого-л. 2) предъявлять (*доказательства*); to ~ charges against a person выдвинуть обвинения против кого-л.

II Б. 1. to bring smb. to do smth. заставлять, вынуждать, убеждать; I wish I could ~ you to see my point я бы хотел, чтобы вы поняли мою

точку зрения; I cannot ~ myself to believe не могу заставить себя поверить; I wish I could ~ you to see the wisdom of my plan я хочу, чтобы вы поняли разумность моего плана; I can't ~ myself to take strong action я не могу заставить себя принять строгие меры 2. 1) to bring smth., smb. into /to/ a state приводить что-л., кого-л. в какое-л. состояние, приводить к чему-л.; доводить до чего-л.; to ~ to ruin a) разорить, довести до разорения; б) погубить; to ~ smb. to disgrace опозорить кого-л.; to ~ to an end /to a close/ довести до конца, завершить; to ~ water to the boil доводить воду до кипения; to ~ to profit сделать прибыльным; to ~ to a gallop перейти в галоп; to ~ smb. to his senses приводить кого-л. в чувство; the feeling of coldness brought him to himself ощущение холода привело его в чувство; to ~ into accord согласовывать, приводить к согласию; to ~ into step a) приводить в соответствие; б) *тех.* синхронизировать; to ~ into discredit навлечь дурную славу, дискредитировать; to ~ into comparison сравнивать; to ~ into production *спец.* эксплуатировать; to ~ into the open раскрывать, делать достоянием гласности; the government must ~ this shameful affair into the open правительство должно предать гласности это позорное дело; to ~ into contact (with) помочь встретиться, свести; he was brought into contact with her through an interest in music их свёл интерес к музыке; to ~ into force вводить в силу; проводить в жизнь, осуществлять; to ~ into sight /view/ делать видимым 2) to bring smth. to a stand /to a halt/ останавливать; to ~ a motor-car to a halt остановить машину; the train was brought to a standstill поезд остановился 3) to bring smth., smb. under control подчинять, покорять что-л., кого-л.; to ~ a fire under control ликвидировать пожар
◇ to ~ to account призвать к ответу, потребовать объяснения; to ~ to book a) = to ~ to account; б) начать расследование; to ~ in on the ground floor *разг.* начинать с низов; to ~ to light обнаружить, раскрыть; ≅ вывести на чистую воду; to ~ to naught a) сводить на нет; б) разорить, погубить; to ~ to the hammer продавать с молотка; to ~ to a head a) обострять что-л.; б) вызывать кризис; в) доводить что-л. до конца, заканчивать что-л.; to ~ to bay *см.* bay[1] ◇ 2; to ~ to grass *горн.* выдавать на-гора; to ~ into being создавать, вызывать к жизни; to ~ into life /into the world/ родить, производить на свет; to ~ into line (with) а) поставить в один ряд (с); б) добиться единства взглядов; согласовать; заставить подчиниться (*правилам, принципам и т. п.*); to ~ into play приводить в действие, пускать в ход; to ~ light into smth. *редк.* проливать свет на что-л.; to ~ on the strength *воен.* заносить в списки части; to ~ up to date *см.* date[1] ◇; to ~ low a) повалить (*на землю*); б) подрывать (*здоровье, положение*); в) подавлять, унижать; to ~ to bear a) оказывать давление; б) использовать, пускать в ход; в) осуществлять что-л.; г) *воен.* направлять (*огонь*); to ~ influence to bear on оказывать влияние на; to ~ pressure to bear upon smb. оказывать давление на кого-л.; to ~ to pass вызывать, быть причиной; to ~ down the house ≅ вызвать гром рукоплесканий, бурные аплодисменты (*в театре, в зале, на собрании*); to ~ up the rear замы-

кать шествие, идти последним; to ~ the water to smb.'s mouth разжигать чей-л. аппетит; to ~ home to smb. a) заставить кого-л. понять /почувствовать/, довести до чьего-л. сознания; б) уличить кого-л.; to ~ in by head and shoulders ≅ притянуть за волосы (*аргумент, довод и т. п.*); to ~ smb. back /down/ to earth заставить кого-л. спуститься с облаков на землю; to ~ to his wit's end поставить кого-л. в тупик, озадачить кого-л.; to ~ oil to the fire ≅ подливать масла в огонь; to ~ one's eggs to a bad /wrong/ market потерпеть неудачу, просчитаться; to ~ one's eggs to a fair /fine/ market *ирон. см.* to ~ one's eggs to a bad /wrong/ market

bring about ['brɪŋə'baut] *phr v* 1. вызывать, быть причиной; what brought about this quarrel? что вызвало эту ссору?; it may ~ a change of the Cabinet это может послужить причиной отставки кабинета 2. поворачивать кругом (*корабль и т. п.*)

bring along ['blɪŋə'lɒŋ] *phr v* 1. способствовать (*росту, цветению и т. п.*); more study should ~ your English твои дальнейшие успехи в английском зависят от твоего прилежания 2. воспитывать; развивать; we're trying to ~ two promising young swimmers мы воспитываем двух многообещающих молодых пловцов

bring around ['brɪŋə'raund] *амер.* = bring round

bring away ['brɪŋə'weɪ] *phr v* вынести; составить (*мнение*); we brought away rather mixed impressions of our holiday наш отпуск оставил довольно сложные впечатления

bring back ['brɪŋ'bæk] *phr v* 1. приносить обратно, возвращать 2. воскрешать в памяти, напоминать (*тж.* ~ to memory); his story brought back our happy childhood его рассказ напомнил о нашем счастливом детстве 3. восстановить; ввести вновь (*идею, практику, закон и т. п.*) 4. помочь вернуть, приобрести; we must bring him back to health мы должны помочь ему вернуть здоровье

bring down ['brɪŋ'daun] *phr v* 1. свалить; сломать; the wind brought down a number of trees ветер повалил много деревьев; to ~ the wire разрушить проволочные заграждения 2. подстрелить (*птицу*) 3. сбивать (*самолёт*) 4. убить или тяжело ранить 5. снижать (*цены и т. п.*); to ~ the score *спорт.* сократить разрыв в счёте 6. (on) навлекать; to ~ anger on oneself навлечь на себя гнев 7. доводить (*рассказ о событиях, записи и т. п.*) до определённого времени 8. *воен.* открыть (*огонь*); to ~ fire on открыть огонь по 9. *разг.* осадить (*кого-л.*), поставить на место; унизить 10. *разг.* приводить в уныние, расстраивать 11. вызвать крах, поражение 12. *мат.* 1) делать переносы при умножении 2) делать заём при делении

bringdown ['brɪŋdaun] *n амер. разг.* 1. 1) что-л. приводящее в уныние, гнетущее 2) нудный тип, зануда 2. резкое замечание, *особ.* с целью унизить или поставить на место

bring forth ['brɪŋ'fɔ:θ] *phr v* 1. ясно показывать, делать очевидным 2. *уст.* рождать; давать (*плоды*); to ~ young производить на свет детёнышей

bring forward ['brɪŋ'fɔ:wəd] *phr v* 1. выдвигать (*предложение*); the matter was brought forward at the meeting вопрос был поставлен на обсуждение на заседании; can you ~ any proofs of what you say? чем вы можете подтвердить свои слова? 2. перенести на

более ранний срок; the meeting was originally fixed for the 14th, but has been brought forward to the 7th собрание было сначала назначено на 14-е, но затем было перенесено на 7-е 3. перенести на следующую страницу (*о счёте*) 4. = bring along 1

bring in ['brɪŋ'ɪn] *phr v* 1. вводить; to ~ customs вводить обычаи; to ~ a new style of dress ввести в моду новый фасон платья 2. вносить (на рассмотрение); to ~ a bill внести (на рассмотрение) законопроект 3. импортировать 4. *юр.* выносить (приговор, решение); the jury brought in the verdict of guilty присяжные признали его виновным 5. собирать урожай 6. ввести кого-л. в дело, привлечь; why bring Jones in? He'll do nothing to help зачем нам Джонз? От него помощи не дождёшься 7. задерживать, арестовывать 8. (on) разрешить принять участие; the council angered small shopkeepers by not bringing them in on the development of the city centre совет вызвал недовольство мелких торговцев тем, что не привлёк их к разработке планов развития центральной части города

bring off ['brɪŋ'ɒf] *phr v* 1. спасать (*обыкн. во время кораблекрушения*); they brought off the passengers of the wrecked ship они сняли пассажиров с потерпевшего аварию корабля 2. *разг.* успешно выполнять; did you bring it off? вам удалось это сделать?

bring on ['brɪŋ'ɒn] *phr v* 1. навлекать; he has brought all that trouble on himself он сам навлёк на себя эту беду 2. = bring along 1 3. *тех.* соединять, сваривать

bring out ['brɪŋ'aut] *phr v* 1. производить, выпускать 2. высказывать (*мнение и т. п.*); he brought out his request with a rush он выпалил свою просьбу 3. выявить, обнаруживать; he brought out all his skill он показал всё своё умение; to ~ the worst in smb. выявлять дурные черты в ком-л. 4. заставить (*кого-л.*) говорить, высказываться; she was doing her best to bring him out она изо всех сил старалась заставить его высказаться 5. привлекать, вызывать; the spectacle brought out a crowd зрелище привлекло целую толпу 6. опубликовать, выпускать (*книги и т. п.*) 7. поставить (*пьесу*) 8. объявить (*заём*) 9. вывозить (*девушку*) в свет 10. *воен.* отвести в тыл 11. вызвать забастовку 12. помочь преодолеть застенчивость; заставить преодолеть сдержанность; to bring smb. out of his shell *разг.* помочь преодолеть застенчивость, расшевелить 13. (in) заставлять краснеть; excitement brings him out in a nervous rash spots от волнения он покрывается пятнами

bring over ['brɪŋ'əuvə] *phr v* 1. убедить; заставить изменить мнение; you cannot bring me over by such arguments такими доводами меня не убедишь 2. заставить кого-л. приехать издалека 3. сопровождать кого-л. за океан

bring round ['brɪŋ'raund] *phr v* 1. привести в себя, в сознание; the doctor soon brought her round вскоре доктор привёл её в чувство 2. = bring over 1; with some difficulty I brought him round to my way of thinking с трудом я заставил его принять мою точку зрения 3. изменить направление (*разговора и т. п.*); he managed to bring the discussion round to fishing ему удалось перевести разговор на рыбную ловлю 4.

мор. изменить курс на противоположный

bring through ['brɪŋ'θru:] *phr v* 1. помочь преодолеть трудности *и т. п.* 2. вылечить; I am sure the doctor will bring him through я уверен, что доктор поставит его на ноги

bring to ['brɪŋ'tu:] *phr v* 1. = bring round 1 2. *мор.* остановить (*судно*) 3. *мор.* остановиться (*о судне*)

bring together ['brɪŋtə'geðə] *phr v* мирить, примирять; they can be brought together их можно помирить

bring under ['brɪŋ'ʌndə] *phr v* включать, заносить (*в категорию, графу и т. п.*)

bring up ['brɪŋ'ʌp] *phr v* 1. воспитывать, растить; she has brought up four children она вырастила /воспитала/ четырёх детей 2. поднимать (*вопрос*); выносить *или* ставить на обсуждение; the matter was brought up in the committee вопрос был поднят в комитете 3. поднимать, увеличивать; доводить до (*определённого уровня*); to ~ the score *спорт.* увеличить счёт; to ~ to date осовременивать; his work in maths needs to be brought up to the standard of the others ему нужно подтянуться по математике 4. внезапно и резко остановить; his remark brought me up short его замечание заставило меня внезапно остановиться 5. *мор.* поставить *или* стать на якорь 6. арестовывать 7. обвинять, привлекать к суду 8. подать (*обед, завтрак*) 9. вырвать, стошнить 10. *воен.* подтягивать (*резервы*), подвозить (*боеприпасы*); to ~ the rear замыкать шествие 11. ругать; the director brought Jim up for being late директор отругал Джима за опоздание 12. (against) 1) столкнуть с чем-л.; to be brought up against difficulties столкнуться с трудностями 2) учитывать *или* использовать что-л. против кого-л.; your record may be brought up against you твоё прошлое может быть использовано против тебя

bring upon ['brɪŋə'pɒn] = bring on

brinish ['braɪnɪʃ] *a* 1) солоноватый 2) тошнотворный 3) горький, жестокий, отвратительный

brinjal ['brɪndʒəl] *n инд.* баклажан

brink [brɪŋk] *n* 1) край (*обрыва, пропасти*) 2) берег (*обыкн.* обрывистый, крутой) 3) край, грань; on the ~ of... на краю..., на грани...; to be on the ~ of ruin быть на грани разорения; to be on the ~ of death быть на краю могилы; to be on the ~ of tears чуть не заплакать 4) непосредственная угроза войны; to draw back from the ~ устранить непосредственную опасность возникновения войны; to be on the ~ быть на грани войны

brinkman ['brɪŋkmən] *n* (*pl* -men [-mən]) максималист; экстремист

brinkmanship ['brɪŋkmənʃɪp] *n* 1) балансирование на грани войны; policy of ~ политика балансирования на грани войны 2) балансирование на грани возможного *или* допустимого

briny I ['braɪnɪ] *n разг.* море (*тж.* ~ deep)

briny II ['braɪnɪ] *a* (очень) солёный; ~ tears *поэт.* горькие слёзы

brio ['bri:əʊ] *n ит.* живость, оживление

brioche ['bri:ɒʃ, bri:'əʊʃ] *n* бриошь, булочка

briony ['braɪənɪ] = bryony

briquet [brɪ'ket] = briquette

briquette [brɪ'ket] *n* брикет

brisance [brɪ'zɑ:ns] *n воен.* бризантное действие

brisant [brɪ'zɑ:nt] *a воен.* бризантный

brise-bise [bri:z'bi:z] *n разг.* тюлевая занавеска для нижней части окна

brisk I [brɪsk] *a* 1. живой, оживлённый, проворный; ~ trade оживлённая торговля; ~ demand большой спрос; ~ fire a) яркий огонь; б) *воен.* интенсивный обстрел; ~ old man бодрый старик; at a ~ pace быстрым шагом 2. 1) свежий (*о погоде*); ~ morning air свежий /бодрящий/ утренний воздух 2) сильный, ураганный (*о ветре*) 3. шипучий (*о напитке*)

brisk II [brɪsk] *v* (*обыкн.* ~ up) 1) оживлять; to ~ up a fire раздувать огонь; to ~ up one's pace ускорить шаг 2) оживляться; the rattle of rifle fire ~ed up again треск ружейных выстрелов опять усилился

brisket ['brɪskɪt] *n* 1) грудная кость; грудина 2) *кул.* чёлышко и грудинка (*говяжьей туши*)

brisling ['brɪzlɪŋ, 'brɪs-] *n* брислинг, шпрот

bristle I ['brɪs(ə)l] *n* 1. щетинка; щетина 2. *pl* пеньки (*зачатки вновь отрастающих перьев*)

◊ to set up one's ~s ощетиниться, рассердиться; to set up smb.'s ~s рассердить кого-л.

bristle II ['brɪs(ə)l] *v* 1. 1) ощетиниться 2) подняться дыбом (*о шерсти*) 2. рассердиться, рассвирепеть (*тж.* ~ up); don't ~ up like a hedgehog что ты ощетинился словно ёж 3. (with) изобиловать (чем-л.); to ~ with difficulties /quotations/ изобиловать трудностями /цитатами/; the plan ~s with technical difficulties план полон технических трудностей

bristling[1] ['brɪslɪŋ] *a* 1. ощетинившийся 2. колючий, острый; a ~ battery of pencils батарея остро отточенных карандашей; ~ tone агрессивный тон

bristling[2] ['brɪslɪŋ] = brisling

bristly ['brɪslɪ] *a* щетинистый; колючий, жёсткий

Bristol board ['brɪstlbɔ:d] бристольский картон

Bristol compliment ['brɪstl'kɒmplɪmənt] подарок, не нужный самому дарящему; ≅ на тебе, боже, что нам не гоже

Bristol fashion ['brɪstl,fæʃ(ə)n] в образцовом порядке (*тж.* ~ and ship-shape)

Bristol milk ['brɪstlmɪlk] «Бристольское молоко» (*фирменное название сухого хереса*)

bristols ['brɪstlz] *n сл.* сиськи, буфера

Brit [brɪt] *n* 1. *ист.* бритт 2. *разг.* британец

brit [brɪt] *n зоол.* 1. криль 2. молодь сельди

Britain Crown ['brɪtn'kraʊn] *ист.* золотая крона (*Иакова I*)

Britannia [brɪ'tænɪə] *n поэт.* Великобритания (*тж.* олицетворение Великобритании в виде женской фигуры на монетах и т. п.)

Britannia metal [brɪ'tænɪə'metl] британский металл (*сплав олова, меди, сурьмы, иногда цинка, применяемый для изготовления столовой посуды*)

Britannic [brɪ'tænɪk] *a* британский (*тк. в дипломатическом титуле короля или царствующей королевы*); His [Her] ~ Majesty Его [Её] Британское Величество

britches ['brɪtʃɪz] *n употр. с гл. во мн. ч. разг.* штаны

◊ too big for one's ~ слишком высокого мнения о себе

Briticism ['brɪtɪsɪz(ə)m] *n* 1. англицизм 2. типично английская черта (*характера и т. п.*)

British I ['brɪtɪʃ] *n* 1) (the ~) *собир.* англичане, британцы 2) британский вариант английского языка 3) язык древних бриттов

British II ['brɪtɪʃ] *a* (велико)британский; английский; ~ Museum Британский музей; ~ Defence Forces *воен.* гарнизонные войска метрополии

◊ ~ treasury note *воен. жарг.* одеяло; ~ warm короткая тёплая шинель (*офицерская*)

British Commonwealth (of Nations) ['brɪtɪʃ'kɒmənwelθ(əv,neɪʃ(ə)nz)] *ист.* Британское Содружество Наций (*название до 1953 г.*)

British English [,brɪtɪʃ'ɪŋɡlɪʃ] британский вариант английского языка

Britisher ['brɪtɪʃə] *n разг.* британец, англичанин; британский, английский подданный

Britishism ['brɪtɪʃɪz(ə)m] = Briticism

British shorthair [,brɪtɪʃ'ʃɔ:θeə] английская порода короткошёрстных кошек

British thermal unit [,brɪtɪʃ'θɜ:m(ə)l,ju:nɪt] *тех.* британская тепловая единица (Б.Т.Е.)

Briton ['brɪtn] *n* 1. британец, англичанин; North ~ шотландец 2. *ист.* бритт

brittle I ['brɪtl] *n* ореховые леденцы в форме плиток

brittle II ['brɪtl] *a* 1. хрупкий, ломкий 2. раздражённый, нервный; ~ tone раздражённый тон; ~ temper нервность, раздражительность 3. сдержанный, прохладный, недружелюбный 4. неустойчивый, нестабильный; the ~ tribute of his praise его робкая похвала 5. *уст.* смертный

brittleness ['brɪtlnɪs] *n* хрупкость, ломкость; cold ~ *метал.* хладноломкость; hot ~ *метал.* красноломкость

brittle program ['brɪtl'prəʊɡræm] *вчт.* непереносимая программа

brittle willow ['brɪtl'wɪləʊ] *бот.* ива ломкая, ракита (*Salix fragilis*)

broach[1] **I** [brəʊtʃ] *n* 1. вертел 2. *тех.* 1) протяжка 2) развёртка 3. шпиль церкви 4. *амер.* = brooch

broach[1] **II** [brəʊtʃ] *v* 1. 1) делать прокол, отверстие; he was cruelly ~ed to death with a dagger *уст.* он был безжалостно заколот кинжалом 2) начать, открыть, почать (*бочку вина*) 2. огласить; начать обсуждение (*вопроса*); we ~ed the third point мы начали обсуждать третий пункт; to ~ smth. поднять разговор о чём-л.; начать /открыть/ дискуссию на какую-л. тему 3. *тех.* 1) прошивать 2) развёртывать отверстие 4. обтёсывать (*камень*) 5. *горн.* вскрыть пласт, начать разработку (*шахты и т. п.*)

◊ to ~ claret *спорт. жарг.* драться до крови

broach[2] [brəʊtʃ] *v мор.* выйти из ветра

broaching ['brəʊtʃɪŋ] *n тех.* 1) протяжка, прошивка 2) развёртка

broad I [brɔ:d] *n* 1. широкая часть (*спины, спинки*) 2. *амер.* 1) *разг.* молодая девушка, девчонка; he refers to her as a ~ meaning no harm whatsoever он называет её девчонкой, не имея в виду ничего плохого 2) *груб.* девка 3. *уст.* = broad-piece 4. (the B.) *разг.* оксфордские студенты 5. *кино* осветительный прибор общего, рассеянного света, широкоизлучатель

broad II [brɔ:d] *a* 1. широкий; ~ chest широкая грудь; the river is 30 feet ~ река шириной в 30 футов 2. обширный, просторный; the ~ lands stretched away as far as the eye could see широкие

просторы раскинулись насколько мог видеть глаз 3. широкий, свободный; терпимый; ~ opinions широкие взгляды; to take a ~ view of smth. широко смотреть на вещи 4. 1) явный, определённый; заметный; ~ hint ясный намёк; ~ purpose явное намерение; ~ statement откровенное заявление; there is no ~ line of distinction нет отчётливого разграничения /-ой грани/ 2) полный, совершенный; in ~ daylight средь бела дня 3) заметный, сильный (об акценте); ~ Scotch [Yorkshire] accent сильный шотландский [йоркширский] акцент 5. общий, широкий; в общих, основных чертах; a ~ outline of the plan общая намётка плана; in a ~ sense it is true в широком смысле это верно 6. грубый, неприличный; ~ joke грубая шутка; ~ laugh грубый смех; ~ story неприличный анекдот 7. свободный, несдержанный, раскованный, разболтанный; ~ mirth безудержное веселье 8. *фон.* открытый (о звуке)
◇ it is as ~ as it is long ≅ то же на то же выходит; что в лоб, что по лбу

broad III [brɔːd] *adv редк.* 1. широко 2. свободно, открыто 3. вполне; ~ awake вполне очнувшись от сна, полностью проснувшись 4. с заметным, сильным акцентом; to speak ~ говорить с сильным акцентом

broad arrow [ˌbrɔːdˈærəʊ] английское правительственное клеймо

broadaxe ['brɔːdæks] *n* 1. плотничий топор 2. боевой топор

broad-band ['brɔːdbænd] *a радио* широкополосный

broad-based [ˌbrɔːdˈbeɪst] *a* 1) всеобъемлющий 2) универсальный

broad bean [ˌbrɔːdˈbiːn] *бот.* кормовые бобы (*Vicia faba*)

broadbill ['brɔːdbɪl] *n зоол.* утка-широконоска (*Spatula clypeata*)

broadbrim ['brɔːdbrɪm] *n* 1. широкополая шляпа 2. *разг.* квакер

broad-brimmed [ˌbrɔːdˈbrɪmd] *a* широкополый

broadbrow ['brɔːdbraʊ] *n разг.* 1. простой, бесхитростный человек 2. человек широких взглядов

broad-brush ['brɔːdbrʌʃ] *a* приблизительный; сделанный вчерне, незаконченный; ~ estimates грубые /приблизительные/ оценки

broadcast¹ I ['brɔːdkɑːst] *n* 1. (радио)вещание; television ~ телевидение; телевизионное вещание; wire ~ радиотрансляция 2. радиопрограмма, радиопередача 3. 1) телевидение; ~ satellite *косм.* (ретрансляционный) телевизионный спутник, спутник для ретрансляции (телепередач) 2) программа, телепередача 4. широкое распространение (*слухов и т. п.*)

broadcast¹ II ['brɔːdkɑːst] *a* 1. радиовещательный; ~ appeal обращение по радио 2. телевизионный; передаваемый по телевидению 3. имевший широкое хождение, распространённый; ~ rumours распространившиеся слухи 4. рассеянный, распылённый

broadcast¹ III ['brɔːdkɑːst] *v* 1. передавать по радио; вести радиопередачу; вещать 2. передавать по телевидению 3. выступать по радио и телевидению 4. широко распространять; to ~ gossip [news] распространять сплетни [новости]

broadcast² I ['brɔːdkɑːst] *n с.-х.* сев вразброс

broadcast² II ['brɔːdkɑːst] *v с.-х.* сеять вразброс

broadcaster ['brɔːdˌkɑːstə] *n* 1) диктор 2) радио передатчик

broadcasting ['brɔːdˌkɑːstɪŋ] *n* 1. радиовещание, трансляция; радиопередача 2. телевидение; телепередача

Broadcasting House ['brɔːdkɑːstɪŋ'haʊs] здание Би-би-си в Лондоне

Broad Church I [ˌbrɔːdˈtʃɜːtʃ] широкая церковь (*направление в англиканской церкви*)

Broad Church II [ˌbrɔːdˈtʃɜːtʃ] относящийся к широкой церкви

broadcloth ['brɔːdklɔθ] *n текст.* 1. тонкое сукно с шелковистой отделкой 2. ткань плотного переплетения с глянцевой отделкой 3. поплин в мелкий рубчик

broaden ['brɔːdn] *v* 1) расширять; to ~ one's outlook расширить свой кругозор 2) расширяться (*тж.* ~ out); his conceptions were ~ed он стал шире смотреть на вещи; her face brightened and ~ed out into a beaming smile её лицо просияло и расплылось в широкой улыбке

broad-faced [ˌbrɔːdˈfeɪst] *a* широколицый

broad-faker ['brɔːdˌfeɪkə] *n сл.* шулер

broad gauge [ˌbrɔːdˈgeɪdʒ] *ж.-д.* широкая, нормальная колея

broad-gauge [ˌbrɔːdˈgeɪdʒ] *a* 1. *ж.-д.* ширококолейный 2. широкий (*о подходе и т. п.*); либеральный (*о взглядах и т. п.*); a ~ line of refining education широкий подход к улучшению образования 3. всеобъемлющий; ~ economic programme программа всестороннего экономического развития

broad irrigation ['brɔːdˌɪrɪ'geɪʃ(ə)n] *с.-х.* поверхностное орошение

broad jump ['brɔːddʒʌmp] *редк. спорт.* 1) прыжок в длину 2) соревнования по прыжкам в длину

broadleaf ['brɔːdliːf] *n* широколистный табак (*для сигар*)

broad-leaved [ˌbrɔːdˈliːvd] *a бот.* широколистный

broadloom ['brɔːdluːm] *a текст.* изготовленный на широком ткацком станке

broadly ['brɔːdlɪ] *adv* 1. широко; ~ speaking вообще говоря, в общих чертах 2. прямо, откровенно, решительно; he looked me ~ in the face он прямо посмотрел мне в лицо; to talk ~ высказываться откровенно 3. с акцентом

broad-minded [ˌbrɔːdˈmaɪndɪd] *a* с широким кругозором, широких взглядов, терпимый

broadness ['brɔːdnɪs] *n* 1. ширина 2. грубость (*шутки, речи*)

broad-piece ['brɔːdpiːs] *n уст.* старинная золотая монета в двадцать шиллингов

broad seal ['brɔːdsiːl] большая государственная печать

broadsheet ['brɔːdʃiːt] *n* 1) большой лист бумаги с печатным текстом на одной стороне 2) плакат

broadside ['brɔːdsaɪd] *n* 1. надводный борт (*корабля*) 2. 1) артиллерия одного борта 2) бортовой залп; to give ~ дать бортовой залп 3. *разг.* град брани, упрёков *и т. п.*; to give smb. a ~ обрушиться на кого-л. (*с бранью и т. п.*) 4. = broadsheet 5. кино лампа заливающего света 6. 1) широкая поверхность 2) длинная сторона

broad-spectrum [ˌbrɔːdˈspektrəm] *a фарм.* широкого применения, спектра

broadsword ['brɔːdsɔːd] *n* палаш 2. *pl* солдаты, вооружённые палашами

broadtail ['brɔːdteɪl] *n* каракульча

Broadway ['brɔːdweɪ] *n* 1) Бродвей (*улица в Нью-Йорке, где расположены театры, увеселительные заведения и т. п.*) 2) театральный Нью-Йорк, театральная жизнь (*Америки*)

broadway ['brɔːdweɪ] *n* шоссе

broadways ['brɔːdweɪz] = breadthways

broadwife ['brɔːdwaɪf] *n* (*pl* -wives [-waɪvz]) *амер. ист.* жена раба, принадлежащего другому хозяину

broadwise ['brɔːdwaɪz] *adv* вширь, в ширину, поперёк

brob [brɒb] *n редк. стр.* костыль

Brobdingnag ['brɒbdɪŋnæg] *n* Бробдиньяг (*название вымышленной страны в «Путешествии Гулливера»*)

brocade I [brəˈkeɪd] *n* парча; ~ gown парчовое платье

brocade II [brəˈkeɪd] *v* 1) вырабатывать парчу 2) украшать парчой

brocaded [brəˈkeɪdɪd] *a* парчовый

brocage [ˈbrəʊkɪdʒ] = brokage

brocard¹ [ˈbrəʊkəd] *n* 1. *юр.* основной принцип 2. *книжн.* ядовитые речи, колкие замечания

brocard² [ˈbrəʊkəd] *уст.* = brocade I

brocatelle [ˌbrɒkəˈtel] *n* (декоративная) жаккардовая ткань

broccoli [ˈbrɒkəlɪ] *n бот.* брокколи, капуста спаржевая (*Brassica oleracea botrytis*)

broché [brəʊˈʃeɪ] *n текст.* 1. ткань «броше» 2. механическая вышивка шёлком

brochette [brɒˈʃet, brəʊ-] *n* маленький вертел

brochure [ˈbrəʊʃ(ʊ)ə] *n* брошюра

brock [brɒk] *n* 1. *зоол.* барсук (*Meles meles*) 2. *разг.* подлец, грязный тип; ворюга

brocket [ˈbrɒkɪt] *n* молодой благородный олень (*двухлетка*)

brodequin [ˈbrəʊdkɪn] = brodkin

brodkin [ˈbrɒdkɪn] *n ист.* высокий дамский ботинок

broederbond [ˈbruːdəbɒnd, ˈbrɜː-] *n* тайное общество; шайка злоумышленников

brogan [ˈbrəʊgən] = brogue¹

brogue¹ [brəʊg] *n* 1. грубый башмак 2. спортивный (*уличный*) ботинок 3. *pl уст.* штаны

brogue² [brəʊg] *n* провинциальный (*особ.* ирландский) акцент

brogue³ [brəʊg] *n шотл.* обман, жульничество, мошенничество

broider [ˈbrɔɪdə] *уст.* = embroider

broil¹ I [brɔɪl] *n* 1. жар; мясо или рыба, жаренные на открытом огне 3. волнение, пыл; he was in a ~ of indignation он был в пылу негодования

broil¹ II [brɔɪl] *v* 1. 1) жарить на открытом огне 2) жариться на открытом огне 2. *разг.* жариться на солнце 3. бурно переживать; to ~ with impatience сгорать от нетерпения; to ~ with anger беситься от злости; to ~ with envy умирать от зависти

broil² I [brɔɪl] *n* ссора, свара; шум, перебранка, потасовка; to fight in every ~ участвовать во всех драках

broil² II [brɔɪl] *v* ссориться; затеять потасовку, свару

broiler¹ [ˈbrɔɪlə] *n* 1. 1) *см.* broil¹ II + -er 2. рашпер, жаровня 3. *амер.* вагон-буфет 4. 1) бройлер, мясной цыплёнок 2) бройлерное птицеводство (*тж.* ~ poultry) 5. *разг.* очень жаркий день

broiler² [ˈbrɔɪlə] *n разг.* задира, зачинщик ссор

broiling [ˈbrɔɪlɪŋ] *a* горячий, жаркий; ~ day знойный день
◇ it was ~ hot была страшная жара

brokage [ˈbrəʊkɪdʒ] *n уст.* 1. торговля должностями 2. взятка (*данная для* получения должности) 3. сводничество, сватанье 4. торговля старьём 5. = brokerage

broke¹ [brəʊk] *a преим. predic* 1. *разг.* разорённый, разорившийся; to be dead /stony, flat/ ~ разориться вчистую; to be ~ to the world не иметь ни гроша; to go ~ разориться, обанкротиться 2. *воен. жарг.* уволенный со службы 3. объезженный
◇ to go for ~ *сл.* стараться изо всех сил; лезть из кожи вон

broke² [brəʊk] *past и поэт. р. р. от* break¹ II

broke³ [brəʊk] *v редк.* заниматься маклерством

broken I ['brəʊkən] *a* 1. сломанный; разбитый; ~ leg сломанная нога; ~ stone щебень 2. 1) подорванный, ослабленный (*о здоровье*) 2) сломленный, сокрушённый; ~ spirit подавленное настроение; he is a ~ man он конченый человек 3. разорённый, разорившийся 4. ломаный (*о языке*); he spoke ~ English он говорил на ломаном английском языке 5. несвязный (*о речи*); прерывистый (*о голосе, сне, линии*); she told her story in ~ tones она рассказывала свою историю прерывающимся голосом 6. неровный; бугристый (*о земле*); ~ ground а) вспаханная земля; б) пересечённая местность; в) *геол.* разрушенная порода 7. нарушенный (*о слове, покое и т. п.*); ~ oath нарушенная клятва; the ~ law нарушенный закон; ~ rest нарушенный покой 8. 1) не сплошной, фрагментарный; ~ masses of pine forest островки хвойного леса; he worked a ~ week он работал не всю неделю 2) с просветами (*о небе*) 9. выезженный (*о лошади*) 10. неустойчивый, переменный (*о погоде*) 11. нечистый, с примесью (*о цвете*) 12. *воен.* пониженный в чине; ~ from sergeant to private разжалованный в рядовые из сержантов 13. *муз.* арпеджированный; ~ chord ломаный /арпеджированный/ аккорд 14. *фон.* дифтонгизированный (*о гласном*)
◇ ~ marriage расстроенный брак; ~ money мелкие деньги, мелочь; ~ bread /meat(s), victuals/ остатки пищи, объедки; ~ ale [beer] опивки (*с пива*); ~ tea спитой чай; ~ reed а) непрочная вещь; б) слабый, ненадёжный человек; ~ time а) простой; payment for ~ time плата за простой; б) *амер.* время, с трудом выкраиваемое для спорта; ◇ water бурун

broken II ['brəʊkən] *p. p. от* break¹ II

broken-backed [,brəʊkən'bækt] *a* 1. 1) с переломленным хребтом 2) горбатый 2. *мор.* с сильным перегибом (*корпуса — о судне*) 3. кривой; a ~ building покосившийся дом; a ~ mountain гора неправильной формы

broken-bellied [,brəʊkən'belɪd] *a* страдающий грыжей

broken case ['brəʊkən'keɪs] *воен.* разорвавшаяся гильза

broken chord ['brəʊkən'kɔːd] = arpeggio

broken circuit ['brəʊkən'sɜːkɪt] *эл.* разомкнутая цепь

broken-down [,brəʊkən'daʊn] *a* 1. разбитый (*болезнью*) 2. сломленный (*горем и т. п.*) 3. *вет.* сёвший на задние ноги (*о лошади*) 4. вышедший из строя (*о машине и т. п.*)

broken-hearted [,brəʊkən'hɑːtɪd] *a* убитый горем, с разбитым сердцем; the ~ widows and destitute orphans неутешные вдовы и обездоленные сироты

broken home ['brəʊkən'həʊm] распавшаяся семья; child of a ~ ребёнок разведённых родителей

broken iron ['brəʊkən'aɪən] скрап, железный лом

brokenly ['brəʊkənlɪ] *adv* 1. судорожно, прерывисто 2. урывками; he slept ~ all night long всю ночь он спал неспокойно, он без конца просыпался 3. с разбитым сердцем

broken number [,brəʊkən'nʌmbə] *мат.* дробь, дробное число

broken wind [,brəʊkən'wɪnd] *вет.* запал (*одышка у лошади*)

broken-winded [,brəʊkən'wɪndɪd] *a* 1) *вет.* запалённый (*о лошади*) 2) запыхавшийся (*о человеке*)

broker I ['brəʊkə] *n* 1. 1) брокер, маклер; агент 2) посредник 2. 1) торговец подержанными вещами 2) оценщик описанного имущества 3) лицо, производящее продажу описанного имущества

broker II ['brəʊkə] *v* 1) работать маклером; to ~ the deal вести дело 2) посредничать

brokerage ['brəʊk(ə)rɪdʒ] *n* 1. брокераж, маклерство 2. куртаж, комиссионное вознаграждение

broker-dealer ['brəʊkə'diːlə] = broker I

broking ['brəʊkɪŋ] *n* брокерское дело, посредничество

brolly ['brɒlɪ] *n* 1. *разг.* зонтик 2. *ав. жарг.* парашют

brolly-hop ['brɒlɪhɒp] *n ав. жарг.* прыжок с парашютом

broma ['brəʊmə] *n* 1. *мед.* пережёванная пища 2. сорт шоколада

bromate ['brəʊmeɪt] *n хим.* бромат

brome¹ [brəʊm] *уст.* = bromine

brome² [brəʊm] *n бот.* костёр (*Bromus spp.*; *тж.* ~ grass)

bromic ['brəʊmɪk] *a хим.* бромистый

bromide ['brəʊmaɪd] *n* 1. *хим.* бромид, бромистое соединение; ~ paper *фото* бромистая бумага 2. снотворное 3. *разг.* 1) банальная, скучный человек 2) избитая фраза, банальность

bromidic [brəʊ'mɪdɪk] *a разг.* избитый, банальный

bromidrosis [,brəʊmɪ'drəʊsɪs] *n мед.* зловонный пот

bromine ['brəʊmiːn, -mɪn] *n хим.* бром

bromism ['brəʊmɪz(ə)m] *n* бромизм, отравление бромом

bromoil ['brəʊmɔɪl] *n фото* бромойл, бромомасляная печать

bronchi ['brɒŋk(a)ɪ] *pl от* bronchus

bronchia ['brɒŋkɪə] *n pl анат.* бронхиолы

bronchial ['brɒŋkɪəl] *a* бронхиальный

bronchial tubes [,brɒŋkɪəl'tjuːbz] *анат.* бронхиолы

bronchial tree [,brɒŋkɪəl'triː] бронхиальное дерево

bronchiectasis [,brɒŋkɪ'ektəsɪs] *n мед.* бронхоэктазия, расширение бронхов

bronchiole ['brɒŋkɪəʊl] *n анат.* бронхиола

bronchitis [brɒŋ'kaɪtɪs] *n мед.* бронхит

bronchus ['brɒŋkəs] *n* (*pl* -chi) *анат.* бронх

bronco ['brɒŋkəʊ] *n* (*pl* -os [-əʊz]) *амер.* полудикая лошадь *или* пони американских прерий; мустанг

bronco-buster ['brɒŋkəʊ,bʌstə] *n амер. разг.* ковбой, объезжающий полудиких *или* диких лошадей

brontides ['brɒntaɪdz] *n* сейсмический подземный гул

brontograph ['brɒntəgraːf] *n метеор.* грозописец, бронтограф

brontology [brɒn'tɒlədʒɪ] *n* бронтология (*раздел метеорологии, изучающий гром*)

brontosaurus [,brɒntə'sɔːrəs] *n палеонт.* бронтозавр

Bronx cheer [,brɒŋks'tʃɪə] *амер. сл.* 1) громкий насмешливый звук, свист, фырканье (*в знак пренебрежения*) 2) враждебная критика *или* замечание, насмешка

bronze I [brɒnz] *n* 1. бронза 2. 1) изделие из бронзы 2) бронза (*медаль или деньги*) 3) порошок для бронзировки 4. цвет бронзы, красновато-коричневый цвет 5. пушечный металл

bronze II [brɒnz] *a* 1. бронзовый 2. цвета бронзы, красновато-коричневый
◇ ~ age бронзовый век

bronze III [brɒnz] *v* 1. бронзировать 2. 1) покрывать загаром (*о солнце*); he was richly ~d by the summer sun он сильно загорел на летнем солнце 3. 1) ожесточать; it ~d his feelings это ожесточило его 2) делаться бесчувственным, ожесточаться

bronze disease ['brɒnzdɪ,ziːz] *мед.* бронзовая болезнь, болезнь Аддисона

bronzen ['brɒnz(ə)n] *a* 1. *редк.* бронзовый; из бронзы 2. похожий на бронзу; ~ furniture with ~ finish мебель с фурнитурой под бронзу

bronzer ['brɒnzə] *n* косметика, имитирующая загар (*особ. для мужчин*)

Bronze Star [,brɒnz'staː] «Бронзовая звезда» (*американская военная награда за отвагу*)

bronzy ['brɒnzɪ] *a* 1. с бронзовым отливом 2. похожий на бронзу

broo¹ [bruː] = bree

broo² [bruː] *n диал.* хорошее мнение; I have no ~ of him я отнюдь не высокого мнения о нём

brooch [brəʊtʃ] *n* брошь

brood¹ I [bruːd] *n* 1. 1) род, поколение; выводок (*птиц, насекомых*); расплод 2) *стая*, рой 3. *пренебр.* 1) семья; дети, выводок; a widow with a ~ of daughters вдова с целым выводком дочерей 2) стая, толпа; a ~ of scoundrels толпа негодяев 3) род, категория 3. детка (*пчелиная*); черва, напрыск (*пчёл*)

brood¹ II [bruːd] *a* племенной (*о скоте*)

brood¹ III [bruːd] *v* 1. сидеть на яйцах, высиживать 2. *поэт.* лелеять 3. (about, on, over, upon) 1) размышлять (*особ. с грустью*); to ~ on the past предаваться размышлениям о прошлом; he likes to ~ and hates to act он предпочитает раздумывать и не любит действовать; he often ~ed over his sorrow он часто предавался скорби 2) вынашивать (*в уме, душе*); to ~ over schemes of vengeance вынашивать план мести 4. (on, over) нависать (*об облаках, тьме и т. п.*); silence ~ed over the park парк окутала тишина

brood² [bruːd] *n геол.* пустая порода

brood chamber ['bruːd,tʃeɪmbə] гнездо (*пчёл*), гнездовая секция улья

brooder ['bruːdə] *n* 1. *с.-х.* питомник, брудер 2. тот, кто постоянно погружён в раздумье (*обыкн. мрачное*)

brood-hen ['bruːdhen] *n* наседка

broodiness ['bruːdɪnɪs] *n* инстинкт насиживания (*у птиц*)

brooding ['bruːdɪŋ] *a* 1. нависший 2. задумчивый, погружённый в раздумья

brood mare ['bruːdmeə] племенная кобыла

brood nest ['bruːdnest] = brood chamber

brood-sow ['bruːdsaʊ] *n* племенная свиноматка

broody ['bru:dɪ] *a разг.* **1.** сидящий на яйцах, высиживающий **2.** *разг.* задумчивый, погружённый в раздумье; молчаливый **3.** в положении, ждущая ребёнка

brook¹ [brʊk] *n* ручей, ручеёк

brook² [brʊk] *v книжн. обыкн. в отриц. предложениях* терпеть, выносить; the matter ~s no delay дело не терпит отлагательства; he will not ~ any more of your insults он не потерпит больше твоих оскорблений

brookite ['brʊkaɪt] *n мин.* брукит, окись титана

brooklet ['brʊklɪt] *n* ручеёк

brooklime ['brʊklaɪm] *n бот.* вероника-поточник (*Veronica beccabunga*)

brook trout ['brʊktraʊt] *зоол.* голец (*Salvelinus fontinalis*)

broom I [bru:m, brʊm] *n* **1.** метла **2.** *бот.* ракитник (*Cytisus gen.*)
◇ a new ~ sweeps clean *посл.* новая метла чисто метёт

broom II [bru:m, brʊm] *v* **1.** мести, подметать **2.** *разг.* удрать

broomcorn ['bru:mkɔ:n, 'brʊm-] *n бот.* сорго метёльчатое *или* веничное (*Sorghum vulgare*)

broomrape ['bru:mreɪp, 'brʊm-] *n бот.* заразиха (*Orobanche spp.*)

broomstick ['bru:m‚stɪk, 'brʊm-] *n* ручка у метлы, метловище
◇ a witch upon a ~ ведьма на помеле; to marry over the ~ ≅ повенчать *или* повенчаться вокруг ракитового куста

brose [brəʊz] *n шотл.* овсяная мука, заваренная кипятком, молоком *или* бульоном

broth [brɒθ] *n* 1) мясной бульон 2) жидкий мясной суп с овощами *или* крупой (*тж.* Scotch ~)
◇ a ~ of a boy славный парень, молодец

brothel ['brɒθ(ə)l] *n* публичный дом, бордель

brother I ['brʌðə] *n* (*pl тж.* brethren) **1.** брат; my elder [younger] ~ мой старший [младший] брат; the ~s Smith, the Smith ~s братья Смит; sworn ~s названые братья, побратимы **2.** 1) близкий друг, товарищ, приятель, братишка (*в обращении*); give me a dime ≅ приятель, дай пятак **3.** 1) (*pl* brethren) собрат, коллега; ~ in arms собрат по оружию; ~ of the brush собрат по кисти, художник; ~ of the quill собрат по перу, писатель 2) земляк **4.** брат, член религиозного братства; монах

brother II ['brʌðə] *v* 1) относиться по-братски 2) называть братом 3) принимать в братство

brother-consanguinean ['brʌðə‚kɒnsæŋ'gwɪnɪən] *n* (*pl* brothers- ['brʌðəz-]) единокровный брат

brother-german ['brʌðə'dʒɜ:mən] *n* (*pl* brothers- ['brʌðəz-]) *юр.* родной брат

brotherhood ['brʌðəhʊd] *n* **1.** братство; ~ of blood кровное братство 2) содружество, братство; the great ~ of nations великое братство народов **2.** братские, дружеские отношения **3.** собратья, коллеги; legal ~ юристы **4.** *амер.* профсоюз (*обыкн.* железнодорожников) **5.** религиозное братство

brother-in-law ['brʌð(ə)rɪn‚lɔ:] *n* (*pl* brothers- ['brʌðəz-]) 1) зять (*муж сестры*) 2) шурин 3) деверь 4) свояк

Brother Jonathan [‚brʌðə'dʒɒnəθ(ə)n] *пренебр.* **1.** янки **2.** *собир.* янки (*об американской нации*)

brotherly I ['brʌðəlɪ] *a* братский

brotherly II ['brʌðəlɪ] *adv* по-братски; the man he had loved so ~ человек, которого он любил как брата

brother-uterine ['brʌðə'ju:tər(a)ɪn] *n* (*pl* brothers- ['brʌðəz-]) единоутробный брат

brotherwort ['brʌðəwɜ:t] *n бот.* чабрец (*Thymus serpyllum*)

brougham ['bru:əm] *n* **1.** одноконная двухместная *или* четырёхместная карета **2.** *авт.* брогам (*тип кузова*)

brought [brɔ:t] *past и p. p. от* bring

brouhaha ['bru:hɑ:hɑ:] *n* **1.** шумиха, сенсация **2.** 1) сенсационное *или* скандальное происшествие 2) стычка, скандал

brow¹ I [braʊ] *n* **1.** бровь; to knit /to bend/ the /one's/ ~s хмурить брови, нахмуриться, насупиться **2.** ~ presentation *мед.* лобное предлежание (*плода*) **3.** *поэт.* выражение лица, вид; an angry ~ сердитое лицо, сердитый вид **4.** выступ (*скалы и т. п.*); the path runs along the ~ of the cliff to the summit тропинка вьётся по выступу утёса к вершине **5.** *горн.* кромка уступа, бровка

brow¹ II [braʊ] *v редк.* образовывать край, выступ; обрамлять

brow² [braʊ] *n мор. уст.* мостки, сходни

brow-ague ['braʊ‚eɪɡju:] *n мед.* мигрень; невралгия тройничного нерва

browbeat ['braʊbi:t] *v* (browbeat; browbeaten) запугивать; отпугивать; нагонять страх; he was ~en and threatened его запугивали, ему угрожали; to ~ into doing smth. угрозами заставить сделать что-л.

browbeaten ['braʊ‚bi:tn] *p. p. от* browbeat

brown¹ I [braʊn] *n* **1.** 1) коричневый цвет 2) коричневая краска 3) коричневая одежда *или* ткань **2.** *сл.* медная монета, медяк **3.** (*тж.* B.) мулат

brown¹ II [braʊn] *a* **1.** коричневый; бурый; ~ tints of autumn бурые краски осени; she has ~ hair она шатенка **2.** смуглый, загорелый; thin ~ hands худые смуглые руки; as ~ as a berry очень загорелый **3.** карий (*о глазах*) **4.** *поэт.* сумеречный, тёмный; the ivy's ~est shade густая тень плюща; I watched the twilight falling ~ я следил, как сгущались сумерки **5.** *текст.* суровый, небелёный; ~ holland суровое полотно **6.** малайский
◇ to do ~ а) поджарить; the fish was done ~ рыба была хорошо поджарена; б) *разг.* хорошо сделать (*что-л.*); ~ done! здорово сделано!; ~ *сл.* обмануть, надуть, обжулить; we are all of us done so uncommonly ~ нас всех здорово провели /ловко одурачили/; г) *сл.* избить (*до синяков*), наставить синяков

brown¹ III [braʊn] *v* **1.** 1) делать коричневым 2) делаться коричневым **2.** зажаривать, подрумянивать **3.** 1) вызывать загар; the hot sun had parched and ~ed him на солнце кожа его высохла и потемнела 2) загорать **4.** воронить (*металл*)

brown² [braʊn] *a разг.* бойкий, ловкий

brown bagging [‚braʊn'bæɡɪŋ] 1) принос завтрака на работу (*обыкн. в коричневом бумажном пакете*) 2) принос спиртного в ресторан *или* клуб (*где алкогольные напитки не подаются*)

brown bear [‚braʊn'beə] бурый медведь

brown belt ['braʊnbelt] коричневый пояс (*ранг в каратэ, дзюдо и т. п.*)

Brown Bess [‚braʊn'bes] *ист.* кремнёвое ружьё

brown betty [‚braʊn'betɪ] *амер.* яблочный пудинг с сухарями

brown(-)bill [‚braʊn'bɪl] (*n*) *ист.* алебарда

brown bread [‚braʊn'bred] 1) серый хлеб, хлеб из непросеянной муки (*в Англии*) 2) тёмный хлеб из пшеницы или ржи, смешанной с кукурузой

brown coal ['braʊn'kəʊl] лигнит, бурый уголь

browned-off [‚braʊnd'ɒf] *a сл.* недовольный, раздражённый; сытый по горло чем-л.; he is ~ ему всё осточертело

brown-eyed Susan [‚braʊnaɪd'su:z(ə)n] *бот.* «кареглазая Сусанна», разновидность рудбекии (*Rudbeckia triloba*)

brown hare [‚braʊn'heə] *зоол.* заяц-русак (*Lepus europaeus*)

Brownian ['braʊnɪən] *a* броуновский; ~ movement *физ.* броуновское движение

Brownie ['braʊnɪ] *n* девочка-скаут младшего возраста (*8—11 лет*)

brownie ['braʊnɪ] *n* **1.** *фольк.* домовой; добрый дух дома **2.** шоколадное пирожное с орехами

Brownie point, brownie point ['braʊnɪpɔɪnt] **1.** скаутское очко, зачёт (*скауту*) за доброе дело **2.** 1) *ирон.* ловкий ход, *особ.* в угоду начальству; Brownie points essential to promotion умение угодить, без которого нет продвижения по службе 2) знак поощрения, стимул; we must give Brownie points for this kind of scholarship такого рода научную работу следует поощрять

browning¹ ['braʊnɪŋ] *n воен.* браунинг, пистолет Браунинга; ~ automatic rifle автоматическая винтовка Браунинга; ~ machine gun пулемёт Браунинга

browning² ['braʊnɪŋ] *n* **1.** поджаривание, обжаривание **2.** коричневая приправа (*для соуса*) **3.** *кул.* карамельный кулёр **4.** глазуровка (*гончарных изделий*) **5.** *стр.* второй намёт штукатурки

brownish ['braʊnɪʃ] *a* коричневатый

brown lung (disease) [‚braʊn'lʌŋ(dɪ‚zi:z)] *мед.* биссиноз (*болезнь текстильщиков*)

brown mustard [‚braʊn'mʌstəd] *бот.* горчица сарептская *или* китайская (*Brassica juncea*)

brown off [‚braʊn'ɒf] *phr v разг.* надоедать, наскучить; his talk browns people off его болтовня надоедает людям

brown out [‚braʊn'aʊt] *phr v амер.* 1) уменьшать освещение улиц и витрин (*для экономии электроэнергии*) 2) вводить частичное затемнение

brownout ['braʊnaʊt] *n амер.* 1) уменьшение освещения улиц и витрин (*для экономии электроэнергии*) 2) частичное затемнение

brown paper [‚braʊn'peɪpə] обёрточная бумага

Brown Power ['braʊn'paʊə] власть цветным (*лозунг американцев мексиканского происхождения*)

brown race [‚braʊn'reɪs] *антр.* меланезийская раса

brown rat [‚braʊn'ræt] *зоол.* рыжая, амбарная крыса (*Rathus norvegicus*)

brown rice [‚braʊn'raɪs] шелушёный рис

brown rot [‚braʊn'rɒt] бурая гниль (*яблок или груш*)

brown sauce [‚braʊn'sɔ:s] коричневый соус (*из муки, масла, бульона*)

Brownshirt [‚braʊn'ʃɜ:t] *n* коричневорубашечник, фашист, гитлеровец

brown soil [‚braʊn'sɔɪl] бурозём, бурая почва

brownstone ['braʊnstəʊn] *n* **1.** 1) *мин.* железистый песчаник 2) особняк, роскошный дом 2. *в грам. знач. прил.* 1) построенный из песчаника 2.) *амер.* богатый, зажиточный; аристократический; ~ district /houses/ район особняков, аристократический район; ~ vote голоса богатых избирателей

brown study [͵braʊn'stʌdɪ] (мрачная) задумчивость; in a ~ в раздумьях

brown sugar [͵braʊn'ʃʊgə] n 1) коричневый сахар (*сорт мягкого сахара*) 2) *амер. сл.* героин низкого качества

brown-tail moth [͵braʊnteɪl'mɒθ] *энт.* златогузка (*Nygmia phaeorrhoea*)

brownware ['braʊnwɛə] n керамика с коричневой глазурью

browny ['braʊnɪ] a *редк.* коричневатый

browse I [braʊz] n 1. молодой побег, отпрыск 2. выщипывание молодых побегов 3. просмотр; разглядывание

browse II [braʊz] v 1. (on) объедать, ощипывать листья, молодые побеги 1) пастись, щипать траву 2) стравливать 3. 1) пролистать, проглядеть 2) просматривать, неспешно выбирать (*книги в магазине, библиотеке*) 3) разглядывать товары (*в витрине, на прилавке*) 4) *вчт.* просматривать

browser ['braʊzə] n 1. *разг.* посетитель магазина, рассматривающий товары, перелистывающий книги и т.п. 2. открытый ящик, где выставлены пластинки для просмотра и выбора 2. *вчт.* 1) окно просмотра 2) программа просмотра

browsing ['braʊzɪŋ] n *информ.* просмотр (*книг, журналов и т. п.*)

brucellosis [͵bruːsɪ'ləʊsɪs] n *мед.* бруцеллёз

bruchid (weevil) ['bruːkɪd('wiːv(ə)l)] (n) *энт.* зерновка (*Bruchidae fam.*)

Bruin, bruin ['bruːɪn] n Мишка, Топтыгин (*прозвище медведя в фольклоре*)

bruise I [bruːz] n 1. 1) ушиб; синяк, кровоподтёк 2) вмятина, выбоина 2. помятость, побитость (*плодов*) 3. оскорбление чувств

bruise II [bruːz] v 1. 1) ушибать; подставлять синяки; she was badly ~d она была вся в синяках; he has ~d his arm он ушиб руку 2) задевать, оскорблять; harsh words ~d her feelings её задели грубые слова 2. 1) помять, побить (*фрукты*) 2) помяться, побиться (*о фруктах*); pack the peaches carefully so that they don't ~ аккуратно упакуйте персики, чтобы они не помялись 3. толочь; large pieces must be ~d большие куски надо растолочь 4. *охот.* мчаться, не разбирая дороги (*тж.* ~ along) 5. *уст.* драться на кулачках

bruiser ['bruːzə] n 1. 1) *спорт. проф.* боксёр-профессионал; борец 2) *разг.* хулиган, задиристый человек 2. *тех.* прибор для шлифовки оптических стёкол

bruising ['bruːzɪŋ] a *разг.* избивающий

bruit I [bruːt] n 1. *арх.* 1) молва, слух 2) слава 2. *мед.* шум (*при выслушивании лёгких и сердца*)

bruit II [bruːt] v *редк.* 1) сеять слухи; it is ~ed about /abroad/ ходят слухи 2) ославить

bruke [bruːk] n *диал.* 1. цикада 2. бескрылая саранча

brumal ['bruːməl] a *книжн.* зимний; ~ sleep зимняя спячка

brumby ['brʌmbɪ] n *австрал. сл.* необъезженная лошадь

brume [bruːm] n *книжн.* туман; дымка; испарения

brummagem I ['brʌmədʒəm] n *прост.* 1. дешёвое, низкопробное изделие, поддельная вещица 2. фальшивая монета

brummagem II ['brʌmədʒəm] a *прост.* 1. (B.) сделанный в Бирмингеме 2. дешёвый, поддельный

Brummie, Brummy ['brʌmɪ] n *разг.* уроженец *или* житель г. Бирмингема

brumous ['bruːməs] a *книжн.* 1) туманный, холодный 2) = brumal

brunch I [brʌntʃ] n *разг.* завтрак-обед, поздний завтрак [<breakfast + lunch]

brunch II [brʌntʃ] v *разг.* поздно завтракать

brunching program ['brʌntʃɪŋ͵prəʊgræm] *амер. тлв.* утренняя программа (*для пенсионеров и т. п.*)

brune [bruːn] = brunette

brunet [bruː'net] n брюнет

brunette [bruː'net] n брюнетка; смуглая женщина

brunt [brʌnt] n 1) сила удара, главный удар (*тж.* ~ of the attack); to bear the ~ выдержать главный удар, вынести основную тяжесть (*боя и т. п.*) 2) основная тяжесть; кризис; the Soviet Union bore the ~ of the war Советский Союз вынес основную тяжесть войны 3) *уст.* нападение; атака

brush¹ I [brʌʃ] n 1. 1) щётка; hard ~ жёсткая щётка; sweeping ~ половая щётка; a ~ for clothes платяная щётка; to shine with a ~ начищать щёткой до блеска; to stroke the hair with a ~ приглаживать волосы щёткой 2) чистка (*одежды*) щёткой; to have a ~ почиститься; to give one's clothes a good ~ хорошо вычистить одежду; to give smth. another ~ а) ещё раз почистить что-л.; б) окончательно отделать что-л.; it needs a ~ здесь нужна щётка /нужно кое-что доделать/ 2. 1) кисть, кисточка; whitewashing ~ малярная кисть; writing ~ кисточка для письма (*тушью*); painter's ~ кисть художника; to paint with a full ~ писать широкими мазками; to be worthy of an artist's ~ быть достойным кисти художника; her face will delight the painter's ~ любой художник с радостью написал бы её портрет 2) мастерство, стиль (*знаменитого*) художника; the ~ of Raphael кисть Рафаэля; Turner's magic ~ волшебная кисть Тёрнера 3. пушистый хвост (*лисы, белки*) 4. *диал.* щетина (*о бороде*) 5. ссадина (*на ноге лошади*) 6. лёгкое прикосновение 7. *амер. разг.* вечеринка 8. *эл.* щётка

◇ to show one's ~ показать спину, сбежать, скрыться

brush¹ II [brʌʃ] v 1. 1) чистить щёткой; to ~ clothes [teeth] чистить платье [зубы]; to ~ off one's coat вычистить щёткой пальто; to ~ out a room вымести комнату; to ~ up а) обновлять, освежать, приводить в порядок, наводить лоск; the house needs to be ~ed up дом нужно привести в порядок; б) чиститься, приводить себя в порядок 2) причёсывать, приглаживать; to ~ down приглаживать щёткой; hair ~ed back зачёсанные назад волосы; to ~ one's hair up а) зачёсывать волосы наверх; б) отбрасывать назад (*с лица*) 3) удалять, очищать (*что-л.*); to ~ away dirt отчищать грязь; to ~ away flies отгонять мух; to ~ off а) счищать, смахивать; he ~ed a speck of dust off his sleeve он смахнул пылинку с рукава; to ~ the snow off счистить снег; б) отмахиваться; to ~ the whole matter off отмахнуться от вопроса /дела/; в) *разг.* отделаться (*от кого-л.*), отшить (*кого-л.*), осадить (*кого-л.*); I ~ed him off я отделался от него; to ~ up сметать, собирать щёткой; to ~ up the crumbs сметать крошки 2. *редк.* 1) писать кистью; наносить слой краски кистью 2) устранять, замазать какую-л. деталь на картине 3. натирать; намазывать; to ~ over нанести (*что-л.*) щёткой; to ~ smb. over with brandy натереть кого-л. водкой 4. натереть ногу (*о лошади*) 5. *текст.* поднять ворс

brush² [brʌʃ] n 1. стычка, схватка, столкновение; a ~ with the enemy стычка с врагом; to give smb. a ~ *редк.* отколотить кого-л.; to have a ~ together *редк.* подраться, схватиться; the hunter had a sharp ~ with a bear единоборство охотника с медведем было трудным 2. мягкий упрёк, укор; I have given them a ~ я их слегка отругал

brush³ [brʌʃ] v 1) легко касаться, задевать (*проходя, пробегая мимо*); she ~ed the child's cheek with her fingers она потрепала ребёнка по щеке; the foliage ~ed my cheeks as I ran through the wood когда я бежал по лесу, листья хлестали меня по лицу; I was ~ed against by a cyclist меня задел проезжающий мимо велосипедист 2) стремительно и легко двигаться (*обыкн. слегка касаясь чего-л., небрежно задевая кого-л.*); to ~ past /by/ smb. прошмыгнуть /проскользнуть/ мимо кого-л.; to ~ through the crowded streets стремительно мчаться по переполненным людьми улицам 3) удрать, стремительно убежать; ~ off! беги!

brush⁴ I [brʌʃ] n *амер.* 1) низкий кустарник, поросль, чаща, заросль 2) подлесок 3) обрубленные сучья, хворост, валежник 4) глухомань

brush⁴ II [brʌʃ] v 1. обсаживать кустарником 2. очищать от кустарника; сводить лес

brush aside ['brʌʃə'saɪd] *phr v* отметать, отстранять; игнорировать, не обращать внимания; to ~ objections отметать возражения; to ~ difficulties /troubles/ отмахиваться от трудностей

brush breaker (plough) ['brʌʃ͵breɪkə('plaʊ)] *с.-х.* кустарниковый плуг, кусторез

brush cut ['brʌʃkʌt] стрижка ёжиком

brush cutter ['brʌʃ͵kʌtə] = brush breaker (plough)

brush discharge ['brʌʃdɪs'tʃɑːdʒ] *физ.* кистевой разряд

brushed [brʌʃt] a чёсаный (*о ткани*); ~ rayon чёсаные ткани из искусственного шёлка

brush fire ['brʌʃ͵faɪə] пожар в подлеске

brush-fire ['brʌʃ͵faɪə] a *амер.* ограниченный, малозначительный, локальный; ~ war локальная война; боевые действия местного значения

brush-holder ['brʌʃ͵həʊldə] n *эл.* щёткодержатель

brush-off ['brʌʃɒf] n *амер. сл.* 1) отставка (*ухажёру и т. п.*); непринятие (*ухаживания и т. п.*); to give the ~ а) дать отставку (*поклоннику*); б) осадить (*кого-л.*), выругать (*кого-л.*) 2) резкий упрёк, выговор, разнос; the critics gave the article a ~ критики разругали эту статью 3) нежелание выслушать, отказ разговаривать; the reporter got a polite ~ when he asked the mayor for an appointment на просьбу об интервью репортёр получил от мэра вежливый отказ

brushstroke ['brʌʃstrəʊk] n 1. *жив.* мазок, удар кистью 2. манера класть мазки

brush up ['brʌʃ'ʌp] *phr v* 1. освежать (*в памяти*); восстановить знания; to ~ one's English подзаняться английским языком; to ~ one's acquaintance with smb. возобновить знакомство с кем-л.; he brushed up on fractions before taking the arithmetic test перед контрольной по арифметике он повторил дроби 2. *разг.* обтёсывать (*кого-л.*); прививать хорошие манеры

brushup ['brʌʃʌp] *n* 1. повторение (*выученного материала*) 2. прихорашивание, наведение красоты; a before-dinner ~ переодевание к обеду; she went downstairs after a thorough ~ после того как она привела себя в полный порядок, она спустилась вниз

brushwood ['brʌʃwʊd] *n* 1. 1) заросль, кустарник 2) молодая поросль, подлесок 2. хворост; валежник

brushwork ['brʌʃwɜːk] *n* 1. живописная манера; Renoir's ~ манера письма Ренуара 2. картина, написанная кистью

brushy[1] ['brʌʃɪ] *a* лохматый; щетинистый, щёткообразный, похожий на щётку; his hair was thick and ~ у него была густая щетина волос

brushy[2] ['brʌʃɪ] *a* заросший кустарником

brusque I [bruːsk, brʌsk] *a* грубый, резкий, бесцеремонный; blunt and ~ ways of speaking прямая и резкая манера говорить

brusque II [bruːsk, brʌsk] *v* обходиться грубо, бесцеремонно

Brussels carpet [,brʌs(ə)lz'kɑːpɪt] брюссельский ковёр, бархатный ковёр, мокет

Brussels lace [,brʌs(ə)lz'leɪs] брюссельское кружево

Brussels sprout [,brʌs(ə)lz'spraʊt] *бот.* капуста брюссельская (*Brassica oleracea bulbata gemmifera*)

brut [bruːt] *a* 1. сухой (*о вине*) 2. огранённый, но не отшлифованный (*о драгоценном камне*) 3. шероховатый, неровный, грубый

brutal ['bruːtl] *a* 1. жестокий, зверский 2. животный, грубый; ~ indecency вопиющее неприличие; ~ manners грубые манеры; ~ amusements грубые забавы 2. жестокий, горький; ~ facts жестокие факты; ~ truth жестокая истина 4. *разг.* отвратительный; the weather is perfectly ~ отвратительная /жуткая/ погода

brutalism ['bruːtəlɪz(ə)m] *n архит., иск.* брутализм

brutality [bruː'tælɪtɪ] *n* 1. грубость 2. жестокость, зверство; hellish ~ дьявольская жестокость; the brutalities enacted by colonialists зверства, совершённые колониалистами 3. животное состояние 4. животные инстинкты

brutalize ['bruːtəlaɪz] *v* 1. обращаться грубо и жестоко 2. 1) доводить до звероподобного состояния 2) доходить до звероподобного состояния; озвереть

Brute [bruːt] *n* 1. Брут (*первый легендарный король Британии*) 2. герой легенд (*бриттов, валлийцев и цикла о короле Артуре*)

brute I [bruːt] *n* 1. животное, тварь; gnats and other little ~s комары и прочие мелкие насекомые 2. животное начало, животные инстинкты 3. жестокий, грубый *или* глупый и тупой человек; «скотина» 4. *эмоц.-усил.* ужас, кошмар; красота; it was a ~ of a job это была чёрт знает что за работа; what a ~ of a day! ну и денёк! 5. *амер. диал.* лошадь

brute II [bruːt] *a* 1. грубый, животный; бесчувственный 2. жестокий; by ~ force грубой силой 3. неразумный, бессмысленный; ~ beast *a*) низшее животное; *б*) грубое, бесчувственное животное; ~ creature неразумное создание 4. неодушевлённый; ~ matter грубая материя

brutify ['bruːtɪfaɪ] = brutalize

brutish ['bruːtɪʃ] *a* 1. зверский, жестокий; звероподобный 2. глупый, тупой 3. животный, чувственный

bryologist [braɪ'ɒlədʒɪst] *n* бриолог

bryology [braɪ'ɒlədʒɪ] *n* бриология

bryonia [braɪ'əʊnɪə] = bryony

bryony ['braɪənɪ] *n бот.* переступень, бриония (*Bryonia gen.*)

Brython ['brɪθ(ə)n] *n ист.* бритт (*из Уэльса, Корнуолла или Кумбрии*)

B-side ['biːsaɪd] *n* 1) вторая сторона пластинки (*менее популярная*) 2) песня на второй стороне пластинки

B-test ['biːtest] *n вчт.* опытная эксплуатация

buat ['buːət] *n шотл.* фонарь

bub[1] [bʌb] *n разг.* 1. крепкое пиво; выпивка; ~ and grub выпивка и закуска 2. закваска

bub[2] [bʌb] = bubby[1]

bub[3] [bʌb] = bubby[2]

bubal, bubale ['bjuːb(ə)l] *n зоол.* североафриканская антилопа (*Antilope bubalus*)

bubble I ['bʌb(ə)l] *n* 1. пузырёк (*воздуха или газа*); to blow ~s пускать мыльные пузыри 2. 1) дутое предприятие; «мыльный пузырь», химера; ~ company [scheme] дутое предприятие [-ый план]; ~ bet мошенническое пари; to dote on ~s тешить себя пустыми мечтами; заниматься прожектёрством 2) экономический бум 3. бульканье; ~ of water бульканье воды; the ~ of the sea шум моря 4. волнение 5. *уст.* простак 6. *авт.* прозрачный купол, верх

bubble II ['bʌb(ə)l] *v* 1. пузыриться, покрываться пузырями; булькать, кипеть 2. бить ключом (*тж.* ~ over, ~ up); he ~d over with fun он был неистощим на шутки; to ~ over with joy быть переполненным радостью 3. журчать 4. *арх.* обманывать, дурачить 5. помочь младенцу отрыгнуть воздух (*при кормлении*)

bubble-and-squeak [,bʌb(ə)l(ə)n(d)-'skwiːk] *n* жаркое из капусты и картофеля (*с мясом*)

bubble bath ['bʌb(ə)lbɑːθ] 1) пена для ванны 2) пенистая ароматная ванна

bubble car ['bʌb(ə)lkɑː] автомобиль с прозрачным верхом

bubble dance ['bʌb(ə)ldɑːns] танец с воздушными шариками (*исполняется обнажённой танцовщицей*)

bubble-dancing ['bʌb(ə)l,dɑːnsɪŋ] *n амер. воен. жарг.* наряд по кухне

bubble fever [,bʌb(ə)l'fiːvə] *мед.* пузырчатка, пемфигус

bubblegum ['bʌb(ə)lgʌm] *n* 1. жевательная резинка (*которая при жевании образует пузыри*) 2. разновидность музыки рок (*рассчитанная на подростков*)

bubblehead ['bʌb(ə)lhed] *n амер. разг.* дурень, болван

bubbleheaded [,bʌb(ə)l'hedɪd] *a амер. разг.* неумный, поверхностный; a ~ blond глуповатая блондинка; ≅ в голове у неё ветер

bubble memory ['bʌb(ə)l,mem(ə)rɪ] *вчт.* память на цилиндрических магнитных доменах

bubbler ['bʌblə] *n* 1. *амер.* фонтанчик для питья 2. *хим.* барботёр

bubbletop ['bʌb(ə)ltɒp] = bubble I 6

bubbletop car ['bʌb(ə)ltɒp,kɑː] легковой автомобиль с прозрачным верхом

bubble tube ['bʌb(ə)ltjuːb] *тех.* ватерпас, уровень

bubble umbrella [,bʌb(ə)lʌm,brelə] прозрачный зонт (*куполообразной формы*)

bubbly I ['bʌblɪ] *n сл.* шампанское, шипучка

bubbly II ['bʌblɪ] *a* 1. шипучий, пенящийся, игристый (*о вине*) 2. пузырчатый (*о стекле*) 3. бодрый, энергичный

bubbly-jock ['bʌblɪdʒɒk] *n шотл.* индюк

bubby[1] ['bʌbɪ] *n разг.* малыш, мальчуган

bubby[2] ['bʌbɪ] *n диал.* грудь; сосок

bubo ['bjuːbəʊ] *n* (*pl* -oes [-əʊz]) *мед.* бубон

bubonic [bjuː'bɒnɪk, bjʊ-] *a мед.* бубонный; ~ plague бубонная чума

bubonocele [bjʊ'bɒnəsiːl] *n мед.* паховая грыжа

buccal ['bʌk(ə)l] *a анат.* относящийся ко рту *или* щеке; ~ cavity полость рта; ~ respiration дыхание через рот

buccaneer I [,bʌkə'nɪə] *n* пират

buccaneer II [,bʌkə'nɪə] *v* заниматься морским разбоем

buccinator ['bʌksɪneɪtə] *n анат.* щёчный мускул, мускул трубачей

Bucentaur [bjuː'sentɔː, bjʊ-] *n* 1. *ист.* буцентавр (*в Венеции*) 2. *рим. миф.* мифическое существо — получеловек-полубык

Bucephalus [bjuː'sefələs, bjʊ-] *n* 1. Буцефал (*боевой конь Александра Македонского*) 2. (*b.*) *шутл.* лошадь

buck[1] [bʌk] *n* 1. 1) самец любого животного 2) самец оленя, антилопы *и т. п.* 3) самец зайца, кролика 2. 1) *уст.* денди, щёголь; old ~ дружище, старина 2) отчаянный, смелый человек 3. *презр.* южноамериканский индеец *или* негр 4. = buckskin 5. *амер. воен. жарг.* рядовой

buck[1] II [bʌk] *v* покрывать (*самку*)

buck[2] I [bʌk] *n* 1. взбрыкивание (*лошади в попытке сбросить седока*) 2. *амер.* проход с мячом в зону противника (*футбол*) 3. хвастовство, бахвальство

buck[2] II [bʌk] *v* 1. 1) взбрыкивать, стараясь сбросить седока (*о лошади*); to ~ off сбрасывать с седла 2) рвануть, дёрнуть (*об автомашине*); to ~ along трястись (*в машине*) 2. *амер. разг. обыкн. в отрицательных предложениях* противиться, выступать против; you can't ~ (against) the rule вы не можете выступать против правил 3. *амер. разг.* выслуживаться, подхалимничать; to ~ for a job выслуживаться, чтобы продвинуться по службе 4. *разг.* хвастаться, похваляться

◇ much /greatly/ ~ed оживлённый, довольный; we were ~ed by the news *разг.* новость ободрила нас

buck[3] [bʌk] *n амер. разг.* доллар; big ~s деньжищи, бешеные деньги; to be in the ~s иметь денежки, быть при деньгах

buck[4] I [bʌk] *n амер.* 1. козлы (*для пилки*) 2. козёл (*гимнастический снаряд*)

buck[4] II [bʌk] *v* 1. *амер.* распиливать, кряжевать брёвна 2. дробить (*руду*) 3. *эл.* понижать напряжение

buck[5] I [bʌk] *n* 1. *арх.* щёлок, бельный раствор 2. бак для белья 3. количество белья, которое закладывается в бак

buck[5] II [bʌk] *v арх.* бучить; стирать в щёлоке, отбеливать

buck[6] [bʌk] *n карт.* 1) фишка 2) «бак», фишка, указывающая кому сдавать (*в покере*)

◇ to pass the ~ to smb. *разг.* свалить ответственность на кого-л.

buck[7] [bʌk] *n* корзи́нка для ло́вли угре́й

buck[8] [bʌk] *n диал.* теле́жка

buck and wing [ˌbʌk(ə)n(d)'wɪŋ] чечётка (*сольный танцевальный номер*)

buckaroo [ˌbʌkə'ru:] *n амер.* ковбо́й

buck-basket ['bʌkˌbɑ:skɪt] *n* корзи́на для гря́зного белья́

buck-bean ['bʌkbi:n] *n бот.* ва́хта (*Menyanthes gen.*)

buckberry ['bʌkb(ə)rɪ] *n бот.* медве́жья я́года (*Gaylussacia ursina*)

buckeen ['bʌ'ki:n] *n ирл.* молодо́й челове́к из бе́дной дворя́нской семьи́ (*который тянется за богатыми*)

bucker[1] ['bʌkə] *n* 1. ло́шадь с но́ровом 2. распило́вщик

bucker[2] ['bʌkə] *n горн.* мо́лот для измельче́ния руды́

bucket[1] I ['bʌkɪt] *n* 1. ведро́; бадья́ 2. *спец.* 1) черпа́к, ковш 2) подъёмная клеть, лю́лька 3. по́ршень насо́са 4. ко́жаная подста́вка для кнута́, караби́на или копья́ 5. *разг.* рю́мочка, стака́нчик 6. *разг.* драндуле́т
◊ to give the ~ увольня́ть, выгоня́ть; to kick the ~ *сл.* протяну́ть но́ги, дать ду́ба, загну́ться, сыгра́ть в я́щик

bucket[1] II ['bʌkɪt] *v* 1. черпа́ть 2. *разг.* 1) гнать ло́шадь изо всех сил 2) мча́ться 3. нава́ливаться (*при гребле*) 4. *разг.* обма́нывать, моше́нничать 5. спекули́ровать, вести́ нече́стную игру́ на би́рже 6. лить как из ведра́

bucket[2] ['bʌkɪt] *n* ба́лка, на кото́рой подве́шивают окоро́ка, ту́ши и т. п.

bucket brigade ['bʌkɪtbrɪˌgeɪd] цепо́чка люде́й, передаю́щих вёдра с водо́й на по́жаре

bucketeer [ˌbʌkɪ'tɪə] *n* биржево́й спекуля́нт

bucket-elevator ['bʌkɪtˌelɪveɪtə] *n тех.* но́рия, ковшо́вый элева́тор

bucketing ['bʌkɪtɪŋ] *n* 1. спекуля́ция на би́рже 2. *ав. жарг.* болта́нка в во́здухе

bucket-loader ['bʌkɪtˌləʊdə] *n тех.* черпако́вый погру́зчик

bucket-milker ['bʌkɪtˌmɪlkə] *n с.-х.* дои́льный аппара́т с подо́йником

bucket seat ['bʌkɪtsi:t] ковшеобра́зное сиде́нье (*в автомобиле или самолёте*)

bucket shop ['bʌkɪtʃɒp] 1. спекуляти́вная биржева́я конто́ра; внебиржева́я ма́клерская конто́ра 2. *разг.* тра́нспортное аге́нтство (*специализирующееся на чартерных рейсах и т. п.*)

bucket-wheel ['bʌkɪtwi:l] *n* черпа́льное (*водоотливное*) колесо́

Buckeye ['bʌkaɪ] *n разг.* жи́тель шта́та Ога́йо

buckeye ['bʌkaɪ] *n амер.* ко́нский кашта́н

Buckeye State ['bʌkaɪˌsteɪt] *амер.* «Кашта́новый штат» (*шутливое название штата Огайо*)

buck fever ['bʌk'fi:və] *амер. разг.* 1) охо́тничья лихора́дка, не́рвное возбужде́ние при пресле́довании кру́пной ди́чи 2) не́рвная дрожь; возбуждённое, припо́днятое состоя́ние (*в предвкушении чего-л. нового, необычного*)

buckhorn ['bʌkhɔ:n] *n* оле́ний рог (*материал*)

buckhorn plantain ['bʌkhɔ:n'plæntɪn] *бот.* подоро́жник (*Plantago rugelii*)

buckie ['bʌkɪ] *n шотл.* 1. спира́льная ра́ковина моллю́ска 2. упря́мый, несгово́рчивый челове́к

Buckingham Palace [ˌbʌkɪŋəm'pælɪs] Букинге́мский дворе́ц (*лондонская резиденция королей*)

buckish[1] ['bʌkɪʃ] *a* 1. взбры́кивающая (*о лошади*) 2. живо́й, оживлённый 3. изы́сканный, щеголева́тый, фатова́тый

buckish[2] ['bʌkɪʃ] *a* 1. козлоподо́бный; воню́чий 2. похотли́вый

buckjump ['bʌkdʒʌmp] *австрал. см.* buck[2] II 1

buckjumper ['bʌkˌdʒʌmpə] *австрал. см.* bucker[1] 1

buckle I ['bʌk(ə)l] *n* 1. пря́жка 2. *уст.* туго́ зави́тые во́лосы 3. неро́вность; морщи́на 4. *тех.* хому́т, скоба́
◊ to make ~ and tongue meet *амер.* своди́ть концы́ с конца́ми

buckle II ['bʌk(ə)l] *v* 1. застёгивать пря́жку; скрепля́ть пря́жкой 2. 1) (to) сцепи́ться, схвати́ться (*с противником и т. п.*) 2) разг. сплоти́ться (*перед лицом опасности*) 3. (to) энерги́чно принима́ться за де́ло (*тж.* ~ down) 4. *шутл., диал.* пожени́ть; soon they were ~d ско́ро они́ пожени́лись 5. 1) сгиба́ть, гнуть, выгиба́ть 2) сгиба́ться (*под давлением*) ~ up коро́биться 6. *уст.* завива́ть ло́коны

buckler[1] ['bʌklə] *см.* buckle II + -er

buckler[2] I ['bʌklə] *n* 1. *ист.* небольшо́й кру́глый щит 2. защи́та, прикры́тие 3. *мор.* кру́глый ста́вень

buckler[2] II ['bʌklə] *v* защища́ть, заслоня́ть

buckling ['bʌklɪŋ] *n* 1. 1) проги́б, продо́льный изги́б 2) перека́шивание 3) поте́ря усто́йчивости 2. *кино* выпу́чивание (*плёнки в окне киноаппарата*); коробле́ние

bucko ['bʌkəʊ] *n* (*pl* -os, -oes [-əʊz]) *мор. жарг.* 1. хвасту́н; грубия́н, не бре́згающий рукоприкла́дством 2. па́рень, бра́тец (*в обращении*); shake your legs, my ~s! а ну, потора́пливайтесь, ребя́та!

buck passer ['bʌkˌpɑ:sə] *неодобр.* челове́к, уклоня́ющийся от приня́тия реше́ний, сва́ливающий отве́тственность на други́х; ≅ перестрахо́вщик

buck-passing ['bʌkˌpɑ:sɪŋ] *n разг.* перепоруче́ние рабо́ты; перекла́дывание на други́х отве́тственности, реше́ния; ≅ отфутбо́ливание

buck private ['bʌk'praɪvɪt] *воен. жарг.* рядово́й ни́же пе́рвого кла́сса

buckram I ['bʌkrəm] *n* 1. клеёнка; холст 2. чо́порность (*тж.* ~ style); a fine unaffected lad, no pride or ~ сла́вный, просто́й па́рень, ни спе́си, ни чо́порности 3. 1) бортёвка 2) бортово́й во́лос 4. *уст.* то́нкое полотно́

buckram II ['bʌkrəm] *a* 1. клеёнчатый 2. чо́порный

buckram III ['bʌkrəm] *v* 1. накле́ивать на холст, на клеёнку 2. де́лать чо́порным, придава́ть чо́порный вид; later he ~ed his manners по́зже он приобрёл чо́порные мане́ры

bucksaw ['bʌksɔ:] *n* лучко́вая пила́

buckshee [ˌbʌk'ʃi:] *a сл.* беспла́тный; свобо́дный

buck's-horn ['bʌkshɔ:n] *n бот.* 1. вирги́нский су́мах (*Rhus typhina*) 2. короно́пус (*Coronopus*)

buckshot ['bʌkʃɒt] *n* карте́чь, кру́пная дробь

Buckskin ['bʌkˌskɪn] *n ист.* америка́нский солда́т времён войны́ за незави́симость

buckskin ['bʌkˌskɪn] *n* 1. оле́нья ко́жа; лоси́ная ко́жа 2. *pl* штаны́ из оле́ньей ко́жи; лоси́ны; the ~ suit of a hunter оде́жда охо́тника из оле́ньей ко́жи

buckskin cloth ['bʌkskɪnˌklɒθ] 1) хлопчатобума́жная оде́жная ткань (*с начёсом на изнанке*) 2) перстяна́я ткань (*атласного плетения*)

buck slip ['bʌkslɪp] *разг.* 1. бланк-сопроводи́ловка (*для направления документов внутри учреждения, ведомства*) 2. отпи́ска

buck-stall ['bʌkstɔ:l] *n* тенёта для оле́ней

buckstay ['bʌksteɪ] *n стр.* опо́рные сто́йки по бока́м а́рки

bucktail ['bʌkteɪl] *n рыб.* иску́сственная му́ха

buckthorn ['bʌkθɔ:n] *n бот.* 1) круши́на (*Rhamnus gen.*) 2) круши́на слаби́тельная (*Rhamnus catharticus*)

bucktooth [ˌbʌk'tu:θ] *n* (*pl* -teeth [-'ti:θ]) торча́щий, выступа́ющий зуб

buck up ['bʌk'ʌp] *phr v обыкн. imp разг.* 1. встряхну́ться, подбодри́ться, оживи́ться 2. спеши́ть 3. торопи́ть 4. ожива́ть, подбодря́ть
◊ to buck one's ideas up *разг.* быть настороже́, держа́ть у́хо востро́

buckwheat I ['bʌkwi:t] *n* 1. *бот.* гречи́ха (*Fagopyrum esculentum*) 2. гре́чневая крупа́ *или* мука́; ~ cakes *амер.* гре́чневые ола́дьи или блины́

buckwheat II ['bʌkwi:t] *a* 1) гречи́шный 2) гре́чневый

buckwheat braid ['bʌkwi:t'breɪd] *амер.* коро́ткая коси́чка с ле́нточкой (*обычно у мужчин*)

bucolic I [bju:'kɒlɪk] *n* 1. *обыкн. pl* буко́лика 2. буколи́ческий поэ́т 3. *шутл.* се́льский жи́тель

bucolic II [bju:'kɒlɪk] *a* 1. буколи́ческий; пастора́льный 2. се́льский

bucrane, bucranium [bju:'kreɪn, -'kreɪnɪəm, bju:-] *n архит.* орна́мент в ви́де бы́чьей головы́

bud[1] I [bʌd] *n* 1. по́чка; ~ burst /shooting/ раскрыва́ние по́чек; in the ~ несозре́вший 2. буто́н; ~ stage ста́дия бутониза́ции; with ~s с буто́нами, цвету́щий; the roses are in ~ early this year в э́том году́ на ро́зах ра́но появи́лись буто́ны 3. *разг.* де́вушка-подро́сток 4. *ласк.* кро́шка 5. *разг.* 1) дебюта́нтка; ~ of promise *амер.* подаю́щая наде́жды дебюта́нтка 2) *редк.* дебюта́нт
◊ to nip /to crush/ in the ~ пресе́чь в ко́рне, уничто́жить в заро́дыше

bud[1] II [bʌd] *v* 1. 1) дава́ть по́чки; пуска́ть ростки́ 2) расцвета́ть (*тж. перен.*); he is a ~ding scientist /~ding into a scientist/ из него́ вы́йдет настоя́щий учёный 2. *с.-х.* привива́ть глазко́м; to ~ off отпочко́вывать

bud[2] [bʌd] *сокр. от* buddy

Buddha ['bʊdə] *n* Бу́дда

Buddhism ['bʊdɪz(ə)m] *n* будди́зм

Buddhist ['bʊdɪst] *n* будди́ст

Buddhistic [bʊ'dɪstɪk] *a* будди́йский

budding I ['bʌdɪŋ] *n* 1. *с.-х.* окулиро́вка; почкова́ние; приви́вка глазко́м; ~ knife окулиро́вочный нож 2. *бот.* бутониза́ция

budding II ['bʌdɪŋ] *a* 1. распуска́ющийся, расцвета́ющий; ~ hopes пробужда́ющиеся наде́жды 2. подаю́щий наде́жды, многообеща́ющий; ~ diplomat диплома́т, подаю́щий больши́е наде́жды

buddle[1] ['bʌdl] *n бот.* златоцве́т (*Chrysanthemum segetum*)

buddle[2] ['bʌdl] *n горн.* накло́нный чан для промы́вки руды́

buddy ['bʌdɪ] *n амер. разг.* 1. дружи́ще, прия́тель 2. малы́ш (*в обращении*) 3. солда́т-однополча́нин

buddy-buddy I [ˌbʌdɪ'bʌdɪ] *n разг.* 1. дружи́ще, прия́тель 2. подли́за

buddy-buddy II [ˌbʌdɪ'bʌdɪ] *a разг.* 1) дружелю́бный 2) сли́шком ла́сковый; заи́скивающий; напра́шивающийся, набива́ющийся в друзья́

budge¹ I [bʌdʒ] *n* овчина; выделанная дублёная овечья шкура

budge¹ II [bʌdʒ] *a* 1. отделанный овчиной 2. *уст.* торжественный, помпезный

budge² [bʌdʒ] *v в отрицательных предложениях* 1) шевелиться; he did not ~ an inch a) он и не шевельнулся б) он не уступил ни на йоту 2) пошевельнуть, сдвинуть с места; three men could not ~ it три человека не могли сдвинуть это с места

budgerigar ['bʌdʒ(ə)rɪgɑ:] *n зоол.* волнистый попугайчик (*Melopsittacus undulatus*)

budget I ['bʌdʒɪt] *n* 1. 1) бюджет 2) финансовая смета 2. *уст.* сумка; бумажник 2) содержимое сумки *или* бумажника 3) пачка 3. запас; a ~ of news куча новостей 4. *уст.* кожаная бутылка

budget II ['bʌdʒɪt] *v* 1. предусматривать в бюджете; ассигновать по бюджету 2. намечать, планировать; ~ your time рассчитайте своё время

budgetary ['bʌdʒɪt(ə)rɪ] *a* бюджетный

budgie ['bʌdʒɪ] *разг. см.* budgerigar

budlet ['bʌdlɪt] *n бот.* почечка, зачаток почки в зародыше семени

bud scale ['bʌdskeɪl] *бот.* почечная чешуя

budworm ['bʌdwɜ:m] *n энт.* листовёртка-почкоед (*Choristoneura*)

buff¹ I [bʌf] *n* 1. буйволовая кожа; толстая бычачья кожа 2. *разг. уст.* кожа (*человека*); in the ~ нагишом, в чём мать родила; to strip to the ~ раздеть(ся) догола 3. цвет буйволовой кожи, светло-жёлтый *или* желтовато-коричневый цвет 4. = buff-coat 5. *уст.* кожаный камзол сержантов *или* полицейских 6. *тех.* полировальный круг
◇ blue and ~ *ист.* цвета партии вигов

buff¹ II [bʌf] *a* 1. из буйволовой кожи 2. цвета буйволовой кожи; светло-жёлтый, желтовато-коричневый; ~ gloves жёлтые кожаные перчатки 3. *разг.* голый, нагой

buff¹ III [bʌf] *v* 1. полировать (*на полировальном круге*) 2. красить в жёлтый цвет

buff² I [bʌf] *n уст.* удар; to stand ~ стоять, держаться

buff² II [bʌf] *v* поглощать удар, амортизировать толчок

buff³ [bʌf] *n разг.* чепуха, ерунда

buff⁴ [bʌf] *n амер. разг.* болельщик, приверженец, любитель; jazz ~ любитель джаза

buffalo¹ ['bʌfələʊ] *n* (*pl* -oes [-əʊz]) *зоол.* 1) буйвол индийский (*Bubalus bubalis*) 2) буйвол кафрский (*Syncerus caffer*) 3) бизон (*Bison americanus*)

buffalo² ['bʌfələʊ] *v амер. сл.* озадачить; обманывать, мистифицировать; to get smb. ~ed обмануть /разыграть/ кого-л.

buffalo-bug ['bʌfələʊˌbʌg] *n энт.* ковровая моль (*Anthrenus scrophulariae*)

buffalo chips [ˌbʌfələʊˈtʃɪps] *амер.* буйволовый кизяк (*топливо*)

buffalo grass ['bʌfələʊgrɑ:s] *бот.* бизонова трава, бухлое (*Buchloe gen.*)

buff-coat ['bʌfkəʊt] *n* 1) *воен. ист.* кожаный защитный камзол 2) солдат, военный

buffer¹ ['bʌfə] *n* 1. *тех.* буфер; амортизатор, демпфер; ~ action демпфирование, амортизация 2. *воен.* тормоз отката 3. резервный запас 4. *вчт.* буфер, буферное запоминающее устройство (*тж.* ~ storage)

buffer² ['bʌfə] *n* полировщик

buffer³ ['bʌfə] *n* 1. *разг.* собака 2. *сл.* револьвер 3. *диал.* дурачок, глупый парень 4. *пренебр.* парень; an old ~ старый хрыч, старикашка

buffer solution ['bʌfəsəˌlu:ʃ(ə)n] *хим.* буферный раствор

buffer state ['bʌfəˌsteɪt] буферное государство

buffer zone ['bʌfəzəʊn] *воен.* буферная зона

buffet¹ I ['bʌfɪt] *n* удар (*особ. рукой*); the ~s of fate удары судьбы

buffet¹ II ['bʌfɪt] *v* 1. наносить удары, ударять 2. бороться (*особ. с волнами*), протискиваться, проталкиваться; they were ~ed by the crowd их затолкала толпа

buffet² ['bʊfeɪ] *n* 1. буфет, сервант (*для посуды*); горка (*для фарфора и хрусталя*) 2. буфет, буфетная стойка; ~ lunch [supper] лёгкий завтрак [ужин] «а-ля фуршет»

buffet car ['bʊfeɪkɑ:] вагон-буфет

buffi ['bʌfɪ, 'bʊ-] *pl от* buffo I

buffing ['bʌfɪŋ] *n* 1. *тех.* полировка; ~ machine полировальный станок 2. пемзование, снятие лица (*в кожевенном производстве*)

bufflehead ['bʌf(ə)lhed] *n* 1. болван, тупица 2. *зоол.* гоголь американский (*Bucephala albeola*)

buffo I ['bʌfəʊ, 'bʊ-] *n* (*pl тж.* -fi) *ит.* певец-буфф, певец, исполняющий комические роли

buffo II ['bʌfəʊ, 'bʊ-] *a* комический, смешной; opera ~ опера-буфф; ~ bass бас-буфф, комический бас

buffoon I [bəˈfu:n] *n* клоун, шут, буффон; фигляр; to act /to play/ the ~ паясничать

buffoon II [bəˈfu:n] *a* шутовской

buffoon III [bəˈfu:n] *v* фиглярничать, паясничать

buffoonery [bəˈfu:n(ə)rɪ] *n* шутовство, буффонада, фиглярство

buffwheel ['bʌfwi:l] *n* полировальный круг

buffy ['bʌfɪ] *a* жёлтый

buffy coat ['bʌfɪkəʊt] *физиол.* светлый слой кровяного сгустка

bug I [bʌg] *n* 1. *энт.* клоп (*Hemiptera spp.*) 2. жук; букашка 3. *разг.* 1) микроб; the flue ~ вирус гриппа 2) инфекционное заболевание; зараза; he's got the ~ он заболел /схватил простуду/ 4. *разг.* повреждение, неисправность; технический дефект; конструктивный недостаток, недоделка; to work the ~s out of a new car устранить неполадки в новой машине 5. *амер. разг.* 1) безумная идея, помешательство; he's got the travelling ~ он помешан на путешествиях 2) помешанный, ненормальный, полоумный, чокнутый 3) энтузиаст; любитель; болельщик 6. *ирл. презр.* англичанин 7. *разг.* важный, надутый человек; big ~ «шишка» 8. 1) диктофон 2) потайной микрофон 3) аппарат для тайного наблюдения 9. *сл.* система сигнализации (*для защиты от грабителей и т. п.*) 10. 1) *сл.* отделяющийся самоходный отсек (*космического корабля*); lunar /moon/ ~ а) небольшой летательный аппарат для доставки людей с космического корабля на Луну и обратно; б) аппарат для передвижения по Луне 2) «стрекоза», вертолёт 11. *вчт.* ошибка (*в программе или устройстве*)

bug II [bʌg] *v* 1. устанавливать потайные микрофоны; подслушивать с помощью микрофонов; вести тайное наблюдение с помощью аппаратуры (*магнитофонов, телекамер и т. п.*); the room is ~ged в комнате установлены подслушивающие устройства 2. *разг.* надоедать, раздражать; приставать, привязываться; look, you're ~ging me отстаньте от меня 3. *амер. сл.* сбежать, дезертировать (*тж.* ~ out) 4. *амер. разг.* выпучивать от удивления (*глаза*) (*тж.* ~ out); the details that made my eyes ~ подробности, от которых глаза на лоб полезли

bugaboo ['bʌgəbu:] *n* пугало, бука

bugbear ['bʌgbeə] *n* 1. = bugaboo 2. источник страхов (*часто безосновательных*) 3. трудность, препятствие; out-of-date machinery is the chief ~ of this factory основная проблема этой фабрики — устаревшее оборудование 4. ненависть, ставшая навязчивой идеей 5. *уст. фольк.* гоблин, злое существо, пожирающее непослушных детей

bug boy ['bʌgbɔɪ] *амер. сл.* ученик жокея

bugey, bugeye ['bʌgaɪ] *n* (*pl* bugeyes ['bʌgaɪz]) *амер.* буги (*разновидность рыбачьей лодки*)

bug-eyed [ˌbʌgˈaɪd] *a амер. сл.* 1. с глазами навыкате, пучеглазый; ~ monsters пучеглазые чудовища (*космические — в фантастике*) 2. с вытаращенными глазами; he was ~ with surprise он выпучил /вытаращил/ глаза от изумления

bugged [bʌgd] *a* 1. *разг.* запуганный, задёрганный 2. оборудованный потайными микрофонами (*о помещении*); с подслушивающим устройством (*о телефоне*)

bugger I ['bʌgə] *n* 1. *груб.* мерзавец, тип; you ~! ах ты сволочь! 2. *разг. ласк.* шельмец (*о мальчике, собаке и т. п.*); poor ~ бедняжка 3. *сл.* чёртова работа, трудная работа 4. *разг.* ужасное положение, беда 5. *сл.* мелочь, ерунда; he doesn't care a ~ about anything ему на всё наплевать 6. *разг.* подобрать

bugger II ['bʌgə] *v сл.* 1. изнурять; доконать 2. изгадить, напортить; сорвать (*дело и т. п.; тж.* ~ up) 3. заниматься содомией
◇ ~ it! чёрт возьми!; ~ you all! чёрт вас всех подери!

bugger about ['bʌgə(r)əˈbaʊt] *phr v груб.* 1. 1) подшучивать; не принимать всерьёз; третировать 2) мешать кому-л., создавая трудности 2. вести себя глупо, безответственно; now stop buggering about, I've got work to do отстань, мне нужно работать

buggered ['bʌgəd] *a груб.* измотанный, выжатый

bugger off ['bʌgə(r)ˈɒf] *phr v груб.* убираться прочь; he told me to ~ off он велел мне проваливать /катиться/

bugger up ['bʌgə(r)ˈʌp] *phr v груб.* загубить, испортить, «напортачить»

buggery ['bʌg(ə)rɪ] *n юр.* мужеложство, содомия

buggy¹ ['bʌgɪ] *n* 1. 1) лёгкая двухместная коляска (*иногда с откидным верхом*); кабриолет 2) лёгкая детская коляска 2. *горн.* тележка; вагонетка 3. *авт.* багги

buggy² ['bʌgɪ] *a* 1. кишащий клопами 2. *сл.* полоумный, «с придурью»

buggy-whip ['bʌgɪwɪp] *n* 1) антенна на автомобиле 2) антенна радиопередатчика на полицейской автомашине

bughouse I ['bʌghaʊs] *n сл.* сумасшедший дом

bughouse II ['bʌghaʊs] *a сл.* сумасшедший, свихнувшийся; to go ~ сойти с ума

bug-hunter ['bʌgˌhʌntə] *n* охотник за бабочками, насекомыми; коллекционер бабочек, насекомых

BUG — BUL

bugle[1] I [ˈbjuːg(ə)l] *n* 1. охотничий рог 2. горн, сигнальная труба; ~ call сигнал на горне
bugle[1] II [ˈbjuːg(ə)l] *v* 1. трубить в рог 2. давать сигнал *или* играть на горне
bugle[2] [ˈbjuːg(ə)l] *n* продолговатый бисер, стеклярус (*часто чёрный*); an ornament in ~ work орнамент, вышитый бисером
bugle[3] [ˈbjuːg(ə)l] *n бот.* дубровка (*Ajuga gen.*)
bugled [ˈbjuːg(ə)ld] *a* расшитый стеклярусом
bugler [ˈbjuːglə] *n* 1) горнист 2) *воен.* сигналист
bugle tenor [ˈbjuːg(ə)lˈtenə] баритон (*духовой инструмент*)
bugleweed [ˈbjuːg(ə)lwiːd] *n бот.* зюзник виргинский (*Lycopus virginicus*)
bugloss [ˈbjuːglɒs] *n бот.* воловий язык, воловик (*Anchusa gen.*)
bug off [ˈbʌgˈɒf] *phr v сл.* уйти, выйти; ~! пошёл вон!; отвали!
bug-out I [ˈbʌgaʊt] *n амер. воен. жарг.* 1. отступление 2. дезертир
bug-out II [ˈbʌgaʊt] *v амер. воен. жарг.* отступать
bugrake [ˈbʌgreɪk] *n сл. ирон.* расчёска
bugs [bʌgz] *a амер. сл.* ненормальный, рехнувшийся; to go ~ спятить
bugseed [ˈbʌgsiːd] *n бот.* верблюдка иссополистная (*Corispermum hyssopifolium*)
buhl [buːl] *n* мебель стиля «буль» (*с инкрустацией из бронзы, перламутра и т. п.; тж.* ~ work)
buhr [bɜː] *n мин.* известняк
buhrstone [ˈbɜːstəʊn] *n мин.* жерновой камень
buik [bjuːk] *n шотл.* книга
build I [bɪld] *n* 1. 1) форма, стиль постройки 2) строение, конструкция 3) телосложение; a man of sturdy [powerful] ~ человек крепкого [могучего] телосложения; we are of the same ~ мы одинаково сложены 2. *стр.* вертикальный шов кладки
build II [bɪld] *v* (built) 1. 1) строить, сооружать; to ~ a railway строить железную дорогу 2) складывать; разводить; to ~ a fire развести огонь, зажечь костёр 3) (into) вделывать, встраивать, вмуровывать; a cupboard built into a wall шкаф, встроенный в стену; a memorial plaque built into a wall мемориальная доска, вмурованная в стену 2) строиться; where are you going to ~? где вы собираетесь строиться? 2.= build up 1 3. вить (*гнёзда*) 4. создавать; to ~ plans строить планы; to ~ vain hopes лелеять напрасные надежды; to ~ a lofty rhyme (*Milton*) писать возвышенные стихи; I'm built this way уж я такой 5. *разг.* делать, шить; to ~ a coat [a suit of clothes] сделать /сшить/ пальто [костюм] 6. (on, upon) основывать; you must ~ your theory upon facts ваша теория должна основываться на фактах 2) основываться, полагаться; to ~ upon a promise полагаться на обещание
builder [ˈbɪldə] *n* 1. 1) строитель 2) строительный рабочий; плотник; каменщик 2. подрядчик
builder-upper [ˌbɪldə(r)ˈʌpə] *n амер. сл.* стимулирующее, тонизирующее средство; vegetable juice is a good ~ овощной сок — хорошее тонизирующее средство; a new hair-do is a good ~ for a girl когда у девушки новая причёска, у неё хорошее настроение

build in [ˈbɪldˈɪn] *phr v* встраивать
building [ˈbɪldɪŋ] *n* 1. здание, строение, постройка, сооружение; ~ density *архит.* плотность застройки; ~ engineer инженер-строитель, прораб; ~ construction строительство, сооружение; ~ berth, ~ slip *мор.* стапель; ~ yard a) *мор.* судостроительная верфь; б) *стр.* стройплощадка; строительный двор; a house in the course of ~ строящийся дом
building and loan association [ˌbɪldɪŋən(d)ˈləʊnəˌsəʊsɪˈeɪʃ(ə)n, -əˌsəʊʃɪ-] *амер.* кредитно-строительное общество
building block [ˈbɪldɪŋblɒk] 1. *тех.* стандартный блок или сборочный элемент (*конструкции*) 2. структурный элемент (*системы*)
building code [ˈbɪldɪŋkəʊd] строительные нормы и правила
building estate [ˈbɪldɪŋɪsteɪt] группа жилых домов; ~ микрорайон
building society [ˈbɪldɪŋsəˌsaɪətɪ] жилищно-строительный кооператив
building term [ˈbɪldɪŋtɜːm] срок действия договора застройки
building trades [ˈbɪldɪŋtreɪdz] строительная промышленность
build out [ˈbɪldˈaʊt] *phr v* пристраивать
build over [ˈbɪldˈəʊvə] *phr v* застраивать
build up [ˈbɪldˈʌp] *phr v* 1. собирать, монтировать 2. наращивать, наплавлять 3. закладывать (*кирпичом или породой*) 4. застраивать, возводить здания; to ~ an area застроить район города *и т. п.*; our house and garden are very much built up вокруг нашего сада и дома появилось много построек 5. (постепенно) создавать; to ~ a reputation [business] создавать репутацию /дело /предприятие//; to ~ an argument выдвигать довод; to ~ a work of art создавать произведение искусства; to ~ one's character формировать характер 6. укреплять здоровье; a sea-voyage will ~ his health морское путешествие укрепит его здоровье 7. накапливать, сосредоточивать силы 8. расти, нарастать; the dash round for presents is now building up начинается беготня за подарками 9. рекламировать, создавать рекламу; популяризировать; they built him up with a series of articles and broadcasts они создали ему имя /популярность/, дав о нём ряд статей и радиопередач 10. 1) нагнетать напряжение, интерес (*в пьесе и т. п.*) 2) исполнять сцену со всё возрастающим пафосом; she has a talent for building up minor roles она с блеском исполняет второстепенные роли 11. восхвалять 12. *спорт.* вырабатывать (*стиль*)
build-up [ˈbɪldʌp] *n* 1. сосредоточение, накопление; наращивание (*сил, средств*); развёртывание сил; to ~ force войска усиления; military ~ наращивание военной мощи 2. *разг.* реклама, захваливание; to give smb., smth. a ~ создавать кому-л., чему-л. рекламу; his ~ was insincere его похвалы были неискренни 3. *разг.* лесть 4. *сл.* спектакль с растущими сборами 5. подготовка к чему-л. (*особ. психологическая*) 6. источник бодрости, душевного подъёма 7. *лит.* 1) экспозиция 2) закручивание сюжета; a ~ of suspense (in a film) нарастание напряжения (в фильме) 8. *физ.* нарастание; повышение
built [bɪlt] *past и p. p. от* build II
built-in [ˌbɪltˈɪn] *a* 1. встроенный; ~ cupboards стенные /встроенные/ шкафы; ~ bathtub встроенная ванна 2) являющийся неотъемлемой частью че-

го-л.; присущий; свойственный; ~ elements of the budget традиционные статьи бюджета 3) врождённый, генетически закодированный; ~ warning devices врождённые защитные рефлексы (*человеческого организма*) 2. *вчт.* встроенный, предопределённый; ~ check встроенный контроль, встроенная проверка
built-up [ˌbɪltˈʌp] *a* 1. (плотно) застроенный (*о территории*) 2. разъёмный; составной, сборный
built-upness [ˌbɪltˈʌpnɪs] *n* плотность застройки (*территории*)
buirdly [ˈbjʊə(r)dlɪ] *a диал.* крепкий, большой; хорошо сложенный
bulb I [bʌlb] *n* 1. *бот.* луковица 2. 1) шарик (*термометра*) 2) колба (*электрической лампы*) 3) электрическая лампа 4) *анат.* глазное яблоко (*тж.* ~ of the eye) 3. 1) баллон, сосуд 2) пузырёк 4. выпуклость 5. *анат.* 1) луковица (*волоса*) 2) продолговатый мозг 6. 1) *тех.* головка профиля 2) *мор.* бульб
bulb II [bʌlb] *v* выпирать
bulbaceous [bʌlˈbeɪʃəs] = bulbous 1
bulbar [ˈbʌlbə] *a* 1. луковицеобразный, имеющий форму луковицы 2. *анат.* относящийся к продолговатому мозгу; бульбарный
bulbiferous [bʌlˈbɪf(ə)rəs] *a бот.* с луковицами; луковиценосный
bulbil [ˈbʌlbɪl] *n* 1. *бот.* воздушная луковка, пазушная луковка, детка 2. луковичка, зубок
bulb onion [ˈbʌlbˈʌnjən] *бот.* лук репчатый (*Allium сера*)
bulbous [ˈbʌlbəs] *a* 1. *бот.* 1) луковичный 2) развивающийся из луковицы 2. 1) имеющий форму луковицы, луковицеобразный 2) выпуклый 3) круглый; a ~ nose нос картошкой
bulbul [ˈbʊlbʊl] *n* соловей (*тж. перен.*)
Bulgarian I [bʌlˈgeə(ə)rɪən] *n* 1. болгарин; болгарка; the ~s *собир.* болгары 2. болгарский язык
Bulgarian II [bʌlˈgeə(ə)rɪən] *a* болгарский
bulge I [bʌldʒ] *n* 1. выпуклость; ~ of a curve горб /вершина/ кривой 2. = bilge I 1 и 3. *сл.* преимущество; to have /to get/ the ~ on smb. иметь преимущество перед кем-л. 4. *разг.* повышение курса на бирже; вздутие цен 5. *разг.* 1) временное увеличение объёма или количества 2) увеличение рождаемости (*в определённый период*) 6. *воен.* выступ, клин 7. *горн.* вспучивание, раздув (*пласта или жилы*) 8. *мор.* противоминная наделка, противоминное утолщение
bulge II [bʌldʒ] *v* 1. 1) выпячиваться, выдаваться; выпирать 2) выпячивать; to ~ one's cheeks надуть щёки 2. деформироваться 3. раздуваться, быть набитым до предела (*о мешке, кошельке*)
bulging I [ˈbʌldʒɪŋ] *n* 1. 1) выпучивание; вздутие 2) *спец.* отдулина 2. кривизна
bulging II [ˈbʌldʒɪŋ] *a* 1. 1) разбухший 2) выпуклый; ~ eyes глаза навыкате 2. выпяченный, оттопыривающийся, раздутый
bulgy [ˈbʌldʒɪ] = bulging II
bulimia [bjuːˈlɪmɪə] *n мед.* булимия (*резко усиленное чувство голода*)
bulimy [ˈbjuːlɪmɪ] *n* 1. = bulimia 2. жадность, ненасытность
bulk[1] [bʌlk] *n* 1. 1) величина, масса, объём 2) большие размеры; большое количество; ~ buying оптовые /массовые/ закупки; ~ material сыпучий материал; ~ cargo *мор.* груз навалом или

наливом; ~ mining *горн.* валовая выемка, массовая разработка недр; in ~ а) целиком, в массе; б) без упаковки, насыпью, навалом; to buy in ~ делать массовые /оптовые/ закупки; производить централизованную закупку; to sell in ~ продавать оптом /большими партиями/; продать груз целиком; б) продавать товар без упаковки; to load in ~ грузить без упаковки /навалом/; to break ~ а) разгружать (*вагон*); б) разбивать крупную партию груза на мелкие; [*см. тж.* 3] 2. основная масса, большая часть; the great ~ of mankind большая часть человечества; the ~ of the army большая часть армии 3. груз корабля; to break ~ начинать разгрузку, открывать люки перед разгрузкой 4. *тех.* корпус (*здания и т. п.*) 5. *арх.* тело (*человека или животного*)

bulk² II [bʌlk] *a спец.* объёмный; ~ property объёмное свойство (*в отличие от поверхностного*)

bulk III [bʌlk] *v* 1. ссыпать, сваливать в кучу, нагромождать 2. быть *или* казаться большим, важным; to ~ large занимать важное место 3. увеличиваться, расти; to ~ up а) увеличиваться в объёме; б) составлять большую сумму 4. устанавливать вес груза (*на таможне*)

bulk² [bʌlk] *n* 1. прилавок; ларёк 2. *вор. жарг.* воришка, сообщник вора; ~ and file карманник и его сообщник

bulk-carrier [ˈbʌlkˌkærɪə] *n мор.* сухогруз

bulker [ˈbʌlkə] *n* специалист, определяющий грузовместимость судна (*для различных товаров, чтобы установить размер пошлины*)

bulk grain tank [ˈbʌlkgreɪnˈtæŋk] закром *или* бункер для зерна

bulkhead [ˈbʌlkhed] *n* 1. 1) *мор., ав.* перегородка, переборка; шпангоут 2) *стр.* перемычка, подпорная стенка 3) *горн.* рудничная перемычка 2. фонарь *или* надстройка над лестничной *или* лифтовой клеткой 3. люк в погреб

bulking [ˈbʌlkɪŋ] *n* увеличение объёма растворителя при растворении

bulk mail [ˈbʌlkmeɪl] перемешанные почтовые отправления (*ящики, мешки и т. п.*)

bulk storage [ˈbʌlkˈstɔːrɪdʒ] *вчт.* внешняя память, внешнее запоминающее устройство

bulky [ˈbʌlkɪ] *a* 1. большой; объёмистый 2. громоздкий; неуклюжий, нескладный

bull¹ I [bʊl] *n* 1. 1) бык 2) *зоол.* буйвол (*Bubalus*) 2. самец крупного животного (*кита, слона и т. п.*) 3. 1) *бирж. проф.* маклер, играющий на повышение; to go ~ играть на повышение 2) *амер. сл.* оптимист 4. (B.) Телец (*созвездие и знак зодиака*) 5. *разг.* большой, неуклюжий, шумливый человек 6. *разг.* крона (*монета*) 7. *амер. сл.* полицейский, шпик 8. *сл.* генеральная уборка

◇ a ~ in a china shop ≅ слон в посудной лавке; to take the ~ by the horns взять быка за рога

bull¹ II [bʊl] *a* 1. 1) бычачий, бычий; ~ neck бычья /толстая/ шея; in a ~ rage бешеный как бык 2) сильный, здоровый; in a ~ voice громким голосом 2. *бирж. проф.* повышательный; играющий на повышение 3. *амер. сл.* оптимистический, радужно настроенный

bull¹ III [bʊl] *v* 1. проталкивать, пропихивать; to ~ one's way пролезть куда-л., протиснуться (силой); to ~ one's way through a crowd пробиться сквозь толпу; to ~ a bill through Congress протолкнуть законопроект в конгрессе 2. *бирж. проф.* 1) повышаться в цене 2) играть на повышение; to ~ the market повышать цены на бирже /рынке/ 3. *сл.* начищать до блеска, полировать

bull² [bʊl] *n* 1) *разг.* нелепица, нелепость (*тж.* Irish ~) 2) *сл.* враки, чушь; don't give me any of that ~ хватит врать!, не загибай!; to hand out a line of ~ врать, нести околесицу; to shoot the ~ а) болтать глупости; б) хвастаться, похваляться

bull³ [bʊl] *n* 1. висячая печать на документе 2. (папская) булла 3. официальное письмо *или* указ

bulla [ˈbʊlə, ˈbʌlə] *n* (*pl* bullae) 1. папская булла 2. *мед.* пузырёк, волдырь 3. выпуклость, шишка

bullace [ˈbʊlɪs] *n* 1) *бот.* тернослива (*Prunus insititia*) 2) тернослив (*плод*)

bullace grape [ˈbʊlɪsgreɪp] *бот.* виноград мускатный (*Vitis rotundifolia*)

bullae [ˈbʊlɪ, ˈbʌlɪ] *pl от* bulla

bullate [ˈbʊleɪt] *a бот.* пузырчатый

bull-calf [ˈbʊlkɑːf] *n* (*pl* -calves [-kɑːvz]) 1. бычок 2. глупец

bull-cock [ˈbʊlkɒk] *n* подручный на лесоразработках (*в Канаде*)

bulldog [ˈbʊldɒg] *n* 1. 1) бульдог (*порода собак*) 2) упрямый, цепкий человек 2. *унив. жарг.* педель (*в Оксфорде и Кембридже*) 3. *сл.* крупнокалиберный револьвер 4. *амер.* овод 5. *австрал.* муравей 6. *разг.* курительная трубка

bulldog edition [ˈbʊldɒgˌdɪʃ(ə)n] *амер.* первый утренний тираж газеты

bulldoze¹ I [ˈbʊldəʊz] *n* 1. *разг.* сильная порка 2. разделка негабаритных кусков (*руды, породы*)

bulldoze¹ II [ˈbʊldəʊz] *v разг.* 1) запугивать; шантажировать; принуждать 2) пороть

bulldoze² [ˈbʊldəʊz] *v* 1) сгребать бульдозером 2) расчищать (*участок*); валить бульдозером (*деревья и т. п.*)

bulldozer¹ [ˈbʊldəʊzə] *n* 1. бульдозер 2. (тяжёлый) гибочный пресс 3. горизонтальная ковочная машина 4. бульдозерист

bulldozer² [ˈbʊldəʊzə] *n* 1. *разг.* шантажист; насильник 2. *амер. сл.* большой револьвер

bullet [ˈbʊlɪt] *n* 1. 1) пуля; ~ wound пулевое ранение; ~ pump *воен. проф.* пулемёт; to stop a ~ получить пулевое ранение 2) *ист.* ядро 2. грузило 3. *карт. жарг.* туз

◇ every ~ has its billet от пули не уйдёшь, пуля виноватого найдёт; to bite (on) the ~ стиснуть зубы, крепиться, терпеть боль, горе *и т. п.*

bullet-head [ˈbʊlɪthed] *n* 1. человек с круглой головой 2. упрямец

bullet-headed [ˌbʊlɪtˈhedɪd] *a* 1. круглоголовый 2. упрямый, твердолобый

bulletin I [ˈbʊlətɪn] *n* 1. бюллетень; периодическое издание (*научного общества и т. п.*) 2. бюллетень, сводка, информационное сообщение; ~ board доска объявлений

bulletin II [ˈbʊlətɪn] *v* выпускать бюллетень; оповещать бюллетенем

bulletproof [ˈbʊlɪtpruːf] *a* пуленепробиваемый, пуленепроницаемый

bullet-swept [ˈbʊlɪtswept] *a редк.* простреливаемый ружейно-пулемётным огнём

bullet train [ˈbʊlɪttreɪn] сверхскоростной пассажирский экспресс (*в Японии*)

bullet-trap [ˈbʊlɪttræp] *n* пулеуловитель

bull fiddle [ˈbʊlˌfɪdl] *амер. разг.* = contrabass

bullfight [ˈbʊlfaɪt] *n* бой быков

bullfighter [ˈbʊlˌfaɪtə] *n* тореадор, матадор

bullfinch¹ [ˈbʊlfɪntʃ] *n зоол.* снегирь настоящий (*Pyrrhula rubicilla*)

bullfinch² [ˈbʊlfɪntʃ] *n* густая и высокая живая изгородь со рвом

bullfrog [ˈbʊlfrɒg] *n зоол.* лягушка-бык, лягушка-вол (*Rana catesbeiana*)

bullhead [ˈbʊlhed] *n* 1. *зоол.* подкаменщик (*Cottus*) 2. *зоол.* сомик (*Ameiurus*) 3. 1) болван, тупица 2) упрямец 4. *тех.* головка круглого сечения

bull-headed [ˌbʊlˈhedɪd] *a* 1. большеголовый, широколобый 2. 1) своевольный, упрямый 2) бесшабашный, безрассудный

bullhorn I [ˈbʊlhɔːn] *n амер. сл.* портативный мегафон

bullhorn II [ˈbʊlhɔːn] *v* 1) говорить в мегафон 2) шумно рекламировать; расхваливать

bullion [ˈbʊljən] *n* 1. слиток золота *или* серебра 2. ~ balance весы для драгоценных металлов 2. ~ dealer торговец благородными металлами 2. золотое *или* серебряное кружево 3. канитель, витая серебряная *или* золотая нить для вышивания

bullionism [ˈbʊljənɪz(ə)m] *n* система металлического денежного обращения

bullish [ˈbʊlɪʃ] *a* 1. бычий, бычачий 2. *бирж. проф.* играющий на повышение 3. уверенный, оптимистичный; I'm ~ about next year's business prospects я с оптимизмом смотрю на то, как будут развиваться дела в будущем году

bull market [ˈbʊlˌmɑːkɪt] *бирж.* рынок, на котором наблюдается тенденция к повышению курсов (*акций*)

Bull Moose [ˈbʊlˈmuːs] *амер. ист.* член прогрессивной партии (*возглавляемой Теодором Рузвельтом*)

bull-necked [ˌbʊlˈnekt] *a* с бычьей шеей, с толстой короткой шеей; a thick-set, ~ man коренастый человек с бычьей шеей

bullneck engineers [ˈbʊlnekˌendʒɪˈnɪəz] *воен. жарг.* солдаты, занятые рытьём окопов; сапёры

bullock I [ˈbʊlək] *n* 1. вол, валух, выхолощенный бык 2. бычок

bullock II [ˈbʊlək] *v* пробивать себе дорогу

bull-pen, bullpen [ˈbʊlpen] *n* 1. стойло для быка 2. *сл.* 1) каталажка, кутузка 2) (любое) тесное помещение, «загон»

bull point [ˈbʊlpɔɪnt] *разг.* (некоторое) преимущество; ≅ очко в чью-л. пользу

bull-puncher [ˈbʊlˌpʌntʃə] *n австрал.* погонщик быков

bullring [ˈbʊlrɪŋ] *n* арена для боя быков

bullroarer [ˈbʊlˌrɔːrə] *n* трещотка

bull session [ˈbʊlˌseʃ(ə)n] *разг.* 1. откровенный разговор, беседа в мужской компании 2. *воен. жарг.* генеральная уборка

bull's-eye [ˈbʊlzaɪ] *n* 1. 1) *воен.* центр, яблоко (*мишени*) 2) точный выстрел; прямое попадание; to score /to hit, to make/ the ~ попасть в цель 3) успех, удача, успешное действие 2. 1) *мор.* иллюминатор 2) круглое слуховое окно 3. сигнальный фонарь 4. *опт.* короткофокусная линза 5. круглый леденец, леденцовая карамель

bullshit [ˈbʊlˌʃɪt] *н неприст.* 1) дерьмо 2) враки; ≅ бред собачий

bullshot [ˈbʊlʃɒt] *n амер.* алкогольный напиток из водки, джина и бульона

BUL — BUN

bull-terrier [ˌbʊlˈterɪə] *n* бультерьер (*порода собак*)
bull-trout [ˌbʊlˈtraʊt] *n зоол.* 1) кумжа (*Salmo*) 2) мальма (*Salvelinus*)
bull-whack [ˈbʊlwæk] *n амер.* длинный кнут с коротким кнутовищем
bull-whacker [ˈbʊlˌwækə] *n амер.* погонщик волов
bull-whip [ˈbʊlwɪp] *n* длинный пастуший кнут
bully¹ [ˈbʊlɪ] *n* 1. 1) хулиган, громила 2) задира; обидчик 2. сутенёр 3. *диал.* дружок, товарищ, братец 4. *уст.* уличный грабитель; бандит; наёмный убийца
◊ a ~ is always a coward *посл.* задира всегда трус
bully¹ II [ˈbʊlɪ] *v* 1. запугивать, стращать; to ~ into submission силой заставить подчиниться; they were bullied out of their right их так запугали, что они отказались от своего права 2. 1) задирать 2) изводить; издеваться; грубо обращаться
bully² I [ˈbʊlɪ] *a* 1. прекрасный, хороший 2. *амер.* 1) первоклассный, превосходный 2) весёлый, живой 3. хулиганский
bully² II [ˈbʊlɪ] *int* здорово!, браво!; ~ for you! *разг.* молодец!; здорово сказано!, браво!
bully³ [ˈbʊlɪ] *n* мясные консервы (*тж.* ~ beef)
bullyboy [ˈbʊlɪbɔɪ] *n* 1) громила 2) террорист; ~ tactics тактика запугивания, устрашения
bullyrag [ˈbʊlɪræg] *v прост.* 1. поносить, ругать 2. запугивать 3. дразнить
bulrush [ˈbʊlrʌʃ] *n* камыш
bulrush millet [ˈbʊlrʌʃˈmɪlɪt] *бот.* просо тростниковое (*Pennisetum glaucum, Pennisetum typhoideum*)
bulwark I [ˈbʊlwək] *n* 1. вал, бастион 2. оплот, защита; ~ of peace оплот мира 3. мол, волнолом 4. *обыкн. pl мор.* фальшборт
bulwark II [ˈbʊlwək] *v редк.* 1. укреплять валом 2. служить оплотом; friends ~ed him about друзья стояли за него горой
bum¹ [bʌm] *n* 1. *груб.* зад, задница 2. *разг. сокр. от* bumbailiff
bum² I [bʌm] *n* 1) *разг.* лодырь, лоботряс, бездельник 2) *сл.* ни на что не годный, никчёмный человек; бродяга 3) заядлый болельщик, любитель, фанат; a tennis ~ заядлый теннисист 2. *сл.* кутёж
◊ ~'s rush a) выдворение, насильственное изгнание (*из помещения, города и т. п.*); б) грубое прекращение разговора; ≅ от ворот поворот; to be /to go/ on the ~ a) бродяжничать; 6) жить неизвестно чем; тунеядствовать; в) быть в неисправности, в аварийном состоянии
bum² II [bʌm] *a амер. разг.* 1. дрянной, халтурный; низкопробный 2. ложный; вводящий в заблуждение; ~ steer ложная информация 3. больной, хромой; he has a ~ knee у него болит колено
bum² III [bʌm] *v амер.* 1. *разг.* бездельничать; шататься, слоняться без дела; to ~ around the deck слоняться по палубе 2. *сл.* жить на чужой счёт (*тж.* to ~ it); he ~med me for £ 5 он выставил меня на пять фунтов; he ~med it on his relatives он жил за счёт родственников 2) пьянствовать 3. *сл.* ездить «зайцем»
bum³ [bʌm] *v диал.* громко жужжать

bum⁴ [bʌm] *v* доставлять на лодке провизию на суда
bumbailiff [bʌmˈbeɪlɪf] *n арх.* судебный пристав; помощник судебного пристава
bumbershoot [ˈbʌmbəʃuːt] *n прост.* зонт
bumble I [ˈbʌmb(ə)l] *n* 1. путаница, беспорядок 2. путаник
bumble II [ˈbʌmb(ə)l] *v* 1. путать; создавать путаницу 2. работать неумело, портить; to ~ a job испортить дело
bumblebee [ˈbʌmb(ə)lbiː] *n энт.* шмель (*Bombus gen.*)
bumbledom [ˈbʌmb(ə)ldəm] *n собир.* высокомерные и некомпетентные служащие (*Bumble — персонаж романа Диккенса «Оливер Твист»*)
bumbling [ˈbʌmblɪŋ] *a* 1. неуклюжий, неловкий 2. высокомерный, самодовольный
bumboat [ˈbʌmbəʊt] *n* лодка, доставляющая провизию на суда
bumf [bʌmf] *n* 1. *сл.* туалетная бумага 2. бюрократическая бумажная работа, бумажная возня 3. листовки, сброшенные с самолёта 4. макулатура
bumkin [ˈbʌmkɪn] *n мор.* боканец
bummaree [ˌbʌməˈriː] *n разг.* перекупщик на рыбном рынке Биллингсгейт (*в Лондоне*)
bummer [ˈbʌmə] *n амер. сл.* 1. лентяй, лодырь 2. дрянь, барахло; his book is a ~ его книга — это халтура; the town is a ~ ≅ не город, а дыра 3. разочарование, крах надежд; удар, неприятность; their film is a box-office ~ они прогорели на своём фильме 4. тяжёлый наркотический бред
bump I [bʌmp] *n* 1. глухой удар; столкновение; to make a ~ *спорт.* нагнать, победить в парусной гонке 2. шишка, выпуклость 3. 1) шишка (*во френологии*) 2) *разг.* способность; the ~ of locality способность ориентироваться на местности 4. *ав.* 1) воздушная яма 2) *pl сл.* болтанка 5. *хим.* вскипание с толчками 6. *сл.* вихляние тазом, эротическое движение в танце (*в стриптизе и т. п.*) 7. *разг.* 1) снятие с должности 2) повышение по службе; ≅ «пинок наверх»; he's got a ~ to full colonel его произвели в полковники
bump II [bʌmp] *adv* сильно; с шумом; he went ~ down the stairs он с грохотом скатился с лестницы; to come ~ on the floor шлёпнуться на пол; the car ran ~ into the wall машина врезалась в стену
bump III [bʌmp] *v* 1. 1) (against, into) ударяться; налетать, наталкиваться; to ~ against the kerb врезаться в край тротуара; to ~ into another car налететь на другую машину 2) ударять; I have ~ed my knee я ушиб колено 2. *спорт.* победить в парусной гонке 3. прыгать, скакать; to ~ along подпрыгивать, трястись на ухабах 4. *амер. воен. жарг.* обстреливать 5. *разг.* выгнать, убрать, снять (*с должности и т. п.*); отвести (*кандидата*); провалить (*на выборах*) 6. *разг.* снять (*пассажира с самолёта*); не предоставить (*заказанного*) места (*в самолёте*)
bump artist [ˈbʌmpəˌtɪst] *кино проф.* трюковой артист, каскадёр
bumped-up [bʌmptˈʌp] *a разг.* 1) поднявшийся, выдвинувшийся из низов; he struck me as rather ~ он произвёл на меня впечатление выскочки 2) с громким названием; he was given a ~ job он получил должность со звучным /громким/ названием
bumper I [ˈbʌmpə] *n* 1. 1) бампер 2) амортизатор 3) *амер.* буфер 2. стакан, бокал, наполненный до краёв (*особ.*

при произнесении тоста) 3. *разг.* что-л. очень крупное, большое; ~ crop /harvest/ небывалый /невиданный/ урожай 4. *театр. жарг.* переполненный театральный зал 5. *студ. жарг.* лодочные гонки (*в Оксфордском и Кембриджском университетах*)
bumper II [ˈbʌmpə] *v* 1. наполнять бокал до краёв 2. поднимать бокал, пить за (*чьё-л.*) здоровье
bumper sticker, bumper strip [ˈbʌmpəˌstɪkə, -strɪp] лозунг, приветствие *и т. п.* на бампере (*на полосе гуммированной бумаги*)
bumph [bʌmf] = bumf
bumpiness [ˈbʌmpɪnɪs] *n ав.* болтанка
bumpkin¹ [ˈbʌmpkɪn] *n* неотёсанный парень, мужлан, деревенщина
bumpkin² [ˈbʌmpkɪn] = bumkin
bump off [ˈbʌmpˈɒf] *phr v разг.* 1. убить, убрать 2. умереть
bump-supper [ˈbʌmpˌsʌpə] *n студ. разг.* банкет, празднество в честь победы на лодочных гонках (*в Оксфорде и Кембридже*)
bumptious [ˈbʌmpʃəs] *a* (излишне) самоуверенный; развязный, наглый
bump up [ˈbʌmpˈʌp] *phr v разг.* 1. увеличивать, поднимать; prices were bumped up by increased demand возросший спрос взвинтил цены 2. повышать по службе
bumpy [ˈbʌmpɪ] *a* ухабистый, тряский (*о дороге*)
bun¹ [bʌn] *n* 1. 1) сдобная булочка, плюшка, кекс; currant ~ сдобная булочка с изюмом 2) *шотл.* хлеб с изюмом 2. пучок (*женская причёска*) 3. *pl* ягодицы, попка
◊ to take the ~ a) получить приз, занять первое место; б) быть поразительным /невероятным/; to have a ~ in the oven *сл.* быть беременной
bun² [bʌn] *n сл.* 1) состояние опьянения; to have /to get/ the ~ on напиться пьяным 2) количество спиртного (*достаточное, чтобы напиться*)
bun³ [bʌn] *n* 1) белочка 2) *диал.* зайчик 2. *ласк.* зайчик, котик (*в обращении*)
buna [ˈb(j)uːnə] *n* буна (*вид синтетического каучука*)
Bunbury [ˈbʌnb(ə)rɪ] *v* путешествовать ради удовольствия (*по имени вымышленного персонажа пьесы О. Уайльда «Как важно быть серьёзным»*)
bunce [bʌns] *n сл.* выгода (*особ. неожиданная*)
bunch I [bʌntʃ] *n* 1. связка; пучок; пачка; a ~ of flowers букетик цветов; a ~ of grapes кисть /гроздь/ винограда; a ~ of keys связка ключей; a ~ of fives *сл.* пятерня, кулак 2. 1) *разг.* группа, компания; he is the best of the ~ он лучший среди них; a ~ of thieves шайка воров 2) *спорт.* группа (*велосипедистов*); leading [main] ~ головная [основная] группа (*велосипедистов*) 3) множество; he's got a ~ of relatives у него куча родственников 4) *амер. разг.* стадо 3. *горн.* гнездо, скопление руды 4. *текст.* низок или гнездо початка 5. *физ.* группа, сгусток (*ускоряемых частиц*) 6. *уст.* опухоль
bunch II [bʌntʃ] *v* 1. 1) собирать в пучки, пачки; связывать 2) *уст.* образовывать пучки, гроздья 2. *амер. разг.* сгонять стадо 3. собирать в сборки (*платье*) 4. (*обыкн.* ~ out) 1) выступать, образовывать выпуклость 2) пропускать поезда пачками
bunched [bʌntʃt] *a* 1) сбившийся в кучу 2) образовавший пучки или гроздья 3) *физ.* сгруппированный (*о частицах*)

bunch-grass ['bʌntʃgrɑːs] *n бот.* рыхлокустовые травы

bunching ['bʌntʃɪŋ] *n* 1. нагромождение; затор, пробка (*на дороге и т. п.*) 2. *физ.* банчировка, группирование частиц в сгустки

bunchings ['bʌntʃɪŋz] *n pl* пучковые овощи; овощи, продаваемые связанными в пучки

bunch-onion ['bʌntʃˌʌnjən] *n* пучковый лук, зелёный лук

bunchy ['bʌntʃɪ] *a* 1. растущий пучками *или* гроздьями 2. выпуклый 3. *горн.* неравномерно залегающий

bunco I ['bʌŋkəʊ] *n* (*pl* -os [-əʊz]) *сл.* обман, жульничество; мошенничество в картах

bunco II ['bʌŋkəʊ] *v сл.* 1) плутовать в картах 2) получать (*что-л.*) с помощью обмана

buncombe ['bʌŋkəm] *n амер.* 1) неискренний разговор; to speak /to talk/ for /to/ ~ вести демагогические разговоры во время предвыборной кампании 2) вздор, чепуха, пустословие; трескучие фразы; to speak /to talk/ ~ пороть чушь, нести ахинею; all that talk is ~ все эти разговоры — чепуха

Bund [bʌnd] *n* 1. *ист.* профашистская организация в США (*большей частью из эмигрантов*) 2. общество, организация, лига

bund [bʌnd] *n инд.* 1. насыпь 2. набережная, пристань (*в Японии, Китае*)

bunder ['bʌndə] *n* пристань, набережная; порт, гавань (*в странах Востока*)

Bundestag ['bʊndəstɑːg] *n нем.* бундестаг

Bundeswehr ['bʊndəsveə] *n нем.* бундесвер

bundle I ['bʌndl] *n* 1. 1) узел, узелок; котомка; a ~ of rags (of clothes) узел старого тряпья (платья) 2) связка, пачка; a ~ of banknotes пачка банкнот 3) пучок; a ~ of tubes *тех.* пучок труб 2. пакет; свёрток 3. *пренебр.* собрание, коллекция; a ~ of calumnies чистая клевета 4. группа звёзд сигнальной ракеты 5. определённое количество товара · (*2 пачки бумаги, 20 мотков хлопчатобумажной пряжи и т. п.*) 6. *лингв.* пучок (*релевантных фонологических признаков, образующих фонему*) 7. *амер. сл.* большая сумма денег 8. *сл.* массовая драка, свалка (*особ. между несовершеннолетними*)
◊ a ~ of nerves комок нервов; to go a ~ on *сл.* влюбиться, втюриться

bundle II ['bʌndl] *v* 1. связывать в узел (*тж.* ~ up) 2) увязывать, укладывать вещи перед отъездом 3) группировать 2. отсылать, спроваживать (*обыкн.* ~ away, ~ in, ~ off, ~ out); I ~d him off я отделался от него, я его выпроводил 3. уезжать в спешке; to ~ out скрыться; убежать в замешательстве, «смотаться»; they ~d down to town они поспешно уехали в город

bundled software ['bʌndld 'sɒftweə] *вчт.* стандартное программное обеспечение

bundle up ['bʌndl'ʌp] *phr v* тепло одеваться, укутываться

bundook ['bʌndʊk] *n инд.* ружьё, мушкет

bunfight ['bʌnfaɪt] *n сл.* шумная ссора, уличная драка

bung I [bʌŋ] *n* 1. втулка, затычка (*в бочке*) 2. подручный трактирщика 3. = bunghole

bung II [bʌŋ] *v* 1. затыкать, закупоривать (*обыкн.* ~ up) 2. *сл.* подбить глаз (*в драке*) 3. *сл.* швырять (*камни и т. п.*)

bungaloid ['bʌŋɡəlɔɪd] *a* 1. похожий на бунгало; a ~ hotel гостиница в стиле бунгало 2. застроенный бунгало (*о городе*)

bungalow ['bʌŋɡələʊ] *n* бунгало, одноэтажная дача с верандой

bunghole ['bʌŋhəʊl] *n* отверстие в бочке

bungle I ['bʌŋɡ(ə)l] *n* 1. плохая работа; he made a ~ of it он всё дело испортил 2. ошибка, путаница

bungle II ['bʌŋɡ(ə)l] *v* 1. работать неумело, портить работу; испортить дело 2. запутаться (*в споре, дискуссии*); заблуждаться

bungler ['bʌŋɡlə] *n* путаник; плохой работник, «сапожник»

bungling I ['bʌŋɡlɪŋ] *n* плохая, неумелая работа; путаница

bungling II ['bʌŋɡlɪŋ] *a* неуклюжий, неумелый

bunion ['bʌnjən] *n мед.* бурсит большого пальца стопы; ≅ «шишка» на пальце

bunk¹ I [bʌŋk] *n* 1. 1) койка (*особ. двухъярусная*) 2) спальное место 2. *амер.* подкладка под брёвна (*при вывозке из леса*) 3. кормушка для скота

bunk¹ II [bʌŋk] *v* (*тж.* to ~ it) 1. 1) спать на койке 2) ложиться спать 2. спать в палатках, на открытом воздухе 3. жить (*с кем-л.*) в одном помещении; you can ~ with me, if you wish если хочешь, можешь жить у меня

bunk² I [bʌŋk] *n разг.* бегство; to do a ~ удрать, дать тягу

bunk² II [bʌŋk] *v разг.* удирать, убегать, драпать; to ~ off *школ.* прогуливать уроки

bunk³ [bʌŋk] *n сл.* вздор, чепуха

bunk bed ['bʌŋkbed] одно из мест в двухъярусной кровати

bunker I ['bʌŋkə] *n* 1. угольная яма, бункер; ash ~ зольник; ~ hatchway угольный люк 2. бункер, силосная яма 3. ларь; закром 4. *воен.* бункер; долговременное огневое сооружение; убежище 5. *шотл.* скамья, лавка; земляная скамья

bunker II ['bʌŋkə] *v* 1) заправлять корабль топливом 2) заправляться топливом (*о корабле*)

bunkerage ['bʌŋk(ə)rɪdʒ] *n* бункеровка, загрузка бункеров

bunker coal ['bʌŋkəkəʊl] бункерный уголь, уголь для судовых котлов

bunker oil ['bʌŋkə(r)ˌɔɪl] бункерное топливо, топливо для судовых котлов

bunker silo [ˌbʌŋkə'saɪləʊ] *с.-х.* силосная яма

bunk feeder ['bʌŋkˌfiːdə] *с.-х.* автоматическая кормушка, шнековая кормушка

bunkhouse ['bʌŋkhaʊs] *n* ночлежка

bunkie ['bʌŋkɪ] *n амер. разг.* сосед, товарищ по комнате

bunkmate ['bʌŋkmeɪt] *n амер. разг.* один из двух людей, спящих на двухъярусной кровати

bunko I, II ['bʌŋkəʊ] *амер.* = bunco I и II

bunko steerer ['bʌŋkəʊˌstɪ(ə)rə] *амер. сл.* шулер

bunkum ['bʌŋkəm] = buncombe

bunny¹ ['bʌnɪ] *n* 1) *ласк.* кролик, зайчик 2) *амер.* белочка 3) *разг.* кошечка, киска, зайчик (*о девушке*)

bunny² ['bʌnɪ] *n геол.* карман, гнездо

Bunsen burner [ˌbʌns(ə)n'bɜːnə] *тех.* бунзеновская горелка

bunt¹ [bʌnt] *n* 1. *мор.* пузо (*паруса*) 2. мотня (*невода*)

bunt² [bʌnt] *n бот.* мокрая головня (*Tilletiaceae*)

bunt³ [bʌnt] *v* ударять; бодать; пихать, толкать

bunting¹ ['bʌntɪŋ] *n* 1. *зоол.* овсянка (*Emberiza gen.*) 2. *ласк.* лапочка, птичка

bunting² I ['bʌntɪŋ] *n* 1. материя для флагов, знамён *и т. п.* 2. *собир.* флаги 3. *мор.* флагдук

bunting² II ['bʌntɪŋ] *a* 1. надувшийся (*о парусе*) 2. пухленький, кругленький

buntline ['bʌntlaɪn] *n мор.* бык-гордень

buoy I [bɔɪ] *n* 1. буй; буёк; бакен; ~-keeper бакенщик 2. спасательный буй; спасательный круг

buoy II [bɔɪ] *v* обставлять буями; ставить бакены

buoyage ['bɔɪɪdʒ] *n мор.* обстановка фарватера

buoyancy ['bɔɪənsɪ] *n* 1. плавучесть; подъёмная сила 2. надводное положение подводной лодки 3. жизнерадостность, бодрость, душевная энергия; весёлость; man full of ~ жизнерадостный человек 4. 1) оживление (*на рынке и т. п.*) 2) повышательная тенденция (*на бирже*)

buoyant ['bɔɪənt] *a* 1. 1) плавучий, способный держаться на поверхности; ~ mine *воен.* плавучая мина 2) способный держать на поверхности; salt water is more ~ than fresh солёная вода лучше держит, чем пресная 2. жизнерадостный, бодрый, весёлый; of ~ disposition бодрый, жизнерадостный 3. *бирж.* повышательный

buoy-rope ['bɔɪrəʊp] *n мор.* буйреп

buoy up ['bɔɪ'ʌp] *phr v* 1. 1) поддерживать на поверхности 2) поднимать на поверхность 2. поддерживать (*энергию, надежду и т. п.*); поднимать (*дух, настроение и т. п.*); he was buoyed up by the news это известие подбодрило его

bur I [bɜː] *n* 1. шип, колючка, жёсткая колючая оболочка (*семян*) 2. репей, репейник 3. ворсовальная шишка 4. назойливый человек
◊ to stick like a ~ цепляться как репей; ≅ приставать как смола; ~ in the throat комок в горле

bur II [bɜː] *v* вынимать репьи и колючки (*из шерсти*)

burberry ['bɜːb(ə)rɪ] *n* 1) (B.) «Барберри» (*торговый знак*) 2) «барберри» (*непромокаемая ткань*) 3) непромокаемое пальто из ткани «барберри»

burble¹ I ['bɜːb(ə)l] *n* 1. бормотание, болтовня 2. *ав.* срыв потока

burble¹ II ['bɜːb(ə)l] *v* 1. бормотать; болтать 2. задыхаться от смеха; to ~ with laughter еле сдерживать смех

burble² ['bɜːb(ə)l] *n диал.* неприятности, беспорядок

burbly ['bɜːblɪ] *a* 1. пузырящийся, пенящийся 2. бурный, беспокойный

burbot ['bɜːbət] *n зоол.* налим (*Lota lota*)

burden¹ I ['bɜːdn] *n* 1. 1) ноша; тяжесть; груз 2) *мор.* грузоподъёмность; регистровый тоннаж 3) вес партии снаряда 4) *физ.* вторичная нагрузка (*измерительного трансформатора*) 2. бремя; ~ of taxation налоговое бремя; the ~ of (the) years бремя лет; ~ of armaments бремя вооружений; ~ of proof *юр.* бремя /обязанность/ доказывания (*в процессе*); to be a ~ to smb. быть кому-л. в тягость; to make smb.'s life a ~ портить кому-л. жизнь; the debt ~ of the developing countries is enormous долговые обязательства развивающихся стран огромны 3. *горн.* 1) наносы, покрывающие породы 2) отношение пустой породы к полезному ископаемому

burden¹ II ['bɜ:dn] *v* 1. нагружать 2. обременять, отягощать; to ~ one's memory with useless facts обременять память ненужными фактами; to ~ with tasks [expenses, taxation] обременять заданиями [расходами, налогами]

burden² ['bɜ:dn] *n* 1. тема; суть, основная мысль; this was the ~ of his remarks в этом была суть его замечаний 2. 1) припев, рефрен 2) *уст.* аккомпанемент

burdensome ['bɜ:dns(ə)m] *a* 1. обременительный, тягостный 2. раздражающий, докучливый

burdock ['bɜ:dɒk] *n бот.* 1. лопух (*Arctium*) 2. дурнишник (*Xanthium*)

bureau ['bjʊ(ə)rəʊ] *n* 1. 1) бюро; information ~ справочное /информационное/ бюро; Federal B. of Investigation *амер.* Федеральное бюро расследований 2) отдел; управление; комитет 2. бюро, контора, письменный стол 3. *амер.* комод (*тж. с зеркалом*)

bureaucracy [,bjʊ(ə)'rɒkrəsɪ] *n* 1. бюрократия, бюрократизм 2. *собир.* (государственные) чиновники, бюрократия

bureaucrat ['bjʊ(ə)rəkræt] *n* 1. бюрократ 2. (государственный) чиновник

bureaucratese [bjʊ(ə)‚rɒkrə'ti:z] *n* бюрократический жаргон

bureaucratic [‚bjʊ(ə)rə'krætɪk] *a* бюрократический

bureaucratism [bjʊ(ə)'rɒkrətɪz(ə)m] *n* бюрократизм

bureaucratize [bjʊ(ə)'rɒkrətaɪz] *v* 1) бюрократизировать 2) проявлять бюрократизм

burette [bjʊ'ret] *n* 1. графинчик для уксуса или масла 2. *хим.* бюретка

burg [bɜ:g] *n* 1. средневековый город или крепость 2. *разг.* 1) город 2) городок, городишко

burgage ['bɜ:gɪdʒ] *n ист.* 1. аренда городской земли *или* недвижимой собственности у феодала (*за годовую плату*) 2. арендованная недвижимая собственность в городе, принадлежащая феодалу

burgee ['bɜ:dʒi:] *n мор.* вымпел; треугольный флаг, суживающийся флаг с косицами (*яхт-клуба и т. п.*)

burgeon I ['bɜ:dʒ(ə)n] *n поэт.* бутон, почка, росток

burgeon II ['bɜ:dʒ(ə)n] *v* 1. выпускать бутоны; давать почки, ростки 2. быстро расти и развиваться; new suburbs ~ed all around the city вокруг города возникли новые районы

burger ['bɜ:gə] *n* 1) булочка, разрезанная вдоль (*обычно с чем-л.*) 2) гамбургер

-burger [-bɜ:gə] *в сложных словах имеет значение* целая булочка, разрезанная вдоль; fishburger булочка с рыбой; cheeseburger булочка с ветчиной и сыром

burgess ['bɜ:dʒɪs] *n* 1. гражданин *или* житель города, имеющего самоуправление 2. *ист.* член парламента *от* города с самоуправлением *или* от университета

burgh ['bʌrə] *n* 1. *шотл.* город с самоуправлением 2. *амер. разг.* (небольшой) город 3. *арх.* = borough

burgher ['bɜ:gə] *n ист.* горожанин; бюргер

bur gherkin ['bɜ:ˌgɜ:kɪn] *бот.* корнишон (*Cucumis anguria*)

burglar ['bɜ:glə] *n* 1) ночной грабитель, взломщик 2) вор, грабитель

burglar alarm ['bɜ:gləɹəˌlɑ:m] охранная сигнализация (*от воров*)

burglarious [bɜ:'gle(ə)rɪəs] *a* грабительский, воровской

burglarize ['bɜ:gləraɪz] *v амер.* совершать ночную кражу со взломом

burglarproof ['bɜ:gləpru:f] *a* защищённый от ограбления; ~ vault стальной сейф

burglary ['bɜ:glərɪ] *n* ночная кража со взломом

burgle ['bɜ:g(ə)l] *v разг.* совершать кражу со взломом, быть взломщиком

burgomaster ['bɜ:gəˌmɑ:stə] *n* 1. бургомистр (*в голландских, фламандских и германских городах*) 2. *зоол.* полярная чайка, бургомистр (*Larus hyperboreus*)

burgonet ['bɜ:gənet] *n ист.* бургундский шлем с забралом

burgoo ['bɜ:gu:] *n* 1. *мор. жарг.* густая овсянка 2. *амер.* тушёные овощи с мясом, густой суп из мяса и овощей

bur grass ['bɜ:grɑ:s] *бот.* 1) иглица (*Echinaria*) 2) ценхрус якорцевидный (*Cenchrus tribuloides*)

Burgundian I [bɜ:'gʌndɪən] *n* бургундец; бургундка

Burgundian II [bɜ:'gʌndɪən] *a* бургундский

Burgundy ['bɜ:gəndɪ] *n* 1. красное бургундское вино 2. бордовый цвет

Burgundy mixture ['bɜ:gəndɪˌmɪkstʃə] бургундская жидкость (*фунгицид*)

burial I ['berɪəl] *n* 1. похороны 2. погребение, захоронение

burial II ['berɪəl] *a* погребальный, похоронный

burial ground ['berɪəlgraʊnd] 1. кладбище, погост 2. могильник, место для захоронения радиоактивных остатков

burial hill, burial mound ['berɪəlhɪl, -maʊnd] могильный холм, курган

burial place ['berɪəlpleɪs] место погребения

burial service ['berɪəlˌsɜ:vɪs] заупокойная служба, панихида

buried ['berɪd] *a спец.* 1) захороненный (*об отходах*) 2) погружённый, погружной, утопленный (*о приборе и т. п.*); ~ cable подземный кабель; ~ concrete подземный бетон; ~ dressing *с.-х.* глубокая заделка (*семян, удобрений*); ~ suture *мед.* погружной шов

burin ['bjʊ(ə)rɪn] *n* резец гравёра, грабштихель

burke [bɜ:k] *v* 1. убить, задушить 2. замять (*дело и т. п.*); разделаться (*с чем-л.*) тихо и незаметно; to ~ a question похоронить дело

burl I [bɜ:l] *n* 1. *текст.* узел на нитке в ткани 2. кап, наплыв (*на дереве*)

burl II [bɜ:l] *v текст.* очищать суровьё от узлов и посторонних включений

burlap ['bɜ:læp] *n* 1) мешковина, джутовая мешочная ткань 2) джутовая тара

burlesque I [bɜ:'lesk] *n* 1. бурлеск 2. пародия; карикатура 3. *амер.* низкопробное представление со стриптизом (*в кафешантане*) 4. *муз.* бурлеска

burlesque II [bɜ:'lesk] *a* шуточный, пародийный

burlesque III [bɜ:'lesk] *v* пародировать, представлять в комическом виде

burletta [bɜ:'letə] *n* небольшая комическая опера

burly ['bɜ:lɪ] *a* 1. дородный, плотный 2. большой и сильный, дюжий 3. грубый; бесцеремонный 4. *уст.* толстый (*о материале*)

Burman I, II ['bɜ:mən] = Burmese I и I

Burmese I [bɜ:'mi:z] *n* 1. бирманец; бирманка; the ~ *собир.* бирманцы 2. бирманский язык

Burmese II [bɜ:'mi:z] *a* бирманский

burn¹ I [bɜ:n] *n* 1. ожог; обожжённое место; ~ ointment мазь от ожогов; to die of ~s умереть от ожогов 2. клеймо 3. выжигание растительности (*на земле, предназначенной к обработке*) 4. обжиг (*кирпича и т. п.*) 5. *разг.* сигарета 6. *сл.* надувательство, обман 7. *реакт.* поджиг ракетного двигателя

burn¹ II [bɜ:n] *v* (burnt, burned) I 1. 1) жечь, сжигать (*тж.* ~ down) 2) выжигать, прожигать 3) использовать в качестве топлива; топить (*каким-л. материалом*); to ~ coal [wood] in one's grate топить камин углем [дровами] 4) *физ.* сжигать в ядерном реакторе 5) *хим.* сгорать, быстро окисляться 2. 1) гореть, пылать, сгорать (*тж.* ~ away); damp wood will not ~ сырое дерево не горит; the fire was ~ing away cheerfully огонь весело горел 2) пылать, гореть; to ~ with fever быть в жару, пылать как в огне; to ~ with enthusiasm [love, hatred] гореть энтузиазмом [любовью, ненавистью]; his hands and forehead were ~ing его руки и лоб пылали 3) гореть, светить (*о лампе и т. п.*); гореть, сверкать (*о звёздах и т. п.*); all the lights were ~ing горели все огни; stars were ~ing dimly звёзды светили тускло 3. 1) (for) иметь страстное желание (*обладать чем-л.*); he ~s for his moment of glory он жаждет славы 3. обжигать, получать ожог; to ~ one's fingers a) обжечь пальцы; б) обжечься (*на чём-л.*); the coffee is very hot, don't ~ your mouth кофе очень горячий, не обожгитесь; his hands were badly ~t with acids на его руках были сильные ожоги от кислот 4. 1) вызывать загар (*о солнце*) 2) загорать; delicate skins ~ very easily in the sun нежная кожа легко обгорает на солнце 5. 1) подгорать (*о пище*); potatoes are ~t to cinders а, crisp, ash/ картошка совсем сгорела 2) дать подгореть *или* сгореть 6. 1) обжигать (*кирпич, гончарные изделия*) 2) выжигать (*уголь*) 7. 1) иссушать (*землю*); вызывать трещины 2) опалять, высушивать (*растительность*) 8. 1) сжигать, казнить на костре; Joan of Arc was ~t to death Жанну д'Арк сожгли на костре 2) умереть на костре 3) *амер. сл.* казнить на электрическом стуле 9. 1) *мед.* прижигать; to ~ a snakebite прижечь змеиный укус 2) клеймить (*животных*) 10. вызывать жжение, жечь 11. мчаться изо всех сил (*часто* ~ up) 12. *сл.* обмануть; надуть; to be ~ed a) стать жертвой обмана /мошенничества/; б) горько разочароваться

II Б to burn into smth. 1) въедаться (*о кислоте и т. п.*) 2) врезаться (*в память и т. п.*); war scenes burnt into his soul картины войны запомнились ему навсегда

◊ ~ ears ~ ≅ у кого уши горят, про того говорят; to ~ rubber удирать, сматываться; to ~ the water лучить рыбу; to ~ the breeze /the wind, the earth/ *амер.* нестись во весь опор; she has money to ~ ≅ у неё денег куры не клюют; money ~s a hole in his pocket деньги у него не держатся; to ~ the candle at both ends *см.* candle I ◊; to ~ daylight a) жечь свет днём; б) тратить силы зря; to ~ the midnight oil засиживаться за работой до глубокой ночи; to ~ one's bridges /boats/ сжечь мосты /свой корабли/, отрезать себе путь к отступлению

burn² [bɜ:n] *n шотл.* ручей, ручеёк

burn away ['bɜ:nəˈweɪ] *phr v* 1. постепе́нно сгора́ть; half the candle had burnt away полови́на свечи́ сгоре́ла 2. постепе́нно сжига́ть; уничтожа́ть; the sun burns away the mist со́лнце рассе́ивает тума́н 3. горе́ть, сгора́ть; the gas fire has been burning away all night газ горе́л всю ночь

burn bag ['bɜːnbæg] *канц.* мешо́к для бума́г *(подлежащих сжиганию)*

burnbag ['bɜːnbæg] *v* сжига́ть *(бумаги)*; отправля́ть в печь *(секретные документы)*

burn down ['bɜːn'daʊn] *phr v* 1. сжига́ть дотла́; his house was burnt down его́ дом сгоре́л дотла́ 2. догора́ть; the candle burnt down свеча́ догоре́ла

burned I [bɜːnd,bɜːnt] *a* 1. *амер. фото* переде́ржанный 2. = burnt I 3. *амер. сл.* попа́вший в тру́дное положе́ние, «погоре́вший»

burned II [bɜːnd,bɜːnt] *past и p. p. от* burn¹ II

burned-out [,bɜːnd'aʊt, ,bɜːnt-] *a* 1) изму́ченный, перегоре́вший; вы́шедший из стро́я; ~ zeal уга́сший энтузиа́зм; a ~ light bulb перегоре́вшая ла́мпочка 2) вы́дохшийся, изму́ченный *(о человеке)* 3) *тех.* отбрако́ванный

burner ['bɜːnə] *n* 1. *см.* burn¹ II + -er 2. 1) *тех.* горе́лка; форсу́нка 2) конфо́рка *(газовой плиты)* 3. обжига́тельная печь 4. ка́мера сгора́ния 5. пая́льная ла́мпа *(тж.* brazing ~)
◊ to put on the back ~ отложи́ть, оста́вить *(на время)*

burnet ['bɜːnɪt] *n бот.* кровохлёбка *(Sanguisorba)*

burn in ['bɜːn'ɪn] *phr v* обжига́ть гонча́рное изде́лие *(чтобы закрепить рисунок)*

burn-in ['bɜːnɪn] *n спец.* испыта́ние на принуди́тельный отка́з

burning I ['bɜːnɪŋ] *n* 1. горе́ние 2. ожо́г; прока́ливание 3. окисле́ние *(металла)* 4. *с.-х.* пал 5. *уст.* жар

burning II ['bɜːnɪŋ] *a* 1. 1) горя́чий, пыла́ющий 2) *эмоц.-усил.* жгу́чий, нестерпи́мый; ~ shame стра́шный стыд; ~ disgrace ужа́сный позо́р; ~ question /matter/ жгу́чий /животрепе́щущий, насу́щный/ вопро́с 2. горю́чий; ~ oil кероси́н
◊ ~ scent горя́чий след

Burning Bush [,bɜːnɪŋ'bʊʃ] *библ.* неопали́мая купина́

burning-glass ['bɜːnɪŋglɑːs] *n* зажига́тельное стекло́

burning-out [,bɜːnɪŋ'aʊt] *n* 1. прогора́ние 2. *эл.* пережо́г; выгора́ние конта́ктов 3. выжига́ние *(топлива)* 4. прекраще́ние рабо́ты *(ракетного двигателя)*

burning point ['bɜːnɪŋpɔɪnt] *физ.* то́чка воспламене́ния

burnish¹ ['bɜːnɪʃ] *n редк.* 1. полиро́вка 2. блеск

burnish¹ II ['bɜːnɪʃ] *v* 1. 1) чи́стить 2) полирова́ть 3) доводи́ть до бле́ска, наводи́ть лоск; отшлифова́ть 2. блесте́ть

burnisher ['bɜːnɪʃə] *n* 1. полиро́вщик 2. *тех.* гла́дилка

burnous, burnouse [bɜːˈnuːs] *n* бурну́с

burn out ['bɜːn'aʊt] *phr v* 1. выжига́ть, сжига́ть; soldiers burnt the fort out солда́ты сожгли́ форт; to ~ of house and home сжечь дом и лиши́ть прста́нища; to be burned out погоре́ть, стать погоре́льцем 2. сгора́ть дотла́ 3. подже́чь жили́ще *(чтобы заставить его обитателей уйти)* 4. изве́сться, изму́читься; he will burn himself out unless he gets some sleep он изму́чится вконе́ц, е́сли не бу́дет спать 5. *эл.* 1) пережи́чь *(лампу)* 2) перегоре́ть *(о лампочке)* 6. *амер. спорт.* улу́чшить свой реко́рд 7.

амер. разг. обыска́ть 8. *амер. разг.* де́лать *(что-л.)* бы́стро *или* хорошо́ 9. *реакт.* сгора́ть по́лностью *(о топливе)*

burnout ['bɜːnaʊt] *n* 1. си́льный, разруши́тельный ого́нь 2. прекраще́ние горе́ния *(в ракетном двигателе)* 3. истоще́ние физи́ческих и духо́вных сил 4. *сл.* наркома́н

burns [bɜːnz] *n pl амер. разг.* ба́чки, баки́

burnsides ['bɜːnsaɪdz] = burns

burnt I [bɜːnt] *a* горе́лый; жжёный; сожжённый; ~ gas *тех.* отрабо́танный газ; ~ alum *хим.* жжёные квасцы́; ~ lime негашёная и́звесть, кипёлка
◊ a ~ case больно́й в после́дней ста́дии боле́зни; a ~ child dreads the fire *посл.* ≅ обжёгшись на молоке́, бу́дешь дуть и на́ воду

burnt II [bɜːnt] *past и p. p. от* burn¹ II

burnt-almonds [,bɜːnt'ɑːməndz] *n pl* жа́реный минда́ль; минда́ль, жа́ренный в са́харе

burnt(-)offering, burnt(-)sacrifice [,bɜːnt'ɒf(ə)rɪŋ, -'sækrɪfaɪs] *(n)* 1. *рел.* всесожже́ние 2. *шутл.* подгоре́вшее блю́до, «уголёк»

burn together ['bɜːntə'geðə] *phr v* сва́ривать, производи́ть сва́рку

burnt-out ['bɜːnt'aʊt] *a* 1. = burned-out 2. разочаро́ванный *(в своих силах)*; потеря́вший ве́ру в себя́; ко́нченный *(о человеке)*

burn up ['bɜːn'ʌp] *phr v* 1. разжига́ть 2. загора́ться; разгора́ться; put some wood on the fire and make it ~ подбро́сь дров в ого́нь, чтобы он разгоре́лся 3. *сл.* 1) рассерди́ть, разозли́ть 2) рассерди́ться, вспыли́ть 3) си́льно отруга́ть; дать, зада́ть взбу́чку 4. вы́гореть; прогоре́ть 5. бы́стро раздела́ться *(с чем-л.)* 6. *косм.* сгора́ть при вхо́де в пло́тные сло́и атмосфе́ры

burn-up ['bɜːnʌp] *n сл.* бы́страя езда́; го́нки на мотоци́клах

burny ['bɜːnɪ] *a разг.* жгу́чий, о́гненный, раскалённый

bur oak ['bɜː(r)əʊk] *бот.* дуб крупнопло́дный *(Quercus macrocarpa)*

burp I [bɜːp] *n разг.* отры́жка, рыга́ние

burp II [bɜːp] *v разг.* рыга́ть; to ~ a baby дать ребёнку отрыгну́ть

burr¹ [bɜː] *n* заднеязы́чное произноше́ние зву́ка [r] *(на севере Англии)*; карта́вость

burr² [bɜː] *n тех.* 1. заусе́нец, грат 2. инструме́нт для сня́тия заусе́нцев 3. бор 4. точи́льный ка́мень; оселок 5. кли́нкер

burr³ [bɜː] *n астр.* орео́л *(Луны или звезды)*

burr⁴ [bɜː] = bur I

burr⁵ [bɜː] *n* наро́ст на де́реве

burrito [bəˈriːtəʊ] *n* лепёшка с начи́нкой из мя́са, сы́ра и бобо́в

burro ['bʊrəʊ] *n (pl* -os [-əʊz]) *разг.* о́слик

burrow¹ I ['bʌrəʊ] *n* 1) нора́; но́рка; я́мка 2) убе́жище

burrow¹ II ['bʌrəʊ] *v* 1. рыть нору́, ход *(тж.* ~ one's way); the larvae ~ in the wood личи́нки де́лают ходы́ в де́реве 2. 1) пря́таться в норе́; жить в норе́ 2) пря́таться, скрыва́ться 3. 1) ры́ться *(в книгах, в архивах)* 2) проника́ть *(в тайну и т. п.)*

burrow² ['bʌrəʊ] *n горн.* отбро́сы, пуста́я поро́да; отва́л

burry¹ ['bɜːrɪ] *a редк.* 1. ворси́стый; волокни́стый 2. гру́бый, колю́чий

burry² ['bɜːrɪ] *a* карта́вый; задненёбный *(о звуке* [r]*)*

bursa ['bɜːsə] *n (pl* -ae) *анат.* су́мка

bursae ['bɜːsiː] *pl от* bursa

bursal ['bɜːs(ə)l] *a* 1. *анат.* относя́щийся к сли́зистой су́мке 2. име́ющий отноше́ние к госуда́рственному дохо́ду

bursar ['bɜːsə] *n* 1. казначе́й *(особ. в колледжах и университетах)* 2. стипендиа́т

bursarial [bɜːˈse(ə)rɪəl] *a* 1. казначе́йский *(обыкн. в колледже)* 2. стипендиа́льный

bursary ['bɜːs(ə)rɪ] *n* 1. канцеля́рия казначе́я *(в колледжах, университетах и монастырях)* 2. стипе́ндия

burse [bɜːs] *n* 1. 1) = bursary 2 2) *шотл.* фонд для стипе́ндий и дота́ций *(в университетах)* 2. *уст.* кошёл, кошёлка 3. *уст.* 1) би́ржа 2) (the B.) торго́вые ряды́

bursiform ['bɜːsɪfɔːm] *a* похо́жий на су́мку, в фо́рме су́мки

bursitis [,bɜːˈsaɪtɪs] *n мед.* бурси́т

burst I [bɜːst] *n* 1. 1) взрыв; разры́в; a ~ of a shell разры́в снаря́да; a ~ of a bomb взрыв бо́мбы; a ~ of thunder уда́р гро́ма; ~ effect *воен.* де́йствие взрывно́й волны́; ~ range [interval] *воен.* диста́нция [интерва́л] разры́ва 2) *воен.* шквал огня́; огнево́й налёт 3) о́чередь огня́ 4) *метеор.* проры́в *(массы воздуха)* 2. взрыв, вспы́шка; a ~ of flame вспы́шка огня́; a ~ of applause [of laughter] взрыв аплодисме́нтов [сме́ха]; a ~ of anger вспы́шка гне́ва, взрыв негодова́ния 3. 1) проры́в; ~ of energy прили́в эне́ргии; ~ of speed ре́зкое увеличе́ние ско́рости; periodical ~s периоди́ческие скачки́; to work in sudden ~s рабо́тать рывка́ми 2) *спорт.* бросо́к в бе́ге, рыво́к; ~ for the tape бросо́к на ле́нточку 3) *спорт.* спурт 4. *разг.* попо́йка, пья́нка; пья́ный загу́л; to go on the ~ загуля́ть, закути́ть 5. *книжн.* внеза́пное возникнове́ние *(пейзажа)*; a ~ of mountain and plain внеза́пно откры́вшийся /возни́кший/ вид на го́ру и равни́ну 6. *астр.* всплеск или вспы́шка излуче́ния 7. *вчт.* паке́т *(данных)*; ~ mode монопо́льный режи́м, паке́тный режи́м

burst II [bɜːst] *v* (burst) I 1. 1) взрыва́ться, разрыва́ться *(тж.* ~ up); to ~ into fragments разлете́ться на куски́; the bomb ~ бо́мба разорвала́сь; a boiler ~ котёл взорва́лся; ~ open распа́хиваться *[см. тж.* 1, 3)]; the door [the window] ~ open дверь [окно́] распахну́лась /-ось/ 2) взрыва́ть 3) прорыва́ть; to ~ open а) прорыва́ть, взла́мывать; to ~ the door [the safe] open взлома́ть дверь [сейф]; to ~ open the line *воен.* прорва́ть фронт; б) *редк.* распа́хивать; to ~ the door open распахну́ть дверь 2. 1) ло́паться, прорыва́ться; a sack [a seam, a balloon] ~ мешо́к [шов, возду́шный шар] ло́пнул; a dam ~ плоти́на прорвала́сь; the boil ~ нары́в прорва́лся; if you eat much more you will ~ е́сли ты ещё бу́дешь есть, ты ло́пнешь; the buds are all ~ing (open) по́чки раскрыва́ются /начина́ют ло́паться/; my heart will ~ *уст.* моё се́рдце разорвётся 2) *refl* надорва́ться 3. 1) разрыва́ть; прорыва́ть; to ~ one's bonds [chains] разрыва́ть у́зы [це́пи]; the river has ~ its banks река́ вы́шла из берего́в; to ~ one's way through the crowd прорва́ться че́рез толпу́; she is getting so fat that she is ~ing her clothes она́ так толсте́ет, что на ней пла́тья треща́т; to ~ one's sides with laughing /laughter/ ≅ надорва́ть живо́тики от сме́ха 2) пробива́ться; the moon ~ through the clouds луна́ прогля́дывала сквозь

BUR — BUS

тýчи 4. (into) врывáться; to ~ into a room ворвáться в кóмнату 5. внезáпно вспыхнуть, разразиться; the storm ~ внезáпно разразилась бýря 6. 1) быть переполненным; the storehouses are ~ing (with goods) склáды ломятся (от товáров); to be ready to ~ быть переполненным (чýвством), éле сдéрживаться 2) переполнять; grain ~s the granary зернохранилище переполнено зернóм 7. разг. 1) сорвáть, провалить; to ~ a conspiracy сорвáть /провалить/ зáговор 2) прогорéть, провалиться 3) разориться (обыкн. о коммерческом предприятии) 8. книжн. внезáпно появиться (обыкн. в поле зрéния); the sea ~ upon our view, the view of the sea ~ suddenly upon our sight внезáпно нáшим взóрам откры́лось мóре; the knowledge ~ upon him all at once он срáзу всё пóнял; to ~ upon the enemy's country внезáпно вторгнуться на территóрию противника 9. 1) неожиданно сломáться, трéснуть, надломиться 2) неожиданно сломáть; надломить

II Б 1. *to burst into smth.*, *to burst out doing smth.* 1) давáть выход чýвствам; to ~ into laughter разразиться смéхом, расхохотáться; to ~ into tears залиться слезáми, расплáкаться; to ~ into a rage рассвирепéть; to ~ into angry words разразиться гнéвной рéчью, раскричáться 2) внезáпно или бýрно начинáть что-л.; to ~ into song запéть; to ~ into cheering разразиться бýрной овáцией; to ~ into applause захлóпать; the audience ~ into applause в зáле вспыхнули бýрные аплодисмéнты; to ~ into flame воспламениться, вспыхнуть, загорéться; the regiment ~ into rebellion в полкý вспыхнул бунт; to ~ into leaf зазеленéть (о дерéвьях); the bushes ~ into blossom [bloom] кусты́ зацвели /покры́лись цветáми/; to ~ out laughing рассмеяться, залиться смéхом; to ~ out crying расплáкаться, залиться слезáми 2. *to burst with some emotion* с трудóм сдéрживать какóе-л. чýвство; to ~ with pride [joy, importance] сиять от гóрдости [рáдости, сознáния вáжности]; to ~ with indignation кипéть от негодовáния; he was ~ing with envy [vanity] егó переполняла зáвисть /-ло тщеслáвие/; to ~ with curiosity с трудóм сдéрживать любопы́тство; the children were ~ing with the secret дéти éле сдéрживались, чтóбы не разболтáть об этой тáйне /не раскрыть секрéта/ 3. *to burst upon smb.* внезáпно прийти в гóлову; the truth suddenly ~ upon him вдруг егó осенило, внезáпно он всё пóнял

burst device ['bɜːstdɪˌvaɪs] монопольное информациóнное устрóйство
burster ['bɜːstə] *n* 1. *см.* burst II + -er 2. *воен.* разрывнóй заряд, вышибнóй заряд 3. сильный южный вéтер (в Австрáлии) 4. бáрстер (периодически вспыхивающий источник космического рентгеновского излучения)
burst forth ['bɜːstˈfɔːθ] *phr v* прорывáться, вырывáться; hot springs ~ out of the earth из земли бьют горячие истóчники; floods of eloquence ~ полились потоки красноречия; his indignation [rage] ~ он не мог бóльше сдéрживать своё негодовáние [свой гнев]
burst in ['bɜːstˈɪn] *phr v* 1. ворвáться, вломиться; to burst the door in взломáть дверь и войти 2. прерывáть; вмéшиваться; he ~ upon their discussion он рéзко прервáл их бесéду; he ~ upon us он ворвáлся к нам

bursting ['bɜːstɪŋ] *n* спец. разрыв, взрывáние; взрыв; air ~ геол. стреляние гóрных порóд; ~ of the waters физиол. отхождéние вод (при рóдах); ~ charge воен. разрывнóй заряд, вышибнóй заряд; ~ height воен. высотá разры́ва
burst out ['bɜːstˈaʊt] *phr v* 1. воскликнуть; "No!" — Irene with fury «Нет!» — воскликнула Ирэн в бéшенстве 2. вспыхивать, начинáться внезáпно или бýрно; war [epidemics] ~ вспыхнула войнá [эпидéмия] 3. начинáть внезáпно; a blackbird ~ запéл дрозд
burst-up ['bɜːstʌp] *n разг.* крах, провáл
burthen ['bɜːð(ə)n] *уст., поэт.* = burden[1]
burton[1] ['bɜːtn] *n* сорт пива
◇ gone for a ~ *сл.* а) пропáвший; б) сломáнный; в) пропáл без вéсти
burton[2] ['bɜːtn] *n* полиспáст
bury ['berɪ] *v* 1. хоронить, погребáть; совершáть погребáльный обряд; to ~ smb. with all due honours похоронить когó-л. со всéми пóчестями; to have buried all one's relatives [children] потерять всех близких [детéй] 2. 1) зарывáть, закáпывать; to ~ smth. in sand [in snow] зары́ть что-л. в песóк [в снег]; to be buried under snow быть засыпанным снéгом 2) похоронить, предáть забвéнию; to ~ smth. under a mountain of words утопить что-л. в потóке слов; to ~ one's differences [one's injury, the past] предáть забвéнию размóлвки [обиду, прóшлое] 3. 1) погружáть; прятать, скрывáть; to ~ one's face in one's hands закры́ть лицó рукáми; to ~ one's hands in one's pockets засýнуть рýки в кармáны 2) *обыкн. pass* погружáться; to be buried in thought погрузиться в раздýмье; to be buried in memories of the past уйти в воспоминáния о прóшлом; to be buried in sloth совсéм разлениться; to ~ oneself in one's books зары́ться с головóй в книги, погрузиться в чтéние; to ~ oneself in the country похоронить себя в дерéвне, уединиться
burying ground, **burying place** ['berɪŋɡraʊnd, -pleɪs] = burial ground 1
bus I [bʌs] *n* 1. 1) автóбус 2) óмнибус 2. 1) разг. машина (автомобиль) 2) ав. жарг. самолёт (транспортный или пассажирский) 3. 1) эл. шина 2) св. шина (линия связи) 4. тех. ступéнь ракéты 5. вчт. шина, магистрáль, информациóнный канáл; ~ architecture а) шинная архитектýра; б) шинная топологияв
◇ to miss the ~ прошляпить, упустить возмóжность; потерпéть неудáчу
bus II [bʌs] *v* 1. перевозить на автóбусе 2. 1) éхать автóбусом; he ~ses to work он éздит на рабóту автóбусом 2) *амер.* рабóтать помóщником официáнта
bus boy ['bʌsbɔɪ] *амер.* помóщник официáнта (убирающий грязную посуду со стола и т. п.)
busby ['bʌzbɪ] *n* 1) гусáрский кивер 2) гусáр в кивере
bus girl ['bʌsɡɜːl] *амер.* помóщница официáнта [*см. тж.* bus boy]
bush I [bʊʃ] *n* 1. 1) куст; rose [jessamin] ~ куст роз [жасмина] 2) *собир.* кустáрник 2. 1) *обыкн.* the ~) невозделанная земля, покры́тая кустáрником, буш; to live in the ~ жить на невозделанной землé *или* в отдалённой дикой мéстности 2) сéльская мéстность 3. *ист.* 1) вéтка плющá (служившая вы́веской таверны) 2) тавéрна 4. *редк.* густы́е волосы, бакенбáрды и т. п.; а ~ of hair копнá волóс 5. *уст.* 1) пушистый пучóк волóс *или* пéрьев 2) пушистый хвост (лисы) 6. *диал.* вéреск, крапива, пáпоротник и т. п.
◇ to take to the ~ а) скрывáться в лесý; б) стать бродягой; в) скрывáться от полиции; to beat about the ~ *см.* beat[1] III ◇; to beat the ~es (for) *амер.* искáть (обычно в отдалённых райóнах); to go ~ *австрал. сл.* а) поселиться вдали от людéй, на прирóде; б) одичáть; good wine needs no ~ *посл.* ≅ хорóший товáр сам себя хвáлит
bush[1] II [bʊʃ] *v* 1. обсáживать, засáживать кустáрником 2. куститься, гýсто разрастáться 3. *разг.* утомлять до крáйности, истощáть силы
bush[2] I [bʊʃ] *n тех.* втýлка, вклáдыш; гильза
bush[2] II [bʊʃ] *v тех.* вставлять втýлку; гильзовáть (цилиндр)
bush[3] [bʊʃ] = bush-league
bush bean ['bʊʃbiːn] *бот.* фасóль кустовáя (*Phaseolus vulgaris* или *nanus*)
bushed [bʊʃt] *a* 1. *разг.* измождённый, устáлый 2. растеря́вшийся 3. заблудившийся (в лесý)
bushel[1] ['bʊʃ(ə)l] *n* 1. 1) бýшель (мéра объёма) 2) вес однóго бýшеля 2. *обыкн. pl разг.* большóе количество; мнóжество; ~s of onions and potatoes гóры лýка и картóфеля 3. *ист.* сосýд ёмкостью в бýшель (используемый как мéрка)
◇ to hide one's light under a ~ а) *библ.* держáть свет под спýдом; б) скрывáть свой ум и талáнт, быть излишне скрóмным; to measure others' corn by one's own ~ *посл.* ≅ мéрить других на свой аршин
bushel[2] ['bʊʃ(ə)l] *n амер.* портнóвский напёрсток
bushelman ['bʊʃ(ə)lmən] *n* (*pl* -men [-mən]) *амер.* помóщник портнóго, занимáющийся починкой одéжды
bushel weight ['bʊʃ(ə)lweɪt] объёмный вес; вес бýшеля
busher ['bʊʃə] *n амер. сл.* 1) игрóк, выступáющий в низшей лиге (бейсбол) 2) новичóк, дилетáнт
bush-fighter ['bʊʃˌfaɪtə] *n* 1) партизáн 2) человéк, имéющий óпыт партизáнской войны́
bush fire ['bʊʃfaɪə] неконтролируемый леснóй пожáр
bush fruit ['bʊʃfruːt] кустовáя я́года (сморóдина, крыжóвник и т. п.)
bush hammer ['bʊʃˌhæmə] молотóк кáменщика
bush hat ['bʊʃhæt] широкопóлая шляпа (часть обмундировáния австралийской армии)
bushhog ['bʊʃhɒɡ] *v диал.* сводить лес или кустáрник; корчевáть
bushido ['buːʃiːdəʊ] *n яп.* морáльный кóдекс самурáев, бусидо
bushiness ['bʊʃɪnɪs] *n* 1) кустистость 2) густотá лéса
bushing ['bʊʃɪŋ] *n* 1) *тех.* втýлка, вклáдыш 2) эл. бýшинг, изоляциóнная втýлка
bush jacket ['bʊʃˌdʒækɪt] спортивная или охотничья кýртка (типа рубáшки с пóясом и четырьмя́ кармáнами)
bush-lawyer ['bʊʃˌlɔːjə] *n сл.* невéжественный человéк, считáющий себя знатокóм юриспрудéнции
bush league ['bʊʃliːɡ] *амер. разг.* 1. низшая лига, лига второстепéнных клýбов (бейсбол) 2. любáя незначительная грýппа или организáция дилетáнтов, непрофессионáлов
bush-league ['bʊʃliːɡ] *a амер. разг.* 1) неперовоклáссный, посрéдственный 2) низкопрóбный, халтýрный; ~ performance сéрый спектáкль 3) дилетáнтский, любительский; непрофессионáльный
bush-leaguer ['bʊʃˌliːɡə] *n амер. разг.* 1. 1) игрóк низшей лиги (в бейсбóле)

2) плохой игрок, мазила **2.** плохой работник; неумеха, халтурщик

bushman ['buʃmən] *n* (*pl* -men [-mən]) **1.** 1) бушмен, 2) житель Австралии (*обыкн. сельской местности*) 2) фермер (*живущий на невозделанных землях Австралии*) **2.** *разг.* деревенщина **3.** путешественник (*по австралийским пустынным землям*)

bush pilot ['buʃ‚paɪlət] опытный лётчик, ведущий самолёт над малонаселённой местностью

bush-pumpkin ['buʃ‚pʌmpkɪn] *n бот.* кабачок или тыква кустовая или мозговая (*Curcurbita pepo codensa*)

bushranger ['buʃ‚reɪndʒə] *n* **1.** лесной житель (*о леснике, лесорубе и т. п.*) **2.** беглый каторжник, бродяга, разбойник (*в Австралии*)

bush telegraph [‚buʃ'telɪgrɑ:f] **1.** передача сообщений при помощи дымовых сигналов *или* барабанного боя (*у некоторых первобытных народов*) **2.** мгновенное распространение слухов, сообщений *и т. п.*

bushwa(h) ['buʃwɑ:] *n амер. сл.* чушь, вздор, околёсица

bushwhack ['buʃwæk] *v* **1.** продираться сквозь лесную чащу; прорубать себе дорогу **2.** *ист.* 1) вести партизанскую войну 2) устраивать засады

bushwhacker ['buʃ‚wækə] *n чаще амер.* **1.** 1) бродяга 2) *тж. австрал.* деревенщина, мужлан **2.** *воен. ист.* партизан **3.** резак, нож для расчистки кустарника **4.** снайпер

bushy ['buʃɪ] *a* **1.** покрытый, заросший кустарником; ~ banks [cliffs] берега [скалы], поросшие кустарником **2.** густой, лохматый, пушистый; ~ eyebrows густые /кустистые/ брови; ~ beard густая /косматая/ борода; ~ tail пушистый хвост **3.** кустистый

busily ['bɪzɪlɪ] *adv* **1.** деловито **2.** энергично **3.** навязчиво

business ['bɪznɪs] *n* **1.** 1) дело, постоянное занятие, специальность; your name? ~ ? place of address? ваша фамилия? занятие /чем занимаетесь/? адрес?; what's his ~ что он делает?, чем он занимается?; his ~ was that of a solicitor [of a stockbroker, of a tailor] он был поверенным [биржевым маклером, портным]; his ~ is selling motor-cars он торгует машинами; to make a ~ of smth. превратить что-л. в профессию 2) дело, работа; ~ address служебный адрес; ~ hours рабочие часы, часы работы (*учреждения, предприятия и т. п.*); ~ letter деловое письмо; ~ correspondence коммерческая корреспонденция; ~ call /visit/ деловой визит; ~ meeting рабочее совещание; a man of ~ деловой человек; to go to ~ ходить на работу (*ср. тж.* 3, 1)]; to get /to come/ down to ~ взяться за дело, взяться за работу; you call it pleasure, I call it ~ вы называете это развлечением, я же считаю это работой; are you here on ~? вы здесь по делу?; what is your ~ here? зачем вы сюда пришли?; что вам здесь надо?; what's your ~ with him? зачем он вам нужен?, по какому вопросу вы хотите его видеть?; I asked him his ~ я спросил его, что ему нужно /по какому делу он пришёл/; what a ~ it is! трудное это дело **3.** 1) повестка дня (*тж.* the ~ of the day, the ~ of the meeting); (any) other ~ разное, прочие вопросы (*в повестке дня*) **2.** дело, обязанность, долг, назначение; круг обязанностей; a doctor's [a barrister's, a teacher's] ~ обязанности доктора [юриста, учителя]; a soldier's ~ is to defend his country долг солдата — защищать свою страну; it is part of a professor's ~ это входит в обязанности преподавателя; to go about /to attend to/ one's ~ заниматься своим делом, не вмешиваться в чужие дела; that's no ~ of yours это вас не касается, это не ваше дело; what ~ is that of yours? какое ваше дело?, что вы вмешиваетесь?; mind your own ~ занимайтесь своим делом, не вмешивайтесь в чужие дела; to make it one's ~ считать (что-л.) своей святой обязанностью /своим кровным делом/; you have (got) no ~ to be here вы не имеете права присутствовать здесь; it is nobody's ~ это никого не касается **3.** 1) торговля, коммерческая деятельность, бизнес; retail [wholesale, slack] ~ розничная [оптовая, вялая] торговля; ~ failure банкротство, крах; ~ relations а) деловые отношения; б) торговые связи; ~ depression застой в торговле; экономическая депрессия; экономический кризис; ~ circles /quarters/ торговые /деловые, коммерческие/ круги; ~ library коммерческая библиотека; government and ~ правительство и деловые круги; a line of ~ торговая специальность *или* специализация; the general stagnation of ~ общий застой торговли; the ~ part of the town торговый центр города; not strict ~ не по правилам торговли; to be in the wool ~ торговать шерстью; to go into ~ заняться торговлей, стать торговцем [*ср. тж.* 1, 2)]; to engage in ~ *амер.* заняться торговлей; to do ~ заниматься коммерцией, быть коммерсантом; to carry on ~ in coffee [rice, wool, furs] вести торговлю кофе [рисом, шерстью, мехами]; to transact one's ~ through a bank вести свои дела через банк; to be out of ~ обанкротиться; to be in the theatre ~ быть владельцем зрелищных предприятий 2) торговое дело, коммерческое предприятие, фирма; banking ~ банковское дело, банк; a partner in the ~ компаньон в торговом деле /в фирме/; to buy [to sell] a ~ купить [продать] торговое предприятие; to set up in ~ начать торговое дело 3) торговая, коммерческая сделка; a good stroke /piece/ of ~ удачная сделка **4.** *разг.* дело, вопрос, случай; a funny [shady, queer] ~ странное [тёмное, подозрительное] дело; an ugly [a silly] ~ безобразная [глупая] история; a deplorable ~ прискорбный случай; a pretty ~! хорошенькое дело!; a pretty piece of ~, isn't it! хорошенькая история — нечего сказать!; вот так история!; I'm tired of the whole ~! мне всё это надоело! **5.** *театр.* 1) игра, мимика; this part has a good deal of comic ~ as played by him он вносит комический элемент в исполнение этой роли 2) актёрские атрибуты, приспособления **6.** *уст.* отношения, связи (*с кем-л.*) **7.** ['bɪznɪs] *уст.* занятость; усердие **8.** *амер.* клиентура, покупатели; публика; to play to enormous ~ выступать перед огромной аудиторией **9.** *эвф.* «серьёзное дело» (*дефекация*) **10.** *эвф.* «занятие», проституция
◊ the ~ *амер. сл.* наказание; взбучка; to give smb. the ~ избить /исколошматить/ кого-л.; big ~ крупный капитал; good ~! здорово!; monkey ~ *амер. разг.* а) валяние дурака; бессмысленная работа; б) шутливая выходка, штучки, фокусы; no monkey ~! без фокусов!, без глупостей!; ~ as usual замалчивание трудностей *или* проблем; ≅ всё в порядке; to know one's own ~ не вмешиваться в чужие дела; to mean ~ а) говорить серьёзно, не шутить; б) собираться решительно действовать; не ограничиваться словами; "Any Other B." «Разное» (*в повестке дня*); to do the ~ for раздéлаться с кем-л., отдéлаться от кого-л. раз и навсегда; that will do his ~ а) этого с него хватит; б) это его доконает /погубит/; to send smb. about his ~ а) прогнать /выгнать/ кого-л. б) отчитать кого-л., поставить кого-л. на место; в) посылать кого-л. к чёрту; ~ before pleasure сперва работа, потом развлечения; ≅ делу время, потехе час; ~ is ~ в торговле сантименты излишни; ≅ на войне как на войне; everybody's ~ is nobody's ~ *посл.* ≅ у семи нянек дитя без глазу

business agent ['bɪznɪs'eɪdʒ(ə)nt] представитель профсоюзов, ведущий переговоры с предпринимателями

business car ['bɪznɪskɑ:] личный вагон для деловых поездок

business card ['bɪznɪskɑ:d] (визитная) карточка

business college ['bɪznɪs‚kɒlɪdʒ] среднее учебное заведение, обучающее машинописи, стенографии, бухгалтерскому делу *и т. п.*

business cycle ['bɪznɪs‚saɪk(ə)l] экономический цикл, цикл деловой активности

business education ['bɪznɪs‚edjʊkeɪʃn] обучение делопроизводству (*машинописи, стенографии, бухгалтерскому делу и т. п.*)

business end ['bɪznɪsend] *проф.* 1) рабочая часть (*инструмента*) 2) дуло пистолета

business English [‚bɪznɪs'ɪŋglɪʃ] деловой (английский) язык; деловой стиль (*переписки и т. п.*)

business game ['bɪznɪsgeɪm] *эк.* деловая игра

businesslike ['bɪznɪslaɪk] *a* 1) деловой, деловитый, практичный 2) точный, собранный; исполнительный, аккуратный

business machines ['bɪznɪsmə‚ʃi:nz] канцелярская оргтехника (*пишущие и счётные машины, табуляторы и т. п.*)

businessman ['bɪznɪsmən] *n* (*pl* -men [-mən]) 1) коммерсант 2) делец, бизнесмен; big businessmen крупные капиталисты

businessman's risk [‚bɪznɪsmənz'rɪsk] капиталовложения со средней степенью риска

business speak ['bɪznɪs‚spi:k] торговый, деловой жаргон

business suit ['bɪznɪs‚s(j)u:t] пиджачная пара

business year ['bɪznɪsjɪə] хозяйственный, финансовый, отчётный год

busing ['bʌsɪŋ] *n амер.* 1) перевозка на автобусах 2) перевозка школьников (*из одного района в школу в другом районе, особ. в целях расовой или социальной интеграции*)

busk¹ [bʌsk] *v шотл.* **1.** 1) облачаться, обряжаться, одеваться 2) облачать, обряжать, одевать **2.** поспешать, спешить **3.** подготавливать, снаряжать; приводить в порядок

busk² [bʌsk] *v сл.* петь *или* давать представление на улицах

busker ['bʌskə] *n сл.* уличный музыкант; бродячий актёр

buskin ['bʌskɪn] *n* **1.** 1) высокий ботинок со шнуровкой 2) котурн (*у актёров в древнегреческой трагедии*) **2.** 1) трагедийность 2) трагедия; the ~ style стиль высокой трагедии

buskined ['bʌskɪnd] *a* **1.** на котурнах **2.** трагедийный **3.** возвышенный (*о языке*)

BUS — BUT

busload ['bʌsləud] *n* вместимость автобуса; ~s of visitors полные автобусы гостей

busman ['bʌsmən] *n* (*pl* -men [-mən]) водитель *или* кондуктор автобуса

busman's holiday [ˌbʌsmənz'hɒlɪdɪ] праздничный *или* выходной день, проведённый за обычной работой

buss I [bʌs] *n диал.* 1) поцелуй 2) целование

buss II [bʌs] *v диал.* целовать; целоваться

bussing ['bʌsɪŋ] = busing

bus-stop ['bʌsstɒp] *n* автобусная остановка

bust¹ [bʌst] *n* 1. 1) бюст (*скульптура*) 2) поясной портрет; ~ shot поясное изображение (*по телевидению*) 2. 1) верхняя часть тела 2) грудь (*женщины*); бюст

bust² I [bʌst] *n* 1. 1) = burst I 5 2) удар; to give smb. a ~ on the nose дать кому-л. по носу 2. *амер. сл.* халтура, серятина (*о кинокартине и т. п.*) 3. крах, банкротство 4. *сл.* 1) арест, задержание 2) полицейская облава; налёт полиции

bust² II [bʌst] *a* 1) сломанный; my watch is ~ мои часы сломались 2) обанкротившийся; to go ~ остаться без копейки, обанкротиться; ~! пропал!, крышка!, конец!, лопнуло!

bust² III [bʌst] *v* 1. взломать; to ~ the lock взломать замок 2. сломать, разбить; the radio is ~ed приёмник испорчен 3. *разг.* 1) разорить 2) разориться, обанкротиться; the show has ~ed театральное предприятие лопнуло 4. *разг.* бить, ударять 5. *груб. см.* burst II 6. *воен. жарг.* 1) понизить в звании; смещать с должности 2) разжаловать в рядовые 7. *разг.* укрощать, объезжать (*лошадь*) 8. *сл.* арестовать 9. разгромить (*организацию*); развалить (*группу и т. п.*)
◇ to ~ one's ass *сл.* стараться изо всех сил; ≡ лезть из кожи вон

bustard ['bʌstəd] *n зоол.* дрофа (*Otis gen.*)

busted ['bʌstɪd] *a* 1. *сл.* сломанный 2. *разг.* разорённый

buster ['bʌstə] *n* 1. 1) *амер.* объездчик лошадей 2) *разг.* парнишка; малый, парень (*в обращении*) 2. *разг.* что-л. сногсшибательное, выдающееся, замечательное 3. *разг.* попойка, гулянка 4. *сл.* забулдыга, кутила 5. резкий, порывистый ветер (*особ. в Австралии*)

bustle¹ I ['bʌs(ə)l] *n* суматоха, суета, шумиха; the town was in a ~ город бурлил; the usual railway ~ обычная предотъездная суета

bustle¹ II ['bʌs(ə)l] *v* 1. суетиться, спешить (*тж.* ~ about, ~ up); we ~ and he works мы только суетимся, а он работает 2. будоражить; подгонять, торопить; to ~ people out of the house быстро выпроводить всех из дома

bustle² ['bʌs(ə)l] *n* турнюр

bust up ['bʌst'ʌp] *phr v разг.* 1. разрушать 2. расходиться (*о супружеской паре*); the couple busted up after an argument после ссоры они разошлись

bustup ['bʌstʌp] *n сл.* 1. прекращение; ~ of a marriage развод 2. скандал, ссора

busty ['bʌstɪ] *a разг.* грудастая

busy I ['bɪzɪ] *a* 1. *обыкн. predic* 1) занятой, несвободный; ~ signal сигнал «занято» (*по телефону*); to be too ~ to talk [to read, to play] не иметь времени, чтобы поговорить [почитать, поиграть]; the doctor is ~ just now доктор сейчас занят; the telephone /the line/ is ~ *амер.* номер (телефона) занят; I am very ~ today сегодня у меня очень много работы, я сегодня целый день занят 2) занятой, занимающийся *или* поглощённый (*чем-л.*); работающий (*над чем-л.*); to be ~ with /about, over/ one's task выполнять порученную работу, работать над заданием; to be ~ at work быть занятым какой-л. работой; to be ~ about the house хлопотать по дому; to be ~ with one's camera возиться со своим фотоаппаратом; in the morning I am ~ with my lessons [needlework] утро я посвящаю урокам [шитью]; he is ~ with the picture for the exhibition он работает над картиной для выставки; I found him ~ packing his things я застал его за укладкой чемоданов; to keep smb. ~ заставлять кого-л. напряжённо трудиться; my garden keeps me always ~ работа в саду отнимает у меня всё время; to get ~ начать заниматься (*чем-л.*); начать действовать; then the police got ~ тогда полиция начала действовать 2. деятельный; трудолюбивый; ~ man деловой /занятой/ человек; ~ brain энергичный /деятельный/ ум; the ~ bee а) трудолюбивая пчёлка; б) *образн.* хлопотунья, хлопотливая хозяйка; as ~ as a bee а) трудолюбивый как пчела; б) всегда в хлопотах /в трудах/ 3. напряжённый, интенсивный; ~ day трудный /загруженный/ день; the ~ hours часы пик; ~ street оживлённая /людная/ улица; ~ town [market-place] шумный город [рынок]; ~ (railway) line перегруженная (железнодорожная) линия; the shops are very ~ before the New Year в магазинах идёт бойкая новогодняя торговля, перед Новым годом в магазинах большой наплыв покупателей 4. находящийся в постоянном движении; активный; boyishly ~ по-мальчишески непоседливый; cheerfully [noisily] ~ весёлый [шумный] и подвижный 5. *уст.* суетливый, хлопотливый, беспокойный; the ~ world of men суетный мир людской; ~ idleness показная суета; to be ~ about trifles суетиться по пустякам 6. перегруженный орнаментом, украшениями *и т. п.*; ~ wallpaper вычурные обои

busy I ['bɪzɪ] *v* 1) заниматься (*чем-л.*; *обыкн.* ~ oneself); to ~ oneself with /in, about/ arranging a concert [preparing a wedding] заниматься организацией концерта [подготовкой к свадьбе]; to ~ oneself about /in/ the house хлопотать по дому; to ~ oneself industriously [casually, perfunctorily] заниматься (*чем-л.*) усердно [небрежно, поверхностно]; she busied herself with the tea-things она занялась приготовлением чая 2) дать работу, занять (*чем-л.*); to ~ one's hands [eyes] дать работу рукам [глазам]; to ~ one's brain неотступно думать о чём-л.; ломать себе голову; to ~ the gardener [the cook, the nurse] занять (*чем-л.*) садовника [повара, няньку) 3) *уст.* заниматься, трудиться

busybody ['bɪzɪˌbɒdɪ] *n разг.* 1) назойливый, навязчивый человек, сующий нос в чужие дела 2) кумушка, сплетница

but¹ I [bʌt] *n* возражение; your ifs and ~s make me tired мне надоели ваши «если» и «но» /ваши сомнения и возражения/
◇ but me no ~s никаких «но», без возражений

but¹ II [bʌt (*полная форма*); bət (*редуцированная форма*)] *adv* только, лишь; ~ now только что; ~ yesterday [a moment ago] только вчера [минуту назад]; he is (nothing) ~ a boy он ещё совсем мальчик; he is ~ fifteen ему только пятнадцать лет; he called ~ once он зашёл только один раз; our journey is ~ begun наше путешествие только началось; you have ~ to tell me вы должны только сказать мне; had I ~ known! если бы я только знал!

but¹ III [bʌt, bət] *pron* кто бы не, что бы не; there is no one ~ has heard it нет такого человека, который бы не слыхал об этом

but¹ IV [bʌt (*полная форма*); bət (*редуцированная форма*)] *prep* за исключением, кроме; who will do it ~ me? кто, кроме меня, сделает это?; all ~ he were present все, кроме него, присутствовали; no one saw him, ~ I никто, кроме меня, не видел его; he works all days ~ Sunday он работает каждый день, кроме воскресенья

but¹ V [bʌt (*полная форма*); bət (*редуцированная форма*)] *cj* 1. 1) вводит противоречащие или ограничивающие друг друга слова и предложения но, а, тем не менее, однако; they returned tired, ~ happy они вернулись усталые, но счастливые; not he, ~ his brother не он, а его брат; that is the rule, ~ there are many exceptions это правило, но есть много исключений; I am old, ~ you are young я стар, но /зато/ вы молоды; I agree with you, ~ yet we cannot accept your plan я согласен с вами, но всё же мы не можем принять ваш план 2) *в начале предложения часто указывает на переход к новой теме:* ~ who comes here? но кто это идёт сюда? 2. *указывает на исключение или ограничение* кроме, за исключением; we had no choice ~ to obey нам не оставалось ничего другого, как подчиниться; there was nothing else to do ~ (to) go не оставалось ничего другого, как пойти; what is all that ~ a warning? что всё это, если не предупреждение? 3. *книжн.* (*часто* ~ that; *после отрицания*) 1) чтобы не; без того, чтобы; he is not so sick ~ he can eat он не настолько болен, чтобы не есть; not ~ that I pity you не то чтобы я не жалел вас; I never think of summer ~ I think of childhood думая о лете, я всегда вспоминаю детство; I never pass there ~ I think of you всякий раз, когда я прохожу там, я вспоминаю вас 2) что; I do not doubt ~ (that) he will come я не сомневаюсь, что он придёт; I don't doubt ~ that you are surprised не сомневаюсь, что вы удивлены; I cannot deny ~ (that) /*разг.* what/ you are right не могу отрицать, что вы правы; ten to one ~ it was you *разг.* почти уверен, что это были вы; how can I tell ~ you will do the same? как я могу сказать, что вы не сделаете того же самого 3. (~ that) если бы не; he would not have believed it, ~ that he saw it himself он не поверил бы этому, если бы не увидел сам; I'd come with you ~ that I am so busy я бы пошёл с вами, если бы не был так занят 4. *в различных сочетаниях:* ~ for без, кроме; если бы не; ~ for you we should not have finished the work in time без вас /если бы не вы/ мы бы не окончили работу вовремя; the room was empty ~ for a bed в комнате не было ничего, кроме кровати; all ~ почти, чуть не; he all ~ fell он едва /чуть/ не упал; anything ~ а) далеко не; it is anything ~ pleasant это далеко /вовсе/ не приятно; б) всё, что угодно, только не; he is anything ~ a poet его никак нельзя назвать поэтом; can ~ а) хотя бы; по крайней мере; you can try во всяком случае вы можете попробовать; б) только; I can ~ hope я могу только надéяться; cannot ~ не могу́ не...; I cannot ~ suggest не могу́ не предложи́ть; we cannot ~ hope he is right нам остаётся то́лько надéяться, что он прав; one cannot ~ wonder нельзя́ не заду́маться; I cannot help ~ think амер. не могу́ не ду́мать; ~ then но зато́, но с друго́й стороны́; last ~ one предпослéдний

but[1] I [bʌt] *n шотл.* ко́мната, выходя́щая на у́лицу, в двухко́мнатном до́ме

but[2] II [bʌt] *a шотл.* нару́жный; the ~ end of the house часть до́ма, выходя́щая на у́лицу

but[2] III [bʌt] *(по́лная фо́рма)*; bət *(редуци́рованная фо́рма)* *adv шотл.* нару́жи; нару́жу; go ~ and wait вы́йди (на у́лицу) и подожди́

butadiene [ˌbjuːtəˈdaɪiːn] *n хим.* бутадиéн

but-and-ben I [ˌbʌt(ə)n(d)ˈben] *n* двухко́мнатный коттéдж

but-and-ben II [ˌbʌt(ə)n(d)ˈben] *adv шотл.* 1. взад-вперёд, туда́-сюда́ 2. в противополо́жных конца́х

butane [ˈbjuːteɪn] *n хим.* бута́н

butch I [bʊtʃ] *n* 1. коро́ткая стри́жка *(тж.* ~ haircut) 2. *сл.* 1) грубия́н, нагле́ц; наси́льник 2) сила́ч 3) мужеподо́бная ба́ба, мужи́к в ю́бке 4) лесбия́нка

butch II [bʊtʃ] *a сл.* мужеподо́бная *(о же́нщине)*

butcher I [ˈbʊtʃə] *n* 1. 1) мясни́к; ~'s meat мя́со; ~ hog *с.-х.* жи́рный бо́ров *(от 6 ме́сяцев до 1 го́да)* 2) торго́вец мя́сом; pork ~ торго́вец свини́ной, колба́сными изде́лиями *и т. п.* 2. безжа́лостный уби́йца, пала́ч 3. *амер.* продаве́ц, разно́счик *(обыкн. в поезда́х)* 4. иску́сственная му́ха *(для ло́вли лососéй)* 5. неумéха; ≅ сапо́жник
◊ ~'s bill *ирон.* а) спи́ски поги́бших на войнé; б) воéнные ассигнова́ния, военные расхо́ды

butcher II [ˈbʊtʃə] *v* 1. 1) забива́ть, рéзать *(скот)* 2) разде́лывать мясну́ю ту́шу *или* ры́бу 2. безжа́лостно и бессмы́сленно убива́ть; устра́ивать жесто́кую рéзню; to ~ cruelly [unfeelingly] убива́ть жесто́ко [безжа́лостно] 3. *разг.* 1) жесто́ко раскритикова́ть 2) испо́ртить, гру́бо искази́ть *(литерату́рное произведéние)* 3. *амер. сл.* вы́резать часть тéкста, дéлать купю́ры, кромса́ть *(при редакти́ровании)*

butcher-bird [ˈbʊtʃəbɜːd] *n зоол.* сéрый сороко́пут *(Lanius excubitor)*

butchering [ˈbʊtʃ(ə)rɪŋ] *n* 1) забо́й скота́ 2) свежева́ние, разде́лывание ту́ши

butcher linen [ˈbʊtʃəˌlɪnɪn] жёсткая льняна́я ткань; гру́бый холст

butcherly [ˈbʊtʃəlɪ] *a* 1. подо́бный мясни́ку; при́годный для мясника́ 2. ва́рварский, жесто́кий; кровожа́дный

butcher paper [ˈbʊtʃəˌpeɪpə] кровенепроница́емая бума́га *(для упако́вки мя́са)*; то́лстый перга́мент

butcher's-broom [ˌbʊtʃəzˈbruːm, -ˈbrʊm] *n бот.* и́глица понти́йская *(Ruscus aculeatus angustifolius)*

butcher shop [ˈbʊtʃəʃɒp] мясна́я ла́вка, мясно́й магази́н

butchery [ˈbʊtʃ(ə)rɪ] *n* 1. скотобо́йня 2. 1) торго́вля мя́сом *(тж.* ~ business) 2) мясна́я ла́вка, мясно́й ларёк 3) мясно́й кры́тый ры́нок 4) уст. профéссия мясника́ 3. крова́вая бо́йня, ма́ссовая резня́; бессмы́сленное и жесто́кое уби́йство

butler [ˈbʌtlə] *n* 1. дворéцкий 2. *ист.* 1) виночéрпий 2) ти́тул высокопоста́вленного должностно́го лица́ при короле́вском дворé 3. буфéтчик *(в ча́стном до́ме)*; ста́рший слуга́ 4) слуга́, лаке́й

3) официа́нт *(обслу́живающий приём в ча́стном до́ме)*

butlery [ˈbʌtlərɪ] *n* 1. буфéтная; кладова́я *(дворéцкого)* 2. = buttery I

butt[1] I [bʌt] *n* 1. то́лстый конéц *(инструмéнта, ору́дия или ору́жия)*; the ~ of a fishing-rod уди́лище; the ~ of a whip кнутови́ще; the ~ of a rifle прикла́д ружья́ 2. 1) торéц 2) комéль 3. 1) оку́рок 2) ога́рок *(свечи́)* 4. *бот.* основа́ние *или* черешо́к листа́ 5. 1) са́мая то́лстая часть шку́ры живо́тного 2) то́лстая ко́жа; ко́жа для подмёток 6. *диал.* гру́бо сде́ланная пово́зка 7. *диал., амер. разг. см.* buttock I 8. дверна́я пéтля 9. *тех.* соединéние встык *(тж.* ~ joint)

butt[1] I [bʌt] *v* 1. соединя́ть встык; располага́ть впритя́к 2. торцева́ть, обрéзать концы́ *(досо́к, брёвен и т. п. непра́вильной фо́рмы)*

butt[2] II [bʌt] *n* 1. 1) стрéльбищный вал 2) *обыкн. pl* стрéльбище, полиго́н 2. цель, мишéнь 3. 1) мишéнь для насмéшек, напа́док, предмéт издева́тельства, оскорблéний 2) человéк, служа́щий предмéтом насмéшек, напа́док *или* оскорблéний, посмéшище 4. *уст.* 1) конéчная цель 2) предéл

butt[3] I [bʌt] *n* 1) толчо́к, уда́р *(обыкн. голово́й или рога́ми)* 2) *спорт.* уда́р голово́й 3) *ре́дк.* вы́пад *(фехтова́ние)*

butt[3] II [bʌt] *v* 1. 1) ударя́ть голово́й; бода́ть; to ~ away выгоня́ть, отгоня́ть *(уда́рами головы́ или рого́в)*; to ~ smb. in the stomach нанести́ кому́-л. уда́р голово́й в живо́т 2) бода́ться 2. *разг.* натыка́ться, ната́лкиваться; to ~ against a tree [a pole] наткну́ться на дéрево [на столб]; to ~ into smb. неожи́данно столкну́ться с кем-л., налетéть на кого́-л. 3. выдава́ться, выступа́ть, выпира́ть, выпира́ть, выси́вываться *(тж.* ~ out); to ~ into smth. вкли́ниваться /вда́ваться/ во что-л. 4. *уст.* 1) мéтить в цель 2) цéлиться, прицéливаться 5. *в грам. знач. наре́чия* пря́мо; to come (full) ~ against smth. с разма́ху наткну́ться на что-л.

butt[4] [bʌt] *n* 1) больша́я бо́чка *(для вина́ или пи́ва)* 2) бо́чка *(как мéра ёмкости обыкн. вина́ или пи́ва* ≅ 490,96 л) 3) бо́чка, бочо́нок

butt[5] [bʌt] *n* 1. гря́дка; гребéнь борозды́ 2) неро́вно отделённая часть гря́дки, борозды́ 2. *диал.* небольшо́й клочо́к земли́, отделённый от прилега́ющего по́ля

butte [bjuːt] *n амер.* круто́й холм

butt-end [ˌbʌtˈend] *n* 1. комéль *(дéрева)* 2. то́лстый конéц 3. заключи́тельная часть, концо́вка

butter[1] I [ˈbʌtə] *n* 1. ма́сло; bread and ~ хлеб с ма́слом; cocoa ~ *см.* cacao butter; vegetable ~s расти́тельные масла́; ~ churn маслобо́йка 2. *амер. повид́ло;* apple ~ я́блочное повид́ло 3. *разг.* гру́бая лесть; низкопокло́нство; to lay the ~ on гру́бо льстить
◊ to look as if ~ wouldn't melt in one's mouth притворя́ться /прики́дываться/ тихо́ней; ≅ воды́ не замути́т; ти́ше воды́, ни́же травы́

butter[1] II [ˈbʌtə] *v* 1. нама́зывать, сма́зывать ма́слом; to ~ a slice of bread нама́зать кусо́к ма́слом 2. *разг.* гру́бо льстить; ума́сливать *(тж.* ~ up)
◊ kind /soft, fine/ words ~ no parsnips ≅ из спаси́ба шу́бу не сошьёшь; соловья́ ба́снями не ко́рмят; to know on which side one's bread is ~ed *см.* bread I ◊

butter[2] [ˈbʌtə] *n* бодли́вое живо́тное

butter[3] [ˈbʌtə] *n* стано́к для торцо́вки брёвен

butter-and-egg man [ˌbʌt(ə)rən(d)ˈegˌmæn] *сл.* бога́тый провинциа́л, соря́щий деньга́ми в большо́м го́роде

butter-and-eggs [ˌbʌt(ə)rən(d)ˈegz] *n бот.* льна́нка обыкновéнная *(Linaria vulgaris)*

butterball [ˈbʌtəbɔːl] *n* 1. *амер. разг.* толстя́к-короты́шка 2. = bufflehead 2

butterbean [ˈbʌtəbiːn] *n бот.* бобы́ кароли́нские *(Phaseolus lunatus microspermus)*

butterboat [ˈbʌtəbəʊt] *n* со́усник *(для расто́пленного ма́сла)*

butterbox [ˈbʌtəbɒks] *n* 1. = butterdish 2. *уст. шутл.* «маслёнка» *(про́звище голла́ндцев)* 3. = bufflehead 2

butterbur [ˈbʌtəbɜː] *n бот.* белокопы́тник, подбéл *(Petasites gen.)*

buttercloth [ˈbʌtəklɒθ] *n* ма́рля

buttercup [ˈbʌtəkʌp] *n бот.* 1) растéние семéйства лю́тиковых *(Ranunculus spp.)* 2) лю́тик *(Ranunculus acris)*

butterdish [ˈbʌtədɪʃ] *n* маслёнка

butterfat [ˈbʌtəfæt] *n с.-х.* моло́чный жир; ~ content /percentage/ жирномоло́чность, содержа́ние моло́чного жи́ра в молокé

butter-fingers [ˈbʌtəˌfɪŋgəz] *n pl разг.* растя́па, неумéха; человéк, у кото́рого всё ва́лится из рук; ≅ дыря́вые ру́ки; ру́ки-крю́ки

butterfish [ˈbʌtəfɪʃ] *n зоол.* маслю́к, поронóт *(Poronotus gen.)*

butterfly I [ˈbʌtəflaɪ] *n* 1. ба́бочка; моты́лёк; nocturnal ~ ночна́я ба́бочка 2. краси́вая, легкомы́сленная и непостоя́нная жéнщина, «моты́лёк»; social ~ свéтская краса́вица; ~ perfections внéшний блеск 3. «баттерфля́й» *(стиль пла́вания)* 4. *ав. жарг.* дро́ссельная засло́нка
◊ butterflies (in the tummy/ stomach/) нéрвная дрожь *(от стра́ха)*; ≅ мути́т от стра́ха

butterfly II [ˈbʌtəflaɪ] *a* напомина́ющий по фо́рме ба́бочку; ~ a roof двуска́тная кры́ша; ~ doors двуство́рчатая дверь

butterfly chair [ˈbʌtəflaɪtʃeə] матéрчатый складно́й стул *(на металли́ческом карка́се)*

butterfly damper [ˈbʌtəflaɪˌdæmpə] = butterfly valve

butterfly diagram [ˈbʌtəflaɪˈdaɪəgræm] *астр.* «ба́бочки» Ма́ундера, диагра́мма ба́бочек

butterfly fish [ˈbʌtəflaɪfɪʃ] *зоол.* ры́ба-ба́бочка *(Chaetodon)*

butterfly nut [ˈbʌtəflaɪˌnʌt] *тех.* га́йка-бара́шек

butterfly orchid [ˈbʌtəflaɪˈɔːkɪd] *бот.* любка двули́стная, фиа́лка ночна́я *(Platanthera bifolia)*

butterfly screw [ˈbʌtəflaɪskruː] *тех.* винт-бара́шек

butterfly stroke [ˈbʌtəflaɪstrəʊk] пла́вание сти́лем «баттерфля́й»

butterfly table [ˈbʌtəflaɪˈteɪb(ə)l] стол с откидны́ми боковы́ми доска́ми

butterfly tail [ˈbʌtəflaɪteɪl] *ав.* V-обра́зное хвостово́е оперéние

butterfly valve [ˈbʌtəflaɪvælv] *тех.* дро́ссельная засло́нка; кла́пан-ба́бочка

butterine [ˈbʌt(ə)riːn] *n* замени́тель ма́сла, маргари́н

butteris [ˈbʌt(ə)rɪs] *n* копы́тный нож, резéц *(для обрéзывания копы́т у лошадéй)*

butterknife [ˈbʌtənaɪf] *n (pl* -knives [-naɪvz]) нож для ма́сла

butterman ['bʌtəmən] *n* (*pl* -men [-mən]) торговец маслом

buttermilk ['bʌtəˌmɪlk] *n* пахта

butter-muslin ['bʌtəˌmʌzlɪn] *n* марля

butternut ['bʌtənʌt] *n* бот. орех серый калифорнийский (*Juglans cinerea*)

butter-paper ['bʌtəˌpeɪpə] *n* пергаментная бумага

butter pat ['bʌtəpæt] 1) порция масла 2) блюдечко для порции масла

butter-print ['bʌtəprɪnt] *n* штамп (*для масла*)

butterscotch ['bʌtəskɒtʃ] *n* 1. ириски 2. приправа из сливочного масла и жжёного сахара 3. желтовато-коричневый цвет

butter tooth ['bʌtətu:θ] *анат.* верхний средний резец (*челюсти*)

butter up ['bʌtə(r)ʌp] *phr v разг.* грубо льстить

butter-weed ['bʌtəwi:d] *n бот.* мелколепестник канадский (*Erigeron canadensis*)

butterwort ['bʌtəwɜ:t] *n бот.* жирянка (*Pinguicula gen.*)

buttery I ['bʌt(ə)rɪ] *n* кладовая для хранения хлеба, масла, пива *и т. п.* (*обыкн. в колледжах*)

buttery II ['bʌt(ə)rɪ] *a* 1. 1) масляный, маслянистый 2) намазанный маслом 2. *разг.* льстивый, угодливый

buttery-hatch ['bʌt(ə)rɪhætʃ] *n* раздаточное окошко для выдачи продуктов

butt in ['bʌtˈɪn] *phr v сл.* бесцеремонно вмешиваться, встревать (*в разговор, в чужие дела и т. п.*)

butting ['bʌtɪŋ] *n* граница, предел

buttinsky [bʌtˈɪnskɪ] *n амер. сл.* человек, всюду сующий свой нос, во всё вмешивающийся; непрошеный советчик или помощник

butt joint ['bʌtdʒɔɪnt] *тех.* стыковое соединение; соединение встык

buttle ['bʌtl] *v* служить буфетчиком (*в частном доме*); быть (старшим) слугой

buttlegging ['bʌtˌlegɪŋ] *n амер.* контрабанда и незаконная продажа сигарет

buttock ['bʌtək] *n* 1. *обыкн. pl* ягодицы, зад 2. *редк.* = cross-buttock 3. бедренная часть говяжьей туши

button I ['bʌtn] *n* 1. пуговица; to sew on ~s пришивать пуговицы; to undo ~s расстёгивать пуговицы 2. кнопка, пуговка; ~ switch *эл.* кнопочный выключатель; ~ torch *воен.* карманный фонарь; to press the ~ нажать кнопку (*звонка, механизма, машины*) [*см. тж.* ◊] 3. 1) то, что имеет форму пуговки, кнопки; ~ nose нос пуговкой 2) почка (*на дереве*) 3) нераспустившийся бутон 4) молодой, маленький грибок *и т. п.* 5) *спорт.* шишечка на острие рапиры 4. *метал.* королёк 5. *спорт.* манжета (*кожаная*) на весле 6. (круглый) нагрудный значок; бляха (*с эмблемой компании, портретом кандидата на выборах и т. п.*) 7. завёртка (*род оконной задвижки*) 8. подбородок (*в боксе*) 9. *pl разг.* «орешки», овечий помёт 10. *pl разг.* мальчик-посыльный (*в отеле*) 11. мескаль (*водка из сока алоэ*)
◊ on the ~ *сл.* выполненный чётко; the timing of each action is right on the ~ всё было сделано точно в срок /вовремя/; (to have) a ~ loose /missing/, (to be) a ~ short ≅ винтика не хватает; not to have all one's ~s is шариков не хватает; not worth a ~ ≅ гроша ломаного не стоит; to press the ~ пустить

в ход связи, нажать на все кнопки [*см. тж.* 2]; to touch the ~ «нажать кнопку», пустить в ход машину; not to care a ~ относиться с полным равнодушием; ≅ плевать; to take smb. by the ~ задерживать кого-л. для разговоров, долго и нудно изливаться кому-л.

button II ['bʌtn] *v* 1. 1) застёгивать (*на пуговицы; обыкн.* ~ up) 2) застёгиваться; this dress ~s down the back у этого платья застёжка на спине; my collar won't ~ воротничок не застёгивается 3) *разг.* плотно закрывать; I ~ed my mouth and refused to talk я наотрез отказался говорить 2. нашивать пуговицы; украшать пуговицами 3. нанести укол противнику (*фехтование*)

button accordion ['bʌtnəˈkɔ:dɪən] баян

buttonball ['bʌtnbɔ:l] *n бот.* платан американский или западный (*Platanus occidentalis*)

buttonboot ['bʌtnbu:t] *n* ботинок на пуговицах

buttonbush ['bʌtnbʊʃ] *n бот.* цефалантус (*Cephalanthus gen.*)

button-down ['bʌtndaʊn] *a* 1. застёгивающийся на пуговицы (*донизу*); ~ dress платье на пуговицах; ~ collar воротничок, концы которого пристёгиваются к рубашке 2. 1) сдержанный; воспитанный; выдержанный, невозмутимый 2) консервативный; лишённый воображения; ~ minds ограниченные умы

buttoned-down [ˌbʌtndˈdaʊn] = button-down 2

buttoned up [ˌbʌtndˈʌp] *разг.* 1) скрытный, замкнутый, сдержанный 2) благополучно законченный

buttonhold ['bʌtnhəʊld] *v разг.* задерживать (*кого-л.*) для утомительных и скучных излияний

buttonholder ['bʌtnˌhəʊldə] *n* 1. *см.* buttonhold + -er 2. ящик для пуговиц 3. = buttonholer 2

buttonhole I ['bʌtnhəʊl] *n* 1. петля; петлица 2. *разг.* бутоньерка, цветок в петлице 3. *редк.* маленький, красиво изогнутый ротик; ≅ губки бантиком

buttonhole II ['bʌtnhəʊl] *v* 1. метать петли 2. *разг.* задерживать (*кого-л.*) для утомительных и скучных излияний

buttonholer ['bʌtnˌhəʊlə] *n* 1. *см.* buttonhole II + -er 2. *разг.* бутоньерка, цветок в петлице

buttonhole stitch ['bʌtnhəʊlstɪtʃ] петельный стежок; обмётка петли

buttonhook ['bʌtnhʊk] *n* крючок (*для застёгивания пуговиц на ботинках, перчатках*)

button man ['bʌtnmæn] *амер. сл.* рядовой член банды, бандит

buttonmould ['bʌtnməʊld] *n* обтянутая пуговица (*деревянный, металлический или костяной кружок, обтянутый тканью*)

button snakeroot ['bʌtnˈsneɪkru:t] *бот.* лиатрис (*Liatris gen.*)

button-through ['bʌtnθru:] *n* платье-халат; платье, застёгивающееся донизу

button up ['bʌtnʌp] *phr v* 1. застёгивать на пуговицы; ~ your coat застегните пальто 2. плотно закрывать; to ~ one's purse скупиться, быть прижимистым 3. завершить (*сделку и т. п.*); довести до конца 4. замолчать; to ~ one's mouth не раскрывать рта; ≅ повесить замок на рот, проглотить язык, держать язык за зубами 5. *воен. проф.* задраивать люки (*танка*) 6. *воен.* привести в порядок (*войска*) 7. *воен.* выполнить приказ 8. подбить танк 9. *воен. проф.* подавлять (*огневую точку*)

buttonwood ['bʌtnwʊd] *амер.* = buttonball

buttony ['bʌt(ə)nɪ] *a* 1) имеющий много пуговиц 2) похожий на пуговицу

buttress I ['bʌtrəs] *n* 1) *стр.* контрфорс, подпорка 2) опора, поддержка; the ~ of the constitution устои конституции; the ~ of an argument основа аргументации

buttress II ['bʌtrəs] *v* (*тж.* ~ up) 1) поддерживать, подпирать 2) поддерживать, подкреплять; to ~ up an argument подкреплять (неубедительное) доказательство

buttry ['bʌtrɪ] = buttery I

butt weld ['bʌtweld] *тех.* стыковой, сварной шов

butt-weld ['bʌtweld] *v* сваривать встык

butty ['bʌtɪ] *n* 1. 1) *горн.* штейгер 2) десятник 2. *разг.* товарищ, сотоварищ, друг

butyl ['bju:t(ə)ɪl] *n хим.* бутил

butylene ['bju:tɪli:n] *n хим.* бутилен

butyl rubber ['bju:t(ə)ɪlˈrʌbə] *хим.* бутилкаучук

butyraceous [ˌbju:tɪˈreɪʃəs] *a книжн.* масляный, маслянистый

butyric [bju:ˈtɪrɪk] *a хим.* масляный; ~ acid масляная кислота

butyrometer [ˌbju:tɪˈrɒmɪtə] *n* бутирометр

buxom ['bʌksəm] *a* 1. 1) полная, полногрудая, пышная; пышущая здоровьем, крепкая 2) приятная, миловидная 3) добродушная, сердечная, весёлая; noisily [cheerfully] ~ шумная [весёлая] и добродушная 2. *уст.* податливый, покорный, послушный 3. *уст.* резвый, живой

buy I [baɪ] *n разг.* покупка, сделка; bad [good] ~ неудачная /плохая/ [выгодная /удачная/] покупка

buy II [baɪ] *v* (bought) 1. 1) покупать, купить; to ~ back выкупать (*проданное*); to ~ smth. from /of/ smb. купить что-л. у кого-л.; to ~ for cash [on credit, at a reasonable price] покупать (что-л.) за наличные деньги [в кредит, по умеренным ценам]; the best that money can ~ лучшее, что можно достать за деньги; that which no gold can ~ то, что ни за какие деньги не получишь 2) покупать, приобретать (*ценою жертв*); to ~ fame with one's life приобрести славу ценою жизни; the victory was dearly bought победа досталась дорогой ценой, за эту победу дорого заплатили; to ~ smth. at the expense of one's health [happiness] пожертвовать ради чего-л. своим здоровьем [счастьем] 3) *сл.* нанять; I'll ~ me a lawyer я возьму себе адвоката 2. подкупать, давать взятку (*тж.* ~ over); to ~ a public official [electors] подкупать должностное лицо [выборщиков] 3. *сл.* поверить чему-л.; принять что-л. за чистую монету; согласиться с чем-л. или на что-л.; will you ~ it? согласны?, идёт?, по рукам?; I am willing to ~ that я готов поверить этому; I will not ~ that со мной эти штучки не пройдут, я на это не поддамся; I'll ~ that idea! согласен!, идёт!; nobody is eager to ~ the plan никого этот план не приводит в восторг; никто не торопится проводить в жизнь этот план 4. *сл.* добиться, достичь; what are you trying to ~ with that? чего вы хотите добиться? 5. *уст.* искупать (чьи-л. грехи)
◊ I'll ~ it! *сл.* а) сдаюсь!, не знаю! (*в ответ на вопрос или загадку*); б) выкладывай!, валяй!, слушаю! (he) bought it *сл.* а) (он) умер; б) (ему) не повезло; to ~ a pig in a poke ≅ покупать кота в мешке, соглашаться (*на что-л.*) заглазно; to ~ a pup быть одураченным; ≅ «влипнуть»; to be bought and sold *уст.* быть проданными и пре-

данным; to ~ the farm *сл.* умере́ть; ≅ сыгра́ть в я́щик

buyer ['baɪə] *n* 1. покупа́тель; ~s' market *ком.* конъюнкту́ра ры́нка, вы́годная для покупа́теля 2. 1) сотру́дник универма́га *или* управле́ния фи́рменных магази́нов (*зака́зывающий това́ры*) 2) заве́дующий отде́лом *или* се́кцией магази́на
◊ space and time ~s ≅ рабо́тники рекла́мных аге́нтств, размеща́ющие объявле́ния на ра́дио и в газе́тах

buy in ['baɪ'ɪn] *phr v* 1. покупа́ть, выкупа́ть на аукцио́не (*обыкн. со́бственные ве́щи*) 2. скупа́ть а́кции 3. закупа́ть впрок, запаса́ть

buy off ['baɪ'ɒf] *phr v* 1. дава́ть отступно́го, откупа́ться (*обыкн. от конкуре́нта, претенде́нта, шантажи́ста*) 2. откупа́ться (*от вое́нной слу́жбы и т. п.*)

buy-off ['baɪɒf] *n амер.* 1) приобрете́ние прав на проду́кцию *или* услу́ги 2) лицо́, услу́ги кото́рого по́лностью опла́чены

buy out ['baɪ'aʊt] *phr v* 1. выкупа́ть (*чью-л.*) до́лю (*в предприя́тии, фи́рме и т. п.*) 2. уплати́ть кому́-л. за отка́з от до́лжности, пра́ва на иму́щество *и т. п.* 3. = buy off 2 4. освободи́ться от выполне́ния (*како́го-л.*) обяза́тельства (*путём упла́ты определённой су́ммы*); in order to ~ the execution с це́лью избежа́ть принуди́тельного взыска́ния

buy-out ['baɪaʊt] *n эк.* заку́пка всей па́ртии това́ра

buy up ['baɪ'ʌp] *phr v* скупа́ть

buzz[1] [bʌz] *n* 1. 1) жужжа́ние 2) глухо́й гул, гуде́ние (*толпы*) 2. суета́; о́бщее движе́ние 3. молва́, нея́сные слу́хи, спле́тни 4. *разг.* телефо́нный звоно́к; I'll give you a ~ я тебе́ позвоню́ /звя́кну/ 5. *амер.* = buzz-saw 6. *лингв.* звук вибра́ции голосовы́х свя́зок 7. *уст.* при́хоть, причу́да

buzz[1] II [bʌz] *v* 1. 1) жужжа́ть; her brain was ~ing в голове́ у неё жужжа́ло 2) гуде́ть (*о толпе́ и т. п.*); издава́ть глухо́й гул 2. 1) снова́ть, бы́стро и шу́мно дви́гаться (*тж.* ~ along, ~ about); students were ~ing out of the building студе́нты шу́мной толпо́й /гурьбо́й/ выходи́ли из зда́ния 2) *разг.* швыря́ть, броса́ть; to ~ a stone швырну́ть /запусти́ть/ ка́мень 3) *ав. жарг.* пролета́ть на бре́ющем полёте 4) *воен. жарг.* атакова́ть с во́здуха 3. *разг.* распространя́ть молву́, спле́тни 4. *разг.* звони́ть по телефо́ну; to ~ off дать отбо́й, пове́сить телефо́нную тру́бку; to ~ up smb. позвони́ть кому́-л. по телефо́ну 2) вызыва́ть звонко́м (*секретаря́ и т. п.*) 5. *редк.* ви́ться, порха́ть (*тж.* ~ about, ~ over) 6. *уст.* бормота́ть, ворча́ть 7. петь с закры́тым ртом

buzz[2] [bʌz] *v* допива́ть (*вино́*); to ~ a bottle [a glass] осуши́ть буты́лку [стака́н]

buzz[3] [bʌz] *n* 1. *бот.* шип, колю́чка 2. прима́нка, наса́дка (*для ры́бной ло́вли*)

buzzard ['bʌzəd] *n* 1. *зоол.* каню́к (*Buteo gen.*) 2. *амер. кино проф.* неуда́чно взя́тый кадр 3. = buzzer 1, 2) 4. *диал.* глупе́ц, неве́жда 5. *прост.* (*обыкн.* old ~) 1) ста́рый чёрт, ста́рый хрен 2) старина́, дружи́ще (*в обраще́нии*) 3) жа́дина, скря́га

buzz away ['bʌzə'weɪ] *phr v сл.* смы́ться, улизну́ть

buzz bomb ['bʌzbɒm] *воен. ист.* самолёт-снаря́д

buzz-bug ['bʌzbʌg] *n сл.* пу́нктик, заско́к, навя́зчивая иде́я

buzzer ['bʌzə] *n* 1. 1) см. buzz[1] II -er 2) *разг.* гудо́к; сире́на; *амер.* звоно́к; factory ~s фабри́чные гудки́; the ~ sounded разда́лся звоно́к; before the earliest ~s sounded до пе́рвых гудко́в 2. *эл.* зу́ммер, электромагни́тный преры́ватель 3. *воен. жарг.* лётчик, иду́щий на бре́ющем полёте 4. *воен. проф.* связи́ст

buzz off ['bʌz'ɒf] *phr v обыкн. imp* уходи́ть, убира́ться; ~! прова́ливай!

buzz-saw ['bʌzsɔː] *n амер.* циркуля́рная пила́

buzz session ['bʌzˌseʃ(ə)n] (неофициа́льное) совеща́ние, бесе́да, встре́ча (*для обсужде́ния чего́-л.*)

buzzwig ['bʌzwɪg] *n* 1) большо́й пы́шный пари́к 2) ва́жная пти́ца, ши́шка

buzz word ['bʌzwɜːd] 1) *преим. ирон.* учёное *или* специа́льное слове́чко; сло́во, спосо́бное произвести́ впечатле́ние на непосвящённого; ~ of technology [government, business] «у́мные» техни́ческие [бюрократи́ческие, фина́нсовые] те́рмины 2) усили́тельное сло́во (*ча́сто бессмы́сленное*), испо́льзуемое в профессиона́льном жарго́не

BVDs [ˌbiːviːˈdiːz] *n pl амер. разг.* 1) ни́жнее бельё 2) мужско́е ни́жнее бельё в ви́де комбинезо́на

by I [baɪ] *a* 1. лежа́щий в стороне́ 2. второстепе́нный, необяза́тельный

by II [baɪ] *adv* 1. ми́мо; he passed by without a word он прошёл ми́мо, не сказа́в ни сло́ва; I can't get by я не мог пройти́; in days gone by в да́вние времена́, о́чень давно́; time went by вре́мя прошло́ 2. бли́зко, ря́дом; no one was by ря́дом никого́ не́ было; to stand by стоя́ть ря́дом 3. в сто́рону; stand /step/ by! отойди́те!, посторони́тесь! 4. прида́ёт глаго́лам to put, to set, to lay значе́ние откла́дывать; to put by money копи́ть де́ньги; put this work by for the moment отложи́те пока́ э́ту рабо́ту 5. *амер. разг.* внутрь, в дом; come by зайди́, когда́ бу́дешь проходи́ть ми́мо; stop by загляни́ 6. *уст.* кроме того́ 7. *в сочета́ниях*: by and by а) вско́ре; б) *уст.* неме́дленно; сра́зу; by and large *амер.* вообще́ говоря́, в о́бщем; stand by! *мор.* пригото́вьтесь!; by the by кста́ти, ме́жду про́чим

by III [baɪ] *prep* 1. *в простра́нственном значе́нии ука́зывает на* 1) местонахожде́ние вблизи́ чего́-л. у, о́коло, ря́дом, во́зле, при; by the fire [road, window] у /о́коло/ огня́ [доро́ги, окна́]; by the sea у мо́ря, на берегу́ мо́ря; by the side of the road у обо́чины доро́ги; to sit by smb. by smb.'s side сиде́ть ря́дом с кем-л. /о́коло кого́-л./; to stand by smb. а) стоя́ть ря́дом с кем-л.; б) подде́рживать кого́-л., помога́ть кому́-л. 2) движе́ние ми́мо *или* вдоль предме́та ми́мо; вдоль; a path by the river тропи́нка вдоль реки́; to walk [to drive] by smb., smth. пройти́ (прое́хать) ми́мо кого́-л., чего́-л. 3) движе́ние, прохожде́ние че́рез како́й-л. пункт че́рез; to travel by Moscow [by the country] е́хать че́рез Москву́ [че́рез страну́]; to come by the door [by the side entrance] войти́ в дверь [че́рез боково́й вход] 2. *во временно́м значе́нии ука́зывает на приближе́ние к како́му-л. сро́ку или ограниче́ние каки́м-л. сро́ком* 1) к; by two o'clock к двум часа́м; by the end of the year к концу́ го́да; by then к тому́ вре́мени; he ought to be here by now (тепе́рь) он до́лжен был уже́ быть здесь; by the time that... к тому́ вре́мени, когда́... 2) в тече́ние; by day днём; by night но́чью 3. (*ча́сто по́сле глаго́ла в пасси́ве*) ука́зывает на 1) де́ятеля; *при отсу́тствии глаго́ла передаётся твор. падежо́м, а тж.* *предло́гами* by Shakespeare э́та пье́са была́ напи́сана Шекспи́ром; a novel by Dickens рома́н Ди́ккенса; a speech by the Foreign Secretary речь мини́стра иностра́нных дел; the city was destroyed by fire го́род был уничто́жен пожа́ром; the house was struck by lightning в дом уда́рила мо́лния 2) сре́дство, ору́дие посре́дством, при по́мощи; *обыкн. передаётся тж. твор. падежо́м:* engines driven by electricity маши́ны, приводи́мые в де́йствие электри́чеством; roads linked by a bridge доро́ги, соединённые мосто́м; absorption of moisture by activated carbon поглоще́ние вла́ги активи́рованным углём; we broaden our outlook by learning languages изуча́я язы́ки, мы расширя́ем свой кругозо́р; to get one's living by teaching зараба́тывать на жизнь преподава́нием; he began the work by collecting material он на́чал рабо́ту со сбо́ра материа́ла 4. *ука́зывает на* 1) спо́соб передвиже́ния, пересы́лки *и т. п.* по, на; *передаётся тж. твор. падежо́м*: by air на самолёте, самолётом; by bus на авто́бусе, авто́бусом; by rail по желе́зной доро́ге; by water по воде́; by post по по́чте; by airmail возду́шной по́чтой; авиапо́чтой; by return post обра́тной по́чтой 2) хара́ктер де́йствия, усло́вия или сопу́тствующие обстоя́тельства, при кото́рых оно́ протека́ет; *в сочета́нии с существи́тельным ча́сто передаётся наре́чием:* by degress постепе́нно; by turns поочерёдно; поперемённо; drop by drop по ка́пле; one by one, man by man поодино́чке, по одному́, оди́н за одни́м; day by day а) ка́ждый день; день за днём; б) с ка́ждым днём; step by step шаг за ша́гом; two by two, by twos по́ двое; by threes по́ трое; to do smth. by the hour де́лать что-л. часа́ми; by good luck, by fortune по сча́стью; by chance случа́йно; by (an) error по оши́бке 5. *ука́зывает на* лицо́, в интере́сах или в по́льзу кото́рого соверша́ется де́йствие по отноше́нию к; to do one's duty by smb. вы́полнить (свой) долг по отноше́нию к кому́-л.; to act [to deal, to do] well by smb. поступа́ть хорошо́ по отноше́нию к кому́-л. 6. *ука́зывает на* 1) соотве́тствие чему́-л. *или* соотнесённость с чем-л. по, с, под; by right [by birth, by name, by nature, by trade] по пра́ву [по рожде́нию, по и́мени, по приро́де, по профе́ссии]; by the stipulations of the treaty по усло́виям догово́ра; by smb.'s request по чьей-л. про́сьбе; by your permission /leave/ с ва́шего позволе́ния; by your consent с ва́шего согла́сия; twenty degrees by F. два́дцать гра́дусов по Фаренге́йту; by all accounts по све́дениям; to judge by smb.'s appearance [face] суди́ть по чьему́-л. ви́ду [лицу́]; to know smb. by sight знать кого́-л. в лицо́; to call a child by the name of smb. дава́ть ребёнку и́мя /называ́ть ребёнка/ в честь кого́-л.; he goes by the name of John он изве́стен под и́менем Джон; to work by the rules рабо́тать по пра́вилам 2) отцо́вство, *редк.* матери́нство от; two children by her first husband дво́е дете́й от пе́рвого му́жа; he has one child by his first wife у него́ есть ребёнок от пе́рвой жены́; Lightning by Napoleon out of Linda (ло́шадь) Ла́йтнинг от (жеребца́) Наполео́на и (кобы́лы) Ли́нды 7. *ука́зывает на* 1) ме́ры ве́са, длины́, объёма, по кото́рым произво́дится прода́жа на, по; *передаётся тж. твор. падежо́м:* by the piece пошту́чно; by the dozen, *редк.* by dozens дю́жинами; to sell [to buy] by the pound /by pounds/ продава́ть [покупа́ть] на фу́нты /фу-

BY — C

тами/ 2) *срок найма или способ оплаты:* to pay [to engage] by the month [by the day] платить [нанимать] помесячно [подённо] **8.** *указывает на причину, источник* от; to die by starvation /by hunger/ умереть от голода; to die by sword умереть /погибнуть/ от меча; to know by experience знать по опыту **9.** *указывает на* 1) *количественное соотношение* на; older by two years старше на два года; taller by a foot выше на фут; a rise by 56 pounds увеличение на 56 фунтов; to lessen by a third уменьшить на одну треть; by far, by much намного; to be better by far быть гораздо лучше 2) *множитель или делитель* на; ten (multiplied) by two десять (помноженное) на два; ten divided by two десять, делённое на два; a hall twenty feet by ten зал площадью двадцать футов на десять 3) *отнесение суммы в кредит счёта* на, в; by 200 pounds на 200 фунтов **10.** *в адресах и названиях населённых пунктов* из; X by Dover X п/о Дувр **11.** 1) *указывает на отклонение стрелки компаса и движение к северу, югу и т. п.*: North by East *мор.* норд-тень-ост; the island lies North by East from here *мор.* остров лежит на северо-северо-восток отсюда 2) *мор. с дифферентом*; (down) by the head с дифферентом на нос; на носу; носом вперёд; by the stern с дифферентом на корму; на корме; кормой вперёд 3) *воен. выражает команду*: by the right! направо!; by the numbers! по подразделениям! **12.** *в сочетаниях*: by dint of путём, посредством; с помощью (*чего-л.*); by dint of argument путём рассуждений; he succeeded by dint of perseverance он добился своего благодаря упорству; by means of посредством; he achieved success by means of hard work он добился успеха упорным трудом; by virtue of посредством (*чего-л.*); благодаря (*чему-л.*); в силу /на основании/ (*чего-л.*); by virtue of the treaty на основании договора; by way of через; we'll come back by way of mountains обратно мы пойдём через горы; by the bye, by the way между прочим; кстати; by land and by sea на суше и на море; (all) by oneself a) один, в одиночестве; б) один, без посторонней помощи; he did it (all) by himself он сделал это сам; to have /to keep/ smth. by one иметь ч.-л. при себе /с собой/; he has no money [papers] by him у него при себе /с собой/ нет денег [документов]; сочетания с предлогом by *типа* by God, by Jingo, by golly *и др. см. под соответствующими словами*

by- [baɪ-] *в сложных словах имеет значение* **1.** побочный, дополнительный, второстепенный; by-effect побочный эффект; by-election дополнительные выборы; by-interest тайный интерес; by-job работа по совместительству; by-name прозвище; by-product побочный продукт **2.** находящийся рядом, в стороне; by-corner, by-place глухой уголок; bypass обход; byroad, byway просёлочная дорога; bystander случайный свидетель; bypasser прохожий

by-and-by [ˌbaɪ(ə)n(d)'baɪ] *n разг.* будущее

bybidder ['baɪˌbɪdə] *n диал.* подставное лицо на аукционе (*участвующее в торгах с целью набить цену*)

by-blow ['baɪbləʊ] *n* **1.** боковой, случайный удар **2.** *шутл.* незаконный, внебрачный ребёнок

bye [baɪ] *n* **1.** что-л. второстепенное, подсобное, маловажное **2.** боксёр, свободный от участия в данном соревновании **3.** игра одного игрока против двух (*теннис*) **4.** *спорт.* пустой номер при жеребьёвке (*день без игры*); to draw [to have] the ~ быть свободным от игры ◊ by the ~ между прочим, кстати

bye-bye[1] ['baɪbaɪ, ˌbaɪ'baɪ] *int разг.* пока!, всего (хорошего)!

bye-bye[2] I ['baɪbaɪ] *n* сон; to go to ~s идти бай-бай /баиньки/

bye-bye[2] II ['baɪbaɪ] *int разг.* бай-бай, баюшки-баю

by-effect ['baɪˌfekt] *n спец.* побочное явление; побочный эффект

by-election ['baɪɪˌlekʃ(ə)n] *n* дополнительные выборы (*в Великобритании*)

Byelorussian I [ˌbjelə'rʌʃ(ə)n] *n* **1.** белорус; белоруска; the ~s *собир.* белорусы **2.** белорусский язык

Byelorussian II [ˌbjelə'rʌʃ(ə)n] *a* белорусский

by-end ['baɪend] *n* побочная или тайная цель

by-gone I, II ['baɪgɒn] = bygone I *и* II

bygone I ['baɪgɒn] *n обыкн. pl* прошлое, пережитое; прошлые обиды; let us forget ~s забудем прошлое ◊ let ~s be ~s *посл.* ≅ что прошло, то быльём поросло; что было, то прошло

bygone II ['baɪgɒn] *a* пережитый; прошлый, относящийся к прошлому; ~ sorrows пережитые горести; ~ joys ушедшие радости

by-lane ['baɪleɪn] *n редк.* **1.** глухой переулок **2.** *горн.* боковой штрек

bylaw ['baɪlɔː] *n* **1.** постановление, распоряжение органов местной власти **2.** подзаконный акт **3.** уставные нормы, правила внутреннего распорядка (*корпорации, общества*) **4.** *pl* регламент

by-line I ['baɪlaɪn] *n* 1) строка в начале статьи (*на которой помещается фамилия автора, художника или фотографа*) 2) подпись, имя (*автора*); under his ~ за его подписью

by-line II ['baɪlaɪn] *v* написать что-л. и подписаться

by-name, byname ['baɪneɪm] *n* прозвище, кличка

bypass I ['baɪpɑːs] *n* **1.** объезд **2.** *тех.* 1) обводный канал 2) байпас, перепуск **3.** *эл.* шунт **4.** *дор.* обход; обходный путь, разминовка **5.** *горн.* параллельная выработка **6.** *мед.* 1) обход, обвод 2) шунт (*в системе кровообращения*)

bypass II ['baɪpɑːs] *v* 1) обходить, идти обходным путём 2) идти обходными путями (*для достижения своей цели*) 3) вилять, хитрить 4) обращаться к вышестоящему начальству (*в обход непосредственного*) 5) = flank II 3

by-past, bypast ['baɪpɑːst] *a* прошедший, пережитый, канувший в прошлое

by-path, bypath ['baɪpɑːθ] *n* боковая тропинка, уединённая тропа *или* дорога

by-pit ['baɪpɪt] *n горн.* вентиляционный *или* вспомогательный ствол

by-place ['baɪpleɪs] *n* отдалённое место, глухомань

byplay ['baɪpleɪ] *n* 1) мимическая интерлюдия, немая сцена, эпизод (*в пьесе*) 2) мимика; a wealth of ~ богатая мимика 3) подтекст (*в разговоре*); намёки, *в т. ч.* выразительные взгляды, жесты и т. п.

by-plot ['baɪplɒt] *n лит.* побочная сюжетная линия

by-product ['baɪˌprɒdʌkt] *n* **1.** промежуточный *или* побочный продукт **2.** побочный результат

byre ['baɪə] *n редк.* хлев, коровник

byrnie ['bɜːnɪ] *n ист.* кольчуга

byroad ['baɪrəʊd] *n* 1) просёлочная дорога 2) объездной путь, объезд

Byronic [baɪ'rɒnɪk] *a* байронический

byssinosis [ˌbɪsɪ'nəʊsɪs] *n мед.* биссиноз (*лёгочное заболевание, вызванное вдыханием хлопковой пыли*)

byssus ['bɪsəs] *n ист.* виссон (*дорогая материя*)

bystander ['baɪˌstændə] *n* свидетель (*происходящих событий*); (безучастный) наблюдатель; casual ~ случайный свидетель; sympathetic ~ сочувственно наблюдающий (*за чем-л.*) человек

bystreet ['baɪstriːt] *n* 1) глухая, отдалённая улица 2) боковая улица 3) переулок

by-talk ['baɪtɔːk] *n* ленивый разговор, перебрасывание словами

byte [baɪt] *n вчт.* байт, слог (*единица информации, равная 8 битам*); ~ instruction байтовая команда

by-term ['baɪtɜːm] *n* **1.** учебный (не экзаменационный) семестр (*в Кембриджском университете*) **2.** *уст.* прозвище, кличка

by-time ['baɪtaɪm] *n* досуг

by-wash ['baɪwɒʃ] *n гидр.* сбросовый канал

byway ['baɪweɪ] *n* **1.** уединённая, тихая дорога; просёлочная дорога; deserted [dark, romantic] ~s пустынные [тёмные, романтические] тропинки **2.** боковая (автомобильная) дорога **3.** малоизученная, неглавная область (*науки, искусства и т. п.*); ~s of smb.'s personality скрытые стороны чьего-л. характера /чьей-л. натуры/

byword ['baɪwɜːd] *n* **1.** 1) поговорка, крылатое слово 2) любимое словечко; присловье; his favourite ~ словечко, которое он любит употреблять к месту и не к месту. **2.** 1) олицетворение, символ; he has become a ~ for them, a synonym for strength он стал для них символом; олицетворением силы 2) отрицательный пример; he is a ~ for iniquity его несправедливость стала притчей во языцех

by-work ['baɪwɜːk] *n* 1) побочная работа 2) работа, выполняемая в свободное время

by-your-leave [ˌbaɪjə'liːv] *n* извинение, приносимое за что-л.; что-л., сделанное без спроса; they walked in and sat down without so much as a ~ они вошли и расселись, даже не извинившись

Byzantian I, II [b(a)ɪ'zæntɪən] = Byzantine I *и* II

Byzantine I [b(a)ɪ'zæntaɪn] *n ист.* **1.** византиец **2.** (b.) византийская золотая монета

Byzantine II [b(a)ɪ'zæntaɪn] *a* 1) византийский; ~ style [architecture, church] византийский стиль [-ая архитектура, церковь] 2) напоминающий нравы Византии; коварный, предательский; интриганский; ~ manoeuvring коварные манёвры; ~ politics политические интриги 3) запутанный, сложный; ~ complexity путаница, неразбериха

Byzantinesque [b(a)ɪˌzæntɪ'nesk] *a* византийский (*о стиле*)

C

C, c [siː] *n* (*pl* Cs, c's [siːz]) **1.** 3-я буква английского алфавита **2.** (C) *амер.* отметка «удовлетворительно»; а C in history «удовлетворительно» по истории. (с) *мат.* с (*обозначение известного числа*) **4.** (С) *муз.* до **5.** *амер. сл.* сто долларов **6.** *в грам. знач. прил.*

1) (C) имеющий форму буквы C; C-образный 2) третий по счёту

Caaba ['kɑ:(ə)bə] *n* кааба, чёрный камень в древней мечети в Мекке (*предмет поклонения мусульман*)

cab¹ I [kæb] *n* 1. такси; ~ fare плата за проезд в такси; to call a ~ взять /заказать/ такси; to take a ~ a) взять такси; б) ехать на такси; to go in a ~ ехать на такси. 2. 1) кеб; наёмный экипаж; извозчик 2) кабриолет 3. 1) *спец.* кабина управления; будка машиниста 2) кузов

cab¹ II [kæb] *v разг.* ехать на такси или на извозчике (*тж.* to ~ it)

cab² I [kæb] *n сл.* 1) шпаргалка 2) подстрочник

cab² II [kæb] *v сл.* 1. заниматься мелкими кражами 2. 1) пользоваться шпаргалкой 2) пользоваться подстрочником

caba [kə'bɑ:] *амер.* = cabas

cabal I [kə'bæl] *n* 1. 1) (политическая) клика *n* заговорщиков (*готовящая дворцовый переворот*); кучка интриганов 2. интрига; (дворцовый) заговор; тайный сговор; the ~ against G. Washington заговор против Дж. Вашингтона; centres of ~ заговорщицкие центры; рассадники интриг 3. (*the* C.) *ист.* «кабальный» совет при Карле II (*начальные буквы фамилий участников составляли слово* cabal)

cabal II [kə'bæl] *v* 1. сговариваться (*о чём-л. дурном*); вступать в заговор; участвовать в заговоре 2. интриговать

cabala [kə'bɑ:lə, 'kæbələ] = cabbala

cabalic ['kæbəlɪk] = cabbalistic

cabalism ['kæbəlɪz(ə)m] = cabbalism

caballero [ˌkæbə'(l)jeə)rəʊ] *n исп.* 1. кабальеро 2. *амер. диал.* 1) всадник, наездник 2) кавалер; поклонник

caballine ['kæbəlaɪn] *a книжн.* лошадиный, конский
◇ C. fountain /spring/ a) *миф.* Иппокрена; б) источник вдохновения

cabana [kə'bɑ:nə, kə'bænə] *n* 1. купальная кабина 2. отдельный домик, коттедж (*в приморской гостинице*)

cabana set [kə'bɑ:nəset, kə'bænəset] пляжный костюм «кабана» (*мужской*; *широкие трусы и куртка с короткими рукавами*)

cabane [kə'bɑ:n] *n ав.* кабан

cabaret ['kæbəreɪ] *n* 1. кабаре; an all-night ~ ночное кабаре 2. кабачок, таверна 3. *амер.* поднос для чашек, рюмок *и т. п.*

cabaret show ['kæbəreɪʃəʊ] эстрадное представление в ресторане

cabas [kə'bɑ:] *n* 1) рабочая корзинка, корзинка с рукоделием 2) сумочка, ридикюль

cabbage¹ I ['kæbɪdʒ] *n бот.* капуста кочанная (*Brassica oleracea capitata*); ~ leaf капустный лист; ~ leaf cigar курево из капустного листа; дешёвая сигара; ~ stalk /stump/ кочерыжка

cabbage¹ II ['kæbɪdʒ] *v* 1) завиваться кочаном 2) завиваться, образовывать шапку

cabbage² I ['kæbɪdʒ] *n проф. жарг.* 1. обрезки материала (*расхищаемые портными*) 2. портной 3. *амер.* плагиат 4. *школ.* шпаргалка

cabbage² II ['kæbɪdʒ] *v проф. жарг.* 1. утаивать обрезки материала (*о портных*) 2. воровать, растаскивать, прикарманивать 3. *школ.* сдирать, пользоваться шпаргалкой

cabbage butterfly ['kæbɪdʒˌbʌtəflaɪ] *энт.* капустница (*Pieris spp.*)

cabbage caterpillar ['kæbɪdʒ'kætəpɪlə] *энт.* гусеница капустницы

cabbage head ['kæbɪdʒhed] 1. вилок, кочан капусты 2. *разг.* тупица, болван; ≅ не голова, а кочан капусты

cabbage lettuce ['kæbɪdʒˌletɪs] *бот.* салат кочанный (*Lactuca sativa или capitata*)

cabbage palm ['kæbɪdʒpɑ:m] съедобные виды пальмы

cabbage palmetto [ˌkæbɪdʒpæl'metəʊ] *бот.* пальма капустная (*Sabal palmetto*)

cabbage rose ['kæbɪdʒrəʊz] *бот.* столистная махровая роза, центифолия (*Rosa centifolia*)

cabbage tree ['kæbɪdʒtri:] = cabbage palm

cabbage white [ˌkæbɪdʒ'waɪt] = cabbage butterfly

cabbaging-press ['kæbɪdʒɪŋˌpres] *n тех.* брикетировочный или пакетировочный пресс (*для стружки*)

cabbala [kə'bɑ:lə, 'kæbələ] *n* 1. *рел.* каббала 2. каббалистика, нечто неразумительное, загадочное

cabbalism ['kæbəlɪz(ə)m] *n* 1. *рел.* каббалистика 2. мистика, оккультизм

cabbalistic [ˌkæbə'lɪstɪk] *a* 1. *рел.* каббалистический, относящийся к каббале 2. мистический 3. каббалистический, невразумительный, таинственный

cabber ['kæbə] *n* извозчичья лошадь

cabbie ['kæbɪ] = cabby

cabbing ['kæbɪŋ] *n* 1. таксомоторное дело 2. извоз

cabble ['kæb(ə)l] *v метал.* разбивать на куски

cabby ['kæbɪ] *n разг.* 1. таксист, водитель такси 2. извозчик

cab-driver ['kæbˌdraɪvə] *n* шофёр, водитель такси, таксист

caber ['keɪbə] *n* 1) *шотл.* шест; жердь 2) кейбер (*очищенный от сучьев ствол молодого дерева*); tossing the ~ метание ствола (*шотландский национальный вид спорта*)

cabernet [ˌkɑ:bər'neɪ] *n* каберне (*сорт винограда и вина*)

cabette [kæ'bet] *n шутл.* женщина-водитель такси

cabezon(e) ['kæbəzəʊn] *n зоол.* мраморник, кабезон (*Scorpaenichthys marmoratus*)

cabin I ['kæbɪn] *n* 1. хижина; лачуга, убогое жилище 2. небольшой домик, коттедж 3. кабина, будка; кабина (*купальная и т. п.*); driver's ~ кабина водителя 4. *ав.* кабина самолёта (*закрытая*); самолётный салон 5. *мор.* каюта 6. = cabin class; second ~ второй класс; passenger пассажир первого или второго класса (*на пароходе*)

cabin II ['kæbɪn] *v* 1. содержаться в тесном помещении 2. 1) жить в хижине, лачуге 2) ютиться; жить в тесноте

cabin attendant [ˌkæbɪnə'tendənt] бортпроводник; бортпроводница

cabin boy ['kæbɪnbɔɪ] *мор.* юнга

cabin class ['kæbɪnklɑ:s] *мор.* каютный класс (*на пассажирском судне*; *ниже первого, но выше второго*)

cabined ['kæbɪnd] *a* 1. имеющий каюты *и пр.* [*см.* cabin II] 2. 1) стеснённый *и пр.* [*см.* cabin II] 2) связанный, стеснённый в действиях, мыслях

cabinet¹ I ['kæb(ɪ)nɪt] *n* 1. 1) горка, застеклённый шкафчик (*тж.* china ~) 2) шкафчик (*с полками, ящиками*); шифоньер(ка); комод; medicine ~ аптечка; filing ~ картотечный шкаф; kitchen ~ кухонный шкаф 3) лабораторный шкаф; шкаф для хранения экспонатов *и т. п.* 2. 1) шкатулка; ларчик; music ~ музыкальная шкатулка 2) *спец.* футляр; упаковка; ящик 3) корпус (*прибора, радиоприёмника*) 3. 1) *арх.* комнатка; кабинет; будуар 2) камера 4. *эл.* панель шкафного типа 5. кабинетная фотография

cabinet¹ II ['kæb(ɪ)nɪt] *a* кабинетный, кабинетного формата; ~ piano кабинетный рояль; ~ size кабинетный формат /размер/ (*фотографии и т. п.*); ~ edition кабинетное издание (*книги*); ~ incubator шкафный инкубатор

cabinet² I ['kæb(ɪ)nɪt] *n* кабинет (*министров*), правительство; a single-party ~ однопартийный кабинет; inner ~ кабинет министров в узком составе (*в Великобритании*); to construct /to form/ a ~ сформировать кабинет; to go into the ~ войти в состав кабинета

cabinet² II ['kæb(ɪ)nɪt] *a* правительственный, кабинетский, относящийся к кабинету (*министров*); ~ crisis правительственный кризис; ~ decision решение правительства; C. system (of government) система ответственного (перед парламентом) правительства (*в демократическом конституционном праве*); ~ council a) заседание кабинета; б) *ист.* кабинет (*министров*); ~ ministers министры — члены кабинета (*в Великобритании*); C. Office секретариат кабинета министров

cabinet furniture ['kæbɪnɪtˌfɜ:nɪtʃə] корпусная мебель

cabinet-maker¹ ['kæb(ɪ)nɪtˌmeɪkə] *n* столяр-краснодеревщик

cabinet-maker² ['kæb(ɪ)nɪtˌmeɪkə] *n* 1) *шутл.* премьер-министр (*формирующий новое правительство*) 2) лицо, от которого зависит состав правительства

cabinet-making ['kæb(ɪ)nɪtˌmeɪkɪŋ] *n* мебельное производство

cabinetry ['kæb(ɪ)nɪtrɪ] *n* 1. искусство краснодеревщика 2. высококачественная мебель

cabinet-sized ['kæb(ɪ)nɪtˌsaɪzd] *a* кабинетного размера или формата

cabinet-type ['kæb(ɪ)nɪttaɪp] *a* настольный (*о приёмнике, телевизоре*)

cabinet-work ['kæb(ɪ)nɪtwɜ:k] *n* работа столяра-краснодеревщика; тонкая столярная работа

cabin fever ['kæbɪnˌfi:və] крайняя раздражительность и воинственность в результате одиночества

cabin girl ['kæbɪngɜ:l] *разг.* горничная (*в мотеле, на пароходе и т. п.*)

cabin liner ['kæbɪnˌlaɪnə] *мор.* лайнер, имеющий каютный класс

cabin off ['kæbɪnɒf] *phr v* разгородить, разделить перегородкой; отгородить, отделить перегородкой (*часть помещения*)

cabin parachute ['kæbɪnˌpærəʃu:t] *ав.* парашют отделяющейся кабины

cabin plane ['kæbɪnpleɪn] *ав.* самолёт с закрытой кабиной

cable I ['keɪb(ə)l] *n* 1. 1) канат; трос; ~ ferry канатный паром; ~ rig *тех.* станок для канатного бурения 2) якорная цепь; ~ certificate *мор.* свидетельство о якорных цепях 2. кабель, многожильный провод; ~ laying прокладка кабеля; ~ trench *эл.* кабельная траншея 3. телеграмма; кабелограмма; ~ address адрес для телеграмм, телеграфный адрес; ~ expenses телеграфные расходы; ~ transfer телеграфный перевод; by ~ по телеграфу; the messages have come by ~ сообщения пришли /переданы/ по телеграфу 4. (*сокр. от* cable television) кабельное телевидение 5. *мор.* швартов 6. *мор.* кабельтов (*тж.* ~'s length; *см.* Приложение) 7. *архит.* витой орнамент
◇ to cut /to slip/ one's ~ *сл.* отдать концы, умереть

cable II ['keɪb(ə)l] *v* 1. телеграфировать (*по подводному кабелю*); news ~d

CAB — CAD

from Brazil известие, полученное из Бразилии по телеграфу 2. закреплять канатом, привязывать тросом 3. *архит.* украпа́ть *(колонну)* витым орнаментом
cable car ['keɪb(ə)lkɑ:] *n* вагон канатной дороги, фуникулёра
cablecast I ['keɪb(ə)lkɑ:st] *n* передача по кабельному, абонентскому телевидению
cablecast II ['keɪb(ə)lkɑ:st] *v* вести передачи по кабельному, абонентскому телевидению
cablecaster ['keɪb(ə)l‚kɑ:stə] *n* телевещательная компания, ведущая передачи по кабельному, абонентскому телевидению
cablecasting ['keɪb(ə)l‚kɑ:stɪŋ] *n* телевещание по кабельному, абонентскому телевидению
cablegram ['keɪb(ə)lgræm] *n* каблограмма, телеграмма
cable-railway ['keɪb(ə)l‚reɪlweɪ] *n* канатная дорога
cable release ['keɪb(ə)lrɪ‚li:s] тросик *(фотоаппарата)*
cablese [‚keɪb(ə)'li:z] *n разг.* язык телеграмм, телеграфный стиль
cable ship ['keɪb(ə)l‚ʃɪp] кабельное судно
cable-stitch ['keɪb(ə)lstɪtʃ] *n* жгут *(узор в вязанье на спицах)*
cablet ['keɪb(ə)lɪt] *n мор.* перлинь
cable television, cable TV ['keɪb(ə)l‚telɪ'vɪʒ(ə)n, -tiː'viː] кабельное, абонентское телевидение
cablevision ['keɪb(ə)l‚vɪʒ(ə)n] = cable television
cableway ['keɪb(ə)lweɪ] *n* канатная дорога
cabling ['keɪb(ə)lɪŋ] *n* 1. укладка кабеля 2. кручение, свивание *(канатов и т. п.)* 3. *архит.* заполнение *(каннелюр колонн)* выпуклым профилем
cabman ['kæbmən] *n (pl* -men [-mən]*)* 1. водитель такси 2. извозчик
cabob [kə'bɒb] *n часто pl* кебаб *(восточное блюдо)*
caboched [kə'bɒʃt] *n геральд.* срезанный по уши *(о голове оленя и т. п.)*
cabochon ['kæbəʃɒn] *n спец.* кабошон, неогранённый драгоценный камень; ~ emerald неогранённый изумруд
caboodle [kə'bu:dl] *n прост.* группа, компания; the whole ~ а) вся (честная) компания, вся братия /орава, шатия/; б) всё вместе, вся куча *и т. п.*
caboose [kə'bu:s] *n* 1. *мор.* камбуз 2. *амер. ж.-д.* служебный вагон в товарном поезде 3. *канад.* передвижной домик на колёсах или полозьях 4. *амер.* печь на открытом воздухе
caboshed, cabossed [kə'bɒʃt, kə'bɒst] = caboched
cabotage ['kæbətɑ:ʒ] *n* 1. *мор.* каботаж 2. внутренний воздушный транспорт
cab rank ['kæbræŋk] 1) стоянка такси, экипажей 2) такси и экипажи на стоянке
cabré ['kæbreɪ] *a геральд.* взвившийся на дыбы
cabrilla [kə'brɪlə] *n зоол.* морской окунь *(Serranus gen.)*
cabriole ['kæbrɪəʊl] *n* 1. витая ножка *(стола, стула и т. п.)* 2. кабриоль *(в балете)*
cabriolet ['kæbrɪəleɪ, ‚kæbrɪəʊ'leɪ] *n* 1) одноконный экипаж 2) автомобиль с кузовом «кабриолет» *(с откидным верхом)*
cab-stand ['kæbstænd] *n* 1. стоянка такси 2. извозчичья биржа; стоянка кебов

cabtrack ['kæbtræk] *n* рельсовый электромобиль-такси
cac- [kæk-] = caco-
ca'canny [‚kɑː'kænɪ, ‚kɔː'kænɪ] *n шотл., сл.* 1) медленная, ленивая работа; работа без напряжения 2) вид итальянской забастовки; ≅ «работай — не надрывайся»
cacao [kə'kɑːəʊ] *n* 1) *бот.* какаовое дерево *(Theobroma cacao)* 2) какао *(боб и напиток)*
cacao bean [kə'kɑːəʊbiːn] боб какао
cacao butter [kə'kɑːəʊ‚bʌtə] какао-масло, масло какао
cacao husks [kə'kɑːəʊ‚hʌsks] какавелла *(шелуха бобов какао)*
cacao tree [kə'kɑːəʊtriː] = cacao 1)
cachaca, cachaça [kə'ʃɑːsə] *n* кашаса *(бразильский ром)*
cachalot ['kæʃəlɒt] *n зоол.* кашалот *(Physeter catodon)*
cache I [kæʃ] *n* 1. 1) запас провианта, оставленный (научной) экспедицией для обратного пути или для других экспедиций 2) *воен.* место скрытого размещения запасов при отходе 3) укрытый продовольственный запас *(при действиях в Арктике)* 2. тайный склад оружия 3. тайный запас; что-л. припрятанное; тайник; put in a ~ прятать в тайник 4. *информ.* сверхоперативная память, кеш *(тж.* ~ memory*)*
cache II [kæʃ] *v* прятать про запас в потайном месте, припрятывать *(тж.* ~ away*)*
cachectic, cachectical [kə'kektɪk, -(ə)l] *а книжн., мед.* болезненный, истощённый, худосочный
cache-pot ['kæʃpɒt, 'kæʃpəʊ] *n* кашпо *(декоративный цветочный горшок)*
cachet ['kæʃeɪ] *n книжн.* 1. печать; letter of ~ *ист.* королевский приказ об изгнании или заточении без суда *(во Франции)* 2. отпечаток; характерная черта 3. *фарм.* облатка; капсула
cachexia [kə'keksɪə] = cachexy 2
cachexy [kə'keksɪ, 'kækeksɪ] *n* 1. *мед., вет.* истощение, худосочие; упадок сил; кахексия 2. разложение *(моральное и т. п.)*; деградация
cachinnate ['kækɪneɪt] *v книжн.* 1) разражаться безудержным хохотом 2) истерически хохотать
cachinnation [‚kækɪ'neɪʃ(ə)n] *n книжн.* 1) громкий, безудержный хохот 2) истерический смех
cachou [kə'ʃu:] *n спец.* 1. катеху, кашу 2. таблетка для освежения дыхания
cachucha [kə'tʃu:tʃə] *n* качуча *(испанский танец)*
cacique [kæ'si:k] *n исп.* 1) кацик, касик, вождь *(американских и вест-индских племён)* 2) местный политический заправила *(в Латинской Америке)* 3) крупный землевладелец *(на Филиппинах)*
cack-handed [‚kæk'hændɪd] *a разг.* 1. левша; владеющий левой рукой лучше, чем правой 2. неуклюжий, неловкий
cackle I ['kæk(ə)l] *n* 1. кудахтанье, клохтанье; гоготанье *(гусей)* 2. гогот; хихиканье; фырканье; зубоскальство; болтовня; cut the ~! *сл.* хватит болтать!, ближе к делу!
cackle II ['kæk(ə)l] *v* 1. кудахтать, квохтать; гоготать *(о гусях)* 2. гоготать; хихикать; фыркать 3. зубоскалить; болтать
cackler ['kæklə] *n* 1. *см.* cackle II + -er 2. клохчущая или кудахтающая птица 3. болтун; сплетник 4. *разг.* чиновник, служащий; канцелярист, канцелярская крыса
caco- ['kækə(ʊ)-] компонент сложного слова со значением плохой; неприятный; неправильный; неверный; cacology неудачный выбор слов; дурной стиль (речи); cacography какография *и т. п.*
cacoëthes [‚kækəʊ'iːθɪs, ‚kækəʊ'iːθɪːz] *n книжн.* 1. пагубная привычка 2. непреодолимое влечение; мания 3. смертельная болезнь
cacogenics [‚kækə'dʒenɪks] = dysgenics
cacography [kæ'kɒgrəfɪ] *n книжн.* какография, неразборчивый почерк
cacolet [‚kɑːkə(ʊ)'leɪ] *n воен.* вьючные носилки *(для раненых)*
cacology [kæ'kɒlədʒɪ] *n книжн.* 1. неудачный выбор слов; дурной стиль (речи) 2. неправильное произношение
cacophonic, cacophonical [‚kækə'fɒnɪk, -(ə)l] = cacophonous
cacophonous [kæ'kɒfənəs] *a* какофонический, неблагозвучный
cacophony [kæ'kɒfənɪ] *n* какофония, неблагозвучие
cactaceous [kæk'teɪʃəs] *а бот.* кактусовый, принадлежащий к семейству кактусовых
cacti ['kæktaɪ] *pl от* cactus
cactus ['kæktəs] *n (pl тж.* -ti*) бот.* кактус *(Opuntia gen.)*
cacuminal I [kæ'kju:mɪn(ə)l] *n фон.* какуминальный звук
cacuminal II [kæ'kju:mɪn(ə)l] *а фон.* какуминальный
Cacus ['keɪkəs] *n рим. миф.* Как, Какус
cad [kæd] *n* 1. грубиян; невежа; хам, скотина 2. *ист.* кондуктор дилижанса
cadaster [kə'dæstə] = cadastre
cadastral [kə'dæstrəl] *а юр.* кадастровый; ~ survey кадастровое описание собственности; кадастровый план
cadastre [kə'dɑːstə, kə'dæstə] *n юр.* поземельные книги, кадастр, кадастровые книги
cadaver [kə'deɪvə, kə'dævə] *n спец.* труп, кадавр
cadaveric [kə'dævə(r)ɪk] *а спец.* трупный; ~ rigidity /spasm/ трупное окоченение; ~ alkaloid птомаин, трупный яд
cadaverous [kə'dævə(r)əs] *а* 1) *спец.* трупный 2) бледный или страшный как мертвец; ~ countenance мертвенно-бледное, изнурённое лицо
caddice ['kædɪs] = caddis
Caddie ['kædɪ] *n разг.* (автомобиль) «кадиллак»
caddie ['kædɪ] = caddy[2]
caddis ['kædɪs] *n* 1. гарус; гарусная тесьма 2. грубая шерстяная саржа
caddis flies ['kædɪsflaɪz] *энт. pl* ручейники *(Trichoptera)*
caddish ['kædɪʃ] *a* грубый, вульгарный, хамский; ~ behaviour хамское поведение
Caddy ['kædɪ] = Caddie
caddy[1] ['kædɪ] *n* 1. чайница 2. банка или коробка с крышкой
caddy[2] ['kædɪ] *n* 1. кадди *(обыкн. мальчик, который подносит или подвозит на тележке клюшки для игроков; гольф)* 2. *сл.* человек, живущий случайной работой, мелкими поручениями 3. 1) = caddy-car 2) хозяйственная сумка на колёсиках
caddy-car, caddy-cart ['kædɪkɑː, -kɑːt] *n* кадди-кар *(двухколёсная тележка для клюшек; гольф)*
cade[1] [keɪd] *n* ягнёнок или жеребёнок, выкормленные искусственно
cade[2] II [keɪd] *a* выкормленный искусственно *(о ягнёнке или жеребёнке)*
cade[3] [keɪd] *n бот.* можжевельник *(Juniperus oxycedrus)*
cadeau [kɑː'dəʊ] *n (pl* -deaux [-dəʊ]*) фр.* подарок

cadence ['keɪd(ə)ns] *n* **1.** *муз.* каданс; каденция **2.** *стих.* ритм; метр **3.** *воен., спорт.* ритм; темп; мерный шаг; такт; движение в ногу; ~ drill *воен.* обучение маршировке; ~ system система выполнения физических упражнений под счёт; without ~ не в ногу **4.** модуляция; понижение (*голоса*) **5.** спад (*бури и т. п.*) **6.** гармония (*красок*)

cadenced ['keɪd(ə)nst] *a* ритмический, ритмичный, мерный

cadency ['keɪd(ə)nsɪ] *n* **1.** = cadence **2.** младшая линия (*в генеалогии*); mark of ~ *геральд.* знак принадлежности к младшей линии

cadent ['keɪd(ə)nt] *a* **1.** *поэт.* падающий; ~ tears льющиеся слёзы **2.** ритмический, мерный

cadenza [kə'denzə] *n муз.* каденция

Cadet [kə'det] *n русск.* кадет

cadet [kə'det] *n* **1.** 1) младший сын 2) младший брат **2.** 1) младшая линия (*в генеалогии*) 2) представитель младшей линии **3.** *воен.* 1) кадет 2) курсант, слушатель военного училища; space ~ космонавт-стажёр; ~ bag курсантский вещевой мешок **4.** *амер. сл.* сутенёр, сводник

cadet corps [kə'detkɔ:] организация по вневойсковой военной подготовке молодёжи (*в ряде учебных заведений Великобритании*)

cadet nurse [kə'detnə:s] *воен.* слушательница курсов медицинских сестёр

cadetship [kə'detʃɪp] *n* **1.** *юр.* статус младшего сына *или* брата **2.** *воен.* прохождение службы в качестве курсанта

cadet-teacher [kə'det,ti:tʃə] *n* **1.** младший учитель, учитель-практикант; учащийся старшего класса колледжа, преподающий в младших классах **2.** внештатный учитель средней школы (*не имеющий права на пенсию*); ≅ учитель-почасовик

cadge I [kædʒ] *n сл.* попрошайничество; прихлебательство

cadge II [kædʒ] *v сл.* 1) попрошайничать (*иногда под видом мелкой торговли*) 2) выпрашивать, вымаливать; to ~ smth. from smb. клянчить /выпрашивать/ что-л. у кого-л.; to ~ a meal напроситься на угощение /обед/

cadger ['kædʒə] *n* **1.** *см.* cadge II + -er **2.** попрошайка; прихлебатель; человек без определённых занятий **3.** 1) разносчик 2) уличный торговец

cadgy ['kædʒɪ] *a диал.* **1.** распутный; сладострастный **2.** весёлый, радостный

cadi ['kɑ:dɪ, 'keɪdɪ] *n араб.* кади

cadie ['kædɪ] = caddy²

cadit quaestio [,kædɪt'kwaɪstɪəʊ] *лат.* вопрос отпадает

Cadmean I [kæd'mi:ən] *n ист.* кадмеец, житель Кадмеи; беотиец, житель Беотии; фиванец, житель Фив

Cadmean II [kæd'mi:ən] *a* **1.** *миф.* относящийся к Кадму или Кадмее **2.** *ист.* кадмейский; беотийский; фиванский ◊ ~ victory кадмейская победа; победа ценой гибели победителей; победа, доставшаяся дорогой ценой

Cadmian I, II ['kædmɪən] = Cadmean I *и* II

cadmium ['kædmɪəm] *n хим.* кадмий; ~ plating *тех.* кадмирование

Cadmus ['kædməs] *n греч. миф.* Кадм (*легендарный основатель Фив*)

cadre ['kɑ:də, 'keɪdə, 'kɑ:drə] *n* **1.** остов; рамка **2.** *воен.* костяк **3.** *pl* кадры, личный состав; штат **4.** 1) *собир.* руководящие кадры, *преим.* партийные 2) кадровый политический работник

cadreman ['kædrəmæn, 'kɑ:drəmæn] *n* (*pl* -men [-men]) кадровый военнослужащий

caducei [kə'dju:sɪaɪ] *pl от* caduceus

caduceus [kə'dju:sɪəs] *n* (*pl* -cei) *лат.* кадуцей (*символ врачевания и знак различия медицинской службы армии США*)

caducity [kə'dju:sɪtɪ] *n* **1.** бренность; преходящий характер; недолговечность **2.** дряхлость **3.** *бот.* раннее опадание

caducous [kə'dju:kəs] *a* **1.** бренный; недолговечный 1) *бот.* рано опадающий 2) *биол.* отпадающий, временный

cady ['kædɪ] = cadi

caeca ['si:kə] *pl от* caecum

caecum ['si:kəm] *n* (*pl* -ca) *анат.* слепая кишка

Caesar ['si:zə] *n* **1.** *ист.* Цезарь **2.** цезарь, римский император **3.** император Священной Римской империи; кайзер **4.** *библ.* кесарь; render unto ~ the things that are ~'s кесарево кесарю **5.** самодержец, император; верховная власть ◊ to appeal to ~ а) обратиться к высшей власти *или* к старшим; б) обратиться к избирателям на всеобщих выборах; great ~! бог мой!, ого! (*выражает удивление, досаду*)

caesardom ['si:zədəm] *n* **1.** *ист.* империя Цезарей **2.** империя **3.** титул цезаря, кесаря, императора

Caesarean I [sɪ'zɛ(ə)rɪən] *n* **1.** *ист.* сторонник императора (*в борьбе против папы*) **2.** сторонник империи; монархист; цезарист

Caesarean II [sɪ'zɛ(ə)rɪən] *a* 1) *ист.* относящийся к (Юлию) Цезарю, к династии Цезарей *или* цезарям 2) цезарев, кесарев, императорский

Caesarean operation, Caesarean section [sɪ,zɛ(ə)rɪən...ɔpə'reɪʃ(ə)n, -'sekʃ(ə)n] *мед.* кесарево сечение

Caesarian I, II [sɪ'zɛ(ə)rɪən] = Caesarean I *и* II

Caesarism ['si:zərɪz(ə)m] *n* самодержавие, автократизм

caesaropapacy [,si:zərə'peɪpəsɪ] = caesaropapism

caesaropapism [,si:zərə'peɪpɪz(ə)m] *n* 1) осуществление правительством верховной власти над церковью 2) форма такого правительства

caesium ['si:zɪəm] *n хим.* цезий

caesura [sɪ'zjʊ(ə)rə] *n* (*pl тж.* -ae) 1) *стих., муз.* цезура 2) пауза; перерыв

caesurae [sɪ'zjʊ(ə)ri(:)] *pl от* caesura

cafard [kɑ:'fɑ:r, 'kæfɑ:] *n* меланхолия, хандра; депрессия

café ['kæfeɪ] *n* кафе; кофейня; ~ society *ирон.* завсегдатаи кафе (*художники, артисты, музыканты и т. п., собирающиеся в кафе и ночных клубах*)

café au lait [,kæfeɪəʊ'leɪ] *фр.* кофе с молоком **2.** цвет кофе с молоком

café brûlot [,kæfeɪbru:'lɔ:] *фр.* напиток, приготовленный из кофе, сахара, специй, апельсиновой корки и бренди

café-concert [,kæfeɪkɒn'seə] *фр.* **1.** эстрадный концерт, эстрадное представление в кафе **2.** кафе с варьете

café coronary [,kæfeɪ'kɔrənərɪ] *мед.* удушье (*вызванное попаданием пищи в дыхательное горло*)

café filtre [,kæfeɪ'fɪltə] *фр.* крепкий чёрный кофе, приготовленный в кофеварке с фильтром

café noir [,kæfeɪ'nwɑ:] *фр.* чёрный кофе

cafeteria [,kæfɪ'tɪ(ə)rɪə] *n* **1.** кафетерий **2.** столовая самообслуживания

cafeteria service [,kæfɪ'tɪ(ə)rɪə,sə:vɪs] самообслуживание

café théâtre [,kæfeɪte'ɑ:tr(ə)] *фр.* литературное кафе (*где устраиваются лекции, театральные представления, проводятся диспуты*)

caff [kæf] *n разг.* маленькое (дешёвое) кафе; закусочная; ≅ забегаловка

caffeine ['kæfi:n] *n фарм.* кофеин

Caffre¹ ['kæfə] *n южно-афр.* **1.** кафр **2.** кафрский язык **3.** *pl сл.* акции южноафриканских рудников

Caffre² ['kæfə] *n* **1.** кафир, житель Кафиристана (*в Афганистане*) **2.** язык кафири **3.** *неодобр.* неверный (*о немусульманине*)

caftan ['kæftæn] *n* **1.** *перс.* восточный халат (*с поясом*) 2) кафтан **3.** женское нарядное платье в «восточном» стиле (*без пояса, с рукавами колоколом*)

cage I [keɪdʒ] *n* **1.** клетка; ~ for birds клетка для птиц **2.** *сл.* 1) тюрьма 2) лагерь военнопленных (*за колючей проволокой*) **3.** *горн.* тело человека, скелет **4.** *горн.* клеть (*в шахтах*) **5.** кабина (*лифта*) **6.** *тех.* обойма (*подшипника*) **7.** садок (*для насекомых или рыбы*) **8.** изолятор (*для растений*) **9.** *спорт.* 1) ворота (*хоккей*) 2) предохранительная сетка при метании молота **10.** *проф.* неотрезное платье из прозрачной ткани (*на чехле*) ◊ to whistle /to sing/ in the ~ *сл.* выдать сообщников

cage II [keɪdʒ] *v* **1.** сажать в клетку; содержать в клетке (*тж.* ~ in, ~ up); this animal should be ~d (in) это животное надо держать в клетке; to feel ~d up чувствовать себя несвободным, привязанным к дому, комнате *и т. п.* **2.** *сл.* заключать в тюрьму; содержать в тюрьме

cage aerial ['keɪdʒ,ɛ(ə)rɪəl] *радио* цилиндрическая антенна

cage antenna ['keɪdʒæn,tenə] = cage aerial

caged [keɪdʒd] *a* **1.** запертый *или* содержащийся в клетке; ~ animal зверь в клетке **2.** *сл.* заключённый **3.** *воен.* хранимый на ограждённом участке

cageling ['keɪdʒlɪŋ] *n* птица в клетке; комнатная певунья

cager¹ ['keɪdʒə] *n горн.* клетевой, стволовой

cager² ['keɪdʒə] *n разг.* баскетболист

cagey ['keɪdʒɪ] *a разг.* 1) осторожный, осмотрительный 2) неразговорчивый, скрытный; себе на уме; хитрый; ~ reply уклончивый ответ; don't be ~! говори прямо!, не виляй!; ~ about his age он скрывал свой возраст; he is a ~ old bird ≅ его на мякине не проведёшь

cagily ['keɪdʒɪlɪ] *adv* с хитрецой; осторожно; уклончиво

caging ['keɪdʒɪŋ] *n эл.* защитная сетка

cagoulard [,kɑ:gʊ'lɑ:r] *n фр.* кагуляр

cagoule [kæ'gu:l] *n* кагуль, водонепроницаемая куртка с капюшоном

cagy ['keɪdʒɪ] = cagey

cahoole [kə'hu:l] *v сл.* обхаживать, льстить, заманивать

cahoot I [kə'hu:t] *n амер. разг.* **1.** сговор; сообщничество, соучастие; to be in ~(s) with smb. быть в сговоре с кем-л.; to go ~(s) with smb. делить поровну доходы *или* расходы с кем-л. **2.** совместное предприятие

cahoot II [kə'hu:t] *v амер. разг.* 1) вступать в сговор, в сообщничество 2) действовать совместно, на равных правах

caic, caik [kɑ:'i:k] = caïque

cailleach, cailliach ['kɑ:ljəx] *n шотл.* старуха, старая карга

caiman ['keɪmən] = cayman

CAI — CAL

Cain [keɪn] *n* 1) *библ.* Káин 2) братоубийца; убийца; the brand /the mark/ of ~ Káинова печáть
Cain-coloured ['keɪn,kʌləd] *a уст., поэт.* рыжий; ~ beard рыжая борода (*как примета предателя*)
Cainozoe [,keɪnə'zəʊɪ] *n геол.* кайнозóй, кайнозойская эра
Cainozoic [,keɪnə'zəʊɪk] *a геол.* кайнозойский
caique [kɑ:'i:k] *n* каик (*шлюпка*)
caird [keəd] *n шотл.* 1) бродячий лудильщик 2) цыган
cairn [keən] *n шотл.* 1. пирамида из камней (*как условный знак, надгробный памятник и т. п.*) 2. груда камней ◊ to add a stone to smb.'s ~ а) увековечить чью-л. память; воздать должное покойному; б) превозносить кого-л. после смерти
cairngorm, cairngorum ['keəngɔ:m, -,gɔ:rəm] *n мин.* дымчато-бурая разновидность кварца, дымчатый топаз
cairn terrier [,keən'terɪə] кернтерьер (*порода охотничьих собак*)
caisson ['keɪs(ə)n, kə'su:n] *n* 1. *тех.* кессóн 2. *мор.* батопорт 3. *воен.* зарядный ящик
caisson disease ['keɪs(ə)ndɪ'zi:z] кессонная болезнь
caitiff I ['keɪtɪf] *n арх., поэт.* негодяй; жалкое, презрéнное существó
caitiff II ['keɪtɪf] *a арх., поэт.* подлый, низкий; презрéнный, жалкий
cajole [kə'dʒəʊl] *v* 1) (into, from, out of) улащивать, упрашивать; уговаривать с помощью лести; to ~ smb. into doing smth. упросить кого-л. сделать что-л.; he was ~d into this его вовлекли в это дело; to ~ money out of people's pockets выманивать у всех деньги; he managed to ~ a promise from her ему удалось выманить у неё обещáние 2) обманывать; the fellow would ~ the devil этот человек обойдёт самого дьявола
cajolement [kə'dʒəʊlmənt] = cajolery
cajoler [kə'dʒəʊlə] *n* 1. см. cajole + -er 2. льстец; человек, выманивающий что-л. с помощью лести
cajolery [kə'dʒəʊl(ə)rɪ] *n* 1) умасливание, упрашивание; лесть 2) выманивание, обман (*с помощью лести*)
cajolingly [kə'dʒəʊlɪŋlɪ] *adv* вкрадчиво, льстиво; притворно-ласково
cake I [keɪk] *n* 1. *чаще sing* торт; кекс; сладкий пирог; a piece of ~ кусóк кекса и т. п. [см. тж. ◊]; birthday ~ именинный пирог; bride /wedding/ ~ свадебный пирог; cup ~ *амер.* кекс, выпеченный в гофрированной формочке; sponge ~ бисквит; ~ pan форма для кéкса 2. пироженое; a dozen ~s дюжина пирожных 3. лепёшка; *амер. тж.* оладьи, блинчик; oat ~s овсяные лепёшки; cheese ~s сырники, творожники; fish ~s рыбные котлеты 4. 1) кусок (*мыла и т. п.*) 2) плитка (*чая, табака и т. п.*) 3) брусок; брикет 4) слиток (*металла*) 5) таблетка (*лекарства*) 5. 1) лепёшка грязи, глины (*на одежде*) 2) сгусток (*крови*) 3) нефтяное пятно на поверхности воды 6. *с.-х.* жмых 7. *спец.* кек, осадок на фильтре 8. *разг.* болван
◊ C. Day *шотл.* канун Нóвого года; ~s and ale весéлье, беззаботная жизнь; life is not all ~s and ale без горя не проживёшь; ~s and ale жизнь прожить, не пóле перейти; a piece of ~ что-л. лёгкое и приятное; ≅ плёвое дело; пара пустяков; to go (off) /to sell/ like hot ~s раскупáться нарасхват; ≅ с руками отрывáют; to get one's share of the ~ ≅ взять своё, не оказаться обделённым; to take the ~ занять первое место, получить приз; превзойти всех; this takes the ~ это превосхóдит всё; дальше идти некуда; to eat one's ~ and have it один пирог два раза не съешь; пытаться совместить несовместимое; ≅ и волки сыты, и овцы целы; to have one's ~ baked а) жить в достатке; б) добиться успеха; my ~ is dough мои надежды не оправдались, мой замысел провалился; ≅ дело не выгорело; Land of ~s страна (овсяных) лепёшек, Шотландия
cake II [keɪk] *a* кусковóй
cake III [keɪk] *v* 1. затвердевать, спекаться 2. *преим. pass* (in, with) покрывать, облеплять; заляпать (*грязью, краской и т. п.*); his shoes were ~d with mud его ботинки были заляпаны грязью
cake-bread ['keɪkbred] *n* 1) штучный хлеб 2) сдóбный хлеб
cake breaker ['keɪk,breɪkə] *с.-х.* жмыходробилка
caked [keɪkt] *a* 1) отвердевший, затвердéлый; затвердéлый; ~ breast а) *мед.* затвердéние грудной железы (*в период лактации*); б) *вет.* затвердéвшее вымя 2) спёкшийся; сгущённый; осéвший; свернувшийся; ~ blood сгустки крови; запёкшаяся кровь; ~ mud (on one's shoes) грязь, комья грязи (на туфлях)
cake-eater ['keɪk,i:tə] *n разг.* любитель лёгкой жизни, изнéженный бездельник
cake flour ['keɪkflaʊə] мукá для сдóбы
cake ice ['keɪkaɪs] блинчатый лёд
cake mix ['keɪkmɪks] порошóк или брикéт для кéкса, пýдинга и т. п. (*полуфабрикат*)
cake-shop ['keɪkʃɒp] *n* кондитерская
cake together ['keɪktə,geðə] *phr v* спекаться
cakewalk ['keɪkwɔ:k] *n* 1. кекуóк (*танец*) 2. *разг.* что-л. лёгкое; ≅ пара пустяков
caking ['keɪkɪŋ] *n спец.* 1) спекáние, брикетирование; ~ coal спекающийся уголь 2) образование нагара
caky ['keɪkɪ] *a* 1. похожий на лепёшку 2. *разг.* слабоумный
calabar ['kæləbə] = caliber
calabar-bean ['kæləbə,bi:n] *n бот.* калабарский боб (*Physostigma venenosum*)
calabash ['kæləbæʃ] *n* 1. *бот.* тыква-горлянка (*Lagenaria vulgaris*) 2. бутылка или курительная трубка из горлянки; калабаш 3. *амер. шутл.* пустая голова, башкá
calabash tree ['kæləbæʃtri:] 1. *бот.* горлянковое дéрево обыкновенное (*Crescentia cujete*) 2. баобаб
calaber ['kæləbə] *n* сéрая бéлка (*мех*); ~ coat бéличья шýбка
caladoose [,kælə'bu:s, 'kæləbu:s] *n амер. сл.* тюрьма, каталáжка
calaloo, calalu [kælə'lu:, 'kælərlu:] *n* суп или тушёное мясо с зéленью, лýком и крабами
calamanco [,kælə'mæŋkəʊ] *n текст.* коломáнка
calamar ['kæləmɑ:] = calamary
calamary ['kæləmərɪ] *n* кальмáр
calami ['kæləmaɪ] *pl от* calamus
calamine ['kæləmaɪn] *n мин.* каламин, галмéй
calamine lotion [,kæləmaɪn'ləʊʃ(ə)n] жидкость от солнечных ожогов
calamites [kælə'maɪti:z] *n pl* каламиты (*ископаемые окаменéлые растения*)
calamitous [kə'læmɪtəs] *a* 1) пáгубный; вреднóсный; ~ error пáгубная ошибка 2) злополучный, злосчáстный
calamity [kə'læmɪtɪ] *n* 1) бéдствие; бедá; большое несчастье, катастрóфа; national ~ национáльное бéдствие; to avert a ~ предотвратить бедý /несчáстье/; to suffer a ~ переносить несчáстье; ~ is man's (true) touchstone ≅ человек познаётся в бедé 2) горе, скорбь; отчáяние
◊ ~ Jane /howler, prophet/ *амер.* а) пессимист; паникёр; б) демагог, играющий на трудностях; ~ issue *амер.* острый вопрос; вопрос, который опáсно ставить /поднимáть/
calamus ['kæləməs] *n* (*pl* -mi) *бот.* áир (*Calamus*); ~ root áирный кóрень (*Acorus calamus*)
calash [kə'læʃ] *n* 1. коляска 2. верх коляски 3. стариннaя жéнская шляпка «кибиткой»
calcaneum [kæl'keɪnɪəm] *n анат.* пяточная кость
calcareous [kæl'ke(ə)rɪəs] *a* известкóвый; ~ cement *стр.* гидравлическая известь; ~ plant растение известкóвых почв; ~ spar *мин.* кáльций
calceolaria [,kælsɪə'le(ə)rɪə] *n бот.* кальцеолярия, кошелёк (*Calceolaria*)
calces ['kælsi:z] *pl от* calx
calci- ['kælsɪ-] в сложных словах имеет значение кáльций: calciphilous кальцефильный; calciphyte кальцефит
calcic ['kælsɪk] *a* известкóвый; кáльциевый, содержáщий кáльций
calciferol [kæl'sɪfərɒl] *n биохим.* кальциферóл, витамин D_2
calciferous [kæl'sɪf(ə)rəs] *a хим.* содержáщий кáльций
calcification [,kælsɪfɪ'keɪʃ(ə)n] *n* 1. отвердéние, окаменéние; окостенéние 2. обызвествление
calcify ['kælsɪfaɪ] *v* 1) превращáть в известь 2) обызвествляться; отвердевáть
calcimine ['kælsɪmaɪn] *n стр.* раствóр извести (*для побелки*)
calcination [,kælsɪ'neɪʃ(ə)n] *n* 1. *тех.* кальцинирование 2. прокáливание, обжиг
calcinator ['kælsɪneɪtə] = calciner
calcine I ['kæls(a)ɪn] *n тех.* огáрок, продукт обжига
calcine II ['kæls(a)ɪn] *v* 1. сжигáть дотлá; превращáть в пéпел 2. высýшивать нагрéвом 3. *тех.* 1) кальцинировать, пережигáть или превращáть в известь 3) превращáться в известь 3) прокáливать
calciner ['kælsaɪnə] *n* обжигáтельная печь
calcite ['kælsaɪt] *n мин.* кальцит, известкóвый шпат
calcitrant ['kælsɪtrənt] *a спец.* 1) огнестóйкий; огнеупóрный 2) тугоплáвкий
calcium ['kælsɪəm] *n хим.* кáльций; ~ bromide брóмистый кáльций; ~ fluoride а) *хим.* фтóристый кáльций; б) *мин.* плавикóвый шпат; ~ oxide *стр.* негашёная известь; ~ phosphate фосфáт кáльция, фосфорнокислый кáльций; ~ deficiency *спец.* недостáток кáльция; ~ treatment лечéние кáльцием, кáльциевая терапия
calcography [kæl'kɒgrəfɪ] *n* искýсство рисовáния цветными карандашáми, мелкáми
calc-spar ['kælkspɑ:] *n мин.* известкóвый шпат
calc-tuff ['kælktʌf] *n мин.* известкóвый туф
calculability [,kælkjʊlə'bɪlɪtɪ] *n* исчислимость
calculable ['kælkjʊləb(ə)l] *a* 1. поддающийся счёту, учёту, исчислéнию 2. предвидимый; могущий быть уста-

но́вленным расчётом 3. надёжный; least ~ of men челове́к, от кото́рого мо́жно всего́ ожида́ть

calcular ['kælkjʊlə] *a* относя́щийся к (дифференциа́льному) исчисле́нию

calculate ['kælkjʊleɪt] *v* 1. вычисля́ть, исчисля́ть, высчи́тывать, подсчи́тывать, де́лать вычисле́ния; to ~ the velocity of light вычисля́ть ско́рость све́та; to ~ interest вычисля́ть проце́нты; have you ~d what a trip to France would cost? вы подсчита́ли, во что обойдётся пое́здка во Фра́нцию? 2. 1) (on) рассчи́тывать; we can't ~ on having fine weather for our holidays мы не мо́жем рассчи́тывать на хоро́шую пого́ду во вре́мя о́тпуска 2) *обыкн. p. p.* (for) быть рассчи́танным (*на что-л.*), рассчи́танный; го́дный; предназна́ченный; ~d for effect рассчи́танный на эффе́кт; he is not ~d for such an employ он не приспосо́блен для тако́го заня́тия; statements ~d to deceive заявле́ния, рассчи́танные на обма́н /на то, что́бы ввести́ в заблужде́ние/ 3. *спец.* калькули́ровать, составля́ть калькуля́цию 4. *амер. разг.* полага́ть; I ~ а) я полага́ю, я ду́маю, я счита́ю; I ~ we're going to have thunder я ду́маю, что бу́дет гром; б) я предполага́ю, я намерева́юсь, я собира́юсь

calculated ['kælkjʊleɪtɪd] *a* 1. вы́численный, подсчи́танный; расчётный; ~ weight *спец.* расчётный вес 2. 1) преднаме́ренный; ~ murder преднаме́ренное уби́йство; ~ insult наме́ренное оскорбле́ние 2) сде́ланный с расчётом; ~ risk обду́манный риск; риск с то́чно рассчи́танными ша́нсами на успе́х

calculating ['kælkjʊleɪtɪŋ] *a* 1. счётный; ~ machine вычисли́тельная маши́на 2. расчётливый; сметли́вый; ~ mind расчётливый ум; расчётливый челове́к; ≅ себе́ на уме́; to be very ~ быть о́чень расчётливым

calculatingly ['kælkjʊleɪtɪŋlɪ] *adv* обду́манно; с расчётом

calculation [,kælkjʊ'leɪʃ(ə)n] *n* 1. вычисле́ние, исчисле́ние, подсчёт; расчёт; analytical ~s аналити́ческие ме́тоды расчёта; to be out in one's ~ оши́биться в вычисле́ниях /в расчётах/; to do /to make, to perform/ a ~ подсчи́тывать, вычисля́ть; ~ of exchange *фин.* вычисле́ние ку́рса валю́ты 2. расчёт; сме́та; калькуля́ция; ~ of costs сме́та расхо́дов 3. обду́мывание; взве́шивание; разм́ышление; приме́ривание и прики́дывание; after much ~ хороше́нько поразмы́слив; that is no part of my ~ это не вхо́дит в мои́ расчёты /пла́ны, наме́рения/ 4. *мед.* счёт (*пу́льса*) 5. *амер.* предположе́ние, прогно́з

calculative ['kælkjʊlətɪv] *a* вычисли́тельный

calculator ['kælkjʊleɪtə] *n* 1. *см.* calculate + -or 2. калькуля́тор; смётчик; расчётчик 3. 1) вычисли́тель 2) счётно-реша́ющее устро́йство; арифмо́метр 4. счётчик (*прибо́р*) 5. вычисли́тельные табли́цы

calculi[1] ['kælkjʊlaɪ] *pl om* calculus[1]
calculi[2] ['kælkjʊlaɪ] *pl om* calculus[2]
calculous *a мед.* калькулёзный, страда́ющий ка́менной боле́знью

calculus[1] ['kælkjʊləs] *n* (*pl тж.* -li) 1. *мат.* исчисле́ние; the (differential) ~ дифференциа́льное исчисле́ние; ~ of probabilities исчисле́ние вероя́тностей; ~ of variation вариацио́нное исчисле́ние 2. калькуля́ция

calculus[2] ['kælkjʊləs] *n* (*pl* -li) *мед.* ка́мень (*по́чечный, жёлчный*)

caldera [kæl'de(ə)rə] *n геол.* кальде́ра

caldo verde [,ka:ldəʊ'veədə] овощно́й суп (*с мелконаре́занными соси́сками, колбасо́й и т. п.*)

caldron ['kɔ:ldrən] = cauldron
calean [kæli'a:n] *n перс.* калья́н
calecannon [keɪl'kænən] = colcannon
caleche, calèche [kə'leʃ] = calash

Caledonia [,kælɪ'dəʊnɪə] *n* 1. *поэт.* Каледо́ния, Шотла́ндия 2. *ист.* Каледо́ния, се́верная часть Брита́нии

Caledonian I [,kælɪ'dəʊnɪən] *n* 1. *поэт., шутл.* каледо́нец (*о шотла́ндцах*) 2. *ист.* жи́тель Каледо́нии

Caledonian II [,kælɪ'dəʊnɪən] *a* 1. *поэт.* каледо́нский, шотла́ндский 2. *ист.* относя́щийся к Каледо́нии

calefacient [,kælɪ'feɪʃ(ə)nt] *a мед.* создаю́щий, вызыва́ющий ощуще́ние тепла́; гре́ющий, нагрева́ющий

calefaction [,kælɪ'fækʃ(ə)n] *n* 1. *редк.* нагрева́ние, нака́ливание 2. *спец.* теплово́е загрязне́ние (*водоёмов спускае́мой горя́чей водо́й*)

calefactive [,kælɪ'fæktɪv] *a редк.* согрева́ющий, даю́щий тепло́

calefactor [,kælɪ'fæktə] *n редк.* небольша́я (переносна́я) печь

calefactory I [,kælɪ'fækt(ə)rɪ] *n церк.* 1. (металли́ческая) гре́лка 2. ота́пливаемая ко́мната в монастыре́

calefactory II [,kælɪ'fækt(ə)rɪ] *a спец.* согрева́ющий; нагрева́тельный

calefy ['kælɪfaɪ] *v редк.* согрева́ть; нагрева́ть

calembour [,ka:ləm'bʊə] *n редк.* каламбу́р

calendar I ['kælɪndə] *n* 1. календа́рь; летосчисле́ние; стиль; Julian C. юлиа́нский календа́рь, ста́рый стиль; Gregorian C. григориа́нский календа́рь, но́вый стиль; Christian ~ христиа́нское летосчисле́ние, летосчисле́ние но́вой на́шей/ э́ры; летосчисле́ние от рождества́ Христо́ва; Jewish ~ евре́йское летосчисле́ние; ~ reform рефо́рма календаря́ 2. календа́рь; та́бель-календа́рь; by the ~ по календарю́; advertising "throw-away" /free/ ~ рекла́мный календа́рь, раздава́емый беспла́тно; pull-off /tear-off/ ~ отрывно́й календа́рь 3. альмана́х, спра́вочник, (периоди́ческий) указа́тель; Gardener's ~ спра́вочник /спу́тник/ садово́да; Lloyd's ~ календа́рь Лло́йда (*ежего́дный морско́й справо́чник*) 4. 1) о́пись, реє́стр; пе́речень; the ~ of past endeavours перечисле́ние про́шлых заслу́г 2) о́пись (*докуме́нтов и т. п.*) 3) указа́тель, и́ндекс 5. *амер.* 1) пове́стка дня; расписа́ние 2) спи́сок законопрое́ктов, резолю́ций *и т. п.* в поря́дке их постано́вки на обсужде́ние законода́тельной пала́ты; House C. *амер.* спи́сок законопрое́ктов (кро́ме фина́нсовых), пе́реданных комите́тами на обсужде́ние пала́ты представи́телей; C. of Bills and Resolutions *амер.* спи́сок незавершённых дел, огла́шаемый в конце́ ка́ждого дня рабо́ты сена́та 6. *юр.* спи́сок дел, назна́ченных к слу́шанию; ~ of prisoners а) спи́сок дел к слу́шанию; б) спи́сок подсле́дственных заключённых с указа́нием причи́ны суди́мости; to hear the next case on the ~ слу́шать сле́дующее де́ло в спи́ске 7. ежего́дник университе́та, колле́джа (*с расписа́нием ле́кций, пра́вилами распоря́дка и т. п.*) 8. свя́тцы

calendar II ['kælɪndə] *v* 1. заноси́ть о́пись, спи́сок; инвентаризи́ровать, регистри́ровать 2. составля́ть и́ндекс, указа́тель 3. составля́ть пове́стку дня

calendar art ['kælɪndə,(r)a:t] рису́нки, рассчи́танные на меща́нский вкус, сентимента́льные или вульга́рно-коми́ческие рису́нки (*помеща́емые на обло́жках календаре́й*)

calendar clock ['kælɪndə,klɒk] часы́ с календарём (*пока́зывающие число́, день неде́ли и т. п.*)

calendar day ['kælɪndə'deɪ] календа́рные су́тки (*от 0 до 24 часо́в*)

calendarian I [,kælɪn'de(ə)rɪən] *n* состави́тель календаря́

calendarian II [,kælɪn'de(ə)rɪən] *a* календа́рный

calendarist ['kælɪndərɪst] = calendarian I

calendar month [,kælɪndə'mʌnθ] календа́рный ме́сяц

calendar watch ['kælɪndə,wɒtʃ] нару́чные часы́ с календарём (*пока́зывающие число́, день неде́ли и т. п.*)

Calendar Wednesday [,kælɪndə'wenzdɪ] *амер.* календа́рная среда́ (*для обсужде́ния в пала́те представи́телей несро́чных вопро́сов*)

calendar year ['kælɪndə'jɪə] календа́рный год (*с 1 января́ по 31 декабря́*)

calender[1] **I** ['kælɪndə] *n тех.* кала́ндр
calender[1] **II** ['kælɪndə] *v тех.* каландри́ровать, лощи́ть, гла́дить

calender[2] ['kælɪndə] *n* де́рвиш

calendered paper ['kælɪndəd,peɪpə] каландри́рованная *или* сатини́рованная бума́га; гля́нцевая бума́га

calends ['kælɪndz] *n pl* кале́нды, пе́рвое число́ ме́сяца (*у дре́вних римля́н*) ◇ on /at/ the Greek ~ по гре́ческих кале́нд, никогда́; ≅ по́сле дождичка́ в четве́рг

calendula [kə'lendjʊlə] *n* 1. *бот.* ного́тки (*Calendula spp.*) 2. *фарм.* кале́ндула

calenture ['kælɪntjʊə] *n мед.* тропи́ческая лихора́дка

calescent [kə'les(ə)nt] *a редк.* 1. нагрева́ющийся 2. нагре́тый, пы́шущий жа́ром

calf[1] [kɑ:f] *n* (*pl* calves) 1. 1) телёнок; телёк; ~ crop припло́д теля́т; in ~, with ~ сте́льная 2) детёныш (*оле́ня, слона́, кита́ и т. п.*) 2. простофи́ля, телёнок 3. теля́чья ко́жа, опо́ек; ~ binding переплёт из теля́чьей ко́жи; bound in ~ в переплёте из теля́чьей ко́жи 4. *библ.* теле́ц; to worship the golden ~ поклоня́ться злато́му /золото́му/ тельцу́ 5. островок, лежа́щий ря́дом с больши́м о́стровом 6. небольша́я плаву́чая льди́на

◇ Essex ~ *шутл.* жи́тель или уроже́нец Э́ссекса; to eat the ~ in the cow's belly ≅ дели́ть шку́ру неуби́того медве́дя

calf[2] [kɑ:f] *n* (*pl* calves) икра́ (*ноги́*)

calf-bone ['kɑ:fbəʊn] *n анат.* ма́лая берцо́вая кость

calf-bound ['kɑ:f(ʰ)baʊnd] *a* в переплёте из теля́чьей ко́жи

calf-country ['kɑ:f,kʌntrɪ] *n* ме́сто, где прошла́ ю́ность

calf-ground ['kɑ:fgraʊnd] = calf-country

calf house ['kɑ:fhaʊs] теля́тник

calfish ['kɑ:fɪʃ] *a* теля́чий, похо́жий на телёнка; молодо́й, неотёсанный

calf-knee ['kɑ:fni:] *n мед.* во́гнутое или вы́вернутое внутрь коле́но

calf-length ['kɑ:fleŋθ] *a* (длино́ю) до икры́ или до щи́колотки; ~ skirt удлинённая ю́бка

calfless ['kɑ:flɪs] *a* тонконо́гий; ≅ но́ги как спи́чки

calfling ['kɑ:flɪŋ] *n ласк.* телёночек

calf-love ['kɑ:flʌv] *n* ребя́ческая любо́вь; ю́ношеское увлече́ние

CAL — CAL

calf's-foot [ˈkɑːfsfʊt, ˈkɑːvz-] *n* ножки для студня; ~ jelly студень /заливное/ из телячьих ножек

calfskin [ˈkɑːfˌskɪn] *n* 1) = calf¹ 3 2) телячья шкура

calf's teeth [ˈkɑːfsˌtiːθ, ˈkɑːvz-] молочные зубы

calf-time [ˈkɑːftaɪm] *n* юность, молодые годы

Caliban [ˈkælɪbæn] *n* 1) Калибан (*шекспировский персонаж*) 2) чудовище, грубое животное

caliber [ˈkælɪbə] = calibre

calibrate [ˈkælɪbreɪt] *v спец.* 1. калибровать; градуировать; тарировать 2. проверять, выверять

calibration [ˌkælɪˈbreɪʃ(ə)n] *n* 1. *спец.* калибрование; градуирование; тарирование 2. поверка (*приборов*), образцовое средство измерения 3. *воен.* калибровка

calibration trials [ˌkælɪˈbreɪʃ(ə)nˌtraɪəlz] *ав.* лётные испытания

calibre [ˈkælɪbə] *n* 1. 1) калибр 2) внутренний диаметр 3) размер 2. 1) масштаб, размах 2) качество, достоинство; a man of great ~ крупная фигура, видная личность; the ~ of the staff уровень /подготовка и личные качества/ персонала; there are few statesmen of his ~ немногие государственные деятели могут с ним сравниться

Caliburn, Caliburno [ˈkælɪbɜːn, -ˌbɜːnə] = Excalibur

calices [ˈkælɪsiːz] *pl от* calix

caliche [kəˈliːtʃɪ] *n* самородная чилийская селитра

caliciform [ˈkælɪsɪfɔːm] *a спец.* чашевидный, чашечковидный; имеющий форму чаши, чашечки

calico I [ˈkælɪkəʊ] *n* (*pl* -os, -oes [-əʊz]) *текст.* 1. 1) коленкор 2) миткаль 2. *амер.* набивной ситец

calico II [ˈkælɪkəʊ] *a* ситцевый; сделанный из ситца; ~ dress ситцевое платье

calico-ball [ˈkælɪkəʊˌbɔːl] *n* «ситцевый» бал

calico bush, calico flower [ˈkælɪkəʊˌbʊʃ, -ˌflaʊə] = calico tree

calico-printer [ˈkælɪkəʊˌprɪntə] *n* набойщик (*текстильщик*)

calico-printing [ˈkælɪkəʊˌprɪntɪŋ] *n* ситценабивное дело, ситцепечатание

calico tree [ˈkælɪkəʊtriː] *n* кальмия (*Kalmia latifolia*)

calid [ˈkælɪd] *a спец.* тёплый; горячий

caliduct [ˈkælɪdʌkt] *n* теплопровод, теплопроводная труба

calif [ˈkælɪf, ˈkeɪlɪf] = caliph

Californian I [ˌkælɪˈfɔːnɪən] *n* житель Калифорнии; калифорниец

Californian II [ˌkælɪˈfɔːnɪən] *a* калифорнийский

California pepper-tree [ˌkælɪˈfɔːnɪəˈpepətriː] *бот.* перечное дерево калифорнийское (*Schinus molle*)

California poppy [ˌkælɪˈfɔːnɪəˈpɒpɪ] *бот.* эшшольция (*Eschscholtzia gen.*)

California redwood [ˌkælɪˈfɔːnɪəˈredwʊd] *бот.* секвойя вечнозелёная, калифорнийское мамонтово дерево (*Sequoia sempervirens*)

californium [ˌkælɪˈfɔːnɪəm] *n хим.* калифорний

caliginous [kəˈlɪdʒɪnəs] *a* пасмурный (*тж.* туманный); тёмный

calinda [kəˈlɪndə] *n* калинда (*танец негров Латинской Америки и США*)

calipash [ˈkælɪpæʃ] *n* мягкая часть тела черепахи под спинным щитом панциря

calipee [ˈkælɪpiː] *n* мягкая часть тела черепахи над брюшным щитом панциря

calipers [ˈkælɪpəz] = callipers

caliph [ˈkælɪf, ˈkeɪlɪf] *n ист.* халиф

caliphate [ˈkælɪfeɪt, ˈkeɪlɪfeɪt] *n ист.* халифат

calisthenics [ˌkælɪsˈθenɪks] = callisthenics

caliver [ˈkælɪvə] *n ист.* лёгкий аркебуз

calix [ˈkælɪks] *n* (*pl* -ces) = chalice 1 *и* 2

calk¹ I [kɔːk] *n* 1. шип (*в подкове или башмаке*) 2. *амер.* подковка (*на каблуке*)

calk¹ II [kɔːk] *v* 1. подковывать (*лошадь на зиму*); подковывать на шипах 2. *амер.* набивать подковки (*на каблуки*)

calk² [kɔːk] = caulk

calk³ [kɔːk] *v* калькировать, копировать (*чертёж*)

calker¹ [ˈkɔːkə] = caulker

calker² [ˈkɔːkə] = calkin

calkin [ˈkɔːkɪn, ˈkælkɪn] *n* металлическая подковка *или* набойка на обуви (*на каблуке или подошве*)

calking¹ [ˈkɔːkɪŋ] *n* 1. подковывание (*лошадей*) на шипах (*на зиму*) 2. *амер.* набивка подковок (*на каблуки*)

calking² [ˈkɔːkɪŋ] *n тех.* 1. уплотнение соединения 2. чеканка

calking iron [ˈkɔːkɪŋˌaɪən] *тех.* чекан

call I [kɔːl] *n* 1. крик; громкий выкрик; ~ for help крик о помощи 2. крик, голос (*животного, птицы*); the ~ of the cuckoo крик кукушки; the ~ of the nightingale пение соловья 3. зов; оклик; within ~ поблизости, рядом, неподалёку; в пределах слышимости; to be within ~ быть рядом; быть при ком-л. (*для выполнения поручения и т. п.*); out of ~ далеко; вне пределов слышимости 4. 1) сигнал, звонок; свисток; «дудка» (*на корабле*) сбор (*барабанный*); radio ~, ~ sign /signal/ радио позывной сигнал; distress ~ сигнал бедствия; ~ letters *радио* позывные; to quarters *воен.* сигнал повестки 2) *охот.* манок, вабик (*для приманки птиц*) 5. перекличка; ~ of the House перекличка (*в алфавитном порядке*) членов палаты общин (*в Великобритании*) или членов палаты представителей (*в США*) [*см. тж.* 7, 1)]; ~ of the States *амер.* перекличка (*в алфавитном порядке*) штатов при голосовании на съезде партии 6. призыв; a ~ for peaceful coexistence призыв к мирному сосуществованию; he answered the ~ of the country он откликнулся на призыв родины; ~ to arms призыв к оружию; призыв под знамёна 7. 1) вызов (*в суд и т. п.*); (*официальное*) приглашение на работу, должность *и т. п.*; предложение занять должность *и т. п.*; to issue a ~ to smb. to attend прислать кому-л. повестку о явке; to issue a ~ for a meeting to be held разослать извещение о том, что состоится собрание; he accepted the ~ to the chair of physics он принял предложение возглавить кафедру физики; ~ of the House вызов всех членов парламента (*для голосования по важным вопросам*) [*см. тж.* 5] 2) созыв (*совещания и т. п.*) 3) *амер.* решение национального комитета партии о созыве съезда для выдвижения кандидатур 8. телефонный вызов, звонок *или* разговор (*тж.* telephone ~); to make a ~ позвонить по телефону [*ср. тж.* 11, 1)]; to put a ~ through соединить (*по телефону*); to take the ~ а) ответить на телефонный звонок, взять трубку; б) принять заказ, вызов *и т. п.* (*по телефону*); he got /had, received/ a phone ~ ему позвонили 9. *театр.* 1) вызов (*аплодисментами на сцену*); to take a ~ выходить на аплодисменты; she had nine ~s её вызывали девять раз, она девять раз выходила раскланиваться 2) *амер.* прослушивание; репетиция 3) объявление о времени репетиции 10. 1) зов; тяга, влечение; the ~ of the wild [of the sea] зов природы [моря]; the ~ of nature *эвф.* отправление естественных потребностей 2) призвание; to feel a ~ to smth. чувствовать призвание /склонность/ к чему-л. 11. 1) визит, посещение; приход; courtesy ~ визит вежливости; return ~ ответный визит; social ~ а) светский визит; посещение знакомых; б) *дип.* протокольный визит; to make ~s делать /наносить/ визиты [*ср. тж.* 8]; to pay a ~ нанести визит; to return smb. a ~ нанести кому-л. ответный визит; to receive a ~ принимать (*гостя, посетителя*); to attend a professional ~ поехать на вызов; I have several ~s to make мне нужно зайти в несколько мест 2) заход (*корабля в порт*); place [port] of ~ место /порт/ захода 3) остановка (*поезда на станции*) 12. 1) требование; at ~ наготове, к услугам, в (*чьём-л.*) распоряжении, под рукой [*ср. тж.* 4)]; to be ready at ~ быть наготове /настороже/; ≅ быть готовым сделать (*что-л.*) по первому требованию; ~ по ~ по требованию, по вызову [*ср. тж.* 3) *и* 4)]; he has many ~s on his money к нему постоянно обращаются за деньгами; I have too many ~s on my time я слишком перегружен обязанностями, у меня совсем нет свободного времени; ~ of duty а) служебный долг; at the ~ of duty, at duty's ~ по долгу службы; merit beyond the ~ of duty проявленный героизм; б) чувство долга 2) *эк.* спрос (*на товар*); to have the ~ пользоваться спросом 3) *фин. ком.* требование уплаты долга, очередного взноса *и т. п.*; on ~ на онкольном счёте [*ср. тж.* 1) *и* 4)]; loan /on/ ~, money on ~ ссуда до востребования 4) *воен.* заявка, требование; вызов; ~ for action а) боевая тревога; призыв к действию /к борьбе/; at /on/ ~ по вызову; по требованию [*ср. тж.* 1) *и* 3)]; ~ for men запрос на подкрепление в личном составе; ~ for fire вызов огня (*своего*) 13. полномочие; право; to have /to get/ a ~ upon smth. пользоваться (*преимущественным*) правом на что-л.; to have no ~ on smb. не иметь никаких прав на чью-л. помощь /поддержку/; he had no ~ to do that он не имел права это делать 14. нужда, необходимость; I don't know what ~ she had to blush so я не знаю, что заставило её так покраснеть; there is no ~ for you to worry у вас нет никаких оснований тревожиться 15. *бирж.* 1) предварительная премия; опцион 2) сделка с предварительной премией 16. *карт.* объявление (*козырной масти*) 17. *церк.* предложение прихода, места пастора 18. *вчт.* вызов (*подпрограммы*), обращение (*к подпрограмме*); recursive ~ рекурсивное обращение; subroutine ~ вызов подпрограммы, обращение к подпрограмме; ~ by pattern вызов по образцу ◇ ~ to the bar присвоение звания барристера; a close ~ *амер.* опасное /рискованное/ положение; ≅ на волосок от гибели; it was a close ~ ≅ еле-еле унёс ноги, чудом спасся; as the ~, so the echo *посл.* как аукнется, так и откликнется

call II [kɔːl] *v* 1. кричать, закричать; I thought I heard someone ~ing мне показалось, что кто-то кричит; he ~ed

after her он крикнул ей вслед 2. 1) звать, позвать; подозвать (тж. ~ over); окликать; to ~ the waiter over подозвать официанта; he is in the next room, call him on в соседней комнате, позовите /кликните/ его; did you ~? вы меня звали?; he ~ed to her он крикнул ей вслед ее/; the bell ~ed to dinner звонок позвал к обеду 2) будить, разбудить; it's too early to ~ him ещё рано его будить 3. называть; звать; what is this thing ~ed? как называется этот предмет?; what do you ~ this flower? как называется этот цветок? what do you ~ this in English? как это по-английски?; she is ~ed Mary её зовут Мери; his name is Richard but everybody ~s him Dick его имя Ричард, но все называют его Диком; he was ~ed after his uncle его нарекли в честь дяди; to ~ things by their proper names называть вещи своими именами; to ~ smb. names оскорблять /обзывать/ кого-л. 4. выкликать; громко читать список и т. п.; when names were ~ed во время перекличек; to ~ a cause объявлять о слушании дела (в суде) 5. созывать; to ~ a meeting созвать собрание; to ~ Parliament созвать /собрать/ парламент 6. 1) вызывать; звать (к себе), приглашать; to ~ a taxi вызвать такси; to ~ a doctor пригласить /вызвать/ врача; you will be the next ~ed in следующим вызовут вас 2) вызывать, давать сигнал, сигнализировать; the ship was ~ing us by wireless судно вызывало нас по радио 3) вызывать (откуда-л.; тж. ~ out); a shot ~ed me out выстрел заставил меня выбежать из дома; the fire-brigade was ~ed out twice last night прошлой ночью пожарную команду вызывали два раза 4) юр. вызывать (в суд и т. п.) 7. 1) (on, upon, unto, to) призывать; взывать, обращаться; to ~ on all honest people to support peace призывать всех честных людей отстаивать дело мира; to ~ to mind вспоминать, припоминать; I can't ~ her telephone number to mind я не могу вспомнить номер её телефона; to ~ to order а) призвать к порядку; the chairman had to ~ the meeting to order председателю пришлось призвать собравшихся к порядку; б) амер. открывать собрание; the meeting is ~ed to order, I ~ the meeting to order объявляю собрание открытым; to ~ to witness а) ссылаться на кого-л.; призывать кого-л. в свидетели; б) юр. вызывать /указывать/ свидетеля; to ~ to account призвать к ответу; потребовать отчёта /объяснений/; to ~ to attention а) обращать (чьё-л.) внимание на (что-л.); б) воен. дать команду «смирно»; to ~ to the gods взывать к богам; to ~ to penance церк. призывать к покаянию 2) (on) предоставлять слово; вызывать на трибуну; the chairman ~ed upon Mr. B. to speak председатель предоставил слово г-ну Б.; to speak without being ~ed upon высказываться без приглашения или без предоставления слова 3) (on, upon) вызывать учащегося ответить на вопрос преподавателя; the teacher always ~ed on her first учитель всегда спрашивал её первой 4) (on, upon, to) pass быть призванным; чувствовать призвание, потребность; to be ~ed to smth. почувствовать призвание к чему-л.; he felt ~ed upon to speak он счёл необходимым выступить, он считал себя не вправе промолчать 5) (on, upon, to) pass быть вынужденным 8. объявлять; оглашать; to ~ a strike объявить забастовку; to ~ the banns огласить имена вступающих в брак, объявить о предстоящем бракосочетании; you ~ now карт. вам объявлять (масть и т. п.) 9. (тж. ~ in, ~ by) 1) (обыкн. in, at, on, round) навещать; посещать, приходить в гости, с визитом; заходить, заглядывать, завернуть (куда-л.); I was out when he ~ed когда он заходил, меня не было дома; ~ in this evening, if you can если можете, заходите сегодня вечером; I ~ed on Mr. Smith at his office я посетил мистера Смита в его конторе; our new neighbours ~ed at our house last week наши новые соседи приходили к нам /были у нас/ на прошлой неделе; the Ambassador ~ed on the Foreign Minister посол нанёс визит министру иностранных дел; ~ by разг. заходить (ненадолго), заглядывать (к кому-л.); I'll ~ by if you don't mind я зайду, если вы не возражаете; we are alone most of the time, very few people ~ by мы большей частью одни, у нас редко кто бывает 2) (in, at) заходить (о корабле); does this steamer ~ at Naples? этот пароход заходит в Неаполь? 3) (in, at) останавливаться (о транспорте); few trains ~ at A. редкий поезд останавливается в A. 10. (for) 1) заходить (за чем-л., кем-л.); I'll ~ for you at six я зайду за вами в шесть (часов); she will ~ for the parcel она зайдёт за свёртком; to be ~ed for до востребования (надпись на письме) 2) (громко) требовать; a man ~ed for a glass of beer человек потребовал кружку пива; he ~ed for help он позвал на помощь; the minister's resignation was ~ed for by everybody все потребовали отставки министра 3) требовать, нуждаться (в чём-л.); предусматривать; your plan will ~ for a lot of money для осуществления вашего плана потребуется много денег; the occasion ~s for quick action в данном случае требуется быстрота действий; the negotiations ~ for great tact переговоры требуют большого такта 4) pass требоваться; быть нужным, уместным; a correction is ~ed for here тут требуется поправка; your remark was not ~ed for ваше замечание было неуместно 5) вызывать (актёра) 11. звонить или говорить по телефону; he ~ed me from New York он позвонил мне (по телефону) из Нью-Йорка; we ~ed them to say that... мы сообщили им по телефону, что...; did anyone ~? мне кто-нибудь звонил?; to ~ back позвонить по телефону (в ответ на звонок); I'll ~ you back in an hour потом позвоню 12. считать, рассматривать; (пред)полагать; do you ~ English an easy language? и вы считаете английский язык лёгким?; I ~ this a very good house по-моему, это прекрасный дом; I ~ that a shame по-моему, это возмутительно; they ~ it ten miles считается, что здесь десять миль; he ~s him his son он считает его своим сыном; he относится к нему как к родному сыну; the results of the conference are ~ed satisfactory считают, что конференция дала положительные результаты 13. шотл. гнать (стадо, повозку и т. п.); погонять, понукать 14. охот. вабить, приманивать птиц
◊ to ~ in /into/ question, to ~ into doubt сомневаться, ставить под сомнение; to ~ into being создать, вызвать к жизни; the plant was ~ed into being by war requirements завод был построен по военным соображениям; to ~ into play приводить в действие, пускать в ход; the case ~ed every faculty of the doctor into play заболевание потребовало от врача напряжения всех его сил и способностей; it ~s for a celebration! это (дело) надо отметить!; to ~ the score спорт. вести /объявлять/ счёт; to ~ to the bar принимать (кого-л.) в корпорацию барристеров; ~ in evidence вызывать в суд для дачи показаний; to ~ cousins ≅ набиваться в родственники; to ~ the tune /the play/ распоряжаться; задавать тон; to ~ an election назначить выборы; to ~ it a day прекратить какое-л. дело; let's ~ it a day на сегодня хватит, пора кончать; to ~ it square удовлетвориться, примириться; to ~ off all bets амер. умереть; you will be ~ed over the coals for your conduct вам достанется /попадёт/ за ваше поведение; to ~ smb.'s bluff см. bluff² I, 1, 1); deep ~s unto deep библ. бездна бездну призывает; to have nothing to ~ one's own не иметь гроша за душой; ≅ ни кола ни двора

calla ['kælə] n бот. калла, белокрыльник (тж. ~ lily)

callable ['kɔːl(ə)l] a эк., юр. 1) могущий быть выкупленным, подлежащий выкупу 2) подлежащий взысканию; могущий быть востребованным

callaloo, callalou [ˌkæləˈluː, ˈkæləluː] = calaloo, calalu

callant ['kɑːlənt] n шотл. парень

call away [ˈkɔːləˈweɪ] phr v 1. отзывать; вызывать; I am called away on business меня вызывают по делу 2. разг. кричать зря; go on, ~! I shall not come ну валяй, кричи сколько хочешь, я не приду

call back [ˈkɔːlˈbæk] phr v 1. 1) звать обратно; the mother ~ed the child back мать позвала ребёнка домой 2) отзывать (посла, представителя и т. п.) 2. 1) брать назад (слова) 2) отменять (приказ и т. п.) 3. вызывать в памяти, вспоминать

callback ['kɔːlbæk] n 1. амер. 1) отзыв рабочих из отпусков или приглашение на работу после временного увольнения 2) приглашение на сверхурочную работу 2. отзыв недоброкачественной продукции (изготовителем для устранения дефектов)

call bell ['kɔːlbel] 1) звонок для вызова служителя, слуги и т.п. 2) сигнальный звонок

call-bird ['kɔːlbɜːd] n охот. приманная, подсадная птица, манок

call-board ['kɔːlbɔːd] n доска объявлений (расписание поездов, лекций, репетиций; график дежурств

call-box ['kɔːlbɒks] n 1. 1) телефон-автомат 2) переговорная кабина 2. = call-board

call-boy ['kɔːlbɔɪ] n 1. мальчик-посыльный (в гостинице и т. п.) 2. театр. мальчик, вызывающий актёров на сцену

call-button ['kɔːlˌbʌtn] n кнопка вызова

call down [ˈkɔːlˈdaʊn] phr v 1. 1) позвать вниз; пригласить сойти вниз; the gong was calling us down звук гонга сзывал нас вниз 2) кричать (стоящему внизу) 2. призывать (проклятия и т. п.) на (чью-л.) голову 3. амер. разг. сделать выговор; отчитать, поставить на место (кого-л.); he did a wise thing in calling them down он поступил умно, поставив их на место

call-down ['kɔːldaʊn] n выговор, нагоняй, упрёк, укор

callean, calleoon [ˌkɔːlɪˈɑːn, ˌkɔːlɪˈuːn] = calean

CAL — CAL

callee [kɔːˈliː] *n* вызыва́емый, челове́к, кото́рого вызыва́ют по телефо́ну

caller[1] [ˈkɔːlə] *n* 1. *см.* call II + -er 2. посети́тель, гость; визитёр; to receive ~s принима́ть посети́телей 3. вызыва́ющий; челове́к, кото́рый вызыва́ет (кого́-л.) по телефо́ну 4. выклика́ющий номера́ (*в игра́х*)

caller[2] [ˈkælə] *a шотл.* 1. све́жий (*преим. о ры́бе*) 2. 1) све́жий, прохла́дный (*о во́здухе*) 2) прове́тренный, прохла́дный (*о помеще́нии*)

callet I [ˈkælɪt] *n диал.* 1. распу́тная же́нщина, потаску́шка 2. сварли́вая ба́ба, ворчу́нья

callet II [ˈkælɪt] *v диал.* брани́ться, ворча́ть

call forth [ˌkɔːlˈfɔːθ] *phr v* вызыва́ть; порожда́ть, вызыва́ть к жи́зни; приводи́ть в де́йствие; the measure called forth strong opposition э́та ме́ра встре́тила си́льное сопротивле́ние; you will have to ~ all your energy вам придётся мобилизова́ть всю свою́ эне́ргию; these events ~ great emotions э́ти собы́тия вызыва́ют большо́е волне́ние

call-girl [ˈkɔːlgɜːl] *n эвф.* «де́вушка по вы́зову», проститу́тка, приходя́щая по телефо́нному звонку́

call-house [ˈkɔːlhaʊs] *n амер. эвф.* дом свида́ний, публи́чный дом

callidity [kəˈlɪdɪtɪ] *n редк.* 1) хи́трость, хитроу́мие 2) кова́рство

calligrapher [kəˈlɪgrəfə] *n* каллигра́ф

calligraphic, calligraphical [ˌkælɪˈgræfɪk, -(ə)l] *a* каллиграфи́ческий

calligraphically [ˌkælɪˈgræfɪk(ə)lɪ] *adv* каллиграфи́чески, каллиграфи́ческим по́черком

calligraphy [kəˈlɪgrəfɪ] *n* 1. каллигра́фия; чистописа́ние 2. краси́вый по́черк 3. по́черк

call in [ˌkɔːlˈɪn] *phr v* 1. потре́бовать наза́д, потре́бовать возвра́та; the librarian has called in all the books библиоте́карь предложи́л чита́телям сдать /верну́ть в библиоте́ку/ все кни́ги 2. *фин.* 1) инкасси́ровать (*долги́*); тре́бовать упла́ты (*долго́в*); тре́бовать возвра́та (*за́ймов*) 2) изъя́ть из обраще́ния (*де́ньги*) 3. *юр.* аннули́ровать (*зако́н*) 4. призыва́ть на вое́нную слу́жбу ◊ ~ sick сообщи́ть по телефо́ну о невы́ходе на рабо́ту из-за боле́зни

call-in [ˈkɔːlɪn] *n* 1. *св.* сигна́л вы́зова на ра́дио, тлв. «звони́те — отвеча́ем» (*програ́мма отве́тов на вопро́сы, крити́ческие замеча́ния и т. п., полу́ченные по телефо́ну*) 3. призы́в (*на вое́нную слу́жбу*)

calling I [ˈkɔːlɪŋ] *n* 1. призва́ние; high ~ высо́кое призва́ние; his ~ is that of a poet призва́ние — поэ́зия 2. профе́ссия; заня́тие; ремесло́; to make one's choice of a ~ вы́брать себе́ профе́ссию; he chose the army as his ~ он избра́л вое́нную карье́ру; by ~ he is a carpenter он столя́р по профе́ссии 3. зов; вы́крик; the hour *воен.* ежеча́сная ночна́я перекли́чка часовы́х; ~ the step *воен.* подсчёт ноги́ (*ле́вой!, пра́вой!*) 4. созы́в (*парла́мента и т. п.*) 5. перекли́чка (*де́йствие*) 6. 1) приглаше́ние; вы́зов 2) *юр.* вы́зов истца́ на суде́бное заседа́ние

calling II [ˈkɔːlɪŋ] *a* 1. крича́щий; зову́щий, оклика́ющий 2. *спец.* вызыва́ющий; ~ party вызыва́ющая сторона́; ~ signal позывно́й сигна́л

calling card [ˈkɔːlɪŋkɑːd] *амер.* визи́тная ка́рточка

calling-up papers [ˌkɔːlɪŋˈʌpˌpeɪpəz] пове́стка о призы́ве на вое́нную слу́жбу

call-in pay [ˈkɔːlɪnpeɪ] *амер.* де́нежные выпла́ты рабо́чим, не уведомлённые об отсу́тствии рабо́ты или о перево́де в другу́ю сме́ну

Calliope [kəˈlaɪəpɪ] *n греч. миф.* Каллио́па

calliope [kəˈlaɪəpɪ, ˈkælɪəʊp] *n амер.* каллио́па (*кла́вишный музыка́льный инструме́нт*)

callipers [ˈkælɪpəz] *n* (*тж.* pair of ~) 1. *тех.* 1) кронци́ркуль; нутроме́р 2) штангенци́ркуль 3) микроме́тр 4) кали́бр 2. *лес.* ме́рная ви́лка

callisection [ˌkælɪˈsek(ə)n] *n* вивисе́кция под анестези́ей

callisthenic [ˌkælɪsˈθenɪk] *a* гимнасти́ческий; относя́щийся к пла́стике, ритми́ческой гимна́стике

callisthenics [ˌkælɪsˈθenɪks] *n* гимна́стика, пла́стика, ритми́ческая гимна́стика; free ~ а) во́льные упражне́ния; б) худо́жественная гимна́стика

Callisto [kəˈlɪstəʊ] *n* 1. *греч., рим. миф.* Калли́сто, арка́дская ни́мфа 2. *астр.* Калли́сто (*спу́тник Юпи́тера*)

call letter [ˈkɔːlˌletə] *спец.* позывно́й, сигна́л по ко́ду

call letters [ˈkɔːlˌletəz] *спец.* бу́квы алфави́та, иногда́ ци́фры, служа́щие для опозна́ния ра́дио- или телевизио́нной ста́нции

call loan [ˈkɔːlləʊn] *амер. фин.* ссу́да до востре́бования, о́нкольная ссу́да

call mark [ˈkɔːlmɑːk] шифр (*кни́ги, ка́рты*)

call-money [ˈkɔːlˌmʌnɪ] = call loan

call note [ˈkɔːlnəʊt] призы́вный крик пти́цы или живо́тного (*самца́ к са́мке, са́мки к самцу́, взро́слых птиц к детёнышам*)

call number [ˈkɔːlˌnʌmbə] = call mark

call off [ˌkɔːlˈɒf] *phr v* 1. отзыва́ть; call your dog off убери́те /уведи́те/ соба́ку 2. отмени́ть (*мероприя́тие и т. п.*); the match was called off состяза́ние бы́ло отменено́; the meeting has been called off собра́ние не состоя́лось; it was decided to ~ the search бы́ло решено́ прекрати́ть по́иски 3. отвлека́ть (*внима́ние*) 4. *амер. воен.* рассчи́тываться; to ~ numerically рассчи́тываться по поря́дку номеро́в

callosity [kəˈlɒsɪtɪ] *n* 1. мозо́ль, затверде́ние (*ко́жи*) 2) *мед.* омозоле́лость, мозо́ль 2. *редк.* = callousness

callous I [ˈkæləs] *a* 1. мозо́листый, огрубе́лый; жёсткий (*о ко́же, рука́х*) 2. бессерде́чный, бесчу́вственный, нечу́ткий; ~ man бессерде́чный /бесчу́вственный/ челове́к; ~ answer безду́шный отве́т; ~ indifference чёрствое равноду́шие; ~ to ridicule не обраща́ющий внима́ния на насме́шки; ~ to criticism безразли́чно относя́щийся /не прислу́шивающийся/ к кри́тике; he has grown ~ to such appeals на таки́е призы́вы он уже́ не обраща́ет внима́ния

callous II [ˈkæləs] *v* 1) де́лать гру́бым, бесчу́вственным, огрубля́ть 2) огрубля́ться, станови́ться гру́бым, бесчу́вственным

calloused [ˈkæləst] *a* мозо́листый, покры́тый мозо́лями

callousness [ˈkæləsnɪs] *n* бессерде́чность, безду́шие, бесчу́вственность; нечу́ткость; гру́бость (*чувств*)

call out [ˌkɔːlˈaʊt] *phr v* 1. закрича́ть; вскри́кнуть (*от удивле́ния, бо́ли и т. п.*); she called out for help она́ позвала́ на по́мощь; if you know the answer, put your hand up, don't ~ е́сли вы зна́ете отве́т, подними́те ру́ку, не кричи́те с ме́ста; each person stepped forward as his name was called out ка́ждый, кого́ вызыва́ли, выходи́л вперёд

to ~ the names of stations гро́мко объявля́ть назва́ния ста́нций 2. выкри́кивать (*ло́зунги и т. п.*) 3. вызыва́ть (*актёра*) 4. вызыва́ть на дуэ́ль 5. *воен.* призыва́ть; to ~ for training призыва́ть на уче́бный сбор 6. *амер. разг.* приглаша́ть на та́нец 7. *разг.* призыва́ть к забасто́вке (*о профсою́зе*)

call-out [ˈkɔːlaʊt] *n* 1. *св.* отве́тный сигна́л 2. призы́в (*на вое́нную слу́жбу*)

call over [ˌkɔːlˈəʊvə] вызыва́ть по спи́ску; де́лать перекли́чку; the master called over the boys of the class учи́тель сде́лал перекли́чку ученико́в

call-over [ˈkɔːlˌəʊvə] *n* 1) перекли́чка 2) сбор

callow[1] I [ˈkæləʊ] *n* 1. *ирл.* низи́на; затопля́емый луг 2. *геол.* пове́рхностный пласт

callow[1] II [ˈkæləʊ] *a* лежа́щий в низи́не, затопля́емый

callow[2] [ˈkæləʊ] *a* 1) неопери́вшийся; го́лый *или* покры́тый пу́хом (*о птенце́*) 2) неопери́вшийся, незре́лый, нео́пытный (*о челове́ке*); ~ orators нео́пытные ора́торы; ~ youth зелёный юне́ц

callowness [ˈkæləʊnɪs] *n* нео́пытность; отсу́тствие жи́зненного о́пыта; мо́лодость, незре́лость

call round [ˌkɔːlˈraʊnd] *phr v* заходи́ть; навеща́ть; посеща́ть; do ~ when you have the time заходи́те, когда́ у вас бу́дет вре́мя

call sheet [ˈkɔːlʃiːt] *кино* 1. спи́сок актёров и техни́ческого персона́ла, вызыва́емых на съёмку 2. извеще́ние о вы́зове на съёмку

call slip [ˈkɔːlslɪp] *спец.* тре́бование, листо́к тре́бований (*в библиоте́ках и т. п.*)

call together [ˌkɔːltəˈgeðə] *phr v* собира́ть, созыва́ть

call up [ˌkɔːlˈʌp] *phr v* 1. 1) позва́ть наве́рх; пригласи́ть подня́ться наве́рх; the boss called me up хозя́ин вы́звал /позва́л/ меня́ наве́рх 2) крича́ть (*стоя́щему наверху́*) 2. звони́ть *или* вызыва́ть по телефо́ну; I'll call you up this evening ве́чером я вам позвоню́ 3. призыва́ть на вое́нную слу́жбу; they were called up when war broke out когда́ начала́сь война́, их призва́ли 4. буди́ть; I'll call you up at 7 o'clock я вас разбужу́ в семь часо́в 5. вызыва́ть, буди́ть воспомина́ния; напомина́ть; this picture calls up scenes of my childhood э́та карти́на вызыва́ет в па́мяти дни моего́ де́тства 6. *вчт., инф.* выводи́ть на диспле́й

call-up [ˈkɔːlʌp] *n* 1. *воен.* призы́в на вое́нную слу́жбу; ~ plan мобилизацио́нный план 2. *св.* 1) вы́зов (*радиоста́нции*) 2) перекли́чка радиоста́нций

call upon [ˌkɔːləˈpɒn] *phr v* чу́вствовать потре́бность; he felt called upon to speak он счёл необходи́мым вы́ступить, он счита́л себя́ не впра́ве промолча́ть 2. *pass* быть вы́нужденным

callus [ˈkæləs] *n* 1. *мед.* 1) омозоле́лость 2) костна́я мозо́ль 2. *бот., зоол.* ка́ллюс; нараста́ние; затверде́ние; напле́в на ме́сте ране́ния у расте́ния или живо́тного 3. чёрствость, су́хость

calm I [kɑːm] *n* 1. безве́трие; тишь 2. *мор.* штиль, зерка́льное мо́ре; before the storm зати́шье пе́ред бу́рей 2. тишина́, поко́й 3. споко́йствие, невозмути́мость (*челове́ка*); he said so with forced ~ он сказа́л э́то неесте́ственно споко́йно /с напускны́м споко́йствием/

calm II [kɑːm] *a* 1. безве́тренный, ти́хий (*о пого́де и т. п.*) 2) споко́йный (*о мо́ре и т. п.*) 3) ро́вный (*о пу́льсе*) 2. споко́йный, ти́хий; ми́рный; невозмути́мый (*о челове́ке*); pray, be ~! пожа́луйста, успоко́йтесь! 3. *разг.* самоуверенный, развязный; it was rather ~ of him с его стороны это было довольно нескромно

calm III [kɑ:m] *v* (*тж.* ~ down) 1) успокаивать, умиротворять, утихомиривать; to ~ oneself успокаиваться; ~ yourself! успокойтесь; mother ~ed the frightened baby мать успокоила испуганного ребёнка 2) успокаиваться; the storm ceased and the sea ~ed море затихло после бури

calmant, calmative ['kɑ:mənt, 'kɑ:mətɪv] *n фарм.* успокаивающее средство

calmness ['kɑ:mnɪs] *n* 1. тишина, спокойствие 2. невозмутимость

calo [kə'ləʊ] *n* современное испанское арго

calomel ['kæləmel] *n* 1) *фарм.* каломель 2) *хим.* хлористая ртуть

Calor gas ['kæləgæs] сжижённый бутан (*фирменное название*)

caloric [kə'lɒrɪk] *a спец.* тепловой; калорийный; ~ content калорийность; ~ energy тепловая энергия; ~ unit калория, тепловая единица

caloricity [,kælə'rɪsɪtɪ] *n спец.* теплотворная способность; калорийность

calorie ['kælərɪ] *n спец.* калория; great [lesser /small/] ~ большая [малая] калория; low ~ food пищевой продукт низкой калорийности; ~ mechanic *шутл.* повар; to watch one's ~s *амер.* следить за диетой, не переедать

calorie-conscious ['kælərɪ,kɒnʃəs] *a амер.* следящий за диетой, боящийся растолстеть; she is ~ она считает калории; она боится съесть лишний кусок

calorifacient [kə,lɒrɪ'feɪʃ(ə)nt] = calorific

calorific [,kælə'rɪfɪk] *a спец.* 1) тепловой, теплотворный, теплообразующий 2) калорийный

calorification [kə,lɒrɪfɪ'keɪʃ(ə)n] *n спец.* выделение теплоты

calorific capacity [,kælə'rɪfɪkkə'pæsɪtɪ] *физ.* теплоёмкость

calorifics [,kælə'rɪfɪks] *n* теплотехника

calorific value [,kælə'rɪfɪk'vælju:] *спец.* теплотворность, калорийность

calorifier [kə'lɒrɪfaɪə] *n* нагревательный прибор; калорифер

calorify [kə'lɒrɪfaɪ] *v спец.* нагревать

calorimeter [,kælə'rɪmɪtə] *n физ.* калориметр

calorimetry [,kælə'rɪmɪtrɪ] *n физ.* калориметрия

calorize ['kælərɑɪz] *v метал.* алитировать

calory ['kælərɪ] = calorie

calotte [kə'lɒt] *n* 1. скуфья; скуфейка; круглая шапочка без полей 2. *спец.* круглый свод; верх сфероидального купола 3. *мат.* поверхность шарового сегмента 4. *геол.* купол, шапка

calque [kælk] *n линг.* калька

calumet ['kæljʊmet] *n* 1) калумет, курительная трубка (*у североамериканских индейцев*) 2) трубка мира (*тж.* ~ of peace) 2. *бот.* плод в форме трубки

calumniate [kə'lʌmnɪeɪt] *v* 1) клеветать; распространять клевету 2) оговаривать, порочить; to be ~d стать жертвой клеветы

calumniation [kə,lʌmnɪ'eɪʃ(ə)n] *n* клевета, ложное обвинение

calumniator [kə'lʌmnɪeɪtə] *n* клеветник

calumniatory [kə'lʌmnɪət(ə)rɪ] *a* клеветнический, ложный (*об обвинении*)

calumnious [kə'lʌmnɪəs] *a* клеветнический

calumny ['kæləmnɪ] *n* клевета; клеветническое утверждение, обвинение; клеветнический слух; to spread calumnies распространять клевету /клеветнические слухи/ 2) *юр.* ложное обвинение, клевета

calurea ['kæljʊrɪ:] *n с.-х.* мочевина (*удобрение*)

calutron ['kæljʊtrɒn] *n физ.* калютрон, электромагнитный сепаратор

Calvados ['kælvədɒs] *n* кальвадос, яблочная водка

Calvary ['kælvərɪ] *n* 1. *библ.* Голгофа; road to ~ крёстный путь; *образ. тж.* мученичество, муки 2. (с.) распятие 3. геральд. крест на подставке из трёх ступеней (*тж.* ~ cross, cross ~)

calve [kɑ:v] *v* 1. отелиться, родить детёныша (*о слоне, ките и т. п.*) 2. отрываться от массива (*об айсбергах*) 3. *горн.* обрушиваться при подкопе

calver[1] ['kɑ:və] *n* стельная корова

calver[2] ['kɑ:və] *v ист.* разделывать и предварительно обрабатывать живую или только что пойманную рыбу

calves[1] [kɑ:vz] *pl от* calf[1]

calves[2] [kɑ:vz] *pl от* calf[2]

calves-foot ['kɑ:vzfʊt] = calf's-foot

calve(s)-skin ['kɑ:v(z),skɪn] = calf[1] 3

calville ['kælvɪl] *n* кальвиль (*сорт яблок*)

calving ['kɑ:vɪŋ] *n* 1. отёл; ~ pen отделение *или* стойло для отёла 2. *метеор.* щенкé (*вид льда*)

Calvinism ['kælvɪnɪz(ə)m] *n рел.* кальвинизм

Calvinist I ['kælvɪnɪst] *n рел.* кальвинист

Calvinist II ['kælvɪnɪst] *a рел.* кальвинистский

Calvinistic, Calvinistical [,kælvɪ'nɪstɪk, -(ə)l] = Calvinist II

calvish ['kɑ:vɪʃ] *a* туповатый, глуповатый

calvity ['kælvɪtɪ] *n преим. pl редк.* плешивость, лысина

calx [kælks] *n* (*pl* calces) 1. окалина 2. зола 3. *уст.* известь

calyces ['kælɪsi:z, 'keɪlɪsi:z] *pl от* calyx

Calydonian boar [,kælɪ'dəʊnɪən'bɔ:] *греч. миф.* калидонский вепрь; Calydonian-boar hunt калидонская охота

Calypso [kə'lɪpsəʊ] *n греч. миф.* Калипсо

calypso [kə'lɪpsəʊ] *n* (*pl* -os [-əʊz]) *муз.* калипсо

calypsonian [,kælɪp'səʊnɪən] *n* исполнитель народных песен в стиле «калипсо»

calyx ['kælɪks, 'keɪlɪks] *n* (*pl* calyces) 1. *бот.* чашечка (*цветка*) 2. *анат.* чашевидная полость

calyx lobe ['kælɪks,ləʊb] *бот.* чашелистик

calzone [kæl'zəʊneɪ] *n* (*pl тж. без измен.*) пирог с начинкой из сыра и окорока

Cam [kæm] *n разг.* Кем (*Кембриджский университет*)

cam[1] [kæm] *n* 1. *тех.* кулак, кулачок, эксцентрик; копир 2. *тех.* поводковый патрон 3. *горн.* рудоразборный стол

cam[1] **II** [kæm] *v тех.* отводить, поднимать (*кулачком*)

cam[2] [kæm] *a диал.* 1. кривой, искривлённый, вывернутый, свёрнутый 2. извращённый

camail [kə'meɪl] *n ист.* бармица, кольчужная привеска (*для защиты шеи и плеч*)

camalig [kə'mɑ:lɪg] *n* 1) товарный склад 2) небольшой дом (*на Филиппинах*)

caman [kə'mɔ:n] *n* хоккейная клюшка

camaraderie [,kæmə'rɑ:dərɪ] *n* дух товарищества

camarilla [,kæmə'rɪlə] *n* камарилья

CAL — CAM   C

camas, camash ['kæməs, 'kæmɪʃ] *n бот.* квамассия (*Quamassia*)

camber I ['kæmbə] *n* 1. 1) *спец.* выгиб, выпуклость; подъём (*в мостах*); погибь (*палубы*); ~ of arch провес *или* стрела арки /прогиба, подъёма/ 2) *ав.* изогнутость крыла 2. *тех.* бомбировка (*валов*) 3. мелкий док 4. *авт.* развал передних колёс

camber II ['kæmbə] *v спец.* 1) выгибать; гнуть в дугу 2) выгибаться (*дугой*)

cambered ['kæmbəd] *a спец.* выгнутый; дугообразный; сводчатый; ~ road дорога с выпуклым профилем

cambering ['kæmbərɪŋ] *n спец.* выпуклость, утолщение; выгиб

Camberwell beauty [,kæmbəwel'bju:tɪ] *энт.* траурница (*Vanessa antiopa*)

cambial ['kæmbɪəl] *a бот.* камбиальный

cambist ['kæmbɪst] *n фин.* камбист (*специалист по валютным операциям*)

cambium ['kæmbɪəm] *n бот.* камбий

cambium beetle ['kæmbɪəm,bi:tl] *энт.* короед-заболонник (*Scolytidae*)

Cambodian I [,kæm'bəʊdɪən] *n* камбоджиец; камбоджийка

Cambodian II [,kæm'bəʊdɪən] *a* камбоджийский, относящийся к Камбодже

cambrel ['kæmbrəl] *n* распорка для туш (*у мясников*)

Cambria ['kæmbrɪə] *n поэт.* Кембрия, Уэльс

Cambrian I ['kæmbrɪən] *n* 1. *поэт., ист.* кимр, валлиец (*уроженец Уэльса*) 2. *геол.* кембрий, кембрийский период

Cambrian II ['kæmbrɪən] *a* 1. *поэт., ист.* кимрский, валлийский; уэльсский 2. *геол.* кембрийский

cambric ['keɪmbrɪk, 'kæmbrɪk] *n* 1. льняной батист; батист; ~ blouse батистовая блузка; ~ muslin перкаль 3. *эл.* кембрик

cambric tea ['keɪmbrɪk'ti:] *амер.* слабый чай с молоком и сахаром

Cambridge ['keɪmbrɪdʒ] *n* 1. *см.* Приложение 2. Кембриджский университет

Cambridge blue [,keɪmbrɪdʒ'blu:] 1. светло-голубой цвет 2. студент, защищающий спортивную честь Кембриджского университета (*по цвету спортивной формы*)

Cambridge flag [,keɪmbrɪdʒ'flæg] *ист.* кембриджский флаг (*флаг первых американских колоний*)

came [keɪm] *past от* come

camel ['kæm(ə)l] *n* 1. *зоол.* верблюд (*Camelus*); racing ~ мегари, мехари, верховой верблюд 2. *спец.* камéль
◊ it is easier for a ~ to go through the eye of a needle than... *библ.* легче верблюду пройти сквозь игольное ушко, чем...

camelback I ['kæm(ə)lbæk] *n* спина верблюда

camelback II ['kæm(ə)lbæk] *a* горбатый

camel-backed ['kæm(ə)lbækt] = camelback II

camel-bird ['kæm(ə)lbɜ:d] *n* страус

camelcade ['kæm(ə)lkeɪd] *n* караван верблюдов

camel-corps ['kæm(ə)lkɔ:] *n* 1) «верблюжий корпус», кавалерия на верблюдах 2) *разг.* пехота

camel-driver ['kæm(ə)l,draɪvə] = cameleer

cameleer [,kæmɪ'lɪə] *n* 1. погонщик верблюдов 2. солдат «верблюжьего корпуса», солдат кавалерии на верблюдах

camel-hair ['kæm(ə)lheə] *n* 1. верблюжья шерсть; верблюжий волос 2. материя из верблюжьей шерсти (*часто с примесями*) 3. *жив.* волос из беличьих хвостов (*для кистей*)

cameline ['kæm(ə)lɪn] *n* материя из верблюжьей шерсти

camelish ['kæm(ə)lɪʃ] *a* ≅ упрямый как осёл

camellia [kə'mi:lɪə] *n бот.* камелия (*Camellia gen.*)

camellia red [kə͵mi:lɪə'red] ярко-красный цвет

camelopard [kə'melǝpɑ:d, 'kæm(ə)lə(ʋ)pɑ:d] *n* жираф

Camelot ['kæmɪlɒt] *n* 1. *лит.* Камелот, двор короля Артура 2. легендарное место *или* время; эпоха рыцарских подвигов 3. *часто ирон.* правительство и окружение президента Кеннеди; высший свет Вашингтона (*в 1961—1963 гг.*)

camelry ['kæm(ə)lrɪ] *n* 1. отряд на верблюдах; войска на верблюдах 2. место навьючивания и развьючивания верблюдов

camel's-hair ['kæm(ə)lzheə] = camel-hair

camel's-thorn ['kæm(ə)lzθɔ:n] *n бот.* верблюжья колючка (*Alhagi camelorum*)

Camembert ['kæməmbeə] *n* сыр «камамбер» (*тж.* ~ cheese)

cameo I ['kæmɪəʋ] *n* (*pl* -os [-əʋz]) 1. камея; ~ brooch брошка с камеей; ~ binding *полигр.* камеевый переплёт (*с выпуклым тиснением в центре*) 2. яркая эпизодическая роль, обыкн. сыгранная известным актёром (*в театре, кино*)

cameo II ['kæmɪəʋ] *a* 1. миниатюрный; маломасштабный; ~ panorama of the world панорама, в которой мы видим весь мир в миниатюре 2. эпизодический, но яркий (*о роли*); bright ~ performances блестящее исполнение эпизодических ролей

cameo-shell ['kæmɪəʋ͵ʃel] *n* 1. улитка, слизняк 2. раковина (*моллюска*)

cameo ware ['kæmɪəʋ͵weə] керамические изделия с рельефным изображением

camera ['kæm(ə)rə] *n* 1. фотоаппарат, фотографический аппарат, фотокамера; aerial /air, airborne/ ~ аэрофотокамера; film ~ плёночная фотокамера; folding ~ складная фотокамера; reflex ~ зеркальный фотоаппарат, зеркалка; serial air survey ~, series ~ автоматическая аэрофотокамера; ~ caricature фотокарикатура; ~ spotting *амер. воен.* фотозасечка взрывов; ~ gun *воен.* фотопулемёт; to level the ~ at smth. направить фотоаппарат на что-л. 2. киноаппарат, кинокамера (*тж.* movie ~); ~! кино «камера!» (*команда о пуске киносъёмочного аппарата*); ~ angle угол изображения, точка съёмки, ракурс; ~ set-up установка съёмочного аппарата; ~ recording киносъёмка; ~ crew операторская группа съёмочного коллектива 3. передающая телевизионная камера 4. *спец.* камера; ~ of projection проекционная /проецирующая/ камера, проектор 5. = camera obscura 6. кабинет судьи; in ~ в кабинете судьи, не в открытом судебном заседании, при закрытых дверях, без публики, без посторонних; off ~ в открытом заседании, при открытых дверях 7. *стр.* сводчатое помещение, свод

camera boy ['kæm(ə)rə͵bɔɪ] *амер. разг.* 1. фотограф, фоторепортёр 2. кинорепортёр

camera car ['kæm(ə)rəkɑ:] телевизионный автобус, передвижная телевизионная установка

camera clicker ['kæm(ə)rə͵klɪkə] = camera boy

camera-eye ['kæm(ə)rə͵aɪ] *n* 1) хорошая зрительная память, фотографическая память 2) умение передавать что-л. абсолютно точно

cameral ['kæm(ə)rəl] *a* 1) *спец.* камеральный 2) = cameralistic

camera lad ['kæm(ə)rəlæd] = camera boy

cameralistic [͵kæm(ə)rə'lɪstɪk] *a ист.* камеральный (*о науках*); относящийся к камералистике

camera lucida [͵kæm(ə)rə'lju:sɪdə] *спец.* камера-люцида

cameraman [͵kæm(ə)rəmən] *n (pl* -men [-mən]) 1. фотограф 2. кинооператор, второй оператор; телеоператор

camera obscura [͵kæm(ə)rəəb'skjʋərə] *физ.* камера-обскура

camera operator ['kæm(ə)rə͵ɒpəreɪtə] = cameraman

camera processor [͵kæm(ə)rə'prəʋsesə] *фото* съёмочно-проявочное устройство

camera-shy ['kæm(ə)rə͵ʃaɪ] *a* испытывающий неловкость *или* страх перед объективом; he is ~ он теряется, когда его снимают

camera toter ['kæm(ə)rə͵təʋtə] = camera boy

camerawork ['kæm(ə)rəwɜ:k] *n* 1) киносъёмка, работа (*работы* 2) операторская работа (*как один из критериев качества фильма*)

camerist ['kæmərɪst] *n амер.* фотограф

camerlengo [͵kæmə'leŋgəʋ] *n (pl* -os [-əʋz]) камерлинг (*при папском дворе*)

camerlingo [͵kæmə'lɪŋgəʋ] = camerlengo

camese [kə'mi:s] = camise

cam follower ['kæm͵fɒləʋə] *авт.* толкатель клапана

camiknickers ['kæmɪ͵nɪkəz] *n pl* женский гарнитур (*из трусиков и короткой комбинации с лифчиком*)

camion ['kæmɪən] *n* 1. 1) *редк.* грузовик 2) фургон (*моторный, конный*); фура 2. ломовые дроги 3. *ист.* фура для перевозки пушек

camisado [͵kæmɪ'seɪdəʋ] *n арх. воен.* ночное нападение, ночная атака

camise [kə'mi:s] *n* длинная просторная мужская рубаха (*на Востоке*)

camisole ['kæmɪsəʋl] *n* 1. *уст.* лифчик 2. свободная кофта, кофточка (*ночная, домашняя*) 3. *ист.* фуфайка; куртка (*мужская*) 4. *мед.* смирительная рубашка (*для душевнобольных*)

camister ['kæmɪstə] *n вор. жарг.* поп

camlet ['kæmlɪt] *n* 1) камлот (*материя*) 2) предмет одежды из камлота

cammock ['kæmək] *n шотл.* клюка; клюшка

camomile ['kæməmaɪl] *n бот.* 1. ромашка (*Matricaria spp.*); ~ tea настой ромашки 2. пупавка (*Anthemis spp.*)

Camorra [kə'mɒrə] *n* 1) *ист.* каморра (*тайная итальянская бандитская организация*) 2) (с.) бандитская организация; ≅ мафия

camouflage I ['kæməflɑ:ʒ] *n* 1. 1) маскировка, камуфляж 2) маскировочные средства; ~ lighting *воен.* маскировочное освещение; ~ net [painting] *воен.* маскировочная сеть [окраска] 2. маскировка, прикрытие; хитрость, уловка для отвода глаз

camouflage II ['kæməflɑ:ʒ] *v* 1. маскировать, применять маскировку 2. скрывать (*истинные намерения и т. п.*); заниматься очковтирательством; прибегать к уловкам, хитрости; they wanted to correct their mistakes, not ~ them они хотели исправить свои ошибки, а не просто их как-то замазать

camouflet [͵kɑ:mu:'fleɪ] *n воен.* камуфлет

camoufleur [͵kɑ:mu:'flɜ:] *n* маскировщик

camp¹ I [kæmp] *n* 1. 1) лагерь (*спортивный, детский и т. п.*); база отдыха; base ~ *спорт.* базовый лагерь; open ~ *спорт.* лагерь на открытом воздухе; summer ~ а) летний лагерь (*для детей, молодёжи*); б) = camp¹ I 2; he is going to a summer ~ он выезжает на лето за город; ~ equipment полевое снаряжение (*для изыскательских работ и т. п.*) 2) *воен.* лагерь, бивак; ~ commander начальник лагеря; ~ of instruction учебный лагерь 3) лагерь (*место заключения*); death /extermination/ ~ лагерь смерти (*фашистский*); prison ~ лагерь для военнопленных или политических заключённых 4) стоянка, место привала; ночёвка на открытом воздухе; to pitch ~ расположиться /стать/ лагерем; to make ~ *амер.* располагаться лагерем; to break /to strike/ ~ сниматься с лагеря, свёртывать лагерь 5) 1) стан, становище; стойбище 6) табор (*цыган*) 7) *с.-х.* полевой стан 2. *амер.* дача; вилла; загородный дом; летняя резиденция 3. лагерь, стан, сторона; socialist ~ социалистический лагерь; opposition ~ лагерь оппозиции; in the same ~ одного образа мыслей; to be in different ~s принадлежать к разным лагерям 4. 1) солдатская жизнь, солдатский быт 2) военная служба, солдатчина ◊ to have a foot in both ~s ≅ служить и нашим и вашим; to take into ~ *амер.* а) забрать в свои руки; б) победить; нанести поражение; в) убить, уничтожить

camp¹ II [kæmp] *v* (*тж.* ~ down) 1. разбивать лагерь; располагаться лагерем, на привал; устраивать стоянку 2. жить (*где-л.*) временно, без удобств; to go ~ing жить в палатках /в туристском, молодёжном лагере/

camp² I [kæmp] *n разг.* 1. кэмп, аффектация, манерность; женоподобность; low ~ низкий кэмп, непреднамеренная аффектация; high ~ высокий кэмп, умышленно экстравагантное поведение 2. снобистское пристрастие к фальши и банальности в искусстве (*о душещипательным фильмам, старомодным романсам и т. п.*) 3. пошлое, халтурное произведение 4. гомосексуалист

camp² II [kæmp] *a разг.* 1. аффектированный, манерный; женоподобный 2. снобистский 3. пошлый, халтурный 4. относящийся к гомосексуалистам

camp² III [kæmp] *v разг.* 1. придавать пошлый, вульгарный характер; привносить манерность, аффектацию (*тж.* ~ up) 2. переигрывать (*тж.* ~ up) 3. 1) вести себя вызывающе (*тж.* to ~ it up) 2) ломаться, выпендриваться; to ~ around кривляться, паясничать 3) выставлять напоказ свои гомосексуальные склонности

campagnol [͵kɑ:mpənjɒl] *n зоол.* полёвка серая, мышь полёвка (*Microtus*)

campaign I [kæm'peɪn] *n* 1. *воен.* кампания, поход; операция; ~ conditions походная обстановка; ~ medal памятная медаль за участие в войне /в кампании/; ~ tactics оперативное искусство 2. кампания, борьба; electoral /election/ ~ выборная кампания, предвыборная борьба; propaganda ~ пропагандистская кампания); ~ biography *амер.* биография кандидата на выборах, особ. президентских, издаваемая с агитационной целью; ~ button *амер.* нагрудный значок с портретом кандилата *или* эмблемой партии; ~ against cancer борьба против рака; to conduct /to carry on, to lead/a ~ for educational reform проводить кампанию /бороться/ за реформу системы образования 3. *тех.* кампания, технологический цикл 4. *спец.* срок службы жаропрочной облицовки

campaign II [kæm'peɪn] *v* 1. *воен.* участвовать в походе, в кампании 2. проводить кампанию; to ~ for smb. агитировать за кого-л. (*на выборах*)

campaigner [kæm'peɪnə] *n* участник похода, кампании; old ~ ветеран, бывалый воин, старый служака

campana [kæm'pɑːnə] *n муз.* карильон

campane [kæm'peɪn] *n геральд.* колокол

campaniform [kəm'pænɪfɔːm] *a* колоколообразный; колокольчатый

campanile [ˌkæmpə'niːlɪ] *n* (*pl тж.* -li) *архит.* колокольня, звонница (*особ.* отдельно стоящая)

campanili [ˌkæmpə'niːlɪ] *pl от* campanile

campanology [ˌkæmpə'nɔlədʒɪ] *n* 1) наука об отливке колоколов 2) искусство колокольного звона

campanula [kæm'pænjʊlə] *n бот.* колокольчик (*Campanula spp.*)

campanulaceous plant [kəmˌpænjʊ'leɪʃəs'plɑːnt] *бот.* растение семейства колокольчиковых (*Campanulaceae*)

campanulate [kəm'pænjʊl(e)ɪt] *a* 1) в форме колокольчика 2) колокольчиковидный (*о форме цветка*)

camp-bed [ˌkæmp'bed] *n* походная или складная кровать

camp-chair [ˌkæmp'tʃeə] *n* лёгкий складной стул

camp-cot [ˌkæmp'kɔt] *n* раскладушка, раскладная койка

campcraft [ˈkæmpkrɑːft] *n спорт., воен.* 1) 1) разбивка лагеря 2) искусство устройства лагерей 2. приспособленность к жизни на природе (*умение разводить костёр, добывать пищу и т. п.*)

campcrafter [ˈkæmpˌkrɑːftə] *n спорт.* организатор лагеря (*альпинистов*)

campeachy wood [kæm'piːtʃɪwʊd] древесина кампешевого дерева

camper[1] [ˈkæmpə] *n* 1. *см.* camp[1] II + -er 2. 1) экскурсант, турист; участник поездки за город, на пикник 2) дачник 3. *авт.* жилой автофургон; дача-прицеп

camper[2] [ˈkæmpə] *n* уголь с примесью

camper-out [ˈkæmpə(r)aʊt] *n* 1) турист, живущий в палатке 2) человек, ночующий на открытом воздухе

campestral [kæm'pestrəl] *a редк.* полевой

camp-fever [ˈkæmpˌfiːvə] *n* «лагерный» тиф, военный тиф, сыпной тиф

camp-fire [ˈkæmpfaɪə] *n* 1. *воен.* бивачный костёр 2. сбор, слёт (*военизированных организаций*)

Camp Fire Girls [ˈkæmpfaɪəˌgɜːlz] «Костёр» (*организация девочек в США*)

camp-follower [ˈkæmpˌfɔləʊə] *n* 1) гражданский служащий (*следующий за войском*); маркитант 2) проститутка, переезжающая вместе с воинской частью 3) примазавшийся; подпевала, прихвостень; monopolists and their ~s монополисты и их продажные подголоски

camp-furniture [ˈkæmpˌfɜːnɪtʃə] лёгкая переносная складная мебель

campground [ˈkæmpgraʊnd] *n* 1. = camping-ground 1 2. место проведения богослужения на открытом воздухе

camphor [ˈkæmfə] *n фарм.* камфара

camphorated [ˈkæmfəreɪtɪd] *a* содержащий камфару, камфарный; пропитанный камфарой; ~ oil камфарное масло

camphor ball [ˈkæmfəbɔːl] камфарный или нафталиновый шарик

camphor glass [ˈkæmfəglɑːs] белое матовое стекло

camphoric [kæm'fɔrɪk] *a хим.* камфарный

camphor tree [ˈkæmfətriː] *бот.* камфарное дерево (*Cinnamomum camphora*)

campi [ˈkæmpɪ, ˈkɑːmpɪ] *pl от* campo 2

camping [ˈkæmpɪŋ] *n* 1) кемпинг 2) отдых на лоне природы (*в палаточном лагере*)

camping-bus [ˈkæmpɪŋbʌs] *n* жилой автофургон

camping-ground [ˈkæmpɪŋgraʊnd] *n* 1. площадка для кемпинга, туристического лагеря 2) стан; кочевье; стойбище 3) табор (*цыган*)

campion [ˈkæmpɪən] *n бот.* 1. лихнис (*Lychnis spp.*) 2. смолёвка (*Silene spp.*)

cample [ˈkæmp(ə)l] *v диал.* перекатываться, огрызаться; повздорить

camp-meeting [ˈkæmpˌmiːtɪŋ] *n амер.* проповедь или богослужение на открытом воздухе

campo [ˈkæmpəʊ, ˈkɑːmpəʊ] *n* 1. (*pl* -os /-əʊz/) кампо, пампа, бразильская саванна 2. (*pl* -pi) небольшая городская площадь

camporee [ˌkæmpə'riː] *n амер.* слёт бойскаутов (*округа, штата*)

camp out [ˈkæmp'aʊt] *phr v* ночевать на открытом воздухе, под открытым небом

camp school [ˈkæmpskuːl] лагерь-школа (*для прохождения сельскохозяйственной практики*)

campsite [ˈkæmpsaɪt] *n* место разбивки лагеря

camp-stool [ˈkæmpstuːl] *n* складная табуретка

camp stove [ˈkæmpstəʊv] *амер.* походная кухня; переносная, лагерная печь

camp telephone [ˈkæmpˈtelɪfəʊn] полевой телефон

camp up [ˈkæmp'ʌp] *phr v театр.* переигрывать; доводить игру до абсурда; if the play is bad, you will never turn it into a success by camping it up like that! если пьеса слабая, вы всё равно не спасёте её, сколько бы вы не переигрывали!

campus I [ˈkæmpəs] *n амер.* 1. территория университета, колледжа *и т. п.* (включая парк); on the university ~ на территории университета, в университете 2. *разг.* университет, колледж; ~ life студенческая жизнь, быт учащейся молодёжи; ~ paper университетская газета; ~ English студенческий жаргон, студенческие словечки

campus II [ˈkæmpəs] *v разг.* наложить дисциплинарное взыскание, наказать студента, запретить покидать территорию университета или колледжа

campy [ˈkæmpɪ] *a разг.* 1. вульгарно-претенциозный; пошлый и манерный; аффектированный 2. открыто гомосексуальный

cam-shaft [ˈkæmʃɑːft] *n тех.* распределительный вал, кулачковый валик

camstone [ˈkæmstəʊn] *n шотл.* 1. известняк 2. белая глина

camus [ˈkæməs] *a* с приплюснутым носом

cam-wood [ˈkæmwʊd] *n* 1) *бот.* бафия яркая (*Baphia nitida*) 2) древесина бафии яркой

can[1] [kæn] (*полная форма*); kəp, kn (*редуцированные формы*) *v* (could; *отриц. форма* cannot, can't; *2-е л. ед. ч. наст. вр. уст.* canst) выражает: 1) объективную возможность мочь, быть в состоянии; I ~ do it я могу это сделать; it ~ be done at once это можно сделать сразу; ~ you see him? вы его видите?; he can't come to you tomorrow он не может прийти к вам завтра; it was so dark we could see nothing было так темно, что мы ничего не видели; you cannot go there by bus автобусом вы туда не доедете, автобусом вы доехать туда не сможете; I will help you all I ~ я помогу вам всем, чем смогу; she tried to lift the sack but she couldn't она пыталась поднять мешок, но не смогла; he could do no more, he was quite exhausted больше он не мог, он совершенно выбился из сил; how ~ you tell? откуда вы знаете?; he reassured her as well as /as best/ he could он её утешал как только мог; he ran as quickly as he could он бежал изо всех сил; make all haste you ~! не теряйте ни минуты!, не задерживайтесь! 2) *умение, способность* уметь, мочь; I ~ swim я умею плавать; she can't cook она не умеет готовить; ~ they translate such texts? они могут /умеют/ переводить такие тексты?; she ~ read and write она умеет читать и писать; she ~ make her own dresses она сама шить себе платья; he ~ learn anything with ease учение даётся ему легко; could he read when he was five? умел ли он читать, когда ему было пять лет?; children ~ be very trying с детьми иногда бывает очень трудно; he could walk twenty miles он мог пройти пешком двадцать миль 3) (*моральное право*) быть вправе, иметь право, мочь; I can't very well accept this offer я не чувствую себя вправе принять это предложение; I ~ hardly go away and leave you alone не могу же я уйти и оставить вас одного; the Lower House alone ~ initiate financial measures только нижняя палата имеет право вносить на рассмотрение финансовые законопроекты 2. *разг., амер.* 1) просьбу (*в вопросительных предложениях*) можно?, разрешите?; ~ he go to the picnic? можно ему поехать на пикник?; ~ I have some more bread, please? дайте мне ещё хлеба, пожалуйста; передайте мне, пожалуйста, хлеб 2) разрешение (*в утвердительных и отрицательных предложениях*): you ~ go now теперь можете идти; you ~ cross the street here вы можете перейти улицу здесь; you cannot play football in England on Sundays по воскресеньям в Англии в футбол не играют; в воскресенье в Англии не разрешается играть в футбол 3. 1) предположение (*обыкн. с перфектным инфинитивом в утвердительных предложениях*) может быть, возможно; he ~ have walked there, it is not far возможно, он пошёл туда пешком, это недалеко 2) сомнение (*в вопросительных и отрицательных предложениях*) может ли?, возможно ли?, неужели?; that cannot be это не может быть; ~ it be true? неужели (это правда)?; ~ he have meant it? неужели он говорил это серьёзно?; ~ she can't have done it! она не могла этого сделать!; do you think he ~ still be living? ты думаешь, он ещё жив? 4. *в сочетаниях*: ~ but..., cannot but... *см.* but III 5; cannot help laughing [smiling *etc.*] быть не в состоянии удержаться от смеха [улыбки *и т. п.*]; as ~ be *эмоц.-усил.* очень, чрезвычайно; she is as pleased as ~ be она очень /страшно/ довольна; the neighbours were as generous as could be соседи проявили необычайную щедрость; it's as ugly as

~ be тру́дно предста́вить себе́ что́-нибудь уродли́вее /страшне́е/

can² I [kæn] *n* **1.** жестяна́я коро́бка или ба́нка; жестя́нка **2.** *амер.* 1) консе́рвная ба́нка; ба́нка (*из любого материала*) 2) ба́нка консе́рвов; а ~ of beer ба́нка пи́ва; а ~ of peaches консерви́рованные пе́рсики **3.** 1) бидо́н; ~ company *воен.* ро́та подво́за горю́чего (*в бидо́нах*) 2) кани́стра 3) кру́жка; жбан; манёрка **4.** оболо́чка; чехо́л; ко́жух; конте́йнер **5.** ки́но коро́бка для кинофи́льма **6.** колпа́к дымово́й трубы́ **7.** ле́йка **8.** *амер.* у́рна, му́сорный я́щик; garbage ~ а) му́сорный я́щик; б) *шутл.* лачу́га **9.** *шотл.* ме́ра **10.** *амер. сл.* нужни́к, отхо́жее ме́сто **11.** *амер. сл.* катала́жка, тюрьма́ **12.** *pl амер. сл.* телефо́нные нау́шники **13.** *сл.* у́нция марихуа́ны **14.** *ав. жарг.* самолёт **15.** *мор. жарг.* эска́дренный минон́осец, эсми́нец

◇ ~ of worms *амер. сл.* (це́лая) ку́ча неприя́тностей; запу́танное, безнаде́жное де́ло; ≅ сам чёрт не разберёт; to carry the ~ ста́ть козло́м отпуще́ния; отдува́ться за други́х; расхлёбывать ка́шу; in the ~ а) *кино* «уже́ в коро́бке», отснятый (*о готовом фильме*); гото́вый для демонстра́ции; б) *обыкн. радио, тлв.* гото́вый, зако́нченный; заверше́нный

can² II [kæn] *v* **1.** консерви́ровать (*пищевые продукты*) **2.** разлива́ть в бидо́ны, кани́стры *и т. п.* **3.** *амер. сл.* посади́ть в тюрьму́ **4.** *амер. сл.* исключи́ть (*учащегося*); уво́лить (*служащего*) **5.** *амер. сл.* прекрати́ть, переста́ть; ~ it! хва́тит!, замолчи́!, заткни́сь!; ~ the stuff! брось э́то **6.** *разг.* запи́сывать (*на плёнку, пластинку*)

Canaan ['keɪnən] *n* 1) *библ.* Ханаа́н, земля́ обетова́нная 2) земно́й рай, блаже́нная страна́

Canada I ['kænədə] *см.* Приложе́ние
Canada II ['kænədə] *a* кана́дский
cañada [kə'njɑ:də] *n исп.* канья́да, небольшо́й каньо́н; глен
Canada balsam ['kænədə'bɔ:ls(ə)m] *фарм.* кана́дский бальза́м
Canadian I [kə'neɪdɪən] *n* кана́дец; кана́дка; the ~s *собир.* кана́дцы; French ~s франкоговоря́щие кана́дцы; кана́дцы францу́зского происхожде́ния
Canadian II [kə'neɪdɪən] *a* кана́дский
Canadien [kænə'djæŋ] *n фр.* кана́дец францу́зского происхожде́ния
Canadienne [kænə'djen] *n фр.* кана́дка францу́зского происхожде́ния
canaille [kə'neɪl, kə'naɪ] *n фр.* сброд, чернь; отре́бье
canakin ['kænəkɪn] = cannikin
canal I [kə'næl] *n* **1.** кана́л; irrigation ~s ороси́тельные кана́лы; ~ dues /toll/ сбо́ры за прохо́д че́рез кана́л, кана́льные сбо́ры; ~ head головно́е сооруже́ние кана́ла; ~ lock ка́мерный шлюз; to cut /to make/ а ~ through the desert постро́ить /провести́/ кана́л в пусты́не **2.** кана́ва, кана́вка; ров; ары́к **3.** *анат.* прохо́д, отве́рстие, кана́л; alimentary ~ пищевари́тельный тракт **4.** тру́бка; жёлоб **5.** *архит.* каннелю́ра, желобо́к

canal II [kə'næl] *v* проводи́ть кана́л(ы); соединя́ть кана́лом
canal(-)boat [kə'nælbəʊt] (*n*) су́дно для кана́лов
canaliculate [ˌkænə'lɪkjʊl(e)ɪt] *a спец.* с продо́льными ложби́нками
canaliculi [ˌkænə'lɪkjʊlaɪ] *pl от* canaliculus
canaliculus [ˌkænə'lɪkjʊləs] *n* (*pl* -li) *спец.* кана́лец

canalisation [ˌkænəlaɪ'zeɪʃ(ə)n] = canalization
canalise ['kænəlaɪz] = canalize
canalization [ˌkænəlaɪ'zeɪʃ(ə)n] *n* **1.** устро́йство кана́лов, ары́ков **2.** систе́ма кана́лов **3.** канализа́ция **4.** канализа́ция (*прокладка разводящих сетей газа, электрических проводов и т. п.*) **5.** *физ.* 1) канали́рование (*частиц*) 2) канализи́рование (*энергии*)
canalize ['kænəlaɪz] *v* **1.** проводи́ть, сооружа́ть кана́л(ы); устра́ивать канализа́цию **3.** 1) направля́ть по определённому ру́слу; to ~ public opinion направля́ть обще́ственное мне́ние по определённому ру́слу 2) *воен.* вынужда́ть дви́гаться по определённым направле́ниям **4.** *разг.* дава́ть вы́ход (*чувству и т. п.*) **5.** *физ.* 1) канали́ровать (*частицы*) 2) канализи́ровать (*энергию*)
canal-lift [kə'næl‚lɪft] *n* судоподъёмник (*система шлюзов*)
canapé ['kænəpeɪ] *n* ло́мтик поджа́ренного хле́ба с икро́й *или* друго́й заку́ской
canard [kæ'nɑːd] *n* (газе́тная) у́тка; ло́жный слух; сенсацио́нная вы́думка; а pure ~ у́тка
canary I [kə'ne(ə)rɪ] *n* **1.** = canary-bird 1 **2.** све́тло-жёлтый, канаре́ечный цвет (*тж.* ~ yellow) **3.** *уст.* вино́ ти́па маде́ры с Кана́рских острово́в **4.** кана́ри (*танец XVI—XVII вв.*) **5.** *воен. жарг.* противога́з **6.** *сл.* 1) певу́нья, певи́ца 2) эстра́дная певи́чка **7.** *сл.* 1) полице́йский осведоми́тель 2) престу́пник, вы́давший свои́х соо́бщников (*на допро́се*)
canary II [kə'ne(ə)rɪ] *a* све́тло-жёлтый, канаре́ечный (*тж.* ~ yellow); ~ pad *амер. разг.* блокно́т из жёлтой бума́ги
canary-bird [kə'ne(ə)rɪbɜːd] *n* **1.** *зоол.* канаре́йка (Serinus canaria) **2.** *вор. жарг.* ареста́нт; рецидиви́ст
canary-grass [kə'ne(ə)rɪgrɑːs] *n бот.* канаре́ечник кана́рский, канаре́ечник пти́чий (Phalaris canariensis)
canary seed [kə'ne(ə)rɪsiːd] канаре́ечное се́мя (*корм*)
canary stone [kə'ne(ə)rɪstəʊn] *мин.* жёлтый сердоли́к
canasta [kə'næstə] *n* кана́ста (*карточная игра*)
canaster [kə'næstə] *n* кна́стер (*трубочный табак*)
can-buoy ['kænbɔɪ] *n мор.* тупоконе́чный буй
cancan ['kænkæn] *n* канка́н
can-carrier ['kæn‚kærɪə] *n разг.* несу́щий отве́тственность, *особ.* за чужи́е оши́бки, грехи́; ≅ козёл отпуще́ния
cancel I ['kæns(ə)l] *n* **1.** зачёркивание **2.** аннули́рование, отме́на **3.** *полигр.* 1) вычёркивание (*в гранках*) 2) перепеча́танный лист; перепеча́тка **4.** *муз.* бека́р **5.** *обыкн. pl* компо́стер (*тж.* а pair of ~s) **6.** *вчт.* отме́на; ~ character си́мвол отме́ны
cancel II ['kæns(ə)l] *v* 1) 1) вычёркивать, выма́рывать, зачёркивать (*напи́санное*) 2) стира́ть (*изображение, запись*) 2) 1) аннули́ровать, отменя́ть; to ~ а treaty аннули́ровать /отмени́ть/ догово́р; to ~ а debt аннули́ровать долг; to ~ an order отмени́ть зака́з; to ~ а power of attorney объяви́ть дове́ренность недействи́тельной; to ~ а contract расто́ргнуть контра́кт /сде́лку/; to ~ а subscription прекрати́ть /аннули́ровать/, не возобновля́ть подпи́ску (*на журнал и т. п.*) 2) взять обра́тно, отказа́ться (*от обета, обещания*) **3.** погаша́ть (*марки*) **4.** 1) изгла́дить (*впечатление*) 2) загла́дить (*вину*) **5.** *мат.* сокраща́ть **6.** *юр.* отзыва́ть **7.** *полигр.* вычёркивать (*в корректуре*) **8.** *вчт.* прерыва́ть (*выполнение программы или операции*)

cancellated ['kæns(ə)leɪtɪd] *a* решётчатый, сетчатый; ~ structure *спец.* решётчатое строе́ние
cancellation [ˌkænsə'leɪʃ(ə)n] *n* **1.** вычёркивание, выма́рывание **2.** аннули́рование, отме́на; прекраще́ние; ~ of race приостано́вка ста́рта (*парусный спорт*) **3.** погаше́ние (*марки*) **4.** *мат.* сокраще́ние **5.** *биол.* сетчатое, гу́бчатое строе́ние
cancellous ['kæns(ə)ləs] *a анат.* решётчатый, се́тчатый, гу́бчатый (*о строении*)
cancel out ['kæns(ə)l'aʊt] *phr v* уравнове́сить, сбаланси́ровать, нейтрализова́ть; свести́ на нет; to ~ gain [success] свести́ на нет вы́году /при́быль/ [успе́х]; what you are saying cancels out what you have said in the past то, что вы говори́те сейча́с, сво́дит на нет то, что вы говори́ли ра́ньше
cancer ['kænsə] *n* **1.** *мед.* рак; а ~ковая о́пухоль, карцино́ма; ~ activity /control/ *мед.* противора́ковые мероприя́тия; борьба́ про́тив ра́ка; ~ carrier /case/ больно́й ра́ком; ~ detection centre *мед.* онкологи́ческий центр; ~ research иссле́дования по ра́ку; ~ sticks *сл.* сигаре́ты **2.** я́зва, бич, бе́дствие **3.** 1) (С.) Рак (*созвездие и знак зоди́ака*); Tropic of С. тро́пик Ра́ка 2) роди́вшийся под созве́здием Ра́ка (*в астрологии*)
cancerate ['kæns(ə)reɪt] *v мед.* приобрета́ть хара́ктер ра́ковой о́пухоли, перерожда́ться в рак
canceration [ˌkænsə'reɪʃ(ə)n] *n мед.* разви́тие ра́ковой о́пухоли, появле́ние при́знаков злока́чественности, перерожде́ние в рак
cancer-causing [ˌkænsə'kɔːzɪŋ] = carcinogenic
cancer-inducing [ˌkænsərɪn'djuːsɪŋ] = carcinogenic
cancerogenic [ˌkæns(ə)rə'dʒenɪk] = carcinogenic
cancerology [ˌkænsə'rɒlədʒɪ] *n мед.* онколо́гия, уче́ние о ра́ке
cancerous ['kæns(ə)rəs] *a* **1.** *мед.* ра́ковый; злока́чественный **2.** злове́щий
cancionero [ˌkɑːntʃəʊ'nerəʊ, ˌkɑːnθəʊ'nerəʊ] *n* (*pl* -os [-əʊz]) *исп.* собра́ние пе́сен и стихотворе́ний
cancroid I ['kæŋkrɔɪd] *n мед.* канкро́ид, рак ко́жи
cancroid II ['kæŋkrɔɪd] *a зоол., мед.* ракообра́зный
cand [kænd] *n мин.* плавико́вый шпат
candela [kæn'diːlə, kæn'deləʳ] *n физ.* кандела́ (*единица силы света*)
candelabra [ˌkændɪ'lɑːbrə] *pl от* candelabrum
candelabrum [ˌkændɪ'lɑːbrəm] *n* (*pl тж.* -bra) 1) канделя́бр; подсве́чник 2) свети́льник
candent ['kændənt] *a* 1) накалённый добела́, раскалённый 2) *редк.* распали́вшийся, доведённый до бе́лого кале́ния
candescence [kæn'des(ə)ns] *n* бе́лое кале́ние, нака́ливание добела́
candescent [kæn'des(ə)nt] *a* 1) раскалённый добела́; доведённый до бе́лого кале́ния 2) светя́щийся я́рким све́том, ослепи́тельный
candid ['kændɪd] *a* **1.** 1) и́скренний, открове́нный, чистосерде́чный, прямо́й (*об ответе, человеке и т. п.*); to be ~ говори́ть пря́мо /и́скренне/; ничего́ не скрыва́ть; he was not ~ with me в разгово́ре со мно́й он не был чистосерде́чен; let us be ~ бу́дем говори́ть открове́нно 2) (тако́й) как есть; че́стный; ~ photograph фо́то «без ле́сти» **2.** *арх.* беспристра́стный **3.** *уст.* бе́лый, све́тлый (*о дне и т. п.*); я́сный

candidacy ['kændɪdəsɪ] *n* кандидатура; ~ for a post кандидатура на какой-л. пост; in ~ for a degree на соискание степени

candidate ['kændɪdət] *n* кандидат; presidential ~, ~ for Presidency /for President/ кандидат на пост президента; the Republican ~ for governor кандидат в губернаторы /на пост губернатора/ от республиканской партии; ~ for a degree соискатель учёной степени; a ~ for the gallows *шутл.* кандидат на виселицу

candidature ['kændɪdətʃə] *n* кандидатура; parliamentary ~ кандидатура в парламент

candid camera ['kændɪd,kæm(ə)rə] фотокамера для скрытых съёмок, скрытая камера

candidness ['kændɪdnɪs] *n* искренность, откровенность; чистосердечность

candied ['kændɪd] *a* 1. засахаренный (*о фруктах и т. п.*); ~ peel цукаты 2. засахарившийся (*о варенье и т. п.*) 3. медовый, сладкий, льстивый; ~ tongue медоточивые уста

candle I ['kændl] *n* 1. свеча, свечка; wax [tallow] ~ восковая [сальная] свеча; ~ grease свечное сало 2. *физ.* международная свеча 3. газовая горелка 4. 1) *воен.* дымовая свеча 2) пиротехническая свеча 3) = candle-bomb
◇ cannot /is not fit to/ hold a ~ не выдерживает сравнения с; ≅ в подмётки не годится; to hold a ~ to smb. помогать кому-л.; играть подчинённую роль; to hold a ~ to the devil а) свернуть с пути истинного; б) потворствовать дурному /злу/, содействовать преступлению; to burn the ~ at both ends а) прожигать жизнь; б) безрассудно растрачивать силы /здоровье/; the game is not worth the ~ игра не стоит свеч

candle II ['kændl] *v спец.* миражировать, проверять просвечиванием (*яйца и т. п.*)

candleberry (tree) ['kændlb(ə)rɪ(,triː)] (*n*) *бот.* свечное дерево (*Aleurites moluccana*)

candle-bomb ['kændlbɒm] *n воен.* 1) светящаяся авиационная бомба 2) осветительная мина

candle-coal ['kændlkəʊl] = cannel coal

candle-end ['kændlend] *n* 1. огарок 2. *pl разг.* остатки; to drink off ~s пить до дна
◇ to save ~s наводить грошовую экономию

candle-foot ['kændlfʊt] *n опт.* фут-свеча

candle-holder ['kændl,həʊldə] *n* 1. = candlestick 2. *разг.* пособник; помощник; ≅ вторая скрипка 3. *редк.* факельщик

candle-light ['kændllaɪt] *n* 1. свет свечи; свечное освещение; to dine by ~ обедать при свечах 2. сумерки; early ~ ранние сумерки; ~ вечерней

candle-lighter ['kændl,laɪtə] *n* 1. церковный прислужник, зажигающий свечи, аколит 2. лучинка или скрученная бумажка (*для зажигания*)

Candlemas ['kændlməs] *n рел.* Сретение (*господне*)

candle-metre ['kændl,miːtə] *n опт.* люкс (*единица освещённости*)

candle-nut ['kændlnʌt] *n* 1) плод свечного дерева 2) = candle-berry (tree)

candle-power ['kændl,paʊə] *n опт.* сила света (*в свечах*)

candle-snuff ['kændlsnʌf] *n* обгоревший фитиль (*свечи*)

candle-snuffers ['kændl,snʌfəz] *n pl* щипцы для снятия нагара со свечей

candlestick ['kændlstɪk] *n* 1) подсвечник; шандал 2) канделябр

candle-waster ['kændl,weɪstə] *n* полуночник; тот, кто занимается допоздна

candlewick ['kændlwɪk] *n* 1. фитиль 2. *амер.* 1) вышивка «фитильками» (*на покрывалах и т. п.*) 2) *текст.* вид махровой хлопчатобумажной ткани

candle-wood ['kændlwʊd] *n* 1) древесина свечного дерева 2) = candleberry (tree)

candling ['kændlɪŋ] *n* миражирование, проверка просвечиванием (*яиц и т. п.*)

can-do [,kæn'duː] *a амер. разг.* исполнительный и энергичный; ~ boys работники типа «будет сделано»

can-dock ['kændɒk] *n бот.* кувшинка жёлтая (*Nuphar lutea*)

candor ['kændə] *амер.* = candour

candour ['kændə] *n* 1. искренность, откровенность; чистосердечие, прямота 2. *арх.* непредвзятость, беспристрастие; доброжелательность 3. *уст.* чистота, непорочность

candy I ['kændɪ] *n* 1. леденцы 2. *амер.* конфеты (*любого сорта*); mixed candies конфетный набор, ассорти; five pieces of ~ пять конфет; rock /sugar/ ~ леденцы; ~ store кондитерская, кондитерский магазин
◇ like taking ~ from a baby *амер.* легче лёгкого, проще простого

candy II ['kændɪ] *v* 1) варить в сахаре 2) засахаривать (*фрукты*) 3) засахариваться (*о варенье и т. п.*)

candy(-)floss ['kændɪflɒs] (*n*) 1. сахарные волоконца, сахарная вата (*разновидность леденцов на палочке*) 2. химеры; несбыточные мечты, неосуществимые планы, предложения и т. п.

candy man ['kændɪmæn] *сл.* продавец наркотиков

candy pull ['kændɪpʊl] *амер.* приготовление тянучки, помадки и т. п. (*на вечеринке*)

candy stripe ['kændɪ,straɪp] 1) рисунок в полоску (*на ткани*) 2) полосатая ткань, ткань в узкую полоску

candy striper ['kændɪ,straɪpə] девушка, добровольно выполняющая функции медсестры (*носит форму с красными и белыми полосками*)

candytuft ['kændɪtʌft] *n бот.* иберийка, перечник зонтичный (*Iberis umbellata*)

cane I [keɪn] *n* 1. камыш; тростник 2. лоза; лозы, стебли кустарников; ~ furniture плетёная /дачная/ мебель 3. трость, тросточка 4. *амер.* палка; get the ~ быть избитым /наказанным/ палкой 5. палочка (*сургуча и т. п.*) 6. сахарный тростник

cane II [keɪn] *v* 1. 1) бить тростью, палкой 2) (into) вбивать урок (*в чью-л. голову*) 2. оплетать тростником, камышом; плести из лозы, камыша, тростника

cane-bottomed ['keɪn,bɒtəmd] *a* с плетёным сиденьем

canebrake ['keɪnbreɪk] *n* заросли сахарного тростника

cane-chair ['keɪntʃeə] *n* плетёный стул; плетёное кресло

cane corn ['keɪnkɔːn] *амер. разг.* 1) виски 2) самогон

cane fruit ['keɪnfruːt] ягода, ягодник (*обыкн. чёрная смородина и т. п.*)

cane-juice ['keɪndʒuːs] *n* сок сахарного тростника

canella [kə'nelə] *n кул.* корица

cane-mill ['keɪnmɪl] *n* отжимный пресс для тростника

canephora [kə'nefərə] *n* (*pl* -ae) = canephorus

canephorae [kə'nefəriː] *pl от* canephora

canephori [kə'nefəraɪ] *pl от* canephorus

canephoroe, canephoroi [kə'nefəriː, kə'nefərɔɪ] *pl от* canephoros

canephoros [kə'nefərɒs] *n* (*pl* -oe, -oi) = canephorus

canephorus [kə'nefərəs] *n* (*pl* -ri) *архит.* человеческая фигура с корзиной на голове

canescent [kə'nes(ə)nt] *a* седоватый; грязновато-белый

cane sugar ['keɪn,ʃʊgə] тростниковый сахар, сахароза

can-hook ['kænhʊk] *n мор.* бочечный строп с гаками

Canicula [kə'nɪkjʊlə] *n астр.* Сириус (*звезда*)

canicular [kə'nɪkjʊlə] *a* 1. 1) относящийся к Сириусу 2) знойный, относящийся к самым жарким летним дням; ~ days = dog-days 2. *эмоц.-усил.* собачий

caniculars [kə'nɪkjʊləz] *n pl шутл.* вирши

canicular year [kə,nɪkjʊlə'jɪə] *ист.* год в Древнем Египте, исчисляемый по движению Сириуса

canicule ['kænɪkjuːl] *редк.* = dog-days

canikin ['kænɪkɪn] = cannikin

canine I ['keɪnaɪn, 'kænaɪn] *n* 1. *анат.* клык (*тж.* ~ tooth) 2. 1) *зоол.* представитель семейства псовых (*Canidae*) 2) собака, пёс

canine II ['keɪnaɪn, 'kænaɪn] *a* 1. собачий; пёсий, псиный; псовый; ~ distemper *вет.* собачья чума; ~ madness /rabies/ *вет.* водобоязнь, собачье бешенство; ~ space team собаки-космонавты 2. *зоол.* относящийся к семейству псовых, собачьих (*Canidae*)
◇ ~ appetite /hunger/ ≅ волчий аппетит

canine letter ['keɪnaɪn,letə] *полигр. проф.* буква R

caniniform [kə'naɪnɪfɔːm] *a* клыкообразный

caninity [kə'nɪnɪtɪ] *n редк.* 1. собачья преданность 2. любовь к собакам

Canis ['keɪnɪs] *n лат. зоол.* собаки, собачьи (*Canidae*)

Canis Major [,keɪnɪs'meɪdʒə] *астр.* Большой Пёс (*созвездие*)

Canis Minor [,keɪnɪs'maɪnə] *астр.* Малый Пёс (*созвездие*)

canister ['kænɪstə] *n* 1. чайница; банка для кофе, специй и т. п. 2. канистра; бачок, бидон 3. корзинка (*для хлеба, цветов*) 4. *воен.* коробка противогаза 5. = canister-shot

canister-shot ['kænɪstəʃɒt] *n воен. уст.* картечь

canker I ['kæŋkə] *n* 1. *мед.* 1) язва 2) молочница 3) стоматит; ~ of the mouth гангренозный стоматит; водяной рак, нома 2. *с.-х.* 1) рак растений, некроз плодовых деревьев 2) червоточина 3. *вет.* рак копыта (*у лошади*) 4. *арх., диал.* шиповник, дикая роза 5. *диал.* ржавчина, ржа 6. = cankerworm

canker II ['kæŋkə] *v* 1. разъедать, изъязвлять 2. заражать 3. губить; разлагать; пожирать; no lapse of moons can ~ love ≅ время не может убить любовь 4. 1) подвергаться разъеданию 2) разлагаться, загнивать; his mind ~ed его ум помутился

canker-berry ['kæŋkəb(ə)rɪ] *n* ягода шиповника

canker-bloom ['kæŋkəbluːm] *n* цвет шиповника

cankered ['kæŋkəd] *a* 1. 1) изъеденный, изъязвлённый 2) с червоточиной 2. заражённый; разлагающийся, гниющий 3. зловредный, злобный, завистливый

cankerous ['kæŋkərəs] *a* 1. разъедающий 2. губительный; вредный; пагубный

canker-rose ['kæŋkərəuz] *n* 1. = canker I 4 2. *бот.* мак самосейка (*Papaver rhaeas*)

cankerworm ['kæŋkəwə:m] *n* 1. плодовый червь (*общее название гусениц, повреждающих плоды*) 2. землемер (*гусеница бабочки пяденицы отряда Geometridae*)

cankery ['kæŋkərɪ] *a* 1. имеющий язву или червоточину 2. *шотл.* ворчливый

cann [kæn] = con³ II

canna¹ ['kænə] *n бот.* пушница (*Eriophorum*)

canna² ['kɑ:n(n)ə] *шотл.* = cannot

cannabic [kə'næbɪk] *a* конопляный

cannabis ['kænəbɪs] *n* 1. *бот.* конопля (*Cannabis sativa*) 2. сушёные цветки и экстракт из семян конопли (*сырьё для производства гашиша и марихуаны*)

cannabism ['kænəbɪz(ə)m] *n* 1) пристрастие к гашишу 2) хроническое отравление индийской коноплёй, гашишем

cannach ['kɑ:nək] *шотл.* = canna¹

canned [kænd] *a* 1. 1) консервированный (*о продуктах*); ~ goods консервы; ~ fish [fruit, meat] рыбные [фруктовые, мясные] консервы 2) налитый в бидоны, канистры *и т. п.*; ~ fuel *воен.* горючее в бидонах; ~ heat *воен. жарг.* жестянка с сухим спиртом 2. *амер. сл.* механически зафиксированный; ~ news кинохроника; ~ drama кинофильм, картина; ~ music а) музыка в механической записи; грампластинка; магнитофонная лента; б) *кино* музыка из фонотеки; музыкальные записи, заготовленные впрок; ~ editorial передовая статья, напечатанная одновременно во многих газетах 3. *амер. сл.* пьяный (*тж.* ~ up) 4. *сл.* снятый с поста

cannel coal ['kænlkəul] *спец.* кеннельский *или* длиннопламенный уголь

cannelloni [,kænə'ləunɪ] *n um. pl* трубочки из теста с мясной, сырной *и т. п.* начинкой

cannelure ['kænəljuə] *n* 1) *архит.* каннелюра 2) желобок, кольцевая выточка; продольная выемка

canner ['kænə] *n амер.* 1. 1) *см.* can² II + -er 2) владелец *или* работник консервного завода 2. продукт, годный только для консервирования

cannery ['kæn(ə)rɪ] *n* консервный завод

cannibal ['kænɪb(ə)l] *n* 1. 1) каннибал, людоед; ~ tribe племя каннибалов 2) человеконенавистник; злодей; ~ policy человеконенавистническая политика 2. животное, пожирающее представителей своего вида

cannibalic [,kænɪ'bælɪk] *a* 1) каннибальский, людоедский 2) человеконенавистнический; зверский

cannibalish ['kænɪbəlɪʃ] *a* кровожадный, зверский

cannibalism ['kænɪbəlɪz(ə)m] *n* 1. 1) каннибализм, людоедство; уничтожение, пожирание себе подобных 2) каннибализм, жестокость 2. пожирание (*животными, птицами*) яиц и особей своего вида

cannibalistic [,kænɪbə'lɪstɪk] *a* каннибальский, людоедский; предающийся людоедству; ~ tribe племя каннибалов

cannibalize ['kænɪbəlaɪz] *v разг.* снимать части с одной машины для ремонта других; «раскулачивать», растаскивать машину по частям 2) ремонтировать машину с помощью частей, снятых с другой машины

cannie ['kænɪ] = canny

cannikin ['kænɪkɪn] *n* 1. 1) жестянка 2) кружечка 2. деревянное ведёрко для хранения сахара, риса *и т. п.*

canniness ['kænɪnɪs] *n диал.* 1. благоразумие; осторожность, осмотрительность 2. мягкость, деликатность

canning ['kænɪŋ] *n* консервирование; изготовление консервов; home ~ домашнее консервирование; ~ factory консервный завод; ~ industry консервная промышленность

cannoli [kə'nəulɪ(:)] *n редк.* канноли (*пирожное с начинкой из взбитого творога и т. п.*)

cannon¹ I ['kænən] *n* (*pl без измен., редк. тж.* -s [-z]) 1. 1) пушка, орудие; ~ gunner орудийный наводчик, канонир 2) малокалиберная автоматическая пушка 3) артиллерия, артиллерийские орудия 4) *ист.* 60-фунтовая пушка 5) *амер. разг.* пистолет, револьвер, «пушка» 2. ухо (*колокола*) 3. = cannon-bit 4. = cannon-bone 5. *тех.* гильза, вращающаяся на валу 6. «пистолет» (*фигурное катание*) 7. карамболь (*бильярд*) 8. *амер. вор. жарг.* карманник; ловкий воришка

cannon¹ II ['kænən] *v* 1. обстреливать артиллерийским огнём 2. отскочить при столкновении 3. 1) (with) столкнуться, натолкнуться 2) налететь, наскочить; to ~ against /into/ smb. (с разбегу) налететь на кого-л. 4. сделать карамболь (*бильярд*)

cannon² ['kænən] *n* букля

cannonade I [,kænə'neɪd] *n* 1. канонада, орудийный огонь 2. огонь, обстрел; град (*замечаний, вопросов, критики и т. п.*)

cannonade II [,kænə'neɪd] *v* 1) обстреливать из орудий 2) стрелять из орудий

cannonarchy ['kænənɑ:kɪ] *n книжн.* «власть пушек»; власть, держащаяся на штыках; власть милитаристов

cannonball ['kænənbɔ:l] *n* (*pl без измен.*) *ист.* (сферическое) пушечное ядро

cannon-ball service ['kænənbɔ:l,sə:vɪs] «пушечная» подача (*теннис*)

cannon-bit ['kænənbɪt] *n* мундштук (*удил*)

cannon-bone ['kænənbəun] *n анат.* берцовая кость

cannoned ['kænənd] *a* вооружённый пушкой *или* пушками

cannoneer [,kænə'nɪə] *n* 1) орудийный номер 2) *ист.* канонир

cannon(-)fodder ['kænən,fɔdə] (*n*) пушечное мясо

cannonier [,kænə'nɪə] = cannoneer

cannon-metal ['kænən,metl] *n* пушечная бронза, пушечный металл

cannon net ['kænənnet] *охот.* ловчая сеть

cannon-proof ['kænənpru:f] *a* не пробиваемый снарядами

cannon-royal [,kænən'rɔɪəl] *n ист.* 74-фунтовая пушка

cannonry ['kænənrɪ] *n* 1. *собир.* 1) орудия, пушки 2) артиллерия 2. канонада, орудийный огонь

cannon-shot ['kænənʃɔt] *n* (*pl без измен.*) 1. пушечный снаряд 2. 1) пушечный выстрел 2) дальность пушечного выстрела

cannot ['kænɔt, 'kænət] отрицательная форма настоящего времени гл. can¹

cannula ['kænjulə] *n* (*pl* -lae) *мед.* полая игла, трубочка, канюля

cannulae ['kænjuli:] *pl от* cannula

cannular ['kænjulə] *a* трубчатый

canny ['kænɪ] *a диал.* 1. благоразумный, осторожный, осмотрительный 2. практичный, умеющий устраивать свои дела; житейски мудрый 3. осторожный в движениях, неторопливый 4. ловкий, умелый; ~ wife *арх.* повивальная бабка; ~ moment *арх.* роды 5. уютный 6. приятный; привлекательный; хороший, подходящий 7. экономный, бережливый 8. *уст.* хитрый, коварный

canoe I [kə'nu:] *n* 1) челнок, байдар(к)а; big ~ *амер. разг.* пароход 2) выдолбленный чёлн североамериканских индейцев, каноэ 3) *спорт.* каноэ; rubber ~ разборное каноэ
◊ to paddle one's own ~ полагаться только на себя; ни от кого не зависеть; идти своим путём

canoe II [kə'nu:] *v* плыть в челноке, на байдар(к)е, на каноэ

canoeing [kə'nu:ɪŋ] *n спорт.* гребля, гонки на каноэ

canoeist [kə'nu:ɪst] *n* гребец на каноэ, каноист

canoe-pair [kə'nu:peə] *n спорт.* каноэ-двойка

canoe-single [kə'nu:,sɪŋg(ə)l] *n спорт.* каноэ-одиночка

canon¹ ['kænən] *n* 1. правило, предписание; закон, канон; ~s of taste каноны /предписания/ хорошего вкуса; ethical ~ нравственный закон; этическое правило 2. 1) критерий; ~s of criticism критерии оценки 2) *иск., лит.* канон, совокупность художественных приёмов *или* эстетических правил данной эпохи; classical ~ классический канон 3. *лит.* канон, список произведений, признаваемых подлинно принадлежащими данному автору 4. *муз.* канон 5. *полигр.* канон 6. *церк.* 1) канон, каноническое правило, церковное установление 2) канон, список книг, признанных в качестве священного писания 3) церковное песнопение 7. *церк.* устав (*монашеского ордена*) 8. *церк.* канонник, католические святцы 9. (the ~) = canon law 10. эра; событие, открывающее новую эпоху 11. ухо (*колокола*)

canon² ['kænən] *n церк.* каноник (*священник*)

canon³ ['kænən] *n ист.* рюш, окаймляющий короткие брюки у колен

canon ['kænjən] *исп.* = canyon

canoness ['kænənɪs] *n* 1. *церк.* каноннисса 2. *шутл.* жена каноника

canonic I [kə'nɔnɪk] *n* 1. каноник 2. *лог.* способ ведения спора, каноника

canonic II [kə'nɔnɪk] = canonical

canonical [kə'nɔnɪk(ə)l] *a* 1. канонический 2. твёрдо установившийся, обязательный, принятый за образец; ортодоксальный; ~ dress а) церковное облачение; б) торжественное облачение (*судейское и т. п.*) 3. *юр.* относящийся к каноническому, церковному праву; церковноправовой

canonical age [kə'nɔnɪk(ə)l'eɪdʒ] *церк.* канонический возраст, возраст рукоположения

canonical hours [kə'nɔnɪk(ə)l'auəz] *церк.* 1) уставные часы молитв 2) часы для церковных венчаний

canonicals [kə'nɔnɪk(ə)lz] *n употр. с гл. во мн. ч.* церковное облачение

canonicate [kə'nɔnɪk(e)ɪt] = canonry 1

canonicity [,kænə'nɪsɪtɪ] *n* 1. каноничность, соответствие канону (*преим.* библейскому *или* церковному) 2. неподдельность, подлинность

canonist [kə'nɔnɪst] *n юр.* знаток канонического, церковного права, канонист

canonistic, canonistical [,kænə'nɪstɪk, -(ə)l] *a юр.* относящийся к каноническому, церковному праву

canonization [ˌkænənaɪˈzeɪʃ(ə)n] *n* 1. *церк.* канонизация, причисление к лику святых 2. обожествление; идеализация
canonize [ˈkænənaɪz] *v* 1. *церк.* 1) канонизировать, причислять к лику святых 2) включать в список канонических книг, признавать священным писанием 3) признавать священным, освятить 2. *иск., лит.* признать каноном; включать в канон; признать каноническим (*текст и т. п.*) 3. канонизовать, возвести в незыблемое правило 4. *арх.* обожествлять
canon law [ˌkænənˈlɔː] *церк.* каноническое, церковное право
canonry [ˈkænənrɪ] *n церк.* 1. должность, звание каноника 2. бенефиций каноника
canoodle [kəˈnuːdl] *v разг.* 1) ласкать, нежить 2) нежничать, обниматься
can-opener [ˈkænˌəʊp(ə)nə] *n* консервный нож
canophilist [kæˈnɒfɪlɪst] *n редк.* любитель собак
canopic jar [kəˈnəʊpɪkˈdʒɑː] =canopic vase
canopic vase [kəˈnəʊpɪkˈvɑːz] канопа (*сосуд в Древнем Египте*)
canopy I [ˈkænəpɪ] *n* 1. балдахин; навес; тент; полог; cloud ~ *метеор.* облачный щит, облачный покров; ~ tree дерево с густой кроной; ~ of leaves лиственный шатёр 2) *поэт.* (небесный) свод; the ~ of heaven купол неба; to dwell under the ~ жить под открытым небом, не иметь пристанища 2. *ав.* 1) купол парашюта 2) фонарь кабины самолёта 3. *стр.* зонт или шипец над дверью; верхняя часть ниши 4. *тех.* зонт над горном 5. *эл.* розетка люстры; ~ switch *эл.* потолочный выключатель
canopy II [ˈkænəpɪ] *v* 1) накрывать балдахином, навесом, пологом, тентом 2) укрывать
canorous [kəˈnɔːrəs] *a книжн.* мелодичный; звучный; певучий
canst [kænst, kənst] *уст.* 2-е л. ед. ч. настоящего времени глагола can¹
can't [kɑːnt] *разг. сокр. от* cannot
cant¹ I [kænt] *n* 1. косяк 2. *тех.* скошенный, срезанный край; скос, фаска 3. 1) наклон, наклонное положение 2) отклонение от прямой 4. толчок, удар; to give a ball a ~ ударить по мячу 5. *амер.* обтёсанное бревно, брус 6. *мор.* 1) наклон 2) поворотный шпангоут
cant¹ II [kænt] *v* 1. скашивать 2. 1) придавать наклонное положение 2) наклоняться, принимать наклонное положение 3. 1) опрокидываться, перевёртываться (*тж.* ~ over) 2) опрокидывать, перевёртывать (*тж.* ~ over) 3) *тех.* кантовать
cant² I [kænt] *n* 1. жаргон, арго; тайный язык; ~ phrase жаргонное выражение; thieves' ~ воровской жаргон, блатной язык; the ~ of particular trades and employments профессиональный жаргон 2. лицемерные речи; лицемерие, ханжество 3. плаксивый тон (*нищего*); нытьё 4. *редк.* ходячее словцо; шаблонная фраза
cant² II [kænt] *v* 1. говорить на (профессиональном, воровском *и т. п.*) жаргоне 2. говорить плаксивым тоном (*о нищем*); клянчить 3. говорить лицемерно, ханжески, фарисействовать 4. *уст.* злоупотреблять ходячими словечками
cant³ I [kænt] *n ирл.* продажа с аукциона
cant³ II [kænt] *v ирл.* продавать с аукциона
cant⁴ [kænt] *a шотл.* смелый, живой; здоровый

Cantab [ˈkæntæb] *разг. сокр. от* Cantabrigian II
cantabank [ˈkæntəbæŋk] *n* бродячий певец
cantabile [kænˈtɑːbɪlɪ] *муз.* кантабиле
Cantabrigian I [ˌkæntəˈbrɪdʒɪən] *n* 1) студент Кембриджского университета 2) выпускник Кембриджского университета
Cantabrigian II [ˌkæntəˈbrɪdʒɪən] *a* кембриджский; относящийся к Кембриджскому университету
cantaloup(e) [ˈkæntəluːp] *n бот.* канталупа *или* мускусная дыня (*Cucumis melo cantalupensis*)
cantankerous [kænˈtæŋk(ə)rəs] *a* сварливый, придирчивый; вздорный, неуживчивый
cantata [kænˈtɑːtə] *n муз.* кантата
Cantate [kænˈtɑːteɪ] *n церк.* 97-й псалом
Cantate Sunday [kænˈtɑːteɪˈsʌndɪ] *церк.* четвёртое воскресенье после пасхи
cantatrice [ˈkæntətriːs] *n фр.* профессиональная певица, вокалистка
canted [ˈkæntɪd] *a* 1. скошенный 2. наклонный; наклонившийся, склонившийся 3. 1) опрокинутый, перевёрнутый 2) поставленный под углом
canteen [kænˈtiːn] *n* 1. *воен.* 1) военный магазин; войсковая лавка; dry [wet] ~ войсковая лавка без продажи [с продажей] спиртных напитков; ~ service розничная военно-торговая служба 2) *ист.* лавка, повозка маркитанта 2. 1) столовая, буфет (*на заводе, в учебном заведении и т. п.*) 2) *амер. воен.* солдатский клуб-столовая 3. фляга 4. погребец 5. 1) походный *или* дорожный ящик с кухонными и столовыми принадлежностями 2) ящик для хранения столового серебра *и т. п.*
cantel [ˈkæntl] = cantle
canter¹ [ˈkæntə] *n редк.* 1. говорящий на (профессиональном, воровском *и т. п.*) жаргоне 2. лицемер, ханжа
canter² I [ˈkæntə] *n* кентер, лёгкий галоп; preliminary ~ а) *спорт.* проездка лошади перед бегами; б) предварительный набросок, прелюдия (*к чему-л.*) ◊ to win at a ~ легко достигнуть победы
canter² II [ˈkæntə] *v* 1) ехать кентером, лёгким галопом 2) пустить лошадь кентером, лёгким галопом
Canterbury [ˈkæntəb(ə)rɪ] *n см.* Приложение; ~ tales кентерберийские рассказы; *образн. тж.* нескончаемые скучные истории
canterbury [ˈkæntəb(ə)rɪ] *n* этажерка (*с отделениями для книг, газет, нот*)
Canterbury Bell(s) [ˈkæntəb(ə)rɪˈbel(z)] *n бот.* кентерберийский колокольчик, колокольчик средний (*Campanula medium*)
Canterbury lamb [ˌkæntəb(ə)rɪˈlæm] кентерберийский барашек (*молодая баранина, ввозимая из Новой Зеландии и Австралии*)
cant file [ˈkæntˌfaɪl] трёхгранный напильник
canthari [ˈkænθəraɪ] *pl от* cantharus
cantharides [kænˈθærɪdiːz] *n pl* 1. *pl от* cantharis 2. *мед.* шпанские мушки
cantharidin(e) [kænˈθærɪdɪn] *n хим.* кантаридин
cantharis [ˈkænθərɪs] *n (pl* -rides) шпанская муха (*Lytta vesicatoria*)
cantharus [ˈkænθərəs] *n (pl* -ri) *ист.* 1) кантарус, большая чаша для питья с двумя ручками 2) кантарус, сосуд для омовения в атриуме перед храмом
canthi [ˈkænθaɪ] *pl от* canthus
cant hook [ˈkæntˌhʊk] *тех.* кантовальный крюк

canthus [ˈkænθəs] *n (pl* -thi) *анат.* угол глазной щели
canticle [ˈkæntɪk(ə)l] *n* 1. *церк.* духовная песнь, кант, гимн 2. (Canticles) *pl библ.* Песнь Песней
cantilena [ˌkæntɪˈliːnə] *n муз.* кантилена
cantilever [ˈkæntɪˌliːvə] *n* 1) *стр.* консоль, кронштейн, укосина 2) *тех.* рукав (*станка*)
cantilever crane [ˌkæntɪˌliːvəˈkreɪn] *тех.* консольный кран
cantilevered [ˈkæntɪˌliːvəd] *a тех.* заделанный одним концом; консольный; свободнонесущий
cantilever wing [ˌkæntɪˌliːvəˈwɪŋ] *ав.* свободнонесущее крыло
cantillate [ˈkæntɪleɪt] *v* 1. петь, напевать 2. рассказывать нараспев, петь речитативом
cantillation [ˌkæntɪˈleɪʃ(ə)n] *n* повествование нараспев, речитатив
cantina [kænˈtiːnə] *n амер. диал.* 1) = canteen 2 2) бар и продовольственный магазин (*в одном помещении*)
canting¹ I [ˈkæntɪŋ] *n* 1. скашивание 2. 1) придание наклона, наклонного положения 2) принятие наклонного положения 3. 1) перевёртывание, опрокидывание (*тж.* ~ over) 2) *тех.* кантование
canting¹ II [ˈkæntɪŋ] *a* 1. скошенный; имеющий скос 2. наклонный; поставленный под углом 3. опрокидывающийся, перевёртывающийся
canting² I [ˈkæntɪŋ] *n* 1. = cant² I 1 2. 1) употребление жаргона, арго 2) злоупотребление профессионализмами 3. лицемерные, ханжеские речи; фарисейство
canting² II [ˈkæntɪŋ] *a* 1. говорящий на жаргоне (*преим.* нищих, воровском *и т. п.*) 2. говорящий плаксивым тоном (*нищего*); выклянчивающий 3. лицемерный, ханжеский ◊ ~ crew а) нищая братия; б) цыгане; бродяги
canting³ [ˈkæntɪŋ] *n диал.* продажа с аукциона
cantinier [ˌkæntɪˈnjeɪ] *n фр.* трактирщик
cantinière [ˌkæntɪˈnjer] *n фр.* трактирщица
cantle [ˈkæntl] *n редк.* 1. 1) кус; доля; (отдельная) часть 2) ломоть (*хлеба*); кусок (*торта, сыра*), долька (*апельсина*) 2. задняя лука седла; ~ bag седельная сумка 3. *шотл.* макушка
cantlet [ˈkæntlɪt] *n редк.* кусочек
canto [ˈkæntəʊ] *n (pl* -os [-əʊz]) 1. *лит.* песнь (*часть поэмы*) 2. *муз.* 1) пение, песня, напев 2) верхний голос, сопрано
canton I [ˈkæntɒn, kænˈtɒn] *n* 1. кантон, округ (*в Швейцарии, Франции*) 2. область, уголок (*земли и т. п.*) 3. *воен.* четверть (*полотнища флага*) 4. *геральд.* угол щита (*преим.* правый верхний) 5. *амер. уст.* племя (*у индейцев*)
canton II [kænˈtɒn] *v* 1. 1) делить на доли 2) подразделять 3) проводить (административное) деление на кантоны, округа 3. [kənˈtuːn] 1) расквартировывать (*войска*); располагать в боевом или бараочном городке 2) расквартировываться (*о войсках*) 4. [kænˈtɒn] 1) размещать 5. *геральд.* помещать в (верхнем правом) углу щита
cantonal [ˈkæntənl, kænˈtɒnl] *a* кантональный

CAN — CAP

Canton china [ˌkæntɒnˈtʃaɪnə] кантонский фарфор (*обыкн. сине-белый*)
cantoned [kænˈtɒnd] *a* 1. разделённый на кантоны 2. [kənˈtuːnd] *воен.* расквартированный; размещённый в военном или барачном городке 3. [kænˈtɒnd] *геральд.* с выделенным углом
Canton enamel [ˌkæntɒnˈnæm(ə)l] изделия из кантонской эмали
Cantonese I [ˌkæntəˈniːz] *n* (*pl без изм.*) 1. кантонец; житель или уроженец Кантона /Гуанчжоу/ 2. кантонский диалект китайского языка
Cantonese II [ˌkæntəˈniːz] *a* кантонский
cantonment [kænˈtuːnmənt] *n* 1. *воен.* лагерь, военный городок 2. *воен.* расквартирование; ~ building барак, казарма; ~ detail команда квартирьеров 3. помещение, квартира
cantor [ˈkæntə, ˈkæntɔː] *n* *церк.* 1. певчий-солист (*в церкви*); кантор (*в синагоге*) 2. регент (*хора*)
cantoris [kænˈtɔːrɪs] *n* *церк.* канторис, северный клирос
cantraip [ˈkæntreɪp] = cantrip
cantred [ˈkæntred] *n* *ист.* округ, включающий сто населённых пунктов
cantrip [ˈkæntrɪp] *n шотл.* 1. колдовство, чары 2. *шутл.* мистификация, розыгрыш, шутка
Cantuarian [ˌkæntjʊˈe(ə)rɪən] *a церк.* кентерберийский, связанный с Кентерберийским собором
cantus [ˈkæntəs] *n* (*pl без изм.*) 1) = cantus firmus 2) песнь; мелодия
cantus firmus [ˌkæntəsˈfɜːməs] *муз.* кантус фирмус
canty [ˈkæntɪ] *a диал.* жизнерадостный, живой, весёлый
Canuck [kəˈnʌk] *n амер.* канадец, *особ.* французского происхождения
canula [ˈkænjʊlə] = cannula
canutism [kəˈnjuːtɪz(ə)m] *n книжн.* упорная решимость противостоять новшествам, изменениям, консерватизм
canvas¹ I [ˈkænvəs] *n* 1. холст, парусина; брезент; ~ bag парусиновый мешок; ~ cloth /sheet/ брезент; ~ tank мягкая тара; ~ belt *тех.* полотняная лента (*транспортёра*) 2. *собир.* паруса 3. *жив.* 1) (за)грунтованное полотно 2) полотно, холст, картина (*маслом*) 3) *собир.* картины, живопись 4. картина, полотно (*о романе, фильме и т. п.*); to fill up a ~ чтобы дополнить картину 5. канва (*тж.* cross-stitch ~) 6. марля 7. *амер.* 1) палатка; шатёр 2) шапито, передвижной цирк 3) жизнь артистов цирка ◊ under ~ а) *воен.* в палатках; б) в цирке(-шапито); в) *мор.* с поднятыми парусами; под парусами
canvas¹ II [ˈkænvəs] *v* 1. закрыть, накрывать *или* подбить парусиной, холстом, брезентом 2. оснастить парусами
canvas² I, II [ˈkænvəs] *редк.* = canvass¹ I *и* II
canvas-back [ˈkænvəsbæk] *n зоол.* нырок (*Nyroca valisineria*)
canvass¹ I [ˈkænvəs] *n* 1. собирание голосов (*перед выборами*); предвыборная агитация (*преим. путём бесед с избирателями*) 2. сбор (*заказов, подписки, пожертвований*) путём обхода домов 3. детальное обсуждение; анализ, разбор 4. *амер.* официальный подсчёт голосов; проверка и утверждение результатов выборов (*вышестоящей избирательной комиссией*) 5. (*населения*); выявление общественного мнения путём выборочного опроса (*населения*)
canvass¹ II [ˈkænvəs] *v* 1. собирать голоса (*перед выборами*); агитировать за кандидата (*преим. путём бесед с избирателями*) 2. добиваться (*заказов*); собирать (*подписку, пожертвования*); to ~ a district for orders объезжать район, добиваясь заказов; to ~ the town for subscription а) собирать по городу подписку на газеты и журналы; б) собирать пожертвования по подписке 3. (*детально*) обсуждать, анализировать, разбирать, дебатировать; to ~ a subject всесторонне рассмотреть вопрос 4. *амер.* проводить официальный подсчёт голосов 5. выявлять число сторонников путём опроса; to ~ public opinion проводить опрос населения, выявлять общественное мнение
canvass² I, II [ˈkænvəs] = canvas¹ I *и* II
canvasser [ˈkænvəsə] *n* 1. кандидат (*на выборах*) *или* его сторонник, обходящий дома для собирания голосов 2. 1) агент, представитель фирмы, страхового общества, газеты *и т. п.*; коммивояжёр 2) сборщик пожертвований 3. лицо, проводящее выявление общественного мнения путём опроса 4. *амер.* член комиссии, проверяющей правильность результатов выборов
canvassing board [ˈkænvəsɪŋˌbɔːd] *амер.* избирательная комиссия
canvas-stretcher [ˌkænvəsˈstretʃə] *n жив.* подрамник
canvas-work [ˈkænvəswɜːk] *n* вышивание крестом
cany [ˈkeɪnɪ] *a* камышовый, тростниковый
canyon [ˈkænjən] *n* каньон, глубокое ущелье
canzona [kænˈtsəʊnə] *n* (*pl* -ne) *муз.* канцона
canzone [kænˈtsəʊnɪ] *n* 1. *pl от* canzona 2. (*pl* -ni) *стих.* канцона
canzonet [ˌkænzəˈnet] *n муз.* канцонетта
canzoni [kænˈtsəʊnɪ(ː)] *pl от* canzone 2
caoutchouc [ˈkaʊtʃuːk] *n* каучук; резина; hardened ~ эбонит; ~ cement резиновый клей
caoutchouc tree [ˈkaʊtʃuːkˌtriː] *бот.* гевея бразильская (*Hevea brasiliensis*)
cap¹ I [kæp] *n* 1. 1) шапка, головной убор; fur ~ меховая шапка; to touch one's ~ to smb. отдавать честь кому-л., приветствовать кого-л. 2) кепка, кепи; peaked ~ (форменная) фуражка; ~ insignia кокарда; ~ ribbon ленточка матросской бескозырки 3) форменный головной убор; шапка (*обыкн. с гербом и членов сборных команд графства, университета, школы и т. п.*); square ~ головной убор с квадратным верхом (*у английских студентов и профессоров*) 4) *разг.* спортсмен, представляющий страну на международном состязании (*носящий фуражку с национальным гербом*); to win one's ~ получить право представлять свою страну на международных состязаниях 2) берет 2) колпак (*поварской, докторский и т. п.*) 3) чепец (*домашний, вдовий*); чепчик (*ребёнка*) 4) наколка 3. 1) скуфья, камилавка (*тж.* black ~); forked ~ митра епископа 2) = biretta 4. 1) ермолка; тюбетейка; скуфейка 2) (круглая) шапочка (без полей) (*профессора и т. п.*) 5. капюшон 6. *ист.* шлем (*тж.* ~ of fence); кивер; каска 7. верхушка, шапка; ~ of snow снежная шапка; cloud ~ *метеор.* облачная шапка; ~ rock *геол.* покрывающая порода 8. 1) крышка, колпак; корончатая металлическая крышка (*для укупорки бутылок*); eyepiece ~ фото крышка объектива 2) чехол; футляр 3) *тех.* колпачок; наконечник; насадка; грибок (*клапана*); ~ screw а) винт с головкой; б) глухая гайка 9. *мед.* противозачаточный колпачок 10. *стр.* переклад; капитель (*колонны*) 11. *эл.* 1) цоколь (*электролампы*) 2) шапка (*изолятора*) 12. 1) чёхлик (*на почке или бутоне*) 2) шляпка гриба 13. *воен.* наконечник снаряда 2) капсюль; пистон (*тж. игрушечный*) 14. *мор.* эзельгофт 15. *амер. эк.* верхний уровень, предел, лимит 16. писчая бумага большого формата (14×17 д); legal /small/ ~ бумага формата 13×16 д
◊ ~ and gown а) форма английских профессоров и студентов; б) студент; ~-and-gown affair мероприятие, на которое нужно являться в форме; John Knox ~ головной убор преподавателей и студентов шотландских университетов; ~ and bells шутовской /дурацкий/ колпак; to wear ~ and bells разыгрывать шута; паясничать; ~ acquaintance шапочное знакомство; ~ in hand в роли просителя; униженно, подобострастно; I am not going ~ in hand to beg for help я не собираюсь быть просителем /молить о помощи/; to send the ~ round пускать шапку по кругу, собирать деньги; to put on one's thinking /considering/ ~ задуматься (*над чем-л.*); обдумывать (*что-л.*); to put on the black ~ выносить смертный приговор (*перед объявлением приговора судья надевает чёрную шапочку*); to set one's ~ at /for/ smb. пытаться женить кого-л. на себе, охотиться за женихом; иметь на кого-л. виды; a feather in one's ~ *см.* feather I ◊; to fit the ~ on принять замечание на свой счёт; the ~ fits! ≅ не в бровь, а в глаз; if the ~ fits, wear it если вы принимаете это (замечание) на свой счёт, что ж, вам виднее; ≅ на воре шапка горит
cap¹ II [kæp] *v* 1. надевать шапку *и пр.* [*см.* cap¹ I]; покрывать голову 2. 1) накрывать чехлом, колпаком, колпачком 2) *спец.* насаживать (*колпачок*); вставлять (*капсюль*) 3) запечатывать (*соты и т. п.*) 3. покрывать, увенчивать; образовывать шапку; snow ~s the mountain гора увенчана снеговой шапкой 4. завершать; венчать; to ~ the misery a fast rain began в довершение всех бед пошёл проливной дождь 5. перещеголять, превзойти; to ~ an anecdote [a proverb, a quotation, a story] ответить на анекдот [пословицу, цитату, рассказ] анекдотом [пословицей, цитатой, рассказом] (*обыкн. ещё более остроумным, подходящим и т. п.*; в игре, на конкурсе); to ~ verses поочерёдно читать наизусть стихи, начинающиеся с того слова, с той же буквы и т. п., на которых остановился предыдущий участник игры 6. присуждать учёную степень (*в шотландских университетах*) 7. снять головной убор в знак уважения, из учтивости; обнажать голову 8. *спорт. разг.* принять в состав команды; to be ~ped for представлять на международных состязаниях; he was ~ped for England он выступал за Англию
◊ to ~ the climax /the globe/ переходить все границы; побить рекорд; явиться верхом (*чего-л.*); this ~s it all! только этого не хватало!, это уж слишком!, хуже быть не может!
cap² I [kæp] *n часто pl полигр. проф.* прописная буква
cap² II [kæp] *v полигр. проф. сокр. от* capitalize² 1)
cap³ [kæp] *n шотл.* (деревянная) чаша (*для вина*); чара, чарка
cap⁴ [kæp] *n* (*сокр. от* capsule) *сл.* капсула наркотика

capa ['kɑ:pə] *n исп.* плащ с капюшоном

capability [ˌkeɪpə'bɪlɪtɪ] *n* 1. 1) способность; ~ to distinguish pitches способность различать звуки разной высоты 2) способность, одарённость; пригодность; the boy has great capabilities у мальчика большие способности; no applicant will be considered who does not offer proof of ~ будут рассматриваться кандидатуры только тех претендентов, которые докажут, что у них есть необходимые данные (*для занятия имеющейся вакансии, зачисления в соответствующее учебное заведение и т. п.*) 2. 1) *преим. pl* (неиспользованные, потенциальные) возможности 2) максимальная производственная возможность 3. оборудование; аппаратура

capable ['keɪpəb(ə)l] *a* 1. 1) способный, одарённый; ~ pupil способный ученик 2) умелый; знающий; ~ doctor [teacher] знающий /толковый/ врач (учитель) 2. 1) (of) 1) способный (*на что-л.*); ~ of every wickedness [of any crime] способный на любую подлость [на любое преступление]; ~ of bringing happiness могущий дать счастье 2) поддающийся, допускающий; ~ of improvement поддающийся улучшению; the plan is ~ of improvement *ирон.* этот план оставляет желать лучшего; ~ of explanation объяснимый, поддающийся объяснению 3. *арх.* имеющий какую-л. вместимость 4. *юр. уст.* исчерпывающий, обширный

capably ['keɪpəblɪ] *adv* умело

capacious [kə'peɪʃəs] *a* вместительный, поместительный, ёмкий, объёмистый; просторный, широкий; ~ pocket вместительный карман; ~ armchair глубокое кресло; ~ mind широкий ум

capacitance [kə'pæsɪt(ə)ns] *n эл.* 1) ёмкость 2) ёмкостное сопротивление

capacitate [kə'pæsɪteɪt] *v* 1) делать способным 2) (for) *юр.* дать, предоставить полномочия

capacitor [kə'pæsɪtə] *n эл.* конденсатор

capacity [kə'pæsɪtɪ] *n* 1. 1) ёмкость, вместимость, объём; carrying ~ а) вместимость (*автобуса, трамвая и т. п.*); б) пропускная способность; lung ~ *физиол.* жизненная ёмкость лёгких; ~ audience переполненный зал; полный сбор; the play drew ~ audiences пьеса шла с аншлагом; ~ of vehicle вместимость /грузоподъёмность/ транспортной единицы; ~ of craft *мор.* водоизмещение; measure of ~ мера объёма; the hall has a seating ~ of 2000 в зале 2000 (сидячих) мест; to play to ~ делать полные сборы; to fill to ~ наполнять до отказа; packed to ~ набит битком, переполнен 2) литраж, рабочий объём цилиндра; with a ~ of 5 gallons ёмкостью в пять галлонов 3) пропускная способность; ~ of highway /of road/ пропускная способность дороги 2. 1) (for, of) способность (*к чему-л., на что-л.*); to pay платёжеспособность; he had a ~ for friendship он умел быть другом; a ~ for work работоспособность; a child's ~ for learning восприимчивость ребёнка к учению; ~ for adjustments приспособляемость; ~ of earning a living трудоспособность; ~ to transact business дееспособность 2) *юр.* правоспособность; contractual ~ договорная способность (*правовая*) к вступлению в брак; ~ of corporations правоспособность юридических лиц 3. умственные способности; a person of ~ способный человек; a mind of great ~ глубокий ум 4. 1) компетенция; in [out of] my ~ в (пределах) [вне] моей компетенции 2) должность, качество; положение; in (an) official ~ в официальном качестве; in the ~ of an engineer в должности инженера, как инженер; in the ~ of a friend в качестве друга, как друг 5. 1) номинальная мощность; максимальная производительность; labour ~ производительность труда; load ~ полная нагрузка; ~ operations работа на полную мощность /с полной нагрузкой/; ~ factor коэффициент использования; to work at /to/ ~ работать на полную мощность /с полной нагрузкой/ 2) производственные мощности; ~ rate норма загрузки производственных мощностей 6. электрическая ёмкость; ~ reactance *эл.* ёмкостное сопротивление 7. *тех.* предельные габариты обрабатываемого (*на станке*) изделия 8. *информ., вчт.* 1) объём, (информационная) ёмкость; memory ~ объём памяти 2) разрядность (*слова или регистра*) 3) пропускная способность (*канала связи; тж.* channel ~)

cap-à-pie [ˌkæpə'pi:] *adv редк.* с головы до ног; armed ~ вооружённый до зубов

caparison I [kə'pærɪs(ə)n] *n* 1. 1) попона; чепрак 2) *ист.* конское снаряжение 2. *книжн.* наряд, одеяние, одежда

caparison II [kə'pærɪs(ə)n] *v* 1. покрывать чепраком; седлать (*лошадь*) 2. наряжать, украшать, убирать; ~ed like a man в мужской одежде

Capcom ['kæpkɒm] *n* (*сокр. от* Capsule Communicator) лицо, ведущее переговоры с космонавтом из центра управления

cap comforter [ˌkæp'kʌmfətə] *воен.* подшлемник

Cape [keɪp] = Cape Cod

cape¹ [keɪp] *n* 1) плащ, накидка 2) пелерина 3) капюшон
◇ ~-and-dagger fiction /novels, stories/ а) литература «плаща и кинжала»; б) шпионские романы, приключенческая литература; ~-and-dagger activities *ирон.* шпионаж, разведывательная деятельность

cape² I [keɪp] *n* мыс; the C. а) мыс Доброй Надежды; б) Кейптаун; в) Южно-Африканская Республика; C. newspapers южноафриканские газеты

cape² II [keɪp] *v мор.* держать курс

Cape cart ['keɪpkɑ:t] двухколёсная повозка с (кожаным) верхом (*в Южной Африке*)

Cape Cod (cottage) [ˌkeɪp'kɒd('kɒtɪdʒ] домик под щипцовой крышей (*одноэтажный, иногда полутораэтажный*)

caped [keɪpt] *a* 1) одетый в плащ, накидку, пелерину 2) с пелериной; ~ jacket жакет с пелериной

Cape doctor [ˌkeɪp'dɒktə] «доктор Кейп» (*шутливое название юго-восточного ветра, дующего в Кейптауне*)

capelet ['kæpəlet] *n* накидка (*у лошади*)

capelin ['kæp(ə)lɪn] *n зоол.* мойва (*Mallotus villosus*)

capeline ['kæpəlɪn] *n* 1. *ист.* шлем пехотинца 2. *арх.* капор 3. *мед.* 1) повязка для головы 2) чулок для ампутированной конечности

capellet ['kæpəlet] = capelet

caper¹ ['keɪpə] *n* 1. = caper-plant 2. *pl* каперсы

caper² I ['keɪpə] *n* 1. прыжок, скачок 2. коленце, дурачество, проказа; to cut ~s /a ~/ а) скакать, прыгать; выделывать антраша, выкидывать коленца; б) дурачиться, выкидывать номера [*ср. тж.* ◇] 3. *сл.* «дело», воровство, грабёж

◇ to cut a ~ (up) on nothing *сл.* болтаться на виселице, попасть в петлю [*ср. тж.* 2]

caper² II ['keɪpə] *v* 1. скакать, прыгать, выделывать антраша; резвиться 2. дурачиться

caper³ ['keɪpə] *n ист.* капер

caper-bush ['keɪpəbuʃ] = caper-plant

capercailye, capercaillie, capercailzie [ˌkæpə'keɪl(j)ɪ, ˌkæpə'keɪlzɪ] *n зоол.* глухарь, тетерев-глухарь (*Tetrao urogallus*)

caperer ['keɪpərə] *n* 1. *см.* caper² II + -er 2. прыгун, плясун

capernoited [ˌkæpə'nɔɪtɪd] *a шотл.* 1. ворчливый; раздражительный 2. подвыпивший

capernoitie [ˌkæpə'nɔɪtɪ] *n шотл.* голова, башка

caper-plant ['keɪpəplɑ:nt] *n бот.* каперсник (*Capparis spinosa*)

caper-sauce [ˌkeɪpə'sɔ:s] *n* соус с каперсами (*для варёной баранины*)

caper-spurge ['keɪpəspɜ:dʒ] *n бот.* молочай чиновидный (*Euphorbia lathyrus*)

caper-tree ['keɪpətri:] = caper-plant

capful ['kæpful] *n* (полная) шапка (*чего-л.*); ~ of wind лёгкий порыв ветра

capias ['keɪpɪæs] *n юр.* ордер на арест (*тж.* writ of ~)

capillaceous [ˌkæpɪ'leɪʃəs] *a спец.* капиллярный, волосной

capillarity [ˌkæpɪ'lærɪtɪ] *n спец.* капиллярность, волосность

capillary I [kə'pɪlərɪ] *n спец.* капилляр

capillary II [kə'pɪlərɪ] *a* 1) *спец.* капиллярный, волосной 2) *анат.* тонкий, тонкостенный; ~ network сеть капилляров; ~ fracture *мед.* щелевой перелом

capital¹ I ['kæpɪtl] *n* 1. столица (*тж.* ~ city); главный город (*штата*) 2. прописная, заглавная или большая буква (*тж.* ~ letter); small ~s *полигр.* капитель

capital¹ II ['kæpɪtl] *a* 1. столичный, главный (*о городе*) 2. прописной, заглавный, большой (*о букве*); ~ composition *полигр.* набор прописными буквами 3. главный, основной, самый важный; капитальный; ~ point главный /важнейший/ вопрос; ~ error основная ошибка; роковое заблуждение; ~ amount основная сумма; ~ expenditure капитальные затраты; ~ construction [repairs] капитальное строительство [-ый ремонт] 4. *юр.* караемый смертью; тяжкий; ~ crime преступление, за которое предусматривается смертная казнь; ~ punishment [sentence] смертная казнь [-ый приговор]; ~ murder убийство, караемое смертной казнью 5. *разг.* превосходный, отличный; ~ idea отличная мысль; ~ fellow замечательный парень 6. *уст.* относящийся к голове

capital² I ['kæpɪtl] *n* 1. 1) *полит.-эк.* капитал 2) *эк.* основной капитал 3) *эк.* акционерный капитал (*тж.* equity ~); ~ of a company акционерный капитал компании 4) *фин.* основная сумма; ~ and interest основная сумма и проценты 2. капитал, капиталисты, класс капиталистов; labour and ~ труд и капитал 3. выгода, преимущество; to make ~ by /out of/ smth. нажить капитал на чём-л.

capital² II ['kæpɪtl] *a эк.* 1) относящийся к капиталу; ~ flow движение капитала; ~ issue выпуск ценных бумаг; ~ investment(s) капиталовложения; ~ transfer tax налог на передачу имущества *или* денег другому лицу, *особ.* налог на наследство 2) относящийся к основному капиталу; ~ consumption снашивание основного капитала

capital[3] ['kæpɪtl] *n архит.* капитель

capital gains [,kæpɪtl'geɪnz] *эк.* доходы от прироста капитала

capital goods ['kæpɪtl'gʊdz] *полит.-эк.* 1. средства производства 2. основной капитал

capital-intensive ['kæpɪtlɪn'tensɪv] *a эк.* капиталоёмкий, требующий больших капиталовложений

capitalism ['kæpɪtlɪz(ə)m] *n* капитализм

capitalist I ['kæpɪtlɪst] *n* капиталист

capitalist II ['kæpɪtlɪst] *a* капиталистический; ~ class класс капиталистов

capitalistic [,kæpɪtl'ɪstɪk] = capitalist II

capitalization[1] [,kæpɪtlaɪ'zeɪʃ(ə)n] *n эк.* превращение в капитал, капитализация

capitalization[2] [,kæpɪtlaɪ'zeɪʃ(ə)n] *n* печатание, письмо прописными буквами; rules of ~ правила употребления прописных /заглавных/ букв

capitalize[1] ['kæpɪtlaɪz] *v* 1. *эк.* превращать в капитал, капитализировать 2. 1) (on) наживаться; наживать 2) (on) наживать себе капитал (*на чём-л.*), использовать (*что-л.*) для своей выгоды; to ~ on an opponent's error воспользоваться ошибкой противника

capitalize[2] ['kæpɪtlaɪz] *v* 1) печатать или писать прописными буквами; заменять строчные буквы прописными 2) начинать с прописной, большой буквы; (person's) names are always ~d имена и фамилии всегда пишутся с большой буквы

capital levy ['kæpɪtl'levɪ] налог на капитал

capitally ['kæpɪtlɪ] *adv* 1. серьёзно, крайне важно 2. *разг.* превосходно, отлично 3. *юр.* со смертным приговором, с вынесением смертного приговора; to accuse ~ обвинять в совершении преступления, карающегося смертной казнью; to punish ~ казнить; ~ convicted приговорённый к смертной казни

capital productivity ['kæpɪtl,prɒdʌk'tɪvɪtɪ] *эк.* капиталоотдача; фондоотдача

capital ship ['kæpɪtl'ʃɪp] крупный боевой корабль

capitate ['kæpɪteɪt] *a* 1. *спец.* головчатый; имеющий форму головы 2. *бот.* имеющий соцветие, головку

capitated ['kæpɪteɪtɪd] = capitate

capitation [,kæpɪ'teɪʃ(ə)n] *n* 1. 1) *ист.* подушный налог, подушная подать 2) сбор, плата (*за что-л.*), взимаемая из расчёта на одного человека 2. поголовный подсчёт, поголовное исчисление; подушная, поголовная перепись; ~ grant отпуск денежных сумм по числу людей

Capitol ['kæpɪtl] *n* 1. *ист.* Капитолий (*холм и храм в Риме*) 2. 1) Капитолий, здание конгресса США; ~ Hill а) Капитолийский холм (*в Вашингтоне*); б) конгресс США 2) (с.) здание законодательного собрания штата

Capitoline I ['kæpɪtlaɪn] *n* Капитолийский холм (*в Риме*)

Capitoline II ['kæpɪtlaɪn] *a ист.* капитолийский; ~ Jove Юпитер Капитолийский; ~ games игры /празднества/ в честь Юпитера Капитолийского

capitula [kə'pɪtjʊlə] *pl от* capitulum

capitular I [kə'pɪtjʊlə] *n* 1. член капитула 2. устав капитула

capitular II [kə'pɪtjʊlə] *a* относящийся к капитулу

capitulary [kə'pɪtjʊl(ə)rɪ] *n* 1. обыкн. *pl ист.* капитулярии; королевские указы или кодексы (*особ. франкских королей*) 2. *редк.* заголовок, заглавие, название 3. *церк.* член (церковного) капитула

capitulate [kə'pɪtjʊleɪt, kə'pɪtʃʊleɪt] *v* 1. капитулировать, сдаваться; to ~ to overwhelming numbers сдаться превосходящим силам; women's tears always make him ~ женские слёзы всегда заставляют его складывать оружие /уступать/ 2. (with) *уст.* вести переговоры, договариваться; заключать соглашение (*с кем-л.*)

capitulation [kə,pɪtjʊ'leɪʃ(ə)n, kə,pɪtʃʊ'leɪʃ(ə)n] *n* 1. 1) капитуляция, сдача 2) *pl* условия капитуляции 2. перечисление, перечень 3. уступка, подчинение; ~ to jealousy ≅ оказаться во власти ревности

capitulationism [kə,pɪtjʊ'leɪʃ(ə)nɪz(ə)m, kə,pɪtʃʊ'leɪʃ(ə)nɪz(ə)m] *n* капитулянтство, капитулянтская политика

capitulatory [kə'pɪtjʊlət(ə)rɪ, kə'pɪtʃʊlət(ə)rɪ] *a* перечисляющий

capitulum [kə'pɪtjʊləm] *n* (*pl* -la) 1. *анат.* головка 2. *бот.* головка (соцветие)

caple ['kæp(ə)l] *n диал.* лошадь

cap-money ['kæp,mʌnɪ] *n* импровизированный сбор денег (*в пользу кого-л.*); ≅ шапка по кругу

cap'n ['kæpən] *разг. см.* captain I

capnomancy ['kæpnəmænsɪ] *n* гаданье на дыме

capo ['kæpəʊ, 'kɑːpəʊ] *n* (*pl* -os [-əʊz]) *амер. вор. жарг.* капо, глава банды, входящий в синдикат гангстеров

cap of liberty [,kæpəv'lɪbətɪ] *ист.* фригийский колпак

cap of maintenance [,kæpəv'meɪnt(ə)nəns] шапка, которую несут перед английскими королями во время коронации или перед мэрами в торжественных случаях

capon I ['keɪpən] *n* 1. 1) каплун; Norfolk ~ *шутл.* «норфолкский каплун», копчёная селёдка 2) кастрированный кролик 2. *пренебр.* трус, баба

capon II ['keɪpən] *v с.-х.* холостить (*петуха, кролика*)

caponata [,kɑːpə'nɑːtə] *n* закуска из баклажанов

caponier [,kæpə'nɪə] *n воен.* капонир

caponize ['keɪpənaɪz] *v с.-х.* кастрировать, холостить (*птицу, кролика*)

capon-justice ['keɪpən,dʒʌstɪs] *n пренебр.* судья-взяточник 2. судья, берущий взятки курами *и т. п.*

caporal [,kæpə'rɑːl] *n* махорочный табак

capot I [kə'pɒt] *n карт.* взятие одним игроком всех взяток (*пикет*)

capot II [kə'pɒt] *v* 1) *карт.* обыграть, обставить 2) *разг.* обставить, обойти, обмануть

capote [kə'pəʊt] *n* 1. шинель с капюшоном, с башлыком 2. (женская) накидка, плащ (*без рукавов*), ротонда 3. шляпка с завязками; капор 4. 1) откидной верх экипажа 2) *авт.* капот двигателя

cap-paper ['kæp,peɪpə] *n* 1. = cap[1] 16 2. сорт обёрточной бумаги

cap-peak ['kæppiːk] *n* козырёк (фуражки)

capped[1] [kæpt] *a* в шапке *и пр.* [*см.* cap[1] I]; ~ comb *с.-х.* запечатанный сот; ~ projectile *воен.* снаряд с бронебойной головкой

capped[2] [kæpt] *a* удивлённый, поражённый, ошеломлённый

capper ['kæpə] *n* 1. *см.* cap[1] II + -er 2. машин(к)а для домашнего консервирования 3. шапочник; торговец шапками 4. *диал.* победитель (*в состязании*) 5. *диал.* трудная задача или загадка 6. *ком. жарг.* подставное лицо, набивающее цену на аукционе 7. *амер. сл.* член шайки мошенников, приманивающий простаков 8. *амер. сл.* конец, крышка

cappie ['kæpɪ] *n шотл.* 1. (деревянная) рюмка 2. сорт пива

capping ['kæpɪŋ] *n* 1. *стр.* плинтус; переклад 2. *тех.* головка, насадка 3. *горн.* покрывающие породы 4. *горн.* каптаж (*скважины*) 5. шапочное производство

cap-pistol ['kæp,pɪstl] *n* игрушечный пистолет с пистонами

cappuccino [,kæpʊ'tʃiːnəʊ] *n* (*pl* -os [-əʊz]) 1. (C.) = capuchin 2 2. кофе «капуцин» (*со сбитыми сливками*)

capreolate ['kæprɪəleɪt] *a бот., зоол.* имеющий усики

capric ['kæprɪk] *a редк.* 1) козлиный 2) дурно пахнущий, с запахом козла

caprici [kə'prɪtʃɪ] *pl от* capriccio

capriccio [kə'prɪtʃɪəʊ] *n* (*pl тж.* -cci) *ит.* 1. *муз.* каприччч(и)о 2. капризное, взбалмошное поведение; выдумка, «номер»

capriccioso [kə,prɪtʃɪ'əʊzəʊ, kə,prɪtʃɪ'əʊsəʊ] *муз.* каприччиозо

caprice [kə'priːs] *n* 1. каприз, причуда 2. неустойчивость, изменчивость, своенравие 3. = capriccio

capricious [kə'prɪʃəs] *a* 1. 1) капризный; своенравный; с причудами 2) непостоянный, неустойчивый 2. *уст.* странный, причудливый; смешной

Capricorn ['kæprɪkɔːn] *n* 1) *астр.* Козерог (*созвездие и знак зодиака*); tropic of ~ тропик Козерога 2) родившийся под знаком Козерога

Capricorn beetle ['kæprɪkɔːn'biːtl] *энт.* дровосёк, усач (*Cerambycidae fam.*)

caprifoil ['kæprɪfɔɪl] *n бот.* жимолость; растение семейства жимолостных (*Caprifoliaceae fam.*)

caprine ['kæpr(a)ɪn] *a* козлиный

capriole I ['kæprɪəʊl] *n* прыжок на месте (*фигура*); кабриоль; ~s of fancy *ирон.* полёт фантазии

capriole II ['kæprɪəʊl] *v* делать прыжок на месте; прыгать, скакать

Capri pants [kə'priː'pænts] брюки «капри» (*женские, облегающие, с разрезом внизу*)

Capris [kə'priːz] *n употр. с гл. во мн. ч. сокр. от* Capri pants

caprolactam [,kæprəʊ'læktəm] *n хим.* капролактам

capsa ['kæpsə] *n* (*pl* -sae) *ист.* цилиндрический футляр для хранения свитков (*в античных библиотеках*)

capsae ['kæpsiː] *pl от* capsa

capsicum ['kæpsɪkəm] *n бот.* стручковый перец; перец красный или испанский (*Capsicum annuum*)

capsid ['kæpsɪd] *n биол.* капсид, (белковая) капсула вируса

capsize I [kæp'saɪz] *n* опрокидывание

capsize II [kæp'saɪz] *v* 1) опрокидывать (*лодку и т. п.*) 2) опрокидываться

capstan ['kæpstən] *n тех.* 1. кабестан, подъёмный ворот, шпиль 2. 1) револьверная головка (*станка*) 2) головка (*болта*) с отверстиями 3. ведущая ось 4. лентопротяжное устройство, тонвал

capstan engine ['kæpstən,endʒɪn] *тех.* лебёдка

cap-stone ['kæpstəʊn] *n стр.* 1. облицовочный камень 2. *стр.* замковый камень свода

capsular ['kæpsjʊlə] *a* капсульный

capsule I ['kæpsju:l] *n* **1.** 1) оболо́чка 2) ка́псула; обла́тка 3) *бот.* (семенна́я) коро́бочка **2.** *тех.* ти́гель **3.** *тех.* 1) ка́псюль 2) мембра́на **4.** кры́шка, колпачо́к (*на буты́лку, ту́бик*) **5.** ка́псюльная та́ра (*для сбра́сывания гру́зов с самолёта*) **6.** *ав., косм.* отсе́к, ка́псула **7.** резюме́, кра́ткое изложе́ние (*ре́чи, статьи́*)

capsule II ['kæpsju:l] *a амер.* сокращённый, сжа́тый, кра́ткий; ~ biography кра́ткая биогра́фия; ~ explanation объясне́ние в преде́льно сжа́той фо́рме; ~ version сокращённый вариа́нт

capsule III ['kæpsju:l] *v* резюми́ровать; to ~ the news дать кра́ткую сво́дку новосте́й

capsulize ['kæpsjulaiz] *v* **1.** вкла́дывать в ка́псулу **2.** излага́ть (*но́вости, информа́цию и т. п.*) в сжа́том ви́де, резюми́ровать

captain I ['kæptin] *n* **1.** 1) капита́н (*во́инское зва́ние*); ~ of horse *ист.* ро́тмистр; C. Smith капита́н Смит (*фо́рмула обраще́ния*) 2) *мор.* капита́н; ка́птен (*капита́н 1 ра́нга*); команди́р корабля́; ~'s bridge капита́нский мо́стик; ходово́й /пере́дний, носово́й/ мо́стик; ~'s country команди́рское помеще́ние; ~'s quarters помеще́ние команди́ра корабля́ 3) капита́н (*торго́вого су́дна*); шки́пер; ~'s watch пе́рвая ва́хта (*часть кома́нды на торго́вом су́дне*); ~'s entry тамо́женная деклара́ция капита́на **2.** *амер.* команди́р ро́ты, эскадро́на, батаре́и 5) команди́р, офице́р; ~ of the day дежу́рный по ча́сти **2.** 1) брандме́йстер, нача́льник пожа́рной кома́нды 2) *амер.* нача́льник полице́йского о́круга 3) *разг.* нача́льник (*заи́скивающее обраще́ние*) **3.** 1) ста́рший, главный; ~ of the forecastle *мор.* ба́ковый старшина́; ~ of the hold трю́мный старшина́ 2) старшина́ (*клу́ба и т. п.*) 3) ста́роста (*в шко́ле*) 4) капита́н (*спорти́вной кома́нды*; *тж.* ~ of the team); ~'s toss нача́льный бросо́к (*волейбо́л*) 5) *амер.* метрдоте́ль 6) бригади́р (*па́ртии рабо́чих и т. п.*) 7) *горн.* заведу́ющий ша́хтой; штейге́р **4.** 1) вождь, глава́; Homer that ~ of all poetry Гоме́р, велича́йший из поэ́тов; ~ of industry *амер.* промы́шленный магна́т, заправи́ла 2) *амер.* ме́стный парти́йный босс ◊ ~ led ~ a) прижива́ла, нахле́бник; б) подхали́м

captain II ['kæptin] *v* **1.** руководи́ть, вести́ 2) возглавля́ть (*кома́нду и т. п.*) **2.** быть капита́ном (*корабля́*)

captaincy ['kæptinsi] = captainship 1

captain-general ['kæptin'dʒen(ə)rəl] *n* **1.** главнокома́ндующий **2.** генера́л-капита́н (*почётное зва́ние в морско́й пехо́те*)

captainship ['kæptinʃip] *n* **1.** зва́ние, чин *или* до́лжность капита́на **2.** иску́сство полково́дца

captation [kæp'teiʃ(ə)n] *n* **1.** вкра́дчивость, заи́скивание; домога́тельства (*путём ле́сти*) **2.** *мед.* пе́рвая ста́дия гипно́за

caption ['kæpʃ(ə)n] *n* **1.** *амер.* заголо́вок (*статьи́, главы́*); ~ title загла́вие произведе́ния, помещённое пе́ред те́кстом 2) заголо́вок суде́бного докуме́нта (*в кото́ром ука́зывается, где, когда́ и кем вы́несен пригово́р или реше́ние*) **2.** кино́ ти́тр, на́дпись на экра́не **3.** *амер.* по́дпись (*под иллюстра́цией*) **4.** *юр.* аре́ст (*кого́-л.*) по постановле́нию суда́; letters of ~ о́рдер на аре́ст

captious ['kæpʃəs] *a* **1.** приди́рчивый; ~ criticism ме́лочная кри́тика, приди́рки; ~ критика́нство **2.** обма́нчивый, двусмы́сленный; ~ question ка́верзный /кова́рный/ вопро́с

captivate ['kæptiveit] *v* **1.** пленя́ть, очаро́вывать; увлека́ть; her beauty ~d him её красота́ его́ плени́ла; they were ~d by his eloquence они́ бы́ли покоре́ны его́ красноре́чием **2.** *арх.* брать в плен, пленя́ть; держа́ть в плену́

captivating ['kæptiveitiŋ] *a* плени́тельный, очарова́тельный, обая́тельный, чару́ющий; ~ smile чару́ющая /обворожи́тельная/ улы́бка; with ~ frankness с подкупа́ющей открове́нностью

captivation [,kæpti'veiʃ(ə)n] *n* **1.** очарова́ние, обая́ние **2.** подчине́ние своему́ обая́нию

captive I ['kæptiv] *n* пле́нник, пле́нный

captive II ['kæptiv] *a* **1.** пле́нный, взя́тый в плен; to hold ~ держа́ть в плену́ **2.** содержа́щийся в нево́ле *или* в заключе́нии; лишённый свобо́ды; порабощённый; ~ bird пти́ца в кле́тке; ~ nations порабощённые наро́ды **3.** пленённый, очаро́ванный, захва́ченный (*обая́нием и т. п.*); to be taken ~ а) попа́сть в плен, стать пле́нником; б) быть пленённым (*красото́й и т. п.*) **4.** *ком.* несамостоя́тельный, не име́ющий вы́хода на ры́нок, внутрифи́рменный

captive audience ['kæptiv'ɔ:diəns] *амер.* слу́шатели *или* зри́тели понево́ле (*пассажи́ры авто́буса с громкоговори́телем и т. п.*)

captive balloon [,kæptivbə'lu:n] *воен.* привязно́й аэроста́т

captivity [kæp'tiviti] *n* **1.** плен **2.** 1) порабощённость, ра́бство 2) нево́ля; жизнь в нево́ле; some birds will not sing in ~ не́которые пти́цы не пою́т в кле́тке /в нево́ле/ **3.** *библ.* пле́нники; Babylonian ~ Вавило́нское плене́ние

captor ['kæptə] *n* **1.** тот, кто захвати́л в плен, де́ржит в нево́ле **2.** *ист.* ка́пер

capture I ['kæptʃə] *n* **1.** 1) взя́тие в плен, плене́ние 2) пои́мка (*престу́пника*) **2.** захва́т, взя́тие (*си́лой*) **3.** *воен.* трофе́й **4.** *мор.* 1) приз 2) призово́е су́дно **5.** *физ.* захва́т (*нейтро́нов и т. п.*) **6.** *вчт.* сбор да́нных *или* информа́ции (*тж.* data ~)

capture II ['kæptʃə] *v* **1.** 1) взять в плен; ~ 1,000 of the enemy взять в плен 1000 солда́т проти́вника 2) пойма́ть, схвати́ть (*престу́пника*); the police have not ~d the thief yet поли́ция до сих пор не пойма́ла во́ра **2.** 1) захвати́ть, взять (*си́лой*); to ~ a city захвати́ть го́род 2) завоева́ть (*приз и т. п.*); he ~d most of the prizes at school он завоева́л /получи́л/ бо́льшую часть награ́д в шко́ле **3.** увле́чь, плени́ть (*воображе́ние и т. п.*); завладе́ть (*внима́нием и т. п.*); завоева́ть; to ~ all hearts завоева́ть все сердца́; this advertisement will ~ attention э́та рекла́ма привлечёт внима́ние

captured ['kæptʃəd] *a* **1.** 1) захва́ченный 2) *воен.* трофе́йный; ~ documents [equipment] трофе́йные докуме́нты [-ое иму́щество]; ~ matériel трофе́йная те́хника **2.** увлечённый, захва́ченный; очаро́ванный

capuche [kə'pu:ʃ] *n* 1) капюшо́н 2) клобу́к капуци́на

capuchin [kə'pju:(t)ʃin, 'kæpju(t)ʃin] *n* **1.** (C.) капуци́н (*мона́х*) **2.** плащ с капюшо́ном **3.** *зоол.* капуци́н (*Cebus capicinus*)

capybara [,kæpi'bɑ:rə] *n* *зоол.* капиба́ра, водосви́нка (*Hydrochoerus capybara*)

car I [kɑ:] *n* **1.** (легково́й) автомоби́ль; (авто)маши́на; to come by ~ прие́хать на автомоби́ле /на маши́не/; goods ~ грузова́я автомаши́на, грузови́к [*см. тж.* 2, 2)]; racing [sports] ~ го́ночный [спорти́вный] автомоби́ль; pleasure ~ автомоби́ль для экску́рсий; ~ dealer аге́нт по прода́же и (обслу́живанию) автомоби́лей **2.** 1) ваго́н трамва́я; ~ track /line/ трамва́йный путь 2) *амер.* (железнодоро́жный) ваго́н; the ~s по́езд; coach ~ пассажи́рский ваго́н; lounge ~ ваго́н с мя́гкими кре́слами; smoking ~ ваго́н для куря́щих; parlor ~ салон-ваго́н; through ~ ваго́н прямо́го сообще́ния; goods /box, freight/ ~ това́рный ваго́н [*см. тж.* 1]; sleeping ~ спа́льный ваго́н; dining ~ ваго́н-рестора́н; ~ buiding *амер.* вагонострое́ние **3.** вагоне́тка **4.** 1) гондо́ла аэроста́та 2) *амер.* каби́на (ли́фта, грузоподъёмника) **5.** *поэт.* колесни́ца; the ~ of Phoebus колесни́ца Фе́ба

car II [kɑ:] *v* (*тж.* ~ it) *разг.* е́хать *или* доезжа́ть на автомоби́ле

carabine ['kærəbin] = carbine

carabinier [,kærəbi'niə] *n* карабине́р

carabiniere [,kærəbi'nje(ə)rei] *n* (*pl* -ri) *ит.* карабине́р

carabinieri [,kærəbi'nje(ə)ri] *n ит.* **1.** *pl* от carabiniere **2.** италья́нская поли́ция

carabus ['kærəbəs] *n* *энт.* жу́желица (Carabidae fam.)

caracal ['kærəkæl] *n* *зоол.* карака́л, пусты́нная рысь (Lynx caracal)

carack ['kærək] = carrack

caracol(e) I ['kærəkəul] *n* **1.** (*ко́нный спорт*) 1) карако́ль (*кругово́й поворо́т на ме́сте ло́шади под вса́дником*) 2) гарцева́ние **2.** *архит.* вита́я, винтова́я ле́стница

caracol(e) II ['kærəkəul] *v* (*ко́нный спорт*) 1) выде́лывать карако́ли 2) гарцева́ть

caracul ['kærək(ə)l] *n* **1.** 1) кара́куль (*мех*); ~ coat кара́кулевая шу́ба 2) иску́сственный кара́куль **2.** кара́кульская овца́ (*тж.* ~ sheep)

carafe [kə'rɑ:f, kə'ræf] *n* графи́н

carambole ['kærəmbəul] *n* карамбо́ль (билья́рд)

caramel ['kærəməl, 'kærəmel] *n* **1.** караме́ль **2.** жжёный са́хар **3.** цвет жжёного са́хара (*отте́нок кори́чневого*)

caramelize ['kærəməlaiz] *v* **1.** *спец.* карамелизова́ть **2.** *сл.* заверши́ть (*сде́лку*); подтверди́ть, утверди́ть

carapace ['kærəpeis] *n* *зоол.* щито́к черепа́хи *или* ракообра́зных

carapax ['kærəpæks] = carapace

carat ['kærət] *n* **1.** кара́т, ме́ра ве́са драгоце́нных камне́й **2.** станда́рт содержа́ния зо́лота в спла́ве

caravan I ['kærəvæn] *n* **1.** карава́н; ~ track карава́нный путь **2.** череда́, верени́ца (*птиц, облако́в и т. п.*) **3.** 1) подво́да; ~ bookshop кни́жный кио́ск на колёсах 2) кры́тая цыга́нская пово́зка; киби́тка **4.** жило́й автоприце́п; дом-фурго́н (*ча́сто ле́тний; тж.* home); ~ dweller = caravanner; ~ site ме́сто стоя́нки домо́в-фурго́нов; посёлок из домо́в-фурго́нов **4.** *сл.* по́езд, везу́щий люде́й на встре́чу по бо́ксу **5.** *сл.* простофи́ля

caravan II ['kærəvæn] *v* путеше́ствовать в жило́м автоприце́пе, в до́ме-фурго́не

caravaneer [,kærəvə'niə] *n* вожа́тый карава́на (*верблю́дов*)

caravanette [,kærəvæ'net] *n* дом-автоприце́п

caravanner ['kærəvænə] *n* **1.** 1) челове́к, постоя́нно живу́щий в до́ме-фурго́не 2) тури́ст, путеше́ствующий в автофурго́не **2.** вожа́тый карава́на (*верблю́дов*)

CAR — CAR

caravanning ['kærəvænɪŋ] *n* автотуризм с проживанием в автофургонах *или* автоприцепах

caravan park ['kærəvæn‚pɑ:k] стоянка для автоприцепов *или* автофургонов

caravansary, caravansera, caravanserai [‚kærə'vænsərɪ, -rə, -raɪ] *n* 1) караван-сарай 2) большая гостиница

caravel(le) ['kærəvel] *n мор. ист.* каравелла

caraway ['kærəweɪ] *n бот.* тмин (*Carum carui*); ~ oil тминное масло; ~ seed тмин (*семя*); ~ cake кекс с тмином

carb- [kɑ:b-] *хим. в сложных словах имеет значение* углерод(ный): carboxyl карбоксильная группа; carbamide карбамид, мочевина

carbamide ['kɑ:bəmaɪd] *n хим.* мочевина, карбамид

carbanil ['kɑ:bənɪl] *n хим.* карбонил

carbazole ['kɑ:bəzəʋl] *n хим.* карбазол

car bed ['kɑ:bed] переносная кроватка (*для младенца*)

carbide ['kɑ:baɪd] *n хим.* карбид

carbine ['kɑ:baɪn] *n воен.* карабин

carbineer ['kɑ:bɪ'nɪə] = carabineer

carbo ['kɑ:bəʋ] *n фарм.* древесный уголь

carbofossils [‚kɑ:bə(ʋ)'fɒs(ə)lz] *n pl геол.* ископаемый уголь

carboholic [‚kɑ:bə'hɒlɪk] *a шутл.* любитель сладкого и мучного [< carbon + alcoholic]

carbohydrate [‚kɑ:bə(ʋ)'haɪdr(e)ɪt] *n хим.* углевод

carbolic I [kɑ:'bɒlɪk] *n разг.* карболка

carbolic II [kɑ:'bɒlɪk] *a хим.* карболовый; ~ acid карболовая кислота

car bomb ['kɑ:bɒm] взрывное устройство, устанавливаемое в автомобиле (*террористами и т. п.*)

car bombing ['kɑ:‚bɒmɪŋ] уничтожение автомобиля подложенной бомбой

carbon ['kɑ:bən] *n* 1. *хим.* углерод; ~ cycle углеродный цикл 2. 1) уголь, химически чистый уголь 2) графит 3. технический алмаз 4. *эл.* угольный электрод 5. 1) лист копировальной бумаги; копирка 2) копия (*через копирку*); make several ~s напечатайте в нескольких экземплярах

carbonaceous [‚kɑ:bə'neɪʃəs] *a* 1. каменноугольный 2. 1) углеродистый 2) карбонатный

carbonaceous shale [‚kɑ:bə‚neɪʃəs'ʃel] *мин.* углистый сланец

carbonado¹ [‚kɑ:bə'neɪdəʋ] *n* чёрный алмаз, карбонадо

carbonado² I [‚kɑ:bə'neɪdəʋ] *n* (*pl* -oes, -os [-əʋz]) *арх.* кусок мяса или рыбы, поджаренный на угольях

carbonado² II [‚kɑ:bə'neɪdəʋ] *v арх.* 1) резать на куски (*мясо, рыбу*) и поджаривать на угольях 2) разрубать, рассекать, крошить

Carbonari [‚kɑ:bə'nɑ:rɪ] *n pl ист.* карбонарии

carbonate ['kɑ:bən(e)ɪt] *n* 1. *хим.* углекислая соль, соль угольной кислоты; ~ of lime углекислая известь 2. *геол.* карбонат (*тж.* ~ rock)

carbonated ['kɑ:bəneɪtɪd] *a* насыщенный углекислотой; ~ water газированная вода

carbonation [‚kɑ:bə'neɪʃ(ə)n] *n* насыщение углекислотой, карбонизация

carbon black [‚kɑ:bən'blæk] газовая сажа

carbon copy ['kɑ:bən‚kɒpɪ] 1) копия, полученная через копирку 2) *разг.* точная копия; he is his father's ~ он вылитый отец

carbon-copy [‚kɑ:bən'kɒpɪ] *v* дублировать; имитировать; подражать во всём

carbon-date [‚kɑ:bən'deɪt] *v археол., геол.* датировать по (радио)углероду

carbon dating [‚kɑ:bən'deɪtɪŋ] *археол., геол.* датировка, датирование по (радио)углероду

carbon deposit [‚kɑ:bəndɪ'pɒzɪt] нагар

carbon dioxide [‚kɑ:bəndaɪ'ɒksaɪd] *хим.* двуокись углерода, углекислота; углекислый газ

carbonic [kɑ:'bɒnɪk] *a хим.* содержащий углерод, углеродистый, углеродный

carboniferous [‚kɑ:bə'nɪf(ə)rəs] *a* 1) содержащий углерод *или* уголь 2) *геол.* угленосный; карбоновый; C. Period карбон, каменноугольный период

carbonification [kɑ:‚bɒnɪfɪ‚keɪʃ(ə)n] *n геол.* углефикация

carbonify [kɑ:'bɒnɪfaɪ] = carbonize

carbonization [‚kɑ:bənaɪ'zeɪʃ(ə)n] *n* 1. 1) коксование 2) обугливание 2. *метал.* науглероживание 3. *тех.* нагарообразование

carbonize ['kɑ:bənaɪz] *v* 1. 1) коксовать 2) обугливать 2. *метал.* науглероживать

carbonized ['kɑ:bənaɪzd] *a разг. ирон.* выдвинувшийся, преуспевающий (*о служащем*)

carbon monoxide [‚kɑ:bənmə'nɒksaɪd] *хим.* окись углерода, угарный газ

carbonnade [‚kɑ:bə'neɪd] *n* мясо, тушённое в пиве

carbon oil ['kɑ:bən‚ɔɪl] *хим.* бензол

carbon paper ['kɑ:bən‚peɪpə] 1. копировальная бумага, копирка 2. копия (*через копирку*)

carbon star [‚kɑ:bən'stɑ:] *астр.* углеродная звезда (*с углеродно-азотным термоядерным циклом*)

carbon steel [‚kɑ:bən'sti:l] *метал.* углеродистая сталь

carbonyl ['kɑ:bənɪl] *n хим.* 1) карбонил 2) окись углерода, угарный газ

carborane ['kɑ:bə:reɪn] *n хим.* карборан

carborne ['kɑ:bɔ:n] *a* 1) перевозимый автотранспортом 2) монтируемый на автомобиле; ~ ratio transmitter радиопередатчик в автомобиле

carborundum [‚kɑ:bə'rʌndəm, -'rʋndəm] *n спец.* карборунд, карбид кремния

carboxyl [kɑ:'bɒksɪl] *n хим.* карбоксил

carboy ['kɑ:bɔɪ] *n спец.* оплетённая бутыль (*для кислот*)

carbuncle ['kɑ:bʌŋk(ə)l] *n* 1. 1) карбункул; драгоценный камень красного цвета (*преим. гранат, рубин*) 2) драгоценный камень 2. *мед.* карбункул

carbuncled ['kɑ:bʌŋk(ə)ld] *a* 1. *поэт.* украшенный карбункулами, драгоценными камнями 2. *мед.* 1) страдающий карбункулом; покрытый чирьями 2) прыщавый, угреватый

carburation [‚kɑ:bjʋ'reɪʃ(ə)n] *n тех.* карбюрация, образование горючей смеси

carburet ['kɑ:bjʋret] *v хим.* карбюрировать, соединять с углеродом

carburetter, carburettor [‚kɑ:bjʋ're-tə, ‚kɑ:bə'retə] *n* карбюратор

carburize ['kɑ:bjʋraɪz] *v метал.* науглероживать

carcajou ['kɑ:kə(d)ʒu:] *n зоол.* росомаха (*Gulo gulo*)

carcake ['kɑ:keɪk] *n* лепёшка на яйцах (*которую едят во вторник на масленице в некоторых районах Шотландии*)

carcanet ['kɑ:kənet] *n арх.* 1. (*короткое*) ожерелье, колье 2. шитый золотом воротник

carcase ['kɑ:kəs] = carcass

carcass ['kɑ:kəs] *n* 1. туша (*животного*); the ~ of a lion мёртвый /убитый/ лев; ~ weight вес туши, убойный вес 2. 1) *пренебр., шутл.* тело (*живого человека*); to save one's ~ спасать свою шкуру; to pamper one's own ~ нежить себя, баловать себя, ухаживать за своей персоной 2) *уст.* труп, тело 3. остов, основа; костяк; становой хребет 4. (*пустая*) оболочка; the mere ~ of nobility просто видимость благородства 5. 1) *спец.* каркас, остов; несущая конструкция; станина, корпус 2) *стр.* арматура 6. *воен. ист.* зажигательное ядро

carcass meat ['kɑ:kəs‚mi:t] 1) мясная туша 2) свежее мясо (*в отличие от консервированного и солонины*)

carcinogen [kɑ:'sɪnədʒən] *n биол.* канцероген, канцерогенный фактор; канцерогенное вещество

carcinogenic [‚kɑ:sɪnə'dʒenɪk] *a биол.* онкогенный, канцерогенный, вызывающий рак

carcinogenicity [‚kɑ:sɪnə(ʋ)dʒə'nɪsɪtɪ] *n биол.* канцерогенность

carcinology [‚kɑ:sɪ'nɒlədʒɪ] *n* карцинология, учение о ракообразных

carcinoma [‚kɑ:sɪ'nəʋmə] *n* (*pl* -ta) *мед.* раковая опухоль, карцинома

carcinomata [‚kɑ:sɪ'nəʋmətə] *pl от* carcinoma

carcinomatosis [‚kɑ:sɪnə(ʋ)mə'təʋsɪs] *n биол.* множественные раковые опухоли

carcinomatous [‚kɑ:sɪ'nɒmətəs] *a биол.* раковый

car coat ['kɑ:kəʋt] полудлинное пальто; пальто «три четверти», труакар

car commander ['kɑ:kə'mɑ:ndə] командир бронемашины

car crew ['kɑ:kru:] экипаж бронемашины

card¹ I [kɑ:d] *n* 1. 1) карта (*игральная*); court ~ фигура (*в картах*); plain ~s нефигурные карты; trum ~ козырная карта, козырь; ~ party вечер за картами; ~ player карточный игрок; pack of ~s колода карт; to play a ~ а) пойти с какой-л. карты; б) поставить на какую-л. карту; to lead a ~ пойти с какой-л. карты; to back a ~ ставить на карту; to cut ~s снимать колоду 2) *pl* карты, карточная игра; to play ~s играть в карты; to play one's ~s well а) хорошо сыграть; б) использовать обстоятельства /возможности/; to play one's ~s badly а) плохо сыграть; б) не использовать возможностей 2. 1) карточка; визитная карточка, открытка; to leave a ~ upon smb. оставить у кого-л. визитную карточку (*вместо личного визита*); postal ~ *амер.* почтовая карточка /открытка/; Christmas ~ рождественская открытка; wedding ~ извещение о предстоящем бракосочетании; приглашение на свадьбу; birthday ~ поздравительная открытка (*по поводу дня рождения*); library ~ абонементная карточка; ~ drawer каталожный ящик; show /sample, pattern/ ~ *ком.* карточка образцов 2) билет, приглашение; invitation ~ пригласительный билет; ~ of admission пригласительный билет (*на собрание, вечер*); no ~s особых приглашений не будет (*примечание к сообщению о похоронах*) 3. билет (*членский*); Party ~ партийный билет 4. формуляр; ярлык; ~ pocket кармашек книги 5. меню; карта вин 6. 1) программа (*скачек и т. п.*) 2) номер программы 7. диаграмма; карта 8. картушка компаса 9. *pl разг.* документы, особ. о государственном страховании (*в Великобритании*) 10. *амер.* объявление (*в газете*); заявление (*в печати*); публикация; анонс 11. *разг.* человек, «тип», субъект; cool ~ нахал, наглец; odd /queer, strange/ ~ чудак, странный тип, человек с причудами; loose ~ распутник; big /great/ ~ важная особа, «шишка» заправила; главарь 12. *вчт.* 1) перфорационная карта, перфокарта 2) плата (*обычно в персональных ЭВМ и микроЭВМ*); plug-in ~ сменная плата

◇ one's best /trump/ ~ самый веский довод, «главный козырь»; sure ~ верное дело; a house of ~s карточный домик, нечто эфемерное; to be in the ~s быть назначенным судьбой; предстоять; it is in the ~s этого не миновать; этого надо ожидать; это должно произойти; to be on the ~s a) = to be in the ~s; б) быть вероятным /возможным/; it's on the ~s это не исключено; это вполне вероятно; not on the ~s не судьба, не суждено; to hold /to have/ (all) the ~s (in one's hands) иметь (все) преимущества; to be given one's ~s быть уволенным; to play the /one's/ ~ *полит.* разыгрывать карту (*использовать определённую тактику для достижения преимущества или победы*); to play a wrong ~ сделать неправильный ход /ложный шаг/; просчитаться; to count on one's ~s рассчитывать на везение; to throw /to fling/ up /in/ one's ~s спасовать, отказаться от борьбы; сдаться, признать себя побеждённым; to have a ~ up one's sleeve иметь козырь про запас; to put /to lay/ one's ~s on the table раскрывать свои карты; рассказывать о своих планах, намерениях и *т. п.*; the ~s are stacked against smb., smth. *амер.* игра складывается не в пользу кого-л., чего-л.; ≅ игра проиграна; to speak by the ~ выражаться точно, взвешивать свои слова; that's the ~ это как раз то, что нужно, это именно то самое

card¹ II [kɑːd] *v амер.* 1. наклеивать на карточки, прикреплять образцы и *т. п.* 2. выписывать на карточку 3. прикреплять ярлычок (*к кипам и т. п.*) 4. *сл.* требовать документ, в котором указан возраст данного лица (*при входе в ночной клуб и т. п.*)

card² I [kɑːd] *n текст.* карда, игольчатая лента

card² II [kɑːd] *v текст.* чесать, прочёсывать, кардовать

cardamom, cardamon, cardamum ['kɑːdəməm, -mən, -məm] *n* кардамон

cardan-joint ['kɑːdənˈdʒɔɪnt] *n тех.* карданный, универсальный шарнир, кардан

card batch ['kɑːdbætʃ] *вчт.* колода перфокарт

cardboard I ['kɑːdbɔːd] *n* картон; ~ scissors ножницы для резки картона

cardboard II ['kɑːdbɔːd] *a* 1. картонный; ~ binding картонный переплёт; ~ cover картонная обложка (*книги*) 2. непрочный, шаткий 3. неживненный; надуманный; шаблонный, стереотипный, схематичный (*о литературных типах, персонажах и т. п.*); ~ characters ходульные образы, избитые характеры (*в пьесе*)

◇ ~ government марионеточное правительство

card-carrying ['kɑːdˌkærɪɪŋ] *a* 1. имеющий членский билет; состоящий в организации, в партии (*особ. о коммунисте*) 2. открытый, явный; типичный; ~ capitalist типичный капиталист; ~ agnostic агностик, не скрывающий своих убеждений

card-case ['kɑːdkeɪs] *n* футляр, коробочка для визитных карточек

card-castle ['kɑːdˌkɑːs(ə)l] *n* карточный домик

card-catalogue [ˌkɑːdˈkætəlɒg] *n* карточный каталог; картотека

carder ['kɑːdə] *n текст.* 1. чесальщик, чесальщица; ворсильщик, ворсильщица 2. кардная машина

card-file ['kɑːdfaɪl] *n* картотека, каталог

cardholder ['kɑːdˌhəʊldə] *n* 1. 1) член партии, *особ.* коммунистической 2) член профсоюза 2. владелец кредитной карточки

cardiac I ['kɑːdɪæk] *n* 1. *мед.* средство, возбуждающее сердечную деятельность 2. *разг.* больной-сердечник

cardiac II ['kɑːdɪæk] *a анат., мед.* сердечный, относящийся к сердцу; ~ valve сердечный клапан; ~ defect [disease, dilatation] порок [заболевание, расширение] сердца

cardiac arrest [ˌkɑːdɪækəˈrest] *мед.* остановка сердца

cardiac infarction [ˌkɑːdɪækɪnˈfɑːkʃ(ə)n] *мед.* инфаркт миокарда

cardialgia, cardialgy [ˌkɑːdɪˈældʒɪə, ˈkɑːdɪældʒɪ] *n мед.* изжога

cardiant ['kɑːdɪənt] *n фарм.* (возбуждающее) сердечное средство

cardigan ['kɑːdɪgən] *n* кардиган (*джемпер с застёжкой на пуговицах, без воротника*)

cardinal I ['kɑːd(ə)nəl] *n* 1. *церк.* кардинал 2. ярко-красный, пунцовый цвет (*тж.* ~ red) 3. *pl*) страны света 2) = cardinal winds [*см.* cardinal II ◇] 4. = cardinal-bird 5. = cardinal-flower 6. *разг.* глинтвейн из красного вина 7. *мат.* кардинальное число, мощность множества; ~ of set мощность множества

cardinal II ['kɑːd(ə)nəl] *a* 1. основной, главный, кардинальный; ~ arguments основные доводы; ~ events главные события; ~ problem кардинальный вопрос; ~ virtues главные добродетели; ~ vowels *фон.* кардинальные гласные 2. ярко-красный, пунцовый 3. *мат.* кардинальный

◇ ~ winds ветры, дующие с севера, запада, юга или востока

cardinalate ['kɑːd(ə)nəl(e)ɪt] *n церк.* 1. сан кардинала 2. коллегия кардиналов

cardinal-bird ['kɑːd(ə)nəlbɜːd] *n зоол.* кардинал (*Richmondena cardinalis*)

cardinal-flower ['kɑːd(ə)nəlˌflaʊə] *n бот.* лобелия кардинальская, кардинал (*Lobelia cardinalis*)

cardinal-grosbeak [ˌkɑːd(ə)nəlˈgrəʊsbiːk] = cardinal-bird

cardinality [ˌkɑːdɪˈnælɪtɪ] = cardinal number 2

cardinally ['kɑːd(ə)nəlɪ] *adv* кардинально; радикально, коренным образом; в высшей степени

cardinal number ['kɑːd(ə)nəlˈnʌmbə] 1. *грам.* количественное числительное 2. *мат.* мощность множества

cardinal point ['kɑːd(ə)nəlˈpɔɪnt] 1. страна света 2. *мор.* главный румб

card-index I ['kɑːdˌɪndeks] *n* картотека

card-index II ['kɑːdˌɪndeks] *v* заносить данные в картотеку

carding ['kɑːdɪŋ] *n текст.* прочёсывание; ~ machine кардочесальная машина

cardio- ['kɑːdɪə(ʊ)-] *мед.* в сложных словах с греч. корнями имеет значение сердце, сердечный: cardiotonic тонизирующий деятельность сердца; cardioscope кардиоскоп

cardioacceleration ['kɑːdɪə(ʊ)əkˌseləˈreɪʃ(ə)n] *n мед.* стимуляция сердечного ритма

cardioaccelerator [ˌkɑːdɪə(ʊ)əkˈseləreɪtə] *n мед.* кардиостимулятор

cardioactive [ˌkɑːdɪə(ʊ)ˈæktɪv] *a мед.* стимулирующий деятельность сердца

cardiogenic [ˌkɑːdɪə(ʊ)ˈdʒenɪk] *a мед.* кардиогенный, обусловленный деятельностью сердца, сердечного происхождения; ~ shock кардиогенный шок

cardiograph ['kɑːdɪəgrɑːf] *n* электрокардиограф

cardioid ['kɑːdɪɔɪd] *n мат.* кардиоида

cardiology [ˌkɑːdɪˈɒlədʒɪ] *n* кардиология

cardiomegaly [ˌkɑːdɪə(ʊ)ˈmegəlɪ] *n мед.* расширение сердца

cardiomyopathy [ˌkɑːdɪə(ʊ)maɪˈɒpəθɪ] *n мед.* кардиомиопатия

cardiopathy [ˌkɑːdɪˈɒpəθɪ] *n мед.* заболевание сердца, артериосклеротический кардиосклероз

cardiopulmonary [ˌkɑːdɪə(ʊ)ˈpʌlmən(ə)rɪ] *a мед.* сердечно-лёгочный, кардиопульмональный; ~ resuscitation кардиопульмональная реанимация

cardiosclerosis [ˌkɑːdɪə(ʊ)sklɪəˈrəʊsɪs] *n мед.* кардиосклероз

cardiovascular [ˌkɑːdɪə(ʊ)ˈvæskjʊlə] *a анат.* сердечно-сосудистый; ~ system сердечно-сосудистая система

cardioversion [ˌkɑːdɪə(ʊ)ˈvɜːʃ(ə)n] *n мед.* кардиостимуляция электрошоком

carditis [kɑːˈdaɪtɪs] *n мед.* кардит

card-operated ['kɑːdˌɒpəreɪtɪd] *a тех.* управляемый перфокартами (*о станке и т. п.*)

car driver ['kɑːˌdraɪvə] водитель (автомобиля); шофёр

card-sharp, card-sharper ['kɑːdʃɑːp, -ˌʃɑːpə] *n* шулер

card-table ['kɑːdˌteɪb(ə)l] *n* карточный стол

card-vote, card-voting ['kɑːdvəʊt, -ˌvəʊtɪŋ] *n* система голосования, при которой количество голосов делегата определяется количеством представляемых им членов организации (*преим. профсоюзной*)

care I [keə] *n* 1. забота, попечение; ~ of public health общественное здравоохранение; in ~ на воспитании; in ~ of smb. на чьём-л. попечении; the baby was left in Mary's ~ ребёнок остался под присмотром /на попечении/ Мери; the child was returned to its mother's ~ ребёнок был возвращён матери (*из больницы, от опекунов и т. п.*); I will leave this to your ~ a) оставляю это вам на хранение /на попечение/; б) поручаю это вам, передаю под вашу ответственность; the library is under the ~ of Mr. Green г-н Грин заведует библиотекой; to take ~ of smb. a) заботиться о ком-л.; приютить /пригреть/ кого-л.; обеспечить кого-л.; to take ~ of veterans обеспечить ветеранов (войны); their children are taken into ~ их дети переданы на воспитание в чужие семьи; the financing of the enterprise has been taken ~ of by the bank финансирование этого предприятия взял на себя банк; don't worry, I'll take ~ of it не беспокойтесь, я приму нужные меры /я это возьму на себя/; б) *эвф.* расправиться /разделаться/ с кем-л.; I'll take ~ of him предоставьте его мне, я с ним справлюсь; a formidable foe to take ~ of грозный враг, которого непросто одолеть; to take ~ about smb. = to take ~ of smb. a) 2. наблюдение (*врача и т. п.*); обслуживание (*больного и т. п.*); уход (*тж.* за машиной); under the ~ of a physician под наблюдением врача; you'll have the best ~ of this hospital в этой больнице вы получите самое лучшее лечение и уход 3. внимательность, тщательность; осторожность; you should give more ~ to your work надо более внимательно /вдумчиво/ относиться к работе; to be handled with ~ !обращаться осторожно!; take ~! осторожно!, береги(те)сь!; have a ~! будьте осторожны!, береги(те)сь!; take ~ not to wake the baby осторожнее /смотри/, не разбуди ребёнка; take ~ (that) you don't get knocked down when you cross the road смотрите не попадите под машину, когда будете переходить дорогу 4. *тж. pl* заботы, забота; тревога; треволнения; the ~s of the day треволнения дня; her face was worn with ~ у неё было измождённое лицо; ~ has made him look ten years older заботы состарили его на десять лет; free from ~s беззаботный; troubled by the ~s of a large family обременённый большой семьёй; he hasn't a ~ in the world его ничто не тревожит, ему не о ком и не о чем заботиться 5. (for, of) пристрастие, любовь, склонность 6. (-care) *как компонент сложных слов со значением* уход, присмотр; day-care присмотр за детьми в дневное время

◇ ~ of (*сокр.* c/o, c. o.) на почтовых отправлениях по адресу; через; Mr. Smith c/o Brown & Co. фирме Браун и Ко для передачи мистеру Смиту; send me the bill ~ of my solicitor перешлите мне счёт через моего поверенного; I wrote to you ~ of Tatler Hotel я писал вам на гостиницу /по адресу гостиницы/ «Татлер»; ~ killed a /the/ cat забота и кошку уморит; ≅ заботы хоть кого в могилу вгонят

care II [keə] *v* 1. (for, of, about) заботиться (*о ком-л., о чём-л.*); ухаживать; the children are well ~d for за детьми прекрасный уход; he ~s about nobody but himself он заботится только о себе 2. беспокоиться, тревожиться, волноваться; he failed at the examination, but I don't think he ~s very much on провалился на экзамене, но это его, по-видимому, мало волнует /заботит, тревожит/; I don't ~ what people say мне всё равно, что говорят; you don't seem to ~ much вас это, очевидно, мало волнует; what do I ~?, who ~s (a rap)?, as if I ~d! а мне всё равно!, а мне-то что!, меня это не интересует! 3. (for) любить; питать интерес к (*кому-л., чему-л.*); to ~ for music любить музыку; to ~ for riches стремиться к богатству; not to ~ for olives не любить маслин; she really ~s for him она его действительно любит; I don't ~ for gardening садоводство меня не интересует; he doesn't ~ for his wife to work on не хочет, чтобы его жена работала 4. иметь желание, хотеть; I don't ~ to be seen here мне не хочется, чтобы меня здесь видели; would you ~ to read this article? не хотите ли вы прочитать эту статью?; would you ~ to go for a walk? не хотите ли пройтись?; I don't ~ to go /about going/ мне не хочется /у меня нет настроения/ идти; I know nothing and ~ less ничего не знаю и знать не хочу

◇ ~ not to a bean /a brass farthing, a button, a cent, a curse, a damn, a fig, a feather, a hang, a hoot, a rap, two straws, a whoop/ совершенно не интересоваться, относиться безразлично; I don't ~ a fig for this мне на это наплевать; I don't ~ if I do ничего не имею против, я не прочь; с удовольствием, охотно (*преим. в ответ на предложе*-

ние выпить); I couldn't ~ less мне это совершенно безразлично, мне в высшей степени наплевать; for all I ~, for what I ~ мне-то что; что касается меня, то мне до этого нет дела; I might be dead for all you ~ жив я или умер, вам это в высшей степени безразлично

careen I [kə'ri:n] *n* 1. крен; on the ~ под креном 2. *мор.* подводная часть судна

careen II [kə'ri:n] *v* 1) *мор.* килевать, кренговать 2) крениться

careenage [kə'ri:nɪdʒ] *n мор.* 1) кренгование, килевание 2) киленбалка

career I [kə'rɪə] *n* 1. карьера; успех; to make /to carve out/ a ~ for oneself сделать карьеру; he has a brilliant ~ before him у него блестящее будущее 2. жизненный путь; дело жизни; ~ of great men жизнь /жизненный путь/ великих людей 3. профессия, занятие; ~ diplomat /diplomatist/ профессиональный дипломат; ~ service *амер.* государственная служба; ~ woman *амер.* работающая женщина; *особ.* женщина, имеющая специальность; ~s open to women профессии, доступные женщинам; she had the choice between a home and a ~ ей пришлось делать выбор между семьёй и работой; to follow diplomacy as a ~ стать (профессиональным) дипломатом, избрать себе карьеру дипломата; быть на (постоянной) дипломатической работе 4. быстрое движение; карьер; in full ~ во весь опор

career II [kə'rɪə] *v* 1) мчаться, нестись во весь опор 2) гнать (*лошадь и т. п.*)

career about [kə'rɪə(r)ə'baut] *phr v* носиться, гонять (*по городу и т. п.*)

career education [kə'rɪə(r)edjʊ'keɪʃ(ə)n] трудовое обучение (*в школе*); профессиональная подготовка (*школьников*)

careerism [kə'rɪə(r)ɪz(ə)m] *n* карьеризм

careerist [kə'rɪə(r)ɪst] *n* 1) карьерист 2) человек, сделавший карьеру

career master [kə'rɪə,mɑ:stə] консультант по профориентации (*в школе*)

carefree ['kɛəfri:] *a* беззаботный, беспечный, ничем не обременённый

careful ['kɛəf(ə)l] *a* 1. заботливый, внимательный; ~ mother заботливая мать; to be ~ of one's health заботиться о своём здоровье; more ~ for his second child проявляющий больше заботы о своём втором ребёнке; ~ to maintain his obligations заботящийся о соблюдении взятых (на себя) обязательств 2. 1) старательный, тщательный, внимательный; ~ examination a) тщательное изучение (*документа и т. п.*); вниматeльное рассмотрение (*вопроса*); б) подробный осмотр (*больного*); ~ analysis вдумчивый анализ; a ~ piece of work тщательная /тщательно выполненная/ работа 2) точный (*о расчёте и т. п.*), аккуратный 3. осторожный; осмотрительный; one cannot be too ~ осторожность не помешает; do be ~ with that knife поосторожнее с ножом, не обрежьтесь; be ~ not to break it смотрите не разбейте; he was ~ not to commit himself он боялся сказать лишнее /связать себя словом/; to be ~ to do smth. не преминуть /не позабыть/ сделать что-л.; he was ~ to supply a full account of his negotiations он не преминул представить полный отчёт о своих переговорах; they were ~ to make their position clear они сделали всё возможное, чтобы разъяснить свою позицию 4. *разг.* скуповатый, прижимистый; ~ housewife экономная (домо)хозяйка; ~ spender of money человек, не бросающий

деньги на ветер 5. *арх.* 1) обременённый заботами; встревоженный 2) тревожный

carefully ['kɛəf(ə)lɪ] *adv* 1. осторожно, с большой осторожностью; осмотрительно; to handle ~ обращаться осторожно /с осторожностью/ 2. 1) тщательно, внимательно; in ~ chosen words тщательно подбирая слова; listen ~ слушай(те) внимательно 2) точно, аккуратно

carefulness ['kɛəf(ə)lnɪs] *n* 1. заботливость 2. 1) старательность, тщательность; внимательность 2) точность, аккуратность 3. осторожность, осмотрительность

care-label ['kɛə,leɪb(ə)l] *n* памятка по уходу (*ярлык на одежде и т. п. с инструкцией о чистке или стирке*)

care laden ['kɛə,leɪdn] *a книжн.* отягчённый, обременённый заботами

careless ['kɛəlɪs] *a* 1. 1) небрежный, невнимательный; ~ driving неосторожная езда; ~ mistake *разг.* ошибка по невнимательности; a ~ piece of work небрежная /неаккуратная, плохо выполненная/ работа; ~ in his work небрежно относящийся к работе, делающий работу кое-как 2) неаккуратный, неточный 2. 1) беспечный, беззаботный; легкомысленный 2) (of) не думающий (*о чём-л.*); пренебрегающий (*чем-л.*); ~ of dangers [of reputation] не думающий об опасности [о репутации] 3. безыскусственный, естественный; ~ grace природное /врождённое/ изящество

carelessly ['kɛəlɪslɪ] *adv* 1. небрежно, невнимательно; кое-как; неосторожно 2. 1) беспечно, беззаботно; легкомысленно 2) без умысла, нечаянно

carelessness ['kɛəlɪsnɪs] *n* 1. 1) небрежность, невнимательность 2) неаккуратность, неточность 2. беспечность, беззаботность; легкомыслие; a piece of ~ промах, ошибка

caress I [kə'rɛs] *n* ласка; проявление нежности; to respond to the ~ ответить на ласку; to shower ~es upon smb. осыпать кого-л. знаками внимания

caress II [kə'rɛs] *v* ласкать; гладить; to ~ the ear ласкать слух; she ~ed her child она ласкала своего ребёнка; she ~ed the boy's cheek она погладила /потрепала/ мальчика по щеке; half ~ing, half coercing his subjects воздействуя на своих подданных то лаской, то принуждением

caressing [kə'rɛsɪŋ] *a* ласковый, нежный; ласкающий

caressingly [kə'rɛsɪŋlɪ] *adv* нежно, ласково; ласковым тоном

caressive [kə'rɛsɪv] *a редк.* нежный, ласкающий

caret ['kærɪt] *n полигр.* знак вставки [∧] (*для обозначения пропуска в тексте; тж.* ~ mark)

care-taker ['kɛə,teɪkə] *n* 1. сторож, смотритель (*здания*); вахтёр; the ~ of a school школьный сторож 2. исполняющий обязанности (*кого-л.*); ~ government кабинет, временно исполняющий обязанности до всеобщих выборов; C. Government *ист.* кабинет, существовавший между отставкой правительства Черчилля в мае 1945 г. и выборами в июле 1945 г. 3. опекун

caretaking ['kɛə,teɪkɪŋ] *n спец.* сбережение (*имущества*); on a ~ status на консервации

care-worn ['kɛəwɔ:n] *a* измученный заботами; измождённый

Carey Street ['kɛ(ə)rɪstri:t] 1) Кэри-стрит (*улица в Лондоне, на которой находится отделение Верховного Суда по делам о несостоятельности*) 2) банкротство, несостоятельность

carfare ['ka:feə] *n* стоимость проезда на трамвае, автобусе *и т. п.*
carfax ['ka:fæks] *n* перекрёсток четырёх улиц, дорог; распутье
carfour ['ka:fɔ:, ka:'fuə] = carrefour
carfox ['ka:fɒks] = carfax
car frame ['ka:freim] *авт.* шасси
carfuffle ['ka:fʌf(ə)l] *n* волнение; смятение
cargador [,ka:gə'dɔ:] *n (pl* -dores [-'dɔ:res]) *исп.* 1) носильщик 2) портовый грузчик
cargo ['ka:gəυ] *n (pl* -oes, -os [-əυz]) 1) груз; bulk ~ насыпной *или* наливной груз; deck ~ палубный груз; general ~ генеральный /смешанный, сборный/ груз; homeward /return/ ~ обратный груз; inward [outward] ~ импортный [экспортный] груз; ~ handling переработка груза; погрузочно-разгрузочные работы; ~ vehicle а) грузовик; б) грузовое транспортное средство; ~ boat /ship/ грузовое /товарное/ судно; ~ truck грузовик; ~ aircraft грузовой самолёт; ~ transporter а) транспортёр для перевозки грузов; б) грузовой контейнер; ~ parachute /chute/ *воен.* грузовой парашют; to take in ~ грузить, брать груз; to carry ~ перевозить груз; to discharge ~ разгружать, выгружать; to keep the ~ moving обеспечивать бесперебойное продвижение грузов; to transfer ~ перегружать /переваливать/ груз; ~ engaged for the vessel груз, подлежащий перевозке на данном судне 2) *спец.* карго, полный однородный груз
cargo-and-passenger [,ka:gəυən(d)'pæsindʒə] *a* грузопассажирский; ~ ship грузопассажирское судно
cargo bay ['ka:gəυbeı] *ав., косм.* грузовой отсек
cargo capacity ['ka:gəυkə'pæsıtı] грузоподъёмность; грузовместимость
cargo carrier ['ka:gəυ,kærıə] 1) перевозочное средство *(для грузов)* 2) (грузо)транспортёр 3) грузовое судно
cargo module ['ka:gəυ,mɒdju:l] грузовой отсек *(космического корабля)*
cargo oil ['ka:gəυɔıl] нефтегруз
cargo pocket ['ka:gəυ,pɒkıt] 1) большой карман, *обыкн.* с клапаном и складкой 2) *воен.* карман *(на одежде)* для переноски предметов вооружения, запасов *и т. п.*
cargo sled ['ka:gəυsled] сани-волокуша
cargotainer ['ka:gəυ,teınə] *n авт.* грузовой контейнер [(cargo + container)]
cargo turn-over ['ka:gəυ'tɜ:n,əυvə] грузооборот *(порта)*
carhop I ['ka:hɒp] *n амер. разг.* 1) официант придорожного ресторана, обслуживающий клиентов прямо в машинах 2) служащий на платной автостоянке
carhop II ['ka:hɒp] *v амер. разг.* 1) обслуживать клиентов в машинах 2) работать официантом в придорожном ресторане
Carib ['kærıb] *n* 1. (С.) «Карманьола» *(французская революционная песня и танец)* 2. *ист.* солдат революционной армии *(эпохи французской революции 1789—1794 гг.)* 3. 1) куртка с металлическими пуговицами 2) *ист.* одежда революционеров *(эпохи французской революции 1789—1794 гг.)*
Caribal ['kærıb(ə)l] *a* карибский, карайбский
Cariban ['kærıbən, kə'ri:bən] *a* кар(а)йбский *(о языках)*
Caribbean I [,kærı'bi(:)ən] = Carib 1
Caribbean II [,kærı'bi(:)ən] *a* карибский, карайбский; относящийся к кар(а)йбам *или* Кар(а)йбскому морю
Caribee ['kærıbi:] = Carib 1
cariboo ['kærıbu:] = caribou
caribou ['kærıbu:] *n (pl без измен., тж.* -ous [-u:z]) *зоол.* карибу, канадский олень *(Rangifer caribou)*
caricature I ['kærıkətʃυə] *n* 1. карикатура *(на кого-л.);* карикатурное изображение; шарж *(графический)* 2. высмеивание, пародирование; изображение в карикатурном виде; сатира, пародия *(литературная, сценическая);* a talent for ~ талант сатирического изображения 3. жалкая имитация; пародия, карикатура; ~ of justice карикатура на правосудие, насмешка над правосудием
caricature II ['kærıkətʃυə] *v* 1. изображать в карикатурном виде *(графически);* делать шарж *(на кого-л.)* 2. высмеивать; описывать сатирически, пародировать, изображать в карикатурном виде *(в литературе, на сцене и. т. п.)* 3. быть жалким подобием; неудачно подражать *(кому-л., чему-л.)*
caricaturist ['kærıkətʃυərıst] *n* 1. карикатурист, автор шаржей 2. сатирик, пародист
caries ['keə)rız] *n мед.* костоеда; кариес
carillon ['kærıljən, kə'rıljən] *n* 1. подбор колоколов 2. мелодичный колокольный перезвон 3. карильон *(муз. инструмент)* 4. куранты
carina [kə'ri:nə, kə'raınə] *n* 1) *анат.* киль 2) *бот.* лодочка
carioca [,kærı'əυkə] *n* 1. кариока, бразильский танец типа самбы 2. (С.) кариока, житель Рио-де-Жанейро
cariole ['kærıəυl] = carriole
cariosity [,kærı'ɒsıtı] *n мед.* кариозный процесс
carious ['keə)rıəs] *a мед.* гнилой, кариозный
carissima [kə'ri:sımə] *n ит.* дорогая, милая, любимая *(обращение)*
cark [ka:k] *n арх.* тревога, забота
carl(e) [ka:l] *n* 1. 1) *арх.* простолюдин 2) *ист.* крепостной; виллан 2. пренебр. мужик, деревенщина, мужлан 3. *шотл.* скряга 4. *шотл.* (крепкий, здоровый) парень
car lift ['ka:lıft] *авт.* подъёмник для автомобилей
car-lift truck ['ka:lıft'trʌk] автопогрузчик
carline ['ka:lın] *n* 1) *шотл.* (старая) баба, карга; старая ведьма 2) ведьма
carling ['ka:lıŋ] *n мор.* карленгс
Carlist I ['ka:lıst] *n ист.* карлист
Carlist II ['ka:lıst] *a ист.* карлистский; ~ wars карлистские войны *(в Испании в XIX в.)*
carload ['ka:ləυd] *n ж.-д.* 1. вагон *(об объёме или весе груза)* 2. партия груза на вагон
carloadings ['ka:,ləυdıŋs] *n pl ж.-д.* погрузки
carlock ['ka:lɒk] *n* карлук *(род желатина)*
Carlovingian I [,ka:lə(υ)'vındʒıən] *n ист.* каролинг
Carlovingian II [,ka:lə(υ)'vındʒıən] *a ист.* принадлежащий к династии Каролингов; каролингский
Carlylean [ka:'laılıən] *a книжн.* относящийся к Карлейлю
carmagnole ['ka:mənjəυl] *n* 1. (С.) «Карманьола» *(французская революционная песня и танец)* 2. *ист.* солдат революционной армии *(эпохи французской революции 1789—1794 гг.)* 3. 1) куртка с металлическими пуговицами 2) *ист.* одежда революционеров *(эпохи французской революции 1789—1794 гг.)*
carman ['ka:mən] *n (pl* -men [-mən]) 1. возчик 2. *амер.* вагоновожатый
Carmelite I ['ka:mılaıt] *n церк.* кармелит; кармелитка; член монашеского ордена кармелитов
Carmelite II ['ka:mılaıt] *a церк.* кармелитский; относящийся к монашескому ордену кармелитов
carminative I [ka:'mınətıv] *n мед.* ветрогонное средство
carminative II [ka:'mınətıv] *a мед.* ветрогонный, вызывающий выделение кишечных газов
carmine I ['ka:m(a)ın] *n* 1. кармин 2. карминный, пунцовый цвет 3. *спец.* красный пигмент
carmine II ['ka:m(a)ın] *a* карминного цвета, пунцовый
carnage ['ka:nıdʒ] *n книжн.* резня, бойня, кровавая бойня
carnal ['ka:nl] *a книжн.* 1. плотский; чувственный; ~ pleasures плотские наслаждения; земные утехи; ~ desires плотские побуждения; ~ infatuation чувственное влечение 2. *арх.* телесный, физический; his ~ mother женщина, которая его породила 3. *уст.* кровавый, кровожадный
carnality [ka:'nælıtı] *n книжн.* 1. чувственность; похоть 2. *эвф.* половые сношения 3. отсутствие духовных интересов; душевная грубость
carnalize ['ka:nlaız] *v книжн.* лишать одухотворённости, возвышенности; огрублять
carnal knowledge ['ka:nl'nɒlıdʒ] *юр.* половые сношения
carnallite ['ka:nəl(a)ıt] *n мин.* карналлит
carnal-minded ['ka:nl,maındıd] *a* суетный; поглощённый земными, практическими интересами и делами
carnap(p)er ['ka:næpə] *n разг.* похититель автомобилей, автовор
carnaptious [ka:'næpʃəs] *a шотл., ирл.* вздорный, придирчивый, сварливый; раздражительный
carnation [ka:'neıʃ(ə)n] *n* 1. *бот.* гвоздика садовая *(Dianthus caryophyllus)* 2. ярко-розовый или красный цвет; цвет гвоздики *(тж.* ~ red) 3. *pl* 1) *жив.* оттенки телесного цвета 2) *иск.* карнация, часть картины, изображающая тело
carnelian [ka:'ni:lıən] = cornelian[1]
carneous ['ka:nıəs] *a редк.* телесный
carnet ['ka:neı] *n* 1. таможенная лицензия на проезд или провоз автомашины через границу 2. книжечка с отрывными билетами, купонами на проезд *и т. п.*
carney ['ka:nı] *v разг.* подлизываться; улещать *(кого-л.)*
carnifex ['ka:nıfeks] *n ист.* палач
carnification [,ka:nıfı'keıʃ(ə)n] *n* 1. *мед.* уплотнение *(лёгкого)* 2. *рел.* карнификация, превращение *(хлеба)* в плоть
carnificial [,ka:nı'fıʃ(ə)l] *a ист.* палаческий
carnival ['ka:nıv(ə)l] *n* 1. карнавал 2. масленица *(в католических странах)* 3. фестиваль; winter ~ зимний фестиваль /праздник/ 4. массовые развлечения ярмарочного типа *(странствующий цирк, разъездной эстрадный ансамбль)*
carnival glass ['ka:nıv(ə)l,gla:s] прессованное переливчатое цветное стекло
Carnivora [ka:'nıvərə] *n pl зоол.* плотоядные
carnivore ['ka:nıvɔ:] *n* 1) *зоол.* плотоядное животное 2) *бот.* насекомоядное растение
carnivorous [ka:'nıv(ə)rəs] *a* 1) *зоол.* плотоядный 2) *бот.* насекомоядный
carnose ['ka:nəυs] *a* carnous
carnotite ['ka:nət(a)ıt] *n мин.* карнотит
carnous ['ka:nəs] *a книжн.* мясистый
carny ['ka:nı] = carney
carob (tree) ['kærəb(tri:)] *(n) бот.* рожковое дерево *(Ceratonia siliqua)*

CAR — CAR

caroche [kəˈrəʊ(t)ʃ] *n ист.* парадная карета

carol I [ˈkærəl] *n* 1. весёлая песня 2. гимн (*обыкн.* рождественский), хорал, рождественское песнопение; ~ service рождественское богослужение с гимнами

carol II [ˈkærəl] *v* 1. петь весёлую песню 2. воспевать, славить

caroler [ˈkærələ] = carroller

caroli [ˈkærəlɪ] *pl om* carolus

Carolina bean [ˌkærəˈlaɪnəˌbiːn] *бот.* лимская фасоль, лима (*Phaseolus limensis*)

Caroline [ˈkærəlaɪn] *a ист.* относящийся к эпохе короля Карла (*Карла Великого, Карла I и Карла II*)

Carolingian I, II [ˌkærəˈlɪndʒɪən] = Carlovingian I и II

Carolinian I [ˌkærəˈlɪnɪən] *n амер.* каролинец, житель Южной или Северной Каролины

Carolinian II [ˌkærəˈlɪnɪən] *a амер.* каролинский, относящийся к Южной или Северной Каролине

caroller [ˈkærələ] *n книжн.* 1. *см.* carol II + -er 2. 1) воспевающий, славящий 2) христослав

carolus [ˈkærələs] *n (pl* -es [-ɪz], caroli) *ист.* монета, выпускавшаяся во время правления короля Карла, *особ.* Карла I (*в Англии*)

carom I [ˈkærəm] *n амер.* карамболь (*бильярд*)

carom II [ˈkærəm] *v* 1. *амер.* = cannon¹ II 4 2. бросать (*обыкн. мяч*); to ~ the ball бросать мяч в корзину с отскоком от щита (*баскетбол*)

carotene [ˈkærətiːn] *n биохим.* каротин

carotid I [kəˈrɒtɪd] *n анат.* сонная артерия (*тж.* ~ artery)

carotid II [kəˈrɒtɪd] *a анат.* каротидный

carotin [ˈkærətɪn] = carotene

carousal [kəˈraʊz(ə)l] *n* 1. пирушка, попойка 2. *неправ. вм.* carrousel

carouse I [kəˈraʊz] *n* 1. попойка 2. запой

carouse II [kəˈraʊz] *v* бражничать, пьянствовать, предаваться пьяному разгулу

carousel [ˌkærəˈsel, ˌkærəˈzel] *n* 1. = carrousel 1 2. «карусель», вращающееся устройство для выдачи багажа авиапассажирам

carp¹ [kɑːp] *n зоол.* сазан, карп (*Cyprinus carpio*)

carp² I [kɑːp] *n* жалоба; сетование; недовольство

carp² II [kɑːp] *v* 1) придираться; недоброжелательно критиковать; to ~ at a writer выискивать недостатки у писателя 2) брюзжать, ворчать; to ~ at smb. about smth. ворчать на кого-л. по поводу чего-л.; to ~ at smb.'s laziness жаловаться на чью-л. лень; to ~ about bad weather быть недовольным плохой погодой

-carp [-kɑːp] *бот.* в сложных словах с греч. корнями имеет значение плод: endocarp эндокарпий, внутриплодник; monocarp монокарпическое растение (*плодоносящее раз в жизни*); xylocarp ксилокарп (*деревянистый плод*)

carpaccio [kɑːˈpɑːtʃəʊ] *n* ломтики сырой говядины с соусом

carpal [ˈkɑːp(ə)l] *a анат.* кистевой, запястный; ~ articulation лучезапястный сустав

car-park [ˈkɑːpɑːk] *n* стоянка автомашин

carpe diem [ˌkɑːpeɪˈdiːem] *лат.* лови момент; пользуйся моментом; наслаждайся, пока есть возможность

carpel [ˈkɑːp(ə)l] *n бот.* 1. простой пестик 2. плодолистик 3. долька плода цитрусовых

carpenter I [ˈkɑːpɪntə] *n* 1. плотник; столяр; ~'s bench верстак; ~'s square плотничий угольник, ватерпас 2. = carpenter-ant

carpenter II [ˈkɑːpɪntə] *v* плотничать

carpenter-ant [ˈkɑːpɪntə(r)ænt] *n энт.* муравей-древоточец (*Camponotus gen.*)

carpenter-bee [ˈkɑːpɪntəˌbiː] *n энт.* пчела-плотник (*Xylocopinae*)

carpentry [ˈkɑːpɪntrɪ] *n* 1. плотничье дело; плотницкие работы 2. деревообделочное производство 3. деревянные конструкции

carper [ˈkɑːpə] *n* 1) придирчивый, недоброжелательный критик 2) брюзга, ворчун

carpet I [ˈkɑːpɪt] *n* 1. ковёр; runner ~ ковровая дорожка; magic ~ ковёр-самолёт 2. *спец.* покрытие, одежда (*дороги*); ~ coat /veneer/ защитный слой (*дорожного покрытия*) 3. *вор. жарг.* три месяца тюрьмы 4. *церк.* покров; пелена (*напрестольная*)
◇ red ~ торжественная встреча; to roll out the red ~ for smb. принять кого-л. с почётом; to be on the ~ а) обсуждаться, рассматриваться (*о вопросе*); быть предметом разговора; б) получить нагоняй; this is the second time he has been on the ~ ему уже дважды попало; to step off the ~ *амер.* вступить в брак; to sweep smth. under the ~ скрывать что-л.; не признаваться в чём-л. (*неприятном и т. п.*)

carpet II [ˈkɑːpɪt] *v* 1. 1) устилать, покрывать коврами (*тж. pass* устилать (*цветами и т. п.*) 2. *дор.* покрывать тонким слоем (*битума и т. п.*) 3. *разг.* вызывать и делать выговор, замечание; дать нагоняй; why were they ~ed? за что им попало?

carpetbag [ˈkɑːpɪtbæɡ] *n* саквояж
◇ ~ government *амер.* правительство политических проходимцев

carpetbagger [ˈkɑːpɪtˌbæɡə] *n* 1. *амер. ист.* «саквояжник», северянин, добившийся влияния и богатства на Юге (*после гражданской войны 1861—65 гг.*) 2. *амер. ист.* мелкий биржевой спекулянт или делец, действовавший в западных штатах до гражданской войны 3. *разг.* 1) чужак», кандидат на выборах в парламент или член парламента, не живущий в данном избирательном округе или переехавший туда по политическим соображениям (*в Великобритании*) 2) *амер.* «пришлый кандидат»; житель одного штата, выставляющий свою кандидатуру на выборах в другом штате 4. *разг.* политический авантюрист; политический проходимец

carpetbag steak [ˈkɑːpɪtbæɡˈsteɪk] кусок мяса, нашпигованный устрицами

carpet-beating [ˌkɑːpɪtˈbiːtɪŋ] *n* выбивание ковра

carpet-bedding [ˈkɑːpɪtˌbedɪŋ] *n сад.* ковровая посадка

carpet-bombing [ˌkɑːpɪtˈbɒmɪŋ] *n воен.* «ковровая бомбёжка», бомбометание по площади; площадное бомбометание с высокой плотностью

carpeting [ˈkɑːpɪtɪŋ] *n* 1. ковровая ткань 2. настилка ковров

carpet-knight [ˈkɑːpɪtnaɪt] *n презр.* 1. солдат, отсиживающийся в тылу 2. салонный шаркун; дамский угодник

carpet-moth [ˈkɑːpɪtmɒθ] *n энт.* ковровая моль (*Trichophaga tapetzella*)

carpet-rod [ˈkɑːpɪtrɒd] *n* прут для укрепления ковровой дорожки на лестнице

carpet-slippers [ˈkɑːpɪtˌslɪpəz] *n pl* ковровые туфли; тёплые домашние туфли

carpet-sweeper [ˈkɑːpɪtˌswiːpə] *n* щётка для чистки ковра

carpet-weed [ˈkɑːpɪtwiːd] *n бот.* моллюго (*Mollugo gen.*)

carpi [ˈkɑːpaɪ] *pl om* carpus

carping [ˈkɑːpɪŋ] *a* злой; недоброжелательный; язвительный; ~ tongue злой язык; ~ spirit дух недоброжелательства

carpo- [ˈkɑːpə(ʊ)-] *биол.* в сложных словах с греч. корнями имеет значение плод: carpophore плодоносец (*разросшееся цветоложе*); carpophagous плодоядный

carpology [kɑːˈpɒlədʒɪ] *n* карпология (*раздел ботаники*)

car-pool [ˈkɑːpuːl] *n амер.* 1) легковые автомобили для служебного пользования 2) договорённость автовладельцев о совместной эксплуатации автомашин

carpool [ˈkɑːpuːl] *v амер.* 1) совместно эксплуатировать автомобиль (*для доставки на работу, в магазин, в школу и т. п.*) 2) по очереди подвозить друг друга на автомобиле

carport [ˈkɑːpɔːt] *n* навес для автомобиля

carpus [ˈkɑːpəs] *n (pl* -pi) *анат.* запястье

carr [kɑː] *n диал.* 1) болотце; топкое место 2) рощица на заболоченном участке

carrack [ˈkærək] *n ист.* карак(к)а (*вооружённое купеческое судно*); галеон

carrageen, carragheen [ˈkærəɡiːn] *n бот.* карраген, ирландский или жемчужный мох (*Chondrus crispus*)

carrat [ˈkærət] = carat

carraway [ˈkærəweɪ] = caraway

carrefour [ˌkærəˈfʊə, ˌkærəˈfɔː] *n* перекрёсток, распутье

carrel(l) [ˈkærəl] *n* кабина, отсек для научной работы (*в книгохранилище и т. п.*)

carriage [ˈkærɪdʒ] *n* I 1. экипаж; карета 2. пассажирский вагон; ~ rolling stock *ж.-д.* вагонный парк; to change ~s делать пересадку 3. тележка, вагонетка 4. *спец.* 1) каретка (*пишущей машинки и т. п.*) 2) ручка-перо-держатель (*в самопишущих приборах*) 2) суппорт, салазки (*станка и т. п.*) 5. sliding ~ салазки (*в приборах*) 5. *тех.* несущее устройство, шасси; рама 6. *стр.* тетива лестницы, косоур 7. дренажная труба 8. *воен.* лафёт, станок (*орудия*) 9. *ав.* гондола
II 1. 1) перевозка, транспортировка, транспорт; провоз; доставка; ~ by rail [by sea] железнодорожная [морская] перевозка 2) стоимость перевозки или доставки (*тж.* ~ freight) 3) переноска, ноша 2. 1) выполнение, проведение в жизнь, осуществление (*закона, предложения*) 2) принятие (*решения и т. п.*); ~ of a resolution принятие резолюции 3) ведение, управление; ~ of affairs ведение дел; ~ of a sale устройство распродажи; ~ of an enterprise управление предприятием 3. *ист.* 1) гужевая повинность 2) сбор за проезд (*по дороге и т. п.*); мостовой сбор 4. *библ.* ноша; бремя
III 1) осанка; манера держаться; a graceful ~ of the head изящная посадка головы 2) «хальтунг» (*конькобежный спорт*)

carriageable [ˈkærɪdʒəb(ə)l] *a* 1. удобный, проезжий (*о дороге*) 2. *редк.* портативный; транспортабельный

carriage and pair [ˌkærɪdʒən(d)'peə] экипаж, запряжённый парой лошадей
carriage body ['kærɪdʒˌbɒdɪ] кузов
carriage-company [ˌkærɪdʒ'kʌmpənɪ] *n ирон.* избранное общество
carriage dog ['kærɪdʒdɒg] далматский пятнистый дог
carriage-drive ['kærɪdʒdraɪv] *n* дорога для экипажей в парке *и т. п.*
carriage-forward [ˌkærɪdʒ'fɔːwəd] *adv ком.* с оплатой доставки получателем
carriage-free [ˌkærɪdʒ'friː] *adv ком.* франко место назначения; доставка оплачена
carriage-paid [ˌkærɪdʒ'peɪd] *adv* провоз оплачен, за перевозку уплачено
carriage road ['kærɪdʒrəʊd] гужевая дорога
carriage trade ['kærɪdʒtreɪd] 1. «экипажная публика» (*богатые театралы конца XIX — начала XX вв.*). 2. «экипажная пьеса», салонная пьеса (*пьеса для богатой публики*)
carriageway ['kærɪdʒweɪ] *n* проезжая часть (*дороги*)
carrick bend ['kærɪk'bend] *мор.* плоский штык (*узел*)
carrier ['kærɪə] *n* 1. носильщик; подносчик 2. 1) посыльный; рассыльный; курьер 2) *амер.* почтальон (*тж.* letter ~, mail ~) 3. возчик, перевозчик 4. транспортная контора, транспортное агентство; public /common/ ~ общественный перевозчик (*железная дорога, пароходная компания и т. п.*) 5. 1) транспортное средство 2) *point noun* пункт погрузки транспорта; ~ truck *амер.* грузовой автомобиль для перевозки тяжеловесных крупногабаритных грузов *или* орудий; автомобиль-тановоз; ~ platoon *воен.* взвод пулемётных транспортёров 2) транспортное судно; cargo ~ грузовое судно; timber ~ лесовоз 3) авианосец 4) транспортный самолёт 6. контейнер 7. багажник (*мотоцикла*) 8. *мед.* бациллоноситель; переносчик возбудителя болезни 9. = carrier-pigeon 10. транспортёр, конвейер 11. трубопровод 12. *тех.* кронштейн, поддерживающее *или* несущее приспособление; несущий элемент конструкции 13. держатель; film ~ кассета, плёнкодержатель; lens ~ оправа объектива 14. 1) *хим.* несущая среда 2) *спец.* наполнитель (*в красках, удобрениях и т. п.*) 15. *физ.* носитель (*напр., заряда*) 16. лямки для переноски груза
carrier-bag ['kærɪəbæg] *n* 1) хозяйственная сумка 2) бумажная *или* полиэтиленовая сумка (*выдаётся в магазине вместе с покупкой*)
carrier-borne ['kærɪəbɔːn] *a воен.* базирующийся на авианосец; ~ attack воздушная атака с авианосца
carrier-dog ['kærɪədɒg] *n* 1) вьючная собака 2) *воен.* собака связи
carrier frequency ['kærɪə'friːkwənsɪ] радио несущая частота
carrier gas ['kærɪəgæs] дыхательная смесь (*для аквалангистов*)
carrier-nation ['kærɪəˌneɪʃ(ə)n] *n* страна-перевозчик (*широко использует свой флот для перевозки товаров других стран*)
carrier-pigeon ['kærɪəˌpɪdʒɪn] *n* почтовый голубь
carrier-plane ['kærɪəpleɪn] *n воен.* палубный, бортовой самолёт
carrier rocket ['kærɪəˌrɒkɪt] ракета-носитель
carrier-shell ['kærɪəʃel] *n воен.* специальный снаряд (*химический, зажигательный, осветительный*)
carrier vehicle ['kærɪəˌviːɪk(ə)l] 1. транспортёр, транспортное средство 2. ракета-носитель

carrier wave ['kærɪəweɪv] радио несущая волна
carrie-talkie [ˌkærɪ'tɔːkɪ] *n разг.* переносная рация
carriole ['kærɪəʊl] *n* 1. канадские сани 2. лёгкий одноконный экипаж
carrion I ['kærɪən] *n* 1. падаль; мертвечина 2. *пренебр.* падаль, мерзость, гадость
carrion II ['kærɪən] *a* 1. гнилой; гниющий; разлагающийся 2. отвратительный
carrion-crow ['kærɪənkrəʊ] *n зоол.* ворона чёрная (*Corvus corone*)
carriwitchet ['kærɪ'wɪtʃɪt] *n* 1) игра слов, каламбур 2) вопрос с подвохом; розыгрыш, шутка
carrom I, II ['kærəm] = carom I *и* II
carrot ['kærət] *n* 1. *бот.* морковь (*Daucus carota*) 2. *pl* 1) *шутл.* рыжие волосы 2) рыжие (*о людях*)
carroty ['kærətɪ] *a* 1) морковного цвета 2) рыжий (*о волосах, человеке*)
carrousel [ˌkærə'sel, ˌkærə'zel] *n* 1. карусель 2. «карусель» (*устройство в проекторе для последовательного показа слайдов; тж.* slide ~)
carrucate ['kærʊkeɪt] = carucate
carry I ['kærɪ] *n* 1. переноска; перевозка 2. дальнобойность (*орудия*); дальность полёта (*снаряда, мяча в гольфе и т. п.*) 3. *спорт.* 1) проводка (*при гребле*) 2) поддержка (*в фигурном катании*) 4. *воен.* положение «на плечо» 5. *шотл.* движение облаков 6. *амер.* волок 7. *мат.* перенос (*в следующий разряд при сложении*) 8. *информ.* перенос, разряд переноса
carry II ['kærɪ] *v* I 1. нести, носить; to ~ a box on one's shoulder нести коробку на плече; to ~ a bag to the house принести /отнести/ сумку в дом; she was ~ing a baby in her arms она несла ребёнка на руках; a lift is licensed to ~ a certain number of persons в лифте разрешается подниматься (одновременно) только определённому числу людей; he went as fast as his legs could ~ him он удирал со всех ног; to ~ the war into the enemy's country а) переносить войну на территорию противника; б) предъявлять встречное обвинение; to ~ the fight to the enemy ворваться в расположение противника; to ~ back а) относить обратно, возвращать; б) переноситься в прошлое; to ~ smth. back to a remote past относить что-л. к далёкому прошлому; let me ~ you back to the day when we first met разрешите напомнить вам день нашей первой встречи; that carries me back to my youth это переносит меня в дни моей молодости; to ~ down сносить (вниз); the body was carried down by the stream тело унесло вниз по течению; to ~ off увести, унести; похитить; to ~ off a child [an animal] похитить ребёнка [животное]; to ~ off a sentry *воен.* снять /захватить/ часового 2. 1) вести, возить, перевозить (*тж.* ~ over); to ~ by rail перевозить по железной дороге; railways and ships ~ goods железные дороги и пароходы перевозят товары /грузы/; this bicycle has carried me 500 miles на этом велосипеде я проехал 500 миль 2) вести, привезти; to ~ a ship to London привести корабль в Лондон; to ~ a horse to water повести лошадь на водопой; to ~ smb. before justice привлечь кого-л. к суду, отдать кого-л. в руки правосудия 3) выдерживать транспортировку; this wine does not ~ well это вино портится от перевозки 3. иметь при себе, носить (с собой; *тж.* ~ about); to ~ a watch носить часы; to ~ arms

быть вооружённым, носить /иметь при себе/ оружие; I never ~ a walking-stick я никогда не хожу с палкой; I never ~ much money about with me у меня никогда не бывает при себе /я никогда не ношу с собой/ много денег 4. 1) содержать (в себе), заключать; this book carries many tables в книге много таблиц; this article carries no information в этой статье не содержится /эта статья не несёт/ никакой информации; to ~ an analogy быть аналогичным; to ~ inference позволять сделать вывод 2) иметь; to ~ a wound иметь ранение; to ~ insurance быть застрахованным; иметь страховой полис; to ~ a price /a value/ стоить, иметь цену; быть в цене; to ~ one *мат.* (держать) один в уме; the hospital carries a good staff в госпитале (имеется) хороший персонал; how many subjects did you ~ this term? сколько предметов у тебя было /ты изучал/ в этом семестре? 5. 1) нести на себе тяжесть, нагрузку; поддерживать (*о колоннах и т. п.*); to ~ the traffic выдерживать движение (*о дороге*) 2) выдерживать, выносить; he knows how to ~ his liquor он умеет пить не пьянея 6. продолжать, удлинять, доводить (до какого-л. места); подводить (к какому-л. месту); to ~ a wall right round a field обнести забором всё поле 7. поддерживать материально, оказывать финансовую помощь 8. вести; to ~ the puck вести шайбу (*хоккей*); to ~ the melody *амер.* вести мелодию (*в хоре*) 9. влечь за собой; to ~ a penalty влечь за собой наказание; a decision that carries another решение, влекущее за собой новое решение 10. *амер.* торговать (*чем-л.*); иметь в продаже, продавать, держать; this shop does not ~ fruit фрукты в этом магазине не продаются

II A 1. убирать (*хлеб, сено*); вывозить (*с поля*) 2. 1) передавать, проводить (*звуки и т. п.*); pipes ~ water вода подаётся по трубам; wires ~ sound звук передаётся по проводам 2) передавать (*сообщения*); разносить (*новости*); he carried the news to everyone in the village он разнёс эту новость по всей деревне 3) проводить (*электричество*) 4) прокладывать (*трубы*) 3. 1) достигать (*определённого места*); долетать (*о снаряде*); our guns wouldn't ~ as far as the enemy ships наши снаряды не долетали до кораблей противника 2) доноситься (*о звуке*); the sound of the firing carried many miles выстрелы были слышны за много миль; his voice did not ~ beyond the first rows его было слышно только в первых рядах 4. 1) овладеть, захватить, взять; to ~ a position захватить позицию; to ~ by storm брать /взять/ штурмом; to ~ a fortress взять крепость 2) одержать победу, выиграть (*приз, соревнование и т. п.*); to ~ an election победить /одержать победу/ на выборах; to ~ a case *юр.* выиграть дело (*процесс*) 3) добиться (*чего-л.*); отстоять (*свои убеждения и т. п.*); to ~ one's point отстоять свою позицию; I've carried my point я доказал свою правоту 6. 1) принимать (*решение, документ*); the bill [the resolution] was carried законопроект был принят [резолюция была принята]; to ~ a motion by a large majority принять предложение большинством голосов 2) проводить (*кандидата*) 7. носить (*ребёнка*); быть беременной; to ~ a Loy

CAR — CAR

быть беременной мальчиком; carried to full time доношенный (*о плоде, ребёнке*) **8.** приносить (*доход, процент*) **9.** *бухг.* переносить (*на другую страницу и т. п.*); to ~ to the next column перенести в соседнюю графу **10.** *амер.* помещать (*в газете*); to ~ a large amount of advertising помещать (*на своих страницах*) много объявлений; newspapers ~ weather reports в газетах помещаются сообщения о погоде /сводки погоды/ **11.** *амер. полигр.* выпускать (*в форме серийного издания*) **12.** *воен.* брать на плечо (*оружие и т. п.*)

II Б **1.** *to carry smth. to a certain condition* доводить что-л. до какого-л. состояния; to ~ the work to completion завершить работу; довести работу до конца; to ~ to extremes доводить до крайности; to ~ smth. to excess заходить в чём-л. слишком далеко, впадать в крайность **2.** *to carry smth. with oneself* 1) увлечь (за собой), завоевать, овладеть; to ~ one's audience with one(self) увлечь (за собой) аудиторию 2) помнить, хранить в памяти; I always ~ with me the memory of that child's face у меня всегда перед глазами лицо этого ребёнка **3.** *to carry oneself in a certain way* 1) держаться, иметь какую-л. осанку; ~ yourself better, don't slouch! держись прямо, не горбись!; she carries herself well у неё хорошая /правильная/ осанка; he carries himself like a soldier у него военная выправка 2) вести себя; держать себя; поступать; to ~ oneself well [with dignity] держаться хорошо [с достоинством]; he carried himself bravely он мужественно вёл себя

◇ to ~ all /everything/ before one а) преодолеть все препятствия; сметать всё на своём пути; б) иметь большой успех, преуспевать; завоевать сердца; to ~ into effect осуществлять, приводить в исполнение; проводить в жизнь; to ~ it превозмочь, взять верх; to ~ it away одолеть (*противника*), победить; to ~ the day одержать победу; to ~ too far заходить *или* заводить слишком далеко; to fetch and ~ (for) быть на побегушках (*у кого-л.*); to ~ too many guns for smb. оказаться не по силам кому-л.; to ~ conviction убеждать, быть убедительным; to ~ weight а) иметь вес, влияние; б) *спорт.* нести дополнительный груз (*в гандикапе*); to ~ smb. high (and dry) *амер.* дразнить /высмеивать/ кого-л.; ~ me out! сил моих нет!, больше не могу!; to ~ the can нести ответственность, часто связанную с риском и опасностью

carry about ['kærɪə'baʊt] *phr v* носиться; carried about with every wind *библ.* увлекающиеся всяким ветром

carry all, carryall ['kærɪɔːl] (*n*) **1.** 1) вещевой мешок 2) большая сумка (*дорожная, женская*) **2.** *амер.* конный экипаж для нескольких человек

carryall trailer ['kærɪɔːl'treɪlə] *авт.* универсальный прицеп

carry along ['kærɪə'lɒŋ] *phr v* **1.** захватывать, увлекать; we were all carried along by his speech все мы были захвачены его речью; его выступление привлекло нас всех на его сторону **2.** морально поддерживать; ободрять, поднимать дух; the football team was carried along by the enthusiasm of its supporters энтузиазм болельщиков очень помог игрокам футбольной команды

carry away ['kærɪə'weɪ] *phr v* **1.** уносить; the storm carried away the sails буря унесла паруса **2.** увлекать; охватывать (*о чувстве*); to be carried away by one's enthusiasm быть охваченным энтузиазмом; увлечься; to be carried away by temptation поддаться соблазну; he was carried away by the music музыка заставила его позабыть всё (на свете)

carry-cot ['kærɪkɒt] *n* переносная детская кроватка (*с ручками*)

carry forward ['kærɪ'fɔːwəd] *phr v* **1.** 1) продвигать (*дело*) 2) делать успехи; to ~ the advance *воен.* развивать наступление **2.** *бухг.* переносить в другую графу, бухгалтерскую книгу, на другой счёт

carrying ['kærɪɪŋ] *n* **1.** 1) ношение; ~ concealed weapons *воен.* запрещённое ношение оружия 2) переноска, подноска **2.** провоз; перевозка

carrying capacity ['kærɪɪŋkə'pæsɪtɪ] **1.** пропускная способность **2.** грузоподъёмность **3.** *эл.* допускаемая сила тока

carrying-on [,kærɪɪŋ'ɒn] *n* (*pl* carryings-[,kærɪɪŋz-]) *разг.* фривольное, легкомысленное поведение; нелепые выходки

carrying-over ['kærɪɪŋ,əʊvə] *n стих.* перенос, анжамбеман, текучая строка

carrying sling ['kærɪɪŋslɪŋ] ремень, лямка

carrying trade [,kærɪɪŋ'treɪd] ком. транспорт, транспортное дело, *особ.* морской транспорт, фрахтовое дело

carry off ['kærɪ'ɒf] *phr v* **1.** свести в могилу. **2.** выигрывать (*приз, игру*); to ~ most of the medals выиграть большую часть медалей **3.** *разг.* выдерживать; to carry it off не подать виду, глазом не моргнуть; he carried it off very cleverly он очень ловко выпутался

carry on ['kærɪ'ɒn] *phr v* **1.** 1) продолжать; to ~ playing продолжать играть; to ~ a conversation with smb. вести разговор с кем-л. ~! а) продолжайте (работу)!; б) *воен.* продолжайте занятия /работу/ 2) продолжаться; the poem carries on over the page стихотворение продолжается на следующей странице **2.** заниматься (*чем-л.*); вести (*дело*); to ~ business заниматься бизнесом /предпринимательством/; **3.** 1) (with) *разг. неодобр.* флиртовать *или* иметь любовную связь (*с кем-л.*) 2) вести себя несдержанно; беситься; don't ~ so! возьми себя в руки!; не злись так!; to ~ about smth. устраивать скандал; злиться по какому-л. поводу

carry-on¹ I ['kærɪɒn] *n* ручной багаж, ручная кладь (*особ. в самолёте*)

carry-on¹ II ['kærɪɒn] *a* ручной (*о багаже*); ~ luggage = carry-on¹ I

carry-on² [,kærɪ'ɒn] = carrying-on

carry out ['kærɪ'aʊt] *phr v* **1.** доводить до конца, завершать **2.** выполнять (*план, приказ, обещание*); to ~ a threat привести угрозу в исполнение; to ~ tests проводить испытания /эксперименты/ **3.** выносить (*покойника*)

carry-out ['kærɪaʊt] *a амер.* продаваемый навынос; ~ food ≅ обеды на дом; ~ service отпуск обедов на дом

carry over ['kærɪ'əʊvə] *phr v* **1.** 1) переносить (*слово на другую строку или число в следующий разряд*); делать перенос 2) *бухг.* переносить в другую графу, книгу, на другой счёт **2.** переносить; откладывать; these matters should be carried over for consideration at the next meeting эти вопросы следует рассмотреть на следующем заседании **3.** привлекать на свою сторону; his arguments carried over his opponents его доводы убедили противников **4.** переходить; распространяться; the habit carries over from my childhood эта привычка у меня с детства **5.** переходить (*во владение, в собственность*); the money will ~ to his children его деньги унаследуют дети **6.** пролонгировать

carry-over ['kærɪ,əʊvə] *n* **1.** переходящий запас *или* остаток **2.** 1) перенос (*слова на другую строку или числа в следующий разряд*) 2) *бухг.* перенос, транспорт, перенос **3.** *бирж.* репорт (*отсрочка сделки*); ~ price /rate/ процентное вознаграждение за отсрочку сделки

carrytale ['kærɪteɪl] *n уст.* сплетник, переносчик слухов

carry through ['kærɪ'θruː] *phr v* **1.** осуществлять, проводить; to ~ an undertaking through довести мероприятие до конца; to ~ with the bussiness завершить дело **2.** помогать, поддерживать; his courage will carry him through мужество поможет ему (*победить, добиться своего и т. п.*)

carry-through ['kærɪθruː] *n* проводка (*мяча — теннис*)

carry up ['kærɪ'ʌp] *phr v* **1.** возводить, строить **2.** подтягивать (*войска, тылы и т. п.*) **3.** проследить происхождение; относить (*событие к определённой эпохе*) **4.** = carry over 1, 2

carse [kɑːs] *n геол.* **1.** карст **2.** плодородная речная пойма

car-sick ['kɑːsɪk] *a* чувствующий тошноту от поездки в автомобиле, поезде, трамвае; I was ~ меня укачало

cart I [kɑːt] *n* **1.** телега; повозка; двуколка **2.** (ручная) тележка; тачка **3.** *уст.* экипаж; колесница; Phoebus' C. колесница Феба **4.** карт, гоночный микроавтомобиль

◇ in the ~ в затруднительном положении; to put /to set/ the ~ before the horse делать *или* понимать (*что-л.*) шиворот-навыворот; принимать причину за следствие; ≅ впрягать телегу перед лошадью

cart II [kɑːt] *v* **1.** 1) ехать в телеге *и т. п.* (*см.* cart I) 2) везти в телеге *и т. п.* **2.** *ист.* возить на тачке (*вид наказания*)

cartable ['kɑːtəb(ə)l] *a редк.* **1.** транспортабельный; поддающийся гужевой перевозке **2.** проезжий для гужевого транспорта (*о дороге*)

cartaceous [kɑː'teɪʃəs] = chartaceous

cartage [kɑː'tɪdʒ] *n* **1.** гужевая *или* автотранспортная перевозка **2.** стоимость гужевой *или* автотранспортной перевозки

carte¹ [kɑːt] *n* **1.** меню; карта вин **2.** *сокр. от* carte-de-visite **3.** *редк.* карта (*игральная*) **4.** *уст.* (географическая) карта

carte² [kɑːt] *n* четвёртая позиция (*фехтование*)

carte blanche [,kɑːt'blɑːnʃ] карт-бланш; to give ~ предоставить /дать/ полную свободу действий

carte-de-visite [,kɑːtdəvɪ'ziːt] *n* (*pl* cartes-[,kɑːt(s)-]) *фр.* **1.** визитная карточка **2.** фотопортрет размером 3,5 × 2,5 д., наклеенный на паспарту

carte du jour [,kɑːtdu:'ʒuːr] *фр.* меню (*на день*)

cartel [kɑː'tel] *n* **1.** *эк.* картель **2.** *дип.* 1) картель (*соглашение об обмене пленными, почтой и т. п. между воюющими сторонами*) 2) обмен пленными 3) картельное судно (*с парламентёром или обмениваемыми пленными*) **3.** (*часто* С.) *полит.* блок **4.** *ист.* картель, письменный вызов на дуэль **5.** *редк.* карточка *или* листок с написанным *или* напечатанным текстом; ~ with some Greek verses листок с греческими стихами

cartelize [kɑːˈtelaɪz] *v эк.* 1) картелировать, объединять в картель 2) объединяться в картель
cartel-ship [ˈkɑːtlˌʃɪp] = cartel 2, 3)
carter [ˈkɑːtə] *n* возчик; ломовой извозчик
Cartesian I [kɑːˈtiːzjən, kəˈtiːzɪən] *n филос.* картезианец, последователь Декарта
Cartesian II [kɑːˈtiːzjən, kɑːˈtiːzɪən] *a филос.* картезианский; декартовский; декартов; ~ coordinates *мат.* прямоугольные /декартовы/ координаты
cartful [ˈkɑːtful] *n* воз (*как мера груза*)
Carthaginian I [ˌkɑːθəˈdʒɪnɪən] *n ист.* карфагенянин
Carthaginian II [ˌkɑːθəˈdʒɪnɪən] *a ист.* карфагенский; пунический
carthamus [ˈkɑːθəməs] *n бот.* сафлор (*Carthamus tinctorius*)
cart-head [ˈkɑːthed] *n* передок телеги
cart-horse [ˈkɑːthɔːs] *n* ломовая лошадь
cart-house [ˈkɑːthaus] *n* навес для телег
Carthusian I [kɑːˈθjuːzjən, kɑːˈθjuːzɪən] *n* 1. монах ордена картезианцев, картезианец 2. воспитанник привилегированной мужской школы Чартерхаус-Скул
Carthusian II [kɑːˈθjuːzjən, kɑːˈθjuːzɪən] *a* картезианский, относящийся к монашескому ордену картезианцев
cartilage [ˈkɑːtɪlɪdʒ] *n* хрящ
cartilaginous [ˌkɑːtɪˈlædʒənəs] *a* хрящевой; ~ fish *собир.* хрящевые рыбы
carting [ˈkɑːtɪŋ] *n спорт.* картинг
cartload [ˈkɑːtləud] *n* воз (*как мера груза*); two ~s of hay два воза сена
cart-man [ˈkɑːtmən] *n* (*pl* -men [-mən]) возчик
cartogram [ˈkɑːtəgræm] *n* 1) картограмма 2) статистическая карта
cartographer [kɑːˈtɒgrəfə] *n* картограф
cartographic, cartographical [ˌkɑːtəˈgræfɪk, -(ə)l] *a* картографический
cartography [kɑːˈtɒgrəfɪ] *n* картография
cartomancy [ˈkɑːtəmænsɪ] *n* гадание на картах
carton [ˈkɑːtn] *n* 1. картонка; картонная коробка 2. тонкий картон 3. блок (*сигарет и т. п.*) 4. 1) «яблочко», белый кружок или белое кольцо в центре специальной мишени 2) зачётная мишень
cartonnage [ˈkɑːtəˈnɑːʒ] *n* 1) картон 2) упаковка, упаковочный материал
cartoon I [kɑːˈtuːn] *n* 1. карикатура; рисунок комического или сатирического содержания 2. *амер.* комикс 3. *жив.* картон (*этюд для фрески и т. п.*) 4. кино мультипликация (*тж.* animated ~) 5. *вчт.* распечатка в виде графического изображения
cartoon II [kɑːˈtuːn] *v* 1. рисовать карикатуры и *пр.* (*см.* cartoon I) 2. изображать в карикатурном виде (*на рисунке*); рисовать шарж (*на кого-л.*)
cartoonews [kɑːˈtuːnjuːz] *n кино проф.* рисованная, мультипликационная кинохроника; мультипликационный киножурнал
cartoonist [kɑːˈtuːnɪst] *n* 1. карикатурист; художник-юморист 2. *кино* художник-мультипликатор
car-top [ˈkɑːtɒp] *v амер.* перевозить на крыше, на верхнем багажнике автомобиля
cartopper [ˈkɑːˌtɒpə] *n амер.* лодка, перевозимая на крыше автомобиля
cartouche [kɑːˈtuːʃ] *n* 1. 1) картуш; орнаментальный завиток (*на капители*)

2) орнамент в виде свитка (*на книгах, картах*) 2. *воен.* лядунка; патронная сумка
cartridge [ˈkɑːtrɪdʒ] *n* 1. *воен.* патрон 2. *фото* 1) патрон с фотохимикалиями 2) катушка плёнки 3) картридж (*тип кассеты для микрофильма*) 3. коробка для пересылки (*чеков, сдачи, заказов, книг и т. п.*) по пневматическому транспортёру 4. *вчт.* кассета; ~ disk кассетный диск, дисковый пакет; ~ tape кассетная лента, накопитель на кассетной ленте
cartridge-bag [ˈkɑːtrɪdʒbæg] *n воен.* зарядный картуз
cartridge-base [ˈkɑːtrɪdʒbeɪs] *n воен.* шляпка гильзы
cartridge-belt [ˈkɑːtrɪdʒbelt] *n* патронташ
cartridge-body [ˈkɑːtrɪdʒˌbɒdɪ] *n воен.* корпус гильзы
cartridge-box [ˈkɑːtrɪdʒbɒks] *n* 1) *воен.* патронный ящик 2) патронташ
cartridge-case [ˈkɑːtrɪdʒkeɪs] *n воен.* 1) патронная гильза 2) патронташ
cartridge-chamber [ˈkɑːtrɪdʒˌtʃeɪmbə] *n воен.* патронник
cartridge-clip [ˈkɑːtrɪdʒklɪp] *n воен.* патронная обойма
cartridge-drum [ˈkɑːtrɪdʒdrʌm] *n воен.* дисковый магазин
cartridge-fuse [ˈkɑːtrɪdʒfjuːz] *n эл.* плавкий патрон
cartridge-igniter [ˌkɑːtrɪdʒɪgˈnaɪtə] *n спец.* пирозапал, пиросвеча
cartridge illuminating sign [ˌkɑːtrɪdʒɪˈl(j)uːmɪneɪtɪŋˈsaɪn] *воен.* осветительная сигнальная ракета
cartridge-paper [ˈkɑːtrɪdʒˌpeɪpə] *n* плотная бумага (*для рисования и для патронных гильз*)
cartridge-pouch [ˈkɑːtrɪdʒpautʃ] *n воен.* подсумок
cart-road [ˈkɑːtrəud] = cart-way
cart's-tail, cart-tail [ˈkɑːtsteɪl, ˈkɑːtteɪl] *n* задок телеги
cart-track [ˈkɑːttræk] = cart-way
cartulary [ˈkɑːtjul(ə)rɪ] = chartulary 1
cartune [kɑːˈtjuːn] *n кино проф.* музыкальный рисованный кинофильм, музыкальная киномультипликация
cart-way [ˈkɑːtweɪ] *n* гужевая дорога; просёлочная дорога
cart-wheel [ˈkɑːtwiːl] *n* 1. колесо телеги 2. 1) кувырканье колесом; to turn /to throw/ ~s кувыркаться /ходить/ колесом 2) переворот (*боком*) в сторону; «колесо» (*гимнастика*); one arm ~ переворот боком с опорой одной рукой; ~ with turning переворот в стойку с поворотом на 90° 3. *ав.* переворот через крыло 4. (*дамская*) шляпа с большими прямыми полями 5. *шутл.* большая монета (*крона, серебряный доллар и т. п.*) 6. круг (*сыра*)
cart-whip [ˈkɑːtwɪp] *n* длинный кнут
cartwright [ˈkɑːtraɪt] *n* каретник; экипажный мастер
carucate [ˈkærjukeɪt] *n ист.* «запашка» (*мера земли около 120 акров*)
caruncle [ˈkærəŋkl] *n* 1. мясистый нарост, гребень (*у индюка и т. п.*) 2. *бот.* карункула, присеменник
carve [kɑːv] *v* 1. 1) вырезать, резать (*по дереву, кости и т. п.* ~ out). 2) in ivory вырезанный из слоновой кости; the chest is finely ~d шкатулка украшена тонкой резьбой; an ivory box ~d with figures шкатулка из слоновой кости с резными фигурами; wrinkles ~d his skin лицо его было изрезано морщинами 2) выпиливать (*из дерева*) 3) (out of, in) высекать; to ~ out of stone высекать из камня; ~d in stone высеченный из камня; to ~ (out) a career сделать карь-

CAR — CAS   C

еру 4) гравировать 2. 1) резать, разрезать; to ~ in two разрезать пополам; to ~ in /to/ pieces изрубить на куски 2) резать (*на куски*), нарезать (*ростбиф, дичь и т. п.*) 3. разделывать, делить, дробить; расчленять (*тж.* ~ up) 4. (through) прокладывать, пробивать (*путь*; *тж.* ~ out); he ~d out a passage он с боем пробил себе путь 5. поступать по своему усмотрению; he may not ~ for himself (*Shakespeare*) не волен он в своих поступках
carvel [ˈkɑːv(ə)l] *n мор. ист.* каравелла
carvel-built, carvel-planked [ˈkɑːv(ə)lˌbɪlt, -ˌplæŋkt] *a мор.* с обшивкой вгладь (*о судне*)
carven [ˈkɑːv(ə)n] *a поэт.* резной; вырезанный (*из кости*); высеченный (*из мрамора и т. п.*)
carve out [ˈkɑːvaut] *phr v* 1. добиваться (*для себя*); he carved out a large fortune in a short time он быстро составил себе большое состояние; to ~ a career for oneself сделать карьеру; he carved out a career for himself as an actor он сделал артистическую карьеру 2. *юр.* выделять (*часть имущества, имение*) 3. сводить (*лес*)
carver [ˈkɑːvə] *n* 1. *см.* carve + -er 2. 1) резчик (*по дереву, кости и т. п.*) 2) гравёр 3) скульптор (*работающий в мраморе и т. п.*) 3. нож для разделки мяса; a pair of ~s большой нож и вилка
carve up [ˈkɑːvʌp] *phr v разг.* обманывать, надувать
carve-up [ˈkɑːvʌp] *n разг.* 1. мошеннический сговор 2. раздел, делёж (*добычи, территории, сферы влияния и т. п.*)
carving [ˈkɑːvɪŋ] *n* 1. резьба, резной орнамент; резное изображение 2. 1) резная работа; резьба 2) выпиливание 3. 1) резка, нарезка; разрезание 2) нарезание (*ростбифа, дичи и т. п.*) 3) *спец.* разделка (*туши*)
carving-fork [ˈkɑːvɪŋfɔːk] *n* вилка, используемая при нарезании мяса
carving-knife [ˈkɑːvɪŋnaɪf] = carver 3
carving wood [ˈkɑːvɪŋwud] пиломатериал
carvy [ˈkɑːvɪ] *шотл.* = caraway
car wash [ˈkɑːwɒʃ] мойка (*автомобилей*)
carwitchet [ˈkɑːwɪtʃɪt] = carriwitchet
car yard [ˈkɑːjɑːd] *ж.-д.* сортировочный парк
caryatid [ˌkærɪˈætɪd] *n* (*pl* -des) *архит.* кариатида
caryatides [ˌkærɪˈætɪdiːz] *pl от* caryatid
caryophyllaceous plant [ˌkærɪəfɪˈleɪʃəsˈplɑːnt] *бот.* растение семейства гвоздичных (*Caryophyllaceae*)
caryopsides [ˌkærɪˈɒpsɪdiːz] *pl от* caryopsis
caryopsis [ˌkærɪˈɒpsɪs] *n* (*pl* -psides) *бот.* зерновка
casaba [kəˈsɑːbə] *n бот.* кассаба, зимняя дыня (*Cucumis melo или inodorus*)
casal [ˈkeɪs(ə)l] *a грам.* падежный
cascabel [ˈkæskəbel] *n* 1. *воен. ист.* виноград (*пушки*) 2. 1) гремучая змея 2) гремушка, погремок (*у змеи*)
cascade I [kæsˈkeɪd] *n* 1. каскад, небольшой водопад; ~ of lace [of sparks] каскад кружев [искр]; to fall in ~s падать каскадами 2. *тех.* 1) каскад, ступень 2) последовательное соединение (*механизмов и т. п.*); последовательное включение; ~ system многоступенчатая

система (*разделения изотопов и т. п.*)
cascade II [kæˈskeɪd] *v* 1. 1) низвергаться (*о водопаде*) 2) ниспадать (*о кудрях и т. п.*) 2. *груб.* рвать, блевать
cascading [kæˈskeɪdɪŋ] *n тех.* последовательное включение
case[1] I [keɪs] *n* 1. случай; обстоятельство; положение (дел), обстоятельства; the ~ in point a) данный случай, случай, относящийся к делу; б) подходящий пример; in any ~ во всяком случае; при любых обстоятельствах; we shall speak to him in any ~ мы в любом случае поговорим с ним; in that ~ в таком случае; in no ~ ни в коем случае; in the ~ of в отношении, что касается; in the ~ of children under 14 в отношении детей до 14 лет; I cannot make an exception in your ~ я не могу сделать исключения для вас; if I were in your ~ *разг.* на вашем месте я бы; that's the ~ да, это так; it /that/ is not the ~ это не так; дело не в этом, ничего подобного; is it the ~ that he has lost his job? правда ли, что он лишился работы?; this is especially the ~ (when) это особенно верно (когда /в том случае, если/); if that's the ~ в таком случае, если дело обстоит так, если это верно /правда/; as was formerly the ~ как это бывало /было/ раньше; such being the ~ в таком случае, если дело обстоит так; поскольку это так; such is the ~ with us вот в каком мы положении, вот как обстоит дело с нами; as the ~ may /might/ be в зависимости от обстоятельств (дела); смотря по обстоятельствам; should this be the ~ если выйдет /произойдёт/, случится/ так; as the ~ stands при данном положении дел; в настоящих условиях; to meet the ~ a) быть достаточным /удовлетворительным/; подходить, отвечать требованиям; б) разрешить вопрос; as the ~ may require как могут потребовать обстоятельства; по мере /в случае/ надобности; the ~ with me is the reverse у меня наоборот, а у меня не так; this is a ~ for the dean этим должен заняться декан; suppose the ~ were yours представьте, что дело касалось бы вас; this /it/ is another ~ это другое дело 2. доводы, доказательства, аргументы, соображения; аргументация; an unanswerable ~ неопровержимые доказательства; the ~ for [against] аргументы за [против]; the ~ for disarmament доводы в пользу разоружения; a ~ exists for revision of tariffs есть соображения в пользу пересмотра пошлин; there is the strongest ~ for self-government есть самые веские соображения в пользу самоуправления; to have a ~ иметь что сказать в своё оправдание /в защиту своей точки зрения/ *и т. п.*; you have a ~ here в этом с вами можно согласиться; to have a good ~ иметь хорошую аргументацию; you have a good ~ это звучит убедительно; to make out a ~ доказать (*что-л.*); to state one's ~ изложить свои доводы (*в суде*); to make out one's ~ доказать свою правоту, обосновать свою точку зрения; привести аргументы в пользу своего предложения; to base one's **on** smth. основывать свою аргументацию на чём-л.; в своей аргументации исходить из чего-л.; to put (the) ~ привести пример; to put one's ~ over добиться своего (*в чём-л.*); провести своё предложение, свой план *и т. п.* (*в отношении чего-л.*); to press one's ~ энергично доказывать свою точку зрения;

приводить всё новые доводы; добиваться своего 3. 1) судебное дело; criminal ~s уголовные дела; a leading ~, a ~ in precedent судебный прецедент (*имеющий главное значение при разрешении аналогичных дел*); a ~ of circumstantial evidence дело /обвинение/, в основу которого положены косвенные доказательства /улики/; to try a ~ судить, слушать дело; to be tried tomorrow дело будет слушаться завтра 2) *pl* судебная практика 3) доводы, аргументация по (судебному) делу; the ~ for the prosecution часть уголовного процесса, охватывающая все относящиеся к обвинению действия; the ~ for the defendant факты в пользу ответчика *или* подсудимого 4) казус; судебный прецедент (*тж.* the ~ of law) 5) судебное решение 4. лицо, находящееся под наблюдением, под надзором (*врача, воспитателей, полиции и т. п.*); больной, пациент, исследуемый; cot /lying-down/ ~ лежачий больной; walking ~ ходячий *или* амбулаторный больной; mental ~ психически больной; this child is a difficult ~ это трудный ребёнок; he is a hard ~ a) он неисправим; б) он закоренелый преступник 5. заболевание, случай; ~ rate *мед.* заболеваемость; ~ mortality *мед.* летальность; ~ of emergency случай /больной/, требующий неотложной помощи 6. клиент (*адвоката и т. п.*) 7. *грам.* падеж 8. *редк.* состояние; out of ~ в плохом (физическом) состоянии, нездоровый, не в форме; in ~ for smth. готовый к чему-л.; his hat was in a sorry ~ when he picked it up его шляпа имела жалкий вид /была в плачевном состоянии/, когда он её поднял 9. *сл.* «тип», чудак; he's a ~! ну и чудак! 10. *сл.* публичный дом (*тж.* ~ house) 11. *вчт.* 1) регистр клавиатуры 2) оператор выбора (*тж.* ~ statement)
◊ ~ of conscience моральная проблема; дело совести; to get down to ~s перейти к /добраться до/ сути дела; I'm afraid it's a ~ with him боюсь, что у него дела плохи /с ним дело обстоит неблагополучно/; a gone ~ безнадежный случай; пропащее дело; it is a gone ~ with him ему теперь крышка
case[1] II [keɪs] *v амер. сл.* рассматривать; высматривать; присматриваться (*с целью совершения кражи, ограбления*); he ~d the house before robbing it прежде чем совершить ограбление, он тщательно осмотрел дом

case[2] I [keɪs] *n* 1. ящик; коробка; ларец; контейнер; cigarette ~ портсигар; ~ goods *спец.* грузы в ящичной таре 2. сумка; чемодан; дорожный несессер; attaché ~ *см.* attaché case; vanity ~ дамский несессер (*с пудрой, помадой и т. п.*) 3. 1) футляр; чехол 2) ножны 3) покрышка (*мяча, шины*); оболочка 4. 1) корпус (*часов и т. п.*) 2) *тех.* картер (*двигателя*); камера 3) *тех.* оболочка; кожух 4) кассета 5. *воен.* гильза 6. набор, комплект (*инструментов*); ~ of drawing instruments готовальня 7. 1) витрина; застеклённый стенд 2) горка (*для хрусталя и т. п.*) 3) книжный шкаф (*особ.* двустворчатый) 8. *стр.* коробка (*оконная, дверная*) 9. наволочка 10. *полигр.* наборная касса; lower [upper] ~ касса строчных [прописных] литер 11. *полигр.* переплётная крышка
case[2] II [keɪs] *v* 1. 1) класть в ящик *и пр.* [*см.* case[2] I]) 2) упаковывать в ящик, паковать (~ up); the vase was ~d up for transport ваза была упакована для перевозки 2. вставлять в оправу 3. (with, in) 1) покрывать; the

copper was ~d over with silver на медь был нанесён слой серебра; the doctor ~d the limb in plaster врач наложил гипс на (сломанную) конечность 2) обшивать; ~d in armour одетый в броню; to ~ a brick wall with stone облицевать кирпичную стену камнем 4. *горн.* крепить скважину обсадными трубами 5. *сл.* сажать в одиночку 6. *разг.* срывать (*дело*); откладывать (в долгий ящик); this ~s things for a while теперь всё заглохнет на некоторое время

case area [ˈkeɪsˌe(ə)rɪə] *воен.* предполагаемый район захоронения
caseate [ˈkeɪsɪeɪt] *v мед.* подвергаться творожистому перерождению
caseation [ˌkeɪsɪˈeɪ(ə)n] *n мед.* створаживание
casebook [ˈkeɪsbʊk] *n* 1. 1) журнал для записи пациентов, посетителей *и т. п.* 2) журнал с историями болезней 2. 1) журнал, дневник работника патронажа, юриста *и т. п.* 2) *юр.* сборник прецедентов 3. лабораторный журнал; папка с протоколами опытов *и т. п.* 4. *спец.* сборник ситуационных задач
case-bottle [ˈkeɪsˌbɒtl] *n* бутылка в футляре, оплётке
cased [keɪst] *a* в жёстком переплёте (*о книге*)
case-ending [ˈkeɪsˌendɪŋ] *n грам.* падежное окончание
case grammar [ˈkeɪsˌgræmə] *n лингв.* падежная, ролевая грамматика
case-harden [ˈkeɪsˌhɑːdn] *v* 1. делать нечувствительным, ожесточать 2. *тех.* цементировать (*сталь*)
case-hardened [ˈkeɪsˌhɑːdnd] *a* 1. *тех.* поверхностно-закалённый, поверхностно-упрочнённый, цементированный 2. 1) нечувствительный, загрубелый 2) бывалый; закоренелый; ~ sailor морской волк, старый опытный моряк; ~ criminal закоренелый преступник
case-hardening [ˈkeɪsˌhɑːdnɪŋ] *n тех.* поверхностное упрочнение, поверхностная закалка
case history [ˌkeɪsˈhɪst(ə)rɪ] 1. история болезни 2. *социол.* материалы о неблагополучной семье, нуждающихся в помощи *и т. п.*
casein [ˈkeɪsɪən, ˈkeɪsiːn] *n биохим.* казеин
case-knife [ˈkeɪsnaɪf] *n* (*pl* -knives [-naɪvz]) 1) нож в футляре *или* ножнах 2) большой столовый нож
case-law [ˈkeɪslɔː] *n юр.* прецедентное право
case load [ˈkeɪsləʊd] количество пациентов у врача, клиентов у юриста *и т. п.*, обслуживаемых за определённый период
case-maker [ˈkeɪsˌmeɪkə] *n* 1) переплётчик 2) *полигр.* крышкоделательная машина
case-man [ˈkeɪsmæn] *n* наборщик
casemate [ˈkeɪsmeɪt] *n* 1. *воен.* 1) каземат 2) эскарповая *или* контрэскарповая галерея 2. = casement 2
casemated [ˈkeɪsmeɪtɪd] *a воен.* казематированный
casement [ˈkeɪsmənt] *n* 1. 1) створное окно; створный переплёт; ~ door двустворчатая дверь 2) оконная створка; to open a ~ открыть окно 2. *архит.* полужелобок
casement cloth [ˌkeɪsməntˈklɒθ] занавесочная ткань
casemented [ˈkeɪsməntɪd] *a* створчатый (*об окне*)
caseous [ˈkeɪsɪəs] *a* 1) творожистый; творожный 2) *спец.* казеозный
case-record [ˌkeɪsˈrekɔːd] = case history
casern(e) [kəˈzɜːn] *n* 1) временное помещение для солдат 2) казарма

case-shot [ˈkeɪsʃɒt] *n воен.* карте́чь

case study [ˈkeɪsˌstʌdɪ] конкре́тное социологи́ческое иссле́дование (*в целях формулировки общих положений*)

casework [ˈkeɪswɜːk] *n социол.* изуче́ние усло́вий жи́зни неблагополу́чных семе́й и лиц, нужда́ющихся в материа́льной *или* мора́льной подде́ржке

caseworker [ˈkeɪsˌwɜːkə] *n* сотру́дник слу́жбы по́мощи неблагополу́чным се́мьям и ли́цам, нужда́ющимся в материа́льной *или* мора́льной подде́ржке

case-worm [ˈkeɪswɜːm] *n* ку́колка (*насекомого*); ко́кон, хризали́да

cash¹ I [kæʃ] *n* **1.** 1) нали́чные де́ньги; hard ~ нали́чные (де́ньги); prompt ~ неме́дленный расчёт нали́чными; ready ~, ~ in hand нали́чные де́ньги; ~ sale прода́жа за нали́чные; ~ price цена́ при упла́те нали́чными; ~ assets а) де́нежный акти́в; де́нежная нали́чность; б) иму́щество в де́нежной фо́рме; ~ on delivery нало́женный платёж, упла́та при доста́вке; ~ with order нали́чный расчёт при вы́даче зака́за; ~ with /in/ bank де́нежная нали́чность в ба́нке; ~ down за нали́чный расчёт; ~ down!, ~ on the nail! ≅ де́ньги на бо́чку!; by /in/ ~ нали́чными; to pay ~ расплати́ться на ме́сте (*наличными*); sold for ~ про́дан за нали́чный расчёт 2) *разг.* де́ньги; spare ~ свобо́дные де́ньги; ~ people лю́ди с деньга́ми, платёжеспосо́бные клие́нты; ~ remittance де́нежный перево́д; ~ tenant аренда́тор, платя́щий деньга́ми; ~ allowance *воен.* де́нежное содержа́ние; out of ~, short of ~ не при деньга́х; in ~ при деньга́х **2.** ка́сса; ~ receipts ка́ссовые поступле́ния; ~ balance /balancer/ ка́ссовая нали́чность; запа́с нали́чных де́нег; ~ audit реви́зия ка́ссы

cash¹ II [kæʃ] *v* превраща́ть в нали́чные (*тж.* ~ in); to ~ a check /a draft/ получи́ть де́ньги по че́ку

cash² [kæʃ] *n* (*pl без измен.*) каш (*мелкая медная монета в Китае и Индии*)

casha [ˈkæʃə] *n* каша́ (*лёгкая шерстяная ткань для платьев*)

cashable [ˈkæʃəb(ə)l] *a* реализу́емый, могу́щий быть реализо́ванным

cash and carry [ˌkæʃən(d)ˈkærɪ] прода́жа за нали́чный расчёт без доста́вки на́ дом

◇ cash-and-carry policy прода́жа Соединёнными Шта́тами вое́нных материа́лов воева́вшим стра́нам за нали́чный расчёт и при усло́вии доста́вки не на америка́нских суда́х (*1939—41 гг.*)

cash bar [ˈkæʃbɑː] пла́тный буфе́т (*на приёме по случаю свадьбы и т. п.*)

cash-book [ˈkæʃbʊk] *n* ка́ссовая кни́га

cash crop [ˈkæʃkrɒp] *с.-х.* това́рная культу́ра

cash-desk [ˈkæʃdesk] *n* расчётная ка́сса (*для уплаты за покупки в магазине*)

cash dispenser [ˌkæʃdɪˈspensə] касси́р-автома́т, автома́т, выпла́чивающий нали́чными с ба́нковского счёта (*при опускании особой карточки*)

cashew [ˈkæʃuː, kəˈʃuː] *n* 1) *бот.* анака́рд, акажу́, анака́рдия за́падная (*Anacardium occidentale*) 2) оре́х ке́шью

cashew-nut [ˈkæʃuːnʌt] = cashew 2)

cash flow [ˈkæʃfləʊ] *фин.* движе́ние де́нежной нали́чности

cashier¹ [kæˈʃɪə] *n* касси́р; ~'s check *амер.* ба́нковский чек

cashier² [kæˈʃɪə, kəˈʃɪə] *v* **1.** исключа́ть, увольня́ть со слу́жбы (*за недостойное поведение; преим. об офицерах*) **2.** 1) разжа́ловать, смести́ть с поста́ 2) низложи́ть; све́ргнуть 3) вы́гнать с позо́ром **3.** 1) отбро́сить, отве́ргнуть 2) аннули́ровать, отменя́ть

cash in [ˈkæʃˈɪn] *phr v* **1.** *разг.* воспо́льзоваться, не упусти́ть, ухвати́ть; you'd better ~ while you can хвата́й, пока́ не по́здно; to ~ on smb.'s financial difficulties нажи́ться на чьих-л. фина́нсовых тру́дностях **2.** *сл.* сыгра́ть в я́щик, помере́ть (*тж.* ~ one's checks)

cash-keeper [ˈkæʃˌkiːpə] = cashier¹

cashmere [ˈkæʃmɪə] *n* **1.** кашеми́р (*тонкая шерстяная ткань высокого качества*) **2.** (инди́йская) кашеми́ровая шаль **3.** шерстяна́я пря́жа (*из козьей шерсти*)

cashomat [ˈkæʃə(ʊ)mæt] *амер. см.* cash dispenser

cash payment [ˈkæʃˌpeɪmənt] упла́та нали́чными (деньга́ми)

cash register [ˈkæʃˌredʒɪstə] ка́ссовый аппара́т, ка́сса

cash up [ˈkæʃˈʌp] *phr v* **1.** подсчи́тывать де́ньги, вы́ручку; I am not ready to go home, I'm still cashing up я ещё немно́го задержу́сь, я подсчи́тываю вы́ручку **2.** *разг.* 1) дава́ть ну́жную су́мму; we need money to train young players — will the club ~? нужны́ сре́дства для подгото́вки молоды́х игроко́в — смо́жет ли клуб вы́делить необходи́мую су́мму? 2) *pass* име́ть при себе́ де́ньги, нали́чные

casing [ˈkeɪsɪŋ] *n* **1.** обши́вка; оболо́чка; оби́вка; облицо́вка; ~ nails обо́йные гво́зди **2.** *стр.* опа́лубка, покры́тие **3.** *горн.* обса́дные тру́бы **4.** 1) *тех.* стани́на, ко́рпус; ка́ртер; ко́жу́х 2) опра́ва **5.** *геол.* зальба́нд (*жилы*) **6.** *авт.* покры́шка **7.** окла́д (*иконы*)

casing-paper [ˈkeɪsɪŋˌpeɪpə] *n спец.* упако́вочная бума́га

casings [ˈkeɪsɪŋz] *n pl* кишки́ (*для колбасных изделий*)

casini [kəˈsiːniː] *pl от* casino

casino [kəˈsiːnəʊ] *n* (*pl тж.* -ni) казино́

cask I [kɑːsk] *n* **1.** бо́чка; бочо́нок; the ~ of Danaides *греч. миф.* бо́чка Данаи́д; бездо́нная бо́чка **2.** *спец.* конте́йнер

◇ the ~ savours of the first fill *посл.* что в бо́чке бы́ло, тем она́ и па́хнет; ≅ пе́рвое прикоснове́ние оставля́ет неизглади́мый след

cask II [kɑːsk] *v* 1) разлива́ть в бо́чки 2) класть в бочо́нки

casket I [ˈkɑːskɪt] *n* **1.** шкату́лка; ларе́ц **2.** *амер. эвф.* гроб **3.** 1) вмести́лище, оболо́чка 2) *спец.* конте́йнер (*для радиоактивных материалов*)

casket II [ˈkɑːskɪt] *v* **1.** класть в шкату́лку 2) пря́тать **2.** *амер. эвф.* класть в гроб

Caspian [ˈkæspɪən] *a* каспи́йский; относя́щийся к Каспи́йскому мо́рю

casque [kæsk] *n поэт., ист.* шлем, ка́ска

casquet [ˈkæskɪt] *n ист.* лёгкий шлем без забра́ла

cassada [kəˈsɑːdə] = cassava

Cassandra [kəˈsɑːndrə, kəˈsændrə] *n* 1) *греч. миф.* Касса́ндра 2) прорица́тельница (дурно́го)

cassata [kəˈsɑːtə] *n* торт с начи́нкой из сы́ра, заса́харенных фру́ктов и шокола́да

cassation [kæˈseɪʃ(ə)n] *n юр.* касса́ция; court of ~ кассацио́нный суд

cassava [kəˈsɑːvə] *n бот.* манио́ка (*Iatropa manihot*)

casse [kɑːs] *n* дефе́ктная бума́га; нару́жные листы́ па́чки бума́ги (*тж.* ~ paper)

casserole [ˈkæs(ə)rəʊl] *n* **1.** 1) кастрю́лька из кера́мики *или* жаропро́чного стекла́; горшо́чек 2) блю́до, пригото́вленное в тако́й кастрю́льке и в ней же подава́емое на стол 3) ча́шка (*в лаборатории*) **2.** запека́нка из ри́са *или* карто́феля с овоща́ми (*гарнир к мясу*)

casserole cookery [ˈkæs(ə)rəʊlˈkʊk(ə)rɪ] приготовле́ние и пода́ча пи́щи в горшо́чках

cassette I [kəˈset] *n* **1.** шкату́лка **2.** 1) *фото* кассе́та; ~ spool кассе́тная кату́шка 2) (компа́кт-)кассе́та (*для магнитофонной записи*)

cassette II [kəˈset] *v* запи́сывать (компа́кт-)кассе́ту (*звук, изображение и т. п.*)

cassette taper ecorder [kəˈsetˈteɪprɪˌkɔːdə] кассе́тный магнитофо́н

cassette television, cassette TV [kəˈsetˈtelɪˌvɪʒ(ə)n, -tiːˈviː] кассе́тное телеви́дение

cassette videotape recorder [kəˈsetˈvɪdɪəʊˌteɪprɪˌkɔːdə] кассе́тный видеомагнитофо́н

cassia [ˈkæsɪə] *n* **1.** *бот.* 1) ка́ссия (*Cassia gen.*); ~ pods стручки́ ка́ссии, александри́йские стручки́ (*Cassia fistula*) 2) александри́йский лист (*Cassia angustifolia*) 3) кори́чное де́рево (*Cinnamomum cassia*) **2.** *поэт.* благово́нное расте́ние

cassia-bark [ˈkæsɪəbɑːk] *n* кора́ кори́цы; кори́чная ко́рка [*см. тж.* cassia 1, 3)]

cassideous [kəˈsɪdɪəs] *a бот.* шлемови́дный

cassidony [ˈkæsɪdənɪ] *n бот.* францу́зская лава́нда (*Lavandula stoechas*)

cassimere [ˈkæsɪmɪə] *n уст.* казими́р (*шерстяная ткань для мужских костюмов*)

cassinette [ˌkæsɪˈnet] *n* казине́т (*полушерстяная ткань*)

Cassiopeia [ˌkæsɪəˈpi(ː)ə] *n* **1.** *греч. миф.* Кассиопе́я **2.** [ˌkæsɪˈəʊpɪə] *астр.* Кассиопе́я (*созвездие*); ~'s Chair колесни́ца Кассиопе́и (*группа звёзд в созвездии Кассиопеи*)

Cassiopeian [ˌkæsɪəˈpi(ː)jən] *a* относя́щийся к созве́здию Кассиопе́и

cassiopeium [ˌkæsɪəˈpi(ː)jəm] *n хим.* люте́ций

cassis [kæˈsiːs] *n* бальза́м из чёрной сморо́дины

cassiterite [kəˈsɪtəraɪt] *n мин.* касситери́т, оловя́нный ка́мень

cassock [ˈkæsək] *n* **1.** *церк.* ря́са, сута́на **2.** *пренебр.* свяще́нник; поп

cassolette [ˌkæsəˈlet] *n* **1.** кури́льница для благово́ний **2.** коро́бка для сухи́х духо́в (*с перфорированной крышкой*) **3.** 1) кастрю́лька с кры́шкой 2) порцио́нное блю́до на одного́ челове́ка (*в такой кастрюльке*)

cassone [kəˈsəʊn(e)ɪ] *n* большо́й сунду́к, укра́шенный зате́йливой резьбо́й и рису́нками

cassoulet [ˈkæsəleɪ] *n* мясно́е ассорти́ с боба́ми

cassowary [ˈkæsəwe(ə)rɪ] *n зоол.* казуа́р (*Casuaridae fam.*)

cast I [kɑːst] *n* **1.** 1) бросо́к; швыро́к 2) броса́ние, мета́ние; забра́сывание (*лески и т. п.*); заки́дка; ~ of the lead *мор.* броса́ние ло́та 3) расстоя́ние броска́; расстоя́ние, про́йденное бро́шенным предме́том; a stone's ~ (from) а) на расстоя́нии бро́шенного ка́мня; б) *библ.* на верже́ние ка́мня; в) побли́зости; ≅ руко́й пода́ть **2.** 1) мета́ние (*костей в игре*) 2) число́ вы́брошенных очко́в **3.** шанс, риск; the last ~ после́дний шанс **4.** определённое коли́чество (*чего-л.*); коли́чество добыва́емого *или* производи́мого проду́кта; выход (*продукции*); a year's ~ of lamb с.-х. годовой окот, среднегодовой окот **5.** 1) то, что отбрасывается, выбрасывается *или* сбрасывается (*кожа змеи и т. п.*) 2) отбросы 3) рвотная масса, блевотина 4) экскременты **6.** *театр., кино* 1) распределение ролей 2) состав исполнителей (*в данном спектакле*); актёрский состав; good ~ сильный состав; to choose the ~ подбирать исполнителей 3) список действующих лиц и исполнителей **7.** образец, образчик; a ~ of smb.'s trade образец чьего-л. мастерства; a ~ of cunning пример коварства **8.** подсчёт; вычисление **9.** *амер.* 1) догадка, предположение; прогноз **10.** склад (*ума и т. п.*); тип, род; ~ of mind склад ума; ~ of countenance облик; men of one ~ люди одного склада; heroines of such a ~ героини такого типа /рода/; ~ of a sentence оборот/ строй предложения **11.** 1) взгляд; выражение глаз 2) лёгкое косоглазие (*тж.* ~ in the eye) **12.** оттенок; greenish ~ зеленоватый оттенок, прозелень **13.** слепок (*гипсовый и т. п.*); to take a ~ of smth. снимать форму, делать слепок с чего-л. **14.** *мед.* гипсовая повязка; шина **15.** *тех.* 1) литьё, отливка; ~ steel литая сталь 2) форма для отливки 3) плавка (*количество металла*) **16.** *спец.* место, годное для ужения рыбы ◊ ~ of the die ≅ чистая случайность; to stake /to set, to put/ on a ~ поставить на карту, рискнуть

cast II [kɑ:st] *v* (cast) I **1.** 1) бросать, кидать, швырять; to ~ a net закинуть сеть; to ~ the lead *мор.* бросать лот; to ~ a shoe расковаться, потерять подкову (*о лошади*); to ~ smth. ashore выбрасывать что-л. на берег; to ~ into prison бросить в тюрьму; to ~ into hell ввергнуть в ад; to ~ back а) отбрасывать назад; б) вернуться мысленно назад; to ~ one's thoughts back on the past мысленно вернуться к прошлому 2) метать (*кости и т. п.*) 3) (on, over) разбирать (*семена и т. п.*) 4) *refl* бросаться на колени, к чьим-л. ногам **2.** сбрасывать (*тж.* ~ off); the horse ~ its rider лошадь сбросила седока; to ~ one's clothes сбросить с себя платье /одежду/; to ~ from the throne сбросить с престола, свергнуть **3.** увольнять; прогнать; отпустить **4.** (*тж.* ~ off) *мор.* 1) отдавать (*швартовы и т. п.*) 2) to ~ anchor бросить якорь 2) отваливать **5.** браковать (*лошадей и т. п.*) **6.** *тех.* отливать, лить; ~ to final dimensions отлитый по окончательному размеру; to ~ in cement *стр.* заливать цементом; ~ in a different [the same] mould другого [такого же] склада, с другим [таким же] характером **7.** *юр.* присуждать к уплате убытков; to be ~ проиграть процесс /(гражданское) дело/ **8.** *редк.* 1) обдумывать, размышлять 2) делать предположения, строить догадки 3) предсказывать

II A **1.** 1) терять (*зубы*) 2) менять (*рога*) 3) сбрасывать (*кожу*); to ~ its coat линять (*о животных*) 4) ронять (*листья*) **2.** выкинуть, родить раньше времени (*о животных*) **3.** 1) бросать (*взгляды и т. п.*); to ~ a look /a glance, an eye/ at /over, on/ smth. а) бросить взгляд /взглянуть/ на что-л.; б) быстро просмотреть; поверхностно изучить; to ~ an eye over calculations просмотреть расчёты 2) бросать (*свет, тень и т. п.*); to ~

light upon smth. проливать свет на что-л.; вносить ясность во что-л.; to ~ a slur бросать тень (*на кого-л.*); порочить; to ~ the blame on smb. взваливать вину на кого-л.; to ~ a cloud вызывать холодок в отношениях; to ~ a spell upon smb. очаровать /околдовать/ кого-л.; to ~ a gloom (on) омрачить **4.** *театр., кино* распределять (*роли*); давать роль (*актёру*); to ~ actors for parts назначать исполнителей; she was badly ~ ей была дана неподходящая роль; he was ~ for the part он получил эту роль; б) он создан для этой роли **5.** располагать (*определённым образом*), распределять (*в соответствии с чем-л.*); to ~ facts under heads классифицировать факты по соответствующим разделам; to ~ streets планировать улицы **6.** подсчитывать, подводить (*итог; тж.* ~ up)

II Б **1.** *to cast in /into/ a state, condition* повергать, ввергать в какое-л. состояние; to ~ into despondency ввергать в отчаяние; to ~ into sleep погрузить в сон **2.** *to cast about for smth.* искать, выискивать, изыскивать что-л.; to ~ about for evidence выискивать доказательства

◊ to ~ a vote подавать голос (*на выборах*); опускать избирательный бюллетень; to ~ lots бросать, жребий; to ~ in one's lot with smb. смб. связать судьбу с кем-л., чем-л.; he ~ in his lot with the rebels он связал свою судьбу с повстанцами; to ~ pearls before swine метать бисер перед свиньями; to ~ smth. in smb.'s teeth упрекать кого-л. чем-л.; to ~ loose пустить по течению; бросать на произвол судьбы; to ~ beyond the moon предаваться несбыточным мечтам, фантазировать; to ~ a horoscope /nativity/ составлять гороскоп; ~ bread upon the waters а) *библ.* отпускай хлеб свой по водам; б) делай что-л. заблаговременно

castability [ˌkɑ:stəˈbɪlɪtɪ] *n* метал. литейные качества, жидкотекучесть

cast about [ˈkɑ:stəˈbaʊt] *phr v* **1.** 1) обдумывать, раскидывать умом 2) изыскивать средства (*обыкн. в спешке или при чрезвычайных обстоятельствах*); he ~ for some excuse for not turning up at the meeting он спешно придумал, под каким предлогом не пойти на собрание **2.** *мор.* менять курс; лавировать

Castalia [kæsˈteɪlɪə] *n* 1) *греч. миф.* Кастальский ключ, Касталия (*источник на Парнасе*) 2) источник вдохновения

Castalian [kæsˈteɪlɪən] *a греч. миф.* кастальский; относящийся к музам

Castalie, Castaly [ˈkæstəlɪ] = Castalia

castaneous [kæsˈteɪnɪəs] *a редк.* каштановый (*о цвете*)

castanets [ˌkæstəˈnets] *n pl* кастаньеты

cast aside [ˈkɑ:stəˈsaɪd] *phr v* **1.** оставлять, откладывать на время, временно отказываться; to ~ winter clothes убрать до зимы тёплую одежду **2.** отвергать, отбрасывать; he cast his old friends aside он забыл своих старых друзей; to cast one's care aside отрешиться от забот

cast away [ˈkɑ:stəˈweɪ] *phr v* **1.** выбрасывать; to ~ old clothes выбрасывать /выкидывать/ старую одежду **2.** отбрасывать; he ~ his old friends он порвал со старыми друзьями **3.** *pass* потерпеть кораблекрушение; he was cast away on a desert island он был выброшен на необитаемый остров; он оказался на необитаемом острове

castaway I [ˈkɑ:stəweɪ] *n* **1.** потерпевший кораблекрушение **2.** пария, отверженный, изгнанник; ~s of society отверженные люди, выброшенные из общества **3.** нечестивец

castaway II [ˈkɑ:stəweɪ] *a* **1.** выброшенный (*на чужой берег*) **2.** отверженный; неприкаянный **3.** нечестивый **4.** бесполезный, никому не нужный

cast back [ˈkɑ:stˈbæk] *phr v* отбросить (*обвинение*); опровергнуть (*утверждение*)

cast down [ˈkɑ:stˈdaʊn] *phr v* **1.** разрушать **2.** свергать **3.** опускать (*глаза и т. п.*) **4.** повергать в уныние, угнетать; he was not easily ~ его было не так-то просто расстроить; don't get ~ не унывайте

caste [kɑ:st] *n* **1.** (*в Индии*) 1) каста **2.** кастовая система **2.** 1) каста, замкнутая группа (*профессиональная, социальная и т. п.*) 2) кастовость; to renounce ~ отказаться от кастовых или классовых привилегий 3) привилегированное общественное положение; to lose ~ потерять положение в обществе

castelet [ˈkɑ:slɪt] = castellet

castellan [ˈkæstɪlən] *n ист.* кастелян, смотритель замка

castellany [ˈkæstɪlənɪ] *n* **1.** должность смотрителя замка **2.** земли, принадлежащие владельцу замка

castellated [ˈkæstɪleɪtɪd] *a* **1.** построенный в виде замка **2.** зубчатый (*о стене*); ~ mountains зубчатые горы **3.** с многочисленными замками (*о местности*) **4.** *тех.* зубчатый; ~ shaft шлицевый вал

castellation [ˌkæstɪˈleɪʃ(ə)n] *n* **1.** сооружение замков, возведение зубчатых стен **3.** 1) зубчатые стены 2) зубцы (*на башнях и т. п.*)

castellet [ˈkæstəlɪt] *n редк.* небольшой замок; помещичий дом

caste-mark [ˈkɑ:stmɑ:k] *n* знак касты (*на лбу*)

casten [ˈkɑ:st(ə)n] *диал. p. p.* от cast II

caster¹ [ˈkɑ:stə] *n* **1.** *см.* cast II + -er; ~ of the evil eye человек с дурным глазом **2.** литейщик **3.** = castor¹ **4.** распределитель ролей **5.** *воен.* выбракованная лошадь

caster² [ˈkɑ:stə] = castor² 3

caste-ridden [ˈkɑ:stˌrɪdn] *a неодобр.* кастовый

caster sugar [ˈkɑ:stəˌʃʊgə] сахарная пудра

castigate [ˈkæstɪgeɪt] *v* **1.** бичевать (*порок и т. п.*); сурово осуждать; жестоко критиковать; обрушиваться (*на кого-л.*) **2.** бить; пороть, наказывать **3.** 1) исправлять, выправлять (*недостатки*); устранять (*пороки*) 2) исправлять, выправлять (*текст*)

castigation [ˌkæstɪˈgeɪʃ(ə)n] *n* **1.** бичевание (*пороков и т. п.*); суровое осуждение; жестокая критика, разнос **2.** наказание, порка **3.** исправление, выправление (*недостатков*)

castigator [ˈkæstɪgeɪtə] *n* **1.** *см.* castigate + -or **2.** бичеватель, обличитель **3.** каратель

castigatory [ˈkæstɪgeɪt(ə)rɪ] *a* **1.** бичующий; суровый, обличительный (*о критике и т. п.*) **2.** карающий **3.** исправляющий; исправительный

Castilian I [kæˈstɪlɪən] *n* **1.** кастилец; уроженец *или* житель Кастилии **2.** испанский литературный язык **3.** *ист.* испанская золотая монета

Castilian II [kæˈstɪlɪən] *a* кастильский; относящийся к Кастилии; ~ Spanish а) литературный /кастильский/ язык; б) испанский язык Испании (*в отличие от латиноамериканского*)

castilian [kæˈstɪlɪən] *n ист.* 1) обитатель замка 2) вооружённый защитник замка

casting I [ˈkɑːstɪŋ] *n* 1. бросание, метание 2. сбрасывание, смена (*кожи, рогов и т. п.*) 3. (примерный) подсчёт; (предварительное) вычисление 4. *театр.*, *кино* распределение ролей; подбор актёров; ~ director режиссёр *или* ассистент режиссёра, ведающий подбором актёрского состава; начальник актёрского отдела киностудии 5. *тех.* литьё, отливка (*процесс и изделие*) 6. коробление (*древесины*) 7. *горн.* транспорт (*породы*) 2) перелопачивание; перекидка 8. холмики земли, образованные червями 9. рвотная масса, блевотина

casting II [ˈkɑːstɪŋ] *a* 1. бросающий, кидающий, мечущий 2. литейный; ~ bed а) литейный двор; б) форма для разливки

casting-bottle [ˈkɑːstɪŋˌbɒtl] *n* флакон для духов, нюхательной соли *и т. п.* (*с перфорированной внутренней крышкой*)

casting-box [ˈkɑːstɪŋbɒks] *n метал.* опока

casting-form [ˈkɑːstɪŋfɔːm] *n метал.* изложница, литейная форма

casting machine [ˈkɑːstɪŋməˌʃiːn] *полигр.* 1) отливной аппарат монотипа 2) словолитная машина

casting-net [ˈkɑːstɪŋnet] *n рыб.* намёт(ка)

casting-off [ˌkɑːstɪŋˈɒf] *n* 1. отбрасывание, сбрасывание 2. 1) примерный подсчёт; предварительное определение *или* вычисление 2) *полигр.* определение по рукописи объёма печатной работы 3. *мед.* отторжение

casting vote [ˌkɑːstɪŋˈvəʊt] решающий голос (председателя); голос председателя, являющийся решающим при равенстве голосов

cast iron [ˌkɑːstˈaɪən] чугун

cast-iron [ˌkɑːstˈaɪən] *a* 1. чугунный, сделанный из чугуна 2. твёрдый, неподатливый, непоколебимый; ~ production производство чугуна 2. твёрдый, неподатливый, непоколебимый; ~ physique железное здоровье; крепкое сложение; ~ nature неподатливый /жёсткий/ характер; ~ will несгибаемая /железная/ воля; ~ rule непреложное правило; ~ alibi неопровержимое алиби; ~ policy негибкая политика

castle I [ˈkɑːs(ə)l] *n* 1) замок; дворец 2) (the C.) *ист.* Дублинский замок, резиденция вице-короля (*символ владычества англичан в Ирландии*; *тж.* Dublin C.) 2. твердыня, убежище; an Englishman's house is his ~ дом англичанина — его крепость 3. *шахм.* ладья 4. *поэт.* корабль 5. *спец.* контейнер; shielding ~ защитный контейнер (*для радиоактивных веществ*) ◇ to build ~s in the air /in Spain/ строить воздушные замки; фантазировать

castle II [ˈkɑːs(ə)l] *v* 1. заключать в замок 2. *шахм.* 1) рокировать 2) рокироваться

castle-builder [ˈkɑːs(ə)lˌbɪldə] *n* мечтатель, фантазёр

castle-building [ˈkɑːs(ə)lˌbɪldɪŋ] *n* воздушные замки; пустые мечты, фантазирование; несбыточные грёзы

castled [ˈkɑːs(ə)ld] *a* 1. с замком *или* с замками (*о местности*); ~ steep склон (*горы*), увенчанный замком 2. зубчатый

castle-guard [ˈkɑːs(ə)lgɑːd] *n ист.* 1. замковая стража; гарнизон замка 2. служба в гарнизоне замка (*феодальная повинность*) 3) подать на содержание и охрану замка

castle-nut [ˈkɑːs(ə)lnʌt] *n тех.* корончатая гайка

castle pudding [ˌkɑːs(ə)lˈpʊdɪŋ] пудинг, испечённый в небольшой формочке

castle-town [ˈkɑːs(ə)ltaʊn] *n* 1. *шотл.* селение рядом с замком 2. *ист.* город, находящийся под защитой замка-крепости

castleward [ˈkɑːs(ə)lwɔːd] = castleguard 2 *и* 3

castling [ˈkɑːslɪŋ] *n шахм.* рокировка; queen's side ~ длинная рокировка

cast off [ˈkɑːstˈɒf] *phr v* 1. 1) бросать, покидать (*кого-л.*) отбрасывать, отвергать; to ~ responsibility не брать на себя ответственность 3) отрекаться, отказываться (*от кого-л.*); the parents ~ their daughter родители отреклись от дочери 2. сбрасывать (*оковы*) 3. заканчивать работу 2. 1) спускать (*собак*) 2) выпускать (*соколов*) 5. спускать (*петли в вязанье*); at the end of each line she ~ two stitches она спускала по две петли в конце каждого ряда 6. *полигр.* определять по рукописи объём печатной работы

cast-off I [ˈkɑːstˈɒf] *n* 1. покинутый, брошенный, заброшенный (человек); пария, изгнанник; отверженный; отщепенец 2. 1) выброшенная, ненужная вещь 2) *pl* обноски; объедки; старьё

cast-off II [ˌkɑːstˈɒf] *a* 1) покинутый, брошенный, заброшенный; ~ lover отвергнутый возлюбленный 2) ненужный, бросовый; ~ clothing обноски, старьё

cast on [ˈkɑːstˈɒn] *phr v* набирать (*петли в вязанье*); how many stitches do you ~? сколько петель вы набираете?

Castor [ˈkɑːstə] *n* 1. *греч. миф.* Кастор; ~ and Pollux а) Кастор и Поллукс, близнецы Диоскуры; *образн. тж.* символ неразлучной дружбы; б) огни св. Эльма, свечение на концах мачт 2. *астр.* Кастор (*звезда в созвездии Близнецов*)

castor[1] [ˈkɑːstə] *n* 1. ролик, (самоориентирующееся) колёсико (*на ножках мебели и т. п.*) 2. перечница, солонка (*с перфорированной крышкой*); a set of ~s судок (*для приправ*)

castor[2] [ˈkɑːstə] *n* 1. 1) редк. бобр 2) бобр, бобровый мех 2. *текст.* кастор 3. *разг.* шапка из бобрового *или* кроличьего меха 4. = castoreum

castoreum [kæˈstɔːrɪəm] *n спец.* бобровая струя

castor oil [ˌkɑːstə(r)ˈɔɪl] *фарм.* касторовое масло; касторка
◇ ~ artist врач

castor-oil plant [ˈkɑːstərɔɪlˈplɑːnt] *бот.* клещевина, рицинник, касторовый боб (*Ricinus communis*)

castor sugar [ˈkɑːstəˌʃʊgə] = caster sugar

cast out [ˈkɑːstˈaʊt] *phr v* 1. выгнать, выбросить; заставить уйти; to ~ from the society изгнать из общества 2. извергать (*пищу*) 3. *воен.* выбраковывать (*лошадей*)

castral [ˈkæstrəl] *a* лагерный

castrametation [ˌkæstrəməˈteɪʃ(ə)n] *n* планирование лагерного городка; разбивка лагеря

castrate I [ˈkæstreɪt] *n* 1) кастрат, евнух 2) кастрированное животное; валух; каплун; пулярка

castrate II [kæˈstreɪt] *v* 1. кастрировать; оскопить; холостить 2. выхолащивать, урезать, сокращать (*текст*); вырезать (*особ. непристойности из текста*)

castrati [kæˈstrɑːtɪ] *pl от* castrato

castration [kæˈstreɪʃ(ə)n] *n* 1. кастрация; оскопление; холощение 2. выхолащивание 3. сокращение, кромсание (книги, текста); изъятие неприемлемых (*особ.* непристойных) мест (*из текста*)

castrato [kæˈstrɑːtəʊ] *n* (*pl* -ti) *муз.* певец-кастрат

cast round [ˈkɑːstˈraʊnd] *phr v* искать; выискивать (*предлог, объяснение, ответ*); I ~ for a reasonable excuse to leave my guests я старался /стремился/ придумать подходящий предлог, чтобы оставить гостей

cast-steel [ˌkɑːstˈstiːl] *n метал.* литая сталь

cast up [ˈkɑːstˈʌp] *phr v* 1. извергать; выбрасывать; the shipwrecked sailors were ~ on the shore потерпевшие кораблекрушение матросы были выброшены на берег 2. вскидывать (*глаза, голову*)

castweld [ˈkɑːstweld] *v метал.* сваривать, заливая расплавленным металлом

casual I [ˈkæʒʊəl] *n* 1. *преим. pl разг.* 1) временный *или* подённый рабочий 2) случайный посетитель (*ресторана и т. п.*); случайный покупатель (*в магазине*); случайный клиент (*в парикмахерской*); 2) бродяга 2. *воен.* 1) военнослужащий в резерве 2) *амер.* одиночно следующий военнослужащий 3) *pl амер.* офицеры и солдаты, ожидающие назначения *или* временно исполняющие обязанности; вновь прибывшие и не зачисленные на довольствие военнослужащие 3. жертва несчастного случая

casual II [ˈkæʒʊəl] *a* 1. случайный; ~ discovery случайное открытие; ~ remark вскользь брошенное замечание 2) непреднамеренный, нечаянный; to talk of ~ things говорить о том о сём /о чём придётся/; it was no ~ re-encounter (их) новая встреча не была случайностью 2. 1) небрежный, несерьёзный; ~ tone небрежный тон; ~ attitude несерьёзное /поверхностное/ отношение; ~ perusal беглый взгляд, беглый просмотр; to be ~ towards success [praise] безразлично относиться к успеху [похвалам]; to be ~ towards dress одеваться небрежно, не обращать внимания на одежду 2) *разг.* легкомысленный; ненадёжный; ~ man человек, на которого нельзя положиться 3. случайный, нерегулярный, внеплановый, временный; ~ labourer рабочий без постоянной работы; ~ worker временный рабочий /работник/; ~ reader временный /непостоянный/ читатель (*библиотеки*); ~ traffic *воен.* а) одиночно следующие машины; б) внеплановые перевозки; ~ poor человек, время от времени получающий пособие по бедности 4. повседневный, непарадный (*об одежде*) 5. пострадавший от несчастного случая 6. *спец.* казуальный, не поддающийся обобщению

casualise [ˈkæʒʊəlaɪz] *v проф.* переводить постоянных рабочих в категорию временных

casualism [ˈkæʒʊəlɪz(ə)m] *n филос.* казуализм

casualize [ˈkæʒʊəlaɪz] = casualise

casually [ˈkæʒʊəlɪ] *adv* 1. случайно; мимоходом, попутно 2. непреднамеренно, неумышленно, нечаянно; без умысла 3. небрежно, кое-как, невнимательно, поверхностно

casuals [ˈkæʒʊəlz] *n употр. с гл. во мн. ч.* 1) повседневная одежда 2) туфли-лодочки на низком каблуке

casualty [ˈkæʒʊəltɪ] *n* 1. 1) несчастный случай; катастрофа 2) авария;

CAS — CAT

повреждение 2. *воен.* 1) выбывший из строя; раненый; пораженный; убитый; ~ sweep поиски раненых на поле боя; to become a ~ быть раненным или убитым; выбыть из строя; to clear /to dispose/ of casualties эвакуировать раненых; to detect casualties разыскивать раненых на поле боя 2) *pl* потери в людях, в живой силе; урон; ~ report донесение о боевых потерях; ~ return сводка о потерях в личном составе; to sustain casualties понести потери; the regiment suffered heavy casualties полк понёс тяжёлые потери 3. *часто pl воен.* повреждённая материальная часть; подбитая машина, подбитое орудие; повреждённая техника; the tank became a ~ танк был подбит /выведен из строя/; ~ position местонахождение повреждённой техники 4. *юр.* случай, обстоятельство, которое нельзя было предусмотреть *или* предотвратить 5. смерть от ранения *или* несчастного случая; in case of ~ в случае скоропостижной смерти 6. *редк.* случайное поступление; случайный расход

casualty department [ˈkæʒʊəltɪdɪˌpɑːtmənt] палата (в больнице) скорой помощи (*для пострадавших от несчастных случаев*)

casualty dog [ˈkæʒʊəltɪdɒg] санитарная собака

casualty effect [ˈkæʒʊəltɪˈfekt] убойность; поражающее действие

casualty enquiry office [ˈkæʒʊəltɪɪnˈkwaɪ(ə)rɪˌɒfɪs] бюро справок об убитых, раненых и пропавших без вести

casualty helicopter [ˈkæʒʊəltɪˈhelɪkɒptə] санитарный вертолёт

casualty insurance [ˈkæʒʊəltɪɪnˈʃʊ(ə)rəns] *преим. амер.* страхование от несчастных случаев

casualty list [ˈkæʒʊəltɪlɪst] список убитых, раненых и пропавших без вести (*на войне*)

casualty ward [ˈkæʒʊəltɪwɔːd] = casualty department

casuarina [ˌkæzjʊ(ə)ˈraɪnə] *n бот.* казуарина (*Casuarina gen.*)

casuist [ˈkæzjʊɪst] *n* казуист

casuistic, casuistical [ˌkæzjʊˈɪstɪk, -(ə)l] *a* казуистический

casuistry [ˈkæzjʊɪstrɪ] *n* казуистика; игра словами; софистика

casus [ˈkɑːsəs] *n лат.* случай, отдельный факт; казус (*тж. юр.*)

casus belli [ˌkɑːsəsˈbelɪː, ˌkeɪsəsˈbelaɪ] *лат.* казус белли, формальный повод к объявлению войны и началу военных действий

cat I [kæt] *n* 1. 1) кот; кошка 2) *зоол.* кошка домашняя (*Felis domesticus*) 3) *зоол.* животное семейства кошачьих; wild ~ дикая кошка (*Felis sylvestris*) 2. *разг.* сварливая или недоброжелательная женщина; сплетница; язва; old ~ старая ведьма; don't be a ~! не злословь! 3. = cat-o'-nine-tails 4. двойной треножник 5. *амер. сл.* парень 6. *сл.* проститутка 7. *сл.* 1) джазист; ≅ «лабух» 2) поклонник джаза 8. *амер. сл.* странствующий рабочий 9. *сл.* франт, стиляга 10. *сл.* продавец наркотиков 11. *спорт.* 1) чижик (*заострённая палочка*) 2) игра в чижики 12. *амер. воен. разг.* 1) гусеничная машина 2) гусеничный трактор 13. *мор.* 1) кат 2) = cat-head
◇ fat ~ *амер.* толстосум, капиталист, оказывающий финансовую поддержку какой-л. партии; ~ in the pan изменник; ренегат; the ~'s pajamas /whiskers/

амер. сл. что надо, первый сорт; ≅ пальчики оближешь; to put /to set/ the ~ among the pigeons сталкивать противников; натравливать друг на друга; like a ~ round hot milk ≅ (ходить) вокруг да около; like smth. the ~ brought in запачканный, неопрятный; like a ~ on hot bricks ≅ не по себе; как на угольях; как на иголках; as a ~ loves mustard ≅ любит как собака палку; to bell the ~ ≅ отважиться; взять на себя инициативу в опасном /рискованном/ деле; поставить себя под удар; to let the ~ out of the bag проговориться; the ~ is out of the bag это уже (больше) не секрет; тайное стало явным; to see how /which way/ the ~ jumps выжидать, как развернутся события; ждать, откуда ветер подует; занимать выжидательную позицию; that ~ won't jump /fight/ ≅ этот номер не пройдёт; the ~ did it *шутл.* ≅ белый медведь это сделал (не я); a ~ has nine lives кошки живучи; a ~ with nine lives живучий человек; ≅ живуч как кошка; has the ~ got your tongue? ≅ вы что, язык проглотили?; enough to make a ~ laugh ≅ и мёртвого может рассмешить, очень смешно; no room to swing a ~ ≅ очень тесно, повернуться негде; to jerk /to shoot/ the ~ *сл.* рвать, блевать (*о пьяном*); ~'s ice = cat-ice; care killed the ~ — *см.* care I ◇; Cheshire ~ — *см.* Cheshire cat; to fight like Kilkenny ~s отчаянно драться, драться так, что только пух и перья летят; a ~ may look at a king даже кошке не возбраняется смотреть на короля ≅ не заносись, я не хуже тебя; send not a ~ for lard ≅ пустить козла в огород; all ~s are grey in the dark *посл.* ночью все кошки серы

cat II [kæt] *v* 1. бить кошкой, плетью-девятихвосткой 2. *мор.* брать якорь на кат 3. *сл.* блевать

catabases [kəˈtæbəsiːz] *pl от* catabasis

catabasis [kəˈtæbəsɪs] *n* (*pl* -ses) *книжн.* снижение; уменьшение

catabatic [ˌkætəˈbætɪk] *a книжн.* менее интенсивный (*о заболевании*); спадающий, снижающийся (*о температуре*)

catabolism [kəˈtæbəlɪz(ə)m] *n физиол.* катаболизм

catachreses [ˌkætəˈkriːsiːz] *pl от* catachresis

catachresis [ˌkætəˈkriːsɪs] *n* (*pl* -ses) *стил.* 1) катахреза 2) злоупотребление метафорами *или* смешение их 3) неправильное словоупотребление

cataclasm [ˈkætəklæz(ə)m] *n книжн.* развал, разрушение; катастрофа, гибель

cataclasmic [ˌkætəˈklæzmɪk] *a книжн.* разрушительный, гибельный; катастрофический

cataclastic [ˌkætəˈklæstɪk] *a геол.* катакластический

cataclysm [ˈkætəklɪz(ə)m] *n* 1. 1) катаклизм; крутой, решительный поворот; перелом 2) *геол.* катаклизм 2. *поэт. библ.* потоп; наводнение; ~s blood моря /реки/ крови

cataclysmic [ˌkætəˈklɪzmɪk] *a книжн.* 1) относящийся к катаклизму 2) решительный, крутой 3) разрушительный, катастрофический

catacomb [ˈkætəkuːm] *n* 1. 1) катакомба 2) *преим. pl* катакомбы, подземное кладбище; the Catacombs римские катакомбы 2. подземелье со множеством ходов; подземная пещера 3. *спец.* галерея с нишами (*в винном погребе*)

catadioptrics [ˌkætədaɪˈɒptrɪks] *n* катадиоптрика, учение о преломлении и отражении света

catadromous fish [kəˈtædrəməsˌfɪʃ] *рыб.* катадромная, полупроходная рыба

catadromy [kəˈtædrəmɪ] *n* катадромия, миграция рыбы из рек в моря для метания икры

catafalque [ˈkætəfælk] *n* 1) катафалк; погребальная колесница 2) помост под балдахином для гроба

catagmatic [ˌkætəˈgmætɪk] *a мед.* способствующий сращению костей

Catalan I [ˈkætəlæn, ˈkætələn] *n* 1. каталонец; the ~s каталонцы 2. каталанский язык

Catalan II [ˌkætəlæn, ˈkætələn] *a* 1. каталонский; относящийся к Каталонии *или* к каталонцам 2. каталанский (*о языке*)

catalectic [ˌkætəˈlektɪk] *a стих.* каталектический, усечённый (*о части стопы*)

catalepsis [ˌkætəˈlepsɪs] = catalepsy 3

catalepsy [ˈkætəlepsɪ] *n* 1. *мед.* каталепсия, столбняк; оцепенение 2. оцепенение; сонная неподвижность; полный застой 3. *филос.* восприятие

cataleptic I [ˌkætəˈleptɪk] *n* каталептик; больной столбняком

cataleptic II [ˌkætəˈleptɪk] *a* 1. *мед.* каталептический 2. оцепенелый, застывший; сонно-неподвижный 3. *филос.* относящийся к восприятию

catalexis [ˌkætəˈleksɪs] *n стих.* каталексис, усечение полустопы

catalo [ˈkætəlʊ] = cattalo

catalog I, II [ˈkætəlɒg] *амер.* = catalogue I *и* II

cataloger [ˈkætəlɒgə] *амер.* = cataloguer

catalogist [ˈkætəlɒdʒɪst] *амер.* = cataloguist

catalogize [ˈkætəlɒgdʒaɪz] = cataloguize

catalogue I [ˈkætəlɒg] *n* 1. каталог; card ~ карточный каталог; ~ cabinet /case/ каталожный шкаф; ~ card каталожная карточка; ~ item предмет, указанный в каталоге; ~ librarian каталогизатор; ~ of places географический каталог; ~ by authors' names авторский каталог 2. *амер.* справочник, ежегодник (*колледжа, университета*); проспект (*учебного заведения*) 3. прейскурант; mail-order ~ иллюстрированный прейскурант для выписки товаров почтой 4. список; реестр; перечень; роспись

catalogue II [ˈkætəlɒg] *v* 1. каталогизировать, включать в каталог 2. включать в прейскурант, список, реестр, перечень и т. п. 3. перечислять, регистрировать; подмечать; to ~ a woman's features подробно описывать внешность женщины; he ~d all her faults он не пропустил ни одного её проступка /недостатка/

cataloguer [ˈkætəlɒgə] *n* каталогизатор, составитель каталога

catalogue raisonné [ˌkætəˌlɒgreɪ(ɪ)zəˈneɪ] *спец.* систематический каталог (*часто с аннотациями*)

cataloguing [ˈkætəlɒgɪŋ] *n информ.* каталогизация

cataloguist [ˈkætəlɒgɪst] *n* каталогизатор

cataloguize [ˈkætəlɒgaɪz] *v* каталогизировать

catalpa [kəˈtælpə] *n бот.* катальпа (*Catalpa*)

catalyses [kəˈtælɪsiːz] *pl от* catalysis

catalysis [kəˈtælɪsɪs] *n* (*pl* -ses) *хим.* катализ

catalyst [ˈkæt(ə)lɪst] *n* 1. *хим.* катализатор; ~ poison каталиторный яд 2. что-л. ведущее к изменениям; кто-л. вызывающий перемены

catalytic [ˌkætəˈlɪtɪk] *a* 1. *хим.* каталитический 2. ведущий к изменениям; nuclear physics has exerted a strong ~ influence on developments in science ядерная физика оказала огромное влияние на науку

catalytic converter [ˌkætəˈlɪtɪkkənˈvɜːtə] *авт.* каталитический дожигатель выхлопных газов

catalyzator [ˈkætəl(a)ɪzeɪtə] = catalyst

catalyze [ˈkætəlaɪz] *v* катализировать

catamaran [ˌkætəməˈræn] *n* 1. *мор.* катамаран 2. брюзга, *особ.* сварливая или язвительная женщина

catamite [ˈkætəmaɪt] *n* мальчик на содержании у педераста

catamount [ˈkætəmaʊnt] *n зоол.* 1. дикий представитель семейства кошачьих (*Felidae*) 2. *амер.* рысь (*Lynx lynx*) 3. *амер.* пума, кугуар (*Panthera concolor*)

catamountain [ˌkætəˈmaʊntɪn] *n зоол.* 1. = catamount 1 2. европейская дикая кошка (*Felis gen.*) 3. леопард (*Leopardus gen.*)

cat-and-dog [ˌkætən(d)ˈdɒg] *a* как кошка с собакой; ~ life вечные ссоры; ≅ живут как кошка с собакой

cat and mouse [ˌkætəndˈmaʊs] кошки-мышки (*детская игра*); to play ~ а) играть в кошки-мышки; б) хитрить

cat-and-mouse [ˌkætəndˈmaʊs] *a* 1. терзающий, подвергающий мучениям; he used the ~ technique of handling an opponent он обращался со своим противником как кошка с мышкой 2. построенный на погонях и побегах (*о приключенческом романе, фильме и т. п.*) 3. выжидательный; ~ mood выжидательная позиция

cataphoresis [ˌkætəfəˈriːsɪs] *n спец.* катафорез

cataphract [ˈkætəfrækt] *n ист.* 1. кольчуга 2. воин в полном вооружении и в латах 3. *pl* катафракты (*македонская конница*)

cataplasm [ˈkætəplæz(ə)m] *n мед.* припарка

cataplexy [ˈkætəpleksɪ] *n мед.* каталепсия

catapult I [ˈkætəpʌlt, ˈkætəpʊlt] *n* 1. *ист.* катапульта; метательная машина 2. *ав.* катапульта; ~ seat *ав.* катапультируемое сиденье 3. рогатка

catapult II [ˈkætəpʌlt, ˈkætəpʊlt] *v* 1. *ист.* метать, бросать катапультой 2. *ав.* катапультировать 3. стрелять из рогатки

catapulting [ˈkætəpʌltɪŋ, ˈkætəpʊltɪŋ] *n ав.* катапультирование

cataract I [ˈkætərækt] *n* 1. 1) (большой) водопад 2) порог (*на реке*) 2. *pl поэт., библ.* ливень; ~s of heaven небесные хляби 3. фонтан, поток (*красноречия, слёз и т. п.*) 4. *мед.* катаракта, помутнение хрусталика; ~ extraction *мед.* удаление катаракты 5. *тех.* катаракт, масляный тормоз, демпфер 6. *ист.* опускная решётка (*крепостных ворот*)

cataract II [ˈkætərækt] *v* падать водопадом

cataracted [ˈkætəræktɪd] *a* 1. порожистый (*о реке*) 2. *мед.* с катарактой (*о глазе*)

cataractous [ˌkætəˈræktəs] *a мед.* катарактный

catarrh [kəˈtɑː] *n* 1) *мед.* воспаление слизистой оболочки; катар 2) *разг.* простуда, насморк; epidemic ~ грипп; summer ~ сенная лихорадка

catarrhal [kəˈtɑːr(ə)l] *a мед.* катаральный

catastases [kəˈtæstəsiːz] *pl от* catastasis

catastasis [kəˈtæstəsɪs] *n* (*pl* -ses) 1. *театр.* нарастание действия (*в античной трагедии*) 2. *ритор.* вступление, вводная часть

catastrophe [kəˈtæstrəfɪ] *n* 1. катастрофа; бедствие; несчастье; беда; nuclear ~ ядерная катастрофа 2. гибель; трагический исход 3. *геол.* катаклизм 4. переворот; крутой перелом (*в ходе событий и т. п.*) 5. *книжн.* развязка (*драмы и т. п.*) 6. *мат.* катастрофа, разрыв непрерывности; ~ theory теория катастроф

catastrophic [ˌkætəˈstrɒfɪk] *a* катастрофический

catastrophism [kəˈtæstrəfɪz(ə)m] *n спец.* катастрофизм, теория катастроф

catatonia, catatony [ˌkætəˈtəʊnɪə, kəˈtætənɪ] *n мед.* кататония, ступор, неподвижность

Catawba [kəˈtɔːbə] *n амер.* 1) *бот.* катоба, сорт винограда (*Vitis labrusca*) 2) катоба (*марка вина*)

catbird [ˈkætbɜːd] *n зоол.* дрозд американский (*Mimus carolinensis*)

catbird seat [ˈkætbɜːdˌsiːt] *амер. разг.* выгодное, завидное положение; in the ~ в выгодном положении

cat-block [ˈkætblɒk] *n мор.* кат-блок

cat burglar [ˈkætˌbɜːglə] *вор. жарг.* вор-форточник, вор-домушник

catcall I [ˈkætkɔːl] *n* 1. свист, освистывание; the libretto evoked critical ~s критика приняла либретто в штыки 2. свисток

catcall II [ˈkætkɔːl] *v* освистывать

catch I [kætʃ] *n* 1. поимка; захват; her ~ was quick enough to keep the plate from hitting the floor она успела быстро схватить падающую на пол тарелку 2. улов; добыча; a fine ~ of fish хороший улов рыбы; that bachelor is a good ~ этот холостяк — завидный жених 3. *разг.* хитрость, ловушка, подвох; ~ question каверзный вопрос; there must be a ~ somewhere здесь что-то не так; здесь есть какой-то подвох; what's the ~ in his offer? что скрывается за его предложением?; that's the ~ в этом-то вся хитрость 4. выгодное приобретение; no ~, not much of a ~ незавидное приобретение; ≅ грош цена; не бог весть какое сокровище 5. 1) задвижка, засов, шпингалет 2) *тех.* захватывающее, запирающее приспособление 3) *тех.* стяжной болт 4) *тех.* тормоз; стопор; арретир 6. приостановка на мгновение (*дыхания*); потеря на мгновение (*голоса*); with a ~ in her voice прерывающимся голосом 7. отрывки, обрывки, кусочки; ~es of old tunes обрывки старых мелодий /напевов/ 8. игра в мяч (*детская и т. п.*); перебрасывание мяча; to play ~ играть в мяч 9. поимка мяча (*до того, как он коснулся грунта — крикет*) 10. *спорт.* кетч (*борьба, допускающая запрещённые приёмы*) 11. *с.-х.* самосев хлебных злаков 12. *муз.* качча (*жанр светских вокальных пьес XIV — XVI вв.*)

catch II [kætʃ] *v* (caught) I 1. 1) поймать, схватить; ловить (*мяч, рыбу, беглеца и т. п.*) 2) поймать, застигнуть (*тж.* ~ out); застать, захватить; to ~ smb. red-handed /in the act/ застать кого-л. на месте преступления; to ~ smb. napping /off guard/ застать кого-л. врасплох; to ~ in a lie изобличить во лжи; to ~ in a word a) поймать на слове; б) *библ.* уловить в слове; to be caught in the rain попасть под дождь; we were caught in a snowstorm мы были застигнуты метелью; to be caught cheating быть уличённым в мошенничестве; to be caught in the turmoil быть вовлечённым в водоворот (*событий*); a rat was caught in the trap крыса попалась в крысоловку; I caught him out я поймал его на лжи; I caught him at it я его поймал на этом /захватил с поличным/ 3) схватить, задержать; the policeman caught the thief полицейский задержал вора 2. (at) 1) ухватиться, схватить; he caught at the rope он уцепился за верёвку 2) прицепляться, придираться к; he ~es at everything он ко всему придирается 3. 1) уловить, поймать; to ~ a likeness схватить /уловить (и передать)/ сходство (*в портрете*); to ~ (at) an opportunity воспользоваться случаем, ухватиться за представившуюся возможность 2) *разг.* уловить смысл, понять (*тж.* ~ on); I don't ~ your meaning не понимаю, что вы хотите сказать; he's not very quick at ~ing on, is he? ведь он тугодум /до него не скоро доходит/ 4. 1) зацепить; задеть; защемить; to ~ one's finger in the door прищемить себе палец дверью 2) зацепиться (*тж.* ~ up); her dress caught on a nail она зацепилась платьем за гвоздь; the boat was caught in the reeds лодка застряла в камышах 5. поддеть; провести; поймать в ловушку; you've caught me this time! ну и поддели вы меня! 6. попасть, ударить; the blow caught him on the head удар пришёлся ему по голове; I caught him one in the eye *прост.* я поставил ему синяк под глазом

II A 1. заболеть, заразиться; схватить (*болезнь и т. п.*); to ~ scarlet fever заразиться скарлатиной; to ~ a chill /(a) cold/ простудиться; to ~ one's death of cold простудиться и умереть 2. захватывать; перехватывать (*сообщения и т. п.*) 3. успеть, поспеть (*на поезд, самолёт и т. п.*); to ~ the train поспеть на поезд; I wonder whether I can ~ the post не опоздаю ли я к почте? 4. схватить, уловить (*слова, звуки*); to ~ a melody схватить мелодию; I didn't quite ~ what you said я не расслышал, что вы сказали 5. увидеть (*мельком*); to ~ sight /a glimpse, a glance/ of smth. увидеть что-л. (*на мгновение*); I caught sight /a glimpse/ of her in the crowd я видел, как она мелькнула в толпе 6. привлечь (*внимание и т. п.*); поразить (*воображение*); увлечь; bright colours ~ a baby's eye яркие цвета привлекают ребёнка; the fact caught her attention её внимание было привлечено этим фактом; to ~ the imagination поразить воображение 7. запираться (*о замке, засове*); the lock won't ~ замок не запирается /неисправен/ 8. прерывать (*оратора*); сбивать (*выступающего*) вопросами и выкриками

◇ to ~ it получить нагоняй; I caught it me досталось /попало/; you will ~ it! ≅ будет тебе на орехи!; to ~ one's foot споткнуться; to ~ the trick (of doing smth.) наловчиться (делать что-л.); приноровиться (к чему-л.); схватить (как что-л. делается); to ~ a crab *спорт. жарг.* «поймать леща»; ~ me doing that! чтоб я это сделал? Никогда!; ~ me ever telling him anything again! чёрта с два я ему теперь что-нибудь расскажу!; to ~ the Speaker's eye *парл.* получить слово в палате общин; to ~ fire а) загореться, воспламениться; б) воспылать; вспыхнуть; зажечься (*энтузиазмом и т. п.*); to ~ hold of smth. ухватиться за что-л.;

to ~ one's breath a) затаить дыхание; б) перевести дух, отдышаться; ~ as ~ can лови, хватай (счастье и т. п.); on a catch-as-catch-can basis *спец.* без определённой очерёдности; you don't ~ old birds with chaff *посл.* ≅ старого воробья на мякине не проведёшь; a drowning man will ~ at a straw *посл.* утопающий за соломинку хватается

catch-all I ['kætʃɔ:l] *n разг.* вместилище разнообразных предметов; most attics are ~s чердаки обычно заваливают всяким хламом

catch-all II ['kætʃɔ:l] *a* 1) всеобъемлющий; ~ phrase всеобъемлющая фраза /формула/ 2) неоднородный, разношёрстный; ~ organization организация с неопределёнными функциями

catch away ['kætʃə'weɪ] *phr v* утащить

catch-basin ['kætʃ,beɪs(ə)n] *n* решётка приёмника сточных и дождевых вод

catch crops ['kætʃkrɒps] *с.-х.* 1) междупосевные культуры; промежуточные культуры 2) междурядные посевы 3) паровые культуры

catcher ['kætʃə] *n* 1. *см.* catch II + -er 2. небольшое судно, сопровождающее китобойное 3. *тех.* ограничитель 4. *тех.* уловитель (*масла и т. п.*) 5. *физ.* гаситель, поглотитель (*пучка*) 6. кетчер, принимающий (*в бейсболе*)

catcher boat ['kætʃə,bəʊt] китобойное судно

catchfly ['kætʃflaɪ] *n* «мухоловка», растение с липким секретом

catch in ['kætʃɪn] *phr v* затянуть (*поясом и т. п.*); the dress needs catching in a little at the waist платье надо немного затянуть /прихватить/ в талии

catching ['kætʃɪŋ] *a* 1. 1) заразный; flu is ~ грипп — заразная болезнь 2) заразительный; прилипчивый; yawning is ~ зевота заразительна 2. привлекательный; ~ way располагающая (к себе) манера; the singer has a ~ style манера исполнения этого певца пленяет слушателей 3. *тех.* останавливающий; зацепляющий; захватывающий 4. неустойчивый (*о погоде*)

catching bargain ['kætʃɪŋ'bɑ:gɪn] *юр.* покупка по дешёвке у предполагаемого наследника имущества, на которое он может рассчитывать

catch letters ['kætʃ,letəz] *полигр.* колонтитул

catch line ['kætʃlaɪn] 1. = catch phrase 2. *театр.* реплика, рассчитанная на смех в зале 3. *полигр.* контрольная строка в гранке набора

catchment ['kætʃmənt] *n* дренаж

catchment area ['kætʃmənt,e(ə)rɪə] 1. водосборная площадь; бассейн реки 2. микрорайон, обслуживаемый больницей, школой *и т. п.*

catch on ['kætʃɒn] *phr v разг.* стать модным; привиться; the idea caught on мысль упала на благодатную почву; the play caught on and ran for two months пьеса понравилась (публике) и шла два месяца подряд

catchpenny ['kætʃ,penɪ] *a* показной, рассчитанный на дешёвый успех и привлечение покупателей, клиентов (*о книге, фильме и т. п.*)

catchphrase ['kætʃfreɪz] *n пренебр.* броская фраза, обыкн. используемая как (демагогический) лозунг, реклама *и т. п.*

catchpole, catchpoll ['kætʃpəʊl] *n* судебный пристав, судебный исполнитель

catch stitch ['kætʃ,stɪtʃ] шов «ёлочкой»

catch-style ['kætʃ,staɪl] *n спорт.* вольная борьба

catch-22 ['kætʃtwentɪ'tu:] *n* «ловушка-22», парадоксальная ситуация, положение, из которого нет выхода; ≅ заколдованный круг (*по названию одноимённой книги американского писателя Дж. Хеллера*)

catch up ['kætʃʌp] *phr v* 1. 1) подхватить, поднять; he caught up his hat and rushed он схватил шапку и бросился вон 2) поднять, приподнять и сколоть (*о волосах, юбке и т. п.*) her hair was caught up with a long pin её волосы были заколоты /прихвачены/ длинной шпилькой 3) подшивать (*об одежде*) 2. подхватить, перенять (*новое слово, лозунг и т. п.*) 3. догнать, нагнать; to ~ and surpass догнать и перегнать; he's working hard to ~ with the others он много работает, чтобы догнать остальных 4. *разг.* нагнать, наверстать; we have caught up on sleep нам удалось отоспаться; I have to ~ on my correspondence у меня куча писем, на которые нужно ответить 5. идти в ногу, не отставать; they haven't caught up yet with the latest style они всё же отстают от последней моды 6. вызвать изменения; повлиять; сказаться (*о взглядах, образе жизни*); marriage has caught up on her замужество сделало её совсем другой /изменило её/ 7. прерывать; сбивать (*выступающего вопросами, выкриками, критическими замечаниями*) 8. придираться; don't ~ every remark I make не цепляйтесь к каждому моему слову 9. *pass* быть, оказаться вовлечённым (*во что-л.*); to be caught up in a circle which included many famous names оказаться среди известных людей; to be caught up in a war а) оказаться на территории, где идёт война; б) оказаться вовлечённым в войну 10. *pass* быть поглощённым, захваченным (*чем-л.*); быть погружённым (*во что-л.*); be caught up in one's thoughts and dreams погрузиться в свои мысли и мечты

catch-up ['kætʃʌp] *a* позволяющий догнать, наверстать (упущенное)

catchup ['kætʃəp] *n* соус кетчуп

catchword ['kætʃwɜ:d] *n* 1. пренебр. модное словечко (*преим. в политике*); лозунг; удачно пущенное словцо 2. *театр.* реплика 3. *полигр.* 1) колонтитул (*в словаре*) 2) кустода 3) заглавное слово (*словарной статьи*) 4) характерное слово заглавия книги (*определяющее её алфавитное место*); ~ title сокращённое название (*книги*)

catchwork irrigation ['kætʃwɜ:k,ɪrɪ'geɪʃ(ə)n] лиманное орошение, орошение при помощи запруд

catchy ['kætʃɪ] *a разг.* 1. броский, привлекающий внимание; привлекательный; ~ title броский заголовок 2. легко запоминающийся (*о мелодии и т. п.*) 3. обманчивый; каверзный; хитроумный; ~ question каверзный вопрос, вопрос с подвохом 4. порывистый (*о ветре*)

catecheses [,kætə'ki:si:z] *pl от* catechesis

catechesis [,kætə'ki:sɪs] *n* (*pl* -ses) *церк.* 1. наставление новообращённых 2. книга поучений для новообращённых

catechetic [,kætɪ'ketɪk] = catechetical 1 *и* 2

catechetical [,kætɪ'ketɪk(ə)l] *a* 1. имеющий форму вопросов и ответов; в форме опроса, вопросно-ответный (*о преподавании*) 2. *церк.* катехизический 3. *церк.* относящийся к наставлению новообращённых

catechetics [,kætɪ'ketɪks] *n pl* 1. метод преподавания путём вопросов и ответов 2. *церк.* раздел богословия, посвящённый катехизису

catechism ['kætɪˌkɪz(ə)m] *n* 1. 1) *церк.* катехизис 2) изложение основ (*чего-л.*) в форме вопросов и ответов 2. ряд вопросов и ответов; допрашивание, выспрашивание; допрос; to put smb. through his ~ выспросить /выяснить/ у кого-л. всё досконально

catechist ['kætəkɪst] *n* 1. *церк.* катехизатор, законоучитель 2. учитель, ведущий занятия в форме вопросов и ответов 3. учитель-туземец в миссионерской школе

catechistic, catechistical ['kætəˌkɪstɪk, -(ə)l] *a* 1. *церк.* катехистический; относящийся к катехизису 2. в форме вопросов и ответов; вопросно-ответный

catechize ['kætɪkaɪz] *v* 1. излагать в форме вопросов и ответов 2. допрашивать; выспрашивать; выпытывать 3. *церк.* наставлять (*в основах веры*); поучать; преподавать катехизис

catecholamine [,kætə'kəʊləmi:n] *n биохим.* катехоламин

catechu ['kætətʃu:] *n спец.* катеху, кашу

catechumen [,kætə'kju:min] *n* 1. *церк.* катехумен, новообращённый 2) оглашённый (*в православной церкви*) 3) изучающий основы христианской веры 2. новичок, начинающий 3. новый участник движения *или* новый член организации

categorial [,kætɪ'gɔ:rɪəl] *a* категориальный

categoric [,kætɪ'gɒrɪk] = categorical

categorical [,kætɪ'gɒrɪk(ə)l] *a* 1. категорический, категоричный, безусловный, безоговорочный; решительный; ясный, недвусмысленный; ~ assertions категорические утверждения; ~ denial решительное отрицание; решительный отказ; ~ answer: yes or no ясный /определённый/ ответ: да или нет 2. *филос.* категорический, безусловный (*о суждении*); ~ imperative категорический императив (*у Канта*) 3. *филос.* категориальный; ~ concepts категориальные понятия, категории

categoricalness [,kætɪ'gɒrɪk(ə)lnɪs] *n* категоричность; категорический, решительный характер (*чего-л.*)

categorization [,kætɪgəraɪ'zeɪʃ(ə)n] *n* 1) деление на категории, распределение по категориям 2) присвоение категории

categorize ['kætɪgəraɪz] *v книжн.* распределять по категориям; классифицировать; устанавливать категорию

category ['kætɪg(ə)rɪ] *n* 1. категория; разряд; класс; by ~ по категориям 2. *филос.* категория 3. спортивный разряд; weight ~ весовая категория (*бокс, борьба*)

catena [kə'ti:nə] *n* (*pl* -nae, -s [-z]) *лат.* цепь, связь, ряд; a ~ of opinions мнения ряда людей; a ~ of platitudes набор банальностей

catenae [kə'ti:naɪ] *pl от* catena

catenane ['kætɪneɪn] *n хим.* катенан (*вид молекулярной структуры*)

catenarian I, II [,kætɪ'ne(ə)rɪən] = catenary I *и* II

catenary I [kə'ti:n(ə)rɪ] *n* 1. *мат.* цепная линия 2. *тех.* несущий трос 3. *эл.* контактная сеть (*тж.* ~ system)

catenary II [kə'ti:n(ə)rɪ] *a* 1. *мат.* цепной (*о линии*) 2. *тех.* несущий (*о тросе*) 3. *эл.* контактный (*о сети*)

catenate ['kætəneɪt] *v книжн.* 1. сцеплять, связывать; образовать цепь 2. *шутл.* сковывать, приковывать

catenation [ˌkætəˈneɪʃ(ə)n] *n мат., хим.* образование цепи
cater[1] [ˈkeɪtə] *v* 1. 1) поставлять провизию; снабжать продовольствием 2) (for) обслуживать (*в театре, ресторане и т. п.*); to ~ for the best public обслуживать избранную публику; this playground ~s for children of all ages эта игровая площадка предназначена для детей всех возрастов; to ~ for dinners [weddings, receptions] обслуживать обеды [свадьбы, приёмы] 2. (to) *пренебр.* угождать, стараться угодить, доставить удовольствие; to ~ to the public demand приспособляться к вкусам публики; угождать публике
cater[2] I [ˈkeɪtə] *v диал.* 1. располагать в виде ромба 2. резать, пересекать *и т. п.* по диагонали, наискось
cater[2] II [ˈkeɪtə] *adv диал.* диагонально, наискось
cateran [ˈkætərən] *n* 1. разбойник, пират 2. *шотл.* горец-грабитель
cater-cornered [ˌkeɪtəˈkɔːnəd] *a редк.* диагональный
cater-cousin [ˈkeɪtəˌkʌz(ə)n] *n* 1) свойственник; дальний родственник 2) близкий друг, свой человек; to be ~s дружить
catered [ˈkeɪtəd] *a* обслуживаемый (*рестораном и т. п.*); a ~ affair приём (*свадьба и т. п.*) с ресторанным обслуживанием
caterer [ˈkeɪtərə] *n* 1. *см.* cater[1] +-er 2. 1) поставщик провизии 2) *преим. pl* фирма, обслуживающая банкеты, свадьбы *и т. п.* (*в своём ресторане или на дому у клиента*) 3. *воен.* заведующий столовой, пищеблоком
catering [ˈkeɪt(ə)rɪŋ] *n* 1) поставка продуктов 2) обслуживание обедов, свадеб *и т. п.*
caterpillar [ˈkætəˌpɪlə] *n* 1. *энт.* гусеница 2. кровопийца, паук, пиявка; паразит 3. *тех.* гусеничный ход; ~ track a) гусеничная лента; б) трак гусеницы; ~ truck вездеход на гусеничном ходу 4. гусеничный трактор (*тж.* ~ tractor)
caterwaul I [ˈkætəwɔːl] *n разг.* кошачья музыка; кошачий концерт
caterwaul II [ˈkætəwɔːl] *v* 1. кричать (*о кошках*) 2. кричать, как кот на крыше; задавать кошачий концерт 3) играть вразлад (*об оркестре*); терзать слух 3. *груб.* 1) быть в состоянии полового возбуждения 2) гоняться за юбками
cates [keɪts] *n pl уст., поэт.* яства, изысканная еда
cat-eyed [ˈkætˌaɪd] *a* видящий в темноте; видящий как кошка
cat-fall [ˈkætfɔːl] *n мор.* кат-лопарь
cat-fish [ˈkætfɪʃ] *n зоол.* зубатка полосатая (*Anarrhicas lupus*)
cat-footed [ˈkætˌfʊtɪd] *a* неслышно ступающий; подкрадывающийся как кошка; с крадущейся походкой
catgut [ˈkætgʌt] *n* 1. *спец.* кетгут, кишечная струна 2. *муз. жарг.* 1) скрипка; ~ scraper скрипач 2) *собир.* струнные инструменты 3. бортовка (*ткань*)
Catharine-wheel [ˈkæθ(ə)rɪnwiːl] = Catherine-wheel
catharize [ˈkæθəraɪz] *v возвыш.* очищать
cat-harpings [ˌkætˈhɑːpɪŋz] *n pl мор.* гарлингсы
catharses [kəˈθɑːsiːz] *pl от* catharsis
catharsis [kəˈθɑːsɪs] *n (pl -ses)* 1. *филос.* катарсис 2. *мед.* очищение желудка, лечение слабительными 3. катарсис, отреагирование (*в психиатрии*)
cathartic I [kəˈθɑːtɪk] *n мед.* слабительное (*средство*)

cathartic II [kəˈθɑːtɪk] *a* 1. *мед.* вызывающий послабление; слабительный 2. очистительный
Cathay [kæˈθeɪ] *n уст., поэт.* Китай
cathead [ˈkæthed] *n мор.* 1) кат-балка 2) *ист.* крамбол, кран-балка
cathedra [kəˈθiːdrə] *n (pl* -rae) 1. кафедра 2. *церк.* 1) престол епископа в кафедральном соборе 2) сан епископа 3. высокий пост, авторитет, власть; ex ~ *см.* ex cathedra
cathedrae [kəˈθiːdriː] *pl от* cathedra
cathedral I [kəˈθiːdr(ə)l] *n церк.* собор; кафедральный собор; ~ of science храм науки
cathedral II [kəˈθiːdr(ə)l] *a* 1. *церк.* соборный; кафедральный; соборная церковь; ~ epistle соборное послание 2. *книжн., ирон.* исходящий свыше (*об указании и т. п.*); непререкаемый, непреложный 3. до полу (*о женской верхней одежде*)
cathedral glass [kəˈθiːdr(ə)lˌglɑːs] *спец.* листовое неполированное стекло
cathedral school [kəˈθiːdr(ə)lˌskuːl] соборная школа
Catherine-wheel [ˈkæθ(ə)rɪnwiːl] *n* 1. огненное колесо (*фейерверк*) 2. *архит.* круглое окно, «роза» (*тж.* ~ window) 3. кувыркание «колесом»
Cathern [ˈkæθən] *n* праздник св. Екатерины; Катеринин день
catheter [ˈkæθɪtə] *n мед.* катетер
catheterize [ˈkæθətəraɪz] *v мед.* вводить катетер, катетеризировать
catheti [ˈkæθɪtaɪ] *pl от* cathetus
cathetometer [ˌkæθɪˈtɒmɪtə] *n тех.* катетометр
cathetus [ˈkæθɪtəs] *n (pl* -ti) *мат.* 1) перпендикуляр 2) катет
cathodal [kəˈθəʊd(ə)l] *a физ.* катодный
cathode [ˈkæθəʊd] *n физ.* катод
cathode beam [ˈkæθəʊdˌbiːm] *физ.* электронный пучок
cathode-ray [ˈkæθəʊdˌreɪ] *a элк.* электронно-лучевой
cathode-ray tube [ˌkæθəʊdˈreɪtjuːb] *физ., элк.* электронно-лучевая трубка, ЭЛТ
cathodic [kæˈθɒdɪk] *a физ.* катодный
cat-hole [ˈkæthəʊl] *n* 1. 1) лаз для кошки (*в двери*) 2) небольшое отверстие в которое только кошка может пролезть) 2. *мор.* кормовой клюз
Catholic I [ˈkæθ(ə)lɪk] *n церк.* 1. католик (*в Англии чаще* Roman ~) 2. лицо, принадлежащее к одной из апостолических, ортодоксальных, кафолических церквей (*т. е. не протестант*)
Catholic II [ˈkæθ(ə)lɪk] *a церк.* 1. католический (*в Англии чаще* Roman ~); ~ King, his ~ Majesty *ист.* его католическое величество (*титул испанского короля*) 2. вселенский; соборный; ~ Epistles соборные послания (*апостолов*) 3. апостолический, ортодоксальный, кафолический
catholic [ˈkæθ(ə)lɪk] *a книжн.* 1. всемирный, мировой; ~ war всемирная война; ~ humanity всё человечество 2. широкий, разносторонний, всеобъемлющий; a man of ~ taste человек с разносторонними интересами; ~ vocabulary богатый запас слов 3. широко мыслящий; вольнодумный; либеральный
Catholically [kəˈθɒlɪk(ə)lɪ] *adv* в католическом духе
catholically [kəˈθɒlɪk(ə)lɪ] *adv* широко, разносторонне; всеобъемлюще; ~-minded person человек с широким кругом интересов

CAT — CAT   C

catholicate [kəˈθɒlɪk(e)ɪt] *n церк.* сан католикоса
Catholic Church [ˈkæθ(ə)lɪkˌtʃɜːtʃ] 1) вселенская церковь 2) римско-католическая церковь
Catholicism [kəˈθɒlɪsɪz(ə)m] *n церк.* 1. католичество, католицизм 2. поступок, достойный доброго католика
Catholicity [ˌkæθəˈlɪsətɪ] *n* 1. соответствие учению католической церкви 2. (римско-)католическая церковь 3. католицизм, учение католической церкви
catholicity [ˌkæθəˈlɪsətɪ] *n* 1. разносторонность (*интересов и т. п.*); разнообразие; всеобъемлющий характер (*чувств и т. п.*) 2. всеобщность; универсальность 3. либерализм; вольнодумие
catholicize[1] [kəˈθɒlɪsaɪz] *v церк.* 1) обращать в католичество 2) принимать католичество, становиться католиком
catholicize[2] [kəˈθɒlɪsaɪz] *v книжн.* делать всеобъемлющим; расширять; придавать всеобщий характер
Catholicly [kəˈθɒlɪk(ə)lɪ] = Catholically
catholicly [kəˈθɒlɪk(ə)lɪ] = catholically
catholicon [kəˈθɒlɪkɒn] *n* средство от всех болезней, панацея
Catholicos [kəˈθɒlɪkəs] *n церк.* католикос
catholyte [ˈkæθəlaɪt] *n хим.* католит
cathouse [ˈkæthaʊs] *n сл.* публичный дом
cat-ice [ˈkætˌaɪs] *n* тонкий ледок
cation [ˈkætaɪən] *n хим.* катион
catkin [ˈkætkɪn] *n бот.* серёжка (*форма соцветия*)
cat-lap [ˈkætlæp] *n разг.* пойло, бурда (*о безалкогольных напитках*)
catlick [ˈkætlɪk] *v разг.* мыть кое-как; ополоснуть; they ~ed their hands and face они чуть-чуть ополоснули лицо и руки
cat-like [ˈkætlaɪk] *a* 1) похожий на кошку; ~ grace кошачья грация 2) мягкий, неслышный (*о поступи*)
catling [ˈkætlɪŋ] *n* 1. *редк.* котёнок, кошечка 2. *мед.* ампутационный нож 3. *мед.* тонкий кетгут
catmint [ˈkætmɪnt] *n бот.* котовник кошачий, кошачья мята (*Nepeta cataria*)
cat-nap [ˈkætnæp] *n* короткий сон (*в кресле*); to have a ~ клевать носом
catnip [ˈkætnɪp] *амер.* = cat-mint
cat o'mountain [ˌkætəˈmaʊntɪn] = catamountain 2 *и* 3
Catonian [keɪˈtəʊnɪən] *a* 1. *ист.* катонов, катоновский; относящийся к Катону 2. суровый, непреклонный
cat-o'-nine-tails [ˌkætəˈnaɪnteɪlz] *n* 1. кошка-девятихвостка (*плеть из девяти ремней*) 2. *амер.* = cat's tail 1
catoptrics [kəˈtɒptrɪks] *n* катоптрика
catoptromancy [kəˈtɒptrəmænsɪ] *n* гадание на зеркалах
cat's-cradle [ˌkætsˈkreɪdl] *n* «кошкина люлька», «верёвочка» (*игра с верёвочкой, надетой на пальцы*)
cat's-eye [ˈkætsaɪ] *n* 1. *мин.* кошачий глаз 2. «кошачий глаз», магический глаз (*индикатор настройки радиоприёмника и т. п.*) 3. *авт., дор.* катафот, световозвращатель
cat's foot [ˈkætsfʊt] *бот.* кошачья лапка (*Antennaria gen.*)
cat's-head [ˈkætshed] = cat-head
cat-skinner [ˈkætˌskɪnə] *n проф. жарг.* тракторист

cat-sleep ['kætsli:p] *n* 1) сон урывками 2) = cat-nap
cat's-meat ['kætsmi:t] *n разг.* конина или мясные обрезки (*для кошек*)
cat's-paw, catspaw ['kætspɔ:] *n* 1. орудие в (*чьих-л.*) руках; to make a ~ out of smb. сделать кого-л. своим орудием; поручить кому-л. грязное дело; ≅ чужими руками жар загребать 2. лёгкий бриз, ветерок 3. *мор.* двойной гачный *или* талрепный узел, «кошачьи лапки»
cat's-tail ['kætsˌteɪl] *n* 1. *бот.* рогоз (*Typha*) 2. = catkin 3. горжетка
cat's-tail grass ['kætsteɪlˌgrɑ:s] *бот.* тимофеевка (*Phleum pratense*)
cat-stick ['kætstɪk] *n* лапта *или* бита для игры в чижики (*тж. в некоторые игры с мячом*)
cat-suit ['kæts(j)u:t] *n* «кошечка» (*женский нарядный костюм типа комбинезона*)
catsup ['kætsəp] = catchup
cattabu ['kætəb(j)u:] *n с.-х.* катабу (*гибрид крупного рогатого скота и зебу*) [<cattle + zebu]
cat-tail ['kætˌteɪl] 1. = cat's-tail 1 и 3 2. = catkin
cattalo ['kætəloʊ] *n* (*pl* -oes, -os [-əʊz]) *с.-х.* катало (*гибрид крупного рогатого скота и буйвола*) [<cattle + buffalo]
cattish ['kætɪʃ] *a* 1) злобный, язвительный; недобрый, недоброжелательный 2) хитрый, коварный, вкрадчивый, кошачий 2. *редк.* кошачий, похожий на кошку
cattle ['kætl] *n* (*pl без измен.*) употр. с гл. в ед. и мн. ч. 1) крупный рогатый скот; коровы и быки; ten thousand ~ десять тысяч голов (крупного) рогатого скота; ten head of ~ десять голов рогатого скота; small ~ мелкий рогатый скот; pedigree ~ племенной рогатый скот; ~ stock поголовье скота; ~ management уход за скотом, содержание скота; ~ house коровник; ~ shed навес для скота, крытый скотный двор; ~ dealer торговец скотом; ~ farm животноводческая ферма, животноводческое хозяйство; ~ farmer скотовод, владелец животноводческой фермы 2) *редк.* мелкий рогатый скот; лошади, овцы, свиньи 2. скоты, гады, сволочь, дрянь (*о людях*) 3. паразиты, гады (*о насекомых, змеях и т. п.*) 4. *библ.* скоты; ~ and creeping thing and beast of the earth скоты и гады и звери земные 5. *мор.* живой груз
cattle box ['kætlbɒks] вагон для перевозки скота
cattle-feeder ['kætlˌfi:də] *n с.-х.* шнековый *или* скребковый транспортёр для раздачи кормов; кормораздатчик; скотокормщик
cattle-grid ['kætlgrɪd] *n* решётчатое ограждение (*на животноводческой ферме*)
cattle grub ['kætlgrʌb] *энт.* овод бычий (*Hypoderma bovis*)
cattle guard ['kætlˌgɑ:d] *амер.* = cattle grid
cattle husbandry ['kætlˈhʌzbəndrɪ] скотоводство
cattle-leader ['kætlˌli:də] *n* ноздревое кольцо (*вдеваемое быкам*)
cattle-lifter ['kætlˌlɪftə] *n* угонщик скота
cattle-lifting ['kætlˌlɪftɪŋ] *n* угон скота
cattleman ['kætlmən] *n* (*pl* -men [-mən]) 1. пастух; скотник 2. *амер.* скотовод; wealthy ~ богатый скотовод; крупный скотопромышленник
cattle-plague ['kætlˌpleɪg] *n вет.* чума рогатого скота
cattle-post ['kætlˌpəʊst] = cattle-run
cattle-ranch ['kætlˌrɑ:ntʃ] *n* животноводческая ферма; животноводческое хозяйство
cattle-range ['kætlˌreɪndʒ] = cattle-run
cattle-run ['kætlrʌn] *n с.-х.* большой выгон, пастбище
cattle-rustler ['kætlˌrʌslə] *амер.* = cattle-lifter
cattle show ['kætlˌʃəʊ] выставка рогатого скота
cattle station ['kætlˌsteɪʃ(ə)n] = cattle-run
cattle truck ['kætlˌtrʌk] = cattle box
catty[1] ['kætɪ] *n* малайск. катти (*мера веса в Китае, Индии и некоторых др. странах Востока*)
catty[2] ['kætɪ] = cattish
cat-walk ['kætwɔ:k] *n* 1) узкий мостик (*вдоль борта авианосца*) 2) рабочий помост 3) *кино* подвесные леса для установки осветительной аппаратуры
cat-whiskers ['kætˌwɪskəz] *n pl* элк. паразитные колебания (*генераторной лампы*)
cat-witted ['kætˌwɪtɪd] *a пренебр.* 1) мелочный; недалёкий; ≅ с куриными мозгами 2) злобный; упрямый
Caucasian I [kɔ:ˈkeɪʒ(j)ən] *n* 1. кавказец; уроженец *или* житель Кавказа; the ~s *собир.* кавказцы 2. человек кавказской расы, белый (*расистский термин*)
Caucasian II [kɔ:ˈkeɪʒ(j)ən] *a* 1. кавказский; относящийся к Кавказу *или* кавказцам 2. относящийся к кавказской расе, белый (*расистский термин*); members of the ~ race only served here обслуживаются только белые (*надпись*)
Caucasian goat [kɔ:ˈkeɪʒ(j)ənˈgəʊt] *зоол.* каменный козёл *или* тур (*Capra*)
Caucasian milk [kɔ:ˈkeɪʒ(j)ənˈmɪlk] мацони (*простокваша*)
caucus I ['kɔ:kəs] *n* 1. *амер.* совещание лидеров *или* членов политической партии для назначения кандидатов, выдвижения делегатов, разработки плана действий и т. п. 2) закрытое собрание одной из фракций конгресса (*решение которого обязательно для его участников*); Republican ~ совещание членов конгресса — республиканцев 3) партийное собрание; фракционное совещание 2. *преим. неодобр.* головка партийного руководства; узкий состав руководящего органа 3. *амер.* предвыборный митинг сторонников (*какой-л.*) партии (*особ. в западных штатах*)
caucus II ['kɔ:kəs] *v амер.* собираться на совещании для назначения кандидатов, разработки плана действий и т. п.
caudal ['kɔ:dl] *a анат.* хвостовой; расположенный ближе к хвостовой части; нижний
caudal fin ['kɔ:dlˈfɪn] *зоол.* хвостовой плавник
caudate ['kɔ:deɪt] *a зоол.* с хвостом; хвостатый, имеющий хвост
caudices ['kɔ:dɪsi:z] *pl от* caudex
caudex ['kɔ:deks] *n* (*pl* -dices, -dexes [-deksɪz]) *бот.* каудекс, стержень, ствол (*дерева*)
caudiform ['kɔ:dɪfɔ:m] *a спец.* хвостовидный
caudillo [kɔ:ˈdi:ljəʊ] *n исп.* 1) каудильо, диктатор (*в ряде стран Латинской Америки*) 2) каудильо (*титул бывшего диктатора Испании Франко*)
caudle I ['kɔ:dl] *n уст.* горячий, пряный напиток для больных (*смесь вина или пива с яйцами, кашицей и сахаром*)
◇ hempen ~ «пеньковая каша», виселица, верёвка
caudle II ['kɔ:dl] *v* 1. поить (*больного*) горячим напитком [*см.* caudle I] 2. 1) смешивать, взбалтывать 2) перепутать всё на свете
caught [kɔ:t] *past и p. p. от* catch II
cauk [kɔ:k] *n* 1. *диал.* мел; известняк 2. *мин.* барит, тяжёлый шпат
caul [kɔ:l] *n* 1. 1) *анат.* водная оболочка плода 2) сорочка (*у новорождённого*) 2. *анат.* 1) большой сальник 2) перепонка 3. *ист.* сетка (*для волос*); чепец
◇ to be born with a ~ в сорочке родиться
cauldron ['kɔ:ldrən] *n* 1. котёл; котелок 2. *геол.* котлообразный провал, кальдера
caules ['kɔ:li:z] *pl от* caulis
caulescent [kɔ:ˈles(ə)nt] *a бот.* имеющий стебель
caulicle ['kɔ:lɪk(ə)l] *n бот.* подсемядольное колено
caulicole ['kɔ:lɪkəʊl] *n обыкн. pl архит.* стебельки (*на капителях*)
cauliflower ['kɒlɪˌflaʊə] *n бот.* капуста цветная (*Brassica oleracea botrytis cauliflora*)
cauliflower ear ['kɒlɪflaʊə(r)ˈɪə] изуродованная ушная раковина (*у боксёров*)
cauliform ['kɔ:lɪfɔ:m] *a* стеблевидный, стеблеобразный
cauline ['kɔ:lɪn, 'kɔ:laɪn] *a бот.* стебельчатый, стеблевой, относящийся к стеблю
caulis ['kɔ:lɪs] *n* (*pl* -les) *бот.* травянистый стебель
caulk [kɔ:k] *v* 1. *мор.* конопатить; уплотнять стыки, чеканить 2. затыкать; замазывать щели 3. *сл.* 1) «заткнуться», замолчать 2) уснуть
caulker ['kɔ:kə] *n* 1. конопатчик 2. *сл.* глоток спиртного 3. *сл.* нечто невероятное, потрясающее
caulking-iron ['kɔ:kɪŋˌaɪən] *n* конопатка
cauma ['kɔ:mə] *n мед.* жар, воспалительная лихорадка
causa ['kɔ:zə, 'kaʊzə] *n* (*pl* -sae) *лат. книжн.* причина; ~ proxima непосредственная причина; ~ causans первопричина
causae ['kaʊzi:] *pl от* causa
causal ['kɔ:z(ə)l] *a* 1. *филос.* причинный; каузальный; выражающий причинную обусловленность *или* связь причины и следствия 2. *грам.* причинный; ~ clause придаточное предложение причины 3. являющийся причиной
causal fungus ['kɔ:z(ə)lˈfʌŋgəs] *спец.* болезнетворный, патогенный гриб
causality [kɔ:ˈzælɪtɪ] *n филос.* каузальность, причинность; причинная связь *или* обусловленность
causation [kɔ:ˈzeɪʃ(ə)n] *n* 1. *книжн.* причинение 2. *мед.* этиология; ~ of disease этиология заболеваний; причины, вызывающие заболевания 3. *филос.* причинность, причинная обусловленность
causative I ['kɔ:zətɪv] *n грам.* каузатив, понудительный залог
causative II ['kɔ:zətɪv] *a* 1. *филос.* причинный; каузальный 2. *мед.* являющийся причиной (*болезни*); вызывающий (*болезнь*); agent возбудитель (*болезни*); ~ organism болезнетворный организм 3. *грам.* каузативный
causativity [kɔ:zəˈtɪvɪtɪ] *n книжн.* причинность, каузальность

cause I [kɔːz] *n* **1.** причина, основание; ~ and effect причина и следствие; root ~s коренные причины; first ~ of all ~s причина всех причин; ~ of death причина смерти; the ~s of war причины войны; to stay away from school without good ~ пропускать занятия без уважительных причин; he is the ~ of all our troubles все наши беды от него, он является причиной всех бед; there is no ~ for anxiety [for despair] нет оснований для тревоги [для отчаяния] **2.** (for, *редк.* of) мотив, повод, причина; just ~ убедительный мотив; полное основание, полное право; a ~ of action повод к действиям [*см. тж.* 4, 2)]; without ~ без (всякого) повода, без оснований, без (уважительных) причин; беспричинно; ~ for divorce основание для развода; мотивы, по которым брак должен быть расторгнут **3.** дело; общее дело; the ~ of peace дело мира; the ~ of the workers дело рабочего класса; to make common ~ with smb. объединяться с кем-л. ради общего дела; in the ~ of science ради /во имя, в интересах/ науки; he died for the C. он погиб за общее /за наше/ дело; good ~ правое /доброе, хорошее, справедливое/ дело; to work in a good ~ бороться за правое дело; lost ~ безнадёжное /проигранное/ дело; to fight in the ~ of justice бороться за справедливость; to fight in the ~ of the oppressed бороться на стороне угнетённых; no one should judge in his own ~ никто не может быть судьёй в своём собственном деле **4.** *юр.* 1) судебное дело, процесс; to plead a ~ вести процесс, защищать дело в суде; to gain one's ~ выиграть процесс 2) мотивы *или* соображения, высказываемые стороной (*на процессе*); to show ~ привести основания /соображения/; представить доводы; ~ of action основание для предъявления иска [*см. тж.* 2]

cause II [kɔːz] *v* **1.** быть причиной, служить поводом; вызывать; причинять; what ~d his death? от чего он умер?, что было причиной его смерти?; what ~s the tides? почему бывают приливы? **2.** заставлять; побуждать; добиваться; he ~d me to go on заставил меня уйти; it ~d my going я ушёл из-за этого; the King ~d him to be put to death он был казнён по приказу короля; to ~ smb. to be informed поставить кого-л. в известность; he ~d the letter to be sent письмо было отправлено по его приказанию; we ~d the roof to be mended нам починили крышу; мы починили крышу

'cause [kɒz, kəz] *диал., разг. см.* because
cause célèbre [ˌkəʊzeˈlebrə] *фр.* громкий, скандальный, нашумевший судебный процесс; громкое дело
causeless [ˈkɔːzlɪs] *a* беспричинный; не имеющий основания; необоснованный, беспочвенный
cause list [ˈkɔːzˌlɪst] *юр.* список дел к слушанию; daily ~ список дел, назначенных к слушанию на определённый день
causer [ˈkɔːzə] *n* **1.** *см.* cause II + -er **2.** *книжн.* виновник
causerie [ˈkəʊzəri] *n* **1.** болтовня; лёгкая непринуждённая беседа, *особ.* на литературную тему **2.** фельетон, статья в форме беседы
causeuse [kəʊˈzəːz] *n фр.* козетка (*диванчик*)
causeway I [ˈkɔːzweɪ] *n* **1.** мостовая **2.** *шотл.* пешеходная дорожка **3.** гать, небольшая дамба **4.** дорога по гребню плотины; дорога на насыпи

causeway II [ˈkɔːzweɪ] *v* **1)** мостить **2)** строить плотину, дамбу
causey I [ˈkɔːzɪ] *n* **1.** *диал.* = causeway I **2.** *шотл.* мощённая булыжником площадка
causey II [ˈkɔːzɪ] *преим. диал.* = causeway II
caustic¹ I [ˈkɔːstɪk] *n* **1.** 1) едкое вещество; common /lunar/ ~ ляпис 2) *хим.* каустическая сода, каустик **2.** язвительность, сарказм, яд; full of ~ дышащий злобой, злопыхательский, язвительный
caustic¹ II [ˈkɔːstɪk] *a* **1.** 1) *хим.* едкий, каустический 2) *мед.* прижигающий; ~ stick палочка для прижигания 3) разрушающий, разъедающий **2.** язвительный, едкий, колкий; ~ tongue злой язык; ~ remarks саркастические замечания
caustic² I [ˈkɔːstɪk] *n спец.* каустическая поверхность, каустика
caustic² II [ˈkɔːstɪk] *a спец.* каустический (*о поверхности*)
caustically [ˈkɔːstɪk(ə)lɪ] *adv* язвительно, едко, колко; саркастически
causticity [ˌkɔːˈstɪsɪtɪ] *n* **1.** едкость **2.** язвительность; едкий, злой сарказм
caustic lime [ˈkɔːstɪkˈlaɪm] *хим.* негашёная известь
caustic potash [ˈkɒstɪkˈpɒtæʃ] *хим.* едкое кали
caustic soda [ˈkɔːstɪkˈsəʊdə] *хим.* едкий натр
cauter [ˈkɔːtə] = cautery 2
cauterant [ˈkɔːtərənt] *n мед.* прижигающее вещество
cauterization [ˌkɔːtəraɪˈzeɪʃ(ə)n] *n мед.* прижигание
cauterize [ˈkɔːtəraɪz] *v* **1.** *мед.* прижигать **2.** клеймить (*позором*) **3.** делать нечувствительным, чёрствым; to ~ conscience заставить совесть замолчать
cauterodyne [ˈkɔːt(ə)rəd(a)ɪn] *n мед.* электронож
cautery [ˈkɔːtərɪ] *n мед.* **1.** прижигание, выжигание **2.** прижигающее средство, вещество **3.** термокаутер (*инструмент для прижигания*)
caution I [ˈkɔːʃ(ə)n] *n* **1.** осторожность, осмотрительность; ~ area *ав.* район с особым режимом полёта; to do smth. with great ~ делать что-л. очень осторожно /с большой осмотрительностью/; to use ~ проявлять осмотрительность; proceed with ~ соблюдайте осторожность! (*предупреждение водителям; дорожный плакат*) **2.** предосторожность, предусмотрительность **3.** 1) предостережение, предупреждение; ~! осторожно!, берегись!; ~ signal предупредительный сигнал, жёлтый свет; the judge gave the defendant a ~ судья сделал подсудимому обвиняемому 2) *юр.* предупреждение арестованному при его задержании о том, что его слова могут быть использованы против него **4.** *юр.* 1) залог, поручительство; обеспечение; to find ~ for smb. *шотл.* давать поручительство за кого-л., вносить залог за кого-л. 2) *шотл., амер.* поручитель **5.** *разг.* 1) чудак, человек со странностями; he is a ~ ! никогда не знаешь, что он может натворить! 2) странная вещь; необыкновенное явление; some shoes you see these days are a ~ некоторые новые модели обуви — это просто ужас /нечто невероятное/
caution II [ˈkɔːʃ(ə)n] *v* **1)** предупреждать, предостерегать; делать предупреждение; I ~ed him against being late я предупредил его, что опаздывать нельзя; ~ to against unwarranted expectations предостеречь от необоснованных надежд 2) *юр.* делать предупреждение арестованному при его задержании о том, что его слова могут быть использованы против него
cautionary [ˈkɔːʃən(ə)rɪ] *a* **1.** предостерегающий; предупреждающий, предупредительный (*о знаке и т. п.*); ~ example поучительный пример; ~ tales назидательные истории; ~ advice назидание; назидание **2.** *ист., шотл.* залоговый; поручительский
caution board [ˈkɔːʃ(ə)nbɔːd] надпись или плакат, предупреждающие об опасности
cautioner [ˈkɔːʃ(ə)nə] *n шотл. юр.* поручитель
caution money [ˈkɔːʃ(ə)nˌmʌnɪ] (денежный) залог (*вносимый студентами Оксфорда и Кембриджа в обеспечение возможных долгов*)
cautious [ˈkɔːʃəs] *a* осторожный, осмотрительный; предусмотрительный; ~ man осторожный человек; ~ policy осмотрительная /осторожная/ политика; a ~ choice of words тщательный выбор слов, осторожное высказывание; ~ in one's movement передвигающийся с осторожностью; be ~ how you step осторожно, смотрите, куда идёте; ~ not to disturb the sleepers стараясь не разбудить спящих
cavalcade [ˌkæv(ə)lˈkeɪd] *n* **1.** 1) кавалькада; группа всадников 2) шеренга экипажей; вереница карет, машин **2.** процессия; церемониальный проход или марш **3.** вереница, ход (*событий*); ~ of history ход истории, цепь исторических событий; ~ of fashion моды, сменяющие одна другую
cavalier I [ˌkævəˈlɪə] *n* **1.** всадник; *ист.* конный воин; рыцарь **2.** (галантный) кавалер **3.** партнёр (*в танцах, на прогулке*) **4.** (C.) *pl ист.* «кавалеры», роялисты (*в период Английской буржуазной революции*); C. troops войска сторонников короля
cavalier II [ˌkævəˈlɪə] *a* **1.** бесцеремонный; непринуждённый; ~ treatment бесцеремонное обращение; ~ manners развязное поведение /-ые манеры/ **2.** надменный, высокомерный; ~ tone обращение свысока **3.** (C.) *ист.* роялистский
cavalier III [ˌkævəˈlɪə] *v* быть кавалером; сопровождать (*даму*)
cavaliere [ˌkɑːvɑːˈlje(ə)rə] *n ист.* кавалер
cavaliere servente [ˌkɑːvɑːˈlje(ə)rəsɜːˈventə] *ист.* дамский угодник
cavalierly I [ˌkævəˈlɪəlɪ] = cavalier II 1
cavalierly II [ˌkævəˈlɪəlɪ] *adv* **1.** высокомерно, надменно **2.** бесцеремонно; the report was dismissed ~ доклад был отвергнут без дальнейших разговоров
cavalry [ˈkæv(ə)lrɪ] *n собир. обыкн. употр. с гл. во мн. ч.* **1.** кавалерия, конница; ~ raid кавалерийский рейд, набег конницы; ~ soldier кавалерист; ~ sword кавалерийская сабля, шашка **2.** лошади и всадники **3.** моторизованные войска
cavalryman [ˈkæv(ə)lrɪmən] *n* (*pl* -men [-mən]) кавалерист
cavate [ˈkeɪveɪt] *a* **1.** выдолбленный; вырубленный (*в скале*) **2.** пещерный
cavatina [ˌkævəˈtiːnə] *n* (*pl тж.* -ne) *муз.* каватина
cavatine [ˌkævəˈtiːneɪ] *pl от* cavatina
cave¹ I [keɪv] *n* **1.** пещера **2.** полость; впадина **3.** *геол.* карстовое образование **4.** *спец.* (экранированная) камера; radiation ~ камера для облучения; storage ~ камера для хранения (*радио-*

активных веществ) 5. ноздря, глазок (в сыре) 6. *амер. сл.* 1) жилище, пристанище 2) закуток; каморка 7. *ист.* 1) фракция, отколовшаяся группа, группка 2) раскол (*партии*) 8. *в грам. знач. прил. часто палеонт.* пещерный; ~ bear [lion, hyena] пещерный медведь [лев, -ая гиена]; ~ painting /drawing/ наскальные рисунки, рисунки на стенах пещер; ~ art наскальная живопись, *особ.* искусство палеолита; ~ deposits *геол.* пещерные отложения, отложения, заполняющие карстовые пустоты

cave[1] **II** [keɪv] *v* 1. выдалбливать, рыть; подрывать 2. *спец.* 1) обрушивать породу; обрушивать кровлю 2) обваливаться, обрушиваться (*о породе; тж.* ~ in)

cave[2] **I** [ˈkeɪvi:] *n школ. жарг.* караул; ≃ шухер; to keep ~ караулить

cave[2] **II** [ˈkeɪvi:] *int* (*употр. тк. в повел. накл.*) *школ. жарг.* берегись! ≃ шухер!

caveat [ˈkeɪvɪæt] *n* 1. *юр.* 1) ходатайство о приостановке судебного производства; to put in /to enter/ a ~ подавать заявление или ходатайство 2) ходатайство о невыдаче патента другому лицу 2. предостережение, предупреждение

caveat emptor [ˌkeɪvɪætˈemptə] 1) *лат.* да будет осмотрителен покупатель 2) *юр., ком.* качество на риск покупателя

cave-dweller [ˈkeɪvˌdwelə] *n* 1. = caveman 1 2. *амер. шутл.* житель многоквартирного дома

cave in [ˈkeɪvˈɪn] *phr v* 1. 1) оседать, опускаться; обваливаться, проваливаться (*о почве, крыше и т. п.*); the side of the building has caved in стена дома рухнула 2) обваливать, обрушивать; river floods caved in the bank в паводок разрушило /подмыло/ берег реки 2. уступать, сдаваться, поддаваться; when I argued he caved in and was silent когда я стал возражать, он сдался и замолчал

cave-in [ˈkeɪvɪn] *n спец.* 1) обрушение 2) воронка обрушения

caveman [ˈkeɪvmæn] *n* (*pl* -men [-men]) 1. пещерный человек, троглодит 2. «пещерный житель», хам, дикарь

cavendish [ˈkæv(ə)ndɪʃ] *n* плиточный табак

caver [ˈkeɪvə] *n* исследователь пещер, спелеолог

cavern [ˈkævən] *n* 1. *поэт.* пещера 2. *геол.* каверна, карстовая пустота 3. *мед.* каверна 4) дупло (*в зубе*)

cavernicolous [ˌkævəˈnɪkələs] *a зоол.* пещерный, обитающий в пещерах; ~ fauna пещерная фауна

cavernous [ˈkævənəs] *a* 1. 1) изобилующий пещерами; пещеристый; ~ mountains горы, изрытые пещерами 2) похожий на пещеру; ~ darkness ≃ темно, как в пещере; ~ cheeks впалые щёки; ~ eyes запавшие глаза 3) ноздреватый, ячеистый 2. *мед.* каверный; полостной; кавернозный 3. глубокий и глухой (*о звуке*); ≃ как из бочки

cavern out [ˈkævənˈaʊt] *phr v* делать пещеру; выкапывать (*убежище и т. п.*); the rock was caverned out to make a tunnel в скале был пробит туннель

cavernulous [kəˈvɜ:njʊləs] *a спец.* 1) пещеристый 2) пористый; губчатый; ноздреватый

caviar(e) [ˈkævɪə] *n* икра (*пищевой продукт*); fresh-grain [pressed] ~ зернистая [паюсная] икра

◊ ~ to the general «икра для простонародья», слишком тонкое блюдо для грубого вкуса; ≃ метать бисер перед свиньями

cavicorn [ˈkævɪkɔ:n] *a зоол.* полорогий

cavie [ˈkævɪ] *n шотл.* клетка для кур, курятник

cavil I [ˈkæv(ə)l] *n* 1. 1) придирка 2) придирки, придирчивость; merely for the sake of ~ просто чтобы придраться; liable to ~ могущий вызвать придирки 2. крючкотворство, каверзы

cavil II [ˈkæv(ə)l] *v* 1) (at, about) придираться, выискивать недостатки; to ~ about minor points придираться к мелочам; to ~ about the arrangements высказывать недовольство по поводу постановки дела 2) выдвигать необоснованные возражения; заниматься крючкотворством; to ~ each item of a proposed agenda необоснованно возражать против каждого пункта предложенной повестки дня

caviller [ˈkæv(ə)lə] *n* 1. придира, придирчивый человек; брюзга 2. крючкотвор; каверзник

cavin [ˈkævɪn] *n воен.* низина, котловина; балка, овражек

caving[1] [ˈkeɪvɪŋ] *n спец.* образование пустот после обвала; обрушение (породы); образование пор (*в толще материала*)

caving[2] [ˈkeɪvɪŋ] *n разг.* изучение пещер; (практическая) спелеология

cavitation [ˌkævɪˈteɪʃ(ə)n] *n* 1. *спец.* кавитация 2. *мед.* образование каверн

cavity [ˈkævɪtɪ] *n* 1. 1) впадина; углубление; полость; пустота (*внутри чего-л.*); провал 2) *мед.* полость, каверна, впадина; дупло (*в зубе*); abdominal ~ брюшная полость; to fill cavities пломбировать зубы 2. *геол.* трещина в породе 3. *метал.* усадочная раковина 4. *спец.* камера; experimental ~ экспериментальная камера (*в реакторе*) 5. *радио* резонатор 6. *воен.* гнездо

cavo-relievo [ˌkɑ:vəʊrɪˈljeɪvəʊ] *n* (*pl* -os [-əʊz]) *иск.* углублённый рельеф

cavort [kəˈvɔ:t] *v амер. разг.* прыгать, скакать; ≃ выделывать курбеты

cavy [ˈkeɪvɪ] *n зоол.* морская свинка (*Cavia porcellus*)

caw I [kɔ:] *n* 1. карканье 2. *в грам. знач. междометия* кар-р!

caw II [kɔ:] *v* 1) каркать 2) накликать беду, накаркать

cawk[1] [kɔ:k] = cauk

cawk[2] **I** [kɔ:k] *n* карканье; крик птицы (*грача, гагары и т. п.*)

cawk[2] **II** [kɔ:k] *v* каркать; кричать (*о птицах — грачах, гагарах и т. п.*)

cay [keɪ, ki:] *n* 1. песчаная отмель; банка 2. (коралловый) риф 3. шхерный островок

cayenne [keɪˈen] *n бот.* перец стручковый кайенский (*Capsicum annuum; тж.* ~ pepper)

cayman [ˈkeɪmən] *n зоол.* 1) кайман (*Caiman gen.*) 2) чёрный кайман (*Caiman niger*)

Cayuga [keɪˈjuːgə] *n* (*pl без измен.; тж.* -s [-z]) каюга (*североамериканский индеец*)

Cayuga duck [keɪˈjuːgədʌk] каюга (*порода домашних уток*)

Cayuse [kaɪˈjuːs, ˈkaɪjuːs] *n* 1. (*pl тж. без измен.*) кайюс (*североамериканский индеец*) 2. (с.) (*pl -ses* [-siːz]) 1) *амер. диал.* индейская лошадка 2) лошадка, коняга

cazique [kəˈziːk] = cacique

CB [ˌsiːˈbiː] = citizens band

CBer, cber [ˌsiːˈbiː(ː)ə] *n разг.* радиолюбитель-коротковолновик

C-bomb [ˈsiːbɒm] *n воен.* кобальтовая бомба

C clef [ˈsiːklef] *муз.* ключ системы до

c с pills [ˈsiːpɪlz] *воен. проф.* слабительные пилюли

cease I [siːs] *n* перерыв, остановка; прекращение; without ~ непрестанно; to work without ~ работать не покладая рук

cease II [siːs] *v* 1. 1) прекращать, останавливать, приостанавливать (*что-л.*); положить конец (*чему-л.*); to ~ one's efforts отказаться от попыток; to ~ talking замолчать; to ~ payment *фин.* прекратить платежи, обанкротиться; the snow never ~d falling снегопад не прекращался; he ~d going there он перестал туда ходить; she ~d driving a car она бросила /перестала/ водить машину; ~ fire /firing/! *воен.* прекратить огонь!; to ~ to be исчезнуть, прекратить существование 2) прекращаться, переставать; останавливаться; the rain has ~d дождь перестал; when will this quarrelling ~? когда наконец кончатся эти раздоры?

◊ to ~ and desist *юр.* прекратить продолжение противоправных действий

cease-and-desist order [ˌsiːsəndɪˈzɪstˌɔ:də] *юр.* приказ о запрещении продолжения противоправного действия

cease-fire [ˈsiːsfaɪə] *n воен.* прекращение огня

ceaseless [ˈsiːslɪs] *a* непрестанный; безостановочный; непрекращающийся, непрерывный

cecils [ˈseslz] *n pl кул.* фрикадельки

Cecrops [ˈsiːkrɒps] *n греч. миф.* Кекроп(с)

cecum [ˈsiːkəm] = caecum

cedar [ˈsiːdə] *n* 1. *бот.* кедр настоящий (*Cedrus gen.*); ~ of Lebanon ливанский кедр (*Cedrus libani*); ~ nuts кедровые орехи; ~ forest кедровник 2. *бот.* можжевельник (*Juniperus*) 3. *бот.* кипарис (*Cupressus*) 4. = cedarwood

cedarbird [ˈsiːdəbɜːd] = sedar waxwing

cedarn [ˈsiːdən] *a поэт.* кедровый

cedar pine [ˈsiːdəpaɪn] *бот.* сосна кедровая сибирская (*Pinus sibirica*)

cedar waxwing [ˌsiːdəˈwækswɪŋ] *зоол.* свиристель (*Bombycilla garrula*)

cedarwood [ˈsiːdəwʊd] *n* древесина кедра; ~ chest сундук из кедровых досок (*предохраняет одежду от моли*)

cede [siːd] *v* 1. сдавать (*территорию, крепость*) 2. 1) передавать, уступать (*территорию, права и т. п.*); they ~d some of their rights они поступились некоторыми (своими) правами 2) уступать (*в споре*); признавать (*чью-л.*) правоту; to ~ a point сделать допущение; I ~ the point допустим, что это так

cedi [ˈseɪdɪ] *n* (*pl тж. без измен.*). седи (*денежная единица Ганы*)

cedilla [sɪˈdɪlə] *n* седиль (*орфографический знак*)

cedrat(e) [ˈsiːdrɪt] *n бот.* цитрон (*Citrus medica*)

cedrine [ˈsiːdr(a)ɪn] *a редк.* кедровый

cee [siː] *n* название буквы C

ceil I [siːl] *n поэт.* потолок

ceil II [siːl] *v* 1) покрывать, перекрывать 2) штукатурить, отделывать потолок

ceilidh [ˈkeɪlɪ] *n шотл., ирл.* вечеринка с музыкой и танцами

ceiling [ˈsiːlɪŋ] *n* 1. потолок; a ~ of stars *возвыш.* звёздный свод 2. 1) максимум; предел; пик (*напряжения и т. п.*) 2) *эк.* максимальная цена (*установленная властями; тж.* ~ price); a new ~ has been fixed on rents был установлен новый максимальный уровень квартплаты 3) предельный уровень (*вооружений и т. п.*); to put a ~ on conventional weapons установить верхний предел на /ограничить предельным уровнем/ численность обычных вооружений; within the agreed ~ в рамках согласованного предельного уровня (*вооружений*) 3. 1) *ав.* (практический) absolute ~ теоретический потолок 2) *метеор.* высота, базис облаков 4. *стр.* подшивка потолка 5. *преим. pl* доски для обшивки, силинги 6. *мор.* настилка, подволока, подшивка (*паруса*) 2) настил второго дна ◊ to hit the ~ *сл.* вспылить, прийти в ярость, взорваться; ≅ на стену лезть

ceilometer [si:'lɒmɪtə] *n метеор.* определитель высоты облаков

ceinture [sæɲ'tjuə, 'sæntʃə] = cincture

celadon ['selədɒn] *n* 1. сероватo-зелёный цвет, цвет морской волны (*тж.* ~ green) 2. селадон (*разновидность китайского фарфора*) 3. (С.) *лит.* 1) селадон, волокита 2) ухажёр, возлюбленный

celandine ['seləndaɪn] *n бот.* 1. 1) чистотел (*Chelidonium gen.*) 2) чистотел большой (*Chelidonium majus*) 2. бальзамин (*Impatiens gen.*)

cela saute aux yeux [sə,lɑ:səutəu'jз:] *фр.* это очевидно [*букв.* это бросается в глаза]

celation [sɪ'leɪʃ(ə)n] *n книжн.* сокрытие (*преим. беременности или родов*)

cela va sans dire [sə,lɑ:vɑ:sɒŋ'dɪə] *фр.* это само собой разумеется; конечно, естественно

celeb [sɪ'leb] *n* (*сокр. от* celebrity) *разг.* знаменитость (*о человеке*)

celebrant ['selɪbrənt] *n* 1. *редк.* (человек) празднующий (*что-л.*); участник празднества, пирушки *и т. п.*; a company of ~s in a bar компания гуляк в баре 2. *церк.* 1) священник, отправляющий церковную службу 2) участник религиозного обряда; молящийся

celebrate ['selɪbreɪt] *v* 1. праздновать, отпраздновать; торжественно отмечать (*годовщину и т. п.*); торжествовать (*победу*) 2. прославлять, воспевать; to ~ a hero in a song прославить героя в песне; his poetry ~s the glory of nature in his verses он воспевает красоту природы 3. служить (*обедню и т. п.*), отправлять церковную службу; отправлять (*обряд*, *ритуал*) 4. *разг.* 1) справлять, отмечать радостное событие (*часто выпивкой*); on her birthday she was too sick to ~ свой день рождения она не отмечала, так как чувствовала себя очень плохо 2) веселиться; when the children saw the snow they ~d когда дети увидели снег, они очень обрадовались

celebrated ['selɪbreɪtɪd] *a* 1) знаменитый, прославленный /знаменитый/ живописец 2) (for) славящийся (*чем-л.*); district ~ for its wine район, славящийся виноделием

celebration [,selɪ'breɪʃ(ə)n] *n* 1. празднование; торжества; the ~ of a birthday празднование дня рождения; the Fourth of July ~ includes a display of fireworks (национальный) праздник 4 июля отмечается фейерверком (*в США*); it calls for a ~ это надо отметить! 2. прославление; воспевание 3. церковная служба совершение евхаристии

celebratory ['selɪbrət(ə)rɪ] *a* праздничный, устраиваемый в честь какого-л. праздника, события *и т. п.*; ~ parade праздничный парад

celebrity [sɪ'lebrɪtɪ] *n* 1) известность, слава 2) *преим. ирон.* знаменитость (*о человеке*)

celeriac [sə'le(ə)rɪæk] *n* 1. *бот.* сельдерей корневой (*Apium graveolens rapaceum*) 2. *кул.* корень сельдерея

celerity [sɪ'lerɪtɪ] *n книжн.* быстрота, проворство; with ~ быстро, проворно, без задержки

celery ['selərɪ] *n бот.* сельдерей салатный *или* черешковый (*Apium graveolens*); ~ stalks черешки сельдерея (*кушанье*); ~ heads корни сельдерея; ~ salt *кул.* молотые семена сельдерея с солью (*заправка*)

celery cabbage ['selərɪ,kæbɪdʒ] *бот.* капуста китайская (*Brassica pekinensis*)

celesta [sɪ'lestə] *n* челеста (*клавишно-ударный музыкальный инструмент*)

celeste[1] [sɪ'lest] *n муз.* 1. = celesta 2. модераторная педаль

celeste[2] [sɪ'lest] *a* небесно-голубой

celestial I [sɪ'lestɪəl] *n* 1. возвыш. небожитель 2. (С.) *арх.* житель Небесной империи, китаец

celestial II [sɪ'lestɪəl] *a* 1. небесный, относящийся к небу; ~ bodies небесные тела; ~ map карта звёздного неба; ~ pole *астр.* полюс мира; ~ blue небесно-голубой 2. (*часто* С.) *рел.* небесный, относящийся к небесам; божественный; C. Father отец наш небесный; ~ visitant посланец неба; ~ hierarchy *церк.* ангельские чины 3. божественный, неземной, небесный; ~ bliss райское блаженство; ~ happiness неземное счастье; ~ food пища богов
◊ C. Empire *ист.* Небесная империя (*Китай*); C. Emperor *ист.* сын неба, китайский император; C. City а) *библ.* святой град (*царствие небесное*); б) *лит.* Небесный град, Новый Иерусалим (*по роману Дж. Беньяна* «*Путешествие пилигрима*»)

celestial navigation [sɪ'lestɪəl,nævɪ'geɪʃ(ə)n] астронавтика, астронавигация

celestite ['selɪst(a)ɪt] *n мин.* целестин

celiac ['si:lɪæk] = coeliac

celibacy ['selɪbəsɪ] *n* 1) безбрачие 2) *церк.* целибат, обет безбрачия 3) *шутл.* холостяцкая жизнь

celibatarian [,selɪbə'te(ə)rɪən] *a* 1. настроенный против брака; стоящий за безбрачие 2. *в грам. знач. сущ.* 1) сторонник безбрачия 2) *церк.* сторонник целибата, обета безбрачия (*для духовенства*) 3) *шутл.* убеждённый холостяк

celibate I ['selɪbɪt] *n* 1. 1) давший обет безбрачия 2) *шутл.* убеждённый холостяк 2. *церк.* целибат, безбрачие 3. *редк.* незамужняя женщина, девица

celibate II ['selɪbɪt] *a* 1. не состоящий в браке; холостой; незамужняя 2. *церк.* давший обет безбрачия

celibate III ['selɪbeɪt] *v церк.* принуждать к безбрачию; связывать обетом безбрачия

cell I [sel] *n* 1. камера; отсек, секция; storage ~ *спец.* хранилище (*радиоактивных веществ*) 2. биол., физиол. клетка, ячейка; blood ~ клетка крови, кровяное тельце; body ~ соматическая клетка; sexual ~ половая клетка; ~ biology биология клетки, цитобиология; ~ carrier фагоцит; ~ dissolution клеточный распад; ~ fission деление /дробление/ клетки; ~ fusion слияние клеток; ~ culture а) клеточная культура; б) культивирование клеток, выращивание клеток вне организма 3. 1) тюремная камера; condemned ~ камера смертников 2) *мор.* карцер 4. 1) келья 2) скит, обитель, небольшой монастырь 3) *поэт.* могила, последняя обитель 5. 1) ячейка, ячея (*в сотах и т. п.*) 2) *полит.* ячейка (*партии и т. п.*) 6. *спец.* элемент; electrolytic ~ эл. гальванический элемент 2) фотоэлемент 7. *тех.* датчик 8. *амер. воен.* резервное подразделение; команда 9. *ав.* секция крыла 10. = cella 11. *кино* целлулоидная заготовка (*кадра*) мультфильма 12. *вчт.* ячейка (*памяти*)
◊ little grey ~s ≅ серое вещество мозга; use your little grey ~s шевели мозгами!

cell II [sel] *v редк.* жить в келье, камере *и т. п.*

cella ['selə] *n* (*pl* -lae) целла (*внутреннее помещение античного храма*)

cellae ['seli:] *pl от* cella

cellar I ['selə] *n* 1. подвал; ~ kitchen кухня в подвальном этаже; ~ gardening с.-х. выгонка растений в подвале 2. 1) погреб 2) винный погреб *или* подвал; to keep a good ~ иметь хороший запас вин 3) погребок, подвальчик (*бар, пивная и т. п.*); jazz ~s погребки с джаз-музыкой 3. *разг.* солонка 4. (the ~) *амер. спорт.* последнее место; our team finished in the ~ nine times наша команда девять раз оказывалась на последнем месте
◊ from ~ to garret по всему дому

cellar II ['selə] *v* 1. хранить в подвале, в погребе 2. *редк.* таить, прятать (*чувства и т. п.*); her sympathies were ~ed in the depths of her mind её симпатии таятся в глубине её души

cellarage ['selərɪdʒ] *n* 1. подвалы; погреба; складские помещения 2. хранение в подвалах 3. плата за хранение в подвалах

cellarer ['selərə] *n церк.* келарь

cellaress ['selərɪs] *n ист. церк.* мать-казначея, мать-келарь

cellaret(te) [,selə'ret] *n* погребец; (переносной) бар

cellarman ['selərmən] *n* (*pl* -men [mən]) 1. заведующий винным погребом *или* складом пива 2. виноторговец

cellarway ['seləweɪ] *n* 1. трап, открывающий вход в подвал; лестница, ведущая в подвал 2. проход через подвалы

cellated ['seleɪtɪd] *a* 1. состоящий из клеток 2. ячеистый

cell block, cellblock ['selblɒk] (*n*) тюремный корпус

celled [seld] *a* 1. = cellated 2. заключённый в тюремную камеру, карцер, келью

celli, 'celli ['tʃelɪ(:)] *pl от* cello, 'cello

cellist, 'cellist ['tʃelɪst] *n* (*сокр. от* violoncellist) виолончелист

cellmate ['sel,meɪt] *n* сокамерник

cell-mediated immunity [,selmɪ:dɪeɪtɪdɪ'mju:nɪtɪ] *биол.* клеточный иммунитет

cello, 'cello ['tʃeləu] *n* (*pl* -os [-əuz], celli, 'celli; *сокр. от* violoncello) 1) виолончель 2) *разг.* виолончелист, особ. оркестрант 3) *pl* группа виолончелей (*в оркестре*)

celloid ['selɔɪd] *a* клеткообразный

celloist ['tʃelə(u)ɪst] *n* виолончелист

cellophane ['seləfeɪn] *n* целлофан
◊ ~ wrapped а) неприступный, надменный; б) ≅ недотрога

cellular ['seljulə] *a* 1. клеточный; клеточного строения; ~ tissue *анат.* клетчатка, рыхлая соединительная ткань 2. ячеистый; сотообразный; ~ concrete *стр.* ячеистый бетон; ~ radiator *тех.* сотовый радиатор 3. 1) пористый; сетчатый; ~ rubber пенистая

/губчатая/ резина 2) *текст.* ажурный, сетчатый (*о ткани*); ~ shirt рубашка из сетчатой ткани, «сетка» 4. 1) секционный, разбитый на отсеки 2) *мор.* клетчатый; ~ system клетчатая система (*набора*) 5. 1) тюремный; карцерный 2) келейный
cellular engineering ['seljʊlə‚endʒɪ'nɪ(ə)rɪŋ] *биол.* клеточная инженерия
cellularized ['seljʊləraɪzd] *a* разделённый на ячейки, отсеки; изолированный
cellular radio [‚seljʊlə'reɪdɪəʊ] клеточная радиосвязь (*из автомобиля*)
cellular telephony [‚seljʊlətɪ'lefənɪ] = cellular radio
cellulate ['seljʊleɪt] *a* 1. состоящий из клеток 2. ячеистый
cellule ['selju:l] *n* 1. клеточка 2. ячейка 3. келейка 4. *ав.* секция крыла 5. *арх.* гнездо, ячейка письменного стола
cellulitis [‚seljʊ'laɪtɪs] *n мед.* воспаление рыхлой клетчатки
celluloid ['seljʊlɔɪd] *n* 1. целлулоид 2. *кино разг.* 1) (кино)фильм, (кино)картина (*тж.* ~ flicker) 2) киноплёнка
cellulose ['seljʊləʊs] *n хим.* целлюлоза; клетчатка; ~ nitrate нитроцеллюлоза; ~ acetate tape скотч, прозрачная клейкая лента
celo-navigation [‚selə(ʊ)‚nævɪ'geɪʃ(ə)n] *n спец.* навигация по небесным светилам
celotomy [sɪ'lɒtəmɪ] *n мед.* грыжесечение, герниотомия
Celsius ['selsɪəs] *n* 1) термометр Цельсия (*тж.* ~ thermometer) 2) шкала термометра Цельсия (*тж.* ~ scale)
Celt [kelt] *n* кельт
celt [selt] *n археол.* каменное или бронзовое долото
Celtic I ['keltɪk] *n* кельтский язык
Celtic II ['keltɪk] *a* кельтский
◊ ~ Fringe *шутл.* «Кельтская окраина» (*части Соединённого Королевства, населённые шотландцами, северными ирландцами, валлийцами, корнуэльцами и жителями о-ва Мэн*)
Celticism ['keltɪsɪz(ə)m] *n* 1. кельтский обычай 2. кельтское выражение, кельтицизм
Celticist ['keltɪsɪst] = Celtologist
celtium ['selʃɪəm] *n хим.* гафний
Celtologist [kel'tɒdʒɪst] *n* кельтолог; специалист по языку и истории кельтов
cembali ['tʃembəli(:)] *pl от* cembalo
cembalist ['tʃembəlɪst] *n* 1. исполнитель на чембало 2. цимбалист 3. *разг.* пианист-оркестрант
cembalo ['tʃembələʊ] *n* (*pl* -li, -los [-əʊz]) 1. чембало (*клавесин*) 2. цимбалы
cement I [sɪ'ment] *n* 1. цемент 2. 1) вяжущее, цементирующее вещество 2) узы (*дружбы*); основа (*союза*); custom was in the early days the ~ of society обычай — вот что в старину объединяло общество 3. = cementum 4. замазка (*от течи*)
cement II [sɪ'ment] *a* цементный; ~ deposits *геол.* сцементированные породы, связанные породы; ~ gun *стр.* цемент-пушка; ~ mortar /grouting/ цементный раствор; ~ kiln печь для обжига цемента, цементная печь
cement III [sɪ'ment] *v* 1. скреплять цементом, цементировать 2. скреплять неразрывными узами; устанавливать прочную связь; to ~ a friendship скреплять дружбу 3. *метал.* 1) цементировать, науглероживать 2) цементироваться 4.

спец. спекать, связывать 5. *спец.* склеивать
cementation [‚si:men'teɪʃ(ə)n, semen'teɪʃ(ə)n] *n* 1. цементирование 2. скрепление, соединение неразрывными узами 3. *метал.* цементация, науглероживание 4. *хим.* осаждение металла из раствора
cementite [sɪ'ment(a)ɪt] *n метал.* цементит, карбид железа
cement-mixer [sɪ'ment‚mɪksə] *n* 1. бетономешалка 2. *амер. сл.* 1) вихляние задом (*в танце*) 2) исполнительница непристойных танцев (*в стриптизе и т. п.*)
cementum [sɪ'mentəm] *n физиол.* цементное вещество зубов, корешковая кора
cemeterial [‚semɪ'tɪ(ə)rɪəl] *a* кладбищенский
cemetery ['semɪtrɪ] *n* кладбище
cemetery vote ['semɪtrɪ‚vəʊt] *амер.* голосование за покойника, ещё не исключённого из списка избирателей (*мошенничество*)
cenacle ['senək(ə)l] *n* 1. *ист.* пиршественный зал 2. *библ.* горница большая (*место тайной вечери*) 3. (*католический*) приют для женщин; убежище (*монастырского типа*) 4. *неодобр.* клика, узкий кружок; literary ~s литературные группки
cenesthesia [‚si:nes'θi:ʒɪə] = coenesthesia
cenobite ['si:nə(ʊ)baɪt] = coenobite
cenoby ['si:nə(ʊ)bɪ] = coenoby
cenosis [si:'nəʊsɪs] = coenosis
cenosite ['si:nə(ʊ)saɪt] *n мин.* ценозит, кайновит
cenotaph ['senətɑ:f] *n* 1. кенотаф(ий); памятник, воздвигнутый не на месте погребения 2. памятник неизвестному солдату; the C. Сенотаф, Кенотаф, обелиск в память погибших во время двух мировых войн (*в Лондоне*)
Cenozoic [‚si:nə(ʊ)'zəʊɪk] *a геол.* кайнозойский; ~ era кайнозойская эра
cense [sens] *v* 1) курить благовониями 2) кадить ладаном
censer ['sensə] *n* 1. *см.* cense + -er 2. курильница 3. *церк.* кадило, кадильница 4. = cassolette 2
censor I ['sensə] *n* 1. цензор 2. надзиратель (*в колледжах*) 3. *ирон.* критикан; придира 4. блюститель нравов 5. цензура, подавление подсознательных влечений (*в психоанализе*) 6. *ист.* цензор; один из двух должностных лиц, ведавших цензом и следивших за благонадёжностью граждан (*в Древнем Риме*); Cato the C. Катон Цензор (*Катон Старший*)
censor II ['sensə] *v* 1. подвергать цензуре, просматривать; "censored" «просмотрено цензурой» (*штамп*) 2. вычёркивать или изменять по цензурным соображениям; two scenes in the movie were ~ed две сцены были из фильма исключены
censorate ['sensəreɪt] *n* цензурное управление; орган, осуществляющий цензуру
censorial [sen'sɔ:rɪəl] *a* 1) цензорский 2) цензурный, относящийся к цензуре
censorious [sen'sɔ:rɪəs] *a* строгий, склонный осуждать; придирчивый; ~ remarks (резкие) критические замечания; to read with a ~ eye придирчиво изучать (*текст*); to be ~ of /upon/ осуждать; критиковать; дурно относиться к
censoriously [sen'sɔ:rɪəslɪ] *adv* (резко) критически; придирчиво; осуждающе
censoriousness [sen'sɔ:rɪəsnɪs] *n* придирчивость, склонность к осуждению, выискиванию недостатков

censorship ['sensəʃɪp] *n* 1. цензура 2. *ист.* пост и срок полномочий цензора (*в Древнем Риме*) 3. = censor I 5
censurable ['senʃərəb(ə)l] *a* предосудительный, достойный порицания
censure I ['senʃə] *n* 1. осуждение, порицание; vote of ~ а) вотум порицания (*члену законодательного собрания или другой организации*); б) вотум недоверия (*правительству*); he received a public ~ for his dishonorable behaviour ему было вынесено общественное порицание за недостойное поведение 2) (объявленный) выговор 2. *уст.* мнение, суждение, критическая оценка 3. *редк.* поправка; просмотр и исправление (*текста*)
censure II ['senʃə] *v* 1. порицать, осуждать; she is more to be pitied than ~d она больше заслуживает сострадания, чем осуждения 2. *уст.* судить, иметь суждение, мнение; оценивать; ~ me in your wisdom судите меня по своему разумению
censurer ['senʃərə] *n* 1. *см.* censure II + -er 2. критик; хулитель
census ['sensəs] *n* 1. перепись (*населения*; *тж.* population ~, ~ of population); complete [sample] ~ сплошная [выборочная] перепись; ~ paper /form, schedule/ бланк, заполняемый при переписи, опросный лист; ~ enumerator /interviewer, taker/ счётчик (*при переписи населения*); to take the ~ провести перепись (*населения*) 2. перепись, учёт численности (*чего-л.*); business ~ перепись предприятий торговли и службы быта; ~ of rare sea animals учёт численности редких морских животных 3. *ист.* ценз (*в Древнем Риме*) 4. *спец.* полный набор характеристик
cent [sent] *n* 1. 1) цент (*0,01 доллара*); ~ mark /sign/ знак цента; to pay to the last ~ ≅ заплатить всё до последней копейки 2) монета в 1 цент 3) одна сотая (*любой*) денежной единицы 2. 1) *физ.* цент (*1/100 единицы реактивности*) 2) цент (*1/1200 октавы*)
cental ['sentl] *n* центал, английский квинтал (*45,359 кг*)
centare ['senteə,‚sentɑ:] = centiare
centaur ['sentɔ:] *n* 1. *греч. миф.* кентавр 2. (С.) = Centaurus 3. *часто неодобр.* гибрид, помесь, двойственная натура 4. отличный наездник
Centaurus [sen'tɔ:rəs] *n астр.* Центавр, Кентавр (*созвездие*); α Centauri альфа Центавра
centaury ['sentɔ:rɪ] *n бот.* василёк (*Centaurea spp.*)
centavo [sen'tɑ:vəʊ] *n* (*pl* -os [-əʊz]) сентаво (*0,01 песо, эскудо и др.*)
centenarian I [‚sentɪ'ne(ə)rɪən] *n* человек ста (*и более*) лет
centenarian II [‚sentɪ'ne(ə)rɪən] *a* столетний
centenary I [sen'ti:n(ə)rɪ] *n* 1. столетие, столетняя годовщина; столетний юбилей 2. столетие, век, сто лет 3. *уст.* сто фунтов (*мера веса*)
centenary II [sen'ti:n(ə)rɪ] *a* 1. столетний; a ~ celebration столетний юбилей 2. сотый
centennial I [sen'tenɪəl] *n* 1. = centenary I 1 2. (the C.) столетие Дня независимости (*1876 г.*)
centennial II [sen'tenɪəl] *a* 1. столетний 2. происходящий раз в сто лет
◊ C. State *амер.* «штат Столетия» (*прозвище штата Колорадо, получившего статус штата в сотый год существования США*)
centennium [sen'tenɪəm] *n книжн.* столетие
center I, II ['sentə] *амер.* = centre I *и* II

centerfold ['sentəfəuld] *n полигр.* сфальцо́ванная вкле́йка (*карты или др. материалы*)

centering ['sentərɪŋ] *n* 1. *тех.* центри́рование; ~ mark центри́рующая ме́тка; ~ machine *тех.* центро́вочный стано́к; ~ adjustment устано́вка на центр 2. *стр.* 1) кружа́ло 2) кла́дка свода по кружа́лу 3. *тлв.* центри́рование (*изображения и т. п.*)

centerpin reel ['sentəpɪn‚ri:l] *амер.* инерцио́нная кату́шка (*для спиннинга*)

center-right [‚sentə'raɪt] *a амер. полит.* правоцентри́стский; ~ government правоцентри́стское прави́тельство

centesimal I [sen'tesɪm(ə)l] *n* со́тая часть

centesimal II [sen'tesɪm(ə)l] *a спец.* 1) со́тый 2) разделённый на сто часте́й

centesimate [sen'tesɪmeɪt] *v ист.* отбира́ть ка́ждого со́того (*для наказания*)

centi- ['sentɪ] *pref* образу́ет назва́ния едини́ц измере́ния со значе́нием 0,01 основно́й едини́цы; centibar сентиба́р; centistokes сантисто́кс (*единица вязкости*); centinormal сантинорма́льный (*0,01 нормальной крепости*)

centiare ['sentɪeə, 'sentɪɑ:] *n* со́тая часть а́ра (*1 кв. метр*)

centibar ['sentɪbɑ:] *n метеор.* сантиба́р

centigrade ['sentɪgreɪd] *a спец.* стогра́дусный; разделённый на сто гра́дусов; ~ scale стогра́дусная шкала́, шкала́ Це́льсия

centigram(me) ['sentɪgræm] *n* сантигра́мм

centile ['sentaɪl] *n стат.* проценти́ль

centilitre ['sentɪ‚li:tə] *n* сантили́тр

centime ['sɒnti:m] *n* санти́м (*0,01 франка*)

centimeter ['sentɪ‚mi:tə] *амер.* = centimetre

centimetre ['sentɪ‚mi:tə] *n* сантиме́тр

centimo ['sentɪməu] *n* (*pl* -os [-əuz]) *исп.* се́нтимо (*0,01 песеты, боливара*)

centinormal [‚sentɪ'nɔ:m(ə)l] *a хим.* сантинорма́льный (*о растворе*)

centipedal [sen'tɪpɪd(ə)l] *a книжн.* длино́й в сто фу́тов; стофу́товый

centipede ['sentɪpi:d] *n энт.* многоно́жка (*Chilopoda*)

centipoise ['sentɪpɔɪz] *n физ.* сентипуа́з (*единица абсолютной вязкости*)

centisecond [‚sentɪ'sekənd] *n спец.* со́тая до́ля секу́нды

centistokes ['sentɪstəuks] *n физ.* сантисто́кс (*единица кинематической вязкости*)

centner ['sentnə] *n* 1. метри́ческий це́нтнер (*100 кг*) 2. европе́йский це́нтнер (*50 кг*) 3. = cental 4. весова́я брита́нская дра́хма (*3,89 г*)

cento ['sentəu] *n* (*pl* -os [-əuz]) 1. 1) компиля́ция; литерату́рный монта́ж 2) смесь, меша́нина, ерала́ш 2. *уст.* лоску́тная рабо́та

centra ['sentrə] *pl от* centrum

central I ['sentrəl] *n амер.* 1) (центра́льная) телефо́нная ста́нция 2) (*тж.* С.) телефони́стка (*обыкн. обращение при вызове*)

central II ['sentrəl] *a* 1. располо́женный в це́нтре *или* о́коло це́нтра, центра́льный; ~ cross крестови́на; ~ line осева́я ли́ния, ось; центра́льная ли́ния; ~ parking стоя́нка автомоби́лей посреди́ у́лицы; ~ refuges «островки́ безопа́сности» на места́х вы́хода у́лиц на пло́щади; a ~ location for the new theatre уча́сток для но́вого теа́тра в це́нтре го́рода; our house is very ~ наш дом располо́жен в са́мом це́нтре (*города*) 2. 1) основно́й; са́мый ва́жный; веду́щий; ~ idea основна́я мысль; ~ figure a) центра́льная фигу́ра, руководи́тель, гла́вное де́йствующее лицо́; б) геро́й, гла́вное де́йствующее лицо́ (*пьесы, романа*); ~ failure /inadequacy/ a) гла́вный недоста́ток; основна́я сла́бость; б) неуда́ча в са́мом гла́вном /основно́м/ в чём-л.; this is ~ to smth. быть гла́вным /основны́м/ в чём-л.; this is ~ to his criticism э́то са́мое ва́жное в его́ кри́тике 2) центра́льный; гла́вный; ~ committee центра́льный комите́т; ~ government центра́льное прави́тельство; ~ catalogue сво́дный катало́г (*центральной библиотеки и её филиалов*); ~ station центра́льная электроста́нция; ~ storage *спец.* а) централизо́ванное хране́ние; б) центра́льный склад; С. Intelligence Agency Центра́льное разве́дывательное управле́ние, ЦРУ (*США*) 3. *мед.* свя́занный с центра́льной не́рвной систе́мой; ~ anaesthesia о́бщий нарко́з 4. *фон.* центра́льный (*о гласном*)

central bank [‚sentrəl'bæŋk] *фин.* «банк ба́нков», центра́льный банк

central casting [‚sentrəl'kɑ:stɪŋ] *амер.* отде́л ка́дров киносту́дии; отде́л подбо́ра киноактёров
◇ straight from ~ стереоти́пный, станда́ртный; an Irishman straight from ~ типи́чный ирла́ндец, ирла́ндец, каки́м его́ обы́чно представля́ют

central city [‚sentrəl'sɪtɪ] 1. гла́вный го́род (*района, региона*) 2. *амер.* 1) ста́рая, центра́льная часть го́рода 2) ге́тто (*обыкн. негритянское*)

central dogma ['sentrəl'dɒgmə] *биол.* центра́льная до́гма (*о механизме передачи наследственной информации*)

central heating [‚sentrəl'hi:tɪŋ] центра́льное отопле́ние

centralism ['sentrəlɪz(ə)m] *n* 1) центра́лизм; democratic ~ демократи́ческий централи́зм 2) централиза́ция

centralist ['sentrəlɪst] *n* централи́ст; сторо́нник централиза́ции

centrality [sen'trælɪtɪ] *n* 1. центра́льность; центра́льное положе́ние; 2. сосредото́ченность; ~ of purpose целенапра́вленность, целеустремлённость

centralization [‚sentrəlaɪ'zeɪʃ(ə)n] *n* 1) централиза́ция; сосредото́чение 2) сосредото́чение в одни́х рука́х (*власти и т. п.*); концентра́ция

centralize ['sentrəlaɪz] *v* 1) централизова́ть; концентри́ровать; сосредото́чивать 2) концентри́роваться, сосредото́чиваться

centrally ['sentrəlɪ] *adv* центра́льно; ~ situated /located/ располо́женный в це́нтре (*города*); ~ guided управля́емый из це́нтра; ~ directed system централизо́ванная систе́ма; ~ mixed concrete заводско́й бето́н

central nervous system [‚sentrəl'nɜ:vəs‚sɪstɪm] центра́льная не́рвная систе́ма

central nippers [‚sentrəl'nɪpəz] резцы́ (*зубы у лошади*)

centration [sen'treɪʃ(ə)n] *n опт.* центро́вка, центри́рование

centre I ['sentə] *n* 1. 1) центр; середи́на; центра́льная то́чка; средото́чие; dead ~ мёртвая то́чка; atomic ~ *физ.* центра́льная часть а́тома, ядро́ [*ср. тж.* 2, 1)]; ~ distance расстоя́ние ме́жду це́нтрами; ~ of the table [of the square] середи́на стола́ [пло́щади]; ~ of attraction a) *физ.* центр притяже́ния; б) центр внима́ния; ~ of gravity *физ.* центр тя́жести; ~ line геометри́ческая ось; б) сре́дняя раздели́тельная ли́ния (*дороги, моста*); ~ of low *метеор.* центр цикло́на; ~ of impact *воен.* сре́дняя то́чка попада́ния 2) центр, оча́г; у́зел; ~ of resistance у́зел сопротивле́ния; ~ of infection оча́г инфе́кции; the ~ of every hope средото́чие всех наде́жд 3) часть, райо́н (*города*); business ~ делова́я часть го́рода; amusement ~ райо́н го́рода, где сосредото́чены теа́тры, кино́, рестора́ны *и т. п.* 2. 1) центр (*учреждение*), бюро́; пункт (*выдачи чего-л.*); ~ of learning нау́чный центр; information ~ информацио́нный центр; control ~ *спец.* пункт управле́ния; Atomic C. центр а́томных иссле́дований [*ср. тж.* 1, 1)] 2) ко́мплекс торго́вых или культу́рно-просвети́тельных учрежде́ний; shopping ~ торго́вый центр, ко́мплекс предприя́тий торго́вли (*часто под одной крышей*); ~ of excellence центр повыше́ния спорти́вного мастерства́ 3) (С.) Дом (*в наименованиях*); Music C. Дом му́зыки; Book C. Дом кни́ги 3. ось, сте́ржень; ~ to ~ a) от оси́ до оси́; б) ме́жду це́нтрами (*о расстоя́нии*); ~ boss ступи́ца колеса́ /катка́/; ~ pin *тех.* шкво́рень; ца́пфа; ось 4. (*преим.* С.) *полит.* центр; parties of the C. па́ртии це́нтра 5. *анат.* 1) сре́дняя то́чка те́ла, центр 2) центр (*участок коры головного мозга*); respiration ~ дыха́тельный [vasomotor] ~ (вазомото́рный) центр; ~ of inhibition заде́рживающий центр 6. *ист.* вождь, ли́дер, руководи́тель (фе́ниев) 7. *поэт.* 1) центр Земли́; I will find ~ with the ~ я под землёй до пра́вды доберу́сь 2) земля́; центр мирозда́ния 8. вну́треннее кольцо́ мише́ни 9. *спорт.* игро́к це́нтра; ~ back центра́льный защи́тник; ~ forward центра́льный напада́ющий; ~ half центра́льный полузащи́тник 10. *тех.* центр; коро́ткий ва́лик 11. *pl тех.* це́нтры (станка́) 12. *тех.* шабло́н, у́гольник
◇ to be off one's ~ быть не в себе́, «тро́нуться»

centre II ['sentə] *v* 1. 1) концентри́ровать, сосредото́чивать; to ~ one's hopes on /in/ smb. возлага́ть все наде́жды на кого́-л.; all her attention was ~d on her family все внима́ние она́ уделя́ла семье́ 2) концентри́роваться, сосредото́чиваться; the interest ~s on this интере́с сосредото́чен на э́том; the discussion ~d round one point в це́нтре обсужде́ния находи́лся оди́н вопро́с /пункт/ 2. помеща́ть, располага́ть в це́нтре; to ~ one leg of the compasses установи́ть в це́нтре но́жку ци́ркуля 3. *тех.* центри́ровать; отмеча́ть ке́рнером 4. «встать» во враще́нии, пла́вно нача́ть враще́ние (*фигурное катание*) 5. (upon) *уст.* опира́ться, поко́иться

centreboard ['sentəbɔ:d] *n мор.* опускно́й киль, шверт

centreing ['sentərɪŋ] *редк.* = centering

centreless ['sentəlɪs] *a тех.* 1) бесце́нтровый 2) неотцентри́рованный; нецентри́рованный

centremost ['sentəməust] *a редк.* находя́щийся в са́мой середи́не; наибо́лее центра́льный

centrepiece ['sentəpi:s] *n* 1. орнамента́льная ва́за в це́нтре стола́ (*обеденного*) 2. орна́мент на середи́не (*потолка и т. п.*) 3. 1) гла́вный, основно́й предме́т колле́кции *и т. п.*; the ~ of the exhibition гла́вный экспона́т вы́ставки; the ~ for the plan основна́я мысль пла́на 2) гла́вное украше́ние; гла́вный эффе́кт; the ~ of a concert гвоздь конце́рта 4. *тех.* крестови́на

centreplate ['sentəpleɪt] = centreboard

centre punch ['sentə‚pʌntʃ] *тех.* ке́рнер

centre-section ['sentə‚sekʃ(ə)n] *а ав.* центропла́н

centre spread ['sentə'spred] *полигр.* разворот

centre wing ['sentə‚wɪŋ] *ав.* центроплан

centric ['sentrɪk] *a книжн.* 1. находящийся в центре; центральный 2. 1) относящийся к центру; центрический 2) *физиол.* относящийся к нервному центру

centrical ['sentrɪk(ə)l] = centric

centricity [sen'trɪsɪtɪ] *n книжн.* 1. центральность 2. положение в отношении центра

centrifugal I [‚sentrɪ'fju:g(ə)l, sen'trɪfjug(ə)l] = centrifuge I

centrifugal II [‚sentrɪ'fju:g(ə)l, sen'trɪfjug(ə)l] *a* 1. 1) *спец.* центробежный; ~ force *физ.* центробежная сила; ~ lubrication *тех.* смазка разбрызгиванием; ~ pump *тех.* центробежный насос; ~ honey *с.-х.* центробежный мёд 2) *физиол.* эфферентный, выносящий, выводящий; центробежный 2. стремящийся к децентрализации; сепаратистский

centrifugation [‚sentrɪfju'geɪʃ(ə)n] *n спец.* центрифугирование

centrifuge I ['sentrɪfju:dʒ] *n* 1. центрифуга; ionic ~ *физ.* магнетрон 2. *с.-х.* сепаратор

centrifuge II ['sentrɪfju:dʒ] *v* центрифугировать

centripetal [sen'trɪpɪtl] *a* 1. 1) *физ.* центростремительный 2) *физиол.* афферентный 2. стремящийся к объединению, к централизации; ~ tendencies стремление к централизации

centripetence, -cy [sen'trɪpɪtəns, -sɪ] *n* центростремительность; движение к центру

centrist I ['sentrɪst] *n полит.* центрист

centrist II ['sentrɪst] *a полит.* центристский

centro- ['sentrə(ʊ)-] *в сложных словах имеет значение* центр(альный); centrobaric центробарический (*относящийся к центру тяжести*)

centrobaric [‚sentrə(ʊ)'bærɪk] *a физ.* центробарический

centrogenous [sen'trɒdʒɪnəs] *a физиол.* идущий из одного центра

centroid ['sentrɔɪd] *n* 1) *физ.* центр тяжести, центр инерции; центроида, полодия 2) *мат.* центроид

centromere ['sentrəmɪə] *n биол.* центромера

centron ['sentrɒn] *n физиол.* нейрон

centrosome ['sentrəsəʊm] *n биол.* центросома

centrosphere ['sentrə(ʊ)sfɪə] *n геол.* центросфера

centrum ['sentrəm] *n (pl тж.* centra) 1. центр 2. *геол.* эпицентр, центр землетрясения 3. *анат.* тело позвонка
◊ ~ commune *анат.* солнечное сплетение

centum languages ['sentəm'læŋgwɪdʒɪz] *лингв.* кентум языки

centumvir [sen'tʌmvɜ:(r), ‚ken'tʌmvɪə] *n (pl* -viri) *ист.* 1. центумвир 2. *pl* = centumvirate 1,

centumvirate [sen'tʌmvɪrɪt] *n* 1. *ист.* 1) центумвират; коллегия центумвиров 2) должность центумвира 2. группа в сто человек; ≅ «совет ста»

centumviri [sen'tʌmvɪraɪ, ‚ken'tʌmvɪri(:)] *pl от* centumvir

centuple I ['sentjʊp(ə)l] *a редк.* стократный

centuple II ['sentjʊp(ə)l] *v редк.* увеличивать в сто раз; умножать на сто

centuplicate I [sen'tju:plɪkɪt] *n* сто экземпляров; in ~ в ста экземплярах

centuplicate II [sen'tju:plɪkɪt] = centuple I

centuplicate III [sen'tju:plɪkeɪt] = centuple II

centurial [sen'tjʊ(ə)rɪəl] *a книжн.* 1. относящийся к столетию; столетний, происходящий раз в сто лет 2. *ист.* относящийся к центурии

centurion [sen'tjʊ(ə)rɪən] *n* 1. 1) *ист.* центурион 2) *библ.* сотник 2. начальник сотни

century ['sentʃərɪ] *n* 1. столетие, век; from the 17th ~ с 17 века; a ~ of great inventions век великих изобретений; from centuries past с незапамятных времён; centuries of oppression вековой гнёт 2. 1) сотня (*людей или предметов*); a ~ of sonnets цикл из ста сонетов 2) *разг.* сто фунтов стерлингов *или амер.* сто долларов; ≅ сотня, сотняга 3) сто очков (*в крикете*); to score a ~ выиграть сотню 4) *спорт.* сто ярдов; сто метров, стометровка; сто миль *и т. п.* 3. центурия (*в Древнем Риме*) 4. (C.) *полигр.* «сенчери» (*шрифт*); C. Schoolbook школьный сенчери (*шрифт для учебников*)

century plant ['sentʃərɪ'plɑ:nt] *бот.* столетник, агава американская (*Agave americana*)

ceorl [tʃeəl] *n ист.* простолюдин (*не крепостной*)

cep [sep] *n* белый гриб (*Boletus edulis*)

'cep [sep] *prep* (*сокр. от* except) *прост.* кроме

cepe [si:p, sep] = cep

cephalalgia [‚sefə'lældʒɪə] *n мед.* головная боль

cephalalgic [‚sefə'lældʒɪk] *n мед.* средство против головной боли

cephalic [sɪ'fælɪk] *a анат.* головной; цефалический; ~ artery общая сонная артерия

cephalic index [sɪ'fælɪk'ɪndeks] *антроп.* черепной, головной, цефалический индекс

cephalitis [‚sefə'laɪtɪs] *n мед.* энцефалит, воспаление головного мозга

cephalized ['sefəlaɪzd] *a биол.* имеющий голову

cephalocele ['sefələsi:l] *n мед.* мозговая грыжа

cephalometer [‚sefə'lɒmɪtə] *n спец.* инструмент для измерения головы

cephalometry [‚sefə'lɒmɪtrɪ] *n спец.* измерение головы

cephalopoda [‚sefə'lɒpədə] *n pl зоол.* головоногие, цефалоподы

cephalotomy [‚sefə'lɒtəmɪ] *n мед.* вскрытие черепа; краниотомия

Cepheid ['sefiɪd] *n астр.* цефеида, переменная звезда

Cepheus ['si:fju:s] *n* 1) *греч. миф.* Кефей, Цефей (*отец Андромеды*) 2) *астр.* Цефей (*созвездие*)

'cept [sept] = 'cep

ceraceous [sɪ'reɪʃəs] *a* восковидный; воскообразный

cerago [sɪ'reɪgəʊ] *n пчел.* перга, цветень

ceral ['sɪ(ə)rəl] *a* восковой

ceramet ['serəmet] = cermet

ceramic [sɪ'ræmɪk] *a* 1) керамический 2) гончарный

ceramic foam [sɪ'ræmɪk'fəʊm] *стр.* пенокерамика, керамическая пена

ceramic-metal [sɪ‚ræmɪk'metl] *a тех.* металлокерамический

ceramics [sɪ'ræmɪks] *n* 1. 1) керамика 2) гончарное производство 2. *употр. с гл. во мн. ч.* керамические изделия

ceramist [sɪ'ræmɪst, 'serəmɪst] *n* керамик, специалист по керамике

cerargyrite [sɪ'rɑ:dʒɪraɪt] *n мин.* кераргирит

cerastes [sɪ'ræsti:z] *n* 1) *зоол.* гадюка рогатая (*Cerastes cornutus*) 2) *поэт.* гад, змей

cerate ['sɪ(ə)rɪt] *n фарм.* вощаной спуск (*мазь*)

ceratoid ['serətɔɪd] *a книжн.* 1. роговидный, роговой 2. рогоподобный, имеющий форму рога

Cerberus ['sɜ:b(ə)rəs] *n* 1) *греч. миф.* Цербер, Кербер 2) цербер, неподкупный и свирепый страж

cere I [sɪə] *n зоол.* восковина (*на клюве птицы*)

cere II [sɪə] *v арх., поэт.* 1) обёртывать в вощёную холстину 2) одевать в саван; обряжать (*покойника*)

cereal I ['sɪ(ə)rɪəl] *n* 1. 1) хлебный злак 2. *pl* зерновые хлеба 2. *амер.* изделия из дроблёного зерна (*кукурузные хлопья и т. п.*); овсянка, овсяная каша; patent ~s сухие полуфабрикаты из дроблёного зерна

cereal II ['sɪ(ə)rɪəl] *a* хлебный, зерновой

cerebella [‚serɪ'belə] *pl от* cerebellum

cerebellar [‚serɪ'belə] *a анат.* мозжечковый

cerebellum [‚serɪ'beləm] *n (pl тж.* -lla) *анат.* мозжечок

cerebra ['serɪbrə, sə'ri:brə] *pl от* cerebrum

cerebral I ['serɪbrəl] *n фон.* церебральный звук

cerebral II ['serɪbrəl] *a* 1. *анат., мед.* черепно-мозговой; относящийся к головному мозгу; церебральный; ~ cortex кора головного мозга; ~ hemisphere полушарие головного мозга; ~ nerves черепно-мозговые нервы; ~ haemorrhage /apoplexy/ кровоизлияние в мозг; ~ concussion сотрясение мозга; ~ fever менингит; ~ palsy церебральный паралич; ~ softening размягчение мозга; ~ death = brain death 2. рассудочный; интеллектуальный; рассчитанный на интеллектуалов; ~ drama интеллектуальный театр, театр для избранной публики; ~ society *обыкн. ирон.* круг интеллектуалов, интеллигенция; chess is a ~ game шахматы — это интеллектуальная /*разг.* умственная/ игра 3. *фон.* церебральный (*о звуке*)

cerebralism ['serɪbrəlɪz(ə)m] *n* 1. *филос.* теория, согласно которой сознание является лишь продуктом мозга 2. 1) интеллектуализм 2) *иск.* абстракционизм

cerebrate ['serɪbreɪt] *v преим. ирон.* 1) думать; мыслить 2) размышлять; раскидывать умом; ≅ шевелить мозгами, мозговать

cerebration [‚serɪ'breɪʃ(ə)n] *n* 1) *спец.* мозговая деятельность, работа мозга 2) *ирон.* раскидывание умом, обдумывание

cerebric ['serɪbrɪk] *a спец.* мозговой

cerebrifugal [‚serɪ'brɪfjʊgəl] *a физиол.* идущий от мозга к периферии

cerebripetal [‚serɪ'brɪpɪtl] *a физиол.* идущий к мозгу

cerebrology [‚serɪ'brɒlədʒɪ] *n* наука о головном мозге

cerebropathy [‚serɪ'brɒpəθɪ] *n мед.* заболевание головного мозга

cerebroscopy [‚serɪ'brɒskəpɪ] *n мед.* применение офтальмоскопа для распознавания поражений головного мозга, цереброскопия

cerebro-spinal [‚serɪbrə(ʊ)'spaɪnl] *a анат., мед.* спинномозговой, цереброспинальный; ~ axis головной и спинной мозг; ~ fever цереброспинальный менингит; ~ fluid спинномозговая жидкость; ~ puncture спинномозговая пункция

cerebrum ['serɪbrəm, sə'ri:brəm] *n (pl тж.* -ra) *анат.* головной мозг

cerecloth ['sɪəklɒθ] *n* 1. навощённая холстина 2. *поэт.* саван 3. *полигр.* клеёнка

cerement ['sɪəmənt] *n* 1) = cereloth 2 2) *pl* погребальные одежды

ceremonial I [ˌserɪ'məʊnɪəl] *n* 1. 1) церемониал; распорядок, установленный этикетом *или* (дипломатическим) протоколом; the ~ of the court придворный этикет 2) *воен.* распорядок (воинских) торжеств; ~ and honours *мор.* церемониал и почести; maritime ~s морские почести 2. обряд; ритуал 3. *церк.* обрядник (*книга*)

ceremonial II [ˌserɪ'məʊnɪəl] *a* 1. 1) формальный, строго официальный; протокольный; относящийся к церемониалу, этикету, (дипломатическому) протоколу *или* распорядку торжеств; ~ call протокольный визит (*посла к президенту и т. п.*); to bid ~ welcome официально приветствовать (*почётного гостя*); to offer ~ condolences официально выразить соболезнования 2) торжественный, парадный; ~ dress парадная форма одежды; одежда, которая предписывается этикетом для данного случая; ~ laurel /wreath/ триумфальный лавровый венок; ~ parade *воен.* военный парад; ~ drill *воен.* парадная строевая подготовка 2. культовый, обрядовый, ритуальный; the ~ part of worship обрядовая сторона /обрядовость/ религии

ceremonialism [ˌserɪ'məʊnɪəlɪz(ə)m] *n* *рел.* обрядовость; приверженность обрядам; ритуализм

ceremonialist [ˌserɪ'məʊnɪəlɪst] *n* *рел.* сторонник обрядовости, ритуалист

ceremonious [ˌserɪ'məʊnɪəs] *a* 1. церемонный; чопорный; ~ politeness чопорная учтивость; ~ bow церемонный поклон 2. = ceremonial II

ceremony ['serɪmənɪ] *n* 1. церемония; торжество; graduation ~ выпускной акт 2. формальности, этикет; церемониал 3. без церемоний; to stand on ~ а) церемониться, держаться чопорно; б) строго соблюдать этикет 4. пустая формальность 5. *тк. sing* обряд; ритуал; wedding /marriage/ ~ обряд бракосочетания 5. *уст.* священные предметы; обрядовые принадлежности

cereous ['sɪərɪəs] *a* *спец.* вощаной, навощённый

cererite ['sɪ(ə)raɪt] = cerite

cererium ['sɪ(ə)rɪəm] = cerium

Ceres ['sɪ(ə)riːz] *n* 1. *рим. миф.* Церера 2. *астр.* Церера (*астероид*)

ceresin ['serɪsɪn] *n* *хим.* церезин

cereus ['sɪ(ə)rɪəs] *n* *бот.* эхиноцереус (*Echinocereus*); кактус

cerise I [sə'riːz] *n* светло-вишнёвый цвет

cerise II [sə'riːz] *a* светло-вишнёвый

cerite ['sɪ(ə)raɪt] *n* *мин.* церит

cerium ['sɪ(ə)rɪəm] *n* *хим.* церий

cermet ['sɜːmɪt] *n* кермет, металлокерамика [< ceramics + metal]

cernuous ['sɜːnjʊəs] *a* *книжн.* склонённый, поникший (*о цветке и т. п.*)

cerography [sɪ'rɒɡrəfɪ] *n* *иск.* 1) гравюра на воске 2) ксерография, гравирование на воске

cerolite ['sɪ(ə)rəlaɪt] *n* *мин.* церолит

ceromancy ['sɪ(ə)rəmænsɪ] *n* гадание на растопленном воске

ceromel ['sɪ(ə)rəmel] *n* мазь из воска и мёда

ceroplastics [ˌsɪ(ə)rə(ʊ)'plæstɪks] *n* 1) цероластика, лепка из воска 2) изготовление муляжей из воска

cert [sɜːt] *n* (*сокр. от* certainty) *сл.* 1) лошадь, которая наверняка выиграет; фаворит 2) верное дело; верняк; it's a ~ наверняка выгорит

certain I ['sɜːtn] *n* нечто верное, несомненное; факт; for ~ наверняка; несомненно; I don't know for ~ я не уверен; я точно не знаю; I hear for ~ that... мне рассказали как о факте, что...

certain II ['sɜːtn] *a* 1. определённый, неизменный, постоянный; on ~ days в определённые /назначенные, установленные/ дни 2. некоторый, определённый; известный; under ~ conditions при известных /некоторых, определённых/ условиях; ~ relief некоторое /известное/ облегчение; for ~ reasons по некоторым соображениям; to a ~ degree в известной степени; of a ~ age не первой молодости 3. *predic* уверенный, убеждённый; to feel ~ of [that]... быть уверенным в [что]...; I am not ~ я не уверен; to make ~ удостовериться, убедиться; make ~ of your facts before you argue проверьте факты, прежде чем спорить; be ~ you catch your train on time смотрите не опоздайте на поезд 4. один, некий; а ~ Mr. Brown некий г-н Браун; некто Браун; а ~ person некто, один человек 5. 1) верный, надёжный; несомненный; ~ information надёжная информация; to face ~ death идти на верную смерть; to regard smth. as ~ быть совершенно уверенным в чём-л.; there is no ~ cure for this disease против этой болезни нет надёжного лекарства; the fact is ~ факт не вызывает сомнений; the evidence is ~ показания достоверны 2) бесспорный; неизбежный; it is ~ to happen это неизбежно произойдёт; he is ~ to come он обязательно придёт; they are ~ to know everything они наверняка всё знают; he is ~ of returning он уверен, что вернётся; he is ~ to return он обязательно вернётся, мы уверены, что он вернётся 6. *редк.* уверенный; верный, точный; безошибочный; ~ motion правильный ход (*часов*); his aim was ~ он стрелял без промаха; his ear for music was ~ у него был абсолютный музыкальный слух 7. *арх. эвф.* известного рода; а woman of ~ description женщина /дама/ известного рода, дама полусвета; in a ~ position в интересном положении, беременная; ~ disease болезнь известного рода, венерическая болезнь

certainly ['sɜːtnlɪ] *adv* 1. конечно, непременно; несомненно; безусловно; he will ~ come back он непременно вернётся; ~ I parked outside your door конечно, я поставил машину прямо против вашей двери 2. *в ответах на вопросы:* may we see the patient? — C. можно навестить больного? — (Да) конечно; may I borrow your clothes-brush? — C. можно взять у вас платяную щётку? — Пожалуйста; will you lend me your tooth-brush? — C. not вы не одолжите мне зубную щётку? — Ни в коем случае

certainty ['sɜːtntɪ] *n* 1. несомненный факт; ~ of death неизбежность смерти; scientific ~ научная достоверность; убеждение, основанное на научных данных; to know for a ~ знать наверняка 2. уверенность; with ~ с уверенностью; I can't say with ~ не могу определённо сказать 3. *разг.* верный шанс, верняк; that horse is an absolute ~ эта лошадь — абсолютный верняк 4. *мат.* достоверность (*стопроцентная вероятность*)

certes ['sɜːtɪz] *adv* *арх., поэт.* поистине, конечно; наверное

certifiable ['sɜːtɪfaɪəb(ə)l] *a* 1. могущий быть удостоверенным, засвидетельствованным (*особ.* письменно) 2. подлежащий обязательной заявке (*о заразном заболевании*) 3. могущий быть признанным невменяемым, недееспособным *или* неправоспособным

certificate I [sə'tɪfɪkət] *n* 1. 1) удостоверение, свидетельство; сертификат; gold ~ золотой сертификат; ~ of birth свидетельство о рождении, метрика; ~ of character рекомендация; характеристика; аттестация; ~ of health справка о состоянии здоровья; ~ of weight *ком.* весовой сертификат; ~ of quality *ком.* сертификат качества; ~ of origin *ком.* удостоверение /свидетельство/ о происхождении груза; ~ of registry *мор.* судовой патент; судовое свидетельство; ~ of seaworthiness *мор.* сертификат о мореходности; ~ of airworthiness *ав.* удостоверение о годности к полёту; ~ of service *воен.* служебная характеристика; ~ of discharge *воен.* свидетельство об увольнении со службы; ~ of capacity *амер. воен.* аттестация на присвоение звания 2) паспорт (*оборудования*) 2. свидетельство об окончании школы *или* курсов; аттестат 3. *спец.* акт; ~ of audit акт ревизии; ~ of expenditure *амер.* акт о списании в расход

certificate II [sə'tɪfɪkət] *a* *редк.* = certified; ~ receipt voucher *спец.* засвидетельствованный оправдательный документ

certificate III [sə'tɪfɪkeɪt] *v* 1. удостоверять, свидетельствовать; (письменно) заверять (*что-л.*) 2. выдавать свидетельство, удостоверение, аттестат; to ~ midwives выдавать свидетельства о праве заниматься акушерством 3. (письменно) подтверждать (*какое-л.*) право 4. аттестовывать (*продукцию*)

certificated [sə'tɪfɪkeɪtɪd] *a* дипломированный, аттестованный; ~ teacher учитель, получивший право преподавать; ~ nurse дипломированная /аттестованная/ медсестра *или* фельдшерица; ~ bankrupt *юр.* лицо, объявленное по суду банкротом

certificate of incorporation [sə'tɪfɪkətəvɪnˌkɔːpə'reɪʃ(ə)n] *юр.* разрешение (*государственного органа*) на создание корпорации

certification [ˌsɜːtɪfɪ'keɪʃ(ə)n] *n* 1. выдача удостоверения, свидетельства 2. свидетельство, удостоверение 3. 1) засвидетельствование (*факта*) 2) заверка, засвидетельствование (*документа*); consular ~ *юр.* консульская легализация 4. аттестация; сертификация; ~ mark знак качества (*продукции*) 5. *физ.* идентификация (*события*)

certificatory [sə'tɪfɪkət(ə)rɪ] *a* *книжн.* свидетельствующий, удостоверяющий, заверяющий; letter ~ письменная рекомендация /характеристика, справка/

certified ['sɜːtɪfaɪd] *a* 1. заверенный, удостоверенный; ~ copy заверенная копия; ~ invoice *ком.* заверенная фактура; ~ check *фин.* удостоверенный чек (*с надписью банка о принятии к платежу*) 2. 1) проверенный, гарантированный; (официально) одобренный, разрешённый; ~ milk проверенное (лабораторией) молоко; ~ seeds кондиционные семена 2) аттестованный (*о продукции*) 3. имеющий (соответствующие) права; дипломированный; официально назначенный; ~ teacher дипломированный учитель 4. 1) признанный невменяемым *или* неправоспособным 2) помещённый в психиатрическую больницу

certified mail [ˌsɜːtɪfaɪd'meɪl] заказные почтовые отправления

certified public accountant [ˌsɜːtɪfaɪdˌpʌblɪkəˈkaʊntənt] *амер.* дипломированный бухгалтер высшей квалификации; присяжный бухгалтер; аудитор; бухгалтер-ревизор

certifier [ˈsɜːtɪfaɪə] *n* удостоверитель; организация, выдающая сертификат или свидетельство

certify [ˈsɜːtɪfaɪ] *v* 1. 1) удостоверять, заверять, подтверждать (*что-л.*); this is to ~ настоящим удостоверяется; I ~ this a true copy с подлинным верно 2) выдавать свидетельство, диплом, аттестат; to ~ a teacher выдать (*кому-л.*) диплом учителя; to ~ a death выдать свидетельство о смерти 2. *ком.* утверждать *или* уверять (*кого-л.*), ручаться; to ~ smb. of smth. заверить кого-л. в чём-л.; I ~ to his character я за него ручаюсь, я могу поручиться за него 3. 1) выдавать удостоверение о заболевании (*особ. психическом*); to ~ to smb.'s insanity удостоверить чью-л. невменяемость; to ~ smb. as insane официально признать кого-л. невменяемым 2) объявлять сумасшедшим; the doctors certified him врачи признали его невменяемым; I'll have you certified *разг.* я упеку тебя в сумасшедший дом 4. *ком.* утверждать, разрешать (*к продаже и т. п.*) 5. аттестовывать (*продукцию*)

certiorari [ˌsɜːtɪɔːˈreərɪ, ˌsɜːʃɪɔːˈreərɪ] *n юр.* истребование дела вышестоящим судом из производства нижестоящего суда

certiorate [ˌsɜːtɪɔːˈreɪt] *v юр.* официально уведомить

certitude [ˈsɜːtɪtjuːd] *n книжн.* 1. уверенность (*субъективная*) 2. несомненность, неизбежность (*объективная*)

cerulean I [sɪˈruːlɪən] *n* 1. *поэт.* небесно-голубой цвет; лазурь 2. *шутл.* синий чулок (*о женщине*)

cerulean II [sɪˈruːlɪən] *a поэт.* небесно-голубой, лазурный

cerumen [sɪˈruːmən] *n* ушная сера

ceruse [ˈsɪ(ə)ruːs] *n* 1. (свинцовые) белила 2. *редк.* белила (*косметические*)

cerusite [ˈsɪ(ə)rəsaɪt] = cerussite

cerussite [ˈsɪ(ə)rəsaɪt] *n* 1) *мин.* церуссит 2) *хим.* углекислый свинец

cervelas [ˈsɜːvɪlɑː] *n* = cervelat

cervelat [ˈsɜːvɪlɑː] *n* сервелат (*колбаса*)

cervical [ˈsɜːvɪk(ə)l] *a анат.* 1. шейный; затылочный; ~ nerves шейные нервы; ~ cord шейный отдел спинного мозга; ~ spine шейный отдел позвоночника; ~ vertebra шейный позвонок 2. цервикальный, относящийся к шейке матки

cervices [ˈsɜːvɪsiːz] *pl от* cervix

cervicide [ˈsɜːvɪsaɪd] *n редк.* забой оленя; браконьерская охота на оленя

cervine [ˈsɜːvaɪn] *a* 1. олений 2. тёмно-бежевый

cervix [ˈsɜːvɪks] *n (pl тж.* cervices) *лат. анат.* 1. шея 2. шейка (*зуба, матки*)

Cesar [ˈsiːzə, ˈseɪzə] = Caesar

Cesarean I, II [sɪˈzeə(ə)rɪən] = Caesarean I *и* II

cesium [ˈsiːzɪəm] = caesium

cesium clock [ˈsiːzɪəmˈklɒk] *физ.* цезиевые (атомные) часы

cespitose [ˈsespɪtəʊs] *a книжн.* 1) дернистый, дерновый 2) торфяной 3) растущий пучками

cess¹ [ses] *n* 1. *ирл.* местный налог *или* сбор; местная подать 2. *шотл.* поземельный налог 3. *ирл. ист.* 1) поставка провианта для (английских) войск по установленным ценам 2) налог *или* реквизиция на военные нужды 3) постой английских солдат в домах ирландцев

cess¹ II [ses] *v ирл. ист.* ставить (*солдат*) на постой с обязательством содержать их

cess² [ses] *n ирл.* счастье; bad ~ to you! чтоб тебе пусто было!

cess³ [ses] 1. = cesspipe 2. = cesspool

cessation [seˈseɪʃ(ə)n] *n* 1) прекращение, остановка; ~ of arms /of hostilities/ прекращение военных действий, перемирие 2) перерыв, приостановка; ~ of breathing остановка дыхания; ~ of payments приостановка платежей

cession [ˈseʃ(ə)n] *n* 1) уступка, передача 2) *юр.* цессия, уступка (*прав, имущества*); ~ of rights передача прав

cessionary [ˈseʃən(ə)rɪ] *n юр.* правопреемник

cesspipe [ˈsespaɪp] *n* сточная труба

cesspit [ˈsesˌpɪt] *n* помойная яма; выгребная яма

cesspool [ˈsespuːl] *n* 1) выгребная яма 2) сточный колодец 3) отстойник 4) клоака; a ~ of corruption гнездо /скопище/ взяточников

cest [sest] = cestus¹

cesta [ˈsestə] *n спорт.* сеста, корзинка (*в игре хай-алай*) [*см.* jai alai]

c'est-à-dire [ˌseta-ˈdiː] *фр.* то есть; а именно

ceste [sest] = cestus¹

c'est la vie [ˌseɪlɑːˈviː] *фр.* такова жизнь; в жизни всё бывает

Cestrian [ˈsestrɪən] *a* относящийся к Честеру *или* Чеширу

cestus¹ [ˈsestəs] *n лат.* 1) пояс 2) *миф.* пояс Афродиты, пояс Венеры 3) любовный соблазн

cestus² [ˈsestəs] *n* цестус (*кастет кулачных бойцов в Древнем Риме*)

cesure [sɪˈzjʊ(ə)rə, sɪˈʒʊ(ə)rə] = caesura

cetacea [sɪˈteɪʃ(j)ə] *n pl зоол.* киты, китообразные (*Cetacea*)

cetacean I [sɪˈteɪʃ(ə)n] *n зоол.* представитель китов *или* китообразных (*Cetacea*); кит

cetacean II [sɪˈteɪʃ(ə)n] *a зоол.* китовый

cetaceous [sɪˈteɪʃəs] *a зоол.* китовый, относящийся к китам; принадлежащий к отряду китов *или* китообразным (*Cetacea*)

cetaceum [sɪˈteɪʃɪəm, sɪˈteɪsɪəm] *n* спермацет

cete [siːt] *n возвыш.* кит, морское чудище

ceteris paribus [ˌketərɪsˈpærɪbəs, ˌsetərɪsˈpɑːrɪbəs] *лат.* при прочих равных условиях

cetologist [sɪˈtɒlədʒɪst] *n редк.* специалист по китам

cetology [sɪˈtɒlədʒɪ] *n редк.* наука о китах

Cetus [ˈsiːtəs] *n астр.* Кит (*созвездие*); T Ceti тау Кита

Ceylonese I [ˌsiːləˈniːz] *n (pl без измен.)* житель *или* уроженец Цейлона; ланкиец; ланкийка; the ~ *собир.* ланкийцы

Ceylonese II [ˌsiːləˈniːz] *a* цейлонский

Chablis [ˈʃæblɪ(ː)] *n* шабли (*белое вино*)

chabouk, chabuk [ˈtʃɑːbʊk] *n* бич, длинный хлыст (*в странах Востока*)

cha-cha, cha-cha-cha [ˈtʃɑːˌtʃɑː, ˌtʃɑːtʃɑːˈtʃɑː] *n* 1. ча-ча-ча (*парный танец латиноамериканского происхождения*) 2. *в грам. знач. глагола* танцевать ча-ча-ча

chack I [tʃæk] *n шотл.* 1. разгрызание; щёлканье, раскалывание (*орехов и т. п.*) 2. лёгкая закуска, перехваченный наскоро кусочек 3. *разг.* щелкун (*птица*)

chack II [tʃæk] *v шотл.* разгрызать; щёлкать, раскалывать (*орехи и т. п.*)

chacma [ˈtʃækmə] *n зоол.* южноафриканский бабуин (*Cynocephalus porcarius*)

chaconne [ʃəˈkɒn, ʃæˈkɒn] *n муз.* чакона

chad [tʃæd] *n* 1. 1) гравий 2) щебёнка 2. кусочки бумаги *или* картона, выбиваемые перфоратором

Chadian I [ˈtʃædɪən] *n* житель *или* уроженец Чада

Chadian II [ˈtʃædɪən] *a* чадский, относящийся к Чаду

chador [ˈtʃʊdə] *n хинди* чадра

chafe I [tʃeɪf] *n* 1. ссадина; потёртость (*кожи*); кожное раздражение 2. раздражение; in a ~ в раздражении, в состоянии раздражения 3. износ (*при трении*)

chafe II [tʃeɪf] *v* 1. тереть, растирать; втирать 2. натирать, стирать; badly ~d стёртый, содранный; woollen garments ~ some skins шерстяная одежда у некоторых вызывает кожное раздражение; the boat ~d her sides against the dock лодка ободрала борта о причал 3. 1) перетирать; изнашивать (*трением*) 2) (on, upon, against) тереться (*обо что-л.* — *преим. о животном*) 4. 1) (*обыкн.* at, under) раздражаться; горячиться, нервничать; to ~ against restraints /under restraint/ роптать по поводу ограничений; to ~ under affront тяжело переживать нанесённое оскорбление; to ~ under teasing выходить из себя из-за насмешек; he ~s at a mere nothing он раздражается из-за пустяков 2) раздражать, злить; the delay ~d her промедление раздражало её ◊ to ~ at the bit проявлять нетерпение; ≅ рваться в бой

chafer¹ [ˈtʃeɪfə] *n энт.* 1. хрущ (*Melolonthinae subfam.*) 2. жук-карапузик (*Hister gen.*) 3. крупный жук

chafer² [ˈtʃeɪfə] *n авт.* бортовая ленточка (*покрышки*)

chaff¹ [tʃɑːf] *n* 1. мякина 2. мелко нарезанная солома, сечка; ~ bed соломенный тюфяк 3. высевки 4. костра, кострика (*отходы трепания и чесания*) 5. отбросы; нечто легковесное, наносное, не имеющее ценности; their suspicions were ~ их подозрения были сплошной ерундой
◊ an old bird is not caught with ~ *посл.* старого воробья на мякине не проведёшь

chaff¹ I [tʃɑːf] *n разг.* подшучивание, поддразнивание

chaff² II [tʃɑːf] *v разг.* 1) подшучивать, (добродушно) посмеиваться (*над кем-л.*) 2) смеяться, шутить; they ~ed with each other они обменивались шутками

chaff³ [tʃɑːf] *n воен.* дипольные отражатели; ~ jamming помехи, создаваемые при помощи дипольных отражателей

chaff-cutter [ˈtʃɑːfˌkʌtə] *n с.-х.* соломорезка; корморезка

chaffer¹ [ˈtʃɑːfə] *n тех.* решето первой очистки, грохот

chaffer² [ˈtʃɑːfə] *n* 1. *см.* chaff² II + -er 2. *разг.* насмешник

chaffer³ I [ˈtʃæfə] *n* спор из-за цены, торговля, торг

chaffer³ II [ˈtʃæfə] *v* 1. 1) спорить о цене, торговаться, выторговывать 2) спорить, пререкаться (*о чём-л.*) 2. болтать, заниматься пустой болтовнёй

chaffer⁴ [ˈtʃæfə] = chafer¹

chaffinch [ˈtʃæfɪntʃ] *n зоол.* зяблик (*Fringilla coelebs*)

chaffy [ˈtʃɑːfɪ] *a* 1. мякинный, покрытый мякиной *и т. п.*; засорённый кострой *и т. п.*; ~ flax закострённый лён 2. пустой, никчёмный; ~ thoughts праздные мысли

chafing ['tʃeɪfɪŋ] *n* 1. трение, растирание; втирание 2. натирание (*кожи чем-л.*); раздражение 3. раздражение, раздражённое состояние 4. *тех.* износ от трения 5. *мед.* опрелость

chafing-dish ['tʃeɪfɪŋdɪʃ] *n* 1. кастрюля (*обыкн.* электрическая) с подогревом (*пища подогревается на столе*); электрический термос 2. жаровня

chafing-gear ['tʃeɪfɪŋgɪə] *n мор.* защитная обмотка (*троса*)

chafing-pan ['tʃeɪfɪŋpæn] = chafing-dish

chafing-plate ['tʃeɪfɪŋpleɪt] *n тех.* антифрикционная прокладка

chagan [kə'gɑ:n] *n ист.* каган, хакан, хан (*аварский, хазарский и т. п.*)

chagrin I ['ʃægrɪn] *n* досада, огорчение; much to his ~ к его большому досаде; ~ petty *мн* мелкие огорчения

chagrin II ['ʃægrɪn] *v* огорчать, разочаровывать; to be /to feel/ ~ed быть огорчённым /раздосадованным, разочарованным/; ~ed at his failure раздосадованный своим поражением

chain I [tʃeɪn] *n* 1. цепь; цепочка; watch ~ часы с цепочкой; ~ cable *мор.* якорная цепь; ~ belt /drive/ *тех.* цепной привод, цепная передача; ~ saw *тех.* цепная пила 2. горный хребет, гряда, горная цепь (*тж.* mountain ~, ~ of mountains) 3. *pl* оковы, узы, цепи; in ~s в оковах; ~ of colonialism оковы /узы, иго/ колониализма 4. 1) последовательность, связь, ход, цепь (*событий и т. п.*); ~ broadcasting *радио* одновременная передача одной программы несколькими станциями; ~ of events цепь /ряд/ событий; ~ of proofs цепь доказательств; ~ of discourse ход рассуждения 2) система, сеть; ~ of radio stations сеть радиостанций 5. *спец.* цепочка, цепной ряд; transformation ~ *физ.* цепочка радиоактивных превращений, радиоактивный ряд; nuclear fission ~ *физ.* ядерная цепная реакция; decay ~ *физ.* а) цепочка распадов; б) радиоактивный ряд; ~ reflex *физиол.* цепной рефлекс 6. *тех.* ряд звеньев (*передачи*); ~ block *тех.* таль; ~ tread гусеничный ход; ~ track гусеничный трак 7. *тех.* нория; ковшовый элеватор 8. 1) *ком.* сеть розничных магазинов (*одной фирмы*); full-line ~ сеть магазинов с универсальным ассортиментом 2) сеть однородных предприятий (*одного владельца или под одним управлением*); theatre ~ киносеть, принадлежащая одной компании; newspaper ~ газетный концерн; bank ~ банк с филиалами; ~ restaurant [hotel] один из однотипных ресторанов [гостиниц] (*данной компании*) 9. *бакт.* соединение конец в конец трёх или более клеток 10. *текст.* основа (*ткани*) 11. *спец.* 1) чейн (*мера длины; тж.* ~ measure) 2) мерная цепь (*тж.* ~ measure); ~ tape стальная мерная лента 12. *вчт.* 1) последовательность операций или вызовов программ 2) оператор вызова программы

chain II [tʃeɪn] *v* 1. скреплять цепью; прикреплять цепями (*тж.* ~ up); to ~ prisoners together сковывать заключённых одной цепью; ~ed to the wall прикованный (цепью) к стене; ~ed book *ист.* книга на цепи (*в средневековых библиотеках*); to ~ (up) the dog посадить собаку на цепь 2. 1) держать в цепях, в оковах 2) приковывать, привязывать; ~ed to the desk прикованный к письменному столу; horror ~ed his steps от ужаса он не мог сделать ни шагу 3. 1) закрыть на цепочку (*дверь*) 2) перекрыть (*уличное движение*) 4. измерять расстояние на местности мерной лентой или цепью

chain armour ['tʃeɪn,ɑ:mə] = chain mail

chain-bridge ['tʃeɪnbrɪdʒ] *n* цепной мост

chain coccus [,tʃeɪn'kɒkəs] *бакт.* цепочечный кокк, стрептококк

chain-drive ['tʃeɪndraɪv] *n тех.* цепной привод, цепная передача

chain-gang ['tʃeɪngæŋ] *n* 1. группа каторжников в цепях, скованных общей цепью 2. *воен. жарг.* «кандальники», технический состав ВВС; технари

chain-grate ['tʃeɪngreɪt] *n тех.* цепной колосник

chainless ['tʃeɪnlɪs] *a поэт.* вольный, свободный

chainlet ['tʃeɪnlɪt] *n* цепочка

chain letter [,tʃeɪn'letə] *письмо (обыкн.* религиозно-мистического содержания), рассылаемое по нескольким адресам с тем, чтобы получатель разослал его другим адресатам

chain lightning ['tʃeɪn,laɪtnɪŋ] 1. *метеор.* зигзагообразная молния 2. *амер. сл.* крепкое дешёвое виски

chain mail ['tʃeɪnmeɪl] кольчуга

chainman ['tʃeɪnmən] *n (pl* -men [-mən]) *разг.* помощник землемера

chain of command [,tʃeɪnəvkə'mɑ:nd] 1. *воен.* порядок подчинённости 2. цепь инстанций

chain off [tʃeɪn'ɒf] *phr v* отмеривать участок мерной цепью

chain-react [,tʃeɪnrɪ'ækt] *v физ., хим.* давать цепную реакцию

chain-reacting [,tʃeɪnrɪ'æktɪŋ] *a физ., хим.* дающий цепную реакцию; с цепной реакцией

chain reaction [,tʃeɪnrɪ'ækʃ(ə)n] 1. *физ., хим.* цепная реакция 2. ряд вызванных друг другом событий

chain-rule ['tʃeɪnru:l] *n мат.* цепное правило

chain-smoke ['tʃeɪnsmoʊk] *v* непрерывно курить; закуривать одну сигарету от другой; ≅ не вынимать сигареты изо рта

chain-smoker ['tʃeɪn,smoʊkə] *n* заядлый курильщик (*закуривающий одну сигарету от другой*)

chain-stitch ['tʃeɪnstɪtʃ] *n* 1) тамбурная строчка или шов (*в вышивании*) 2) *полигр.* брошюрное шитьё нитками

chain-stores ['tʃeɪnstɔ:z] *n pl* однотипные розничные магазины одной фирмы

chain-wheel ['tʃeɪnwi:l] *n тех.* (цепная) звёздочка

chain-work ['tʃeɪnwɜ:k] *n* 1. = chain-stitch 1) 2. вязание «косички» (*крючком*) 3. цепочка

chair I [tʃeə] *n* 1. стул; кресло (*тж.* easy ~); cane ~ плетёный стул; плетёное кресло; folding /hammock/ ~ складной стул; ~ covers чехлы на кресла; (won't you) take a ~ (пожалуйста) садитесь 2. 1) председательство; председательское место; to take the ~ а) стать председателем собрания; открыть собрание; б) председательствовать, вести собрание; to put in the ~ избрать председателем; the ~ is taken собрание открыто; to be /to sit/ in the ~ председательствовать; to leave the ~ закрыть собрание 2) председатель (*собрания*); to address the ~ обращаться к председателю собрания; ~! ~! к порядку! 3. кафедра (*в высшем учебном заведении*); ~ of chemistry [of astronomy] кафедра химии [астрономии] 4. профессура, должность профессора; he holds a university ~ он занимает должность профессора в университете 5. 1) судейство; должность судьи 2) пост спикера палаты общин 6. (the ~) *амер. разг.* электрический стул; to send to the ~ приговорить к смертной казни; to get /to go to/ the ~ быть казнённым на электрическом стуле 7. *амер.* место свидетеля в суде (*тж.* witness ~) 8. *возвыш.* высокое положение, трон; ~ of state высокий государственный пост; ~ of authority кормило власти 9. *ист.* портшез 10. *амер.* должность музыканта оркестра или инструментального ансамбля 11. *архит.* конёк крыши 12. *ж.-д.* 1) рельсовая подушка 2) башмак 13. *тех.* подвесная люлька (*для воздушных работ*) ◊ ~ days старость

chair II [tʃeə] *v* 1. усаживать (*кого-л.*) 2. 1) возводить в должность (*особ.* высокую) 2) возводить на трон 3) избрать председателем 4) возглавлять; быть председателем; руководить (*кафедрой и т. п.*); the council ~ed by Mr. N совет под председательством г-на N 3) поднимать и нести (*победителя*)

chair-bed ['tʃeəbed] *n* кресло-кровать

chairborne ['tʃeəbɔ:n] *a преим. воен. пренебр.* кабинетный, небоевой; ~ troops штабисты, небоевые войска; ~ mountain-climber альпинист-теоретик

chairbound ['tʃeə,baʊnd] *a* прикованный к креслу-качалке, неходячий (*об инвалиде*)

chair-car ['tʃeəkɑ:] *n амер. ж.-д.* пассажирский вагон с мягкими откидными креслами (*вместо скамеек*)

chairlady ['tʃeə,leɪdɪ] *часто ирон. см.* chairwoman

chair lift ['tʃeəlɪft] 1. внутриквартирный лифт 2. кресельный подъёмник (*для лыжников*)

chairman I ['tʃeəmən] *n (pl* -men [-mən]) 1. председатель; C. of the Council of Ministers председатель совета министров; Mr. [Madame] C. господин [госпожа] председатель 2. *ист.* носильщик портшеза

chairman II ['tʃeəmən] *v* 1) председательствовать; he ~ned an important committee он возглавлял важную комиссию 2) быть председателем (*какой-л. организации*)

chairmanship ['tʃeəmənʃɪp] *n* 1) обязанности председателя; председательствование; under the ~ of Mr. A. под председательством г-на А. 2) должность председателя, председательство; during his ~ пока он был председателем

chairoplane ['tʃe(ə)rəpleɪn] *n* карусель с подвесными сиденьями

chairperson ['tʃeə,pɜ:s(ə)n] *n* председатель (*мужчина или женщина*)

chairwarmer ['tʃeə,wɔ:mə] *n амер. сл.* дармоед на казённом месте; бездельник (*получающий жалованье*); «протиратель штанов»

chairwoman ['tʃeə,wʊmən] *n (pl* -women [-,wɪmɪn]) (женщина-)председатель; председательница

chaise [ʃeɪz] *n* 1. фаэтон 2. почтовая карета 3. = chaise longue

chaise longue [,ʃeɪz'lɔŋ] шезлонг

chalcanthite [kæl'kænθaɪt] *n мин.* халькантит, медный купорос

chalcedonic [,kælsɪ'dɒnɪk] *a мин.* халцедоновый

chalcedony [kæl'sedənɪ, kæl'sɪdənɪ] *n мин.* халцедон

chalco- ['kælkə] *хим.* в сложных словах с греч. корнями имеет значение медь: chalcopyrite халькопирит; chalcolite торбернит

chalcocite ['kælkə(ʊ)saɪt] *n мин.* халькозин, медный блеск

chalcographer [kæl'kɒgrəfə] *n* гравёр по меди

chalcographist [kæl'kɒgrəfɪst] = chalcographer

chalcography [kæl'kɒgrəfɪ] *n* 1) гравирование на меди 2) резцовая гравюра на меди

chalcopyrite [,kælkə'paɪraɪt] *n мин.* медный колчедан, халькопирит

Chaldaic I [kæl'deɪɪk] *n* халдейский язык

Chaldaic II [kæl'deɪɪk] *a* халдейский

Chaldaical [kæl'deɪɪk(ə)l] *a* халдейский; относящийся к Халдее *или* халдеям

Chaldean I [kæl'di(:)ən] *n* 1. халдей 2. 1) халдейский язык 2) древнесирийский язык 3) арамейский язык 3. *редк.* астролог; предсказатель, прорицатель; чародей

Chaldean II [kæl'di(:)ən] *a* 1. халдейский; древневавилонский 2. астрологический; оккультный

Chaldee [,kæl'di:] = Chaldean I 1 *и* 2

chaldron ['tʃɔ:ldr(ə)n] *n ист.* челдрон (*мера угля*)

chalet ['ʃæleɪ] *n фр.* 1. шале, сельский домик (*в Швейцарии*) 2. дача, коттедж в швейцарском стиле 3. *эвф.* уличная уборная

chalice ['tʃælɪs] *n* 1. *поэт.* чаша, кубок 2. *церк.* потир 3. чашечка (*цветка*)

chaliced ['tʃælɪst] *a бот.* чашечковый, чашевидный

chalk I [tʃɔ:k] *n* 1. *геол.* 1) мел; ~ cliffs меловые скалы 2) (the C.) мел (*меловые отложения на юге Англии*). 1) кусок мела; мелок (*для записи*); ~ talk *амер.* лекция с использованием доски; to write in ~ писать мелом 2) *жив.* цветной мелок; пастель; brown ~ умбра; red ~ красная охра, кровавик; two heads in ~ два портрета пастелью 3. (C.) *геол.* меловой период, мел (*тж.* C. period) 4. кредит; долг; запись в заборной книжке 5. счёт (*в игре*) 6. *разг.* очко в чью-л. пользу 7. *амер.* шрам, царапина 8. *амер. сл.* лошадь-фаворит (*на скачках*) 9. *амер. воен. жарг.* порошковое молоко

◇ as like as ~ and cheese ничего общего; ≅ похоже, как гвоздь на панихиду; not to know ~ from cheese не разбираться в простых вещах; ничего не понимать; ~s away, by a long ~, by long ~s намного, значительно, гораздо; not by a long ~ отнюдь нет; далеко не; ни в коем случае не; to walk the ~ (line) а) пройти прямо по проведённой мелом черте (*в доказательство своей трезвости*); ≅ пройтись по одной половице; б) вести себя безупречно; to walk /to stump/ one's ~ *сл.* убраться, удрать, смыться

chalk II [tʃɔ:k] *v* 1. писать, чертить мелом; делать пометки мелом 2. подбирать известью; натирать *или* пачкать мелом; his coat was ~ed all over его пиджак был перепачкан мелом 4. делать белым или бледным; fear ~ed her face от страха она стала белее мела

chalk board ['tʃɔ:kbɔ:d] *амер.* классная доска (*обыкн. светло-зелёная или жёлтая*)

chalk down ['tʃɔ:k'daʊn] *phr v* записывать мелом; he chalked down the score он записал счёт мелом

chalking ['tʃɔ:kɪŋ] *n с.-х.* известкование; мелование

chalk out ['tʃɔ:k'aʊt] *phr v* 1) делать эскиз, набрасывать (*план и т. п.*); набрасывать (*проект и т. п.*) 3) записывать долг

chalkpit ['tʃɔ:kpɪt] *n* меловой карьер

chalkquarry ['tʃɔ:k,kwɒrɪ] = chalkpit

chalk-stone ['tʃɔ:kstəʊn] *n* 1. *мин.* известняк 2. *мед.* тофус, подагрическое утолщение на суставах

chalk stripe ['tʃɔ:k,straɪp] *текст.* узкая белая полоска

chalk up ['tʃɔ:k'ʌp] *phr v* 1. 1) вести счёт (*в игре*) 2) взять на заметку 2. 1) записать на свой счёт (*достижение и т. п.*); we chalked up more points than any other team мы записали себе больше очков, чем любая другая команда; to be chalked up as an accomplishment считаться достижением

◇ to chalk one up получить преимущество; he chalked one up on his opponent during his first television debate во время первой телевизионной дискуссии он выступал удачнее, чем его оппонент

chalky ['tʃɔ:kɪ] *a* 1. меловой; известковый; ~ clay *мин.* мергель, рухляк 2. белый, белый как мел 3. *мед.* подагрический

challah ['kɑ:lə] *n кул.* хала

challenge I ['tʃælɪndʒ] *n* 1. 1) вызов (*на состязание, соревнование и т. п.*); to launch a ~ against smb. бросить кому-л. вызов; to meet the ~ принять вызов 2) вызов на дуэль; картель; to address a ~ to smb. послать кому-л. вызов (на дуэль); to have a ~ delivered /carried, brought/ by a second послать [передать, получить] вызов через секунданта 2. сомнение; постановка под вопрос; to bring smth. into ~ поставить что-л. под сомнение; бросить тень сомнения на что-л.; to bring smb.'s title into ~ оспаривать чьё-л. право; ~ of the premises of an argument *лог.* возражение против предпосылок рассуждения 3. 1) испытание, проба (*своих*) сил; напряжение сил; нечто требующее мужества, труда *и т. п.*; my new job is not easy but it's a ~ моя новая работа нелегка, но для меня это будет проба сил 2) сложная задача; проблема; the ~ of a nuclear age задачи, которые ставит перед нами ядерный век; to issue the ~ ставить задачу; to meet the ~ оказаться на высоте 4. *юр.* 1) отвод присяжного заседателя; peremptory ~ отвод присяжных заседателей без указания причины; ~ to the array отвод всего жюри; ~ to the polls отвод отдельных присяжных заседателей; ~ to the favour отвод по мотивам заинтересованности /знакомства и т. п./; to uphold [to overrule] the ~ удовлетворить [отклонить] отвод 2) возражение (*против чего-л.*) в ходе процесса 5. *амер.* 1) недопущение избирателя к голосованию 2) требование об аннулировании избирательного бюллетеня или результатов голосования; the election of a new government was met by a ~ from its opponents противники нового правительства требовали считать недействительным его избрание 6. *книжн.* претензия, притязание; ~ of superiority притязание на превосходство; to lay ~ to smth. предъявлять претензию на что-л. 7. *мор.* опознавательные (сигналы) 8. оклик (*часового*); to give the ~ окликать 9. *вет.* контрольное, проверочное заражение вакцинированных животных 10. *охот.* лай собак, дающий знать, что они напали на след

challenge II ['tʃælɪndʒ] *v* 1. (to) 1) вызывать (*на дуэль и т. п.*); бросать вызов 2) *спорт.* вызвать на соревнование; to ~ smb. to run a race вызывать кого-л. на соревнование по бегу 2. сомневаться; отрицать; to ~ smb.'s knowledge сомневаться в чьих-л. знаниях, ставить под вопрос чью-л. осведомлённость 2) оспаривать, подвергать сомнению; to ~ the accuracy of a statement оспаривать правильность утверждения; to ~ the wisdom of a procedure выражать сомнение в целесообразности какой-л. процедуры 3. требовать (*усилий*); this job will ~ your abilities эта работа будет испытанием ваших способностей /должна показать, на что вы способны/; this event ~s an explanation это событие требуется объяснить 4. 1) отводить, давать отвод 2) *юр.* отводить присяжного заседателя 3) *юр.* возражать (*против чего-л. в процессе*) 5. *амер.* 1) давать отвод избирателю (*как не имеющему права голоса*) 2) требовать признания недействительным избирательного бюллетеня или результатов голосования 6. *воен.* окликать (*о часовом*); спрашивать пропуск, пароль 7. *мор.* показывать опознавательные

challengeable ['tʃælɪndʒəb(ə)l] *a* сомнительный, небесспорный; вызывающий сомнение

challenger ['tʃælɪndʒə] *n* 1. см. challenge II + -er 2. претендент (*на звание чемпиона*)

challenging ['tʃælɪndʒɪŋ] *a* 1. стимулирующий, побуждающий; ~ idea интересная /перспективная/ идея 2. манящий; многообещающий; ~ smile улыбка, приглашающая к знакомству 3. требующий напряжения (*сил*); испытывающий (*способности, стойкость*); ~ game [job] игра [работа], требующая отдачи всех сил

challis ['ʃælɪ(s)] *n текст.* «шалли», «чаллис» (*плательная ткань*)

Chalybean [,kælɪ'bi(:)ən] *a ист., миф.* относящийся к халибам

chalybeate I [kə'lɪbɪɪt] *n* 1) железистый источник 2) железистый препарат

chalybeate II [kə'lɪbɪɪt] *a* 1) содержащий железо; железистый; ~ waters железистые воды 2) имеющий привкус железа

Chalybes ['kælɪbi:z] *n pl ист., миф.* халибы

chalybite ['kælɪbaɪt] *n мин.* халибит, сидерит

cham [kæm] *n арх.* хан

◇ the Great C. повелитель, властитель (*дум*); диктатор; the Great C. of literature Великий хан литературы (*прозвище Сэмюэля Джонсона*)

chamade [ʃə'mɑ:d] *n воен. ист.* барабанный бой (*означающий сдачу осаждённых или вызов парламентёров*); шамада

chambellan [,ʃɒmbɪ'lɒŋ] *n фр.* камергер

chamber I ['tʃeɪmbə] *n* 1. *возвыш.* 1) комната (*в жилом доме*); горница; апартамент(ы); покой, покои; privy ~ королевские покои; кабинет его величества; ~ of death обитель смерти 2) спальня, опочивальня 2. зал, палата; конференц-зал; senate ~ зал заседаний сената 3. приёмная (*высокопоставленного лица*) 4. *мед.* палата 5. *pl* меблированная квартира; to live in ~s жить в меблированных комнатах 6. *юр.* 1) *pl* контора адвоката; ~s practice консультирование по юридическим вопросам, кабинетная практика юриста 2) камера мирового судьи (*в которой он разбирает мелкие дела*) 3) *pl* кабинет судьи; the case was heard before the judge in ~s дело разбиралось судьёй

в его кабинете 7. палата (парламента); Lower [Upper] C. нижняя [верхняя] палата 8. палата (учреждения); C. of Commerce торговая палата; C. of Commerce and Industry торгово-промышленная палата 9. 1) *спец.* камера; рабочее пространство (*печи и т. п.*); arc ~ *эл.* разрядная камера; дуговая камера; exposure ~ камера для облучения; сlimatic ~ камера искусственного климата; pressure ~ барокамера; transfer ~ шлюзовая /передаточная/ камера; lock ~ *косм.* шлюз; ~ ascent имитация подъёма (*лётчика или космонавта*) в барокамере 2) *горн.* просек, печь 10. *анат.* полость (*сердца и т. п.*); ~ of the eye камера глаза 11. корпус (*фотокамеры*) 12. *воен.* камора, патронник; гнездо барабана револьвера; ~ end казённая часть ствола 13. *реакт.* камера сгорания 14. *эвф.* ночная ваза, ночной горшок 15. *ист.* казначейство, казна
chamber II ['tʃeɪmbə] *a* муз. камерный; ~ orchestra [music] камерный оркестр [-ая музыка]; ~ concert концерт камерной музыки; ~ organ концертный орган
chamber III ['tʃeɪmbə] *v* 1. заключать в камеру 2. 1) *тех.* рассверливать, высверливать 2) *горн.* расширять (*дно скважины и т. п.*)
chamber barrister ['tʃeɪmbə,bærɪstə] юрист, не выступающий в суде
chamber counsel ['tʃeɪmbə'kaʊns(ə)l] 1) юрист, не выступающий в суде; частный поверенный 2) юридическая консультация, совет юриста
chamber-deacon ['tʃeɪmbə,di:k(ə)n] *n ист.* вольнослушатель (*университета*)
chambered ['tʃeɪmbəd] *a* 1. разделённый на камеры 2. заключённый в камеру
chamberlain ['tʃeɪmbəlɪn] *n* 1. 1) гофмейстер; Lord C. of the Household гофмейстер (*королевского двора*) 2) камергер 3) камерарий; C. to the Pope камерарий при папском дворе 2. казначей; city ~ казначей муниципалитета
chambermaid ['tʃeɪmbəmeɪd] *n* горничная (*занимающаяся уборкой, стелющая постели и т. п.*)
chamber-pot ['tʃeɪmbəpɒt] *n* ночной горшок
Chambertin [,ʃɒmbeə'tæŋ] *n фр.* шамбертен (*сорт вина*)
chambray ['ʃæmbreɪ] *n текст.* «шамбре» (*плательная и рубашечная ткань*)
chameleon [kə'mi:lɪən] *n* 1) *зоол.* хамелеон (*Chamaeleonidae fam.*) 2) хамелеон, конъюнктурщик
chameleonic [kə,mi:lɪ'ɒnɪk] *a* подобный хамелеону; быстро меняющийся, приспособляющийся; неустойчивый
chamfer I ['tʃæmfə] *n тех.* фаска, скос; закругление
chamfer II ['tʃæmfə] *v тех.* снимать фаску, скашивать
chamfrain, chamfron ['tʃæmfrən] *n ист.* часть конского доспеха, закрывающая голову
chammy ['tʃæmɪ] *n разг.* замша
chamois I ['ʃæmwɑ:] *n* 1. *зоол.* серна (*Rupicapra rupicapra*) 2. ['ʃæmɪ] замша; ~ gloves замшевые перчатки 3. коричнево-жёлтый цвет
chamois II ['ʃæmɪ] *v* 1. выделывать (*кожу*) под замшу 2. протирать или полировать замшей
chamomel, chamomile ['kæməmɪl, 'kæməmaɪl] = camomile
chamotte [ʃə'mɒt] *n мин.* шамот
champ¹ I [tʃæmp] *n* чавканье
champ¹ II [tʃæmp] *v* 1. чавкать; хрупать, громко жевать 2. 1) грызть (*удила*); the horses were ~ing their bits лошади грызли удила 2) быть в нетер-

пении; the boys were ~ing to start ребята рвались в поход; he was ~ing with rage он рвал и метал 3. *шотл.* давить, мять
champ² [tʃæmp] *n арх.* 1. поле; ~ of battle место поединка, турнира; поле боя 2. поле, фон (*вышивки, рисунка*)
champ³ [tʃæmp] *n* (*сокр. от* champion) *разг.* чемпион
champagne I [ʃæm'peɪn] *n* 1. шампанское 2. бледно-палевый цвет
champagne II [ʃæm'peɪn] *a* 1. бледно-палевый, кремовый; ~ lace кремовые кружева 2. для шампанского; (приготовленный) из шампанского; ~ cocktail крюшон 3. роскошный; ~ tastes вкус /склонность/ к шикарной жизни, любовь к роскоши
champaign I [ʃæm'peɪn] *n* 1. *возвыш.* равнина, открытое поле; heaven's wide ~ *образн.* необозримые небесные просторы 2. *уст.* поле битвы
champaign II [ʃæm'peɪn] *a* равнинный; ровный и открытый (*о местности*)
champers ['ʃæmpəz] *n разг.* шампанское
champertor ['tʃæmpətə] *n юр.* лицо, незаконно финансирующее или покупающее чужой процесс и получающее в случае его выигрыша всю присуждённую сумму или часть её
champerty ['tʃæmpətɪ] *n юр.* «чемперти», незаконная покупка или финансирование чужого процесса
champignon ['ʃɒmpɪnjɒŋ] *n* 1) *бот.* шампиньон (*Agaricus campestris*) 2) съедобный гриб
champion I ['tʃæmpɪən] *n* 1. *спорт.* чемпион; world [European] ~ чемпион мира (Европы); Olympic ~ олимпийский чемпион; current /reigning/ ~ непобеждённый чемпион; three times ~ трёхкратный чемпион 2. победитель (*на конкурсе, выставке и т. п.*); получивший первый приз, первый призёр (*о человеке, животном, растении и т. п.*) 3. защитник, поборник (*чего-л.*); борец (*за что-л.*); ~s of peace борцы за мир, сторонники мира 4. (at) *ирон.* мастер; ~ at telling lies непревзойдённый лжец /враль/ 5. *поэт.* (отважный) воин, витязь
champion II ['tʃæmpɪən] *a* 1. первый среди соревнующихся; получивший первый приз; ~ boxer боксёр-чемпион; ~ bull бык, получивший первый приз; ~ potatoes сорт картофеля, дающий рекордные урожаи; she is a ~ talker она побила все рекорды болтливости 2. *разг.* первоклассный, замечательный; it was ~ ≅ вот это был класс!; how do you feel? — C., thank you как вы себя чувствуете? — Спасибо, прекрасно
champion III ['tʃæmpɪən] *v* 1. защищать, отстаивать; бороться (*за что-л.*); to ~ disarmament бороться за разоружение; to ~ the cause of peace [women's rights] отстаивать дело мира [права женщин]
championess ['tʃæmpɪənes] *n редк.* чемпионка
championship ['tʃæmpɪənʃɪp] *n* 1. *спорт.* 1) первенство, чемпионат; борьба за первенство; individual [team] ~ личное [командное] первенство; free style ~ соревнование по плаванию вольным стилем; ~ table *спорт.* таблица розыгрыша 2) звание чемпиона 2. (of) поборничество; защита (*кого-л., чего-л.*); his ~ of peace его борьба за мир
champlevé ['ʃɒmləveɪ] *n фр. иск.* выемчатая эмаль
chance I [tʃɑ:ns] *n* 1. случайность, случай; rare [happy, unexpected] ~ редкий [счастливый, неожиданный] случай; by ~ случайно; by a lucky ~ по счастливой случайности; by what ~?

какими судьбами?; is he, by any ~t, behind this scheme? не он, случайно, выдвинул этот план?; it was a ~ that they met on the road они встретились на дороге случайно; he goes as ~ directs him on what, куда глаза глядят; on the ~ на случай если; I called at his house on the ~ of seeing him я зашёл к нему, надеясь застать его дома 2. удобный случай, возможность; a ~ to do smth. удобный случай /возможность/ сделать что-л.; to get a ~ to do smth. получить возможность сделать что-л.; to lose /to miss/ the ~ упустить возможность /удобный случай/; to throw away the ~ отказаться от возможности; to give smb. a /the/ ~ дать /предоставить/ кому-л. возможность; give me another ~! a) простите меня на этот раз! б) дайте мне возможность попытаться ещё раз! 3. счастливый случай, удача, счастье; ~ cannot be calculated on на счастливый случай /на удачу/ нельзя рассчитывать; to take one's ~ with smth. попытать счастья в чём-л. 4. шанс, вероятность, возможность; to have a good /a fair/ ~ иметь много шансов; to stand little ~ of success иметь мало шансов /надежды/ на успех; not the slightest /the ghost of a/ ~ ни малейшей надежды; there's just a ~ that he'll help you не исключено, что он вам поможет; there is a ~ [no ~] of success есть надежда [нет надежды] на успех; his ~ of success is one to ten у него один шанс из десяти; even ~s равные шансы /возможности/; he has every ~ он имеет все основания; у него есть все шансы; ~s are against him всё против него, обстановка складывается неблагоприятно для него; to have a ~ with smb. иметь шансы на успех у кого-л.; not a dog's /a cat's/ ~ *сл.* никаких шансов (*на что-л.*); theory of ~s *мат.* теория вероятностей 5. 1) риск; games of ~ азартные игры; it is the ~ of a lifetime такой (удачный) случай бывает лишь раз в жизни; number nine is my ~ ставлю на девятый номер; we can't take any ~s мы не можем рисковать 2) билет вещевой лотереи (*часто благотворительной*) 6. *книжн.* судьба; превратности судьбы; to await no gifts from C. *поэт.* не ждать милостей от судьбы; bludgeonings of C. удары судьбы; to bear stoutly the ~s of fortune спокойно переносить все превратности судьбы; all the changes and ~s of this mortal life все превратности и случайности нашей бренной жизни
◇ (the) ~s are по всей вероятности; скорее всего; ~s are he's already heard the news вполне возможно, что это известие уже дошло до него; to have an eye /to look/ to the main ~ чуять, где можно поживиться /нажиться/; ловить момент; let ~ decide будь что будет!; leave things to ~ положиться на волю случая, не вмешиваться в ход событий; as ~ would have it как нарочно; (всё-таки) случилось так, что...
chance II [tʃɑ:ns] *a* случайный; ~ encounter случайная встреча; ~ shell *воен.* случайно попавший снаряд
chance III [tʃɑ:ns] *v* 1. рискнуть; let's ~ it рискнём; to ~ one's luck искушать судьбу 2. случиться, случайно произойти; it ~d that he lost вышло так, что он проиграл; it ~d that I was out when he called случилось так, что, когда он пришёл, меня не

CHA — CHA

было дома; I ~d to be passing when she fell я случайно проходил мимо, когда она упала; if I ~ to find it если мне доведётся найти это 3. (on, upon) случайно наткнуться на; обнаружить, найти; I ~d upon an old friend in a bar в баре я случайно столкнулся со старым знакомым
◊ to ~ one's arm не щадить себя; рисковать головой

chanceable ['tʃɑ:nsəb(ə)l] *a редк.* случайный

chance-child ['tʃɑ:nstʃaɪld] *n арх.* случайно прижитое дитя

chance-comer ['tʃɑ:ns,kʌmə] *n* случайный *или* неожиданный гость

chanceful ['tʃɑ:nsf(ə)l] *a* 1. полный событий, богатый событиями 2. *арх.* зависящий от случая, случайный 3. *арх.* рискованный, опасный

chancel ['tʃɑ:ns(ə)l] *n церк.* алтарь; ~ table престол

chancellery ['tʃɑ:ns(ə)lərɪ] *n* 1. звание канцлера, канцлерство 2. 1) ведомство канцлера 2) здание, где работает канцлер и его подчинённые 3. *дип.* канцелярия (*посольства, консульства*); handwriting чёткий /канцелярский/ почерк; писарский почерк

chancellor ['tʃɑ:ns(ə)lə] *n* 1. канцлер; C. of the Exchequer канцлер казначейства, министр финансов (*в Великобритании*); C. of England, the King's C. *ист.* лорд-канцлер (*в Англии*); Federal C. федеральный канцлер (*в ФРГ и в Австрии*) 2. *дип. преим. амер.* советник *или* первый секретарь посольства 3. ректор университета (*в Великобритании — почётный, в США — фактический*) 4. *юр.* судья, председатель суда, *особ.* канцлерского суда (*в Великобритании*) 2) председатель суда справедливости (*в некоторых штатах США*) 5. старшина коллегии присяжных

chancellorate ['tʃɑ:ns(ə)lərɪt] = chancellorship

chancellorship ['tʃɑ:ns(ə)ləʃɪp] *n* звание канцлера, канцлерство

chancellory ['tʃɑ:ns(ə)lərɪ] = chancellery

chance-medley ['tʃɑ:ns,medlɪ] *n юр.* 1) случайная драка 2) неумышленное, непреднамеренное убийство (*при превышении пределов необходимой самообороны, в драке и т. п.*)

chance music ['tʃɑ:ns,mju:zɪk] *муз.* алеаторика

chancery ['tʃɑ:ns(ə)rɪ] *n* 1. (C.) суд лорда-канцлера (*до 1873 г. верховный суд Великобритании, теперь одно из отделений Высокого суда правосудия*); in ~ *юр.* а) на рассмотрении в суде лорда-канцлера; б) на рассмотрении в канцлерском отделении Высокого суда Великобритании; [см. тж. ◊]; C. Division канцлерское отделение (*Высокого суда правосудия Великобритании*); C. proceeding судебное производство в суде лорда-канцлера (*до 1873 г.*) *или* в канцлерском отделении Высокого суда правосудия Великобритании; C. suit процесс, который ведётся в суде лорда-канцлера *или* в канцлерском отделении Высокого суда Великобритании 2. *юр.* «суд справедливости», «канцлерский суд» (*в некоторых штатах США*) 3. канцелярия 4. *спорт.* захват головы
◊ in ~ в безвыходном положении, в петле, в тисках [см. тж. 1]

chancey ['tʃɑ:nsɪ] = chancy

chancre ['ʃæŋkə] *n мед.* твёрдый шанкр

chancroid ['ʃæŋkrɔɪd] *n мед.* мягкий шанкр

chancy ['tʃɑ:nsɪ] *a* 1. *разг.* рискованный, ненадёжный, неустойчивый, неопределённый; acting is a ~ profession в профессии актёра очень многое зависит от случая 2. *шотл.* 1) счастливый, удачливый (*о человеке*) 2) счастливый (*о числе, дне и т. п.*); удачный

chandelier [,ʃændə'lɪə] *n* 1. люстра 2. *редк.* канделябр 3. *церк.* паникадило

chandler ['tʃɑ:ndlə] *n* 1. *мор.* шипчандлер, агент по снабжению судна (*тж.* ship ~) 2. 1) свечной фабрикант 2) торговец свечами 3. *часто пренебр.* бакалейщик; мелочной торговец, лавочник 4. (-chandler) как компонент сложных слов торговец; corn-chandler хлеботорговец

Chandler('s) wobble ['tʃɑ:ndlə(z)-'wɔbl] колебания земной оси с периодом, равным 14 месяцам

chandlery ['tʃɑ:ndlərɪ] *n* 1. свечной склад 2. *тж. pl* мелочной товар; бакалея

change¹ I [tʃeɪndʒ] *n* 1. 1) перемена, изменение; ~ of weather перемена погоды; ~ of scene перемена обстановки; ~ of the scenes *театр.* перемена декораций; ~ of heart /mind/ а) изменение намерений; б) переворот /перелом/ в убеждениях *или* чувствах; ~ of pace а) смена ритма, скорости, хода *и т. п.*; б) резкая смена образа жизни и деятельности; внесение разнообразия в жизнь; ~ of front а) *воен.* перемена фронта; б) коренные изменения; ≅ поворот на 180°; ~ of air а) перемена обстановки; б) *тех.* обмен воздуха; ~ of sign *мат.* перемена знака; ~ of station *воен.* командировка, перевод в другую часть; ~ of leads перемена ноги на галопе (*конный спорт*); ~ of tide чередование приливно-отливных течений; subject to ~ могущий измениться; подлежащий изменению /переделке/; many ~s have taken place многое изменилось; ~ for the better [for the worse] перемена к лучшему [к худшему]; the ~ from winter to spring переход от зимы к весне; ~ gear *тех.* механизм изменения хода и скоростей; ~ part *тех.* сменная деталь; ~ switch *тех.* переключатель 2) замена, смена; перемена, разнообразие; for a ~ для разнообразия; you need a ~ вам нужно переменить обстановку /работу *и т. п.*/; this journey will be (a bit of) a ~ for you поездка внесёт в вашу жизнь некоторое разнообразие 2. смена (*белья, платья*); ~ station *воен.* пункт обмена обмундирования; a ~ of underwear смена белья 3. 1) размен (*денег*); to give ~ for a pound note разменять банковый билет в 1 фунт стерлингов 2) обмен (*на другую валюту*) 4. сдача; he got ninepence ~ он получил 9 пенсов сдачи; keep the ~! сдачи не нужно! 5. разменная монета; мелкие деньги, мелочь; small ~ а) мелкие деньги, мелочь; б) что-л. мелкое /незначительное/; пустяки, мелочи жизни 6. пересадка (*на железной дороге и т. п.*); no ~ for Oxford а) до Оксфорда без пересадки; б) (здесь) пересадки на Оксфорд нет; to make a ~ at N. делать пересадку в N. 7. *спец.* превращение; chemical [nuclear /subatomic/] ~ химическое [ядерное] превращение 8. *астр.* новая фаза Луны, новолуние 9. обыкн. *pl* трезвон (*колоколов*); to ring the ~s вызванивать на колоколах [см. тж. ◊] 10. *шотл.* = change-house 11. «параграф» (*фигурное катание*)
◊ to get no ~ out of smb. а) ничего не добиться от кого-л.; б) ничего не выведать у кого-л.; to take the ~ out of smb. отомстить кому-л.; take your ~ out of that! ≅ получайте!, вот вам! (*при нанесении удара, удачном ответе и т. п.*); to ring the ~s а) повторять, твердить на все лады одно и то же; б) быстро менять одежду и внешний вид; переодеваться, маскироваться; [см. тж. 9]

change¹ II [tʃeɪndʒ] *v* I 1. 1) менять, изменять; переделывать; to ~ one's course *мор.* изменять курс; to ~ one's address переменить адрес, переехать; to ~ colour покраснеть *или* побледнеть; to ~ countenance измениться в лице; to ~ step /foot, feet/ сменить ногу [*ср. тж.* 3, 1)]; ~ arms! *воен.* передать оружие! (*из одной руки в другую, с одного плеча на другое*); success ~d him добившись успеха, он изменился; we can't ~ human nature человеческую природу не переделаешь; we ~d the room by making a new window мы перестроили комнату /изменили вид комнаты/, прорезав новое окно 2) меняться, изменяться; the weather ~s very often погода часто меняется; times ~ времена меняются; the wind has ~d from north to east северный ветер перешёл в восточный; how he has ~d! как он изменился! they are changing from their old ideas они отказываются от своих старых представлений; I could not wish it ~d я бы хотел, чтобы всё оставалось по-прежнему 2. 1) обменивать; take the hat back to the shop and ~ it отнеси шляпу в магазин и поменяй её (на другую) 2) обмениваться, меняться (чем-л.); to ~ places with smb. поменяться /обменяться/ с кем-л. местами; I wouldn't ~ places with him я бы не хотел быть на его месте; shall we ~ seats? давайте поменяемся местами (*в театре*) 3. 1) переодеваться; to ~ for dinner переодеться к обеду; to ~ into a new suit переодеться в новый костюм; he ~d his clothes он переоделся; she ~d her feet *разг.* она надела другие туфли [*ср. тж.* 1, 1)] 2) менять бельё, пелёнки *и т. п.*; to ~ a bed перестелить постель, сменить /переменить/ постельное бельё; to ~ a baby *разг.* перепеленать ребёнка 4. (into) 1) превращать; the magician ~d a watch into a rabbit фокусник превратил часы в кролика 2) превращаться; caterpillars ~ into butterflies гусеницы превращаются в бабочек; to ~ into a bird превратиться в птицу, обернуться птицей; to ~ into a miser превратиться в скрягу, стать скрягой 5. 1) портиться; this colour ~s эта краска /этот цвет/ линяет /выгорает, выцветает/ 2) *разг.* портить; the milk is ~d молоко свернулось /скисло/ 6. переходить в новую фазу (*о Луне*); the moon will ~ on the fourteenth новолуние наступит четырнадцатого

II A 1. 1) разменивать, менять (деньги); to ~ a pound note разменять банковый билет в один фунт; to ~ a cheque получить наличные деньги по чеку 2) обменивать (*на другую валюту*); to ~ pounds into francs обменять фунты на франки 2. делать пересадку, пересаживаться; to ~ from one train to another [from a train to a bus] пересаживаться на другой поезд [с поезда на автобус]; ~ at Manchester [at the next stop] у нас пересадка в Манчестере [на следующей станции]; all ~! поезд дальше не пойдёт!
◊ to ~ one's mind передумать, изменить своё решение; to ~ hands переходить из рук в руки; переходить к другому владельцу; the house has ~d

hands four times дом переходил от владельца к владельцу четыре раза; to ~ the hand переменить направление (конный спорт); to ~ the channel см. channel I 6; to ~ one's skin измениться до неузнаваемости; «перекраситься»; to ~ face повернуть на 180°, переменить фронт, повернуться в другую сторону; to ~ sides перебежать в лагерь противника; изменить своим убеждениям; to ~ one's note /tune/ переменить тон, заговорить по-иному; to ~ horses in midstream производить крупные перемены в опасный момент; ≅ лошадей на переправе не меняют

change² [tʃeɪndʒ] *n* биржа

'change [tʃeɪndʒ] *n* 1) = change² 2) (the 'C.) лондонская биржа

changeability [ˌtʃeɪndʒə'bɪlɪtɪ] *n* 1. непостоянство, изменчивость, неустойчивость, подвижность 2. способность или возможность измениться 3. *тех.* возможность смены или замены (детали *и т. п.*); заменяемость

changeable ['tʃeɪndʒəb(ə)l] *a* 1. непостоянный, изменчивый, неустойчивый; ~ weather неустойчивая погода; a ~ sort of person непостоянный /ветреный/ человек; ~ places of meeting постоянно меняющиеся места встреч 2. поддающийся изменению; a clause in the contract ~ at will статья контракта, которая может быть изменена 3. переливчатый, с отливом; отливающий разными цветами (о шёлке *и т. п.*) 4. *тех.* сменный, заменимый (о детали *и т. п.*)

changeful ['tʃeɪndʒf(ə)l] *a поэт.* непостоянный, переменчивый, изменчивый

change-house ['tʃeɪndʒhaus] *n шотл.* кабачок, пивная

changeless ['tʃeɪndʒlɪs] *a* 1) неизменный, постоянный 2) не поддающийся изменению, неменяющийся; ~ fate неумолимая судьба

changeling ['tʃeɪndʒlɪŋ] *n* 1. *фольк.* 1) ребёнок, подкинутый эльфами взамен похищенного; подменённое дитя 2) вещь, подброшенная эльфами взамен похищенной 3) тайная подмена 2. *арх.* неустойчивый, колеблющийся человек; предатель, перебежчик 3. *арх.* слабоумный, дурак

change machine ['tʃeɪndʒməˌʃiːn] разменный автомат

changemaker ['tʃeɪndʒˌmeɪkə] = change machine

change off ['tʃeɪndʒ'ɒf] *phr v амер.* подменять друг друга, быть дублёрами (эстрадного номера)

change of life ['tʃeɪndʒəv'laɪf] *эвф.* «переходный возраст», климакс; she is undergoing the ~ у неё климакс

change over ['tʃeɪndʒ'əʊvə] *phr v* 1. меняться местами; during the dance they had to ~ во время танца им приходилось меняться местами 2. (to) переходить (на что-л., к чему-л.); to ~ to Hindi перейти на язык хинди; to ~ from summer to winter uniform *воен.* перейти с летней формы одежды на зимнюю

change-over ['tʃeɪndʒˌəʊvə] *n* 1. переход; переключение; the ~ from English to Hindi переход с английского языка на хинди; ~ to new models переход на выпуск новых моделей 2. изменение, перестройка; ~ in editors смена редакторов 3. *тех.* переключение, переналадка (станка) 4. *спорт.* смена ворот; ~ station зона передачи эстафеты (лёгкая атлетика)

changepocket ['tʃeɪndʒˌpɒkɪt] *n* 1) отделение для мелочи (в сумочке) 2) кармашек для мелочи (в кармане)

changer ['tʃeɪndʒə] *n* 1. см. change¹ II + -er 2. *тех.* 1) преобразователь 2) переключатель 3. сбрасыватель (для смены дисков на проигрывателе)

change-ringing ['tʃeɪndʒˌrɪŋɪŋ] *n* 1. 1) звон в несколько колоколов поочерёдно (в английской церкви) 2) колокольный перезвон 2. вариации на одну тему

changing bag ['tʃeɪndʒɪŋˌbæg] *фото* зарядный мешок, светонепроницаемый мешок для зарядки кассет

changing room ['tʃeɪndʒɪŋˌru(ː)m] раздевалка; помещение, где рабочие, спортсмены *и т. п.* переодеваются

channel I ['tʃænl] *n* 1. 1) канал; ~ for irrigation ирригационный канал 2) русло, фарватер; проток; rivers cut their own ~s to the sea реки сами прокладывают себе путь к морю 2) пролив; (the C.) Ла-Манш (*тж.* the English C.); C. boat судно, совершающее рейсы между Великобританией и континентом; C. fever тоска по дому /по родине/ (у англичан) 3. канава; сток, сточная канава 4. путь; источник; средство; канал; through the usual ~s из обычных источников, обычным путём; ordinary diplomatic ~s обычные дипломатические каналы; ~ of information источники /каналы/ информации; ~ of communication а) путь доставки донесений; порядок представления сведений *и т. п.*; б) путь подвоза; в) *спец.* канал связи; ~s of distribution порядок /система, способ/ распределения (материальных средств *и т. п.*); the great ~s of trade великие торговые пути; your only chance of success lies through this ~ вы можете достигнуть успеха только этим путём; he needs a new ~ for his activities ему нужно новое поле деятельности 5. *амер. воен.* инстанция; the soldier made his request through ~s солдат подал рапорт по команде 6. *тлв.* канал передачи; to change the ~ а) перейти на другой канал; б) *амер. разг.* переменить тему разговора; let's change the ~ давайте поговорим о чём-нибудь другом 7. *вчт.* 1) канал ввода — вывода (*тж.* input — output ~) 2) (односторонний) канал связи (*тж.* communication ~); selector ~ селекторный канал 8. *тех.* 1) жёлоб; выемка; паз 2) шпунт 3) швеллер 4) *физ., радио* полоса частот; разрешённый диапазон; звуковой тракт 9. *шотл.* гравий

channel II ['tʃænl] *v* 1. 1) проводить канал; рыть канаву; the water ~led its way through the desert into the lake вода проложила себе путь через пустыню в озеро 2) прорезывать каналами *и т. п.*; we ought to ~ this street to help water to flow away easily на этой улице надо прорыть канавы, чтобы облегчить сток воды 2. пускать по каналу; направлять в русло; aid must be ~led through U. N. agencies помощь должна оказываться через учреждения ООН; try to ~ your abilities into something useful постарайтесь направить свой таланты на что-нибудь полезное 3. *стр.* делать выемки или пазы

channeled ['tʃæn(ə)ld] = channelled

channelize ['tʃæn(ə)laɪz] *v* направлять, давать (чему-л.) направление; their energies must be ~d into constructive tasks их энергию надо направить на что-нибудь полезное

channelled ['tʃæn(ə)ld] *a* 1. изрезанный каналами, канавами *и т. п.* 2. избороздённый 3. направленный по (определённому) каналу или руслу 4. *спец.* 1) желобчатый 2) волнистый, гофрированный (о стали *и т. п.*)

channel off ['tʃænl'ɒf] *phr v* расходиться (в разных направлениях); растекаться

Channel tunnel [ˌtʃænl'tʌnl] тоннель под Ла-Маншем

channelure ['kænɪljuə] = cannelure

chanoyu [ˌtʃɑːnɔː'juː] *n яп.* чайная церемония

chanson ['ʃɑːns(ə)n] *n фр.* песня; C. de Roland песнь о Роланде; ~ de geste песнь о подвигах (героическая поэма в старофранцузском эпосе)

chansonette [ˌʃɑːnsə'net] *n фр.* песенка, шансонетка

chansonnier [ˌʃɒn'sɔːnjeɪ] *n фр.* шансонье, исполнитель (и автор) песен

chant I [tʃɑːnt] *n* 1) *поэт.* песнь, пение; напев; the ~ of birds пение птиц 2) церковное пение, песнопение; хорал(ы) 3. монотонное пение; однообразная протяжная песня; унылый напев 3. декламация или чтение нараспев; the ~ of the auctioneer монотонные выкрики аукциониста 4. скандирование 5. лай; голос (охотничьих собак)

chant II [tʃɑːnt] *v* 1. *поэт.* петь; распевать 2. воспевать; to ~ the praises of smb. воспевать кого-л.; воздавать хвалу кому-л. 3. монотонно повествовать или петь 4. говорить или читать нараспев 5. 1) монотонно повторять одно и то же; ≅ бубнить 2) скандировать; the crowd ~ed толпа скандировала 6. *сл.* расхваливать плохую лошадь (при продаже); барышничать

chantage [ʃɒn'tɑːʒ] *n фр.* вымогательство, шантаж

chanter ['tʃɑːntə] *n* 1. см. chant II + -er 2. *поэт.* певец; певица, певунья 3. 1) хорист; певчий 2) солист хора (в церкви); кантор (в синагоге) 4. регент (хора); хормейстер 5. *сл.* лошадник, конский барышник 6. верхний голос (у волынки) 7. *зоол.* завирушка (*Prunella spp.*)

chanterelle¹ [ˌʃæntə'rel, ˌʃɒntə'rel] *n муз.* шантрель (скрипичная струна)

chanterelle² [ˌʃæntə'rel, ˌʃɒntə'rel] *n бот.* лисичка настоящая (*Cantharellus cibarius*; гриб)

chanteuse [ʃæn'tɜːz, ʃɒn'tɜːz] *n фр.* певица (эстрадная)

chantey ['(t)ʃænti] *n амер.* хоровая матросская песня (которую поют во время работ); морская запевка

chanticleer [ˌtʃæntɪ'klɪə] *n* 1) *фольк.* петушок 2) (C.) *лит.* Шантеклер

Chantilly [ʃæn'tɪlɪ, ʃɒn'tɪlɪ] *n* 1. кружева шантильи, сбитые сливки; strawberries ~ клубника со сбитыми сливками 2) пирожное со сбитыми сливками

chantry ['tʃɑːntrɪ] *n церк.* 1. вклад, оставленный на отправление заупокойных служб (по завещанию) 2. часовня или придел, сооружённые на вклад

chanty ['(t)ʃæntɪ] = chantey

chaos ['keɪɒs] *n* 1. хаос; полный беспорядок 2. (C.) *миф.* первозданный хаос; to rise out of ~ возникнуть из хаоса 3. *библ.* пропасть

chaotic, chaotical [keɪ'ɒtɪk, -(ə)l] *a* хаотический, хаотичный

chap¹ [tʃæp] *n разг.* малый, парень; merry ~ весельчак; nice ~ славный малый; old ~ старина, приятель, старик (в обращении)

chap² I [tʃæp] *n* 1. *мед.* ссадина 2. *тех.* волосная трещина (в металле) 3. щель, расщелина 4. *шотл.* удар, затрещина

chap² II [tʃæp] *v* (chapped [-t], chapt)

CHA — CHA

chap³ [tʃæp] *n* **1.** 1) образовывать трещину; раскалывать; cold weather ~s the skin кожа трескается от холода; hands ~ped by wind обветренные руки 2) трескаться (*о коже*); my skin ~s easily у меня кожа легко трескается **2.** *шотл.* измельчать **3.** *шотл.* 1) стучать (*в дверь*) 2) ударять; to ~ hands ударить по рукам (*при завершении сделки*)

chap³ [tʃæp] *n* **1.** челюсть (*преим. животного*); open your ~s *шутл.* разинь пасть 2) нижняя челюсть **2.** *pl* пасть (*животного*) **3.** щека
◇ to lick one's ~s предвкушать что-л. приятное; ≅ заранее облизываться

chaparajos, chaparejos [ˌ(t)ʃæpəˈreɪ(ʊ)s, ˌ(t)ʃæpəˈreɪhəʊs] *n* употр. с гл. во мн. ч. исп. кожаные или меховые штаны ковбоев

chapparral [ˌ(t)ʃæpəˈræl] *n* чапарель, густая заросль кустарников в юго-западных штатах Америки

chapbook [ˈtʃæpbʊk] *n* 1) небольшая книжка; брошюра 2) дешёвое издание народных сказок, баллад, преданий

chape [tʃeɪp] *n* **1.** оковка, наконечник ножен **2.** кисточка на лисьем хвосте **3.** застёжка, зацепка

chapeau [ʃəˈpəʊ] *n* (*pl* -peaux [-ˈpəʊ], -peaus [-ˈpəʊz]) 1) модная шляпа (*преим. ирон.*) 2) геральд. шляпа

chapeau bras [ʃəˌpəʊˈbrɑː] *фр.* складная треуголка (*XIII века*)

chapel [ˈtʃæp(ə)l] *n* церк. **1.** 1) часовня; ~ of ease часовня приходской церкви (*для прихожан из других деревень*) 2) (небольшая) церковь, капелла (*домовая, тюремная, полковая, при учебном заведении и т. п.*) 3) молельня 4) придел **2.** неангликанская церковь; сектантский храм (*в Англии любой христианский храм, кроме англиканского и католического; часто пренебр.*); the villagers are mostly ~ жители деревни большей частью неангликанского вероисповедания; ~ folk *пренебр.* нонконформисты; не принадлежащие к англиканской церкви, сектанты **3.** хор певчих; певческая капелла (*особ.* придворная) **4.** богослужение, служба в часовне, университетской капелле *и т. п.*; to miss ~ пропустить богослужение; there is ~ today after lessons сегодня после уроков учеников собирают на молитву **5.** *ист.* церковная утварь **6.** 1) местное отделение профсоюза печатников 2) собрание членов такого отделения **7.** 1) похоронное бюро 2) «часовня», ритуальное помещение (*в похоронном бюро*)

chapelet [ˈtʃæpəlet] *n* **1.** пара путлищ со стременами (*пряжки*) **2.** *тех.* водоподъёмное колесо, цепь с ковшами, нория

chapelgoer [ˈtʃæp(ə)lˌɡəʊə] *n* 1) прихожанин неангликанской церкви (*в Англии*) 2) *пренебр.* сектант

chapel-master [ˈtʃæp(ə)lˌmɑːstə] *n* 1) капельмейстер (*особ.* придворный) 2) регент (*хора певчих*); хормейстер

chaperon I [ˈʃæpərəʊn] *n* **1.** 1) пожилая дама, сопровождающая молодую девушку на балы *и т. п.* (*замужняя*) спутница девушки; провожатая при молодой особе 2) компаньонка, дуэнья (*девушки*) **2.** взрослый, сопровождающий группу молодёжи (*учитель с группой учащихся и т. п.*) **3.** *ист.* капюшон

chaperon II [ˈʃæpərəʊn] *v* 1) быть спутницей, провожатой молодой девушки на балах *и т. п.*; вывозить в свет; сопровождать (*девушку*) в общественных местах; your aunt will ~ you ты будешь выезжать в сопровождении тётки 2) быть компаньонкой, дуэньей (*девушки*) **2.** сопровождать группу молодёжи (*на экскурсию и т. п.*); обеспечивать контроль за поведением молодёжи (*в общественном месте и т. п.*)

chaperonage [ˈʃæpərəʊnɪdʒ] *n* **1.** 1) сопровождение (*пожилой женщиной*) молодой девушки на балы *и т. п.*; вывоз в свет 2) обязанности компаньонки, дуэньи (*при молодой девушке*) **2.** сопровождение группы молодёжи; дежурство (*учителя и т. п.*) при группе учащихся *и т. п.*

chaperone I, II [ˈʃæpərəʊn] = chaperon I и II

chapfallen [ˈtʃæpˌfɔːlən] *a* **1.** с отвислой челюстью **2.** *разг.* унылый, удручённый; измотанный

chapiter [ˈtʃæpɪtə] *n* архит. капитель колонны

chaplain [ˈtʃæplɪn] *n* церк. 1) капеллан; священник; ~'s fund *амер.* фонд на религиозные нужды 2) *воен.* капеллан, военный или судовой священник; ~ service служба военных священников; C. of the Fleet *мор.* главный капеллан флота

chaplaincy [ˈtʃæplɪnsɪ] = chaplainship

Chaplain-in-Chief [ˌtʃæplɪnɪnˈtʃiːf] *n* *воен.* главный капеллан военно-воздушных сил

chaplainship [ˈtʃæplɪnʃɪp] *n* сан или должность капеллана, священника (*тж. военного*)

chaplet [ˈtʃæplɪt] *n* **1.** венок, венчик; гирлянда, лента (*на голове*); a ~ of roses венок/венец/ из роз **2.** 1) (короткие) чётки (*из 50 бусин*) 2) молитвы, отсчитываемые по чёткам **3.** бусы, ожерелье **4.** архит. бусы **5.** = chapelet **6.** метал. жеребейка

Chaplinesque [ˌtʃæplɪˈnesk] *a* чаплиновский; в стиле, в духе Чарли Чаплина

chapman [ˈtʃæpmən] *n* (*pl* -men [-mən]) 1) разносчик, коробейник; лоточник **2.** *арх.* купец, торговец; скупщик

chappals [ˈtʃæplz] *n pl* хинди сандалии, обыкн. кожаные

chapped [tʃæpt] *a* **1.** потрескавшийся; растрескавшийся; в трещинах; ~ ground растрескавшаяся земля; ~ hands обветренные /потрескавшиеся/ руки **2.** изрубленный, мелко нарубленный; рубленый (*о мясе и т. п.*) **3.** жаждущий (*выпить*); ≅ в горле пересохло

chappie, chappy [ˈtʃæpɪ] *n разг.* паренёк, парнишка

chaps [tʃæps] *n pl разг. сокр. от* chaparajos

chap-stick [ˈtʃæpstɪk] *n* бесцветная губная помада (*гигиеническая*)

chapt [tʃæpt] *past и p. p. от* chap² II

chapter I [ˈtʃæptə] *n* **1.** глава, раздел (*книги*); to the end of the ~ а) до конца главы; б) до самого конца, до последнего; a curious ~ in history любопытная страница истории **2.** 1) капитул (*церковный, монашеский, рыцарский и т. п.*) 2) собрание капитула **3.** филиал, отделение (*клуба, братства, землячества*); местная, низовая организация (*профсоюза и т. п.*) **4.** *амер.* студенческое общество, землячество **5.** тема, предмет; enough on that ~ довольно об этом **6.** *парл.* тексты законов, принятых на каждой отдельной сессии законодательного собрания
◇ ~ and verse а) глава и стих Библии; б) точная ссылка на источник; в) точная и подробная информация (*о чём-л.*); the ~ of accidents непредвиденное стечение (неблагоприятных) обстоятельств; the ~ of possibilities возможный ход событий

chapter II [ˈtʃæptə] *v* разбивать (*книгу*) на главы

chapterhouse [ˈtʃæptəhaʊs] *n* **1.** 1) здание капитула (*церковного, монашеского*); помещение для собраний капитула 2) собрание капитула **2.** *амер., канад.* дом студенческого землячества

chapter-lands [ˈtʃæptəlændz] *n pl* земли, принадлежащие капитулу; монастырские угодья

chaqueta [tʃəˈkeɪtə] *n исп.* чакета, ковбойская куртка (*кожаная или суконная*)

char¹ I [tʃɑː] *n* **1.** случайная, подённая работа; подёнщина **2.** *pl* работа по дому **3.** *сокр. от* charwoman

char¹ II [tʃɑː] *v* **1.** выполнять подённую работу; ходить на подёнщину **2.** делать уборку (*обыкн. о подёнщице*)

char² I [tʃɑː] *n* 1) что-л. обуглившееся; головешка; обуглившиеся, обугленные останки, остатки 2) древесный уголь

char² II [tʃɑː] *v* 1) обжигать, обугливать; ~red bones обуглившиеся кости 2) обугливаться

char³ [tʃɑː] *v* тесать (*камень*)

char⁴ [tʃɑː] *n зоол.* голец (*Salvelinus spp.*)

char⁵ [tʃɑː] *n сл.* чай

char-a-banc, charabanc [ˈʃærəbæŋ] *n* **1.** 1) автобус дальнего следования (*с сидячими местами*) 2) экскурсионный открытый автомобиль **2.** *ист.* шарабан (*конный*)

character I [ˈkærɪktə] *n* **1.** 1) характер; нрав 2) сильный характер; a man of ~ человек с (сильным) характером, волевой человек; he has no ~ at all он человек безвольный, он тряпка 3) честность; моральная устойчивость; ~-building воспитательная работа; воспитание характера, формирование морального облика (*ребёнка и т. п.*) **2.** характер; качество; природа; the ~ of the northern plains is different from that of the South по своему характеру северные равнины отличаются от равнин юга; to see a thing in its true ~ видеть вещь в её истинном свете; people of this ~ люди такого рода /склада/; advertising of a very primitive ~ реклама самого примитивного пошиба **3.** официальное качество; положение; статус, достоинство, ранг, звание, сан; under the ~ of в качестве; под именем; he spoke in the ~ of lawyer он выступал в качестве адвоката **4.** 1) характерная особенность; отличительный признак; свойство; the trunk is a ~ found only in elephants хобот — это характерная особенность, встречающаяся только у слонов 2) *биол.* признак; innate ~s наследственные /врождённые/ признаки; acquired /приобретённый/ признак; dominant [recessive] ~ доминантный [рецессивный] признак **5.** 1) репутация; ~ assassin злостный клеветник; ~ assassination злостная клевета; подрыв репутации; he has an excellent ~ for honesty он имеет репутацию безукоризненно честного человека, он славится своей честностью; he has gained the ~ of a miser left without a shred of ~ потеряв доброе имя 2) письменная рекомендация; характеристика; аттестация; ~ rating *амер.* служебная характеристика; ~ certificate *воен.* служебная характеристика; аттестация; the servant came with a good ~ слуга пришёл с хорошей рекомендацией; she gives you a bad ~ она вас не хвалит **6.** 1) фигура, личность; a bad ~ тёмная личность; public ~ обществен-

ный деятель; he was a great ~ in his day в своё время он был крупной фигурой 2) разг. чудак, оригинал, своеобразная личность; quite a ~ большой оригинал; a bit of a ~ человек со странностями /с причудами/. 7. 1) лит. герой, персонаж; тип; образ, действующее лицо 2) роль (в пьесе); to play the ~ of Macbeth исполнять роль Макбета 8. 1) литера; буква; цифра; печатный знак 2) иероглиф, идеограмма; Chinese has no alphabet and is written in ~s китайский язык не имеет алфавита и пользуется иероглифической письменностью 3) шрифт; графика, письмо; a book in Gothic ~ книга, напечатанная готическим шрифтом; Runic ~ руническое письмо 4) знак (астрономический и т. п.); условное обозначение; magic ~s магические знаки /символы/ 5) символ (в языке ЭВМ); command ~ управляющий символ; ~ display текстовый дисплей; ~ graphics символьная графика, псевдографика; ~ mode текстовый /символьный/ режим 6. опознавательный знак; клеймо, марка, тавро 9. stamped with the ~ of sublimity образн. отмеченный печатью величия 10. шифр, код; тайнопись 11. кабалистический знак
◊ to be in ~ (with) соответствовать (чему-л.); that is quite in ~ with the man это очень на него похоже; для него это типично; to be out of ~ (with) не соответствовать (чему-л.); не вязаться, быть несовместимым (с чем-л.); it is out of ~ for small children to sit still for a long time маленьким детям несвойственно долго сидеть смирно

character II ['kærɪktə] a театр. характерный; ~ actor [actress] характерный актёр [-ная актриса]; актёр [актриса] на характерных ролях; ~ part характерная роль

character III ['kærɪktə] v 1. характеризовать; давать характеристику, оценку (кому-л., чему-л.) 2. арх. описывать; изображать 3. арх. надписывать; вырезать надпись; гравировать

characterful ['kærɪktəf(ə)l] a 1. с сильным характером, волевой; ~ face волевое лицо 2. имеющий собственное лицо, своеобразный; one of the most beautiful and ~ of Italian cities один из наиболее красивых и своеобразных городов Италии

characteristic I [,kærɪktə'rɪstɪk] n 1. характерная черта, особенность, свойство; general ~s общие свойства 2. спец. признак; ~ of classification /of division/ и т. п.) признак, по которому классифицируются предметы 3. 1) мат. характеристика (логарифма и т. п.) 2) спец. характеристика (процесса, прибора и т. п.); параметр; decay ~ характеристика распада; operating ~ рабочая /эксплуатационная/ характеристика; resonance ~ резонансная характеристика или кривая 4. pl воен. боевые свойства, тактико-технические данные; лётно-тактические данные

characteristic II [,kærɪktə'rɪstɪk] a 1) характерный; типичный; ~ smell специфический запах; the ~ enthusiasm of youth энтузиазм, типичный для молодёжи; it's ~ of him это характерно для него; he answered with ~ courtesy он ответил со свойственной /присущей/ ему учтивостью 2) спец. характеристический; ~ spectra характеристические спектры (рентгеновых лучей и т. п.); ~ curve характеристическая кривая, характеристика

characteristical I, II [,kærɪktə'rɪstɪk(ə)l] арх. = characteristic I и II

characteristically [,kærɪktə'rɪstɪk(ə)lɪ] adv 1. характерным образом; характерно, типично 2. арх. шифром, кодом, тайнописью

characterization [,kærɪktəraɪ'zeɪʃ(ə)n] n 1. характеристика, описание характера; словесный образ; his ~ of me is totally false он совершенно неправильно охарактеризовал меня 3. лит. искусство создания характеров

characterize ['kærɪktəraɪz] v 1. 1) характеризовать; this action ~s your attitude этот поступок свидетельствует о вашем отношении; to ~ smb. охарактеризовать кого-л. 2) изображать, описывать; to ~ smth. описать что-л., изобразить что-л. (словами) 2. отличать, служить отличительным признаком; a rabbit is ~d by its long ears кролика отличают длинные уши; a miser is ~d by greed жадность — отличительная черта скупца

characterless ['kærɪktəlɪs] a 1. не имеющий своего лица, бледный, невыразительный; шаблонный 2. слабый, бесхарактерный

character reading device ['kærɪktə,ri:dɪŋdɪ'vaɪs] вчт. буквочитающее устройство

character sketch ['kærɪktə,sketʃ] 1. лит. образ, характер, характеристика (героя и т. п.); of a lonely person образ одинокого человека 2. очерк о ком-л.; чей-л. литературный портрет

character witness ['kærɪktə,wɪtnɪs] юр. свидетель, вызванный в суд для дачи показаний о моральном облике подсудимого

charactery ['kærɪkt(ə)rɪ] n книжн. 1) выражение мысли с помощью знаков, символов 2) собир. система знаков, символов, символика 3) иероглифика

charactonym ['kærɪktənɪm] n стил. имя, фамилия персонажа, характеризующие его (Mistress Quickly, Молчалин, Скалозуб); ≅ говорящие имена

charactry ['kærɪktrɪ] редк. = charactery

charade [ʃəˈrɑːd] n 1. шарада 2. бессмысленная суета, глупая возня; фарс

charbon ['ʃɑːbən] n вет. сибирская язва

charbroil ['tʃɑːbrɔɪl] v жарить на углях

charcoal I ['tʃɑːkəʊl] n 1. древесный уголь (тж. wood ~); ~ dealer угольщик, торговец углём 2. 1) растительный уголь (тж. vegetable ~) 2) животный уголь (тж. animal ~) 3. иск. 1) рашкуль, угольный карандаш (тж. ~ pencil, ~ crayon) 2) рисунок углём (тж. ~ drawing)

charcoal II ['tʃɑːkəʊl] v 1. 1) рисовать углём 2) помечать или отмечать углём 2. отравить угаром, вызвать смерть от угара

charcoal-black [,tʃɑːkəʊl'blæk] n ламповая копоть (краска)

charcoal-burner ['tʃɑːkəʊl,bɜːnə] n 1. угольщик, углежог 2. печка на древесном угле

charcuterie [,ʃɑːkjʊ'triː] n фр. 1) мясная закуска (ветчина, холодное мясо и т. п.) 2) магазин мясной кулинарии

chard [tʃɑːd] n бот. мангольд (Beta vulgaris) 2. листовой черешок огородных растений

charge I [tʃɑːdʒ] n I 1. нагрузка, загрузка; ~ of surety спец. допускаемая нагрузка; additional ~ догрузка; reactivity ~ спец. запас реактивности 2. заряд; the emotional ~ of the drama эмоциональный заряд этой драмы 3. сигарета с марихуаной 4. приятное волнение, возбуждение; наслаждение; to get a ~ out of smth. получать удовольствие от чего-л. 5. запись о выдаче книг(и), абонементная запись 6. геральд. фигура 7. 1) тех. шихта 2) метал. колоша 8. тех. горючая смесь 9. горн. заряд шпура

II 1. забота, попечение; надзор; хранение; to be in ~ of a) иметь (кого-л.) на попечении или (что-л.) на хранении; отвечать за (кого-л., что-л.); б) преим. амер. быть на попечении, находиться на хранении (у кого-л.) [ср. тж. 3]; I leave you in ~ of him я оставляю его на ваше попечение /на вас/; children in ~ of a nurse дети под присмотром няни; I leave this in your ~ оставляю это вам на хранение; to be in ~ находиться под арестом [ср. тж. 3]; to take smb. in ~ арестовать кого-л., взять под стражу; to give smb. in ~ передать кого-л. в руки полиции; to give smb. ~ over smth. а) поручать /вверять/ кому-л. что-л.; б) отдать кому-л. всю власть над чем-л. 2. 1) лицо, состоящее на попечении, подопечный, питомец; her little ~s её маленькие питомцы; he became a public ~ заботу о нём взяло на себя общество 2) церк. паства 3) разг. заключённый, арестант 3. обязанности; ответственность; руководство; to be in ~ a) of /заведовать, ведать; руководить (чем-л.) [ср. тж. 1]; I am in ~ of this office я заведую /ведаю, руковожу/ этим учреждением; he is in sole ~ of the matter он несёт единоличную ответственность за это дело; б) быть за старшего, стоять во главе (группы и т. п.); who is in ~ here? разг. кто здесь главный, к кому здесь можно обратиться?; в) дежурить, быть дежурным, нести дежурство (где-л.); officer in ~ дежурный офицер; г) быть в ведении (кого-л.); this office is in my ~ это учреждение подчинено мне /работает под моим руководством/; to put in ~ поставить во главе; to have overall ~ осуществлять общее руководство 4. 1) предписание; приказ; наказ; поручение; требование 2) юр. напутствование присяжных заседателей председателем суда 3) церк. пастырское послание епископа

III обвинение; to lay smth. to smb.'s ~ обвинять кого-л. в чём-л.; to bring /to proffer/ a ~ against smb. предъявлять кому-л. обвинение; to meet the ~ опровергать обвинение; to be acquitted of the ~ быть оправданным (по обвинению в чём-л.); he was arrested on a ~ of murder он был арестован по обвинению в убийстве; what is the ~ against him? в чём его обвиняют?

IV 1. 1) цена, плата (часто за услуги); free of ~ бесплатно; no ~ for admission вход бесплатный; ~ for admittance входная плата; to be a ~ against smb. подлежать оплате кем-л. 2) преим. pl расходы, издержки; at one's own ~(s) за /на/ свой счёт; he gave the banquet at his own ~ все расходы по банкету он взял на себя; ~s forward расходы подлежат оплате грузополучателем; доставка за счёт покупателя 3) занесение на счёт; the sum has been placed to your ~ сумма отнесена на ваш счёт /дебет/; to bring /to take/ on ~ оприходовать 2. налог; сбор; начисление; port ~s портовые сборы; there is a small ~ for registering the deed за регистрацию акта нужно уплатить небольшой сбор 3. долговое обязательство, ипотека; обременение (не-

CHA — CHA

движимости *и т. п.*); дебет; floating ~ краткосрочный государственный долг; ~ sales продажа в кредит; ~ file = charging file; ~ slip = charging card V 1) *воен.* атака; to rush to the ~ броситься в атаку; to return to the ~ возобновить атаку 2) сигнал атаки; to sound the ~ трубить атаку 3) нападение (*животного и т. п.*) 4) наступление, нападение, атака (*в футболе и т. п.*)

charge II [tʃɑːdʒ] *v* 1. 1) нагружать, загружать; the lorry was ~d to the full грузовик был нагружен до предела 2) обременять; to ~ one's memory with trifles забивать голову пустяками 3) насыщать; наполнять; пропитывать, пронизывать; ~d with electricity насыщенный электричеством; the air was ~d with steam в воздухе стоял пар; he is always ~d with energy and power он всегда полон энергии и силы 4) наполнять (*стакан вином*); ~ your glasses and drink to my health! налейте бокалы и выпейте за моё здоровье! 2. заряжать (*оружие, аккумулятор*) 3. поручать, вверять; вменять в обязанность; возлагать ответственность; I am ~d to give you this letter мне поручено передать вам это письмо; he was ~d with an important mission на него была возложена важная миссия; he has ~d me with his son он поручил мне своего сына; он оставил сына на моё попечение; to ~ with individual responsibility возлагать личную ответственность; to ~ oneself with smth. взять на себя заботу о чём-л. /ответственность за что-л./ 4. предписывать, приказывать; требовать; предлагать (*подчинённому*); I ~ you to open the door! приказываю вам открыть дверь!; the watchmen were ~d to remain at their posts караульным было приказано оставаться на своих постах; his mother ~d him to look out for his little brother мать велела ему присмотреть за братишкой; I ~ you not to accept the gift я запрещаю вам принимать этот подарок 5. 1) *юр.* обвинять; выдвигать *или* (официально) предъявлять обвинение; to ~ smb. with a crime, to ~ a crime upon smb. обвинять кого-л. в совершении преступления; to ~ with /of/ murder обвинять в убийстве; the crimes ~d against them преступления, в которых они обвинялись; we ought not to ~ what we cannot prove нельзя выдвигать бездоказательные обвинения; to ~ that... *амер.* выдвигать обвинение в том, что... 2) вменять в вину; возлагать ответственность (*за ошибку и т. п.*); приписывать (*проступок*); to ~ smb. with neglecting his duty обвинить кого-л. в пренебрежении своими обязанностями; to ~ a fault on /upon/ smb. приписывать кому-л.; возлагать на кого-л. ответственность за ошибку 6. назначать, запрашивать цену, плату; взимать; to ~ a high price назначить высокую цену; how much do you ~ for packing? сколько вы берёте за упаковку?; "calls ~d for" «за пользование телефоном взимается плата» (*надпись*); they don't ~ for this service эта услуга предоставляется бесплатно 7. записывать в долг; относить *или* записывать на счёт; *бухг. тж.* дебетовать; to ~ to account относить на счёт; to ~ these goods to me запишите эту покупку на мой счёт; счёт за покупку пришлите мне; shall I ~ it? прислать вам счёт (*или* будете платить наличными)?; we shall ~ the loss against you убыток мы отнесём на ваш счёт; to ~ the public *амер.* относить за счёт государства; to ~ forward наложить платёж; взыскать наложенным платежом; expenses ~d forward с наложенным платежом за расходы 8. 1) *воен.* атаковать; our soldiers ~d the enemy наши войска атаковали неприятеля 2) нападать, атаковать, набрасываться; напирать, наседать; the police ~d (at) the strikers полиция напала на стачечников; the dog ~d at me собака бросилась на меня; the horses ~d into the crowd лошади врезались в толпу; our players ~d again and again наша команда снова и снова переходила в нападение (*на ворота противника*) 9. газировать (*воду*) 10. записывать выдачу книг(и), делать абонементную запись 11. наводить, нацеливать (*оружие*) 12. *юр.* напутствовать присяжных заседателей (*о председателе суда*) 13. *геральд.* изображать на щите (*герба*); he ~s (his shield with) three roses у него в гербе три золотые розы

chargé [ʃɑːʒeɪ] *разг. см.* chargé d'affaires

chargeable [ˈtʃɑːdʒəb(ə)l] *a* 1. (with) заслуживающий упрёка *или* обвинения; a person ~ with murder лицо, подлежащее обвинению в убийстве 2. ответственный; signed by the party ~ подписанный ответственным лицом; ~ with money ведающий деньгами 3. относимый за (чей-л.) счёт; подлежащий оплате (кем-л.); this is ~ to the account of Mr. N. это следует отнести на счёт г-на N.; это подлежит оплате за счёт г-на N.; repairs ~ to the owner ремонт в счёт владельца; ~ containers *спец.* тара, подлежащая возврату 4. подлежащий обложению (*налогом*); ~ duty on imported goods подлежащие уплате пошлины на импортные товары

charge account [ˈtʃɑːdʒəˌkaʊnt] *ком.* 1) кредит по открытому счёту 2) счёт покупателя в магазине

charge conjugation [ˈtʃɑːdʒˌkɒndʒʊˈgeɪʃ(ə)n] *физ.* зарядовое сопряжение

charge-coupled device [ˌtʃɑːdʒkʌp(ə)ldɪˈvaɪs] *элк.* прибор с зарядовой связью

charged [tʃɑːdʒd] *a* 1. заряженный 2. полный, наполненный; mind ~ with fancies ум, полный фантазий; the music is ~ with passion эта музыка исполнена страсти 3. *эмоц.-усил.* острый, крайний; an emotionally ~ review остроэмоциональный отзыв; a highly ~ political theme взрывоопасная политическая тема

chargé d'affaires [ˌʃɑːʒeɪdæˈfeə] (*pl* chargés [ˈʃɑːʒeɪ-]) *дип.* поверенный в делах; ~ a. i. /ad interim/ временный поверенный в делах

charged up [ˈtʃɑːdʒdʌp] *сл.* «нагрузившийся», одурманенный наркотиками

charge hand [ˈtʃɑːdʒhænd] старший рабочий

chargeless [ˈtʃɑːdʒlɪs] *a* 1) бесплатный 2) не подлежащий обложению сбором

charge man [ˈtʃɑːdʒmæn] *воен.* заряжающий

charge nurse [ˈtʃɑːdʒnɜːs] старшая медсестра отделения (*больницы*)

charge off [ˈtʃɑːdʒɒf] *phr v* 1. *фин.* списывать со счёта, списывать в расход; амортизировать 2. приписывать (*что-л. кому-л.*)

charge-off [ˈtʃɑːdʒɒf] *n фин.* списывание со счёта, списывание в расход; амортизация

charger[1] [ˈtʃɑːdʒə] *n* 1. *см.* charge II +-er 2. *воен.* заряжающий 3. обвинитель 4. *ист.* строевая (офицерская) лошадь; боевой конь 5. *амер. сл.* водитель-лихач 6. *воен.* патронная обойма 7. *метал.* завалочное, загрузочное устройство; шаржир-машина 8. *эл.* зарядный агрегат, зарядное устройство 9. кассета (*фото- и киноаппарата*) 10. *геральд.* щитодержатель

charger[2] [ˈtʃɑːdʒə] *n арх., библ.* (большое плоское) блюдо

charge-sheet [ˈtʃɑːdʒʃiːt] *n* 1. полицейский протокол, список арестованных с указанием их проступков 2. обвинительное заключение

charge up [ˈtʃɑːdʒʌp] *phr v* завышать цену, запрашивать

charging card [ˈtʃɑːdʒɪŋkɑːd] книжный формуляр

charging current [ˌtʃɑːdʒɪŋˈkʌrənt] *эл.* зарядный ток

charging desk [ˈtʃɑːdʒɪŋdesk] *несовр.* стол выдачи книг (*в библиотеке*)

charging file [ˈtʃɑːdʒɪŋfaɪl] *несовр.* картотека книжных формуляров

charging hopper [ˈtʃɑːdʒɪŋˌhɒpə] *тех.* загрузочный ковш *или* лоток

charging plant [ˈtʃɑːdʒɪŋˌplɑːnt] *тех.* зарядная станция

charging slip [ˈtʃɑːdʒɪŋslɪp] = charging card

charging spout [ˈtʃɑːdʒɪŋˌspaʊt] = charging hopper

charily [ˈtʃe(ə)rɪlɪ] *adv* 1. осторожно, осмотрительно 2. бережливо, без мотовства, экономно

chariness [ˈtʃe(ə)rɪnɪs] *n* 1. осторожность, осмотрительность 2. бережливость, экономность, прижимистость

chariot I [ˈtʃærɪət] *n* 1. *ист.* 1) *поэт.* колесница 2) лёгкая коляска, фаэтон 2. *амер. сл.* авто(мобиль), «тачка» 2) служебный вагон в товарном поезде ◇ to be tied to the ~ of smb. быть привязанным к чьей-л. колеснице; идти у кого-л. на поводу

chariot II [ˈtʃærɪət] *v* 1) везти в колеснице 2) ехать в колеснице

charioteer [ˌtʃærɪəˈtɪə] *n ист.* лёгкая карета (*для двух седоков*)

charioteer [ˌtʃærɪəˈtɪə] *n* 1. *ист.* 1) возница, возничий 2) воин на боевой колеснице 2. (C.) *астр.* Возничий (*созвездие*)

chariotry [ˈtʃærɪətrɪ] *n собир. употр. с гл. во мн. ч. ист.* воины на боевых колесницах

charism [ˈkærɪz(ə)m] *редк.* = charisma

charisma [kəˈrɪzmə] *n* (*pl* -mata, -s [-z]) 1. *рел.* 1) боговдохновение 2) божий дар; способность пророчествовать и творить чудеса, *особ.* исцелять 2. 1) харизма, притягательная сила (*вождя, полководца*); ореол; ~ of a political leader притягательность /ореол/ политического руководителя 2) обаяние, шарм; ~ of a popular actor обаяние популярного актёра

charismata [kəˈrɪzmətə] *pl от* charism, charisma

charismatic [ˌkærɪzˈmætɪk] *a* 1. 1) *рел.* боговдохновенный 2) наделённый божьим даром; обладающий способностью пророчествовать и творить чудеса 2. 1) харизматический; ~ leader вождь, покоряющий сердца масс 2) обаятельный; наделённый шармом

charitable [ˈtʃærɪtəb(ə)l] *a* 1. милосердный, милостивый; снисходительный (*к недостаткам других*); доброжелательный; let's be ~ he будем судить строго; будем снисходительны /милостивы/; to put the ~ construction on smth. добрaжелательно, истолковывать что-л. в благоприятном свете 2. щедрый; отзывчивый 3. благотворительный, филантропический; ~ institution благотворительное учреждение

charitably ['tʃærɪtəblɪ] *adv* милосéрдно, мúлостиво; снисходúтельно, доброжелáтельно

Charites ['kærɪtiːz] *n pl* греч. миф. харúты

charity ['tʃærɪtɪ] *n* 1. 1) благотворúтельность; филантрóпия 2) благотворúтельное óбщество 3) благотворúтельное учреждéние (*приют, богадéльня и т. п.*); he left his money to ~ он остáвил своё состоянúе на благотворúтельные цéли 2. 1) милосéрдие; отзывчивость; сострадáние; Brother [Sister] of C. брат [сестрá] милосéрдия (*из монáхов и монáхинь*) 2) снисходúтельность (*в суждéниях*); доброжелáтельность; благожелáтельность; with ~ for all (*Lincoln*) всем желáя добрá 3. мúлостыня, подаянúе 4. *рел.* любóвь (*к блúжнему*); to be /to live/ in ~ жить в любвú ◊ (as) cold as ~ *см.* cold II ◊; ~ begins at home кто дýмает о родных, не забýдет и чужúх

charity-boy ['tʃærɪtɪbɔɪ] *n ист.* 1) воспúтанник приюта; приютский мáльчик 2) ученúк благотворúтельной шкóлы

charity-girl ['tʃærɪtɪgɜːl] *n* 1. *ист.* 1) воспúтанница приюта; приютская дéвочка 2) ученúца благотворúтельной шкóлы 2. *амер. сл.* «дóбрая» дéвушка; ≅ онá никомý не откáзывает

charity school ['tʃærɪtɪskuːl] *ист.* благотворúтельная шкóла (*дневнáя шкóла для бéдных*)

charivari [ˌʃɑːrɪˈvɑːrɪ] *n* 1) шум, гам, кавардáк; ≅ кошáчий концéрт 2) (шýточная) серенáда новобрáчным (*на тазáх, поднóсах и т. п.*)

chark¹ I [tʃɑːk] *n* 1. = charcoal I 2. кокс

chark¹ II [tʃɑːk] *v диал.* 1. обжигáть (*ýголь*) 2. коксовáть

chark² [tʃɑːk] *v шотл.* ворчáть; придирáться

charka, charkha ['tʃɑːkə] *n хинди* прялка; самопрялка

charlady ['tʃɑːˌleɪdɪ] *эвф. вм.* charwoman

charlatan ['ʃɑːlət(ə)n] *n* 1. шарлатáн; мошéнник; обмáнщик 2. знáхарь, шарлатáн; лéкарь-колдýн; торгóвец снадóбьями

charlatanic, charlatanical [ˌʃɑːləˈtænɪk, -(ə)l] *a* 1. шарлатáнский 2. знáхарский

charlatanry ['ʃɑːlət(ə)nrɪ] *n* знáхарство; торгóвля снадóбьями

Charlemagne ['ʃɑːlˈmeɪn] *n ист.* Карл Велúкий (*имперáтор Священного Рúмского имперúи*)

Charles's Wain [ˌtʃɑːlzɪzˈweɪn] *разг.* Большáя Медвéдица (*созвéздие*)

Charleston ['tʃɑːlstən] *n* чарльстóн (*танец*)

Charley ['tʃɑːlɪ] *n* 1. *фольк.* Чáрли (*прозвище лисы*); Чáрли-лис 2. *разг.* ночнóй стóрож 3. бородкá клúнышком (*на манéр Кáрла I*) 4. *амер.* бýква «C», трéтий (*в радиосообщéниях*) 5. *сл.* простáк, простофúля, «лопýх»

Charley-horse, charley horse ['tʃɑːlɪˌhɔːs] (*n*) 1. *спорт.* трáвма, ушúб или разрыв мышц (*особ. в бейсбóле*) 2) спазм, сýдорога

Charlie ['tʃɑːlɪ] *n* 1. = Charley 4 и 5 2. *амер. сл.* (*тж.* Mister ~) 1) бéлый хозяин 2) бéлый (человéк)

charlock ['tʃɑːlək] *n бот.* горчúца полевáя (*Sinapis arvensis*)

charlotte ['ʃɑːlət] *n кул.* шарлóтка; ~ russe рýсская шарлóтка (*со сбúтыми слúвками*)

charm¹ I [tʃɑːm] *n* 1. обаянúе, очаровáние; привлекáтельность, прéлесть; шарм; her ~ of manner её обаянúельность; ~ of style изящество стúля; he has ~ он располагáет к себé; у негó есть шарм 2) *pl* прéлести (*жéнские*); displaying all her ~s демонстрúруя все своú прéлести 2. 1) заклинáние; магúческая фóрмула; зáговор, наговóр; to be under a ~ быть околдóванным /зачарóванным/ 2) *pl* чáры 3. талисмáн, амулéт 4. брелóк; ~ bracelet браслéт с брелóками 5. *амер. сл.* монéты, деньжáта 6. *физ.* чарм, очаровáние (*физúческая характерúстика квáрка*) ◊ like a ~ a) как чýдо; these tablets act like a ~ эти таблéтки творят чудесá; б) счастлúво, удáчно, без трудá

charm¹ II [tʃɑːm] *v* 1. очарóвывать, пленять; I am ~ed with your children вáши дéти очаровáтельны; she ~ed everybody онá очаровáла /покорúла/ всех; I'll be ~ed to meet your family бýду óчень рад познакóмиться с вáшей семьёй 2. (*тж.* ~ away) 1) заколдóвывать; заклинáть; the witch ~ed the princess and she fell asleep колдýнья заколдовáла принцéссу, и онá заснýла 2) заговáривать (*от болéзни, гúбели*); to ~ warts (away) заговáривать борóдавки 3) приручáть (*змею*)

charm² [tʃɑːm] *n арх.* гóмон

charm away ['tʃɑːməˈweɪ] *phr v* 1) отгонять, разгонять (*как бы*) колдовствóм; he charmed away his sorrow онá развéяла егó печáль 2) мгновéнно успокáивать (*боль — о лекарстве*)

charmed [tʃɑːmd] *a* 1. заколдóванный; зачарóванный; магúческий; ~ circle а) магúческий круг; б) *ирон.* ýзкий круг привилегирóванных лиц (*куда нет дóступа посторóнним*); ~ audience зачарóванные зрúтели; ~ life (*Shakespeare*) неуязвúмость (*от стрел, мечá и т. п.*) 2. *физ.* очарóванный, чармирóванный (*о кварке*) 3. *в грам. знач. междомéтия* óчень приятно, óчень рад (*в отвéтах*)

charmer ['tʃɑːmə] *n* 1. *см.* charm¹ II + -er 2. 1) *шутл.* чародéйка, чаровнúца 2) *редк.* обаятельный человéк 3. 1) заклинáтель; волшéбник, чародéй, маг 2) заклинáтель змей

charmeuse [ʃɑːˈm(j)uːz, ʃɑːˈmɜːz] *n текст.* шармéз (*тóнкий атлáс*)

charmful ['tʃɑːmf(ə)l] *a* колдовскóй, магúческий

charming ['tʃɑːmɪŋ] *a* очаровáтельный, обаятельный, прелéстный; ~ girl очаровáтельная дéвушка; ~ smile обаятельная улыбка; what a ~ idea! какáя чудéсная мысль!; that would be ~ of you это было бы óчень мúло с вáшей сторонý

charmless ['tʃɑːmlɪs] *a* непривлекáтельный; непригля́дный; некрасúвый; не располагáющий к себé

charmlike ['tʃɑːmlaɪk] *a* дéйствующий как талисмáн; чудодéйственный (*о лекáрстве и т. п.*)

charmonium [ʃɑːˈməʊnɪəm] *n физ.* чармóний, псион

charm out ['tʃɑːmˈaʊt] *phr v* выведáть, выпытать (*особ. лéстью*)

charm school ['tʃɑːmskuːl] *амер.* «шкóла обаяния» (*курсы искýсства одевáться к лицý, держáться в общéстве и т. п.*; *обыкн.* готóвит манекéнщиц)

charnel I ['tʃɑːnl] *n* 1) = charnel house 2) *уст.* клáдбище

charnel II ['tʃɑːnl] *a* 1) клáдбищенский; погребáльный; похорóнный; гробовóй 2) стрáшный

charnel house ['tʃɑːnlhaʊs] 1) склеп; мавзолéй 2) покóйницкая

Charon ['kɛ(ə)rən, 'keɪrɒn] *n* 1) греч. миф. Харóн, перевóзчик душ умéрших 2) *шутл.* перевóзчик, парóмщик

charpie [ʃɑːˈpiː] *n* корпúя

charpoy ['tʃɑːpɔɪ] *n инд.* кóйка, (похóдная) кровáть

charqued ['tʃɑːkɪd] *a* вяленый (*о мясе*)

charqui ['tʃɑːkɪ] *n* пеммикáн, вяленое мясо

charring ['tʃɑːrɪŋ] *n* 1. углежжéние 2. обýгливание

charry ['tʃɑːrɪ] *a* обýгливший ся

chart I [tʃɑːt] *n* 1. 1) морскáя кáрта; Admiralty ~ морскáя кáрта; Marine Survey ~ (военно-)морскáя кáрта; ~ equipment комплéкт карт 2) кáрта; aviation ~ аэронавигациóнная /полётная/ кáрта; comprehensive [weather, wall, star] ~ подрóбная [синоптúческая, настéнная, звёздная] кáрта; target ~ *воен.* кáрта с целеуказáниями; ~ paper картографúческая бумáга; ~ reference ссылка на кáрту 2. 1) диагрáмма, схéма; таблúца; план, грáфик; номогрáмма; approach ~ — план подхóдов к гáвани /к пóрту/; calculating /calculation/ ~ вычислúтельная диагрáмма, номогрáмма; colour ~ *полигр.* таблúца цветóв; цветнóй тест; temperature ~ *мед.* температýрный листóк; ~ of the patient истóрия болéзни, скóрбный лист; 2) *кино, фото* тест-таблúца, испытáтельная таблúца 3. (the ~s) *pl* «таблúцы», спúски наиболее популярных пластúнок, книг *и т. п.*; спúсок шля́геров, бестсéллеров; to be on the ~s быть пóльзоваться успéхом у пýблики, быть популярным 4. *арх.* хáртия, грáмота; докумéнт

chart II [tʃɑːt] *v* 1. наносúть на кáрту; картúровать 2. чертúть, составлять кáрту 3. составлять таблúцу, диагрáмму, схéму, грáфик, план 4. намечáть (*план дéйствий и т. п.*); планúровать

chartaceous [kɑːˈteɪʃəs] *a редк.* бумáжный; похóжий на бумáгу; *ист. тж.* харатéйный

chart board ['tʃɑːtbɔːd] *воен.* планшéт

chartbound ['tʃɑːtˌbaʊnd] *a* могýщий быть включённым в спúсок шля́геров; становящийся популярным, завоёвывающий успéх

chartbuster ['tʃɑːtˌbʌstə] *n* бестсéллер, шля́гер (*обыкн. о пластúнке*)

charted ['tʃɑːtɪd] *a* отмéченный на кáрте, нанесённый на кáрту; ~ position мéсто, нанесённое на кáрту

charter I ['tʃɑːtə] *n* 1. хáртия, грáмота; The Great C. *ист.* Велúкая хáртия вóльностей; The People's C. *ист.* прогрáмма чартúстов (1838 г.); ~ of pardon (королéвский) указ о помúловании; Constitutional C. конституция, основнóй закóн; ~ hand пóчерк, котóрым напúсаны англúйские докумéнты эпохи средневекóвья 2. 1) преимýщественное прáво; привилéгия, льгóта 2) патéнт 3) докумéнт, содержáщий соглáсие госудáрственного óргана на создáние корпорáции 3. устáв; C. of the United Nations Устáв Организáции Объединённых Нáций 4. 1) *мор.* чáртер, чáртер-пáртия (*тж.* ~ party); time ~ тайм-чáртер (*договóр о фрахтовáнии на срок*); trip /voyage/ ~ *мор.* рéйсовый чáртер 2) сдáча напрокáт, прокáт (*автомобúля, самолёта*) 5. группóвой турúзм на зафрахтóванном трáнспорте (*включáя автóбусы и самолёты*); this travel firm specializes in ~ это бюро путешéст-

вий специализируется на групповом туризме
charter II ['tʃɑ:tə] *a* чартерный (*о перевозках*); ~ freight *мор.* фрахт по чартеру
charter III ['tʃɑ:tə] *v* 1. 1) давать *или* даровать привилегию, льготу 2) выдавать разрешение на учреждение корпорации; the government ~ed the new airline правительство разрешило создание новой авиалинии 2. 1) сдавать внаём (*судно*) по чартеру; the vessel was ~ed to Mr. N. судно было сдано по чартеру г-ну N. 2) фрахтовать; the vessel was ~ed by Mr. N. судно было зафрахтовано г-ном N. 3. 1) давать напрокат, внаём, предоставлять в пользование по заказу (*автобус, самолёт*) 2) брать напрокат; нанимать, заказывать (*автобус, самолёт*) 4. учреждать, создавать (*на основе устава*)
charterage ['tʃɑ:t(ə)rɪdʒ] *n* фрахтование; фрахтовое дело
chartered ['tʃɑ:təd] *a* 1. привилегированный; ~ company компания, организованная на основании правительственной концессии 2. 1) *мор.* зафрахтованный 2) заказанный, заказной, нанятый (*о самолёте, автобусе*) 3. дипломированный; ~ mechanical engineer дипломированный инженер-механик
chartered accountant [,tʃɑ:tədə'kauntənt] дипломированный бухгалтер высшей квалификации; бухгалтер-эксперт, аудитор
charterer ['tʃɑ:tərə] *n* 1. *мор.* фрахтователь 2) заказчик (*самолёта, автобуса*) 2. *ист.* фригольдер
charter flight ['tʃɑ:təflaɪt] чартерный рейс
charterhouse ['tʃɑ:təhaus] *n* 1. *ист.* картезианский монастырь 2. (С.) 1) Чартерхаус (*дом для престарелых в Лондоне*) 2) (*тж.* ~ School) Чартерхаус-Скул (*мужская привилегированная средняя школа*)
chartering ['tʃɑ:t(ə)rɪŋ] *n мор.* фрахтование; ~ order фрахтовый ордер
charter-land(s) ['tʃɑ:tələnd(z)] *n* (*pl*) *ист.* 1) жалованные земли 2) земельный участок фригольдера
charter member [,tʃɑ:tə'membə] *амер.* член-основатель (*организации, корпорации и т. п., особ. имеющей устав*)
charter-party ['tʃɑ:tə,pɑ:tɪ] *n мор.* чартер-партия
charthouse ['tʃɑ:thaus] = chartroom
charting ['tʃɑ:tɪŋ] *n* 1. вычерчивание диаграммы; вычерчивание графика; составление схемы; составление таблиц 2. нанесение на карту 3. *мор.* прокладка курса
Chartism ['tʃɑ:tɪz(ə)m] *n ист.* чартизм
Chartist ['tʃɑ:tɪst] *n ист.* чартист, участник чартистского движения
chartist ['tʃɑ:tɪst] *n* 1. = cartographer 2. *амер.* специалист по прогнозу биржевой конъюнктуры
chartographer [kɑ:'tɒgrəfə] *редк.* = cartographer
chartreuse [ʃɑ:'trɜ:z] *n* 1. шартрёз (*ликёр*) 2. зеленовато-жёлтый цвет 3. (С.) *ист.* картезианский монастырь
chartroom ['tʃɑ:tru(:)m] *n* 1. *воен.* вычислительный пункт 2. *мор.* штурманская рубка
chartulary ['kɑ:tjʊl(ə)rɪ] *n* 1. *ист.* картулярий, монастырская книга записей (*рукописная или печатная*) 2. хранитель архива

charwoman ['tʃɑ:,wumən] *n* (*pl* -women [-,wɪmɪn]) 1) подёнщица для работы по дому; приходящая домашняя работница 2) уборщица, *особ.* подённая
chary ['tʃe(ə)rɪ] *a* 1. 1) осторожный, осмотрительный; to be ~ of giving offence стараться не обидеть (*кого-л.*); ~ of catching cold опасающийся простуды; she is ~ of crossing a main street широкую улицу она переходит с опаской; he is ~ of his reputation он дорожит своей репутацией 2) застенчивый; ~ of strangers стесняющийся чужих 2. 1) бережливый, прижимистый, экономный; ~ of hospitality не отличающийся гостеприимством 2) скупой (*на слова и т. п.*); сдержанный; ~ of praise скупой на похвалу 3. *редк.* разборчивый, придирчивый
Charybdis [kə'rɪbdɪs] *n греч. миф.* Харибда
chasable ['tʃeɪsəb(ə)l] = chaseable
chase¹ I [tʃeɪs] *n* 1. 1) погоня, преследование; to give ~ (to) a) гнаться (*за кем-л.*), преследовать (*кого-л.*); she gave ~ to the thief она погналась за вором; б) заставить гнаться; the criminal gave us a long ~ before we caught him пока мы поймали преступника, нам пришлось за ним основательно погоняться; to lead smb. a ~ заставить кого-л. погоняться за собой; in ~ of в погоне за 2) *разг.* травля, преследование 2. охота; ловля 3. *собир.* охотники, охотничья партия; охота 4. животное, преследуемое охотником; дичь 5. 1) неогороженная часть парка *или* леса, отведённая для охоты; охотничье угодье 2) разрешение на право охоты *или* на право разведения дичи 6. скачки *или* бег с препятствиями (*тж.* steeplechase) 7. 1) *мор.* преследуемый корабль 2) *воен.* преследуемый противник 3) *кино* (традиционная) погоня за преступником *и т. п.* на автомобиле 8. выступление ансамбля джазистов, импровизирующих поочерёдно 9. *тех.* пробный пуск (*машины*)
chase¹ II [tʃeɪs] *v* 1. 1) гнаться; преследовать; the boy ~d (after) the butterfly мальчик погнался за бабочкой; the police ~d the criminal полиция бросилась в погоню за преступником; they ~d him in a car они гнались за ним в автомобиле 2) гоняться; they ~d each other merrily они весело гонялись друг за другом; to ~ riches [after material possessions] гоняться за богатством [за материальными благами] 3) *амер. разг.* ухаживать за женщинами; he neither smokes, drinks nor ~s он не курит, не пьёт и не гуляет; he is too old to be chasing women он слишком стар, чтобы бегать за женщинами 4) усердно разыскивать (*что-л.*); охотиться за (*чем-л.*; *часто* ~ down, ~ up) 2. охотиться; to ~ the boar охотиться на кабана 3. 1) выгонять, гнать, прогонять; we ~d the wasp from /out of/ the room мы выгнали осу из комнаты; they ~d the bull back with a stick они палкой загнали быка обратно; to ~ the enemy *воен.* гнать /преследовать/ противника 2) разгонять, рассеивать (*сомнения и т. п.*); to ~ fears from one's mind избавиться от опасений 4. (*обыкн.* around, about) *амер. разг.* бежать, бегать; I ~d around town /all over the town/ looking for you я гонялся за вами по всему городу; why are you chasing around? что ты всё мечешься /носишься/? 5. *тех.* прогонять, испытывать (*машину*)
◊ ~ go ~ yourself! *амер. груб.* убирайтесь!, отстань(те)!
chase² I [tʃeɪs] *n* 1. *тех.* фальц, канавка, жёлоб в стене, паз 2. *воен.* дульная часть ствола орудия 3. *полигр.* рама для заключки
chase² II [tʃeɪs] *v* 1. нарезать (*винт*) 2. *полигр.* торшонировать
chase³ I ['tʃeɪs] *n* 1. 1) гравировка (*по металлу*); чеканка 2. украшение драгоценными камнями
chase³ II ['tʃeɪs] *v* 1. 1) гравировать (*орнамент*) 2) *редк.* запечатлевать; ~d on the memory врезавшийся в память 2. украшать драгоценными камнями
chaseable ['tʃeɪsəb(ə)l] *a охот.* разрешённый для отстрела
chase down ['tʃeɪs'daun] *phr v* (усердно) разыскивать; detectives were chasing down clues сыщики тщательно расследовали все улики
chaser¹ ['tʃeɪsə] *n* 1. *см.* chase¹ II + -er 2. преследователь; ambulance ~ *см.* ambulance ◊; squad car ~ хроникёр, репортёр уголовной хроники 3. участник скачек *или* бега с препятствиями 4. *разг.* ухажёр, волокита, ловелас, бабник 5. *разг.* 1) глоток воды *и т. п.* после спиртного 2) рюмка ликёра после кофе 6. *театр.* 1) последний номер в эстрадной программе 2) музыка, играющая после окончания спектакля 7. *вор. жарг.* тюремный надзиратель 8. учётчик на строительстве 9. *ав.* истребитель 10. *мор.* морской охотник
chaser² ['tʃeɪsə] *n тех.* винторезная гребёнка, резьбовой резец
chaser³ ['tʃeɪsə] *n* гравёр по металлу; чеканщик
chase up ['tʃeɪs'ʌp] *phr v* (усердно) разыскивать; we tried to ~ his sister but no one knew her address мы пытались разыскать его сестру, но никто не знал, где она живёт
chasm ['kæz(ə)m] *n* 1. глубокая расселина; глубокое ущелье; volcanic ~s расселины вулканического происхождения 2. бездна, пропасть 3. глубокое расхождение (*во взглядах, вкусах*); непримиримое противоречие; a political ~ between the two countries политическая пропасть, разделяющая эти две страны 4. пробел; перерыв; брешь; ~ in communication нарушение связи; ~ of seven centuries семивековой перерыв; the ~ his departure has made пустота, образовавшаяся после его отъезда
chasmal ['kæzməl] *a* глубокий, бездонный
chasmed ['kæz(ə)md] *a* изрезанный ущельями
chasmogamy [kæz'mɒgəmɪ] *n бот.* хазмогамия, опыление в цветках у растений с раскрытым околоцветником
chasmy ['kæzmɪ] *a* 1. изрезанный ущельями, расселинами; ущелистый 2. = chasmal
chasse¹ [ʃɑ:s] *n рел.* рака
chasse² [ʃɑ:s] *фр.* рюмка ликёра после кофе
chassé ['ʃæseɪ] *n фр.* шассе (*фигура в танце*)
Chasselas [ʃɑ:s(ə)'lɑ:] *n с.-х.* шасла (*группа столовых сортов винограда*)
chasseur [ʃæ'sɜ:] *n фр.* 1. охотник (*профессионал*); ловчий, егерь 2. *воен.* стрелок 3. выездной, ливрейный лакей
chassis ['ʃæsɪ] *n* 1. *тех.* 1) шасси, ходовая часть 2) рама 2. *сл.* ножки (*женские*)
chaste [tʃeɪst] *a* 1. целомудренный, девственный; непорочный, невинный; ~ eyes невинный взор; ~ wife добродетельная жена 2. строгий; чистый; простой; скромный; сдержанный; ~ deportment скромное /строгое/ поведение; ~ taste строгий /неиспорченный/ вкус;

~ style сдержанный слог 3. чистый, незапятнанный; ~ hospital corridors блещущие чистотой больничные коридоры

chastelain [ˈtʃɑːstəl(e)n] = castellan

chasten [ˈtʃeɪs(ə)n] v 1. возвыш. карать; наказывать (с целью исправления); failure will ~ our pride неудача будет наказанием за гордость 2. сдерживать; отрезвлять; обуздывать; умерять; time has ~ed him со временем он остепенился 3. очищать (язык); исправлять, выправлять

chastener [ˈtʃeɪs(ə)nə] n 1. см. chasten + -er 2. карателница; карающая рука

chasteness [ˈtʃeɪstnɪs] = chastity

chastise [tʃæsˈtaɪz] v 1. подвергать наказанию (особ. телесному); пороть 2. карать; подвергать суровой критике, нападкам 4. арх. = chasten 2 и 3

chastisement [ˈtʃæstɪzmənt] n наказание, особ. телесное

chastity [ˈtʃæstɪtɪ] n 1. 1) целомудрие, девственность; непорочность, невинность; a vow of ~ церк. обет безбрачия 2) чистота, добродетельность; ~ belt ист. пояс целомудрия 2. строгость, чистота, простота; скромность; сдержанность; скромность одежды; ~ of dress простота и скромность одежды; ~ of style строгость /сдержанность/ стиля; ~ of renown безупречность репутации 3. воздержание, воздержанность

chasuble [ˈtʃæzjub(ə)l] n церк. риза, церковное облачение

chat¹ I [tʃæt] n (непринуждённый) разговор, беседа; разговор о том о сём; to have a ~ побеседовать, поговорить, поболтать; I had a long ~ with him мы с ним наговорились вволю; we need less ~ and more work нужно меньше болтать и больше делать

chat¹ II [tʃæt] v 1) болтать; непринуждённо беседовать; говорить о том о сём; they ~ted (away) to each other about the fashions они без умолку трещали о модах 2) разг. заговаривать (с целью познакомиться; обыкн. ~ up); to ~ up a girl заговорить с девушкой, увлечь девушку разговором

chat² [tʃæt] n 1) певчая птичка 2) австрал. (любая) птица

chat³ [tʃæt] n 1) рудничная пустая порода 2) pl горн. убогая руда; промежуточные продукты обогащения

chat⁴ [tʃæt] n сл. вошь

château [ˈʃætəʊ] n (pl -teaux [-təʊz]) фр. 1) замок, загородный дворец 2) вилла, шато 2. большое виноградарское и винодельческое хозяйство

château wine [ˈʃætəʊˌwaɪn] марочное французское вино

chatelain [ˈʃæt(ə)leɪn] = castellan

chatelaine [ˈʃæt(ə)leɪn] n 1. 1) ист. владелица замка 2) хозяйка поместья, виллы, богатого загородного дома 3) жена кастеляна, смотрителя замка 2. 1) цепочка на поясе для ключей, брелоков и т. п. 2) украшение из двух пряжек, соединённых цепочкой

chatoyant I [ʃəˈtɔɪənt] n переливчатый камень (кошачий глаз и т. п.)

chatoyant II [ʃəˈtɔɪənt] a 1. текст. отливающий, переливающийся (о цвете); ~ silk переливчатый шёлк, шанжан 2. мин. волнистый, с отливом (о камне); с блеском, похожим на переливчатый блеск кошачьего глаза

chat show [ˈtʃætʃəʊ] тлв., радио беседа или интервью со знаменитостью, видным деятелем и т. п.

chattel [ˈtʃætl] n 1. обыкн. pl юр. имущество (обыкн. движимое); goods and ~s всё личное движимое имущество; ~s real недвижимое имущество; personal ~s, ~s personal движимое имущество 2. ист. раб, крепостной

~ slavery system система рабского труда

chatter I [ˈtʃætə] n 1. болтовня; трескотня 2. щебетание; птичий гомон; гоготание; стрекотание; ~ of sparrows чириканье воробьёв 3. журчание 4. 1) дребезжание 2) стук, щелканье; ~ of typewriter keys [of a machine-gun] стрекот /стрекотание/ пишущей машинки [пулемёта] 3) тех. вибрация; дрожание (инструмента и т. п.)

chatter II [ˈtʃætə] v 1. болтать, вести пустой разговор; трещать, тараторить; to ~ like a magpie трещать как сорока 2.1) разбалтывать (секрет); someone ~ed кто-то проболтался 2) щебетать, стрекотать; monkeys were ~ing in the trees на деревьях что-то бормотали обезьяны 2. журчать 3. 1) дребезжать 2) стучать, щёлкать (зубами от холода) 3) тех. дрожать, вибрировать ◇ who ~s to you will ~ of you посл. ≅ держись подальше от сплетников

chatteration [ˌtʃætəˈreɪʃ(ə)n] n шутл. трескотня, болтовня

chatterbox [ˈtʃætəbɒks] n 1. болтунья; болтун; балаболка, пустомеля 2. амер. сл. пулемёт 3. амер. сл. отдел сплетен (в газете)

chatter column [ˈtʃætəˌkɒləm] = chatterbox 3

chatterer [ˈtʃætərə] n 1) болтун; болтунья 2) щебетунья (о птице)

chatter marks [ˈtʃætəmɑːks] 1. тех. неровности, выбоины, следы резца 2. геол. борозды на породе

chatter-resistant [ˌtʃætərɪˈzɪstənt] a тех. виброустойчивый

chattery [ˈtʃætərɪ] a редк. болтливый

chattiness [ˈtʃætɪnɪs] n болтливость; разговорчивость

chatty¹ [ˈtʃætɪ] a 1. болтливый; разговорчивый 2. 1) разговорный (о стиле) 2) непринуждённый, неофициальный (о беседе, интервью и т. п.); ~ article about women's fashions живо написанная статья о женских модах; ~ letters забавные письма обо всяких пустяках

chatty² [ˈtʃætɪ] n инд. глиняный кувшин

chatty³ [ˈtʃætɪ] a сл. 1) вшивый 2) грязный, неряшливый

Chaucerian [tʃɔːˈsɪərɪən] a лит. чосеровский; относящийся к Чосеру

chauffer [ˈtʃɔːfə] n 1) небольшая переносная железная печка 2) жаровня

chauffeur I [ˈʃəʊfə, ʃəʊˈfɜː] n 1) наёмный шофёр (легковой машины, особ. частного владельца) 2) водитель (машины)

chauffeur II [ˈʃəʊfə, ʃəʊˈfɜː] v 1) работать шофёром (у частного лица); быть (чьим-л.) шофёром 2) возить (кого-л.); she ~s the children to school она сама отвозит детей в школу (на своём автомобиле)

chauffeuse [ʃəʊˈfɜːz] n женщина-шофёр

chaussée [ʃəʊˈseɪ] n фр. шоссе

chausses [ˈtʃəʊsɪz] n pl ист. 1. поножи, наголенники, кольчуга для ног 2. лосины

chaussure [ʃəʊˈsuə] n фр. обувь

Chautauqua, chautauqua [ʃəˈtɔːkwə] n амер. шатоква, летний сбор учителей (по названию озера, где он был впервые проведён)

chauvinism [ˈʃəʊvɪnɪz(ə)m] n 1. шовинизм 2. высокомерное отношение; подчёркивание своего превосходства; male ~ «мужской шовинизм», пренебрежительное отношение к женщинам; suburban ~ ≅ мещанское самомнение

chauvinist I [ˈʃəʊvɪnɪst] n 1) шовинист 2) человек, высокомерно относящийся к кому-л. (к женщинам, старикам и т. п.)

chauvinist II [ˈʃəʊvɪnɪst] = chauvinistic

chauvinistic [ˌʃəʊvɪˈnɪstɪk] a шовинистический

chaw I [tʃɔː] n груб. 1) жевание; чавканье 2) жвачка (обыкн. табачная)

chaw II [tʃɔː] v груб. жевать; чавкать

chaw-bacon [ˈtʃɔːˌbeɪkən] n пренебр. губошлёп; деревенщина; разявка

chay [tʃeɪ] неправ. вм. chaise

cheap I [tʃiːp] n pl дешёвые товары, особ. книги в мягкой обложке 2. уст. дешёвка; (выгодная) покупка; on the ~, for по дешёвке

cheap II [tʃiːp] a 1. 1) дешёвый; недорогой; ~er edition удешевлённое издание; ~ and nasty дёшево, да гнило 2) продающий (что-л.) по низкой цене; ~ restaurant ресторан, где можно дёшево пообедать; ~ department store универмаг, торгующий по доступным ценам 3) удешевлённый, предоставляемый по сниженной цене; ~ trip экскурсия по льготному тарифу; ~ fares сниженный тариф на проездные билеты; ~ tripper путешественник, пользующийся сниженным /туристическим/ тарифом 2. 1) лёгкий, доставшийся легко; ~ victory лёгкая /дёшево доставшаяся/ победа 2) презр. доступная; не строгих правил; ≅ дешёвка 3. 1) плохой; (ничего) не стоящий; ~ jewelry амер. поддельные драгоценности, побрякушки; ~ finery убогая роскошь (одежды); потуги на роскошь; ~ workmanship плохая работа; ~ humour плоский юмор; ~ flattery грубая лесть 2) низкий, подлый; не заслуживающий уважения; ~ trick низкая уловка; ~ politics политиканство; to feel ~ упасть в собственных глазах, чувствовать себя неловко; to hold smth. ~ в грош не ставить, не считаться с чем-л.; to make oneself ~ потерять чувство собственного достоинства; позволять вольности по отношению к себе 4. эк. обесценённый; имеющий низкую покупательную силу (о валюте); ~ money 6) обесценивающиеся деньги; деньги с низкой покупательной способностью; б) дешёвые деньги, невысокая стоимость займов, нестеснённый кредит; низкие процентные ставки 5. амер. разг. прижимистый, скупой; ~ customers прижимистые клиенты; he is the ~est man I know такого скряги я ещё не встречал

cheap III [tʃiːp] adv 1. дёшево, недорого; по дешёвке; to buy [to sell] ~ купить [продать] по дешёвой цене 2. легко, дёшево; to come /to get/ off ~ дёшево /легко/ отделаться 3. плохо, недостойно; гадко; I wish she wouldn't act so ~ хотелось бы, чтобы она вела себя поприличнее /с большим достоинством/

cheapen [ˈtʃiːp(ə)n] v 1. 1) дешеветь, снижаться в цене 2) удешевлять; снижать цену, стоимость; to ~ production снижать себестоимость производства; to ~ the cost of smth. сбить цены на что-л. 2. разг. ронять своё достоинство; you mustn't ~ yourself вы должны держать себя с достоинством /знать себе цену/; you have ~ed yourself in everyone's opinion вы уронили себя в глазах всех 3. арх. торговаться; запрашивать или сбивать цену; прицениваться

cheapie [ˈtʃiːpɪ] n амер. разг. 1. дешёвка (о вещи); барахло, дрянь 2. дешёвый кинофильм, выпущенный с небольшими производственными затратами

cheapjack I ['tʃiːpdʒæk] *n разг.* странствующий торговец, лоточник
cheapjack II ['tʃiːpdʒæk] *a разг.* 1) дешёвый; низкого пошиба; ~ films низкопробные кинофильмы; ≅ дешёвка 2) рассчитывающий на быструю наживу
Cheap John ['tʃiːp,dʒɒn] *амер. сл.* 1. 1) ночлежка 2) бардак 3) кабак 2. = cheapjack 2
cheaply ['tʃiːplɪ] *adv* дёшево
cheap shot [,tʃiːp'ʃɒt] 1. *спорт.* преднамеренная грубость (*особ. в хоккее*) 2. (словесный) удар по больному месту (*противника*)
Cheapside ['tʃiːp,saɪd] *n* Чипсайд (*улица в Лондоне, раньше рынок*) ◊ ~ bargain дешёвка
cheapskate ['tʃiːpskeɪt] *n амер.* мелкая душонка; скряга; крохобор
cheat¹ I [tʃiːt] *n* 1. мошенничество, жульничество; обман 2. мошенник; жулик, плут, обманщик; шулер; самозванец
cheat¹ II [tʃiːt] *v* 1) мошенничать, обманывать; to ~ at examinations пользоваться шпаргалками, подсказками *и т. п.* на экзаменах; to ~ smb. out of his money обманом выманить деньги у кого-л.; to ~ at cards жульничать в карты; быть шулером 2) (on) изменять (*супругу*) 3) обманывать; to ~ the eye обманывать зрение; to ~ death чудом избежать смерти; to ~ the gallows уйти от виселицы; to ~ time коротать время; to ~ the journey убивать дорожную скуку
cheat² [tʃiːt] *n бот.* костёр ржаной (*Bromus secalinus*)
cheatable ['tʃiːtəb(ə)l] *a* поддающийся обману, легковерный
cheatee [tʃiː'tiː] *n разг.* обманутый; жертва мошенничества
cheater ['tʃiːtə] *n* 1. *см.* cheat¹ II + -er 2. *арх.* мошенник 3. *амер.* подкупленный избиратель, проголосовавший не за ту партию, которая его подкупила 4. *pl разг.* бюстгальтер с подбивкой, накладки, улучшающие фигуру 5. *pl разг.* очки
cheat sheet ['tʃiːtʃiːt] *школ. жарг.* шпаргалка
cheat shot ['tʃiːtʃɒt] *кино* комбинированный кадр, кадр, снятый способом трюковой съёмки
Chechen [tʃiː'tʃen] *n* (*pl тж. без измен.*) 1. чеченец; чеченка; the ~ *собир.* чеченцы 2. чеченский язык
check¹ I [tʃek] *n* 1. 1) препятствие, остановка; задержка; to serve as a ~ а) служить препятствием; б) обуздывать; wind acts as a ~ on sped ветер мешает быстрой езде; his illness gave a ~ to our plans его болезнь сорвала /расстроила/ наши планы; to keep (to hold/ in ~ держать в руках, контролировать; keep your emotions in ~ сдерживайте свои чувства; to keep a ~ on smb. держать кого-л. в руках, не давать воли кому-л.; to keep a ~ on smth. следить за чем-л.; контролировать что-л.; держать что-л. в своих руках; keep a ~ on your tongue думай, прежде чем говорить 2) *преим. воен.* отпор, приостановка наступления *или* продвижения 2. проверка, контроль; accuracy ~ проверка точности; spot ~s *полигр.* выборочная корректура, выборочный редакционный просмотр 3. галочка, птичка, отметка (*знак проверки*) 4. 1) номерок (*в гардеробе*); hat ~ номерок на шляпу 2) ярлык; багажная квитанция; a ~ for a suitcase квитанция на чемодан 5. контрольный штемпель 6. контрамарка; корешок (*билета и т. п.*) 7. 1) клетка (*рисунок ткани*) 2) клетчатая ткань; шотландка; do you want a stripe or a ~? вам в полоску или в клетку? 8. счёт (*в ресторане*) 9. *шахм.* шах; double ~ двойной шах; perpetual ~ вечный шах; ~ to the king шах королю 10. *с.-х.* 1) чек, делянка, окружённая валом и затапливаемая водой 2) контрольная делянка 11. *охот.* потеря (*собакой*) следа 12. *спец.* трещина, щель (*в дереве и т. п.*); волосная трещина 13. *амер. карт.* фишка, марка
◊ ~s and balances принцип взаимозависимости и взаимоограничения законодательной, исполнительной и судебной власти
check¹ II [tʃek] *a* 1. контрольный, проверочный, испытательный; ~ analysis контрольный анализ; ~ cage клетка *или* садок для контрольных животных; ~ experiment контрольный /контрольный/ опыт; ~ flight *ав.* контрольный полёт; ~ sample /specimen/ контрольный образец; ~ station *воен.* пункт технического осмотра; ~ test поверочное испытание 2. клетчатый; ~ handkerchief клетчатый платок; ~ system of irrigation *с.-х.* орошение способом затопления по клеткам 3. запирающий, задерживающий; ~ dam задерживающая плотина, защитная дамба *или* плотина; ~ valve *тех.* запорный клапан, обратный клапан; ~ work *тех.* периодическое включение и выключение механизма
◊ ~ wine марочное вино
check¹ III [tʃek] *v* 1. останавливать, сдерживать; препятствовать; удерживать; обуздывать; to ~ the advance of the enemy приостановить продвижение противника; to ~ extravagant spending положить конец расточительству; to ~ anger [love, laugh] подавить гнев [любовь, смех]; to ~ the growth замедлить рост /развитие/; he ~ed his impetuous son он сдерживал /одёргивал/ своего необузданного сына; to ~ a fire остановить пожар; to ~ oneself остановиться, удержаться; сдержаться; she ~ed herself она не сказала /не сделала/; he ~ed himself just as he was about to blurt out his indignation он подавил готовые вырваться слова негодования 2. 1) проверять, контролировать; ревизовать; сличать; расследовать; to ~ figures [examination papers] проверять цифры [экзаменационные работы]; to ~ by sight проверять /определять/ на глаз; to ~ for errors корректировать, исправлять; to ~ an instrument выверять прибор; to ~ one's speed контролировать скорость; ~ into the matter разберитесь в этом деле; ~ bearing! *спец.* проверить пеленг!, взять контрольный пеленг! (*команда*) 2) (on) проверять, выяснять; убеждаться (*в чём-л.*); we must ~ on him его надо проверить; to ~ on a statement проверить правильность какого-л. утверждения; to ~ on the past experience of the applicants выяснить уровень квалификации претендентов на должность 3) (with, *редк.* against) сличать /сверять/; ~ your text with /against/ mine сличите /сверьте/ ваш текст с моим; ~ your watch with the tower clock проверьте свои часы по башенным 4) *амер.* (with, *редк.* against) соответствовать, совпадать; his statement ~s with yours его заявление совпадает с вашим; the description ~s with the photograph описание соответствует фотографии /сходится с фотографией/ 3. *амер.* 1) сдавать (*в гардероб, в камеру хранения, в багаж и т. п.; тж.* ~ in); have you ~ed all your luggage? вы все свои вещи сдали в багаж?; to ~ in your coat and hat сдайте в гардероб пальто и шляпу 2) принимать на хранение; the hotel ~ed our baggage гостиница приняла на хранение наш багаж 4. отмечать галочкой, значком; how many mistakes did the teacher ~? сколько ошибок учитель отметил (птичкой)? 5. *шахм.* объявлять шах 6. *карт.* пасовать 7. располагать в шахматном порядке 8. делать выговор; давать нагоняй; разносить 9. *с.-х.* приостанавливать (*рост*) 10. *спец.* 1) делать щели; вызывать трещины 2) покрываться трещинами, щелями 11. (at) *арх.* внезапно остановиться (*перед чем-л.*); отшатнуться (*от чего-л.*) 12. *мор.* травить
check¹ IV [tʃek] *int* 1. *шахм.* шах! 2. *прост.* ладно!, точно!, договорились!
check² I [tʃek] *амер.* = cheque I
check² II [tʃek] *v амер.* выписывать чек; to ~ upon a banker for $100 выдать чек на какой-л. банк на сумму в 100 долларов
checkable ['tʃekəb(ə)l] *a* 1. могущий быть удержанным, сдержанным 2. поддающийся проверке, контролю
checkage ['tʃekɪdʒ] *n* вычет; удержание (*из зарплаты*)
check-approach ['tʃekə,prəʊtʃ] *n спорт.* разбег с остановкой
check back ['tʃek'bæk] *phr v* 1. 1) перепроверять 2) *спец.* переспрашивать (*по телефону и т. п.*) 2. *спорт.* уйти в защиту
checkback ['tʃekbæk] *n амер.* повторная проверка
checkbook¹ ['tʃekbʊk] *n* самоучитель (*с ключом для самопроверки*)
checkbook² ['tʃekbʊk] = cheque-book
checkbook journalism ['tʃekbʊk,dʒɜː-n(ə)lɪz(ə)m] = chequebook journalism
check bouncer ['tʃek,baʊnsə] *амер. сл.* мошенник, выдающий дутые чеки
check-counting ['tʃek,kaʊntɪŋ] *n лес.* определение размеров порубки
checked [tʃekt] *a* 1. 1) остановленный, задержанный 2) сдержанный, подавленный (*о гневе и т. п.*) 2. 1) проверенный 2) «проверено» (*надпись на документе*) 3. *спец.* покрытый волосными трещинами 4. в клетку (*о ткани*); ~ tablecloth клетчатая скатерть 5. *фон.* закрытый (*о слоге*)
checker¹ ['tʃekə] *n* 1. *см.* check² II + -er 2. 1) контролёр, учётчик; счётчик; ~'s count учёт, проводимый учётчиком (*при погрузке и т. п.*) 2) кассир в магазине самообслуживания 3. *амер. сл.* доносчик, осведомитель 4. *с.-х.* чёкер, палоделатель (*орудие для нарезывания чеков или полос для орошения*) 5. *тех.* испытательная установка, испытатель
checker² ['tʃekə] *n амер.* шашка (*игральная*)
checker³ ['tʃekə] *амер.* = chequer II
checkerboard ['tʃekəbɔːd] *n амер.* шахматная доска; в клетку; ~ cloth ткань в клетку; ~ order шахматный порядок; ~ withdrawal *воен.* отход в шахматном порядке
checkered ['tʃekəd] *a* 1. = chequered 2. *спец.* рифлёный; ~ plate рифлёная плита
checkers ['tʃekəz] *n амер.* шашки (*игра*)
checkerwork ['tʃekəwɜːk] *n* 1. предмет с шахматным узором (*пол из плиток и т. п.*); набoрная работа 2. переплетение, чередование (*горя и радости и т. п.*)
checkery ['tʃek(ə)rɪ] *n редк.* рисунок в клетку

check in ['tʃek'ɪn] *phr v* **1.** сдавать под расписку; сдавать на хранение; to ~ one's coat сдать (*в гардероб*) пальто; " ~ all equipment after using" «сдавайте инвентарь по использовании» (*объявление*) **2.** 1) регистрировать; записывать 2) регистрироваться (*в гостинице, на собрании и т. п.*); записываться; you must ~ at the airport an hour before your plane leaves вам следует зарегистрироваться в аэропорту за час до вылета 3) *амер.* отметиться при приходе на работу **3.** *спец.* настраиваться; входить в связь **4.** *сл.* умереть

check-in ['tʃekɪn] *n* **1.** регистрация, отметка о прибытии (*в гостиницу и т. п.*) **2.** запись в книге прихода и ухода **3.** регистратура

checking ['tʃekɪŋ] *n* **1.** проверка, сверка, сличение; ~ table *спец.* а) проверочная таблица; б) испытательный стенд; ~ of range *воен.* контроль дальности **2.** задержка, приостановка **3.** 1) растрескивание (*древесины и т. п.*) 2) образование поверхностных волосных трещин

checking account ['tʃekɪŋə‚kaʊnt] *амер.* чековый счёт; текущий счёт (*в банке*)

check-key ['tʃekkiː] *n редк.* ключ от английского замка

checkless[1] ['tʃeklɪs] *a* ничем не сдерживаемый; беспрепятственный

checkless[2] ['tʃeklɪs] *a фин.* бесчековый; ~ payroll бесчековая выплата заработной платы

check list ['tʃek‚lɪst] **1.** 1) контрольный список; перечень; памятка; flight ~ список авиапассажиров **2.** *спец.* 1) порядок поверки, схема контрольного испытания (*оборудования*) 2) ведомость (результатов) проверки

check-lock ['tʃeklɒk] *n* небольшой навесной замок (*к засову и т. п.*)

check-man ['tʃekmæn] *n (pl* -men [-mən]) 1) контролёр (*поездной и т. п.*) 2) учётчик

check mark ['tʃekmɑːk] галочка, птичка (*отметка в списке, плане и т. п.*)

checkmate I ['tʃek(‚)meɪt] *n* **1.** *шахм.* шах и мат **2.** полное поражение, разгром; to give ~ to нанести полное поражение, разгромить

checkmate II ['tʃek(‚)meɪt] *v* **1.** *шахм.* сделать мат **2.** 1) нанести полное поражение; парализовать (*противника*) 2) расстроить, сорвать планы; to ~ smb.'s ingenuity перехитрить кого-л.

checkmate III ['tʃek(‚)meɪt] *int* шах и мат!

check-nut ['tʃeknʌt] *n тех.* контргайка

check off ['tʃekɒf] *phr v* **1.** отмечать галочкой (*проверенное, выполненное и т. п.*) **2.** отбросить, отмести; robbery was checked off as a motive ограбление было отвергнуто как мотив (*преступления*) **3.** *амер.* удерживать из заработной платы (*профсоюзные взносы и т. п.*)

check-off ['tʃekɒf] *n амер.* вычет, удержание из заработной платы (*профсоюзных взносов, квартплаты, стоимости покупок и т. п.*); ~ agreement соглашение между профсоюзом и предпринимателем об удержании профсоюзных взносов из заработной платы

check out ['tʃekaʊt] *phr v* **1.** 1) отметиться при уходе с работы по окончании рабочего дня 2) расплатиться в гостинице и уехать 3) подсчитать стоимость всех покупок и выбить чек (*особ. о кассире в магазине самообслуживания*) 4) оформить выдачу или получение (*чего-л.*); to ~ a library book получить книгу по абонементу в библиотеке **2.** *радио, св.* отстраиваться; кончать связь 3. подтверждаться, оправдываться (*о гипотезе*) **4.** *сл.* рассчитаться с жизнью, умереть

checkout ['tʃekaʊt] *n* **1.** 1) контроль; ~ desk /counter/ контрольный стол у выхода из библиотеки *или* магазина самообслуживания 2) касса в магазине самообслуживания; ~ clerk кассир в магазине самообслуживания, кафетерии *и т. п.* 3) подсчёт стоимости сделанных покупок **2.** 1) испытание; the ~ of a spacecraft испытание космического летательного аппарата 2) отладка, выверка (*прибора и т. п.*) **3.** *ав.* ознакомление (*лётчика*) с самолётом **4.** *спец.* окончание работы; прекращение связи **5.** *геол.* выклинивание пласта

check-pass ['tʃekpɑːs] *n амер. воен.* увольнительная записка

checkpoint ['tʃekpɔɪnt] *n* **1.** 1) *геод.* репер, ориентир 2) *ав.* контрольный пункт; контрольно-пропускной пункт **3.** *спец.* контрольная точка

check post ['tʃekpəʊst] = checkpoint 2

check-rein ['tʃekreɪn] *n* мартингал (*в верховой езде*)

check-roll ['tʃekrəʊl] *n* поимённый список

check-room ['tʃekru(ː)m] *n* **1.** гардероб, гардеробная; раздевалка; ~ attendant гардеробщик **2.** камера хранения

checkrow I ['tʃekrəʊ] *n с.-х.* квадратно-гнездовой; ~ pocket planting квадратно-гнездовая посадка; ~ planter квадратно-гнездовая сеялка

checkrow II ['tʃekrəʊ] *v с.-х.* сажать *или* сеять квадратно-гнездовым способом

checkrowing ['tʃekrəʊɪŋ] *n с.-х.* квадратно-гнездовой посев

check-strap ['tʃekstræp] *n* подбородный ремень оголовья (*часть узды*)

check-taker ['tʃek‚teɪkə] *n амер.* **1.** *театр.* билетёр **2.** *ж.-д.* кондуктор

check through ['tʃekθruː] *phr v* посылать, пересылать (*багажом без пассажира*); we checked two trunks through to New York мы отправили багажом два сундука прямо в Нью-Йорк

check-till ['tʃektɪl] *n амер.* касса (*выбивающая чеки*); кассовый аппарат

check up ['tʃekʌp] *phr v* **1.** проверять **2.** (on) выяснять (*что-л.*) ~ on the facts уточнить факты; проверить обстоятельства; to ~ on smb. выяснять чьё-л. лицо /чей-л. характер, чьё-л. прошлое *и т. п./*; she felt the police were checking up on her она почувствовала, что собой представляет кто-л. ◇ to ~ the marks *спорт.* разметить дорожку

checkup ['tʃekʌp] *n* **1.** осмотр (*технический, медицинский*); проверка (*состояния и т. п.*); to enter a hospital for a ~ лечь в больницу на обследование **2.** контроль, проверка, ревизия; ~ committee ревизионная комиссия

checkweigh ['tʃekweɪ] *v* проводить контрольное взвешивание; взвешивать на контрольных весах

check-weigher ['tʃek‚weɪə] *n горн.* учётчик добычи; контрольный весовщик

checkwriter ['tʃek‚raɪtə] *n* машин(к)а для пробивки сумм на банковских чеках

checky ['tʃekɪ] *a обыкн. геральд.* клетчатый

Cheddar ['tʃedə] *n* чеддер (*сорт сыра; тж.* ~ cheese)

chee-chee ['tʃiː‚tʃiː] *n пренебр.* **1.** ломаный английский язык **2.** полукровка (*о евразийце*)

CHE — CHE C

cheek[1] [tʃiːk] *n* **1.** щека; with rosy ~s розовощёкий, румяный; to turn the other ~ а) *библ.* подставить другую щёку (*под удар*); б) занимать непротивленческую позицию **2.** 1) *спец.* боковая стойка; косяк 2) *pl тех.* щёки тисков 3) *геол.* бок жилы 4) *мор.* чиксы (*на мачте*) ◇ ~ by jowl рядом; бок о бок; интимно; запросто; to one's own ~ для себя одного; в свой карман

cheek[2] I [tʃiːk] *n* 1) наглость; нахальство; to have the ~ to say smth. иметь наглость сказать что-л.; the ~! какая наглость!; to give ~ дерзить, грубить, огрызаться; I'll have none of your ~ я не потерплю такого нахальства 2) самоуверенность, дерзость; развязность ◇ ~ brings success *посл.* нахальством всего добьёшься

cheek[2] II [tʃiːk] *v* вести себя нагло, нахально; нахальничать; говорить дерзости; he ~ed me он мне надерзил

cheek[3] I, II [tʃiːk] = chick[2] I *и* II

cheekbone ['tʃiːkbəʊn] *n* 1) скула; with high ~s широкоскулый 2) *анат.* скуловая кость

cheek-plate ['tʃiːkpleɪt] *n тех.* анкерная плита

cheek pouch ['tʃiːkpaʊtʃ] *зоол.* защёчный мешок

cheektooth ['tʃiːktuːθ] *n анат.* коренной зуб, моляр

cheeky[1] ['tʃiːkɪ] *a* толстощёкий; мордастый

cheeky[2] ['tʃiːkɪ] *a* развязный, бесцеремонный; дерзкий; наглый, нахальный; ~ behaviour наглое поведение, нахальство; ~ fellow нахал, наглец

cheep I [tʃiːp] *n* 1) писк, *особ.* птенца 2) звук; признак жизни; there hadn't been a ~ out of her since she went с тех пор как она уехала, о ней нет ни слуху ни духу

cheep II [tʃiːp] *v* **1.** 1) пищать (*особ. о птенцах*) 2) пропищать (*что-л.*) **2.** пролепетать *или* пробормотать (*что-л.*)

cheeper ['tʃiːpə] *n* 1) птенец (*особ. куропатки, тетерева*) 2) молодая куропатка

cheepy ['tʃiːpɪ] *a* (вечно) пищащий; писклявый

cheer I [tʃɪə] *n* **1.** 1) одобрительное *или* приветственное восклицание; three ~s for our visitors! да здравствуют наши гости!; the result was received with ~s and counter-cheers результат был встречен возгласами одобрения и возмущения 2) *pl* аплодисменты **2.** веселье; оживление; радость; with good ~ сердечно, тепло; to make ~ вносить оживление **3.** ободрение, поддержка; утешение; words of ~ ободряющие слова, слова утешения **4.** настроение (*преим. хорошее*); расположение духа; to be of good [glad] ~ быть в хорошем [радостном] настроении; be of good ~ а) *библ.* не бойтесь; мужайтесь; б) не падайте духом; what ~? *арх., поэт.* как поживаете? **5.** (хорошее) угощение, еда; to make good ~ пировать, угощаться; to feed on simple ~ питаться просто /без разносолов/; the fewer the better ~ чем меньше ртов, тем больше еды **6.** *арх.* выражение лица

cheer II [tʃɪə] *v* **1.** аплодировать; приветствовать *или* награждать одобрительными возгласами, аплодисментами; the speaker was ~ed loudly оратору громко аплодировали; to ~ a hero устроить герою овацию; the people all ~ed when he rode past весь народ приветствовал его, когда он проезжал; everyone ~ed the news that peace had come весть о мире вызвала всеобщее (бурное) ликование 2. (*тж.* ~ on) 1) подбадривать, воодушевлять, ободрять (*возгласами, свистом — участников состязания, драки и т. п.*) 2) улюлюкать (*собакам*) 3. (*часто* ~ up) 1) ободрять; поддерживать; утешать; ~ yourself! бодри(те)сь!, мужайтесь!; your visit has ~ed (up) the sick man ваше посещение подбодрило /ободрило/ больного; everyone was ~ed by the good news добрая весть всех привела в хорошее настроение /ободрила, порадовала/ 2) веселить, бодрить (*о еде, напитке*) 3) утешиться; ободриться; повеселеть; ~ up! не унывай!, веселей!

cheerful ['tʃɪəf(ə)l] *a* 1. 1) бодрый, неунывающий, весёлый; ~ mood бодрое настроение; ~ face весёлое лицо; he is always ~ он никогда не унывает, он всегда в хорошем настроении 2) весёлый, радостный; ~ room весёлая /светлая/ комната; ~ colours радостные /яркие/ цвета /тона/; ~ day весёлый /чудесный, солнечный/ день; ~ conversation приятная беседа 2. делающий (*что-л.*) бодро, охотно; ~ worker работник, которого не нужно подгонять; ~ helper неутомимый помощник; ~ giving помощь от всего сердца; ~ acceptance of responsibility добровольное принятие ответственности на себя

cheerfully ['tʃɪəf(ə)lɪ] *adv* 1. бодро; весело 2. охотно, с готовностью

cheerie-bye [ˌtʃɪ(ə)rɪ'baɪ] *int разг.* пока!, до свидания!

cheerio [ˌtʃɪ(ə)rɪ'əu] *int разг.* 1. (за) ваше здоровье!, будьте здоровы!, всего хорошего! 2. 1) здорово!

cheerleader ['tʃɪəˌliːdə] *n преим. амер.* капитан болельщиков (*особ. на студенческих спортивных встречах*)

cheerless ['tʃɪəlɪs] *a* безрадостный, унылый, мрачный; угрюмый; ~ room мрачная комната; ~ day тёмный день, унылая погода; ~ prospect безрадостная /мрачная/ перспектива

cheerly ['tʃɪəlɪ] *adv арх.* 1. бодро 2. охотно

cheero ['tʃɪ(ə)rəu] = cheerio

cheers ['tʃɪəz] *int* 1. 1) за ваше здоровье!, будем здоровы! 2) ура! 2. 1) молодец!, вот это здорово! 2) *ирон.* с чем вас и поздравляю!

cheery ['tʃɪ(ə)rɪ] *a разг.* 1. бодрый, оживлённый, живой; ~ smile радостная улыбка 2. радующий, радостно ободряющий; ~ cup бодрящая чара 3. слишком уж приветливый, панибратский

cheese[1] I [tʃiːz] *n* 1. сыр; a head of ~ головка /круг/ сыра; ~ knife нож для сыра; ~ poison *мед.* сырный яд; ~ dairy /factory/ сыроваренный /сыродельный/ завод; сыроварня, сыродельня; ~ trier сырный щуп 2. *разг.* творог (*тж.* cottage ~, cream ~; *ср.* это творожная диета 3. еда, режущаяся или намазывающаяся как сыр (*повидло, пластовый мармелад и т. п.*); liver ~ ливерный паштет 4. *сл.* (деланная) улыбка (*перед фотокамерой и т. п.*); say ~! улыбнитесь! (*при фотографировании*) 5. *разг.* срыгнутое (*ребёнком*) молоко

◊ to get the ~ остаться с носом; to make ~s закружиться и присесть так, чтобы юбка стала колоколом

cheese[1] II [tʃiːz] *v разг.* срыгивать молоко (*о ребёнке*)

cheese[2] [tʃiːz] *n сл.* хорошая вещь; хорошее дело; quite /that's/ the ~ как раз то, что надо; ≅ это подходяще!; hard ~ прискорбное положение, плохое дело

cheese[3] [tʃiːz] *v сл.* переставать, бросать; ~ it a) замолчи!, перестань!, брось!; б) беги!, удирай!

cheeseboard ['tʃiːzbɔːd] *n* сырная доска, дощечка для резки и сервировки сыра

cheeseburger ['tʃiːzˌbɜːgə] *n* чизбургер [(cheese + hamburger)]

cheesecake ['tʃiːzkeɪk] *n* 1. творожный пудинг, сладкая ватрушка 2. *амер. сл.* 1) «лакомый кусочек», полураздетая красотка 2) оголённые ножки 3) соблазнительные фото (*в журналах и т. п.*) 4) *неодобр.* бесстыдная навязчивость

cheesecloth ['tʃiːzklɒθ] *n* 1) суровая марля 2) сетчатая рубашечная ткань

cheese-cutter ['tʃiːzˌkʌtə] *n* 1. сырорезка 2. *мор. жарг.* выходная форменная фуражка

cheesed-off [ˌtʃiːzd'ɒf] *a разг.* раздражённый, обозлённый; сытый по горло (*чем-л.*); he is ~ ему всё опротивело

cheese-head ['tʃiːzhed] *n тех.* круглая цилиндрическая головка (*болта, заклёпки*)

cheese-making ['tʃiːzˌmeɪkɪŋ] *n* сыроделие, сыроварение

cheese mite ['tʃiːzmaɪt] *энт.* сырный клещ (*Tyroglyphus siro*)

cheesemonger ['tʃiːzˌmʌŋgə] *n* торговец сыром

cheese off ['tʃiːz'ɒf] *phr v сл.* 1) надоедать, приставать 2) злить, раздражать

cheeseparing I ['tʃiːzˌpe(ə)rɪŋ] *n* 1. корка сыра (*отрезанная*) 2. скупость; мелочность; грошовая экономия 3. *pl* отбросы, отходы

cheeseparing II ['tʃiːzˌpe(ə)rɪŋ] *a* скупой; мелочный; дрожащий над копейкой

cheese straw ['tʃiːzstrɔː] *кул.* сырная палочка

cheese toaster ['tʃiːzˌtəustə] *воен. жарг.* штык; шашка

cheesiness ['tʃiːzɪnɪs] *n сл.* плохое качество; ≅ дрянь, дешёвка; ~ of ambience затхлость атмосферы

cheesy ['tʃiːzɪ] *a* 1. 1) сырный 2) *спец.* творожистый, казеозный 2. *сл.* модный, броский 3. *амер. сл.* 1) плохой, дрянной, никуда негодный; a ~ hotel грязноватая гостиница 2) вонючий

cheetah ['tʃiːtə] *n* гепард (*Acinonyx jubatus*)

cheezit ['tʃiːzɪt] *int прост.* берегись!, внимание!

chef [ʃef] *n* 1) шеф-повар, главный повар 2) повар (*мужчина*)

chef-d'oeuvre [ˌʃeɪ'dɜːvr(ə)] *n* (*pl* chefs [ʃeɪ-]) шедевр

chef's salad [ˌʃefs'sæləd] мясной салат с помидорами, яйцами и сыром

cheirognomy [kaɪə'rɒgnəmɪ] = chirognomy

cheiromancy ['kaɪərəmænsɪ] = chiromancy

cheironomy [kaɪə'rɒnəmɪ] = chironomy

Chekhovian [tʃə'kəuvɪən] *a* чеховский, характерный для произведений Чехова

chela ['kiːlə] *n* (*pl* -lae) клешня, лапка (*насекомого*)

chelae ['kiːliː] *pl от* chela

chelate ['kiːleɪt] *a хим.* клешневидный, хелатный; ~ compound клешневидное соединение

chelation therapy [kɪ'leɪʃ(ə)nˌθerəpɪ] *мед.* лечение отравлений, вызванных тяжёлыми металлами

Chellean ['ʃelɪən] *a геол.* шелльский

chemic I ['kemɪk] *n спец.* хлористый кальций (*для отбелки*)

chemic II ['kemɪk] *a арх.* 1. алхимический 2. химический

chemic III ['kemɪk] *v спец.* белить, отбеливать хлористым кальцием

chemical I ['kemɪk(ə)l] *n* 1) химический реактив; химический продукт; химикат 2) *pl* химикалии; химические препараты

chemical II ['kemɪk(ə)l] *a* 1. 1) химический, относящийся к химии; ~ affinity химическое средство; ~ constitution число и расположение атомов в молекуле; ~ symbol химический знак /символ/; ~ decay химический распад; ~ propellant химическое ракетное топливо 2) *воен.* химический; относящийся к химическому оружию; отравляющий; ~ attack [warfare] химическое нападение [-ая война]; ~ agent боевое отравляющее вещество; ~ projectile химический снаряд; ~ war gases химическое оружие; боевые отравляющие вещества; ~ warfare service военно-химическая служба; ~ troops химические войска; C. Corps химические войска армии США 2. *спец.* противохимический; ~ defence /security/ *воен.* противохимическая защита; ~ aid packet *воен.* индивидуальный противохимический пакет

chemical balance [ˌkemɪk(ə)l'bæləns] аналитические весы

chemical culture [ˌkemɪk(ə)l'kʌltʃə] = chemiculture

chemical engineer [ˌkemɪk(ə)lendʒɪ'nɪə] инженер-химик, химик-технолог

chemical engineering [ˌkemɪk(ə)lendʒɪ'nɪ(ə)rɪŋ] химическая технология

chemicalization [ˌkemɪkəlaɪ'zeɪʃ(ə)n] *n* химизация (*сельского хозяйства, быта и т. п.*)

chemicalize ['kemɪkəlaɪz] *v* обрабатывать химически, обрабатывать реактивами

chemical laser [ˌkemɪk(ə)l'leɪzə] *физ.* химический лазер, хемолазер

chemically ['kemɪk(ə)lɪ] *adv* химически; ~ pure химически чистый

chemical pulp ['kemɪk(ə)lˌpʌlp] *проф.* целлюлоза

chemiculture ['kemɪˌkʌltʃə] *n с.-х.* гидропоника

chemin de fer [ʃəˌmændə'feə] *фр.* шмен-де-фер, железка, девятка (*азартная карточная игра*)

cheminosis [ˌkemɪ'nəusɪs] *n* заболевание, вызванное действием химического вещества

chemise [ʃə'miːz] *n* 1. 1) женская сорочка 2) платье-рубашка 2. *спец.* 1) покрытие (*дорожное*) 2) облицовка

chemisette [ˌʃemɪ(ː)'zet] *n* 1) вставка, манишка (*женская*); шемизетка 2) кофточка, блузка с короткими рукавами

chemism ['kemɪz(ə)m] *n редк.* химизм; химическая энергия

chemisorption [ˌkemɪ'sɔːpʃ(ə)n] *n хим.* хемосорбция

chemist ['kemɪst] *n* 1. химик 2. аптекарь; фармацевт; ~'s (shop) аптека

chemistry ['kemɪstrɪ] *n* 1. химия; organic [inorganic] ~ органическая [неорганическая] химия; agricultural ~ агрохимия; applied ~ a) прикладная химия; б) химическая технология; nuclear ~ ядерная химия; radiation ~ радиационная химия, радиохимия; tracer ~ химия (радиоактивных) индикаторов 2. *разг.* 1) эмоциональный склад 2) сочетание черт характера и т. п.; Smith and I have the wrong ~ у нас со Смитом разные характеры /психологическая несовместимость/

chemmy ['ʃemɪ] n карт. разг. железка

chemo- ['ki:mə(ʊ)-] в сложных словах имеет значение химия, химический: chemoreception хеморецепция; chemometry хемометрия (компьютерная обработка данных в процессе химической реакции); chemosynthesis хемосинтез

chemodynamics [,ki:məʊdaɪ'næmɪks, ,kemə-] n хемодинамика, миграция химических соединений (в окружающей среде)

chemoimmunity [,ki:məʊɪ'mju:nɪtɪ, ,kemə-] n мед. невосприимчивость к химическому воздействию

chemoimmunotherapy ['ki:məʊˌmju:nə'θerəpɪ, 'kemə-] n мед. хемоиммунотерапия

chemolysis [kɪ'mɒlɪsɪs] n химическое разложение

chemonuclear [,ki:məʊ'nju:klɪə, ,kemə-] a ядерно-химический

chemoreceptor [,ki:məʊrɪ'septə, ,kemə-] n физиол. хеморецептор

chemoresistance [,ki:məʊrɪ'zɪstəns, ,kemə-] n спец. устойчивость к химическому воздействию

chemosensing [,ki:məʊ'sensɪŋ, ,kemə-] n хемочувствительность, «химическое детектирование»

chemosensitivity [,ki:məʊsensɪ'tɪvɪtɪ, ,kemə-] n спец. чувствительность к химическому воздействию

chemosensor [,kemə'sensə] n физиол. хемосенсор (химически чувствительный аппарат клетки)

chemosensory [,ki:məʊ'sens(ə)rɪ, ,kemə-] a физиол. чувствительный к химическому раздражению

chemosphere ['keməsfɪə] n хемосфера, фотохимически активный слой верхней атмосферы

chemosterilization ['ki:məʊˌsterɪlaɪ'zeɪʃ(ə)n, 'kemə-] n с.-х. хемостерилизация, химическая стерилизация (с воздействием на генетику популяции)

chemosurgery [,ki:məʊ'sɜ:dʒ(ə)rɪ, ,kemə-] n хемохирургия, удаление повреждённых тканей химическими средствами

chemosynthesis [,ki:məʊ'sɪnθəsɪs, ,kemə-] n биохим. хемосинтез (органических веществ из неорганических бактериями)

chemotaxonomy [,ki:məʊtæk'sɒnəmɪ, ,kemə-] n классификация растений и животных по биохимическим признакам

chemotherapy [,ki:məʊ'θerəpɪ, ,kemə-] n мед. химиотерапия

chemotronics [,ki:mə(ʊ)'trɒnɪks, ,kemə(ʊ)-] n спец. хемотроника, химическая электроника

chemurgy ['kemɜ:dʒɪ] n химическая технология (особ. переработка сельскохозяйственного сырья)

chenar [tʃɪ'nɑ:] n перс. чинара (дерево)

chenille [ʃə'ni:l] n 1. синель 2. 1) шенилль (ткань) 2) ткань с ворсом из шенили 3. ковёр с ворсом из синели

cheongsam ['tʃɒŋsæm] n кит. 1) чонсам, китайский женский халат 2) платье с разрезами по бокам и воротником-стойкой

cheque I [tʃek] n фин. чек; bank ~ банковский чек; certified ~ удостоверенный чек, чек с надписью банка о принятии к платежу; crossed ~ кроссированный чек; town ~ чек на банк в Лондонском Сити; traveller's ~ дорожный чек; rate курс чеков, чековый курс; London ~ rate on Paris курс чеков в Лондоне на Париж; ~ to bearer, bearer ~ чек на предъявителя; ~ to order, order ~ ордерный чек; drawer of a ~ чекодатель, трассант; to draw a ~ on a bank [on London] for £100 выписать /трассировать/ чек на банк /на Лондон/ на сумму в 100 фунтов

cheque II [tʃek] = check¹ II

cheque-book ['tʃekbʊk] n чековая книжка

chequebook journalism ['tʃekbʊkˌdʒɜ:n(ə)lɪz(ə)m] 1. «журналистика чековой книжки»; практика приобретения прав на издание сенсационного материала, особ. воспоминаний преступников, дам полусвета и т. п. 2. реклама, журналистика, особ. интервью, оплаченное интервьюируемыми

cheque card ['tʃekkɑ:d] фин. дорожный чек (вид банковского аккредитива)

cheque out ['tʃek'aʊt] phr v получить по чеку

chequer I ['tʃekə] n 1. узор в клетку 2. pl шахматная доска 3. шарик для игры в китайские шашки (см. Chinese chequers)

chequer II ['tʃekə] v 1. графить в клетку 2. размещать в шахматном порядке 3. пестрить; разнообразить; the good and ill that ~ life добро и зло, которые в жизни переплетаются 4. с.-х. маркировать вдоль и поперёк (для квадратно-гнездового посева)

chequerboard ['tʃekəbɔ:d] = checkerboard

chequered ['tʃekəd] a 1. 1) клетчатый; в клетку; пёстрый 2) шахматный, расположенный в шахматном порядке 2. разнообразный, изменчивый; light and shade перемежающиеся светлые и тёмные пятна; ~ career ≅ у него в жизни всякое бывало; ~ fortune изменчивое счастье

Chequers ['tʃekəz] n Чекерс (летняя резиденция английского премьер-министра; тж. ~ Court)

chequers ['tʃekəz] n pl 1. шашки (игра) 2. шахматная доска 3. клетчатая материя, ткань; шотландка

chequerwise ['tʃekəwaɪz] adv в шахматном порядке

chequerwork ['tʃekəwɜ:k] = checkerwork

cherchez la femme [ˌʃeəʃeɪlɑ:'fæm] фр. за всем стоит женщина [букв. ищите женщину]

chéri [ʃeɪ'ri:] n фр. милый, дорогой, дружок

chérie [ʃeɪ'ri:] n фр. милочка, дорогуша

cherish ['tʃerɪʃ] v 1. 1) лелеять; to ~ hopes лелеять /питать/ надежды; to ~ an idea лелеять /вынашивать/ мысль; to ~ illusions питать иллюзии 2) затаить, питать; to ~ a hatred [a resentment] затаить /питать/ ненависть [злобу]; to ~ no resentment не таить обиды 2. хранить (в памяти); to ~ the memory of smb., smth. хранить память о ком-л., чём-л.; she still ~ed an affection for him в её душе ещё сохранилась любовь к нему 3. 1) высоко ценить; дорожить; he was a man who ~ed his friends он дорожил своими друзьями; to ~ ideals of freedom and independence дорожить идеалами свободы и независимости; to ~ a just and lasting peace оберегать /хранить/ как зеницу ока; справедливый и прочный мир 2) держаться (за что-л.); he ~es fame он держится за свою славу 4. 1) нежно любить; ~es babies любовно растить (детей); she ~es her children ≅ она в душе не чает в (своих) детях 2) заботливо выращивать (растения)

◊ to ~ a serpent /a snake, a viper/ in one's bosom отогреть змею на груди

cherished ['tʃerɪʃt] a дорогой сердцу; ~ memory (of) светлая память (о ком-л.); незабвенный образ (кого-л.); ~ beliefs заветные чаяния

cherishingly ['tʃerɪʃɪŋlɪ] adv заботливо; нежно; с любовью

chernozem ['tʃɜ:nəzem] n русск. чернозём

Cherokee [ˌtʃerə'ki:] n (pl без изменений, тж. -s [-z]) 1. чероке́з(ец) (индеец племени чероки) 2. ирокезский язык племени чероки

Cherokee rose ['tʃerəki:(ˌ)rəʊz] бот. роза гладкая, роза Чероки (Rosa laevigata)

cheroot [ʃə'ru:t] n 1) манильская сигара (сорт сигар с обрезанными концами) 2) разг. сигара

cherry I ['tʃerɪ] n 1. бот. 1) вишня, вишнёвое дерево (Cerasus gen.) 2) черешня (Prunus avium) 3) черёмуха (Padus) 4) слива (Prunus) 2. 1) вишня (плод); to sell cherries торговать вишней 2) древесина вишнёвого дерева; inlaid with ~ с инкрустацией из вишнёвого дерева 3. вишнёвый, тёмно-красный цвет (тж. ~ red) 4. амер. сл. девственность; to lose one's ~ потерять невинность

◊ the whole tree or not a ~ всё или ничего; to make two bites of a ~ прилагать излишние усилия; a second /another/ bite of the ~ ещё одна возможность /попытка/ добиться чего-л.

cherry II ['tʃerɪ] a 1. 1) вишнёвый; ~ orchard вишнёвый сад; ~ jam вишнёвое варенье 2) сделанный из вишнёвого дерева 2. вишнёвого цвета, тёмно-красный; ~ silk dress шёлковое платье вишнёвого цвета; ~ lips вишнёвые уста, губы, как спелая вишня; ~ lipstick губная помада вишнёвого цвета 3. амер. сл. 1) девственный, невинный 2) в хорошем состоянии (о подержанной вещи); почти новый

cherryade ['tʃerɪeɪd] n вишнёвый напиток, вишнёвый крюшон; газированная вода с вишнёвым сиропом

cherry bay ['tʃerɪˌbeɪ] = cherry laurel

cherry birch ['tʃerɪˌbɜ:tʃ] бот. берёза вишнёвая (Betula lenta)

cherry-blossom ['tʃerɪˌblɒs(ə)m] n вишнёвый цвет; цветок или цветы вишнёвого дерева

cherry bomb ['tʃerɪbɒm] амер. «бомба с вишнями» (рассыпной фейерверк красного цвета)

cherry-bounce ['tʃerɪbaʊns] n разг. 1. ~ cherry brandy 2. бренди с сахаром

cherry brandy [ˌtʃerɪ'brændɪ] чéрри-брéнди, вишнёвая наливка, вишнёвый ликёр

cherry laurel ['tʃerɪˌlɒrəl] бот. лавровишня (Laurocerasus officinalis)

cherry-merry [ˌtʃerɪ'merɪ] a разг. 1) весёлый 2) навеселе

cherry-pie [ˌtʃerɪ'paɪ] n 1. пирог с вишнями 2. бот. гелиотроп (Heliotropium gen.) 3. амер. сл. 1) что-л. приятное, полученное без труда; ≅ подарок судьбы 2) лёгкий приработок; выгодная халтура

cherry plum ['tʃerɪplʌm] бот. 1) мирабель, вишнеслива (Prunus cerasifera) 2) алыча, дикая слива (Prunus divaricata)

cherry-ripe [ˌtʃerɪ'raɪp] a спелый как вишня

cherry-rum [ˌtʃerɪ'rʌm] n ром, настоянный на вишне

cherry stone ['tʃerɪstəʊn] 1. вишнёвая косточка 2. зоол. жёсткая ракушка (Venus mercenaria)

CHE — CHF

cherry-tree ['tʃerɪtriː] *n* вишнёвое дерево
cherry-wine ['tʃerɪwaɪn] *n* вишнёвое вино, *особ.* мараскин
cherry-wood ['tʃerɪwʊd] *n* древесина вишнёвого дерева
chersonese ['kɜːsəniːs] *n поэт.* полуостров
chert [tʃɜːt] *n мин.* черт, кремнистый сланец
cherub ['tʃerəb] *n* 1) (*pl тж.* cherubim) *рел.* херувим 2) херувимчик (*о ребёнке*) 3) rosy ~ розовощёкий ангелочек
cherubic [tʃəˈruːbɪk] *a* 1. невинный как херувим; ангелоподобный 2. пухлый и розовощёкий (*о ребёнке и т. п.*)
cherubim ['tʃerəbɪm] *pl от* cherub 1)
cherubimic, cherubimical [ˌtʃerəˈbɪmɪk, -(ə)l] *редк.* = cherubic
chervil ['tʃɜːvɪl] *n* 1) *бот.* кервель (*Anthriscus spp.*) 2) *кул.* кервель (*приправа*)
chervonets [tʃerˈvɔːnets] *n* (*pl* -ntsi) *русск.* червонец
chervontsi [tʃerˈvɔːntsɪ] *pl от* chervonets
che sarà, sarà [keɪsəˌrɑːsəˈrɑː] *ит.* что будет, то будет
Cheshire ['tʃeʃə] *n* 1. *см.* Приложение 2. чешир (*сорт твёрдого сыра; тж.* ~ cheese) 3. чешир (*порода свиней*)
Cheshire cat [ˌtʃeʃəˈkæt] 1) *лит.* Чеширский Кот (*персонаж книги «Алиса в стране чудес» Льюиса Кэрролла*); to grin like a ~ ухмыляться во весь рот 2) нечто неуловимое, внезапно возникающее и бесследно исчезающее
cheskey ['tʃeskɪ] *n амер. сл.* 1) чех 2) американец чешского происхождения 3. чешский язык
chess[1] [tʃes] *n* шахматы (*игра*); ~ champion чемпион по шахматам; ~ piece шахматная фигура; ~ theory теория шахматной игры; ~ tournament шахматный турнир; to play ~ играть в шахматы
chess[2] [tʃes] *n* (*pl тж. без измен.*) 1) оконная рама 2) настил моста
chess[3] [tʃes] *амер.* = cheat[2]
chessboard ['tʃesbɔːd] *n* шахматная доска; ~ pattern шахматный узор, рисунок в клетку; ~ method *с.-х.* шахматная система (*разбивки делянок*)
chess-clock ['tʃesklɒk] *n* шахматные часы
chessilite ['tʃesɪlaɪt] *n мин.* шессилит, медная лазурь
chessman ['tʃesmæn] *n* (*pl* -men [-men]) шахматная фигура; ivory chessmen шахматы из слоновой кости
chess-player ['tʃesˌpleɪə] *n* шахматист
chess-playing machine ['tʃesˌpleɪɪŋməˈʃiːn] робот-шахматист, ЭВМ для игры в шахматы
chessylite ['tʃesɪlaɪt] = chessilite
chest [tʃest] *n* 1. 1) ящик; сундук; medicine ~ домашняя аптечка; carpenter's ~ ящик с плотничьими инструментами; surgeon's ~ саквояж хирурга; seaman's ~ матросский сундук; linen ~ бельевой сундук; hope ~ *шутл.* сундук с приданым, приданое 2) = chest of drawers *(ком. ящик (как мера);* a ~ of tea ящик чая (*обычно 38 кг*) 2. казна, казначейство; фонд; a pittance from the university ~ маленькое /жалкое/ пособие из средств университета 3. *прост.* гроб 4. *анат.* грудная клетка, грудь; weak ~ слабые лёгкие; ~ (surgical) case раненный в грудь; ~ department фтизиатрическое отделение (*больницы*); ~ trouble а) хроническая болезнь лёгких; б) *эвф.* туберкулёз; ~ pain боль в груди; ~ cold бронхит; ~ wall *анат.* стенка грудной клетки; ~ note низкая грудная нота; ~ voice грудной регистр (*голоса*)
◇ to get smth. off one's ~ облегчить душу; чистосердечно признаться в чём-л.; to play it /one's cards/ close to the ~ а) не давать заглядывать в свои карты; б) не раскрывать своих карт, действовать скрытно
chested ['tʃestɪd] *a* 1. (-chested) *как компонент сложных слов с такой-то грудью;* deep-chested с впалой грудью; full-chested полногрудая 2. *редк.* лежащий в сундуке, ящике
chesterbed ['tʃestəbed] *n преим. канад.* диван-кровать
chesterfield ['tʃestəfiːld] *n* 1. честерфилд, мужское пальто в талию с бархатным воротником 2. «честерфилд», большой мягкий диван
chest-foundering [ˌtʃestˈfaʊnd(ə)rɪŋ] *n вет.* одышка, запал
chestful ['tʃestfʊl] *n* полная грудь (*воздуха и т. п.*); ~ of decorations вся грудь в орденах
chest hardware ['tʃestˌhɑːdweə] *воен. жарг.* «нагрудные желёзки», медали, знаки отличия
chestnut I ['tʃesnʌt] *n* 1. 1) *бот.* каштан благородный (*Castanea sativa*) 2) каштан (*плод*) 2. каштан, каштановое дерево (*древесина*) 3. 1) каштановый цвет 2) *разг.* шатенка (*лошадь*) 4. бабка (*у лошади*) 5. *разг.* конский каштан 6. *разг.* избитый анекдот; пошлый, банальный мотив; роман *и т. п.* на избитую тему; musical comedy ~s избитые мелодии из мюзиклов 7. *воен. жарг.* пуля
◇ to pull smb.'s ~s out of the fire таскать каштаны из огня для кого-л.; делать за кого-л. трудную работу; ≅ чужими руками жар загребать
chestnut II [ˌtʃesnʌt] *a* 1. каштановый; with ~ stuffing фаршированный каштанами 2. 1) каштанового цвета 2) гнедой (*о лошади*) 3) русый; каштановый (*о волосах*); ~ head шатенка
chestnut brown ['tʃesnʌtˌbraʊn] каштановый; красновато-коричневый (*о цвете*)
chestnut soil ['tʃesnʌtˌsɔɪl] *геол.* каштановая почва
chest of drawers [ˌtʃestəvˈdrɔːz] комод
chest-on-chest [ˌtʃestɒnˈtʃest] *n амер.* высокий, двойной комод; род шифоньера (*с ящиками*)
chest-shot ['tʃestʃɒt] *n* бросок в корзину двумя руками от груди (*баскетбол*)
chest-thumping ['tʃestˌθʌmpɪŋ] *n* хвастовство; хвастливые уверения
chesty ['tʃestɪ] *a разг.* 1. 1) с широкой грудью 2) с высокой грудью, полногрудая 2. слабогрудый, чахоточный 3. грудной (*о голосе*) 4. самоуверенный; важничающий; хвастающий
chetah ['tʃiːtə] = cheetah
chevage ['tʃiːvɪdʒ] *n ист.* поголовная, подушная подать
cheval de bataille [ʃəˌvældəbɑːˈtɑːj] *фр.* (*pl* chevaux [ʃəˌvəʊ-]) 1. ратный конь 2. 1) главный аргумент, основной довод 2) излюбленная тема; ≅ конёк
cheval de frise [ʃəˌvældəˈfriːz] (*pl* chevaux [ʃəˌvəʊ-]) 1. *воен.* рогатка, 2. *pl* ограда-решётка с копьями; ограда-стена с гвоздями и битым стеклом наверху
cheval glass [ʃəˈvælglɑːs] псише, большое зеркало в подвижной раме
chevalier [ˌʃevəˈlɪə] *n* 1. кавалер (*ордена*) 2. 1) (благородный) рыцарь; (галантный) кавалер 2) *ист.* рыцарь; The C. de St. George «Старый претендент» (*сын Якова II*); The Young C. «Молодой претендент» (*внук Якова II*) 3. *ист.* шевалье (*дворянин во Франции*)
◇ ~ of industry, ~ of fortune проходимец, мошенник, авантюрист; шулер
chevelure [ˌʃəvəˈluə] *n фр.* шевелюра, волосы
chevin ['tʃevɪn] = chub[1]
cheviot ['tʃiːvɪət, 'ʃevɪət] *n* 1. *текст.* шевиот 2. (C.) *с.-х.* шевиот (*мясо-шерстная порода овец; тж.* C. sheep)
chevon ['ʃevən] *n* козлятина
chevrette [ʃəvˈret] *n* лайка (*перчаточная кожа*)
chevron ['ʃevrən] *n* 1. шеврон; нашивка углом 2. *стр.* стропило
chevron board ['ʃevrənbɔːd] *дор.* указатель крутого поворота
chevron-moulding [ˈʃevrənˌməʊldɪŋ] *n* зигзагообразная лепная работа
chevron-ways ['ʃevrənweɪz] = chevronwise
chevronwise ['ʃevrənwaɪz] *adv* (под) углом; в форме шеврона
chevrotain ['ʃevrət(e)ɪn] *n зоол.* оленёк (*Tragulus*)
chevvy I, II ['tʃevɪ] = chivy I *и* II
Chevy ['ʃevɪ] *n разг.* (автомобиль) «шевроле»
chevy[1] I ['tʃevɪ] *n* 1. охота, погоня 2. крик охотников при погоне за лисицей
chevy[1] II ['tʃevɪ] *v* 1. 1) гнаться (*за животным*); гнать (*зверя*) 2) догонять; ловить (*человека*) 2. убегать, удирать
chevy[2] I, II ['tʃevɪ] = chivy I *и* II
chew I [tʃuː] *n* 1. жвачка (*пища*) 2. жевательный табак 3. жевание; пережёвывание; процесс еды; I'll think about it while I have a ~ я подумаю об этом за едой, за обедом *и т. п.*
chew II [tʃuː] *v* (*часто* on, upon) 1. жевать, пережёвывать; разжёвывать 2. обдумывать, размышлять; замышлять; to ~ revenge замышлять месть; just ~ those facts over поразмыслите над этими фактами
◇ to ~ the cud а) жевать жвачку; б) пережёвывать старое; без конца возвращаться к той же мысли *и т. п.*; ~ the cud for a time подумайте немного, пораскиньте мозгами; to bite off more than one can ~ а) взять на себя невыполнимую задачу; б) обещать больше, чем можешь сделать; to ~ the rag а) ворчать, жаловаться, припоминать старые обиды /споры/; б) *амер.* = to ~ the fat болтать, беседовать о том о сём; to ~ smb.'s ear off *амер. сл.* доконать кого-л. длинной речью, нотацией *и т. п.*
chewed up [ˌtʃuːdˈʌp] *амер. сл.* 1. обозлённый; огорчённый; don't get ~ about that не расстраивайтесь /не выходите из себя/ из-за этого 2. потерпевший поражение; разбитый наголову 3. подавленный
chewer ['tʃuːə] *n* 1. *разг.* жвачное животное 2. *разг.* любитель жвачки (*табака, резинки*) 3. *pl амер. сл.* зубы, «жевалки»
chewing gum ['tʃuːɪŋɡʌm] 1. жевательная резинка 2. *амер. сл.* двусмыслица; невнятица; путаное сообщение, нечёткая информация
◇ chewing-gum wrapper *воен. жарг.* орденская лента
chew out [ˌtʃuːˈaʊt] *phr v амер. сл.* устраивать разнос; ≅ «снимать стружку»; he was chewed out ему влетело
chew over [ˌtʃuːˈəʊvə] *phr v* обсуждать, пережёвывать (*вопрос*); to ~ the problems of life обсуждать жизненно важные проблемы; I'll chew it over for a few days and let you know my opinion

я хорошенько обмозгую это и через несколько дней сообщу вам своё заключение
chew up [ˈtʃuːˈʌp] *phr v* 1) изжевать 2) уничтожить; испортить; this vacuum-cleaner chewed up the carpet пылесос изуродовал ковёр 2. пожирать; defence expenditures ~ an increasing part of the budget расходы на оборону пожирают всё большую часть бюджета
chewy [ˈtʃuː] *a* требующий продолжительного жевания; ~ salad салат, с которым не сразу справишься
Cheyenne [ʃaɪˈæn, ʃaɪˈen] *n* (*pl тж. без изм.*) 1) шайен, индеец-шайен 2) *pl* шайены (*племя североамериканских индейцев*) 2. язык племени шайенов
chez [ʃeɪ] *prep фр.* 1) у, в (*каком-л. месте*); ~ Metropole в Метрополе 2) у (*в чьём-л. произведении*); ~ Shakespeare у Шекспира
chiack [ˈtʃaɪæk] *v австрал. сл.* дразнить, высмеивать
Chian [ˈkaɪən] *n* 1. хиосец; житель или уроженец Хиоса 2. хиосское вино (*тж.* ~ wine)
Chianti [kɪˈænti] *n* кьянти (*сухое красное вино*)
chiao [tʃaʊ] *n кит.* цзяо (*1/10 юаня*)
chiaroscuro [kɪˌɑːrəsˈkʊ(ə)rəʊ] *n* (*pl -os* [-əʊz]) 1. жив. светотень 2. контраст(ы); контрастное сопоставление (*в поэзии и т. п.*) 3. *полигр.* чиароскуро
chiasm [ˈkaɪæz(ə)m] *n анат.* перекрёст; optic ~ перекрёст зрительных нервов
chiasma [kaɪˈæzmə] *n* (*pl -mata*) *биол.* хиазма
chiasmata [kaɪˈæzmətə] *pl от* chiasma
chiasmatypy [kaɪˈæsmətaɪpɪ] *n биол.* хиазматипия
chiasmi [kaɪˈæzmaɪ] *pl от* chiasmus
chiasmus [kaɪˈæzməs] *n* (*pl -mi*) *стил.* хиазм, обратный параллелизм
chiastolite [kaɪˈæstəlaɪt] *n мин.* хиастолит
chibouk, chibouque [tʃɪˈbuː(ː)k] *n тур.* чубук
chic I [ʃiː(ː)k] *n разг.* шик; элегантность, изысканность; radical ~ *амер.* щеголяние радикализмом (*в среде буржуазной интеллигенции*)
chic II [ʃiː(ː)k] *a разг.* элегантный, эффектный, изысканный; this is a ~ hat в этой шляпке есть шик; ~ appearance эффектная внешность; it was very ~ for him to resign отставка была красивым жестом с его стороны
chica [ˈtʃiːkə] *n* чика (*красящее вещество у индейцев*)
Chicago I [ʃɪˈkɑːgəʊ] *см.* Приложение
Chicago II [ʃɪˈkɑːgəʊ] *a* 1. чикагский 2. *разг.* гангстерский; that ~ look бандитский вид; одежда по гангстерской моде
Chicagoan [ʃɪˈkɑːgəʊən] *n* 1) уроженец или житель г. Чикаго 2) джазист из Чикаго (*представитель зародившегося в Чикаго стиля джазовой музыки*)
Chicago brick [ʃɪˈkɑːgəʊˌbrɪk] чикагский брикет (*род пломбира*)
Chicana [tʃɪˈkɑːnə] *n* чикана, американка мексиканского происхождения (*живущая в США*)
chicane I [ʃɪˈkeɪn] *n* 1. = chicanery 1 и 2 2. махинации; an election won by ~ победа на выборах, достигнутая путём махинаций 3. *карт.* рука без козырей, плохие карты
chicane II [ʃɪˈkeɪn] *v* 1. придираться 2. 1) заниматься крючкотворством 2) добиваться (*чего-л.*) посредством сутяжничества *или* крючкотворства
chicanery [ʃɪˈkeɪn(ə)rɪ] *n* 1. крючкотворство; сутяжничество 2. софистика 3. придирка; impatient of such chica-

neries выведенный из себя такими придирками
Chicano [tʃɪˈkɑːnəʊ] *n* чикано, американец мексиканского происхождения (*живущий в США*); ~ farmers фермеры из числа выходцев из Мексики; ~ organization организация, защищающая интересы чикано
chiccory [ˈtʃɪk(ə)rɪ] = chicory
chicha [ˈtʃiː(ː)tʃə] *n* чича (*кукурузная водка южноамериканских индейцев*)
chi-chi, chichi I [ˈʃiːʃiː] *n* 1. 1) претенциозность, жеманство 2) сверхмодная вещь 2. волокита; возня 3. привлекательная, волнующая женщина
chi-chi, chichi II [ˈʃiːʃiː] *a* 1) претенциозный; жеманный; ~ dress платье, претендующее на шик 2) сверхмодный, «стильный»; ~ party in ~ a part of the town фешенебельное сборище в фешенебельной части города
chick¹ [tʃɪk] *n* 1. цыплёнок; male ~ петушок; female ~ курочка 2. 1) птенец 2) *ласк.* цыплёнок, цыпка, птенчик (*о ребёнке*) 3) *сл.* цыпочка, девочка, девчонка (*о взрослой девушке*) 3. *амер. воен. жарг.* истребитель
chick² [tʃɪk] *n хинди* бамбуковая штора или портьера
chick³ [tʃɪk] *n шотл.* тиканье (*часов и т. п.*)
chickabidy [ˈtʃɪkəˌbɪdɪ] *n ласк.* птенчик, цыплёнок, цыпка (*о ребёнке*)
chickadee [ˈtʃɪkədiː] *n* 1) синица-гаичка 2) *амер.* синица
chickaree [ˈtʃɪkərɪ] *n зоол.* североамериканская красная белка (*Sciurus hudsonicus*)
chicken I [ˈtʃɪkɪn] *n* 1. цыплёнок 2. (молодая) курочка; молодой петушок; spring ~ а) *с.-х.* мясной цыплёнок, откормленный к весенней распродаже; б) *кул.* цыплёнок [*см. тж. 6, 1*)] 3. *pl с.-х.* куры; our ~s lay two to three eggs a day наши куры несут по два-три яйца в день 4. курятина, куриное мясо; fried ~ жареная курица; a pound of ~ фунт курятины; I don't like ~ курицу я не люблю /не ем/; ~ Kiev котлеты по-киевски; ~ croquettes куриные тефтели; ~ salad салат-оливье с курицей 5. птенец 6. 1) юнец, неопытное, неоперившийся птенец; spring ~ желторотый юнец *или* простодушная наивная девушка «цыплёнок» [*см. тж. 2*]; she is no (spring) ~ она уже не девчонка /не первой молодости/ 2) *ласк.* птенчик (*о ребёнке*) 3) *амер. сл.* молодой солдат, новобранец 4) *амер. сл.* лёгкая добыча, жертва (*ограбления и т. п.*) 7. *пренебр.* трус, мокрая курица; ~ to be ~ трусить 8. *воен. жарг.* 1) «курица» (*орёл в гербе США*) 2) «курица» (*знак различия полковника*) 3) полковник 9. *амер. сл.* 1) враки, выдумки 2) придирки 3) *sergeant* сержант-придира 3) нудная работа
◇ he got it where the ~ got the axe ему всыпали по первое число, он получил по шее; to count one's ~s before they are hatched, don't count your ~s before they are hatched *посл.* цыплят по осени считают
chicken II [ˈtʃɪkɪn] *a* 1. *амер.* куриный; относящийся к разведению кур; ~ coop /house/ курятник; ~ farming *амер.* птицеводство; куроводство, разведение кур; ~ farm птицеводческая ферма; ~ ranch (большое) птицеводческое хозяйство 2. *разг.* маленький, небольшой; ~ lobster молодой омар 3. *разг.* трусливый; to be ~ трусить, перепугаться
chicken-and-egg [ˌtʃɪkɪnəndˈeɡ] *a* (связанный с вопросом о том, что было

раньше — курица или яйцо; ~ problem проблема, где трудно отделить причину от следствия
chicken-breast [ˈtʃɪkɪnbrest] *n мед.* куриная грудь
chicken button [ˈtʃɪkɪnˌbʌtn] *проф.* 1. кнопка включения системы подрыва ракеты (*при отклонении от траектории и т. п.*) 2. аварийная кнопка; кнопка сигнала тревоги 3. кнопка включения катапультируемого сиденья (*лётчика или космонавта*)
chicken cholera [ˈtʃɪkɪnˌkɒlərə] *вет.* птичья холера
chicken colonel [ˈtʃɪkɪnˌkɜːn(ə)l] *амер. разг.* полковник (*в отличие от подполковника*)
chickenfeed [ˈtʃɪkɪnfiːd] *n разг.* 1. корм для домашней птицы 2. пустяки, мелочь, гроши; ничтожная сумма
chicken grit [ˈtʃɪkɪnɡrɪt] *стр.* мраморная крошка
chicken-heart [ˈtʃɪkɪnhɑːt] *n* 1. трусость, малодушие 2. трус, мокрая курица
chicken-hearted [ˌtʃɪkɪnˈhɑːtɪd] *a* трусливый, малодушный
chicken-liver [ˈtʃɪkɪnˌlɪvə] = chicken-heart
chicken-livered [ˌtʃɪkɪnˈlɪvəd] = chicken-hearted
chicken out [ˈtʃɪkɪnˈaʊt] *phr v* выйти из игры, грозящей неприятностями; пойти на попятный
chicken panis grass [ˈtʃɪkɪnpænɪsˌɡrɑːs] *бот.* куриное просо (*Panicum crussgalli*)
chickenpox [ˈtʃɪkɪnpɒks] *n мед.* ветряная оспа, ветрянка
chicken snake [ˈtʃɪkɪnˌsneɪk] *зоол.* лазающий полоз (*Elaphe*)
chicken switch [ˈtʃɪkɪnswɪtʃ] = chicken button
chicken thief [ˈtʃɪkɪnˌθiːf] *амер.* 1. мелкий воришка 2. *ист.* речной пароход, скупающий сельскохозяйственную продукцию (*у прибрежного населения*)
chicken track [ˈtʃɪkɪntræk] *амер. сл.* неразборчивый почерк; каракули; ≅ как курица лапой
chicken wire [ˈtʃɪkɪnˌwaɪə] *спец.* (мелкая) проволочная сетка
chickenwort [ˈtʃɪkɪnwɜːt] = chickweed
chickery [ˈtʃɪk(ə)rɪ] *n* цыплятник, помещение для цыплят
chickie [ˈtʃɪkɪ] *int сл.* шухер!
chicklet, chicklette [ˈtʃɪklɪt] *n амер. сл.* цыпочка, девчонка, бабёнка
chickling¹ [ˈtʃɪklɪŋ] *n* неоперившийся или только что вылупившийся цыплёнок
chickling² [ˈtʃɪklɪŋ] *n бот.* чина посевная (*Lathyrus sativus*)
chickling vetch [ˈtʃɪklɪŋvetʃ] = chickling²
chickpea [ˈtʃɪkpiː] *n бот.* нут, турецкий горох (*Cicer arietinum*)
chickweed [ˈtʃɪkwiːd] *n бот.* 1. собирательное название сорных гвоздичных растений (*Stellaria и др.*) 2. песчанка (*Arenaria gen.*) 3. алзина, мокричник (*Alsina spp.*)
chicle [ˈtʃɪk(ə)l] *n* 1) чикл, чикли (*растительная камедь*) 2) *ком.* чикли-гумми (*жевательная резинка; тж.* ~ gum)
chicly [ˈʃiːklɪ] *adv* шикарно, стильно, элегантно; ~ dressed элегантно одетый
chicory [ˈtʃɪk(ə)rɪ] *n бот.* цикорий (*Cichorium*); ~ salad салат из листьев цикория 2. цикорий (*суррогат кофе*)
chid [tʃɪd] *past и p. p. от* chide
chidden [ˈtʃɪdn] *p. p. от* chide

chide [tʃaɪd] *v* (chid; chid, chidden) 1. (for, with) бранить, упрекать; журить; ворчать (*на кого-л.*); to ~ a pupil for being lazy /with laziness/ выговаривать ученику за леность 2. выть, реветь, шуметь (*о ветре, море*)

chief I [tʃiːf] *n* 1. 1) глава, руководитель; лидер; начальник, шеф; заведующий, директор; ~ of chemical corps *воен.* начальник (управления) химических войск; fire ~ начальник пожарной команды; ~ of the hill *разг.* «комендант горы» (*лыжный спорт*); ~ of a library заведующий библиотекой, директор библиотеки; ~ of police начальник полиции, полицмейстер; ~ of the watch *мор.* вахтенный командир /начальник/; ~ of the court председатель суда; C. of Chaplains *воен.* начальник службы военных священников; главный капеллан 2) *разг.* шеф, чиф (*в обращении*); вождь (*племени, клана*); властитель, повелитель; Red Indian ~ вождь индейского племени; robber ~ атаман разбойников; Hail to the C. «привет вождю» (*марш при встрече президента США*) 3. *геральд.* верхняя часть щита 4. = chief-rent
◊ in ~ а) главным образом; б) *ист.* пожалованный сюзереном (*о поместье*)

chief II [tʃiːf] *a* 1. главный, руководящий; старший; ~ editor главный редактор; ~ engineer а) главный инженер; б) старший механик; ~ librarian заведующий библиотекой, директор библиотеки; ~ magistracy пост президента США *или* губернатора штата; ~ cameraman *кино* главный оператор; C. Command *воен.* главное командование; C. of Naval Staff начальник морского штаба (*Великобритании*); морской лорд; ~ officer *мор.* старший помощник; ~ signal officer *воен.* начальник службы связи; ~ surgeon *воен.* начальник медицинской службы; ~ medical officer *воен.* старший офицер медицинской службы; ~ nurse старшая медсестра 2. основной, важнейший, главный; ~ problem основная проблема, главный вопрос; ~ business основное занятие /дело/; ~ opposing force главные силы противника; ~ good *книжн.* величайшее благо; ~ happiness *книжн.* высшее счастье; the ~ rivers of France главные реки Франции; the ~ news is printed on the second page самое важное сообщение напечатано на второй странице; the ~ thing to remember is this прежде всего нужно запомнить следующее; the ~ thing to do основное, что нужно сделать; my ~ concern is... я больше всего озабочен тем, что...
◊ ~ cook and bottle washer *пренебр.* доверенный слуга; человек на побегушках; ~ mourner самый близкий родственник *или* друг умершего (*обыкн.* овдовевший супруг)

chief cabin [,tʃiːfˈkæbɪn] *мор.* каюткомпания

chief constable [,tʃiːfˈkʌnstəb(ə)l] главный констебль (*начальник полиции графства, города*)

chief delegate [ˈtʃiːfˈdelɪgɪt] глава делегации (*на международной конференции и т. п.*)

chiefdom [ˈtʃiːfdəm] *n* 1. положение главы племени 2. территория под управлением вождя племени

chiefery [ˈtʃiːfərɪ] *n* (*в Ирландии*) 1. положение *или* статус вождя (*клана*) 2. территория клана 3. подати, взимаемые вождём (*клана*)

Chief Executive [,tʃiːfɪgˈzekjutɪv] *амер.* 1. 1) президент; глава исполнительной власти (*титул президента США*) 2) губернатор штата 2. глава правительства 3. (с.е.) глава корпорации, фирмы *и т. п.*

chief justice [,tʃiːfˈdʒʌstɪs] *n* 1. председатель верховного суда (*в ряде стран*) 2. *амер.* 1) судья, председательствующий на судебном заседании 2) (C.J.) председатель Верховного суда США 3. *разг.* лорд главный судья

chiefly I [ˈtʃiːflɪ] *a* свойственный *или* подобающий вождю; ~ duties обязанности вождя

chiefly II [ˈtʃiːflɪ] *adv* главным образом, особенно; преимущественно, в основном; прежде всего; больше всего; he is valued ~ for his courage его ценят прежде всего за храбрость; they eat fish они питаются преимущественно рыбой

Chief Magistrate [,tʃiːfˈmædʒɪstr(e)ɪt] *амер.* 1. = Chief Executive 1 1) 2) 2. (c.m.) 1) глава государства (*монарх или президент*) 2) глава муниципалитета, мэр города

Chief of Staff [,tʃiːfəvˈstɑːf] *амер.* начальник штаба (*высшая должность в каком-л. роде войск*); ~, U.S. Air Force [Army] начальник штаба ВВС [сухопутных войск] США

chief of staff [,tʃiːfəvˈstɑːf] 1. начальник штаба 2. *воен. жарг.* офицерская жена

Chief of State [,tʃiːfəvˈsteɪt] глава государства; in the US the President is both the ~ and the Chief Executive в США президент является как главой государства, так и главой правительства

chief petty officer [,tʃiːf,petɪˈɒfɪsə] главный старшина (*высшее старшинское звание в ВМС*)

chief-rent [ˈtʃiːfrent] *n* *ист.* оброк; денежная феодальная подать

chiefry [ˈtʃiːfrɪ] = chiefery

chiefship [ˈtʃiːfʃɪp] *n* 1. положение главы клана *и т. п.*; положение вождя (*племени и т. п.*) 2. территория под управлением вождя племени

chieftain [ˈtʃiːftən] *n* 1. вождь (*племени*) 2. *шотл.* вождь или наследственный глава клана 3. *поэт.* военачальник, полководец 4. атаман (*разбойников*) 5. *часто ирон.* «хозяин», руководитель; заправила; labour ~s профсоюзные боссы

chieftaincy [ˈtʃiːftənsɪ] *n* 1. *книжн.* положение или власть главы, вождя (*племени, клана*) или атамана (*шайки*); during your father's ~ когда главой (*клана*) был ваш отец 2. *поэт.* водительство, предводительство

chieftainry [ˈtʃiːftənrɪ] *n* *собир.* вожди (*племён*) 2. власть, статус вождя

chieftainship [ˈtʃiːftənʃɪp] = chieftaincy 1

chield [tʃiːld] *n* *шотл.* малый, парень

chiffchaff [ˈtʃɪftʃæf] *n* *зоол.* пеночка (*Phylloscopus gen.*)

chiffon I [ˈʃɪfɒn] *n* 1. *текст.* шифон 2. *pl* 1) отделка (*на женском платье*); бантики, оборочки *и т. п.* 2) женские наряды; fashionable ~s модные тряпки

chiffon II [ˈʃɪfɒn] *a* 1. шифоновый; ~ blouse шифоновая блузка 2. *кул.* взбитый, воздушный; ~ pie торт со взбитыми сливками

chiffonier [,ʃɪfəˈnɪə] *n* 1) шифоньер(-ка) 2) сервант 3) горка (*для хрусталя и т. п.*)

chifforobe [ˈʃɪfərəʊb] *n* *редк.* шкаф для белья и одежды, комбинированный шкаф [< chiffonier + wardrobe]

chignon [ˈʃiːnjɒn] *n* шиньон; собранные на затылке волосы; низко уложенный пучок (*причёска*)

chigoe [ˈtʃɪgəʊ, ˈʃɪgəʊ] *n* *энт.* чигу, джиггер, чиггер (*Sarcopsylla penetrans*)

chi-hike, chi-ike [ˈtʃaɪhaɪk, ˈtʃaɪaɪk] *v* 1. *австрал., новозел.* 1) приветствовать криками; ≅ кричать ура 2) устраивать шумную демонстрацию 2. *преим. австрал.* высмеивать, дразнить (*кого-л.*), шутить (*над кем-л.*)

chihuahua [tʃɪˈwɑːwə] *n* чихуахуа (*порода мелких декоративных собак*)

chilblains [ˈtʃɪlbleɪnz] *n pl мед.* ознобление, ознобыши

child [tʃaɪld] *n* (*pl* children) 1. 1) ребёнок, дитя, младенец; male [female] ~ новорождённый мальчик [-ая девочка], младенец мужского [женского] пола; ~ welfare охрана младенчества /детства/; ~ hygiene *мед.* гигиена детского возраста; mother and ~ мать и дитя; Mother and C. мадонна /богородица/ с младенцем; to be with ~ быть беременной; four months gone with ~ на пятом месяце беременности; big /great, heavy/ with ~ на сносях; he got her with ~ она забеременела от него; from a ~ с детства; the unborn ~ *преим. ирон.* невинный младенец; the slaughter of the children *библ.* избиение младенцев 2) ребёнок; мальчик; девочка; children and adults дети и взрослые; what a sweet ~! какой очаровательный /милый/ ребёнок!; какая милая девочка *или* какой славный мальчик!; she is an obedient ~ она послушная девочка; young ~ маленький /грудной/ ребёнок, младенец; high-school children школьники старших классов; you speak as a ~ ты говоришь /рассуждаешь/ как ребёнок /по-детски, наивно/; children's hospital детская больница; children's service *мед.* детское отделение (*больницы*) 3) *диал.* новорождённая девочка; младенец женского пола; a boy or a ~? мальчик или девочка? 4) *библ.* отрок 2. ребёнок, чадо, дочь; children and parents дети и родители; an only ~ единственный ребёнок; she is my own ~ она мне родная дочь; I call him my ~ я называю его сыном; my children! *возвыш.* дети мои!; ~ of shame *возвыш.* дитя (её) позора; to own a ~ признать своё отцовство; children's allowance пособие на (содержание) детей; children's hour время, которое родители уделяют детям, «детский час» 3. *юр.* малолетний (*до 14 лет*); несовершеннолетний (*до 18 лет в Великобритании*) 4. *неодобр., шутл.* сущее дитя (*о взрослом*); взрослый ребёнок; don't be such a ~! тебе пора повзрослеть! 5. *редк.* отпрыск, потомок; ~ of our grandmother Eve дочь Евы, женщина 6. *возвыш.* дитятя, сын; ~ of the Renaissance сын /человек/ эпохи Возрождения; children of the East сыны Востока; ~ of the forest сын лесов (*индеец*); ~ of nature дитя природы; the children of Israel *библ.* сыны Израилевы; the children of light *библ.* сыны света; ~ of the soil a) местный уроженец; б) крестьянин; в) дитя природы 7. порождение; fancy's ~ порождение фантазии, плод воображения; dreams... the children of an idle brain (*Shakespeare*) сновиденья... плоды бездельники-мечты 8. = childe
◊ children should be seen, and not heard в обществе взрослых дети должны молчать; a ~ may have too much of his mother's blessings ≅ слишком неж-

ная мать портит дитя; this ~ *амер. шутл.* я; ≅ ваш покорный слуга; children and chicken must be always picking ≅ ребёнка, что цыплёнка, досыта не накормишь; children learn to creep ere they can go ≅ всё в своё время; нельзя забегать вперёд; a burnt ~ dreads the fire ≅ пуганая ворона куста боится
child-bearing [ˈtʃaɪldˌbe(ə)rɪŋ] *n* **1.** деторождение; роды; ~ age детородный возраст **2.** *редк.* беременность; вынашивание плода
childbed [ˈtʃaɪldbed] *n* **1)** роды; to die in ~ умереть от родов **2)** *мед.* послеродовой период; ~ fever родильная горячка, послеродовая инфекция
childbirth [ˈtʃaɪldbɜːθ] *n* роды; to die in ~ умереть от родов
child care [ˈtʃaɪldkeə] охрана детства; ~ institutions /centers/ детские сады и ясли
child-crowing [ˈtʃaɪldˌkrəʊɪŋ] *n мед.* ларингоспазм
childe [tʃaɪld] *n ист.* чайл(ь)д (*молодой дворянин*); C. Harold Чайльд Гарольд
childed [ˈtʃaɪldɪd] *a редк.* имеющий детей
Childermas [ˈtʃɪldəmæs] *n церк.* день избиения младенцев (*28 декабря*)
Childermas-day, **Childermas-tide** [ˈtʃɪldəmæsˌdeɪ, -ˌtaɪd] = Childermas
child guidance [ˈtʃaɪldˌɡaɪd(ə)ns] *социол.* работа с трудными детьми; психологическая, социальная и медицинская помощь трудным или отстающим в развитии детям; ~ clinic детская консультация-поликлиника (*для неполноценных или трудных детей*)
childhood [ˈtʃaɪldhʊd] *n* детство; ~ friend друг детства; ~ disease детская болезнь, болезнь детского возраста; ~ reading детское чтение; литература для детей; in one's second ~ впавший в детство; the ~ of the world заря человечества; the ~ of our joy заря нашего счастья
childie [ˈtʃaɪldɪ] *n ласк. редк.* ребёночек, деточка
childing [ˈtʃaɪldɪŋ] *a арх.* **1.** рожающая **2.** *бот.* **1)** плодоносящий **2)** с разновременным цветением цветков в соцветии
childish [ˈtʃaɪldɪʃ] *a* **1.** ребяческий, ребячливый; инфантильный, незрелый; ~ argument наивное рассуждение; ~ idea несерьёзная мысль; ~ behaviour ребячливое поведение; ~ mind незрелый ум; ~ weakness слабость, недостойная мужчины; don't be ~! не ребячься!; to believe this would be ~ было бы наивно /глупо/ этому верить; the old man is becoming ~ старик впадает в детство **2.** детский; high ~ voice высокий детский голос; ~ selfishness эгоизм, свойственный детям; to call back ~ memories воскрешать память о детстве
childishness [ˈtʃaɪldɪʃnɪs] *n* детскость, ребячливость; a piece of ~ ребяческое поведение, ребяческая выходка
child labour [ˈtʃaɪldˌleɪbə] *юр.* детский труд
childless [ˈtʃaɪldlɪs] *a* бездетный, не имеющий детей; a ~ couple бездетная пара
childlike [ˈtʃaɪldlaɪk] *a* **1.** детски непосредственный; невинный, чистый; искренний, простой, подобный дитя; ~ heart младенчески чистое сердце; ~ faith детская вера; he has a ~ love for the circus он как ребёнок любит цирк **2.** *редк.* сыновний; дочерний; ~ duty сыновний *или* дочерний долг; обязанности детей по отношению к родителям
childly [ˈtʃaɪldlɪ] *a поэт.* **1. 1)** детский, младенческий **2)** ребячливый, наивный **2.** *в грам. знач. нареч.* по-детски

child-minder [ˈtʃaɪldˌmaɪndə] *n* **1.** приходящая няня **2. 1)** няня в яслях **2)** воспитательница (детского сада)
child-minding [ˈtʃaɪldˌmaɪndɪŋ] *n* присмотр за детьми (*за плату*); работа приходящей няни, воспитательницы в детском саду *и т. п.*
child prodigy [ˌtʃaɪldˈprɒdɪdʒɪ] вундеркинд; талантливый и не по возрасту развитой ребёнок
childproof [ˈtʃaɪldpruːf] *a* недоступный для детей; ~ locks замки, которые дети не могут сами открыть; ~ containers банки /коробки/, которые ребёнок не может открыть
child psychology [ˌtʃaɪldsaɪˈkɒlədʒɪ] **1)** психология детского возраста, *особ.* раннего возраста (*до 6 лет*) **2)** психологический подход к лечению детей; психологическая педиатрия
children [ˈtʃɪldrən] *pl от* child
childrenese [ˌtʃɪldrəˈniːz] *n амер.* язык общения взрослых с детьми
child-rites [ˈtʃaɪldraɪts] *n pl церк.* обряд крещения (*детей*)
childship [ˈtʃaɪldʃɪp] *n книжн.* **1.** статус сына *или* дочери **2.** усыновление, удочерение
child's play [ˈtʃaɪldzpleɪ] детские игрушки, пустяковое дело, лёгкая задача; it's ~ to me для меня это пустяки, это ничего не стоит сделать; driving a car is not ~ вождение машины — нелёгкое дело
child's primer [ˌtʃaɪldzˈpraɪmə] **1.** букварь **2.** *полигр.* терция (*шрифт*)
child wife [ˈtʃaɪldwaɪf] **1)** *преим. ист.* жена-девочка (*в некоторых странах*) **2)** молоденькая жена
chile [ˈtʃɪlɪ] **1.** = chili I **2.** = chili con carne
Chilean I [ˈtʃɪlɪən] *n* **1.** чилиец; чилийка; the ~s *собир.* чилийцы **2.** чилийский вариант испанского языка
Chilean II [ˈtʃɪlɪən] *a* чилийский
chile con carne [ˌtʃɪlɪkənˈkɑːnɪ] = chili con carne
Chile saltpeter [ˌtʃɪlɪˌsɔːltˈpiːtə] чилийская *или* натронная селитра
chili¹ I [ˈtʃɪlɪ] *n* **1.** *бот.* перец стручковый, перец красный острый (*Capsicum baccatum*) **2. 1)** чили, чилийский перец (*тж.* ~ pepper); ~ powder молотый красный перец **2)** острая приправа из чилийского перца **3.** = chili con carne
chili¹ II [ˈtʃɪlɪ] *a* **1.** приправленный красным, «чилийским» стручковым перцем; ~ sauce соус «чили», острый томатный соус; ~ dog сосиска с соусом «чили» **2.** *амер. пренебр.* мексиканский; ~ food мексиканская кухня; ~ boots мексиканские сапоги (*на высоком каблуке*)
chili² [ˈtʃɪlɪ] *n* чили, знойный ветер типа сирокко (*в Северной Африке*)
chiliad [ˈkɪlɪæd] *n возвыш.* **1.** тысяча **2. 1)** тысячелетие; тысяча лет **2)** *рел.* тысячелетнее земное царствование Христа
chiliagon [ˈkɪlɪəɡɒn] *n редк.* тысячеугольник
Chilian I, II [ˈtʃɪlɪən] = Chilean I *и* II
chiliarch [ˈkɪlɪɑːk] *n др.-греч.* хилиарх, начальник тысячи (*воинов*)
chiliasm [ˈkɪlɪæz(ə)m] *n рел.* хилиазм
chiliast [ˈkɪlɪæst] *n рел.* хилиаст
chili-bowl [ˈtʃɪlɪbəʊl] *n амер. сл.* **1.** стрижка «под горшок» **2. 1)** грязнуля, неряха **2)** тупица
chili-burger [ˈtʃɪlɪˌbɜːɡə] *n амер.* рубленый бифштекс, приправленный острым соусом «чили»
chili con carne [ˌtʃɪlɪkənˈkɑːnɪ] мясо в остром соусе с красным перцем и фасолью (*мексиканское блюдо*)

CHI — CHI   C

chill I [tʃɪl] *n* **1. 1)** холод; охлаждение; охлаждённое состояние; to take the ~ off немного подогреть **2)** холод; холодная погода; the ~s of night ночные холода, ночные заморозки; there is quite a ~ in the air this morning сегодня с утра свежевато /прохладно/ **2. 1)** простуда; to catch a ~ простудиться **2)** озноб, дрожь; ~s and fever *мед.* перемежающаяся лихорадка, малярия; I felt a ~ у меня мороз побежал по коже **3.** холодность (*в отношениях*); холодность, прохладность (*в обращении*); there was a ~ in his voice его голос звучал холодно **4.** расхолаживающее влияние; разочарование; to cast /to throw/ a ~ охлаждать пыл; омрачать; to put the ~ (on) *амер. сл.* а) относиться холодно, третировать; б) убить; the bad news cast a ~ over the gathering печальная весть произвела тяжёлое впечатление на собравшихся; a ~ comes o'er my heart *поэт.* холод леденит мне сердце **5.** *тех.* резкое охлаждение, закалка; ~ box *спец.* холодильник; ~ mould *метал.* кокиль, изложница
chill II [tʃɪl] *a* **1.** (неприятно) холодный; студёный; ~ breeze холодный ветер; my blood ran ~ у меня кровь застыла в жилах **2.** прохладный, холодный, неприветливый; ~ welcome холодный приём; ~ courtesy ледяная вежливость **3.** бесчувственный, холодный, чёрствый; ~ penury *поэт.* холодная рука нужды **4.** озябший; ~ travellers продрогшие путники
chill III [tʃɪl] *v* **1. 1)** охлаждать; студить; to be ~ed to the bone продрогнуть до (мозга) костей; it ~s my blood от этого во мне стынет /леденеет/ кровь; to be ~ed with terror оцепенеть от ужаса; nothing could ~ the ardour of his love ничто не могло остудить жар его любви **2)** охлаждать, замораживать (*на льду, в холодильнике*); to ~ wines охлаждать вина; to ~ meat охлаждать мясо **3)** расхолаживать; разочаровывать; приводить в уныние; лишать бодрости; to ~ smb.'s hopes охлаждать чьи-л. надежды **3.** *редк.* чувствовать озноб **4.** *амер. разг.* игнорировать, пренебрегать **5.** *амер. сл.* отказать кому-л. в продаже наркотиков **6.** *метал.* **1)** закаливать **2)** отбеливать
chilldown [ˈtʃɪldaʊn] *n спец.* захолаживание
chilled [tʃɪld] *a* **1.** охлаждённый; ~ cargo груз охлаждённых продуктов; ~ meat охлаждённое мясо; ~ champagne охлаждённое шампанское **2.** *метал.* **1)** закалённый **2)** отбелённый
chiller [ˈtʃɪlə] *n* **1.** *см.* chill III + -er **2.** *амер.* **1)** сенсационный роман (*об убийствах, привидениях и т. п.*) **2)** фильм ужасов **3)** *амер. сл.* револьвер, пистолет
chiller-diller [ˌtʃɪləˈdɪlə] *амер. сл.* = chiller 2
chill factor [ˈtʃɪlˌfæktə] *метеор.* коэффициент резкости погоды
chilli I, II [ˈtʃɪlɪ] = chili¹ I *и* II
chilli con carne [ˌtʃɪlɪkənˈkɑːnɪ] = chili con carne
chilliness [ˈtʃɪlɪnɪs] *n* **1.** прохладность **2.** сухость, холодность
chilling I [ˈtʃɪlɪŋ] *n* **1.** *мед.* познабливание **2. 1)** *метал.* закалка (*в кокилях*) **2)** *спец.* потускнение (*лака*)
chilling II [ˈtʃɪlɪŋ] *a* страшный, пугающий; a ~ tale повесть, от которой в дрожь бросает

chilling-room ['tʃɪlɪŋru(:)m] *n спец.* холодильная камера
chillness ['tʃɪlnɪs] *n* 1. холод; промозглость; (неприятная) прохлада 2. холодность, холодок
chillsome ['tʃɪlsəm] *a* сырой и холодный; ~ November промозглый ноябрь
chillum ['tʃɪləm] *n хинди* 1. 1) чашечка (*кальяна*) 2) кальян 2. курение
chillun ['tʃɪlən] *амер. прост. см.* children
chilly¹ I ['tʃɪlɪ] *a* 1. холодный; прохладный, промозглый (*тж. о погоде*); ~ room холодная /нетопленая/ комната; ~ morning прохладное /свежее/ утро; it is getting ~ становится прохладно /свежевато, холодно/ 2. зябкий; to feel ~ озябнуть, продрогнуть; ~ sensation *мед.* озноб 3. сухой, холодный; натянутый, чопорный; ~ manner холодная манера обращения; ~ reception холодный /неприветливый/ приём; ~ smile натянутая /ледяная/ улыбка; to be ~ to smth. с прохладцей /равнодушно/ относиться к чему-л. 4. бросающий в дрожь; ~ suspicions жуткие подозрения
chilly¹ II ['tʃɪlɪ] *adv* 1. зябко, холодно 2. сухо, неприветливо, холодно
chilly² I, II ['tʃɪlɪ] = chili I *и* II
Chiltern Hundreds ['tʃɪltən'hʌndrədz] Чилтерн Хандредз, Чилтернские округа (*коронные земли в графстве Бакингемшир в Великобритании*) ◊ the Stewardship of the ~ номинальная должность управляющего Чилтернскими округами (*который не мог быть членом парламента*); to accept /to apply for/ the ~ слагать с себя полномочия члена парламента (*под предлогом перехода на государственную службу*)
Chimaera [k(a)ɪ'mɪ(ə)rə] = Chimera
chimar ['tʃɪmə] = chimer²
chimb [tʃɪm] *n* утор бочки
chimbley ['tʃɪmblɪ] *прост.* = chimney
chime¹ I [tʃaɪm] *n* 1. (*тж. pl*) набор колоколов; куранты 2. *pl* 1) колокольный перезвон; звон курантов 2) мелодия, исполняемая на курантах /колоколах/ 3. бой (*часов*) 4. колокольчик (*дверной звонок, выбивающий мелодию*) 5. гармония, музыка (*стиха*) 6. согласие, согласованность; гармоническое сочетание; in ~ в гармонии, в согласии; a happy ~ of fact and theory счастливое совпадение фактов и теорий
chime¹ II [tʃaɪm] *v* 1. 1) выбивать мелодию (*на колоколах, курантах*) 2) звучать, звонить, звенеть; the bells are chiming раздаётся колокольный перезвон; звенят /играют/ куранты 3) бить, отбивать (*о часах*); the clock ~d midnight пробило полночь 2. 1) звонить (*в колокола*) 2) призывать, приглашать (*колокольным*) звоном; the steward ~d us to meals стюард колокольчиком созывал нас в столовую 3. 1) однообразно повторяться (*тж.* ~ over) 2) монотонно повторять; скандировать; to ~ verse твердить стихи 4. (with) гармонировать (*с чем-л.*), соответствовать (*тж.* ~ in); her beliefs and practice ~ well together она всегда идут в соответствии со своими убеждениями; to ~ (in) with smb.'s mood соответствовать чьему-л. настроению; I think your plans will ~ (in) with mine думаю, что ваши планы совпадут с моими
chime² [tʃaɪm] = chimb
chime in ['tʃaɪm'ɪn] *phr v* 1. вмешиваться в разговор (*особ. с непрошенными советами*); I thought it's time to ~ я подумал, что мне пора сказать своё

слово 2. присоединяться; to ~ with the laughter присоединиться к общему смеху
chimer¹ ['tʃaɪmə] *n* звонарь
chimer² ['tʃaɪmə] *n церк.* симара, подрясник
Chimera [k(a)ɪ'mɪ(ə)rə] *n* 1. 1) *греч. миф.* Химера 2) чудовище 2. (c.) химера, несбыточная мечта 3. (c.) *архит.* химера, изображение фантастического существа 4. (c.) *биол.* химера
chimere [tʃɪ'mɪə] = chimer²
chimeric, chimerical [kaɪ'merɪk, -(ə)l] *a* химерический, фантастический; ~ schemes несбыточные /сумасбродные/ планы; a ~ supposition нереальное предположение
chimney ['tʃɪmnɪ] *n* 1. труба (*дымовая, вытяжная*); дымоход 2. ламповое стекло 3. кратер 4. *арх.* камин; очаг 5. 1) расщелина, по которой можно взобраться на отвесную скалу 2) труба, расщелина (*в альпинизме*) 6. *геол.* круто падающий рудный столб; эоловый столб 7. *библ.* кров
chimney-board ['tʃɪmnɪbɔ:d] *n* щит, закрывающий камин на лето
chimneybreast ['tʃɪmnɪbrest] *n стр.* выступ в кладке для дымохода
chimney-cap ['tʃɪmnɪkæp] *n* колпак дымовой трубы
chimney corner ['tʃɪmnɪ,kɔ:nə] 1) место у камина 2) уютный тёплый уголок
chimney-hook ['tʃɪmnɪhʊk] *n* крючок для подвешивания чайника *и т. п.* над очагом
chimney money ['tʃɪmnɪ,mʌnɪ] *ист.* налог на очаги (*исчислялся по количеству труб на крыше*)
chimneypiece ['tʃɪmnɪpi:s] *n* 1. полка над камином; каминная доска; to put smth. on the ~ поставить что-л. на камин 2. *арх.* накаминное украшение (*статуэтка и т. п.*); картина над камином
chimney place ['tʃɪmnɪpleɪs] *амер.* камин
chimneypot ['tʃɪmnɪpɒt] *n* 1) *стр.* дефлектор 2) *шутл.* цилиндр (*шляпа; тж.* ~ hat)
chimney-shaft ['tʃɪmnɪʃɑ:ft] = chimneystalk
chimneystack ['tʃɪmnɪstæk] *n* дымоход, дымовая труба; общий выход нескольких дымовых труб
chimney-stalk ['tʃɪmnɪstɔ:k] *n* заводская *или* фабричная труба; дымовая труба
chimney swallow [,tʃɪmnɪ'swɒləʊ] *зоол.* 1. ласточка деревенская (*Hirundo rustica*) 2. = chimney swift
chimney-sweep ['tʃɪmnɪswi:p] *n* трубочист
chimney-sweeper ['tʃɪmnɪ,swi:pə] *n* 1. = chimney-sweep 2. щётка для чистки дымоходов
chimney swift [,tʃɪmnɪ'swɪft] *зоол.* печной иглохвост (*Chaetura pelagica*)
chimp [tʃɪmp] *n разг.* шимпанзе
chimpanzee [,tʃɪmpən'zi:] *n зоол.* шимпанзе (*Pan troglodytes*)
chin I [tʃɪn] *n* 1. подбородок; retreating [square] ~ срезанный [квадратный] подбородок 2. *сл.* 1) болтовня; трёп 2) дерзости, грубости
◊ up to the ~ ≅ по горло; по уши; ~s are wagging идут толки /сплетни/; keep your ~ up! ≅ выше голову!, не падайте духом!; ~ up! не унывайте!; to take things on the ~ не унывать, не падать духом; to hold up by the ~ поддерживать, оказывать помощь
chin II [tʃɪn] *v редк.* 1. *разг.* подносить к подбородку; придерживать подбородком (*скрипку и т. п.*) 2. *амер. сл.* 1) болтать, чесать языки, трепаться 2) дерзить, хамить (*кому-л.*) 3. *спорт.*

подтягиваться до уровня подбородка; to ~ oneself up подтянуться до уровня подбородка
China I ['tʃaɪnə] *см.* Приложение
China II ['tʃaɪnə] *a* китайский; ~ tea китайский чай; ~ wood oil *фарм.* тунговое масло; ~ clipper *мор. ист.* чайный клипер
china I ['tʃaɪnə] *n* 1. 1) фарфор (*материал*); egg-shell ~ китайский /очень тонкий/ фарфор 2) фарфоровые изделия; фарфоровая посуда (*фарфоровая и фаянсовая*); чайные и обеденные сервизы 2. *амер. сл.* зубы
◊ to break ~ устроить скандал
china II ['tʃaɪnə] *a* 1. фарфоровый; ~ vase фарфоровая ваза 2. посудный
China aster [,tʃaɪnə'æstə] *бот.* астра садовая, китайская астра (*Callistephus chinensis*)
china bark [,tʃaɪnə'bɑ:k] *фарм.* хинная корка
chinaberry ['tʃaɪnəb(ə)rɪ] *n бот.* мелия иранская, сирень персидская (*Melia azedarach*)
china blue [,tʃaɪnə'blu:] ярко-синий цвет с зеленоватым оттенком
China clay [,tʃaɪnə'kleɪ] фарфоровая глина, каолин
China-clipper [,tʃaɪnə'klɪpə] *n* 1. *ист.* чайный клипер 2. (c.) *сл.* посудомойщик; *воен. тж.* дневальный по кухне
china closet ['tʃaɪnə,klɒzɪt] буфет; посудный шкаф
China-crape [,tʃaɪnə'kreɪp] *n арх.* крепдешин
chinagraph (pencil) ['tʃaɪnəgrɑ:f('pens(ə)l)] (*n*) жирный карандаш для пометок на фарфоре, стекле *и т. п.*
China grass [,tʃaɪnə'grɑ:s] *бот.* рами, китайская крапива (*Boehmeria nivea*)
China-ink [,tʃaɪnə'ɪŋk] *n* (китайская) тушь
China man ['tʃaɪnə'mæn] *антр.* синантроп
Chinaman ['tʃaɪnəmən] *n (pl* -men [-mən]) 1. *пренебр.* китаец 2. *мор. жарг.* матрос-прачка 3. «китаец» (*крученый мяч, брошенный левой рукой; в крикете*)
◊ ~'s chance весьма слабый, незначительный, ничтожный шанс на успех, заработок *и т. п.*; you haven't a ~'s chance of raising that money у вас очень мало шансов добыть эти деньги
chinaman ['tʃaɪnəmən] *n (pl* -men [-mən]) торговец фарфоровыми изделиями *или* посудой
chinamania [,tʃaɪnə'meɪnɪə] *n редк.* страсть к коллекционированию старинного фарфора
China rose ['tʃaɪnərəʊz] чайная роза, роза китайская (*Rosa chinensis*)
china shop ['tʃaɪnəʃɒp] 1) магазин фарфора 2) посудная лавка
◊ a bull /an elephant/ in a ~ слон в посудной лавке; неуклюжий и бестактный человек
China silk ['tʃaɪnəsɪlk] *текст.* крепдешин
china stone ['tʃaɪnəstəʊn] *мин.* полувыветрелый гранит
Chinatown ['tʃaɪnətaʊn] *n* китайский квартал (*в Нью-Йорке и др. городах*)
china tree ['tʃaɪnətri:] = chinaberry
chinaware ['tʃaɪnəweə] *n* 1) фарфоровые изделия 2) *разг.* фарфоровая и фаянсовая посуда
China watcher ['tʃaɪnə,wɒtʃə] специалист по современному Китаю; специалист *или* учёный, постоянно следящий за событиями в Китае
china wedding ['tʃaɪnə,wedɪŋ] «фарфоровая свадьба», двадцатая годовщина свадьбы
Chinawoman ['tʃaɪnə,wʊmən] *n (pl* -women [-,wɪmɪn]) *пренебр.* китаянка

China wood oil ['tʃaɪnəwʊd,ɔɪl] тунговое масло
chin band ['tʃɪnbænd] = chinstrap
chin-bandage ['tʃɪn,bændɪdʒ] *n мед.* пращевидная повязка на подбородке
chincapin ['tʃɪŋkəpɪn] = chinquapin
chinch [tʃɪntʃ] *n энт.* 1. клоп постельный (*Cimex lectularius*) 2. клоп-черепашка (*Blissus leucopterus*)
chinch bug ['tʃɪntʃbʌg] = chinch 2
chinchilla [tʃɪn'tʃɪlə] *n* 1. *зоол.* шиншилла (*Chinchilla*) 2) шиншилловый мех 2. шиншилла (порода кроликов) 3. шерстяная ткань с начёсом, искусственный мех 4. кошка породы «шиншилла» (серебристо-серая; *тж.* ~ cat)
chin-chin I [tʃɪn'tʃɪn] *n шутл.* 1. чинная светская беседа 2. непринуждённый разговор, болтовня
chin-chin II [tʃɪn'tʃɪn] *v шутл.* 1. вести неторопливую, чинную беседу 2. болтать о пустяках; непринуждённо беседовать 3. 1) приветствовать, желать всего лучшего 2) провозглашать здравицу, тост
chin-chin III [tʃɪn'tʃɪn] *int шутл.* 1) привет! 2) *разг.* (за) ваше здоровье!, будем здоровы! (*при выпивке*)
chinchona [tʃɪŋ'kəʊnə] = cinchona
chine¹ [tʃaɪn] *n геол.* ущелье, расщелина
chine² [tʃaɪn] = chimb
chine³ I [tʃaɪn] *n* 1. спинной хребет животного 2. *кул.* филей; седло 3. острый гребень (*горы*); горный хребет; гряда гор 4. *мор.* острая скула
chine³ II [tʃaɪn] *v* 1. вырезать филей 2. переломить хребет; I'll ~ the villain я сверну шею этому негодяю
Chinee [tʃaɪ'ni:] *n прост.* китаец
Chinese I [,tʃaɪ'ni:z] *n* (*pl без измен.*) 1. китаец, китаянка; the ~ *собир.* китайцы 2. китайский язык; to speak ~ говорить по-китайски
Chinese II [,tʃaɪ'ni:z] *a* 1. китайский; ~ paper китайская бумага (*из бамбука*); ~ characters китайские иероглифы 2. *амер. сл.* сделанный шиворот-навыворот; неудачный, неправильный; ~ compliment притворный интерес к мнению других; ~ accounting подтасовка цифр; ~ attack *воен.* ложное /демонстративное/ наступление; ~ landing *ав.* посадка на одно колесо; ~ ace *ав.* пилот, производящий посадку с креном; горе-лётчик
Chinese boxes [,tʃaɪ'ni:z'bɒksɪz] китайские коробочки (*укладывающиеся одна в другую*)
Chinese checkers [,tʃaɪ'ni:z'tʃekəz] *амер.* = Chinese chequers
Chinese chequers [,tʃaɪ'ni:z'tʃekəz] китайские шашки
Chinese copy [,tʃaɪ'ni:z'kɒpɪ] *иск.* «китайская копия», точное воспроизведение предмета со всеми его недостатками и достоинствами
Chinese fire drill [,tʃaɪ'ni:z'faɪədrɪl] *амер.* суматоха, полный беспорядок
Chinese gelatin [,tʃaɪ'ni:z'dʒelətɪn] *кул.* агар, агар-агар
Chinese hibiscus [,tʃaɪ,ni:zhaɪ'bɪskəs] *бот.* сирийская мальва, китайская роза (*Hibiscus rosa-sinensis*)
Chinese lacquer [,tʃaɪ'ni:z'lækə] китайский лак, лак из камеди, сумаха
Chinese lantern [,tʃaɪ'ni:z'læntən] китайский фонарик (*бумажный, складной*)
Chinese puzzle [,tʃaɪ'ni:z'pʌzl] 1) китайская головоломка (*деревянная или металлическая*) 2) головоломка, трудно разрешимая задача; ≅ китайская грамота
Chinese red [,tʃaɪ'ni:z'red] оранжево-красный цвет
Chinese tobacco [,tʃaɪ,ni:z'tæbəʊ] *сл.* опиум

Chinese tumbler [,tʃaɪ'ni:z'tʌmblə] «китайский акробат», игрушка-неваляшка
Chinese Wall [,tʃaɪ'ni:z'wɔ:l] 1) Великая китайская стена 2) (C. w.) китайская стена, непреодолимый барьер
Chinese white [,tʃaɪ'ni:z'waɪt] китайские белила (*цинковые*)
Chinese wood oil [,tʃaɪ'ni:zwʊd,ɔɪl] = China wood oil
chinfest ['tʃɪnfest] *n амер. сл.* продолжительная беседа о всяких пустяках; бесконечный трёп
Chink [tʃɪŋk] *n* чинк (*презрительная кличка китайца*)
chink¹ I [tʃɪŋk] *n* 1. щель, трещина; расщелина; скважина 2. = chine¹
◇ a ~ in smb.'s armour щель в чьей-л. броне; слабое место; a ~ in his armour was inadequate education его слабым местом была недостаточная образованность
chink¹ II [tʃɪŋk] *v амер.* 1. замазывать, заделывать щели 2. растрескиваться, покрываться щелями
chink² I [tʃɪŋk] *n* 1. звон, звяканье (*стаканов, монет*) 2. трескотня (*кузнечиков*) 3. *разг.* звонкая монета; наличные деньги; a man of ~ богач
chink² II [tʃɪŋk] *v* 1. звенеть, звякать (*о стаканах, монетах*); spoons ~ed in the glasses ложки звякали о стаканы 2. звенеть (*чем-л.*); he ~ed the coins in his pocket он позванивал монетами в кармане
chink³ I [tʃɪŋk] *n* припадок судорожного кашля или смеха
chink³ II [tʃɪŋk] *v* судорожно смеяться или кашлять; задыхаться от смеха, кашля
chinkapin ['tʃɪŋkəpɪn] = chinquapin
chinky ['tʃɪŋkɪ] *a* щелистый, изрезанный трещинами, потрескавшийся
chinless ['tʃɪnlɪs] *a* 1. без подбородка, со срезанным или покатым подбородком 2. бесхарактерный, слабовольный
◇ ~ wonder оболтус из высшего общества
chinny ['tʃɪnɪ] *a* 1. с выступающим подбородком; ~ face лицо с мощным подбородком 2. *разг.* болтливый, разговорчивый
chin-music ['tʃɪn,mju:zɪk] *n амер. сл.* болтовня, чесание языком
chino ['tʃi:nəʊ] *n текст.* бумажный твил; прочная хлопчатобумажная ткань (*для спецовок, комбинезонов и т. п.*)
chinoiserie [,ʃi:nwɑ:z(ə)'ri:] *n фр.* 1. китайские вещи (*преим. о вышивках, фарфоре и т. п.*) 2. (C.) китайский стиль (*в европейском искусстве, особ. в XVIII в.*)
Chinologist [tʃaɪ'nɒlədʒɪst] *n редк.* синолог, китаевед, китаист
Chinook [tʃɪ'nʊ(:)k, tʃɪ'nʊk] *n* (*pl тж. без измен.*) 1. 1) чинуки (*племя североамериканских индейцев*) 2) чинук (*индеец из племени чинуков*) 2. чинукский жаргон (*смесь индейских языков с английским и французским*) 3. (c.) чинук (*ветер; тж.* ~ wind) 4. (c.) = Chinook salmon
◇ ~ State *амер.* штат индейцев-чинуков (*шутливое название штата Вашингтон*)
Chinook salmon [tʃɪ'nʊ(:)k'sæmən] *зоол.* чавыча (*Oncorhynchus tschawytscha*)
chinos ['tʃi:nəʊz] *n употр. с гл. во мн. ч. разг.* модные летние брюки из хлопчатобумажного твила
chinquapin ['tʃɪŋkəpɪn] *n бот.* каштан карликовый (*Castanea pumila*)
chinrest ['tʃɪnrest] *n муз.* подбородник (*скрипки*)
chinse [tʃɪns] *v* 1. *диал.* заделывать щели 2. *мор.* конопатить паклей

CHI — CHI   C

chinstrap ['tʃɪnstræp] *n* 1. подбородочный ремень 2. подбородочная повязка (*косметическая*)
◇ on one's ~ *воен. жарг.* на пределе сил
chintz [tʃɪnts] *n текст.* 1) (вощёный) ситец; мебельный ситец 2) *ист.* индийский набивной коленкор (*часто ручной работы*)
chintzy ['tʃɪntsɪ] *a* 1) обитый мебельным ситцем (*о диване и т. п.*) 2) дешёвый, безвкусный, низкого качества; мещанский, убогий; ~ room стихотворение в мещанском вкусе 3) прижимистый; мизерный; мелочный
chin-up¹ [tʃɪnʌp] *n* подтягивание до уровня подбородка (*гимнастика*)
chin-up² ['tʃɪnʌp] *a* несдающийся; неунывающий; ~ courage несгибаемая отвага
chinwag I ['tʃɪnwæg] *n сл.* болтовня, трёп
chinwag II ['tʃɪnwæg] *v сл.* болтать, трепаться
chip¹ I [tʃɪp] *n* 1. щепка, лучина 2. *часто pl* 1) стружка; *тех.* стружколоматель 2) щепа 3) лыко, луб (*для плетения корзин, шляп и т. п.*) 4) расщеплённый пальмовый лист (*для плетения шляп и т. п.*); hats in ~ шляпы из пальмовой соломки 5) = chip basket 3. 1) обломок (*камня*), осколок (*стекла*); отбитый кусок 2) изъян; место, где отбит кусок; щербин(к)а; зазубрина; a ~ in the edge of a plate щербинка на ободке тарелки 3) *pl* щебёнка; ~ rejector *тех.* устройство для сортировки щебня; ~ stone щебень, битый камень 4) осколок алмаза; розочка 4. 1) тонкий ломтик (*картофеля, яблока и т. п.*); orange ~s засахаренные апельсинные дольки; ~ chocolate ~s шоколадная стружка 2) *pl разг.* чипсы; fish and ~s рыба с жареной картошкой 5. фишка, марка (*в играх*) 6. 1) ничего не стоящая вещь; нечто безвкусное, непитательное, высохшее, непригодное; to roast to a ~ зажарить дочерна 2) *pl* отбросы, брак, обрезки (*киноплёнки и т. п.*) 3) отрезок микрофотоплёнки (*из одного или нескольких кадров*) 7. *pl разг.* деньги, монеты; in the ~s он при деньгах; heavy with ~s богатый, состоятельный 8. *сл.* соверен (*золотая монета*) 9. *pl амер.* кизяк; they made a fire with camel ~s они разожгли костёр верблюжьим кизяком 10. = chip shot 11. = bargaining chip 12. *вт.* 1) чип (*полупроводниковый кристаллик с интегральной схемой*) 2) микросхема; интегральная схема; ~ set микропроцессорный набор
◇ dry as a ~ сухой, неинтересный; a ~ of /off/ the old block он весь в отца /или реже в мать/; ≅ он пошёл в нашу породу; a ~ in a pottage pot ни вреда, ни пользы; to hand /to pass, to cash/ in one's ~s *амер. сл.* а) рассчитаться, расквитаться; б) покончить с жизнью, умереть; when the ~s are down а) когда дело подходит к развязке /к расплате/, когда приходит решающий час; б) *воен.* когда начинаются боевые действия; not to care a ~ не обращать внимания; I don't care a ~ мне наплевать; to have /to wear, to go about with, to carry/ a ~ on one's shoulder быть готовым к драке; искать повода к ссоре, держаться вызывающе; to knock a ~ from /off/ smb.'s shoulder вступить /ввязаться/ в драку с кем-л.; such carpenter such ~s ≅ видно мастера по работе; to have had one's ~s потерпеть поражение, быть по-

365

бежденным; быть убитым; let the ~s fall where they may будь что будет; каковы бы ни были последствия

chip[1] II [tʃɪp] v 1. 1) строгать, тесать, обтёсывать 2) расщеплять; щепать (*лучину*) 3) колоть (*дрова*) 4) откалывать; обкалывать (*лёд и т. п.*); дробить (*камень*); долбить; разламывать 5) откалываться, отламываться; разбиваться 2. 1) отбивать края (*посуды и т. п.*) 2) покрываться щербинками, зазубринами (*о посуде*); these cups ~ if you are not careful если неосторожно обращаться с этими чашками, края сейчас же обобьются 3. жарить (*картофель*) стружкой 4. *австрал.* боронить 5. *уст.* пробивать яичную скорлупу (*о птенце*) 6. *сл.* дразнить, высмеивать 7. *мед.* снять покров, облущить 8. *спорт.* подсечь, сделать подсечку (*гольф*)

chip[2] [tʃɪp] n подножка (*борьба*)

chip away [ˈtʃɪpəˈweɪ] phr v (at) 1. урезывать; сокращать; to ~ at a budget урезывать бюджет 2. ослаблять; to ~ at forms of communal life подрывать формы жизни общины

chip-ax [ˈtʃɪpæks] n косарь, топорик

chip basket [ˈtʃɪpˌbɑːskɪt] 1. плетёная корзина из стружек (*для цветов, фруктов*) 2. проволочная корзинка для жарения ломтиков картофеля

chipbird [ˈtʃɪpbɜːd] = chipping sparrow

chipboard [ˈtʃɪpbɔːd] n 1. древесностружечная плита 2. макулатурный картон

chip in [ˈtʃɪpˈɪn] phr v *разг.* 1. входить в долю; принимать участие в (*чём-л.*), поддерживать; everybody chipped in for the gift все скинулись на подарок; I could only ~ a pound я мог внести только один фунт 2. вмешиваться в разговор, подать голос; John chipped in that it was time to go home Джону всё же удалось сказать, что пора бы по домам

chip log [ˈtʃɪplɒɡ] *мор.* ручной лаг

chipmunk [ˈtʃɪpmʌŋk] n *зоол.* бурундук (*Tamias gen.*)

chipolata [ˌtʃɪpəˈlɑːtə] n 1) чиполата, свиные сардельки (*тж.* ~ sausages) 2) чиполата (*рагу или соус с сардельками*)

chip out [ˈtʃɪpˈaʊt] phr v вырезать; to ~ a model boat вырезать модель лодки

chipped [tʃɪpt] a 1. 1) со щербинами, негладкий 2) с обитыми краями (*о посуде*) 2. покрытый щебнем; ~ surface *дор.* щебёночное дорожное покрытие

chipped beef [ˈtʃɪptˈbiːf] *амер.* бефстроганов из стружек копчёного мяса; настроганное копчёное *или* сушёное мясо

Chippendale [ˈtʃɪpəndeɪl] n чиппендейл (*стиль английской мебели XVIII в.*)

chipper[1] [ˈtʃɪpə] n 1. *см.* chip[1] II + -er 2. 1) рубщик 2) каменотёс 3) дровосек 3. рубило (*каменотёса*)

chipper[2] [ˈtʃɪpə] a *амер.* бодрый, живой; ~ as a canary весёлый как канарейка

chipper[3] [ˈtʃɪpə] v *амер.* 1) щебетать (*о птицах*) 2) щебетать (*о детях и т. п.*); лепетать; болтать[2]

chippie [ˈtʃɪpɪ] = chippy[2]

chipping [ˈtʃɪpɪŋ] n 1. зачистка зубилом 2. pl 1) осколки 2) стружка 3) щебёнка; каменная крошка

chipping hammer [ˈtʃɪpɪŋˌhæmə] *спец.* обрубочный молоток *или* молот

chipping sparrow [ˈtʃɪpɪŋˌspærəʊ] *зоол.* воробьиная овсянка (*Spizella passerina*)

chipping-squirrel [ˌtʃɪpɪŋˈskwɪrəl] = chipmunk

chip plate [ˈtʃɪppleɪt] древесностружечная плита

chippy[1] [ˈtʃɪpɪ] a 1. зазубренный (*о ноже*) 2. обломанный, щербатый (*о краях посуды*) 3. рублёный; наколотый; настроганный; дроблёный 4. сухой как щепка 5. *сл.* с тяжёлой головой (*с похмелья*)

chippy[2] [ˈtʃɪpɪ] n *амер. сл.* гулящая, потаскушка; ~ joint публичный дом

chippy[3] [ˈtʃɪpɪ] *разг. см.* chipmunk

chip shot [ˈtʃɪpʃɒt] подсечка (*в гольфе*)

CHI-RHO, Chi-Rho [ˌkaɪˈrəʊ] = Christogram

chirk I [tʃɜːk] a *амер. разг.* оживлённый, живой, весёлый; игривый

chirk II [tʃɜːk] v 1. *амер.* 1) развеселить; подбодрить 2) оживляться (*тж.* ~ up) 2. *шотл.* визжать; скрипеть 3. *арх.* чирикать; пищать

chirky [ˈtʃɜːkɪ] = chirk I

chirl [tʃɜːl] v *шотл.* издавать трели; петь (*о птицах*)

chirm [tʃɜːm] n *диал.* шум (*голосов*); гомон; гам; птичий щебет

chiro- [ˈkaɪrə(ʊ)-] в сложных словах с греч. корнями имеет значение рука: chirognomy хирогномия; chiromegaly хиромегалия (*патологическое увеличение размера рук*); chironomy хирономия (*управление григорианским пением при помощи жестов*)

chirognomist [kaɪ(ə)ˈrɒɡnəmɪst] n хиромант; хиромантка

chirognomy [kaɪ(ə)ˈrɒɡnəmɪ] n хиромантия, гадание по руке

chirograph [ˈkaɪ(ə)rəɡrɑːf] n *юр.* 1) хирограф (*рукописный документ*) 2) собственноручное письмо; автограф

chirographer [ˌkaɪ(ə)ˈrɒɡrəfə] = chirographist

chirographic [ˌkaɪ(ə)rəˈɡræfɪk] a *книжн.* 1. относящийся к чистописанию 2. собственноручный

chirographist [ˌkaɪ(ə)ˈrɒɡrəfɪst] n *книжн.* писец, каллиграф

chirography [ˌkaɪ(ə)ˈrɒɡrəfɪ] n *книжн.* чистописание; каллиграфия

chirogymnast [ˌkaɪ(ə)rəˈdʒɪmnæst] n *редк.* снаряд для гимнастики пальцев руки (*пианиста и т. п.*)

chiromancer [ˈkaɪ(ə)rəmænsə] n хиромант; хиромантка

chiromancy [ˈkaɪ(ə)rəmænsɪ] n хиромантия, гадание по руке

Chiron [ˈkaɪ(ə)rən] n *греч. миф.* Хирон (*кентавр, искусный во врачевании*)

chironomy [kaɪ(ə)ˈrɒnəmɪ] n *редк.* 1. искусство жестикуляции (*ораторской, сценической*) 2. дирижирование рукой (*особ. церковным хором*)

chiropodist [kɪˈrɒpədɪst] n мозольный оператор; мастер по педикюру; педикюрша

chiropody [kɪˈrɒpədɪ] n педикюр, уход за ногами

chiropractic [ˌkaɪ(ə)rəˈpræktɪk] n 1. хиропрактика 2. = chiropractor

chiropractor [ˈkaɪ(ə)rəpræktə] n хиропрактик

chiropter [kɪˈrɒptə] n (pl -tera) *зоол.* рукокрылое животное

chiroptera [kɪˈrɒptərə] pl от chiropter

chirospasm [ˈkaɪ(ə)rəspæz(ə)m] n *мед.* писчий спазм

chirp I [tʃɜːp] n чириканье, щебетание; крик (*птицы*); стрекотание (*кузнечика и т. п.*)

chirp II [tʃɜːp] v 1. чирикать, щебетать; кричать (*о птице*); пищать, звенеть (*о комаре и т. п.*) стрекотать (*о кузнечике*) 2. 1) пищать, издавать писк (*о человеке*); he ~ed (out) a few notes он что-то пропищал; children ~ed with amusement дети визжали от удовольствия 2) весело болтать; стрекотать, щебетать (*о человеке*) 3. = chirrup II 3 4. *амер. сл.* доносить (*полиции*); выдавать (*сообщников*)

chirper [ˈtʃɜːpə] n 1. *см.* chirp II + -er 2. кричащая птица; звенящее, пищащее, стрекочущее насекомое 3. щебетунья, болтушка; болтунишка (*о ребёнке*) 4. *амер. сл.* певунья (*об эстрадной певице*) 5. *амер. сл.* доносчик

chirpy [ˈtʃɜːpɪ] a жизнерадостный; живой, оживлённый; весёлый

chirr I [tʃɜː] n стрекотание, трескотня; шуршание

chirr II [tʃɜː] v 1. стрекотать, трещать (*о кузнечиках, сверчках*) 2. шуршать (*о камыше*)

chirrup I [ˈtʃɪrəp] n 1. щебет, щебетание; чириканье; стрекотание 2. щебетание, болтовня (*человека*) 3. причмокивание (*при понукании лошади и т. п.*)

chirrup II [ˈtʃɪrəp] v 1. щебетать; чирикать; стрекотать; жужжать; звенеть (*о комарах и т. п.*) 2. щебетать, весело болтать (*о человеке*) 3. причмокивать, понукать причмокиванием (*лошадь и т. п.*) 4. *сл.* аплодировать (*о клакёрах*)

chirruper [ˈtʃɪrəpə] n 1. *см.* chirrup II + -er 2. *сл.* клакёр

chirrupy [ˈtʃɪrəpɪ] a 1) щебечущий 2) разговорчивый 3) жизнерадостный, оживлённый

chirt [tʃɜːt] v *шотл.* 1. бить струёй 2. выжимать (*сок и т. п.*); давить

chirurgeon [k(a)ɪˈrɜːdʒ(ə)n] n *арх.* хирург

chirurgery [k(a)ɪˈrɜːdʒ(ə)rɪ] n *арх.* хирургия

chisel I [ˈtʃɪz(ə)l] n *тех.* 1. 1) стамеска; зубило; долото (*тж.* ~ bit) 2) резец (*граверный и т. п.*); чекан 2. *с.-х.* рыхлительная лапа, нарыльниковая лапа (*культиватора*); ~ cultivator /plough/ *с.-х.* чизель-культиватор, рыхлительный культиватор

◊ full ~ *амер. сл.* во весь опор, во всю прыть

chisel[1] II [ˈtʃɪz(ə)l] v 1. ваять, высекать (*из мрамора*); вырезать (*из дерева*) (*тж.* ~ out); he ~led that rock into the figure of a woman, he ~led the figure of a woman out of that rock из этого камня он вырезал женскую фигуру 2. нарезать, покрывать резьбой; чеканить 3. *тех.* работать зубилом, долотом, стамеской, резцом; обрабатывать зубилом; долбить 4. отделывать (*литературное произведение*); оттачивать (*стиль*) 5. *разг.* надувать, мошенничать 2) добывать путём обмана, мошенничества (*тж.* ~ out); he ~led me out of $5 он надул /нагрел/ меня на 5 долларов 3) брать в долг без отдачи; to ~ a cigarette стрельнуть сигарету

chisel[2] [ˈtʃɪz(ə)l] n 1) отруби; высевки 2) *редк.* непросеянная мука

chisel in [ˈtʃɪz(ə)lˈɪn] phr v (on) навязываться; вмешиваться; he will not let anyone ~ on his profits он ни с кем не собирается делиться своими прибылями; to ~ on a racket примазаться к мошеннической операции

chiselled [ˈtʃɪz(ə)ld] a точёный, отделанный; ~ features тонкие черты лица, точёное лицо

chiseller [ˈtʃɪz(ə)lə] n 1. *см.* chisel[1] II + -er 2. чеканщик; резчик; гравёр 3. *разг.* мошенник, пройдоха

chiselling [ˈtʃɪz(ə)lɪŋ] n 1. высекание (*из мрамора*); вырезание (*из дерева*) 2. резьба; чеканка 3. 1) *тех.* обработка зубилом, долотом, стамеской, чеканом, резцом 2) *мед.* выдалбливание 3) *с.-х.*

обработка почвы чизель-культиватором; глубокое рыхление почвы

chit[1] ['tʃɪt] *n* 1) ребёнок, крошка; ~ of a girl девчушка 2) девчонка

chit[2] [tʃɪt] *n разг.* 1. короткое письмо, записка 2. 1) расписка (*вместо оплаты за съеденное и выпитое*) 2) счёт 3. рекомендация; отзыв; характеристика 4. письменное распоряжение, ордер 5. удостоверение, пропуск

chitchat I ['tʃɪtʃæt] *n* 1. болтовня; беседа о том о сём 2. толки, пересуды

chitchat II ['tʃɪtʃæt] *v* 1. болтать о том о сём 2. сплетничать, заниматься пересудами

chitchatty ['tʃɪtˌtʃætɪ] *a* болтливый; любящий посплетничать, посудачить; ~ humour желание поболтать /посплетничать/; ~ book книга с подробностями из жизни знаменитостей

chitin ['kaɪtɪn] *n биол.* хитин

chitlin ['tʃɪtlɪn] *прост.* = chitterling

chitlin circuit ['tʃɪtlɪnˌsɜ:kɪt] *амер. сл.* театры, ночные клубы *и т. п.* с исполнителями-неграми

chitling ['tʃɪtlɪŋ] *прост.* = chitterling

chiton ['kaɪt(ə)n, 'kaɪtɒn] *n* 1. *ист.* хитон (*одежда древних греков*) 2. *зоол.* хитон (*Polyplacophora*)

chitter ['tʃɪtə] *v* 1. *амер.* чирикать 2. *диал.* дрожать, стучать зубами от холода

chitterling ['tʃɪtəlɪŋ] *n преим. pl* свиные рубцы (*еда бедняков, особ. негров*)

chitty ['tʃɪtɪ] = chit[2]

chivalresque [ˌʃɪv(ə)l'resk] *a книжн.* рыцарский, рыцарственный

chivalric ['ʃɪv(ə)lrɪk] = chivalrous

chivalrous ['ʃɪv(ə)lrəs] *a* 1) рыцарский 2) рыцарский, рыцарственный, благородный, великодушный 3) *редк.* донкихотский

chivalrously ['ʃɪv(ə)lrəslɪ] *adv* рыцарски, по-рыцарски, благородно, великодушно; как подобает рыцарю

chivalry ['ʃɪv(ə)lrɪ] *n* 1. рыцарство, рыцарский дух; благородство и отвага 2. *собир. ист.* рыцари; рыцарство (*сословие*); the age of ~ век рыцарства; tale of ~ рыцарский роман; flower of ~ цвет воинства 3. *ист.* рыцарское достоинство 4. *ист.* рыцарский подвиг 5. *ист.* лен, зависящий непосредственно от короля

chive[1] [tʃaɪv] *n* 1. *бот.* шнит-лук, лук-резанец (*Allium schoenoprasum*) 2. зубок чеснока (*тж.* ~ garlic)

chive[2] I [tʃaɪv] *n вор. жарг.* нож

chive[2] II [tʃaɪv] *v вор. жарг.* ударить, заколоть, убить ножом

chivied ['tʃɪvɪd] *a* измученный, замотавшийся; изнурённый

chiv(v)y I ['tʃɪvɪ] = chevy[1] I

chiv(v)y II ['tʃɪvɪ] *v разг.* 1. = chevy[1] II 2. изводить, мучить, досаждать; celebrities chivvied by autograph hounds знаменитости, осаждаемые собирателями автографов 3. маневрировать; ловчить

chlamydate ['klæmɪdeɪt] *a зоол.* имеющий покров

chlamydes ['klæmɪdi:z] *pl от* chlamys

chlamys ['klæmɪs] *n (pl тж.* -mydes*)* хламида (*плащ у древних греков*)

chloasma [klə(ʊ)'æzmə] *n (pl* -ata*) мед.* хлоазма, жёлтые пигментные пятна на лице

chloasmata [klə(ʊ)'æzmətə] *pl от* chloasma

Chloe, **Chloë** ['kləʊɪ] *n лит.* Хлоя (*в пасторалях*)

chlor- [klɔ:(r)-] = chloro-

chloral ['klɔ:rəl] *n хим.* хлорал; ~ hydrate хлоралгидрат

chlorate ['klɔ:reɪt] *n хим.* хлорат

chlorella [klə(ʊ)'relə] *n бот.* хлорелла (*Chlorella gen.*)

chloric ['klɔ:rɪk] *a хим.* хлорноватый

chloride I ['klɔ:raɪd] *n хим.* хлорид; ~ sodium поваренная соль

chloride II ['klɔ:raɪd] *a хим.* хлористый

chlorinate ['klɔ:rɪneɪt] *v хим.* хлорировать

chlorinated ['klɔ:rɪneɪtɪd] *a* содержащий хлор, хлорированный

chlorination [ˌklɔ:rɪ'neɪʃ(ə)n] *n хим.* хлорирование

chlorine[1] ['klɔ:ri:n] *n хим.* хлор; available ~ активный хлор; ~ gas хлоргаз; ~ tablet (водообеззараживающая) хлорная таблетка

chlorine[2] ['klɔ:ri:n] *a редк.* светло-зелёный

Chloris ['klɔ:rɪs] *n греч. миф.* Хлорида, Хлорис (*богиня цветов*)

chlorite[1] ['klɔ:raɪt] *n мин.* хлорит

chlorite[2] ['klɔ:raɪt] *n хим.* хлорит

chloro- ['klɔ:rə(ʊ)-] (*тж.* chlor-) *хим.* в сложных словах имеет значение хлор: chlorophos хлорофос; chloroquine хлорохин; chloramine хлорамин

chloroform I ['klɔrəfɔ:m] *n* хлороформ; ~ anaesthesia хлороформный наркоз

chloroform II ['klɔrəfɔ:m] *v* хлороформировать; давать хлороформный наркоз

chloroformization [ˌklɔrəˌfɔ:m(a)ɪ'zeɪʃ(ə)n] *n мед.* хлороформирование

chlorophyll ['klɔrəfɪl] *n бот.* хлорофилл

chloropicrin [ˌklɔ:rə'pɪkrɪn] *n хим.* хлорпикрин

chloroplast ['klɔ:rəʊˌplæst] *n биохим.* хлоропласт (*фотосинтезирующий клеточный элемент*)

chloroprene ['klɔ:rəpri:n] *n хим.* хлоропрен

chlorosis [klɔ:'rəʊsɪs] *n* 1. *мед.* хлороз, бледная немочь 2. *бот.* хлороз, пятнистость листьев

chlorotic [klɔ:'rɒtɪk] *a* 1) *мед.* страдающий хлорозом, бледной немочью 2) изможденный

chlorous ['klɔ:rəs] *a хим.* хлористый; хлорный; ~ acid хлористая кислота

choc [tʃɒk] *n (сокр. от* chocolate*) разг.* шоколад, шоколадка

choc-bar ['tʃɒkbɑ:] = choc-ice

choc-ice ['tʃɒkaɪs] *n* мороженое в шоколаде (*в виде брикета*)

chock I [tʃɒk] *n* 1) клин 2) подставка; подпорка; распорка 3) *тех.* подушка, башмак 4) чурка, чурбан 5. *мор.* полуклюз 4. *горн.* костровая крепь

chock II [tʃɒk] *v* 1. 1) подпирать, подставлять подпорку 2) заклинивать (*тж.* ~ off) 2. *тех.* тормозить 3. *горн.* крепить костровой крепью

chock III [tʃɒk] *adv* полностью, доверху; битком; ~ against the wall вплотную к стене

chock-a-block I [ˌtʃɒkə'blɒk] *a* 1. *мор.* до места, до упора, до отказа; filled ~ полностью загруженный 2. *разг.* полный, битком набитый; the road was ~ with cars дорога была забита /запружена/ автотранспортом

chock-a-block II [ˌtʃɒkə'blɒk] *adv* впритык; families living ~ семьи, живущие скученно

chock-full [ˌtʃɒk'fʊl] *a* битком набитый, переполненный до краёв, до отказа; the train was ~ of passengers поезд был переполнен (пассажирами); the movie is ~ of the cliches of a western фильм полон типичных для вестерна штампов

chocolate I ['tʃɒklɪt] *n* 1. шоколад; a bar of ~ плитка шоколада; шоколадный батон; a cup of ~ чашка шоколада 2. *pl* шоколадные конфеты; a box of ~s коробка шоколада /шоколадных конфет/; шоколадный набор 3. шоколадный цвет (*тж.* ~ brown)

chocolate II ['tʃɒklɪt] *a* 1. шоколадный; ~ ice шоколадное мороженое 2. шоколадного цвета

chocolate-box ['tʃɒklɪtˌbɒks] *a неодобр.* 1) приукрашенный, неправдоподобно красивый; he painted his fiancée in a ~ pose он написал такой портрет своей невесты, что его хоть сразу на конфетную коробку 2) конфетный, слащавый; мещанский; сентиментальный

chocolate-house ['tʃɒklɪtˌhaʊs] *n ист.* кондитерская, кофейня

chocolate-nut ['tʃɒklɪtnʌt] = cocoa bean

chocolate point ['tʃɒklɪt'pɔɪnt] «шоколадные ушки» (*порода сиамских кошек*)

chocolate-tree ['tʃɒklɪttri:] = cacao tree

chocolate soldier ['tʃɒklɪt'səʊldʒə] *ирон.* «шоколадный солдатик» (*прозвище тыловиков, нестроевых военнослужащих и т. п.*); солдат, не нюхавший пороху

chocolatey, **chocolaty** ['tʃɒklɪtɪ] *a разг.* шоколадный; с шоколадным привкусом или оттенком

Choctaw ['tʃɒktɔ:] *n (pl тж.* без изм.*)* 1. индеец племени чокто 2. язык чокто

choice I [tʃɔɪs] *n* 1. выбор, отбор; to make a ~ of smth. выбирать /отбирать/ что-л.; to make one's ~ сделать выбор; to take one's ~ выбирать по своему усмотрению; take your ~ of rooms выбирайте любую комнату; for ~ по собственному выбору; по своему усмотрению; добровольно 2. выбор, ассортимент; wide [poor] ~ большой /богатый/ [бедный] выбор 3. альтернатива; возможность выбора; I have no ~ in the matter выбора у меня нет, я ничего не могу поделать, я вынужден поступить так; he had no ~ in the determination of his profession он не имел возможности выбирать профессию; I have no ~ but...; у меня нет выхода /выбора/, кроме...; я вынужден...; he had no ~ but to go он был вынужден /ему ничего не оставалось, как/ уйти; there is another ~ есть и другой выход (*из положения*) 4. 1) избранное, выбранное; this is my ~ я выбираю это; вот что я выбрал 2) избранник, избранница; he was the people's ~ он был избранником народа; everyone admires his ~ все восхищаются его избранницей /невестой/ 3) нечто отборное; цвет, сливки; the flower and ~ (of) цвет и краса (чего-л.); these flowers are the ~ of my garden эти цветы — гордость моего сада 5. *арх.* умение разбираться; проницательность

◊ there is small ~ in rotten apples *посл.* выбирать тут не из чего; ≅ хрен редьки не слаще

choice II [tʃɔɪs] *a* 1. отборный, лучший; ~ goods отборные товары; ~ wines тонкие вина; ~ passage /piece/ отрывок, избранное место (*из книги*); of the ~st quality самого лучшего качества 2. изысканный, изощрённый, тонкий; ~ arguments хорошо продуманные аргументы; ~ phrases а) изысканный язык; б) *шутл.* отборная ругань; ~ and master spirit тонкий и глубокий ум 3. *преим. диал.* разборчивый, привередливый; to be ~ of one's company быть

разборчивым в знакомствах 4. *преим. диал.* бережливый, экономный; she is very ~ of it она очень им дорожит
  choiceful ['tʃɔɪsf(ə)l] *a редк.* 1. разборчивый, привередливый 2. дающий возможность выбора
  choicely ['tʃɔɪslɪ] *adv* с выбором, с разбором, тщательно
  choiceness ['tʃɔɪsnɪs] *n книжн.* отборность; высокое качество; высокие достоинства; the ~ of the language изысканность языка
  choir I ['kwaɪə] *n* 1. 1) хор певчих, церковный хор; ~ brother [sister] *церк.* клирошанин [клирошанка]; ~ service церковное хоровое пение 2) хоровой ансамбль, капелла; хор (*народный и т. п.*) 3) хоровое, певческое общество 4) = chorus I 2, 4) 2. 1) *муз.* группа (*часть оркестра*); string [brass] ~ группа струнных [медных] (инструментов) 2) коллектив или труппа певцов и танцоров; ансамбль песни и танца 3) балетный ансамбль 3. *церк.* клирос
  choir II ['kwaɪə] *v поэт.* петь хором
  choirboy ['kwaɪəbɔɪ] *n* 1) мальчик-певчий 2) участник хора мальчиков
  choir loft ['kwaɪəlɔft] хоры (*в церкви*)
  choirman ['kwaɪəmæn] *n (pl* -men [-men]) 1) участник хора; артист хора 2) певчий (*в церкви*)
  choirmaster ['kwaɪə,mɑ:stə] *n* 1) хормейстер 2) регент (*хора*)
  choir-office ['kwaɪə(r),ɒfɪs] *n церк.* служба с хоровым пением
  choir schools ['kwaɪə,sku:lz] школы церковнохорового пения (*средние школы при соборе*)
  choir-stalls ['kwaɪəstɔ:lz] *n pl* места для певчих (*в церкви*)
  choise [tʃɔɪs] *шотл.* = choose
  chokage ['tʃəukɪdʒ] *n* засорение, забивка, забитость (*мусором и т. п.*); «пробка»
  choke¹ ['tʃəuk] *n* (несъедобная) сердцевина артишока
  choke² I ['tʃəuk] *n* 1. 1) удушье; припадок удушья 2) удушение 3) то, что душит 2. завязанный конец (*мешка*) 3. *тех.* воздушная заслонка, дроссель 4. *эл.* дроссельная катушка
  choke² II ['tʃəuk] *v* 1. 1) душить; to ~ to death, to ~ the life out of smb. задушить /удавить/ кого-л.; tears ~d him его душили слёзы; the smoke almost ~d me я чуть не задохся от дыма 2) задыхаться; to ~ with smoke [with rage] задыхаться от дыма (*от гнева*) 2. давиться (*от кашля и т. п.*); подавиться; поперхнуться; захлебнуться; to ~ on a bone поперхнуться косточкой; ~d with a bone подавившийся косточкой; to ~ with tears захлёбываться слезами 3. заглушать (*тж.* ~ up); to ~ a fire потушить костёр /огонь/; to ~ a plant заглушить растение; the garden is ~d (up) with weeds сорняки заглушили сад; to ~ the progress of true knowledge душить развитие настоящей науки 4. 1) засорять, забивать, загромождать (*тж.* ~ up); the chimney is ~d (up) with soot труба забита сажей 2) закупоривать; to ~ the highway создать пробку на шоссе 5. набивать до отказа (*мешок и т. п.*); наполнять 6. *тех.* 1) дросселировать 2) заглушать 3) засорять 7. *разг.* потерять голову; растеряться 8. перестать (*делать что-л.*); ~! брось!, хватит!
  choke back ['tʃəuk'bæk] *phr v* подавлять (*чувства, рыдания*); to ~ laughter еле удерживаться от смеха; I choked

back a sharp reply я чуть было не ответил резкостью
  chokeberry ['tʃəukb(ə)rɪ] *n бот.* арония (*Aronia gen.*)
  choke-bore ['tʃəukbɔ:] *n* 1. чокбор (*канал ствола ружья, суживающийся у дула*) 2. ружье чокбор
  chokecherry ['tʃəuk,tʃerɪ] *n бот.* черёмуха виргинская (*Padus virginiana*)
  choke-coil ['tʃəukkɔɪl] = choking-coil
  choke collar ['tʃəuk,kɒlə] ошейник-удавка (*для сильных и непослушных собак*)
  chokedamp ['tʃəukdæmp] *n* удушливый газ (*в рудниках*)
  choke-dog ['tʃəukdɒg] *n* твёрдый дорсетский сыр
  choke down ['tʃəuk'daun] *phr v* 1. 1) с трудом проглатывать; to ~ an evil-tasting brew еле проглотить отвратительную бурду 2) глотать не жуя; he had to ~ his breakfast in order to catch his bus ему пришлось на ходу проглотить завтрак, чтобы успеть на автобус 2. подавлять (*волнение и т. п.*); to ~ tears глотать слёзы; he choked down his anger он обуздал свой гнев
  choke-full [,tʃəuk'ful] = chock-full
  choke in ['tʃəuk'ɪn] *phr v* 1. втискивать, запихивать 2. *амер. разг.* язык проглотить; онеметь (*от страха, удивления и т. п.*)
  choke off ['tʃəuk'ɒf] *phr v* 1. 1) задушить (*до смерти*) 2) заглушить, приглушить; не дать развиться *или* осуществиться (*попытке, инициативе, намерению и т. п.*); to ~ discussion не дать развернуться дискуссии /прениям/ 2. *разг.* отговорить, заставить (*кого-л.*) передумать 3. устранить (*кого-л.*); отделаться (*от кого-л.*) 4. = choke back
  choke-pears ['tʃəukpeəz] *n pl* мелкие жёсткие груши (*идущие на сидр*)
  choke-proof ['tʃəukpru:f] *a проф.* не забивающийся (землёй) (*о сельскохозяйственных машинах*)
  choker ['tʃəukə] *n* 1. *см.* choke² II + -er 2. душитель 3. затяжная петля 4. *разг.* высокий крахмальный воротничок (*у духовных лиц и т. п.; тж.* white ~) 5. 1) высоко повязанный галстук *или* шарф 2) *разг.* удавка», (любой) галстук 6. горжетка 7. 1) короткое ожерелье, колье 2) бархотка с декоративной пряжкой (*шейное украшение*) 8. *тех.* дроссельная заслонка 9. *лес.* чокер; ~man чокеровщик
  choke-strap ['tʃəukstræp] *n* подгрудный ремень (*в сбруе*)
  choke up ['tʃəuk'ʌp] *phr v* 1. засорять; the drain-pipe is choked up сточная труба засорилась 2) заглушать (*сорняками*) 3) заносить (*реку песком*) 4) загромождать; the room was choked up with old furniture комната была забита старой мебелью 2. откашливать, отхаркивать 3. *амер. разг.* остолбенеть; растеряться; потерять голову; her complaint choked us up мы просто обалдели, услышав, на что она жалуется 4. *спорт.* держать (*ракетку, биту и т. п.*) слишком далеко от конца (*ручки*) 5. *амер. сл.* замолчать, заткнуться; ~! молчать!, заткнись!
  chokey¹ ['tʃəukɪ] = choky¹
  chokey² ['tʃəukɪ] = choky²
  choking I ['tʃəukɪŋ] *n* 1. удушье, удушение; ~ sensation чувство удушья; ~ fit приступ удушья 2. засорение, забивка, загромождение; ~ of crossings *дор.* закупорка перекрёстков (*транспортом*) 3. *спец.* поглощение, глушение
  choking II ['tʃəukɪŋ] *a* 1. задыхающийся (*от волнения*); in a ~ voice

прерывающимся голосом 2. удушливый, душащий; душный; ~ gas *воен.* отравляющее вещество удушающего действия
  choking-coil ['tʃəukɪŋkɔɪl] *n эл.* дроссельная катушка
  chokingly ['tʃəukɪŋlɪ] *adv* задыхаясь (*от волнения*); прерывающимся голосом
  choky¹ ['tʃəukɪ] *a* 1. задыхающийся (*особ. от волнения*); I feel ~ a) мне душно; б) у меня дух захватывает 2. душный; удушливый; a ~ collar тесный воротник 3. 1) жёсткий, неудобоваримый; ~ зубы сломаешь 2) неудобоваримый, с трудом воспринимаемый 4. хриплый; a ~ singer певец с хриплым голосом
  choky² ['tʃəukɪ] *n* 1) *сл.* тюрьма, каталажка 2) *воен. жарг.* «губа»
  Chola, chola ['tʃəulə, 'tʃəulɑ:] женск. к Cholo, cholo
  cholaemia [kə'li:mɪə] *n мед.* холемия, наличие желчи в крови
  cholagogue ['kɒləgɒg] *n фарм.* желчегонное средство
  cholangitis [,kəulən'dʒaɪtɪs] *n мед.* холангит, воспаление жёлчных путей
  chole- ['kəulɪ(:)-, kə'li:-] *в сложных словах имеет значение* жёлчь, жёлчный: choledoch жёлчевыносящий; cholepoiesis жёлчеобразование
  cholecyst ['kəulɪsɪst] *n анат. редк.* жёлчный пузырь
  cholecystitis [,kəulɪsɪs'taɪtɪs] *n мед.* воспаление жёлчного пузыря, холецистит
  cholelith ['kɒlɪlɪθ] = chololith
  choler ['kɒlə] *n* 1. *арх.* 1) жёлчь 2) жёлчность 2. *книжн.* гнев; дурной характер
  cholera ['kɒlərə] *n мед.* холера; Asiatic /malignant, epidemic/ ~ (азиатская) холера; ~ nostras, summer /sporadic, bilious/ ~ летний понос, холерина; germ холерный вибрион /микроб/; ~ vaccine противохолерная вакцина
  choleraic [,kɒlə'reɪɪk] *a* холерный
  choleric ['kɒlərɪk] *a* 1. холерический; раздражительный, вспыльчивый; жёлчный 2. *редк.* разгневанный; ~ word гневное слово 3. = choleraic
  cholerine ['kɒlər(ə)ɪn] *n мед.* холерина
  cholesterin [kə'lestərɪn] *арх.* = cholesterol
  cholesterol [kə'lestərɒl] *n биохим.* холестерин
  choli ['tʃəulɪ] *n инд.* чоли, блузка с короткими рукавами
  choline ['kəuli:n] *n хим.* холин
  cholla ['tʃəuljɑ:] *n бот.* чолья (*Opuntia cholla*); кактус
  Cholo, cholo ['tʃəuləu] *n (pl* -os [-əuz]) 1) латиноамериканский индеец 2) *амер. часто пренебр.* мексиканец из низов 3) метис
  chololith ['kɒləlɪθ] *n мед.* жёлчный камень
  choltry ['tʃɒltrɪ] = choultry
  chomp [tʃɒmp] = champ¹ II
  chon [tʃɒn] *n* чон (*1/100 денежной единицы Южной Кореи*)
  chondral, chondric ['kɒndr(ə)l, 'kɒndrɪk] *a анат.* хрящевой
  chondriosome ['kɒndrɪəsəum] *n биол.* митохондрия
  chondrite ['kɒndraɪt] *n палеонт., мин.* хондрит
  chonolith ['kɒnəlɪθ] *n геол.* хонолит
  choo-choo ['tʃu:tʃu:] *n детск.* чу-чу, поезд
  choose [tʃu:z] *v* (chose; chosen) 1. 1) выбирать; отбирать, подбирать; to ~ an apple [a friend, a wife] выбрать (себе) яблоко [друга, жену]; to ~ between

death and dishonour сделать выбор между смертью и бесчестьем; to ~ books for the library подбирать /отбирать/ книги для библиотеки; you have chosen well вы сделали хороший выбор; nothing /not much, little/ to ~ between them выбирать тут нечего; один другого стоит /не лучше другого/ 2) избирать, выбирать; to ~ a leader [a chairman] избрать руководителя [председателя] 2. предпочитать; решать; считать необходимым; ~ for yourself решайте сами; he chose to stay where he was он предпочёл /решил/ остаться на старом месте; he chose to hide он счёл нужным скрыться 3. *разг.* хотеть, желать; he did not ~ to see her он не захотел её видеть; I don't ~ to agree я не намерен /не желаю/ соглашаться; why don't you do it? — Because I don't ~ почему вы этого не делаете? — Потому что не хочу; (do) just as you ~ (поступайте) как хотите; ≅ воля ваша 4. иметь свободу выбора

◇ I cannot ~ but... я не могу не...; мне необходимо...; я должен /вынужден/...; мне ничего не остаётся, кроме как...; I cannot ~ but agree мне не остаётся ничего другого, как согласиться; he could not ~ but hear он не мог не слышать; between two evils 'tis not worth choosing что толку из двух зол выбирать; ≅ хрен редьки не слаще

chooser ['tʃu:zə] *n* 1. *см.* choose + -er 2. *спец.* селектор

choose up ['tʃu:z'ʌp] *phr v амер. разг.* 1) разделиться на команды; let's ~ and play ball давайте разделимся и сыграем в бейсбол 2) вступить в какую-л. команду *(чтобы играть за неё)*

choosey ['tʃu:zɪ] = choosy

choosingly ['tʃu:zɪŋlɪ] *adv* по (собственному) выбору

choosy ['tʃu:zɪ] *a разг.* разборчивый, привередливый; to be ~ about food быть привередой (в еде)

chop¹ I [tʃɒp] *n* 1. 1) удар *(топором и т. п.)*; he felled the little tree with one ~ он срубил деревце одним ударом 2) рубящий удар *(фехтование, теннис)* 2. 1) отбивная котлета; mutton [pork] ~ бараньяя [свиная] отбивная 2) отрубленный кусок *(чего-л.)*; ломоть, кусо(ок) 3. зыбь *(на море)* 4. *арх.* трещина *(особ. на коже)*; щель, расселина 2) *геол.* трещина; сброс 5. *с.-х.* сечка *(корм)* 6. *часто pl австрал., новозел.* соревнование лесорубов 7. *австрал., новозел.* доля, часть

◇ to get the ~ а) быть убитым; б) быть раненным; в) быть уволенным

chop¹ II [tʃɒp] *v* 1. 1) рубить *(топором, колуном)*; to ~ wood колоть дрова 2) рубить *(сечкой и т. п.)*, крошить, нарезать, шинковать *(тж. ~ up)* 3) провёртывать через мясорубку 4) нарубить *(a pile of kindling* нарубить кучу растопки) 5) прорубить; the traveller ~ped his way through the underbrush путешественник прорубил себе дорогу через заросли 2. (at) замахиваться *(на кого-л.)*; наносить удар, рубануть *(кого-л.)*; he ~ped at me with his knife он замахнулся на меня ножом 3. 1) прерывать, обрывать 2) *физ.* прерывать *(пучок частиц)* 4. урезать; резко сокращать; to ~ costs решительно сократить расходы; to ~ prices резко снижать цены; to ~ a budget урезывать бюджет 5. *спорт.* срезать *(мяч)* 6. *разг.* увольнять *(работника)*, снимать, прогонять с работы 7. *амер. с.-х.* пропалывать, прореживать *(хлопок)* 8. *амер. уст.* выбрасывать *(вон, куда-л.)*; кидаться, метаться 3) делать *(что-л.)* рывком

◇ to ~ one's teeth болтать ерунду; лезть в разговор с глупыми замечаниями

chop² I [tʃɒp] *n* обмен

◇ ~s and changes постоянные перемены; колебания

chop² II [tʃɒp] *v* 1. (резко) меняться, изменяться *(тж. ~ about, ~ around)*; the wind is ~ping ветер меняется 2. обмениваться, меняться *(чем-л.)*; производить обмен 3. пререкаться; to ~ logic спорить с помощью софизмов, резонёрствовать

◇ to ~ and change а) постоянно меняться; б) часто производить перемены

chop³ [tʃɒp] *n* 1. клеймо, фабричная марка 2. сорт; first [second] ~ первый [второй] сорт; he thinks himself a gentleman of the first ~ он считает себя джентльменом чистой воды 3. 1) *ист.* печать; штамп *(в Индии, Китае)* 2) лицензия или разрешение *(с подписью и печатью)*; grand ~ таможенная очистка; очистка от пошлин

◇ not much ~ (s) нестоящий, ничего особенного; he isn't much ~, that doctor он неважный /не ахти какой/ врач

chop⁴ I [tʃɒp] *n амер. сл.* еда, пища, жратва

chop⁴ II [tʃɒp] *v амер. разг.* 1. есть, заглатывать 2. глотать слова, говорить неразборчиво, бормотать

chop about ['tʃɒpə'baʊt] *phr v* меняться, изменяться

chop away ['tʃɒpə'weɪ] *phr v* обрубать; ~ boughs обрубить ветки

chop-chop¹ [tʃɒptʃɒp] *n амер. воен. жарг.* еда, пища; паёк

chop-chop² [tʃɒp'tʃɒp] *adv* (в пиджин-инглиш) 1) быстро-быстро 2) шевелись!, бегом!; 3) одна нога здесь, другая там!

chop down ['tʃɒp'daʊn] *phr v* срубать; ~ a tree срубить дерево

chopfallen ['tʃɒpˌfɔ:lən] = chapfallen

chop-house¹ ['tʃɒphaʊs] *n ист.* таможня *(в Китае)*

chop-house² ['tʃɒphaʊs] *n* ресторан, специализирующийся на мясных блюдах *(типа шашлычной)*

chop in ['tʃɒp'ɪn] *phr v* 1. ударить по мячу со срезкой *(теннис)* 2. *разг.* 1) вставить, ввернуть *(слово и т. п.)* 2) вмешиваться, ввязываться; вклиниваться; she would ~ with her remarks она всё время лезла со своими замечаниями

chop-in ['tʃɒpɪn] *n* срезка; удар по мячу со срезкой *(теннис)*

chopin¹ ['tʃɒpɪn] *n* полуштоф *(мера)*

chopin² ['tʃɒpɪn] = chopine

chopine [tʃɒ'pi:n] *n ист.* котурн, башмак на толстой пробковой подошве

choplogic I ['tʃɒpˌlɒdʒɪk] *n книжн.* софистика

choplogic II, **choplogical** ['tʃɒpˌlɒdʒɪk, -(ə)l] *a книжн.* софистический; крючкотворский; ~ speech речь, полная софизмов, придирок

chop mark ['tʃɒpmɑ:k] клеймо монетного двора *(на монете)*

chop off ['tʃɒp'ɒf] = chop away

chopped ['tʃɒpt] *a* 1. рубленый; ~ meat рубленое мясо; мясной фарш; ~ green *с.-х.* резаный зелёный корм; ~ straw мелкая солома, сечка 2. *спец.* прерывистый

◇ it goes down like ~ hay ≅ идёт с трудом

chopper I ['tʃɒpə] *n* 1. *см.* chop¹ II + -er 2. 1) нож *(мясника)*; косарь 2) колун 3) сечка 3. машина, приспособление или инструмент для рубки, резки *и т. п.*; мясорубка 2) *амер. с.-х.* корморезка 4. *амер.* лесоруб 5. *амер.* билетёр; билетный контролёр 6. *разг.* вертолёт 7. *амер. прост.* мото-

цикл *(часто изготовленный по индивидуальному заказу)* 2) велосипед с высокими рулём и сиденьем *(тж.* bike, ~ bicycle) 8. *амер. сл.* пулемёт; автомат 9. *физ.* прерыватель 10. *физ.* селектор нейтронов

chopper II ['tʃɒpə] *v прост.* 1) летать вертолётом 2) перевозить, переправлять на вертолёте; to ~ passengers to the airport перебрасывать пассажиров в аэропорт вертолётом

chopper switch ['tʃɒpəswɪtʃ] *эл.* рубильник

chopping¹ ['tʃɒpɪŋ] *n* 1. 1) рубка; колка *(дров)*; резка *(соломы и т. п.)* 2) провёртывание через мясорубку *и т. п.* 3) *с.-х.* прореживание 4) *лес.* прорубка 2. *мед.* рубление *(приём массажа)*

chopping² ['tʃɒpɪŋ] *a* рослый, крепкий; здоровый, здоровенный; a ~ child маленький крепыш

chopping block ['tʃɒpɪŋblɒk] колода для рубки мяса

choppy ['tʃɒpɪ] *a* 1. 1) часто меняющий направление; порывистый *(о ветре)* 2) изменчивый; переменчивый *(как ветер)*; ~ market неустойчивый рынок 2. 1) неспокойный *(о море)*; ~ sea зыбь на море 2) покрытый рябью *(о поверхности жидкости)* 3. порывистый *(о движениях)*; отрывистый 4. потрескавшийся; растрескавшийся, щелистый 5. неровный, лишённый цельности; ~ novel роман без сквозной фабулы; the book is written in too ~ a style книга написана неровно

chop round ['tʃɒp'raʊnd] = chop about

chops [tʃɒps] *n pl* 1. 1) челюсти; щёки 2) рот, зев, пасть 3) *пренебр.* морда, рыло 2. вход *(в ущелье и т. п.)*; ~ of the Channel вход в Ла-Манш из Атлантического океана

◇ to lick one's ~ предвкушая удовольствие; облизываться, смаковать

chopsticks¹ ['tʃɒpstɪks] *n pl* палочки для еды *(в Китае и т. п.)*

chopsticks² ['tʃɒpstɪks] *n* примитивная пьеска («собачий вальс», «чижик» *и т. п.*)

chop-suey [ˌtʃɒp'su:ɪ] *n* «чоп-суи», китайское рагу *(с грибами и острым соусом)*

choragi [kɒ'reɪdʒaɪ] *pl от* choragus

choragus [kɒ'reɪgəs] *n (pl* -gi) 1. корифей, предводитель хора *(в древнегреческом театре)* 2. 1) руководитель хора *или* оркестра; хормейстер 2) организатор празднества, фестиваля

choral I [kɒ'rɑ:l] *n муз.* хорал

choral II ['kɔ:rəl] *a* хоровой; ~ society хоровое общество; клуб любителей хорового пения; ~ symphony симфония с хором; ~ service *церк.* служба с хором; vicar ~ *церк.* дьячок

chorale [kɒ'rɑ:l] *n* 1. = choral I 2. *амер.* хор, ансамбль певцов

choralist ['kɔ:rəlɪst] *n* певчий; хорист

chorally ['kɔ:rəlɪ] *adv* хором

choral speaking [ˌkɔ:rəl'spi:kɪŋ] коллективная декламация

chord¹ [kɔ:d] *n* 1. *поэт.* струна; to strike /to touch/ the right ~ задеть чувствительную струнку; сыграть на каком-л. чувстве; to strike a deep ~ in the hearts вызвать глубокий отклик в сердцах 2. *анат.* связка; vocal ~s голосовые связки 3. *мат.* хорда 4. *стр.* пояс *(фермы)* 5. *зоол.* спинная струна, хорда

chord[2] I [kɔ:d] *n* 1. *муз.* аккорд 2. гармония, гармоническое сочетание (*красок*)

chord[2] II [kɔ:d] *v редк.* 1) гармонировать; сочетаться 2) приводить в гармонию, сочетать

-chord [-kɔ:d] *в сложных словах с греч. корнями имеет значение* (музыкальный инструмент), *имеющий столько-то струн*; monochord монохорд; octachord октахорд; восьмиструнный

chorda [ˈkɔ:də] *n* (*pl* -dae) = chord[1] 2 *и* 5

chordae [ˈkɔ:di:] *pl om* chorda

chordal [ˈkɔ:d(ə)l] *a* 1. *поэт.* струнный 2. *анат.* связочный; относящийся к связкам 3. *зоол.* относящийся к спинной струне

chordate I [ˈkɔ:deɪt] *n зоол.* хордовое животное

chordate II [ˈkɔ:deɪt] *a зоол.* хордовый, имеющий хорду

chorded [ˈkɔ:dɪd] *a книжн.* сливающийся в один аккорд; гармонический, гармонизованный

chord organ [ˈkɔ:d,ɔ:gən] (кнопочный) аккордовый органчик

chore [tʃɔ:] *n* 1. подённая работа 2. *чаще pl* 1) работа по дому, уборка *и т. п.*; daily ~s повседневные домашние дела; готовка и уборка; his ~ is washing the dishes его обязанность — мытьё посуды 2) подсобная работа на ферме 3) тяжёлая *или* неприятная задача; she found housekeeping quite a ~ ведение домашнего хозяйства показалось ей делом неприятным; it's such a ~ to do the shopping every day ходить каждый день за покупками — это просто каторга

chorea [kɒˈrɪə] *n мед.* хорея; виттова пляска (*тж.* ~ minor)

chore boy [ˈtʃɔ:bɔɪ] *амер.* 1. мальчик-подсобник 2. 1) подсобный рабочий на ферме 2) помощник кашевара (*в лагере лесорубов*) 3. *разг.* мальчик на побегушках

choree [kɒˈri:] *n стих.* хорей

choregi [kɒˈri:dʒaɪ] *pl om* choregus

choregus [kɒˈri:gəs] *n* (*pl* -gi) = choragus

choregy [kɒˈri:dʒɪ] *n* должность корифея, предводителя хора (*в древнегреческом театре*)

choreic [kɒˈri:ɪk] *a стих.* хореический

choreodrama [ˌkɒrɪəˈdrɑ:mə] *n театр.* хореодрама; балетно-мимическое представление (*с участием большого ансамбля*)

choreograph [ˈkɒrɪəgrɑ:f] *v* ставить балеты; быть балетмейстером, хореографом

choreographer [ˌkɒrɪˈɒgrəfə] *n* балетмейстер, хореограф

choreographic [ˌkɒrɪəˈgræfɪk] *a* хореографический, балетный

choreography [ˌkɒrɪˈɒgrəfɪ] *n* 1. хореография, искусство танца 2. хореография, создание и постановка балетных танцев; балетмейстерское искусство 3. *редк.* хореография, запись танцевальных движений с помощью системы знаков

choreosymphony [ˌkɒrɪəˈsɪmfənɪ] *n муз.* хореосимфония; симфония, включающая танцевальные части

choriamb [ˈkɒrɪæm(b)] *n стих.* хориямб

choriambi [ˌkɒrɪˈæmbaɪ] *pl om* choriambus

choriambic [ˌkɒrɪˈæmbɪk] *a стих.* хориямбический

choriambus [ˌkɒrɪˈæmbəs] *n* (*pl тж.* -ambi) = choriamb

choric [ˈkɒrɪk] *a книжн.* хоровой; относящийся к хору

chorine [ˈkɔ:ri:n] *n амер. разг.* хористка (*эстрады, оперетты*)

chorion [ˈkɔ:rɪən] *n биол.* хорион, яйцевая *или* наружная оболочка

chorist [ˈkɒrɪst] *n* 1. участник хора (*в древнегреческом театре*) 2. хорист, хористка; участник хора

chorister [ˈkɒrɪstə] *n* 1. певчий, *особ.* мальчик-певчий 2. = chorist 3. *амер.* регент (*хора*)

choristic, choristical [kəˈrɪstɪk, -(ə)l] *a редк.* хоровой

chorizo [tʃəˈri:zəʊ] *n* (*pl* -os [-əʊz]) чоризо, испанская сырокопчёная колбаса

chorography [kəˈrɒgrəfɪ] *n* топографическое описание местности

choroid [ˈkɔ:rɔɪd, ˈkɒ:rɔɪd] *n анат.* сосудистая оболочка

chorology [kəˈrɒlədʒɪ, kɒˈrɒlədʒɪ] *n* хорология (*наука о территориальном размещении организмов*)

chorometry [kəˈrɒmɪtrɪ, kɒˈrɒmɪtrɪ] *n топ.* межевание; съёмка

chortle I [ˈtʃɔ:tl] *n* фырканье (*от удовольствия, смеха*); сдавленный смех

chortle II [ˈtʃɔ:tl] *v* фыркать (*от радости, смеха*); смеяться сдавленным смехом

chorus I [ˈkɔ:rəs] *n* 1. 1) хор, хоровая группа (*особ. на эстраде, в оперетте и т. п.*) 2) хор (*голосов и т. п.*); in ~ хором; the pupils recited their answers in ~ ученики отвечали хором; a ~ of loud laughter дружный взрыв смеха; a ~ of protest буря протестов; всеобщее /единогласное, единодушное/ осуждение 2. *театр.* 1) хор и балет (*драматического театра или оперетты*) 2) кордебалет 3) *употр. с гл. во мн. ч.* хористы; хористки; the ~ were very good, weren't they? кордебалет был очень хорош, правда? 4) труппа певцов; ансамбль песни и танца 5) хор (*в древнегреческом театре*) 3. 1) *ист.* хор (*один человек — в театре Елизаветинской эпохи*) 2) комментатор, истолкователь 4. *муз.* 1) припев; рефрен 2) музыкальное произведение для хора

chorus II [ˈkɔ:rəs] *v* 1. 1) петь хором; the birds were ~ing about me вокруг меня раздавался птичий хор 2) повторять, говорить, читать *и т. п.* хором, одновременно; the papers all ~ed his praises газеты в один голос расхваливали его 2. вторить, поддакивать; подхватывать (*чьи-л. слова*); the audience ~ed its approval слушатели хором выражали своё одобрение

chorus boy [ˈkɔ:rəsbɔɪ] хорист; участник танцевально-хоровой группы (*эстрадной, в оперетте и т. п.*)

chorus girl [ˈkɔ:rəsgɜ:l] хористка (*эстрады, оперетты*); участница танцевально-хоровой группы

chose[1] [tʃəʊz] *past om* choose

chose[2] [ʃəʊz] *n юр.* движимость, любое имущество, за исключением денежной собственности

chose in action [ˌʃəʊzɪnˈækʃ(ə)n] *юр.* 1. нематериальное имущество (*патент и т. п.*), на которое может быть заявлена претензия 2. право, могущее быть основанием для иска

chose jugée [ˌʃəʊzʒu:ˈʒeɪ] *фр. юр.* 1) дело, по которому уже вынесено судебное решение 2) решённое дело; вопрос, к которому не стоит возвращаться

chosen I [ˈtʃəʊz(ə)n] *n* (the ~) избранники, *обыкн.* божьи

chosen II [ˈtʃəʊz(ə)n] *a* 1. выбранный; a carefully ~ target тщательно выбранная цель 2. избранный; privileges granted to a ~ few привилегии, предоставляющиеся немногим избранным; the ~ people *библ.* избранный народ, израильтяне

chosen III [ˈtʃəʊz(ə)n] *p. p. om* choose

chota hazri [ˈtʃəʊtəˈhɑ:zrɪ] *хинди* лёгкая закуска перед завтраком

chou [ʃu:] *n* (*pl* choux [ʃu:]) 1. шу (*пышный бант*) 2. трубочка из теста (*для эклера*)

Chouan [ˈʃu:ən] *n фр. ист.* шуан

choucroute [ˌʃu:ˈkru:t] *n фр.* кислая капуста

chough [tʃʌf] *n зоол.* клушица, красноклювая альпийская ворона (*Pyrrhocorax pyrrhocorax*)

choultry [ˈtʃəʊltrɪ] *n инд.* 1. караван-сарай 2. колоннада храма

chouse [tʃaʊs] *n редк.* 1) мошенничество; обман, надувательство 2) мошенник

chow[1] [tʃaʊ] *n* чау, чау-чау (*китайская порода собак*)

chow[2] [tʃaʊ] *n амер. сл.* еда, пища; жратва, обед, завтрак, ужин; ~ time время еды; ~ truck грузовик с кухней, термосами, продовольствием; ~ wagon полевая кухня

chow[2] II [tʃaʊ] = chow down II

chow-chow I [ˈtʃaʊtʃaʊ] *n* 1. = chow[2] I 2. смесь 3. пикули; овощной маринад ассорти 4. (*китайское*) варенье-меланж с имбирём

chow-chow II [ˈtʃaʊtʃaʊ] *a разг.* смешанный; ассорти

chowder [ˈtʃaʊdə] *n амер.* густая похлёбка из рыбы *или* моллюсков со свининой, сухарями, овощами *и т. п.*

chowderhead [ˈtʃaʊdəhed] *n амер. сл.* болван, бестолочь, олух

chow down [ˈtʃaʊdaʊn] *phr v воен. жарг.* есть, питаться; завтракать, обедать, ужинать

chow-down [ˈtʃaʊdaʊn] *n воен. жарг.* еда, время еды; жратва

chow hall [ˈtʃaʊhɔ:l] *сл.* 1) *воен.* солдатская столовая 2) школьная столовая

chowhound [ˈtʃaʊhaʊnd] *n сл.* обжора

chow line [ˈtʃaʊlaɪn] *амер. разг.* очередь у раздаточной (*в кафетерии, солдатской столовой и т. п.*)

chow mein [ˌtʃaʊˈmeɪn] чоу-мейн (*китайское рагу из курицы или говядины с лапшой*)

chowtime [ˈtʃaʊtaɪm] *n амер. разг.* время еды; время завтрака, обеда, ужина

chrematistic [ˌkri:məˈtɪstɪk] *a книжн.* корыстолюбивый; стремящийся к богатству

chrestomathy [kresˈtɒməθɪ] *n книжн.* хрестоматия; сборник текстов

chrism [ˈkrɪz(ə)m] *n церк.* 1. елей, миро 2. помазание; миропомазание 3. конфирмация

chrismation [krɪzˈmeɪʃ(ə)n] *n церк.* помазание; миропомазание

chrismatory [ˈkrɪzmət(ə)rɪ] *n церк.* мирница (*сосуд*)

chrismon [ˈkrɪzmɒn] = Christogram

chrisom [ˈkrɪz(ə)m] *n церк.* 1) крестильная сорочка 2) новокрещённое дитя; крестник 2. младенец; невинное дитя 3. = chrism

chrisom babe, chrisom child [ˈkrɪz(ə)mbeɪb, -tʃaɪld] 1) = chrisom 2 2) ребёнок, умерший на первом месяце жизни; ≅ умер в крестильной сорочке

chrisom-cloth, chrisom-robe [ˈkrɪz(ə)mklɒθ, -rəʊb] = chrisom 1, 1)

chrisscross [ˈkrɪskrɒs] = christcross

Christ [kraɪst] *n* 1. 1) Христос; Jesus ~ Иисус Христос; ~ child младенец Христос (*преим. об изображении*); spirit of ~ дух Христов; from the Lord Jesus

~ от господа Иисуса Христа 2) (the ~) библ. христос, мессия 2. *в грам. знач. междометия* боже!, господи!; ~ in heaven! господи!, боже мой!
christcross ['krɪskrɒs] *n арх.* 1. крест (*знак х как подпись неграмотного и т. п.*) 2. 1) четырёхконечный (мальтийский) крест (*ставился в начале азбуки*) 2) азбука
christcross-row ['krɪskrɒs,rəʊ] *n арх.* алфавит, азбука
christen ['krɪs(ə)n] *v* 1. *церк.* 1) крестить 2) давать имя при крещении; нарекать; the child was ~ed Mary after her grandmother девочку нарекли Марией в честь бабушки 2. давать прозвище (*человеку*); называть, давать имя (*кораблю и т. п.*); the ship was ~ed the Sedov судно назвали «Седов» 3. *разг.* обновлять; в первый раз пользоваться (*чем-л.*); have you ~ed your new car yet? вы уже пробовали ездить на своей новой машине?
Christendom ['krɪs(ə)ndəm] *n* 1) *преим. ист.* христианский мир; христианские страны 2) *собир.* христиане
christening ['krɪs(ə)nɪŋ] *n церк.* крещение; крестины
Christer ['kraɪstə] *n амер. студ. жарг.* 1. святоша, лицемер 2. скучный человек, зануда (*не пьёт, не танцует и т. п.*)
Christhood ['kraɪsthʊd] *n рел.* мессианство
Christian I ['krɪstʃən, 'krɪstɪən] *n* 1) христианин; христианка 2) *прост.* крещёный, человек (*в отличие от животного*); that cat is as smart as a ~ этот кот умён как человек 2) примерный христианин, христианская душа; порядочный человек; dress like a ~! оденься по-человечески!
Christian II ['krɪstʃən, 'krɪstɪən] *a* 1) христианский; ~ religion христианская религия, христианство; Court ~ *ист.* церковный суд; ~ scriptures священное писание христиан, Новый завет; ~ burial похороны по христианскому обряду; his most ~ Majesty *ист.* его христианнейшее величество (*титул французских королей*) 2) подобающий христианину; he behaved in a ~ way to all, even his enemies он ко всем относился по-христиански, даже к своим врагам
Christian Democrat [,krɪstʃən'deməkræt, ,krɪstɪən-] *полит.* христианский демократ
Christian Democratic [,krɪstʃən,deməˈkrætɪk, ,krɪstɪən-] *полит.* христианско-демократический; ~ Party христианско-демократическая партия
Christian era [,krɪstʃən'ɪ(ə)rə, ,krɪstɪən-] христианская эра, христианское летосчисление; in I century of ~ в I веке н. э. /по христианскому летосчислению, после Р. Х./
christiania [,krɪstɪ'ɑːnɪə] *n* «христиания» (*поворот в горнолыжном спорте; тж.* ~ turn)
Christianity [,krɪstɪ'ænɪtɪ] *n* 1) христианство, христианская вера, религия; христианское вероисповедание; христианское вероучение 2) *собир.* христиане, христианство; христианский мир
Christianize ['krɪstʃənaɪz, 'krɪstɪənaɪz] *v* 1) обращать в христианство 2) принимать христианство 3) христианизировать
Christian-like ['krɪstʃənlaɪk, 'krɪstɪənlaɪk] *a* подобающий христианину, христианский
Christianly ['krɪstʃənlɪ, 'krɪstɪənlɪ] = Christian-like
Christian name ['krɪstʃənneɪm, 'krɪstɪən-] 1) имя, данное при крещении 2) имя (*в отличие от фамилии*)

Christian Science [,krɪstʃən'saɪəns, ,krɪstɪən-] *рел.* «Христианская наука» (*религиозная организация и этическое учение*)
Christian Scientist [,krɪstʃən'saɪəntɪst, ,krɪstɪən-] *рел.* последователь учения «Христианская наука» [*см.* Christian Science]
christie ['krɪstɪ] = christiania
Christless ['kraɪstlɪs] *a рел.* не верующий в Христа; нехристианский
Christ-like ['kraɪstlaɪk] *a* христоподобный; христов
Christly ['kraɪstlɪ] = Christ-like
Christmas ['krɪsməs] *n* 1. *церк.* рождество (Христово); Merry ~! счастливого рождества!, поздравляю с праздником рождества!; ~ card рождественская поздравительная карточка /открытка/; ~ gifts рождественские подарки; ~ stocking чулок (*часто из марли*) для рождественских подарков детям; ~ pudding рождественский пудинг; ~ carol *см.* carol I 2 2. = Christmastide
Christmas box ['krɪsməsbɒks] 1. 1) коробка с рождественским подарком 2) (любой) рождественский подарок 2. рождественские наградные (*служащим, прислуге, продавцам и т. п.*)
Christmas club ['krɪsməsklʌb] *амер. фин.* «рождественский клуб» (*разновидность сберегательного вклада для накоплений к рождественским праздникам*)
Christmas Day ['krɪsməsdeɪ] первый день рождества; рождество (25 декабря)
Christmas Eve [,krɪsməs'iːv] сочельник, канун рождества (24 декабря)
Christmas flower ['krɪsməs,flaʊə] *бот.* молочай (*Euphorbia*)
Christmas seal [,krɪsməs'siːl] *амер.* «рождественская печать» (*декоративная наклейка; деньги от продажи идут на благотворительные цели*)
Christmassy ['krɪsməsɪ] *a разг.* рождественский (*о настроении и т. п.*); праздничный, благодушный; весёлый
Christmastide ['krɪsməstaɪd] *n* святки (*с 24 декабря по 6 января*)
Christmastime ['krɪsməstaɪm] *n* рождественские праздники, святки
Christmas tree ['krɪsməstriː] 1. рождественская ёлка 2. *разг.* световое табло с разноцветными лампочками
◊ in Christmas-tree order *воен. жарг.* в полной походной выкладке; ≅ увешанный как ёлка
Christogram ['kr(a)ɪstəgræm] *n* христограмма; монограмма из греческих букв, символизирующая имя Христа
Christolatry [kr(a)ɪs'tɒlətrɪ] *n* поклонение Христу
Christophany [krɪs'tɒfənɪ] *n рел.* явление Христа
christy ['krɪstɪ] = christiania
Christy minstrels ['krɪstɪ'mɪnstrəlz] труппа загримированных неграми исполнителей негритянских песен
chroma ['krəʊmə] *n спец.* насыщенность цвета
chromate ['krəʊmeɪt] *n хим.* хромат, соль хромовой кислоты
chromatic [krəʊ'mætɪk] *a* 1. *спец.* хроматический; цветной; ~ accent *лингв.* хроматическое ударение; ~ press *полигр.* машина для цветной печати; ~ printing *полигр.* цветная /многоцветная/ печать; ~ aberration *опт.* хроматическая аберрация; ~ scale *муз.* хроматическая гамма; ~ depression [elevation] *муз.* понижение [повышение] звука на полтона 2. *мед.* хроматиновый
chromaticism [krə(ʊ)'mætɪsɪz(ə)m] *n муз.* хроматизм, хроматика
chromatics [krəʊ'mætɪks] *n* наука о цветах *или* красках, цветоведение

CHR — CHR   C

chromatin ['krəʊmətɪn] *n биол.* хроматин
chromatism ['krəʊmətɪz(ə)m] *n* 1. *опт.* хроматическая аберрация 2. *мед.* ненормальная окраска, пигментация 3. *уст.* естественная окраска
chromato- ['krəʊmətɒ-] = chromo-
chromatography [,krəʊmə'tɒgrəfɪ] *n хим.* хроматография
chromatology [,krəʊmə'tɒlədʒɪ] = chromatics
chromatron ['krəʊmətrɒn] *n элк.* хроматрон, кинескоп для цветного телевидения
chromatype ['krəʊmətaɪp] = chromotype
chrome [krəʊm] *n* 1. = chromium 2. 1) жёлтая краска, жёлтый цвет 2) *спец.* жёлтый крон (*тж.* ~ yellow); ~ nickel steel хромоникелевая сталь; ~ tanning *кож.* хромирование, дубление
-chrome [-krəʊm] *в сложных словах имеет значение* (вещество) с таким-то цветом: polychrome полихром(ный); phytochrome фитохром (*голубой пигмент растений*)
chrome alum [,krəʊm'æləm] *хим.* хромовые квасцы
chrome green [,krəʊm'griːn] *спец.* зелёный крон
chrome leather [,krəʊm'leðə] хром (*кожа*)
chrome-plated ['krəʊm,pleɪtɪd] *a* 1. *тех.* хромированный 2. приукрашенный, разукрашенный; роскошный
chromic ['krəʊmɪk] *a хим.* хромовый; ~ dyeing хромовое крашение
chromite ['krəʊmaɪt] *n мин.* хромит, хромистый железняк
chromium ['krəʊmɪəm] *n хим.* хром; ~ plating *тех.* хромирование
chromize ['krəʊmaɪz] *v тех.* хромировать
chromo ['krəʊməʊ] *n* (*pl* -os [-əʊz]) *разг. сокр. от* chromolithograph; ~ paper *полигр.* плюр, хромобумага
◊ to contest /to take/ the ~ *амер. сл.* конкурировать (с кем-л.); оспаривать
chromo- ['krəʊmə(ʊ)-] *в сложных словах имеет значение* 1. (*тж.* chromato-) цвет, цветной, цветовой: chromogenic хромогенный, пигментообразующий; chromoplast хромопласт (*пластид оранжевого или красного цвета*); chromatophore хроматофор (*клетка, содержащая пигмент*) 2. хром: chromophore хромофор; chromometry хромометрия (*метрический метод*)
chromodynamics [,krəʊmə(ʊ)daɪ'næmɪks] *n физ.* хромодинамика (*теория взаимодействий кварков*)
chromolithograph [,krəʊmə(ʊ)'lɪθəgrɑːf] *n полигр.* хромолитография (*отпечаток*)
chromolithographic [,krəʊmə(ʊ),lɪθə'græfɪk] *a полигр.* хромолитографский
chromolithography [,krəʊmə(ʊ)lɪ'θɒgrəfɪ] *n полигр.* хромолитография; олеография
chromonema [,krəʊmə'niːmə] *n* (*pl* -ata [-ətə]) *биохим.* хромонема
chromophotography [,krəʊmə(ʊ)fə'tɒgrəfɪ] *n фото* цветная фотография
chromosome ['krəʊməsəʊm] *n биол.* хромосома; ~ map рисунок расположения генов, хромосомная карта; ~ set набор хромосом; ~ theory of heredity хромосомная теория наследственности
chromosphere ['krəʊməsfɪə] *n астр.* хромосфера

chromotype ['krəʊmə(ʊ)taɪp] *n полигр.* хромотипия

chromotypography [ˌkrəʊmə(ʊ)taɪ'pɒgrəfɪ] *n полигр.* многокрасочная печать

chromotypy ['krəʊmə(ʊ)taɪpɪ] = chromotype

chromous ['krəʊməs] *a хим.* хромистый

chromoxylography [ˌkrəʊmə(ʊ)zɪ'lɒgrəfɪ] *n полигр.* цветная ксилография

chronic I ['krɒnɪk] *n* хроник

chronic II ['krɒnɪk] *a* 1. 1) хронический; затяжной (*о болезни*); застарелый; ~ invalid больной-хроник; ~ rheumatism хронический ревматизм; ~ alcoholic алкоголик-хроник; ~ smoker заядлый курильщик 2) неисправимый; ~ liar [tease] неисправимый враль [насмешник] 3) постоянный, привычный; ~ headache постоянные головные боли; ~ doubts вечные сомнения; ~ wars непрекращающиеся войны; ~ poverty безысходная нужда 2. *сл.* ужасный, невыносимый; the weather is ~ погода отвратительная; she has a ~ sense of humour она совершенно лишена чувства юмора

chronical ['krɒnɪk(ə)l] *редк.* = chronic II

chronically ['krɒnɪk(ə)lɪ] *adv* 1) хронически; длительно 2) постоянно, неизменно; вечно

chronic exposure [ˌkrɒnɪkɪk'spəʊzə] *спец.* хроническое воздействие (*какого-л. фактора*)

chronicity [krə'nɪsɪtɪ] *n редк.* хронический характер (*болезни*)

chronicker ['krɒnɪkə] *n амер. сл.* 1. часы 2. газета

chronicle I ['krɒnɪk(ə)l] *n* 1. 1) хроника (*историческая*); хронологическое изложение событий; летопись; small-beer ~ запись мелочей /незначительных событий/ 2) летописец 2. = chronicle play 3. (the Chronicles) *pl* Паралипоменон (*книга Библии*)

chronicle II ['krɒnɪk(ə)l] *v* 1. заносить (*в дневник, летопись*); to ~ events вести хронику событий; to ~ small beer отмечать всякие мелочи, заниматься пустяками 2. отмечать (*в печати*); вести хронику

chronicle play ['krɒnɪk(ə)l,pleɪ] *театр.* историческая пьеса, пьеса-хроника; Richard III is a ~ «Ричард III» относится к пьесам-хроникам (Шекспира)

chronicler ['krɒnɪklə] *n* 1. см. chronicle II + -er 2. летописец 3. историк (*какого-л. периода*)

chronique scandaleuse [krɒˌniːkskændə'lɜːz] *фр.* скандальная хроника

chrono- ['krɒnə-, 'krəʊnə-, krə'nɒu-] в сложных словах имеет значение время; временной; chronobiology хронобиология (*изучение периодических и апериодических изменений в живом организме*); chronocline хроноклин (*изменения популяций, прослеживаемые в стратиграфических подразделениях*); chronotaxy хронотаксия (*сходство во временной последовательности стратиграфических разрезов*)

chronobiology [ˌkrɒnəbaɪ'ɒlədʒɪ] *n* хронобиология, биоритмология (*раздел биологии, изучающий биоритмы*)

chronogram ['krɒnəgræm] *n* хронограмма

chronograph ['krɒnəgrɑːf] *n* хронограф

chronographer [krə'nɒgrəfə] *n книжн.* летописец; составитель хронологии, хронологического указателя, историк

chronographic [ˌkrɒnə'græfɪk] *a* хронографический

chronography [krə'nɒgrəfɪ] *n книжн.* хронологическое изложение событий; составление летописи, хроники (*исторической*)

chronologer [krə'nɒlədʒə] *n* историк, специалист по хронологии

chronologic, chronological [ˌkrɒnə'lɒdʒɪk, -(ə)l] *a* хронологический

chronological age [ˌkrɒnəˌlɒdʒɪk(ə)l'eɪdʒ] *психол.* биологический возраст ребёнка

chronologist [krə'nɒlədʒɪst] = chronologer

chronologize [krə'nɒlədʒaɪz] *v* располагать в хронологическом порядке

chronology [krə'nɒlədʒɪ] *n* 1) хронология (*раздел истории*) 2) хронология (*событий*) 3) хронологический указатель, хронологическая таблица

chronometer [krə'nɒmɪtə] *n* хронометр

chronometric, chronometrical [ˌkrɒnə'metrɪk, -(ə)l] *a* хронометрический

chronometry [krə'nɒmɪtrɪ] *n* хронометрия, хронометраж

chronon ['krɒnɒn] *n физ.* хронон, квант времени

chronopher ['krɒnəfə] *n спец.* хронофер, датчик сигналов точного времени

chronoscope ['krɒnəskəʊp] *n* хроноскоп

chronoscopic [ˌkrɒnə'skɒpɪk] *a* хроноскопический

chronoscopy [krə'nɒskəpɪ] *n спец.* хроноскопия, регистрация промежутков времени

chrys- [krɪs-] = chryso-

chrysalid ['krɪsəlɪd] = chrysalis

chrysalides [krɪ'sælɪdiːz] *pl от* chrysalis

chrysalis ['krɪsəlɪs] *n* (*pl тж.* -lides) *энт.* хризалида, куколка (*насекомых*), кокон

chrysanthemum [krɪ'sænθɪməm, krɪ'zænθəməm] *n бот.* хризантема (*Chrysanthemum gen.*)

Chryseis [kraɪ'siːɪs] *n греч. миф.* Хрисеида

chryselephantine [ˌkrɪselɪ'fænt(a)ɪn] *a книжн.* из золота и слоновой кости (*о предметах древнегреческого искусства*)

chryso- ['krɪsə-, krɪ'sɒ-] (*тж.* chrys-) в сложных словах имеет значение золото; золотой, жёлтый: chrysamine хризамин (*жёлтая краска*); chrysotherapy хризотерапия (*лечение препаратами золота*)

chryso-aristocracy [ˌkrɪsəʊˌærɪ'stɒkrəsɪ] *n книжн.* аристократия денежного мешка; нувориши

chrysoberyl ['krɪsə(ʊ)berɪl] *n мин.* хризоберилл

chrysocracy [krɪ'sɒkrəsɪ] *n книжн.* власть богачей, плутократия

chrysograph ['krɪsəgrɑːf] *v спец.* писать золотыми буквами

chrysography [krɪ'sɒgrəfɪ] *n спец.* крисография

chrysolite ['krɪsəlaɪt] *n мин.* 1) хризолит, оливин 2) *арх.* смарагд, топаз, турмалин и др. драгоценные камни зелёного цвета

chrysophilist, chrysophilite [krɪ'sɒfɪlɪst, krɪ'sɒfɪlaɪt] *n книжн.* сребролюбец

chrysoprase [krɪ'sɒpreɪz] *n мин.* 1) хризопраз 2) = chrysoprasus

chrysoprasus [krɪ'sɒprəsəs] *n библ.* хризолит

Chrysostom ['krɪsəstəm] *n* 1) *рел.* Златоуст; John ~ Иоанн Златоуст 2) красноречивый оратор

chrysostomic [ˌkrɪsəs'tɒmɪk] *a возвыш.* златоустный, красноречивый

chrysotile ['krɪsətaɪl] *n мин.* хризотил, переливчатый асбест

chthonian, chthonic ['θəʊnɪən, 'θɒnɪk] *a греч. миф.* подземный, хтонический; ~ gods хтонические божества, владыки преисподней

chub¹ [tʃʌb] *n* 1. *зоол.* голавль (*Leuciscus cephalus*) 2. *pl* карповые (*Cyprinidae*)

chub² [tʃʌb] = chubby

chubby ['tʃʌbɪ] *a* круглолицый, полнощёкий; полный; ~ cheeks пухлые щёчки; ~ baby упитанный /пухленький/ ребёнок

chub-faced ['tʃʌbfeɪst] *a* круглолицый

chuck¹ I [tʃʌk] *n* 1. клохтанье (*курицы*) 2. *диал.* цыплёнок 3. *ласк.* цыпочка, цыплёнок, детка

chuck¹ II [tʃʌk] *v* 1. клохтать (*о курице*) 2. скликать (*домашнюю птицу*) 3. понукать (*лошадь*)

chuck¹ III [tʃʌk] *int* цып-цып!

chuck² I [tʃʌk] *n* 1. 1) бросок; рывок; кидание; откидывание 2) похлопывание; he gave the baby a ~ under the chin он пощекотал ребёнка под подбородком 2. 1) круглый камешек 2) *pl* чакс, игра в камешки 3. *сокр. от* chuck-farthing 4. (the ~) *разг.* увольнение; to get the ~ оказаться выброшенным на улицу; to give smb. the ~ а) выгнать кого-л. с работы; б) дать кому-л. отставку; she gave her boyfriend the ~ она дала отставку своему дружку

chuck² II [tʃʌk] *adv редк.* 1. = chock III 2. прямо, прямым попаданием; в лоб

chuck² III [tʃʌk] *v разг.* 1. 1) бросать, кидать; швырять; ~ me the ball! кинь мне мячик! 2) бросать, отказываться от; to ~ work бросить работу; to ~ a boyfriend перестать дружить, дать отставку дружку 2. (*ласково*) похлопывать, трепать; to ~ under the chin пощекотать под подбородком 3. (off, out of) выгонять; to ~ smb. out of a restaurant вышибить /вышвырнуть/ кого-л. из ресторана 4. играть в орлянку
◇ ~ it! перестань!, брось!, замолчи!; to ~ one's weight about держаться надменно, важничать

chuck³ [tʃʌk] *n сл.* 1. жратва, пища; hard ~ *мор.* сухари 2. *амер.* деньги

chuck⁴ [tʃʌk] *n* 1. полено, чурбан 2. = chunk I 1 3. *спец.* шея; лопатка (*разделанной туши*)

chuck⁵ I [tʃʌk] *n тех.* зажим; патрон (*зажимный*); планшайба; держатель; air ~ пневматический патрон; ~ jaw кулачок (*зажимного*) патрона

chuck⁵ II [tʃʌk] *v тех.* зажимать, обрабатывать в патроне

chuck-a-luck ['tʃʌkəlʌk] *n* игра в кости (*с тремя костями*)

chuck away ['tʃʌkə'weɪ] *phr v* 1. выбрасывать, выкидывать; to ~ old papers выбросить старые газеты 2. 1) тратить понапрасну, терять; бросать на ветер; he doesn't like chucking money away он не любит швыряться деньгами 2) упускать (*возможность*)

chucker¹ ['tʃʌkə] *n амер. спорт. жарг.* подающий (*бейсбол*)

chucker² ['tʃʌkə] *n* 1. см. chuck² II + -er 2. круглый камешек

chucker³ ['tʃʌkə] = chukker

chucker-out [ˌtʃʌkə(r)'aʊt] *n сл.* вышибала (*в ночном клубе, дискотеке и т. п.*)

chuck-farthing ['tʃʌkˌfɑːðɪŋ] *n* орлянка (*игра*)

chuck-full [ˌtʃʌk'fʊl] = chock-full

chuck-halfpenny ['tʃʌkˌheɪpnɪ] = chuck-farthing

chuckhole ['tʃʌkhəʊl] *n* 1. *амер.* выбоина 2. = chuck-farthing

chuckie¹ ['tʃʌkɪ] *n шотл.* камешек

chuckie² ['tʃʌkɪ] *шотл.* = chucky

chuck in ['tʃʌk'ɪn] *phr v разг.* 1. отказаться (*от чего-л.*); he decided to ~

his old job он решил уйти со своей старой работы 2. перестать; chuck it in! брось! хватит!
◊ to chuck one's hand in сдаться, признать себя побеждённым

chuckle¹ I ['tʃʌk(ə)l] *n* 1. сдавленный смех; фырканье, хихиканье (*от удовольствия*) 2. кудахтанье; кряканье; гоготанье (*гусей*)

chuckle¹ II ['tʃʌk(ə)l] *v* 1. посмеиваться, хихикать; фыркать от смеха; he was chuckling to himself over the letter читая письмо, он посмеивался про себя; he is chuckling over /at/ his success он в восторге /вне себя/ от успеха 2. кудахтать; крякать; гоготать (*о гусях*)

chuckle² ['tʃʌk(ə)l] *a* 1. большой (*преим. о голове*) 2. неуклюжий, нескладный

chucklehead ['tʃʌk(ə)lhed] *n разг.* болван, оболтус

chucklesome ['tʃʌk(ə)lsəm] *a редк.* забавный, потешный; ~ old scoundrel занятный старый плут

chuck-luck ['tʃʌklʌk] = chuck-a-luck

chuckly ['tʃʌklɪ] *a редк.* забавный, смешной; ~ commentary остроумные комментарии

chuck out ['tʃʌk'aʊt] *phr v разг.* выгонять; выводить, выставлять, вышибать (*кого-л. — из комнаты и т. п.*)

chuck steak ['tʃʌk'steɪk] = chuck⁴ 3

chuckstone ['tʃʌkstəʊn] *n* камешек (*для игры*)

chuck up ['tʃʌk'ʌp] *phr v* 1. = chuck in 2. *амер. сл.* рвать, блевать; he chucked up его вырвало

chuck wagon ['tʃʌk,wægən] *амер. сл.* 1) походная кухня 2) грузовик с походной кухней (*для обслуживания лесорубов, пастухов и т. п.*)

chucky ['tʃʌkɪ] *n ласк.* цыплёнок, цыплёночек

chufa ['tʃuːfə] *n бот.* чуфа, сыть съедобная, земляной миндаль (*Cyperus esculentus*)

chuff¹ I [tʃʌf] *n* пыхтение (*паровоза и т. п.*)

chuff¹ II [tʃʌf] *v* пыхтеть; двигаться с пыхтением

chuff² [tʃʌf] *n пренебр.* 1. деревенщина, неотёсанный мужлан; грубиян 2. скупердяй, жадина

chuff³ [tʃʌf] *v разг.* ободрять, подбадривать, воодушевлять; поощрять (*тж.* ~ up)

chuffed [tʃʌft] *a сл.* 1. довольный; вне себя от радости; to be ~ быть в восторге 2. недовольный; раздражённый; I felt pretty ~ with myself я был страшно зол на себя

chuffy ['tʃʌfɪ] *a пренебр.* мужланистый, неотёсанный; грубый, невоспитанный

chug I [tʃʌg] *n* пыхтение; the steady ~ of the engine мерное попыхивание /пыхтение/ паровоза

chug II [tʃʌg] *v* двигаться с пыхтением (*о паровозе и т. п.*); the train [the truck] ~ged along поезд запыхтел [грузовик фыркнул] и двинулся

chugalug [tʃʌgəlʌg] *v сл.* выпить одним духом (*особ. пиво*)

chug-chug ['tʃʌg'tʃʌg] *n int* пых-пых, чу-чу

Chukchee, Chykchi ['tʃʊktʃiː] *n (pl тж. без измен.)* чукча

chukka ['tʃʌkə] 1. = chukker. 2. *pl* = chukka boots

chukka boots ['tʃʌkə,buːts] сапожки «чакка» (*для верховой езды*)

chukker ['tʃʌkə] *n хинди* чуккер, период, тайм (*в игре в поло*)

chum¹ I [tʃʌm] *n* 1. *разг.* товарищ, приятель; закадычный друг; he is my boyhood ~ мы с ним дружили ещё мальчиками 2. сожитель (*по комнате, общежитию, тюремной камере и т. п.*); однокашник
◊ new ~ *австрал.* новый поселенец

chum¹ II [tʃʌm] *v* 1. (with, together) жить совместно (*в комнате, общежитии и т. п.*) 2. (with) дружить 3. (on) поселять вместе, вселять (*к кому-л.*) 4. *амер. сл.* заискивать (*особ. перед учителем*); набиваться в друзья

chum² I [tʃʌm] *n* измельчённая приманка (*из рыбы, раков и т. п.*); рыбная кашица (*для приманки*)

chum² II [tʃʌm] *v* приманивать рыбной кашицей или рыбными отходами

chummage ['tʃʌmɪdʒ] *n* вселение нескольких человек в одну комнату, камеру и т. п.

chummery ['tʃʌmərɪ] *n редк.* 1. совместная жизнь студентов и т. п. (*в одной комнате*) 2. комната, занимаемая несколькими товарищами; общежитие

chummy¹ I ['tʃʌmɪ] *n разг.* дружок, дружище

chummy¹ II ['tʃʌmɪ] *a разг.* общительный, дружелюбный; ~ relations товарищеские отношения; to be ~ with smb. быть с кем-л. на дружеской ноге

chummy² ['tʃʌmɪ] *n сл.* заключённый; задержанный; обвиняемый

chump¹ [tʃʌmp] *n* 1. 1) колода, чурбан 2) *разг.* болван, дубина стоеросовая 2. 1) толстый конец (*чего-л.*) 2) филейная часть, край (*мясной туши, особ. телячьей*); ~ chop баранья или телячья отбивная 3. *разг.* башка; off his ~ с ума спятил, тронулся

chump² [tʃʌmp] *v амер.* жевать; грызть (*леденцы и т. п.*)

chumpish ['tʃʌmpɪʃ] *a амер. разг.* 1. тупой, тупоумный 2. угрюмый, сердитый

chum salmon ['tʃʌm,sæmən] *зоол.* кета (*Oncorhynchus keta*)

chum up ['tʃʌm'ʌp] *phr v* (with) *разг.* завязать знакомство, подружиться; I've already chummed up with quite a lot of people я уже со многими перезнакомился

chunk¹ I [tʃʌŋk] *n разг.* 1. 1) ломоть, большой кусок, кус 2) крупная глыба (*руды, угля*) 2. *амер.* толстяк, толстуха, пышка 3. *амер.* приземистая лошадь 4. 4. = chump 1, 1) и 2, 1) 5. *разг.* довольно большое количество; to lose a sizable ~ of money on the race потерять /просадить/ на скачках порядочную сумму (*денег*)
◊ to bite off a big ~ взяться за трудное дело; не по себе дерево рубить

chunk¹ II [tʃʌŋk] *v амер. разг.* метнуть, швырнуть (*камень, комок земли и т. п.*)

chunk² [tʃʌŋk] *v* лязгать, грохотать; урчать; издавать всхлипывающий звук; oars ~ ing in water звук шлёпающих по воде вёсел

chunking¹ ['tʃʌŋkɪŋ] *a* большой, неуклюжий; ~ piece of beef огромный кусок мяса

chunking² ['tʃʌŋkɪŋ] *n* лязг; урчание, грохот

chunky ['tʃʌŋkɪ] *a* 1. 1) короткий и толстый (*о полене, ломте и т. п.*) 2) коренастый (*о человеке*) 2. мохнатый, лохматый, ворсистый; a ~ woollen jacket пушистый шерстяной жакет 3. *кул.* содержащий кусочки; комковатый; ~ marmalade апельсиновый конфитюр с кусочками цедры

Chunnel ['tʃʌnl] *n* «Чаннел», транспортный тоннель под проливом Ла-Манш

chunter ['tʃʌntə] *v разг.* 1) бормотать; ворчать под нос 2) громыхать; he ~ed up the hill in his old car он прогромыхал в гору на своей старой машине

chupatty [tʃə'rɑːtɪ] *n инд.* чапати (*пресная пшеничная лепёшка*)

chuprassy [tʃə'prɑːsɪ] *n хинди* рассыльный; ординарец; оруженосец

church I [tʃɜːtʃ] *n* 1. 1) церковь; храм, преим. христианский; to go to ~ а) ходить в церковь; б) вступать в (церковный) брак 2) (*часто* С.) церковь (*организация*); вероисповедание; С. of England, English /Anglican/ С. англиканская церковь; Broad С. «широкая церковь» (*сторонники веротерпимости в англиканской церкви*); High С. «высокая церковь» (*ортодоксальная англиканская церковь*); Low С. «низкая церковь» (*одно из направлений в англиканской церкви*); Holy С., С. of Rome святая церковь, римско-католическая церковь; to what ~ does he belong? какого он вероисповедания? 3) *разг.* англиканская церковь (*часто противопоставляется сектам*); государственная церковь (*в Великобритании*) 2. *разг.* богослужение; ~ is over богослужение окончено; after ~ после обедни 3. духовенство; to go into /to enter/ the С. принимать духовный сан; he considered the ~ as a possible career он подумывал о том, чтобы стать священником
◊ in the right ~ but in the wrong pew ≅ в целом верно, но в частностях неправильно; let the ~ stand in the churchyard *посл.* ≅ всему своё место

church II [tʃɜːtʃ] *a* 1. церковный; ~ attire церковное облачение; ~ book а) церковная книга, требник; б) (*церковная*) метрическая книга; ~ burial церковное /христианское/ погребение; ~ music церковная /духовная/ музыка; ~ flag /pennant/ *мор.* церковный вымпел (*поднимается во время богослужения*); ~ land(s) церковные /монастырские/ земли; ~ living церковный приход (*как должность и доход*); ~ member верующий; принадлежащий к одному из (*христианских*) вероисповеданий; ~ membership вероисповедание; принадлежность к (*какой-л.*) церкви; ~ plate церковная утварь; ~ service а) церковная служба, богослужение; б) *разг.* молитвенник 2. принадлежащий к государственной, англиканской церкви; ~ folk *разг.* сторонники государственной /англиканской/ церкви, англиканцы

church III [tʃɜːtʃ] *v* 1. приводить или приносить в церковь (*для крещения и т. п.*) 2. совершать церковный обряд (*над кем-л.*); давать (*очистительную*) молитву (*родильнице*)

churchdom ['tʃɜːtʃdəm] *n редк.* 1. церковное управление; церковные власти 2. духовный сан

church door ['tʃɜːtʃdɔː] церковное крыльцо, вход в церковь; to leave /to abandon/ at the ~ нарушить помолвку перед самой свадьбой; бросить невесту или жениха

church fathers [,tʃɜːtʃ'fɑːðəz] *ист.* отцы церкви (*раннехристианские авторы*)

church-goer ['tʃɜːtʃ,gəʊə] *n* 1. набожный человек; человек, усердно посещающий церковь 2. приверженец государственной, англиканской церкви (*противоп. нонконформисту, сектанту*)

church-going ['tʃɜːtʃ,gəʊɪŋ] *n* (регулярное) посещение церкви; богомольность; ~ bell благовест

church-government [,tʃɜːtʃ'gʌv(ə)nmənt] *n* церковное управление; церковное устройство

church-house ['tʃɜːtʃhaus] *n* 1. церковное здание 2. молитвенный дом

churching ['tʃɜːtʃɪŋ] *n церк.* очистительная молитва (родильницы) (*обряд*)

churchism ['tʃɜːtʃɪz(ə)m] *n* церковность; преданность церкви; (English) C. преданность англиканской церкви

church key ['tʃɜːtʃkiː] 1) ключ от церкви 2) *разг.* открывалка (*особ. для пивных бутылок или банок*)

churchless ['tʃɜːtʃlɪs] *a* 1. не принадлежащий ни к одной церкви, ни к одному вероисповеданию 2. не освящённый церковью; без церковного благословения (*о браке и т. п.*) 3. без церкви (*о деревне и т. п.*)

churchlet ['tʃɜːtʃlɪt] *n редк.* церковка, церквушка, небольшой храм

churchlike ['tʃɜːtʃlaɪk] *a* 1) в духе церкви; действующий как подобает церкви; ~ organization организация церковного типа 2) подобающий храму; напоминающий храм; ~ silence ≅ гробовое молчание; ~ humour мрачный юмор

churchly ['tʃɜːtʃlɪ] *a* церковный; подобающий церкви *или* духовенству

churchman ['tʃɜːtʃmən] *n* (*pl* -men [-men]) 1) духовное лицо, священнослужитель 2) церковный активист, церковник 3) верующий

church-mice ['tʃɜːtʃmaɪs] *pl от* church-mouse

church-mouse ['tʃɜːtʃmaʊs] *n* (*pl* -mice) 1) церковная мышь 2) бедняк
◊ poor as a ~ беден как церковная мышь; без гроша за душой

church-office ['tʃɜːtʃˌɔfɪs] *n церк.* 1) обряд 2) служба, богослужение

church owl ['tʃɜːtʃaʊl] = barn-owl

church parade ['tʃɜːtʃpəˌreɪd] 1) *воен.* построение для молебствия 2) торжественная линейка перед богослужением (*у бойскаутов*)

church-rate ['tʃɜːtʃreɪt] *n ист.* подать на содержание церкви; церковное обложение

church register [ˌtʃɜːtʃˈredʒɪstə] церковная метрическая книга

church-robber ['tʃɜːtʃˌrɔbə] *n* церковный вор

church school ['tʃɜːtʃskuːl] 1) церковная школа (*содержится на средства церкви*) 2) *амер.* кружок или семинар по изучению религиозно-этических вопросов (*под эгидой местной церкви*)

church-scot, **church-shot** ['tʃɜːtʃskɔt, -ʃɔt] *n ист.* натуральная подать (*зерном и т. п.*) на содержание церкви

Church Slavic [ˌtʃɜːtʃˈslɑːvɪk, -ˈslævɪk] церковнославянский язык

church-text ['tʃɜːtʃtekst] *n полигр.* английский готический шрифт

churchward ['tʃɜːtʃwəd] = churchwards

churchwarden ['tʃɜːtʃˌwɔːdn] *n* 1. церковный староста 2. *разг.* длинная курительная трубка

churchwards, **churchwise** ['tʃɜːtʃwədz, -waɪz] *adv* (по направлению) к церкви

churchwoman ['tʃɜːtʃˌwʊmən] *n* (*pl* -women [-ˌwɪmɪn]) 1) верующая, прихожанка 2) церковница, церковная активистка

church-work ['tʃɜːtʃwɜːk] *n* 1. участие в сооружении храма 2. медленно подвигающаяся работа 3. работа по церковному приходу (*священническая, благотворительная и т. п.*)

churchy ['tʃɜːtʃɪ] *a пренебр.* 1. богомольный 2. елейный, ханжеский

churchyard ['tʃɜːtʃjɑːd] *n* 1) погост, кладбище (*при церкви*) 2) *арх.* церковный двор

◊ ~ cough сильный кашель; a piece of a ~ fits everybody *посл.* ≅ все там будем

churinga [tʃʊ(ə)ˈrɪŋgə] *n австрал.* священный предмет; амулет, талисман

churl [tʃɜːl] *n* 1. грубиян; невежа 2. скряга 3. мужлан, деревенщина 4. *ист.* простолюдин (*не крепостной*)

churlish ['tʃɜːlɪʃ] *a* 1. грубый; неприветливый; ~ reply нелюбезный ответ; ~ blasts резкие порывы ветра 2. скупой, прижимистый, скаредный 3. 1) упорный, неподатливый 2) неблагодарный (*о материале, труде и т. п.*); ~ soil неблагодатная почва, *и т.* трудообрабатываемый 4) *метал.* тугоплавкий 5. *арх.* простонародный; ~ life жизнь простого народа

churly ['tʃɜːlɪ] *редк.* = churlish

churn I [tʃɜːn] *n* 1. маслобойка 2. *спец.* мешалка; ~ drilling *горн.* канатное или ударное бурение 3. большой молочный бидон 4. сильная тряска

churn II [tʃɜːn] *v* 1. сбивать (*масло*) 2. пахтать 2. размешивать, разбалтывать 3. взбалтывать, взбивать; вспенивать; to ~ the water *мор.* крутить /пенить/ воду; the wind ~ed the river to foam ветер вспенил реку 4. крутиться, вертеться; leaves ~ing in the wind листья, кружащиеся на ветру; my stomach started to ~ as soon as we left port *≅* как только мы вышли в море, меня замутило 5. мысленно возвращаться (*к какому-л. предмету*); ворошить (*воспоминания и т. п.*); обдумывать; раскидывать умом

churning ['tʃɜːnɪŋ] *n* 1. 1) сбивание, пахтанье (*масла*) 2) сбивание 2. *физ.* завихрение

churn-milk ['tʃɜːnmɪlk] *n* пахта

churn out ['tʃɜːnˈaʊt] *phr v* выпускать потоком (*продукцию*); ≅ печь как блины (*книги и т. п.*)

churn-staff ['tʃɜːnstɑːf] *n* мутовка

churr I [tʃɜː] *n* верещание; урчание; жужжание; стрекотание

churr II [tʃɜː] *v* 1. верещать; урчать; жужжать; стрекотать 2. *тех.* вибрировать

chut [tʃʌt] *int* ≅ да ну же! (*выражает нетерпение*)

chute¹ I [ʃuːt] *n* 1. 1) стремнина 2) крутой скат 2. покатый настил 3. 1) (детская) горка (*искусственная — ледяная, деревянная*) 2) обыкн. *pl амер.* горы (*парковый аттракцион*); «русские горы», «американские горы» 4. спад; упадок, падение 5. *тех.* лоток, скат; жёлоб; ~ board скатная доска (*в с.-х. машинах*) 6. *тех.* воронка (*тж.* ~ hopper) 7. *спец.* подводящий канал 8. мусоропровод

chute¹ II [ʃuːt] *v* 1. стремительно спускаться; стремиться, падать (*о воде и т. п.*) 2. кататься с горы, горки (*деревянной, ледяной и т. п.*); to ~ the chute(s) *амер.* кататься на «русских /американских/ горах» (*в парке*) 3. *спец.* подавать (*что-л.*) по желобам, скатам *и т. п.* [см. chute¹ I 5, 6 и 7] 4. спускать в мусоропровод

chute² [ʃuːt] *n разг.* парашют

'chute² [ʃuːt] = chute²

chute-the-chute [ˌʃuːtðəˈʃuːt] *n амер.* 1) «американские горы», «русские горы» (*парковый аттракцион*) 2) крутой спуск (*на санях, коврике и т. п.*) 3) захватывающее дух движение; an emotional ~ вихрь эмоций, буря переживаний

'chutist ['ʃuːtɪst] *n разг.* парашютист

chutnee ['tʃʌtnɪ] = chutney

chutney ['tʃʌtnɪ] *n* чатни (*индийская кисло-сладкая фруктово-овощная приправа к мясу*)

chutty ['tʃʌtɪ] *n австрал., новозел. разг.* жевательная резинка

chutzpa(h) ['kʊtspaː, ˈhʊtspə] *n амер. сл.* 1) наглость, нахальство 2) дерзость, смелость

Chuvash [tʃʊ(ː)ˈvɑːʃ] *n* 1. чуваш; чувашка; the ~ *собир.* чуваши 2. чувашский язык

chyle [kaɪl] *n физиол.* млечный сок, хилус

chyme [kaɪm] *n физиол.* пищевая кашица в кишечнике, химус

chymistry ['kɪmɪstrɪ] *арх.* = chemistry

chypre ['ʃiːpr(ə)] *n фр.* шипр (*духи-эссенция*)

ciao [tʃaʊ] *int ит.* чао, привет (*употр. при встрече и расставании*)

cibarious [sɪˈbɛ(ə)rɪəs] *a арх.* пищевой; съедобный; питательный

ciboria [sɪˈbɔːrɪə] *pl от* ciborium

ciborium [sɪˈbɔːrɪəm] *n* (*pl* -ria) 1. *церк.* дароносица 2. *архит.* балдахин

cicada [sɪˈkɑːdə, sɪˈkeɪdə] *n* (*pl тж.* -dae) *энт.* цикада, певчая цикада (*Cicadidae fam.*)

cicadae [sɪˈkɑːdiː] *pl от* cicada

cicala [sɪˈkɑːlə] = cicada

cicatrice ['sɪkətrɪ(ː)s] = cicatrix

cicatrices [ˌsɪkəˈtraɪsiːz] *pl от* cicatrix

cicatricial [ˌsɪkəˈtrɪʃ(ə)l] *a мед.* рубцовый

cicatric(u)le ['sɪkətrɪk(juː)l] *n* 1. шрамик; небольшой рубец 2. *биол.* зародышевый диск на желтке яйца

cicatrix ['sɪkətrɪks] *n* (*pl* -trices) 1. *мед.* шрам, рубец 2. *бот.* рубчик, листовой рубец

cicatrization [ˌsɪkətr(a)ɪˈzeɪʃ(ə)n] *n мед.* заживление, заживание (*раны*); рубцевание; образование шрама, рубца

cicatrize ['sɪkətraɪz] *v мед.* 1) заживать; рубцеваться 2) заживлять 2. покрывать *или* изрезывать рубцами, шрамами

Cicero ['sɪsərəʊ] *n* Цицерон; *образн. тж.* красноречивый оратор

cicero ['sɪsərəʊ] *n полигр.* цицеро

cicerone [ˌsɪsəˈrəʊnɪ, ˌtʃɪtʃəˈrəʊnɪ] *n* (*pl тж.* -ni) проводник, гид, экскурсовод, чичероне

ciceroni [ˌsɪsəˈrəʊniː, ˌtʃɪtʃəˈrəʊnɪ] *pl от* cicerone

Ciceronian [ˌsɪsəˈrəʊnɪən] *a* 1) цицероновский(ский) (*преим. о слоге*) 2) красноречивый

cicisbei [ˌtʃɪtʃɪzˈbeɪ(ɪ)iː] *pl от* cicisbeo

cicisbeo [ˌtʃɪtʃɪzˈbeɪ(ɪ)əʊ] *n* (*pl* -bei, -beos [-ˈbeɪ(ɪ)əʊz]) *ит.* 1) чичисбей, постоянный спутник замужней женщины 2) дамский угодник

cicuta [sɪˈkjuːtə] *n бот.* цикута, вех (*Cicuta gen.*)

Cid [sɪd] *n* (the C.) *ист., лит.* Сид

-cide [-saɪd] *в сложных словах имеет значение* 1. убийство кого-л.; убийца: regicide цареубийство; infanticide детоубийство; genocide геноцид 2. вещество, уничтожающее что-л.: herbicide гербицид; fungicide фунгицид; raticide крысиный яд; pesticide пестицид

cider ['saɪdə] *n* 1. сидр, яблочное вино (*тж.* hard ~, rough ~) 2. яблочный сок (*тж.* sweet ~) 3. *ком.* фруктовый напиток; raspberry ~ малиновый напиток
◊ all talk and no ~ *амер.* ≅ шуму много, а толку мало

cider-brandy ['saɪdəˌbrændɪ] *n* яблочная водка; яблочный ликёр

cider-cup ['saɪdəkʌp] *n* напиток из сидра с сахаром и специями

cider gum ['saɪdəgʌm] *разг.* эвкалипт

ciderkin ['saɪdəkɪn] *n* яблочный напиток

cider-mill, cider-press [ˈsaɪdəmɪl, -pres] *n* я́блочный пресс
cider vinegar [ˈsaɪdəˌvɪnɪɡə] я́блочный у́ксус
ci-devant [ˌsiːdəˈvɑːŋ] *a фр.* бы́вший; ~ president бы́вший президе́нт, экс-президе́нт; a ~ friend of mine мой бы́вший друг
ciel [siːl, sjel] *n ре́дк.* небе́сно-голубо́й цвет (*тж.* ~ blue)
cig [sɪɡ] *n разг.* 1. (*сокр. от* cigar) сига́ра 2. (*сокр. от* cigarette) сигаре́та
cigala, cigale [sɪˈɡɑːlə, sɪˈɡɑːl] = cicada
cigar [sɪˈɡɑː] *n* сига́ра
cigar-cutter [sɪˈɡɑːˌkʌtə] *n* приспособле́ние для обре́зки сига́р
cigaret [ˌsɪɡəˈret] *амер.* = cigarette
cigarette [ˌsɪɡəˈret] *n* 1. папиро́са; ~ paper папиро́сная бума́га 2. (C.) *амер.* больша́я мото́рная ло́дка с откры́тым ко́кпитом для прибре́жных го́нок
cigarette case [ˌsɪɡəˈretkeɪs] портсига́р
cigarette end [ˌsɪɡəˈretend] оку́рок
cigarette girl [ˌsɪɡəˈretɡɜːl] продавщи́ца папиро́с, сигаре́т, сига́р (*в рестора́не, клу́бе*)
cigarette-holder [ˌsɪɡəˈretˌhəʊldə] *n* мундшту́к
cigarette hull [ˌsɪɡəˈretˌhʌl] = cigarette 2
cigarette lighter [ˌsɪɡəˈretˌlaɪtə] зажига́лка
cigar-holder [sɪˈɡɑːˌhəʊldə] *n* мундшту́к для сига́р
cigarillo [ˌsɪɡəˈrɪləʊ, sɪɡəˈriːljəʊ] *n* 1. сигари́льо, то́нкая сига́рка 2. сигаре́та из табака́, обёрнутого таба́чным листо́м
cigar-shaped [sɪˈɡɑːʃeɪpt] *a* сигарообра́зный
cigar store [sɪˈɡɑːstɔː] магази́н таба́чных изде́лий
 ◊ cigar-store Indian деревя́нная фигу́ра инде́йца (*у вхо́да в таба́чную ла́вку*)
cigary [sɪˈɡɑːrɪ] *a ре́дк. разг.* сига́рный; ~ voice хри́плый го́лос, го́лос (завзя́того) кури́льщика
ciggie, ciggy [ˈsɪɡɪ] *n разг.* (*сокр. от* cigarette) сигаре́та
cilia [ˈsɪlɪə] *n pl* 1. *анат.* ресни́цы 2. *физиол.* ресни́чки (*эпите́лия*); жгу́тики 3. *бот., зоол.* ресни́чки
ciliary [ˈsɪlɪərɪ] *a физиол.* ресни́чный, мерца́тельный; ~ body ресни́чное те́ло; ~ motion мерца́тельное движе́ние
ciliate [ˈsɪlɪɪt] = ciliated
ciliated [ˈsɪlɪeɪtɪd] *a* 1. *анат.* опушённый ресни́чками 2. *физиол.* снабжённый ресни́чками; ~ envelope ресни́чный покро́в; ~ epithelium мерца́тельный эпите́лий
cilice [ˈsɪlɪs] *n* 1. ткань из во́лоса 2. *церк.* власяни́ца
cilium [ˈsɪlɪəm] *ре́дк. sing от* cilia
cimarrones [ˌsɪməˈruːnɪz] *n pl исп.* бе́глые рабы́ (*в испа́нских коло́ниях в Аме́рике*)
cimbalom [ˈsɪmbələm] *n муз.* венге́рские цимба́лы
Cimbri [ˈsɪmbraɪ, ˈkɪmbriː] *n pl ист.* ки́мвры
Cimbrian [ˈsɪmbrɪən, ˈkɪmbrɪən] *a ист.* ки́мврский, относя́щийся к ки́мврам
cimex [ˈsaɪmeks] *n (pl* cimices*) энт.* посте́льный клоп (*родово́е назва́ние*)
cimices [ˈsɪmɪsiːz] *pl от* cimex
Cimmerian I [sɪˈmɪ(ə)rɪən] *n миф., ист.* киммери́ец, киммери́йка
Cimmerian II [sɪˈmɪ(ə)rɪən] *a* 1. *миф., ист.* киммери́йский 2. тёмный; непрогля́дный (*о но́чи*)
C in C, C.-in-C. [ˌsiːɪnˈsiː] *сокр. от* commander-in-chief

cinch¹ I [sɪntʃ] *n амер.* 1. подпру́га; to have a ~ on smb. держа́ть кого́-л. в узде́ 2. *разг.* 1) верня́к, надёжное, предрешённое де́ло; it's a ~ ≅ всё бу́дет в поря́дке, э́то де́ло ве́рное 2) лёгкое де́ло; ≅ раз плю́нуть; my examination was a ~ сдать экза́мен мне не сто́ило никако́го труда́ 3. *разг.* бесспо́рный кандида́т; уча́стник соревнова́ния *и т. п.*, кото́рому обеспе́чен успе́х; he is a ~ to get the post он наверняка́ полу́чит э́тот пост
cinch¹ II [sɪntʃ] *v амер.* 1. подтя́гивать подпру́гу 2. *сл.* 1) нажима́ть, напира́ть (*на кого́-л.*); подтя́гивать, «зави́нчивать га́йки» 2) обеспе́чить (*како́е-л. де́ло, успе́х*); he ~ed a passing grade он всё-таки заполучи́л удовлетвори́тельную отме́тку
cinch² [sɪntʃ] *n* синч (*ка́рточная игра́*)
cinchona [sɪŋˈkəʊnə] *n* 1. *бот.* хи́нное де́рево (*Cinchona ledgeriana*) 2. *фарм.* хи́нная ко́рка (*тж.* ~ bark)
cinchona tree [sɪŋˈkəʊnətriː] = cinchona 1
cinchonic [sɪŋˈkɒnɪk] *a фарм.* хи́нный
cinchonism [ˈsɪŋkənɪz(ə)m] *n мед.* отравле́ние хи́нной ко́ркой и её алкало́идами
cinct [sɪŋkt] *a арх.* опоя́санный
cincture [ˈsɪŋktʃə] *n* 1. *поэт.* по́яс 2. *архит.* поясо́к (*коло́нны*)
cinder I [ˈsɪndə] *n* 1. 1) тле́ющие у́гли 2) *ча́сто pl* зола́; пе́пел; у́гольная кро́шка, пыль; the volcano ejected ~s вулка́н выбра́сывал пе́пел; burnt to a ~ си́льно подгоре́вший, сгоре́вший (*о ку́шанье*) 3) шлак; ~ concrete *стр.* шлакобето́н; ~ mill *тех.* шлакодроби́лка; ~ wool *тех.* шлакова́та; ~ block *стр.* блок из шлакобето́на 2. *спорт.* га́ревая доро́жка 3. (the ~s) *pl сл.* коньяки́ и́ли ви́ски, добавля́емые в чай, молоко́ *и т. п.*
cinder II [ˈsɪndə] *a амер. сл.* железнодоро́жный; ~ dick железнодоро́жный детекти́в; ~ shark ваго́нный шу́лер
cinder III [ˈsɪndə] *v* сжига́ть, обраща́ть в пе́пел
cinder-box [ˈsɪndəbɒks] *n тех.* зо́льник
Cinderella [ˌsɪndəˈrelə] *n* Зо́лушка
cinder-path [ˈsɪndəpɑːθ] = cinder 3
cinder-pit [ˈsɪndəpɪt] *n спец.* 1. = cinder-box 2. *ж.-д.* кочега́рная я́ма
Cinders [ˈsɪndəz] *разг. см.* Cinderella
cinder track [ˈsɪndətræk] = cinder 3
cindery [ˈsɪndərɪ] *a* 1. зо́льный; пе́пельный 2) шла́ковый 3) засы́панный и́ли запа́чканный золо́й, пе́плом *и т. п.*
cine I [ˈsɪnɪ] *n разг.* кино́
cine II [ˈsɪnɪ] *a разг.* относя́щийся к кино́; киношный
cine- [ˈsɪnɪ-] *в сло́жных слова́х име́ет значе́ние* кинематографи́ческий: cinefilm кинофи́льм; cinephile кинома́н
cineangiocardiography [ˌsɪnɪˌændʒɪəʊˌkɑːdɪˈɒɡrəfɪ] *n мед.* киноангиокардиогра́фия (*рентгенокиносъёмка рабо́ты полосте́й се́рдца с по́мощью контра́стной жи́дкости*)
cineangiogram [ˌsɪnɪˈændʒɪəɡræm] *n мед.* киноангиогра́мма
cineangiography [ˌsɪnɪˌændʒɪˈɒɡrəfɪ] *n мед.* киноангиогра́фия (*рентгенокиносъёмка рабо́ты кровено́сных сосу́дов*)
cineast, cineaste [ˈsɪnɪæst] *n* 1. кинематографи́ст 2. знато́к и люби́тель киноиску́сства
cinecamera [ˈsɪnɪˌkæm(ə)rə] *n* киноаппара́т, киноками́ра
cinefilm [ˈsɪnɪfɪlm] *n* киноплёнка
cinefluoroscopy [ˌsɪnɪflʊəˈrɒskəpɪ] *n мед.* кинофлюорогра́фия
cine-gun [ˈsɪnɪɡʌn] *n* кинопулемёт

CID — CIN   C

cinema [ˈsɪnɪmə] *n* 1. (the ~) кино́, кинематогра́фия; amateur ~ кинолюби́тельство, люби́тельское кино́ 2. киноте́атр; ~ circuit киносе́ть, гру́ппа киноте́атров, принадлежа́щих одно́й компа́нии; ~ hall кинозал
cinemactor [ˈsɪnɪmˌæktə] *n амер. проф.* киноактёр
cinemactress [ˈsɪnɪmˌæktrɪs] *n амер. проф.* киноактри́са
cinemaddict [ˈsɪnɪmˌædɪkt] *n амер. проф.* поме́шавшийся на кино́, кинома́н
cine-magazine [ˌsɪnɪˈmæɡəˌziːn] *n* киножурна́л (*фильм*)
cinemagnate [ˈsɪnɪˌmæɡneɪt] *n амер. проф.* магна́т, туз, ворти́ла кинопромы́шленности, глава́ кинофи́рмы
cinema-goer [ˈsɪnɪməˌɡəʊə] *n* кинозри́тель, постоя́нный посети́тель киноте́атров
Cinemascope [ˈsɪnɪməskəʊp] *n* синемаско́п (*фи́рменное назва́ние систе́мы широкоэкра́нного кино́*)
cinemascopic film [ˈsɪnɪməˌskɒpɪkfɪlm] широкоэкра́нный, широкоэкра́нный киноффи́льм, сня́тый по систе́ме «синемаско́п»
cinemateque [ˈsɪnəmətek] *n* синемате́ка, небольшо́й киноте́атр, демонстри́рующий эксперимента́льные и модерни́стские фи́льмы
cinematic [ˌsɪnɪˈmætɪk] *a* 1) кинематографи́ческий; относя́щийся к кино́ 2) кинематографи́чный; киногени́чный
cinematics [ˌsɪnɪˈmætɪks] *n* кинема́тика
cinematize [ˈsɪnəmətaɪz] *v* экранизи́ровать (*литерату́рное произведе́ние*)
cinematograph I [ˌsɪnɪˈmætəɡrɑːf] *n* 1) киноаппара́т, киноками́ра 2) кинопрое́ктор
cinematograph II [ˌsɪnɪˈmætəɡrɑːf] *v* снима́ть киноффи́льм
cinematographer [ˌsɪnɪməˈtɒɡrəfə] = cameraman
cinematographic [ˌsɪnɪˌmætəˈɡræfɪk] *a* кинематографи́ческий
cinematography [ˌsɪnɪməˈtɒɡrəfɪ] *n* 1. кино́, кинематогра́фия 2. 1) опера́торское мастерство́ 2) киносъёмка; stop-motion [high-speed] ~ заме́дленная [уско́ренная / распи́дная /] киносъёмка; close-up ~ киносъёмка кру́пным пла́ном
cinéma vérité [ˌsɪnəməˈveriteɪ, ˌsɪneɪˌmɑːveriˈteɪ] *фр.* синема́ верите́ (*направле́ние в киноиску́сстве, добива́ющееся документа́льной пра́вды в худо́жественном фи́льме*)
cinephile [ˈsɪnəfaɪl] *n ре́дк.* люби́тель, энтузиа́ст кино́; кинома́н
cine-projector [ˈsɪnəprəˌdʒektə] *n* кинопрое́ктор
Cinerama [ˌsɪnɪˈrɑːmə] *n* кино синера́ма (*фи́рменное назва́ние*)
cineraria¹ [ˌsɪnəˈre(ə)rɪə] *n бот.* пе́пельник, цинера́рия (*Cineraria gen.*)
cineraria² [ˌsɪnəˈre(ə)rɪə] *pl от* cinerarium
cinerarium [ˌsɪnəˈre(ə)rɪəm] *n (pl* -ria) *лат.* ни́ша для хране́ния у́рны с пра́хом; колумба́рий
cinerary [ˈsɪnərərɪ] *n возвы́ш.* пе́пельный; ~ urn /vase/ погреба́льная у́рна
cineration [ˌsɪnəˈreɪʃ(ə)n] *n ре́дк.* крема́ция; преда́ние огню́ (*те́ла*)
cinerator [ˈsɪnəreɪtə] *n ре́дк.* кремацио́нная печь; кремато́рий
cinereal [sɪˈnɪ(ə)rɪəl] *a анат.* относя́щийся к се́рому вещество́ нерво́ной ткани
cinereous [sɪˈnɪ(ə)rɪəs] *a кни́жн.* 1) пе́пельный 2) пе́пельного цве́та; пе́пельно-се́рый

CIN — CIR

cineritious [ˌsɪnəˈrɪʃəs] *a книжн.* 1) пепельного цвета; пепельно-серый 2) относящийся к золе, пеплу

Cing(h)alese I [ˌsɪŋɡəˈliːz] *n* 1. сингалец, сингалка; the ~ *собир.* сингальцы 2. сингальский язык 3. *ист.* цейлонец

Cing(h)alese II [ˌsɪŋɡəˈliːz] *a* 1. сингальский 2. *ист.* цейлонский

cingle [ˈsɪŋɡ(ə)l] *n редк.* 1. пояс 2. подпруга

cingula [ˈsɪŋɡjʊlə] *pl от* cingulum

cingulum [ˈsɪŋɡjʊləm] *n (pl* -la) *лат.* пояс; *особ. церк.* пояс стихаря

cinnabar [ˈsɪnəbɑː] *n* 1. *мин.* киноварь 2. ярко-красный цвет, киноварь

cinnabaric, cinnabarine [ˌsɪnəˈbærɪk, ˈsɪnəbəri(ː)n] *a* киноварный

cinnamomic [ˌsɪnəˈməʊmɪk] *a* относящийся к корице; коричный

cinnamon [ˈsɪnəmən] *n* 1. *бот.* коричное дерево, коричник (*Cinnamomum gen.*) 2. 1) корица 2) *поэт.* кинамон 3. светло-коричневый цвет; цвет корицы

cinnamonic [ˌsɪnəˈmɒnɪk] = cinnamomic

cinnamon-oil [ˈsɪnəmənˌɔɪl] *n фарм.* коричное масло

cinnamon stone [ˈsɪnəmənˌstəʊn] *мин.* кальциевый алюмогранат; гессонит (*разновидность граната*)

cinquain [sɪŋˈkeɪn] *n* 1. *стих.* пятистрочная строфа 2. *редк.* пятёрка (*вещей, людей*)

cinque [sɪŋk] *n фр.* пятёрка, пять очков (*в картах, домино и т. п.*)

cinquecentist [ˌtʃɪŋkwɪˈtʃentɪst] *n ит. иск., лит.* художник или поэт Чинквеченто (*см. тж.* cinquecento)

cinquecento [ˌtʃɪŋkwɪˈtʃentəʊ] *n ит. иск., лит.* Чинквеченто, шестнадцатый век; ~ art искусство Чинквеченто, итальянское искусство шестнадцатого века

cinquefoil [ˈsɪŋkfɔɪl] *n* 1. *архит.* пятилистник (*орнамент*) 2. *бот.* лапчатка (*Potentilla*)

Cinque Ports [ˈsɪŋkˌpɔːts] *ист.* Пять портов (*группа портовых городов — первоначально пять — Дувр, Гастингс, Сандвич, Ромни, Хайт, пользовавшихся особыми привилегиями*)

cion[1] [ˈsaɪən] *n бот.* привой

cion[2] [ˈsaɪən] *n анат.* язычок

cipher I [ˈsaɪfə] *n* 1. *мат.* нуль 2. 1) ничтожество; ноль, нуль; he is a ~ он не имеет никакого веса; ≅ круглый ноль 2) пустяк; ничего не стоящая или никому не нужная вещь; to stand for ~ ≅ гроша ломаного не стоить 3. шифр, тайнопись, код; ~ code шифровальный код; ~ device шифровальная машина; ~ officer /clerk/ шифровальщик; ~ message шифрованное сообщение (*письмо, телеграмма и т. п.*); шифровка; ~ queen *воен. жарг.* шифровальщица; ~ text зашифрованный текст; in ~ а) зашифрованный, шифрованный; б) шифром; to translate into [out of] ~ зашифровывать [расшифровывать] 4. арабская цифра; a number of three ~s трёхзначное число 5. монограмма, вензель, шифр

cipher II [ˈsaɪfə] *v* 1. вычислять, высчитывать (*арифметически*); подсчитывать; оперировать цифрами; to read, write and ~ *арх.* читать, писать и считать 2. шифровать, зашифровывать; he was employed in ~ing он работал шифровальщиком

cipher alphabet [ˌsaɪfə(r)ˈælfəbet] цифровой код

ciphered [ˈsaɪfəd] *a* шифрованный, зашифрованный; ~ message шифрованное сообщение; ~ code а) шифрованный код; б) частный код; в) цифровой код

cipherer [ˈsaɪfərə] *n* 1. человек, умеющий быстро считать, сильный в арифметике 2. шифровальщик

cipher-key [ˈsaɪfəkiː] *n* ключ к шифру, коду, тайнописи

cipher officer [ˈsaɪfə(r)ˌɒfɪsə] шифровальщик (*на военной или дипломатической службе*)

cipher out [ˈsaɪfə(r)ˈaʊt] *phr v амер. разг.* обдумывать, прикидывать, соображать; to ~ a scheme выработать план

ciphertext [ˈsaɪfətekst] *n* шифротекст, зашифрованный текст, кодированный текст

ciphony [ˈsaɪfənɪ] *n* электронная зашифровка телефонных разговоров [< cipher + telephony]

cipolin [ˈsɪpəlɪn] *n* чиполино, зелёный римский мрамор

circa [ˈsɜːkə] *prep книжн.* примерно, около (*особ. о датах*); book published ~ 1808 книга, изданная примерно в 1808 году; ~ Mohammed was born ~ 570 A. D. Магомет родился около 570 года н. э.

circadian [sɜːˈkeɪdɪən] *a биол.* циркадный, суточный; ~ rhythm of physiological activity суточный ритм жизнедеятельности; ~ leaf movements суточное движение листьев

circalunadian [ˌsɜːkəluːˈneɪdɪən] *a* имеющий лунную периодичность (*о биоритмах*)

circannian [sɜːˈkænɪən] = circannual

circannual [sɜːˈkænjʊəl] *a биол.* имеющий приблизительно годичный цикл

Circassian I [sɜːˈkæsɪən] *n* 1. черкес, черкешенка; the ~s *собир.* черкесы 2. черкесский язык

Circassian II [sɜːˈkæsɪən] *a* черкесский

Circassian walnut [sɜːˌkæsɪənˈwɔːlnʌt] *бот.* орех грецкий (*Juglans regia*)

Circe [ˈsɜːsɪ] *n* 1) *греч. миф.* Кирка, Цирцея 2) обольстительница, роковая женщина

Circean [sɜːˈsɪ(ː)ən] *a* свойственный Цирцее; обольстительный; ~ charms чары Цирцеи

circensian [səˈsenʃ(ə)n] *a книжн.* цирковой; относящийся к цирку (*в Древнем Риме*); ~ games (древнеримские) игры в цирке

circinal [ˈsɜːsɪn(ə)l] = circinate

circinate [ˈsɜːsɪneɪt] *a бот.* свёрнутый в кольцо

circle I [ˈsɜːk(ə)l] *n* 1. 1) круг; to move in ~s кружить; the aeroplane made two ~s and landed самолёт сделал два круга и приземлился; we sat in a ~ around the campfire мы сидели кружком у костра 2) кольцо, окружение; in a ~ of trees [of hills] в кольце деревьев [гор]; a ~ of lookers-on кучка зевак (*окруживших что-л.*) 2. сфера, область; круг; a wide ~ of interests широкий круг интересов; within the ~ of possibilities в пределах возможного 3. 1) круг (*людей*), группа; кружок; family ~ семейный круг; a ~ of friends (тесный) круг друзей; a sewing ~ кружок кройки и шитья; the ~ of his acquaintance widened круг его знакомств расширился 2) *pl* (общественные) круги; ruling [business] ~s правящие [деловые] круги 4. круговорот, цикл; ~ of seasons круговорот /смена/ времён года; ~ of fifth *муз.* квинтовый круг; to come full ~ завершить цикл; пройти полный оборот 5. 1) ободок; светящийся круг (*вокруг Луны*) 2) = circlet 2 6. 1) *театр.* ярус; верхний ярус /балкон/ 2) арена цирка 7. *ист.* округ 8. *астр.* 1) орбита 2) круг, сфера (*о путях небесных светил*); a full ~ of the Moon полный круг обращения Луны (*Луны и т. п.*) 9. *лог.* логический круг; порочный круг (*тж.* vicious ~); to argue /to reason/ in a ~ выдвигать в качестве доказательства то, что само требует доказательства 10. 1) *мат.* круг; окружность 2) *спец.* круговая траектория 3) *дор.* кольцевая транспортная развязка 11. *спорт.* 1) круг для метания 2) оборот (*гимнастика*) 3) поворот (*конный спорт*); ~ change поворот кругом 4) *обыкн. pl* махи на коне (*гимнастика*) 12. 1) *геогр., астр.* круг; параллель; Arctic [Antarctic] C. Северный [Южный] полярный круг; polar ~ полярный круг; parallel ~ а) (земная) параллель, параллельный круг; б) *тропик*; vertical ~ круг высоты, вертикал светила; ~ of altitude альмукантарат; ~ of declination, hour ~ часовой круг; ~ of latitude [of longitude] круг широты [долготы]; ~ of the horizon линия горизонта, горизонт 2) *геод.* лимб, буссоль; reflecting ~ секстан(т) 13. *археол.* кромлех (*ограда из отдельно стоящих каменных глыб*) 14. (C.) Сёркл (*в названиях улиц*)

◊ to run /to go, to rush/ round in ~s суетиться без толку; to square the ~ пытаться найти квадратуру круга, пытаться сделать невозможное

circle II [ˈsɜːk(ə)l] *v* 1. двигаться по кругу; вращаться, вертеться; кружиться; кружить; the Moon ~s the Earth Луна обращается вокруг Земли; Drake ~d the globe Дрейк объехал вокруг земного шара; the hawk ~d about /around/ his prey ястреб кружил над своей жертвой; the aeroplane ~d above us самолёт кружил над нами 2. окружать; a ring of trees ~d the house дом был окружён кольцом деревьев; the enemy ~d the hill неприятель окружил холм 3. передавать или переходить по кругу; the bowl ~s чаша переходит по кругу 4. циркулировать; to ~ among the voters часто общаться с избирателями

circle around [ˈsɜːk(ə)ləˈraʊnd] *phr v ав.* делать круги над аэродромом

circled [ˈsɜːk(ə)ld] *a* 1. окружённый 2. круглый, круговой 3. отмеченный кругом; покрытый кружками, кольцами (*о ткани и т. п.*)

circlet [ˈsɜːklɪt] *n* 1. кружок 2. 1) венчик; венец; диадема; ~ of flowers венок 2) нимб, ореол 3. 1) кольцо 2) браслет, запястье 3) ожерелье

circle-wise [ˈsɜːk(ə)lwaɪz] *adv* по кругу; кругообразно

circling [ˈsɜːklɪŋ] *n спорт.* круговое движение; переворот; оборот

circlip [ˈsɜːklɪp] *n тех.* пружинный кольцевой замок; пружинное (*разрезное*) кольцо

circs [sɜːks] *n* (*сокр. от* circumstances) *разг. см.* circumstance I 1

circuit I [ˈsɜːkɪt] *n* 1. 1) кругооборот; круговращение; круговращение, обращение (*вокруг чего-л.*); the Moon's ~ of the Earth обращение Луны вокруг Земли 2) виток (*орбиты*); оборот (*спутника*) 3) *спец.* круговое обращение, циркуляция 2. окружность; длина окружности; ~ of the globe окружность земного шара; the ~ of the city walls общая длина городских стен 3. 1) объезд; обход; круговая поездка; турне; маршрут обхода; the commanding officer made a ~ of the camp командир сделал обход лагеря; a postman's ~ постоянный маршрут почтальона; he devoted many hours to the ~ of Paris он посвятил много часов осмотру Парижа; theatre companies travel over regular

~s театра́льные тру́ппы выезжа́ют в обы́чные турне́ /на традицио́нные гастро́ли/; a cocktail ~ регуля́рные дневны́е приёмы (*в ра́зных посо́льствах и т. п.*) 2) *юр.* выездна́я се́ссия суда́; judges go on ~ for part of the year часть го́да су́дьи проводя́т на выездны́х се́ссиях 4. 1) о́круг (*суде́бный, церко́вный и т. п.*); ~ court a) *шотл.* выездно́й суд прися́жных (*в кру́пных города́х*); б) *амер.* выездна́я се́ссия окружно́го суда́; ~ rider *амер.* разъездно́й свяще́нник (*объезжа́ющий свою́ па́ству*) 2) уча́сток, райо́н; ~ of action райо́н де́йствия 5. о́бласть, сфе́ра; круг, преде́лы (*де́ятельности*) 6. цикл, совоку́пность опера́ций 7. *амер.* ассоциа́ция спорти́вных кома́нд; the best club in the ~ лу́чший клуб (во) всей ассоциа́ции 8. за́мкнутое простра́нство; the ~ of the world ≃ весь мир 9. 1) *тех.* схе́ма; сеть; систе́ма 2) сеть, систе́ма; theatre ~ сеть теа́тров (*контроли́руемых одни́м лицо́м или одно́й компа́нией*) 10. эл., радио 1) цепь, ко́нтур; short ~ коро́ткое замыка́ние; dead ~ а) разо́мкнутый ко́нтур б) нерадиоакти́вный ко́нтур; open ~ незамкну́тый ко́нтур; closed ~ television телеви́дение по за́мкнутому кана́лу; ~s ли́ния свя́зи; сеть; to allocate ~s выделя́ть ли́нии свя́зи 11. *ав.* кругово́й полёт 12. 1) пе́тля (*доро́жная*) 2) объе́зд; to fetch /to take, to make/ ~ де́лать объе́зд; ≃ дать крю́ку, пойти́ кружны́м путём 13. *мат.* за́мкнутая крива́я; ко́нтур 14. *эл.* 1) (двусторо́нний) кана́л свя́зи; switched ~ коммути́руемая ли́ния; коммути́руемый кана́л 2) (электро́нная) схе́ма

circuit II ['sɜːkɪt] *v* 1. обходи́ть (вокру́г); объезжа́ть; to ~ the globe объе́хать вокру́г земно́го ша́ра 2. соверша́ть круг; враща́ться, верте́ться; comets ~ing the Sun коме́ты, враща́ющиеся /дви́жущиеся/ вокру́г Со́лнца

circuit binding ['sɜːkɪt,baɪndɪŋ] мя́гкий ко́жаный переплёт с ка́нтами

circuit breaker ['sɜːkɪt,breɪkə] эл. автомати́ческий выключа́тель, прерыва́тель

circuiteer [,sɜːkɪ'tɪə] *n* 1. тот, кто объезжа́ет или обхо́дит (*како́й-л.*) райо́н; коммивояжёр, аге́нт; гастролёр и т. п. 2. *юр.* судья́ или адвока́т окружно́го (выездно́го) суда́

circuiter ['sɜːkɪtə] *редк.* = circuiteer
circuition [,sɜːkjʊ'ɪʃ(ə)n] *n арх.* 1. 1) обхо́д; кругово́е движе́ние; движе́ние (*вокру́г чего́-л.*) 2. околи́чности; обхожде́ние вокру́г да о́коло 2. *физ.* циркуля́ция

circuitor [sɜːˈkjuːɪtə] *n* выездно́й, разъездно́й инспе́ктор, ревизо́р и т. п.

circuitous [sɜːˈkjuːɪtəs] *а* 1. кру́жный, око́льный (*о пути́*); the river's ~ course изви́листое ру́сло реки́ 2. непрямо́й, обхо́дный (*о спо́собе, де́йствии и т. п.*); ко́свенный

circuit race ['sɜːkɪt'reɪs] кольцева́я го́нка (*велоспо́рт*)

circuitry ['sɜːkɪtrɪ] *n амер. эл.* схе́ма
circuity ['sɜːkjʊɪtɪ] *n* 1. движе́ние по кругу́ 2. *книжн.* 1) затя́жка, затя́нутость; ~ of action нену́жная затя́жка суде́бного разбира́тельства 2) околи́чности; ~ of language [of words] тума́н слов

circular I ['sɜːkjʊlə] *n* 1. циркуля́р, циркуля́рное письмо́ 2. рекла́ма, проспе́кт (*рассыла́емые по дома́м*)

circular II ['sɜːkjʊlə] *a* 1. кру́глый; ~ pool [tower] кру́глый бассе́йн [-ая ба́шня]; ~ staircase винтова́я ле́стница; ~ lifebelt *мор.* спаса́тельный круг; ~ saw *тех.* кру́глая (циркуля́рная) пила́ 2. 1) кругово́й; дви́жущийся по кру́гу; ~ motion кругово́е или враща́тельное движе́ние; ~ trip /tour/ турне́; объе́зд; кругово́й маршру́т 2) *спец.* кругово́й; отно́сящийся к кру́гу; ~ function *мат.* кругова́я /тригонометри́ческая/ фу́нкция; ~ mil *мат.* кругово́й мил; ~ pitch *тех.* кругово́й шаг (*зацепле́ния*); шаг по дуге́; ~ arc *мат.* дуга́ 3) кольцево́й, кольцеобра́зный; ~ railway кольцева́я желе́зная доро́га 4) повторя́ющийся; a ~ chain of events цепь повторя́ющихся собы́тий 3. 1) кружно́й, око́льный (*о пути́*) 2) непрямо́й, неоткрове́нный; stop giving me ~ explanations and tell me what really happened переста́нь толо́чься вокру́г да о́коло и скажи́ мне, что случи́лось 4. циркуля́рный; ~ letter циркуля́р, циркуля́рное письмо́; ~ order *воен.* циркуля́рное распоряже́ние; ~ note а) *дип.* циркуля́рная но́та; б) *ком.* циркуля́р; проспе́кт; в) *фин.* циркуля́рное аккредити́вное письмо́; ~ letter of credit *фин.* циркуля́рный аккредити́в; ~ cheque *фин.* доро́жный чек 5. *лог.* не выходя́щий за преде́лы логи́ческого кру́га; ~ proof до́вод, кото́рый сам нужда́ется в доказа́тельстве

circular file [,sɜːkjʊlə'faɪl] *амер. шутл.* корзи́на для бума́г (*нену́жных*)

circularity [,sɜːkjʊ'lærɪtɪ] *n* 1) кругообра́зность 2) кру́глая фо́рма; окру́глость

circularization [,sɜːkjʊləraɪ'zeɪʃ(ə)n] *n* 1) циркуля́рная рассы́лка пи́сем 2) разда́ча и распростране́ние размно́женного докуме́нта 3) рассы́лка рекла́м, проспе́ктов и т. п.

circularize ['sɜːkjʊləraɪz] *v* 1. 1) рассыла́ть (рекла́мные) циркуля́ры, проспе́кты 2) рассыла́ть (циркуля́рно) (*сообще́ния для печа́ти и т. п.*); Minister of Health ~d all hospitals about... мини́стр здравоохране́ния разосла́л циркуля́рное письмо́ всем больни́цам относи́тельно... 2. придава́ть кру́глую фо́рму, округля́ть

circular polarization ['sɜːkjʊlə,pəʊləraɪ'zeɪʃ(ə)n] *физ.* кругова́я или циркуля́рная поляриза́ция

circulate ['sɜːkjʊleɪt] *v* 1. 1) име́ть кругово́е движе́ние, циркули́ровать (*о воде́, кро́ви и т. п.*) 2) дви́гаться в преде́лах ограни́ченного кру́га; враща́ться, циркули́ровать; the hostess ~d at the party greeting the guests хозя́йка приёма раска́живала по за́лу, приве́тствуя госте́й; the guest of honour ~d from group to group почётный гость переходи́л от одно́й гру́ппы к друго́й 2. распространя́ться; переходи́ть из рук в ру́ки; передава́ться из уст в уста́; bad news ~s quickly ≃ дурны́е ве́сти не лежа́т на ме́сте 3. распространя́ть; передава́ть; рассыла́ть, раздава́ть; to ~ a document разосла́ть /распространи́ть/ докуме́нт; to ~ false stories распространя́ть вы́думки /клевету́/; to ~ a rumour пусти́ть слух; to ~ a loving-cup пуска́ть ча́шу по кру́гу; пить кругову́ю ча́ру 4. *фин.* быть в обраще́нии, обраща́ться (*о сре́дствах*) 5. *тех.* циркули́ровать (*о па́ре в систе́ме труб и т. п.*) 6. *мат.* повторя́ться (*о ци́фре в периоди́ческой дро́би*)

circulating ['sɜːkjʊleɪtɪŋ] *a* 1. обраща́ющийся, находя́щийся в обраще́нии; ~ notes *фин.* ба́нковые биле́ты /*амер.* ве́ксельм/ в обраще́нии; ~ medium *фин.* платёжное сре́дство 2. абонеме́нтный; ~ library библиоте́ка с вы́дачей книг на́ дом (*обы́кн. пла́тная*); ~ department отде́л абонеме́нта, абонеме́нт; ~ book кни́га, выдава́емая на́ дом 3. *тех.* циркуляцио́нный; ~ system циркуляцио́нная систе́ма; ~ reactor реа́ктор с циркули́рующим то́пливом

circulating decimal [,sɜːkjʊleɪtɪŋ'desɪm(ə)l] *мат.* периоди́ческая дробь

circulation [,sɜːkjʊ'leɪʃ(ə)n] *n* 1. циркуля́ция; air ~ циркуля́ция во́здуха; ~ tube *спец.* циркуляцио́нная труба́ 2. переда́ча (*информа́ции*); распростране́ние (*изда́ний*); we owe the ~ of this rumour to him э́тот слух распуска́ет он; ~ department отде́л распростране́ния (*в газе́те; см. тж.* 6) 3. тира́ж (*газе́ты и т. п.*); this paper has a ~ of more than a million тира́ж э́той газе́ты превыша́ет миллио́н 4. *эк.* обраще́ние; ~ of money [of bills] де́нежное [ве́ксельное] обраще́ние; ~ of commodities обраще́ние това́ров; medium of ~ сре́дство обраще́ния; to withdraw from ~ изъя́ть из обраще́ния; to put into ~ пусти́ть в обраще́ние (*де́ньги*) 5. *физиол.* кровообраще́ние (*тж.* ~ of the blood); poor ~ плохо́е кровообраще́ние; assisted /extracorporeal/ ~ иску́сственное кровообраще́ние 6. вы́дача книг на́ дом; абонеме́нт; ~ desk абонеме́нтный стол (*библиоте́ки*); ~ file картоте́ка кни́жных формуля́ров; ~ period срок вы́дачи (*кни́ги на́ дом*); ~ department /division/ отде́л абонеме́нта, абонеме́нт (*в библиоте́ке; см. тж.* 2)

circulation map [,sɜːkjʊ'leɪʃ(ə)n,mæp] маршру́тная ка́рта

circulative ['sɜːkjʊlətɪv] *a книжн.* 1) циркули́рующий 2) вызыва́ющий циркуля́цию

circulator ['sɜːkjʊleɪtə] *n* 1. см. circulate + -or 2. распространи́тель (*слу́хов и т. п.*); ~ of infection носи́тель инфе́кции 3. *мат.* периоди́ческая дробь 4. *элк.* циркуля́тор 5. *тех.* циркуляцио́нный насо́с

circulatory ['sɜːkjʊlət(ə)rɪ] *a* 1. циркули́рующий, распространя́ющийся 2. 1) циркуляцио́нный, циркуля́торный 2) *физиол.* кровено́сный; ~ dynamics де́ятельность кровено́сных сосу́дов; ~ disease боле́знь о́рганов кровообраще́ния

circum- ['sɜːkəm-] *pref* 1. встреча́ется в слова́х лат. происхожде́ния со значе́нием не пря́мо, в обхо́д, вокру́г: circumlocution многосло́вие, иносказа́ние; circumscribe оче́рчивать; circumvent обойти́, обману́ть 2. *образу́ет прилага́тельные со значе́нием вокру́г:* circumglobal околозе́мно́й; circumplanetary околоплане́тный; circumpolar циркумполя́рный

circumadjacent [,sɜːkəmə'dʒeɪs(ə)nt] *a книжн.* непосре́дственно окружа́ющий; обступи́вший со всех сторо́н; обложи́вший

circumambience [,sɜːkəm'æmbɪəns] *n книжн.* окруже́ние

circumambiency [,sɜːkəm'æmbɪənsɪ] *n книжн.* 1. 1) окруже́ние 2) окружа́ющая среда́ 3) окружённость 2. движе́ние по кругу́

circumambient [,sɜːkəm'æmbɪənt] *a возвыш.* 1. 1) окружа́ющий (*о среде́ и т. п.*); ~ air окружа́ющий нас во́здух 2) всепоглоща́ющий; ~ gloom беспросве́тный мрак; his ~ influence его́ всеподавля́ющее влия́ние 2. уклончи́вый; ко́свенный; ~ criticism уклончи́вая кри́тика

circumambulate [,sɜːkəm'æmbjʊleɪt] *v книжн.* 1) обходи́ть, ходи́ть вокру́г (*чего́-л.*) 2) ходи́ть вокру́г да о́коло

circumambulation [,sɜːkəm,æmbjʊ'leɪʃ(ə)n] *n книжн.* 1) обхо́д (*чего́-л.*);

движение вокруг (чего-л.) 2) хождение вокруг да около

circumaviate [ˌsɜːkəmˈeɪvɪeɪt] v 1. совершить кругосветный перелёт 2. метеор. совершать круг

circumbendibus [ˌsɜːkəmˈbendɪbəs] n шутл. 1. окольный путь 2. = circumlocution 1

circumcise [ˈsɜːkəmsaɪz] v 1) церк. совершать обрезание 2) мед. производить круговое сечение

circumcision [ˌsɜːkəmˈsɪʒ(ə)n] n 1. 1) церк. обрезание 2) (the C.) церк. обрезание (господне) (праздник) 3) библ. очищение от грехов 4) мед. круговое сечение 2. (the ~) собир. библ. обрезанные; иудеи, евреи

circumduction [ˌsɜːkəmˈdʌkʃ(ə)n] n 1. вращательное движение 2. физиол. дуговое движение конечности 3. юр. отмена, аннулирование; ~ of the term шотл. заявление судьи об окончании срока для представления доказательств

circumference [səˈkʌmf(ə)rəns] n 1. мат. 1) окружность; длина окружности 2) периферия 3) длина замкнутого контура; orbit ~ длина орбиты 2. объём; предел; ~ of chest объём грудной клетки 3. округа; пределы; район 4. редк. окружение; среда

circumferential [səˌkʌmfəˈrenʃ(ə)l] a 1. мат. относящийся к окружности 2. периферический 2. окружной; кольцевой (о дороге)

circumferentor [səˈkʌmfəˌrentə] n 1. геод. курвиметр 2. горн. угломер, горный компас

circumflect [ˌsɜːkəmˈflekt] = circumflex III

circumflection [ˌsɜːkəmˈflekʃ(ə)n] = circumflexion

circumflex I [ˈsɜːkəmfleks] n лингв. 1) циркумфлекс, диакритический знак (∧, ˜, ˆ) над гласной 2) облечённое ударение, облечённый тон

circumflex II [ˈsɜːkəmfleks] a 1. лингв. циркумфлексный; облечённый; централь-новершинный (об ударении) 2. книжн. кривой, изогнутый, изгибающийся

circumflex III [ˈsɜːkəmfleks] v книжн. огибать, обвивать

circumflexion [ˌsɜːkəmˈflekʃ(ə)n] n кривизна, изгиб

circumfluence [səˈkʌmfluəns] n 1. книжн. обтекание, омывание, окружение 2. мед. обволакивание, захватывание, поглощение

circumfluent [səˈkʌmfluənt] a обтекающий, омывающий, окружающий со всех сторон

circumfluous [səˈkʌmfluəs] n книжн. 1. окружённый водой, омываемый 2. = circumfluent

circumfuse [ˌsɜːkəmˈfjuːz] v книжн. 1) (обыкн. around, about) лить, выливать 2) (with, in) обливать, заливать; купать; a face ~d with light лицо, залитое светом

circumfusion [ˌsɜːkəmˈfjuːʒ(ə)n] n книжн. обливание; заливание

circumgalactic [ˌsɜːkəmɡəˈlæktɪk] a астр. 1) окружающий галактику 2) обращающийся вокруг галактики

circumglobal [ˌsɜːkəmˈɡləʊb(ə)l] a обращающийся или движущийся вокруг Земли

circumgyration [ˌsɜːkəmdʒaɪ(ə)ˈreɪʃ(ə)n] n книжн. вращение (вокруг своей оси); кружение

circumgyratory [ˌsɜːkəmˈdʒaɪ(ə)rət(ə)rɪ] a книжн. 1) вращательный 2) вращающийся

circumincession [ˌsɜːkəmɪnˈseʃ(ə)n] n рел. триипостасное божество; ≅ един в трёх лицах

circumjacence [ˌsɜːkəmˈdʒeɪs(ə)ns] n окружение; окружённость

circumjacency [ˌsɜːkəmˈdʒeɪs(ə)nsɪ] n 1. = circumjacence 2. pl прилегающие части

circumjacent [ˌsɜːkəmˈdʒeɪs(ə)nt] a окружающий; окрестный

circumjovial [ˌsɜːkəmˈdʒəʊvɪəl] a астр. обращающийся вокруг Юпитера

circumlittoral [ˌsɜːkəmˈlɪt(ə)rəl] a прибрежный

circumlocution [ˌsɜːkəmləˈkjuːʃ(ə)n] n 1. 1) многословие; разглагольствование 2) уклончивые речи, околичности 2. стил. иносказание, парафраз(а)
◇ C. Office «министерство многословия», «департамент околичностей» (сатирическое наименование, данное Диккенсом бюрократическому учреждению)

circumlocutional [ˌsɜːkəmləˈkjuːʃ(ə)nəl] a 1. многоречивый, велеречивый, многословный 2. уклончивый

circumlocutionary [ˌsɜːkəmləˈkjuːʃ(ə)n(ə)rɪ] = circumlocutional

circumlocutionize [ˌsɜːkəmləˈkjuːʃ(ə)naɪz] v 1. говорить многословно; разглагольствовать 2. выражаться уклончиво, обходить острые углы (в речи)

circumlocutory [ˌsɜːkəmˈlɒkjʊt(ə)rɪ] a 1. многословный 2. стил. описательный, перифрастический

circumlunar [ˌsɜːkəmˈluːnə] a астр. окололунный, обращающийся вокруг Луны; ~ rocket ракета, огибающая Луну и возвращающаяся к Земле

circum-meridian [ˌsɜːkəmməˈrɪdɪən] a близкий к меридиану

circummure [ˌsɜːkəmˈmjʊə] v книжн. окружать или обносить стеной; a garden ~d with brick сад, обнесённый кирпичной стеной

circumnavigate [ˌsɜːkəmˈnævɪɡeɪt] v плавать вокруг; to ~ the globe /the earth, the world/ совершать кругосветное плавание

circumnavigation [ˌsɜːkəmˌnævɪˈɡeɪʃ(e)n] n кругосветное или круговое плавание

circumnavigator [ˌsɜːkəmˈnævɪɡeɪtə] n 1. кругосветный мореплаватель 2. мор. прибор Кэрби

circumnavigatory [ˌsɜːkəmˈnævɪɡeɪt(ə)rɪ] a кругосветный, круговой (о плавании)

circumnuclear [ˌsɜːkəmˈnjuːklɪə] a биол. расположенный вокруг ядра, окружающий ядро

circumnutate [ˌsɜːkəmˈnjuːteɪt] v бот. совершать круговое вращение (о верхушке растущего стебля)

circumplanetary [ˌsɜːkəmˈplænɪt(ə)rɪ] a астр. околопланетный; обращающийся или движущийся вокруг планеты; окружающий планету; ~ space околопланетное пространство

circumpolar [ˌsɜːkəmˈpəʊlə] a 1) геогр. приполярный, околополюсный 2) метеор. циркумполярный 3) астр. околополярный; ~ star околополюсная звезда

circumpose [ˌsɜːkəmˈpəʊz] v книжн. обставлять, окружать

circumrotation [ˌsɜːkəmrəʊˈteɪʃ(ə)n] n 1) вращение (вокруг своей оси); коловращение 2) полный оборот

circumrotatory [ˌsɜːkəmrəʊˈteɪt(ə)rɪ] a 1) вращательный; коловратный 2) делающий полный оборот

circumscribe [ˈsɜːkəmskraɪb] v 1. очерчивать; ограничивать, обозначать пределы; ~d by the ocean омываемый /тесни́мый/ со всех сторон океаном 2. ограничивать (права, интересы); therefore must his choice be ~d (Shakespeare) поэтому он не волен выбирать 3. мат. описывать (фигуру)

circumscribed [ˈsɜːkəmskraɪbd] a мат. описанный (о фигуре)

circumscript [ˈsɜːkəmskrɪpt] a книжн. ограниченный (какими-л. пределами)

circumscription [ˌsɜːkəmˈskrɪpʃ(ə)n] n 1. 1) очертание, предел 2) спец. периферия 2. установление пределов, границ, ограничение 3. ограничение (прав и т. п.); to put into ~ стеснить 4. район; округ 5. надпись по окружности (монеты, медали) 6. окружение, среда, обстановка 7. арх. определение, дефиниция

circumscriptive [ˌsɜːkəmˈskrɪptɪv] a ограничивающий, ограничительный; устанавливающий предел(ы)

circumsolar [ˌsɜːkəmˈsəʊlə] a астр. обращающийся вокруг Солнца; близкий к Солнцу; околосолнечный; окружающий Солнце; ~ orbit орбита вокруг Солнца

circumspect [ˈsɜːkəmspekt] a 1. продуманный (о решении и т. п.); ~ ambition обдуманно выбранная цель 2. действующий с оглядкой; настороженный, бдительный; осторожный, осмотрительный; to grow ~ насторожиться

circumspection [ˌsɜːkəmˈspekʃ(ə)n] n 1. осмотрительность, осторожность 2. настороженность, бдительность

circumspective [ˌsɜːkəmˈspektɪv] a 1. осмотрительный, действующий с оглядкой; ~ approach осторожный подход 2. осматривающийся; замечающий всё кругом

circumsphere [ˈsɜːkəmsfɪə] n мат. описанная сфера

circumstance I [ˈsɜːkəmstæns, ˈsɜːkəmstəns] n 1. 1) pl обстоятельства, условия, положение дел; in /under/ the ~s при данных обстоятельствах; в этих условиях; в таком случае; under /in/ no ~s ни при каких обстоятельствах /условиях/; ни в коем случае; никогда; ~s alter cases всё зависит от обстоятельств; что хорошо в одном случае, то плохо в другом; the ~s of the preceding hours происшествия нескольких последних часов; certain curious ~s in his history некоторые любопытные события в его жизни; he was the victim of ~s он пал /стал/ жертвой обстоятельств 2) случай, факт; обстоятельство; условие; lucky ~ счастливый случай; unforeseen ~ непредвиденное обстоятельство; weather is a ~ to be taken into consideration погода — это фактор, который следует учесть; the ~ that... тот факт, что... 2. pl материальное или финансовое положение; состояние; easy /comfortable/ ~s достаток, зажиточность, обеспеченность; безбедное существование; reduced /straitened/ ~s стеснённое материальное положение 3. 1) подробность, частность, деталь; to omit no essential ~ не упустить ничего существенного 2) обстоятельность; масса подробностей; the story was told with great ~ рассказ отличался большой обстоятельностью /был очень подробным/ 4. тк. sing обстановка; среда; жизнь; creature of ~ продукт среды (о человеке); the blows of ~ удары судьбы; in the clutch of ~ у жизни в лапах; в тисках обстоятельств; all are sons of ~ (Byron) все мы дети судьбы 5. тк. sing пышность, торжественность; церемония; to receive with ~ принять с почётом; pride, pomp and ~ of glorious war (Shakespeare) и пламя битв, и торжество побед
◇ mere /remote/ ~ амер. а) пустое место, ноль (о человеке); б) никуда не годная вещь; not a ~ to амер. ничто по сравнению с, не идёт ни в какое сравнение с; to be in ~s эвф. быть в положении

circumstance II ['sɜːkəmstæns, 'sɜːkəmstəns] *v преим. pass книжн.* ставить в определённые условия; they are much better ~d than we are их положение лучше, чем наше, они живут лучше, чем мы; as they are ~d в их положении

circumstantial I [ˌsɜːkəmˈstænʃ(ə)l] *n редк.* 1. *чаще pl* деталь, частность, подробность 2. *pl* привходящие моменты; побочные обстоятельства; несущественные, второстепенные черты

circumstantial II [ˌsɜːkəmˈstænʃ(ə)l] *a* 1. подробный, обстоятельный; ~ report обстоятельный доклад; ~ detail масса подробностей; ~ diagnosis диагноз с учётом побочных симптомов 2. случайный; привходящий (*об обстоятельстве*); things essential and things ~ существенное и несущественное; вечное и преходящее 3. зависящий от обстоятельств 4. *грам.* обстоятельственный, распространительный (*о дополнении*)

circumstantial evidence [ˌsɜːkəmˈstænʃ(ə)lˈevɪd(ə)ns] *юр.* косвенные доказательства *или* улики

circumstantiality [ˌsɜːkəmˌstænʃɪˈælɪtɪ] *n* 1. обстоятельность 2. подробность; частность

circumstantially [ˌsɜːkəmˈstænʃ(ə)lɪ] *adv* 1. подробно, обстоятельно 2. случайно 3. косвенно; непрямо; ~ proved *юр.* доказанный с помощью косвенных улик

circumstantiate [ˌsɜːkəmˈstænʃɪeɪt] *v книжн.* подкреплять *или* дополнять ссылками на подробности; уточнять, детализировать; Defoe has plausibly ~d his false historical record Дефо подкрепил свой исторический вымысел убедительными подробностями

circumstantiation [ˈsɜːkəmˌstænʃɪˈeɪʃ(ə)n] *n книжн.* уточнение, детализация

circumstellar [ˌsɜːkəmˈstelə] *a астр.* околозвёздный; ~ dust cloud пылевое облако вокруг звезды

circumterrestrial [ˌsɜːkəmtɪˈrestrɪəl] *a астр.* околоземной, обращающийся вокруг Земли; ~ orbit околоземная орбита, орбита вокруг Земли; ~ space околоземное пространство

circumvallate [ˌsɜːkəmˈvæleɪt] *a* 1) *книжн.* окружённый, обнесённый валом, стеной, рвом *и т. п.* 2) *воен. ист.* окружённый осадными сооружениями; циркумваллационной линией

circumvallation [ˌsɜːkəmvæˈleɪʃ(ə)n] *n* 1) *книжн.* сооружение вала, стены, рва *и т. п.* (*вокруг чего-л. для обороны*) 2) *воен. ист.* циркумваллационная линия; укреплённая линия обложения

circumvent [ˌsɜːkəmˈvent] *v* 1. 1) обмануть, ввести в заблуждение; провести 2) перехитрить, обойти; to ~ the law обойти закон 3) подвести, спровоцировать; заманить в ловушку 2. расстраивать, опрокидывать (*планы*); сорвать (*замысел*); he took the roundabout way to ~ the traffic on the main road он поехал кружным путём, чтобы избежать транспортных пробок на магистрали 3. *редк.* окружать, охватывать

circumvention [ˌsɜːkəmˈvenʃ(ə)n] *n* 1) обман; введение в заблуждение 2) уловка, хитрость 3) обход (*закона и т. п.*); ~ of limitations обход ограничений (*на вооружение*)

circumvolant [səˈkʌmvələnt] *a книжн.* порхающий *или* облетающий (*что-л.*), летающий вокруг (*чего-л.*)

circumvolution [ˌsɜːkəmvəˈluːʃ(ə)n] *n* 1. извилина, изгиб 2. 1) вращение, оборот, поворот 3. 1) окольный путь, уловка 2) околичность 4. *спец.* плоская спираль

circus ['sɜːkəs] *n* 1. 1) цирк; ~ performer артист цирка, циркач; ~ horse цирковая лошадь 2) арена; манеж (*цирка*) 3) цирковое представление 2. 1) *разг.* занимательное зрелище; ≅ целое представление; as good as a ~ ≅ «цирк!»; со смеху помрёшь 2) *разг.* гулянка; веселье, шумное сборище; we're going to have a regular ~! ≅ ну и погуляем мы! 3) *амер. сл.* порнографическое представление 3. *разг.* «воздушные акробаты», группа лётчиков, демонстрирующих фигуры высшего пилотажа (*тж.* flying ~) 4. 1) круглая площадь с радиальными улицами (*С.*) площадь, круг, сёркес (*в названиях*); Oxford C. Оксфорд-сёркес 5. *геол.* горный амфитеатр; цирк

circus fliers [ˌsɜːkəsˈflaɪəz] = circus 3

circus(s)y ['sɜːkəsɪ] *a неодобр.* цирковский; there is something ~ about this parade этот парад чем-то напоминает цирк

ciré ['sɪreɪ] *a текст.* глянцевый; вощёный

cirque [sɜːk] *n* 1. *поэт.* амфитеатр; арена 2. *арх., поэт.* круг, кружок; кольцо 3. 1) = circus 5 2) *геол.* ледник в горах; воронкообразный провал, цирк

cirrate, cirrated ['sɪreɪt, -ɪd] = cirriferous

cirrhosis [sɪˈrəʊsɪs] *n* 1) *мед.* цирроз печени; разрастание соединительной ткани 2) *вет.* сморщивание, цирроз

cirri ['sɪraɪ] *pl от* cirrus

cirriferous [sɪˈrɪf(ə)rəs] *a энт.* несущий усики

cirro-cumulus [ˌsɪrə(ʊ)ˈkjuːmjʊləs] *n метеор.* перисто-кучевые облака, «барашки»

cirrose ['sɪrəʊs] *a* 1. 1) имеющий усики (*о насекомом или растении*) 2) имеющий хохолок (*о птице*) 2. *метеор.* перистый (*об облаке*) 3. *амер.* пушистый (*о волосах*)

cirro-stratus [ˌsɪrə(ʊ)ˈstrɑːtəs] *n метеор.* перисто-слоистые облака

cirrous ['sɪrəs] *a* 1. *метеор.* перистый (*об облаке*) 2. = cirrose 1

cirrus ['sɪrəs] *n (pl* cirri) 1. 1) усик (*у насекомого или растения*) 2) хохолок (*у птицы*) 2. *метеор.* перистое облако

cirsoid ['sɜːsɔɪd] *a мед.* варикозный; ~ aneurism ветвистая аневризма

cis- [sɪs-] *pref* 1. встречается в обозначениях места со значением по эту сторону: Cisandean по эту сторону Анд; cispontine по эту сторону моста 2. *хим.* образует названия (*типов*) изомеров, в которых одинаковые заместители расположены по одну сторону двойной связи: cis-dichloro-ethylene цис-дихлорэтилен; cis-form цис-форма

cisalpine [sɪsˈælpaɪn] *a* 1) цизальпинский (*находящийся к югу от Альп*) 2) *ист.* находящийся с «нашей» стороны Альп (*т. е. со стороны Рима*); C. Gaul Цизальпинская Галлия

cisatlantic [ˌsɪsətˈlæntɪk] *a* 1) *книжн.* на европейской, «нашей» стороне Атлантического океана 2) на этой стороне Атлантического океана (*т. е. на той стороне, где находится говорящий*)

cisborder [sɪsˈbɔːdə] *a* находящийся на этой стороне границы; ~ traffic транспорт, не пересекающий границы

ciscaucasian [ˌsɪskɔːˈkeɪʒ(j)ən] *a* лежащий к северу от Кавказского хребта; C. Russia европейская часть России

cisco ['sɪskəʊ] *n амер. зоол.* сиг (*Leucichthys*)

cislunar [sɪsˈluːnə] *a* (находящийся) между Землёй и Луной; ~ rays лучи, пересекающие пространство между Землёй и Луной

cismontane [sɪsˈmɒnteɪn] *a книжн.* 1) по эту сторону гор 2) к югу от Альп

cispadane [sɪsˈpeɪdeɪn] *a ист.* лежащий к югу от реки По

cispontine [sɪsˈpɒnt(a)ɪn] *a* 1) находящийся на нашей стороне моста, по эту сторону реки 2) находящийся на северном берегу Темзы

cissoid ['sɪsɔɪd] *n мат.* циссоида

cissy ['sɪsɪ] *n* 1. *сл.* 1) баба (*о мужчине*); девчонка (*о мальчике*) 2. трус, тряпка

cist¹ [sɪst] *n археол.* каменная гробница

cist² [sɪst] *n ист.* ларец (*для священной утвари*)

Cistercian I [sɪˈstɜːʃ(ə)n] *n рел.* цистерцианец (*монах*)

Cistercian II [sɪˈstɜːʃ(ə)n] *a рел.* цистерцианский; ~ Order (монашеский) орден цистерцианцев

cistern ['sɪstən] *n* 1. 1) бак 2) резервуар, вместилище 3) цистерна; ~ саг ж.-д. вагон-цистерна, железнодорожная цистерна 4) бачок (*в туалете*) 2. водоём; водный резервуар; водохранилище 3. *спец.* чаша; barometric ~ барометрическая чаша 4. *ист.* большой сосуд для охлаждения вина (*обыкн. серебряный*) 5. *анат.* полость; цистерна (*в мягкой оболочке мозга*)

cisternal [sɪsˈtɜːn(ə)l] *a анат.* относящийся к полости

cistron ['sɪstrɒn] *n биохим.* цистрон

cistus ['sɪstəs] *n бот.* ладанник (*Cistus gen.*)

cistvaen ['kɪstvaɪn] = cist¹

cit [sɪt] *n арх. пренебр.* городской житель, белоручка; ~s городской люд

citable ['saɪtəb(ə)l] *a* такой, на который можно сослаться (*об источнике, авторе и т. п.*)

citadel ['sɪtəd(e)l] *n* 1. цитадель; крепость 2. твердыня, оплот; убежище

citation [saɪˈteɪʃ(ə)n] *n* 1. 1) ссылка (*на автора и т. п.*); упоминание (*фамилии и т. п.*) 2) *юр.* ссылка на прецедент или статью закона 2. 1) цитирование, цитация 2) цитата 3. перечисление; ~ of facts изложение фактов 4. *юр.* 1) вызов (*в суд*) 2) повестка (*о вызове в суд*) 5. *амер. воен.* объявление благодарности; объявление о награждении, упоминание в списке отличившихся; to award a ~ объявлять благодарность в приказе; to get a ~ быть отмеченным в приказе, получить благодарность

citatory ['saɪtət(ə)rɪ] *a книжн.* 1. подтверждённый ссылками; ссылочный; цитатный 2. содержащий вызов в суд (*о повестке*)

cite [saɪt] *v* 1. ссылаться; приводить; to ~ precedent [authority, law] ссылаться на прецедент [авторитеты, статьи закона]; to ~ an instance [the latest figures] привести пример [последние данные]; the facts just ~d вышеприведённые факты; to ~ the cirsumstances изложить обстоятельства 2. цитировать; to ~ a passage процитировать отрывок, привести цитату 3. 1) перечислять, упоминать 2) вспоминать (*тж.* ~ up) 4. *юр.* 1) вызывать в суд (*как обвиняемого или свидетеля*) 2) вызывать в церковный суд 3) *амер.* привлекать к судебной ответственности; предавать суду; he was ~d for contempt of court за оскорбление суда он был привлечён к судебной ответственности 5. *поэт.* вызывать, звать; призывать; to ~ to the field звать на поле брани 6. *амер. воен.* упоминать в приказе или сводке (*отличившегося военнослужащего*); he was ~d for bravery under fire он получил благодарность за боевые заслуги

citeable ['saɪtəb(ə)l] = citable

cithara ['sıθərə, 'kıθərə] *n ист.* кифара, китара (*музыкальный инструмент*)
cither ['sıðə] *n* 1. цитра (*музыкальный инструмент*) 2. = cithara
cithern ['sıðə:n] = cither 1
citified ['sıtıfaıd] *a* городской (*об одежде, манерах*); свойственный городским жителям; the son... the ~ version of his father *ирон.* сын... несколько пообтесался по сравнению с отцом
citify ['sıtıfaı] *v* 1) придавать городской вид 2) отёсывать (*сельского жителя*)
citizen ['sıtız(ə)n] *n* 1. гражданин; гражданка; fellow ~s сограждане; naturalized ~ натурализованный гражданин; to become a ~ *амер.* получить гражданство (*США*); ~ of the world «гражданин мира», космополит 2. 1) городской житель, житель (*такого-то*) города; a ~ of Boston житель г. Бостона 2) *ист.* горожанин, горожанка; both ~s and peasants как горожане, так и крестьяне 3. *амер.* 1) гражданское лицо (*в отличие от военного, полицейского и т. п.*); штатский (человек); private ~ частное лицо 2) *pl* (гражданское) население (*особ. достигшее избирательного возраста*); a mass meeting of ~s массовый митинг населения /граждан, избирателей/; police in ~s' clothes полицейские в гражданской /штатской/ одежде; ~s' military training camp *воен.* лагерь вневойсковой военной подготовки 3) *пренебр.* добропорядочный обыватель; мещанин (*тж.* solid ~) 4. *арх.* житель (*какой-л. страны*); to one of the ~s of that country *библ.* к одному из жителей страны той
citizeness ['sıtız(ə)nıs] *n преим. ист.* гражданка
citizenhood ['sıtız(ə)nhʋd] *n* 1. = citizenship 1 2. *собир.* граждане
citizenly ['sıtız(ə)nlı] *a* гражданский, гражданственный; ~ virtues гражданские добродетели; to take a ~ interest in public matters проявлять интерес к общественной жизни, как и подобает гражданину
citizenry ['sıtız(ə)nrı] *n собир. редк.* граждане, население
citizen's arrest [,sıtız(ə)nzə'rest] *юр.* задержание (нарушителя) гражданским лицом
citizens band [,sıtız(ə)nz'bænd] любительский радиодиапазон
citizens band radio ['sıtız(ə)nz,bænd-'reıdıəʋ] любительский радиопередатчик
citizenship ['sıtız(ə)nʃıp] *n* 1. гражданство; to be admitted to ~ получить права гражданства, быть принятым в гражданство (*какой-л. страны*); to lose one's ~ потерять гражданство; to apply for ~ подать заявление о принятии в гражданство; ~ papers *амер.* документ о натурализации /о принятии в гражданство США/; ~ training *воен.* политические занятия, политическая подготовка 2. гражданственность; права и обязанности гражданина
citizens-in-arms [,sıtız(ə)nzın'ɑ:mz] *n pl* народное ополчение
citole ['sıtəʋl] *n* цистра (*старинный струнный музыкальный инструмент*)
citoyen [,si:twɑ:'jæn] *n фр.* гражданин
citoyenne [,si:twɑ:'jen] *n фр.* гражданка
citrate ['s(a)ıtreıt] *n хим.* цитрат, соль лимонной кислоты
citrean ['sıtrıən] *a* сделанный из древесины лимонного дерева

citreous ['sıtrıəs] *a* 1) цитрусовый 2) лимонного *или* лимонно-жёлтого цвета; лимонный (*о цвете*)
citric ['sıtrık] *a хим.* лимонный; ~ acid лимонная кислота
citriculture ['sıtrı,kʌltʃə] *n* цитрусовое садоводство
citriculturist [,sıtrı'kʌltʃ(ə)rıst] *n* цитрусовод
citrine I ['sıtrın] *n* 1. лимонный *или* лимонно-жёлтый цвет 2. *мин.* цитрин, фальшивый топаз
citrine II ['sıtrın] *a* лимонный (*о цвете*); лимонно-жёлтый
citron ['sıtrən] *n* 1. 1) *бот.* цитрон, сладкий лимон; цедрат (*Citrus medica*) 2) *кул.* цукат; цедра; лимонная или цитронная корочка 2. *бот.* арбуз кормовой *или* цукатный (*Citrullus vulgaris citroides*) 3. лимонный или лимонно-жёлтый цвет
citronella [,sıtrə'nelə] *n* 1) *бот.* цитронелла, нард, сорго лимонное (*Cymbopogon nardus*) 2) цитронелла (*средство от москитов и т. п.; тж.* ~ oil)
citron melon ['sıtrən,melən] = citron 2
citron wood ['sıtrənwʋd] 1) древесина лимонного дерева 2) древесина сандаракового дерева
citrous ['sıtrəs] *a* цитрусовый
citrus ['sıtrəs] *n бот.* цитрус; цитрусовое растение (*Citrus gen.*); ~ fruit цитрусовые (фрукты)
cits [sıts] *n pl амер. разг.* гражданская одежда, штатское платье
cittern ['sıtən] = cither 1
city ['sıtı] *n* 1. город; большой город (*в Великобритании*); город, имеющий муниципалитет (*в США*); to live in the ~ жить в городе; in the ~ of Moscow в городе Москве; capital ~ столица; free ~ вольный город; ~ government городское самоуправление; ~ planning /layout/ планировка городов; ~ library городская библиотека; ~ gas бытовой газ; ~ water вода из (городского) водопровода 2. (the C.) 1) Сити; деловой центр Лондона 2) финансовые и коммерческие круги Англии; C. man финансист, коммерсант, делец; представитель деловых кругов (Англии); C. article статья (*в газете*) по финансовым и экономическим вопросам 3. = city-state 4. *амер. сл.* состояние, положение; in weird ~ в странном положении; in serious ~ в серьёзном настроении
 ◇ C. of Brotherly Love *амер.* «Город братской любви» (Филадельфия); Eternal C. Вечный город (Рим); C. of the Seven Hills Город на семи холмах (Рим); C. of Dreaming Spires Город дремлющих шпилей (*г.* Оксфорд); C. of God *рел.* град господний (*небо, церковь*); C. of David град Давидов (Иерусалим или Вифлеем); C. College *сл.* «городской университет» (Ньюгейтская тюрьма); ~ chicken «курочка по-городски» (*кусочки свинины или телятины в сухарях*); cities are taken by the ears *посл.* слова города берут
citybilly ['sıtı,bılı] *n* (*pl* -billies [-,bılız]) 1) городской певец *или* музыкант, исполняющий музыку «кантри» 2) горожанин — любитель музыки «кантри» (<city + hillbilly)
city-born ['sıtıbɔ:n] *a* родившийся в городе
city-bred ['sıtıbred] *a* выросший в городе (*о человеке*); городской, недеревенский
city council [,sıtı'kaʋns(ə)l] муниципальный совет; городской совет
city desk ['sıtıdesk] = city room
city edition ['sıtı'dıʃ(ə)n] местное издание городской газеты (*не отправляемое в другие города*)

city editor ['sıtı,edıtə] 1) редактор финансово-коммерческого отдела газеты 2) *амер.* редактор отдела местных новостей
city fathers [,sıtı'fɑ:ðəz] 1) отцы города, члены городского совета 2) городской *или* муниципальный совет
cityfied ['sıtıfaıd] = citified
city-folk ['sıtıfəʋk] *n собир. амер.* горожане, городское население; жители (*какого-л.*) города
city hall [,sıtı'hɔ:l] *амер.* 1. ратуша, здание муниципалитета, городского совета 2. муниципалитет, городской совет
cityish ['sıtııʃ] *a* городской (*об одежде, манерах*)
city manager [,sıtı'mænıdʒə] *амер.* «управляющий городом» (*невыборное должностное лицо*)
city planner [,sıtı'plænə] градостроитель
city room ['sıtı,ru:m] отдел местных городских новостей (*в газете*)
cityscape ['sıtıskeıp] *n* городской пейзаж (*вид и картина*)
city slicker [,sıtı'slıkə] *неодобр.* пройдоха из большого города; горожанин, норовящий обмануть деревенских жителей
city-state [,sıtı'steıt] *n* город-государство; *ист. тж.* полис
cityward I ['sıtıwəd] *a* двигающиеся к городу; ~ traffic транспорт, идущий в город
cityward II ['sıtıwəd] *adv* к городу; we drove ~ мы ехали (по направлению) к городу
citywards ['sıtıwədz] = cityward II
citywide ['sıtıwaıd] *a* в масштабах города; охвативший весь город
civet ['sıvıt] *n* 1. = civet cat 1) 2. цибетин (*ароматическое вещество из желёз виверры или циветты*)
civet cat ['sıvıtkæt] 1) *зоол.* виверра, циветта (*Viverra civetta*) 2) *разг.* надушенный (цибетином) человек [*см.* civet 2]
civex ['saıveks] *n* воспроизводство ядерного топлива без образования плутония
civic ['sıvık] *a* 1. гражданский; ~ rights гражданские права; ~ virtues гражданские добродетели; ~ crown /coronet, garland, wreath/ *ист.* гражданская корона, венец из листьев дуба (*за спасение соратника*); ~ oath *ист.* гражданская присяга 2. *преим. амер.* городской; ~ problems городские проблемы; the most important ~ event самое важное событие в городе
civic center ['sıvık,sentə] *амер.* 1. = civic centre 2. зал для собраний и других мероприятий (*оплачиваемый из государственных средств*)
civic centre ['sıvık,sentə] городской административный центр (*квартал, где находятся муниципалитет и др. городские учреждения*)
civicism ['sıvısız(ə)m] *n книжн.* гражданственность; принцип равенства прав и обязанностей граждан
civic-minded [,sıvık'maındıd] *a* с развитым чувством гражданского долга
civics ['sıvıks] *n употр. с гл. в ед. и мн. ч.* 1. основы гражданственности (*школьный предмет*) 2. *юр.* 1) гражданское право 2) гражданские дела
civies ['sıvız] = civvies
civil[1] ['sıv(ə)l] *a* 1. гражданский; относящийся к гражданам или гражданству; ~ liberties гражданские свободы; ~ rights [duties] права [обязанности] граждан; ~ manhood гражданское мужество 2. штатский, гражданский, невоенный; цивильный, партикулярный;

~ aviation гражданская авиация; to enter ~ life демобилизоваться, уйти из армии 3. *юр.* гражданский (*не уголовный*); ~ case [law] гражданское дело [право]; ~ suit гражданский процесс /-ое дело/; ~ justice гражданское судопроизводство; ~ registration запись /регистрация/ актов гражданского состояния; ~ official чиновник бюро записей актов гражданского состояния 4. *церк.* мирской; ~ righteousness праведность мирянина (*а не святого*); ~ marriage гражданский брак (*не церковный*) 5. календарный (*о месяце, годе*); ~ day календарные сутки

civil² ['sɪv(ə)l] *a* 1. вежливый; корректный; to keep a ~ tongue (in one's head) держаться в рамках приличия, не дерзить; his answer was ~ but not inviting его ответ был корректным, но не располагал к продолжению разговора 2. цивилизованный

civil death [,sɪv(ə)l'deθ] гражданская смерть, лишение всех гражданских прав

civil defence [,sɪv(ə)ldɪ'fens] гражданская оборона; C. Defence Corps *воен.* войска гражданской обороны

civil disobedience [,sɪv(ə)ldɪsə'bi:-dɪəns] *полит.* гражданское неповиновение (*отказ от уплаты налогов, несения военной службы и т. п.*)

civil engineer [,sɪv(ə)lendʒɪ'nɪə] гражданский инженер, инженер-строитель (*общественных сооружений*); техник-строитель

civil engineering [,sɪv(ə)lendʒɪ'nɪ(ə)rɪŋ] 1) строительное искусство; строительная техника 2) гражданское строительство

civilian I [sɪ'vɪlɪən] *n* 1. 1) штатский; гражданское лицо 2) *pl* гражданское население; ~ supply *воен.* снабжение гражданского населения 3) лицо, состоящее на гражданской службе; гражданский чиновник 2. *юр.* специалист по гражданскому праву; цивилист

civilian II [sɪ'vɪlɪən] *a* 1) гражданский, штатский (*о человеке*); I asked the soldier what his ~ occupation was я спросил солдата, чем он занимался до армии; ~ employee personnel *воен.* вольнонаёмный состав 2) цивильный, партикулярный (*об одежде*); ~ clothes гражданская /штатская/ одежда

civilianization [sɪ,vɪlɪənaɪ'zeɪʃ(ə)n] *n* 1) переход власти от военной хунты к гражданскому правительству 2) замена военнослужащих гражданскими лицами

civilianize [sɪ'vɪlɪənaɪz] *v* 1. передавать власть гражданскому правительству (*о военной хунте*) 2. укомплектовывать гражданскими лицами (*военное учреждение*)

civility [sɪ'vɪlɪtɪ] *n* 1. вежливость, корректность; forms of ~ формы вежливости 2. любезность; an exchange of civilities обмен любезностями 3. *арх.* благовоспитанность; образованность

civilization [,sɪv(ə)laɪ'zeɪʃ(ə)n] *n* 1. цивилизация, цивилизация; Greek ~ греческая культура 3. цивилизованный мир

civilizational [,sɪv(ə)laɪ'zeɪʃ(ə)nəl] *a книжн.* относящийся к цивилизации

civilize ['sɪv(ə)laɪz] *v* 1) цивилизовать 2) сделать культурным, воспитать; научить вести себя 3) стать цивилизованным, цивилизоваться

civilized ['sɪv(ə)laɪzd] *a* 1. цивилизованный 2. воспитанный, культурный; the author took a ~ attitude towards his critics автор проявил выдержку по отношению к своим критикам

civilizer ['sɪv(ə)laɪzə] *n* 1. civilize + -er 2. цивилизатор

civil-law [,sɪv(ə)l'lɔ:] *a юр.* относящийся к гражданскому праву; ~ case гражданское дело

civil lawyer [,sɪv(ə)l'lɔ:jə] 1) специалист по гражданскому праву 2) адвокат по гражданским делам

civil libertarian [,sɪv(ə)l,lɪbə'te(ə)rɪən] борец за гражданские права

civil list ['sɪv(ə)llɪst] цивильный лист (*сумма, выделяемая парламентом Великобритании на содержание королевского двора и членов королевской семьи*)

civilly ['sɪv(ə)lɪ] *adv* 1. вежливо, любезно; деликатно 2. *юр.* в соответствии с гражданским правом; ~ responsible несущий гражданскую ответственность

civil righter [,sɪv(ə)l'raɪtə] *амер. разг.* борец за гражданские права

civil rightist [,sɪv(ə)l'raɪtɪst] = civil righter

civil servant [,sɪv(ə)l'sɜ:v(ə)nt] 1. государственный служащий 2. сотрудник международной организации (*ООН и её органов*)

civil service [,sɪv(ə)l'sɜ:vɪs] 1. государственная служба 2. аппарат международных организаций

civil-spoken [,sɪv(ə)l'spəʊkən] *a разг.* учтивый (*в разговоре*); вежливый

civil war [,sɪv(ə)l'wɔ:] 1) гражданская война (*в Америке; 1861—65 гг.*); б) одна из гражданских войн в Великобритании (*в середине XVII в.*) 2) междоусобная война

civism ['sɪvɪz(ə)m] *n книжн.* гражданственность; сознание гражданского долга

civvies ['sɪvɪz] *n pl* 1) гражданская одежда (*противоп.* форменной) 2) *сл.* своя одежда (*противоп. тюремной, больничной и т. п.*)

civvy, civy ['sɪvɪ] *n воен. жарг.* штатский (*человек*); C. Street «гражданка», жизнь штатского человека

clabber I ['klæbə] *n редк.* простокваша; кислое, скващенное молоко

clabber II ['klæbə] *v редк.* скисать, свёртываться, створаживаться (*о молоке*)

clachan ['klæk(h)ən] *n шотл.* горная деревушка, деревенька

clack I [klæk] *n* 1. треск, щёлканье; the ~ of typewriters стрекотание пишущих машинок 2. шум голосов, болтовня, трескотня 3. погремушка, трещотка 4. = clack-valve 5. *пренебр.* язык

clack II [klæk] *v* 1. трещать, щёлкать; to ~ a whip щёлкнуть бичом 2. 1) громко болтать, тараторить; трещать, стрекотать (*о людях*) 2) разболтать, выбалтывать (*что-л.*); ~ing tongues ≅ чесание языков, пересуды, сплетни 3) кудахтать

clack-dish ['klækdɪʃ] *n арх.* деревянная кружка с хлопающей крышкой (*у нищих*)

clacker ['klækə] *n* 1. *см.* clack II + -er 2. трещотка; погремушка 3. болтун; болтушка, трещотка 4. *амер. сл.* доллар

clack-valve ['klækˌvælv] *n тех.* откидной или створчатый клапан

clad I [klæd] *a* 1. одетый; убранный, в убранстве 2. *тех.* плакированный

clad II [klæd] *уст. past и p. p. от* clothe

cladding ['klædɪŋ] *n тех.* плакирование

cladogenesis [,klædə(ʊ)'dʒenɪsɪs] *n биол.* кладогенез (*ветвящийся эволюционный процесс*)

cladogram ['klædə(ʊ)græm] *n биол.* кладограмма, диаграмма эволюционного древа

cladotype ['klædə(ʊ)taɪp] *n биол.* реликт, реликтовая форма

claes [kleɪz] *n шотл.* одежда, платье

claik [kleɪk] *n* 1. *шотл.* 1) белолобый гусь 2) гогот, гоготанье (*гусей*) 2. *зоол.* казарка белощёкая (*Branta leucopsis*)

claim I [kleɪm] *n* 1. 1) требование; претензия, притязание; territorial ~s территориальные претензии /притязания/; to lay ~ to smth., to set up a ~ to smth., to put in a ~ for smth. предъявлять требование /притязание/ на что-л.; претендовать на получение чего-л. (*ср. тж.* 2, 1) *и* 2)); does anyone make a ~ to this purse? *разг.* чей это кошелёк? 2) право (*на что-л.*); (законная) претензия; *юр. тж.* право требования; ~ to attention [to sympathy] право на внимание [на сочувствие]; moral ~ моральное право; prior ~ *юр.* преимущественное требование; he has no ~ on /upon/ me он не имеет права рассчитывать на меня /на мою помощь/; what ~ has he to the property? какие у него права /основания претендовать/ на это имущество? 3) патентные притязания, патентная формула 4) отдельный пункт патентной заявки 2. 1) иск; претензия; рекламация; ~ in return, counter ~ встречное требование; встречный иск; ~ against the public расход, относимый за счёт государства; to abandon /to give up, to relinquish/ a ~ отказаться от требования; to acknowledge /to admit/ a ~ признать требование /иск/; to allow a ~ удовлетворить требование; признать правильность претензии; to make a ~ against /on/ smb. for smth. предъявить иск кому-л. на что-л.; to raise a ~ предъявлять претензию; to lay ~ to smth., to put smth. to a ~ предъявлять права на что-л. (*ср. тж.* 1, 1)); to reject a ~ отказать в требовании; отклонить рекламацию 2) *юр.* иск о возмещении убытков или ущерба (*в связи с увечьем и т. п.*); to put in a ~ подавать иск о возмещении ущерба (*ср. тж.* 1, 1)) 3. *разг.* утверждение, заявление; his ~s to the contrary notwithstanding несмотря на то, что он утверждает обратное 4. *преим. амер. и австрал.* 1) участок, отведённый под разработку недр; горный отвод; to jump a ~ а) незаконно захватить участок, отведённый другому; б) захватить чужое; to stake out a ~ а) отмечать границы своего участка; б) закреплять своё право (*на что-л.*) 2) заявка на отвод участка

claim II [kleɪm] *v* 1. требовать (*обыкн. как принадлежащее по праву*); to ~ to be exempt требовать льготы /привилегии/; требовать (для себя) исключения; to ~ one's right требовать того, что полагается по праву; требовать своего; ~ attention а) требовать внимания; б) заслуживать внимания; this matter ~s our attention это дело заслуживает внимания; he went to ~ his bags at the station он пошёл на вокзал получить свой багаж; does anyone ~ this umbrella? *разг.* чей это зонтик? 2. 1) претендовать, предъявлять претензию, требование, притязание; заявлять права (*на что-л.*); добиваться; to ~ a court of inquiry требовать назначения следственной комиссии; to ~ the throne претендовать /заявить о своих притязаниях/ на престол; to ~ a fault *спорт.* считать ошибкой; I ~ that the hearing should be postponed я требую, чтобы рассмотрение дела было отложено; may I not ~ your confidence? разве я не могу рассчитывать на ваше доверие? 2) *юр.* возбуждать иск (*особ. о возмещении ущерба*);

to ~ damages требовать возмещения ущерба; to ~ on /against/ smb. возбудить иск против кого-л.; to ~ compensation for the loss требовать возмещения убытков, подавать иск о возмещении убытков 3. *амер. разг.* утверждать, заявлять (*что-л.*); I ~ that it is false я утверждаю, что это неправда; he is ~ed to be the only survivor утверждают, что спасся только он; he ~ed to have reached the top of the mountain он утверждал, что достиг вершины горы; he ~ed to be the best tennis-player in the school он считал себя лучшим теннисистом школы 4. *амер., австрал.* занимать участок земли на основе своей заявки

claimant ['kleɪmənt] *n* 1) предъявляющий права; претендент 2) *юр.* лицо, предъявляющее право, претензию *или* требование; истец; a ~ to an estate претендент на какое-л. имущество

claim check ['kleɪmtʃek] квитанция на получение (*багажа, вещей из чистки и т. п.*)

claimer ['kleɪmə] *n* 1. = claimant 2. *спорт.* 1) = claiming race 2) лошадь, которая может быть куплена после скачек

claiming race ['kleɪmɪŋˌreɪs] скачки, после которых каждая лошадь может быть куплена

clairaudience [kleə'rɔːdɪəns] *n* способность воспринимать звуки, находящиеся вне пределов слышимости (*в парапсихологии*)

claircole ['kleəkəʊl] *n жив.* грунтовка

clair de lune [ˌkleədə'luːn] *фр.* 1. лунный свет 2. лунный цвет; бледный серовато-голубой цвет (*часто о фарфоре*)

clair-obscure [ˌkleərəb'skjʊə] = chiaroscuro

clairvoyance [kleə'vɔɪəns] *n книжн.* 1. ясновидение 2. проницательность, способность предвидеть события; предвидение

clairvoyant I [kleə'vɔɪənt] *n книжн.* 1. ясновидец; ясновидица 2. провидец; проницательный человек

clairvoyant II [kleə'vɔɪənt] *a книжн.* 1. ясновидящий 2. проницательный, дальновидный

clam I [klæm] *n* 1. 1) съедобный морской моллюск (разинька, венерка и т. п.) 2) *ком., кул.* клем (*промысловый моллюск, кроме устрицы, мидии и гребешка*); canned ~s консервы из клемов 2. *амер. пренебр.* скупец, скряга 3. *амер. сл.* рот 4. *разг.* скрытный, необщительный человек; ≅ улитка; he is a ~ about his business dealings он никогда не говорит о своих деловых операциях 5. = clamshell 6. *амер. сл.* доллар 7. *амер. сл.* 1) ошибка, промах 2) *муз.* фальшивая нота; to hit a ~ сфальшивить; взять неверную ноту ◊ close as a ~ ≅ скупой; ≅ скряга; as happy as a ~ ≅ рад-радёшенек, рад без памяти; he was happy as a ~ in his modest house in his modest house в своём скромном домике он жил припеваючи

clam¹ II [klæm] *v амер.* собирать *или* выкапывать съедобных моллюсков; they went ~ming они пошли собирать моллюсков /клёмов/

clam² [klæm] = clamp I

clam³ I [klæm] *n* удар в колокола

clam³ II [klæm] *v* 1) ударить, зазвонить вместе (*о колоколах*) 2) ударить в колокола

clam⁴ [klæm] = clamminess

clamant ['klæmənt, 'kleɪmənt] *a книжн.* 1. вопиющий (*о недостатках и т. п.*); настоятельный (*о нуждах и т. п.*); ~ abuses вопиющие злоупотребления 2. шумный, крикливый; baby ~ for food ребёнок, громко требующий, чтобы его накормили

clambake ['klæmbeɪk] *n амер.* 1. 1) печёные клёмы (*съедобные моллюски*) 2) пикник на морском берегу (*с костром и т. п.*) 2. *разг.* 1) шумная пирушка; весёлая вечеринка 2) *пренебр.* говорильня; сборище (*тж. о конференции, деловом заседании и т. п.*) 3) *муз. жарг.* исполнение джазом импровизаций и экспромтов 3. *сл.* неудачное выступление, особ. по радио, провал 4. морские животные, обитающие у дна возле горячих донных источников

clamber I ['klæmbə] *n* трудный *или* сложный подъём; трудное восхождение

clamber II ['klæmbə] *v* 1. карабкаться; взбираться цепляясь (*за что-л.*); the boys ~ed up a cliff мальчики вскарабкались на скалу 2. бесцеремонно пробиваться (*куда-л.*), расталкивать локтями; to ~ into position добиваться какого-л. положения всеми правдами и неправдами 3. виться (*о растении*)

clamberer ['klæmbərə] *n* 1. см. clamber II + -er 2. вьющееся растение

clambering plant ['klæmbərɪŋˌplɑːnt] вьющееся растение

clammer ['klæmə] *n* собиратель моллюсков

clamminess ['klæmɪnɪs] *a* клейкость, липкость, вязкость; влажность (*рук и т. п.*)

clammy ['klæmɪ] *a* 1. 1) липкий, клейкий, вязкий; ~ bread непропечённый /сырой/ хлеб 2) холодный и влажный на ощупь (*о руках и т. п.*); ~ fogs сырые туманы; ~ sweat холодный пот 2. холодный, неприветливый; недружелюбный; the ~ atmosphere of a hospital казённая больничная обстановка

clamor I, II ['klæmə] = clamour I *и* II

clamorous ['klæm(ə)rəs] *a* 1. шумный, крикливый; голосистый; the busy ~ market оживлённый и шумный рынок 2. неотступный, настойчивый, настоятельный (*о требованиях и т. п.*); неотложный, срочный; не терпящий отлагательств; ~ debts неотложные долги

clamour I ['klæmə] *n* 1. шум, крики; the ~ of an angry crowd крики раздражённой толпы 2. 1) громкие требования; шумные протесты; ~ against the bill протесты против законопроекта 2) народное возмущение; ропот, озлобление; ~ against colonial oppression народное негодование против колониального гнёта 3. 1) несмолкаемый шум (*ветра, прибоя и т. п.*) 2) гам; (*птиц*) 3) грохот машин; стук (*колёс и т. п.*)

clamour II ['klæmə] *v* 1. кричать; шуметь 2. 1) шумно требовать; поднимать шум; бурно выражать протест, недовольство; жаловаться, возмущаться; to ~ against colonialism восставать против колониализма; to ~ against the Cabinet требовать отставки кабинета; выкрикивать антиправительственные лозунги; men were eagerly ~ing to go home люди настойчиво требовали, чтобы их отпустили домой; there are people who constantly ~ about smth. есть люди, которые постоянно чем-нибудь возмущаются 2) (for) (настойчиво) требовать; to ~ for peace настойчиво требовать мира; to ~ for attention стараться привлечь к себе внимание

clamoursome ['klæməsəm] *a диал.* шумный, горластый, крикливый

clamp¹ I [klæmp] *n* 1) *тех.* зажим, тисочки; screw ~ струбцинка 2) *тех.* клемма 3) скоба 4) зажим, скобка (*в хирургии*) 5) *спорт.* лыжная пробка (*тж.* ski ~)

clamp¹ II [klæmp] *v тех.* скреплять, зажимать, закреплять

clamp² I [klæmp] *n* 1. 1) куча 2) *с.-х.* бурт 2. штабель (*сухого торфа*) 3. куча угля для коксования *или* руды для обжига

clamp² II [klæmp] *v* 1) складывать в кучу (*тж.* ~ up) 2. *с.-х.* буртовать

clamp³ [klæmp] *n преим. диал.* тяжёлая поступь; топот

clamp down ['klæmp'daʊn] *phr v* 1. (on) 1) подтянуть (*кого-л.*); стать строже, требовательнее (*к кому-л.*); to ~ on speeders принимать более строгие меры против автолихачества 2) запретить (*деятельность, организацию*); to ~ on gambling пресекать азартные игры 2. опуститься очень низко (*об облаках, тумане и т. п.*), мешая полётам 3. *эл.* соединять зажимом 4. *мор. жарг.* делать генеральную приборку

clampdown ['klæmpdaʊn] *n* (внезапный) строгий запрет; пресечение (*какой-л.*) деятельности; a ~ on the sale of drugs строгие меры против торговли наркотиками

clamshell ['klæmʃel] *n* 1. раковина моллюска 2. *тех.* грейфер (*тж.* ~ bucket)

clam up ['klæm'ʌp] *phr v* замолчать, прекратить разговор; проглотить язык; he clammed up when asked for details когда его спросили о подробностях, он как будто потерял дар речи

clan I [klæn] *n* 1. 1) клан, род (*у шотландцев и ирландцев*); ~ Mac Gregor клан Мак-Грегоров; the Campbell клан Кэмблов 2) *разг.* семейство, клан; the Kennedy ~ клан /семейство/ Кеннеди 2. 1) *этн.* род (*первобытного общества и т. п.*) 2) *редк.* племя 3. *пренебр.* клика, групп(к)а, компания, братия; the learned ~ учёная братия; a ~ of crows туча воронья; the ~ of local political bosses группка местных политических боссов 4. *геол.* химическая серия (*изверженных пород*)

clan II [klæn] *v редк.* объединяться в групп(к)у, клику

clandestine [klæn'destɪn] *a* тайный, скрытый; нелегальный, подпольный (*об организации, литературе*); ~ meeting подпольное /нелегальное/ собрание; ~ marriage тайный брак; ~ movement of capital *эк.* скрытое движение капитала

clandestinity [ˌklændəs'tɪnɪtɪ] *n обыкн. неодобр.* секретность; скрытый, тайный характер (*чего-л.*); нелегальность

clang I [klæŋ] *n* 1. лязг, звон, бряцание, резкий металлический звук 2. *поэт.* звук труб, пронзительный глас 3. крик (*птиц*); курлыканье (*журавлей*) 4. шумиха

clang II [klæŋ] *v* 1. 1) лязгать, бренчать; звенеть; fire-alarm ~ed прозвучал пожарный сигнал 2) звенеть (*чем-л.*), бряцать; to ~ a bell бить в колокол; to ~ glasses чокаться, звенеть стаканами 2. пронзительно кричать; трубить (*о птицах*); курлыкать (*о журавлях*)

clanger ['klæŋə] *n разг.* грубый промах; явная ошибка; to drop a ~ оплошать; попасть впросак; совершить промах; ≅ сесть в лужу

clangor I ['klæŋə] *n* лязг, звон; резкий металлический звук (*работающих машин и т. п.*)

clangor II ['klæŋə] *v* лязгать, бренчать, звенеть; издавать резкий металлический звук

clangorous ['klæŋərəs] *a* лязгающий, бренчащий; звенящий; издающий резкий металлический звук; оглушительный (*о шуме машин и т. п.*)

clangour I, II ['klæŋə] = clangor I *и* II

clanism ['klænɪz(ə)m] *n неодобр.* семейственность; групповщина

clank I [klæŋk] *n* лязг, звяканье; звон

clank II [klæŋk] *v* 1) лязгнуть, звякнуть; прозвенеть; the prisoner's chains ~ed звякнули кандалы арестанта 2) звенеть (*чем-л.*); the prisoners ~ed their chains арестанты звенели кандалами 3) двигаться с лязгом; tanks ~ed through the street по улицам прогромыхали танки

clanked [klæŋkt] *a амер. сл.* 1) измотанный, без сил 2) удручённый, в подавленном настроении

clanks [klæŋks] *n* (the ~) *амер. сл.* белая горячка

clannish ['klænɪʃ] *a* 1. родовой, относящийся к роду, клану 2. приверженный своему роду, клану 3. обособленный, замкнутый в своём кругу; семейственный; the old settlers were ~ and afraid of their new neighbours старые поселенцы держались обособленно и относились с опаской к новым соседям

clanship ['klænʃɪp] *n* 1. принадлежность к роду, клану 2. приверженность своему роду, клану, семейству 3. *пренебр.* групповщина, семейственность; кружковщина; замкнутость в своём кругу

clansman ['klænzmən] *n* (*pl* -men [-mən]) член клана, рода; a ~ of mine мой родич, сородич

clanswoman ['klænz,wumən] *n* (*pl* -women [,wɪmɪn]) член клана, рода (*женщина*)

clap I [klæp] *n* 1. 1) хлопанье, хлопок; ~ of hands рукоплескания 2) *pl* хлопки, аплодисменты 2. 1) удар (*грома*) 3. шлепок; шлёпанье (*добродушное*); похлопывание (*в знак одобрения*); he greeted me with a ~ on the shoulder в знак приветствия он хлопнул меня по плечу
◊ at a /one/ ~ одним ударом, одним разом; in a ~ внезапно, в одно мгновение, в мгновение ока

clap¹ II [klæp] *v* 1. хлопать; аплодировать, рукоплескать; the audience ~ped the violinist публика наградила скрипача аплодисментами; the teacher ~ped to attract her class's attention учительница хлопнула в ладоши, чтобы привлечь внимание учеников 2. 1) хлопать (*дверями, крыльями и т. п.*); to ~ the lid of a chest to захлопнуть крышку сундука 2) делать резкое движение, рывок; to ~ spurs to one's horse пришпорить коня, дать шпоры коню; to ~ a hat on one's head нахлобучить шляпу 3. похлопать; to ~ on the shoulder (одобрительно) похлопать по плечу 4. (into) *разг.* упрятать, загнать (*куда-л.*); to ~ into prison упечь в тюрьму
◊ to ~ hold of smb. (грубо) схватить кого-л.; to ~ eyes on smb. увидеть кого-л.; I've never ~ped eyes on him я его никогда в глаза не видал; to ~ one's dish at the wrong man's door просить милостыню не у той двери; ≅ не на такого /того/ напасть

clap² [klæp] *n груб.* триппер

clapboard I ['klæpbɔ:d] *n* 1. *спец.* клёпка (*бочарная*) 2. *амер.* обшивочная доска, вагонка; a ~ house дом, обшитый вагонкой 3. = clapperboard

clapboard II ['klæpbɔ:d] *v амер.* обивать, обшивать досками (*дом, крышу*)

clap-bread, clap-cake ['klæpbred, -keɪk] *n* овсяная лепёшка

clap-dish ['klæpdɪʃ] *n* деревянная кружка с хлопающей крышкой (*у нищих*)

clap-net, clapnet ['klæpnet] *n* задёргивающаяся сеть (*для ловли птиц*)

clap on ['klæp'ɒn] *phr v* 1. прибить, приколотить (*доску и т. п.*) 2. поднять (*паруса*) 3. нахлобучить (*шляпу*)

clapped-out [,klæpt'aʊt] *a разг.* 1) изношенный, потрёпанный 2) измотанный, измочаленный; everybody is ~ все валятся с ног 3) отработавший, пришедший в негодность

clapper I ['klæpə] *n* 1. *см.* clap¹ II + -er 2. язык (*колокола*) 3. трещотка (*для отпугивания птиц*) 4. клакёр 5. *кино* «хлопушка» 6. *сл.* язык; рот; keep your ~ shut! заткнись!
◊ like the ~s *сл.* очень быстро; to go /to drive/ like the ~s мчаться как угорелый

clapper II ['klæpə] *v* 1. звонить в колокол; раскачивать язык колокола 2. трещать (*как трещотка*)

clapperboard ['klæpəbɔ:d] *n кино* нумератор с «хлопушкой»

clapper boy ['klæpəbɔɪ] *кино* помощник оператора *или* режиссёра, работающий с «хлопушкой» и нумератором

clapper bridge ['klæpəbrɪdʒ] мостик, мостки, лава (*переправа из плит или досок на каменной опоре*)

clapperclaw ['klæpəklɔ:] *v арх., диал.* 1. 1) царапать, когтить; драть ногтями 2) колотить, колошматить 2. поносить, разносить

clapstick ['klæpstɪk] = clapperboard

clap together ['klæptə'geðə] *phr v* соорудить на скорую руку; to ~ a barn кое-как сколотить сарай

claptrap I ['klæptræp] *n разг.* 1) трескучая фраза; что-л. рассчитанное на дешёвый эффект 2) дешёвый эффект; art should be independent of all ~ искусство не должно бить на эффект 3) вздор, ерунда, чепуха, бессмыслица

claptrap II ['klæptræp] *a разг.* 1) рассчитанный на дешёвый эффект (*о речи и т. п.*) 2) неискренний, фальшивый; ~ sentiments показные чувства

clap up ['klæp'ʌp] *phr v* 1. продолжительно аплодировать 2. *разг. см.* clap¹ II 4 3. быстро соорудить; was ever a match clapped up so suddenly? (Shakespeare) когда ещё брак заключался столь поспешно?

claque [klæk] *n фр.* 1. клака, группа клакёров 2. восхвалители, превозносители (*особ.* корыстные)

clarain [kle(ə)'reɪn] *n горн.* кларен

clara voce [,kla:rə'vəʊsɪ] *лат.* внятно

clarence ['klærəns] *n ист.* кларенс, четырёхместная карета

clarendon ['klær(ə)ndən] *n полигр.* шрифт кларендон, полужирный шрифт

clare-obscure [,kle(ə)rəb'skjʊə] = chiaroscuro

claret ['klærət] *n* 1. 1) кларет (*вино типа бордо*) 2) (сухое) красное вино 2. цвет бордо, тёмно-красный цвет (*тж.* ~ red); ~ spot /stain/ красное родимое пятно 3. *сл.* кровь; to tap /to broach/ smb.'s ~ разбить кому-л. нос, пустить юшку

claret cup ['klærətkʌp] крюшон из красного вина

clarification [,klærɪfɪ'keɪʃ(ə)n] *n* 1. очищение; очистка 2. 1) прояснение 2) пояснение; выяснение 3. *спец.* осветление (*жидкостей*); отмучивание 4. *мед.* просветление

clarifier ['klærɪfaɪə] *n спец.* 1. осветлитель (*воды, сиропа и т. п.*) 2. радио защитное устройство от помех 3. 1) центробежный фильтр 2) молокоочиститель 4. отстойник

clarify ['klærɪfaɪ] *v* 1. 1) очищать; делать прозрачным (*воздух, жидкость и т. п.*) 2) процеживать 2) очищаться, становиться прозрачным 2. разъяснять, пояснять; ~ your meaning поясните свою мысль, объясните, что вы хотите сказать 3. вносить ясность (*в отношении и т. п.*); to ~ disputes улаживать споры

clarinet [,klærɪ'net] *n* кларнет

clarinettist [,klærɪ'netɪst] *n* кларнетист

clarion ['klærɪən] *n поэт.* 1. рожок, горн 2. 1) звук рожка, горна 2) призывный звук; призыв; клич; the cock's shrill ~ пронзительный крик петуха; ~ call боевой призыв, боевой клич; the ~ couplets of Pope звучные двустишия Попа

clarionet [,klærɪə'net] = clarinet

clarity ['klærɪtɪ] *n* чистота; прозрачность; ~ of a gem чистота алмаза; ~ of water прозрачность воды; ~ of style is ~ of thought ясность слога — это ясность мысли

clarke [kla:k] *n спец.* кларк (*единица содержания химического элемента в земной коре*)

claro ['kla:rəʊ] *n* (*pl* -oes [-əʊz]) «кларо» (*сорт некрепких гаванских сигар*)

clart [kla:t] *v шотл.* забрызгивать грязью; пачкать, грязнить

clarty ['kla:tɪ] *a шотл.* грязный, липкий, вязкий

clary ['kle(ə)rɪ] *n бот.* шалфей мускатный (*Salvia sclarea*)

-clase [-kleɪs, -kleɪz] *suff мин.* образует названия минералов по типу спайности: orthoclase ортоклаз; periclase периклаз

clash I [klæʃ] *n* 1. 1) лязг (*оружия*); бряцание, звон (*мечей*) 2) гул (*колоколов*) 3) грохот (*бидонов, кастрюль и т. п.*) 4) дробь (*града, дождя и т. п.*) 2. 1) столкновение, стычка, схватка; ~es with the police столкновения /стычки/ с полицией 2) столкновение, конфликт; разногласие; ~ of interests столкновение интересов; ~ of opinions расхождение во взглядах

clash II [klæʃ] *v* 1. сталкиваться; стукаться, ударяться друг о друга (*о металлических предметах, особ. об оружии*); their swords ~ed их шпаги со звоном скрестились 2. 1) (with) сталкиваться (*об интересах*); приходить в столкновение; расходиться (*о взглядах*); their interests ~ их интересы не совпадают /расходятся, сталкиваются/; your views ~ with mine мы придерживаемся противоположных взглядов, мы расходимся во взглядах; one statement ~ed with another одно заявление противоречило другому 2) происходить в одно время, мешать друг другу, совпадать (*по времени*); it's a pity the two concerts ~ жаль, что оба концерта будут в одно время 3) дисгармонировать; these colours ~ эти цвета несовместимы /не гармонируют/; сочетание этих цветов режет глаз 4) *спорт.* встретиться (*в матче — о командах*) 3. ударяться с грохотом, стучать (*обо что-л. металлическое*) 4. (*часто* into, against) налететь, наскочить, натолкнуться, столкнуться; I ~ed into him as I went round the corner свернув за угол, я налетел на него 5. *шотл.* бросила, сбросить (*тж.* ~ down); she ~ed the pans down on the stone floor она бросила кастрюли, и они загрохотали по каменному полу 6. *шотл.* сплетничать, злословить

clasp I [kla:sp] *n* 1. 1) пряжка, застёжка; фермуар (*на ожерелье*); аграф 2) *воен.* пряжка к орденской ленте или медали 2. пожатие; объятие, объятия; I was glad to escape the bear's ~ я был рад, что не попался медведю в объятия; he gave my hand a warm ~ он тепло пожал мне руку 3. *тех.* зажим

clasp II [klɑ:sp] *v* 1. застёгивать (*на пряжку и т. п.*); надеть и застегнуть; he ~ed the bracelet round her wrist он надел ей на руку браслет 2. сжимать, зажимать; the thief was ~ing a knife вор сжимал в руках нож 3. пожимать, обнимать; she ~ed her baby to her breast она прижимала ребёнка к груди; to ~ in one's arms заключить в объятия; the sisters were ~ed in each other's arms сёстры стояли в обнимку; to ~ smb.'s hand пожимать кому-л. руку; to ~ (one's own) hands а) стискивать пальцы (*от боли*); б) складывать руки (*в мольбе*); в) ломать руки (*в отчаянии*) 4. 1) обвиваться (*о растении*) 2) (round, over) надеть

clasper ['klɑ:spə] *n* 1. застёжка, пряжка; крючок 2. *бот.* усик

clasp-knife ['klɑ:spnaif] *n* (*pl* -knives [-naivz]) складной нож

clasp-pin ['klɑ:sppin] *n* 1) безопасная, английская булавка 2) приколка, заколка

class¹ I [klɑ:s] *n* 1) (общественный) класс; the working ~ рабочий класс; the working ~es трудящиеся (классы); the middle ~ а) *полит.-эк.* буржуазия; среднее сословие; б) средний слой общества; the upper ~ а) аристократия, дворянство; б) высшее сословие, высшие слои общества; в) крупная буржуазия; lower middle ~ а) мелкая буржуазия; б) низы среднего класса; мещанство, мещане; landed ~es помещики, землевладельцы 2) (the ~es) *редк.* имущие классы; the ~es and masses все слои общества; to back the masses against the ~es поддерживать трудящихся /массы/ в борьбе против имущих

class¹ II [klɑ:s] *a* классовый; ~ society классовое общество; ~ struggle классовая борьба; ~ differences классовые различия; ~ alien классово чуждый элемент

class² I [klɑ:s] *n* 1. 1) класс; разряд; группа; категория; вид, род; ship's ~ класс судна; ~es of weight *спорт.* весовые категории; ~ *спорт.* свободный класс; ~ of fit *тех.* тип посадки; two ~es of poets поэты двух родов; different ~es of intellect разный склад ума; a good ~ of man порядочный человек; a poor ~ of house плохой дом; the best ~ of hotel первоклассная гостиница, гостиница высшего разряда; in a ~ by itself единственный в своём роде; неподражаемый, неповторимый, незаменимый 2) класс (*поезда, парохода*); to travel first ~ ездить первым классом 3) *мор.* тип (*корабля*) 2. сорт, качество; first ~ первоклассный, высшего сорта 3. 1) класс (*в школе*); группа (*в колледже*); the top of the ~ первый ученик (в классе); to take a ~ of beginners взять /получить/ группу начинающих; listen, ~! послушайте, дети! (*обращение учителя*); ~ dismissed! урок окончен! можете идти! 2) кружок (*по изучению чего-л.*) 3) занятие; занятия; курс обучения; to take ~es (in) учиться (*чему-л.*); проходить курс обучения (*какому-л. предмету*); to take ~es in cookery учиться на курсах кулинарии; what time does the ~ begin? когда начинаются занятия?; when is ~? когда начало занятий?, когда приходить в школу? 4) выпуск студентов *или* учащихся (*одного года*);

~ of 1980 выпуск 1980 года 4. *биол.* класс 5. отличие; to get /to obtain/ ~ окончить (*курс*) с отличием 6. 1) *разг.* достоинство (*поведения и т. п.*); высокие качества (*характера*); the new teacher's got real ~ новая учительница держится с большим достоинством; to be no ~ *разг.* не стоить, никуда не годиться; he is no ~ это человек низкого пошиба 2) *сл.* «класс», шик; привлекательность; that girl's got ~! классная девчонка! 7. 1) *воен.* ранг 2) *амер. мор.* статья; seaman 1st /2nd/ ~ матрос 1-й /2-й/ статьи 8. *воен.* призывники одного года рождения; the ~ of 1937 призывники 1937 года рождения

class² II [klɑ:s] *a* 1. классификационный; ~ heading широкая рубрика (*систематической классификации*); ~ letter а) *мор.* буква, означающая тип корабля; б) *спец.* буква классификационного знака, буква индекса; ~ mark /number, symbol/ классификационный знак /индекс/ 2. учебный, относящийся к классу, к занятиям; ~ hours учебные /аудиторные/ часы; ~ day *амер.* выпускной акт с выступлениями выпускников (*школы, колледжа*)

class² III [klɑ:s] *v* 1. 1) классифицировать, сортировать; the vessel is ~ed A1 at Lloyds регистром Ллойда судну присвоен первый класс 2) (among) причислять; he cannot be ~ed among the best его нельзя отнести /причислить/ к лучшим 3) (with) зачислять в одну категорию, ставить наряду (*с чем-л.*); to ~ justice with wisdom ценить справедливость не меньше, чем мудрость 2. присуждать диплом той *или* иной категории (*в результате экзаменов*); Smith got a degree but was not ~ed Смит получил диплом, но без отличия

classable ['klɑ:səb(ə)l] *a книжн.* поддающийся классификации *или* определению

class action [ˌklɑ:s'ækʃ(ə)n] *юр.* групповой иск (*подаётся как за себя, так и за всех лиц, находящихся в таком же положении*)

class-book ['klɑ:sbuk] *n* 1. *амер.* классный журнал 2. классный сборник, книга-альбом выпускного класса (*с фотоснимками и статьями*; *школьный сувенир*)

class-conscious [ˌklɑ:s'kɒnʃəs] *a* 1. (классово) сознательный; обладающий классовым сознанием; ~ worker сознательный рабочий 2. рассматривающий себя как члена определённой социальной группы (*особ.* привилегированной); don't be ~, accept people at their true worth не судите о людях по их социальной принадлежности, смотрите, чего стоит сам человек

class-consciousness [ˌklɑ:s'kɒnʃəsnɪs] *n* 1. классовое сознание 2. сознание своей принадлежности к определённой социальной группе

classer ['klɑ:sə] = classifier

class-fellow ['klɑ:sˌfeləu] *n* одноклассник, школьный товарищ, однокашник

classic I ['klæsɪk] *n* 1. классик (*особ. об античных писателях*) 2. специалист по античной филологии, классик 3. 1) классическое произведение; а juvenile ~ книга для юношества, завоевавшая широкое признание на протяжении нескольких поколений 2) «классика», что-л. пользующееся неизменным успехом; that joke is a ~, it is really very funny этот анекдот стал классикой, он действительно очень смешной 4. классицист, приверженец классицизма 5. *pl* классика; классические, античные языки; классическая, *преим.* античная литература 6. *амер. сл.* английский костюм; платье простых, строгих линий; timeless ~ всегда модный /не выходящий из моды/ предмет одежды (*платье, шляпа и т. п.*) 7. = classic races

classic II ['klæsɪk] *a* 1. классический, античный; ~ authors классические писатели древности; греческие и римские классики; ~ lands страны античного мира 2. 1) классический; ~ style классический стиль; ~ regularity of features классическая правильность черт лица; ~ music классическая музыка 2) образцовый; ~ case of smth. классический /примерный, образцовый, образцово-показательный/ случай чего-л.; ~ taste тонкий /изысканный/ вкус 3. = classical 3 4. исторический, освящённый историей; ~ grounds исторические места; ~ battle-ground историческое поле сражения /-ая арена боёв/ 5. знаменитый, всемирно известный; a ~ example of love at first sight классический пример любви с первого взгляда 6. *амер.* простой и строгий (*об одежде*); никогда не выходящий из моды; ~ suit английский костюм

classical ['klæsɪk(ə)l] *a* 1. = classic II 1 *и* 2; ~ languages классические языки; ~ scholar = classic I 2 2. (*об образовании*) 1) классический 2) гуманитарный; ~ high school школа с гуманитарным уклоном 3. придерживающийся классицизма 4. строгий (*о стиле*); классически ясный 5. 1) традиционный, классический; ~ sociology традиционная /классическая/ социология; ~ ideas about light were changed by Einstein в традиционные представления о свете Эйнштейн внёс новое 2) широко известный, знаменитый 3) типичный; a ~ example of class prejudice типичный образец классовой предубеждённости

classicalism ['klæsɪk(ə)lɪz(ə)m] *редк.* = classicism

classicalist ['klæsɪk(ə)lɪst] *редк.* = classicist

classicality [ˌklæsɪ'kælɪtɪ] *n книжн.* 1. классический характер (*чего-л.*) 2. изучение античного мира

classicalize ['klæsɪk(ə)laɪz] *редк.* = classicize

classicism ['klæsɪsɪz(ə)m] *n* 1. 1) *лит.* классицизм 2) следование классическим, античным образцам 2. изучение классических языков и классической литературы 3. *лингв.* латинская *или* греческая идиома

classicist ['klæsɪsɪst] *n* 1. приверженец классицизма, классик 2. сторонник классического образования *или* изучения классических языков

classicize ['klæsɪsaɪz] *v книжн.* 1. делать классическим; возводить в образец 2. подражать античности, классическому стилю

classic orders [ˌklæsɪk'ɔ:dəz] *архит.* классические ордеры (*дорический, ионический и т. п.*)

classic races [ˌklæsɪk'reɪsɪz] *спорт.* классические скачки (*пять главных скачек года в Великобритании*)

classifiable ['klæsɪfaɪəb(ə)l] *a* поддающийся классификации

classific [klæ'sɪfɪk] *a* 1. классификационный; ~ concepts принципы классификации 2. определённый класс, разряд, качество; квалификационный; аттестационный

classification [ˌklæsɪfɪ'keɪʃ(ə)n] *n* 1. 1) классификация; распределение (*по какой-л. системе*); ~ of maps by scale классификация *или* каталогизация карт по масштабу; ~ code инструкция по классификации; ~ mark /number/ классификационный знак /индекс/; ~ scheme /system, schedule/ схема /система/ классификации, классификационная схема /система/ 2) *биол.* систематика растений и животных; таксономия 3) *стат.* группировка 2. определение категорий, разрядов *и т. п.*; сортировка; ~ standards требования для определения категорий (*имущества и т. п.*); ~ estimate *амер.* определение квалификации; ~ board *амер. воен.* аттестационная комиссия; ~ standard *спорт.* разрядный норматив 3. *амер.* определение степени секретности, грифа секретности

classificatian yard [ˌklæsɪfɪˈkeɪ(ə)nˌjɑːd] 1. *спец.* сортировочная площадка; сортировочное отделение склада 2. *ж.-д.* сортировочная станция; парк (основной) сортировки

classificatory [ˌklæsɪfɪˈkeɪt(ə)rɪ] *a* классифицирующий, классификационный

classified [ˈklæsɪfaɪd] *a* 1. 1) классифицированный, систематизированный; систематический; отнесённый к (*какой-л.*) категории; ~ arrangement систематическая расстановка (*книг и т. п.*); ~ catalogue систематический каталог; ~ page страница газеты, где объявления расположены по рубрикам; ~ part of the telephone book раздел телефонной книги с данными о предприятиях сферы торговли, услуг, развлечений *и т. п.* 2) разобранный, рассортированный; ~ salvage *воен.* рассортированное собранное имущество 2. *амер.* 1) секретный, засекреченный (*о документе и т. п.*); имеющий гриф секретности; ~ information секретные данные; сведения, не подлежащие оглашению; ~ publication издание «с грифом»; издание для служебного пользования 2) *разг.* секретный; the airplane was on a ~ flight самолёт имел секретное задание

classified ad [ˌklæsɪfaɪdˈæd] тематическое объявление (*в одной из стандартных газетных рубрик; о вакансиях, сдаче внаём и т. п.*)

classifier [ˈklæsɪfaɪə] *n* 1. *см.* classify + -er 2. классификатор 3. сортировщик 4. *лингв.* классный показатель, классификатор 5. *тех.* классификатор, сепаратор

classify [ˈklæsɪfaɪ] *v* 1. 1) классифицировать; to ~ by date классифицировать по хронологии 2) распределять по сортам, сериям, категориям; сортировать; to be classified as... делиться на... классы; not otherwise classified ни отнесённый к какой-л. другой категории 2. *амер.* засекретить (*документ, сведения*); наложить гриф

classifying [ˈklæsɪfaɪɪŋ] *n горн.* классифицирование; ~ screen сортировочное сито

classing [ˈklɑːsɪŋ] *n спорт.* оценка; ~ by points [time] оценка по очкам [по времени]; ~ for style оценка за технику прыжка

class interval [ˈklɑːsˌɪntəv(ə)l] *стат.* интервал группировки; класс-интервал

classless [ˈklɑːslɪs] *a* 1. бесклассовый; ~ society бесклассовое общество 2. не характерный, не типичный для какого бы то ни было класса; he spoke a ~ variety of English ≅ по его речи нельзя было догадаться о его социальном происхождении

class-list [ˈklɑːslɪst] *n* 1. список учащихся (*школьников, студентов*) 2. *унив.* 1) список выпускников, получивших дипломы с отличием 2) список учащихся в соответствии с полученными оценками 3. систематический список, перечень

classman [ˈklɑːsmæn] *n* (*pl* -men [-men]) *унив.* 1. получивший диплом с отличием; отличник 2. студент (*такого-то*) курса; fourth ~ студент четвёртого курса 3. (-classman) как компонент сложных слов учащийся, студент; upperclassman студент последнего курса

classmate [ˈklɑːsmeɪt] *n* соученик, одноклассник; однокашник; he is a ~ of mine мы с ним учимся в одном классе, он мой одноклассник

classroom [ˈklɑːsrʊm] *n* класс (*комната*); аудитория; ~ discipline учебная дисциплина; ~ film учебный фильм

classwork [ˈklɑːswɜːk] *n школ.* 1) классная работа, работа в классе (*в отличие от домашней*) 2) задание, выполняемое всем классом под руководством учителя

classy [ˈklɑːsɪ] *a сл.* 1) «классный», первый сорт 2) шикарный; стильный; одетый по последней моде

clast [klæst] *n геол.* обломок породы

clastic [ˈklæstɪk] *a* 1. *геол.* кластический, обломочный 2. *спец.* делящийся на части, раздробляющий, расщепляющий 3. разборный (*о модели и т. п.*)

clathrate I [ˈklæθreɪt] *n хим.* клатрат, соединение включения

clathrate II [ˈklæθreɪt] *a* 1) *геол., бот.* решётчатый, сетчатый 2) *хим.* клатратный

clatter I [ˈklætə] *n* 1. стук, звон (*посуды*) 2. 1) грохот, лязг 2) невнятный шум; галдёж; the busy ~ of the city шум и гам трудового города 3. топот, каблучная дробь 4. 1) болтовня, трескотня 2) *шотл.* чесание языком, злословие, сплетни

clatter II [ˈklætə] *v* 1. стучать, греметь; dishes were ~ing in the kitchen на кухне гремели посудой; don't ~ your knife on the plate не стучи ножом по тарелке 2. грохотать, громыхать; ~ing machinery громыхающие машины 3. двигаться с грохотом; the horse ~ed along on the frozen ground топот коня гулко раздавался по мёрзлой дороге; the pans ~ed down from the shelf посуда с грохотом свалилась с полки; he ~ed down the stairs он загремел с лестницы 4. 1) болтать, трещать 2) *шотл.* чесать языком, сплетничать, злословить

claudication [ˌklɔːdɪˈkeɪʃ(ə)n] *n мед.* хромота; intermittent ~ перемежающаяся хромота

claught [klɔːt] *past и p. p. от* cleek

clause I [klɔːz] *n* 1. статья, пункт, условие; оговорка, клаузула (*договора, контракта, завещания*); compromissary ~ *юр.* арбитражная оговорка; general participation ~ *юр.* оговорка всеобщности /о всеобщем участии/; optional ~ *юр.* факультативная клаузула /оговорка/; political and territorial ~s политические и территориальные статьи (*договора и т. п.*); price ~ *ком.* пункт (*контракта*) о цене; payment ~ *ком.* пункт (*контракта*) об условиях платежа; under ~ 5 of the agreement согласно статье 5 соглашения 2. *грам.* предложение (*часть сложного предложения*); principal /main/ [subordinate] ~ главное [придаточное] предложение

clause II [klɔːz] *v* 1) разделить на статьи 2) изложить постатейно

clause-by-clause [ˌklɔːzbaɪˈklɔːz] *a парл.* постатейный (*о голосовании*)

claused [klɔːzd] *a* содержащий оговорки (*о документе и т. п.*)

clausthalite [ˈklaʊstəlaɪt] *n мин.* клаусталит

claustral [ˈklɔːstrəl] *a* 1) монастырский; ~ rule монастырский устав 2) похожий на монастырь; монашеский, аскетический

claustrophilia [ˌklɔːstrəˈfɪlɪə] *n мед.* клаустрофилия, патологическое стремление находиться в закрытом, тесном помещении; боязнь открытого пространства

claustrophobia [ˌklɔːstrəˈfəʊbɪə] *n мед.* клаустрофобия, боязнь замкнутого пространства

clavate [ˈkleɪveɪt] *a бот., зоол.* булавовидный (*о колосе, усиках насекомого и т. п.*)

clave¹ [kleɪv] *арх. past от* cleave¹

clave² [kleɪv] *арх. past от* cleave²

clavecin [ˈklæv(ɪ)sɪn] *n* клавесин

claver [ˈkleɪvə] *n* болтовня, сплетня

claves [ˈkleɪvɪz] *pl от* clavis

clavicembali [ˌklævɪˈtʃembəlɪ] *pl от* clavicembalo

clavicembalo [ˌklævɪˈtʃembələʊ] *n um.* (*pl* -li) клавесин

clavichord [ˈklævɪkɔːd] *n* клавикорды

clavicle [ˈklævɪk(ə)l] *n анат.* ключица

clavicular [kləˈvɪkjʊlə] *a анат.* ключичный; ~ artery [vein] подключичная артерия [вена]

clavier¹ [ˈklævɪə] *n муз.* 1. клавиатура 2. немая клавиатура

clavier² [ˈklævɪə] *n* клавишно-струнный инструмент (*любой*)

claviform [ˈklævɪfɔːm] *a* булавовидный

clavilux [ˈklævɪlʌks] *n* клавилюкс (*цветомузыкальная установка*)

clavis [ˈkleɪvɪs] *n* (*pl тж.* -ves) *книжн.* ключ; ~ to ciphers ключ к шифру

claw I [klɔː] *n* 1. 1) коготь 2) *арх.* лапа с когтями 2. клешня 3. *груб.* 1) рука, лапа 2) *pl* пальцы 4. (the ~) *амер. вор. жарг.* полицейский, полиция 5. *тех.* кулак; зубец; ~ clutch кулачковая муфта 2) выступ 3) щека (*тисков*) 4) расщеп; раздвоенный конец 6. *кино* грейфер 7. *бот.* базальная часть лепестка

◊ in smb.'s ~s в чьих-л. когтях /лапах/; to clip [to cut] smb.'s ~s ≅ подрезать кому-л. коготки; to draw in one's ~s присмиреть, умерить пыл; to put out ~s показывать когти; to get one's ~s into smb. злобно наброситься на кого-л., вцепиться в кого-л.; to put the ~ on smb. *амер. вор. жарг.* а) арестовать, задержать кого-л.; б) попросить у кого-л. денег взаймы

claw II [klɔː] *v* 1. царапать, скрести; рвать, терзать когтями 2. 1) схватывать (*когтями и т. п.*); to ~ hold of smth. схватить что-л. когтями /лапами/; вцепиться во что-л.; the climber ~ed at the cliff surface альпинист цеплялся за поверхность скалы 2) жадно хватать (*рукой*); загребать (*деньги и т. п.*) 3) рвать, рвать, тянуть когтями или пальцами; to ~ a hole вырыть руками яму; to ~ a hole in smb.'s shirt вырвать клок из чьей-л. рубашки 3. чесаться, расчёсывать (*при зуде*) 4. *мор.* лавировать

◊ ~ me and I will ~ thee ≅ услуга за услугу; рука руку моет

claw back [ˈklɔːˈbæk] *phr v фин.* компенсировать дополнительными налогами суммы, израсходованные на увеличение государственных пособий

claw-back [ˈklɔːbæk] *n фин.* возмещение затрат на увеличение государственных пособий путём соответственного увеличения налогов

clawed [klɔːd] *a* имеющий когти, с когтями, когтистый

claw-foot [ˈklɔːfʊt] *n мед.* полая стопа (*уродство*)

CLA — CLE

claw hammer ['klɔː,hæmə] 1. молоток-гвоздодёр 2. фрак (*тж.* ~ coat)
claw-hand ['klɔːhænd] *n мед.* когтеобразная кисть (*руки*)
clawless ['klɔːlɪs] *a* не имеющий когтей, без когтей
claw off ['klɔːˈɔf] *phr v мор.* лавировать от подветренного берега
clay I [kleɪ] *n* 1. глина, глинозём 2. ил, тина, грязь 3. *возвыш.* человеческое тело, плоть 4. *поэт.* прах 5. глиняная трубка; to smoke a short ~ курить короткую глиняную трубку 6. = clay court
◇ to moisten /to wet/ one's ~ *шутл.* выпить, промочить горло
clay II [kleɪ] *v* 1) обмазывать глиной 2) *спец.* отбеливать глиной
clay band ['kleɪbænd] *спец.* глинистый прослоек, зальбанд
claybank ['kleɪbæŋk] *n амер.* 1. глинистый насос 2. 1) светло-бурая масть 2) светло-бурая лошадь (*тж.* ~ horse)
clay-brained ['kleɪbreɪnd] *a* глупый; ≅ с куриными мозгами
clay-cold ['kleɪkəʊld] *a* холодный, безжизненный
clay court ['kleɪkɔːt] *спорт.* теннисный корт с глиняным покрытием
clay cutter ['kleɪˌkʌtə] глиномялка
clayey ['kleɪɪ] *a* 1. глинистый; ~ brick необожжённый кирпич; ~ soil суглинок 2. покрытый, измазанный *или* заляпанный глиной
clay loam ['kleɪləʊm] жирный суглинок
claymore ['kleɪmɔː] *n* 1. *ист.* 1) клеймор (*сабля шотландских горцев*) 2) клеймор (*кельтский обоюдоострый меч*) 2. (*часто* C.) = Claymore mine
Claymore mine, claymore mine ['kleɪmɔːˌmaɪn] *воен.* мина «клеймор», противопехотная мина направленного действия
claypan ['kleɪpæn] *n* 1. *амер.* глинистый слой 2. *австрал.* яма в глинистом пласте, где скапливается вода
clay pigeon [ˌkleɪˈpɪdʒɪn] 1. *спорт.* тарелочка для стрельбы; clay-pigeon shooting стрельба по тарелочкам 2. человек, которого легко обмануть или обидеть 3. *сл.* лёгкая задача; плёвое дело 4. *воен. жарг.* катапультируемый самолёт
clay pipe ['kleɪpaɪp] = clay I 5
clay sand ['kleɪsænd] супесь, супесчаная почва
clay-slate ['kleɪsleɪt] *n* 1. *стр.* кровельный шифер 2. *геол.* глинистый сланец
claystone ['kleɪstəʊn] *n мин.* аргиллит
clayware ['kleɪweə] *n* глиняная посуда; изделия из глины
clean I [kliːn] *n* 1. *разг.* чистка, уборка; a good ~ основательная уборка; she gives the room a ~ every day она каждый день убирает эту комнату 2. *спорт.* чистое взятие веса на грудь (*тяжёлая атлетика*); ~ and jerk толчок; two hand ~ and press жим двумя руками
clean II [kliːn] *a* 1. 1) чистый; опрятный; ~ sheets [fingernails] чистые простыни [ногти]; to keep oneself ~ быть опрятным; to keep one's house ~ держать дом в чистоте 2) *мед.* чистый, асептический, незаражённый; ~ wound чистая рана 3) бил of health a) карантинное /санитарное/ свидетельство; б) оправдание, реабилитация 3) чистоплотный, приученный (*о домашнем животном*); ~ puppy приученный /благовоспитанный/ щенок 2. 1) добродетельный; ~ heart чистое сердце; to lead a ~ life вести добродетельную жизнь 2) незапятнанный, нескомпрометированный; to have a ~ record иметь чистый послужной список; иметь хорошую репутацию 3) *разг.* невиновный, не совершивший приписываемого ему преступления; the suspect claimed that he was ~ подозреваемый утверждал, что не имеет к делу никакого отношения 4) приличный, пристойный; уместный; ~ joke [show] приличный анекдот [-ое шоу]; to keep a ~ tongue воздерживаться от крепких выражений /от сквернословия/; keep the party ~ не рассказывайте в обществе непристойных анекдотов; не сквернословьте в обществе 3. 1) свежий, чистый, не бывший в употреблении; ~ sheet of paper чистый /неисписанный/ лист бумаги 2) чистый, не содержащий исправлений *и т. п.*; ~ proof чистая корректура; ~ copy беловик, переписанная начисто рукопись 4. 1) чистый, без примеси; цельный; ~ gold чистое золото; ~ diamond бриллиант чистой воды 2) *физ., хим.* нерадиоактивный; ~ bomb *воен.* чистая бомба (*не образующая радиоактивных продуктов взрыва*) 3) *муз.* технически чистый (*об исполнении*) 5. 1) с чистым днищем, без обрастания (*о судне*) 2) с пустыми трюмами; the whaling ship returned home ~ китобойное судно вернулось без добычи 6. *амер. сл.* 1) без гроша в кармане; на мели 2) не имеющий при себе оружия, наркотиков *или* контрабанды; the police searched him, but he was ~ полиция его обыскала, но ничего не нашла 3) не страдающий наркоманией 7. *рел.* чистый, кошерный, разрешённый к употреблению евреям (*о пище*) 8. 1) хорошо сложённый, пропорциональный, хорошей формы (*о руках, ногах и т. п.*) 2) обтекаемый, обтекаемой формы 3) *сл.* элегантно, стильно одетый; одетый по моде 9. 1) гладкий, ровный; ~ coast ровный, безопасный для плавания берег 2) без шероховатых или зазубренных краёв 3) хорошо сделанный; искусный; a ~ piece of work мастерски выполненное изделие, тонкая работа; ~ performance хорошие показатели работы (*машины*) 10. *спорт.* 1) честный, справедливый, подобающий спортсмену; ~ fighter честный /соблюдающий правила/ игрок 2) квалифицированный, ловкий; чисто выполненный; ~ throw [leap] хороший бросок [прыжок]; ~ stroke /blow/ ловкий удар; ~ ball ловкий удар мяча (*крикет*) 11. *лес., с.-х.* сплошной; ~ cutting сплошная рубка (*леса*); ~ fallow *с.-х.* чистый пар; ~ cultivation *с.-х.* а) беспокровный посев (*трав*); б) содержание (*сада*) в чёрном пару
◇ ~ credit *ком.* бланковый кредит (*без обеспечения*); the ~ thing *амер.* честность, прямота, откровенность; ~ sailing *амер.* лёгкая задача; приятное занятие; to have ~ hands in a matter не быть замешанным в (*каком-л.*) деле; быть невиновным; to make a ~ breast of smth. полностью признаться в чём-л.; to show a ~ pair of heels убежать, удрать; (as) ~ as a new pin чистенький, опрятный; ≅ с иголочки; (as) ~ as a whistle прямо, начисто; совсем, совершенно; очень ловко
clean III [kliːn] *adv* 1. *эмоц.-усил.* 1) совершенно, полностью; I ~ forgot about it я совершенно забыл об этом; ~ broke совершенно разорённый, обанкротившийся; без всяких средств; he is ~ mad он совсем рехнулся; ~ gone пропал, исчез без следа 2) прямо; the bullet went ~ through the shoulder пуля прошла через плечо 2. *разг.* начисто; to scrub floor ~ отскрести дочиста пол 3. честно, добросовестно; play the game ~ вести игру по правилам
◇ to come ~ полностью признаться (*в чём-л.*); ≅ расколоться
clean IV [kliːn] *v* 1. чистить; очищать; to ~ teeth [nails, shoes] чистить зубы [ногти, ботинки]; to ~ a room убрать комнату; to ~ a window вымыть /протереть/ окно; I must have these clothes ~ed мне надо отдать в чистку эту одежду; to ~ one's plate съесть всю тарелку; to ~ the town by getting rid of criminals очистить город от преступников 2. 1) промывать (*золото*); очищать (*от примесей*) 2) потрошить (*рыбу, птицу*) 3. *спец.* 1) обрабатывать начисто 2) полировать (*металлы*) 3) сглаживать причёску; трепать (*лён*) 4. взять вес на грудь (*тяжёлая атлетика*)
◇ to ~ the slate избавиться от старых обязательств; to ~ smb.'s clock a) набить кому-л. морду; б) победить кого-л. (*в соревновании, состязании*)
clean break [ˌkliːnˈbreɪk] 1. полный разрыв; to make a ~ with one's past полностью порвать со своим прошлым 2. *мед.* чистый перелом (*без осколков*)
clean-cut [ˌkliːnˈkʌt] *a* 1. 1) резко очерченный; ~ features чёткие черты лица; ~ hair style аккуратная причёска (*у мужчины*) 2) приятный, привлекательный; ~ young man подтянутый молодой человек 2. 1) ясный, определённый, точный; ~ scheme ясный /чёткий/ план; ~ explanation убедительное объяснение
clean down ['kliːndaʊn] *phr v* 1) счищать, сметать, убирать (*пыль и т. п.*) 2) чистить (*лошадь*) 3) мыть (*автомобиль*)
clean energy ['kliːnˌenədʒɪ] экологически чистый вид энергии
cleaner ['kliːnə] *n* 1. *амер.* уборщица; *редк.* уборщик 2. 1) владелец химической чистки; служащий химической чистки 2) протирщик, мойщик окон 3. *тех.* 1) очиститель, приспособление для очистки 2) скребок (*для котельных труб*) 4. средство для удаления пятен *и т. п.*; экстрактор (*для жира*)
cleaner's ['kliːnəz] *n разг.* химчистка
◇ to take /to send/ to the ~ a) раскритиковать; разнести; б) обыграть, обсчитать, обставить, обчистить; to go to the ~ *амер.* проиграть все деньги
clean-fingered [ˌkliːnˈfɪŋɡəd] *a* честный; неподкупный
clean-handed [ˌkliːnˈhændɪd] *a* честный, невинный, невиновный
cleaning I ['kliːnɪŋ] *n* 1. (*часто* ~ up) 1) чистка, уборка; очистка; the ~ of the streets уборка улиц 2) *с.-х.* сортирование, отсортировка (*семян*) 3) *с.-х.* прореживание, «проверка» (*всходов*) 2. *горн.* обогащение 3. *тех.* 1) осветление 2) очищение
cleaning II ['kliːnɪŋ] *a* очищающий, очистительный; ~ rod шомпол; ~ crop *с.-х.* почвоочищающая культура
cleaning woman ['kliːnɪŋˌwʊmən] уборщица
clean-limbed [ˌkliːnˈlɪmd] *a* хорошо сложённый; пропорциональный, стройный (*о фигуре*)
cleanliness ['klenlɪnɪs] *n* чистота, опрятность; чистоплотность
clean-living [ˌkliːnˈlɪvɪŋ] *a* прямой, порядочный, честный
cleanly I ['klenlɪ] *a* 1. чистоплотный; cats are among the cleanliest animals кошки самые чистоплотные животные 2. содержащийся в чистоте (*об одежде и т. п.*); аккуратный

cleanly II [ˈkliːnlɪ] *adv* 1) чисто; целомудренно; to live ~ вести добродетельный образ жизни 2) прямо, точно

cleanness [ˈkliːnnɪs] *n* чистота; ~ of style чистота /изящество/ стиля

cleanoff [ˌkliːnˈɒf] *n тех.* чистовая обработка

clean out [ˈkliːnˈaʊt] *phr v* 1. очищать (*путём опорожнения*); ~ your desk вынь всё из стола и разберись, разбери свой стол; the premises were quite cleaned out в помещении не осталось ни одного человека 2. опорожнять, опустошать; the boys cleaned out a whole box of cookies ребята съели целую коробку печенья 3. обчистить, обворовать; he cleaned me out он меня обчистил; the thieves cleaned out a store воры унесли всё из магазина 4. снять все деньги (*со счёта*)

cleanout [ˈkliːnaʊt] *n тех.* люк для чистки; ~ door *с.-х.* дверца /окно/ для очистки (*клетки, брудера и т. п.*)

clean room [ˈkliːnˈruːm] *спец.* помещение с особо чистой атмосферой (*для сборки точных приборов и т. п.*)

cleansable [ˈklɛnzəb(ə)l] *a* поддающийся (о)чистке

cleanse [klɛnz] *v* 1. 1) очищать; чистить, делать чистым; to ~ the soul очистить душу; to ~ of wickedness *рел.* очистить от скверны 2) излечивать; his leprosy was ~d он излечился от проказы 3) дезинфицировать, очищать; to ~ a wound очищать /дезинфицировать/ рану 2. очищать желудок (*слабительным*)

cleanser [ˈklɛnzə] *n* моющее средство (*особ. бытовое*); очиститель

clean-shaven [ˌkliːnˈʃeɪv(ə)n] *a* чисто выбритый

cleansing [ˈklɛnzɪŋ] *a* очищающий, дезинфицирующий; ~ agent моющее средство; ~ cream крем для снятия косметики, очищающий крем

cleanskin(s) [ˈkliːnskɪn(z)] *n австрал. сл.* 1. неклеймёное животное 2. человек, не состоящий на учёте в полиции

clean sweep [ˌkliːnˈswiːp] 1. полная победа, *особ. амер.* полная победа на выборах; получение (почти) всех выборных должностей одной партией 2. полная перемена; we must make a ~ of old ideas мы должны полностью отказаться от старых представлений 3. чистка (*аппарата*); перетряхивание (*кадров*); *амер. тж.* пересмотр личного состава государственных учреждений в связи с приходом к власти другой партии

clean up [ˈkliːnˈʌp] *phr v* 1. 1) убирать, подбирать (*с пола, земли и т. п.*) 2) привести себя в порядок; to ~ for dinner переодеться к обеду 3) *разг.* привести в порядок дела; закончить недоделанную работу 2. *разг.* (*изрядно*) нажиться (*на чём-л.*); he cleaned up a fortune playing cards он загрёб целое состояние на карточной игре; this show must be cleaning up эта постановка, должно быть, даёт огромный доход 3. *разг.* обыграть дочиста, обчистить 4. *разг.* 1) очистить территорию от нежелательных элементов 2) освободить территорию от оставшихся очагов вражеского сопротивления; прочесать 5. освобождать от непристойностей

clean-up [ˈkliːnʌp] *n разг.* 1. чистка, уборка 2. = cleaner 3. 1) очистка (*города и т. п.*); борьба с коррупцией *и т. п.* 2) полицейская облава 4. *сл.* огромная прибыль, *особ.* полученная за короткое время; to make a ~ загрести большие деньги 5. *горн.* зачистка

clear I [klɪə] *a* 1. ясный, светлый; ~ day ясный день; ~ sky чистое /ясное, безоблачное/ небо 2. 1) чистый, прозрачный; ~ water of the lake чистая /прозрачная/ вода озера; ~ glass прозрачное стекло 2) зеркальный (*о поверхности*) 3. отчётливый, ясный; ~ outline ясное /отчётливое/ очертание; ~ sight хорошее зрение; ~ reflection in the water ясное отражение в воде; ~ view хорошая видимость 4. 1) звонкий, отчётливый, чистый (*о звуке*); ~ tone чистый звук; ~ voices of the children звонкие детские голоса 2) отчётливый, внятный, чёткий; his delivery was ~ and distinct он говорил ясно и отчётливо 5. ясный, понятный; не вызывающий сомнений; ~ conclusion ясный вывод; a ~ case of murder явное /несомненное/ убийство; to make a ~ statement высказаться ясно и определённо; to have a ~ idea иметь ясное представление; it is ~ to me what he is driving at *разг.* мне понятно, к чему он клонит; I am not ~ on the point мне этот вопрос не ясен; I am not ~ (about)... я не уверен, что... 6. светлый, ясный, логический (*об уме*); ~ intellect ясный /светлый/ ум; ~ head светлая голова 7. 1) свободный, незанятый, беспрепятственный; ~ passage свободный проход /проезд/; ~ line *ж.-д.* свободный путь; свободный перегон; ~ opening *тех.* просвет; свободное сечение; ~ way *мор.* фарватер; next week is ~, let's meet then будущая неделя у меня не занята, давай тогда и встретимся 2) *тел.* свободный, незанятый (*о линии*) 8. чистый; здоровый; ~ conscience чистая совесть; ~ skin чистая кожа (*без прыщей и т. п.*) 9. (of) свободный (*от чего-л.*); ~ of debt (of worry) не обременённый долгами (заботами); ~ of suspicion вне подозрений; he is ~ of all bad intentions у него нет дурных намерений; roads ~ of traffic закрытая для движения дорога; ~ of strays *радио* свободный от атмосферных помех; we are out of danger now мы сейчас вне опасности 10. 1) полный, целый, весь; ~ month целый /весь/ месяц 2) чистый (*о доходе и т. п.*); a hundred pounds ~ profit сто фунтов чистой прибыли; I get a ~ £50 a week я получаю 50 фунтов в неделю чистыми 11. абсолютный, совершенный, полный; a ~ victory полная победа; he obtained a ~ majority он получил явное /убедительное/ большинство (*голосов*) 12. *тех.* незадевающий; свободно проходящий 13. *фон.* светлый; ~ l sound светлый оттенок звука *l* 14. *в грам. знач. сущ.* клер, нешифрованный текст; in ~ клером, в незашифрованном виде, открытым текстом

◊ to be in the ~ быть вне подозрений, снять с себя обвинение; the coast is ~ путь свободен, препятствий нет; all ~ a) путь свободен; б) *воен.* противник не обнаружен; all ~ signal сигнал отбоя (*после тревоги*); (as) ~ as day ясно как день; (as) ~ as that two and two make four ясно как дважды два четыре; (as) ~ as a bell ясно слышный, отчётливый

clear II [klɪə] *adv* 1. ясно 2. *эмоц.-усил.* совсем, совершенно, целиком; начисто; three feet ~ целых три фута 3. (of) в стороне от (*чего-л.*); to steer ~ (of) избегать, сторониться; keep ~ of pickpockets! остерегайтесь воров!; keep ~ of the traffic! соблюдайте осторожность при переходе улиц!; keep ~ (to be) ~ abreast [ahead, astern] (быть) чисто в стороне [впереди, позади] (*о яхте в соревновании*)

◊ to see one's way ~ to do smth. не видеть препятствий к чему-л.; to get ~ away a) удрать, не оставив следов; б) ≅ выйти сухим из воды; to get ~ of = to get away б); to keep ~ of smth. держаться вдали /в стороне/ от чего-л., сторониться чего-л.

clear III [klɪə] *v* 1. 1) очищать; thunder has ~ed the air после грозы воздух стал чистым; to ~ the table убирать со стола 2) очищаться, становиться ясным, чистым; делаться прозрачным; the sky is ~ing небо очищается от туч; the weather is ~ing погода проясняется; the wine will ~ if the sediment is allowed to settle вино становится прозрачным, если дать ему отстояться 2. объяснить, разъяснить, пролить свет; to ~ one's meaning разъяснить смысл /значение/ своих слов; to ~ smb. in regard to a matter разъяснить кому-л. вопрос 3. освобождать, очищать; убирать, устранять препятствия; to ~ the stones from the road убрать с дороги камни; to ~ the snow from the walk очистить дорожку от снега; to ~ a way [a passage] освободить /очистить/ дорогу [проход]; to ~ the way открыть путь; to ~ the way for future action расчистить путь /подготовить почву/ для дальнейших действий; to ~ the ground расчистить участок земли (*под пашню*); land ~ed for cultivation земля, расчищенная для посева; to ~ the room [the court] of people освободить /очистить/ комнату [зал суда] (от людей); ~ the way! разойдитесь!, освободите дорогу!; посторонись!, берегись!; to ~ one's mind of doubts [suspicions] отбросить сомнения [отделаться от подозрений] 4. оправдывать; очищать от подозрений; to ~ one's character (one's name) восстановить свою репутацию /своё доброе имя/; to ~ oneself of a charge оправдаться 5. 1) взять, преодолеть препятствие; to ~ a hedge перемахнуть /перепрыгнуть/ через изгородь; to ~ the hurdle *спорт.* преодолеть препятствие; to ~ the bar /the height/ *спорт.* брать высоту; he ~ed the bar at six feet *спорт.* он взял высоту в шесть футов 2) едва не задеть, избежать; to ~ an iceberg at sea (еле-еле) избежать столкновения с айсбергом; our bus just managed to ~ the truck наш автобус едва не столкнулся с грузовиком; a tree with branches that barely ~ the roof дерево, ветки которого почти касаются крыши 6. *воен.* вывозить, эвакуировать; to ~ casualties эвакуировать раненых; to ~ the enemy очистить от противника (*район и т. п.*) 7. распутывать (*верёвку и т. п.*); to ~ a hawser [a fishing-line] распутать трос [лесу] 8. разгружать; to ~ a ship of her cargo разгрузить корабль 9. 1) заплатить долг, произвести расчёт; оплатить (*расходы и т. п.*); this sum will ~ all his debts эта сумма покроет все его долги; to ~ an encumbered estate очистить имение от долгов 2) *банк.* производить клиринг чеков или векселей; производить расчёт по векселям или ~ам через расчётную палату 10. *ком.* очищать (*товары, груз*) от пошлин; выполнять таможенные формальности; to ~ a ship at the custom-house произвести очистку судна на таможне 11. *ком.* получать чистую прибыль; the firm ~ed £300 000 фирма получила триста тысяч фунтов стерлингов чистой прибыли 12. распродавать, устраивать распродажу; to ~ goods распродавать товары 13. дать допуск к (совершенно) секретной работе 14. *спорт.* отбить (*мяч и т. п.*); to

~ a corner отбить угловой в поле (*футбол*); to ~ the puck выбить шайбу из зоны защиты (*хоккей*) 15. *спец.* освещать; очищать 16. *тел.* разъединять (абонентов) 17. (with) *амер.* согласовывать (*с кем-л.*); you must ~ your plan with the headquarters насчёт своего плана вы должны договориться с руководством 18. расшифровывать, декодировать
◊ to ~ an examination paper ответить на все вопросы по экзаменационному билету; to ~ the coast расчистить путь, устранить препятствия; to ~ one's throat /voice/ откашляться; to ~ the decks (for action) а) *мор.* приготовиться к бою; б) приготовиться к действиям /к борьбе/; to ~ the air /the atmosphere/ разрядить атмосферу, устранить недоразумение; to ~ the skirts of smb. смыть позорное пятно с кого-л.; восстановить чью-л. репутацию; to ~ a score /scores/ расквитаться

clearance [ˈklɪ(ə)rəns] *n* 1. очистка; ~ of the theatre was quick театр был быстро очищен от публики 2. расчистка леса под пашню 3. *ком.* распродажа (*тж.* ~ sale) 4. *банк.* 1) очистка от (таможенных) пошлин; ~ papers документы, удостоверяющие очистку от таможенных пошлин 2) *ком.* таможенное свидетельство 5. *банк.* 1) производство расчётов через расчётную палату; клиринг чеков *или* векселей 2) оплата долга, урегулирование претензий 6. *преим. амер.* допуск к секретной работе, к секретным материалам (*тж.* security ~); one needs ~ before one can work with the president для работы с президентом необходимо иметь допуск (*к секретной работе*) 7. 1) *тех.* зазор, просвет; клиренс; слабина; люфт; ~ gauge щуп; ~ space зазор, вредное пространство (*в цилиндре*) 2) клиренс, дорожный просвет 8. *тех.* холостой ход 9. *ав.* разрешение на полёт 10. *спорт.* 1) удар от ворот (*футбол*) 2) переход через планку, преодоление препятствия (*лёгкая атлетика*)

clear away [ˈklɪə(r)əˈweɪ] *phr v* 1. убирать посуду со стола; please ~ the tea-things уберите, пожалуйста, чайную посуду 2. 1) рассеиваться (*о тумане, тучах и т. п.*); clouds have cleared away тучи рассеялись 2) устранять, рассеивать (*сомнения, подозрения*) 3. уходить, скрываться из виду

clearcole [ˈklɪəkəʊl] *n стр.* грунтовка

clear-cut I [ˌklɪəˈkʌt] *a* ясно очерченный; чёткий, определённый; рельефный; ~ path to the future ясный путь к будущему; ~ policy чёткая политическая линия, определённый политический курс; I want everything quite ~ я хочу, чтобы всё было совершенно ясно

clear-cut II [ˌklɪəˈkʌt] *v лес.* производить сплошную вырубку

clearer [ˈklɪ(ə)rə] *n* 1. *см.* clear III + -er 2. очистное устройство

clear-eyed [ˌklɪə(r)ˈaɪd] *a* 1. ясноглазый 2) имеющий хорошее зрение, видящий отчётливо 3) проницательный, дальновидный

clear-headed [ˌklɪəˈhedɪd] *a* с ясным умом, трезвомыслящий

clearing I [ˈklɪ(ə)rɪŋ] *n* 1. очистка; расчистка; slum ~ расчистка /ликвидация/ трущоб 2. 1) участок земли, расчищенный под пашню 2) прогалина, поляна 3. *ком.* распродажа по сниженным ценам (*тж.* ~ sale) 4. *банк.* 1) клиринг, безналичные расчёты между банками 2) клиринговое соглашение 5. *ком.* очистка от пошлин 6. *тех.* зазор 7. *тех.* устранение дефекта 8. *спец.* освещение; очистка

clearing II [ˈklɪ(ə)rɪŋ] *a* 1. эвакуационный; ~ hospital [station] *воен.* эвакуационный госпиталь [пункт]; ~ company *амер. воен.* медицинская эвакуационная рота 2. *фин.* клиринговый; ~ bank клиринговый банк

clearing house [ˈklɪ(ə)rɪŋhaʊs] 1. (банковская) расчётная палата 2. центр анализа и синтеза информации 3. депозитарно-распределительный документационный центр, клиринг-хауз

clearing mark [ˈklɪ(ə)rɪŋmɑːk] *мор.* створный знак

clearly [ˈklɪəlɪ] *adv* 1. 1) звонко, отчётливо; to sing ~ петь звонко; to speak ~ говорить отчётливо 2) отчётливо, ясно; to see ~ видеть ясно /отчётливо/ 3) понятно, ясно; to understand ~ ясно понимать; конечно (*особ. в ответе*); this version is ~ wrong этот перевод безусловно неправилен; it is ~ impossible to start in such weather совершенно очевидно, что нельзя выезжать в такую плохую погоду

clearness [ˈklɪənɪs] *n* ясность *и пр.* [*см.* clear I]; ~ of voice [sound] чистота голоса [звука]

clear-obscure [ˌklɪə(r)əbˈskjʊə] = chiaroscuro

clear off [ˈklɪə(r)ˈɒf] *phr v* 1. закончить неделанную работу 2. *разг.* уходить, удаляться; I'm busy, ~ at once я занят, уходи сейчас же 3. проясниться (*о погоде*) 4. избавиться, освободиться (*от тревог, забот и т. п.*) 5. снять ногу со льда (*в фигурном катании*)

clear out [ˈklɪə(r)ˈaʊt] *phr v* 1. вычистить, очистить от грязи, мусора; ~ the cupboard please выньте, пожалуйста, всё из буфета и протрите его; to ~ one's room произвести генеральную уборку в комнате 2. выбросить; she decided to ~ all the old clothes она решила выкинуть всю старую одежду 3. *разг.* остаться без денег 4. *разг.* уехать или уйти внезапно; I must ~ at once я должен немедленно уехать; the audience cleared out of the burning theatre зрители быстро покинули горящий театр

clear-out [ˈklɪ(ə)raʊt] *n разг.* 1. выкидывание ненужных вещей; разгрузка завала 2. генеральная уборка (*помещения*)

clear-sighted [ˌklɪəˈsaɪtɪd] *a* проницательный, обладающий даром предвидения

clearstarch I [ˈklɪəstɑːtʃ] *n* бельевой крахмал

clearstarch II [ˈklɪəstɑːtʃ] *v* крахмалить

clear-story [ˈklɪəstərɪ] = clerestory

clear up [ˈklɪə(r)ˈʌp] *phr v* 1. проясниться (*о погоде*) 2. привести в порядок; ~ this litter at once! сейчас же уберите разбросанные вещи! 3. выяснить, раскрыть; to ~ a question [a situation] выяснить вопрос [ситуацию]; the mystery hasn't been cleared up yet тайна ещё не раскрыта 4. рассеять (*сомнения и т. п.*); our fears were cleared up наши опасения рассеялись 5. *амер. разг.* сорвать куш 6. доделать; I've lots of work to ~ by the weekend до субботы мне нужно ещё переделать массу работы

clearway [ˈklɪəweɪ] *n дор.* 1) скоростная автострада с отделёнными въездными полосами 2) участок дороги, на котором запрещена остановка транспорта

cleat [kliːt] *n* 1. *спец.* 1) планка, рейка 2) клин 3) клемма, зажим 4) шпунт 5) соединение в шпунт 6) *мор.* крепительная утка, планка; крюйсоп 2. *авт.* шпора гусеницы; грунтозацеп шины 3. наклейка на подошве обуви против скольжения

cleavable [ˈkliːvəb(ə)l] *a* легко раскалывающийся, колкий

cleavage [ˈkliːvɪdʒ] *n* 1. расщепление; раскалывание 2. расхождение, раскол; ~ in regard to views расхождение во взглядах; a sharp ~ in society between rich and poor социальная пропасть в обществе между богатыми и бедными 3. *разг.* «ручеёк», ложбинка на груди (*при глубоком декольте*) 4. *физ.* расщепление 5. *геол.* слоистость, кливаж, отдельность; ~ plane плоскость кливажа 6. *биол.* дробление (*клетки*)

cleave[1] [kliːv] *v* (clove, cleft, cleaved [-d], *арх.* clave; cloven, cleft, cleaved, clove) 1. 1) раскалывать; the earthquake has cleft great chasms in the rocks землетрясение образовало в скалах глубокие расселины; the sections into which society is cleft группы, на которые разделено общество; the ground was cloven by frost земля растрескалась от мороза 2) раскалываться; this wood ~s easily это дерево легко раскалывается /колется/; every society cleaves along class lines любое общество расколото на классы 2. 1) рассекать (*воду, воздух и т. п.*; *о птице, судне, плодные и т. п.*); the vessel will soon ~ her way through the strait корабль скоро пройдёт через пролив; the plane was cleaving the clouds самолёт пронзал облака 2) прорубать, просекать; to ~ a path through the wilderness прорубить дорогу через заросли

cleave[2] [kliːv] *v* (cleaved [-d], *арх.* clave; cleaved) 1. оставаться верным (*кому-л., чему-л.*); to ~ to a principle оставаться верным принципу; the tribes clove to their old beliefs племена упорно держались своих старых верований 2. прилипать; he was so frightened that his tongue ~d to the roof of his mouth он так испугался, что у него язык к горлу присох /прилип/

cleave[3] [kliːv] *n ирл.* корзина

cleaver [ˈkliːvə] *n* 1. косарь, колун 2. мясницкий нож *или* топор 3. выступающая из ледника скала

cleavers [ˈkliːvəz] *n употр. с гл. в ед. и мн. ч. бот.* подмаренник цепкий, липушник (*Galium aparine*)

cleaving [ˈkliːvɪŋ] = cleavage 1 *и* 2

cleck [klek] *v преим. шотл.* 1) высиживать (*птенцов*) 2) вынашивать (*идею, план, замысел и т. п.*)

cleek I [kliːk] *n* 1. клик (*клюшка с железной головкой; гольф*) 2. *шотл.* крюк

cleek II [kliːk] *v* (caught, cleeked [-t]) *диал.* схватывать, хватать (*рукой или крюком*); загребать к себе

clef [klef] *n муз.* ключ; bass [treble] ~ басовый [скрипичный] ключ

cleft I [kleft] *n* 1. 1) трещина, расщелина; щель 2) трещина (*на коже*) 3) ямочка (*на подбородке*)

cleft II [kleft] *a* расколотый, расщеплённый, раздвоенный; ~ lip расщеплённая /заячья/ губа; ~ palate расщеплённое нёбо, волчья пасть; ~ foot = cloven foot [*см.* cloven I]; ~ grafting *с.-х.* прививка дерева в расщеп
◊ in a ~ stick в затруднительном положении, в тупике

cleft III [kleft] *past и p. p. от* cleave[1]

cleft-graft [ˈkleftˈgrɑːft] *v с.-х.* прививать (*дерево*) в расщеп

cleg [kleg] *n* овод, слепень

cleistogamy [klaɪˈstɒgəmɪ] *n бот.* клейстогамия, самоопыление

Clem, clem [klem] *n амер. сл. (употр. артистами цирка)* 1) деревенщина 2) простофиля

clematis [ˈklemətɪs, klɪˈmeɪtɪs] *n бот.* ломонос (*Clematis spp.*)

clemency [ˈklemənsɪ] *n* 1. 1) милосердие, снисходительность 2) акт милосердия; амнистия, смягчение наказания; Presidential [gubernatorial] ~ *амер.* смягчение наказания распоряжением президента [губернатора] штата 2. мягкость (*климата, погоды*)

clement [ˈklemənt] *a* 1. милосердный, милостивый 2. мягкий (*о климате, погоде*); ~ weather for November тёплая погода для ноября

clemo [ˈklemoʊ] *n амер. разг.* амнистия; смягчение наказания (*объявленное президентом или губернатором штата*)

clench I [klentʃ] *n* 1. 1) сжимание (*кулаков*) 2) стискивание (*зубов, челюстей*) 2. убедительный аргумент 3. = clinch I 3

clench II [klentʃ] *v* 1. 1) сжимать (*кулаки*); he ~ed his hands into hard fists он крепко сжал руки в кулаки; he ~ed the arms of his chair он вцепился в ручки кресла 2) стискивать (*зубы, челюсти*) 3) крепко держать 2. принимать твёрдое решение; to ~ a matter окончательно решить дело; to ~ a bargain заключить сделку 3. укреплять (*нервы*) 4. = clinch II 3

clenched [klentʃt] *a* 1) крепко сжатый, стиснутый; ~ fists сжатые кулаки 2) скреплённый

clencher [ˈklentʃə] = clincher

Cleopatra [ˌklɪə(ʊ)ˈpætrə] *n* 1. *ист.* Клеопатра 2. густой синий цвет

Cleopatra's Needle [ˌklɪə(ʊ)ˈpætrəzˈniːdl] «Игла Клеопатры» (*египетский обелиск; один установлен на набережной Темзы в Лондоне, другой — в Центральном парке в Нью-Йорке*)

clepsydra [ˈklepsɪdrə] *n* (*pl тж.* -rae) *ист.* водяные часы, клепсидра

clepsydrae [ˈklepsɪdriː] *pl от* clepsydra

cleptomania [ˌkleptə(ʊ)ˈmeɪnɪə] *n* клептомания

clerestory [ˈklɪəstərɪ] *n архит.* 1) верхний ряд окон, освещающий хоры 2) зенитный фонарь, коньковый фонарь

clergy [ˈklɜːdʒɪ] *n* (*the* ~) *собир.* духовенство, клир; the regular [secular] ~ чёрное [белое] духовенство; at least five hundred ~ were present присутствовало по крайней мере пятьсот духовных лиц

clergyman [ˈklɜːdʒɪmən] *n* (*pl* -men [-mən]) священник, духовное лицо (*преим. в протестантских церквах*), пастор

◊ ~'s sore throat воспаление голосовых связок

clergywoman [ˈklɜːdʒɪˌwʊmən] *n* (*pl* -women [-ˌwɪmɪn]) 1. женщина-пастор 2. *шутл.* жена или дочь священника

cleric I [ˈklerɪk] *n* духовное лицо

cleric II [ˈklerɪk] = clerical II

clerical I [ˈklerɪk(ə)l] *n* 1. духовное лицо 2. *полит.* клерикал 3. *pl* облачение; традиционная одежда священника 4. = clerk I

clerical II [ˈklerɪk(ə)l] *a* 1. духовный; ~ garment /robes/ *церк.* облачение 2. клерикальный 3. канцелярский; ~ worker канцелярист, канцелярский работник; ~ error опечатка, описка

clerical collar [ˌklerɪk(ə)lˈkɒlə] пасторский воротник (*белый, с застёжкой сзади*)

clericalism [ˈklerɪk(ə)lɪz(ə)m] *n* клерикализм

clericalist [ˈklerɪk(ə)lɪst] *n* сторонник клерикализма, клерикал

clericalize [ˈklerɪk(ə)laɪz] *v* усиливать влияние духовенства; to ~ a nation подчинить государство влиянию церкви

clericature [ˈklerɪkətʃʊə] *n* церковная должность; положение в церковной иерархии

clerihew [ˈklerɪhjuː] *n* клерихью (*юмористическое четверостишие*)

clerisy [ˈklerɪsɪ] *n книжн.* научные круги; учёный мир; интеллигенция (*творческая, научная*)

clerk I [klɑːk] *n* 1. конторский служащий, клерк; канцелярист; bank ~ банковский служащий; correspondence ~ *ком.* корреспондент; telegraph ~ телеграфист 2. *амер.* продавец, продавщица (*в магазине*; приказчик 3. *церк.* клирик; ~ in holy orders священнослужитель 4. (*часто* C.) секретарь (*в названиях должностей*); C. of the House of Commons секретарь палаты общин; ~ of the council секретарь местного совета; ~ of the court секретарь суда 5. *воен.* писарь, делопроизводитель 6. *спорт.* судья (*соревнования*) 7. администратор (*гостиницы*); портье

◊ C. of the Weather *шутл.* «чиновник по делам погоды» (*о метеорологах*); ~ of the works производитель работ (*на стройке*)

clerk II [klɑːk] *v разг.* 1. работать клерком, канцеляристом 2. работать продавцом; he ~s at a grocery after school после школы он стоит за прилавком в бакалейном магазине

clerkly [ˈklɑːklɪ] *a* 1. с хорошим почерком, обладающий красивым почерком; ~ hand хороший почерк 2. *арх.* грамотный, учёный

clerk regular [ˌklɑːkˈreɡjʊlə] *церк.* иеромонах (*у католиков*)

clerkship [ˈklɑːkʃɪp] *n* 1. должность секретаря, писца, клерка 2. секретарская работа 3. *арх.* грамотность

cleromancy [ˈklɪə(ə)rəmænsɪ] *n* гадание бросанием жребия

cleuch, cleugh [kl(j)uːk] *шотл.* = clough

cleveite [ˈkleɪvaɪt] *n мин.* клевеит, урановая слюда

clever [ˈklevə] *a* 1. 1) умный; he is a ~ fellow он умный малый 2) талантливый, удачный; ~ book [speech] талантливая книга [речь]; ~ idea удачная мысль 2. *predic* (at) хорошо, умело делающий (*что-л.*); the boy is ~ at sums мальчик хорошо решает задачи; he is ~ at foreign languages у него способности к иностранным языкам 3. 1) ловкий, умелый, искусный; ~ workman искусный /умелый/ работник; ~ trick ловкий трюк; ~ conjurer ловкий фокусник 2) *амер., диал.* хорошо, искусно сделанный; ~ piece of work искусная работа; ~ stroke at golf хороший /искусный/ удар в гольфе 4. *амер., диал.* хорошо сложённый, красивый; ~ lad красивый малый; ~ horse красивая лошадь 5. *амер., диал.* удобный, приятный; ~ boat удобная лодка 6. *амер., диал.* добродушный

clever-clever [ˈklevəˌklevə] *a ирон.* считающий себя умнее всех; ≅ умный-преумный; don't be ~, old thing не умничай, старина

clever-cleverness [ˌklevəˈklevənɪs] *n ирон.* умничанье

Clever Dick, clever dick [ˌklevəˈdɪk] *n сл. шутл.* умница; зазнайка

cleverness [ˈklevənɪs] *n* 1. ум; одарённость 2. ловкость; умение

clevis [ˈklevɪs] *n тех.* тяговая серьга; скоба (*с болтом*)

clew I [kluː] *n* 1. 1) клубок ниток или пряжи 2) *миф.* нить Ариадны 2. = clue I 3. *мор.* шкотовый угол (*паруса*)

clew II [kluː] *v* 1. сматывать в клубок 2. = clue II

cliché [ˈkliːʃeɪ] *n фр.* 1. *полигр.* клише; пластинка стереотипа 2. штамп, клише, избитая фраза

cliche'd, clichéd [ˈkliːʃeɪd] *a* избитый, стереотипный, банальный; ~ thought шаблонная мысль, банальность

click¹ I [klɪk] *n* 1. щёлканье (*затвора, щеколды*) 2. *фон.* щёлкающий звук (*в некоторых южноафриканских языках*) 3. *тех.* собачка, защёлка; трещотка 4. *св.* щелчок (*в телефонной трубке*); ~ method настройка по щелчку

click¹ II [klɪk] *v* 1. щёлкать (*о задвижке, задвижкой и т. п.*); the door ~ed дверь защёлкнулась; to ~ one's tongue прищёлкнуть языком; to ~ one's heels (together) щёлкнуть каблуками 2. *разг.* 1) пользоваться успехом; a movie that ~s with young people фильм, нравящийся молодёжи; the writer ~ed with his first story первый же рассказ принёс этому писателю известность 2) нравиться (*особ. представителям другого пола*); they ~ed with each other as soon as they met они понравились друг другу с первого взгляда 3. ладить (*с кем-л.*); your nephew and I did not ~ мы с вашим племянником не поладили 4. *разг.* (*вдруг*) оказаться уместным, попасть в точку; her joke suddenly ~ed (with us) and we all laughed её шутка наконец дошла до нас, и мы все засмеялись 5. 1) выпадать на долю, доставаться 2) *воен.* быть убитым 6. *прост.* понести, забеременеть

click² [klɪk] *n* 1. = cleek I 2. дёрганье крючком

click³ [klɪk] *n амер. проф. жарг.* километр

click beetle [ˈklɪkˌbiːtl] *энт.* жук-щелкун (*Elateridae fam.*)

clicker [ˈklɪkə] *n* 1. *см.* click¹ II + -er 2. заготовщик (*обуви*) 3. *полигр.* метранпаж 4. *разг.* зазывала (*в магазине*)

clickety-click [ˌklɪkɪtɪˈklɪk] *n звукоподр.* стук-постук (*стук колёс поезда*)

clicking [ˈklɪkɪŋ] *n радио* (атмосферное) потрескивание

click off [ˈklɪkˈɒf] *phr v разг.* механически насчитывать; отщёлкивать; the metre clicked off another three pounds счётчик нащёлкал ещё три фунта

client [ˈklaɪənt] *n* 1. клиент (*адвоката, нотариуса, торговых и промышленных предприятий и т. п.*) 2. постоянный покупатель, заказчик 3. постоялец, гость (*в гостинице*) 4. лицо, живущее на пособие (*тж.* welfare ~) 5. *др.-рим.* клиент (*плебей, пользовавшийся покровительством патрона-патриция*) 6. зависимое государство, государство-клиент, сателлит (*тж.* ~ state)

clientage [ˈklaɪəntɪdʒ] *n* 1. клиентура, клиенты 2. отношения между клиентами и патроном

clientele [ˌkliːɒnˈtel] *n* 1. клиентура (*адвоката, нотариуса и т. п.*) 2. 1) постоянные покупатели 2) постоянные посетители (*театра и т. п.*) 3) пользователи, потребители информации

cliff [klɪf] *n* отвесная скала; the white ~s of Dover белые скалы Дувра 2. крутой обрыв

cliff-dweller [ˈklɪfˌdwelə] *n* 1. *ист.* житель скальных пещер (*в Америке*)

2. *амер. шутл.* жилец многоквартирного дома
cliff-hang, cliffhang ['klıfhæŋ] *v разг.* 1) висеть на волоске 2) оборвать фильм, рассказ на самом интересном месте 3) смотреть с захватывающим интересом, затаив дыхание
cliff-hanger ['klıf͵hæŋə] *n разг.* 1) сенсационный роман 2) захватывающий приключенческий фильм 2. заключительные строки (*главы и т. п.*), оставляющие читателя в напряжении 3. *разг.* событие *или* состязание с труднопредсказуемым исходом; the race was a ~ до самого конца состязания было неизвестно, кто придёт первым
cliff-hanging, cliffhanging ['klıf͵hæŋıŋ] *a разг.* 1. захватывающий, мелодраматический (*о критическом моменте в романе или фильме*) 2. опасный, напряжённый; висящий на волоске; ~ vote голосование с минимальным перевесом голосов
cliffy ['klıfı] *a* скалистый, утёсистый
climacteric I [klaı'mækt(ə)rık, ͵klaımæk'terık] *n* 1. *физиол.* климактерий, климактерический период 2. 1) критический период 2) событие большого значения, происшедшее в критический период
climacteric II [klaı'mækt(ə)rık, ͵klaımæk'terık] *a* 1. *физиол.* климактерический 2. критический, опасный; напряжённый; ~ conflict решающее столкновение; a ~ scene in a play самая напряжённая сцена в пьесе
climagraph ['klaıməgra:f] *n метеор.* климатическая кривая
climatal ['klaımət(ə)l] *a* климатический; ~ influence влияние климата
climate I ['klaımıt] *n* 1. климат; mild [healthy, scorching, dry, humid, wet /damp/] ~ мягкий [здоровый, знойный, сухой, влажный, сырой] климат; temperate /moderate/ ~ умеренный климат 2. район, область с определённым режимом погоды 3. атмосфера, настроение, умонастроение; ~ of opinion общественное мнение; ~ of confidence атмосфера доверия; international ~ международная обстановка
climate II ['klaımıt] *v амер.* 1) акклиматизировать 2) акклиматизироваться
climatic [klaı'mætık] *a* климатический; ~ conditions климатические условия; ~ treatment *мед.* климатотерапия
climatizer ['klaımətaızə] *n* камера искусственного климата, климатизатор
climatography [͵klaımə'tɒgrəfı] *n* климатография
climatology [͵klaımə'tɒlədʒı] *n* климатология
climatotherapy [͵klaımətə'θerəpı] *n мед.* климатотерапия
climatron ['klaımətrɒn] *n спец.* климатрон, камера искусственного климата
climax¹ I ['klaıməks] *n* 1. высшая точка; кульминационный пункт; the ~ of a dramatic action кульминационный пункт драматического действия; to arrive at the ~ достигнуть высшей точки; at the ~ of the struggle в разгаре борьбы 2. *ритор.* нарастание 3. *физиол.* климакс (*у мужчин и женщин*); менопауза, прекращение менструаций 4. оргазм
◇ to cap the ~ переходить все границы; побить рекорд (*чего-л.*)
climax¹ II ['klaıməks] *v* 1. дойти *или* довести до кульминационного пункта 2. испытать оргазм

climax² ['klaıməks] *n биол.* климакс, сообщество организмов, находящееся в равновесии с окружающей средой (*тж.* ~ community)
climb I [klaım] *n* 1. подъём; восхождение; long [short, difficult] ~ долгое [короткое, трудное] восхождение; the sales chart shows a ~ of 30 per cent диаграмма реализации продукции показывает рост на 30 процентов 2. *ав.* набор высоты 3. *тех.* набегание ремня
◇ to be on the ~ идти в гору, делать карьеру
climb II [klaım] *v* (climbed [-d], *уст.* clomb). 1) карабкаться; взбираться, влезать; подниматься; to ~ a rope взбираться /лезть/ по канату; to ~ a tree [a mountain] взобраться /влезть/ на дерево [на гору]; he ~ed to the upper deck of the bus он взобрался на второй этаж автобуса; to ~ on all fours карабкаться на четвереньках; to ~ up the stairs медленно подниматься по лестнице; to ~ down a tree слезть с дерева; the child ~ed upon her father's knee ребёнок взобрался к отцу на колени; to ~ over a wall перелезть через стену 2) медленно подниматься; the sun was ~ing to the zenith солнце медленно приближалось к зениту 3) расти, подниматься (*о ценах и т. п.*) 4) идти круто вверх (*о дороге и т. п.*) 2. виться (*о растениях*); the ivy is ~ing up the wall плющ вьётся вверх по стене 3. делать карьеру, пробивать себе дорогу; to ~ the heights of power достигнуть вершины власти; to ~ to success добиться успеха 4. *ав.* подниматься, набирать высоту 5. (into) быстро натянуть на себя одежду; the firemen ~ed into their suits пожарные быстро натянули свои костюмы
◇ to ~ up the ladder подниматься по общественной лестнице, делать карьеру; he that never ~ed never fell не узнавши падения, не узнаешь и взлётов
climbable ['klaıməb(ə)l] *a* такой, на который можно взобраться; is the mountain ~? на эту гору можно взобраться?
climb down ['klaım'daun] *phr v* 1) слезать, спускаться 2) уступать, сдаваться, сдавать позиции; we stood firm over the question and at last they climbed down мы твёрдо стояли на своём в этом вопросе, и в конце концов они уступили
climbdown ['klaımdaun] *n* 1) спуск 2) уступка (*в споре*) 3) унижение
climber ['klaımə] *n* 1. *см.* climb II + -er 2. альпинист 3. вьющееся растение 4. честолюбец, карьерист (*тж.* social ~) 5. *pl* (монтёрские) когти, кошки (*для влезания на столбы*) 6. = cat burglar
◇ hasty ~s have sudden falls ≅ взлетел высоко, а сел низенько
climb indicator ['klaım͵ındıkeıtə] *ав.* вариометр
climbing ['klaımıŋ] *n* восхождение; влезание; лазанье; ~ registration *спорт.* разрешение на совершение восхождения; ~ ability *спец.* способность преодолевать подъём; ~ speed *ав.* скорость набора высоты, скороподъёмность; are you fond of mountain ~? вы любите лазить по горам?
climbing irons ['klaımıŋ͵aıənz] 1. шипы на обуви альпинистов 2. монтёрские когти, кошки
climbout ['klaımaut] *n ав.* крутой взлёт, быстрый набор высоты
clime [klaım] *n* 1. *арх.* = climate I 1 и 2. *поэт.* страна, край; to seek a milder ~ отправиться в тёплые края
clinch I [klıntʃ] *n* 1. зажим, скрепка 2. 1) *бокс* обоюдное держание, клинч; indirect ~ замаскированное держа-

ние 2) *разг.* крепкое объятие; страстный поцелуй 3. *мор.* простой штык; присоединение цепи к скобе якоря 4. *арх.* игра слов
clinch II [klıntʃ] *v* 1. 1) загибать (*гвоздь*) 2) расклёпывать (*болт*) 2. *бокс* захватить (*противника*); войти в клинч 3. *мор.* склёпывать (*якорную цепь*) 4. окончательно решать, договариваться; to ~ the case решить исход дела; to ~ a bargain заключить сделку; that ~ed the argument это положило конец спору 5. *разг.* обнимать
clincher ['klıntʃə] *n* 1. *см.* clinch II + -er 2. 1) клепальщик 2) скобка; заклёпка 3. *разг.* убедительный *или* решающий довод 4. *авт.* клинчер
cline [klaın] *n биол.* градиент признаков, переходные формы (*в результате изменения внешних условий*)
cling [klıŋ] *v* (clung) 1. (*обыкн.* to) 1) прилипать; цепляться; держаться; mud ~s to the boots грязь прилипает к ботинкам; wet clothes ~ to the body мокрая одежда липнет к телу; the child clung to its mother's hand ребёнок цеплялся за руку матери; the odour clung to the room for hours запах держался в комнате ещё несколько часов; the ship clung to the coast судно держалось берега; heavy clouds clung to the mountains тяжёлые тучи нависли над горами; to ~ to the saddle *спорт.* сливаться с седлом /с лошадью/ 2) оставаться верным (*друзьям, дому, воспоминаниям и т. п.*); the society to which she clung общество, с которым она не хотела порывать; she clung to the hope that her son was not dead она никак не могла оставить надежду, что её сын жив; to ~ tenaciously to one's arguments упорно придерживаться своей аргументации 2. облегать (*о платье*)
◇ to ~ like grim death отчаянно цепляться, хвататься; вцепиться мёртвой хваткой
clingfish ['klıŋfıʃ] *n зоол.* прилипала (*Lecanogaster chrysea*)
cling holds ['klıŋ͵həuldz] захваты, зацепки (*альпинизм*)
clinging ['klıŋıŋ] *a* прилегающий, облегающий; ~ dress облегающее платье
clingstone ['klıŋstəun] персик с неотделяющейся косточкой
clingy ['klıŋı] *a* липкий; прилипчивый
clinic ['klınık] *n* 1. клиника; лечебница 2. частная больница *или* лечебница 3. поликлиника (*при больнице*) 4. практические занятия студентов-медиков в клинике 5. семинар (*специалистов, руководителей и т. п.*); курсы усовершенствования; writing ~ литературный кружок; ~ for football coaches сборы для футбольных тренеров
clinical ['klınık(ə)l] *a* 1. клинический; ~ record история болезни; бланк истории болезни; ~ history история болезни; ~ teaching проведение занятий в клинике; ~ work лечебная работа 2. строго объективный, беспристрастный, непредубеждённый; to regard a problem with ~ detachment рассмотреть вопрос строго объективно; her tone was ~ её тон был бесстрастным 3. *церк.* совершённый у постели больного *или* умирающего; ~ baptism крещение больного на смертном одре
clinical thermometer [͵klınık(ə)lθə'mɒmıtə] *мед.* максимальный термометр
clinician [klı'nıʃ(ə)n] *n* клинический врач, клиницист
clink¹ I [klıŋk] *n* 1. звон (*стекла, ключей, монет*) 2. стишок, рифмованный пустячок 3. пронзительный крик (*птицы*) 4. *шотл. разг.* деньги, звонкая монета

clink[1] II [klɪŋk] *v* 1) звенеть, звучать; glasses [keys, coins] ~ звенят стаканы [ключи, монеты] 2) звенеть (*чем-л.*); to ~ glasses чокаться, пить за (*чьё-л.*) здоровье 2. рифмоваться

clink[2] [klɪŋk] *n* 1) тюрьма, тюремная камера; in ~ в тюрьме

clink-clank [ˌklɪŋkˈklæŋk] *n* 1) звукоподр. дзинь-дзинь 2) звон, последовательность звенящих звуков 2. жонглирование словами; бессмысленные созвучия

clinker[1] [ˈklɪŋkə] *n* 1. *стр.* клинкер 2. застывшая лава 3. шлак, окалина 4. *спорт.* клинкер, шлюпка с наборной обшивкой; ~ eights клинкер-восьмёрка (гребля); ~ four клинкер-четвёрка (гребля)

clinker[2] [ˈklɪŋkə] *n* 1. *см.* clink[1] II + -er 2. *pl сл.* ножные кандалы

clinker[3] [ˈklɪŋkə] *n амер. разг.* 1. 1) ошибка 2) *муз.* неправильно взятая нота 2. полный провал, неудача; the play was a real ~ пьеса с треском провалилась 3. дрянь, барахло; никуда не годная вещь

clinker[4] [ˈklɪŋkə] *n сл.* прекрасный образец (*чего-л.*); she's a ~! она молодец!

clinker-built [ˌklɪŋkəˈbɪlt] *a мор.* общитый внакрой

clinkering [ˈklɪŋkərɪŋ] *n тех.* спекание

clinkety-clank [ˌklɪŋkɪtɪˈklæŋk] = clink-clank 1, 2

clinking I [ˈklɪŋkɪŋ] *a* 1. звенящий 2. *разг.* превосходный, первоклассный

clinking II [ˈklɪŋkɪŋ] *adv эмоц.-усил.* ужасно; чертовски; a ~ good horse чертовски хорошая лошадь

clinkstone [ˈklɪŋkstəun] *n мин.* фенолит, звенящий камень

clinographic [ˌkl(a)ɪnəˈgræfɪk] *a спец.* клинографический

clinometer [kl(a)ɪˈnɒmɪtə] *n* 1) *спец.* клинометр; уклономер 2) *ав.* креномер

clinquant I [ˈklɪŋkənt] *n* 1) мишура 2) *арх.* ложный блеск

clinquant II [ˈklɪŋkənt] *a* блестящий, украшенный золотыми и серебряными блёстками, мишурой

Clio [ˈklaɪəu] *n* 1. *греч. миф.* Клио (*муза — покровительница истории*) 2. «Клио», премия «Клио» (*ежегодно присуждается лучшему участнику рекламных телепередач — режиссёру, актёру и т. п. в США*)

cliometrics [ˌklaɪə(u)ˈmetrɪks] *n* историометрия (*применение математических методов и вычислительной техники для обработки исторических документов*)

clip[1] I [klɪp] *n* 1. 1) зажим; скрепка; paper ~ канцелярская скрепка 2) скрепа; скоба 3) зажимные клещи; щипцы 2. клипс (*брошь*) 3. *воен.* обойма (*тж.* cartridge ~)

clip[1] II [klɪp] *v* 1) зажимать, сжимать; захватывать 2) скреплять (*скрепкой и т. п.*); to ~ sheets of paper together скреплять листы бумаги

clip[2] I [klɪp] *n* 1. стрижка; his hair needs a ~ ему нужно постричься 2. настриг шерсти 3. *pl преим.* шотл. ножницы (*для стрижки овец*) 4. *разг.* сильный удар; тумак, затрещина; he hit him a ~ он дал ему тумака 5. *разг.* быстрота (*движения*); to go at a good ~ идти быстрым шагом 6. 1) вырезка (*из газеты*) 2) отрывок из фильма 7. *разг.* случай, раз; at one ~ одним ударом; he charged $10 at a ~ за один раз /сеанс и т. п./ он брал такие доллары; he trained 1000 workers at a ~ он сразу подготовил 1000 рабочих 8. сокращённое слово; shoptalk has many ~s в профессиональном жаргоне (употребляют) много сокращений

clip[2] II [klɪp] *v* 1) стричь; подрезать, обрезать, отрезать (*ножницами*); to ~ the hedge подрезать /подстричь/ изгородь; to ~ sheep стричь овец 2) урезать, сокращать; to ~ powers урезать права *или* полномочия; the agenda had to be ~ped пришлось сократить повестку дня 3) делать вырезки (*из газет, журналов и т. п.*); to ~ an article from a newspaper вырезать статью из газеты 2. 1) проглатывать, пропускать (*буквы, слова*) 2) линг. сокращать (*слова*) 3. пробивать, компостировать (*билет*) 4. *разг.* бежать быстро, сломя голову; to ~ one's stride *спорт.* укорачивать шаг 5. *разг.* ударить (*кого-л.*) кулаком, дать (*кому-л.*) тумака; I'll ~ your ears if you don't behave ≅ будешь плохо себя вести, получишь по шее 6. *разг.* обманывать, надувать 7. *сл.* обворовывать, обчищать, обирать (*особ. о карманных ворах*) 2) обсчитывать (*в клубах, ресторанах и т. п.*)
◇ to ~ (smb.'s) wings подрезать (*кому-л.*) крылышки

clip art [ˈklɪpˌɑːt] *ком.* сброшюрованные репродукции (*для вырезания и окантовки*)

clipboard [ˈklɪpbɔːd] *n* пюпитр в виде дощечки с зажимом

clip-clop I [ˈklɪpˌklɒp] *n* звукоподр. цоканье (*копыт*); (пере)стук (*каблуков*)

clip-clop II [ˈklɪpˌklɒp] *v* цокать (*о копытах*), стучать (*каблуками*)

clip-fed [ˈklɪpfed] *a воен.* заряжающийся обоймами

clip joint [ˈklɪpˌdʒɔɪnt] *амер. сл.* 1. притон, обираловка (*о сомнительном ночном клубе и т. п.*) 2. дорогой магазин или ресторан

clip on [ˈklɪpˌɒn] *phr v* пристёгиваться

clip-on [ˈklɪpɒn] *a* прикрепляющийся, пристёгивающийся; ~ tie пристёгивающийся галстук; ~ earrings клипсы (*серьги*); ~ sunglasses солнцезащитная насадка (*на очки*)

clipped [ˈklɪpt] *a* 1. 1) подрезанный, обрезанный; ~ hair подстриженные /подрезанные/ волосы; ~ tree *сад.* сформированное дерево 2) вырезанный 3) сокращённый; ~ word сокращённое слово 2. 1) чёткий, без растягивания (*о речи англичан в противоп. речи американцев*) 2) вялый, монотонный, невыразительный

clipper [ˈklɪpə] *n* 1. *см.* clip[2] II + -er 2. *чаще pl* 1) садовые ножницы 2) машинка для стрижки волос 3) машинка или ножницы для стрижки скота 4) кусачки для маникюра и педикюра 4) *тех.* кусачки 3. *мор.* 1) клипер (*быстроходное парусное судно*) 2) быстроходный океанский лайнер 3) тяжёлая летающая лодка 4. скоростной трансатлантический самолёт 5. резвая лошадь; скакун 6. *эмоц.-усил.* отличная штука, высший класс

clippety-clip, clippety-clop [ˌklɪpɪtɪˈklɪp, -ˈklɒp] *n звукоподр.* цок-цок (*цоканье подков*)

clippie [ˈklɪpɪ] *n разг.* женщина-кондуктор (*в автобусе и трамвае*)

clipping I [ˈklɪpɪŋ] *n* 1. газетная вырезка; ~ morgue архив вырезок 2. обрезание, подрезывание; стрижка 3. *линг.* сокращение слов 4. *pl* 1) обрезки; вырезки 2) настриг 3) мелкий лом 5. *радио* ограничение сигналов; «подрезывание» импульсов

clipping II [ˈklɪpɪŋ] *a разг.* 1. быстро движущийся; ~ pace быстрый ход *или* аллюр 2. *эмоц.-усил.* первоклассный

clipping agency, clipping bureau [ˈklɪpɪŋˌeɪdʒ(ə)nsɪ, -ˌbjʊ(ə)rəu] *амер.* бюро вырезок (*из газет, журналов и т. п.*)

clipsheet [ˈklɪpʃiːt] *n полигр.* газетная страница, отпечатанная с одной стороны (*используется для вырезок*)

clipt [klɪpt] = clipped 2

clique I [kliːk] *n* клика, группировка

clique II [kliːk] *v разг.* создавать клику, группировку

cliquey [ˈkliːkɪ] = cliquish

cliquish [ˈkliːkɪʃ] *a* характерный для клики, замкнутый

cliquism [ˈkliːkɪz(ə)m] *n* групповщина

clish-ma-claver [ˈklɪʃməˌkleɪvə] *n шотл.* сплетня, болтовня

clitoris [ˈklɪtərɪs] *n анат.* клитор

Cliveden set [ˈklɪvdənˌset] *ист.* кливденская клика (*клика сторонников уступок Гитлеру в Великобритании*)

clivers [ˈklɪvəz] = cleavers

cloaca [kləʊˈeɪkə] *n* (*pl* -cae) 1. 1) клоака, место, загрязнённое нечистотами 2) клоака, безнравственная среда 2. 1) канализационный коллектор 2) уборная 3. *зоол.* клоака

cloacae [kləʊˈeɪkiː] *pl от* cloaca

cloacal [kləʊˈeɪk(ə)l] *a* клоачный

cloak I [kləʊk] *n* 1. 1) накидка, плащ; мантия 2) пальто; манто 2. 1) маска, личина; under the ~ of charity под вывеской благотворительности 2) покров; ~ of snow снежный покров; under the ~ of night *поэт.* под покровом ночи

cloak II [kləʊk] *v* 1) покрывать (*плащом*); he ~ed himself and went into the rain он набросил плащ и вышел на дождь 2) скрывать, прикрывать, маскировать; he ~ed his wicked purpose by appearing to be friendly под показным дружелюбием он скрывал свои коварные замыслы

cloak-and-dagger [ˌkləʊkən(d)ˈdægə] *a* 1) шпионский, связанный со шпионами; ~ boys *сл.* работники разведки 2) приключенческий; ~ literature приключенческая литература

cloak-and-sword [ˌkləʊkəndˈsɔːd] *a* романтический, галантный; относящийся к нравам аристократии прошлого (*о литературе*); ~ comedy комедия «плаща и шпаги»

cloakroom [ˈkləʊkrʊm, -ruːm] *n* 1. гардероб, раздевалка, вешалка 2. *ж.-д.* камера хранения 3. туалет, уборная 4. *амер. полит. жарг.* 1) кулуары конгресса; места неофициальных встреч членов конгресса 2) (кулуарные) сплетни и слухи

clobber[1] [ˈklɒbə] *n разг.* 1. одежда, «тряпки» 2. хлам, тряпьё, старьё 3. пожитки (*особ. мелкие вещи*); причиндалы; electronic ~ электронные штучки

clobber[2] [ˈklɒbə] *v сл.* 1. избить, исколотить; our team got ~ed on Saturday в субботу нашей команде крепко досталось 2. *воен.* 1) атаковать наземную цель с воздуха 2) поразить неприятеля 3. 1) прижимать, обижать; to ~ the taxpayer наваливаться на налогоплательщика 2) разносить, отделывать, чихвостить; the government ~ed the unions правительство обрушилось на профсоюзы

cloche [klɒʃ] *n* 1. женская шляпа в форме колпака 2. стеклянный колпак для защиты растений

clock[1] [klɒk] *n* 1. 1) часы (*настольные, стенные, башенные*); hanging [standing] ~ висячие [стоячие] часы; the face of a ~ циферблат часов; to

CLO — CLO

wind (up) a ~ завести часы; to put the ~ on [back] переставить часы /перевести стрелки часов/ вперёд [назад]; the ~ is fast [slow] часы спешат [отстают]; the ~ gains [loses] часы идут вперёд [отстают] 2) табельные часы-автомат, таймер (*тж.* time ~); ~ card хронокарта; карта контрольных часов 3) биологические часы (*организма*); circannual ~ регулятор годичной жизнедеятельности 2. время; what o'clock is it? который час?; it is five o'clock пять часов 3. *груб.* «вывеска», лицо, рожа; he sat there with a grin all over his ~ он сидел и ухмылялся во весь рот 4. *разг.* 1) таксометр, счётчик такси 2) спидометр 3) счётчик пройденного пути (*автомобиля*)
◊ like a ~ как часы; пунктуально, точно, аккуратно; when one's ~ strikes когда пробьёт (*чей-л.*) час; to set /to turn/ back the ~ тормозить /задерживать/ развитие; (пытаться) повернуть вспять колесо истории; around /round/ the ~ круглые сутки; to sleep /[to work] the ~ round проспать /[проработать] двенадцать часов подряд *или* круглые сутки; to work against the ~ работать с большим напряжением, чтобы выполнить задание в срок; to kill the ~, to run out the ~ тянуть время (*в футболе и т. п.*)

clock¹ II [klɒk] *v* 1. 1) хронометрировать время (*на скачках, состязаниях и т. п.*) 2) *спорт.* показывать (*какое-л.*) время; to ~ the best time показать лучшее время 3) засекать время прихода на работу и ухода с работы (*с помощью автоматического приспособления*; *обыкн.* ~ in, ~ off, ~ on, ~ out) 2. *груб.* дать по морде; I'll ~ you one if you annoy me again будешь ещё ко мне приставать, получишь в морду

clock² [klɒk] *n* стрелка на чулке (*украшение*)

clock³ [klɒk] *v диал.* 1. сидеть на яйцах 2. кудахтать

clock-face ['klɒkfeɪs] *n* 1. циферблат 2. *спец.* астрономическое время

clock-glass ['klɒkglɑːs] *n* стеклянный колпак для часов

clock-golf [ˌklɒk'gɒlf] *n спорт.* часовой гольф, малый гольф (*на площадке, напоминающей циферблат*)

clock in ['klɒk'ɪn] *phr v* отмечать время прихода на работу; the workman clocked in at 7 a.m. рабочий пришёл на работу в 7 часов утра, приход рабочего зарегистрирован /отмечен/ в 7 часов утра

clocking ['klɒkɪŋ] *n* 1) отметка времени 2) хронометрирование

clocking hen ['klɒkɪŋˌhen] наседка

clocklike ['klɒklaɪk] *a* точный как часы

clockmaker ['klɒkˌmeɪkə] *n* часовых дел мастер

clock off ['klɒk'ɒf] = clock out

clock on ['klɒk'ɒn] = clock in

clock-operated ['klɒkˌɒpəreɪtɪd] *a* с часовым механизмом; ~ bomb бомба с часовым механизмом

clock out ['klɒk'aʊt] *phr v* отмечать время ухода с работы; time to ~! пора кончать!, пора по домам!

clock paradox [ˌklɒk'pærədɒks] *физ.* парадокс времени, парадокс близнецов (*в теории относительности*)

clock radio ['klɒkˌreɪdɪəʊ] радиочасы; радиоприёмник с таймером (*включающим его в назначенное время*)

clockstars ['klɒkstɑːz] *n* 1) *астр.* часовые звёзды 2) *спец.* навигационные светила

clock up ['klɒk'ʌp] *phr v* 1. записать время *или* расстояние; we clocked up 1000 miles coming here! мы проехали 1000 миль, чтобы добраться сюда 2. добиться (*какой-л.*) скорости; I can ~ 100 miles an hour in my new car на моей новой машине я могу показать скорость 100 миль в час 3. набирать, накапливать; he clocked up a lot of debts when he was in Paris во время пребывания в Париже он влез в большие долги

clock watch ['klɒkˌwɒtʃ] наручные *или* карманные часы с сигналом

clock-watch ['klɒkˌwɒtʃ] *v* «поглядывать на часы», стараться не переработать; the day seemed endless, I was ~ing all the time день казался бесконечно долгим, я то и дело смотрел на часы

clock-watcher ['klɒkˌwɒtʃə] *n* нерадивый работник, работающий «от и до»

clockwise I ['klɒkwaɪz] *a* движущийся по часовой стрелке

clockwise II ['klɒkwaɪz] *adv* по часовой стрелке

clockwork ['klɒkwɜːk] *n* часовой механизм; ~ toys заводные игрушки; everything went like ~ всё шло гладко /как по маслу/

clockwork orange ['klɒkwɜːkˌɒrɪndʒ] *лит.* «заводной апельсин», роботизированный человек (*созданный путём модификации его поведения*)

clod¹ I [klɒd] *n* 1. 1) *ком.* глыба (*особ.* земли *или* глины); to break the ~s разбивать глыбы 2) сгусток (*крови*) 2. 1) земное, плотское 2) мёртвое тело, прах 3. тупой, глупый человек; болван 4. *шея* (*мясной туши*)

clod¹ II [klɒd] *v* 1. 1) слёживаться, делаться комковатым 2) свёртываться, запекаться (*о крови*) 2. швырять комьями

clod² [klɒd] *n обыкн. pl разг.* медная монета, медяк

cloddish ['klɒdɪʃ] *a* 1. глупый 2. флегматичный, неповоротливый; неуклюжий

cloddy ['klɒdɪ] *a* комковатый

clodhopper ['klɒdˌhɒpə] *n* 1. *неодобр.* деревенщина; мужлан 2. увалень, неповоротливый, неотёсанный парень 3. *pl* грубые, тяжёлые башмаки 4. *амер. разг.* 1) «старая калоша» (*о машине, самолёте и т. п.*) 2) местный транспорт

clodhopping ['klɒdˌhɒpɪŋ] *a* неотёсанный, грубый; с деревенскими привычками

clodpate, clodpole, clodpoll ['klɒdpeɪt, 'klɒdpəʊl] *n* тупица, дурень, болван

cloff [klɒf] *n ком.* весовая скидка (*при розничной продаже некоторых товаров*)

clog I [klɒg] *n* 1. препятствие, помеха; a perpetual ~ to public business постоянная помеха общественным делам 2. путы; тяжесть, груз (*привязываемые к ногам животного, чтобы затруднить его движения*) 3. засорение 4. башмак на деревянной подошве, сабо 5. = clog-dance 6. бревно, полено; большой кусок дерева

clog II [klɒg] *v* 1. надевать путы 2. препятствовать; мешать; ≅ связывать по рукам и ногам; restraints that have been ~ging the market ограничения, затрудняющие функционирование рынка; to ~ smb.'s movement затруднять чьи-л. движения. 3. 1) засорять, загрязнять; набивать, забивать; the road was ~ged with cars дорога была запружена машинами; his brain is ~ged with useless facts его голова забита ненужными фактами 2) засоряться, затрязняться; забиваться (*о трубе и т. п.*) this road always ~s during the rush hour в часы пик на этой дороге всегда заторы 3) загрязняться; засаливаться (*о шлифовальном круге*) 4. 1) подбивать (*башмаки*) деревянной подошвой 2) танцевать в деревянных башмаках

clog-dance ['klɒgdɑːns] *n* танец, который танцуют в деревянных башмаках, сельская чечётка

cloggy ['klɒgɪ] *a* 1. комковатый; сбивающийся в комья 2. вязкий, густой; липкий 3. легко засоряющийся

cloghead ['klɒghed] *n* башенка (*церквей в Ирландии*); колоколенка

cloisonné [ˌklwɑːzɒ'neɪ] *n иск.* клуазоне, перегородчатая эмаль

cloister I ['klɔɪstə] *n* 1. 1) монастырь; to retire to a ~ уйти /удалиться/ в монастырь; to confine /to shut up/ smb. in a ~ заточить кого-л. в монастырь 2) (the ~) монашеская жизнь; затворничество; аскетизм 2. *архит.* крытая аркада, галерея

cloister II ['klɔɪstə] *v* 1. заточать в монастырь 2. уединиться, удалиться (*от общества*; *тж.* ~ to oneself); he ~ed himself in his study to work чтобы ему не мешали работать, он заперся в своём кабинете

cloistered ['klɔɪstəd] *a* 1. заточённый в монастырь 2. уединённый; отрешённый от жизни 3. запертый (*где-л.*); вынужденный вести уединённую жизнь; to lead a ~ life жить как в монастыре 4. *архит.* окружённый аркадами

cloistral ['klɔɪstr(ə)l] *a* 1. монастырский; монашеский; ~ hush ≅ тишина как в монастыре 2. заточённый в монастырь 3. уединённый, затворнический; ~ glades пустынные долины

clomb [kləʊm] *уст. past и p.p.* от climb II

clomp [klɒmp] *v* топать; a horse ~ed by мимо нас процокала лошадь

clon I, II [klɒn] = clone I и II

clonal ['kləʊn(ə)l] *a биол.* клоновый, вегетативно *или* клеточно размножающийся

clone I [kləʊn] *n* 1. *биол.* клон (*потомство растительных или низших организмов, образовавшееся путём вегетативного или клеточного размножения*) 2. *книжн.* полное подобие (*чего-л.*); двойник; to be smb.'s ~ быть идентичным кому-л., ничем не отличаться от кого-л. 3. 1) человек, действующий бездумно, механически 2) биоробот; андроид
◊ to multiply like ~s беспорядочно размножаться; difficulties multiply like ~s ≅ трудности растут как грибы

clone II [kləʊn] *v биол.* 1) размножать вегетативным *или* клеточным путём, клонировать 2) размножаться вегетативным *или* клеточным путём, клонироваться

clonic ['klɒnɪk] *a мед.* клонический; ~ spasm клоническая судорога; ~ cramp кривошея

cloning ['kləʊnɪŋ] *n* 1. *биол.* клонирование, вегетативное *или* клеточное размножение 2. стандартизация, обезличивание людей

clonk [klɒŋk] *n разг.* 1. глухой металлический звук 2. тяжёлый удар 3. олух, тупица

clonus ['kləʊnəs] *n мед.* подёргивание мышц, клонус

cloop [kluːp] *n* «выстрел», звук, производимый при откупоривании бутылки

cloot [klu:t] *n шотл.* раздвоённое копыто

clootie ['klu:tɪ] *n шотл.* 1. копытце 2. (C.) сатана

Cloots [klu:ts] *n шотл.* сатана

clop [klɒp] *n* цоканье копыт

clop-clop ['klɒp,klɒp] *n звукоподр.* цоканье (*копыт*); перестук (*деревянных башмаков*)

close[1] I [kləʊs] *n* 1. огороженное стеной место (*около дома или деревни*); breaking smb.'s ~ нарушение границы чужого земельного участка 2. соборная площадь, площадь вокруг собора; территория, обыкн. огороженная (*включает постройки, сад и т. п.*) 3. площадка для игр (*при школе*) 4. *шотл.* ход со двора, проход к лестнице многоквартирного дома 5. тупик (*улица*)

close[1] II [kləʊs] *a* 1. закрытый; ~ carriage закрытый экипаж; ~ vowel *фон.* закрытый гласный 2) закрытый; ограниченный; замкнутый; ~ season /time/ время, когда охота запрещена; ~ охотничий сезон закрыт; ~ terrain *топ.* закрытая местность; ~ competition закрытый конкурс 2. замкнутый, уединённый; to keep oneself ~ держаться замкнуто; жить уединённо/ 3. 1) тайный, скрытый; ~ intent тайное намерение; to lie /to keep/ ~ прятаться; to keep smth. ~ держать что-л. в секрете, скрывать что-л.; to say smth. in ~st confidence сказать что-л. строго конфиденциально 2) скрытный, сдержанный (*о человеке*); he was too ~ about his past life он скрывал своё прошлое 4. строго охраняемый; ~ arrest строгий арест; ~ cell [prisoner] особо охраняемая тюремная камера [-ый заключённый]; to keep in ~ confinement содержать в строгом заключении
◊ as ~ as an oyster /as wax/ ≅ умеет держать язык за зубами

close[1] III [kləʊz] *v* 1. закрывать; to ~ a door [shutters, one's mouth] закрыть дверь [ставни, рот] [*ср. тж.* ◊]; this road is ~d to heavy motor traffic для грузового транспорта эта дорога закрыта; a) to ~ a hole заткнуть отверстие /дыру/; to ~ a gap a) заполнить пробел; б) *спорт.* сократить разрыв; в) *воен.* ликвидировать прорыв; to ~ a drawer задвинуть ящик (*стола и т. п.*) 2) закрываться; the window won't ~ окно не закрывается; the shops ~ at six магазины закрываются в шесть часов; the wound ~d рана закрылась /зарубцевалась/; the play ~d after ten performances после десяти представлений пьеса сошла со сцены 2. *эл.* замыкать (*цепь*) 3. *мор.* задраивать
◊ to ~ one's doors a) (to) не допускать, не впускать [*ср. тж.* 1, 1)]; to ~ the country's doors to immigrants не допускать иммигрантов в страну б) закрыть предприятие; he had to ~ his doors for lack of trade он закрыл своё дело из-за отсутствия сбыта; to ~ the door (to) отрезать путь к чему-л.; his attitude ~d the door to further negotiations его позиция отрезала путь к дальнейшим переговорам; to ~ one's parent's eyes закрыть глаза родителю, присутствовать при смерти родителя; to ~ smb.'s eye подбить кому-л. глаз; to ~ one's ear (to) пропускать (*что-л.*) мимо ушей; быть глухим (к) ~ to ~ one's mouth держать язык за зубами, помалкивать [*ср. тж.* 1, 1)]; to ~ one's purse (to) отказать в деньгах (*кому-л.*)

close[2] I [kləʊz] *n* 1. конец; заключение, завершение; at the ~ of one's days в конце жизни; day has reached its ~ день кончился; to bring to a ~ закончить, завершить; довести до конца; to draw to a ~ приближаться к концу 2. закрытие, окончание работы; at the ~ of the exchange при закрытии биржи; ~ price *ком.* окончательная цена 3. *муз.* каданс

close[2] II [kləʊz] *v* 1. 1) заканчивать, завершать; заключать; to ~ a speech заключить речь /выступление/; to ~ a meeting [the debate] закрыть собрание [прения]; to ~ a subscription list прекратить подписку; to ~ an account *фин.* закрыть счёт 2) заканчиваться; завершаться; the meeting ~d with a speech by the president собрание завершилось выступлением президента; his short life ~d его короткая жизнь оборвалась 2. 1) договариваться; to ~ a bargain договориться, заключить сделку /соглашение/ 2) (with) принять (*предложение, условия*); I offered him six pounds and he ~d with it я предложил ему шесть фунтов, и он согласился; the two ministers did not ~ with each other два министра не смогли договориться между собой 3. (at) *бирж.* иметь какую-л. цену *или* какой-л. курс на момент закрытия биржи; that stock ~d last night at ten dollars на момент закрытия биржи вчера вечером эти акции стоили десять долларов 4. (with) *воен.* войти в соприкосновение; the order was given to ~ with the enemy дан приказ войти в соприкосновение с противником
◊ to ~ one's days окончить дни свои, умереть

close[3] I [kləʊs] *a* 1. 1) близкий; находящийся *или* расположенный недалеко; ~ proximity непосредственная близость; ~ combat *воен.* ближний /рукопашный/ бой [*см. тж.* 8, 1)]; ~ reconnaissance *воен.* ближняя разведка; ~ support [defence] *воен.* непосредственная поддержка [-ое охранение]; ~ fighting бой с ближней дистанции (*бокс*); the house is ~ to the station дом находится близко от вокзала 2) близкий, интимный; he is a ~ friend of mine он мой большой /близкий/ друг 3) тесный, близкий; ~ contact тесный контакт; ~ co-operation a) тесное сотрудничество; б) *воен.* непосредственное взаимодействие; there's a ~ resemblance between them между ними большое сходство 2. 1) плотный, компактный, тесный; ~ texture плотная ткань; ~ thicket густая чаща; to sew with ~ stitches шить мелкими стежками; ~ timber *горн.* сплошная крепь; ~ formation *воен.* сомкнутый строй; ~ march *воен.* движение в сомкнутом строю; ~ finish финиширование в тесной группе участников (*велоспорт*); ~ planting загущённый посев, загущённая посадка (*растений*); ~ stand густое стояние; сомкнутость полога (*леса*) 2) хорошо пригнанный, плотный; ~ lid плотно закрывающаяся крышка; ~ bonnet плотно сидящая на голове шапочка; ~ fit *тех.* плотная пригонка 3) облегающий (*об одежде*) 3. 1) сжатый (*о стиле*) 2) краткий и содержательный; ~ statement лаконичное заявление 3) убористый (*о почерке и т. п.*); ~ print убористая печать, плотный набор 4. душный, спёртый; ~ air спёртый /тяжёлый/ воздух; ~ day [room] душный день [-ая комната]; a spell of ~ weather период летней духоты 5. 1) тщательный, подробный; ~ investigation тщательное расследование; ~ analysis подробный анализ; ~ attention пристальное /неослабное/ внимание; ~ check *тех.* строгий контроль 2) точный; ~ translation [copy] точный перевод [-ая копия] 6. срезанный низко, коротко, до корня; ~ haircut короткая стрижка; ~ mowing низкий срез (*травы, хлебов и т. п.*) 7. скупой, скаредный; he is ~ with his money он скуповат 8. почти равный (*о шансах и т. п.*); ~ combat /contest/ a) состязание, в котором силы участвующих почти равны; состязание достойных соперников; б) упорная борьба на выборах; [*см. тж.* 1, 1)]; ~ vote почти равное количество голосов «за» и «против»; ~ district *амер.* избирательный округ, в котором победа одержана незначительным большинством 9. *разг.* 1) трудно достающийся, ограниченный (*о средствах*); money is ~ деньги достаются нелегко 2) скуповатый 10. строго логичный; ~ reasoning логичное /корректное/ рассуждение 11. *арх.* строгий, суровый; ~ mourning глубокий траур 12. *редк.* вязкий; нелетучий 13. *спорт.* осторожный (*о футболе и т. п.*) 14. *кино* крупный; ~ shot крупный план

close[3] II [kləʊs] *adv* 1. близко; ~ at hand близко, рядом, под рукой; рукой подать; to follow smb. ~ следовать за кем-л. по пятам; the end of the year is drawing ~ приближается конец года; ~ to the wind *мор.* в крутой бейдевинд 2. коротко; to cut one's hair ~ коротко подстричься 3. *в сочетаниях*: ~ by рядом; ~ on = ~ upon; ~ to около; to sit ~ to the fire сидеть близко от камина; to stick ~ to the text строго придерживаться текста; ~ upon приблизительно, около, почти; ~ upon two hundred people около двухсот человек
◊ to press smb. ~ обращаться с кем-л. сурово /строго/; ~ to home ≅ не в бровь, а в глаз; the speaker's remarks hit ~ to home замечания оратора попали в самую точку

close[3] III [kləʊz] *v* 1) подходить близко, сближаться, смыкаться; the ship sank and the water ~d over it корабль затонул, и воды сомкнулись над ним 2) *спорт., воен.* сомкнуть (*ряды*); to ~ the ranks a) сомкнуть ряды; б) сплотиться, объединиться; we must ~ the ranks to secure peace мы должны сплотиться, чтобы обеспечить мир

close-bodied [,kləʊs'bɒdɪd] *a* 1. тесный, плотно облегающий, в обтяжку (*об одежде*) 2. *спец.* плотнозернистый, тонкозернистый, мелкозернистый

close breeding [,kləʊs'bri:dɪŋ] тесное *или* родственное разведение

close call [,kləʊs'kɔ:l] *амер.* = close shave 2

close corporation ['kləʊs,kɔ:pə'reɪʃ(ə)n] = closed corporation

close-cropped ['kləʊs'krɒpt] *a* коротко остриженный

close-cut [,kləʊs'kʌt] = close-cropped

closed [kləʊzd] *a* 1. 1) закрытый; замкнутый; ~ syllable *фон.* закрытый слог; ~ fracture *мед.* закрытый перелом; ~ sea внутреннее море; ~ basin непроточный водоём; закрытый бассейн; ~ dislocation *мед.* смещение, вывих; ~ drainage *спец.* закрытый дренаж; ~ work подземные горные работы 2) закрытый, законченный; ~ account закрытый счёт (*с подведённым итогом*); ~ issue исчерпанный /снятый/ вопрос 2. крытый (*об экипаже и т. п.*); ~ car *ж.-д.* крытый грузовой вагон 3. *эл.* (находящийся) под током
◊ with ~ doors при закрытых дверях

closed book [,kləʊzd'bʊk] 1. *книжн.* книга за семью печатями 2. закрытое дело; исчерпанный вопрос

closed caption [ˌkləʊzd'kæpʃ(ə)n] *тлв.* (суб)титры для глухих и тугоухих зрителей в системе абонентского телевидения
closed circuit [ˌkləʊzd'sɜːkɪt] 1. *тлв.* 1) закрытая передача (*не для широкой публики*) 2) кабельное телевещание 2. *эл.* замкнутая цепь
closed-circuit caption ['kləʊzd,sɜːkɪt'kæpʃ(ə)n] = closed caption
closed-circuit television ['kləʊzd,sɜːkɪt'telɪ,vɪʒ(ə)n] = closed circuit 1
closed corporation [ˌkləʊzd,kɔːpəˈreɪʃ(ə)n] *ком.* закрытое акционерное общество (*с ограниченным числом участников, не имеющих права продавать свои акции без согласия других акционеров*)
closed-door [ˌkləʊzd'dɔː] *a* закрытый (*о собрании и т. п.*); происходящий без представителей прессы и посторонней публики
closed-loop [ˌkləʊzd'luːp] *a* с обратной связью, автоматически регулирующийся
closed-minded [ˌkləʊzd'maɪndɪd] *a* закоснелый, консервативный; отвергающий всё новое
close down ['kləʊz'daʊn] *phr v* 1. 1) закрывать, прекращать работу; schools are closed down by the influenza epidemic школы закрыты из-за эпидемии гриппа 2) закрывать, ликвидировать (*предприятие*); to ~ a factory закрыть фабрику 3) закрываться, ликвидироваться; the theatre closes down театр ликвидируется 2. применять репрессии, подавлять 3. *тлв., радио* заканчивать вещание, передачу; we are now closing down наша передача подходит к концу 4. сгущаться (*о тумане и т. п.*); нависать; fog presently closed down туман быстро сгустился
close-down ['kləʊzdaʊn] *n* 1. прекращение работы (*предприятия*) 2. *тлв., радио* окончание вещания
closed primary [ˌkləʊzd'praɪm(ə)rɪ] *амер.* закрытые первичные выборы (*голосуют только признанные приверженцы одной из партий*)
close-fisted [ˌkləʊs'fɪstɪd] *a* скупой
close-fitting [ˌkləʊs'fɪtɪŋ] = close-bodied 1
close-grained [ˌkləʊs'greɪnd] = close-bodied 2
close-handed [ˌkləʊs'hændɪd] *a* рукопашный; ~ fight рукопашный бой
close harmony [ˌkləʊs'hɑːmənɪ] 1. *муз.* музыка из нот в пределах одной октавы; узкая гармония 2. четырёхголосное пение (*мужских голосов*)
◊ in ~ a) одинаковый, сходный; the demands of the two groups were in ~ требования обеих групп мало чем отличались друг от друга; b) в тесном сотрудничестве; the two scientists worked in ~ on the project двое учёных в тесном сотрудничестве работали над проектом
close-hauled [ˌkləʊs'hɔːld] *a мор.* идущий в крутой бейдевинд
close in ['kləʊs'ɪn] *phr v* 1. наступать, опускаться, обволакивать; night closed in наступила ночь; the mist closed in upon us туман окутал нас 2. *воен.* сближаться; the enemy now closed in upon us противник стал наступать и окружил нас 3. *спорт.* зажать бегуна «в коробочку» 4. сокращаться (*о днях*); the days are closing in дни становятся короче
close-in I ['kləʊsɪn] *n воен.* ближний бой

close-in II ['kləʊsɪn] *a* ближний; ближайший; ~ port ближайший порт; ~ coastal islands прибрежные острова; ~ play игра у сетки (*теннис*); ~ defense *воен.* оборона с рубежа непосредственного соприкосновения
close-knit [ˌkləʊs'nɪt] *a* 1. связанный тесными узами, сплочённый; ~ family спаянная семья 2. логичный, последовательный (*об аргументации и т. п.*)
close-lipped [ˌkləʊs'lɪpt] *a* сдержанный, замкнутый; молчаливый
close-look satellite [ˌkləʊslʊk'sætəlaɪt] разведывательный спутник на низкой орбите
closely ['kləʊslɪ] *adv* 1. 1) близко; he resembles his father very ~ он очень похож на отца 2) тесно; плотно; ~ packed плотно уложенный; ~ connected тесно связанный; to work ~ with smb. работать в тесном сотрудничестве с кем-л. 2. внимательно; to examine a case ~ внимательно рассмотреть дело; to look ~ at smb. пристально смотреть на кого-л.; to question ~ подробно расспрашивать
◊ ~ confined в строгом заключении
close-meshed [ˌkləʊs'meʃt] *a* мелкий, мелкоячеистый (*о сите*)
close-mouthed [ˌkləʊs'maʊðd] = close-lipped
closeness ['kləʊsnɪs] *n* 1. духота, спёртость; ~ of atmosphere спёртость воздуха; ~ of the room духота в комнате 2. плотность; ~ of texture плотность ткани 3. скупость
close order [ˌkləʊs'ɔːdə] *воен.* сомкнутый строй; close-order drill *воен.* строевая подготовка
close out ['kləʊz'aʊt] *phr v* 1. исключать 2. исключать возможность (*чего-л.*); to ~ smb.'s chance не дать кому-л. использовать представившийся случай 3. 1) продавать; to ~ one's share of the business продать свой пай в предприятии 2) закрыть (*своё*) предприятие
closeout ['kləʊzaʊt] *n* 1. распродажа в связи с закрытием дела 2. уценённая вещь; товар, идущий по дешёвке
close quarters [ˌkləʊs'kwɔːtəz] 1. непосредственное соприкосновение, непосредственная близость; to come to ~ a) вступить в рукопашный бой; b) сцепиться в споре; в) столкнуться лицом к лицу; to inspect smth. at ~ рассматривать что-л. на близком расстоянии 2. теснота; they live in ~ они живут очень тесно
closer ['kləʊzə] *n* 1. *спорт.* резко финиширующий бегун 2. четверть (*кирпича*); ~ brick замыкающий кирпич в ряду кладки 3. = closing switch
closereefed [ˌkləʊs'riːft] *a мор.* с полностью зарифленными парусами
close shave [ˌkləʊs'ʃeɪv] 1. чистое бритьё 2. *разг.* опасное, рискованное положение; ≅ на волосок от гибели; we survived but it was a ~ мы едва выжили, мы чуть не погибли
close-stand [ˌkləʊs'stænd] *n* стойка «ноги вместе» (*гимнастика*)
closestool [ˌkləʊs'stuːl] *n* ночной горшок в закрывающемся стульчаке
closet I ['klɒzɪt] *n* 1. *амер.* чулан 2. стенной шкаф 3. таинственность; неизвестность; уединение; оторванность от жизни 4. *арх.* кабинет; bed ~ маленькая спальня 5. *ист.* личные апартаменты монарха 6. *арх.* уборная
closet II ['klɒzɪt] *a* 1. скрытый, тайный, конфиденциальный; ~ vows тайный обет, тайные клятвы; ~ fascist замаскировавшийся фашист 2. кабинетный; ~ politician кабинетный политик; ~ thinker мыслитель, оторванный от жизни
closet III ['klɒzɪt] *v* запирать; to be ~ed запираться, уединяться; to be ~ed with smb., to be ~ed together *образн.* совещаться с кем-л. наедине
closet drama ['klɒzɪt,drɑːmə] пьеса для чтения
close thing [ˌkləʊs'θɪŋ] = close shave 2
close-tongued [ˌkləʊs'tʌŋd] *v* сдержанный, молчаливый; осторожный в словах
close up [ˌkləʊz'ʌp] *phr v* 1. запечатать (*письмо*) 2. затягиваться, закрываться (*о ране*) 3. закрывать плотно; затыкать 4. запирать, запечатывать; the house has been closed up for several years дом закрыт уже в течение нескольких лет 5. смыкать (*ряды*); становиться по местам; ~! (*команда*) а) сомкнись!; б) по местам!
close-up I ['kləʊsʌp] *n* 1. *кино, тлв.* крупный план 2. *амер.* тщательный осмотр, тщательное рассмотрение
close-up II ['kləʊsʌp] *a* 1. близкий; ~ action *воен.* ближний бой 2. в увеличенном масштабе (*о детали на рисунке, фотографии*)
closing I ['kləʊzɪŋ] *n* 1. закрытие; запирание; it's early ~ today а) сегодня магазины рано закрываются; б) учреждения рано кончают работу 2. заключение, конец 3. застёжка (*на одежде*) 4. *спец.* замыкание, запирание; отсечка
closing II ['kləʊzɪŋ] *a* заключительный; ~ speech заключительное слово; заключительная речь; the ~ stages of the session заключительные стадии работы конференции; ~ stock inventory заключительная инвентаризация; ~ date а) последний день (*для подачи документов и т. п.*); б) последний день приёмки судного груза; ~ quotation [rate] *бирж.* заключительная котировка [-ый курс]; котировка [курс] при закрытии биржи
closing switch ['kləʊzɪŋ,swɪtʃ] *эл.* выключатель; рубильник
closing time ['kləʊzɪŋtaɪm] 1) время закрытия (*магазинов, учреждений и т. п.*) 2) время, после которого прекращается подача алкогольных напитков
closure I ['kləʊʒə] *n* 1. закрытие; завершение; a one-week ~ of schools прекращение занятий в школах на неделю 2. прекращение прений; to move the ~ потребовать закрытия прений; предложить прекратить прения 3. 1) застёжка; pocket with zipper ~ карман на молнии 2) металлическая или пластмассовая крышка на бутылку 4. *фон.* смыкание, затвор 5. *эл.* замыкание (*линии*) 6. *мат.* замыкание
closure II ['kləʊʒə] *v* закрыть прения (*в парламенте и т. п.*)
clot I [klɒt] *n* 1. комок, сгусток 2) сгусток крови, свернувшаяся кровь; тромб 3) толпа, скопление (*людей*) 2. 1) тупица, болван 2) *разг.* дурачок, простофиля (*часто беззлобно или шутливо*)
clot II [klɒt] *v* 1. 1) свёртываться; сгущаться; запекаться 2) образовывать комки, сгустки 3) свернуться (*о молоке, сливках*) 2. путаться, слипаться (*о волосах*) 3. толпиться, скучиваться; the workers ~ted around loudspeakers рабочие толпились у громкоговорителей 4. засорять; she does not ~ her prose with crossword words она не портит рассказы заумными словами
cloth I [klɒθ] *n* (*pl* cloths [klɒθs]) 1. ткань (*преим.* шерстяная); сукно; silk [cotton, nylon] ~ шёлковая [хлопчатобумажная, нейлоновая] ткань; military [navy] ~ шинельное [флотское]

сукно; jersey ~ трикота́жное полотно́, полотно́ джерси́; bound in ~ полигр. в (цельно)тка́невом переплёте; ~ of gold [silver] золота́я [сере́бряная] парча́; American ~ а) клеёнка; б) дермати́н; в) иску́сственная ко́жа 2) pl сорта́ сукон, тка́ней 2. 1) чёрный материа́л, иду́щий на оде́жду духове́нства; to wear the ~ приня́ть духо́вный сан 2) (the ~) духове́нство (тж. gentlemen of the ~) 3. 1) фо́рменная оде́жда; ма́нтия судьи́ и т. п.; the respect due to his ~ уваже́ние, подоба́ющее его́ са́ну 2) собир. уст. оде́яние 4. 1) ска́терть (тж. tablecloth); to lay the ~ накрыва́ть на стол 2) ве́тошь 5. театр. за́навес 6. мор. 1) паруси́на 2) полотни́ще па́руса 7. (-cloth) как компоне́нт сло́жных слов со значе́нием кусо́к тка́ни для определённой це́ли; floorcloth полови́к; dustcloth тря́пка для пы́ли; dishcloth посу́дное полоте́нце ◊ cut from the same ~ амер. ≅ из одного́ те́ста сде́ланы, одного́ по́ля я́года; to ~ привести́ паруса́ к ве́тру б) быть на-веселе́; в) быть оде́тым в лохмо́тья; made out of whole ~ соверше́нно не соотве́тствующий действи́тельности, вы́думанный; the entire story is made of whole ~ вся э́та исто́рия — сплошна́я вы́думка

cloth II [klɒθ] a суко́нный; матерча́тый

clothback ['klɒθbæk] n кни́га в тка́невом переплёте

cloth cap [,klɒθ'kæp] матерча́тая ке́пка (ча́сто как си́мвол принадле́жности к рабо́чему кла́ссу)

cloth-cap ['klɒθkæp] a разг. рабо́чий, относя́щийся к рабо́чему кла́ссу; ~ workers рабо́чие; рабо́тники физи́ческого труда́; ~ associations организа́ции рабо́чего кла́сса

clothe [kləʊð] v (clothed [-d], уст. clad) 1. одева́ть; to ~ one's family обеспе́чивать семью́ оде́ждой; to ~ oneself одева́ться; he ~d himself in his best он оде́лся во всё лу́чшее 2. 1) покрыва́ть; spring ~d the earth with verdure весна́ покры́ла зе́млю зе́ленью; the sun ~d the village with light со́лнце освети́ло дере́вню; face ~d in smiles улыба́ющееся лицо́ 2) облека́ть, воплоща́ть; ~d with full powers облечённый полното́й вла́сти; to ~ one's thoughts in suitable language облека́ть мы́сли в соотве́тствующую фо́рму 3. мор. оснаща́ть

cloth-eared ['klɒθɪəd] a разг. глухо́й, глухова́тый, тугоу́хий

cloth ears [,klɒθ'ɪəz] разг. 1) пони́женный слух 2) челове́к с пони́женным слу́хом, тугоу́хий; I've told you once, ~! я уже́ сказа́л тебе́ раз, глуха́я тете́ря!

clothes [kləʊ(ð)z] n употр. с гл. во мн. ч. 1. оде́жда, пла́тье; Sunday ~ пра́здничное пла́тье; workday ~ бу́дничное /рабо́чее/ пла́тье; suit of ~ мужско́й костю́м; long ~ дли́нное пла́тьице для грудны́х дете́й, закрыва́ющее но́ги; in long ~ в младе́нчестве; plain ~ шта́тское пла́тье; store ~ амер. гото́вое пла́тье 2. 1) (посте́льное) бельё 2) пелёнки 3. гря́зное бельё (для сти́рки); чи́стое бельё (полу́ченное по́сле сти́рки)

clothes basket ['kləʊ(ð)z,bɑ:skɪt] 1) бельева́я корзи́на 2) конте́йнер для гря́зного белья́

clothes-brush ['kləʊ(ð)zbrʌʃ] n платя́ная щётка

clothes hanger ['kləʊ(ð)z,hæŋə] ве́шалка, пле́чики (для оде́жды)

clothes hook ['kləʊ(ð)zhʊk] крючо́к на ве́шалке

clothes horse ['kləʊ(ð)zhɔ:s] 1. ра́ма для су́шки белья́ 2. амер. сл. франт; франти́ха; мо́дник; мо́дница 3. амер. сл. манеке́нщица

clothes line ['kləʊ(ð)zlaɪn] верёвка для разве́шивания и су́шки белья́

clothes-man ['kləʊ(ð)zmæn] n (pl -men [-men]) старьёвщик

clothes moth ['kləʊ(ð)zmɒθ] энт. платя́ная моль (Tenia pellionella)

clothes peg, clothes pin ['kləʊ(ð)z,peg, -,pɪn] прище́пка, зажи́м, защи́пка (для белья́)

clothes pole ['kləʊ(ð)z,pəʊl] = clothes prop

clothes press ['kləʊ(ð)z,pres] 1. шкаф или комо́д для белья́ 2. гла́дильный аппара́т

clothes prop ['kləʊ(ð)z,prɒp] подпо́рка для верёвки, на кото́рой разве́шено бельё

clothes tree ['kləʊ(ð)z,tri:] стоя́чая ве́шалка (для пальто́ и шляп)

cloth-head ['klɒθhed] n разг. тупи́ца, болва́н, о́лух

clothier ['kləʊðɪə] n 1. 1) торго́вец тка́нями и оде́ждой 2) портно́й 2. валя́льщик, сукнова́л

clothing ['kləʊðɪŋ] n 1. оде́жда; articles of ~ предме́ты оде́жды; ready-made ~ гото́вое пла́тье; work ~ спецоде́жда 2. прикры́тие, покро́в; сокры́тие (чего-л.) 3. фо́рменная оде́жда, обмундирова́ние 4. текст. суко́нная шерсть; аппара́тная шерсть 5. спец. обши́вка 6. мор. паруса́

cloth-line ['klɒθlaɪn] n разг. радиоанте́нна

cloth-maker ['klɒθ,meɪkə] n суко́нщик

Clotho ['kləʊθəʊ] n греч. миф. Клото́ (мо́йра, плету́щая нить судьбы́)

cloth-yard ['klɒθjɑ:d] n лине́йка длино́й в ярд (для отме́ривания тка́ни)

clotted ['klɒtɪd] a 1. комкова́тый, покры́тый комка́ми 2. сгущённый, сверну́вшийся; запёкшийся; blood ~ запёкшаяся кровь; ~ hair сби́вшиеся /спу́танные/ во́лосы; ≅ колту́н на голове́ ◊ ~ nonsense су́щий вздор

clotted cream [,klɒtɪd'kri:m] густы́е топлёные сли́вки; сли́вочный варе́нец

clotting ['klɒtɪŋ] n спец. свёртывание; сгуще́ние; blood ~ свёртывание кро́ви

clottish ['klɒtɪʃ] a разг. глу́пый, тупо́й; very ~ of him о́чень глу́по с его́ стороны́

clotty ['klɒtɪ] a 1. 1) сверну́вшийся; сгущённый; запёкшийся 2) комкова́тый 2. разг. придуркова́тый

cloture ['kləʊtʃə] амер. = closure I 2

clou [klu:] n фр. представля́ющее наибо́льший интере́с; ~ of the evening гвоздь ве́чера

cloud I [klaʊd] n 1. о́блако, ту́ча; the sun hidden by ~s со́лнце, закры́тое облака́ми; ~ bar гряда́ облако́в, о́блачный вал; ~ break разры́в /окно́, просве́т/ в облака́х; ~ cover о́блачный покро́в; ~ deck о́блачный слой 2. о́блако, клубы́ (дыма и т. п.); ~ of dust [steam] о́блако /клуб/ пы́ли [па́ра]; smoke ~ дымово́е о́блако; ~ of electrons физ. электро́нное о́блако; ~ attack воен. газобалло́нная ата́ка 3. ту́ча, ма́сса, тьма; ~ of mosquitoes [arrows] ту́ча комаро́в [стрел]; ~ of flies тьма мух 4. покро́в; заве́са; under ~ of night под покро́вом но́чи; ~ of witnesses а) библ. о́блако свиде́телей; б) мно́жество очеви́дцев 5. что-л. омрача́ющее, броса́ющее тень; ~ of war угро́за /опа́сность/ войны́; ~ on smb.'s happiness обла́чко, омрача́ющее чьё-л. сча́стье; ~ of grief о́блако гру́сти; ~ of suspicion тень подозре́ния; ~ on smb.'s reputation пятно́ на чьей-л. репута́ции 6. pl возвыш. не́бо, небеса́; to sail up into the ~s взви́ться /подня́ться/ в облака́ /в небеса́/ 7. свобо́дно свя́занный шерстяно́й же́нский шарф 8. 1) помутне́ние или жи́лка (в ка́мне) 2) спец. «облако́точек на диагра́мме 9. спец. пятно́ ◊ ~ buster а) небоскрёб; б) скоростно́й самолёт; в) высо́кий мяч (баскетбо́л); to blow a ~ кури́ть табак, пуска́ть облака́ ды́ма; to have a ~ on one's brow смотре́ть ту́чей; to have one's head in the ~s а) быть в облака́х; б) вита́ть в облака́х; to drop from the ~s а) ≅ как /бу́дто/ с не́ба свали́лся; б) свали́лось как снег на́ го́лову; to be lost /to lose oneself/ in the ~s запу́таться (в аргуме́нтах и т. п.); to cast a ~ вызыва́ть отчуждённость /холодо́к в отноше́ниях/; to be under a ~ а) быть под подозре́нием; быть в неми́лости; быть на плохо́м счету́; б) быть в тяжёлом положе́нии /в затрудне́нии/; every ~ has a /its/ silver lining и в плохо́м мо́жно найти́ хоро́шее

cloud II [klaʊd] v 1. 1) покрыва́ть облака́ми, ту́чами; the moon is ~ed луна́ закры́та облака́ми 2) покрыва́ться облака́ми, ту́чами, заволакива́ться (тж. ~ over, ~ up); the sky ~ed over не́бо покры́лось ту́чами 2. 1) омрача́ть; to ~ the spirits [happiness] омрача́ть настрое́ние [сча́стье] 2) затемня́ть; a mist ~ed our view нам бы́ло пло́хо ви́дно из-за тума́на; his mind was ~ed with suffering страда́ние затмило́ его́ рассу́док 3) омрача́ться; her eyes ~ed её глаза́ затума́нились; his face ~ed with anger его́ лицо́ потемне́ло от гне́ва 3. запятна́ть (репута́цию), очерни́ть 4. оттеня́ть тёмными поло́сами или пя́тнами 4. хим. мутне́ть

cloud-assembler [,klaʊdə'semblə] n «тучесобира́тель», громове́ржец (эпи́тет Зе́вса)

cloudbank ['klaʊdbæŋk] n о́блачная гряда́

cloudberry ['klaʊd(ə)rɪ] n бот. моро́шка (Rubus chamaemorus)

cloud-built ['klaʊdbɪlt] a возду́шный, эфе́мерный, вообража́емый, нереа́льный

cloudburst ['klaʊdbɜ:st] n ли́вень

cloud-capped, cloud-capt ['klaʊdkæpt] a оку́танный облака́ми, ту́чами, в ша́пке облако́в (о горных вершинах)

cloud-castle ['klaʊd,kɑ:sl] n ≅ возду́шные за́мки

cloud chamber ['klaʊd,tʃeɪmbə] физ. ка́мера Ви́льсона

cloud-compeller [,klaʊdkəm'pelə] n 1. = cloud-assembler 2. шутл. кури́льщик

cloud-cuckoo-land, cloud-cuckoo-town [,klaʊd'kʊkuː-,lænd, -,taʊn] n ска́зочная страна́; мир грёз; несбы́точные мечта́ния

cloud-drift ['klaʊd,drɪft] n плыву́щие облака́

clouded ['klaʊdɪd] a 1. 1) покры́тый ту́чами 2) нечи́стый, покры́тый пя́тнами; ~ reputation запя́танная /подмо́ченная/ репута́ция 3) с тёмными прожи́лками или пя́тнами; ~ leopard дымчатый леопа́рд; marble мра́мор с тёмными прожи́лками 2. непрозра́чный; ~ glass ма́товое стекло́ 3. 1) пу́таный, тума́нный; he presented a ~ argument он привёл весьма́ невразуми́тельный до́вод 2) мед. затума́ненный (о сознании)

cloud forest ['klaʊd,fɒrɪst] вла́жный тропи́ческий лес

cloudiness ['klaʊdɪnɪs] n 1. о́блачность 2. помраче́ние; ~ of understanding помраче́ние ра́зума /рассу́дка/

CLO — CLU

clouding ['klaʊdɪŋ] *n* 1. заволакивание облаками 2. потускнение поверхности

cloudland ['klaʊdlænd] *n* 1. *поэт.* сказочная страна, мир грёз 2. бесплодные теории; туманные рассуждения

cloudless ['klaʊdlɪs] *a* безоблачный, ясный

cloudlet ['klaʊdlɪt] *n* тучка, облачко

cloud nine [,klaʊd'naɪn] 1. блаженство, полное счастье; the newly-weds seemed to be on ~ казалось, молодожёны были на седьмом небе 2. *лит.* девятое небо (*в «Божественной комедии» Данте*)

cloud point ['klaʊd,pɔɪnt] *хим.* точка помутнения, температура помутнения

cloudscape ['klaʊdskeɪp] *иск.* облачный пейзаж; изображение облаков

cloud seeding [,klaʊd'siːdɪŋ] *метеор.* засев облаков (*с целью вызвать осадки*)

cloud seven [,klaʊd'sev(ə)n] = cloud nine 1

cloud-topped ['klaʊd,tɒpt] *a* увенчанный облаками (*о горе и т. п.*)

cloud-world ['klaʊdwɜːld] = cloudland

cloudy ['klaʊdɪ] *a* 1. облачный; покрытый облаками, тучами; ~ sky облачное небо 2. 1) затуманенный, неясный; ~ mirror мутное /тусклое/ зеркало; eyes ~ with sleep заспанные глаза 2) неясный, путаный, туманный; ~ knowledge [idea] туманные познания [-ое представление]; ~ issues запутанные вопросы; his memory has always been ~ его память всегда была ненадёжна 3. хмурый, мрачный; ~ forehead нахмуренный лоб; ~ looks насупленный вид 4. мутный; непрозрачный; ~ liquid мутная жидкость; the stream is ~ with silt ручей, мутный от ила 5. с прожилками, с пятнами (*о мраморе, камне, дереве*) 6. *разг.* сомнительной репутации

clough [klʌf] *n* глубокое ущелье; дефиле; лощина

clour [kluə] *n шотл.* 1) шишка (*на голове*) 2) удар (*по голове*)

clout¹ I [klaʊt] *n* 1. сильный удар (*особ. рукой*); затрещина 2. *преим. амер.* ударная или пробивная сила; большое влияние (*особ. политическое*); to exercise diplomatic ~ осуществлять дипломатический нажим; he had a lot of ~ with the governor он имел большое влияние на губернатора 3. *амер. разг.* сильный удар по мячу (*бейсбол*) 4. *ист.* 1) мишень для стрельбы из лука (*из белой ткани*) 2) попадание в цель при стрельбе из лука

clout¹ II [klaʊt] *v* 1. *сл.* сильно ударить (*рукой или кулаком*); дать затрещину 2. *амер. разг.* сильно бить по мячу (*бейсбол*)

clout² [klaʊt] *n* 1. *диал.* комок земли 2. дурень

clout³ [klaʊt] *n* 1. *обыкн. pl диал.* пелёнки; swaddling ~s свивальник 2. *арх.* лоскут; тряпка; заплата; filthy ~ *презр.* грязная тряпка

clouted¹ ['klaʊtɪd] *a* заштопанный, за(п)латанный, починенный

clouted² ['klaʊtɪd] *a* сгущённый; сседшийся

clouted cream [,klaʊtɪd'kriːm] = clotted cream

clout nail ['klaʊtneɪl] гвоздь с плоской шляпкой

clove¹ [kləʊv] *n* 1) зубок (*чесночной головки*) 2) *бот.* луковичка

clove² I [kləʊv] *n обыкн. pl* гвоздика (*пряность*); oil of ~s гвоздичное масло

clove² II [kləʊv] *v* приправлять гвоздикой

clove³ [kləʊv] *n ист.* клов (*мера веса шерсти и сыра* ≅ 7—10 *фунтам*)

clove⁴ [kləʊv] *n амер.* скалистый утёс; ущелье (*обыкн.употр. с названием мест*)

clove⁵ [kləʊv] *past и p. p. om* cleave¹

clove carnation [,kləʊvkaː'neɪʃ(ə)n] = clove pink

clove hitch ['kləʊvhɪtʃ] *n мор.* выбленочный узел

cloven I ['kləʊv(ə)n] *a* расколотый, расщеплённый; ~ hoof /foot/ а) раздвоенное копыто (*у парнокопытных*); б) дьявол, сатана; в) злые намерения; дьявольские козни /замыслы/; дьявольский характер; to show /to betray, to display/ the ~ foot /hoof/ показать свой дьявольский /злобный/ характер

cloven II ['kləʊv(ə)n] *p. p. om* cleave¹

cloven-footed, cloven-hoofed [,kləʊv(ə)n'fʊtɪd, -'huːft] *a* 1. двукопытный, парнокопытный 2. дьявольский, сатанинский

clove pink ['kləʊvpɪŋk] *бот.* гвоздика садовая (*Dianthus caryophyllus*)

clover ['kləʊvə] *n бот.* клевер (*Trifolium gen.*); sod *c.-x.* клеверище ◊ to be /to live/ in ~ жить в роскоши /без забот, припеваючи/; ≅ как сыр в масле кататься

cloverleaf I ['kləʊvəliːf] *n* (*pl* -leafs [-lɪfs], -leaves) *дор.* (*дорожная*) развязка (*типа*) «клеверный лист» (*тж.* ~ crossing)

cloverleaf II ['kləʊvəliːf] *a* имеющий форму клеверного листа; ~ rolls булочки «листики»; ~ body трёхместный кузов

cloverleaves ['kləʊvəliːvz] *pl om* cloverleaf

clove tree ['kləʊvtriː] *бот.* гвоздичное дерево (*Eugenia caryophyllata*)

clow [klaʊ] *n* шлюзные ворота

clown I [klaʊn] *n* клоун 2. шут 3. 1) неотёсанный парень; деревенщина 2) грубиян, хам

clown II [klaʊn] *v* дурачиться, строить из себя шута (*тж.* to ~ it)

clownery ['klaʊnərɪ] *n* 1. клоунада 2. грубость; хамство

clownish ['klaʊnɪʃ] *a* 1. шутовской, клоунский 2. грубый; ~ behaviour хамское поведение

cloy [klɔɪ] *v* 1) пресыщать; to be ~ed with pleasure пресытиться наслаждениями 2) портить (*аппетит*); his appetite was ~ed by candy конфетами он испортил себе аппетит; приедаться, надоедать; sentimental music tends to ~ сентиментальная музыка скоро надоедает

cloying ['klɔɪɪŋ] *a* надоедливый

cloze procedure ['kləʊzprə,siːdʒə] *спец.* тест на понимание текста (*психологический; для определения сообразительности*)

club¹ I [klʌb] *n* 1. 1) дубинка 2) дубина, средство устрашения; угроза; the ~ of a nation-wide strike угроза объявить всеобщую забастовку 2. 1) булава (*гимнастика*) 2) клюшка (*хоккей, гольф*) 3) бита (*бейсбол*) 3. приклад (*ружья*)

club¹ II [klʌb] *v* 1. 1) бить дубинкой, прикладом 2) бить прикладом (*ружья*) 2. (into) вынуждать, заставлять под нажимом (*кого-л.* сделать *что-л.*); the unions ~bed the employers into giving the workers better terms профсоюзы вынудили предпринимателей улучшить условия рабочих

club² I [klʌb] *n* 1. 1) клуб; tennis ~ теннисный клуб; nature-study ~ «клуб натуралистов-любителей» 2) «клуб», коммерческая организация, предоставляющая льготы своим клиентам; book ~ клуб книголюбов (*получающих книги со скидкой*) 3) *полит. жарг.* группа (*особ. держав*); группировка, блок; nuclear [atomic] ~ «ядерный клуб», державы, обладающие ядерным [атомным] оружием; NATO ~ блок стран НАТО; Common Market ~ «клуб Общего рынка», страны, входящие в Европейское экономическое сообщество 4) ночной клуб 2. помещение клуба; he started for the ~ in the afternoon днём он поехал в клуб ◊ in the ~ *сл.* беременная (*особ. о незамужней*); join the ~! *сл.* ≅ ты не один!

club² II [klʌb] *a* 1. клубный 2. дежурный (*о блюде*); ~ breakfast стандартный завтрак

club² III [klʌb] *v* (*обыкн.* ~ together) 1) собираться вместе; объединяться 2) устраивать складчину; to ~ the expense разделить на всех расходы; the family ~bed together to buy a new car вся семья собирала деньги на новую машину, новую машину покупали всем семейством

club³ [klʌb] *n* 1) *pl* трефы, трефовая масть 2) трефа, карта трефовой масти; трефовка; to play a ~ ходить с трефы

clubbable ['klʌbəb(ə)l] *a разг.* 1) могущий быть членом клуба 2) общительный, компанейский

club bag ['klʌb,bæg] дорожная сумка

clubbed [klʌbd] *a* булавовидный, утолщённый на одном конце

clubber¹ ['klʌbə] = clubman

clubber² ['klʌbə] *n* полицейский с дубинкой

clubby ['klʌbɪ] *a разг.* 1. общительный, компанейский 2. узкий, открытый только для своих; интимный (*об атмосфере какого-л. общества, о круге и т. п.*); ≅ с ограниченным доступом; ~ bonhomie узкий круг, дружеское общение между людьми одного круга

club car ['klʌbkaː] *амер.* пассажирский вагон с баром

club chair ['klʌb,tʃeə] мягкое кресло с невысокой спинкой, переходящей в подлокотники

club coat ['klʌb,kəʊt] блейзер, клубный пиджак

club collar ['klʌb,kɒlə] воротник-стойка

clubdom ['klʌbdəm] *n* 1. *собир.* клубы 2. мир завсегдатаев клубов

clubfoot ['klʌbfʊt] *n* косолапость; изуродованная стопа

club-footed ['klʌb'fʊtɪd] *a* косолапый; с изуродованной стопой

clubhouse ['klʌbhaʊs] *n* 1. здание клуба 2. клубная раздевалка (*с индивидуальными шкафчиками для членов спортивной команды*)

clubland ['klʌblænd] *n шутл.* 1. (С.) «Клубландия» (*название части Лондона — Сент-Джеймс и Пиккадилли — где находятся главные клубы*) 2. = clubdom 2

club law ['klʌb,lɔː] устав клуба

clublaw ['klʌb,lɔː] *n* кулачное право

clubman ['klʌbmən] *n* (*pl* -men [-mən]) 1. член клуба, часто фешенебельного 2. *амер.* завсегдатай клубов, *особ.* ночных; светский человек

clubmate ['klʌbmeɪt] *n спорт.* товарищ по клубу

clubmobile ['klʌb,məʊbaɪl] *n* 1. клуб-автомобиль, автомобиль с клубным оборудованием и буфетом 2. *амер.* походная кухня (*на автобусе или грузовике*)

club moss ['klʌb,mɒs] *бот.* плаун (*Lycopodium*)

clubroom ['klʌbrum] *n* 1) комната в клубе 2) комната-клуб
club sandwich [,klʌb'sænwɪdʒ] *амер.* (многослойный) бутерброд с мясом, помидорами, салатом, майонезом *и т. п.*
club-shaped ['klʌb,ʃeɪpt] *a* булавовидный, утолщённый на одном конце
club soda [,klʌb'səudə] содовая вода; газированная вода
club sofa [,klʌb'səufə] диван с невысокой мягкой спинкой, переходящей в подлокотники
club steak ['klʌbsteɪk] бифштекс из филейной части
clubwoman ['klʌb,wumən] *n (pl* -women [-,wɪmɪn]) член *или* завсегдатай клуба *(о женщине)*
cluck¹ I [klʌk] *n* 1. кудахтанье, клохтанье 2. = click¹ 1 2
cluck¹ II [klʌk] *v* 1. кудахтать, клохтать 2. хмыкать, фыркать, пыхтеть; she ~ed her sympathy она сочувственно хмыкнула; she ~ed her disapproval она недовольно фыркнула; to ~ to a horse причмокнуть, погоняя лошадь
cluck² [klʌk] *n амер. разг.* 1. балда, дурень 2. 1) дрянь, никудышная вещь 2) фальшивая монета
clucker ['klʌkə] *n прост.* пустомеля
clue I [klu:] *n* 1) ключ к разгадке, путеводная нить; ~ to a puzzle ключ к решению головоломки 2) улика 3) *амер.* сведение, информация; not have a ~ ничего не понимать; не иметь никакого представления *(о чём-л.)*; не находить объяснения *(чему-л.)*
clue II [klu:] *v амер.* 1) сообщить *(кому-л.) (о каком-л.)* событии; раскрыть *(новые факты и т. п.)* 2) раскрыть секрет, тайну *(часто* ~ in)
clued [klu:d] *a разг.* хорошо осведомлённый, информированный, сведущий *(тж.* ~ up)
clueless ['klu:lɪs] *a разг.* 1) невежественный, неумный 2) беспомощный; растерянный; бестолковый
clumber (spaniel) ['klʌmbə('spænɪəl)] (*n*) кламбер-спаниель *(порода охотничьих собак)*
clump I [klʌmp] *n* 1. 1) глыба, ком *(земли)* 2) чурбан 2. 1) купа, изолированная группа *(деревьев, кустов и т. п.)*; ~ of lilacs кустыʹ /заросли/ сирени 2) набор, комплект; ~ of grenades *воен.* связка гранат; ~ of piles *стр.* куст свай 3. удар, затрещина 4. звук тяжёлых шагов 5. двойная подошва 6. *pl* игра в вопросы и ответы 7. *горн.* слежавшаяся глина
clump II [klʌmp] *v* 1. 1) собирать в группу 2) сажать группами 2. наносить удар; давать затрещину 3. ступать тяжело *и* неуклюже; to ~ about /along/ ковылять 4. ставить двойную подошву
clumpy ['klʌmpɪ] *a* 1. массивный 2. комковатый 3. тяжёлый и неуклюжий
clumsily ['klʌmzɪlɪ] *adv* 1) неуклюже 2) грубо, топорно
clumsiness ['klʌmzɪnɪs] *n* 1) неуклюжесть, неповоротливость 2) грубость, топорность 3) бестактность
clumsy ['klʌmzɪ] *a* 1. неуклюжий, неповоротливый; ~ fingers неуклюжие /неловкие/ пальцы; ~ person неуклюжий человек, увалень; ~ landing *ав.* неудачная посадка 2. 1) грубый, топорный; ~ furniture неуклюжая /топорная/ мебель; ~ shoes неудобные туфли; ~ forgery грубая фальшивка 2) неизящный *(о стиле, слоге)*; ~ verse неуклюжий /нескладный/ стих; ~ speech нескладная речь 3. грубый, бестактный; ~ joke неуместная /нелепая/ шутка
clung [klʌŋ] *past и p. p. от* cling
clunk [klʌŋk] = clonk

clunker ['klʌŋkə] *n пренебр.* 1. старый автомобиль, драндулет 2. провал, неудача; гиблое дело; his last book was a ~ его последняя книга не имела никакого успеха
clunkhead ['klʌŋkhed] *n амер. разг.* глупец
clunky ['klʌŋkɪ] *a амер. разг.* громыхающий; ~ shoes грубая, тяжёлая обувь
Cluny lace ['klu:nɪ,leɪs] 1) плетёные кружева клюни 2) клюни *(машинные кружева)*
cluse [klu:z] *n* ущелье
cluster I ['klʌstə] *n* 1. 1) кисть, гроздь, пучок; ~ of grapes кисть /гроздь/ винограда 2) пучок, связка; ~ of grenades *воен.* связка гранат 3) *бот.* клубочек *(соплодие)* 4) пучок, гроздь *(бактерий)* 5) группа, купа *(деревьев)* 2. 1) группа, скопление *(однородных предметов и т. п.)*; ~ of spectators толпа зрителей; neighbourhood ~ группа магазинов, обслуживающих район 2) группа домов с общим двором и садом 3) рой *(пчёл)* 4. *эл.* разветвительная штепсельная колодка; ~ switch групповой выключатель 5. *амер. воен.* пряжка к орденской ленте *(как знак повторного награждения)* 6. *горн.* комплект *(шпуров)* 7. *физ.* кластер 8. *косм.* связка двигателей 9. *вчт.* группа, пакет *(данных)* 10. *астр.* (звёздное) скопление; globular ~ шаровое скопление 11. *мат.* пучок
cluster II ['klʌstə] *v* 1. расти пучками, кистями *или* гроздьями 2. собираться группами, толпиться; a group of old women ~ed round her вокруг неё столпились старухи; the village ~s round the church деревня расположена возле церкви 3. ассоциироваться, быть тесно связанным; memories of the past ~ round the spot с этим местом неразрывно связаны воспоминания прошлого
cluster-bar ['klʌstəbɑ:] = cluster I 4
cluster bomb ['klʌstəbɒm] *воен.* кассетная бомба
cluster college ['klʌstə,kɒlɪdʒ] колледж университета, *обыкн.* однофакультетный *(чаще исторических и общественных наук)*
clustered ['klʌstəd] *a* 1. растущий пучками, кистями *или* гроздьями 2. 1) собранный в кучу; столпившийся 2) расположенный группами; сгруппированный 3. *физ.* кластерный
cluster headache [,klʌstə'hedeɪk] *мед.* сильная приступообразная головная боль с периодическими рецидивами
clustering ['klʌstərɪŋ] *n* 1) *спец.* группирование, разбивка на группы 2) *физ.* образование кластеров, кластеризация; ~ of meteors *астр.* метеорный рой
cluster pine ['klʌstə,paɪn] *бот.* сосна приморская *(Pinus pinaster)*
clutch¹ I [klʌtʃ] *n* 1. *pl* когти; лапа с выпущенными когтями; in the bear's ~es в лапах у медведя, в медвежьих когтях 2) рука, лапа 2. 1) сжатие, захват, хватка; to make a ~ (at) схватить, захватить *(что-л.)*; he lost his ~ on the rope and fell у него разжались пальцы, и он упал /сорвался/ с каната 2) власть; тиски; лапы, руки; in the ~ of poverty в тисках нищеты; to get /to fall/ into smb.'s ~es попасть в чьи-л. когти; to get out of smb.'s ~es вырваться из чьих-л. когтей; the thief was in the ~es of the police вор попался в руки полиции; in the ~ в критическом положении; he seems to be at his best in the ~ в острые моменты он всегда показывает себя с наилучшей стороны 3. *тех.* 1) сцепление, муфта; friction ~ фрикционное сцепление; to throw in [out]

the ~ включить [выключить] сцепление /муфту/; ~ case *авт.* картер сцепления; ~ facing накладка /фрикционная облицовка/ сцепления; ~ slip *авт.* пробуксовка сцепления 2) зажимное устройство; сцепка; захват 3) кулачок
clutch¹ II [klʌtʃ] *a* 1. без ручки, без ремня; ~ bag /purse/ сумочка, которую нужно держать в руке *или* подмышкой 2. без застёжек; ~ coat пальто без пуговиц 3. *амер. разг.* надёжный; ≅ выручит в трудную минуту; a ~ player игрок, на которого можно положиться
clutch¹ III [klʌtʃ] *v* 1) схватить; стиснуть; зажать; the mother ~ed her baby in her arms мать крепко прижимала ребёнка 2) схватиться, ухватиться; to ~ at a branch ухватиться за сук
◇ a drowning man will ~ at a straw утопающий (и) за соломинку хватается
clutch² I ['klʌtʃ] *n* 1. 1) гнездо с яйцами 2) выводок 2. 1) группа людей; a ~ of chattering women кучка болтающих женщин 2) скопление животных, скопище однородных предметов
clutch² II [klʌtʃ] *v* высиживать *(цыплят и т. п.)*
clutch³ [klʌtʃ] *n сл.* подонок, мерзавец
clutch⁴ [klʌtʃ] *v прост.* оцепенеть *(от страха, волнения)*; перестать соображать *(обыкн.* ~ up)
clutched [klʌtʃt] *a прост.* напряжённый, встревоженный, нервный; оцепеневший *(от страха и т. п.)*
clutchy ['klʌtʃɪ] *a прост.* 1) = clutched 2) волнующий, тревожный; действующий на нервы
clutter I ['klʌtə] *n* 1. 1) смятение, суматоха; беспорядок; хаос; the room is in a ~ в комнате хаос 2) куча мусора 3) *амер.* шум, гам 2. *радио* местные помехи
clutter II ['klʌtə] *v* 1. *(обыкн.* ~ up) 1) приводить в беспорядок; наваливать; the desk was ~ed up with books письменный стол был завален книгами; don't ~ up your room with unnecessary furniture не загромождай комнату лишней мебелью 2) перегружать, загромождать; the book is ~ed up with details книга перегружена подробностями; she ~s her mind with trivialities она забивает себе голову пустяками /ерундой/ 2. 1) бежать в беспорядке, разбегаться 2) сбегаться *(куда-л.)*; толпиться 3. 1) шуметь, галдеть 2) невнятно говорить
cly [klaɪ] *n вор. жарг.* 1) монета, бабки, деньги 2) карман
Clydesdale ['klaɪdzdeɪl] *n* клейдесдальская порода лошадей-тяжеловозов
clypeate ['klɪpɪeɪt] *a зоол., бот.* щитовидный
clypeole ['klɪpɪəul] *n бот.* спорофилл
clyster ['klɪstə] *n мед.* клизма; клистир
clyster-pipe ['klɪstə,paɪp] *n мед.* клистирная трубка
cnida ['naɪdə] *n (pl* -dae) *бот., зоол.* нематоцист, жгучая клетка, жгучий волосок *(на листьях крапивы и т. п.)*
cnidae ['naɪdi:] *pl от* cnida
C-note ['si:nəut] *n амер. разг.* стодолларовая бумажка
co [kəu] *n (сокр. от* co-respondent) *спец.* соответчик в делах о расторжении брака
co- [kə(u)-] = con-
coacervate [kəu'æsəveɪt] *n хим.* коацерват

coacervation [ˌkəʊæsə'veɪʃ(ə)n] *n хим.* коацервация, скапливание мелких капель

coach[1] [kəʊtʃ] *n* 1. 1) карета, экипаж 2) *ист.* почтовая карета 2. 1) *ж.-д.* пассажирский вагон, разделённый на купе; day ~ классный вагон без спальных мест 2) *амер.* пассажирский вагон с сидячими местами 3) *амер.* второй класс (*в самолёте*) 3. (туристский) междугородный автобус 4. *амер.* 1) жилой трейлер; дом на колёсах 2) закрытый автомобиль
◊ to drive a ~ and horses through = to drive couch-and-four through [*см.* coach-and-four ◊]; to ride in the marrow-bone ~ *шутл.* ехать на своих (на) двоих, идти пешком

coach[2] I [kəʊtʃ] *n* 1. *спорт.* тренер, инструктор; national ~ тренер сборной страны 2. *унив. разг.* репетитор (*подготавливающий к экзамену*) 3. 1) учитель, преподаватель; drama ~ преподаватель драматического искусства; singing ~ учитель пения 2) концертмейстер-репетитор 4. *австрал.* домашнее животное, используемое для приманки диких

coach[2] II [kəʊtʃ] *v* 1. *спорт.* 1) тренировать, готовить к состязаниям; обучать 2) тренироваться, готовиться к состязаниям 2. *ав.* инструктировать лётчика по радио во время ночных полётов 3. *унив. разг.* 1) натаскивать к экзамену, репетировать 2) заниматься с репетитором, преподавателем 4. разучивать партии с певцами

coach-and-four [ˌkəʊtʃənd'fɔː] *n* карета, запряжённая четвёркой
◊ to drive a ~ through найти лазейку для того, чтобы свести на нет /обойти/ закон, постановление, соглашение *и т. п.*

coach-and-six [ˌkəʊtʃənd'sɪks] *n* карета, запряжённая шестёркой
◊ to drive a ~ through = to drive a coach-and-four through [*см.* coach-and-four ◊]

coachbox ['kəʊtʃbɒks] *n* козлы

coachbuilder ['kəʊtʃˌbɪldə] *n* фирма-изготовитель автомобильных кузовов

coachbuilding ['kəʊtʃˌbɪldɪŋ] *n авт.* кузовостроение

coach-built ['kəʊtʃbɪlt] *a авт.* сделанный по особому заказу (*о кузове автомобиля*)

coachdog ['kəʊtʃdɒg] = Dalmatian[2]

coachee [kəʊ'tʃiː] *n разг.* кучер

coacher[1] ['kəʊtʃə] *n* 1. упряжная лошадь (*впрягаемая в карету*) 2. *уст.* кучер

coacher[2] ['kəʊtʃə] = coach[2] I 2

coachfellow ['kəʊtʃˌfeləʊ] *n* 1. *ист.* (одна) лошадь из парной упряжки 2. близкий друг, приятель

coachful ['kəʊtʃfʊl] *n* полная карета

coach-horn ['kəʊtʃhɔːn] *n* почтовый рожок

coach-horse ['kəʊtʃhɔːs] = coacher[1]

coach-house ['kəʊtʃhaʊs] *n* каретный сарай

coachman ['kəʊtʃmən] *n* (*pl* -men [-mən]) 1. кучер 2. искусственная муха (*для рыбной ловли*)

coach park ['kəʊtʃpɑːk] стоянка автобусов

coach-whip ['kəʊtʃwɪp] *n* 1. кнут кучера 2. 1) длинный узкий кусок (*материала, бумаги*) 2) *pl* лоскуты 3. *амер. мор.* вымпел

coachwork ['kəʊtʃwɜːk] *n* кузовостроение

coachy ['kəʊtʃɪ] = coachee

coact [kəʊ'ækt] *v редк.* действовать совместно

coaction [kəʊ'ækʃ(ə)n] *n* 1. совместное действие 2. *биол.* обоюдная активность организмов в сообществе

co-active [kəʊ'æktɪv] *a* действующие совместно

coactive [kəʊ'æktɪv] *a* принудительный, обязательный

coadjutor [kəʊ'ædʒʊtə, -'ædʒʊ-] *n* 1. коадъютор, помощник 2. *церк.* коадъютор, заместитель (*епископа и других духовных лиц*)

coadjuvant [kəʊ'ædʒəvənt] *a книжн.* помогающий, содействующий

coaeval I, II [kəʊ'iːv(ə)l] = coeval I и II

coagula [kəʊ'ægjʊlə] *pl от* coagulum

coagulability [kəʊˌægjʊlə'bɪlɪtɪ] *n* свёртываемость

coagulable [kəʊ'ægjʊləb(ə)l] *a* способный к свёртыванию, к коагуляции

coagulant [kəʊ'ægjʊlənt] *n хим.* сгущающее вещество, коагулянт

coagulate [kəʊ'ægjʊleɪt] *v* 1) сгущать; свёртывать, коагулировать 2) сгущаться; свёртываться

coagulation [kəʊˌægjʊ'leɪʃ(ə)n] *n* коагуляция, свёртывание

coagulative [kəʊ'ægjʊleɪtɪv] *a* свёртывающий, коагулирующий

coagulator [kəʊ'ægjʊleɪtə] *n хим.* коагулятор

coagulum [kəʊ'ægjʊləm] *n* (*pl* -la) сгусток, коагулянт

coak [kəʊk] *n стр.* 1) затычка 2) деревянный шип, нагель 3) шпонка

coal I [kəʊl] *n* 1. (каменный) уголь; brown /lignite/ ~ бурый уголь, лигнит; drossy ~ неспекающийся уголь; hard /anthracite/ ~ антрацит; altogether ~ несортированный уголь; ~ getting выемка /добыча/ угля; ~ cutter врубовая машина 2. горящий уголь, уголёк; live ~ тлеющий уголь; a hot ~ fell from the fire раскалённый уголёк выпал из камина 3. *pl разг.* уголь (*топливо*); to lay in ~s for the winter запасти уголь на зиму; ~ hold *мор.* угольный трюм 4. *амер., арх.* древесный уголь
◊ to be on hot ~s (быть) как на угольях; ≅ сидеть как на иголках; to call /to haul, to drag, to take/ smb. over the ~s (for smth.) делать кому-л. выговор, дать нагоняй (за что-л.); ≅ задать головомойку кому-л.; to bear /to carry/ ~s *арх.* а) выполнять чёрную работу; б) примириться с оскорблением, со своим унизительным положением; to carry ~s to Newcastle возить уголь в Ньюкасл, заниматься бессмысленным делом (*ср.* ездить в Тулу со своим самоваром)

coal II [kəʊl] *v* 1. обугливаться 2. 1) грузить углём 2) грузиться углём 3. жечь уголь, быть углежогом

coal-basin ['kəʊlˌbeɪs(ə)n] *n* угольный бассейн

coal-bearing ['kəʊlˌbe(ə)rɪŋ] *a* угленосный

coal-bed ['kəʊlbed] *n* угольный пласт

coal-black ['kəʊl'blæk] *a* чёрный как смоль

coal-breaker ['kəʊlˌbreɪkə] *n* 1) углеобогатительная фабрика 2) углеробилка

coalbunker ['kəʊlˌbʌŋkə] *n* 1. угольный склад 2. *мор.* угольный бункер, угольная яма

coal car ['kəʊlkɑː] *амер.* 1. *ж.-д.* платформа для перевозки угля 2. *горн.* угольная вагонетка

coal cellar ['kəʊlˌselə] угольный подвал, подвал для хранения угля

coal clay ['kəʊlkleɪ] огнеупорная глина, шамот

coaldust ['kəʊldʌst] *n* каменноугольная пыль

coaler ['kəʊlə] *n* 1. *ж.-д., мор.* угольщик 2. грузчик угля 3. торговец углём

coalesce [ˌkəʊə'les] *v* 1. соединяться; срастаться (*о сломанной кости и т. п.*) 2. объединяться (*в группы и т. п.*); the thirteen colonies ~d to form a nation тринадцать колоний слились в одно государство (*США*) 3. *физ.* коалесцировать

coalescence [ˌkəʊə'les(ə)ns] *n* 1. соединение, слипание; сращение 2. объединение (*в группы и т. п.*) 3. *физ.* коалесценция

coalescent [ˌkəʊə'les(ə)nt] *a* сросшийся, слипшийся

coalface ['kəʊlfeɪs] *n* угольный забой

coalfield ['kəʊlfiːld] *a* каменноугольный бассейн, месторождение угля

coalfish ['kəʊlfɪʃ] *n зоол.* 1) серебристая сайда (*Gadus virens*) 2) угольная рыба (*Anoplopoma fimbria*)

coal-flap ['kəʊlflæp] *n* крышка находящегося на тротуаре люка угольного подвала

coal gas ['kəʊl'gæs] каменноугольный газ

coal-heaver ['kəʊlˌhiːvə] *n* 1. возчик, разносчик угля 2. кочегар; истопник

coal hod ['kəʊlhɒd] *амер.* = coalscuttle

coalhole ['kəʊlhəʊl] *n* 1) подвал для хранения угля 2) люк для спуска угля в подвал

coalhouse ['kəʊlhaʊs] *n* угольный склад, сарай

coalification [ˌkəʊlɪfɪ'keɪʃ(ə)n] *n* обугливание, углефикация, карбонизация

coaling ['kəʊlɪŋ] *n* загрузка угля, бункеровка

coaling station ['kəʊlɪŋˌsteɪʃ(ə)n] 1) *ж.-д.* угольная станция 2) *мор.* угольный порт

coalition [ˌkəʊə'lɪʃ(ə)n] *n* коалиция; союз (*временный*); ~ government коалиционное правительство; to form a ~ создать коалицию; to enter a ~ вступить в коалицию

coalitional [ˌkəʊə'lɪʃ(ə)nəl] *a* коалиционный

coalitionist [ˌkəʊə'lɪʃ(ə)nɪst] *n* участник коалиции

coalize [ˌkəʊə'laɪz] *v* 1) создавать коалицию 2) вступать в коалицию

co-ally [kəʊ'ælaɪ] *n* союзник

coalman ['kəʊlmæn] *n* (*pl* -men [-men]) 1. 1) углекоп 2) углепромышленник 3) угольщик, продавец или разносчик угля 2. угольщик (*судно*)

coal-master ['kəʊlˌmɑːstə] = coal-owner

coal measures ['kəʊlˌmeʒəz] *геол.* каменноугольные пласты; каменноугольная свита

coal-meter ['kəʊlˌmiːtə] *n ист.* чиновник, отмеряющий *или* взвешивающий уголь (*в Англии*)

coalmine ['kəʊlmaɪn] *n* угольная копь, шахта

coalminer ['kəʊlˌmaɪnə] *n* забойщик, углекоп

coalminer's lungs ['kəʊlˌmaɪnəz'lʌŋz] *мед.* антракоз лёгких

coal-mining ['kəʊlˌmaɪnɪŋ] *n* добыча угля

coal-oil ['kəʊlɔɪl] *n* 1) сырая нефть, полученная из битумного угля 2) минеральное масло

coal-owner ['kəʊlˌəʊnə] *n* владелец каменноугольных копей, шахтовладелец

coal pit ['kəʊlpɪt] 1. угольная шахта *или* копь 2. яма углежога

coalsack ['kəʊlsæk] *n* 1. мешок для угля 2. (С.) *астр.* Угольный мешок

coalscuttle ['kəʊlˌskʌtl] *n* деревянный

ящик *или* металлическое ведёрко для угля (*обыкн. около камина*)
coal-seam ['kəʊlsi:m] = coal-bed
coal tar ['kəʊl'tɑ:] каменноугольная смола; каменноугольный дёготь
coal-works ['kəʊlwɜ:ks] *n употр. с гл. в ед. и мн. ч.* угольная копь
coaly ['kəʊlɪ] *a* 1. угольный, углистый, содержащий уголь 2. чёрный как смоль 3. покрытый угольной пылью
coalyard ['kəʊljɑ:d] *n* угольный склад (*где продаётся уголь*)
coaming ['kəʊmɪŋ] *n мор.* комингс
co-anchor [kəʊ'æŋkə] *тлв.* помощник ведущего (*программу*); второй ведущий
coapt [kəʊ'æpt] *v редк.* 1. прилаживать (*предметы друг к другу*); приспособлять 2. соединять, склеивать, сшивать
coaptation [ˌkəʊæp'teɪʃ(ə)n] *n* 1. прилаживание, приспособление (*предметов, частей друг к другу*) 2. соединение *или* сближение (*костных обломков при переломе, краёв раны*)
coarctate [kəʊ'ɑ:kteɪt] *a* плотно сросшийся, тесно связанный (*о тканях, органах и т. п.*); ~ larva /pupa/ *энт.* ложная куколка
coarse [kɔ:s] *a* 1. грубый; ~ clothes [furniture, food] грубая одежда [мебель, пища]; ~ thread грубые нитки; ~ features грубые черты лица; ~ breaking *спец.* первичное дробление; ~ tuning *радио* грубая настройка; ~ work *геол.* рекогносцировочная разведка 2. крупный, крупнозернистый; ~ sand крупный песок; ~ oatmeal овсяная крупа крупного помола; ~ grain а) серые зерновые хлеба; б) кормовые *или* фуражные зерновые 3. 1) негладкий, шероховатый; ~ skin загрубевшая кожа 2) необделанный; сырой (*о материале*); ~ wool грубая шерсть 4. 1) грубый; невежливый; ~ manners [methods] грубые манеры [методы] 2) непристойный, вульгарный; ~ language непристойный /вульгарный/ язык; ~ joke неприличный анекдот; don't be ~! нельзя ли без похабщины!
coarse-crystalline ['kɔ:s,krɪstəlaɪn] *a* крупнокристаллический, (состоящий) из крупных кристаллов
coarse-fibred ['kɔ:s,faɪbəd] *a* грубоволокнистый
coarse fish ['kɔ:sfɪʃ] 1) (любая) пресноводная рыба (*кроме лососёвых*) 2) малоценная (*съедобная*) рыба
coarse fishing [ˌkɔ:s'fɪʃɪŋ] пресноводная рыбная ловля
coarse-grained ['kɔ:s,greɪnd] *a* 1) крупнозернистый, грубозернистый; ~ wood широкослойная древесина 2) *разг.* грубый (*о человеке*)
coarsen ['kɔ:s(ə)n] *v* 1) делать грубым, огрублять; some soaps can ~ the skin от некоторых сортов мыла кожа грубеет 2) грубеть; her hands ~ed её руки огрубели
coarticulate [ˌkəʊɑ:'tɪkjʊleɪt] *v спец.* сочленять
coast I [kəʊst] *n* 1. 1) морской берег, побережье; flat [steep, rocky] ~ ровный [крутой, скалистый] берег; on the ~ на побережье; off the French ~ у берегов Франции; from ~ to ~ от берега до берега, по всей стране; the company has branches from ~ to ~ эта компания имеет филиалы во многих городах страны; C. Air Forces *воен.* авиация береговой обороны; береговая авиация; C. Artillery *воен.* береговая артиллерия; C. Defence *воен.* береговая оборона; ~ watch post *воен.* береговой пост охраны 2) (the C.) *амер.* Тихоокеанское побережье 2. *амер.* 1) снежные горы для катания на санках 2) спуск с горы на санках 3. *спорт.* крутой спуск на велосипеде свободным колесом 4. = coasting 2, 3)
◊ the ~ is clear путь свободен; всё спокойно
coast II [kəʊst] *v* 1. плавать вдоль побережья 2. *амер.* кататься с горы на санках 3. *спорт.* спускаться с горы на велосипеде свободным колесом 2) *спорт.* бежать по инерции 3) *авт.* двигаться накатом 4) *ав.* лететь по инерции 4. *амер. разг.* делать (*что-л.*) без особого усилия, *особ.* без труда сдать экзамен; he saw that he could not just ~ through the school он понял, что кончить школу не так легко 5. *разг.* прийти в экстаз (*под влиянием наркотиков или джаза*)
coastal ['kəʊstl] *a* береговой; прибрежный; ~ waters прибрежные воды; ~ submarine подводная лодка прибрежного действия; ~ state прибрежный штат; ~ traffic каботажное плавание; ~ patrol service береговая патрульная служба
coastal plain [ˌkəʊstl'pleɪn] береговая прибрежная равнина (*участок обнажившегося морского дна*)
coaster ['kəʊstə] *n* 1. каботажное судно 2. житель прибрежного *или* берегового района 3. 1) подставка для стакана, бутылки *и т. п.* 2) поддон(ник) 3) *ист.* серебряный поднос (*часто на колёсиках*) для графина 4. *амер.* санки для катания с гор 2) любитель катания на санках с гор 5. *амер.* аттракцион «американские горы» (*тж.* roller-coaster) 6. велосипед с ножным тормозом 7. *австрал. разг.* бездельник, бродяга
coaster brake ['kəʊstə,breɪk] *тех.* ножной велосипедный тормоз
coaster wagon ['kəʊstə,wægən] *амер.* детские салазки
Coast Guard ['kəʊstgɑ:d] *амер. воен.* морская пограничная охрана, береговая охрана
coast-guard ['kəʊstgɑ:d] *n* 1) береговая охрана; ~ station *воен.* морской пограничный пост, морской пограничный гарнизон [*ср. тж.* Coast Guard] 2) *ист.* таможенная береговая стража
coasting ['kəʊstɪŋ] *n* 1. каботажное судоходство 2. 1) *спорт.* бег по инерции 2) *тех.* движение по инерции, выбег 3) *ав.* полёт по инерции 4) *авт.* движение накатом
coasting trade ['kəʊstɪŋ,treɪd] 1) каботажное судоходство, каботаж 2) каботажная торговля
coasting-vessel ['kəʊstɪŋ,ves(ə)l] *n* каботажное судно
coastland ['kəʊstlænd] *n* прибрежная полоса *или* зона; приморье, взморье
coastline ['kəʊstlaɪn] *n* береговая линия
coast-man ['kəʊstmən] *n* (*pl* -men [-mən]) житель прибрежной полосы
coast pilot ['kəʊst,paɪlət] 1. прибрежный лоцман 2. описание берегов (*справочник*)
coast-to-coast [ˌkəʊsttə'kəʊst] *a* простирающийся от берега до берега (*от Атлантики до Тихого океана*); относящийся ко всей территории США; ~ television network телевизионная сеть, охватывающая всю страну
coast-waiter ['kəʊst,weɪtə] *n* таможенный досмотрщик
coastward(s) ['kəʊstwəd(z)] *adv* по направлению к берегу
coast-warning ['kəʊst,wɔ:nɪŋ] *n мор.* штормовой сигнал
coastways ['kəʊstweɪz] = coastwise II
coastwise I ['kəʊstwaɪz] *a* каботажный; ~ traffic каботажное плавание

coastwise II ['kəʊstwaɪz] *adv* вдоль берега; to sail ~ плыть вдоль берега
coat I [kəʊt] *n* 1. 1) пиджак; жакет; куртка; китель; morning ~ визитка; tail /claw-hammer/ ~ фрак; ~ and skirt женский костюм 2) верхняя одежда, пальто; fur ~ шуба 2. 1) мех, шерсть; шкура (*животного*); to cast its ~ линять (*о животном*) 2) оперение (*птицы*) 3. 1) *анат.* оболочка, плева 2) *спец.* оболочка; protein ~ белковая оболочка (*вируса*) 4. 1) покров, слой; ~ of snow снежный покров; ~ of paint [varnish, dirt, dust] слой краски [лака, грязи, пыли] 2) *спец.* грунт 3) *стр.* намёт (*штукатурки*) 4) *спец.* обшивка, облицовка; плакировка
◊ to wear the king's /the queen's/ ~ служить в английской армии; to dust smb.'s ~ *см.* dust II ◊; to turn one's ~ переменить свои убеждения, перейти на сторону противника, перебежать в лагерь противника; to take off one's ~ приготовиться к драке; to take off one's ~ to the work взяться за работу засучив рукава; to trail one's ~ держаться вызывающе, лезть в драку; cut the /one's/ ~ according to the /one's/ cloth ≅ по одёжке протягивай ножки; it's not the gay ≅ that makes the gentleman ≅ не одежда красит человека
coat II [kəʊt] *v* 1. 1) покрывать слоем (*чего-л.*); to ~ wood with paint покрасить /окрасить/ дерево; ice ~ed the roads дороги покрылись льдом /обледенели/ 2) *спец.* грунтовать 3) *спец.* облицовывать 2. *редк.* одевать
coat-armour ['kəʊt,ɑ:mə] *n* герб
coat-dress ['kəʊtdres] *n* платье-пальто; прямое платье на пуговицах
coated ['kəʊtɪd] *a* 1) покрытый (*чем-л.*); pills ~ with sugar пилюли, покрытые сахаром [*ср. тж.* ◊]; ~ tongue *мед.* обложенный язык; ~ electrode *элк.* обмазанный электрод; ~ lens *кино, фото* просветлённый объектив 2) *спец.* облицованный 3) мелованный (*о бумаге*)
◊ ~ pill подслащённая пилюля [*ср. тж.*]
coatee [kəʊ'ti:] *n* короткая облегающая куртка, жакетка; фигаро
coath [kəʊð] = cothe
coat-hanger ['kəʊt,hæŋə] *n* вешалка-плечики для пальто
coati [kəʊ'ɑ:tɪ] *n зоол.* коати, носуха обыкновенная (*Nasua rufa*)
coati-mondi, coati-mundi [kəʊ,ɑ:tɪ'mʊndɪ] = coati
coating ['kəʊtɪŋ] *n* 1. слой (*краски и т. п.*); покров; ~ of white слой белой краски 2. *спец.* покрытие, обмазка 3. материал для пальто; одёжная ткань
coatless ['kəʊtlɪs] *a* 1. без пальто 2. не имеющий герба
coat of arms [ˌkəʊtəv'ɑ:mz] *геральд.* герб, щит герба
coat of mail [ˌkəʊtəv'meɪl] кольчуга
coatrack ['kəʊtræk] *n* настенная вешалка
coatroom ['kəʊtrʊm, -ru:m] = cloakroom 1 и 2
coat-style ['kəʊtstaɪl] *a* с пуговицами спереди по всей длине (*о рубашке и т. п.*)
coat-tail ['kəʊtteɪl] *n* 1. фалда (*фрака, мундира и т. п.*) 2. *pl* связи в верхах; помощь влиятельного родственника, знакомого; протекция; ~ «рука»; to climb /to hang, to ride/ on smb.'s ~s добиться (незаслуженного) успеха с помощью влиятельного лица; пойти

в го́ру благодаря́ свя́зям /чьей-л. подде́ржке/

coat-trailing I [ˈkəʊtˌtreɪlɪŋ] *n* вызыва́ющее поведе́ние; провоци́рование дра́ки

coat-trailing II [ˈkəʊtˌtreɪlɪŋ] *a* провоци́рующий, вызыва́ющий (*что-л.*); науська́ивающий; a ~ newspaper report провокацио́нное газе́тное сообще́ние

coat tree [ˈkəʊttriː] = clothes tree

co-author I [kəʊˈɔːθə] *n* соа́втор

co-author II [kəʊˈɔːθə] *v* писа́ть, создава́ть в соа́вторстве (*с кем-л.*); he had written a couple of plays ~ed with somebody else он написа́л две пье́сы в соа́вторстве с ке́м-то други́м

coax I [kəʊks] *n* 1. лиса́, подли́за 2) льсти́вая, вкра́дчивая речь 2. *воен. жарг.* пулемёт компле́ксной устано́вки

coax II [kəʊks] *v* 1) угова́ривать, задо́бривать, улеща́ивать; to ~ smb. out of his money вы́манить у кого́-л. де́ньги 2) добива́ться (*чего-л.*) с по́мощью ле́сти, угово́ров; to ~ a secret out of smb. подольсти́ться к кому́-л. и вы́пытать секре́т 3) терпели́во добива́ться (*чего-л.*); to ~ a fire to burn терпели́во разжига́ть ого́нь

coaxal [kəʊˈæks(ə)l] = coaxial

coaxial [kəʊˈæksɪəl] *a спец.* совпада́ющий ося́ми, име́ющий о́бщую ось; коаксиа́льный, со́осный; ~ cable *радио* коаксиа́льный ка́бель

coaxing [ˈkəʊksɪŋ] *n* задо́бривание, угова́ривание

cob[1] [kɒb] *n* 1. ле́бедь-саме́ц 2. коб (*порода коренастых верховых лошадей*) 3. сте́ржень поча́тка кукуру́зы 4. = cobnut 1 5. *диал.* я́блоко, запечённое в те́сте

cob[2] [kɒb] *n* 1) глы́ба 2) *горн.* небольшо́й цели́к угля́ 3) обма́зка из гли́ны с соло́мой; ~ wall глинобитная стена́

cob[3] [kɒb] *n зоол.* ча́йка (*Larus marinus*)

cob[4] [kɒb] *n* уда́р

cob[5] II [kɒb] *v* 1. дроби́ть руду́ вручну́ю 2. *диал.* ударя́ть кого́-л. 3) *мор.* нака́зывать матро́сов 3. молоти́ть

cobalamine [kə(ʊ)ˈbæləmɪn] = cyanocobalamine

cobalt [ˈkəʊbɔːlt] *n хим.* ко́бальт; ~ bomb коба́льтовая бо́мба; ~ blue коба́льтовая синь (*краска*)

cobaltite [kə(ʊ)ˈbɔːltaɪt] *n мин.* кобальти́н, коба́льтовый блеск

cobb [kɒb] = cob[3]

cobber [ˈkɒbə] *n австрал., новозел. разг.* прия́тель, дружи́ще

cobble[1] I [ˈkɒb(ə)l] *n* 1. булы́жник 2. *pl* кру́пный у́голь

cobble[1] II [ˈkɒb(ə)l] *v* мости́ть (*булыжником*)

cobble[2] I [ˈkɒb(ə)l] *n* гру́бая, топо́рная почи́нка *или* запла́та (*обыкн. на обуви*); гру́бое шитьё

cobble[2] II [ˈkɒb(ə)l] *v* гру́бо, топо́рно чини́ть (*обыкн. обувь*); ста́вить запла́ты (*тж.* ~ up)

cobble[3] [ˈkɒb(ə)l] = coble

cobbled [ˈkɒb(ə)ld] *a* мощёный; ~ street булы́жная мостова́я

cobbler[1] [ˈkɒblə] *n* 1) сапо́жник, занима́ющийся почи́нкой о́буви 2) плохо́й ма́стер, «сапо́жник» 2. *австрал.* после́дняя остри́женная овца́

cobbler[2] [ˈkɒblə] *n* 1) ко́бблер, напи́ток из вина́, са́хара и лимо́на со льдом 2. *амер.* фрукто́вый пиро́г с то́лстой ве́рхней ко́ркой

cobbler[3] [ˈkɒblə] *n амер. сл.* 1) подде́лыватель докуме́нтов 2) фальшивомоне́тчик

cobblers [ˈkɒbləz] *n употр. с гл. во мн. ч. разг.* чепуха́, вздор; пуста́я болтовня́; it was all a load of ~ э́то был про́сто трёп

cobbler's wax [ˈkɒbləzˌwæks] воск для воще́ния ни́ток

cobblestone [ˈkɒbl(ə)ˌstəʊn] = cobble[1] I 1

cobbling [ˈkɒblɪŋ] *n* почи́нка о́буви; ~ done here здесь принима́ется в почи́нку о́бувь, ремо́нт о́буви (*вывеска*)

cobbly [ˈkɒblɪ] *a* 1. мощённый булы́жником, булы́жный (*о мостовой*) 2. тря́ский; ~ road тря́ская /скве́рная/ доро́га

cobby [ˈkɒbɪ] *a* 1. низкоро́слый, корена́стый 2. своево́льный, упря́мый 3. *диал.* кре́пкий, здоро́вый; здорове́нный

cob crusher [ˈkɒbˌkrʌʃə] *с.-х.* поча́ткодроби́лка

co-belligerent [ˌkəʊbɪˈlɪdʒ(ə)rənt] *n* сою́зник (в войне́), сою́зующая сторона́

coble [ˈkəʊb(ə)l, ˈkɒb(ə)l] *n* шестивёсельный па́русный рыболо́вный бот, кобль

cobloaf [ˈkɒbləʊf] *n* кру́глый подо́вый хле́бец

cob meal [ˈkɒbmiːl] *амер.* кукуру́зная мука́, смо́лотая вме́сте с поча́тками

cob-nosed [ˈkɒbˌnəʊzd] *a* толстоно́сый; ≅ нос карто́шкой

cobnut [ˈkɒbnʌt] *n* 1. 1) *бот.* лещи́на, фунду́к (*Corylus avellana*) 2) фунду́к (*орех*) 2. де́тская игра́ в оре́хи

COBOL, Cobol [ˈkəʊbɒl] *n* (*сокр. от* Common Business-Oriented Language) *информ.* КОБО́Л, язы́к программи́рования для комме́рческих и делов́ых зада́ч

cobordism [kəʊˈbɔːdɪz(ə)m] *n мат.* кобордизм, вну́тренняя гомоло́гия

cobra [ˈkɒbrə, ˈkəʊbrə] *n зоол.* ко́бра (*Naja*)

cobra de capello [ˌkɒbrədɪkəˈpeləʊ, ˌkəʊbrə-] *зоол.* со́бственно ко́бра, очко́вая змея́ (*Naja naja*)

co-brother [kəʊˈbrʌðə] *n* собра́т

cob-swan [ˈkɒbˌswɒn] *n* ле́бедь-саме́ц

coburg [ˈkəʊbɜːg] *n текст.* са́ржа «ко́бург»

cobweb I [ˈkɒbweb] *n* 1. 1) паути́на 2) нить паути́ны 2. лёгкая прозра́чная ткань (*особ. кружево*); ~ veil вуа́ль-паути́нка; ~ bridge хру́пкий /кружевно́й/ мо́стик 3. 1) хитроспле́те́ние, то́нкости; rope of ~s нить хитроспле́те́ний 2) тенёта, западня́; caught in the ~ of lies запу́тавшийся в тенёт́ах лжи 4. *pl* пу́таница, неразбери́ха, беспоря́док; to rid the text of its ~s устрани́ть нея́сности и́з текста, уточни́ть текст; she has ~s in her head ≅ у неё ка́ша в голове́

◊ ~ morning тума́нное у́тро; to blow (away) the ~s from one's mind вы́йти прове́триться /прогуля́ться/; he has a ~ in his throat у него́ пересо́хло в го́рле

cobweb II [ˈkɒbweb] *v ре́дк.* 1. плести́ паути́ну; оплета́ть паути́ной 2. пу́тать; вноси́ть пу́таницу, беспоря́док; drunkenness ~bed his mind пья́нство помути́ло его́ ра́зум

cobwebbed [ˈkɒbwebd] *a* 1. покры́тый паути́ной 2. *бот.* мелкомши́стый

cobweb bird [ˈkɒbwebˌbɜːd] *зоол.* мухоло́вка (*Muscicapidae fam.*)

cobwebby [ˈkɒbˌwebɪ] *a* 1) затя́нутый паути́ной, похо́жий на паути́ну 2) забро́шенный; ста́рый, заплесневе́вший

coca [ˈkəʊkə] *n бот.* ко́ка, кокаи́новый куст (*Erythroxylum coca*)

Coca-Cola [ˌkəʊkəˈkəʊlə] *n* ко́ка-ко́ла

Cocaigne [kɒˈkeɪn] = Cockaigne

cocaine [kə(ʊ)ˈkeɪn] *n* кокаи́н; ~ addict кокаини́ст

cocainism [kə(ʊ)ˈkeɪnɪz(ə)m] *n ре́дк.* кокаини́зм, кокаи́новая наркома́ния

cocainist [kə(ʊ)ˈkeɪnɪst] *n* кокаини́ст

cocainize [kə(ʊ)ˈkeɪnaɪz] *v* впры́скивать, вводи́ть кокаи́н

cocci [ˈkɒk(s)aɪ] *pl от* coccus

coccid [ˈkɒksɪd] *n энт.* черве́ц (*Coccidae*)

coccidium [kɒkˈsɪdɪəm] *n бот.* цистока́рпий

coccus [ˈkɒkəs] *n* (*pl* cocci) 1. *бакт.* кокк 2. *бот.* оре́шек

coccygeal [kɒkˈsɪdʒɪəl] *a анат.* ко́пчиковый

coccyges [kɒkˈsaɪdʒiːz] *pl от* coccyx

coccyx [ˈkɒksɪks] *n* (*pl* coccyges) *анат.* ко́пчик

co-chair [kəʊˈtʃeə] *v* сопредседа́тельствовать

co-chairman [kəʊˈtʃeəmən] *n* (*pl* -men [-mən]) сопредседа́тель

cochin(-china) [ˈkəʊtʃɪn(ˌtʃaɪnə), ˈkɒtʃɪn-] *n* кохинхи́нка (*порода кур*)

cochineal [ˌkɒtʃɪˈniːl] *n* 1. кошени́ль (*красная краска из тлей*) 2. *pl* червецы́ карминоно́сные (*Margarodinae*)

cochlea [ˈkɒklɪə] *n* (*pl* -leae) 1. *анат.* ули́тка, пере́дняя часть у́шного лабири́нта 2. ра́ковина ули́тки

cochleae [ˈkɒklɪiː] *pl от* cochlea

cochleare [ˌkɒklɪˈe(ə)rɪ] *n* ло́жка (*ме́ра лека́рства, ука́зываемая в реце́птах*)

cochleariform [ˌkɒklɪˈe(ə)rɪfɔːm] *a* ложкообра́зный

cochromatography [ˌkəʊˌkrəʊməˈtɒgrəfɪ] *n хим.* совме́стная хроматогра́фия

cock[1] I [kɒk] *n* 1. пету́х; fighting ~ а) бойцо́вый пету́х; *см.* 5 2. саме́ц (*преим. птицы*); the ~ bird of this species саме́ц э́того ви́да птиц; ~ turkey индю́к; ~ lobster саме́ц ома́ра; ~ duck селезень 3. петуши́ный крик 4. флю́гер 5. *разг.* драчу́н, забия́ка; заводи́ла; вожа́к (*тж.* fighting ~); ~ of the school пе́рвый драчу́н /заводи́ла/ в шко́ле 6. куро́к; at full ~ взведённый (*о курке́*); at half ~ на предохрани́тельном взво́де 7. вырази́тельный жест, движе́ние (вверх); with a knowing ~ of his eye to his neighbour многозначи́тельно взгляну́в на сосе́да 8. 1) кран 2) *спец.* (лаборато́рный) зажи́м для тру́бки 9. сторо́жо́к (*весо́в*) 10. стре́лка (*со́лнечных часо́в*) 11. *ав.* сиде́нье лётчика 12. = coak 13. *груб.* 1) полово́й член 2) друг (*обращение мужчины к мужчине*); listen, ~ послу́шай, друг; old ~ дружи́ще, стари́на 14. (-cock) как компоне́нт сло́жных слов со значе́нием саме́ц пти́цы: woodcock тетерев; peacock павли́н

◊ red ~ «кра́сный пету́х», пожа́р; ~ of the walk, ~ of the dunghill а) ва́жная персо́на, ме́стный заправи́ла; б) хозя́ин положе́ния; to live like a fighting ~ жить в ро́скоши; to knock into a ~ избить, изуро́довать; б) разби́ть в пух и прах; that ~ won't fight! ≅ э́тот но́мер не пройдёт!; a ~ is valiant /bold/ on his own dunghill на свое́й наво́зной ку́че и пету́х хра́брец; ≅ вся́к кули́к на своём боло́те вели́к; as the old ~ crows, so doth the young молодо́й пету́шо́к ста́рому подпева́ет

cock[1] II [kɒk] *v* 1. поднима́ть; to ~ the ears а) навостри́ть у́ши (*о животном*); б) *шутл.* навостри́ть у́ши, насторожи́ться; to ~ the nose задира́ть нос [*ср. тж.* ◊]; to ~ the eye *разг.* многозначи́тельно взгляну́ть, подмигну́ть; to ~ the hat зала́мывать шля́пу; he ~ed his hat on the back of his head он сдви́нул шля́пу на заты́лок 2. взводи́ть

(курок) 3. похваляться, важничать 4. дрессировать петухов 5. стрелять по вальдшнепам 6. замахиваться для удара или броска
◊ to ~ one's nose умереть [ср. тж. 1]
cock² I [kɒk] *n* стог
cock² II [kɒk] *v* складывать сено в стога, стоговать
cockabondy [ˌkɒkəˈbɒndi] *n* рыб. искусственная мушка
cockade [kɒˈkeɪd] *n* кокарда
cock-a-doodle-doo I [ˌkɒkəˌduːdlˈduː] *n* 1) кукареку 2) детск. петух, петушок
cock-a-doodle-doo II [ˌkɒkəˌduːdlˈduː] *v* кукарекать
cock-a-hoop [ˌkɒkəˈhuːp] *a* 1. 1) *predic* ликующий 2) самодовольный, хвастливо-задорный; he is ~ about his success он упоён своим успехом 2. 1) сбившийся набок; перекошенный 2) в беспорядке; everything is ~ in this office в этой конторе полная неразбериха
Cockaigne [kɒˈkeɪn] *n* 1. Кокейн, сказочная страна изобилия и праздности (*в средневековых легендах*) 2. *ирон.* «страна Кокни», беднейшая часть Лондона
cock-a-leekie [ˌkɒkəˈliːki] = cocky-leeky
cockalorum [ˌkɒkəˈlɔːrəm] *n* 1. *разг.* заносчивый коротышка; задавака, зазнайка 2. хвастовство, похвальба 3. чехарда
cockamamie, cockamamy I [ˌkɒkəˈmeɪmi] *n амер. сл.* абсурд, нелепость, бессмыслица
cockamamie, cockamamy II [ˌkɒkəˈmeɪmi] *a амер. сл.* 1. смехотворный; нелепый, абсурдный; ~ excuse смехотворная отговорка; ~ script нелепый сценарий 2. ничтожный, пустяковый, нестоящий 3. ненастоящий, второсортный
cock-and-bull story [ˌkɒkəndˈbʊlˌstɔːri] неправдоподобная история; выдумка, небылица
cockapoo [ˌkɒkəˈpuː] *n* кокапу, помесь кокер-спаниеля и пуделя
cockateel, cockatiel [ˌkɒkəˈtiːl] *n зоол.* австралийский попугай (*Calopsitta Novae-Hollandiae*)
cockatoo [ˌkɒkəˈtuː] *n* (*pl* -toos [-ˈtuːz]) 1. *зоол.* какаду, австралийский попугай (*Kakatoe gen.*) 2. австрал. 1) *разг.* мелкий фермер 2) *вор. жарг.* сообщник на стрёме
cockatoo fence [ˌkɒkəˈtuːˌfens] австрал. изгородь из жердей и сучьев
cockatrice [ˈkɒkətr(a)ɪs] *n миф.* василиск
Cockayne [kɒˈkeɪn] = Cockaigne
cockboat [ˈkɒkbəʊt] *n* привязная шлюпка
cockchafer [ˈkɒkˌtʃeɪfə] *n энт.* майский жук, хрущ (*Melolontha vulgaris*)
cockcrow, cockcrowing [ˈkɒkkrəʊ, -ˌkrəʊɪŋ] *n* 1) крик петухов 2) рассвет, утренняя заря; to rise at ~ встать с петухами
cocked [kɒkt] *a* поднятый, загнутый кверху; ~ hat a) треугольная шляпа с поднятыми полями; б) *амер.* игра типа кегель
Cocker [ˈkɒkə] Кокер (*автор учебника арифметики XVII в.*)
◊ according to ~ точно, правильно
cocker¹ [ˈkɒkə] *n* 1. 1) любитель петушиных боёв 2) владелец бойцовых петухов 2. = cocker spaniel
cocker² [ˈkɒkə] *n* 1) укладчик сена 2) тот, кто работает на уборке урожая
cocker³ [ˈkɒkə] *v редк.* ласкать, баловать (*детей*)
cockerel [ˈkɒk(ə)rəl] *n* петушок; the Golden C. Золотой петушок
cocker spaniel [ˌkɒkəˈspænɪəl] кокер-спаниель (*охотничья собака*)

cocker up [ˈkɒkə(r)ʌp] *phr v редк.* 1) поддерживать, помогать; to ~ an idea [hope] поддерживать идею [надежду] 2) потворствовать; to ~ evil потворствовать злу
cocket I [ˈkɒkɪt] *n* 1. *редк.* таможенная пошлина 2. *ист.* печать королевской таможни
cocket II [ˈkɒkɪt] *v ист.* ставить таможенную печать
cockeye [ˈkɒkaɪ] *n разг.* косящий глаз
cockeyed [ˌkɒkˈaɪd] *a разг.* 1. 1) косоглазый 2) косой; to be built ~ быть кривобоким, кособоким (*о человеке*) 3. «косой», пьяный 4. нелепый, абсурдный, смехотворный
cockeyed bob [ˌkɒkaɪdˈbɒb] австрал. прост. короткий сильный шторм
cockfight [ˈkɒkfaɪt] *n* петушиный бой
cockfighter [ˈkɒkˌfaɪtə] = cocker¹ 1
cockfighting [ˈkɒkˌfaɪtɪŋ] *n* петушиные бои
◊ to beat ~ превосходить всё
cockhorse [ˈkɒkˌhɔːs] *n* 1. игрушечная лошадка; on ~ верхом на палочке или на колене 2. *редк.* рослый конь; жеребец 3. пристяжная лошадь, впрягаемая при подъёме
◊ to ride a ~ заноситься, воображать
cockie-leekie [ˌkɒkiˈliːki] = cocky-leeky
cocking¹ [ˈkɒkɪŋ] *n* 1. = cockfighting 2. охота на вальдшнепов
cocking² [ˈkɒkɪŋ] *n* перекос; наклон
cockish [ˈkɒkɪʃ] *a* 1. *пренебр.* петушиный 2. самодовольный; напыщенный
cock-laird [ˈkɒkleəd] *n шотл.* владелец или арендатор небольшого земельного участка
cockle¹ [ˈkɒk(ə)l] *n* 1. *зоол.* сердцевидка, съедобный моллюск (*Cardium edule*) 2. раковина моллюска
◊ hot ~ «жучок», игра, в которой человек с завязанными глазами должен угадать, кто его ударил; to warm /to rejoice, to cheer, to delight/ the ~ of one's heart радовать от души
cockle² [ˈkɒk(ə)l] *n бот.* 1. куколь посевной или обыкновенный (*тж.* corn ~ *Agrostemma githago*) 2. плевел опьяняющий (*Lolium temulentum*)
cockle³ I [ˈkɒk(ə)l] *n* морщина, складка, изъян на гладкой поверхности (*бумаги, материи и т. п.*)
cockle³ II [ˈkɒk(ə)l] *v* 1. 1) морщиться, покрываться складками, коробиться (*о материи, бумаге, переплёте и т. п.*) 2) покрывать морщинами 2. покрываться рябью, барашками (*о море*)
cockle⁴ [ˈkɒk(ə)l] *n* печь для сушки хмеля
cockle hat [ˈkɒk(ə)lˌhæt] головной убор, украшенный раковиной (*отличительный знак паломника*)
cockleshell [ˈkɒk(ə)lʃel] *n* 1. раковина моллюска 2. утлое судёнышко, «скорлупка»
cockle-stairs [ˈkɒk(ə)lsteəz] *n редк. pl* винтовая лестница
cockling [ˈkɒklɪŋ] *n* закручивание по спирали
cockloft [ˈkɒklɒft] *n пренебр.* небольшая комната под крышей, чердак, мансарда; «скворечник»
cockney I [ˈkɒkni] *n* 1. кокни (*лондонское просторечие*) 2. *пренебр.* кокни, коренной лондонец (*уроженец Лондона, особ. восточной части*)
cockney II [ˈkɒkni] *a* характерный для кокни; ~ accent акцент кокни
cockneydom [ˈkɒknidəm] *n* 1) «королевство кокни» (*восточная часть Лондона*) 2) *собир.* жители района кокни

cockneyese [ˌkɒknɪˈiːz] *n* лондонское просторечие; язык кокни
cockpit [ˈkɒkpɪt] *n* 1. 1) арена для петушиных боёв 2) арена борьбы; the ~ of Europe *ист.* Бельгия (*как арена борьбы европейских держав*) 2. *мор.* кубрик; кокпит 3. 1) *ав.* открытая кабина 2) *авт.* открытый кузов (*гоночной машины*) 3) кабина авиадиспетчера 4. *геол.* кокпит, котловина
cockroach [ˈkɒkrəʊtʃ] *n энт.* 1. таракан-прусак (*Blattella germanica*) 2. насекомое семейства таракановых (*Blattoidae*)
cockscomb [ˈkɒkskəʊm] *n* 1. петушиный гребень 2. дурацкий, шутовской колпак 3. *бот.* целозия гребенчатая, петушиный гребешок (*Celosia cristata*) 4. = coxcomb
cock's-foot, cocksfoot [ˈkɒksfʊt] *n бот.* ежа сборная (*Dactylis glomerata*)
cock's-head, cockshead [ˈkɒkshed] *n бот.* эспарцет (*Onobrychis caput-galli*)
cockshot [ˈkɒkʃɒt] = cockshy
cockshut [ˈkɒkʃʌt] *n арх., диал.* сумерки; ~ light /time/ время, когда запирают домашнюю птицу, сумерки
cockshy [ˈkɒkʃaɪ] *n* 1) бросание палки и т. п. (*в какой-л.*) предмет или мишень (*на ярмарке и т. п.*) 2) предмет, в который бросают палку, мишень 3) мишень для насмешек, издевательств и т. п.
cock sparrow [ˌkɒkˈspærəʊ] 1) воробей-самец 2) *разг.* самовлюблённый коротышка
cockspur [ˈkɒkspɜː] *n* 1. шпора петуха 2. *бот.* боярышник (*Crataegus gen.*)
cocksure [ˌkɒkˈʃʊə] *a разг.* 1. (of, about) уверенный (*в чём-л.*) 2. самоуверенный 3. неизбежный (*о событии*)
cockswain [ˈkɒksweɪn, ˈkɒks(ə)n] *мор.* = coxswain
cocksy [ˈkɒksɪ] *a* самоуверенный, дерзкий, нахальный
cocktail¹ [ˈkɒkteɪl] *n* 1. лошадь с подрезанным хвостом 2. скаковая лошадь-полукровка 3. *неодобр.* выскочка, нувориш 4. *сл.* окурок сигареты с марихуаной
cocktail¹ I [ˈkɒkteɪl] *n* 1. коктейль 2. 1) закуска из крабов, устриц с соусом (*в порционной вазочке*) 2) фруктовый коктейль (*охлаждённые нарезанные фрукты*) 3) томатный или фруктовый сок, подаваемый перед обедом 3. *воен. жарг.* зажигательная смесь, бутылка с зажигательной смесью (*тж.* Molotov ~)
cocktail² II [ˈkɒkteɪl] *a* 1. коктейльный, относящийся к коктейлю; ~ hour предобеденный час (*обыкн. 18—20*); время коктейлей; ~ glass бокал для коктейля (*колоколообразный, на короткой ножке*) 2. выходной (*о дневной одежде*); ~ dress короткое нарядное платье (*не вечернее*)
cocktail² III [ˈkɒkteɪl] *v* 1) пить коктейль 2) присутствовать на коктейле 3) устраивать коктейль, предобеденный приём гостей; угощать коктейлями
cocktail bar [ˈkɒkteɪlˌbɑː] коктейль-бар, бар высшего разряда (*в гостинице и т. п.*)
cocktail belt [ˈkɒkteɪlˌbelt] зелёные пригороды, местожительство зажиточных людей
cocktailed¹ [ˈkɒkteɪld] *a* 1. с подрезанным хвостом (*о лошади*) 2. с поднятым или подрезанным хвостом
cocktailed² [ˈkɒkteɪld] *a* подвыпивший, выпивший много коктейля
cocktail lounge [ˈkɒkteɪllaʊndʒ] коктейльный зал, бар (*в гостинице и т. п.*)

cocktail party ['kɒkteɪlˌpɑːtɪ] коктейль (*приём гостей с подачей коктейлей и других напитков с лёгкой закуской*)
cocktail table ['kɒkteɪlˌteɪb(ə)l] = coffee table
cock up ['kɒkˈʌp] *phr v* 1. поднимать; he sat down and cocked his feet up on the desk он сел и задрал ноги на письменный стол 2. *сл.* напутать, перепутать; they completely cocked up our arrangements они спутали все наши планы
cockup ['kɒkʌp] *n* 1. загнутый кверху конец (*чего-л.*) 2. шляпа с полями, загнутыми спереди вверх 3. *сл.* неразбериха, кутерьма, путаница 4. *полигр.* строчная буква с верхним выносным элементом
cockweed ['kɒkwiːd] *n бот.* 1. кресс-салат, клоповник посевной (*Lepidium sativum*) 2. куколь посевной *или* обыкновенный (*Agrostemma githago*)
cocky¹ I ['kɒkɪ] *n ласк.* петушок
cocky¹ II ['kɒkɪ] *a разг.* 1) дерзкий, нахальный 2) самоуверенный; много о себе мнящий
cocky² ['kɒkɪ] = cockatoo 2
cocky-leeky [ˌkɒkɪˈliːkɪ] *n шотл.* куриный бульон, заправленный луком
coco ['kəʊkəʊ] *n* 1. 1) *бот.* кокосовая пальма (*Cocos nucifera*) 2) = coconut 2. *сл.* башка
cocoa¹ ['kəʊkəʊ] = coco 1
cocoa² ['kəʊkəʊ] *n* 1. какао (*порошок и напиток*) 2. цвет какао, светло-шоколадный цвет
cocoa bean ['kəʊkəʊˌbiːn] боб какао
cocoa butter [ˌkəʊkəʊˈbʌtə] какао-масло, масло какао
cocoa-nib ['kəʊkəʊnɪb] *n* зерно какао, очищенное от шелухи
cocoanut ['kəʊkənʌt] = coconut
cocoa powder [ˌkəʊkəʊˈpaʊdə] бурый порох
coconscious [kəʊˈkɒnʃəs] *a* 1. духовно родственный; ~ people родственные души 2. *психол.* относящийся к сопутствующему сознанию
coconsciousness [kəʊˈkɒnʃəsnɪs] *n психол.* сопутствующее сознание (*побочные мысли, идущие параллельно с главным течением мыслительного процесса*)
coconut ['kəʊkənʌt] *n* кокос, плод кокосовой пальмы; ~ oil кокосовое масло (*для мыла, косметики*); ~ milk кокосовое молоко
coconut ice [ˌkəʊkənʌtˈaɪs] грильяж с дроблёным кокосовым орехом
coconut matting [ˌkəʊkənʌtˈmætɪŋ] циновки из волокна кокосового ореха
coconut palm ['kəʊkənʌtˌpɑːm] = coco 1, 1)
coconut-shy ['kəʊkənʌtˌʃaɪ] сшибание кокосовых орехов (*игра типа кегельбана*)
coconut tree ['kəʊkənʌtˌtriː] = coco 1, 1)
cocoon I [kəˈkuːn] *n* кокон
cocoon II [kəˈkuːn] *v* 1. делать кокон 2. закутывать; we ~ed ourselves in red blankets мы закутались в красные одеяла 3. 1) укрывать чехлами, кожухами (*автомобиль и т. п.*) 2) ставить на консервацию 4. откладывать на будущее, про запас
cocoonery [kəˈkuːnərɪ] *n амер.* червоводня; станция для выводки целлюлярной грены
coco palm ['kəʊkəˌpɑːm] = coco 1, 1)
cocopan ['kəʊkəpæn] *n южно-афр.* небольшая вагонетка

cocotte¹ [kəˈkɒt, kɒˈkɒt] *n* кокотница, порционная кастрюлечка (*для горячих закусок*)
cocotte² [kəˈkɒt, kɒˈkɒt] *n* кокотка
coctile ['kɒkt(a)ɪl] *a* обожжённый (*о фарфоре и т. п.*)
Cocytus [kəˈsaɪtəs] *n греч. миф.* Кокит, Коцит (*река в царстве мёртвых*)
cod¹ I [kɒd] *n* (*pl без изм.*) *зоол.* треска (*Gadus morrhua*)
cod¹ II [kɒd] *v* ловить треску
cod² [kɒd] *n* 1. мешок 2. *бот.* стручок; оболочка, шелуха
cod³ I [kɒd] *n* 1. *разг.* чудак, дурак 2. пародия, сатирическое подражание; шутка, розыгрыш; одурачивание
cod³ II [kɒd] *a* дурацкий, идиотский, рассчитанный на дураков
cod³ III [kɒd] *v* дурачить, подшучивать, обманывать, разыгрывать
coda ['kəʊdə] *n* 1. *муз.* кода 2. заключительная часть (*чего-л.*); эпилог (*романа и т. п.*) 3. *стих.* кода, добавочный стих в стихотворении (*сонете и др.*)
coddle¹ I ['kɒdl] *n разг.* неженка, баловень
coddle¹ II ['kɒdl] *v* ухаживать (*как за больным*); нянчиться; баловать; изнеживать; холить (*часто* ~ up)
coddle² ['kɒdl] *v* варить на медленном огне, не давая закипеть (*особ. фрукты*)
code I [kəʊd] *n* 1. 1) кодекс, свод законов; civil ~ гражданский кодекс; criminal /penal/ ~ уголовный кодекс; ~ of commerce торговый кодекс; Black C. *амер.* «Чёрный кодекс» (*рабовладельческие законы об отмене рабства*) 2) законы, принципы (*чести, морали и т. п.*); moral ~ моральный кодекс; ~ of honour законы чести; to live up to the ~ of the school поступать согласно традициям (*данной*) школы 2. 1) код; Morse ~ код /азбука/ Морзе; telegraphic ~ телеграфный код; ~ map *мор.* кодированная карта; ~ beacon *мор.* сигнальный маяк; ~ panel *ав.* сигнальное полотнище; ~ generator *вчт.* генератор команд; ~ line *вчт.* строка (*текста*) программы 2) шифр; a telegram in ~ шифрованная телеграмма, шифрограмма, шифровка 3. *биол.* генетический код (*тж.* genetic ~) 4. *вчт.* программа (*особ. прикладная*) 5. *ком.* маркировка; шифр, индекс (*продукта*)
code II [kəʊd] *v* 1. кодифицировать 2. 1) кодировать 2) шифровать 3. *биол.* определять генетический код 4. *ком.* маркировать; проставлять *или* присваивать шифр, индекс
codebreaker [ˈkəʊdˌbreɪkə] *n* дешифровщик
co-debtor [kəʊˈdetə] *n юр.* содолжник
codec [ˈkəʊdek] *n* шифратор-дешифратор, кодер-декодер (<coder + decoder>)
code clerk [ˈkəʊdˌklɑːk] шифровальщик
code dating [ˌkəʊdˈdeɪtɪŋ] датирование (*времени выпуска, срока хранения и т. п.*) на упаковке портящихся продуктов *или* лекарств
code duello [ˌkəʊdeɪd(j)ʊˈeləʊ] *ит.* дуэльный кодекс, правила, регулирующие проведение дуэли
codefendant [ˌkəʊdɪˈfendənt] *n юр.* сообвиняемый; соответчик
codeine [ˈkəʊdiːn] *n фарм.* кодеин
code name [ˈkəʊdˌneɪm] кодовое название *или* наименование
code-name [ˈkəʊdneɪm] *v* присваивать кодовое название *или* наименование; bomber ~d Hot Point 22 бомбардировщик под кодовым наименованием «Хот-Пойнт-22»

coder [ˈkəʊdə] *n* 1. 1) шифровальщик 2) кодировщик 2. *вчт.* кодирующее устройство, кодер
code-switching [ˈkəʊdˌswɪtʃɪŋ] *n лингв.* переключение с одной системы кодов (*языка и т. п.*) на другую
codetermine [ˌkəʊdɪˈtɜːmɪn] *v* совместно определять (*политику и т. п.*)
codetta [kəˈdetə] *n муз.* кодетта
codex [ˈkəʊdeks] *n* (*pl* codices) 1. кодекс, старинная рукопись (*особ. Священного писания или классических авторов*) 2. *уст.* = code I 1 3. фармакопея; свод правил для изготовления лекарств
cod-fish [ˈkɒdfɪʃ] = cod¹ I
codger [ˈkɒdʒə] *n разг.* 1. скупой старик; (*старый*) скряга 2. чудак; old ~ старый чудак 3. парень, человек
codices [ˈkəʊdɪsiːz] *pl от* codex
codicil [ˈkəʊdɪsɪl] *n* 1) *юр.* кодицилл, дополнительное распоряжение к завещанию 2) добавление, дополнение
codicillary [ˌkəʊdɪˈsɪlərɪ] *a* имеющий характер поправки *или* дополнения (*особ. к завещанию*)
codification [ˌkəʊdɪfɪˈkeɪʃ(ə)n] *n* кодификация
codifier [ˈkəʊdɪfaɪə] *n* кодификатор
codify [ˈkəʊdɪfaɪ] *v* 1) кодифицировать 2) систематизировать 3) классифицировать
codilla [kəˈdɪlə] *n текст.* грубый льняной *или* конопляный очёс; пакля
coding [ˈkəʊdɪŋ] *n* 1. *спец.* кодирование, шифровка 2. *преим. ком.* индексация; маркирование
codlin [ˈkɒdlɪn] = codling²
codling¹ [ˈkɒdlɪŋ] *n* 1. мелкая *или* молодая треска 2. *амер.* рыба из семейства тресковых
codling² [ˈkɒdlɪŋ] *n* дикое яблоко, кислица
codling moth [ˈkɒdlɪŋmɒθ] *энт.* плодожорка яблонная (*Carpocapsa pomonella*)
cod-liver oil [ˌkɒdlɪvə(r)ˈɔɪl] рыбий жир
codogram [ˈkəʊdəgræm] *n информ.* кодограмма, закодированное сообщение
codominant [kəʊˈdɒmɪnənt] *a бот.* кодоминантный
codon [ˈkəʊdɒn] *n биол.* кодон
codpiece [ˈkɒdpiːs] *n ист.* гульфик (*на панталонах*)
codriver [kəʊˈdraɪvə] *n авт.* сменный водитель (*при дальних пробегах*)
codswallop [ˈkɒdzwɒləp] *n сл.* вздор, ерунда; околесица; халтура (*о книге и т. п.*); ≅ бред собачий
coecum [ˈsiːkəm] = caecum
co-ed¹ [ˌkəʊˈed] *n* (*сокр. от* co-educated) *амер. разг.* учащаяся, студентка (*учебного заведения для лиц обоего пола*)
co-ed¹ II [ˌkəʊˈed] = coeducational
co-ed² [ˌkəʊˈed] *n кино* малогабаритный осветительный прибор, смонтированный на съёмочной кинокамере
co-edition [ˌkəʊɪˈdɪʃ(ə)n] *n* одновременное издание (*одной книги в разных странах и на разных языках*)
coeditor [kəʊˈedɪtə] *n* соредактор (*журнала, книги*)
coeducation [ˌkəʊedjuːˈkeɪʃ(ə)n, ˌkəʊedʒʊ-] *n* совместное обучение лиц обоего пола
coeducational [ˌkəʊedjuːˈkeɪʃ(ə)nəl, ˌkəʊedʒʊ-] *a* 1) относящийся к совместному обучению 2) с совместным обучением; ~ system система совместного обучения
coefficient I [ˌkəʊɪˈfɪʃ(ə)nt] *n* 1. *спец.* коэффициент; ~ of efficiency коэффициент полезного действия; ~ of expan-

sion коэффициент расширения; ~ of safety коэффициент безопасности, запас прочности 2. *книжн.* содействующий фактор

coefficient II [ˌkəʊɪˈfɪʃ(ə)nt] *a* содействующий

coelacanth [ˈsiːləkænθ] *n зоол.* целакант, латимерия (*Latimeria chalumnae*)

coelelminth [ˈsiːlelmɪnθ] *n зоол.* круглый червь, нематода

Coelenterata [siːˌlentəˈreɪtə] *n pl зоол.* кишечнополостные (*Coelenterata*)

coeliac [ˈsiːlɪæk] *a анат.* относящийся к брюшной полости, брюшнополостной; ~ plexus солнечное /чревное/ сплетение

coelosphere [ˈsiːləsfɪə] *n астр.* небесная сфера

coemption [kəʊˈempʃ(ə)n] *n ком.* покупка всего количества имеющегося товара

coen [siːn] *n биол.* цен

coenaesthesia [ˌsiːnɪsˈθiːzɪə] *n физиол.* ценестезия, общее чувство (*собственного*) *тела*

coenobite [ˈsiːnəbaɪt] *n* монах, живущий в обители, инок

coenoby [ˈsiːnəbɪ] *n книжн.* монастырь, обитель

coenosis [siːˈnəʊsɪs] *n биол.* ценоз

coenzyme [kəʊˈenzaɪm] *n биохим.* кофермент

coequal [kəʊˈiːkwəl] *a* (with) равный другому (*по чину, званию и т. п.*)

coequality [ˌkəʊɪˈkwɒlɪtɪ] *n книжн.* равенство, равное положение

coerce [kəʊˈɜːs] *v* 1. удерживать, сдерживать; the unruly crowd had to be ~d разбушевавшуюся толпу пришлось сдерживать 2. *амер.* добиться (*чего-л.*) путём принуждения; to ~ obedience [acquiescence] добиться послушания [покорности]; to ~ compliance with the conditions of a contract добиться выполнения условий контракта; our agreement to the plan was ~d нас заставили согласиться с этим планом 3. *физ.* сообщать принудительное движение

coercion [kəʊˈɜːʃ(ə)n] *n* 1. 1) сдерживание (*силой*); обуздание 2) принуждение; under ~ по принуждению 2. использование силы для подавления беспорядков; strict ~ of outrage суровое подавление актов насилия; C. Act /Bill/ закон о приостановке конституционных гарантий 3. физическое давление, сжатие; ~ of ice сжатие льдов

coercive [kəʊˈɜːsɪv] *a* 1) принудительный; ~ methods методы принуждения 2) *физ.* коэрцитивный

coercivity [ˌkəʊɜːˈsɪvɪtɪ] *n физ.* коэрцитивная сила, коэрцитивность

coessential [ˌkəʊɪˈsenʃ(ə)l] *a* единосущный (*особ. церк.* — *о троице*)

coetaneous [ˌkəʊɪˈteɪnɪəs] *редк.* = coeval II

coeval I [kəʊˈiːv(ə)l] *n книжн.* 1. сверстник 2. современник

coeval II [kəʊˈiːv(ə)l] *a книжн.* 1. возникший или существующий одновременно; this custom is ~ with Christianity in England это обычай возник одновременно с проникновением в Англию христианства 2. одного возраста; she was ~ with him она была одного с ним возраста, она была его ровесница

coevolve [ˌkəʊɪˈvɒlv] *v биол.* совместно *или* одновременно эволюционировать

co-executor [ˌkəʊɪɡˈzekjʊtə] *n юр.* соисполнитель завещания; один из душеприказчиков

coexist [ˌkəʊɪɡˈzɪst] *v* (with, together with) сосуществовать

coexistence [ˌkəʊɪɡˈzɪst(ə)ns] *n* сосуществование; peaceful ~ мирное сосуществование; competitive ~ сосуществование, основанное на соревновании

coexistent [ˌkəʊɪɡˈzɪst(ə)nt] *a* сосуществующий

coextensive [ˌkəʊɪkˈstensɪv] *a* одинакового протяжения во времени *или* в пространстве

cofactor [kəʊˈfæktə] *n спец.* совместно действующий фактор, кофактор

cofeature [kəʊˈfiːtʃə] *n* 1) *театр.* антуражный номер, рядовой номер программы 2) кино фильм *и т. п.*, показываемый в дополнение к основному

coffee I [ˈkɒfɪ] *n* 1. 1) кофе; black [white] ~ чёрный кофе [с молоком] 2) чашка кофе; we'll have two ~s, please две порции кофе, пожалуйста 3) приглашение на чашку кофе 2. = coffee tree 3. кофейный цвет
◇ ~ cooler человек, уклоняющийся от работы, ищущий лёгкого заработка; ~ and cake(s) *амер.* небольшое жалованье; небольшая сумма денег; ~-and-cake job низкооплачиваемая работа

coffee II [ˈkɒfɪ] *a* 1. 1) кофейный; ~ ice cream кофейное мороженое; ~ cup [spoon] кофейная чашка [ложечка] 2) с подачей кофе; ~ party приём гостей с подачей кофе 2. кофейного цвета, кофейный

coffee-and [ˌkɒfɪˈænd] *n разг.* кофе с пончиками, пирожными *и т. п.*; to have ~ выпить кофе с чем-нибудь

coffee bar [ˈkɒfɪbɑː] буфет, небольшое кафе

coffee-bean [ˈkɒfɪbiːn] *n* кофейный боб

coffee-berry [ˈkɒfɪˌberɪ] *n бот.* плод, костянка кофейного дерева

coffee break [ˈkɒfɪbreɪk] короткий перерыв (*в работе, чтобы выпить кофе*)

coffee cake [ˈkɒfɪˌkeɪk] булочка *или* кекс к кофе (*часто с орехами и изюмом*)

coffee chicory [ˈkɒfɪˈtʃɪk(ə)rɪ] *бот.* цикорий корневой (*Cichorium intybus*)

coffee cream [ˈkɒfɪkriːm] сливки для кофе

coffee-grinder [ˈkɒfɪˌɡraɪndə] *n* 1. кофейная мельница, кофемолка 2. *воен. жарг.* чёрный жарг. авиационный двигатель 4. *амер. сл.* 1) исполнительница стриптиза 2) проститутка

coffee-grounds [ˈkɒfɪɡraʊndz] *n pl* кофейная гуща

coffee hour [ˈkɒfɪˌaʊə] 1. встреча за чашкой кофе (*обыкн. женщин*) 2. = coffee break

coffee house [ˈkɒfɪhaʊs] *преим. ист.* кофейня

coffee-house [ˈkɒfɪhaʊs] *v разг.* заниматься пустой болтовнёй и сплетнями

coffee klatsch [ˈkɒfɪklætʃ] (дамская) компания за кофейным столом; разговоры и пересуды (за чашкой кофе)

coffee-klatsch [ˈkɒfɪklætʃ] *v* собираться на чашку кофе; заниматься сплетнями и пересудами (за чашкой кофе)

coffee lightener [ˈkɒfɪˈlaɪtnə] осветлитель кофе (*заменитель сливок или молока*); забеливатель кофе

coffee maker [ˈkɒfɪˌmeɪkə] кофеварка

coffee-mill [ˈkɒfɪmɪl] *n* кофемолка, кофейная мельница

coffee-pot [ˈkɒfɪpɒt] *n* кофейник

coffee ring [ˈkɒfɪrɪŋ] *амер.* сдобное кольцо с орехами и изюмом

coffee roll [ˈkɒfɪrəʊl] *амер.* сладкая булочка с изюмом, цукатами

coffee-room [ˈkɒfɪrʊm, -ruːm] *n* кафе, столовая (*в гостинице*)

coffee royal [ˌkɒfɪˈrɔɪəl] чёрный кофе с ромом

coffee service [ˈkɒfɪˌsɜːvɪs] кофейный сервиз (*кофейник, сахарница и сливочник на подносе*)

coffee set [ˈkɒfɪset] 1) = coffee service 2) фарфоровый *или* фаянсовый кофейный сервиз (*чашки, блюдца и т. п.*)

coffee shop [ˈkɒfɪʃɒp] 1. буфет, кафе (*обыкн. при гостинице*) 2. магазин «кофе — чай»

coffee-stall [ˈkɒfɪstɔːl] *n* передвижной ларёк *или* стойка для продажи горячего кофе

coffee table [ˈkɒfɪˌteɪb(ə)l] низкий столик (*в гостиной*); журнальный столик

coffee-table book [ˈkɒfɪteɪb(ə)l‚bʊk] богато иллюстрированное издание большого формата (*часто подарочное*)

coffee-tabler [ˈkɒfɪˌteɪb(ə)lə] *разг.* = coffee-table book

coffee tree [ˈkɒfɪtriː] *бот.* кофейное дерево (*Coffea gen.*)

coffee whitener [ˌkɒfɪˈwaɪtnə] = coffee lightener

coffer I [ˈkɒfə] *n* 1. 1) ящик, особ. денежный сундук; the ~s of a bank банковские сейфы 2) *pl* казна 2. *архит.* кессон (*потолка*) 3. *гидр.* кессон; камера; спускной колодец 4. *стр.* звукопоглощающая панель, обшивка

coffer II [ˈkɒfə] *v* 1. *архит.* кессонировать (*потолок*) 2. *горн.* крепить выработку 3. класть, запирать в сундук

cofferdam [ˈkɒfədæm] *n гидр.* 1) кессон для подводных работ 2) водонепроницаемая перемычка

cofferer [ˈkɒfərə] *n ист.* 1) казначей 2) придворный казначей

cofferet [ˈkɒf(ə)rɪt] = coffret

coffin I [ˈkɒfɪn] *n* 1. гроб 2. *разг.* 1) *мор.* негодное к плаванию судно, «старая калоша» 2) *ав.* отлетавший свой срок самолёт, «гроб» (*тж.* flying ~) 3. бумажный пакетик, фунтик 4. роговой башмак копыта 5. *полигр.* талер 6. заброшенная шахта

coffin II [ˈkɒfɪn] *v* 1) класть в гроб 2) надёжно спрятать

coffin bone [ˈkɒfɪnbəʊn] *анат.* копытная кость

coffin-joint [ˈkɒfɪndʒɔɪnt] *n анат.* венечный сустав

coffin-nail [ˈkɒfɪnneɪl] *n сл.* сигарета

coffle [ˈkɒf(ə)l] *n* караван (*верблюдов, связанных друг с другом, и т. п.*)

coffret [ˈkɒf(ə)rɪt] *n редк.* сундучок

cofigurative [kəʊˈfɪɡjʊrətɪv] *a* характеризующий общество, в котором молодёжь в своём поведении ориентируется только на сверстников (*в социологии*)

cofinance [ˌkəʊf(a)ɪˈnæns] *v* совместно финансировать (*какое-л. предприятие*)

cog¹ [kɒɡ] *n* 1) зубец (*колеса*); ~ in a machine *и* винтик машины; мелкая сошка; «винтик» (*в государственном механизме и т. п.*) 2) *тех.* кулак; палец; выступ; зуб 3) *стр.* гребень, шип; ~ nail ёрш 4) *геол.* дейк 5) *горн.* костровая крепь 6) *метал.* обжатый слиток

cog¹ II [kɒɡ] *v* 1. сажать зубья на колесо 2. *стр.* соединять в гребень

cog² [kɒɡ] *n* небольшая рыбацкая лодка

cog³ [kɒɡ] *v разг.* 1) мошенничать при игре в кости 2) обманывать, жульничать

Cogas [ˈkəʊɡæs] *n* (*сокр. от* coal-oil-gas) газификация угля или нефти

cogency [ˈkəʊdʒ(ə)nsɪ] *n* 1) убедительность, неоспоримость, неопровержимость (*доводов и т. п.*); сила убеждения 2) убедительный довод

cogeneration [ˌkəʊˌdʒenəˈreɪʃ(ə)n] *n тех.* совместное производство тепла и электричества, когенерация

cogent [ˈkəʊdʒ(ə)nt] *a* 1. убедительный, неоспоримый; ~ reason убедительная причина; ~ argument неоспо-

ри́мый /убеди́тельный/ до́вод 2. непреодоли́мый; ~ forces of nature непреодоли́мые си́лы приро́ды
cogged [kɒgd] *a* зубча́тый; с зу́бьями
cogged-wheel breathing [ˌkɒgdwiːˈbriːðɪŋ] *мед.* преры́вистое дыха́ние
cogger [ˈkɒgə] *n арх., редк.* шу́лер, жу́лик
coggie [ˈkɒgɪ] = cogie
cogging [ˈkɒgɪŋ] *n* 1. *стр.* вру́бка в гре́бень 2. *тех.* цево́чное зацепле́ние
cogie [ˈkɒgɪ] *n отл.* небольша́я деревя́нная ча́ша или её содержи́мое
cogitable [ˈkɒdʒɪtəb(ə)l] *a* мы́слимый, досту́пный понима́нию
cogitate [ˈkɒdʒɪteɪt] *v* 1) (серьёзно) обду́мывать, размышля́ть; to ~ over the past размышля́ть о про́шлом 2) *редк.* приду́мывать (*что-л.*); to ~ a scheme приду́мать план; the man is cogitating mischief against us э́тот челове́к замышля́ет недо́брое про́тив нас
cogitation [ˌkɒdʒɪˈteɪʃ(ə)n] *n* 1. (серьёзное) обду́мывание, размышле́ние 2. *обыкн.* pl мы́сли, пла́ны; the ~s and purposes of your adversaries пла́ны и наме́рения ва́ших проти́вников
cogitative [ˈkɒdʒɪtətɪv] *a* 1) мысли́тельный; ~ faculties мысли́тельные спосо́бности 2) мы́слящий; ду́мающий
cogito, ergo sum [ˌkɒgɪtəʊˌeəgəʊˈsʌm, ˌkɒdʒɪtəʊˌəːgəʊ-] *лат.* я мы́слю, зна́чит, я существу́ю
cognac [ˈkɒnjæk] *n* конья́к (*особ. францу́зский*)
cognate I [ˈkɒgneɪt] *n* 1. *юр.* 1) кро́вный ро́дственник 2) ро́дственник со стороны́ ма́тери 2. 1) ро́дственное сло́во 2) ро́дственный язы́к
cognate II [ˈkɒgneɪt] *a* 1. ро́дственный по кро́ви, одноплеме́нный 2. 1) ро́дственный, име́ющий о́бщее происхожде́ние (*о языке́ и т. п.*); geometry and the ~ sciences геоме́трия и ро́дственные ей нау́ки; English, Dutch and German are ~ languages англи́йский, голла́ндский и неме́цкий — ро́дственные языки́ 2) происше́дший от одного́ ко́рня (*о слова́х*); ~ object *грам.* дополне́ние-существи́тельное, образо́ванное от одного́ ко́рня с глаго́лом 3. схо́дный, бли́зкий, похо́жий; ~ tastes о́бщие вку́сы; ~ ideas аналоги́чные /схо́дные/ мы́сли
cognation [kɒgˈneɪʃ(ə)n] *n* 1. *юр.* 1) родство́ по происхожде́нию 2) кро́вное родство́ (*по ма́тери*) 2. родство́ (*слов, языко́в*)
cognisance [ˈkɒgnɪz(ə)ns] = cognizance
cognition [kɒgˈnɪʃ(ə)n] *n книжн.* 1) зна́ние; позна́ние 2) познава́тельная спосо́бность
cognitive [ˈkɒgnɪtɪv] *a* познава́тельный; ~ science когнитиви́стика, нау́ка о мышле́нии
cognitive dissonance [ˌkɒgnɪtɪvˈdɪsənəns] *психол.* 1) диссона́нс созна́ния; вну́тренний конфли́кт, создава́емый противополо́жными чу́вствами, представле́ниями *и т. п.* 2) соверше́ние де́йствий, находя́щихся в противоре́чии с убежде́ниями
cognizable [ˈkɒgnɪzəb(ə)l] *a книжн.* 1. 1) познава́емый; узнава́емый, поня́тный; ~ sounds различи́мые зву́ки 2. подсу́дный (*кому́-л. суду́*); the cause is not ~ by the court де́ло неподсу́дно э́тому суду́
cognizance [ˈkɒgnɪz(ə)ns] *n* 1. *книжн.* 1) зна́ние, позна́ние; to have ~ of smth. знать о чём-л. 2) внима́ние; to take ~ of smth. приня́ть во внима́ние что-л.; we must take /have/ ~ of the fact [of the remark] мы должны́ уче́сть э́тот факт [э́то замеча́ние] 2. компете́нция; to be /to come, to fall, to lie/ within /under/ smb.'s ~ находи́ться в (преде́лах) чьей-л. компете́нции; to be /to come, to fall, to lie/ beyond /out of/ smb.'s ~ находи́ться вне чьей-л. компете́нции 3. 1) юрисди́кция, по́дсудность; to fall under the ~ of a court быть подсу́дным, подпада́ть под юрисди́кцию (*о суде́бном де́ле*) 2) осуществле́ние юрисди́кции; суде́бное рассмотре́ние 4. 1) отличи́тельный знак; значо́к 2) *геральд.* эмбле́ма, герб
cognizant [ˈkɒgnɪz(ə)nt] *a* 1. *книжн.* (of) зна́ющий (*что-л.*), осведомлённый (*о чём-л.*) 2. *юр.* осуществля́ющий юрисди́кцию; компете́нтный (*реша́ть вопро́с*)
cognize [ˈkɒgnaɪz] *v* 1. *книжн.* замеча́ть, знать 2. *филос.* познава́ть, постига́ть
cognomen [kɒgˈnəʊmɪn] *n* (*pl тж.* -mina) 1. 1) фами́лия 2) про́звище 2. *ист.* патрони́м (*родово́е или фами́льное и́мя ри́мского граждани́на*)
cognomina [kɒgˈnɒmɪnə] *pl от* cognomen
cognominal [kɒgˈnɒmɪn(ə)l] *a* одноимённый, с той же фами́лией
cognosce [kɒgˈnɒs] *v шотл. юр.* 1. рассле́довать и выноси́ть суде́бное определе́ние 2. призна́ть невменя́емым
cognoscente [ˌkɒnjəʊˈʃentɪ] *n* (*pl* -ti) *ит. книжн.* знато́к; люби́тель, знато́к иску́сства
cognoscenti [ˌkɒnjəʊˈʃentiː] *pl от* cognoscente
cognoscible [kɒgˈnɒsɪb(ə)l] *a книжн.* познава́емый
cognovit [kɒgˈnəʊvɪt] *n юр.* пи́сьменное призна́ние и́ска или тре́бования истца́
cog railway [ˈkɒgˌreɪlweɪ] *преим. амер.* фуникулёр
co-guardian [kəʊˈgɑːdɪən] *n* сооpeкýн
cogue [kəʊg] *n шотл.* 1. деревя́нное ведро́ 2. небольша́я деревя́нная ча́шка
cog-wheel [ˈkɒgwiːl] *n тех.* 1) цево́чное колесо́ 2) шестерня́ (*велосипе́да*)
cog-wheel railway [ˈkɒgwiːlˌreɪlweɪ] фуникулёр
cohabit [kəʊˈhæbɪt] *v* 1. сожи́тельствовать; they ~ed as man and wife они́ жи́ли в незарегистри́рованном бра́ке 2. жить совме́стно, ужива́ться; buffaloes ~ing with cows бизо́ны, пасу́щиеся вме́сте с коро́вами 3. сосуществова́ть; two strains ~ in his philosophy в его́ филосо́фии сосуществу́ют /ужива́ются/ две тенде́нции
cohabitant [kəʊˈhæbɪt(ə)nt] *n* сожи́тель; сожи́тельница
cohabitation [kəʊˌhæbɪˈteɪʃ(ə)n] *n* сожи́тельство
cohabitee, cohabitor [kəʊˌhæbɪˈtiː, kəʊˈhæbɪtə] = cohabitant
coheir [kəʊˈeə] *n юр.* сонасле́дник
coheiress [kəʊˈeərɪs] *n юр.* сонасле́дница
cohere [kəʊˈhɪə] *v* 1. быть сце́пленным, скле́енным, свя́занным; the moral principles by which society ~s мора́льные при́нципы, объединя́ющие о́бщество 2. 1) согласова́ться, соотве́тствовать; гармони́ровать; his version doesn't ~ with the known facts его́ объясне́ние расхо́дится с изве́стными фа́ктами 2) быть после́довательным 3. объединя́ться для совме́стных де́йствий
coherence [kəʊˈhɪ(ə)rəns] *n* 1. связь, сцепле́ние; ~ of soil *с.-х.* свя́зность по́чвы 2. свя́зность, после́довательность (*до́водов, аргумента́ции*) 3. *спец.* когере́нтность
coherent [kəʊˈhɪ(ə)rənt] *a* 1. свя́занный, сце́пленный; ~ rocks *геол.* сцементи́рованные, кре́пкие поро́ды; ~ smallpox *мед.* сливна́я о́спа 2. логи́чески после́довательный, свя́зный; ~ thought после́довательная /свя́зная/ мысль; his arguments are ~ его́ до́воды логи́чны; ~ reasoning логи́чески после́довательное доказа́тельство /обоснова́ние/ 3. 1) поня́тный, я́сно произноси́мый 2) разбо́рчивый 4. *спец.* когере́нтный
coherer [kəʊˈhɪ(ə)rə] *n радио* когере́р
coheritor [kəʊˈherɪtə] = coheir
cohesion [kəʊˈhiːʒ(ə)n] *n* 1. связь, согла́сие, сплочённость; ~ of the party сплочённость /еди́нство/ па́ртии; ideas that have no natural ~ мы́сли, не име́ющие вну́тренней свя́зи; economic ~ экономи́ческая интегра́ция 2. 1) *спец.* сцепле́ние, слипа́ние, когезия 2) *физ.* сцепле́ние моле́кул; си́ла сцепле́ния 3) *дор.* свя́зность (*гру́нта*) 4) *бот.* сраста́ние (*часте́й цветка́*) 5) *мед.* спа́йка
cohesionless [kəʊˈhiːʒ(ə)nlɪs] *a* несклеивающийся, неслипа́ющийся, неагломери́рующий(ся)
cohesive [kəʊˈhiːsɪv] *a* 1. спосо́бный к сцепле́нию 2. свя́занный 3. сплочённый 4. *спец.* когезио́нный
co-holder [kəʊˈhəʊldə] *n спорт.* повтори́вший реко́рд (*тж.* ~ of the record)
cohomology [ˌkəʊhəˈmɒlədʒɪ] *n мат.* когомоло́гия
cohort [ˈkəʊhɔːt] *n* 1. когорта́ (*в Дре́внем Ри́ме*) 2. *часто pl* отря́д, во́йско 3. когорта́, гру́ппа люде́й (*сплочённая о́бщими иде́ями*); вы́пуск уча́щихся (*како́го-л. го́да*) 4. *часто неодобр.* ближа́йший помо́щник; подру́чный; посо́бник; the criminal and his ~s престу́пник и его́ соо́бщники 5. континге́нт (*возрастно́й*); поколе́ние (*в демогра́фии*)
cohort reproduction [ˈkəʊhɔːtˌriːprəˈdʌkʃ(ə)n] коэффицие́нт воспроизво́дства или приро́ста населе́ния
cohune [kə(ʊ)ˈhuːn] *n бот.* слоно́вая кость (*па́льма Orbignya cohune*)
coif [kɔɪf] *n* 1) ша́почка; чепе́ц 2) ками́ла́вка (*мона́хини*) 3) *ист.* ме́дная или желе́зная часть шле́ма, защища́ющая заты́лок 4) *ист.* (бе́лая) ша́почка (*адвока́та вы́сшего ра́нга*); brother of the ~ адвока́т вы́сшего ра́нга
coiffeur [kwɑːˈfɜː, kwɒˈfɜː] *n фр.* парикма́хер
coiffeuse [kwɑːˈfɜːz, kwɒˈfɜːz] *n фр.* парикма́херша
coiffure [kwɑːˈf(j)ʊə, kwɒˈf(j)ʊə] *n фр.* причёска
coiffured [kwɑːˈf(j)ʊəd] *a* причёсанный, уло́женный, у́бранный (*о волоса́х*); beautifully ~ hair прекра́сно уло́женные во́лосы; stylishly ~ women же́нщины с мо́дными причёсками
coign(e) [kɔɪn] *n архит.* вне́шний у́гол (*зда́ния*)
◇ ~ of vantage вы́годная пози́ция, удо́бный наблюда́тельный пункт
coil¹ [kɔɪl] *n* 1. 1) вито́к; кольцо́; ~ of hair локо́н 2) бу́хта (*кана́та, про́вода*), эл. кату́шка 3. *тех.* змееви́к (*тж.* ~ pipe); ~ antenna *радио* ра́мочная анте́нна 4. *мед. разг.* спира́ль
coil² [kɔɪl] *v* 1. 1) свёртывать кольцо́м, спира́лью (*верёвку, про́волоку и т. п.*; *тж.* ~ up) 2) свёртываться в бу́хту (*трос и т. п.*) 3) нама́тывать, обма́тывать 4) свёртываться; извива́ться; the snake ~ed itself into a ball змея́ сверну́лась в клубо́к 5) (round; *тж. refl*) обвива́ться; a serpent ~ed round a tree змея́ обви́лась вокру́г де́рева 2. *спорт.* согну́ть но́гу (*альпини́зм*)

coil² [kɔɪl] *n арх., поэт.* шум, гвалт, суматоха, суета; to shuffle off this mortal ~ покинуть этот бренный мир
coiler [ˈkɔɪlə] = coil¹ I 3
coil spring [ˈkɔɪlˌsprɪŋ] спиральная пружина
coin I [kɔɪn] *n* 1. 1) монета; gold [silver, copper] ~ золотая [серебряная, медная] монета; small ~ разменная монета; base ~ а) фальшивая монета; б) *амер.* разменная монета; false ~ а) фальшивая монета; б) подделка; current ~ а) ходячая монета; б) распространённое мнение; ~ collector собиратель монет, нумизмат; to spin /to toss (up)/ a ~ играть в орлянку; б) решать пари /спор/ подбрасыванием монеты 2) *тк. sing разг.* деньги; he has plenty of ~ у него много денег 2. *спец.* штемпель, чекан, пу(а)нсон 3. *архит.* угловой камень
◊ to play smb. back in his own ~ отплатить кому-л. той же монетой
coin II [kɔɪn] *a* 1) монетный; ~ show выставка монет; ~ slot отверстие для опускания монеты (*в телефоне-автомате и т. п.*) 2) = coin-operated; ~ laundry прачечная-автомат; ~ lock замок, открывающийся опусканием монетой (*в общественных туалетах и т. п.*)
coin III [kɔɪn] *v* 1. чеканить (*монету*); выбивать (*медаль*); ~ing money делать деньги, обогащаться 2. фабриковать, измышлять; to ~ a lie придумать ложь 3. создавать новые слова, выражения; to ~ a word выдумать /создать/ новое слово
coinage [ˈkɔɪnɪdʒ] *n* 1. 1) чеканка (*монет*) 2) монетная система; decimal ~ десятичная монетная система 3) звонкая монета, металлические деньги 2. 1) создание новых слов и выражений; words of modern ~ вновь созданные слова, неологизмы 2) новые слова и выражения 3. *часто пренебр.* выдумка, вымысел; this is merely the ~ of your brain это всего лишь плод вашего воображения
coinbox [ˈkɔɪnbɒks] *n* 1. телефон-автомат 2. монетоприёмник (*автомата*) 3. телефонная будка
coin changer [ˈkɔɪnˌtʃeɪndʒə] разменный автомат
coincide [ˌkəʊɪnˈsaɪd] *v* 1. совпадать; events that ~ события, совпадающие во времени 2. 1) соответствовать, быть одинаковым, совпадать; our tastes ~ наши вкусы совпадают; his story ~s with the facts его рассказ соответствует фактам; the judges did not ~ in opinion судьи не смогли прийти к общему мнению 2) равняться, соответствовать (*о весе, количестве и т. п.*); his expenditure ~s with his income его доход соответствует его расходам; 100° Centigrade ~s with 212° Fahrenheit 100° по Цельсию соответствует 212° по Фаренгейту
coincidence [kəʊˈɪnsɪd(ə)ns] *n* 1. совпадение; ~ of space [of time, of number] совпадение в пространстве [во времени, в количестве] 2. случайное стечение обстоятельств; strange ~ странное стечение обстоятельств 3. полное согласие, гармония
coincident [kəʊˈɪnsɪd(ə)nt] *a* 1) совпадающий; his mother's death was ~ with his birth мать его умерла при его рождении 2) соответствующий; theory ~ with the facts теория, не противоречащая фактам; what has occurred is ~ with my hopes то, что случилось, оправдало мои надежды
coincidental [kəʊˌɪnsɪˈdentl] *a* 1. случайный 2. = coincident

coiner [ˈkɔɪnə] *n* 1. *см.* coin III + -er 2. фальшивомонетчик 3. выдумщик
co-inhere [ˌkəʊɪnˈhɪə] *v юр.* совместно наследовать
co-inheritance [ˌkəʊɪnˈherɪt(ə)ns] *n юр.* совместное наследство, совместное наследование
co-inheritor [ˌkəʊɪnˈherɪtə] *n юр.* сонаследник
coin machine [ˈkɔɪnməˌʃiːn] монетный автомат
coin-op [ˈkɔɪnɒp] *n разг.* прачечная-автомат
coin-operated [ˌkɔɪnˈɒpəreɪtɪd] *a* монетный (*об автомате*)
coinstantaneous [kəʊˌɪnstənˈteɪnɪəs] *a* точно совпадающий (*во времени*); происходящий в тот же момент
coinstitutional [kəʊˌɪnstɪˈtjuːʃ(ə)nəl] *a* совместно-раздельный (*об обучении*); the ~ system система обучения мальчиков и девочек в одной школе, но в разных классах
Cointreau, cointreau [kwænˈtrəʊ] *n* куантро, французский апельсиновый ликёр
coinventor [ˌkəʊɪnˈventə] *n* соавтор изобретения
coir [ˈkɔɪə] *n* волокно кокосовой пальмы
coition [kəʊˈɪʃ(ə)n] *n* совокупление, соитие
coitus [ˈkɔɪtəs, ˈkəʊɪtəs] *n* 1) *физиол.* коитус, совокупление, половой акт 2) *с.-х.* случка, спаривание
cojuror [kəʊˈdʒʊ(ə)rə] *n юр.* тот, кто подтверждает клятвой то, что сказано другим
Coke, coke¹ [kəʊk] *n разг.* кока-кола
coke² I [kəʊk] *n* кокс; ~ oven *метал.* коксовая печь; ~ pusher *метал.* коксовыталкиватель
coke² II [kəʊk] *v* коксовать
coke³ I [kəʊk] *n* (*сокр. от* cocaine) *сл.* кокаин
coke³ II [kəʊk] *v обыкн. pass сл.* одурманить кокаином (*тж.* up)
cokefiend [ˈkəʊkfiːnd] = cokehead
cokehead [ˈkəʊkhed] *n сл.* кокаинист
coker-nut [ˈkəʊkənʌt] *неправ. вм.* coconut
cokey [ˈkəʊkɪ] *n сл.* кокаинист
coking [ˈkəʊkɪŋ] *n* коксование
col [kɒl] *n* седло, седловина
col- [kɒl-, kɒl-] = con-
cola¹,² [ˈkəʊlə] *pl om* colon¹,²
cola³ [ˈkəʊlə] *n* 1) *бот.* кола, гуру (*Cola gen.*) 2) орех кола, гуру
colander [ˈkʌləndə, ˈkɒləndə] *n* дуршлаг
cola nut, cola seed [ˈkəʊlənʌt, -siːd] = cola³
colatitude [kəʊˈlætɪtjuːd] *n астр.* дополнение широты
colcannon [kəlˈkænən] *n* ирландское кушанье из протёртых овощей и картофеля
colchicum [ˈkɒltʃɪkəm] *n бот.* безвременник (*Colchicum autumnale*)
Colchis [ˈkɒlkɪs] *n ист. миф.* Колхида
colcothar [ˈkɒlkəθə] *n спец.* крокус (*полировальный порошок*)
cold I [kəʊld] *n* 1. холод, стужа; intense [dreadful, murderous, piercing] ~ сильный [ужасный, убийственный, пронизывающий] холод; icy ~ ледяная стужа /-ой холод/; severe [rigorous] ~ сильная [жестокая] стужа; to shiver /to tremble/ with ~ дрожать от холода; to stay in the ~ быть на холоде; to be dead with ~ промёрзнуть до костей 2. простуда; насморк; катар верхних дыхательных путей; ~ in the head /in the nose/ (сильный) насморк; to catch /to take/ (a) ~ схватить простуду, про-

COI — COL   C

студиться; to have a ~ быть простуженным
◊ diplomatic ~ «дипломатическая болезнь», ссылка на нездоровье; to leave smb. (out) in the ~ третировать кого-л.; оказывать кому-л. холодный приём; оставлять кого-л. за бортом; to feel out in' the ~ чувствовать себя чужим /неуютно/; to come in from the ~ вернуться к своим /домой/; почувствовать себя дома, среди близких, обрести покой
cold II [kəʊld] *a* 1. 1) холодный; ~ day [wind, room] холодный день [ветер, -ая комната]; ~ hands холодные руки 2) подвергающийся *или* подвергшийся действию холода; ~ ulcer *мед.* отморожение; ~ test *тех.* испытание при низкой температуре 3) *predic* замёрзший, озябший; to be ~ мёрзнуть, зябнуть; I'm /I feel/ ~ мне холодно 4) неутеплённый, ненагретый; the coffee is ~ кофе остыл 5) устарелый, неинтересный; ~ news ≅ отнюдь не новость, это мы давно знаем 2. холодный, неприветливый, сухой; ~ welcome холодный приём; ~ heart холодное сердце; ~ greeting сухое приветствие; he is cold in manner он сух /холоден/ в обращении; to give smb. a ~ look холодно взглянуть на кого-л. 3. 1) безучастный, равнодушный; to leave smb. ~ не трогать чьё-л. сердце; this story leaves him ~ этот рассказ его не волнует 2) неприкрашенный; открытый; ~ truth голая правда; a ~ act of aggression неприкрытый /явный/ акт агрессии 4. спокойный, уравновешенный; ~ reason спокойное благоразумие; трезвость суждений; to take a ~ survey of the situation спокойно ознакомиться с положением /оценить обстановку/; to make a ~ evaluation дать объективную /беспристрастную/ оценку 5. слабый (*о запахе*); ~ scent *охот.* слабый след 6. холодный (*о серых и голубых тонах*) 7. *разг.* 1) без сознания; he was knocked ~ от удара он упал без чувств 2) мёртвый 8. *сл.* легальный, законный 9. 1) *тех.* недействующий 2) *хим.* малоактивный (*о соединении*)
◊ to act in ~ blood действовать хладнокровно; ~ shoulder намеренное безразличие, пренебрежительное отхождение; to show /to give/ smb. the ~ shoulder проявить по отношению к кому-л. безразличие; оказать кому-л. холодный приём; ~ feet трусость; to have ~ feet бояться, трусить; ~ meat *амер. сл.* мертвец; ~ pig *сл.* обливание холодной водой *или* сдёргивание одеяла со спящего (*чтобы разбудить его*); ~ desk *амер.* незаметно подложенная колода краплёных *или* подтасованных карт; ~ biscuit *амер.* скучная, неинтересная девушка; it made his blood run ~ у него кровь в жилах застыла; to throw ~ water on smth. возражать против чего-л.; отнестись прохладно к чему-л.; отбить охоту делать что-л.; ≅ охладить пыл, окатить холодной водой; ~ in hand *амер. разг.* разорившийся, без денег
cold III [kəʊld] *adv разг.* 1. *амер.* достоверно, точно; to know smth. ~ совершенно точно знать что-л.; to know one's lines ~ знать роли назубок 2. *амер.* полностью, всецело, совершенно; to stop smth. ~ полностью прекратить /остановить/ что-л.; to quit ~ уехать, покинуть навсегда; to turn down ~ категорически отказать 3. без подго-

405

товки, экспромтом; she had to play the leading role ~ ей пришлось играть главную роль без единой репетиции /без подготовки/
  cold-arms ['kəʊld,ɑːmz] *n pl* холодное оружие
  coldbar suit ['kəʊldbɑː,s(j)uːt] *n амер.* костюм для работы в полярных условиях
  cold-blooded [,kəʊld'blʌdɪd] *a* 1. 1) бесчувственный; равнодушный, холодный 2) безжалостный, жестокий; ~ murder заранее обдуманное /преднамеренное/ убийство 2. зябкий 3. *биол.* холоднокровный
  cold-bloodedly [,kəʊld'blʌdɪdlɪ] *adv* хладнокровно; равнодушно
  cold-bloodedness [,kəʊld'blʌdɪdnɪs] *n* 1. равнодушие, бесстрастие 2. *биол.* холоднокровность
  cold cash [,kəʊld'kæʃ] *разг.* наличные деньги
  cold chisel [,kəʊld'tʃɪz(ə)l] слесарное или ручное зубило
  cold comfort [,kəʊld'kʌmfət] *разг.* слабое утешение
  cold cream [,kəʊld'kriːm] кольдкрем
  cold cuts ['kəʊld,kʌts] мясное ассорти, мясная закуска
  cold desert [,kəʊld'dezət] 1. *геол.* ледяная шапка (Исландии) 2. холодная пустыня, тундра
  cold duck [,kəʊld'dʌk] *амер.* напиток из красного вина и шампанского
  cold-endurance ['kəʊldɪn,djʊ(ə)rəns] *n* холодостойкость
  cold-eyed [,kəʊld'aɪd] *a* 1. с холодным взглядом 2. трезвый, не окрашенный романтизмом; ~ realist трезвый реалист
  cold fish [,kəʊld'fɪʃ] *разг.* бесчувственный, холодный человек; ≅ рыба бесчувственная
  cold frame ['kəʊldfreɪm] холодный парник, защищённая грядка
  cold front [,kəʊld'frʌnt] *метеор.* холодный фронт
  cold-hammer ['kəʊld,hæmə] *v метал.* ковать входящим
  cold-hardening ['kəʊld'hɑːdnɪŋ] *n тех.* наклёп, механическое упрочнение
  cold-hearted ['kəʊld'hɑːtɪd] *a* бессердечный, чёрствый
  coldish ['kəʊldɪʃ] *a* холодноватый; rather ~ today, isn't it? сегодня прохладно, не правда ли?
  cold light [,kəʊld'laɪt] холодное свечение, люминесценция
  cold-livered [,kəʊld'lɪvəd] *a* бесстрастный, невозмутимый
  coldly ['kəʊldlɪ] *adv* 1. холодно; the wind blows ~ дует холодный ветер 2. сухо, холодно, неприветливо, с холодком; to treat smb. ~ сухо обращаться с кем-л.; to receive smb. ~ неприветливо /холодно/ принять кого-л. 3. спокойно, уравновешенно; to consider ~ спокойно обдумать
  coldness ['kəʊldnɪs] *n* 1. холод 2. холодность, сухость, неприветливость; the ~ of smb.'s reception холодность /сухость/ приёма
  cold pack ['kəʊldpæk] 1. *мед.* 1) холодный компресс 2) холодное влажное обёртывание 3) пузырь со льдом (*на голову*) 2. «холодное консервирование» (*особ. фруктов*); консервирование путём пастеризации 3. *спорт. жарг.* нокаут
  cold-pack ['kəʊldpæk] *v* консервировать (*особ. фрукты*) путём пастеризации

  cold-pig [,kəʊld'pɪg] *v разг.* обливать холодной водой *или* сдёргивать одеяло со спящего (*чтобы разбудить его*)
  cold-short [,kəʊld'ʃɔːt] *a метал.* хладноломкий
  cold shot [,kəʊld'ʃɒt] *сл.* оскорбление словом
  cold-shoulder [,kəʊld'ʃəʊldə] *v* пренебрегать, третировать, демонстративно избегать; проявлять равнодушие; to be ~ed получить холодный приём; столкнуться с неприязненным отношением
  cold snap ['kəʊldsnæp] *метеор.* внезапное (*кратковременное*) похолодание
  cold sore [,kəʊldsɔː] *мед.* герпес, лихорадка (*часто на губах*)
  cold-start [,kəʊldstɑːt] *n тех.* запуск холодного двигателя
  cold storage [,kəʊld'stɔːrɪdʒ] 1. 1) хранение в холодильнике 2) холодильник 2. «замораживание» (*плана, реформы*); приостановка; откладывание на неопределённый срок 3. *сл.* могила; кладбище
  cold store ['kəʊldstɔː] 1. холодильная камера 2. = cold storage 1
  cold table ['kəʊld,teɪb(ə)l] закуска а-ля фуршет; ≅ шведский стол
  cold turkey [,kəʊld'tɜːkɪ] *сл.* 1. голая правда; истина без прикрас 2. резкое прекращение употребления наркотиков (*добровольное или принудительное*) 3. = cold fish
  cold type ['kəʊld,taɪp] *полигр.* фотонабор
  cold war [,kəʊld'wɔː] холодная война
  cold warrior [,kəʊld'wɒrɪə] рыцарь, сторонник холодной войны
  cold-water ['kəʊld,wɔːtə] *a* 1. *преим. ирон.* трезвенный; проповедующий трезвость 2. *амер.* 1) без горячей воды (*о жилище*); ~ flat [house, dwelling] квартира [дом, жилище] без горячей воды 2) без современных удобств
  cold wave ['kəʊld,weɪv] 1. *метеор.* волна холода 2. холодная завивка (*волос*); химический перманент
  cold weld ['kəʊldweld] холодная сварка (*в вакууме*)
  cold-work(ing) ['kəʊld,wɜːk(ɪŋ)] *n тех.* холодная обработка металла
  cole¹ [kəʊl] = coleseed
  cole² [kəʊl] *n вор. жарг.* монета, деньги
  coleopterous [,kɒlɪ'ɒptərəs] *a энт.* жесткокрылый
  coleseed ['kəʊlsiːd] *n бот.* капуста полевая (Brassica campestris)
  cole-slaw ['kəʊlslɔː] *n* салат из сырой капусты, моркови, лука
  colewort ['kəʊlwɜːt] *n бот.* капуста листовая (Brassica oleracea или acephala)
  coley ['kəʊlɪ] *n ком. разг.* = coalfish
  colibri ['kɒlɪbrɪ] *n* колибри
  colic I ['kɒlɪk] *n* колика, резь (*в животе*)
  colic II ['kɒlɪk] *a анат.* толстокишечный, относящийся к толстым кишкам
  colicky ['kɒlɪkɪ] *a* 1. имеющий характер колики *или* напоминающий колику; ~ pain колики /резкая боль/ в животе 2. страдающий коликами
  colidar [kəʊ'laɪdə] *n спец.* лидар, лазерный эхолокатор
  colin ['kɒlɪn] *n зоол.* американский перепел (Colinus gen.)
  coliseum [,kɒlɪ'sɪəm] *n* 1. (C.) = Colosseum 2. 1) большой стадион 2) большой театр или цирк (*для проведения массовых мероприятий*)
  colitis [kə'laɪtɪs] *n мед.* воспаление толстых кишок, колит

  coll¹ [kɒl] *v шотл.* стричь, коротко подстригать волосы
  coll² [kɒl] *амер. сокр. от* collection
  collaborate [kə'læbəreɪt] *v* 1) сотрудничать; to ~ on a biography with a friend писать чью-л. биографию в соавторстве с другом 2) сотрудничать с врагом
  collaboration [kə,læbə'reɪʃ(ə)n] *n* 1. 1) сотрудничество; to work in ~ with smb. работать в сотрудничестве *или* соавторстве с кем-л. 2) коллаборационизм, сотрудничество с врагом, предательство 2. совместный эксперимент, коллаборация (*в нескольких лабораториях*)
  collaborationism [kə,læbə'reɪʃ(ə)nɪz(ə)m] = collaboration 1, 2)
  collaborationist [kə,læbə'reɪʃ(ə)nɪst] = collaborator 2)
  collaborative [kə'læbərətɪv] *a* совместный (*о проекте строительства*); ~ effort совместные усилия
  collaborator [kə'læbəreɪtə] *n* 1) сотрудник 2) сотрудничающий с врагом, коллаборационист
  collage ['kɒlɑːʒ] *n* 1) *иск.* коллаж 2) комбинация разнородных элементов; ~ of ideas пёстрая смесь идей
  collagen ['kɒlədʒən] *n биол.* коллаген
  collagenolytic [,kɒlə,dʒenə'lɪtɪk] *a биол.* коллагенолитический
  collagist ['kɒlɑːʒɪst] *n иск.* коллажист, художник, делающий коллажи
  collapsable [kə'læpsəb(ə)l] = collapsible
  collapsar [kə'læpsɑː] *n астр.* чёрная дыра, коллапсар
  collapse I [kə'læps] *n* 1. обвал, падение, обрушение; ~ of a roof *горн.* обрушение кровли 2. 1) крах, крушение, провал, развал; ~ of plans [of hopes] крушение планов [надежд]; ~ of negotiations провал переговоров 2) крах, банкротство; ~ of a ministry крах /падение/ правительства; ~ of a bank банкротство банка 3. 1) резкий упадок сил, изнеможение; коллапс 2) *разг.* упадок духа 4. *тех.* 1) выход из строя 2) сплющивание 3) продольный изгиб 5. *авт.* смятие (*шины*) 6. *астр.* коллапс, схлопывание (*звезды*)
  collapse II [kə'læps] *v* 1. 1) рушиться, обваливаться; the tent ~d палатка завалилась; the weight of the snow on the roof caused the house to ~ под тяжестью снега на крыше дом рухнул 2) обрушивать; ломать своей тяжестью; the weight of snow ~d the roof снег (*своей тяжестью*) продавил крышу 2. 1) свалиться (*в результате удара, напряжения*); сильно ослабеть; свалиться от болезни *или* слабости, слечь; he ~d into his chair он повалился на стул 2) упасть духом 3. потерпеть крах, неудачу; рушиться (*о планах, надеждах и т. п.*); negotiations ~d переговоры сорвались /потерпели неудачу/ 4. *тех.* 1) выходить из строя 2) сжиматься, сокращаться, сплющиваться 5. 1) складываться, быть складным; the card table ~s этот карточный стол складывается; this telescope ~s to half its size эта подзорная труба свинчивается наполовину 2) складывать, свёртывать; to ~ a canvas stool сложить парусиновую табуретку; to ~ an umbrella свернуть /сложить/ зонтик; to ~ a telescope свинтить подзорную трубу 6. *астр.* коллапсировать, схлопываться

  ◊ to ~ with laughter давиться /корчиться/ от смеха; ≅ умирать со смеху
  collapsible [kə'læpsəb(ə)l] *a* 1. разборный; складной; откидной; ~ boat разборная лодка; ~ seat откидное си-

денье; ~ top *авт.* откидно́й верх; ~ umbrella складно́й зо́нтик 2. *астр.* коллапси́рующий

collar I ['kɒlə] *n* 1. 1) воротни́к, воротничо́к; stand-up [turn-down] ~ стоя́чий [отложно́й] воротни́к 2) цепь ры́царского о́рдена (*которую носят вокруг шеи*) 3) оже́релье; ~ of pearls жемчу́жное оже́релье 2. оше́йник 3. хомут 4. *социол.* воротничо́к как си́мвол ста́туса; blue ~s си́ние воротнички́, рабо́чие; white ~s бе́лые воротнички́, служащие; pink ~s рабо́тники сфе́ры обслу́живания; steel ~s автомати́ческие манипуля́торы 5. *амер. сл.* аре́ст, задержа́ние 6. *тех.* 1) вту́лка, кольцо́ 2) фла́нец; запле́чик 3) манже́та 4) *стр.* ри́гель 7. *горн.* у́стье (*ствола, шпура или скважины*) 8. *бот.* корнево́й чехлик; (*корнева́я*) ше́йка 9. *зоол.* воротни́чок (*у птиц и т. п.*) ◊ to wear the ~ наде́ть на себя́ хомут, быть в подчине́нии; in ~ име́ющий рабо́ту; out of ~ без рабо́ты; to work up to the ~ рабо́тать не поклада́я рук; to fill one's ~ доброс́овестно выполня́ть свои́ обя́занности, хорошо́ рабо́тать; against the ~ с больши́м напряже́нием; hot under the ~ разъярённый, взбешённый, вы́веденный из себя́

collar II ['kɒlə] *v* 1. наде́ть воротни́к, хомут, оше́йник *и т. п.* 2. схвати́ть за во́рот, за ши́ворот 3. *разг.* захвати́ть, завладе́ть; she ~ed him in the hall она́ пойма́ла его́ в пере́дней (*чтобы поговори́ть с ним*); to ~ the market in wool монополизи́ровать шерстяно́й ры́нок 4. свёртывать в руле́т (*мясо и т. п.*)

collarbone ['kɒləbəʊn] *n анат.* ключи́ца

collar button ['kɒləˌbʌtn] = collar stud

collaret(te) [ˌkɒlə'ret] *n* небольшо́й воротничо́к (*из кружев, меха и т. п.*)

collar stud ['kɒləstʌd] за́понка для воротничка́ (*соро́чки*)

collarwork ['kɒləwɜ:k] *n* 1) перево́зка тяжёлых гру́зов (*на лошадя́х*) 2) тру́дная, тяжёлая рабо́та

collate [kə'leɪt] *v* 1. сра́внивать, сопоставля́ть; слича́ть; to ~ with the original слича́ть с оригина́лом 2. *полигр.* проверя́ть листы́ брошуру́емой кни́ги 3. *церк.* предоставля́ть (*свяще́ннику*) бенефи́ций

collateral I [kə'læt(ə)rəl] *n* 1. ро́дственник *или* родство́ по бокобо́й ли́нии 2. *ком.* дополни́тельное обеспе́чение

collateral II [kə'læt(ə)rəl] *a* 1. побо́чный, второстепе́нный; ~ facts *юр.* фа́кты, ко́свенно относя́щиеся к спо́ру; ~ evidence *юр.* ко́свенная ули́ка 2. паралле́льный; ~ fibres паралле́льные волокна 3. *ком.* дополни́тельный (*об обеспе́чении и т. п.*); ~ loan ссу́да под обеспе́чение 4. *юр.* боково́й (*о родстве́*); ~ relation ро́дственник по бокобо́й ли́нии 5. *биол.* побо́чный 6. коллатера́льный (*о кровообраще́нии*)

collateral acceptance [kə'læt(ə)rələk'septəns] *ком.* 1. ава́ль 2. гаранти́йный акце́пт

collation [kə'leɪʃ(ə)n] *n* 1. сравне́ние, сопоставле́ние; слине́ние (*текста*) 2. *полигр.* прове́рка листо́в брошуру́емой кни́ги 3. колля́ция, коли́чественная характери́стика (*в библиоте́чном де́ле*) 4. пожа́лование духо́вному лицу́ бенефи́ция 5. лёгкий за́втрак *или* у́жин; cold ~ холо́дная заку́ска

collaurin [kɒ'lɔ:rɪn] *n спец.* коллои́д(а́ль)ное зо́лото

colleague ['kɒli:g] *n* колле́га, сослужи́вец; my esteemed ~ мой уважа́емый колле́га

colleaguesmanship ['kɒli:gzmənʃɪp] *n амер.* привлече́ние квалифици́рованных ка́дров перспекти́вой рабо́ты с ви́дными специали́стами (*в университе́тах*)

collect¹ I [kə'lekt] *v* 1. 1) собира́ть; to ~ pupils in the hall собра́ть ученико́в в за́ле; to ~ evidence [information, data, material for a dictionary, signatures] собра́ть свиде́тельские показа́ния [све́дения, да́нные, материа́л для словаря́, по́дписи] 2) собира́ться, скопля́ться; a crowd soon ~ed вско́ре собрала́сь толпа́; water ~s in hollows вода́ собира́ется во впа́динах 2. собира́ть, коллекциони́ровать; to ~ stamps [books, pictures, curiosities] коллекциони́ровать ма́рки (*кни́ги, карти́ны, ре́дкости*) 3. 1) собира́ть (*пожертвова́ния*) 2) взима́ть (*нало́ги, по́шлины, проце́нты, аре́ндную пла́ту и т. п.*); ~ on delivery опла́та при доста́вке, нало́женным платежо́м 4. *ком.* инкасси́ровать 5. 1) забира́ть; получа́ть; to ~ goods from the station забра́ть това́ры со ста́нции; to ~ one's suitcase получи́ть свой чемода́н; to ~ the ball *спорт.* завладе́ть мячо́м 2) заходи́ть (*за кем-л.*); he ~ed his girl and brought her to the cinema он зашёл за свое́й де́вушкой и повёл её в кино́ 6. собра́ться с мы́слями *и т. п.*, сосредото́читься; to ~ oneself овладе́ть собо́й, прийти́ в себя́, опо́мниться; to ~ one's thoughts [energies] собра́ться с мы́слями [с си́лами]; to ~ one's courage собра́ть всё своё му́жество 7. *редк.* заключа́ть, де́лать вы́вод из ска́занного ◊ to ~ eyes стара́ться привле́чь к себе́ внима́ние

collect¹ II [kə'lekt] *adv амер., канад.* 1. с опла́той получа́телем; phone me ~ позвони́ мне с перево́дом опла́ты на меня́ (*при междугоро́дных перегово́рах*); to send a telegram ~ посла́ть телегра́мму, кото́рую до́лжен оплати́ть получа́тель; "freight ~" «фрахт подлежи́т упла́те грузополуча́телем» (*отме́тка в коносаме́нте*) 2) нало́женным платежо́м; I sent you the books ~ я отпра́вил вам кни́ги нало́женным платежо́м; I'll pay for the goods ~ отпра́вьте мне това́р нало́женным платежо́м

collect² ['kɒlɪkt, 'kɒlekt] *n церк.* колле́кт, кра́ткая моли́тва во вре́мя обе́дни

collectable [kə'lektəb(ə)l] = collectible

collectanea [ˌkɒlek'teɪnɪə] *n pl употр. с гл. в ед. ч. лат.* собра́ние заме́ток, вы́писок, отры́вков из произведе́ний писа́телей; антоло́гия

collected [kə'lektɪd] *a* 1. со́бранный; ~ edition /works/ собра́ние сочине́ний (*одного́ а́втора*); ~ papers собра́ние трудо́в 2. сде́ржанный, вы́держанный; споко́йный; he was calm and ~ он был споко́ен и сосредото́чен

collectible [kə'lektəb(ə)l] *n* предме́т коллекциони́рования; предме́т, интере́сный для коллекционе́ров

collecting [kə'lektɪŋ] *a* сбо́рный, явля́ющийся ме́стом сбо́ра, собира́ющий; ~ post *воен.* передово́й пункт сбо́ра ра́неных; ~ station *воен.* а) головно́й медици́нский эвакопу́нкт; б) сбо́рный пункт; ~ troop ме́дико-санита́рный эвакуацио́нный отря́д

collecting agency [kə'lektɪŋ'eɪdʒ(ə)nsɪ] инкасси́рующее аге́нтство (*собира́ет взно́сы за ве́щи, ку́пленные в рассро́чку и т. п.*)

collecting area [kə'lektɪŋ'eərɪə] *гидр.* общая пло́щадь пита́ния реки́ и́ли о́зера

collection [kə'lekʃ(ə)n] *n* 1. 1) собира́ние; ~ of stories собра́ние /сбо́рник/ расска́зов 2) собира́ние; ~ of letters вы́емка пи́сем (*из почто́вого я́щика*); ~ of facts [of evidence] собира́ние да́нных [свиде́тельских показа́ний] 2. 1) сбор де́нежных пожертвова́ний (*особ. на собра́ниях и́ли в це́ркви*); to make [to take up] a ~ произвести́ сбор поже́ртвований [*см. тж.* 3] 2) де́нежные пожертвова́ния; ~s for refugees де́нежные пожертвова́ния в по́льзу бе́женцев 3) де́нежный сбор; ~ of taxes взыска́ние нало́гов 4) *ком.* инка́ссо 3. 1) колле́кция; ~ of books [plants, stamps] колле́кция книг [расте́ний, ма́рок]; to make a ~ соста́вить колле́кцию [*см. тж.* 2, 1)] 2) совоку́пность, набо́р 3) колле́кция но́вых моде́лей оде́жды (*одного́ моделье́ра и́ли одно́й фи́рмы для пока́за зака́зчикам*) 4. скопле́ние; сбо́рище; ~ of people толпа́ люде́й; ~ of rubbish ку́ча хла́ма /му́сора/ 5. аккумуля́ция, аккумули́рование; solar-energy ~ system систе́ма аккумуля́ции со́лнечной эне́ргии 6. *pl унив. проф.* семе́стровые экза́мены (*в Оксфо́рде и не́которых други́х университе́тах*) 7. *информ.* (документа́льный) фонд

collective I [kə'lektɪv] *n* 1. коллекти́в 2. *грам.* собира́тельное и́мя существи́тельное

collective II [kə'lektɪv] *a* 1. коллекти́вный, о́бщий, совме́стный; совоку́пный; ~ ownership of land коллекти́вное /совме́стное/ владе́ние землёй; ~ leadership коллекти́вное /коллегиа́льное/ руково́дство; ~ petition коллекти́вное проше́ние; ~ security коллекти́вная безопа́сность; ~ interests of a community (о́бщие) интере́сы о́бщества; ~ title о́бщее загла́вие; the ~ body of the university коллекти́в университе́та 2. собира́тельный; ~ noun *грам.* собира́тельное и́мя существи́тельное

collective agreement [kə,lektɪvə'gri:mənt] 1) коллекти́вный догово́р 2) усло́вия рабо́ты в соотве́тствии с коллекти́вным догово́ром

collective bargaining [kə,lektɪv'ba:gɪnɪŋ] перегово́ры ме́жду предпринима́телями и профсою́зами о заключе́нии коллекти́вного догово́ра

collective behaviour [kə,lektɪvbɪ'heɪvɪə] *социол.* коллекти́вное поведе́ние

collective farm [kə,lektɪv'fa:m] колхо́з, коллекти́вное хозя́йство; сельскохозя́йственная арте́ль

collective farmer [kə,lektɪv'fa:mə] колхо́зник; колхо́зница

collective fruit [kə'lektɪv,fru:t] *бот.* сопло́дие

collectively [kə'lektɪvlɪ] *adv* 1. коллекти́вно, сообща́, совме́стно 2. *грам.* в собира́тельном значе́нии; "fish" can be used ~ сло́во «ры́ба» мо́жет употребля́ться как собира́тельное существи́тельное

collective unconscious [kə,lektɪvʌn'kɒnʃəs] коллекти́вное подсозна́ние (*в психоана́лизе*)

collectivism [kə'lektɪvɪz(ə)m] *n* коллективи́зм

collectivity [ˌkɒlek'tɪvɪtɪ] *n* 1. о́бщность; ~ of effort о́бщность уси́лий 2. коллекти́в 3. совоку́пность; агрега́т 4. совме́стное владе́ние; ~ of the soil совме́стное владе́ние землёй

collectivization [kə,lektɪvaɪ'zeɪʃ(ə)n] *n* коллективиза́ция

collectivize [kə'lektɪvaɪz] *v* коллективизи́ровать

collector [kə'lektə] *n* 1. *см.* collect¹ I + -or 2. собира́тель, коллекционе́р 3.

1) сбо́рщик (налогов, аре́ндной пла́ты и т. п.) 2) контролёр, проверя́ющий биле́ты (на желе́зной доро́ге) 3) ком. инкасса́тор 4. эл. щётки (маши́ны); токоприёмник 5. тех. 1) колле́ктор, сбо́рник 2) со́лнечный колле́ктор

collector's item, collector's piece [kə'lektəz,aɪtəm, -,piːs] = collectible

colleen ['kɒliːn, kɒ'liːn] n ирл. де́вушка

collegatary [kə'legət(ə)rɪ] n юр. солега́та́рий

college ['kɒlɪdʒ] n 1. 1) университе́тский ко́лледж (в Великобрита́нии); he is a ~ man он получи́л образова́ние в ко́лледже; он челове́к с университе́тским образова́нием; ~ sports спорти́вная жизнь в вы́сших уче́бных заведе́ниях 2) университе́т (в США) 3) факульте́т университе́та (в США) 2. 1) привилегиро́ванная самоуправля́ющаяся сре́дняя шко́ла с интерна́том (незави́симая от прави́тельства), ко́лледж; Eton ~ шко́ла в Ито́не, Ито́нский ко́лледж 2) ча́стная сре́дняя шко́ла 3. институ́т, специа́льное вы́сшее уче́бное заведе́ние (вое́нное, морско́е, сельскохозя́йственное и т. п.); medical ~ медици́нский ко́лледж; teachers' training ~ педагоги́ческий институ́т 4. колле́дж, сре́дняя шко́ла (во Фра́нции) 5. учи́лище; barber's ~ учи́лище парикма́херов 6. амер. арх. специа́льный курс ле́кций (для получе́ния сте́пени) 7. благотвори́тельное (уче́бное) заведе́ние, существу́ющее на поже́ртвования 8. корпора́ция; колле́гия; C. of Surgeons колле́гия хирурго́в; electoral ~ колле́гия вы́борщиков; C. of Cardinals церк. колле́гия кардина́лов, конкла́в (для избра́ния па́пы) 9. сл. тюрьма́ 10. ист. общи́на духо́вных лиц, живу́щая на поже́ртвования 11. арх. компа́ния; гру́ппа; a ~ of bees рой пчёл

college boards ['kɒlɪdʒ,bɔːdz] амер. вступи́тельные экза́мены (в вы́сших уче́бных заведе́ниях)

college-bred ['kɒlɪdʒbred] a с вы́сшим образова́нием, получи́вший вы́сшее образова́ние; ~ athlete спортсме́н, ве́шедший из студе́нческой кома́нды

college cap ['kɒlɪdʒ,kæp] = colleger 3

College of Arms [,kɒlɪdʒəv'ɑːmz] гера́льдическая пала́та (в Великобрита́нии)

colleger ['kɒlɪdʒə] n 1. уча́щийся в Ито́нском ко́лледже, особ. получа́ющий стипе́ндию 2. амер. студе́нт 3. академи́ческая ша́почка с пло́ским квадра́тным ве́рхом

college try ['kɒlɪdʒ,traɪ] амер. разг. чрезвыча́йные уси́лия; to give smth. the ~ ≅ из ко́жи лезть, де́лать всё возмо́жное и невозмо́жное (для достиже́ния це́ли)

college widow ['kɒlɪdʒ,wɪdəʊ] амер. сл. «студе́нческая вдо́вушка» (жи́тельница университе́тского городка́, вступа́ющая в связь со студе́нтами сменя́ющихся поколе́ний)

collegia [kə'liːdʒɪə] pl om collegium

collegial [kə'liːdʒɪəl] = collegiate

collegiality [kə,liːdʒɪ'ælɪtɪ] n церк. собо́рность

collegian [kə'liːdʒən] n 1. 1) студе́нт ко́лледжа 2) выпускни́к ко́лледжа 2. сл. заключённый

collegiate [kə'liːdʒɪət] a 1. 1) университе́тский; ~ life университе́тская жизнь; ~ town университе́тский го́род 2) студе́нческий 2. корпорацио́нный; коллегиа́льный

collegiate church [kə,liːdʒɪət'tʃɜːtʃ] коллегиа́льная це́рковь, собо́рная це́рковь (с колле́гией или капи́тулом)

collegiate institute [kə,liːdʒɪət'ɪnstɪtjuːt] кана́д. (кру́пная) сре́дняя шко́ла (с повы́шенными тре́бованиями)

collegium [kə'liːdʒɪəm, kə'leɪɡɪəm] n (pl -gia) 1. колле́гия 2. = collegiate church

collenchyma [kə'leŋkɪmə] n бот. колленхи́ма

collet ['kɒlɪt] n 1. тех. 1) ги́льза, вту́лка 2) ца́нга; ~ chuck ца́нговый /зажи́мный/ патро́н 3) хому́тик 2. гнездо́ ка́мня (в часово́м механи́зме или прибо́ре) 3. опра́ва; the seal was set in a ~ of gold печа́тка была́ опра́влена в зо́лото

colleterium [,kɒlɪ'tɪ(ə)rɪəm] n энт. коллете́риум, о́рган, выделя́ющий склеивающий секре́т

colley ['kɒlɪ] = collie

collide [kə'laɪd] v 1) ста́лкиваться; the motor cars ~d автомоби́ли столкну́лись 2) прийти́ в столкнове́ние, вступи́ть в противоре́чие, в конфли́кт; our aims [purposes] ~ у нас противополо́жные це́ли [наме́рения]; our interests ~d на́ши интере́сы столкну́лись 3) ста́лкивать, приводи́ть в столкнове́ние; to ~ atoms вызыва́ть столкнове́ние а́томов

collider [kə'laɪdə] n физ. колла́йдер, (ускори́тельная) устано́вка на встре́чных пучка́х

colliding beams [kə'laɪdɪŋ'biːmz] физ. встре́чные пучки́ (части́ц)

collie ['kɒlɪ] n ко́лли, шотла́ндская овча́рка

collier ['kɒlɪə] n 1. горнорабо́чий, углеко́п, шахтёр 2. 1) у́гольщик (су́дно) 2) матро́с на у́гольщике 3. углежо́г

colliery ['kɒljərɪ] n 1. каменноу́гольная копь или ша́хта 2. предприя́тие у́гольной промы́шленности

collieshangie [,kɒlɪ'ʃæŋɪ] n шотл. шу́мная ссо́ра, дра́ка

colligate ['kɒlɪɡeɪt] v лог. свя́зывать, обобща́ть (фа́кты)

colligation [,kɒlɪ'ɡeɪʃ(ə)n] n 1) лог. свя́зывание, обобще́ние (фа́ктов) 2) стат. сте́пень свя́зи ме́жду фа́кторами

collimation [,kɒlɪ'meɪʃ(ə)n] n спец. коллима́ция, коллими́рование

collimator ['kɒlɪmeɪtə] n спец. коллима́тор

collinear [kəʊ'lɪnɪə] a мат. коллине́арный, име́ющий о́бщую пряму́ю; лежа́щий на одно́й прямо́й

collinearity [,kəʊlɪnɪ'ærɪtɪ] n мат. коллинеа́рность

collineation [,kəʊlɪnɪ'eɪʃ(ə)n] n мат. коллинеа́ция, проекти́вное преобразова́ние

Collins ['kɒlɪnz] n спиртно́й напи́ток с са́харом, лимо́нным со́ком и льдом

collision [kə'lɪʒ(ə)n] n 1. столкнове́ние; ~ of trains [cars] столкнове́ние поездо́в [автомоби́лей]; to come in(to) ~ столкну́ться, уда́риться [см. тж. 2] 2. столкнове́ние, противоре́чие (интере́сов и т. п.); колли́зия; to come in(to) ~ прийти́ в столкнове́ние, вступи́ть в противоре́чие [см. тж. 1]; the ~ of principles столкнове́ние при́нципов

collision course [kə'lɪʒ(ə)n,kɔːs] 1. спец. встре́чный курс 2. 1) курс, грозя́щий катастро́фой; events are on a ~ собы́тия при́няли угрожа́ющий оборо́т 2) о́стрые разногла́сия, грозя́щие разры́вом; the employers' organization is on a ~ with the union организа́ция предпринима́телей стои́т на гра́ни разры́ва с профсою́зами

collocate ['kɒləkeɪt] v 1. книжн. располага́ть; расставля́ть (кни́ги и т. п.) 2. лингв. 1) сочета́ть, образо́вывать словосочета́ния 2) сочета́ться, образо́вывать словосочета́ния

collocated ['kɒləkeɪtɪd] a соотнесённый; свя́занный; ~ events собы́тия, располо́женные в хронологи́ческом поря́дке

collocation [,kɒlə'keɪʃ(ə)n] n 1. 1) расположе́ние, расстано́вка 2) спец. коллока́ция 2. лингв. сочета́ние слов; dictionary of ~s слова́рь сочета́емости; слова́рь фразеологи́ческих сочета́ний

collocutor [kəʊ'lɒkjutə] n книжн. собесе́дник

collodion [kə'ləʊdɪən] n колло́дий

collogue [kɒ'ləʊɡ] v 1. диал. догова́риваться секре́тно, интригова́ть 2. шутл. бесе́довать инти́мно, с гла́зу на гла́з

colloid ['kɒlɔɪd] n хим. колло́ид

colloidal [kɒ'lɔɪd(ə)l] a хим. колло́идный; колло́ида́льный; ~ chemistry колло́идная хи́мия

collop ['kɒləp] n диал. 1) то́нкий кусо́к мя́са или беко́на 2) кусо́чек (чего́-л.) 2. то́лстая скла́дка жи́ра на те́ле ◊ Scotch ~s мя́со по-шотла́ндски, жа́реное мя́со с лу́ком

colloquia [kə'ləʊkwɪə] pl om colloquium

colloquial I [kə'ləʊkwɪəl] n лингв. разгово́рный язы́к

colloquial II [kə'ləʊkwɪəl] a 1. разгово́рный (о языке́, слова́х, выраже́ниях) 2. употребля́ющий разгово́рные слова́ и выраже́ния

colloquialism [kə'ləʊkwɪəlɪz(ə)m] n коллоквиали́зм, разгово́рное сло́во или выраже́ние

colloquist ['kɒləkwɪst] n книжн. собесе́дник

colloquium [kə'ləʊkwɪəm] n (pl -quia) 1) колло́квиум, собесе́дование; to hold colloquia проводи́ть колло́квиумы 2) семина́р

colloquize ['kɒləkwaɪz] v разгова́ривать, бесе́довать; вести́ бесе́ду

colloquy ['kɒləkwɪ] n 1. 1) официа́льный разгово́р; обсужде́ние 2) конфере́нция 2. лит. сочине́ние в фо́рме диало́га; Erasmus's Colloquies «Диало́ги» Эра́зма 3. амер. обме́н ре́пликами (в конгре́ссе)

collotype ['kɒlə(ʊ)taɪp] n полигр. фототи́пия

collude [kə'luːd] v юр. та́йно сгова́риваться; де́йствовать в сго́воре

collusion [kə'luːʒ(ə)n] n 1) та́йный сго́вор 2) юр. та́йный сго́вор ме́жду истцо́м и отве́тчиком; ~ of husband and wife to obtain a divorce та́йный сго́вор ме́жду му́жем и жено́й для получе́ния разво́да (путём да́чи ло́жных показа́ний)

collusive [kə'luːsɪv] a 1) обусло́вленный сго́вором, та́йным соглаше́нием; ~ divorce разво́д, полу́ченный по сго́вору ме́жду супру́гами (даю́щими ло́жные показа́ния); ~ treaty with the enemy та́йный сго́вор с враго́м 2) уча́ствующий в сго́воре

colly ['kɒlɪ] = collie

collyria [kə'lɪ(ə)rɪə] pl om collyrium

collyrium [kə'lɪ(ə)rɪəm] n (pl -ria) 1. примо́чка для глаз; глазны́е ка́пли 2. мед. суппозито́рий, свеча́

collywobbles ['kɒlɪ,wɒb(ə)lz] n употр. с гл. в ед. и мн. ч. разг. 1) урча́ние в животе́ 2) расстро́йство кише́чника

cologne [kə'ləʊn] n одеколо́н (тж. C. water)

Colombian I [kə'lɒmbɪən, kə'lʌmbɪən] n колумби́ец; колумби́йка

Colombian II [kə'lɒmbɪən, kə'lʌmbɪən] a колумби́йский

colon[1] ['kəʊlən] *n* (*pl тж.* cola) *анат.* ободочная кишка, толстая кишка

colon[2] ['kəʊlən] *n* (*pl тж.* cola) 1) двоеточие 2) знак деления, знак отношения

colon[3] ['kəʊlɒn, kə'lɒn] *n фр.* 1. колонист; поселенец 2. плантатор

colon[4] [kəʊ'lɒn] *n* (*pl* colones) колон (*денежная единица Коста-Рики, Сальвадора*)

colonel ['kɜ:n(ə)l] *n* 1. 1) полковник 2) *амер. разг.* подполковник 2. *амер. полковник* (*обращение к чиновнику в южных штатах*) ◊ **Colonel Blimp** [,kɜ:n(ə)l'blɪmp] *см.* blimp

colonelcy ['kɜ:n(ə)lsɪ] *n* чин, звание полковника

colonel-in-chief [,kɜ:n(ə)lɪn'tʃi:f] *воен.* шеф полка

colones [kəʊ'lɒneɪs] *pl от* colon[4]

coloni [kə'ləʊnaɪ] *pl от* colonus

colonial I [kə'ləʊnɪəl] *n* 1. житель колонии 2. *ист.* солдат американской армии в эпоху борьбы за независимость 3. продукт, товар, предназначенный для колоний

colonial II [kə'ləʊnɪəl] *a* 1. колониальный; ~ system [power] колониальная система [держава]; ~ rule [slavery] колониальное господство [рабство]; ~ countries [nations, markets] колониальные страны /колонии/ [рынки]; C. Office *ист.* министерство по делам колоний (*в Великобритании до 1966 г.*) 2. (часто С.) 1) *ист.* относящийся к периоду существования 13 колоний, позднее штатов; ~ skirmishes with the Indians стычки колонистов с индейцами 2) колониальный (*об архитектуре и т. п.*); ~ furniture мебель колониального стиля 3. *биол.* колониальный, образующий колонии; ~ organism колониальный организм

colonialism [kə'ləʊnɪəlɪz(ə)m] *n* колониализм; complete collapse of ~ полное крушение колониализма; to abolish /to destroy/ ~ ликвидировать /уничтожить/ колониализм /колониальную систему/

colonialist I [kə'ləʊnɪəlɪst] *n* 1) колонизатор; to curb the ~s обуздать колонизаторов 2) сторонник колониальной системы

colonialist II [kə'ləʊnɪəlɪst] *a* колонизаторский; ~ aims колонизаторские устремления /замыслы/

colonialize [kə'ləʊnɪəlaɪz] = colonize 1

colonic [kə'lɒnɪk] *a анат.* толстокишечный, относящийся к толстым кишкам

colonist ['kɒlənɪst] *n* колонист, поселенец; early ~s in New England первые поселенцы /колонисты/ в Новой Англии

colonization [,kɒlənaɪ'zeɪʃ(ə)n] *n* 1. колонизация 2. *амер. сл.* предоставление права голоса лицам, не проживающим в данном избирательном округе (*для незаконного голосования*)

colonize ['kɒlənaɪz] *v* 1. колонизировать, подчинять своему господству 2. 1) заселять 2) поселяться 3. *амер. сл.* предоставлять право голоса лицу, не проживающему в данном избирательном округе (*для незаконного голосования*) 4. проникать (*куда-л.*) для подрывной деятельности; to ~ industries проникать на промышленные предприятия (*о шпионах и т. п.*)

colonizer ['kɒlənaɪzə] *n* 1. *см.* colonize + -er 2. колонизатор 3. поселенец, колонист 4. *амер. сл.* избиратель, получивший право голоса в другом избирательном округе (*для незаконного голосования*)

colonnade [,kɒlə'neɪd] *n* 1. *архит.* колоннада 2. двойной ряд деревьев

colonoscope [kə'lɒnəskəʊp] *n мед.* колоноскоп, гибкий (световодный) эндоскоп

colonus [kə'ləʊnəs] *n* (*pl* -ni) *ист.* колон (*в Римской империи*)

colony ['kɒlənɪ] *n* 1. колония; Crown C. коронная колония, британская колония, не имеющая самоуправления 2. 1) поселение, колония; the first Anglo-Saxon colonies in Britain первые поселения англосаксов в Британии 2) (the Colonies) *pl ист.* тринадцать английских колоний в Северной Америке, преобразованных в штаты (*при создании США*) 3. 1) колония, землячество, сообщество земляков; the Italian ~ in London итальянская колония в Лондоне 2) посёлок; ~ of artists посёлок /«городок»/ художников; summer ~ *амер.* дачный посёлок 4. колония, учреждение специального назначения; penal ~ исправительная колония; leper ~ лепрозорий 5. семья (*пчелиная, муравьиная и т. п.*) 6. *биол.* 1) колония, соматически связанные организмы (*губки, кораллы и т. п.*) 2) колония (*бактерий*)

colophon ['kɒləfɒn] *n* 1. колофон, выходные сведения (*в старинных книгах*); from title-page to ~ от корки до корки; ~ date дата, приведенная в колофоне 2. эмблема издательства

colophony [kə'lɒfənɪ] *n* канифоль

color I, II ['kʌlə] *амер.* = colour I *и* II

Colorado (potato) beetle [,kɒlə,rɑ:dəʊ(pə,teɪtəʊ)'bi:tl] *энт.* колорадский (картофельный) жук (*Leptinotarsa decemlineata*)

colorant ['kʌlərənt] = colourant

coloration [,kʌlə'reɪʃ(ə)n] *n* 1. окраска, расцветка 2. окрашивание, раскраска 3. 1) цвет лица 2) цвет кожи (*кроме белого*) 4. *жив.* колорит 5. политическая окраска; the ~ of a newspaper направление газеты 6. *муз.* орнаментирование, фигурация

coloratura [,kɒlərə'tʊ(j)ʊ(ə)rə] *n муз.* колоратура; ~ soprano а) колоратурное сопрано; б) певица, обладающая колоратурным сопрано

colorcast I, II ['kʌləkɑ:st] *амер.* = colourcast I *и* II

colorcaster ['kʌlə,kɑ:stə] *n амер.* телекомментатор (*особ. спортивный*), ведущий репортаж живо и красочно

color-field painting ['kʌləfi:ld,peɪntɪŋ] живопись цветных полей (*род абстракционизма*)

color filter ['kʌlə,fɪltə] *амер.* = colour filter

color guard ['kʌləgɑ:d] *амер. воен.* знамёнщик с ассистентами

colorific [,kʌlə'rɪfɪk] *a* 1. красящий; красильный 2. 1) красочный 2) цветистый, витиеватый (*о стиле*)

colorimeter [,kʌlə'rɪmɪtə] *n тех., физ.* колориметр (*прибор для измерения цвета*)

colorimetry [,kʌlə'rɪmɪtrɪ] *n физ.* колориметрия, измерение цвета

color-key ['kʌləki:] *амер.* = colour-code

color line ['kʌlə,laɪn] *амер.* = colour-bar

color sentinel [,kʌlə'sentɪn(ə)l] *амер. воен.* часовой у знамени

colossal [kə'lɒs(ə)l] *a* 1. колоссальный, громадный, исполинский 2. *эмоц.-усил.* поразительный, невероятный; великолепный, превосходный; that ~ liar потрясающий лжец; ~ stupidity невероятная глупость

Colosseum [,kɒlə'sɪəm] *n* Колизей (*в Древнем Риме*)

colossi [kə'lɒsaɪ] *pl от* colossus

Colossians [kə'lɒʃ(ə)nz] *n употр. с гл. в ед. ч. библ.* Послание к колоссянам (*апостола Павла*)

colossus [kə'lɒsəs] *n* 1) гигант, колосс; C. of Rhodos Колосс Родосский (*гигантская медная статуя Аполлона*) 2) гигант (*о стране, корпорации и т. п.*); such an artistic ~ as Michelangelo такой художник-исполин как Микельанджело

colostrum [kə'lɒstrəm] *n физиол.* молозиво

colour I ['kʌlə] *n* I 1. цвет; тон; оттенок; primary /fundamental, simple/ ~s основные цвета; secondary ~s составные цвета; bright [dark, deep, pale, warm, dull, faded] ~s яркие [тёмные, густые, бледные, тёплые, тусклые, блёклые] цвета /тона/; ~ array цветовая гамма, шкала цветов; ~ atlas атлас цветов; all ~s of the rainbow все цвета радуги; out of ~ выцветший, выгоревший; without ~ бесцветный [*см. тж.* ◊]; to dress in ~s одеваться пёстро; this material is light [dark] in ~ это светлый [тёмный] материал; ~ mill краскотёрка; ~ printing *полигр.* цветная печать, хромотипия; ~ response *физ.* спектральная чувствительность (*к цвету*) 2. 1) краска; красящее вещество, пигмент; dead ~ *см.* dead colour; to mix ~s смешивать краски; to lay on the ~s too thickly сгущать краски, сильно преувеличивать 2) *иск.* умение пользоваться цветом, колоритом; he is great in ~ он большой мастер цвета, он замечательный колорист 3) *спец.* колер 3. 1) цвет лица; румянец; she has very little [too much] ~ она очень бледна [румяна]; she has a fresh ~ у неё свежий цвет лица; the ~ rushed into his face краска залила его лицо; to lose ~ побледнеть; to gain ~ порозоветь; to change ~ измениться в лице (*побледнеть или покраснеть*) 2) цвет кожи (*кроме белого*); расовая принадлежность 4. 1) видимость (*чего-л.*); оттенок, налёт; his argument has the ~ of reason его довод не лишён смысла; to give /to lend/ some ~ of truth to smth. придавать чему-л. некоторое правдоподобие; local ~ местный колорит 2) свет, вид; to give a false ~ to smth. представлять что-л. в ложном свете; to see things in their true ~ видеть вещи в истинном свете 5. яркость, живость; there is ~ in his writing его произведения отличаются яркостью /образностью/ 6. *муз.* тембр, оттенок 7. предлог; under (the) ~ of friendship под видом /под маской/ дружбы 8. *pl арх.* риторические фигуры; rhetorical ~s тропы, риторические фигуры 9. *юр.* очевидное, не требующее особых доказательств, законное право (*на что-л.*); to hold possession under ~ of title владеть чем-л. по законному праву 10. *физ.* цвет (*характеристика кварка*) 11. *амер.* следы или крупинки золота в промываемой руде

II 1. *тж. pl воен.* знамя, флаг; regimental ~s полковое знамя; King's [Queen's] ~s штандарт короля [королевы]; to sail under false ~s *мор.* плыть под чужим флагом (*о корабле*) [*см. тж.* ◊]; to salute the ~s салютовать знамени; to troop the ~s *воен.* выносить знамя перед строем (*при разводе караулов*); ~ company *воен.* знамённая рота; ~ officer *воен.* ассистент при знамени (*офицер*); ~ sergeant *воен.* сержант-

-знаменщик 2. (the ~s) служба в армии, военная служба; to join the ~s поступить на военную службу; to be with the ~s быть на действительной службе; to desert the ~s дезертировать; to call to the ~s мобилизовать 3. (the ~s) подъём или спуск флага; at military school the day begins with the ~s в военной школе день начинается с подъёма флага 4. *pl* 1) отличительный знак, значок, эмблема (*школы, клуба и т. п.*); лента, розетка, значок (*приверженца какой-л. партии*); the ~s of the parties эмблемы политических партий 2) цвета спортивной команды 5. *pl* убеждения, воззрения, истинное лицо; some candidates prefer not to show their ~s некоторые кандидаты предпочитают скрывать свои истинные воззрения; to come in /to show/ one's true ~s показать своё настоящее лицо, сбросить маску 6. *pl* цветное платье (*в отличие от белого и чёрного*); after a period of mourning she can now wear ~s когда кончился траур, она снова может носить цветное ◊ without ~ неприкрытый, явный [*см. тж.* I 1]; to see the ~ of smb.'s money *ирон.* а) получить деньги от кого-л.; б) убедиться в наличии денег у кого-л.; to take one's ~ from smb. подражать кому-л.; to lower /to strike/ one's ~s сдаваться, покоряться, признать себя побеждённым; to stick to one's ~s не сдавать позиции, стоять на своём, остаться до конца верным своим убеждениям; to wear smb.'s ~s быть на чьей-л. стороне, оказывать кому-л. поддержку; to come off with flying ~s одержать победу, добиться успеха; ≃ с развевающимися знамёнами, победоносно; to pass an examination with flying ~s блестяще выдержать экзамен; blind men can /should/ judge no ~s *посл.* слепому не дано судить о красках; не знаешь — не суйся

colour II [ˈkʌlə] *v* 1. красить, окрашивать, раскрашивать 2. 1) принимать окраску, окрашиваться; the leaves have begun to ~ листья начали желтеть /или краснеть/ 2) покраснеть, зардеться (*тж.* ~ up); the girl ~ed (up) девушка покраснела 3) рдеть, поспевать (*о плодах, фруктах и т. п.*) 3. 1) накладывать отпечаток; his experience has ~ed his views его жизненный опыт повлиял на его взгляды /сказался на его взглядах/ 2) приукрашивать; искажать; his criticisms are clearly ~ed by animus его критика явно недоброжелательна

colourable [ˈkʌlərəb(ə)l] *a* 1. поддающийся окраске 2. 1) кажущийся правдоподобным; ~ objection возражение, представляющееся убедительным; ~ imitation удачная имитация 3. мнимый, тайный, притворный; ~ piety напускная набожность

colourant [ˈkʌlərənt] *n* краситель, пигмент

colour-bar [ˈkʌləbɑː] *n* «цветной барьер», дискриминация по цвету кожи, расовая дискриминация

colour bearer [ˈkʌlə,be(ə)rə] *воен.* знаменщик, знаменосец

colour-blind [ˈkʌləblaɪnd] *a* 1. *мед.* не различающий цветов, страдающий дальтонизмом 2. не имеющий расовых предубеждений, лишённый расовых предрассудков; a ~ society общество, основанное на равенстве рас

colour-blindness [ˈkʌlə,blaɪndnɪs] *n* 1. *мед.* дальтонизм, цветовая слепота 2. отсутствие расовых предубеждений, предрассудков

colour-book [ˈkʌləbuk] *n* книга с цветными иллюстрациями

colour-box [ˈkʌləbɒks] *n* 1. ящик с набором красок 2. *текст.* красильная коробка

colourcast I [ˈkʌləkɑːst] *n* цветная телевизионная передача

colourcast II [ˈkʌləkɑːst] *v* (colourcast) 1) передавать в цвете, по цветному телевидению 2) передаваться в цвете, по цветному телевидению

colour-code [ˈkʌləkəud] *n* условная окраска (*проводов и т. п.*); to identify by means of a ~ различать по цвету /цветовой маркировке/

coloured I [ˈkʌləd] *n* (*тж.* С.) 1. 1) негр, представитель чёрной расы 2) представитель смешанной расы; мулат, метис 2. (the ~s) цветное население

coloured II [ˈkʌləd] *a* 1. раскрашенный, окрашенный 2. цветной; ~ shirt цветная рубашка; ~ ink а) цветные чернила; б) цветная полиграфическая краска; ~ photograph цветной фотоснимок; ~ map многоцветная иллюминованная карта; ~ hogs *с.-х.* цветные породы свиней 3. 1) *амер.* цветной (*о неграх, мулатах*) 2) *южно-афр.* принадлежащий к смешанной расе, родившийся от белого и «цветного» родителя (*в т. ч. индийца, китайца и т. п.*) 4. 1) преувеличенный, прикрашенный; ~ statement [description] малоправдоподобное заявление [описание] 2) неискренний, притворный 3) пристрастный

colour-fast [ˈkʌləfɑːst] *a* невыцветающий (*о ткани*); прочный (*о краске*)

colour film [ˈkʌləfɪlm] *кино* 1) цветная плёнка 2) цветной фильм

colour filming [ˈkʌləˌfɪlmɪŋ] *кино* цветная съёмка

colour-filter [ˈkʌləˌfɪltə] *n* светофильтр

colour force [ˈkʌləfɔːs] *физ.* (сильное) взаимодействие между кварками

colour-free [ˈkʌləˈfriː] *a* бесцветный; ахроматический

colourful [ˈkʌləf(ə)l] *a* 1. красочный, яркий; ~ wings of a butterfly пёстрые крылья бабочки 2. яркий, интересный; ~ language красочный язык; a ~ period in history захватывающий исторический период

colour-grade [ˈkʌləˌgreɪd] *n* цветовая гамма, шкала цветов

colour index [ˈkʌləˌɪndeks] *спец.* показатель цвета; цветовой показатель

colouring [ˈkʌl(ə)rɪŋ] *n* 1. красящее вещество 2. 1) краски (*художника*) 2) чувство цвета (*у художника*) 3) колорит 3. цвет (*лица, волос и т. п.*) 4. 1) окраска, раскраска, окрашивание; protective ~ *зоол.* покровительственная /защитная/ окраска 2) приукрашивание; tell the whole story without ~ расскажите всё как было, без прикрас

colourist [ˈkʌl(ə)rɪst] *n* художник-колорист

colour-key [ˈkʌləkiː] = colour-code

colourless [ˈkʌləlɪs] *a* бесцветный; бледный; ~ speech бледная /бесцветная/ речь; ~ person бесцветная /неинтересная/ личность

colour organ [ˌkʌləˈɔːgən] цветомузыкальная установка

colour-process [ˈkʌləˌprəusɛs] *n* фото цветной способ фотографии; цветной процесс

colour rendition [ˌkʌlərenˈdɪʃ(ə)n] *спец.* цветопередача, верность воспроизведения цвета

colour-scheme [ˈkʌləˌskiːm] *n* сочетание цветов, красок

colour score [ˈkʌləskɔː] *кино, жив.* цветовое решение

colour section [ˈkʌləˌsekʃ(ə)n] страницы с цветными иллюстрациями (*в газете и т. п.*)

colourwash I [ˈkʌləwɒʃ] *n* клеевая краска

colourwash II [ˈkʌləwɒʃ] *v* красить клеевой краской

colourway [ˈkʌləweɪ] = colour-scheme

colportage [ˈkɒl,pɔːtɪdʒ] *n* торговля книгами (*преим. религиозного содержания*) вразнос

colporteur [ˈkɒl,pɔːtə] *n ист.* уличный торговец дешёвыми книгами (*преим. религиозного содержания*)

Colt [kəult] *n* кольт (*револьвер или пистолет*); ~ machine-gun станковый пулемёт Кольта

colt [kəult] *n* 1. 1) жеребчик, жеребёнок, ослёнок или верблюжонок (*до 4 лет*) 2) *сл.* новичок (*особ. в игре в крикет*) 2. *мор.* линёк
◊ to cast one's ~'s teeth остепениться

colter [ˈkəultə] = coulter

coltish [ˈkəultɪʃ] *a* жеребячий, игривый, весёлый, шумный

coltsfoot [ˈkəultsfut] *n бот.* 1. мать-и-мачеха обыкновенная, камчужная трава (*Tussilago farfara*) 2. копытень европейский (*Asarum europaeum*)

colubrine [ˈkɒləbr(a)ɪn] *a книжн.* змейный; змееподобный

columbaria [ˌkɒləmˈbe(ə)rɪə] *pl* от columbarium

columbarium [ˌkɒləmˈbe(ə)rɪəm] *n* (*pl* -ria) 1. голубятня 2. 1) колумбарий 2) ниша для урны

columbary [ˈkɒləmbərɪ] *n* голубятня

Columbia [kəˈlʌmbɪə] *n поэт.* Земля Колумба, Колумбия, Америка

Columbian[1] [kəˈlʌmbɪən] *a* 1. возвышенно относящийся к Америке или Соединённым Штатам 2. относящийся к Христофору Колумбу

Columbian[2] [kəˈlʌmbɪən] *n полигр.* терция (*кегль в 16 пунктов*)

columbic [kəˈlʌmbɪk] *a хим.* ниобиевый

Columbine [ˈkɒləmbaɪn] *n* Коломбина

columbine[1] [ˈkɒləmbaɪn] *n бот.* водосбор (*Aquilegia gen.*)

columbine[2] [ˈkɒləmbaɪn] *a* голубиный

columbite [kəˈlʌmbaɪt] *n мин.* колумбит, танталовая руда

columbium [kəˈlʌmbɪəm] *n хим.* ниобий

columella [ˌkɒljuˈmelə] *n* (*pl* -lae) 1. *бот.* 1) остающаяся ось плода (*у цветковых растений*) 2) ось коробочки (*у мхов*) 3) центральная часть тычинки (*у пыльников*) 4) столбик (*у нецветковых растений*) 2. *зоол.* столбик

columellae [ˌkɒljuˈmeliː] *pl* от columella

column [ˈkɒləm] *n* 1. *архит.* колонна 2. столб(ик); ~ of water [smoke] столб воды [дыма]; ~ of mercury ртутный столбик (*в термометре*) 3. 1) столбец, колонка, графа; newspaper ~ газетный столбец; ~ of figures столбец /колонка/ цифр; in our ~s на страницах нашей газеты); ~ отдел, раздел, рубрика (*в газете*); financial [sports] ~ финансовый [спортивный] отдел; финансовая [спортивная] страница 2) колонка постоянного комментатора в газете (*часто с его портретом*) 4. *амер.* столп, поддержка, опора (*партии или кандидата*) 5. *воен.* колонна; close ~ сомкнутая колонна; ~ of files колонна по одному 6. *тех.* 1) колонна 2) абсорбционная колонна 2) стойка (*станка*) 3) колонка (*рулевая и т. п.*) 7. *амер. мор.* строй кильватера; in ~ в кильватерном строю 8. *анат.* позвоночник, позвоночный столб

columnar ['kɒləmnə] *a* 1. 1) колоннообразный; ~ order *архит.* ордер колонны 2) поддерживаемый на столбах 2. напечатанный столбцами, колонками; ~ make-up *полигр.* многоколонная вёрстка 3. *спец.* столбчатый, колончатый, шестоватый; ~ structure *мин.* столбчатая, шестоватая *или* волокнистая структура

columned ['kɒləmd] *a* 1. *поэт.* с колоннами; многоколонный 2. колоннообразный 3. *полигр.* 1) разделённый на колонки, столбцы 2) напечатанный столбцами, колонками

columniation [kə,lʌmnı'eıʃ(ə)n] *n* 1. *архит.* 1) схема расстановки колонн 2) группы колонн 2. деление страницы на колонки *или* столбцы

columnist ['kɒləm(n)ıst] *n* 1. журналист-комментатор, постоянно ведущий какую-л. рубрику; обозреватель 2. редактор отдела в газете *или* журнале

colure [kɒ'ljʋə] *n астр.* колюр

colza ['kɒlzə] *n* 1) сурепица 2) *бот.* рапс (*Brassica napus uli oleifera*)

colza oil ['kɒlzə,ɔıl] сурепное *или* рапсовое масло

com- [kɒm-, kəm-] = con-

coma[1] ['kəʋmə] *n* 1) *мед.* кома, коматозное, бессознательное состояние 2) *неодобр.* апатия, вялость; бездеятельность

coma[2] ['kəʋmə] *n* (*pl* -ae) 1. *бот.* хохол (*из волосков семян, листьев и т. п.*) 2. крона (*дерева*) 3. *астр.* оболочка (*кометы*) 4. *опт.* кома

comae ['kəʋmi:] *pl от* coma[2]

comaker [kəʋ'meıkə] *n* лицо, берущее на себя обязательство уплатить долг в случае несостоятельности должника

comanage [kəʋ'mænıdʒ] *v* совместно управлять *или* ведать (*чем-л.*)

Comanche [kə'mæntʃı] *n* (*pl тж. без изм.*) 1. команчи (*племя североамериканских индейцев или индеец этого племени*) 2. язык племени команчей

comate [kəʋ'meıt] *n* сотоварищ

comatose ['kəʋmətəʋs] *a* 1) *мед.* коматозный 2) *неодобр.* вялый, сонный, неподвижный, ленивый; a ~ economy экономический застой

comb[1] I [kəʋm] *n* 1. 1) гребень, гребёнка; расчёска 2) причёсывание, расчёсывание; your hair needs a good ~ тебе нужно хорошенько расчесать волосы 2. 1) скребница 2) *текст.* чесалка, бёрдо 3) *тех.* винторезная гребёнка 3. 1) гребешок (*петуха*); хохолок (*птицы*) 2) конёк (*крыши*); гребень (*шлема*) 4) *редк.* гребень (*волны*) 4. пчелиные соты; ~ honey сотовый мёд
◊ to cut the ~ of smb. сбить спесь с кого-л., осадить *или* унизить кого-л.

comb[1] II [kəʋm] *v* 1. чесать; расчёсывать; to ~ one's hair причёсываться, расчёсывать волосы; to ~ a horse чистить лошадь скребницей; to ~ wool чесать шерсть; to ~ flax мять /чесать, трепать/ лён; расчёсывать куделю 2. 1) прочёсывать (*местность и т. п.*); she ~ed the files for the missing letter она пересмотрела /переворошила/ все папки в поисках затерявшегося письма 2) ~ comb out 3, out 1 3. разбиваться (*о волнах*); the waves ~ed over the vessel волны разбивались о корабль 4. *шутл.* бить, колотить 5. *разг.* бранить, ругать, отчитывать (*часто* ~ down)
◊ to ~ smb.'s hair the wrong way ≅ гладить кого-л. против шерсти; to ~ smb.'s hair for him ≅ намылить голову кому-л., дать кому-л. нагоняй; to ~ (smb.'s) head with a three-legged stool бить, колотить (кого-л.)

comb[2] [ku:m] = coomb[1]

comb[3] [ku:m] = coomb[2]

combat I ['kɒmbæt] *n* 1. 1) бой, сражение; single ~ единоборство, поединок; ~ readiness боеготовность, боевая готовность 2) борьба; конфликт, столкновение; continuous ~ непрекращающаяся борьба; a ~ between two systems противоречие между двумя системами 2. дуэль, поединок

combat II ['kɒmbæt] *a воен.* боевой; ~ operations /*амер.* action/ боевые действия, бой; ~ aviation боевая авиация; ~ area а) район боевых действий; б) полоса /район/ обороны или наступления; ~ echelon первый эшелон; ~ formation боевой порядок; боевое построение; ~ command боевое командование; ~ liaison связь в бою; ~ order а) боевой приказ, оперативный приказ; б) боевой порядок; ~ outpost боевое охранение; ~ team усиленная часть, тактическая группа; ~ ration боевой паёк (*в полевых условиях*); ~ troops линейные войска; ~ zone фронтовая полоса, зона боевых действий

combat III ['kɒmbæt, kəm'bæt] *v* 1. вести бой, сражаться 2. бороться; to ~ unemployment бороться с безработицей; to ~ a tendency бороться против (*какой-л.*) тенденции; the whole town turned out to ~ the fire весь город вышел на тушение пожара /на борьбу с огнём/

combatant I ['kɒmbət(ə)nt] *n* 1. 1) сражающийся 2) воюющая сторона 2. *воен.* 1) боевое средство 2) боевая единица

combatant II ['kɒmbət(ə)nt] *a* 1. боевой, строевой; ~ forces боевые силы; ~ officer строевой офицер; ~ value а) боевая ценность; б) боеспособность; ~ suit *амер.* боевая форма одежды 2. = combative

combat ceiling ['kɒmbæt,si:lıŋ] *ав.* боевой потолок (*самолёта*)

combat fatigue ['kɒmbætfə,ti:g] боевая психическая травма; стрессовое состояние (*в результате боевых действий*)

combative ['kɒmbətıv] *a* 1) боевой; воинственный 2) бойцовский; a ~ spirit бойцовский дух 3) драчливый, агрессивный; he is ~ by nature он драчлив по природе

combativity [,kɒmbə'tıvıtı] *n* 1) боеспособность 2) боевой дух; бойцовские качества (*боксёра и т. п.*)

combat-ready [,kɒmbæt'redı] *a воен.* боеготовный; готовый к бою; в боевой готовности; ~ rocket готовая к пуску ракета

combe [ku:m] = coomb[2]

comber[1] ['kəʋmə] *n* 1. *текст.* 1) чесальщик 2) гребнечесальная машина 2. волна на глубокой воде

comber[2] ['kəʋmə] *n* зоол. каменный окунь (*Serranus cabrilla*)

combies ['kɒmbız] *разг. см.* combination 3

combinability [,kɒmbınə'bılıtı] *n* сочетаемость (*признаков и т. п.*)

combinate ['kɒmbıneıt] *v* 1. = combine II 2. набрать шифр замка с секретом

combination [,kɒmbı'neıʃ(ə)n] *n* 1. сочетание, комбинация; in ~ в сочетании, во взаимодействии; phraseological ~ *лингв.* фразеологическое сочетание 2. 1) союз, объединение, общество 2) клика, шайка, банда 3. *обыкн. pl* женское нижнее бельё, трико, комбинация (*типа цельного купальника*) (*тж.* ~ garment) 4. 1) комбинированный прибор, комбинированное устройство *и т. п.*; ~ body *авт.* кузов со съёмным верхом) 2) мотоцикл с прицепной коляской 5. 1) цифровая *или* буквенная комбинация (*замка*); the ~ of the safe код замка (*этого*) сейфа 2) замок с секретом, секретный замок 6. *мат.* сочетание 7. *хим.* соединение; ~ reaction реакция присоединения 8. *разг. см.* combination room

combinational [,kɒmbı'neıʃ(ə)nəl] *a* комбинационный

combination lock [,kɒmbı'neıʃ(ə)nlɒk] замок с секретом, секретный замок

combination room [,kɒmbı'neıʃ(ə)nrʋm] профессорская (комната) в Кембриджском университете (*тж.* senior ~)

combination sentry ['kɒmbı'neıʃ(ə)n'sentrı] система сторожевого оповещения (*о взломе и т. п.*)

combinative ['kɒmbınətıv] *a* комбинационный; комбинаторный

combinatorial [,kɒmbınə'tɔ:rıəl] *a мат.* комбинаторный; ~ topology комбинаторная топология

combinatorics [,kɒmbınə'tɔ:rıks] *n мат.* комбинаторика

combine I ['kɒmbaın] *n амер.* 1. *разг.* картель, синдикат; объединение; political [commercial] ~ политическое [торговое] объединение; international publishing ~ международный издательский концерн 2. 1) комбайн, жатка-молотилка 2) горный комбайн 3. объединение механизмов (*для выполнения общей задачи*) 4. *иск.* комбинированное произведение (*объединяющее живопись, коллаж и металлические конструкции*)

combine II [kəm'baın] *v* 1. 1) объединять; сочетать; to ~ forces [efforts] объединять силы [усилия]; to ~ harshness and softness сочетать грубость и мягкость 2) объединяться; сливаться, соединяться 2. 1) смешиваться; oil and water do not ~ масло и вода не смешиваются 2) комбинировать; смешивать 3. *хим.* 1) соединять, присоединять 2) соединяться 4. убирать комбайном

combined [kəm'baınd] *a* 1. комбинированный; объединённый; ~ efforts объединённые усилия; ~ drill комбинированная сеялка; ~ rake *с.-х.* боковые /комбинированные/ грабли; ~ arms operation *воен.* общевойсковой бой 2. *хим.* связанный, присоединённый; ~ water конституционная /связанная/ вода

combine harvester [,kɒmbaın'hɑ:vəstə] *с.-х.* комбайн

combing ['kəʋmıŋ] *n* 1. 1) расчёсывание, причёсывание 2) *pl* волосы, остающиеся на гребёнке после расчёсывания 2. 1) прочёсывание (*местности*) 2) чистка (*учреждения и т. п.*) 3. *pl текст.* (гребенные) очёски 4. 1) *стр.* насечка штукатурки 2) *спец.* разделка «под дерево»

combing jacket ['kəʋmıŋ,dʒækıt] парикмахерский пеньюар

combing-machine ['kəʋmıŋmə,ʃi:n] *n текст.* гребнечесальная машина

combing wool(s) ['kəʋmıŋ,wʋl(z)] *текст.* гребенные сорта шерсти

combining form [kəm'baınıŋ,fɔ:m] *лингв.* компонент сложного слова

combining power [kəm'baınıŋ,paʋə] = combinability

combo ['kɒmbəʋ] *n* (*pl* -os [-əʋz]) (*сокр. от* combination) *разг.* 1. *амер.* товарищество, компания 2. небольшой эстрадный ансамбль 3. *разг. см.* combination lock 4. *австрал.* белый мужчина, живущий с туземкой

comb out ['kəʋm'aʋt] *phr v* 1. 1) расчёсывать 2) причёсывать; укладывать (*волосы*) 2. производи́ть переосвиде́тельствование (*солда́т*) 3. 1) проводи́ть чи́стку (*в учрежде́нии и т. п.*) 2) прочёсывать (*ме́стность и т. п.*)

comb-out ['kəʊm‚aʊt] *n* 1. 1) причёска, укла́дка воло́с 2) вычёсывание 2. 1) чи́стка (*служа́щих, чле́нов профсою́за и т. п.*) 2) прочёсывание (*ме́стности*)

combs [kɒmz] *n употр. с гл. во мн. ч.* (*сокр. от* combination, garments) *разг.* же́нское бельё (*ти́па цельного купа́льника*)

comburent [kəmˈbjʊ(ə)rənt] *a* подде́рживающий горе́ние

combust [kəmˈbʌst] *v* 1) горе́ть, воспламеня́ться 2) разгора́ться, вспы́хивать; crisis ~ed вспы́хнул /разрази́лся/ кри́зис

combustibility [kəmˌbʌstəˈbɪlɪtɪ] *n* горю́честь, воспламеня́емость

combustible I [kəmˈbʌstəb(ə)l] *n часто pl* то́пливо, горю́чее

combustible II [kəmˈbʌstəb(ə)l] *a* 1) горю́чий, легко́ воспламеня́ющийся; ~ mixture /composition/ горю́чая смесь 2) легковозбуди́мый; ~ character легковозбуди́мая нату́ра

combustion [kəmˈbʌstʃ(ə)n] *n* 1. горе́ние, сгора́ние, воспламене́ние; spontaneous ~ самовоспламене́ние, самовозгора́ние; ~ chamber *тех.* ка́мера сгора́ния; ~ engine дви́гатель вну́треннего сгора́ния; ~ stroke *тех.* рабо́чий ход /такт/ (*дви́гателя*) 2. *хим.* окисле́ние (*органи́ческих веще́ств*); ~ analysis органи́ческий элемента́рный ана́лиз 3. *разг.* си́льное волне́ние; he is seething with inner ~ у него́ всё внутри́ кипи́т

combustor [kəmˈbʌstə] *n тех.* ка́мера сгора́ния

come [kʌm] *v* (came; come) I 1. 1) приходи́ть, идти́; to ~ to the office [to the meeting] приходи́ть на слу́жбу [на собра́ние]; to ~ home приходи́ть домо́й [*см. тж.* ◇]; to ~ down спуска́ться, опуска́ться; please ask him to ~ down пожа́луйста, попроси́те его́ сойти́ вниз; the curtain came down за́навес опусти́лся; to ~ up поднима́ться, идти́ вверх; I saw him coming up the hill я ви́дел, как он поднима́лся в го́ру; the diver came up at last наконе́ц водола́з появи́лся на пове́рхности /вы́нырнул/; the curtain came up за́навес подня́лся; to ~ along the street идти́ по у́лице; I saw him coming along the road я ви́дел, как он шёл по доро́ге; to ~ by проходи́ть ми́мо; I will wait here until he ~s by я бу́ду ждать здесь, пока́ он не пройдёт (ми́мо); to ~ forward выходи́ть вперёд, выступи́ть (*из рядов и т. п.*); volunteers, ~ forward доброво́льцы, (шаг) вперёд!; to ~ in входи́ть; ask him to ~ in попроси́те его́ войти́; to ~ into a room входи́ть в ко́мнату; to ~ out выходи́ть; when he came out (of the house) it was dark когда́ он вы́шел (из до́ма), бы́ло уже́ темно́; the moon has ~ out взошла́ луна́; to ~ out of one's shell вы́йти из свое́й скорлупы́; to ~ back верну́ться, прийти́ наза́д; he will ~ back он возврати́тся; to ~ late [early] приходи́ть по́здно [ра́но]; to ~ to smb. for advice прийти́ к кому́-л. за сове́том; he often ~s to see me он ча́сто навеща́ет меня́; ~ and see what I have found приходи́те посмотре́ть, что я нашёл 2) приезжа́ть, прибыва́ть; the train ~s at three o'clock по́езд прибыва́ет в три часа́; he came to London last night он прие́хал в Ло́ндон вчера́ ве́чером; he has ~ a long way он прие́хал издалека́ [*ср. тж.* ◇] 2.

идти́; е́хать; I'm coming with you я иду́ с ва́ми; ~! пошли́!, идём!; coming! иду́!, сейча́с!; are you coming my way? вам со мной по пути́?; to ~ past проходи́ть ми́мо; a number of people came past ми́мо прошло́ мно́го наро́ду; the soldier had orders not to let anybody ~ past солда́т получи́л прика́з никого́ не пропуска́ть; to ~ and go ходи́ть (снова́ть) /взад и вперёд/; we have ~ many miles (by train) мы прое́хали (по́ездом) мно́го миль 3. (*часто* to) подходи́ть, приближа́ться; the train is coming to the station по́езд подхо́дит к ста́нции; ~ nearer! подойди́ бли́же!; the girl started when he came near де́вочка вздро́гнула, когда́ он прибли́зился; I now ~ to the third point тепе́рь я перехожу́ к тре́тьему вопро́су 4. (*обыкн.* to) 1) доходи́ть, достига́ть; the forest came to the very bank лес доходи́л до са́мого бе́рега; does the railway ~ right to the town? подхо́дит ли железнодоро́жная ли́ния к са́мому го́роду?; his voice came to me through the mist его́ го́лос доноси́лся /долета́л/ до меня́ сквозь тума́н; through the open window came the sounds of a piano из откры́того окна́ раздава́лись зву́ки роя́ля; it came to me /to my ears/ that... до меня́ дошло́, что..., мне ста́ло изве́стно, что...; it came to me at last that... наконе́ц до моего́ созна́ния дошло́, что... [*ср.* 6, 1)] 2) равня́ться, достига́ть; your bill ~s to £10 ваш счёт равня́ется десяти́ фу́нтам; his earnings ~ to £1,000 a year его́ за́работок составля́ет ты́сячу фу́нтов сте́рлингов в год; let us put it all together and see what it will ~ to дава́йте сло́жим всё э́то и посмо́трим, что полу́чится 3) своди́ться (*к чему́-л.*); it all ~s to the same thing всё э́то сво́дится к одному́ и тому́ же; what he knows does not ~ to much его́ зна́ния невелики́; to ~ to nothing /to naught/ око́нчиться ниче́м, свести́сь к нулю́; сойти́ на нет 4) прийти́ (*к чему́-л.*) дости́чь (*чего́-л.*); to ~ to an understanding прийти́ к соглаше́нию, договори́ться; to ~ to a decision приня́ть реше́ние; to ~ to an end прийти́ к концу́, око́нчиться 5. 1) наступа́ть, приходи́ть; spring came пришла́ /наступи́ла/ весна́; a crisis is coming приближа́ется кри́зис; his turn came наступи́л его́ о́чередь, наста́л его́ черёд; ill luck came to me меня́ пости́гла неуда́ча; dinner came at last наконе́ц по́дали обе́д /обе́д был по́дан/; success is yet to ~ успе́х ещё впереди́ 2) ожида́ться, предстоя́ть; the time to ~ бу́дущее; the years to ~ гряду́щие го́ды; the life to ~ бу́дущая жизнь; orders to ~ предстоя́щие зака́зы; for three months to ~ в тече́ние трёх сле́дующих ме́сяцев 6. 1) появля́ться, возника́ть; an idea came into his head ему́ пришла́ в го́лову мысль, у него́ возни́кла иде́я; inspiration came to him на него́ нашло́ вдохнове́ние; it came to me а) у меня́ появи́лась /возни́кла/ мысль; б) я припо́мнил; [*ср. тж.* 4, 1)]; it ~s to me that I owe you money я припомина́ю, что я вам до́лжен (де́ньги); his colour came and went он то красне́л, то бледне́л; he tried to speak but no word would ~ from his mouth он хоте́л что-то сказа́ть, но не мог вы́молвить ни сло́ва 2) находи́ться; on what page does it ~? на како́й э́то страни́це? 7. случа́ться; происходи́ть; проистека́ть; this ~s from disobedience э́то происхо́дит от непослуша́ния; how did it ~ that you quarrelled? как э́то (случи́лось, что) вы поссо́рились?; no harm will ~ to you с тобо́й ничего́ не случи́тся; тебе́ ничего́ не грози́т; be ready for whatever

~s будь гото́в ко всему́; ~ what may будь что бу́дет 8. выходи́ть, получа́ться, приводи́ть; to ~ to good дать хоро́ший результа́т; to ~ to no good пло́хо ко́нчить; to ~ to harm пострада́ть; попа́сть в беду́, неприя́тность *и т. п.*; it will ~ all right in the end в конце́ концо́в всё бу́дет в поря́дке /образу́ется/; nothing came of the matter из э́того де́ла ничего́ не вы́шло; no good will ~ of it ничего́ хоро́шего из э́того не полу́чится, э́то до добра́ не доведёт; a dream that came true сбы́вшаяся мечта́; the dress would not ~ as she wanted пла́тье получи́лось не таки́м, как ей хоте́лось; her jelly won't ~ желе́ у неё не застыва́ло; the butter came very quickly today сего́дня ма́сло сби́лось о́чень бы́стро 9. происходи́ть, име́ть происхожде́ние; this word ~s from Latin э́то сло́во лати́нского происхожде́ния; this book ~s from his library э́та кни́га из его́ библиоте́ки; he ~s from London он ро́дом из Ло́ндона; she ~s from a well-known family она́ происхо́дит из изве́стной семьи́ 10. достава́ться; the house is coming to his son after his death по́сле его́ сме́рти дом доста́нется /перейдёт к/ сы́ну 11. прораста́ть, всходи́ть, расти́; the corn ~s пшени́ца всхо́дит; the barley had ~ remarkably well ячме́нь дал отли́чные всхо́ды 12. *амер. разг.* устро́ить, сде́лать (*что-л.*); to ~ a trick over one's pal сыгра́ть плоху́ю шу́тку со свои́м дру́гом 13. *разг.* испыта́ть орга́зм, ко́нчить 14. (*тж.* ~ on, ~ now) *в грам. знач. междоме́тия выража́ет* 1) побужде́ние к соверше́нию како́го-л. де́йствия ну!, жи́во!, дава́й!; ~ out with it, boy ну, па́рень, выкла́дывай 2) упрёк, проте́ст ну что вы!; what? He here! Oh! ~, ~! как? Он здесь?! Да оста́вьте /бро́сьте/ вы!; ~, ~, you shouldn't speak like that! ну по́лно, вы не должны́ так говори́ть!; now ~! be patient! ну потерпи́те; име́й(-те) терпе́ние; ~, ~, don't be so foolish! ну, ну, не дури́ /не глупи́/! 15. *в грам. знач. сущ.* (the to ~) бу́дущее 16. *в грам. знач. предло́га* (е́сли) счита́ть, счита́я с (*тако́го-то дня*); a fortnight ~ Sunday че́рез две неде́ли (счита́я) со сле́дующего воскресе́нья; it'll be a year ~ Monday since he left в бу́дущий понеде́льник год, как он уе́хал

II А 1. станови́ться (*изве́стным*); приобрета́ть (*како́е-л. положе́ние*); to ~ into notice привле́чь внима́ние; author who is beginning to ~ into notice а́втор, кото́рый начина́ет завоёвывать изве́стность; to ~ into the public eye привле́чь к себе́ внима́ние обще́ственности; to ~ into prominence стать изве́стным 2. вступа́ть (*во владе́ние*); получи́ть (*в насле́дство*); he came into some money [a property, an estate] он получи́л немно́го де́нег [недви́жимое иму́щество, поме́стье]; he came into an inheritance он получи́л насле́дство 3. вступа́ть (*в до́лжность и т. п.*); to ~ into office вступи́ть в до́лжность; прийти́ к вла́сти; he came into power он пришёл к вла́сти 4. 1) вступа́ть (*в конфли́кт, в сго́вор*); to ~ into conflict вступи́ть в конфли́кт; to ~ into collision столкну́ться, войти́ в противоре́чие 2) переходи́ть (*в другу́ю фа́зу*); to ~ into flower /bloom/ расцвести́, выходи́ть в цвето́к; вступа́ть в по́ру цвете́ния; to ~ into ear колоси́ться, выходи́ть в ко́лос 5. войти́ (*в употребле́ние, оби́ход и т. п.*); to ~ into use [into fashion] войти́ в употребле́ние, в мо́ду; to ~ into disuse вы́йти из употребле́ния 6. вступи́ть (*в си́лу и т. п.*); to ~ into effect /force/ вступа́ть в си́лу; to ~ into operation нача́ть де́йствовать или применя́ться; вступа́ть в си́лу 7. входи́ть (в компете́нцию, обя́занности кого́-л.); to ~ within the terms of reference относи́ться к ве́дению /компете́нции/; that doesn't ~ within my duties э́то не вхо́дит в мои́ обя́занности

II Б 1. to come across smb., smth. случа́йно встре́тить кого́-л., что́-л.; случа́йно встре́титься с кем-л., чем-л., натолкну́ться на кого́-л., что́-л.; he came across the man in the street он случа́йно встре́тил э́того челове́ка на у́лице; I came across these lines by chance я случа́йно натолкну́лся на э́ти стро́ки; I came across a very interesting book мне попа́лась о́чень интере́сная кни́га 2. to come after smb., smth. 1) домога́ться чего́-л., пресле́довать кого́-л.; to ~ after a situation иска́ть ме́сто /слу́жбу/ 2) сле́довать, идти́ за; after Monday ~s Tuesday по́сле понеде́льника идёт вто́рник; "N" ~s after "M" за бу́квой «M» сле́дует «H»; 3) насле́довать; after Anne ~ George I по́сле А́нны ца́рствовал Гео́рг I 3) насле́довать; to ~ after one's father насле́довать име́ние своего́ отца́ 3. 1) to come against smb. напада́ть на кого́-л., атакова́ть кого́-л.; the enemy now came against us in larger numbers тепе́рь проти́вник атакова́л нас бо́лее кру́пными си́лами 2) to come against smth. столкну́ться с чем-л., наткну́ться на что́-л.; one does not often ~ (up) against an experience of this nature тако́е не ча́сто встре́тишь 4. to come at smb., smth. 1) напада́ть, набра́сываться на кого́-л., что́-л.; the dog came at the boy соба́ка бро́силась на ма́льчика; he came at me in fury он я́ростно набро́сился на меня́; just let me ~ at you! дай мне то́лько добра́ться до тебя́! 2) налете́ть; натолкну́ться; he came at the fence at full speed он со всего́ ма́ху вре́зался в забо́р 3) амер. подразумева́ть, намека́ть, what are you coming at? что вы име́ете в виду?, на что́ вы намека́ете? 4) добира́ться до су́ти и т. п.; доиски́ваться чего́-л.; to ~ at the truth раскры́ть /обнару́жить/ пра́вду 5) получа́ть, добыва́ть что́-л.; money was very hard to ~ at де́ньги бы́ло о́чень тру́дно добы́ть 6) пройти́, попа́сть к кому́-л.; if only I could ~ at his secretary е́сли бы то́лько я смог повида́ть его́ секретаря́ 7) австрал., новозел. разг. взя́ться за что́-л., предприня́ть что́-л.; I told you before I wouldn't ~ at that again я вам уже́ сказа́л, что я не возьму́сь за э́то сно́ва 5. to come before smth. 1) быть или счита́ться бо́лее ва́жным; your health ~s before everything са́мое гла́вное — э́то ва́ше здоро́вье; the commonweal ~s before everything обще́ственное бла́го превы́ше всего́ 2) предста́ть; when he ~s before the court когда́ он предста́нет пе́ред судо́м 3) подлежа́ть рассмотре́нию; these cases ~ before a conciliation court э́ти дела́ подсу́дны суду́ примири́тельного произво́дства 6. to come between smb., smth. вме́шиваться; he came between us он встал ме́жду на́ми; он разлуча́л нас; you must not let play ~ between you and your work развлече́ния не должны́ меша́ть ва́шей рабо́те 7. to come by smth. приобрести́, получи́ть, доста́ть что́-л.; this book is difficult to ~ by э́ту кни́гу тру́дно доста́ть; how did you ~ by that money? отку́да у вас э́ти де́ньги? 8. to come into smth. 1) приня́ть уча́стие в чём-л.; присоедини́ться к чему́-л.; to ~ into a scheme присоедини́ться к пла́ну; приня́ть уча́стие в прое́кте 2) появи́ться на свет и т. п., возника́ть; to ~ into being /existence/ возника́ть, появля́ться; to ~ into the world роди́ться на свет 9. to come off smth. сходи́ть, слеза́ть с чего́-л.; ~ off the ladder! слезь с ле́стницы!; he came off the train он сошёл с по́езда; ~ off the grass! по траве́ не ходи́ть!, сойди́те с газо́на [см. тж. ◊]; to ~ off (the) curve спорт. вы́йти на пряму́ю (из поворо́та) 10. to come on smth. натыка́ться, ната́лкиваться на что́-л.; we shall ~ on it sooner or later ра́но и́ли по́здно мы столкнёмся с э́тим 11. to come out of smth. вытека́ть, явля́ться результа́том чего́-л.; it ~s out of the economy with which work is managed э́то явля́ется результа́том эконо́мии, с кото́рой ведётся рабо́та; can good ~ out of such scenes? мо́гут ли таки́е сце́ны довести́ до добра́? 12. to come over smb. 1) овладева́ть кем-л., захва́тывать кого́-л.; sadness came over his spirit им овладе́ла грусть, он загрусти́л; a fit of dizziness came over her она́ почу́вствовала головокруже́ние; whatever has ~ over you to speak like that? что на вас нашло́, почему́ вы так разгова́риваете?; a change came over him в нём произошла́ переме́на 2) разг. взять верх, перехитри́ть, обойти́ кого́-л.; you are not going to ~ over me in this manner! уж не хоти́те ли вы перехитри́ть меня́ таки́м о́бразом? 13. разг. 1) to come round smb. обману́ть, перехитри́ть, обойти́ кого́-л.; he is certain to ~ round his uncle он, коне́чно, обойдёт /перехитри́т/ своего́ дя́дюшку; you can't ~ round me in that way вы меня́ так не проведёте 2) to come round smth. обойти́ что́-л., уклони́ться от чего́-л.; to ~ round an objection [a difficulty] обойти́ возраже́ние [тру́дность] 14. to come through smth. 1) проника́ть сквозь что́-л.; the rain has ~ through his clothes он наскво́зь промо́к (под дождём); no chink of light came through the closed shutters сквозь закры́тые ста́вни совсе́м не проника́л свет 2) перенести́, пережи́ть что́-л.; to ~ through an illness благополу́чно перенести́ боле́знь, вы́жить; she has ~ through the anaesthetic remarkably well она́ прекра́сно перенесла́ анестези́ю; to ~ through trials пройти́ че́рез испыта́ния; he had ~ through the war он уцеле́л в войне́ 15. to be coming to smb. амер. разг. причита́ться, сле́довать кому́-л.; доста́ться кому́-л.; а) ты получи́шь, что тебе́ причита́ется; б) ты не уйдёшь от распла́ты; a small sum of money was coming to him ему́ причита́лась небольша́я су́мма де́нег 16. to come under smth. 1) подходи́ть, подпада́ть; it ~s under another section э́то отно́сится к друго́му разде́лу 2) подверга́ться де́йствию чего́-л.; to ~ under smb.'s influence подпа́сть под чьё-л. влия́ние; to ~ under smb.'s notice обраща́ть на себя́ чьё-л. внима́ние; to ~ under the penalty of the law подлежа́ть наказа́нию по зако́ну 17. to come upon smb., smth. 1) натолкну́ться на кого́-л., что́-л.; случа́йно встре́титься с кем-л., чем-л.; we came upon them in Paris мы случа́йно встре́тились с ни́ми в Пари́же 2) напа́сть на кого́-л., атакова́ть кого́-л., что́-л.; the enemy came upon us unawares проти́вник напа́л на нас неожи́данно; the brush fire came upon them from all sides лесно́й пожа́р окружи́л их стено́й огня́ 18. to come upon smb. прийти́ в го́лову кому́-л. (о мы́сли и т. п.); it came upon me that I had seen this man before мне показа́лось, что я ви́дел ра́ньше /где́-то встреча́л/ э́того челове́ка; it came upon me that calamity lay ahead у меня́ бы́ло предчу́вствие беды́; I cannot think what has ~ upon you я не понима́ю, что на вас нашло́ 19. to come upon smb. for smth. предъяви́ть кому́-л. тре́бование в отноше́нии чего́-л.; to ~ upon smb. for £20 damage предъяви́ть прете́нзию на 20 фу́нтов в покры́тие убы́тков 20. to come to do smth. начина́ть де́лать что́-л.; to ~ to love smb. полюби́ть кого́-л.; later I came to know him better впосле́дствии я узна́л его́ лу́чше; to ~ to know one's opponent изуча́ть проти́вника; in the end you will ~ to understand it в конце́ концо́в вы поймёте э́то; to ~ to pass происходи́ть; how did you ~ to hear of it? как случи́лось, что вы узна́ли /услы́шали, прослы́шали/ об э́том?, как вы узна́ли об э́том?, как вам удало́сь узна́ть об э́том?; to ~ to stay укорени́ться, приви́ться, получи́ть призна́ние; mechanization has ~ to stay механиза́ция про́чно вошла́ в жизнь; this material has ~ to be used in many branches of industry э́тот материа́л стал испо́льзоваться во мно́гих отрасля́х промы́шленности 21. to come to a condition приходи́ть в како́е-л. состоя́ние; ~ to a sudden stop внеза́пно останови́ться; to ~ to a full stop останови́ться, зайти́ в тупи́к; to ~ to a standstill а) останови́ться; б) зайти́ в тупи́к; to ~ to rest стр. останови́ться (об оса́дке сооруже́ния); to ~ to the front вы́йти на пере́дний план, вы́двинуться, заня́ть веду́щее ме́сто 22. to come out of a condition выходи́ть из како́го-л. состоя́ния; he came out of his reverie он очну́лся от свои́х мы́слей /мечта́ний/ 23. to come near smth. разг. быть на гра́ни чего́-л.; I came near forgetting my glasses! я чуть не позабы́л очки́!

III А как глаго́л-свя́зка 1. в составно́м именно́м сказу́емом 1) станови́ться; to ~ undone а) расстегну́ться, развяза́ться; your shoe-laces have ~ undone /untied, loose/ у вас развяза́лись шнурки́; б) раскры́ться; she is coming fifteen ей пятна́дцатый год; ~ of age дости́чь совершенноле́тия; the dead things seemed to ~ alive каза́лось, что мёртвые предме́ты о́жили; to ~ true сбыва́ться, осуществля́ться, претворя́ться в жизнь; some day your dream will ~ true когда́-нибудь ва́ша мечта́ осуществи́тся; to ~ unstuck разг. провали́ться, не осуществи́ться, пойти́ пра́хом 2) быть, явля́ться; to ~ natural (to smb.) быть есте́ственным (для кого́-л.); to ~ easy (to smb.) не представля́ть тру́дностей (для кого́-л.); it came as a surprise э́то яви́лось (для меня́) по́лной неожи́данностью; it will ~ very cheap [expensive] to you э́то обойдётся /ста́нет/ вам о́чень дёшево [до́рого] 3) выпуска́ться; продава́ться; they ~ in all shapes они́ быва́ют /встреча́ются/ всех ви́дов, они́ быва́ют ра́зные; the dress ~s in three sizes (в прода́же) име́ются три разме́ра э́того пла́тья; this soup comes in a can э́тот суп продаётся в жестяны́х ба́нках /расфасо́ван в жестяны́е ба́нки/ 2. в сочета́нии с после́дующим прича́стием настоя́щего вре́мени называ́ет де́йствие, вы́раженное прича́стием: he came riding он прие́хал верхо́м; he came galloping он приска́кал гало́пом; he came running (up) он прибежа́л; the rain came pouring (down) поли́л дождь

◊ to ~ home а) попа́сть в цель; ≅ попа́сть не в бровь, а в глаз; б) заде́ть за живо́е; [см. тж. I 1, 1)]; to ~ home to smb. а) доходи́ть до чьего́-л. сознания; б) растрогать кого-л. до глубины души, найти отклик в чьей-л. душе; to ~ short of smth. а) испытывать недостаток в чём-л.; б) не хватать; her money came short of her expenditure ей не хватило денег на расходы; не соответствовать; не оправдать ожиданий /надежд/; this ~s short of accepted standards это не соответствует /уступает/ принятым нормам; to ~ to a head а) созреть (о нарыве); б) назреть, перейти в решающую стадию; to ~ to light обнаружиться, стать известным; to ~ in(to) sight /into view/ появиться, показаться; oh, ~ off it! амер. груб. а) заткнись!, брось трепаться! б) перестань!, хватит!, прекрати!; ~ off your perch /your high horse/! не зазнавайтесь!, не задирайте нос!; ~ off the grass! а) не вмешивайтесь не в своё дело!; б) брось задаваться! брось преувеличивать!; не ври!; to ~ out of action а) воен. выйти из боя; б) выйти /выбыть/ из строя; ~ out of that! перестань вмешиваться!, не суйся!, не лезь!; to ~ a long way преуспеть [ср. тж. I 1, 2)]; to ~ the old soldier over smb. а) поучать кого-л., командовать кем-л.; б) обманывать, надувать кого-л.; ~ quick! радио сигнал общего вызова /«всем»/; to ~ one's way /амер. ways/ выпасть на чью-л. долю (особ. о чём-л. благоприятном); to ~ to the point а) говорить по существу дела; б) делать стойку (о собаке); to ~ into play а) начать действовать; б) быть полезным, пригодиться; to ~ it strong сл. а) зайти слишком далеко; хватить через край; б) действовать решительно, быть напористым; that is coming it a little too strong это уж слишком!; not to know whether /if/ one is coming or going растеряться, потерять голову; не знать, на каком ты свете; ~ day, go day ≅ день да ночь, сутки прочь; it's ~ day, go day with him ему ни до чего нет дела; день прожил — и ладно; everything ~s to him who waits кто ждёт, тот дождётся; ≅ терпение и труд всё перетрут; after dinner ~s the reckoning поел — плати!; ≅ любишь кататься, люби и саночки возить; he who ~s uncalled, sits unserved пришёл без приглашения — не жди угощения

come about ['kʌmə'baʊt] phr v 1) происходить, случаться; it came about this way это случилось следующим образом 2) появляться, возникать; good books ~ as the result of hard work хорошие книги появляются в результате большой работы 3) мор. поворачивать, ложиться на другой галс

come across ['kʌmə'krɒs] phr v 1. быть понятным, доходить до собеседника; your speech came across very well ваша речь произвела большое впечатление 2. театр. пользоваться успехом; she came across публика её приняла 3. (as) разг. показаться, произвести какое-л. впечатление; he came across to me as a very nice person он показался мне очень приятным человеком 4. (with) амер. разг. отдать требуемое, расплатиться; I'll make him ~ with the money я заставлю его выложить деньги 5. сл. согласиться на половую связь (тк. о женщине); отдаться

come again ['kʌmə'geɪn] phr v амер. разг. повторить; ~? простите, не расслышал, что вы сказали?

come along ['kʌmə'lɒŋ] phr v 1. 1) идти вместе (с кем-л.); ~! пошли!

в дом!; ~, it's nearly twelve поторапливайтесь, уже скоро двенадцать; I want you to ~ (with us) я хочу, чтобы вы пошли с нами 2) соглашаться (на что-л.); we explained our proposal but he would not ~ мы изложили наше предложение, но он не захотел принять его 2. идти (о делах); преуспевать; how are you coming along? как у вас идут дела?; how is your work coming along? как идёт /подвигается/ ваша работа?; how are your carnations coming along? как (растёт) ваша гвоздика? 3. случаться, происходить; these things ~ when you least expect them подобные вещи происходят /случаются/, когда их меньше всего ожидаешь

come and go [,kʌmən(d)'gəʊ] движение взад и вперёд; come-and-go people случайные люди

come apart ['kʌmə'pɑːt] phr v 1. разваливаться; the book just came apart in my hands книга развалилась прямо у меня в руках 2. потерять самообладание, выдержку; оказаться слабым морально или физически

come around ['kʌmə'raʊnd] = come round

come asunder ['kʌmə'sʌndə] phr v распадаться на части

come-at-able [,kʌm'ætəb(ə)l] a разг. 1. доступный, легкодостижимый (о месте) 2. доступный, такой, к которому легко пройти (о человеке) 3. лёгкий в обращении (о человеке)

come away ['kʌmə'weɪ] phr v 1. уходить; ~ from there — you are in danger уйдите оттуда, там опасно /вы в опасности/; you're too near the stove, ~! вы стоите слишком близко у печки, отойдите! 2. отламываться; открываться; отходить; отскакивать; the handle came away in her hand ручка отломилась (и осталась) у неё в руках; I didn't tear out the page, it just came away in my fingers я не вырывал страницу, она оторвалась сама

◊ to ~ none the wiser уйти ни с чем; ≅ уйти несолоно хлебавши

come back ['kʌm'bæk] phr v 1. вспоминаться, всплывать в памяти [см. тж. come I 1, 1)]; don't worry, it will all ~ to you не беспокойся, ты всё это вспомнишь /восстановишь в памяти/ (со временем); the tune came back to me я вспомнил этот мотив 2. вернуться к прежнему положению, состоянию, профессии и т. п.; the actress has ~ after a two-year absence после двухлетнего перерыва актриса вернулась на сцену; the athlete came back спортсмен обрёл прежнюю форму 3. разг. прийти в себя, очнуться 4. (часто at, with) амер. разг. ответить тем же самым, отплатить той же монетой; after his unkind remark she came back at him with an angry retort после его нелестного замечания она резко обрушилась на него

◊ to ~ as wise as one went ≅ вернуться несолоно хлебавши

comeback ['kʌmbæk] n 1. разг. 1) возвращение, возврат (к власти и т. п.); to make one's ~ вернуть себе прежнее положение /место/; she was a star once and now she's dreaming of staging a ~ когда-то она была звездой и теперь мечтает вернуться на сцену 2) выздоровление 2. амер. отплата, возмездие, воздаяние 3. амер. разг. возражение, остроумная реплика 4. амер. юр. жарг. обоснованная жалоба; he was given a fair trial and had no ~ его судили по справедливости, и у него не могло быть никаких претензий

come-between [,kʌmbɪ'twiːn] n посредник; посредница

come by ['kʌm'baɪ] phr v 1. унаследовать (черты характера, черты лица и т. п.) 2. зайти, завернуть (куда-л.)

come-by-chance [,kʌmbaɪ'tʃɑːns] n разг. 1. нечто случайное 2. незаконнорождённый ребёнок

Comecon ['kɒmɪkɒn] n (сокр. от Council for Mutual Economic Assistance) несовр. СЭВ, Совет Экономической Взаимопомощи (обыкн. в зарубежной прессе)

comedian [kə'miːdɪən] n 1. комик, комедийный актёр 2. автор комедий; комедиограф 3. 1) разг. комик, тот, кто смешит окружающих; ≅ с таким не соскучишься 2) пренебр. несерьёзная личность, комедиант; ≅ шут гороховый

comedienne [kə,miːdɪ'en] n комедийная актриса

comedietta [kə,miːdɪ'etə] n ит. одноактная комедия

comedo ['kɒmɪdəʊ] n (pl -ones, -os [-əʊz]) мед. чёрный угорь

comedones [,kʌmɪ'dəʊniːz] pl от comedo

come down ['kʌm'daʊn] phr v 1. 1) падать; he came down on his nose он упал носом; how the rain is coming down! какой сильный дождь идёт!, какой дождь льёт! 2) спадать, ниспадать; her hair came down over her shoulders волосы спадали ей на плечи 3) приземляться; the plane came down safely самолёт совершил благополучную посадку 2. рушиться; валиться; when the tree came down когда дерево было повалено; these houses are coming down soon эти дома будут скоро снесены 3. уменьшаться, снижаться, падать; prices came down цены упали; rent came down квартирная /арендная/ плата снизилась 4. опуститься, потерять своё положение; to ~ in the world потерять положение в обществе /социальный статус/; he had ~ to begging он дошёл до того /он так опустился/, что стал просить милостыню 5. переходить по традиции, по наследству и т. п.; the custom has ~ to us from our ancestors этот обычай перешёл к нам от наших предков 6. (to) сводиться (к чему-л.); the whole problem comes down to this весь вопрос сводится к следующему 7. (with) амер. разг. заболеть (чем-л.); he came down with the flu он заболел гриппом 8. разг. раскошелиться, расщедриться; ~ with your money! раскошеливайтесь, плати(те)!; he came down handsomely when I was hard up когда я испытывал материальные затруднения, он дал мне порядочную сумму денег 9. разг. (on, upon) 1) наброситься (на кого-л.), бранить (кого-л.); he came down on the boy for his carelessness он отругал /отчитал/ мальчика за небрежность 2) внезапно нападать; the treacherous enemy came down upon a sleeping village коварный враг внезапно напал на спящее село 10. 1) приезжать из столицы на периферию, из университета домой, из центра на окраину; he is coming down (from Oxford) at Easter на пасху он приедет из Оксфорда 2) оставить университет (до или после окончания курса, особ. Оксфорд и Кембридж) 11. австрал., новозел., южно-афр. разлиться (о реке)

◊ to ~ in favour of /on the side of/ smb., smth. выступить в пользу или в защиту кого-л., чего-л.; the court came down on the side of the employees суд решил дело в пользу служащих

come-down ['kʌmdaʊn] n 1. 1) падение 2) крах 2. разочарование; the film was a real ~ фильм всех сильно разочаровал

3. унижение; she finds it a ~ to do the housework herself работу по дому она считает унизительной

comedy ['kɒmədɪ] *n* **1.** 1) комедия; musical ~ музыкальная комедия; мюзикл; оперетта; ~ of cape /of cloak/ and sword комедия «плаща и шпаги»; ~ of manners /of humours/ комедия нравов; ~ of character комедия характеров; ~ of intrigue остросюжетная комедия положений; ~ of situations комедия положений 2) представление комедии на сцене **2.** забавное событие; комичный случай, комедия, смех **3.** притворство; to cut the ~ перестать /прекратить/ ломать комедию /притворяться/

comedywright ['kɒmədɪraɪt] *n* ирон. комедиограф

come forward ['kʌm'fɔːwəd] *phr v* **1.** 1) выступать (*с предложением и т. п.*); Smith then came forward with his evidence тогда выступил Смит со своими показаниями; he came forward as a candidate он выдвинул свою кандидатуру 2) предложить свои услуги, откликнуться; nobody came forward to help никто не пришёл на помощь **2.** выдвинуться, стать популярным; войти в моду **3.** *ком.* поступать (в продажу); how many pigs are expected to ~ this month? какое поступление свиней на рынок ожидается в этом месяце?

come-from ['kʌmfrɒm] *n* прост. местожительство

come-hither [,kʌm'hɪðə] *a* разг. привлекательный, манящий, соблазнительный; ~ smile манящая /привлекательная/ улыбка; ~ look призывный взгляд (*женщины*)

come in ['kʌm'ɪn] *phr v* **1.** 1) приходить, прибывать; what time does the train ~? когда приходит поезд?; the wounded began to ~ стали прибывать раненые 2) *спорт.* прийти к финишу; to ~ a close second занять второе место; the horse came in third лошадь пришла третьей **2.** поступать; the mail comes in at eight почта приходит в 8 часов; wool is coming in abundantly шерсть поступает (на рынок) в большом количестве **3.** входить в моду; lawn tennis was then just coming in теннис тогда как раз стал приобретать популярность; this fashion is coming in again этот фасон опять входит в моду **4.** войти в дело (*в качестве компаньона*) **5.** вступать в должность; прийти к власти; the government came in with a big majority правительство пришло к власти, получив на выборах значительное большинство голосов **6.** иметь отношение (*к чему-л.*); where do I ~? при чём тут я?, что мне до этого? **7.** (between) вмешиваться (*в чьи-л. отношения*); she is always trying to ~ between us она всегда старается встать между нами /внести разлад в наши отношения/ **8.** зреть, поспевать; these apples don't ~ till August эти яблоки созревают только в августе **9.** *амер.* 1) жеребиться; телиться 2) находиться в периоде течки **10.** (for) 1) получить долю (*чего-л.*); the eldest son came in for everything всё досталось старшему сыну 2) навлекать на себя; заслужить; to ~ for increasing criticism навлекать на себя всё большие критики **11.** (upon, on) *редк.* прийти (*в голову*), засесть (*в голове*); has it never ~ upon your mind what you are doing? вам никогда не приходила в голову мысль о том, что вы делаете? **12.** (on) принять участие, включиться; let's ask her to ~ on the plan давайте пригласим её принять участие в этом мероприятии

◊ to ~ handy /useful/ пригодиться, прийтись кстати

come-in ['kʌmɪn] *n амер. театр. проф.* очередь у театральной кассы

come-lately [kʌm'leɪtlɪ] = Johnny-come-lately

comeliness ['kʌmlɪnɪs] *n* миловидность, привлекательная внешность

comely ['kʌmlɪ] *a* **1.** миловидный, хорошенький **2.** благопристойный, подобающий, хороший (*о поведении и т. п.*)

come off ['kʌmɒf] *phr v* **1.** отрываться (*о пуговице и т. п.*); the handle came off ручка оторвалась; the wheel of the car came off in the middle of the road посередине дороги соскочило колесо **2.** 1) сходить, исчезать (*о пятне*) 2) выпадать (*о волосах, зубах и т. п.*) **3.** 1) выйти, получиться; it didn't ~ ничего из этого не вышло, это не получилось; the experiment did not ~ эксперимент /опыт/ не удался; how will that ~, do you think? как вы думаете, что из этого выйдет /во что это выльется/? 2) состояться; the bargain didn't ~ эта сделка не состоялась **4.** выдержать (*какое-л. испытание и т. п.*); проявить себя; to ~ victorious выйти победителем; to ~ with honour выйти с честью; to ~ cheap разг. дёшево отделаться; to ~ clear выйти сухим из воды; to ~ best in a fight победить соперника в бою (*в боксе и т. п.*); to ~ second best потерпеть поражение; to ~ a loser остаться /оказаться/ в проигрыше

come-off ['kʌmɒf] *n* разг. увёртка, отговорка, отписка

come on ['kʌmɒn] *phr v* **1.** наступать, надвигаться; night was coming on надвигалась /приближалась/ ночь; a terrible storm came on налетела страшная буря; it suddenly came on to rain вдруг пошёл /начался/ дождь; he felt a bad cold coming on он почувствовал, что заболевает /что сильно простудился/ **2.** возникать, быть предметом обсуждения (*о вопросе и т. п.*); when his question came on когда зашёл разговор о его деле **3.** слушаться (*о деле в суде*); my case comes on before the judge tomorrow моё дело рассматривается в суде завтра **4.** продвигаться, делать успехи; he is coming on well in his studies он делает успехи в занятиях **5.** *разг.* поспевать, зреть; the crops are coming on nicely зреет хороший урожай **6.** появляться в назначенное время, в свою очередь; he comes on in the last act он появляется на сцене в последнем акте; when will the main feature ~? когда начнётся основной фильм? **7.** *амер. разг.* стараться производить впечатление, бить на эффект; he comes on gruff and laconic он производит впечатление человека неприветливого и немногословного; she comes on sincere она изображает искренность **8.** ухаживать (*за кем-л.*); проявлять интерес (*к лицу противоположного пола*); to ~ strong to /for/ smb. влюбиться в кого-л. по уши **9.** *в грам. знач. междометия разг.* 1) ну-ка, ну давай; ~, or we'll be late давай-давай, а то опоздаем; ~, children, let's have a little quiet ну-ка, ребята, не шумите; oh, ~, be serious! хватит, брось шутки! 2) ну вот ещё!; не может! (*выражает удивление, сомнение, недоверие*)

come-on ['kʌmɒn] *n* **1.** *разг.* призывный взгляд; she gave him a ~ она бросила на него многообещающий взгляд **2.** *разг.* приманка (*особ. для покупателя*); the grocery cut the price of milk as a ~ to customers чтобы привлечь покупателей, магазин снизил цену на молоко **3.** *амер. сл.* мошенник, жулик; ~ game мошенничество, афера

come out ['kʌm'aʊt] *phr v* **1.** появляться; the leaves are coming out листья распускаются; the rash has ~ выступила сыпь; she came out in a rash у неё выступила сыпь, её всю обсыпало 2) являться, приходить; how many boys came out for baseball? сколько ребят пришло /явилось/ на тренировку по бейсболу? **2.** обнаруживаться, становиться известным; the truth will ~ правда откроется; his secret came out его тайна была раскрыта; his pride came out in his refusal to accept help в его отказе от помощи проявилась его гордыня **3.** 1) выходить (*из печати*); the book came out in June книга вышла в июне 2) (with) издавать; we are going to ~ with a large new dictionary next year в будущем году мы выпускаем /у нас выходит/ новый большой словарь **4.** выходить, получаться; her sums would never ~ right у неё задачи никогда не выходили; it will ~ as I predicted всё получится так, как я предсказывал; the crossword puzzle came out easily кроссворд был разгадан легко; he always comes out well on photos у него всегда хорошо выходит (*на фотографии*) **5.** выпадать (*о зубах, волосах и т. п.*); my tooth is aching, the filling has ~ y меня болит зуб, из него выпала пломба **6.** сходить, исчезать (*о пятнах и т. п.*) **7.** 1) (часто with) выступать (*с заявлением, утверждением и т. п.*); he came out with the whole story он рассказал всё (что случилось); to ~ with a joke отпустить шутку; he came out with a horrible oath с его уст сорвалось ужасное ругательство; to ~ in support выступать в поддержку 2) (for, against) высказываться; he came out for lower [against higher] taxes он выступил за снижение [против повышения] налогов **8.** забастовать, объявить забастовку; workers are coming out in support for dismissed men рабочие объявили забастовку в ответ на увольнение их товарищей **9.** показывать своё настоящее лицо; перестать скрывать; открыто практиковать что-л. противоречащее морали общества **10.** (with) рассказать; выболтать (*что-л.*); ~ with it! да говорите же в чём дело! **11.** кончаться; иметь тот *или* иной результат; the game came out in our favour игра закончилась в нашу пользу **12.** выезжать в свет; появляться при дворе; she is coming out this season она впервые будет выезжать в этом году

◊ to ~ strong a) выставлять напоказ, щеголять; б) производить (большое) впечатление; в) сорить деньгами, жить на широкую ногу; г) решительно выступать; to ~ on top a) *спорт.* победить в состязании; б) преуспеть (*в жизни*); to ~ flat-footed (for) *амер.* решительно высказаться (за)

come-outer [,kʌm'aʊtə] *n амер.* 1) человек, порвавший с традициями своего общества; инакомыслящий; бунтарь 2) сторонник радикальных реформ

come over ['kʌm'əʊvə] *phr v* **1.** (to) переходить на (*чью-л.*) сторону, присоединяться; to ~ to smb.'s opinion присоединиться к чьему-л. мнению; he'll never ~ to our way of thinking он никогда не воспримет наше мировоззрение **2.** 1) приехать издалека; when did you first ~ to England? когда вы впервые

COM — COM

побыва́ли в А́нглии? 2) зайти́ ненадо́лго; ~ and see us sometime заходи́те ка́к-нибудь к нам
◊ to ~ ill заболе́ть, захвора́ть; she came over queer and went home ей ста́ло нехорошо́, и она́ ушла́ домо́й; I came over shivery меня́ затрясло́

comer ['kʌmə] *n* **1.** *см.* come + -er **2.** прише́лец; посети́тель; first ~ прише́дший пе́рвым; ~s and goers приезжа́ющие и отъезжа́ющие; for ~s and goers для всех и ка́ждого; for all ~s для всех жела́ющих **3.** *амер. разг.* 1) преуспева́ющий, подаю́щий наде́жды челове́к 2) что-л. многообеща́ющее **4.** (-comer) *как компонент сложных слов* прибы́вший; newcomers прие́зжие, вновь прибы́вшие; latecomers опозда́вшие

come round ['kʌm'raund] *phr v* **1.** 1) объе́хать, обойти́ кругом; I had to ~ by the village мне пришло́сь сде́лать крюк и прое́хать че́рез дере́вню 2) заходи́ть, заезжа́ть; she came round last night она́ зашла́ /загляну́ла/ вчера́ ве́чером **2.** *разг.* прийти́ в себя́; he took a long time to ~ он до́лго не мог прийти́ в себя́ **3.** 1) измени́ться к лу́чшему; ула́диться; I had confident expectations that things would ~ я был уве́рен, что всё образу́ется; things did not ~ as they were expected (to) обстоя́тельства сложи́лись не так, как мо́жно бы́ло бы ожида́ть 2) мири́ться; John and Mary often argue but it does not take them long to ~ Джон и Ме́ри ча́сто ссо́рятся, но они́ ду́ются друг на дру́га недо́лго **4.** (to) меня́ть убежде́ния *или* мне́ние; he came round to another way of thinking он стал ду́мать по-ино́му; I have ~ to your way of thinking я начина́ю склоня́ться к ва́шей то́чке зре́ния **5.** (to) возвраща́ться (*к теме и т. п.*); conversation that comes round to the same subject again разгово́р, кото́рый опя́ть возвраща́ется к той же те́ме **6.** = come about **7.** = come over 2, 2)

comes ['kəumi:z] *n муз.* спу́тник, риспо́ста (*название ответа в фуге*)

comestible [kə'mestəb(ə)l] *n обыкн. pl шутл.* съестны́е припа́сы, еда́

comet ['kɒmɪt] *n астр.* коме́та

cometary ['kɒmɪt(ə)rɪ] *а астр.* коме́тный, относя́щийся к коме́там

comet-finder ['kɒmɪt,faɪndə] *n астр.* кометоиска́тель

come through ['kʌm'θru:] *phr v* **1.** проника́ть, проходи́ть наскво́зь; the water is gradually coming through вода́ постепе́нно проса́чивается **2.** *амер.* успе́шно спра́виться (*с чем-л.*); дости́чь це́ли; I am sure he'll ~ я уве́рен, что он своего́ добьётся; to ~ to the final вы́йти в фина́л **3.** (with) *амер. разг.* сде́лать необходи́мое *или* наме́ченное; they are sure to ~ with the money они́ наверняка́ вы́ложат ну́жную су́мму **4.** *амер.* призна́ться, созна́ться в вине́; he won't ~ он не признаёт свое́й вины́ /не раско́лется/

comet-hunter ['kɒmɪt,hʌntə] *n* «охо́тник за коме́тами», наблюда́тель коме́т

come to ['kʌm'tu:] *phr v* **1.** приходи́ть в себя́; it was many hours before he came to after being wounded по́сле ране́ния он не ско́ро пришёл в себя́ **2.** 1) *мор.* приводи́ть *или* приводи́ться к ве́тру 2) станови́ться на я́корь

come together ['kʌmtə'geðə] *phr v* **1.** собра́ться вме́сте; объедини́ться; the election has compelled the parties to ~ вы́боры заста́вили па́ртии объедини́ться **2.** сойти́сь (*о мужчине и женщине*)

comet-seeker ['kɒmɪt,si:kə] *n* телеско́п
come up ['kʌm'ʌp] *phr v* **1.** подходи́ть; a man came up to us к нам подошёл како́й-то челове́к **2.** всходи́ть, прораста́ть (*о растениях*); the seeds never came up семена́ так и не взошли́ **3.** 1) поднима́ться, увели́чиваться; prices came up це́ны подняли́сь 2) (to) доходи́ть, достига́ть (*какого-л.*) у́ровня; the price will ~ to £5 цена́ дойдёт до пяти́ фу́нтов; the water came up to my knees вода́ подняла́сь мне до коле́н **4.** (to) равня́ться, соотве́тствовать; his talents do not ~ to yours вы гора́здо спосо́бнее его́; the goods do not ~ to sample това́ры не соотве́тствуют образцу́; to ~ to the mark а) быть на до́лжном у́ровне; б) быть на высоте́ положе́ния, соотве́тствовать своему́ назначе́нию **5.** возника́ть, случа́ться; this question has never yet ~ э́тот вопро́с ещё никогда́ не возника́л; something has ~ что-то случи́лось **6.** (with) нагоня́ть, настига́ть (*кого-л., что-л.*); let's go slowly so that the others may ~ with us пойдёмте ме́дленнее, что́бы други́е могли́ догна́ть нас **7.** *юр.* предста́ть пе́ред судо́м в ожида́нии реше́ния **8.** (against) натолкну́ться (*на что-л.*); столкну́ться (*с чем-л.*); to ~ against an obstacle встре́тить на своём пути́ препя́тствие **9.** (with) *разг.* приду́мать; to ~ with a solution вы́работать реше́ние; найти́ вы́ход из положе́ния; when I asked him why he was late he could not ~ with an answer когда́ я спроси́л его́, почему́ он опозда́л, он не нашёлся, что отве́тить **10.** *мор.* приводи́ться к ве́тру **11.** 1) приезжа́ть в столи́цу, в университе́т; приезжа́ть с окра́ины в го́род *или* с перифери́и в центр; they came up to London a week ago они́ прие́хали в Ло́ндон неде́лю тому́ наза́д 2) начина́ть заня́тия в университе́те (*особ. в Оксфорде и Кембридже*); he is coming up to Balliol next year в бу́дущем году́ он поступа́ет в колле́дж Бе́ллиол
◊ to ~ in the world вы́йти в лю́ди, подня́ться по обще́ственной ле́стнице; my number will never ~ ≅ мне никогда́ не везёт; to ~ smiling сто́йко переноси́ть невзго́ды

comeuppance [,kʌm'ʌpəns] *n разг.* возме́здие; заслу́женное наказа́ние; he got his ~ он получи́л по заслу́гам

comfit ['kʌmfɪt] *n* **1.** 1) заса́харенные фру́кты 2) сли́ва в са́харе

comfort I ['kʌmfət] *n* **1.** утеше́ние, подде́ржка; this news is a great ~ to me э́та но́вость — большо́е утеше́ние для меня́; to find ~ in one's children находи́ть утеше́ние в де́тях; my husband was a great ~ to me when I was ill мой муж вся́чески подде́рживал меня́, когда́ я была́ больна́ **2.** успокое́ние, поко́й; о́тдых; the ~ of solitude поко́й уедине́ния; it is a ~ to know that she is safe мы успоко́ились, узна́в, что у неё всё благополу́чно **3.** 1) комфо́рт, ую́т; благополу́чие, хоро́шие усло́вия (жи́зни); to live in great ~ ≅ жить — не тужи́ть 2) *обыкн. pl* удо́бства; home ~s бытовы́е удо́бства; creature ~s земны́е бла́га; the hotel offers every modern ~ гости́ница располага́ет совреме́нными удо́бствами **4.** *амер.* стёганое одея́ло

comfort II ['kʌmfət] *v* **1.** утеша́ть, успока́ивать; the child ran to his mother to be ~ed ребёнок бро́сился к ма́тери за утеше́нием **2.** устра́ивать удо́бно; создава́ть кому́-л. комфо́рт

comfortable I ['kʌmf(ə)təb(ə)l] *n* **1.** = comfort I 4 **2.** шерстяно́й ше́йный шарф *или* плато́к **3.** шерстяно́й напу́льсник

comfortable II ['kʌmf(ə)təb(ə)l] *а* **1.** 1) удо́бный; комфорта́бельный; ую́тный;

~ chair [bed] удо́бное кре́сло [-ая крова́ть]; ~ room комфорта́бельная /ую́тная/ ко́мната 2) *predic разг.* дово́льный, споко́йный, чу́вствующий себя́ удо́бно; do you feel ~? вам удо́бно?; to make oneself ~ удо́бно устро́иться, чу́вствовать себя́ ую́тно; the nurse made the patient ~ сиде́лка устро́ила больно́го поудо́бнее **2.** утеши́тельный, успокои́тельный; ~ words слова́ утеше́ния **3.** *разг.* 1) доста́точный, прили́чный, хоро́ший (*о заработке и т. п.*); ~ income прили́чный /хоро́ший/ дохо́д 2) обеспе́ченный, име́ющий сре́дний доста́ток **4.** 1) споко́йный; не испы́тывающий осо́бой бо́ли, трево́ги *и т. п.*; the doctor said that she was ~ after her operation врач сказа́л, что по́сле опера́ции она́ чу́вствует себя́ хорошо́; shy people are seldom ~ speaking to large groups выступа́я пе́ред большо́й аудито́рией, ро́бкие лю́ди обы́чно волну́ются 2) просто́й и безмяте́жный; his life has settled into a ~ pattern его́ жизнь вошла́ в споко́йную колею́ **5.** *амер. разг.* пья́ный, навеселе́

comfortably ['kʌmf(ə)təblɪ] *adv* **1.** удо́бно, комфорта́бельно, ую́тно; a car that holds six people ~ автомоби́ль, в кото́ром мо́гут удо́бно сиде́ть шесть пассажи́ров **2.** *разг.* обеспе́ченно, со сре́дним доста́тком; to be ~ off быть обеспе́ченным, име́ть прили́чный дохо́д, жить в доста́тке

comforter ['kʌmfətə] *n* **1.** *см.* comfort II + -er **2.** утеши́тель 2) (the C.) *рел.* утеши́тель, свято́й дух **3.** шерстяно́е кашне́, шерстяно́й шарф **4.** = comfort I 4 **5.** со́ска, пусты́шка

comfortless ['kʌmfətlɪs] *а* **1.** не принося́щий утеше́ния; ~ words отню́дь не утеши́тельные слова́ **2.** неудо́бный, неую́тный; некомфорта́бельный; ~ room неую́тная ко́мната

comfort station ['kʌmfət,steɪʃ(ə)n] *амер.* обще́ственная убо́рная

comfrey ['kʌmfrɪ] *n бот.* **1.** око́пник (*Symphytum gen.*) **2.** око́пник апте́чный (*Symphytum officinale*)

comfy ['kʌmfɪ] *разг. см.* comfortable II 1 1) *и* 2);

comic I ['kɒmɪk] *n* **1.** 1) (актёр-)ко́мик 2) презр. кло́ун, шут горо́ховый **2.** (the ~) коми́зм; коми́ческое **3.** *разг.* кинокоме́дия **4.** юмористи́ческий журна́л, *особ.* с ко́миксами

comic II ['kɒmɪk] *а* **1.** коми́ческий, юмористи́ческий, смешно́й, заба́вный; all this has its ~ side всё э́то име́ет свою́ коми́ческую /смешну́ю/ сто́рону; ~ paper газе́та из ко́миксов; newspaper's ~ page страни́ца ко́миксов в газе́те **2.** комеди́йный; ~ opera коми́ческая о́пера **3.** = comical

comical ['kɒmɪk(ə)l] *а* смешно́й, коми́чный; поте́шный, чудно́й; ~ picture карикату́ра; заба́вная карти́нка; the little girl looked ~ in her mother's dress в матери́нском пла́тье де́вочка вы́глядела смешно́

comicality [,kɒmɪ'kælɪtɪ] *n книжн.* **1.** коми́чность **2.** что-л. смешно́е *или* смехотво́рное

comic book ['kɒmɪkbuk] кни́жечка ко́миксов (*обыкн. в мя́гкой обло́жке*)

comic relief [,kɒmɪkrɪ'li:f] 1) *театр.* коми́ческая сце́на в траге́дии; «разря́дка сме́хом» 2) смешно́й эпизо́д в гру́стной *или* траги́ческой ситуа́ции; коми́ческий контра́ст

comics ['kɒmɪks] *n употр. с гл. во мн. ч.* ко́миксы, расска́зы в карти́нках, *обыкн.* с по́дписями

comic strip ['kɒmɪk,strɪp] расска́з в карти́нках (юмористи́ческий, приключе́нческий *и т. п.*); карти́нки помещаются в виде поперечных полос в газетах и журналах)

comic writer ['kɒmɪk‚raɪtə] (писатель-)юморист

coming I ['kʌmɪŋ] n 1. приход, приезд, прибытие; приближение; the ~s and goings of guests поток приезжающих и уезжающих гостей 2. 1) пришествие 2) (С.) рел. второе пришествие (Христа; тж. Second C.)

coming II ['kʌmɪŋ] a 1. будущий; наступающий, приближающийся; ожидаемый; ~ storm приближающаяся буря; during the ~ summer будущим летом; the ~ generations грядущие поколения 2. подающий надежды; ~ author многообещающий писатель; the ~ thing то, за чем будущее; то, что входит в моду и т. п.; he is a ~ politician ≅ он делает успехи на политическом поприще

coming-in [‚kʌmɪŋ'ɪn] n (pl comings- [‚kʌmɪŋz-]) 1. наступление, начало 2. pl доход 3. ком. ввоз (товаров)

coming-out [‚kʌmɪŋ'aʊt] n (pl comings- [‚kʌmɪŋz-]) 1. 1) выезд в свет 2) первый выезд в свет; дебют светской девушки; ~ party приём в честь девушки, впервые появившейся в свете; ≅ первый бал 2. ком. вывоз (товаров)

Comintern ['kɒmɪntɜːn] n Коминтерн, Коммунистический Интернационал

comitia [kə'mɪʃɪə] n (pl без измен.) ист. комиции (народные собрания в Древнем Риме)

comity ['kɒmɪtɪ] n 1. вежливость, учтивость, обходительность; ~ of manner обходительность, внимательное отношение; international ~ международная вежливость, международный этикет 2. общество; сообщество; организация

comity of nations [‚kɒmɪtɪəv'neɪʃ(ə)nz] 1) юр. взаимное признание прав и обычаев разными государствами 2) международные отношения, основанные на взаимном признании прав и обычаев других государств

comix ['kɒmɪks] = comics (шутливое написание)

comm [kɒm] n сокр. от communication 3, 1)

comma ['kɒmə] n 1. запятая; inverted ~s кавычки 2. муз. комма

command I [kə'mɑːnd] n 1. 1) приказ, приказание, команда; at /by/ smb.'s ~ по чьему-л. приказу /приказанию/; at the word of ~ по команде; ~ by voice воен. команда голосом; ~ of execution воен. исполнительная команда; ~ to advance приказ наступать; to give a ~ (от)дать приказ /приказание, команду/; to revoke a ~ отставить приказание 2) распоряжение; I am at your ~ я к вашим услугам, я в вашем распоряжении 2. воен. командование, управление; ~ echelon группа управления; ~ group оперативная группа штаба; ~ post командный пункт; chain of ~ служебные инстанции, субординация; to suspend from ~ отстранить от командования; to take [to relinquish] ~ принимать на себя [передавать] командование; to be in ~ of a regiment командовать полком; under (of) род командой, под начальством (кого-л.) 3. воен. 1) часть; соединение 2) военный округ 4. господство, власть; ~ of the see господство на море; ~ of emotions [passions] способность контролировать чувства [страсти]; he felt that he was really in ~ of the situation он чувствовал себя настоящим хозяином положения; he has no ~ over himself он не владеет собой; ему недостаёт самообладания; he has a good ~ of the

English language он хорошо владеет английским языком 5. ком. заказ; awaiting your further ~s в ожидании ваших дальнейших заказов 6. топ. превышение 7. спец. команда (сигнал для включения); ~ guidance командное наведение (ракеты и т. п.); ~ missile ракета с командной системой наведения; ~ word вчт. имя команды, команда; ~ qualifier вчт. управляющий параметр команды, ключ команды 8. высочайшее повеление; ~ performance представление по королевскому указу (в театре и т. п.; на нём присутствует монарх)

command II [kə'mɑːnd] v 1. приказывать; отдавать приказ, приказание; to ~ silence приказать молчать 2. командовать; to ~ a battalion [a ship] командовать батальоном (кораблём) 3. контролировать, сдерживать (чувства и т. п.); I advised him to ~ his temper я посоветовал ему взять себя в руки 4. 1) иметь в своём распоряжении, располагать; he ~s vast sums of money а) он располагает большой суммой денег; б) он распоряжается большими суммами; to ~ the services (of) пользоваться услугами (кого-л.); yours to ~ ваш покорный слуга; к вашим услугам 2) иметь, владеть; to ~ a large vocabulary иметь большой запас слов 5. внушать, вселять; to ~ respect внушать уважение; to ~ sympathy вызывать сочувствие 6. 1) господствовать; to ~ the seas господствовать на море 2) возвышаться; the mountain ~s the plain гора возвышается над равниной; the hill ~s a good view с горы открывается красивый вид 7. ком. стоить; to ~ a high price идти по высокой цене; these goods ~ a high price за эти товары дают высокую цену 8. воен. контролировать, держа под обстрелом

commandant [‚kɒmən'dænt] n 1. начальник; командир; комендант

command car [kə'mɑːnd‚kɑː] амер. воен. штабная автомашина

commandeer [‚kɒmən'dɪə] v 1) принудительно набирать в армию 2) реквизировать 3) разг. присваивать

commander [kə'mɑːndə] n 1. командир, начальник, командующий; ~ of an expedition начальник экспедиции; ~ of the guard начальник караула; ~ in charge а) исполняющий обязанности командира; б) руководитель операции 2. коммандер (ВМС США); ≅ командир корабля, капитан 1-го ранга 3. кавалер ордена 3-й степени (в Великобритании)

commander-in-chief [kə‚mɑːnd(ə)rɪn'tʃiːf] n (pl commanders- [‚kə‚mɑːndəz-]) воен. 1) (главно)командующий 2) командующий войсками округа 3) командующий флотом или отдельной эскадрой

commandership [kə'mɑːndəʃɪp] n должность или положение начальника, командира

commanding [kə'mɑːndɪŋ] a 1. командующий; ~ officer командир (подразделения или части); ~ general командир или командующий в звании генерала 1) господствующий, командный, доминирующий; ~ hill господствующая высота; ~ ground топ. командная высота; ~ feature топ. местный командный предмет; ~ heights of the economy командные высоты в экономике 2) господствующий, превалирующий; ~ views in literature господствующие в литературе взгляды 3) внушительный; командная сильное влияние; ~ look внушительный /властный, повелительный/ взгляд

commandite [kə'mɑːndɪt] n эк. командитное товарищество

COM — COM C

commandment [kə'mɑːndmənt] n 1. приказ 2. заповедь; the ten Commandments а) библ. десять заповедей; б) ирон. ногти десяти пальцев (особ. у женщины)

command module [kə'mɑːnd‚mɒdjuːl] косм. командный модуль или отсек (корабля)

commando [kə'mɑːndəʊ] n (pl -os, -oes [-əʊz]) воен. 1. 1) десантно-диверсионная часть морской пехоты 2) командос, солдат, сержант или офицер десантно-диверсионных войск 2. отряд буров (во время англо-бурской войны)

command paper [kə'mɑːnd‚peɪpə] официальный, правительственный документ, представляемый парламенту

commeasurable [kə'meʒ(ə)rəb(ə)l] = commensurable

commeasure [kə'meʒə] v быть соразмерным, соизмеримым или сопоставимым

commedia dell'arte [kə'meɪdɪədel'ɑːtɪ] ит. театр. комедия масок, комедия дель арте (XVI— XVIII вв.)

comme il faut [‚kɔmiːl'fəʊ] фр. комильфо, благопристойный, надлежащий (о поведении)

commemorable [kə'mem(ə)rəb(ə)l] a памятный, достопамятный

commemorate [kə'meməreɪt] v 1. праздновать, отмечать (годовщину, какое-л. событие); to ~ the revolution праздновать годовщину революции 2. устраивать в память, в честь; ознаменовывать; a monument was built to ~ the victory в ознаменование победы был поставлен памятник 3. отмечать в приказе; объявлять благодарность

commemoration [kə‚memə'reɪʃ(ə)n] n 1. празднование или ознаменование (годовщины, какого-л. события); in ~ of smth. в ознаменование чего-л., в память о чём-л. 2. годовой акт в Оксфордском университете с поминанием основателей 3. церк. поминовение усопших, панихида

commemorative I [kə'mem(ə)rətɪv] n памятная медаль; памятный значок; юбилейная монета

commemorative II [kə'mem(ə)rətɪv] a памятный; ~ tablet мемориальная доска; ~ coin юбилейная монета

commemoratory [kə'memərət(ə)rɪ] = commemorative II

commence [kə'mens] v 1. 1) начинать; to ~ a lawsuit начать судебное дело 2) начинаться; the play will ~ at eight спектакль начнётся в восемь часов 2. получать учёную степень в университете ◊ he who ~s many things finishes but few посл. за всё сразу берётся — ничего не добьёшься; ≅ за двумя зайцами погонишься, ни одного не поймаешь

commencement [kə'mensmənt] n 1. начало 2. актовый день (в американских учебных заведениях)

commend [kə'mend] v 1. хвалить; одобрять; his work was highly ~ed его работу очень хвалили; его труд получил высокую оценку 2. прельщать, привлекать; this book doesn't ~ itself to me эту книгу мне не хочется читать 3. возвышать. поручать (кому-л.); she ~ed her child to her sister's care она просила сестру позаботиться о её ребёнке 4. ист. поручать (кому-л.) феодала 5. арх. засвидетельствовать (кому-л.) почтение

commendable [kə'mendəb(ə)l] a похвальный, достойный одобрения; ~ ef-

forts похвáльные усúлия; to be ~ заслýживать одобрéния
commendation [ˌkɒmənˈdeɪʃ(ə)n] *n* 1. *книжн.* похвалá; одобрéние 2. *редк.* рекомендáция (*дéйствие*) 3. *амер. воен.* благодáрность (*в прикáзе*); ~ list *воен.* спúсок представляéмых к нагрáде 4. *обыкн. pl арх.* засвидéтельствование почтéния 5. *ист.* перехóд вассáла под покровúтельство феодáла, коммендáция
commendatory [kəˈmendət(ə)rɪ] *a* 1. хвалéбный 2. рекомендáтельный; ~ letter рекомендáтельное письмó
commensal [kəˈmens(ə)l] *n* 1. сотрáпезник 2. *биол.* симбиóнт
commensalism [kəˈmens(ə)lɪz(ə)m] *n* *биол.* комменсалúзм (*разновúдность симбиóза*)
commensurability [kəˌmenʃ(ə)rəˈbɪlɪtɪ] *n* 1) соизмерúмость 2) соразмéрность
commensurable [kəˈmenʃ(ə)rəb(ə)l] *a* 1) соизмерúмый; сопоставúмый 2) соразмéрный; he was a big man, very tall and of ~ weight он был крýпный человéк, высóкого рóста и соотвéтствующего вéса
commensurate [kəˈmenʃ(ə)rɪt] *a* 1) соотвéтственный; соразмéрный; the pay should be ~ with the work оплáта должнá соотвéтствовать трудý 2) соизмерúмый; business and poetry are not ~ бúзнес и поэ́зия — вéщи несоизмерúмые
commensuration [kəˌmenʃəˈreɪʃ(ə)n] *n* 1. соразмéрность; пропóрция 2. соизмерúмость; сопоставлéние, сравнéние
comment I [ˈkɒment] *n* 1. комментáрий, объяснúтельное примечáние, толковáние; to make ~s on a text комментúровать текст, дéлать комментáрий к тéксту; to call for ~s вызывáть замечáния крúтиков; ~ is needless коммéнтáрии излúшни; no ~! мне нéчего отвéтить /сказáть/!; по этому пóводу заявлéний дéлать не бýду! (*стандáртный отвéт на вопрóсы журналúстов*); the judge's *юр.* замечáние /мнéние/ судьú 2. комментúрование 3. крúтическое замечáние; крúтика; what ~s have you about my son's behaviour? какúе у вас есть замечáния по пóводу поведéния моегó сы́на? 4. тóлки, перeсýды; his strange behaviour has been causing in the neighbourhood егó стрáнное поведéние вы́звало тóлки в окрýге 5. сообщáемое о предмéте, нóвое; topic and ~ are often used in linguistic literature to denote the theme and the rheme словá topic и comment чáсто употребляются в лингвистúческой литератýре в значéнии «тéма» и «рéма»
comment II [ˈkɒment] *v* 1. комментúровать, толковáть, объяснять; to ~ on a text комментúровать текст 2. 1) выскáзываться; сообщáть своё мнéние; everyone ~ed on her new hat все обсуждáли её нóвую шляпу; she ~ed that it was time for us to go home онá замéтила, что нам всем порá идтú домóй 2) дéлать крити́ческие замечáния; several people ~ed on his absence мнóгие выскáзали недовóльство по пóводу егó отсýтствия 3) давáть отрицáтельную оцéнку, характерúстику
commentary [ˈkɒmənt(ə)rɪ] *n* 1. комментáрий; running ~ a) репортáж; to keep up a running ~ on a match вестú (радио-,теле)репортáж о мáтче; б) подстрóчный комментáрий 2. *кино* дúкторский текст 3. *pl лит.* мемуáры, запúски, хрóники; the Commentaries of Caesar «Запúски о Гáлльской войнé» (*Юлия Цéзаря*)
commentate [ˈkɒmənteɪt] *v* 1. = comment II 1 2. быть комментáтором; he ~s on football matches for television он рабóтает телекомментáтором футбóльных мáтчей
commentation [ˌkɒmənˈteɪʃ(ə)n] *n* *книжн.* комментúрование, толковáние (*тéкста*)
commentator [ˈkɒmənteɪtə] *n* 1. комментáтор, толковáтель 2. радиокомментáтор; телекомментáтор
commerce [ˈkɒmɜːs] *n* 1. (оптóвая) торгóвля, коммéрция; home /domestic, internal/ ~ внýтренний ры́нок; foreign ~ внéшняя торгóвля; Chamber of C. торгóвая палáта 2. общéние; to have but little ~ with one's neighbours мáло общáться с сосéдями 3. *редк.* половы́е сношéния (*осóб. внебрáчные*)
commerce-destroyer [ˈkɒmɜːsdɪˌstrɔɪə] *n* *воен.* корáбль для дéйствия на морскúх путях сообщéния протúвника, рéйдер
commercial I [kəˈmɜːʃ(ə)l] *n* 1. *рáдио, тлв.* 1) реклáма и объявлéния 2) реклáмная, коммéрческая передáча; передáча (*концéрта, викторúны и т. п.*), оплáченная фúрмой в реклáмных цéлях 3) коммéрческое телевúдение (*тж.* ~ television) 4) коммéрческое рáдио (*тж.* ~ radio) 2. *разг.* коммивояжёр
commercial II [kəˈmɜːʃ(ə)l] *a* 1. торгóвый, коммéрческий; ~ transaction торгóвая сдéлка; ~ treaty торгóвый договóр; ~ agreement торгóвое соглашéние; ~ law торгóвое прáво, торгóвые закóны; ~ court коммéрческий суд; ~ correspondence коммéрческая корреспондéнция; ~ attaché торгóвый атташé; ~ aviation граждáнская авиáция; ~ traveller коммивояжёр 2. дохóдный, прúбыльный, вы́годный, рентáбельный; ~ film коммéрческий (кино)фильм; ~ broadcast радиопередáча реклáм и объявлéний 3. 1) промы́шленного значéния; ~ quantities of oil промы́шленные запáсы нéфти 2) серúйный 4. *спец.* технúческий (*в отлúчие от химúчески чúстого материáла*); ~ soda технúческая сóда; ~ tests заводскúе испытáния
commercial art [kəˌmɜːʃ(ə)lˈɑːt] приклáдное искýсство (*реклáма, дизáйн, фотогрáфия и т. п.*)
commercial break [kəˌmɜːʃ(ə)lˈbreɪk] *рáдио, тлв.* перéрыв в прогрáмме для передáчи реклáмы
commercial college [kəˌmɜːʃ(ə)lˈkɒlɪdʒ] торгóво-промы́шленное учúлище
commercial driver [kəˌmɜːʃ(ə)lˈdraɪvə] водúтель грузовикóв, автóбусов *и т. п.*
commercialese [kəˌmɜːʃəˈliːz] *n* стиль коммéрческих пúсем
commercial fertilizer [kəˈmɜːʃ(ə)lˈfɜːtɪlaɪzə] *с.-х.* химúческое удобрéние
commercialism [kəˈmɜːʃəlɪz(ə)m] *n* 1. торгáшеский дух, меркантилúзм 2. выражéние, употребляéмое в коммéрческом языкé 3. торгóвая прáктика
commerciality [kəˌmɜːʃɪˈælɪtɪ] *n* меркантúльность; торгáшество
commercialization [kəˌmɜːʃəlaɪˈzeɪʃ(ə)n] *n* 1. извлечéние дохóда, прúбыли (*из чегó-л.*); ~ of arts [of the theatre] превращéние искýсства [теáтра] в истóчник нажúвы 2. организáция серúйного произвóдства
commercialize [kəˈmɜːʃəlaɪz] *v* 1. извлекáть коммéрческую вы́году, извлекáть прúбыль; превращáть в истóчник дохóда; to ~ sport нажúваться на спóрте 2. налáживать серúйный вы́пуск продýкции

commercial paper [kəˌmɜːʃ(ə)lˈpeɪpə] 1) краткосрóчный коммéрческий вéксель 2) *pl амер.* коммéрческие бумáги (*чéки и т. п.*)
commercial vehicles [kəˌmɜːʃ(ə)lˈviːɪk(ə)lz] грузовы́е автомашúны, грузовóй автотрáнспорт
commère [ˈkɒmeə] *n* жéнщина-конферансьé; жéнщина-ведýщий
Commie [ˈkɒmɪ] *n* *пренебр.* коммунúст
comminate [ˈkɒmɪneɪt] *v* 1. угрожáть, осыпáть угрóзами 2. обличáть 3. проклинáть; предавáть анáфеме
commination [ˌkɒmɪˈneɪʃ(ə)n] *n* 1. угрóза наказáнием 2. обличéние 3. *церк.* покаянное богослужéние (*в пéрвый день велúкого постá*)
comminatory [ˈkɒmɪnət(ə)rɪ] *a книжн.* 1. угрожáющий 2. обличúтельный
commingle [kɒˈmɪŋg(ə)l] *v книжн.* 1) смéшивать, соединять 2) смéшиваться, соединяться; incapable of commingling несмéшивающийся
comminute [ˈkɒmɪnjuːt] *v* 1. 1) тóнко измельчáть, превращáть в порошóк 2) распылять 3) рéзать, рубúть на мéлкие чáсти 2. дробúть, делúть на мéлкие чáсти (*имýщество и т. п.*)
comminuted [ˈkɒmɪnjuːtɪd] *a* истолчённый, раздрóбленный, превращённый в порошóк; ~ fracture *мед.* оскóлочный перелóм
comminution [ˌkɒmɪˈnjuːʃ(ə)n] *n* 1) измельчéние, (раз)дроблéние 2) распылéние
comminutor [ˈkɒmɪnjuːtə] *n* дробúлка; измельчúтель
commiserable [kəˈmɪz(ə)rəb(ə)l] *a книжн.* достóйный сострадáния
commiserate [kəˈmɪzəreɪt] *v книжн.* сочýвствовать, соболéзновать; испы́тывать чýвство сострадáния; to ~ with smb. on his loss выражáть комý-л. соболéзнование по пóводу постúгшей егó утрáты
commiseration [kəˌmɪzəˈreɪʃ(ə)n] *n книжн.* сочýвствие, сострадáние; соболéзнование
commissar [ˌkɒmɪˈsɑː] *n русск.* комиссáр
commissariat [ˌkɒmɪˈseə(ə)rɪət] *n* 1. *русск.* комиссариáт 2. интендáнтство 3. *воен.* продовóльственное снабжéние 4. *юр.* церкóвный (епархиáльный) суд
commissary [ˈkɒmɪs(ə)rɪ] *n* 1. 1) комиссáр 2) уполномóченный 3) полицéйский комиссáр (*во Фрáнции*) 2. интендáнт 3. хозя́йственно-продовóльственные склáды 4. *амер.* 1) лáвка (*на лесозаготóвках или рудникáх*) 2) воéнный (продовóльственный) магазúн 3) буфéт (*осóб. в киностýдии*)
commission I [kəˈmɪʃ(ə)n] *n* 1. 1) довéренность, полномóчие; to hold a ~ from the government имéть прави́тельственные полномóчия; to act within one's ~ дéйствовать в пределах полномóчий /соглáсно полномóчиям/; to go beyond one's ~ превы́сить полномóчия; in ~ имéющий полномóчия, уполномóченный 2) поручéние; to carry out a ~ successfully успéшно вы́полнить поручéние 3) закáз (*осóб. худóжнику*); the ~ for the new theatre was given to a well-known architect проéкт нóвого теáтра был закáзан извéстному архитéктору 2. 1) *ком.* поручéние 2) комиссиóнное вознаграждéние, комиссиóнные; ~ bank комиссиóнный бáнку; buying [selling] ~ комиссиóнное вознаграждéние за закýпку [за продáжу]; to sale комиссиóнная продáжа; to charge 5% ~ взимáть 5% комиссиóнных 3. комúссия, комитéт; ~ of conciliation согласúтельная комúссия;

~ of inquiry комиссия по расследованию, следственная комиссия; permanent ~ постоянная комиссия, постоянный комитет; to appoint /to establish, to constitute/ a ~ under Mr. Smith создать /назначить/ комиссию под председательством г-на Смита; to sit on the government ~ заседать в правительственной комиссии 4. 1) офицерское звание; to resign a ~ выйти в отставку 2) присвоение офицерского звания 3) документ, патент офицера 5. патент, выдаваемый мировому судье при назначении его на должность 6. совершение (какого-л.) проступка; ~ of murder совершение убийства
◊ in ~ в исправности; to put one's car in ~ отремонтировать свой автомобиль; a ship in ~ судно, готовое к плаванию; to come into ~ вступить в строй (о судне); out of ~ в неисправности; our TV set is out of ~ наш телевизор вышел из строя /сломался/

commission II [kəˈmɪʃ(ə)n] v 1. уполномочивать, поручать 2. назначать на должность 2) присвоить офицерское звание; he was ~ed a general in 1939 он был произведён в генералы в 1939 году 3. заказывать; to ~ an artist to paint a picture заказать художнику картину 4. мор. 1) подготавливать (корабль) к плаванию 2) укомплектовывать (корабль) личным составом 3) передавать (корабль) под (чьё-л.) командование

commission agent [kəˈmɪʃ(ə)nˌeɪdʒ(ə)nt] комиссионер

commissionaire [kəˌmɪʃəˈnɛə] n 1) комиссионер (при гостинице); посыльный 2) швейцар (в гостинице, театре, магазине и т. п.); the Corps of Commissionaires объединение бывших военнослужащих, поставляющее швейцаров, курьеров и т. п. (основано в Лондоне в 1859 г.)

commission broker [kəˈmɪʃ(ə)nˌbrəʊkə] маклер

commissioned [kəˈmɪʃ(ə)nd] a 1. 1) облечённый полномочиями 2) получивший или имеющий поручение 2. воен. получивший офицерское звание; ~ officer офицер; ~ and non-commissioned officers офицеры и сержанты 3. укомплектованный личным составом, находящийся в строю (о корабле)

commissioner [kəˈmɪʃ(ə)nə] n 1. специальный уполномоченный, комиссар, представитель; road [public health] ~ амер. уполномоченный /инспектор/ по дорожному строительству [по здравоохранению] 2. член комиссии 3. амер. председатель объединения спортсменов-профессионалов 4. сл. букмекер 5. редк. = commissionaire

commissioning [kəˈmɪʃ(ə)nɪŋ] n ввод в действие или в эксплуатацию

commission merchant [kəˈmɪʃ(ə)nˌmɜːtʃ(ə)nt] = commission agent

Commission of the Peace [kəˌmɪʃ(ə)nəvðəˈpiːs] юр. комиссия мирового суда (коллегия мировых судей)

commissure [ˈkɒmɪsjʊə] n 1) стык, смычка 2) анат., бот. комиссура, соединение, спайка

commit [kəˈmɪt] v 1. совершать (чаще дурное); to ~ an error [a sin, a blunder, a murder, aggression] совершить ошибку [грех, промах, убийство, агрессию]; to ~ a breach of the peace [of promise] нарушить общественный порядок [обещание (особ. жениться)]; to ~ suicide покончить жизнь самоубийством, покончить с собой 2. 1) поручать, вверять; to ~ a task to smb. поручить кому-л. задание; to ~ a child to the care of a nurse поручить ребёнка заботам няни 2) передавать (на рассмотрение, хранение и т. п.); to ~ a bill парл. передавать законопроект в комиссию; I ~ted it to a friend for safe-keeping я передал это другу на (со)хранение; to ~ for trial предавать обвиняемого суду, привлекать к судебной ответственности 3. (to) предавать; привести в какое-л. состояние; to ~ a body to the ground /to the earth/ предавать тело земле; to ~ to the flames предавать огню; to ~ to oblivion предавать забвению; to ~ to memory заучивать, запоминать; to ~ to paper /to writing/ записывать 4. 1) (to) помещать (принудительно); to ~ to prison /to jail/ заключить в тюрьму, арестовать; he was ~ted to a lunatic asylum он был (принудительно) помещён в психиатрическую больницу 2) разг. сажать в тюрьму или сумасшедший дом; he was found guilty and ~ed он был признан виновным, и его посадили; I'll have you ~ted! я тебя посажу /упрячу за решётку/! 5. 1) refl связать себя обязательствами, словом и т. п.; he has ~ted himself to support his brother's children он взял на себя заботу о детях своего брата; don't ~ yourself разг. не связывайте себя! (обещаниями, обязательствами) 2) pass быть преданным, посвятить себя (чему-л.); считать своим долгом или обязанностью; to be ~ted to neutralism твёрдо стоять на позиции нейтрализма 6. (to) воен. вводить в бой; to ~ to attack бросить в атаку
◊ he that ~s a fault, thinks everyone speaks of it посл. виноватому мерещится, что все только о нём и говорят; ≅ на воре шапка горит

commitment [kəˈmɪtmənt] n 1. обязательство; treaty ~s договорные обязательства; to meet ~s выполнять обязательства; to make no ~s не связывать себя обязательствами; come and look around our shop without ~ приходите посмотреть, что есть в нашем магазине — делать покупку не обязательно 2. 1) вручение, передача, препоручение 2) парл. передача законопроекта в комиссию 3. 1) арест, заключение под стражу 2) ордер на арест 3) (принудительное) помещение в психиатрическую больницу 4. приверженность, преданность; political [religious] ~ политические [религиозные] взгляды /убеждения/ 5. совершение (чего-л. дурного — преступления и т. п.) 6. воен. введение, ввод в бой; ~ to action введение в бой

committal [kəˈmɪtl] n 1. = commitment 3, 1) и 3) 2. поддержка (чего-л.); приверженность (к чему-л.); enthusiastic ~ to the cause горячая поддержка дела 3. погребение

committed [kəˈmɪtɪd] a идейный, преданный идее; ~ theatre [writer] идейный театр [писатель]; a ~ nurse медсестра — энтузиаст своего дела

committee [kəˈmɪtɪ] n 1. комитет, комиссия; executive [interim, preparatory] ~ исполнительный [временный, подготовительный] комитет; credentials ~ комитет по проверке полномочий; мандатная комиссия; joint ~ межведомственная или межпарламентская комиссия; strike ~ стачечный комитет; ~ English канцелярский английский язык; ~ room зал заседаний комитета; ~ of action комитет действия; Political and Security C. комитет по политическим вопросам и вопросам безопасности (в ООН); C. of the whole (house) парл. комитет всей палаты, заседание палат парламента на правах комитета (для обсуждения законопроекта); C. of Ways and Means a) ист. комитет путей и средств (в Великобритании); б) постоянная бюджетная комиссия конгресса США; in ~ на рассмотрении комиссии /комитета/; on the ~ are... в состав комиссии /комитета/ входят..., комиссия /комитет/ состоит из...; to go into C. парл. быть направленным на рассмотрение комиссии (о законопроекте); the House goes /resolves itself/ into C. парл. палата объявляет себя комиссией (для обсуждения какого-л. вопроса) 2. опекун, попечитель (особ. душевнобольного)
◊ ~ of one единоличный исполнитель (работы, обыкн. выполняемой коллективом); «комитет в одном лице»

committeeman [kəˈmɪtɪmæn] n (pl -men [-men]) член комитета или комиссии

committeeship [kəˈmɪtɪʃɪp] n юр. попечительство, опекунство (особ. над душевнобольным)

committee stage [kəˈmɪtɪsteɪdʒ] парл. стадия комитета (рассмотрение законопроекта в комитете, состоящем из всех членов палаты)

committor [kəˈmɪtə] n судья (обыкн. лорд-канцлер), назначающий опекуна над душевнобольным

commix [kɒˈmɪks] v поэт. 1) смешивать 2) смешиваться

commixture [kɒˈmɪkstʃə] n книжн. 1. смешивание 2. смесь, смешение

commode [kəˈməʊd] n 1. комод 2. 1) стульчак для ночного горшка 2) амер. эвф. унитаз 3. передвижной умывальник 4. высокий чепец из кружева и лент (XVII—XVIII вв.)

commodious [kəˈməʊdɪəs] a 1. просторный (особ. о комнате, доме, жилище) 2. арх. удобный

commodity [kəˈmɒdɪtɪ] n 1. часто pl предмет потребления, товар, особ. товар широкого потребления; staple commodities главные продукты, основные товары; ~ production [grain] эк. товарное производство [зерно]; ~ exchange товарная биржа; ~ turnover товарооборот 2. эк. продукт

commodore [ˈkɒmədɔː] n 1. мор. 1) коммодор (низшее адмиральское звание) 2) командующий соединением кораблей 3) командир конвоя 4) флагманский корабль коммодора 5) начальник группы торговых судов; старший капитан пароходной компании; the C. of the Cunard line старший капитан линии Кьюнард 3. командор (почётное звание президента яхт-клуба) 4. ав. коммодор (тж. air ~)

common I [ˈkɒmən] n 1. общинная земля; общинный выгон 2. ист. (городская) община 3. право на общественное пользование (землёй и т. п.); право на совместное пользование (чем-л.); ~ of pasturage право на общественный выгон 4. неогороженная, неиспользованная земля
◊ in ~ a) совместно, сообща; to hold property in ~ владеть имуществом сообща; б) (with) подобно (чему-л.); to have nothing in ~ with smth., smb. не иметь ничего общего с чем-л., кем-л.; nothing out of the ~ ничего особенного

common II [ˈkɒmən] a 1. 1) общий; совместный; ~ language [lot] общий язык [удел]; ~ efforts общие /совместные/ усилия; ~ interests общие интересы; ~ advantage a) общая выгода; б) всеобщее благо; by ~ consent с общего согласия; a contribution to the ~ cause вклад в общее дело; to make ~ cause (with) действовать сообща (с кем-л.)

COM — COM

2) общий, имеющий общее происхождение *или* источник; ~ parentage общее происхождение, общая родословная 2. общественный, общинный, публичный; ~ property a) общинная земля; б) *юр.* общая собственность; в) всеобщее достояние (*о новостях и т. п.*); ~ land общинный выгон; ~ kitchen общая /коммунальная/ кухня 3. 1) широко распространённый, общеизвестный, общепринятый; ~ error [practice] обычная /распространённая/ ошибка [практика]; this word [expression] is in ~ use in English это слово [выражение] очень употребительно в английском языке; it is ~ knowledge that... общеизвестно, что... 2) обыкновенный, обычный, простой; the ~ people простые /обыкновенные/ люди; ~ salt поваренная соль; ~ species *биол.* обыкновенный вид; ~ year невисокосный год; ~ soldier *воен.* рядовой; man of no ~ abilities человек незаурядных способностей; ~ labour неквалифицированный труд; ~ sight обычное зрелище; ~ honesty элементарная честность; this sort of weather is quite ~ такая погода — обычное явление 3) *мат.* простой; ~ fraction простая дробь; ~ logarithm десятичный логарифм 4. 1) грубый, вульгарный; простонародный; ~ manners грубые манеры; ~ expression грубое /вульгарное/ выражение; she has a ~ look у неё вульгарный вид 2) простой, грубо сделанный; простоватый; ~ clothes [furniture, decoration] простая /грубая/ одежда [мебель, отделка]; ~ wool грубая шерсть 5. *грам.* общий; ~ case [gender] общий падеж [род] 6. *мат.* общий; ~ multiple общий кратный
◊ ~ woman проститутка; ~ shell *воен.* фугасный артиллерийский снаряд; at the ~ rate по рыночной цене; (as) ~ as dirt самый обычный, заурядный

commonable [ˈkɒmənəb(ə)l] *a* 1. имеющий право выпаса на общественной земле (*о скоте*) 2. находящийся в общественном владении

commonage [ˈkɒmənɪdʒ] *n* 1. право выпаса на общественном выгоне 2) общественный выгон 2. *ист.* третье сословие

commonality [ˌkɒməˈnælɪtɪ] *n* 1. общность (*нужд и т. п.*) 2. *дип.* совпадение *или* общность (*точек зрения*) 3. *книжн.* простой люд, простонародье

commonalty [ˈkɒmən(ə)ltɪ] *n* 1. простой люд; простонародье 2. = commonage 2. общинá 3. юридическое лицо

common balm [ˈkɒmənbɑːm] *бот.* мелисса лекарственная, мята лимонная (*Melissa officinalis*)

common carrier [ˌkɒmənˈkærɪə] 1) общественный перевозчик; транспортная организация общего пользования 2) компания регулярного судоходства 3) компания *или* линия воздушного транспорта общего пользования (*тж.* air ~)

common chord [ˌkɒmənˈkɔːd] *муз.* трезвучие

common cold [ˌkɒmənˈkəʊld] насморк; простуда

common core [ˌkɒmənˈkɔː] обязательные предметы школьной программы (*в Великобритании*)

common council [ˌkɒmənˈkaʊns(ə)l] муниципальный совет; городской совет

common denominator [ˈkɒməndɪˈnɒmɪneɪtə] *мат.* общий знаменатель

commoner [ˈkɒmənə] *n* 1. человек незнатного происхождения; недворянин; мещанин 2) коммонер, человек, не принадлежащий к сословию пэров 2. член палаты общин; the Great C. «Великий общинник» (*прозвище Уильяма Питта Старшего*); First C. *ист.* спикер (*председатель палаты общин в Великобритании*) 3. 1) студент, не получающий стипендии и вносящий плату за питание (*в Оксфорде*) 2) *амер.* нестипендиат 4. тот, кто пользуется общинными правами

Common Era [ˌkɒmənˈɪ(ə)rə] наша эра, новая эра

common grave [ˌkɒmənˈgreɪv] общая, братская могила

common ground [ˌkɒmənˈgraʊnd] общая позиция; общность взглядов; взаимопонимание; when it comes to the cinema we're on ~ когда речь идёт о кино, мы находим общий язык; ~! согласен!; я тоже так думаю

commonition [ˌkɒməˈnɪʃ(ə)n] *n редк.* замечание, официальное напоминание

common law [ˌkɒmənˈlɔː] *юр.* общее право

common-law [ˌkɒmənˈlɔː] *a* основанный на общем праве; ~ marriage незарегистрированный брак, сожительство без регистрации и венчания; ~ wife неофициальная /гражданская/ жена, сожительница

common lawyer [ˌkɒmənˈlɔːjə] юрист — специалист по общему праву

commonly [ˈkɒmənlɪ] *adv* 1. обычно, обыкновенно; his name is John, but he is ~ known as Jack его имя Джон, но его обычно зовут Джеком 2. плохо, посредственно, дёшево; to behave ~ вести себя вульгарно

Common Market [ˌkɒmənˈmɑːkɪt] Общий рынок

Common Marketeer [ˌkɒmənˌmɑːkɪˈtɪə] сторонник Общего рынка (*особ. в Великобритании*)

common measure [ˌkɒmənˈmeʒə] = common time

common name [ˌkɒmənˈneɪm] 1. *грам.* нарицательное имя существительное 2. народное название (*растения, животного*)

commonness [ˈkɒmənnɪs] *n* 1. обычность, обыденность, банальность 2. посредственность

common noun [ˌkɒmənˈnaʊn] = common name 1

common nuisance [ˌkɒmənˈnjuːs(ə)ns] «общественная зловредность», источник неудобства *или* вреда для населения (*шум, сброс вредных отходов, задымленность и т. п.*)

common-or-garden [ˌkɒmənəˈgɑːdn] *a* рядовой, обычный, заурядный

commonplace I [ˈkɒmənpleɪs] *n* 1. 1) избитое выражение; банальность; it's a mere ~ это общее место; ~s about weather пустой разговор о погоде 2) распространённая цитата; известный афоризм 2. обыкновенное происшествие; обычная вещь; the atmosphere of ~ будничная атмосфера; today television is a ~ телевидение ныне вошло в быт

commonplace II [ˈkɒmənpleɪs] *a* 1. банальный, избитый, плоский; ~ remark банальность, банальное замечание; the plots of television movies are often ~ в телефильмах часто используются избитые темы 2. 1) серый, неинтересный (*о человеке*); безликий; a ~ person серая /невыразительная/ личность 2) обыкновенный, рядовой; ~ men простые люди

commonplace III [ˈkɒmənpleɪs] *v редк.* 1. записывать в тетрадь для заметок 2. повторять избитые выражения, истины

commonplace book [ˈkɒmənpleɪsbʊk] тетрадь для записи любимых стихов, памятных афоризмов и цитат

common pleas [ˌkɒmənˈpliːz] 1. *юр.* споры между частными лицами 2. (C. P.) *ист.* суд общегражданских исков (*тж.* Court of C. P.) 3. *амер.* гражданский суд (*в некоторых штатах*)

common prayer [ˌkɒmənˈpreə] 1. литургия (*в англиканской церкви*) 2. (C. P.) = Book of Common Prayer

common room [ˈkɒmənruːm, -rʊm] 1. комната *или* зал отдыха (*в учебном заведении*); senior ~ профессорская; junior ~ комната отдыха для студентов 2. общий зал (*в гостинице*)

commons [ˈkɒmənz] *n* 1. 1) *употр. с гл. во мн. ч.* простой народ (*в отличие от высших классов*) 2) *ист.* третье сословие 2. (C.) 1) разг. палата общин 2) члены палаты общин 3. *употр. с гл. в ед. ч.* 1) провизия и ежедневный рацион на человека; to be /to go/ on short ~ скудно питаться, недоедать, «поститься» 2) общий стол (*особ. в колледже*)

common school [ˈkɒmənˌskuːl] *амер.* начальная школа

common scold [ˌkɒmənˈskəʊld] сварливая жена

common seal [ˌkɒmənˈsiːl] *юр.* печать корпорации, компании

common sense [ˌkɒmənˈsens] здравый смысл; практический ум

common-sense [ˌkɒmənˈsens] *a* разумный, отвечающий здравому смыслу; ~ proposal разумное предложение; ~ shoes практичная обувь

common-sensible [ˌkɒmənˈsensəb(ə)l] = common-sensical

common-sensical [ˌkɒmənˈsensɪk(ə)l] *a* отвечающий здравому смыслу; разумный (*о плане и т. п.*)

common shares [ˌkɒmənˈʃeəz] *фин.* обыкновенные *или* обычные акции

common stock [ˌkɒmənˈstɒk] *амер.* = common shares

common swallow [ˌkɒmənˈswɒləʊ] chimney swallow

common time [ˈkɒməntaɪm] *муз.* двухчастный *или* четырёхчастный тактовый размер (2/2 или 4/4)

common touch [ˈkɒmənˌtʌtʃ] *амер.* талант общения с людьми из разных слоёв общества (*с избирателями и т. п.*)

commonty [ˈkɒməntɪ] *n шотл.* 1) земля, находящаяся в общем владении нескольких лиц 2) общинная земля 2. право на выгон

commonweal [ˈkɒmənwiːl] *n* 1. *книжн.* общественное благо 2. *арх.* = commonwealth

commonwealth [ˈkɒmənwelθ] *n* 1. государство, страна 2. народ, население страны 3. союз; федерация; содружество (*в наименованиях государств*); ~ of Australia Австралийский Союз; the ~ Government правительство Австралийского Союза 4. (the C.) Содружество (*государственное объединение Великобритании и большинства её бывших доминионов и колоний*); ~ Conference конференция стран Содружества (*на высшем уровне*); ~ Day День Содружества; ~ Military Forces вооружённые силы Содружества; ~ countries страны Содружества 5. (the C.) *ист.* Английская республика (*во время Английской буржуазной революции XVII в.*) 6. *амер.* штат (*официальное название*); the ~ of Massachusetts [Pennsylvania, Kentucky] штат Массачусетс [Пенсильвания, Кентукки] 7. союз лиц, объединённых общими интересами; ~ of artists [literary men] союз художников [литераторов]; the ~ of scientists научные круги; ≅ учёная братия 8. *редк.* республика; Brasil, the United States, Romania are ~s Бразилия, США, Румыния — рес-

пу́блики 9. *арх.* обще́ственное благосостоя́ние
commorancy ['kɒmərənsɪ] *n юр.* жи́тельство, прожива́ние
commorant ['kɒmərənt] *a редк.* 1) живу́щий, *особ.* при университе́те 2) постоя́нно прожива́ющий *(где-л.)*
commote [kə'məʊt] *v редк.* приводи́ть в волне́ние, наруша́ть поко́й
commotion [kə'məʊʃ(ə)n] *n* 1) волне́ние; беспоко́йство; to put /to set/ in ~ привести́ в движе́ние /в волне́ние/ 2) потрясе́ние *(не́рвное, душе́вное),* смяте́ние; ~ of the nerves не́рвное потрясе́ние; ~ of the spirits душе́вное потрясе́ние /смяте́ние/ 3) беспоря́дки, волне́ния; public [political] ~ обще́ственные [полити́ческие] беспоря́дки; ~ of a storm [of waves] шум бу́ри [плеск волн]; you make great ~ about nothing вы де́лаете /поднима́ете/ мно́го шу́ма из ничего́
commove [kə'mu:v] *v обыкн. p. p. книжн.* 1. приводи́ть в движе́ние, беспоко́ить 2. смуща́ть, волнова́ть *(о чу́вствах)*
communal ['kɒmjʊn(ə)l] *a* 1. общи́нный; ~ land общи́нная земля́ 2. коммуна́льный, обще́ственный; ~ kitchens обще́ственные столо́вые *(для безрабо́тных и т. п.);* ~ flat коммуна́льная кварти́ра 3. 1) относя́щийся к комму́не 2) (C.) *ист.* относя́щийся к Пари́жской Комму́не 4. относя́щийся к религио́зным или национа́льным общи́нам; ~ trouble сты́чки /вражда́/ ме́жду общи́нами /гру́ппами населе́ния/ *(по национа́льному или религио́зному вопро́су)*
communalism ['kɒmjʊnəlɪz(ə)m] *n* 1. тео́рия госуда́рства на общи́нной осно́ве 2. тео́рия и пра́ктика совме́стного прожива́ния в комму́не *(хи́ппи и т. п.)* 3. приве́рженность к свое́й этни́ческой гру́ппе 4. коммунали́зм, религио́зно-общи́нная рознь
communality [,kɒmjʊ'nælɪtɪ] *n книжн.* 1. общи́нный дух, общи́нность 2. чу́вство о́бщности *(це́лей и т. п.)*
Communard ['kɒmjʊnɑ:d] *n ист.* коммуна́р, уча́стник Пари́жской Комму́ны
commune[1] ['kɒmju:n] *n* 1. *ист.* общи́на; rural ~ се́льская общи́на 2. комму́на, ни́зшая территориа́льная едини́ца самоуправле́ния *(во Фра́нции, Бе́льгии, Ита́лии и други́х стра́нах)* 3. комму́на *или* коло́ния *(хи́ппи, деклассиро́ванных элеме́нтов и т. п.)* 4. (the C.) *ист.* Пари́жская Комму́на *(тж.* the ~ of Paris)
commune[2] I ['kɒmju:n] *n* дру́жеская открове́нность; испове́дальная бесе́да
commune[2] II [kə'mju:n] *v* 1. *книжн., поэт.* инти́мно бесе́довать, разгова́ривать, обща́ться; to ~ with nature обща́ться с приро́дой 2. *церк.* причаща́ться
communicable [kə'mju:nɪkəb(ə)l] *a* 1. сообща́ющийся, передава́емый; ~ disease инфекцио́нное заболева́ние, зара́зная боле́знь 2. приве́тливый, любе́зный, общи́тельный
communicant [kə'mju:nɪkənt] *n* 1. информа́тор, осведоми́тель; the witness refused to reveal the name of the ~ свиде́тель отказа́лся назва́ть лицо́, да́вшее ему́ све́дения 2. *церк.* прича́стник; прича́стница
communicate [kə'mju:nɪkeɪt] *v* 1. 1) сообща́ть, передава́ть; to ~ news [an opinion, thoughts, intentions] to smb. сообщи́ть /переда́ть/ кому́-л. но́вость [мне́ние, мы́сли, наме́рения]; to ~ a disease [melancholy] to smb. зарази́ть кого́-л. боле́знью [меланхо́лией]; to ~ one's thoughts clearly я́сно излага́ть свои́ мы́сли 2) *физ.* передава́ть *(тепло́ту);* сообща́ть *(движе́ние)* 2. (with) 1) сноси́ться, поддержива́ть связь, обща́ться; to ~ with smb. установи́ть связь с кем-л.; to ~ with one's neighbour [with the outer world] обща́ться с сосе́дом [с вне́шним ми́ром]; to ~ by telephone [by telegram] связа́ться по телефо́ну [по телегра́фу] 2) сообща́ться, быть сме́жными *(о ко́мнатах, дома́х, террито́рии и т. п.);* the bathroom ~s with the bedroom ва́нная сообща́ется со спа́льней 3. понима́ть *(друг дру́га),* име́ть духо́вную связь, те́сную дру́жбу; сочу́вствовать друг дру́гу; some young people do not ~ with parents не́которая часть молодёжи не нахо́дит о́бщего языка́ с роди́телями 4. *церк.* причаща́ться

communicating [kə'mju:nɪkeɪtɪŋ] *a* сообща́ющийся, сме́жный; ~ rooms сме́жные ко́мнаты
communication [kə,mju:nɪ'keɪʃ(ə)n] *n* 1. 1) переда́ча, сообще́ние *(мы́слей, све́дений, новосте́й и т. п.);* информа́ция; mathematical theory of ~ математи́ческая тео́рия свя́зи, тео́рия переда́чи информа́ции 2) распростране́ние, переда́ча; ~ of disease распростране́ние боле́зни 3) обще́ние; связь; to be in ~ with smb. перепи́сываться с кем-л.; lack of ~ отсу́тствие обще́ния, дефици́т обще́ния 2. сообще́ние, изве́стие; письмо́, посла́ние; to receive a ~ получи́ть сообще́ние; your ~ came in time to change all my plans ва́ше письмо́ пришло́ во́время, и я мог измени́ть свои́ пла́ны 3. 1) связь, сообще́ние; коммуника́ция; telegraphic ~ телегра́фная связь; wireless ~ радиосвя́зь; ~ channel кана́л свя́зи; ~ service *воен.* слу́жба свя́зи 2) сре́дство свя́зи 3) *pl спец.* коммуника́ции, коммуникацио́нные ли́нии; ~s officer *воен.* нача́льник свя́зи, нача́льник коммуника́ций; ~s zone *воен.* зо́на коммуника́ций; фронтово́й тыл 4) сообще́ние, соедине́ние; there is no ~ between these two rooms э́ти две ко́мнаты не сообща́ются друг с дру́гом /не сме́жные/; ~ trench *воен.* ход сообще́ния
communication cord [kə,mju:nɪ'keɪʃ(ə)n,kɔ:d] сигна́льная верёвка *(в ста́рых трамва́ях и т. п.)*
communication engineering [kə,mju:nɪ'keɪʃ(ə)n,endʒɪ'nɪ(ə)rɪŋ] те́хника свя́зи
communications gap [kə,mju:nɪ'keɪʃ(ə)nzgæp] взаи́мное непонима́ние; некоммуника́бельность
communications satellite [kə,mju:nɪ'keɪʃ(ə)nz'sætəlaɪt] спу́тник свя́зи
communication theory [kə,mju:nɪ'keɪʃ(ə)n,θɪ(ə)rɪ] *информ.* тео́рия свя́зи
communicative [kə'mju:nɪkətɪv] *a* 1. общи́тельный, разгово́рчивый; коммуника́бельный, конта́ктный 2. относя́щийся к сре́дствам ма́ссовой информа́ции 3. коммуникацио́нный; коммуникати́вный; ~ format *информ.* коммуникати́вный форма́т
communicator [kə'mju:nɪkeɪtə] *n* 1. *см.* communicate + -or 2. коммуника́тор, специали́ст по распростране́нию информа́ции 3. *тех.* коммуника́тор, передаю́щий механи́зм
communicatory [kə'mju:nɪkət(ə)rɪ] *a* 1) коммуникацио́нный 2) коммуникати́вный
communion [kə'mju:nɪən] *n* 1. о́бщность; ~ of interests о́бщность интере́сов 2. *поэт.* обще́ние, связь; close ~ with nature те́сное обще́ние с приро́дой; ~ with one's fellows обще́ние с това́рищами 3. вероиспове́дание; принадле́жность к како́й-л. це́ркви; the Anglican C. англика́нская це́рковь; to be of the same ~ быть одного́ и того́ же вероиспове́дания 4. (C.) *церк.* 1) прича́стие, приобще́ние святы́х тайн; C. cup поти́р, ча́ша *(для прича́стия)* 2) евхари́стия, боже́ственная литурги́я *(тж.* C. service); C. cloth напресто́льная пелена́; C. table престо́л
◊ to hold ~ with oneself глубоко́ заду́маться о чём-л.; занима́ться медита́цией
communiqué [kə'mju:nɪkeɪ] *n* официа́льное сообще́ние, коммюнике́; joint ~ совме́стное коммюнике́; ~ of the international conference коммюнике́ междунаро́дной конфере́нции
communism ['kɒmjʊnɪz(ə)m] *n* коммуни́зм
Communist I ['kɒmjʊnɪst] *n* 1. коммуни́ст 2. = Communard
Communist II ['kɒmjʊnɪst] *a* коммунисти́ческий
communistic [,kɒmjʊ'nɪstɪk] *a преим. амер.* коммунисти́ческий
communitarian [kə,mju:nɪ'te(ə)rɪən] *n редк.* член комму́ны
community I [kə'mju:nɪtɪ] *n* 1. 1) общи́на; foreign ~ in a country общи́на /коло́ния, земля́чество/ иностра́нцев в како́й-л. стране́; religious ~ религио́зная общи́на; ~ of monks мона́шеская оби́тель 2) гру́ппа населе́ния *(объединённая по религио́зному, ра́совому или национа́льному при́знаку);* Greek and Turkish communities in Cyprus гре́ческая и туре́цкая общи́ны на Ки́пре 2. (the) ~ о́бщество; the welfare of the ~ благосостоя́ние о́бщества; ~ study социологи́ческое иссле́дование 3. населённый пункт 4. рабо́тники, ка́дры *(в да́нной о́бласти);* scientific ~ нау́чная обще́ственность; нау́чные круги́; business ~ делов́ые круги́ 5. 1) соо́бщество; объедине́ние; содру́жество; international ~ междунаро́дное соо́бщество; European Coal and Steel C. Европе́йское объедине́ние у́гля и ста́ли 2) *биол.* соо́бщество, цено́з, фитоцено́з, зооцено́з 6. о́бщность; ~ of goods о́бщность владе́ния иму́ществом; ~ of opinions о́бщность мне́ний; ~ of thoughts and feeling о́бщность мы́слей и чувств; ~ of race принадле́жность к одно́й ра́се
community II [kə'mju:nɪtɪ] *a* 1) о́бщий, неспециа́льный *(об учрежде́нии и т. п.);* ~ theater *амер.* непрофессиона́льный /самоде́ятельный, люби́тельский/ теа́тр; ~ singing выступле́ния наро́дного хо́ра; ~ medicine медици́нское обслу́живание како́го-л. райо́на 2) обще́ственный; ~ playground обще́ственная де́тская *или* спорти́вная площа́дка; ~ kitchen [dining-room] *амер.* обще́ственная ку́хня [столо́вая] *(для безрабо́тных и т. п.);* ~ spirit чу́вство принадле́жности к да́нному о́бществу или общи́не

community antenna [kə'mju:nɪtɪæn,tenə] *св.* коллекти́вная анте́нна, анте́нна коллекти́вного по́льзования; ~ television ка́бельное телеви́дение с приёмом на коллекти́вную анте́нну
community centre [kə'mju:nɪtɪ,sentə] (райо́нный *или* городско́й) культу́рно-спорти́вный центр
community chest [kə'mju:nɪtɪtʃest] *амер., канад.* объединённый благотвори́тельный фонд *(го́рода)*
community college [kə'mju:nɪtɪ,kɒlɪdʒ] *амер.* ме́стный ко́лледж *(обыкн. сре́днее уче́бное заведе́ние для ме́стного населе́ния)*
community home [kə'mju:nɪtɪhəʊm] = community school

COM — COM

community physician [kəˈmjuːnɪtɪfɪˌzɪʃ(ə)n] районный врач
community property [kəˈmjuːnɪtɪˈprɒpətɪ] *юр.* общее имущество супругов
community school [kəˈmjuːnɪtɪˌskuːl] государственная исправительная школа для малолетних правонарушителей (*в Великобритании*)
community trust [kəˈmjuːnɪtɪtrʌst] общественный фонд (*благотворительный фонд из пожертвований частных лиц*)
community worker [kəˈmjuːnɪtɪˌwɜːkə] работник патронажа
commutable [kəˈmjuːtəb(ə)l] *a* 1) заменимый, заменяемый 2) неокончательный (*при определении меры наказания*)
commutation [ˌkɒmjuˈteɪʃ(ə)n] *n* 1. замена (*особ. одного вида оплаты другим*) 2. *юр.* смягчение наказания; ~ of the death penalty to life imprisonment замена смертного приговора пожизненным заключением 3. *амер.* ежедневные поездки из пригорода на работу; маятниковая миграция; ~ ticket а) сезонный билет; б) льготный билет 4. *эл.* коммутация, переключение, перемена направления тока 5. *мат.* перестановка
commutative [kəˈmjuːtətɪv] *a* 1. касающийся замены 2. *мат.* коммутативный, перестановочный
commutativity [ˌkɒmjutəˈtɪvɪtɪ] *n мат.* перестановочность, коммутативность
commutator [ˈkɒmjuteɪtə] *n* 1. *эл.* 1) коллектор 2) коммутатор; переключатель 2. *мат.* коммутатор, коммутативное произведение
commute I [kəˈmjuːt] *n* 1) (ежедневная) поездка на работу и обратно (*обыкн. по сезонному билету*) 2) расстояние от места работы до места жительства; an hour's ~ from the university на дорогу в университет нужен час
commute II [kəˈmjuːt] *v* 1. (into, for) заменять (*особ. один вид оплаты другим*); to ~ annuity into /for/ a lump sum заменить аннуитет единовременной выплатой определённой суммы 2. (for, to, into) *юр.* смягчать наказание; to ~ the death penalty to imprisonment for life заменить смертную казнь пожизненным заключением 3. ездить ежедневно на работу из пригорода в город и обратно, *обыкн. по сезонному билету* 4. *эл.* переключать (*ток*)
commuter [kəˈmjuːtə] *n* 1. 1) житель пригорода, работающий в городе и ежедневно ездящий на работу поездом, автобусом *и т. п.* 2) владелец сезонного или льготного билета 3. самолёт местной авиалинии; ~ airline местная авиалиния
commuter belt [kəˈmjuːtəbelt] «пригородный пояс», пригородные районы, многие жители которых ездят в город на работу
commuterdom [kəˈmjuːtədəm] = commuter belt
commuterland [kəˈmjuːtəlænd] = commuter belt
commuter tax [kəˈmjuːtəˈtæks] дополнительный подоходный налог, взимаемый городом с лиц, приезжающих на работу из пригородов
commuterville [kəˈmjuːtəvɪl] *n* пригород, где живут работающие в городе
commutual [kəˈmjuːtʃʊəl] *a поэт.* взаимный, обоюдный

comose [ˈkəʊməʊs] *a бот.* шерстистый, с волосками
comoving [kəˈmuːvɪŋ] *a физ.* движущийся совместно
comp¹ [kɒmp, kʌmp] *n* (*сокр. от* accompaniment) *разг.* аккомпанемент (*джаза*)
comp¹ II [kɒmp, kʌmp] *v* (*сокр. от* accompany) *разг.* аккомпанировать (*о джазе*)
comp² [kɒmp] *n* (*сокр. от* complimentary) *разг.* 1. бесплатный билет; пригласительный билет; контрамарка 2. что-л. полученное бесплатно
comp³ [kɒmp] *n* (*сокр. от* compositor) *разг.* наборщик
comp⁴ [kɒmp] *n* (*сокр. от* competition) *разг.* конкурс, соревнование; beauty ~ конкурс красоты
compact¹ I [ˈkɒmpækt] *n книжн.* соглашение, договор; by ~ по соглашению, по договору
compact¹ II [ˈkɒmpækt] *v* (with) вступать в соглашение; заключать договор
compact² I [ˈkɒmpækt] *n* 1. 1) пудреница *или* небольшая коробочка с пудрой и румянами 2) компактная пудра 2. малолитражный автомобиль, малолитражка
compact² II [kəmˈpækt] *a* 1. компактный, плотный, твёрдый; сплошной; ~ texture *геол.* плотная *или* однородная текстура; ~ tissue *спец.* плотное /компактное/ вещество кости 2. сжатый (*о стиле*) 3. (of) *книжн.* состоящий из; mind ~ of formulas голова, забитая формулами; a tale ~ of moonstruck fancy рассказ, в котором не было ничего, кроме нелепых фантазий 4. малогабаритный; a ~ little flat малогабаритная квартира; a ~ car малолитражный автомобиль; a ~ portable TV set переносной /портативный/ телевизор
compact² III [kəmˈpækt] *v* 1) соединять, сплачивать 2) уплотнять, сжимать, спрессовывать
compact cassette [kəmˈpæktkəˈset] компакт-кассета (*для магнитофона*)
compacted [kəmˈpæktɪd] *a* 1) компактный 2) плотно упакованный *или* уложенный
compactible [kəmˈpæktəb(ə)l] *a* уплотняемый, поддающийся уплотнению; ~ soil *с.-х.* уплотняемые почвы
compacting [kəmˈpæktɪŋ] *n спец.* сжатие, уплотнение
compaction [kəmˈpækʃ(ə)n] *n* 1) сжимание, уплотнение 2) плотность, сжатость
compactly [kəmˈpæktlɪ] *adv* 1) плотно, компактно 2) сжато; точно и кратко
compactness [kəmˈpæktnɪs] *n* 1) компактность 2) плотность, сжатость
compadre [kɒmˈpɑːdrɪ] *n* 1. *исп.* крёстный отец 2. приятель, дружище
compages [kɒmˈpeɪdʒiːz] *n спец.* (сложная) система строения; характер сцепления частей; ~ of pipes система сцепления труб
compaginate [kɒmˈpædʒɪneɪt] *v редк.* скреплять, соединять
compander [kəmˈpændə] *n тел.* компандер (*устройство для изменения диапазона громкости*) [< compressor + expander]
companding [kəmˈpændɪŋ] *n св.* компандирование
companion¹ I [kəmˈpænɪən] *n* 1. товарищ; faithful ~ верный товарищ; ~s in misfortune товарищи по несчастью; ~ of one's youth товарищ юношеских лет; ~ in crime *редк.* соучастник преступления; she has been my faitful ~ of 50 years она была мне верной спутницей жизни в течение пятидесяти лет 2. 1) компаньон; компаньонка; a lady's ~ компаньонка дамы 2) *уст.* компаньон, партнёр 3. 1) собеседник; poor ~ неинтересный собеседник; not much of a ~ необщительный /некомпанейский/ человек; boon ~ весёлый собутыльник, весельчак 2) спутник, случайный сосед, попутчик; my ~ in the railway-carriage мой спутник по вагону 4. парная вещь; here's the glove for my left hand but where's its ~? вот перчатка на левую руку, а где же правая? I lost the ~ to this ear-ring я потеряла одну серьгу 5. (С.) кавалер (*ордена низшей степени*); C. of Honour кавалер ордена Кавалеров почёта; C. of Literature «Сподвижники литературы» (*присваивается выдающимся литераторам*) 6. (С.) «Спутник» (*в названиях справочников*); The Gardener's [Motorist's] C. «Спутник садовода [автомобилиста]» 7. *астр.* спутник звезды или галактики
companion¹ II [kəmˈpænɪən] *a* 1. составляющий пару *или* комплект; ~ vase парная ваза; a ~ piece to this ornament вторая часть этого украшения; some ~ volumes to this set are missing в этом собрании сочинений недостаёт нескольких томов 2. сопутствующий, сопровождающий (*о явлении и т. п.*); ~ problem сопутствующая проблема; ~ crop *с.-х.* совместная культура, уплотнённая культура
companion¹ III [kəmˈpænɪən] *v* 1) быть компаньоном, спутником, сопровождать 2) *разг.* дружить 3) *уст.* быть собеседником
companion² [kəmˈpænɪən] = companionway
companionable [kəmˈpænɪənəb(ə)l] *a* общительный, приятный в обществе; приветливый
companionage [kəmˈpænɪənɪdʒ] *n* 1. *собир.* кавалеры ордена (*низшей степени*) 2. *редк.* = companionship
companionate [kəmˈpænɪənɪt] *a* дружеский, товарищеский
companionate marriage [kəmˈpænɪənɪtˈmærɪdʒ] *юр.* брак, при заключении которого соглашением супругов устанавливаются количество детей и условия развода
companion in arms [kəmˌpænɪənɪnˈɑːmz] товарищ, собрат по оружию, соратник; companions in arms боевые товарищи; ≅ друзья-однополчане
companion-ladder [kəmˈpænɪənˌlædə] *n мор.* сходный трап
companionship [kəmˈpænɪənʃɪp] *n* 1. товарищеские отношения, товарищество; дружеское общение; to enjoy the ~ of smb. дружить с кем-л.; ~ of many years многолетние товарищеские отношения 2. группа наборщиков, работающая под контролем метранпажа 3. звание кавалера какого-л. ордена (*низшей степени*)
companionway [kəmˈpænɪənweɪ] *n мор.* сходный трап; сходный люк
company I [ˈkʌmpənɪ] *n* 1. общество, компания; ~ manners чинное поведение (*в обществе; часто о детях*); in ~ в обществе, на людях; she behaves well in ~ она умеет себя вести на людях; to swear in ~ браниться во всеуслышание; in ~ with smb. в обществе кого-л.; I'll come with you for ~ я пойду с вами ради компании; to keep (to bear) smb. ~ составить компанию кому-л.; to keep ~ with smb. водить дружбу /встречаться/ с кем-л. (*обыкн. о юноше и девушке*); to keep good ~ бывать в хорошем обществе, встречаться с хорошими людьми; to keep bad ~ бывать в плохой компании, водиться с плохими людьми; to fall into ~ with smb. случайно познакомиться с кем-л.; to part ~ with

smb. прекратить знакомство /расстаться/ с кем-л.; present ~ excepted о присутствующих не говорят 2. собеседник; партнёр по общению; to be good [poor /bad/] ~ быть интересным /приятным/ [неинтересным /неприятным/] собеседником; he is poor ~ с ним скучно /тяжело/; she is excellent ~ с ней всегда легко и весело 3. эк. общество, компания, товарищество; insurance ~ страховое общество; stock ~ акционерное общество; operating ~ амер. фирма-производитель; ~ union амер. «компанейский» профсоюз, профсоюз, созданный предпринимателями и послушный им; ~ store фабричная лавка; ~ gunmen /thugs/ амер. разг. вооружённая охрана на частном предприятии; ~ checkers /spotters/ амер. сл. шпики, доносчики, нанятые предпринимателем; John Jones and Company Джон Джонс и компания (в названиях фирм) 4. разг. гости или гость; общество; to receive a great deal of ~ часто принимать гостей; we expect ~ tomorrow завтра мы ждём гостя или гостей 5. постоянная группа (артистов); ансамбль; театральная труппа 6. экипаж (судна) 7. воен. рота; ~ commander командир роты; ~ clerk ротный писарь; ~ headquarters группа управления роты; ~ officers амер. младший офицерский состав 8. амер. проф. жарг. (the C.) ≅ «наша контора» (о ЦРУ)
◇ to know a man by his ~ ≅ скажи мне, кто твой друг, и я скажу, кто ты; as a man is so is his ~ посл. каков сам, таковы и твои друзья; to sin in good ~ кто не без греха?; праведников мало на свете; two is ~ but three is none посл. где двое, там третий лишний; who keeps ~ with the wolf will learn to howl посл. с волками жить — по-волчьи выть
company II ['kʌmpənɪ] v 1. редк. общаться, быть в компании 2. арх. сопровождать, конвоировать
company town ['kʌmpənɪtaʊn] город, выросший вокруг завода, рудника и т. п.; город с населением, занятым на предприятиях одной компании
company work ['kʌmpənɪwɜːk] работа, которой можно заниматься в компании (вязание и т. п.)
comparable ['kʌmp(ə)rəb(ə)l] a 1) сравнимый, сопоставимый 2) достойный сравнения 3) соизмеримый
comparably ['kʌmp(ə)rəblɪ] adv сравнительно; по сравнению; this book is ~ cheaper эта книга дешевле, чем другие
comparatist ['kʌmp(ə)rətɪst] n компаративист, специалист по сравнительно-историческому языкознанию
comparative I [kəm'pærətɪv] n сравнительная степень
comparative II [kəm'pærətɪv] a 1. сравнительный; ~ method of investigation сравнительный метод исследования; ~ linguistics сравнительно-историческое языкознание; ~ grammar of Indo-European languages сравнительная грамматика индоевропейских языков; ~ anatomy сравнительная анатомия 2. относительный; to live in ~ comfort жить в относительном комфорте; with ~ ease с относительной лёгкостью; довольно легко 3. грам. сравнительный; ~ degree сравнительная степень (имени прилагательного или наречия)
comparative advertising [kəm'pærətɪv'ædvətaɪzɪŋ] амер. реклама, рассчитанная на подрыв доверия к товару конкурента
comparatively [kəm'pærətɪvlɪ] adv сравнительно; относительно; ~ easy [difficult, high] сравнительно лёгкий [трудный, высокий]

comparativist [kəm'pærətɪvɪst] = comparatist
comparator [kəm'pærətə] n тех. компаратор
compare I [kəm'peə] n арх., поэт. сравнение; beyond /without, past/ ~ вне всякого сравнения; she is lovely beyond ~ по красоте ей нет равных; her cakes are without ~ её торты выше всяких похвал
compare II [kəm'peə] v 1. (with) сравнивать, проводить параллель; сличать; to ~ a translation with the original сравнить /сличить/ перевод с оригиналом; it is not to be ~d with это не подлежит сравнению; это не идёт ни в какое сравнение с; as ~d with по сравнению с; his later work does not ~ with his earlier его последнее произведение не идёт ни в какое сравнение с прежними; to ~ favorably with smth. выигрывать при сравнении с чем-л. 2. (to) сравнивать, уподоблять; shall I ~ thee to a summer day? (Shakespeare) сравнили с летним днём твои черты?; 3. грам. образовывать степени сравнения (имени прилагательного или наречия); ~ the adjective "nice" образуйте сравнительную степень от прилагательного nice
to ~ notes обмениваться мнениями /впечатлениями/
comparison [kəm'pærɪs(ə)n] n 1) сравнение; to draw /to make/ a ~ (between) проводить сравнение (между); to bring into ~ сравнивать; to bear /to stand/ ~ with smth. выдерживать сравнение с чем-л.; in ~ with по сравнению с; by ~ при сравнении; сравнительно; this city is by ~ a metropolis этот город по сравнению с остальными кажется гигантом; there is no ~ between them их нельзя сравнивать; there is no ~ between frozen and fresh fruit замороженные фрукты не идут ни в какое сравнение со свежими; without ~, out of (all) ~, beyond (all) ~ вне (всякого) сравнения; degrees of ~ грам. степени сравнения 2) уподобление, сопоставление, аналогия; to make a ~ of the heart to a pump провести аналогию между сердцем и насосом
◇ ~s are odious ≅ сравнения не всегда уместны
compart [kəm'pɑːt] v арх. делить на части; разделять, перегораживать; the interior was ~ed by screens внутри помещение было разделено ширмами
compartition [ˌkɒmpɑː'tɪʃ(ə)n] n арх. 1) разделение, деление 2) отделение, отсек
compartment I [kəm'pɑːtmənt] n 1) ж.-д. купе 2) отсек; watertight ~ мор. водонепроницаемый отсек; ~ of terrain топ. коридор 3) отделение, ячейка (для чего-л.); the pencil-case has several ~s for holding different things в пенале есть несколько отделений для разных принадлежностей
◇ to be /to live/ in watertight ~s жить совершенно изолированно от людей
compartment II [kəm'pɑːtmənt] v 1. 1) преим. р. р. разделять на отсеки, ячейки 2) класть в отсеки, ячейки 2. относить к какой-л. категории; классифицировать
compartmental [ˌkɒmpɑːt'mentl] a разделённый на отсеки, отделения, ячейки
compartmentalization [ˌkɒmpɑːtˌmentəlaɪ'zeɪʃ(ə)n] n 1. деление на отсеки, отделения, ячейки; отделение 2. отнесение к разным категориям; создание перегородок между явлениями (психологических, моральных)
compartmentalize [ˌkɒmpɑː'tment(ə)laɪz] v 1. делить на отсеки, отделения,

ячейки; отделять 2. относить к разным категориям, разрядам (особ. в интеллектуальном плане)
compartmentalized cabin [ˌkɒmpɑːt'ment(ə)laɪzd'kæbɪn] кабина из отдельных герметизированных отсеков (на космическом корабле)
compartmentation [kəmˌpɑːtmən'teɪʃ(ə)n] = compartmentalization
compartmented [kəm'pɑːtməntɪd] a разделённый на отсеки, ячейки и т. п.; ~ trunk кофр с отделениями (для белья, обуви и т. п.); ~ mind ≅ интеллект, в котором всё разложено по полочкам
compass I ['kʌmpəs] n 1. компас; буссоль; points of the ~ страны света; wireless ~ радиокомпас 2. окружность, круг; to fetch /to cast, to go, to set, to take/ a ~ идти обходным путём, делать крюк 3. предел, граница (о времени и пространстве); within the ~ of prison walls за тюремными стенами; within the ~ of a lifetime в пределах человеческой жизни; to keep one's desires within ~ сдерживать свои желания; within [beyond] one's ~ /the ~ of one's powers/ в пределах [за пределами] чьих-л. возможностей 4. pl циркуль (тж. pair of ~es) 5. муз. диапазон (голоса или инструмента)
compass II ['kʌmpəs] a 1. полукруглый; ~ window стрельчатое окно; полукруглый эркер 2. спец. компасный; ~ bearing пеленг по компасу; ~ card картушка компаса; ~ course /heading/ компасный курс; ~ point румб
compass III ['kʌmpəs] v 1. 1) окружать; the lake is ~ed by a ring of mountains озеро лежит в кольце гор 2) воен. осаждать 2. обращаться, делать витки; the cosmonauts ~ed the Earth many times космонавты сделали много витков вокруг Земли; the ship wherein Magellan ~ed world корабль, на котором Магеллан совершил кругосветное путешествие 3. книжн. достигать, осуществлять; to ~ one's purpose достичь цели 4. книжн. замышлять, затевать; to ~ murder замышлять убийство 5. книжн. схватывать, понимать; forebodings of ill that cannot be ~ed дурные предчувствия, которые нельзя объяснить; смутное предчувствие беды
compassable ['kʌmpəsəb(ə)l] a книжн. 1. достижимый 2. постижимый
compassion I [kəm'pæʃ(ə)n] n сочувствие; жалость; her heart was filled with ~ for the child её сердце было полно сострадания к ребёнку; to have /to take/ ~ (up)on smb. а) относиться к кому-л. с состраданием, жалеть кого-л.; б) сжалиться над кем-л.
compassion II [kəm'pæʃ(ə)n] v редк. относиться с состраданием, жалеть
compassionate I [kəm'pæʃ(ə)nɪt] a 1. сострадательный, сочувствующий, жалостливый; ~ disposition [heart] жалостливый характер [-ое сердце] 2. обыкн. воен. предоставляемый по исключительным, обыкн. семейным обстоятельствам (о переводе, назначении и т. п.); ~ leave отпуск по семейным обстоятельствам
compassionate II [kəm'pæʃəneɪt] v относиться с состраданием, сочувствием, жалеть
compassionately [kəm'pæʃ(ə)nɪtlɪ] adv сочувственно, с состраданием
compassive [kəm'pæsɪv] a редк. сострадательный, жалостливый
compass rose ['kʌmpəs‚rəʊz] мор. изображение картушки компаса на карте

compass saw ['kʌmpəs'sɔː] *тех.* (узкая) ножовка, лобзик
compatibility [kəmˌpætə'bɪlɪtɪ] *n* 1) совместимость (*психологическая*); lack of ~ between spouses несовместимость характеров супругов 2) сочетание; сочетаемость; the ~ of such properties in one thing наличие /сочетание/ таких свойств в одном предмете 3) *биол.* совместимость; blood ~ совместимость групп крови
compatible [kəm'pætəb(ə)l] *a* 1) совместимый (*психологически*); cats and dogs are seldom ~ кошки и собаки редко уживаются 2) *биол.* совместимый; сочетаемый; ~ blood groups [cells] совместимые группы крови [клетки]; ~ drugs медикаменты, которые можно принимать вместе
compatriot [kəm'pætrɪət] *n* соотечественник
compeer ['kɒmpɪə] *n книжн.* 1. равный по положению 2. товарищ
compel [kəm'pel] *v* 1. заставлять, принуждать; he was ~led by illness to give up smoking болезнь заставила его бросить курить; rain ~led us to stay indoors из-за дождя мы вынуждены были сидеть дома 2. добиться (*чего-л.*); to ~ obedience [silence, confession] добиться послушания [молчания, признания]; his talents ~ our admiration мы не можем не восхищаться его талантами 3. подчинить, заставить уступить; to ~ smb. to one's will подчинить кого-л. своей воле
compellation [ˌkɒmpə'leɪʃ(ə)n] *n редк., уст.* 1) обращение (*к кому-л.*); оклик 2) форма обращения
compellative [kəm'pelətɪv] = compellation 2)
compellent [kəm'pelənt] *книжн. см.* compelling
compelling [kəm'pelɪŋ] *a* непреодолимый; неотразимый; ~ force непреодолимая сила; ~ voice повелительный голос; ~ smile [manner, reasons] неотразимая улыбка [манера, -ые доводы]; ~ novel захватывающий роман
compend ['kɒmpend] *сокр. от* compendium
compendia [kəm'pendɪə] *pl от* compendium
compendious [kəm'pendɪəs] *a* краткий, сжатый
compendium [kəm'pendɪəm] *n (pl тж.* -dia*)* 1. 1) компендиум; краткое руководство 2) конспект, резюме 2. 1) полный перечень 2) набор (*игрушек и т. п.*) 3) почтовый набор, почтовая бумага с конвертами
compensable [kəm'pensəb(ə)l] *a редк.* возместимый; поправимый
compensate ['kɒmpənseɪt] *v* 1. (for) 1) возмещать, компенсировать; to ~ smb. for a loss [for a damage] возместить кому-л. убыток [ущерб]; to ~ injury выдать компенсацию за увечье; skill sometimes ~s for lack of strength ловкость иногда возмещает недостаток силы 2) вознаграждать (*за работу*); расплачиваться; they always ~ her for extra work ей всегда платят за сверхурочную работу; may this success ~ for your earlier failure пусть этот успех вознаградит вас за прежнюю неудачу 2. *спец.* 1) балансировать; уравновешивать 2) компенсировать
compensation [ˌkɒmpən'seɪʃ(ə)n] *n* 1. 1) возмещение, компенсация; to make /to pay/ ~ for smth. заплатить компенсацию за что-л.; claim for ~ иск о возмещении убытков /ущерба/; by way of ~ в качестве компенсации; ~ for injury компенсация за увечье; his hearing has became acute in ~ for loss of sight потеря зрения у него компенсируется слухом 2) вознаграждение; жалованье, денежное вознаграждение; the ~ of employees выплаты служащим 2. *спец.* 1) балансирование; уравновешивание 2) уравнивание; компенсация; ~ gear *авт.* дифференциал, дифференциальная передача; ~ winding *эл.* уравнительная обмотка 3. *физиол., мед.* восстановление; уравновешивание, компенсация; ~ disturbance *мед.* расстройство /нарушение/ компенсации 4. *психол.* компенсирующее поведение; his hearty manner was a ~ for his feeling of insecurity за его непринуждённым поведением скрывалось чувство неуверенности 5. *радио* коррекция, компенсация
compensational, compensative [ˌkɒmpən'seɪʃ(ə)nəl, 'kɒmpənseɪtɪv] = compensatory
compensator ['kɒmpənseɪtə] *n* 1. *см.* compensate + -or 2. *опт.* компенсатор 3. *эл.* автотрансформатор
compensatory [kəm'pensət(ə)rɪ, ˌkɒmpən'seɪ-] *a* 1. компенсирующий, возмещающий; ~ tariff *эк.* компенсационный тариф 2. вознаграждающий; ~ leave for working overtime отгул /дополнительный отпуск/ за переработку 3. *спец.* балансирующий; уравновешивающий; компенсирующий; компенсаторный
compere I ['kɒmpeə] *n* конферансье; ведущий (программы)
compere II ['kɒmpeə] *v* конферировать; вести программу
compete [kəm'piːt] *v* 1. состязаться, соревноваться, участвовать в соревновании; to ~ in a race участвовать в скачках; to ~ with others for a prize участвовать в соревновании на приз; the students ~ for scholarships учащиеся держат конкурсный экзамен для получения стипендии 2. конкурировать; to ~ against other countries in trade конкурировать с другими странами в торговле; the girls ~d for his favour девицы наперебой старались ему понравиться
competence ['kɒmpɪt(ə)ns] *n* 1. 1) умение, способность; ~ to direct the enterprise способность /умение/ руководить /управлять/ предприятием; he drives with ~ он уверенно ведёт автомобиль 2) компетентность 2. достаток; to enjoy a modest ~ иметь скромный достаток /скромное материальное обеспечение/ 3. 1) *юр.* компетенция, правомочность, правоспособность, дееспособность 2) круг ведения, компетенция 4. *лингв.* знание законов языка (*тж.* linguistic ~) 5. *геол.* мощность, ёмкость (*потока*) 6. *биол.* компетентность, мутантность микроорганизмов
competency ['kɒmpɪt(ə)nsɪ] = competence 2 и 3
competent ['kɒmpɪt(ə)nt] *a* 1. компетентный, знающий; ~ teacher квалифицированный учитель; ~ authority авторитетный специалист 2. надлежащий; достаточный, отвечающий требованиям; he has a ~ knowledge of law он вполне сведущ /компетентен/ в вопросах права 3. *юр.* 1) правомочный; полноправный; this court is not ~ to deal with your case наш суд не правомочен разбирать ваше дело; these persons are not ~ as witnesses эти лица не имеют права выступать в качестве свидетелей 2) (to) разрешённый; it is not ~ to the defendant to allege fraud in the plaintiff ответчику не разрешается /не дозволено, не положено/ обвинять истца в мошенничестве 4. *геол.* способный выдерживать нагрузку
competition [ˌkɒmpɪ'tɪʃ(ə)n] *n* 1. соревнование, состязание; конкурс; boxing [swimming, skiing] ~ состязание по боксу [плаванию, лыжам]; chess ~ шахматный турнир; qualifying ~s *спорт.* отборочные соревнования; to enter a ~ вступить в соревнование; to win a ~ победить в соревновании, выиграть соревнование; to be in ~ with smb. соревноваться /состязаться/ с кем-л. 2. конкуренция, соперничество; ~ between two countries конкуренция /соперничество/ между двумя странами; cut-throat [keen, severe] ~ ожесточённая [сильная, жестокая] конкуренция; to meet ~ выдержать конкуренцию 3. конкурсный экзамен; конкурс 4. *социол., биол.* борьба за существование
competitioner [ˌkɒmpɪ'tɪʃ(ə)nə] *n* 1. 1) соперник, конкурент 2) тот, кто поступает на должность по конкурсу, соискатель 2. участник состязания, турнира, конкурса *и т. п.*
competitive [kəm'petɪtɪv] *a* 1. 1) соперничающий, соревнующийся, конкурирующий 2) соревновательный, основанный на соревновании, конкуренции; ~ society общество, основанное на конкуренции; the ~ spirit of great athletes боевой дух выдающихся спортсменов 2. конкурсный; ~ examination конкурсный экзамен 3. *эк.* конкурентоспособный; ~ price конкурентоспособная цена
competitiveness [kəm'petɪtɪvnɪs] 1. дух соперничества; стремление вырваться вперёд 2. *эк.* конкурентная способность
competitor [kəm'petɪtə] *n* 1. соперник, конкурент 2. участник состязания, турнира, конкурса *и т. п.*
compilation [ˌkɒmpɪ'leɪʃ(ə)n] *n* 1) составление (*справочников и т. п.*); map ~ составление карты; photographic ~ фотомонтаж 2) компиляция, компилирование (*о книге и т. п. в противоп. оригинальному труду*) 2. собирание фактов, статистических данных *и т. п.* 3. зачёт перебега в очки, получение очка за перебег (*крикет*) 4. *информ.* трансляция, компиляция; conditional ~ условная трансляция; consistent ~ согласованная трансляция; separate ~ раздельная трансляция
compile [kəm'paɪl] *v* 1. 1) составлять (*справочники и т. п.*); to ~ a dictionary [a guide-book, an anthology, an index to a book] составить словарь [путеводитель, антологию, индекс к книге] 2) компилировать 2. собирать (*факты, материал, статистические данные и т. п.*) 3. засчитать перебеги в очки, получить очки за перебеги (*крикет*) 4. *информ.* транслировать, компилировать; ~d code *вчт.* оттранслированная программа, объектный код
compiler [kəm'paɪlə] *n* 1. составитель; компилятор 2. *вчт.* компилирующая программа; транслятор; ~ options параметры трансляции, параметры компиляции
complacence [kəm'pleɪs(ə)ns] *редк.* = complacency 1
complacency [kəm'pleɪs(ə)nsɪ] *n* 1. самодовольство 2. 1) удовлетворённость; the old lady's ~ спокойствие /довольный вид/ старушки 2) источник радости, удовлетворения *и т. п.*
complacent [kəm'pleɪs(ə)nt] *a* 1. самодовольный; ~ smile самодовольная улыбка; ~ ignorance [behaviour] само-

довольное невежество [поведение] 2. услужливый, почтительный, любезный
complain [kəm'pleɪn] v 1. жаловаться; выражать недовольство; he is always ~ing on всегда он недоволен /жалуется/; ~ of the food быть недовольным питанием; we have nothing to ~ about нам не на что жаловаться 2. *юр.* подавать жалобу, иск; возбуждать уголовное дело (*против кого-л.*); she ~ed to the police about her neighbours она пожаловалась в полицию на своих соседей 2) *ком.* подавать рекламацию *или* претензию (*на низкое качество продукции*) 3. *поэт.* жалобно стонать, стенать
complainant [kəm'pleɪnənt] n *юр.* жалобщик; истец
complaint [kəm'pleɪnt] n 1. 1) недовольство 2) причина недовольства; my chief ~ is that... главная причина моего недовольства заключается в том, что... 2. жалоба, сетование; he is full of ~s он постоянно жалуется; to make a ~ жаловаться; you have no cause /ground/ /for/ ~ у вас нет оснований жаловаться 3. 1) *юр.* жалоба, иск; возбуждение уголовного дела; to lodge /to make, to prefer/ a ~ подавать жалобу на /иск против/ кого-л.; возбуждать уголовное дело против кого-л.; bill of ~ исковое заявление, жалоба (*письменная*) 2) *ком.* рекламация, претензия; customer ~s претензии потребителей; "Complaints" «стол претензий», «бюро жалоб» (*в магазине*) 4. болезнь, недомогание; боль; a ~ of the liver боль в печени; he's suffering from a heart ~ он страдает болезнью сердца
◊ he who makes constant ~ gets little compassion вечные жалобы не находят сочувствия
complaisance [kəm'pleɪz(ə)ns] n 1) услужливость, обязательность, обходительность 2) любезность; to abuse smb.'s ~ злоупотреблять чьей-л. любезностью
complaisant [kəm'pleɪz(ə)nt] a 1) услужливый, обязательный, любезный; обходительный; he is ~, cordial and well-bred он любезен, сердечен и хорошо воспитан 2) уступчивый; ~ husband покладистый муж; she was entirely ~ to her sister она во всём уступала сестре
compleat [kəm'pli:t] a 1) *арх.* полный, законченный; the C. Angler «Опытный рыболов» (*руководство для рыбной ловли*) 2) *шутл.* умелый, ловкий, знающий своё дело; ~ politician тонкий политик; ~ professionalism высокий профессионализм
complect [kəm'plekt] v *редк.* сплетать, соединять
-complected [-kəm'plektɪd] *амер. прост.* см. -complexioned
complement I ['kɔmplɪmənt] n 1. дополнение; дополняющее до нормы количество; ~ of an angle *мат.* дополнительный угол 2. полный комплект; штатное количество; норма; the plane had received its full ~ of passengers все места в самолёте были заняты 3. *грам.* дополнение 4. *воен.* (штатный) личный состав части *или* корабля; the ship carried a ~ of 930 men на корабле находился экипаж в количестве 930 человек
complement II ['kɔmplɪment] v 1) дополнять; this wine ~s the food perfectly это вино отлично дополняет обед 2) укомплектовывать
complemental [,kɔmplɪ'mentl] = complementary II
complementarity [,kɔmplɪmen'tærɪtɪ] n 1. *физ.* дополнительность; ~ principle принцип дополнительности 2. *биол.* комплементарность
complementary I [,kɔmplɪ'ment(ə)rɪ] n *опт.* дополнительный цвет

complementary II [,kɔmplɪ'ment(ə)rɪ] a 1. дополнительный, добавочный; ~ factor *спец.* дополнительный фактор; ~ colours *опт.* дополнительные цвета (*спектра*); ~ angles *мат.* дополнительные углы; ~ rock *геол.* спутник, сателлит, второстепенная *или* дополняющая порода 2. 1) *эк.* неконкурирующий 2) *спец.* комплементарные, взаимодополняющие
complete I [kəm'pli:t] a 1. полный; ~ set полный комплект; ~ edition of Shakespeare's works полное собрание сочинений Шекспира; ~ disarmament [unanimity] полное разоружение [единодушие]; to spend a ~ day потратить целый день; we bought a house ~ with furniture мы купили дом со всей обстановкой; ~ round *воен.* комплект артиллерийского выстрела; ~ operation order *воен.* полный боевой приказ; ~ combustion *спец.* полное сгорание; ~ overhaul *тех.* капитальный ремонт; ~ reaction *хим.* необратимая реакция 2. законченный; his work is now ~ его работа теперь завершена 3. совершенный, абсолютный; ~ stranger совершенно незнакомый человек; ~ fool круглый дурак; ~ master of fence настоящий мастер фехтования, искусный фехтовальщик; ~ gentleman безупречный джентльмен; it was a ~ surprise to me это было для меня совершенно неожиданно
complete II [kəm'pli:t] v 1. заканчивать, завершать; to ~ a task закончить задание; to ~ a second [third] year окончить второй [третий] курс; the railway [the house] is not ~d yet постройка железной дороги [дома] ещё не закончена; the army ~d a successful attack on the enemy citadel армия завершила успешный штурм крепости противника 2. укомплектовать; I need one more volume to ~ my set of Dickens's works мне нужен ещё один том, чтобы укомплектовать собрание сочинений Диккенса 3. сделать совершенным 4. *редк.* исполнять, выполнять (*клятву и т. п.*)
completely [kəm'pli:tlɪ] adv совершенно, полностью, вполне, всецело; he is ~ convinced [satisfied] он совершенно /вполне/ уверен [удовлетворён]; the house was ~ rebuilt дом был перестроен заново; he is ~ ruined он полностью /совершенно/ разорён
complete-type trench [kəm'pli:ttaɪp'trentʃ] *воен.* окоп полного профиля
completion [kəm'pli:ʃ(ə)n] n 1. 1) завершение, окончание; ~ of a task [of a plan, of an undertaking] завершение /окончание/ работы [плана, мероприятия]; ~ of education завершение образования; ~ of the press *спорт.* окончание жима; to reach ~ а) завершиться; б) достичь совершенства 2) завершённость, окончательное оформление; you may occupy the house on ~ of contract вы можете занять дом сразу после оформления контракта 2. *книжн.* исполнение (*желания, предсказания и т. п.*)
completive [kəm'pli:tɪv] a завершающий, заканчивающий
complex I ['kɔmpleks] n 1. комплекс; совокупность 2. комплекс, группа (*зданий и т. п.*); sports ~ спортивный комплекс 3. 1) *психол.* комплекс; inferiority ~ комплекс неполноценности 2) (about) *разг.* закомплексованность; he has a ~ about his weight он помешался на своём весе; she has a ~ about snakes она безумно боится змей
complex II ['kɔmpleks] a 1. сложный, составной, комплексный; ~ machinery сложные машины; ~ apparatus сложный

COM — COM

аппарат; ~ number *мат.* комплексное число; ~ ore *горн.* сложная руда, полиметаллическая руда; труднообогатимая руда 2. сложный, трудный, запутанный; ~ idea [system] сложная идея [система]; ~ situation сложное /запутанное/ положение; ~ instructions маловразумительные указания 3. *грам.* сложный; ~ object [attribute, adverbial modifier] сложное дополнение [определение, обстоятельство]; ~ sentence сложноподчинённое предложение
complex III [kəm'pleks] v *редк.* 1. собирать в одно целое 2. осложнять
complexation [,kɔmplek'seɪʃ(ə)n] n *хим.* комплексообразование
complexify [kəm'pleksɪfaɪ] v осложнять, усложнять; there is an underplot which complexifies the incident существует подоплёка, осложняющая происходящее
complexion [kəm'plekʃ(ə)n] n 1. цвет лица; dark [fair, rosy] ~ смуглый [светлый, румяный] цвет лица 2. вид, характер; the threatening ~ of the sky зловещий цвет /вид/ неба; the matter wears a strange ~ на вид это дело очень странное; the ~ of the war was changed by two great victories две решающие победы изменили ход войны
-complexioned [-kəm'plekʃ(ə)nd] компонент сложных слов со значением *с таким-то цветом лица*; dark-complexioned смуглый; fair-complexioned со светлой кожей; pale-complexioned бледнолицый
complexity [kəm'pleksɪtɪ] n 1) сложность; запутанность 2) что-л. сложное; a motor-car was a ~ far beyond her mechanical skill умение чинить такую сложную технику, как автомобиль, было выше её возможностей
complexometry [,kɔmplek'sɔmɪtrɪ] n *хим.* комплексометрия, хелатометрия, трилонометрия
complexon [kəm'pleksɔn] n *биохим.* комплексон
compliance [kəm'plaɪəns] n 1. согласие; in ~ with your wish [request] согласно вашему желанию [вашей просьбе] 2. 1) уступчивость, податливость 2) угодливость; base ~ подхалимство, низкопоклонство
compliancy [kəm'plaɪənsɪ] = compliance 2
compliant [kəm'plaɪənt] a 1. податливый, уступчивый 2) угодливый
complicacy ['kɔmplɪkəsɪ] n 1) сложность, запутанность; ~ of the subject сложность темы 2) что-л. сложное; сложное устройство *и т. п.*
complicate I ['kɔmplɪkɪt] *редк.* 1. = complicated 2. = conduplicate
complicate II ['kɔmplɪkeɪt] v 1. 1) осложнять, запутывать; to ~ matters [a situation] осложнить /запутать/ дела [положение]; too many rules ~ the game если правил слишком много — это только усложняет игру 2) *редк.* осложняться 2. (with, by) осложнять (*чем-л.*); приводить к осложнениям; a serious disease ~d by a bacterial infection серьёзное заболевание, осложнённое бактериальной инфекцией
complicated ['kɔmplɪkeɪtɪd] a 1) сложный, трудный для понимания; ~ system [problem, puzzle] трудная /сложная/ система [проблема, загадка]; many cook-books have very ~ directions во многих поваренных книгах даются очень путаные советы 2) осложнённый (*чем-л.*); ~ disease болезнь с осложнениями; ~ dislocation *мед.* осложнённый вывих 3)

спец. сложный; ~ mechanism [apparatus, engine] сложный механизм [аппарат, мотор].
complication [ˌkɒmplɪˈkeɪʃ(ə)n] *n* 1. сложность, запутанность, трудность; here are further ~s to worry us имеются новые трудности, вызывающие у нас тревогу; business ~s запутанные дела (*фирмы*) 2. осложнение; he has influenza with ~s у него грипп с осложнениями 3. *психол.* сочетание ощущений, полученных разными органами чувств (*напр., сочетание вкусовых и обонятельных ощущений*)
complicit [kəmˈplɪsɪt] *a* замешанный (*в чём-л.*); являющийся соучастником
complicity [kəmˈplɪsɪtɪ] *n* 1. (in) соучастие (*в преступлении и т. п.*) 2. = complexity
compliment I [ˈkɒmplɪmənt] *n* 1. комплимент, похвала; left-handed /doubtful/ ~ сомнительный комплимент; to pay /to make/ a ~ сделать /сказать/ комплимент; to return the ~ а) ответить комплиментом на комплимент; б) ответить тем же; to angle /to fish/ for ~s напрашиваться на комплимент(ы) 2. любезность; to do smb. the ~ of inviting him to dinner оказать кому-л. честь, пригласив на обед; I take it as a ~ to be asked to speak я считаю за честь, что меня просят выступить 3. *pl* привет, поклон, поздравление; with ~s с приветом (*в конце письма*); ~s of the season поздравительные рождественские и новогодние приветствия; with Mr. A.'s [the author's] ~s от г-на А. [от автора] (*записка при театральных билетах, книге и т. п., преподносимых в подарок*); to pay /to present/ one's ~s засвидетельствовать (свое) почтение; give my ~s to your wife передайте привет Вашей жене 4. *уст., диал.* подарок
compliment II [ˈkɒmplɪment] *v* 1. говорить комплименты, хвалить; to ~ a lady on her appearance говорить даме комплименты по её внешности; to ~ smb. on his speech хвалить кого-л. за его речь 2. приветствовать, поздравлять; to ~ smb. on his progress поздравить кого-л. с успехом; to ~ smb. with the degree of Master of Arts поздравить кого-л. с получением степени магистра гуманитарных наук 3. (with) *книжн.* подарить; he ~ed us with tickets for the exhibition он преподнёс нам билеты на выставку
complimental [ˌkɒmplɪˈmentl] = complimentary
complimentary [ˌkɒmplɪˈment(ə)rɪ] *a* 1. 1) поздравительный; приветственный; ~ speech приветственная речь; ~ dinner обед в честь кого-л. 2) похвальный, лестный; ~ remark одобрительное замечание; to be ~ about the performance [the scenery] лестно отзываться о представлении [о декорациях] 2. бесплатный, дарственный; ~ ticket пригласительный билет (*в театр и т. п.*); a ~ copy of a book дарственный или бесплатный экземпляр книги
◇ ~ close /closing/ слова перед подписью в письме (*напр., Sincerely, Very truly yours и т. п.*).
compliment slip [ˈkɒmplɪməntslɪp] дарственная записка, записка с дарственной надписью (*вкладывается в книгу и т. п.*); этикетка «бесплатно» (*в книге и т. п.*).
compline, compline [ˈkɒmplɪn, ˈkɒmpl(a)ɪn] *n церк.* вечернее богослужение (*у католиков*)

complot I [ˈkɒmplɒt] *n* тайный сговор, заговор
complot II [kəmˈplɒt] *v редк.* организовывать заговор; замышлять (*что-л. преступное*)
comply [kəmˈplaɪ] *v* 1. (with) исполнять; to ~ with smb.'s request [smb.'s wish] исполнить чью-л. просьбу [чье-л. желание]; to ~ with users' demand удовлетворять запросы потребителей 2. (with) подчиняться; to ~ with the rules подчиняться правилам, действовать согласно правилам; to ~ with an order повиноваться приказу; to ~ with requirements соответствовать требованиям 3. уступать, соглашаться; threats, commands, entreaties were useless; he would not ~ угрозы, приказания, мольбы были напрасны — он не соглашался
compo¹ I [ˈkɒmpəʊ] *n* (*сокр. от* composite I) *тех.* композит, композиционный материал
compo¹ II [ˈkɒmpəʊ] *a* (*сокр. от* composite II) *разг.* комбинированный; ~ pack набор продуктов питания (*особ. консервированных*), рассчитанный на несколько дней; ~ rations *воен.* аварийный паёк; сбалансированный сухой паёк
compo² I [ˈkɒmpəʊ] *n австрал.* новозел. (*сокр. от* compensation) *разг.* компенсация за производственную травму, за увечье на производстве
componé [kəmˈpəʊn(e)ɪ] *a геральд.* составленный из ряда квадратов двух последовательно чередующихся цветов
component I [kəmˈpəʊnənt] *n* 1. компонент; ингредиент; составная часть; часть целого, деталь; the ~s of a collocation составные части /компоненты/ фразеологического сочетания 2. *физ.* составляющая компонента 3. *тех.* узел
component II [kəmˈpəʊnənt] *a* составляющий; входящий в состав; ~ part составная часть
compony [kəmˈpəʊnɪ] = componé
comport¹ [kəmˈpɔːt] *v книжн.* 1. *refl* вести себя; to ~ oneself decently [with dignity] вести себя прилично [с достоинством] 2. (with) соответствовать; his conduct did not ~ with his position его поведение не вязалось с его положением
comport² [ˈkɒmpɔːt] *n* высокая ваза (*для сладостей и фруктов*)
comportment [kəmˈpɔːtmənt] *n* осанка, манеры; поведение
compos [ˈkɒmpɒs] *сокр. от* compos mentis
compose [kəmˈpəʊz] *v* 1. 1) сочинять, создавать (*литературное или музыкальное произведение*) 2) задумать (*картину и т. п.*) 3) составить (*предложение и т. п.*) 2. *полигр.* набирать 3. улаживать (*ссору, разногласия*) 4. успокаивать; to ~ one's thoughts /one's mind/ собраться с мыслями; ~ your features! ≅ не хмурьтесь!; to ~ oneself успокоиться 5. *обыкн. pass* составляться; to be ~d of many ingredients состоять из многих частей; water is ~d of hydrogen and oxygen вода состоит из водорода и кислорода 6. убрать и положить (*на стол*), обрядить (*покойника*)
composed [kəmˈpəʊzd] *a* спокойный, сдержанный; владеющий собой; ~ face спокойное лицо; ~ manner сдержанная манера; the doctor's ~ nature calmed him невозмутимость доктора успокоила его
composedly [kəmˈpəʊzdlɪ] *adv* спокойно, сдержанно
composer [kəmˈpəʊzə] *n* 1. *см.* compose + -er 2. композитор 3. автор, сочинитель 4. *полигр.* композер, наборный автомат
composing [kəmˈpəʊzɪŋ] *a* 1. составляющий 2. успокаивающий; ~ medicine успокаивающее средство /лекарство/

composing machine [kəmˈpəʊzɪŋməˌʃiːn] *полигр.* наборная машина
composing room [kəmˈpəʊzɪŋruːm, -rʊm] *полигр.* наборный цех
composing rule [kəmˈpəʊzɪŋruːl] *полигр.* шпон
composing stick [kəmˈpəʊzɪŋstɪk] *полигр.* наборная верстатка
composite I [ˈkɒmpəzɪt] *n* 1. смесь, соединение; что-л. составное 2. (С.) *архит.* сложный ордер (*колонн*) 3. *биол.* популяция 4. *спец.* композит, композиционный материал
composite II [ˈkɒmpəzɪt] *a* 1. составной, сложный; ~ style *иск.* смешанный стиль; ~ book сборник произведений нескольких авторов; ~ authors авторский коллектив; ~ hypothesis сложная /составная/ гипотеза (*в статистике*); ~ death rate *стат.* сложный коэффициент смертности; ~ carriage *ж.-д.* комбинированный вагон, состоящий из купе различных классов; ~ vessel судно смешанной постройки (*из дерева и железа*); ~ unit *воен.* сводная часть 2. *бот.* сложноцветный; ~ flowers сложноцветные 3. (С.) *архит.* относящийся к сложному ордеру (*колонн*)
composite photograph [ˈkɒmpəzɪtˈfəʊtəɡrɑːf] фотомонтаж
composite picture [ˈkɒmpəzɪtˈpɪktʃə] *спец.* фоторобот, портрет-робот (*разыскиваемого преступника*)
composite school [ˈkɒmpəzɪtˌskuːl] *канад.* = comprehensive school
composite shot [ˈkɒmpəzɪtˈʃɒt] *кино, тлв.* комбинированный кадр
composition [ˌkɒmpəˈzɪʃ(ə)n] *n* 1. составление, построение; соединение 2. 1) сочинение (*какого-л. произведения*); he played a piano sonata of his own ~ он сыграл фортепианную сонату своего собственного сочинения 2) *грам.* производство, составление сложных слов 3. *полигр.* набор 4. музыкальное сочинение, произведение; литературное произведение; произведение изобразительного искусства 5. 1) школьное, учебное сочинение; I wrote a ~ about my dog я написал сочинение о своей собаке 2) курс литературной композиции; ~ classes занятия по письменной практике (*по языку и стилю*); a year of English ~ годичный курс литературной композиции на английском языке 6. композиция; the ~ of a picture композиция картины; the ~ of speech построение речи 7. склад (*ума*); not a spark of generosity in his ~ — он по натуре совсем не щедр; he has a touch of madness in his ~ в его характере есть что-то безумное; он немного тронутый 8. 1) состав, структура; ~ of a ministry [parliament] состав министерства [парламента] 2) *спорт.* состав команды 9. состав (*химический*); ~ of a medicine [air, water] состав лекарства [воздуха, воды] 10. *спец.* смесь, сплав; ~ material = composite I 4 11. агрегат, составные части 12. соглашение о перемирии или о прекращении военных действий 13. *юр.* компромиссное соглашение должника с кредитором
composition book [ˌkɒmpəˈzɪʃ(ə)nbʊk] *амер.* толстая тетрадь
composition metal [ˌkɒmpəˈzɪʃ(ə)nˌmetl] сплав меди с цинком, латунь
compositive [kəmˈpɒzɪtɪv] *a* синтетический
compositor [kəmˈpɒzɪtə] *n* наборщик
compos mentis [ˌkɒmpəsˈmentɪs] *лат. юр.* находящийся в здравом уме и твёрдой памяти; вменяемый
compossible [kəmˈpɒsəb(ə)l] *a книжн.* могущий сосуществовать; совместимый
compost I [ˈkɒmpɒst] *n с.-х.* компост, составное удобрение

compost II ['kɒmpɒst] v 1. с.-х. удобрять компостом 2. изготовлять компост

composting ['kɒmpɒstɪŋ] n с.-х. компостирование, закладывание в компост

composure [kəm'pəʊʒə] n спокойствие; самообладание, хладнокровие; to keep /to guard, to preserve/ one's ~ сохранять спокойствие /хладнокровие/; to act with ~ действовать хладнокровно

compotation [ˌkɒmpə'teɪʃ(ə)n] n попойка

compotator ['kɒmpəteɪtə] n собутыльник

compote ['kɒmpəʊt] n 1. компот (из ягод или фруктов) 2. ваза на высокой ножке (для компотов, орехов и т. п.)

compotier [ˌkɒmpə'tɪə] = compote 2

compound¹ I ['kɒmpaʊnd] n 1. физ., хим. соединение; смесь; состав 2. лингв. сложное слово 3. тех. компаунд-машина

compound¹ II ['kɒmpaʊnd] a спец. составной, сложный; ~ word лингв. сложное слово; ~ sentence грам. сложносочинённое предложение; ~ predicate грам. составное сказуемое; ~ fracture мед. осложнённый перелом; ~ glass многослойное стекло; ~ tariff ком. смешанный тариф; ~ number мат. составное именованное число; ~ addition [substraction] мат. сложение [вычитание] именованных чисел; ~ interval муз. составной интервал; ~ time муз. сложный такт; ~ cable эл. многожильный кабель; ~ lens опт. сложный объектив; ~ leaf бот. сложный лист; ~ eye зоол. сложный глаз

compound¹ III [kəm'paʊnd] v 1. смешивать, составлять; соединять; to ~ a medicine составлять /приготовлять/ лекарство; to ~ a riddle придумать загадку; a cake ~ed of the best ingredients кекс из самых лучших продуктов; her charm was ~ed of beauty and kindness красота и доброта делали её обаятельной 2. юр. 1) приходить к компромиссному соглашению (особ. с кредитором); выкупать; погашать повременные платежи; they finally ~ed their differences and shook hands они в конце концов уладили свои разногласия и обменялись рукопожатием 2) отказываться от возбуждения иска, жалобы (за материальное вознаграждение) 3. начислять или рассчитывать сложные проценты 4. осложнять (положение); усугублять (трудности); to ~ a crime отягчать преступление

compound² ['kɒmpaʊnd] n 1. огороженная территория вокруг фабрики или жилья европейца (на Востоке) 2. огороженные бараки для рабочих алмазных приисков (в Южной Африке) 3. воен. временный лагерь для военнопленных

compound engine [ˌkɒmpaʊnd'endʒɪn] тех. паровая машина двойного расширения, компаунд

compound householder ['kɒmpaʊnd'haʊshəʊldə] арендатор дома, в арендную плату которого включается также сумма налога

compounding [kəm'paʊndɪŋ] n 1. смесь 2. лингв. образование сложных слов

compound interest ['kɒmpaʊnd'ɪntrɪst] фин. сложные проценты

compound nucleus [ˌkɒmpaʊnd'nju:klɪəs] физ. составное ядро

comprador [ˌkɒmprə'dɔ:] n португ. 1. компрадор 2. туземец-управляющий

comprehend [ˌkɒmprɪ'hend] v 1. понимать, уразуметь; постигнуть; to ~ a question [a purpose] понимать вопрос [цель]; man does not yet ~ the universe человек ещё не постиг вселенную 2. книжн. включать, содержать в себе, охватывать; establishments ~ed in the firm предприятия, входящие в фирму; the report of the accident ~ed all the facts в протокол о несчастном случае были включены все факты

comprehensibility [ˌkɒmprɪhensə'bɪlɪtɪ] n удобопонятность, постижимость, вразумительность

comprehensible [ˌkɒmprɪ'hensəb(ə)l] a понятный, постижимый, вразумительный; a book that is ~ only to specialists книга, доступная только специалистам

comprehension [ˌkɒmprɪ'henʃ(ə)n] n 1. 1) понимание, разумение; постижение; it's beyond my ~ это выше моего понимания 2) понятливость 2. включение, охват; a term of wide ~ широкий термин

comprehensive I [ˌkɒmprɪ'hensɪv] n обыкн. pl разг. 1. экзамены по всему материалу, пройденному на последнем курсе 2. вёрстка объявлений 3. разг. = comprehensive school

comprehensive II [ˌkɒmprɪ'hensɪv] a 1. всеобъемлющий, исчерпывающий; полный, обширный; ~ account [description] исчерпывающий отчёт [-ее описание]; ~ term широкий термин; ~ definition широкое /исчерпывающее/ определение; ~ collection of philosophical writings обширная коллекция трудов по философии; ~ index подробный индекс 2. понятливый, легко схватывающий 3. 1) всесторонний; ~ knowledge всестороннее познание; ~ disarmament всеобщее и полное разоружение 2) тщательный; подробный, детальный

comprehensive school [ˌkɒmprɪ'hensɪvˌsku:l] единая средняя школа (в Великобритании)

compresence [kəm'prez(ə)ns] n книжн. совместное присутствие; сопребывание

compress I ['kɒmpres] n мед. компресс; мягкая давящая повязка

compress II [kəm'pres] v сжимать, сдавливать; to ~ an artery мед. прижать артерию; cotton is ~ed into bales хлопок прессуется в кипы; you can ~ the story into a few short sentences вы можете ужать изложение происшедшего до нескольких коротких фраз

compressed [kəm'prest] a сжатый; with ~ lips плотно сжав губы; ~ timetable напряжённый график

compressed-air brake [kəmˌprest'eəbreɪk] тех. пневматический тормоз

compressed-air disease, compressed-air illness, compressed-air sickness [kəm'prest'eədɪˌzi:z, -ˌɪlnɪs, -ˌsɪknɪs] мед. кессонная болезнь

compressibility [kəmˌpresə'bɪlɪtɪ] n сжимаемость

compressible [kəm'presəb(ə)l] a сжимающийся; сжимаемый

compression [kəm'preʃ(ə)n] n 1. 1) сжатие; уплотнение, сгущение 2) лаконизм, краткость; ~ of ideas сжатое изложение мыслей 2. тех. компрессия; сжатие; ~ tap декомпенсатор; ~ chamber авт. камера сжатия или сгорания (двигателя); ~ member элемент, работающий на сжатие 3. тех. набивка, уплотнение; прокладка 4. астр. отклонение планеты от лунной сферы

compressionism [kəm'preʃənɪz(ə)m] n лит. компрессионизм, литературное течение, стремящееся к максимальной экономии образов и эпизодов

compressive [kəm'presɪv] a сжимающий; ~ force физ. сжимающее усилие

compressor [kəm'presə] n 1. анат. сжимающая мышца 2. мед. жом, компрессор 3. 1) тех. компрессор 2) мор. палубный стопор

comprimario [ˌkɒmprɪ'mɑ:rɪəʊ] n (pl -os [-əʊz]) исполнитель или исполнительница вторых партий в опере

comprisal [kəm'praɪz(ə)l] n редк. 1. включение и пр. [см. comprise] 2. конспект, резюме, краткое изложение

comprise [kəm'praɪz] v 1) включать, заключать в себе, составлять; охватывать; состоять из; his course of study ~s English, French, history and mathematics в программу его занятий входят английский язык, французский язык, история и математика; the examination ~s several tests экзамен состоит из нескольких проверочных работ; the family ~s five sons в семье пять сыновей; the Examining Board ~s several members экзаменационная комиссия состоит из нескольких членов 2) входить в состав; the chapters that ~ part one главы, которые составляют первую часть

compromise I ['kɒmprəmaɪz] n 1. компромисс; соглашение сторон (особ. перед третейским судьёй); to agree to a ~ согласиться /пойти/ на компромисс 2. нечто среднее 3. компрометация
◊ a lean ~ is better than a fat lawsuit ≅ худой мир лучше доброй ссоры

compromise II ['kɒmprəmaɪz] a 1. компромиссный 2. компрометирующий

compromise III ['kɒmprəmaɪz] v 1. пойти на компромисс или соглашение; we shall have to ~ on this point нам должны будем пойти на компромисс в этом вопросе; with much difficulty the dispute was ~d с большим трудностями спор был урегулирован путём компромисса; to ~ with one's conscience пойти на сделку со своей совестью 2. 1) компрометировать; to ~ oneself a) компрометировать себя; б) подвергать себя риску 2) ставить под угрозу (положение и т. п.); the position of the whole army was ~d положение армии было поставлено под угрозу

comprovincial [ˌkɒmprə'vɪnʃ(ə)l] a книжн. принадлежащий к тому же округу, из того же округа

comptometer [kɒmp'tɒmɪtə] n арифмометр; комптометр; счётная машина

comptroller [kən'trəʊlə, kəmp-] n 1. = controller 2; ~ of accounts бухгалтер-контролёр; C. General начальник Главного контрольно-финансового управления (США) 2. ист. гофмейстер

compulsion [kəm'pʌlʃ(ə)n] n принуждение; to act under /upon/ ~ действовать по принуждению 2. психол. непреодолимое влечение; мания; ~ neurosis мед. навязчивое состояние, навязчивый невроз; to act under ~ быть не в состоянии бороться с собой

compulsionist [kəm'pʌlʃ(ə)nɪst] n амер. сторонник обязательной воинской повинности

compulsive I [kəm'pʌlsɪv] n психол. человек, испытывающий непреодолимое влечение к чему-л.; больной, страдающий навязчивыми состояниями

compulsive II [kəm'pʌlsɪv] a 1. = compulsory 2. психол. 1) непреодолимый; навязчивый; маниакальный; ~ urge непреодолимое влечение; ~ idea навязчивая мысль; маниакальная идея 2) страдающий навязчивым непреодолимым влечением и т. п.; ~ smoker заядлый курильщик; ~ talker человек, безостановочно говорящий; ~ eater человек, который вечно что-то жуёт

compulsory [kəm'pʌls(ə)rɪ] a 1) обязательный (для всех); ~ education обязательное обучение; ~ subject обязательный предмет (обучения); ~ military service воинская повинность; ~ exercises *спорт.* обязательные упражнения; ~ figures школа. обязательные фигуры *(фигурное катание)* 2) принудительный, связанный с принуждением; ~ measures принудительные меры; ~ arbitration принудительный арбитраж *(в трудовых конфликтах)*

compunction [kəmˈpʌŋkʃ(ə)n] *n* 1. угрызения совести, раскаяние 2. сожаление; to do smth. without ~ сделать что-л. без сожаления

compunctious [kəmˈpʌŋkʃəs] *a* раскаивающийся, чувствующий угрызения совести

compurgation [ˌkɒmpɜːˈgeɪʃ(ə)n] *n ист.* оправдание подсудимого на основании клятвы других лиц в его невиновности

compurgator [ˈkɒmpɜːgeɪtə] *n ист.* свидетель, показывающий под присягой, что подсудимый невиновен

computable [kəmˈpjuːtəb(ə)l] *a* исчислимый, вычислимый; ~ function *мат.* вычислимая функция

computation [ˌkɒmpjʊˈteɪʃ(ə)n] *n* 1. 1) исчисление; Gregorian C. григорианское летоисчисление 2) вычисление, подсчёт, расчёт; выкладка; wealth beyond ~ несметное богатство 3) смета 2. вычислительная техника

computational [ˌkɒmpjʊˈteɪʃ(ə)nəl] *a* вычислительный; ~ linguistics вычислительная лингвистика

computation centre [ˌkɒmpjʊˈteɪʃ(ə)nˌsentə] центр обработки данных, вычислительный центр

computative [kəmˈpjuːtətɪv] *a* исчисляющий; вычислительный

compute I [kəmˈpjuːt] *n редк.* исчисление; вычисление; beyond ~ неисчислимый

compute II [kəmˈpjuːt] *v* 1) вычислять, считать, подсчитывать; делать выкладки; to ~ the distance of the Moon from the Earth вычислить расстояние от Земли до Луны; I ~ my losses at £500 я исчисляю свои убытки в 500 фунтов стерлингов 2) *спец.* считать, рассчитывать (на ЭВМ)

computer I [kəmˈpjuːtə] *n* 1. компьютер, электронная вычислительная машина, ЭВМ; digital [analogue] ~ цифровая [аналоговая] вычислительная машина; hybrid ~ аналого-цифровая вычислительная машина; satellite ~ периферийная ЭВМ; portable ~ портативная ЭВМ 2. вычислитель, расчётчик 3. счётчик *(прибора)*

computer II [kəmˈpjuːtə] *a* компьютерный, машинный *(о расчёте, управлении и т. п.)*; ~ programme программа для вычислительной машины, машинная программа; ~ people вычислители; ~ man вычислитель; ~ test машинный эксперимент; ~ family семейство ЭВМ; ~ game машинная игра, игровая программа; ~ centre вычислительный центр *(внутри организации)*; ~ science информатика; ~ system вычислительная система, ЭВМ; ~ music компьютерная музыка

computer-aided [kəmˌpjuːtə(r)ˈeɪdɪd] = computer-assisted; ~ engineering машинное моделирование; ~ design система автоматизированного проектирования

computer-assisted [kəmˌpjuːtə(r)əˈsɪstɪd] *a вчт.* (проведённый) с помощью ЭВМ, машинный; ~ instruction обучение с использованием вычислительных машин

computer-based [kəmˈpjuːtəbeɪst] *a вчт.* компьютерный, компьютеризованный, на базе ЭВМ

computer centre [kəmˈpjuːtəˌsentə] вычислительный центр

computer-controller [kəmˌpjuːtəkənˈtrəʊlə] *a* управляемый ЭВМ, компьютером, программно-управляемый

computer crime [kəmˈpjuːtəkraɪm] преступное использование технических возможностей компьютера *(для несанкционированного перевода вкладов с одних счетов на другие и т. п.)*

computer dating [kəmˈpjuːtəˈdeɪtɪŋ] компьютерная служба знакомств; подбор супругов с помощью ЭВМ

computer enhancement [kəmˈpjuːtə(r)ɪnˈhɑːnsmənt] повышение качества фотографии благодаря программному управлению процессом проявления

computerese [kəmˌpjuːtəˈriːz] *n* 1) язык программирования 2) *шутл.* жаргон программистов

computer game [kəmˈpjuːtəgeɪm] компьютерная игра *(деловая и т. п.)*

computerite [kəmˈpjuːtəraɪt] *n* специалист по ЭВМ

computerizable [kəmˈpjuːtəraɪzəb(ə)l] *a* 1) допускающий возможность применения ЭВМ 2) поддающийся обработке на ЭВМ

computerization [kəmˌpjuːtəraɪˈzeɪʃ(ə)n] *n* автоматизация вычислений или обработки данных с помощью вычислительной машины; применение вычислительной техники; применение машинных методов вычислений

computerize [kəmˈpjuːtəraɪz] *v* автоматизировать вычисления или обработку данных с помощью вычислительной машины; применять вычислительную технику; применять машинные методы вычислений

computerized [kəmˈpjuːtəraɪzd] *a* обработанный с помощью компьютера, ЭВМ; ~ axial tomography *мед.* компьютерная (аксиальная) томография

computer language [kəmˈpjuːtəˈlæŋwɪdʒ] машинный язык, язык программирования на ЭВМ

computerlike [kəmˈpjuːtəlaɪk] *a* напоминающий компьютер; бесстрастный как машина; механический, бездушный; ~ impersonality of offices механическая безликость канцелярий

computer-made [kəmˈpjuːtəmeɪd] *a* полученный с помощью ЭВМ; ~ decision принятое ЭВМ решение

computerman [kəmˈpjuːtəmæn] *n (pl* -men [-men]) специалист по ЭВМ

computer memory [kəmˈpjuːtəˈmem(ə)rɪ] *вчт.* машинная память

computer model [kəmˈpjuːtəˈmɒdl] математическая модель для расчёта на ЭВМ *(системы, процесса и т. п.)*

computer modelling [kəmˈpjuːtəˈmɒd(ə)lɪŋ] = computer simulation

computernik [kəmˈpjuːtənɪk] *a амер. разг.* компьютерщик; специалист по вычислительной технике; программист

computer-oriented [kəmˈpjuːtə(r)ˌɔːrɪəntɪd] *a* 1. машиноориентированный, рассчитанный на использование вычислительной машины 2. вычислительный *(о математическом методе)*

computer science [kəmˈpjuːtəˌsaɪəns] информатика, наука о преобразовании информации

computer-simulated [kəmˈpjuːtəˌsɪmjʊleɪtɪd] *a вчт.* машинно-моделированный, моделированный на ЭВМ

computer simulation [kəmˈpjuːtəˌsɪmjʊˈleɪʃ(ə)n] *n вчт.* машинное моделирование *(процессов)*

computery [kəmˈpjuːt(ə)rɪ] *n* 1. системы ЭВМ 2. технология (изготовления и работы) ЭВМ

computing I [kəmˈpjuːtɪŋ] *n* 1. вычисление, расчёт 2. вычислительная техника

computing II [kəmˈpjuːtɪŋ] *a* вычислительный; ~ centre вычислительный центр; ~ machine компьютер

computistical [ˌkɒmpjʊˈtɪstɪk(ə)l] *a* 1) рассчитанный по статистическим данным 2) относящийся к статистическим расчётам [< computer + statistical]

computus [ˈkɒmpjʊtəs] *n* 1. *редк.* счёт, подсчёт 2. *ист.* таблицы для астрономических вычислений и составления календаря

comrade [ˈkɒmr(e)ɪd] *n* 1. товарищ, друг; компаньон; an old ~ of hunting days старый товарищ по охоте 2. (C.) товарищ *(перед фамилией)*; C. Smith товарищ Смит

comrade-in-arms [ˌkɒmr(e)ɪdɪnˈɑːmz] *n (pl* comrades- [ˌkɒmr(e)ɪdz-]) соратник, товарищ по оружию

comradely [ˈkɒmr(e)ɪdlɪ] *a* товарищеский; дружеский, свойский; a ~ gesture дружественный жест

comradery [ˈkɒmr(e)ɪdrɪ] = comradeship

comradeship [ˈkɒmr(e)ɪdʃɪp] *n* товарищество, товарищеские отношения; to hold out the hand of ~ протянуть руку дружбы; предложить сотрудничество

coms [kɒmz] *разг. см.* combination *I*

comsat [ˈkɒmsæt] *n (сокр. от* communications satellite*) проф.* спутник связи

Comstocker [ˈkɒmstɒkə] *n преим. амер.* ханжа *(в вопросах морали)*; моралист-лицемер

Comstockery [ˈkɒmstɒk(ə)rɪ] *n преим. амер.* ханжеское отношение к искусству и литературе; выискивание воображаемых непристойностей

comte [kɒnt] *n фр.* граф

comtesse [kɔːnˈtes] *n фр.* графиня

Comus [ˈkəʊməs] *n греч. и рим. миф.* Ком, Комус *(бог пиршеств)*

con[1] [kɒn] *v разг.* учить; выучивать наизусть; to ~ (over) a lesson вызубрить урок

con[2] [kɒn] *n* (лёгкий) удар суставами, «костяшками» пальцев

con[3] [kɒn] *n* управление рулём

con[3] **II** [kɒn] *v* вести судно, самолёт

con[4] [kɒn] *n (сокр. от* contra) 1) довод против *(чего-л.)* 2) голос «против»; the pros and ~s голоса за и против

con[4] **II** [kɒn] *adv* против; we must consider the reasons ~ мы должны рассмотреть и возражения /соображения против *(чего-л.)*; to argue pro and ~ for hours часами обсуждать вопрос, взвешивая все доводы за и против

con[5] [kɒn] *n разг. (сокр. от* confidence trick) мошенничество; ~ man мошенник, жулик; ~ game /trick/ мошенничество; ~ artist «артист», мошенник-виртуоз

con[5] **II** [kɒn] *v разг.* мошенничать; обманом вовлекать во что-л. или выманивать что-л.; they've ~ned me out of all my money они выманили у меня все деньги, они обобрали меня

con[6] [kɒn] *n (сокр. от* convict) *сл.* 1) заключённый 2) преступник, отбывший срок 3) хулиган, громила

con[7] [kɒn] *n (сокр. от* consumption) *разг.* чахотка

con[8] [kɒn] *prep муз.* с; ~ amore с любовью; ~ affetto с чувством; ~ brio с жаром; ~ anima с воодушевлением

con- [kɒn-, kən-] *(тж.* co- *(в основном перед гласными и* h-*),* col- *(перед* l-*),* com- *(перед* b-*,* m-*,* p-*),* cor- *(перед* r-*) pref* встречается в словах лат. происхождения со значением 1. *совместности, соединения:* concentrate концентрировать; condominium кондоминиум, совладение; confine ограничивать; congregate собираться; conjunction соединение; connect соединять; consistent совместимый; contact контакт; convention собрание, договор; coaxial соосный, коаксиальный; co-education совместное обучение; co-operation кооперация; coheir сонаследник; co-production совместное производство; collaboration сотрудничество; commixture смешивание; compete соревноваться; correspondence переписка 2. *сходства, соразмерности:* contemporary современный; coequal равный; cosine косинус; compatible совместимый; correlate соотноситься 3. *завершённости, окончательности:* confirm подтвердить, утвердить; constitute основать; commit совершить; complete полный

conacre ['kɒneɪkə] *n* сдача в аренду небольшого участка обработанной земли на один сезон (*в Ирландии*)

conaria [kə'ne(ə)rɪə] *pl от* conarium

conarium [kə'ne(ə)rɪəm] *n (pl* -ria) *анат.* шишковидная железа

conation [kəʊ'neɪʃ(ə)n] *n психол.* способность к волевому движению

conative ['kɒnətɪv] *a* 1. *психол.* волевой 2. *грам.* конативный

conatus [kəʊ'neɪtəs] *n (pl без изм.) книжн.* 1. = conation 2. импульс, порыв

concatenate I [kɒn'kætɪneɪt] *a* 1. *книжн.* связанный, сцепленный 2. *зоол.* цепочкообразный

concatenate II [kɒn'kætɪneɪt] *v книжн.* сцеплять, связывать, соединять (воедино)

concatenation [kɒn,kætɪ'neɪʃ(ə)n] *n* 1. взаимная связь, сцепление; ~ of events [ideas] связь /цепь/ событий [идей]; ~ of misfortunes цепь неудач; ~ of circumstances стечение обстоятельств 2. *тех.* каскад, цепь, непрерывный ряд

concave I ['kɒnkeɪv] *n* 1. 1) вогнутая поверхность; впадина 2) вогнутая линза 2. 1) *поэт.* небесный свод 2) *архит.* свод

concave II [kɒn'keɪv, kən-] *a* 1) вогнутый; ~ mirror вогнутое зеркало 2) впалый

concave III [kɒn'keɪv, kən-] *v* делать вогнутым

concavity [kɒn'kævɪtɪ] *n* 1. вогнутая поверхность 2. вогнутость 3. полость, впадина

concavo-concave [kɒn,keɪvəʊkɒn'keɪv] *a* двояковогнутый (*о линзе*)

concavo-convex [kɒn,keɪvəʊkɒn'veks] *a* вогнуто-выпуклый (*о линзе*)

conceal [kən'siːl] *v* 1) прятать, укрывать; to ~ a fugitive прятать /укрывать/ беглеца; to ~ oneself прятаться, скрываться 2) скрывать; утаивать; to ~ one's name [one's origin, one's ignorance, one's fear] скрывать своё настоящее имя [происхождение, невежество, страх]; to ~ the truth утаивать правду

concealed [kən'siːld] *a* скрытый; ~ wiring *эл.* скрытая проводка; ~ turn /bend/ *дор.* поворот с плохой видимостью

concealer [kən'siːlə] *n* укрыватель

concealment [kən'siːlmənt] *n* 1. 1) сокрытие, утаивание; укрывательство; to keep in ~ a) прятать, скрывать; б) утаивать 2) *юр.* умышленное сокрытие одной из сторон известных ей фактов; ~ of birth сокрытие рождения 2) тайное убежище 3) *воен.* укрытие; to seek ~ принимать меры маскировки, укрываться

concede [kən'siːd] *v* 1. уступать; to ~ territory уступить часть своей территории; to ~ a point [in an argument] уступить /сдаться/ в каком-л. вопросе [в споре]; to ~ a right [a privilege] уступить право [привилегию] 2. 1) допускать (*возможность, правильность чего-л.*); conceding for a moment that... допустим на минуту, что...; I ~ that I might have been wrong допускаю, что я мог ошибиться 2) признать своё поражение (*особ. на выборах*); признать себя побеждённым, проигравшим (*в спорте*); the candidate refused to ~ defeat кандидат не хотел признать, что потерпел поражение; the athlete ~d when he saw that he had lost спортсмен признал победу соперника 2. *спорт.* дать фору; he ~d ten points to his opponent он дал своему сопернику фору в 10 очков

conceit I [kən'siːt] *n* 1. тщеславие; самомнение; чванство; he is full of ~ он полон самомнения; to have a great ~ of oneself быть о себе высокого мнения; wise in his own ~ умён в своих собственных глазах /в своём собственном мнении/ 2. причудливый образ; изощрённое сравнение *и т. п.*; the use of ~s in Elizabethan poetry пышные метафоры в поэзии елизаветинского периода
◊ to be out of ~ with smb., smth. разочароваться в ком-л., чём-л.

conceit II [kən'siːt] *v арх.* льстить, *особ.* себя надеждой, тешить себя; лестно отзываться (*особ. о себе*) 2. воображать, представлять себе

conceited [kən'siːtɪd] *a* 1. тщеславный, самодовольный, высокомерный; he looks very ~ у него весьма самоуверенный /самодовольный/ вид; of his own wit любующийся своим остроумием 2. *арх.* причудливый, изощрённый (*об образе*)

conceivable [kən'siːvəb(ə)l] *a* постижимый, понятный; мыслимый, возможный; to take every ~ precaution принять все возможные меры предосторожности

conceive [kən'siːv] *v* 1. постигать, понимать; I can't ~ where he has gone я не могу понять, куда он ушёл; I can't ~ why you allowed the child to travel alone просто непостижимо, как вы могли разрешить ребёнку уехать одному 2. возыметь, почувствовать; to ~ a dislike [an affection] for smb. невзлюбить кого-л. [привязаться к кому-л.] 3. задумывать, замышлять; to ~ a plan задумать план; who first ~d this idea? у кого впервые зародилась эта мысль?; he has ~d a certain manner of painting он создал определённую манеру письма; scientists first ~d the idea of the atomic bomb in the 1930s мысль об атомной бомбе впервые возникла у учёных в тридцатые годы 4. полагать, думать; we ~ it to be expedient мы полагаем, что это целесообразно; I ~ it my duty to admonish you считаю своим долгом указать вам 5. (of) *книжн.* представлять, воображать; to ~ of the author as a genius считать писателя гением; in ancient times the world was ~d of as flat в старину землю представляли плоской 6. *физиол.* забеременеть, зачать

concelebrate [kɒn'selɪbreɪt] *v церк.* совместно отправлять службу

concent [kən'sent] *n книжн.* согласованность; согласие; гармония (*звуков и т. п.*)

concenter [kən'sentə] = concentre

concentrate I ['kɒnsəntreɪt] *n* 1) концентрат, обогащённый продукт 2) шлих 3) *с.-х.* концентрированный корм 4) пищевой концентрат

concentrate II ['kɒnsəntreɪt] *v* 1. 1) концентрировать, собирать, сосредоточивать; to ~ troops сконцентрировать войска; he ~d the power in his own hands он сосредоточил всю власть в своих руках 2) концентрироваться, собираться; сосредоточиваться (*где-л.*); the crowd ~d near the royal palace толпа стекалась к королевскому дворцу 2. 1) сосредоточивать, устремлять; to ~ all one's thoughts [forces, attention] сосредоточить все мысли [силы, всё внимание] 2) сосредоточиваться, устремляться (*на что-л.*); to ~ on /upon/ a subject сосредоточиться на каком-л. вопросе 3. *спец.* 1) концентрировать и обогащать (*руду*) 3) сгущать, выпаривать

concentrated ['kɒns(ə)ntreɪtɪd] *a* 1. концентрированный, сосредоточенный; усиленный; ~ hate лютая ненависть; ~ fire *воен.* сосредоточенный /массированный/ огонь; ~ load *тех.* сосредоточенная нагрузка; to make a ~ effort очень стараться 2. *спец.* 1) концентрированный; выпаренный; ~ food пищевые концентраты; ~ acid крепкая кислота 2) обогащённый (*о руде*) 3) сгущённый

concentration [,kɒns(ə)n'treɪʃ(ə)n] *n* 1. концентрация, сосредоточение 2. сосредоточенность; power of ~ способность сосредоточиться; the book will need all your ~ эту книгу нужно читать со всем вниманием; he gave the problem his full ~ он сосредоточенно изучал эту проблему 3. *воен.* 1) сосредоточение сил; ~ area район сосредоточения 2) массирование (*огня*); ~ of fire сосредоточение огня 4. *хим.* крепость раствора 5. *спец.* 1) концентрация 2) обогащение (*руды*) 3) сгущение; выпаривание

concentration camp [,kɒns(ə)n'treɪʃ(ə)nkæmp] концентрационный лагерь

concentrative ['kɒns(ə)ntreɪtɪv] *a* сосредоточивающий

concentrator ['kɒns(ə)ntreɪtə] *n* 1) *хим.* концентратор 2) *горн.* обогатительная установка

concentre [kən'sentə] *v книжн.* 1. 1) концентрировать, сосредоточивать (*мысли и т. п.*); to ~ the mind on the sole object сосредоточить все свои мысли на одном 2) концентрироваться, сосредоточиваться 2. сходиться в центре; иметь общий центр

concentric, concentrical [kən'sentrɪk, -(ə)l] *a* концентрический

concentricity [,kɒnsen'trɪsɪtɪ] *n спец.* концентричность

concentual [kən'sentʃʊəl] *a редк.* согласный, гармоничный

concept ['kɒnsept] *n* понятие, идея, общее представление; концепция

concept coordination ['kɒnseptkəʊ,ɔːdɪ'neɪʃ(ə)n] *инф.* координатное индексирование (*документов*)

concepti [kən'septaɪ] *pl от* conceptus

conception [kən'sepʃ(ə)n] *n* 1. понимание; beyond one's ~ выше чьего-л. понимания; I have no ~ of what he means я не понимаю, что он имеет в виду; I had no ~ of the amount of risk I ran я не имел представления о риске, которому подвергался 2. концепция; понятие, представление, идея; clear [precise, distinct, vague] ~ ясное [точное, определённое, смутное] представление /понятие/; he had not the slightest /faintest, remotest/ ~ of it он не имел ни малейшего понятия /представления/ об этом; his ~ of honour его понимание чести; this ~ is current эта концепция общепризнанна 3. замысел (*художника, поэта, учёного и т. п.*); poetic ~ поэтический замысел; a good novelist needs great powers of ~ хороший романист должен иметь богатую фантазию 4. *физиол.* зачатие, оплодотворение; ~ control а) предупреждение беременности; б) противозачаточные средства

conceptive [kən'septɪv] *a* способный к пониманию (*часто об уме*)
conceptual [kən'septʃuəl] *a* 1. понятийный; ~ categories and categories of reality *лингв.* категории понятийные и категории действительности 2. умозрительный; ~ foresight умозрительное предвидение, прогнозирование 3. *иск.* концептуальный; ~ art концептуальное искусство (*род абстракционизма*); ~ artist = conceptualist
conceptualism [kən'septʃuəlɪz(ə)m] *n* *филос.*, *иск.* концептуализм
conceptualist [kən'septʃuəlɪst] *n* художник-концептуалист
conceptualization [kən,septʃuəlaɪ'zeɪʃ(ə)n] *n* *книжн.* осмысление, составление концепции, представления (*о чём-л.*); historical ~ of events историческая оценка событий
conceptualize [kən'septʃuəlaɪz] *v* *книжн.* осмыслять; составлять концепцию, представление (*о чём-л.*)
conceptus [kən'septəs] *n* (*pl тж.* -ti) *физиол.* оплодотворённое яйцо (*млекопитающих*)
concern I [kən'sɜ:n] *n* 1. отношение, касательство; to have no ~ with не иметь никакого отношения /касательства/ к; it's no ~ of mine это меня не касается; это не моё дело; what ~ is it of yours? что вам до этого? 2. 1) беспокойство, забота, тревога; to express deep ~ выражать большую озабоченность /-ое беспокойство/; to feel ~ about one's future беспокоиться о своём будущем; to feel no ~ for smth. быть равнодушным к чему-л.; to cause ~ вызывать беспокойство /тревогу, озабоченность/ 2) участие, интерес; to show ~ for an invalid заботиться о больном; he has little ~ with politics он мало интересуется политикой 3. дело, фирма, предприятие; концерн; paying ~ прибыльное /доходное/ предприятие; going ~ функционирующее предприятие; family ~ семейная фирма 4. доля, пай; участие (*в предприятии*); to have a ~ in a business быть участником /пайщиком, акционером/ предприятия /партнёром в фирме/ 5. важность, значение; matter of great ~ дело большой важности; meddling in smb.'s ~s вмешательство в чьи-л. дела 7. *арх. разг.* вещь, штука; the hackney-coach is a great square ~ шестиместная карета — это такая огромная квадратная штуковина
concern II [kən'sɜ:n] *v* 1. касаться (*в рассказе*); описывать; the story ~s a good girl and a wicked fairy в сказке говорится о хорошей девочке и злой фее 2. касаться, затрагивать, иметь отношение, относиться; as ~s что касается; as far as I am ~ed что касается меня; where the children are ~ed когда речь идёт о детях; to whom it may ~ тем, кого это касается; ≅ справка, удостоверение (*заголовок справки, удостоверения и т. п.*); the problem ~s us all вопрос этот касается нас всех; that doesn't ~ you at all это вас совсем не касается; he is said to have been ~ed in the crime [in the plot, in the conspiracy] говорят, что он замешан в преступлении [в интриге, в заговоре] 3. беспокоить, волновать, заботить; to be ~ed about smb.'s health беспокоиться о чьём-л. здоровье; don't let my illness ~ you пусть моя болезнь не беспокоит вас; everybody was ~ed at the news все были встревожены /взволнованы/ известием 4. *refl* интересоваться, заниматься; to ~ oneself with literature [politics] интересоваться /заниматься/ литературой [политикой]
concerned [kən'sɜ:nd] *a* 1. 1) имеющий отношение (к чему-л.), связанный (с чем-л.); ~ with the crime замешанный в этом преступлении 2) заинтересованный; all ~ все заинтересованные (лица); the parties ~ заинтересованные стороны 2. озабоченный, обеспокоенный; to have a ~ look /air/ иметь озабоченный вид; the ~ mothers anxiously waited for their children взволнованные матери нетерпеливо поджидали своих детей 3. (in, with) занятый (*чем-л.*); ~ in the real estate business занимающийся куплей и продажей недвижимости 4. увлечённый, интересующийся (*особ. социальными проблемами*); причастный, ~ citizens сознательные граждане; our ~ youth наша полная энтузиазма молодёжь
concerning [kən'sɜ:nɪŋ] *prep* о, относительно; касательно; there were some inquiries ~ his health несколько раз справлялись относительно его здоровья
concernment [kən'sɜ:nmənt] *n книжн.* 1. дело, предприятие; отношение; matter of private ~ дело частного /личного/ характера 3. важность; of vital ~ жизненно важный 4. участие, заинтересованность (*в чём-л.*); a matter of public ~ вопрос, интересующий /волнующий/ общественность
concert I ['kɒnsət] *n* 1. концерт (*особ. симфонический*); ~ pianist концертирующий пианист; ~ music концертная музыка; ~ A «концертное ля» (*тон, задаваемый дирижёром оркестру*) 2. согласие; in ~ with вместе /во взаимодействии/ с, согласованно с, сообща; to act in ~ over smth. принимать согласованные меры в отношении чего-л.
◇ cat's /Dutch/ ~ «кошачий концерт»; ≅ кто в лес, кто по дрова
concert II [kən'sɜ:t] *v* договариваться, сговариваться; to ~ on methods договориться о методах
concerted [kən'sɜ:tɪd] *a* согласованный; to take ~ action предпринять согласованные действия; ~ effort a) скоординированные усилия; согласованные мероприятия; б) *разг.* напряжённая работа; this pupil has made a ~ effort to improve his work этот ученик вовсю старается лучше учиться; ~ float *фин.* совместное /согласованное/ колебание валют
concert-goer ['kɒnsətɡəuə] *n* любитель симфонической музыки
concert grand [,kɒnsət'ɡrænd] концертный рояль
concert-hall ['kɒnsətɔ:l] *n* концертный зал
concerti [kən'tʃɜ:tɪ, -'tʃeətɪ] *pl от* concerto
concertina I [,kɒnsə'ti:nə] *n* концертино, концертина (*вид гармоники*); ~ pleats плиссировка гармошкой, гофрировка
concertina II [,kɒnsə'ti:nə] *v* складываться гармошкой; the lorry ~ed when it crashed into a wall грузовик врезался в стену и весь сплющился
concertina wire [,kɒnsə'ti:nə,waɪə] 1) проволочная спираль 2) *воен.* переносное проволочное заграждение
concertini [,kɒntʃə'ti:nɪ] *pl от* concertino
concertino [,kɒntʃə'ti:nəu] *n* (*pl* -ni) *муз.* концертино
concertize ['kɒnsətaɪz] *v разг.* 1) концертировать 2) устраивать концерты; быть организатором концертов
concertmaster ['kɒnsət,mɑ:stə] *n амер.* концертмейстер (*первый скрипач в оркестре*)

concerto [kən'tʃɜ:təu] *n* (*pl* -os [-əuz], -ti) концерт (*музыкальное произведение*)
concerto grosso [kən,tʃɜ:təu'ɡrɒsəu] *муз.* кончерто гроссо
concert pitch [,kɒnsət'pɪtʃ] *муз.* концертный строй (*выше обычного*)
◇ at ~ в полной готовности; the army and navy were at ~ for war армия и флот были в полной боевой готовности
concession [kən'seʃ(ə)n] *n* 1. уступка; ~ to public opinion уступка общественному мнению; to make ~s идти на уступки, уступать; by mutual ~ путём взаимных уступок; tax ~ налоговая льгота 2. концессия; foreign ~ иностранная концессия; to grant [to renew] ~s предоставить [возобновить] концессии 3. *амер.* сдача внаём части помещения (*для буфета, киоска и т. п.*) 4. признание (*чьей-л. правоты, победы и т. п.*); ~ speech *амер.* речь кандидата в президенты, в которой он признаёт поражение на выборах и поздравляет своего соперника 5. *канад.* 1) = concession road 2) глушь, глухомань; he relies on the ~s for his political support он находит политическую поддержку в самых глухих уголках страны
concessionaire [kən,seʃə'neə] *n* 1. концессионер 2. *амер.* буфетчик *или* киоскёр в театре, кино и т. п.
concessionary I [kən'seʃən(ə)rɪ] = concessionaire
concessionary II [kən'seʃən(ə)rɪ] *a* концессионный
concessioner [kən'seʃ(ə)nə] *амер.* = concessionaire
concession road [kən'seʃ(ə)n'rəud] *канад.* сельская дорога, просёлок (*обыкн. идущая с востока на запад*)
concessive [kən'sesɪv] *a* 1. уступчивый 2. *грам.* уступительный
conch [kɒntʃ, kɒŋk] *n* 1. раковина 2. = concha 1 3. *греч. миф.* витая морская раковина (*атрибут Тритона*) 4. *архит.* конха, абсида
concha ['kɒŋkə] *n* 1. *анат.* ушная раковина 2. = conch 4
conchie ['kɒntʃɪ] = conchy
conchiform ['kɒŋkɪfɔ:m] *a* имеющий форму раковины
conchoid ['kɒŋkɔɪd] *n мат.* конхоида
conchoidal [kɒŋ'kɔɪdl] *a* 1. *спец.* конхоидальный 2. *спец.* раковистый (*об изломе*)
conchology [kɒn'kɒlədʒɪ] *n* конхиология (*раздел зоологии*)
conchy ['kɒntʃɪ] *воен. разг. сокр. от* conscientious objector
concierge [,kɒnsɪ'eəʒ] *n фр.* консьерж; консьержка
concilia [kən'sɪlɪə] *pl от* concilium
conciliate [kən'sɪlɪeɪt] *v* 1. снискать доверие, дружбу, расположение, любовь *и т. п.*; the explorer tried to ~ the natives with bright cloth and beads путешественник старался приобрести расположение /расположить/ туземцев пёстрыми тканями и бусами 2. успокаивать, умиротворять; she ~d her little sister with a candy bar она старалась утешить сестрёнку конфетой 3. примирять; согласовывать; проводить примирительную процедуру (*особ. между профсоюзами и нанимателями*)
conciliation [kən,sɪlɪ'eɪʃ(ə)n] *n* 1. примирение, умиротворение 2. *юр.* 1) согласительная процедура; ~ commission примирительная комиссия 2) арбитражное примирение (*особ. профсоюза с предпринимателем*)
conciliative [kən'sɪlɪətɪv] = conciliatory
conciliator [kən'sɪlɪeɪtə] *n* 1. примиритель; миротворец 2. *юр.* мировой посредник

conciliatory [kənˈsɪlɪət(ə)rɪ] *a* 1) примирительный, умиротворяющий; ~ measures примирительные меры; ~ act примирительный /умиротворяющий/ поступок; ~ spirit нежелание ссориться; стремление жить в мире 2) примиренческий

concilium [kənˈsɪlɪəm] *n* (*pl* -lia) консилиум

concinnity [kənˈsɪnɪtɪ] *n книжн.* изысканность, красота (*литературного стиля*); соразмерность частей (*произведения*)

concinnous [kənˈsɪnəs] *a книжн.* изысканный, красивый (*о литературном стиле*)

concise [kənˈsaɪs] *a* краткий, сжатый, сокращённый; чёткий, выразительный (*о слоге*); ~ dictionary краткий словарь; he is ~ он точен, краток и немногословен

concisely [kənˈsaɪslɪ] *adv* сжато, кратко; выразительно

conciseness [kənˈsaɪsnɪs] *n* сжатость, краткость; выразительность (*слога*)

concision [kənˈsɪʒ(ə)n] *n* 1. = conciseness 2. *арх.* отрезание, ампутация

conclamation [ˌkɒnkləˈmeɪʃ(ə)n] *n книжн.* громкий крик, многоголосый вопль; funeral ~ похоронный плач; applauses and ~s аплодисменты и возгласы

conclave [ˈkɒnkleɪv] *n* 1. тайное совещание; to sit in ~ тайно совещаться 2. *церк.* 1) конклав 2) коллегия кардиналов

conclude [kənˈkluːd] *v* 1. 1) заканчивать, завершать; to ~ a lecture [an argument, a chapter, a letter, a composition] закончить лекцию [спор, главу, письмо, сочинение]; to ~ a sitting [a meeting, a trial] закончить /закрыть/ заседание [собрание, судебное разбирательство]; he ~d his address with a poem он закончил свою речь стихами; to ~ итак, в заключение (*в конце речи*) 2) заканчиваться, завершаться; the meeting ~d in uproar собрание кончилось бурно; the concert ~d with the National Anthem концерт завершился исполнением государственного гимна 2. заключать; to ~ a treaty [a contract, a bargain, peace] заключить договор [контракт, сделку, мир] 3. прийти к заключению, (с)делать вывод; what do you ~ from his behaviour? какой вы делаете вывод из его поведения?; the jury ~d from the evidence that the defendant was not guilty на основании материалов дела присяжные пришли к выводу, что подсудимый невиновен 4. решать, принимать решение (*что-л. сделать*); I ~d not to go я решил не ехать; it was ~d to bring him to trial было решено привлечь его к суду

concluding [kənˈkluːdɪŋ] *a* заключительный, завершающий; ~ speech заключительная речь

conclusion [kənˈkluːʒ(ə)n] *n* 1. окончание, завершение; the ~ of a speech заключительная часть /окончание/ речи; in ~ в заключение; to bring to a ~ довести до конца, завершить; in ~ I'd like to say… в заключение я хочу сказать, что… 2. заключение; ~ of truce [of peace] заключение перемирия [мира] 3. 1) (умо)заключение, вывод; to draw a ~ делать вывод; to arrive at /to reach/ a ~ прийти к заключению; to jump to /at/ a ~, to rush to a ~ делать поспешный вывод 2) *лог.* вывод силлогизма 4. исход, результат; what will be the ~ of all this? каков будет результат всего этого?; чем всё это кончится? 5. *юр.* 1) решение суда; ~ of law признание судом (*какого-л.*) факта или права, которое впоследствии не может быть опровергнуто 2) заключительная часть или обобщение документа или аргументации в процессе

◇ to try ~s with smb. вступать в спор /в состязание/ с кем-л.; сразиться с кем-л.

conclusive [kənˈkluːsɪv] *a* 1. заключительный 2. 1) решающий, окончательный 2) убедительный; ~ evidence неопровержимое доказательство

conclusively [kənˈkluːsɪvlɪ] *adv* 1) окончательно; решительно 2) убедительно

conclusiveness [kənˈkluːsɪvnɪs] *n* убедительность, доказательность

concoct [kənˈkɒkt] *v* 1. состряпать, приготовить (*из разных продуктов*); to ~ a drink of vegetable and fruit juices приготовить фруктово-овощной напиток; they ~ed a dinner они сварганили обед 2. состряпать, выдумать; to ~ an excuse [a story, a plot for a novel] придумать оправдание [рассказ, сюжет романа] 3. *спец.* концентрировать; сгущать

concoction [kənˈkɒkʃ(ə)n] *n* 1. приготовление (*пищи, напитков из разных продуктов*); the ~ of the milk shake took several minutes приготовление молочного коктейля заняло несколько минут 2) *обыкн. неодобр.* бурда, смесь (*напитков, продуктов*) 2. придумывание (*рассказа, плана, интриги и т. п.*) 3. вымысел, небылицы, «басни»; his affidavit was a ~ from beginning to end его показание было вымыслом от начала до конца 4. *спец.* 1) концентрат 2) концентрирование; сгущение

concolor [kənˈkʌlə] *a амер.* 1. того же цвета 2. одноцветный

concolorous [kənˈkʌlərəs] *a* одноцветный, гладкий (*без рисунка*)

concomitance [kənˈkɒmɪt(ə)ns] *n книжн.* сопутствование

concomitant I [kənˈkɒmɪt(ə)nt] *n* сопутствующее обстоятельство; sleeplessness is often a ~ of anxiety причиной бессонницы часто является беспокойство; disease is a ~ with poor sanitation плохое санитарное состояние ведёт к распространению болезней

concomitant II [kənˈkɒmɪt(ə)nt] *a* сопутствующий; ~ circumstances сопутствующие обстоятельства

concord I [ˈkɒŋkɔːd] *n* 1. согласие; мир; to live in ~ жить в согласии /в мире/ 2. соглашение; договор, конвенция 3. *грам.* согласование; there must be ~ between verb and noun глагол должен согласоваться с существительным 4. *муз.* созвучие, гармония

concord II [kənˈkɔːd] *v редк.* 1) договариваться, сговариваться 2) *спец.* составлять конкордацию, алфавитный указатель

concordance [kənˈkɔːd(ə)ns] *n* 1. согласие, гармония, соответствие; in ~ with your wishes *книжн.* в соответствии с вашими (по)желаниями 2. 1) конкорданция, алфавитный указатель слов, встречающихся в (*какой-л.*) книге или у (*какого-л.*) автора, с отсылками к тексту; ~ of Shakespeare конкорданция к Шекспиру 2) симфония (*конкорданция к Библии*)

concordant [kənˈkɔːd(ə)nt] *a* 1. согласный, согласующийся; гармоничный; ~ with wishes соответствующий желаниям; ~ with the dictates of the professional code соответствующий профессиональной этике; ~ strata *геол.* согласные пласты 2. *муз.* созвучный, гармоничный

concordantly [kənˈkɔːd(ə)ntlɪ] *adv* согласно, соответственно

concordat [kɒnˈkɔːdæt] *n* 1. конкордат 2. договор между отдельными лицами, правительствами

concorporate [kənˈkɔːpəreɪt] *v книжн.* соединять в одно целое

concourse [ˈkɒŋkɔːs] *n книжн.* 1. стечение (*народа и т. п.*); скопление (*вещей и т. п.*); unforeseen ~ of circumstances непредвиденное стечение обстоятельств; the whole admiring ~ gazed on him все собравшиеся смотрели на него с восхищением 2. *преим. амер.* 1) открытое место или зал, где собирается публика; стадион, цирк, курзал и т. п. 2) место, где сходится несколько тропинок, дорог, улиц 3) (главный) вестибюль, зал (*вокзала и т. п.*)

concrement [ˈkɒŋkrɪmənt] *n книжн.* срастание, сращивание

concrescence [kənˈkres(ə)ns] *n биол.* сращение

concrete¹ I [ˈkɒŋkriːt] *n* бетон; ~ aggregate заполнитель для бетона

concrete¹ II [ˈkɒŋkriːt] *a* бетонный; ~ reinforcement арматура бетона; ~ blockhouse *воен.* бетонированный дот

concrete¹ III [ˈkɒŋkriːt] *v* 1. бетонировать 2. [kənˈkriːt] сгущать; превращать в твёрдую массу

concrete² I [ˈkɒŋkriːt] *n* 1. нечто конкретное, реальное 2. 1) конкретная поэзия 2) поэт-конкретист

concrete² II [ˈkɒŋkriːt] *a* 1. конкретный; ~ fact конкретный факт; ~ number именованное число; ~ noun *грам.* имя существительное, выражающее конкретное понятие 2. *иск., лит.* относящийся к конкретизму, ~ music конкретная музыка; ~ poet поэт-конкретист; ~ poetry конкретная поэзия 3. *филос.* реальный (*в противоп. идеальному*)

concrete jungle [ˈkɒŋkriːtˈdʒʌŋɡ(ə)l] = asphalt jungle [*см.* asphalt II ◇]

concrete mixer [ˈkɒŋkriːtˌmɪksə] *n тех.* бетономешалка

concreting [ˈkɒŋkriːtɪŋ] *n* бетонирование

concretion [kənˈkriːʃ(ə)n] *n* 1. сращение; сращивание 2. *спец.* твердение, сгущение, коагуляция 3. *геол.* конкреция, минеральное включение 4. *мед.* конкремент, камешек, камень 5. *иск., лит.* теория или практика конкретизма

concretionary [kənˈkriːʃən(ə)rɪ] *a геол.* конкреционный; стремящийся к срастанию

concretism [ˈkɒŋkriːtɪz(ə)m] *n* конкретизм (*род модернизма в музыке, поэзии*)

concretize [ˈkɒŋkrɪtaɪz] *v* 1) конкретизировать; to ~ one's ideas конкретизировать свои идеи 2) конкретизироваться

concubinage [kɒnˈkjuːbɪnɪdʒ] *n* 1. внебрачное сожительство 2. конкубинат (*в Древнем Риме*)

concubine [ˈkɒŋkjubaɪn] *n* 1. любовница, наложница 2. сожительница; младшая жена (*у народов, допускающих многоженство*)

concupiscence [kənˈkjuːpɪs(ə)ns] *n* 1) (страстное) желание 2) похотливость; вожделение

concupiscent [kənˈkjuːpɪs(ə)nt] *a* похотливый, сладострастный

concupiscible [kənˈkjuːpɪsəb(ə)l] = concupiscent

concur [kənˈkɜː] *v* 1. совпадать (*о событиях и т. п.*); everything ~red to make him successful всё содействовало /способствовало/ его успеху; this year two weeks of rain ~red with our vacation в этом году на наш отпуск пришлось две недели дождливой погоды 2. соглашаться, сходиться во мнениях; I ~

with the speaker in this respect в этом отношении я согласен с оратором 3. действовать сообща

concurrence [kənˈkʌrəns] *n* 1. совпадение; ~ of ideas [of opinions] совпадение идей [мнений] 2. согласованность (*действий*); ~ in helping refugees сотрудничество в помощи беженцам 3. *книжн.* соревнование

concurrency [kənˈkʌrənsɪ] = concurrence

concurrent I [kənˈkʌrənt] *n* 1. сопутствующее обстоятельство 2. *шотл. юр.* лицо, сопровождающее судебного чиновника 3. *редк.* конкурент

concurrent II [kənˈkʌrənt] *a* 1. 1) совпадающий; действующий одновременно *или* совместно; the ~ existence of two different systems одновременное существование двух различных систем; ~ reaction *хим.* сопутствующая *или* побочная реакция 2) согласованный; совпадающий; the ~ views of several experts единая /совпадающая/ точка зрения нескольких экспертов; my opinion is ~ with yours моё мнение совпадает с вашим 2. пересекающийся; ~ lines *мат.* прямые, имеющие общую точку 3. *вчт.* совмещённый, одновременный; ~ processes параллельные процессы; ~ programming параллельное программирование 4. *юр.* параллельный (*о юрисдикции и т. п.*)

concurrent resolution [kənˈkʌrəntˌrezəˈluːʃ(ə)n] *амер.* постановление конгресса, принятое палатами раздельно

concuss [kənˈkʌs] *v* 1. потрясать, поражать 2. принуждать (*к чему-л.*) путём угроз или насилия 3. *мед.* вызывать сотрясение (*мозга*)

concussion [kənˈkʌʃ(ə)n] *n* 1. сотрясение, толчок; ~ of the air сотрясение воздуха; ~ of the brain сотрясение мозга 2. контузия 3. *юр.* принуждение (*к чему-л.*) путём угроз или насилия

concussion fuse [kənˈkʌʃ(ə)nˌfjuːz] *воен.* ударный взрыватель

concussion spring [kənˈkʌʃ(ə)nˌsprɪŋ] *тех.* рессорный амортизатор, буферная пружина

condé [kənˈdeɪ] *n* конде (*рисовая каша с фруктами и вареньем*)

condemn [kənˈdem] *v* 1. осуждать, порицать; to ~ a person for his conduct осуждать человека за его поведение 2. *юр.* признать виновным, осудить, приговорить; to ~ to death [to imprisonment] приговаривать к смертной казни [к заключению] 3. *обыкн. pass* обрекать; to be ~ed to inactivity [to silence, to poverty] быть обречённым на бездействие [на молчание, на бедность]; he got well again, although the doctors had ~ed him он поправился, хотя врачи приговорили его; a housewife is ~ed to hours at the sink (*домашняя*) хозяйка прикована к кухонной раковине 4. 1) браковать, признавать негодным для употребления *или* использования; the meat was ~ed as unfit for food мясо было признано негодным для употребления в пищу; the house was ~ed дом был предназначен на снос; to ~ a bridge as no longer safe решить разобрать мост, ставший небезопасным для движения 2) конфисковать как недоброкачественное (*пищевые продукты и т. п.*) 5. конфисковать, налагать арест (*особ. на судно*); отчуждать (*в принудительном порядке*) 6. уличать, выдавать; her looks ~ her она выдаёт себя всем своим видом

condemnation [ˌkɒndəmˈneɪʃ(ə)n] *n* 1. 1) осуждение; порицание; her face was her ~ у неё на лице было написано /по её лицу было видно/, что она виновата 2) *юр.* признание виновным, осуждение 2. конфискация, наложение ареста; принудительное отчуждение (*судна и т. п.*); 3. признание негодным, некондиционным *или* опасным для использования и т. п.; the ~ of an unsafe bridge решение разобрать мост, считающийся небезопасным для движения

condemnatory [kənˈdemnət(ə)rɪ] *a юр.* обвинительный

condemned [kənˈdemd] *a* 1. осуждённый, приговорённый 2. забракованный, признанный негодным; ~ house дом, предназначенный на слом; ~ grain бракованное зерно 3. *эмоц.-усил.* проклятый, окаянный

condemned cell [kənˌdemdˈsel] камера смертников

condensable [kənˈdensəb(ə)l] *a* сгущаемый, конденсируемый; поддающийся сжижению или сгущению

condensate I [kənˈdenseɪt] *n спец.* конденсат

condensate II [kənˈdenseɪt] *редк.* = condense

condensation [ˌkɒndenˈseɪʃ(ə)n] *n* 1. конденсация; сгущение; уплотнение; сжижение; ~ point *физ.* точка росы; температура конденсации; ~ trail *ав.* инверсионный /конверсионный/ след (*самолёта*) 2. 1) сжатость, краткость (*стиля*) 2) сокращённый вариант (*литературного произведения*) 3. *информ.* сжатие информации

condense [kənˈdens] *v* 1. 1) конденсировать, превращать из газообразного в жидкое *или* твёрдое состояние 2) конденсироваться, превращаться из газообразного в жидкое *или* твёрдое состояние 2. 1) сжато выражать (*мысль и т. п.*) 2) составлять сокращённый вариант литературного произведения

condensed [kənˈdenst] *a* 1. 1) конденсированный; сгущённый; уплотнённый; ~ milk сгущённое молоко; ~ matter вещество в конденсированном (*жидком или твёрдом*) состоянии 2) сжатый, краткий; ~ account of an event сжатое изложение событий 2. *полигр.* узкий (*о шрифте*)

condenser [kənˈdensə] *n* 1. *тех., эл.* конденсатор 2. *опт.* конденсор

condensery [kənˈdensərɪ] *n* завод по производству сгущённого молока

condensible [kənˈdensəb(ə)l] = condensable

condensity [kənˈdensɪtɪ] *n* сжатость

condescend [ˌkɒndɪˈsend] *v* 1. 1) снизойти, удостоить; соизволить; he seemed to be ~ing all the time he was speaking to his staff он, казалось, снисходил до своих подчинённых, когда говорил с ними 2) вести себя покровительственно, важничать; Mrs. Smith ~s to all her neighbours миссис Смит смотрит свысока на всех своих соседей; she doesn't like to be ~ed to ей не нравится, когда до неё снисходят 2. *амер.* унижаться (*до чего-л.*); to ~ to trickery [to bribery] дойти до мошенничества [до взяточничества]

condescendence [ˌkɒndɪˈsendəns] = condescension

condescendent [ˌkɒndɪˈsendənt] *n* тот, кто оказывает покровительство

condescending [ˌkɒndɪˈsendɪŋ] *a* снисходительный; haughty and ~ manner надменная и покровительственная манера

condescension [ˌkɒndɪˈsenʃ(ə)n] *n* 1. снисхождение; снисходительность 2. покровительственный тон

condign [kənˈdaɪn] *a книжн.* заслуженный (*о наказании*); ~ censure [punishment] заслуженное порицание [наказание]

condiment [ˈkɒndɪmənt] *n* приправа; специи

condimental [ˌkɒndɪˈmentl] *a кул.* пикантный, острый

condiment set [ˈkɒndɪməntˌset] судок (*столовый прибор*)

condisciple [ˌkɒndɪˈsaɪp(ə)l] *n книжн.* соученик

condition I [kənˈdɪʃ(ə)n] *n* 1. 1) состояние, положение; ~ of the market состояние рынка; ~ of the track *спорт.* состояние дорожки; in good ~ годный к употреблению (*о пище*) ; to be in [out of] ~ быть в хорошем [плохом] состоянии [*ср. тж.* 5, 2)]; the house is in a terrible ~ дом в ужасном состоянии; the goods arrived in good [bad] ~ товары доставлены в хорошем [плохом] состоянии; the patient is in a critical ~ состояние больного критическое; he is in no ~ to travel он не в состоянии /его здоровье не позволяет ему/ путешествовать 2) *преим. с.-х.* кондиция; to lose ~ терять кондицию 2. 1) *pl* обстоятельства, условия; climatic ~s климатические условия; ~s of flight *метеор.* условия полёта; ~s of life, living ~s условия жизни; under existing [favourable] ~s при существующих [благоприятных] обстоятельствах [условиях]; to better /to amend/ ~s улучшить условия труда *и т. п.* 2) *обыкн. pl тех.* режим (*работы*) 3. 1) условие, оговорка; to meet the ~s выполнять условия; to lay down ~s формулировать /излагать/ условия; ~ of sales [of payment] условия продажи [платежа]; on /upon/ (that)... при условии (что)...; on what ~ will you agree? при каких условиях вы согласитесь?; to make it a ~ that... ставить условием, что... 2) *юр.* условие, клаузула, оговорка (*в документе*); estate upon /in/ ~ условное владение 4. общественное положение; to be of high [low] ~ занимать высокое [низкое] положение в обществе; to live beyond one's ~ жить не по средствам; men of all ~s, people of every ~ of life люди всякого звания 5. 1) состояние здоровья; to improve one's ~ укрепить своё здоровье 2) *часто спорт.* форма, натренированность; to be in ~ быть в форме [не в форме] [*ср. тж.* 1, 1)]; to get into ~ восстановить /прийти в/ форму; I can't go climbing, I'm out of ~ я не пойду в горы, я потерял форму 3) болезненное состояние; heart [liver] ~ болезнь сердца [печени] 6. 1) *грам.* часть условного предложения, содержащая условие; real [unreal] ~ — реальное [нереальное] условие 2) *лог.* антецедент, основание условного предложения 7. *амер. школ.* 1) отставание по (*какому-л.*) предмету, «хвост» 2) предмет, по которому учащийся отстаёт 3) условная неудовлетворительная оценка (*допускающая возможность пересдачи экзамена*)

◇ on no ~ ни в коем случае, ни при каких условиях; you must on no ~ tell him what happened вы ни в коем случае не должны говорить ему, что случилось; to change one's ~ *уст.* выйти замуж; жениться

condition II [kənˈdɪʃ(ə)n] *v* 1. обусловливать, определять; регулировать; the size is ~ed by the requirements размер зависит от потребностей; the amount of money I spend is ~ed by the amount I earn сумма моих расходов зависит от суммы заработка 2. *с.-х.* откармливать; доводить до кондиции 3. *спорт.* тренировать (*команду, животное*); you must ~

conditional ... yourself вы должны тренироваться /восстановить свою спортивную форму/ 4. приводить в надлежащее состояние 5. текст. определять степень влажности (*шёлка, шерсти и т. п.*) 6. 1) кондиционировать (*воздух*) 2) устанавливать кондиционер(ы), кондиционировать (*помещение*) 7. психол. 1) приучать особ. путём использования условных рефлексов 2) формировать (*сознание и т. п.*); society ~s us all общество всех нас формирует; his early life ~ed him детство сделало его тем, что он есть 8. *амер. школ.* 1) принимать или переводить (*в школу, с переэкзаменовкой*); he was ~ed in Latin ему дали переэкзаменовку по латыни 2) сдавать переэкзаменовку 9. *редк.* ставить условия, уславливаться

conditional [kənˈdɪʃ(ə)nəl] *a* 1. условный, обусловленный; to be ~ on smth. зависеть от чего-л., иметь силу при каком-л. условии; ~ promise условное обязательство; ~ sale *ком.* а) условная продажа; б) продажа с принудительным ассортиментом/ с «нагрузкой»/; ~ probability *мат.* условная вероятность 2. *грам.* условный; ~ mood условное наклонение; ~ sentence условное предложение

conditionally [kənˈdɪʃ(ə)nəlɪ] *adv* условно; he was ~ discharged он был освобождён условно

conditionate I [kənˈdɪʃ(ə)nɪt] *a книжн.* обусловленный

conditionate II [kənˈdɪʃəneɪt] *v редк.* обусловливать

conditioned [kənˈdɪʃ(ə)nd] *a* 1. обусловленный; ~ by external circumstances обусловленный внешними обстоятельствами 2. *спец.* кондиционный, отвечающий стандарту 3. *психол.* 1) обусловленный обучением, тренировкой, психологической обработкой; ~ behaviour внушённое поведение 2) вызывающий определённую реакцию (*о стимуле и т. п.*)

conditioned reflex, conditioned response [kənˌdɪʃ(ə)ndˈriːfleks, -ˌrɪˈspɒns] *физиол.* условный рефлекс

conditioner [kənˈdɪʃ(ə)nə] *n* 1. кондиционер (*воздуха и т. п.*) 2. закалка; метод сохранения здоровья, спортивной формы; running is a ~ бег — хорошая тренировка 3. восстановитель (*для волос*)

conditioning [kənˈdɪʃ(ə)nɪŋ] *n* 1. 1) кондиционирование, установление требуемого состава *или* состояния 2) *ком.* приведение товара в соответствие с установленными нормами 3) кондиционирование (*воздуха*) 2. *спорт.* 1) закаливание 2) общеразвивающие упражнения 3. психологическая обработка, *особ.* с использованием условных рефлексов 4. *спец.* обработка (*формовочной земли и т. п.*) 5. *тех.* заправка режущего инструмента 6. *тех.* паспортизация (*оборудования*)

conditio sine qua non [kənˈdɪtɪəʊ,s(a)ɪnɪkweɪˈnɒn, -ˈnəʊn] *лат.* непременное условие

condo [ˈkɒndəʊ] *n* (*pl* -os [-əʊz]) *разг. см.* condominium 2, 2)

condo-conversion [ˌkɒndəʊkənˈvɜːʃ(ə)n] *n* перестроенный особняк, разбитый на отдельные квартиры и находящийся в совместном владении жильцов

condolatory [kənˈdəʊlət(ə)rɪ] *a* выражающий сочувствие, соболезнование; ~ visit визит с выражением соболезнования

condole [kənˈdəʊl] *v* 1. выражать соболезнование, сочувствовать; I ~ with you upon the loss of your mother выражаю вам соболезнование по случаю кончины вашей матери 2. *арх.* оплакивать; горевать, сокрушаться (*о чём-л.*)

condolence [kənˈdəʊləns] *n* часто *pl* соболезнование, сочувствие; to present one's ~s to smb. выражать своё соболезнование кому-л.; please accept my ~s прошу принять моё соболезнование

condolent [kənˈdəʊlənt] *a* выражающий соболезнование, сочувствие

condom [ˈkɒndəm] *n* презерватив

condominium [ˌkɒndəˈmɪnɪəm] *n* 1. 1) кондоминиум, совладение, совместное обладание 2) совместное господство (*двух государств над одной территорией*) 2. 1) дом-совладение; кооперативный жилой дом, в котором квартиры принадлежат владельцам как частная собственность 2) квартира в доме-совладении; кооперативная квартира (*тж.* ~ apartment)

condonable [kənˈdəʊnəb(ə)l] *a* простительный; не заслуживающий строгого осуждения

condonation [ˌkɒndəʊˈneɪʃ(ə)n] *n* 1) оправдание (*плохого поступка, преступления*); попустительство, потворство 2) *юр.* прощение одним из супругов прелюбодеяния (*служащего основанием для иска*), совершённого другим супругом

condone [kənˈdəʊn] *v* 1. 1) предать забвению, простить (*преступление и т. п.*); good friends will ~ each other's faults настоящие друзья прощают друг другу недостатки 2) оправдывать (*плохие поступки*); потворствовать, попустительствовать; закрывать глаза (*на преступление и т. п.*) 3) *юр.* простить супружескую неверность 2. искупать; good qualities that ~ his many shortcomings хорошие качества, искупающие его многочисленные недостатки

condor [ˈkɒndɔː] *n* 1. *зоол.* кондор (*Vultur gryphus*) 2. кондор, золотая *или* серебряная монета (*обращавшаяся в некоторых южноамериканских странах до 1933 г.*)

condottiere [ˌkɒndɒˈtjeərɪ] *n* (*pl* -ri) 1) *ист.* кондотьер 2) человек, готовый за плату сражаться за любое дело; солдат-наёмник

condottieri [ˌkɒndɒˈtjeərɪ] *pl от* condottiere

conduce [kənˈdjuːs] *v* способствовать (*чему-л.*); приводить (*к чему-л.*); to ~ to success [to health] способствовать успеху [улучшению здоровья]

conducive [kənˈdjuːsɪv] *a* способствующий, благоприятный; early rising is ~ to health вставать рано полезно для здоровья; ~ to appetite возбуждающий аппетит

conduct I [ˈkɒndʌkt, -dəkt] *n* 1. поведение; good [bad, exemplary, irreproachable, unseemly] ~ хорошее [плохое, примерное, безупречное, непристойное] поведение; infamous ~ нарушение профессиональной этики (*особ. врачом*); the rules of ~ правила поведения 2. ведение, руководство; ~ of a business руководство делом; ~ of war ведение войны; ~ of fire *воен.* ведение огня

conduct II [kənˈdʌkt] *v* 1. вести, сопровождать; водить (*по музею и т. п.*); the guide ~ed the party round the museum гид водил группу по музею; he was ~ed over the school [the hospital, the factory] ему показали школу [больницу, завод]; to ~ to a seat проводить к месту 2. вести, руководить; проводить; to ~ a meeting [a campaign, an examination, an inquiry] проводить собрание [кампанию, экзамен, расследование]; to ~ siege [affairs] вести осаду [дела]; to ~ an expedition руководить экспедицией 3. *refl* вести себя; he ~s himself well он хорошо себя ведёт; I like the way your children ~ themselves мне нравится поведение ваших детей 4. дирижировать (*оркестром, хором*); he ~s at all the big concerts он дирижирует на всех больших концертах 5. работать кондуктором; she's ~ed on buses for twenty years она уже 20 лет работает кондуктором автобуса 6. 1) *спец.* проводить (*теплоту, ток*); служить проводником 2) проводить, пропускать (*воздух, воду*)

conductance [kənˈdʌktəns] *n физ.* электропроводность; проводимость

conducted tour [kənˈdʌktɪdˈtʊə] туристическая поездка по определённому маршруту в сопровождении гида

conductibility [kənˌdʌktəˈbɪlɪtɪ] = conductance

conduction [kənˈdʌkʃ(ə)n] *n* 1. *физ.* проводимость; ~ of heat теплопроводность 2. проведение (*воды по трубе и т. п.*) 3. *физиол.* проведение возбуждения

conductive [kənˈdʌktɪv] *a физ.* проводящий; ~ body проводник

conductivity [ˌkɒndʌkˈtɪvɪtɪ] *n* 1. *физ.* 1) удельная проводимость; коэффициент проводимости; проводимость; электропроводность 2. *физиол.* способность реагировать на стимул; проведение возбуждения

conduct-money [ˈkɒndʌktˌmʌnɪ] *n ист.* 1. деньги, уплачиваемые за доставку свидетеля в суд 2. 1) деньги на доставку солдат в армию 2) налог, взимавшийся для покрытия расходов по доставке солдат в армию

conductometry [ˌkɒndʌkˈtɒmɪtrɪ] *n спец.* кондуктометрия

conductor [kənˈdʌktə] *n* 1. 1) кондуктор (*трамвая, автобуса*) 2) *амер. ж.-д.* проводник вагона 2. 1) проводник, гид; ~ of a party проводник группы; ~ of an expedition руководитель экспедиции 2) руководитель (*фирмы и т. п.*) 3. дирижёр 4. *физ.* проводник 5. *эл.* провод; жила (*кабеля*) 6. молниеотвод 7. *геол.* направляющая (*жила*)

conductress [kənˈdʌktrɪs] *n* женщина-кондуктор (*трамвая, автобуса, троллейбуса*)

conduct sheet [ˈkɒndʌktʃiːt] 1) кондуит, журнал для записи проступков учащихся 2) *воен.* карточка (учёта) взысканий и поощрений

conduit [ˈkɒndɪt, ˈkɒndjʊɪt] *n* 1. трубопровод, водовод (*подземный*); акведук 2. *эл.* изоляционная труба; кабелепровод 3. подземный, потайной ход 4. *редк.* канал; the ~s through which the produce of the East flowed in пути, по которым (к нам) поступала продукция Востока

conduplicate [kɒnˈdjuːplɪkɪt] *a бот.* сложенный вдоль

condyle [ˈkɒndɪl] *n анат.* мыщелок

condyloma [ˌkɒndɪˈləʊmə] *n* (*pl* -ta) *мед.* кондилома

condylomata [ˌkɒndɪˈləʊmətə] *pl от* condyloma

cone I [kəʊn] *n* 1. *мат.* конус; ~ of rays *физ.* пучок лучей 2. раструб, сопло 3. *тех.* конус, фрикцион 4. шишка (*хвойных деревьев*) 5. 1) что-л. имеющее форму конуса; ~ speaker *радио* диффузорный громкоговоритель 2) пик, конус (*вулкана*) 3) конусообразный вафельный фунтик, стаканчик (*для мороженого*) 4) *метеор.* сигнал, предупреждающий о плохой погоде 6. *анат.* кол-

бочка (сетчатки глаза) 7. дор. дорожный конус (для разметки дороги, трассы)
  cone II [kəυn] v 1. придавать конусообразную форму 2. обыкн. pass обнаруживать прожекторами (самолёт)
  cone flower [ˈkəυnˌflaυə] n бот. рудбекия (Rudbeckia gen.)
  cone off [ˈkəυnˈɒf] phr v огораживать дорожными конусами (ремонтируемую часть дороги)
  cones [kəυnz] n спец. рисовая или кукурузная мука (для посыпки теста и форм)
  cone shell [ˈkəυnʃel] зоол. конус (брюхоногий моллюск из семейства Conidae)
  Conestoga [ˌkɒnɪˈstəυgə] n 1. индеец из североамериканского племени конестога 2. язык племени конестога 3. ист. крытый конный фургон (американских пионеров; тж. ~ wagon)
  coney [ˈkəυnɪ] = cony
  confab I [ˈkɒnfæb] разг. сокр. от confabulation
  confab II [ˈkɒnfæb] разг. сокр. от confabulate
  confabulate [kənˈfæbjʊleɪt] v 1. дружески беседовать, болтать 2. совещаться 3. психол. (бесцельно) фантазировать, выдумывать, рассказывать (как якобы пережитое)
  confabulation [kənˌfæbjʊˈleɪʃ(ə)n] n 1. дружеская беседа 2. совещание, консультация 3. психол. (бесцельная) ложь; фантазирование, выдумка; вымышленная история [см. тж. confabulate 3]
  confabulator [kənˈfæbjʊleɪtə] n 1) собеседник 2) участник совещания
  confabulatory [kənˈfæbjʊlət(ə)rɪ] a разговорный
  confect [kənˈfekt] v 1. 1) изготовлять сласти 2) консервировать, мариновать 2. ирон. делать, создавать; to ~ a story выдумать небылицу
  confection I [kənˈfekʃ(ə)n] n 1. 1) изготовление засахаренных фруктов 2) приготовление лекарств, особ. на меде или сиропе 2. сласти; кондитерские изделия 3. разг. предмет женской одежды, особ. лёгкий и нарядный; ≅ нечто воздушное 4. амер. тонкое изделие, изящный предмет
  confection II [kənˈfekʃ(ə)n] v 1. 1) изготовлять конфеты, мороженое и т. п. 2) приготовлять лекарства 2. изготовлять предметы женской одежды и белья
  confectionary [kənˈfekʃən(ə)rɪ] n 1. кондитерская фабрика 2. конфета 3. = confectionery
  confectioner [kənˈfekʃənə] n кондитер; ~s sugar амер. сахарная пудра
  confectionery [kənˈfekʃən(ə)rɪ] n 1. кондитерская 2. кондитерские изделия 3. искусство кондитера
  confederacy [kənˈfed(ə)rəsɪ] n 1. конфедерация; лига; союз государств 2. (преступный) сговор 3. (the C.) амер. ист. Конфедерация (11-ти южных штатов, отколовшихся в 1860—61 гг.; тж. Southern C.)
  confederal [kənˈfed(ə)rəl] a 1) относящийся к конфедерации; ~ association конфедеративное устройство (государства) 2) ист. федеральный
  confederalist [kənˈfed(ə)rəlɪst] n сторонник конфедеративного государственного устройства
  confederate I [kənˈfed(ə)rɪt] n 1. член конфедерации 2. юр. сообщник, соучастник (преступления, преступного сговора) 3. (C.) амер. ист. конфедерат, сторонник Конфедерации в гражданской войне 1861—65 гг.; южанин; солдат армии Конфедерации
  confederate II [kənˈfed(ə)rɪt] a 1. конфедеративный; союзный 2. (C.) амер. ист. относящийся к Конфедерации (южных штатов); C. uniform мундир солдата армии южан; C. States of America амер. ист. Конфедеративные Штаты Америки (официальное наименование Конфедерации одиннадцати южных штатов)
  confederate III [kənˈfedəreɪt] v 1) объединить в союз, (кон)федерацию 2) объединиться в союз, конфедерацию
  confederation [kənˌfedəˈreɪʃ(ə)n] n 1. конфедерация, союз; C. of British Industry Конфедерация британской промышленности 2. (the C.) амер. ист. Конфедерация (тринадцати штатов; 1781—89)
  confederationist [kənˌfedəˈreɪʃ(ə)nɪst] = confederalist
  confederative [kənˈfed(ə)rətɪv] a конфедеративный
  confer [kənˈfɜː] v 1. даровать, жаловать, предоставлять; to ~ a title upon smb. давать титул кому-л.; to ~ a degree присудить учёную степень; to ~ knighthood пожаловать рыцарство; your trust ~s an honour on me вашим доверием вы оказываете мне честь 2. совещаться, вести переговоры; to ~ with one's lawyer советоваться с юристом
  conferee [ˌkɒnfəˈriː] n 1. амер. участник переговоров, конференции или совещания 2. награждённый; получивший учёную степень, титул, орден и т. п.
  conference [ˈkɒnf(ə)rəns] n 1. конференция, совещание; international ~ международная конференция /-ое совещание/; Heads-of-Government C. совещание глав правительств; ~ desk круглый стол для заседаний 2) обмен мнениями, консультация, совещание; to be in ~ a) быть на совещании, совещаться; заседать; б) консультироваться; в) канц. принимать посетителей, вести приём; the director is in ~ now директор сейчас занят; у директора сейчас посетители 2. награждение (медалью и т. п.); пожалование (титула и т. п.); присуждение (учёной степени и т. п.) 3. картельное соглашение между судовладельцами; rate ком. картельная фрахтовая ставка 4. амер. ассоциация (университетов, спортивных команд, церквей и т. п.)
  conference call [ˈkɒnf(ə)rənskɔːl] 1) совещание по селектору 2) конференция (специалистов, советников и т. п.), проводимая с помощью многосторонней телефонной связи 3) воен. групповой телефонный вызов
  conference table [ˈkɒnf(ə)rənsˌteɪb(ə)l] стол для совещаний (часто круглый); general settlement around a ~ общее урегулирование за столом переговоров
  conférencier [ˌkɒnferɑ̃ːˈsjeɪ] n фр. 1. оратор, докладчик; лектор 2. председатель конференции, совещания 3. конферансье
  conferencing [ˈkɒnf(ə)rənsɪŋ] n организация и проведение научно-технических совещаний
  conferential [ˌkɒnfəˈrenʃ(ə)l] a относящийся к конференциям, переговорам и т. п.
  conferment [kənˈfɜːmənt] n присвоение (звания); присуждение (степени); награждение (орденом и т. п.)
  conferral [kənˈfɜːrəl] n = conferment
  conferruminate [ˌkɒnfəˈruːmɪnɪt] a бот. плотно примыкающий (о семядолях и т. п.)
  confess [kənˈfes] v 1. 1) признавать; to ~ a fault [a debt] признать ошибку [долг] 2) признаваться, сознаваться; the prisoner refused to ~ заключённый не сознавался; to ~ that one has done smth. amiss сознаться в дурном поступке; I ~ I was surprised to hear it разг. признаюсь, я был удивлён, услышав это 2. церк. 1) исповедовать 2) исповедоваться
  confessant [kənˈfes(ə)nt] n церк. исповедующийся
  confessed [kənˈfest] a явный, не скрытый, открытый; she is a ~ alcoholic [narcotics user] она и не скрывает, что пьёт [употребляет наркотики]
  confessedly [kənˈfesɪdlɪ] adv 1. по собственному признанию; откровенно 2. = admittedly
  confession [kənˈfeʃ(ə)n] n 1. 1) признание, сознание (своей вины) 2) признание (права, требования и т. п.); extrajudicial ~ юр. внесудебное признание; ~ of signature признание своей подписи 2. церк. исповедь 3. 1) символ веры (тж. C. of Faith) 2) вероисповедание; принадлежность к какой-л. религии или церкви 3) могила, алтарь или часовня мученика или исповедника
  confessional I [kənˈfeʃ(ə)nəl] n церк. исповедальня; the secrets of the ~ тайна исповеди
  confessional II [kənˈfeʃ(ə)nəl] a 1. конфессиональный, вероисповедный; ~ strife раздоры между представителями разных религий; division along ~ lines раздел (территории и т. п.) по признаку религиозной принадлежности населения 2. исповедальный; ~ prose исповедальная литература
  confessionalism [kənˈfeʃ(ə)nəlɪz(ə)m] n полит. конфессионализм, формирование правительства по религиозному принципу
  confessionary [kənˈfeʃən(ə)rɪ] a относящийся к исповеди, исповедальный
  confessor [kənˈfesə] n 1. духовник, исповедник 2. церк. 1) мученик за веру 2) (христианский) исповедник ◇ the C. король Эдуард Исповедник
  confetti [kənˈfetɪ] n pl конфетти
  confidant [ˈkɒnfɪdænt, ˌkɒnfɪˈdænt] n наперсник; доверенное лицо
  confidante [ˌkɒnfɪˈdænt] n 1. наперсница; доверенное лицо (женщина) 2. диванчик на двоих
  confide [kənˈfaɪd] v 1. (in) доверять; we ~ in our friends мы доверяем своим друзьям 2. (to) поверять, сообщать по секрету; he ~d his troubles to his friend он доверил своё горе другу 3. (to) вверять, поручать; the children were ~d to the care of the nurse детей поручили заботам няни 4. (in) редк. полагаться; confiding in that promise полагаясь на данное обещание
  confidence [ˈkɒnfɪd(ə)ns] n 1. доверие; growing ~ растущее доверие; ~ in the government доверие правительству; a vote of ~ парл. вотум доверия; to enjoy smb.'s ~ пользоваться чьим-л. доверием; to gain smb.'s ~ завоевать чьё-л. доверие; to place ~ in smb. довериться кому-л.; to take smb. into one's ~ доверять кому-л., доверить кому-л. тайну; to shatter smb.'s ~ поколебать чьё-л. доверие; to be in the ~ of пользоваться чьим-л. доверием; быть в курсе чьих-л. замыслов, секретов и т. п.; he could not give them his ~ он не мог оказать им доверия 2. конфиденциальное сообщение, секрет; to hear ~s выслушивать секреты (признания/; in strict ~ строго конфиденциально 3. уверенность; to have ~ in the future быть уверенным в будущем; to shake ~ поколебать уверенность; to expect smth. with ~ с уверенностью и надеждой ждать чего-л.; to lack ~ in

oneself быть неуверенным в себе; he answered all the questions with ~ он уверенно отвечал на все вопросы **4.** самоуверенность, самонадеянность; he dived into the water with ~ он уверенно /смело/ бросился в воду **5.** *стат.* достоверность, степень достоверности; ~ interval доверительный интервал **6.** = confidence trick

confidence firing [ˈkɒnfɪd(ə)ns,faɪ(ə)rɪŋ] *воен.* контрольный пуск ракеты

confidence game, confidence job [ˈkɒnfɪd(ə)nsgeɪm, -dʒɒb] = confidence trick

confidence man [ˈkɒnfɪd(ə)nsmæn] мошенник

confidence trick [ˈkɒnfɪd(ə)nstrɪk] мошенничество, злоупотребление доверием

confidence trickster [ˈkɒnfɪd(ə)ns,trɪkstə] мошенник

confident I [ˈkɒnfɪd(ə)nt] *n* **1.** друг, пользующийся доверием **2.** = confidant

confident II [ˈkɒnfɪd(ə)nt] *a* **1.** уверенный; ~ manner уверенная манера; ~ of victory [of success] уверенный в победе [в успехе]; he is ~ that everything will go well он уверен, что всё будет хорошо **2.** самоуверенный, самонадеянный; ~ smile самоуверенная улыбка; ~ bearing осанка уверенного в себе человека; a very ~ young man весьма самонадеянный молодой человек

confidential [,kɒnfɪˈdenʃ(ə)l] *a* **1.** конфиденциальный, секретный; ~ document секретный документ; ~ book «закрытое» издание, издание для служебного пользования; ~ information [matters] конфиденциальные /секретные/ сведения [дела]; ~ correspondence секретная переписка; ~ communication *юр.* конфиденциальные сведения, не подлежащие разглашению *или* оглашению в суде (*особ. сообщения подсудимым своему адвокату*) **2.** 1) доверяющий, доверчивый; to become ~ with strangers доверяться чужим /незнакомым/ людям 2) доверительный; ~ tone доверительный тон; ~ relations доверительные отношения, отношения, основанные на доверии **3.** пользующийся доверием (*о друге и т. п.*); ~ secretary личный секретарь

confidentially [,kɒnfɪˈdenʃ(ə)lɪ] *adv* конфиденциально, по секрету; to speak ~ to smb. говорить с кем-л. по секрету

confiding [kənˈfaɪdɪŋ] *a* доверчивый, легковерный, откровенный

configurate [kənˈfɪgjureɪt] *v* придавать форму, конфигурацию, определять рельеф

configuration [kən,fɪgjʊˈreɪʃ(ə)n] *n* **1.** конфигурация; очертание, форма; ~ of the ground *воен.* рельеф местности **2.** *астр.* конфигурация, видимое положение светила относительно Солнца **3.** *хим.* конфигурация, пространственная связь атомов в молекуле **4.** *психол.* склад (*психики*); personality ~ склад личности

configurator [kənˈfɪgjureɪtə] *n вчт.* конфигуратор (*набор вычислительных средств для выполнения работ определённого вида*)

configure [kənˈfɪgə] *v* **1.** придавать форму; формировать **2.** *воен.* оснащать; however ~d независимо от оснащения

confine I [ˈkɒnfaɪn] *n* 1) граница, предел; within the ~s of our country в границах /в пределах территории/ нашей страны; the future of the city lies in the eastern corner of its ~s город будет разрастаться за счёт его восточных районов 2) предел, рубеж, разделительная линия (*между понятиями*); this is outside the ~s of human knowledge этого человеку знать не дано

confine II [kənˈfaɪn] *v* **1.** ограничивать; to ~ oneself ограничиваться; to ~ oneself to facts придерживаться только фактов; I shall ~ myself to saying that... я ограничусь тем, что скажу, что...; to ~ the use of a word ограничить употребление слова; he ~d his reading to biography он читал только биографии; please ~ your remarks to the subject we are discussing пожалуйста, не отклоняйтесь от предмета обсуждения **2.** 1) заточить, держать взаперти; to ~ a bird in a cage держать птицу в клетке 2) заключать в тюрьму; to ~ a prisoner in a cell запереть арестованного в камере; to be ~d at hard labour отбывать каторжные работы **3.** *обыкн. pass* приковывать; to be ~d to bed быть прикованным к постели; to be ~d to one's room не выходить из комнаты из-за болезни; his job ~d him to London работа заставила его жить в Лондоне **4.** *обыкн. pass* рожать; быть в родильном доме; she expects to be ~d about the end of the month она собирается родить в конце месяца **5.** *физ.* удерживать (*от разлёта*)

confined I [kənˈfaɪnd] *n* (the ~) затворник(и) поневоле (*о больных, заключённых и т. п.*); to visit the ~ навещать больных, арестантов *и т. п.*

confined II [kənˈfaɪnd] *a* **1.** ограниченный, узкий; ~ space ограниченное место /пространство/ **2.** заключённый, отбывающий наказание **3.** рожающая, находящаяся в родильном доме **4.** *мед.* страдающий запором **5.** *с.-х.* на стойловом содержании

confinement [kənˈfaɪnmənt] *n* **1.** 1) тюремное заключение; заточение в тюрьму; solitary ~ одиночное заключение; close ~ строгий арест; ~ to barracks *воен.* домашний арест 2) уединение; to live in ~ жить в уединении **2.** ограничение (*свободы, движения*); to be in ~ indoors because of the rain сидеть неотлучно дома из-за дождя **3.** *разг.* роды **4.** *с.-х.* стойловое содержание **5.** *физ.* конфайнмент, удержание (*чего-л.*) от разлетания (*особ. плазмы в реакционном объёме*)

confining [kənˈfaɪnɪŋ] *a* **1.** ограничивающий; ограничительный **2.** сидячий; малоподвижный; a ~ job сидячая работа

confirm [kənˈfɜːm] *v* **1.** подтверждать; the report has now been ~ed теперь сообщение подтверждено /подтвердилось/; please ~ your telephone message by letter *офиц.* просим подтвердить ваше телефонное сообщение письмом; to ~ by oath *юр.* подтвердить (*что-л.*) под присягой **2.** 1) утверждать, ратифицировать; the appointment has been ~ed by a higher authority назначение утверждено вышестоящими инстанциями; to ~ smb. in office утвердить кого-л. в должности; to ~ a treaty ратифицировать договор; to ~ the decision of the lower court *юр.* утвердить приговор /решение/ нижестоящего суда 2) оформить (*сделку и т. п.*) **3.** подкреплять, поддерживать; to ~ smb. in his decision [opinion] поддержать /укрепить/ кого-л. в его решении [чьё-л. мнение]; later events ~ed his determination последующие события укрепили его решимость **4.** *церк.* конфирмовать

confirmand [ˈkɒnfəmænd] *n церк.* конфирмант

confirmation [,kɒnfəˈmeɪʃ(ə)n] *n* **1.** подтверждение, доказательство; ~ note письменное подтверждение (*договорённости и т. п.*); ~ of statement [news, a promise] подтверждение заявления [известия, обещания]; this fact has found further ~ этот факт получил новое подтверждение; in ~ of our letter [telegram, telephone message] *офиц.* в подтверждение нашего письма [телеграммы, телефонного сообщения]; don't believe rumours that lack ~ не верьте неподтверждённым /непроверенным/ слухам **2.** утверждение; ратификация; ~ of an executive act by a legislative body утверждение правительственного распоряжения законодательным собранием **3.** *церк.* конфирмация; ~ class школа конфирмантов (*готовящая девушек и юношей к конфирмации*)

confirmative [kənˈfɜːmətɪv] *a* подтверждающий, подкрепляющий; ~ experiments контрольные опыты

confirmatory [kənˈfɜːmət(ə)rɪ] = confirmative

confirmed [kənˈfɜːmd] *a* **1.** хронический; ~ invalid хронический больной; ~ habit укоренившаяся /неискоренимая/ привычка **2.** убеждённый, закоренелый; ~ bachelor [drunkard] закоренелый холостяк [пьяница]; he was a ~ countryman он ни за что не хотел уезжать из деревни **3.** *церк.* конфирмованный **4.** подтвердившийся; ~ report [rumour] подтвердившееся сообщение [-ийся слух]

confirmee [,kɒnfəˈmiː] *n церк.* конфирмант

confiscable, confiscatable [kənˈfɪskəb(ə)l, ˌkɒnfɪˈskeɪtəb(ə)l] *a* подлежащий конфискации

confiscate I [ˈkɒnfɪskeɪt] *a* **1.** конфискованный; реквизированный **2.** лишённый имущества (*по конфискации*)

confiscate II [ˈkɒnfɪskeɪt] *v* конфисковать, реквизировать

confiscation [ˌkɒnfɪˈskeɪʃ(ə)n] *n* конфискация; реквизиция

confiscatory [ˈkɒnfɪskeɪt(ə)rɪ, kənˈfɪskət(ə)rɪ] *a* разорительный; ~ taxes грабительские налоги

confitent [ˈkɒnfɪtənt] = confessant

confiteor [kənˈfɪtɪɔː] *n церк.* молитва перед общей исповедью (*у католиков*)

confiture [ˈkɒnfɪtʃə] *n* конфитюр, варенье

confix [kənˈfɪks] *v* прикреплять

conflagrant [kənˈfleɪgrənt] *a* горящий в огне, охваченный огнём

conflagrate [ˈkɒnfləgreɪt] *v* 1) загораться 2) поджигать; the excitement which ~d the nation волнение, которое охватило всю страну

conflagration [ˌkɒnfləˈgreɪʃ(ə)n] *n* большой пожар (*особ. уничтожающий города, здания, леса и т. п.*); world ~ мировой пожар (*о войне*)

conflate [kənˈfleɪt] *v* **1.** *редк.* соединять, сплавлять **2.** *обыкн. pass спец.* объединять два варианта текста

conflation [kənˈfleɪʃ(ə)n] *n* **1.** *редк.* соединение, сплав **2.** *спец.* объединение двух вариантов текста в один

conflict I [ˈkɒnflɪkt] *n* **1.** 1) конфликт, столкновение; борьба; ~ between religion and science противоборство религии и науки; ~ of interest а) столкновение интересов; б) злоупотребление положением (*особ. члена конгресса*); conflict-of-interest law /rule/ запрещение (*государственным служащим, членам конгресса и т. п.*) одновременно занимать посты в частных корпорациях *и т. п.*; conflict-of-interest violation злоупотребление своим положением (*сенатора и т. п.*) в интересах частной корпорации *и т. п.*; ~ of jurisdiction *юр.* коллизия прав; ~ of laws а) частное международное право; коллизионное право; б) коллизия правовых норм (*разных государств или штатов США*) 2) вооружённый конфликт, война (*тж.* armed ~) 2. борьба мнений, принципов *и т. п.* 3. 1) противоречие; ~ of evidence противоречие в свидетельских показаниях 2) *психол.* внутренний конфликт; борьба противоречивых чувств, амбивалентность чувств

conflict II [kənˈflɪkt] *v* 1. (with) противоречить; my interests ~ with yours мои интересы противоречат вашим; some British laws ~ with international laws некоторые законы Великобритании не соответствуют международным нормам; your account of the causes of war ~s with ours наше представление о причинах войны расходится с вашим 2. конфликтовать; вступать в конфликт, бороться

conflicting [kənˈflɪktɪŋ] *a* противоречивый; ~ emotions [opinions] противоречивые чувства [мнения]

conflictive [kənˈflɪktɪv] = conflicting

conflow [kənˈfləʊ] *v поэт.* сливаться

confluence [ˈkɒnfluəns] *n* 1. 1) слияние (*рек*); соединение (*дорог*) 2) место слияния *или* соединения; built upon the ~ of the rivers построенный на месте слияния рек 2. 1) стечение народа, толпа 2) сосредоточение; собрание; the ~ of scholarship that made a breakthrough in science созвездие учёных, совершивших переворот в науке

confluent I [ˈkɒnfluənt] *n* 1) одна из сливающихся рек 2) приток реки

confluent II [ˈkɒnfluənt] *a* 1. сливающийся; соединяющийся; ~ streams сливающиеся ручьи 2. *мед.* сливной; ~ smallpox сливная оспа

conflux [ˈkɒnflʌks] = confluence

confocal [kɒnˈfəʊk(ə)l] *a мат., физ.* софокусный, конфокальный

conform [kənˈfɔːm] *v* 1. (to) 1) сообразовать, согласовать; to ~ one's life to certain principles строить свою жизнь в соответствии с определёнными принципами 2) соответствовать; to ~ to the specifications соответствовать спецификации; goods ~ing to our requirements товары, удовлетворяющие нашим условиям поставки 2. 1) приспосабливать; to ~ furrows to the slope of the land прокладывать борозды в соответствии с рельефом почвы 2) приспосабливаться 3. подчиняться; to ~ to the rules подчиняться правилам 4. признавать авторитет государственной церкви

conformability [kənˌfɔːməˈbɪlɪtɪ] *n* 1. соответствие 2. = conformity 4

conformable [kənˈfɔːməb(ə)l] *a* 1. соответствующий; decisions ~ to the will of the people решения, отвечающие воле народа 2. подобный 3. подчиняющийся, послушный; ~ to the wishes of one's parents подчиняющийся желаниям родителей 4. *геол.* согласный(ый)

conformably [kənˈfɔːməblɪ] *adv* соответственно, сообразно

conformal [kənˈfɔːm(ə)l] *a* 1) *мат.* конформный 2) *спец.* равноугольный; ~ map карта в равноугольной проекции

conformance [kənˈfɔːməns] *n* 1. соответствие; единообразие; согласованность 2. конформизм

conformation [ˌkɒnfɔːˈmeɪʃ(ə)n] *n* 1. 1) устройство, структура, форма 2) формирование; the gradual ~ of an embryo постепенное развитие зародыша 2. приспособление; приведение в соответствие 3. подчинение 4. экстерьер; внешние стати (*лошади и т. п.*) 5. *хим.* конформация 6. *геогр.* рельеф; ~ of the seabed рельеф морского дна

conformational [ˌkɒnfɔːˈmeɪʃ(ə)nəl] *n хим.* конформационный

conformism [kənˈfɔːmɪz(ə)m] *n* 1. конформизм; приверженность традициям, общепринятым понятиям *и т. п.*; традиционность (*в искусстве и т. п.*) 2. соответствие техническим условиям

conformist I [kənˈfɔːmɪst] *n* 1. конформист, традиционалист (*в искусстве и т. п.*) 2. *церк.* конформист

conformist II [kənˈfɔːmɪst] *a* конформистский, традиционный (*об искусстве, поведении, взглядах и т. п.*)

conformity [kənˈfɔːmɪtɪ] *n* 1. соответствие; согласованность; ~ between the testimony and the facts соответствие между показаниями и фактами; in ~ (with) в соответствии (с); in ~ with the law по закону; in ~ with your instructions офиц. в соответствии с вашими инструкциями; to dress in ~ with the latest fashion одеваться по последней моде; неукоснительно следовать моде 2. послушание, подчинение 3. 1) конформизм, традиционализм 2) *церк.* конформизм, ортодоксальность, следование догматам англиканской церкви 4. *геол.* согласное залегание *или* напластование

confound [kənˈfaʊnd] *v* 1. смущать, сбивать с толку; ставить в тупик; to be ~ed by smb.'s evidence быть сбитым с толку чьими-л. показаниями; to feel ~ed by smb.'s praise смутиться от чьей-л. похвалы; the poor election results ~ed the government неблагоприятные результаты выборов явились полной неожиданностью для правительства 2. смешивать, спутывать; to ~ words [dates, addresses, the meaning of words] путать слова [даты, адреса, значения слов]; to ~ twins не отличать близнецов друг от друга; I always ~ him with his brother я всегда путаю его с его братом 3. разрушать; to ~ plans [hopes, calculations] разрушать планы [надежды, расчёты] 4. проклинать; ~ it!, ~ you! к чёрту!, будь оно проклято!; ~ that silly fool! чёрт бы побрал этого идиота!

confounded [kənˈfaʊndɪd] *a* 1. смущённый, сбитый с толку; поражённый; a ~ look выражение растерянности на лице 2. *эмоц.-усил.* отъявленный; ~ liar отъявленный лгун *эмоц.-усил.* проклятый (*в выражениях досады или гнева*); you ~ fool! ах ты дурак проклятый!; I have been waiting a ~ long time я жду чёрт знает сколько времени; you are a ~ nuisance! ≅ как ты мне надоел!

confoundedly [kənˈfaʊndɪdlɪ] *adv эмоц.-усил.* ужасно, страшно, очень, чертовски; ~ annoying [cold] ужасно /страшно/ досадно [холодно]; ~ good dinner чертовски хороший обед

confraternity [ˌkɒnfrəˈtɜːnɪtɪ] *n* братство

confrère [ˈkɒnfreə] *n* собрат, коллега

confront [kənˈfrʌnt] *v* 1. 1) стоять против; my house ~s yours мой дом (стоит) против вашего (дома) 2) встретиться лицом к лицу; he was ~ed by two queer-looking men он лицом к лицу столкнулся с двумя подозрительными людьми 3) столкнуться; to be ~ed by difficulties [prejudices, falsehood] столкнуться с трудностями [предрассудками, ложью] 4) сталкивать (*кого-л. с чем-л.*); to ~ the pupils with too much information перегружать учеников слишком большой информацией; to ~ a reader with statistics обрушить на читателя поток статистических данных 2. противостоять, смотреть в лицо (*опасности, смерти и т. п.*) 3. *юр.* 1) конфронтировать, делать очную ставку; he was ~ed with his accusers ему дали очную ставку с людьми, его обвиняющими 2) предъявлять; the lawyer ~ed the accused man with the forged check юрист предъявил обвиняемому поддельный чек 4. сравнивать, сопоставлять, сличать

confrontation [ˌkɒnfrənˈteɪʃ(ə)n] *n* 1. столкновение; ~ of opinion расхождение во мнениях 2. *полит.* конфронтация, противоборство; nuclear ~ ядерное противостояние; we need détente, not ~ нам нужна разрядка напряжённости, а не конфронтация 3. сравнение, сопоставление; to bring into ~ present and past сопоставить настоящее и прошлое 4. *юр.* конфронтация, очная ставка

confrontationist [ˌkɒnfrənˈteɪʃ(ə)nɪst] *n* 1. тот, кто отстаивает политику конфронтации, противоборства (*государств, систем*) 2. тот, кто выступает против традиционных ценностей, методов (*в искусстве и т. п.*)

confrontment [kənˈfrʌntmənt] *редк.* = confrontation

Confucianism [kənˈfjuːʃɪnɪz(ə)m] *n* учение Конфуция, конфуцианство

confusable [kənˈfjuːzəb(ə)l] *a* 1) очень похожий, с трудом различимый 2) ведущий к путанице

confuse [kənˈfjuːz] *v* 1. смущать, приводить в замешательство; to ~ a pupil by difficult questions смутить ученика трудными вопросами 2. смешивать, спутывать; to ~ two authors of the same name спутать двух писателей с одинаковой фамилией; to ~ two words of similar spelling спутать два слова с одинаковым написанием; to ~ money with happiness отождествлять богатство и счастье 3. запутывать, усложнять; stop confusing the issue перестаньте запутывать вопрос

confused [kənˈfjuːzd] *a* 1. смущённый; поставленный в тупик; to become ~ смутиться, прийти в замешательство 2. спутанный; смешанный; ~ sounds неясные звуки; ~ account запутанный отчёт; ~ statement сбивчивое заявление

confusing [kənˈfjuːzɪŋ] *a* сбивающий с толку; ~ instructions нечёткие указания

confusion [kənˈfjuːʒ(ə)n] *n* 1. смущение, замешательство; to put smb. to ~ привести кого-л. в замешательство; this event threw the household into utter ~ это событие привело в смятение весь дом 2. 1) беспорядок; to leave one's papers in ~ оставить бумаги в беспорядке 2) путаница, неразбериха; смешение; ~ of thoughts [ideas] путаница мыслей [идей]; ~ of sounds смешение звуков; he remained calm in the ~ of battle он сохранял спокойствие в хаосе битвы 3) недоразумение; there was some ~ about tickets произошло недоразумение с билетами; кто-то перепутал билеты 3. *психол.* крайнее волнение; потеря ориентации; частичное затемнение сознания 4. общественные беспорядки, волнения 5. (the C.) *библ.* смешение языков (*тж.* ~ of tongues) ◇ worse confounded сплошная неразбериха, полный хаос

confutable [kənˈfjuːtəb(ə)l] *a* опровержимый

confutation [ˌkɒnfjuːˈteɪʃ(ə)n] *n* опровержение

confute [kənˈfjuːt] *v* опровергать; доказывать ошибочность, неправоту; to ~ an argument опровергнуть аргумент; to ~ an opponent доказать противнику, что он ошибается

conga [ˈkɒŋgə] *n* 1. конга, латиноамериканский танец 2. барабан «конга», джазовый барабан (*тж.* ~ drum)

con game ['kɒngeɪm] (*сокр. от* confidence game) *разг.* мошенничество, злоупотребление доверием

congé[1] ['kɒnʒeɪ] *n* 1) 1) уход; to take one's ~ удалиться 2) приказание удалиться; to give smb. his ~ приказать кому-л. удалиться, отослать кого-л. 2) 1) разрешение откланяться, уйти 2) прощание; прощальный визит; we made our ~ briskly мы быстро распрощались 3) прощальный поклон

congé[2] ['kɒnʒeɪ] *n архит.* эхин, выкружка колонны

congeal [kən'dʒiːl] *v* 1. 1) окоченевать, застывать; his blood was ~ed у него застыла кровь (*от ужаса и т. п.*) 2) *амер.* застывать в неподвижности; замораживаться, окаменевать, терять гибкость 2. замораживать 3. свёртываться

congee ['kɒndʒiː] *арх.* = congé[1]

congelation [,kɒndʒɪ'leɪʃ(ə)n] *n* 1. смерзание, застывание; затвердевание; ~ point *физ.* температура /точка/ замерзания 2. 1) затвердение 2) мерзлота 3. *геол.* сталактитовые наплывы (*в пещерах*)

congelifraction [,kɒndʒɪlɪ'frækʃ(ə)n] *n геол.* морозобитие, растрескивание пород замёрзшей в них водой

congener [kən'dʒiːnə] *n* 1) *книжн.* человек *или* предмет, относящийся к тому же классу, роду 2) *бот., зоол.* представитель того же рода

congeneric, congenerical [,kɒndʒɪ'nerɪk, -(ə)l] *a биол.* принадлежащий одному роду, однородный

congenerous [kən'dʒen(ə)rəs] *a спец.* однородный; родственный; несущий одинаковые функции; ~ muscles группа мышц, производящих одинаковое действие

congenial [kən'dʒiːnɪəl] *a* 1. (with, to) близкий, родственный; ~ tastes сходные вкусы; poetry and music are ~ поэзия и музыка родственны между собою; in that small village he found few persons ~ to him в этой деревушке он мало с кем мог найти общий язык 2. подходящий, благоприятный; приятный; ~ employment подходящая служба; ~ weather приятная погода; climate ~ to health климат, благоприятный для здоровья; ~ variety of stock подходящий ассортимент товаров

congeniality [kən,dʒiːnɪ'ælɪtɪ] *n* сродство; сходство; конгениальность

congenital [kən'dʒenɪtl] *a* врождённый; прирождённый; ~ idiocy врождённый идиотизм; ~ dislikes врождённая антипатия

conger ['kɒngə] *с зоол.* морской угорь (Conger conger)

conger-eel [,kɒngə(r)'iːl] *n* 1. = conger 2. *амер.* угорь

congeries [kən'dʒɪ(ə)riːz] *n употр.* с гл. в ед. и мн. ч. масса, куча, скопление

congery [kən'dʒɪ(ə)rɪ:, 'kɒndʒ(ə)rɪ] *n редк.* 1) = congeries 2) сочетание, соединение; а ~ of opinions сочетание самых различных взглядов

congest[1] [kən'dʒest] *v* 1. *обыкн. pass* переполнять, перегружать; the streets are often ~ed улицы часто запружены (народом) 2. 1) скопляться, накопляться 2) скопляться, накопляться (*особ. о крови*); приливать; his face was ~ed with anger от гнева кровь бросилась ему в лицо

congest[2] ['kɒndʒest] малоземельный фермер (*в Ирландии*)

congested [kən'dʒestɪd] *a* 1. 1) перенаселённый (*о районе, области и т. п.*); перегруженный; ~ traffic перегруженный транспорт 2) скученный; ~ population скученное население 2. *мед.* переполненный кровью (*об органах*); гиперемированный, застойный

congestion [kən'dʒestʃ(ə)n] *n* 1. 1) перенаселённость; ~ of population скученность населения 2) затор (*уличного движения*); «пробка» 2. куча, груда, скопление 3. *мед.* прилив крови; гиперемия; застой, конгестия

conglobate I ['kɒngləbeɪt] *a* шарообразный, сферический

conglobate II ['kɒngləbeɪt] *v* 1) придавать шарообразную форму 2) принимать шарообразную форму

conglobe [kən'gləʊb] = conglobate II

conglobulation [kən,glɒbju'leɪʃ(ə)n] *n* 1. собирание в клубок, принятие шаровидной формы 2. клубок (*разнородных элементов*) 3. глобальное объединение, объединение в мировом масштабе; глобальная система

conglomeracy [kən'glɒm(ə)rəsɪ] *n эк.* образование промышленных конгломератов

conglomerate I [kən'glɒm(ə)rɪt] *n* 1. конгломерат; смесь разнородных элементов 2. *эк.* (промышленный) конгломерат, многопрофильная корпорация 3. *геол.* конгломерат, обломочная порода

conglomerate II [kən'glɒm(ə)rɪt] *a* 1. собранный, соединённый; ~ gland *анат.* железа с клубочковым строением, железа с несколькими долями 2. *эк.* многоотраслевой

conglomerate III [kən'glɒmərеɪt] *v* 1) превращать в общую массу 2) превращаться в общую массу

conglomeration [kən,glɒmə'reɪʃ(ə)n] *n* 1. превращение в общую массу, слипание, конгломерация 2. *разг.* смесь; the stew was a ~ of meat and vegetables блюдо представляло собой смесь мяса и овощей

conglomerator [kən'glɒmərеɪtə] *n* руководитель конгломерата, многопрофильной корпорации

conglutinant [kən'gluːtɪnənt] *a* 1. склеивающий 2. *мед.* способствующий срастанию, заживлению ран

conglutinate [kən'gluːtɪneɪt] *v* 1. *редк.* 1) склеивать 2) склеиваться; слипаться 2. *мед.* 1) способствовать срастанию 2) заживляться (*о ранах*)

conglutination [kən,gluːtɪ'neɪʃ(ə)n] *n* 1. склеивание, слипание 2. *мед.* 1) срастание 2) спайка

Congo colours ['kɒngəʊ,kʌləz] *спец.* конго-красители

Congolese I [,kɒngəʊ'liːz] *n* (*pl без измен.*) конголез; конголезка

Congolese II [,kɒngəʊ'liːz] *a* конголезский; относящийся к Конго

congrats, congratters [kən'græts, kən'grætəz] *int* (*сокр. от* congratulations) *разг.* поздравляю!

congratulant I [kən'grætjʊlənt] *n* поздравитель

congratulant II [kən'grætjʊlənt] *a* поздравительный

congratulate [kən'grætjʊleɪt] *v* (on, upon) поздравлять; I ~ you on the happy event поздравляю вас со счастливым событием (*обыкн. с рождением ребёнка*); to ~ oneself радоваться (*своему достижению*); гордиться; I ~d myself on my escape /on having escaped/ я очень рад, что мне удалось убежать; you should ~ yourself on your appearance тебе надо гордиться своей наружностью

congratulation [kən,grætjʊ'leɪʃ(ə)n] *n обыкн. pl* поздравление; а letter of ~ поздравительное письмо; ~s! поздравляю!, поздравляем!; to offer ~s on /upon/ smth. поздравлять с чем-л.; I thank you for your kind ~s on my marriage благодарю вас за любезное поздравление по случаю моей женитьбы

congratulatory [kən,grætjʊ'leɪt(ə)rɪ] *a* поздравительный; ~ address [speech] поздравительный адрес [-ая речь]

congregant ['kɒngrɪgənt] *n* 1. член конгрегации 2. прихожанин

congregate I ['kɒngrɪgɪt] *a книжн.* 1) собранный, соединённый 2) коллективный

congregate II ['kɒngrɪgeɪt] *v книжн.* 1) собирать 2) собираться, сходиться

congregation [,kɒngrɪ'geɪʃ(ə)n] *n* 1. собрание, сходка 2. *унив.* собрание, сенат (*совещательный орган в английских университетах*) 3. *церк.* прихожане, паства 4. *церк.* конгрегация, религиозное братство; объединение монашеских *или* полумонашеских общин (*в католической церкви*) 5. отдел папской курии (*в Ватикане*)

congregational [,kɒngrɪ'geɪʃ(ə)nəl] *a* 1. относящийся к прихожанам; ~ singing пение прихожан (*в отличие от певчих*) 2. (C.) *церк.* конгрегационалистский; ~ church конгрегационалистская церковь (*в Англии и Уэльсе*)

Congregationalism [,kɒngrɪ'geɪʃ(ə)nəlɪz(ə)m] *n церк.* конгрегационализм, индепендентство (*ветвь протестантской церкви*)

congregative ['kɒngrɪgeɪtɪv] *a* 1) стремящийся к объединению 2) содействующий объединению; объединительный

congress ['kɒngres] *n* 1. 1) конгресс; съезд; The World Peace C. Всемирный конгресс сторонников мира; medical ~ съезд врачей; to go into ~ заседать в конгрессе /на съезде/ 2) (C.) конгресс США; the 71st C. конгресс 71-го созыва; C. meets at Washington конгресс заседает в Вашингтоне 2. общение; встречи, знакомства *и т. п.*; светская жизнь 3. *эвф.* половое сношение, совокупление

congress boots ['kɒngres,buːts] башмаки с резинками

Congress cap ['kɒngres,kæp] белая хлопчатобумажная шапочка (*знак принадлежности к партии Индийский национальный конгресс*)

congress gaiters ['kɒngres,geɪtəz] короткие ботинки с резинками

congressional [kən'greʃ(ə)nəl] *a* относящийся к съезду *или* к конгрессу; ~ debates прения в конгрессе; C. elections выборы в конгресс; C. district избирательный округ (*по выборам в конгресс*); C. Library библиотека конгресса (*США*)

Congressman [kən'gresmən] *n* (*pl* -men [-mən]) *амер.* член конгресса (*особ. палаты представителей*), конгрессмен

congressman-at-large [,kɒngrɪsmənət'lɑːdʒ] *n* (*pl* congressmen-at-large) *амер.* конгрессмен, представляющий целый штат (*а не избирательный округ; обыкн. представляет малонаселённый штат*)

Congresswoman ['kɒngrɪs,wʊmən] *n* (*pl* -women [-,wɪmɪn]) женщина—член конгресса США (*особ. палаты представителей*), женщина-конгрессмен

congruence, congruency ['kɒngrʊəns, -sɪ] *n* 1. соответствие; согласованность; ~ with the law соответствие закону 2. *мат.* конгруэнтность, сравнимость

congruent [kən'gruːənt] = congruous

congruity [kən'gruːɪtɪ] *n* 1) соответствие, сообразность; to lack ~ with one another быть несовместимым друг с другом; не соответствовать друг другу 2) гармония

CON — CON

congruous ['kɔŋgruəs] *a* 1. (with, to) *книжн.* соответствующий; сообразный; гармонирующий; подходящий; your behaviour is not ~ with your social rank ваше поведение не вяжется с вашим общественным положением 2. *мат.* конгруэнтный, сравнимый
conic I ['kɔnɪk] *n мат.* коническое сечение
conic II ['kɔnɪk] *a* конический
conical ['kɔnɪk(ə)l] *a* конический, конусный, конусообразный; ~ roller bearing *тех.* конический роликовый подшипник
conicity [kəʊ'nɪsɪtɪ] *n мат.* конусность, конусообразность
conifer ['kəʊnɪfə, 'kɔ-] *n бот.* хвойное дерево (*Coniferae*)
coniferous [kə'nɪf(ə)rəs] *a бот.* хвойный; шишконосный; ~ wood древесина хвойного дерева
coniform ['kɔnɪfɔ:m] = conical
coning ['kəʊnɪŋ] *n* 1. сужение, суживание (*канала и т. п.*) 2. *тех.* обработка на конус
conjecturable [kən'dʒektʃ(ə)rəb(ə)l] *a* предполагаемый
conjectural [kən'dʒektʃ(ə)rəl] *a* 1) предположительный 2) выдвигающий предположение, предполагающий
conjecture I [kən'dʒektʃə] *n* 1. предположение, догадка; right [well-founded, erroneous, dubious] ~ правильное (обоснованное, ошибочное, сомнительное) предположение; to lose oneself in ~s теряться в догадках 2. *лингв.* конъектура
conjecture II [kən'dʒektʃə] *v* предполагать, строить догадки, гадать; to ~ the cause of smth. строить догадки о причине чего-л.; I ~ what will happen я догадываюсь о том, что произойдёт; it was just as I ~d получилось, как я думал
con job ['kɔndʒɔb] = con game
conjobble [kən'dʒɔb(ə)l] *v разг.* сговариваться
conjoin [kən'dʒɔɪn] *v* 1) соединять, сочетать; ~ed in wedlock сочетавшиеся браком 2) соединяться, сочетаться
conjoined [kən'dʒɔɪnd] *a* 1) соединённый 2) одновременный (*о событиях и т. п.*) 3. *геральд.* соединённый (*о двух животных с одной головой*)
conjoint [kən'dʒɔɪnt] *a* объединённый, соединённый, общий, совместный; ~ action объединённые действия
conjointly [kən'dʒɔɪntlɪ] *adv* совместно, сообща
conjubilant [kən'dʒu:bɪlənt] *a поэт.* разделяющий всеобщую радость; ликующий (*вместе со всем народом*)
conjugacy ['kɔndʒʊgəsɪ] *n мат.* сопряжённость; сопряжение
conjugal ['kɔndʒʊg(ə)l] *a* супружеский, брачный; ~ happiness супружеское счастье; ~ rights права супругов, вытекающие из их брачных отношений; ~ bed брачное ложе
conjugality [ˌkɔndʒʊ'gælɪtɪ] *n* супружество, состояние в браке
conjugate I ['kɔndʒʊgɪt] *a* 1. соединённый 2. *бот.* парный (*о листьях*) 3. *спец.* сопряжённый; ~ angles *мат.* сопряжённые углы; ~ proteins *хим.* сложные белки, протеиды
conjugate II ['kɔndʒʊgeɪt] *v* 1. *грам.* 1) спрягать 2) спрягаться 2. *библ.* соединяться, сливаться
conjugation [ˌkɔndʒʊ'geɪʃ(ə)n] *n* 1. соединение 2. *грам.* спряжение 3. *биол.* конъюгация 4. *мат., физ.* сопряжение

conjunct [kən'dʒʌŋkt] *a* соединённый, связанный, объединённый; ~ attempt совместная попытка; ~ professor помощник профессора
conjunction [kən'dʒʌŋkʃ(ə)n] *n* 1. соединение, связь; ~ of skill and imagination сплав мастерства и фантазии; in ~ with a) совместно с, в сочетании с; б) во взаимодействии; in ~ with aviation во взаимодействии с авиацией 2. совпадение (*событий*) 3. *грам.* союз 4. совпадение трасс дорог 5. *астр.* соединение, наибольшее кажущееся сближение небесных тел 6. *лог.* конъюнкция 7. *грам.* сочинение (*тип синтаксической связи*)
conjunctional [kən'dʒʌŋkʃ(ə)nəl] *a грам.* союзный
conjunctiva [ˌkɔndʒʌŋk'taɪvə] *n анат.* конъюнктива, слизистая оболочка глаза
conjunctive I [kən'dʒʌŋktɪv] *n грам.* 1) союз 2) сослагательное наклонение
conjunctive II [kən'dʒʌŋktɪv] *a* 1. связывающий, соединительный; ~ tissue *анат.* соединительная ткань 2. *грам.* 1) соединительный; ~ pronoun соединительное местоимение 2) сослагательный; ~ mood сослагательное наклонение
conjunctivitis [kən,dʒʌŋktɪ'vaɪtɪs] *n мед.* конъюнктивит
conjunctly [kən'dʒʌŋktlɪ] *adv* совместно, сообща
conjuncture [kən'dʒʌŋktʃə] *n* 1. 1) конъюнктура, стечение обстоятельств 2) критическое положение; кризис 2. *арх.* соединение, объединение
conjuration [ˌkɔndʒʊ'reɪʃ(ə)n] *n* 1. 1) колдовство 2) заклинание 2. фокусы, ловкость рук
conjure ['kʌndʒə] *v* 1. показывать фокусы; the magician ~d a rabbit out of a hat фокусник извлёк /вынул/ кролика из цилиндра 2. колдовать, заниматься магией 3. (*тж.* ~ up) вызывать в воображении; to ~ up vision of the past вызвать в памяти картины прошлого 2) вызывать (*духов*); to ~ up the spirits of the dead вызывать души умерших 4. *часто шутл.* сделать как по волшебству; достать чудом; to ~ up a whole meal in a jiffy ≅ в один момент каким-то чудом обед оказался на столе 5. [kən'dʒʊə] *уст.* умолять, заклинать; I ~ you to leave me умоляю /заклинаю/, оставь меня; she ~d his help она взывала к нему о помощи
◇ a name to ~ with ≅ его фамилия имеет магическую силу; влиятельное лицо
conjurer, conjuror ['kʌndʒərə] *n* 1) фокусник 2) волшебник; маг; заклинатель; he is no ~ ≅ он звёзд с неба не хватает
conjury ['kʌndʒərɪ] *n* 1. фокусы; ловкость рук 2. магия
conk¹ I [kɔŋk] *n* 1. *сл.* 1) нос, паяльник 2) голова, башка 3) удар по голове 2. *проф. жарг.* перебои, стуки (*в двигателе*)
◇ off one's ~ спятивший, не в своём уме
conk¹ II [kɔŋk] *v* 1. *сл.* 1) дать в нос 2) дать по башке, трахнуть; I'll ~ you one if you annoy me again! если будешь опять приставать ко мне, заработаешь по морде! 2. *сл.* разбить наголову (*особ. в спорте*) 3. *сл.* 1) упасть в обморок 2) умереть 4. *проф. жарг.* работать с перебоями, глохнуть (*о двигателе*)
conk² I [kɔŋk] *n амер. сл.* 1. гладкая причёска из искусственно выпрямленных волос (*особ. у негров*) 2. помада для волос
conk² II [kɔŋk] *v амер. сл.* выпрямлять курчавые волосы (*особ. у негров*)

conked-out [,kɔŋkt'aʊt] *a сл.* нуждающийся в ремонте; неисправный; изношенный; ~ old car автомобиль-развалюха
conker ['kɔŋkə] *n разг.* конский каштан
conkers ['kɔŋkəz] *n pl* детская игра «каштаны» (*игра, в которой одним конским каштаном, привязанным к концу верёвочки, бьют по другим*)
conk off ['kɔŋk'ɔf] *phr v сл.* 1. лодырничать, сачковать; устроить длительный перекур 2. спать, кемарить
conk out ['kɔŋk'aʊt] *phr v* 1. *сл.* сломаться, выйти из строя 2. 1) упасть в обморок 2) внезапно уснуть (*от изнеможения*); свалиться с ног (*от усталости*) 3. *проф. жарг.* забарахлить, глохнуть (*о двигателе*)
conkout ['kɔŋkaʊt] *n амер. проф. жарг.* авария, поломка (*машины и т. п.*); an engine ~ поломка мотора
conky ['kɔŋkɪ] *a прост.* носатый
con-man ['kɔnmæn] *n* (*pl* -men [-men]) (*сокр. от* confidence man) мошенник
conn I, II [kɔn] = conn³ I *и* II
connate ['kɔneɪt] *a* 1. врождённый, прирождённый 2. родственный, конгениальный 3. возникший одновременно (*обыкн. об идеях*) 4. *геол.* реликтовый 5. *бот., зоол.* соединённый, сросшийся (*о листьях*)
connatural [kə'nætʃ(ə)rəl] *a книжн.* 1. врождённый, природный 2. однородный, одинаковый по своей природе
connect [kə'nekt] *v* 1) (with, to) соединять, связывать; to ~ the two banks of a river by a bridge соединить берега реки мостом, перекинуть мост через реку; to ~ in parallel [in series] *эл.* включать параллельно [последовательно] 2) соединяться, связываться; this sentence does not seem to ~ with the context это предложение как-то выпадает из текста 3) *св.* соединять (*по телефону*); I was again ~ed to the wrong person меня снова соединили не с тем, с кем нужно 2. иметь или устанавливать (*родственные*) связи; we are distantly ~ed мы дальние родственники; he is ~ed with the Smiths by marriage Смиты — его родственники по жене 3. *преим. pass* иметь связь, контакт (*с фирмой и т. п.*); he is ~ed with the advertising division of the company он связан с рекламным отделом компании 4. связывать, ассоциировать; устанавливать мысленную связь; we always ~ Malaya with rubber Малайский полуостров обычно ассоциируется с каучуком 5. согласовываться (*по расписанию — о поездах, пароходах и т. п.*); this train ~s with the other at Birmingham этот поезд приходит так, что в Бирмингеме можно сделать пересадку 6. *воен.* устанавливать непосредственную связь 7. попадать в цель (*об ударе*) 8. *амер. сл.* встречаться, связаться (*с кем-л.*; *особенно для получения наркотиков*) 9. *амер. вор. жарг.* добыть, получить (*что-л. в результате кражи со взломом и т. п.*)
connected [kə'nektɪd] *a* 1. (with) связанный, соединённый 2. имеющий (*родственные*) связи; he is well ~ у него большие (*родственные*) связи 3. связный (*о рассказе, отчёте*); ~ speech связная речь
connectedly [kə'nektɪdlɪ] *adv* связно
connectedness [kə'nektɪdnɪs] *n* связанность; связность (*изложения и т. п.*)
connecter [kə'nektə] *n* 1. *см.* connect + -er 2. сцепщик 3. *тех.* соединитель; соединительное звено 4. *эл.* 1) муфта 2) разъём
connecting [kə'nektɪŋ] *a* соединительный, связующий; ~ link а) связую-

щее звено; б) *тех.* соединительная тяга *или* кулиса; соединительное звено; ~ trench *воен.* ход сообщения; ~ rod *тех.* шатун

connection [kəˈnekʃ(ə)n] *n* 1. связь, соединение; ~ between two ideas связь между двумя идеями; in this ~ в этой связи; in ~ with в связи с; I have no ~ with this hoax я не имею никакого отношения к этому розыгрышу 2. присоединение; подключение; the ~ of a new telephone подключение (*к сети*) нового телефона 3. 1) средство связи *или* сообщения; the steamer is the only ~ between the island and the mainland пароход — единственное средство связи между островом и материком 2) согласованность расписания (*поездов, пароходов и т. п.*); the trains run in ~ with the steamers расписание поездов и пароходов согласовано 3) пересадка; to miss one's ~ не успеть сделать пересадку, не успеть пересесть на другой поезд /самолёт и т. п./ 4. *обыкн. pl* связи, знакомства; to form useful ~s завязать полезные знакомства; he's a man with good ~s он человек с большими связями 5. 1) родственник, свойственник 2) родство; свойство 6. клиентура, покупатели; to establish a ~ создать клиентуру 7. половая связь; to form a ~ вступить в связь; адюльтер 8. объединение (*политическое, коммерческое или религиозное*); the Methodist ~ методистская церковь 9. *тех.* ниппель 10. *амер. разг.* 1) посредник при продаже наркотиков, продавец наркотиков 2) связной (*шпиона и т. п.*)

connective I [kəˈnektɪv] *n* 1. *грам.* соединительное слово, соединительная частица 2. *бот.* пыльник, связник 3. *анат.* соединительная ткань 4. *лог.* связка

connective II [kəˈnektɪv] *a* соединительный, связующий; ~ word *грам.* соединительное /союзное/ слово; ~ tissue *анат.* соединительная ткань

connectivity [ˌkɒnekˈtɪvɪtɪ] *n мат.* связность

connector [kəˈnektə] = connecter

connect time [kəˈnektˌtaɪm] *вчт.* продолжительность сеанса связи

connexion [kəˈnekʃ(ə)n] = connection

connexity [kəˈneksɪtɪ] *n* связь; связанность

conning tower [ˈkɒnɪŋˌtaʊə] *мор.* боевая рубка

conniption [kəˈnɪpʃ(ə)n] *n амер. разг.* истерика; приступ раздражения, гнева (*тж.* ~ fit)

connivance, -cy [kəˈnaɪv(ə)ns, -sɪ] *n* 1. *юр.* потворство, попустительство (*особ. прелюбодеянию*) 2. молчаливое согласие

connive [kəˈnaɪv] *v* 1. (at) потворствовать, попустительствовать; to ~ at the violation of the rules смотреть сквозь пальцы на нарушение правил 2. (at) содействовать; to ~ at smb.'s escape помогать чьему-л. побегу 3. (with) (тайно) сотрудничать (*с врагом и т. п.*)

connivence, -cy [kəˈnaɪv(ə)ns, -sɪ] = connivance

connivent [kəˈnaɪvənt] *a бот.* сближенный (*о листьях*)

connoisseur [ˌkɒnəˈsɜː] *n* знаток (*особ. искусства*); ~ of painting [of old porcelain, of wine] знаток живописи [старинного фарфора, вин]

connoisseurship [ˌkɒnəˈsɜːʃɪp] *n* умение разбираться (*преим. в искусстве*); понимание, тонкий вкус

connotate [ˈkɒnəteɪt] = connote

connotation [ˌkɒnəˈteɪʃ(ə)n] *n* 1. дополнительный, побочный оттенок значения; то, что подразумевается; home has a ~ of comfort домашний очаг подразумевает уют 2. *лингв.* коннотация 3. *лог.* соозначение

connotative [ˈkɒnəteɪtɪv, kəˈnəʊtətɪv] *a* 1. вызывающий ассоциацию (*с чем-л.*) 2. *лингв.* коннотативный

connote [kəˈnəʊt] *v* 1. 1) иметь дополнительное значение 2) вызывать смысловые ассоциации 2. *разг.* означать; war ~s unhappiness for all война несёт горе всем

connotive [kəˈnəʊtɪv] = connotative

connubial [kəˈnjuːbɪəl] *a книжн.* супружеский, брачный

connubiality [kəˌnjuːbɪˈælɪtɪ] *n* 1) состояние в браке; статус женатого *или* замужней 2) возможность вступать в брак (*по возрасту, отсутствию кровного родства и т. п.*)

connumerate [kəˈnjuːməreɪt] *v* исчислять, подсчитывать

conoid [ˈkəʊnɔɪd] *n мат.* коноид

conoidal [kəʊˈnɔɪdl] *a* конусообразный

conormal [kəʊˈnɔːm(ə)l] *a мат.* конормальный

conoscente [ˌkəʊnəˈʃentə] *n* (*pl* -ti) = cognoscente

conoscenti [ˌkəʊnəˈʃentɪ] *pl om* conoscente

conquer [ˈkɒŋkə] *v* 1. завоёвывать, покорять; to ~ a country [a new territory] завоевать страну [новую территорию]; to ~ a people покорить народ; when will scientists ~ weather? когда же учёные будут управлять погодой? 2. 1) побеждать; to ~ the enemy победить врага 2) преодолевать; превозмогать; to ~ bad habits [difficulties] победить плохие привычки [трудности]; to ~ passion обуздать страсть; the boy ~ed his fear of the dark мальчик превозмог боязнь темноты

conqueror [ˈkɒŋkərə] *n* 1. победитель, завоеватель; the C. *ист.* Вильгельм Завоеватель 2. *спорт. разг.* решающая партия, игра

conquest [ˈkɒŋkwest] *n* 1. завоевание, покорение; the C. *ист.* завоевание Англии норманнами ((*в 1066 г.*); the ~ of (outer) space завоевание космоса; to make a ~ of smb. завоевать чью-л. любовь /привязанность/ 2. завоевания, завоёванная территория, завоёванное имущество *и т. п.*; Roman ~s in Africa территориальные захваты римлян в Африке 3. женщина *или* мужчина, чьё расположение удалось завоевать; he boasted of his ~s он похвалялся своими победами (над женщинами)

conquian [ˈkɒŋkɪən] *амер.* = cooncan

conquistador [kɒnˈkwɪstədɔː] *n ист.* конкистадор

consanguine I [kɒnˈsæŋgwɪn] *редк.* = consanguinity

consanguine II [kɒnˈsæŋgwɪn] = consanguineous

consanguineous [ˌkɒnsæŋˈgwɪnɪəs] *a* состоящий в кровном родстве

consanguinity [ˌkɒnsæŋˈgwɪnɪtɪ] *n* 1. кровное родство 2. духовное родство, близость 3. *геол.* сродство (*пород*)

conscience [ˈkɒnʃ(ə)ns] *n* 1. совесть; clear /good/ ~ чистая совесть; bad /evil/ ~ нечистая совесть; pangs /pricks, remorse/ of ~ угрызения совести; freedom /liberty/ of ~ свобода совести; свобода вероисповедания; duty in ~ долг совести; for ~(') sake для успокоения совести; to have smth. on one's ~ иметь что-л. на совести; to go against one's ~ идти против совести; to act [decide] according to one's ~ поступать [решать] по совести; to get smth. off one's ~ ≅ успокоить свою совесть; to make smth. a matter of ~ считать что-л. делом своей совести /своим долгом/; to come to terms with one's ~ пойти на сделку с совестью; to have the ~ to do [to say] smth. иметь наглость /нахальство/ сделать [сказать] что-л. 2. сознание; public ~ общественное сознание; matter and ~ *филос.* материя и сознание

◊ in all ~, upon one's ~ а) по совести говоря; I cannot in all ~ ask him to do it совесть не позволяет мне поручить ему это; б) конечно, безусловно; I cannot in all ~ agree я никак не могу согласиться; my ~! вот так так!; вот те на!; a guilty ~ is a self-accuser *посл.* нечистая совесть спать не даёт; a good ~ is a constant feast *посл.* у кого совесть чиста, тот может спать спокойно; чистая совесть душу веселит; a quiet ~ sleeps in thunder *посл.* у кого совесть чиста, тот спит спокойно

conscience clause [ˈkɒnʃ(ə)nsˌklɔːz] юр. пункт закона, постановления *и т. п.*, допускающий несоблюдение его по этическим, религиозным *и др.* принципам

conscienceless [ˈkɒnʃ(ə)nslɪs] *a* бессовестный

conscience money [ˈkɒnʃ(ə)nsˌmʌnɪ] 1) сумма подоходного налога, анонимно присылаемая налогоплательщиком, первоначально уклонившегося от уплаты; анонимные возмещения ущерба, выплата долга *и т. п.* 2) деньги, выплачиваемые для успокоения совести (*чтобы как-то загладить свою вину и т. п.*)

conscience-smitten [ˈkɒnʃ(ə)nsˌsmɪtn] = conscience-stricken

conscience-stricken [ˈkɒnʃ(ə)nsˌstrɪkən] *a* испытывающий угрызения совести

conscientious [ˌkɒnʃɪˈenʃəs] *a* добросовестный, честный, сознательный; добросовестно относящийся (*к делу и т. п.*); ~ piece of work добросовестная работа; ~ worker добросовестный /сознательный/ работник; to be ~ in one's duty добросовестно выполнять свой долг

conscientiously [ˌkɒnʃɪˈenʃəslɪ] *adv* добросовестно, честно

conscientious objector [ˌkɒnʃɪˌenʃəsəbˈdʒektə] лицо, отказывающееся от несения военной службы по религиозным *или* другим соображениям

conscionable [ˈkɒnʃ(ə)nəb(ə)l] *a* добросовестный, честный; it is not ~ to further postpone the talks дальше откладывать переговоры просто нечестно

conscious I [ˈkɒnʃəs] *n* (the ~) *психол.* сознание; сознательная психическая деятельность; the ~ and the subconscious сознание и подсознание

conscious II [ˈkɒnʃəs] *a* 1. 1) сознающий, понимающий; to be ~ of one's guilt сознавать свою вину; to be ~ of one's folly понимать, что поступил глупо; I am quite ~ of his innocence я твёрдо уверен в его невиновности 2) осознанный, сознательный; with ~ superiority с сознанием своего превосходства 2. ощущающий; ~ of pain [of cold, of discomfort] чувствующий боль [холод, неудобство]; we were ~ of being watched мы чувствовали, что за нами следят 3. *predic* находящийся в сознании; he was ~ to the last он был в сознании до последней минуты 4. здравый; мыслящий; man is a ~ being человек — мыслящее существо 5. (-conscious) *как компонент сложных слов со значением* 1) осознающий; class-conscious обладающий классовым сознанием 2) тонко чувствующий, чувствительный (к чему-л.); clothes-conscious следующий моде; тонко разбирающийся в моде; soap-conscious любящий хорошее мыло

consciously ['kɒnʃəslɪ] *adv* 1) сознательно, осознанно, с сознанием 2) преднамеренно, умышленно

consciousness ['kɒnʃəsnɪs] *n* 1. сознание; to lose ~ потерять сознание; to regain /to recover/ ~ прийти в сознание /в себя/; очнуться 2. сознание, понимание; ~ of one's guilt [innocence, danger, what is going on] сознание своей вины [невиновности, опасности, того, что происходит] 3. 1) сознательность 2) самосознание; national ~ национальное самосознание

consciousness-expanding [ˌkɒnʃəsnsɪk-'spændɪŋ] *a* 1. расширяющий сознание (*словоупотребление наркоманов*) 2. связанный с употреблением галлюциногенных наркотиков

conscribe [kən'skraɪb] *v* 1. 1) призывать на военную службу 2) мобилизовать (*на какую-л. работу*) 2. = circumscribe 2

conscript I ['kɒnskrɪpt] *n* призванный на военную службу, новобранец

conscript II ['kɒnskrɪpt] *a* призванный на военную службу, мобилизованный; ~ army армия, созданная на основе закона о воинской повинности

conscript III [kən'skrɪpt] *v* 1. призывать на военную службу, мобилизовать 2. мобилизовать (*рабочую силу, капитал*)

conscript fathers ['kɒnskrɪpt'fɑːðəz] 1. *ист.* сенаторы (*в Древнем Риме*) 2. законодатели, члены законодательного собрания

conscription [kən'skrɪpʃ(ə)n] *n* 1. воинская повинность; ~ of wealth *ист.* обложение военным налогом лиц, освобождённых от несения военной службы (*особ. во время войны*) 2. призыв на военную службу

consecrate I ['kɒnsɪkreɪt] *арх.* = consecrated

consecrate II ['kɒnsɪkreɪt] *v* 1. 1) *книжн.* посвящать; to ~ one's life to the service of the country посвятить жизнь служению отечеству; an evening ~d to the memory of... вечер, посвящённый памяти...; hours ~d to meditation часы, проведённые в раздумье 2) *церк.* посвятить в сан; to ~ a bishop посвятить в епископы; to ~ a saint *церк.* причислить к лику святых 2. освящать; to ~ a church освятить церковь; customs ~d by time обычаи, освящённые временем

consecrated ['kɒnsɪkreɪtɪd] *a* священный; освящённый; ~ bread and wine освящённые хлеб и вино

consecration [ˌkɒnsɪ'kreɪʃ(ə)n] *n* 1. *книжн.* посвящение; the ~ of one's life to study посвящение жизни науке 2. посвящение в сан (*особ. епископа*) 3. освящение; the ~ of a church освящение храма; the ~ of smth. by law [by custom, by time] освящение чего-л. законом (обычаем, временем) 4. (С.) *церк.* освящение хлеба и вина (*часть литургии*)

consectary [kən'sekt(ə)rɪ] *n редк.* следствие; вывод, заключение

consecution [ˌkɒnsɪ'kjuːʃ(ə)n] *n* 1. (логическая) последовательность 2. следование, течение (*событий и т. п.*)

consecutive [kən'sekjʊtɪv] *a* 1. 1) последующий; ~ days последующие дни; ~ infection *мед.* вторичная инфекция 2) последовательный; for the fifth ~ time пятый раз подряд; ~ reaction *хим.* последовательная ступенчатая реакция 2. *грам.* следственный; ~ clause придаточное (предложение) следствия 3. *муз.* параллельный; ~ fifths [octaves] параллельные квинты [октавы]

consecutive sexuality [kən'sekjʊtɪvsekʃʊ'ælɪtɪ] *биол.* смена пола (*в процессе развития организма*)

consenescence [ˌkɒnsɪ'nes(ə)ns] *n спец.* постарение, одряхление

consensual [kən'sensjʊəl] *a* 1. 1) согласованный; всеобщий (*о мнении и т. п.*); ~ view общепринятый взгляд 2) *физиол.* согласованный (*об ответе на возбуждение произвольным и непроизвольным движением*); ~ reflex рефлекс на противоположной стороне 2. *юр.* консенсуальный; ~ contract консенсуальный договор, договор, основанный на устном соглашении сторон

consensus [kən'sensəs] *n* 1. 1) согласованность; согласие, единодушие; ~ of opinion единомыслие, единодушие; ~ of testimony *юр.* согласованность показаний; the general ~ общее мнение 2) *преим. полит.* консенсус 2. *физиол.* согласованность действий различных органов тела

consent I [kən'sent] *n* 1) согласие; by common /general/ ~ единогласно, единодушно, с общего согласия; to carry the ~ of smb. получить чьё-л. согласие 2) разрешение; her parents would not give their ~ to the marriage родители не давали согласия на её брак; with ~ of the author с разрешения / с согласия/ автора; to withhold one's ~ не давать согласия /разрешения/
◊ silence gives ~ молчание — знак согласия; age of ~ *юр.* брачный возраст; возраст, с которого человек, *особ.* женщина, правомочен давать согласие на брак *или* внебрачные половые отношения

consent II [kən'sent] *v* 1) соглашаться, давать согласие; to ~ to a suggestion согласиться на предложение; he ~ed to make a speech он согласился выступить 2) разрешать, давать разрешение, позволять; my parents did not ~ to my accepting the job родители не разрешили мне поступить на эту работу

consentaneity [kənˌsentə'niːɪtɪ] *n книжн.* согласованность; единодушие

consentaneous [ˌkɒnsen'teɪnɪəs] *a книжн.* 1. совпадающий, соответствующий 2. единодушный

consentant [kən'sentənt] *a книжн.* соглашающийся, дающий согласие

consentience [kən'senʃ(ə)ns] *n книжн.* единодушие

consentient [kən'senʃ(ə)nt] *a* 1. *книжн.* единодушный 2. (to) согласный, соглашающийся

consentual [kən'sentʃʊəl] *a юр.* совершённый по соглашению сторон

consequence [ˌkɒnsɪkwəns] *n* 1. следствие; последствие; результат; the ~s of an action последствия поступка; to take the ~s of smth. отвечать /нести ответственность/ за последствия чего-л.; in ~ следовательно; in ~ of вследствие, в результате (*чего-л.*); благодаря (*чему-л.*) 2. вывод, заключение; it follows as a logical ~ that... логическим выводом из этого является то, что...; отсюда следует, что... 3. значение, важность; a matter of great ~ дело большой важности; it is of no ~ это неважно /несущественно/, это не имеет значения 4. влиятельное положение, высокий пост; person of ~ влиятельное лицо

consequent I ['kɒnsɪkwənt] *n* 1. результат, последствие 2. *грам.* второй член условного предложения, следствие 3. *мат.* второй член, знаменатель пропорции

consequent II ['kɒnsɪkwənt] *a* 1. являющийся результатом (*чего-л.*); his long illness and ~ absence from school его длительная болезнь и пропуск занятий в результате этого; the rise in prices ~ upon the failure of the crops рост цен, вызванный неурожаем 2. последовательный; следующий за; the confusion ~ upon the earthquake смятение, последовавшее за землетрясением 3. логически последовательный, логичный 4. *геол.* консеквентный

consequential [ˌkɒnsɪ'kwenʃ(ə)l] *a* 1. логически вытекающий; ~ amendment *дип.* поправка, вызываемая другой поправкой 2. важный; ~ decision решение, имеющее важное значение 3. важничающий, полный самомнения; ~ person человек с самомнением; ~ bearing важная осанка 4. = consequent II 2

consequently ['kɒnsɪkwəntlɪ] *adv* следовательно, в результате

conservable [kən'sɜːvəb(ə)l] *a* сохраняемый

conservancy [kən'sɜːv(ə)nsɪ] *n* 1. комитет по регулированию судоходства и рыбных промыслов *и т. п.*; the Thames C. комитет по охране Темзы; the Nature C. комитет по охране природы 2. охрана природы; рациональное природопользование

conservancy area [kən'sɜːv(ə)nsɪˌeə-rɪə] = conservation area

conservation [ˌkɒnsə'veɪʃ(ə)n] *n* 1. сохранение; ~ of energy *физ.* сохранение энергии 2. консервирование (*плодов и т. п.*) 3. 1) охрана природы, окружающей среды; рациональное природопользование 2) служба охраны природы (*рыбнадзор, заповедники и т. п.*) 4. охрана памятников старины, исторических зданий *и т. п.* 5. заповедник (*особ. лесной*) 6. экономия, экономное использование (*ресурсов*)

conservation area [ˌkɒnsə'veɪʃ(ə)nˌeə-rɪə] заповедник (*природный, архитектурный*)

conservationist [ˌkɒnsə'veɪʃ(ə)nɪst] *n* 1. 1) активный борец за охрану природы 2) работник службы охраны природы 2. сторонник сохранения памятников старины, исторических зданий *и т. п.*

conservatism [kən'sɜːvətɪz(ə)m] *n* 1. 1) консерватизм 2) (C.) принципы и политика консервативной партии (*особ. Великобритании*) 2. *спец.* устойчивость свойств

conservative I [kən'sɜːvətɪv] *n* 1. консерватор; to go ~ стать консерватором 2. (C.) член консервативной партии 3. консервант, консервирующее средство

conservative II [kən'sɜːvətɪv] *a* 1. 1) консервативный; ~ in tastes [in habits] консервативный во вкусах [в привычках] 2) традиционный 2. (C.) консервативный, относящийся к консервативной партии (*Великобритании*); C. Party консервативная партия; ~ government правительство консерваторов 3. охранительный, охранный 4. *разг.* скромный, заниженный (*о подсчёте, смете и т. п.*) 5. *тех.* с большим запасом прочности 6. консервирующий (*продукты и т. п.*)

conservatoire [kən'sɜːvətwɑː] *n* консерватория

conservator ['kɒnsəveɪtə, kən'sɜːvətə] *n* 1. хранитель; ~ of a museum хранитель музея 2. опекун (*амер. тж.* умалишённых) 3. 1) член комитета по охране природы 2) участник движения за охрану природы

conservatory I [kən'sɜːvət(ə)rɪ] *n* 1.

1) тепли́ца, оранжере́я 2) зи́мний сад **2.** *обыкн. амер.* консервато́рия
conservatory II [kən'sɜ:vət(ə)rɪ] *a* **1.** охраня́ющий, охрани́тельный **2.** консерви́рующий
conserve I ['kɒnsɜ:v] *n часто pl* консерви́рованные фру́кты; варе́нье; джем
conserve II [kən'sɜ:v] *v* **1.** сохраня́ть; храни́ть; to ~ one's strength [one's energies, one's health] бере́чь си́лу [эне́ргию, здоро́вье] **2.** *редк.* консерви́ровать *(особ. фрукты)*, вари́ть *(варенье)*
conshie, conshy ['kɒnʃɪ] *разг. см.* conscientious objector
consider [kən'sɪdə] *v* **1.** рассма́тривать, обсужда́ть; обду́мывать; to ~ a request [a matter, a proposal, a question, a claim] рассмотре́ть про́сьбу [де́ло, предложе́ние, вопро́с, прете́нзию] **2.** 1) обду́мывать; let me ~ a little да́йте мне поду́мать немно́го 2) заду́мать, предполага́ть или намерева́ться *(сделать что-л.)*; поду́мывать *(о чём-л.)*; to ~ a job in the city поду́мывать о рабо́те в го́роде, собира́ться устро́иться на рабо́ту в го́роде; an act no normal man would ~ посту́пок, кото́рый норма́льному челове́ку и в го́лову не придёт (соверши́ть) **3.** принима́ть во внима́ние, учи́тывать; all things ~ed принима́я всё во внима́ние **4.** счита́ть, полага́ть; we ~ him (to be) a clever man мы счита́ем его́ у́мным челове́ком; we ~ that you are not to blame мы счита́ем, что вы не винова́ты; I myself happy я счита́ю себя́ счастли́вым; ~ yourself at home чу́вствуйте себя́ /бу́дьте/ как до́ма; if you ~ it necessary е́сли вы счита́ете э́то необходи́мым **5.** проявля́ть уваже́ние *(к кому-л.)*, счита́ться *(с кем-л.)*; to ~ others счита́ться с други́ми, проявля́ть к други́м уваже́ние; to ~ the feelings of others счита́ться с чу́вствами други́х **6.** *юр.* суди́ть по совоку́пности *(с ранее совершёнными преступлениями)*
considerable I [kən'sɪd(ə)rəb(ə)l] *n амер. разг.* ма́сса, мно́жество; значи́тельное коли́чество; he has done ~ for the disabled он мно́го сде́лал для инвали́дов; he has earned ~ он здо́рово зарабо́тал
considerable II [kən'sɪd(ə)rəb(ə)l] *a* 1) значи́тельный; большо́й; ~ part [sum of money] значи́тельная часть [су́мма де́нег]; ~ number [distance] значи́тельное число́ [расстоя́ние]; ~ weight [expense, income] большо́й вес [расхо́д, дохо́д]; I have given ~ thought to the matter я мно́го ду́мал об э́том де́ле 2) ва́жный, ви́дный; ~ citizens ви́дные гра́ждане; to become a ~ personage сде́латься ва́жной персо́ной
considerably [kən'sɪd(ə)rəblɪ] *adv* значи́тельно, мно́го; it's ~ colder this morning сего́дня у́тром значи́тельно холодне́е; ~ larger значи́тельно бо́льше
considerate [kən'sɪd(ə)rɪt] *a* **1.** внима́тельный; такти́чный, забо́тливый; ~ to smb. внима́тельный к кому́-л. **2.** уме́ренный, обду́манный; серьёзный; the proposal was given a ~ examination предложе́ние бы́ло всесторо́нне изу́чено
consideration [kən,sɪdə'reɪʃ(ə)n] *n* **1.** рассмотре́ние; обсужде́ние; under ~ на рассмотре́нии, на обсужде́нии; the question is now under ~ вопро́с сейча́с рассма́тривается; to give (a problem) one's careful ~ тща́тельно рассмотре́ть /обсуди́ть/ (вопро́с); the plan is subject to ~ план подлежи́т рассмотре́нию; соображе́ние; to take into ~ а) приня́ть во внима́ние; б) *юр.* суди́ть по совоку́пности, принима́я реше́ние с учётом не упомя́нутых в обвини́тельном а́кте преступле́ний, в кото́рых признаётся подсуди́мый; to leave out of ~ не приня́ть во внима́ние, не уче́сть; in ~ of... принима́я во внима́ние..., учи́тывая...; several ~s have influenced me in coming to a decision я при́нял реше́ние, исходя́ из не́скольких соображе́ний **3.** внима́ние, предупреди́тельность; уваже́ние; to show great ~ for smb. ока́зывать большо́е внима́ние кому́-л., быть о́чень предупреди́тельным по отноше́нию к кому́-л.; out of ~ for his age из уваже́ния к его́ во́зрасту; accept the assurances of my highest ~ прими́те увере́ния в моём соверше́нном уваже́нии *(в официа́льной перепи́ске)* **4.** возмеще́ние, компенса́ция, вознагражде́ние; to do smth. for a ~ сде́лать что-л. за вознагражде́ние; in ~ of в благода́рность за, в ви́де компенса́ции за; executed ~ *юр.* испо́лненное встре́чное удовлетворе́ние; concurrent ~ *юр.* одновреме́нное встре́чное удовлетворе́ние; executory ~ *юр.* бу́дущее встре́чное удовлетворе́ние **5.** *книжн.* ва́жность, значи́тельность; it's of no ~ at all э́то совсе́м не ва́жно
◇ on /under/ no ~ ни под каки́м ви́дом, ни в ко́ем слу́чае, ни за что
considered [kən'sɪdəd] *a* **1.** обду́манный, проду́манный, взве́шенный; it is my ~ opinion that... я твёрдо убеждён, что... **2.** *амер.* уважа́емый; a very highly ~ man высокочти́мый челове́к
◇ all things ~ с учётом всех обстоя́тельств, принима́я во внима́ние все соображе́ния
considering I [kən'sɪd(ə)rɪŋ] *adv* в о́бщем, при сложи́вшихся обстоя́тельствах; that is not so bad ~ в о́бщем, э́то не так уж пло́хо; her speed was really quite good ~ с учётом всех обстоя́тельств, она́ показа́ла хоро́шее вре́мя
considering II [kən'sɪd(ə)rɪŋ] *prep* принима́я во внима́ние, учи́тывая; it is excusable ~ his age [how young he is] э́то прости́тельно, е́сли приня́ть во внима́ние его́ во́зраст [его́ мо́лодость]
consign [kən'saɪn] *v* **1.** *книжн.* передава́ть, поруча́ть, вверя́ть; to ~ a child to the care of a teacher поручи́ть ребёнка забо́там учи́теля; to ~ the body to the grave предава́ть те́ло земле́; to ~ to oblivion предава́ть забве́нию; the thief was ~ed to prison во́ра посади́ли в тюрьму́ **2.** (пред)назнача́ть; to ~ a room to smb.'s use предоста́вить ко́мнату в чьё-л. распоряже́ние; to be ~ed to misery обречённый на нищету́ **3.** *ком.* отправля́ть, посыла́ть (на консигна́цию); the goods were ~ed by rail [by ship] това́р был отпра́влен (на консигна́цию) по желе́зной доро́ге [мо́рем] **4.** *спец.* депони́ровать
consignable [kən'saɪnəb(ə)l] *a ком.* подлежа́щий отпра́вке, консигна́ции
consignation [,kɒnsaɪ'neɪʃ(ə)n] *n* **1.** *ком.* консигна́ция; отпра́вка това́ра (на консигна́цию); to the ~ of адресо́вано *(грузополучателю)* **2.** *спец.* депони́рование
consignee [,kɒnsaɪ'ni:] *n ком.* грузополуча́тель, консигна́тор
consigner [kən'saɪnə] = consignor
consignificant [,kɒnsɪg'nɪfɪkənt] *a редк.* име́ющий о́бщее, одина́ковое значе́ние
consignify [kən'sɪgnɪfaɪ] *v редк.* соозна́ча́ть, име́ть о́бщее значе́ние
consignment [kən'saɪnmənt] *n ком.* **1.** 1) груз; па́ртия това́ров; new ~ of tea но́вая па́ртия ча́я 2) отпра́вка, посы́лка гру́зов; note тра́нспортная накладна́я; air ~ note авиатра́нспортная накладна́я **2.** консигна́ция; to send goods on ~ посла́ть това́р на консигна́цию
consignor [kən'saɪnə] *n ком.* грузоотправи́тель; консигна́нт; комите́нт

consilience [kən'sɪlɪəns] *n спец.* совпаде́ние
consilient [kən'sɪlɪənt] *a спец.* совпада́ющий, согла́сный
consimilar [kən'sɪmɪlə] *a редк.* схо́жий, схо́дный; соверше́нно похо́жий
consist I ['kɒnsɪst] *n* соста́в, совоку́пность часте́й
consist II [kən'sɪst] *v* **1.** (of) состоя́ть; water ~s of hydrogen and oxygen вода́ состои́т из кислоро́да и водоро́да; the course ~s of five subjects курс состои́т из пяти́ дисципли́н, в програ́мму ку́рса вхо́дит пять дисципли́н **2.** (in) заключа́ться; national strength ~s not only in national armies мощь стран определя́ется не то́лько мо́щью их а́рмий **3.** (with) *книжн.* совпада́ть, совмеща́ться
consistence [kən'sɪst(ə)ns] *n спец.* консисте́нция
consistency [kən'sɪst(ə)nsɪ] *n* **1.** после́довательность, логи́чность; your actions lack ~ ва́ши посту́пки /де́йствия/ непосле́довательны **2.** постоя́нство; friendship of a lasting ~ многоле́тняя дру́жба **3.** согласо́ванность; ~ of opinions [conduct] согласо́ванность мне́ний [поведе́ния]; his behaviour is in ~ with his character его́ поведе́ние согласу́ется с его́ хара́ктером **4.** = consistence
consistent [kən'sɪst(ə)nt] *a* **1.** (with) совмести́мый, сообра́зный, согласу́ющийся; this is not ~ with what you told me yesterday э́то противоре́чит тому́, что вы сказа́ли мне вчера́; practices ~ with his beliefs де́йствия, соотве́тствующие его́ убежде́ниям **2.** после́довательный; he is not ~ in his actions он непосле́дователен в свои́х де́йствиях /посту́пках/; I wish you would be more ~ я бы хоте́л, что́бы вы бы́ли бо́лее после́довательны **3.** учреди́тельный, учрежда́ющий; ~ act учреди́тельный акт **4.** твёрдый, пло́тный; ~ grease *тех.* густа́я /консисте́нтная/ сма́зка
consistently [kən'sɪst(ə)ntlɪ] *adv* **1.** (with) сообра́зно, согла́сно **2.** после́довательно
consistorial [,kɒnsɪs'tɔ:rɪəl] *a церк.* консисто́рский
consistory [kən'sɪst(ə)rɪ] *n* **1.** *церк.* 1) консисто́рия 2) церко́вный суд; консисто́рский или епархиа́льный суд 3) суд пресви́теров **2.** масо́нский сове́т **3.** 1) *ист.* сове́т *(при римском императоре)* 2) *поэт.* сове́т бого́в Оли́мпа
consociate I [kən'səʊʃɪɪt] *n редк.* сотова́рищ, компаньо́н
consociate II [kən'səʊʃɪeɪt] *v книжн.* **1.** 1) принима́ть в това́рищество 2) входи́ть в това́рищество **2.** 1) объединя́ть, свя́зывать 2) объединя́ться, свя́зываться
consociation [kən,səʊʃɪ'eɪʃ(ə)n] *n* **1.** *книжн.* объедине́ние; the ~ of tribes объедине́ние племён **2.** това́рищество, о́бщество, ассоциа́ция **3.** ассоциа́ция христиа́нских церкве́й или религио́зных о́бществ
consolation I [,kɒnsə'leɪʃ(ə)n] *n* утеше́ние; music was his only ~ му́зыка была́ его́ еди́нственным утеше́нием; to afford ~ уте́шить, принести́ утеше́ние; letter of ~ письмо́ с выраже́нием соболе́знования /сочу́вствия/
◇ Dutch ~ — *см.* Dutch II ◇
consolation II [,kɒnsə'leɪʃ(ə)n] *a спорт.* предназна́ченный для утеше́ния проигра́вших; ~ race бега́ для лошаде́й, проигра́вших в преды́дущих заёздах; ~ match матч для проигра́вших в преды́дущих состяза́ниях; ~ prize «утеши́тельный приз»

consolatory [kənˈsɒlət(ə)rɪ, -ˈsəʊlə-] *a* утешительный; ~ words слова утешения

console[1] [kənˈsəʊl] *v* утешать; to ~ oneself утешаться; I ~d myself with the thought that it might have been worse я утешал себя мыслью, что могло быть хуже

console[2] [ˈkɒnsəʊl] *n* 1. *тех.* консоль, кронштейн 2. корпус *или* шкафчик радиоприёмника 3. консоль, пульт оператора компьютера 4. небольшое пианино

console-mirror [ˈkɒnsəʊlˌmɪrə] *n* трюмо

console-table [ˈkɒnsəʊlˌteɪb(ə)l] *n* пристенный столик

consolette [ˌkɒnsəˈlet] *n* консолет, этажерка для радио- и телеаппаратуры

consolidate I [kənˈsɒlɪdɪt] *арх.* = consolidated

consolidate II [kənˈsɒlɪdeɪt] *v* 1. укреплять; to ~ peace [power, influence] укреплять мир [власть, влияние] 2. 1) объединять; to ~ territories [banks, armies] объединять территории [банки, армии]; to ~ two companies слить две компании 2) объединяться, сливаться (*об обществах, корпорациях и т. п.*); several businesses ~d to form a large company несколько фирм слились в одну большую компанию 3. сводить, суммировать; to ~ various reports делать сводку по нескольким донесениям /сообщениям/ 4. *воен.* закрепляться (на местности); укреплять захваченные позиции 5. 1) уплотнять, делать твёрдым 2) твердеть, затвердевать, уплотняться 6. *фин.* консолидировать

consolidated [kənˈsɒlɪdeɪtɪd] *a* 1. 1) объединённый, сводный, консолидированный; ~ annuities *эк.* консолидированная рента; ~ fund *фин.* консолидированный фонд; ~ balance sheet *бухг.* сводный баланс; ~ return сводный отчёт, сводное донесение, сводка; ~ index сводный указатель 2) объединённый, совместный; ~ effort совместные /общие/ усилия 2. уплотнённый, затвердевший; цементированный (*о породах*); ~ mud затвердевшая /засохшая/ грязь

consolidated school [kənˈsɒlɪdeɪtɪdˌskuːl] *амер.* объединённая школа (*для учащихся из разных районов*); межрайонная школа

consolidation [kənˌsɒlɪˈdeɪʃ(ə)n] *n* 1. 1) объединение, консолидация; ~ of (legal) actions *юр.* объединение исков или требований 2) *фин.* консолидация; ~ of national debts консолидация государственных долгов 2. слияние; укрупнение; the ~ of three firms слияние трёх фирм; farm [land] ~ укрупнение ферм [участков] 3. укрепление; ~ of peace укрепление мира 4. 1) уплотнение, твердение 2) *геол.* отвердевание 3) укрепление (грунта)

consols [kənˈsɒlz] *n pl фин.* консоли, консолидированная рента (*в Великобритании*)

consommé [kənˈsɒmeɪ, ˈkɒnsəmeɪ] *n* мясной бульон

consonance [ˈkɒnsənəns] *n* 1. созвучие 2. согласие, гармония; in ~ with... согласно... 3. *муз.* консонанс

consonant I [ˈkɒnsənənt] *n* 1) фон. согласный звук 2) буква, обозначающая согласный звук

consonant II [ˈkɒnsənənt] *a* 1. 1) (to, with) согласный; the opinion is ~ to law это суждение не противоречит закону 2) (with) совместимый, сообразный; your actions are not ~ with your principles ваши действия несовместимы с вашими принципами; position in the service ~ with one's rank должность, соответствующая воинскому званию 2. созвучный; гармоничный; ~ words [syllables] созвучные слова [слоги]

consonantal [ˌkɒnsəˈnæntl] *a* 1. согласный (*о звуке*) 2. состоящий из согласных, построенный на согласных

consonantism [ˈkɒnsənəntɪz(ə)m] *n лингв.* консонантизм

con sordino [ˌkɒnsɔːˈdiːnəʊ] *муз.* под сурдинку; глухо, приглушённо

consort[1] [ˈkɒnsɔːt] *n* 1. *арх., офиц.* супруг, супруга; prince ~ принц-консорт; супруг царствующей королевы (*не являющийся королём*); queen ~ королева-супруга 2. *мор.* корабль сопровождения

consort[2] I [ˈkɒnsɔːt] *n* 1. группа музыкальных инструментов (оркестра); a ~ of viols группа виол 2. гармония, согласованность; in ~ with a) согласии с (*чем-л.*); б) совместно (*с кем-л.*)

consort[2] II [kənˈsɔːt] *v* 1. *часто неодобр.* общаться, якшаться; to ~ with wild young men связаться с подозрительной молодёжной компанией; to ~ together столкнуться с кем-л. 2. (with, to) соответствовать, гармонировать; it does not ~ with his ideas это противоречит его взглядам

consortia [kənˈsɔːtɪə] *pl от* consortium

consortism [ˈkɒnsɔːtɪz(ə)m] *n биол.* симбиоз

consortium [kənˈsɔːtɪəm] *n* (*pl* -tia) 1. *эк., фин.* консорциум; international ~ of eight banks [firms] международный консорциум из восьми банков [фирм] 2. 1) ассоциация, союз; соглашение 2) *юр.* брачный союз

conspecies [kənˈspiːʃiːz] = conspecific I

conspecific I [ˌkɒnspɪˈsɪfɪk] *n биол.* растение или животное того же вида, что и другое; конспецифический организм

conspecific II [ˌkɒnspɪˈsɪfɪk] *a биол.* конспецифичный, принадлежащий к одному и тому же виду, одного и того же вида

conspectus [kənˈspektəs] *n* 1. конспект; резюме 2. общий взгляд (*на что-л.*); обзор (*тж. в виде сводных таблиц*)

conspicuity [ˌkɒnspɪˈkjuːɪtɪ] *n* 1. очевидность, явное проявление 2. видное, заметное положение; to stand in lone ~ пребывать в гордом одиночестве

conspicuous [kənˈspɪkjʊəs] *a* 1. видимый, заметный; бросающийся в глаза; очевидный; ~ errors явные ошибки; ~ necktie бросающийся в глаза /кричащий/ галстук; traffic signs should be ~ дорожные знаки должны быть хорошо видны; to make oneself ~ обращать на себя внимание (*поведением, наружностью, одеждой*) 2. выдающийся, видный, заметный; ~ statesman выдающийся /видный/ государственный деятель; to be ~ by one's absence блистать отсутствием; he is ~ for his bravery храбрость — его отличительная черта

◇ C. Service Cross крест «За заслуги» (*орден США*) C. Gallantry Medal медаль «За отвагу в бою» (*в Великобритании*)

conspicuous consumption [kənˌspɪkjʊəskənˈsʌmpʃ(ə)n] *эк.* престижные расходы (*на предметы роскоши и т. п.*); расходование средств в целях повышения своего социального статуса

conspicuously [kənˈspɪkjʊəslɪ] *adv* видимо; ясно; заметно

conspiracy [kənˈspɪrəsɪ] *n* 1. заговор, тайный или преступный сговор; ~ of silence заговор молчания; ~ to overthrow the government заговор, имеющий целью свержение правительства 2. группа заговорщиков

conspirator [kənˈspɪrətə] *n* заговорщик, участник преступного сговора

conspiratorial [kənˌspɪrəˈtɔːrɪəl] *a* заговорщический

conspire [kənˈspaɪə] *v* 1) устраивать заговор, сговариваться, входить в сговор о совершении преступления; to ~ against smb. составить заговор против кого-л.; to ~ smb.'s ruin задумать /решить/ разорить /погубить/ кого-л. 2) действовать сообща, объединять усилия (*с заранее обдуманным намерением*); events seemed to be conspiring against him события, казалось, складывались против него

conspirer [kənˈspaɪ(ə)rə] = conspirator

constable [ˈkʌnstəb(ə)l] *n* 1. 1) констебль (*низший полицейский чин*); special ~s специальные констебли; ≅ дружинники 2) полицейский, полисмен; Chief C. начальник полиции (*в городе или графстве*) 2. *ист.* коннетабль; комендант крепости или замка; C. of the Tower of London комендант лондонского Тауэра

◇ to outrun /to overrun/ the ~ a) наделать долгов; б) жить не по средствам

constabulary I [kənˈstæbjʊl(ə)rɪ] *n* 1. полиция, полицейские силы (*города, района*) 2. участок, микрорайон, подведомственный констеблю

constabulary II [kənˈstæbjʊl(ə)rɪ] *a* полицейский; ~ force полицейские силы; C. squadron полицейское подразделение; C. Provost Marshal начальник военной полиции

constancy [ˈkɒnstənsɪ] *n* 1. постоянство, неизменность; верность; ~ of purpose [of love, of friendship] постоянство цели [в любви, в дружбе] 2. устойчивость; physiological ~ физиологическая устойчивость 3. настойчивость; непреклонная решимость

constant I [ˈkɒnstənt] *n мат., физ.* постоянная (величина), константа

constant II [ˈkɒnstənt] *a* 1. 1) постоянный, непрерывный; ~ complaints [anxiety] постоянные жалобы [-ое беспокойство]; ~ chatter беспрерывная болтовня; ~ rain непрерывный дождь; ~ care and attention постоянная забота и внимание 2) постоянный, устойчивый, константный; ~ current *эл.* постоянный ток; ~ load *спец.* длительная нагрузка; ~ spectrum *спец.* сплошной спектр 2. постоянный, неизменный, верный; ~ reader [visitor] постоянный читатель [посетитель]; ~ friend верный друг; he has been ~ in his devotion to science он никогда не изменял своей преданности науке

◇ ~ dropping wears away a stone капля по капле и камень долбит

constantan [ˈkɒnstəntən] *n* константан (*сплав*)

Constantinopolitan [kɒnˌstæntɪnəˈpɒlɪtən] *a* константинопольский; византийский; ~ Creed *церк.* константинопольский /никейский/ символ веры

constantly [ˈkɒnstəntlɪ] *adv* постоянно, непрерывно; неизменно; ~ changing fashion постоянно меняющаяся мода; he is ~ late он вечно опаздывает

constate [kɒnˈsteɪt] *v редк.* констатировать

constellate [ˈkɒnstɪleɪt] *v* 1) *астр.* образовывать созвездие 2) *книжн.* усеивать; flowers that ~ on earth цветы, которыми усыпана земля

constellation [ˌkɒnstɪˈleɪʃ(ə)n] *n* 1. *астр.* созвездие 2. плеяда; ~ of genius плеяда гениальных личностей 3. *психол.* комплекс эмоционально окрашенных представлений (*преим. подавленных*)

constellatory [kənˈstelət(ə)rɪ] *a* 1) относящийся к созвездиям 2) напоминающий созвездие

consternate ['kɒnstəneɪt] *v обыкн. pass* ужасать, пугать

consternation [ˌkɒnstə'neɪʃ(ə)n] *n* ужас, испуг; оцепенение (*от страха*); they looked at each other in ~ они в ужасе смотрели друг на друга; to fill with ~ наводить ужас

constipate ['kɒnstɪpeɪt] *v* 1) *мед.* вызывать запор; to be ~d страдать запором 2) *разг.* страдать запором; he ~s when he eats eggs от яиц его крепит

constipation [ˌkɒnstɪ'peɪʃ(ə)n] *n мед.* запор

constituency [kən'stɪtjʊənsɪ] *n* 1. *собир.* избиратели 2. избирательный округ 3. *амер. разг.* 1) клиентура 2) подписчики (*какого-л. издания*)

constituent I [kən'stɪtjʊənt] *n* 1. составная часть, элемент; what are the ~s of happiness из чего слагается счастье 2. избиратель 3. *лингв.* составляющая; immediate ~s непосредственно составляющие 4. *юр. редк.* доверитель

constituent II [kən'stɪtjʊənt] *a* 1. имеющий право голоса, избирающий 2. правомочный вырабатывать конституцию; законодательный; ~ assembly учредительное собрание; ~ power законодательная власть 3. назначающий (*на должность*); избирающий, подбирающий (*кадры*); the school board is the ~ body for high school назначения по средней школе зависят от школьного совета 4. составляющий часть целого, составной; ~ part составная часть

constituent structure [kən'stɪtjʊənt 'strʌktʃə] *лингв.* структура непосредственно составляющих

constitute ['kɒnstɪtjuːt] *v* 1. составлять; twelve months ~ a year двенадцать месяцев составляют год; these facts ~ links in one and the same chain эти факты являются звеньями одной и той же цепи; I am not so ~d that I can accept insults не в моём характере переносить оскорбления 2. учреждать, основывать; to ~ a committee учредить комитет; to ~ a precedent установить прецедент 3. назначать; they ~d him chief adviser они назначили его главным советником; to ~ oneself считать себя (*кем-л.*); what right have you to ~ yourself a judge of my conduct? по какому праву вы берётесь стать судьёй моего поведения 4. вводить в силу (*закон*)

constitution[1] [ˌkɒnstɪ'tjuːʃ(ə)n] *n* 1. 1) конституция, основной закон 2) устав 2. *уст.* указ, установление, уложение (*особ. церковное*)

constitution[2] [ˌkɒnstɪ'tjuːʃ(ə)n] *n* 1. телосложение, склад, конституция; he has a strong [a robust, a poor] ~ у него здоровый [крепкий, слабый] организм; the ~ of his mind and character склад его ума и характера 2. 1) состав, строение; ~ of the air состав воздуха 2) *физ.* строение; physical ~ of the Sun физическое строение Солнца

constitutional[1] [ˌkɒnstɪ'tjuːʃ(ə)nəl] *a* 1) конституционный; ~ government конституционная форма правления; ~ monarchy конституционная монархия; ~ reform изменение конституции; ~ limits on the queen's powers конституционные ограничения власти королевы 2) соответствующий, отвечающий требованиям конституции; is this new law ~? не противоречит ли этот новый закон конституции?

constitutional[2] **I** [ˌkɒnstɪ'tjuːʃ(ə)nəl] *n разг.* прогулка, моцион; to take a ~ совершать моцион, прогуляться

constitutional[2] **II** [ˌkɒnstɪ'tjuːʃ(ə)nəl] *a* 1. *спец.* структурный; ~ formula структурная формула; ~ water конституционная вода 2. 1) органический, конституциональный; ~ type тип телосложения; ~ weakness слабость организма; ~ peculiarity особенность телосложения или организма 2) полезный для организма; ~ walk моцион; оздоровительная ходьба /прогулка/

constitutionalism [ˌkɒnstɪ'tjuːʃ(ə)nəlɪz(ə)m] *n* 1. конституционный образ правления 2. конституционализм

constitutionalist [ˌkɒnstɪ'tjuːʃ(ə)nəlɪst] *n* 1. сторонник конституционной формы правления 2. специалист по конституционному праву или вопросам государственного устройства

constitutionality [ˌkɒnstɪˌtjuːʃə'nælɪtɪ] *n* соответствие с конституцией, конституционность

constitutionally[1] [ˌkɒnstɪ'tjuːʃ(ə)nəlɪ] *adv* в соответствии с конституцией, законно; he was not ~ appointed его назначение противоречит конституции

constitutionally[2] [ˌkɒnstɪ'tjuːʃ(ə)nəlɪ] *adv* сообразно телосложению, характеру, складу ума; he was ~ timid по характеру он был застенчив

constitutive ['kɒnstɪtjuːtɪv] *a* 1. 1) учредительный, устанавливающий, конструктивный 2) назначающий; имеющий право назначать (*на пост*) 2. основной, существенный, определяющий; the ~ essence основная сущность 3. составной; ~ parts составные части

constrain [kən'streɪn] *v* 1. принуждать, вынуждать; to ~ obedience добиться послушания; заставить слушаться; to be [to feel] ~ed быть /чувствовать себя/ вынужденным 2. сдерживать, стеснять (*движения*); to ~ within prescribed limits сдерживать в установленных границ 3. 1) заключать в тюрьму 2) сажать в клетку, вольер *и т. п.* 4. *поэт.* заключать в объятия

constrained [kən'streɪnd] *a* 1. вынужденный, принуждённый; ~ movement *тех.* принуждённое движение 2. напряжённый, смущённый, сдавленный; ~ smile смущённая улыбка; ~ voice сдавленный голос 3. скованный, неестественный, стеснённый (*о движении*)

constraint [kən'streɪnt] *n* 1. принуждение; to act under ~ действовать по принуждению /под давлением/ 2. скованность; стеснение; напряжённость; I write to you without any ~ я пишу вам без всякого стеснения; to feel ~ in smb.'s presence чувствовать себя неловко в чьём-л. присутствии 3. тюремное заключение 4. *физ.* ограничительная связь; ограничивающее условие, ограничение

constrict [kən'strɪkt] *v* 1. стягивать, сжимать, сокращать; to ~ a muscle сокращать мышцу; the neck ~ed by a tight collar шея, сдавленная тесным воротничком 2. ограничивать, стеснять; притеснять

constricted [kən'strɪktɪd] *a* 1. стянутый, сжатый, суженный, узкий 2. ограниченный, стеснённый; ~ outlook ограниченный кругозор

constriction [kən'strɪkʃ(ə)n] *n* 1. стягивание, сужение, сжатие 2. 1) ограничение 2) сжатие, стеснение (*груди*) 3. *мед.* перехват, перетяжка

constrictor [kən'strɪktə] *n* 1. *анат.* констриктор, мышца, сжимающая или суживающая орган 2. *зоол.* констриктор (*Constrictor gen.*) 3. *тех.* деталь с узкой шейкой

constringe [kən'strɪndʒ] *v* 1) сжимать, стягивать, сокращать 2) сокращаться; суживаться; уплотняться

constringency [kən'strɪndʒ(ə)nsɪ] *n* 1) сжимание, стягивание, сжатие 2) жёсткость

constringent [kən'strɪndʒ(ə)nt] *a* сжимающий, стягивающий

construct I ['kɒnstrʌkt] *n книжн.* 1. конструкция, *особ.* мысленная; концепция; great ~ великий замысел; theoretical [logical] ~ теоретическое [логическое] построение 2. обобщённый образ (*чего-л.*); a false ~ of the self ложное представление о собственной личности 3. *мат.* (геометрическое) построение

construct II [kən'strʌkt] *v* 1. строить, сооружать, конструировать; to ~ a house [a bridge] построить дом [мост]; to ~ a geometrical figure [a triangle] начертить /построить/ геометрическую фигуру [треугольник] 2. создавать, сочинять; to ~ a theory создать теорию; to ~ the plot of a play придумать фабулу пьесы 3. *грам.* составлять (*предложение*)

constructibility [kənˌstrʌktə'bɪlɪtɪ] *n* 1. *лог.* конструктивность 2. *мат.* возможность геометрического построения

construction [kən'strʌkʃ(ə)n] *n* 1. строительство, стройка; конструирование; ~ housing ~ жилищное строительство; ~ industry строительная промышленность, строительство; ~ engineering строительная техника; ~ plant /site/ строительная площадка; ~ work строительные работы; ~ department постановочно-отделочный цех (*киностудии*); C. Corps *воен.* инженерно-строительные части; to be under /in the course of/ ~ строиться 2. 1) конструкция, сооружение 2) постройка, здание 3. истолкование, объяснение; to put /to place/ a wrong ~ on smb.'s action неправильно истолковать чей-л. поступок; the statement does not bear such a ~ это заявление не может быть истолковано подобным образом 4. построение программы управления машиной 5. *грам.* конструкция; infinitive ~ инфинитивная конструкция, конструкция с инфинитивом 6. 1) построение (*геометрическое*) 2) составление (*уравнения*) 7. *иск.* работа в конструктивистском стиле

constructional [kən'strʌkʃ(ə)nəl] *a* 1. строительный; ~ works искусственные сооружения; ~ defect строительный дефект 2. структурный

constructionism [kən'strʌkʃ(ə)nɪz(ə)m] *n иск.* конструктивизм

constructionist [kən'strʌkʃ(ə)nɪst] *n* 1. *иск.* конструктивист 2. *амер.* истолкователь (*законов и т. п.*); strict ~ сторонник строгого соблюдения конституции; loose /liberal/ ~ сторонник увеличения полномочий центрального правительства

construction paper [kən'strʌkʃ(ə)nˌpeɪpə] плотная цветная бумага (*для вырезания, коллажей и т. п.*)

constructive [kən'strʌktɪv] *a* 1. 1) строительный, относящийся к сооружениям 2) структурный 3) конструкторский 2. созидательный, творческий, конструктивный; ~ criticism [policy, proposal] конструктивная критика [политика, -ое предложение] 3. предполагаемый, подразумеваемый; ~ denial косвенный отказ; ~ permission слова, которые могли бы быть поняты как разрешение; ~ crime *юр.* действие, не заключающее в себе состава (*какого-л.*) преступления, но могущее быть истолкованным как таковое

constructivism [kən'strʌktɪvɪz(ə)m] = constructionism

constructivist [kən'strʌktɪvɪst] *n иск.* конструктивист; ~ sculpture конструктивистская скульптура

constructor [kən'strʌktə] *n* 1. *см.* construct II + -or 2. 1) конструктор 2) строитель

construe [kən'stru:] *v* 1. объяснять, истолковывать; интерпретировать; his remarks were wrongly ~d его замечания были неправильно истолкованы; different lawyers may ~ the same law differently разные юристы могут по-разному интерпретировать /толковать/ один и тот же закон 2. делать вывод, подразумевать 3. переводить, *особ.* буквально 4. *грам.* 1) делать синтаксический анализ предложения 2) поддаваться грамматическому разбору; this sentence does not ~ это предложение не поддаётся разбору 5. *грам.* управлять, требовать (*падежа, предлога и т. п.*); "rely" is ~d with "on" глагол "rely" требует после себя предлога "on"

consubstantial [ˌkɒnsəb'stænʃ(ə)l] *a рел.* единосущный

consubstantiality [ˌkɒnsəbstænʃɪ'ælɪtɪ] *n рел.* единосущность

consubstantiate [ˌkɒnsəb'stænʃɪeɪt] *v* 1. 1) находиться в единстве 2) приводить к единству 2. *рел.* верить в пресуществление

consubstantiation [ˌkɒnsəbstænʃɪ'eɪʃ(ə)n] *n рел.* пресуществление

consuetude ['kɒnswɪtju:d] *n* 1) обычай, привычка 2) норма обычного права

consuetudinary I [ˌkɒnswɪ'tju:dɪn(ə)rɪ] *n* устав (*особ.* монастырский)

consuetudinary II [ˌkɒnswɪ'tju:dɪn(ə)rɪ] *a* обычный, привычный; ~ law *юр.* обычное право

consul ['kɒns(ə)l] *n* 1) консул; honorary ~ почётный консул 2) консул (*один из двух правителей в Древнем Риме*) 3) *ист.* консул (*во Франции 1799—1804 гг.*); First C. первый консул (*титул Наполеона до 1804 г.*)

consulage ['kɒnsjʊlɪdʒ] *n* консульский сбор

consular ['kɒnsjʊlə] *a* консульский; corps ~ консульский корпус; ~ convention консульская конвенция; ~ fees консульский сбор; ~ certificate консульское свидетельство

consular agent ['kɒnsjʊlə(r)'eɪdʒ(ə)nt] консульский агент (*консульский представитель в небольшом городе*)

consulate ['kɒnsjʊlɪt] *n* 1. 1) консульство 2) консульское звание 3) срок пребывания консула в должности 2. (the C.) *ист.* период консульства (*во Франции 1799—1804*)

consulate general [ˌkɒnsjʊlɪt'dʒen(ə)rəl] генеральное консульство

consul general [ˌkɒns(ə)l'dʒen(ə)rəl] генеральный консул

consulship ['kɒns(ə)lʃɪp] *n* 1) должность консула, консульство 2) срок пребывания консула в должности

consult [kən'sʌlt] *v* 1. советоваться; to ~ a lawyer [one's friend] посоветоваться с юристом [со своим другом]; to ~ a doctor обратиться к врачу 2. справляться; to ~ a map [an encyclopaedia] справляться по карте [в энциклопедии]; to ~ a dictionary искать слово в словаре, справляться в словаре 3. (with) совещаться, советоваться; to ~ with one's chief about a matter совещаться с руководителем о деле 4. принимать во внимание; to ~ smb.'s interests [feelings] учитывать /принимать во внимание/ чьи-л. интересы [чувства] 5. (for) работать консультантом; he ~s for a large building firm он является консультантом в небольшой строительной фирме

consultancy [kən'sʌlt(ə)nsɪ] *n* 1) консультирование, дача консультаций 2) должность консультанта; he was appointed to a ~ only recently он только недавно был назначен /стал/ консультантом

consultant [kən'sʌlt(ə)nt] *n* 1. консультант 2. врач-консультант

consultation [ˌkɒns(ə)l'teɪʃ(ə)n] *n* 1) консультация; совещание; legal ~ юридическая /правовая/ консультация; to hold a ~ совещаться 2) консультация врача; ~ hours приёмные часы (*врача и т. п.*); ~ room врачебный кабинет 3) консилиум врачей

consultative [kən'sʌltətɪv] *a* совещательный, консультативный; ~ committee совещательный /консультативный/ комитет; ~ voice совещательный голос

consultatory [kən'sʌltət(ə)rɪ] *редк.* = consultative

consulting [kən'sʌltɪŋ] *a* 1) консультирующий; ~ physician а) лечащий /практикующий/ врач; б) врач-консультант; ~ engineer инженер-консультант 2) приёмный; ~ hours приёмные часы (*врача и т. п.*); ~ room врачебный кабинет, смотровой кабинет

consultive [kən'sʌltɪv] = consultative; his function was ~ он осуществлял консультативные функции

consultor [kən'sʌltə] *n* 1. консультант, советник, советчик 2. *церк.* советник епископа (*у католиков*)

consumable I [kən'sju:məb(ə)l] *n обыкн. pl* предметы потребления

consumable II [kən'sju:məb(ə)l] *a* 1. 1) потребляемый, расходуемый; ~ load расходуемые в пути грузы 2) годный к потреблению; ~ goods товарная продукция 2. могущий быть уничтоженным, истребленным

consume [kən'sju:m] *v* 1. истреблять, уничтожать; the fire ~d the whole building пожар уничтожил всё здание 2. потреблять, расходовать; to ~ fuel расходовать горючее 3. съедать, поедать, поглощать; he ~d everything that was put before him он съел /уничтожил/ всё, что было подано 4. тратить, расточать; to ~ one's fortune промотать состояние; to ~ one's energies тратить энергию; arguing about details ~d many hours of valuable time споры о мелочах съели много драгоценного времени 5. *преим. pass* (with) снедать; to be ~d быть снедаемым, быть охваченным; he is ~d with hatred он ~ачен ненавистью; he is ~d with grief он удручён горем; he is ~d with envy [with jealousy] его терзает /гложет/ зависть [ревность]; to be ~d with curiosity он умирает от любопытства; to be ~d with desire гореть желанием; пылать страстью 6. чахнуть; to ~ away with grief чахнуть от горя

consumer [kən'sju:mə] *n* 1. *см.* consume + -er 2. 1) потребитель; ~(s') goods потребительские товары; ~ durables потребительские товары длительного пользования; ~ price розничная цена 2) клиент, заказчик; покупатель; абонент; подписчик 3. *биол.* консумент (*организм, питающийся органическими материалами*)

consumer electronics [kən'sju:mə(r)ˌlek'trɒnɪks] бытовая электроника

consumerism [kən'sju:m(ə)rɪz(ə)m] *n* 1. стимулирование потребительского интереса 2. защита интересов потребителя (*от лживой рекламы, вздутых цен, низкого качества и т. п.*) 3. *полит.-эк.* теория экономической выгодности развития «потребительского общества»

consumerization [kənˌsju:mərɪ'zeɪʃ(ə)n] *n эк.* ориентирование на потребителя

consumership [kən'sju:məʃɪp] *n* 1. *эк.* (народное) потребление 2. *собир.* потребители 3. платёжеспособный спрос 4. умение разбираться в ценах, товарах и т. п.; опытность потребителя *или* покупателя

consuming [kən'sju:mɪŋ] *a* всепоглощающий (*об интересе и т. п.*); ~ ambition честолюбие, снедающее человека

consummate I [kən'sʌmɪt] *a книжн.* 1) превосходный, совершенный, законченный; ~ taste превосходный вкус; ~ skill законченное мастерство; ~ happiness высшее счастье 2) высококвалифицированный; виртуозный; ~ musician музыкант-виртуоз; ~ liar изощрённый лжец

consummate II ['kɒnsəmeɪt] *v книжн.* 1. доводить до конца, завершать 2. осуществить брачные отношения; *юр. тж.* консуммировать брак

consummation [ˌkɒnsə'meɪʃ(ə)n] *n* 1. 1) завершение, доведение до конца; the ~ of work завершение работы 2) окончательное оформление 3) осуществление брачных отношений; *юр. тж.* консуммация брака 2. конец 3. достижение цели

consumption [kən'sʌmpʃ(ə)n] *n* 1. потребление; ~ of food [of alcohol] потребление пищи [алкоголя]; home ~ внутреннее потребление; per capita ~ потребление на душу населения 2. *тех.* 1) расход (*масла, воздуха, пара, топлива*) 2) затрата (*энергии*) 3. 1) чахотка, туберкулёз лёгких 2) увядание (*от болезни*)

consumptive I [kən'sʌmptɪv] *n* туберкулёзный больной, чахоточный, лёгочник

consumptive II [kən'sʌmptɪv] *a* 1. 1) предрасположенный к туберкулёзу 2) туберкулёзный; больной туберкулёзом, чахоточный 2. разрушительный, истребляющий 3. изнурительный, изматывающий; tedious and ~ work скучная и изнурительная работа; ~ cough изнуряющий /изнурительный/ кашель 4. *ком.* потребительский; ~ demand потребительский спрос

contact I ['kɒntækt] *n* 1. соприкосновение, контакт; to come in /into/ ~ with а) соприкасаться; наталкиваться; установить контакт с; б) *воен.* войти в соприкосновение с; to break ~ *воен.* оторваться от противника [*см. тж.* 9]; to make ~ *воен.* а) войти в соприкосновение (*с противником*); б) войти в связь; [*см. тж.* 9] 2. связь, контакт; diplomatic [cultural] ~s дипломатические [культурные] контакты; out of ~ не имея никакой связи, не будучи связанным 3. соприкосновение, столкновение; to come into ~ with opposing opinions столкнуться с противоположными мнениями 4. *pl амер.* отношения, знакомства, связи; to make useful social ~s заводить полезные знакомства /связи/ в обществе 5. 1) лицо, с которым имеются (деловые) связи; I learned of it from information given to me by one of our ~s я узнал об этом от лица, с которым мы связаны 2) связной (*разведчика*) 6. передатчик инфекции, бациллоноситель 7. *разг. см.* contact lens 8. *спец.* касание 9. *спец.* контакт, связь; to make [to break] ~ *эл.* включать [выключать] ток [*см. тж.* 1] 10. *хим.* катализатор

contact II ['kɒntækt] *a* 1. контактный; ~ mine *воен.* а) самовзрывной фугас; б) контактная мина; ударная мина; ~ rail *ж.-д.* контактный рельс, третий рельс; ~ print *фото* контактная печать; ~ paper фотобумага для контактной печати 2. *ав.* визуальный; ~ flight полёт с визуальной ориентировкой; полёт по наземным ориентирам; ~ mission самолёто-вылет для визуальной разведки; ~ light посадочный аэродромный огонь

contact III ['kɒntækt] *adv ав.* визуально; to fly ~ летать с визуальной ориентировкой

contact IV ['kɒntækt, kən'tækt] *v* 1. быть в контакте, в соприкосновении; (со)прикасаться 2. 1) войти в контакт, в соприкосновение 2) приводить в контакт, в соприкосновение 3. 1) устанавливать связь (*по телефону, телеграфу*) 2) связаться; he succeeded in ~ing the secretary ему удалось связаться с секретарём; for full information ~ your travel agency за получением подробных сведений обращайтесь в бюро путешествий 4. *разг.* установить деловые связи; to ~ an organization связаться с организацией 2) завести связи, знакомства в обществе 5. *ав.* включать

contact-breaker ['kɒntækt,breɪkə] *n эл.* прерыватель; рубильник

contact inhibition [,kɒntækt,ɪnhɪ'bɪʃ(ə)n] *биол.* контактное торможение, остановка деления клеток при их соприкосновении

contact lens ['kɒntæktlenz] *мед.* контактная линза

contact-maker ['kɒntækt,meɪkə] *n эл.* замыкатель

contact man ['kɒntæktmæn] *разг.* 1) посредник (*особ. в сомнительных делах*) 2) пресс-секретарь; представитель какого-л. учреждения, организации 3) = contact I 5

contactor ['kɒntæktə] *n эл.* контактор

contagion [kən'teɪdʒ(ə)n] *n* 1. 1) зараза, инфекция; заразное начало 2) инфекционная болезнь 3) распространение, передача инфекции (2. *поэт.* яд 3. 1) заразительность (*смеха, паники и т. п.*) 2) распространение (*идей, настроений, обычаев и т. п.*); a ~ of fear was spreading through the city эпидемия страха охватывала город 3) вредное влияние; her mother feared the ~ of drugs её мать опасалась гибельного влияния наркотиков 4) моральное разложение 4. *стат.* влияние; последействие

contagious [kən'teɪdʒəs] *a* 1. заразный, инфекционный, контагиозный; передающийся непосредственно и через третьих лиц; ~ disease заразная болезнь 2. заразительный; ~ laughter [mirth] заразительный смех [-ое веселье]; panic is ~ паника заразительна

contagious abortion [kən,teɪdʒəs-ə'bɔːʃ(ə)n] *вет.* инфекционный аборт, бруцеллёз (*у скота*)

contagium [kən'teɪdʒɪəm] = contagion

contain [kən'teɪn] *v* 1. содержать; the book ~s a great deal of useful information книга содержит множество полезных сведений; these mountains ~ valuable minerals в этих горах много ценных минералов 2. вмещать; a gallon ~s four quarts галлон равняется четырём квартам; the hall cannot ~ all the members of the club зал не может вместить всех членов клуба 3. 1) сдерживать, подавлять; to ~ one's anger [laughter, enthusiasm] подавить гнев [смех, энтузиазм]; she could hardly ~ her eagerness она едва сдерживала свой пыл 2) *refl* сдерживаться; he couldn't ~ himself for joy он бурно выражал свою радость 3) удерживать, ограничивать; the demand for free elections [for peace] can be ~ed no longer движение за свободные выборы [за мир] уже

нельзя подавить; has the cholera outbreak been ~ed? ликвидирована ли вспышка холеры? 4. *мат.* делиться без остатка 5. *воен.* сковывать, сдерживать

◊ he cannot ~ his wine ≅ он не умеет пить; от вина его развозит (*тошнит и т. п.*)

contained [kən'teɪnd] *a* сдержанный; не выходящий из границ; her feelings seem very ~ она очень сдержанна в выражении своих чувств

container [kən'teɪnə] *n* 1. ёмкость, вместилище; (*любой*) сосуд *или* ящик; коробка; бочка, бутылка *и т. п.* 2. стандартная тара, контейнер 3. резервуар, приёмник

container car [kən'teɪnə,kɑː] *амер. ж.-д.* контейнеровоз (*вагон или платформа*)

container carrier [kən'teɪnə,kærɪə] = container ship

containerization [kən,teɪnəraɪ'zeɪʃ(ə)n] контейнеризация, организация контейнерных перевозок

containerize [kən'teɪnəraɪz] *v* 1) осуществлять контейнерные перевозки 2) оборудовать *или* переоборудовать (*транспортное средство*) под контейнеровоз

container port [kən'teɪnəpɔːt] *мор.* контейнерный порт

container ship [kən'teɪnəʃɪp] контейнеровоз, контейнерное судно

container shipping [kən'teɪnə,ʃɪpɪŋ] контейнеризация транспортных средств; контейнерные перевозки

container truck [kən'teɪnətrʌk] грузовик-контейнеровоз

containment [kən'teɪnmənt] *n* 1. сдерживание 2. политика сдерживания (*агрессора, экспансии и т. п.*) 3. вместимость, герметичность 5. *физ.* удержание 6. локализация (*нежелательного процесса*) 7. меры предосторожности в опытах по генной инженерии

containment boom [kən'teɪnmənt,buːm] плавучее ограждение нефтяного пятна (*в море*)

contaminant [kən'tæmɪnənt] *n* загрязняющее вещество; загрязнитель, контаминант

contaminate [kən'tæmɪneɪt] *v* 1. 1) загрязнять, заражать; to ~ a river with waste загрязнять реку отбросами /отходами/; flies ~ food мухи заражают пищу 2) загрязнять, заражать (*радиоактивными веществами*) 2. разлагать, оказывать пагубное влияние; to be ~d by foreign ideas подвергаться пагубному влиянию чуждой идеологии 3. *лингв.* контаминировать

contaminated [kən'tæmɪneɪtɪd] *a* 1. заражённый, загрязнённый; ~ ground /area/ *воен.* участок заражения; ~ zone *воен.* заражённая зона 2. *лингв.* контаминированный, возникший в результате контаминации

contamination [kən,tæmɪ'neɪʃ(ə)n] *n* 1. загрязнение, заражение (*тж. радиоактивное*); ~ of water [of air] загрязнение /заражение/ воды [воздуха] 2. порча, разложение 3. осквернение 4. *лингв.* контаминация

contaminative [kən'tæmɪnətɪv] *a* загрязняющий (*о веществе*)

contaminator [kən'tæmɪneɪtə] *n* 1. см. contaminate + -or 2. 1) загрязняющее вещество 2) предприятие и т. п., загрязняющее воду, атмосферу *и т. п.*

contango [kən'tæŋgəʊ] *n* (*pl* -os [-əʊz]) *бирж.* 1) репорт (*отсрочка расчёта по фондовой сделке; тж. надбавка к цене, взимаемая продавцом за такую отсрочку*) 2) контанго (*надбавка к цене наличного товара или к котировке*

ближних сроков при заключении сделки на более отдалённые сроки)

cont'd, contd (*сокр. от* continued) продолжение (*текста*) следует

conte [kɔːnt] *n фр.* новелла (*обыкн. фантастическая*)

contemn [kən'tem] *v книжн.* 1) презирать, относиться с пренебрежением; пренебрегать 2) игнорировать (*закон, опасность и т. п.*)

contemplable [kən'templəb(ə)l] *a* предвидимый; вообразимый

contemplate ['kɒntəmpleɪt] *v* 1. созерцать, пристально рассматривать; she stood contemplating herself in the mirror она стояла, пристально рассматривая себя в зеркале; the old man ~d the past старик мысленно возвращался к прошлому 2. размышлять; обдумывать, рассматривать; to ~ a problem I will ~ your proposal я обдумаю ваше предложение 3. намереваться, предполагать; he ~s going to London next week он предполагает поехать в Лондон на будущей неделе; she is contemplating a trip to Europe она планирует поездку в Европу 4. ожидать, рассчитывать; I do not ~ any opposition from him я не думаю, что он будет против

contemplation [,kɒntəm'pleɪʃ(ə)n] *n* 1. созерцание; spiritual ~ религиозная медитация 2. размышление, раздумье; he sat in deep ~ он сидел, погружённый в глубокое раздумье; to have a new school in ~ обдумывать вопрос об открытии новой школы 3. намерение, предположение; to have smth. in ~ намереваться что-л. сделать; of returning soon, he left on уехал с намерением вскоре вернуться 4. ожидание; перспектива (*чего-л.*); we are buying tents and other equipment in ~ of a camping trip мы покупаем палатки и другое оборудование, готовясь к туристическому походу

contemplative [kən'templətɪv, 'kɒntəmpleɪtɪv] *a* 1) созерцательный; умозрительный; ~ life a) жизнь, посвящённая созерцанию, размышлениям *и т. п.*; б) жизнь, посвящённая религиозной медитации 2) задумчивый; ~ look задумчивый вид

contemplator ['kɒntəmpleɪtə] *n* созерцатель

contemporaneity [kən,temp(ə)rə'niːɪtɪ] *n* 1. современность; the ~ of smb.'s outlook современность чьего-л. мировоззрения 2. одновременность

contemporaneous [kən,tempə'reɪnɪəs] *a* 1. современный; ~ styles in women's clothing современные фасоны дамской одежды 2. (*часто with*) одновременный; ~ events события, происшедшие одновременно

contemporarily [kən'temp(ə)rərɪlɪ, -p(ə)rɪlɪ] *adv* по-современному, в современном стиле, духе

contemporary I [kən'temp(ə)rərɪ, -p(ə)rɪ] *n* 1. современник; Petrarch and Chaucer were contemporaries Петрарка был современником Чосера; we were contemporaries at school мы учились в школе в одно и то же время; is this musician a ~? этот музыкант наш современник? 2. ровесник, сверстник 3. газета *или* периодическое издание, выходящие одновременно с другой газетой или изданием 4. (C.) современный стиль (*мебели и т. п.; 50-е годы XX в.*)

contemporary II [kən'temp(ə)rərɪ, -p(ə)rɪ] *a* 1. 1) современный; ~ writers [literature] совреме́нные писа́тели [-ая литерату́ра]; ~ society совреме́нное о́бщество; ~ history нове́йшая исто́рия 2) *разг.* в совреме́нном сти́ле; по после́дней мо́де; модерно́вый; ~ art совреме́нное иску́сство; ~ furniture ме́бель в совреме́нном сти́ле 2. (*часто* with) совреме́нный (*чему-л.*), одновреме́нный; events ~ with each other собы́тия, происше́дшие одновреме́нно; writers ~ with the events they write of писа́тели — совреме́нники собы́тий, кото́рые они́ опи́сывают; a ~ record of events за́пись о собы́тиях, сде́ланная их совреме́нником

contemporary-styled [kən'temp(ə)rərɪ¦staɪld, -p(ə)rɪ-] *a* в совреме́нном ду́хе; an attractive ~ bungalow преле́стное, постро́енное в совреме́нном сти́ле бу́нгало

contemporize [kən'tempəraɪz] *v* синхронизи́ровать

contempt [kən'tempt] *n* 1. презре́ние; to feel ~ for a liar испы́тывать презре́ние к лжецу́; to have /to hold/ smb. in ~ презира́ть кого́-л.; to bring ~ upon oneself, to fall into ~ навле́чь на себя́ всео́бщее презре́ние; to treat smb. with ~ тре́тировать кого́-л.; to be beneath ~ ≅ ни́зко пасть; быть гну́сным, смехотво́рным (*и т. п.*); such accusation is beneath ~ тако́е обвине́ние про́сто смехотво́рно 2. *юр.* 1) неуваже́ние (*к суду́ и т. п.*); оскорбле́ние (*о́рганов вла́сти, парла́мента и т. п.*); direct ~ оскорбле́ние суда́ (*на суде́бном заседа́нии*); the ~ power *амер.* пра́во (*конгре́сса, суда́*) нака́зывать без суде́бного разбира́тельства лиц, обвиня́емых в оскорбле́нии конгре́сса или суда́; ~ of Congress *амер.* неуваже́ние к конгре́ссу 2) невыполне́ние распоряже́ний суда́; ~ of the law наруше́ние /несоблюде́ние/ норм пра́ва; ~ of court оскорбле́ние суда́, невыполне́ние его́ распоряже́ний; нея́вка в суд

◊ in ~ of вопреки́, невзира́я на; he rushed forward in ~ of danger он бро́сился вперёд невзира́я на опа́сность; in ~ of all rules вопреки́ всем пра́вилам, в наруше́ние всех пра́вил; familiarity breeds ~ *см.* familiarity ◊

contemptible [kən'temptəb(ə)l] *a* презре́нный, ни́зкий, ничто́жный; ~ fellow презре́нный челове́к; ~ conduct [action] недосто́йное поведе́ние [-ый посту́пок]; a ~ trick to play on a friend по́длый посту́пок по отноше́нию к ста́рому дру́гу

contemptuous [kən'temptʃʊəs] *a* 1. презри́тельный, высокоме́рный; ~ look [air] презри́тельный взгляд [вид]; ~ remark презри́тельное замеча́ние; ~ manner надме́нная мане́ра; with an air of ~ indifference с ви́дом презри́тельного равноду́шия 2. (of) пренебрега́ющий (*чем-л.*); ~ of public opinion пренебрега́ющий обще́ственным мне́нием

contend [kən'tend] *v* 1. (for, against, with) боро́ться, сража́ться; to ~ for truth сража́ться за пра́вду; to ~ with difficulties боро́ться с тру́дностями 2. состяза́ться, сопе́рничать; five runners were ~ing in the first race в пе́рвом забе́ге состяза́лись /уча́ствовали/ пять бегуно́в; to ~ for the championship *спорт.* а) боро́ться за пе́рвенство; б) оспа́ривать зва́ние чемпио́на 3. спо́рить; to ~ against the opponents спо́рить с проти́вниками; the sisters ~ about trifles сёстры перека́ются по пустяка́м; he is ready to ~ about everything он спо́рит по лю-

бо́му по́воду 4. наста́ивать, утвержда́ть, заявля́ть; Columbus ~ed that the Earth was round Колу́мб утвержда́л, что земля́ кру́глая; to ~ that the Universe is expanding счита́ть /дока́зывать/, что Вселе́нная расширя́ется

contender [kən'tendə] *n* сопе́рник; прете́ндент; ~ to the title *спорт.* претенде́нт на зва́ние чемпио́на; leading ~ in the electoral race веду́щий кандида́т в предвы́борной борьбе́

contending [kən'tendɪŋ] *a* ста́лкивающийся; противобо́рствующий; ~ interests противополо́жные интере́сы; ~ parties *юр.* спо́рящие сто́роны

content¹ ['kɒntent] *n* 1. *pl* 1) содержи́мое; the ~s of a bag [of a pocket] содержи́мое су́мки [карма́на] 2) содержа́ние; the ~s of a book [a letter, a document, a story] содержа́ние кни́ги [письма́, докуме́нта, расска́за]; table of ~s оглавле́ние 2. суть, основно́е содержа́ние; the ~ of a proposition [a speech, a book, an article] суть предложе́ния [ре́чи, кни́ги, статьи́]; form and ~ фо́рма и содержа́ние 3. до́ля, проце́нт, содержа́ние (*чего-л. в чём-л.*); a high fat ~ высо́кая жи́рность (*молока́ и т. п.*); the silver ~ of a coin содержа́ние серебра́ в моне́те; cottage cheese has a high protein ~ в творо́ге мно́го белка́ 4. 1) объём, вмести́мость, ёмкость; the ~ of a barrel ёмкость бо́чки 2) *арх.* пло́щадь

content² I [kən'tent] *n* 1. удовлетворе́ние, удовлетворённость; дово́льство; to one's heart's ~ вво́лю, вдо́воль, всласть, ско́лько душе́ уго́дно; to live in peace and ~ жить в ми́ре и дово́льстве 2. 1) го́лос «за»; not ~ го́лос «про́тив» (*в пала́те ло́рдов*) 2) член пала́ты ло́рдов, голосу́ющий за предложе́ние

◊ to cry ~ (with) выража́ть удовлетворе́ние (*чем-л.*); восторга́ться, восхища́ться (*чем-л.*)

content² II [kən'tent] *predic a* 1. дово́льный, удовлетворённый; ~ with food дово́льный пита́нием; he is ~ with very little он дово́льствуется ма́лым 2. 1) согла́сный; I am ~ to remain where I am now я согла́сен оста́ться на ме́сте; I should be well ~ to do so я был бы весьма́ рад сде́лать э́то; he wasn't ~ to live a quiet life in a small town споко́йная жизнь в небольшо́м го́роде его́ не удовлетворя́ла; I'm not ~ to accept poor workmanship я не наме́рен мири́ться с плохо́й рабо́той 2) голосу́ющий за предложе́ние (*в пала́те ло́рдов*)

content² III [kən'tent] *v* удовлетворя́ть; nothing will ever ~ him он никогда́ ниче́м не быва́ет дово́лен; there is no ~ing some people не́которым лю́дям ниче́м нельзя́ угоди́ть; to ~ oneself дово́льствоваться; you will have to ~ yourself with what you have вам придётся дово́льствоваться тем, что име́ете

content-addressable memory ['kɒntentə,dresəb(ə)l'mem(ə)rɪ] *вчт.* ассоциати́вная па́мять (*ЭВМ*)

content analysis ['kɒntentə'nælɪsɪs] *спец.* конте́нт-ана́лиз, ана́лиз свя́зи содержа́ния информа́ции с её целево́й устано́вкой

contented [kən'tentɪd] *a* дово́льный; удовлетворённый; ~ look [smile] дово́льный вид [-ая улы́бка]

contention [kən'tenʃ(ə)n] *n* 1. раздо́р, разногла́сие; спор; препира́тельство; this is not a time for ~ не вре́мя спо́рить 2. то́чка зре́ния, утвержде́ние (*в спо́ре*); his ~ was that... он утвержда́л (*в спо́ре*), что... 3. соревнова́ние, состяза́ние; ~ of valour состяза́ние в до́блести; the rival teams were in ~ for the championship сопе́рничающие кома́нды боро́лись за пе́рвенство

contentious [kən'tenʃəs] *a* 1. лю́бящий спо́рить, вздо́рный, приди́рчивый, сварли́вый; ~ temper вздо́рный /сварли́вый/ хара́ктер; the crew was ~ кома́нда ропта́ла 2. спо́рный; a ~ clause in a treaty спо́рное положе́ние в догово́ре; ~ issue [point] спо́рный вопро́с [пункт]; jurisdiction *юр.* юрисди́кция по спо́рам ме́жду сторона́ми

contentiously [kən'tenʃəslɪ] *adv* приди́рчиво, сварли́во

contentment [kən'tentmənt] *n* удовлетворённость, удовлетворе́ние, дово́льство

content word ['kɒntent,wɜ:d] *лингв.* знамена́тельное сло́во, часть ре́чи; ключево́е сло́во

conterminal [kɒn'tɜ:mɪn(ə)l] = conterminous 1

conterminant [kɒn'tɜ:mɪnənt] *a книжн.* совпада́ющий (*во вре́мени*)

conterminate [kɒn'tɜ:mɪnɪt] = conterminous

conterminous [kɒn'tɜ:mɪnəs] *a книжн.* 1. име́ющий о́бщую грани́цу; пограни́чный, сме́жный; the side of Germany ~ to France часть Герма́нии, грани́чащая с Фра́нцией 2. совпада́ющий (*во вре́мени, в простра́нстве или по значе́нию*); ~ terms of office of the President and his chief adviser совпада́ющие сро́ки пребыва́ния на посту́ президе́нта и его́ гла́вного сове́тника

contest I ['kɒntest] *n* 1. столкнове́ние, борьба́, спор; the ~ of France and England for North America борьба́ /столкнове́ние/ ме́жду Фра́нцией и А́нглией из-за Се́верной Аме́рики 2. соревнова́ние, состяза́ние; international ~ междунаро́дное соревнова́ние; ~ weight вес (*боксёра*) пе́ред состяза́нием 3. ко́нкурс; musical ~ музыка́льный ко́нкурс

contest II [kən'test] *v* 1. оспа́ривать; опротесто́вывать; отверга́ть; to ~ a point [a right, a statement] оспа́ривать пункт [пра́во, утвержде́ние]; to ~ a judge's decision опротестова́ть реше́ние судьи́; the lawyer ~ed the claim юри́ст отве́рг э́ту прете́нзию 2. ста́вить под вопро́с пра́вильность (*чего-л.*); to ~ an election [a will] ста́вить под вопро́с зако́нность вы́боров [завеща́ния] 3. 1) спо́рить, боро́ться; to ~ every inch of ground боро́ться за ка́ждую пядь земли́ 2) боро́ться (с други́м кандида́том) за ме́сто в парла́менте 4. соревнова́ться, уча́ствовать в соревнова́нии; сопе́рничать; to ~ a match [a race] уча́ствовать в ма́тче [в ска́чках]

contestable [kən'testəb(ə)l] *a* спо́рный

contestant [kən'test(ə)nt] *n* 1. проти́вник, сопе́рник, конкуре́нт 2. уча́стник соревнова́ния, состяза́ния 3. спо́рящая сторона́; челове́к *или* организа́ция, оспа́ривающие пра́вильность вы́боров, зако́нность завеща́ния *и т. п.*

contestation [,kɒnte'steɪʃ(ə)n] *n* 1) спо́рный вопро́с; предме́т спо́ра 2) оспа́ривание (*тре́бования и т. п.*)

contested election [kən'testɪd]'lekʃən] 1) вы́боры, на кото́рых выступа́ет не́сколько кандида́тов 2) *амер.* вы́боры, пра́вильность кото́рых оспа́ривается

contestee [,kɒnte'stiː] *n амер.* оди́н из кандида́тов на да́нную вы́борную до́лжность

context ['kɒntekst] *n* 1. конте́кст; out of ~ в отры́ве от конте́кста 2. ситуа́ция; среда́, окруже́ние; in this ~ в да́нном слу́чае; при э́том усло́вии; в э́той свя́зи; in the ~ of в связи́ с; примени́тельно к; с учётом; с то́чки зре́ния; in the ~ of today's America в усло́виях совреме́нной Аме́рики

contextual [kən'tekstʃʊəl] *a* 1. контекстуа́льный, свя́занный с конте́кстом

the ~ meaning of the word контекстуа́льное значе́ние сло́ва 2. зави́сящий от обстано́вки, усло́вий и т. п.; объясни́мый обстано́вкой, средо́й и т. п.; ситуати́вный
  contextualize [kənˈtekstʃʊəlaɪz] v 1. лингв. занима́ться изуче́нием слов, фоне́м и т. п. в конте́ксте 2. книжн. 1) увя́зывать с конте́кстом (сло́во) 2) согласо́вывать (де́ятельность, мероприя́тие) с определённой обстано́вкой
  contextually [kənˈtekstʃʊəl] adv контекстуа́льно, в конте́ксте
  contexture [kənˈtekstʃə] n ре́дк. 1. сплете́ние, ткань; ~ of truth and lies сплете́ние пра́вды и лжи 2. структу́ра, компози́ция 3. = context 1
  conticent [ˈkɒntɪs(ə)nt] a ре́дк. молчали́вый
  contiguity [ˌkɒntɪˈgjuːɪtɪ] n 1. сме́жность, соприкоснове́ние; бли́зость; the ~ of the house and garage is a convenience гара́ж под одно́й кры́шей с до́мом — большо́е удо́бство 2. бли́зость, конта́кт; the candidate's ~ with the electors те́сная связь ме́жду кандида́том и избира́телями 3. психол. ассоциа́ция иде́й
  contiguous [kənˈtɪgjʊəs] a 1) сме́жный, соприкаса́ющийся, прилега́ющий; сосе́дний; the corn-field is ~ to our garden по́ле прилега́ет к на́шему са́ду, по́ле грани́чит с на́шим са́дом 2) бли́зкий (по ме́сту или вре́мени); these events were ~ э́ти собы́тия произошли́ почти́ одновре́менно
  continence [ˈkɒntɪnəns] n 1. сде́ржанность; ~ in speech сде́ржанность в ре́чи 2. воздержа́ние (особ. полово́е) 3. спосо́бность регули́ровать мочеиспуска́ние и дефека́цию
  continent[1] [ˈkɒntɪnənt] n 1. матери́к, контине́нт 2. (the C.) Европе́йский матери́к (в отли́чие от Брита́нских о-вов) 3. континента́льная часть госуда́рства (в отли́чие от острово́в и полуострово́в); «больша́я земля́» 4. амер. ист. Америка́нский контине́нт, гру́ппа англи́йских коло́ний в Се́верной Аме́рике, объяви́вших себя́ незави́симыми шта́тами
  continent[2] [ˈkɒntɪnənt] a 1. сде́ржанный (в слова́х, посту́пках) 2. возде́ржанный, целому́дренный 3. спосо́бный регули́ровать своё мочеиспуска́ние и дефека́цию
  continental I [ˌkɒntɪˈnentl] n 1. (C.) жи́тель европе́йского контине́нта, неангличанин 2. (C.) амер. ист. солда́т эпо́хи Войны́ за незави́симость 3. амер. ист. бума́жные де́ньги эпо́хи Войны́ за незави́симость 4. (C.) эвф. иммигра́нт из И́ндии или Пакиста́на
  ◇ not worth a ~ ни гроша́ не сто́ит; he does not give a ~ for anybody он в грош никого́ не ста́вит
  continental II [ˌkɒntɪˈnentl] a 1. континента́льный; ~ climate континента́льный кли́мат; ~ glacier континента́льный /материко́вый/ леднико́вый покро́в; ~ crust геол. континента́льная кора́ 2. 1) континента́льный, основно́й (о ча́сти госуда́рства без острово́в и полуострово́в); C. China континента́льный Кита́й (без Тайва́ня) 2) относя́щийся к европе́йскому материку́, неангли́йский, небрита́нский; ~ wars войны́ в Евро́пе; ~ Germanic tribes [dialects] континента́льные герма́нские племена́ [диале́кты]; C. Air Command воен. кома́ндование вое́нно-возду́шными си́лами США в Евро́пе 3. (C.) амер. ист. относя́щийся к англи́йским коло́ниям в Се́верной Аме́рике в эпо́ху Войны́ за незави́симость или к пе́рвым америка́нским шта́там

continental bed [ˌkɒntɪnentlˈbed] кана́д. тахта́-крова́ть
  continental breakfast [ˌkɒntɪnentlˈbrekfəst] «континента́льный за́втрак», лёгкий у́тренний за́втрак (обыкн. ко́фе и бу́лочка с конфитю́ром; особ. во Фра́нции)
  continental code [ˌkɒntɪnentlˈkəʊd] континента́льная или междунаро́дная а́збука Мо́рзе (тж. continental Morse code)
  Continental Congress [ˈkɒntɪnentlˈkɒŋgres] амер. ист. Континента́льный конгре́сс (1774—1781 гг.; в 1776 при́нял Деклара́цию о незави́симости)
  continental drift [ˌkɒntɪnentlˈdrɪft] геол. дрейф контине́нтов; горизонта́льное перемеще́ние контине́нтов
  continentalism [ˌkɒntɪˈnent(ə)lɪz(ə)m] n о́браз жи́зни, обы́чаи и т. п., характе́рные для европе́йского контине́нта (в отли́чие от о́браза жи́зни на Брита́нских о-вах)
  continentalist [ˌkɒntɪˈnent(ə)lɪst] n 1. = continental I 1 2. сторо́нник интегра́ции (за́падно-)европе́йских госуда́рств 3. амер. ист. сторо́нник федера́ции шта́тов
  continentality [ˌkɒntɪnənˈtælɪtɪ] n метеор. континента́льность
  continentalization [ˌkɒntɪˌnent(ə)laɪˈzeɪʃn] n проникнове́ние о́браза жи́зни жи́телей континента́льной Евро́пы на Брита́нские острова́
  continentalize [ˌkɒntɪˈnent(ə)laɪz] v амер. распространя́ть на це́лый контине́нт; to ~ the Monroe Doctrine распространя́ть доктри́ну Монро́ на весь (америка́нский) контине́нт
  continentally [ˌkɒntɪˈnent(ə)lɪ] adv 1) в преде́лах це́лого контине́нта 2) широко́, глоба́льно; to think ~ широко́ мы́слить
  continental press [ˌkɒntɪnentlˈpres] спорт. проф. жим
  continental quilt [ˌkɒntɪnentlˈkwɪlt] пухо́вое одея́ло
  continental seating [ˌkɒntɪnentlˈsiːtɪŋ] теа́тр. зри́тельный зал с широко́ расста́вленными ряда́ми без центра́льного прохо́да
  continental shelf [ˌkɒntɪnentlˈʃelf] геол. континента́льный шельф
  Continental Sunday [ˌkɒntɪnentlˈsʌndɪ] воскресе́нье по-европе́йски (де́нь развлече́ний, а не то́лько пасси́вного о́тдыха и моли́твы)
  continently [ˈkɒntɪnentlɪ] adv книжн. 1. сде́ржанно 2. целому́дренно
  continent-wide [ˈkɒntɪnəntwaɪd] a охва́тывающий весь контине́нт; распространённый по всему́ контине́нту
  contingence [kənˈtɪndʒ(ə)ns] n 1. = contingency 2 и 3 2. конта́кт; сближе́ние; сопряже́ние
  contingency [kənˈtɪndʒ(ə)nsɪ] n 1. вероя́тность, возмо́жность 2. 1) слу́чай, случа́йность; непредви́денное обстоя́тельство; fatal [unforeseen] ~ роково́е [непредви́денная] случа́йность; all kinds of contingencies might arise мо́гут возни́кнуть вся́кого ро́да неожи́данности; this unexpected ~ upset all our plans э́тот непредви́денный слу́чай расстро́ил все на́ши пла́ны; we must be ready for any ~ мы должны́ быть гото́вы ко вся́ким случа́йностям 2) косм. авари́йная ситуа́ция; ~ pl непредви́денные расхо́ды; ~ fund резе́рв для непредви́денных расхо́дов 4. стат. сопряжённость при́знаков
  contingent I [kənˈtɪndʒ(ə)nt] n 1. 1) до́ля; пропорциона́льное коли́чество (уча́стников и т. п.); the British ~ at the Olympic games спортсме́ны, представля́ющие Великобрита́нию на Олим-

CON — CON

пи́йских и́грах; the New York ~ at the national convention делега́ция шта́та Нью-Йо́рк на парти́йном съе́зде 2) до́ля, часть; причита́ющееся коли́чество; the young heir's ~ of the estate до́ля молодо́го насле́дника в иму́ществе насле́додателя 2. воен. гру́ппа ли́чного соста́ва, ли́чный соста́в, континге́нт
  contingent II [kənˈtɪndʒ(ə)nt] a 1. 1) возмо́жный 2) случа́йный; непредви́денный; ~ expenses непредви́денные расхо́ды; uncertain and ~ causes неопределённые и непредви́денные /случа́йные/ причи́ны 2. 1) (on, upon) зави́сящий от (каких-л.) обстоя́тельств и т. п.; peace ~ upon compliance with the proffered terms мир, зави́сящий от приня́тия предло́женных усло́вий; whether or not we arrive on time is ~ on the weather прие́дем мы во́время и́ли нет, зави́сит от пого́ды 2) воен. дополни́тельный; ~ barrage дополни́тельный загради́тельный ого́нь; ~ zone дополни́тельный се́ктор обстре́ла 3. юр. усло́вный; ~ liability усло́вное обяза́тельство /-ая обя́занность/, усло́вный долг
  contingently [kənˈtɪndʒ(ə)ntlɪ] adv книжн. усло́вно
  continua [kənˈtɪnjʊə] pl от continuum
  continual [kənˈtɪnjʊəl] a 1. непреры́вный, почти́ не прекраща́ющийся, повторя́ющийся сно́ва и сно́ва [fever] непреры́вный дождь [-ая лихора́дка]; ~ flashes of lightning [bursts of thunder] непреры́вные вспы́шки мо́лнии [раска́ты гро́ма]; ~ bouts of toothache [attacks of gout] без конца́ повторя́ющиеся при́ступы зубно́й бо́ли (пода́гры) 2. ре́дк. постоя́нный; a ~ increase in output of animal products непреры́вный рост произво́дства проду́ктов животново́дства 3. мат. континуа́льный, непреры́вно продолжа́емый
  continually [kənˈtɪnjʊəlɪ] adv 1. неоднокра́тно, сно́ва и сно́ва 2. непреры́вно, всё вре́мя
  continuance [kənˈtɪnjʊəns] n 1. продолжи́тельность, дли́тельность, продолже́ние; during the ~ of the war на протяже́нии всей войны́; during his ~ in office пока́ он рабо́тает; пока́ он нахо́дится на э́том посту́ 2. дли́тельный пери́од (пребыва́ния на том же ме́сте и́ли в том же состоя́нии); ~ of /in/ prosperity дли́тельный пери́од процвета́ния; the ~ of this drought will ruin the harvest продолжа́ющаяся за́суха погу́бит урожа́й 3. юр. отсро́чка разбо́ра суде́бного де́ла, отложе́ние де́ла слу́шанием 4. арх. после́довательность, прее́мственность 5. амер. продолже́ние (рома́на и т. п.)
  continuance performance [kənˈtɪnjʊənspəˈfɔːməns] пока́з кинофи́льма без переры́ва ме́жду сеа́нсами (с до́пуском зри́телей в зал по ме́ре освобожде́ния мест)
  continuant [kənˌtɪnjʊənt] n фон. фрикати́вный согла́сный звук
  continuation [kənˌtɪnjʊˈeɪʃ(ə)n] n 1. продолже́ние; ~ of a story [of an article] продолже́ние расска́за (статьи́); ~ of a war продолже́ние /затя́гивание/ войны́ 2. продолже́ние; ~ of study after the holidays возобновле́ние заня́тий по́сле кани́кул и́ли пра́здников 3. бирж. отсро́чка расчёта по фо́ндовой сде́лке, конта́нго (в Великобрита́нии)
  continuation class [kənˌtɪnjʊˈeɪʃ(ə)nˌklɑːs] «шко́ла дополни́тельных зна́ний» (для око́нчивших сре́днюю шко́лу; пла́тная; в Великобрита́нии)

447

CON — CON

continuation school [kən,tɪnjʊ'eɪ(ə)n-'sku:l] школа взрослых (*по общеобразовательным и специальным дисциплинам*)

continuator [kən'tɪnjʊeɪtə] *n* 1) = continuer 2) тот, кто продолжает авторскую работу, начатую другим лицом

continue [kən'tɪnju:] *v* 1. 1) продолжать; to ~ work [the trip] продолжать работу [путешествие]; he ~d living /to live/ with his parents он продолжал жить с родителями 2) продолжаться, длиться; the door ~d to bang all night дверь хлопала всю ночь; the work ~d day after day работа продолжалась изо дня в день; the course will ~ throughout the year курс лекций продлится весь год; how long will this bad weather ~? сколько времени /долго ли/ будет стоять такая плохая погода? 2. 1) *арх.* оставлять (*на работе, в должности*); he was ~d in office он был оставлен в той же должности; the people ~d the President in office for another term народ избрал президента на новый срок 2) оставаться (*на прежнем месте, в прежнем состоянии*); to ~ in power [at one's post] оставаться у власти [на посту]; she still ~s in weak health она всё ещё нездорова; the market ~d quiet рынок оставался вялым; she ~s happy and по-прежнему счастлива 3. возобновлять; the story will be ~d in our next issue продолжение рассказа будет напечатано в следующем номере; to be ~d продолжение следует 4. служить продолжением; a palisade ~s the wall изгородь служит продолжением стены 5. простираться, тянуться; the road ~s for miles дорога тянется на многие мили; the desert ~s as far as the eye can reach пустыня простирается насколько хватает глаз 6. *юр.* 1) объявлять *или* делать перерыв 2) откладывать дело слушанием

continued [kən'tɪnju:d] *a* непрерывный; длительный; продолжающийся; ~ story повесть, роман *и т. п.* с продолжением; ~ fraction *мат.* непрерывная дробь

continuer [kən'tɪnjʊə] *n* продолжатель

continuing [kən'tɪnjʊɪŋ] *a* 1) продолжающийся; непрерывный /продолжающийся/ рост населения 2) *возвыш.* постоянный

continuity [,kɒntɪ'nju:tɪ] *n* 1. непрерывность, неразрывность, целостность; a ~ of misfortunes цепь несчастий 2. 1) последовательность; to break the ~ of smb.'s ideas прервать ход чьих-л. мыслей 2) последовательность кадров 3) пояснения радиокомментатора, связывающие программу в одно целое 3. 1) сценарий 2) рабочий, режиссёрский сценарий; ~ writer киносценарист, автор рабочего сценария 3) текст документального фильма; комментарий к нетеатральным передачам *и т. п.* 4. *мат.* непрерывность 5. преемственность; ~ of policy преемственность политики

continuity girl [,kɒntɪ'nju:tɪ,gɜ:l] монтажница; ассистент кинорежиссёра на съёмках

continuity man [,kɒntɪ'nju:tɪ,mæn] *тлв., радио* 1) автор комментариев 2) сценарист, автор рабочего, режиссёрского сценария

continuous [kən'tɪnjʊəs] *a* 1. 1) непрерывный, непрекращающийся, длительный; ~ laughter [coughing] непрерывный смех [кашель]; ~ show показ кинофильма без перерыва между сеансами; ~ line of cars нескончаемая вереница автомобилей; ~ cropping *с.-х.* бессменная культура; монокультура; ~ function *мат.* непрерывная функция; ~ working *тех.* поточное производство; ~ running *тех.* а) режим длительной нагрузки; б) длительный пробег; ~ fire *воен.* методический огонь; ~ service *воен.* сверхсрочная служба 2) непрерывного действия; ~ performance theatre кинотеатр, работающий без перерывов между сеансами; ~ film printer кинокопировальный аппарат с непрерывным движением плёнки; ~ information регулярная информация; ~ flow irrigation непрерывная система орошения; ~ load *тех.* сплошная *или* непрерывно действующая нагрузка; ~ kiln *метал.* методическая печь, печь непрерывного действия 2. *спец.* сплошной; ~ spectrum *физ.* сплошной спектр; ~ felling сплошная сводка (*леса*); ~ suture *мед.* непрерывный шов; ~ beam *стр.* неразрезная балка 3. *эл.* постоянный (*о токе*); ~ waves *радио* незатухающие колебания 4. *грам. длительная форма* (*глагола*)

continuous creation theory [kən'tɪnjʊəskri'eɪ(ə)n,θɪ(ə)rɪ] *астр.* теория непрерывного творения (*вещества во вселенной*)

continuous-duty [kən'tɪnjʊəs,dju:tɪ] *a спец.* рассчитанный на длительную нагрузку; предназначенный для длительной работы

continuously [kən'tɪnjʊəslɪ] *adv* непрерывно, постоянно; that tap was dripping ~ through the night вода из крана капала всю ночь; ~ pointed fire *воен.* методический огонь при одном прицеле

continuum [kən'tɪnjʊəm] *n* (*pl тж.* -nua) 1) *мат.* континуум 2) *физ.* сплошная среда 3) *физ.* непрерывный спектр 4) *лингв.* (временной) континуум

contoids ['kɒntɔɪdz] *n pl фон.* чистые контоиды, согласные звуки

contorniate I [kən'tɔ:nɪɪt] *n* медаль *или* монета с ободком

contorniate II [kən'tɔ:nɪɪt] *a* с ободком (*о медали, монете*)

contort [kən'tɔ:t] *v* 1) искривлять; to ~ a tree-trunk деформировать ствол дерева 2) искажать; his features were violently ~ed его лицо исказилось до неузнаваемости; a face ~ed with anger искажённое гневом лицо; to ~ a word out of its ordinary meaning исказить обычный смысл слова

contorted [kən'tɔ:tɪd] *a* 1) искривлённый 2) искажённый

contortion [kən'tɔ:ʃ(ə)n] *n* 1. искривление 2. извивание; извивы; ~s of an acrobat пластические номера акробата; I was looking at the ~s of a snake я наблюдал, как извивается змея; body ~s caused by poison судороги тела, вызванные ядом 3. искажение; such ~s of fact такое искажение действительного положения 4. *геол.* 1) складкообразование 2) изгибы пластов, смятие

contortionist [kən'tɔ:ʃ(ə)nɪst] *n* 1. акробат, «человек-змея» 2. *неодобр.* фокусник; ловкач; a verbal ~ словесный эквилибрист

contortuplicate [,kɒntɔ:'tju:plɪkɪt] *а бот.* свёрнутый, скрученный, искривлённый

contour I ['kɒntʊə] *n* 1. контур, очертание, абрис; the ~s of the human body [of the continent] очертания человеческого тела [материка] 2. *амер.* положение дел, развитие событий; he was jubilant over the ~ of things он радовался положению дел; the ~s of the present political state of affairs характер современной политической обстановки 3. склад, характер (*чего-л.*); melodic ~ of eighteenth-century music мелодический склад музыки 18 столетия

contour II ['kɒntʊə] *a* 1. контурный; относящийся к контурам, к рельефу; ~ map карта в горизонталях, контурная карта; ~ interval *топ.* высота сечения; ~ farming /tillage/ *с.-х.* контурное земледелие; ~ irrigation *с.-х.* контурное орошение, орошение с учётом рельефа 2. облегающий; прилегающий; соответствующий форме (*чего-л.*); ~ sheets чехлы на матрац; ~ couch *косм.* кресло *или* ложе космонавта *или* астронавта; контурное /моделированное, опорное/ кресло

contour III ['kɒntʊə] *v* 1. наносить контур; вычерчивать в горизонталях 2. строить (*дорогу и т. п.*) в соответствии с рельефом местности

contour-chasing ['kɒntʊə,tʃeɪsɪŋ] *n ав.* 1) полёт на постоянной высоте 2) бреющий полёт

contour feathers ['kɒntʊə,feðəz] *зоол.* контурные перья (*птицы*)

contour-flying = contour-chasing

contouring ['kɒntʊə(ə)rɪŋ] *n* 1) построение, проведение, вычерчивание контура 2) *геол.* оконтуривание

contour line ['kɒntʊəlaɪn] *геод.* изогипса, линия равных высот; изобата, линия равных глубин

contra I ['kɒntrə] *n* соображение против (*чего-л.*); to weigh all pros and ~s взвесить все за и против

contra II ['kɒntrə] *adv* против, отрицательно (*при голосовании*)

contra III ['kɒntrə] *prep* против (*чего-л.*)

contra- ['kɒntrə-] *pref* встречается в словах лат. происхождения со значением противоположности, противодействия: contradiction противоречие; contra-rotation вращение в противоположном направлении; contraceptive противозачаточный

contraband I ['kɒntrəbænd] *n* 1. 1) контрабанда; ~ of war военная контрабанда (*снаряжение, поставляемое нейтральной страной одной из воюющих сторон и подлежащее конфискации*) 2) контрабандный товар 2. *амер. ист.* беглый негр (*во время гражданской войны 1861—65 гг.*)

contraband II ['kɒntrəbænd] *a* контрабандный; ~ goods [trade] контрабандные товары [-ая торговля]

contraband III ['kɒntrəbænd] *v редк.* заниматься контрабандой

contrabandist ['kɒntrəbændɪst] *n* контрабандист

contrabass [,kɒntrə'beɪs] *n редк.* контрабас (*муз. инструмент*)

contra-bassoon [,kɒntrəbə'su:n] *n* контрафагот (*муз. инструмент*)

contracept [,kɒntrə'sept] *v амер.* предупреждать беременность; применять противозачаточные средства

contraception [,kɒntrə'sepʃ(ə)n] *n* предупреждение беременности; применение противозачаточных средств

contraceptive I [,kɒntrə'septɪv] *n* противозачаточное средство

contraceptive II [,kɒntrə'septɪv] *a* противозачаточный, контрацептивный

contraclockwise I [,kɒntrə'klɒkwaɪz] *a* двигающийся против часовой стрелки

contraclockwise II [,kɒntrə'klɒkwaɪz] *adv* против часовой стрелки

contract¹ I ['kɒntrækt] *n* 1. договор, соглашение, контракт; ~ of purchase

/of sale/ догово́р ку́пли-прода́жи; ~ of insurance догово́р страхова́ния; period ~ долгосро́чный догово́р; ~ under seal догово́р за печа́тью; to make /to enter into/ a ~ with заключи́ть догово́р с; to accept /to approve/ a ~ приня́ть соглаше́ние; to award a ~ амер. заключи́ть подря́д; to be engaged on a ~ to supply smth., to be under ~ for smth. подписа́ть догово́р /контра́кт/ на поста́вку чего́-л. 2. 1) бра́чный контра́кт 2) помо́лвка, обруче́ние 3. разг. предприя́тие (особ. строи́тельное) 4. амер. вор. жарг. договорённость (о совершении преступления, особ. убийства); пла́та наёмному уби́йце 5. карт. 1) объявле́ние ма́сти и коли́чества взя́ток 2) разг. = contract bridge

contract[1] II [ˈkɒntrækt] a догово́рный, обусло́вленный догово́ром, соглаше́нием, контра́ктом; ~ price догово́рная цена́; ~ value сто́имость това́ров, ку́пленных или про́данных по догово́ру; ~ law догово́рное пра́во; ~ surgeon воен. вольнонаёмный врач

contract[1] III [kənˈtrækt] v 1. заключа́ть догово́р, сглаше́ние, сде́лку, контра́кт; принима́ть на себя́ обяза́тельства; to ~ to build a house заключи́ть догово́р на постро́йку до́ма; to ~ a marriage with smb. заключи́ть бра́чный контра́кт с кем-л. 2. заключа́ть (союз и т. п.); to ~ an alliance with a foreign country заключи́ть сою́з с иностра́нным госуда́рством 3. 1) приобрета́ть, получа́ть; to ~ good [bad] habits приобрета́ть хоро́шие [дурны́е] привы́чки; to ~ debts де́лать долги́ 2) подхва́тывать (боле́знь); to ~ a disease заболе́ть

contract[1] I [ˈkɒntrækt] n лингв. сокращённая фо́рма сло́ва, сокращённое сло́во

contract[2] II [kənˈtrækt] v 1. 1) сжима́ть, сокраща́ть; су́живать; стя́гивать; to ~ muscles [expenses] сокраща́ть му́скулы [расхо́ды]; to ~ a word сократи́ть сло́во 2) сжима́ться, сокраща́ться; су́живаться; the heart ~s by the action of the muscles се́рдце сокраща́ется благодаря́ рабо́те мышц; the valley ~s as one goes up it по ме́ре подъёма доли́на су́жается 2. хму́рить; мо́рщить; to ~ one's forehead мо́рщить лоб; to ~ one's eyebrows нахму́рить бро́ви 3. тех. дава́ть уса́дку; wool fibers ~ in hot water шерстяно́е воло́кно в горя́чей воде́ сади́тся

contract bridge [ˌkɒntræktˈbrɪdʒ] карт. бридж-контра́кт

contracted[1] [kənˈtræktɪd] a обусло́вленный догово́ром, догово́рный

contracted[2] [kənˈtræktɪd] a 1. нахму́ренный, смо́рщенный; ~ brow нахму́ренный лоб; ~ kidney мед. смо́рщенная по́чка 2. уст. у́зкий, ограни́ченный; ~ mind ограни́ченный ум; ~ ideas [views] ограни́ченные иде́и [взгля́ды] 3. лингв. сокращённый, стяжённый; ~ form сокращённая фо́рма; ~ word сокращённое сло́во

contractibility [kənˌtræktəˈbɪlɪtɪ] n спец. 1. сжима́емость 2. спосо́бность к уса́дке

contractibleness [kənˈtræktəb(ə)lnɪs] = contractibility

contractile [kənˈtræktaɪl] a 1) сжима́ющий, сокраща́ющий; ~ action сокраща́ющее де́йствие 2) сжима́ющийся, сокраща́ющийся; ~ tissue мы́шца /ткань/, спосо́бная к сокраще́нию; ~ undercarriage ав. убира́ющееся шасси́

contractility [ˌkɒntrækˈtɪlɪtɪ] n сжима́емость, сокраща́емость

contract in [ˈkɒntræktˈɪn] phr v (официа́льно) обяза́ться уча́ствовать или приня́ть уча́стие

contracting [kənˈtræktɪŋ] a 1. догова́ривающийся; ~ parties догова́ривающиеся сто́роны 2. подря́дный (об организа́ции и т. п.)

contraction[1] [kənˈtrækʃ(ə)n] n 1. заключе́ние бра́чного контра́кта 2. приобрете́ние (привы́чки и т. п.); ~ of a disease заболева́ние, возникнове́ние боле́зни

contraction[2] [kənˈtrækʃ(ə)n] n 1. 1) сокраще́ние, сжа́тие, суже́ние 2) тех. уса́дка 2. лингв. 1) сокраще́ние, стяже́ние 2) стяжённая, сокращённая фо́рма; контракту́ра 3. физиол. родова́я схва́тка 4. ограниче́ние; сокраще́ние (делово́й акти́вности и т. п.)

contractive [kənˈtræktɪv] a сжима́ющийся, сокраща́ющийся; спосо́бный к сжа́тию, сокраще́нию

contract labor [ˈkɒntræktˌleɪbə] амер. законтракто́ванные рабо́чие, завербо́ванная рабо́чая си́ла (об имигра́нтах)

contractor[1] [kənˈtræktə] n 1. см. contract[1] III + -or 2. подря́дчик; ~ work подря́дная рабо́та

contractor[2] [kənˈtræktə] n 1. анат. стя́гивающая мы́шца 2. сужа́ющаяся часть (кана́ла), конфу́зор

contract out [ˈkɒntræktˈaʊt] phr v (официа́льно) обяза́ться не принима́ть уча́стия, вы́йти (отку́да-л.); to ~ of trading with... обяза́ться не торгова́ть /не име́ть дел/ с...

contractual [kənˈtræktʃʊəl] a догово́рный; ~ obligations догово́рные обяза́тельства

contracture [kənˈtræktʃə] n 1. мед. сведе́ние, контракту́ра 2. архит. утоне́ние ве́рхней ча́сти (коло́нны)

contracyclical [ˌkɒntrəˈsaɪklɪk(ə)l] n эк. иду́щий или де́йствующий вразре́з с экономи́ческим ци́клом

contradance [ˈkɒntrədɑːns] = contre-danse

contradict [ˌkɒntrəˈdɪkt] v 1) противоре́чить; the two reports ~ each other э́ти два сообще́ния противоре́чат друг дру́гу; the results of the experiment ~ed his theory результа́ты о́пыта шли вразре́з с его́ тео́рией 2) возража́ть; don't ~ me не возража́й мне!; не спорь со мной! 3) опроверга́ть; отрица́ть; to ~ a statement [a report, facts] опроверга́ть заявле́ние [сообще́ние, фа́кты]

contradiction [ˌkɒntrəˈdɪkʃ(ə)n] n 1. противоре́чие; несоотве́тствие, расхожде́ние; to be in ~ (with) противоре́чить чему́-л.; your attitude is in ~ with your character ва́ша пози́ция не вя́жется с ва́шим хара́ктером; ~ in terms логи́ческая несообра́зность 2. опроверже́ние; an official ~ of the rumours официа́льное опроверже́ние слу́хов 3. противоре́чие, несогла́сие, возраже́ние; spirit of ~ дух противоре́чия; he spoke without fear of ~ он говори́л, не опаса́ясь, что ему́ бу́дут возража́ть

contradictious [ˌkɒntrəˈdɪkʃəs] a редк. 1. лю́бящий возража́ть, противоре́чить, спо́рить; ~ spirit дух противоре́чия 2. отрица́ющий, опроверга́ющий

contradictive [ˌkɒntrəˈdɪktɪv] a противоре́чивый

contradictor [ˌkɒntrəˈdɪktə] n 1. см. contradict + -or 2. оппоне́нт, проти́вник 3. спо́рщик

contradictory I [ˌkɒntrəˈdɪkt(ə)rɪ] n положе́ние, противоре́чащее друго́му; противоре́чивое утвержде́ние

contradictory II [ˌkɒntrəˈdɪkt(ə)rɪ] a 1. 1) противоре́чащий; ~ assertions [news, directions, statements] противоре́чивые утвержде́ния [сообще́ния, указа́ния, заявле́ния] 2) лог. контрадикто́рный 2. лю́бящий спо́рить; несгово́рчивый; ~ nature несгово́рчивый хара́ктер, несго-

во́рчивость 3. противоре́чащий, несоотве́тствующий, несовмести́мый; schemes ~ to common sense пла́ны, противоре́чащие здра́вому смы́слу

contradistinct [ˌkɒntrədɪˈstɪŋkt] a кни́жн. противополо́жный, отлича́ющийся противополо́жными ка́чествами

contradistinction [ˌkɒntrədɪˈstɪŋkʃ(ə)n] n кни́жн. противопоставле́ние; in ~ to /редк. from/ в отли́чие от

contradistinguish [ˌkɒntrədɪˈstɪŋgwɪʃ] v кни́жн. противопоставля́ть

contrafagotto [ˌkɒntrəfəˈgɒtəʊ] = contra-bassoon

contraflexure [ˌkɒntrəˈflekʃə] n тех. обра́тный изги́б, переги́б

contraflow [ˌkɒntrəˈfləʊ] n противото́к, обра́тное тече́ние

contrahent I [ˈkɒntrəhənt] n кни́жн. догова́ривающаяся сторона́

contrahent II [ˈkɒntrəhənt] a кни́жн. догова́ривающийся

contrail [ˈkɒntreɪl] n инверсио́нный след (самолёта)

contraindicant [ˌkɒntrəˈɪndɪkənt] a мед. противопоказу́ющий (о симпто́ме)

contraindicate [ˌkɒntrəˈɪndɪkeɪt] v мед. служи́ть противопоказа́нием

contraindication [ˌkɒntrəˌɪndɪˈkeɪʃ(ə)n] n мед. противопоказа́ние

contraindicative [ˌkɒntrəɪnˈdɪkətɪv] a мед. противопока́занный

contralateral [ˌkɒntrəˈlæt(ə)rəl] a физиол. перекрёщенный, контралатера́льный

contralti [kənˈtræltɪ] pl от contralto I

contralto I [kənˈtræltəʊ] n (pl -ti, -tos [-təʊz]) муз. контра́льто

contralto II [kənˈtræltəʊ] a контра́льтовый

contranatant [ˌkɒntrəˈneɪt(ə)nt] a мигри́рующий про́тив тече́ния; ~ migrations of fish мигра́ции ры́бы про́тив тече́ния

contranatural [ˌkɒntrəˈnætʃ(ə)rəl] a редк. противоесте́ственный

contraoctave [ˌkɒntrəˈɒkt(ə)ɪv] n муз. контрокта́ва

contrapose [ˌkɒntrəˈpəʊz] v противопоставля́ть

contraposition [ˌkɒntrəpəˈzɪʃ(ə)n] n 1) противопоставле́ние; антите́за; in ~ to /with/ в противополо́жность (чему́-л., кому́-л.) 2) лог. контрапози́ция

contrapositive I [ˌkɒntrəˈpɒzɪtɪv] n лог. контрапози́ция, противопоставле́ние

contrapositive II [ˌkɒntrəˈpɒzɪtɪv] a противопоста́вленный

contraprop [ˈkɒntrəprɒp] n ав. разг. возду́шный винт противополо́жного враще́ния

contraption [kənˈtræpʃ(ə)n] n разг. хи́трое изобрете́ние, штукови́на

contrapuntal [ˌkɒntrəˈpʌntl] a муз. 1) контрапункти́ческий, контрапу́нктный 2) полифони́ческий

contrariety [ˌkɒntrəˈraɪətɪ] n кни́жн. противоре́чие, несовмести́мость; кра́йняя противополо́жность; how can these contrarieties agree? как мо́гут быть согласо́ваны э́ти противоре́чия?; ~ to sound reason противоре́чие здра́вому смы́слу, несовмести́мость со здра́вым смы́слом

contrarily[1] [ˈkɒntrərɪlɪ] adv разг. 1. вопреки́; про́тив; to testify ~ свиде́тельствовать про́тив 2. наоборо́т, в противополо́жном направле́нии

contrarily[2] [kənˈtre(ə)rɪlɪ] adv капри́зно, своенра́вно

contrariness [kənˈtre(ə)rɪnɪs] *n* упрямство, своенравие

contrarious [kənˈtre(ə)rɪəs] *a редк.* 1. упрямый, несговорчивый 2. вредный, пагубный, неблагоприятный

contrariwise[1] [ˈkɒntrərɪwaɪz] *adv* 1. наоборот, напротив 2. с другой стороны, в другом направлении

contrariwise[2] [ˈkɒntrərɪwaɪz] *adv* упрямо, настойчиво, своенравно

contrarotation [ˌkɒntrərəʊˈteɪʃ(ə)n] *n* вращение в противоположном направлении

contrary I [ˈkɒntrərɪ] *n* 1. (the ~) нечто противоположное, обратное; on the ~ наоборот; to the ~ в обратном смысле, иначе; instructions to the ~ противоположные инструкции; I will come tomorrow unless you write me to the ~ я приеду завтра, если только вы не напишете, чтобы я не приезжал; just /quite/ the ~ как раз наоборот; it is just the ~ of what you told me это (как раз) полная противоположность тому, что вы мне сказали; I have nothing to say to the ~ мне нечего возразить 2. *часто pl* противоположность; to interpret by contraries толковать от противного; many things in our lives go by contraries многое в нашей жизни получается не так, как мы хотели бы; dreams go by contraries дурной сон может предвещать хорошее и наоборот

contrary II [ˈkɒntrərɪ] *a* 1. 1) противоположный; обратный; ~ news [directions, orders, measures] противоположные сообщения [указания, приказания, мероприятия]; they hold ~ opinions их мнения прямо противоположны; ~ motion *муз.* противоположное голосоведение 2) противоположного направления; ~ wind противный ветер 2. неблагоприятный (*о погоде*) 3. [kənˈtrɛ(ə)rɪ] *разг.* упрямый, капризный, своевольный, своенравный; ~ child своевольный /капризный/ ребёнок; ~ disposition упрямый /сварливый/ нрав

contrary to [ˈkɒntrərɪtu] *phr prep* против, вопреки; to act ~ the rules действовать против правил; he acted ~ my wishes [orders] он поступил вопреки моим желаниям [приказаниям]; ~ my expectations all went well вопреки моим ожиданиям всё прошло хорошо; to act ~ nature идти против природы

contraseasonal [ˌkɒntrəˈsiːz(ə)nəl] *a* не соответствующий данному времени года; идущий вразрез с погодными условиями; ~ drop in price of eggs яйца подешевели не по сезону

contrast I [ˈkɒntrɑːst] *n* 1. контраст, различие; противоположность; for the sake of ~ для контраста; profound /глубокое/ различие; there was a striking ~ between the two friends два друга были совершенно непохожи; he is a great ~ to his predecessor он полная противоположность своему предшественнику; to form /to offer, to present/ a ~ to smth контрастировать с; the white walls make a ~ with /to/ the black carpet белые стены контрастируют с чёрным ковром 2. противопоставление, сопоставление; in ~ with a) по сравнению с; my marks in ~ to yours are excellent у меня отметки, в противоположность твоим, отличные; б) в противоположность (*чему-л., кому-л.*)

contrast II [kənˈtrɑːst] *v* (with) 1. сопоставлять, сравнивать, противопоставлять; ~ Tom with his brother сравните Тома с его братом; in his book the writer ~s the idle rich with /and/ working classes в своей книге автор противопоставляет паразитирующих богачей трудящимся классам 2. 1) контрастировать; the deep red colour ~ed beautifully with the black тёмно-красный цвет прекрасно контрастировал с чёрным; the two brothers ~ed sharply both in appearance and character два брата резко отличались друг от друга внешностью и характером; her pallor ~ed strongly with her dark eyes and hair чёрные глаза и волосы подчёркивали бледность её лица 2) противоречить, расходиться; his actions ~ with his promises его поступки не вяжутся с его обещаниями

contrastimulant [ˌkɒntrəˈstɪmjʊlənt] *n мед.* успокаивающее средство

contrastive [kənˈtrɑːstɪv] *a книжн.* сравнительный; ~ studies сравнительные изыскания

contrast ratio [ˈkɒntrɑːstˈreɪʃɪəʊ] *физ.* коэффициент контрастности

contrasty [ˈkɒntrɑːstɪ] *a фото* контрастный

contratenor [ˌkɒntrəˈtenə] = counter-tenor

contravariant [ˌkɒntrəˈve(ə)rɪənt] *a мат.* контравариантный

contravene [ˌkɒntrəˈviːn] *v* 1. нарушать, преступать; to ~ a custom [regulations] нарушить обычай [правила]; to ~ a law преступить закон 2. оспаривать, возражать; to ~ a statement оспаривать заявление; to ~ certain principles ставить под вопрос некоторые принципы 3. идти вразрез, противоречить (*о фактах, событиях*); fascism ~s the liberty of individuals фашизм несовместим со свободой личности

contravention [ˌkɒntrəˈvenʃ(ə)n] *n* 1. нарушение (*закона и т. п.*); in ~ of the Acts of Parliament в нарушение законов парламента 2. конфликт; несогласие 3. противоречие

contrecoup [ˌkɒntrəˈkuː] *n мед.* повреждение в точке, противоположной или удалённой от точки удара

contredanse [ˌkɒntrəˈdɑːns] *n фр.* контрданс (*род кадрили*)

contrefort [ˈkɒntrəfɔː] = counterfort

contretemps [ˈkɔːntrətɔ̃ŋ] *n* 1. неприятность; непредвиденное препятствие; неожиданное осложнение, затруднение 2. финт (*в фехтовании*)

contribute [kənˈtrɪbjuːt] *v* 1. жертвовать (*деньги и т. п.*); to ~ to the Red Cross жертвовать в фонд Красного Креста; to ~ food and clothing for the relief of the refugees жертвовать продукты питания и одежду в помощь беженцам; to ~ money жертвовать /вносить/ деньги; to ~ time уделять время; to ~ help оказывать помощь (*личным участием*); to ~ to a present for smb. участвовать в складчине на подарок кому-л. 2. делать вклад (*в науку и т. п.*); способствовать, содействовать; to ~ suggestions on scientific questions вносить предложения по научным вопросам; he ~d greatly to the improvement of national music он многое сделал для развития национальной музыки; drink ~d to his downfall одной из причин его падения было пьянство 3. сотрудничать (*в газете, журнале*); to ~ to a newspaper писать *и т. п.* для газеты

contribution [ˌkɒntrɪˈbjuːʃ(ə)n] *n* 1. пожертвование, взнос (*денежный и т. п.*); the money came from worldwide ~s фонд сложился из пожертвований, поступивших со всех концов земли 2. вклад; ~ to the cause of peace вклад в дело мира; the successful launchings of the space ships constitute a tremendous ~ to world science успешный запуск космических кораблей является огромным вкладом в мировую науку; to make a /one's/ ~ to smth. сделать вклад /внести свою лепту/ во что-л. 3. 1) сотрудничество (*в газете, журнале и т. п.*) 2) статья для газеты, журнала 4. содействие; ~ to the happiness of others содействие счастью других 5. *редк.* контрибуция; налог; to lay under ~ налагать контрибуцию; облагать налогом; to lay ~ on tobacco [on spirits] наложить налог на табак [на спиртные напитки] 6. *юр.* участие в погашении долга, возмещение доли ответственности
◇ ~ from the floor краткое выступление или реплика с места (*на собрании, конференции*)

contributor [kənˈtrɪbjʊtə] *n* 1. *см.* contribute + -or 2. жертвователь 3. 1) (постоянный) сотрудник (*газеты, журнала и т. п.*); автор статей (*в журнале, сборнике*) 2) докладчик (*на конференции и т. п.*) 4. *страх.* участник в несении доли убытков (*по общей аварии*)

contributory I [kənˈtrɪbjʊt(ə)rɪ] *n* лицо, вносящее долевой взнос

contributory II [kənˈtrɪbjʊt(ə)rɪ] *a* 1. делающий пожертвование, взнос 2. облагаемый (*налогом*) 3. сотрудничающий 4. способствующий; ~ negligence неосторожность пострадавшего, приведшая к несчастному случаю; a ~ cause of the fire дополнительная причина пожара 5. *фин.* складывающийся из разных источников, в т. ч. из взносов работников; ~ pension plan /scheme/ система выплаты пенсий за счёт предпринимателя и отчислений из заработка рабочих; ~ retirement pension пенсия по возрасту (*складывается из государственных ассигнований, взносов предприятий и отчислений из заработной платы*)

con trick [ˈkɒntrɪk] (*сокр. от* confidence trick) *разг.* мошенничество

contrite [ˈkɒntraɪt, kənˈtraɪt] *a поэт.* сокрушающийся, кающийся; ~ words слова покаяния; ~ sinner кающийся грешник

contriteness [kənˈtraɪtnɪs] *редк.* = contrition

contrition [kənˈtrɪʃ(ə)n] *n* искреннее раскаяние

contrivance [kənˈtraɪv(ə)ns] *n* 1. выдумка, затея; план, *особ.* предательский; her ~s to get herself invited ухищрения, на которые она пускается, чтобы добиться приглашения 2. 1) *тех.* изобретение; приспособление (*обыкн. сложное*) 2) *разг.* хитрая штуковина 3. изобретательность; to be beyond human ~ быть недоступным человеку, быть выше человеческих возможностей

contrive [kənˈtraɪv] *v* 1. изобретать, придумывать; to ~ a new type of airship изобрести новый тип воздушного корабля; to ~ means of escape придумать план бегства 2. замышлять, затевать; the outlaws ~d a robbery of the train преступники замышляли ограбление поезда 3. ухитряться, умудряться; he ~d to make matters worse он умудрился ухудшить положение дел 4. *разг.* экономно вести домашнее хозяйство, укладываться в бюджет
◇ to cut and ~ ухитряться сводить концы с концами

contrived [kənˈtraɪvd] *a* напускной, натянутый; ~ gaiety напускное веселье; ~ excitement притворное волнение

contriver [kənˈtraɪvə] *n* 1. *см.* contrive + -er 2. выдумщик; изобретатель 3. экономная (домашняя) хозяйка

control I [kən'trəul] *n* **1.** 1) управление, руководство; the teacher has good ~ over his class учитель держит (свой) класс в руках; under government ~ контролируемый правительством; circumstances beyond our ~ не зависящие от нас обстоятельства; to get beyond /out of/ ~ выйти из-под влияния; to bring under ~ подчинить своему влиянию, контролировать 2) *полит.* контроль, власть; обладание (*территорией и т. п.*); islands under British ~ острова, управляемые Великобританией; to exercise /to have/ ~ over smth. осуществлять контроль над чем-л.; владеть чем-л.; to be in ~ of smth. управлять /командовать/ чем-л.; to be in the ~ of smb. быть в чьей-л. власти; he was in the ~ of criminals он оказался в руках преступников **2.** 1) контроль, проверка; надзор; selective ~ выборочный контроль; to be under ~ быть под надзором /под контролем/ 2) контрольный экземпляр, препарат *и т. п.* (*при опытах*); контрольная группа (*при испытаниях лекарств и т. п.*) **3.** 1) регулировка, управление; traffic ~ регулирование уличного движения; birth ~ регулирование рождаемости; ~ of fire *воен.* управление огнём; remote ~ управление на расстоянии; телеуправление, дистанционное управление; to lose ~ of a motor-car потерять управление автомобилем; to go out of ~ *ав., мор.* потерять управление, перестать слушаться руля 2) (государственное) регулирование, ограничение; rent ~ регулирование квартирной или арендной платы; wage-price ~ контроль над ценами и заработной платой; arms ~ контроль над вооружениями, ограничение вооружений 3) борьба (*с отрицательными явлениями*); ~ of epidemics борьба с эпидемическими заболеваниями; noise ~ борьба с шумом; locust [pollution] ~ борьба с саранчой [с загрязнением среды] **4.** сдержанность, самообладание; don't lose ~ of your temper не теряйте самообладания; to speak [to write] without ~ говорить [писать] не стесняясь; to keep one's feelings under ~ сдерживать свои чувства, владеть собой; to regain ~ of oneself овладеть собой **5.** *pl тех.* органы управления (*ручки настройки, рычаги и т. п.*) **6.** *топ.* сеть опорных пунктов **7.** пробный удар (*фехтование*) **8.** *радио* регулировка, модуляция **9.** «хозяин», дух, который вещает устами медиума (*во время спиритического сеанса*) **10.** «хозяин», шеф, руководящий деятельностью агента, шпиона

control II [kən'trəul] *a* **1.** контрольный; ~ experiment [post] контрольный опыт [пост]; ~ organization [comission] контрольная организация [комиссия] **2.** относящийся к управлению; ~ room а) диспетчерская, аппаратная; б) пункт управления; ~ station *воен.* пост управления; ~ board *тех.* приборный щиток, панель или пульт управления; ~ flight *ав.* управляемый полёт; ~ airport *воен.* аэродром с регулируемым воздушным движением; ~ surface [stick] *ав.* плоскость (рукоятка) управления; ~ wheel *ав.* штурвал; ~ level *ав.* рычаг управления; ~ bit *вчт.* управляющий разряд; служебный разряд; ~ block [character] управляющий блок [символ]

control III [kən'trəul] *v* **1.** 1) управлять, руководить; he knows how to ~ his horse он умеет управлять лошадью; to ~ fire *воен.* управлять огнём; to ~ the ball *спорт.* держать мяч под контролем 2) контролировать, владеть; who ~s these islands? кому принадлежат /в чьём владении находятся/ эти острова? **2.** 1) контролировать, проверять; to ~ expenditure [payments, accounts] проверять расходы [платежи, счета] 2) регулировать, контролировать, ограничивать; to ~ prices регулировать цены **3.** *радио* настраивать **4.** сдерживать; to ~ emotions [passions, anger] сдерживать чувства [страсти, гнев]; to ~ oneself сдерживаться, сохранять самообладание **5.** делать пробный удар (*фехтование*)

control centre [kən'trəul,sentə] центр управления

control chart [kən'trəultʃɑ:t] *стат.* контрольная диаграмма

control gear [kən'trəulgɪə] *тех.* механизм управления

controllability [kən,trəulə'bɪlɪtɪ] *n тех.* манёвренность, управляемость

controllable [kən'trəuləb(ə)l] *a* **1.** управляемый, регулируемый; ~ spacecraft [satellite] управляемый космический корабль [искусственный спутник] **2.** поддающийся проверке, контролю **3.** сдерживаемый, поддающийся обузданию

controlled [kən'trəuld] *a* **1.** управляемый, регулируемый; ~ nuclear reaction *физ.* управляемая ядерная реакция; ~ mine *воен., мор.* обсервационная /управляемая/ мина (*взрываемая с берега*); ~ pollination *бот.* принудительное скрещивание; искусственное опыление; ~ point = control point; ~ crossing *дор.* регулируемый переход **2.** 1) контролируемый, централизованно управляемый; плановый; ~ economy плановое хозяйство 2) *амер.* регулируемый государством; требующий разрешения, лицензии *и т. п.*; не поступающий в открытую продажу; ~ strategic material стратегические материалы, на экспорт которых требуется лицензия; ~ substance психотропный препарат, требующий санкции для применения

controller [kən'trəulə] *n* **1.** см. control II + -er **2.** контролёр; ревизор; инспектор **3.** *спец.* контроллер, автоматический регулятор, датчик **4.** *спец.* оператор **5.** *воен.* 1) начальник ПВО района; офицер поста наблюдения 2) наводчик прожектора **6.** *спорт.* начальник дистанции

controlling interest [kən'trəulɪŋ'ɪntrɪst] *фин.* контрольный пакет (акций)

control module [kən'trəul,mɔdju:l] *косм.* отсек управления

control point [kən'trəulpɔɪnt] **1.** *воен.* контрольный пункт **2.** пункт регулирования движения **3.** *топ.* опорная точка

control tower [kən'trəul,tauə] *ав.* диспетчерская вышка; контрольно-диспетчерский пункт

control unit [kən'trəul,ju:nɪt] **1.** сектор строгого режима (*в тюрьме*) **2.** *вчт.* блок управления

controversial [,kɔntrə'vɜ:ʃ(ə)l] *a* **1.** спорный, дискуссионный; ~ question [point] спорный вопрос [пункт] **2.** вызывающий полемику, разногласия в оценках; ~ book книга, вызвавшая оживлённую полемику; both candidates tried to avoid ~ issues оба кандидата тщательно обходили больные вопросы **3.** любящий спорить, несговорчивый

controversialist [,kɔntrə'vɜ:ʃ(ə)lɪst] *n книжн.* полемист, спорщик

controversy [kɔntrəvɜ:sɪ, kən'trɔvəsɪ] *n* **1.** 1) спор, дискуссия, полемика, расхождение во мнениях; to engage in (a) ~ with /against/ smb. on /about/ smth. вступать в полемику с кем-л. о чём-л. 2) ссора, спор; border ~ пограничный спор; beyond /without/ ~ бесспорно, несомненно **2.** 1) *юр.* правовой спор, (гражданский) процесс 2) трудовой конфликт; the ~ between the company and the union конфликт между компанией и профсоюзом

controvert ['kɔntrəvɜ:t, ,kɔntrə'vɜ:t] *v книжн.* **1.** спорить, полемизировать **2.** оспаривать, отрицать (*довод, заявление*) **3.** опровергнуть; his case against the accused cannot be ~ed его доводы против обвиняемого неопровержимы

controvertible [,kɔntrə'vɜ:təb(ə)l] *a* спорный, дискуссионный, требующий доказательств

contumacious [,kɔntju'meɪʃəs] *a* **1.** упрямый, непослушный **2.** *юр.* 1) не являющийся в суд по вызову 2) не подчиняющийся постановлению суда

contumacity [,kɔntju'mæsɪtɪ] = contumacy 1

contumacy ['kɔntjuməsɪ] *n* **1.** упрямство, неповиновение **2.** *юр.* 1) неявка в суд 2) неподчинение постановлению суда

contumelious [,kɔntju'mi:lɪəs] *a книжн.* оскорбительный, дерзкий; ~ taunt дерзкая насмешка

contumely ['kɔntjumlɪ, kən'tju:mlɪ] *n книжн.* **1.** оскорбление (*действием или словом*); дерзость **2.** бесчестье, позор

contuse [kən'tju:z] *v* контузить; ушибить

contusion [kən'tju:ʒ(ə)n] *n* контузия; ушиб

conundrum [kə'nʌndrəm] *n* головоломка, загадка; to speak in ~s говорить загадками

conurbation [,kɔnɜ:'beɪʃ(ə)n] *n* **1.** конурбация, большой город с пригородами; городская агломерация; the Paris ~ Большой Париж **2.** укрупнение города за счёт присоединения к нему других городов и деревень; включение пригородов в города

conurbia [kɔn'ɜ:bɪə] *n* 1) мир больших городов; уклад жизни большого города 2) жители конурбаций; население городских агломераций

convalesce [,kɔnvə'les] *v* выздоравливать, поправляться

convalescence [,kɔnvə'les(ə)ns] *n* выздоравливание

convalescent I [,kɔnvə'les(ə)nt] *n* выздоравливающий; пациент, идущий на поправку

convalescent II [,kɔnvə'les(ə)nt] *a* 1) выздоравливающий, поправляющийся 2) предназначенный для выздоравливающих; ~ care уход за выздоравливающим; ~ diet лёгкая /щадящая/ диета; ~ hospital /home/ санаторий для послебольничного долечивания

convection [kən'vekʃ(ə)n] *n спец.* конвекция; ~ current конвекционное течение

convectional [kən'vekʃ(ə)nəl] *a спец.* конвекционный; конвективный

convective [kən'vektɪv] = convectional

convector [kən'vektə] *n стр.* конвектор

convenable [kən'vi:nəb(ə)l] *a* созываемый, могущий быть созванным

convenances [,kɔnvɪ'nɑ:nsɪz] *n pl* приличия, условности, принятые в обществе; благопристойность

convene [kən'vi:n] *v* **1.** 1) созывать, собирать; to ~ a meeting [a council, an assembly] созвать заседание [совет, собрание] 2) собираться; заседать; Congress ~s at least once a year конгресс собирается по крайней мере раз в год **2.** вызывать в суд

CON — CON

convener [kənˈviːnə] *n* 1) член (*комитета, общества*), который назначает день собрания и подготавливает его созыв; ≅ ответственный за созыв (*совещания и т. п.*) 2) руководитель конференции или симпозиума

convenience [kənˈviːnɪəns] *n* 1. удобство; for ~, for ~'s sake для удобства; for the ~ of clients, of shoppers] для удобства туристов [клиентов, покупателей]; at your ~ когда /как/ вам будет удобно; please reply at your earliest ~ *преим. офиц.* просим ответить по возможности скорее /как можно скорее/; to suit /to await/ smb.'s ~ считаться с чьими-л. удобствами; we hope that this will suit your ~ мы надеемся, что это будет вам удобно 2. *pl* удобства, комфорт; a house full of ~s of every sort дом со всевозможными удобствами 3. *эвф.* «удобства», уборная; public ~s общественные уборные 4. преимущество; выгода; to make ~ of smb. беззастенчиво пользоваться чьей-л. добротой *и т. п.* ◇ marriage of ~ брак по расчёту; ~ flag *см.* flag of convenience

convenience foods [kənˈviːnɪənsfuːdz] пищевые полуфабрикаты для быстрого приготовления (*консервированные, быстрозамороженные и т. п.*)

convenience store [kənˈviːnɪənsstɔː] *амер.* магазинчик, работающий допоздна

convenient [kənˈviːnɪənt] *a* 1. удобный, подходящий; ~ time [place] удобное /подходящее/ время [место]; ~ tool удобный инструмент; ~ method подходящий метод; I'll call on you tomorrow evening if it's ~ for you если вам удобно, я зайду за вами завтра вечером 2. (for, to) находящийся поблизости, под рукой; our house is very ~ for the shops [to the market] от нашего дома недалеко до магазинов [до рынка]

conveniently [kənˈviːnɪəntlɪ] *adv* удобно

convenor [kənˈviːnə] = convener

convent [ˈkɒnv(ə)nt] *n* 1. монастырь (*чаще женский*); to go into a ~ постричься в монахини 2. католическая женская школа (*при монастыре*); educated at a ~ получившая образование в монастырской школе

conventicle [kənˈventɪk(ə)l] *n* 1. *пренебр.* сектантская молельня 2. *ист.* тайное собрание *или* моление

convention [kənˈvenʃ(ə)n] *n* 1. 1) собрание, съезд; teachers' [businessmen's] ~ съезд /конференция, симпозиум/ учителей [бизнесменов] 2) *амер.* партийный съезд для выдвижения кандидатов на выборные должности, *особ.* на пост президента; the Democratic [Republican] (Party) C. съезд демократической [республиканской] партии 3) *ист.* конвент 2. созыв (*совещания, съезда*) 3. делегаты съезда, участники совещания, конференции *и т. п.* 4. договор, соглашение, конвенция; international ~ международная конвенция, международное соглашение; multilateral ~ многосторонняя конвенция; arbitration ~ соглашение об арбитраже 5. *преим. pl* правило; обычай; social ~s нормы общения; to be a slave to ~ быть рабом условностей; слепо выполнять то, что принято; ~ now permits trousers for women сейчас никто не возражает против того, что женщины носят брюки; it is a matter of ~ that men should open doors for ladies принято, чтобы мужчины открывали дверь дамам /пропускали дам вперёд/ 6. *иск., театр.* условность; this is a ~ in the theatre это театральная условность 7. *карт.* объявление масти *или* ход с целью показать партнёру свою «руку»

conventional [kənˈvenʃ(ə)nəl] *a* 1. приличный, вежливый, светский; ~ manners светские манеры 2. 1) обычный, привычный, общепринятый; традиционный; ~ conclusion of a letter традиционное окончание письма; ~ phraseology избитые фразы; ~ wisdom общепринятая точка зрения; традиционный образ мыслей 2) *неодобр.* консервативный; чурающийся новизны; Jane is very ~ about food [in the clothes she wears] Джейн очень консервативна в отношении пищи [в одежде] 3. 1) обусловленный, оговорённый, договорённый; ~ rate ком. условленный курс; ~ tariff ком. конвенционный тариф 2) находящийся в соответствии с договором, соглашением 3) нормальный; ~ yield с.-х. плановая урожайность; нормальный урожай 4) *спец.* стандартный; удовлетворяющий техническим условиям 4. условный; ~ sign условный знак 5. *воен.* обычный (*о вооружении*); неядерный, неатомный; ~ weapons обычные оружие; ~ armed forces обычные вооружённые силы (*не оснащённые ядерным оружием*) 6. *иск.* 1) идущий в русле традиций; консервативный; ~ art традиционное /консервативное/ искусство 2) условный (*об изображении*); схематический, упрощённый; ~ design условное изображение (*солнца и т. п.*)

conventionalism [kənˈvenʃ(ə)nəlɪz(ə)m] *n* 1) условность, рутинность; трафаретность, традиционность, консерватизм (*тж. в искусстве*) 2) *филос.* конвенционализм

conventionalist [kənˈvenʃ(ə)nəlɪst] *n* противник новшеств, конформист, консерватор

conventionality [kənˌvenʃəˈnælɪtɪ] *n* 1. традиционность; консерватизм 2. 1) условность (*изображения и т. п.*) 2) *pl* условности

conventionalize [kənˈvenʃ(ə)nəlaɪz] *v* 1. делать условным; придавать условный характер 2. *преим. иск.* изображать условно, схематически, упрощённо

conventionally-armed [kənˌvenʃ(ə)nəlɪˈɑːmd] *a воен.* в обычном, неядерном оснащении, снаряжении

conventional power station [kənˈvenʃ(ə)nəlˈpauəˌsteɪʃ(ə)n] (обычная) электростанция (*не атомная*)

conventional-tipped [kənˌvenʃ(ə)nəlˈtɪpt] = conventionally-armed

conventional war [kənˌvenʃ(ə)nəlˈwɔː] война с применением обычных вооружений

conventionary [kənˈvenʃ(ə)n(ə)rɪ] *n юр. редк.* 1) арендa 2) арендатор

conventioneer [kənˌvenʃ(ə)ˈnɪə] *n амер.* делегат *или* участник съезда

conventioner [kənˈvenʃ(ə)nə] = conventioneer

convention hall [kənˈvenʃ(ə)nhɔːl] (большой) зал заседаний; конференц-зал

conventual I [kənˈventʃʊəl] *n* монах, монахиня

conventual II [kənˈventʃʊəl] *a* монастырский; ~ dress монашеское одеяние; ~ prior настоятель

converge [kənˈvɜːdʒ] *v* 1. 1) сходиться в одной точке (*о линиях, дорогах и т. п.*); parallel lines ~ at infinity параллельные линии сходятся в бесконечности 2) сводить в одну точку 3) сводить воедино 2. *разг.* сосредоточиваться; the attention of the audience ~d on the screen всё внимание зрителей было обращено к экрану 3. (on, upon) направляться к одной точке; armies converging on the capital армии, наступающие на столицу со всех сторон 4. *мат.* стремиться (*к пределу*)

convergence, -cy [kənˈvɜːdʒ(ə)ns, -sɪ] *n* 1) *мат.* сходимость 2) *физ., метеор.* конвергенция, сходимость 3) *биол.* конвергенция, сходимость, совмещение 4) *тлв.* сведение (электронных) пучков (*на экране*) 2. *полит.* конвергенция, постепенное сближение разных экономических систем

convergent [kənˈvɜːdʒ(ə)nt] *a* 1) *мат.* сходящийся 2) *физ.* конвергентный, сходящийся

convergent evolution [kənˈvɜːdʒ(ə)ntˌiːvəˈluːʃ(ə)n] *биол.* конвергентная эволюция; параллельная эволюция (*животных, растений*)

convergent squint, convergent strabismus [kənˈvɜːdʒ(ə)ntˈskwɪnt, -strəˈbɪzməs] *мед.* сходящееся косоглазие

converger [kənˈvɜːdʒə] *n книжн.* рационалист, рассудочный человек

converging [kənˈvɜːdʒɪŋ] *a* 1. сходящийся; ~ fire *воен.* перекрёстный огонь; ~ attack *воен.* наступление по сходящимся направлениям 3. *опт.* собирающий, собирательный (*о линзах*)

conversable [kənˈvɜːsəb(ə)l] *a* 1) разговорчивый; любящий поговорить 2) общительный, компанейский 3) подходящий для беседы, разговора (*о теме*)

conversance, -cy [kənˈvɜːs(ə)ns, -sɪ] *n* осведомлённость, знакомство

conversant [kənˈvɜːs(ə)nt] *a обыкн. predic* осведомлённый; знакомый (*с чем-л.*); сведущий (*в чём-л.*); ~ with a subject [with a person] знакомый с предметом [с человеком]; he is not yet ~ with the new rules он ещё не знаком с новыми правилами; ~ with questions of finance сведущий в финансовых делах

conversation [ˌkɒnvəˈseɪʃ(ə)n] *n* 1. разговор, беседа; ~ classes занятия по разговорной практике; to have /to hold/ a ~ with smb. вести разговор /беседовать/ с кем-л.; to make ~ вести светскую беседу; говорить, только чтобы не молчать; to enter /to get, to fall/ into ~ вступить /вступать/ в разговор; to resume a ~ возобновить разговор; to give a ~ another turn перевести разговор на другую тему; переменить тему разговора; to keep up a ~ поддерживать разговор; to conduct groups in ~ вести разговорные кружки 2. неофициальные переговоры; I had several ~s with him я имел с ним несколько неофициальных встреч 3. *жив.* жанровая картина (*тж.* ~ piece) 4. *вчт.* работа ЭВМ в режиме диалога

conversational [ˌkɒnvəˈseɪʃ(ə)nəl] *a* 1. разговорный; ~ style разговорный стиль; ~ English разговорный английский язык 2. разговорчивый; ~ quality умение выступать без подготовки (*на собрании и т. п.*) 3. *вчт.* диалоговый; ~ mode диалоговый режим

conversationalist [ˌkɒnvəˈseɪʃ(ə)nəlɪst] = conversationist

conversational mode [ˌkɒnvəˈseɪʃ(ə)nəlˌməʊd] *вчт.* режим диалога

conversationist [ˌkɒnvəˈseɪʃ(ə)nɪst] *n* любитель поговорить; интересный собеседник

conversation piece [ˌkɒnvəˈseɪʃ(ə)npiːs] 1. жанровая картина, изображающая группу собеседников (*особ. распространённая в XVIII в.*) 2. оригинальный предмет мебели, любопытная безделушка *и т. п.*, неизменно привлекающие внимание гостей и служащие темой для обсуждения; ≅ «дежурная тема» 3. *театр.* пьеса, в которой главное — блестящий диалог

conversation pit [ˌkɒnvəˈseɪʃ(ə)n ˌpɪt] уголок для беседы (*обыкн. в гостиной или около неё, расположенный на более низком уровне*)

conversazione [ˌkɒnvəsætsɪˈəʊnɪ] *n* (*pl тж.* -ni [-nɪ]) *um.* 1. вечер, устраиваемый научным *или* литературным обществом 2. встреча в литературном, научном *или* политическом салоне

converse[1] I [ˈkɒnvɜːs] *n книжн.* 1. разговор, беседа 2. общение (*в т. ч. духовное*)

converse[1] II [kənˈvɜːs] *v книжн.* 1. разговаривать 2. поддерживать отношения, общаться; to ~ with nature общаться с природой

converse[2] I [ˈkɒnvɜːs] *n* 1. что-л. обратное, противоположное; "hot" is the ~ of "cold" «горячий» — антоним к слову «холодный» 2. *лог.* суждение, образованное посредством обращения

converse[2] II [ˈkɒnvɜːs] *a* обратный, противоположный; ~ wind противный ветер; ~ order of the alphabet алфавит в обратном порядке; I hold the ~ opinion я придерживаюсь противоположного мнения

conversely [kənˈvɜːslɪ] *adv* обратно, противоположно, наоборот

conversion [kənˈvɜːʃ(ə)n] *n* 1. (to, into) превращение, обращение; the ~ of cream into butter превращение сливок в масло; ~ of salt water into fresh water опреснение солёной воды 2. 1) обращение (*в какую-л. веру*); ~ of the heathen обращение язычников (*в христианство*) 2) переход (*в другую веру*); ~ to Christianity переход в христианство 3) *рел.* обращение (*грешников*) 3. перемена убеждений, взглядов *и т. п.*; his ~ to socialism его переход на позиции социализма; the ~ of teachers to new methods of teaching обучение учителей к новым методам преподавания 4. *преим. фин.* конверсия; пересчёт, перевод (*из одних единиц в другие*); ~ factor коэффициент пересчёта; ~ table переводная шкала; ~ of pounds into dollars a) перевод фунтов в доллары; б) перевод фунтов на доллары; ~ of yards to metres пересчёт ярдов на метры 5. переоборудование; ~ of a heating system from coal to gas переоборудование /перевод/ отопительной системы с угля на газ 6. 1) перестройка, реконструкция здания (*для использования его по новому назначению*) 2) перестроенный особняк, разбитый на отдельные квартиры 7. перевод *или* переход на выпуск новой продукции; переход *или* перевод гражданской промышленности на выпуск военной продукции; переход *или* перевод военной промышленности на выпуск гражданской продукции; конверсия *или* реконверсия 8. *юр.* 1) обращение вверенного имущества в свою пользу; improper ~ of public funds to one's own use незаконное обращение общественных средств в свою пользу 2) изменение юридического характера собственности 3) *редк.* поворот судебного решения 9. *лингв.* конверсия 10. *лог.* конверсия, операция обращения 11. *мат.* преобразование (*выражения*) 12. 1) *тех.* превращение; переработка 2) *метал.* передел чугуна в сталь 13. *физ.* изменение состояния; преобразование, конверсия

conversion ratio [kənˈvɜːʃ(ə)nˌreɪʃəʊ] *физ.* коэффициент воспроизводства ядерного топлива

conversion training [kənˈvɜːʃ(ə)nˌtreɪnɪŋ] *воен.* переподготовка, переучение

convert I [ˈkɒnvɜːt] *n* 1. *рел.* новообращённый 2. перешедший из одной партии в другую; человек, изменивший свои взгляды, убеждения

convert II [kənˈvɜːt] *v* 1. 1) превращать; to ~ smth. to /into/ smth. else превращать что-л. во что-л. другое; to ~ swamps into parks превратить болота в парки; to ~ water into steam превращать воду в пар 2) *эк.* обращать; to ~ securities into cash обратить ценные бумаги в наличные деньги 2. 1) обращать (*в другую веру*); to ~ heathens обращать язычников (*в христианство*) 2) *амер.* обращаться (*в другую веру*); he has ~ed to Buddism он стал буддистом 3. *рел.* обращать (*грешника*); возвращать на путь истинный 3. *фин.* конвертировать 4. *юр.* 1) обращать вверенное имущество в свою пользу 2) изменять юридический характер собственности 5. переоборудовать; we have ~ed our house to gas мы переделали отопление в нашем доме на газовое 6. перестраивать, реконструировать (*здание*); to ~ a mansion into an apartment house перестроить особняк в многоквартирный дом

convertaplane [kənˈvɜːtəpleɪn] = convertiplane

converted [kənˈvɜːtɪd] *a* 1. обращённый (*в какую-л. веру*); новообращённый; ~ natives крещёные туземцы 2. исправившийся, раскаявшийся 3. переделанный, переоборудованный, реконструированный; their flat is in a ~ mansion их квартира — часть перестроенного особняка

converter [kənˈvɜːtə] *n* 1. *тех.* конвертер, реторта; ~ plant *физ.* реактор-конвертер 2. *эл.* преобразователь (*тока, частоты*) 3. *амер. воен.* шифровальная машина

convertibility [kənˌvɜːtəˈbɪlɪtɪ] *n* 1. обратимость 2. *фин.* обратимость, свободный обмен, конвертируемость валюты; ~ of the pound обратимость фунта стерлингов

convertible I [kənˈvɜːtəb(ə)l] *n* автомобиль с открывающимся верхом

convertible II [kənˈvɜːtəb(ə)l] *a* 1. 1) *фин.* обратимый; ~ currency обратимая валюта; ~ securities легко реализуемые ценные бумаги 2) превращаемый; water is ~ into steam вода может превратиться в пар 2. откидной; ~ body *авт.* кузов с открывающимся верхом 3. двойного назначения; ~ bed кресло-кровать; ~ husbandry *с.-х.* плодопеременное хозяйство; ~ tank *воен.* колёсно-гусеничный танк

convertiplane [kənˈvɜːtəpleɪn] *n* конвертоплан, самолёт-вертолёт

convex [kɒnˈveks, kɒn-] *a* выпуклый

convexity [kɒnˈveksɪtɪ] *n* выпуклость

convexo-concave [kɒnˌveksəkɒnˈkeɪv] *a* выпукло-вогнутый

convexo-convex [kɒnˌveksəʊkənˈveks] *a* двояковыпуклый

convexo-plane [kɒnˌveksəʊˈpleɪn] *a* плосковыпуклый

convey [kənˈveɪ] *v* 1. перевозить, транспортировать; to ~ goods [passengers, luggage] перевозить товары [пассажиров, багаж] 2. 1) передавать (*особ. звук, запах и т. п.*); air ~s sound воздух является проводником звука 2) сообщать; передавать; to ~ greetings [ideas, information] передавать приветствия [мысли, сведения] 3. выражать; words fail to ~ my feelings нет слов, чтобы выразить мои чувства; to ~ the meaning передать смысл; it ~s nothing to my mind это мне ничего не говорит; it ~s little [a great deal] to me это мне мало о чём [о многом] говорит 4. *юр.* передавать имущество, права (*кому-л.*); when was this house ~ed to you? когда вы получили этот дом?

conveyance [kənˈveɪəns] *n* 1. перевозка, транспортировка; air ~ воздушная перевозка 2. перевозочное, транспортное средство; экипаж; trains and buses are public ~s поезда и автобусы — это средства общественного транспорта 3. передача; ~ by pump перекачивание насосом 4. сообщение, передача (*новостей, известий и т. п.*); the ~ of ideas распространение идей 5. *юр.* 1) передача прав, имущества (*особ. недвижимого*) 2) документ о передаче прав *или* имущества (*особ. недвижимого*); to draft a ~ составлять документ о передаче прав *или* имущества

conveyancer [kənˈveɪənsə] *n* юрист, занимающийся операциями по передаче недвижимости

conveyancing [kənˈveɪənsɪŋ] *n юр.* 1) отрасль гражданского права, регулирующая вопросы перехода права собственности на недвижимость 2) составление документов по оформлению перехода права на недвижимость

conveyer [kənˈveɪə] *n* 1. *см.* convey + -er 2. *тех.* транспортёр, конвейер; assembly ~ сборочный конвейер; ~ belt транспортёрная лента; ленточный транспортёр; ~ worm шнек, винтовой транспортёр 3. 1) разносчик (*пакетов, писем*) 2) перевозчик 4. лицо, передающее (*кому-л.*) недвижимость

conveying [kənˈveɪɪŋ] *n тех.* подача, транспортировка

conveyor [kənˈveɪə] = conveyer

conveyorize [kənˈveɪəraɪz] *v* 1) оборудовать конвейерами; переходить на конвейерное производство 2) собирать *и т. п.* на конвейере

convict I [ˈkɒnvɪkt] *n* осуждённый, заключённый; преступник, отбывающий каторжные работы, каторжник; returned ~ (заключённый) освобождённый из тюрьмы

convict II [ˈkɒnvɪkt] *a* 1. предназначенный для преступников, пенитенциарный; ~ prison каторжная тюрьма; ~ colony /establishment/ *ист.* исправительная колония для преступников; ~ ship *ист.* судно для перевозки преступников; ~ system *ист.* система отправки преступников в колонии 2. *арх.* осуждённый, признанный виновным

convict III [kənˈvɪkt] *v* 1. *юр.* признать виновным, вынести приговор; осудить; to ~ of /редк. for/ murder признать виновным в убийстве 2. привести к сознанию виновности; заставить осознать свою вину; to ~ smb. of his error убедить кого-л. в совершённой ошибке; to be ~ed of sin раскаяться в грехах 3. убеждать; no use talking, you can't ~ me говорить бесполезно, вы меня всё равно не убедите /не уговорите/

conviction [kənˈvɪkʃ(ə)n] *n* 1. *юр.* 1) осуждение, признание подсудимого виновным; summary ~ осуждение в порядке суммарного производства 2) судимость; it was her third ~ это её третья судимость 2. 1) убеждение, убеждённость; to speak from ~ говорить убеждённо; to be open to ~ быть непредубеждённым; to carry ~ быть убедительным; звучать убедительно; his story does not carry much ~ его рассказ не очень убедителен; it is my strong ~ that... я глубоко убеждён в том, что...; he is an internationalist by ~ он интернационалист по убеждению; the ac-

tors played with ~ актёры играли убедительно 2) *pl* убеждения, взгляды; **religious ~s** религиозные убеждения; **to act up to one's ~s** действовать в соответствии со своими убеждениями 3. уверенность, убеждённость; **the ~ that the next morning he would receive a letter** уверенность в том, что на следующее утро он получит письмо; **in the (full) ~ that...** в (полной) уверенности, что... 4. *рел.* сознание греховности

convictism [ˈkɒnvɪktɪz(ə)m] *n ист.* система ссылки на каторжные работы в колонии

convictive [kənˈvɪktɪv] *a* убедительный; **~ answer** убедительный ответ

convince [kənˈvɪns] *v* 1) убеждать, уверять; **to ~ smb. that he is mistaken** убедить кого-л. в том, что он ошибается; **to be ~d** убедиться; быть убеждённым; **he has ~d himself that his method is the best** он уверил себя /убедился/, что его метод самый лучший 2) (*of*) убедить (*в чём-л.*); довести до чьего-л. сознания; **to ~ smb. of one's sincerity [innocence]** убедить кого-л. в своей искренности [невиновности]; **to ~ smb. of one's errors [sins]** заставить кого-л. осознать свои ошибки [грехи]

convinced [kənˈvɪnst] *a* 1) убеждённый; **a ~ supporter of his political party** убеждённый сторонник своей партии 2) уверенный; **he was ~ that they would come** он был уверен, что они придут

convincible [kənˈvɪnsəb(ə)l] *a* поддающийся убеждению

convincing [kənˈvɪnsɪŋ] *a* убедительный (*о доводе, доказательстве, речи и т. п.*); **he is a very ~ speaker** он говорит /выступает/ весьма убедительно, он умеет убеждать слушателей

convincingly [kənˈvɪnsɪŋlɪ] *adv* убедительно

convive [ˈkɒnvaɪv] *n* собутыльник

convivial [kənˈvɪvɪəl] *a* 1) праздничный; пиршественный 2) компанейский, любящий выпить и закусить с друзьями; **a very ~ party** попойка; **~ companions** собутыльники

convivialist [kənˈvɪvɪəlɪst] *n* любитель выпить и закусить в компании

conviviality [kənˌvɪvɪˈælɪtɪ] *n* 1) праздничность 2) любовь к весёлой компании 3) пиршество, попойка

convocation [ˌkɒnvəˈkeɪʃ(ə)n] *n* 1. созыв; **the ~ of Parliament** созыв парламента 2. собрание 3. (С.) 1) конвокация, совет Оксфордского или Даремского университета 2) акт (*в некоторых американских и канадских университетах*) 4. (С.) конвокация, собор духовенства (*епархий Кентербери и Йорка*)

convoke [kənˈvəʊk] *v* созывать, собирать; **to ~ Parliament** созвать парламент

convolute [ˈkɒnvəluːt] *a* 1) *бот.* свёрнутый, скрученный 2) *мат.* свёрнутый; свитый

convoluted [ˈkɒnvəluːtɪd] *a* 1. свёрнутый спиралью; извилистый; завитый, изогнутый; **~ like a ram's horn** изогнутый, как бараний рог 2. запутанный; сложный; **~ arguments** сложная аргументация

convolution [ˌkɒnvəˈluːʃ(ə)n] *n* 1. скручивание, свёртывание 2. 1) свёрнутость, изогнутость 2) оборот (*спирали*); виток; **the ~ of a snake** кольца змей 3) *анат.* мозговая извилина 3. сложность, запутанность (*аргумента-*

ции и т. п.) 4. *мат.* свёртка (*функции и т. п.*)

convolve [kənˈvɒlv] *v* 1. 1) свёртывать, скручивать, сплетать 2) свёртываться, скручиваться, сплетаться 2. *мат.* свёртывать, производить свёртку

convolvulaceous [kənˌvɒlvjʊˈleɪʃəs] *а бот.* вьюнковый, принадлежащий к семейству вьюнковых

convolvulus [kənˈvɒlvjʊləs] *n бот.* вьюнок (*Convolvulus gen.*)

convoy I [ˈkɒnvɔɪ] *n* 1. 1) сопровождение; охрана; **under ~ of armed guards** под вооружённой охраной 2) конвоирование; **~ party** *воен.* конвойная команда 2. транспорт 3. *воен.* автоколонна военнопленных под конвоем 6. погребальная процессия

convoy II [ˈkɒnvɔɪ] *v* 1. *воен.* конвоировать; охранять; **the troopships were ~ed across the Atlantic** войсковые транспорты конвоировались через Атлантический океан 2. *арх.* сопровождать (*гостей, дам*)

convulse [kənˈvʌls] *v* 1. 1) биться в конвульсиях 2) вызывать судороги, конвульсии; **to be ~d with colic** корчиться в судорогах от колик; **to be ~d with laughter** корчиться от смеха; **to be ~d with anger** дрожать от гнева; не помнить себя от гнева; **his face was ~d with rage** его лицо исказилось /перекосилось/ от бешенства 2. *разг.* смешить до упаду; **the clown ~d the audience** зрители до слёз смеялись над клоуном 3. сотрясать, потрясать; вызвать содрогание; **the island was ~d by an earthquake** остров содрогался от землетрясения; **the country is ~d with civil war** страна охвачена гражданской войной; **the news ~d the world** это известие потрясло весь мир

convulsion [kənˈvʌlʃ(ə)n] *n* 1. обыкн. *pl* судороги, спазмы, конвульсии; **he fell into a fit of ~s** с ним сделался припадок, у него начались судороги 2. неудержимый приступ, особ. смеха; пароксизм; **~ of mirth [anger]** приступ веселья [гнева]; **~s of laughter** судорожный смех; **everyone was in ~s** все охватил пароксизм смеха; никто не мог удержаться от смеха 3. потрясение; общественные и политические волнения; **political ~** политический катаклизм; **civil ~s and riots** волнения и беспорядки 4. *геол.* катаклизм, земная катастрофа; **~ of nature** катаклизм природы (*землетрясение, извержение вулкана и т. п.*)

convulsionary [kənˈvʌlʃən(ə)rɪ] = convulsive

convulsive [kənˈvʌlsɪv] *a* 1) судорожный, конвульсивный; **~ attack** судорожный припадок, приступ судорог; **~ movements** судорожные движения; **~ laughter** судорожный смех; **~ tic** подёргивания мышц лица, тик 2) вызывающий судороги, конвульсии; **~ therapy** *мед.* судорожная терапия, электрошок

convulsively [kənˈvʌlsɪvlɪ] *adv* судорожно

cony [ˈkəʊnɪ] *n* 1. кролик «под котик» 2. *амер.* кролик

conyburrow [ˈkəʊnɪˌbʌrəʊ] *n* кроличья нора

conywarren [ˈkəʊnɪˌwɒrən] *n* кроличий садок

coo¹ I [kuː] *n* воркованье

coo¹ II [kuː] *v* 1) ворковать 2) говорить воркующим голосом; **to ~ one's words** говорить вкрадчивым /нежным/ голосом

◇ **to bill and ~** миловаться

coo² [kuː] *int разг.* да ну?, неужели? (*выражает удивление, недоверие, сом-*

нение и т. п.); **~, is that really the time?** неужели уже так поздно?

co-obligant [kəʊˈɒblɪɡənt] *n юр.* связанный совместным обязательством, принятым на себя несколькими лицами

co-obligee [kəʊˌɒblɪˈdʒiː] *n юр.* сокредитор

co-obligor [kəʊˌɒblɪˈɡɔː] *n юр.* содолжник

co-occurrence [ˌkəʊəˈkʌrəns] *n лингв.* совместное появление (*слов в тексте*)

cooch [kuːtʃ] *n амер. сл.* 1. непристойный танец 2. шарлатанство, очковтирательство; мошенничество

coo-coo I [ˈkuːkuː] *n разг.* ненормальный, псих

coo-coo II [ˈkuːkuː] *a разг.* чокнутый

cooee, cooey [ˈkuːiː] *int* 1. ≅ ау!; эй! (*возглас австралийских аборигенов*) 2. ого! (*возглас, созывающий свиней*) 3. *в грам. знач. сущ.* слышимость; **within ~** невдалеке, в пределах слышимости

cook I [kʊk] *n* 1) повар; кухарка 2) *мор.* кок

◇ **every ~ praises his own broth** всякий повар свою стряпню хвалит; ≅ всяк кулик своё болото хвалит; **too many ~s spoil the broth** семь поваров за жаркиим не уследят; ≅ у семи нянек дитя без глазу; **he is a poor /an ill/ ~ that cannot lick his own fingers** повар с голоду не умирает; ≅ повар в поварне, что волк в овчарне

cook II [kʊk] *v* 1. 1) готовить (пищу), стряпать; варить, жарить, печь *и т. п.* 2) вариться, жариться, печься *и т. п.*; **these apples don't ~ well** эти яблоки не годятся для варки или для печения; **let the meat ~ slowly** пусть мясо по-варится /потушится/ на медленном огне 3) работать поваром, кухаркой *и т. п.*; **he ~ed in lumber camps** он кашеварил у лесорубов 2. подвергаться действию тепла, жариться; **to be ~ed alive in the tropics** изнемогать /страдать/ от тропической жары 3. *разг.* 1) подделывать, фальсифицировать (*тж.* ~ **up**); **to ~ accounts [books]** подделать счета [бухгалтерские книги] 2) выдумать, придумать; **to ~ a story** придумать рассказ (*о происшествии и т. п.*); **to ~ an excuse** сочинить /придумать/ предлог 4. *разг.* погубить, извести (*кого-л.*) 5. *амер. сл.* гореть, пылать (*энтузиазмом и т. п.*) 6. *амер. сл.* умереть на электрическом стуле; **you'll ~ for that!** тебя за это поджарят! 7. *амер. сл.* разводить наркотик водой (*перед введением*) 8. *амер. сл.* отлично работать, показывать класс (*особ. об исполнении музыки*) 2) проходить отлично, на ура (*о вечере и т. п.*) 9. *фото проф.* передерживать

◇ **what's ~ing?** что происходит?, что готовится?; **to ~ one's (own) goose /реже bacon/** погубить себя; ≅ вырыть самому себе яму; **to ~ smb.'s goose** погубить кого-л.; расправиться с кем-л.; **to ~ a hare before catching him** ≅ делить шкуру неубитого медведя

cookbook [ˈkʊkbʊk] *n* 1) *преим. амер.* = **cookery book** 2) детальная инструкция; справочник, справочное руководство (*по какому-л. предмету*)

cooked-up [ˌkʊktˈʌp] *a разг.* 1) придуманный, выдуманный; **~ excuse** надуманная отговорка 2) фальсифицированный, поддельный; **~ charges** ложные /сфабрикованные/ обвинения

cookee [ˈkʊkiː] *n амер.* подручный повара, кашевара *и т. п.*; поварёнок

cooker [ˈkʊkə] *n* 1. 1) плита, печь; **gas [electric] ~** газовая [электрическая] плита 2) варочный аппарат 2. 1) продукт, подлежащий тепловой обработке

(*в отличие от продукта, употребляемого в сыром виде*) 2) сорт фруктов, подлежащих тепловой обработке
cookery ['kʊk(ə)rɪ] *n* 1. кулинария; стряпня 2. *амер.* кулинарные изделия, *особ.* деликатесы, лакомства
cookery book ['kʊk(ə)rɪˌbʊk] поваренная книга
cook-galley ['kʊkˌgælɪ] *n мор.* камбуз
cook-general [ˌkʊk'dʒen(ə)rəl] *n* прислуга «за всё», прислуга, выполняющая обязанности кухарки и горничной
cookhouse ['kʊkhaʊs] *n* 1) походная кухня 2) летняя кухня 3) *мор.* камбуз
cook-housekeeper ['kʊkˌhaʊsˌkiːpə] *n* кухарка-горничная, ≅ (одна) прислуга
cookie ['kʊkɪ] *n* 1. 1) *амер.* (домашнее) печенье 2) *шотл.* булочка 2. *разг.* ласк. дорогой, любимая *или* дорогая, любимая (*в обращении*) 3. *амер. разг.* тип; smart ~ ловкач; tough ~ грубый тип, хулиган; clever ~ молодец, умница
cookie cutter ['kʊkɪˌkʌtə] *кул.* ручной тестоделительный штамп (*для нарезания кружков для печенья*)
cookie jar ['kʊkɪdʒɑː] 1. банка для хранения печенья 2. *амер. разг.* хранилище, тайник (*для сбережений*); to dive into one's ~ раскошелиться
cookie-pusher ['kʊkɪˌpʊʃə] *n амер. разг.* 1. продавец 2. 1) светский бездельник 2) неженка; слабак 3. *амер.* 4. дипломат-белоручка; работник заграничной службы, увлекающийся протокольными мероприятиями в ущерб работе
cookie sheet ['kʊkɪˌʃiːt] *амер.* противень для выпечки
cooking I ['kʊkɪŋ] *n* 1) готовка, приготовление пищи 2) кулинария, кулинарное искусство
cooking II ['kʊkɪŋ] *a* 1. столовый; кухонный; ~ salt поваренная соль; ~ butter кулинарный жир, топлёное масло; ~ utensils кухонная посуда; ~ soda питьевая сода 2. требующий тепловой обработки; ~ apples [pears] яблоки [груши], подлежащие тепловой обработке
cookoff ['kʊkɒf] *n амер.* конкурс поваров
cookout ['kʊkaʊt] *n* 1) приготовление пищи на открытом воздухе во время пикника *и т. п.* 2) пикник с жареным мясом
cook-room ['kʊkruːm, -rʊm] *n* 1) кухня 2) *мор.* камбуз
cook-shop ['kʊkʃɒp] *n* кафетерий, столовая
cookstove ['kʊkstəʊv] *n* кухонная плита
cooktop ['kʊktɒp] *n* горелки, верхняя часть кухонной плиты
cookware ['kʊkweə] *n* кухонная посуда
cooky ['kʊkɪ] *n* 1. = cookie 2. *амер. разг.* красотка 3. *разг.* кухарка 4. *кино проф.* фигурный затенитель
cooky-pusher ['kʊkɪˌpʊʃə] = cookie-pusher
cool¹ I [kuːl] *n* 1. прохлада; the ~ of the evening [of the forest] вечерняя [лесная] прохлада 2. *разг.* хладнокровие, невозмутимость; to keep one's ~ сохранять невозмутимый вид; to blow /to lose/ one's ~ выйти из себя, взорваться; потерять самообладание 3. холодность, неприветливость
cool¹ II [kuːl] *a* 1. 1) прохладный, свежий; ~ morning [weather] прохладное утро [-ая погода]; ~ wind свежий ветер; to get ~ стать прохладным, остыть 2) нежаркий; ~ dress лёгкое платье; ~ greenhouse необогреваемая теплица; ~ tankard прохладительный напиток

(*из вина, воды, лимона и т. п.*) 2. спокойный, невозмутимый, хладнокровный; keep ~! не горячись!, успокойся!; he is always ~ in the face of danger он всегда спокоен перед лицом опасности; he has a ~ head он хладнокровный /спокойный/ человек; in ~ blood хладнокровно 3. сухой, неприветливый, равнодушный, холодный; his manner was very ~ держался он весьма холодно /сухо/; ~ reception холодный /прохладный/ приём; ~ greeting холодное /сухое/ приветствие 4. дерзкий, нахальный; ~ behaviour наглое поведение 5. холодный (*о тонах, красках*) 6. *эмоц.-усил.* круглый (*о цифре, сумме*); to lose a ~ thousand потерять целую тысячу; to walk a ~ twenty miles further пройти на целых /добрых/ двадцать миль дальше 7. *разг.* 1) мыслящий, рассудительный 2) высказывающийся сжато *или* намёком; недоговаривающий 8. *сл.* 1) модный, современный 2) отличный, первоклассный; ≅ «на уровне»; you look real ~ in that new dress это новое платье чертовски тебе идёт 3) подходящий; удовлетворительный; that's ~ with me это меня устраивает; (я) не возражаю 9. охот. слабый (*о запахе*); остывший (*о следе*) 10. *муз. проф.* исполняемый в классических ритмах (*о джазе*); спокойный; ~ jazz «холодный» джаз 11. *проф.* нерадиоактивный; не заражённый радиоактивностью
◊ ~ cat a) хороший парень; свойский малый; б) спокойный, уравновешенный человек; ~ beggar /hand, fish, customer/ нахал, наглец, бессстыдник; what ~ cheek! какое нахальство!; as ~ as a cucumber совершенно невозмутимый, не теряющий хладнокровия
cool¹ III [kuːl] *adv разг.* спокойно, невозмутимо; to play it ~ действовать осмотрительно, не терять головы; to come on ~ казаться невозмутимым, сохранять самообладание
cool¹ IV [kuːl] *v* 1. 1) студить, охлаждать; to ~ one's tea остудить чай; the rain has ~ed the air после дождя стало прохладно /воздух стал прохладным/; to ~ enthusiasm [eagerness] охладить энтузиазм [пыл] 2) охлаждаться, остывать (*тж.* ~ down); to let the horses ~ дать лошадям остыть; she is quick to get angry and slow to ~ она вспыльчива и неотходчива; his anger has ~ed down его гнев остыл; his affection has ~ed его любовь остыла 2. *амер. сл.* игнорировать (*кого-л., что-л.*); быть равнодушным, не интересоваться 3. *амер. сл.* убить, ухлопать, укокошить, пришибить 4. *спец.* поглощать тепло
◊ to ~ it a) сохранять спокойствие, хладнокровие; не кипятиться; проявлять выдержку; б) держаться в стороне (*от чего-л.*), не связываться; в) прохлаждаться; валандаться; to ~ it with the neighbour's daughters болтать с соседскими дочерьми; to ~ one's heels зря *или* нетерпеливо дожидаться /ждать/; to ~ one's coppers опохмелиться
cool² [kuːl] *n ком.* бочонок масла (*обыкн. 28 английских фунтов*)
coolamon ['kuːləmɒn, -mən] *n австрал.* куламон, деревянное блюдо (*у аборигенов*)
coolant ['kuːlənt] *n тех.* 1) смазочно-охлаждающая жидкость (*при резании*) 2) охладитель, хладагент 3) теплоноситель (*в энергетической установке*)
cool down ['kuːl'daʊn] *phr v* успокаивать, утихомиривать; to cool smb. down уговаривать кого-л. не сердиться *или* не волноваться
cooldown ['kuːldaʊn] *n спец.* охлаждение, захолаживание
cooler ['kuːlə] *n* 1. *см.* cool¹ IV + -er 2. прохладительный напиток *и т. п.* 3. *тех.* 1) холодильник 2) радиатор 3) градирня 4) охлаждающее устройство, рефрижератор 5) охладитель; ~ ведёрко со льдом (*для бутылки вина*) 4. *спорт.* скамья для удалённых с поля игроков, штрафная скамья 5. *амер. сл.* тюрьма, арестантская камера
cool-headed [ˌkuːl'hedɪd] *a* спокойный, уравновешенный, невозмутимый, хладнокровный
cool-house ['kuːlhaʊs] *n* необогреваемая теплица
coolie ['kuːlɪ] *n* 1) кули (*в некоторых странах Азии*) 2) *пренебр.* чернорабочий, работяга, *часто из эмигрантов*
coolie hat ['kuːlɪhæt] широкополая соломенная шляпа
cooling I ['kuːlɪŋ] *n* 1. охлаждение 2. *спец.* поглощение тепла 3. выдерживание опасных отходов (*особ. радиоактивных*)
cooling II ['kuːlɪŋ] *a* охлаждающий, холодильный; ~ jacket *тех.* охлаждающая рубашка; ~ medium *тех.* охлаждающая среда, хладагент; ~ pond *тех.* охлаждающий бассейн; ~ tower *тех.* градирня
cooling-down [ˌkuːlɪŋ'daʊn] *n спорт.* приведение организма в нормальное состояние (*после тренировки, соревнования и т. п.*)
cooling-off [ˌkuːlɪŋ'ɒf] *n* охлаждение страстей (*конфликтующих сторон*); ~ period период обдумывания и переговоров (*между предпринимателями и рабочими, государствами и т. п.*)
coolish ['kuːlɪʃ] *a* холодноватый
coolly ['kuːlɪ] *adv* 1. свежо, прохладно 2. 1) спокойно, невозмутимо, хладнокровно 2) равнодушно, холодно 3. дерзко, самоуверенно
coolness ['kuːlnɪs] *n* 1. 1) прохлада, свежесть 2) ощущение прохлады 2. хладнокровие, спокойствие 3. холодок; холодность; there is a ~ between the two friends в отношениях между двумя друзьями заметен холодок
cool off ['kuːl'ɒf] = cool down
cool out ['kuːl'aʊt] *phr v* успокоиться; умерить восторг(и)
coolth [kuːlθ] *разг. ирон. см.* coolness
cooly ['kuːlɪ] = coolie
coomb¹ [kuːm] *n* глубокая впадина, лощина, ложбина
coomb² [kuːm] *n* английская мера сыпучих тел (≅ 4 бушеля)
coon [kuːn] *n* 1. (*сокр. от* racoon) *разг.* енот 2. *амер.* хитрец; ловкач, пройдоха 3. *амер. презр.* негр; ~ song негритянская песня
◊ ~ gone — *амер.* пропащий /конченый/ (человек); old ~ *амер.* бывалый человек, стреляный воробей; ~'s age *амер.* долгое время, целая вечность; I haven't seen you in a ~'s age я целую вечность не видел вас
coon bear ['kuːnbeə] гигантская панда
cooncan ['kuːnkæn] *n* кункен (*карточная игра*)
coonskin ['kuːnˌskɪn] *n* 1) шкура енота 2) изделие из меха енота 3) енотовая шапка с кистью из енотового хвоста
coony ['kuːnɪ] *a амер. разг.* хитрый, себе на уме

co-op ['kəʊɒp] *n* (*сокр. от* co-operative) *разг.* 1) кооператив 2) кооперативное общество 3) кооперативная квартира

coop[1] I [ku:p] *n* 1. 1) курятник 2) клетка для птицы или кроликов 2. верша 3. *амер. сл.* тюрьма; to fly the ~ совершать побег из тюрьмы; убежать, скрыться (*от преследования и т. п.*)

coop[1] II [ku:p] *v* 1) сажать в курятник, в клетку 2) *разг.* держать взаперти; содержать (как) в тюрьме, держать в тесном, душном помещении (*тж.* ~ in, ~ up)

coop[2] [ku:p] *n* небольшая куча (*навоза, удобрения и т. п.*)

cooper[1] I ['ku:pə] *n* 1. бондарь, бочар 2. дегустатор (*вина*) 3. корзина на десять или двенадцать бутылок (*в винных погребах*) 4. напиток из крепкого портера (*лондонское название*)

cooper[1] II ['ku:pə] *v* 1. бондарить, бочарничать 2. разливать по бочкам или хранить в бочках

cooper[2] ['ku:pə] *n* = coper[2]

cooperage ['ku:p(ə)rɪdʒ] *n* 1. бондарное ремесло 2. бондарня 3. плата за бондарную работу

co-operant [kəʊ'ɒp(ə)rənt] *a книжн.* способствующий, содействующий; ~ factors of human progress факторы, содействующие прогрессу человечества

co-operate [kəʊ'ɒpəreɪt] *v* 1. сотрудничать; to ~ with friends in starting a newspaper вместе с друзьями начать выпуск газеты 2. способствовать, содействовать; to ~ in attaining an end содействовать достижению цели; to ~ to the success of smth. способствовать успеху чего-л.; the weather and the scenery ~d to make our holiday a success погода и окружающая обстановка благоприятствовали нашему отдыху 3. кооперироваться, объединяться 4. взаимодействовать

cooperating products [kəʊ'ɒpəreɪtɪŋ'prɒdʌkts] взаимодополняющие товары *или* продукты

co-operation [kəʊˌɒpə'reɪʃ(ə)n] *n* 1. сотрудничество, совместные действия *или* усилия; international [scientific, cultural] ~ международное [научное, культурное] сотрудничество; he is ready to give his ~ он готов оказать содействие /принять участие/; in ~ with в сотрудничестве с [*см. тж.* 2]; to work in close ~ with smb. работать в тесном сотрудничестве с кем-л. 2. взаимодействие; in ~ with во взаимодействии с [*см. тж.* 1]; ~ group *воен.* группа взаимодействия 3. кооперация 4. *спорт.* сыгранность (*игроков команды*) 5. *биол.* взаимопомощь (*организмов*)

co-operative I [kəʊ'ɒp(ə)rətɪv] *n* 1. 1) кооперативное общество 2) кооперативный магазин 3) сельскохозяйственный кооператив, коллективное хозяйство 2. член кооперативного общества, кооператор 3. 1) кооперативный дом 2) квартира в кооперативном доме, кооперативная квартира

co-operative II [kəʊ'ɒp(ə)rətɪv] *a* 1. 1) совместный, объединённый 2) сотрудничающий; участвующий в совместной работе; the teacher thanked the pupils for being so ~ учитель похвалил школьников за то, что они так хорошо ему помогали 2. кооперативный; ~ society кооперативное общество; ~ shop /store/ кооперативный магазин, кооператив; ~ farm сельскохозяйственный кооператив, коллективное хозяйство; ~ bank кооперативный банк; ~ movement кооперативное движение

cooperativity [kəʊˌɒp(ə)rə'tɪvɪtɪ] *n хим.* кооперативный эффект

cooperativization [kəʊˌɒp(ə)rətɪvaɪ'zeɪʃ(ə)n] *n* кооперирование, кооперация

cooperativize [kəʊ'ɒp(ə)rətɪvaɪz] *v* кооперироваться, вступать в кооперацию

co-operator [kəʊ'ɒpəreɪtə] *n* 1. сотрудник 2. кооператор

coopery ['ku:p(ə)rɪ] *n* 1. бочарное ремесло 2. бочарня

co-opt, coopt [ˌkəʊ'ɒpt] *v* 1. кооптировать, вбирать в себя; поглощать, ассимилировать 3. *преим. шутл.* реквизировать, забирать; to ~ cars to carry home забрать /реквизировать/ автомобили, чтобы отвезти домой

co-optate [kəʊ'ɒpteɪt] *v* 1. кооптировать 2. *арх.* избирать, выбирать

co-optation [ˌkəʊɒp'teɪʃ(ə)n] *n* 1. кооптация 2. *арх.* выборы, выбор

co-optee [ˌkəʊɒp'ti:] *n* кооптированный член (*комитета и т. п.*)

co-option [kəʊ'ɒpʃ(ə)n] = co-optation

coordinal [kəʊ'ɔ:dɪn(ə)l] *n бот., зоол.* принадлежащие к одному отряду

coordinate I [kəʊ'ɔ:dɪnɪt] *n* 1. равный, ровня (*по положению и т. п.*); citizens are ~s in a court of law в суде /перед законом/ все граждане равны 2. *обыкн. pl мат.* координаты; система координат; ~s of control points *топ.* координаты опорных точек; ~ code *топ.* код координатной сетки 3. *pl* комплект одежды (*состоящий из предметов, удачно сочетающихся друг с другом по цвету, рисунку и т. п.*)

coordinate II [kəʊ'ɔ:dɪnɪt] *a* 1. одного разряда, равный; неподчинённый 2. согласованный, координированный 3. *грам.* 1) сочинённый (*о предложении*) 2) соединительный (*о союзе*) 4. *мат.* координатный; ~ curve координатная кривая

coordinate III [kəʊ'ɔ:dɪneɪt] *v* 1. 1) координировать, приводить в соответствие; to ~ one's movements in swimming координировать движения во время плавания 2) согласовывать, устанавливать правильное соотношение; to ~ policies согласовать политический курс; schooling more closely ~d with production обучение, более тесно связанное с производством 2. действовать согласованно; координироваться

coordinated [kəʊ'ɔ:dɪneɪtɪd] *a* координированный, согласованный; ~ attack *воен.* согласованное наступление; C. Universal Time *спец.* всемирное координированное время

coordinating conjunction [kəʊ'ɔ:dɪneɪtɪŋkən'dʒʌŋkʃ(ə)n] *грам.* соединительный союз

coordination [kəʊˌɔ:dɪ'neɪʃ(ə)n] *n* 1. координирование, координация, согласование; ~ of muscular movements координация мускульных движений; ~ of ideas связь /согласованность/ идей 2. *грам.* сочинение

coordinator [kəʊ'ɔ:dɪneɪtə] *n* координатор (*программы действий*)

co-ossify [kəʊ'ɒsɪfaɪ] *v спец.* срастаться посредством окостенения, окостеневать

coot [ku:t] *n* 1. *зоол.* лысуха (*Fulica gen.*) 2. *разг.* простак; глупец
◊ as bald as a ~ лысый, плешивый; ≅ голова как колено; as stupid as a ~ ≅ глуп как пробка

cooter[1] ['ku:tə] *n* съедобная черепаха (*разные виды*)

cooter[2] ['ku:tə] = couter

cootch [ku:tʃ] = cooch

cootie[1] ['ku:tɪ] *n шотл.* небольшая деревянная чаша

cootie[2] ['ku:tɪ] *n амер. разг.* платяная вошь

co-owner [kəʊ'əʊnə] *a* совладелец

co-ownership [kəʊ'əʊnəʃɪp] *n* совместное владение

cop[1] I [kɒp] *n разг.* 1. полицейский 2. поимка; fair ~ поимка на месте преступления

cop[1] II [kɒp] *v* 1. *разг.* поймать, застать; to ~ smb. at it поймать кого-л. на месте преступления 2. *разг.* получить; to ~ a prize завоевать /получить/ приз; to ~ it получить нагоняй; you're going to ~ it for saying that за такие слова ты получишь, тебе достанется; б) попасть в неприятную историю 3. *сл.* украсть, стащить 4. *сл.* ударить, треснуть (*кого-л.*)
◊ to ~ a plea признать себя виновным в менее серьёзном преступлении, чтобы избежать суда по более тяжкому обвинению; to ~ a heel /a mope/ *вор. жарг.* сбежать, дать тягу (*из тюрьмы, из-под стражи*)

cop[2] [kɒp] *n австрал., новозел. разг.* выгодная работа, выгодное дело
◊ no ~, not much ~ ≅ не бог весть что

cop[3] [kɒp] *n текст.* 1) початок 2) шпуля

copacetic I [ˌkəʊpə'setɪk] *a амер. сл.* первоклассный, отличный; everything will be ~ всё будет в порядке /как надо/

copacetic II [ˌkəʊpə'setɪk] *int сл.* 1) отбой! 2) всё в порядке!

copaiba, copaiva [kəʊ'paɪbə, -'paɪvə] *n* копайский бальзам

copal ['kəʊp(ə)l] *n* копал (*смола*)

coparcenary [kəʊ'pɑ:sən(ə)rɪ] = coparcenery

coparcener [kəʊ'pɑ:s(ə)nə] *n юр.* сонаследник, совместно владеющий наследственным имуществом (*в равных долях*)

coparcenery [kəʊ'pɑ:sən(ə)rɪ] *n юр.* 1) совместное право на наследство *или* наследование 2) неразделённое наследство; estate in ~ наследственное имущество, являющееся общей собственностью нескольких наследников

coparceny [kəʊ'pɑ:s(ə)nɪ] *n юр.* совместное наследование (*в равных долях*)

copartner [kəʊ'pɑ:tnə] *n* 1. член товарищества *и т. п.* 2. участник в прибылях 3. соучастник (*преступления*)

copartnership [kəʊ'pɑ:tnəʃɪp] *n* 1. товарищество 2. участие в прибылях 3. соучастие (*в преступлении*); причастность (*к преступлению*)

cope[1] I [kəʊp] *n* 1. *церк.* риза, мантия, парчовое облачение священника 2. покров; under the ~ of night под покровом ночи 3. *поэт.* небесный свод; starry ~ звёздный купол 4. *метал.* крышка литейной формы

cope[1] II [kəʊp] *v* крыть, покрывать

cope[2] [kəʊp] *v* 1. (with) справиться, совладать; to ~ with difficulties справиться с трудностями; to ~ with danger успешно преодолеть опасность; to ~ with users' needs удовлетворять запросы потребителей 2. управляться; находить время и силы; after her illness she lost her ability to ~ после болезни у неё ни на что не хватает сил

cope[3] [kəʊp] *v охот.* подрезать клюв или когти (*у сокола*)

copeck ['kəʊpek] *n русск.* копейка

Copenhagen blue [ˌkəʊp(ə)n'heɪg(ə)n'blu:] серовато-голубой цвет; копенгагенский синий (*краска*)

coper[1] ['kəʊpə] *n* торговец лошадьми, барышник

coper[2] ['kəʊpə] *n* судно, снабжающее рыбаков в открытом море спиртными напитками (*часто в обмен на рыбу*)

Copernican [kəʊˈpɜːnɪkən] *a* относящийся к Копернику; ~ theory учение Коперника

copestone [ˈkəʊpstəʊn] *n* 1) парапетный, карнизный камень 2) завершение; последний, заключительный штрих

cophasal [kəʊˈfeɪz(ə)l] *a* эл. синфазный

copier [ˈkɒpɪə] *n* 1. переписчик 2. иск. копиист 3. подражатель 4. копировальное устройство, аппарат для размножения документов

co-pilot[1] [ˈkəʊˌpaɪlət] *n* ав. второй пилот

co-pilot[2] [ˈkəʊˌpaɪlət] *n* амер. сл. амфетамин (наркотик)

coping [ˈkəʊpɪŋ] *n* стр. 1) перекрывающая плита 2) парапетная плита 3) гребень плотины

coping saw [ˈkəʊpɪŋsɔː] ручная лучковая пила, «змейка»

coping stone [ˈkəʊpɪŋstəʊn] = copestone 1)

copious [ˈkəʊpɪəs] *a* 1) обильный; ~ breakfast [harvest, material] обильный завтрак [урожай, материал]; ~ information полная информация, подробные сведения; ~ supply of goods большой запас товаров; ~ writer плодовитый писатель 2) обширный, большой; ~ vocabulary богатый запас слов, богатый словарь
◇ ~ style пышный стиль /слог/; ~ speaker болтун

copiously [ˈkəʊpɪəslɪ] *adv* обильно

copiousness [ˈkəʊpɪəsnɪs] *n* книжн. изобилие, богатство, плодовитость

coplanar [kəʊˈpleɪnə] *a* мат. компланарный, копланарный, (расположенный) в одной плоскости

co-planer [kəʊˈplænə] *n* соавтор проекта (здания и т. п.)

copolymer [kəʊˈpɒlɪmə] *n* хим. сополимер

copolymerization [kəʊˌpɒlɪməraɪˈzeɪʃ(ə)n] *n* хим. совместная полимеризация, сополимеризация

cop out [ˈkɒpˈaʊt] *phr v* 1. (of, on) *разг.* 1) отступить, отказаться (*от убеждений, принципа и т. п.*) 2) изменить слову, пойти на попятный 3) отговориться, отвертеться; уклониться (*от ответа, обязанности*); избегать; young Americans who ~ on society американская молодёжь, уходящая из общества; to ~ of jury duty уклониться от несения обязанностей присяжного заседателя 2. *разг.* провалиться; погореть, погибнуть 3. *разг.* попасться (*о преступнике*); попасть под арест, в тюрьму 4. *юр. жарг.* признать себя виновным в менее серьёзном преступлении, чтобы избежать суда по более тяжкому обвинению

cop-out [ˈkɒpaʊt] *n разг.* 1. 1) отказ (*от убеждений, намерений и т. п.*); ренегатство; компромисс 2) отговорка; предлог (*не сделать чего-л.*) 3) уклонение (*от обязанностей и т. п.*); уклончивый ответ 2. 1) уход из общества; бегство от действительности 2) человек, поставивший себя вне общества, изгой 3. *юр. жарг.* признание себя виновным в мелком преступлении, чтобы избежать суда за более тяжкое

copped [kɒpt] *a* 1. остроконечный; ~ hill островерхие горы, пики гор 2. хохлатый (*о птице*)

coppel [ˈkɒp(ə)l] = cupel I

copper[1] [ˈkɒpə] *n* 1. 1) медь; красная медь 2) хим. медь 2. медно-красный цвет 3. медная или бронзовая монета 4. медный котёл (*особ. на судне или в прачечной*) 5. медный диск, который носят индейцы Северной Америки как знак отличия и богатства
◇ hot ~s пересохшее горло (*с похмелья*); to cool one's ~s опохмеляться

copper[1] II [ˈkɒpə] *a* 1. 1) медный; ~ kettle [wire] медный котёл [-ая проволока] 2) медно-красный (*о цвете*) 2. *мин.* медистый; ~ gold [silver] медистое золото [серебро]; ~ mineral минерал, содержащий медь

copper[1] III [ˈkɒpə] *v* 1. покрывать медью, омеднять 2. *амер. разг.* 1) класть медяк на карту, против которой делается ставка (*в фараоне*) 2) держать пари; биться об заклад против чего-л.

copper[2] I [ˈkɒpə] *n* 1. *разг.* полицейский 2. *сл.* доносчик; полицейский осведомитель; to come /to turn/ ~ стать доносчиком 3. *сл.* сокращение срока тюремного заключения за «хорошее поведение» (*фактически за доносы на сокамерников*)

copper[2] II [ˈkɒpə] *v сл.* 1. арестовать 2. доносить полиции (*на кого-л.*) 3. служить в полиции, быть полицейским

copper acetoarsenite [ˈkɒpə(r)ˌæsɪtəʊˈɑːsnaɪt] парижская зелень (*инсектицид*)

Copper Age [ˈkɒpə(r)eɪdʒ] Медный век

copperas [ˈkɒpərəs] *n хим.* (железный) купорос; blue ~ медный купорос

copper beech [ˈkɒpəˈbiːtʃ] *бот.* бук лесной тёмно-пунцовый (*Fagus silvatica*)

copper-bit [ˈkɒpəbɪt] *n* паяльник

copper-bottomed [ˌkɒpəˈbɒtəmd] *a* 1. 1) обшитый медью (*о дне корабля*) 2) с медным дном (*о котле и т. п.*) 2. 1) надёжный, платёжеспособный 2) правдивый, неподдельный, достоверный; надёжный

copper-captain [ˈkɒpəˌkæptɪn] *n редк.* самозваный капитан

copper-coloured [ˌkɒpəˈkʌləd] *a* цвета меди; медно-красный

copper-faced [ˌkɒpəˈfeɪst] *a* 1. покрытый медью (*о типографском шрифте и т. п.*) 2. с бесстыжим, наглым лицом

copper-glance [ˈkɒpəglɑːns] *n мин.* халькозин, медный блеск

copper-head [ˈkɒpəhed] *n* крышка медного чайника или котла

copperhead [ˈkɒpəhed] *n* 1. *зоол.* медноголовая или мокассиновая змея; мокассиновый или медноголовый щитомордник (*Ancistrodon contortrix*) 2. (С.) *ист. презр.* предатель (*о стороннике южан среди северян в период гражданской войны в Америке*)

copper(k)nob [ˈkɒpənɒb] *n разг.* рыжий (человек)

copper mixture [ˈkɒpəˌmɪkstʃə] бордоская жидкость (*инсектицид*)

copper-nickel [ˌkɒpəˈnɪk(ə)l] *n мин.* никколит, куферникель; красный никелевый колчедан

copper-nose [ˈkɒpənəʊz] *n* красный нос

copperplate [ˈkɒpəpleɪt] *n* 1. 1) медная печатная форма; офортная доска 2) оттиск медной печатной формы 2. листовая медь 3. каллиграфический почерк (*тж.* ~ handwriting)

copper pyrites [ˌkɒpəpaɪˈraɪtiːz] *мин.* халькопирит, медный колчедан

copper-rose [ˈkɒpərəʊz] = cop-rose

coppersmith [ˈkɒpəsmɪθ] *n* медник, котельщик

copper sulphate [ˈkɒpəˈsʌlfeɪt] *мин.* халькантит, сернокислая медь

copper-top [ˈkɒpətɒp] *n разг.* рыжий человек с рыжими волосами

copperware [ˈkɒpəweə] *n* изделия из меди, *особ.* медная посуда

coppery [ˈkɒp(ə)rɪ] *a* 1) содержащий медь 2) медно-красный

coppice [ˈkɒpɪs] *n* заросли, молодой лесок *или* кустарник; рощица; ~ shoot *лес.* подрост

copra [ˈkɒprə] *n* копра, сушёное ядро кокосового ореха

coprecipitation [ˌkəʊprɪˌsɪpɪˈteɪʃ(ə)n] *n спец.* соосаждение, совместное осаждение (*из пара или жидкости*)

co-product [kəʊˈprɒdʌkt] *n хим.* побочный продукт

co-production [ˌkəʊprəˈdʌkʃ(ə)n] *n кино* совместное производство

coprolite [ˈkɒprəlaɪt] *n* копролит (*окаменелые экскременты*)

coprology [kɒˈprɒlədʒɪ] *n мед.* копрология (*наука об экскрементах*)

coprophagous [kɒˈprɒfəgəs] *a зоол.* питающийся экскрементами; ~ beetle навозный жук

cop-rose [ˈkɒprəʊz] *n бот.* дикий мак, мак-самосейка (*Papaver rhoeas*)

cops and robbers [ˌkɒpsən(d)ˈrɒbəz] 1. «полицейские и разбойники» (*детская игра*) 2. фильм с убийствами, погонями и т. п.; низкопробный приключенческий фильм

copse [kɒps] = coppice

cop-shop [ˈkɒpʃɒp] *n сл.* полицейский участок

Copt [kɒpt] *n* копт

copter [ˈkɒptə] *n разг.* (*сокр. от* helicopter) вертолёт, геликоптер

Coptic I [ˈkɒptɪk] коптский язык

Coptic II [ˈkɒptɪk] *a* коптский; ~ Church коптская церковь (*христианская церковь в Египте*)

copula [ˈkɒpjʊlə] *n* (*pl тж.* -lae) 1. *грам., лог.* связка 2. *анат.* связка 3. *муз.* 1) кодетта 2) = coupler 3 4. *биол.* сойтие

copulae [ˈkɒpjʊliː] *редк. pl от* copula

copulate [ˈkɒpjʊleɪt] *v биол.* 1) совокупляться, спариваться 2) копулировать, спаривать

copulation [ˌkɒpjʊˈleɪʃ(ə)n] *n* 1. *биол.* соединение двух особей при половом акте, копуляция 2. соединение, объединение; ~ of ideas связь идей 3. *бот.* копулировка, прививка черенком

copulative I [ˈkɒpjʊlətɪv] *n грам.* соединительный союз

copulative II [ˈkɒpjʊlətɪv] *a* 1. соединительный, связующий; ~ verb глагол-связка 2. *биол.* детородный

copy I [ˈkɒpɪ] *n* 1. экземпляр; to have several copies of a book иметь несколько экземпляров книги; advance ~ сигнальный экземпляр; author's ~ авторский экземпляр издания; rough ~ черновик; fair ~ беловик, окончательный вариант (*письма и т. п.*); acting ~ *театр.* суфлёрский экземпляр 2. 1) копия; дубликат; ~ of a letter копия письма; attested /certified/ ~ засвидетельствованная /заверенная/ копия; true ~ верная копия; to take /to make/ a ~ of a document снять копию с документа 2) микрофотокопия; ксерокопия 3. репродукция *или* копия (*картины и т. п.*); original marble statues and their plaster copies оригиналы мраморных статуй и их гипсовые копии 4. 1) рукопись 2) материал для печатания; good ~ интересный материал; this event will make good ~ это событие — интересный материал для читателя; the printers demand ~ at once типография срочно требует материал 3) текст рекламного объявления 5. 1) образец, с которого снимается копия; to write from a ~ писать /переписывать/ с образца; to paint from a ~ срисовывать (*с чего-л.*) 2) пропись 6. штука (*изделия*) 7. *юр. ист.* копия протокола манориального суда об условиях аренды

copy II ['kɒpɪ] *v* 1. снимать копию, копировать; воспроизводить; to ~ a document снять копию с документа; to ~ from a model воспроизвести образец 2. переписывать, списывать 3. подражать, следовать (*какому-л.*) образцу, имитировать; the little boy copied him мальчуган подражал ему

copy-book I ['kɒpɪbʊk] *n* 1. пропись, тетрадь с прописями 2. *амер.* тетрадь, содержащая копии писем или документов

copy-book II ['kɒpɪbʊk] *a* 1. обычный, обыкновенный; привычный; шаблонный 2. *спорт.* 1) показательный, замечательный, образцовый; ~ victory блестящая победа 2) соответствующий правилам, корректный; ~ maxims прописные истины

copyboy ['kɒpɪbɔɪ] *n* мальчик-рассыльный (*при типографии или редакции*)

copycat ['kɒpɪkæt] *n разг.* 1. подражатель; обезьяна (*о человеке*) 2. *школ.* ученик, списывающий работу у другого 3. подделка (*особ. высококачественного изделия*)

copy desk ['kɒpɪdesk] редакторская (*в редакции газеты*)

copy editor ['kɒpɪˌedɪtə] литературный сотрудник (*в редакции*); редактор

copy error ['kɒpɪˌerə] *биол.* ошибка копирования (*при репликации ДНК*)

copyhold ['kɒpɪhəʊld] *n ист.* копигольд (*арендные права, зафиксированные в копии протоколов манориального суда*)

copyholder[1] ['kɒpɪˌhəʊldə] *n* копигольдер (*арендатор, права которого зафиксированы в копии протоколов манориального суда*)

copyholder[2] ['kɒpɪˌhəʊldə] *n* 1. корректор-подчитчик 2. *полигр.* тенакль, оригиналодержатель

copying ['kɒpɪɪŋ] *n* 1. снятие копий *и т. п.* [*см.* copy II] 2. копирование, размножение, печатание чертежей

copying ink ['kɒpɪɪŋɪŋk] *полигр.* копировальные чернила; копировальная краска

copying machine ['kɒpɪɪŋməˌʃi:n] = copier 4

copying paper [ˌkɒpɪɪŋ'peɪpə] = copying press

copying pencil [ˌkɒpɪɪŋ'pens(ə)l] химический, чернильный карандаш

copying press [ˌkɒpɪɪŋ'pres] 1. копировальный пресс 2. *полигр.* бумага для размножения материала на копировальном прессе; копировальная бумага

copying process ['kɒpɪɪŋˌprəʊses] 1) *полигр.* копировальный процесс 2) *кино* печатание копий кинофильма

copying ribbon [ˌkɒpɪɪŋ'rɪbən] *n* лента для пишущей машинки

copyism ['kɒpɪɪz(ə)m] *n презр.* 1. переписывание 2. подражание

copyist ['kɒpɪɪst] *n* 1. переписчик 2. копировщик 3. *иск.* копиист 4. *неодобр.* подражатель, имитатор

copy out ['kɒpɪ'aʊt] *phr v* выписывать, делать выписки; to ~ notes from one's history book делать выписки из учебника истории

copyproof ['kɒpɪpru:f] *a* защищённый от несанкционированного тиражирования (*о программе ЭВМ и т. п.*)

copyread ['kɒpɪri:d] *v амер.* редактировать (*рукопись*); готовить (*рукопись*) в набор

copyreader ['kɒpɪˌri:də] *n амер.* 1. помощник редактора, младший редактор 2. литературный сотрудник (*газеты*)

3. издательский рецензент, отбирающий рукописи (*для публикации*)

copyright I ['kɒpɪraɪt] *n* авторское право; ~ reserved авторское право сохранено (*перепечатка воспрещается*)

copyright II ['kɒpɪraɪt] *a* 1. *predic* охраняемый авторским правом; these works are ~ на эти произведения распространяется авторское право 2. относящийся к охране авторских прав; ~ office управление охраны авторских прав; ~ sign знак копирайта, ©

copyright III ['kɒpɪraɪt] *v* обеспечивать авторское право; this book is ~ed на эту книгу распространяется авторское право

copyrightable ['kɒpɪˌraɪtəb(ə)l] *a* подлежащий охране авторским правом

copyrighter ['kɒpɪraɪtə] *n* владелец авторского права (*автор, издательство, фирма и т. п.*)

copy typist ['kɒpɪˌtaɪpɪst] машинистка-переписчица (*не печатающая под диктовку*)

copywriter ['kɒpɪraɪtə] *n* составитель рекламных объявлений, проспектов *и т. п.*

coq au vin [ˌkɒkəʊ'væŋ] *фр.* курица в вине (*особ. красном*)

coque [kɒk] *n* петля или бант из ленты (*для отделки шляп*)

coquelicot ['kəʊklɪkəʊ] *n* 1. *бот.* мак-самосейка (*Papaver gen.*) 2. ярко-красный цвет

coquet [kəʊ'ket] *v* 1. (with) кокетничать 2. случайно и поверхностно заниматься (*чем-л.*); играть (*чем-л.*); шутить (*с чем-л.*)

coquetry ['kəʊkɪtrɪ] *n* кокетство

coquette [kəʊ'ket, kɒ-] *n* кокетка

coquettish [kəʊ'ketɪʃ, kɒ-] *a* кокетливый; игривый

coquettishly [kəʊ'ketɪʃlɪ, kɒ-] *adv* кокетливо; игриво

coquille ['kəʊki:l] *n* 1) «ракушка» (*порционная кастрюлечка в виде ракушки*) 2) закуска в порционной кастрюльке (*особ. из даров моря*)

coquina [kɒ'ki:nə] *n* ракушечник

cor[1] [kɔ:] *n фр.* валторна (*муз. инструмент*); ~ anglais английский рожок

cor[2] [kɔ:] *int* (*вместо* god) *прост.* господи!, боже мой!

cor-

coracle ['kɒrək(ə)l] *n* коракл, рыбачья лодка, сплетённая из ивняка и обтянутая кожей (*в Ирландии и Уэльсе*)

corah ['kɔ:rə] *n инд.* 1. «кора», лёгкий индийский шёлк 2. шёлковый узорчатый платок

coral I ['kɒrəl] *n* 1. 1) коралл 2) *pl* коралловые полипы 2. коралловый цвет 3. игрушка из полированного коралла (*для грудных детей, у которых прорезываются зубы*) 4. икра рака, омара *и т. п.*

coral II ['kɒrəl] *a* 1. коралловый; ~ polyp коралловый полип; ~ island [atoll, reef] коралловый остров [атолл, риф]; ~ beads коралловые бусы 2. кораллового цвета; ~ lips губы как кораллы, коралловые губы

coralliferous [ˌkɒrə'lɪf(ə)rəs] *a* 1) кораллообразующий 2) содержащий в своём составе коралл

coralline ['kɒrəlaɪn] *a* коралловый (*тж. о цвете*)

corallite ['kɒrəlaɪt] *n* кораллит (*скелет особи в колонии кораллов*)

coral plant ['kɒrəl'plɑ:nt] *бот.* ятропа ветвистая (*Jatropha multifida*)

coral-rag ['kɒrəlræg] *n геол.* коралловый известняк

coralroot ['kɒrəlru:t] = coralwort 2

coral snake [ˌkɒrəl'sneɪk] *зоол.* королевский аспид (*Micrurus*)

coral tree ['kɒrəl'tri:] *бот.* эритрина, коралловое дерево (*Erythrina corallodendron*)

coralwort ['kɒrəlwɜ:t] *n бот.* 1. зубянка луковичная (*Dentaria bulbifera*) 2. ладьян (*Corallorhiza gen.*)

coram ['kɔ:ræm] *prep лат.* перед, в присутствии; ~ publico, ~ populo открыто, при всём народе; ~ judice перед судьёй

◊ to bring under ~, to call to /in/ ~ призвать к ответу

Coran [kɔ:'rɑ:n, 'kɔ:ræn] *n* Коран

cor anglais [ˌkɔ:r'ɒŋgleɪ] *муз.* английский рожок

coranto [kɒ'ræntəʊ] = courante

corban ['kɔ:bæn] *n др.-евр. рел.* корван, жертвоприношение богу

corbeil ['kɔ:beɪl] *n архит.* 1) поддерживающий карниз 2) лепная корзина с фруктами или цветами

corbeille [kɔ:'beɪ] *фр.* = corbeil

corbel I ['kɔ:b(ə)l] *n* 1) *тех.* кронштейн 2) *архит.* поясок; консоль; выступ; ~ steps ступенчатый фронтон

corbel II ['kɔ:b(ə)l] *v тех.* 1) расположить на кронштейне 2) поддерживать кронштейном

corbicula [kɔ:'bɪkjʊlə] *n энт.* корзиночка (*на задней ножке рабочей пчелы*)

corbie ['kɔ:bɪ] *n шотл.* ворон; чёрная ворона

corblimey [ˌkɔ:'blaɪmɪ] *int* чёрт возьми! (*выражает изумление*)

corcass ['kɔ:kəs] *n* солончаковое болото; затопляемая низина (*в Ирландии*)

cord I [kɔ:d] *n* 1. 1) (тонкая) верёвка, шнурок; red ~ лавинный шнур (*альпинизм*) 2) *pl* оковы, цепи; узы, сети; ~ s of affection узы любви; to relax the ~s of discipline ослабить дисциплину 2. *анат.* 1) связка; vocal ~s голосовые связки 2) спинной мозг (*тж.* spinal ~) 3) пуповина (*тж.* umbilical ~); ~ dressing перевязка пуповины 3. *эл.* шнур 4. строп (*парашюта*) 5. *косм.* фал 6. *текст.* 1) корд 2) = corduroy 1 7. рубчик (*на ткани*) 8. *pl* брюки из рубчатого вельвета 9. корд (*мера дров*)

cord II [kɔ:d] *v* 1. связывать верёвкой (*часто* ~ up) 2. складывать дрова в корды [*см.* cord I 9]

cordage ['kɔ:dɪdʒ] *n мор.* снасти, такелаж; the ~ of life *образн.* жизненные узы

cordate ['kɔ:deɪt] *a* сердцевидный; ~ shells [leaves] сердцевидные раковины [листья]

cordeau [kɔ:'dəʊ] *n амер. спец.* детонирующий шнур

corded ['kɔ:dɪd] *a* 1. перевязанный верёвкой 2. рубчатый, в рубчик (*о ткани*) 3. сложенный в корды [*см.* cord I 9] 4. жилистый; ~ hand жилистая рука

Cordelier [ˌkɔ:dɪ'lɪə] *n ист.* 1. кордельер (*монах-францисканец*) 2. *pl* кордильеры (*клуб эпохи Французской буржуазной революции*)

cordelle ['kɔ:del] *n амер., канад.* буксирный канат

cordial I ['kɔ:dɪəl] *n* 1. стимулирующее сердечное средство 2. крепкий ароматный подслащённый напиток (*наливка, ликёр и т. п.*) 3. что-л. радующее, поднимающее настроение; приятное известие *и т. п.*

cordial II ['kɔ:dɪəl] *a* 1. 1) сердечный; задушевный; радушный; ~ thanks сердечная благодарность; ~ welcome сердечный /радушный/ приём; ~ handshake сердечное рукопожатие; ~ smile приветливая улыбка 2) сильный, глубокий, глубоко прочувствованный; ~ liking [dislike] большая /глубокая/ симпатия [антипатия]; to feel ~ abhorrence of smth. относиться с крайним отвращением к чему-л.; от всей души возмущаться чем-л. 2. укрепляющий; крепкий, сильный; ~ drink крепкий напиток; ~ medicine подкрепляющее /стимулирующее/ лекарство

cordiality [ˌkɔːdɪˈælɪtɪ] *n* 1) сердечность, радушие, задушевность; тёплое дружеское чувство 2) выражение *или* проявление дружеских чувств, сердечности *и т. п.*

cordially [ˈkɔːdɪəlɪ] *adv* 1) сердечно, радушно, задушевно; ~ yours *амер.* искренне ваш (*в конце письма*) 2) пылко, страстно; to hate each other ~ ненавидеть друг друга лютой ненавистью; to dislike smb. ~ не выносить кого-л.

cordierite [ˈkɔːdɪəraɪt] *n мин.* кордиерит

cordiform [ˈkɔːdɪfɔːm] *a* сердцевидный, сердцеобразный

cordillera [ˌkɔːdɪlˈjeərə] *n* кордильеры, скалистая горная цепь

cording [ˈkɔːdɪŋ] *n* 1. *текст.* 1) подвязь 2) уборка подвязи 2. галун; басон 3. бордюр (*тж. в садоводстве*)

cordite [ˈkɔːdaɪt] *n* кордит (*бездымный порох*)

cordless [ˈkɔːdlɪs] *a* 1. бескордный (*о шине*) 2. *эл.* беспроволочный; ~ telephone радиотелефон

cordoba [ˈkɔːdəbə] *n* кордоба (*денежная единица Никарагуа*)

cord off [ˈkɔːdˈɔf] *phr v* отгораживать канатом; the crowds were corded off by the police полицейские натянули канаты, чтобы остановить толпу /преградить путь толпе/

cordon I [ˈkɔːdn] *n* 1. 1) *воен.* кордон; охранение; police ~ полицейский кордон 2) санитарный кордон (*тж.* sanitary ~) 2. *архит.* кордон; пояс, застава; небольшой карниз 3. орденская лента (*преим. иностранная*) 4. *сад.* кордонная форма деревьев, кордон

cordon II [ˈkɔːdn] *v воен.* 1) охранять 2) окружать; блокировать; to ~ the flanks выставить охранение на флангах; the palace was ~ed by tanks and troops дворец был окружён танками и солдатами

cordon bleu I [ˌkɔːdɔŋˈblɜː] 1. *ист.* голубая лента ордена Святого духа 2. 1) крупная фигура в своей области; мастер своего дела 2) первоклассный повар; she is a real ~ она мастерица готовить

cordon bleu II [ˌkɔːdɔŋˈblɜː] 1. первоклассный, изысканный (*о кулинарном искусстве, столе и т. п.*); ~ chief первоклассный повар 2. *кул.* с начинкой из ветчины и швейцарского сыра; veal ~ телятина «кордон блё»

cordonnet [ˌkɔːdəˈnet] *n* толстая шёлковая нитка *или* шнурок (*для бахромы, кисточек и т. п.*)

cordon off [ˈkɔːdnˈɔf] *phr v* отгораживать, ставить ограждение (*вокруг чего-л.*); police cordoned off the riot area полиция окружила район беспорядков

cordon range [ˈkɔːdɔŋˌreɪndʒ] приз за поварское искусство (*в Великобритании*)

cordon sanitaire [ˌkɔːdɔŋˌsænɪˈteə] *полит.* санитарный кордон

cordovan I [ˈkɔːdəv(ə)n] *n* 1. (C.) житель г. Кордовы 2. = cordwain

cordovan II [ˈkɔːdəv(ə)n] *a* 1. (C.) относящийся к Кордове 2. *арх.* (из) кордовской цветной кожи

corduroy I [ˈkɔːd(ə)rɔɪ] *n* 1. рубчатый вельвет 2. *pl разг.* вельветовые штаны, бриджи 3. *амер.* бревенчатая дорога *или* гать (*тж.* ~ road)

corduroy II [ˈkɔːd(ə)rɔɪ] *v* мостить брёвнами; строить бревенчатую гать

cordwain [ˈkɔːdweɪn] *n арх.* кордовская цветная дублёная кожа

cordwood [ˈkɔːdwʊd] *n лес.* 1. пиломатериалы в кордах 2. топливная древесина

core¹ I [kɔː] *n* 1. сердцевина; ядро; внутренность; the ~ of an apple сердцевина яблока; the ~ of a corn корень мозоли; rotten to the ~ насквозь прогнивший; he is English to the ~ он англичанин до мозга костей 2. суть, сущность; the ~ of a subject суть дела; the ~ of an argument основной момент спора; основной пункт разногласий 3. *спец.* сердечник 4. *метал.* стержень (*формовочный*); ~ maker стержневщик 5. *эл.* жила кабеля 6. *физ.* активная зона реактора 7. *горн.* керн; колонка породы 8. *геол.* ядро земли 9. *информ.* кор (*группа ведущих журналов в какой-л. области*) 10. *вчт.* оперативная память (*тж.* ~ memory)

core¹ II [kɔː] *a* 1. основной; центральный; ~ curriculum *школ.* основные предметы обучения; профилирующие дисциплины; ~ journal *информ.* основной /ядерный, профильный/ журнал 2. *эк.* ведущий; ~ industries ведущие отрасли (*промышленности*)

core¹ III [kɔː] *v* вырезать, удалять сердцевину (*из яблок и т. п.*)

core² [kɔː] *n* 1. *преим. шотл.* компания, коллектив 2. *диал.* 1) бригада горнорабочих, работающих в данную смену 2) смена (*в корнуолльских шахтах*)

core binder [ˈkɔːˌbaɪndə] *метал.* крепитель

core city [ˈkɔːˌsɪtɪ] 1) старая, центральная часть города 2) гетто (*обыкн. негритянское*)

core drilling [ˈkɔːˌdrɪlɪŋ] *горн.* колонковое бурение

co-regent [kəʊˈriːdʒ(ə)nt] *n* сорегент, соправитель

co-relation [ˌkəʊrɪˈleɪʃ(ə)n] = correlation

coreless [ˈkɔːlɪs] *a* 1. без сердцевины; полый 2. *эл.* без сердечника

coreligionist [ˌkəʊrɪˈlɪdʒ(ə)nɪst] *n* единоверец

corella [kəˈrelə] *n зоол.* корелла (*Nymphicus gen.*)

core memory [ˈkɔːˌmem(ə)rɪ] *вчт.* запоминающее устройство ЭВМ на (магнитных) сердечниках

coreopsis [ˌkɔːrɪˈɒpsɪs] *n бот.* кореопсис (*Coreopsis gen.*)

corer [ˈkɔːrə] *n* машинка *или* нож для удаления сердцевины из плодов

core radiator [ˈkɔːˌreɪdɪeɪtə] *ав.* сотовый радиатор

co-respondent [ˌkəʊrɪˈspɒnd(ə)nt] *n юр.* соответчик в делах о расторжении брака

core storage [ˈkɔːˈstɔːrɪdʒ] = core memory

core time [ˈkɔːˌtaɪm] часы, когда все сотрудники должны быть на работе (*при свободном расписании*) [*см. тж.* flextime]

core tool [ˈkɔːˌtuːl] *палеонт.* заострённое каменное орудие (*скребок и т. п.*)

core tube [ˈkɔːˈtjuːb] *геол.* трубка-пробоотборник

corf [kɔːf] *n* (*pl* corves) 1. 1) *ист.* корзина для подъёма и переноски угля 2) рудничная вагонетка 2. садок, корзина (*для живой рыбы*)

corgi [ˈkɔːgɪ] *n* корги (*порода декоративных собак*)

coria [ˈkɔːrɪə] *pl от* corium

coriaceous [ˌkɔːrɪˈeɪʃəs] *a* 1) кожистый, напоминающий кожу; твёрдый 2) сделанный из кожи

coriander [ˌkɒrɪˈændə] *n* 1) *бот.* кориандр (*Coriandrum sativum*) 2) *кул., фарм.* кориандр

Corinth [ˈkɒrɪnθ] *n* 1. *см.* Приложение 2. (c.) = currant 1

Corinthian I [kəˈrɪnθɪən] *n* 1. коринфянин 2. 1) светский человек 2) прожигатель жизни 3. 1) богатый любитель спорта 2) *амер.* любитель-яхтсмен 4. *pl* употр. с гл. в ед. ч. *библ.* Послание к коринфянам

Corinthian II [kəˈrɪnθɪən] *a* 1. коринфский; ~ order *архит.* коринфский ордер 2. 1) роскошный, разукрашенный 2) распутный, развращённый 3) цветистый, вычурный (*о слоге*)

Corinthian raisins [kəˈrɪnθɪənˈreɪz(ə)nz] коринка, сабза

co-riparian [ˌkəʊraɪˈpe(ə)rɪən] *n* совладелец пограничной реки (*о государстве или землевладельце*)

corium [ˈkɔːrɪəm] *n* (*pl* -ria) 1. *анат.* кориум, соединительнотканая часть кожи позвоночных животных и человека 2. *энт.* кориум 3. *ист.* кожаный панцирь

cork¹ I [kɔːk] *n* 1. кора пробкового дерева; ~ jacket пробковый пояс; ~ sole пробковая подошва 2. = cork oak 3. пробка; rubber [plastic, glass] ~ резиновая [пластмассовая, стеклянная] пробка 4. поплавок 5. *бот.* лубяная ткань, луб

cork¹ II [kɔːk] *v* 1. закупоривать пробкой 2. (*часто* ~ up) 1) сдерживать 2) сдерживаться; скрывать чувства 3) прятать, держать под колпаком, замком; не показывать; his private papers were kept ~ed up for years к его личным бумагам не было доступа много лет 3. мазать, разрисовывать лицо жжёной пробкой; подводить брови жжёной пробкой

cork² [kɔːk] = cudbear

corkage [ˈkɔːkɪdʒ] *n* 1. закупоривание и откупоривание бутылок 2. *ист.* плата, взимаемая с посетителей за откупоривание принесённых ими бутылок

corked [kɔːkt] *a* 1. закупоренный 2. отдающий пробкой (*о вине*) 3. намазанный жжёной пробкой 4. *сл.* мертвецки пьяный

corking I [ˈkɔːkɪŋ] *a разг.* замечательный, потрясающий; сногсшибательный

corking II [ˈkɔːkɪŋ] *adv разг.* крайне, в высшей степени

cork oak [ˈkɔːkˈəʊk] *бот.* пробковый дуб (*Quercus suber*)

corkscrew I [ˈkɔːkskruː] *n* 1. 1) штопор, пробочник 2) буравчик; ~ rule *физ.* правило буравчика 2. «штопор» (*удар в боксе*) 3. *ав.* крутая спираль; штопор (*тж.* ~ spin)

corkscrew II [ˈkɔːkskruː] *a* спиральный, винтовой; ~ curls «бутылочки», длинные локоны; ~ staircase винтовая лестница

corkscrew III [ˈkɔːkskruː] *v* 1. *разг.* 1) двигать (как) по спирали 2) двигаться (как) по спирали; to ~ one's way through a crowd пробиваться сквозь толпу 2. 1) скручивать) скручиваться 3. впихивать, втискивать; the horses have to be ~ed into our diminutive stables лошадей придётся втиснуть в нашу крошечную конюшню 4. *ав.* вводить в штопор (*самолёт*)

cork-tipped [ˌkɔːkˈtɪpt] *a* с пробковым фильтром (*о сигарете*)

cork tree [ˈkɔːktriː] *бот.* пробковое дерево, бархатное дерево, амурский бархат (*Phellodendron amurense*)

corkwood [ˈkɔːkwʊd] *n* 1) древесина пробкового дерева 2) древесина бальзы

corky ['kɔ:kɪ] *a* 1. пробковый; ~ taste привкус пробки; ~ wine вино, отдающее пробкой 2. *разг.* 1) живой, жизнерадостный, весёлый 2) фривольный, легкомысленный 3. упругий; эластичный; напоминающий пробку; shoes with ~ soles обувь на пружинящей подошве

corm [kɔ:m] *n бот.* клубнелуковица

cormel ['kɔ:m(ə)l] *n бот.* мясистый стебель, похожий на луковицу

cormophyte ['kɔ:məfaɪt] *n бот.* листостебельное растение

cormorant ['kɔ:m(ə)rənt] *n* 1. *зоол.* баклан большой (*Corvus marinus*) 2. обжора, жадина

cormus ['kɔ:məs] *n бот.* стебель куста

corn¹ [kɔ:n] *n* 1. *собир.* зерно, зерновые хлеба; пшеница (*особ. в Англии*); овёс (*особ. в Шотландии и Ирландии*); рожь, кукуруза, маис (*особ. в Америке и Австралии*); ~ failure неурожай зерновых; to sell ~ standing продавать хлеб на корню; on the cob варёный початок кукурузы с маслом 2. 1) зерно (злаков) 2) зёрнышко (яблока, перца, кофе и т. п.) 3) крупинка (соли) 4) песчинка 3. *амер.* 1) кукурузная водка 2) *сл.* опьянение 4. цвет спелой кукурузы; золотистый цвет (*тж.* ~ colour) 5. *амер.* 1) крупа (*о снеге*) 2) фирн 6. *амер.* 1) сентиментальщина; пошлость, банальность; the lyrics are full of ~ слова песни отличаются пошлой сентиментальностью 2) избитая, сентиментальная манера исполнения (*музыки*) 7. *амер. сл.* деньги, деньжата ◇ to measure another's ~ by one's own bushel ≅ мерить на свой аршин; ~ in Egypt изобилие (*чего-л., особ. продуктов, яств*)

corn² [kɔ:n] *v* 1. солить, засаливать, консервировать солью (*мясо и т. п.*) 2. сеять пшеницу, кукурузу, овёс и т. п. 3. наливаться зерном (*тж.* ~ up) 4. *шотл.* кормить овсом 5. *спец.* зернить, гранулировать 6. *разг.* опьянять

corn² [kɔ:n] *n* мозоль (*особ. на ноге*) ◇ to tread on smb.'s ~ наступить кому-л. на любимую мозоль

cornaceous [kɔ:'neɪʃəs] *a бот.* кизиловый, принадлежащий к семейству кизиловых

cornage ['kɔ:nɪdʒ] *n ист.* арендная плата, взимаемая по числу голов скота

cornball I ['kɔ:nbɔ:l] *n амер. разг.* 1) деревенщина, неотёсанный парень 2) мещанин, обыватель 3) мещанство, пошлость, слезливая сентиментальность

cornball II ['kɔ:nbɔ:l] *a амер. разг.* мещанский (*о вкусе и т. п.*); избитый; устарелый; слезливо-сентиментальный (*о песне и т. п.*)

corn bill ['kɔ:nbɪl] *амер. воен. жарг.* солонина

corn binder ['kɔ:n,baɪndə] *с.-х.* кукурузная сноповязалка

corn borer ['kɔ:n,bɔ:rə] *энт.* 1) мотылёк кукурузный (*Pyrausta nubilalis*) 2) зерновой точильщик (*Rhizopertha dominica*)

corn bread ['kɔ:nbred] *амер.* маисовый хлеб, хлеб из кукурузной муки

corn-bug ['kɔ:nbʌg] *n энт.* клоп-черепашка (*Eurygaster*)

corn cake ['kɔ:nkeɪk] *амер.* кукурузная лепёшка

corn-chandler ['kɔ:n,tʃɑ:ndlə] *n* розничный торговец зерном

corn chips ['kɔ:ntʃɪps] *кул.* кукурузная соломка

corn-chop ['kɔ:ntʃɒp] *n* кукурузная сечка; кукурузная кормовая мука

corn cleaner ['kɔ:n,kli:nə] зерноочистительная машина

corncob ['kɔ:nkɒb] *n амер.* 1) стержень кукурузного початка 2) трубка из стержня кукурузного початка (*тж.* ~ pipe)

corncockle ['kɔ:n,kɒk(ə)l] *n бот.* куколь посевной (*Agrostemma githago*)

corn-coloured ['kɔ:n,kʌləd] *a* цвета спелой кукурузы, бледно-жёлтый, золотистый

corncrake ['kɔ:nkreɪk] *n зоол.* коростель, дергач (*Crex crex*)

corn crusher ['kɔ:n,krʌʃə] *с.-х.* кукурузодробилка

corn cutter ['kɔ:n,kʌtə] *с.-х.* кукурузорезка

corn dodger ['kɔ:n,dɒdʒə] *амер.* 1) хлебец из кукурузной муки 2) пирожок из кукурузной муки с ветчиной или капустой

cornea ['kɔ:nɪə] *n анат.* роговая оболочка глаза

corneal ['kɔ:nɪəl] *a анат.* относящийся к роговой оболочке, роговичный; ~ spot *мед.* бельмо

corn ear ['kɔ:n,ɪə] кукурузный початок

corn earworm ['kɔ:n'ɪəwɜ:m] *зоол.* гусеница совки хлопковой американской (*Heliotis armigera*)

corned [kɔ:nd] *a* 1. *спец.* гранулированный 2. солёный; ~ beef солонина 3. налитой; налитый зерном 4. *разг.* пьяный

corneitis [,kɔ:nɪ'aɪtɪs] *n мед.* кератит

cornel ['kɔ:nl] *n* 1) *бот.* кизил настоящий (*Cornus mas*) 2) кизил (*плод*)

cornelian [kɔ:'ni:lɪən] *n мин.* сердолик

cornelian cherry [kɔ:'ni:lɪən'tʃerɪ] *бот.* кизил настоящий (*Cornus mas*)

corneous ['kɔ:nɪəs] *a спец.* роговой, роговидный

corner I ['kɔ:nə] *n* 1. 1) угол, уголок; in the ~ of the room в углу комнаты; at the ~ of the street на углу улицы; round the ~ а) за углом; б) совсем близко; в) скоро, близко; to turn the ~ завернуть за угол [*см. тж.* ◇]; to cut off a ~ срезать угол, пойти напрямик; to cut ~s срезать углы; four ~s перекрёсток [*ср. тж.* 3]; to watch smb. out of the ~ of one's eyes а) следить за кем-л. уголком глаза; б) наблюдать за кем-л. украдкой /исподтишка/ 2) *спец.* угол; ~ of dive *ав.* угол пикирования 3) *мат.* угловая точка кривой 2. закоулок, потайной уголок; murky ~s тёмные углы, тайные убежища; done in a ~ сделанный втихомолку /тайком/; in a quiet ~ в укромном уголке; to find a ~ to work in найти уголок, где можно было бы спокойно работать 3. часть, район; the four ~s of the earth четыре страны света [*см. тж.* four ◇] 4. *спорт.* угол поля 5) угловой удар; угол 5. *спорт.* 1) угол ринга (*для отдыха боксёра между раундами*) 2) секундант (*боксёра*) 3) сторонник, болельщик; it will give him confidence to have somebody in his ~ сознание, что кто-то за него болеет, придаст ему уверенности 6. 1) *эк.* преимущественное право или монополия (*на что-л.*) 2) *бирж.* корнер (*спекулятивная скупка акций и товаров*); to make a ~ in wheat создать корнер на пшеницу 7. поворот; tight /sharp/ ~ крутой поворот [*см. тж.* ◇]; to negotiate the ~ совершать поворот; вписаться в поворот ◇ tight ~ затруднительное *или* опасное положение [*см. тж.* 7]; to be round the ~ а) быть вне опасности; to turn the ~ а) выйти из затруднительного *или* опасного положения; he has been seriously ill but has turned the ~ now он был серьёзно болен, но теперь опасность миновала; б) *воен. жарг.* дезертировать; [*см. тж.* 1, 1)]; to drive /to put/ smb. into a ~ загнать кого-л. в угол, поставить кого-л. в безвыходное положение; to paint oneself into a ~ загнать самого себя в угол; поставить себя в безвыходное положение; to have a ~ in smb.'s heart вызвать нежные чувства у кого-л., завоевать чьё-л. сердце; to cut ~s ловчить, изворачиваться; идти в обход правил и т. п. [*см. тж.* 1, 1)]; to cut ~s by using cheap materials наживаться, используя дешёвое сырьё (*в нарушение технологии*)

corner II ['kɔ:nə] *a* 1. угольный; имеющий форму угольника; ~ cupboard угловой шкаф 2. находящийся на углу (*улицы*); ~ house угловой дом; ~ shop угловой магазин; лавка /магазинчик/ на углу 3. *спорт.* угловой; ~ kick угловой удар

corner III ['kɔ:nə] *v* 1. загнать в угол; to ~ smb. in an argument припереть кого-л. к стенке в споре; that question ~ed him этот вопрос поставил его в тупик; the police ~ed the thief polиция поймала вора 2. поставить в угол 3. срезать повороты (*об автомобиле и т. п.*) 4. 1) *бирж.* создавать корнер (*путём скупки акций*) 2) *эк.* скупать товар по спекулятивным ценам; to ~ the market монополизировать рынок, скупая товар

cornerback ['kɔ:nəbæk] *n* левый или крайний правый защитник (*футбол*)

corner-cutter ['kɔ:nə,kʌtə] *n разг.* ловкач; ≅ на ходу подмётки рвёт

corner-cutting ['kɔ:nə,kʌtɪŋ] *n разг.* 1) выбор кратчайшего пути к цели; оперативность 2) неразборчивость в методах достижения цели; действия в обход правил и т. п.

cornered ['kɔ:nəd] *a* 1. с углами, имеющий углы 2. загнанный в угол, попавший в затруднительное положение; ≅ прижатый к стене

cornering ['kɔ:n(ə)rɪŋ] *n* 1. *авт.* движение на повороте; ~ stability устойчивость на виражах 2. *физ.* уголковая

cornerman ['kɔ:nəmən] *n* (*pl* -men [-mən]) 1. секундант боксёра 2. = cornerback 3. нападающий (*баскетбол*) 4. исполнитель комической роли в негритянском ансамбле певцов 4. уличный зевака, праздношатающийся 6. *бирж.* крупный спекулянт; скупщик акций

corner-mark ['kɔ:nəmɑ:k] *n амер.* межевой знак, определяющий границы земельной собственности

cornerpiece ['kɔ:nəpi:s] *n* (декоративный) уголок (*на переплёте книги*)

corner reflector ['kɔ:nərɪ'flektə] = cube-corner reflector

cornerstone ['kɔ:nəstəun] *n* 1. *архит.* угловой камень 2. краеугольный камень; the ~ of a philosophical system основа философской системы; hard work was the ~ of his success своим успехом он в первую очередь обязан упорному труду

corner-tooth ['kɔ:nətu:θ] *n* (*pl* -teeth [-ti:θ]) глазной зуб (*у лошади*)

cornerways ['kɔ:nəweɪz] = cornerwise

cornerwise ['kɔ:nəwaɪz] *adv* 1. по диагонали, наискось 2. углом (*вперёд*)

cornet¹ ['kɔ:nɪt] *n* 1. 1) корнет, корнет-а-пистон (*муз. инструмент*) 2) корнетист 2. 1) фунтик (*из бумаги*) 2) рожок, вафельный фунтик с мороженым

cornet² ['kɔ:nɪt] *n ист.* 1) знаменосец 2) корнет

cornet à piston(s) [,kɔ:nɪtə'pɪstən(z)] *фр.* = cornet¹ 1, 1)

corn-factor ['kɔ:n,fæktə] *n* торговец зерном

corn-fed ['kɔ:nfed] *a амер.* 1. вскормленный кукурузой (*о скоте*) 2. пренебр.

1) пы́шущий здоро́вьем; вы́росший на дереве́нских хлеба́х 2) простоду́шный, простова́тый; найвный

cornfield ['kɔ:nfi:ld] *n* 1) по́ле; ни́ва 2) *амер.* кукуру́зное по́ле

corn flag ['kɔ:nflæg] *бот.* гладио́лус, шпа́жник (*Gladiolus communis*)

cornflakes ['kɔ:nfleɪks] *n pl амер.* корнфле́кс, кукуру́зные хло́пья

corn-flies ['kɔ:nflaɪz] *n pl энт.* зла́ковые му́хи (*Chloropidae*)

cornflour ['kɔ:nflaʊə] *n* 1. кукуру́зный крахма́л 2. 1) *амер.* кукуру́зная мука́ 2) *шотл.* овся́ная мука́ 3) *редк.* ри́совая мука́

cornflower ['kɔ:nflaʊə] *n бот.* василёк (*Centaurea gen.*)

corn-grower ['kɔ:nˌɡrəʊə] *n* производи́тель зерна́

cornhusk ['kɔ:nhʌsk] *n амер.* обёртка (*поча́тка кукуру́зы*)

Cornhusker ['kɔ:nˌhʌskə] *n* кукуру́зник (*прозвище жителя штата Небраска*); ~ State «Кукуру́зный штат» (*шутливое название штата Небраска*)

cornhusking ['kɔ:nˌhʌskɪŋ] *n амер.* 1. луще́ние кукуру́зы 2. пра́здник луще́ния (*с му́зыкой и та́нцами*)

corni ['kɔ:ni] *pl от* corno

cornice ['kɔ:nɪs] *n* 1. *архит.* карни́з; свес; ~ plane карни́зный руба́нок 2. нави́сшая над бе́здной глы́ба (*снега и т. п.*); ~ glacier вися́чий ледни́к

corniche [kɔ:'ni:ʃ] *n фр.* карни́з горы́ (*альпинизм*)

cornichon ['kɔ:nɪʃɒŋ] *n* корнишо́н

cornicle ['kɔ:nɪk(ə)l] *n* 1) рожо́к (*улитки*) 2) у́сик (*насекомого*) 3) соско́вая по́ра, тру́бочка (*у тлей*)

corniculate [kɔ:'nɪkjʊleɪt] *a* похо́жий на рожо́к; рожкообра́зный; с ро́жками

corniferous [kɔ:'nɪf(ə)rəs] *геол.* рогообма́нковый (*о поро́де*)

cornification [ˌkɔ:nɪfɪ'keɪʃ(ə)n] *n спец.* орогове́ние

cornify ['kɔ:nɪfaɪ] *v спец.* орогове́ть

cornigerous [kɔ:'nɪdʒ(ə)rəs] *a спец.* рогоно́сный

corning ['kɔ:nɪŋ] *n* 1. *спец.* зерне́ние, грануле́ние 2. соле́ние, засо́лка (*мяса и т. п.*)

Cornish I ['kɔ:nɪʃ] *n* 1) *ист.* корнуэ́льский, ко́рнский язы́к 2) корнуэ́льский, корнуо́лльский диале́кт английского языка́

Cornish II ['kɔ:nɪʃ] *a* корнуэ́льский, корнуо́лльский

Cornishman ['kɔ:nɪʃmən] *n* (*pl* -men [-mən]) жи́тель *или* уроже́нец Корнуо́лла

corn juice ['kɔ:ndʒu:s] *амер. сл.* 1) кукуру́зное ви́ски 2) дрянно́е ви́ски; ≅ сивуха

corn law ['kɔ:nlɔ:] *n* зако́н о торго́вле зерно́м, о его́ вво́зе и вы́возе; Corn Laws *ист.* хле́бные зако́ны

cornloft ['kɔ:nlɒft] *n* амба́р для зерна́, жи́тница

corn meal ['kɔ:nmi:l] 1. кукуру́зная мука́ 2. *шотл.* овся́ная мука́

corn mule ['kɔ:nmju:l] *амер. сл.* 1) = corn juice 2) кукуру́зный самого́н

corno ['kɔ:nəʊ] *n* (*pl* corni) *ит.* валто́рна (*муз. инструме́нт*)

corno di bassetto [ˌkɔ:nəʊdɪbæ'setəʊ] *ит.* бассетго́рн (*муз. инструме́нт*)

corn oil ['kɔ:nɔɪl] кукуру́зное ма́сло

corn picker ['kɔ:nˌpɪkə] *с.-х.* поча́ткосрыва́тель, пи́ккер

corn pit ['kɔ:npɪt] *амер.* кукуру́зная би́ржа

corn-plaster ['kɔ:nˌplɑ:stə] *n* мозо́льный пла́стырь

corn pone ['kɔ:npəʊn] 1) кукуру́зная лепёшка 2) карава́й хле́ба из кукуру́зной муки́

corn-pone ['kɔ:npəʊn] *a амер. пренебр.* 1) «пита́ющийся кукуру́зой», происходя́щий из ю́жных шта́тов; характе́рный для Ю́га (США) 2) ю́жный (*об акценте и т. п.*)

corn popper ['kɔ:nˌpɒpə] 1) се́тка для жа́ренья зёрен кукуру́зы 2) аппара́т для приготовле́ния «возду́шной кукуру́зы»

corn poppy ['kɔ:nˌpɒpɪ] *бот.* мак-самосе́йка (*Papaver rhoeas*)

corn-rent ['kɔ:nrent] *n* аре́ндная пла́та, упла́чиваемая зерно́м

corn rose ['kɔ:nrəʊz] 1. = corn poppy 2. = corncockle

cornrow ['kɔ:nrəʊ] *v амер.* заплета́ть во́лосы в туги́е коси́чки

corn salad ['kɔ:nˌsæləd] *бот.* валериа́на ово́щная, маш-сала́т, рапу́нцель (*Valerianella olitoria*)

corn sawfly [ˌkɔ:n'sɔ:flaɪ] *энт.* хле́бный пили́льщик (*Cephus pygmaeus*)

corn shock ['kɔ:nʃɒk] *с.-х.* сто́йка кукуру́зы

corn silk ['kɔ:nsɪlk] 1) *с.-х.* совоку́пность сто́лбиков на поча́тке кукуру́зы 2) *фарм.* кукуру́зные сто́лбики с ры́льцами; кукуру́зные ры́льца

corn snow ['kɔ:nsnəʊ] *разг.* фирн

cornstalk ['kɔ:nstɔ:k] *n* 1. *амер.* сте́бель кукуру́зы 2. *разг.* дылда 3. *разг.* австрали́ец (*особ. уроже́нец Но́вого Ю́жного Уэ́льса*)

cornstarch ['kɔ:nstɑ:tʃ] *n амер.* кукуру́зный крахма́л

cornstone ['kɔ:nstəʊn] *n геол.* кремни́стый известня́к

corn syrup ['kɔ:nˌsɪrəp] *амер.* кукуру́зный сиро́п (*род глюко́зы*)

cornucopia [ˌkɔ:njʊ'kəʊpɪə] *n* рог изоби́лия

cornute(d) [kɔ:'nju:t(ɪd)] *a* 1. рога́тый 2. рогообра́зный

corn willie ['kɔ:nˌwɪlɪ] = corn bill

corn-worm ['kɔ:nwɜ:m] *n* кукуру́зный червь, кукуру́зный мотылёк

corny¹ ['kɔ:nɪ] *a* 1. хле́бный, зерново́й 2. хлеборо́дный 3. *амер. разг.* 1) старомо́дный; бана́льный, изби́тый; ~ joke ≅ анекдо́т с бородо́й 2) слаща́вый, сентимента́льный; ~ music старомо́дная му́зыка; прито́рная мело́дия; ~ film [play] карти́на [пье́са], рассчи́танная на меща́нский вкус; ~ acting *театр.* переи́грывание, игра́ на зри́теля

corny² ['kɔ:nɪ] *a* мозо́листый, име́ющий мозо́ли

corody ['kɒrədɪ] = corrody

corolla [kə'rɒlə] *n бот.* ве́нчик

corollary [kə'rɒl(ə)rɪ] *n* 1) *мат.* (непосре́дственное) сле́дствие 2) (неизбе́жный) вы́вод 3) сле́дствие, результа́т; ито́г

corona [kə'rəʊnə] *n* (*pl обыкн.* -nae [-ni:]) 1. 1) *астр.* коро́на 2) *эл.* коро́на, коро́нный разря́д 2. *архит.* отли́вина, венча́ющий карни́з 3. *бот.* коро́на, вене́ц 4. *анат.* коро́нка зу́ба 5. *амер.* чепра́к под вью́чное седло́ 6. «коро́на», сорт дли́нных сига́р 7. *метеор.* вене́ц, орео́л

coronach ['kɒrənæk] *n* 1. похоро́нная му́зыка, похоро́нная песнь (*в го́рной Шотла́ндии*) 2. похоро́нный плач, причита́ния (*в Ирла́ндии*)

coronae [kə'rəʊni:] *pl от* corona

coronagraph [kə'rəʊnəɡrɑ:f] *n астр.* короно́граф

coronal I ['kɒrən(ə)l] *n* 1. коро́на, вене́ц 2. вено́к

coronal II ['kɒrən(ə)l] *a* 1. относя́щийся к коро́не; *астр.* корона́льный 2. *анат.* вене́чный; ~ suture вене́чный шов 3. *бот.* втори́чный, мочкова́тый (*о корня́х*)

coronary I ['kɒrən(ə)rɪ] *n мед. разг.* коронаротромбо́з (*тж.* ~ thrombosis)

coronary II ['kɒrən(ə)rɪ] *a анат.* вене́чный, корона́рный; ~ circulation вене́чное кровообраще́ние

coronate I ['kɒrən(e)ɪt] = coronated

coronate II ['kɒrəneɪt] *v редк.* коронова́ть

coronated ['kɒrəneɪtɪd] *a бот., зоол.* несу́щий вене́ц *или* коро́нку; коро́нчатый

coronation [ˌkɒrə'neɪʃ(ə)n] *n* 1) корона́ция, коронова́ние; C. day день корона́ции 2) (успе́шное) заверше́ние

coronavirus [kə'rəʊnəˌvaɪ(ə)rəs] *n бакт.* коронави́рус

coroner ['kɒrənə] *n* коро́нер, сле́дователь, производя́щий дозна́ние в слу́чаях наси́льственной *или* скоропости́жной сме́рти; ~'s inquest суде́бный осмо́тр тру́па коро́нером и прися́жными заседа́телями; сле́дствие, проводи́мое коро́нером; ~'s jury жюри́ /колле́гия/ прися́жных при коро́нере

coronet ['kɒrənɪt] *n* 1. коро́на (*пэ́ров*) 2. диаде́ма 3. *поэт.* вене́ц 4. волосе́нь, ни́жняя часть ба́бки (*у ло́шади*)

coroniform [kə'rəʊnɪfɔ:m] *a редк.* коронообра́зный, име́ющий фо́рму коро́ны

coronograph [kə'rəʊnəɡrɑ:f] *n* = coronagraph

coronoid ['kɒrənɔɪd] *a анат.* короноида́льный; ~ fossa вене́чная я́мка (*на плечево́й кости*); ~ process вене́чный отро́сток (*большо́й кости предпле́чья*)

coronule [kə'rəʊnjʊl] *n* 1. *бот., зоол.* небольшо́й вене́ц, коро́ночка 2. *зоол.* па́ппус; хохоло́к

corotation [ˌkəʊrəʊ'teɪʃ(ə)n] *n спец.* совме́стное, одновреме́нное *или* синхро́нное враще́ние с други́м те́лом, корота́ция

corpora ['kɔ:p(ə)rə] *pl от* corpus

corporal¹ ['kɔ:p(ə)rəl] *n* 1. капра́л; ~ of the guard *воен.* разводя́щий 2. капра́л корабе́льной поли́ции

corporal² ['kɔ:p(ə)rəl] *a* 1. теле́сный; ~ defects физи́ческие недоста́тки; ~ punishment теле́сное наказа́ние; ~ pleasures пло́тские ра́дости 2. ли́чный; ~ possessions ли́чные ве́щи; пожи́тки 3. *зоол.* относя́щийся к ту́ловищу

corporal³ ['kɔ:p(ə)rəl] *n церк.* антими́нс

corporality [ˌkɔ:pə'rælɪtɪ] *n* материа́льность, веще́ственность; теле́сность

corporate ['kɔ:p(ə)rɪt] *a* 1. корпорати́вный; ~ property корпорати́вное иму́щество; ~ town го́род, име́ющий самоуправле́ние; ~ responsibility [action] коллекти́вная отве́тственность [-ые де́йствия] 2. 1) акционе́рный; корпорацио́нный; ~ bonds промы́шленные облига́ции 2) относя́щийся к корпора́циям; ~ monopolies монополисти́ческие корпора́ции

corporate state ['kɔ:p(ə)rɪt'steɪt] *полит.* корпорати́вное госуда́рство (*фаши́стского ти́па*)

corporation [ˌkɔ:pə'reɪʃ(ə)n] *n* 1. 1) объедине́ние, о́бщество, корпора́ция; trading [industrial] ~ торго́вая [промы́шленная] корпора́ция; ~ tax нало́г с дохо́дов компа́ний *или* корпора́ций 2) *амер.* акционе́рное о́бщество; transportation ~ тра́нспортная компа́ния 2. *юр.* корпора́ция, юриди́ческое лицо́ 3. муниципалите́т (*тж.* municipal ~); the Mayor and ~ мэр го́рода и городско́й сове́т 4. *сл.* брю́хо, пу́зо

corporative ['kɔ:p(ə)rətɪv] = corporate

corporator ['kɔ:pəreɪtə] *n* член корпора́ции *или* муниципалите́та

corporeal [kɔː'pɔːrɪəl] *a* 1) телесный; ~ needs физические потребности 2) вещественный, материальный

corporeity [ˌkɔːpə'riːɪtɪ] *n* вещественность, материальность

corposant ['kɔːpəzænt] *n* свечение на концах мачт, огни св. Эльма

corps [kɔː] *n* (*pl* corps [kɔːz]) 1. корпус; Diplomatic C. дипломатический корпус 2. *воен.* корпус (*войсковая единица*); ~ artillery [engineer] корпусная артиллерия [-ой инженер] (-ой инженер); ~ headquarters штаб корпуса 3. (C.) *воен.* род войск, служба; C. of Engineers инженерные войска; Medical C. медицинская служба 4. студенческая корпорация (*в немецких университетах*)

corps-à-corps [ˌkɔːzə'kɔː] *n* столкновение (*фехтование*)

corps de ballet [ˌkɔːdə'bæleɪ] *n* кордебалет

corps de garde [ˌkɔːdə'gɑːd] 1) сторожевой пост 2) *ист.* кордегардия

corps d'élite [ˌkɔːdeɪ'liːt] *фр.* избранное общество, элита

corps diplomatique [ˌkɔːdɪˌpləʊmə'tiːk] *фр.* дипломатический корпус

corpse I [kɔːps] *n* труп

corpse II [kɔːps] *v* 1. *груб.* убить 2. *театр. жарг.* 1) сбить с роли актёра во время представления 2) провалить (*сцену, акт*)

corpse-candle ['kɔːpsˌkændl] *n* блуждающие огни (*на кладбище*)

corpsman ['kɔːzmən] *n* (*pl* -men [-mən]) *амер. разг.* санитар (*в войсках, на флоте*)

corpulence, -cy ['kɔːpjʊləns, -sɪ] *n* тучность, ожирение; дородность

corpulent ['kɔːpjʊlənt] *a* тучный, жирный, полный, дородный

corpus ['kɔːpəs] *n* (*pl* corpora) *лат.* 1. туловище, тело (*человека или животного*) 2. 1) собрание, свод (*документов и т. п.*); the ~ of Shakespeare's works все труды Шекспира; всё написанное Шекспиром; C. of English Common Law сборник английского обычного права; the ~ of Latin poetry сборник /антология/ латинской поэзии; ~ juris свод законов 2) *юр.* массив, совокупность 3. основной фонд, капитал

Corpus Christi [ˌkɔːpəs'krɪstɪ] *церк.* праздник тела Христова

corpuscle ['kɔːpəs(ə)l, kɔː'pʌs(ə)l] *n* 1. частица, тельце, корпускула; red [white] ~s *физиол.* красные [белые] кровяные тельца 2. *бот.* корпускула (*у голосемянных*) 3. *физ.* корпускула

corpuscular [kɔː'pʌskjʊlə] *a физ.* корпускулярный; ~ theory of light корпускулярная теория света

corpuscule [kɔː'pʌskjuːl] = corpuscle

corpus delicti [ˌkɔːpəsdɪ'lɪkt(a)ɪ] *юр.* 1) состав преступления 2) вещественные доказательства, улики

corrade [kə'reɪd] *v геол.* 1) подвергать корразии, разрушать (*горные породы; под воздействием воды и т. п.*) 2) подвергаться корразии, разрушаться под действием корразии

corral I [kɒ'rɑːl, kə-] *n* 1. 1) загон для скота 2) загон для отлова диких зверей 2. заслон из обозных повозок (*вокруг лагеря*)

corral II [kɒ'rɑːl, kə-] *v преим. амер.* 1. загонять (*скот*) в загон 2. окружать (*лагерь*) обозными повозками 3. *разг.* присваивать, завладевать; угонять

corrasion [kə'reɪʒ(ə)n] *n геол.* корразия, механическая денудация, размывание

correal [kɒ'riːəl] *a юр.* 1. совиновный 2. соответственный (*по обязательству нескольких лиц*)

correct I [kə'rekt] *a* 1. правильный, верный, точный; корректный; ~ answer правильный ответ; ~ calculation правильная калькуляция; правильный расчёт; ~ time точное /верное/ время; he is ~ in saying [in doing]... он прав, говоря [поступая]... 2. корректный; учтивый, воспитанный; ~ deportment корректное поведение; a very ~ young lady благовоспитанная девица 3. приличествующий, подходящий; what's the ~ dress for a wedding? какое платье принято надевать на свадьбу?; he said [did] the ~ thing он сказал [сделал] именно то, что нужно 4. *мат., лог.* корректный, правильно проведённый

◊ the ~ card программа спортивного состязания

correct II [kə'rekt] *v* 1. исправлять, поправлять; корректировать; to ~ mistakes [pronunciation, translation] исправить ошибки [произношение, перевод]; to ~ one's watch by the station clock поставить часы по вокзальным (часам); I stand ~ed *офиц.* я принимаю эту поправку; я признаю свою ошибку 2. 1) делать замечания, указывать на недостатки 2) наказывать; to ~ a child for disobedience наказать ребёнка за непослушание 3. нейтрализовать, устранять (*вредное влияние и т. п.*) 4. править, держать корректуру; to ~ printer's proofs править гранки 5. *опт.* устранять искажение

correction [kə'rekʃ(ə)n] *n* 1. исправление; правка; these papers are in need of ~ эти бумаги необходимо исправить 2. поправка, исправление; коррекция; the exercise-book is covered with ~s in red ink тетрадь полна исправлений, сделанных красными чернилами; to speak under ~ *офиц.* говорить, заранее попросив исправить возможные неточности 3. 1) замечание, выговор 2) наказание; house of ~ *арх.* тюрьма; исправительный дом

correctional [kə'rekʃ(ə)nəl] *a* исправительный

correctional facility [kə'rekʃ(ə)nəlfə'sɪlɪtɪ] исправительное учреждение

correction fluid [kə'rekʃ(ə)nˌfluːɪd] корректурная жидкость (*для исправления машинописных и рукописных работ*)

correctitude [kə'rektɪtjuːd] *n книжн.* корректность

corrective I [kə'rektɪv] *n* 1. корректив, поправка, частичное исправление или изменение 2. *фарм.* корригирующее средство, корригент

corrective II [kə'rektɪv] *a* 1. исправительный; ~ punishment перевоспитание преступников (*в заключении*) 2. *фарм.* корригирующий

corrective training [kə'rektɪv'treɪnɪŋ] исправительное тюремное заключение (*для рецидивистов*)

correctly [kə'rektlɪ] *adv* 1. правильно, верно; he answered quite ~ он отвечал довольно правильно 2. корректно, вежливо; to behave ~ вести себя корректно

correctness [kə'rektnɪs] *n* 1. правильность, точность, исправность; she spoke with pedantic ~ of pronunciation она выговаривала слова слишком уж правильно 2. корректность, благопристойность

corrector [kə'rektə] *n* 1. *см.* correct II + -or 2. корректор (*тж.* ~ of the press)

corregidor [kɒ'redʒɪdɔː] *n исп.* коррехидор

correlate I ['kɒrɪleɪt] *n* коррелят, соотносительное понятие

correlate II ['kɒrɪleɪt] *v* 1) (with, to) находиться в (каком-л.) соотношении 2) приводить в (какое-л.) соотношение; коррелировать

correlation [ˌkɒrɪ'leɪʃ(ə)n] *n* 1. соотношение, взаимосвязь; the ~ between climate and crops зависимость урожая от климата 2. *физ., мат.* корреляция

correlative I [kə'relətɪv] *n* 1) коррелят 2) *лингв.* коррелят, коррелятивное слово *или* выражение

correlative II [kə'relətɪv] *a* соотносительный, коррелятивный; ~ words *лингв.* коррелятивные /парные/ слова

correlatively [kə'relətɪvlɪ] *adv* соотносительно

correlator ['kɒrəleɪtə] *n спец.* коррелятор; коррелометр

correlogram [kə'reləgræm] *n стат.* коррелограмма

correspond¹ [ˌkɒrɪ'spɒnd] *v* 1. (with, to) соответствовать, отвечать; the house exactly ~s to my needs дом именно такой, как мне нужно; his words and actions do not ~, his actions do not ~ with his words слова у него расходятся с делом 2. (to) представлять собою, соответствовать, равняться; быть аналогичным; the double lines on the map ~ to roads двойные линии на карте обозначают дороги; his expenses do not ~ to his income его расходы не соответствуют его доходам /превышают его доход/

correspond² [ˌkɒrɪ'spɒnd] *v* переписываться, состоять в переписке; we have not ~ed for some years мы не переписываемся уже несколько лет

correspondence¹ [ˌkɒrɪ'spɒnd(ə)ns] *n* 1. соответствие; ~ between sound and phonetic symbol соответствие между звуком и фонетическим знаком 2. соотношение, соответствие; аналогия; to study the ~s of words in different languages заниматься сопоставительным анализом слов в разных языках

correspondence² I [ˌkɒrɪ'spɒnd(ə)ns] *n* корреспонденция, переписка; письма; diplomatic [commercial] ~ дипломатическая [коммерческая] корреспонденция; to be in ~ with smb. переписываться с кем-л.; to have a great deal of ~ every day каждый день получать большую корреспонденцию /много писем/; to carry on a ~ вести переписку /корреспонденцию/; to keep (up) a ~ поддерживать переписку; to study by ~ учиться заочно; to play by ~ играть по переписке (*в шахматы*)

correspondence² II [ˌkɒrɪ'spɒnd(ə)ns] *a* заочный; ~ school [college] школа [колледж] заочного обучения; ~ play игра по переписке (*в шахматы*)

correspondence column [ˌkɒrɪ'spɒnd(ə)nsˌkɒləm] рубрика писем в редакцию (*в газете*)

correspondency [ˌkɒrɪ'spɒnd(ə)nsɪ] = correspondence¹ 1

correspondent¹ [ˌkɒrɪ'spɒnd(ə)nt] *n* 1. 1) лицо, с которым ведётся переписка, корреспондент; he's a good [bad] ~ он часто [редко] пишет 2) *ком.* корреспондент 3) *канц.* служащий, ведущий переписку 2. корреспондент (*газеты и т. п.*); war ~ военный корреспондент; from our own ~ от нашего (собственного) корреспондента 3. = correspondent bank; foreign ~ банк-корреспондент за границей

correspondent² [ˌkɒrɪ'spɒnd(ə)nt] *a редк.* соответствующий, соответственный, согласный

correspondent bank [ˌkɒrɪ'spɒnd(ə)nt'bæŋk] *амер.* банк-корреспондент

corresponding¹ [ˌkɒrɪ'spɒndɪŋ] *a* 1. соответственный; соответствующий 2. подобный, аналогичный

corresponding[2] [ˌkɒrɪˈspɒndɪŋ] *a* ведущий переписку; ~ bank = correspondent bank

corresponding member [ˌkɒrɪˈspɒndɪŋˈmembə] член-корреспондент; ~ of a learned society [of the Academy of Sciences] член-корреспондент научного общества [Академии наук]

corridor [ˈkɒrɪdɔː] *n* 1. коридор; curved ~ кривой коридор (*фигура слалома*) 2. 1) *топ.* узкий отсек местности 2) *полит.* коридор (*соединяющий части страны, дающий выход к морю и т. п.*); Polish C. *ист.* Польский /Данцигский/ коридор

corridors of power [ˈkɒrɪdɔːzəvˈpauə] «коридоры власти», правящие круги

corridor train [ˈkɒrɪdɔːtreɪn] поезд, состоящий из вагонов, соединённых тамбурами

corrie [ˈkɒrɪ] *n* шотл. впадина, углубление в склоне горы, лощина; ~ glacier *геол.* ледниковый цирк, карровый ледник

corrigenda [ˌkɒrɪˈdʒendə] *n pl лат.* 1) *pl от* corrigendum 2) список опечаток

corrigendum [ˌkɒrɪˈdʒendəm] *n* (*pl* -da) *полигр.* 1) исправленная опечатка; исправление (*ошибки*); поправка

corrigible [ˈkɒrɪdʒəb(ə)l] *a* 1. исправимый, поправимый; ~ fault поправимая ошибка 2. поддающийся исправлению, перевоспитанию; не упорствующий в ошибках; не закоренелый

corroborant I [kəˈrɒb(ə)rənt] *n* 1. подтверждающее обстоятельство 2. *арх.* тонизирующее, укрепляющее средство

corroborant II [kəˈrɒb(ə)rənt] *a* подтверждающий; подкрепляющий

corroborate [kəˈrɒbəreɪt] *v* 1) подтверждать, подкреплять (*теорию, мнение, положение*); the facts ~ his statement факты подтверждают его заявление 2) *юр.* подкрепить одно доказательство другим

corroboration [kəˌrɒbəˈreɪʃ(ə)n] *n* подтверждение (*дополнительными фактами*); in ~ of smth. в подтверждение чего-л.

corroborative [kəˈrɒb(ə)rətɪv] *a* подтверждающий, подкрепляющий

corroboree [kəˈrɒbərɪː] *n* 1. коробори, ритуальный танец аборигенов-австралийцев (*на празднестве*) 2. *австрал. разг.* 1) шумное сборище 2) скандал, шум

corrode [kəˈrəud] *v* 1. разъедать; rust ~s iron ржавчина разъедает железо 2. ржаветь, подвергаться действию коррозии; корродировать 3. извращать (*психику*); разлагать (*душу*); jealousy ~d his whole being ревность изуродовала ему душу

corrodent I [kəˈrəud(ə)nt] *n* спец. коррозионная среда; вещество, вызывающее коррозию

corrodent II [kəˈrəud(ə)nt] *a* спец. коррозионный; агрессивный (*о среде*); разъедающий

corrodiary [kəˈrəudɪərɪ] *n юр. ист.* лицо, получающее вспомоществование, содержание, алименты, пенсию

corrodibility [kəˌrəudəˈbɪlɪtɪ] = corrosibility

corrodible [kəˈrəudəb(ə)l] = corrosible

corroding [kəˈrəudɪŋ] *a спец.* корродирующий; ~ medium корродирующая /агрессивная/ среда; ~ hate [sorrow] разъедающая душу ненависть [печаль]

corrody [ˈkɒrədɪ] *n преим. уст.* деньги на чьё-л. содержание; алименты, пенсия

corrosibility [kəˌrəuzəˈbɪlɪtɪ] *n* подверженность коррозии

corrosible [kəˈrəuzəb(ə)l] *a* подверженный коррозии; ржавеющий

corrosion [kəˈrəuʒ(ə)n] *n* 1. ржавление, коррозия; ~ inhibitor *хим.* замедлитель /ингибитор/ коррозии 2. *геол.* вымывание пород

corrosion-proof [kəˈrəuʒ(ə)npruːf] = corrosion-resistant

corrosion-resistant [kəˈrəuʒ(ə)nrɪˈzɪstənt] *a* коррозиестойкий, коррозионностойкий

corrosive I [kəˈrəusɪv] *n* 1) вещество, вызывающее коррозию 2) коррозионный агент; агрессивная среда

corrosive II [kəˈrəusɪv] *a* 1. коррозионный; разъедающий; едкий 2. губительный, разрушающий; ~ influence разлагающее влияние; the ~ air of the town вредный для здоровья воздух города; the ~ effect of constant anxiety разрушительный эффект постоянной тревоги 3. уничтожающий; ~ attack on the committee's plan уничтожающая критика плана, выдвинутого комитетом

corrosiveness [kəˈrəusɪvnɪs] = corrosivity

corrosivity [ˌkɒrəˈsɪvɪtɪ] *n спец.* коррозионная активность

corrugate I [ˈkɒrəɡɪt] = corrugated

corrugate II [ˈkɒrəɡeɪt] *v* 1. 1) сморщивать, морщить; to ~ the forehead морщить лоб 2) сморщиваться, морщиться 2. *тех.* гофрировать

corrugated [ˈkɒrəɡeɪtɪd] *a* 1. сморщенный 2. *тех.* гофрированный, рифлёный; волнистый; ~ iron волнистое или рифлёное железо; ~ paper гофрированная бумага

corrugation [ˌkɒrəˈɡeɪʃ(ə)n] *n* 1. складка, морщина (*на лбу*) 2. *тех.* 1) рифление 2) волнистость; складка 3. выбоина (*на дороге*)

corrupt I [kəˈrʌpt] *a* 1. испорченный, нечистый; ~ air испорченный воздух 2. продажный; коррумпированный; ~ judge продажный судья; судья-взяточник 2) practices *амер.* злоупотребления (*особ. на выборах*); a doctor's ~ practices нарушение врачебной этики 3. развратный; растленный; безнравственный; ~ desires гнусные помыслы /помышления/; ~ film аморальный фильм 4. искажённый, недостоверный (*о тексте и т. п.*); he spoke a ~ form of French он говорил на ломаном французском языке

◊ ~ in /of/ blood *ист.* лишённый гражданских прав за совершение тяжкого преступления (*в т. ч. о потомках преступника*)

corrupt II [kəˈrʌpt] *v* 1. 1) портить, развращать; to ~ the character portить характер; to ~ morals развращать нравы 2) портиться, развращаться 2. 1) портить, гноить 2) гнить, разлагаться 3. подкупать, давать взятку; this official cannot be ~ed этот чиновник неподкупен 4. искажать, извращать (*текст и т. п.*); careless scribes ~ed the original manuscript небрежные переписчики исказили оригинальный текст рукописи

corruptibility [kəˌrʌptəˈbɪlɪtɪ] *n* 1. подверженность порче, тленность 2. продажность, подкупность

corruptible [kəˈrʌptəb(ə)l] *a* 1. портящийся 2. подкупный; ~ judges подкупные судьи; he is not ~ он взяток не берёт

corruption [kəˈrʌpʃ(ə)n] *n* 1. порча, гниение; ~ of the body разложение трупа 2. развращённость, моральное разложение 3. продажность, коррупция 4. искажение (*текста и т. п.*)

◊ ~ in /of/ blood *ист.* лишение гражданских прав лица, осуждённого за совершение тяжкого преступления, а также его потомков

COR — COR   C

corruptive [kəˈrʌptɪv] *a* портящий, развращающий

corsac [ˈkɔːsæk] *n зоол.* корсак (*Vulpes corsac*)

corsage [kɔːˈsɑːʒ] *n* 1. корсаж 2. букетик, приколотый к корсажу

corsair [ˈkɔːseə] *n ист.* 1. корсар, пират 2. капер (*судно*)

corsak [ˈkɔːsæk] = corsac

corse [kɔːs] *n поэт. уст. см.* corpse I

corselet [ˈkɔːslɪt] *n* 1. (женский) пояс с резинками 2. = corslet

corselette [ˌkɔːsəˈlet] *ком.* = corselet 1

corset I [ˈkɔːsɪt] *n* 1) корсет 2) ограничение; сдерживание

corset II [ˈkɔːsɪt] *v* 1) носить корсет; затягивать в корсет 2) ограничивать, строго контролировать

corset cover [ˈkɔːsɪtˌkʌvə] лиф-чехол (*надеваемый на корсет*)

corseted [ˈkɔːsɪtɪd] *a* в корсете, затянутый в корсет

corsetiere [ˌkɔːsetɪˈeə] *n* корсетница; мастер по корсетам

corsetry [ˈkɔːsɪtrɪ] *n* 1. *собир.* корсетные изделия, предметы дамской галантереи (*корсеты, пояса, бюстгальтеры и т. п.*) 2. корсетное дело

Corsican I [ˈkɔːsɪkən] *n* 1. корсиканец; корсиканка 2. корсиканский диалект итальянского языка

Corsican II [ˈkɔːsɪkən] *a* корсиканский; относящийся к Корсике

corslet [ˈkɔːslət] *n* 1. *ист.* латы 2. щиток (*у насекомых*)

cortege [kɔːˈteɪʒ] *n* 1. кортеж (*автомобилей и т. п.*) 2. свита 3. процессия; funeral ~ похоронный кортеж, похоронная процессия

cortège [kɔːˈteɪʒ] *фр.* = cortege

Cortes [ˈkɔːtes] *n pl* кортесы (*парламент в Испании и Португалии*)

cortex [ˈkɔːteks] *n* (*pl* cortices) 1. *анат.* 1) кора головного мозга 2) внешний слой, кора (*железы*) 2. *бот.* кора

cortical [ˈkɔːtɪk(ə)l] *a спец.* корковый

corticate [ˈkɔːtɪkɪt] *a* 1) корковый, корковидный 2) покрытый корой

cortices [ˈkɔːtɪsiːz] *pl от* cortex

corticolous [kɔːˈtɪk(ə)ləs] *a бот.* произрастающий на коре (*о лишаях и т. п.*)

corticosteroid [ˌkɔːtɪkəʊˈstɪ(ə)rɔɪd] *n биохим.* кортикостероид

cortisone [ˈkɔːtɪzəʊn] *n физиол., фарм.* кортизон

corundum [kəˈrʌndəm] *n мин.* корунд

coruscant [kəˈrʌskənt] *a книжн.* сверкающий, блестящий

coruscate [ˈkɒrəskeɪt] *v книжн.* сверкать, блистать

coruscating [ˈkɒrəskeɪtɪŋ] *a* 1. сверкающий, блестящий; ~ jewels ослепительно сверкающие драгоценности 2. блистательный (*об остроумии и т. п.*)

coruscation [ˌkɒrəˈskeɪʃ(ə)n] *n книжн.* сверкание, блеск; ~s of wit фейерверк остроумия

corvée [ˈkɔːveɪ] *n фр.* 1. *ист.* неоплачиваемый принудительный труд вассала, барщина 2. 1) трудовая повинность 2) тяжёлая, нудная работа, подневольный труд

corves [kɔːvz] *pl от* corf

corvette [kɔːˈvet] *n мор.* корвет

corvine [ˈkɔːvaɪn] *a* вороний

corybant [ˈkɒrɪbænt] *n* (*pl тж.* corybantes [ˌkɒrɪˈbæntiːz]) 1) *миф.* корибант, спутник богини Кибелы 2) *ист.* корибант, фригийский жрец

Corybantic [ˌkɒrɪˈbæntɪk] *a* 1. 1) относящийся к корибантам 2) фригий-

ский (*о жреце*) 2. (с.) разнузданный, неистовый; оргиастический
Corydon ['kɒrɪd(ə)n] *n* Коридон (*имя поселянина или пастуха в пасторали*)
corymb ['kɒrɪm(b)] *n бот.* щиток (*соцветие*)
coryphaei [,kɒrɪ'fi:aɪ] *pl от* coryphaeus
coryphaeus [,kɒrɪ'fi:əs] *n греч.* (*pl* -phaei) 1. 1) корифей (*в древнегреческой трагедии*) 2. глава, лидер; дирижёр хора 2. глава, лидер; the ~ of modern science корифей современной науки
coryphée [,kɒrɪ'feɪ] *n* корифей, корифейка (*в кордебалете*)
coryza [kə'raɪzə] *n мед.* острый насморк; ринит
cos[1] [kɒz, kɒs] *n бот.* салат ромэн (*Lactuca sativa или romana*)
cos[2] [kɒs] *сокр. от* cosine
cos[3] [kɒs] = cos[1]
cos[4] [kəz, kɒz] *прост. см.* because
Cosa Nostra [,kəʊzə'nɒstrə] *ит.* «Коза ностра», «Наше дело» (*самоназвание мафии, особ. в США*)
coscinomancy ['kɒsɪnə,mænsɪ] *n* косциномантия, гадание на сите
co-script [kəʊ'skrɪpt] *v* быть соавтором сценария; совместно писать сценарий
cose [kəʊz] *v редк.* удобно, уютно расположиться
cosec *сокр. от* cosecant
cosecant [kəʊ'si:kənt] *n мат.* косеканс
coseismal [kəʊ'saɪzm(ə)l] *n геол.* косейсмическая кривая, косейсма
coset ['kəʊset] *n мат.* смежный класс
cosey I, II ['kəʊzɪ] = cosy I *и* II
cosh I [kɒʃ] *n сл.* короткая тяжелая дубинка, налитая свинцом
◊ under the ~ в чьей-л. власти; беспомощный
cosh II [kɒʃ] *v сл.* ударить по голове дубинкой, налитой свинцом (*обыкн. с целью ограбления*)
cosh-boy ['kɒʃbɔɪ] *n вор. жарг.* уличный грабитель; громила
cosher[1] ['kɒʃə] *v ирл.* 1. *ист.* жить за счёт вассалов 2. пировать *или* жить на чужой счёт
cosher[2] ['kɒʃə] *v* баловать, ласкать
cosher[3] ['kɒʃə] *v разг.* болтать, вести дружескую беседу
cosher[4] ['kɒʃə] *n* 1) кошер (*пища, приготовленная по еврейским религиозным обычаям*) 2) лавка, где продаются кошерные продукты
co-sign [,kəʊ'saɪn] *v* совместно подписывать (*соглашение и т. п.*)
cosignatory [,kəʊ'sɪɡnət(ə)rɪ] *n юр.* лицо *или* государство, подписывающее соглашение вместе с другими лицами *или* государствами
cosily ['kəʊzɪlɪ] *adv* уютно
cosinage ['kʌz(ə)nɪdʒ] *n* кровное родство
cosine ['kəʊsaɪn] *n мат.* косинус
cosiness ['kəʊzɪnɪs] *n* уют, уютность
cosite ['kəʊsaɪt] *n спец.* совместимость (*двух разнородных материалов и т. п.*)
cos lettuce [,kɒs'letɪs] = cos[1]
cosm- [kɒzm-] = cosmo-
cosmesis [kɒz'mi:sɪs] *n* 1) косметическая операция 2) лечение недостатков кожи, волос *и т. п.*; косметическая терапия
cosmetic I [kɒz'metɪk] *n* 1. косметическое средство 2. *обыкн. pl* косметика; ~s bag косметичка (*сумочка*) 3. прикраса; ≃ лакировка действительности
cosmetic II [kɒz'metɪk] *a* 1) косметический; ~ cream косметический крем; ~ surgery косметическая /пластическая/ хирургия 2) внешний; сделанный для вида; ~ repairs «косметический» ремонт (*дома*)
cosmetic III [kɒz'metɪk] *v редк.* применять косметические средства
cosmetical [kɒz'metɪk(ə)l] = cosmetic II
cosmetician [,kɒzmə'tɪʃ(ə)n] *n* 1) косметичка 2) (врач-)косметолог
cosmeticize [kɒz'metɪsaɪz] *v* подправить, прикрасить; залатать, заштопать (*дефект или что-л. неприглядное*); to ~ a biography поправить биографию (*исключить из неё нежелательные моменты*)
cosmetiste [,kɒzmə'ti:st] *n* косметичка
cosmetize ['kɒzmətaɪz] = cosmeticize
cosmetologist [,kɒzmə'tɒlədʒɪst] = cosmetician
cosmetology [,kɒzmə'tɒlədʒɪ] *n* 1) косметика 2) косметология 3) пластическая хирургия
cosmic ['kɒzmɪk] *a* 1. космический; ~ flight полёт в космос; космический полёт; ~ research изучение космоса, исследование космического пространства; ~ radiation космическое излучение; ~ rays космические лучи; ~ dust космическая пыль; ~ iron метеорное железо; *разг.* железный метеорит 2. 1) всеобъемлющий; грандиозный; ~ philosophy всеобъемлющая философская система 2) *преим. ирон.* колоссальный, мировой; that's really ~ это грандиозно; of ~ importance имеющий мировое значение; this is not so ~ after all это в конце концов не столь уж важно 3. *редк.* упорядоченный, гармоничный, находящийся в гармонии 4. *воен. проф.* «совершенно секретно» (*категория секретности*)
cosmical ['kɒzmɪk(ə)l] *a* 1. = cosmic 1 *и* 2 2. *астр.* восходящий *или* заходящий с солнцем (*о звёздах*)
cosmicise [kɒz'mɪsaɪz] *v воен. проф.* допускать к особо секретной работе
cosmic speed [,kɒzmɪk'spi:d] космическая скорость
cosmic year [,kɒzmɪk'jɪə] *астр.* галактический год
cosmo ['kɒzməʊ] *n унив. жарг.* студент-иностранец
cosmo- ['kɒzmə(ʊ)-] (*тж.* cosm-) компонент сложных слов-терминов; в русском языке соответствует преимущественно компоненту космо-; cosmogony космогония; cosmographer космограф; cosmopolitan космополит
cosmochemistry [,kɒzmə'kemɪstrɪ] *n* космохимия, химия небесных тел и космического пространства
cosmochronometer [,kɒzmə(ʊ)krə'nɒmɪtə] *n* вещество *или* явление, используемые для установления возраста Вселенной, «космический хронометр»
cosmodrome ['kɒzmədrəʊm] *n* космодром
cosmogenic [,kɒzmə'dʒenɪk] *a* космогенный
cosmogony [kɒz'mɒɡənɪ] *n* космогония
cosmography [kɒz'mɒɡrəfɪ] *n* космография
cosmology [kɒz'mɒlədʒɪ] *n* космология
cosmonaut ['kɒzmənɔ:t] *n* космонавт
cosmonautic, cosmonautical [,kɒzmə'nɔ:tɪk, -(ə)l] *a* относящийся к космонавтике; космоплавательный
cosmonautics [,kɒzmə'nɔ:tɪks] *n* космонавтика
cosmonette [,kɒzmə'net] *n шутл.* женщина-космонавт
cosmopolis [kɒz'mɒpəlɪs] *n* огромный город; город мирового значения; мировая столица
cosmopolitan I, II [,kɒzmə'pɒlɪtn] = cosmopolite I *и* II
cosmopolite I [kɒz'mɒpəlaɪt] *n* 1. космополит; гражданин мира; rootless ~ безродный космополит 2. *бот., зоол.* космополит, космополитный организм; животное *или* растение, распространённое по всему миру
cosmopolite II [kɒz'mɒpəlaɪt] *a* 1. 1) свободный от национальных предрассудков; travellers are usually ~ people путешественники обычно хорошо себя чувствуют во всех странах 2) многонациональный; пёстрый по национальному составу; a ~ crowd at a UN meeting представители разных национальностей на заседании ООН 3) *неодобр.* космополитический 2. *бот., зоол.* космополитный, распространённый по всему миру
cosmopolitism [,kɒzmə'pɒlɪtɪz(ə)m] *n* космополитизм
cosmorama [,kɒzmə'ra:mə] *n* музейная панорама
cosmos ['kɒzmɒs] *n* 1. космос, Вселенная 2. 1) упорядоченная система 2) гармония
cosmosphere ['kɒzməsfɪə] космический глобус
cosmotron ['kɒzmətrɒn] *n физ.* космотрон
co-sponsor I [kəʊ'spɒnsə] *n спец.* соавтор (*резолюции, предложения и т. п.*)
co-sponsor II [kəʊ'spɒnsə] *v* совместно выдвигать *или* поддерживать (*резолюцию, предложение*); a resolution initiated by the US and ~ed by 20 other countries резолюция, предложенная Соединёнными Штатами, к которым присоединились двадцать других государств
coss[1] [kɒs] *n* (*pl без измен.*) косс (*мера длины в Индии* ≅ 2—4 *км*)
coss[2] [kɒs] *v шотл.* обменивать, торговать
Cossack ['kɒsæk] *n русск.* казак
Cossack hat ['kɒsækhæt] папаха
cosset I ['kɒsɪt] *n* 1. ягнёнок, вскормленный без матки 2. баловень, любимец
cosset II ['kɒsɪt] *v* баловать, ласкать, нежить
cost I [kɒst] *n* 1. цена; стоимость; prime ~ себестоимость; book ~ балансовая стоимость; ~ estimation сметная калькуляция; at [below] ~ по [ниже] себестоимости; free of ~ бесплатно; the ~ of living прожиточный минимум; ~ of living index индекс прожиточного минимума; ~, insurance, freight (*сокр.* c.i.f.) *ком.* стоимость, страхование, фрахт; сиф 2. *обыкн. pl* 1) расходы, издержки; ~s of production издержки производства; capital ~s капитальные затраты; ~ account учёт издержек; ~ control управление затратами; ~ overrun перерасход, выход за пределы сметы 2) *юр.* судебные издержки; судебные расходы; with ~s с возложением судебных издержек на сторону, проигравшую дело; bill of ~s *см.* bill[2] 1 1 3. расплата; тяжёлая цена (*чего-л.*); to work at the ~ of one's health работать в ущерб здоровью; the ~ in lives потери в живой силе; at great ~ of life ценой больших потерь в живой силе; at a heavy ~ тяжёлой ценой; at all ~s; at any ~ любой ценой, во что бы то ни стало; to one's ~ на своё горе, на свою беду; to know [to have learned] to one's own ~ знать [узнать] по горькому опыту
◊ to count the ~ взвесить все обстоятельства (*прежде чем начать что-л. делать*); учесть все возможные последствия

cost II [kɒst] *v* (cost) **1.** стоить, обходиться; to ~ much [little] стоить дорого [дёшево]; to ~ a pretty penny стоить уйму денег; it ~ me a lot of money это обошлось мне очень дорого; ~ what it may (be) чего бы это ни стоило, любой ценой **2.** требовать, стоить; making a dictionary ~s much time and care составление словаря требует много времени и внимания; to ~ a man his life [health, fortune] стоить человеку жизни [здоровья, состояния]; it ~ him many sleepless nights [anxious moments] это стоило ему многих бессонных ночей [тревожных минут] **3.** *ком.* назначать цену, оценивать (*товар*)

costa ['kɒstə] *n* (*pl* -tae) **1.** ребро **2.** *бот.* средняя жилка листа **3.** *энт.* костальная жилка крыла (*насекомого*)

cost accountant [,kɒstə'kaʊntənt] бухгалтер-калькулятор

cost accounting [,kɒstə'kaʊntɪŋ] **1)** калькулирование издержек производства **2)** производственная бухгалтерия, производственный учёт

costae ['kɒstiː] *pl от* costa

costal ['kɒstl] *a* **1.** *анат.* рёберный **2.** *энт.* костальный

co-star I ['kəʊstɑː] *n театр.* **1.** звезда, выступающая в паре с другой звездой; ~s герой и героиня (*пьесы*) **2.** «звезда» второй величины», исполнитель или исполнительница ролей второго плана

co-star II [kəʊ'stɑː] *v театр.* **1.** играть одну из (двух) главных ролей; играть героя *или* героиню; ~ring Glenda Jackson and Richard Burton в главных ролях Гленда Джексон и Ричард Бартон **2.** исполнять роль второго плана; ~ring are... в остальных ролях выступают (*такие-то*)

costard ['kɒstəd] *n* **1.** крупное яблоко **2.** *шутл.* голова

costate ['kɒsteɪt] *a спец.* ребристый (*о плоде и т. п.*); жилковатый

cost card ['kɒstkɑːd] = cost sheet

cost-cut ['kɒstkʌt] *v* «срезать» цену *или* стоимость (*проекта и т. п.*)

cost-effective [,kɒstɪ'fektɪv] *a* рентабельный; оправдывающий затраты

cost-effectiveness [,kɒstɪ'fektɪvnɪs] *n* рентабельность

cost-efficient [,kɒstɪ'fɪʃ(ə)nt] = cost-effective

costermonger ['kɒstə,mʌŋgə] *n* уличный торговец фруктами, овощами, рыбой *и т. п.*

cost inflation ['kɒstɪn'fleɪʃ(ə)n] *эк.* инфляция цен (*за счёт увеличения издержек производства*)

costive¹ ['kɒstɪv] *a амер. разг.* дорогой, дорогостоящий

costive² ['kɒstɪv] *a* **1.** страдающий запором **2.** медлительный **3.** скупой, прижимистый

costless ['kɒstlɪs] *a* даровой, ничего не стоящий

costly ['kɒstlɪ] *a* **1.** дорогой; ~ furniture [ornaments] дорогая мебель [-ие украшения] **2.** ценный, роскошный, великолепный; ~ jewels роскошные драгоценности **3.** дорого обошедшийся (*об ошибке и т. п.*); ~ victory победа, доставшаяся дорогой ценой; the costliest war in our history ≅ в нашей истории не было войны, которая потребовала бы таких жертв, как эта

costmary ['kɒst,me(ə)rɪ] *n бот.* **1.** хризантема бальзамная (*Chrysanthemum balsamita*) **2.** пижма обыкновенная (*Tanacetum vulgare*)

cost-plus ['kɒst,plʌs] *n* «издержки плюс фиксированная прибыль» (*метод назначения цены с учётом издержек и определённого процента прибыли*)

cost price [,kɒst'praɪs] *эк.* цена издержек производства

costrel ['kɒstrəl] *n уст., диал.* бутылка, фляжка (*кожаная, глиняная или деревянная*) с ушками для подвешивания к поясу

cost sheet ['kɒstʃiːt] калькуляционная ведомость, смета

costume I ['kɒstjuːm] *n* **1)** одежда, платье, костюм; her ~ was simple but tasteful она была одета просто, но со вкусом **2)** костюм, стиль одежды; одежда целевого назначения; skiing [swimming] ~ лыжный [купальный] костюм; national ~ национальный костюм **3)** маскарадный костюм **4)** *театр., кино* исторический костюм **5)** женский костюм, *обыкн.* юбка и жакет

costume II ['kɒstjuːm] *a* **1)** костюмированный, маскарадный, относящийся к маскараду; ~ ball костюмированный бал, бал-маскарад **2)** *театр., кино* характеризующий эпоху, исторический; ~ piece /play/ историческая пьеса; ~ picture исторический фильм, «костюмный» фильм **3)** стильный, подходящий к костюму; ~ handbag сумочка, подходящая к костюму

costume III ['kɒstjuːm] *v* одевать (*кого-л.*); костюмировать; the guest was ~d in Oriental style гость был одет по-восточному

costume jewellery [,kɒstjuːm'dʒuːəlrɪ] декоративная бижутерия; недорогие украшения (*из полудрагоценных или поддельных камней и т. п.*)

costumer [kɒ'stjuːmə] *n* = costumier

costumery [kɒ'stjuːm(ə)rɪ] *n* **1.** *собир.* костюмы (*преим. театральные*) **2.** искусство художника по костюму (*особ. театральному*)

costumier [kɒ'stjuːmɪə] *n* костюмер

cost unit ['kɒst,juːnɪt] *эк.* единица калькулируемой продукции; единица калькуляции издержек (*тонна стали, кубометр гравия и т. п.*)

cosy I ['kəʊzɪ] *n* **1.** стёганый чехол для чайника; tea ~ чехол на чайник **2.** угловой диванчик на двоих

cosy II ['kəʊzɪ] *a* уютный, удобный

cot¹ [kɒt] *n* **1. 1)** детская кроватка **2)** койка в больнице; ~ case *мед.* лежачий больной **2.** *мор.* койка (*с деревянной рамой*) **3.** походная кровать; раскладушка

cot² [kɒt] *n* **1.** загон, хлев **2.** *поэт.* хижина **3.** напальчник

cot³ [kɒt] *n ирл.* небольшая грубо сделанная лодка; челнок

cot⁴ *сокр. от* cotangent

cotangent [kəʊ'tændʒ(ə)nt] *n мат.* котангенс

cot death ['kɒtdeθ] внезапная смерть ребёнка грудного возраста

cote I [kəʊt] *n* **1.** загон (*для скота, птицы*); хлев; овчарня **2.** голубятня **3.** *диал.* хижина

cote II [kəʊt] *v* загонять в загон

coteline ['kəʊtəliːn] *n текст.* котлин, муслин в рубчик

cotemporaneous [,kəʊtempə'reɪnɪəs] = contemporaneous

cotemporary [kəʊ'temp(ə)rərɪ] = contemporary

co-tenancy [kəʊ'tenənsɪ] *n юр.* соарендa

co-tenant [kəʊ'tenənt] *n юр.* соарендатор

coterell ['kɒt(ə)rəl] *n ист.* батрак

coterie ['kəʊtərɪ] *n* **1)** тесный круг лиц, объединённых общими интересами; literary ~ узкий круг /группка/ литераторов; a small ~ of artists кружок художников **2)** клика

co-term ['kəʊtɜːm] *n информ.* сопутствующий термин

coterminous [kəʊ'tɜːmɪnəs] *a* **1)** имеющий общую границу; пограничный **2)** смежный

cothurni [kəʊ'θɜːnaɪ] *pl от* cothurnus

cothurnus [kəʊ'θɜːnəs] *n* (*pl* -ni) **1.** *др.-греч., др.-рим.* котурн **2.** *книжн.* трагедия **3.** высокопарный стиль

co-tidal [kəʊ'taɪdl] *a геогр.* равноприливный; ~ line котидальная линия

cotillion, cotillon [kə'tɪlɪən] *n* **1.** котильон **2.** *амер.* кадриль **3.** шерстяная материя на юбку (*в белую и чёрную полоску*)

cotinga [kə'tɪŋgə] *n зоол.* котинга (*Cotingidae*)

cotoneaster [kə,təʊnɪ'æstə] *n бот.* кизильник (*Cotoneaster gen.*)

Cotswold ['kɒtswə(ʊ)ld] *n с.-х.* котсуолд, котсуолдская овца (*английская порода длинношёрстных овец*)

cotta ['kɒtə] *n церк.* стихарь

cottage ['kɒtɪdʒ] *n* **1.** коттедж, небольшой дом; загородный дом **2.** *амер.* летняя дача (*часто в курортном районе у моря*) **3.** *австрал.* одноэтажный дом (*иногда с мансардой*) **4. 1)** коттедж (*гостиницы*) **2)** больничный флигель; сельская больница **5.** хибарка, хижина; farm-labourers' ~s домишки батраков

cottage cheese [,kɒtɪdʒ'tʃiːz] **1)** сыр «коттедж», домашний сыр **2)** творог

cottage china [,kɒtɪdʒ'tʃaɪnə] фаянсовая посуда в цветочек

cottage fries [,kɒtɪdʒ'fraɪz] *амер.* поджаренная кружками картошка (*сырая или варёная*)

cottage hospital [,kɒtɪdʒ'hɒspɪtl] **1)** небольшая больница, отделение на-; (сельский) медпункт **2)** больница, расположенная в нескольких флигелях

cottage industry [,kɒtɪdʒ'ɪndəstrɪ] надомное производство; надомный промысел

cottage loaf [,kɒtɪdʒ'ləʊf] деревенский каравай

cottage piano [,kɒtɪdʒ'pjɑːnəʊ] малогабаритное, маленькое пианино

cottage pie [,kɒtɪdʒ'paɪ] запеканка из мяса с картофелем

cottage pudding [,kɒtɪdʒ'pʊdɪŋ] **1)** пудинг с сухофруктами **2)** *амер.* бисквитный кекс с шоколадной подливкой

cottager ['kɒtɪdʒə] *n* **1.** крестьянин, земледелец **2.** обитатель коттеджа **3.** *амер.* дачник

cottag(e)y ['kɒtɪdʒɪ] *a* характерный, типичный для коттеджа; дачного типа; the chairs are rather ~ эти стулья могут подойти для загородного дома

cottar ['kɒtə] *n* **1.** *шотл.* батрак, живущий при ферме **2.** *ирл. ист.* крестьянин-арендатор, платящий арендную плату, установленную на публичных торгах

cotted ['kɒtɪd] *a* спутанный (*об овечьей шерсти*)

cotter¹ ['kɒtə] = cottar

cotter² ['kɒtə] *n тех.* клин, чека, шпонка

cotter pin ['kɒtəpɪn] *тех.* шплинт

cottier ['kɒtɪə] *n* **1.** крестьянин, живущий в коттедже **2.** = cottar 2

cotton I ['kɒtn] *n* **1. 1)** *бот.* хлопчатник (*Gossypium gen.*) **2)** хлопок; ~ in seed неочищенный хлопок; long-staple ~ длинноволокнистый хлопок **2.** вата **3.** хлопчатая бумага **4. 1)** бумажная ткань **2)** *pl* одежда из бумажной ткани **5.** бумажная нитка; хлопчатобумажная пряжа **6.** *бот.* опушение, пушок, ворсистость **7.** *сл.* бензедрин (*вдыхаемый с ватки*)

cotton II ['kɒtn] *a* 1) хлопковый; ~ oil хлопковое масло 2) хлопчатобумажный; ~ manufacture хлопчатобумажное производство; ~ yarn хлопчатобумажная пряжа; ~ goods хлопчатобумажные товары

cotton III ['kɒtn] *v разг.* 1. (with, together) 1) ладить, уживаться; gradually all ~ed together and plunged into conversation постепенно неловкость исчезла, и завязался непринуждённый разговор 2) согласоваться, гармонировать 2. (to) привязаться, полюбить; пристраститься; I ~ed to him at once я сразу почувствовал к нему симпатию; I don't ~ to him at all он мне совсем не по душе; he rather ~s to the idea ему очень нравится эта мысль

cottonade ['kɒtneɪd] *n текст.* бумазея; хлопчатобумажная фланель

cotton batting [,kɒtn'bætɪŋ] 1) ватно-марлевая прокладка 2) серая вата (*для одеял и т. п.*)

Cotton Belt ['kɒtnbelt] *амер.* Хлопковый пояс (*особ. штаты Алабама, Джорджия, Миссисипи*)

cotton boll ['kɒtnbəʊl] *бот.* коробочка (*хлопчатника*)

cotton cake ['kɒtnkeɪk] *с.-х.* хлопковый жмых

cotton candy [,kɒtn'kændɪ] *амер.* «сахарная вата» (*детское лакомство*)

cotton flannel [,kɒtn'flænl] бумажная фланель с начёсом

cotton freak ['kɒtn,fri:k] *амер. сл.* наркоман, употребляющий бензедрин

cotton gin ['kɒtndʒɪn] *текст.* волокноотделитель

cotton gin plant ['kɒtndʒɪn'plɑ:nt] хлопкоочистительный завод

cotton grass ['kɒtngrɑ:s] *бот.* пушица (*Eriophorum gen.*)

cotton(-)lord ['kɒtnlɔ:d] (*n*) текстильный магнат

cotton-mill ['kɒtnmɪl] *n* бумагопрядильня, хлопкопрядильная фабрика

cottonmouth ['kɒtnmaʊθ] *n зоол.* водяной щитомордник (*Ancistrodon piscivorus*)

cottonocracy [,kɒt(ə)'nɒkrəsɪ] *n шутл.* «хлопкократия» (*магнаты хлопчатобумажной промышленности и хлопковой торговли*)

cotton on ['kɒtn'ɒn] *phr v* (to) *разг.* понимать, усваивать; he'd been speaking for an hour before I cottoned on to what he meant до меня целый час, прежде чем до меня дошло, что он хочет сказать

Cottonopolis [,kɒt(ə)'nɒpəlɪs] *n шутл.* Хлопковая столица (*Манчестер*)

cotton-picker ['kɒtn,pɪkə] *n* 1. сборщик хлопка 2. хлопкоуборочная машина

cotton-picking ['kɒtn,pɪkɪŋ] *a* 1. хлопкоуборочный 2. *амер. разг.* 1) простонародный, простецкий 2) никуда негодный; ~ mind пустая башка

cotton-plant ['kɒtnplɑ:nt] *n бот.* хлопчатник (*Gossypium gen.*)

cotton-planter ['kɒtn,plɑ:ntə] *n* 1. хлопковод 2. хлопкосажалка

cotton press ['kɒtnpres] пресс для паковки хлопка в кипы

cotton print ['kɒtnprɪnt] набивной ситец

cotton-seed ['kɒtnsi:d] *n* семя хлопчатника; ~ oil хлопковое масло

cotton-spinner ['kɒtn,spɪnə] *n* 1. хлопкопрядильщик 2. владелец хлопкопрядильной фабрики 3. хлопкопрядильная машина

Cotton State ['kɒtn,steɪt] «Хлопковый штат» (*прозвище штата Алабама*)

cotton stripper ['kɒtn,strɪpə] хлопкоуборочная машина (*для нераскрывшихся коробочек*)

cottontail ['kɒtnteɪl] *n зоол.* американский кролик (*Sylvilagus*)

cotton up ['kɒtn'ʌp] *phr v* (to) *разг.* льнуть, подлизываться (*к кому-л.*); заигрывать (*с кем-л.*); втираться в дружбу (*к кому-л.*)

cotton waste [,kɒtn'weɪst] *текст.* 1) концы, обтирочный материал 2) угар (*хлопчатобумажный*)

cottonweed ['kɒtnwi:d] *n бот.* сушеница (*Gnaphalium gen.*)

cottonwood ['kɒtnwʊd] *n бот.* тополь трёхгранный (*Populus deltoides*)

cottonwool I [,kɒtn'wʊl] *n* 1. вата 2. хлопок-сырец 3. *разг.* безбедное существование (*тж.* ~ existence)

cottonwool II [,kɒtn'wʊl] *a* 1. ватный, сделанный из ваты 2. обложенный ватой, укрытый от холода, ограждённый от неприятностей *и т. п.*; ~ surroundings уютная обстановка; ~ upbringing изнеживающее воспитание

cotton worm [,kɒtn'wɜ:m] *зоол.* гусеница совки хлопковой американской (*Alabama argillacea*)

cottony ['kɒt(ə)nɪ] *a* 1. хлопковый 2. пушистый, мягкий; ~ clouds пушистые облака 3. похожий на хлопчатобумажную ткань (*о шерсти*)

cotyledon [,kɒtɪ'li:dn] *n* 1. *бот.* семядоля 2. *спец.* ворсинки на плаценте млекопитающих

couch¹ I [kaʊtʃ] *n* 1. 1) кушетка; тахта; диван 2) ложе, кресло, сиденье (*космонавта*) 2. (the ~) 1) кушетка в кабинете психиатра 2) *мед. проф.* лечение психоанализом; to put smb. on the ~ подвергнуть кого-л. психоанализу 3. *обыкн. поэт.* ложе; on a ~ of pain возвыш. на ложе страданий 4. логовище, берлога; нора 5. *жив.* грунт, предварительный слой (*краски, лака*) 6. зерно, намоченное для прорастания (*при солодощении*)

couch¹ II [kaʊtʃ] *v* 1. 1) *тк. р. р. книжн.* уложить; he is ~ed in slumber он лежит, объятый дрёмой 2) прилечь 2. склонять (*голову*) 3. 1) (in) излагать, формулировать; ~ed in the idiom выраженный идиомой; the offer was ~ed in the most flattering terms предложение было сделано в самых лестных выражениях 2) (under) выражать, излагать неясно, туманно; ~ed under this allegory изложенный аллегорически 4. залечь; притаиться (*о животном*); a deer ~ed on a grassy bank олень залёг в траве на берегу; the cat ~ed (itself) ready to spring кошка притаилась, изготовившись к прыжку, кошка приготовилась к прыжку 5. *арх.* брать наперевес (*пику, копьё*) 6. вышивать золотой или серебряной ниткой 7. *мед.* удалять катаракту 8. проращивать (*зерно — при солощении*) 9. лежать в куче и гнить (*о листьях*)

couch² [kaʊtʃ] = couch grass

couchant ['kaʊtʃ(ə)nt] *a геральд.* лежащий (*о геральдическом животном*); a lion ~ лежащий лев

couch doctor ['kaʊtʃ,dɒktə] *разг.* врач-психоаналитик

couchee ['ku:ʃeɪ] *n* 1) вечерняя аудиенция (*у короля*) 2) вечерний приём

couchette [ku:'ʃet] *n* 1) спальное место (*в вагоне*) 2) купе в спальном вагоне 3) спальный вагон

couch grass ['kaʊtʃgrɑ:s] 1. сорняки, быстро размножающиеся корневищами 2. *бот.* пырей ползучий (*Agropyron repens*)

couching ['kaʊtʃɪŋ] *n* 1. прополка, выпалывание (*сорняков*) 2. *мед.* снятие катаракты или бельма

cougar ['ku:gə] *n зоол.* 1) пума, кугуар (*Felis concolor*) 2) пантера (*Felis pardus panthera*)

cough I [kɒf] 1. 1) кашель; to have a bad ~ сильно кашлять 2) покашливание; he gave me a warning ~ он предостерёг меня покашливанием 2. чиханье (*мотора*)

cough II [kɒf] *v* 1. 1) кашлять 2) покашливать (*подавая сигнал*) 2. чихать (*о моторе*) 3. *сл.* сознаться в совершении преступления; ≅ «расколоться»

cough down ['kɒf'daʊn] *phr v* кашлем заставить замолчать (*оратора, актёров*); кашлем выражать своё недовольство или неодобрение

cough drop ['kɒfdrɒp] 1. пастилка от кашля 2. *разг.* 1) неприятный человек; ворчун, брюзга 2) чудак, оригинал 3) неожиданная неприятность; загадочное явление

cough-lozenge ['kɒf,lɒzɪndʒ] = cough drop 1

cough syrup ['kɒf,sɪrəp] средство, микстура от кашля на мёде или сиропе

cough up ['kɒf'ʌp] *phr v* 1. отхаркивать, отхаркивать; to ~ blood харкать кровью 2. *сл.* 1) выдать, выболтать (*что-л.*) 2) неохотно высказать 3. *сл.* признаться; признать вину или долг 4. *сл.* выложить денежки

cougar ['ku:gə] = cougar

could [kʊd (*полная форма*); kəd (*редуцированная форма*)] 1. *past от* can 2. с простым инфинитивом обыкн. в условных предложениях выражает реальную возможность: he ~ do it if he wanted он мог /мог бы/ это сделать, если бы захотел; I ~ come earlier, if necessary я мог бы прийти пораньше, если нужно; I really couldn't think of it я даже и подумать об этом не смел; she ~ make the report, if she liked она смогла бы сделать доклад, если бы захотела 3. с перфектным инфинитивом выражает 1) неосуществлённую возможность в прошлом: he ~ have done it a week ago он мог бы это сделать неделю назад 2) предположение со значительной степенью неуверенности (*в утвердительных предложениях*): he ~ have done it он может быть, он и сделал это 3) большую степень сомнения (*в вопросительных и отрицательных предложениях*): ~ it be true? неужели (*это правда*)?; ~ he have meant it? неужели он говорил это серьёзно?; неужели он имел это в виду?; she couldn't have done it! неужели же она это сделала? 4. выражает просьбу в вежливой форме: ~ you lend me a shilling? не можете ли вы одолжить мне шиллинг?; ~ I have some more bread? могу ли я попросить у вас ещё хлеба?, пожалуйста, передайте мне ещё хлеба; ~ you tell me the right time? не можете ли вы сказать мне, который (*сейчас*) час? 5. со словами, передающими различные эмоции, выражает желание, склонность: I ~ cry for shame я готов был заплакать от стыда; he ~ sing for joy ему хотелось петь от радости

coulda ['kʊdə] искажённое (I) could have

couldn't ['kʊdnt] *разг. сокр. от* could not

couldst [kʊdst] *уст.* 2-е л. ед. ч. прошедшего времени гл. can

coulee ['ku:lɪ] *n* 1. *геол.* отвердевший поток лавы 2. *амер.* глубокий овраг; высохшее русло

couleur ['ku:lɜ:] *n фр.* цвет; ~ locale местный колорит; ~ de rose в розовом свете

coulibiac [,ku:lɪ'bjɑ:k] *n русск.* кулебяка (*особ. рыбная*)

coulisse [kuˈliːs] n 1. *театр.* кулиса; gossip of the ~s закулисные сплетни 2. *тех.* выемка, паз 3. *ком.* неофициальная фондовая биржа

coulisse planting [kuˈliːsˌplɑːntɪŋ] *с.-х.* кулисный посев

couloir [ˈkuːlwɑː] n 1. ущелье, лощина на склоне горы 2. *тех. редк.* канавокопатель

coulomb [ˈkuːlɔm, -ləm] n *эл.* кулон

coulometer [kuːˈlɔmɪtə] n *физ.* кулонометр, вольтаметр

coulometry [kuːˈlɔmɪtrɪ] n *физ.* кулонометрия, вольтамперометрия

coulsonite [ˈkəulsənaɪt] n *мин.* кoулсонит

coulter [ˈkəultə] n *с.-х.* 1) плужный резец, кольтер 2) сошник (*у сеялки*)

coulter-harrow [ˈkəultəˌhærəu] n *с.-х.* шлейф-борона

coumarin [ˈkuːmərɪn] n *хим.* кумарин

council [ˈkauns(ə)l] n 1) совет; ~ of ministers совет министров; World Peace C. Всемирный Совет Мира; Security C. Совет Безопасности (ООН); C. of War военный совет; C. of State государственный совет; C. of Europe Европейский совет 2) орган местного самоуправления; местный совет; city /town/ ~ городской совет, муниципалитет; county ~ совет графства (*в Великобритании*); Greater London C. Совет Большого Лондона (*лондонский муниципалитет*) 2. совещание; family ~ семейный консилиум; to hold ~ держать совет; to be /to meet/ in ~ совещаться, собраться на совещание 3. (C.) церковный собор 4. (C.) синедрион (*совет старейшин в древней Иудее*)

council board [ˈkauns(ə)lbɔːd] 1) заседание совета 2) стол, за которым заседают члены совета

council chamber [ˈkauns(ə)lˌtʃeɪmbə] = council-hall

council estate [ˈkauns(ə)lɪˌsteɪt] микрорайон, застроенный муниципальными домами (*в Великобритании*)

council-fire [ˈkauns(ə)lˌfaɪə] n *ист.* костёр, который жгли индейцы во время совета

council-hall [ˈkauns(ə)lhɔːl] n зал заседаний совета

council house [ˈkauns(ə)lhaus] 1. жилой дом, принадлежащий муниципальному совету; council-house flats квартиры в муниципальных домах 2. дом совета (*старейшин*) (*у американских индейцев*); an Iroquois ~ дом, в котором заседает совет старейшин племени ирокезов

councillor [ˈkauns(ə)lə] n 1) член (местного) совета 2) советник

councilman [ˈkauns(ə)lmən] n (*pl* -men [-mən]) член совета (*особ. муниципального*)

council school [ˈkauns(ə)lˌskuːl] школа, находящаяся в ведении местного совета (*в Великобритании*)

counsel I [ˈkauns(ə)l] n 1. обсуждение, совещание; to take /to hold/ ~ with smb. совещаться с кем-л.; to take ~ together совещаться между собой 2. совет; to give good ~ дать хороший совет; a lawyer's ~ совет /консультация/ юриста 3. *книжн.* решение, намерение, план; they took ~ that they might put him to death *библ.* (они) положили убить его 4. (*pl без измен.*) 1) представитель защиты *или* обвинения; ~ for the defendant /for the defence/ ~ for the prosecution обвинитель *или* обвинение в уголовном процессе (*обыкн.* прокурор); ~ for the plaintiff адвокат истца; to be heard by ~ вести дело через адвоката; to take ~'s opinion проконсультироваться у адвоката 2) юрисконсульт (*тж.* legal ~) 5. *арх.*, *библ.* мудрость, премудрость

◇ ~ of perfection совет, невыполнимый для простого смертного; ≅ выше человеческих сил; to keep one's (own) ~ скрывать (*что-л.*); держать в секрете (*что-л.*), помалкивать (*о чём-л.*); to take ~ of one's pillow ≅ утро вечера мудренее; good ~ does no harm ≅ хороший совет не идёт во вред

counsel II [ˈkauns(ə)l] v советовать, давать совет, рекомендовать; давать юридическое заключение; to ~ instant action рекомендовать немедленные действия; to ~ smb. to leave at once посоветовать кому-л. выехать немедленно; to ~ smb. against smth. отсоветовать кому-л. делать что-л.

counselee [ˌkaunsəˈliː] n *амер.* лицо, обратившееся за советом, консультацией и т. п.

counsellor [ˈkauns(ə)lə] n 1. советник; ~ of embassy советник посольства 2. адвокат (*особ. в Ирландии и США*) 3. консультант; a beauty ~ косметолог; (врач-)консультант в институте красоты; a marriage guidance ~ консультант по вопросам семьи и брака (*дающий советы парам, у которых возникли проблемы, трудности и т. п.*) 4. воспитатель, вожатый (*в детском лагере*); junior ~ помощник воспитателя *или* вожатого

counsellor-at-law [ˌkauns(ə)lə(r)ətˈlɔː] n (*pl* counsellors- [ˌkauns(ə)ləz-]) адвокат (*особ. в Ирландии и США*)

counselor [ˈkauns(ə)lə] *амер.* = counsellor

count¹ I [kaunt] n 1. 1) счёт; подсчёт; to keep ~ вести счёт /подсчёт, учёт/; take ~ of votes подсчитывать число /проводить подсчёт/ голосов; out of ~ бесчисленный, неисчислимый; to put smb. out of ~ сбить кого-л. со счёта; to lose ~ of smth. потерять счёт чему-л. 2) итог; the exact ~ was 517 votes в итоге было подано 517 голосов; a full ~ of years *возвыш.* предназначенный срок (*жизни*) 3) *спорт.* счёт секунд (*нахождения в нокдауне или в нокауте*); to take the ~ а) быть нокаутированным, не подняться в течение отсчитываемых десяти секунд (*бокс*); б) потерпеть поражение 2. внимание; to take no ~ of не обращать внимания на 3. *текст.* номер пряжи 4. *юр.* 1) пункт обвинения *или* искового заявления; he was found guilty on all ~s он был признан виновным по всем пунктам обвинения [*ср. тж.* ◇] 2) изложение дела 5. *элк.* одиночный импульс

◇ out for the ~ а) в полном изнеможении; б) не в состоянии продолжать (*делать что-л.*); on all ~s во всех отношениях [*ср. тж.* 4, 1)]; in the final ~ в конечном счёте

count¹ II [kaunt] v 1. считать; подсчитывать; пересчитывать; to ~ to ten считать до десяти; to ~ from 1 to 20 считать от одного до двадцати; the child can't ~ yet ребёнок ещё не умеет считать; ~ forward считать в прямом порядке; to ~ one's money [one's change] сосчитать деньги; to ~ losses подсчитывать убытки /потери/ 2. принимать во внимание, в расчёт, учитывать, засчитывать; to be ~ed in the total засчитываться в общее количество; there were forty people there, not ~ing the children там было сорок человек не считая детей; your first try is only for practice, it won't ~ первая попытка только для практики, она не засчитывается 3. считать, полагать; to ~ smth.

a great honour считать что-л. великой честью; ~ yourself fortunate что тебе повезло; you ~ /you are ~ed/ among my best friends я числю вас одним из лучших своих друзей; to ~ smb. as /for/ dead считать кого-л. умершим; принять кого-л. за мёртвого 4. иметь значение; money ~s with him more than anything деньги для него самое главное; every minute ~s дорога каждая минута; that doesn't ~ это не считается 5. (on, upon) рассчитывать (*на что-л., кого-л.*); to ~ on a friend to help рассчитывать на помощь друга 6. (for) иметь значение, стоить; to ~ for a great deal иметь большое значение; to ~ for little не иметь большого значения, немного стоить; to ~ for nothing не иметь никакого значения 7. (against) говорить против, иметь отрицательное значение; his past record ~s against him его прошлое говорит не в его пользу 8. *юр.* излагать дело, выступать с изложением дела

◇ to ~ heads /noses/ подсчитывать число присутствующих; to ~ thumbs ничего не делать, убивать время; to ~ ties «считать шпалы», идти по шпалам; it is not words that ~ but deeds не по словам судят, а по делам; to ~ one's chickens before they are hatched *посл.* цыплят по осени считают

count² [kaunt] n граф (*неанглийский титул*)

countability [ˌkauntəˈbɪlɪtɪ] n 1 исчислимость, исчисляемость 2) *мат.* счётность

countable I [ˈkauntəb(ə)l] n исчисляемое имя существительное

countable II [ˈkauntəb(ə)l] a 1. исчислимый, исчисляемый 2. *мат.* = denumerable

count down [ˈkauntˈdaun] *phr v* считать в обратном порядке

countdown [ˈkauntdaun] n 1) отсчёт в обратном порядке 2) отсчёт времени перед стартом (*ракеты*), обратный (от-)счёт 3) критический, решающий момент; ≅ считанные часы перед решающим событием; the ~ has begun ≅ ждать уже недолго; всё скоро выяснится

countenance I [ˈkauntɪnəns] n 1. выражение лица, лицо; an expressive ~ выразительное лицо; to change one's ~ измениться в лице; to keep one's ~ не показывать вида; *особ.* сохранять серьёзный вид, удерживаться от смеха *или* улыбки; his ~ fell у него вытянулось лицо 2. самообладание, спокойствие; to lose ~ потерять самообладание; to put smb. out of ~ смутить кого-л., привести кого-л. в замешательство; to stare smb. out of ~ смутить кого-л. пристальным взглядом; to be in ~ владеть собой 3. моральная поддержка, поощрение, одобрение; to give /to lend/ ~ to smb. оказать кому-л. моральную поддержку; to give /to lend/ ~ to a plan [to a scheme] поддерживать план [проект]

countenance II [ˈkauntɪnəns] v 1. поощрять, морально поддерживать; the peoples of the world will never ~ a war of aggression народы мира никогда не поддержат агрессивную войну 2. разрешать *или* допускать (*что-л.*); мириться (*с чем-л.*)

counter¹ [ˈkauntə] n 1. см. count¹ II + -er 2. прилавок (*в магазине и т. п.*); стойка (*в баре и т. п.*); конторка 3. рабочий стол, высокий длинный кухонный стол (*обыкн. со шкафчиками*) 4. касса (*в банке и т. п.*); check-out ~ контрольно-кассовый пункт (*в магази-*

COU — COU

не самообслуживания) **5.** 1) фи́шка, ма́рка (*для счёта в играх*) 2) жето́н **6.** ша́шка (*в игре*) **7.** *тех.* счётчик; тахо́метр; Geiger ~ *физ.* счётчик Ге́йгера **8.** *ист.* 1) долгова́я тюрьма́ 2) тюрьма́ при городско́м суде́

◊ fast ~ *амер.* а) ло́вкий счётчик голосо́в; б) пройдо́ха, моше́нник; under the ~ та́йно, подпо́льно; to sell under the ~ продава́ть из-под прила́вка /из-под полы́/; to buy tickets under the ~ покупа́ть биле́ты у спекуля́нта; over the ~ в ручно́й прода́же (*о лекарстве*); to buy medicine over the ~ покупа́ть лека́рства без реце́пта

counter² I ['kaʊntə] *n* **1.** не́что противополо́жное, обра́тное; as a ~ to smth. в противове́с чему́-л. **2.** загри́вок, заше́ек (*у лошади*) **3.** за́дник (*сапога, ботинка*) **4.** *мор.* кормово́й подзо́р **5.** вы́крюк (*в фигурном катании*)

counter² II ['kaʊntə] *a* противополо́жный, обра́тный, встре́чный; ~ revolution *тех.* обра́тное враще́ние

counter² III ['kaʊntə] *adv* в противополо́жном направле́нии, обра́тно; напро́тив, про́тив; to act ~ to smb.'s wishes де́йствовать про́тив чьих-л. жела́ний; to run ~ to the rules [to common sense] противоре́чить уста́ву [здра́вому смы́слу]; your plans are ~ to ours ва́ши пла́ны иду́т вразре́з с на́шими; he acted ~ to all advice он де́йствовал вопреки́ всем сове́там

counter² IV ['kaʊntə] *v* **1.** противостоя́ть; проти́виться; противоде́йствовать; противоре́чить **2.** противопоставля́ть; they ~ed our proposal with one of their own на́шему предложе́нию они́ противопоста́вили своё

counter³ I ['kaʊntə] *n* встре́чный (перекрёстный) уда́р (*бокс*); контруда́р; stopping ~ остана́вливающий контруда́р

counter³ II ['kaʊntə] *v* пари́руя уда́р, одновреме́нно нанести́ встре́чный уда́р (*бокс*)

counter⁴ ['kaʊntə] *сокр. от* counter-lode

counter- ['kaʊntə-] *pref* образу́ет слова́ со значе́нием **1.** противополо́жное, обра́тное де́йствие; сре́дство *или* производи́тель тако́го де́йствия: counteract противоде́йствовать; counter-claim встре́чный иск; countermand отмени́ть (*прежнее распоряжение*); counterplot контразгово́р; counter-program составля́ть телевизио́нную програ́мму так, что́бы отвле́чь зри́телей от конкури́рующей програ́ммы **2.** не́что дополня́ющее: counterbalance, counterweight противове́с; counterfoil корешо́к (квита́нции); counterpoint контрапу́нкт

counteraccusation ['kaʊntə(r),ækju'zeɪʃ(ə)n] *n* встре́чное обвине́ние, контробвине́ние

counteract [,kaʊntə'rækt] *v* 1) противоде́йствовать, препя́тствовать; to ~ smb.'s influence противоде́йствовать чему́-л. влия́нию 2) нейтрализова́ть; to ~ the effect of a poison нейтрализова́ть де́йствие я́да; to ~ the effects of bad influence свести́ на нет результа́ты дурно́го влия́ния

counteractant [,kaʊntə'ræktənt] = counteragent

counteraction [,kaʊntə'rækʃ(ə)n] *n* **1.** 1) противоде́йствие 2) нейтрализа́ция **2.** *юр.* встре́чный иск

counteractive [,kaʊntə'ræktɪv] *a* 1) противоде́йствующий 2) нейтрализу́ющий

counteradvertising [,kaʊntə(r)'ædvətaɪzɪŋ] *n* контрреклама́; рекла́ма, ко́свенно поро́чащая проду́кцию конкуре́нта

counteragent ['kaʊntə(r),eɪdʒ(ə)nt] *n* контраге́нт

counter-appeal [,kaʊntə(r)ə'piːl] *n* юр. встре́чная апелля́ция

counter-appellant [,kaʊntə(r)ə'pelənt] *n юр.* сторона́, подаю́щая встре́чную апелля́цию

counterargument ['kaʊntə(r),aːgjumənt] *n* контрдо́вод; встре́чный до́вод

counterattack I [,kaʊntərə'tæk] *n* контрата́ка, контрнаступле́ние

counterattack II [,kaʊntərə'tæk] *v* контратакова́ть

counterattraction ['kaʊntərə,trækʃ(ə)n] *n* отвлека́ющее сре́дство

counterbalance I ['kaʊntə,bæləns] *n* **1.** 1) *тех.* противове́с 2) уравнове́шивание **2.** уравнове́шивающая си́ла *или* уравнове́шивающее влия́ние

counterbalance II [,kaʊntə'bæləns] *v* **1.** уравнове́шивать, служи́ть противове́сом **2.** нейтрализова́ть де́йствие, уравнове́шивать

counter-battery ['kaʊntə,bæt(ə)rɪ] *n воен.* 1) контрбатаре́йная борьба́ 2) батаре́я контрбатаре́йной борьбы́; ~ fire контрбатаре́йный ого́нь

counter-beat ['kaʊntəbiːt] *n* круговой батма́н (*фехтование*)

counterblast ['kaʊntəblaːst] *n* **1.** встре́чный поры́в ве́тра **2.** 1) контрме́ра, энерги́чный проте́ст 2) реши́тельное, серьёзное возраже́ние (*против чего-л.*)

counterblow ['kaʊntəbləʊ] *n* 1) контруда́р, отве́тный уда́р 2) встре́чный уда́р (*бокс*)

counterbond ['kaʊntəbɒnd] *n юр.* встре́чное обяза́тельство; взаи́мное обяза́тельство

counter-bore ['kaʊntəbɔː] = countersink I

counterchange ['kaʊntətʃeɪndʒ] *v* **1.** перемеща́ть, обме́нивать места́ми **2.** разнообра́зить; вноси́ть разнообра́зие, варьи́ровать

countercharge I ['kaʊntətʃɑːdʒ] *n* **1.** *юр.* встре́чная жа́лоба **2.** *воен.* контрата́ка

countercharge II ['kaʊntətʃɑːdʒ] *v* **1.** *юр.* подава́ть встре́чную жа́лобу **2.** *воен.* контратакова́ть

countercheck I ['kaʊntətʃek] *n* **1.** противоде́йствие, препя́тствие **2.** перепрове́рка **3.** *шахм.* встре́чный шах

countercheck II ['kaʊntətʃek] *v* **1.** противоде́йствовать; препя́тствовать **2.** перепроверя́ть **3.** *шахм.* объявля́ть встре́чный шах

counter cheque ['kaʊntətʃek] чек, опла́чиваемый ба́нком в прису́тствии владе́льца че́ка

counterclaim I ['kaʊntəkleɪm] *n* встре́чное тре́бование, встре́чная прете́нзия, встре́чный иск

counterclaim II [,kaʊntə'kleɪm] *v* предъявля́ть встре́чное тре́бование, встре́чный иск

counterclockwise [,kaʊntə'klɒkwaɪz] *adv амер.* про́тив (движе́ния) часово́й стре́лки

countercommercial [,kaʊntəkə'mɜːʃ(ə)l] *n тлв.* рекла́мный ро́лик, ко́свенно поро́чащий проду́кцию конкуре́нта

counterconditioning [,kaʊntəkən'dɪʃ(ə)nɪŋ] *n психол.* контркондициони́рование; стимули́рование заме́ны нежела́тельной реа́кции жела́тельной (*напр., для устранения страха перед выходом на сцену*)

counter-courant [,kaʊntəkuː'rɑnt] *a геральд.* бегу́щий в противополо́жную сто́рону (*о животном*)

countercultural ['kaʊntə,kʌlt(ə)rəl] *a* относя́щийся к контркульту́ре; отверга́ющий традицио́нные це́нности; противопоставля́ющий себя́ культу́ре существу́ющего о́бщества

counterculture ['kaʊntə,kʌltʃə] *n* контркульту́ра; культу́ра, противопоставля́ющая себя́ культу́ре существу́ющего о́бщества (*хиппи и т. п.*)

countercurrent ['kaʊntə,kʌrənt] *n* противото́к

counter-deed ['kaʊntədiːd] *n юр.* секре́тный докуме́нт, аннули́рующий *или* изменя́ющий официа́льный докуме́нт

counter-delivery ['kaʊntədɪ,lɪv(ə)rɪ] *n ком.* встре́чные поста́вки

counter-disengagement ['kaʊntədɪsɪn'geɪdʒmənt] *n* уко́л *или* уда́р с удво́енным перево́дом (*фехтование*)

counterespionage ['kaʊntə(r)'espɪənɑːʒ, -nɪdʒ] *n* контрразве́дка

counter-evidence ['kaʊntə(r),evɪd(ə)ns] *n юр.* доказа́тельства, предста́вленные суду́ в опроверже́ние други́х доказа́тельств

counter-extension [,kaʊntərɪk'stenʃ(ə)n] *n мед.* противовытяже́ние

counterfeit I ['kaʊntəfɪt] *n* **1.** подде́лка; подло́жный докуме́нт; фальши́вая моне́та; this ten dollar note is a ~ э́та десятидо́лларовая банкно́та фальши́вая **2.** *арх.* ко́пия **3.** обма́нщик; самозва́нец; подставно́е лицо́

counterfeit II ['kaʊntəfɪt] *a* 1) подло́жный, подде́льный; фальши́вый; ~ coin фальши́вая моне́та; ~ jewels подде́льные драгоце́нности 2) притво́рный; ~ grief напускно́е го́ре

counterfeit III ['kaʊntəfɪt] *v* **1.** 1) подде́лывать; to ~ smb.'s handwriting [smb.'s signature] подде́лывать чей-л. по́черк [чью-л. по́дпись]; to ~ coin занима́ться фальшивомонетчеством 2) обма́нывать, притворя́ться; to ~ sorrow симули́ровать го́ре **2.** 1) подража́ть; to ~ smb.'s manner [smb.'s voice] подража́ть чьей-л. мане́ре [чьему́-л. го́лосу] 2) походи́ть; напомина́ть; sleep so deep as to ~ death тако́й глубо́кий сон, что его́ мо́жно приня́ть за смерть

counterfeiter ['kaʊntəfɪtə] *n* 1) фальшивомоне́тчик; подде́лыватель 2) обма́нщик, притво́рщик 3) имита́тор

counter-flow ['kaʊntəfləʊ] *n* противото́к

counterfoil ['kaʊntəfɔɪl] *n* корешо́к (*чека, квитанции, билета и т. п.*); тало́н

counter-force ['kaʊntəfɔːs] *n* **1.** противоде́йствующая си́ла; си́ла противоде́йствия **2.** *воен.* си́лы проти́вника, контрси́лы

counterfort ['kaʊntəfɔːt] *n стр.* контрфо́рс, подпо́ра

counter-gambit ['kaʊntə,gæmbɪt] *n шахм.* контргамби́т

counterglow ['kaʊntəgləʊ] *n астр.* противосия́ние

counter-hitting ['kaʊntə,hɪtɪŋ] *n* контруда́р (*бокс*)

couter-hold ['kaʊntəhəʊld] *n* контрприём; отве́тный захва́т (*борьба*)

counterhoop ['kaʊntəhuːp] *n муз.* о́бруч бараба́на

counter-indication ['kaʊntə(r),ɪndɪ'keɪʃ(ə)n] = contraindication

counter-insurance [,kaʊntə(r)ɪn'ʃʊ(ə)rəns] *n* перестрахо́вка, втори́чная страхо́вка

counterinsurgency ['kaʊnt(ə)rɪn,sɜːdʒ(ə)nsɪ] *n* кара́тельные а́кции и идеологи́ческая борьба́ с повста́нческим движе́нием

counterintelligence [,kaʊnt(ə)rɪn'telɪdʒ(ə)ns] *n* контрразве́дка; C. Service *амер.* слу́жба контрразве́дки; C. Corps

counter-interrogation ['kaʊnt(ə)rɪn,terə'geɪʃ(ə)n] *n юр.* перекрёстный допрос

counter-irritant [,kaʊntə'rɪrɪt(ə)nt] *n мед.* отвлекающее, ревульсивное средство

counter-irritation [,kaʊntə(r),ɪrɪ'teɪʃ(ə)n] *n мед.* отвлечение, ревульсия

counterjumper ['kaʊntə,dʒʌmpə] *n амер. шутл.* продавец, приказчик в магазине

counter-lode ['kaʊntələʊd] *n горн.* секущая жила

counterman ['kaʊntəmən] *n (pl* -men [-mən]) 1. продавец, приказчик в магазине 2. 1) раздатчик в кафетерии 2) бармен

countermand I ['kaʊntəmɑːnd] *n* контрприказ, приказ в отмену прежнего приказа *или* заказа; отмена распоряжения *или* заказа; приостановка (*платежа*)

countermand II [,kaʊntə'mɑːnd] *v* 1. отменять приказ, распоряжение, инструкцию *или* заказ; to ~ payment приостановить платёж (*по чеку*) 2. отзывать (*лицо, воинскую часть и т. п.*)

countermarch I ['kaʊntəmɑːtʃ] *n воен.* контрмарш

countermarch II [,kaʊntə'mɑːtʃ] *v воен.* 1) возвращаться обратно *или* в обратном порядке 2) возвращать обратно; приказывать вернуться

countermark ['kaʊntəmɑːk] *n* контрольное клеймо; проба (*на золоте и серебре*)

countermeasure ['kaʊntə,meʒə] *n* контрмера, противодействие

countermine I ['kaʊntəmaɪn] *n* 1. *воен.* контрмина 2. заговор, расстраивающий (*чьи-л.*) происки

countermine II ['kaʊntəmaɪn] *v* 1. *воен.* контрминировать 2. расстраивать (*чьи-л.*) происки

countermissile ['kaʊntə,mɪsaɪl] *n* противоракета, антиракета; ~ defence противоракетная оборона

counter-motion ['kaʊntəməʊʃ(ə)n] *n* 1. контрпредложение 2. обратное движение

countermove ['kaʊntəmuːv] *n* обратный ход

countermovement ['kaʊntə,muːvmənt] *n* 1. движение в противоположном направлении 2. *воен.* контрманёвр

counteroffensive [,kaʊntərə'fensɪv] *n воен.* контрнаступление

counteroffer ['kaʊntə,rɒfə] *n* контрпредложение, ответное предложение

counterpane ['kaʊntəpeɪn] *n* (стёганое *или* вязаное) покрывало (*на кровати*)

counterparole ['kaʊntəpə,rəʊl] *n амер. воен.* отзыв

counter-parry ['kaʊntə,pærɪ] *n* круговая защита (*фехтование*)

counterpart ['kaʊntəpɑːt] *n* 1. двойник; she is the ~ of her twin sister она похожа на свою сестру-близнеца как две капли воды 2. 1) копия; дубликат 2) аналог; эквивалент 3. коллега, должностное лицо, занимающее аналогичный пост (*в другом учреждении, в другой стране и т. п.*); the British Ambassador and his American ~ английский посол и американский посол, английский посол и его американский коллега; faculty members and their ~s in other fields of endeavor профессорско-преподавательский состав и работники соответствующей квалификации в других областях деятельности 4. (неотъемлемая) часть 5. *юр.* противная сторона, противник (*в процессе*)

counter-petition I [,kaʊntəpə'tɪʃ(ə)n] *n юр.* встречное ходатайство

counter-petition II [,kaʊntəpə'tɪʃ(ə)n] *v юр.* возбуждать встречное ходатайство

counterplan ['kaʊntəplæn] *n* встречный план; контрпредложение

counterplead [,kaʊntə'pliːd] *v юр. уст.* приводить доводы против утверждений другой стороны

counterplot I ['kaʊntəplɒt] *n* 1. контрзаговор 2. *лит.* вторая фабула, побочная линия (*в романе*)

counterplot II [,kaʊntə'plɒt] *v* 1. организовать контрзаговор 2. контрзаговором расстроить (*чьи-л.*) происки

counterpoint ['kaʊntəpɔɪnt] *n* 1. *муз.* 1) контрапункт 2) полифония 2. *лит.* многоплановость (*романа и т. п.*); полифоническое построение (*литературного произведения*) 3. разнообразие; игра контрастов; their white robes were a ~ to the black of diplomats их белые одеяния выделялись на фоне чёрных костюмов дипломатов

counterpoise I ['kaʊntəpɔɪz] *n* 1. 1) противовес 2) уравновешивающая сила, влияние *и т. п.* 2. равновесие

counterpoise II ['kaʊntəpɔɪz] *v* 1) уравновешивать, уравнивать 2) нейтрализовать; a weakness which may ~ this merit слабость, которая может свести на нет его достоинство

counterpoison ['kaʊntə,pɔɪz(ə)n] *n* противоядие

counterpreparation ['kaʊntə,prepə'reɪʃ(ə)n] *n воен.* контрподготовка (*тж.* ~ fire)

counter-pressure ['kaʊntə,preʃə] *n тех.* противодавление, реакция опоры

counter-productive [,kaʊntəprə'dʌktɪv] *a* приводящий к обратным результатам; violence [terrorism] is always ~ насилие [терроризм] всегда только ухудшает положение

counterpropaganda ['kaʊntə,prɒpə'gændə] *n* контрпропаганда

counter-proposal ['kaʊntəprə,pəʊz(ə)l] *n* контрпредложение

counterpunch I ['kaʊntəpʌntʃ] *n* ответный удар

counterpunch II [,kaʊntəpʌntʃ] *v* нанести ответный удар

counter-radiation [,kaʊntə,reɪdɪ'eɪʃ(ə)n] *n спец.* противоизлучение, обратное излучение

counterradio measures ['kaʊntə,reɪdɪəʊ'meʒəz] *спец.* радиопротиводействие

counterreaction [,kaʊntərɪ'ækʃ(ə)n] *n хим.* встречная реакция; обратная реакция

counterrecoil ['kaʊnt(ə)rɪ,kɔɪl] *n воен.* накат; ~ mechanism противооткатное приспособление

counterreconnaissance [,kaʊnt(ə)rɪ'kɒnɪs(ə)ns] *n* контрразведка (*войсковая*)

Counter-Reformation I ['kaʊntə,refə'meɪʃ(ə)n] *n ист.* контрреформация

Counter-Reformation II ['kaʊntə,refə'meɪʃ(ə)n] *a ист.* направленный против (протестантской) Реформации; прокатолический

counterrevolution ['kaʊntə,revə'luːʃ(ə)n] *n* контрреволюция

counterrevolutionary I ['kaʊntə,revə'luːʃən(ə)rɪ] *n* контрреволюционер

counterrevolutionary II ['kaʊntə,revə'luːʃən(ə)rɪ] *a* контрреволюционный

counter-revolutionist ['kaʊntə,revə'luːʃ(ə)nɪst] = counterrevolutionary I

counter-riposte ['kaʊnt(ə)rɪ,pəʊst] *n* контррипост (*фехтование*)

counterrotate [,kaʊntərəʊ'teɪt] *v* вращаться против часовой стрелки

counterscarp ['kaʊntəskɑːp] *n воен.* контрэскарп

counter-secure [,kaʊntəsɪ'kjʊə] *v юр.* гарантировать поручительство; давать дополнительное обеспечение

countershading ['kaʊntə,ʃeɪdɪŋ] *n зоол.* защитная окраска

countershaft ['kaʊntəʃɑːft] *n тех.* промежуточный вал; распределительный вал; контрпривод

countershock ['kaʊntəʃɒk] *n мед.* электрошок (*для восстановления сердечного ритма*)

countersign I ['kaʊntəsaɪn] *n* 1. *воен.* 1) пропуск, пароль 2) ответ на оклик (*часового*) 2. скрепа, контрассигнация 3. = countermark

countersign II ['kaʊntəsaɪn] *v* ставить вторую подпись (*на документе*); скрепить подписью; the check was signed by the treasurer and ~ed by the president чек был подписан казначеем и скреплён подписью председателя

countersignature ['kaʊntə,sɪgnətʃə] *n* подпись, удостоверяющая другую подпись (*на чеке*)

countersink I ['kaʊntəsɪŋk] *n тех.* зенковка; конический зенкер

countersink II ['kaʊntəsɪŋk] *v тех.* зенковать

counterslope ['kaʊntəsləʊp] *n топ.* обратный скат

counterspy ['kaʊntəspaɪ] *n* агент контрразведки, контрразведчик

counterstand ['kaʊntəstænd] *n* сопротивление, противодействие

counterstroke ['kaʊntəstrəʊk] *n* 1) контрудар 2) ответный удар (*бокс*)

counter-tenor ['kaʊntə,tenə] *n* высокий тенор, альт, фальцет

countertheme ['kaʊntəθiːm] *n муз.* противосложение

counterthrust ['kaʊntəθrʌst] *n* 1. *воен.* ответный удар 2. *реакт.* обратная тяга

counter-tide ['kaʊntətaɪd] *n мор.* противное течение

counter-trade ['kaʊntətreɪd] *n метеор.* антипассат

countertype ['kaʊntətaɪp] *n книжн.* 1. логическая противоположность 2. аналог; параллельное явление (*в другой сфере*)

countervail [,kaʊntə'veɪl] *v* 1. компенсировать, уравновешивать 2. противодействовать

countervailing duty [,kaʊntə'veɪlɪŋ'djuːtɪ] *ком.* компенсационная пошлина, уравнительная пошлина

countervallation [,kaʊntəvə'leɪʃ(ə)n] *n воен. ист.* контрвалационная линия

countervote [,kaʊntə'vəʊt] *v* 1) голосовать против 2) победить большинством голосов

counterweigh [,kaʊntə'weɪ] *v* уравновешивать

counter-weight, counterweight ['kaʊntəweɪt] *n* противовес, контргруз

counterword ['kaʊntəwɜːd] *n* десемантизированное слово, эмоционально окрашенное слово со стёртым предметно-логическим значением

counterwork I ['kaʊntəwɜːk] *n* 1. противодействие 2. оборонительное сооружение; фортификация

counterwork II [,kaʊntə'wɜːk] *v (past и p. p. тж.* counterwrought) противодействовать; расстраивать (*планы*)

counterwrought [,kaʊntə'rɔːt] *past и p. p. от* counterwork II

countess ['kaʊntɪs] *n* графиня (*супруга графа, в т. ч. английского*)

count in ['kaʊnt'ɪn] *phr v* включать (*в число, список и т. п.*); an income of £1000 counting in extra charges доход в тысячу фунтов стерлингов с учётом дополнительных сборов; to count smb. in включить кого-л. в список, привлечь кого-л. к участию в чём-л., записать кого-л. на что-л.; count me in on the list

COU — COU

for the picnic запиши́те меня́ на пикни́к; if the lads are sending flowers, count me in е́сли ребя́та посыла́ют цветы́, то и я хочу́ приня́ть уча́стие

counting ['kauntɪŋ] *n* 1) подсчёт, счёт; отсчёт 2) вычисле́ние; ~ forward прямо́й счёт, счёт в прямо́м направле́нии; in reverse обра́тный счёт, счёт в обра́тном направле́нии

counting board ['kauntɪŋbɔ:d] счётная коми́ссия (*на вы́борах*)

counting frame ['kauntɪŋfreɪm] счёты

counting house ['kauntɪŋhaus] 1. конто́ра (*в ча́стном до́ме*); помеще́ние для приёма посети́телей, делов́ых встреч *и т. п.* 2. бухгалте́рия (*помеще́ние*)

counting number ['kauntɪŋˌnʌmbə] це́лое число́ и́ли ноль

counting-out [ˌkauntɪŋ'aut] *n амер. разг.* подтасо́вка результа́тов голосова́ния путём незако́нного аннули́рования бюллете́ней, по́данных за кандида́та друго́й па́ртии

counting room ['kauntɪŋruːm, -rum] *амер.* = counting house

counting-tube ['kauntɪŋtjuːb] *n физ.* счётчик (*части́ц или ква́нтов*)

countless ['kauntlɪs] *a* бесчи́сленный, несчётный, неисчисли́мый

count noun ['kauntnaun] *грам.* исчисля́емое и́мя существи́тельное

count off ['kaunt'ɒf] *phr v* 1. отсчи́тывать 2. рассчи́тываться (*по поря́дку номеро́в*); рассчита́ться на пе́рвый-второ́й

count out ['kaunt'aut] *phr v* 1. исключа́ть; count me out a) я не согла́сен; я не бу́ду; б) я не хочу́ принима́ть уча́стия; меня́ не включа́йте; не рассчи́тывайте на меня́ 2. объяви́ть (*упа́вшего боксёра*) вы́бывшим из состяза́ния по проше́ствии отсчи́танных десяти́ секу́нд 3. *парл.* отложи́ть заседа́ние из-за отсу́тствия кво́рума 4. *амер. разг.* подтасова́ть результа́ты голосова́ния путём незако́нного аннули́рования бюллете́ней, по́данных за кандида́та друго́й па́ртии

count palatine ['kaunt'pælətaɪn] *ист.* пфальцгра́ф

countrified ['kʌntrɪfaɪd] *a* 1. дереве́нский, име́ющий дереве́нский вид, мане́ры 2. се́льский (*о пейза́же*) 3. подходя́щий для дере́вни; да́чный (*о ме́бели и т. п.*)

country I ['kʌntrɪ] *n* 1. 1) страна́; member ~ страна́-член (*како́й-л. организа́ции*); страна́-уча́стница (*како́го-л. соглаше́ния*); giving ~ страна́, предоставля́ющая по́мощь; ~ of origin страна́ происхожде́ния (*осо́б. това́ра*) 2) населе́ние, наро́д страны́; the ~ is opposed to war вся страна́ /весь наро́д/ про́тив войны́ 3) избира́тели; to go /to appeal/ to the ~ распусти́ть парла́мент и назна́чить но́вые вы́боры; to put oneself on one's /the/ ~ обрати́ться к (свои́м) избира́телям 2. ро́дина, оте́чество; this ~ на́ша страна́, моё оте́чество; ~ sickness тоска́ по ро́дине, носталги́я 3. *тк. sing* ме́стность, террито́рия; wooded [mountainous, hilly, sandy, fertile, barren] ~ леси́стая [гори́стая, холми́стая, песча́ная, плодоро́дная, беспло́дная] ме́стность; broken /rough/ ~ пересечённая /неро́вная/ ме́стность; level ~ равни́на 4. (*the* ~) *тк. sing* дере́вня, се́льская ме́стность, прови́нция; in the ~ в дере́вне, за́ городом; на да́че 5. о́бласть, сфе́ра (*зна́ний, иде́й и т. п.*); this is unknown ~ to me э́то неизве́стная для меня́ о́бласть 6. *юр.* прися́жные заседа́тели; жюри́ прися́жных заседа́телей 7. (*the* C.) *спорт.* бег по пересечённой ме́стности 8. му́зыка «ка́нтри»
◇ every ~ has its customs; so many countries, so many customs ≅ что (ни) го́род, то но́ров, что (ни) дере́вня, то обы́чай

country II ['kʌntrɪ] *a* 1. дереве́нский, се́льский; fresh ~ air све́жий дереве́нский во́здух; ~ speech просторе́чие; ~ manners [wit] грубова́тые мане́ры [остро́ты]; ~ road просёлочная доро́га, доро́га ме́стного значе́ния 2. отдалённый от це́нтра, провинциа́льный; ~ town провинциа́льный го́род 3. относя́щийся к му́зыке «ка́нтри»; ~ singer исполни́тель пе́сен «ка́нтри»

country-and-western [ˌkʌntrɪən(d)'westən] *n амер.* «ка́нтри-энд-ве́стерн», стилизо́ванная наро́дная му́зыка (*осо́б. за́падных и ю́жных шта́тов для игры́ на электрогита́ре*)

country-box ['kʌntrɪbɒks] *n* за́городный до́мик, ма́ленькая да́ча

country club ['kʌntrɪklʌb] за́городный клуб для и́збранных (*с те́ннисными корта́ми, пла́вательными бассе́йнами и т. п.*)

country cousin ['kʌntrɪˌkʌz(ə)n] *ирон.* 1. ро́дственник из прови́нции 2. провинциа́л

country dance ['kʌntrɪdɑːns] 1) контрда́нс (*англи́йский наро́дный та́нец*) 2) наро́дный национа́льный та́нец

countryfied ['kʌntrɪfaɪd] = countrified

country-folk ['kʌntrɪfəuk] *n собир.* *употр. с гл. во мн. ч.* се́льские жи́тели; (по)селя́не

country gentleman [ˌkʌntrɪ'dʒentlmən] поме́щик, сквайр

country house [ˌkʌntrɪ'haus] за́городный дом

countrylike I ['kʌntrɪlaɪk] *a* дереве́нский, подходя́щий или характе́рный для се́льской ме́стности

countrylike II ['kʌntrɪlaɪk] *adv* по-дереве́нски; по-просто́му, просте́цки

countryman ['kʌntrɪmən] *n* (*pl* -men [-mən]) 1. земля́к, соотече́ственник 2. се́льский жи́тель, (по)селя́нин; крестья́нин

country mile [ˌkʌntrɪ'maɪl] *амер. разг.* большо́е расстоя́ние; до́лгий путь; ≅ неме́ренная верста́

country music ['kʌntrɪˌmjuːzɪk] 1) му́зыка «ка́нтри» 2) = country-and-western

country party ['kʌntrɪˌpɑːtɪ] агра́рная па́ртия

country-people ['kʌntrɪˌpiːp(ə)l] = country-folk

country rock¹ ['kʌntrɪrɒk] *геол.* бокова́я вмеща́ющая поро́да

country rock² [ˌkʌntrɪ'rɒk] *n* наро́дная пе́сня, исполня́емая в ри́тме ро́ка

country seat [ˌkʌntrɪ'siːt] *n* поме́стье, име́ние (*бога́того поме́щика, име́ющего дом в го́роде*); за́городная резиде́нция (*вельмо́жи*)

countryside ['kʌntrɪsaɪd] *n* 1. се́льская ме́стность 2. *собир.* ме́стные се́льские жи́тели

country store ['kʌntrɪstɔː] се́льская ла́вка; дереве́нский универма́г

countrywide ['kʌntrɪwaɪd] *a* 1) всенаро́дный, общенаро́дный 2) повсеме́стный; охвати́вший всю страну́

countrywoman ['kʌntrɪˌwumən] *n* (*pl* -women [-ˌwɪmɪn]) 1. земля́чка, соотече́ственница 2. се́льская жи́тельница, (по)селя́нка; крестья́нка

count up ['kaunt'ʌp] *phr v* 1. подсчи́тывать; скла́дывать 2. счита́ть в прямо́м направле́нии

county ['kauntɪ] *n* 1. 1) гра́фство (*администрати́вная едини́ца в Великобрита́нии*); home counties шесть гра́фств, окружа́ющих Ло́ндон 2) о́круг (*администрати́вное подразделе́ние шта́та в США*) 2. (*the* ~) *собир.* 1) жи́тели гра́фства (*в Великобрита́нии*) или о́круга (*в США*); the ~ voted the measure down населе́ние гра́фства /о́круга/ проголосова́ло про́тив э́того мероприя́тия 2) ме́стная знать; поме́щики, двор́янство 3. *ист.* поме́стье гра́фа; владе́ния гра́фа; гра́фство

county borough [ˌkauntɪ'bʌrə] го́род-гра́фство; го́род с населе́нием свы́ше 100 000 челове́к, представля́ющий собо́ю самостоя́тельную администрати́вную едини́цу (*в Великобрита́нии*)

county commissioner [ˌkauntɪkə'mɪʃ(ə)nə] *юр.* 1. мирово́й судья́ гра́фства (*в Великобрита́нии*) 2. вы́борный окружно́й администра́тор (*в не́которых округа́х США*)

county council [ˌkauntɪ'kaʊns(ə)l] сове́т гра́фства (*о́рган ме́стного самоуправле́ния*)

county court [ˌkauntɪ'kɔːt] 1. суд гра́фства (*в Великобрита́нии*) 2. суд о́круга (*в США*) 3. *амер.* 1) администрати́вный сове́т (*в не́которых шта́тах*) 2) *ист.* сове́т при шери́фе (*с суде́бными и администрати́вными фу́нкциями*)

county family [ˌkauntɪ'fæm(ə)lɪ] поме́щичья семья́, принадлежа́щая к ме́стному двор́янству

county palatine [ˌkauntɪ'pælətaɪn] 1) палати́нское гра́фство (*гра́фства Че́шир, Ланка́шир, Да́рем*) 2) *ист.* пфальцгра́фство, палатина́т

county prison [ˌkauntɪ'prɪz(ə)n] 1. тюрьма́ гра́фства 2. *амер.* окружна́я тюрьма́

county seat [ˌkauntɪ'siːt] *амер.* гла́вный го́род о́круга

county sessions [ˌkauntɪ'seʃ(ə)nz] су́ды четверты́х се́ссий (*съе́зды мировы́х суде́й*) гра́фства (*в Великобрита́нии*)

county town [ˌkauntɪ'taun] 1) гла́вный го́род гра́фства 2) = county seat

coup¹ [kuː] *n* 1. 1) уда́чный ход; уда́ча в дела́х; he made /pulled off/ a great ~ ему́ о́чень повезло́ 2) *воен.* внеза́пный уда́р, успе́х 2. прямо́е попада́ние ша́ра в лу́зу (*билья́рд*) 3. госуда́рственный переворо́т

coup² [kaup] *v шотл.* 1) переверну́ть, опроки́нуть 2) опроки́нуться

coup de foudre [ˌkuːdə'fuːdrə] *фр.* любо́вь с пе́рвого взгля́да

coup de grâce [ˌkuːdə'grɑːs] *фр.* 1) смерте́льный уда́р, прекраща́ющий страда́ния и нанесённый из милосе́рдия 2) реша́ющий, заверша́ющий уда́р

coup de main [ˌkuːdə'mæŋ] *фр.* реши́тельные и неожи́данные де́йствия; внеза́пное нападе́ние; вы́лазка

coup de maître [ˌkuːdə'metrə] *фр.* мастерско́й приём

coup d'essai [ˌkuːde'seɪ] *фр.* про́бный уда́р; про́бный шар; пе́рвая попы́тка

coup d'état [ˌkuːdeɪ'tɑː] госуда́рственный переворо́т

coup de théâtre [ˌkuːdəteɪ'ɑːtrə] *фр.* 1. 1) театра́льный эффе́кт 2) неожи́данный поворо́т, сюже́тный ход (*в пье́се*) 2. эффе́ктное выступле́ние; сенсацио́нное предложе́ние *и т. п.*; вы́ходка, бью́щая на эффе́кт

coup d'oeil [ˌkuː'dɜːj] *фр.* бы́стрый взгляд (*на кого́-л., что́-л.*)

coupe¹ [kəup] *n* 1) пла́новая ва́лка ле́са; лесопова́л по гра́фику 2) (лесна́я) вы́рубка

coupe² [kuːp] *n* 1) моро́женое с фру́ктами, ликёром, сби́тыми сли́вками *и т. п.* 2) десе́ртная ва́зочка на но́жке

coupe³ [kuːp] = coupé¹ 1

coupé[1] ['ku:peɪ] *n* 1) закрытый автомобиль с двумя дверями 2) *авт.* купе (*тип кузова*) 2) *ж.-д.* двухместное купе (*в конце вагона*) 3. двухместная закрытая карета 4. = coupee 5. перенос оружия (*фехтование*)

coupé[2] ['ku:peɪ] *a геральд.* отрезанный (*о голове животного, концах креста и т. п.*)

coupee [ku:'pi:] *n фр.* купе (*па в танцах*)

coupla ['kʌplə] *n* (*искажённое* couple of) пара; несколько; he'd had nothing to eat a ~ days он уже несколько дней ничего не ел

couple I ['kʌp(ə)l] *n* 1. 1) пара, парные предметы; два; a ~ of apples два яблока; to work in ~s работать парами; a ~ of girls две девушки 2) *разг.* несколько; пара; in a ~ of days через два-три дня; she will arrive in a ~ of hours она приедет через пару часов 2. 1) пара (*супруги, жених и невеста*); married ~ супружеская пара /чета/; loving ~ любящая пара 2) пара (*в танцах*); ten ~s were on the floor танцевали десять пар 3. пара борзых на своре *или* гончих на смычке 4. 1) *тех.* пара сил 2) *эл.* термопара, термоэлемент ◇ to go /to hunt, to run/ in ~s быть неразлучными; it is not every ~ that is a pair двое — это ещё не пара

couple II ['kʌp(ə)l] *v* 1. 1) соединять, сцеплять (*тж. вагоны*); связывать 2) соединяться 2. связывать, ассоциировать 3. *разг.* пожениться 4. 1) спариваться 2) спариваться, совокупляться 5. *тех.* 1) включать (*механизм*) 2) соединять общим приводом 6. *эл.* связывать (*контуры*)

coupled ['kʌp(ə)ld] *a* 1) связанный; соединённый 2) *тех.* спаренный, сопряжённый 3) *тех.* включённый

coupler ['kʌplə] *n* 1. *см.* couple II + -er 2. 1) сцепщик 2) *тех.* сцепной прибор; автосцепка; муфта 3) *радио* устройство *или* механизм связи 3. *муз.* копула, копуляция (*в органе*)

couplet ['kʌplɪt] *n* 1. рифмованное двустишие 2. *архит.* двухсветное окно 3. *муз.* дубль

coupling ['kʌplɪŋ] *n* 1. 1) соединение, сцепление 2) стыковка, соединение (*космических кораблей*) 2. совокупление, спаривание 3. *тех.* сопряжение 5. *эл.* связывание контуров 6. *физ.* взаимодействие, связь 7. сопряжение (*биохимических процессов*) 8. *биол.* сцеплённость (*признаков с полом*)

coupling-bolt ['kʌplɪŋbəʊlt] *n тех.* стяжной болт; винтовая стяжка

coupling-rod ['kʌplɪŋrɒd] *n ж.-д.* сцепное дышло

coupon ['ku:pɒn] *n* 1. купон; отрывной талон; food-card ~s талоны продовольственной карточки 2. премиальный купон (*определённое количество купонов даёт покупателю право на вещевую премию*) 3. 1) бланк заказа *и т. п.* 2) бланк записи на участие в соревновании, конкурсе *и т. п.*; football ~ карточки, заполняемые участниками футбольного почтового тотализатора

courage ['kʌrɪdʒ] *n* мужество, храбрость, смелость, отвага; unfaltering /unshaken/ ~ непоколебимое мужество; reckless ~ безрассудная отвага; to lose ~ испугаться; don't lose ~! мужайтесь!; to take /to pluck up, to muster up/ ~ мужаться, собрать всё своё мужество; to keep up one's ~ не падать духом ◇ to take one's ~ in both hands мобилизовать всё своё мужество; to have the ~ of one's convictions действовать в соответствии со своими убеждениями; не идти на компромиссы

courageous [kə'reɪdʒəs] *a* смелый, отважный, храбрый, бесстрашный; it was ~ of him to say that сказав это, он поступил мужественно /проявил мужество/

courageously [kə'reɪdʒəslɪ] *adv* смело, отважно, храбро

courant[1] [kʊ'rænt] = courante

courant[2] [kʊ'rænt] *a геральд.* бегущий (*о животном*)

courante [ku:'rænt] *n* куранта (*старинный французский танец*)

courbash ['kʊəbæʃ] *n* ременная плеть

courbette I, II [kʊə'bet] = curvet I *и* II

courgette [kʊə'ʒet] *n бот.* кабачок (*Cucurbita pepo*)

courier I ['kʊrɪə] *n* 1. 1) курьер, посыльный 2) дипломатический курьер 2. агент, обслуживающий путешественников; сотрудник бюро путешествий *или* туристического агентства 3. *проф.* тайный агент, доставляющий секретные данные, связной шпиона

courier II ['kʊrɪə] *v* обслуживать или сопровождать туристов, путешественников

courlan ['kʊələn] *n зоол.* журавль пастушковый (*Aramidae fam.*)

course I [kɔ:s] *n* 1. 1) курс, направление; ~ light *мор.* курсовой маяк; on ~ *мор.* на курсе; off ~ *мор.* в сторону от принятого курса; to hold /to lay, to set/ a ~ for взять курс на, направляться к /в/; to stay the ~ а) *мор.* устойчиво держаться курса; б) не сбиваться с правильного пути; the ship is on her right ~ корабль держит правильный курс; our ~ was due north мы направлялись на север 2) течение, направление; путь; the ~ of a river течение реки 2. ход, течение; the ~ of business ход дела; the ~ of a disease течение болезни; the ~ of events ход событий; the ~ of nature закон природы, естественный ход развития; the ~ of the game *спорт.* ход игры; ~ of action *воен.* ход боя [*см. тж.* 4]; in the ~ of в ходе, в процессе; в течение; the new railway is in the ~ of construction новая железная дорога сейчас строится; in the ~ of a month в течение месяца; in due ~ а) в своё /должное/ время; б) должным образом; to let things take their ~ предоставить события их естественному ходу 3. *спорт.* 1) дорожка; скаковой круг; indoor ~ дорожка в закрытом помещении; inner [outside] ~ внутренняя [внешняя] дорожка; to keep on the ~ бежать по кругу (*о лошади на скачках*) 2) дистанция; трасса; downhill ~ дистанция /трасса/ скоростного спуска; training ~ учебная дистанция 4. линия поведения; the ~ of action [*см. тж.* 2]; to steer /to tread/ a middle ~ проводить средний курс, избегать крайностей; they discussed several possible ~s and decided to follow the middle ~ они обсудили несколько возможных вариантов и решили держаться средней линии; he took to evil ~s он пошёл по плохой дорожке 5. 1) курс (*лекций, обучения, лечения и т. п.*); ~ in the history of the language курс истории языка; ~ in marksmanship *воен.* курс стрельбы; ~ of training курс подготовки; ~ of treatment курс лечения; ~ of mud baths курс грязевых ванн 2) *pl* курсы; short-time [preliminary] ~s краткосрочные [подготовительные] курсы 6. блюдо; dinner of five ~s обед из пяти блюд 7. *фин.* курс (*валюты*); ~ of exchange валютный курс 8. *стр.* горизонтальный ряд кладки 9. *геол.* жила, простирание залежи; пласт (*угля*); жила

10. *с.-х.* порядковая культура в севообороте 11. *pl физиол.* менструации 12. *мор.* нижний прямой парус

course II [kɔ:s] *v* 1. *охот.* 1) охотиться (*за дичью*) с гончими 2) гнать зайца, имея его на глазах, «вести по зрячему» (*о гончих*) 2. 1) быстро бежать, нестись 2) течь; tears ~d down her cheeks слёзы текли по её щекам 3. *поэт.* пересекать 4. прокладывать курс 5. *горн.* проветривать

course corrector ['kɔ:skə‚rektə] *ав.* ветрочёт

coursed [kɔ:st] *a* 1. *охот.* затравленный, загнанный (*о зайце*) 2. *стр.* уложенный рядами

courser[1] ['kɔ:sə] *n* 1) охотник, преследующий зайца 2) собака, преследующая зайца

courser[2] ['kɔ:sə] *n* 1) *поэт.* быстроногий (боевой) конь 2) рысак 3) *шотл.* жеребец

courser[3] ['kɔ:sə] *n зоол.* ходулочник (*Cursorius gen.*)

coursing ['kɔ:sɪŋ] *n* 1. *охот.* охота на зайца с гончими «по зрячему»; ~ dog гончая 2. *горн.* вентиляция выработок

court[1] [kɔ:t] *n* 1) суд (*тж.* ~ of justice); Supreme C. а) Верховный суд; б) Высший суд (*апелляционный суд по гражданским делам в Великобритании*); Supreme C. of the United States Верховный суд США; High C. of Justice Высокий суд (*суд первой инстанции по гражданским делам с юрисдикцией на территории всей Великобритании*); International C. of Justice Международный суд; Central Criminal C. Центральный уголовный суд; C. of Appeal Апелляционный суд; C. of Common Pleas *ист.* суд по гражданским делам; Admiralty C., C. of Admiralty адмиралтейский /морской/ суд; police ~ полицейский суд; district ~ а) окружной суд; б) первая инстанция Федерального суда по гражданским делам (*в США*) 3) procedure судопроизводство; ~ of arbitration третейский суд, арбитраж; ~ of bankruptcy суд по делам о несостоятельности; C. of Session Высший суд по гражданским делам (*в Шотландии*); C. of Sessions а) сессионный суд; б) суд по уголовным делам (*в некоторых штатах США*); C. of Claims претензионный суд (*в США*); ~ of inquiry следственная комиссия; High C. of Parliament Высокий суд парламента; C. of the King's Bench *ист.* Суд королевской скамьи; contempt of ~ неуважение к суду, оскорбление суда; out of ~ а) без суда, по обоюдному согласию; б) не подлежащий обсуждению, рассмотрению *и т. п.*; бесспорный; to settle a dispute out of ~ прийти к (полюбовному) соглашению; day in ~ *юр.* время, назначенное для слушания дела в суде; б) *юр.* предоставление возможности быть выслушанным в суде; в) возможность, право *или* случай изложить свою точку зрения; each candidate has been given his day in ~ каждому кандидату была предоставлена (полная) возможность изложить свою позицию; to bring into ~ а) представлять (*что-л.*) в качестве доказательства; б) подавать жалобу в суд (*на кого-л.*); to go /to put/ into ~ подавать жалобу /иск/; to be out of ~ а) потерять право на иск; б) потерять силу, устареть; быть несостоятельным (*особ. об аргументе*); to make ~ *юр.* излагать суть дела (*о стороне*) 2) судебное заседание; to open the ~

COU — COV

открыть судебное заседание; in open ~ в открытом судебном заседании; the judge sitting in ~ председатель судебного присутствия; the arguments in ~ прения сторон на судебном заседании 3) здание суда; зал суда; to clear the ~ очистить зал суда от публики 4) судьи; судья (*в США*)

court² **I** [kɔ:t] *n* 1. двор (*короля и т. п.*); to hold ~ устраивать приём при дворе; to go to [to be presented at] ~ быть представленным ко двору 2. двор 3. *спорт.* корт, площадка для игры в теннис; indoor ~ закрытый корт; rectangular ~ прямоугольная площадка; double's ~ площадка для парной игры в теннис; she knocked the ball right out of ~ она послала мяч в аут 4. ухаживание (*за женщиной*); to make /to pay/ (one's) ~ to smb. ухаживать за кем-л. 5. правление (*предприятия, учреждения, банка и т. п.*) 6. тупик (*часто в названиях*); he lives in Westbary C. он живёт на Уэстбери Корт

◊ the ball is in your ~ ≅ твоя очередь действовать; теперь слово за тобой

court² **II** [kɔ:t] *v* 1. ухаживать; искать расположения; to ~ the ladies ухаживать за дамами 2. добиваться (*чего-л.*) лестью *и т. п.*; обхаживать; to ~ popularity добиваться популярности; to ~ applause напрашиваться на аплодисменты; both candidates ~ed the voters оба кандидата обхаживали избирателей 2. *разг.* встречаться (*о влюблённых*); иметь свидания; John and Mary in secret Джон и Мэри встречаются тайком; there were several ~ing couples in the park в парке было несколько влюблённых парочек 4. (into, to, from) соблазнять; переманивать, привлекать 5. *книж.* навлекать на себя (*неприятности и т. п.*); to ~ disaster навлечь на себя несчастье; напрашиваться на неприятности

courtage ['kɔ:tɪdʒ] *n ком.* куртаж, комиссионное вознаграждение маклеру при заключении сделки

court-baron ['kɔ:t͵bærən] *n ист.* мориальный суд (*в Англии*)

court-bouillon [͵kɔ:bu:'jɔŋ] *n* рыбный бульон (*обыкн. с овощами и вином*)

court-card ['kɔ:tkɑ:d] *n* фигурная карта; фигура (*валет, дама, король*)

court cupboard ['kɔ:t͵kʌpbəd] *n* горка (*для фарфора и т. п.*)

court-dress ['kɔ:tdres] *n* придворный костюм

courteous ['kɜ:tɪəs] *a* вежливый, учтивый, любезный, обходительный

courtesan [͵kɔ:tɪ'zæn] *n* куртизанка

courtesy ['kɜ:tɪsɪ] *n* 1. вежливость, учтивость, любезность, обходительность; ~ call визит вежливости; протокольный визит 2. *pl* знаки внимания; thanks for all your courtesies спасибо за всё то внимание, которое вы мне оказывали 3. *юр.* пожизненные права вдовца на имущество умершей жены (*тж.* C. of England *или* of Scotland) 4. *арх.* = curtsy I

◊ by /through/ ~ of благодаря любезности (*кого-л.*); с (*чьего-л.*) любезного разрешения (*кого-л.*); the picture was lent to us by ~ of the Hermitage картина демонстрируется в нашей галерее с любезного разрешения Эрмитажа; reproduction by ~ of... (*указание автора, издательства*) с разрешения (*автора, издательства*); title by ~ = courtesy title

courtesy car ['kɜ:tɪsɪkɑ:] *амер.* бесплатный автотранспорт (*для постояль*цев гостиницы, клиентов фирмы *и т. п.*)

courtesy light ['kɜ:tɪsɪ'laɪt] *авт.* плафон, автоматически включающийся при открывании дверцы

courtesy title ['kɜ:tɪsɪ͵taɪtl] «титул учтивости», титул, носимый по обычаю и не дающий права на членство в палате лордов

courtezan [͵kɔ:tɪ'zæn] *редк.* = courtesan

court-guide ['kɔ:tgaɪd] *n* придворный адрес-календарь

court hand ['kɔ:thænd] *ист.* писарский почерк (*судебных документов и т. п.*)

courthouse ['kɔ:thaus] *n* 1. здание суда 2. помещичий дом (*на юге Англии*) 3. *амер.* = county seat

courtier ['kɔ:tɪə] *n* 1. придворный 2. льстец

courtliness ['kɔ:tlɪnɪs] *n* 1. вежливость, учтивость, изысканность (*манер*) 2. льстивость

courtly ['kɔ:tlɪ] *a* 1. вежливый, учтивый; изысканный; ~ manners изысканные манеры 2. льстивый, угодливый; ~ language льстивая речь

◊ ~ love рыцарская любовь

court-martial I [͵kɔ:t'mɑ:ʃ(ə)l] *n* (*pl тж.* courts- [͵kɔ:ts-]) военный суд; трибунал; ~ summons вызов в военный суд

court-martial II [͵kɔ:t'mɑ:ʃ(ə)l] *v* предавать военному *или* морскому суду; судить военным *или* морским судом; he was ~ed for desertion его судили военным судом за дезертирство

court of hono(u)r [͵kɔ:təv'ɔnə] 1. суд чести 2. (C. of H.) «суд чести», совет организации бойскаутов *или* девочек-скаутов

Court of St. James('s) [͵kɔ:təvsn'dʒeɪmz(ɪz)] 1) Сентджеймский двор, двор короля *или* королевы Великобритании 2) *ист.* английское правительство

court plaster ['kɔ:t͵plɑ:stə] 1. липкий пластырь, лейкопластырь (*для порезов*) 2. *ист.* мушка

court reporter [͵kɔ:trɪ'pɔ:tə] стенограф суда; протоколист суда

court rolls [͵kɔ:trəulz] протоколы мориального суда

courtroom ['kɔ:tru:m, -rum] *n* зал судебного заседания, зал суда

courtroom drama ['kɔ:trum͵drɑ:mə] кино, театр. судебная драма, психологический детектив

courtship ['kɔ:tʃɪp] *n* 1. ухаживание (*за женщиной*) 2. *зоол.* ухаживание (*самца за самкой*)

court shoes [͵kɔ:tʃu:z] (выходные) туфли-лодочки

court tennis [͵kɔ:t'tenɪs] *спорт.* королевский теннис, рил-теннис (*на закрытом корте матерчатым мячом*)

courtyard ['kɔ:tjɑ:d] *n* внутренний двор (*замка, колледжа и т. п.*)

couscous ['ku:sku:s] *n* кускус (*африканское блюдо из крупы, баранины и овощей*)

cousin ['kʌz(ə)n] *n* 1. двоюродный брат, кузен *или* двоюродная сестра, кузина (*тж.* first ~, full ~); second ~ троюродный брат; троюродная сестра; first ~ once removed двоюродный племянник; двоюродная племянница 2. родственник, родственница; to call smb. ~ считать кого-л. родственником 3. «брат» (*обращение монарха к другому монарху или к вельможе*) 4. собрат (*о людях, близких по происхождению, взглядам и т. п.*); their Canadian ~s их канадские собратья 5. *амер. разг.* 1) простофиля; легковерный чудак 2) закадычный друг; ≅ кореш

◊ forty-second ~ дальний родственник; ~ seven /several/ times removed очень дальний родственник; ≅ седьмая вода на киселе; C. Betty а) слабоумный, дурачок; б) *арх.* проститутка; C. Jack братец Джек (*прозвище уроженца Корнуолла, особ. горняка*)

cousinage ['kʌz(ə)nɪdʒ] *n* 1) родство 2) родня

cousin-german [͵kʌz(ə)n'dʒɜ:mən] (*pl* cousins- [͵kʌz(ə)nz-]) преим. юр. см. cousin 1

cousin-in-law [͵kʌz(ə)nɪn'lɔ:] *n* (*pl* cousins- [͵kʌz(ə)nz-]) 1) двоюродный брат *или* двоюродная сестра мужа *или* жены 2) родственник по мужу или по жене; свойственник, свойственница

cousinly I ['kʌz(ə)nlɪ] *a* родственный (*об обращении, отношении и т. п.*); to have ~ affection for smb. любить кого-л. как родного

cousinly II ['kʌz(ə)nlɪ] *adv* по-родственному

coussinet ['kusɪnət] *n архит.* пята (*свода*)

couteau [ku:'təu] *n* (*pl* -teaux [-təu]) большой нож, служащий оружием; охотничий нож

coûte que coûte [͵ku:tkə'ku:t] *фр.* любой ценой; во что бы то ни стало

couter ['ku:tə] *n сл.* соверен (*монета*)

couth [ku:θ] *a* 1. воспитанный; галантный, изысканный 2. 1) приятный, добрый 2) уютный, удобный

coutil, coutille [ku'tɪl] *n текст.* 1. саржа «кутиль» 2. матрацный тик 3. корсетная ткань 4. гринсбон

couture [ku:'tjuə] *n фр.* 1. моделирование и пошив женской одежды высокого класса 2. *собир.* 1) модельеры; дорогие портные 2) (дорогие) модные ателье 3) последний крик моды 2) *собир.* модницы; шикарные дамы

couturier [ku:'tjuə(r)ɪeɪ] *n фр.* 1) дамский портной (*высокой квалификации*) 2) модельер женской одежды

couturière [ku:͵tju:(ə)rɪ'eə] *n фр.* женск. к couturier

couvre-feu [͵ku:vr(ə)'fɜ:] *фр.* = curfew

couzie, couzy ['kʌzɪ] *амер. сл.* девушка, девчонка

covalence, -cy [kəʊ'veɪləns, -sɪ] *n хим.* ковалентность

covalent [kəʊ'veɪlənt] *a хим.* ковалентный

covariance [kəʊ've(ə)rɪəns] *n стат.* ковариация, смешанный второй момент

covariant [kəʊ've(ə)rɪənt] *a мат.* ковариантный

cove¹ **I** [kəʊv] *n* 1. небольшая бухта 2. защищённое, закрытое место в скалах на морском берегу 3. *геол.* карстовая пещера, прибойная пещера 4. *стр.* свод, выкружка; ~ lighting скрытое освещение

cove¹ **II** [kəʊv] *v стр.* сооружать, выводить свод

cove² [kəʊv] *n разг.* малый, парень; rum ~ чудной парень

covelline, covellite ['kəʊvəlaɪn, 'kəʊvəlaɪt] *n мин.* ковелин

coven ['kʌv(ə)n] *n* 1. 1) шабаш ведьм 2) группа из тринадцати ведьм 2. *шутл.* сборище, особ. женщин

covenant I ['kʌv(ə)nənt] *n* 1. 1) соглашение; договор; договор за печатью; C. (of the League of Nations) *ист.* Устав (Лиги Наций) 2) отдельная статья договора, условие договора; particular ~s особые условия /обязательства/ 2. *библ.* завет; Books of the Old and the New C. Ветхий и Новый завет; land of the C. земля обетованная 3. (C.) *ист.* «Ковенант» (*соглашение между шот*-

ландскими и английскими пресвитерианами/

covenant II [ˈkʌv(ə)nənt] *v* 1) заключить соглашение, договор, (торговую) сделку 2) взять на себя обязательства по договору, соглашению

covenanted [ˈkʌv(ə)nəntɪd] *a юр.* обязанный по договору, связанный договором

covenantee [ˌkʌv(ə)nənˈtiː] *n юр.* контрагент; лицо, по отношению к которому принимается обязательство

covenanter [ˈkʌv(ə)nəntə] *n* 1. = covenantor 2. (C.) *ист.* сторонник «Ковенанта» [*см.* covenant I 3]

covenantor [ˈkʌv(ə)nəntə] *n юр.* контрагент; лицо, принимающее на себя обязательство

Covent Garden [ˌkɒv(ə)ntˈgɑːdn] 1. Ковент Гарден (*площадь, где был расположен овощной и цветочный рынок в Лондоне*) 2. «Ковент Гарден», лондонский оперный театр (*тж.* ~ theatre)

coventrate [ˈkʌv(ə)ntreɪt, ˈkɒv-] *v воен. проф.* подвергать разрушительной бомбардировке с воздуха

coven-tree [ˈkʌv(ə)nˈtriː] *n шотл. ист.* большое дерево перед помещичьим домом, под которым хозяин встречал гостей *или* собирал своих вассалов

coventrize [ˈkʌv(ə)ntraɪz, ˈkɒv-] = coventrate

Coventry [ˈkʌv(ə)ntrɪ, ˈkɒv-] *n см.* Приложение ◊ to send smb. to ~ прекратить общение с кем-л.; бойкотировать кого-л.; to be in ~ быть в немилости

cover I [ˈkʌvə] *n* 1. (по)крышка, обёртка; покрытие; чехол; футляр, колпак; a ~ for a saucepan крышка кастрюли; a ~ for a chair чехол для стула; glass ~ стеклянный колпак /футляр/ 2. конверт; обёртка (*бандероли*); упаковка (*посылки*); under plain ~ в конверте /в бандероли/ без фирменного штампа, в простом конверте; under separate ~ *канц.* в отдельном конверте /пакете и т. п./; this is a receipt, the goods will be sent under separate ~ посылаем вам расписку, а товар будет выслан отдельно 3. переплёт; обложка; soft [hard] ~ мягкая [твёрдая] обложка; to read a book from ~ to ~ прочесть книгу от корки до корки 4. 1) убежище, укрытие (*тж. воен.*); прикрытие, «крыша» (*для разведчика*); ~ from fire *воен.* укрытие от огня; ~ from view *воен.* укрытие от наблюдения; under ~ в укрытии; to take ~ найти убежище, спрятаться; to break ~ внезапно появиться; выйти из укрытия; the spy's ~ was to act as a bartender шпион скрывался под видом бармена 2) *спорт.* прикрытие, защита 5. 1) покров; land /vegetation/ ~ растительный покров; sky /cloud/ ~ облачность, облачный покров 2) (of) *поэт.* покрывало, покров; under ~ of darkness [of night] под покровом темноты [ночи] 3) лесной покров, полог леса 4) *бот.* покров семяпочки *или* семени 6. охот. нора, логовище; to break ~ поднять из логовища 7. личина, маска; under ~ of friendship под личиной /под видом/ дружбы; under ~ of patriotism прикрываясь патриотизмом 8. 1) (обеденный) прибор, куверт; ~s were laid for four стол был накрыт на четыре персоны 2) = cover charge 9. 1) *ком.* гарантийный фонд 2) страхование 10. *геол.* покрывающие породы 11. *авт.* покрышка 12. *театр.* замена; заменяющий актёр *или* -ая актриса; исполнитель из второго состава ◊ under ~ а) тайный; секретный; he kept his activities under ~ он держал свою деятельность в тайне; б) тайно;

секретно; they met under ~ они встречались тайно

cover II [ˈkʌvə] *v* 1. 1) покрывать, закрывать, накрывать (*тж.* ~ up); to ~ a saucepan закрыть кастрюлю; to ~ up a baby укутать ребёнка; to ~ plants with straw прикрыть растения соломой 2) *редк.* покрывать (*голову, плечи*); укрывать; to ~ one's head надеть шляпу; to remain ~ed не снять шляпы; pray be ~ed *арх.* прошу надеть шляпы 2. 1) прикрывать, ограждать, защищать; to ~ a retreat прикрывать отступление; the warships ~ed the landing of the army военные корабли прикрывали высадку армии; the father ~ed the boy from the fire with his own body отец своим телом укрыл мальчика от огня 2) *спорт.* держать, закрывать (*игрока*) 3. (*тж.* ~ up) 1) прятать, скрывать; to ~ one's face with one's hands закрыть лицо руками; the enemy were ~ed from our sight by woods лес скрывал от нас неприятеля; to ~ one's shame [confusion, annoyance, anxiety, mistake] скрыть стыд [смущение, досаду, беспокойство, ошибку]; to ~ (up) one's tracks замести следы 2) (for) покрывать (*кого-л.*); находить оправдания (*кому-л.*); his family kept ~ing for him семья постоянно покрывала /выгораживала/ его; to ~ up for a friend покрывать друга; выручать друга (*ложью, лжесвидетельством и т. п.*) 4. *refl книжн.* покрыть, увенчать (*славой и т. п.*); запятнать (*позором и т. п.*); to ~ oneself with glory [with shame] покрыть себя славой [позором] 5. (with) 1) покрывать, обдавать; you are ~ed with dust ты весь в пыли; a passing motor ~ed me with mud проезжавшая мимо машина обдала меня грязью 2) оклеивать; to ~ the seat of a chair with leather обить кожей сиденье стула; to ~ with wall-paper оклеить обоями 6. покрывать; распространяться, расстилаться; snow ~ed the ground земля была покрыта снегом, на земле лежал снег; enemy troops ~ed the whole country вражеские войска наводнили всю страну; the floods ~ed a large area наводнение распространилось на /охватило/ большую территорию 7. покрывать, охватывать; относиться; his researches ~ a wide field его исследования охватывают широкую область; documents ~ing the sale документы, касающиеся продажи 8. 1) (for) *разг.* заменять, подменять (*отсутствующего работника*); please ~ for me at the counter for a few minutes пожалуйста, подмените меня у прилавка на несколько минут 2) *театр.* заменять (*другого исполнителя*) 9. держать под наблюдением; the police got all the roads [ports] ~ed полиция перекрыла все дороги [установила наблюдение за всеми портами] 10. 1) пройти, проехать (*расстояние*); he ~ed the distance in an hour он прошёл /проехал/ расстояние за час; by evening we had ~ed sixty miles к вечеру мы проехали /прошли/ шестьдесят миль 2) *спорт.* пробежать дистанцию; to ~ the distance in great style показать на дистанции высокую технику бега 11. освещать в печати; to ~ football matches давать репортаж о футбольных матчах; to ~ the theatres [events in Lebanon] освещать театральную жизнь [события в Ливане] 12. предусматривать (*об инструкциях, пунктах, статьях договора и т. п.*); the rules ~ all cases правила предусматривают все случаи 13. 1) *ком.* обеспечить покрытие (*денежное*); покрывать; to ~ one's expenses [losses] покрыть расходы

[убытки]; the loan was ~ed many times сумма займа была перекрыта во много раз 2) страховать; my policy ~s me against loss from fire моё имущество застраховано от пожара /огня/; you should get yourself ~ed as soon as possible тебе надо поскорее застраховаться 14. *карт.* покрывать, крыть 15. принять пари; поставить (*при заключении пари*) 16. *с.-х.* случать (*матку*) 17. сидеть (*на яйцах*) 18. 1) *воен.* держать под обстрелом 2) держать под прицелом; don't move, I have you ~ed не шевелись, буду стрелять

coverage [ˈkʌv(ə)rɪdʒ] *n* 1. охват 2. репортаж, освещение события (*в печати, по радио и т. п.*); информация, сообщение; позиция (*газеты и т. п.*) при освещении какого-л. события; TV ~ of the election campaign освещение избирательной кампании по телевидению 3. время, предоставляемое телевидением *или* радио (*для освещения какого-л. события*); место, уделяемое в газете (*освещению чего-л.*); аудитория, телезрители, радиослушатели, читатели газет *и т. п.* (*на которых рассчитана данная реклама, пропаганда и т. п.*) 4. *спец.* 1) зона действия 2) зона наблюдения 3) радиус слышимости (*радиостанции*) 5. *воен.* прикрытие 6. *фин.* золотое покрытие 7. *страх.* общая сумма риска, покрытая договором страхования 8. доля обследованного материала (*в статистике*)

coveralls [ˈkʌv(ə)rɔːlz] *n pl амер.* рабочий комбинезон

cover charge [ˈkʌvətʃɑːdʒ] плата «за куверт» в ресторане, ночном клубе)

cover crop [ˈkʌvəkrɒp] *с.-х.* покровная культура, запашная культура

covered [ˈkʌvəd] *a* 1. (за)крытый, покрытый 2. защищённый, укрытый; ~ approach *воен.* укрытый подступ 3. с покрытой головой, в шляпе ~ ed in the ~

covered wagon [ˌkʌvədˈwægən] 1. *амер. ист.* крытый фургон (*переселенцев на запад страны*) 2. *воен. жарг.* авианосец

cover girl [ˈkʌvəgɜːl] «картинка», красотка; ≅ прямо с обложки журнала; хорошенькая девушка, портрет которой помещён на обложке иллюстрированного журнала *и т. п.*

cover-glass [ˈkʌvəglɑːs] *n* покровное стекло (*для анализа*)

cover in [ˈkʌv(ə)rˈɪn] *phr v* засыпать (*отверстие и т. п.*) землёй; to ~ a grave забросать могилу землёй

covering [ˈkʌv(ə)rɪŋ] *n* 1. покрышка, чехол; оболочка; water-repellent ~ водонепроницаемый чехол (*для спального мешка*); ~ slate *стр.* кровельный шифер 2. 1) укрытие, покров; leafy ~ сень листвы 2) *воен.* прикрытие; ~ fire прикрывающий огонь; ~ detachment заслон; ~ force войска прикрытия; ~ operations действия частей прикрытия 3. *спец.* 1) обшивка, облицовка, покрытие 2) изолирующая обмотка 4. мазь, замазка (*для ран растений*) 5. *с.-х.* случка; спаривание 6. *бирж.* покупка для покрытия обязательств по срочным сделкам

covering letter [ˌkʌv(ə)rɪŋˈletə] *офиц.* сопроводительное письмо

coverlet [ˈkʌvəlɪt] *n* покрывало (*на кровати*); одеяло

Coverley [ˈkʌvəlɪ] *n* (*сокр. от* (Sir) Roger de Coverly) «Каверли» (*старинный контрданс*)

coverlid [ˈkʌvəlɪd] *редк.* = coverlet

cover man ['kʌvəmæn] «человек с обложки» (*популярная личность, портрет которого помещён на обложке журнала*)
cover note ['kʌvənəut] *страх.* временное свидетельство о страховании (*выдаваемое брокером страхователю*)
cover off ['kʌvə(r)ɒf] *phr v воен.* равняться в затылок
cover over ['kʌvə(r)əuvə] *phr v* закрыть, покрыть (*сверху*); to ~ a hole in the roof заделать дыру в крыше
cover paper ['kʌvə,peɪpə] обложечная бумага (*для брошюр и т. п.*)
cover picture ['kʌvə,pɪktʃə] портрет или картинка на обложке журнала *и т. п.*
cover-point ['kʌvə,pɔɪnt] *n крикет* 1) «каверпойнт» (*положение полевого игрока на правой стороне поля*) 2) «каверпойнт», полевой игрок в положении «каверпойнт»
cover-shame ['kʌvəʃeɪm] *n бот.* можжевельник казачий (*Juniperus sabina*)
cover-slut ['kʌvəslʌt] *n* фартук, передник, халат *и т. п.*
cover story ['kʌvə,stɔ:rɪ] *амер.* статья, иллюстрация к которой дана на обложке журнала
covert I ['kʌvət] *n* 1. 1) убежище (*дичи*); нора, логовище 2) лесная чаща, чащоба; to draw a ~ прочёсывать чащу в поисках дичи 2. *текст.* коверкот (*тж.* ~ cloth) 3. *pl* кроющие перья (*на хвосте и крыльях*)
covert II ['kʌvət] *a* 1. скрытый, завуалированный, тайный; ~ threat [sneer] скрытая угроза [насмешка]; ~ glance взгляд украдкой; ~ dislike тайная антипатия 2. *юр.* находящаяся под покровительством мужа; замужняя
covert coat ['kʌvətkəut] короткое летнее пальто (*мужское*); коверкотовое пальто спортивного покроя
cover-to-cover [,kʌvətə'kʌvə] *a* сплошной, полный (*о чтении, реферировании и т. п.*)
coverture ['kʌvətʃuə] *n* 1. убежище, укрытие 2. *юр.* статус замужней женщины
cover-up ['kʌv(ə)rʌp] *n* 1. 1) сокрытие (*преступления и т. п.*); укрывательство 2) надуманный предлог; маскировка; self-regulation is a ~ for greater government control под «самоограничением» следует понимать усиление контроля со стороны правительства 2. одежда, надеваемая поверх другой; a bikini ~ пляжный халат; an evening dress with a matching sleeveless ~ вечернее платье с накидкой того же цвета
covet ['kʌvɪt] *v* сильно желать; жаждать (*чего-л., особ. чужого*); to ~ wealth and power жаждать богатства и власти; thou shalt not ~ thy neighbour's house [wife] *библ.* не пожелай дома [жены] ближнего своего
◇ ~ all, ~ all lose ≅ многого желать, добра не видать
covetous ['kʌvɪtəs] *a* алчный, жадный; жаждущий (*особ. чужого*); to cast ~ eyes towards smth. жадно взирать на что-л.
covetousness ['kʌvɪtəsnɪs] *n* алчность, жадность
covey ['kʌvɪ] *n* 1. выводок, стая (*особ. куропаток*) 2. *шутл.* 1) выводок (*детей*) 2) группа (*людей*); a ~ of tourists стайка туристов
covin ['kʌvɪn] *n юр.* тайный сговор между двумя *или* более лицами в ущерб третьему лицу

coving ['kəuvɪŋ] *n* 1. *стр.* свод, выкружка 2. выступание верхних этажей над нижними (*в старинных зданиях*)
covin-tree ['kʌvɪn'tri:] = coven-tree
cow¹ [kau] *n* (*pl арх., поэт. тж.* kine) 1. *зоол.* корова (*Bos gen.*); ~ in calf стельная корова; ~ in milk [not in milk] дойная [сухостойная] корова 2. самка слона, кита, тюленя, моржа, носорога *и т. п.* 2. *разг.* 1) неуклюжий, глупый, надоедливый человек 2) *груб.* «корова», некрасивая, толстая и неряшливая женщина; распустёха 3) *груб.* чрезмерно плодовитая женщина; ≅ вечно с пузом 4. *австрал. сл.* трудное положение, испытание (*тж.* fair ~) 5. *амер. сл.* 1) молоко; сливки 2) масло 3) говядина; мясное блюдо 6. *горн.* автоматический тормоз
◇ to make ~ eyes смотреть кротко и грустно; till the ~s come home долго, нескоро; ≅ после дождичка в четверг; curst ~s have cut horns, God sends a curst ~ short horns ≅ бодливой корове бог рог не даёт; the ~ knows not what her tail is worth until she has lost it ≅ что имеем, не храним, потеряв, плачем
cow² [kau] *n шотл.* пугало
cow³ [kau] *v* пугать, запугивать; устрашать; the child had a ~ed look у ребёнка был запуганный вид; to be ~ed испугаться; устрашиться; he refused to be ~ed он не поддался на угрозы
cowalker [kəu'wɔ:kə] *n* привидение-двойник (*живого человека*)
cowan ['kəuən] *n шотл.* 1. подмастерье каменщика 2. непосвящённый (*у масонов*) 3. *разг.* соглядатай, фискал
coward I ['kauəd] *n* трус
coward II ['kauəd] *a* трусливый, малодушный; to turn ~ струсить, перетрусить; ≅ праздновать труса
cowardice ['kauədɪs] *n* трусость, малодушие
cowardly I ['kauədlɪ] *a* трусливый; малодушный; ~ lie трусливая ложь; ~ conduct малодушное поведение
cowardly II ['kauədlɪ] *adv редк.* трусливо, малодушно
cow-baby ['kau,beɪbɪ] *n разг.* трусишка, «заяц»
cowbane ['kaubeɪn] *n бот.* вех ядовитый, цикута ядовитая (*Cicuta virosa*)
cowbell ['kaubel] *n* колокольчик на шее коровы
cow-berry ['kaub(ə)rɪ] *n бот.* брусника (*Vaccinium vitis idaea*)
cowbird ['kaubɜ:d] *n зоол.* воловья птица (*Molothrus*)
cowboy ['kaubɔɪ] *n* 1. 1) пастух 2) *амер.* ковбой; ~ boots ковбойские сапоги (*на высоком каблуке с пёстрой отделкой по краю голенища*); ~ hat ковбойская шляпа 2. *разг.* 1) безответственный человек; необузданный малый; ~ job *вор. жарг.* а) попытка ограбления, совершённая непрофессионалами; б) провал попытки ограбления 2) водитель-лихач 3. *сл.* полицейский 4. *амер. сл.* сандвич с омлетом
cowboys and Indians [,kaubɔɪzənd'ɪndɪənz] «ковбои и индейцы» (*детская игра типа «казаков-разбойников»*)
cowcatcher ['kau,kætʃə] *n амер. ж.-д.* скотосбрасыватель
cow-cocky ['kau,kɒkɪ] *n австрал., новозел. разг.* владелец молочной фермы
cow college ['kau,kɒlɪdʒ] *амер. разг.* 1. сельскохозяйственный колледж 2. небольшой провинциальный колледж
cow day ['kaudeɪ] *с.-х.* скотодень
cower ['kauə] *v* сжиматься, съёживаться (*от холода, страха*)

cow-eyed [,kau'aɪd] *a* большеглазый, воловий, с большими глазами; ~ Juno воловоокая Юнона
cowfish ['kaufɪʃ] *n зоол.* касатка (*Orcinus orca*)
cowgirl ['kaugɜ:l] *n амер.* 1) скотница, работница, ухаживающая за скотом на ранчо 2) «кау-гёрл», девушка-ковбой
cowhand ['kauhænd] *амер.* скотник *или* пастух (*на ранчо*)
cow-heel ['kauhi:l] *n* говяжий студень (*из ножек*)
cowherd ['kauhɜ:d] *n* пастух
cowhide I ['kauhaɪd] *n* 1. воловья кожа 2. *амер.* плеть из воловьей кожи
cowhide II ['kauhaɪd] *v амер.* стегать плетью из воловьей кожи
cowhouse ['kauhaus] *n* коровник, хлев
cow-hunt ['kauhʌnt] *n амер.* поиски отбившихся от стада животных
cowish ['kauɪʃ] *a* тяжёлый, медленный, неуклюжий (*в движениях*)
cowl I [kaul] *n* 1. 1) ряса, сутана с капюшоном 2) капюшон (*рясы, пальто и т. п.*) 2. монах 3. зонт, колпак над дымовой трубой 4. *авт.* капот двигателя, торпедо кузова 5. *ав.* обтекатель
◇ the ~ does not make the monk ≅ не всяк монах, на ком клобук
cowl II [kaul] *v* 1. закрывать голову капюшоном, надевать капюшон 2. постригать в монахи 3. закрывать (*двигатель и т. п.*) капотом
cowle [kaul] *n инд.* 1) письменное обязательство *или* письменный договор аренды, найма 2) охранное свидетельство
cow-leech ['kauli:tʃ] *n разг.* «коровий доктор», ветеринар
cowlick ['kau,lɪk] *n амер.* вихор, чуб
cowlike ['kaulaɪk] *a* коровий, похожий на корову (*о толстом человеке с большими кроткими глазами*)
cowman ['kaumən] *n* (*pl* -men [-mən]) 1. *амер.* скотопромышленник; владелец ранчо 2. рабочий на ранчо
coworker [,kəu'wɜ:kə] *n* товарищ по работе; коллега
cow-parsnip ['kau,pɑ:snɪp] *n бот.* борщевик (*Heracleum gen.*)
cowpat ['kaupæt] *n эвф.* коровья лепёшка (*кучка навоза*)
cowpea ['kaupi:] *n бот.* вигна китайская, коровий горох (*Vigna sinensis*)
cowpoke ['kaupəuk] *n разг.* ковбой
cow-pox ['kaupɒks] *n мед.* коровья оспа
cowpuncher ['kau,pʌntʃə] *n амер. разг.* ковбой
cowrie, cowry ['kaurɪ] *n* 1) *зоол.* каури (*Cypraea moneta; моллюск*) 2) раковина каури
cowshed ['kauʃed] *n* хлев, коровник
cowslip ['kau,slɪp] *n бот.* 1. первоцвет, баранчики (*Primula veris*) 2. калужница (*Caltha palustris*)
cow-tail ['kauteɪl] *n* охвостье, грубая низкосортная шерсть (*с задних ног овцы*)
cow town ['kautaun] *амер., канад. разг.* город, являющийся местным животноводческим центром
cox I [kɒks] *разг. сокр. от* coxswain
cox II [kɒks] *v разг.* управлять лодкой
coxa ['kɒksə] *n* (*pl* coxae) 1. *анат.* тазобедренный сустав 2. *энт.* тазик (*первый член ноги насекомого*)
coxae ['kɒksi:] *pl от* coxa
coxalgia [kɒk'sældʒɪə] *n мед.* боль в тазобедренном суставе
coxcomb ['kɒkskəum] *n* 1. фат, пижон 2. *уст.* шутовской колпак
coxcombical [,kɒks'kɒmɪk(ə)l] *a* фатоватый; самодовольный
coxcombry ['kɒks,kəumrɪ] *n* фатовство, пижонство; самодовольство

coxed pair ['kɒkst'pɛə] двойка с рулевым (гребля)
coxitis [kɒk'saɪtɪs] n мед. воспаление тазобедренного сустава, коксит
coxocerite [kɒk'sɒsəraɪt] n энт. коксоцерит (базальный сегмент антенны)
coxswain ['kɒks(ə)n, -sweɪn] n мор. 1. рулевой 2. старшина шлюпки
coxswainless ['kɒks(ə)nlɪs, -sweɪn-] a мор. без рулевого; ~ pair [fours] двойка [четвёрка] без рулевого (гребля)
coxy ['kɒksɪ] = cocksy
coy [kɔɪ] a 1. застенчивый, скромный (особ. о девушке) 2) жеманный; прикидывающийся скромным 2. арх. уединённый и недоступный (о месте)
coyly ['kɔɪlɪ] adv 1) застенчиво, скромно 2) жеманно; с напускной скромностью
coyness ['kɔɪnɪs] n 1) застенчивость, скромность 2) жеманство; претензия на скромность, застенчивость; вид скромницы
coyote ['kɔɪəʊt, kɔɪ'əʊtɪ] n 1. зоол. койот, американский волк (Canis latrans) 2. сл. негодяй, подлец ◊ C. State «Штат койотов» (шутливое название штата Южная Дакота)
coyote-hole ['kɔɪəʊthəʊl] n горн. минная камера
coyoting [kɔɪ'əʊtɪŋ] n амер. горн. неправильная или хищническая разработка недр
coypou ['kɔɪpuː] = coypu
coypu ['kɔɪpuː] n зоол. нутрия, болотный бобр, койпу (Myocastor coypus)
coz [kʌz] арх. сокр. от cousin
coze I [kəʊz] n амер. разг. непринуждённая беседа; болтовня
coze II [kəʊz] v амер. разг. дружески беседовать
cozen ['kʌz(ə)n] v обманывать, мошенничать, надувать, морочить; to ~ into smth. обманом вовлечь во что-л.; he ~ed the old lady into trusting him with her money он ловко обошёл старушку, уговорил её доверить ему свои деньги; to ~ smb. out of smth. выманить что-л. у кого-л.
cozenage ['kʌz(ə)nɪdʒ] n мошенничество, надувательство
cozener ['kʌz(ə)nə] n обманщик, мошенник
cozily ['kəʊzɪlɪ] = cosily
cozy I, II ['kəʊzɪ] = cosy I и II
cozymase [kəʊ'zɪmeɪz] n биохим. козимаза (кофермент)
cozy up ['kəʊzɪ'ʌp] phr v амер. (to) подлизываться (к кому-л.)
cozzpot ['kɒzpɒt] n сл. полицейский
craal [krɑːl] = kraal
crab¹ I [kræb] n 1. зоол. краб (Brachyure; тж. true ~) 2) мясо краба; canned ~ крабы (консервы) 2. (C.) астр. 1) Рак (созвездие и знак зодиака) 2) крабовидная туманность (тж. ~ Nebula) 3. муз. ракоходное движение 4. тех. 1) тележка (крана) 2) тельфер 3) лебёдка; ворот 5. = crabbing¹ 2 ◊ to catch a ~ «завязить» весло; ≅ «поймать леща»

crab¹ II [kræb] v 1. царапать когтями, когтить (о хищных птицах) 2. идти боком или зигзагообразно; children on the skis ~ bed up the hill новые лыжники бочком взбирались на склон
crab² [kræb] n 1. бот. яблоня дикая, сибирский краб (Malus sylvestris) 2) (любая) дикая яблоня 2. яблоко-кислица
crab³ I [kræb] n 1. ворчун, брюзга; вечно недовольный, раздражительный человек 2. 1) неудача, помеха 2) pl проигрыш (при игре в кости); to throw ~s выкинуть неудачное сочетание очков (особ. два очка) 3. проф. «возврат»,

непроданная книга, возвращаемая книготорговцем издателю
crab³ II [kræb] v разг. 1. жаловаться; дуться; ныть 2. 1) находить недостатки, придирчиво критиковать 2) «заклевать» (человека) 3. озлоблять, раздражать (кого-л.) 4. портить, губить; you've done all you can to ~ his play вы сделали всё возможное, чтобы погубить его пьесу; to ~ a deal сорвать сделку; to ~ a turn сорвать выступление актёра; to ~ smb.'s game испортить чью-л. игру, сорвать чьи-л. планы
crab-apple ['kræb‚æp(ə)l] = crab²
crabbed [kræbd] a 1. сердитый, недовольный, раздражительный 2. 1) с трудом поддающийся прочтению; неразборчивый (о почерке) 2) заумный (об авторе, книге и т. п.)
crabber¹ ['kræbə] n 1. человек, промышляющий крабов, краболов 2. краболовное судно
crabber² ['kræbə] = crab³ I 1
crabbery ['kræb(ə)rɪ] n 1. место, где водятся крабы 2. = crabbing¹ 1
crabbing¹ ['kræbɪŋ] n 1. крабовый промысел 2. ав. уклонение (ракеты) от курса; полёт с углом сноса, рыскание
crabbing² ['kræbɪŋ] n сбор яблок-кислиц
crabby¹ ['kræbɪ] a 1. = crablike 2. изобилующий крабами
crabby² ['kræbɪ] a = crabbed 1
crabgrass ['kræbgrɑːs] n ползучий сорняк
crablike ['kræblaɪk] a извилистый; зигзагообразный (о движении и т. п.)
crablouse ['kræblaʊs] n энт. лобковая вошь, площица (Phthirus inguinalis)
crabstick¹ ['kræbstɪk] n тросточка, палка; дубинка (особ. из дерева дикой яблони)
crabstick² ['kræbstɪk] n ворчун, брюзга
crab-tree ['kræbtriː] = crab² 1
crabways, crabwise ['kræbweɪz, -waɪz] adv пятясь задом; двигаясь вбок

crack I [kræk] n 1. 1) треск 2) щёлканье (хлыста) 3) удар (грома) 2. разг. резкий звучный удар; затрещина; a ~ on the head резкий удар по голове 3. трещина, щель, расселина; the ground was full of ~s after the hot, dry summer после жаркого, сухого лета земля сильно потрескалась; to open the window a ~ приоткрыть окно 4. ломающийся голос (у мальчика) 5. эмоц.-усил. что-л. замечательное, первоклассное (игрок, спортсмен, лошадь и т. п.); she is a ~ at skiing она отличная лыжница 6. вор. жарг. 1) кража со взломом 2) вор-взломщик 7. сл. попытка, проба, эксперимент; to take a ~ at smth. сделать попытку, попробовать силы в чём-л. 8. амер. сл. остроумная реплика, саркастическое замечание 9. сл. пунктик, лёгкое помешательство; he has a ~ он слегка тронулся 10. диал., амер. болтовня, оживлённая дружеская беседа 11. амер. рассвет (тж. ~ of dawn) 12. прожилка (в камнях) 13. разг. момент, мгновение; in a ~ мгновенно, в два счёта
◊ the ~ of doom рел. трубный глас, возвещающий день страшного суда; to /till/ the ~ of doom до бесконечности, до второго пришествия; to walk a /the/ ~ амер. пройти прямо вдоль щели между досками; to paste /to paper/ over the ~s замазывать недостатки, трудности, противоречия и т. п.
crack II [kræk] a разг. великолепный, первоклассный; знаменитый; ~ polo-player великолепный игрок в поло; ~ team первоклассная команда; ~ shot

меткий стрелок, снайпер; ~ unit воен. отборная часть
crack III [kræk] adv с треском, с резким отрывистым звуком; the pistol went off ~ грянул /прогремел/ пистолетный выстрел
crack IV [kræk] v 1. производить шум, треск; щёлкать (хлыстом); to ~ the joints of the fingers хрустеть пальцами; the rifle ~ed and the beast fell грянул выстрел, и зверь упал; the damp wood ~ed in the fire сырые дрова трещали /потрескивали/ в камине 2. 1) расщеплять; вызывать растрескивание; she says the vase was ~ed before она говорит что ваза была уже треснута; boiling water will ~ a glass от кипятка стакан может лопнуть 2) трескаться, давать трещину; the mirror ~ed from side to side зеркало треснуло во всю ширину; the ice ~ed лёд дал трещину; the skin was ~ed кожа потрескалась 3. 1) раскалывать, разбивать (резким ударом); to ~ nuts колоть орехи 2) разг. преодолеть, одолеть; to ~ the sound barrier преодолеть звуковой барьер; to ~ a mystery разгадать загадку (чего-л.); to ~ a record амер. поставить или побить рекорд; to ~ a code расшифровать код; подобрать ключ к шифру 4. ломаться (о голосе); his voice ~ed with grief [emotion] его голос прерывался от горя [от волнения] 5. разг. откупорить; to ~ a bottle раздавить /распить/ бутылочку 6. вор. жарг. 1) совершить кражу со взломом; to ~ a crib ограбить дом /квартиру/ 2) взломать (тж. to ~ open); to ~ a safe взломать сейф 7. сл. 1) свести с ума, довести до психоза 2) тронуть, помешаться 8. сл. подорвать (репутацию, доверие и т. п.) 9. амер. сл. (on) доказывать; to ~ on smb. убедить кого-л.; втолковать кому-л.; to ~ on smth. доказать что-л. 10. диал., амер. 1) болтать, трещать; сплетничать 2) хвастаться 11. спец. крекировать (нефть)
◊ to ~ a joke отпустить / «отколоть»/ шутку; to ~ a smile улыбнуться, оскалиться; to ~ a book открыть учебник и начать долбить; to ~ one's jaw амер. хвастать, похваляться; to ~ wise амер. острить; to ~ hardy /hearty/ австрал., новозел. храбриться, не подавать виду, что тебе тяжело; ≅ делать хорошую мину при плохой игре; a hard nut to ~ а) трудная задача; неразрешимая проблема; б) человек, с которым трудно справиться; ≅ крепкий орешек; to use a steam-hammer to ~ nuts ≅ стрелять из пушек по воробьям
crack V [kræk] int трах!; ~! down it came! трах!, всё рухнуло!
crackajack I ['krækədʒæk] n сл. отличный парень; классная штука и т. п.
crackajack II ['krækədʒæk] a сл. отличный, блестящий, классный
crack back ['kræk'bæk] phr v сл. отвечать грубостью или резкостью; огрызнуться
crack-brain ['krækbreɪn] n разг. помешанный, псих
crack-brained [‚kræk'breɪnd] a разг. 1. чокнутый, помешанный 2. бессмысленный, неразумный, необдуманный (о поведении, поступке, плане)
crack down ['kræk'daʊn] phr v разг. 1) обрушиться, наброситься; the sergeant cracked down on his men сержант накинулся на солдат 2) принимать крутые меры; ≅ закручивать гайки; to ~

on /upon/ gambling houses принима́ть круты́е ме́ры про́тив иго́рных домо́в; the junta cracked down on all political activities ху́нта наложи́ла запре́т на вся́кую полити́ческую де́ятельность

crackdown ['krækdaʊn] *n разг.* 1. круты́е ме́ры (*по наведе́нию поря́дка, по борьбе́ с престу́пностью и т. п.*); ≅ закру́чивание га́ек 2. *амер.* разгро́м (*прогресси́вных организа́ций и т. п.*); подавле́ние (*проте́стов*); разго́н (*демонстра́ций и т. п.*)

cracked [krækt] *a* 1. тре́снувший; ~ cup [plate] тре́снувшая ча́шка [таре́лка]; ~ bell разби́тый ко́локол 2. надтре́снутый, ре́зкий (*о го́лосе*) 3. *разг.* чо́кнутый, ненорма́льный, вы́живший из ума́ 4. приоткры́тый (*о две́ри и т. п.*) 5. подо́рванный (*о репута́ции, дове́рии, креди́те*)

cracker ['krækə] *n* 1. *см.* crack IV + -er 2. кре́кер, то́нкое сухо́е пече́нье 3. 1) хлопу́шка, пета́рда 2) небольша́я раке́та (*в фейерве́рке*) 4. *pl* щипцы́ для оре́хов 5. *амер., австрал., новозел.* трещо́тка пого́нщиков скота́ 6. *амер. презр.* бе́лый бедня́к (*осо́б. из Джорджии или Флори́ды*) 7. *школ.* ложь 8. уда́р, паде́ние, ава́рия 9. *сл.* красо́тка ≅ ла́комый кусо́чек (*о же́нщине*) 10. *арх.* хвасту́н 11. *тех.* дроби́лка
◊ C. State *амер. пренебр.* штат «Бе́лой бедноты́», штат Джо́рджия

cracker barrel ['krækəˌbærəl] 1. ба́нка пече́нья 2. *разг.* ме́сто сбо́рища прия́телей (*первонача́льно в се́льском магази́не*)

cracker-barrel ['krækəˌbærəl] *a амер. разг.* домороще́нный, примити́вный; безыску́сный, наи́вный; ~ wit грубова́тые шу́тки

crackerjack I, II ['krækədʒæk] = crackajack I и II

crackers ['krækəz] *a прост.* спя́тивший, рехну́вшийся, «не все до́ма»

crack-headed [ˌkræk'hedɪd] = crackbrained

crack in ['kræk'ɪn] *phr v разг.* 1) прийти́ без приглаше́ния, вломи́ться 2) втере́ться (*в компа́нию, о́бщество и т. п.*)

cracking¹ ['krækɪŋ] *n* 1. растре́скивание 2. кре́кинг (*не́фти*)

cracking² ['krækɪŋ] *a* 1. энерги́чный, бо́дрый, бы́стрый; ~ pace бо́дрый шаг, энерги́чная похо́дка; to get ~ пошевели́ваться, взя́ться за де́ло; let's get ~ ≅ ну, пошли́!; дава́й начина́ть!, шевели́сь! 2. сде́ланный то́чно, чётко 3. *эмоц.-усил.* первокла́ссный, кра́йний, отъя́вленный; she is a ~ bore она́ ужа́сная зану́да

crackjaw ['krækdʒɔ:] *a разг.* тру́днопроизноси́мый (*о сло́ве*); ≅ язы́к сло́маешь

crackle I ['kræk(ə)l] *n* 1. потре́скивание (*дров*); треск (*вы́стрелов*); хруст 2. = crackle-glass

crackle II ['kræk(ə)l] *v* 1. потре́скивать; треща́ть; хрусте́ть 2. *разг.* 1) сверка́ть, блиста́ть 2) оживля́ться, загора́ться

crackle-china ['kræk(ə)lˌtʃaɪnə] = crackle-glass

crackle-glass ['kræk(ə)lgla:s] *n* кра́кель (*вид фарфо́ра*)

crackleware ['kræk(ə)lweə] = crackle-glass

crackling I ['kræklɪŋ] *n* 1. потре́скивание; треск; хруст 2. *разг.* 1) хрустя́щая, поджа́ристая ко́рочка (*свини́ны*) 2) *pl* шква́рки 3. блеск, сверка́ние 4. *собир. разг.* привлека́тельные же́нщины, красо́тки

crackling II ['kræklɪŋ] *a* 1. хрустя́щий 2. блестя́щий, сверка́ющий; ~ wit блиста́ющее остроу́мие; ~ prose блиста́тельный / отто́ченный/ слог

crackly ['krækli] *a* хрустя́щий; похру́стывающий

cracknel ['krækn(ə)l] *n* 1. сухо́е пече́нье 2. *pl* шква́рки 3. *библ.* лепёшка

crack on ['kræk'ɒn] *phr v разг.* продолжа́ть; идти́ да́льше; ~, boys! так держа́ть, ребя́та!

crackpot I ['krækpɒt] *n разг.* 1) сумасше́дший, поме́шанный, псих 2) чуда́к, фантазёр

crackpot II ['krækpɒt] *a разг.* 1) сумасше́дший; a ~ scientist спя́тивший учёный 2) безу́мный, фантасти́ческий; ~ ideas бредо́вые иде́и

crack-rope ['krækrəʊp] *n сл.* заслу́живающий ви́селицы, ви́сельник

crack-skull ['krækskʌl] = crack-brain

cracksman ['kræksmən] *n* (*pl* -men [-mən]) вор-взло́мщик

crack up ['kræk'ʌp] *phr v* 1. разбива́ться (*вдре́безги*); разруша́ться, потерпе́ть ава́рию 2. слабе́ть (*от ста́рости*); поддава́ться (*во́зрасту, боле́зни*) 3. *разг.* 1) ло́паться от сме́ха, смея́ться до упа́ду; we just cracked up ≅ живо́тики надорва́ли 2) рассмеши́ть, вы́звать нейстовый хо́хот 4. *сл.* спя́тить; расспихова́ться, психану́ть; pressure of work caused him to ~ переутомле́ние вы́звало у него́ не́рвный срыв 5. *обыкн. pass* (*употр. в отриц. предложе́ниях*) *сл.* 1) счита́ть, полага́ть; he's not so clever as he's cracked up to be он не так умён, как о нём ду́мают 2) превозноси́ть

crack-up ['kræk'ʌp] *n* 1. ава́рия (*самолёта и т. п.*) 2. неуда́ча, прова́л; then came the ~ in the stock market зате́м наступи́ла катастро́фа на фо́ндовой би́рже 3. *разг.* ре́зкий упа́док физи́ческих и у́мственных сил; (глубо́кая) депре́ссия

crack-willow ['krækˌwɪləʊ] *n бот.* и́ва ло́мкая (*Salix fragilis*)

cracky ['krækɪ] *a* 1. потре́скавшийся 2. легко́ тре́скающийся 3. *разг.* поме́шанный; спя́тивший, чо́кнутый

cracovienne [krəˌkəʊvɪ'en] *n* кракови́к (*та́нец*)

-cracy [-krəsɪ] *в сло́жных слова́х име́ет значе́ние* 1. фо́рма правле́ния: autocracy самодержа́вие; technocracy техно́крат́ия; plutocracy плутокра́тия 2. социа́льный слой, прича́стный к управле́нию госуда́рством: aristocracy аристокра́тия; bureaucracy бюрокра́тия

cradle I ['kreɪdl] *n* 1. 1) колыбе́ль, лю́лька; from the ~ с колыбе́ли, прирождённый; orator from the ~ прирождённый ора́тор; the ~ of the deep *поэт.* мо́ре 2) исто́ки, нача́ло; колыбе́ль; Greece, the ~ of European culture Гре́ция, колыбе́ль европе́йской культу́ры; from the ~ to the grave от колыбе́ли до моги́лы, всю жизнь; the ~ of civilization исто́ки цивилиза́ции; the sea was the ~ of life жизнь зароди́лась в мо́ре 2. рыча́г (*телефо́на*); he dropped the receiver into its ~ он положи́л тру́бку на рыча́г 3. *тех.* ра́ма, опо́ра 4. *горн.* лото́к для промы́вки золотоно́сного песка́ 5. *мор.* спусковы́е саля́зки 6. *мед.* ши́на, подде́ржка 7. *воен.* лю́лька
◊ to rob the ~ a) жени́ться на молодёнке; б) вы́йти за́муж за челове́ка значи́тельно моло́же себя́

cradle II ['kreɪdl] *v* 1. кача́ть в лю́льке; убаю́кивать; to ~ a child in one's arms кача́ть /убаю́кивать/ ребёнка на рука́х 2. воспи́тывать с ра́ннего де́тства, с младе́нчества; to be ~d in luxury вы́расти /быть во́спитанным/ в ро́скоши 3. класть на рыча́г (*телефо́нную тру́бку*); to ~ the telephone receiver положи́ть тру́бку 4. *горн.* промыва́ть (*золото́й песо́к*)

cradle-back ['kreɪdlbæk] *a вет.* седлова́тый, с пови́сшей спино́й (*о ло́шади*)

cradleboard ['kreɪdlbɔ:d] *n амер.* заспи́нная доска́ (*для ноше́ния младе́нца у индиа́нок*)

cradleland ['kreɪdllænd] *n* ро́дина, колыбе́ль; ~ of civilization [of liberty] колыбе́ль цивилиза́ции [свобо́ды]

cradle-snatcher ['kreɪdlˌsnætʃə] *n* ста́рый муж *или* ста́рый любо́вник молодо́й же́нщины; ста́рая жена́ *или* ста́рая любо́вница молодо́го мужчи́ны; ≅ связа́лся чёрт с младе́нцем

cradle-song ['kreɪdlsɒŋ] *n* колыбе́льная

cradle-to-grave [ˌkreɪdltə'greɪv] *a* от колыбе́ли до моги́лы, пожи́зненный (*об обеспе́чении и т. п.*)

cradling ['kreɪdlɪŋ] *n* 1. *с.-х.* культу́ра расте́ний на горизонта́льно натя́нутых про́волоках 2. *стр.* 1) кружа́ло 2) обрешётка под штукату́рку

craft I [kra:ft] *n* 1. 1) ремесло́; jeweller's [potter's] ~ ремесло́ ювели́ра [гонча́ра] 2) профе́ссия; actors devoted to their ~ актёры, пре́данные свое́й профе́ссии 2. 1) уме́ние, ло́вкость, иску́сство; equally distinguished for strength and for manual ~ выделя́ющийся как си́лой, так и ло́вкостью /уме́нием/ 2) хи́трость, лука́вство; обма́н; to get smth. by ~ получи́ть что-л. обма́нным путём; she is full of ~ она́ о́чень кова́рна; ≅ она́ кого́ хо́чешь вокру́г па́льца обведёт 3. 1) цех (*ремесленый*); ги́льдия; to belong to the ~ of electricians он принадлежа́л к сою́зу электромонтёров 2) *собир.* рабо́тники одно́й профе́ссии 3) (the C.) масо́нское бра́тство 4. (*pl без изм.*) 1) су́дно; pleasure ~ (прогу́лочная) я́хта 2) самолёт 3) косми́ческий кора́бль 5. *собир. употр. с гл. во мн. ч.* 1) суда́; the harbour was full of all kinds of ~ в га́вани стоя́ло мно́го разли́чных судо́в; small ~ ло́дки 2) самолёты 3) косми́ческие лета́тельные аппара́ты 6. механи́зм, приспособле́ние 7. рыболо́вные или китобо́йные принадле́жности
◊ the gentle ~ а) уже́ние ры́бы; б) *арх. шутл.* сапо́жное де́ло; ги́льдия башма́чников

craft II [kra:ft] *v обыкн. амер.* создава́ть, изготовля́ть (*что-л.*) иску́сно, с больши́м мастерство́м; woods for violins are ~ed by experts де́рево для скри́пок обраба́тывается высококвалифици́рованными специали́стами; a carefully ~ed story тща́тельно постро́енный /вы́строенный/ расска́з

-craft [-kra:ft] *в сло́жных слова́х име́ет значе́ние* 1. профе́ссия *или* мастерство́: handicraft ремесло́; witchcraft колдовство́; stagecraft драматурги́ческое мастерство́ 2. тра́нспортное сре́дство: aircraft самолёт; лета́тельный аппара́т; spacecraft косми́ческий кора́бль

craft-brother ['kra:ftˌbrʌðə] *n* това́рищ по ремеслу́

craft guild ['kra:ftgɪld] реме́сленная ги́льдия, реме́сленный цех

craftily ['kra:ftɪlɪ] *adv* ло́вко, хи́тро, обма́нным путём

craftiness ['kra:ftɪnɪs] *n* хи́трость, кова́рство, лука́вство

craftsman ['kra:ftsmən] *n* (*pl* -men [-mən]) 1) реме́сленник 2) иску́сный ма́стер

craftsmanship ['kra:ftsmənʃɪp] *n* мастерство́; то́нкая, иску́сная рабо́та

craftmaster ['kra:ftˌma:stə] *n* 1) иску́сный ма́стер 2) знато́к, экспе́рт

craft union ['krɑːft,juːnɪən] 1) цеховой профсоюз; профсоюз, организованный по цеховому принципу 2) крупноотраслевой профсоюз промышленных рабочих

craftwork ['krɑːftwɜːk] *n* 1) ремесленное производство 2) кустарная продукция

crafty ['krɑːftɪ] *a* 1. хитрый, лукавый; коварный; ~ politician хитрый политик; he is as ~ as a fox он хитёр как лиса 2. *арх.* ловкий, искусный

crag¹ [kræg] *n* 1. скала, утёс 2. *геол.* песчанистый мергель 3. раздробленный обломок породы

crag² [kræg] *n преим. шотл.* шея; горло

cragged ['krægɪd] = craggy

craggy ['krægɪ] *a* 1. скалистый, изобилующий утёсами; крутой и неровный 2. угловатый; грубоватый; a ~ face резкие черты лица

cragsman ['krægzmən] *n* (*pl* -men [-mən]) скалолаз

crake¹ I [kreɪk] *n зоол.* коростель, дергач (*Crex crex*)

crake¹ II [kreɪk] *v* издавать резкий, неприятный звук

crake² [kreɪk] *v диал.* хвастаться

crakow ['kreɪkəʊ] *n польск. ист.* ботинок с острым загнутым носом

cram I [kræm] *n* 1. толкотня, давка 2. *разг.* 1) нахватанные знания 2) зубрёжка 3. = crammer 1 4. *сл.* ложь, обман; to tell a ~ соврать 5. *диал.* пища для откорма животных и птиц

cram II [kræm] *v* 1. наполнять, переполнять, набивать битком; to ~ food into one's mouth, to ~ up one's mouth with food набить полный рот еды; the hall is ~med зал набит до отказа; a book ~med with quotations книга, полная цитат; they ~med our ears with news они засыпали нас новостями 2. (into) впихивать, втискивать; to ~ clothes into a trunk впихнуть одежду в сундук; to ~ people into a railway carriage набивать людей в железнодорожный вагон 3. (*тж.* ~ down, ~ up) 1) накормить досыта; перекормить; пичкать 2) наедаться; жадно есть; to ~ down one's lunch заглотать завтрак 3) откармливать (*птицу*) 4. *разг.* 1) натаскивать (*к экзамену*); to ~ a pupil for an examination натаскивать ученика к экзамену 2) наспех зазубривать; to ~ (up) history (for an examination) выбубрить историю (к экзамену) 5. *сл.* лгать; you are ~ming вы врёте, вы завираетесь

◊ to ~ smth. down smb.'s throat навязывать кому-л. (*своё мнение, взгляды и т. п.*)

crambo ['kræmbəʊ] *n* (*pl* -os [-əʊz]) 1) игра в рифмы 2) *пренебр.* рифмоплётство

cram-full [,kræm'fʊl] *a* набитый до отказа

crammer ['kræmə] *n* 1. *разг.* 1) репетитор, натаскивающий к экзамену 2) краткосрочные курсы для подготовки к сдаче экзаменов *и т. п.* 3) краткий справочник (*по какой-л. дисциплине*) 2. зубрила, ученик, зубрящий к экзамену 3. *сл.* 1) враньё, враки 2) лгун

cramoisie, cramoisy ['kræməɪzɪ] *a арх.*, *геральд.* кармазинный, багряно-красный

cramp¹ I [kræmp] *n* 1. судорога, спазм; ~ in the calf muscles *мед.* тоническая судорога в икрах 2. *pl амер.* колики

cramp¹ II [kræmp] *v обыкн. pass* вызывать судорогу, спазм

cramp² I [kræmp] *n* 1. *тех.* зажим, тиски; скоба; ~ frame струбцинка 2. *горн.* целик 3. перекос 4. помеха, ограничение

cramp² II [kræmp] *a редк.* 1. узкий, тесный; ограниченный 2. трудный для понимания, непонятный; странный; ~ reason непонятная /странная/ причина; ~ hand неразборчивый почерк

cramp² III [kræmp] *v* 1. стеснять, ограничивать (*рост, движение и т. п.*); to be ~ed for room /for space/ жить *или* работать в тесноте; ≅ повернуться негде; to ~ science by superstition из-за суеверий мешать развитию науки; all these things ~ed his progress всё это мешало его успеху 2. *тех.* скреплять скобой

◊ to ~ smb.'s style помешать кому-л. развернуться

cramped¹ ['kræmpt] *a* сведённый судорогой

cramped² ['kræmpt] *a* 1. 1) стиснутый, стеснённый 2) тесный; a ~ little flat тесная квартира; to live in ~ quarters жить в тесноте (*о почерке*) 3. ограниченный (*о человеке*)

cramp-fish ['kræmpfɪʃ] *n* (электрический) скат

cramping ['kræmpɪŋ] *n тех.* защемление, заклинивание, заедание

cramp iron ['kræmp,aɪən] *тех.* клещи (*для захвата камня*)

crampon ['kræmpən] *n* 1. *обыкн. pl* = cramp iron 2. *обыкн. pl* 1) шипы на подошвах спортивной обуви 2) кошки (*у альпинистов*); birdcage ~s четырёхзубые кошки 3. *бот.* воздушный корень

crampy ['kræmpɪ] *a* судорожный, спастический

cranage ['kreɪnɪdʒ] *n* 1) пользование подъёмным краном 2) плата за пользование подъёмным краном

cranberry ['krænb(ə)rɪ] *n бот.* клюква (*Vaccinium spp.*); ~ bog болото, где произрастает клюква; клюквенное болото

cranberry bush ['krænb(ə)rɪ,bʊʃ] *бот.* калина обыкновенная (*Viburnum trilobum*)

cranberry glass ['krænb(ə)rɪglɑːs] рубиновое стекло с лиловатым отливом

cranberry tree ['krænb(ə)rɪ,triː] = cranberry bush

cranch [krɑːntʃ] *n горн.* целик

crandall ['krændəl] *n стр.* зубатка

crane I [kreɪn] *n* 1. *зоол.* журавль серый (*Grus cinerea*) 2. *тех.* (грузо)подъёмный кран; ~ attendant крановщик; ~ truck автокран; ~ way подкрановые пути 3. *тех.* сифон, ливер

crane II [kreɪn] *v* 1. 1) вытягивать (*шею*); to ~ the neck вытягивать шею (*чтобы лучше видеть*) 2) тянуться 2. *тех.* поднимать тяжести краном 3. 1) артачиться перед препятствием (*о лошади*) 2) *разг.* колебаться, останавливаться перед трудностями

cranebill ['kreɪnbɪl] = crane's-bill

cranefly ['kreɪnflaɪ] *n энт.* долгоножка (*Tipulidae*)

crane helicopter ['kreɪn'helɪkɒptə] вертолёт «летающий кран»

craneman ['kreɪnmən] *n* (*pl* -men [-mən]) крановщик

crane's-bill, cranesbill ['kreɪnzbɪl] *n бот.* герань, журавельник (*Geranium gen.*)

crang [kræŋ] *n* остов кита

crania ['kreɪnɪə] *pl от* cranium

cranial ['kreɪnɪəl] *a анат.* черепной, краниальный; ~ cavity полость черепа; ~ nerve черепно-мозговой нерв; ~ roof [vault] черепная крышка [-ой свод]

craniate ['kreɪnɪ(e)ɪt] *a зоол.* имеющий череп

craniology [,kreɪnɪ'ɒlədʒɪ] *n* краниология, изучение черепа

craniometry [,kreɪnɪ'ɒmɪtrɪ] *n* краниометрия, измерение черепа

craniopagus [,kreɪnɪ'ɒpəgəs] *n* краниопаг (*срастание черепами*); ~ twins близнецы, сросшиеся черепами

craniotomy [,kreɪnɪ'ɒtəmɪ] *n мед.* 1. трепанация черепа 2. краниотомия (*раздробление черепа ребёнка при невозможности для матери разродиться*)

cranium ['kreɪnɪəm] *n* (*pl* -nia) *анат.* череп

crank¹ I [kræŋk] *n* 1) *тех.* кривошип; колено; коленчатый рычаг 2) заводная ручка (*автомобиля*)

crank¹ II [kræŋk] *v тех.* 1. проворачивать (*двигатель*) 2. загибать в виде колена 3. ~ crank up 3

crank² I [kræŋk] *n разг.* 1. словесный выверт 2. причуда, прихоть, каприз 3. 1) чудак; человек с причудами, «с приветом»; I had a ~ telephone call мне позвонил какой-то сумасшедший /дурак/ 2) маньяк; a food [a fresh air] ~ человек, который помешался на рациональном питании [на свежем воздухе] 4. *амер. разг.* злобствующий тип; критикан, брюзга

crank² II [kræŋk] *a* 1. расшатанный (*о механизме и т. п.*) 2. *диал.* слабый (*о здоровье*) 3. *мор.* валкий (*о судне*)

crank³ [kræŋk] *v* издавать резкий раздражающий звук

crankcase ['kræŋkkeɪs] *n тех.* картер (*двигателя*)

cranked ['kræŋkt] *a тех.* коленчатый, изогнутый

crankery ['kræŋk(ə)rɪ] *n* 1) чудачество, эксцентричность 2) *pl* чудачества; глупые выходки

cranking ['kræŋkɪŋ] *n авт.* запуск двигателя (*ручкой*)

crankle I ['kræŋk(ə)l] *n* изгиб; излучина; зигзаг

crankle II ['kræŋk(ə)l] *v* извиваться, изгибаться

crankous ['kræŋkəs] *a шотл.* раздражительный, капризный

crank out ['kræŋk'aʊt] *phr v разг.* срочно выпускать, быстро производить; he cranked out a steady stream of articles and stories свои статьи и рассказы он пёк как блины

crankpin ['kræŋkpɪn] *n тех.* палец кривошипа; шатунная шейка коленчатого вала

crankshaft ['kræŋkʃɑːft] *n тех.* коленчатый вал

crank up ['kræŋk'ʌp] *phr v* 1. заводить вручную (*мотор*) 2. *амер.* готовиться, собираться с силами; to ~ for fight against the nomination подготовиться к борьбе против выдвинутой кандидатуры 3. ускорять, интенсифицировать; to ~ production ускорить выпуск продукции 4. *сл.* взбодриться, «уколоться» (*ввести наркотик внутривенно*)

crankweb ['kræŋkweb] *n тех.* плечо кривошипа

cranky ['kræŋkɪ] *a* 1. расшатанный, неисправный (*о механизме*) 2. раздражённый 3. 1) капризный; с причудами 2) эксцентричный; ~ ideas завиральные идеи, бредовые фантазии 4. *диал.* хилый, слабый (*о здоровье*) 5. извилистый 6. = crank² II 3

cranmobile ['krænməbiːl] *n* автомобильный кран, автокран

crannied ['krænɪd] *a* потрескавшийся, со щелями

crannog ['krænəg] *n ирл.*, *шотл.* 1) (издревле существующий) искусст-

венный о́стров на о́зере 2) озёрный до́мик, до́мик на тако́м о́строве
cranny ['krænɪ] *n* тре́щина, щель
cranreuch ['kra:nrək] *n* шотл. и́ней, и́зморозь
crap¹ I [kræp] *n* 1. *груб.* 1) дерьмо́ 2) испражне́ние; to have a ~ пока́кать 2. *сл.* 1) чепуха́, вздор; вра́ки; don't hand me that ~ брось мне очки́ втира́ть!; хва́тит чушь моло́ть!; his speech is just a load of ~ его́ речь — сплошна́я чушь 2) му́сор, хлам, сор; вся́кая дрянь 3. *сл.* де́ньги
◇ to kick the ~ out of smb. *амер.* изби́ть кого́-л. до полусме́рти /до поте́ри созна́ния/
crap¹ II [kræp] *v груб.* 1. испражня́ться; га́дить 2. *амер.* изгада́ть, испо́ртить (*часто* ~ up); to ~ a job up изга́дить /сорва́ть/ всё де́ло
crap² [kræp] *n диал.* 1) оса́док от пи́ва 2) *обыкн. pl* оса́док в расто́пленном са́ле
crap³ [kræp] *n сл.* ви́селица
crape I [kreɪp] *n* 1. (тра́урный) креп 2. тра́урная вуа́ль *или* повя́зка; to be in the ~ быть в тра́уре
crape II [kreɪp] *v* обтя́гивать *или* покрыва́ть кре́пом
crape-fish ['kreɪp͵fɪʃ] *n (pl без изм.)* прессо́ванная солёная треска́
crape-hanger ['kreɪp͵hæŋə] *n амер. разг.* ны́тик, отравля́ющий удово́льствие други́м
crap game ['kræp͵geɪm] = craps
crap-house ['kræphaus] *n груб.* сорти́р, нужни́к
crap out ['kræp'aut] *phr v амер. сл.* 1. проигра́ть (*особ. пари́*) 2. уклоня́ться (*от обя́занности*); увили́ва́ть; стру́сить 3. уста́ть, изнемо́чь 4. уйти́, убра́ться; смо́таться (*с вечери́нки и т. п.*)
crappie ['kræpɪ] *n зоол.* кра́ппи (*Pomoxis gen.*)
crappy ['kræpɪ] *a груб.* дерьмо́вый; дрянно́й; парши́вый
craps [kræps] *n амер.* аза́ртная игра́ в ко́сти; to shoot ~ игра́ть в ко́сти
crapshooter ['kræp͵ʃu:tə] *n амер.* игро́к в ко́сти
crap-shooting ['kræp͵ʃu:tɪŋ] = craps
crapulence ['kræpjuləns] *n* 1. похме́лье 2. 1) пья́нство, чрезме́рное пристра́стие к спиртны́м напи́ткам 2) обжо́рство, чревоуго́дие 3) пья́ный разгу́л
crapulent ['kræpjulənt] *a* 1. предаю́щийся пья́нству, обжо́рству *и т. п.* 2. находя́щийся в состоя́нии похме́лья
crapulous ['kræpjuləs] = crapulent
crapy ['kreɪpɪ] *a* 1) напомина́ющий креп 2) облачённый, оде́тый в креп
craquelure ['krækəl(j)uə] *n жив.* кракелю́ры, тре́щины по кра́сочному сло́ю (*преим. в ма́сляной жи́вописи*)
crash¹ I [kræʃ] *n* 1. гро́хот, треск; the tree fell with a loud ~ де́рево с тре́ском ру́хнуло; ~ of thunder уда́р гро́ма; ~ of artillery гро́хот артилле́рии 2. си́льный уда́р при паде́нии, столкнове́нии 3. круше́ние, ава́рия; столкнове́ние (*тра́нспортных средств*); авиацио́нная катастро́фа; there was a ~ of two cars at the corner на углу́ столкну́лись две маши́ны; passengers and crew died in the ~ пассажи́ры и кома́нда поги́бли, когда́ самолёт разби́лся 4. крах, банкро́тство; stock market ~ крах фо́ндовой би́ржи 5. *вчт.* крах, фата́льный сбой
crash¹ II [kræʃ] *a* 1. сро́чный, неотло́жный (*о мероприя́тии*); уда́рный (*о рабо́те*); ~ programme сро́чная програ́м-
ма; ~ effort уда́рная рабо́та, авра́л 2. интенси́вный; даю́щий неме́дленный эффе́кт; ~ course in computer programming уско́ренный курс программи́рования; to go on a ~ diet сесть на дие́ту, кото́рая должна́ незамедли́тельно дать результа́ты 3. авари́йный; ~ crew авари́йная кома́нда
crash¹ III [kræʃ] *v* 1. па́дать, вали́ться, ру́шиться с гро́хотом *или* с тре́ском (*особ. о ло́мких предме́тах*); the dishes ~ed to the floor посу́да с гро́хотом упа́ла на́ пол; the avalanche ~ed down the mountain-side сне́жная лави́на с гро́хотом несла́сь по скло́ну горы́ 2. 1) с шу́мом *или* гро́хотом разби́ть; слома́ть, разру́шить; вы́звать ава́рию; he went ~ing the branches он с тре́ском лома́л ве́тки; to ~ a plane a) сбить самолёт; б) разби́ть (свой) самолёт (*при неуда́чной поса́дке и т. п.*); разби́ться (*при паде́нии*); the vase ~ed as it struck the floor уда́рившись об пол, ва́за разлете́лась на кусо́чки /разби́лась вдре́безги/ 2) потерпе́ть ава́рию (*об автомоби́ле и т. п.*); разби́ться (*о самолёте*); the two cars met and ~ed две маши́ны столкну́лись и разби́лись; the plane ~ed into the sea самолёт упа́л в мо́ре 3. 1) уда́риться с гро́хотом (*обо что́-л.*); наскочи́ть (*на что́-л.*); вреза́ться (*во что́-л.*); to ~ against a wall [a tree] вре́заться в сте́ну [в де́рево]; two cars ~ed into each other at an intersection на перекрёстке столкну́лись два автомоби́ля 2) (into) ворва́ться, вломи́ться (*куда́-л.*); to ~ into the defence *воен. разг.* взлома́ть оборо́ну 4. *преим. воен.* наноси́ть мо́щные уда́ры, сокруша́ть, прорыва́ть (*оборо́ну*); to ~ resistance сломи́ть сопротивле́ние; to ~ a river on the run форси́ровать ре́ку с хо́ду 5. грохота́ть (*о гро́ме и т. п.; ча́сто* ~ out) 6. потерпе́ть неуда́чу, крах; разори́ться; обанкро́титься; the whole financial scheme ~ed disastrously весь фина́нсовый план с тре́ском провали́лся; the New York Stock Exchange ~ed in 1929 в 1929 году́ произошёл крах фо́ндовой би́ржи в Нью-Йо́рке 7. яви́ться без приглаше́ния, вломи́ться (*куда́-л.*); to ~ the gate *амер.* а) явля́ться без приглаше́ния, быть незва́ным го́стем; б) пройти́ без биле́та /«за́йцем»/ (*в теа́тр, кино́, на конце́рт и т. п.*); to ~ a party яви́ться в компа́нию незва́ным го́стем 8. проскочи́ть (*светофо́р*) при кра́сном све́те 9. 1) *разг.* переночева́ть (*особ. беспла́тно или по дешёвке*); we ~ at friends' houses мы ночу́ем у друзе́й 2) *сл.* проспа́ться (*после приёма нарко́тика*); очу́хаться (*от нарко́тика*) 10. напи́ться до бесчу́вствия
crash¹ IV [kræʃ] *adv* с гро́хотом; the heavy box landed ~ on his head тяжёлая коро́бка загреме́ла пря́мо ему́ на го́лову; ~ went the plate! трах! и таре́лки нет!
crash² [kræʃ] *n* суро́вое полотно́; холст
crash-ambulance ['kræʃ͵æmbjuləns] *n разг.* дежу́рная санита́рная маши́на (*на аэродро́ме*)
crash barrier ['kræʃ͵bærɪə] *авт.* барье́р на автостра́де, разделя́ющий поло́сы с противополо́жным направле́нием движе́ния
crash boat ['kræʃbəut] быстрохо́дный спаса́тельный ка́тер
crash dive ['kræʃdaɪv] *мор.* сро́чное погруже́ние (*подво́дной ло́дки*)
crash-dive ['kræʃdaɪv] *v* 1) производи́ть сро́чное погруже́ние, сро́чно погружа́ться (*о подво́дной ло́дке*) 2) (вре́заться и) потону́ть; to ~ an enemy boat протара́нить и потопи́ть вра́жескую подло́дку
crashed [kræʃt] *a сл.* напи́вшийся до бесчу́вствия; ≅ в сте́льку пья́ный
crasher ['kræʃə] *n* 1. гро́мкий уда́р; гро́хот 2. 1) *разг.* незва́ный гость 2) *амер. вор. жарг.* граби́тель-взло́мщик
crash-helmet ['kræʃ͵helmɪt] *n* 1) шлем мотоцикли́ста, автого́нщика *и т. п.* 2) *воен.* защи́тный шлем
crash in ['kræʃ'ɪn] *phr v* 1) вломи́ться 2) пройти́ без приглаше́ния или без биле́та; half the people at the ball had crashed in полови́на танцу́ющих на балу́ пожа́ловали незва́ными
crashing ['kræʃɪŋ] *a эмоц.-усил.* 1) необыкнове́нный, исключи́тельный; потряса́ющий 2) ужа́сный, невыноси́мый; a ~ bore а) ужа́сная ску́ка (*о кни́ге и т. п.*); б) невыноси́мый зану́да
crash-land ['kræʃlænd] *v ав.* 1. соверши́ть вы́нужденную поса́дку 2. разби́ться при поса́дке
crash-landing ['kræʃ͵lændɪŋ] *n ав.* 1. авари́йная поса́дка, вы́нужденная поса́дка 2. катастро́фа при поса́дке
crash out ['kræʃ'aut] *phr v амер. вор. жарг.* бежа́ть из тюрьмы́; вы́рваться на во́лю
crashout ['kræʃaut] *n амер. вор. жарг.* побе́г из тюрьмы́
crash pad ['kræʃpæd] 1. *спец.* амортизи́рующая прокла́дка 2. *амер. разг.* 1) ме́сто ночле́га (*особ. беспла́тного*) 2) ночле́жка
crashproof ['kræʃpru:f] *a тех.* ударопро́чный
crashtruck ['kræʃtrʌk] *воен.* авари́йный грузово́й автомоби́ль (*на аэродро́ме*)
crash wagon ['kræʃ͵wægən] *разг.* каре́та ско́рой по́мощи
crashworthiness ['kræʃ͵wɜ:ðɪnɪs] *n* 1) *тех.* ударопро́чность 2) безопа́сность при ава́рии (*тра́нспортного сре́дства*)
crashworthy ['kræʃ͵wɜ:ðɪ] *a* 1) *тех.* ударопро́чный 2) *спец., безопа́сный (при ава́рии тра́нспортного сре́дства; о сиде́нье и т. п.*)
crass [kræs] *a* 1. по́лный, соверше́нный; ~ ignorance по́лное неве́жество; ~ stupidity соверше́ннейшая /полне́йшая/ глу́пость 2. (непроходи́мо) глу́пый 3. *редк.* гру́бый, пло́тный
crassitude ['kræsɪtju:d] *n книжн.* кра́йняя ту́пость, глу́пость
crassula ['kræsjulə] *n бот.* очи́ток (*Crassula*)
-crat [-kræt] компоне́нт сло́жных слов; в ру́сском языке́ ча́сто соотве́тствует -крат; bureaucrat бюрокра́т; plutocrat плутокра́т; autocrat автокра́т; самодержец
cratch [krætʃ] *n диал.* корму́шка для скота́ на вы́гуле
crate¹ I [kreɪt] 1. упако́вочная клеть или корзи́на; обрешётка 2. ра́ма стеко́льщика 3. *разг.* разва́люха (*о самолёте, автомоби́ле*); old ~ *амер.* дранду́лет (*об автомоби́ле*); «гроб» (*о самолёте*)
crate¹ II [kreɪt] *v* упако́вывать в я́щики *и т. п.* (*особ. в решётчатую та́ру*)
crate² [kreɪt] *n вчт.* крейт (*устро́йство, управля́емое с по́мощью ЭВМ*)
crater I ['kreɪtə] *n* 1. 1) жерло́, кра́тер (*вулка́на*); ~ lake кра́терное о́зеро; о́зеро в кра́тере поту́хшего вулка́на 2) кра́тер, чашеви́дное углубле́ние; воро́нка (*от метеори́та, снаря́да*); lunar ~ лу́нный кра́тер 2. *ист.* кра́тер, пло́ская ча́ша для вина́ (*у гре́ков и ри́млян*) 2) *церк.* крати́р (*церко́вная ча́ша*) 3. (С.) *астр.* Ча́ша (*созве́здие*)
crater II ['kreɪtə] *v* 1) покрыва́ть воро́нками, я́мами *и т. п.*; to be ~ed

by bombs [by meteorites] изрытый бомбами [метеоритами] (о земле и т. п.) 2) образовывать кратер, воронку, яму и т. п.

C. ration [ˈsiːˌræʃ(ə)n] *амер. воен.* (сухой) паёк для боевых частей и подразделений

craton [ˈkreɪtɒn] *n геол.* кратон, кратоген (*стабильный континентальный блок*)

craunch I, II [krɔːntʃ] = crunch I и II

cravat I [krəˈvæt] *n* 1. 1) широкий галстук; галстук-шарф 2) *ист.* (любой) галстук 2. *ист.* шейный платок
◇ hempen ~ «пеньковый галстук», верёвка палача

cravat II [krəˈvæt] *v* 1) надевать галстук 2) украшать галстуком, шарфом и т. п.; a black dress ~ted in white organdie чёрное платье с шарфом /воротником/ из белого органди

crave [kreɪv] *v* 1. (for, after) страстно желать, жаждать; to ~ after admiration жаждать восхищения; I'm craving for a cup of tea *разг.* ≅ до смерти хочется чаю 2) тосковать (*по чему-л.*); the lonely child ~d attention одинокому ребёнку остро не хватало ласки 2. просить, молить; to ~ mercy [pardon] молить о милосердии [о прощении]; to ~ permission просить разрешения 3. *книжн.* (по)требовать; the matter ~s considerable attention на этот вопрос нужно обратить серьёзное внимание 4. *шотл.* настойчиво требовать уплаты долга

craven I [ˈkreɪv(ə)n] *n* трус, малодушный человек

craven II [ˈkreɪv(ə)n] *a* трусливый, малодушный
◇ to cry ~ сдаться, признать себя побеждённым; струсить, спасовать

craven III [ˈkreɪv(ə)n] *v арх.* запугивать, внушать боязнь, робость

craving [ˈkreɪvɪŋ] *n* 1. (for.) 1) страстное желание, стремление; тоска (*по чему-л.*); a ~ for companionship тоска по общению, чувство одиночества 2) тяга, пристрастие (*к чему-л.*); a ~ for strong drink пристрастие к спиртному 2. страстная мольба

craw [krɔː] *n* 1. зоб (*у птицы*) 2. *презр.* желудок (*человека или животного*)
◇ to stick in one's ~ *амер.* надоедать; ≅ в зубах навязло

craw-craw [ˌkrɔːˈkrɔː] *n* злокачественная форма чесотки (*в Западной Африке*)

crawfish I, II [ˈkrɔːˌfɪʃ] *амер.* = crayfish I и II

crawk [krɔːk] *v амер.* каркать

crawl I [krɔːl] *n* 1. ползание 2. 1) медленное движение; to go at a ~ ходить, ездить *или* двигаться медленно 2) *мор.* малый ход 3. пресмыкательство, низкопоклонство 4. *сл.* обход баров, ночных клубов и т. п. 5. *спорт.* вольный стиль, кроль (*плавание*); back [front] ~ кроль на спине [на груди]; ~ swimmer кроль, пловец вольным стилем

crawl II [krɔːl] *v* 1) ползать; ползти 2) подползать, подкрадываться; the leopard ~ed towards its prey леопард подкрадывался к жертве; the dog ~ed to its master's feet собака подползла на брюхе к ногам хозяина 3) *воен.* переползать по-пластунски 2. тащиться, еле передвигать ноги (*часто* ~ about); our train ~ed over the bridge наш поезд еле тащился по мосту; days and months ~ed along дни и месяцы тянулись бесконечно; the work ~ed работа еле двигалась 3. пресмыкаться, низкопоклонствовать; to ~ to smb. ползать на брюхе перед кем-л.; to ~ back into (smb.'s)

favour подхалимством вернуть /снова завоевать/ чьё-л. расположение 4. (with) кишеть; the whole ground was ~ing with ants всё вокруг кишело муравьями; the town was ~ing with soldiers город был наводнён солдатами 5. *редк.* ползти, виться, стелиться (*о растениях*) 6. ощущать мурашки по телу; ~ мурашки по телу ползают

crawler [ˈkrɔːlə] *n* 1. *см.* crawl II + -er 2. низкопоклонник 3. *разг.* кэбмен *или* таксист, медленно едущий в ожидании пассажира 4. *pl* ползунки (*одежда для детей*) 5. *зоол.* личинка насекомых с неполным превращением 6. ползучее растение 7. 1) гусеничный трактор (*тж.* ~ tractor) 2) гусеничный ход (*тж.* ~ tread)

crawlerway [ˈkrɔːləweɪ] *n* дорога для перевозки тяжёлых ракет и космических кораблей

crawling [ˈkrɔːlɪŋ] *n* 1. ползание 2. переползание; cat ~ переползание на четвереньках; side ~ переползание на боку

crawling peg [ˈkrɔːlɪŋpeg] *фин. проф.* удержание курса валюты на относительно стабильном уровне

crawlist [ˈkrɔːlɪst] *n спорт.* кролист, пловец вольным стилем

crawlway [ˈkrɔːlweɪ] *n* 1) низкий ход, где можно передвигаться лишь ползком (*в пещере и т. п.*) 2) *тех.* узкий переходник *или* лаз

crawly [ˈkrɔːlɪ] *a разг.* испытывающий ощущение мурашек по телу

crayer [kreə] *n ист.* небольшое торговое судно

crayfish I [ˈkreɪˌfɪʃ] *n зоол.* 1) речной рак- (*Astacus, Cambarus*) 2) лангуст (*Palinurus vulgaris*)

crayfish II [ˈkreɪˌfɪʃ] *v австрал. разг.* 1. пятиться как рак 2. уклоняться, отступать; идти на попятный

crayfishing [ˈkreɪˌfɪʃɪŋ] *n* 1) ловля раков 2) промысел лангустов

crayon I [ˈkreɪən, -ɒn] *n* 1. цветной мелок; цветной карандаш; пастель; ~ paper рисовальная бумага 2. рисунок цветным мелком *или* карандашом; рисунок пастелью 3. карандаш для бровей 4. *эл.* уголь в дуговой лампе

crayon II [ˈkreɪən, -ɒn] *v* 1. рисовать цветным мелком *или* карандашом, рисовать пастелью 2. набрасывать вчерне (*план и т. п.*)

craze I [kreɪz] *n* 1. мания, пункт помешательства 2. мода, общее увлечение; a ~ for stamp-collecting увлечение коллекционированием марок; high boots are the latest ~ высокие сапоги — последний крик моды; все помешались на высоких сапогах 3. волосная трещина (*на глазури и т. п.*)

craze II [kreɪz] *v* 1. 1) сводить с ума; to be ~d with worry сходить с ума от тревоги 2) сходить с ума 2. 1) делать волосные трещины (*на глазури и т. п.*) 2) покрываться волосными трещинами (*о глазури и т. п.*)

crazed [kreɪzd] *a* 1. помешанный, сумасшедший; безумный; ~ look [expression] безумный взгляд [-ое выражение лица] 2. (about) сильно увлечённый (*чем-л. или кем-л.*); помешанный (*на чём-л. или на ком-л.*); to be ~ about smb. сходить с ума по ком-л. 2. покрытый волосными трещинами (*о глазури и т. п.*)

crazy I [ˈkreɪzɪ] *n разг.* 1. псих 2. фанатик, ~ крайний; right-wing crazies правые экстремисты

crazy II [ˈkreɪzɪ] *a* 1. сумасшедший, безумный; to go ~ сойти с ума; he is ~ with pain он обезумел от боли 2. (about) *разг.* помешанный (*на чём-л.*).

сильно увлечённый (*чем-л., кем-л.*); she is ~ about music она помешана на музыке; she is ~ about him она с ума сходит; you are ~ to go out in this stormy weather выходить в такую бурную погоду — (это) чистое безумие (с вашей стороны) 3. безумный, бредовый (*о замысле и т. п.*); a ~ idea [fancy] бредовая идея [фантазия] 4. неустойчивый, разваливающийся, распадающийся, шаткий (*о строениях, кораблях и т. п.*); the ~ light blinks whenever anyone jiggles the table неустойчивый светильник мигает, как только кто-нибудь задевает стол 5. покрытый трещинами (*о глазури и т. п.*) 6. *амер. сл.* замечательный, волнующий, потрясающий; ~! потрясно! 7. сделанный из кусков различной формы; ~ quilt *амер.* лоскутное одеяло; ~ paving *дор.* мощение без подбора камня
◇ like ~ а) с бешеной энергией; б) с бешеной скоростью; ~ like /as/ a fox коварный, хитрый; ≅ хитрый как лиса

crazy III [ˈkreɪzɪ] *adv эмоц.-усил.* чрезвычайно, в высшей степени; до сумасшествия; I was ~ anixous я чуть не спятил от волнения /беспокойства/

crazy bone [ˈkreɪzɪbəʊn] *амер.* = funny bone

crazy-cat [ˈkreɪzɪkæt] *n амер. сл.* псих

crazy house [ˈkreɪzɪhaʊs] *n разг.* сумасшедший дом

creaght [krekt] *n ирл. ист.* кочующее стадо

creak I [kriːk] *n* скрип

creak II [kriːk] *v* 1) скрипеть; a board ~ed as I crossed the floor у меня под ногами заскрипела половица 2) скрипнуть (*дверью и т. п.*)

creaker [ˈkriːkə] *n разг.* старик, старец, старуха; старый хрыч, старая хрычовка

creaking [ˈkriːkɪŋ] *a* скрипучий; ~ shoes скрипучие башмаки
◇ a ~ door hangs long on its hinges ≅ скрипучее дерево два века стоит

creaky [ˈkriːkɪ] *a* скрипучий; ~ stairs скрипучая лестница

cream¹ I [kriːm] *n* 1. сливки; крем; sour ~ сметана; whipped ~ взбитые сливки; to skim the ~ from the milk снимать сливки с молока 2. 1) крем; chocolate [vanilla] ~ шоколадный [ванильный] крем 2) пюре; суп-пюре, протёртый суп; ~ of tomato [of chicken] soup томатный суп-пюре [суп с протёрой курицей] 3) помадка (*конфета*) 4) ликёр-крем (*сладкий и густой*) 3. 1) косметический крем; face ~ крем для лица; foundation ~ крем под пудру 2) (медицинский) крем, мазь 3) (хозяйственный) крем; shoe ~ крем для обуви 4. пена 5. 1) самое лучшее, цвет (*чего-л.*); the ~ of society цвет /«сливки»/ общества 2) «соль» (*рассказа, шутки*) 6. кремовый цвет 7. буланая лошадь; a pair of ~s пара буланых 8. отстой

cream¹ II [kriːm] *a* 1. 1) содержащий сливки (*свежие или взбитые*) 2) приготовленный со сливками или сметаной; ~ sauce белый соус 3) предназначенный для сливок; ~ pitcher сливочник 4) с кремом; ~ cake [bun] пирожное [булочка] с кремом 2. 1) кремовый, кремового цвета; ~ lace кремовые кружева 2) буланый (*о лошади*)

cream¹ III [kriːm] *v* 1. (*тж.* ~ off) 1) снимать сливки 2) забирать лучшее, снимать сливки, пенки; to ~ off the best pupils and send them to special schools отбирать лучших учеников для определения в специальные школы 2. 1) наливать сливки (*в чай и т. п.*) 2) готовить со сливками 3) сбивать сливки; готовить крем 4) протирать (*овощи и т. п.*); to ~ potatoes делать картофельное пюре; to ~ chicken приготовить куриный суп-пюре /протёртый куриный суп/; to ~ sugar and butter together стирать масло с сахаром 3. пениться 4. отстаиваться, давать отстой 5. *амер. сл.* 1) убить 2) избить до полусмерти 3) разбить наголову; разгромить 4) *спорт.* разгромить, переиграть 6. *сл.* 1) обвести вокруг пальца; втереть очки (*кому-л. лестью и т. п.*) 2) добиться (*чего-л.*) без труда; *особ.* выдержать экзамен «на ура»

cream² [kri:m] *ист.* = chrism
cream cheese [ˌkri:mˈtʃi:z] сливочный сыр
cream-coloured [ˈkri:mˌkʌləd] *a* 1) кремового цвета 2) буланый (*о масти лошади*)
creamed [kri:md] *a* 1. 1) взбитый, сбитый 2) протёртый; ~ potatoes картофельное пюре 2. поданный под белым соусом; ~ peas [asparagus] горошек [спаржа] в белом соусе
creamer [ˈkri:mə] *n* 1. кувшинчик для сливок; сливочник 2. молочный сепаратор
creamery [ˈkri:m(ə)rɪ] *n* 1. маслобойня; маслодельный завод, маслозавод; сыроварня 2. молочный магазин
cream-faced [ˌkri:mˈfeɪst] *a* бледный, побелевший (*от страха*); ≅ бледный как полотно
cream horn [ˌkri:mˈhɔ:n] рожок с кремом и джемом (*пирожное*)
cream ice [ˌkri:mˈaɪs] сливочное мороженое
creaming [ˈkri:mɪŋ] *n* отстаивание; образование отстоя *или* пены
cream-laid paper [ˈkri:mleɪdˈpeɪpə] бумага верже кремового цвета
cream nut [ˌkri:mˈnʌt] = Brazil nut
cream of lime [ˌkri:məvˈlaɪm] *стр.* известковое молоко
cream of tartar [ˌkri:məvˈtɑ:tə] *хим.* винный камень
cream puff [ˌkri:mˈpʌf] 1. пирожное со взбитыми сливками, буше 2. слабый, неприспособленный к жизни человек 3. нечто пустое, малосодержательное; the play is a diverting ~ эта пьеса — занимательный пустячок
cream soda [ˌkri:mˈsəʊdə] крем-сода (*безалкогольный напиток*)
cream tea [ˌkri:mˈti:] пятичасовой чай с хлебом, топлёными сливками и вареньем
creamware [ˈkri:mweə] *n* кремовый фарфор
cream-white [ˌkri:mˈwaɪt] *a* светло-кремовый (*о цвете*)
cream-wove paper [ˈkri:mwəʊvˈpeɪpə] веленевая бумага кремового цвета
creamy [ˈkri:mɪ] *a* 1. сливочный, жирный; ~ milk [soap] жирное молоко [мыло] 2. кремовый 3. густой, мягкий; a ~ voice мягкий /бархатистый/ голос 4. *разг.* буланый (*о коне*)
crease¹ I [kri:s] *n* 1. 1) складка 2) отутюженная складка брюк 3) сгиб, сгиб; her dress was full of ~s у неё всё платье помялось 2. конёк крыши 3. коньковая черепица
crease¹ II [kri:s] *v* 1. 1) делать, закладывать складки 2) образовывать складки 2. мяться; this material ~s very easily этот материал очень мнётся 3. морщить (*лоб*) 4. *сл.* смешить; that real-

ly ~d me я чуть не лопнул со смеху 5. *спец.* загибать, фальцевать
crease² [kri:s] *v вор. жарг.* 1. оглушить; убить 2. изнемочь, «дойти»; I'm dead ~d у меня сил нет, я валюсь с ног
◊ to ~ it умереть
crease³ [kri:s] = creese
crease-resistance [ˌkri:sɪˈzɪstəns] *n* несминаемость (*ткани*)
crease-resistant, crease-resisting [ˌkri:sɪˈzɪstənt, -ˈzɪstɪŋ] *a* несминаемый (*о тканях, складках и т. п.*); немнущийся
creasing [ˈkri:sɪŋ] *n* 1. сморщивание 2. *полигр.* фальцовка
creasing machine [ˈkri:sɪŋməˌʃi:n] *тех.* станок для загибания бортов; зиг-машина
creasy [ˈkri:sɪ] *a* 1) в складках 2) помятый
create [kri:ˈeɪt] *v* 1. 1) создавать, творить; to ~ an epic [a drama, a theory, a system of philosophy] создать эпическую поэму [драму, теорию, философскую систему]; to ~ an army [a powerful industry] создать армию [мощную промышленность]; to ~ difficulties [illusions, the mood] создавать трудности [иллюзии, настроение]; to ~ a character создать образ (*об актёре*); he ~d this part он первым создал на сцене этот образ 2) *ирон.* творить, заниматься творчеством 2) вызывать, произвести; to ~ a feeling of surprise вызвать чувство удивления; to ~ a painful feeling in the throat вызвать болезненное ощущение в горле; his behaviour ~d a bad impression его поведение произвело плохое впечатление 3. *офиц.* возводить в звание; присваивать титул; the queen ~d him a knight королева возвела его в рыцарское достоинство 2. *разг.* 1) волноваться, суетиться; you needn't ~ about it вам не следует расстраиваться по этому поводу 2) поднимать шум, устраивать бучу; he is always creating about nothing он всегда поднимает шум из-за пустяков; the baby stopped creating and went to sleep ребёнок перестал капризничать и заснул
creatine [ˈkri:ətɪn] *n хим.* креатин
creation [kri:ˈeɪʃ(ə)n] *n* 1. 1) созидание; творчество 2) создание, творение; ~ of the brain плод воображения 3) произведение (*науки, искусства и т. п.*); ~ of genius гениальное произведение 4) воплощение (*сценическое и т. п.*) 5) *спец.* образование, возникновение; pair ~ *физ.* рождение пар (*частиц*) 2. *возвыш.* 1) мироздание; the whole ~ вселенная 2) *собир.* всё живое; man is the lord of ~ человек — царь всего живого 3) (the C.) *рел.* сотворение мира 3. *офиц.* присвоение титула; возведение в достоинство (*особ. в достоинство пэра*) 4. произведение моделью женской одежды; the latest ~s from Paris последние парижские модели (*платьев, шляп и т. п.*)
◊ to beat /to lick/ (all) ~ превзойти все ожидания; it licks all ~ это уж чересчур, дальше ехать некуда
creationism [kri:ˈeɪʃ(ə)nɪz(ə)m] *n* креационизм (*религиозное учение о божественном сотворении мира*)
creative I [kri:ˈeɪtɪv] *n амер. разг.* творческий работник
creative II [kri:ˈeɪtɪv] *a* творческий, созидательный; ~ abilities творческие способности; ~ power творческая /созидательная/ сила; ~ frustration творческое бессилие
creativity [ˌkri:eɪˈtɪvɪtɪ] *n* 1. творческие способности, способность к созданию (*чего-л.*) 2. *информ.* креативность, потенциал информации

creator [kri:ˈeɪtə] *n* 1. *см.* create + -or 2. 1) творец, созидатель, создатель (*чего-л.*) 2) (the C.) создатель (*о боге*)
creature [ˈkri:tʃə] *n* 1. создание, творение, живое существо; ~s from outer space существа из космоса, инопланетяне; all ~s great and small все твари, большие и малые (*люди и животные*) 2. 1) человек, создание (*обыкн. с эпитетом*); lovely ~ прелестное создание (*обыкн. о женщине*); poor ~ бедное /жалкое/ создание; good ~ добрая душа; not a ~ would help him ни одна душа не хотела помочь ему 2) *обыкн. презр.* тварь 3. 1) тварь, животное 2) *амер.* домашнее животное 4. креатура, ставленник; слепой исполнитель, орудие в (*чьих-л.*) руках 5. (the ~) *шутл.* спиртные напитки, *особ.* виски
creature comforts [ˌkri:tʃəˈkʌmfəts] жизнеобеспечение; пища, одежда, жильё; необходимые земные блага
creche, crèche [kreɪʃ] *n* 1. детские ясли 2. приют, воспитательный дом (*для брошенных младенцев*) 3. рождественский вертеп (*модель пещеры с яслями, младенцем Христом, его матерью и т. п.*)
credence [ˈkri:d(ə)ns] *n* 1. вера, доверие; to give ~ to smb. оказать доверие кому-л.; to give ~ to gossip верить сплетням; to refuse ~ отказать в доверии; to find ~ пользоваться доверием; letter of ~ рекомендательное письмо 2. *церк.* жертвенник (*в алтаре; тж.* ~ table)
credenda [krɪˈdendə] *n pl лат. рел.* догматы веры
credent [ˈkri:d(ə)nt] *a редк.* доверчивый
credential [krɪˈdenʃ(ə)l] *n* 1. 1) мандат; удостоверение личности; committee on ~s мандатная комиссия 2) *pl* верительные грамоты (*посла*); ~s committee комитет по проверке полномочий, мандатная комиссия 2. *амер.* диплом (*университета, колледжа*); диплом о высшем образовании
credentialism [krɪˈdenʃ(ə)lɪz(ə)m] *n неодобр.* оценка (*работника*) по документам, диплому *и т. п.* (*обыкн. при приёме на работу*)
credenza [krɪˈdenzə] = credence 2
credibility [ˌkredəˈbɪlɪtɪ] *n* 1. правдоподобие, вероятность 2. надёжность; (заслуженное) доверие; to restore one's ~ восстановить доверие к себе; the ~ of a witness надёжность свидетеля
credibility gap [ˌkredəˈbɪlɪtɪgæp] 1. кризис доверия 2. расхождение; противоречие; the ~ between their ideals and practices противоречие между их идеалами и делами
credible [ˈkredəb(ə)l] *a* 1. правдоподобный, вероятный; it hardly seems ~ этому трудно поверить 2. заслуживающий доверия (*о человеке*); надёжный; after this latest affair he hardly seems ~ as a politician после последнего скандала он вряд ли может пользоваться доверием как политический деятель
credibly [ˈkredəblɪ] *adv* достоверно; to be ~ informed that... иметь достоверные известия о том, что...
credit I [ˈkredɪt] *n* 1. вера, доверие; to give ~ to smth. поверить чему-л.; to put /to place/ ~ in hearsay поверить слухам /молве/; to lose ~ потерять доверие; the latest news lend ~ to the earlier reports последние известия подтверждают полученные ранее сообщения 2. 1) репутация (*обыкн.* хорошая); надёжность; доброе имя; he is a man of ~ он человек, пользующийся хорошей репутацией; на него можно положиться

2) влияние, значение; уважение; he resolved to employ all his ~ in order to prevent the marriage он решил использовать всё своё влияние, чтобы помешать этому браку 3. честь, заслуга; ~ line выражение благодарности в чей-л. адрес (*в книге и т. п. за помощь в работе, за разрешение перепечатки и т. п.*); to do smb. ~, to ~ to smb., to stand to smb.'s ~ — делать честь кому-л.; to take /to get/ ~ for smth. приписывать себе честь чего-л., ставить себе в заслугу что-л.; to give smb. ~ for smth. a) признавать что-л. за кем-л.; we give him ~ for the idea мы признаём, что это была его идея; б) считать, полагать; I gave you ~ for being a more sensible fellow я думал, что вы благоразумнее; give me ~ for some brains! не считай меня круглым дураком!; the boy is a ~ to his parents родители могут гордиться таким мальчиком; it is greatly to your ~ that you have passed such a difficult examination успешная сдача такого трудного экзамена делает вам честь; she's not yet 30 years old and already she has 5 books to her ~ ей ещё нет тридцати лет, а у неё на счету пять книг 4. *амер.* 1) зачёт; удостоверение о прохождении (*какого-л.*) курса в учебном заведении; ~ course обязательный предмет (*в отличие от факультатива*); French is a 3-hour ~ course по французскому языку проводятся три часа обязательных занятий в неделю; ~ student полноправный студент (*в отличие от вольнослушателя*); he needs three ~s to graduate до выпуска ему осталось (сдать) три экзамена 2) балл(ы) за прослушанный курс *или* сдачу экзаменов; ~s in history and geography отметки о сдаче полного курса по истории и географии 3) положительная оценка (*на экзамене*) 5. *ком., фин.* кредит; long(-term) [short(-term)] ~ долгосрочный [краткосрочный] кредит; blank ~ бланковый кредит, кредит без обеспечения; ~ standing кредитоспособность, финансовое положение (*фирмы и т. п.*); ~ rating оценка кредитоспособности; ~ insurance страхование кредитов, страхование от неуплаты долга; ~ squeeze ограничение кредита; кредитная рестрикция; ~ on mortgage ипотечный кредит; letter of ~ аккредитив; кредитное письмо; to buy [to sell] on ~ покупать [продавать] в кредит; no ~ is given in this shop в этом магазине нет продажи в кредит 6. *бухг.* 1) кредит, правая сторона счёта; to place to the ~ of an account записать в кредит счёта 2) сумма, записанная на приход 7. *pl* = credit titles

credit II [ˈkredɪt] *v* 1. верить, доверять; to ~ a story [a statement, an author] верить рассказу [заявлению, автору] 2. (with) приписывать (*кому-л., чему-л.*); to ~ smb. with a quality [with a feeling] приписывать кому-л. какое-л. качество [чувство]; these remarks are ~ed to Plato эти замечания приписываются Платону; the shortage of wheat was ~ed to lack of rain неурожай пшеницы объясняли (почти полным) отсутствием дождей; please ~ me with some sense! ≅ пожалуйста, не считай меня круглым дураком! 3. *амер.* принять зачёт; выдать удостоверение о прохождении курса 4. *бухг.* кредитовать (счёт); to ~ a sum to smb., to ~ smb. with a sum записать сумму в кредит чьего-л. счёта

creditable [ˈkredɪtəb(ə)l] *a* 1. похвальный, делающий честь; ~ attempt похвальная попытка; an action ~ to him

who performed it поступок, делающий честь тому, кто его совершил 2. надёжный; a ~ bank банк, на который можно положиться; a ~ student студент, в котором можно быть уверенным 3. приписываемый; an invention ~ to Edison изобретение, которое можно отнести на счёт Эдисона

credit account [ˈkredɪtəˌkaʊnt] 1. *бухг.* счёт с кредитным сальдо; счёт пассива (баланса) 2. *амер. ком.* кредит по открытому счёту (*в магазине*)

credit card [ˈkredɪtkɑːd] *банк.* кредитная карточка (*заменяет наличные деньги и чеки*)

credit note [ˈkredɪtnəʊt] *ком.* кредитовое авизо (*выдаётся покупателю, вернувшему покупку, на право приобретения другого товара на ту же сумму*)

creditor [ˈkredɪtə] *n* 1. 1) кредитор; ~ on mortgage ипотечный кредитор; preferred ~ кредитор, пользующийся правом преимущественного удовлетворения 2) фирма, предоставляющая коммерческий кредит; магазин, торгующий в кредит 2. правая сторона бухгалтерской книги, кредит

◊ ~s have better memories than debtors *посл.* у заимодавцев память лучше, чем у должников

credit-side [ˈkredɪtsaɪd] правая сторона счёта *или* баланса; кредит счёта

credit titles [ˈkredɪtˌtaɪtlz] *кино* титры с перечислением участников постановки

credit union [ˈkredɪtˌjuːnɪən] *амер.* кредитный союз (*вид сберегательного учреждения*)

creditworthiness [ˈkredɪtˌwɜːðɪnɪs] *n ком.* кредитоспособность

creditworthy [ˈkredɪtˌwɜːðɪ] *a ком.* кредитоспособный

credo [ˈkriːdəʊ, ˈkreɪ-] *n* (*pl* -os [-əʊz]) 1. кредо, убеждения 2. (С.) *церк.* символ веры 3. (С.) *муз.* кредо (*часть мессы*)

credulity [krɪˈdjuːlɪtɪ] *n* доверчивость, легковерный

credudous [ˈkredjʊləs] *a* доверчивый, легковерный

credulousness [ˈkredjʊləsnɪs] = credulity

creed [kriːd] *n* 1. кредо, убеждения; political and artistic ~ политические и художественные пристрастия 2. *церк.* 1) (the C.) символ веры; the Apostles' C. апостольский символ веры 2) вероисповедание

creek [kriːk] *n* 1. небольшой залив *или* бухта; устье реки 2. *преим. амер.* рукав реки; приток; ручей, небольшая река

◊ up the ~ a) в затруднительном или неприятном положении; to be up the ~ влипнуть, попасться; б) странный, чудаковатый; ≅ с приветом; в никуда негодный; his driving is up the ~ он из рук вон плохой водитель

creeky [ˈkriːkɪ] *a* 1) изрезанный (*о береге*) 2) изобилующий удобными местами для (якорной) стоянки

creel[1] [kriːl] *n* 1) плетёная корзина для рыбы 2) верша (*для ловли рыбы*)

creel[2] [kriːl] *n текст.* рама для катушек; катушечная стойка

creep I [kriːp] *n* 1. *pl разг.* содрогание; мурашки; to give the ~s привести в содрогание, бросить в дрожь 2. очень медленное движение 3. лаз для скота (*в изгороди*) 4. *прост.* 1) подонок, гадина 2) скучный человек, зануда 5. *прост.* 1) вор, воришка 2) мелкая кража 6. *воен.* трал для подводных лодок 7. *тех.* крип, ползучесть 8. *эл.* просачивание, утечка по поверхности 9. *геол.* оползание 10. *ж.-д.* угон пути

creep II [kriːp] *v* (crept) 1. ползать, ползти; the caterpillar crept away гусеница уползла; huge glaciers ~ slowly into the waters of the ocean громадные ледники медленно сползают в воды океана 2. еле передвигать ноги (*о старых и больных*) 3. 1) красться, подкрадываться; to ~ about on tiptoe красться на цыпочках; the sea crept noiselessly up the shore прилив бесшумно подступал к берегу 2) (over, upon) подкрадываться, надвигаться незаметно (*о времени, возрасте и т. п.*); old age comes ~ing upon one unnoticed старость подкрадывается незаметно; a feeling of drowsiness crept over him его охватила дремота 4. стелиться, виться (*о растениях*) 5. пресмыкаться, прислуживаться, подлизываться, раболепствовать 6. (into) вкрадываться, вползать; прокрадываться; some mistakes have crept into the text в текст вкрались некоторые ошибки; to ~ into smb.'s favour втираться кому-л. в доверие 7. чувствовать мурашки по телу, содрогаться; this made her flesh ~ от этого у неё по телу мурашки забегали 8. *мор.* тралить 9. *тех.* набегать по инерции (*о ремне*)

◊ to have always a hole to ~ out at иметь всегда наготове лазейку; learn to ~ before you leap *посл.* научись сначала ползать, а уж потом скакать

creepage [ˈkriːpɪdʒ] *n* 1. очень медленное движение 2. скользящий разряд 3. *тех.* ползучесть

creep dive [ˈkriːpdaɪv] *амер. сл.* кабак; притон

creeper [ˈkriːpə] *n* 1. см. creep II + -er 2. *бот.* 1) ползучий побег; ползучее растение 2) корневой побег, побег от корневища 3. *зоол.* пресмыкающееся, рептилия 4. *зоол.* малый дятел (*Dendrocopus minor*) 5. *пренебр.* холуйствующий карьерист; карьерист, лестью и раболепием добивающийся продвижения 6. *pl* ползунки (*одежда для детей*) 7. *pl* 1) шипы на подошвах 2) обувь на толстой резине 8. гидрографический трал, драга

creep feed, creep feeding [ˈkriːpfiːd, -ˌfiːdɪŋ] *с.-х.* подкормка для молодняка

creephole [ˈkriːphəʊl] *n* 1) лазейка; лаз 2) увёртка, предлог; лазейка (*для того, чтобы уклониться от чего-л.*)

creepie [ˈkriːpɪ] *n диал.* низкая табуретка

creepie-peepie [ˌkriːpɪˈpiːpɪ] *n разг.* портативный телевизионный передатчик, портативная телекамера

creep in [ˈkriːpɪn] *phr v* вкрадываться; a misprint has crept in вкралась опечатка

creeping [ˈkriːpɪŋ] *a* 1. 1) ползающий (*о насекомых и т. п.*) 2) ползучий (*о растениях*) 2. медленный; расслабленный; ~ gait медленная походка 3. раболепствующий, холуйствующий; ~ sycophant подхалим 4. ползучий, медленно надвигающийся; ~ urbanization медленный, но неотвратимый рост городов, непрекращающаяся урбанизация

◊ ~ Jesus подхалим, подлиза

creeping barrage [ˌkriːpɪŋˈbærɑːʒ] *воен.* подвижный заградительный огонь, огневой вал

creeping eruption [ˌkriːpɪŋɪˈrʌpʃ(ə)n] 1. *мед.* ползучая сыпь 2. *вет.* разлитой дерматит

creepingly [ˈkriːpɪŋlɪ] *adv* 1. ползком, незаметно 2. подло, рабски; ≅ на брюхе

CRE — CRI

creeping sickness [ˈkriːpɪŋˌsɪknɪs] *мед.* отравление спорыньёй; злая корча, эрготизм

creep-joint [ˈkriːpdʒɔɪnt] *n амер. сл.* 1) = creep dive 2) подпольный игорный дом

creep trough [ˈkriːptrɒf] *с.-х.* кормушка для подкормки молодняка

creepy [ˈkriːpɪ] *a* 1. 1) вызывающий мурашки, гадливость; бросающий в дрожь; противный 2) испытывающий чувство гадливости; I feel somehow quite ~ at the thought of what's coming меня бросает в дрожь /передёргивает, коробит/ при мысли о том, что может произойти 3) *разг.* страшный, жуткий; a ~ old house старый дом, в котором жутковато; children like ~ stories дети любят страшные сказки 2. ползающий, медленно двигающийся 3. пресмыкающийся, раболепный

creepy-crawly I [ˌkriːpɪˈkrɔːlɪ] *n* ползучая тварь (*о насекомом, червяке и т. п.*)

creepy-crawly II [ˌkriːpɪˈkrɔːlɪ] = creepy

creese [kriːs] *n* крис, малайский кинжал

creesh, creish [kriːʃ] *n шотл.* сало, жир

cremains [krɪˈmeɪnz] *n pl* пепел (*после кремации*); прах кремированного [< cremated + remains]

cremate [krɪˈmeɪt] *v* кремировать; сжигать (*трупы*)

cremation [krɪˈmeɪʃ(ə)n] *n* кремация; сжигание (*трупов*)

cremator [krɪˈmeɪtə] *n* 1. см. cremate + -or 2. крематорная печь 3. печь для сжигания отходов, мусора *и т. п.*

crematoria [ˌkreməˈtɔːrɪə] *pl от* crematorium

crematorium [ˌkreməˈtɔːrɪəm] *n (pl тж. -ria)* крематорий

crematory [ˈkremət(ə)rɪ] = crematorium

crème [krem] *n фр.* 1. крем; ~ brûlée крем-брюле (*десерт*) 2. ликёр-крем (*сладкий и густой*); ~ de menthe мятный ликёр

crème de la crème [ˌkremdəlɑːˈkrem] *фр.* цвет, сливки; цвет общества, элита

cremocarp [ˈkreməkɑːp] *n бот.* вислоплодник

Cremona [krɪˈməʊnə] *n муз.* (скрипка) кремона (*мастеров Амати, Страдивари или Гварнери*)

crenate [ˈkriːneɪt] *a бот.* городчатый, округлозубчатый (*о листе*)

crenel [ˈkren(ə)l] = crenelle

crenellate [ˈkren(ə)leɪt] *v* сооружать (*в стене башни*) бойницы или амбразуры

crenelle [krəˈnel] *n архит.* амбразура

crenulate [ˈkrenjʊlɪt] *a бот., зоол.* мелкозазубренный

Creole I [ˈkriːəʊl] *n* 1. креол; креолка 2. *лингв.* креолизированный язык 3. (*тж. с.*) *амер.* тяжёлая рабочая обувь

Creole II [ˈkriːəʊl] *a* 1. креольский, относящийся к креолам или креольскому диалекту; ~ village креольская деревня; ~ cooking креольская кухня 2. под креольским соусом, приготовленный с соусом из помидоров, перца, лука с острыми приправами; shrimp ~ креветки по-креольски
◊ the C. State *амер.* «Креольский штат» (*шутливое название штата Луизиана*)

creolized [ˈkriːə(ʊ)laɪzd] *a лингв.* креолизированный, включающий креольские элементы

creophagous [krɪˈɒfəgəs] *a зоол.* плотоядный

creosote [ˈkriːəsəʊt] *n хим.* креозот

crepance [ˈkriːpəns] *n вет.* засечка ноги

crepe [kreɪp] *n* 1. 1) *текст.* креп 2) *мн.* траурная повязка 2. креп (*натуральный каучук*); ~ rubber каучук, идущий на подошвы 3. гофрированная бумага (*тж.* ~ paper) 4. тонкий блинчик

crêpe [kreɪp] *фр.* = crepe 1 *и* 4

crêpe de Chine [ˌkreɪpdəˈʃiːn] крепдешин

crêpe suzette [ˌkreɪpsʊˈzet] блинчик «сюзет», тонкий блинчик с апельсиновым вареньем и ликёром

crepitaculum [ˌkrepɪˈtækjʊləm] *n амер.* погремок (*у гремучей змеи*)

crepitant [ˈkrepɪt(ə)nt] *a* производящий шум или стрекотание, стрекочущий (*о сверчках, кузнечиках и т. п.*)

crepitate [ˈkrepɪteɪt] *v* 1. 1) хрустеть, потрескивать 2) стрекотать 2. хрипеть

crepitation [ˌkrepɪˈteɪʃ(ə)n] *n* 1. 1) хруст, потрескивание 2) стрекотание 2. *мед.* крепитация, хрустящие хрипы, крепитирующие хрипы

crepitus [ˈkrepɪtəs] *n мед.* крепитация

crepon [ˈkrepɒn] *n текст.* крепон

crept [krept] *past и p. p. от* creep II

crepuscle [krɪˈpʌs(ə)l] *n редк.* сумерки

crepuscular [krɪˈpʌskjʊlə] *a* 1. сумеречный, тусклый 2. ночной (*о летучей мыши, некоторых насекомых и т. п.*)

crepuscule [ˈkrepəskjuːl] = crepuscle

crescendo [krɪˈʃendəʊ] *n (pl* -os [-əʊz]) 1. *муз.* крещендо 2. нарастание; пик, верх; the demands for an election rose to a ~ требования о проведении выборов всё нарастали /раздавались всё громче и громче/

crescent I [ˈkres(ə)nt] *n* 1. 1) лунный серп; полумесяц 2) первая или последняя четверть Луны, Венеры *и т. п.* 2. 1) что-л. имеющее форму полумесяца 2) дома, стоящие полукругом 3) рогалик 3. 1) полумесяц, эмблема, герб турецкого государства 2) магометанство, ислам

crescent II [ˈkres(ə)nt] *a* 1. имеющий форму полумесяца, серповидный; ~ pin брошка (*булавка*) в форме полумесяца 2. растущий, нарастающий; ~ darkness сгущающаяся тьма

crescive [ˈkresɪv] = crescent II 2

cresol [ˈkriːsɒl, -səʊl] *n хим.* крезол

cress [kres] *n бот.* кресс-салат (*Lepidium sativum*)

cresset [ˈkresɪt] *n* факел, светоч; светильник

crest I [krest] *n* 1. гребень, гребешок (*петуха*); хохолок (*птицы*) 2. грива, холка 3. 1) гребень (*волны, гор*); on the ~ of the wave а) на гребне волны; б) на вершине славы 2) *геол.* вершина (*антиклинали, седла*) 3) *анат.* гребешок (*кости*) 4. конёк (*крыши*); гребень (*кровли, насыпи, борозды, витков резьбы*) 5. 1) нашлемник, гребень шлема 2) *поэт.* шлем 6. *геральд.* украшение наверху гербового щита 7. *редк.* гордость, спесь, чванство 8. *тех.* максимальное значение; пик (*нагрузки*) 9. *физ.* вершина волны или импульса

crest II [krest] *v* 1. украшать гребнем; увенчивать; the stately mansion ~ed the hill величественный замок увенчивал /венчал/ холм 2. достигать вершины, гребня 3. *редк., поэт.* подниматься, вздыматься (*о волнах*) 4. *редк.* держаться гордо, надменно

crested [ˈkrestɪd] *a* 1. снабжённый, украшенный гребнем, хохолком; ~ bird хохлатая птица 2. украшенный гербом; ~ shield [noteрaper] щит [почтовая бумага] с гербом

crestfallen [ˈkrestˌfɔːl(ə)n] *a* упавший духом, унылый; удручённый

Cretaceous I [krɪˈteɪʃəs] *n* (the ~) *геол.* меловой период

Cretaceous II [krɪˈteɪʃəs] *a* 1. (*тж. с.*) меловой; содержащий мел; C. period *геол.* меловой период

Cretan I [ˈkriːt(ə)n] *n* житель или уроженец Крита; критянин; критянка

Cretan II [ˈkriːt(ə)n] *a* критский, относящийся к Криту или критянам

cretin [ˈkretɪn] *n* 1) *мед.* кретин 2) кретин, болван, идиот

cretinism [ˈkretɪnɪz(ə)m] *n мед.* кретинизм

cretonne [kreˈtɒn, ˈkretɒn] *n текст.* кретон

crevasse [krɪˈvæs] *n* 1. *геол.* расселина, глубокая трещина (*обыкн. ледника*) 2. *амер.* прорыв дамбы

crevice [ˈkrevɪs] *n* 1) трещина, расщелина, щель 2) *геол.* трещина, содержащая жилу

crew¹ I [kruː] *n* 1. 1) судовая команда; экипаж (*судна и т. п.*); airplane ~ экипаж самолёта; ground ~ посадочная команда, команда обслуживания; landing ~ аэродромная команда; tank ~ экипаж танка 2) *мор.* матросы; рядовые моряки; officers and ~ офицеры и матросы 2. *спорт.* 1) команда (*на шлюпке и т. п.*); racing ~ команда гребцов 2) гребной спорт; he went out for ~ он увлекался греблей 3. 1) бригада, артель; maintenance ~ ремонтная бригада; бригада техобслуживания; a ~ of loggers артель лесорубов; stage ~ for a new play состав исполнителей для новой пьесы 2) *ж.-д.* кондукторская бригада 4. *воен.* орудийный или пулемётный расчёт 5. *обыкн. пренебр.* компания, шайка; a noisy ~ шумная компания; rough ~ ≅ хулиганьё; we were such a happy ~ у нас была такая хорошая компания, мы все так дружили; all the ~ of jobbers and swindlers вся шайка проходимцев и мошенников 6. *разг. см.* crew cut

crew¹ II [kruː] *v* быть членом команды, *особ.* шлюпки; will you ~ for me in tomorrow's race? ты не погребёшь за меня на завтрашних гонках?

crew² [kruː] *past от* crow² II

crew cut [ˈkruːkʌt] мужская короткая стрижка «ёжик»

crewcut [ˈkruːkʌt] *a* 1. остриженный под ёжик 2. *студ. жарг.* учащийся привилегированного высшего учебного заведения

crewel [ˈkruːəl] *n* 1) тонкая шерстяная пряжа (*для вышивания*) 2) = crewel-work

crewels [ˈkruːəlz] *n pl шотл.* золотуха

crewel-work [ˈkruːəlwɜːk] *n* вышивка шерстью на ткани

crew escape module [ˈkruːɪsˌkeɪpˌmɒdjuːl] отделяемый отсек экипажа (*космического корабля*)

crew list [ˈkruːlɪst] *мор.* список экипажа, судовая роль

crewman [ˈkruːmən] *n (pl* -men [-mən]) 1. член бригады 2. *амер. воен.* 1) номер расчёта 2) член экипажа (*самолёта*) 3) член команды (*корабля*)

crewmate [ˈkruːmeɪt] *n* товарищ по службе на одном корабле

crewmember [ˈkruːˌmembə] *n* член экипажа (*корабля и т. п.*)

crew module [ˈkruːˌmɒdjuːl] отсек экипажа (*космического корабля*)

crew neck [ˈkruːnek] вырез лодочкой (*на фуфайке и т. п.*)

crew socks [ˈkruːsɒks] толстые короткие носки (*обыкн. в резинку*)

crib I [krɪb] *n* 1. 1) детская кроватка (*с боковыми стенками*) 2) колыбель

(*часто плетёная*) **2.** плетёная корзинка **3. 1)** ясли, кормушка **2)** хлев, стойло **4. 1)** хижина, лачуга; небольшая комната **2)** *сл.* жильё (*особ. временное*); приют, крыша над головой; место для ночёвки **5. 1)** *вор. жарг.* квартира, жилой дом, магазин (*как объект грабежа*) **2)** *сл.* кабак, притон **3)** *сл.* ночной клуб **6.** *амер. сл.* **1)** публичный дом (*дешёвый*) **2)** спальня в борделе **7. 1)** *разг.* подстрочник, ключ; interlinear ~ подстрочник для перевода стихов **2)** *школ. разг.* шпаргалка **8.** *сл.* плагиат **9.** *вор. жарг.* сейф, стальная камера **10.** *редк.* мелкая кража **11.** верша для ловли рыбы **12.** небольшой плот из досок (*в США и Канаде*) **13.** *разг. сл.* = cribbage 1 **14.** = creche **15.** = crib tin **16.** *стр.* **1)** ряж **2)** сруб **17.** *горн.* костровая крепь **18. 1)** закром, ларь **2)** инструментальная кладовая **19.** полость для захоронения радиоактивных отходов
◊ public ~ *амер.* казна; казённая кормушка; to feast at the public ~ пристроиться к казённому пирогу

crib II [krɪb] *v* **1.** запирать, заключать в тесное помещение **2.** оборудовать кормушкой (*хлев, конюшню и т. п.*) **3.** *разг.* **1)** совершать плагиат, списывать **2)** красть, воровать **4.** *школ. разг.* списывать, сдирать, пользоваться шпаргалкой; to ~ out of another's exercise-book списать с чужой тетради

cribbage ['krɪbɪdʒ] *n* **1.** криббидж (*карточная игра*) **2.** *разг.* плагиат
cribbage-board ['krɪbɪdʒbɔ:d] *n* доска с дырками и колышками для счёта при игре в криббидж
cribbage-faced [,krɪbɪdʒ'feɪst] *a* рябой
crib-biting ['krɪb,baɪtɪŋ] *n вет.* прикус (*у лошади*)
cribble ['krɪb(ə)l] *n уст.* решето; грохот, сито
crib death ['krɪbdeθ] = cot death
crib note ['krɪbnəʊt] *разг.* шпаргалка
cribrate ['krɪbrəɪt] *a спец.* решётчатый
cribriform ['krɪbrɪfɔ:m] *a спец.* решётчатый, ситовидный
cribrose ['krɪbrəʊs] = cribriform
crib tin ['krɪbtɪn] *австрал., новозел.* коробка *или* судок с завтраком (*которые берут на работу*)
crick¹ I [krɪk] *n* растяжение мышц (*особ. шейных*)
crick¹ II [krɪk] *v* растянуть мышцу; to ~ one's neck растянуть шейную мышцу
crick² [krɪk] *v* стрекотать
crick-crack [,krɪk'kræk] *n* стрёкот, стрекотание
cricket¹ ['krɪkɪt] *n энт.* сверчок (*Gryllus spp.*)
◊ as cheerful /lively, merry/ as a ~ живой, жизнерадостный
cricket² I ['krɪkɪt] *n* **1.** *спорт.* крикет **2.** *разг.* честная игра; his behaviour was not ~ он поступил неэтично /некорректно/; not ~! не по правилам!; нечестно!
cricket² II ['krɪkɪt] *v* играть в крикет
cricketer ['krɪkɪtə] *n* игрок в крикет
cri de cœur [,kri:də'kɜ:] *фр.* вопль души
crier ['kraɪə] *n* **1.** крикун **2.** *ист.* глашатай **3.** чиновник суда, публично объявляющий предписания *и т. п.* **4.** уличный торговец, расхваливающий свой товар
crikey ['kraɪkɪ] *int разг.* ≅ вот так да!, ну и ну! (*восклицание, выражающее удивление*)
crime I [kraɪm] *n* **1.** преступление; capital ~ преступление, наказуемое смертной казнью; property ~ преступление против собственности; имущественное преступление; violent ~ преступление против личности; ~s against humanity преступления против человечности; ~ of omission преступная бездеятельность; ~ against nature противоестественное преступление (*обыкн. сексуальное*); to commit /to perpetrate/ a ~ совершить преступление **2)** преступность; organized ~ преступные организации (*мафия и т. п.*); организованная преступность (*особ. содержание игорных домов, борделей и т. п.*); ~ wave волна преступности; ~ was increasing in the city в городе росла преступность; to be steeped in ~ погрязнуть в преступлениях **2.** неправильное поведение; безобразие, непорядок; such waste of opportunities is a ~ упускать такие возможности — преступление /просто грех/; it is a ~ that so much food should be wasted безобразие выбрасывать столько продуктов; it is a ~ to have to work on Sundays непорядок /возмутительно/, что приходится работать по воскресеньям

crime II [kraɪm] *v воен.* выносить приговор
Crimean I [kraɪ'mɪən] *n* житель *или* уроженец Крыма
Crimean II [kraɪ'mɪən] *a* крымский
crime fiction [,kraɪm'fɪkʃ(ə)n] детективная литература; детективы
crime passionnel [,kri:m,pa:sjə'nel] *фр.* преступление, совершённое на сексуальной почве
crime-ridden ['kraɪm,rɪdn] *a* страдающий от преступности (*о городе*); наводнённый преступными элементами
crime sheet ['kraɪmʃi:t] *воен.* обвинительное заключение
crime story [kraɪm,stɔ:rɪ] детективный роман *или* фильм, детектив
criminal I ['krɪmɪn(ə)l] *n* **1)** преступник; war [state] ~ военный [государственный] преступник; habitual ~ профессиональный преступник, рецидивист **2)** лицо, виновное в совершении преступления
criminal II ['krɪmɪn(ə)l] *a* **1.** преступный, криминальный, *особ.* уголовный; ~ action а) преступное деяние; б) уголовный иск; ~ case уголовное дело; ~ code уголовный кодекс; ~ law уголовное право, уголовное законодательство; ~ lawyer а) криминалист, специалист по уголовному праву; б) юрист, ведущий уголовные дела; ~ intention преступный умысел; ~ negligence преступная неосторожность /халатность/ **2.** *разг.* безобразный, недопустимый; it is ~ to ignore this invention недопустимо игнорировать это изобретение
◊ ~ conversation /connexion/ *юр. уст.* прелюбодеяние, адюльтер
criminal chromosome ['krɪmɪn(ə)l'krəʊməsəʊm] *биол.* лишняя Y-хромосома у мужчин
Criminal Investigation Department ['krɪmɪn(ə)lɪn,vestɪ'geɪʃ(ə)ndɪ,pɑ:tmənt] департамент уголовного розыска (*лондонской полиции*)
criminalist ['krɪmɪnəlɪst] *n* криминалист, специалист по уголовному праву
criminalistics [,krɪmɪnə'lɪstɪks] *n* криминалистика
criminality [,krɪmɪ'nælɪtɪ] *n* **1)** преступность, виновность **2)** преступное деяние
criminalization [,krɪmɪnəlaɪ'zeɪʃ(ə)n] *n* **1.** вовлечение в преступную деятельность; превращение в преступников **2.** криминализация, объявление какой-л. деятельности противозаконной (*ношение оружия, курение опиума и т. п.*); ~ of the distribution of drugs принятие закона об уголовной ответственности за торговлю наркотиками
criminalize ['krɪmɪnəlaɪz] *v* **1.** толкнуть на путь преступлений, сделать преступником **2.** внести какие-л. деяния в разряд противозаконных (*ношение оружия, курение опиума и т. п.*);
criminally ['krɪmɪn(ə)lɪ] *adv* **1.** в соответствии с уголовным законодательством; to proceed against smb. ~ привлечь кого-л. к суду в соответствии с уголовным правом **2.** преступно; to be ~ negligent проявить преступную халатность
criminate ['krɪmɪneɪt] *v книжн.* **1. 1)** обвинять в совершении преступления **2)** инкриминировать; вменять в вину **3)** выносить обвинительный приговор **2.** осуждать, порицать
crimination [,krɪmɪ'neɪʃ(ə)n] *n книжн.* **1.** обвинение в преступлении (*обыкн. тяжком*) **2.** резкое порицание
criminative ['krɪmɪnətɪv] *a* книжн. обвинительный, обличительный
criminator ['krɪmɪneɪtə] *n книжн.* обвинитель
criminatory ['krɪmɪnət(ə)rɪ] *a книжн.* обвиняющий, обличающий
criminology [,krɪmɪ'nɒlədʒɪ] *n* криминология
criminous ['krɪmɪnəs] *a редк.* **1.** криминальный; ~ story детективный роман **2.** преступный; ~ clerk *ист.* священник, нарушивший закон
crimmer ['krɪmə] *n* «крымская» мерлушка (*серая*)
crimp¹ I [krɪmp] *n амер.* помеха, препятствие; to put a /the/ ~ in a scheme помешать (*в чём-л.*), расстроить план
crimp¹ II [krɪmp] *v* **1.** ограничивать, стеснять (*чью-л. свободу действий*) **2.** подрывать ограничениями, трудновыполнимыми условиями (*план, замысел*) **3.** *амер. разг.* понижать в должности *или* звании
crimp² I [krɪmp] *n* **1.** *обыкн. pl амер.* уложенные, завитые волосы **2.** *лес.* волнистость (*древесины*)
crimp² II [krɪmp] *a* **1.** хрупкий, ломкий; хрустящий **2. 1)** гофрированный (*о материи*) **2)** волнистый (*о волосах*) **3.** *лес.* волнистый (*о плохо просушенной древесине*)
crimp² III [krɪmp] *v* **1. 1)** гофрировать; плоить **2)** укладывать, завивать **2.** надрезать свежепойманную рыбу (*для сохранения упругости*)
crimp³ I [krɪmp] *n ист.* агент, вербующий солдат *или* матросов обманным путём
crimp³ II [krɪmp] *v ист.* вербовать солдат *или* матросов обманным путём
crimper ['krɪmpə] *n* **1)** щипцы (*для завивки*) **2)** *тех.* обжимные щипцы
crimping iron ['krɪmpɪŋ,aɪən] = crimper 1)
crimple ['krɪmp(ə)l] *v* **1. 1)** делать складки, сморщивать **2)** сморщиваться **2. 1)** завивать, закручивать **2)** завиваться, закручиваться
Crimplene ['krɪmpli:n] *n текст.* кримплен (*фирменное название*)
crimpy¹ ['krɪmpɪ] *a* вьющийся, волнистый, курчавый
crimpy² ['krɪmpɪ] *a разг.* холодный и сырой (*о погоде*)
crimson I ['krɪmz(ə)n] *n* **1.** малиновый цвет; кармазин, тёмно-красный цвет **2.** тёмно-красная краска **3.** густой румянец
crimson II ['krɪmz(ə)n] *a* малиновый; кармазинный
crimson III ['krɪmz(ə)n] *v* **1. 1)** окра-

CRI — CRI

шивать в малиновый *или* кармазинный цвет 2) окрашиваться в малиновый *или* кармазинный цвет **2.** густо краснеть, покрываться густым румянцем

crimson lake [ˌkrɪmz(ə)nˈleɪk] кармазин *(краска)*

crinate [ˈkraɪn(e)ɪt] = crinite

crine [kraɪn] *v шотл.* сжиматься

cringe I [krɪndʒ] *n* раболепство, низкопоклонство

cringe II [krɪndʒ] *v* **1.** раболепствовать, низкопоклонствовать; стоять в подобострастной позе, проявлять раболепный страх **3.** съёживаться, сжиматься *(от страха)*; the dog ~d at the sight of the whip при виде кнута собака съёжилась **4.** испытывать отвращение; your foolish talk makes me ~ меня тошнит от твоих дурацких разговоров

cringer [ˈkrɪndʒə] *n* низкопоклонник

cringle [ˈkrɪŋg(ə)l] *n мор.* люверс; кренгельс

crinigerous [krɪˈnɪdʒ(ə)rəs] *a* волосатый, покрытый шерстью

crinite [ˈkraɪnaɪt] *a часто зоол., бот.* волосатый, покрытый шерстью

crinkle I [ˈkrɪŋk(ə)l] *n* **1.** изгиб, извилина **2.** морщина, складка **3.** шелест, шорох; потрескивание; the ~ of starched petticoats шуршание крахмальных юбок

crinkle II [ˈkrɪŋk(ə)l] *v* **1.** извиваться, изгибаться **2.** 1) морщить 2) морщиться **3.** 1) мять, сминать; the dress is all ~d платье совершенно мятое 2) мяться, сминаться **4.** завивать *(волосы)* **5.** потрескивать, издавать лёгкий потрескивающий звук; шуршать

crinkle-crankle I [ˌkrɪŋk(ə)lˈkræŋk(ə)l] *n* зигзаг

crinkle-crankle II [ˌkrɪŋk(ə)lˈkræŋk(ə)l] *a* зигзагообразный

crinkled paper [ˈkrɪŋk(ə)ldˈpeɪpə] гофрированная бумага

crinkly [ˈkrɪŋklɪ] *a* **1.** морщинистый **2.** измятый **3.** кудрявый, вьющийся, волнистый *(о волосах)*

crinkum-crankum [ˌkrɪŋkəmˈkræŋkəm] *n разг.* 1) что-л. очень запутанное, причудливое 2) причуда

crinolette [ˌkrɪnəˈlet] *n* турнюр

crinoline [ˈkrɪnəlɪn] *n* **1.** кринолин **2.** *текст.* бортовой волос; бортовка **3.** *мор. жарг.* противоторпедная сеть

criosphynx [ˈkraɪə(ʊ)sfɪŋks] *n* сфинкс с головой барана

crip [krɪp] *n амер. сл.* **1.** слабый противник, слабак **2.** *унив.* лёгкий предмет

cripes [kraɪps] *int (искажённое* Christ*)* прост. вот те на!, вот так штука!; by ~! господи Иисусе!

cripple I [ˈkrɪp(ə)l] *n* **1.** калека, увечный, инвалид; war ~s инвалиды войны **2.** *сл.* шестипенсовая монета **3.** *pl сл.* кривые, мятые булки, батоны; хлебный брак
◊ he that dwells next door to a ~ will learn to halt ≅ с кем поведёшься, от того и наберёшься

cripple II [ˈkrɪp(ə)l] *v* **1.** 1) калечить, уродовать 2) делать непригодным, наносить вред, урон; the ship was ~d in the storm во время бури корабль получил повреждения 3) ослабить, нанести вред; the trade is ~d by the difficulty of transport из-за трудностей транспортировки торговля сократилась /понесла урон, захирела/; activities ~d by lack of money деятельность, которую подкосил недостаток средств **2.** *воен.* 1) подбивать *(танк, машину и т. п.)* 2) парализовать, подавлять **3.** хромать, прихрамывать

crises [ˈkraɪsiːz] *pl от* crisis

crisis [ˈkraɪsɪs] *n (pl* crises) **1.** кризис; economic [financial, industrial] ~ экономический [финансовый, промышленный] кризис; the general ~ of economy общий кризис экономики **2.** критический, решительный момент; перелом; to bring to a ~ довести до критического состояния; things are coming /drawing/ to a ~ наступает критический /решительный/ момент; the Battle of Waterloo was a ~ in Napoleon's career битва при Ватерлоо была переломным моментом карьеры Наполеона **3.** *мед.* кризис, криз

crisis center [ˈkraɪsɪsˌsentə] *амер.* служба доверия, служба психологической скорой помощи *(советы психотерапевта и т. п. по телефону)*

crisis-ridden [ˈkraɪsɪsˌrɪdn] *a* охваченный, поражённый кризисом

crisp I [krɪsp] *n* **1.** 1) *pl* хрустящий картофель *(в пакетах)* 2) хрустящая корочка **2.** *разг.* банкнота *или* банкноты

crisp II [krɪsp] *a* **1.** хрустящий; рассыпчатый; ~ toast [snow] хрустящий гренок [снег] 2) *биск*. рассыпчатое печенье **2.** свежий, не вялый, твёрдый; ~ lettuce свежий салат; ~ apple сочное и твёрдое яблоко; ~ banknote новенькая, хрустящая банкнота **3.** бодрящий, свежий; the ~ air of an autumn morning свежий /бодрящий/ воздух осеннего утра **4.** живой, блестящий *(о стиле, речи)*; ~ repartee блестящее остроумие **5.** решительный *(о манере и т. п.)*; what he said was ~ and decided его высказывание было решительным и определённым **6.** резко очерченный; ~ outlines чёткие контуры **7.** курчавый, кудрявый **8.** покрытый рябью

crisp III [krɪsp] *v* **1.** 1) делать хрустящим, придавать рассыпчатость 2) хрустеть; to ~ one's fingers хрустеть пальцами **2.** 1) завивать 2) завиваться **3.** 1) рябить, покрывать рябью; a cooling breeze ~s the river прохладный ветерок рябит реку 2) покрываться рябью **4.** *текст.* ворсить

crispbread [ˈkrɪspbred] *n* хрустящие хлебцы

crisper [ˈkrɪspə] *n* **1.** контейнер для фруктов и овощей *(в холодильнике)* **2.** щипцы для завивки волос

crisp-head lettuce [ˈkrɪsphedˌletɪs] *бот.* салат кочанный (*Lactuca capitata*)

crispin [ˈkrɪspɪn] *n арх.* башмачник, сапожник

crisply [ˈkrɪsplɪ] *adv* решительно, твёрдо *(говорить)*

crispy [ˈkrɪspɪ] *a* **1.** *поэт.* кудрявый, завитой; ~ locks завитые локоны **2.** хрусткий, хрустящий; ~ crust хрустящая корка **3.** свежий, прохладный *(о воздухе)*

criss-cross I [ˈkrɪskrɒs] *n* **1.** 1) крест *(вместо подписи неграмотного)* 2) крестик *(в обозначениях)* **2.** *амер.* крестики *(детская игра)* **3.** *спорт.* перекрёстная подача *или* передача мяча **4.** *арх.* азбука *(тж.* ~ row)

criss-cross II [ˈkrɪskrɒs] *a* **1.** перекрещивающийся; перекрёстный; ~ pattern вышивка крестом; ~ breeding *биол.* перекрёстное скрещивание **2.** раздражительный, ворчливый

criss-cross III [ˈkrɪskrɒs] *adv* **1.** крест-накрест **2.** 1) вкось 2) наоборот, напереко́сяк; everything went ~ from the start всё пошло шиворот-навыворот с самого начала

criss-cross IV [ˈkrɪskrɒs] *v* **1.** перекрещивать; brow ~ed with wrinkles лоб, покрытый /пересечённый/ морщинами; the whole area is ~ed with ridges вся местность пересечена горными кряжами

2) перекрещиваться **2.** оплетать *(крест-накрест)* **3.** пересекать вдоль и поперёк; railway tracks ~ the country железнодорожные пути пересекают всю страну; buses ~ the city автобусы ходят из одного конца города в другой

crisscross-row [ˈkrɪskrɒsˌrəʊ] = crisscross-row

cristate [ˈkrɪsteɪt] *a спец.* хохлатый, гребенчатый

cristobalite [krɪˈstəʊbəlaɪt] *n мин.* кристобалит

crit [krɪt] *разг. сокр. от* critic, critical, criticism

criteria [kraɪˈtɪ(ə)rɪə] *pl от* criterion

criterion [kraɪˈtɪ(ə)rɪən] *n (pl* -ria, *редк.* -s [-z]) **1.** критерий, мерило **2.** *спец.* признак; условие **3.** *вчт.* ключ, ключевое слово

critic [ˈkrɪtɪk] *n* 1) критик 2) критикан

critical [ˈkrɪtɪk(ə)l] *a* **1.** критический; ~ analysis [examination] критический анализ [осмотр] 2.1) решающий, переломный; критический; ~ moment решающий /переломный/ момент; to be of ~ importance быть жизненно важным 2) важный, ценный; ~ contribution ценный вклад *(в науку и т. п.)* **3.** *лит.* критический, относящийся к критике литературы и искусства; ~ essays критические очерки; ~ opinions on his latest play отзывы критиков о его последней пьесе **4.** опасный, критический; угрожающий; ~ condition (of health) угрожающее состояние (здоровья); the ~ stage of a disease переломная /критическая/ стадия болезни **5.** осуждающий, критикующий; разборчивый, требовательный; he is not very ~ он не очень разборчив /требователен/; she looks at everything with a ~ eye она на всё смотрит недоверчиво; она склонна всё критиковать **6.** *амер.* дефицитный; крайне необходимый; нормируемый; ~ material дефицитный материал **7.** *спец.* критический, граничный; ~ current *эл.* критический ток

critical altitude [ˌkrɪtɪk(ə)lˈæltɪtjuːd] *воен.* расчётная высота

criticality [ˌkrɪtɪˈkælɪtɪ] *n спец.* критичность *(условий протекания процесса)*

critical line [ˌkrɪtɪk(ə)lˈlaɪn] *воен.* рубеж

critically [ˈkrɪtɪk(ə)lɪ] *adv* 1) критически; to look at smb. ~ окинуть кого-л. критическим взглядом 2) опасно, серьёзно; he is ~ ill он опасно болен

critical mass [ˌkrɪtɪk(ə)lˈmæs] 1) *физ.* критическая масса, критмасса *(расщепляющегося материала)* 2) достаточное количество *(чего-л.)* для эффективного достижения желаемого результата

critical philosophy [ˈkrɪtɪk(ə)lfɪˈlɒsəfɪ] критицизм, критическая философия; кантианство

critical point [ˌkrɪtɪk(ə)lˈpɔɪnt] **1.** *физ.* критическая точка, точка превращения **2.** *воен.* ключевой пункт **3.** *топ.* точка перегиба

critical realism [ˈkrɪtɪk(ə)lˈrɪəlɪz(ə)m] *лит.* критический реализм

critical region [ˌkrɪtɪk(ə)lˈriːdʒ(ə)n] *спец.* критическая область

criticaster [ˈkrɪtɪˌkæstə] *n пренебр.* критикан; придира

criticism [ˈkrɪtɪsɪz(ə)m] *n* **1.** критика; slashing [violent, bitter] ~ уничтожающая [яростная, резкая] критика; beneath ~ ниже всякой критики; to be open to ~ а) давать повод для критики; б) не возражать против критики **2.** 1) литературно-художественная критика; literary [drama] ~ литературная [театральная] критика 2) критический разбор; критическая статья **3.** *филос.*

критици́зм, крити́ческая филосо́фия; канти́анство

criticize ['krɪtɪsaɪz] v 1. критикова́ть; to ~ an author [a play, a picture] критикова́ть а́втора /писа́теля/ [пье́су, карти́ну] 2. осужда́ть, порица́ть; дава́ть отрица́тельную оце́нку

criticule ['krɪtɪkjuːl] n неодобр. приди́рка; ме́лкое крити́ческое замеча́ние

critique [krɪ'tiːk] n 1. кри́тика; Marx's ~ of Hegel Ма́рксова кри́тика Ге́геля 2. крити́ческий о́тзыв, крити́ческая статья́; реце́нзия

critter ['krɪtə] n амер. прост. (искаж. creature) тварь, живо́тное

croak I [krəʊk] n 1. 1) ква́канье 2) ка́рканье 3. хрип; to speak with a ~ говори́ть хри́плым го́лосом 3. урча́ние (в живо́те)

croak II [krəʊk] v 1. 1) ква́кать 2) ка́ркать 2. хрипе́ть; to ~ a reply прохрипе́ть что-то в отве́т 3. ворча́ть, брюзжа́ть 4. нака́ркать; накли́кать, напроро́чить беду́; to ~ disaster нака́ркать несча́стье 5. разг. 1) уби́ть 2) умере́ть 6. амер. школ. жарг. провали́ться на экза́мене

croaker ['krəʊkə] n 1. 1) ка́ркающая пти́ца 2) ква́кающее живо́тное 2. ворчу́н, брюзга́ 3. челове́к с хри́плым го́лосом, хрипу́н 4. челове́к, скло́нный ка́ркать (предвеща́ющий что-л. дурно́е) 5. пессими́ст, накли́кающий что-л. дурно́е 5. сл. пораже́нец, капитуля́нт 6. вор. жарг. врач (особ. тюре́мный)

croaky ['krəʊkɪ] a хри́плый, хрипя́щий

Croat ['krəʊæt] n 1. хорва́т; хорва́тка; the ~s собир. хорва́ты 2. хорва́тский язы́к

Croation I [krəʊ'eɪʃ(ə)n] = Croat
Croation II [krəʊ'eɪʃ(ə)n] a хорва́тский

croc [krɒk] разг. сокр. от crocodile

crochet I ['krəʊʃeɪ] n 1. (ручна́я) вя́зка крючко́м 2. вяза́льный крючо́к (тж. ~ hook) 3. вя́заное крючко́м изде́лие; изде́лие «кроше́» (кружева́ и т. п.; тж. ~ work)

crochet II ['krəʊʃeɪ] v вяза́ть крючко́м; to ~ a dress for the baby связа́ть крючко́м пла́тьице ребёнку

crochet² ['krəʊʃeɪ] n фигу́рная или квадра́тная ско́бка

croci ['krəʊsaɪ] pl от crocus¹

crock¹ [krɒk] n 1. гли́няный кувши́н или горшо́к 2. гли́няный черепо́к 3. диал. (металли́ческая) кастрю́ля

crock² I [krɒk] n преим. шотл. 1. 1) ста́рая ло́шадь, кля́ча 2) ста́рая овца́ 2. разг. кале́ка; разва́лина (о челове́ке) 3. разг. дранду́лет, «ста́рая кало́ша»; ста́рый кора́бль, дре́вний велосипе́д и т. п. (обыкн. old ~)

crock² II [krɒk] v (часто ~ up) 1. разг. 1) выма́тывать (си́лы); разруша́ть (здоро́вье); де́лать неспосо́бным, неприго́дным для рабо́ты; this attack of malaria ~ed me up э́тот при́ступ маляри́и измота́л меня́ 2) лиша́ться сил; he's ~ing up он теря́ет си́лы 2. зае́здить (ло́шадь и т. п.)

crock³ [krɒk] n 1. нестойкая, линя́ющая кра́ска 2. диал. са́жа, ко́поть

crock⁴ [krɒk] n сл. очковтира́тельство; that's a ~! бу́дет врать-то!

crocked [krɒkt] a 1. измо́танный, заезженный 2. сл. пья́ный

crockery ['krɒk(ə)rɪ] n гли́няная или фая́нсовая посу́да

crockery-ware ['krɒk(ə)rɪwɛə] = crockery

crocket ['krɒkɪt] n архит. готи́ческий орна́мент в ви́де ли́стьев

crocky ['krɒkɪ] a хи́лый, боле́зненный; с подо́рванным здоро́вьем

crocodile ['krɒkədaɪl] n 1. 1) зоол. крокоди́л (Crocodilus gen.) 2) = crocodilian I 2. крокоди́ловая ко́жа 3. школ. разг. 1) «змейка», цепо́чка, гуля́нье па́рами 2) проце́ссия, ме́дленный прохо́д друг за дру́гом
◇ to shed ~ tears пролива́ть крокоди́ловы слёзы

crocodile clip ['krɒkədaɪl'klɪp] эл. зубча́тый зажи́м, «крокоди́л»

crocodile shears ['krɒkədaɪl'ʃɪəz] тех. рыча́жные но́жницы

crocodilian I [ˌkrɒkə'dɪlɪən] n зоол. представи́тель отря́да крокоди́ловых (крокоди́л, аллига́тор, гавиа́л и т. п.)

crocodilian II [ˌkrɒkə'dɪlɪən] a 1. зоол. крокоди́ловый 2. фальши́вый, нейскренний, напускно́й

crocoite ['krɒkəʊaɪt] n мин. крокойт

crocus¹ ['krəʊkəs] n (pl тж. -ci) 1. бот. кро́кус, шафра́н (Crocus gen.) 2. ора́нжевый или шафра́новый цвет 3. кро́кус (полирова́льный порошо́к) 4. сл. врач-шарлата́н

crocus² ['krəʊkəs] n 1. текст. мешкови́на 2. мешо́к (пенько́вый, джу́товый)

Croesus ['kriːsəs] n 1) миф. Крез 2) бога́ч, облада́тель несме́тных бога́тств

croft¹ ['krɒft] n 1. небольшо́е по́ле; па́шня; огоро́д 2. небольша́я фе́рма; ме́лкое хозя́йство

croft² [krɒft] v отбе́ливать (холст) на со́лнце

crofter ['krɒftə] n ме́лкий аренда́тор или фе́рмер (преим. в Шотла́ндии)

crofting¹ ['krɒftɪŋ] n 1) земе́льный наде́л и уса́дьба ме́лкого аренда́тора или фе́рмера (в Шотла́ндии) 2) систе́ма ме́лкого аренда́торства (в Шотла́ндии)

crofting² ['krɒftɪŋ] n отбе́лка (холста́) на со́лнце; лугово́е белéние

croissant ['krwɑːsɒŋ] n рога́лик (хле́бное изде́лие)

Cro-Magnon man [ˌkrəʊ'mænɪənˌmæn, ˌ'mæɡnən-] антр. кроманьо́нский челове́к, кроманьо́нец

cromlech ['krɒmlek] n археол. кро́млех

Cromwellian I ['krɒm'welɪən] n сторо́нник или после́дователь Óливера Кро́мвеля

Cromwellian II ['krɒm'welɪən] a ист. относя́щийся к Óливеру Кро́мвелю, кро́мвелевский

cron [krɒn] n крон (едини́ца вре́мени, равна́я 1 млн. лет)

crone [krəʊn] n 1. презр. 1) ста́рая карга́ 2) редк. (жа́лкий) стари́к, старика́шка 2. ста́рая овца́

croneyism ['krəʊnɪz(ə)m] = cronyism

cronk¹ [krɒŋk] a австрал. сл. 1. 1) больно́й; хи́лый 2) захрома́вший (о ло́шади); сня́тый с диста́нции 2. полу́ченный нече́стным путём; сомни́тельного происхожде́ния

cronk² [krɒŋk] n амер. 1) ка́рканье воро́на 2) гогота́нье ди́ких гусе́й

Cronos, Cronus ['krəʊnəs] n греч. миф. Крон, Кро́нос

crony ['krəʊnɪ] n бли́зкий, закады́чный друг

cronyism ['krəʊnɪz(ə)m] n 1) дру́жба; панибра́тство 2) преим. амер. назначе́ние на посты́ по знако́мству; ≅ кумовство́

crood [kruːd] v шотл. воркова́ть

crook¹ [krʊk] n шотл. крюк, крючо́к; клюка́ 2. 1) (пасту́шья) па́лка с крюко́м 2) церк. по́сох 3. поворо́т, изги́б (реки́, доро́ги и т. п.); ~ in the back горб на спине́; ~ in the nose горби́нка на носу́; to carry a book in the ~ of one's arm нести́ кни́гу под мы́шкой 4. разг. проходи́мец; плут, обма́нщик
◇ a ~ in the lot уда́р судьбы́; тяжёлое испыта́ние; he has a ~ in his character он с хитрецо́й; on the ~ нече́стно, обма́нным путём; by hook or by ~ ≅ все́ми пра́вдами и непра́вдами

crook¹ II [krʊk] a 1. = crooked 2. несправедли́вый; нече́стный; ~ business тёмное де́ло, афе́ра

crook¹ III [krʊk] v 1. 1) изгиба́ть, искривля́ть 2) изгиба́ться, искривля́ться 2. 1) скрю́чивать, сгиба́ть 2) скрю́чиваться, сгиба́ться 3. горби́ться 4. лови́ть крючко́м 5. амер. сл. 1) укра́сть, спере́ть; he ~ed my socks он стащи́л мои́ носки́ 2) поддéлывать; to ~ the books вноси́ть ло́жные за́писи в бухга́лтерские кни́ги; фальсифици́ровать отчётность
◇ to ~ the elbow /the little finger/ напи́ться, наклю́каться

crook² [krʊk] a австрал., новозел. разг. 1. больно́й; ~ knee больно́е коле́но; to feel ~ чу́вствовать себя́ пло́хо 2. злой, серди́тый; to go ~ on smb. брани́ть кого́-л., отчи́тывать кого́-л.; выгова́ривать кому́-л. 3. плохо́й, скве́рный, никуды́шный (о чём-л.); ~ weather мéрзкая пого́да; the food was ~ пита́ние бы́ло отврати́тельное

crookback ['krʊkbæk] n горбу́н, горбу́нья

crook-backed ['krʊkbækt] a горба́тый

crooked ['krʊkɪd] a 1. криво́й, изо́гнутый; hung ~ кри́во пове́шенный; you have your hat on ~ у тебя́ шля́па сби́лась набо́к 2. искривлённый, сго́рбленный 3. 1) нече́стный, бесче́стный; ~ dealings бесче́стные дела́ 2) разг. до́бытый нече́стным путём 4. шотл. мра́чный, угрю́мый
◇ ~ sixpence ≅ счастли́вая моне́та; талисма́н

crooked nail ['krʊkɪd'neɪl] тех. косты́ль

crookedness ['krʊkɪdnɪs] n 1. 1) кривизна́, со́гнутость 2) изви́листость 2. 1) бесче́стность 2) нече́стный посту́пок

crookery ['krʊk(ə)rɪ] n жу́льничество

crool [kruːl] v 1) воркова́ть 2) агу́кать (о ребёнке)

croon I [kruːn] n ти́хое проникнове́нное пе́ние, особ. пе́ред микрофо́ном

croon II [kruːn] v 1. 1) напева́ть вполго́лоса; to ~ a lullaby мурлы́кать колыбе́льную; to ~ to oneself напева́ть про себя́ 2) ти́хо и проникнове́нно, с чу́вством исполня́ть (популя́рные) пе́сенки пе́ред микрофо́ном 2. шотл. стона́ть, жа́ловаться

crooner ['kruːnə] n эстра́дный певе́ц, шансонье́

crop I [krɒp] n 1. урожа́й; heavy ~ бога́тый урожа́й; ~ capacity потенциа́льная урожа́йность; the rice ~ урожа́й ри́са; a good ~ of apples хоро́ший урожа́й я́блок 2. хлеб на корню́; по́сев; under ~ засе́янный; out of ~ незасе́янный, под па́ром 3. с.-х. культу́ра; technical /industrial/ ~s техни́ческие культу́ры; зерновы́е культу́ры; ~ rotation /succession/ севооборо́т, плодосме́н; ~ residues пожни́вные оста́тки, стерня́; ~ smothering глуше́ние культу́р (сорняка́ми) 4. вы́ход, припло́д; прибавле́ние; попо́лнение; a ~ of lambs припло́д ове́ц; a new ~ of college students но́вое попо́лнение колле́джа студе́нтами 5. оби́лие, ма́сса; a ~ of pimples on the face ма́сса прыще́й на лице́; a ~ of questions у́йма вопро́сов; a ~ of letters во́рох пи́сем; a ~ of lies це́лая ку́ча вранья́; a fine ~ of hair роско́шная шевелю́ра 6. 1) зоб (у пти́цы) 2) диал. желу́док, утро́ба 7. кнутови́ще, рукоя́ть (пле́ти) 8. коро́ткая стри́жка 9.

архит. венчающее украшение **10.** *горн.* добыча (*руды или угля*) **11.** *кож.* крупон, дублёная шкура; ~ leather выделанная кожа мелких животных **12.** подрезывание *или* прорезание уха (*животного*); ушная метка

crop II [krɒp] *v* **1.** щипать траву; объедать кусты **2.** 1) подстригать, подрезать; to ~ the hair подстричь волосы; to ~ the ears подрезать уши (*лошади, собаки*); прорезать ухо (*животного*), ставить ушную метку; to ~ the tail of a horse подрезать хвост лошади 2) обрезать (*ветви*); срезать (*цветы*) **3.** сажать, сеять; to ~ a field with wheat засеять поле пшеницей **4.** 1) давать урожай; the barley ~ped well this year в этом году ячмень дал хороший урожай 2) собирать урожай, жать

◊ to ~ smb.'s feathers сбить спесь с кого-л., осадить, поставить кого-л.

crop-duster ['krɒpˌdʌstə] *n с.-х.* 1) самолёт-опылитель 2) лётчик самолёта-опылителя

crop-eared ['krɒpɪəd] *a* **1.** корноухий, с обрезанными ушами **2.** коротко подстриженный (*ист. тж. о пуританах*)

crop-full [ˌkrɒp'fʊl] *a разг.* 1) с набитым зобом 2) с полным желудком

crop-haired ['krɒpheəd] *a* коротко остриженный; остриженный под машинку

cropland ['krɒplænd] *n с.-х.* пахотное угодье

cropmilk ['krɒpmɪlk] *зоол.* голубиное молочко

crop out ['krɒp'aʊt] *phr v геол.* выходить на дневную поверхность, обнажаться

croppage ['krɒpɪdʒ] *n с.-х.* валовой сбор урожая

cropper[1] ['krɒpə] *n* зобастый голубь

cropper[2] ['krɒpə] *n* **1.** косец, жнец **2.** 1) арендатор-издольщик 2) фермер (*особ. в хлопковых районах США*) **3.** косилка, жнейка **4.** *с.-х.* культура, растение; good /heavy/ ~ растение, дающее хороший урожай; light /poor/ ~ растение, дающее небольшой урожай

cropper[3] ['krɒpə] *n разг.* 1) тяжёлое падение 2) провал, неудача

◊ to come a ~ а) свалиться, упасть (*вниз головой*); б) потерпеть неудачу; to come a ~ in an examination потерпеть неудачу /провалиться/ на экзамене

crop plants ['krɒpplɑːnts] хлебные злаки

crop up ['krɒp'ʌp] *phr v* **1.** неожиданно появляться, возникать; I shouldn't be surprised if he cropped up this evening я не удивлюсь, если он вдруг появится сегодня вечером; unexpected difficulties cropped up неожиданно возникли затруднения **2.** = crop out

crop year ['krɒpjɪə] *с.-х.* сельскохозяйственный год

croquet I ['krəʊk(e)ɪ] *n* крокет

croquet II ['krəʊk(e)ɪ] *v* крокировать

croquette [krəʊ'ket] *n* крокеты; тефтели; фрикадельки

croquis [krəʊ'kiː] *n фр.* (*pl без изм.*) 1) *топ.* кроки 2) набросок

crore [krɔː] *n* крор (*10 млн. индийских или пакистанских рупий*)

crosier ['krəʊʒə, -zɪə] *n* **1.** *церк.* патерица, архиерейский посох **2.** *бот.* свёрнутый молодой лист (*папоротника*)

cross[1] **I** [krɒs] *n* **1.** 1) крест; Maltese [Latin, Greek] ~ мальтийский [латинский, греческий] крест; to make one's ~, to sign with a ~ поставить крест (*вместо подписи*) 2) крёстное знамение (*тж.* sign of the ~); to make the sign of the ~ перекреститься, осенить себя крестом **2.** 1) распятие 2) надгробный памятник в виде креста 3) крест (*на перекрёстке дорог и т. п.*) **3.** (the C.) христианство **4.** (C.) крест (*знак отличия*); Distinguished Service C. крест «За боевые заслуги» **5.** черта, перекрещивающая буквы t, f **6.** *биол.* 1) гибридизация, скрещивание (*пород*) 2) кросс, однократное скрещивание 3) гибрид, помесь; a mule is a ~ between a horse and an ass мул — это помесь лошади и осла **7.** 1) испытания, страдания, выпавшие на (*чью-л.*) долю; to bear one's ~ нести свой крест 2) неприятное, досадное обстоятельство; the slightest ~ puts him out of humour малейшая неприятность портит ему настроение **8.** *разг.* нечестный поступок; on the ~ нечестно, обманным путём [*ср. тж.* 9]; he has been on the ~ all his life он всю свою жизнь жульничал /мошенничал, был прохвостом/ **9.** диагональ, косое направление; on the ~ по косой, по диагонали [*ср. тж.* 8]; to cut on the ~ резать /кроить/ по диагонали; the skirt is cut on the ~ юбка расклёшена **10.** *ист.* церковные поместья в Ирландии **11.** *тех.* крестовина, пересечение **12.** кросс (*телефонный*)

◊ to take the ~ *ист.* стать крестоносцем; no ~, no crown ≅ несчастья бояться — счастья не видать

cross[1] **II** [krɒs] *a* **1.** поперечный; пересекающийся; перекрёстный **2.** взаимный, обоюдный **3.** 1) противный (*о ветре*); ~ head wind боковой встречный ветер 2) противоположный; ~ voting голосование против своей партии; ~ interests противоположные интересы **4.** неблагоприятный; ~ weather неблагоприятная погода **5.** скрещенный (*о породах*), кроссбредный

cross[1] **III** [krɒs] *adv редк. разг.* криво, косо, неправильно

cross[1] **IV** [krɒs] *v* **1.** 1) пересекать, переходить, переправляться; to ~ the Atlantic пересечь Атлантический океан; to ~ a bridge [a road] перейти мост [дорогу]; to ~ a river переправиться через реку [*ср. тж.* ◊]; to ~ from Dover to Calais пересечь Ла-Манш между Дувром и Кале; he has not ~ed the door for two years он не переступал порога этого дома в течение двух лет; to ~ the finishing line *спорт.* а) пересечь линию финиша; б) выиграть 2) пересекать другому ездоку дорогу (*конный спорт*) **2.** 1) скрещивать; to ~ one's legs скрестить ноги; to ~ one's arms on one's breast скрестить руки на груди; to ~ swords (with smb.) скрестить шпаги (*с кем-л.*) а) вступить в спор (*с кем-л.*) 2) скрещиваться, пересекаться; перепутываться; at the spot where two roads ~ на месте, где пересекаются две дороги **3.** осенять крёстным знамением; to ~ oneself креститься **4.** 1) перечёркивать, зачёркивать; to ~ a "t" перечеркнуть букву t; to ~ a letter написать (*резолюцию*) поперёк написанного в письме; to ~ smb.'s name off the list вычеркнуть кого-л. из списка 2) *фин.* перечёркивать, кроссировать (*чек*) **5.** *разг.* садиться верхом (*на лошадь*) **6.** разминуться, разойтись; we ~ed each other on the way мы разминулись друг с другом в пути; our letter ~ed yours наше письмо разошлось с вашим **7.** противодействовать, препятствовать, противоречить; to ~ another's will [plans] противодействовать чьему-л. желанию [чьим-л. планам]; he ~es me in everything он противоречит мне во всём; he has been ~ed in love ему не повезло в любви **8.** *биол.* 1) скрещивать 2) скрещиваться **9.** *воен.* форсировать **10.** *сл.* вести двойную игру; to ~ smb. предать кого-л. **11.** *эвф.* перейти в мир иной

◊ to ~ one's fingers, to keep one's fingers ~ed скрещивать указательный и средний пальцы (*против сглаза, на счастье и т. п.*); keep your fingers ~ed! ≅ как бы не сглазить!; to ~ one's t's and dot one's i's ≅ ставить точки над i; to ~ smb.'s path а) встретиться на чьём-л. жизненном пути; б) стать кому-л. поперёк дороги; to ~ the floor of the House *парл.* перейти из одной партии в другую; to ~ the aisle *парл.* голосовать против своей партии; присоединить свой голос к голосам противников; to ~ the river а) преодолеть препятствие; б) умереть; [*ср. тж.* 1, 1)]; to ~ smb.'s palm подкупать кого-л., давать кому-л. взятку; officials whose palms had been ~ed подкупленные чиновники; to ~ the target *воен. проф.* взять цель в вилку; ~ my heart! вот те(бе) крест!

cross[1] **V** [krɒs] = across II

cross[2] [krɒs] *a разг.* сердитый, злой, раздражённый; ~ words злые слова; ~ answer сердитый ответ; to be ~ with smb. сердиться на кого-л.; to make smb. ~ рассердить /разозлить/ кого-л.

◊ as ~ as two sticks в плохом настроении, не в духе; ≅ зол как чёрт; as ~ as a bear не на шутку рассерженный; ≅ смотрит волком

cross- [krɒs-] *в сложных словах имеет значение* **1.** поперечный, идущий напрямик: cross-bar поперечина; cross-country бездорожный, идущий напрямик; cross-cut кратчайший путь **2.** перекрёстный, противоположный: cross-bred гибридный; cross-cousin один из перекрёстных кузенов (*разного пола*); cross-fire перекрёстный огонь; cross-pollination перекрёстное опыление; cross-dress одеваться в одежду противоположного пола **3.** пересекающий границы чего-л.: cross-cultural охватывающий разные культуры; cross-disciplinary междисциплинарный; cross-train обучать (*работника*) выполнению разных работ

cross-action [ˌkrɒs'ækʃ(ə)n] *n юр.* встречный иск, встречная жалоба

cross-arm ['krɒsɑːm] *n тех.* поперечина, траверса

cross-armed [ˌkrɒs'ɑːmd] *a* скрестивший руки

cross-bar ['krɒsbɑː] *n* **1.** *тех.* поперечина, траверса, ригель **2.** *спорт.* 1) поперечная планка 2) перекладина

cross-beak ['krɒsbiːk] = crossbill

cross-beam ['krɒsbiːm] *n* 1) *тех.* поперечная балка; коромысло 2) поручень

cross-bearer ['krɒsˌbe(ə)rə] *n* крестоносец (*в церковных обрядах*)

cross-bearing ['krɒsˌbe(ə)rɪŋ] *n мор.* крюйс-пеленг

cross-bedding ['krɒsˌbedɪŋ] *n геол.* косая *или* горизонтальная слоистость

cross-bench ['krɒsbentʃ] *n* поперечная скамья в британском парламенте для независимых депутатов

cross-bencher ['krɒsˌbentʃə] *n* независимый член парламента

cross-bill ['krɒsbɪl] *n юр.* объяснение (*ответчика*) на исковое заявление *или* жалобу

crossbill ['krɒsbɪl] *n зоол.* клёст (*Loxia*)

cross-birth ['krɒsbɜːθ] *n мед.* роды при поперечном положении плода

cross-bit ['krɒsbɪt] *n* 1) *горн.* крестовая головка бура 2) крестообразное долото, крейцмейсель

crossbones ['krɒsbəʊnz] *n pl* изображение двух скрещённых берцовых костей под черепом, эмблема смерти *или* опасности

crossbow ['krɒsbəʊ] *n ист.* самострел; арбалет

crossbred I ['krɒsbred] = crossbreed I

crossbred II ['krɒsbred] *a* 1. *спец.* скрещённый, гибридный, кроссбредный; ~ sheep овца-кроссбред 2. *разг.* незаконный, полученный нечестным путём; сомнительного происхождения (*о вещи*)

crossbreed I ['krɒsbriːd] *n* кроссбред, помесь, метис

crossbreed II ['krɒsbriːd] *v спец.* скрещивать

cross-breeding ['krɒsˌbriːdɪŋ] *n спец.* кроссбридинг, скрещивание, метизация; межпородное скрещивание животных

crossbuck ['krɒsbʌk] *n дор.* знак «железнодорожный переезд»

cross-bun ['krɒsˌbʌn] *n* «крестовая булочка» (*с крестом на верхней корке; по традиции её едят в великую пятницу*)

crossbus(s)ing ['krɒsˌbʌsɪŋ] *n амер.* встречная перевозка школьников автобусом из одного района в другой (*для создания расового равновесия в школах*)

cross-buttock [ˌkrɒsˈbʌtək] *n спорт.* захват руки и туловища противника (*спереди и сзади*)

cross-channel [ˌkrɒsˈtʃænl] *a* пересекающий Ла-Манш (*о поездке, пароходе и т. п.*)

crosscheck I ['krɒstʃek] *n* перепроверка по разным источникам; двойная проверка

crosscheck II [ˌkrɒsˈtʃek] *v* 1.) перепроверять по разным источникам; проверять теории, данные *и т. п.* с использованием различных методов 2. 1) *антроп.* сопоставлять поведение человека в разные эпохи 2) сопоставлять поведение двух человек в одинаковых условиях

cross-counter [ˌkrɒsˈkaʊntə] *n* перекрёстный (контр)удар (*бокс*)

cross-country I [ˌkrɒsˈkʌntrɪ] *n спорт.* кросс

cross-country II [ˌkrɒsˈkʌntrɪ] *a* 1. 1) проходящий прямиком, без дороги; проходящий по пересечённой местности; ~ terrain пересечённая местность; ~ race /run/ *спорт.* кросс /бег/ по пересечённой местности; ~ riding кросс, полевые испытания (*конный спорт*) 2) пересекающий всю страну; ~ flight *ав.* маршрутный полёт; перелёт через страну 2. *тех.* вездеходный, повышенной проходимости; ~ ability проходимость; ~ car /vehicle/ [lorry] автомобиль [грузовик] повышенной проходимости, «вездеход»

cross-country III [ˌkrɒsˈkʌntrɪ] *adv* через всю страну; his mission brought him ~ to Los Angeles выполняя свою миссию, он пересёк всю страну и оказался в Лос-Анджелесе

cross-course ['krɒskɔːs] *n геол.* 1) прослоек, секущая жила 2) скрещивание жил

cross-crosslet ['krɒsˌkrɒslɪt] *n геральд.* крест с небольшими крестами на концах

cross-cultural [ˌkrɒsˈkʌltʃ(ə)rəl] *a* относящийся к культурам разных народов, групп *и т. п.*; связанный с сопоставлением разных культур

cross-current ['krɒsˌkʌrənt] *n* 1. встречное течение 2. мнение, идущее вразрез с общепринятым; ≅ идти против течения

cross-cut I ['krɒskʌt] *n* 1. кратчайший путь 2. поперечный разрез 3. *горн.* квершлаг; просек 4. «колпачок» (*фигурное катание*) 5. па (*в танцах*)

cross-cut II ['krɒskʌt] *a* 1. поперечный; ~ saw поперечная пила 2. разрезанный, скроенный по диагонали; ~ skirt косая /расклёшенная/ юбка

cross-disciplinary [ˌkrɒsˈdɪsɪplɪn(ə)rɪ] *a* находящийся на стыке (разных) наук; междисциплинарный; a ~ study исследование с привлечением специалистов по ряду дисциплин

cross-division [ˌkrɒsdɪˈvɪʒ(ə)n] *n* классификация по нескольким признакам

cross-dress ['krɒsdres] *v* носить одежду представителей противоположного пола

cross-drift ['krɒsdrɪft] *n горн.* квершлаг, диагональный штрек

crosse [krɒs] *n* ракетка для игры в лакрос

cross-examination [ˌkrɒsɪgzæmɪˈneɪʃ(ə)n] *n юр.* перекрёстный допрос

cross-examine [ˌkrɒsɪgˈzæmɪn] *v юр.* подвергать перекрёстному допросу

cross-examiner [ˌkrɒsɪgˈzæmɪnə] *n* лицо, проводящее перекрёстный допрос

cross-eye ['krɒsaɪ] *n* косоглазие

cross-eyed ['krɒsaɪd] *a* 1. косоглазый; косой 2. *разг.* чудной, странный

cross-fertilization [ˌkrɒsˌfɜːtɪlaɪˈzeɪʃ(ə)n] *n* 1. 1) *бот.* перекрёстное опыление 2) *зоол.* перекрёстное оплодотворение 2. взаимное обогащение (*идеями, достижениями и т. п.*)

cross-fertilize [ˌkrɒsˈfɜːtɪlaɪz] *v* 1) *бот.* перекрёстно опылять 2) *зоол.* перекрёстно оплодотворять

cross-fire ['krɒsfaɪə] *n* 1. *воен.* перекрёстный огонь 2. словесная перепалка

cross-grained [ˌkrɒsˈgreɪnd] *a* 1. свилеватый (*о древесине*) 2. 1) несговорчивый, своенравный, строптивый 2) ворчливый, сердитый

crossguard ['krɒsgɑːd] *n* гарда в виде поперечины (*на холодном оружии*)

cross-hairs ['krɒsheəz] *n pl* крест (нитей), перекрестие (*в оптическом приборе*)

cross-hang ['krɒshæŋ] *n спорт.* вис руки в стороны

crosshatch [ˌkrɒsˈhætʃ] *v* гравировать *или* штриховать перекрёстными штрихами

crosshauling ['krɒsˌhɔːlɪŋ] *n* дальние встречные перевозки; to eliminate ~ ликвидировать встречные перевозки

crosshead ['krɒshed] *n* 1. = crossheading 2. *тех.* крейцкопф, ползун

crossheading ['krɒsˌhedɪŋ] *n* подзаголовок, заголовок раздела (*в газетной статье*)

cross-holdings ['krɒsˌhəʊldɪŋz] *n pl* взаимное владение акциями двух *или* нескольких компаний

cross-impact [ˌkrɒsˈɪmpækt] *n* взаимное влияние факторов (*при прогнозировании и т. п.*)

cross-index I [ˌkrɒsˈɪndeks] *n* перекрёстная ссылка

cross-index II [ˌkrɒsˈɪndeks] *v* давать перекрёстные ссылки; отсылать (*читателя*) к другой части (*книги, материала и т. п.*)

crossing ['krɒsɪŋ] *n* 1. перечёркивание, зачёркивание 2. пересечение; скрещивание; перекрещивание 3. перекрёсток; переход (*через улицу*) 4. переезд по воде; переправа; we had a rough ~ from Dover to Calais во время нашего переезда из Дувра в Кале море было неспокойное 5. противодействие; попытка помешать чему-л. *или* сорвать что-л. 6. переезд; пересечение двух железнодорожных линий; разъезд 7. *биол.* скрещивание (*особ. однократное*); back ~ обратное скрещивание 8. *фин.* кроссирование чека

crossing guard ['krɒsɪŋgɑːd] дежурный, регулирующий движение транспорта у школ (*городской служащий или общественник*)

crossing over [ˌkrɒsɪŋˈəʊvə] *биол.* кроссинговер

cross-interrogatory [ˌkrɒsˌɪntəˈrɒgət(ə)rɪ] *n юр.* 1) = cross-examination 2) письменный опрос свидетеля противной стороны

crossjack ['krɒsdʒæk] *n мор.* прямая бизань, задний грот

crosskeys ['krɒskiːz] *n pl* скрещённые ключи (*герб папы римского*)

cross-legged [ˌkrɒsˈlegd] *a* сидящий положив ногу на ногу *или* поджав ноги «по-турецки»

crosslet ['krɒslɪt] *n обыкн. геральд.* крестик

cross-light ['krɒslaɪt] *n* 1. 1) косой луч, косое освещение 2) *pl* пересекающиеся лучи, перекрёстное освещение 2. освещение вопроса (*с различных точек зрения*)

crossline ['krɒslaɪn] = crossheading

cross-link ['krɒslɪŋk] *n хим.* поперечная связь, связь между цепями

cross-lots I [ˈkrɒslɒts] *a амер. разг.* проходящий *или* простирающийся через поле, луг *и т. п.*; awful ~ riding бешеная скачка по полям *и* лугам

cross-lots II ['krɒslɒts] *adv амер. разг.* через поля, кратчайшим путём

crossly ['krɒslɪ] *adv* сердито, раздражённо, сварливо

cross-match [ˌkrɒsˈmætʃ] *v мед.* проверять совместимость крови донора и реципиента (*перед переливанием*), пробовать кровь на перекрёстную совместимость

cross-mate ['krɒsmeɪt] = crossbreed II

cross off ['krɒsˈɒf] *phr v* вычёркивать; исключать (*из списка и т. п.*); if you don't want to come, cross your name off если вы не хотите прийти, вычеркните себя из списка

cross out ['krɒsˈaʊt] *phr v* вычёркивать; to ~ three lines вычеркнуть три строки

◊ when in doubt, cross it out всё сомнительное долой из текста

cross over ['krɒsˈəʊvə] *phr v* 1. переходить; пересекать, переезжать, переправляться; he crossed over to the left он перешёл на сторону левых 2. *амер. разг.* умереть, перейти в мир иной

crossover I ['krɒsəʊvə] *n* 1. *амер.* переход; переход через путь в разных уровнях; путепровод 2. дамская шаль *или* накидка, перекрещённая на груди 3. ткань в поперечную полоску 4. *полит.* переход из одной партии в другую 5. *физ.* кроссовер 6. *биол.* 1) кроссовер 2) организм, возникший в результате кроссовера; метис, помесь, гибрид 7. *муз.* кроссовер, «перекрещивание» (*направление, синтезирующее джаз с роком, кантри или фольклором*)

crossover II ['krɒsəʊvə] *a* 1. пересекающийся, перехлёстывающийся, расположенный крест-накрест 2. критический; переходный 3. *амер. полит.* перешедший в другую партию; ~ Republican республиканец, перешедший в демократическую партию; ~ vote голосование за законопроект, предложенный другой партией

crossover time ['krɒsəʊvə,taɪm] *астр.* эра излучения (*в развитии Вселенной*)

cross-patch ['krɒspætʃ] *n шутл.* ворчунья, брюзга

cross-piece ['krɒspi:s] *n* 1) *тех.* поперечина 2) *тех.* крестовина 3) *мор.* краспица

cross-ploughing ['krɒs,plaʊɪŋ] *n с.-х.* пахота поперёк предыдущей

cross-pollination [,krɒs(,)pɒlɪ'neɪʃ(ə)n] *n* 1. *бот.* перекрёстное опыление 2. взаимное обогащение (*идеями и т. п.*); cultural ~ плодотворный культурный обмен

cross-purpose [,krɒs'pɜ:pəs] *n* 1. 1) *обыкн. pl* противоположное намерение или -ая цель; to be at ~s действовать наперекор (*чьим-л.*) целям или намерениям 2) недоразумение; to talk at ~s не понимать друг друга 2. *pl употр. с гл. в ед. ч.* игра в вопросы и ответы, в которой ответы не соответствуют вопросам (*типа «испорченного телефона»*)

cross-question I [,krɒs'kwestʃ(ə)n] *n* вопрос, заданный на перекрёстном допросе
◇ ~s and crooked answers = cross--purpose 2

cross-question II [,krɒs'kwestʃ(ə)n] = cross-examine

cross-refer [,krɒsrɪ'fɜ:] *v* 1. отсылать (*читателя*) к другому месту в тексте; to ~ from one word to another давать ссылку с одного слова на другое 2. составлять перекрёстные ссылки

cross-reference I [,krɒs'ref(ə)rəns] *n* перекрёстная ссылка

cross-reference II [,krɒs'ref(ə)rəns] *v* давать, делать или использовать перекрёстные ссылки

crossroad ['krɒsrəʊd] *n* 1. 1) пересекающая дорога; дорога, соединяющая две магистрали 2. *pl обыкн. употр. с гл. в ед. ч.* 1) перекрёсток; ~s hotel [tavern, school] находящаяся на перекрёстке гостиница [таверна, школа] 2) распутье, переломный момент; ~s politician колеблющийся /нерешительный/ политик; he was at the ~s распутье; he found himself at the ~s of his life он оказался на перепутье, это был переломный момент в его жизни

crossruff ['krɒsrʌf] *v* 1. *карт.* бить козырем определённую масть (*партнёры избирают разные масти*) 2. *разг.* превосходить; перекрывать

cross-section I ['krɒs,sekʃ(ə)n] *n* 1. поперечное сечение, поперечный разрез, профиль 2. *стат., социол.* поперечный разрез (*общества*); представительный подбор (*опрашиваемых для выяснения общественного мнения и т. п.*); a ~ of British opinion мнение типичных представителей разных слоёв английского общества 3. *физ.* эффективное сечение

cross-section II [,krɒs'sekʃ(ə)n] *v* 1. делать поперечное сечение, рассекать поперёк 2. *стат., социол.* представлять собой поперечный разрез (*общества, общественного мнения и т. п.*); the collection neatly ~s contemporary painting выставка даёт точное представление о всех школах современной живописи

cross-sectional [,krɒs'sekʃ(ə)nəl] *a* охватывающий, затрагивающий разные группы или слои; basketball is ~ in appeal у баскетбола есть поклонники во всех слоях общества

cross series [,krɒs'sɪ(ə)ri:z] последовательные перекрёстные удары (*бокс*)

cross-shaped ['krɒsʃeɪpt] *a* крестообразный, в форме креста

cross-staff ['krɒssta:f] *n* 1. *церк.* крест архиепископа 2. *геод.* алидада, градшток

cross-stitch ['krɒsstɪtʃ] *n* 1. крестик (*в вышивке*) 2. вышивка крестом, крестиком

cross street ['krɒsstri:t] *амер.* поперечная улица; улица, пересекающая магистраль

cross-subsidize [,krɒs'sʌbsɪdaɪz] *v* поддерживать не приносящие дохода предприятия за счёт прибыли с доходных

cross-talk ['krɒstɔ:k] *n* 1) помеха, вмешательство в телефонный разговор 2) *св.* взаимные помехи (*между каналами*) 2) = back-talk 2) словесная перепалка; пререкания 3. *театр.* быстрый обмен репликами

cross-tie ['krɒstaɪ] *n ж.-д.* шпала

cross-town I ['krɒstaʊn] *a амер.* проходящий, ведущий через город; the payment of fares to go on ~ lines оплата проезда по городским маршрутам

cross-town II ['krɒstaʊn] *adv* через город; to go ~ поехать через город

cross-trading ['krɒs'treɪdɪŋ] *n мор.* иностранный фрахт, торговля с использованием иностранных судов (*перевозка грузов на судах третьих стран*)

cross traffic ['krɒs,træfɪk] *дор.* пересекающиеся потоки движения

cross-train ['krɒstreɪn] *v* обучать нескольким смежным специальностям

cross-trees ['krɒstri:z] *n pl мор.* салинг

cross up ['krɒsʌp] *phr v амер. разг.* 1. сбивать с толку; морочить 2. сбивать с честного пути; втягивать в тёмные делишки

cross-up ['krɒsʌp] = doublecross I

cross-walk ['krɒswɔ:k] *n* 1) (мощёный) переход (*через улицу или дорогу*) 2) *дор.* пешеходный переход

crossway ['krɒsweɪ] = crossroad

crossways ['krɒsweɪz] = crosswise

cross-wind ['krɒs,wɪnd] *n* встречный, противный ветер

crosswise ['krɒswaɪz] *adv* 1. крестообразно; крест-накрест 2. поперёк; logs placed ~ брёвна, положенные поперёк 3. неправильно, ошибочно; things are going ~ дела идут шиворот-навыворот /наперекосяк/

crossword (puzzle) ['krɒs(,)wɜ:d(,pʌz(ə)l)] (*n*) кроссворд

crostarie ['krɒs'sta:rɪ] *n шотл.* горящий крест, служащий знаком для собрания клана

crotch [krɒtʃ] *n* 1. развилина, вилка (*стебля, веток или дерева*) 2. вилы; крюк 3. промежность 4. 1) шаг (*брюк и т. п.*); tight in the ~ жмут в шагу 2) клин шагового шва (*брюк; тж.* ~ piece); пристежная планка (*пояса-трусов и т. п.*)

crotch-circle ['krɒtʃ,sɜ:k(ə)l] *n* оборот верхом на перекладине (*гимнастика*)

crotchet ['krɒtʃɪt] *n* 1. крюк, крючок 2. фантазия, причуда, каприз 3. *муз.* четвертная нота

crotchety ['krɒtʃɪtɪ] *a* 1) с причудами, со странностями 2) причудливый, капризный 3) раздражительный; сердитый; брюзгливый

croton ['krəʊt(ə)n] *n бот.* кротон (*Croton*)

croton-bug ['krəʊt(ə)nbʌg] *n амер. энт.* таракан-прусак (*Blatella germanica*)

croton oil ['krəʊt(ə)nɔɪl] кротоновое масло

crouch I [kraʊtʃ] *n* 1. припадание (*к земле, к ногам*); to sit in a ~ сидеть сгорбившись 2. *спорт.* 1) полуприсед (*чуть согнув ноги — лёгкая атлетика*);

~ start низкий старт (*лёгкая атлетика*) 2) низкая стойка при спуске с горы (*лыжный спорт; тж.* ~ position)

crouch II [kraʊtʃ] *v* 1. присесть, припасть к земле, сжаться (*чаще о животных*); tiger ~ing for a spring тигр, сжавшийся /припавший к земле/ перед прыжком 2. 1) низко кланяться, припадать к ногам 2) заискивать, пресмыкаться, раболепствовать; to ~ one's back before smb. гнуть спину перед кем-л. 3. сделать полуприсед (*лёгкая атлетика*)

crouchback ['kraʊtʃbæk] *n арх.* горбун; горбунья; the C. Горбун (*прозвище Ричарда III*)

crouched [kraʊtʃt] *a археол.* в согнутом положении (*обыкн. повёрнутый на бок — о скелетах, обнаруживаемых при раскопках захоронений*)

croud [kru:d] = crood

croup[1] [kru:p] *n* 1. круп (*лошади и т. п.*) 2. *шутл.* ягодицы

croup[2] [kru:p] *n мед., вет.* круп

croup[3] [kru:p] *v амер. разг.* выполнять работу крупье

croupier ['kru:pɪə] *n фр.* 1. крупье, банкомёт 2. *редк.* помощник председателя на банкете

crouse [kru:s] *a шотл.* живой, оживлённый, бойкий, весёлый

crout [kraʊt] *n разг.* квашеная капуста

croûton ['kru:tɒn] *n фр.* гренок (*для супа*)

crow[1] [krəʊ] *n* 1. 1) *зоол.* ворона (*Corvus*) 2) *разг.* ворон; любая чёрная птица 2. *амер. презр.* негр 3. (the C.) *астр.* Ворон (*созвездие*) 4. *воен. жарг.* вор, стоящий на стрёме 5. = crowbar 6. *амер. сл.* 1) орёл (*на гербе*) 2) *воен.* командир, шеф (*с орлом на нашивках*) 3) курица, курятина 7. *амер. сл.* мордоворот (*о женщине*)
◇ as the ~ flies, in a ~ line по прямой линии, напрямик; to eat ~ см. eat ◇; to have a ~ to pluck /редк. to pull/ with smb. иметь счёты с кем-л.; ~ will not pick out ~'s eyes ворон ворону глаз не выклюет; stone the ~s! не может быть! (*выражает удивление, недоверие*)

crow[2] I [krəʊ] *n* 1. пение петуха 2. гуканье, радостный крик младенца 3. *разг.* радостный вопль; ~ of triumph победный вопль; победные клики

crow[2] II [krəʊ] *v* (crowed [krəʊd], crew; crowed, crown) 1. кричать кукареку 2. гукать, издавать радостные звуки (*о младенце*) 3. (about, over) радостно кричать; говорить с гордостью; to ~ about one's examination results хвастаться /похваляться/ своими экзаменационными оценками; to ~ over an unsuccessful rival насмехаться над незадачливым соперником; the team ~ed over its victory команда бурно радовалась своей победе

crow[3] [krəʊ] *n анат.* брыжейка

crowbait ['krəʊbeɪt] *n амер. прост.* никудышная лошадь; кляча; ≅ воронам на обед

crowbar ['krəʊba:] *n тех.* лом лапчатый; вага; аншпуг

crowberry ['krəʊb(ə)rɪ] *n бот.* вороника, медвежья ягода (*Empetrum nigrum*)

crowbill ['krəʊbɪl] *n* хирургические щипцы

crowd[1] I [kraʊd] *n* 1. 1) толпа; he pushed his way through the ~ он пробрался сквозь толпу 2) (the ~) *пренебр.* простой люд, народ; чернь; advertisements seek to appeal to the ~ объявления рассчитаны на привлечение масс; to raise oneself /to rise above/ the ~ выбиться в люди; подняться над общим уровнем 2. толкотня, давка; the audience was large, but there was no ~ публики было много, но давки не было 3. *разг.* компания, группа людей; she came in with all her ~ она пришла со своей компанией 4. множество, масса 5. (the ~) *театр.* кино статисты, фигуранты; ~ scene массовая сцена ◊ he might pass in a ~ ≅ он не хуже других; to follow /to go with/ the ~ делать то, что делают другие; поступать как все

crowd[1] II [kraʊd] *v* 1. 1) толпиться, тесниться; to ~ round smb., smth. толпиться /тесниться/ вокруг кого-л., чего-л. 2) набивать, переполнять, запруживать (*пространство, помещение*); the room was ~ed with furniture комната была заставлена мебелью; the street is ~ed with people улица запружена народом 2. 1) собираться, скапливаться; сосредоточиваться; столпиться; we are too ~ed here нам здесь слишком тесно 2) собирать, скапливать; нагромождать; the boats are ~ed together in the harbour в гавани скопились суда 3. 1) теснить, давить, напирать; don't ~ so, stand back! не напирайте так, подайтесь /отойдите/ назад!; people were ~ing to board the bus люди теснили /давили/ друг друга, чтобы сесть в автобус 2) *спорт.* теснить, прижимать (*мяч*) 4. *амер. разг.* оказывать давление, нажимать; to ~ matters ускорять дела, требовать немедленных действий; to ~ a debtor for payment требовать от должника уплаты долга; don't ~ me, give me time to think не дави на меня /не торопи меня/, дай мне подумать 5. (into, on to) 1) втискивать; to ~ books into a box [on to a shelf] втиснуть книги в ящик [на полку] 2) втискиваться, протискиваться; they ~ed into the hall они протиснулись в зал 3) *амер.* втягивать силой (*во что-л.*); to ~ smb. into doing smth. принуждать кого-л. к каким-л. действиям 4) (through) протискиваться; to ~ through a gate протиснуться в ворота 6. (upon) нахлынуть (*на кого-л.*), охватить; suspicions ~ed upon him подозрения охватили его; memories ~ed upon me на меня нахлынули воспоминания 7. *амер. разг.* достичь определённого возраста; he confessed to ~ing sixty он признался, что ему скоро стукнет шестьдесят ◊ to ~ the mourners *амер.* нажимать, торопить неподобающим образом; to (on) sail форсировать паруса; спешить /мчаться/ на всех парусах

crowd[2] [kraʊd] *n* крота (*старинный кельтский смычковый инструмент*)

crowded ['kraʊdɪd] *a* 1. переполненный, битком набитый; ~ streets улицы, запружённые народом; ~ hall битком набитый зал; a table ~ with papers and books стол, заваленный бумагами и книгами 2. стеснённый, сдавленный; the horses were too ~ in one small stable лошадям было очень тесно в небольшой конюшне 3. полный, наполненный; a life ~ with adventure жизнь, полная приключений

crowdie ['kraʊdɪ] *n шотл.* густая каша из муки крупного помола и воды; овсяная каша

crowding ['kraʊdɪŋ] *n* 1) давка, толкотня 2) *спорт.* скучивание нескольких бегунов во время бега

crowd out ['kraʊd'aʊt] *phr v* вытеснять; we tried to get in but were crowded out мы старались войти, но нас оттеснили; your article was crowded out ваша статья не прошла (*из-за обилия материала*)

crowd-pleaser ['kraʊd‚pliːzə] *n* пьеса, имеющая успех у публики; кассовый спектакль

crowd puller ['kraʊd‚pʊlə] 1) зрелище, привлекающее публику; кассовое мероприятие 2) любимец публики (*об актёре, спортсмене*)

crowd together ['kraʊdtə'geðə] *phr v* собираться, столпиться; we were standing crowded together before the picture мы столпились перед картиной

crowdy ['kraʊdɪ] = crowdie

crow-flight ['krəʊflaɪt] *n* кратчайшее расстояние между двумя точками; самый прямой путь; ~ distance расстояние по прямой

crowfoot ['krəʊfʊt] *n* 1. *бот.* лютик (*Ranunculus gen.*) 2. = crow's-foot 1 3. *воен.* стальной ёж 4. размерная стрелка на чертеже 5. *горн.* ловильный крюк

crowhop ['krəʊhɒp] *n амер. прост.* 1. лягание (*лошади*) 2. короткое расстояние; his house is just a ~ from here до его дома отсюда рукой подать

Crow Jim [‚krəʊ'dʒɪm] *амер.* 1) Кроу Джим (*кличка, данная неграми белым американцам; ответ на кличку негра Jim Crow*); ≅ расизм наоборот 2) предубеждение против белых

Crow Jimism [‚krəʊ'dʒɪmɪz(ə)m] *амер.* 1. предубеждение (*негров*) против белых; негритянский расизм 2. *презр.* обхаживание негров (*кандидатами на выборах*)

crown I [kraʊn] *n* 1. корона; венец; the martyr's ~ венец мученика; a ~ of thorns терновый венец 2. (the C.) 1) корона, власть монарха, престол; to succeed to the C. наследовать престол; to relinquish the C. отказаться от престола 2) *юр.* корона (*как сторона в процессе*); a witness for the C. свидетель обвинения 3) монарх; король; королева; the demise of the C. кончина короля 3. 1) верхушка (*чего-л.*) 2) крона, верхушка дерева 3) макушка; темя; to break smb.'s ~ разбить кому-л. голову, проломить кому-л. череп; from toe to ~ с ног до головы 4) круглая вершина горы 4. гребень (*птицы*) 5. 1) венок (*из цветов и т. п.; тж. как награда*) 2) *бот.* верхушка, венец; ~ bud *бот.* верхушечная почка; ~ roots *бот.* узловые корни 3) венчик, розетка (*листьев*) 6. тулья (*шляпы*) 7. венец, завершение; the ~ of one's labour венец /завершение/ трудов; the ~ of the year осень (*т. е. время сбора урожая*) 8. 1) коронка (*зуба*) 2) коронка (*на зуб*) 9. *ист.* крона (*английская монета в пять шиллингов*) 10. формат бумаги (*амер.* 15 д.×19 д.— писчей; *англ.* 16½ д.×21 д. — печатной, 15 д.×19 д. — чертёжной) 11. *архит.* шелыга арки или свода 12. *мор.* пятка (*якоря*) 13. *тех.* коронка 14. *геол.* перегиб, лоб (*складки, покрова*) 15. *дор.* выпуклость (*поперечного профиля дороги*) 16. *с.-х.* свальная борозда 17. *опт.* крон, кронглас

crown II [kraʊn] *v* 1. венчать, короновать; they ~ed him king они возвели его на королевский престол; to be ~ed короноваться 2. 1) награждать, увенчивать; to ~ smb. with glory увенчать кого-л. славой 2) завершать, венчать; peace talks were ~ed with success переговоры о мире увенчались успехом /завершились успешно/ 3. увенчивать, заканчивать собою верхнюю часть (*чего-л.*); a tower ~ed with a spire башня, увенчанная шпилем; the hill is ~ed with a wood вершина горы покрыта лесом 4. провести (*шашку*) в дамки 5. поставить коронку на зуб 6. *сл.* ударить по голове ◊ to ~ it all в довершение всего; and then, to ~ all, we missed the last train и в довершение всего мы опоздали на последний поезд; that ~s all! этого ещё недоставало!; the end ~s the work *посл.* конец венчает дело; конец — всему делу венец

crown agent [‚kraʊn'eɪdʒ(ə)nt] *шотл.* представитель короны (*в уголовных делах*); прокурор

crowncap [‚kraʊn'kæp] *n* кроненпробка, крончатый колпачок

crown colony [‚kraʊn'kɒlənɪ] коронная колония; британская колония

crown court [‚kraʊn'kɔːt] коронный суд (*в Великобритании*)

crowned [kraʊnd] *a* 1. коронованный; ~ head коронованная особа, монарх 2. увенчанный, завершённый 3. покрытый коронкой (*о зубе*)

crowner ['kraʊnə] *диал.* = coroner

crown ether [‚kraʊn'iːθə] *хим.* краун-эфир, макроциклический эфир

crown flax [‚kraʊn'flæks] *бот.* лён-кудряш (*Linum usitatissimum*)

crown glass [‚kraʊn'glɑːs] кронглас, крон (*сорт стекла*)

crowning ['kraʊnɪŋ] *a* 1. венчающий, увенчивающий; ~ achievement главное достижение; the ~ touch to the evening's entertainment последний номер, являющийся гвоздём всей программы вечера 2. похожий на корону; the ~ glory of her hair корона её дивных волос

crown jewels [‚kraʊn'dʒuːəlz] королевские регалии и драгоценности

Crown-land, Crownland [‚kraʊn'lænd] *n обыкн. pl* коронные земли

crown law [‚kraʊn'lɔː] уголовный закон

crown lawyer [‚kraʊn'lɔːjə] *юр.* адвокат короны (*в уголовных делах*); государственный обвинитель, прокурор

crown office [‚kraʊn'ɒfɪs] 1) *ист.* канцелярия по уголовным делам Суда королевской скамьи 2) отдел центральной канцелярии Высокого суда (*по уголовным делам и делам государственной казны*) 3) *шотл.* канцелярия прокурора; ~ in chancery канцелярия суда лорда-канцлера (*теперь Высокого суда*), в которой удостоверяются исходящие из этого суда документы

crown-piece ['kraʊnpiːs] = crown I 9

Crown prince [‚kraʊn'prɪns] наследный принц, кронпринц

Crown princess [‚kraʊn'prɪnses] 1) кронпринцесса, наследница престола 2) супруга наследника престола

crown prisoner [‚kraʊn'prɪz(ə)nə] лицо, отбывающее заключение по уголовному делу

crown-side ['kraʊnsaɪd] *n* 1) *ист.* отделение Суда королевской скамьи по уголовным делам 2) уголовное отделение (*суда*)

crown speed [‚kraʊn'spiːd] *авт.* скорость езды по внутренним полосам движения

crown wheel [‚kraʊn'wiːl] *тех.* коронная шестерня

crown witness [‚kraʊn'wɪtnɪs] *юр.* свидетель короны; свидетель обвинения (*в уголовном процессе*)

crownwork ['kraʊnwɜːk] *n воен. ист.* кронверк

crow-quill ['krəʊkwɪl] *n* 1. воронье перо 2. тонкое стальное перо

crow's bill ['krəʊzbɪl] = crowbill

crow's foot, crow's-foot ['krəʊzfʊt] (*n*) (*pl* -feet [-fiːt]) 1. морщинка (*особ. в уголках глаз*) 2. *воен.* проволочные силки 3. *pl ав.* гусиные лапы

crow's nest, crow's-nest ['krəʊznest] (n) «воронье гнездо» (*на мачте, столбе*)
crozier ['krəʊzə, -zɪə] = crosier
cruces ['kruːsiːz] *pl от* crux I
crucial ['kruːʃ(ə)l] *a* 1. решающий; ключевой; ~ test решающее испытание; ~ experiment решающий опыт; ~ problem ключевая проблема; it was ~ to perform an immediate operation on the injured man немедленная операция была вопросом жизни или смерти для раненого 2. критический; ~ period [moment] критический период [момент]; a ~ point in the talks переломный момент в переговорах 3. *анат.* крестообразный; ~ incision крестообразный разрез
crucials ['kruːʃ(ə)lz] *n pl бот.* крестоцветные (*Cruciferaceae*)
crucian carp [ˌkruːʃ(ə)n'kɑːp] *зоол.* карась (*Carassius carassius*)
cruciate ['kruːʃɪeɪt, 'kruːsɪ-] *a* имеющий форму креста, крестовидный
crucible ['kruːsɪb(ə)l] *n* 1. *метал.* плавильный тигель; ~ steel тигельная сталь 2. суровое испытание
crucifer ['kruːsɪfə] = cross-bearer
cruciferous [kruː'sɪf(ə)rəs] *a бот.* крестоцветный
crucifier ['kruːsɪfaɪə] *n* 1) *см.* crucify + -er 2) мучитель
crucifix ['kruːsɪfɪks] *n* 1. распятие 2. *спорт.* крест вниз головой; стойка на кистях рук в стороны (*на кольцах*)
crucifixion [ˌkruːsɪ'fɪkʃ(ə)n] *n* 1. 1) распятие на кресте 2) (the C.) распятие Христа 2. муки, страдания
cruciform ['kruːsɪfɔːm] *a* крестообразный
crucify ['kruːsɪfaɪ] *v* 1. распинать 2. умерщвлять (*плоть*); подавлять (*страсти, желания*) 3. 1) мучить; преследовать 2) разносить, подвергать уничтожающей критике; the other lawyers crucified him for defending a traitor коллеги-юристы смешали его с грязью за то, что он защищал предателя
crud [krʌd] *n сл.* 1) подонок, мразь, сволочь 2) дерьмо 3) вздор, чепуха, ерунда; ≅ чушь собачья
cruddy ['krʌdɪ] *a сл.* 1) грязный, покрытый засохшей грязью; ~ boots сапоги, облепленные грязью 2) грязный, сальный; ~ mind грязные мысли; a ~ potboiler порнографическая халтура (*о книге*)
crude I [kruːd] *n* сырая нефть, нефть-сырец
crude II [kruːd] *a* 1. сырой, необработанный; неочищенный; ~ spirit неочищенный спирт; ~ oil сырая нефть; ~ materials сырьё 2. неразработанный, непродуманный; необработанный; ~ scheme [plan] набросок /черновой вариант/ проекта (плана); ~ theories [methods] неразработанные теории [методы]; ~ thoughts незрелые мысли 3. 1) примерный, предварительный; ~ summary предварительное подведение итогов 2) *стат.* общий, сделанный из расчёта на 1000 человек; ~ marriage [death] rate общий коэффициент заключения браков [смертности] 4. грубый, неотёсанный, невежливый; ~ manners грубые манеры 5. грубый, ничем не прикрытый, голый; ~ facts голые факты 6. кричащий (*о красках*) 7. *редк.* непереваренный (*о пище*) 8. *лингв.* исходный; in ~ form в исходной форме
crudités [ˌkruːdɪ'teɪ] *n фр. pl* салат из сырых овощей

crudity ['kruːdɪtɪ] *n* 1. необработанность 2. неразработанность, непродуманность 3. 1) грубость; грубое замечание, грубая выходка *и т. п.* 2) вульгарность; непристойность; the ~ of his jokes annoyed me непристойность его анекдотов меня раздражала 4. 1) *мед.* несварение 2) непереваренные (органическим) продукты
cruel I ['kruːəl] *a* 1. жестокий, безжалостный, бессердечный; ~ dictator жестокосердный диктатор; ~ remark жестокое замечание 2. мучительный, ужасный, жестокий; ~ disease мучительная /ужасная/ болезнь; ~ sufferings жестокие /ужасные/ страдания; ~ and unusual punishment *амер.* пытка или наказание, несоразмерные преступлению 3. *в грам. знач. нареч. эмоц.-усил.* очень, чрезвычайно, чертовски; ~ cold очень холодный
cruel II ['kruːəl] *v австрал. разг.* портить, губить, лишать шансов на успех
cruelly ['kruːəlɪ] *adv* 1. жестоко, безжалостно; бессердечно 2. мучительно
cruelty ['kruːəltɪ] *n* 1. 1) жестокость, безжалостное обращение; ~ to animals жестокое обращение с животными 2) жестокий поступок; cruelties of war тяжкие военные испытания 2. суровость, жестокость; the ~ of fate жестокость /суровость/ судьбы
cruet ['kruːɪt] *n* 1. бутылочка, графинчик для уксуса или масла 2. *церк.* потирная чаша
cruet-stand ['kruːɪtstænd] *n* судок (столовый прибор)
cruise I [kruːz] *n* 1. морское путешествие, плавание; round-the-world ~ кругосветный круиз 2. *ав.* крейсерский полёт 4. *лес.* таксация 5. = cruise missile
cruise II [kruːz] *v* 1. 1) путешествовать для удовольствия; совершать круиз 2) совершать рейсы (*на суше и в воздухе*) 3) *мор.* крейсировать, плавать по определённому маршруту 2. *ав.* 1) летать с крейсерской скоростью 2) совершать крейсерский полёт 3. 1) курсировать; объезжать какой-л. район 2) *разг.* фланировать; переходить из бара в бар (*в поисках приключений*) 4. *лес.* таксировать
cruise about ['kruːzə'baʊt] *phr v* 1) бродить в поисках чего-л. или кого-л. 2) объезжать (*на автомобиле*) какой-л. район (*для наблюдения, в поисках пассажиров и т. п.*)
cruise missile ['kruːzˌmɪsaɪl] крылатая ракета
cruiser ['kruːzə] *n* 1. крейсер 2. 1) судно, совершающее морское путешествие 2) тот, кто совершает поездку по морю 3. быстроходный танк 4. *воен.* ракета дальнего действия с маршевым участком полёта 5. патрульная полицейская машина 6. космический корабль (*в научной фантастике*) 7. *лес.* таксатор (*тж.* timber ~)
cruiser-carrier ['kruːzəˌkærɪə] *n мор.* крейсер-авианосец
cruiser-vessel ['kruːzəˌves(ə)l] *n спорт.* судно крейсерского класса
cruiser weight ['kruːzəweɪt] *n разг.* 1) полутяжёлый вес 2) боксёр полутяжёлого веса
cruising flight ['kruːzɪŋ'flaɪt] *воен.* 1) крейсерский полёт 2) маршевый полёт
cruising radius ['kruːzɪŋ'reɪdɪəs] *спец.* радиус действия
cruising range ['kruːzɪŋ'reɪndʒ] *спец.* запас хода (*по топливу*)
cruising speed ['kruːzɪŋ'spiːd] 1) *тех.* средняя скорость; экономическая скорость; скорость установившегося движения 2) *мор., ав.* крейсерская скорость 3) *воен.* скорость маршевого полёта
cruising submarine ['kruːzɪŋ'sʌbməriːn] крейсерская подводная лодка
cruising taxi ['kruːzɪŋ'tæksɪ] свободное такси, ищущее пассажиров
cruive ['kruːv] *n* 1. *рыб. редк.* верша 2. *шотл.* лачуга, хибарка 3. *шотл.* свинарник, хлев
cruller ['krʌlə] *n амер.* жареное витое печенье, хворост
crum [krʌm] *n сл.* 1. 1) платяная вошь 2) клоп 2. подонок; ничтожество; ≅ гнида (*о человеке*)
crumb I [krʌm] *n* 1. 1) частица (*чего-л.*) 2) крошка (*особ. хлеба*) 3) крупица; ~s of information обрывки сведений; ~s of knowledge крупицы знаний; a few ~s of comfort некоторое утешение, несколько утешительных фактов или слов 2. мякиш (*хлеба*) 3. = crum 1
crumb II [krʌm] *v* 1. 1) крошить 2) толочь на панировочные сухари 2. обсыпать крошками; обваливать в сухарях 3. *разг.* сметать крошки; to ~ the table сметать со стола крошки 4. *амер. сл.* портить; to ~ the deal сорвать сделку, план *и т. п.*
crumb-brush ['krʌmbrʌʃ] *n* щётка для сметания крошек со стола
crumb-bum ['krʌmbʌm] *n сл.* 1. = crum 2 2. завшивевший бродяга
crumble ['krʌmb(ə)l] *v* 1. крошить, раздроблять, толочь, растирать (*тж.* ~ up); to ~ bread толочь сухой хлеб (*на сухари*) 2) крошиться; обваливаться, осыпаться; bones ~d to dust кости превратились в прах 2. распадаться, разрушаться, гибнуть (*тж.* ~ away); the great empires of the past have ~d and fallen великие империи прошлого распались и погибли; my dearest hopes have ~d to nothing мои сокровенные надежды рухнули
crumble structure ['krʌmb(ə)l'strʌktʃə] зернистая структура, зернистое строение (*почвы*)
crumbling ['krʌmblɪŋ] *a* 1. крошащийся, осыпающийся; обваливающийся; ~ walls осыпающиеся стены; ~ rocks *геол.* трещиноватые породы 2. комковатый (*о почве*)
crumbly ['krʌmblɪ] *a* крошащийся; рассыпчатый, рыхлый; ~ soil мелкокомковатая почва; ~ condition комковатость (*почвы*)
crummy ['krʌmɪ] *a сл.* 1. дебелая, грудастая 2. вшивый 3. 1) грязный, убогий, захудалый; the place looks ~ у дома обшарпанный вид 2) дешёвый, никудышный, дрянной; ~ furniture [book] дрянная /паршивая/ мебель (книга) 3) противный, отвратительный; ~ seducer грязный соблазнитель 4) ничтожный, жалкий; ~ salaries жалкая /мизерная/ зарплата 5) чувствующий тошноту, недомогание; I've felt ~ all morning меня мутило всё утро
crump¹ I [krʌmp] *n* 1. хруст, хрустящий звук 2. *разг.* тяжёлый удар 3. *воен. жарг.* 1) тяжёлый фугасный снаряд 2) звук от разрыва тяжёлого снаряда
crump¹ II [krʌmp] *a шотл.* хрустящий (*на зубах*); рассыпчатый
crump¹ III [krʌmp] *v* 1. хрустеть 2. *разг.* сильно ударять 3. *воен. жарг.* обстреливать тяжёлыми снарядами
crump² [krʌmp] *n сл.* подлец, хам; подонок
crumpet ['krʌmpɪt] *n* 1. сдобная лепёшка 2. *сл.* башка; barmy on the ~ сумасбродный, спятивший (с ума) 3. *разг.* молодая красотка, лакомый кусочек; ≅ пышка, пончик

crumple I ['krʌmp(ə)l] *n* мятая складка, морщина

crumple II ['krʌmp(ə)l] *v* 1. 1) мять; to ~ one's clothes смять одежду 2) мяться, морщиться; this cloth ~s easily эта материя легко мнётся 2. комкать, мять в руках (*тж.* ~ up); to ~ up a piece of paper скомкать кусок бумаги 3. (*тж.* ~ up) 1) смять, раздавить; to ~ up an opposing army сломить сопротивление противника 2) оказаться смятым, побеждённым; утратить боеспособность; the enemy army ~d up армия врага была вынуждена прекратить сопротивление 4. (*тж.* ~ up) 1) свалиться, рухнуть; the walls ~d up стены рухнули; she ~d to the floor in a faint она упала на пол без сознания 2) согнуться (*под тяжестью чего-л.*) 3) падать духом; he ~d up under the shocking news его сразило ужасное известие; the witness ~d under the lawyer's severe questioning свидетель сбился /растерялся/ от беспощадного допроса, учинённого адвокатом

crunch I [krʌntʃ] *n* 1. хруст; скрип, треск 2. *разг.* решающий момент; перелом; кризисная ситуация; to come to the /a/ ~ приближаться к развязке; when the ~ came когда наступил решающий момент; in the ~ в кризисной ситуации 3. (the ~) *фин.* ограничение кредита

crunch II [krʌntʃ] *v* 1. 1) грызть с хрустом; the dog was ~ing a bone собака грызла кость; to ~ biscuit [toasts] грызть сухое печенье [поджаренный хлеб] 2) хрустеть (*на зубах*) 2. 1) раздавливать; our feet ~ed the gravel у нас под ногами хрустел гравий 2) скрипеть, хрустеть (*под ногами, колёсами*); the snow ~ed under the wheels снег скрипел под колёсами

cruor ['kru:ɔ:] *n* запёкшаяся кровь; кровяной сгусток

crupper ['krʌpə] *n* 1. подхвостник (*часть сбруи*) 2. круп (*лошади*) 3. *шутл.* ягодицы

crura ['kru(ə)rə] *pl от* crus

crural ['kru(ə)rəl] *a анат.* бедренный

crus [krʌs] *n (pl* crura) *анат.* голень

crusade I [kru:'seid] *n* 1. *ист.* крестовый поход 2. кампания в защиту (*чего-л.*) *или* поход против (*чего-л.*); peace ~ поход в защиту мира; a ~ against crime [for women's rights] кампания борьбы с преступностью [за равноправие женщин]

crusade II [kru:'seid] *v* 1. *ист.* участвовать в крестовом походе 2. вести кампанию, бороться (*за что-л. или против чего-л.*); to ~ for women's rights [against discrimination] бороться за равноправие женщин [против дискриминации]

crusader [kru:'seidə] *n* 1. *ист.* крестоносец 2. участник общественной кампании; ~s against racialism [for peace] борцы против расизма [за мир]

crusado [kru:'seidəu] = cruzador

cruse [kru:z] *n арх.* глиняный горшок *или* кувшин
widow's ~ а) *библ.* кувшин вдовицы; б) неистощимый источник

crush I [krʌʃ] *n* 1. раздавливание; смятие; дробление 2. фруктовый сок 3. давка, толкотня 4. *разг.* 1) собрание, большое общество; приём (*гостей*) 2) отряд (*войск*) 5. 1) (on) *разг.* сильное увлечение; to have /to get/ a ~ on smb. очень увлечься кем-л., потерять голову из-за кого-л. 2) *ирон.* предмет обожания (*особ. о юноше*)

crush II [krʌʃ] *v* 1. давить, дробить, толочь (*тж.* ~ up); to ~ grapes давить виноград; the man was ~ed to death by a car машина задавила человека насмерть 2. (*тж.* ~ up) 1) мять; the dresses are badly ~ed платья сильно помяты; he crushed the letter (in his hand) он скомкал письмо 2) мяться; this material ~es easily этот материал легко мнётся 3. подавлять; сокрушать; to ~ a revolt [all opposition] подавить восстание [всякое сопротивление]; our hopes have been ~ed наши надежды рухнули; he was quite ~ed by all these misfortunes он был совершенно подавлен этими неудачами 4. (into) 1) протискиваться, втискиваться; they all tried to ~ into the front seats все они старались пробраться на передние места; they all ~ed into the small room все они втиснулись в небольшую комнату 2) втискивать, впихивать; we can't ~ any more people into the hall в этот зал невозможно втиснуть больше народу 5. (through) протискиваться, силой пробиваться (*через что-л.*); the people ~ed through the gates as soon as they were opened публика ринулась в ворота, как только они открылись; to ~ a passage through wire *воен.* проделать проход в проволочных заграждениях 6. *разг.* дать отпор; осадить (*кого-л.*); he smiled at her, but she ~ed him on ей улыбнулся, но она осадила его уничтожающим взглядом

◇ to ~ a bottle of wine распить /«раздавить»/ бутылку вина; to ~ a cup осушить чашу /кубок/; to ~ in the bud /in the egg/ подавить в зародыше, пресечь в корне

crush bar ['krʌʃbɑ:] буфет в театре

crush barrier ['krʌʃ,bæriə] стальной барьер (*на стадионах, вокзалах и т. п.*)

crush down ['krʌʃ'daun] *phr v* 1) смять, придавить; to ~ plants придавить /помять/ растения 2) раздробить; to ~ stone дробить камень 3) подавлять; to ~ opposition подавить сопротивление; to be crushed down by grief быть сломленным горем

crushed [krʌʃt] *a* 1. раздавленный 2. смятый 3. подавленный 4. раздроблённый, измельчённый; ~ stone щебень; a ~ bone *мед.* осколочный перелом

crusher ['krʌʃə] *n* 1. crush II + -er 2. дробилка 3. *разг.* ошеломляющее, потрясающее событие, сообщение; the decision was a ~ on him это решение его подкосило; what a ~! какая неприятность, какой удар! 4. *сл.* 1) полицейский 2) старшина (*на флоте*)

crush hat ['krʌʃ'hæt] 1. 1) мягкий головной убор (*который можно спрятать в карман*) 2) мягкая фетровая шляпа 2. складной цилиндр, шапокляк

crushing I ['krʌʃiŋ] *n тех.* дробление, грубое измельчение

crushing II ['krʌʃiŋ] *a* сокрушительный, уничтожающий; ~ defeat разгром, тяжёлое поражение; ~ answer уничтожающий ответ; ~ sorrow невыносимое горе

crush out ['krʌʃ'aut] *phr v* выжимать, давить; to ~ the juice from tomatoes [from oranges] выжимать сок из помидоров [из апельсинов]; he crushed out his cigarette он загасил сигарету

crushproof ['krʌʃpru:f] *a* 1) немнущийся, несминаемый 2) не сминающий; a ~ package упаковка, предохраняющая (*товар*) от сминания

crush-room ['krʌʃru:m, -rum] *n* фойе (*в театре*)

crust I [krʌst] *n* 1. 1) корка (*хлеба*) 2) верхняя (сдобная) корочка (*пирога*) 3) *австрал., новозел.* средства к существованию; кусок хлеба; to earn one's ~ зарабатывать свой хлеб /на жизнь/ 2. твёрдый поверхностный слой, корка; настыль; наст; a thin ~ of ice тонкая корочка льда 3. *мед.* струп, корка 4. 1) панцирь (*ракообразных*) 2) щит (*черепахи*) 5. *геол.* 1) земная кора 2) поверхностные отложения 6. осадок (*вина на стенках бутылки*) 7. *разг.* угрюмый, раздражительный человек 8. *разг.* дерзость, наглость, нахальство; he had the ~ to look me in the eyeball without a blink у него хватило наглости смотреть мне прямо в глаза

◇ the upper ~ а) верхушка общества; б) голова; off one's ~ спятивший, чокнутый; to crack a ~ жить не нуждаясь; to crack a tidy ~ преуспевать, жить припеваючи

crust II [krʌst] *v* 1. 1) покрывать коркой, корой 2) покрываться коркой, корой; the snow ~ed over during the night за ночь на снегу образовалась твёрдая корка 2. давать осадок (*о вине*)

crustacean I [krʌ'steiʃ(ə)n] *n зоол.* ракообразное

crustacean II ['krʌ'steiʃ(ə)n] = crustaceous

crustaceous [krʌ'steiʃəs] *a зоол.* ракообразный

crustal ['krʌstl] *a* относящийся к коре Земли *или* Луны, корковый

crustated [krʌ'steitid] *a* инкрустированный

crusted ['krʌstid] *a* 1. покрытый коркой 2. с осадком (*о вине*) 3. *разг.* укоренившийся; ~ prejudices укоренившиеся предрассудки; ~ habits устоявшиеся привычки

crustily ['krʌstili] *adv разг.* с раздражением, сварливо, ворчливо; резко

crustquake ['krʌstkweik] *n астр.* быстрая перестройка небесного тела, вызванная процессами в его коре

crusty ['krʌsti] *a* 1. покрытый коркой, корой 2) покрытый струпьями 2. твёрдый, жёсткий 3. с осадком (*о вине*) 4. раздражительный, сварливый, резкий (*о человеке, манерах и т. п.*)

crutch I [krʌtʃ] *n* 1. костыль; ~ walking передвижение на костылях; a pair of ~es костыли; to go on ~es ходить на костылях 2. поддержка, опора; the ~ of my declining years опора моих преклонных лет 3. 1) *тех.* раздвоенная опора, подпорка; вилка 2) *стр.* упор, подкос 3) *тех.* вильчатая стойка 4) *спорт.* стойка велосипеда, мотоцикла 4. *мор.* кормовой брештук; уключина 5. = crotch 3

crutch II [krʌtʃ] *v* 1. 1) поддерживать, подпирать (*тж.* ~ up); old crippled buildings ~ed up with posts and logs старые полуразвалившиеся строения, подпёртые столбами и брёвнами 2) помогать, оказывать поддержку 2. ходить на костылях

crutched[1] [krʌtʃt] *a* носящий крест; C. Friars *ист.* братство крестоносцев (*монашеский орден в Англии XIII — XVII вв.*)

crutched[2] [krʌtʃt, 'krʌtʃid] *a* в форме костыля; an umbrella with a ~ handle зонт с крючковатой ручкой

Crux [krʌks] *n астр.* Южный Крест (*созвездие*)

crux I [krʌks] *n (pl тж.* cruces) 1. главный, основной, решающий вопрос; the ~ of the matter самая суть дела; we have now reached the ~ of our negotiations в наших переговорах мы теперь подошли к самому существенному моменту 2. затруднение, трудный вопрос, случай; загадка, загвоздка 3. *геральд.* крест

cruzado [krʊˈzeɪdəʊ] *n* (*pl* -os, -oes [-əʊz]) круса́до (*главная денежная единица Бразилии с 1986 г.*)

cruzeiro [krʊˈzeɪrəʊ] *n* (*pl* -os [-əʊz]) крузе́йро (*денежная единица Бразилии*; = 1/1000 *крусадо*)

cry I [kraɪ] *n* **1.** крик; to give a ~ закрича́ть **2.** вопль, мольба́; to be deaf to smb.'s cries быть глухи́м к чьим-л. мольба́м **3.** плач; to have a good ~ вы́плакаться **4.** крик, вы́клик у́личных разно́счиков **5.** боево́й клич, ло́зунг **6.** 1) молва́, слу́хи; the ~ goes that... идёт молва́ /хо́дят слу́хи/, что...; on the ~ по слу́хам, понаслы́шке 2) обще́ственное мне́ние; тре́бования наро́да; a ~ of the people глас наро́да; a national ~ for lower taxes ≡ вся страна́ тре́бует сниже́ния нало́гов **7.** крик пти́цы, вой во́лка, лай соба́ки *и т. п.* **8.** 1) сво́ра го́нчих 2) *презр.* компа́ния, гру́ппа люде́й **9.** преде́л слы́шимости; бли́зкое расстоя́ние; each one village was within ~ of another от одно́й дере́вни до друго́й бы́ло руко́й пода́ть **10.** *разг.* крик мо́ды; the latest ~ после́дний крик мо́ды; this hair style is all the ~ таку́ю причёску сейча́с но́сят все мо́дницы

◊ great /much/ ~ and little wool ≡ мно́го шу́му из ничего́; гора́ родила́ мышь; a far /a long/ ~ *см.* far I ◊; in full ~ a) *охот.* с гро́мким ла́ем, в бе́шеной пого́не; б) в разга́ре, что есть си́лы

cry II [kraɪ] *v* **1.** 1) крича́ть, ора́ть, вопи́ть; to ~ aloud гро́мко крича́ть, ора́ть 2) восклица́ть; вскри́кнуть, кри́кнуть **2.** (for) моли́ть, умоля́ть; взыва́ть; насто́йчиво тре́бовать; to ~ for quarter моли́ть о поща́де; to ~ for help взыва́ть о по́мощи; the blood of the murdered men cried for vengeance кровь уби́тых взыва́ла о мще́нии; the rundown old house cried for a coat of paint обша́рпанный ста́рый дом настоя́тельно тре́бовал покра́ски **3.** (against) протестова́ть, поднима́ть го́лос про́тив; reason itself does ~ against it (да́же) ра́зум восстаёт про́тив э́того **4.** 1) пла́кать; to ~ bitter tears пла́кать го́рькими слеза́ми; to ~ for joy пла́кать от ра́дости; to ~ oneself to sleep пла́кать, пока́ не засну́ть; засну́ть в слеза́х 2) (over) опла́кивать; to ~ over one's loss опла́кивать поте́рю **5.** оглаша́ть, объявля́ть; to ~ the news all over the town разглаша́ть но́вости по всему́ го́роду **6.** выкли́кать, крича́ть (*о разно́счике, торго́вце*); to ~ one's wares расхва́ливать /расхва́ливать/ това́ры **7.** издава́ть зву́ки (*о живо́тных, пти́цах*); выть, ла́ять *и т. п.*

◊ to give smb. something to ~ about ≡ ты у меня́ ещё не так запла́чешь!; to ~ barley *шотл.* проси́ть поща́ды или переми́рия (*в де́тских и́грах*); to ~ halt прекрати́ть, положи́ть коне́ц; to ~ halves тре́бовать ра́вной до́ли; to ~ shares тре́бовать свое́й до́ли; to ~ shame протестова́ть; to ~ stinking fish хули́ть со́бственный това́р; to ~ with one eye and laugh with the other быть двули́чным /нейскренним/; to ~ over spilt milk горева́ть о непоправи́мом; there's no use crying over spilt milk ≡ сде́ланного не воро́тишь; слеза́ми го́рю не помо́жешь

cry-baby [ˈkraɪˌbeɪbɪ] *n разг.* 1) пла́кса, рёва 2) ны́тик

cry down [ˈkraɪˈdaʊn] *phr v* 1) принижа́ть, умаля́ть 2) осужда́ть; the critic cried down the book кри́тик разнёс кни́гу 2. заглуша́ть кри́ками; he stood up to speak but the audience cried him down он встал, что́бы говори́ть, но пу́блика заглуши́ла его́ речь кри́ками 3. сбива́ть це́ну

crying [ˈkraɪɪŋ] *a* 1. крича́щий; пла́чущий 2. 1) вопию́щий, возмути́тельный; ~ shame чудо́вищный позо́р; ~ evil вопию́щее зло 2) неотло́жный, не те́рпящий отлага́тельства; to supply the ~ wants of the people удовлетвори́ть насу́щные потре́бности люде́й

cryo- [ˈkraɪə-] *в сложных словах имеет значение* низкотемперату́рный: cryoresistive криорезисти́вный (*охлаждённый до температуры резкого понижения сопротивления*); cryotron криотро́н; cryopump крионасо́с

cryobank [ˈkraɪəbæŋk] *n* криоба́нк, храни́лище (*организмов или тканей*) при температу́ре жи́дкого азо́та

cryobiology [ˌkraɪə(ʊ)baɪˈɒlədʒɪ] *n* криобиоло́гия; нау́ка о влия́нии ни́зких температу́р на живы́е органи́змы

cryocable [ˈkraɪəkeɪb(ə)l] *n эл.* сверхпроводя́щий ка́бель

cryochemistry [ˌkraɪəˈkemɪstrɪ] *n* криохи́мия, хи́мия ни́зких температу́р

cryoelectric memory [ˌkraɪəɪˈlektrɪkˈmem(ə)rɪ] *вчт.* па́мять на криоэлектро́нных элеме́нтах

cryoelectronics [ˌkraɪəɪlekˈtrɒnɪks] *n* криоэлектро́ника, низкотемперату́рная электро́ника

cry off [ˈkraɪˈɒf] *phr v* 1) отговори́ться (*от чего́-л.*); отказа́ться (*от обещания*); he tried to ~ after swearing he would do it он покля́лся, что сде́лает э́то, а пото́м пыта́лся отговори́ться 2) отказа́ться от сде́лки

cryogen [ˈkraɪədʒən] *n тех.* криоге́нная или низкотемперату́рная жи́дкость

cryogenic [ˌkraɪəˈdʒenɪk] *a спец.* криоге́нный, низкотемперату́рный

cryogenics [ˌkraɪəˈdʒenɪks] *n* криоге́ника (*физика и техника низких температур*)

cryogenist [kraɪˈɒdʒənɪst] *n* специали́ст в о́бласти криоге́ники, криоге́нщик

cryohydrate [ˌkraɪə(ʊ)ˈhaɪdreɪt] *n хим.* криогидра́т

cryolite [ˈkraɪəlaɪt] *n мин.* криоли́т

cryology [kraɪˈɒlədʒɪ] *n* криоло́гия (*наука о снежном и ледяном покрове*)

cryomedicine [ˌkraɪəˈmeds(ə)n] *n* криомедици́на (*лечение с использованием низких температур*)

cryonics [kraɪˈɒnɪks] *n* криоконсерва́ция, заме́раживание тру́пов для их возвраще́ния к жи́зни в отдалённом бу́дущем (*в фантастике*)

cryopedology [ˌkraɪəpɪˈdɒlədʒɪ] *n* мерзлотове́дение, изуче́ние мёрзлых земе́ль

cryophile [ˈkraɪəfaɪl] *n биол.* криофи́л, холодолюби́вый органи́зм

cryophysics [ˌkraɪəˈfɪzɪks] *n* фи́зика ни́зких температу́р

cryoprecipitation [ˌkraɪə(ʊ)prɪˌsɪpɪˈteɪʃ(ə)n] *n хим.* осажде́ние замора́живанием

cryopreservation [ˌkraɪə(ʊ)ˌprezəˈveɪʃ(ə)n] *n* сохране́ние живы́х тка́ней путём их переохлажде́ния, криоконсерва́ция

cryoprobe [ˈkraɪəprəʊb] *n мед.* криозо́нд (*инструмент для замораживания тканей при криохирургических операциях*)

cryoprotectant [ˌkraɪə(ʊ)prəˈtekt(ə)nt] = cryoprotective II

cryoprotective I [ˌkraɪə(ʊ)prəˈtektɪv] = cryoprotector

cryoprotective II [ˌkraɪə(ʊ)prəˈtektɪv] *a спец.* защища́ющий от (эффе́ктов) переохлажде́ния

cryoprotector [ˌkraɪə(ʊ)prəˈtektə] *n физиол.* криопроте́ктор (*вещество, предотвращающее образование кристаллов льда в живых тканях при замораживании*)

cryoresistive [ˌkraɪə(ʊ)rɪˈzɪstɪv] *a физ.* криорезисти́вный

cryoscopy [kraɪˈɒskəpɪ] *n физ., хим.* криоскопи́я

cryosection [ˌkraɪəˈsekʃ(ə)n] *n биол.* изготовле́ние сре́зов из заморо́женных тка́ней или кле́ток

cryosorption [ˌkraɪəˈsɔːpʃ(ə)n] *n физ., хим.* криосо́рбция

cryosphere [ˈkraɪəsfɪə] *n геол.* криосфе́ра, ледо́вый покро́в Земли́

cryostat [ˈkraɪəstæt] *n спец.* криоста́т

cryosurgery [ˌkraɪəˈsɜːdʒ(ə)rɪ] *n* криохирурги́я (*хирургия с использованием замораживания тканей*)

cryotherapy [ˌkraɪəˈθerəpɪ] *n мед.* криотерапи́я (*лечение охлаждением*)

cryotronics [ˌkraɪəˈtrɒnɪks] *n* криоэлектро́ника

cry out [ˈkraɪˈaʊt] *phr v* 1) вскри́кнуть; выкри́кивать; the boy cried out with pain ма́льчик вскри́кнул от бо́ли 2) гро́мко жа́ловаться **2.** протестова́ть, выража́ть проте́ст; the people of the country cried out against the war наро́д страны́ протестова́л про́тив войны́ **3.** скрипе́ть (*о предметах*) **4.** (for) моли́ть (*о чём-л.*); о́стро нужда́ться (*в чём-л.*); the garden is crying out for rain сад поги́бнет без дождя́

◊ to cry one's eyes /heart/ out вы́плакать все глаза́; безуте́шно рыда́ть; for crying out loud! како́го чёрта!, ско́лько мо́жно!; stop it for crying out loud! да переста́нь же ты в конце́ концо́в!; for crying out loud shut the door! да закро́йте же наконе́ц дверь!

crypt [krɪpt] *n* 1. 1) склеп; ме́сто для погребе́ния под це́рковью, подзе́мная часо́вня 2) *ист.* кри́пта 3) скры́тое, потайно́е ме́сто, тайни́к **2.** *разг.* = cryptogram **3.** *анат.* кри́пта

crypt- [krɪpt-] = crypto-

cryptanalysis [ˌkrɪptəˈnælɪsɪs] *n* криптоана́лиз, расшифро́вка криптогра́мм

cryptanalyst [krɪptˈænəlɪst] *n спец.* дешифро́вщик (криптогра́мм)

cryptic [ˈkrɪptɪk] *a* 1. 1) скры́тый, та́йный 2) таи́нственный, зага́дочный; ~ utterance зага́дочное выска́зывание **2.** *биол.* защи́тный; ~ coloration защи́тная окра́ска

crypto [ˈkrɪptəʊ] *n* (*pl* -os [-əʊz]) та́йный уча́стник организа́ции; конспирати́вный, засекре́ченный член па́ртии *и т. п.*; подпо́льщик

crypto- [ˈkrɪptə(ʊ)-] (*тж.* cгɪpt-) *в сложных словах-терминах имеет значение* 1) та́йно-; кри́пто-: cryptogam тайнобра́чное или спо́ровое расте́ние; cryptogram криптогра́мма, та́йнопись; cryptanalysis криптоана́лиз 2) та́йный, подпо́льный: crypto-Christian *ист.* та́йный христиани́н (*в Древнем Риме и т. п.*); crypto-Communist коммуни́ст-подпо́льщик; crypto-fascist замаскиро́ванный фаши́ст

cryptobiosis [ˌkrɪptə(ʊ)baɪˈəʊsɪs] *n* (*pl* -ses [-siːz]) криптобио́з, замедле́ние жи́зненных фу́нкций в экстрема́льных усло́виях (*при низкой температуре и т. п.*)

cryptocrystalline [ˌkrɪptəˈkrɪstəlaɪn] *a мин.* скрытокристалли́ческий

cryptoexplosion structure [ˌkrɪptəʊɪkˈspləʊʒ(ə)nˈstrʌktʃə] *геол.* криптовзры́вная структу́ра (*кратер и кольцево́й гребень от удара крупного метеорита*)

cryptogamic, cryptogamous [ˌkrɪptəˈgæmɪk, krɪpˈtɒgəməs] *a бот.* тайнобра́чный, спо́ровый, нецветко́вый

cryptogram ['krɪptəgræm] *n* криптограмма, тайнопись; шифрованное сообщение

cryptographer [krɪp'tɒgrəfə] *n* 1. специалист по криптографии 2. шифровальщик

cryptographic [ˌkrɪptə'græfɪk] *a* шифровальный, криптографический

cryptography [krɪp'tɒgrəfɪ] *n* 1) шифровальное дело 2) криптография, тайнопись

cryptologist [krɪp'tɒlədʒɪst] *n* 1. криптолог, специалист по криптологии 2. шифровальщик

cryptology [krɪp'tɒlədʒɪ] *n* 1. криптология; наука о расшифровке тайнописи 2. = cryptanalisis

crypton ['krɪptɒn] *n хим.* криптон

cryptonym ['krɪptnɪm] *n* тайная кличка; фальшивое имя

cryptosystem [ˌkrɪptə'sɪstɪm] *n* система тайнописи *или* шифрования, криптографическая система

crystal I ['krɪstl] *n* 1. кристалл; snow [ice] ~ кристаллы снега [льда]; ~ water кристаллизационная вода 2. 1) горный хрусталь; прозрачный минерал 2) хрусталь (высококачественное стекло) 3) хрустальная посуда, хрусталь 3. *сокр. от* crystal-glass 4. *радио* детекторный кристалл 5. зерно (*металла*)
◊ as clear as ~ чистый, прозрачный

crystal II ['krɪstl] *a* 1. кристаллический 2. хрустальный 3. чистый, ясный, кристальный; ~ stream прозрачный (как стекло) ручей

crystal ball ['krɪstlbɔ:l] магический кристалл, хрустальный шар (*гадалок, прорицателей*)

crystal-clear [ˌkrɪstl'klɪə] *a* 1. прозрачный, чистый как кристалл 2. ясный как божий день; не оставляющий сомнений

crystal-gazer ['krɪstlˌgeɪzə] гадалка *или* прорицатель (*гадающие с помощью магического кристалла*)

crystal-gazing ['krɪstlˌgeɪzɪŋ] *n* гадание с помощью магического кристалла

crystall-glass ['krɪstlglɑ:s] *n* стекло для карманных *или* наручных часов

crystalline ['krɪstlaɪn, -li:n] *a* 1. 1) кристаллический 2) прозрачный 3) кристаллической структуры; ~ lens *анат.* хрусталик глаза 4) хрустальный, сделанный из хрусталя 2. ясный и прозрачный как хрусталь; a ~ sheet of ice covered the pond пруд был покрыт прозрачной корочкой льда; her prose is simple, ~ and concise язык её прозы прост, прозрачен и ёмок

crystallinity [ˌkrɪstə'lɪnɪtɪ] *n* 1) кристалличность, кристаллическое состояние 2) степень кристалличности

crystallite ['krɪstəlaɪt] *n мин.* кристаллит, мелкий кристалл

crystallization [ˌkrɪstəlaɪ'zeɪʃ(ə)n] *n* кристаллизация

crystallize ['krɪstəlaɪz] *v* 1. 1) кристаллизовать 2) кристаллизоваться 2. 1) выкристаллизовываться, принимать определённую форму; his vague ideas ~d into a definite plan его неясные мысли вылились в определённый план 2) выкристаллизовывать, придавать определённую форму 3. засахаривать

crystallized ['krɪstəlaɪzd] *a* 1. кристаллизованный, кристаллический; кристаллизовавшийся 2. засахаренный; ~ fruit засахаренные фрукты

crystallizer ['krɪstəlaɪzə] *n тех.* кристаллизатор, установка для выращивания кристаллов

crystallo- ['krɪstələ(ʊ)-] *в сложных словах-терминах имеет значение* кристалло-: crystalloblastic кристаллобластический; crystallogeny кристаллогенезис; crystallogram рентгенограмма кристалла

crystallography [ˌkrɪstə'lɒgrəfɪ] *n* кристаллография

crystalloid I ['krɪstəlɔɪd] *n мин.* кристаллоид

crystalloid II ['krɪstəlɔɪd] *a спец.* кристалловидный

crystalloidal [ˌkrɪstə'lɔɪdl] = crystalloid II

crystallomancy ['krɪst(ə)ləˌmænsɪ] *n книжн.* гадание с помощью магического кристалла

crystal pick-up ['krɪstl'pɪkʌp] пьезоэлектрический звукосниматель

crystal set ['krɪstlset] *радио* детекторный приёмник

cry up ['kraɪ'ʌp] *phr v* превозносить, расхваливать; the cheapjack was crying up his wares бродячий торговец расхваливал свой товары

csardas ['tʃɑ:dɑ:ʃ] *n венг.* чардаш

cuartel [kwɑ:'tel] *n исп.* военный барак, казарма

cuatro ['kwɑ:təʊ, 'kwɒtrəʊ] *n* куатро (*пуэрториканская гитара*)

cub I [kʌb] *n* 1. детёныш (*зверя*) 2. *шутл., пренебр.* молокосос, неопытный юнец; ≅ щенок; unlicked ~ зелёный юнец 3. *амер. разг.* новичок 4. 1) = cub reporter 2) = cub scout

cub II [kʌb] *v* 1. метать детёнышей, щениться 2. охотиться на лисят

Cuba ['kju:bə] *n. см. Приложение* 2. гаванская сигара

cubage ['kju:bɪdʒ] *n* кубатура

Cuban I ['kju:bən] *n* кубинец; кубинка; the ~ *собир.* кубинцы

Cuban II ['kju:bən] *a* кубинский

Cuban heel [ˌkju:bən'hi:l] кубинский каблук (*средней высоты, прямой*)

cubature ['kju:bətʃə] *n* 1. объём, кубатура 2. *мат.* возведение в куб

cubbing ['kʌbɪŋ] *n* охота на лисят

cubbish ['kʌbɪʃ] *a* 1) неуклюжий, неловкий 2) дурно воспитанный

cubby ['kʌbɪ] *n* 1. = cubby-house 2. = cubbyhole 1) и 2)

cubbyhole ['kʌbɪhəʊl] *n* 1. 1) комнатка, комнатёнка, каморка 2) квартирка (*обыкн.* малогабаритная) 2. 1) гнездо для бумаг (*в бюро и т. п.*) 2) категория, «полочка»; T. S. Eliot was a poet who could not be placed into an easily marked ~ Т. С. Элиота как поэта трудно было подвести под какую-л. категорию 3. = cubby-house 1

cubby-house ['kʌbɪhaʊs] *n* 1. уютное местечко 2. домик для игр (*на детской площадке*), часто построенный детьми

cube I [kju:b] *n* 1. *мат.* 1) куб, третья степень; the ~ of 5 is 125 5 в кубе равняется 125 2. *дор.* брусчатка 3. 1) кусок (пилёного) сахара 2) кубик льда 4. *сл.* сверхконсерватор, твердолобый

cube II [kju:b] *v* 1. *мат.* возводить в куб, в третью степень 2. вычислять кубатуру, объём 3. мостить брусчаткой 4. разбивать *или* резать на куски кубической формы; to ~ ice колоть лёд на кубики; to ~ the apples нарезать яблоки кубиками 5. брикетировать (*корм*)

cube-corner reflector ['kju:bˌkɔ:nərɪ'flektə] *опт.* уголковый отражатель, световозвращатель

cubed feed ['kju:bd'fi:d] *с.-х.* брикетированный корм

cube root [ˌkju:b'ru:t] *мат.* кубический корень; the ~ of 125 is 5 корень кубический из 125 равняется 5

cub-hunting ['kʌbˌhʌntɪŋ] = cubbing

cubic I ['kju:bɪk] *n мат.* 1) уравнение третьей степени, кубическое уравнение 2) кривая третьего порядка

cubic II ['kju:bɪk] *a* кубический; ~ content объём; ~ metre кубический метр; ~ dilation объёмное расширение; ~ equation *мат.* уравнение третьей степени, кубическое уравнение

cubical ['kju:bɪk(ə)l] *a* 1) имеющий форму куба 2) *редк.* = cubic II

cubicle ['kju:bɪk(ə)l] *n* 1) небольшая одноместная спальня (*в общежитии*) *или* палата (*в больнице*) 2) кабина (*на пляже*) 3) небольшая комнатка; trying-on ~ примерочная 4) отсек, кабина в библиотеке (*для индивидуальной работы*)

cubicle cell ['kju:bɪk(ə)l'sel] ячейка распределительного щита

cubicula [kju:'bɪkjʊlə] *pl от* cubiculum

cubiculum [kju:'bɪkjʊləm] *n* (*pl* -la) 1. *шутл.* спальня 2. *археол.* место для погребения (*в катакомбах*)

cubiform ['kju:bɪfɔ:m] *a* имеющий форму куба

cubing plant ['kju:bɪŋˌplɑ:nt] *с.-х.* станок для производства кормобрикетов

cubism ['kju:bɪz(ə)m] *n* (*тж.* C.) *иск.* кубизм

cubist ['kju:bɪst] *n* (*тж.* C.) *иск.* кубист, последователь кубизма

cubit ['kju:bɪt] *n уст.* 1. *анат.* локтевая кость 2. *ист.* локоть [*см. Приложение*]

cubmaster ['kʌbˌmɑ:stə] *n* начальник дружины бойскаутов-волчат (*8—10 лет*)

cuboctahedron [ˌkju:bɒktə'hi:dr(ə)n] *n мат.* кубооктаэдр

cuboid I ['kju:bɔɪd] *n* 1. *мат.* кубоид 2. *анат.* кубовидная кость (*плюсны ноги*)

cuboid II ['kju:bɔɪd] *a* имеющий форму куба

cub reporter [ˌkʌbrɪ'pɔ:tə] начинающий репортёр

cub scout [ˌkʌb'skaʊt] бойскаут-волчонок (*бойскаут младшей дружины*); cub scouts бойскауты-волчата (*младшая дружина бойскаутов*)

cucaracha [ˌkju:kə'rɑ:tʃə] *n* 1. кукарача (*мексиканский танец*) 2. *исп.* таракан

cucking-stool ['kʌkɪŋstu:l] *n ист.* позорный стул, к которому привязывали женщин дурного поведения и торговцев-обманщиков

cuckold I ['kʌk(ə)ld, 'kʌkəʊld] *n* рогоносец, обманутый муж

cuckold II ['kʌk(ə)ld, 'kʌkəʊld] *v* наставлять рога, изменять мужу

cuckoldry ['kʌk(ə)ldrɪ] *n* положение обманутого мужа

cuckoo I ['kʊku:] *n* 1. *зоол.* кукушка (*Cuculus gen.*) 2. кукование 3. глупец, разиня

cuckoo II ['kʊku:] *a разг.* не в своём уме, спятивший, чокнутый; ~ boy парень с приветом; ~ ideas завиральные идеи; are you ~? ты что, рехнулся?

cuckoo III ['kʊku:] *v* 1. куковать 2. беспрестанно повторять

cuckoo clock ['kʊku:klɒk] часы с кукушкой

cuckooflower ['kʊku:ˌflaʊə] *n бот.* сердечник луговой (*Cardamine pratensis*)

cucumber ['kju:kʌmbə] *n бот.* огурец (*Cucumis sativus*); sea ~ *зоол.* голотурия, морской огурец (*Holothuria*)
◊ cool as a ~ невозмутимый, хладнокровный

cucumber tree ['kju:kʌmbəˌtri:] *бот.* магнолия остроконечная, огуречное дерево (*Magnolia acuminata и др.*)

cucumiform ['kju:k(j)əmɪfɔ:m] *a редк.* имеющий форму огурца

cucurbit [kjuːˈkɜːbɪt] *n бот.* тыква (*Cucurbita*)

cud [kʌd] *n* жвачка; to chew the ~ а) жевать жвачку; б) пережёвывать старое; размышлять

cuda [ˈkjuːdə] *амер. разг. сокр. от* barracuda

cudbear [ˈkʌdbeə] *n* лакмусовый ягель (*краситель*)

cuddle I [ˈkʌdl] *n* объятие

cuddle II [ˈkʌdl] *v* 1) 1) прижимать к себе, крепко обнимать; to ~ a baby in one's arms прижать ребёнка к себе /к груди/ 2) обниматься; Jane and John were cuddling in the back row of the cinema Джейн и Джон сидели обнявшись в последнем ряду кинотеатра 2. прижиматься друг к другу (*часто* ~ up, ~ together); the children ~d up /together/ under the blanket дети жались друг к другу под одеялом 3. свернуться калачиком в постели

cuddle-bunny [ˈkʌdlˌbʌnɪ] *n амер. сл.* 1) малолетняя проститутка 2) распутная девчонка

cuddlesome [ˈkʌdls(ə)m] = cuddly

cuddly [ˈkʌdlɪ] *a* приятный, привлекательный; аппетитный (*обыкн. о женщине*)

cuddy¹ [ˈkʌdɪ] *n* 1. *мор.* небольшая кабина, небольшой камбуз 2. небольшая комнатка, чулан

cuddy² [ˈkʌdɪ] *n преим. шотл.* осёл

cudgel I [ˈkʌdʒ(ə)l] *n* 1. дубина, дубинка 2. *pl* игра в палки
◇ to take up the ~s for smb., smth. выступить в защиту кого-л., чего-л.

cudgel II [ˈkʌdʒ(ə)l] *v* 1) бить дубинкой, дубиной 2) (into, out of) силой вбить *или* выбить (*что-л.*); to ~ into smb.'s head вбить что-л. кому-л. в голову; to ~ foolish notions out of smb. выбить глупые идеи из чьей-л. головы
◇ to ~ one's brains ломать себе голову

cue¹ I [kjuː] *n* 1. *театр.* 1) реплика; to miss one's ~ а) пропустить реплику; б) не откликнуться вовремя; упустить возможность 2) сигнал; light [sound] ~ световой [звуковой] сигнал; an offstage door slam was his ~ to enter стук захлопнутой за сценой двери был для него сигналом к выходу (*на сцену*) 2. 1) пример (*поведения и т. п.*); to follow smb.'s ~, to take one's ~ from smb. равняться на кого-л.; his comrades kept behind him, taking their ~ from his conduct его товарищи стояли за ним и по его поведению решали, что надо делать 2) намёк; to give smb. a ~ намекнуть /подсказать/ кому-л. (*что делать или говорить*) 3. *тел., радио* сигнал 4. *арх.* настроение; nobody was in the ~ to dance ни у кого не было настроения /никому не хотелось/ танцевать 5. ключевая, опорная информация

cue¹ II [kjuː] *v театр.* подавать реплики или сигналы

cue² I [kjuː] *n* 1. кий; ~ ball бильярдный шар 2. косичка 3. 1) *шутл.* хвост (*животного*) 2) очередь
◇ to drop a ~ сыграть в ящик, умереть

cue² II [kjuː] *v* заплетать в косичку

cue³ [kjuː] *n* кью, название буквы Q

cue card [ˈkjuːkɑːd] *преим. тлв* карточка-шпаргалка (*выступающего*)

cued speech [ˌkjuːdˈspiːʃ] сочетание ручного языка с движением губ при разговоре с глухими

cue in [ˈkjuːˈɪn] *phr v* 1. вводить в курс 2. *тлв., кино* вставлять в сценарий; to ~ a lighting effect включить /вставить/ световой эффект; to ~ a scene вписать *или* включить (какую-л.) сцену 3. *театр.* подавать сигнал (к выходу на сцену и т. п.)

cueist [ˈkjuːɪst] *n разг.* бильярдист, игрок на бильярде

cue rack [ˈkjuːræk] подставка для киёв

cue sheet [ˈkjuːʃiːt] *театр.* памятка помрежа (*с указанием выходов, сценических эффектов, вступления музыки и т. п.*)

cuesta [ˈkwestə] *n геол.* квеста, куэста (*наклонная равнина*)

cuff¹ I [kʌf] *n* 1. 1) манжета, обшлаг 2) крага перчатки 2. нарукавник 3. *амер.* отворот на брюках 4. *pl* (*сокр. от* handcuffs) наручники
◇ on the ~ *амер.* в долг, в кредит; off the ~ — без подготовки, экспромтом; to play it off the ~ — действовать по обстоятельствам

cuff¹ II [kʌf] *v редк.* заковать в кандалы, надеть наручники

cuff² I [kʌf] *n* удар (*особ. рукой по голове или лицу*); пощёчина; затрещина, подзатыльник; to be at ~s драться

cuff² II [kʌf] *v* бить рукой; наносить удары, колотить

cuff³ [kʌf] *n шотл.* загривок; she took hold of her son by the ~ of the neck она схватила сына за шиворот

cuff⁴ [kʌf] *n пренебр.* старик; старый скряга

cuffee [ˈkʌfɪ] *n амер.* 1. *презр.* 1) негр 2) *собир.* негры 2. чёрный медведь

cuffer¹ [ˈkʌfə] *n* боксёр

cuffer² [ˈkʌfə] *n сл.* нелепый рассказ, небылица

cufflink [ˈkʌflɪŋk] *n* запонка для манжет

cuffo [ˈkʌfəʊ] *adv сл.* бесплатно, задарма

cuffy [ˈkʌfɪ] = cuffee

Cufic [ˈkjuːfɪk] *a лингв.* куфический; ~ writing куфические письмена

cui bono [ˌkwiːˈbəʊnəʊ] *лат.* кому от этого польза?, кому это нужно?; в чьих это интересах?

cuirass [kwɪˈræs] *n* 1. *ист.* кираса, латы 2. твёрдый покров животных, панцирь 3. броня (*военных кораблей, поездов*)

cuirassier [ˌkwɪərəˈsɪə] *n ист.* кирасир

cuisine [kwɪˈziːn] *n* кухня; кулинарное искусство; French ~ французская кухня; this hotel has excellent ~ в этом отеле отлично кормят

cuisine minceur [kwɪˌziːnmænˈsɜː] *фр.* низкокалорийное питание; диета для похудения

cuisse [kwɪs] *n обыкн. pl воен. ист.* набедренник

cuittle [ˈkjuːtl] *v шотл.* задабривать; добиваться (*чего-л.*) лестью

cuke [kjuːk] *n амер. разг.* огурец

culch [kʌltʃ] *n редк.* 1. мусор, хлам, отбросы 2. раковины моллюсков и т. п., используемые для разведения устриц для оседания молоди

cul-de-lampe [ˌkuldəˈlɒmp] *n* (*pl* culs- [ˌkul-]) 1. *архит.* репей 2. *полигр.* виньетка

cul-de-sac [ˌkʌldəˈsæk, ˌkul-] *n* (*pl* culs- [ˌkʌl-, ˌkul-]) 1. 1) тупик, глухой переулок 2) *воен.* мешок 2. тупик, безвыходное положение 3. *анат.* слепой мешок, замкнутое пространство

culet [ˈkjuːlɪt] *n* площадка (*бриллианта*)

culinary [ˈkʌlɪn(ə)rɪ] *a* 1. кулинарный, поварской, кухонный; triumph чудо кулинарного искусства 2. годный для варки, употребляемый в приготовлении пищи; ~ plants растения-специи (*кухонная зелень*)

cull¹ I [kʌl] *n* 1. *чаще pl с.-х.* отбракованный нагульный скот; it made him feel like a social ~ *образн.* он чувствовал себя изгоем /парией/ 2. *pl амер.* отходы, отбросы; ~ lumber *спец.* неделовые остатки /отходы/ древесины

cull¹ II [kʌl] *v* 1. 1) отбирать; to ~ the choicest lines from a poem выбрать лучшие строки из стихотворения 2) *с.-х.* отбирать; браковать, выбраковывать (*скот*) 2. собирать, срывать (*особ. цветы*)

cull² [kʌl] = cully

cull³ [kʌl] *n сл.* дурень; простофиля

culled [kʌld] *a* 1. *с.-х.* бракованный, выбракованный 2. отобранный 3. сорванный (*о цветах*)

cullender [ˈkʌlɪndə] = colander

cullet [ˈkʌlɪt] *n* стеклянный бой (*для переплавки*)

culling [ˈkʌlɪŋ] *n* 1. *с.-х.* выбраковка; отбор 2. *pl* остатки, отбросы; he picked the best grapes for himself and left the ~ for us он выбрал себе виноград получше, а нам дал, что осталось

cullion [ˈkʌlɪən] *n арх.* негодяй, подлец

cully [ˈkʌlɪ] *n редк. сл.* 1. простофиля; простак 2. парень, приятель

culm¹ [kʌlm] *n* 1. угольная мелочь; антрацитовый штыб 2. *геол.* кульм 3. *шотл.* сажа, копоть

culm² I [kʌlm] *n* соломина, стебель злаков

culm² II [kʌlm] *v редк.* образовывать соломину (*о злаках*)

culmiferous [kʌlˈmɪf(ə)rəs] *a* образующий соломину (*о злаках*)

culminant [ˈkʌlmɪnənt] *a* 1. достигший высшей, кульминационной точки 2) *астр.* проходящий через небесный меридиан 2. самый верхний, самый высокий, верхушечный

culminate [ˈkʌlmɪneɪt] *v* 1. 1) достигать вершины, верхушки 2) достигать зенита, апогея, кульминационной точки 2. *астр.* проходить через небесный меридиан; кульминировать 3. (in) завершаться; to ~ in victory завершаться победой; all our efforts ~d in failure все наши попытки кончились неудачей /провалились/

culmination [ˌkʌlmɪˈneɪʃ(ə)n] *n* 1. наивысшая точка; кульминационный пункт; the ~ of one's career высшая точка чьей-л. карьеры 2. *астр.* прохождение через небесный меридиан, кульминация; зенит

culottes [kjuːˈlɒts] *n употр. с гл. во мн. ч.* 1. *ист.* кюлот, штаны 2. кюлоты, юбка-штаны

culpability [ˌkʌlpəˈbɪlɪtɪ] *n юр.* виновность

culpable [ˈkʌlpəb(ə)l] *a* виновный, заслуживающий порицания, осуждения; ~ of punishment [of death] заслуживающий наказания [смерти]; ~ negligence преступная небрежность; to hold smb. ~ считать кого-л. достойным наказания /виновным/

culprit [ˈkʌlprɪt] *n* 1. виновный; преступник 2. *юр.* обвиняемый; подсудимый

cult [kʌlt] *n* 1. 1) культ, поклонение (*божеству*); the ~ of Apollo культ Аполлона 2) религиозные обряды 2. 1) преклонение, обожествление, культ; to make a ~ of smth. возводить что-л. в культ; the ~ of personality культ личности 2) круг поклонников (*кого-л., чего-л.*); jazz ~ энтузиасты джаза; ~ word модное (*в определённом кругу*) словечко

cult-figure [ˈkʌltˌfɪgə] *n* кумир, идол (*о человеке*)

cult-hero [ˈkʌltˌhɪ(ə)rəʊ] = cult-figure

cultic [ˈkʌltɪk] *a* культовый, ритуальный, обрядовый

cultigen ['kʌltɪdʒən] *n* 1) *бот.* культиген (*вид растения, существующий тк. в культуре*) 2) = cultivar

cultish ['kʌltɪʃ] *a* неодобр. благоговейный; ~ devotion любовь, возведённая в культ

cultism ['kʌltɪz(ə)m] *n* превращение в культ; создание кумиров; неумеренное поклонение (*чему-л., кому-л.*)

cultivable ['kʌltɪvəb(ə)l] *a* 1) годный для разведения *или* выращивания (*о растениях*) 2) годный для возделывания, пахотный (*о земле*)

cultivar ['kʌltɪva, -veə] *n бот.* культурный сорт растения

cultivate ['kʌltɪveɪt] *v* 1. 1) пахать, обрабатывать, возделывать 2) разводить 2. культивировать (*землю, растения*) 3. развивать, улучшать, совершенствовать; to ~ the mind развивать ум; to ~ love of art прививать любовь к искусству; to ~ medicine поощрять развитие медицины; writers who ~ style авторы, которые работают над стилем 4. искать дружбы, дружить (*с кем-л.*); to ~ smb.'s friendship [smb.'s acquaintance] добиваться /искать/ дружбы [знакомства] с кем-л.; he always tries to ~ people who are useful to him professionally он всегда старается сблизиться с людьми, которые могут быть ему полезны в работе

cultivated ['kʌltɪveɪtɪd] *a* 1. *с.-х.* 1) обработанный, обрабатываемый; ~ land обработанная земля; ~ crop пропашная культура 2) культурный; ~ plants культурные растения 2. культурный, развитой; ~ man [mind] культурный /развитой/ человек [ум]; ~ taste тонкий вкус

cultivation [ˌkʌltɪ'veɪʃ(ə)n] *n* 1. обработка (*почвы*); культивация, возделывание, рыхление (*почвы*); ~ area посевная площадь; field in /under/ ~ обрабатываемое поле; возделанное поле 2. культивирование, разведение, выращивание; ~ of roses выращивание роз 3. развитие, поощрение; the ~ of the taste воспитание вкуса

cultivator ['kʌltɪveɪtə] *n* 1. *см.* cultivate + -or 2. земледелец 3. *с.-х.* культиватор; пропашник; ~ teeth *с.-х.* рыхлительные лапы (*у культиватора, окучника и т. п.*)

cultrate, cultriform ['kʌltreɪt, 'kʌltrɪfɔ:m] *a спец.* острый, заострённый

cultural ['kʌltʃ(ə)rəl] *a* 1. культурный; ~ centre дом культуры, дворец культуры; ~ achievements достижения в области культуры 2. *с.-х.* 1) обрабатываемый; ~ practices агротехника; ~ controls средства поднятия урожайности (*севооборот, борьба с сорняками, вредителями и т. п.*) 2) = cultured 3. *преим. этн.* относящийся к (*какой-л.*) культуре; ~ history история культуры; ~ artefacts памятники (*какой-л.*) культуры; ~ exchange культурный обмен; международный ~ культурный обмен ценностями; ~ traits типичные черты человека определённой культуры

culturalize ['kʌltʃ(ə)rəlaɪz] *v* делать культурным; приобщать к культуре

cultural lag ['kʌltʃ(ə)rəlˌlæg] отставание духовного развития общества от роста материальных благ; культурный застой

cultural revolution ['kʌltʃ(ə)rəlˌrevə'lu:ʃ(ə)n] культурная революция

culturati [ˌkʌltʃə'ra:tɪ] *n pl собир. книжн.* интеллектуальная элита

culture I ['kʌltʃə] *n* 1. культура; ancient ~ древняя культура; Greek ~ греческая культура; physical ~ физкультура; he is a man of considerable ~ он человек большой культуры; a man of little ~ малокультурный человек; невежда 2. сельскохозяйственная культура; ~ of silk [cotton] культура шёлка [хлопка] 3. разведение (*устриц, рыбы, шелковичных червей и т. п.*); ~ of vines возделывание виноградной лозы; bee ~ пчеловодство 4. *биол.* культура бактерий; ~ medium питательная среда 5. *топ.* пометки сооружений на картах

culture II ['kʌltʃə] *v* 1. *книжн.* возделывать, обрабатывать; выращивать 2. *редк.* развивать, совершенствовать 3. *биол.* выращивать (*микроорганизмы*) в питательной среде

culture area ['kʌltʃə(r),e(ə)rɪə] *антр.* ареал (*какой-л.*) культуры

culture complex ['kʌltʃə'kɔmpleks] культурный комплекс; комплекс взаимосвязанных черт культуры с преобладанием одной черты (*в социологии*)

cultured ['kʌltʃəd] *a книжн.* 1. культурный, развитой, образованный; ~ minds развитые умы; высокий интеллект 2. культивированный; ~ mushrooms культивируемые грибы, шампиньоны; ~ oysters устрицы, выращенные на субстрате; ~ pearl искусственно выращенная жемчужина, культивированная жемчужина

culture factor ['kʌltʃəˌfæktə] культурный фактор (*в противоп. биологическому; в социологии*)

culture pattern ['kʌltʃəˌpætn] культурный паттерн; группа взаимосвязанных и более или менее постоянных черт какой-л. культуры (*в социологии*)

culture shock ['kʌltʃəʃɔk] «культурный шок», растерянность при столкновении с чужой культурой

culture-vulture ['kʌltʃəˌvʌltʃə] *n неодобр.* потребитель культурных ценностей; тот, кто выставляет напоказ свою любовь к искусству, литературе и т. п.

culturist ['kʌltʃ(ə)rɪst] *n* 1. = cultivator 2. приверженец развития культуры; энтузиаст культурного роста

culturology [ˌkʌltʃə'rɔlədʒɪ] *n* культурология; изучение различных культур (*ветвь этнографии*)

cultus ['kʌltəs] *n* религиозный культ; религия; ~ image икона, образ; ~ statue церковная статуя

culver ['kʌlvə] *n* дикий голубь

culvert ['kʌlvət] *n* 1) водопропускная труба, кульверт 2) *горн.* дренажная штольня

cum [kʌm, kʌm] *prep лат.* 1. с; stocks ~ divident акции с дивидентом 2. (-cum-) *как компонент сложного слова* совмещённый; dwelling-cum-workshop жильё, одновременно являющееся мастерской; bedroom-cum-sittingroom совмещённая спальня и гостиная; country-cum-sea holiday отпуск проведённый в деревне на берегу моря

cumber I ['kʌmbə] *n* затруднение, помеха; препятствие

cumber II ['kʌmbə] *v* затруднять, стеснять, обременять; препятствовать; ~ed with parcels нагруженный покупками; to ~ oneself with an overcoat on a warm day напялить на себя пальто в тёплый день

cumbersome ['kʌmbəs(ə)m] *a* 1) тяжёлый; громоздкий; нескладный; the ~ old table with twisted legs громоздкий старый стол с изогнутыми ножками; ~ armour тяжёлое /громоздкое/ вооружение 2) обременительный; ~ ceremonies обременительные формальности

Cumbrian I ['kʌmbrɪən] *n* 1) житель Камберленда 2) *ист.* кимвр

Cumbrian II ['kʌmbrɪən] *a* 1) камберлендский 2) *ист.* относящийся к кимврам

cumbrous ['kʌmbrəs] = cumbersome

cum grano salis [kʌmˌgra:nəʊ'sælɪs] *лат.* критически, скептически, с известной долей скептицизма [*букв.* с крупицей соли]

cumin ['kʌmɪn] *n* 1. *бот.* тмин римский, тмин волошский (*Cuminum odorum, Cuminum cyminum*) 2. семена тмина (*специя*)

cum laude [kʊm'laʊdeɪ] с отличием (*о дипломе, аттестате и т. п.*)

cummer ['kʌmə] *n шотл.* 1. крёстная мать 2. приятельница 3. сплетница, кумушка 4. ведьма

cummerbund ['kʌməbʌnd] *n* 1) пояс, кушак (*в Индии*) 2) камербанд; широкий пояс-шарф

cumquat ['kʌmkwɔt] *n бот.* кумкват (*Fortunella margareta; цитрус*)

cum-savvy ['kʌm'sævɪ] *n сл.* умение; навык, сноровка

cumshaw ['kʌmʃɔ:] *n ист.* чаевые (*в китайских портах*)

cumulant ['kju:mjʊlənt] *n мат.* семиинвариант, полуинвариант

cumulate I ['kju:mjʊlɪt] *a редк.* собранный в кучу

cumulate II ['kju:mjʊleɪt] *v редк.* 1. накапливать; собирать в кучу; to ~ proofs *юр.* собирать улики 2. добавлять; соединять

cumulated ['kju:mjʊleɪtɪd] *a* кумулятивный, сводный; кумулированный; ~ book catalogue кумулятивный печатный каталог; ~ volume кумулированный /сводный/ том

cumulation [ˌkju:mjʊ'leɪʃ(ə)n] *n* 1. накопление; скопление; кумуляция 2. *юр.* соединение нескольких исков

cumulative ['kju:mjʊlətɪv] *a* накопленный, совокупный; кумулятивный; ~ evidence [proof] совокупность улик [доказательств]; ~ offence(s) *юр.* совокупность преступлений; ~ vote = cumulative voting; ~ preference shares кумулятивные привилегированные акции, акции с накопляющимся гарантированным дивидендом; ~ effect *спец.* кумулятивное действие; ~ effect of a drug кумулятивное действие лекарственного или наркотического препарата

cumulative voting ['kju:mjʊlətɪv'vəʊtɪŋ] кумулятивные выборы, система выборов, при которой избиратель имеет право подать столько голосов, сколько выставлено кандидатов, и распределить голоса по своему желанию

cumuli ['kju:mjʊlaɪ] *pl от* cumulus

cumulonimbus [ˌkju:mjʊlə'nɪmbəs] *n метеор.* дождевые облака

cumulostratus [ˌkju:mjʊlə'streɪtəs, -'stra:təs] *n метеор.* слоисто-кучевые облака

cumulus ['kju:mjʊləs] *n (pl* -li) 1. *метеор.* кучевые облака 2. куча, множество; скопление

cunabula [kjʊ'næbjʊlə] *n pl лат.* 1. колыбель; the ~ of the human race колыбель рода человеческого 2. инкунабулы (*первопечатные книги до 1501 г.*)

cunctation [kʌŋk'teɪʃ(ə)n] *n книжн.* 1) промедление, опоздание 2) запоздалое действие

cunctator [kʌŋk'teɪtə] *n книжн.* кунктатор, медлительный человек

cuneal ['kju:nɪəl] *a* клиновидный, клинообразный

cuneate ['kju:nɪɪt] *a бот.* клиновидный, клинообразный

cuneator ['kju:nɪeɪtə] *n ист.* чиновник, ведавший чеканами на монетных дворах (*в Англии*)

cuneiform I ['kju:nɪ(ɪ)fɔ:m] *n лингв.* 1) клинообразный знак (*в вавилонско-ассирийских надписях*) 2) клинопись
cuneiform II ['kju:nɪ(ɪ)fɔ:m] *a* клинообразный, клиновидный; ~ characters клинопись; ~ bone *анат.* клиновидная кость
cuneiformist ['kju:nɪ(ɪ)ˌfɔ:mɪst] *n* специалист по клинописи; лингвист, изучающий ассиро-вавилонскую письменность
cuniform I, II ['kju:nɪfɔ:m] = cuneiform I и II
cunning I ['kʌnɪŋ] *n* 1. хитрость, коварство, лукавство; to play ~ *разг.* лукавить, хитрить 2. *редк.* уменье, ловкость, искусство; the old sculptor's hand never lost its ~ рука старого скульптора не утратила мастерства
cunning II ['kʌnɪŋ] *a* 1. коварный, хитрый, лукавый; ~ look хитрый взгляд; as ~ as a fox хитрый как лиса 2. искусно сделанный; a ~ gadget хитроумный прибор. 3. *амер. разг.* прелестный, привлекательный; интересный, пикантный; ~ baby прелестный ребёнок; ~ smile очаровательная улыбка 4. *арх.* умелый, ловкий
cunningly ['kʌnɪŋlɪ] *adv* ловко, хитро, лукаво
cunt [kʌnt] *n неприст.* 1) 1) влагалище; срамные губы, клитор *и т. д.* 2) баба, юбка, сука 3) половое сношение 4. дрянь, сука
cup I [kʌp] *n* 1. 1) чашка; china ~s and saucers фарфоровые чашки и блюдца; a ~ of tea чашка чаю (*ср. тж.* ◇) 2) чашка (*мера вместимости*); add one ~ of flour to half a ~ of sugar and mix смешайте чашку муки с половиной чашки сахара 3) чаша, кубок, чарка; over one's ~ за стаканом вина; to drink the parting ~ выпить прощальную чарку, выпить на «посошок» 4) (C.) *астр.* Чаша (*созвездие*) 5) *спорт.* кубок; challenge ~ переходящий кубок; ~ game /tie/ игра на кубок; ~ (semi-)finals (полу)финальная игра на кубок; ~ series розыгрыш кубка; ~ system олимпийская система розыгрыша; to win the ~ выиграть кубок 2. 1) вино; выпивка; to be fond of the ~ любить выпить; to be in one's ~s быть навеселе; to kiss the ~ а) пригубить чашу; б) пить, выпивать 2) крюшон; claret ~ крюшон из красного вина; cider ~ сидр с фруктами 3. *амер.* полпинты 4. доля, судьба; чаша жизни; bitter ~ горькая чаша; let this ~ pass from me да минует меня чаша сия 5. чашка, чашечка бюстгальтера; C. 3 бюстгальтер третьего размера 6. *бот.* чашечка (*цветка*) 7. *церк.* потир, потирная чаша 8. = cupping glass 9. *эл.* юбка (*изолятора*) 10. *тех.* манжета 11. *тех.* маслёнка 12. *гольф* 1) лунка 2) металлическая чашечка в лунке
◇ one's ~ of tea увлечение [*ср. тж.* 1, 1)]; he is not my ~ of tea он не в моём вкусе; poetry isn't his ~ of tea к поэзии он равнодушен; another ~ of tea совсем другое дело; to fill up the ~, to make the ~ run over переполнить чашу терпения; to be a ~ too low быть в подавленном настроении; to drain the ~ of pleasure to the dregs испить до дна чашу наслаждения; his ~ of happiness [of misery] is full его счастье [несчастье] велико /безмерно/; a full ~ must be carried steadily *посл.* полную чашу трудно не пролить /нести/; there's many a slip between the ~ and the lip *посл.*
≅ не говори «гоп», пока не перепрыгнешь
cup II [kʌp] *v* 1. 1) придавать форму чашки *или* чаши 2) складывать пригоршней *или* в виде чашечки; to ~ one's chin in one's hands подпереть ладонями подбородок; to ~ a flaming match заслонить горящую спичку; he ~ped his ear with the palm of his hand to hear better он приложил ладонь к уху, чтобы лучше слышать 3) *бот.* принимать чашевидную форму 2. *мед.* ставить банки
cup and ball, cup-and-ball [ˌkʌpən(d)'bɔ:l] (*n*) бильбоке (*игра*)
cup-and-ball joint [ˌkʌpən(d)'bɔ:lˌdʒɔɪnt] *анат.* ореховидный сустав
cup-and-saucer drama [ˌkʌpən(d)'sɔ:səˈdrɑːmə] пьеса с чаепитием; салонная комедия
cup-bearer ['kʌpˌbɛ(ə)rə] *n* виночерпий
cupboard ['kʌpbəd] *n* 1) шкаф; буфет 2) стенной шкаф; чулан
◇ skeleton in the ~ семейная тайна; to cry ~ *арх.* быть голодным; my inside cries ~ у меня живот подводит от голода
cupboard-love ['kʌpbədlʌv] *n* корыстная любовь
cupcake ['kʌpkeɪk] *n* (маленький) кекс (*выпеченный в гофрированной формочке*)
cupel I ['kju:pel] *n спец.* пробирная чашка
cupel II ['kju:pel] *v* купелировать, определять пробу (*драгоценных металлов*)
cupellation [ˌkju:pə'leɪʃ(ə)n] *n метал.* купелирование
cupful ['kʌpful] *n* полная чашка; three ~s of sugar три чашки сахару
Cuphic ['kju:fɪk] = Cufik
Cupid ['kju:pɪd] *n* 1) *рим. миф.* Купидон 2) (с.) *иск.* купидон, амурчик
cupidity [kju'pɪdɪtɪ] *n* 1. алчность, жадность, корыстолюбие 2. *арх.* страстное желание, вожделение
cupola ['kju:pələ] *n* 1. 1) купол (*сооружения*) 2) *разг.* макушка 2. *металл.* вагранка 3. *воен.* бронебашня; турель 4. *анат.* купол
cuppa ['kʌpə] *n прост.* (искажённое cup of tea) чашка чаю; to have a ~ ≅ выпить чайку
cupped [kʌpt] *a* чашевидный, имеющий форму чаши; ~ hands руки, сложенные в пригоршню
cupper ['kʌpə] *n сл.* игра на кубок между колледжами (*в Оксфорде*)
cupping ['kʌpɪŋ] *n мед.* применение банок
cupping glass ['kʌpɪŋglɑ:s] *мед.* (кровососная) банка
cupreous ['kju:prɪəs] *a* 1. медистый, содержащий медь 2. медный (*о цвете*)
cupric ['kju:prɪk] *a хим.* содержащий двухвалентную медь
cupriferous [kju'prɪf(ə)rəs] *a мин.* медесодержащий
cuprite ['kju:praɪt] *n мин.* куприт, красная медная руда
cupronickel [ˌkju:prə(ʊ)'nɪk(ə)l] *n* мельхиор (сплав)
cuprous ['kju:prəs] *a хим.* содержащий одновалентную медь; ~ oxide закись меди
cuprum ['kju:prəm] *n хим.* медь
cup tie ['kʌptaɪ] *спорт.* матч на кубок
cup-tied ['kʌptaɪd] *a спорт.* отстранённый от участия в соревнованиях на кубок
cup-winner ['kʌpˌwɪnə] *n спорт.* обладатель кубка; команда, выигравшая кубок
cur [kɜ:] *n* 1. дворняжка; непородистая собака (*особ. злая*) 2. дурно воспитанный, грубый *или* трусливый человек
curability [ˌkjʊ(ə)rə'bɪlɪtɪ] *n* излечимость
curable ['kjʊ(ə)rəb(ə)l] *a* излечимый
curaçao ['kjʊ(ə)rəsəʊ, ˌkjʊ(ə)rə'səʊ] *n* кюрасо (*ликёр*)
curacy ['kjʊ(ə)rəsɪ] *n* 1. сан священника 2. приход (*церковный*)
curare [kjʊ'rɑ:rɪ] *n* кураре
curassow [kjʊ'ræsəʊ] *n зоол.* гокко, кракс (*Crax*)
curate ['kjʊ(ə)rɪt] *n* викарий, второй священник прихода; младший приходский священник
curate's egg [ˌkjʊ(ə)rɪts'eg] ≅ и плохое и хорошее; the ~ of a book в книге есть кое-что удачное
curative I ['kjʊ(ə)rətɪv] *n* целебное средство
curative II ['kjʊ(ə)rətɪv] *a* 1. лечебный, целебный; целительный; ~ dose лечебная доза; ~ value of sunshine целебное свойство солнца 2. исправительный
curator [kjʊ'reɪtə] *n* 1. хранитель музея, библиотеки *и т. п.* 2. куратор, член правления университета 3. *юр.* куратор, опекун, попечитель 4. менеджер, заведующий; руководитель 5. *австрал.* служитель, уборщик на спортплощадке
curatory ['kjʊ(ə)rət(ə)rɪ] = curative II
curb I [kɜ:b] *n* 1. подгубный ремень *или* цепочка, «цепка» (*уздечки*) 2. узда, обуздание, сдерживание; a ~ to violence [to passion] обуздание насилия [страсти]; to put a ~ on one's anger сдерживать гнев; to put a ~ on smb.'s spending резко ограничить чьи-л. расходы 3. *вет.* опухоль на ноге у лошади 4. сруб (*колодца и т. п.*) 5. 1) обочина; край тротуара (*возле мостовой*); inner [outside] ~ *спорт.* внутренняя [внешняя] бровка беговой дорожки 2) *дор.* бордюрный камень 6. *тех.* ограничение (*движения*)
◇ ~ broker внебиржевой маклер, совершающий сделки на улице; to buy [to sell] on the ~ покупать [продавать] вне биржи (*о биржевых сделках*)
curb II [kɜ:b] *v* 1. взнуздать, надеть узду (*на лошадь*) 2. обуздывать, сдерживать; to ~ one's temper сдержаться, подавить раздражение; to ~ one's tongue придержать язык; to ~ inflation сдерживать инфляцию 3. *дор.* класть бордюрный камень 4. *тех.* ограничивать (*движение*)
curb bit ['kɜ:bbɪt] мундштучные удила
curb-bridle ['kɜ:bˌbraɪdl] *n* мундштучная узда
curbie ['kɜ:bɪ] *n амер. разг.* официантка, подающая еду прямо в машины
curb roof ['kɜ:bru:f] мансардная крыша
curbstone ['kɜ:bstəʊn] *n преим. амер.* 1. *дор.* бордюрный камень 2. 1) окурок сигары *или* сигареты (*особ. подобранный на улице*) 2) сигарета, скрученная из оставшегося в окурках табака
curb weight ['kɜ:bweɪt] вес, масса полностью снаряжённого автомобиля
curch [kɜ:tʃ] *n шотл.* головной платок
curd I [kɜ:d] *n обыкн. pl* 1) свернувшееся молоко; творог; ~ rack *спец.* сырная мера; ~ test *спец.* проба на заквашивание 2) сычужная закваска
curd II [kɜ:d] *v* 1) = curdle 1
curdle ['kɜ:dl] *v* 1) 1) свёртывать, сгущать (*молоко, кровь*) 2) свёртываться, сгущаться (*о молоке, крови*) 2. 1) леденить (*кровь*); horror ~d my blood ужас леденил мне кровь 2) стынуть, застывать (*о крови*); the blood ~s at the thought при этой мысли стынет кровь 3. *амер. сл.* 1) провалиться, потерпеть неудачу 2) надоедать, раздражать

◊ to ~ one's stomach вызыва́ть тошноту́; it ~s my stomach меня́ от э́того воро́тит; мне э́то надое́ло

curdy ['kɜːdɪ] *a* сверну́вшийся; створо́жившийся

cure¹ I [kjʊə] *n* **1.** лека́рство, сре́дство; ~ for a cough сре́дство от ка́шля; ~ for unemployment ме́ры про́тив безрабо́тицы **2.** лече́ние; курс лече́ния; hot water [grape] ~ лече́ние горя́чими ва́ннами [виногра́дом]; a disease beyond /past/ ~ неизлечи́мая боле́знь; to undergo a ~ пройти́ курс лече́ния; to take the ~ *амер.* а) пройти́ курс лече́ния от алкоголи́зма *или* наркома́нии; б) отказа́ться от удово́льствия, дурно́й привы́чки *и т. п.*; испра́виться **3.** излече́ние; the doctor cannot guarantee a ~ до́ктор не руча́ется за выздоровле́ние **4.** *церк.* 1) прихо́д; па́ства 2) попече́ние (*о па́стве*) **5.** *спец.* 1) вулканиза́ция (*рези́ны*) 2) отвержде́ние (*пластма́ссы*) 3) вы́держка (*бето́на*)

cure¹ II [kjʊə] *v* **1.** 1) выле́чивать, изле́чивать, исцеля́ть; to ~ a patient вы́лечить больно́го; to ~ a disease [a headache] излечи́ть /вы́лечить/ от боле́зни [от головно́й бо́ли]; to ~ drunkenness [laziness] изле́чивать от пья́нства [от ле́ни]; to ~ smb. of bad habits отучи́ть кого́-л. от дурны́х привы́чек 2) вы́лечиться, излечи́ться, исцели́ться; his grief soon ~s его́ го́ре бы́стро прохо́дит, он недо́лго страда́ет **2.** загота́вливать впрок; консерви́ровать, соли́ть, суши́ть, копти́ть; to ~ fish копти́ть ры́бу; to ~ bacon соли́ть беко́н **3.** *спец.* 1) вулканизи́ровать (*рези́ну*) 2) отвержда́ть (*пластма́ссы*) 3) выде́рживать (*бето́н*)

◊ what can't be ~d must be endured *посл.* прихо́дится мири́ться с тем, чего́ нельзя́ испра́вить

cure² [kjʊə] *n* *сл.* стра́нный тип, чуда́к

curé ['kjʊ(ə)reɪ] *n* *церк.* кюре́

cure-all ['kjʊ(ə)rɔːl] *n* панаце́я, всеисцеля́ющее сре́дство

cureless ['kjʊəlɪs] *a* неизлечи́мый

curer ['kjʊ(ə)rə] *n* **1.** 1) *см.* cure² II + -er 2) исцели́тель **2.** тот, кто заготовля́ет впрок проду́кты пита́ния; соли́льщик, копти́льщик *и т. п.*

curettage [kjʊə'retɪdʒ] *n* *мед.* выска́бливание

curette I [kjʊə'ret] *n* кюре́тка (*медици́нский инструме́нт*)

curette II [kjʊə'ret] *v* *мед.* выска́бливать кюре́ткой

curfew ['kɜːfjuː] *n* **1.** 1) *воен.* коменда́нтский час 2) *разг.* затемне́ние **2.** *ист.* вече́рний звон (*сигна́л для гаше́ния све́та и туше́ния огня́*) **3.** колпачо́к (*для туше́ния огня́*)

curia ['kjʊ(ə)rɪə] *n* **1.** ку́рия (*в Дре́внем Ри́ме*) **2.** *ист.* сове́т и суд при сеньо́ре **3.** (the C.) па́пская ку́рия

curie ['kjʊ(ə)rɪ] *n* *физ.* кюри́ (*едини́ца радиоакти́вности*)

curing ['kjʊ(ə)rɪŋ] *n* **1.** 1) лече́ние 2) выздора́вливание, исцеле́ние **2.** загото́вка, консерви́рование; соле́ние, суше́ние, копче́ние, вя́ление I 5

curio ['kjʊ(ə)rɪəʊ] *n* (*pl* -os [-əʊz]) 1) ре́дкая, антиква́рная вещь 2) *разг.* безделу́шка ме́стной рабо́ты, куста́рное изде́лие (*подарок, сувени́р*); ~ shop магази́н сувени́ров

curiosa [ˌkjʊ(ə)rɪ'əʊzə, -'əʊsə] *n pl* *лат.* 1) ре́дкости 2) *эвф.* любопы́тная литерату́ра (*особ. эроти́ческая*)

curiosity [ˌkjʊ(ə)rɪ'ɒsɪtɪ] *n* **1.** любозна́тельность, пытли́вость; ~ about unknown lands жела́ние узна́ть побо́льше о неизве́стных стра́нах **2.** любопы́тство; to be eaten up with ~ быть снеда́емым любопы́тством; I was dying of ~ [burning with ~] я умира́л [сгора́л] от любопы́тства **3.** стра́нность **4.** (a ~) ре́дкая антиква́рная вещь; old ~ shop антиква́рный магази́н, «ла́вка дре́вностей»

◊ ~ killed a cat ≅ любопы́тство до добра́ не доведёт

curious ['kjʊ(ə)rɪəs] *a* **1.** любозна́тельный, пытли́вый; I am [should be] ~ to know what мне хо́чется [я бы хоте́л] знать, интере́сно знать [хоте́л бы узна́ть] **2.** любопы́тный; ~ idlers зева́ки, любопы́тствующие безде́льники; she stole a ~ look at me она́ с любопы́тством /украдкой/ взгляну́ла на меня́ **3.** стра́нный, курьёзный, чудно́й; ~ sight [sound] стра́нный /зага́дочный/ вид [звук]; ~ coincidence удиви́тельное совпаде́ние; ~ spectacle любопы́тное зре́лище; a most ~ reason, truly! пра́во, весьма́ стра́нная причи́на!; what a ~ mistake! кака́я курьёзная оши́бка!; ~ to relate как ни стра́нно (*вво́дные слова́*); it's ~ that... стра́нно /любопы́тно/, что...; hide it where ~ eyes won't see it спря́чьте э́то пода́льше от любопы́тных глаз **4.** *эвф.* эроти́ческий, порнографи́ческий **5.** тща́тельный; ~ research [inquiry] тща́тельное иссле́дование [расследование] **6.** *диал.* изя́щный, изы́сканный, то́нкий; ~ design изя́щный /узо́р/; a ~ workmanship то́нкая отде́лка; a ~ piece of the 19th century art прекра́сный образе́ц иску́сства XIX ве́ка

curiously ['kjʊ(ə)rɪəslɪ] *adv* **1.** любопы́тно; стра́нно; ~ enough как ни стра́нно (*вво́дные слова́*) **2.** необыча́йно, о́чень; she is ~ ugly она́ необыча́йно /удиви́тельно/ безобра́зна; a ~ bad accent удиви́тельно скве́рное произноше́ние

curium ['kjʊ(ə)rɪəm] *n* *хим.* кю́рий

curl I [kɜːl] *n* **1.** 1) ло́кон, завито́к 2) *pl* вью́щиеся во́лосы **2.** зави́вка; my hair is out of ~ мои́ во́лосы развили́сь **3.** завито́к, спира́ль **4.** завихре́ние, вихрь, вихрево́е кольцо́; ~ of smoke кольцо́ ды́ма **5.** курча́вость (*боле́знь расте́ний*) **6.** *тех.* вихрь, ро́тор **7.** гре́бень разруша́ющейся волны́ (*те́рмин сёрфинги́стов*)

◊ ~ of the lips усме́шка, презри́тельная улы́бка; to go out of ~ быть выби́тым из колеи́; утра́тить фо́рму [*см. тж.* 2]

curl II [kɜːl] *v* **1.** 1) завива́ть, крути́ть, закру́чивать; she has ~ed her hair она́ завила́ во́лосы; he was ~ing his long moustache он крути́л свой дли́нные усы́; to ~ a hat brim загиба́ть края́ шля́пы; a light breeze ~ed the waves лёгкий бриз ряби́л во́ду; to ~ one's lips презри́тельно криви́ть гу́бы 2) завива́ться, ви́ться; her hair ~s naturally у неё вью́тся во́лосы; the plant's stem ~ed round the tree сте́бель расте́ния ви́лся вокру́г де́рева **2.** ви́ться, клуби́ться (*о дыме и т. п.*); volumes of smoke were ~ing upwards огро́мные клубы́ ды́ма подыма́лись кве́рху **3.** *разг.* сжима́ться (*от у́жаса*); отша́тываться (*с отвраще́нием*); the sight of blood always makes me ~ от ви́да кро́ви мне всегда́ стано́вится пло́хо /ду́рно/ **4.** *шотл.* игра́ть в кёрлинг

◊ to ~ the mo *австрал. сл.* преуспева́ть, име́ть успе́х, одержа́ть побе́ду; to make smb.'s hair ~ напуга́ть кого́-л.

curler ['kɜːlə] *n* **1.** *см.* curl II + -er **2.** бигуди́ **3.** игро́к в кёрлинг, керли́нгист

curlew ['kɜːljuː] *n* *зоол.* кро́ншнеп (*Numenius arquatus*)

curlicue ['kɜːlɪkjuː] *n* 1) причу́дливая зави́тушка 2) сло́жный, причу́дливый узо́р 3) орна́мент в ви́де завитко́в

curlie-wurlie [ˌkɜːlɪ'wɜːlɪ] *n* *разг.* причу́дливо вито́е украше́ние

curling¹ ['kɜːlɪŋ] *a* 1) вью́щийся 2) (служа́щий) для зави́вки

curling² ['kɜːlɪŋ] *n* кёрлинг (*спорти́вная игра́ на льду*)

curling iron(s) ['kɜːlɪŋˌaɪən(z)] щипцы́ для зави́вки воло́с

curling stone ['kɜːlɪŋstəʊn] ка́мень (*прикреплённый к ру́чке*) для игры́ в кёрлинг

curling tongs ['kɜːlɪŋtɒŋz] = curling iron(s)

curlpaper ['kɜːlˌpeɪpə] *n* папильо́тка

curl up ['kɜːl'ʌp] *phr v* **1.** 1) скру́чивать; to ~ the corners of a book загиба́ть уголки́ кни́ги 2) скру́чиваться, свёртываться; she curled up in the armchair она́ сверну́лась кала́чиком в кре́сле; the frost made the leaves ~ ли́стья сверну́лись от моро́за **2.** *разг.* 1) свали́ть, срази́ть; нанести́ уда́р; the blow curled him up completely уда́р свали́л его́ с ног 2) свали́ться; the stone hit him on the forehead and he curled up at once ка́мень попа́л ему́ в лоб, и он тут же свали́лся **3.** испыта́ть потрясе́ние; she curled up at his joke её шоки́ровала его́ шу́тка

curly ['kɜːlɪ] *a* **1.** вью́щийся, волни́стый; кудря́вый, курча́вый **2.** изо́гнутый; a chair with ~ legs стул с изо́гнутыми но́жками

curlyhead ['kɜːlɪhed] *n* кудря́вый челове́к, *особ.* кудря́вый ребёнок; кудря́вчик, кудря́ш

curly-pate ['kɜːlɪpeɪt] *n* *разг.* кудря́вый челове́к, кудря́ш

curly-wurly [ˌkɜːlɪ'wɜːlɪ] = curlie-wurlie

curmudgeon [kɜː'mʌdʒ(ə)n] *n* *книжн.* 1) скупе́ц, скряга́ 2) ворчу́н, брюзга́

curmudgeonly [kɜː'mʌdʒ(ə)nlɪ] *a* *книжн.* 1) скупо́й, скаре́дный 2) ворчли́вый, брюзгли́вый; всем недово́льный; ~ readers приди́рчивые чита́тели

curmurring [kɜː'mɜːrɪŋ] *n* *шотл.* ворча́ние; урча́ние (*особ. в животе́*)

curn [kɜːn] *n* *шотл.* **1.** зерно́, зёрнышко **2.** ка́пелька, чу́точка

curple ['kɜːp(ə)l] *n* *шотл.* **1.** круп **2.** я́годицы

curr [kɜː] *v* воркова́ть; мурлы́кать; урча́ть

currach, curragh ['kʌrə(h)] *n* *шотл., ирл.* рыба́чья ло́дка из ивня́ка, обтя́нутая ко́жей

currant ['kʌrənt] *n* **1.** 1) *бот.* сморо́дина (*Ribes* spp.); black ~ чёрная сморо́дина (*Ribes nigrum*); red ~ кра́сная сморо́дина (*Ribes rubrum*) 2) (я́года) **2.** кори́нка; сабза́

currency ['kʌrənsɪ] *n* **1.** употреби́тельность, распространённость; words in common ~ весьма́ употреби́тельные /распространённые/ слова́; to gain /to acquire/ ~ получи́ть изве́стность, распространи́ться; to give ~ to smth. пуска́ть что-л. в обраще́ние /в оборо́т/; распространя́ть что-л.; don't give ~ to idle gossip не повторя́йте вздо́рных спле́тен; many slang words have short ~ мно́гие жарго́нные слове́чки недолгове́чны **2.** де́нежное обраще́ние; валю́та, де́ньги; paper ~ бума́жные де́ньги; gold [silver] ~ золота́я [сере́бряная] валю́та; foreign ~ иностра́нная валю́та; hard ~ а) свобо́дно конверти́руемая валю́та; б) дефици́тная валю́та (*для да́нной страны́*); soft ~ неконверти́руемая валю́та; payable in ~ подлежа́щий опла́те нали́чными **4.** продолжи́тельность, срок де́йствия (*чего́-л.*); during the ~ of the contract в тече́ние сро́ка де́йствия контра́кта **5.** (C.) *авст-*

CUR — CUR

рал. *арх.* бе́лый уроже́нец Австра́лии
currency snake ['kʌrənsɪ'sneɪk] *фин.* валю́тная «змея́», измене́ние валю́тного ку́рса в ра́мках устано́вленных лими́тов
current I ['kʌrənt] *n* 1. 1) тече́ние, пото́к (*тж. перен.*); great ocean ~s such as the Gulf Stream си́льные океа́нские тече́ния, наприме́р Гольфстри́м; against the ~ про́тив тече́ния; to breast the ~ идти́ про́тив тече́ния; to go with the ~ плыть по тече́нию 2) струя́, тя́га во́здуха; a violent ~ of air си́льная струя́ во́здуха 3) *амер. гидр.* прили́вное *или* неприли́вное тече́ние; пото́к 2. тече́ние, ход; the ~ of events ход собы́тий; ~ of time тече́ние вре́мени; ~ of public opinion направле́ние мы́сли [обще́ственного мне́ния] 3. *эл.* электри́ческий ток; alternative [direct] ~ переме́нный [постоя́нный] ток
current II ['kʌrənt] *a* 1. теку́щий; ны́нешний; совреме́нный; ~ month [year] теку́щий ме́сяц [год]; ~ events теку́щие собы́тия; ~ news а) после́дние изве́стия; теку́щие собы́тия; б) хро́ника (*отдел газеты*); ~ situation совреме́нное положе́ние; теку́щий моме́нт; ~ fashions совреме́нные фасо́ны; после́дняя мо́да; the ~ issue of a magazine после́дний но́мер журна́ла; ~ expenses теку́щие расхо́ды; ~ price существу́ющая цена́; ~ rate *бирж.* курс дня; ~ dollar *фин.* до́ллар с покупа́тельной си́лой на да́нный моме́нт 2. циркули́рующий, находя́щийся в обраще́нии, ходя́чий; ~ coin ходя́чая /находя́щаяся в обраще́нии/ моне́та; ~ opinions /beliefs/ общепри́знанное мне́ние; the word is in ~ use э́то сло́во общеупотреби́тельно; long ago it was a ~ belief that the earth was flat в старода́вние времена́ бы́ло при́нято ду́мать, что земля́ пло́ская 3. (С.) *австрал. разг.* роди́вшийся в Австра́лии (*о белом*) 4. *физ.* то́ковый, свя́занный с протека́нием то́ка
current account ['kʌrənt,kaʊnt] 1) теку́щий счёт 2) *амер.* откры́тый счёт
current assets [,kʌrənt'æsets] *эк.* 1. теку́щие, легкореализу́емые ликви́дные акти́вы 2. 1) оборо́тный капита́л 2) оборо́тные сре́дства, оборо́тные фо́нды
current-awareness [,kʌrəntə'weənɪs] *a* *информ.* сигна́льный; ~ news /information/ сигна́льная информа́ция
currente calamo [kʊ,renteɪ'kæləməʊ] *лат.* 1) бы́стро, бе́гло 2) небре́жно [*букв.* бе́глым перо́м]
current collector ['kʌrəntkə,lektə] *эл.* токосъёмник, панто́граф
currently ['kʌrəntlɪ] *adv* 1. тепе́рь, в настоя́щее вре́мя; ны́не; it is ~ reported that..., сообща́ется, что...; ~ running at the local theatre иду́щий сейча́с /тепе́рь/ на сце́не ме́стного теа́тра 2. легко́, свобо́дно; he reads the 16th century writings as ~ as we read our own он чита́ет кни́ги шестна́дцатого ве́ка так же свобо́дно, как мы чита́ем свой совреме́нные
current meter ['kʌrənt,mi:tə] 1) *гидр.* гидрометри́ческая верту́шка 2) *эл.* измери́тель величины́ то́ка
curricle ['kʌrɪk(ə)l] *n* па́рный двухколёсный экипа́ж
curricula [kə'rɪkjʊlə] *pl om* **curriculum**
curricular [kə'rɪkjʊlə] *a* 1. относя́щийся к уче́бному пла́ну; уче́бный 2. относя́щийся к расписа́нию (*заня́тий*)
curriculum [kə'rɪkjʊləm] *n* (*pl тж.* **-la**) 1. курс обуче́ния; уче́бный план

(*в школе, университете и т. п.*) 2. расписа́ние
curriculum vitae [kə,rɪkjʊləm'vaɪti:, -'vi:taɪ] *лат.* 1. кра́ткое жизнеописа́ние, биогра́фия 2. жи́зненный путь
curried ['kʌrɪd] *a* (по́данный) с припра́вой ка́рри; ~ shrimp ка́рри из креве́ток
currier ['kʌrɪə] *n* 1. коже́вник; коже́венный ма́стер, дуби́льщик 2. ко́нюх
currish ['kɜ:rɪʃ] *a* 1) гру́бый, сварли́вый; брюзгли́вый 2) трусли́вый, малоду́шный
curry¹ I ['kʌrɪ] *n* 1. ка́рри (*о́страя инди́йская припра́ва*) 2. ка́рри, блю́до, припра́вленное ка́рри (*подаётся с ри́сом*); chicken [egg] ~ ка́рри из ку́рицы [круты́х яи́ц]
curry¹ II ['kʌrɪ] *v* приправля́ть ку́шанья ка́рри [*см.* **curry¹ I**]
curry² ['kʌrɪ] *v* 1. чи́стить (*коня́*) щёткой со скребни́цей 2. выде́лывать ко́жу 3. бить, колоти́ть; зада́ть трёпку
◇ to ~ favour with smb. заи́скивать перед кем-л., подли́зываться к кому́-л.
currycomb I ['kʌrɪkəʊm] *n* щётка для чи́стки коня́, скребни́ца
currycomb II ['kʌrɪkəʊm] *v* чи́стить скребни́цей
curry powder ['kʌrɪ,paʊdə] порошо́к ка́рри [*см.* **curry¹ I 1**]
curse I [kɜ:s] *n* 1. 1) прокля́тие; to call down [to lay] ~s upon smb. призыва́ть прокля́тия на чью-л. го́лову 2) отлуче́ние от це́ркви; преда́ние анафе́ме 2. руга́тельство; vile ~s гря́зная руга́нь 3. бич, бе́дствие; he's a ~ to his family он несча́стье всей семьи́; gambling was his ~ его́ погуби́ли аза́ртные и́гры 4. *эвф.* (the ~) менструа́ция
◇ ~ of Scotland *карт.* девя́тка бубён; (I) don't care a ~! (мне) наплева́ть!; not worth a ~ = вы́еденного яйца́ не сто́ит; not to give a ~ for smth. соверше́нно не интересова́ться чем-л.; = ни в грош не ста́вить что-л.; ~s (like chickens) come home to roost *посл.* = не рой друго́му я́му, сам в неё попадёшь
curse II [kɜ:s] *v* 1. проклина́ть; he ~d the day he was born он проклина́л день, когда́ (он) роди́лся 2) отлуча́ть от це́ркви 2. руга́ться; he ~d loudly он гро́мко руга́лся 3. кощу́нствовать, богоху́льствовать 4. (with) *обыкн.* *pass* обрека́ть на страда́ния, причиня́ть зло; to be ~d with a violent temper страда́ть от своего́ дурно́го хара́ктера; to be ~d with difficulty in hearing быть обречё́нным на глухоту́
cursed ['kɜ:sɪd, kɜ:st] *a* 1. 1) прокля́тый; прокля́тый; а ~ place прокля́тое ме́сто; ме́сто, на кото́ром лежи́т прокля́тие 2) прокля́тый, окая́нный; I wish that ~ dog would be quiet! да переста́нет когда́-нибудь ла́ять э́та прокля́тая /чё́ртова/ соба́ка? 2. *разг.* упря́мый; несно́сный; ~ boy проти́вный /упря́мый/ мальчи́шка 3. *эмоц.-усил.* ужа́сный; ~ nuisance ужа́сная неприя́тность; what ~ weather! кака́я гну́сная пого́да! 4. *арх.* зловре́дный; зло́бный; гну́сный; ~ custom отврати́тельный обы́чай
cursedly ['kɜ:sɪdlɪ] *adv* чертовски, дья́вольски; гну́сно, отврати́тельно
cursive I ['kɜ:sɪv] 1) ско́ропись 2) руко́писный шрифт, курси́в
cursive II ['kɜ:sɪv] *a* 1) скоропи́сный 2) руко́писный, курси́вный
cursor ['kɜ:sə] *n* 1) *тех.* стре́лка, указа́тель, движо́к (*на шкале́*) 2) *элк.* курсо́р, мига́ющий квадра́тик на диспле́е
cursorial [kɜ:'sɔ:rɪəl] *a* *зоол., энт.* бе́гающий

cursory ['kɜ:s(ə)rɪ] *a* пове́рхностный, бе́глый; to get a ~ view of smth. получи́ть пове́рхностное представле́ние о чём-л.; ~ inspection пове́рхностный осмо́тр; to give a ~ glance бро́сить бе́глый взгляд
curst [kɜ:st] = **cursed**
curt [kɜ:t] *a* 1) кра́ткий, отры́вистый, сжа́тый; немногосло́вный 2) отры́висто-гру́бый; to give a ~ answer отве́тить ко́ротко и ре́зко; a ~ nod холо́дный киво́к
curtail [kɜ:'teɪl] *v* 1. сокраща́ть; укора́чивать, уреза́ть, уменьша́ть; to ~ a speech [a lecture, one's holidays] сокраща́ть речь [ле́кцию, о́тпуск]; to ~ words сокраща́ть слова́; to ~ spending ограни́чить расхо́ды; to ~ smb.'s salary уре́зать кому́-л. зарпла́ту; to ~ smb. of his privileges лиша́ть кого́-л. ча́сти привиле́гий, уреза́ть кому́-л. привиле́гии 2. *спорт.* укора́чивать шаг
curtailment [kɜ:'teɪlmənt] *n* сокраще́ние, уре́зывание
curtain I ['kɜ:tn] *n* 1. занаве́ска; што́ра; портье́ра; to draw the ~ заде́рнуть *или* отде́рнуть занаве́ску 2. *театр.* 1) за́навес; ~ time вре́мя нача́ла спекта́кля, конце́рта *и т. п.*; the ~ rises [falls, drops] at eight sharp за́навес поднима́ется [опуска́ется, па́дает] ро́вно в во́семь (*ср. тж.* ◇); ~ up [down]! подня́ть [опусти́ть] за́навес! to ring the ~ up дать звоно́к к подня́тию за́навеса 2) подня́тие за́навеса; нача́ло спекта́кля; five minutes before /until/ ~ пять мину́т до нача́ла спекта́кля /представле́ния/ 3) опуска́ние за́навеса; коне́ц спекта́кля 3. заве́са; ~ of fire [of smoke] *воен.* огнева́я [дымова́я] заве́са; to draw the ~ on smth. скрыва́ть /зама́лчивать/ (*что-л.*); to lift /to raise/ the ~ over smth. приподня́ть заве́су над чем-л. 4. *pl* *сл.* 1) коне́ц (*карье́ры и т. п.*); if your work doesn't improve it will be ~s for you е́сли ты не ста́нешь лу́чше рабо́тать, тебя́ вы́ставят 2) смерть; коне́ц 5. (the C.) *полит.* желе́зный за́навес
◇ the ~ rises представле́ние *или* расска́з начина́ется (*ср. тж.* 2]; the ~ falls /drops/ а) представле́ние /расска́з/ конча́ется; б) жизнь подхо́дит к концу́; (*ср. тж.* 2]; behind the ~ за кули́сами; to take the ~ выходи́ть на аплодисме́нты; to call before the ~ вызыва́ть (*актё́ра на сцену*)
curtain II ['kɜ:tn] *v* занаве́шивать; to ~ a window занаве́сить окно́
curtain call ['kɜ:tnkɔ:l] вы́зов актё́ра (*на сце́ну*); to take three ~s выходи́ть три ра́за на аплодисме́нты
curtain-fire ['kɜ:tn,faɪə] *n* *воен.* огнева́я заве́са
curtain lecture ['kɜ:tn,lektʃə] *шутл.* внуше́ние без свиде́телей (*вы́говор, кото́рый жена́ де́лает му́жу оди́н на оди́н*)
curtain line ['kɜ:tnlaɪn] 1) *театр.* заключи́тельная ре́плика пье́сы 2) эффе́ктная фра́за, бро́шенная «под за́навес»
curtain off ['kɜ:tn'ɒf] *phr v* отделя́ть за́навесом; to ~ an alcove [part of a room] отдели́ть за́навесом алько́в [часть ко́мнаты]
curtain-raiser ['kɜ:tn,reɪzə] *n* 1. небольша́я (*обыкн.* однокатная) пье́са, исполня́емая пе́ред нача́лом спекта́кля 2. прелю́дия (*к чему́-л.*); предвкуше́ние (*чего́-л.*)
curtain-rod ['kɜ:tnrɒd] *n* (металли́ческий) карни́з; сте́ржень, струна́ для занаве́сок
curtain speech ['kɜ:tn,spi:tʃ] *театр.* 1) моноло́г под за́навес 2) обраще́ние к

498

зри́телям со сце́ны по́сле оконча́ния спекта́кля

curtain-tune ['kɜ:tntjuːn] *n* интроду́кция, му́зыка, исполня́емая пе́ред нача́лом спекта́кля

curtain-up ['kɜ:tnʌp] *n театр.* подня́тие за́навеса; нача́ло спекта́кля

curtana [kɜ:'tɑ:nə, -'teɪnə] *n* «меч милосе́рдия», меч со сре́занным остриём, кото́рый несу́т пе́ред королём Великобрита́нии во вре́мя корона́ции как эмбле́му милосе́рдия

curtilage ['kɜ:tɪlɪdʒ] *n юр.* огоро́женный уча́сток, прилега́ющий к до́му

curtsey I, II ['kɜ:tsɪ] = curtsy I и II

curtsy I ['kɜ:tsɪ] *n* revera'ns, приседа́ние; to make /to drop/ a ~ сде́лать revera'ns; to make one's ~ to the queen быть представленной ко двору́

curtsy II ['kɜ:tsɪ] *v* де́лать revera'ns, приседа́ть

curule ['kjʊ(ə)ruːl] *a ист.* 1. куру́льный; ~ chair куру́льное кре́сло (*у древних римлян*) 2. вы́сший; принадлежа́щий к вы́сшему сло́ю, зна́тный (*в Дре́внем Ри́ме*)

curvaceous [kɜ:'veɪʃəs] *a разг.* 1. искривлённый; изо́гнутый; ~ armchair кре́сло с гну́тыми но́жками и спи́нкой 2. *разг.* соблазни́тельный, пы́шный (*о же́нской фигу́ре*)

curvature ['kɜ:vətʃə] *n* 1) изги́б; изви́лина 2) кривизна́ 3) искривле́ние, изги́б; ~ of the spine искривле́ние позвоно́чника

curve I [kɜːv] *n* 1. 1) *спец.* крива́я (ли́ния); initial ~ нача́льная крива́я 2) изги́б, поворо́т (*дороги и т. п.*); излу́чина; ~ in the road поворо́т /изги́б/ доро́ги 3) вира́ж (*велоспорт*); final ~ фи́нишный вира́ж; ~ entering вход в вира́ж; ~ outlet вы́ход из виража́ 2. 1) крива́я (*графика, диаграммы*); demand [supply] ~ крива́я спро́са [предложе́ния]; ~ of mortality [of output] крива́я сме́ртности [производи́тельности]; график, диаграмма 3. а) кривизна́; изо́гнутость; ~ of the skate изо́гнутость ле́звия конька́ 2) лека́ло 4. *pl* кру́глые ско́бки 5. *амер.* 1) = curve ball 2) финт, кова́рный приём; the journalist threw the candidate a ~ by asking him an unexpected question журнали́ст загна́л кандида́та в у́гол, зада́в ему́ неожи́данный вопро́с

curve II [kɜːv] *v* 1) гнуть, сгиба́ть, изгиба́ть; to ~ the back гнуть /сгиба́ть/ спи́ну 2) гну́ться, сгиба́ться, изгиба́ться; the road ~d sharply to the right доро́га ре́зко поверну́ла впра́во; the river ~s round the town река́ огиба́ет го́род

curve ball ['kɜːvbɔːl] *амер.* 1) финт (*в бейсболе*) 2) хи́трость, уло́вка

curved [kɜːvd] *a* 1. 1) изо́гнутый, искривлённый; криво́й; ~ nose нос с горбинкой; bird with a ~ beak пти́ца с изо́гнутым /крючкова́тым/ клю́вом 2) криволине́йный 2. *воен.* навесно́й; ~ fire навесно́й ого́нь; ~ trajectory навесна́я траекто́рия

curve eight [,kɜːv'eɪt] голла́ндский шаг (*фигурное катание*)

curvet I [kɜː'vet] *n* курбе́т, скачо́к (*конный спорт*)

curvet II [kɜː'vet] *v* 1) де́лать курбе́т (*о лошади и наезднике*) 2) пры́гать, скака́ть; резви́ться

curve tracer ['kɜːv,treɪsə] *тех.* проче́рчиватель кривы́х, графопострои́тель

curvilineal [,kɜːvɪ'lɪnɪəl] = curvilinear

curvilinear [kɜːvɪ'lɪnɪə] *a* криволине́йный

curvimeter [kɜː'vɪmɪtə] *n тех.* курви́метр

cusec ['kjuːsek] *n* куби́ческий фут в секу́нду (*единица расхода жидкости или газа*) [<cubic + second]

cushat ['kʌʃət] *n диал.* лесно́й го́лубь

cushaw [kʌ'ʃɔː] *n бот.* ты́ква му́скусная (Cucurbita moschata)

cushion I ['kʊʃ(ə)n] *n* 1. 1) дива́нная поду́шка 2) поду́шечка для була́вок 3) поду́шка для плете́ния кру́жев 4) мя́гкая подсти́лка; a ~ of moss ковёр /поду́шка/ из мха 2. борт билья́рда 3. ва́лик (*для дамской причёски*) 4. *амер. разг.* де́ньги, отло́женные на чёрный день 5. *тех.* подкла́дка, поду́шка, упру́гое основа́ние; ~ effect амортизи́рующее де́йствие 6. возду́шная поду́шка 7. *архит.* пя́та сво́да
◇ on the ~ *амер.* в сы́тости, в доста́тке; ≅ как сыр в ма́сле

cushion II ['kʊʃ(ə)n] *v* 1. *тех.* снабжа́ть подкла́дкой, поду́шкой 2. 1) сиде́ть, отдыха́ть на поду́шках 2) подкла́дывать поду́шки, обкла́дывать поду́шками 3. 1) *разг.* ута́ивать; обходи́ть молча́нием; to ~ complaints игнори́ровать жа́лобы 2) *сл.* скрыва́ть, пря́тать 4. смягча́ть (*удар и т. п.*); please ~ your voice пожа́луйста, говори́те поти́ше 5. ста́вить (*шар*) к бо́рту билья́рда

cushion course ['kʊʃ(ə)nkɔːs] *геол.* подстила́ющий пласт

cushioncraft ['kʊʃ(ə)nkrɑːft] *n* тра́нспортное сре́дство на возду́шной поду́шке

cushioned ['kʊʃənd] *a* 1. снабжённый поду́шкой *или* поду́шками; ~ seat мя́гкое сиде́нье; ~ voice *образн.* мя́гкий, вкра́дчивый го́лос 2. безбе́дный, ую́тный, удо́бный; to lead a ~ life жить беззабо́тно

cushioned landing ['kʊʃənd'lændɪŋ] мя́гкая поса́дка (*космического корабля*)

cushiony ['kʊʃ(ə)nɪ] *a* похо́жий на поду́шку; мя́гкий, как поду́шка; ~ carpet пружи́нящий ковёр

cushy ['kʊʃɪ] *a сл.* 1. лёгкий, прия́тный; ~ upbringing воспита́ние в ро́скоши; ~ job ≅ непы́льная рабо́тёнка 2) *воен.* лёгкий, несерьёзный (*о ране́нии*)

cusp [kʌsp] *n* 1. о́стрый вы́ступ, ко́нчик (*зуба и т. п.*) 2. *астр.* рог луны́ 3. *мат.* то́чка переги́ба криво́й; то́чка пересече́ния (*двух кривы́х*)

cuspate ['kʌspeɪt] *a* 1. *спец.* обры́вистый (*о береге и т. п.*) 2. зу́бчатый, островерхий (*о скале*)

cuspid ['kʌspɪd] *n анат.* клык

cuspidate, cuspidated ['kʌspɪdeɪt, -ɪd] *a* островерхий (*о листьях и т. п.*)

cuspidor ['kʌspɪdɔː] *n амер.* плева́тельница

cuss [kʌs] *n амер. разг.* 1. прокля́тие 2. *шутл.* па́рень, тип; he's queer old ~ он стра́нный ма́лый
◇ he does not care a ~ ему́ всё нипочём, ему́ на всё наплева́ть

cussed ['kʌsɪd] *a амер. разг.* 1. прокля́тый, окая́нный; ~ fool прокля́тый дура́к 2. упря́мый, крепколо́бый, несгово́рчивый

cusser ['kʌsə] *шотл.* = courser²

cussword ['kʌswɜːd] *n* бра́нное сло́во

custard ['kʌstəd] *n* жи́дкий заварно́й крем (*из яиц, молока*); ~ powder заварно́й крем-концентра́т; ~ pie торт с заварны́м кре́мом

custard glass [,kʌstəd'ɡlɑːs] ма́товое стекло́ кре́мового цве́та

custard-pie ['kʌstədpaɪ] *n театр., кино* гру́бый, примити́вный (*о фа́рсе*)

custode [kʌ'stəʊdɪ] *n (pl* -odi) = custodian

custodes [kʌ'stəʊdɪːz] *pl от* custos

custodi [kʌ'stəʊdɪ] *pl от* custode

custodian [kʌ'stəʊdɪən] *n* 1. 1) храни́тель (*музея и т. п.*) 2) страж; a ~ of public morals блюсти́тель нра́вов о́бщества 2. опеку́н 3. смотри́тель (*зда́ния*)

custody ['kʌstədɪ] *n* 1. опе́ка, попечи́тельство; to be in the ~ of находи́ться на попече́нии /под опе́кой/ [*см. тж.* 2]; the children remained in the ~ of their father де́ти оста́лись на попече́нии отца́; to be released in one's own ~ *юр.* быть освобождённым под подпи́ску о невы́езде 2. хране́ние, охра́на; to place securities in safe ~ положи́ть це́нности на хране́ние; to receive goods into one's ~ приня́ть това́ры на хране́ние; to have the ~ of храни́ть (*что-л.*); to be in the ~ of находи́ться под охра́ной [*см. тж.* 1] 3. аре́ст, взя́тие под стра́жу; to be in ~ находи́ться под аре́стом; to commit to ~, to take into ~ арестова́ть, заключи́ть в тюрьму́; the car was held in the ~ of the police поли́ция наложи́ла аре́ст на автомоби́ль

custom I ['kʌstəm] *n* 1. обы́чай; обыкнове́ние, привы́чка; tribal [social] ~s племенны́е [социа́льные] обы́чаи; international ~ междунаро́дный обы́чай; ~s of war обы́чаи войны́; the manners and ~s of a country нра́вы и обы́чаи страны́; ~ in trade торго́вый обы́чай; ~ of a port порто́вый обы́чай; it was a ~ with him to get up early он име́л обыкнове́ние встава́ть ра́но 2. *собир.* 1) клиенту́ра, покупа́тели; the shop draws plenty of ~ магази́н име́ет большу́ю клиенту́ру, магази́н бо́йко торгу́ет 2) заказы, заку́пки в одно́м магази́не *и т. п.*; I shall withdraw /take away/ my ~ from this shop я не бу́ду бо́льше де́лать заку́пки /зака́зы/ в э́том магази́не 3. *юр.* обы́чное пра́во; обы́чай
◇ once is no ~ ≅ оди́н раз не в счёт; ~ is second nature привы́чка — втора́я нату́ра; a ~ more honoured in the breach *см.* breach I

custom II ['kʌstəm] *a амер.* 1) изгото́вленный, сде́ланный на зака́з; ~ clothes пла́тье, сши́тое на зака́з 2) де́лающий, производя́щий на зака́з; ~ tailor портно́й, выполня́ющий индивидуа́льные зака́зы; ~ mill обогати́тельная фа́брика, обслу́живающая ме́лкие рудники́

customable ['kʌstəməb(ə)l] *a редк.* подлежа́щий тамо́женному обложе́нию

customary I ['kʌstəm(ə)rɪ] *n юр.* сбо́рник ме́стных правовы́х норм (*основанных на обычном праве*)

customary II ['kʌstəm(ə)rɪ] *a* 1. обы́чный, привы́чный; ~ practice обы́чная /привы́чная/ пра́ктика; at the ~ hour в обы́чный час, в обы́чное вре́мя; it is ~ to give people gifts on their birthday на день рожде́ния при́нято дари́ть пода́рки; as is ~ как при́нято, по обыкнове́нию 2. *юр.* осно́ванный на обы́чае или обы́чном пра́ве; ~ law обы́чное пра́во

custom-built [,kʌstəm'bɪlt] *a амер.* 1) постро́енный по специа́льному зака́зу; специа́льно сде́ланный или приспосо́бленный (*для чего-л.*); the tests are ~ to fit the current demands испыта́ния приспосо́блены к совреме́нным тре́бованиям 2) = custom-made

custom-designed [,kʌstəmdɪ'zaɪnd] *a* сконструи́рованный по зака́зу

customer ['kʌstəmə] *n* 1. покупа́тель; зака́зчик; клие́нт; потреби́тель 2. *разг.* тип, субъе́кт; queer /rum/ ~ стра́нный челове́к, чуда́к, подозри́тельный тип; rough ~ грубия́н, опа́сный проти́вник; tough ~ а) непокла́дистый /тяжёлый/ челове́к; б) выно́сливый /кре́пкий/ челове́к

CUS — CUT

customer officer [ˈkʌstəmə(r)ˌɒfɪsə] служащий, наблюдающий за качеством потребительских товаров; чиновник по охране интересов покупателей

custom-fitting [ˌkʌstəmˈfɪtɪŋ] *a* (дополнительно) устанавливаемый по требованию заказчика

custom house [ˈkʌstəmhaus] *амер.* = customs house

customize [ˈkʌstəmaɪz] *v* 1) выполнять по индивидуальному заказу 2) подгонять, оборудовать, оформлять в соответствии с требованиями заказчика

customizing [ˈkʌstəmaɪzɪŋ] *n* ориентирование на потребителя

custom-made [ˌkʌstəmˈmeɪd] *a* *амер.* изготовленный, сделанный на заказ

custom-make [ˈkʌstəmeɪk] *v* изготовлять по индивидуальным заказам

customs [ˈkʌstəmz] *n pl* 1) таможенные пошлины; ~ free беспошлинный; to pass /to get/ through the ~ пройти таможенный досмотр 2) (the C.) таможенное управление; ~ fees таможенные сборы; ~ union таможенный союз

customs house [ˈkʌstəmzhaus] таможня

customs officer [ˈkʌstəmzˌɒfɪsə] таможенник, таможенный инспектор, чиновник

custom-tailored [ˌkʌstəmˈteɪləd] = custom-made

custom-tailored issue [ˌkʌstəmˈteɪləd-ˈɪʃuː, -ˈɪsjuː] *спец.* профилированное издание

custos [ˈkʌstɒs] *n* (*pl* -todes) *лат.* хранитель, смотритель; страж; ~ morum блюститель нравов

custumal I, II [ˈkʌstjuməl] = customary I и II

cut¹ I [kʌt] *n* 1. 1) порез; разрез; a ~ on the finger порез пальца; ~s on the face after shaving порезы на лице после бритья 2) резаная рана 2. 1) резание 2) глубина резания 3. *спец.* 1) разрез; пропил; выемка 2) канал; кювет 3) насечка (*напильника*) 4. сильный удар (*мечом, кнутом и т. п.*); to make a ~ at smb. with a sword нанести кому-л. удар мечом; the boy got six ~s with a cane мальчику нанесли шесть ударов тростью; his face had been disfigured by a sabre ~ удар саблей изуродовал его лицо; to give a horse a ~ across the flank хлестнуть лошадь по боку; delayed [direct riposte] ~ задержанный [прямой ответный] удар (*фехтование*); flat ~ удар плашмя (*фехтование*); inside [upper] arm ~ удар по руке с внутренней /наружной/ стороны (*фехтование*) 5. 1) отрезанный кусок; вырезка; срез; a ~ from the joint *кул.* вырезка, филей 2) *кул.* грудинка 2) настриг (*шерсти*) 3) отрез (*материи*) 4) отрезок 6. 1) очертание, абрис, контур 2) профиль 7. 1) покрой (*платья*) 2) стрижка, фасон стрижки (*волос*) 8. 1) сокращение, снижение; уменьшение; a ~ in prices [in salary] снижение цен /зарплаты/ 2) сокращение; вырезание части текста; купюра; to make ~s in a play [in a film] делать купюры в пьесе [в фильме] 9. путь напрямик, кратчайший путь (*часто* short ~); to take /to make/ a short ~ пойти кратчайшим путём 10. оскорбление, выпад; насмешка; удар; that was a ~ at me это был выпад против меня 11. *разг.* прекращение знакомства; to give smb. the ~ direct не замечать кого-л.; ~ with кем-л. 12. *разг.* пропуск (*занятий, собраний и т. п.*); attendance was compulsory, and no ~s were allowed посещение было обязательным, и никакие пропуски не разрешались 13. *разг.* доля (*заработка, дохода, выигрыша, добычи и т. п.*); his agent's ~ is 20 per cent агент взимает /берёт/ с него 20% (*гонорара и т. п.*) 14. *разг.* отдельный номер на долгоиграющей пластинке (*песня, музыкальное произведение*) 15. *проф.* 1) грамзапись 2) сеанс грамзаписи 16. гравюра на дереве (*доска или оттиск*) 17. *карт.* снятие (*колоды*) 18. кино монтажный кадр 19. пролёт моста 20. стружка (*станочная*) 21. *хим.* погон, фракция 22. захват (*с.-х. орудия*) 23. *ж.-д.* отцеп (*вагона*) 24. *горн.* выруб 25. *эл.* отключение нагрузки 26. *австрал., новозел.* отделённая часть стада (*коров, овец*) 27. *австрал., новозел. разг.* телесное наказание (*особ. в школе*) 28. *спорт.* 1) удар мяча на правую сторону поля (*крикет*) 2) срезка мяча (*теннис*) ◊ a ~ above намного лучше; на целую ступень выше; to be a ~ above one's neighbour быть на целую голову выше соседа; a ~ and thrust пикировка, оживлённый спор; the ~ of smb.'s jib /of smb.'s rig/ внешний вид кого-л.

cut¹ II [kʌt] *a* 1. разрезанный; срезанный; порезанный; ~ finger порезанный палец; ~ flowers срезанные цветы; ~ nails подрезанные ногти; ~ velvet текст. бархат с разрезным ворсом 2. скроенный 3. шлифованный; гранёный; ~ sugar пилёный сахар 4. сниженный, уменьшенный; ~ prices [expenditures] сниженные цены [расходы]; ~ goods уценённые товары 5. кастрированный 6. *разг.* подвыпивший 7. *сл.* разведённый, разбавленный; с примесями, нечистый (*часто о наркотиках*) ◊ ~ and dried /dry/ заранее подготовленный, шаблонный, трафаретный (*о мнении, доводах, планах и т. п.*)

cut¹ III [kʌt] *v* (cut) I 1. 1) резать, разрезать; to ~ smth. in two разрезать что-л. на две части; to ~ smth. in half /into halves/ разрезать что-л. пополам; to ~ smth. to /in/ pieces разрезать что-л. на куски; to ~ glass with a diamond резать стекло алмазом; this knife won't ~ этот нож не режет; to ~ around the defence *воен.* сделать прорыв с обходом противника 2) нанести резаную рану; I ~ my finger я порезал палец; I ~ myself я порезался; to ~ open рассекать; to ~ smb.'s head open раскроить кому-л. череп; the icy wind ~ me to the bone ледяной ветер пронизывал меня до мозга костей 3) резаться (*при помощи режущего инструмента*); the butter was frozen hard and did not ~ easily масло сильно замёрзло, и его трудно было резать; cheese ~s easily сыр режется легко 2. 1) срезать, отрезать; to ~ flowers срезать цветы; I'll ~ away the dead leaves я обрежу /срежу/ сухие листья; to ~ a piece of cake [a slice of cheese] отрезать кусочек пирога [сыра] 2) нарезать; to ~ bread нарезать хлеб; to ~ meat резать мясо (*за столом*) 3. стричь, подстригать; to ~ a hedge подстригать (живую) изгородь; to ~ one's nails стричь ногти; to ~ one's hair подстригать волосы, стричься 4. (*тж.* ~ down) 1) сокращать; снижать; уменьшать; to ~ prices снижать цены; he ~ his sleep down to five hours он стал спать не более пяти часов 2) сокращать путь, брать напрямик; we ~ across the field мы пошли напрямик через поле 3) сокращать, урезывать; делать купюру; to ~ a manuscript сократить рукопись; the soliloquies in "Hamlet" are long, so they are often ~ in the theatre в «Гамлете» монологи очень длинные, поэтому в театре их часто сокращают 5. 1) вырезать; to ~ one's initials on a tree вырезать свои инициалы на дереве 2) кроить (*тж.* ~ out); to ~ a pattern сделать выкройку /патронку/; to ~ a coat выкроить пальто; his coat is well ~ у него пальто хорошего покроя 6. 1) ударить, причинить острую боль; he ~ the man across the face он ударил человека по лицу; to ~ a horse with a whip стегать лошадь кнутом; how this rope ~s! как режет эта верёвка! 2) огорчать, обижать; ранить; what you say ~s me terribly ваши слова меня ужасно огорчают; to ~ to the heart /to the quick/ ранить /поразить/ в самое сердце; задеть за живое 7. пересекать, перекрещивать; the path ~s the meadow diagonally тропинка пересекает луг по диагонали; the lines ~ one another линии пересекаются; this ~s across all my principles это идёт вразрез со всеми моими убеждениями 8. перегрызать, прогрызать 9. *разг.* 1) удирать, убегать (*тж.* to ~ and run); I must ~ away now, I am busy теперь беги, я занят; ~ away! They are after you! беги! Они гонятся за тобой! 2) резко изменить направление, побежать в другую сторону; to ~ back home он побежал обратно домой 10. *разг.* 1) переставать, прекращать; ~ the noise! перестаньте шуметь! ~! стоп!, довольно!, выключите камеру! (*команда кинорежиссёра при киносъёмке*) 2) *амер.* лишать политической поддержки; голосовать против, вычеркнуть (чью-л.) кандидатуру 11. *разг.* не замечать, не узнавать, игнорировать; I took off my hat to her but she ~ me dead я поклонился ей, но она сделала вид, что не замечает /не узнаёт/ меня 12. *карт.* снимать; to ~ for deal снимать колоду для того, чтобы определить, кто должен сдавать; to ~ for partners снимать колоду, чтобы определить партнёров 13. делать антраша (*в танцах*) 14. *жив.* выделяться, выступать слишком резко; colours that ~ цвета /краски/, которые режут глаз 15. *новозел. разг.* кончать, заканчивать, докончить 16. *тех.* 1) обрабатывать режущим инструментом, снимать стружку 2) *полигр.* обрезать книжный блок 3) сверлить, бурить 17. *стр.* тесать, стёсывать 18. *эл.* отключать, отсоединять 19. *радио* 1) отстраиваться от ~ 2) переключать с одной программы на другую 20. *горн.* подрубать, делать вруб 21. *вет.* засекаться.

II А 1. 1) косить (*траву*); жать (*хлеба*); убирать (*урожай*); to ~ the hay косить сено; to ~ the corners скашивать углы поля (*при уборке хлебов*) 2) давать (*какое-л.*) количество (*при срезке и т. п.*); one acre of good grass will ~ three tons of hay с одного акра хорошего луга можно накосить три тонны сена 3) давать настриг; this breed ~s heavy fleece эта порода даёт хороший настриг 2. валить, рубить (*лес*); to ~ clear вырубать дочиста, сводить лес (*сплошной вырубкой*) 3. 1) прорубать, прокладывать (*дорогу и т. п.*); to ~ a tunnel through a mountain прорубить туннель в горе; to ~ one's way продвигаться, пробираться; прокладывать дорогу; the ships ~ their way slowly корабли медленно шли вперёд; to ~ one's way through a crowd протискиваться через толпу 2) рассекать, разрезать (*воду, воздух*); ship ~ting the waves корабль, рассекающий волны 4. 1) шлифовать, гранить (*камни*) 2) высекать (*из камня*); to ~ a

figure in stone высечь фигуру из камня; to ~ steps in a rock высечь ступени в скале; his features were finely ~ у него было точёное лицо 3) резать (*по дереву*); вырезать (*из дерева*) 5. резаться, прорезываться (*о зубах*); the baby is ~ting its teeth у ребёнка прорезываются зубы 6. *разг.* разбавлять (*спиртные напитки и лекарства*) 7. *спорт.* срезать (*мяч*) 8. *спец.* кастрировать (*животное*) 9. *сл.* победить (*на конкурсе и т. п.*) 10. записывать *или* записываться на пластинку *или* плёнку; to ~ a record [a tape] а) записывать на пластинку [плёнку] б) записываться на пластинку [плёнку]
◇ to ~ loose а) освобождать; to ~ a boat loose отвязать лодку; to ~ oneself loose from one's family порвать с семьёй; б) разойтись, чувствовать себя свободно; you just ought to see him when he ~s loose посмотрели бы вы на него, когда он разойдётся; to ~ short обрывать, внезапно прерывать; to ~ smb. short обрывать кого-л.; to ~ a speech short внезапно прервать выступление; to ~ a long story short короче говоря; to ~ a loss /one's losses/ вовремя прекратить невыгодное дело; to ~ the record побить рекорд; to ~ faces гримасничать, делать гримасы; to ~ a dash а) выделяться; б) бахвалиться, рисоваться; to ~ a swath /a gash/ *амер.* рисоваться, важничать; to ~ high shines *амер. сл.* совершить что-л. необыкновенное; to ~ the string *амер.* свободно действовать, не стесняться в поступках; to ~ the hair спорить о мелочах; вдаваться в ненужные подробности; to ~ the mustard *амер.* подходить во всех отношениях; to ~ a sign *амер.* увидеть что-л., наткнуться на что-л.; to ~ both ways быть обоюдоострым; that ~s both ways это обоюдоострый аргумент; ≅ это палка о двух концах; to ~ one's teeth on smth. ≅ на чём-л. собаку съесть; to ~ one's wisdom-teeth /eye-teeth/ стать благоразумным, приобрести жизненный опыт; to ~ one's eye *амер.* посмотреть косо, бросить косой взгляд; to ~ the bag *амер.* проговориться, выдать (*секретные*) *сведения*; to ~ and thrust пикироваться; to ~ and contrive жить по средствам, сводить концы с концами; to ~ and come again есть много, с аппетитом (*особ. мясо*) [*см. тж.* cut-and-come-again]; to ~ it fine а) попасть в последнюю минуту; he never misses his train in the morning, but he always ~s it fine он никогда не опаздывает по утрам на поезд, но всегда поспевает в последнюю минуту; б) рассчитать, сделать абсолютно точно; в) оставить (*себе*) в обрез; to ~ it too fat ≅ хватить через край; перегнуть палку

cut² [kʌt] *n редк.* жребий; to draw ~s тянуть жребий

cutability [ˌkʌtə'bɪlɪtɪ] *n с.-х.* выход товарного мяса (*в процентах от веса туши*)

cut across ['kʌt'krɒs] *phr v* 1. противоречить; his decision cuts across our opinion его решение идёт вразрез с нашим мнением 2. мешать; her loud voice cut across our conversation она так громко говорила, что мы друг друга не слышали 3. охватывать, включать; a development that cuts across all strata of society событие, которое затрагивает все слои общества

cut-and-come-again [ˌkʌt(ə)n(d)ˌkʌmə'ge(1)n] *n разг.* 1. гостеприимство [*см. тж.* cut¹ III ◇] 2. изобилие [*см. тж.* cut¹ III ◇]

cut-and-dried [ˌkʌt(ə)n(d)'draɪd] *a* 1. шаблонный, стандартный; a ~ prescription for politicians избитый совет политическим деятелям [*см. тж.* cut¹ II ◇] 2. скучный; ~ speech нудная речь

cut-and-fill [ˌkʌt(ə)n(d)'fɪl] *n горн.* разработка с закладкой

cut-and-try method [ˌkʌt(ə)n(d)'traɪˌmeθəd] метод проб и ошибок

cutaneous [kju:'teɪnɪəs] *a анат., мед.* кожный; ~ eruption кожное высыпание; ~ reaction кожная проба, кожная реакция

cutaway I ['kʌtəweɪ] *n* визитка (*сюртук со скруглёнными фалдами*)

cutaway II ['kʌtəweɪ] *a* 1. срезанный, сходящий на нет; a dress with ~ shoulders платье с открытыми плечами; ~ coat визитка 2. данный в разрезе; ~ view вид в разрезе

cut back ['kʌt'bæk] *phr v* 1. 1) обрезать, укорачивать (*ветки, корни*) 2) (*часто* on) уменьшать, сокращать; to ~ (on) production [salary schedule] сократить производство [фонд зарплаты] 2. 1) смещать события, излагать более ранние события после более поздних 2) кино повторять данный кадр; давать «обратный кадр»

cutback ['kʌtbæk] *n* 1. уменьшение; сокращение; понижение; a ~ in orders [in production] сокращение заказов [производства] 2. 1) смещение событий, нарушение последовательности событий (*в рассказе*) 2) *кино* «обратная перебивка»; монтажная перебивка; ~s to the hero's youth кадры, возвращающие зрителя к молодости героя

cutch [kʌtʃ] *n спец.* катеху, кашу
cutcha ['kʌtʃə] *n инд.* кирпич, высушенный на солнце
cutcherry ['kʌtʃerɪ] *n инд.* 1) здание суда 2) административное здание

cut down ['kʌt'daʊn] *phr v* 1. выторговать; убедить снизить цену; we managed to cut him down by £ 30 нам удалось выторговать 30 фунтов 2. (on) сокращать потребление (*чего-л.*); I'm trying to ~ on cigarettes я стараюсь меньше курить 3. 1) рубить (*деревья*) 2) сразить; they were ruthlessly cut down они были безжалостно истреблены; to ~ in the prime of manhood погубить в расцвете лет 4) ушивать; to ~ trousers укоротить брюки
◇ to ~ to size поставить (*кого-л.*) на место; she cut him down to size она сбила с него спесь

cutdown I ['kʌtdaʊn] *n* сокращение; урезывание; a ~ in spending сокращение расходов

cutdown II ['kʌtdaʊn] *a* урезанный; сокращённый; a ~ version of a novel сокращённый вариант романа

cute [kju:t] *a* 1. *амер. разг.* привлекательный, миловидный; a ~ hat прелестная шляпка; ~ baby очаровательный малыш 2. *амер. неодобр.* претенциозный; жеманный; ~ dialogue диалог, претендующий на глубину, остроумие *и т. п.* 3. *арх.* умный, сообразительный; проницательный; смышлёный; остроумный

cutesy ['kju:tsɪ] *a разг.* претендующий на оригинальность, остроумие; жеманный; кокетливый; a ~ title претенциозное /вычурное/ заглавие

cutey ['kju:tɪ] = cutie

cut glass [ˌkʌt'glɑ:s] хрусталь (*изделия*); хрустальная посуда

cutglass ['kʌtglɑ:s] *a* хрустальный; ~ vase хрустальная ваза

cut-grass ['kʌtgrɑ:s] *n* трава с мелкими колючими волосками

cuticle ['kju:tɪk(ə)l] *n* 1. *анат.* 1) кутикула; надкожица, эпидермис 2) кожица (*особ. у основания ногтей*) 2. *бот.* серозная оболочка, сероза 3. *энт.* эмбриональная кутикула, «рубашечка»

cutie ['kju:tɪ] *n амер.* 1. *разг.* милашка, привлекательная молодая женщина 2. *сл.* хитрец, ловкач, продувная бестия 3. *сл.* уловка, трюк; it is his old ~ это его старый номер

cutie pie ['kju:tɪpaɪ] 1. *разг.* 1) красотка; пышечка; лакомый кусочек (*о девушке*) 2) милочка, дорогуша 2. *сл.* пробивной парень, проныра

cutikins ['kju:tɪkɪnz] *n pl шотл.* гетры

cut in ['kʌt'ɪn] *phr v* 1. 1) вмешиваться (*в разговор и т. п.*); прерывать; to ~ with a remark вставить своё замечание 2. 1) подслушивать по телефону 2. 1) вклиниваться между машинами; стараться прорваться сквозь пробку, затор уличного движения 2) включать (*в карточную игру, дело и т. п.*) 3) включаться (*в карточную игру, дело и т. п.*) 4) предоставлять слово; to ~ debaters as they signal to speak предоставлять слово ораторам, когда они выражают желание выступить 5) отнять партнёршу на танцах 3. сделать резкий, крутой поворот (*во время бега*) 4. *тех.* включать, присоединять 5. *кул.* добавлять (*что-л.*), осторожно перемешивая

cut-in I ['kʌtɪn] *n* 1. *спец.* включение; начало работы 2. *кино* перебивка, вставной кадр

cut-in II [ˌkʌt'ɪn] *a* 1. *кино* вставной (*об эпизоде, кадре и т. п.*); промежуточный (*о кадре*); не связанный непосредственно с развитием сюжета (*об эпизоде и т. п.*) 2. *полигр.* вставленный, включённый (*в текст*); ~ illustration текстовая иллюстрация

cutis ['kju:tɪs] *n анат.* кутис
cutlass ['kʌtləs] *n* 1. *мор. ист.* абордажная сабля 2. заострённая мотыга
cutler ['kʌtlə] *n* ножовщик; торговец ножевыми изделиями
cutlery ['kʌtlərɪ] *n* 1. *собир.* 1) ножевые изделия; ножевой товар 2) столовые приборы; silver ~ столовое серебро 3) *тех.* режущий инструмент 2. ремесло ножовщика

cutler ['kʌtlɪt] *n* 1. (баранья *или* телячья) отбивная котлета 2. *амер.* рубленая котлета

cutline ['kʌtlaɪn] *n полигр.* подпись под иллюстрацией

cut off ['kʌt'ɒf] *phr v* 1. 1) обрезать, отрезать, отрубать, отсекать; to ~ smb.'s head отрезать /отрубить/ кому-л. голову; to ~ smb.'s limb ампутировать кому-л. руку или ногу 2) отрезать (*путь*); изолировать; to ~ an enemy's retreat отрезать противнику путь к отступлению; towns cut off by floods города, отрезанные от остального мира наводнением 3) срезать; to ~ (a bend) *спорт.* срезать поворот; to ~ a corner срезать угол, пойти напрямик 2. 1) перерезать, разъединить, прерывать (*телефонную или телеграфную связь*); the telephone operator cut us off before we had finished our conversation телефонист разъединил нас прежде, чем мы успели закончить разговор 2) выключать (*газ, воду и т. п.*); to ~ the electricity supply прекратить подачу электроэнергии 3) отключать (*абонента и т. п.*) 3. 1) прекращать, кончать; прерывать; to ~ a debate прекратить дебаты; to ~ negotiations прервать переговоры 2) оборвать, привести к концу (*особ. к преждевременной смерти*); the war cut off many men in their prime война унесла много молодых жизней 4. лишать наследства (*тж.* to cut smb. off with a shilling)

cut-off ['kʌtɒf] *n* **1.** отрезанный кусок, отрезок **2.** 1) конец, прекращение (*действия и т. п.*) 2) *тех.* отсечка (*пара и т. п.*); выключение **3.** *эл., радио* запирание, срез (*частоты*) **4.** *амер.* 1) канал, проведённый через излучину реки (*для сокращения речного пути*) 2) новое русло, образованное рекой из излучины **5.** *амер.* кратчайший путь; to make a ~ направиться кратчайшим путём

cut-offs ['kʌtɒfs] *n употр. с гл. во мн. ч. амер.* подрезанные и обтрёпанные джинсы (*выше колен*)

cut out ['kʌt'aʊt] *phr v* **1.** 1) вырезать; делать вырезки; to ~ pictures вырезать картинки 2) *мед.* удалять хирургически; to ~ a cyst вырезать кисту **2.** 1) оттеснить, вытеснить (*кого-л.*); at the door some other boys tried to cut me out в дверях некоторые молодые люди пытались оттеснить меня /протиснуться впереди меня/; she cut out a place for herself in the world of politics она нашла себе место в политической жизни (*страны*) 2) оттеснить, превзойти (*соперника*); to cut smb. out with his girl отбить у кого-л. девушку **3.** внезапно выйти, вырваться из потока (*машин и т. п.*) **4.** 1) *разг.* выпустить, опустить; to ~ unimportant details опустить незначительные подробности; the editor cut out the last paragraph редактор вычеркнул /снял/ последний абзац 2) прекратить, перестать (*что-л.*) делать; the doctor said I must cut tobacco right out доктор сказал, что я должен бросить курить; I had to ~ meat мне пришлось исключить из мяса /исключить мясо из рациона/; ~ the nonsense! прекратите молоть чепуху!; cut it out! *амер. разг.* прекрати!, брось! **5.** вырабатывать, готовить, планировать; to ~ work for another day подготовить работу на следующий день **6.** *обыкн. pass* подходить, быть подходящим; to be cut out for smth. быть словно созданным для чего-л.; he is cut out for the job он прямо создан для этой работы /должности/; she was cut out to be a teacher ей было на роду написано стать учительницей **7.** *амер.* уйти, убраться, убежать, сбежать; we ~ of the party and went home мы смотались из гостей и пошли домой; ~ and get some sausages! сбегай за сосисками! **8.** 1) выключаться; отключаться; the motor cut out after a few minutes через несколько минут мотор перестал работать /заглох/ 2) выключать, отсоединить **9.** завладеть вражеским судном, отрезав его от берега **10.** *карт.* выйти, выбыть из игры **11.** *амер.* отделить (*животное*) от стада **12.** *австрал.* закончить стрижку овец
◊ to have one's work cut out for one ≅ по горло

cut-out ['kʌtaʊt] *n* **1.** рисунок, модель (*для вырезания*) 2) вырезанная фигура (*из бумаги, картона, дерева и т. п.*); аппликация 3) вырез, разрез, прорезь (*на платье и т. п.*) **2.** вырезанная часть (*пьесы, фильма и т. п.*) **3.** очертание, абрис, профиль, контур **4.** *амер.* щель (*особ. в полу*) **5.** *амер.* животные, отделённые от стада **6.** *австрал.* окончание стрижки овец **7.** *эл.* 1) предохранитель 2) автоматический выключатель; рубильник

cutout ['kʌtaʊt] *a* **1.** вырезающий, вырубающий 2) предназначенный для вырезания (*о картинках, узорах*) **3.** вырезанный, открытый; ~ shoes открытые туфли, туфли с вырезом; a dress with a ~ back платье с глубоким вырезом на спине /с открытой спиной/

cutover ['kʌtəʊvə] *n* перенос оружия (*фехтование*)

cut-over land [,kʌt'əʊvə,lænd] *лес.* земля из-под сводки, лесосека; cut-over-land tillage подсечная система земледелия

cut-price [,kʌt'praɪs] *a* 1) продаваемый по сниженной цене; уценённый 2) торгующий по сниженным ценам; ~ shop магазин уценённых товаров; магазин с дешёвой распродажей товаров

cutpurse ['kʌtpɜːs] *n арх.* вор-карманник

cut rate ['kʌtreɪt] *амер.* сниженная цена

cut-rate [,kʌt'reɪt] *a амер.* 1) продаваемый по пониженной цене 2) производящий продажу уценённых товаров

cut stone [,kʌt'stəʊn] тёсаный или гранёный камень

cutt(e) [kʌt] = cut²

cutter¹ ['kʌtə] *n* **1.** *см.* cut¹ III + -er **2.** резчик **3.** закройщик; закройщица **4.** *с.-х.* стригаль **5.** забойщик **6.** *кино* (режиссёр-)монтажёр **7.** 1) режущий инструмент или станок 2) резец, резак, фреза; ~ head *тех.* фрезерная головка; резцовая головка **8.** *pl* 1) кусачки 2) *воен.* ножницы для резки проволоки **9.** врубовая машина **10.** *геол.* поперечная трещина

cutter² ['kʌtə] *n* **1.** *мор.* катер; тендер (*одномачтовое парусное судно*); steam ~ паровой катер; revenue ~ таможенный катер **2.** *амер.* двухместные сани

cutter³ ['kʌtə] *n* проходной игрок (*баскетбол*)

cutthroat I ['kʌtθrəʊt] *n* **1.** убийца, головорез **2.** *разг.* опасная бритва (*тж.* ~ razor)

cutthroat II ['kʌtθrəʊt] *a* ожесточённый, жестокий, убийственный; ~ competition ожесточённая /беспощадная/ конкуренция

cut-through ['kʌtθruː] *n* просека

cutting I ['kʌtɪŋ] *n* **1.** 1) резание; разрезание; вырезание 2) ~ of the teeth прорезывание зубов 2) надрез, разрез **2.** 1) вырезка (*из газеты, журнала*) 2) вырезанная фигура; curious ~s in wood искусно вырезанные фигуры из дерева **3.** снижение, уменьшение; ~ of prices [of wages] снижение цен [заработной платы] **4.** *спец.* резка; тесание; гранение; высечка **5.** *кино* монтаж; резка (*киноплёнки, фонограммы и т. п.*) **6.** *стр.* выемка; railway ~ выемка железнодорожного пути **7.** *горн.* зарубка, подрубка **8.** *стр.* резание (*ковшом экскаватора*) **9.** *pl* опилки; обрезки; высечки; стружки **10.** 1) рубка или валка (*леса*) 2) *pl* отходы лесорубки **11.** черенок, отводок (*корней, стеблей*); ~ of a vine черенок виноградной лозы **12.** выход на свободное место (*баскетбол*)

cutting II ['kʌtɪŋ] *a* **1.** режущий; the ~ edge of a knife лезвие ножа; ~ tool режущий инструмент; резец **2.** пронизывающий (*о ветре*) **3.** колкий, резкий, язвительный; ~ remark резкое /язвительное/ замечание; ~ irony едкая ирония

cutting area ['kʌtɪŋ,e(ə)rɪə] лесосека, лесная сводка; лес, предназначенный на сводку

cutting-back [,kʌtɪŋ'bæk] *n сад.* обрезка; прореживание

cutting bench ['kʌtɪŋbentʃ] *кино* монтажный стол

cutting fluid ['kʌtɪŋ'fluːɪd] *тех.* смазочно-охлаждающая жидкость

cutting-in [,kʌtɪŋ'ɪn] *n* **1.** вклинивание (*между автомашинами*) **2.** *спорт.* прорыв (*защиты*)

cutting length ['kʌtɪŋleŋθ] *с.-х.* длина захвата (*при покосе*)

cutting oil ['kʌtɪŋɔɪl] смазочно-охлаждающая эмульсия

cutting propagation ['kʌtɪŋ,prɒpə'geɪʃ(ə)n] *сад., лес.* разведение черенками

cutting-room ['kʌtɪŋruːm, -rʊm] *n* монтажная (*киностудии*)

cutting tooth ['kʌtɪŋtuːθ] передний зуб, резец

cuttlefish ['kʌtlfɪʃ] *n зоол.* каракатица (*Sepia*)

cuttoe ['kʌtəʊ] *амер.* = couteau

cutty I ['kʌtɪ] *n шотл.* 1. ложка с короткой ручкой **2.** короткая глиняная трубка **3.** распутная баба

cutty II ['kʌtɪ] *a шотл.* сокращённый, укороченный, урезанный; ~ skirt короткая юбка

cutty stool ['kʌtɪ,stuːl] *шотл.* **1.** низкая табуретка **2.** *ист.* позорный стул в шотландских церквах

cut under [,kʌt'ʌndə] *phr v разг.* 1) продавать дешевле конкурирующих фирм 2) бороться с конкурентами путём снижения цен

cut up ['kʌt'ʌp] *phr v* **1.** 1) разрезать, разрубать на куски; to ~ a turkey нарезать или разрубить индейку 2) (into) разрезаться (*на столько-то частей*); this piece of cloth will ~ into three suits из этого куска материи можно скроить три костюма 3) *амер.* подрезать (*стебель*) у самого корня; срезать под корень **2.** 1) разбивать, уничтожать; to ~ the enemy forces разбить силы противника; her tongue cut up both men in one clean stroke одним словом она сразила /заставила замолчать/ их обоих 2) разнести, раскритиковать; to ~ a book [a play, a speech] раскритиковать книгу [пьесу, речь] **3.** причинять страдания, огорчать; he was badly cut up by his son's death смерть сына была для него страшным ударом; don't be so cut up about it не расстраивайся так из-за этого **4.** *амер. разг.* валять дурака, выкрутасничать, паясничать **5.** *спорт. жарг.* мошенничать на состязаниях **6.** *амер. сл.* сплетничать, перемывать косточки, пуститься в воспоминания **7.** (*обыкн.* for) *разг.* оставить какое-л. наследство; the old man ~ for ten thousand pounds старик оставил десять тысяч фунтов; to ~ well /fat/ оставить после смерти большое состояние **8.** *разг.* приходить в какое-л. состояние или настроение; to ~ rough /nasty/ разозлиться, разораться; to ~ savage разозлиться, прийти в ярость /в бешенство/; to ~ soft *амер.* по состоянию здоровья не подходить для участия в соревновании /состязании/

cut-up [,kʌt'ʌp] *a* расстроенный, огорчённый

cutup ['kʌtʌp] *n амер. разг.* шутник, фигляр

cutwater ['kʌt,wɔːtə] *n* **1.** *мор.* водорез **2.** *гидр.* волнолом (*быка*)

cutwork ['kʌtwɜːk] *n* **1.** резная работа **2.** прорезная вышивка, ришелье

cutworm ['kʌtwɜːm] *n энт.* гусеница озимой совки (*Noctuidae fam.*)

cuvette [kjuː'vet] *n* **1.** декоративная чашка, миска (*для воды и т. п.*) **2.** *фото* кюветка

-cy [-sɪ] *suff* **1.** встречается в абстрактных сущ., соотносимых с сущ. и прил. с конечным -t(e): intimacy интимность; diplomacy дипломатия; decency порядочность; agency агентство; frequency частота **2.** встречается в абстрактных сущ., образованных от званий: marshalcy маршальство; generalcy генеральство

cyanamide [saɪˈænəmaɪd] *n хим.* цианамид
cyanate [ˈsaɪəneɪt] *n хим.* цианат, соль *или* эфир циановой кислоты
cyan-blue [ˌsaɪənˈbluː] *n* зеленовато-голубой цвет
cyanic [saɪˈænɪk] *a хим.* циановый
cyanidation [ˌsaɪˌænaɪˈdeɪʃ(ə)n] *n тех.* цианирование (*руд драгоценных металлов*)
cyanide [ˈsaɪənaɪd] *n хим.* цианид, соль цианисто-водородной кислоты; ~ of potassium цианистый калий
cyanite [ˈsaɪənaɪt] *n мин.* кианит, дистен
cyanocobalamine [saɪˌænəʊkəʊˈbæləmɪn] *n биохим.* цианокобаламин, витамин B₁₂
cyanogen [saɪˈænəʤɪn] *n* циан (*газ*)
cyanometer [saɪəˈnɒmɪtə] *n метеор.* цианометр
cyanose [ˈsaɪənəʊs] = cyanosis
cyanosis [ˌsaɪəˈnəʊsɪs] *n мед.* синюха, цианоз
cyanosite [saɪˈænəsaɪt] *n мин.* халькантит, цианозит
cyanotic [ˌsaɪəˈnɒtɪk] *a мед.* синюшный, цианотичный
cyanuret [saɪˈænjʊrɪt] = cyanide
Cybele [ˈsɪbɪliː] *n миф.* Кибела, Великая Мать (*фригийская богиня; символизирует плодородие*)
cyberculture [ˈsaɪbəˌkʌltʃə] *n* кибернетическая цивилизация, «киберкультура» (*с полностью автоматизированной промышленностью*)
cybernated [ˈsaɪbəneɪtɪd] *a* оснащённый кибернетической аппаратурой; ~ factory кибернетизированная фабрика
cybernation [ˌsaɪbəˈneɪʃ(ə)n] *n* кибернетизация, автоматизация с помощью ЭВМ
cybernetic(al) [ˌsaɪbəˈnɛtɪk(ə)l] *a* кибернетический; ~ machine [system] кибернетическая машина [система]
cybernetician, cyberneticist [ˌsaɪbɜːnəˈtɪʃ(ə)n, ˌsaɪbəˈnɛtɪsɪst] *n* кибернетик
cybernetics [ˌsaɪbəˈnɛtɪks] *n* кибернетика
cybernetist [ˌsaɪbəˈnɛtɪst] *n* кибернетик
cyborg [ˈsaɪbɔːg] *n* 1. киборг, кибернетический организм (*в научной фантастике*) 2. больной, жизнь которого поддерживается искусственным органом *или* органами [< cybernetic + organism]
cybrid [ˈsaɪbrɪd] *n биол.* клеточный гибрид [< cyto + hybrid]
cyclamen [ˈsɪkləmən] *n бот.* цикламен (*Cyclamen gen.*)
cyclas [ˈsɪkləs] *n ист.* 1. *др.-рим.* циклада, плотно облегающая женская туника 2. рыцарская туника (*которую носили поверх доспехов*)
cyclase [ˈsaɪkleɪs] *n биохим.* циклаза (*фермент*)
cycle¹ I [ˈsaɪk(ə)l] *n* 1. цикл, полный круг; период; business ~ экономический цикл; the ~ of the seasons последовательная смена времён года; ~ of events круг /цепь/ событий; lunar ~ *астр.* лунный цикл 2. *муз., лит.* цикл; a ~ of songs [of stories] цикл песен [рассказов]; the Arthurian ~ Артуров цикл (*легенды о короле Артуре и рыцарях Круглого стола*) 3. цикличность 4. долгий период времени, век 5. 1) *тех.* цикл, такт; последовательность (*операций*) 2) круговой процесс 3) *эл.* период переменного тока; ~ per second герц 4) *хим.* круговорот; nitrogen ~ круговорот азота
cycle¹ II [ˈsaɪk(ə)l] *v* 1) проходить цикл развития 2) повторяться циклически 2. описывать круги; двигаться по кругу 3. *косм.* осуществлять включение (*двигателей*)
cycle² I [ˈsaɪk(ə)l] *n* 1) (*сокр. от* bicycle) велосипед; ~ track велотрек 2) (*сокр. от* tricycle) (детский) трёхколёсный велосипед 3) (*сокр. от* motorcycle) мотоцикл
cycle² II [ˈsaɪk(ə)l] *v* ездить на велосипеде *или* мотоцикле
cycle-car [ˈsaɪk(ə)lkɑː] *n* малолитражный автомобиль с мотоциклетным двигателем
cycler [ˈsaɪklə] *амер.* = cyclist
cycle rickshaw [ˈsaɪk(ə)lˌrɪkʃɔː] велорикша
cyclery [ˈsaɪkləri] *n амер.* 1) магазин по продаже и прокату велосипедов 2) станция обслуживания велосипедов
cycleway [ˈsaɪk(ə)lweɪ] *n* проезжая часть *или* дорожка, отведённая для (движения) велосипедов
cycli [ˈsaɪklɪ] *pl от* cyclus
cyclic, cyclical [ˈs(a)ɪklɪk, -(ə)l] *a* циклический; ~ form *муз.* циклическая форма
cyclic poets [ˈsaɪklɪkˈpəʊɪts] *лит.* авторы поэм гомеровского цикла; гомериды
cycling¹ [ˈsaɪklɪŋ] *n спец.* циклическое повторение, циклирование
cycling² [ˈsaɪklɪŋ] *n* велоспорт
cycling off [ˌsaɪklɪŋˈɒf] *n косм.* выключение (*двигателей*)
cycling on [ˌsaɪklɪŋˈɒn] *n косм.* включение (*двигателей*)
cyclist [ˈsaɪklɪst] *n* 1) велосипедист 2) мотоциклист
cyclitis [sɪˈklaɪtɪs] *n мед.* циклит, воспаление ресничного тела глаза
cyclization [ˌsaɪk(ə)laɪˈzeɪʃ(ə)n] *n хим.* образование, замыкание кольца, циклизация
cyclo [ˈsaɪkləʊ] *n* трёхколёсное такси (*в Индии, Лаосе и др.*)
cyclo- [ˈsaɪklə-, ˈsɪklə-] *в сложных словах имеет значение* 1. круг, окружность, вращение: cyclo-converter циклоконвертер; cyclometry измерение окружности; cyclotron циклотрон 2. цикл: cyclogenic циклогенный; cyclomorphosis цикломорфоз (*сезонное изменение формы некоторых морских организмов*) 3. *хим.* циклическое соединение: cyclohexane циклогексан; cyclopropane циклопропан
cyclo-cross [ˈsaɪkləʊkrɒs] *n* велокросс
cyclogenesis [ˌs(a)ɪkləˈdʒɛnɪsɪs] *n метеор.* циклогенез, образование циклона
cycloid [ˈs(a)ɪklɔɪd] *n мат.* циклоида
cycloidal [s(a)ɪˈklɔɪdl] *a мат.* циклоидальный
cyclometer [s(a)ɪˈklɒmɪtə] *n спец.* циклометр
cyclometry [s(a)ɪˈklɒmɪtrɪ] *n мат.* измерение окружностей
cyclone [ˈsaɪkləʊn] *n метеор.* циклон
cyclone cellar [ˈsaɪkləʊnˌsɛlə] *амер.* подземное убежище от циклонов и торнадо (*обыкн. под зданиями*)
cyclone collector [ˈsaɪkləʊnkəˈlɛktə] *тех.* циклон
cyclonet [ˈsaɪkləʊnet] *n* центрифуга для отделения нефти от воды в морском нефтяном пятне
cyclonic, cyclonical [saɪˈklɒnɪk, -(ə)l] *a метеор.* циклонический
cyclonite [ˈsaɪklənaɪt] *n* циклонит (*мощное взрывчатое вещество*)
Cyclop [ˈsaɪklɒp] = Cyclops
cyclopaedia [ˌsaɪkləˈpiːdɪə] *n* энциклопедия
cyclopaedic [ˌsaɪkləˈpiːdɪk] *a* энциклопедический
Cyclopean [ˌsaɪkləˈpiːən] *a* циклопический, исполинский; громадный, гигантский; ~ labour исполинский труд

cyclopedia [ˌsaɪkləˈpiːdɪə] = cyclopaedia
cyclopedic [ˌsaɪkləˈpiːdɪk] = cyclopaedic
Cyclopes [saɪˈkləʊpiːz] *pl от* Cyclops
cyclophon [ˈsaɪkləfɒn] *n тлв.* циклофон
Cyclopian [saɪˈkləʊpɪən] = Cyclopean
Cyclopic [saɪˈklɒpɪk] = Cyclopean
Cyclops [ˈsaɪklɒps] *n* (*pl* -pes, -ses [-siːz]) 1. *греч. миф.* Циклоп, Киклоп (*одноглазый великан*) 2. (*с.*) *pl зоол.* циклопы (*Copepoda gen.*)
cyclorama [ˌsaɪkləˈrɑːmə] *n* 1. *жив.* панорама 2. *театр.* круглый рисованный задник 3. *кино* циклорама
cyclothymia [ˌs(a)ɪklə(ʊ)ˈθaɪmɪə] *n мед.* циклотимия, маниакально-депрессивный психоз
cyclotron [ˈsaɪklətrɒn] *n физ.* циклотрон
cyclus [ˈsaɪkləs] *n* (*pl* -li) *лат.* цикл (*художественных произведений*)
cyder [ˈsaɪdə] = cider
cygnet [ˈsɪgnɪt] *n* молодой лебедь
Cygnus [ˈsɪgnəs] *n астр.* Лебедь (*созвездие*)
cylices [ˈsɪlɪsiːz] *pl от* cylix
cylinder [ˈsɪlɪndə] *n* 1. *мат.* цилиндр 2. *тех.* цилиндр, валик, валок; барабан; ~ displacement рабочий объём цилиндров; ~ spring винтовая пружина 3. *с.-х.* молотильный барабан ◇ he has a ~ missing ≅ у него винтика не хватает, у него не все дома /не всё в порядке/
cylinder-bore [ˈsɪlɪndəbɔː] *n тех.* диаметр цилиндра в свету
cylinder grader [ˈsɪlɪndəˈgreɪdə] *с.-х.* цилиндрический триер
cylindric, cylindrical [sɪˈlɪndrɪk, -(ə)l] *a* цилиндрический
cylindriform [sɪˈlɪndrɪfɔːm] *a* имеющий форму цилиндра
cylindroid [ˈsɪlɪndrɔɪd] *n мат.* цилиндроид
cylix [ˈsɪlɪks] *n* (*pl* cylices) широкий кубок на низкой ножке с двумя ручками (*в Древней Греции*)
cyma [ˈsaɪmə] *n* (*pl* -mae) *лат.* 1. *архит.* профиль, фасонный элемент; ~ recta гусёк; ~ reversa каблучок 2. = cyme 1
cymae [ˈsaɪmiː] *pl от* cyma
cymar [sɪˈmɑː] *n часто поэт.* длинные лёгкие одежды; пеньюар
cymatia [sɪˈmeɪʃɪə] *pl от* cymatium
cymatium [sɪˈmeɪʃɪəm] *n* (*pl* -tia) = cyma 1
cymbalist [ˈsɪmbəlɪst] *n* (музыкант-)ударник на тарелках
cymbalo [ˈsɪmbələʊ] *n* цимбалы
cymbals [ˈsɪmb(ə)lz] *n pl муз.* тарелки
cymbiform [ˈsɪmbɪfɔːm] *a спец.* лодкообразный, ладьеобразный
cyme [saɪm] *n* 1. *бот.* цимозное соцветие 2. = cyma 1
cymograph [ˈsaɪməgrɑːf] *n* кимограф
cymometer [saɪˈmɒmɪtə] *n эл. редк.* волномер; частотомер
cymophane [ˈsaɪməfeɪn] *n мин.* цимофан
cymoscope [ˈsaɪməskəʊp] *n эл.* детектор, индикатор колебаний
Cymric I [ˈkʌmrɪk, ˈkɪmrɪk] *n* 1. уэльсец; валлиец 2. 1) уэльский, валлийский язык 2) один из кельтских языков (*бриттский, гаэльский и др.*)
Cymric II [ˈkʌmrɪk, ˈkɪmrɪk] *a* 1) уэльский, валлийский 2) кельтский (*о языках кельтских народностей*)

CYM — DAB

Cymry ['kımrı] *n собир.* 1) уэльсцы, валлийцы 2) кельты

cynegetics [,sını'dʒetıks] *n книжн.* охота; преследование

cynic I ['sınık] *n* 1. циник 2. (C.) *ист.* киник, представитель философской школы киников

cynic II ['sınık] *a* 1. = cynical 2. (C.) *ист.* кинический, относящийся к философской школе киников

cynical ['sınık(ə)l] *a* циничный, бесстыдный

cynicism ['sınısız(ə)m] *n* 1. цинизм 2. (C.) *ист.* кинизм, философская школа киников

cynocephalus [,saınə(ʊ)'sefələs] *n (pl* -li [-lı]) 1. *миф.* кинокефал 2. *зоол.* павиан (*Papio cynocephalus*)

cynosure ['sınəzjʊə] *n* 1. (C.) *астр.* 1) Малая Медведица (*созвездие*) 2) Полярная звезда 2. путеводная звезда 3. центр внимания; the ~ of all eyes привлекать к себе всеобщее внимание

Cynthia ['sınθıə] *n рим. миф.* Цинтия, Луна

cyperaceous [,saıpə'reıʃəs] *a бот.* осококоцветный

cyperales [,saıpə'reılıs] *n бот.* осококоцветные растения (*Cyperaceae*)

cypher I, II ['saıfə] = cipher *I и* II

cyphosis [saı'fəʊsıs] *n мед.* кифоз

cypress ['saıprıs] *n бот.* кипарис (*Cupressus gen.*)

Cyprian I ['sıprıən] *n* 1. уроженец или уроженка Кипра; киприот; киприотка; the ~s *pl собир.* киприоты 2. *эвф.* поклонник Киприды; распутник, распутница; жрица любви

Cyprian II ['sıprıən] *a* 1. кипрский 2. *эвф.* поклоняющийся Киприде; распутный (*особ. о женщине*)

cyprinoid ['sıprınɔıd] *n зоол.* карповый, относящийся к карпам

Cypriot(e) I ['sıprıət] *n* уроженец Кипра; киприот; киприотка; Greek [Turkish] ~s киприоты греческого [турецкого] происхождения

Cypriot(e) II ['sıprıət] *a* кипрский; относящийся к Кипру *или* киприотам

Cyrillic I [sı'rılık] *n* 1. кириллица (*одна из двух первых славянских азбук*) 2. *разг.* русская азбука, русский шрифт; many nationalities in the Russian Federation use ~ многие народности Российской Федерации пользуются русским шрифтом /русскими буквами/

Cyrillic II [sı'rılık] *a* 1. кириллический (*о письменности*) 2. *разг.* русский (*о шрифте*); ~ alphabet а) кириллица; б) русский шрифт в) болгарский шрифт; г) сербский шрифт

cyst [sıst] *n* 1. *мед.* киста 2. *анат.* пузырь 3. *бот.* циста

cysteine ['sıstıi:n, 'sıstem] *n биохим.* цистеин (*аминокислота*)

cystic ['sıstık] *a* 1. *мед.* кистозный 2. *анат.* пузырный; относящийся к пузырю (*жёлчному, мочевому*) 3. *бот.* относящийся к цисте

cysticercus [,sıstı'sɜ:kəs] *n* пузырчатый глист, финна

cystine ['sıstı:n, -ın] *n хим.* цистин

cystitis [sı'staıtıs] *n мед.* воспаление мочевого пузыря, цистит

cystoid ['sıstɔıd] *n мед.* ложная киста

cystoma [sı'stəʊmə] *n мед.* кистоскоп

cystoscope ['sıstəskəʊp] *n мед.* цистоскоп

cystoscopy [sı'stɒskəpı] *n мед.* цистоскопия

-cyte [-saıt] *биол.* в сложных словах имеет значение клетка такого-то типа: lymphocyte лимфоцит; oocyte ооцит; phagocyte фагоцит

Cytherea [,sıθə'rıə] *n греч. миф.* Киферея, Цитера (*культовое прозвище Афродиты*)

cyto- ['saıtə(ʊ)-] *биол. в сложных словах имеет значение* клетка, клеточный: cytogenetics цитогенетика; cytolysis цитолиз (*растворение клетки*)

cytochimera [,saıtəkaı'mı(ə)rə] *n биол.* цитохимера, клеточная химера, организм из генетически различных клеток

cytochrome ['saıtəkrəʊm] *n биохим.* цитохром

cytodifferentiation ['saıtə(ʊ),dıfərenʃı'eıʃ(ə)n] *n биол.* клеточная дифференциация; дифференцировка клеток

cytoecology [,saıtəʊı'kɒlədʒı] *n* цитоэкология; изучение приспособления организмов к условиям внешней среды на клеточном уровне

cytogenetics [,saıtə(ʊ)dʒı'netıks] *n* цитогенетика (*раздел генетики*)

cytology [saı'tɒlədʒı] *n* цитология

cytolysis [saı'tɒlısıs] *n биол.* распад клетки

cytomegalic [,saıtə(ʊ)mı'gælık] *a биол.* относящийся к образованию гигантских клеток

cytomegaly [,saıtə(ʊ)'megəlı] *n биол.* гигантизм клеток

cytomorphology [,saıtə(ʊ)mɔ:'fɒlədʒı] *n* цитоморфология, клеточная морфология

cytopathogenic [,saıtə(ʊ),pæθə'dʒenık] *a биол.* цитопатогенный, повреждающий клетки

cytopathology [,saıtə(ʊ)pə'θɒlədʒı] *n* цитопатология

cytophotometry [,saıtə(ʊ)fə'tɒmıtrı] *n биол.* цитофотометрия, фотометрия клеток

cytoplasm ['saıtəplæz(ə)m] *n биол.* протоплазма клетки, цитоплазма

cytosine ['saıtəsı:n] *n биохим.* цитозин (*нуклеотид*)

cytostatic I [,saıtə(ʊ)'stætık] *n биол.* цитостатик, препарат, подавляющий размножение клеток (*особ. раковых*)

cytostatic II [,saıtə(ʊ)'stætık] *a биол.* цитостатический, подавляющий клеточное размножение

cytotechnician, cytotechnologist [,saıtə(ʊ)tek'nıʃ(ə)n, -'nɒlədʒıst] *n* лаборант цитологической лаборатории

czar [zɑ:] *n русск.* 1. царь 2. *амер. полит.* «царь»; король, руководитель какой-л. области экономики (*от которого зависят ассигнования, квоты и т. п.*) 3. царь, король, владыка; the ~ of baseball король бейсбола; the ~ of the underworld заправила преступного мира

czardas ['tʃɑ:dæʃ] = csardas

czardom ['zɑ:dəm] *n* царство

czarevich ['zɑ:rıvıtʃ] *n русск.* царевич

czarevna [zɑ:'revnə] *n русск.* царевна

czarewich ['zɑ:rıwıtʃ] = czarevich

czarina [zɑ:'rı:nə] *n русск.* царица

czarism ['zɑ:rız(ə)m] *n русск.* царизм

czarist ['zɑ:rıst] *a* 1. царский; царизм 2. существовавший при царях; in ~ days при царе; в царское время; ~ restaurants дореволюционные рестораны

czaritza [zɑ:'rı:tsə] *n русск.* царица

Czech I [tʃek] *n* 1. чех; чешка; the ~s *pl собир.* чехи 2. чешский язык

Czech II [tʃek] *a* чешский

Czechoslovak I [,tʃekə(ʊ)'sləʊvæk] *n* чехословак; уроженец *или* житель Чехословакии

Czechoslovak II [,tʃekə(ʊ)'sləʊvæk] = Czechoslovakian

Czechoslovakian [,tʃekəʊslə'vækıən] *a* чехословацкий

D

D, d¹ [di:] (*pl* Ds, d's [di:z]) 1. 4-я буква английского алфавита 2. 4-й номер серии; vitamin D витамин D 3. *мат.* d (*обозначение знака дифференциала*) 4. (D) *муз.* ре; D major ре-бемоль, D minor ре-диез 5. (D) *школ.* переходный балл; низкий балл 6. (D) пятьсот (*римское обозначение этого числа*) 7. *в грам. знач. прил.* (*тж. как компонент сложных слов*) 1) (D-) имеющий форму буквы D; D-образный; D-iron *тех.* коробчатое железо 2) четвёртый по счёту

D, d² [di:] *int* (*сокр. от* damn): d (it)! чёрт возьми!

'd [-d] *разг. сокр. от* had, should, would (*в любых типах предложений, за исключением общевопросительных*); I'd better go я, пожалуй, пойду; I'd like to work я бы хотел поработать

da [dɑ:] *детск.* па, пап, папочка

da- ['dıeı-, 'dekə-] (*сокр. от* deca-, deka-) *в сложных словах, преим. терминологического характера, имеет значение* дека-, десяти-

dab¹ I [dæb] *n* 1. 1) лёгкий удар, тычок; to give smb. a ~ ударить /стукнуть/ кого-л.; to make /to have/ a ~ at smb. наскакивать /нападать/ на кого-л. 2) клевок; a ~ of /with/ a beak удар клювом, клевок 2. лёгкое прикосновение, касание; with a ~ слегка коснувшись; to give one's face a ~ with a wet sponge промокнуть лицо влажной губкой; to give oneself a ~ of powder слегка попудрить лицо 3. мазок; light ~ лёгкий мазок; a ~ of paint мазок краски; there was just a ~ of butter on the bread хлеб был чуть-чуть намазан /смазан/ маслом 4. мягкий, сырой *или* грязный комок (*чего-л.*) 5. капелька; немного, чуть-чуть; just a ~ of money ничтожная сумма, жалкие гроши 6. *преим. pl* отпечаток пальца; Dabs «Отпечатки», дактилоскопический отдел Скотланд-Ярда

dab¹ II [dæb] *v* 1. 1) ударять, тыкать; стукать; to ~ smb. in the neck ткнуть кого-л. в шею; to ~ (at) smb. with one's finger ткнуть кого-л. пальцем (*в бок и т. п.*) 2) клевать (*о птицах*); the woodpecker ~bed at the tree-trunk дятел легонько долбил ствол дерева 3) (at) целиться; to ~ a stick at smb. замахиваться на кого-л. тростью 2. слегка прикасаться; прикладывать (*что-л. мягкое или мокрое*); to ~ one's eyes [forehead] with a handkerchief прикладывать к глазам [ко лбу] платок; to ~ a brush against paper, to ~ paper with a brush коснуться бумаги кистью 3. намазывать; покрывать (*краской, штукатуркой*); наносить лёгкие мазки (*кистью и т. п.*); to ~ paint on canvas наносить краски на холст; to ~ canvas with paint покрывать холст лёгкими мазками; to ~ butter on /onto, over/ the bread намазать чуть-чуть масла на хлеб; to ~ (at) one's lips with a lipstick слегка подкрасить губы 4. *разг.* снимать отпечатки пальцев 5. отделывать поверхность (*камня*) 6. *тех.* отмечать кернером

dab² [dæb] *n разг.* знаток, дока, мастак; a ~ in history знаток по части истории; he is a ~ at (playing) tennis он здорово играет в теннис

◊ to be a ~ hand at smth. собаку /зубы/ съесть на чём-л.

dab³ [dæb] *n зоол.* камбала-лиманда (*Limanda limanda*)

dabber ['dæbə] *n* 1. *см.* dab¹ II + -er 2. штемпельная подушка

dabbing ['dæbɪŋ] *n* отде́лка; оте́ска (*ка́мня*)

dabble ['dæbl] *v* 1. плеска́ться, бара́хтаться; to ~ in the mud бара́хтаться в грязи́ 2. 1) увлажня́ть, смачивать; to ~ one's hands in the river ополосну́ть ру́ки в реке́ 2) кропи́ть, опры́скивать, обры́згивать; to be ~d in blood запа́чкаться кро́вью; to be ~d with mud испа́чкаться 3. (in, at, with) занима́ться (*чем-л.*) пове́рхностно, по-люби́тельски или без интере́са; he ~s in poetry он попи́сывает стишки́, он балу́ется стишка́ми; to ~ in politics [in art] по-дилета́нтски занима́ться поли́тикой [иску́сством]; to ~ in drug traffic приторго́вывать нарко́тиками 4. (in, with) *арх.* вме́шиваться; to ~ with the text вноси́ть в текст самово́льные измене́ния; искажа́ть /«подправля́ть»/ текст; вноси́ть конъекту́ры

dabbler ['dæblə] *n* *пренебр.* люби́тель, дилета́нт; he is a ~ in /at/ wood-engraving гравиро́вкой по де́реву он занима́ется как люби́тель

dabby ['dæbɪ] *a редк.* сыро́й, вла́жный; ли́пнущий к те́лу; the dress hung ~ about her legs мо́крое пла́тье ли́пло у неё к нога́м

dabchick ['dæb‚tʃɪk] *n зоол.* пога́нка ма́лая (*Podiceps ruficollis*)

dabster ['dæbstə] *n пренебр., разг.* неуме́лый рабо́тник; «сапо́жник»; неумёха

dabuh ['dɑ:bu:] *n араб.* полоса́тая гие́на

da capo [‚dɑ:'kɑ:pəʊ] *муз.* с нача́ла (*знак повторе́ния*)

dace [deɪs] *n* 1. *зоол.* еле́ц (*Leuciscus leuciscus*) 2. плотва́ *и др.* ме́лкая ры́ба семе́йства ка́рповых

dacha ['dɑ:tʃə] *n русск.* да́ча

Dachshund ['dækshund, 'dæks(ə)nd] *n нем.* та́кса (*поро́да соба́к*)

dacite [deɪsaɪt] *n мин.* даци́т, ква́рцевый андези́т

dacoit [də'kɔɪt] *n* (вооружённый) банди́т (*обыкн. в Индии*)

dacoity [də'kɔɪtɪ] *n* разбо́й, бандити́зм (*обыкн. в Индии*)

dacron ['dækrɒn] *n* дакро́н (*синтети́ческое волокно́, немну́щаяся ткань*)

dacry(o)- ['dækrɪ(əʊ)-] *в сложных словах, преим. терминологи́ческого хара́ктера, име́ет значе́ние* слезо-, слёз-

dacryolite ['dækrɪəʊlaɪt] = dacryolith

dacryolith ['dækrɪəʊlɪθ] *n мед.* слёзный ка́мень

dacryops ['dækrɪɒps] *n мед.* (непреры́вное) слезотече́ние

dactyl ['dæktɪl] *n* 1. *стих.* да́ктиль 2. *зоол.* па́лец (*живо́тного*) 3. *зоол.* камнето́чец; осо́бь фола́да (*Pholas dactylus*)

dactylic [dæk'tɪlɪk] *a стих.* дактили́ческий

dactylio- [dæk'tɪlɪə(ʊ)-] *в сложных словах име́ет значе́ние* кольцо́, драгоце́нный ка́мень: dactyliotheca шкату́лка для колле́кции коле́ц, драгоце́нных камне́й *и т. п.*

dactylioglyph, dactylioglyphist [dæk'tɪlɪə(ʊ)glɪf, ‚dæk‚tɪlɪ'ɒglɪfɪst] *n* гравёр, ре́зчик (*наноси́щий рису́нок на драгоце́нные ка́мни и ко́льца*)

dactylioglyphy [‚dæktɪlɪ'ɒglɪfɪ] = dactyliography

dactyliography [‚dæktɪlɪ'ɒgrəfɪ] *n* иску́сство гравиро́вания (*на драгоце́нных камня́х, ко́льцах, печа́тях и т. п.*)

dactylo- ['dæktɪlə-] *в сло́жных слова́х име́ет значе́ние* па́лец: dactylognathite дактилогнати́т (*нару́жный сегме́нт ногочелю́сти*); dactyloscopy дактилоскопи́я

dactylogram [dæk'tɪləgræm] *n* отпеча́ток па́льца

dactylography [‚dæktɪ'lɒgrəfɪ] *n* 1. дактилогра́фия 2. *редк.* = dactylology

dactyloid ['dæktɪlɔɪd] *a редк.* напомина́ющий па́лец, похо́жий на па́лец, пальцеви́дный, пальцеобра́зный

dactylology [‚dæktɪ'lɒlədʒɪ] *n спец.* разгово́р при по́мощи па́льцев, ручна́я а́збука, дактилоло́гия

dactylonomy [‚dæktɪ'lɒnəmɪ] *n спец.* счёт на па́льцах

dactylose ['dæktɪləʊs] *a редк.* 1. име́ющий па́льцы 2. пальцеви́дный, име́ющий фо́рму па́льца

dad¹ [dæd] *разг., детск. см.* daddy; ~ and mom have gone па́па и ма́ма ушли́

dad² [dæd] *v горн.* прове́тривать вы́работку

Dada, dada¹ ['dɑ:dɑ:] = Dadaism

dada² [də'dɑ:, 'dædə] *детск. см.* daddy

Dadaism, dadaism ['dɑ:dɑ:ɪzm, 'dɑ:deɪzm] *n иск.* дадаи́зм (*модерни́стское литерату́рно-худо́жественное тече́ние пе́рвой че́тверти XX ве́ка*)

dadaist ['dɑ:deɪst] *n иск.* дадаи́ст, представи́тель дадаи́зма

dadda ['dædə] *детск. см.* daddy

daddle ['dædl] *v диал.* 1. плести́сь, идти́ поша́тываясь 2. безде́льничать, лоды́рничать

daddy ['dædɪ] *n* 1. *разг.* па́па, па́почка 2. *сл.* оте́ц, папа́ша (*в обраще́нии*)

daddyism ['dædɪɪzm] *n амер. книжн.* уваже́ние к пре́дкам

daddy-long-legs [‚dædɪ'lɒŋlegz] *n упо́тр. с гл. в ед. и мн. ч.* долгоно́жка (*насеко́мое*)

dado I ['deɪdəʊ] *n* (*pl* -os, -oes [-əʊz]) *архит.* 1. цо́коль 2. пане́ль (*стены́*); a ~ of oak-panelling пане́ль из ду́ба

dado II ['deɪdəʊ] *v* 1. *архит.* обшива́ть пане́лью 2. *тех.* выбира́ть па́зы, желоби́ть

daedal ['di:d(ə)l] *a поэт.* 1. иску́сный, изобрета́тельный; иску́сно сде́ланный; the ~ hand of nature чуде́ственная рука́ приро́ды 2. = Daedalian 3. многогра́нный; чуде́сный; бога́тый; the ~ earth по́лная чуде́с земля́

Daedalean [dɪ(:)'deɪlɪən] = Daedalian

Daedalian [dɪ(:)'deɪlɪən] *a книжн.* сло́жный; запу́танный, как лабири́нт; хитроу́мный

daedalous ['di:dələs] *a бот.* вы́емчатый (*о листья́х*)

Daedalus ['di:dələs] *n греч. миф.* Дéда́л

daemon ['di:mən] = demon

daemonic [dɪ'mɒnɪk] = demonic

daff [dɑ:f] *v шотл.* 1) (с)валя́ть дурака́ 2) весели́ться, забавля́ться; to ~ one's wine корота́ть вре́мя за стака́ном вина́

daffodil ['dæfədɪl] *n* 1. 1) *бот.* нарци́сс жёлтый (*Narcissus pseudonarcissus*) 2) жёлтый нарци́сс (*национа́льная эмбле́ма валли́йцев*) 2. бле́дно-жёлтый цвет; ~ gown пла́тье бле́дно-жёлтого цве́та

daffodilly ['dæfədɪlɪ] *диал., поэт. см.* daffodil

daffy¹ ['dæfɪ] *a разг.* глу́пый, ненорма́льный, идио́тский; to be ~ about a woman с ума́ сходи́ть по же́нщине

daffy² ['dæfɪ] *разг. см.* daffodil

daft [dɑ:ft] *a шотл. разг.* 1. рехну́вшийся, сумасше́дший, полоу́мный; to go ~ а) рехну́ться; б) потеря́ть го́лову; to drive smb. ~ своди́ть кого́-л. с ума́ 2. 1) глу́пый, идио́тский, бессмы́сленный; безрассу́дный; ~ business глу́пая исто́рия 2) слабоу́мный (*о челове́ке*) 3. легкомы́сленно, бесшаба́шно весёлый; ~ days весёлые деньки́

dag¹ [dæg] = dag-lock

dag¹ II [dæg] *v* 1. среза́ть (*с овцы́*) сби́вшуюся шерсть 2. *диал.* извози́ть в грязи́, изма́зать, запа́чкать

dag² [dæg] *n ист.* большо́й пистоле́т

dag³ I [dæg] *n* 1. 1) рог молодо́го оле́ня 2) *pl* па́нты 2. *тех.* штифт; болт; шкво́рень

dag³ II [dæg] *v уст.* пронза́ть

dag⁴ [dæg] *проф. сокр. от* decagram (-me)

dagga ['dɑ:gə] *n* инди́йская конопля́ (*нарко́тик*)

dagger I ['dægə] *n* 1. кинжа́л; to stab smb. with a ~ заколо́ть /заре́зать/ кого́-л. кинжа́лом 2. *полигр.* кре́стик, знак †; double ~ двойно́й кре́стик, знак ‡ 3. диагона́льная связь (*корабле-строе́ние*)

◇ at ~s drawn (with smb.), *редк.* at ~s' points (with smb.) а) на ножа́х (с кем-л.); б) гото́вый к дра́ке (с кем-л.); to look ~s (at smb.) ≅ смотре́ть во́лком (на кого́-л.); мета́ть мо́лнии; to speak ~s говори́ть язви́тельно, оскорбля́ть; a glance that speaks ~s испепеля́ющий взгляд

dagger II ['dægə] *v* 1. зака́лывать кинжа́лом 2. *полигр.* отмеча́ть кре́стиком

dagger fern [‚dægə‚fɜ:n] *бот.* па́поротник-многоря́дник (*Polystichum acrostichoides*)

daggle ['dægl] *v арх.* 1. извози́ть, изма́зать, вы́пачкать; the coat was ~d with mud всё пальто́ забры́згано гря́зью 2. 1) тащи́ть, воло́чь по гря́зи; I have been ~d to and fro the whole day це́лый день меня́ гоня́ли по гря́зи туда́ и сюда́ 2) тащи́ться, волочи́ться по гря́зи; to ~ through the town брести́ по гря́зи че́рез весь го́род

dag-lock ['dæglɒk] *n часто pl* клок сби́вшейся ше́рсти (*у овцы́, соба́ки и т. п.*)

dago ['deɪgəʊ] *n* (*pl* -os, -oes [-əʊz]) *амер. презр.* да́го (*кли́чка италья́нца, испа́нца, португа́льца*)

dagoba ['dɑ:gəbə] *n* даго́ба (*мавзоле́й у будди́стов*)

daguerreotype [də'gerə(ʊ)taɪp] *n фото ист.* дагерроти́п

dah [dɑ:] *n* чёрточка в а́збуке Мо́рзе

dahlia ['deɪljə] *n* 1. *бот.* георги́н(а) (*Dahlia gen.*) 2. отте́нок кра́сного цве́та ◇ blue ~ не́что невозмо́жное /неосуществи́мое/

Dail Eireann ['daɪl'eərən, 'dɔɪl'eərən] *ирл.* ни́жняя пала́та парла́мента Ирла́ндии

daily I ['deɪlɪ] *n* 1. ежедне́вная газе́та 2. *разг.* приходя́щая прислу́га

daily II ['deɪlɪ] *a* 1. 1) ежедне́вный, каждодне́вный, повседне́вный; ~ duty ежедне́вное дежу́рство; ~ paper ежедне́вная газе́та; ~ visitor посети́тель, приходя́щий ка́ждый день; ~ maid /girl, woman/ приходя́щая домрабо́тница; ~ cares [interest] повседне́вные хло́поты [интере́сы]; the round a) круг повседне́вных заня́тий; б) распоря́док дня; ~ wants насу́щные потре́бности; ~ living needs повседне́вные потре́бности /ну́жды/; ~ training programme *спорт.* гра́фик ежедне́вной трениро́вки; ~ physical (exercises) *спорт.* заря́дка; ~ extracts *воен.* ежедне́вная; it is of ~ occurrence э́то происхо́дит ежедне́вно; to return to one's ~ toil верну́ться к обы́чным заня́тиям 2) *спец.* су́точный; ~ allowance *воен.* су́точное дово́льствие; ~ details *амер. воен.* су́точный наря́д; ~ range *метеор.* су́точная ампли-ту́да 3) теку́щий; ~ inspection *тех.*

DAI — DAM

текущий /профилактический/ осмотр 4) (D.) Дейли (*в названиях газет*); D. Telegraph Дейли Телеграф 2. *дневной;* ~ and nightly draughts дневная и ночная доза лекарства
◇ ~ bread хлеб насущный; to earn /to gain/ one's ~ bread зарабатывать на хлеб (насущный); добывать средства к существованию; ~ dozen *спорт. проф.* зарядка

daily III ['deɪlɪ] *adv* 1) ежедневно; каждый день; the train runs ~ поезд ходит ежедневно 2) всегда, постоянно; to happen ~ происходить постоянно

daily-breader [ˌdeɪlɪ'bredə] *n разг.* кормилец, добытчик, основной работник в семье

daimio ['daɪmjəʊ] *n (pl тж. без изм.)* *яп. ист.* даймё, владетельный князь

dainteth, I, II ['deɪntɪθ] *шотл.* = dainty I и II

daintify ['deɪntɪfaɪ] *v* делать изящным, придавать изысканность

daintihood ['deɪntɪhʊd] *n редк.* утончённость, изысканность

daintily ['deɪntɪlɪ] *adv* изысканно, изящно, со вкусом

daintiness ['deɪntɪnɪs] *n* 1. изящество, грациозность, элегантность 2. утончённость, изысканность 3. разборчивость (*в еде*)

daintith I, II ['deɪntɪθ] *шотл.* = dainty I и II

dainty I ['deɪntɪ] *n обыкн. pl* лакомство, деликатес; the children were munching their dainties дети хрустели сладостями

dainty II ['deɪntɪ] *a* 1. 1) изящный, грациозный; ~ flower нежный цветок; ~ hand изящная /тонкая/ рука; ~ fingers точёные пальцы 2) изысканный; сделанный со вкусом, утончённый, элегантный; ~ thing изысканная вещица; ~ frock элегантное платье 2. вкусный, лакомый; нежный; ~ bits лакомые кусочки; ~ dishes изысканные блюда 3. разборчивый, привередливый (*в чём-л.*); ~ appetite разборчивость в еде
◇ to have a ~ tooth, to be born with a ~ tooth быть разборчивым в еде

daiquiri ['daɪkərɪ, 'dækɪrɪ] *n* дайкири, коктейль из рома с лимонным или лаймовым соком и сахаром

dairy I ['deərɪ] *n* 1. маслодельня, маслобойня; сыроварня 2. молочная 3. = dairy-farm; ~ produce молочные продукты; ~ equipment оборудование /принадлежности/ молочного хозяйства 4. *собир.* молочный скот (*тж.* ~ cattle, ~ stock); ~ bull бык молочной породы; ~ cows молочные коровы; the grounds were turned to ~ земли были отведены под пастбище для молочного скота

dairy II ['deərɪ] *v редк.* разводить молочный скот

dairy-farm ['deərɪfɑːm] *n* молочная ферма, молочное хозяйство

dairy-farmer ['deərɪˌfɑːmə] *n* 1) владелец молочной фермы 2) фермер, разводящий молочный скот

dairy-farming ['deərɪˌfɑːmɪŋ] *n* разведение молочного скота

dairy husbandry ['deərɪˌhʌzbəndrɪ] молочное хозяйство

dairying ['deərɪɪŋ] *n* производство или продажа молочных продуктов

dairy lunch ['deərɪlʌntʃ] *разг.* кафе-молочная

dairymaid ['deərɪmeɪd] *n* доильщица, доярка; работница на молочной ферме

dairyman ['deərɪmən] *n (pl -men [-mən])* 1. владелец молочной фермы 2. дояр; работник на молочной ферме 3. продавец молочных продуктов; молочник

dairy-woman ['deərɪˌwʊmən] *n (pl -women [-ˌwɪmɪn])* 1. владелица молочной фермы 2. доярка; работница на молочной ферме 3. продавщица молочных продуктов; молочница

dais ['deɪɪs] *n* 1. помост, возвышение; платформа; кафедра 2. балдахин над троном 3. *диал.* сиденье, лавка 4. *ж.-д.* высокая платформа

daisied ['deɪzɪd] *a преим. поэт.* покрытый маргаритками

daisy ['deɪzɪ] *n* 1. *бот.* маргаритка (*Bellis gen.*) 2. *амер. бот.* нивяник, поповник (*Chrysanthemum leucanthemum*) 3. *сл.* первоклассная, замечательная штука; «первый сорт», что надо, пальчики оближешь; закачаешься; a ~ girl девочка что надо 4. *амер.* корейка (*тж.* ~ ham)
◇ as fresh as a ~ цветущий; бодрый, полный юношеского задора; under the daisies, pushing /kicking/ up daisies на том свете, в могиле, умерший; to turn one's toes to the daisies протянуть ноги, умереть

daisy-chain ['deɪzɪtʃeɪn] *n* гирлянда из маргариток

daisy-clipping ['deɪzɪˌklɪpɪŋ] *n ав. проф.* бреющий полёт

daisy-cutter ['deɪzɪˌkʌtə] *n* 1. лошадь, невысоко поднимающая ноги во время бега 2. мяч, скользящий по земле (*крикет*)

dak [dɑːk] = dawk

dak bungalow [ˌdɑːk'bʌŋɡələʊ] придорожная гостиница (*в Индии*)

daker ['dækə] = dicker

daker-hen ['deɪkəhen] *n диал.* дергач, коростель

dakoit [də'kɔɪt] = dacoit

Dalai Lama [ˌdælaɪ'lɑːmə] далай-лама

dale¹ [deɪl] *n поэт.* долина, дол; hill and ~, ~ and down горы и долины
◇ up hill and down ~ по горам, по долам; не разбирая дороги, куда глаза глядят; to curse up hill and down ~ ≅ ругать на чём свет стоит

dale² [deɪl] *n* участок земли, поле

dale³ [deɪl] *n* 1) жёлоб, водосточная труба 2) *мор.* шпигат

Dalek, dalek ['dɑːlɪk] *n* Далек (*один из роботов в детской телепередаче*)

dalesman ['deɪlzmən] *n (pl* -men [-mən]) житель горных долин (*особ. на северо-востоке Англии*)

dalespeople ['deɪlzpiːpl] *n* жители горных долин (*особ. на северо-востоке Англии*)

dalle [dæl] *n* 1. плитка (*для настилки полов*); кафель 2. *pl амер.* стремнины, быстрины (*в ущельях*)

dalliance ['dælɪəns] *n книжн.* 1. праздное времяпрепровождение; развлечение; to live in idle ~ жить праздно, заниматься ничегонеделаньем 2. 1) несерьёзное отношение; short ~ with this idea мимолётное увлечение этой идеей 2) заигрывание, флирт; gentle ~ лёгкий флирт; ~ with smb. заигрывание с кем-л.

dallop ['dæləp] = dollop

Dall sheep [ˌdɔːl'ʃiːp] *амер.* баран Далля, дикая овца (*Ovis dalli*)

dally ['dælɪ] *v* 1. терять время попусту, тратить время; бездельничать; to ~ over one's work работать еле-еле; don't ~ here не болтайся здесь зря 2. 1) заниматься пустяками; развлекаться; дурачиться; несерьёзно относиться (*к кому-л., чему-л.*); to ~ with the business [the subject] несерьёзно относиться к делу [предмету]; to ~ with danger играть с опасностью, недооценивать опасность 2) кокетничать, заигрывать, флиртовать; волочиться (*за кем-л.*); to ~ with an idea играть /кокетничать/ с мыслью 3. *уст.* затягивать; откладывать в долгий ящик (*обыкн.* ~ out, ~ off)

dally away ['dælɪə'weɪ] *phr v* 1. зря терять (*время*); to ~ one's time попусту тратить время 2. упускать возможность

Dalmatian¹ I [dæl'meɪʃ(j)ən] *n* уроженец Далмации; далматинец, далматинка

Dalmatian¹ II [dæl'meɪʃ(j)ən] *a* далматинский, далматинский

Dalmatian² [dæl'meɪʃ(j)ən] *n* далматинский дог (*тж.* ~ dog)

Dalmatic [dæl'mætɪk] = Dalmatian¹ II

dalmatic [dæl'mætɪk] *n церк.* далматик

dalt [dɔːlt] *n шотл.* приёмыш

dalton ['dɔːltən] *n физ.* дальтон (*единица массы, равная* $1/12$ *массы изотопа углерода*)

daltonian I [dɔːl'təʊnɪən] *n мед.* дальтоник

daltonian II [dɔːl'təʊnɪən] *a* 1. (D.) дальтоновский 2. *мед.* дальтонический

daltonism ['dɔːltənɪzm] *n мед.* дальтонизм

daltonist ['dɔːltənɪst] = daltonian I

Dalton plan, Dalton system ['dɔːltənˌplæn, 'dɔːltənˌsɪstəm] *школ. ист.* дальтон-план

dam¹ [dæm] *n* 1. дамба, плотина; запруда; перемычка; мол; earth ~ земляная плотина 2. запруженная вода, запруда

dam¹ II [dæm] *v (тж.* ~ up) 1. перегораживать плотиной; подпирать плотиной; запруживать реку 2. преграждать, задерживать, сдерживать; to ~ a passage завалить проход; to ~ up one's feelings сдерживать чувства

dam² [dæm] *n* матка, производительница (*о животных*)

dam³ [dæm] *n шотл.* 1. шашка (*фигура в шашечной игре*) 2. *pl* шашки (*игра*)

damage I ['dæmɪdʒ] *n* 1. вред, повреждение; поломка, порча; убыток, ущерб; урон; to the ~ of smth. во вред /в ущерб/ чему-л.; severe [slight] ~ серьёзный [небольшой /незначительный/] ущерб; physical ~ — механическое повреждение; blast /shock/ ~ разрушения, вызываемые ударной волной; displacement ~ *спец.* повреждение кристаллической решётки в результате смещения атомов; ~ beyond repair неустранимое повреждение; to sustain great ~ сильно пострадать, быть серьёзно повреждённым; to do /to cause/ ~ (to) а) причинять убытки; наносить ущерб; портить; the fire caused great ~ to the house он сильно пострадал от пожара; б) вредить, подрывать; this has done severe ~ to his reputation это серьёзно подорвало его репутацию; в) причинять беспокойство 2. *pl юр.* убытки; компенсация за убытки, возмещение убытков; action for /of/ ~ иск о возмещении убытков; to claim ~s требовать возмещения убытков; to repair /to pay/ the ~s возмещать убытки; to sue for a thousand dollars in ~s требовать через суд тысячу долларов в порядке компенсации за убытки; to recover ~s получать компенсацию за убытки; to be awarded ~s получить право на возмещение убытков 3. *часто pl разг.* стоимость, расход; what's the ~? почём?; I'll stand the ~ я плачу, я угощаю, угощение за мой счёт 4. *уст.* невыгода, неудобство

damage II ['dæmɪdʒ] *v* 1) 1) повреждать, портить; причинять ущерб, убыток; to ~ a house [a ship] повредить дом (судно); the luggage was badly ~d by fire [in transit] багаж сильно пострадал от огня [при перевозке]; war ~s cities война несёт разрушение городам 2) вредить, мешать, портить; this will ~ his prospects это повредит его карьере; her face was not ~d by time время не оставило следов на её лице 2) повредить; подбить, ушибить; to ~ one's nose [eye] разбить нос [подбить глаз]; her appearance was ~d на её лице были следы ушибов /ударов/ 3. дискредитировать, чернить, пятнать; his reputation was ~d его репутация была подорвана 4. *редк.* портиться

damageability [,dæmɪdʒə'bɪlɪtɪ] *n тех.* способность наносить *или* усиливать повреждения

damageable ['dæmɪdʒəbl] *a* легко портящийся, легко повреждающийся

damage-feasant ['dæmɪdʒ,fi:zənt] *a юр.* незаконно пасущийся на чужом земельном участке

damage repairs ['dæmɪdʒrɪ,peəz] *тех.* аварийный ремонт

damaging ['dæmɪdʒɪŋ] *a* 1. наносящий ущерб 2. дискредитирующий, подрывающий; ~ information дискредитирующая информация

daman ['dæm(ə)n] *n зоол.* даман, жиряк (*Hyracoidea*)

damascene I [,dæmə'si:n] *n* 1. (D.) житель Дамаска 2. работа дамасских мастеров 3. = damson 4. *ист.* дамасская сталь, булат

damascene II [,dæmə'si:n] *a* дамасский; дамасской работы

damascene III [,dæmə'si:n] *v* 1) насекать (*металл*) золотом *или* серебром 2) воронить (*сталь*)

Damascus [də'mɑ:skəs, də'mæskəs] *n см.* Приложение; ~ blade дамасский клинок; ~ steel дамасская сталь

damask I ['dæmsk] *n* 1. 1) дамаст; камка; камчатная *или* дамастная ткань 2) камчатное полотно (*для скатертей*); furniture ~ камчатная мебельная ткань 2. 1) дамасская сталь, булат 2) узор *или* имитация узора булата 3. *уст.* дамасская роза, алый цвет

damask II ['dæmsk] *a* 1. дамасский; ~ rose [steel] дамасская роза [сталь] 2. сделанный из дамасской стали; булатный; ~ sword булатный меч 3. камчатный; ~ cloth камчатное полотно 4. алый

damask III ['dæmsk] *v* 1. ткать узорчатую ткань 2. украшать тканью 3. расписывать, узорчатым рисунком 4. портить (*книгу, картину и т. п.*, нанося на них рисунок или линии)

damaskeen [,dæmə'ski:n] = damascene III

damassin ['dæməsɪn] *n* камчатная ткань с золотыми и серебряными цветами

dam-board I, II ['dæmbɔ:d] = dam-brod I и II

dam-brod I ['dæmbrɒd] *n* доска для шашек

dam-brod II ['dæmbrɒd] *a* клетчатый

dame [deɪm] *n* 1. *уст., диал.* госпожа, дама 2. 1) *шутл.* пожилая женщина (*тж.* D. Partlet); old ~ старушенция 2) *сл.* бабёнка, дамочка; see that ~ over there видишь вон ту дамочку?; good-looking ~ красотка 3) *прост.* мать, тётка (*обращение к женщине*); how much is it, ~ ? почём продаёшь, мать? 3. *уст.* начальница школы 4. содержательница, *тж. редк.* содержатель пансиона для мальчиков в Итоне 5. (D.) 1) *офиц.* дама (*титул супруги баронета или рыцаря*) 2) дейм (*титулование женщины, награждённой орденом Британской империи*) 6. *ист., поэт.* леди; дочь или супруга лорда
◇ D. Nature мать-природа; D. Fortune госпожа фортуна, госпожа удача

dammar ['dæmə] *n* даммара, даммаровая смола

dammara ['dæmərə] *n бот.* даммаровое дерево (*Dammara spp.*)

damme ['dæmɪ] *int прост.* 1. (*сокр. от* damn me) будь я проклят! 2. *в грам. знач. сущ.* проклятие, ругательство

damming ['dæmɪŋ] *n* каптаж (*источника*)

dammit ['dæmɪt] *int сл.* (*сокр. от* damn it) проклятие!, чёрт возьми!, чёрт побери!
◇ as near as ~ почти, чуть ли не; it was as near as ~ an apology ≅ он только что не извинялся

damn I [dæm] *n* 1. *разг.* проклятие; ругательство; to give smb. (many) ~s and curses обрушить на чью-л. голову град проклятий и ругательств
◇ not worth a ~ ≅ выеденного яйца не стоит; гроша медного /ломаного/ не стоит; not to care /to give/ a ~ (for smth.) наплевать (на что-л.); to know [to do] ~ all ни черта не знать [не делать]

damn II [dæm] *a эмоц.-усил.* чертовский, жуткий; ~ fool непроходимый дурак

damn III [dæm] *adv эмоц.-усил.* чертовски, дьявольски; ~ interesting чертовски интересно

damn IV [dæm] *v* 1. *разг.* 1) проклинать; призывать проклятия на (чью-л.) голову; посылать к чёрту; ~ him! чёрт с ним!; да катись ко всем чертям! (I'll be) ~ed if I go there будь я (трижды) проклят, если пойду туда, чёрта с два я пойду туда; I'll be ~ed if it's true да, как бы не так; так я и поверил; не такой я идиот, чтобы верить этому; ~ this rain! чёрт побери этот дождь! 2) ругаться, изрыгать проклятия; to curse and ~ ругаться на чём свет стоит 2. осуждать; порочить, хулить, порицать; to ~ a play холодно принять пьесу; to ~ a play провалить /освистать/ пьесу 3. губить; быть причиной провала; to ~ smb.'s prospects погубить кого-л., испортить кому-л. карьеру 4. (to) *церк.* проклинать; осуждать на муки ада; may God ~ him! да падёт проклятие на его голову! 5. (to) *уст.* осуждать, обрекать; ~ed to eternal silence обречённый на вечное молчание 6. *в грам. знач. междометия разг.* чёрт!, чёрт побери!; oh ~!, ~ it, ~ it all! тьфу, пропасть!, чёрт побери!, проклятие!
◇ to ~ smb. with faint praise похвалить так, что не поздоровится; I'll see you ~ed first и не подумаю, ещё чего не хватало; чёрта с два; as near as ~ it почти, чуть ли не

damnable ['dæmnəbl] *a* 1. *эмоц.-усил.* ужасный, отвратительный; ~ lies гнусная /отвратительная/ ложь; ~ weather мерзкая погода; the dinner was ~ обед нельзя было в рот взять 2. *уст.* заслуживающий осуждения; окаянный 3. *в грам. знач. нареч. уст.* отвратительно

damnably ['dæmnəblɪ] *adv эмоц.-усил.* ужасно, очень, чрезвычайно; адски; ~ hot чертовски жарко; I'm ~ sorry мне ужасно жаль

damnation [dæm'neɪʃ(ə)n] *n* 1. проклятие; may ~ take him! будь он проклят! 2. осуждение; строгая критика; освистание (*пьесы*); the ~ of a book разнос /убийственная критика/ книги 3. *церк.* осуждение на вечные муки; eternal ~ вечные муки 4. *в грам. знач. междометия* проклятие!

damnatory ['dæmnət(ə)rɪ] *a* 1. осуждающий; ~ view of smth. резко отрицательное /весьма нелестное/ мнение о чём-л., осуждение чего-л. 2. вызывающий осуждение; пагубный, губительный; ~ weakness губительная слабость; ~ evidence компрометирующие факты, дискредитирующие сведения

damned I [dæmd] *n* (the ~) *собир. церк.* обречённые; the souls [the tortures] of the ~ души [муки] обречённых

damned II [dæmd] *a* 1. *эмоц.-усил.* отвратительный, ужасный, чрезвычайный; адский; it's a ~ lie это гнусная ложь; none of your ~ nonsense! не болтайте ерунды!; she is a ~ fool она круглая /набитая/ дура; get that ~ dog out of the room! выгоните эту проклятую /чёртову/ собаку из комнаты! 2. *осуждц. церк.*; ~ окаянный, проклятый (*тж. церк.*); ~ soul пропащая душа

damned III [dæmd] *adv эмоц.-усил.* чертовски, дьявольски, адски; ~ funny чертовски смешно; ~ hot адски жарко; he had ~ bad luck ему чертовски не повезло; it's a ~ silly remark совершенно идиотское замечание

damnedest I ['dæmdɪst] *n эмоц.-усил.* предел возможного; to do one's ~ из кожи лезть (вон); делать всё возможное и невозможное

damnedest II ['dæmdɪst] *a эмоц.-усил.* чертовский, дьявольский, адский, ужасный; children say the ~ things дети иногда чёрт знает что говорят

damnific [dæm'nɪfɪk] *a* вредоносный, пагубный

damnification [,dæmnɪfɪ'keɪʃ(ə)n] *n юр.* причинение вреда, ущерба, убытков

damnify ['dæmnɪfaɪ] *v* 1) *юр.* причинять ущерб, вред 2) наносить обиду

damning ['dæmɪŋ] *a* 1) *юр.* влекущий за собой осуждение; ~ statement изобличающее заявление; a ~ (bit of) evidence компрометирующий факт 2) *разг.* убийственный; ~ criticism убийственная критика, разнос

damnyankee ['dæm'jæŋkɪ] *n сл.* проклятый янки; чёртов северянин (*в речи южан, особ. во время гражданской войны 1861—1865 гг. в США*)

Damoclean [,dæmə'kli:ən] *a* дамоклов

Damocles ['dæməkli:z] *n греч. миф.* Дамокл
◇ sword of ~, Damocles' sword дамоклов меч

damoisel, damoiselle [,dæmə'zel] = damsel

Damon and Pythias ['deɪmənənd'pɪθɪæs] 1) *греч. миф.* Дамон и Пифиас 2) неразлучные друзья; ~ friendship нерушимая дружба

damosel ['dæməzəl] *n* 1) *уст.* = damsel 2) *поэт.* дева; the Blessed D. пресвятая дева

damp I [dæmp] *n* 1. сырость, влажность; evening ~ вечерняя сырость 2. уныние, подавленное настроение; угнетённое состояние; to cast a ~ over the company привести компанию в уныние; to cast a ~ over a holiday омрачить праздник; to strike a ~ into smb.'s heart повергнуть кого-л. в уныние; to cast a ~ upon trade привести к застою в торговле 3. *редк.* выпивка; to give oneself a ~ пропустить рюмочку /стаканчик/ 4. *уст.* туман, дымка 5. *уст.* слабость 6. *горн.* рудничный газ (*тж.* black ~, fire ~, suffocating ~)

DAM — DAN

damp II [dæmp] *a* 1. влажный, сырой; волглый; запотевший, отпотевший (*о предмете*); ~ bed [sheets] отсыревшая постель [влажные простыни]; ~ linen влажное бельё; ~ summer сырое лето; ~ weather промозглая погода; ~ room сырая /отсыревшая/ комната; ~ tobacco сырой /отсыревший/ табак; ~ fingers влажные пальцы; it was ~ and cool in the street на улице было сыро и прохладно 2. *уст.* туманный; заполненный туманом ◇ ~ squib a) неудавшаяся шутка; б) неудавшееся развлечение; to go off like a ~ squib не удаться, обмануть ожидания; ≅ с треском провалиться

damp III [dæmp] *v* 1. смачивать, увлажнять; the dew ~ed the path дорожка была влажной от росы 2. ослаблять, останавливать; притуплять; глушить, тушить; to ~ a fire глушить пламя; to ~ one's appetite а) заглушать чувство голода; б) портить аппетит; to ~ trade [production] приводить к застою в торговле [в производстве]; to ~ the agitation унимать /умерять/ волнение, успокаивать 3. обескураживать, расхолаживать; to ~ smb. /smb.'s spirits/ обескураживать кого-л.; to ~ smb.'s ardour расхолаживать кого-л.; охладить /умерить/ чей-л. пыл; to ~ smb.'s hopes омрачать чьи-л. надежды; ~ed by their indifference подавленный /обескураженный/ их равнодушием 4. (*тж.* ~ down) 1) спускать жар (*в печи*); (за)тушить (*топку*) 2) останавливать домну 3. *физ.* глушить амплитуду колебаний 2) заглушать (*звук*) 3) успокаивать (*стрелку прибора*) 6. *тех.* демпфировать; амортизировать ◇ to ~ oneself пропустить рюмочку /стаканчик/

damp-course ['dæmp,kɔ:s] *n стр.* гидроизоляция

damp down ['dæmp'daʊn] *phr v* 1. 1) глушить, уменьшать (*огонь*); тушить; to ~ a fire глушить пламя 2) спускать жар (*в печи*); тушить (*топку*) 2. унимать, умерять; to ~ the agitation умерять волнение, успокаивать

damped [dæmpt] *a физ., тех.* демпфированный; затухающий; critically ~ с критическим затуханием

dampen ['dæmp(ə)n] *v* 1. = damp III 1, 2, 3 2. становиться влажным, отсыревать 3. глушить эхо (*в радиостудии*)

damper ['dæmpə] *n* 1. *см.* damp III + -er; to cast /to put, to throw/ a ~ on smb. расхолаживать, обескураживать кого-л.; this will be a ~ to their desire to speak это отобьёт у них охоту разговаривать 2. 1) увлажнитель 2) губка *или* ролик для смачивания марок 3. *тех.* 1) глушитель (*тж.* noise ~) 2) амортизатор 3) регулятор тяги, дымовая заслонка; вьюшка (*в печах*) 4. демпфер, сурдина 6. *австрал.* пресная лепёшка (*испечённая в золе*)

damper pedal ['dæmpə'ped(ə)l] правая педаль (*в фортепьяно*)

damping I ['dæmpɪŋ] *n* 1. увлажнение, смачивание 2. глушение 3. *тех.* амортизация, подавление 4. *физ.* затухание, демпфирование; radiation ~ затухание излучения; wave ~ ослабление волны; oscillation ~ затухание колебаний

damping II ['dæmpɪŋ] *a* 1. увлажняющий; ~ machine увлажнитель 2. предназначенный для глушения; ~ device глушитель 3. *спец.* амортизирующий; constant [factor] постоянная затухания 4. *радио, эл.* демпфирующий; ~ coil демпфирующая катушка

damping-off ['dæmpɪŋ'ɒf] *n* вымокание (*растений*)

damping-out ['dæmpɪŋ'aʊt] *n* 1) выпревание (*растений*) 2) «чёрная ножка» (*болезнь растений*)

dampish ['dæmpɪʃ] *a* сыроватый, чуть влажный

dampness ['dæmpnɪs] *n* сырость, влажность; влага

damp off ['dæmp'ɒf] *phr v* гибнуть от мильдью (*о растениях*)

damp-proof ['dæmppru:f] *a* влагонепроницаемый, влагостойкий

dampy ['dæmpɪ] *a* 1. сыроватый 2. 1) *горн.* газовый, содержащий рудничный газ 2) содержащий углекислоту

damsel ['dæmz(ə)l] *n* 1. *уст., шутл.* девица 2. горячий утюг для согревания постели, грелка

damsel-fly ['dæmz(ə)l,flaɪ] *n энт.* красотка (*Agrion Virgo*)

damson ['dæmz(ə)n] *n* 1. 1) тернослив, мелкая чёрная слива (*тж.* ~ plum) 2) *бот.* тернослив(а) (*Prunus insititia*) 2. красновато-синий цвет, цвет тернослива

damson cheese ['dæmz(ə)n,tʃi:z] *n* густой джем из тернослива

damson-coloured ['dæmz(ə)n,kʌləd] *a* красновато-синий, цвета тернослива

dam up ['dæm'ʌp] *phr v* 1) перекрывать плотиной 2) сдерживать; to ~ one's feelings сдерживать свои чувства; ~ your eloquence попридержи своё красноречие

dan¹ [dæn] *n уст., поэт.* господин, сударь

dan² [dæn] *n* поплавок ставной сети

dan³ [dæn] *n горн. проф.* тележка для угля

danaidean [,dæneɪ'di:ən] *a редк.* бесплодный, бесконечный

Danaides [dæ'neɪɪdi:z] *n pl греч. миф.* данаиды (*дочери царя Даная*) ◇ ~ labour бесконечный и бесплодный труд

dan-buoy ['dænbɔɪ] *n* = dan²

dancathon ['dɑ:nkəθən, 'dænkəθən] *n* танцевальный марафон, многочасовые танцы [< dance + marathon]

dance I [dɑ:ns] *n* 1. танец; пляска; barn ~ шотландский танец; round ~ вальс; a stage ~ сценический танец; sword ~ танец с саблями; ~ program программа танцев; ~ step па в танце 2. танцевальная музыка; to compose ~s сочинять танцевальную музыку 3. бал, танцевальный вечер; to give a ~ устроить танцевальный вечер 4. тур, танец; may I have the next ~ with you? позвольте пригласить вас на следующий танец 5. *уст.* действия, линия поведения, игра ◇ St. Vitus's ~ *мед.* пляска святого Витта; D. of death, ~ of Macabre пляска смерти; ~ upon nothing казнь через повешение; виселица; to begin /to lead/ the ~ играть главную роль; брать на себя инициативу; быть заводилой; to lead smb. a (pretty) ~ ≅ водить кого-л. за нос; мучить, манежить кого-л.; б) бесцельно таскать кого-л. за собой

dance II [dɑ:ns] *v* 1. 1) танцевать; плясать; отплясывать; to ~ to (the) music танцевать под музыку; to ~ off one's head танцевать до потери сознания /до изнеможения/; to ~ a waltz [a jig] танцевать вальс [отплясывать джигу] 2) заставлять танцевать, плясать; to ~ a bear заставить медведя плясать; to ~ smb. off his legs замучить своего партнёра танцами, «затанцевать» кого-л. 2. плясать, прыгать, скакать (*тж.* ~ about, ~ up, ~ down); to ~ for joy плясать от радости; to ~ (up and down) with rage [with pain] метаться от ярости [от боли] 3. двигаться, кружиться, виться; to ~ on the waves качаться на волнах (*о лодке*); to ~ in the wind кружиться на ветру (*о листьях, хлопьях снега и т. п.*); motes ~d in the sunbeam в солнечном луче плясали пылинки; shadows ~d on the grass по траве скользили тени; his heart ~d in his bosom сердце прыгало у него в груди 4. качать; to ~ a child on one's knee качать ребёнка на колене 5. 1) добиться (*чего-л.*); to ~ oneself into smb.'s favour добиться чьей-л. благосклонности, втереться в чьё-л. доверие 2) потерять (*что-л.*; *обыкн.* ~ away); he ~d away his chance он упустил /проморгал/ (блестящую) возможность ◇ to ~ to /after/ smb.'s pipe /piping, whistle/, to ~ to smb.'s tune плясать под чью-л. дудку; to ~ to a different /another/ tune запеть другое; to ~ upon nothing, to ~ the Tyburn jig *уст.* быть повешенным; to ~ on a volcano плясать на кратере вулкана; ≅ играть с огнём; to ~ barefoot *уст.* остаться старой девой (*о старшей сестре после замужества младшей*)

dance girl ['dɑ:ns,gɜ:l] = dancing-girl

dance-hall ['dɑ:ns,hɔ:l] *n амер.* танцевальный зал

dance music ['dɑ:ns,mju:zɪk] = dance I 2

dancer ['dɑ:nsə] *n* 1. *см.* dance II + -er 2. 1) танцор, плясун; ~ at shows балаганный шут, паяц 2) танцовщица; балерина; clever ~ партнёр на платных танцах 3. *pl сл.* лестница 4. *pl диал.* северное сияние (*тж.* Merry Dancers)

dancette [dɑ:n'set] *n* 1. *геральд.* горизонтальная полоса посредине щита с тремя зазубринами 2. *уст.* зигзагообразный орнамент

dancetté, dancettée, dancetty [dɑ:n'setɪ] *a геральд.* зубчатый

dancing ['dɑ:nsɪŋ] *n* 1. танцы; пляска 2. *тех.* прыганье (*регулятора, стрелки прибора и т. п.*)

dancing-girl ['dɑ:nsɪŋ,gɜ:l] *n* 1) танцовщица; баядера 2) партнёрша на платных танцах

dancing hall ['dɑ:nsɪŋ,hɔ:l] = dance-hall

dancing-malady, dancing-mania ['dɑ:nsɪŋ,mælədɪ, -,meɪnjə] *n мед.* хорея

dancing-master ['dɑ:nsɪŋ,mɑ:stə] *n* учитель танцев

dancing-mistress ['dɑ:nsɪŋ,mɪstrɪs] *n* учительница танцев

dancing-partner ['dɑ:nsɪŋ,pɑ:tnə] *n* партнёр по танцам

dancing-party ['dɑ:nsɪŋ,pɑ:tɪ] *n* танцевальный вечер

dancing-plague ['dɑ:nsɪŋ,pleɪg] = dancing-malady

dancing room ['dɑ:nsɪŋ,ru:m] = dance-hall

dancing saloon ['dɑ:nsɪŋsə,lu:n] = dance-hall

dancing-school ['dɑ:nsɪŋsku:l] *n* школа танцев

dancing shoes ['dɑ:nsɪŋ,ʃu:z] *n* лёгкие туфли для танцев

dancing teacher ['dɑ:nsɪŋ,ti:tʃə] учитель танцев

dandelion ['dændɪlaɪən] *n бот.* одуванчик (*Taraxacum gen.*); ~ bitters сок одуванчика

dander¹ ['dændə] *n разг.* злость, раздражение; to get smb.'s ~ up рассердить кого-л., вывести кого-л. из терпения; to get one's ~ up рассердиться, потерять терпение

dander² ['dændə] = dandruff

dandi ['dændɪ] = dandy⁴

dandiacal [dæn'daɪək(ə)l] *a редк.* щегольски одетый; фатоватый, характерный для денди
Dandie Dinmont [ˌdændɪ'dɪnmənt] шотландский терьер (*порода собак*)
dandify ['dændɪfaɪ] *v разг.* принаряжать, придавать щегольской вид
dandiprat ['dændɪpræt] *n уст.* 1. карлик, пигмей; «козявка» 2. пострел, постреленок
dandizette [ˌdændɪ'zet] *n редк.* щеголиха
dandle ['dændl] *v* 1. 1) качать; to ~ a child (in one's arms [on one's lap]) качать ребёнка (на руках [на коленях]) 2) *разг.* подольщаться; once he is properly ~d he'll agree если к нему найти подход, он согласится 2. ласкать, баловать; холить 3. (with) *редк.* играть, забавляться
dandriff ['dændrɪf] = dandruff
dandruff ['dændrəf] *n* перхоть
dandy[1] I ['dændɪ] *n* 1. 1) денди, щёголь, франт, фат 2) что-л. бросающееся в глаза 2. безупречно одетый человек 3. (*the* ~) *разг.* первый сорт (*что-л. первоклассное*); the new railroad was the ~ новая железная дорога была что надо 4. = dandy-cock *и* dandy-hen
dandy[1] II ['dændɪ] *a* 1. щегольской; фатоватый 2. *разг.* классный, превосходный, на ять
dandy[2] ['dændɪ] *n* 1. *мор.* шлюп *или* тендер с выносной бизанью 2. *мор.* выносная бизань 3. *тех.* двухколёсная тачка 4. *сокр. от* dandy-roll(er)
dandy[3] ['dændɪ] *n* = dengue
dandy[4] ['dændɪ] *n* 1. *инд.* лодочник (*на р. Ганг*) 2. паланкин
dandy-brush ['dændɪˌbrʌʃ] *n* жёсткая щётка, скребница
dandy-cock ['dændɪkɒk] *n диал.* бентамский петух
dandy-fever ['dændɪˌfiːvə] = dengue
dandy-hen ['dændɪhen] *n диал.* бентамская курица
dandyish ['dændɪɪʃ] *a книжн.* франтоватый, щегольской; фатоватый; ~ air франтоватый /щегольской/ вид
dandyism ['dændɪɪzm] *n книжн.* дендизм, франтовство, щегольство; to affect ~ строить из себя денди
dandy-line ['dændɪlaɪn] *n* удочка для ловли сельди
dandy-roll(er) ['dændɪˌrəʊl(ə)] *n бум.* ровнитель, дэнди-ролл
dandy winch ['dændɪ wɪntʃ] *мор.* траловая лебёдка (*на траулере*)
Dane[1] [deɪn] *n* датчанин; датчанка; the ~ *собир.* датчане
Dane[2] [deɪn] *n* датский дог (*тж.* Great ~)
Danebrog ['deɪnbrɒg] = Dannebrog
Danegeld, Danegelt ['deɪnˌgeld, -ˌgelt] *n ист.* налог на землю
Dane-hole ['deɪnhəʊl] = dene-hole
Danelagh ['deɪnˌlɔː] *неправ. вм.* Dane-law
Dane-law ['deɪnˌlɔː] *n ист.* 1. датские законы (*существовавшие в северо-восточной Англии*) 2. область, где действовали эти законы
danes'-blood ['deɪnzblʌd] = danewort
Danes' hole ['deɪnzhəʊl] = dene-hole
danewort ['deɪnwɜːt] *n бот.* травянистая бузина (*Sambucus spp.*)
dang [dæŋ] *редк. эвф. вм.* damn II; ~ me! проклятье!, чёрт возьми!
danger ['deɪndʒə] *n* 1. опасность; ~ of death смертельная опасность; to escape from ~ избежать опасности; to smell ~ почуять опасность; to expose smb. to ~ подвергать кого-л. опасности; to face the ~ смотреть опасности в лицо; to be in ~ он [его жизнь] в опасности;

ности; to put smb. in ~ подвергать кого-л. опасности; to be out of ~ быть вне опасности; to involve no ~ быть совершенно безопасным; the trip involves no ~ это путешествие не связано ни с каким риском; his presence radiated ~ в его присутствии каждому становилось не по себе /жутковато/; any further moves would be fraught with ~ любые дальнейшие шаги /действия/ крайне опасны; he goes in ~ of his life ему грозит смертельная опасность; он рискует жизнью; the signal was at ~ знак предупреждал об опасности; "thin ice! danger"! <тонкий лёд! опасно для жизни!> (*надпись*); there is no ~ нечего опасаться, это безопасно; ~ past, God forgotten *посл.* опасность миновала, и бог забыт 2. угроза; ~ to a country [to peace] угроза стране [миру]; ~s to health вещи, вредные для здоровья 3. риск; to be in ~ of smth. /of doing smth./ подвергаться какому-л. риску (*предпринимая что-л.*); the ~s of a journey опасности, подстерегающие путешественника; the boat was in ~ of sinking казалось, что лодка вот-вот потонет 4. *мор.* подводный риф, скала 5. *уст.* власть; within smb.'s ~ в чьей-л. власти
danger arrow ['deɪndʒəˌærəʊ] зигзагообразная стрела, молния (*обозначение токов высокого напряжения*)
danger light ['deɪndʒəˌlaɪt] световой сигнал опасности; красный свет
dangerous ['deɪndʒərəs] *a* 1. опасный, сопряжённый с опасностью; угрожающий; ~ illness [doctrine, practice, journey] опасная болезнь [доктрина, практика, -ое путешествие]; ~ driving неосторожная езда, неосторожное вождение машины; ~ silence зловещее молчание; ~ to health опасный для здоровья; the river is ~ for bathers в этой реке опасно купаться 2. опасный, страшный; способный причинить зло; ~ man [beast] опасный человек [зверь]; ~ weapon грозное оружие; to look ~ смотреть волком, быть в явном раздражении; this object /thing/ is ~ это опасная штука; these drugs are ~ эти лекарства требуют осторожности /осторожного обращения/ 3. *диал., амер. разг.* находящийся в опасном положении; he is ~ он опасно болен; его жизнь в опасности, он совсем плох
dangerously ['deɪndʒəslɪ] *adv* опасно, угрожающе; в опасном положении или состоянии; ~ ill опасно болен; he was ~ near the edge он стоял на самом краю (и мог сорваться *и т. п.*); ≃ казалось, он вот-вот упадёт
danger range ['deɪndʒəˌreɪndʒ] *воен.* дальность прямого выстрела
danger section ['deɪndʒəˌsekʃ(ə)n] *тех.* критическое сечение
danger-signal ['deɪndʒəˌsɪgnl] *n* 1) сигнал опасности 2) *ж.-д.* сигнал «путь закрыт»
danger space ['deɪndʒəˌspeɪs] *воен.* поражаемое пространство
danger zone ['deɪndʒəˌzəʊn] *воен.* опасная зона
dangle ['dæŋgl] *v* 1. 1) свободно свисать, качаться; висеть; keys dangling on a chain ключи, висящие /болтающиеся/ на цепочке; ripe apples ~d on the tree на дереве висели спелые яблоки; his hands ~d limply between his knees его руки безвольно свисали между колен; he left the last sentence dangling in mid-air он оборвал фразу на полуслове, его последняя фраза повисла в воздухе 2) раскачиваться, размахивать; to ~ one's feet болтать ногами; to ~ smth. before smb.'s eyes размахивать чем-л. перед глазами у кого-л. 2. 1) слоняться, болтаться (*тж.* ~ about;

~ round) 2) (after) бегать (*за кем-л.*), увиваться; волочиться 3. манить, соблазнять; дразнить; to ~ bright prospects before smb. /before smb.'s eyes/ соблазнять кого-л. заманчивыми перспективами; to ~ hopes in smb.'s sight обольщать кого-л. надеждами
dangle-dolly ['dæŋglˌdɒlɪ] *n* кукла-талисман (*висящая на ветровом стекле автомобиля*)
dangler ['dæŋglə] *n* 1. свободно висящий предмет 2. 1) бездельник 2) волокита; ~ after women ухажёр, дамский угодник
dangling ['dæŋglɪŋ] *a* 1. висящий 2. *грам.* обособленный; ~ adverb обособленное наречие; ~ participle a) обособленный причастный оборот; б) абсолютный причастный оборот
Daniel ['dænjəl] *n* 1) *библ.* Даниил 2) праведный судья; ~ come to judgement нелицеприятный /праведный/ судья (*тж. ирон.*)
Danish I ['deɪnɪʃ] *n* датский язык
Danish II ['deɪnɪʃ] *a* датский
◇ ~ dog датский дог; ~ embroidery a) датская вышивка; б) грубый стежок (*в вышивании*); ~ ax(e) боевой топор; ~ balance безмен
Danishry ['deɪnɪʃrɪ] *n собир. ист.* датчане, жившие в Британии
dank [dæŋk] *a* 1. влажный, особ. неприятно влажный, пронизывающе сырой, пробирающий до костей; ~ air [weather] промозглый воздух [-ая погода]; ~ cellar сырой погреб; ~ forehead влажный, холодный лоб; the woods were ~ with cold в лесу было холодно и сыро 2. буйно растущий, буйный (*о травах, сорняках, растущих в сырых местах*); ~ undergrowth буйно разросшийся подлесок
Danke ['dɑːkə] *n нем.* спасибо; ~ schön большое спасибо
dankish ['dæŋkɪʃ] *a* сыроватый
Dannebrog ['dænəbrɒg] *n* 1. национальный флаг Дании 2. датский рыцарский орден
dannert wire ['dænətwaɪə, 'dænɜːtwaɪə] колючая проволока
danseuse [dɑːnˈsɜːz] *n фр.* танцовщица; балерина
dant [dænt] *n* плохой мягкий уголь
danta, dante ['dɑːntə] *n зоол.* тапир американский (*Tapirus americanus*)
Dantean I ['dæntɪən] *n* исследователь Данте
Dantean II ['dæntɪən] *a* дантов, дантовский
Dantesque [dæn'tesk] *редк.* = Dantean II
Dantist ['dæntɪst] *уст.* = Dantean I
dap I [dæp] *n диал.* 1. отскок (*мяча, камня*) 2. зарубка (*на дереве*)
dap II [dæp] *v* 1. 1) удить рыбу (*слегка погружая приманку в воду*) 2) окунаться; погружаться; the bird ~ped for the fish птица нырнула за рыбкой 2. 1) отскакивать (*о мяче*) 2) подпрыгивать, слегка касаясь поверхности воды (*о камне*)
Daphne ['dæfnɪ] *n* 1. *греч. миф.* Дафна 2. (d.) *бот.* дафне, волчник, волчеягодник (*Daphne gen.*)
daphnia ['dæfnɪə] *n энт.* дафния, водяная блоха (*Daphnia*)
Daphnis ['dæfnɪs] *n миф.* Дафнис (*легендарный изобретатель буколической поэзии, сицилийский пастух*); D. and Chloe Дафнис и Хлоя
dapifer ['dæpɪfə] *n ист.* старший слуга в трапезной (*в замке короля, крупного вельможи*)

dapper ['dæpə] *a разг.* 1. одетый с иголочки, щегольски одетый; франтоватый; ~ flower нарядный цветок; ~ in dress щеголевато одевающийся; ~ in appearance имеющий щеголеватый вид 2. быстрый, проворный, резвый; подвижный, юркий; вертлявый (*обыкн. о людях маленького роста*); ~ little man «живчик»; ~ animal нервное /подвижное/ животное 3. *в грам. знач. сущ. уст.* франт, щёголь

dapple I ['dæpl] *n* 1. неровная окраска; пёстрый фон 2. 1) серая в яблоках лошадь (*тж.* ~ horse) 2) пятнистое животное

dapple II ['dæpl] *v* 1) покрывать пятнами; испещрять, пестрить 2) покрываться пятнами, пестреть

dapple-bay ['dæpl,beɪ] *n* гнедой в яблоках конь

dappled ['dæpld] *a* испещрённый пятнами, пёстрый, пегий; с крапинками, крапчатый; ~ horse серый в яблоках конь; ~ deer индийский олень; ~ shade рассеянная тень

dapple-grey I [,dæpl'greɪ] *n* серая в яблоках лошадь

dapple-grey II [,dæpl'greɪ] *a* серый в яблоках (*о лошади*)

darbies ['dɑ:bɪz] *n pl сл.* наручники, ручные кандалы; to get the ~ on smb. надеть наручники на кого-л.

darby ['dɑ:bɪ] *n* 1. *стр.* правило штукатура, лопатка каменщика; мастерок для затирки 2. (D.) эль, пиво (*из Дерби*) 3. *уст.* наличные деньги, звонкая монета

Darby and Joan [,dɑ:bɪənd'dʒəʊn] 1. старая любящая супружеская чета 2. *диал.* фарфоровые фигурки, изображающие любящую пару (*каминное украшение*)

darcy ['dɑ:sɪ] *n физ.* дарси (*единица измерения проницаемости*)

Dardan I ['dɑ:dən] *n* троянец

Dardan II ['dɑ:dən] *a* троянский

Dardanian I, II [dɑ:'deɪnjən] = Dardan I и II

dardanium [dɑ:'deɪnjəm] *n книжн.* золотой браслет

dare I [deə] *n разг.* вызов; to give a ~ бросить вызов; to take a ~ принять вызов; рискнуть; to decline a ~ отклонить вызов, уклониться от вызова

dare II [deə] *v* (dared [deəd], *уст.* durst; dared; *3 л. ед. ч. наст. вр.* dare *и* dares; *формы* dare *и* durst *обычно употребляются в сочетании с инфинитивом без частицы* to) I 1. 1) сметь, отваживаться; иметь наглость; let him do it, if he ~s пусть сделает это, если у него хватит смелости; he ~n't do it у него не хватит духу сделать это; and he ~s to insult me! и он (ещё) смеет /у него (ещё) хватает наглости/ оскорблять меня!; ~ you jump from the top? не побоишься спрыгнуть сверху?; how ~ you say such things! как ты смеешь говорить такие вещи!; he won't ~ to deny it он не осмелится /не посмеет/ отрицать это; don't you ~ touch him! не смей его трогать!, не тронь его!; I ~ swear я уверен, могу поклясться 2) *в эллиптических конструкциях*: not to ~ beyond the premises бояться /не отваживаться/ выйти из дому 2. пренебрегать опасностью, рисковать; to ~ the perils презирать опасность; I will ~ his anger меня не страшит его гнев; will you ~ the leap? рискнёшь прыгнуть?; he ~ any danger он не задумываясь пойдёт /очертя голову бросится/ навстречу любой опасности

II Б to dare smb. to (do) smth. вызывать кого-л. на что-л.; to ~ smb. to a fight вызывать кого-л. на бой /на драку/; I ~ you to contradict me возрази мне, если можешь; I ~ you to jump over the stream попробуй перепрыгни через ручей; I am not to be ~d by any, I cannot suffer to be ~d by any никто меня не заставит /не запугает/; I'll do it if I'm ~d ≅ лучше меня не провоцировать

◊ to ~ all things быть готовым взяться за любое дело; I ~ say a) полагаю, думаю, мне кажется; I ~ say he will come later полагаю, что он придёт позже; б) осмелюсь сказать (*тж. ирон.*)

daredevil ['deə,devl] *n* смельчак; бесшабашный удалец, сорвиголова; ~ pilot безрассудно смелый лётчик; ~ act опрометчивый поступок

dare-devilry ['deə,devlrɪ] *n* бесшабашность, безрассудство, удальство

darer ['deərə] *n* 1. *см.* dare II + -er 2. *разг. уст.* смельчак

daresay [(,)deə'seɪ] = dare say [*см.* dare I] ◊

darg(ue) [dɑ:g] *n диал.* работа, выполняемая в течение одного дня; дневное задание, дневной урок

daric ['dærɪk] *n* дарик (*древняя персидская золотая монета*)

daring I ['deərɪŋ] *n* 1) смелость, отвага, бесстрашие 2) дерзание

daring II ['deərɪŋ] *a* 1) смелый, отважный, бесстрашный; ~ explorer отважный исследователь; ~ adventurer a) дерзкий авантюрист; б) смелый путешественник 2) дерзкий, смелый, дерзновенный; ~ plan дерзкий план; ~ attempt смелая попытка

dariole ['dærɪəʊl] *n* пирожок с фруктовой начинкой или с кремом

dark I [dɑ:k] *n* 1. темнота, тьма; ночь; after ~ после наступления темноты; at ~ в темноте; by ~ ночью; before ~ до наступления темноты; day and ~ день и ночь; to sit in the ~ сидеть в темноте; to grope in the ~ пробираться ощупью в потёмках; to be afraid of the ~ бояться темноты 2. тень (*в картине*); тёмный цвет; тёмные пятна (*тж. перен.*); mild ~ лёгкая тень; the lights and ~s of a picture игра света и тени в картине 3. тайна, секретность; to plot in the ~ тайно готовить заговор; his plans were made in the ~ его планы были разработаны втайне (от всех) 4. неведение; невежество; to be in the ~ about smth. быть в состоянии неизвестности, быть в неведении относительно чего-л.; не знать о чём-л.; to keep /to leave/ smb. in the ~ держать кого-л. в неведении, скрывать (*что-л.*) от кого-л.; I was (kept) in the ~ about his intentions я не был посвящён в его планы, я ничего не знал о его намерениях

dark II [dɑ:k] *a* 1. 1) тёмный; чёрный; ~ night [hills] тёмная ночь [-ые холмы]; ~ day хмурый день; ~ days зимние дни; ~ copse [garden] тёмная роща [-ый сад]; ~ corner a) тёмный уголок, укромное местечко; pitch(y) ~ a) непроглядный; б) темно, хоть глаз выколи; it is getting ~ темнеет; вечереет, смеркается ночь; as ~ as midnight /as pitch/ ≅ тьма кромешная, ни зги не видно 2) тёмный (*о цвете*); ~ dress [colour] тёмное платье [-ый цвет]; ~ blue тёмно-голубой 2. 1) смуглый, тёмный; she has ~ hair [a ~ complexion] у неё тёмные волосы [смуглое лицо] 2) чёрный; the ~ race чёрная раса 3. тёмный, дурной; порочный, чёрный; нечистый, сомнительный; ~ deeds [thoughts] чёрные дела [мысли]; ~ designs преступные замыслы; ~ business тёмное дело; ~ purpose сомнительная /дурная/ цель 4. 1) безрадостный; мрачный, угрюмый (*о настроении, характере и т. п.*); ~ humour /mood/ мрачное настроение; to be in a ~ humour быть в мрачном настроении; ~ temper угрюмый характер; a ~ view of the future мрачный взгляд на будущее 2) хмурый, печальный (*о выражении лица*); ~ brow /frowns/ нахмуренный лоб; his eyes grew ~ глаза его затуманились 3) безнадёжный; тяжёлый (*о времени*); ~ prospects невесёлые /неутешительные/ перспективы; ~ days [times, hour] тяжёлые дни [времена, -ый час]; ~ hour тяжёлый, трагический; ~ comedy «чёрная комедия» (*мрачная, пессимистическая пьеса-гротеск*) 5. неясный, тёмный, непонятный; смутный; ~ hint неясный намёк; ~ problem запутанный вопрос; ~ saying туманное /загадочное/ высказывание; the meaning is still ~ смысл всё-таки неясен 6. тайный, секретный; неизвестный; to keep smth. ~ скрывать что-л.; держать что-л. в секрете; to keep ~ about smth. не болтать лишнего о чём-л. 7. тёмный, невежественный, отсталый; необразованный, некультурный; ~ age век обскурантизма; he is still ~ on a number of points во многих вопросах /вещах/ он ещё плохо разбирается 8. крайний, полный; ~ ignorance крайнее невежество; ~ oblivion полное забвение; ~ secret строгий секрет, полнейшая тайна 9. *муз.* глубокий (*о звуке*); this is a ~ er sound этот звук более глубокий 10. молчащий, не вещающий (*о радио, телевидении*)

◊ the D. Ages a) средневековье; б) раннее средневековье; the D. Continent «Чёрный континент», Африка; the D. and Bloody Ground, кровавая земля», «Земля раздоров» (*старое индейское название штата Кентукки*); ~ horse a) тёмная лошадка (*неизвестная лошадь на скачках, берущая приз вопреки ожиданиям*); б) неожиданно победивший участник состязания; в) *амер.* «тёмная лошадка», неожиданно выдвинутый, малоизвестный кандидат (*на выборах*); the ~est hour is near the dawn *посл.* самый тёмный час ближе всего к рассвету; ≅ нет худа без добра

dark adaptation ['dɑ:k,ædəp'teɪʃ(ə)n] *мед.* адаптация к темноте

dark-adapted [,dɑ:kə'dæptɪd] *a мед.* адаптировавшийся к темноте

darken ['dɑ:k(ə)n] *v* 1. делать тёмным, затемнять (*тж. перен.*); ~ed room затемнённая комната; to ~ smb.'s light заслонять кому-л. свет; to ~ the world тёмной тучей повиснуть над миром 2. ослеплять (*тж. перен.*); his eyes are somewhat ~ed его зрение ослабело; his mind was ~ed a) его рассудок помутился; б) на него нашло ослепление /затмение/ 3. 1) омрачать; to ~ smb.'s mirth омрачить чьё-л. веселье 2) омрачаться; хмуриться; his face ~ed (with anger) лицо его потемнело (от гнева) 4. 1) темнеть, делаться тёмным; the sky ~ed (above) небо потемнело 2) вечереть (*тж.* ~ down) 5. *уст.* пятнать, пачкать 6. *жив.* давать более насыщенный тон; to ~ the colour насыщать цвет, делать цвет более интенсивным

◊ don't ~ my door again! чтобы ноги твоей не было больше в моём доме!; на порог тебя не пущу!; to ~ counsel запутывать дело

darkening ['dɑ:k(ə)nɪŋ] *n фото* почернение

darkey ['dɑ:kɪ] = darky

dark-felling ['dɑ:k,felɪŋ] *n лес.* беспорядочная вырубка

darkish ['dɑ:kɪʃ] *a* темноватый

dark-lantern ['dɑ:k,læntən] *n* потайной фонарь

darkle ['dɑːkl] *v* 1. темнеть; вырисовываться тёмным силуэтом 2. темнеть, меркнуть 2) затемнять, делать тёмным 3. (на)хмуриться, насупиться

dark light ['dɑːk‚laɪt] 1. потайной фонарь 2. *физ.* 1) невидимые лучи 2) неактиничное освещение

darkling I ['dɑːklɪŋ] *a* 1. находящийся или происходящий в темноте 2. темнеющий; тёмный; смутный; ~ forest темнеющий лес

darkling II ['dɑːklɪŋ] *adv книжн.* в темноте, во мраке; to sit [to go] ~ сидеть [идти] в темноте

darkly ['dɑːklɪ] *adv* 1. мрачно, злобно; glancing ~ at his opponent взглянув злобно на противника 2. загадочно, неясно; to answer [to speak] ~ отвечать [говорить] загадочно 3. тайно, секретно 4. с тёмным оттенком; ~ brown тёмно-коричневый; to glow ~ тускло мерцать 5. неясно, смутно; to see through a glass ~ а) *библ.* видеть как сквозь тусклое стекло; б) смутно понимать *или* различать что-л.

darkmans ['dɑːkmənz] *n вор. жарг.* ночь; сумерки

darkness ['dɑːknɪs] *n* 1. темнота; мрак, ночь; 2. 1) тёмный цвет; тёмный фон 2) смуглость 3. мрачность; the ~ of despair мрачное отчаяние; безысходность отчаяния 4. слепота 5. 1) темнота, невежество 2) тьма (*особ. библ.*); the powers of ~ силы тьмы; the deeds of ~ тёмные дела 6. секретность, тайна 7. неясность, загадочность, смутность; the ~ of a subject неясность темы 8. *воен.* затемнение 9. *косм.* тень (*Земли*) ◇ pitch ~ тьма кромешная; Egyptian ~ тьма египетская

dark rays ['dɑːk'reɪz] *физ.* невидимые лучи

dark repair ['dɑːkrɪ‚peə] *биохим.* теневая репарация (*восстановление ДНК или клетки в темноте*)

dark-room ['dɑːkru(ː)m] *n фото* тёмная комната

dark-skinned [‚dɑːk'skɪnd] *a* темнокожий

dark-slide ['dɑːkslaɪd] *n фото* кассета

darksome ['dɑːksəm] *a поэт.* 1) тёмный, мрачный, чёрный 2) тёмноватый; the ~ time of sorrow чёрное время скорби

darky ['dɑːkɪ] *n* 1. *прост.* ночь 2. *прост.* потайной фонарь 3. *презр.* негр, черномазый

darling I ['dɑːlɪŋ] *n* 1. дорогой, милый, родной, любимый *или* дорогая, милая, родная, любимая (*преим. в обращении*); my ~ дорогой мой 2. 1) любимец, баловень; the ~ of the people /of all hearts/ всеобщий любимец; ~ of fortune баловень судьбы /счастья/ 3. замечательный человек; he is a perfect ~ он такой чудный, он просто прелесть

darling II ['dɑːlɪŋ] *a* 1. дорогой, горячо любимый; one's ~ child любимое /драгоценное/ дитя 2. горячий, страстный, заветный (*о желании, мечте*); my ~ hope was to see him я лелеял надежду увидеть его 3. прелестный, чудный, очаровательный; a ~ living room прелестная комната; what a ~ little dog! чудесная собачка!

darn¹ I [dɑːn] *n* заштопанное место, штопка

darn¹ II [dɑːn] *v* штопать, чинить

darn² I [dɑːn] *n* (*эвф. вм.* damn I) *разг.* проклятие ◇ not to care /to give/ a ~ совершенно не интересоваться, плевать; ни в грош ни в ногу; not worth a ~ ≅ гроша ломаного не стоит

darn² II [dɑːn] *a эвф. эмоц.-усил.* крайний; it's a ~ shame! стыд и срам!

darn² III [dɑːn] *v* (*эвф. вм.* damn IV) 1. проклинать; ругаться 2. *в грам. знач. междометия* проклятие!

darned ['dɑːnd] *a* (*эвф. вм.* damned) проклятый; this ~ Yankee этот Янки, будь он неладен

darnel ['dɑːnl] *n бот.* 1. плевел (*Lolium gen.*) 2. *редк.* сорная трава

darner ['dɑːnə] *n* 1. штопальщик, штопальщица 2. штопальная игла. = darning-ball

darning ['dɑːnɪŋ] *n* 1. штопанье, штопка 2. вещи, нуждающиеся в штопке

darning-ball ['dɑːnɪŋbɔːl] *n* деревянное яйцо для штопанья

darning-needle ['dɑːnɪŋ‚niːdl] *n* 1. штопальная игла 2. *амер.* стрекоза

darning-stitch ['dɑːnɪŋstɪtʃ] *n* 1) штопальный шов 2) штопальный стежок

dart I [dɑːt] *n* 1. рывок; бросок; стремительное движение; to make a ~ (for the door) рвануться /броситься, кинуться/ (к двери); ready for the ~ готовый к броску; within ~ of smb. на расстоянии одного броска от кого-л. 2. жало 3. 1) вытачка 2) шов, смётка 4. *поэт.* 1) дротик 2) вспышка; a ~ of lightning вспышка /зигзаг/ молнии; ~s of love стрелы любви 5. *австрал. разг.* план (*действий*); намерение, цель 6. = dart-snake

dart II [dɑːt] *v* 1. помчаться стрелой; ринуться, рвануться, броситься; метнуться; to ~ forward рвануться вперёд; стремглав броситься вперёд; to ~ in ворваться; to ~ out броситься вон; to ~ past пронестись мимо; to ~ down(wards) а) ринуться вниз; упасть камнем; б) *ав.* пикировать; to ~ through the air стремительно проноситься в воздухе (*особ. о птицах*); 2. бросать, метать (*тж. перен.*); to ~ an arrow выпустить стрелу; to ~ an angry look at smb. бросить /кинуть/ на кого-л. сердитый взгляд; his eyes ~ed flashes of anger его глаза метали молнии; the sun ~s (forth) its beams солнце посылает на землю свои лучи 3. (with) *уст.* пронзать (*чем-л.*)

dartboard ['dɑːtbɔːd] *n* мишень для игры в «дротики»

darter ['dɑːtə] *n* 1. 1) метатель (*дротика*) 2) *уст.* гарпунщик 2. *преим. амер.* мелкая пресноводная рыба 3. *зоол.* змеешейка, змейная птица (*Anchinga*)

darting bomb ['dɑːtɪŋbɔm] китобойный гарпун со взрывателем

dartingly ['dɑːtɪŋlɪ] *adv* молниеносно

dartle ['dɑːtl] *v редк.* 1) бросать, метать 2) бросаться, метаться

dartman ['dɑːtmən] *n* (*pl* -men [-mən]) *ист.* солдат, вооружённый дротиком или копьём

dartos ['dɑːtɔs] *n анат.* оболочка яичка из гладкой мышечной ткани

dartre ['dɑːtə] *n мед.* пузырьковый лишай; гнойничковая сыпь

dartrous ['dɑːtrəs] *a мед.* герпетический, герпетиформный

darts [dɑːts] *n употр. с гл. в ед. ч.* игра «дротики»

dart-snake ['dɑːtsneɪk] *n зоол.* змеевидная ящерица (*Acontias gen.*)

dart tag ['dɑːtˌtæg] метка для мечения рыбы (*с металлическим крючком*)

Darwinian I [dɑː'wɪnɪən] *n* дарвинист

Darwinian II [dɑː'wɪnɪən] *a* дарвинистский; the ~ theory теория Дарвина

Darwinianism [dɑː'wɪnɪənɪzm] = Darwinism

Darwinism ['dɑːwɪnɪzm] *n* дарвинизм, учение Дарвина

Darwinist I ['dɑːwɪnɪst] = Darwinian I

Darwinist II ['dɑːwɪnɪst] = Darwinian II

Darwinistic [‚dɑːwɪ'nɪstɪk] = Darwinian II

das [dɑːs] = dassie

dasar ['deɪzɑː] *n тех.* дазар (*ослабитель света, работающий на основе стимулированного поглощения излучения*)

dash¹ I [dæʃ] *n* 1. стремительное движение; рывок, бросок; порыв, натиск; bold ~ смелый натиск; to make a ~ for the door [for shelter] броситься к двери [к укрытию]; to make a ~ against the enemy стремительно атаковать противника; the prisoner made a ~ for freedom пленник пытался бежать; to have a ~ at smth. попытаться /рискнуть/ сделать что-л.; to go off at a ~ стремительно рвануться вперёд 2. энергия, решительность, напористость; ~ and courage энергия и мужество; skill and ~ умение и напористость 3. *спорт.* забег (*обыкн. на короткие дистанции*); hundred-yard ~ забег на сто ярдов 2) заезд 3) спурт, рывок в беге 4) быстрый прорыв (*в игре*) 4. 1) сильный удар, толчок; a ~ with one's hand удар рукой; at (the) first ~, at one /a/ ~ а) с одного раза, сразу; одним ударом; б) одним махом 2) *уст.* удар, горе 5. плеск, всплеск; the ~ of the waves удары /плеск/ волн; there was a ~ of rain on the windows дождь хлестал /барабанил/ в окна 6. примесь, чуточка; wine with a ~ of water вино, слегка разбавленное водой; red with a ~ of purple красный с оттенком фиолетового; there is a romantic ~ about it в этом есть что-то романтическое; add a ~ of salt to the rice добавь чуточку /щепотку/ соли в рис; there is a ~ of eccentricity in his character в его характере заметна /даёт себя знать/ некоторая эксцентричность 7. 1) тире, чёрточка; штрих; росчерк; parallel ~s параллельные чёрточки (=) 2) росчерк; замысловатый завиток (*у буквы*), закорючка, загогулина; by one /a/ ~ of the pen одним росчерком пера 3) телеграфный сигнал тире 8. *муз.* знак стаккато 9. *эвф. вм.* damn I 10. = dashboard ◇ not to care a ~ плевать, ни в грош не ставить; to cut a ~ а) иметь заметную внешность, выделяться; б) бахвалиться, рисоваться

dash¹ II [dæʃ] *adv* 1. с треском, с плеском; to go ~ against the rocks с треском разбиться о скалы 2. стремительно

dash¹ III [dæʃ] *v* 1. бросаться, мчаться, нестись; ринуться; to ~ from /out of/ the room броситься вон из комнаты; to ~ along the street вихрем мчаться /нестись/ по улице; to ~ upstairs ринуться вверх по лестнице; to ~ forward [off] броситься вперёд [прочь]; the train ~ed on поезд всё мчался и мчался 2. *спорт.* 1) сделать рывок в беге 2) сделать прорыв в защите 3. 1) (against, into) наталкиваться на что-л., врезаться во что-л.; to ~ against /into/ the fence врезаться в забор 2) (into, to against) бросать, швырять; отбрасывать; to ~ smb. to the ground сбить кого-л. с ног; to ~ a ship against the rocks выбросить корабль на скалы; to ~ one's opponent against the wall отшвырнуть своего противника к стене; I was nearly ~ed against the counter меня чуть не раздавили о прилавок 4. 1) ударять; разбивать вдребезги; the flowers were ~ed by the rain цветы были прибиты дождём 2) уда-

DAS — DAT

ря́ться; разбива́ться; waves ~ed against the rocks во́лны би́лись о ска́лы 5. 1) сбива́ть, сма́хивать (*обыкн.* ~ away, ~ down, ~ upon); ~ away one's tears смахну́ть слёзы 2) бры́згать, плеска́ть; to ~ water in(to) smb.'s face бры́знуть водо́й в лицо́ кому́-л.; to ~ colour on a canvas бры́знуть кра́ской на холст; ~ed with mud [blood] забры́зганный гря́зью [кро́вью]; a landscape ~ed with sunlight пейза́ж весь в со́лнечных бли́ках 6. разбавля́ть, сме́шивать, подме́шивать; to ~ wine with water разбавля́ть вино́ водо́й; to ~ truth with fiction расцве́чивать пра́вду вы́мыслом; her joy was ~ed with pain её ра́дость была́ омрачена́ 7. 1) угнета́ть, подавля́ть, смуща́ть; to ~ smb. /smb.'s spirits/ угнета́ть кого́-л., угнета́юще де́йствовать на кого́-л.; to be ~ed with terror быть охва́ченным у́жасом; this information ~ed him a little э́та весть не́сколько сби́ла его́ с то́лку 2) разруша́ть, уничтожа́ть; to ~ smb.'s hopes разби́ть чьи-л. наде́жды 8. 1) набра́сывать, де́лать набро́ски (*тж.* ~ down, ~off); I'll ~ off a few lines я черкну́ не́сколько строк 2) *редк.* вычёркивать (*тж.* ~ out) 9. подчёркивать 10. бахва́литься, рисова́ться 11. (*эвф. вм.* damn IV 6): ~ it (all)! ~ you! к чёрту!; ~ my buttons! тьфу, пропа́сть! I'll be ~ed if I do it чёрт меня́ возьми́ е́сли я э́то сде́лаю; так я э́то и сде́лал, ≃ держи́ карма́н ши́ре

dash² I [dæʃ] *n сл.* 1) дар, пода́рок, взя́тка, могары́ч

dash² II [dæʃ] *v сл.* 1) дари́ть, де́лать пода́рок 2) дава́ть взя́тку, дава́ть в ла́пу, подма́зать

dash³ [dæʃ] = dashboard 2

dash-and-dot line ['dæʃ(ə)n'dɒt'laɪn] штрихпункти́рная ли́ния

dashboard ['dæʃbɔːd] *n* 1. крыло́, щито́к (*экипа́жа*) 2. *тех.* прибо́рная доска́; прибо́рный щито́к; щито́к управле́ния 3. *стр.* отливна́я доска́

dashed I [dæʃt] *a* штрихово́й, пункти́рный (*о ли́ниях*)

dashed II [dæʃt] *adv разг.* чертовски, дья́вольски; he is ~ clever он дья́вольски умён

dasher ['dæʃə] *n* 1. 1) челове́к, производя́щий фуро́р 2) *разг.* легкомы́сленная осо́ба 2. мутовка, би́ло (*в маслобо́йке*) 3. *амер.* = dashboard 1

dashiki [dəˈʃiːkɪ] *n* даши́ки, мужска́я руба́шка в африка́нском сти́ле (*с кру́глым вы́резом и коро́ткими рукава́ми*)

dashing ['dæʃɪŋ] *a* 1. стреми́тельный 2. лихо́й; уда́лой; ~ rider лихо́й нае́здник 3. лю́бящий порисова́ться; бью́щий на эффе́кт; ~ woman эффе́ктная *или* эффе́ктно оде́тая же́нщина; a ~ air щегольско́й вид

dash-lamp ['dæʃlæmp] *n* фона́рь (*на крыле́ экипа́жа*)

dash line ['dæʃlaɪn] штрихово́й пунктир

dash-pot ['dæʃpɒt] *n тех.* возду́шный *или* ма́сляный бу́фер

dash round ['dæʃraʊnd] *phr v* обойти́ в бе́ге (*проти́вника*)

dash-rule ['dæʃruːl] *n полигр.* разъедини́тельная лине́йка

dashy ['dæʃɪ] *разг. см.* dashing 3

dassie ['dæsɪ] *n зоол.* дама́н (*Procavia gen.*)

dassy ['dæsɪ] = dassie

dastard I ['dæstəd] *n* презре́нный трус; негодя́й, де́йствующий исподтишка́

dastard II ['dæstəd] *a* трусли́вый и жесто́кий, по́длый

dastardly ['dæstədlɪ] *a* трусли́вый; по́длый; ~ stab in the back трусли́вый уда́р в спи́ну

dasyphyllous [ˌdæsɪˈfɪləs] *a бот.* пушистоли́стный; густоли́стный

dasypod ['dæsɪpɒd] *n зоол.* броненосец-армади́лл (*Dasypodidae fam.*)

dasyprocta [ˌdæsɪˈprɒktə] *n зоол.* агу́ти, золоти́стый за́яц (*Dasyprocta aguti*)

dasyure ['dæsɪjʊə] *n зоол.* су́мчатая куни́ца (*Dasyurus*)

data I ['deɪtə, 'dɑːtə] *n pl* 1. *pl от* datum 2. *употр. тж. с гл. в ед. ч.* (исхо́дные) да́нные, фа́кты; информа́ция; this ~ э́ти да́нные; initial ~ исхо́дные да́нные; calculation ~ да́нные /результа́ты/ вычисле́ний /расчётов/; classified ~ секре́тные да́нные; coded ~ (за)коди́рованные да́нные; control ~ *информ.* управля́ющая информа́ция; input [output] ~ входны́е [выходны́е] да́нные /параметры/; laboratory ~ да́нные лаборато́рных иссле́дований; observed /observation/ ~ да́нные наблюде́ний; measured /measurement/ ~ результа́ты измере́ний; ~ gathering /collection/ сбор да́нных; ~ compression сжа́тие да́нных; quick-look ~ *проф.* операти́вные да́нные; ~ on word frequencies да́нные о частота́х слов; ~ for study материа́л иссле́дования; to gather ~ on smth. собира́ть материа́л о чём-л.

data II ['deɪtə] *v амер.* собира́ть *или* храни́ть подро́бную информа́цию (*о челове́ке или гру́ппе люде́й*)

data acquisition ['deɪtəˌækwɪˈzɪʃ(ə)n] получе́ние да́нных

data bank I ['deɪtəˌbæŋk] *информ.* информацио́нная ба́за; ба́за, банк да́нных; to converse with a ~ рабо́тать с ба́зой да́нных в режи́ме диало́га

data bank II ['deɪtəˌbæŋk] *информ.* вводи́ть (*да́нные*) в информацио́нную ба́зу

data base ['deɪtəˌbeɪs] 1. *информ.* информацио́нная ба́за; ба́за да́нных; ~ language язы́к ба́зы да́нных; populated /loaded/ ~ запо́лненная ба́за да́нных 2. *дип.* исхо́дные да́нные (*на перегово́рах о разоруже́нии*)

datable ['deɪtəbl] *a* поддаю́щийся датиро́вке

data book ['deɪtəbʊk] спра́вочник

data buoy ['deɪtəbɔɪ] гидрометеорологи́ческий буй

data capture [ˌdeɪtəˈkæptʃə] диста́нционная регистра́ция и обрабо́тка да́нных

data centre ['deɪtəˌsentə] *информ.* информацио́нный центр

data computer ['deɪtəkəmˈpjuːtə] 1. счётно-реша́ющее устро́йство 2. *воен.* прибо́р управле́ния зени́тным огнём

data density ['deɪtəˈdensɪtɪ] *вчт.* пло́тность за́писи

dataflow ['deɪtəfləʊ] *n информ.* пото́к информа́ции

data handling [ˌdeɪtəˈhændlɪŋ] *амер.* обрабо́тка да́нных

data highway [ˌdeɪtəˈhaɪweɪ] скоростна́я ли́ния переда́чи да́нных

data-in ['deɪtəɪn] *n тех.* входны́е да́нные

data-intensive ['deɪtəɪnˈtensɪv] *a вчт.* тре́бующий перерабо́тки большо́го коли́чества да́нных *или* информа́ции

dataller ['deɪtələ] = daytaler

data logger [ˌdeɪtəˈlɒgə] *вчт.* устро́йство за́писи и вы́дачи да́нных

datamation [ˌdeɪtəˈmeɪʃ(ə)n] *n информ.* автомати́ческая обрабо́тка информа́ции

data-out ['deɪtəaʊt] *n тех.* выходны́е да́нные

dataphone ['deɪtəfəʊn] *n вчт.* дейтафо́н (*устро́йство для переда́чи да́нных по телефо́нным ли́ниям*)

data plate ['deɪtəpleɪt] табли́чка основны́х параме́тров (*маши́ны*)

dataplotter ['deɪtəˌplɒtə] *n вчт.* 1. прибо́р для нанесе́ния да́нных 2. постро́итель кривы́х, графопострои́тель

data processing ['deɪtəˈprəʊsesɪŋ] *информ.* обрабо́тка информа́ции

Dataroute ['deɪtəruːt] *n* кана́дская систе́ма телесвя́зи для переда́чи цифрово́й информа́ции

datary ['deɪtərɪ] *n церк.* 1. дата́рия (*при па́пе ри́мском*) 2. дата́рий (*глава́ дата́рии*)

data set [ˌdeɪtəˈset] *вчт.* набо́р *или* совоку́пность да́нных

data sheet ['deɪtəˌʃiːt] 1. специфика́ция 2. *pl информ.* распеча́тка да́нных; машиногра́ммы, ли́стинг

data-undervoice [ˌdeɪtəˈʌndəvɔɪs] *n* переда́ча цифровы́х да́нных, сопровожда́емых у́стной информа́цией (*по радиореле́йным ли́ниям свя́зи*)

dataway ['deɪtəweɪ] *n спец.* ли́ния переда́чи да́нных

datcha ['dɑːtʃə] = dacha

date¹ I [deɪt] *n* 1. 1) да́та, число́, день; delivery ~ да́та поста́вки (*обору́дования и т. п.*); installation ~ да́та устано́вки (*обору́дования и т. п.*); under the ~ (of) January 10 за деся́тое января́; without ~ без да́ты; the ~ of birth да́та рожде́ния; to bear a ~ быть дати́рованным; up to the ~ when до того́ дня, когда́; what's the ~ today? како́е сего́дня число́?; what's the ~ of this discovery? когда́ бы́ло сде́лано э́то откры́тие?; the ~ is set for August 5 (э́то мероприя́тие) назна́чено на пя́тое а́вгуста; it was done at a much earlier ~ э́то бы́ло сде́лано гора́здо ра́ньше 2) вре́мя и ме́сто 2. 1) вре́мя; срок, пери́од; пора́; эпо́ха; Roman ~ эпо́ха Дре́внего Ри́ма; the ~ of youth ю́ные го́ды, пора́ мо́лодости; at that ~ в те времена́, в ту по́ру; the events of recent ~ собы́тия после́днего вре́мени 2) во́зраст; his ~ is thirty ему́ три́дцать лет 3) *вчт.* продолжи́тельность, пери́од 3. *амер.* тот же день; "The New York Times" of ~ но́мер «Нью-Йо́рк Таймс» за то же число́; your letter of even ~ ва́ше сего́дняшнее письмо́ 4. *pl* газе́ты; the latest ~s после́дние газе́ты, после́дние вы́пуски газе́т 5. *арх.* пора́; коне́ц; all has its ~ всему́ прихо́дит коне́ц ◊ out of ~ устаре́лый, несовреме́нный; отжи́вший свой век; старомо́дный, вы́шедший из мо́ды; to go out of ~ устаре́ть, вы́йти из мо́ды; to ~ а) совреме́нный; сего́дняшний; the progress made to ~ результа́ты, дости́гнутые в после́днее вре́мя /име́ющиеся на сего́дняшний день/; б) ≃ до сих пор; there's no news to ~ до сих пор нет никаки́х новосте́й; up to ~ а) до настоя́щего вре́мени; б) совреме́нный, нове́йший; стоя́щий на у́ровне совреме́нных тре́бований; в) находя́щийся в ку́рсе де́ла /новосте́й, собы́тий/; г) *бухг.* доведённый до после́днего дня /до сего́ дня/ (*о гроссбу́хе, отчёте и т. п.*); to bring smth. up to ~ обнови́ть /усоверше́нствовать/ что-л.; to bring smb. up to ~ ввести́ кого́-л. в курс дел; to keep smb. up to ~ снабжа́ть кого́-л. после́дними све́дениями; держа́ть кого́-л. в ку́рсе дел; to keep smth. up to ~ а) усоверше́нствовать что-л.; б) пополня́ть что-л. после́дними да́нными

date¹ II [deɪt] *v* 1. 1) простaвля́ть да́ту, дати́ровать, ста́вить число́; ука́зывать вре́мя и ме́сто; to ~ a document [a letter, a picture] проста́вить да́ту [и указать место) на документе [на письме, на картине]; he decided to ~ his letter "Chicago" он решил проставить на письме обратный адрес "Чикаго"; the letter is ~d from Chicago письмо послано из Чикаго; the envelope is ~d the 20th of August на конверте была проставлена дата — 20 августа 2) иметь дату, датироваться; содержать указание времени и места; the letter ~ from London письмо послано из Лондона 2. 1) датировать, относить к определённому времени, возводить к определённой эпохе; to ~ smb.'s birth установить дату чьего-л. рождения; to ~ the vase from Mycenaean times датировать вазу микенской эпохой 2) датироваться, относиться к определённому времени, восходить к определённой эпохе; the monument ~s back to /as far as/ the time of... памятник восходит ко времени...; these ideas ~ from before the war эти идеи возникли ещё до войны 3. 1) считать, исчислять; geological time is not ~d by years геологическое время исчисляется не годами 2) (from) считаться, исчисляться 4. устареть

date[2] I [deɪt] *n разг.* 1) свидание, встреча; to make a ~ with smb. назначить свидание с кем-л.; I made a ~ with her for supper я пригласил её на ужин; to go out on a ~ with smb. пойти на свидание с кем-л.; to ask smb. for a ~ просить кого-л. о встрече; I have (got) a ~ with him у меня с ним свидание 2) человек, с которым назначено свидание

date[2] II [deɪt] *v разг.* назначать (*кому-л.*) свидание (*тж.* ~ up); I'm ~d up already у меня уже назначено свидание /назначена встреча/

date[3] [deɪt] *n* 1. финик 2. = date-palm
dateable ['deɪtəbl] = datable
datebook ['deɪtbʊk] *n амер.* еженедельник
date-dress ['deɪtdres] *n разг.* выходное платье (*девушки*); she was wearing her ~ она принарядилась /припарадилась/
Datel, datel ['deɪtel] компьютерная система экспрессной передачи данных абонентам (*в почтовом ведомстве Англии*)
dateless[1] ['deɪtlɪs] *a* 1. недатированный, без даты 2. бесконечный, вечный вековечный, незапамятный; the ~ hills вековые горы
dateless[2] ['deɪtlɪs] *a* 1. не имеющий даты; ~ letter письмо без даты 2. бесконечный, нескончаемый; the ~ night of death вечная ночь смерти 3. давний, существующий с незапамятных времён; ~ customs древние обычаи; antiquity седая древность 4. неподвластный времени, вечный; ~ Hamlet вечно живой Гамлет 5. 1) незанятый 2) не имеющий партнёра; to come to the party ~ прийти на вечер без партнёра или без партнёрши
date-line ['deɪt(,)laɪn] *n* 1. *астр. мор.* демаркационная линия суточного времени 2. 1) строка (*в статье, документе*), где пишется дата и место 2) полигр. выходные данные
date-lined ['deɪtlaɪnd] *a* имеющий обозначение даты и места; ~ from Cairo посланный из Каира
date-mark ['deɪtmɑːk] *n* указание даты (*изготовления и т. п.*)
date-palm ['deɪt,pɑːm] *n бот.* финиковая пальма (*Phoenix dactylifera*)
date-plum ['deɪt,plʌm] *n бот.* персимон, хурма (*Diospyros gen.*)
dater ['deɪtə] *n* аппарат для проставления даты
date-shell ['deɪtʃel] *n зоол.* скальный двустворчатый моллюск (*Lithodomus gen.*)

date-sugar ['deɪt,ʃʊɡə] *n* финиковый сахар
date-tree ['deɪt,triː] = date-palm
date-wine ['deɪtwaɪn] *n* вино из сока финиковой пальмы
dating ['deɪtɪŋ] *n* датирование, датировка; определение возраста (*пород, археологических находок и т. п.*)
dating bar ['deɪtɪŋbɑː] *амер.* бар встреч (*место знакомства одиноких мужчин и женщин*)
dating machine ['deɪtɪŋməˌʃiːn] = dater
dative I ['deɪtɪv] *n* дательный падеж; ethical ~ этический дательный, дательный интереса (*обозначает лицо, в пользу которого совершается действие*)
dative II ['deɪtɪv] *a* 1. *грам.* дательный; ~ case [form] дательный падеж [форма дательного падежа] 2. представляемый по (*чьему-л.*) усмотрению 3. сменяемый (*о должности судьи, чиновника*) 4. *шотл. юр.* выдаваемый или назначаемый судом или судьёй
datolite ['dætə(ʊ)laɪt] *n мин.* датолит
datum ['deɪtəm] *n* (*pl* data) данная величина; исходный факт; исходный уровень; (*одно*) данное
datum-level ['deɪtəm,levl] *n спец.* условный уровень; нуль высоты
datum-line ['deɪtəm,laɪn] *n* 1) *спец.* базовая, исходная линия 2) *воен.* нулевая линия прицеливания
datum mark ['deɪtəmˌmɑːk] *топ.* базис, репер, отметка уровня
datum point ['deɪtəmˌpɔɪnt] 1) = datum mark 2) *воен.* исходный ориентир
datura [də'tjʊərə] *n бот.* дурман (*Datura spp.*)
daturia [də'tjʊərɪə] = daturine
daturine [də'tjʊərɪn] *n фарм.* атропин
daub I [dɔːb] *n* 1. 1) штукатурка, обмазка из раствора (*обыкн. глины или извёстки*) с соломой 2) нанесение обмазки; мазок 2. плохая картина, мазня, пачкотня
daub II [dɔːb] *v* 1. обмазывать, мазать (*глиной, извёсткой*) штукатурить; to ~ plaster on a wall штукатурить стену 2. пачкать, грязнить; to ~ smb. all over with tar вымазать кого-л. дёгтем; to ~ oneself with ink вымазаться в чернилах 3. плохо рисовать, малевать; the paint was ~ed on краски были наложены кое-как
dauber ['dɔːbə] *n* 1. *см.* daub II + -er 2. плохой художник, мазилка 3. кисть для обмазки 4. *зоол.* оса роющая, сфецида (*Sphecidae*)
daubery ['dɔːbərɪ] *n* пачкотня, мазня
daubing[1] ['dɔːbɪŋ] *n* 1. мазка, обмазывание (*действие*) 2. материал для обмазки, *особ.* известь или глина
daubing[2] ['dɔːbɪŋ] *амер.* = dubbing[2]
daubry ['dɔːbrɪ] = daubery
daubster ['dɔːbstə] = dauber 2
dauby ['dɔːbɪ] *a* 1. плохо написанный (*о картине*) 2. липкий 3. *диал.* грязный
daughter ['dɔːtə] *n* 1. дочь, дочка; ~ child дочь; ~ of the soil дочь природы 2. 1) порождение, отпрыск; Fortune and its ~ Confidence удача и её /богатство и его/ неизменная спутница — уверенность; the United States is a ~ of Great Britain Великобритания — родоначальница Соединённых Штатов 2) *физ., хим.* продукт (*чего-л.*); long-lived [short-lived] ~ долгоживущий [короткоживущий] дочерний изотоп 3. *уст.* девочка, девушка
◊ ~ of Eve, Eve's ~ дочь Евы, женщина; the ~ of Jezebel *библ.* дочь Иезавели; *образн. тж.* преступная /наглая/ женщина; the ~ of the horse-leech кровопийца; вымогательница; skipper's

~s высокие волны с белыми гребнями; the Duke of Exeter's ~ *ист.* дыба; Scavenger's ~ *ист.* ≅ тиски (*орудие пытки*)
daughter enterprise ['dɔːtər'entəpraɪz] дочернее предприятие
daughterhood ['dɔːtəhʊd] *n* 1. положение дочери 2. *собир.* дочери
daughter-in-law ['dɔːt(ə)rɪnlɔː] *n* (*pl* daughters- ['dɔːtəz-]) жена сына, невестка, сноха
daughter language ['dɔːtə'læŋɡwɪdʒ] *лингв.* 1. язык-потомок 2. *pl* родственные языки
daughterly ['dɔːtəlɪ] *a* дочерний; ~ affection дочерняя привязанность
daughter nation ['dɔːtə'neɪʃ(ə)n] народ-потомок
daughter nucleus ['dɔːtə'njuːklɪəs] *физ.* дочернее ядро
dauk [dɔːk] *n мин.* глинистый песчаник; углистый сланец; суглинок
daunt [dɔːnt] *v* 1. *книжн.* запугивать, устрашать; nothing can ~ him его ничем не запугаешь; he was ~ed by the new difficulty новая трудность привела его в (полную) растерянность; nothing ~ed нисколько не смущаясь; неустрашимо 2. *диал.* обескураживать, ошеломлять 3. *уст.* укрощать; to ~ a bully with a look одним взглядом привести хулигана в чувство
daunt[1] I [dɔːnt] *n* деревянный диск (*для укладки сельди в бочки*)
daunt[2] II [dɔːnt] *v* укладывать (*сельдь*) в бочки
dauntless ['dɔːntlɪs] *a книжн.* неустрашимый, бесстрашный; ~ courage бесстрашие
dauphin ['dɔːfɪn] *n ист.* дофин
dauphiness ['dɔːfɪnɪs] *n ист.* жена дофина
davenport ['dævnpɔːt] *n* 1. изящный письменный столик 2. диван-кровать; кушетка
David ['deɪvɪd] *n библ.* Давид
Davis Cup ['deɪvɪskʌp] 1) кубок Дэвиса (*теннис*) 2) турнир на кубок Дэвиса (*командное первенство мира по теннису*); ~ player участник турнира на кубок Дэвиса
davit ['dævɪt] *n мор.* 1) шлюпбалка 2) фишбалка
Davy ['deɪvɪ] *n горн.* лампа Дэви, предохранительная лампа
davy ['deɪvɪ] *n* (*сокр. от* affidavit) *сл.* клятва; to take one's ~ (that) клятвенно подтвердить (то, что)
Davy Jones ['deɪvɪ'dʒəʊnz] *мор. жарг.* морской дьявол; ~'s locker океан, могила моряков; to go /to be sent/ to ~'s locker утонуть
Davy lamp, Davy's lamp ['deɪvɪˌlæmp, 'deɪvɪzˌlæmp] = Davy
daw [dɔː] *n* 1. галка 2. *уст.* лентяй 3. *шотл.* неряха
dawdle I ['dɔːdl] *n* 1. лодырь, бездельник 2. пустое времяпрепровождение
dawdle II ['dɔːdl] *v* 1. бездельничать, попусту терять время; слоняться без дела; to ~ over smth. лениво /нехотя/ заниматься чем-л.; волынить; to ~ along the road бесцельно брести по дороге; to ~ over one's tea затягивать чаепитие; to ~ over the wine медленно потягивать вино; to ~ away one's time [one's vacation] попусту тратить время [бездарно провести каникулы] 2. *сл.* «заводиться», чрезмерно увлекаться ведением мяча (*баскетбол*)
dawdler ['dɔːdlə] *n* 1. лодырь 2. копуша

DAW — DAY

dawk [dɔ:k] *n инд.* **1.** 1) перекладны́е; to travel ~ е́хать на перекладны́х 2) сме́нные носи́льщики **2.** по́чта (перевози́мая на перекладны́х *или* переноси́мая сме́нными носи́льщиками)

dawn I [dɔ:n] *n* **1.** рассве́т, у́тренняя заря́; at ~ на рассве́те; the ~ of day заря́ но́вого дня; to work from ~ till dark рабо́тать от зари́ до зари́; ~ grey серебри́стый; ~ came over the city над го́родом заня́лся рассве́т **2.** нача́ло, нача́тки, зача́тки; исто́ки; the ~ of civilization [of the arts, of life] нача́ло/исто́ки, заря́/ цивилиза́ции [иску́сства, жи́зни]; before the ~ of history в доистори́ческие времена́; since the ~ of history от /с/ нача́ла исто́рии; the ~ of hope [of intelligence] про́блески наде́жды [созна́ния]

dawn II [dɔ:n] *v* **1.** 1) (рас)света́ть; бре́зжить, занима́ться; it ~s, morning /day/ ~s заря́ /день/ занима́ется, рассвета́ет 2) освеща́ться (*зарёй, пе́рвыми луча́ми со́лнца*) **2.** начина́ться, пробужда́ться; появля́ться; his fame is just ~ing он стано́вится изве́стным **3.** (on, upon) осеня́ть; приходи́ть в го́лову; приходи́ть на ум; доходи́ть до созна́ния; it has just ~ed upon me меня́ вдруг осени́ло, мне пришло́ в го́лову

dawning I [ˈdɔ:nɪŋ] *n поэт.* **1.** рассве́т, заря́; восто́к **2.** нача́ло, зача́тки, нача́тки, ростки́, пе́рвые при́знаки, про́блески; the ~ of a new era заря́ но́вой э́ры

dawning II [ˈdɔ:nɪŋ] *a* начина́ющийся; ~ light пе́рвые лучи́ со́лнца; ~ consciousness [intelligence] пробужда́ющееся созна́ние [-ийся ум]

dawn rocket [ˈdɔ:n͵rɒkɪt] раке́та, запу́щенная в направле́нии орбита́льного движе́ния Земли́

dawsonite [ˈdɔ:sənaɪt] *n мин.* даусони́т

day [deɪ] *n* **1.** 1) день; every ~ ка́ждый день; что ни день; any ~ а) в любо́й день; в любо́е вре́мя; б) со дня на́ день [*см.* ◇]; every other /second/ ~, ~ about че́рез день; twice a ~ два ра́за в день, два́жды на дню; all ~ весь день [*ср. тж.* ◇]; all (the) ~ long день-деньско́й, с утра́ до ве́чера, весь день напролёт; ~ and night, night and ~ а) день и ночь; б) кругосу́точно; between two ~s *амер.* но́чью; the ~ before накану́не; the ~ before yesterday тре́тьего дня, позавчера́; the ~ after tomorrow послеза́втра; in two ~s че́рез два дня (*в бу́дущем*); two ~s after че́рез два дня (*по́сле како́го-то собы́тия*); a few ~s ago /before/ не́сколько дней наза́д; ~ after ~, ~ by ~, ~ in and ~ out день за днём, изо дня в день; ~ out а) день, проведённый вне до́ма; б) свобо́дный день прислу́ги; ~ of rest, ~ off выходно́й день 2) день, дневно́е вре́мя; parting ~ вре́мя пе́ред захо́дом со́лнца; день, склоня́ющийся к зака́ту; broad ~ день, днём; at ~ на рассве́те, на заре́; before ~ за́темно, до рассве́та; by ~ днём [*ср.* ◇]; break of ~ рассве́т; восхо́д со́лнца; the ~ breaks /dawns/ заря́ занима́ется 3) рабо́чий день; seven-hour ~ семичасово́й рабо́чий день; ~'s takings ежедне́вная вы́ручка; (to work) by the ~ (рабо́тать) подённо [*ср. тж.* 2)] 4) определённый день, (календа́рная) да́та; Victory D. День Побе́ды; May D. Пе́рвое ма́я; the /this/ ~ *рел.* /*диал.* сего́дня; (on) this [that] ~ в э́тот [тот] день; on his ~ of arrival в день его́ прие́зда; this ~ week [fortnight] (в тот же день) че́рез неде́лю [че́рез две неде́ли]; the previous ~ накану́не; till /up to/ this ~ до э́того /сего́дняшнего/ дня; from this ~ on /forth/ с э́того дня, начина́я с э́того дня; on this very ~ в тот же са́мый день; to fix /to set/ a ~ назна́чить день; ~s in court *юр.* дни суде́бных заседа́ний; those are her ~s по э́тим дням она́ принима́ет (госте́й) **2.** день, су́тки, два́дцать четы́ре часа́; ~ clock часы́ с су́точным заво́дом; ~ duty двадцатичетырёхчасова́я ва́хта (*на корабле́*); solar /astronomical/ mean solar ~ сре́дние со́лнечные /астрономи́ческие/ су́тки; civil /legal/ ~ гражда́нские су́тки; lunar ~ а) лу́нный день; б) лу́нные су́тки; sidereal ~ звёздные су́тки; ~'s length продолжи́тельность в одни́ су́тки; ~'s allowance су́точная да́ча /но́рма/; ~'s provisions су́точный запа́с продово́льствия; two ~'s journey двухдне́вное путеше́ствие; five ~s from Paris в пяти́ днях (езды́) от Пари́жа; ~ of fire *воен.* су́точный расхо́д боеприпа́сов, боекомпле́кт **3.** реша́ющий день; би́тва, сраже́ние; to carry /to win, to get/ the ~ одержа́ть побе́ду, вы́играть би́тву; взять верх; to lose the ~ проигра́ть сраже́ние, потерпе́ть пораже́ние; to save the ~ а) успе́шно зако́нчить неуда́чно на́чатый бой; б) спасти́ положе́ние; the ~ is ours побе́да за на́ми; на́ша взяла́; the ~ is against us мы проигра́ли би́тву, всё ко́нчено, на́ше де́ло таба́к; a fair ~ *уст.* побе́да в бою́ **4.** *ча́сто pl* 1) вре́мя, э́ра, эпо́ха; men and women of the ~ лю́ди /мужчи́ны и же́нщины/ того́ *или* на́шего вре́мени; men of the ~ знамени́тости (той) эпо́хи; men of other ~s мужчи́ны друго́й эпо́хи (in /at/) these [those] ~s (в) э́ти [те] дни; (in) these latter ~s, (in) our own ~ (в) на́ши дни, (в) на́ше вре́мя; (in) the ~(s) of Shakespeare, (in) Shakespeare's ~(s) (во) времена́/ /Шекспи́ра; at the present ~ в на́ши дни, в настоя́щее вре́мя; in ~s to come в бу́дущем; в гряду́щем; in the ~s of old, in olden ~s, in ~s gone by в было́е времена́; во вре́мя оно́ 2) пери́од, срок, пора́; some ~ когда́-нибудь; в ближа́йшее вре́мя; в недалёком бу́дущем; (up) to the present ~ до настоя́щего вре́мени, и по сию́ по́ру; at some future ~ в) како́й-нибудь на дня́х; ~s of grace *ком.* льго́тный срок; lay ~s *ком.* срок погру́зки и разгру́зки судо́в **5.** 1) *обыкн. pl* дни жи́зни, жизнь; better ~s лу́чшие дни жи́зни, лу́чшая пора́; he has seen his better ~s он знава́л лу́чшие времена́; (one's) early ~s ю́ношеские го́ды; in one's boyhood ~s в де́тстве; till /to/ one's dying ~ до конца́ дней свои́х; in one's last ~s при после́днем издыха́нии; to close /to end/ one's ~s око́нчить дни свои́, умере́ть; in all one's born ~s за всю́ свою́ жизнь; his ~s are numbered его́ дни сочтены́; the horse worked its /his/ ~s out ло́шадь отжила́ своё 2) определённый пери́од жи́зни, пора́; he was a great singer in his ~ когда́-то /в своё вре́мя/ он был великоле́пным певцо́м; I read much in my ~ бы́ло вре́мя, когда́ я мно́го чита́л, в своё вре́мя я мно́го чита́л **6.** пора́ расцве́та, процвета́ния; one's ~ is gone /done/ счастли́вая пора́ око́нчилась; he has had his ~ его́ вре́мя прошло́ **7.** *геол.* дневно́й пласт, дневна́я пове́рхность **8.** *астр.* пери́од оборо́та небе́сного те́ла; the moon's ~ сидери́ческий /звёздный/ ме́сяц

◇ D. of Doom /Judgement, Wrath, Reckoning/ *рел.* су́дный день, день стра́шного суда́; All Fools' ~, April Fool's ~ 1-е апре́ля (*день шутли́вых обма́нов*); one ~ а) одна́жды, ка́к-то раз; в один прекра́сный день (*в ска́зках*); б) в ближа́йшие дни; I'll see you one ~ я ка́к-нибудь зайду́ к вам; one fine ~ в один прекра́сный день; one of these ~ s в ближа́йшие дни; some ~ когда́-нибудь; the other ~ не так давно́, на днях; early in the ~ во́время; (rather) late in the ~ поздно́вато; good ~! а) до́брый день!; б) до свида́ния; the ~'s needs насу́щные потре́бности; cap and feather ~s дни де́тства, де́тство; any ~ бесспо́рно, несомне́нно [*см. тж.* 1, 1)]; black-letter ~ бу́дний /обы́чный/ день; red-letter ~ а) пра́здник; та́бельный день; б) счастли́вый /па́мятный/ день; of a ~ мимолётный, недолгове́чный; to a ~ день в день; all ~ with smb. *амер.* ги́блое де́ло, «кры́шка» (*ср. тж.* 1, 1)]; a ~ after the fair сли́шком по́здно; a ~ before the fair сли́шком ра́но; (to be) on the /one's/ ~ (быть) в уда́ре; in this ~ and age в на́ше с ва́ми вре́мя; she is fifty [forty, sixty] if she is a ~ ей все пятьдеся́т [со́рок, шестьдеся́т]; to name the ~ назна́чить день сва́дьбы; to keep one's ~ быть пунктуа́льным, явля́ться во́время; let's /we'll/ call it a ~ ко́нчим на э́том; на сего́дня дово́льно; to make a ~ of it прекра́сно провести́ день; a fine ~ for the young ducks *шутл.* дождь идёт — у́ткам раздо́лье; дождли́вый день; to praise a fair ~ at night хвали́ть что-л. с опозда́нием; to name smb. [smth.] in /on/ the same ~ ста́вить кого́-л. на одну́ до́ску; clear /plain/ as ~ я́сно как день; as the ~ is long исключи́тельно, на ре́дкость; that will be the ~! вряд ли на э́то мо́жно рассчи́тывать; э́то ма́ло вероя́тно; every ~ is not Sunday *посл.* ≅ не всё коту́ ма́сленица; не ка́ждый день пра́здник быва́ет; drunken ~s have all their tomorrow *посл.* ≅ пья́ный ска́чет, а проспа́лся — пла́чет; sufficient for /unto/ the ~ is the evil thereof *библ.* довле́ет дне́ви зло́ба его́; every dog has his /it's/ ~ *посл.* ≅ у вся́кого быва́ет полоса́ уда́чи

day-and-night [ˈdeɪən(d)͵naɪt] *a* круглосу́точный; ~ duty круглосу́точное дежу́рство

day-bed [ˈdeɪbed] *n* 1) *уст.* шезло́нг 2) кушётка

daybill [ˈdeɪbɪl] *n* афи́ша

day-blindness [ˈdeɪ͵blaɪn(d)nɪs] *n* дневна́я слепота́

day-boarder [ˈdeɪ͵bɔ:də] *n* полупансионе́р (*о шко́льнике*)

day-book [ˈdeɪbʊk] *n бухг., воен.* журна́л

day-boy [ˈdeɪbɔɪ] *n* учени́к, не живу́щий при шко́ле

daybreak [ˈdeɪbreɪk] *n* рассве́т; at ~ на рассве́те

day camp [ˈdeɪkæmp] де́тский сад

day-care [ˈdeɪkeə] *a* обеспе́чивающий присмо́тр /ухо́д/ за детьми́ (*в де́тских учрежде́ниях*); ~ services де́тские учрежде́ния

day-care centre [ˈdeɪkeə͵sentə] 1) де́тское учрежде́ние, де́тский сад; the ~ system сеть де́тских учрежде́ний 2) гру́ппа продлённого дня (*для мла́дших шко́льников*)

day centre [ˈdeɪ͵sentə] центр по́мощи инвали́дам и престаре́лым

day coach [ˈdeɪkəʊtʃ] 1) *ист.* почто́вая каре́та, соверша́ющая ре́йсы днём 2) *амер.* пассажи́рский ваго́н с сидя́чими места́ми

day-coal [ˈdeɪ͵kəʊl] *n* у́голь, находя́щийся у пове́рхности

day-dawn [ˈdeɪdɔ:n] *n поэт.* заря́

day-degrees [ˈdeɪdɪ͵gri:z] *n с.-х.* су́мма температу́р вы́ше поро́говой за не́который пери́од (*определя́ет сезо́н вегета́ции*)

day-dream I ['deɪdriːm] *n* грёзы, мечты; сон наяву; воздушные замки
day-dream II ['deɪdriːm] *v* грезить
day-dreamer ['deɪˌdriːmə] *n* мечтатель; фантазёр
day-drift ['deɪdrɪft] *n горн.* штольня, штрек с выходом на поверхность
day-eye ['deɪaɪ] *n горн.* наклонная шахта, наклонный ствол
day-flower ['deɪˌflauə] *n* цветок, раскрывающийся днём
day-fly ['deɪflaɪ] *n* однодневка, подёнка
day-girl ['deɪgɜːl] *n* ученица, не живущая при школе
dayglow ['deɪgləu] *n спец.* дневное свечение атмосферы
day-hole ['deɪhəul] = day-drift
day-hours ['deɪˌauəz] *n pl церк.* обедня
day-labour ['deɪˌleɪbə] *n* подённая работа
day-labourer ['deɪˌleɪbərə] *n* подёнщик
dayless ['deɪlɪs] *a* тёмный
day letter ['deɪˌletə] телеграмма-письмо (*посланная днём и оплачиваемая по пониженному тарифу*)
daylight ['deɪlaɪt] *n* 1. дневной свет; солнечный свет; естественное освещение; светлое время суток; in broad ~ а) при дневном свете, в ярком освещении; б) открыто, публично 2. рассвет, день; at ~ на рассвете; to get up at ~ вставать с зарёй; before ~ до рассвета, затемно; to work from ~ till dark работать от зари до зари /с утра до вечера/ 3. просвет (*между двумя предметами*) 4. гласность; осведомлённость; to let ~ into smth. предать что-л. гласности; to throw ~ upon smth. проливать свет на что-л. 5. *pl сл.* «гляделки», «зенки»; to darken smb.'s ~ подбить кому-л. глаз, поставить кому-л. фонарь под глазом ◊ as clear as ~ ясный как день; to see ~ видеть выход из положения, наконец-то понять /постичь/; to burn ~ *уст.* а) жечь свечи /свет/ днём; б) даром терять время, попусту растрачивать силы; to frighten /to scape/ the ~s out of smb. напугать кого-л. до смерти; to beat the ~s out of smb. забить кого-л. до полусмерти; to let ~ into /through/ smb. пристрелить /заколоть/ кого-л.; ~ no ~! *амер.* наливай полнее!
daylight lamp [ˌdeɪlaɪt'læmp] лампа дневного света
daylight-saving [ˌdeɪlaɪt'seɪvɪŋ] *n* перевод летом часовой стрелки на час вперёд в государственном масштабе (*с целью экономии электроэнергии*); переход на «летнее время»; ~ time декретное «летнее время» (*с целью эффективного использования светлого времени суток*)
day-lily ['deɪˌlɪlɪ] *n бот.* красоднев (*Hemerocallis gen.*)
daylong I ['deɪlɒŋ] *a* продолжающийся весь день
daylong II ['deɪlɒŋ] *adv* в течение всего дня
dayman ['deɪmən] *n* (*pl* -men [-mən]) 1. подёнщик 2. *театр.* рабочий сцены, занятый в дневное время
daymare ['deɪmeə] *n* кошмар, преследующий человека во время бодрствования
day nursery ['deɪˌnɜːsrɪ] 1. (дневные) ясли для детей 2. комната для детских игр
daypeep ['deɪpiːp] *n* первые проблески дня
day release [ˌdeɪrɪ'liːs] освобождение от работы на один или несколько дней для повышения квалификации
day return [ˌdeɪrɪ'tɜːn] обратный билет на тот же день

day-room ['deɪruː(ː)m] *n* 1. комната, используемая днём 2. *воен.* комната отдыха 3. рабочее помещение для заключённых (*в тюрьме*)
days [deɪz] *adv разг.* днём, в дневное время; to work ~ работать в дневную смену
day-sailer ['deɪˌseɪlə] *n* маленькая парусная шлюпка
day-scholar ['deɪˌskɒlə] = day-boy
day-school ['deɪskuːl] *n* 1) школа с дневными часами занятий (*в противоположность вечерней школе*) 2) школа без пансиона (*для приходящих учеников*) 3) школа, работающая в будни (*в противоположность воскресной школе*)
day-shift ['deɪʃɪft] *n* дневная смена (*особенно в шахтах*)
dayshine ['deɪʃaɪn] = daylight 1
dayside ['deɪsaɪd] *n* 1. *проф.* дневная смена (*в редакции газеты*) 2. *астр.* дневная или освещённая сторона планеты
day-sight ['deɪsaɪt] *n* куриная слепота
daysman ['deɪzmən] *n* (*pl* -men [-mən]) 1. подёнщик 2. *уст.* посредник, арбитр
day-spring ['deɪsprɪŋ] *n поэт.* рассвет, заря
day-star ['deɪstɑː] *n* 1. утренняя звезда 2. *поэт.* солнце, дневное светило
day's-work ['deɪzwɜːk] *n* работа, выполненная в один день; not to do a ~ палец о палец не ударить; бездельничать; I've done a good ~ (сегодня) я славно поработал
daytal ['deɪtl] = day-tale
day-tale ['deɪteɪl] *n* подённый учёт работы; ~ labour [wages] подённая работа [оплата]
daytaler ['deɪtələ] *n диал.* подёнщик (*особ. в угольных копях*)
day-ticket ['deɪˌtɪkɪt] *n* обратный билет, годный в течение суток
day-time ['deɪtaɪm] *n* день; светлое время суток; in the ~ днём, в дневное время
day-to-day [ˌdeɪtə'deɪ] *a* повседневный; насущный; in our ~ life в нашей повседневной жизни
day-tracer bullet ['deɪˌtreɪsə'bulɪt] *воен.* дымотрассирующая пуля
day-wages ['deɪˌweɪdʒɪz] *n pl* подённая оплата
day-water ['deɪˌwɔːtə] *n* поверхностная вода
day-woman ['deɪˌwumən] = dairy-woman
day-work ['deɪwɜːk] *n* 1. эк. 1) прямая повременная работа 2) дневная выработка; measured ~ лимитированная норма с запретом перевыполнения 2. *горн.* работа на поверхности 3. *диал.* = day's-work 4. = day-labour
daze I [deɪz] *n* 1. изумление; оцепенение; he was in a ~ он был изумлён /поражён/; it brought him out of his ~ это вывело его из оцепенения 2. *мин.* слюда
daze II [deɪz] *v* 1. изумлять, поражать; ошеломлять; ~d by the lights and noise ошеломлённый светом и шумом; he felt ~d на него нашло (какое-то) оцепенение 2. *диал.* 1) замораживать; прихватывать (морозом) 2) (о)коченеть 3. *диал.* портиться
dazed [deɪzd] *a* 1) изумлённый, потрясённый, ошеломлённый; the picture left him ~ with admiration картина привела его в состояние изумления и восторга 2) *мед.* полубессознательный; ~ condition сумеречное /полубессознательное/ состояние
dazzle I ['dæzl] *n* 1. ослепление 2. ослепительный блеск; ~ lights ослепи-

тельно яркий свет; ~ lighting ослепляющий /слепящий/ свет (*фар*); acoustic ~ оглушение
dazzle II ['dæzl] *v* 1. 1) слепить, ослеплять; the sun ~s the eyes солнце слепит глаза 2) ослеплять блеском, великолепием; поражать; he was ~d by the prospect ≅ у него дух захватило /голова закружилась/ от этой перспективы 2. *редк.* затмевать 3. *мор.* окрашивать в целях маскировки
dazzlement ['dæzlmənt] *n книжн.* 1) ослепление 2) ослепительный блеск
dazzle paint ['dæzlˌpeɪnt] *воен.* маскировочная окраска, камуфляж
dazzle-painted ['dæzlˌpeɪntɪd] *a воен.* окрашенный в целях маскировки
dazzle-painting ['dæzlˌpeɪntɪŋ] = dazzle paint
dazzler ['dæzlə] *n разг.* 1. 1) блестящий человек 2) блестящая вещь 2. ослепительная улыбка
D-day ['diːdeɪ] *n* 1. 1) *воен.* день «Д», день начала операции 2) день высадки союзных войск в Европе (6 *июня 1944 г.*) 2. день демобилизации
de- [dɪ-, diː-, de-] *pref* образует глаголы со значением: 1. производить действие, обратное действию, обозначенному производящей глагольной основой: deexcite уменьшить уровень возбуждения (*элементарных частиц*); demotivate лишить мотивации; demythify демифологизировать; derecognize отказаться от дипломатического признания; decode декодировать 2. лишать того, что обозначено производящей именной основой; degender, desex устранить указание на пол; delawyer отменить участие адвоката (*в той или иной процедуре*); deman *брит.* уменьшить число работников 3. *грам.* образует прилагательные со значением образованный от: deadjectival деадъективный; denominative отымённый, деноминативный 4. *хим.* образует основы со значением лишённый такого-то атома в молекуле: deoxyguanosine дезоксигуанозин; dehydrocortisone дегидрокортизон 5. *встречается* в глаголах с общим значением уменьшения, понижения, ухудшения, отклонения: debase понижать качество; decline опускаться; decrease уменьшать; defeat наносить поражение; deflect отклонять; delay откладывать; depose смещать; descend спускаться; detach разъединять
de-accession [ˌdiːæk'seʃən] *v спец.* продавать (*картины, музейный экспонат*) с целью покупки более нужных (*музею, галерее*) экспонатов
deacidification [dɪˌæsɪdɪfɪ'keɪʃ(ə)n] *n хим.* раскисление, нейтрализация кислоты
deacon I ['diːk(ə)n] *n* 1. 1) священник 2. *шотл.* глава (*цеха или гильдии*) 2) мастер, знаток
deacon II ['diːk(ə)n] *v амер. разг.* 1. читать псалмы (*обыкн.* ~ off, ~ out) 2. выставлять лучшие экземпляры сверху (*при продаже фруктов и других товаров*); фальсифицировать (*товары*); to ~ wine разбавлять вино 3. мошенничать, жульничать
deaconess ['diːkənɪs] *n* 1. диакониса; 2. дьяконица
deaconhood ['diːk(ə)nhud] *n* 1. должность дьякона, дьяконство 2. *собир.* дьяконы
deaconry ['diːkənrɪ] = deaconhood
deacon's bench ['diːkənz'bentʃ] *амер.* деревянный диванчик для двоих

deaconship ['di:k(ə)nʃıp] = deaconhood
deactivate [di:'æktıveıt] *v воен.* **1.** расформиро́вывать **2.** демобилизова́ть **3.** обезвре́живать (*мины*) **4.** *спец.* дезактиви́ровать **5.** *тех.* отключа́ть; приводи́ть в неработоспосо́бное состоя́ние **6.** *вчт.* отключа́ть, отменя́ть, выключа́ть (*режим*); уничтожа́ть (*процесс*)
deactivation [di:ˌæktı'veıʃ(ə)n] *n спец.* дезактива́ция; обезвре́живание (*вредных веществ*)

dead I [ded] *n* **1.** (the ~) *собир.* мёртвые, уме́ршие, поко́йники; the ~ and the living мёртвые и живы́е; to rise from the ~ восста́ть из мёртвых; to raise smb. from the ~ воскреси́ть кого́-л. **2.** глуха́я пора́; the ~ of winter глуха́я зи́мняя пора́; in /at/ the ~ of night глубо́кой но́чью, в глуху́ю по́лночь **3.** *разг. см.* dead letter 2 **4.** *сл. см.* dead-beat¹ **5.** *pl горн.* пуста́я поро́да
dead II [ded] *a* **1.** 1) мёртвый; уме́рший; до́хлый; мёртвое тело; ~ cat до́хлая ко́шка [*см. тж.* dead cat]; to drop /to fall/ on the floor за́мертво упа́сть на́ пол; to shoot smb. ~ застрели́ть кого́-л.; to beat smb. ~ заби́ть кого́-л. (на́смерть); he is ~ and gone он давно́ у́мер [*см. тж.* 9, 1)]; he is ~ and done for он у́мер, он для меня́ всё ко́нчено; he is a ~ man ≅ ему́ кры́шка, он приговорён, ему́ коне́ц 2) свя́занный со сме́ртью; ~ list спи́сок поги́бших; ~ news изве́стие о сме́рти; чёрная весть; ~ march похоро́нный марш 3) безжи́зненный; как у мертвеца́; ~ eyes мёртвенный /ту́склый/ взор; a face ~ with fright лицо́, помертве́вшее от стра́ха 4) поги́бший, ко́нчившийся; the past is ~ про́шлого не вернёшь; my doubts are ~ мои́ сомне́ния рассе́ялись **2.** 1) увя́дший; поги́бший; ~ flowers увя́дшие цветы́; ~ leaves засо́хшие ли́стья 2) из сухи́х ли́стьев, ве́ток и *т. п.*; ~ hedge /fence/ забо́р из хво́роста, плете́нь **3.** неодушевлённый, неживо́й; ~ matter неживая материя; неоргани́ческое вещество́ **4.** лишённый при́знаков жи́зни, беспло́дный, пусто́й; ~ sand беспло́дные пески́; ~ soil беспло́дная по́чва, мёртвая земля́ **5.** онеме́вший, потеря́вший чувстви́тельность; my fingers have gone ~ у меня́ онеме́ли /затекли́/ па́льцы; his feet have gone ~ он переста́л чу́вствовать ступни́ **6.** бесчу́вственный, не засчи́тываемый; слепо́й или глухо́й (к чему́-л.); to ~ shame бессты́дный, забы́вший вся́кий стыд; ~ to all feelings бесчу́вственный, чёрствый; he is ~ to reason он глух к го́лосу рассу́дка; he is ~ to pity ему́ неве́домо чу́вство жа́лости **7.** него́дный, неприго́дный, утра́тивший основно́е сво́йство или фу́нкцию, потеря́вший си́лу; ~ match него́дная, незагоре́вшаяся спи́чка; ~ steam отрабо́танный пар; ~ street тупи́к; ~ track забро́шенная /неиспо́льзуемая/ доро́га; ~ mine забро́шенная /вы́работанная/ ша́хта; ~ volcano поту́хший вулка́н; ~ ball сла́бый /неупру́гий/ мяч [*см.* 17 *и* ◇]; ~ tube of toothpaste пусто́й тю́бик из-под зубно́й па́сты; ~ channel слепо́й рука́в реки́; ста́рица, за́водь **2.** ~ capital [stock] мёртвый капита́л [инвента́рь]; the river is ~ река́ пересо́хла; the line has gone ~ (телефо́нная) ли́ния отключи́лась, телефо́н отключи́лся; the phone went ~ тру́бку пове́сили; her lips have gone ~ она́ переста́ла отвеча́ть на его́ поцелу́и, её гу́бы ста́ли мёртвыми **8.** 1) безвку́сный; ~ beer безвку́сное пи́во; ~ wine пре́сное вино́ 2) пога́сший, поту́хший; ~ cigar поту́хшая сига́ра; ~ coal пога́сшие /осты́вшие/ у́гли 3) фальши́вый, ло́жный; ~ door фальши́вая /ло́жная/ дверь **9.** 1) недействи́тельный, вы́шедший из употребле́ния; устаре́вший; ~ forms отжи́вшие фо́рмы; ~ law недействующий /утра́тивший си́лу/ зако́н; ~ customs обы́чаи, уше́дшие /ка́нувшие/ в про́шлое; ~ and gone давно́ проше́дший, вы́шедший из употребле́ния [*см. тж.* 1, 1)] 2) вы́мерший, дре́вний; ~ village дре́внее поселе́ние; ~ language мёртвые языки́ **10.** 1) глухо́й (*о звуке*) 2) ту́склый; ~ surface ту́склая /ма́товая/ пове́рхность; ~ gold ма́товое зо́лото; ~ colour мёртвенный /ту́склый/, нея́ркий/ цвет [*см. тж.* dead colour] **11.** 1) вя́лый, апати́чный; ~ response вя́лая реа́кция; ~ description невырази́тельное описа́ние 2) оцепене́лый **12.** глухо́й, уны́лый, однообра́зный, ску́чный; ~ season мёртвый сезо́н; глуха́я пора́; ~ hours of the night глухи́е часы́ но́чи; business begins to grow ~ начина́ется засто́й в дела́х **13.** 1) лишённый движе́ния, неподви́жный; недви́жный, недви́жимый, засты́вший; ~ air засты́вший во́здух 2) не дви́гающийся, стоя́щий на ме́сте; he has gone ~ он останови́лся как вко́панный 3) остановивши́йся; безде́йствующий; ~ needle неподви́жная магни́тная стре́лка; ~ spindle *тех.* неподви́жный вал; ~ motor загло́хший дви́гатель; to make ~ *эл.* обесто́чить, вы́ключить **14.** *эмоц.-усил.* по́лный, соверше́нный, глубо́кий, кра́йний; ~ stop по́лная остано́вка; he came to a ~ stop он останови́лся как вко́панный; ~ sleep мёртвый /непробу́дный/ сон; ~ faint глубо́кий о́бморок, поте́ря созна́ния; to fall in a ~ faint упа́сть без чувств /за́мертво/; ~ hush /silence/ мёртвая тишина́; ~ calm мёртвый штиль; ~ certainty по́лная уве́ренность; ~ secret вели́кая та́йна; in ~ earnest соверше́нно серьёзно; I am in ~ earnest я совсе́м не шучу́, мне не до шу́ток; ~ failure /frost/ по́лная неуда́ча, по́лный прова́л; фиа́ско **15.** *эмоц.-усил.* смерте́льно, ужа́сно; to be ~ with hunger умира́ть с го́лоду; быть голо́дным как волк; to be ~ with cold промёрзнуть до косте́й **16.** *ком.* убы́точный; ~ loss чи́стая поте́ря, чи́стый убы́ток; ~ rent ре́нта, выпла́чиваемая аренда́тором незави́симо от того́, разраба́тываются ли аренду́емые не́дра или нет; ~ loan убы́точный заём **17.** *спорт.* вы́шедший из игры́; ~ ball мяч, кото́рый не засчи́тывается [*см. тж.* 7 *и* ◇] **18.** *юр.* лишённый прав, поражённый в права́х **19.** *физ.* поглоща́ющий зву́ки **20.** *полигр.* него́дный; испо́льзованный **21.** 1) *горн.* непроветрива́емый (*о выработке*) 2) засто́йный (*о воздухе*); неподви́жный (*о текущей среде*) **22.** *горн.* пусто́й, не содержа́щий поле́зного ископа́емого, непродукти́вный; ~ rock /ground/ пуста́я поро́да; ~ coal некоксу́ющийся у́голь; ~ эл. не находя́щийся под напряже́нием, вы́ключенный; ~ wire отключённый про́вод; ~ contact разо́мкнутый конта́кт
◇ ~ ball ве́рный мяч (*гольф*) [*см. тж.* 7 *и* 17]; ~ shot a) ме́ткий вы́стрел; б) стрело́к, не де́лающий про́махов; сна́йпер; he was the ~est shot in the county он был лу́чшим стрелко́м в гра́фстве; ~ dog *сл.* а) ни на что́ не го́дный, никчёмный челове́к; б) нену́жная вещь; ~ duck *амер.* ко́нченный челове́к; ~ marines пусты́е ви́нные буты́лки; ~ spit то́чная ко́пия (*кого-л., чего-л.*); D. Sea Apple /Fruit/ краси́вый, но гнило́й плод; ~ above the ears, ~ from the neck up *амер. сл.* ≅ глуп как про́бка; ~ to the world а) в бесчу́вственном состо́янии, без созна́ния; б) спя́щий мёртвым сном; в) мертве́цки пья́ный; ~ as a door-nail/ as a herring, as mutton, as four o'clock, as a nit/ а) без каки́х-л. при́знаков жи́зни, безды́ханный; б) вы́шедший из употребле́ния, исче́знувший без следа́; утра́тивший си́лу, преврати́вшийся в мёртвую бу́кву (*о договоре и т. п.*); ~ in the water a) *мор.* потеря́вший ход, без хо́да (*о судне*); б) на мели́, в безвы́ходном положе́нии; over my ~ body! (то́лько) че́рез мой труп, ни за что на све́те!; э́тому не быва́ть!; not to be seen ~ лу́чше уме́реть, чем...; испы́тывать омерзе́ние (к чему́-л.); more ~ than alive смерте́льно уста́лый; ~ men don't bite /don't tell tales/, ~ men tell no tales *посл.* мёртвый не ска́жет

dead III [ded] *adv* **1.** *эмоц.-усил.* до́ сме́рти, кра́йне; соверше́нно; ~ asleep спя́щий мёртвым /непробу́дным/ сном; ~ broke обанкро́тившийся, разори́вшийся в пух и прах; ~ straight идеа́льно прямо́й; ~ sure по́лностью /абсолю́тно/ уве́ренный; ~ calm соверше́нно споко́йный; ~ drunk мертве́цки пья́ный; в сте́льку пья́ный; ~ small кро́хотный; ~ tired уста́вший до́ сме́рти; ~ gone on smb. безу́мно /по́ уши/ влюблённый в кого́-л.; to cut smb. ~ по́лностью игнори́ровать кого́-л., не обраща́ть никако́го внима́ния на /не замеча́ть/ кого́-л.; бойкоти́ровать кого́-л. **2.** то́чно, ро́вно, пря́мо; ~ square hole абсолю́тно квадра́тное отве́рстие; ~ against реши́тельно про́тив; I'm ~ against this plan я реши́тельно про́тив э́того пла́на; ~ ahead то́чно вперёд; in 28 seconds ~ ро́вно че́рез /в/ 28 секу́нд; coming ~ towards us иду́щий пря́мо на нас **3.** не дви́гаясь; to stop ~ прирасти́ к ме́сту
dead IV [ded] *v диал.* **1.** 1) умира́ть 2) теря́ть си́лы 3) охлажда́ться **2.** губи́ть, умерщвля́ть **3.** лиша́ть жи́зненной си́лы, ослабля́ть; заглуша́ть
dead abatis ['dedˌæbətıs] *воен.* перено́сная за́сека, зава́л
dead-alive ['dedəˌlaıv] *a разг.* **1.** удручённый **2.** моното́нный; ску́чный; удруча́ющий
dead-and-down [ˌdedən(d)'daun] *n лес.* сухосто́й
dead-and-living [ˌdedən(d)'lıvıŋ] *n амер.* = dead-and-down
dead-beat¹ ['dedˌbi:t] *n* **1.** *амер. сл.* безде́льник, парази́т **2.** *разг.* би́тник
deat-beat² [ˌded'bi:t] *a* **1.** смерте́льно уста́лый, изнурённый; измо́танный; вы́бившийся из сил 2) за́гнанный (*о лошади*)
dead-beat³ [ˌded'bi:t] *a* **1.** успоко́енный; бесколеба́тельный (*о магнитной стрелке*) **2.** апериоди́ческий (*об измерительном приборе*)
dead-born ['dedbɔ:n] *a* мертворождённый (*тж. перен.*)
dead cat ['ded'kæt] *проф.* кри́тика
dead-centre [ˌded'sentə] *n* **1.** мёртвая то́чка **2.** неподви́жная то́чка; неподви́жный центр
dead-clothes ['dedklǝuðz] *n pl* смертные оде́жды, оде́жда поко́йника
dead cocoon ['dedkə'ku:n] *биол.* ко́кон-глуха́рь с приро́сшей к оболо́чке ку́колкой
dead colour ['dedˌkʌlə] *жив.* грунто́вка
dead-colour ['dedˌkʌlə] *v жив.* грунтова́ть
dead-doing ['deddu:ıŋ] *a уст.* убийственный, смертоно́сный
dead drop ['ded'drɔp] тайни́к (*для передачи шпионской информации*)
dead-drop ['ded'drɔp] *n спорт.* спад; ~ dive backward [forward] спад наза́д [вперёд]

dead earth ['ded'ɜ:θ] эл. полное заземление

deadee [de'di:] n проф. портрет покойного, писанный с фотографии

deaden ['dedn] v 1. умерщвлять; убивать; to ~ the nerve of the tooth убить /умертвить/ нерв (больного) зуба; to ~ trees амер. губить деревья кольцеванием 2. 1) притуплять; делать нечувствительным (к чему-л.); to ~ smb.'s feelings [powers, pain, perception] притуплять чьи-л. чувства [способности, чью-л. боль, чьё-л. восприятие]; to ~ the senses притуплять способность восприятия; not ~ed to beauty не утративший чувства прекрасного 2) притупляться, делаться нечувствительным (к чему-л.) 3. 1) ослабить; заглушить; притушить, притупить; to ~ the force of a blow ослабить силу удара; to ~ a sound заглушать звук; damp ~s the polish от влаги полировка тускнеет; to ~ wine дать вину выдохнуться 2) терять силу, слабеть, затихать; the bells ~ed звук колокольчиков замер (вдали) 4. замедлять; to ~ a ship's headway замедлять скорость судна; затруднять движение судна

dead-end I [,ded'end] n 1. 1) тупик 2) тупик, безвыходное положение 2. 1) тех. слепое или глухое отверстие 2) горн. глухой забой (тж. ~ face)

dead-end II [,ded'end] a 1. зашедший в тупик; безвыходный, бесперспективный 2. беспризорный; ~ kid a) уличный мальчишка; б) шутл. пострел 3. тех. 1) слепой, тупиковый 2) заглушённый

dead-ender ['ded,endə] n разг. вопрос, на который нельзя дать ответ

dead-eye ['ded,aɪ] n мор. 1. юферс 2. тросовый талреп

deadfall ['ded,fɔ:l] n 1. западня, ловушка 2. амер. бурелом; валежник

dead furrow ['ded'fʌrəʊ] с.-х. разъёмная борозда, развальная борозда

dead ground ['ded'graʊnd] 1. = dead earth 2. = dead space

dead-hand ['ded,hænd] n юр. «мёртвая рука», владение недвижимостью без права передачи

dead-head[1] I ['ded,hed] n разг. 1. человек, имеющий право на бесплатный вход в театр или на бесплатный проезд 2. нерешительный, неэнергичный человек; рохля 3) сл. 1) безбилетный пассажир, «заяц» 2) безбилетный зритель (в театре, кино) 4. порожняк 5. 1) предприятие, прекратившееся работу или находящееся на консервации 2) невключённый телефон, телевизор, радиоприёмник и т. п.

dead-head[1] II ['ded,hed] a разг. 1. порожний, без груза (о вагоне, составе и т. п.); the truck came back ~ грузовик вернулся порожняком 2. не работающий, выключенный (о телефоне, телевизоре и т. п.); прекративший работу, закрытый (о предприятии и т. п.) 3. бесперспективный, плохо работающий (о сотруднике)

dead-head[2] ['ded,hed] n 1. мор. причальная тумба 2) бревно, служащее томбуем якоря 2. метал. 1) литник 2) прибыль (слитка)

dead-head[3] ['ded,hed] v сад. проф. срезать увядшие листья

dead-hearted ['ded'hɑ:tɪd] a чёрствый, бездушный, бесчувственный; грубый

dead heat [,ded'hi:t] спорт. проф. 1. ничья, схватка вничью 2. одновременный финиш 3. равенство очков

dead horse ['ded'hɔ:s] разг. оплаченная заранее работа

dead-house ['dedhaʊs] n морг, мертвецкая

dead-in-line ['dedɪn'laɪn] a тех. отрихтованный, соосный

deadish ['dedɪʃ] a редк. 1) помертвевший; ~ paleness мертвенная бледность 2) ослабленный; ~ sound приглушённый звук; ~ beer выдохшееся пиво

deaditorial [,dedɪ'tɔ:rɪəl] n амер. сл. скучная передовая статья

dead-latch ['dedlætʃ] n замок с защёлкой

dead leaf ['ded'li:f] ав. падение листом; плоский штопор

dead letter ['ded'letə] разг. 1. не применяющиеся, но не отменённые закон или постановление 2. письмо, не востребованное адресатом или не доставленное ему; ~ office отдел на почтамте, где собираются невостребованные письма

dead letter box, dead letter drop [,ded'letə'bɒks, ,ded'letə'drɒp] шпионский тайник (для связи с резидентом)

dead-level ['ded'levl] n 1. 1) совершенно гладкая, строго горизонтальная поверхность 2) монотонный ландшафт 2. однообразие

dead lift ['dedlɪft] 1. чрезмерное, напрасное усилие (при подъёме) 2. сложное дело, требующее напряжения всех сил 3. уст. крайность, безвыходное положение; at a ~ в безвыходном положении 4. геодезическая высота подъёма 5. спорт. неудачная попытка взять вес, штангу

dead-light ['dedlaɪt] n 1. мор. глухой иллюминатор; глухая крышка иллюминатора 2. шотл. свеча у гроба покойника

dead-line[1] ['dedlaɪn] n 1) запретная черта вокруг (военной) тюрьмы (за пределы которой заключённые не имеют права выходить) 2) черта, которую нельзя переходить; предел

dead-line[2] I ['dedlaɪn] n воен. 1) неисправное состояние; ремонт 2) постановка на ремонт

dead-line[2] II ['dedlaɪn] v воен. сдать в ремонт

deadline ['dedlaɪn] n предельный конечный срок; the ~ for the submission of smth. предельный срок для представления чего-л.; to meet the ~ закончить (что-л.) к назначенному сроку; the ~ for papers is the first of June крайний срок представления докладов — первое июня

dead load ['ded'ləʊd] 1. тех. 1) собственный вес; вес конструкции 2) постоянная, статическая нагрузка 2. неспущенные заказа

dead lock ['ded'lɒk] врезной замок

dead-lock I ['ded'lɒk] n 1. 1) мёртвая точка; тупик; безвыходное положение; застой; to come to a ~ зайти в тупик; to bring smb. to a ~ завести кого-л. в тупик; to be at a ~ быть /находиться/ в тупике; to break /to overcome/ the ~, to bring a ~ to an end выйти из тупика 2) вчт. критическая ситуация (при мультипрограммной работе) 3) полное прекращение действий 2. = dead lock

dead-lock II ['dedlɒk] v 1) зайти в тупик 2) завести (кого-л.) в тупик

deadly I ['dedlɪ] a 1. смертельный; смертоносный; ~ blow [poison] смертельный удар [яд]; ~ weapon смертоносное оружие; ~ wound смертельная /роковая/ рана; ~ disease смертельная болезнь 2. убийственный, страшный; to say smth. in a ~ voice сказать что-л. убийственным тоном; her voice held a ~ venom в её голосе были ядовитые нотки; he had a ~ air about him у него был такой вид, от которого кровь стыла в жилах 3. смертный; ~ sin смертный грех 4. неумолимый; ~ combat /fight/ смертельная битва; ~ feud /enmity/ непримиримая вражда; ~ enemy заклятый враг 5. эмоц.-усил. ужасный, чрезвычайный; смертельный; ~ paleness смертельная бледность; ~ faintness страшная слабость; ~ silence мёртвая /гробовая/ тишина; ~ dullness невыносимая скука; perfectly ~ совершенно невыносимый, абсолютно несносный; in ~ haste в невероятной /ужасной/ спешке

deadly II ['dedlɪ] adv 1. смертельно 2. эмоц.-усил. чрезвычайно; страшно, до смерти; ~ dull убийственно скучный; ~ tired смертельно уставший; in ~ earnest совершенно серьёзный, без намёка на шутку

deadly nightshade [,dedlɪ'naɪtʃeɪd] бот. красавка, белладонна, сонная одурь (Atropa belladonna)

dead-man ['dedmæn] n (pl -men [-men]) 1. pl сл. пустые винные бутылки 2. сл. уст. булочник 3. карт. болван (в висте) 4. стр. анкерная свая или -ый столб

deadman's bells [,dedmænz'belz] шотл. наперстянка (растение)

dead man's finger [,dedmænz'fɪŋgə] бот. ятрышник (Orchis spp.)

dead-man's hand [,dedmænz'hænd] бот. 1) мужской папоротник (Dryopteris filix-mas) 2) ламинария, бурая водоросль (Laminaria digitata)

dead-man's handle [,dedmænz'hændl] ж.-д. рукоятка экстренного торможения

dead marine [,dedmə'ri:n] сл. пустая бутылка

deadneck ['dednek] n сл. кретин, болван

deadness ['dednɪs] n 1. отсутствие признаков жизни, смерть 2. вялость, апатия; ~ to smth. полное безразличие к чему-л. 3. однообразие, монотонность, бесцветность и т. п.

dead-nettle ['ded'netl] n бот. глухая крапива; яснотка (Lamium)

dead-office ['ded,ɒfɪs] n церк. заупокойная служба, панихида

dead-pan I ['dedpæn] n разг. невыразительное лицо

dead-pan II ['dedpæn] a разг. 1. невыразительный, бесчувственный, бесстрастный, непроницаемый; ~ face a) каменное лицо, лицо как у истукана; a ~ account of a child's death бесстрастный рассказ о смерти ребёнка; to answer in one's ~ manner отвечать бесстрастным тоном 2. совершаемый с притворной серьёзностью; ~ humour юмор под простачка; ~ teasing поддразнивание с серьёзной миной

dead-pan III ['dedpæn] adv разг. 1. без выражения, бесстрастно; непроницаемо, с каменным лицом 2. на полном серьёзе, с серьёзной миной (обыкн. притворно)

dead-point ['ded'pɔɪnt] n тех., спорт. мёртвая точка

dead reckoning [,ded'rek(ə)nɪŋ] мор., ав. счисление пути

dead-ripe stage ['dedraɪp'steɪdʒ] с.-х. перестой, перезрелость (культуры)

dead-set I ['dedset] n 1. охот. мёртвая стойка 2. тупик; to be at a ~ зайти в тупик 3. решимость
◇ to make a ~ at smb. a) набрасываться /накидываться/ на кого-л.; б) резко критиковать /высмеивать/ кого-л.; травить кого-л.; сделать резкий выпад против кого-л.; в) ≅ вешаться на шею кому-л.; упорно добиваться чьей-л. благосклонности /дружбы/

dead-set II ['dedset] a разг. исполненный решимости; he is ~ to go there /on

DEA — DEA

going there/ он решил во что бы то ни стало поехать туда

dead sheave ['ded∫i:v] *мор.* полушкив

dead short ['ded'∫ɔ:t] *эл.* полное короткое замыкание

dead-smooth ['dedsmu:ð] *a тех.* бархатный (*о напильнике*)

dead soldier ['ded'səuldʒə] = dead marine

dead space ['ded'speɪs] 1. *тех.* вредное или мёртвое пространство 2. *воен.* мёртвое пространство 3. *радио* мёртвая зона; зона молчания, неслышимости

dead-spot ['ded'spɔt] *n спец.* 1. мёртвое пространство; мёртвая точка 2. = dead-space 3

dead stage ['ded'steɪdʒ] *кино проф.* павильон для немой киносъёмки

dead-stick landing ['dedstɪk'lændɪŋ] *ав. проф.* посадка с неработающим двигателем

dead wall ['ded'wɔ:l] *стр.* глухая стена

dead-water ['ded'wɔ:tə] *n* 1. 1) стоячая вода 2) застойная вода 2. *мор.* кильватер 3. мёртвый запас воды (*в водохранилищах*)

dead-weight ['ded'weɪt] *n* 1. тяжесть, бремя 2. 1) мёртвый груз 2) *стр.* вес конструкции; собственный вес 3. *мор.* дедвейт, полная грузоподъёмность (*тж.* ~ capacity, ~ tonnage) 4. *с.-х.* убойный вес

dead well, dead-well ['ded'wel] *n* колодец, поглощающий сточные воды

dead-wind ['ded'wɪnd] *n* встречный, лобовой, противный ветер

dead-wood [,ded'wud] *n* 1. 1) сухостойное дерево, сухостой; валёжник 2) сухостойная древесина 2. гниль; старьё; что-л. негодное 3. *мор.* дейдвуд 4. *ж.-д.* буферный брус

◇ to have /to possess/ the ~ on smb. *амер.* иметь бесспорные преимущества перед кем-л.; поставить кого-л. в тяжёлое положение

dead-work ['ded'wɜ:k] *n* 1. *разг.* работа, выполняемая в данный момент 2. *горн.* непродуктивная работа; подготовительная работа 3. *мор. уст.* надводная часть нагруженного судна

deady ['dedɪ] *n сл.* джин

deaeration [,di:eə'reɪ∫(ə)n] *n тех.* деаэрация

deaf [def] *a* 1. глухой; глуховатый; he is a little ~ он плохо слышит /туговат на ухо/; in an /one/ ear глух(ой) на одно ухо; he is ~ in his left ear он глух на левое ухо; are you ~? ты что, оглох? 2. глухой, не желающий *или* отказывающийся слушать; ~ to advice [appeals, reason] глух к советам [призывам, голосу рассудка] 3. *диал.* лишённый основного свойства; бесплодный, безвкусный, пустой; ~ seed погибшее зерно 4. (the ~) *в грам. знач. сущ. собир.* глухие

◇ ~ nut a) орех с гнилым ядром; б) дело, обречённое на неудачу; невыгодная спекуляция; none are so ~ as those that won't hear *посл.* не тот глух, кто не слышит /, а тот, кто не хочет слышать/; ~ as an adder /a beetle, a door, a door-post, a post, a stone/ совершенно глухой; ≅ глух как пень, «глухая тетеря»

deaf-adder ['def,ædə] *n амер.* неядовитая змея

deaf-aid ['defeɪd] *n* слуховой аппарат

deaf-and-dumb ['def(ə)n'dʌm] *a* 1) глухонемой 2) предназначенный для глухонемых; ~ alphabet азбука для глухонемых

deaf-dumbness ['def,dʌmnɪs] *n* глухонемота

deafen ['defn] *v* 1. 1) оглушать; делать глухим 2) *уст., редк.* глохнуть; оглохнуть 2. заглушать, приглушать (*звук*) 3. делать звуконепроницаемым, звукоизолировать

deafener ['def(ə)nə] *n тех.* 1) глушитель (*звука*) 2) звукопоглощающий материал

deafening I ['def(ə)nɪŋ] *n* 1) заглушение звука 2) звукоизоляция

deafening II ['def(ə)nɪŋ] *a* 1. оглушающий; оглушительный, громовой, очень громкий; ~ applause /cheers/ оглушительные аплодисменты 2. заглушающий, придающий звуконепроницаемость

de-afforest [,di:æ'fɔrɪst] = disafforest

de-afforestation [,di:æfɔrɪs'teɪ∫(ə)n] = disafforestation

deafly ['deflɪ] *adv* 1. глухо 2. неясно; ~ heard едва слышный

deaf-mute I [,def'mju:t] *n* глухонемой

deaf-mute II [,def'mju:t] *a* глухонемой

deaf-mutism [,def'mju:tɪzm] *n* глухонемота

deafness ['defnɪs] *n* 1) глухота 2) приглушённость (*звука*)

deaf-nettle ['def,netl] = dead-nettle

deal¹ I [di:l] *n* 1. 1) некоторое количество, часть; a good [an awful] ~ (of time) много [ужасно много] (времени); a good ~ of money значительная сумма (денег); a good ~ better [worse] значительно /гораздо/ лучше [хуже]; to know [to matter, to remember, to walk] a good ~ много знать [значить, помнить, гулять]; he is cleverer than you by a great ~ он гораздо умнее тебя 2) *разг.* большое количество, масса, куча, ворох; there will be a ~ of trouble after that после этого хлопот не оберёшься; there's a good ~ of sense [of truth] in it в этом есть большая доля смысла [правды]; he feels a ~ better он чувствует себя много лучше; he talks a ~ of nonsense он несёт сущую околесицу 2. 1) раздача, акт выдачи 2) *карт.* сдача; my ~ моя очередь сдавать; whose ~ is it? кто сдаёт?; it's your ~! ваша очередь сдавать, вам сдавать 3) карты, карта (*у отдельного игрока*); fine ~ отличные карты

deal¹ II [di:l] *v* (dealt) 1. 1) распределять, раздавать; отпускать, выдавать, снабжать (*обыкн.* ~ out); the money must be dealt (out) fairly деньги следует разделить честно; to ~ out gifts раздавать подарки; to ~ (out) alms to /among/ the poor раздавать милостыню бедным; Providence dealt him happiness ≅ он родился под счастливой звездой 2) *карт.* сдавать; to ~ (out) cards сдавать карты; to ~ smb. an ace сдать кому-л. туза; it is your turn to ~ теперь ваша очередь сдавать 2. наносить (*удар*); to ~ smb. a blow, to ~ a blow at /to/ smb. а) нанести удар кому-л.; б) причинить страдания кому-л.; to ~ a blow at hopes разрушить /разбить/ мечты 3. (in, with) 1) заниматься (*чем-л.*); to ~ in politics заниматься политикой; botany ~s with the study of plants ботаника — наука о растениях; to ~ in lies лгать; только и делать /и уметь/, что лгать 2) торговать (*чем-л.*); заниматься торговлей; to ~ in leather торговать кожей; to ~ in silk goods торговать изделиями из шёлка; to ~ with a famous firm торговать с солидной фирмой 4. (with, at) быть клиентом, покупать (*в определённой лавке*); to ~ with a baker покупать товары у булочника; I've stopped ~ing at that shop я перестал покупать в этом магазине 5. (with) 1) иметь дело (*с чем-л.*); ведать (*чем-л.*); to ~ with the matter заниматься этим делом; science ~s with facts наука имеет дело с фактами; this book ~s with the Far East это книга о Дальнем Востоке 2) рассматривать, трактовать, обсуждать (*что-л.*); to ~ with a case *юр.* вести процесс /дело/; the committee will ~ with this problem комиссия рассмотрит этот вопрос 3) сталкиваться (*с чем-л.*); бороться (*с чем-л.*); to ~ with a difficulty пытаться преодолеть трудность; to ~ with fire бороться с огнём; to ~ with an attack отражать атаку; all right, I'll ~ with it ладно, я займусь этим; предоставьте это мне 6. (with) иметь дело (*с кем-л.*), заниматься (*кем-л.*), справляться (*с кем-л.*); I'll ~ with you later я потолкую с тобой позже; и до тебя очередь дойдёт; the man is hard [impossible] to ~ with с этим человеком тяжело [невозможно] иметь дело; это очень тяжёлый человек; I refuse to ~ with him я отказываюсь иметь с ним дело; he is easy to ~ with с ним легко столковаться /договориться/ 7. (with, towards, by) обходиться, обращаться, поступать, вести себя (*по отношению к кому-л.*); to ~ honourably [generously, fairly, cruelly] with /towards/ smb. обойтись с кем-л. благородно [великодушно, справедливо, жестоко]; let us ~ justly in this case давайте в этом деле поступим по справедливости

◇ to ~ smb. short а) недосдать кому-л. карту б) обсчитать; недодать; обойти чем-л.; fate dealt him short судьба его обидела, он обижен судьбой

deal² I [di:l] *n* 1. *разг.* 1) сделка; firm ~ надёжная сделка; cash ~ сделка с расчётом наличными; swap credit ~ сделка со взаимным предоставлением кредитов; big ~ а) крупная сделка; б) *ирон.* хорошенькое дельце!; oh, big ~! спасибо и на том!; fair /square/ ~ а) честная сделка; б) честный поступок; в) справедливое отношение; to give smb. a square ~ честно поступить с кем-л., вести с кем-л. честную игру; raw /rough/ ~ несправедливо /незаслуженно/ суровое отношение; you got a raw ~ с вами поступили несправедливо /подло/; to give consumers a better ~ улучшить условия жизни потребителей; to go for /along with/ a ~ согласиться заключить сделку; to make /to do, to set up/ a /one's/ ~ with smb. заключить сделку с кем-л.; to make a ~ to rent the house заключить сделку на аренду дома; to make a ~ for smth. заключить сделку на покупку чего-л.; well, that's a ~! согласен!, идёт!, по рукам! 2) соглашение; а ~ between two parties соглашение между двумя партиями; ministerial ~s министерские соглашения 2. *амер.* политический курс; экономическая политика; the Square D. *ист.* политический курс президента Теодора Рузвельта

deal³ I [di:l] *n* 1. *pl* еловые *или* сосновые доски, дильсы; standard ~s стандартные доски; yellow ~s сосновый пиломатериал 2. еловая *или* сосновая древесина, древесина мягких пород

deal³ II [di:l] *a* 1) сосновый; еловый; ~ apple сосновая *или* еловая шишка 2) сделанный из сосновой *или* еловой древесины; ~ table стол из сосновых досок

dealable ['di:ləbl] *a* такой, с которым можно иметь дело; лёгкий, покладистый, уступчивый

dealbate [dɪ'ælbɪt] *a бот.* покрытый белой пыльцой, белым налётом

dealbation [,di:æl'beɪ∫(ə)n] *n* беление, отбеливание

deal-board ['di:lbɔ:d] = deal³ I 1

deal-ends ['di:lendz] *n pl* отрезки досок, дилены

dealer ['di:lə] *n* **1.** 1) *см.* deal[1] II + -er 2) (*обыкн*. the ~) сдающий карты **2.** 1) торговец; перекупщик (*тж.* second-hand ~); retail [wholesale] ~ розничный [оптовый] торговец; book ~ книготорговец; букинист; picture ~ торговец картинами; exchange ~ маклер, комиссионер; licensed ~ коммерсант; ~ in old clothes старьёвщик 2) биржевик; биржевой маклер (*тж.* ~ in stocks, authorized ~) **3.** дилер, агент по продаже, торговый агент
◊ plain ~ прямой /откровенный/ человек; double ~ двуличный человек; двурушник; человек, ведущий двойную игру

dealership ['di:ləʃɪp] *n* **1.** доверенность на право заключения сделок от имени фирмы **2.** местное представительство, агентство (*фирмы*)

deal-frame ['di:lfreɪm] *n тех.* диленно-реечный станок

dealing ['di:lɪŋ] *n* **1.** 1) распределение, раздача 2) сдача (*карт*) **2.** нанесение (*ударов*) **3.** *обыкн. pl* (деловые) отношения; сношения; business ~s деловые связи; have no ~s with him не связываться с ним; to have ~s with the enemy войти в сговор с врагом; to strengthen one's hand in one's ~s with France укрепить свою позицию на переговорах с Францией 2) торговые дела, сделки; to have ~s with smb. вести (торговые) дела с кем-л.; direct ~s in foreign trade прямое участие во внешней торговле 3) биржевые операции **4.** поведение; действия; honest [crooked] ~ честное [бесчестное] поведение; plain ~ прямота; straight /fair/ ~ честность; underhand ~ бесчестная сделка, сделка за (чьей-л.) спиной; double ~ двурушничество, фарисейство, лицемерие; questionable ~s сомнительные /тёмные/ делишки

dealt [delt] *past и p. p. от* deal[1] II

deambulation [di:ˌæmbjuˈleɪʃ(ə)n] *n книжн.* прогулка

deambulatory [dɪˈæmbjʊlətərɪ] *a книжн.* странствующий; перемещающийся

deamination [dɪˌæmɪˈneɪʃ(ə)n] *n хим.* дезаминирование, удаление аминогруппы

dean[1] [di:n] *n* **1.** *церк.* 1) декан (*духовный сан ниже епископа*); rural ~ благочинный 2) настоятель собора; старший священник 3) помощник игумена (*в средневековых монастырях*) **2.** 1) декан (*факультета*); ~ of admissions декан, ведающий приёмом студентов (*в университете и т. п.*) 2) преподаватель-воспитатель (*в университетах Оксфорда и Кембриджа*) **3.** 1) старшина дипломатического корпуса, дуайен (*тж.* the ~ of the diplomatic corps) 2) старшина, старейшина; ~ of the United States' astronaut corps старшина /дуайен/ американских астронавтов **4.** глава компании; глава (*какого-л.*) объединения или группы **5.** (D.) *юр.* председатель; D. of Faculty председатель адвокатской камеры (*в Шотландии*); D. of Arches светский член апелляционного церковного суда

dean[2] [di:n] *n* балка, глубокая и узкая долина

deanery ['di:nərɪ] *n* **1.** деканство **2.** деканат **3.** дом декана *или* настоятеля **4.** церковный округ (*подчинённый благочинному; тж.* rural ~)

deanship ['di:nʃɪp] *n* **1.** должность декана **2.** *шутл.* ваше преосвященство (*в обращении*)

dear I [dɪə] *n* **1.** 1) (*в обращении*) дорогой, милый, голубчик; дорогая, милая, голубушка; my ~ дорогой мой, милый; my ~est! дражайший! 2) возлюбленный, милый; возлюбленная, милая; with his ~ со своей возлюбленной /милой/ **2.** *разг.* прелесть; душка; паинька; умник; умница; there's /that's/ a ~ вот умник /умница/; вот и хорошо; be a ~ будь умницей; будь паинькой; the box was a ~ ларчик был просто прелесть; isn't he a ~ ну и прелесть ли он?

dear II [dɪə] *a* **1.** 1) дорогой, милый, любимый; ~ mother милая мамочка; ~ land родная земля; a very ~ friend of mine мой очень большой друг; ~ possessions дорогие (*кому-л.*) вещи; to be ~ to smb. много значить для кого-л.; to hold smth. [smb.] ~ дорожить чем-л. [кем-л.]; to one's taste быть по вкусу; очень нравиться (*о вещи*) 2) (*в устном или письменном обращении*) дорогой, милый; глубокоуважаемый (*часто с местоимением* my); ~ father [friend] дорогой отец [друг]; my ~ child дитя моё, сынок /доченька/; my ~ girl [fellow] дорогая моя [дорогой мой]; ~ dорогуша; ~ heart милый, милая; my ~ Sir глубокоуважаемый сэр, D. Sir милостивый государь (*официальное обращение в письме*) 3) *ирон.* любезный, любезнейший **2.** заветный; one's ~est wish [dream] заветное желание [-ая мечта] **3.** славный, прелестный, милый; ~ little thing прелестная вещица; what a ~ little house! какой милый домик! **4.** 1) дорогой, дорого стоящий; ~ pictures [furs] дорогие картины [меха]; bread [petrol] grew /got/ ~er хлеб [бензин] вздорожал; that's too ~ for me мне это не по карману 2) высокий, дорогой (*о цене*); ~ rate /price/ высокая цена; to pay too ~ a price for smth. заплатить за что-л. слишком дорогой ценой 3) дорогой, с высокими ценами; ~ shop магазин с высокими ценами
◊ ~ John a) *воен. жарг.* «Дорогой Джон» (*письмо, полученное солдатом от жены или невесты с просьбой о разводе или с уведомлением о выходе замуж за другого*); б) *сл.* письмо с уведомлением об увольнении *или* с предложением подать в отставку; for ~ life отчаянно; изо всех сил; не на жизнь, а на смерть; to fight for ~ life сражаться не на жизнь, а на смерть; to run /to flee/ for ~ life бежать сломя голову, бежать со всех ног /во весь дух, что есть мочи/; to ride for ~ life нестись во весь опор

dear III [dɪə] *adv* **1.** дорого (*тж. перен.*); to cost ~ стоить дорого; to sell ~ продавать по высоким ценам; to sell one's life ~ дорого продать свою жизнь; to pay ~ for one's errors расплачиваться дорогой ценой за свои ошибки **2.** нежно, горячо

dear IV [dɪə] *v редк.* обращаться к человеку, называя его «дорогой»

dear V [dɪə] *int выражает симпатию, сожаление, огорчение, нетерпение, удивление, презрение:* ~ me!, oh ~!, ~ heart! боже мой!, вот так так!, вот те на!, неужели?, батюшки!; ~ me! is that so? неужели?, не может быть!; oh ~, my head aches! ох, как болит голова!; ~ knows! бог его знает; oh no! ни в коем случае!, на за что!

dear-bought ['dɪəbɔ:t] *a* дорого доставшийся; купленный дорогой ценой

dearie ['dɪərɪ] = deary

dearly ['dɪəlɪ] *adv* **1.** нежно, горячо; to love ~ нежно любить; you know how ~ I love you ты знаешь, как я тебя люблю **2.** дорого (*часто перен.*); по дорогой цене; to sell one's life ~ дорого отдать свою жизнь; to pay ~ for smth. дорого заплатить за что-л.

dearness ['dɪənɪs] *n* **1.** нежность, любовь; близость, дружба **2.** дороговизна; высокая цена

dearth [dɜ:θ] *n* недостаток, нехватка (*продуктов*); голод; in time of ~ во время голода; a ~ of news недостаток сведений; there was no great ~ of young men в молодых людях не было недостатка

de-articulation [dɪəˌtɪkjʊˈleɪʃ(ə)n] *n* **1.** разделение; деление на составные части **2.** отчётливое произношение

deary ['dɪərɪ] *n разг.* (*преим. в обращении*) голубчик; милочка, душечка, дорогуша; голубушка
◊ ~ me! чёрт возьми!

death [deθ] *n* **1.** 1) смерть; natural [violent] ~ естественная [насильственная] смерть; accidental ~ случайная смерть; lingering ~ медленная агония; ~ by drowning утопление; hour of ~ смертный час; ~ angel ангел смерти; ~ stab смертельный удар (*ножом*); pale as ~ бледный как смерть; a question of life and ~ вопрос жизни и смерти; at (the time of) smb.'s ~ в момент чьей-л. смерти; on his father's ~ he returned to London после смерти отца он вернулся в Лондон; to one's ~ a) до последнего часа, до самой смерти, до конца дней своих; б) встретив смерть; he fell from a 100 metres to his ~ он упал с высоты (в) сто метров и разбился насмерть; to ~ до конца; до последней капли крови, до последнего (из)дыхания; war to the ~ война на истребление, истребительная война; борьба не на жизнь, а на смерть; until ~ на всю жизнь, пожизненно; unto ~ *книжн.* до смерти, до гроба; faithful into ~ верный до гроба; to notify a ~ (за)регистрировать смерть; to die a hero's ~ пасть смертью храбрых; to meet one's ~ найти свою смерть; to beat smb. to ~ избить кого-л. до смерти; to be frozen [starved] to ~ умереть от холода [голода]; to shoot smb. to ~ застрелить кого-л.; to drink oneself to ~ умереть от запоя; to look like ~ ≅ быть бледным как смерть; to look ~ in the face смотреть смерти в лицо; to be at the point /on the verge/ of ~ быть при смерти, агонизировать; to catch one's ~ of cold умереть от простуды; простудиться и умереть; it was ~ to enter the zone входить в зону было смертельно опасно; no one can cheat D. смерть не проведёшь 2) отмирание, омертвение; the ~ of the tissues омертвение тканей 3) смертельный случай; ~ toll количество жертв; the earthquake caused a ~ toll of 500 землетрясение унесло 500 жизней, число жертв землетрясения достигло 500; there were three ~s on board на борту судна умерло три человека 4) смертная казнь; ~ house *амер.* комната приведения в исполнение смертных приговоров (*в тюрьме и т. п.*); on pain of ~ под угрозой смерти; under (a) sentence of ~, condemned to ~ приговорённый к смерти /к смертной казни/; to be sentenced to ~ быть приговорённым к смертной казни; to suffer ~ /the penalty of ~/ быть казнённым; to put /*уст.* to do/ smb. to ~ предавать кого-л. смерти, казнить кого-л. **2.** гибель; spiritual ~ духовная гибель; everlasting /eternal/ ~ вечные муки (*в аду*); ~ in life, a living ~ ≅ не жизнь, а каторга; this will be the ~ of me это сведёт меня в могилу; the children will be my ~ дети сведут меня в могилу; you're running to certain ~ ты идёшь к верной

DEA — DEB

гибели **3.** конец; исчезновение; утрата, потеря; ~ of a language исчезновение языка; ~ of memory потеря памяти, амнезия; the ~ of one's hopes [plans, ambitions] крушение надежд [планов, честолюбивых замыслов] **4.** эмоц.-усил. до смерти; смертельно; в высшей степени, совершенно; to hate smb. to ~ смертельно /люто/ ненавидеть кого-л.; to work smb. to ~ не давать кому-л. ни отдыха ни срока; заездить кого-л.; to laugh oneself to ~ хохотать до упаду; this meat has been done to ~ мясо совершенно пережарено, мясо сгорело; the fashion has been done to ~ эта мода совершенно изжила себя; это вышло из моды
◊ leaden ~ смертельный свинец; пуля; the field of ~ поле брани; at ~'s door при смерти, на краю могилы; to be /to lie/ at ~'s door стоять одной ногой в гробу /в могиле/; to be in the jaws of ~ быть в когтях смерти; ~ knocks at the door бьёт смертный час; (as) sure as ~ наверняка; ≅ как пить дать; like grim ~ изо всех сил; что есть мочи; to ride like grim ~ мчаться во весь опор; to hang /to hold/ on like grim ~ не сдаваться, держаться до последнего; бороться не на жизнь, а на смерть; to talk smth. to ~ сорвать принятие чего-л. бесконечными прениями, выступлениями и т. п.; to be ~ on smth. сл. а) быть дошлым /ушлым/ в чём-л.; хорошо знать какое-л. дело; б) обожать что-л., быть без ума от чего-л.; в) не выносить, не терпеть чего-л.; she was ~ on dust она терпеть не могла пыли, она решительно воевала с пылью; this medicine is ~ on colds это прекрасное средство от простуды; to be in at the ~ а) охот. присутствовать при том, как убивают затравленную лисицу; б) присутствовать при завершении дела; быть свидетелем завершения чего-л.

death-adder ['deθˌædə] n зоол. шипохвост австралийский, шипохвостая ехидна (*Acanthophis antarcticus*)

death-agony ['deθˌægənɪ] n предсмертная агония

death-bed ['deθbed] n **1.** смертное ложе; on one's ~ на смертном одре; при смерти **2.** последние минуты; long-protracted ~ медленная агония; ≅ repentance запоздалое раскаяние; ≅ слишком поздно; ~ confession предсмертная исповедь

death-bell ['deθbel] n похоронный звон

death-bill ['deθbɪl] n церк. поминание, синодик

death-bird ['deθbɜːd] n 1) птица, питающаяся падалью 2) птица, предвещающая смерть

death-blow ['deθbləʊ] n смертельный удар (тж. перен.); ~ to one's hopes крушение всех надежд; to strike a ~ to smb.'s hopes развеять в дым чьи-л. надежды; to give a ~ to one's opponent нанести своему противнику сокрушительный удар

death camp ['deθkæmp] лагерь смерти, концлагерь

death certificate ['deθsəˈtɪfɪkɪt] свидетельство о смерти

death chamber ['deθˌtʃeɪmbə] **1.** комната, в которой умирает или умер человек **2.** комната (в тюрьме), где приводится в исполнение смертный приговор

death-cold ['deθkəʊld] a холодный как труп

death cry ['deθkraɪ] предсмертный крик

death-cup ['deθkʌp] n бот. бледная поганка (*Amanita phalloides*)

death-damp ['deθdæmp] n холодный пот (у умирающего)

death-dance ['deθdɑːns] n пляска смерти

death-day ['deθdeɪ] n **1.** день смерти **2.** годовщина смерти

death-deaf ['deθdef] a разг. ≅ глухой как пень

death-doing ['deθˌduː(ː)ɪŋ] n разг. смертельный, убийственный

death-duty ['deθˌdjuːtɪ] n 1) налог на наследство 2) наследственные пошлины

death education ['deθˌedjuːˈkeɪʃ(ə)n] мед. учебный курс танатологии и помощи умирающим

death-feud ['deθfjuːd] n смертельная вражда

death-fire ['deθˌfaɪə] n **1.** = dead-light 2 **2.** костёр для казни

death-flame ['deθfleɪm] = dead-light 2

deathful ['deθfʊl] a редк. **1.** грозящий смертью, смертельно опасный; under ~ conditions с опасностью для жизни **2.** смертельный, мёртвый; ~ stillness мёртвая тишина **3.** уст. смертный

death grip ['deθgrɪp] мёртвая хватка

death hour ['deθaʊə] смертный час

death-hunter ['deθˌhʌntə] n мародёр, обирающий убитых на поле сражения

death instinct ['deθˈɪnstɪŋkt] = death wish

death knell ['deθnel] похоронный звон; to sound the ~ for smth. /of smth./ предвещать конец /гибель/ чего-л.

deathless ['deθlɪs] a бессмертный; ~ fame [name] бессмертная слава [-ое имя]

deathlike ['deθlaɪk] a подобный смерти, смертельный, мёртвый; ~ silence /stillness/ мёртвая тишина; ~ pallor смертельная бледность; ~ sleep мёртвый сон

deathling ['deθlɪŋ] n редк. смертный

deathly I ['deθlɪ] a **1.** смертельный, роковой; ~ wounds смертельные раны **2.** подобный смерти, смертельный; ~ silence гробовое молчание; ~ stillness мёртвая тишина; ~ pallor смертельная бледность

deathly II ['deθlɪ] adv смертельно; ~ pale смертельно бледный; ~ afraid до смерти испуганный

death-marked ['deθmɑːkt] a отмеченный смертью, с печатью смерти

death-mask ['deθmɑːsk] n посмертная маска

death merchant ['deθˌmɜːtʃənt] торговец смертью, фабрикант оружия

death-moth ['deθmɒθ] n = death's-head moth

death-penalty ['deθˌpenltɪ] n смертная казнь

death-pile ['deθpaɪl] n погребальный костёр

deathplace ['deθpleɪs] n место кончины

death-rate ['deθreɪt] n смертность; показатель смертности

death-rattle ['deθˌrætl] n предсмертный хрип

death-roll ['deθrəʊl] n список убитых или погибших

death row ['deθrəʊ] камеры смертников; to be in the ~ ожидать казни

death's-head ['deθshed] n череп (эмблема смерти)
◊ to look like a ~ on a mopstick иметь весьма жалкий вид; ~ at a feast кто-л. отравляющий удовольствие; что-л. омрачающее веселье

death's-head moth ['deθshed'mɒθ] энт. бабочка «мёртвая голова» (*Acherontia atropos*)

death-sick ['deθsɪk] a 1) очень слабый; испытывающий дурноту 2) смертельно больной

death spot ['deθspɒt] мед. трупное пятно

death squad ['deθskwɒd] эскадрон смерти (*террористическое формирование, особ. из полицейских, в южноамериканских странах*)

death-struck ['deθstrʌk] a смертельно больной; смертельно раненный

death therapy ['deθˌθerəpɪ] 1) поддерживающая терапия для умирающих 2) меры моральной поддержки умирающего пациента и его близких

death-throe ['deθθrəʊ] n (предсмертная) агония (тж. перен.)

death-tick ['deθtɪk] = death-watch 3

death-trance ['deθtrɑːns] n глубокий транс

death-trap ['deθtræp] n 1) гиблое, опасное место; ловушка (о здании без запасных выходов и т. п.)

death-warrant ['deθˌwɒr(ə)nt] n 1) распоряжение о приведении в исполнение смертного приговора; 2) смертный приговор (часто перен.); to sign smb.'s ~ подписать кому-л. смертный приговор; to sign one's own ~ подписать себе смертный приговор, подписать свой собственный смертный приговор

death-watch ['deθwɒtʃ] n **1.** дежурство, бодрствование у постели умирающего или умершего **2.** часовой, охраняющий смертника **3.** энт. 1) точильщик пёстрый (*Xestobium rufovillosum*) 2) книжная вошь (*Troctes divinatorius*)

death-weight ['deθweɪt] n монета и т. п. (*предметы, которые кладутся на закрытые веки умершего*)

death wish ['deθwɪʃ] психол. инстинкт смерти, желание умереть (*подсознательное стремление к собственной смерти*)

death-worm ['deθwɜːm] n поэт. могильный червь

death-wound ['deθwuːnd] n смертельная рана

deathy I, II ['deθɪ] редк. = deathly I и II

deb [deb] n разг. (сокр. от debutante) дебютантка

debacle, débâcle [deɪˈbɑːk(ə)l, dɪˈbɑːk(ə)l] n фр. **1.** вскрытие реки **2.** стихийный прорыв вод; прорыв плотины **3.** разгром; ниспровержение; катастрофа; to suffer a ~ потерпеть поражение

debar [dɪˈbɑː] v не допускать; препятствовать; отказывать; запрещать; лишать права; to ~ passage не давать пройти; стоять на дороге; to ~ smb. from the joys of life лишить кого-л. радостей жизни; to ~ smb. from voting лишить кого-л. права голоса; не допустить кого-л. к голосованию; to ~ smb. the right of smth. отказать кому-л. в праве на что-л.; ~red from inheriting лишённый права наследования /прав на наследство/; his age ~s him from hunting годы уже не позволяют ему заниматься охотой

debarb [(ˈ)diːˈbɑːb] v книжн. снимать остроту (*вопроса и т. п.*)

debarcation [ˌdiːbɑːˈkeɪʃ(ə)n] = debarkation

debark¹ [dɪˈbɑːk] v 1) высаживать на берег, выгружать; to ~ troops высаживать войска 2) высаживаться, выгружаться

debark² [dɪˈbɑːk] v сдирать кору (с дерева)

debarkation [ˌdiːbɑːˈkeɪʃ(ə)n] n высадка с судов

debarment [dɪˈbɑːmənt] n книжн. предотвращение, недопущение; запрещение; лишение прав

debarras [dɪˈbærəs] *v книжн.* выводить из затруднения; освобождать от хлопот, забот

debase [dɪˈbeɪs] *v* 1) понижать качество или ценность; портить; to ~ one's character испортить себе репутацию; to ~ a language засорять язык 2) *спец.* обесценивать, девальвировать; to ~ the currency обесценивать валюту, снижать курс валюты; to ~ the coinage фальсифицировать монету 3. унижать достоинство; позорить; I would not ~ myself so я никогда не унижусь до этого; this candidature ~s the political image of the U.S.A. эта кандидатура портит политический имидж Соединённых Штатов

debased [dɪˈbeɪst] *a* 1. сниженный; испорченный 2. униженный

debasement [dɪˈbeɪsmənt] *n* 1. снижение качества *или* ценности 2. унижение

debasing [dɪˈbeɪsɪŋ] *a* портящий, разлагающий

debatable [dɪˈbeɪtəbl] *a* 1. спорный; дискуссионный; ~ opinion спорное мнение; it's ~, it's a ~ point это не очевидно, здесь могут быть разные мнения 2. оспариваемый; ~ ground /land/ a) территория, оспариваемая двумя странами; б) предмет спора

debate I [dɪˈbeɪt] *n* 1. 1) дискуссия, прения, дебаты; forensic ~s *юр.* судебные прения, прения сторон в процессе; policy ~ дебаты о политической программе; full-dress ~ пленарные дебаты; ~ on the report прения по докладу; rules of ~ порядок дискуссии; to open the ~ открыть прения; to hold /to conduct/ a ~ проводить дебаты; to win ~s одержать верх в дебатах 2) спор, полемика; beyond ~ бесспорно; in /under/ ~ обсуждаемый, дискутируемый; after much ~ после долгих споров; to hold ~ with oneself взвешивать, обдумывать 2. (the ~) *pl* официальный отчёт о парламентских заседаниях 3. *уст.* борьба, вражда, ссора; the spirit of ~ дух борьбы

debate II [dɪˈbeɪt] *v* 1. 1) обсуждать, дискутировать, дебатировать, вести дебаты; to ~ a question /a point/ обсуждать вопрос; to ~ a proposed amendment вести дебаты по внесённой поправке 2) обсуждать, спорить, вести дебаты; to ~ smth. (up)on /about, over/ smth. with smb. спорить о чём-л. с кем-л.; to ~ the best places to go спорить о том, куда лучше всего пойти; to ~ how to do it обсуждать, как это сделать 2. обдумывать, взвешивать; размышлять; to ~ a matter in one's mind размышлять над какой-л. проблемой, взвешивать (все за и против); to ~ with oneself обдумывать (*что-л.*); убеждать самого себя; I'm just debating whether to go or stay *разг.* не знаю, как мне быть — уйти или остаться; she was debating with herself /in her mind/ whether he was worthwhile она никак не могла решить, стоит он внимания или нет

debater [dɪˈbeɪtə] *n* участник дебатов, прений; skilful ~ искусный спорщик

debating-society [dɪˈbeɪtɪŋsəˈsaɪətɪ] *n* дискуссионный клуб

debauch I [dɪˈbɔːtʃ] *n* 1. попойка, кутёж, оргия; дебош; the night's ~ ночная оргия /попойка/ 2. разгул; разврат, распутство

debauch II [dɪˈbɔːtʃ] *v* 1. 1) развращать, растлевать 2) совращать, обольщать 2. портить, искажать; to ~ smb.'s taste испортить чей-л. вкус

debauched [dɪˈbɔːtʃt] *a* развращённый, испорченный, распущенный; беспутный; растленный

debauchee [ˌdebɔːˈtʃiː] *n* распутник, развратник

debaucher [dɪˈbɔːtʃə] *n книжн.* развратник, соблазнитель

debauchery [dɪˈbɔːtʃ(ə)rɪ] *n* 1. пьянство; обжорство; невоздержанность 2. распутство, разврат, распущенность; ~ of youth растление малолетних /несовершеннолетних/; to turn to ~ предаться разврату, пуститься в разгул 3. *pl* оргии, кутёж

debbie I, II [ˈdebɪ] = debby I *и* II

debby I [ˈdebɪ] *разг. сокр. от* debutante

debby II [ˈdebɪ] *разг. a* (подходящий) для (светских) девушек; ~ party приём или бал для девиц, только что начавших выезжать в свет

debenture [dɪˈbentʃə] *n спец.* 1. долговое обязательство, долговая расписка 2. облигация акционерного общества *или* компании; mortgage ~ долговое обязательство, обеспеченное закладной на собственность компании; first ~ облигации первой очереди, первоочередные (финансовые) обязательства; second [third] ~ облигации второй [третьей] очереди; ~ holder владелец долгового обязательства (облигаций *и т. п.*); ~ loan заём с обязательной выплатой (долга); ~ stock а) акции, не имеющие специального обеспечения; б) *амер.* акции, дающие привилегии владельцам по сравнению с другими видами акций 3. дебентура, сертификат таможни на возврат пошлин 4. *уст.* облигация правительственного займа

debenture-bond [dɪˈbentʃəˈbɒnd] = debenture 2

debentured [dɪˈbentʃəd] *a спец.* снабжённый дебентурой

debilitant I [dɪˈbɪlɪtənt] *n мед.* успокоительное средство

debilitant II [dɪˈbɪlɪtənt] *a мед.* ослабляющий, подрывающий силы

debilitate [dɪˈbɪlɪteɪt] *v мед.* ослаблять, расслаблять; истощать; расстраивать (*здоровье, рассудок и т. п.*)

debilitating [dɪˈbɪlɪteɪtɪŋ] *a мед.* ослабляющий, подрывающий силы; подтачивающий здоровье; ~ disease изнурительная болезнь

debilitation [dɪˌbɪlɪˈteɪʃ(ə)n] *n мед.* ослабление, слабость; истощение

debilitative [dɪˈbɪlɪtətɪv] *a* вызывающий расстройство здоровья, подтачивающий силы, ослабляющий

debility [dɪˈbɪlɪtɪ] *n* слабость, бессилие; болезненность; тщедушие; немощь; ~ of purpose нерешительность, слабохарактерность

debit I [ˈdebɪt] *n бухг.* 1. дебет; ~ and credit дебет и кредит; ~ account дебетованный счёт; ~ balance дебетовое сальдо; ~ entry дебетовая запись; ~ note дебетовое авизо; to enter a sum on the ~ of smb.'s account, to put /to place/ a sum to smb.'s ~ записать сумму в дебет счёта кого-л. 2. левая, дебетовая сторона счёта, дебетовая страница (*на которой записывается дебет; тж.* ~ column) 3. расход, дебет (*воды, газа и т. п.*)

debit II [ˈdebɪt] *v бухг.* 1. дебетовать; записывать, вносить в дебет; to ~ a sum against /to/ smb. /smb.'s account/, to ~ smb.'s account with a sum внести сумму в дебет счёта кого-л. 2. взыскивать с текущего счёта; to ~ smb. with five pounds взыскивать с кого-л. пять фунтов

debit card [ˈdebɪtˌkɑːd] *фин.* дебетовая карточка (*заменяет чеки и деньги*)

debiteuse [ˌdeɪbɪˈtɜːz] *n тех.* лодочка (*элемент стекловаренной печи*)

debit-side [ˈdebɪtsaɪd] = debit I 2

deblock [diːˈblɒk] *v вчт.* 1. деблокировать 2. перегруппировывать (*данные и т. п.*)

deblur [(ˈ)diːˈblɜː] *v фото* восстанавливать резкость изображения

debonair I [ˌdebəˈneə] *n книжн.* приятность обхождения, галантность

debonair II [ˌdebəˈneə] *a книжн.* 1. добродушный, весёлый, жизнерадостный 2. 1) вежливый (*об обхождении*) 2) изящный (*о манерах и т. п.*)

debonnaire I, II [ˌdebəˈneə] = debonair I *и* II

de bonne grâce [dəˌbɒnˈɡrɑːs] *фр.* охотно; любезно

deboost [(ˈ)diːˈbuːst] *v косм.* уменьшать тягу ракетного двигателя в полёте

debouch [dɪˈbaʊtʃ] *v* 1. *воен.* (on, into) выходить на открытую местность, дебушировать 2. 1) давать выход (*реке, водам*) 2) впадать, вливаться; to ~ into a river [into a sea] впадать в реку [в море]; the glacier ~es on the plain ледник выходит на равнину; all the roads ~ into the market-place все дороги выходят /ведут/ к рынку

debouch(e)ment [dɪˈbaʊtʃmənt] *n* 1. *воен.* выход из теснины *или* укрытия, дебуширование 2. устье реки

debride [deɪˈbriːd, dəˈbriːd] *v мед.* удалять омертвевшие части, инородные тела, очищать рану (*в ходе хирургической операции*)

debrief [diːˈbriːf] *v* 1) производить опрос (*пилота, космонавта и т. п.*) после выполнения задания 2) выслушивать доклад *или* отчёт (*официального представителя правительства о поездке в другую страну*)

debriefing [(ˈ)diːˈbriːfɪŋ] *n* 1) доклад по возвращении с задания (*космонавта, разведчика и т. п.*) 2) опрос экипажа самолёта после выполнения задания (*тж.* ~ session)

debris, débris [ˈdebriː, ˈdeɪbriː] *n* 1. 1) осколки; обломки; обрезки железа; лом; остатки износа; the ~ of the army *образн.* остатки армии 2) строительный мусор 3) *спец.* радиоактивные продукты (*ядерного*) взрыва, радиоактивные отходы (*тж.* atomic /nuclear, radioactive/ ~, explosion ~) 2. развалины 3. *геол.* 1) обломки пород 2) вскрыша; наносы

debris glacier, débris glacier [ˈdebriːˈɡlæsjə] *геол.* вторичный ледник

debruise [dɪˈbruːz] *v обыкн. p. p. геральд.* пересекать (*о линии или полосе на щите*)

debt [det] *n* 1. 1) долг, долговое обязательство; задолженность; bad ~ безнадёжный долг; consolidated ~ долгосрочное обязательство; privileged ~ первоочередной долг; secured ~ долг с гарантированным возвратом; small ~s мелкие долги (*подсудные судам графств или шерифским судам*); national ~ государственный долг; ~ burden налоговое бремя; внешний долг; the country's ~ burden has tripled внешний долг страны возрос втрое; ~ collector сборщик налогов, агент по взысканию долгов; ~ owed by smb. чей-л. долг; ~ owed to smb. долг кому-л.; ~ (to the amount) of ten pounds долг в сумме десяти фунтов; ~ of honour долг чести, *особ.* карточный долг; an action of ~ *юр.* дело о взыскании долга; to be in ~ иметь долги; to be deep /deeply, heavily/ in ~ сильно задолжать, быть кругом в долгу; to be head and ears in ~, to be head over ears /eyes/ in ~, to be up to one's ears /one's eyes/ in ~ ≅ быть в долгу, как в шелку, быть по уши в долгах; to be five [ten] pounds in ~ иметь дол-

гов на сумму в пять [десять] фунтов, быть должным пять [десять] фунтов; to be in smb.'s ~, to be ~ у кого-л. в долгу; to fall /to get, to run/ into ~ влезть в долги; to contract ~s наделать долгов; to incur ~s войти в долги; to be out of ~ (больше) не иметь долгов; to get out of ~ расплатиться с долгами; to keep out of ~ не делать долгов; to collect a ~ взыскать долг 2) долг, моральное обязательство; ~ of gratitude [of friendship] долг благодарности [дружбы]; to be in the ~ of everybody быть перед всеми в долгу; to put oneself in the ~ of smb. сделаться чьим-л. должником, быть обязанным кому-л. за оказанную услугу 2. *библ.* грех, прегрешение; forgive us our ~s прости нам наши прегрешения
◇ the ~ of /to/ nature кончина, смерть; to pay one's ~ to nature, to pay one's last ~ скончаться, почить

debt book ['det,buk] долговая книга

debtee [de'ti:] *n* заимодавец, кредитор

debtless ['detlɪs] *a* свободный от долгов

debtor ['detə] *n* 1. должник, дебитор; poor ~ *амер.* несостоятельный должник (*освобождаемый судом от уплаты долга*); ~ country страна-должник; ~'s prison долговая тюрьма; to be smb.'s ~ for 100 dollars задолжать кому-л. 100 долларов; ~ for one's life to smb. чей-л. должник по гроб (жизни) 2. *бухг.* 1) дебет, приход (*в торговых книгах*) 2) = debit I 2 (*тж.* ~ side); ~s account счёт дебитора

debt-ridden ['detrɪdn] *a* обременённый, отягощённый долгами; ~ economy экономика, отягощённая долгами

debt service ['det'sɜ:vɪs] оплата процентов по государственному долгу

debudness [dɪ'bʌdnɪs] *n бот.* беспочковость

debug I [(ˌ)di:'bʌg] *n вчт.* отладка (*программы*)

debug II [(ˌ)di:'bʌg] *v* 1. удалять или устранять насекомых-паразитов (*с растений и т. п.*) 2. *проф.* удалять или отключать скрытые средства подслушивания 3. *тех.* устранять дефекты или ошибки (*в чём-л.*); налаживать (*машину*) 4. *вчт.* отлаживать (*программу*)

debugging [(ˌ)di:'bʌgɪŋ] *n* 1. удаление насекомых-паразитов (*с растений и т. п.*) 2. *проф.* удаление или отключение подслушивающей аппаратуры 3. 1) *тех.* устранение дефектов (*в оборудовании*) 2) доводка, отладка (*аппаратуры*) 3) исправление опечаток, ошибок и т. п. 4. *вчт.* отладка (*программы*); console ~ отладка с пульта управления; remote ~ дистанционная отладка

debulk [dɪ'bʌlk] *v* сокращать, уменьшать объём, массу

debunk [ˌdi:'bʌŋk] *v разг.* 1. разоблачать (*обман или фразёрство*) 2. развенчивать

debunking [ˌdi:'bʌŋkɪŋ] *n разг.* 1. разоблачение (*обмана и т. п.*) 2. развенчание

debur [ˌdi:'bɜ:] *v метал.* снимать заусенцы

debus [ˌdi:'bʌs] *v воен.* 1) высаживать, выгружать из автомашин *или* автобусов 2) высаживаться, выгружаться из автомашин *или* автобусов

debussing-point [di:'bʌsɪŋ(ˌ)pɔɪnt] *n воен.* пункт выгрузки из автотранспорта

debut, début I ['deɪb(j)u:, 'debju:] *n* 1. 1) дебют; первое выступление; to make one's ~ дебютировать 2) появление; первое применение 3) представление, демонстрирование (*чего-л.*) 2. первый выезд в свет, первое появление в обществе 3. *шахм.* дебют, начало партии

debut II ['deɪb(j)u:] *v* 1. дебютировать 2. впервые выехать в свет (*о девушке из высшего общества*) 3. впервые исполнить; he did not know when the orchestra would ~ his new symphony он не знал, когда оркестр исполнит его новую симфонию

debutant ['debju(:)tɑ:ŋ] *n* дебютант

debutante ['debju(:)tɑ:nt] *n* 1. дебютантка 2. 1) девушка, впервые выезжающая в свет 2) девушка из высшего общества; светская девица

deca- ['dekə-, dɪ'kæ-] (*тж.* deka-) 1. *в сложных словах (с греч. корнями)* имеет значение десять: decapod десятиногий рак; decahedron декаэдр; decastich десятистишие 2. *pref* образует названия метрических единиц со значением 10: decastere декастер (10 м³); decaliter, decalitre декалитр

decachord I ['dekəkɔ:d] *n* десятиструнная арфа (*древнегреческая*)

decachord II ['dekəkɔ:d] *a* десятиструнный

decadal ['dekəd(ə)l] *a* 1. состоящий из десяти 2. происходящий каждые десять лет

decadarchy ['dekəˌdɑ:kɪ] *n ист.* декадархия, верховный орган из десяти человек (*в Древней Греции*)

decadary ['dekədəɪ] *a* относящийся к декаде [*см.* decade 4]

decade ['dekeɪd] *n* 1. группа из десяти, десяток 2. часть, состоящая из десяти разделов (*в литературном произведении*) 3. десятилетие; in the past ~ за последнее десятилетие 4. *ист.* декада; десять дней (*по французскому республиканскому календарю 1793 г.*) 5. *вчт.* 1) декада 2) десятичный разряд; next [previous] ~ следующий [предыдущий] десятичный разряд

decadence ['dekəd(ə)ns] *n* 1. *книжн.* упадок; ухудшение; moral ~ падение нравов; an age of ~ эпоха упадка 2. *иск.* декадентство, упадочничество, декаданс

decadency ['dekəd(ə)nsɪ] *n* 1. *книжн.* упадок, разложение 2. = decadence

decadent I ['dekəd(ə)nt] *n иск.* декадент

decadent II ['dekəd(ə)nt] *a* 1. испорченный, нездоровый, разлагающийся 2. *иск.* декадентский, упадочнический

décadi ['dekədɪ] *n ист.* последний день декады (*по французскому республиканскому календарю 1793 г.*)

decadic [dɪ'kædɪk] *a спец.* десятеричный

decaffeinated coffee [dɪ'kæfi:neɪtɪd'kɒfɪ] кофе без кофеина

decagon ['dekəgən] *n мат.* декагон, десятиугольник

decagonal [de'kægən(ə)l] *a* десятиугольный

decagram(me) ['dekəgræm] *n* декаграмм

decagynous [de'kædʒɪnəs] *a бот.* десятипестичный, с десятью пестиками

decahedral [ˌdekə'hi:dr(ə)l] *a* девятигранный

decahedron [ˌdekə'hi:drən] *n мат.* декаэдр, десятигранник

decal [dɪ'kæl, 'dekəl] *n* переводная картинка

decalcification ['di:ˌkælsɪfɪ'keɪʃ(ə)n] *n* удаление известкового вещества, декальцинация

decalcify [di:'kælsɪfaɪ] *v* удалять известковое вещество (*особ. из костей*); декальцинировать

decalcomania [dɪˌkælkə(ʊ)'meɪnjə] *n полигр.* декалькомания

decalescence [ˌdi:kə'lesns] *n физ.* декалесценция

decalitre ['dekəˌli:tə] *n* декалитр

decalogist [dɪ'kælədʒɪst] *n редк.* толкователь десятисловия

decalogue ['dekəlɒg] *n библ.* декалог, десять заповедей, десятисловие

decametre ['dekəˌmi:tə] *n* декаметр

decametric [ˌdekə'metrɪk] *a радио* в декаметровом диапазоне волн

decamisado [ˌdekəmɪ'sɑ:dəʊ] *n* (*pl* -os [-ouz]) *ист.* неимущий (*в Аргентине*)

decamp [dɪ'kæmp] *v* 1. сниматься с лагеря, выступать из лагеря; свёртывать лагерь 2. скрыться, удрать; the criminal had ~ed преступник скрылся

decampment [dɪ'kæmpmənt] *n* 1. снятие с лагеря, выступление из лагеря; свёртывание лагеря 2. быстрый уход; бегство

decanal I [dɪ'keɪnl] *n церк.* южный клирос (*тж.* the ~ side)

decanal II [dɪ'keɪnl] *a церк.* 1. деканский 2. южный (*о клиросе*)

decandrous [dɪ'kændrəs] *a бот.* десятитычинковый, с десятью тычинками

decangular [de'kæŋgjʊlə] *a мат.* десятиугольный

decani I [dɪ'keɪnaɪ] *n церк.* южный клирос

decani II [dɪ'keɪnaɪ] *a лат. церк.* 1. расположенный рядом с местом декана, деканский (*о хоре*) 2. поющийся южной *или* деканской стороной хора

decant [dɪ'kænt] *v* 1. сцеживать; фильтровать; декантировать; отмучивать; сливать с осадка 2. 1) переливать из бутылки в графин (*вино*) 2) опоражнивать; to ~ a bottle of wine опорожнить /вылить/ бутылку вина 3. *разг.* высаживать; the tourists were ~ed from the train near the hotel туристов высадили из поезда недалеко от отеля

decantation [ˌdi:kæn'teɪʃ(ə)n] *n* 1. сцеживание; фильтрация; отмучивание 2. переливание

decanter [dɪ'kæntə] *n* 1. *см.* decant + -er 2. графин; 3. stand подставка для графина 3. *тех.* отстойник

decapacitate [ˌdi:kə'pæsɪteɪt] *v физиол.* затруднять оплодотворение; лишать способности оплодотворять

decapacitation [ˌdi:kəˌpæsɪ'teɪʃ(ə)n] *n физиол.* ингибирование спермы

decaphyllous [ˌdekə'fɪləs] *a бот.* десятилистный

decapitate [dɪ'kæpɪteɪt] *v* 1. обезглавливать, отрубать голову 2. *амер. разг.* сменять, снимать руководство правительственных учреждений (*особ. после победы на выборах*)

decapitation [dɪˌkæpɪ'teɪʃ(ə)n] *n* 1. обезглавливание 2. *амер. разг.* смена руководства [*см.* decapitate 2]

decapod I ['dekəpɒd] *n ж.-д.* локомотив с десятью ведущими колёсами, декапод

decapod II ['dekəpɒd] *a зоол.* десятиногий

decapoda [dɪ'kæpədə] *n pl зоол.* 1) декаподы, десятиногие раки (*Crustacea, Decapoda order*) 2) головоногие моллюски с десятью щупальцами

decarbonate [di:'kɑ:bəneɪt] *v хим. редк.* обезуглероживать

decarbonization [di:ˌkɑ:bən(a)ɪ'zeɪʃ(ə)n] *n хим.* обезуглероживание, декарбонизация

decarbonize [di:'kɑ:bənaɪz] *v* 1. очищать от нагара, копоти 2. = decarburize

decarburize [diːˈkɑːbjʊ(ə)raɪz] v метал. обезуглероживать
decarch[1] [ˈdekɑːk] n др.-греч. ист. декарх
decarch[2] [ˈdekɑːk] a бот. с десятью первичными ксилемами
decarchy [ˈdekɑːkɪ] = decadarchy
decartelization [diˌkɑːtɪlaɪˈzeɪʃ(ə)n] n декартелизация
decastere [ˈdekəstɪə] n декастер, десять кубических метров
decastyle [ˈdekəstaɪl] n архит. колоннада из десяти колонн, портик с десятью колоннами
decasualization [diːˌkæzjʊəl(a)ɪˈzeɪʃ(ə)n] n спец. ликвидация текучести рабочей силы
decasualize [diːˈkæzjʊəlaɪz] v спец. ликвидировать текучесть рабочей силы
decasyllabic [ˈdekəsɪˈlæbɪk] a стих. 1. десятисложный 2. в грам. знач. сущ. десятисложная строка
decasyllable I [ˈdekəsɪləbl] n 1) десятисложное слово 2) стих. десятисложный стих
decasyllable II [ˈdekəsɪləbl] = decasyllabic 1
decathlete [dɪˈkæθliːt] n спорт. десятиборец
decathlon [dɪˈkæθlɒn] n спорт. десятиборье
decathlonist [dɪˈkæθlənɪst] = decathlete
decatholicize [dɪkəˈθɒlɪsaɪz] v освобождать от католицизма (страну и т. п.)
decay I [dɪˈkeɪ] n 1. 1) гниение, разложение, увядание; the ~ of leaves увядание листьев 2) порча; разрушение; the ~ of a building разрушение /обветшание/ здания; the ~ of information информ. разрушение информации; to fall into ~ ветшать [см. тж. 2, 1)]; to preserve smth. from ~ уберечь что-л. от порчи 2. 1) ослабление, упадок, расстройство; распад; загнивание; moral ~ моральное разложение; senile ~ дряхлость, старческая немощь; the ~ of intellectual power ослабление интеллектуальных способностей; the ~ of health расстройство здоровья; the ~ of family ~ распад семьи; to be in (a state of) ~ разрушаться; to fall into ~, редк. to go to ~ приходить в упадок /запустение/ [см. тж. 1, 2)] 2) лингв. редк. падение (звуков) 3) спец. спад, ослабление; pressure ~ спад давления 3. 1) хим. распад 2) физ. радиоактивный распад; alpha [beta, gamma] ~ альфа- [бета-, гамма-] распад; ~ time время распада 4. физ. затухание, гашение (свечения и т. п.) 5. тлв. послесвечение экрана (электронно-лучевой трубки) 6. уст. уменьшение, сокращение

decay II [dɪˈkeɪ] v 1. 1) гнить, разлагаться; портиться (тж. о зубах) 2) ветшать, разрушаться (о зданиях) 3) увядать (о растениях) 2. 1) хиреть, слабеть, чахнуть, сдавать, угасать; приходить в упадок, распадаться (о государстве); his powers are beginning to ~ он начинает сдавать; village life is ~ing сельская жизнь приходит в упадок 2) приводить в упадок, подрывать (здоровье); губить (красоту) 3. опуститься (о человеке) 4. физ. распадаться 5. физ. спадать, затухать 6. уст. уменьшаться, сокращаться

decayed [dɪˈkeɪd] a 1. 1) испортившийся, испорченный; прогнивший; ~ tooth гнилой /испорченный/ зуб 2) увядший; ~ vegetables сгнившие овощи 3) обветшалый 2. пришедший в упадок; распавшийся; разложившийся; ~ family распавшаяся семья

decaying [dɪˈkeɪɪŋ] a 1. загнивающий, гниющий; ~ tooth мед. кариозный зуб 2. распадающийся

Deccan hemp [ˈdekənhemp] бот. кенаф (Hibiscus cannabinus)
decease I [dɪˈsiːs] n офиц., юр. кончина, смерть
decease II [dɪˈsiːs] v офиц., юр. 1. скончаться, умереть; he ~d without heirs он умер, не оставив наследников 2. прекращаться
deceased I [dɪˈsiːst] n офиц. 1) (обыкн. the ~) покойный, умерший, покойник 2) (the ~) собир. умершие, покойники
deceased II [dɪˈsiːst] a офиц. покойный, умерший, скончавшийся; ~ estate наследование; John Smith, ~ покойный Джон Смит; son of parents ~ сын покойных родителей
decedent [dɪˈsiːdənt] n амер. юр. покойный
deceit [dɪˈsiːt] n 1. обман; by ~ обманом, при помощи обмана; a piece of ~ мошенничество, мошенническая проделка 2. уловка, трюк; хитрость; мошенническая проделка 3. лживость; хитрость; full of ~ лживый, коварный
deceitful [dɪˈsiːtf(ə)l] a 1. лживый, вероломный; предательский; обманный 2. вводящий в заблуждение, обманчивый
deceitfully [dɪˈsiːtf(ə)lɪ] adv 1. лживо, предательски 2. обманчиво
deceitfulness [dɪˈsiːtf(ə)lnɪs] n 1. обманчивость 2. склонность к обману; лживость; двуличность
deceivable [dɪˈsiːvəbl] a уст. 1. доверчивый, легко поддающийся обману 2. лживый
deceive [dɪˈsiːv] v 1. 1) обманывать, сознательно вводить в заблуждение; to ~ the teacher [one's parents] обмануть учителя [своих родителей]; to ~ smb. into the belief that... внушить кому-л. ложную мысль, будто...; to ~ smb. as to one's intentions ввести кого-л. в заблуждение насчёт своих намерений; the boy ~d you about it мальчишка обманул /надул/ вас на этот счёт; your're deceiving yourself вы обманываете (самого) себя; let us not ~ ourselves with fond hopes не будем себя тешить несбыточными надеждами 2) обманывать, вводить в заблуждение, сбивать с толку (о явлениях, событиях, фактах); to be ~d by appearances быть обманутым внешностью; his friendly manner ~d me я был обманут его дружеским обращением; I was ~d by the blue sky and took no umbrella безоблачное небо ввело меня в заблуждение, и я не взял зонтика; I thought my eyes were deceiving me я не верил своим глазам 2. преим. разг. разочаровывать, не оправдать ожиданий; hopes completely ~d совершенно не оправдавшиеся надежды; you have ~d my expectations вы не оправдали моих ожиданий
deceiver [dɪˈsiːvə] n обманщик, мошенник
decelerate [ˌdiːˈseləreɪt] v 1) уменьшать скорость, число оборотов; замедлять ход 2) физ., косм., ав. замедлять; тормозить
deceleration [ˈdiːˌseləˈreɪʃ(ə)n] n 1. уменьшение скорости, числа оборотов 2. физ., косм., ав. замедление, торможение; landing ~ торможение в момент приземления; re-entry ~ торможение при вхождении в плотные слои атмосферы; ~ device тормозное устройство; ~ lane тормозная полоса; ~ parachute тормозной парашют; ~ time время торможения
decelerator [ˌdiːˈseləreɪtə] n 1. тех. редуктор 2. замедлитель (реакции)
December [dɪˈsembə] n декабрь; ~ days декабрьские дни; in ~ в декабре;

~ and May образн. декабрь и май (старый муж и молодая жена)
Decembrist [dɪˈsembrɪst] n русск. ист. декабрист
decemvir [dɪˈsemvə] n (pl тж. -ri) 1. др.-рим. ист. 1) pl децемвиры (правительственная коллегия) 2) децемвир (член правительственной коллегии) 2. pl правящий орган или совет, состоящий из десяти человек
decemvirate [dɪˈsemvɪrɪt] n др.-рим. ист. децемвират; правление децемвиров
decemviri [dɪˈsemvəraɪ] pl от decemvir
decency [ˈdiːs(ə)nsɪ] n 1. приличие; благопристойность; ~ in dress скромность в одежде; ~ in conduct благопристойное поведение; in ~ благопристойно; in common ~ из уважения к приличиям; for ~'s sake приличия ради; sense of ~ чувство приличия; breach of ~, offence against ~ нарушение приличий; to have no idea of ~ не иметь ни малейшего представления о приличиях; совершенно не стесняться; I can't with ~ refuse мой отказ будет выглядеть некрасиво /нехорошо/ 2. вежливость; порядочность; he had not the ~ to say "thank you" он даже "спасибо" не сказал; ordinary ~ demands it этого требует элементарная вежливость /порядочность/ 3. pl соблюдение приличий, правила хорошего тона (тж. common decencies); careless of the decencies бесцеремонный 4. уст. уместность, пристойность, соответствие; full of ~ вполне уместный; пристойный
decennary I [dɪˈsenərɪ] n книжн. десятилетие
decennary II [dɪˈsenərɪ] a книжн. 1) десятилетний 2) происходящий каждые десять лет
decennia [dɪˈsenɪə] pl от decennium
decenniad [dɪˈsenɪæd] = decennary I
decennial [dɪˈsenjəl] a книжн. 1. 1) десятилетний; ~ period десятилетний период 2) происходящий каждые десять лет; ~ census (периодическая) перепись раз в десять лет (спортивные) игры, происходящие раз в десять лет 2. занимающий пост в течение десяти лет
decennium [dɪˈsenɪəm] n (pl -nia) книжн. десятилетие
decent [ˈdiːs(ə)nt] a 1. приличный; благопристойный; порядочный; ~ conduct благопристойное /хорошее/ поведение; ~ people добропорядочные люди; ~ conditions приличные условия; ~ marks хорошие отметки; ~ family хорошая семья; a ~ sort of man порядочный человек; a ~ suit of clothes приличный костюм; to look ~ выглядеть вполне прилично; to do the ~ thing by smb. а) поступить порядочно по отношению к кому-л.; б) загладить свою вину перед кем-л. 2. скромный, пристойный; ~ in conversation сдержанный в выражениях 3. разг. 1) славный, хороший, неплохой; ~ house [fellow] славный домик [малый]; awfully ~ of you очень мило с вашей стороны; he writes ~ English он вполне прилично пишет по-английски; the wine is quite ~ вино вполне приличное; the food is ~ enough еда сносная, есть можно 2) порядочный, достаточный, изрядный; ~ fortune изрядное состояние; ~ income вполне достаточный доход 4. школ. добрый, нестрогий; непридирчивый; ~ teacher добрый учитель 5. уст. приличествующий, подобающий; пристой-

ный; ~ for a king подобающий /приличествующий/ королю

decentering [dɪˈsent(ə)rɪŋ] *n тех.* 1. децентрировка 2. эксцентричность

decently [ˈdiːsntlɪ] *adv* 1. прилично; благопристойно; порядочно; скромно; to dress ~ прилично одеваться 2. *разг.* подходяще; славно, мило, хорошо; to speak ~ about smb. неплохо отзываться о ком-л.; to treat smb. ~ хорошо относиться к кому-л.; he is doing quite ~ а) он неплохо работает; б) его дела идут неплохо, он вполне преуспевает; в) он неплохо зарабатывает

decentralism [diːˈsentrəlɪzm] *n* децентрализм; доктрина децентрализации

decentralization [ˌdiːˌsentrəlaɪˈzeɪʃ(ə)n] *n* децентрализация; economic ~ децентрализация экономики

decentralize [diːˈsentrəlaɪz] *v* децентрализовать

decentration [ˌdiːsenˈtreɪʃ(ə)n] *n опт.* смещение центра; смещение изображения

decentre [diːˈsentə] *v опт.* смещать центр; смещать изображение

deception [dɪˈsepʃ(ə)n] *n* 1. 1) обман, жульничество; to practise ~ (on smb.) заниматься обманом (кого-л.), обманывать (кого-л.); прибегать к обману; piece of ~ мошенничество, мошенническая проделка; capable of ~ способный на обман; to fall into ~ оказаться /пасть/ жертвой обмана; быть введённым в заблуждение; public ~ was complete все были введены в заблуждение; there is no ~ здесь всё без обмана 2) иллюзия; обман зрения; this is a pure ~ это чистая иллюзия; это всего лишь обман зрения; visual ~ изображение, создающее иллюзию реальности 2. мошеннический трюк, уловка; хитрость; ложь; clever ~ искусная ложь; ловкий трюк

deception corps [dɪˈsepʃ(ə)nˌkɔː] *воен.* служба маскировки

deceptious [dɪˈsepʃəs] *a редк.* обманчивый

deceptive [dɪˈseptɪv] *a* обманчивый, вводящий в заблуждение; ~ weather обманчивая погода; ~ quiet обманчивая тишина, обманчивое спокойствие; ~ advertising мошенническая /бесчестная/ реклама, реклама недоброкачественных товаров; ~ cadence *муз.* прерванная каденция; he is very ~ он не заслуживает доверия; his manner is ~ его поведение обманчиво; его поведение всего лишь маска; appearances are (often) ~ внешность (часто) обманчива

deceptively [dɪˈseptɪvlɪ] *adv* обманчиво; he has a ~ quiet manner его внешнее спокойствие обманчиво

deceptiveness [dɪˈseptɪvnɪs] *n* обманчивость

decern [dɪˈsɜːn] *v уст.* различать, распознавать

decertification [dɪˌsɜːtɪfɪˈkeɪʃ(ə)n] *n амер.* аннулирование полномочий профсоюза правительством

decession [dɪˈseʃ(ə)n] *n редк.* 1. 1) отъезд 2) отделение 2. уменьшение

decet [ˈdesɪt] *n физ.* декуплет (*частиц*)

dechristianize [ˌdiːˈkrɪstʃənaɪz, ˌdiːˈkrɪstɪ-] *v* обращать в другую веру (*христианскую страну*); искоренять христианство

deci- [ˈdesɪ-] *pref образует названия единиц измерения со значением* 10^{-1}: decigram дециграмм; decimole децимоль

decibel [ˈdesɪbel] *n физ.* децибел

decidable [dɪˈsaɪdəbl] *a* разрешимый; ~ set *мат.* разрешимое множество

decide [dɪˈsaɪd] *v* 1. 1) решать, принимать решение; to ~ a point /a question, an issue/ решить вопрос; to ~ a battle решить исход битвы /боя/; to ~ a matter [a case] in smb.'s favour решить вопрос [дело] в чью-л. пользу; to ~ by toss бросать жребий, решать жеребьёвкой; to ~ the order of the competition определить порядок проведения соревнования; to ~ what to do next [how to tackle the matter] решить, что предпринять дальше [как взяться за дело]; this day will ~ his fate в этот день решится его участь; an event that ~d his career событие, которое определило всю его дальнейшую жизнь 2) решаться, принимать определённое решение; делать выбор; to ~ between two alternatives сделать выбор; выбрать одно из двух; to ~ against smth. отклонить что-л.; решить отрицательно какой-л. вопрос; the board ~d against the reorganization правление решило не проводить реорганизацию; to ~ against doing smth. решить не делать чего-л.; the management has ~d against investing in... правление не решилось вкладывать капитал в...; he ~d against going there он решил не ездить туда; to ~ against [in favour of] the plaintiff решить дело не в пользу [в пользу] истца; to ~ on /upon/ a course of action определить линию поведения; to ~ on every last detail принимать решение по поводу мельчайших деталей; to ~ on the day установить день /дату/ (*чего-л.*); have you ~d? вы приняли решение?; вы решились на что-нибудь?; it is for you to ~ слово за вами, вам решать; he ~d to go, he ~d on /for/ going он решил(ся) ехать; she ~d on the black coat она выбрала чёрное пальто 2. положить конец сомнениям, колебаниям; заставлять, побуждать (*кого-л.*) принять решение, склонять к решению; that ~d him это положило конец его сомнениям, это заставило его решиться; that ~s me! решено!; that ~d him to depart это заставило его решиться на отъезд

decided [dɪˈsaɪdɪd] *a* 1. 1) определённый; окончательный; решённый; ~ opinion определённое мнение; ~ refusal ["no"] категорический отказ [-ое «нет»]; to give a ~ answer дать окончательный ответ 2) решительный, не знающий колебаний; very ~ character человек, не знающий сомнений; решительный человек; to speak in a ~ voice говорить тоном, не допускающим возражений; I'm quite ~, I haven't changed my mind; she turned home with a ~ step она решительно направилась домой; they are quite ~ about it они очень решительно настроены по этому поводу 2. бесспорный, определённый, явный, несомненный; ~ success бесспорный успех; ~ difference [superiority, advantage] явное отличие [превосходство, преимущество]; ~ victory решительная победа; a ~ alteration for the better несомненное /определённое/ изменение к лучшему; this is a ~ step forward это решительный /несомненный/ шаг вперёд

decidedly [dɪˈsaɪdɪdlɪ] *adv* 1. решительно; окончательно; to speak ~ разговаривать решительно; to answer ~ дать определённый ответ 2. бесспорно, явно, несомненно; he is ~ better ему определённо лучше; she is a ~ pretty girl она бесспорно хороша

decider [dɪˈsaɪdə] *n* 1. *см.* decide + -er 2. *спорт.* решающая встреча, решающий забег (*особ. после ничьей*)

deciding [dɪˈsaɪdɪŋ] *a* решающий; ~ factor решающий фактор; ~ game решающая встреча /партия/

decidophobe [dɪˈsaɪdəfəub] *n книжн.* человек, страшащийся *или* избегающий принимать решения; нерешительный человек

decidophobia [dɪˌsaɪdəˈfəubɪə] *n книжн.* страх перед принятием решений (*особ. важных*); нерешительность

decidua [dɪˈsɪdjuə] *n физиол.* отпадающая оболочка матки

deciduary [dɪˈsɪdjuərɪ] *редк.* = deciduous

deciduata [dɪˌsɪdjuˈeɪtə] *n pl зоол.* млекопитающие, имеющие отпадающую плаценту

deciduate [dɪˈsɪdjuɪt] *a физиол.* имеющий отпадающую плаценту

deciduous [dɪˈsɪdjuəs] *a* 1. *спец.* 1) периодически сбрасываемый (*о рогах*) 2) молочный (*о зубах*) 2. *бот.* лиственный, листопадный, роняющий (*листья*); ~ trees листопадные /летнезелёные/ деревья; ~ forest лиственный лес 3. быстротечный

decigram(me) [ˈdesɪɡræm] *n* дециграмм

decile [ˈdesaɪl, ˈdesɪl] *n спец.* десятая часть, десятая доля; дециль (*в статистике*)

decilitre [ˈdesɪˌliːtə] *n* децилитр

decillion [dɪˈsɪljən] *n* дециллион (10^{60}; *амер.* 10^{33})

decima [ˈdesɪmə] *n* (*pl* -mae) *лат.* 1. 1) десятая часть 2) десятина (*пошлина*) 2. *муз. редк.* децима

decimae [ˈdesɪmiː] *pl от* decima

decimal I [ˈdesɪm(ə)l] *n* 1. 1) десятичная дробь; periodic /repeating/ ~ периодическая десятичная дробь; I'm bad at /I can't do/ ~s я не силён в десятичных дробях 2) *pl* арифметические действия с десятичными дробями 2. десятичный знак; correct to five places of ~s с точностью до пятого знака; to give an answer to two places of ~s вычислить результат с точностью до второго знака 3. *вчт.* десятичное число

decimal II [ˈdesɪm(ə)l] *a* десятичный; децимальный; ~ fraction десятичная дробь; ~ notation /arithmetic/ десятеричная /десятичная/ система счисления; ~ point /place/ точка, отделяющая десятичную дробь от целого числа (*соответствует запятой в русском*); ~ classification десятичная система классификации книг (*в библиотеке*); ~ system (of weights and measures) десятичная система (мер и весов); ~ coinage /currency/ десятичная монетная система

decimalist [ˈdesɪməlɪst] *n* сторонник десятичной системы

decimalization [ˌdesɪməl(a)ɪˈzeɪʃ(ə)n] *n* переход на метрическую систему мер

decimalize [ˈdesɪməlaɪz] *v* 1. переводить на метрическую систему мер; to ~ the currency перейти на десятичную монетную систему 2. обращать (*простую дробь*) в десятичную дробь

decimate [ˈdesɪmeɪt] *v* 1. *воен.* казнить, расстреливать каждого десятого 2. опустошать; истреблять, косить; cholera ~d the country [the population] холера опустошала страну [косила население] 3. *ист.* взимать *или* собирать десятину

decimation [ˌdesɪˈmeɪʃ(ə)n] *n* 1. *воен.* казнь, расстрел каждого десятого, децимация; ~ of the top command (выборочная) казнь высших военных чинов 2. опустошение; истребление, уничтожение 3. *ист.* взимание десятины

decimestrial [ˌdesɪˈmestrɪəl] *a книжн.* десятимесячный (*о сроке, периоде и т. п.*)

decimet [ˈdesɪmət] *n физ.* декуплет (*частиц*)

decimetre ['desɪˌmiːtə] *n* дециметр; square [cubic] ~ квадратный [кубический] дециметр

decimo-sexto ['desɪmə(ʊ)'sekstəʊ] *n* полигр. формат книги в одну шестнадцатую долю листа

decinormal [desɪ'nɔːməl] *a хим.* децинормальный (*о растворе*)

decipher I [dɪ'saɪfə] *n* расшифровка, дешифровка

decipher II [dɪ'saɪfə] *v* 1. расшифровывать 2. разбирать; распутывать; разгадывать; to ~ an ancient inscription дешифровать /прочесть/ древнюю надпись; to ~ smb.'s handwriting разобрать чей-л. почерк; to ~ a riddle разгадать загадку; to ~ an allusion понять /расшифровать/ намёк

decipherable [dɪ'saɪf(ə)rəbl] *a* 1) поддающийся расшифровке 2) разборчивый (*о почерке, письме*)

decipherer [dɪ'saɪfərə] *n* дешифровщик

decipherment [dɪ'saɪfəmənt] *n книжн.* дешифровка, расшифровка, *особ.* чтение иероглифов, клинописи *и т. п.*

decision [dɪ'sɪʒ(ə)n] *n* 1. решение; binary /yes-no/ ~ альтернативное решение; official ~ официальное решение; ~ criterion *спец.* критерий выбора; ~ box *вчт.* блок (проверки) условия; ~ about smth. [on a question] решение о чём-л. [по какому-л. вопросу]; to announce one's ~ объявить о своём решении; to arrive at /to come to/ a ~, to make /to take/ a ~ принять /вынести/ решение, решить; решиться; to bring a question to a ~ принять решение по вопросу; to reverse one's ~ полностью отказаться от своего прежнего решения; I have to reach a ~ today я (ещё) сегодня должен прийти к какому-то решению; what is your ~? как ты решил?, каково твоё решение? 2. *юр.* решение, определение (суда; *тж.* judicial ~, ~ of the court) 3. решимость, решительность, твёрдость; look of ~ решительный взгляд /вид/; a man of ~ решительный человек; to act with ~ действовать решительно; to lack ~ (of character) быть нерешительным; to show great ~ in smth. быть твёрдым в чём-л. 4. *спорт.* 1) победа по очкам; to win (on) a ~ победить по очкам 2) присуждение победы по очкам (*на соревнованиях*)

decision maker [dɪ'sɪʒ(ə)n,meɪkə] специалист, принимающий решения

decision making [dɪ'sɪʒ(ə)n,meɪkɪŋ] принятие решений; процедура принятия решений

decision procedure [dɪ'sɪʒ(ə)nprə'siːdʒə] 1. *спец.* процедура принятия решения; алгоритм 2. *лингв.* процедура распознавания; автоматический анализ; ~ for sentences автоматический (синтаксический) анализ предложений, процедура распознавания синтаксических структур

decision support system [dɪ'sɪʒ(ə)nsə'pɔːt,sɪstəm] *информ.* система, обеспечивающая принятие решений

decision table [dɪ'sɪʒ(ə)n'teɪbl] *спец.* таблица данных для принятия решений

decision tree [dɪ'sɪʒ(ə)n'triː] *спец.* дерево решений (*графическое изображение альтернативных действий и их последствий*)

decisive [dɪ'saɪsɪv] *a* 1. окончательный, решающий; убедительный; ~ judgement [answer] окончательное решение [-ый ответ]; ~ victory полная /решающая/ победа; ~ evidence неопровержимые улики; ~ word последнее слово; ~ vote /ballot/ [battle] решающее голосование [сражение]; ~ attack *воен.* решительное наступление; главный удар; ~ direction *воен.* направление главного удара; this was ~ in defeating the opponent это сыграло решающую роль в разгроме противника; this incident was ~ of his fate этот случай определил его судьбу 2. решительный, определённый, исполненный решимости; ~ man /character/ решительный человек; ~ action решительные меры, решительные действия; ~ manner [tone] решительные манеры [-ый тон] 3. явный, бесспорный, очевидный, несомненный; полный; ~ superiority явное преимущество; ~ leaning towards smth. несомненная склонность к чему-л.; to clap one's hands with ~ approval хлопать в ладоши в знак полного одобрения

decisively [dɪ'saɪsɪvlɪ] *adv* 1. окончательно, убедительно 2. решительно; to act ~ действовать решительно 3. явно, несомненно; he is ~ the first of American poets он, несомненно, первый среди американских поэтов

decisivity [dɪsaɪ'sɪvɪtɪ] *n лог.* убедительность

decistere ['desɪstɪə] *n* гектолитр

decit ['desɪt] *n* десятичная цифра [<decimal + digit]

decitizenize [dɪ'sɪtɪzənaɪz] *v книжн.* лишать прав гражданства

decivilize [dɪ'sɪvɪlaɪz] *v* приводить к одичанию

deck I [dek] *n* 1. 1) палуба; upper ~ а) верхняя палуба; б) *амер.* навесная палуба; middle ~ средняя палуба; lower ~ нижняя палуба; flush ~ гладкая палуба (*без бака и юта*); shelter ~ шелтердек; навесная палуба; ~ passenger палубный пассажир; ~ superstructure палубная надстройка; under ~(s) в трюме; on ~ а) на палубу; б) *амер.* под рукой; to go /to come/ on ~ выйти на палубу; to walk the ~ ходить по палубе; all hands on ~! clear lower ~! *мор.* (свистать) всех наверх! 2) *ав.* взлётно-посадочная палуба (*тж.* flight ~) 2. *амер.* 1) крыша (*вагона*) 2) *авт.* съёмный, складной верх (*кузова*) 3. 1) пол в вагоне трамвая *или* омнибуса 2) настил моста 4. *мор. жарг.* земля, суша 5. *амер., диал.* колода карт (*тж.* ~ of cards); to sweep the ~ *амер.* сорвать банк; to play with a stacked ~ играть краплёными картами 6. *тех.* дека (грохота) 7. плоская крыша 8. первый этаж 9. дека (*магнитофон без усилителя*) 10. *вчт.* пакет *или* пачка перфокарт
◊ to hit the ~ а) свалиться с ног; шлёпнуться на землю; б) встать с постели; в) залечь (под огнём); to clear the ~s (for action) а) *мор.* приготовиться к бою; б) приготовиться к действиям

deck II [dek] *v* 1. настилать палубу (*тж.* ~ in, ~ over); to ~ (over /in/) a ship настлать палубу на судне 2. украшать, наряжать, убирать (*тж.* ~ out); to ~ a room with flowers украсить комнату цветами; the streets were ~ed with flags улицы были убраны /украшены/ флагами; to ~ oneself out принарядиться; разодеться, расфрантиться; to ~ oneself out with jewels нацепить на себя драгоценности

deck-beam ['dekbiːm] *n мор.* палубный бимс

deck-bridge ['dekbrɪdʒ] *n* 1. ж.-д. мост с ездой поверху 2. *мор.* мостик

deck-cabin ['dek,kæbɪn] *n* палубная каюта

deck-cargo ['dek,kɑːgəʊ] *n* (*pl* -oes, -os [-ouz]) палубный груз

deck-chair ['dek,tʃeə] *n* шезлонг (*для пассажиров на палубе*)

DEC — DEC   D

decked [dekt] *a* 1. имеющий палубу 2. украшенный, убранный; разодетый

deckel ['dekl] = deckle

decker ['dekə] *n* 1. 1) палубное судно 2) (-decker) *как компонент сложных слов*: one-decker, single-decker а) однопалубное судно; б) одноэтажный автобус (*тж.* single-decker bus); two-decker, double-decker а) двухпалубное судно; б) двухэтажный автобус (*тж.* double-decker bus); three-decker трёхпалубное судно 2. 1) *мор. проф.* (палубный) матрос 2) *разг.* палубный пассажир 3. *амер.* квартира

deck erection [dek,ɪ'rekʃ(ə)n] *мор.* (палубная) надстройка

deck gear ['dek,gɪə] палубные устройства

deck-hand ['dekhænd] *n* палубный матрос

deck-house ['dekhaʊs] *n мор.* рубка

decking ['dekɪŋ] *n* 1. украшение; убранство 2. 1) опалубка 2) настил 3. палубный материал 4. проезжая часть моста

deck ladder ['dek,lædə] *мор.* сходной трап

deck landing ['dek,lændɪŋ] *ав.* посадка на палубу корабля

deckle ['dekl] *n тех.* декель; ~ edge *бум.* неровный /необрезанный/ край бумаги, отливная кромка

deckle-edged [,dekl'edʒd] *a* с неровными краями (*о бумаге*)

deck level ['dek,lev(ə)l] уровень палубы; небольшая высота; to fly at ~ лететь на малой высоте

deck light ['dekˌlaɪt] *мор.* палубный иллюминатор

deck-load ['dekləʊd] = deck-cargo

deck-piercing ['dek,pɪəsɪŋ] *a мор.* бронебойный (*о снаряде*)

deck shoes ['dekˌʃuːz] *амер.* парусиновые туфли на толстой каучуковой подошве *или* на платформе

deck start ['dek,stɑːt] *ав.* взлёт с палубы (*корабля*)

deck-tennis ['dek,tenɪs] *n* 1) «палубный теннис» (*мяч или кольцо, заменяющее его, привязаны на верёвке*) 2) теннис на палубных кортах

declaim [dɪ'kleɪm] *v* 1. 1) произносить с пафосом, витийствовать; ораторствовать; разглагольствовать; краснобайствовать; произносить помпезные, напыщенные речи 2) произносить речь (*на заданную тему*) 2. декламировать, читать (*стихи*) 3. (against) осуждать (*что-л.*); протестовать, резко и горячо выступать против (*чего-л.*); he ~ed against the high rents in slums он выступил против высокой арендной платы за комнаты в трущобах

declaimer [dɪ'kleɪmə] *n преим. амер.* декламатор

declamation [,deklə'meɪʃ(ə)n] *n* 1. декламация, художественное чтение 2. 1) торжественная речь 2) выступление на заданную тему 3. 1) ораторское искусство; красноречие; ~ prize приз за ораторское искусство 2) разглагольствование, краснобайство; «риторика»; mere ~ пустословие, пустая болтовня; to burst into a ~ on smth. пуститься разглагольствовать /в разглагольствования/ о чём-л. 4. хорошая фразировка (*при пении*)

declamatory [dɪ'klæmət(ə)rɪ] *a* 1. ораторский; ~ theme тема торжественной речи 2. декламационный 3. напыщенный, выспренний, помпезный; ~ manner напыщенная манера; ~ style помпезный стиль

525

declarant [dɪˈklɛərənt] *n юр.* 1) податель (*заявления, декларации и т. п.*), заявитель 2) *амер.* иностранец, подавший документы о принятии его в американское гражданство (*тж.* ~ alien)

declaration [ˌdɛkləˈreɪʃ(ə)n] *n* 1. декларация (*документ*); ~ of rights декларация прав; D. of Human Rights Всеобщая декларация прав человека; D. of Independence Декларация независимости (*1776 г.*) 2. 1) объявление, заявление; ~ of war объявление войны; ~ of policy *дип.* декларация о политике; ~ of intention *амер.* заявление о приёме в гражданство США; ~ of the poll объявление результатов голосования; to make a ~ сделать заявление 2) *карт.* объявление 3) объяснение; ~ of love объявление в любви; to make a ~ of love объясниться в любви 4) *выт.* описание; array ~ описание массива; priority ~ описание приоритета /приоритетов/ 3. высказывание; ~ for [against] smth. высказывание в пользу [против] чего-л. 4. *юр.* 1) исковое заявление 2) торжественное заявление свидетеля (*без присяги*) 3) мотивировочная часть судебного решения 5. таможенная декларация (*тж.* customs ~)

declaration day [ˌdɛkləˈreɪʃ(ə)nˈdeɪ] день объявления результатов голосования

declarative [dɪˈklærətɪv] *a* 1. декларативный; ~ language *информ.* декларативный язык, непроцедурный язык; ~ act декларативный акт; to be ~ of smth. говорить /свидетельствовать/ о чём-л.; ~ of a wish говорящий /свидетельствующий/ о желании 2. *грам.* повествовательный; ~ sentence повествовательное предложение

declaratory [dɪˈklærət(ə)rɪ] *a* 1. = declarative 1 2. объяснительный, пояснительный; ~ judgement пояснение

declare [dɪˈklɛə] *v* 1. 1) заявлять, объявлять, провозглашать; обнародовать; to ~ peace провозглашать мир; to ~ a strike объявить забастовку; to ~ war on /against/ a country объявить войну какой-л. стране; to ~ the result of an election обнародовать результаты выборов; ~ one's love объясниться в любви 2) признавать, объявлять (*кого-л. кем-л., что-л. чем-л.*); to ~ oneself president провозгласить себя президентом; to ~ smb. a deserter объявить кого-л. дезертиром; he was ~d guilty его признали виновным; he was ~d an invalid он был признан нетрудоспособным /больным, инвалидом/; he ~s it (to be) a mistake он утверждает, что это ошибка 3) *карт.* объявлять; раскрывать свою игру; to ~ trumps объявить козыри; to ~ one's hand a) раскрывать свои карты; б) раскрыть свои планы; обнаружить свои намерения 4) заявлять, говорить; he ~d he had seen nothing он заявил, что ничего не видел 2. показывать, обнаруживать; to ~ oneself a) показать себя, показать своё истинное лицо; высказаться; б) *возвыш.* объясниться в любви; to ~ itself обнаружиться, проявиться; the desease ~d itself (все) симптомы болезни были налицо; nothing ~s there was a human being here ничто не говорит о том, что здесь был человек 3. (for, in favour of, against) высказываться, выражать отношение; to ~ for /in favour of/ peace [against war] высказаться в пользу мира [против войны]; to ~ against the King потребовать низложения короля 4. *юр.* подавать иск; делать исковое заявление 5. предъявлять вещи, облагаемые пошлиной (*на таможне*); to ~ a camera [a picture] предъявить для обложения таможенной пошлиной фотоаппарат [картину]; have you anything to ~? есть ли у вас вещи, подлежащие обложению?

◊ well, I ~! однако, скажу я вам!, вот те на!; вот те раз!, вот так так!, каково?!, ну и ну!; I ~ if I will как бы не так, так я и согласился

declared [dɪˈklɛəd] *a* 1. заявленный, объявленный, провозглашённый; ~ state of war официально объявленное состояние войны; ~ value *ком.* объявленная ценность; ~ trump *карт.* заранее объявленный козырь; their ~ and their covert objects их явные и их тайные цели 2. 1) явный; признанный; ~ marxist признанный марксист 2) законченный, полный; ~ enemy заклятый враг

declare in [dɪˈklɛərˈɪn] *phr v* заявлять о своём согласии баллотироваться

declare off [dɪˈklɛərˈɒf] *phr v разг.* отказываться от (*чего-л.*), расторгать; to ~ a bargain расторгнуть сделку; the whole thing has been declared off всё было отменено; делу не дали хода, дело похоронили

declarer [dɪˈklɛərə] *n* 1. *см.* declare + -er 2. тот, кто подписывает декларацию

déclassé [ˌdeɪklɑːˈseɪ, ˌdeɪˈklæseɪ] *фр.* = declassed

declassed [ˌdiːˈklɑːst] *a* деклассированный

declassify [ˌdiːˈklæsɪfaɪ] *v* рассекречивать (*материалы, документы и т. п.*)

declension [dɪˈklɛnʃ(ə)n] *n* 1. *книжн.* уклон; понижение; ~ towards the sea понижение местности к морю; in the ~ of years на склоне лет 2. *книжн.* падение, упадок; ~ of science [of virtue] упадок науки [нравов] 3. *книжн.* отклонение, отступление (*от принятого образца*); отступничество 4. склонение (*магнитной стрелки*) 5. *редк.* отклонение, вежливый отказ 6. *грам.* склонение; классы склонений; the strong ~ сильное склонение; first [second] ~ noun существительное первого [второго] склонения

declensional [dɪˈklɛnʃənl] *a грам.* относящийся к склонению; ~ endings а) падежные окончания; б) окончания классов склонений

declinable [dɪˈklaɪnəbl] *a грам.* склоняемый

declinate [ˈdɛklɪnɪt] *a бот.* загнутый, пригнутый, отклонённый вниз

declination [ˌdɛklɪˈneɪʃ(ə)n] *n* 1. *книжн.* отклонение, склонение; наклон; ~ of the head наклон головы 2. *астр.* склонение 3. 1) деклинация, склонение (*магнитной стрелки*); ~ compass компас склонения 2) *топ.* ориентирование (*прибора, карты*) 4. *уст., амер.* вежливый отказ 5. *амер.* отказ кандидата баллотироваться

declinator [ˈdɛklɪneɪtə] *n* деклинатор; компас склонения

declinatory [dɪˈklaɪnət(ə)rɪ] *a* отклоняющий, отказывающий; отводящий

declinature [dɪˈklaɪnətʃə] *n книжн.* отклонение, вежливый отказ; отвод

decline I [dɪˈklaɪn] *n* 1. 1) падение, упадок, спад; the ~ of art [of civilization] упадок искусства [цивилизации]; ~ of business спад деловой активности; on the ~, in a ~ в состоянии упадка (*см. тж.* 2]; culture in ~ культура в состоянии упадка; the family was definitely in a ~ не было сомнений, что счастье изменило этой семье; to suffer moral and spiritual ~ переживать нравственный и духовный упадок 2) убыль; истощение; падение; ~ of a well *горн.* истощение скважины 3) понижение; ~ in prices понижение цен; these shares have experienced a ~ курс этих акций понизился 4) ухудшение (*здоровья*); ~ of /in/ strength упадок сил; gradual ~ постепенное одряхление 5) период затихания (*болезни*); the ~ of a fever понижение температуры /жара/ 2. склон, конец, закат; the ~ of the moon ущерб луны; the ~ of day закат; on the ~ на ущербе [*см. тж.* 1, 1)]; the ~ of life закат жизни, старость 3. 1) изнурительная болезнь, *особ.* чахотка; to die of a ~ умереть от чахотки; to be in a ~ а) чахнуть; б) болеть чахоткой; to go /to fall/ into a ~ а) зачахнуть; б) подхватить чахотку 2) хандра, депрессия; he was going into one of his ~s им снова овладевала депрессия, он снова погружался в хандру 4. *бот.* увядание, вилт 5. *редк.* уклон, понижение, скат

decline II [dɪˈklaɪn] *v* 1. 1) опускаться; идти вниз, под уклон; the road ~s дорога идёт под уклон 2) наклоняться, клониться 3) заходить (*о солнце*); the sun is declining солнце заходит; the day begins to ~ (to its close) день склоняется к вечеру 2. 1) уменьшаться, убывать, идти на убыль; to ~ considerably значительно сокращаться; the prices began to ~ цены стали падать; his fortune ~d его состояние уменьшилось; his years are beginning to ~ (его) годы идут на убыль, старость не за горами 2) угасать; the earlier fervour is declining пыл прежних лет постепенно угасает 3) спадать (*о температуре*); the fever has ~d жар спал (*у больного*) 3. 1) приходить в упадок; the arts ~d ремёсла пришли в упадок; business ~d в делах наступил застой; дела шли всё хуже 2) приходить в расстройство; ухудшаться; ослабевать; чахнуть; his health ~d considerably его здоровье расстроилось /расшаталось/; он очень сдал; his courage began to ~ мужество стало изменять ему; their strength has ~d их силы шли на убыль 4. 1) отклонять, отводить, отвергать; to ~ an offer [an invitation] отклонить предложение [приглашение]; to ~ a discussion уклониться от участия в дискуссии; to ~ battle уклоняться от боя, не принять бой; to ~ to answer questions отказаться отвечать на вопросы; to ~ satisfying smb.'s curiosity отказаться удовлетворить чьё-л. любопытство; his novel was ~d его роман отклонили /не приняли/; I ~ to be intimidated я не позволю запугать себя; вам меня не запугать 2) отказываться; to ~ with thanks отказаться с благодарностью 3) *шахм.* отклонить (*жертву*), не принимать (*гамбит*) 5. наклонять, склонять; to ~ one's head on one's breast склонить /уронить/ голову на грудь 6. *грам.* склонять 7. *уст.* отклоняться, уходить, отступать (*от принятого образца*); to ~ from virtue сойти со стези добродетели

declining [dɪˈklaɪnɪŋ] *a* 1. заходящий; меркнущий; the ~ sun заходящее солнце; the ~ day день, склоняющийся к вечеру 2. 1) преклонный; ~ years преклонный возраст, закат дней 2) начинающий засыхать 3. 1) клонящийся к упадку; ~ industries отрасли промышленности, находящиеся в кризисном состоянии 2) исчезающий; ~ species исчезающий вид (*растений или животных*)

declinograph [dɪˈklaɪnəgrɑːf] *n астр.* деклинограф

declinometer [ˌdeklɪˈnɒmɪtə] = declinator

declivitous [dɪˈklɪvɪtəs] *a книжн.* довольно крутой (*о горе, о дороге, идущей в гору и т. п.*)

declivity [dɪˈklɪvɪtɪ] *n* склон, скат; покатость, отлогий спуск; откос; уклон (*пути*)

declivous [dɪˈklaɪvəs] *a книжн.* покатый, пологий

declutch [ˈdiːˈklʌtʃ] *v тех.* расцеплять, выключать (*сцепление, муфту и т. п.*)

decocoon [ˌdːkəˈkuːn] *v воен. проф.* снимать водонепроницаемые чехлы (*с боевой техники*), расчехлять

decoct [dɪˈkɒkt] *v* отваривать, настаивать

decoction [dɪˈkɒkʃ(ə)n] *n* 1. вываривание; отваривание; by ~ вываркой 2. лечебный отвар, декокт

decode [ˌdiːˈkəʊd] *v* расшифровывать, раскодировать, декодировать

decoder [ˌdiːˈkəʊdə] *n* 1. дешифровщик 2. декодирующее устройство; декодер, дешифратор; command /operation/ ~ *вчт.* дешифратор команд

decoding [ˌdiːˈkəʊdɪŋ] *n* декодирование; расшифровка; information ~ декодирование информации; sequential ~ последовательное декодирование

decollate[1] [dɪˈkɒleɪt] *v уст.* обезглавливать

decollate[2] [dɪˈkɒleɪt] *v вчт.* рассортировывать, сортировать (*пакет перфокарт и т. п.*)

decollation [ˌdiːkəˈleɪʃ(ə)n] *вчт.* сортировка (*пакета перфокарт и т. п.*)

décolleté [deɪˈkɒlteɪ] *a* декольтированный

décolletée [deɪˈkɒlteɪ] *женск.* к décolleté

decolonization [ˈdiːˌkɒlən(ə)ɪˈzeɪʃən] *n* деколонизация

decolonize [ˌdiːˈkɒlənaɪz] *v* деколонизовать, деколонизировать; предоставить независимость колонии

decolorate I [ˌdiːˈkʌlərɪt] *a книжн.* обесцвеченный

decolorate II [ˌdiːˈkʌlərɪt] *v книжн.* обесцвечивать

decolour [ˌdiːˈkʌlə] = decolourize

decolourant [ˌdiːˈkʌlər(ə)nt] *a* обесцвечивающий

decolouration [ˌdiːkʌləˈreɪʃ(ə)n] *n* обесцвечивание

decolourize [ˌdiːˈkʌləraɪz] *v* обесцвечивать

decommission [ˌdiːkəˈmɪʃ(ə)n] *v* списывать личный состав (*с корабля*); переводить (*корабль*) из состава действующего флота в резерв (на консервацию)

decommissioning [ˌdiːkəˈmɪʃ(ə)nɪŋ] *n тех.* прекращение эксплуатации (*ядерного реактора и т. п.*)

decompensation [ˌdiːˌkɒmpənˈseɪʃ(ə)n] *n мед.* декомпенсация, расстройство компенсации сердца; cardiac ~ декомпенсация сердца

decomplex [ˌdiːˈkɒmpleks] *a книжн.* вдвойне сложный; состоящий из сложных частей

decomposable [ˌdiːkəmˈpəʊzəbl] *a* 1) (into) разлагаемый на составные части 2) *мат.* разложимый

decompose [ˌdiːkəmˈpəʊz] *v* 1. 1) разлагать на составные части; to ~ a force *физ.* разложить силу 2) разбирать, анализировать 3) гнить, разлагаться (*тж. перен.*)

decomposed [ˌdiːkəmˈpəʊzd] *a* разложившийся; ~ body [corpse] разложившееся тело [-ийся труп]

decomposer [ˌdiːkəmˈpəʊzə] *n хим.* 1. вещество, разлагающее (*что-л.*) на составные части 2. аппарат для разложения 3. редуцент, бактерия разложения (*микроорганизм, разлагающий органические вещества*)

decomposite I [ˌdiːˈkɒmpəzɪt] = decompoud I

decomposite II [ˌdiːˈkɒmpəzɪt] *a* сложный, составной, составленный из сложных частей

decomposition [ˌdiːkɒmpəˈzɪʃ(ə)n] *n* 1. *физ., хим.* 1) разложение, распад; nuclear ~ распад (атомного) ядра; ~ of forces [of light] разложение сил [света] 2) разложение, распад; гниение; ~ of bones разложение костной ткани; ~ of society распад /загнивание/ общества 2) *мат.* разложение; разбиение 2) *лингв.* декомпозиция; (рас)членение, анализ, разложение (на составные части)

decompound I [ˌdiːkəmˈpaʊnd] *n спец.* что-л. состоящее из сложных частей; составное слово

decompound II [ˌdiːkəmˈpaʊnd] *a спец.* многораздельный, многосложный, состоящий из сложных частей; ~ leaf *бот.* перистосложный лист

decompound III [ˌdiːkəmˈpaʊnd] = decompose

decompress [ˌdiːkəmˈpres] *v* 1. *спец.* уменьшать, снижать давление 2. *психол.* 1) релаксировать 2) выходить из (состояния) стресса

decompression [ˌdiːkəmˈpreʃ(ə)n] *n* 1. *спец.* (постепенное) понижение давления, уменьшение сжатия, декомпрессия 2. *мед.* декомпрессия 3. *психол.* релаксация; выход из (состояния) стресса

decompression chamber [ˌdiːkəmˈpreʃ(ə)nˈtʃeɪmbə] кессонная камера

decompression illness, decompression injury, decompression sickness [ˌdiːkəmˈpreʃ(ə)nˈɪlnɪs, -ˈɪn(d)ʒrɪ, -ˈsɪknɪs] кессонная болезнь

decompressor [ˌdiːkəmˈpresə] *n тех.* декомпрессор

deconsecrate [diːˈkɒnsɪkreɪt] *v* секуляризировать

deconsecration [ˌdiːˌkɒnsɪˈkreɪʃ(ə)n] *n* секуляризация

deconstructive [ˌdiːkənsˈtrʌktɪv] *a* деструктивный, разрушительный

decontaminant [ˌdiːkənˈtæmɪnənt] *n* дегазирующее, дезактивирующее, очищающее средство

decontaminate [ˌdiːkənˈtæmɪneɪt] *v* 1. дегазировать, дезактивировать, дезинфицировать; очищать 2. изымать (*из документа*) секретные сведения (*перед публикацией и т. п.*)

decontaminating [ˌdiːkənˈtæmɪneɪtɪŋ] *a* дезинфицирующий, дегазирующий, дезактивирующий; ~ agent *воен.* обеззараживающее /дегазирующее/ средство

decontamination [ˈdiːkənˌtæmɪˈneɪʃ(ə)n] *n* дегазация, дезактивация, обеззараживание (*местности, техники*); очистка, удаление загрязнений, санобработка (*людей*); gross [detailed] ~ полная [частичная] дезактивация; dry [wet] ~ дезактивация сухим [мокрым] способом, сухой [мокрый] способ дезактивации

decontamination centre, decontamination station [ˈdiːkənˌtæmɪˈneɪʃ(ə)nˌsentə, -ˌsteɪʃ(ə)n] *воен.* дегазационный пункт

decontrol I [ˌdiːkənˈtrəʊl] *n спец.* освобождение от (государственного) контроля; снятие контроля

decontrol II [ˌdiːkənˈtrəʊl] *v спец.* освобождать от (государственного) контроля; снимать контроль; to ~ prices [rents] отменить ограничения на рост цен [квартплаты]

decontrolled road [ˌdiːkənˈtrəʊldˈrəʊd] дорога, на которой не действуют ограничения скорости

deconvolution [ˈdiːˌkɒnvəˈluːʃ(ə)n] *n* обратная свертка, деконволюция

deconvolve [ˌdiːkənˈvɒlv] *v мат.* восстанавливать из свертки (*функцию и т. п.*); выполнять операцию, обратную свертке

décor [ˈdeɪkɔː] *n фр.* 1. орнамент 2. *архит.* декор 3. 1) *театр.* декорации 2) оформление (*выставки и т. п.*); interior ~ внутреннее оформление, внутренняя отделка

decora [dɪˈkɔːrə] *pl от* decorum

decorate [ˈdekəreɪt] *v* 1. 1) украшать, убирать; декорировать; to ~ a Christmas-tree наряжать ёлку; to ~ a room with flowers украсить комнату цветами 2) украшать собой, служить украшением; the old picture that ~s the room старинное полотно, которое украшает комнату 3. красить, оклеивать обоями, отделывать (*комнату*) 3. украшать, расцвечивать; to ~ a tale with fictions приукрасить рассказ выдумками 4. награждать знаками отличия *или* орденами; to ~ smb. with an order наградить кого-л. ~ the soldier with a medal for war services наградить солдата за боевые заслуги медалью

decorated [ˈdekəreɪtɪd] *a* 1. украшенный, убранный; декорированный 2. использующий украшения; ~ style английская готика XVI века 3. награждённый знаками отличия *или* орденами

decoration [ˌdekəˈreɪʃ(ə)n] *n* 1. украшение, убранство, декорирование 2. *архит.* внутренняя отделка (*тж.* interior ~) 3. орден, знак отличия; награда; holders of war ~s кавалеры боевых орденов; ~ ribbon орденская лента 4. *pl* праздничные флаги, гирлянды; праздничное убранство

Decoration Day [ˌdekəˈreɪʃ(ə)nˈdeɪ] *амер.* день памяти погибших в войнах (30 мая)

decorative [ˈdek(ə)rətɪv] *a* декоративный; ~ art декоративное /прикладное/ искусство; ~ painting декоративная живопись; ~ artist художник-декоратор; ~ illumination /light/ (праздничная) иллюминация

decorative surgery [ˈdek(ə)rətɪvˌsɜːdʒərɪ] 1) пластическая хирургия 2) пластическая операция; косметическая операция

decorator [ˈdekəˌreɪtə] *n* 1. *см.* decorate + -or 2. архитектор-декоратор; interior ~ художник по интерьеру; художник-оформитель 3. маляр; обойщик

decore [dɪˈkɔː] *v уст.* наряжать, украшать

decorous [ˈdek(ə)rəs] *a* приличный, пристойный; соблюдающий приличия, чинный; ~ conduct благопристойное /приличное/ поведение

decorticate [dɪˈkɔːtɪkeɪt] *v* 1. *спец.* 1) сдирать, снимать кожу, очищать от шелухи; удалять сердцевину 2) окоривать, снимать луб; снимать волокно; отделять луб от стебля 3) шелушить, обрушивать зерно 4) сдирать, сходить (*о коже, шелухе и т. п.*) 2. *книжн.* разоблачать, срывать маску; срывать покровы

decortication [dɪˌkɔːtɪˈkeɪʃ(ə)n] *n спец.* декортикация

decorticator [dɪˈkɔːtɪkeɪtə] *n* 1. *спец.* декортикатор 2. крупорушка

DEC — DED

decorum [dɪˈkɔːrəm] *n* (*pl тж.* -ra) **1.** внéшнее приличие, декóрум; благопристóйность; воспитанность; external ~ внéшняя благопристóйность; breach of ~ нарушéние прáвил хорóшего тóна; to behave with ~ вестú себя чúнно /подобáющим óбразом/; to have a sense of ~ быть хорошó воспúтанным; to disturb the ~ of a meeting нарýшить (*какóй-л. вúходкой*) нормáльный ход собрáния **2.** *обыкн. pl* приличия, этикéт **3.** *уст.* благолéпие, величéственная красотá

decouple [ˌdiːˈkʌpl] *v* **1.** *тех.* расцепляться, развязывать, разъединять **2.** *спец.* уменьшáть сейсмúческий эффéкт ядерного взрыва (*осуществляя егó под землёй*)

decoupling [ˌdiːˈkʌplɪŋ] *n* **1.** нарушéние свя́зи; развязывание, развязка; расщеплéние, разъединéние **2.** *спец.* декáплинг, эффéкт декáплинга; ослаблéние сейсмúческого эффéкта я́дерного взрыва; full [partial] ~ пóлный (частичный) декáплинг

decoy I [ˈdiːkɔɪ, dɪˈkɔɪ] *n* **1. 1)** пруд, затя́нутый сéткой (*куда замáнивают дúких уток и т. п.*) **2)** западня́, ловýшка **2. 1)** примáнка **2)** *охот.* манóк **3) 1)** человéк, вовлекáющий другóго в западнúю, ловýшку **3.** *воен.* **1)** макéт **2)** лóжная-цель

decoy II [dɪˈkɔɪ] *v* **1.** приманивать; заманивать в ловýшку; to ~ ducks into a net приманúть ýток в сеть; to ~ the enemy troops into an ambush заманúть войскá противника в засáду /в ловýшку/ **2.** завлекáть; соблазня́ть, обмáнывать (*тж.* ~ away, ~ out); to ~ smb. to do smth. хúтростью застáвить когó-л. сдéлать что-л.; to ~ a girl under age *юр.* развратúть /растлúть/ малолéтнюю

decoy battery [ˈdiːkɔɪˌbæt(ə)rɪ] *воен.* лóжная батарéя

decoy bird [ˈdiːkɔɪˌbɜːd] *охот.* (при-)мáнная птúца

decoy-duck [ˈdiːkɔɪˌdʌk] = decoy I 2, 2)

decoy pond [ˈdiːkɔɪˌpɒnd] = decoy I 1, 1)

decoy position [ˈdiːkɔɪpəˈzɪʃ(ə)n] *воен.* лóжная позúция

decoy-ship [ˈdiːkɔɪʃɪp] *n мор.* сýдно-ловýшка

decrease I [ˈdiːkriːs] *n* уменьшéние, убывáние; понижéние, ослаблéние; спад; ~ of a swelling уменьшéние óпухоли; ~ in population уменьшéние населéния; a small ~ in production небольшóй спад производства; ~ in speed [in current] падéние скóрости [напряжéния]; to be on the ~ идтú на ýбыль; our imports are on the ~ наш ймпорт сокращáется; cases of this sort are on the ~ слýчаев такóго рóда всё мéньше и мéньше

decrease II [diːˈkriːs] *v* **1)** уменьшáть, убавлять, сокращáть; to ~ export [import] сокращáть вывоз [ввоз]; to ~ the number to ten [by ten] умéньшить число до десятú [на дéсять] **2)** убывáть, уменьшáться, убавлять, сокращáться; идтú на ýбыль; to ~ in size [in number, in extent] уменьшáться в размéре [в колúчестве, в объёме]; the population is decreasing населéние сокращáется; temperature ~s температýра пáдает; his influence slowly ~d егó влияние постепéнно уменьшáлось; fears ~ стрáхи исчезáют

decreasing [dɪˈkriːsɪŋ] *a мат.* убывáющий; in ~ order в поря́дке убывáния; ~ series убывáющая послéдовательность

decree I [dɪˈkriː] *n* **1.** укáз, декрéт, прикáз; закóн; royal ~ королéвский укáз; ~ of nature закóн прирóды; ~ of September 21 декрéт /укáз/ от 21 сентября́; to issue a ~ издáть укáз; to establish by ~ установúть закóном; to pass a ~ при́нять декрéт /закóн/ **2.** *юр.* постановлéние, решéние, определéние (*судá*); to pronounce a ~ вынести решéние **3.** *церк.* **1)** постановлéние церкóвного совéта **2)** *pl ист.* декретáлии **4.** *часто рел.* предопределéние, вóля; the ~s of fate веление судьбы́ /рóка/; the ~ of God, divine ~ божéственное предопределéние; the ~ of providence вóля провидéния

decree II [dɪˈkriː] *v* **1.** издавáть прикáз, декрéт; декретировать; прикáзывать, отдавáть распоряжéние; to ~ smth. постановúть что-л. **2.** *уст.* определять, решáть **3.** *юр.* выноситъ судéбное решéние, постановлéние *или* определéние **4.** предопределять; предписывать; to ~ the annual observance (of smth.) предписáть ежегóдное соблюдéние (чегó-л.); the government ~d that the dam must be built правúтельство приняло постановлéние о строúтельстве плотúны; fate ~s that... велéние судьбы́ таковó, что...

decree nisi [dɪˈkriːˈnaɪsaɪ] *лат. юр.* услóвно-окончáтельное решéние судá, *обыкн.* о разводе (*вступúвшее в сúлу с определённого срока, éсли онó не бýдет до этого отмéнено úли оспóрено*)

decreet [dɪˈkriːt] *уст.* = decree I

decrement I [ˈdekrɪmənt] *n* **1.** *книжн.* **1)** уменьшéние, убывáние, ýбыль; the moon in ~ убывáющая лунá, лунá на ущéрбе **2)** стéпень ýбыли; ~ of life годовáя смéртность **2.** *спец.* декремéнт **3.** *физ., мат.* декремéнт; logarithmic ~ логарифмический декремéнт **4.** *мед.* стáдия затихáния болéзни

decrement II [ˌdekrɪˈment] *v* **1.** *банк.* регистрúровать снятие со счёта **2.** *спец., вчт.* уменьшáть; to ~ by one уменьшáть на единúцу

decrepit [dɪˈkrepɪt] *a* **1.** дря́хлый, одряхлéвший; престарéлый; ~ horse стáрая кля́ча; ~ old age глубóкая дря́хлость **2.** вéтхий, обветшáлый, изнóшенный; two or three ~ houses два-три вéтхих домúшка

decrepitate [dɪˈkrepɪteɪt] *v* **1.** *тех.* доводúть до растрéскивания **2.** трéскаться при накáливании

decrepitation [dɪˌkrepɪˈteɪʃ(ə)n] *n* **1.** *тех.* прокáливание, кальцинáция **2.** растрéскивание при накáливании

decrepitude [dɪˈkrepɪtjuːd] *n книжн.* **1.** дря́хлость, одряхлéние; стáрческая нéмощь **2.** вéтхость, обветшáлость

decrescendo [ˌdiːkrɪˈʃendəʊ] *муз.* декрещéндо

decrescent [dɪˈkres(ə)nt] *a* убывáющий; ~ moon убывáющая лунá, лунá на ущéрбе

decretal I [dɪˈkriːt(ə)l] *n* **1.** *церк.* **1)** декрéт, постановлéние **2)** *pl ист.* декретáлии **2.** предписáние; предопределéние

decretal II [dɪˈkriːt(ə)l] *a* предписывающий, определяющий, устанáвливающий; ~ epistle пáпское постановлéние, декретáлия

decretive, decretory [dɪˈkriːtɪv, dɪˈkriːt(ə)rɪ] *a* **1.** декрéтный **2.** имéющий сúлу декрéта

decrial [dɪˈkraɪəl] *n книжн.* открытое осуждéние, порицáние; рéзкая крúтика

de-criminalization [ˈdiːˌkrɪmɪnəl(a)ɪˈzeɪʃ(ə)n] *n юр.* декриминализáция, исключéние (*деяний и т. п.*) из числá уголóвно наказýемых; ~ of abortion отмéна запрещéния абóртов

decriminalize [ˌdiːˈkrɪmɪnəlaɪz] *v юр.* **1.** декриминализúровать, исключúть (*деяния и т. п.*) из числá уголóвно наказýемых **2. 1)** реабилитúровать **2)** амнистúровать, освобождáть от наказáния

decrown [ˌdiːˈkraʊn] *v* лишáть корóны, свергáть с престóла, развéнчивать

decrustation [ˌdiːkrʌsˈteɪʃ(ə)n] *n* удалéние кóрки

decry [dɪˈkraɪ] *v* **1.** открыто осуждáть; порицáть; поносúть; хулúть; to ~ the pressures of the entrance examinations открыто критиковáть напряжённую обстановку вступúтельных экзáменов **2.** обесцéнивать (*валюту, осóб. стáрые úли инострáнные монéты*)

decrypt [ˌdiːˈkrɪpt] *v* расшифрóвывать; декодúровать

decrystallization [ˌdiːˌkrɪstəl(a)ɪˈzeɪʃ(ə)n] *n* аморфизáция

decubital [dɪˈkjuːbɪt(ə)l] *a мед.* пролéжневый; ~ sore пролéжень

decubitus [dɪˈkjuːbɪtəs] *n мед.* **1.** лежáчее положéние **2.** пролéжень

decuman [ˈdekjʊmən] *a* **1.** *книжн.* колоссáльный, громáдный; ~ wave девя́тый вал **2.** *др.-рим. ист.* относя́щийся к деся́той когóрте

decumbence [dɪˈkʌmbəns] = decumbency

decumbency [dɪˈkʌmbənsɪ] *n книжн.* **1. 1)** лежáчее положéние **2)** лежáние; возлежáние **2.** = decumbiture 2

decumbent [dɪˈkʌmbənt] *a* **1.** *редк.* лежáщий **2.** *бот.* лежáчий *или* прúгнутый к землé (*о стéбле*); стéлющийся

decumbiture [dɪˈkʌmbɪtʃə] *n книжн.* **1. 1)** лежáние, возлежáние **2)** прикóванность к постéли (*о больнóм*) **2.** пóлный *или* частúчный постéльный режим

decumulation [ˌdiːˌkjuːmjʊˈleɪʃ(ə)n] *n эк.* сокращéние, снижéние (*товáрных запасов и т. п.*); capital ~ «проедáние» /уменьшéние/ капитáла

decuple [ˈdekjʊpl] *n спец.* удесятирённое число; десятерúца; удесятерённое колúчество

decurion [dɪˈkjʊərɪən] *n* **1.** *др.-рим. ист.* декуриóн, начáльник декýрии всáдников **2.** член муниципáльного совéта (*в Итáлии*)

decurrent [dɪˈkʌrənt] *a бот.* сбегáющий, нисходя́щий

decursive [dɪˈkɜːsɪv] = decurrent

decurve [dɪˈkɜːv] *v редк.* **1)** загибáть вниз **2)** загибáться вниз

decury [ˈdekjʊrɪ] *n др.-рим. ист.* декýрия

decussate [dɪˈkʌsɪt, dɪˈkʌseɪt] *a* **1.** *книжн.* пересекáющийся; имéющий фóрму X **2.** *бот.* располóженный крестообрáзно; крестообрáзный; ~ leaves [branches] крестообрáзные лúстья [вéтки]

decussated [ˈdekʌseɪtɪd] *a* **1.** *книжн.* крестообрáзный; пересечённый **2.** *ритор. редк.* хиазматúческий

decussation [ˌdekəˈseɪʃ(ə)n] *n* **1.** *книжн.* перекрéщивание, пересечéние (*лúний úли лучéй*) **2.** *ритор. редк.* хиáзм

dedal [ˈdiːd(ə)l] = daedal

Dedalian [dɪˈdeɪlɪən] = Daedalian

dedalous [ˈdiːdələs] = daedalous

dedans [deˈdɑːŋ] *n фр.* **1.** *спорт.* часть тéннисной площáдки от лúнии подáчи до зáдней лúнии **2.** (the ~) *собир.* зрúтели

dedecorate [dɪˈdekəreɪt] *v редк.* обезобрáживать, искажáть

dedenda [dɪˈdendə] *pl от* dedendum

dedendum [dɪˈdendəm] *n* (*pl* -da) *тех.* высотá нóжки зýба зубчáтого колесá

dedentition [ˌdiːdenˈtɪʃ(ə)n] *n физиол.* выпадéние зубóв

de-desertification [ˈdiːˌdezətɪfɪˈkeɪʃ(ə)n] n борьба с наступлением пустынь

dedicate [ˈdedɪkeɪt] v 1. 1) посвящать; to ~ one's life to work [to one's children] посвятить жизнь работе [своим детям] 2) отдавать, посвящать (чему-л.); заполнять время (чем-л.); to ~ one's time to pleasure разввлекаться, веселиться; предаваться наслаждениям; to ~ a day to pleasure посвятить день удовольствиям, провести день в удовольствиях 2. посвящать; надписывать (книгу и т. п.); to ~ one's book to one's friend посвятить книгу другу 3. освящать (церковь и т. п.); to ~ a temple to God) освятить храм; a church ~d to Saint Peter церковь Святого Петра 4. амер. разг. открывать (в торжественной обстановке); to ~ a world fair открыть международную ярмарку 5. передавать в общественное пользование, в дар 6. приспособлять, предназначать (для какой-л. цели)

dedicated [ˈdedɪkeɪtɪd] a 1. посвящённый 2. 1) преданный (идее и т. п.); ~ socialist убеждённый социалист 2) увлечённый (работой и т. п.); ~ doctor врач по призванию; ~ chess-player страстный шахматист; ~ artist художник, влюблённый в свою работу /одержимый своей работой/; ~ life масса, отданная служению (какому-л. делу и т. п.); we are ~ to the revision of our dictionary мы с головой ушли в работу по подготовке нового издания нашего словаря 3. специальный, специального назначения, предназначенный для специальных целей; специализированный, предметно-ориентированный, ориентированный на (определённую) область или круг задач; ~ computer специализированная ЭВМ; ~ uses специальные применения

dedication [ˌdedɪˈkeɪʃ(ə)n] n 1. посвящение 2. посвящение, надпись (в книге); to write a ~ in a book написать посвящение в книге 3. освящение (церкви и т. п.) 4. передача в общественное пользование, в дар обществу 5. 1) преданность (идее и т. п.); patriotic ~ горячий патриотизм 2) увлечённость (работой и т. п.); his ~ to the theatre его одержимость работой в театре 6. спец. специализация, ориентированность на (определённую) область или круг задач

dedication day [ˌdedɪˈkeɪʃ(ə)n,deɪ] храмовой праздник

dedicative [ˈdedɪkətɪv] = dedicatory

dedicator [ˈdedɪkeɪtə] n 1. см. dedicate II + -or 2. автор, посвящающий (кому-л.) книгу

dedicatory [ˈdedɪkət(ə)rɪ] a посвящающий; посвятительный

de die in diem [deɪˌdiːeɪɪnˈdiːem] лат. изо дня в день

dedimus [ˈdedɪməs] n юр. документ, предоставляющий частному лицу некоторые полномочия судьи

deduce [dɪˈdjuːs] v 1. выводить (заключение, формулу и т. п.); делать вывод, заключать; to ~ an inference (from the facts) сделать вывод (из фактов); to ~ that... сделать вывод /заключить/, что...; other evidence may be ~d from this work из этой работы можно извлечь и другие сведения 2. проследить, установить (чьё-л. происхождение и т. п.); to ~ one's family [one's descent] from the Conquest to the present day проследить историю своей семьи [свою родословную] со времён (норманнского) завоевания до наших дней 3. редк. 1) образовывать (образовываться, происходить) 4. уст. вычитать 5. уст. приводить (к чему-л.), сводить (к чему-л.)

□ 34 2787

deducible [dɪˈdjuːsəbl] a (from) выводимый

deduct [dɪˈdʌkt] v 1) вычитать, удерживать; сбрасывать; сбавлять; to ~ a sum of money удержать /вычесть/ определённую сумму; to ~ the cost of the transportation сбросить стоимость перевозки; to ~ 5% from /out of/ smb.'s pay удержать 5% из зарплаты; after ~ing enough is left после (всех) вычетов остаётся вполне достаточно 2) мат. вычитать, отнимать; to ~ a number from the total вычесть число из суммы

deduction [dɪˈdʌkʃ(ə)n] n 1. 1) вычитание, удержание; ~ of a sum from smb.'s pay удержание определённой суммы из зарплаты 2) удержание, вычет; after ~ of taxes после удержания налогов; to make a ~ удерживать 2. мат. вычитаемое 3. скидка, сбавка; уступка; a ~ in the yearly rent скидка на годовую ренту; he wouldn't give me a ~ on it он не сделает мне скидки на это 4. 1) вывод, (умо)заключение, следствие; fallacious ~ ложный вывод 2) лог. выведение, дедукция; to draw a ~ сделать вывод, вывести следствие; to reach an opinion through /by/ ~ прийти к какому-л. выводу с помощью дедукции

deductive [dɪˈdʌktɪv] a 1) дедуктивный; ~ method дедуктивный метод; ~ reasoning ход рассуждений от общего к частному; дедуктивное рассуждение; ~ inference дедуктивное умозаключение, дедуктивный вывод 2) придерживающийся дедуктивного метода

deductively [dɪˈdʌktɪvlɪ] adv дедуктивно, способом дедукции

deduplication [ˌdiːdjuːplɪˈkeɪʃ(ə)n] n бот. дедупликация

dee¹ [diː] n 1. ди, название буквы D 2. тех. D-образное кольцо, рым; соединительная скоба 3. физ. дуант циклотрона

dee² [diː] эвф. см. damn II

deed I [diːd] n 1. поступок, действие, дело; good [evil] ~ хороший [дурной] поступок; a ~ of horror страшное злодеяние; man of ~s человек действия; a ~ of valour [of daring] мужественный [дерзкий] поступок; in word and in ~ словом и делом; in ~ and not in name ≅ на самом деле, фактически, в действительности; in ~ as well as in name и по существу и формально; he was a ruler in ~ though not in name он был фактическим правителем, хотя так не именовался; their ~s do not agree with their words у них слова расходятся с делом; to serve smb. in ~ and word служить кому-л. словом и делом; this requires ~s, not words здесь нужны не слова, а дела 2. действительность, факт 3. подвиг, деяние; the ~s of a hero героические деяния /подвиги/; ~ of arms боевой подвиг 4. юр. дело, документ за печатью; акт, запись; forged ~s подложные документы; title ~ документ, устанавливающий или подтверждающий право (на что-л.); trust ~ акт учреждения доверительной собственности (особ. для обеспечения выплаты долгов); ~ of arrangement соглашение с кредиторами; ~ of transfer, transfer ~ трансферт, документ о передаче права собственности по ценной бумаге; to draw up a ~ составить документ

deed II [diːd] adv преим. шотл. в действительности, фактически, на деле

deed III [diːd] v амер. передавать по акту или документу

deedful [ˈdiːdfʊl] a книжн. деятельный; энергичный

deedless [ˈdiːdlɪs] a книжн. бездеятельный, пассивный

deed-poll [ˈdiːdpəʊl] n юр. односторонний документ за печатью; to change

DED — DEE D

one's name by ~ официально изменить фамилию

deejay [ˈdiːdʒeɪ] = disk-jokey

deem [diːm] v книжн. полагать, думать, считать; to ~ highly /well/ of smth. быть высокого мнения о чём-л.; to ~ a proposal good считать предложение хорошим; to ~ smb. clever считать кого-л. умным; to ~ it wise to do smth. считать необходимым /своевременным/ сделать что-л.; to ~ it one's duty (to do smth.) считать своим долгом (сделать что-л.); I ~ it fair я полагаю /считаю/, это (только) справедливо; wooden dwellings were ~ed a sign of underdevelopment деревянные жилища считались признаком экономической отсталости; I ~ed that he was an American я полагал, что он американец

de-emphasis [diːˈemfəsɪs] n 1. уменьшение значения, роли 2. эл. относительное ослабление высоких частот

de-emphasize, deemphasize [ˌdiːˈemfəsaɪz] v 1. приписывать (чему-л.) меньшее значение; преуменьшать роль, значение; to ~ gross output as the chief indicator of economic success and to emphasize profitability instead перенести акцент с валового продукта на эффективность в качестве главного экономического показателя 2. ослаблять, устранять (помехи, шум и т. п.)

deemster [ˈdiːmstə] n один из двух судей на острове Мэн

de-energization [ˌdiːˌenədʒ(a)ɪˈzeɪʃ(ə)n] n тех. снятие возбуждения; выключение, отключение питания, обесточивание

de-energize [ˌdiːˈenədʒaɪz] v тех. снимать возбуждение; выключать, отключать питание, обесточивать

deep I [diːp] n 1. 1) глубь, глубина; the unfathomed ~s неизведанные /неизмеренные/ глубины океана; the ~ of space безграничность пространства; the ~s of knowledge образн. глубины знаний 2) углубление, впадина; глубокое место; the Boston — Бостонская впадина; ocean ~ океанская впадина 3) pl абиссальные глубины (более 5500 м) 2. (the ~) поэт. море, океан; пучина; the great /mighty/ ~ бездонная синь; the azure ~ лазурный океан; in the cradle of the ~ в колыбели моря; to commit a body to the ~ предавать тело (умершего) морской пучине 3. книжн. бездна, пропасть 4. эмоц.-усил. время наиболее полного проявления чего-л.; in the ~ of winter в разгар зимы; in the ~ of night глубокой ночью, в глухую полночь 5. поэт., ритор. непостижимое, вечная тайна 6. мор. расстояние между двумя отметками лотлиня 7. горн. уклон, наклонная выработка

deep II [diːp] a 1. 1) глубокий; ~ river [recess, wound, snow] глубокая река [ниша, рана, -ий снег]; ~ wrinkles глубокие морщины; ~ grass высокая трава; as ~ as a well глубокий как колодец; ~ ploughing глубокий; greenhouse с.-х. земляная теплица 2) имеющий определённую глубину, глубиной в; a mile [10 feet] ~ глубиной в одну милю [в 10 футов]; a lot 30 feet wide and 100 feet ~ участок в 30 футов шириной и в 100 футов длиной; soldiers four rows ~ солдаты, построившиеся в четыре шеренги 2. широкий; имеющий большую толщину; ~ shelf [hem] широкая полка [-ий рубец]; ~ forest большой лес; ~ border широкая пограничная полоса; her thighs were ~ and white бёдра у неё

529

были округлые /полные/ и белые 3. 1) находящийся на большой глубине, глубинный; ~ dive а) ныряние на глубину; б) *спорт.* глубокий вход в воду; ~ bow глубокий поклон; ~ spring of water глубинный источник 2) (in) покрытый толстым слоем (*чего-л.*), находящийся под (*чем-л.*); lanes ~ in snow дорожки, засыпанные толстым слоем снега 3) (in) находящийся *или* расположенный в глубине, далеко от (*чего-л.*); a house ~ in the valley домик, стоящий глубоко в долине; ~ in industrial England в самом сердце промышленной Англии 4) (in) погружённый, увлечённый, поглощённый; ~ in peace безмятежно спокойный; ~ in reading погружённый /ушедший с головой/ в чтение; ~ in a novel увлечённый романом; ~ in a map углубившийся в изучение карты; ~ in love по уши влюблённый; ~ in debt кругом в долгах; ~ in difficulties вконец запутавшийся 4. сильный, крепкий; ~ in the chest широкогрудый, с широкой грудью 5. серьёзный, глубокий; фундаментальный, основательный; ~ theoretician [thinker, intellect, insight] глубокий теоретик [мыслитель, ум, -ое проникновение]; ~ study a) фундаментальное исследование; б) серьёзные познания; ~ argument веский аргумент /довод/; ~ problem сложная /серьёзная/ проблема; ~ politician прозорливый политик; ~ designs далеко идущие планы 6. 1) сложный, непостижимый, таинственный; ~ mystery /secret/ непостижимая загадка /тайна/; ~ game /play/ сложная игра; to play a ~ game вести сложную игру; too ~ for words невыразимый 2) сложный, глубинный; the ~er causes of the social unrest глубинные причины общественного недовольства 7. 1) интенсивный; сильный, глубокий; ~ breath /sigh/ глубокий вздох; ~ impression [grief, affection, gratitude, interest] глубокое впечатление [горе, чувство, -ая благодарность, -ий интерес]; ~ influence сильное влияние; ~ curse крепкое ругательство; ~ sleep глубокий /крепкий/ сон 2) полный, совершенный, абсолютный; ~ gloom [mourning] глубокий мрак [траур]; ~ night глухая ночь; ~ stillness /глубокая/ тишина; ~ безмолвие 2) глубоко укоренившийся, заядлый, завзятый; ~ drinking беспробудное пьянство; ~ drinker пропойца; ~ enemies заклятые враги 4) тяжёлый; серьёзный; мучительный; ~ disgrace несмываемый позор; ~ sin страшный /смертный/ грех; ~ wrongs страшная несправедливость 8. насыщенный, тёмный, густой (*о краске, цвете*); ~ colour густой цвет; ~ blue [brown] тёмно-синий [тёмно-коричневый] цвет 9. низкий, полный, грудного тембра (*о звуке, голосе*); ~ sound низкий звук; ~ groan глухой стон; ~ bass бас профундо 10. *уст.* грязный; непролазный; непроходимый (*о дорогах*) 11. *разг.* хитрый, ловкий 12. *мед.* подкожный; ~ therapy глубокая рентгенотерапия 13. *психол.* подсознательный 14. (-deep) *как компонент сложных слов:* 1) стоящий в столько-то рядов; police were three-deep полиция стояла в три ряда 2) погрузившийся на *столько-то*: knee-deep in mud по колено в грязи
◇ ~ one продувная бестия, тёртый калач; ~ pocket богатство, состоятельность; to be in (to get into) ~ waters быть [попасть] в затруднительное положение; to go (in) off the ~ end, to go off at the ~ end a) взволноваться, разозлиться; б) рисковать, действовать сгоряча /необдуманно/; ≅ не узнавши броду, соваться в воду

deep III [di:p] *adv* 1. 1) глубоко; в глубине; to lie ~ лежать /залегать/ на большой глубине [*см. тж.* 1, 2)]; to dig ~ a) рыть глубоко; б) докапываться; to stick one's hands ~ into one's pockets засунуть руки глубоко в карманы; the harpoon sank ~ into the flesh гарпун вошёл глубоко в тело (*животного*); magma is moving from ~ in the earth магма поднимается из земных недр 2) глубоко; to lie ~ лежать глубоко, иметь глубокие корни (*о причинах и т. п.*) [*см. тж.* 1, 1)]; to go ~ into the subject углубиться в изучение предмета; to sink ~ into the mind запасть в душу; глубоко запечатлеться; the difference goes ~er различия лежат (ещё) глубже /имеют (более) глубокие корни/ 2. на большом удалении (*от чего-л.*); ~ in the mountains высоко в горах; ≅ в самом сердце гор; his eyes are ~ in his head у него глубоко посаженные глаза 3. до момента наиболее полного проявления (*чего-л.*); ~ into the winter до глубокой зимы; to read ~ into the night зачитаться до глубокой ночи; to sit ~ into the night засидеться допоздна 4. очень, весьма; сильно, много; to drink ~ a) сделать большой глоток; he had drunk ~ of the pleasures of life он сполна вкусил жизненных удовольствий; б) сильно пить, пить запоем; to play ~ круто играть

deep-bosomed [,di:p'buzəmd] *a* полногрудый; ~ woman полногрудая женщина

deep-browed [,di:p'braud] *a* очень умный

deep-brown ['di:p'braun] *a* тёмно-коричневый

deep-chested [,di:p't∫estid] *a* 1. широкогрудый, широкоплечий (*о мужчине*) 2. нутряной, утробный (*о голосе, смехе*)

deep cultivator ['di:p'kʌltıveıtə] *с.-х.* культиватор для глубокой обработки почвы

deep-cut [,di:p'kʌt] *a* с глубоким порезом; глубоко надрезанный

deep down [,di:p'daun] в глубине души; ~ they questioned the wisdom of it all в глубине души они сомневались в мудрости этого (*решения*)

deep-drawing[1] ['di:p,drɔ:ıŋ] *a мор.* глубокосидящий, с глубокой осадкой

deep-drawing[2] ['di:p,drɔ:ıŋ] *n тех.* глубокая вытяжка

deep-drawn ['di:p'drɔ:n] *a* 1. глубокий, вырвавшийся из глубины души (*о вздохе*) 2. *тех.* глубоко вытянутый

deep-dyed ['di:p'daıd] *a* 1) покрытый пятнами 2) отъявленный, стопроцентный; ~ villain законченный мерзавец; the deepest-dyed fans самые фанатичные болельщики, «фанаты»

deepen ['di:p(ə)n] *v* 1. 1) углублять, делать глубже; to ~ a ditch [a channel] углублять канаву [канал] 2) углубляться, становиться глубже; the river-channel is ~ing русло реки становится глубже; the plot ~s сюжет становится всё сложнее /запутаннее/ 2. 1) увеличивать, расширять; to ~ a hem прибавить на шов 2) увеличиваться, расширяться 3. 1) усиливать, увеличивать; усугублять; to ~ an impression усилить впечатление; to ~ one's knowledge углубить знания; to ~ the depression усугубить депрессию; this only ~ed his love [his resentment] это только усилило его любовь [ещё больше ожесточило его] 2) усиливаться, увеличиваться; the darkness ~s темнота сгущается; anxiety ~s with suspense неизвестность усили- вает беспокойство; the interest ~s интерес растёт; the silence ~ed (в помещении) воцарилось гробовое молчание 4. 1) делать темнее, интенсивнее (*о цвете*); сгущать; to ~ the shades сгущать тени 2) темнеть; the colour ~s by exposure to the air на воздухе краска темнеет 5. 1) понижать (*тон и т. п.*) 2) понижаться (*о звуке и т. п.*)

deep fat ['di:p'fæt] *кул.* фритюр

deep-felt [,di:p'felt] *a* прочувствованный

deep-fetched [,di:p'fet∫t] *a* глубокий (*о вздохе, стоне*)

deepfreeze I [,di:p'fri:z] *n спец.* морозильник

deepfreeze II [,di:p'fri:z] *v спец.* замораживать (*продукты*)

deep-fry ['di:p'fraı] *v кул.* жарить во фритюре

deep-green ['di:p'gri:n] *a* тёмно-зелёный

deepie ['di:pı] *n разг.* стереоскопический фильм

deeping ['di:pıŋ] *n* секция в плавной сети

deep-laid [,di:p'leıd] *a* 1. глубоко заложенный 2. детально разработанный и засекреченный; трудно обнаруживаемый; ~ scheme продуманный план

deeply ['di:plı] *adv* 1. глубоко; на большую глубину; на большой глубине; to dig ~ рыть глубоко; to sink ~ опуститься на большую глубину 2. серьёзно, глубоко; сильно, очень; ~ offended обиженный /уязвлённый/ до глубины души; ~ versed in nuclear theory эрудированный /подкованный/ в области ядерной физики; ~ compromised серьёзно скомпрометированный; to feel ~ глубоко переживать; to drink ~ сильно пить, пить запоем; to consider the subject ~ всесторонне обдумывать вопрос; to be ~ indebted to smb. быть бесконечно обязанным кому-л.; to be ~ in love with smb. быть без ума от кого-л. 3. низким голосом, на низких тонах; the hounds were barking ~ хрипло лаяли собаки 4. концентрированно, густо (*о цвете*) 5. искусно; the plot was ~ laid план заговора был продуман во всех деталях 6. (deeply-) *как компонент сложных слов:* deeply-tanned face очень загорелое лицо

deepmost ['di:pməust] *a редк.* самый глубокий

deep-mouthed ['di:p'mauðd] *a* громко, хрипло лающий

deepness ['di:pnıs] *n* глубина *и пр.* [*см.* deep 1]

deep plough ['di:p'plau] *с.-х.* плуг для глубокой пахоты, плантажный плуг

deep-read [,di:p'red] *a* начитанный; сведущий

deep-rooted [,di:p'ru:tıd] *a* 1) имеющий глубокие корни 2) глубоко укоренившийся, закоренелый; ~ habit [prejudice] укоренившаяся привычка [-ийся предрассудок]; ~ reverence глубокое уважение; the change is even deeper-rooted than that эта перемена вызвана ещё более глубокими причинами

deep-sea ['di:p'si:] *a* глубоководный; ~ lead *мор.* диплот; ~ line *мор.* лотлинь; ~ fishing ловля рыбы /рыболовный промысел/ в глубоких водах; ~ fishermen рыбаки, ведущие промысел в открытом море; ~ animals глубоководные животные

deep-seated [,di:p'si:tıd] *a* 1. глубоко сидящий; глубокий; ~ abscess [cough] глубокий нарыв [кашель]; ~ earthquakes землетрясения, вызываемые процессами в недрах земли 2. укоренившийся; твёрдый; ~ tradition глубоко укоренившаяся традиция; ~ faith непоколебимая вера; ~ disease скрытая болезнь; ~ inferiority complex глубоко укоренившийся комплекс неполноценности 3. затаённый (*о чувствах*)

deep-set [ˈdiːpˈset] *a* глубоко сидящий, глубоко посаженный; ~ eyes глубоко посаженные глаза

deep-six I [ˈdiːpˈsɪks] *n сл.* 1) погребение в море 2) могила, захоронение 3) капут, каюк; the agency gave his ideas a ~ бюро угробило /похоронило/ его предложения

deep-six II [ˈdiːpˈsɪks] *v сл.* 1) хоронить (*особ. в море*) 2) похоронить, угробить (*план и т. п.*); сбрасывать со счетов, зачёркивать

deep sky [ˈdiːpˈskaɪ] = deep space

deep space [ˈdiːpˈspeɪs] дальний *или* открытый космос; ~ travel путешествие в открытом космосе

deep spacer [ˈdiːpˈspeɪsə] *косм.* исследователь открытого космоса

deep-toned [ˈdiːpˈtəʊnd] *a* звучный, глубокий (*о голосе*)

deepwater [ˈdiːpwɔːtə] *a* 1) дальнего плавания (*о судне*) 2) предназначенный для приёма морских судов (*о порте*)

deer [dɪə] *n* (*pl без изм.*) 1. *зоол.* олень (*Cervidae*); red ~ благородный олень (*Cervus elaphus*); a herd of ~ стадо оленей 2. *охот.* красный зверь; small ~ а) мелкие животные; б) мелюзга, мелкая сошка 3. *сокр. от* deerskin 4. красно-коричневый цвет
◊ to run like a ~ бежать быстрее лани, нестись стрелой

deer-coloured [ˈdɪəˌkʌləd] *a* рыжевато-красный

deer-dog [ˈdɪədɒɡ] = deer-hound

deer-fence [ˈdɪəfens] *n* высокая ограда (*окружающая олений вольер*)

deer-forest [ˈdɪəˌfɒrɪst] *n* олений заповедник

deer-hair [ˈdɪəheə] *n* 1. шерсть оленя 2. *бот.* камыш дернистый (*Scirpus caespitosus*)

deer-hound [ˈdɪəhaʊnd] *n* шотландская борзая (*порода собак*)

deer-mouse [ˈdɪəmaʊs] *n* (*pl* -mice [-maɪs]) *зоол.* белоногая *или* оленья мышь (*Peromyscus gen.*)

deer-neck [ˈdɪənek] *n* тонкая шея (*у лошади*)

deer-park [ˈdɪəpɑːk] *n* олений заповедник

deer's eye [ˈdɪəzaɪ] каштан

deer shot [ˈdɪəʃɒt] крупная дробь

deerskin [ˈdɪəskɪn] *n* оленья кожа, лосина; замша; ~ gloves замшевые перчатки; ~ trousers лосины

deer-stalker [ˈdɪəˌstɔːkə] *n* 1. охотник на красного зверя 2. (*охотничья*) войлочная шляпа

deer-stalking [ˈdɪəˌstɔːkɪŋ] *n* охота на оленей

deer-stealer [ˈdɪəˌstiːlə] *n* браконьер, убивающий и крадущий оленей

deer-tiger [ˈdɪəˌtaɪɡə] *n* зоол. пума, кугуар (*Felis concolor*)

de-escalate [ˌdiːˈeskəleɪt] *v* 1) сворачивать, умерять, уменьшать; сокращать размах; to ~ the war сворачивать военные действия; to ~ one's expectations ↓ надежд поубавилось 2) уменьшаться, сокращаться

de-escalation [ˈdiːˌeskəˈleɪʃ(ə)n] *n* деэскалация (*войны и т. п.*); свёртывание, уменьшение; сокращение размаха и т. п.

de-escalatory [ˌdiːˈeskələt(ə)rɪ] *a* рассчитанный на деэскалацию; способствующий деэскалации, свёртыванию, уменьшению, сокращению размаха; ~ move /step/ шаг в сторону деэскалации

de-excitation [ˌdiːˌeksaɪˈteɪʃ(ə)n] *n физ.* девозбуждение, переход из возбуждённого в невозбуждённое состояние

deface [dɪˈfeɪs] *v* 1. портить, обезображивать, уродовать, коверкать; to ~ a work of art испортить произведение искусства; to ~ a deed умалить значение подвига; to ~ the surface *тех. проф.* «запороть» обрабатываемую поверхность 2. стирать, делать неудобочитаемым *или* неразборчивым; вымарывать 3. гасить, погашать; to ~ a stamp погасить (почтовую) марку

defacement [dɪˈfeɪsmənt] *n* 1. порча, искажение; коверканье 2. стирание, вымарывание 3. то, что портит, уродство

de facto [ˌdiːˈfæktəʊ, ˌdeɪˈfæktəʊ] *лат.* 1. де-факто, на деле, фактически; the government ~ правительство, обладающее реальной властью 2. фактический, действительный

defalcation [ˌdiːfælˈkeɪʃ(ə)n] *n редк.* 1. 1) (денежная) растрата, присвоение чужих денег 2) растраченная сумма; to make up ~s to the extent of £10 000 покрыть недостачу в сумме 10 000 фунтов стерлингов 2. проступок; нарушение обещания

defalcator [ˌdiːˈfælkeɪtə] *n редк.* растратчик, расхититель

defamation [ˌdefəˈmeɪʃ(ə)n] *n* диффамация; поношение; клевета; ~ of character дискредитация, диффамация

defamatory [dɪˈfæmət(ə)rɪ] *a* бесчестящий, дискредитирующий, позорящий; клеветнический; ~ statement клеветническое утверждение

defame [dɪˈfeɪm] *v* 1) поносить, порочить; клеветать 2) позорить, бесчестить 3) *уст.* обвинять; to ~ smb. of/for, with/ sorcery обвинить кого-л. в колдовстве

defatted [ˌdiːˈfætɪd] *a* обезжиренный

defatting [ˌdiːˈfætɪŋ] *n* обезжиривание

default I [dɪˈfɔːlt] *n* 1. 1) невыполнение обязательств (*особ. денежных*) 2) неплатёж, отказ от уплаты долга 2) несоблюдение (*правил*); халатность, недосмотр; through smb.'s ~ по чьей-л. недосмотру, из-за чьей-л. халатности; to be in ~ *уст.* допустить промах 2. *юр.* неявка в суд; judgement by ~ заочное решение суда в пользу истца (*вследствие неявки ответчика*); to make ~ не явиться по вызову суда; to suffer a ~ проиграть дело вследствие неявки в суд; to go by ~ рассматриваться в отсутствии ответчика 3. *спорт.* выход из состязания; to lose a match by ~ получить ноль /баранку/ за неявку; they lost the match by ~ им было засчитано поражение за неявку 4. *охот.* потеря следа 5. 1) бездействие, пассивность; people become evil by ~ бездействие портит людей; we will not allow this manoeuvre to go by ~ мы не допустим, чтобы из-за нашего бездействия этот манёвр увенчался успехом; the parade went on almost by ~ парад состоялся, в сущности, только потому, что его никто не отменил 2) отсутствие; неимение, пробел; in ~ of за неимением, ввиду отсутствия; to inherit by ~ унаследовать за отсутствием других наследников /претендентов на наследство/

default II [dɪˈfɔːlt] *v* 1. не выполнять своих обязательств (*особ. денежных*); нарушать (*обещание, договор*); прекращать выдачу дивидендов (*тж.* to ~ dividends) 2. *юр.* не являться по вызову суда; уклоняться от явки в суд 3. *юр.* регистрировать заочно, выносить заочное решение (*в пользу истца*) 4. *спорт.* выходить из состязания, прекращать борьбу; the team ~ed the game команда выбыла из игры

defaulter [dɪˈfɔːltə] *n* 1. *см.* default II 1 и 2 + -er 2. 1) сторона, не выполняющая обязательств *или* обязательств 2) неплательщик; *тах.* ~ неплательщик налогов 3) банкрот 3. растратчик 4. *юр.* сторона, уклоняющаяся от явки в суд 5. провинившийся солдат; нарушитель дисциплины 6. спортсмен, выбывший из соревнования

defaulter book, defaulters' book [dɪˈfɔːltəˌbʊk, dɪˈfɔːltəzˌbʊk] журнал взысканий

defeasance [dɪˈfiːz(ə)ns] *n юр.* 1. аннулирование, уничтожение, отмена 2. условие отмены; оговорка в документе (*аннулирующая его по выполнении определённых условий; тж.* ~ clause)

defease [dɪˈfiːz] *v редк.* аннулировать, отменять

defeasible [dɪˈfiːzəbl] *a* отменяемый, могущий быть аннулированным *или* отменённым

defeat I [dɪˈfiːt] *n* 1. поражение; разгром; the ~ of a party поражение партии (*на выборах и т. п.*); the ~ of a bill провал законопроекта (*в парламенте*); ~ on points *спорт.* поражение по очкам; to inflict /to administer/ a ~ upon smb. нанести кому-л. поражение, разгромить кого-л.; to suffer /to sustain/ a ~ потерпеть поражение; to accept ~ примириться с поражением; for the first time in his life he met ~ впервые в жизни он познал горечь поражения 2. крушение (*надежд*); it was the ~ of all my plans все мои планы рухнули 3. *юр.* аннулирование, отмена

defeat II [dɪˈfiːt] *v* 1. 1) наносить поражение, разбивать; to ~ the enemy разбить противника, одержать победу над противником; to ~ a candidate нанести поражение кандидату (*на выборах*); to ~ smb. on points *спорт.* выиграть состязание /бой, встречу/ по очкам; to ~ in detail *воен.* разгромить по частям; after six hours of debate, they ~ed the nonconfidence motion после шестичасовых дебатов они провалили резолюцию недоверия; the Government was ~ed in Parliament правительство получило в парламенте вотум недоверия 2) расстраивать, срывать; разрушать (*планы, замыслы и т. п.*); to ~ smb.'s ends сорвать чьи-л. замыслы; to ~ the ends of justice помешать делу /торжеству/ правосудия; to ~ one's own purpose /object/ ≅ повредить самому себе; действовать во вред своим собственным целям; he was ~ed in his plans его планы потерпели крах; to ~ smb. of his hopes *уст.* обмануть чьи-л. надежды 2. *юр.* уничтожать, отменять, аннулировать
◊ this ~s me я не в силах с этим справиться, это выше моих сил, это выше моего разумения

defeated [dɪˈfiːtɪd] *a* потерпевший крушение, крах; бесплодный; to return ~ вернуться ни с чем; condemned to a ~ life обречённый на жизнь неудачника

defeatism [dɪˈfiːtɪzm] *n* пораженчество

defeatist [dɪˈfiːtɪst] *n* пораженец, капитулянт

defeature [dɪˈfiːtʃə] *v* делать неузнаваемым, искажать; уродовать

defecate [ˈdefɪkeɪt] *v* 1. *спец.* 1) очищать; отстаивать, осветлять (*жидкость*) 2) очищаться; отстаиваться, осветляться (*о жидкости*) 3) дефековать (*свекловичный сок*) 2. *книжн.* очищать, освобождать: to ~ one's mind of superstitions избавиться от суеверий 3. *физиол.* испражняться

defecation [ˌdefɪˈkeɪʃ(ə)n] *n* 1. *спец.* 1) очищение 2) осветление (*жидкости*) 3) дефекация (*свекловичного сока*) 2. *физиол.* испражнение, опорожнение кишечника; дефекация

defect I [dɪˈfekt, ˈdiːfekt] *n* 1. 1) дефект, недостаток, порок, изъян; неисправность; несовершенство; incurable ~ неустранимый дефект; physical ~ физический недостаток; уродство; birth ~ *спец.* дефект изготовления; ~ of eyesight [in pronunciation] дефект зрения [произношения]; ~ in wood гниль в строительной древесине; ~ in smb.'s arguments слабое место в чьих-л. аргументах; ~ in the mechanism неисправность в механизме; a ~ in one's character отрицательная черта характера; to supply a ~ восполнить недостаток; he has the ~s of his qualities ≅ его недостатки суть продолжение его достоинств 2) *лес.* фаут 2. недостаток, нехватка; ~ of smth. за неимением чего-л. 3. недостающее число *или* количество

defect II [dɪˈfekt] *v* изменить, дезертировать, переметнуться в лагерь противника; to ~ to the enemy перебежать к противнику, перейти на сторону противника, стать перебежчиком

defect action level [dɪˈfektˌækʃ(ə)nˈlevl] = action level

defection [dɪˈfekʃ(ə)n] *n книжн.* 1. (from) нарушение (*долга, верности*); ренегатство; переход на сторону противника; дезертирство; отступничество 2. провал, неудача; ~ of memory провал памяти; ~ of courage утрата мужества

defective I [dɪˈfektɪv] *n* 1. *мед.* дефективный субъект 2. *грам.* недостаточный глагол 3. *тех.* дефектное изделие

defective II [dɪˈfektɪv] *a* 1. неполный, недостаточный, несовершенный; ~ rules неполные /нечёткие/ правила; ~ pronunciation нечистое произношение; the translation is ~ перевод неточный 2. неисправный, повреждённый; дефектный, с изъяном; ~ machine [boiler] неисправная машина [-ый котёл]; ~ memory плохая память; ~ hearing [sight] испорченный слух [-ое зрение]; a thing of ~ quality недоброкачественная вещь; to be ~ in smth. иметь дефекты, изъяны; ~ timber *лес.* порочная /фаутная/ древесина 3. дефективный, умственно отсталый, недоразвитый; ~ child дефективный ребёнок 4. *грам.* недостаточный; ~ verb недостаточный глагол, глагол с неполной парадигмой

defectless [dɪˈfektlɪs] *a спец.* бездефектный

defectology [ˌdiːfekˈtɒlədʒɪ] *n* дефектология

defector [dɪˈfektə] *n* отступник; дезертир, перебежчик; невозвращенец

defectoscope [dɪˈfektəskəʊp] *n* дефектоскоп

defence [dɪˈfens] *n* 1. 1) защита; missile [nuclear] ~ противоракетная [противоатомная] защита; ~ mechanism [reaction] защитный механизм [-ая реакция]; a thick overcoat is a good ~ against cold тёплое пальто хорошо предохраняет от холода; in ~ of peace в защиту мира [*ср. тж.* 1, 3]; to die in ~ of liberty пасть в борьбе за свободу 2) оборона; national ~ национальная оборона страны; last-ditch ~ последнее отчаянное сопротивление; all-round ~ круговая оборона; active ~ активная оборона; civil ~ гражданская оборона; air ~ противовоздушная оборона; heavy [thin] ~ плотная [неплотная] оборона; territorial ~ территориальная оборона; ~ tactics оборонительная тактика; ~ expenditure расходы на оборону; D. Board совет обороны; the Ministry of D. министерство обороны; line of ~ полоса обороны; оборонительный рубеж; first line of ~ *образн.* «первая линия обороны», военно-морской флот (*Великобритании*); second line of ~ *образн.* «вторая линия обороны», армия (*Великобритании*); to fix /to establish/ a line of ~ построить линию обороны; weapons of ~ оборонительное оружие; the system of collective ~ система коллективной безопасности; ~ in depth *воен.* эшелонированная оборона; ~ in place *воен.* стабильная оборона; to rise to the ~ of one's nation подняться на защиту своего народа; to make a good ~ against the enemy успешно отбивать атаки противника; best ~ is offence нападение — лучшая защита 3) оправдание, защита; в защиту, в оправдание [*ср. тж.* 1, 1)]; in one's ~ в свою защиту; to speak in ~ of smb. выступать в чью-л. защиту, заступаться за кого-л.; it may be said in his ~ that... в его оправдание можно сказать, что...; to make no ~ against accusations ничего не сказать в свою защиту 2. *pl воен.* укрепления, оборонительные сооружения; система, средства обороны; coast ~s береговые укрепления; to set up ~s организовывать оборону, строить оборонительные сооружения 3. *юр.* 1) защита (*тж. как сторона на процессе*); the case for the ~ защита; the counsel [witnesses] for the ~ защитник [свидетели] обвиняемого; to conduct one's own ~ отказаться от защитника, взять на себя защиту, защищаться самому 2) речь защитника 3) письменное возражение ответчика против иска 4. *спорт.* защита; Indian ~ *шахм.* индийская защита; man-to-man ~ защита «игрок против игрока»; team ~ командная защита

◊ the science /art/ of ~ бокс

defence area [dɪˈfensˌeərɪə] *воен.* район, участок обороны; полоса обороны

defence arrangement [dɪˈfensəˈreɪndʒmənt] *спорт.* построение игроков в защите

defence counsel [dɪˈfensˈkaʊns(ə)l] *юр.* защитник

Defence Establishment [dɪˈfensɪsˈtæblɪʃmənt] *воен.* вооружённые силы

defence highway [dɪˈfensˌhaɪweɪ] военная автомобильная дорога

defenceless [dɪˈfenslɪs] *a* 1) беззащитный 2) незащищённый, открытый; уязвимый 3) необороняемый

defenceman [dɪˈfensmən] *n* (*pl* -men [-mən]) *спорт.* защитник

defend [dɪˈfend] *v* 1. 1) защищать, оборонять (*тж. спорт.*); охранять; to ~ one's country встать на защиту своей страны; to ~ a post [a town] оборонять пост [город]; to ~ oneself from a dog with a stick защищаться от собаки палкой; to ~ one's children from evil influence защищать своих детей от дурных влияний; the unit ~ed the fortified post эта часть обороняла укреплённый пункт; God ~! *уст.* боже упаси!, боже сохрани! 2) защищаться, обороняться (*тж. спорт.*) 2. отстаивать, поддерживать (*мнение и т. п.*); to ~ the general principles поддерживать общие принципы 3. *юр.* 1) защищать на суде, выступать в качестве защитника 2) защищаться, отрицать свою виновность *или* причастность к преступлению (*об обвиняемом*) 3) отрицать, оспаривать права жалобщика, истца

defendant [dɪˈfendənt] *n* 1. *юр.* 1) ответчик 2) подсудимый, обвиняемый 2. *уст.* тот, кто отвечает на вызов, принимает вызов (*в споре, битве*)

defended [dɪˈfendɪd] *a* обороняемый, защищаемый; ~ post *воен.* обороняемая позиция, обороняемый пост

defender [dɪˈfendə] *n* 1. защитник; ~s of peace сторонники мира, борцы за мир 2. *спорт.* чемпион, защищающий своё звание 3. *тех.* предохранитель

◊ D. of the Faith защитник веры (*наследственный титул английского короля*)

defending line [dɪˈfendɪŋˈlaɪn] *спорт.* линия защиты

defenestrate [(ˌ)diːˈfenɪstreɪt] *v книжн.* выбросить из окна

defenestration [dɪˌfenəsˈtreɪʃ(ə)n] *n ист.* казнь путём выбрасывания из окна

defense [dɪˈfens] = defence; Department of D. *амер.* министерство обороны; Secretary of D. *амер.* министр обороны

defenseless [dɪˈfenslɪs] = defenceless

defensibility [dɪˌfensɪˈbɪlɪtɪ] *n* 1. 1) возможность защиты 2) *воен.* пригодность для обороны 2. 1) возможность быть оправданным 2) оправданность

defensible [dɪˈfensəbl] *a* 1. 1) могущий быть защищённым; защитный; ~ city укреплённый город 2) выгодный для обороны, легко обороняемый 2. могущий быть оправданным, оправданный; ~ claim оправданное требование

defensibly [dɪˈfensəblɪ] *adv книжн.* оправданно

defensive I [dɪˈfensɪv] *n* оборона; оборонительная позиция; to be /to stand, to act/ on the ~ обороняться, защищаться; стоять /находиться/ в обороне; to take on /to take up, to assume/ the ~ перейти к обороне; to throw smb. on the ~ принудить кого-л. к обороне, заставить кого-л. защищаться; to remain entirely on the ~ оставаться в обороне, не делать попыток перейти в наступление

defensive II [dɪˈfensɪv] *a* 1. защитный; ~ armour защитная броня; ~ fire *воен.* заградительный огонь; ~ neurosis защитный невроз 2. оборонительный (*тж. спорт.*); оборонный; ~ arms [war] оборонительное оружие [-ая война]; ~ warfare оборонительные действия; ~ power обороноустойчивость; ~ position а) оборонительный рубеж, полоса обороны; б) позиция игрока (*у задней линии — теннис*); ~ alliance оборонительный союз; ~ action оборонительный бой; ~ basket «своя» корзина (*баскетбол*); ~ goal «свои» ворота (*футбол*) 3. защищающий, направленный на защиту, защитительный; ~ of his memory в защиту его доброго имени (*об умершем*) 4. бдительный, готовый защищаться; ≅ настороже; he is less ~ with her than with anyone else с ней он более покладист /менее ершист/, чем с любым другим человеком 5. устойчивый, стабильный (*об отрасли промышленности*); удовлетворяющий насущные потребности и поэтому менее подверженный колебаниям экономического цикла (*о пищевой промышленности, коммунальных службах и т. п.*)

defensive medicine [dɪˈfensɪvˈmeds(ə)n, -ˈmeds(ɪ)n] «перестраховочная медицина» (*излишнее число анализов, консилиумов, отказ оперировать тяжёлых больных и т. п.*)

defensor [dɪˈfensə] *n юр. ист.* защитник обвиняемого, являющийся одновременно поручителем за него

defer[1] [dɪˈfɜː] *v* 1) 1) откладывать, отсрочивать; to ~ a visit откладывать визит; to ~ payments отсрочивать платежи 2) задерживать (*сообщение и т. п.*); to ~ a discussion затягивать обсуждение; to ~ writing the answer медлить с ответом; to ~ smth. to a later date перенести что-л. на более поздний срок; without ~ring any longer без дальнейших проволочек /задержек/ 2. *воен.* предоставлять отсрочку от призыва; to ~ smb. on medical grounds предоставить кому-л. отсрочку от призыва по состоянию здоровья

defer[2] [dɪˈfɜː] *v* (to) считаться (*с чьим-л. мнением*); полагаться (*на кого-л.*); уступать, подчиняться (*чьим-л. желаниям*); to ~ to one's parents считаться со своими родителями; to ~ to smb.'s opinion /judgement/ прислушиваться к чьему-л. мнению; to ~ to smb.'s authority полагаться на чей-л. авторитет; to ~ to smb. in everything доверять кому-л. во всём; I'll ~ to your advice я послeдую вашему совету

deferable [ˈdef(ə)rəbl] *a* могущий получить отсрочку (*о призывнике*)

deference [ˈdef(ə)r(ə)ns] *n* уважение, почтение; почтительное отношение; blind ~ слепое почитание; to pay /to show/ ~ to smb., to treat smb. with ~ относиться к кому-л. почтительно /с почтением/, оказывать кому-л. внимание; in /out of/ ~ to the court из уважения к суду; in ~ to your wishes принимая во внимание ваши пожелания; with all due ~ to smb. при всём своём уважении к кому-л. (*вежливое выражение несогласия*); you are wanting in ~ to your parents вы недостаточно уважительно относитесь к своим родителям

deferent[1] I [ˈdef(ə)r(ə)nt] *n* 1) *анат.* канал, сосуд 2) *гидр.* отводящий канал

deferent[1] II [ˈdef(ə)r(ə)nt] *a* 1) *анат.* выводящий, выносящий (*о протоках, артериях*) 2) отводящий (*о канале*)

deferent[2] [ˈdef(ə)r(ə)nt] = deferential[1]

deferential[1] [ˌdefəˈrenʃ(ə)l] *a* почтительный; относящийся с уважением; to be ~ to smb. почтительно /с уважением/ относиться к кому-л.

deferential[2] [ˌdefəˈrenʃ(ə)l] = deferent[1] II

deferentially [ˌdefəˈrenʃ(ə)lɪ] *adv* почтительно, с уважением

deferment [dɪˈfɜːmənt] *n* 1) *книжн.* откладывание, отсрочка 2) *воен.* отсрочка; to be on ~ получить отсрочку (от призыва); to apply for ~ of call up попросить отсрочку от призыва

deferrable [dɪˈfɜːrəbl] = deferable

deferred [dɪˈfɜːd] *a* 1. отсроченный, отложенный; ~ annuity отсроченный платёж по ежегодной ренте; ~ debt второочередной долг; ~ shares второочередные акции, акции с отсроченным дивидендом; the firm supplies goods on ~ payments фирма поставляет товары на льготных условиях /в кредит/ 2. пониженный, взимаемый при задержке доставки *и т. п.*; ~ rate пониженный тариф; ~ telegram телеграмма, оплаченная по пониженному тарифу 3. *воен.* получивший отсрочку 4. замедленный 5. запланированный на будущее; ~ credit аванс в счёт будущих доходов

deferred-action [dɪˈfɜːdˌækʃ(ə)n] *a спец.* замедленного действия

deferred income [dɪˈfɜːdˈɪnkʌm, -ˈɪŋkʌm] *воен.* доходы будущих лет

defervescence [ˌdiːfəˈ(ː)vesns] *n мед.* спад, прекращение лихорадки, понижение температуры

defial [dɪˈfaɪəl] *редк.* = defiance

defiance [dɪˈfaɪəns] *n* 1. вызывающее поведение, демонстративное неповиновение; полное пренебрежение; ~ of a resolution невыполнение /игнорирование/ резолюции; spirit of ~ дух неповиновения /противоречия/; to be at open ~ with smb. открыто не повиноваться кому-л.; to bid ~ to smb., to set smb. at ~ не считаться с кем-л.; ни во что не ставить кого-л.; I set him and his threats at ~ я смеюсь над ним и над его угрозами; they set the laws at ~ они (нагло) попирают законы 2. вызов (*на спор, бой*)
◇ in ~ of smth. а) вопреки чему-л., не считаясь с чем-л.; б) с явным пренебрежением к чему-л.; in ~ of the law грубо попирая закон; in ~ of common sense вопреки здравому смыслу

defiant [dɪˈfaɪənt] *a* 1. вызывающий; открыто неповинующийся; непокорный, дерзкий; демонстративный; ~ words [attitude] дерзкие слова [-ое /вызывающее/ поведение]; to be insolently ~ to smb. держаться по отношению к кому-л. с вызывающей наглостью 2. *редк.* недоверчивый

defiantly [dɪˈfaɪəntlɪ] *adv* вызывающе; дерзко; демонстративно; to look ~ at smb. смотреть на кого-л. с вызовом

defibrillate [ˌdiːˈf(a)ɪbrɪleɪt] *v мед.* дефибриллировать, восстанавливать ритм сердца

defibrillation [ˌdiːf(a)ɪbrɪˈleɪʃn] *n мед.* дефибрилляция, снятие трепетания сердечной мышцы

defibrillator [ˌdiːˈf(a)ɪbrɪleɪtə] *n мед.* дефибриллятор

defibrinate [dɪˈfaɪbrɪneɪt] *v мед.* дефибринировать (*кровь*)

defibrinize [dɪˈfaɪbrɪnaɪz] = defibrinate

deficiency [dɪˈfɪʃ(ə)nsɪ] *n* 1. 1) отсутствие (*чего-л.*); нехватка, дефицит; serious production deficiencies серьёзные перебои в производстве (товаров народного потребления); ~ in economic management недостатки управления /руководства/ экономикой; ~ of food нехватка продуктов; ~ of air недостаточный приток воздуха; in ~ в недостаточном количестве 2) *воен.* некомплект 3) дефицит; недостающее число или количество; ~ account дефицитный счёт; a ~ of ten pounds десять фунтов недостачи; to make good /to make up (for), to fill up/ a ~ покрыть недостачу 2. 1) недостаток, порок; неполноценность; ~ of blood плохой состав крови; mental ~ слабоумие, имбецильность; ~ of intellect умственная отсталость /неполноценность/; moral ~ несовершенство /отсутствие/ строгих принципов морали 2) *биохим.* голодание

deficiency disease [dɪˈfɪʃ(ə)nsɪdɪˌziːz] *мед.* авитаминоз, витаминная недостаточность

deficient [dɪˈfɪʃ(ə)nt] *a* 1. лишённый (*чего-л.*); несовершенный; недостаточный; неполный; дефектный; ~ estate запущенное имение; ~ memory слаборазвитая память; ~ bodily умный; bodily ~ с физическими недостатками; ~ in energy недостаточно энергичный; мало, пассивный; ~ in knowledge с пробелами в знаниях; he is ~ in courage ему недостаёт мужества 2. недостающий; ~ amount недостающая сумма (*денег*)

deficiently [dɪˈfɪʃ(ə)ntlɪ] *adv* недостаточно; неполно; несовершенно

deficit [ˈdefɪsɪt] *n* дефицит; нехватка, недочёт; balance of payments ~ дефицит платёжного баланса; to show a ~ иметь дефицит (*в бюджете*); to make /to make up, to cover/ the ~ покрыть дефицит

de fide [dɪ(ː)ˈfaɪdɪ] *лат.* принимаемый на веру

defier [dɪˈfaɪə] *n* 1. defy + -er 2) отрицатель

defilade I [ˌdefɪˈleɪd] *n воен.* естественное укрытие

defilade II [ˌdefɪˈleɪd] *v воен.* 1) укрывать в складках местности 2) находить укрытие в складках местности

defile[1] [dɪˈfaɪl] *v* 1. пачкать, загрязнять, марать; to ~ the woods засорять, замусоривать лес 2. осквернять; профанировать; пятнать; to ~ smb.'s mind растлевать чей-л. ум; to ~ the marriage-bed осквернять супружеское ложе; to ~ the sacred graves [the temple] осквернять священные могилы [храм]; hands ~d with the blood of martyrs руки, запятнанные кровью мучеников

defile[2] I [diːˈfaɪl, dɪˈfaɪl] *n воен.* 1. дефиле, теснина; ущелье 2. дефилирование, прохождение узкой колонной

defile[2] II [dɪˈfaɪl] *v воен.* дефилировать, проходить узкой колонной

defile[3] [dɪˈfaɪl] *редк.* = defilade II

defilement[1] [dɪˈfaɪlmənt] *n книжн.* 1. загрязнение 2. осквернение; профанация 3. *уст.* растление; совращение

defilement[2] [dɪˈfaɪlmənt] *n воен.* 1) укрытие от наземного наблюдения 2) *ист.* дефилация

defiliation [dɪˌfɪlɪˈeɪʃ(ə)n] *n редк.* отнятие ребёнка (*у родителей и т. п.*)

definable [dɪˈfaɪnəbl] *a* поддающийся определению, определимый

define [dɪˈfaɪn] *v* 1. определять, давать (точное) определение; to ~ a term [a concept] определять термин [понятие] 2. 1) характеризовать; определять, устанавливать; to ~ one's position определять /высказывать/ своё отношение; to ~ a problem формулировать задачу; to ~ smb.'s duties очертить /установить/ круг чьих-л. обязанностей; the powers of a judge are ~d by law обязанности /полномочия/ судьи устанавливаются /определяются/ законом 2) характеризовать; составлять отличительное свойство; the properties that ~ this species are... отличительными особенностями этого (биологического) вида являются... 3. очерчивать, ограничивать, устанавливать границы; to ~ the boundary between two countries установить границу между двумя странами; three joined buildings ~d a courtyard три соединённых друг с другом здания образовывали внутренний двор 4. выделять, делать рельефным; the tree was ~d against the sky дерево вырисовывалось на фоне неба 5. задавать (*величину*)

definite [ˈdefɪnɪt] *a* 1. 1) определённый, ясный, точный; ~ opinion [time, place, answer] определённое мнение [время, место, -ый ответ]; ~ period определённый /ограниченный во времени/ период; ~ dimensions точные размеры; ~ statement определённое /недвусмысленное/ заявление; you are not ~ enough ≅ вы не могли бы выражаться точнее? 2) определённый, конкретный; некоторый; to answer ~ needs отвечать некоторым потребностям; to come to a ~ understanding добиться определённой степени понимания 2. *грам.* определённый; the ~ article определённый артикль 3. *бот.* 1) константный 2) цимозный (*о соцветии*)

definitely [ˈdefɪnɪtlɪ] *adv* 1) определённо, ясно, точно; несомненно; he is better ему бесспорно лучше; John is ~ coming Джон придёт наверняка 2) *разг.* конечно, разумеется

definiteness [ˌdefɪnɪtnɪs] *n* определённость, ясность, точность; несомненность

definition [ˌdefɪˈnɪʃ(ə)n] *n* 1. определение, дефиниция; толкование; clear ~ ясное определение; the ~ of the term определение термина; problem ~ постановка задачи, формулировка задачи; to give a ~ дать определение; actions that fall under the ~ of murder действия, которые квалифицируются как убийство 2. 1) ясность, чёткость; определённость; an emotion beyond ~ неясное /неосознанное/ чувство 2) *радио* ясная слышимость, отсутствие помех 3) *фото, тлв.* чёткость, резкость изображения; negative with fine ~ чёткий негатив; bad ~ нечёткость изображения

definitive I [dɪˈfɪnɪtɪv] *n грам.* определяющее слово

definitive II [dɪˈfɪnɪtɪv] *a* 1. 1) окончательный; бесповоротный (*о решении*); ~ answer [sentence /verdict/] окончательный ответ [приговор] 2) полный, точный; ~ name полное имя; ~ edition ≅ академическое издание; ~ text of a poem полный /канонический/ текст поэмы 2. отличительный, характерный; существенный; ~ distinctions отличительные признаки 3. *грам.* определяющий; определительный; выступающий в функции определения 4. *биол.* вполне развитой, дефинитивный; ~ organs вполне развитые органы

definitively [dɪˈfɪnɪtɪvlɪ] *adv* окончательно, бесповоротно

definitude [dɪˈfɪnɪtjuːd] *n книжн.* точность, определённость

deflagrable [ˈdefləgrəbl] *a* воспламеняющийся, воспламеняемый, горючий

deflagrate [ˈdefləgreɪt] *v* 1) быстро сжигать 2) быстро сгорать; сгорать без детонации

deflagration [ˌdefləˈgreɪʃ(ə)n] *n* интенсивное, быстрое горение; вспышка, сгорание взрывчатых веществ без взрыва

deflagrator [ˈdefləgreɪtə] *n фото* аппарат для вспышки (*магния и т. п.*)

deflate [dɪˈfleɪt] *v* 1. 1) выкачивать, выпускать воздух, газ (*из чего-л.*); to ~ a balloon [a tyre] спустить шар [шину]; the tyre became ~d шина спустила; to ~ their growing propensity for open self-glorification *образн.* умерить их растущую склонность к откровенной саморекламе 2) спускать (*о шине и т. п.*) 2. *эк.* сокращать выпуск денежных знаков; to ~ the currency сократить количество находящихся в обороте бумажных денег 3. снижать цены 4. 1) опровергать; to ~ a rumour опровергнуть слух; to ~ one's words опровергнуть свои собственные слова 2) *разг.* ставить (*кого-л.*) на место, обрезать (*кого-л.*) 5. *мат.* понижать порядок (*матрицы*)

deflation [dɪˈfleɪʃ(ə)n] *n* 1. выкачивание, выпускание воздуха, газа 2. *эк.* дефляция 3. *геол.* выветривание, ветровая эрозия

deflationary [dɪˈfleɪʃ(ə)n(ə)rɪ] *a эк.* дефляционный; ~ policy дефляционная политика

deflator [dɪˈfleɪtə] *n эк.* индекс цен, дефлятор

deflect [dɪˈflekt] *v* 1. 1) отклонять (от прямого направления); изменять направление (*чего-л.*); to ~ a magnetic needle отклонять магнитную стрелку; to ~ a stream отвести ручей; to ~ a well изменить направление скважины; to ~ smb.'s thoughts from smth. отвлечь чьи-л. мысли от чего-л. 2) отклоняться; to ~ to the right отклоняться вправо 2. *опт.* преломлять 3. менять (*тему разговора и т. п.*); to ~ smb.'s judgement заставить кого-л. изменить своё мнение; nothing could ~ his purpose он неуклонно шёл к цели 4. *воен.* наводить (*орудие*)

deflected [dɪˈflektɪd] *a* 1. отогнутый; отклонённый; ~ septum *мед.* искривление носовой перегородки 2. *бот., зоол.* склонённый; свисающий

deflecting [dɪˈflektɪŋ] *a* отклоняющий; ~ force *физ.* отклоняющая сила

deflection [dɪˈflekʃ(ə)n] *n* 1. 1) отклонение от прямого направления; ~ angle, angle of ~ угол отклонения; ~ coefficient /factor/ коэффициент отклонения; beam ~ отклонение луча; ~ under load проседание /деформация/ под нагрузкой; ~ of the coast southward отклонение (линии) берега к югу 2) *мор.* отклонение 2. 1) склонение (магнитной стрелки) 2) отклонение (стрелки приборов) 3. *опт.* преломление 4. *воен.* 1) угол горизонтальной наводки 2) поправка (прицела); упреждение 3) угломер основного орудия 5. *тех.* 1) прогиб, провес 2) стрела провеса или прогиба

deflective [dɪˈflektɪv] *a* отклоняющий, склоняющий

deflector [dɪˈflektə] *n* 1) *спец.* дефлектор, отклоняющее устройство 2) *эл.* отклоняющий электрод

deflexed [dɪˈflekst] *a бот., зоол.* повёрнутый резко вниз, загнутый вниз; свисающий

deflexion [dɪˈflekʃ(ə)n] = deflection

deflexure [dɪˈflekʃə] *n* отклонение, уклонение

deflocculation [ˌdɪˌflɒkjʊˈleɪʃ(ə)n] *n спец.* дефлокуляция, исчезновение (хлопьев); диспергирование (осадка)

deflorate [dɪˈflɔːrɪt] *a бот.* отцветший

defloration [ˌdɪfləˈreɪʃ(ə)n] *n книжн.* 1. лишение девственности 2. обрывание цветов

deflorescence [ˌdiːflɔːˈresns] *n мед.* побледнение или исчезание сыпи

deflower [ˌdiːˈflaʊə] *v* 1. лишать девственности 2. обрывать цветы 3. *уст.* вырывать из книги лучшие страницы

defluent [ˈdefluənt] *a спец.* текущий вниз, стекающий

deflux [ˈdiːflʌks] *n* отток

defoam [ˌdiːˈfəʊm] *v* удалять пену

defoaming [ˌdiːˈfəʊmɪŋ] *n* 1) удаление пены 2) противопенное действие

defocus I [ˌdiːˈfəʊkəs] *n кино, тлв.* расфокусированное изображение (даваемое для достижения художественного эффекта)

defocus II [ˌdiːˈfəʊkəs] *v физ.* 1) дефокусировать, расфокусировать 2) дефокусироваться, расфокусироваться

defog [ˌdiːˈfɒg] *v авт., ав.* очищать запотевшее стекло

defogger [ˌdiːˈfɒgə] *n авт., ав.* устройство для очистки запотевшего стекла (*нагревательная спираль у заднего стекла и т. п.*)

defogging [ˌdiːˈfɒgɪŋ] *n авт.* устранение запотевания (стекла)

defoliant [ˌdiːˈfəʊlɪənt] *n* дефолиант (*препарат, вызывающий опадение листьев*)

defoliate I [ˌdiːˈfəʊlɪɪt] *a редк.* лишённый листьев; с оборванными или опавшими листьями

defoliate II [ˌdiːˈfəʊlɪeɪt] *v* 1) лишать листвы, удалять листья 2) уничтожать растительность (*химическими средствами*)

defoliation [dɪˌfəʊlɪˈeɪʃ(ə)n] *n* потеря или удаление листвы, дефолиация

deforce [dɪˈfɔːs] *v* 1. *юр.* 1) лишать собственности (*кого-л.*); to ~ smth. from its owner изъять что-л. у владельца; to ~ smb. of a right лишить кого-л. права 2) незаконно удерживать чужую собственность 2. *шотл.* мешать (*судебным чиновникам*) выполнять свои служебные обязанности

deforcement [dɪˈfɔːsmənt] *n* 1. *юр.* незаконное удержание чужой собственности; присвоение, захват 2. *шотл.* сопротивление, оказываемое судебным чиновникам при исполнении ими служебных обязанностей

deforest [dɪˈfɒrɪst] *v* вырубать леса; обезлесить (*местность*)

deforestation [dɪˌfɒrɪsˈteɪʃ(ə)n] *n* обезлесение, вырубка леса

deform [dɪˈfɔːm] *v* 1. обезображивать, уродовать; искажать; портить; his body was ~ed by illness его тело было обезображено болезнью 2. *тех.* 1) деформировать, коробить 2) деформироваться, коробиться

deformable [dɪˈfɔːməbl] *a* непрочный, нетвёрдый; поддающийся деформации

deformation [ˌdiːfɔːˈmeɪʃ(ə)n] *n* 1) уродование, обезображивание, искривление 2) безобразие, уродство 3) ухудшение, изменение к худшему 4) *тех.* деформация, коробление; longitudinal [angular] ~ линейная [угловая] деформация; elastic [permanent /residual/] ~ упругая [остаточная] деформация 2) утрата формы, бесформенность

deformed [dɪˈfɔːmd] *a* 1) изуродованный, обезображенный; ~ foot [head] изуродованная нога [голова]; ~ child ребёнок-калека, ребёнок-урод 2) испорченный, извращённый; ~ imagination больное воображение

deformity [dɪˈfɔːmɪtɪ] *n* 1. уродство; уродливость; congenital ~ врождённое уродство 2) урод 2) что-л. испорченное, изуродованное 3. недостаток, изъян; порок; the ~ of smb.'s nature недостаток чьего-л. характера; the deformities of the parliamentary system недостатки /пороки/ парламентской системы

defossion [dɪˈfɒʃ(ə)n] *n ист.* погребение живым

defraud [dɪˈfrɔːd] *v* обманывать; отнимать (с помощью обмана); выманивать (*у кого-л.*); to ~ creditors ввести в заблуждение кредиторов; with intent to ~ с целью обмана; to ~ smb. of smth. выманить что-л. у кого-л.

defraudation [ˌdiːfrɔːˈdeɪʃ(ə)n] *n* обман, надувательство, мошенничество

defray [dɪˈfreɪ] *v ком.* оплачивать; to ~ the expenses /the cost/ оплатить расходы, взять на себя расходы

defrayable [dɪˈfreɪəbl] *a* подлежащий оплате, оплачиваемый; the upkeep of the roads is ~ by the town расходы на дороги /по поддержанию дорог (в хорошем состоянии)/ несёт город

defrayal [dɪˈfreɪ(ə)l] *n ком.* оплата, платёж

defrayment [dɪˈfreɪmənt] = defrayal

defreeze [ˌdiːˈfriːz] *v* размораживать (*особ. замороженные продукты*)

defrock [ˌdiːˈfrɒk] *v* лишать духовного сана

defrost [ˌdiːˈfrɒst] *v* 1. растапливать (лёд в холодильнике и т. п.); размораживать (замороженные продукты) 2) таять; оттаивать, размораживаться (о замороженных продуктах) 2. размораживать (фонды иностранного государства)

defroster [diːˈfrɒstə] *n тех.* 1) антиобледенитель; средство против обледенения; стеклообогреватель 2) дефростер (*в холодильнике*); electric ~ электрический дефростер; hot air ~ дефростер на горячем воздухе, воздушный дефростер

deft [deft] *a* ловкий, искусный; проворный; ~ fingers ловкие пальцы; ~ waiter расторопный официант; of ~ tongue острый на язык; she is a ~ hand with the needle она искусно шьёт /вышивает/

deftly [ˈdeftlɪ] *adv* искусно, ловко, проворно, расторопно

deftness [ˈdeftnɪs] *n* ловкость; проворство, расторопность

defunct I [dɪˈfʌŋ(k)t] *n* (the ~) *юр.* покойный, покойник

defunct II [dɪˈfʌŋ(k)t] *a возвыш.* 1. усопший, покойный, скончавшийся 2. несуществующий; исчезнувший; вымерший; ~ suns погасшие звёзды; a newspaper [a company] now ~ газета [компания], прекратившая своё существование

defunction [dɪˈfʌŋ(k)ʃ(ə)n] *n редк.* кончина, смерть

defuse [ˌdiːˈfjuːz] *v* 1. 1) снимать взрыватель (*бомбы*) 2) разряжать (*взрывоопасную обстановку*); снять остроту (*положения*); сглаживать, приглушать, умерять; спускать на тормозах; to ~ tension смягчать /снять/ напряжение; to ~ a crisis разрядить кризисную обстановку 2. затмевать; he ~s every other talent on stage при нём все другие актёры на сцене меркнут

defy [dɪˈfaɪ] *v* 1. вызывать, бросать вызов; I ~ you to do it ручаюсь, что вам этого не сделать 2. открыто не повиноваться; игнорировать, пренебрегать; презирать; ни во что не ставить; to ~ the law игнорировать закон, действовать без оглядки на закон; to ~ public opinion презирать общественное мнение 3. не поддаваться, представлять непреодолимые трудности; the door defies all attemps to open it открыть дверь совершенно невозможно; it defies description [definition] это не поддаётся описанию [определению]; the problem defies solution проблема неразрешима; it defies all the bounds of crime ≅ перед этим меркнет любое преступление; the fortress defies every attack крепость совершенно неприступна; goods that ~ competition товары, которым не страшна конкуренция

dégagé [ˌdeɪgaˈʒeɪ] *a фр.* 1) свободный, непринуждённый 2) безыдейный, чуждый гражданственности; «незавербованный», «стоящий над схваткой» (*о писателе, художнике*)

dégagée [deɪgaˈʒeɪ] *женск.* к dégagé

dégagement [ˌdeɪgaːʒˈmɑːŋ] *n фр.* перевод оружия (*фехтование*); double ~ удвоенный перевод оружия

degas [dɪˈgæs] *v* 1. дегазировать 2. *тех.* откачивать газ (*из вакуумных ламп и т. п.*)

degasify [dɪˈgæsɪfaɪ] = degas

degassing [dɪˈgæsɪŋ] *n* 1. дегазация 2. *тех.* откачка, вакуумирование

de Gaullist [dəˈgɔːlɪst] *n полит.* голлист (*сторонник Ш. де Голля*)

degauss [ˌdiːˈgaʊs] *v тех.* размагничивать

degaussing [ˌdiːˈgaʊsɪŋ] *n тех.* размагничивание

degeneracy [dɪˈdʒen(ə)rəsɪ] *n* 1) вырождение 2) дегенеративность 3) упадок, испорченность (*нравов*)

degenerate I [dɪˈdʒen(ə)rɪt] *n* дегенерат, выродок

degenerate II [dɪˈdʒen(ə)rɪt] *a* 1. 1) дегенеративный; выродившийся 2) ухудшившийся 2. испорченный, развращённый; ~ age развращённый век, упадок нравов 3. *мат., физ.* вырожденный

degenerate III [dɪˈdʒenəreɪt] *v* 1. 1) вырождаться 2) ухудшаться, становиться хуже; to ~ into a story-teller превратиться в заурядного сочинителя; liberty sometimes ~s into lawlessness свобода иногда оборачивается беззаконием 2. *арх.* 1) вызывать вырождение 2) обнаруживать признаки вырождения

degeneration [dɪˌdʒenəˈreɪʃ(ə)n] *n* 1. 1) упадок, вырождение, дегенерация; the ~ of the Roman Empire упадок Римской империи 2) ухудшение свойств 2. 1) *биол.* вырождение (*организма*) 2) *мед.* перерождение (*тканей*); the fatty ~ of the heart ожирение сердца; black ~ меланоз 3. дегенеративность

degenerative [dɪˈdʒen(ə)rətɪv] *a* дегенеративный; вырождающийся; crop ~ переродившийся хлеб /-иеся злаки/

degenerescence [dɪˌdʒenəˈresns] *n книжн.* 1) тенденция к вырождению 2) процесс вырождения

degerm [ˌdiːˈdʒɜːm] *v с.-х.* дегерминировать, удалять зародыш

degerminator [dɪˈdʒɜːmɪneɪtə] *n с.-х.* дегерминатор

deglaciate [ˌdiːˈglæsɪeɪt] *v спец.* освобождать от ледникового покрова

deglaciation [ˌdiːˌglæsɪˈeɪʃ(ə)n] *n спец.* 1) исчезновение ледяного покрова 2) таяние, отступление ледников

deglutinate [dɪˈgluːtɪneɪt] *v* извлекать клейковину

deglutition [ˌdiːgluːˈtɪʃ(ə)n] *n спец.* глотание, заглатывание

degradability [dɪˌgreɪdəˈbɪlɪtɪ] *n спец.* 1) способность ухудшаться 2) способность к химическому или биологическому разложению

degradable [dɪˈgreɪdəbl] *a спец.* 1) способный ухудшаться 2) способный к химическому или биологическому разложению

degradation [ˌdegrəˈdeɪʃ(ə)n] *n* 1. 1) деградация, ухудшение; вырождение; to undergo ~ деградировать, ухудшиться; выродиться 2) *вчт.* уменьшение возможностей (*вычислительной системы*) 3) упадок, деградация 2. ослабление; уменьшение (*масштаба и т. п.*) 3. понижение; разложение; ~ of a general разжалование генерала 4. *жив.* ослабление интенсивности тона или цвета 5. 1) *хим.* деструкция 2) *физ.* деградация; spectrum ~ смягчение спектра; energy ~ рассеяние /обесценивание/ энергии 6. *биол.* вырождение 7. *геол.* 1) размытие, подмыв 2) понижение земной поверхности

degrade [dɪˈgreɪd] *v* 1. 1) ухудшать; to ~ man to the level of beasts низводить человека до уровня животных 2) ухудшаться, деградировать 2. 1) приводить в упадок; портить, разлагать; to ~ the theatre привести театр в упадок; приходить в упадок, деградировать; вырождаться; портиться, разлагаться 3. 1) понижать, снижать (*цену и т. п.*) 2) уменьшать (*масштаб, силу*) 4. разжаловать; понизить в должности, в чине *и т. п.*; to ~ smb. from the priesthood лишить кого-л. духовного сана 5. унижать, подрывать авторитет; to ~ oneself уронить себя, унизиться; it ~s a man to think too much about money унизительно чересчур много думать о деньгах 6. *жив.* ослаблять интенсивность тона или цвета; to ~ the brilliancy of the dyes ослабить сочность красок 7. *хим., физ.* деградировать 8. *биол.* вырождаться 9. *геол.* 1) размывать 2) понижаться (*о местности*) 10. отложить экзамен на год (*при получении степени бакалавра искусств в Кембриджском университете*)

degraded[1] [dɪˈgreɪdɪd] *a* 1. 1) деградировавший, ухудшенный 2) находящийся в состоянии упадка, деградировавший; in a ~ condition в состоянии упадка [*см. тж.* 4] 2. пониженный, уменьшенный (*о цене и т. п.*) 3. разжалованный; ~ officer разжалованный офицер 4. униженный; in a ~ condition в униженном состоянии [*см. тж.* 1, 2)] 5. *жив.* деградированный (*о тоне*); поблёкший (*о красках*) 6. *биол.* выродившийся

degraded[2] [dɪˈgreɪdɪd] *a геральд.* воздвигнутый на ступенях (*о кресте*)

degrading [dɪˈgreɪdɪŋ] *a* унизительный; принижающий; ~ affair унизительное дело

degranulation [ˌdiːˌgrænjʊˈleɪʃ(ə)n] *n физиол.* дегрануляция (*лейкоцитов*)

degreasing [ˌdiːˈgriːsɪŋ, ˌdiːˈgriːzɪŋ] *n* обезжиривание, удаление смазки и масел (*при очистке*)

degree [dɪˈgriː] *n* 1. ступень, степень; ~ of skill уровень /степень/ мастерства; the highest ~ of goodness сама доброта; ~ of safety *тех.* запас прочности; ~ of accuracy [of credibility] степень точности [достоверности]; ~ of confidence степень доверия; ~ of freedom *мат.* степень свободы; by ~s a) постепенно, понемногу; мало-помалу; б) ступенчато; to a certain ~, in some ~ до известной степени; отчасти; в некотором отношении; in a greater or lesser ~ в большей или меньшей степени; to a ~ *разг.* значительно, в большой мере; очень; to a considerable [high, lesser] ~ в значительной [высшей, меньшей] степени; to /in/ the last ~ до последней степени, до крайности; to what ~? до какой степени?, до каких пределов?; not in the least /slightest/ ~ ни в какой /ни в малейшей/ степени; ничуть, нисколько; to differ in ~ различаться в степени (*но не по существу*); it's a question of ~ это зависит от точки зрения 2. степень родства, колено (*тж.* ~ of relationship); ~ of consanguinity степень кровного родства; prohibited /forbidden/ ~s *юр.* степени родства, при которых запрещается брак; in the fourth ~ в четвёртом колене 3. 1) положение, ранг; звание; of low ~ низкого звания; a lady of high ~ знатная дама; people of every ~ очень разные по (своему) положению люди; people of unequal ~s люди разного круга; each good in its ~ каждый хорош на своём месте 2) звание, учёная степень; honorary ~ почётная степень; academic ~ научная степень; the ~ of bachelor [of master, of doctor] (учёная) степень бакалавра [магистра, доктора]; to study /to sit/ for a ~ готовиться к сдаче экзаменов на степень бакалавра; to take one's ~ получить степень; to take a poll ~ *унив. разг.* окончить без отличия (*Кембриджский университет*); to have a London ~ получить степень в Лондонском университете; to get one's ~ of a teacher получить диплом учителя; he has his ~ ≅ он дипломированный специалист; his academic ~s were stripped from him он был лишён научных степеней 3) (спортивный) разряд; advanced ~ *спорт.* второй разряд 4. 1) градус (*температурный*); ten ~s of heat [of cold, of frost] десять градусов

DEG — DEL

тепла [холода, мороза]; at 30 ~s below zero при 30 градусах ниже нуля; the thermometer registers 15 ~s centigrade термометр показывает 15 градусов (тепла) по Цельсию 2) градус *(географический и т. п.)*; ~s of latitude [of longitude] градусы широты [долготы]; the angle of 30 ~s угол в тридцать градусов; we were 30 ~s North [20 ~s West] of Greenwich мы были на тридцатом градусе северной широты [на двадцатом градусе западной долготы] 5. *юр.* тяжесть *(преступления)*; *амер.* степень *(преступности)*; principal in the first ~ главный виновник /преступник/; principal in the second ~ соучастник преступления; пособник, подстрекатель; murder in the first ~ предумышленное убийство 6. *грам.* степень; positive [comparative, superlative] ~ положительная [сравнительная, превосходная] степень; ~s of comparison степени сравнения; adverb of ~ наречие степени 7. *мат.* степень; the second ~ вторая степень, квадрат; the third ~ третья степень, куб [*см. тж.* ◇]; of ~ three в третьей степени; equation of the second [third] ~ уравнение второй [третьей] степени 8. *муз.* ступень
◇ the third ~ допрос с применением пыток, допрос с пристрастием; допрос третьей степени [*см. тж.* 7]; to get the third ~ подвергнуться пыткам /истязаниям/
degreed [dɪˈgriːd] *a* дипломированный *(о специалисте)*
degree days [dɪˈgriːˌdeɪz] = day-degress
degreeless [dɪˈgriːlɪs] *a* без степени, не имеющий звания
degression [dɪˈgreʃ(ə)n] *n* 1. нисхождение; спад 2. пропорциональное уменьшение *(прогрессивного налога)*
degressive [dɪˈgresɪv] *a* 1. нисходящий, падающий 2. пропорционально уменьшающийся *(о прогрессивном налоге)*
degu [ˈdegu:] *n зоол.* дегу *(Octodon gen.)*
degum [ˌdiːˈgʌm] *v текст.* вываривать *(пряжу)*
degust, degustate [dɪˈgʌst, dɪˈgʌsteɪt] *v редк.* дегустировать; пробовать на вкус
degustation [ˌdiːgʌsˈteɪʃ(ə)n] *n редк.* дегустация
dehair [ˌdiːˈheə] *v тех.* удалять шерсть *(со кожи)*, сводить шерсть *(со шкур)*
dehardening [ˌdiːˈhɑːdnɪŋ] *n* потеря холодостойкости *(растениями)*
dehelmintization [dɪˌhelmɪnt(a)ɪˈzeɪʃ(ə)n] *n спец.* удаление глистов, дегельминтизация
dehisce [dɪˈhɪs] *v* 1. зиять 2. *бот.* раскрываться, лопаться *(о семенных коробочках)*; растрескиваться *(о плодах)*
dehiscence [dɪˈhɪsns] *n* 1. зияние 2. *бот.* раскрывание, раскрытие *(семенных коробочек)*; растрескивание *(плодов)*
dehiscent [dɪˈhɪsnt] *a* 1. зияющий 2. раскрывающийся, лопающийся *(о семенных коробочках)*; растрескивающийся *(о плодах)*
dehorn [ˌdiːˈhɔːn] *v* спиливать, удалять рога
dehorning [ˌdiːˈhɔːnɪŋ] *n* 1. удаление рогов 2. омоложение *(деревьев)* короткой обрезкой ветвей
dehors [dɪˈhɔː] *prep фр. юр.* вне *(власти, компетенции и т. п.)*
dehort [dɪˈhɔːt] *v редк.* отговаривать *(от чего-л.)*; разубеждать
dehortation [ˌdiːhɔːˈteɪʃ(ə)n] *n редк.* отговаривание; разубеждение

dehortative, dehortatory [dɪˈhɔːtətɪv, dɪˈhɔːtət(ə)rɪ] *a редк.* отговаривающий; разубеждающий
dehuller [dɪˈhʌlə] *n с.-х.* шелушильная машина; лущильная машина
dehumanization [ˌdiːhjuːmənaɪˈzeɪʃ(ə)n] *n* дегуманизация; обесчеловечивание
dehumanize [ˌdiːˈhjuːmənaɪz] *v* 1) дегуманизировать, делать бесчеловечным 2) делать безликим; лишать душевного тепла
dehumidifier [ˌdiːhjuːˈmɪdɪfaɪə] *n тех.* влагопоглотитель; осушитель *(воздуха)*
dehumidify [ˌdiːhjuːˈmɪdɪfaɪ] *v* удалять влагу, осушать
dehydrase, dehydratase [diːˈhaɪdreɪs, diːˈhaɪdrəteɪs] *n биохим.* дегидраза *(фермент)*
dehydrate [ˌdiːˈhaɪdreɪt] *v хим.* 1) обезвоживать, дегидратировать; to ~ alcohol дегидратировать алкоголь 2) терять воду
dehydrated [ˌdiːhaɪˈdreɪtɪd] *a хим.* обезвоженный; ~ milk сухое молоко; ~ vegetables обезвоженные овощи; ~ eggs яичный порошок
dehydration [ˌdiːhaɪˈdreɪʃ(ə)n] *n хим.* обезвоживание, дегидратация
dehydrofreezing [diːˌhaɪdrə(ʊ)ˈfriːzɪŋ] *n* быстрое замораживание обезвоженных продуктов
dehydrogenate [ˌdiːˈhaɪdrədʒəneɪt] = dehydrogenize
dehydrogenization [diːˌhaɪdrədʒənaɪˈzeɪʃ(ə)n] *n хим.* удаление водорода, дегидрогенизация
dehydrogenize [dɪˈhaɪdrədʒənaɪz] *v хим.* удалять водород, дегидрировать
dehypnotize [dɪˈhɪpnətaɪz] *v* разгипнотизировать, снимать состояние гипноза
de-ice [ˌdiːˈaɪs] *v ав.* удалять лёд, устранять обледенение
de-icer [ˌdiːˈaɪsə] *n ав.* антиобледенитель; противообледенительное устройство
deicide [ˈdiːɪsaɪd] *n рел.* 1. богоубийца 2. богоубийство
de-icing [ˌdiːˈaɪsɪŋ] *n* борьба с обледенением *(судов, самолётов или приборов)*; удаление льда
deictic [ˈdaɪktɪk] *a лог.* 1) непосредственно доказывающий 2) *лингв.* дейктический
deific [diːˈɪfɪk] *a книжн.* 1. божественный 2. обожествляющий
deification [ˌdiːɪfɪˈkeɪʃ(ə)n] *n* обожествление
deiform [ˈdiːɪfɔːm] *a книжн.* 1. богоподобный, богообразный 2. божественный
deify [ˈdiːɪfaɪ] *v* 1. обожествлять 2. обоготворять; боготворить; to ~ money сделать деньги своим кумиром
deign [deɪn] *v* 1) снизойти, соизволить, соблаговолить; will you ~ to answer my question? может быть, вы соблаговолите ответить на мой вопрос?; he did not ~ to come он не соизволил прийти; he doesn't ~ to acknowledge old friends он не желает признавать старых друзей 2) *(преим. в отриц. предложениях или с наречиями hardly, scarcely)* удостаивать; to ~ no answer /reply/ не удостоить ответом; without ~ing to look at me не удостоив меня взглядом 3) *(преим. в отриц. предложениях)* унижаться; I do not ~ to reply to such impertinence я не стану отвечать на такую дерзость
dei gratia [ˈdiːaɪˈgreɪʃɪə, ˌdeɪɪːˈgrɑːtɪə] *лат.* милостью божией
deiktic [ˈdaɪktɪk] = deictic
deindustrialization [ˌdiːɪnˌdʌstrɪəl(a)ɪˈzeɪʃ(ə)n] *n* деиндустриализация;

демонтаж промышленных предприятий
de-ink [ˌdiːˈɪŋk] *v полигр.* очищать от краски
deinosaur [ˈdaɪnəsɔː] = dinosaur
de integro [ˌdiːˈɪntegrəʊ, ˌdeɪ-] *лат.* заново, снова, вновь
deionization [ˌdiːaɪən(ə)ɪˈzeɪʃ(ə)n] *n физ.* деионизация; удаление ионов
deism [ˈdiːɪz(ə)m] *n* деизм
de-isolate [ˌdiːˈaɪsəleɪt] *v* ликвидировать результаты изоляции
deist [ˈdiːɪst] *n* деист
deistic, deistical [diːˈɪstɪk, -(ə)l] *a* деистический
deity [ˈdiːɪtɪ] *n* 1. божественность 2. 1) божество; pagan deities языческие боги 2) (the D.) бог
déjà vu [ˌdeɪʒɑːˈv(j)uː] *фр.* 1. парамнезия, ложная память *(новые впечатления кажутся уже пережитыми в прошлом — в психиатрии)* 2. *разг.* шаблонный материал, «старьё», затасканные мысли, сюжеты *и т. п.*; ≅ это мы уже видели, это уже было
deject [dɪˈdʒekt] *v* удручать, угнетать; подавлять; to ~ smb.'s spirits портить кому-л. настроение, огорчить /расстроить/ кого-л.
dejecta [dɪˈdʒektə] *n pl* 1) *спец.* испражнения 2) продукты извержения *(вулкана)*; изверженная лава
dejected [dɪˈdʒektɪd] *a* удручённый; подавленный, угнетённый
dejectedly [dɪˈdʒektɪdlɪ] *adv* удручённо; подавленно
dejection [dɪˈdʒekʃ(ə)n] *n* 1. подавленное настроение; уныние; угнетённость; deep ~ глубокое уныние; he went away in ~ он ушёл подавленный 2. 1) испражнения 2) выход экскрементов; отхождение кала
dejectory [dɪˈdʒektərɪ] *a мед.* слабительный
dejecture [dɪˈdʒektʃə] *n* экскременты
déjeuner [ˈdeɪʒəneɪ] *n фр.* парадный *или* официальный завтрак; второй завтрак
de jure [ˌdiːˈdʒʊərɪ] *лат.* 1. де-юре, юридически; the king ~ номинальный властитель 2. юридический, номинальный; the ~ king = the king ~ [*см.* 1]
deka- [ˈdekə] = deca-
dekastere [ˈdekəstɪə] = decastere
dekko [ˈdekəʊ] *n сл.* взгляд; let's have a ~ at it давай посмотрим, что это за штука
dekle [ˈdekl] = deckle
delabialize [ˌdiːˈleɪbɪəlaɪz] *v фон.* делабиализовать
delacrimation, delacrymation [diːˌlækrɪˈmeɪʃ(ə)n] *n спец.* слезоотделение, слезотечение
delaine [dəˈleɪn] *n* лёгкая платьевая *(шерстяная)* ткань; шерстяной муслин
delaminate [ˌdiːˈlæmɪneɪt] *v* 1) расслаивать 2) расслаиваться
delamination [ˌdiːˌlæmɪˈneɪʃ(ə)n] *n* расслаивание
Delaney amendment, Delaney clause [dɪˈleɪnɪəˈmendmənt, -ˈklɔːz] *амер.* запрещение использовать пищевые добавки *или* иные вещества, обладающие канцерогенными свойствами
delate [dɪˈleɪt] *v* 1. обвинять; доносить *(на кого-л.)* 2. доводить до сведения; сообщать
delation [dɪˈleɪʃ(ə)n] *n* обвинение; донос
delator [dɪˈleɪtə] *n* доносчик, осведомитель
delay I [dɪˈleɪ] *n* 1. задержка, приостановка; phase ~ запаздывание /задержка/ по фазе; ~ line *элк.* линия задержки; after half an hour's ~, after a ~ of half an hour после получасовой задержки; to make no ~ не мешкать, не задер-

живаться; the ~s in getting admitted to hospitals задержки в госпитализации больных 2. откладывание, отсрочка; ~ of payment отсрочка платежа 3. 1) замедление, промедление, проволочка; excusable ~ опоздание /отсрочка/ по уважительной причине; it admits of no ~ это не терпит отлагательства; without ~ немедленно, тотчас же, безотлагательно, без проволочек 2) *тех.* выдержка времени 3. *спец.* простой 4. *спец.* простой, зависящий [не зависящий] от рабочего; traffic ~s простои транспорта на дорогах; the road works caused traffic ~s ≅ дорожные работы расстроили /нарушили/ нормальное движение транспорта

delay II [dɪ'leɪ] *v* 1. задерживать; the train was ~ed for two hours by snowdrifts поезд опоздал на два часа из-за снежных заносов 2. отсрочивать, откладывать, переносить; to ~ one's journey [departure] отложить путешествие [отъезд]; to ~ the attack for four days отложить наступление на четыре дня 3. медлить; мешкать, задерживаться; he didn't ~ an instant он не мешкал /не медлил/ ни минуты

delay allowance [dɪ'leɪə'lauəns] *эк.* оплата простоя

delayed [dɪ'leɪd] *a* задержанный; замедленный; ~ conditioned reflex *физиол.* заторможенный условный рефлекс; ~ neutron *физ.* запаздывающий нейтрон; ~ action замедленное действие; ~ drop *ав.* затяжной прыжок; many of these difficulties are a ~ result of the war adventure многие из этих трудностей являются в конечном счёте следствием давней военной авантюры

delayed-action [dɪ'leɪdˌækʃ(ə)n] *a* замедленного действия; ~ bomb [fuse, mine] бомба [взрыватель, мина] замедленного действия

delaying I [dɪ'leɪɪŋ] *n* затягивание и *пр.* [*см.* delay II]

delaying II [dɪ'leɪɪŋ] *a* 1. замедляющий; затягивающий; ~ area *воен.* район заграждений; ~ force *воен.* сковывающая группа 2. задерживающий (*во времени*)

delaying action [dɪ'leɪɪŋ'ækʃən] 1. искусственная задержка (*чего-л.*); создание искусственных препятствий 2. *воен.* манёвренная оборона ◊ to fight a ~ затягивать время, стараться выиграть время

del credere [del'kreɪdərɪ] *ит. ком.* делькредере; ~ commission комиссия за делькредере

dele I ['di:li(:)] *n полигр.* корректурный знак выброски

dele II ['di:li(:)] *v полигр.* выбрасывать, вычёркивать (*в корректуре*)

deleatur [ˌdi:lɪ'eɪtə] *n полигр.* указание снять (*что-л.*) в корректуре

delectable [dɪ'lektəbl] *a поэт.* восхитительный; усладительный

delecate [dɪ'lekteɪt] *v редк.* услаждать

delectation [ˌdi:lek'teɪʃ(ə)n] *n* наслаждение; удовольствие; for one's ~ ради собственного удовольствия

delectus [dɪ'lektəs] *n лат.* сборник отрывков из произведений греческих и латинских авторов для чтения и перевода

delegacy ['delɪgəsɪ] *n* 1. делегация 2. делегирование 3. полномочия делегата

delegant ['delɪgənt] *n юр.* должник, передающий кредитору в покрытие долга своё требование к третьему лицу

delegate I ['delɪgɪt] *n* 1. делегат, представитель, посланник; ~ from France делегат из Франции, французский делегат 2. *амер.* 1) депутат от территории в конгрессе (*с правом совещательного голоса*) 2) член палаты депутатов (*в некоторых штатах США*); House of Delegates палата депутатов (*нижняя палата в законодательном органе некоторых штатов*) 3. член королевской комиссии по разбору жалоб церковных судов 4. член постоянного комитета (*в Оксфордском университете*)

delegate II ['delɪgɪt] *a арх.* делегированный

delegate III ['delɪgeɪt] *v* 1. делегировать, посылать 2. делегировать, передавать (*полномочия и т. п.*); to ~ authority передавать полномочия; to ~ rights to smb. передавать кому-л. права; to ~ the power to a deputy облечь депутата властью; to ~ smb. to do smth. поручить кому-л. /уполномочить кого-л./ сделать что-л. 3. *юр.* передавать (*кредитору*) свои долговые требования в покрытие долга

delegated legislation ['delɪgeɪtɪdˌledʒɪs'leɪʃ(ə)n] *юр.* правительственные постановления, законодательство, осуществляемое правительством в рамках полномочий, предоставленных ему парламентом

delegated powers ['delɪgeɪtɪd'pauəz] *амер. юр.* делегированные полномочия; полномочия, предоставленные правительству конституцией США и перечисленные в первых трёх её статьях

delegation [ˌdelɪ'geɪʃ(ə)n] *n* 1. делегация, депутация; on a ~ в составе делегации; to travel to Latin America on various ~s совершать поездки в Латинскую Америку в составе различных делегаций 2. делегирование, посылка делегации 3. поручение, наказ (*депутату*) 4. *юр.* передача (*кредитору*) своих долговых требований в покрытие долга

delegator ['delɪgeɪtə] *n* delegate III 2 + -or

delegatory ['delɪgət(ə)rɪ] *a* делегационный, делегатский

delenda [dɪ'lendə] *n pl лат.* предметы, подлежащие изъятию; части текста, подлежащие вычёркиванию и *т. п.*

delenda est Carthago [deɪˌlendəst'kɑ:təgəʊ] *лат.* Карфаген должен быть разрушен

delete [dɪ'li:t] *v* 1. вычёркивать, стирать, вымарывать; to ~ a word вычеркнуть слово; his name was ~d from the list его фамилию вычеркнули /изъяли/ из списка 2) *спец.* стирать, удалять, уничтожать

deleterious [ˌdelɪ'tɪərɪəs] *a книжн.* вредный, вредоносный; ядовитый; ~ gas ядовитый газ; ~ influence пагубное влияние

deleting [dɪ'li:tɪŋ] *n вчт.* стирание, уничтожение записанной информации

deletion [dɪ'li:ʃ(ə)n] *n* 1. вычёркивание, стирание, вымарывание 2. то, что вычеркнуто, стёрто; вымарка, вычеркнутый абзац, вычеркнутая строка 3. *биол.* делеция (*удаление или утрата части генетического материала хромосомы*)

delf [delf] *n* (дельфтский) фаянс (*тж.* D. ware)

delft [delft] = delf

deli ['delɪ] *n* (*сокр. от* delicatessen) *разг.* гастроном, гастрономический магазин

Delian ['di:lɪən] *a* делосский ◊ ~ problem трудная задача

deliberate I [dɪ'lɪb(ə)rɪt] *a* 1. преднамеренный, (пред)умышленный; нарочитый; ~ distortion of facts умышленное /злостное/ искажение фактов; ~ murder [insult] преднамеренное убийство [оскорбление]; ~ coldness нарочитая холодность 2. обдуманный, взвешенный; осторожный, осмотрительный; ~ judgement зрелое суждение; ~ plan продуманный план; ~ attack a) *воен.* подготовленное наступление; б) намеренное нападение; ~ fire *воен.* методический огонь 3. неторопливый; неспешный; ~ in speech неторопливый в речи; to go with ~ steps идти не спеша /размеренным шагом/

deliberate II [dɪ'lɪbəreɪt] *v* 1. размышлять; обдумывать, взвешивать; to ~ on /upon, over/ a question обдумывать вопрос; to ~ over /about/ a matter обдумывать дело; to ~ what to do обдумывать, что предпринять 2. колебаться; he was deliberating whether he should go он раздумывал, идти ему или нет

deliberately [dɪ'lɪb(ə)rɪtlɪ] *adv* 1. преднамеренно, умышленно, сознательно, нарочно; you are ~ misunderstanding me вы умышленно не хотите меня понимать /понять/ 2. обдуманно, осторожно, осмотрительно; to answer ~ давать обдуманные ответы, отвечать обдуманно 3. неспешно, неторопливо

deliberateness [dɪ'lɪb(ə)rɪtnɪs] *n* 1. преднамеренность; нарочитость 2. обдуманность; осторожность, осмотрительность 3. неспешность; неторопливость

deliberate works [dɪ'lɪb(ə)rɪt'wɜ:ks] *воен.* усовершенствованные полевые сооружения

deliberation [dɪˌlɪbə'reɪʃ(ə)n] *n* 1. обдумывание, взвешивание; размышление; after long [two hours'] ~ после долгих [двух часов] размышлений; to take smth. into ~, bring smth. under ~ *арх.* обдумывать что-л., размышлять над чем-л.; the time for ~ is past размышлять поздно; ≅ настало время действовать 2. (*часто pl*) обсуждение, дискуссия; the ~s of an assembly совещание /дискуссия/ в ассамблее 3. осторожность, осмотрительность; неторопливость; with ~ осмотрительно, неторопливо, медлительно; with great ~ с величайшей осмотрительностью, тщательно, скрупулёзно

deliberative [dɪ'lɪb(ə)rətɪv] *a* 1. совещательный; ~ body /assembly/ [voice] совещательный орган [голос] 2. 1) склонный к размышлению 2) созерцательный; in a ~ moment в момент раздумий

deliberator [dɪ'lɪbəreɪtə] *n* 1. 1) *см.* deliberate II + -or 2) склонный к раздумью, к размышлениям, «философ» 2. участник дискуссии

delicacy ['delɪkəsɪ] *n* 1. утончённость, изысканность, тонкость; ~ of taste изысканность вкуса; ~ of observation тонкость наблюдений; ~ of feeling and thought возвышенность чувств и мыслей 2. тонкость, изящество, нежность; ~ of features тонкость черт (*лица*); ~ of skin нежность кожи 3. мягкость, нежность (*красок, оттенков*) 4. слабость, хрупкость, болезненность; ~ of health слабость здоровья; ~ of constitution хрупкость телосложения 5. деликатность, учтивость, такт; to have no sense of ~ не иметь ни малейшего чувства такта, быть бестактным; to shock smb.'s ~ шокировать кого-л.; to show ~ in expressing sympathy тактично выразить сочувствие 6. щекотливость, сложность; ~ of the position/situation/ щекотливость положения; negotiations of extreme ~ переговоры по крайне щекотливому вопросу; to feel a ~ about doing smth. испытывать угрызения совести, делая что-л.; понимать всю щекотливость вопроса; делать что-л. с тяжёлым чувством 7. 1) тонкость; острота; чуткость; ~ of hearing /of the ear/ острота слуха; the ~ of one's sense of right and wrong тонко развитое /обострённое/ чувство справедливости 2) чувствительность, точность (приборов); ~ of a balance чувствительность весов; to show smth. with great ~ показывать что-л. с большой точностью 8. деликатес, лакомство (тж. table delicacies, delicacies of the table); the delicacies of the season какое-л. кушанье, являющееся редкостью в данное время года 9. тонкость, деталь

delicate I ['delɪkɪt] n деликатес
delicate II ['delɪkɪt] a 1. 1) утончённый, изысканный, тонкий; ~ taste изысканный /тонкий/ вкус; ~ mind возвышенный ум; ~ style изысканный /отточенный, филигранный/ стиль; ~ hint тонкий намёк 2) ~ wine вино с тонким букетом 2) изящный, сделанный со вкусом; ~ casket изящная шкатулка; ~ workmanship тонкая /филигранная/ работа; ~ operation виртуозная операция; ~ lace [features] тонкие кружева [черты лица]; ~ figure стройная /точёная, хрупкая/ фигура; ~ web of the spider тончайшая паутина 2. хрупкий; требующий осторожного обращения; слабый, болезненный; ~ skin нежная кожа; ~ plant нежное растение; ~ china хрупкий фарфор; ~ health [lungs] слабое здоровье [-ые лёгкие]; ~ constitution хрупкое телосложение; ~ child болезненный ребёнок; to be in ~ health быть слабого здоровья 3. нежный; слабый; едва уловимый; ~ odour нежный запах; ~ flavour неуловимый аромат; ~ shade of blue мягкий оттенок голубого; ~ differences тонкие различия; ~ irony лёгкая ирония; ~ touch a) осторожное прикосновение; б) муз. бархатное туше 4. (высоко)чувствительный, тонкий; точный; ~ instrument тонкий прибор; ~ adjustment тонкая настройка; ~ balance чувствительные весы 5. острый, тонкий, чувствительный; ~ ear острый слух; to have a ~ ear for music иметь тонкий музыкальный слух 6. 1) щекотливый, затруднительный; ~ subject [mission, situation] щекотливая тема [миссия, -ое положение]; ~ stage in negotiations трудный /сложный/ этап переговоров; that's a ~ affair это тонкое дело; ≅ здесь надо действовать умно 2) арх. «деликатный», «интересный»; to be in a ~ condition /in a ~ state of health/ быть в (интересном) положении 7. деликатный, учтивый, тактичный, вежливый; ~ manners учтивые манеры; a conversation which is not exactly ~ (несколько) грубоватый разговор 8. приятный на вкус, вкусный; лёгкий; ~ dish вкусное блюдо; ~ food лёгкая пища

delicately ['delɪkɪtlɪ] adv 1. тонко, со вкусом; изящно, утончённо; ~ shaped изящно сделанный, изящный; to work ~ тонко /филигранно/ работать 2. нежно; мягко 3. чутко 4. точно; тонко 5. деликатно, тактично; to shun ~ a thorny subject тактично уклоняться от разговора на опасную тему

delicateness ['delɪkɪtnɪs] n утончённость и пр. [см. delicate II]

delicatesse [,delɪkə'tes] фр. = delicacy 8

delicatessen [,delɪkə'tesn] n нем. 1. холодные закуски, ростбиф, салат и т. п. 2. магазин, гастрономический магазин; ≅ кулинария (тж. ~ shop, ~ store)

delicious [dɪ'lɪʃəs] a 1) восхитительный, очаровательный, прелестный; ~ fragrance восхитительный аромат; ~ joke прелестная шутка; ~ coolness [morning] восхитительная прохлада [-ое утро]; ~ story [book] прелестный рассказ [-ая книга] 2) очень вкусный; очень приятный; ~ dinner отменный обед; what a ~ cake! какой вкусный торт!

deliciously [dɪ'lɪʃəslɪ] adv 1) восхитительно, очаровательно, прелестно 2) очень вкусно

delict ['di:lɪkt] n юр. деликт, правонарушение, нарушение закона; (to catch smb.) in flagrant ~ (застать кого-л.) на месте преступления

deligation [,delɪ'geɪʃ(ə)n] n мед. наложение лигатуры

delight I [dɪ'laɪt] n 1. 1) восторг, восхищение; наслаждение; удовольствие; услада; with ~ с удовольствием, с наслаждением; to his ~ к его удовольствию; to the great ~ of smb., much to smb.'s ~ к чьему-л. великому /вашему/ удовольствию; to give smb. ~ доставлять кому-л. удовольствие /наслаждение/; to take /to have, to find/ ~ in smth., to take /to have/ ~ in doing smth. находить удовольствие /наслаждение/ в чём-л.; delirious with ~ вне себя от радости 2) источник наслаждения; the ~s of country life прелести сельской жизни; music is her only ~ музыка — её единственная услада; the fragrance of the flowers was a sheer ~ аромат цветов был бесподобен; it's a ~ to hear him talk слушать его — одно наслаждение; it's such a ~ to read читать — такое удовольствие 2. поэт. очарование, прелесть
◇ the devil's ~ см. devil I ◇; to kick up the devil's ~, to raise hell's ~ буянить, скандалить; учинить скандал

delight II [dɪ'laɪt] v 1) доставлять наслаждение; восхищать; услаждать; to ~ the eye радовать глаз /взор/; to be ~ed with /at/ smth. восхищаться чем-л.; it ~s the heart to see it сердце радуется, когда видишь это; I am ~ed to meet you очень рад /счастлив/ с вами познакомиться; I am ~ed with you я восхищаюсь вами; ~ed! (вежливая форма ответа) а) охотно!, с удовольствием!; б) рад!, счастлив! 2) восхищаться, наслаждаться; to ~ to do smth. с наслаждением делать что-л.; to ~ in music получать наслаждение от музыки; to ~ in praises [flattery] упиваться похвалой [лестью]; she ~s in her son она души не чает в своём сыне; I ~ to see you again я в восторге от того, что вновь вижу вас

delighted [dɪ'laɪtɪd] a восхищённый, очарованный; довольный, радостный, счастливый; ~ look восхищённый взгляд

delightedly [dɪ'laɪtɪdlɪ] adv восхищённо, радостно; с наслаждением; to look at smb. ~ восхищённо смотреть на кого-л.

delightful [dɪ'laɪtf(ə)l] a восхитительный, очаровательный; ~ companion очаровательный собеседник /компаньон, спутник/; ~ prospect заманчивая перспектива; ~ book занятная книга; ~ smile [sight] очаровательная улыбка [-ое зрелище]; it is ~ to live like this жить так — одно удовольствие; he made himself ~ to everybody он умел всех расположить к себе, он всех очаровал

delightfully [dɪ'laɪtf(ə)lɪ] adv восхитительно, очаровательно, прелестно; to sing ~ прелестно петь

delightsome [dɪ'laɪtsəm] a поэт. восхитительный

Delilah [dɪ'laɪlə] n библ. Далила; образн. тж. обольстительница

delimit [,di:'lɪmɪt] v 1) определять границы; размежёвывать 2) спец. ограничивать, устанавливать предельные значения (параметров)

delimitate [,di:'lɪmɪteɪt] = delimit

delimitation [dɪ,lɪmɪ'teɪʃ(ə)n] n 1. 1) определение, делимитация границ; размежевание 2) указание границ; отграничение (одного явления от другого) 2. предел, граница, грань

delimitative [dɪ'lɪmɪtətɪv] a разграничительный; делимитативный; ограничительный

delimiter [dɪ'lɪmɪtə] n вчт. 1. ограничитель данных; parameter ~ ограничитель параметра 2. разделитель данных (при передаче информации)

delineate [dɪ'lɪnɪeɪt] v 1. вычерчивать; очерчивать 2. набрасывать; to ~ the resolution набросать проект резолюции 3. изображать, описывать, обрисовывать; определять; to ~ smb.'s character обрисовать чей-л. характер; mountains clearly ~d on the horizon горы, отчётливо вырисовывающиеся на горизонте; these words have immense force in delineating friend and foe этим словам придаётся огромное значение при определении друзей и врагов

delineation [dɪ,lɪnɪ'eɪʃ(ə)n] n 1. вычерчивание 2. очертание, абрис 3. чертёж, диаграмма 4. живописное изображение; картина 5. изображение, обрисовка, описание

delineator [dɪ'lɪnɪeɪtə] n 1. 1) см. delineate + -or 2) проектировщик 2. патрон, патронка 3. спец. прибор, записывающий длину и профиль пройденного пути

delinquency [dɪ'lɪŋkwənsɪ] n 1) преступление (преим. несовершеннолетних); infant ~ детская преступность 2) правонарушение, проступок; international ~ международное правонарушение 3) амер. невыплата (налогов и т. п.); ~ in payment уклонение от уплаты (налогов)

delinquent I [dɪ'lɪŋkwənt] n 1. правонарушитель, преступник; juvenile ~ малолетний преступник 2. (D.) ист. сторонник Карла I или Карла II

delinquent II [dɪ'lɪŋkwənt] a 1. виновный, провинившийся 2. амер. 1) неуплаченный (о налоге и т. п.); просроченный; ~ taxes невыплаченные налоги 2) уклоняющийся от уплаты; people ~ in paying their taxes лица, уклоняющиеся от (своевременной) уплаты налогов

deliquesce [,delɪ'kwes] v 1. книжн. (рас)таять 2) хим. переходить в жидкое состояние, расплываться; интенсивно поглощать влагу 2. бот. разветвляться

deliquescence [,delɪ'kwesns] n хим. расплывание за счёт атмосферной влаги; the ~ of beliefs образн. расплывчатость мнений или убеждений

deliquescent [,delɪ'kwesnt] a 1. хим. растворяющийся или расплывающийся за счёт поглощения влаги 2. бот. с разросшимися латеральными почками 3. шутл. взмокший, вспотевший

deliriant [dɪ'lɪ(ə)rɪənt] a мед. вызывающий бред

delirious [dɪ'lɪ(ə)rɪəs] a 1. находящийся в бреду; he is ~ from fever, he is in ~ fever у него такой жар, что он бредит 2. 1) безумный, сумасшедший, исступлённый, горячечный; ~ screech неистовый скрежет; ~ ravings исступлённый бред 2) без ума, вне себя; to be ~ with delight [despair] быть вне себя от восторга [отчаяния] 2. бредовый, бессвязный (о речи)

deliriously [dɪˈlɪ(ə)rɪəslɪ] *adv* 1. в бреду́ 2. безу́мно, ди́ко; исступлённо; ~ happy вне себя́ от ра́дости 3. бессвя́зно

deliriousness [dɪˈlɪ(ə)rɪəsnɪs] *n* 1. бредово́е состоя́ние, состоя́ние исступле́ния, беспа́мятство 2. бессвя́зность (*речи*)

delirium [dɪˈlɪ(ə)rɪəm] *n* 1. бред, бредово́е состоя́ние; дели́риум; fits of ~ при́ступы бре́да; to lapse into ~ впада́ть в бредово́е состоя́ние 2. исступле́ние, беспа́мятство 3. бре́дни, бредо́вые иде́и

delirium tremens [dɪˌlɪrɪəmˈtriːmenz] *мед*. бе́лая горя́чка

delist [dɪˈlɪst] *v* вычёркивать из спи́ска

delitescence, -cy [ˌdelɪˈtesns, -sɪ] *n мед*. 1. скры́тое, лате́нтное состоя́ние; инкубацио́нный пери́од 2. внеза́пное исчезнове́ние боле́зненных при́знаков

delitescent [ˌdelɪˈtesnt] *a мед*. скры́тый; лате́нтный

deliver [dɪˈlɪvə] *v* 1. 1) передава́ть, вруча́ть; to ~ an order to smb. отдава́ть прика́з кому́-л.; to ~ a bill to smb. предъявля́ть счёт кому́-л.; to ~ smb. into the enemy's hands отда́ть кого́-л. в ру́ки враго́в; to ~ smth. into smb.'s charge поручи́ть что-л. кому́-л. 2) разноси́ть, доставля́ть; to ~ letters разноси́ть пи́сьма; to ~ luggage доставля́ть бага́ж; to ~ milk at the door доставля́ть молоко́/*прям*./к две́ри до́ма; to ~ smth. by air снабжа́ть /доставля́ть, перебра́сывать/ что-л. по во́здуху; ~ed free с беспла́тной доста́вкой на́ дом; the goods are ~ed at any address това́ры доставля́ются по любо́му а́дресу 3) предава́ть, отдава́ть (*тж*. ~ over); they were ~ed over to execution они́ бы́ли о́тданы в ру́ки палача́ 4) отдава́ть, отпуска́ть, выпуска́ть (*тж*. ~ up); he ~ed himself up to the enemy он отда́лся в ру́ки враго́в 2. произноси́ть, чита́ть; выска́заться (*тж*. ~ oneself); to ~ a lecture [a course of lectures] прочита́ть ле́кцию [курс ле́кций]; to ~ a speech произнести́ речь; to ~ oneself of a speech [of an opinion] произнести́ речь [выска́зать мне́ние]; when he had ~ed himself thus... по́сле того́, как он вы́сказался таки́м о́бразом...; I have already ~ed myself against the bill я уже́ вы́сказался про́тив э́того законопрое́кта 3. 1) представля́ть (*отчёт и т. п.*) 2) *юр.* официа́льно передава́ть; вводи́ть во владе́ние (*тж*. ~ over, ~ up); to ~ smth. up /over/ to smb. официа́льно переда́ть что-л. кому́-л.; отказа́ться от чего́-л. в по́льзу; to ~ over an estate to one's son ввести́ сы́на во владе́ние свои́м иму́ществом 4. 1) выпуска́ть, посыла́ть; мета́ть; броса́ть; to ~ a harpoon метну́ть гарпу́н; to fire открыва́ть /вести́/ ого́нь; to ~ a broadside дать бортово́й залп 2) *спорт.* де́лать переда́чу мяча́; подава́ть, подава́ть мяч 3) наноси́ть (*уда́р*); to ~ a blow /a stroke/ нанести́ уда́р 5. *книжн.* освобожда́ть, избавля́ть; to ~ smb. from captivity освобожда́ть кого́-л. из пле́на; to ~ smb. from death спасти́ кого́-л. от сме́рти; to ~ smb. from the necessity of doing smth. изба́вить кого́-л. от необходи́мости сде́лать что-л. 6. 1) *преим. pass* рожда́ть, рожа́ть; разреша́ться от бре́мени; to ~ed of a child роди́ть ребёнка; to be ~ed of a child разреши́ться от бре́мени; she ~ed easily у неё бы́ли лёгкие ро́ды; she was ~ed of a second child она́ роди́ла второ́го ребёнка; to be ~ed of a sonnet *образн.* разроди́ться соне́том; to be ~ed of a joke *разг.* роди́ть /вы́мучить из себя́/ шу́тку 2) принима́ть (*младе́нца*) 7. *редк.* сдава́ть (*кре́пость, го́род*); уступа́ть 8. завоёвывать (на свою́ сто́рону) (*голоса́*); to ~ the ward

vote обеспе́чить голоса́ избира́телей в райо́не 9. *тех.* 1) снабжа́ть, пита́ть; поставля́ть; подава́ть, дава́ть; производи́ть; to ~ normal power рабо́тать на по́лную мо́щность (*об энергети́ческой устано́вке*); to ~ current to an engine подводи́ть ток /электроэне́ргию/ к дви́гателю; to ~ a pulse выдава́ть и́мпульс; next year our economy will ~ more в сле́дующем году́ бу́дет произведено́ бо́льше (*проду́ктов наро́дного потребле́ния*) 2) поставля́ть; выпуска́ть (*с заво́да*) 10. нагнета́ть (*насо́сом*); подава́ть под давле́нием 11. *тех.* легко́ отходи́ть, отстава́ть (*от фо́рмы*) 2) вынима́ть (*из фо́рмы*); to ~ a pattern from the mould вы́нуть из фо́рмы 12. *амер.* оказа́ться на высоте́ положе́ния; оправда́ть наде́жды, ожида́ния; to ~ on one's pledge вы́полнить своё обяза́тельство; he will have to ~ to retain his edge что́бы сохрани́ть своё преиму́щество, он до́лжен вы́ложиться до конца́; he ~ed spectacularly он доби́лся потряса́ющего успе́ха 13. *преим. юр.* выноси́ть (*реше́ние*); форма́льно выска́зывать (*мне́ние и т. п.*); to ~ judgement вы́нести реше́ние; to ~ justice отправля́ть правосу́дие 14. *арх.* разгружа́ть су́дно; ~ed at pier разгружа́емый у пи́рса
◇ to ~ an attack начать атаку; перейти́ в наступле́ние; to ~(a) battle дать бой; to ~ the goods вы́полнить взя́тые на себя́ обяза́тельства; stand and ~! ≅ кошелёк и́ли жизнь!

deliverance [dɪˈlɪv(ə)r(ə)ns] *n* 1. освобожде́ние, избавле́ние, спасе́ние; ~ from bondage раскрепоще́ние; hope of ~ наде́жда на спасе́ние /избавле́ние/ 2. официа́льное мне́ние, сообще́ние 3. *шотл. юр.* верди́кт, пригово́р; распоряже́ние суде́бного *или* администрати́вного о́ргана; writ of second ~ постановле́ние суда́ о возвраще́нии владе́льцу незако́нно конфиско́ванного иму́щества

deliverer [dɪˈlɪv(ə)rə] *n* 1. *книжн.* освободи́тель, спаси́тель, избави́тель 2. *редк.* разно́счик (*пи́сем, книг и т. п.*)

delivery [dɪˈlɪv(ə)rɪ] *n* 1. доста́вка; разно́ска; the early /the first/ ~ пе́рвая /у́тренняя/ разно́ска пи́сем; the letter arrived by the first ~ письмо́ пришло́ с у́тренней по́чтой; free ~ беспла́тная доста́вка; energy /power/ ~ энергоснабже́ние; ~ price стоимость доста́вки; ~ certificate квита́нция о доста́вке; ~ deadlines кра́йние сро́ки поста́вок; ~ aircraft самолёт-носи́тель, авиацио́нный носи́тель (*раке́т и т. п.*); ~ system *воен.* систе́ма доста́вки (*боезаря́дов к це́ли*); ~ of a telegram вруче́ние телегра́ммы; ~ of goods доста́вка това́ров; to make prompt ~ бы́стро доставля́ть (*това́ры*); to pay on ~ опла́чивать (*това́ры*) при доста́вке; charge for ~ пла́та за доста́вку 2. 1) поста́вка; переда́ча; grain deliveries хлебопоста́вки; to double the amount of gas deliveries each year ежего́дно увели́чивать вдво́е поста́вки га́за; raw material was late in ~ сырьё бы́ло отгру́жено с опозда́нием 2) сда́ча, вы́дача; капитуля́ция; the ~ of a fort [of a town] сда́ча фо́рта [го́рода]; the ~ of prisoner вы́дача пле́нного 3) *юр.* форма́льная переда́ча; ввод во владе́ние 3. (*тк. sing*) 1) произнесе́ние (*речи и т. п.*) 2) мане́ра говори́ть; ди́кция; good [poor] ~ — хоро́шая [плоха́я] ди́кция; clear ~ — отчётливая ди́кция 3) *театр.* мане́ра исполне́ния 4. 1) нанесе́ние уда́ра 2) *спорт.* бросо́к, мета́ние; пода́ча; high ~ — высо́кая пода́ча 3) пода́ча (*угля́ и т. п.*) 5. ро́ды; easy [difficult] ~ — лёгкие [тяжёлые] ро́ды; artificial ~ — иску́сственные ро́ды; ~ of a

child рожде́ние ребёнка 6. *тех.* 1) пода́ча, пита́ние 2) вы́дача (*и́мпульса*) 7. *книжн.* освобожде́ние, избавле́ние; ~ of a captive from a dungeon освобожде́ние у́зника из темни́цы 8. *тех.* 1) нагнета́ние 2) производи́тельность (*насо́са или вентиля́тора*) 9. *редк.* вы́работка; производи́тельность
◇ general ~ (по́чта) до востре́бования; for ~ за нали́чные, за нали́чный расчёт

delivery boy [dɪˈlɪv(ə)rɪˌbɔɪ] 1) разно́счик зака́зов на́ дом; рассы́льный (*при магази́не*) 2) разно́счик газе́т

delivery desk [dɪˈlɪv(ə)rɪˌdesk] (абонеме́нтный) стол вы́дачи книг на́ дом

delivery flight [dɪˈlɪv(ə)rɪˌflaɪt] перего́нка самолётов по во́здуху

delivery head [dɪˈlɪv(ə)rɪˌhed] гидравли́ческий напо́р

deliveryman [dɪˈlɪv(ə)rɪmən, -mæn] *n (pl* -men [-mən]) доста́вщик зака́зов (*из магази́на*)

delivery note [dɪˈlɪv(ə)rɪnəʊt] накладна́я (*на груз и т. п.*)

delivery pipe [dɪˈlɪv(ə)rɪpaɪp] подаю́щая труба́, напо́рная труба́

delivery point [dɪˈlɪv(ə)rɪˌpɔɪnt] *воен.* дивизио́нный обме́нный пункт

delivery pump [dɪˈlɪv(ə)rɪˌpʌmp] нагнета́тельный насо́с

delivery room [dɪˈlɪv(ə)rɪˌruːm] 1. роди́льная пала́та 2. отде́л вы́дачи книг на́ дом, «абонеме́нт»

delivery table [dɪˈlɪv(ə)rɪˌteɪbl] *тех.* отводя́щий рольга́нг

delivery truck [dɪˈlɪv(ə)rɪˌtrʌk] маши́на для доста́вки (*по́чты или проду́ктов*); автофурго́н

delivery vehicle [dɪˈlɪv(ə)rɪˌviːɪk(ə)l] *воен.* сре́дство доста́вки; носи́тель; nuclear ~ сре́дство доста́вки я́дерного боеприпа́са к це́ли

dell [del] *n* 1. леси́стая доли́на, лощи́на 2. *уст.* глубо́кая впа́дина, вы́емка

Della Robbia (ware) [ˌdeləˈrɔbjə(weə)] глазуро́ванная терракота

delly [ˈdelɪ] *n разг.* 1. магази́н-кулина́рия 2. холо́дные заку́ски

delocalize [ˌdiːˈləʊkəlaɪz] *v книжн.* 1) делокализова́ть, расширя́ть грани́цы распростране́ния, употребле́ния *и т. п.* 2) *физ.* делокализо́вывать

deloo [dɪˈluː] *n* африка́нская антило́па делу́

delouse [ˌdiːˈlaʊs] *v* 1. *разг.* избавля́ть от вшей 2. *сл.* разминиро́вать; обезопа́сить

delousing [ˌdiːˈlaʊsɪŋ] *n* 1. *разг.* уничтоже́ние вшей, избавле́ние от вшей; ~ station пункт санобрабо́тки, «вошебо́йка» 2. *сл.* разминиро́вание

Delphi [ˈdelfaɪ] *n* дельфи́йский ме́тод, ме́тод экспе́ртных оце́нок (*в прогности́ке; тж.* ~ method /technique, process, approach/)

Delphian [ˈdelfɪən] = Delphic(al)

Delphic, Delphical [ˈdelfɪk, -(ə)l] *a* 1) *др.-греч.* дельфи́йский; ~ oracle дельфи́йский ора́кул 2) тума́нный, непоня́тный; двусмы́сленный; ~ utterance двусмы́сленное выска́зывание

delphinine[1] [ˈdelfɪnaɪn] *n хим.* ядови́тый алкало́ид, извлека́емый из живо́кости

delphinine[2] [ˈdelfɪn(a)ɪn] *a* относя́щийся к дельфи́нам

delphinium [delˈfɪnɪəm] *n бот.* дельфи́ниум, живокость, шпо́рник (*Delphinium gen.*)

delphinoid [ˈdelfɪnɔɪd] *a* относя́щийся к дельфи́новым

delphinus [delˈfaɪnəs] n 1. = dolphin 1 2. (D.) астр. Дельфин (созвездие)
Delphologia [ˌdelfəˈlɒdʒɪə] n наука о методах надёжного прогнозирования (особ. в науке и технике)
delta [ˈdeltə] n 1. дельта (4-я буква греческого алфавита Δ) 2. дельта (реки); the D. дельта Нила 3. эл. треугольник; соединение треугольником 4. мат. дельта-функция
delta connection [ˈdeltəkəˌnekʃ(ə)n] эл. соединение треугольником
deltaic [delˈteɪɪk] a образующий дельту; дельтообразный
delta-like [ˈdeltəlaɪk] = delta-shaped
delta-metal [ˈdeltəˌmetl] n дельта-металл (антифрикционный сплав)
delta rays [ˈdeltəˈreɪz] физ. дельта-лучи
delta-shaped [ˈdeltəʃeɪpt] a дельтообразный; треугольный
delta waves [ˈdeltəˌweɪvz] мед. дельта-волны (регистрируемые на энцефалограммах во время наиболее глубокого сна)
delta wing [ˈdeltəˌwɪŋ] ав. дельтавидное, треугольное крыло (особ. у сверхзвуковых самолётов)
deltiology [ˌdeltɪˈɒlədʒɪ] n коллекционирование почтовых открыток (с картинками), филокартия
deltohedra [ˌdeltəˈhiːdrə] pl от deltohedron
deltohedron [ˌdeltəˈhiːdrən] n (pl -dra) мат. дельтоэдр
deltoid I [ˈdeltɔɪd] n 1. анат. дельтовидная мышца (тж. ~ muscle) 2. мат. дельтоид
deltoid II [ˈdeltɔɪd] a 1. дельтовидный; треугольный; ~ leaf треугольный лист 2. дельтовый (о речных отложениях)
delubrum [dɪˈljuːbrəm] n лат. 1. храм; святилище 2. 1) церковь с купелью 2) купель
delude [dɪˈluːd] v 1) (сознательно) вводить в заблуждение, обманывать; to ~ oneself обманываться, заблуждаться; обманывать себя; to ~ smb. to his ruin обмануть и погубить кого-л.; to ~ smb. with (vain) promises /by promising/ обманывать /сбивать с толку/ кого-л. (ложными обещаниями); to ~ smb. as to one's intentions ввести кого-л. в заблуждение насчёт своих намерений; to ~ oneself with false hopes тешить себя несбыточными надеждами; to ~ oneself into thinking... обманывать себя /заниматься самообманом/, воображая...; the new government tried to ~ public opinion новое правительство пыталось ввести в заблуждение общественное мнение 2) вводить в заблуждение, обманывать, сбивать с толку (о явлениях, событиях, фактах); his confidence ~d her into this dangerous belief его уверенность внушила ей эту опасную мысль
deluge I [ˈdeljuːdʒ] n 1. потоп, наводнение; the D. библ. всемирный потоп 2. ливень (тж. ~ of rain) 3. лавина, поток, град; ~ of words [of mail] поток слов [писем]; ~ of questions град вопросов; a ~ of demands [of letters] поток требований [писем]; ~ of bills лавина счетов
deluge II [ˈdeljuːdʒ] v 1. затоплять, наводнять; ~d in tears обливающийся слезами 2. осыпать, засыпать, наводнять; to ~ with invitations [with questions] засыпать приглашениями [вопросами]; the school was ~d with letters школу завалили письмами, в школу хлынул поток писем

delusion [dɪˈluːʒ(ə)n] n 1. обман; a juggler's ~s трюки фокусника 2. заблуждение; иллюзия, призрачная, несбыточная мечта (тж. fond ~); to be under no ~ as to... нисколько не заблуждаться по поводу...; to labour /to be/ under a ~ заблуждаться, обманываться 3. мед. 1) мания; ~(s) of grandeur [of persecution] мания величия [преследования] 2) галлюцинация, бред, обман чувств; to be obsessed [tormented] by ~s быть во власти галлюцинаций; to suffer from ~s страдать галлюцинациями
delusionist [dɪˈluːʒənɪst] n книжн. 1. обманщик 2. пустой мечтатель
delusive [dɪˈluːsɪv] a 1. обманчивый, вводящий в заблуждение; ~ appearance обманчивая внешность; ~ promises лживые обещания 2. иллюзорный, нереальный; ~ hopes несбыточные надежды
delusiveness [dɪˈluːsɪvnɪs] n 1) обманчивость 2) иллюзорность, призрачность
delusory [dɪˈluːs(ə)rɪ] = delusive
delustre [ˌdiːˈlʌstə] v спец. матировать
de luxe I [dəˈlʊks, dəˈlʌks] a роскошный, пышный; ~ edition роскошное /подарочное/ издание; ~ hotel отель высшего разряда, отель-люкс
de luxe II [dəˈlʊks, dəˈlʌks] adv роскошно, великолепно, пышно
delve I [delv] n 1. 1) редк. впадина, рытвина, яма 2) горн. шурф 2. рытьё
delve II [delv] v 1. книжн. 1) погружаться, углубляться в изучение (чего-л.); рыться; доискиваться; to ~ into documents [into old books] рыться в документах [в старых книгах]; to ~ into history с головой уйти в изучение истории; to ~ among the relics of antiquity изучать предметы древней культуры; the paper has ~d into the issues of pollution газета глубоко /серьёзно/ занималась вопросами загрязнения (окружающей среды) 2) рыться, искать; to ~ into one's pockets for one's handkerchief рыться в карманах в поисках платка 2. редк. 1) копать, рыть 2) выкапывать; извлекать (тж. ~ out, ~ up) 3. резко идти под уклон (о дороге)
◇ to dig and ~ копать; дотошно доискиваться
dem [dem] эвф. вм. damn II
demagnetization [ˈdiːˌmæɡnɪtaɪˈzeɪʃ(ə)n] n размагничивание
demagnetize [ˌdiːˈmæɡnɪtaɪz] v размагничивать
demagnification [ˈdiːˌmæɡnɪfɪˈkeɪʃ(ə)n] n опт. отрицательное увеличение; уменьшение (изображения)
demagnify [ˌdiːˈmæɡnɪfaɪ] v опт. уменьшать до микроскопического размера (изображение объекта, запись информации и т. п.)
demagog [ˈdeməɡɒɡ] = demagogue
demagogic, demagogical [ˌdeməˈɡɒɡɪk, -(ə)l] a демагогический
demagogism [ˈdeməɡɒɡɪzm] n демагогия
demagogue [ˈdeməɡɒɡ] n 1. демагог 2. ист. народный вождь, народный трибун
demagoguery [ˈdeməˌɡɒɡ(ə)rɪ] амер. = demagogism
demagoguism [ˈdeməɡɒɡɪzm] = demagogism
demagogy [ˈdeməɡɒɡɪ] = demagogism
demand I [dɪˈmɑːnd] n 1. 1) требование, настойчивая просьба; public ~ требование общественности; just ~s справедливые требования; ~ for higher wages требование повышения зарплаты; ~ for an explanation требование объяснений; to present one's ~s предъявить свои требования; to meet /to satisfy, to grant, to supply/ smb.'s ~s удовлетворять чьи-л. требования; to meet the ~s удовлетворять требованиям 2) pl запросы; excessive ~s чрезмерные запросы; high in ~s с большими запросами; moderate in one's ~s скромный в своих запросах, со скромными запросами; to make great ~s on smb.'s good nature чересчур многого хотеть от кого-л.; you make too many ~s on my patience ты испытываешь моё терпение 3) информ., вчт. запрос; computation [service] ~ запрос на вычисление [на обслуживание]; an answer to a ~ ответ на запрос; ~ processing обработка запросов; ~ service (информационное) обслуживание в режиме «запрос — ответ» 4) предъявление требования; payable on ~ ком. оплачиваемый /подлежащий оплате/ немедленно по предъявлении; to pay on ~ платить по первому требованию 2. 1) потребность, нужда; immediate ~s непосредственные нужды 2) эк. спрос; ~ and supply, supply and ~ спрос и предложение; poor ~ небольшой спрос; great /strong/ ~ большой спрос; effective ~ платёжеспособный /реальный/ спрос; deferred ~ отложенный /накопившийся/ спрос; ~ for consumer goods спрос на потребительские товары; to be in little ~ не пользоваться спросом; to be in (great) ~ пользоваться (большим) спросом; быть ходким (о товаре); typists are in great ~ повсюду требуются машинистки, на машинисток большой спрос; supply made not even the barest pretence of satisfying ~ предложение даже в малой мере не удовлетворяло спрос 3. юр. заявка, иск, претензия; законное притязание; to hold a ~ against smb. предъявить кому-л. претензию 4. эл. максимум нагрузки; потребляемая мощность
◇ to have many ~s on one's purse а) иметь много расходов; б) иметь много нахлебников; to have many ~s on one's time иметь много дел /обязанностей/; быть вечно занятым
demand II [dɪˈmɑːnd] v 1. 1) требовать, предъявлять требование; настоятельно просить, предлагать; to ~ an apology [payment, an immediate answer] требовать извинений [уплаты долга, немедленного ответа]; to ~ satisfaction а) требовать извинений; б) вызывать на дуэль, требовать сатисфакции; to ~ smth. of /from/ smb. требовать чего-л. от кого-л.; to ~ rent from jobless tenants требовать арендную плату с безработных квартирантов; to ~ that smth. should be done предложить сделать что-л.; I ~ to see everything я требую, чтобы мне показали всё 2) информ. запрашивать; делать запрос 2. нуждаться, требовать; the operation ~s great care операция требует большой осторожности; the case ~s skill and energy для этого дела нужны сноровка и энергия 3. настойчиво требовать ответа; спрашивать; задавать вопрос (часто после прямой речи); to ~ smb.'s name спросить, как зовут кого-л.; to ~ identification потребовать удостоверить личность; he ~ed what their business was он спросил их, что им нужно; "Who are you?" she ~ed «Кто вы такой?» — спросила она 4. юр. вызывать в суд 5. юр. предъявлять официальную претензию на недвижимое имущество (в качестве её законного собственника)
demandable [dɪˈmɑːndəbl] a требуемый, необходимый
demandant [dɪˈmɑːndənt] n юр. истец
demand loan [dɪˈmɑːndˌləʊn] заём, ссуда до востребования

demand note [dɪˈmɑːnd ˌnəʊt] *ком.* простой вексель, оплачиваемый по предъявлении

demand-pull [dɪˈmɑːndˌpʊl] *n эк.* инфляция спроса (*тж.* ~ inflation)

demarcate [ˈdiːmɑːkeɪt] *v* 1) проводить демаркационную линию; to ~ the frontier of a country установить границы страны 2) разграничивать, разделять; to ~ one dialect from another провести грань между диалектами

demarcation [ˌdiːmɑːˈkeɪʃ(ə)n] *n* 1) демаркация; установление границ; line of ~ (between...) демаркационная линия (между...) 2) разграничение; ограничение

demarcative [diːˈmɑːkətɪv] *a* 1) демаркационный 2) разграничительный

demarch[1] [ˈdiːmɑːk] *n греч. ист.* демарх 2. мэр (*в Греции*)

demarch[2] [ˈdiːmɑːk] = démarche

démarche [ˈdeɪmɑːʃ] *n фр. дип.* демарш, дипломатический шаг

demark [dɪˈmɑːk] = demarcate

demasculinize [ˌdiːˈmæskjʊlɪnaɪz] *v спец.* 1) феминизировать (*мужчину*) 2) ослаблять влияние мужчин; to ~ society усиливать влияние женщин в обществе

dematerialization [ˈdiːməˌtɪ(ə)rɪəlaɪˈzeɪʃ(ə)n] *n* 1) дематериализация 2) *физ.* аннигиляция

dematerialize [ˌdiːməˈtɪ(ə)rɪəlaɪz] *v* 1) дематериализовать 2) дематериализоваться 3) *физ.* аннигилировать

demating [ˌdiːˈmeɪtɪŋ] *n косм.* расстыковка

demd [demd] *эвф. вм.* damned

deme [diːm] *n* 1. дем (*округ в древней Аттике*) 2. *биол.* 1) скопление клеток, группа клеток 2) дим, элементарная размножающая единица вида

demean[1] [dɪˈmiːn] *v refl* вести себя; to ~ oneself well [ill] хорошо [плохо] вести себя; to ~ oneself like a gentleman вести себя как подобает джентльмену

demean[2] [dɪˈmiːn] *v refl* унижаться, ронять своё достоинство; he ~ed himself by taking the bribe он опозорил себя взяткой; proud men ~ed themselves and their families to accept official charity гордые люди унижались сами и унижали свои семьи, чтобы получить официальное вспомоществование

demeanor [dɪˈmiːnə] *n амер.* = demeanour

demeanour [dɪˈmiːnə] *n* поведение; манера вести себя; unassuming ~ скромное поведение

démêlé [dɪˈmeɪleɪ] *n фр.* спор, ссора

dement [dɪˈment] *v книжн.* 1) сводить с ума 2) сходить с ума; помешаться, потерять рассудок

dementation [ˌdiːmenˈteɪʃ(ə)n] *n книжн.* сумасшествие, умопомешательство; потеря рассудка

demented [dɪˈmentɪd] *a книжн.* сумасшедший, умалишённый, слабоумный; помешавшийся; to become ~ сойти с ума, лишиться рассудка; it will drive me ~ от меня с ума сведёт; я этого не выдержу; he was running like one ~ он мчался как сумасшедший

démenti [ˌdeɪmɑːnˈtiː] *n фр. дип.* официальное опровержение

dementia [dɪˈmenʃ(ɪ)ə] *n* 1) *мед.* (приобретённое) слабоумие; senile ~ старческое слабоумие 2) *книжн.* сумасшествие, помешательство 3) увлечение

demerit [diːˈmerɪt] *n* 1. недостаток, дурная черта; merit(s) and ~(s) достоинства и недостатки 2. дисциплинарное взыскание; выговор

demerit mark [diːˈmerɪtˌmɑːk] *школ.* плохая отметка за успеваемость *или* поведение

demeritorious [diːˌmerɪˈtɔːrɪəs] *a редк.* заслуживающий, достойный порицания

demersal [dɪˈmɜːs(ə)l] *a книжн.* 1) погруженный в воду 2) подводный; глубоководный, донный

demesh [ˌdiːˈmeʃ] *v спец.* расцеплять, отцеплять, разнимать, выводить из зацепления (*шестерни и т. п.*)

demesmerize [ˌdiːˈmezməraɪz] *v* разгипнотизировать

demesne [dɪˈmeɪn] *n спец.* 1. обладание; владение недвижимостью; to hold in ~ владеть 2. 1) участок (*сад или парк*), прилегающий к дому 2) *арх.* собственность; недвижимое имущество; земельные владения; земли, не сдаваемые владельцем в аренду; D. of the Crown, Royal D. земли короны, земельная собственность королевской семьи; ancient ~ наследственное /родовое/ имение; ~ lands земельная собственность, поместье; ~ woods лесные угодья 3. территория, подвластная королю *или* государству 4. поле деятельности; область применения; сфера; ~ of knowledge область знания

demi- [ˈdemɪ-] *pref* встречается в существительных (*преим. фр. происхождения*) со значением неполный, малый: demi-bastion полубастион; demilune равелин; demi-monde полусвет; demigod полубог

demigod [ˈdemɪgɒd] *n миф.* полубог; a ~ in the eyes of his family полубог в представлении /в глазах/ своей семьи

demijohn [ˈdemɪdʒɒn] *n* большая оплетённая бутыль

demi-lance [ˈdemɪlɑːns] *n ист.* 1. короткое копьё, дротик 2. всадник, вооружённый дротиком

demi-lancer [ˈdemɪˌlɑːnsə] = demi-lance 2

demilitarization [ˈdiːˌmɪlɪtəraɪˈzeɪʃ(ə)n] *n* демилитаризация

demilitarize [ˌdiːˈmɪlɪtəraɪz] *v* демилитаризовать; to ~ the frontier демилитаризовать границу

demilune I [ˈdemɪljuːn] *n воен. ист.* равелин; люнет

demilune II [ˈdemɪljuːn] *a* серповидный

demi-mondaine [ˌdemɪmɒnˈdeɪn] *n фр.* дама полусвета

demi-monde [ˈdemɪˈmɔ(ː)nd] *n фр.* полусвет, демимонд

demineralization [ˈdiːˌmɪn(ə)rəlaɪˈzeɪʃ(ə)n] *n* опреснение, обессоливание, деминерализация (*воды и т. п.*)

demineralize [ˌdiːˈmɪn(ə)rəlaɪz] *v* деминерализовывать, опреснять, обессоливать (*воду и т. п.*)

demi-official [ˌdemɪəˈfɪʃ(ə)l] *a* полуофициальный; ~ letter полуофициальное письмо

demi-pension [ˌdemɪˈpɒnsjɒŋ] *n* полупансион

demi-rep [ˈdemɪrep] *n эвф.* женщина сомнительного поведения

demi-sang [ˈdemɪsæŋ] *n* полукровка

demise I [dɪˈmaɪz] *n* 1. *юр.* передача недвижимости по завещанию 2. *юр.* сдача недвижимости в аренду 3. переход престола наследнику (*особ.* ~ of the crown) 4. *юр.* смерть, кончина; premature ~ безвременная кончина

demise II [dɪˈmaɪz] *v* 1. *юр.* 1) завещать имущество (*кому-л.*); передавать имущество по наследству 2) переходить (*к наследнику — об имуществе*); the property ~d to the heir имущество перешло к наследнику 2. сдавать в аренду 3. 1) передавать власть *или* титул 2) отрекаться от престола; to ~ the crown отречься от престола в пользу наследника 4. *редк.* умереть; почить

demi-season [ˈdemɪˌsiːzn] *a* демисезонный

DEM — DEM   D

demi-semi [ˈdemɪˌsemɪ] *a* 1) *редк.* составляющий четвёртую часть (*чего-л.*) 2) *пренебр.* жалкий, ничтожный; ~ men ничтожные людишки

demi-semiquaver [ˈdemɪsemɪˌkweɪvə] *n муз.* тридцать вторая (*длительность ноты*)

demission [dɪˈmɪʃ(ə)n] *n редк.* сложение звания; отставка; отречение

demit [dɪˈmɪt] *v шотл.* слагать с себя обязанности, отказываться от должности; уходить в отставку; отрекаться; to ~ office отказаться от своего поста

demitasse [ˈdemɪtæs] *n фр.* 1) кофейная чашечка 2) чашечка чёрного кофе

demiurge [ˈdiːmɪɜːdʒ, ˈdemɪɜːdʒ] *n* 1. *книжн.* создатель, творец, демиург 2. *ист.* демиург

demivolte [ˈdemɪvɒlt] *n* полувольт (*конный спорт*)

demixing [ˌdiːˈmɪksɪŋ] *n редк.* расслаивание, расслоение (*смеси*)

demo [ˈdeməʊ] *n разг.* 1. 1) демонстрация; массовый митинг 2) демонстрация, показ; they gave ~s of karate and judo они устраивали показательные выступления по карате и дзюдо 3) проба, предназначенная для предварительной демонстрации; ролик (плёнки) 4) выставочный образец автомобиля (*опытная модель, демонстрируемая потребителям*) 2. *воен.* отвлекающий удар

demob [dɪˈmɒb] *разг. сокр. от* demobilize

demobase [ˈdeməʊbeɪs] *n вчт.* демобаза, демонстрационная база данных

demobbed [ˌdiːˈmɒbd] *a разг.* демобилизованный

demobee [ˌdiːməˈbiː] *n разг.* «дембель», демобилизованный (солдат, офицер)

demobilization [ˈdiːˌməʊbɪl(a)ɪˈzeɪʃ(ə)n] *n* демобилизация

demobilize [ˌdiːˈməʊbɪlaɪz] *v* демобилизовать

democracy [dɪˈmɒkrəsɪ] *n* 1. демократия; pure [representative] ~ чистая [представительная] демократия; people's ~ народная демократия 2. демократическое государство; демократическая страна 4. (D.) *амер.* 1) демократическая партия 2) политика демократической партии 5. *собир.* простые люди

democrat [ˈdeməkræt] *n* 1. демократ 2. (D.) *амер.* демократ, член демократической партии 3. *амер.* лёгкий открытый экипаж

democratic [ˌdeməˈkrætɪk] *a* 1. 1) демократический; ~ institutions демократические учреждения /институты/; ~ government демократическое правительство 2) демократичный; ~ art народное искусство 3) доступный простым людям; дешёвый; the ~ price of one shilling невысокая цена в один шиллинг 2. (D.) *амер.* демократический, относящийся к демократической партии; D. Party демократическая партия; D. candidate кандидат от демократической партии

democratical [ˌdeməˈkrætɪk(ə)l] = democratic 1

democratically [ˌdeməˈkrætɪkəlɪ] *adv* 1) демократически 2) демократично

democratism [dɪˈmɒkrətɪzm] *n* демократизм

democratization [dɪˌmɒkrət(a)ɪˈzeɪʃ(ə)n] *n* демократизация

democratize [dɪˈmɒkrətaɪz] *v* 1) демократизировать 2) демократизироваться

DEM — DEM

Democritean [dɪˌmɒkrɪ'ti:ən] *a* демокритовский; демокритов

Democritus [dɪ'mɒkrɪtəs] *n* Демокрит

démodé [ˌdeɪmoʊ'deɪ] *a фр.* вышедший из моды, устаревший

demoded [ˌdi:'moʊdɪd] *a* устаревший, вышедший из моды, немодный

demodulate [ˌdi:'mɒdjʊleɪt] *v радио, вчт.* демодулировать

demodulation ['di:ˌmɒdjʊ'leɪʃ(ə)n] *n радио вчт.* демодуляция

demographer [dɪ(:)'mɒgrəfə] *n* статистик, специалист в области демографии; демограф

demographic [ˌdi:mə'græfɪk, ˌdemə'græfɪk] *a* демографический; ~ survey демографическое обследование

demographics [ˌdemə'græfɪks] *n* демографические данные; демографическая статистика

demographic transition [ˌdemə'græfɪktræn'zɪʃ(ə)n] сильное изменение картины рождаемости и смертности

demographist [dɪ(:)'mɒgrəfɪst] = demographer

demography [dɪ(:)'mɒgrəfɪ] *n* демография, народоописание

demoid ['di:mɔɪd] *a палеонт.* широко распространённый *или* типичный (*для данной местности — о растении или животном*)

demoiselle [ˌdemwɑː'zel] *n зоол.* нумидийский журавль (*Anthropoides virgo*)

demolish [dɪ'mɒlɪʃ] *v* 1. разрушать, уничтожать; сносить; to ~ a building снести здание 2. опровергать, разбивать; to ~ arguments [objections] опрокидывать доводы [возражения]; to ~ a myth разрушить миф 3. *шутл.* съедать; to ~ three eggs for breakfast уничтожить три яйца за завтраком

demolisher [dɪ'mɒlɪʃə] *см.* demolish + -er

demolishment [dɪ'mɒlɪʃmənt] *редк.* = demolition 1 *и* 2

demolition [ˌdemə'lɪʃ(ə)n] *n* 1. 1) разрушение, уничтожение; снос; complete ~ полное разрушение, уничтожение; ~ by blast /shock/ wave разрушения, вызываемые ударной волной 2) *pl* развалины, руины 2. ломка, уничтожение; упразднение; the ~ of rights уничтожение /упразднение/ прав 3. *воен.* подрывной заряд; zone of ~ полоса плановых взрывных работ

demolition bomb [ˌdemə'lɪʃ(ə)nbɒm] фугасная бомба

demolition charge [ˌdemə'lɪʃ(ə)n,tʃɑːdʒ] *воен.* подрывной заряд

demolition fire [ˌdemə'lɪʃ(ə)n,faɪə] стрельба на разрушение

demolition party [ˌdemə'lɪʃ(ə)n,pɑːtɪ] = demolition squad

demolition squad [ˌdemə'lɪʃ(ə)n'skwɒd] команда подрывников

demon ['di:mən] *n* 1. демон; искуситель; сатана; дьявол; malignant ~ злой дух; avenging ~ дух отмщения; regular ~ *разг.* сущий дьявол; the ~ of jealousy бес ревности (*см. тж.* 3]; to drive out /to exorcise/ ~s изгонять бесов; to call forth ~s вызывать духов /нечистую силу/; possessed with ~s одержимый, бесноватый 2. 1) дух, добрый гений; he's the ~ of these woods он добрый гений этих лесов 2) гений, источник вдохновения 3. *разг.* энергичный *или* напористый человек; ~ driver лихач; ~ lover страстный /неутомимый/ любовник; the little ~ of a child чертёнок, бесёнок, дьяволёнок; he is a ~ of jealousy он безумно /дьявольски/ ревнив [*см. тж.* 1]; he is a ~ of accuracy он — сама точность; he is a ~ for work он работает как чёрт, у него всё в руках горит; he is a ~ at tennis он здорово играет в теннис 4. *усил.* энергия, азарт, напористость

◊ the ~ drink алкоголь

demonetization ['di:ˌmʌnɪtaɪ'zeɪʃ(ə)n] *n спец.* 1. демонетизация, лишение монеты стандартной стоимости (*демонетизированная монета расценивается лишь по стоимости содержащегося в ней металла*); обесценение 2. изъятие монеты из обращения

demonetize [ˌdi:'mʌnɪtaɪz] *v спец.* 1. лишать монету её стандартной стоимости; обесценивать 2. изымать монету из обращения

demoniac I [dɪ'moʊnɪæk] *n* одержимый, бесноватый; маньяк

demoniac II [dɪ'moʊnɪæk] *a* 1. одержимый, бесноватый; ~ boy сатанинское отродье; ~ possession /frenzy/ одержимость, бесноватость 2. дьявольский, демонический; ~ laughter дьявольский хохот; ~ character демоническая натура 3. = demonic 2

demoniacal [ˌdi:mə'naɪək(ə)l] = demoniac II 1 *и* 2

demonic [dɪ(:)'mɒnɪk] *a* 1. дьявольский, демонический; ~ temptation дьявольское искушение 2. необыкновенно одарённый; наделённый гениальными способностями, сверхъестественным даром

demonical [dɪ(:)'mɒnɪk(ə)l] *редк.* = demonic 1

demonism ['di:mənɪzm] *n* 1) вера в существование нечистых сил 2) поклонение демонам

demonolatry [ˌdi:mə'nɒlətrɪ] *n* поклонение дьяволу

demonology [ˌdi:mə'nɒlədʒɪ] *n* демонология

demonopolize [ˌdi:mə'nɒpəlaɪz] *v* уничтожать монополию, демонополизировать

demonstrability [ˌdemənstrə'bɪlɪtɪ, dɪˌmɒnstrə'bɪlɪtɪ] *n* доказуемость

demonstrable ['demənstrəbl, dɪ'mɒnstrəbl] *a* доказуемый; ~ proposition доказуемое положение

demonstrably ['demənstrəblɪ, dɪ'mɒnstrəblɪ] *adv* очевидно, ясно, наглядно; this statement is ~ true [false] истинность [ложность] этого утверждения очевидна

demonstrant ['demənstrənt] *n* демонстрант

demonstrate ['demənstreɪt] *v* 1. 1) демонстрировать, показывать; to ~ a car выставлять для обозрения /показывать/ автомобиль (*потенциальному покупателю и т. п.*) 2) иллюстрировать, наглядно показывать; this ~s his integrity это показывает его честность, это свидетельство его честности 2. проявлять, обнаруживать (*чувства и т. п.*); to ~ one's valour показать /проявить/ своё мужество; to ~ one's feelings выставлять напоказ свои чувства 3. доказывать; to ~ a proposition доказать положение 4. участвовать в демонстрации; to ~ against smth. участвовать в демонстрации протеста против чего-л.; протестовать против чего-л. 5. *воен.* производить демонстрацию, демонстрировать силу; наносить отвлекающий удар

demonstration [ˌdemən'streɪʃ(ə)n] *n* 1. (уличная) демонстрация, манифестация; шествие; to make a ~ устроить демонстрацию 2. 1) демонстрация, показ; ~ board *шахм.* демонстрационная доска; ~ car выставочный образец автомобиля; ~ flight показательный полёт; practical ~ of an apparatus демонстрация работы аппарата, демонстрация аппарата в действии 2) демонстрация силы; armed [military] ~ вооружённая [военная] демонстрация 3) иллюстрация; иллюстрирование, наглядный показ; to teach by visual /ocular/ ~ обучать наглядными методами 3. проявление, обнаружение (*чувств и т. п.*); to give a ~ of one's intentions обнаружить свои намерения; to dislike ~ of feelings не любить выставлять напоказ свои чувства; ~s of love знаки любви 4. доказательство; аргументация; to ~ убедительно, бесспорно; direct /positive/ ~ прямое доказательство; indirect [negative] ~ косвенное доказательство [доказательство от противного] 5. свидетельство, доказательство; to seek for a ~ of smb.'s guilt искать доказательство чьей-л. вины 6. *воен.* 1) ложная атака 2) показательное учение

demonstrational [ˌdemən'streɪʃənl] *a* демонстрационный, показательный

demonstration farm [ˌdemən'streɪʃ(ə)n,fɑːm] показательное хозяйство

demonstrationist [ˌdemən'streɪʃ(ə)nɪst] = demonstrator 1

demonstration lecture [ˌdemən'streɪʃ(ə)n,lektʃə] открытая, показательная лекция

demonstration lesson [ˌdemən'streɪʃ(ə)n,lesn] открытый, показательный урок

demonstration school [ˌdemən'streɪʃ(ə)n,sku:l] образцово-показательная школа

demonstrative I [dɪ'mɒnstrətɪv] *n грам.* указательное местоимение

demonstrative II [dɪ'mɒnstrətɪv] *a* 1. наглядный; ясно показывающий; иллюстрирующий; ~ example наглядный /яркий/ пример; ~ farm показательное хозяйство 2. 1) (*часто* of) доказательный, доказывающий; ~ of his skill свидетельствующий /говорящий/ о его мастерстве 2) доказуемый; readily ~ легко доказуемый; ~ science наука, построенная на доказательствах 3. экспансивный; несдержанный; бурный; ~ person экспансивный человек; ~ greetings бурные приветствия; ~ gratitude бурное выражение благодарности; ~ nature непосредственная натура 4. *грам.* указательный; ~ pronoun указательное местоимение; ~ force /function/ указательная функция 5. ясно выражающий одобрение *или* осуждение (*о высказывании*)

demonstratively [dɪ'mɒnstrətɪvlɪ] *adv* 1. убедительно, бесспорно; доказательно; to prove /to show/ smth. ~ убедительно доказать что-л. 2. бурно, несдержанно; экспансивно; ~ affectionate look откровенно влюблённый взгляд

demonstrativeness [dɪ'mɒnstrətɪvnɪs] *n* 1. очевидность; наглядность 2. экспансивность; несдержанность

demonstrator ['demənstreɪtə] *n* 1. *см.* demonstrate + -or 2. демонстратор, лаборант; ~ in /of/ anatomy лаборант в анатомическом театре 3. демонстрант, участник демонстрации

demoralization [dɪˌmɒrəlaɪ'zeɪʃ(ə)n] *n* деморализация; the army was in a state of utter ~ армия была полностью деморализована

demoralize [dɪ'mɒrəlaɪz] *v* 1) деморализовать, развращать 2) деморализовать; подрывать дисциплину; дезорганизовать; to ~ an army деморализовать армию

de mortuis out bene out nihil, de mortuis nil nisi bonum [deɪˌmɔː'tu:i:saʊt'beɪneɪaʊt'nɪhɪl, deɪˌmɔː'tu:i:snɪlnɪsɪ

ʹbɒnəm] *лат.* о мёртвых дурно́го не говоря́т [*букв.* о мёртвых (сле́дует говори́ть) и́ли хорошо́ и́ли ничего́]
demos [ʹdiːmɒs] *n др.-греч.* 1. де́мос, наро́д 2. = deme 1
Demosthenes [dıʹmɒsθəniːz] *n* Демосфе́н
Demosthenic [͵demɒsʹθenık] *a* 1) демосфе́нов(ский) 2) красноречи́вый; D. eloquence демосфе́новское красноре́чие
demote [dıʹməʋt] *v* понижа́ть в до́лжности, в зва́нии; смеща́ть с до́лжности; ~d from key positions in the army смещённые с ключевы́х посто́в в а́рмии; they never get ~d их никогда́ не смеща́ют; he was dismissed and ~d to a diplomatic post abroad он был смещён и переведён с пониже́нием на дипломати́ческую слу́жбу за грани́цей
demothball [͵diːʹmɒθbɔːl] *v редк.* расконсерви́ровать (*су́дно*); выводи́ть из консерва́ции
demotic [di(ː)ʹmɒtık] *a* 1. *ист.* демоти́ческий (*о египетском письме́*); written in ~ напи́санный демоти́ческим письмо́м 2. *редк.* наро́дный
demotion [dıʹməʋʃ(ə)n] *n* пониже́ние в до́лжности, в зва́нии; смеще́ние с до́лжности; a wave of ~s волна́ увольне́ний
demount [dıʹmaʋnt] *v* разбира́ть, демонти́ровать; to ~ a motor разобра́ть дви́гатель
demountable [dıʹmaʋntəbl] *a* разбо́рный, съёмный; ~ rim съёмный о́бод (*автомоби́льного колеса́ и т. п.*)
demulcent I [di(ː)ʹmʌlsənt] *n мед.* успокои́тельное сре́дство
demulcent II [di(ː)ʹmʌlsənt] *a мед.* успокои́тельный, мягчи́тельный, болеутоля́ющий
demultiplexer [dıʹmʌltıpleksə] *n св.* разуплотни́тель кана́ла свя́зи
demur I [dıʹmɜː] *n* возраже́ние, проте́ст; without ~ без возраже́ний; no ~ возраже́ний нет; he made no further ~ он бо́льше не возража́л
demur II [dıʹmɜː] *v книжн.* 1. возража́ть, протестова́ть (*часто с прямой речью*); to ~ to /at, *редк.* on/ the inference, to ~ the inference возража́ть про́тив заключе́ния /вы́вода/; "The question ought to be different", I ~red «Сле́дует задава́ть (совсе́м) друго́й вопро́с», — возрази́л я 2. *юр.* заявля́ть процессуа́льный отво́д
demure [dıʹmjʋə] *a* 1. скро́мный; серьёзный; сде́ржанный; ~ countenance [look] серьёзное лицо́ [-ый взгляд]; ~ conduct скро́мное /присто́йное/ поведе́ние 2. де́ланно-засте́нчивый, притво́рно-скро́мный; ~ sarcasm скры́тый /вне́шне безоби́дный/ сарка́зм
demurely [dıʹmjʋəlı] *adv* 1. скро́мно; серьёзно; сде́ржанно 2. с притво́рной, найгранной скро́мностью
demureness [dıʹmjʋənıs] *n* 1. скро́мность; серьёзность; сде́ржанность 2. притво́рная, напускна́я, ло́жная скро́мность
demurity [dıʹmjuːrıtı] *редк.* = demureness
demurrable [dıʹmʌrəbl] *a юр.* позволя́ющий заяви́ть процессуа́льный отво́д, подлежа́щий возраже́нию по вопро́су пра́ва
demurrage [dıʹmʌrıdʒ] *n* 1. просто́й (*су́дна, ваго́на*) 2. де́меррдж, пла́та за просто́й (*су́дна или ваго́на*) 3. пла́та за хране́ние гру́зов сверх сро́ка
demurral [dıʹmʌrəl] *n* возраже́ние
demmurant [dıʹmʌrənt] = demurrer 1
demurrer [dıʹmɜːrə] *n* 1. *см.* demur II + -er 2. [dıʹmʌrə] *юр.* процессуа́льный отво́д; ~ to evidence отво́д свиде́телей (*в гражда́нском проце́ссе*)

demy¹ [dıʹmaı] *n* форма́т бума́ги; ~ printing paper форма́т печа́тной бума́ги
demy² [dıʹmaı] *n* стипендиа́т колле́джа Магдали́ны (*в Оксфорде*)
demyship [dıʹmaıʃıp] *n* стипе́ндия в колле́дже Магдали́ны (*в Оксфорде*)
den I [den] *n* 1. ло́гово, берло́га, нора́; a fox's ~ ли́сья нора́; a lion's ~ льва 2. кле́тка для ди́ких звере́й (*в зоологи́ческом саду́*) 3. 1) убе́жище, укры́тие 2) прито́н; robber ~ воровско́й прито́н; ~ of vice верте́п; gambling ~ (подпо́льный) игорный дом 4. камо́рка 5. *разг.* ую́тная небольша́я ко́мната, рабо́чий кабине́т 6. «дом» (*в игра́х*) 7. *шотл.* лощи́на
den II [den] *v* 1) жить *или* зимова́ть в берло́ге 2) скрыва́ться, пря́таться в берло́ге
denarii [dıʹneərıaı] *pl от* denarius
denarius [dıʹneərıəs] *n* (*pl* -rii) *лат.* 1. дена́рий (*древнеримская серебряная моне́та*) 2. пе́нни (*при расчётах; обыкн. сокр.* d.)
denary [ʹdiːnərı] *a* десяти́чный
denasalize [͵diːʹneızəlaız] *v лингв.* деназализова́ть, снима́ть носово́й тембр
denationalization [ʹdiː͵næʃ(ə)nəlaıʹzeıʃ(ə)n] *n* 1. денационализа́ция 2. утра́та национа́льных осо́бенностей
denationalize [diːʹnæʃ(ə)nəlaız] *v* 1. денационализи́ровать 2. лиша́ть национа́льных прав *или* национа́льного хара́ктера
denaturalization [ʹdiː͵nætʃ(ə)rəlaıʹzeıʃ(ə)n] *n* 1. денатурализа́ция, лише́ние по́дданства; вы́ход из по́дданства 2. утра́та *или* лише́ние приро́дных свойств
denaturalize [͵diːʹnætʃ(ə)rəlaız] *v* 1. денатурализова́ть, лиша́ть по́дданства *или* прав гражда́нства 2. лиша́ть приро́дных свойств; вызыва́ть перерожде́ние
denaturation [ʹdiː͵neıtʃəʹreıʃ(ə)n] *n* денатура́ция, денатури́рование
denature [diːʹneıtʃə] *v* 1) изменя́ть *или* разруша́ть есте́ственные свойства 2) денатури́ровать (*спирт*)
denatured [diːʹneıtʃəd] *a* денатури́рованный; ~ alcohol денатури́рованный спирт, денату́рат
denaturing [diːʹneıtʃərıŋ] *n* денатури́рование (*добавление вещества́ с це́лью сделать пищево́й проду́кт непригодным для употребле́ния*)
denaturize [diːʹneıtʃəraız] = denature
denazification [dı͵nɑːtzıfıʹkeıʃ(ə)n, -͵neızı-] *n* денацифика́ция
denazify [dıʹnɑːtzıfaı, -ʹneızı-] *v* денацифици́ровать
dendriform [ʹdendrıfɔːm] *a* 1) древови́дный 2) ветви́стый
dendrite [ʹdendraıt] *n* 1. древови́дный отпеча́ток (*на ка́мне или минера́ле*) 2. *мин.* дендри́т
dendritic, dendritical [denʹdrıtık, -(ə)l] *a* 1) древови́дный, дендрити́ческий 2) ветвя́щийся; ~ glacier разветвлённый ледни́к
dendro- [ʹdendrəʋ-] *в сло́жных слова́х имеет значе́ние* дерево, древе́сный; dendroclimatology дендроклимато́гия (*изуче́ние климатов прошлого по годи́чным кольцам*); dendrophil дендрофи́л; dendrodate дати́ровка, полу́ченная по годи́чным ко́льцам
dendrochronology [͵dendrəʋkrəʹnɒlədʒı] *n* дендрохроноло́гия (*дати́ровка по числу годовы́х коле́ц на дере́вьях*)
dendrogram [ʹdendrəʋgræm] *n вчт.* древови́дная диагра́мма
dendroid I [ʹdendrɔıd] *n* дендро́ид
dendroid II [ʹdendrɔıd] *a* дендрои́дный, древови́дный

dendrologic, dendrological [͵dendrəʹlɒdʒık, -(ə)l] *a* дендрологи́ческий
dendrology [denʹdrɒlədʒı] *n* дендроло́гия
dendrometer [denʹdrɒmıtə] *n лес.* дендро́метр
dendrometry [denʹdrɒmıtrı] *n* дендроме́трия
dene¹ [diːn] = dean²
dene² [diːn] *n* дю́на
denegation [͵denıʹgeıʃ(ə)n] *n книжн.* отрица́ние, отка́з
dene-hole [ʹdiːnhəʋl] *n археол.* пеще́ра (*в меловы́х гора́х*)
denga [ʹdeŋgə] = dengue
dengue [ʹdeŋgı] *n* лихора́дка де́нге
dengue-fever [ʹdeŋgı͵fiːvə] = dengue
deniable [dıʹnaıəbl] *a* спо́рный; it's not ~ that... неоспори́мо /бесспо́рно/, что...
denial [dıʹnaı(ə)l] *n* 1. 1) отрица́ние, опроверже́ние; возраже́ние; отклоне́ние, отво́д; sweeping ~ огу́льное отрица́ние; ~ of facts отрица́ние фа́ктов; to make a (formal) ~ of a statement, to give a (formal) ~ to a statement (официа́льно) опрове́ргнуть /отклони́ть/ утвержде́ние, опублико́вать (официа́льное) опроверже́ние утвержде́ния; to issue a flat /strong/ ~ опубликова́ть категори́ческое опроверже́ние; to meet the charge with a flat ~ отмести́ /реши́тельно отвести́/ обвине́ние 2) *юр.* отрица́ние вино́вности; отрица́ние прича́стности к преступле́нию; отказ сознаться (*в чём-л.*); ~ of a fault /of one's guilt/ отрица́ние вины́ /вино́вности/; ~ of responsibility отрица́ние отве́тственности (*за что-л.*) 2. 1) отка́з, несогла́сие; ~ of smb.'s request отка́з вы́полнить чью-л. про́сьбу; the ~ of a favour отка́з оказа́ть услу́гу; to take no ~ не принима́ть отка́за; I will take no ~ ≅ и слу́шать /и слы́шать/ не хочу́ 2) отка́з, лише́ние; ~ of passports отка́з в вы́даче паспорто́в 3. отрече́ние; the ~ of one's family отрече́ние от семьи́; ~ of a faith отрече́ние от ве́ры; Peter's ~ *рел.* отрече́ние (апо́стола) Петра́ 4. самоотрече́ние, самоограниче́ние 5. запреще́ние; ~ of penetration запреще́ние полётов (над свое́й террито́рией)
denier [ʹdenıə, ʹdiːnıə] *n* 1. *ист.* денье́ (*ме́лкая францу́зская моне́та*) 2. *обыкн.* ʹdenıeı] денье́ (*едини́ца веса мотка́ шёлковой, нейло́новой и т. п. ни́тки, характеризующая её то́нкость*)
denigrate [ʹdenıgreıt] *v* 1. черни́ть 2. клевета́ть
denigration [͵denıʹgreıʃ(ə)n] *n* 1. (по-) черне́ние 2. клевета́, диффама́ция; the vehement ~ by Americans of their own country я́ростные напа́дки америка́нцев на свою́ со́бственную страну́
denigrator [ʹdenıgreıtə] *n книжн.* клеве́тник, диффама́тор
denim [ʹdenım] *n* хлопчатобума́жная ткань (*для произво́дственной оде́жды, портье́р и т. п.*)
denitrate [͵diːʹnaıtreıt] = denitrify
denitrify, denitrize [͵diːʹnaıtrıfaı, diːʹnaıtraız] *v хим., тех.* денитри́ровать, удаля́ть азо́т из соедине́ний, денитрифици́ровать
denizen I [ʹdenız(ə)n] *n* 1. *книжн.* жи́тель, обита́тель; ~s of the forest *образн.* обита́тели ле́са, дере́вья; ~s of the air *образн.* пти́цы 2. натурализова́вшееся живо́тное *или* расте́ние 2) воше́дшее в употребле́ние иностра́нное сло́во

denizen II ['denɪz(ə)n] *v* 1) давать (*иностранцу*) права гражданства 2) *редк.* заселять (*местность*) выходцами из другой страны

denominate [dɪ'nɒmɪneɪt] *v* 1) называть 2) обозначать, выражать

denomination [dɪˌnɒmɪ'neɪʃ(ə)n] *n* 1. называние; обозначение 2. 1) название, имя; known under the ~ of известный под именем 2) *спец.* наименование; to reduce feet and inches to the same ~ свести футы и дюймы к одному наименованию 3) единица (*измерения*); in measures of length the smallest ~ is the millimetre миллиметр является наименьшей единицей измерения длины 4) *мат.* знаменатель; to reduce fractions to the same ~ привести дроби к общему знаменателю 3. достоинство, стоимость, ценность (*денежных знаков*); of the same ~ того же /одинакового/ достоинства; coins of small ~ монеты малого достоинства 4. класс, тип, категория; criminals of all ~s всякого рода преступники 5. вероисповедание, конфессия; the meeting was attended by all sects and ~s на собрании были представители всех сект и вероисповеданий

denominational [dɪˌnɒmɪ'neɪʃ(ə)nəl] *a* 1) относящийся к какому-л. вероисповеданию; ~ school школа с учащимися одного вероисповедания 2) *неодобр.* сектантский

denominative I [dɪ'nɒmɪnətɪv] *n* отымённое слово; слово, производное от имени существительного

denominative II [dɪ'nɒmɪnətɪv] *a* 1. нарицательный; называной; имеющий *или* выполняющий называную функцию; называющий 2. *грам.* отымённый, образованный от имени существительного; ~ verbs отымённые глаголы

denominator [dɪ'nɒmɪneɪtə] *n* 1) *мат.* знаменатель; to find [to reduce to] a common ~ находить общий знаменатель [приводить к одному /общему/ знаменателю]; the lowest common ~ наименьший общий знаменатель; the common ~ of modern culture *образн.* общий знаменатель современной культуры

denormalization ['diːˌnɔːmələ'zeɪʃ(ə)n] *n* нарушение режима (*в больнице и т. п.*)

denotata [ˌdiːnə(ʊ)'teɪtə] *pl от* denotatum

denotation [ˌdiːnə(ʊ)'teɪʃ(ə)n] *n* 1. обозначение; the ~ of a thing by a word обозначение вещи посредством слова 2. знак; указание, название, имя 3. *лингв.* значение; предметная отнесённость; денотат; signification and ~ сигнификат и денотат 4. *лог.* объём понятия

denotative [dɪ'nəʊtətɪv] *a* обозначающий, указывающий; означающий

denotatum [ˌdiːnə(ʊ)'teɪtəm] *n* (*pl* -ta) *лат. лингв.* обозначаемое

denote [dɪ'nəʊt] *v* 1. 1) указывать, показывать; отмечать; to ~ the hour показывать время 2) *книжн.* показывать, свидетельствовать; a face that ~s energy лицо, которое дышит энергией /излучает энергию/; here everything ~s peace здесь всё дышит покоем; to ~ an approaching storm предвещать бурю 2. 1) выражать, обозначать; to ~ a thing обозначать предмет 2) значить, означать 3. *лог.* иметь определённый объём (*о понятии*)

denotement [dɪ'nəʊtmənt] *n редк.* 1. указание; обозначение 2. знак

denotive [dɪ'nəʊtɪv] *a* служащий для указания *или* обозначения; имеющий указательную функцию

dénouement [deɪ'nuːmɑːŋ] *n фр.* 1. развязка (*в романе, драме*) 2. завершение, исход

denounce [dɪ'naʊns] *v* 1. осуждать; обвинять; разоблачать; to ~ smb. for theft обвинить кого-л. в воровстве; to ~ smb. as an impostor разоблачить кого-л. как обманщика 2. денонсировать, расторгать; to ~ a treaty денонсировать договор; to ~ a truce *воен.* заявить о досрочном прекращении перемирия 3. 1) *арх.* предупреждать (*об опасности и т. п.*); предрекать, предвещать 2) выражать угрозу (*о взгляде, жесте и т. п.*) 4. *юр.* доносить, осведомлять; to ~ one's accomplices выдать своих сообщников; to ~ smb. to the authorities донести на кого-л. властям
◇ to ~ to the horn *шотл. ист.* объявлять вне закона

denouncement [dɪ'naʊnsmənt] = denunciation

denouncer [dɪ'naʊnsə] *см.* denounce + -er

dense [dens] *a* 1. густой; плотный, компактный; густо *или* часто расположенный; cloth of ~ texture плотная ткань; ~ forest [fog] густой лес [туман]; ~ crowd большая /плотная/ толпа; a district ~ with population многонаселённый район; ~ stand /crop/ *с.-х.* а) сомкнутое насаждение; густой стеблестой б) загущенная культура 2. усил. глубокий, крайний, полнейший; ~ stupidity непроходимая тупость; бестолковость; ~ ignorance полнейшее невежество; ~ darkness непроницаемая темнота, густой /плотный/ мрак 3. *разг.* тупой, глупый; ~ head глупая голова; ~ fellow совершенный осёл, непроходимый тупица 4. 1) *опт.* плотный, непрозрачный 2) *элк.* компактный; ~ circuitry *проф.* компактный *или* плотный монтаж

densely ['densli] *adv* 1. густо, плотно, компактно; ~ populated плотно населённый; ~ black густо-чёрный; ~-crowded streets улицы, запруженные народом; ~ wooded country местность, покрытая густыми лесами 2. усил. крайне, в высшей степени; ~ ignorant крайне невежественный

denseness ['densnɪs] = density 1, 2

denshire ['denʃə] *v* 1) удобрять (*землю*) золой 2) сжигать жнивьё для удобрения (*земли*)

densimeter [den'sɪmɪtə] *n* плотномер, ареометр

densitometer [ˌdensɪ'tɒmɪtə] *n опт.* денситометр

density ['densɪti] *n* 1. плотность, густота; концентрация; компактность; mean /average/ ~ средняя плотность; dry [wet] ~ плотность в сухом [во влажном] состоянии; air ~, ~ of the air плотность воздуха; ambient ~ плотность окружающей среды; bit ~ *вчт.* плотность расположения битов (*в запоминающем устройстве*); плотность записи битов (*на магнитной ленте и т. п.*); unit ~ *спец.* единица плотности; ~ of the population плотность населения; ~ of fire плотность (артиллерийского) огня; ~ of freight [passenger] traffic объём грузовых [пассажирских] перевозок; ~ of communication интенсивность общения 2. *разг.* беспросветная глупость; непроходимая тупость 3. *физ.* плотность; удельная масса 4. *спец.* густота, концентрация 5. *фото* плотность (*негатива*) 6. 1) *эл.* плотность (тока) 2) эл. магнитная индукция (*тж.* flux ~) 3) *тех.* интенсивность (*какого-л. параметра*)

densometer [den'sɒmɪtə] *n тех.* плотномер

densus ['densəs] = dense 4

dent¹ I [dent] *n* 1. выбоина, впадина; вогнутое *или* вдавленное место; вмятина 2. *разг.* недостача, ущерб; брешь; a ~ in one's pride недостаток самолюбия; to make a ~ in one's fortune промотать значительную часть своего состояния; the company made a substantial ~ in the wine and the food компания как следует потрудилась над выпивкой и закуской

dent¹ II [dent] *v* 1) вдавливать; вминать; выбивать, оставлять выбоину *или* вмятину; to ~ smth. with bullets изрешетить что-л. пулями 2) вдавливаться, вминаться

dent² I [dent] *n* 1) *тех.* зуб, зубец; насечка, зарубка; нарезка 2) зуб скальной вершины (*альпинизм*)

dent² II [dent] *v* 1) нарезать, насекать; зазубривать 2) вонзаться (*во что-л.*); зазубриваться

dent- [dent] = denti-

dental I ['dentl] *n* 1. *фон.* дентальный *или* зубной согласный 2. = dentil 3. *шутл.* зуб

dental II ['dentl] *a* 1. зубной; ~ nerve зубной нерв; ~ surgeon хирург-стоматолог; ~ pulp мякоть зуба; пульпа; ~ cavity полость зуба; ~ formula зубная формула; ~ technician зубной техник 2. зубоврачебный; стоматологический; ~ office [hospital] стоматологический кабинет [-ая больница]; ~ school зубоврачебная школа 3. *фон.* зубной, дентальный (*о звуке*)

dental drill [ˌdentl'drɪl] бормашина

dental floss [ˌdentl'flɒs] вощёная нитка для чистки зубов

dental gas ['dentl gæs] *хим., мед.* веселящий газ, закись азота

dentalization [ˌdentəl(ə)ɪ'zeɪʃ(ə)n] *n лингв.* дентализация

dentalize ['dentəlaɪz] *v лингв.* дентализовать

dentate ['denteɪt] *a* 1) *зоол.* снабжённый зубами 2) *бот.* зубчатый

dentation [den'teɪʃ(ə)n] *n бот.* зубчатость

dent corn ['dentkɔːn] *амер. бот.* кукуруза зубовидная (*Zea mays indentata*)

dented ['dentɪd] *a* снабжённый зубами *или* зубцами; зазубренный, неровный; зубчатый

dentel ['dentl] = dentil

denti- ['dentɪ-] (*тж.* dent-, dento-) *в сложных словах имеет значение* зуб, зубной: dentalgia зубная боль; dentilingual зубно-язычный; dentofacial зубно-лицевой, зубно-губной; dentiform имеющий форму зуба, зубообразный

denticle ['dentɪkl] *n* 1. зубчик 2. = dentil

denticular [den'tɪkjʊlə] = denticulate

denticulate, denticulated [den'tɪkjʊl(e)ɪt, den'tɪkjʊleɪtɪd] *a* 1) зазубренный 2) зубчатый (*об орнаменте*)

denticulation [denˌtɪkjʊ'leɪʃ(ə)n] *n* 1. зазубренность 2. *обыкн. pl* ряд мелких зубов

dentiform ['dentɪfɔːm] *a* имеющий форму зуба, зубообразный

dentifrice ['dentɪfrɪs] *n* зубной порошок; зубная паста

dentil ['dentɪl] *n архит.* 1) дентикула, сухарик 2) *pl* зубчатый орнамент

dentilabial ['dentɪˌleɪbjəl] *a фон.* зубно-губной

dentine ['dentiːn] *n* дентин

denting ['dentɪŋ] *n* вдавливание

dentist ['dentɪst] *n* зубной врач, дантист

dentistry ['dentɪstri] *n* 1) лечение зубов; зубоврачевание 2) профессия зубного врача

dentition [denˈtɪʃ(ə)n] *n* 1. прорезывание *или* рост зубов 2. расположение зубов 3. *собир.* зубы (*данного человека или животного*)

dento- [ˈdentə(ʊ)-] = denti-

dentoid [ˈdentɔɪd] *редк.* = dentiform

denture[1] [ˈdent(t)ʃə] *n* ряд (*особ.* искусственных) зубов; зубной протез

denture[2] [ˈdent(t)ʃə] *n редк.* вырез

denturism [ˈdentʃərɪzm] *n* подпольное зубопротезирование

denturist [ˈdentʃərɪst] *n* незарегистрированный зубопротезист

denuclearize [diːˈnjuːklɪəraɪz] *v* превращать в безъядерную зону

denuclearized [diːˈnjuːklɪəraɪzd] *a* свободный от ядерного оружия; безъядерный; ~ zone зона, свободная от ядерного оружия; безъядерная зона

denucleate [diːˈnjuːklɪeɪt] *v* 1) *биол.* удалять ядро из клетки 2) *физ.* удалять ядра конденсации (*из пара*) *или* кипения (*из жидкости*)

denucleation [diː(ː)ˌnjuːklɪˈeɪ(ə)n] *n* 1) *биол.* удаление ядра из клетки 2) *физ.* удаление ядер конденсации (*из пара*) *или* кипения (*из жидкости*)

denudate I [dɪˈnjuːdɪt] *a книжн.* обнажённый, голый

denudate II [dɪˈnjuːdeɪt] = denude

denudation [ˌdiːnjuːˈdeɪʃ(ə)n] *n* 1. *книжн.* обнажение, оголение 2. *геол.* денудация, эрозия

denudative [dɪˈnjuːdətɪv] *a книжн.* обнажающий, оголяющий

denude [dɪˈnjuːd] *v* 1. обнажать, оголять; to ~ smb. of clothing снять с кого-л. одежду; a tree ~d of leaves обнажённое дерево, дерево с опавшей листвой; a country ~d of its vegetation страна, лишённая растительности; to ~ land of trees свести на участке деревья /лес/ 2. лишать; отбирать, отнимать; to ~ smb. of political rights лишить кого-л. политических прав; ~d of hope потерявший надежду; he was ~d of every penny he possessed у него отняли всё до последнего гроша 3. *геол.* обнажать (*смывом*), смывать

denumerable [dɪˈnjuːm(ə)rəbl] *a мат.* счётный; ~ set счётное множество

denumerant [dɪˈnjuːmərənt] *n мат.* показатель возможного числа решений данной системы уравнений

denunciant [dɪˈnʌnsɪənt] *a* осуждающий, порицающий

denunciate [dɪˈnʌnsɪeɪt] = denounce

denunciation [dɪˌnʌnsɪˈeɪʃ(ə)n] *n* 1. осуждение; обвинение; разоблачение; hot ~ страстное обличение 2. денонсация, денонсирование, расторжение (*договора*); unilateral ~ односторонняя денонсация 3. *юр.* донос

denunciative [dɪˈnʌnsɪətɪv] = denunciatory

denunciator [dɪˈnʌnsɪeɪtə] *n* 1. обвинитель, обличитель 2. *юр.* доносчик, денунциатор

denunciatory [dɪˈnʌnsɪət(ə)rɪ] *a* 1) обвинительный, обличительный 2) содержащий угрозу

den up [ˈden ˈʌp] *phr v амер. разг.* залечь на зимнюю спячку

denutrition [ˌdiːnjuː(ː)ˈtrɪʃ(ə)n] *n* 1) недоедание; недостаток питания, плохое питание 2) истощение

deny [dɪˈnaɪ] *v* 1. 1) отрицать; to ~ the possibility of smth. отрицать возможность чего-л.; to ~ a theory отвергнуть теорию; to ~ a rumour опровергнуть слух; to ~ charges отвести /отмести/ обвинения; to ~ the truth of the statement /that the statement is true/ утверждать, что заявление не соответствует действительности; to ~ that smb. has talent отказывать кому-л. в таланте; to ~ this to be the case утверждать, что дело обстоит иначе; it cannot be denied that нельзя не признать, что; he denied having done it он утверждал, что не делал этого; I don't ~ that he is clever не спорю, он умён; there is no ~ing it [the fact that I was wrong] нельзя отрицать этого [того (факта), что я ошибался] 2) отрицать существование; не признавать; to ~ God отрицать (существование) бога; to ~ providence не верить в судьбу 2. отказывать, не давать; to ~ a request отказать в просьбе; to ~ smb. the right to do smth. отказать кому-л. в праве делать что-л.; to ~ oneself smth. отказывать себе в чём-л., воздерживаться от чего-л.; to ~ oneself every luxury не позволять себе ничего лишнего, ограничивать себя во всём; to ~ oneself the pleasure of doing smth. отказаться от удовольствия сделать что-л.; to ~ oneself nothing ни в чём себе не отказывать; this was denied (to) me, I was denied this мне было в этом отказано; he is not to be denied он не примет отказа; ≅ от него не отделаешься; to ~ oneself for one's children целиком посвятить свою жизнь детям; ≅ принести себя в жертву детям 3. 1) отпираться, отказываться, брать назад; to ~ one's signature отказываться от своей подписи; to ~ one's words отказываться от своих слов 2) отрекаться, отступаться; to ~ one's faith отречься от своей веры 4. *книжн.* не допускать, мешать, препятствовать; to ~ oneself to callers не принять посетителей /гостей/; ≅ сказаться больным; to ~ smb. admission отказать кому-л. от дома; to ~ the door to smb. не принять кого-л., отказаться принять кого-л. 5. *лог.* утверждать противное

deodar [ˈdiːə(ʊ)dɑː] *n бот.* кедр гималайский (*Cedrus deodara*)

deodorant I [diːˈəʊd(ə)rənt] = deodorizer

deodorant II [diːˈəʊd(ə)rənt] *a спец.* уничтожающий запах

deodorization [diːˌəʊdəraɪˈzeɪʃ(ə)n] *n спец.* уничтожение запаха, дезодорация

deodorize [diːˈəʊdəraɪz] *v спец.* уничтожать, удалять запах, дезодорировать

deodorizer [diːˈəʊdəraɪzə] *n спец.* дезодоратор; дезодорант

deoil [ˌdiːˈɔɪl] *v* обезжиривать, освобождать от жира

deontological [dɪˌɒntəˈlɒdʒɪk(ə)l] *a книжн.* этический

deontology [ˌdiːɒnˈtɒlədʒɪ] *n книжн.* 1) учение о нравственных нормах; этика 2) *мед.* деонтология

deoperculate [ˌdiːə(ʊ)pəˈkjuːlɪt] *a бот.* лишённый оболочки; потерявший оболочку

deorbit I [ˌdiːˈɔːbɪt] *n косм.* уход или увод с орбиты

deorbit II [ˌdiːˈɔːbɪt] *v косм.* 1) уходить с орбиты 2) уводить с орбиты

deordination [dɪˌɔːdɪˈneɪʃ(ə)n] *n* 1) нарушение правил (нравственности) 2) уход от нормы

Deo volente [ˈdiːə(ʊ)vəˈ(ʊ)lentɪ, ˈdeɪəʊ-] *лат.* если господу будет угодно

deoxidate [diːˈɒksɪdeɪt] *v хим.* 1) раскислять, отнимать кислород 2) восстанавливать

deoxidation [diːˌɒksɪˈdeɪʃ(ə)n] *n хим.* 1) раскисление, отнятие кислорода 2) восстановление

deoxidization [diːˌɒksɪdaɪˈzeɪʃ(ə)n] = deoxidation

deoxidize [diːˈɒksɪdaɪz] = deoxidate

deoxidizer [diːˈɒksɪdaɪzə] *n хим.* 1) реактив для раскисления, раскислитель 2) восстановитель

deoxygenate [diːˈɒksɪdʒɪneɪt] *v хим.* 1. выводить *или* отделять свободный кислород 2. = deoxidate

deoxygenize [diːˈɒksɪdʒɪnaɪz] = deoxygenate

deoxyribonucleotide [dɪˌɒksɪˌraɪbəʊˈnjuːklɪətaɪd] *n биохим.* дезоксирибонуклеотид

depart I [dɪˈpɑːt] *n уст.* смерть, кончина

depart II [dɪˈpɑːt] *v* 1. отбывать, отправляться (*о поездах*); the train ~s at 12 поезд отправляется в 12 часов 2. уходить; уезжать; покидать; to ~ (from) London покинуть Лондон; it's time to ~ пора уходить /трогаться, прощаться/; I am on the point of ~ing я вот-вот должен уйти 3. (from) 1) отклоняться, отходить, отступать; to ~ from one's usual mode of life отказаться от привычного образа жизни; to ~ from a rule отступать от правила, нарушить правило; to ~ from one's subject отойти /отклониться/ от темы; this passage ~s from the original text этот отрывок расходится с оригиналом 2) изменять; to ~ from one's intentions [plans] изменить свои намерения [планы]; to ~ from one's word [promise] нарушить слово [обещание]; to ~ from one's duty изменить своему долгу 4. *возвыш.* умирать; скончаться; to ~ from this life, to ~ out of this world покинуть /оставить/ этот (бренный) мир

departed I [dɪˈpɑːtɪd] *n* (the ~) *возвыш.* 1) покойник, усопший 2) *собир.* покойники, усопшие; to pray for the souls of the ~ молиться за покойных, молиться за души усопших

departed II [dɪˈpɑːtɪd] *a арх., поэт.* 1. былой, минувший; ~ joys былые радости 2. усопший, умерший

department [dɪˈpɑːtmənt] *n* 1. 1) отдел; отделение; press ~ отдел печати; export [silk] ~ отдел экспорта [шёлковых изделий]; accounting /accountant's/ ~ бухгалтерия; letters ~ отдел писем (*в газете, журнале и т. п.*); first ~ первый отдел; dispatch ~ экспедиция 2) помещение, занимаемое отделом *и т. п.* 2. 1) цех 2) магазин; fancy goods ~ галантерейный магазин, галантерея 3. 1) департамент; управление; служба; Factory D. промышленное управление; Science and Art D. управление по делам науки и искусству; Water D. департамент водоснабжения (*при муниципалитете*) 2) *амер.* министерство, ведомство; State D., ~ of State государственный департамент, министерство иностранных дел; D. of Defense министерство обороны; D. of the Navy министерство военно-морского флота; D. of the Air Force министерство военно-воздушных сил; D. of the Army министерство сухопутных сил, D. of Health, Education and Welfare министерство здравоохранения, просвещения и социального обеспечения 3) власть; legislative [executive, judiciary] ~ законодательная [исполнительная, судебная] власть 4. факультет; кафедра; physics ~ физический факультет; the ~ of modern languages кафедра новых языков 5. 1) административная область; округ; департамент (*особ. во Франции*); the D. of Seine and Oise департамент Сены и Уазы 2) *амер.* войсковой, военный округ 6. отрасль, область (*знаний, науки*); ~ of knowledge /learning/ отрасль знаний

departmental [ˌdiːpɑːtˈmentl] *a* 1. 1) ведомственный; относящийся к деятельности отдела, департамента, министерства *и т. п.*; ~ manager начальник отдела, заведующий отделом; a question of ~ administration (чисто) ведомственный вопрос 2) факультетский; кафедральный 2. разделённый на отделы; ~ store универсальный магазин; ~ school школа, в которой каждый преподаватель ведёт только один предмет *или* несколько родственных предметов 3. разделённый на округа, департаменты *и т. п.*

departmentalism [ˌdiːpɑːtˈmentəlɪzm] *n* 1. соблюдение ведомственных интересов, местничество 2. бюрократизм

departmentally [ˌdiːpɑːtˈmentəlɪ] *adv* 1. узковедомственно 2. бюрократически

department store [dɪˈpɑːtməntˌstɔː] универсальный магазин, универмаг

departure [dɪˈpɑːtʃə] *n* 1. 1) отъезд, уход; on smb.'s ~ после чьего-л. ухода /отъезда/; point of ~ отправная точка, исходный пункт (*в рассуждении и т. п.*); ~ lounge зал ожидания; ~ time время отъезда; to take one's ~ уходить, уезжать; отбыть 2) отправление (*поезда*); the ~ of a train отправление поезда; the hour of ~ время отправления; platform платформа отправления (*поезда*) 2. 1) уклонение, отклонение, отступление (*от чего-л.*); ~s from the general rule отклонения /отступления/ от общего правила; ~ from truth [the law] отступление от истины [закона]; ~ from tradition отход от традиции 2) *юр.* отказ стороны в процессе от приведённых ею ранее доводов и приведение новых 3. отправная точка; новое направление, новшество; new /fresh/ ~ новый курс, новая линия поведения; computerization will be a new ~ for the institute внедрение вычислительной техники откроет новую страницу в жизни института 4. *мор.* отшествие, отправной пункт 5. *тех.* отклонение (*от заданной или средней величины*) 6. *спец.* уход; frequency ~ *радио* уход частоты

departure position [dɪˈpɑːtʃərəˈzɪʃ(ə)n] *амер. воен.* исходное положение для наступления

depascent [dɪˈpæsnt] *a редк.* поглощающий, пожирающий

depasturage [dɪˈpɑːstjʊərɪdʒ] *n* 1. пастьба 2. право использования (*землю*) в качестве пастбища *или* выгона

depasture [dɪˈpɑːstʃə] *v* 1. 1) пасти; выгонять на пастбище 2) пастись 2. использовать в качестве пастбища *или* выгона 3. 1) поедать на корню 2) опустошать

depauperate I [ˌdiːˈpɔːpərɪt] = depauperated 2 *и* 3

depauperate II [ˌdiːˈpɔːpəreɪt] *v* 1) доводить до нищеты 2) истощать, подрывать силы

depauperated [ˌdiːˈpɔːpəreɪtɪd] *a* 1. доведённый до нищеты; истощённый 2. *бот., зоол.* вырождающийся; выродившийся; ~ family [genus] бедное (видами) семейство [-ый род] 3. *биол.* недоразвившийся, недоразвитый

depauperation [ˌdiːˌpɔːpəˈreɪʃ(ə)n] *n* 1) обнищание 2) истощение

depauperize [ˌdiːˈpɔːpəraɪz] *v* избавлять от нищеты; изживать нищету

depend [dɪˈpend] *v* 1. (on, upon) зависеть; обусловливаться; to ~ on /upon/ the size [smb.'s conduct] зависеть от размера [от чьего-л. поведения]; ~ing on the situation в зависимости от обстоятельств, смотря по обстоятельствам; sciences ~ upon one another точные науки взаимосвязаны; prices ~ on supply and demand цены обусловливаются спросом и предложением; it ~s on whether you are in a hurry or not это зависит от того, насколько вы спешите 2. (on, upon) полагаться, рассчитывать, надеяться; to ~ upon what one can earn рассчитывать на свой собственный заработок; you may ~ upon him на него можно положиться, он не подведёт; ~ upon it (that), you may ~ upon it (that) *разг.* будьте уверены (что); я вам говорю /уверяю вас/ (что); you can never ~ on what he says тому, что он говорит, совершенно нельзя доверять; you can never ~ on his being on time надо привыкнуть к тому, что он вечно опаздывает; you can ~ on him to help you вы можете твёрдо рассчитывать на его помощь 3. (on, upon) получать помощь от (*кого-л.*); зависеть от (*кого-л.*), находиться на (*чьём-л.*) иждивении; to ~ upon one's parents находиться на иждивении родителей; to ~ on oneself самому зарабатывать на жизнь, ни от кого не зависеть; the country ~s on imports from abroad страна живёт (исключительно) за счёт импорта; he ~s on his pen for a living он зарабатывает себе на жизнь пером 4. ждать, ожидать решения (*о вопросе, деле*); находиться на рассмотрении (*суда или парламента*); the bills were still ~ing решение по законопроектам всё ещё не было принято

◊ it /that/ ~s, it all ~s как сказать; смотря по тому (как)

dependability [dɪˌpendəˈbɪlɪtɪ] *n* надёжность; his great quality is his ~ он обладает замечательным качеством — на него всегда можно положиться

dependable [dɪˈpendəbl] *a* надёжный; заслуживающий доверия; ~ machine надёжная машина; he is not ~ на него нельзя положиться, он человек ненадёжный

dependably [dɪˈpendəblɪ] *adv* надёжно

dependance [dɪˈpendəns] = dependence

dependancy [dɪˈpendənsɪ] = dependency

dependant I [dɪˈpendənt] *n* 1. иждивенец; нахлебник 2. подчинённый 3. *ист.* вассал

dependant II [dɪˈpendənt] = dependent II

dependence [dɪˈpendəns] *n* 1. зависимость; обусловленность; linear [logarithmic] ~ линейная [логарифмическая] зависимость 2. несамостоятельность, зависимость, подчинённость; to live in ~ on smb. жить в зависимости от кого-л.; зависеть от кого-л.; быть /жить/ на чьём-л. иждивении; жить на чьих-л. хлебах 3. доверие; to place /to put/ ~ on /in/ smb. питать доверие к кому-л.; to place /to put/ ~ on /upon/ smb.'s word верить чьему-л. слову 4. *юр.* нахождение на рассмотрении (*суда, парламента*); ожидание решения 5. *редк.* опора; источник существования; he was her sole ~ он был её единственной опорой 6. *книжн. см.* dependency 1

dependency [dɪˈpendənsɪ] *n* 1. подчинённая, подвластная *или* зависимая страна 2. = dependence 1 *и* 2 3. *лингв.* зависимость; отношение подчинения; ~ grammar грамматика зависимостей

dependency-prone [dɪˈpendənsɪˌprəʊn] *а мед.* привыкший к наркотикам, постоянно нуждающийся в приёме наркотиков

dependency status [dɪˈpendənsɪˌsteɪtəs] *эк.* отношение иждивенца к главе семьи

dependent I [dɪˈpendənt] = dependant I

dependent II [dɪˈpendənt] *a* 1. зависимый, зависящий, обусловленный; ~ variable *мат.* зависимое переменное; ~ on the weather зависящий от погоды; it is ~ upon personal taste это дело вкуса; all things in nature are ~ on one another всё в природе взаимообусловлено 2. несамостоятельный, подчинённый; подвластный; зависимый; ~ country зависимая страна 3. (on, upon) надеющийся, рассчитывающий, полагающийся (*на кого-л., что-л.*); ~ on one's own earnings живущий на свой собственный заработок; ~ entirely on oneself ни от кого не зависящий, живущий собственным трудом 4. (on, upon) получающий помощь (*от кого-л.*); находящийся на иждивении; живущий за счёт (*чего-л.*); ~ upon one's friends (постоянно) прибегающий к помощи друзей; ищущий поддержки друзей; ~ on charity живущий на подачки; institution ~ on voluntary contributions институт, существующий за счёт благотворительности; he has two ~ children на его иждивении двое детей 5. *юр.* неразрешённый; находящийся на рассмотрении, ожидающий решения 6. *грам.* подчинённый, косвенный; ~ clause придаточное предложение; ~ question косвенный вопрос 7. *редк.* свисающий, висящий; ниспадающий; ~ branch свисающая ветвь

deperdition [ˌdiːpəˈdɪʃ(ə)n] *n редк.* потеря, утрата

deperition [ˌdiːpəˈrɪʃ(ə)n] *n редк.* гибель, всеобщее уничтожение

depersonalize [ˌdiːˈpɜːsənəlaɪz] *v книжн.* лишать индивидуальности

dephased [diːˈfeɪzd] *а эл.* сдвинутый по фазе; различающийся по фазе

dephlegmate [ˌdiːˈflegmeɪt] *v хим.* дефлегмировать; перегонять, ректифицировать

dephosphorize [ˌdiːˈfɒsfəraɪz] *v хим.* удалять фосфор, дефосфоризовать

depict [dɪˈpɪkt] *v* 1) рисовать; изображать; to ~ a room изобразить комнату (*на полотне*) 2) описывать, изображать; to ~ smb.'s destiny описать чью-л. судьбу 3) запечатлевать; terror was ~ed on his face *книжн.* ужас был написан на его лице; Bible scenes ~ed on the tapestry библейские сцены, изображённые на гобеленах

depiction [dɪˈpɪkʃ(ə)n] *n* 1. описание, изображение 2. рисунок; картина; портрет; изображение

depictive [dɪˈpɪktɪv] *a* изобразительный, описательный

depicture [dɪˈpɪktʃə] *v книжн.* 1. *см.* depict 2. представлять себе, воображать, рисовать в воображении

depigment [ˌdiːˈpɪgmənt] *v* лишать пигментации

depilate [ˈdepɪleɪt] *v* удалять, уничтожать волосы

depilation [ˌdepɪˈleɪʃ(ə)n] *n* удаление, уничтожение волос, депиляция

depilatory I [dɪˈpɪlət(ə)rɪ] *n* средство для удаления волос

depilatory II [dɪˈpɪlət(ə)rɪ] *a* способствующий удалению волос

depilous [ˈdepɪləs] *a редк.* лишённый волос, не имеющий волосяного покрова

deplane [ˌdiːˈpleɪn] *v* 1) высаживать, выгружать из самолёта 2) высаживаться, выгружаться из самолёта

deplanement [diːˈpleɪnmənt] *n* высадка или выгрузка из самолёта

deplenish [dɪˈplenɪʃ] *v редк.* опорожнять, опустошать

deplete [dɪˈpliːt] *v* 1. 1) истощать, исчерпывать (*запас*); опустошать; об-

разн. обескровливать; to ~ one's resources исчерпать ресурсы; to ~ the world's natural wealth истощать природные богатства земли; to ~ one's strength истощить /подорвать/ силы; to ~ one's pocket ≅ разориться; to ~ a garrison of troops сократить численность гарнизона 2. *спец.* обеднять (носителями) 2. *мед.* 1) очищать кишечник 2) производить кровопускание, пускать кровь

depleted [dɪ'pli:tɪd] *a* 1) истощённый, исчерпанный; ~ strength *воен.* уменьшившийся состав (*вследствие потерь*); ~ uranium *спец.* обеднённый уран 2) опорожнённый

depletion [dɪ'pli:ʃ(ə)n] *n* 1. 1) истощение, исчерпывание, опустошение 2) истощение запасов ископаемого; хищническая эксплуатация 2. *мед.* 1) кровопускание 2) очищение *или* опорожнение кишечника 3. *спец.* обеднение (*носителями заряда*)

depletive I [dɪ'pli:tɪv] *n* слабительное средство

depletive II [dɪ'pli:tɪv] *a мед.* 1) кровопускательный 2) слабительный

depletory [dɪ'pli:tərɪ] = depletive II

deplorable [dɪ'plɔ:rəbl] *a* печальный, прискорбный; достойный сожаления; ~ fact прискорбный /печальный/ факт; in a ~ state в плачевном состоянии; ~ consequences печальные последствия

deplorably [dɪ'plɔ:rəblɪ] *adv* печально, прискорбно; достойно сожаления; плачевно

deploration [,di:plɔ(:)'reɪʃ(ə)n] *n книжн.* 1. сожаление, раскаяние 2. причитание, жалобы

deplore [dɪ'plɔ:] *v* сожалеть; оплакивать; to ~ one's former errors сожалеть о прежних ошибках /заблуждениях/; his behaviour is to be ~d его поведение достойно сожаления

deploy [dɪ'plɔɪ] *v воен.* 1. 1) развёртывать; to ~ a company развернуть роту 2) развёртываться, расчленяться; the company ~ed рота развернулась; to ~ in width [in depth] развернуться по фронту [в глубину]; to ~ in extended order развернуться в цепь; to ~ (from route formation) to battle formation (с ходу /с марша/) развернуться в боевые порядки 2. развёртывать (*ядерное оружие и т. п.*) 3. запускать (*с космического корабля на орбиту*)

deployable [dɪ'plɔɪəbl] *a* складной

deployment [dɪ'plɔɪmənt] *n воен.* 1. развёртывание; ~ abreast расчленение по фронту; ~ in depth эшелонирование в глубину 2. размещение, базирование, дислоцирование; "race track" ~ развёртывание по принципу «скакового круга»; "shell game" ~ развёртывание по принципу «игры в угадайку» 3. раскрытие парашюта

deplumate, deplumated [dɪ'plu:mɪt, dɪ'plu:meɪtɪd] *a книжн.* лишённый перьев, ощипанный

deplumation [,di:plʊ'meɪʃ(ə)n] *n* 1. 1) ощипывание 2) потеря перьев, линька 2. лишение привилегий, почестей, состояния *и т. п.* 3. *мед.* выпадение ресниц

deplume [dɪ'plu:m] *v* 1. ощипывать перья 2. лишать привилегий, почестей, состояния *и т. п.*

depod [dɪ'pɒd] *v* лущить; to ~ green peas лущить зелёный горох

depolarization ['di:,pəʊlərаɪ'zeɪʃ(ə)n] *n физ.* деполяризация

depolarize [,di:'pəʊləraɪz] *v физ.* 1) деполяризовать 2) подрывать, разрушать

depolarizer [,di:'pəʊləraɪzə] *n физ.* деполяризатор

depolish [dɪ'pɒlɪʃ] *v* снимать полировку; матировать

depoliticization ['di:pə,lɪtɪsaɪ'zeɪʃ(ə)n] *n* деполитизация

depollute [,di:pə'lu:t] *v* устранять загрязнение среды обитания

depolymerization [dɪ(:),pɒlɪmərаɪ'zeɪʃ(ə)n] *n хим.* деполимеризация

depone [dɪ'pəʊn] *v преим. шотл.* давать письменные показания под присягой, свидетельствовать

deponent I [dɪ'pəʊnənt] *n* 1. *юр.* свидетель, дающий показания под присягой; лицо, дающее письменное показание 2. *грам.* отложительный глагол (*в греческом и латинском языках*)

deponent II [dɪ'pəʊnənt] *a грам.* отложительный [*см.* deponent I 2]

depopulate [,di:'pɒpjʊleɪt] *v* 1) истреблять, уничтожать, «косить» население 2) *редк.* уменьшаться, сокращаться (*о населении*) 3) редеть (*о деревьях и т. п.*)

depopulation [di:,pɒpjʊ'leɪʃ(ə)n] *n* 1) истребление, уничтожение населения; геноцид 2) уменьшение населения; rural ~ сокращение сельского населения, отток /отлив/ людей из деревни в город

deport¹ [dɪ'pɔ:t] *v* высылать, ссылать, депортировать; to ~ smb. to penal work islands отправить кого-л. на каторжные работы на острова

deport² [dɪ'pɔ:t] *v refl арх.* вести; to ~ oneself вести себя

deportation [,di:pɔ:'teɪʃ(ə)n] *n* депортация; изгнание, высылка, ссылка; ~ order ордер на высылку

deportee [,di:pɔ:'ti:] *n* сосланный, высланный, высылаемый

deportment [dɪ'pɔ:tmənt] *n* 1) манеры, умение держать себя; поведение; lessons in ~ уроки хороших манер 2) осанка; выправка

depose [dɪ'pəʊz] *v* 1. смещать; свергать, низлагать; to ~ a king (from the throne) свергнуть короля (с престола); to ~ a deputy отзывать депутата 2. ~d from one's self-possession *образн.* выведенный из себя /из терпения/ 2. *юр.* 1) свидетельствовать, давать письменные показания под присягой; to ~ to a fact подтвердить (какой-л.) факт свидетельским показанием; to ~ that the house was locked показать, что дом был заперт; to ~ against smb. давать показания против кого-л. 2) *редк.* допрашивать (*свидетеля*) под присягой 3. утверждать; to ~ the contrary настаивать на противном

deposit I [dɪ'pɒzɪt] *n* 1. вклад в банке; депозит; ~ money *фин.* депозитные суммы; fixed ~, ~ for a fixed period срочный вклад; short ~ краткосрочный вклад; to have money on /upon/ ~ хранить деньги в банке; иметь вклад в банке; to place money on /upon/ ~ внести деньги в банк /в депозит/ 2. 1) взнос; minimum ~ минимальный взнос; the first ~ on the farm первый взнос за ферму (*купленную в кредит*) 2) превышение своего кредита в банке 3) ручательство, порука; доверие, «кредит»; one of the candidates lost his ~ один из кандидатов лишился поддержки 3. задаток, залог; to pay a ~ дать /уплатить/ задаток; to leave a ~ on smth. оставлять задаток за что-л.; to leave ten pounds as (a) ~ дать десять фунтов в задаток; уплатить десять фунтов в качестве задатка 4. 1) вложение, вкладывание, внесение 2) сдача на хранение, депонирование (*документов*); ~ collection депозитарный фонд, фонд депонированных материалов; ~ library библиотека-депозитарий 5. *преим. амер.* склад, хранилище; ~ for goods товарный склад 6. 1) отложение, отстой, осадок; alluvial ~(s) аллювиальные отложения; ~(s) of a river речные наносы; ~s of sand at the mouth of a river песчаные наносы в устье реки 2) налёт; нагар; накипь; ~ of oil *тех.* нагар 3) *геол.* месторождение; россыпь; залежь; rich ~ богатое месторождение; oil [coal] ~s, ~s of oil [coal] месторождения нефти [угля]; lucrative ~s of gold and diamonds богатейшие месторождения золота и алмазов

deposit II [dɪ'pɒzɪt] *v* 1. 1) класть в банк *или* в сберегательную кассу; отдавать на хранение; to ~ the money with /in/ the bank положить деньги в банк; to ~ documents with smb. отдать документы на хранение кому-л. 2) депонировать; to ~ duty copies of a book (for copyright) депонировать (авторские) экземпляры книги 2. вносить, давать задаток; делать взнос; to ~ a quarter of the price дать задаток в размере одной четверти стоимости; to ~ a hundred pounds with smb. дать кому-л. в задаток сто фунтов 3. 1) отлагать, осаждать; to ~ matter held in suspension осаждать вещество, находящееся во взвешенном состоянии 2) отлагать, наносить, намывать; the flood waters ~ed a layer of mud in the streets паводковые воды оставили на улицах слой грязи 3) отлагаться, осаждаться; давать осадок; образовывать налёт, нагар *и т. п.* 4. 1) класть, откладывать (*яйца*); these insects ~ their eggs in the ground эти насекомые откладывают яйца в землю 2) метать (*икру*) 5. *книжн.* класть, оставлять; to ~ the baby in the shade положить ребёнка в тень

deposit account [dɪ'pɒzɪtə,kaʊnt] *фин.* 1) депозитный счёт 2) авансовый счёт 3) *амер.* счёт в банке

depositary I [dɪ'pɒzɪt(ə)rɪ] *n* 1. 1) хранитель, доверенное лицо; she was the ~ of all his troubles ≅ с ней он делился всеми своими неурядицами 2) *ком.* лицо, которому вверены вклады, депозитарий 2. = depository 1 3. *дип., информ.* депозитарий

depositary II [dɪ'pɒzɪt(ə)rɪ] *a* 1) депозитный 2) депозитарный

deposition [dɪ,pɒzɪ'teɪʃ(ə)n] *n* внесение денег; взнос

depositee [dɪ,pɒzɪ'ti:] = depositary I 1

depositing [dɪ'pɒzɪtɪŋ] *n информ.* депонирование (*документов*)

deposition [,depə'zɪʃ(ə)n] *n* 1. смещение (с должности); свержение (с престола); низложение 2. *юр.* 1) (письменное) показание; показание под присягой 2) отвод показания под присягой 3. 1) *библ.* снятие с креста (*тж.* D. from the Cross) 2) картина, изображающая снятие с креста 4. *церк.* захоронение, погребение (*святого*) 5. *фин.* внесение денег; взнос; вклад 6. 1) отложение осадков; нанесение; напыление; ~ of radionuclides отложение радиоизотопов (*в организме*) 2) *спец.* осаждение; нанесение; напыление; film ~ напыление плёнки 3) осадок, накипь; нагар 4) *геол.* отложение осадочных материалов, нанос; напластование 5) *спец.* выпадение; fallout ~ выпадение радиоактивных частиц *или* веществ 7. *дип., информ.* депонирование (*документов*) 8. *физ.* выделение; energy ~ выделение энергии (*облучающих частиц в облучаемом веществе*)

depositor [dɪˈpɒzɪtə] *n* вкладчик; депозитор; депонент; ~'s book депозитная книжка; книжка вкладчика; сберегательная книжка

depository [dɪˈpɒzɪt(ə)rɪ] *n* 1. 1) склад, хранилище; ~ for goods товарный склад 2) сокровищница; he /his mind/ is a ~ of learning он кладезь учёности /премудрости/ 2. = depositary I 1

deposit-receipt [dɪˈpɒzɪtrɪˌsiːt] *n* расписка в получении вклада *или* взноса

depot, dépôt I [ˈdepəʊ] *n* 1. 1) склад, хранилище; складские помещения; амбар; grain ~ зернохранилище; goods [coal, supply] ~ товарный [угольный, продуктовый] склад; general ~ центральный склад 2) *воен.* базовый склад 2. военный лагерь; учебно-запасная воинская часть 3. *амер.* 1) железнодорожная станция (*тж.* railroad ~); freight ~ товарная станция 2) автовокзал (*тж.* bus ~) 3) депо 4. *физиол.* депо (*крови*)

depot, dépôt II [ˈdepəʊ] *a фарм.* пролонгированного действия

depot ship, dépôt ship [ˈdepəʊˌʃɪp] судно-база, плавучая база

depravation [ˌdeprəˈveɪʃ(ə)n] *n* 1. развращение; ухудшение, порча 2. развращённость, испорченность 3. патологическое изменение; разложение, распад

deprave [dɪˈpreɪv] *v* 1. развращать, портить; совращать 2. ухудшать; искажать

depraved [dɪˈpreɪvd] *a* развращённый; растленный; порочный

depraver [dɪˈpreɪvə] *n* развратитель, соблазнитель

depravity [dɪˈprævɪtɪ] *n* 1. 1) порочность; развращённость; the ~ of modern city life испорченность нравов современного города; порочность современной городской жизни 2) безнравственный поступок, некрасивая выходка 2. *церк.* греховность (*часто* total ~)

deprecate [ˈdeprɪkeɪt] *v книжн.* 1. энергично возражать, протестовать; резко осуждать; to ~ hasty action осуждать поспешные действия 2. *уст.* умолять; стараться отвратить мольбой (*чей-л. гнев и т. п.*)

deprecatingly [ˈdeprɪkeɪtɪŋlɪ] *adv* с осуждением, неодобрительно

deprecation [ˌdeprɪˈkeɪʃ(ə)n] *n книжн.* 1. возражение, протест; неодобрение; look of ~ неодобрительный взгляд 2. *арх.* мольба об отвращении беды

deprecative [ˈdeprɪkeɪtɪv] *a книжн.* 1. неодобрительный, осуждающий 2. = deprecatory

deprecatory [ˈdeprɪkət(ə)rɪ] *a книжн.* 1. молящий об отвращении беды 2. задабривающий; примирительный; просительный

depreciable [dɪˈpriːʃ(ɪ)əbl] *a* могущий обесцениться; ~ value *эк.* а) общая сумма амортизации; б) остаточная стоимость

depreciate [dɪˈpriːʃɪeɪt] *v* 1. 1) обесценивать; уменьшать ценность (*чего-л.*); to ~ the currency обесценивать валюту 2) обесцениваться, падать в цене (*о валюте, собственности*) 2. недооценивать, умалять; приуменьшать, уничижать; to ~ oneself уничижаться, заниматься самоуничижением

depreciatingly [dɪˈpriːʃɪeɪtɪŋlɪ] *adv* пренебрежительно, неодобрительно; to speak ~ of smth. пренебрежительно говорить о чём-л., отзываться о чём-л. с пренебрежением

depreciation [dɪˌpriːʃɪˈeɪʃ(ə)n] *n* 1. обесценивание, обесценение; снижение стоимости; ~ of silver обесценение серебра; to show ~ подвергаться обесценению, обесцениваться (*об акциях и т. п.*) 2. умаление; уничижение; пренебрежение; to speak in a tone of ~ говорить пренебрежительно 3. скидка на порчу товара 4. *тех.* 1) амортизация, изнашивание; ~ expenses амортизационные отчисления 2) физический *или* моральный износ (*оборудования*)

depreciative [dɪˈpriːʃɪeɪtɪv] = depreciatory

depreciatory [dɪˈpriːʃɪət(ə)rɪ] *a* 1. обесценивающий 2. умаляющий, унизительный; уничтожающий; ~ remarks уничтожающие реплики

depredate [ˈdeprɪdeɪt] *v книжн.* производить опустошение; расхищать

depredation [ˌdeprɪˈdeɪʃ(ə)n] *n книжн.* 1) ограбление, расхищение; хищническое истребление 2) вторжение; налёт; опустошительный набег; to commit ~ совершить ограбление; to make ~s опустошать (*что-л.*), производить опустошительные набеги

depredator [ˈdeprɪdeɪtə] *n* 1. *см.* depredate + -or 2. *книжн.* 1) грабитель 2) разрушитель

depredatory [dɪˈpredət(ə)rɪ] *a* 1) грабительский 2) разрушительный, опустошительный 3) компрометирующий

depreservation [ˈdiːˌprezəˈveɪʃ(ə)n] *n тех.* расконсервация (*оборудования и т. п.*)

depress [dɪˈpres] *v* 1. подавлять, угнетать; приводить в уныние; you ~ me вы меня угнетаете, мне тяжело с вами /в вашем обществе/; I've been terribly ~ed я был в состоянии крайней депрессии; the rainy season always ~es me /my spirits/ дождливое время года всегда действует на меня угнетающе; she was ~ed by the bad news [about the situation] она была удручена /подавлена/ плохой новостью [из-за этой ситуации]; I always feel ~ed at this sight при виде этого мне всегда становится тягостно; it ~ed her to think he was wasting money ей тяжело было сознавать, что он попусту тратит деньги 2. 1) понижать, ослаблять; to ~ the action of the heart ослабить сердечную деятельность; the trade is ~ed в торговле спад /застой/; to ~ one's voice понизить голос; even a mild cold may ~ the appetite даже небольшая простуда может отбить аппетит 2) понижать, снижать (*цену и т. п.*) 3. *редк.* понижать, опускать; to ~ one's eyes *поэт.* потупить глаза /взор/ 4. *мат.* сводить, приводить

depressant I [dɪˈpresənt] *n мед.* средство, ослабляющее деятельность (*какого-л.*) органа; успокоительное средство; депрессант; appetite ~ средство, отбивающее аппетит

depressant II [dɪˈpresənt] *a мед.* ослабляющий деятельность (*какого-л.*) органа; успокоительный, успокаивающий

depressed [dɪˈprest] *a* 1. подавленный, угнетённый, унылый; ~ spirits подавленное настроение; to look ~ выглядеть подавленным; to feel ~ быть в подавленном настроении 2. ослабленный; уменьшенный 3. пониженный, сниженный 4. вогнутый; сдавленный, сплющенный; ~ arch вогнутая арка; ~ fracture *мед.* вдавленный перелом
◇ ~ areas районы хронической безработицы (*в Англии*); ~ classes *эвф.* «обездоленные» (*о «неприкасаемых» в Индии*)

depressible [dɪˈpresəbl] *a* легко впадающий в уныние *и пр.* [*см.* depress]

depressing [dɪˈpresɪŋ] *a* гнетущий, унылый; наводящий уныние, тоску; ~ landscape [book] унылый пейзаж [скучная, нагоняющая тоску книга]; what was most ~ was the monotony of identical grey buildings более всего (меня) угнетала безликость совершенно одинаковых серых зданий; it's ~ to think that... тяжело сознавать, что...

depressingly [dɪˈpresɪŋlɪ] *adv* уныло, тоскливо

depression [dɪˈpreʃ(ə)n] *n* 1. 1) угнетённое состояние, подавленное настроение; депрессия; упадок; nervous ~ нервное расстройство; fit of ~ приступ меланхолии; to fight a ~ не поддаваться депрессии 2) ослабление; ~ of strength упадок сил 2. *эк.* 1) депрессия; застой; business ~ спад деловой активности; ~ in /of/ industry застой в промышленности; in a state of ~ в состоянии упадка 2) кризис; the D. *амер.* кризис 1929—32 гг. (*тж.* the Great D.) 3. 1) ослабление (*интенсивности*); ~ of the voice понижение голоса 2) уменьшение (*количества*) 4. котловина, низина, впадина, лощина; *геол. тж.* депрессия; a slight ~ in the ground ложбинка; углубление, выемка 5. *метеор.* 1) понижение давления; падение барометра 2) депрессия, область пониженного атмосферного давления; циклон 6. опускание, понижение уровня, оседание; ~ of track *ж.-д.* просадка пути 7. *физ.* разрежение, вакуум 8. *астр.* угол погружения (*светила*) за горизонт 9. *воен.* склонение орудия 10. *тех.* отпечаток, след от вдавливания 11. *радио* подавление (*сигнала*)

depression tank [dɪˈpreʃ(ə)nˌtæŋk] *авт.* вакуум-бачок

depressive I [dɪˈpresɪv] *n* депрессивный тип, депрессант (*в психиатрии*); ~s cannot surrender childhood — not even the pains of childhood депрессанты не могут освободиться от воспоминаний детства, даже если оно было несчастливым

depressive II [dɪˈpresɪv] *a* гнетущий, тоскливый

depressor [dɪˈpresə] *n анат.* 1) опускающая мышца, депрессор 2) нерв, понижающий кровяное давление (*тж.* ~ nerve)

depressurization [dɪˌpreʃəraɪˈzeɪʃ(ə)n] *n спец.* 1) сброс давления 2) разгерметизация (*отсека, кабины космического корабля и т. п.*)

depressurize [dɪˈpreʃəraɪz] *v спец.* 1) сбрасывать давление (*в сосуде, камере и т. п.*) 2) быстро разгерметизироваться (*о кабине космического корабля и т. п.*)

deprival [dɪˈpraɪvl] = deprivation

deprivation [ˌdeprɪˈveɪʃ(ə)n] *n* 1) лишение; отнятие; ~ of civil rights поражение в гражданских правах 2) потеря, утрата 3) *церк.* лишение бенефиция 4) выключение, прерывание; ~ of hearing [vision, senses] выключение слуха [зрения, органов чувств]

deprivation dwarfism [ˌdeprɪˈveɪʃ(ə)nˌdwɔːfɪz(ə)m] замедленный рост изолированных детей

deprive [dɪˈpraɪv] *v* 1. лишать; отнимать; to ~ smb. of his property отчуждать чью-л. собственность; to ~ smb. of life лишить кого-л. жизни; to ~ smb. of his reason свести кого-л. с ума; to ~ smb. of the pleasure лишить кого-л. удовольствия; it ~d him of two years of training из-за этого он в течение двух лет был лишён возможности тренироваться 2. не допускать

3. *церк.* 1) снимать, смещать с должности 2) отбирать бенефиций
◊ to ~ oneself отказывать себе во всём

deprived [dɪˈpraɪvd] *a* бедный; живущий в нищете; ~ areas of the city трущобные районы города; a child from a ~ family ребёнок из нуждающейся семьи

depth [depθ] *n* 1. 1) глубина, глубь; ~ of the river [of the snow] глубина реки [снега]; ~ of penetration *воен.* глубина прорыва; a foot in ~ в один фут глубиной; at a ~ of 30 metres на глубине в 30 метров, на тридцатиметровой глубине; to try the ~s (попытаться) встать на дно; проверить, есть ли под ногами дно 2) *часто pl* глубокое место, впадина; пучина; глубины; ~(s) of the ocean глубины океана; the ~s of unrecorded time *образн.* глубь времён, незапамятные/ доисторические /времена/; ≅ седая древность 3) *поэт., книжн.* пропасть, бездна; in the ~ of despair в полном отчаянии; in the ~ of poverty в безысходной нужде 2. 1) глубина, фундаментальность; ~ of knowledge основательность /глубина/ знаний; a man of no great ~ поверхностный человек; верхогляд; there's a great ~ of meaning in it в этом есть глубокий смысл 2) *вчт.* глубина; procedural ~ процедурная глубина (*количество вложенных друг в друга процедур в программе*) 3. интенсивность, сила; глубина; полнота; ~ of sound [of feeling] сила звука [переживания]; ~ of colour густота /интенсивность/ цвета 4. 1) середина, глубина; the ~s of the forest чащоба, чаща леса; in the ~(s) of winter в разгар зимы; the ~ of the country захолустье, глушь; глубинка; a cry from the ~s крик души 2) глухой час, глухая пора; in the ~ of night в глухую полночь, глубокой ночью 5. ширина; толщина; ~ of cut *тех.* толщина стружки; ~ of formation *воен.* глубина построения, эшелонирование 6. *геол.* мощность пласта (*тж.* ~ of layer) 7. *фото* глубина резкости (*изображения*) 8. 1) *мор.* высота (борта); глубина (судна); ~ of immersion *мор.* осадка 2) высота (сооружения и т. п.); ~ of a bridge arch высота арки моста; ~ of fall высота падения 9. *лог.* содержание понятия
◊ to be beyond /out of/ one's ~ а) попасть в глубокое место, не доставать до дна; б) быть не по силам, быть выше чьего-л. понимания; to get /to go/ beyond /out of/ one's ~ а) попасть на глубокое место, не доставать до дна; б) утратить способность понимать что-л.; быть выше чьего-л. понимания; to be within one's ~ а) доставать до дна; б) быть в состоянии понять что-л.; to get back into one's ~ (снова) почувствовать дно под ногами

depth bomb [ˈdepθbɒm] *воен.* глубинная бомба

depth-bomb [ˈdepθbɒm] *v воен.* забросать глубинными бомбами

depth charge [ˈdepθˌtʃɑːdʒ] = depth bomb

depth-charge [ˈdepθˌtʃɑːdʒ] = depth-bomb

depth contour [ˈdepθˌkɒntʊə] = depth line

depth finder [ˈdepθˌfaɪndə] *мор.* глубиномер

depth-gauge [ˈdepθˌgeɪdʒ] *n* водомерная рейка; глубиномер; лимниграф (*для рек*); мареограф (*для океана*)

depthless [ˈdepθlɪs] *a* 1. бездонный 2. мелкий

depth line [ˈdepθˌlaɪn] *геол.* изобата

depthometer [depˈθɒmɪtə] = depth-gauge

depth sounder [ˈdepθˌsaʊndə] = depth finder

depthward [ˈdepθwəd] *adv* (по направлению) вглубь

depurant [dɪˈpjʊərənt] *a* очищающий

depurate [ˈdepjʊreɪt] *v* очищать

depuration [ˌdepjʊˈreɪʃ(ə)n] *n* очищение

depurative [ˈdepjʊrətɪv] = depurant

depurge [dɪˈpɜːdʒ] *v* реабилитировать

deputation [ˌdepjʊ(ː)ˈteɪʃ(ə)n] *n* 1. депутация, делегация 2. делегирование

deputative [ˈdepjʊtətɪv] *a* депутатский

deputator [ˈdepjʊteɪtə] *n редк.* тот, кто поручает (*кому-л.*) представлять свои интересы

depute [dɪˈpjuːt] *v* 1. передавать (*полномочия или власть*); делегировать; to ~ powers to smb. передавать кому-л. полномочия 2. поручать (*кому-л.*) вести дела; назначать своим представителем; to ~ smb. in one's place послать кого-л. вместо себя; to ~ smb. to confer with the government назначать кого-л. своим представителем на переговорах с правительством

deputize [ˈdepjʊtaɪz] *v* 1. представлять (*кого-л.*), выступать в качестве представителя; to ~ for the Premier выступать в качестве представителя премьер-министра 2. *преим. амер.* назначать представителем; выбирать депутатом

deputy [ˈdepjʊtɪ] *n* 1. 1) представитель; general ~ представитель с неограниченными полномочиями; special ~ представитель с ограниченными полномочиями; to do smth. by ~ действовать через своего представителя; to act as ~ for smb. выступать в качестве представителя кого-л. 2) депутат; Chamber of Deputies палата депутатов; to appoint /to authorize/ a ~ назначить депутата 2. заместитель, помощник; ~ chairman заместитель председателя; ~ governor заместитель управляющего; ~ chief of staff *воен.* заместитель начальника штаба; ~ commanding officer а) *воен.* заместитель командира; б) *мор.* заместитель старшего на рейде; ~ judge помощник судьи 3. *горн.* десятник по безопасности и креплению; штейгер

deputy assistant [ˈdepjʊtɪəˈsɪst(ə)nt] *воен.* второй помощник

deputy minister [ˈdepjʊtɪˈmɪnɪstə] заместитель министра

deputy sheriff [ˈdepjʊtɪˈʃerɪf] помощник шерифа

deracinate [dɪˈræsɪneɪt] *v* вырывать с корнем; искоренять

deraign [dɪˈreɪn] *v ист.* 1. решать (*спор*) с помощью поединка 2. решать судебным порядком

derail [dɪˈreɪl] *v* 1. 1) *обыкн. pass* вызывать крушение (*поезда*), пускать под откос 2) сходить с рельсов 2. расстроить, разрушить (*планы и т. п.*); the talks could be ~ed переговоры могли быть сорваны 3. *вчт.* уходить на подпрограмму

derailment [dɪˈreɪlmənt] *n* сход с рельсов, крушение

derange [dɪˈreɪndʒ] *v* 1. расстраивать; спутывать, приводить в беспорядок; to ~ smb.'s projects расстроить чьи-л. замыслы; to ~ smb.'s constitution подорвать /расстроить/ чьё-л. здоровье 2. расстраивать психику, сводить с ума; to become (mentally) ~d сойти с ума; помешаться; his mind was ~d у него помутился рассудок 3. беспокоить, отрывать; sorry to have ~d you простите, что оторвал вас от дел

deranged [dɪˈreɪndʒd] *a* психически неуравновешенный, ненормальный; душевнобольной

derangement [dɪˈreɪndʒmənt] *n* 1. расстройство; спутанность, запутанность; ~ of trade расстройство торговли; ~ of digestion нарушение пищеварения; this apparatus is liable /subject/ to ~ этот прибор постоянно барахлит 2. психическое расстройство, нарушение умственной деятельности; mental ~, ~ of mind психическое расстройство, психическое заболевание, умопомешательство 3. *мат.* перестановка

derate [diːˈreɪt] *v* 1. освобождать (*промышленность*) от местных налогов 2. *тех.* 1) ухудшать параметры 2) выходить из диапазона

derating [diːˈreɪtɪŋ] *n тех.* понижение номинала

deration [ˌdiːˈræʃ(ə)n] *v* прекращать нормирование *или* нормированную выдачу (*продуктов и т. п.*)

deratization [diːˌrætɪˈzeɪʃ(ə)n] *n* дератизация; борьба с грызунами

Derby [ˈdɑːbɪ] *n* 1. дерби (*скачки трёхлеток в Эпсоме*); D. day день ежегодных скачек (*в Англии*); to run the ~ участвовать в дерби 2. [*тж.* ˈdɜːbɪ] скачки; the French ~ французские скачки; ~ соревнование; бег, гонка; bicycle ~ велогонка
◊ ~ dog неожиданное препятствие

derby[1] [ˈdɜːbɪ] *n амер.* котелок (*мужская шляпа; тж.* ~ hat)

derby[2] [ˈdɑːbɪ] = darby 1

Derbyshire neck [ˈdɑːbɪʃəˈnek] *мед.* зоб

Derbyshire spar [ˈdɑːbɪʃəˈspɑː] *мин.* плавиковый шпат

deregister [ˌdiːˈredʒɪstə] *v* вычёркивать из списков

deregulate [ˌdiːˈregjʊleɪt] *v* 1. отменять (государственное) регулирование (*цен и т. п.*) 2. 1) *тех.* разрегулировать 2) *спец.* прекращать регулирующее действие

deregulation [dɪˌregjʊˈleɪʃ(ə)n] *n* отмена (государственного) регулирования или контроля (*цен и т. п.*)

derelict I [ˈderɪlɪkt] *n* 1. что-л. брошенное за негодностью; бесхозная вещь 2. брошенное командой 3. отверженный, изгой, отщепенец 4. *амер.* уклоняющееся от исполнения долга 5. суша, обнажённая отступившим морем *или* рекой

derelict II [ˈderɪlɪkt] *a* 1. покинутый владельцем; брошенный; бесхозный; /залежные/ земли; to leave smth. ~ оставить /покинуть/ что-л. на произвол судьбы 2. брошенный командой (*о корабле*) 3. отверженный; he looked ~ у него был вид отверженного /изгоя/ 4. *амер.* уклоняющийся от исполнения долга; нарушающий долг или обязанности 5. *геол.* образовавшийся вследствие отступления моря (*о суше*)

dereliction [ˌderɪˈlɪkʃ(ə)n] *n* 1. нарушение (долга); упущение, халатность, оплошность; служебный проступок; ~ of (military) duty нарушение (воинского) долга 2. *полит.* дерелиция 3. 1) отступление моря от берега 2) морской нанос; суша, образовавшаяся в результате отступления моря 4. *редк.* 1) заброшенность 2) игнорирование, забвение

derepress [ˌdiːrɪˈpres] *v биол.* инициировать, вновь активировать, дерепрессировать (*подавленный ген и т. п.*)

derepressor [ˌdiːrɪˈpresə] *биохим.* дерепрессор; ген-инициатор, активатор гена

derequisition [ˌdiːˌrekwɪˈzɪʃ(ə)n] *v* прекращать реквизицию собственности (*в пользу государства*); возвращать (*владельцу*) реквизированное имущество

derestrict [ˌdiːrɪˈstrɪkt] *v* снимать ограничения (*с чего-л.*)

der ewige Jude [deəˌevɪɡəˈjuːdə] *нем.* Вечный жид

deric [ˈderɪk] *a биол.* относящийся к эктодерме

deride [dɪˈraɪd] *v* высмеивать, осмеивать; издеваться (*над чем-л., кем-л.*)

derider [dɪˈraɪdə] *n* насмешник

de rigueur [dərɪˈɡəː] *фр.* требуемый этикетом

derisible [dɪˈrɪzəbl] *a* достойный осмеяния

derision [dɪˈrɪʒ(ə)n] *n* высмеивание, осмеяние; an object of ~ объект насмешек, посмешище; to be in ~ быть предметом насмешек, быть посмешищем; to speak with ~ говорить с издёвкой; to hold /to have/ smb. in ~ насмехаться над кем-л.; to bring smb. into ~, to expose smb. to ~ сделать кого-л. посмещищем

derisive [dɪˈraɪsɪv] *a* 1. насмешливый, иронический; ~ laughter иронический смех; ~ tone насмешливый тон 2. смехотворный, ничтожный; ~ attempts жалкие потуги; ~ offer смехотворное предложение; издевательское предложение

derivability [dɪˌraɪvəˈbɪlɪtɪ] *n* 1. *лог.* выводимость 2. *мат.* дифференцируемость

derivable [dɪˈraɪvəbl] *a* получаемый, извлекаемый *и пр.* [*см.* derive]

derivant [dɪˈraɪvənt] *n мед.* отвлекающее средство

derivation [ˌderɪˈveɪʃ(ə)n] *n* 1. образование, получение (*из какого-л. источника*); извлечение; ~ of a doctrine истоки доктрины /учения/ 2. источник, происхождение; ~ of minerals происхождение минералов 3. *спец.* дериват, производное 4. *лингв.* 1) деривация, словопроизводство 2) *редк.* этимология; происхождение слова; to find the ~ of a word найти этимологию слова 5. *биол. редк.* учение о происхождении органических форм, эволюционное учение; теория эволюции 6. *мед.* отвлечение, ревульсия 7. *мат.* 1) дифференцирование, операция взятия производной 2) вывод выражения, получение формулы 8. *эл.* ответвление, шунтирование 9. *воен.* деривация (*при стрельбе*) 10. *лингв.* вывод, получение (*синтаксической структуры и т. п.*)

derivative I [dɪˈrɪvətɪv] *n* 1. дериват, производное 2. *лингв.* 1) производное слово 2) язык-потомок 3. *мат.* производная (*функции*), дериват; directional [time] ~ производная по направлению [по времени]; ~ on the left [on the right] производная слева [справа] 4. *хим.* производное; продукт замещения; petroleum ~s производные нефти 5. *муз.* обращение аккорда

derivative II [dɪˈrɪvətɪv] *a* 1. производный, вторичный; ~ word *лингв.* производное слово; 2) *уст. геол.* продукт разрушения первичных пород 2. вторичный, неоригинальный, подражательный; ~ writer эпигон; some passages sound ~ некоторые пассажи кажутся неоригинальными 3. *арх.* эволюционный; ~ laws законы эволюции, законы развития; ~ theory эволюционная теория (*в биологии*)

derive [dɪˈraɪv] *v* 1. получать, извлекать; to ~ benefit from smth. извлекать пользу из чего-л.; to ~ pleasure from singing получать удовольствие от пения; to ~ one's income from a farm жить на доходы от фермы 2. 1) устанавливать, прослеживать происхождение; ~d from Latin латинского происхождения 2) происходить, вести своё происхождение 3) вытекать, быть следствием; consequences that ~ from a principle следствия, вытекающие из принципа 3. 1) наследовать; to ~ one's character from one's father унаследовать характер отца 2) получать, заимствовать; the moon ~s its light from the sun луна получает свет от солнца 4. выводить, получать; to ~ one's knowledge from books получать знания из книг 5. *мат.* 1) брать производную 2) выводить (*формулу и т. п.*) 6. *хим.* получать путём замещения 7. *эл.* ответвлять, шунтовать 8. *лингв.* производить (*слово и т. п.*)

derived [dɪˈraɪvd] *a* производный; вторичный; ~ word *лингв.* производное слово

derm, derma [dəːm, ˈdəːmə] *n анат.* дерма, кожа

dermabrasion [ˌdəːməˈbreɪʒ(ə)n] *n* абразивное удаление дефектов кожи (*пемзой и т. п.*)

dermad [ˈdəːməd] *adv анат.* наружно, на коже

dermal [ˈdəːməl] *a анат.* кожный

dermaloptical vision [ˌdəːməlˈɒptɪk(ə)lˈvɪʒ(ə)n] *спец.* «кожное зрение»

dermat- [ˈbəːmət-] = dermato-

dermatic [dəːˈmætɪk] = dermal

dermatitis [ˌdəːməˈtaɪtɪs] *n мед.* дерматит, воспаление кожи

dermato- [ˈdəːmətə(ʊ)-] (*тж.* dermo-) *в сложных словах имеет значение кожа, кожный*: dermatology дерматология; dermathophyte дерматофит (*растение, паразитирующее на коже*); dermoskeleton наружный кожный скелет; dermatoid кожистый

dermatoglyph [ˈdəːmətəɡlɪf] *n* элемент кожного узора

dermatoid [ˈdəːmətɔɪd] *a* кожистый, подобный коже

dermatology [ˌdəːməˈtɒlədʒɪ] *n* дерматология

dermatosis [ˌdəːməˈtəʊsɪs] *n мед.* дерматоз

dermatozoa [ˌdəːmətəˈzəʊə] *pl от* dermatozoon

dermatozoon [ˌdəːmətəˈzəʊən] *n* (*pl* -zoa) животный паразит кожи

dermic [ˈdəːmɪk] = dermal

dermis [ˈdəːmɪs] = derm

dermo- [ˈdəːmə(ʊ)-] = dermato-

dern I, II [dəːn] = darn I *и* II

dernier [ˈdəːnɪə, ˈdeənjeɪ] *a фр.* последний; ~ resort последнее средство; последнее прибежище; the ~ cry последний крик моды

derobe [dɪˈrəʊb] *редк.* = doff

derogate [ˈderəɡeɪt] *v* 1. 1) *книжн.* умалять (*заслуги, достоинства*); порочить; to ~ from smb.'s reputation [authority] подрывать чью-л. репутацию [власть]; to ~ from smb.'s right ущемлять чьи-л. права; to ~ from one's dignity ронять своё достоинство; to ~ from one's position забывать о своём положении 2) *уст.* отнимать (*что-л.*); to ~ honour from smb. обесчестить кого-л. 2. унижать себя, ронять своё достоинство; to ~ in doing smth. унижать себя чем-л. 3. *юр.* частично отменять (*закон и т. п.*)

derogation [ˌderəˈɡeɪʃ(ə)n] *n* 1. *юр.* частичная отмена (*закона и т. п.*); ~ of the powers аннулирование полномочий 2. умаление, ослабление; ущемление; подрыв (*власти, авторитета*); to the ~ of smth. в ущерб чему-л.; this is not any ~ from their rights это нисколько не ущемляет их прав 3. унижение, умаление достоинства; in ~ of smb. [of smb.'s character] с целью опорочить кого-л. (*чью-л. репутацию*)

derogative [dɪˈrɒɡətɪv] = derogatory

derogatory [dɪˈrɒɡət(ə)rɪ] *a* 1. умаляющий; ослабляющий; подрывающий; ~ to the rights ущемляющий права; ~ from his authority подрывающий его власть 2. унижающий; умаляющий; ~ remarks пренебрежительные замечания; ~ to his dignity унижающий его достоинство; conduct ~ to his position поведение, недостойное его положения; his tone was a bit ~ его тон был слегка пренебрежительным; ~ sense of a word пренебрежительный /уничижительный/ оттенок значения слова

derout I [dɪˈraʊt] *n книжн.* полный разгром, фиаско

derout II [dɪˈraʊt] *v книжн.* полностью разгромить

derrick [ˈderɪk] *n* 1. *тех.* деррик (-кран); ворот для подъёма тяжестей; подъёмная (грузовая) стрела 2. буровая вышка 3. *уст.* виселица (*по имени лондонского палача XVII века*)

derrick boat [ˈderɪkbəʊt] плавучий кран

derrick crab [ˈderɪkkræb] передвижной деррик-кран

derrick-crane [ˈderɪkkreɪn] *n тех.* деррик-кран

derrière-garde [ˌderɪeɪˈɡɑːd] *n фр.* арьергард

derring-do [ˌderɪŋˈduː] *n арх.* отчаянная храбрость; безрассудство

derringer [ˈderɪn(d)ʒə] *n амер.* короткоствольный крупнокалиберный пистолет

derry [ˈderɪ] *n* 1. восклицание, используемое в припевах 2. *редк.* баллада

dervish [ˈdəːvɪʃ] *n* дервиш

desalinate [diːˈsælɪneɪt] *v* опреснять (*морскую воду*)

desalination [diːˌsælɪˈneɪʃ(ə)n] *n* опреснение, обессоливание, деминерализация (*воды и т. п.*)

desalinize [ˌdiːˈsælɪnaɪz] = desalinate

desalt [ˌdiːˈsɔːlt] = desalinate

desalting [ˌdiːˈsɔːltɪŋ] = desalination

descant I [ˈdeskænt] *n* 1. *книжн.* рассуждение; комментарий 2. *поэт.* песня, мелодия, напев 3. *муз.* дискант; сопрано 4. *муз.* ранняя форма полифонического произведения

descant II [dɪsˈkænt] *v* 1. (on, upon) *книжн.* рассуждать, распространяться; комментировать 2. *поэт.* петь, напевать; распевать; исполнять

descend [dɪˈsend] *v* 1. 1) спускаться, сходить; to ~ from the mountains спуститься с гор; the sun ~ed over the hill солнце скрылось за горой; sleep ~ed upon his eyes сон смежил его веки; a feeling of sadness ~ed upon him его охватило чувство грусти 2) спускаться, идти вниз (*по чему-л.*); to ~ a hill [a ladder] спуститься с горы [с лестницы]; to ~ in a field опуститься на поле (*о самолёте и т. п.*) 2. 1) опускаться, понижаться (*о местности*); the road ~s дорога идёт /уходит/ под гору 2) понижаться (*о тоне, звуке*) 3. происходить; he is ~ed /редк. he ~s/ from an ancient family он происходит из старинного рода 4. переходить, передаваться по наследству; to ~ from father to son переходить от отца к сыну 5. переходить (*от общего к частному, от прошлого к настоящему и т. п.*); to to details /particulars/ переходить к деталям /подробностям/ **6.** прибегать, обращаться к (*недостойным средствам*); не гнушаться; to ~ to falsehood не брезговать ложью, не гнушаться лжи; to ~ to smb.'s level опуститься до чьего-л. уровня; to ~ to doing smth. уронить себя каким-л. поступком **7.** 1) обрушиваться, налетать, нападать; to ~ upon the enemy обрушиться на врага 2) неожиданно навещать, приезжать без предупреждения; бывать наездами; to ~ upon one's friends нагрянуть к своим друзьям **8.** *астр.* склоняться к горизонту; двигаться к югу

descendable [dɪˈsendəbl] = descendible

descendance [dɪˈsendəns] *n редк.* происхождение

descendant I [dɪˈsendənt] *n* потомок; direct /lineal/ ~ прямой потомок; ~ of an ancient family потомок /отпрыск/ старинного рода

descendant II [dɪˈsendənt] *a* **1.** происходящий, ведущий своё происхождение **2.** *редк.* спускающийся; нисходящий

descendence [dɪˈsendəns] = descendance

descendent I, II [dɪˈsendənt] = descendant I и II

descender [dɪˈsendə] *n* **1.** *см.* descend + -er **2.** *полигр.* 1) строчная буква с нижним выносным элементом 2) нижний выносной элемент (буквы)

descendible [dɪˈsendəbl] *a* **1.** передаваемый по наследству; могущий перейти по наследству **2.** *редк.* годный для спуска

descending [dɪˈsendɪŋ] *a* **1.** опускающийся; спускающийся, идущий вниз; ~ motion движение вниз; спуск **2.** направленный вниз, нисходящий; ~ scale а) нисходящая шкала; б) *муз.* нисходящая гамма; ~ diphthong *фон.* нисходящий дифтонг; ~ letter *полигр.* буква, часть которой располагается ниже строки; ~ aorta *мед.* нисходящая часть дуги аорты; ~ stroke *тех.* ход поршня вниз **3.** *мат.* нисходящий, уменьшающийся (*о ряде*); ~ series убывающая последовательность; in ~ order в порядке убывания

descension [dɪˈsenʃ(ə)n] *n редк.* понижение, снижение, падение

descensive [dɪˈsensɪv] *a* **1.** нисходящий; ~ series нисходящий ряд **2.** понижающий, уменьшающий; ослабляющий

descent [dɪˈsent] *n* **1.** 1) спуск; laborious ~ трудный спуск; ~ of the mountain [to the valley, with a parachute] спуск с горы [в долину, с парашютом]; to make a ~ спуститься 2) снижение (*самолёта и т. п.*) 3) понижение (*местности и т. п.*) 4) *косм.* посадка **2.** склон, скат, спуск; sharp ~ крутой спуск /скат/; rocky [gradual] ~ скалистый [пологий] спуск; precipitous ~ to the sea крутой спуск к морю **3.** понижение, падение; ослабление; ~ of temperature понижение /падение/ температуры; ~ of sound ослабление звука **4.** происхождение; родословная; источник; of a Norman ~ норманнского происхождения; the ~ of man происхождение человека; to boast of a long ~ хвастать древней родословной **5.** поколение, колено; this land was theirs during four ~s четыре поколения их рода владели этой землёй **6.** *обыкн. юр.* наследование, передача или переход имущества по наследству; ~ of property in the female line наследование собственности по женской линии; to acquire a title by ~ получить титул по наследству **7.** падение; унижение

8. 1) внезапное нападение, *особ.* с моря; десант; ~ upon the enemy нападение на противника; to make a ~ upon smb. обрушиться на кого-л. 2) *разг.* облава; the police made a ~ upon the nightclub полиция устроила налёт на ночной клуб **9.** *лог.* переход от общего к частному

◇ a ~ from the sublime to the ridiculous is quick от великого до смешного один шаг; D. from the Cross *библ., жив.* снятие с креста

describable [dɪsˈkraɪəbəl] *a* поддающийся описанию

describe [dɪsˈkraɪb] *v* **1.** 1) описывать, изображать; to ~ a person описать человека; to ~ one's purposes изложить свои намерения; to ~ smb.'s views охарактеризовать чьи-л. взгляды; to ~ smth. as good /to be good/ описать или охарактеризовать что-л. с хорошей стороны; he was ~d as being very clever о нём говорили, что он очень умён 2) описывать; words cannot ~ this scene слова бессильны описать эту сцену **2.** описывать; вычерчивать; to ~ a circle описать окружность; to ~ a triangle построить треугольник

description [dɪsˈkrɪpʃ(ə)n] *n* **1.** описание; изображение; faithful [racy] ~ правдивое [колоритное] описание; ~ of a storm [of smb.'s appearance] описание бури [чьей-л. внешности]; ~ of a horse спецификация на лошадь (*конный спорт*); beyond ~ не поддающийся описанию, неописуемый; to give a (detailed) ~ of smth. дать (подробное) описание чего-л.; to answer (to) the ~ подходить под описание; иметь указанные приметы; it baffles /beggars, defies/ ~ это не поддаётся описанию **2.** *разг.* вид, род; books of every ~ всевозможные книги; people of all ~s люди всякого звания; a lecture of the poorest ~ никуда негодная лекция **3.** вычерчивание; ~ of a circle описывание окружности; ~ of an arch вычерчивание дуги **4.** *лог., лингв.* дескрипция; definite ~ определённая дескрипция

description point [dɪsˈkrɪpʃ(ə)nˌpɔɪnt] *амер. воен.* ориентир

descriptive [dɪsˈkrɪptɪv] *a* **1.** 1) описательный; изобразительный, наглядный; ~ botany [anatomy] описательная ботаника [анатомия]; ~ attribute *грам.* описательное /квалифицирующее/ определение; ~ linguistics [grammar] *лингв.* дескриптивная лингвистика [грамматика] 2) изобразительный; ~ talent изобразительный дар, дар изображать (*события, людей и т. п.*) 2) отличающийся или изобилующий описаниями **3.** начертательный; ~ geometry начертательная геометрия

◇ ~ list *воен.* послужной список

descriptively [dɪsˈkrɪptɪvlɪ] *adv* описательно

descriptor [dɪsˈkrɪptə] *n* **1.** *информ.* дескриптор; ~ language дескрипторный язык **2.** *вит.* паспорт, идентификатор; data [field, procedure] ~ идентификатор данных [поля, процедуры]

descry [dɪsˈkraɪ] *v* **1.** 1) *книжн.* рассмотреть, различить, заметить (*особ. издали*); to ~ a house in the distance разглядеть вдалеке дом 2) *поэт.* увидеть 2) обнаружить

desecrate I [ˈdesɪkrɪt] *a* осквернённый

desecrate II [ˈdesɪkreɪt] *v* **1.** осквернять (*святыню*); to ~ a temple осквернить храм **2.** *редк.* посвящать себя служению злу

desecration [ˌdesɪˈkreɪʃ(ə)n] *n* осквернение; профанация; ~ of the graves осквернение могил

DES — DES   D

deseed [ˌdiːˈsiːd] *v с.-х.* **1)** удалять семена, вымолачивать **2)** очёсывать головки льна

desegmentation [diːˌsegmənˈteɪʃ(ə)n] *n зоол.* десегментация

desegregate [diːˈsegrɪgeɪt] *v* десегрегировать

desegregation [diːˌsegrɪˈgeɪʃ(ə)n] *n* десегрегация

deselect [ˌdiːsɪˈlekt] *v* отсеять, забраковать (*курсанта и т. п.*)

desensitization [dɪˌsensɪt(ə)ɪˈzeɪʃ(ə)n] *n* **1.** падение чувствительности (*прибора*) **2.** *мед.* возвращение к нормальному психическому состоянию, восстановление нормального психического состояния или душевного равновесия **3.** *фото* десенсибилизация

desensitize [ˌdiːˈsensɪtaɪz] *v* **1.** 1) вызывать падение чувствительности (*прибора*) 2) *фото* десенсибилизировать **2.** *мед.* возвращать в нормальное (психическое) состояние; делать невосприимчивым к психическим заболеваниям

desert¹ I [ˈdezət] *n* **1.** пустыня; the Sahara D. пустыня Сахара; near ~ полупустыня **2.** необитаемое, пустынное место; *поэт. тж.* глушь **3.** сухая, неинтересная тема; ≅ скука

desert¹ II [ˈdezət] *a* **1.** пустынный, безлюдный, необитаемый; ~ streets пустынные /безлюдные/ улицы **2.** голый, бесплодный; ~ tract of land бесплодная земля **3.** *уст.* покинутый, брошенный; оставленный **4.** обитающий в пустыне

◇ D. Rats седьмая бронетанковая дивизия союзных войск (*во время 2-й мировой войны*); D. Rat солдат седьмой бронетанковой дивизии союзных войск (*во время 2-й мировой войны*)

desert¹ III [dɪˈzɜːt] *v* **1.** 1) бросать, покидать (*кого-л.*); бежать (*от кого-л.*); to ~ a friend оставить друга (в беде); to ~ one's family бросить семью (на произвол судьбы); to ~ one's leader оставить своего командира 2) оставлять, покидать; to ~ one's post [the ship] покинуть пост [корабль]; the streets were ~ed улицы были пустынны; his presence of mind ~ed him присутствие духа покинуло его; his courage ~ed him мужество изменило ему **2.** 1) дезертировать; to ~ the colours, to ~ from the army дезертировать из армии 2) дезертировать; оставлять; изменять; становиться перебежчиком; to ~ one's party выйти из партии

desert² [dɪˈzɜːt] *n обыкн. pl* **1.** заслуга, достоинство; to recognize real ~ (уметь) видеть подлинные достоинства **2.** то, что человек заслужил; награда; наказание; to each according to his ~s каждому по заслугам; to get /to have, to obtain, to meet with/ one's ~ (s) получить по заслугам; to treat smb. according to his ~ (s), to give smb. his ~s, to deal with smb. according to his ~s поступать с кем-л. по заслугам

Desert Army [ˈdezətˌɑːmɪ] *воен. ист.* «Армия пустыни» (*восьмая английская армия в Северной Африке во время 2-й мировой войны*)

deserted [dɪˈzɜːtɪd] *a* **1.** пустынный, безлюдный; заброшенный **2.** покинутый, оставленный

deserter [dɪˈzɜːtə] *n* дезертир; перебежчик

desertification [ˌdezətɪfɪˈkeɪʃ(ə)n] *n* опустынивание; превращение степи в пустыню, дезертификация

desertion [dɪˈzɜːʃ(ə)n] *n* **1.** 1) дезертирство 2) политическая измена; переход к (политическому) противнику; ~ of a party выход из партии 2. оставление; невыполнение (обязательств); ~ of one's duty невыполнение /нарушение/ долга 3. заброшенность; запустение; in utter ~ в полном запустении; всеми покинутый

desertisation [ˌdezətɪˈzeɪʃ(ə)n] = desertification

desertize [ˈdezətaɪz] v приспосабливать для работы в условиях пустыни

desertologist [ˌdezəˈtɒlədʒɪst] n пустыневед; научный работник, изучающий пустыни; специалист по пустыням

desert-ship [ˈdezətʃɪp] n «корабль пустыни», верблюд

desert varnish [ˈdezətˌvɑːnɪʃ] растрескавшаяся корка на земле пустыни

deserve [dɪˈzɜːv] v заслуживать, быть достойным (чего-л.); to ~ punishment [attention, a reward] заслуживать наказания [внимания, награды]; to ~ to die заслужить смерть; to ~ smth. well /richly, thoroughly/ вполне заслужить что-л.; it is more than I ~ я этого не заслужил; to ~ well of smb. [of one's country] иметь большие заслуги перед кем-л. [перед родиной]; to ~ ill of smb. не иметь никаких заслуг перед кем-л.; he ought to be punished as he ~s его следует наказать по заслугам

deserved [dɪˈzɜːvd] a заслуженный

deservedly [dɪˈzɜːvɪdlɪ] adv заслуженно; по заслугам, по достоинству

deserving [dɪˈzɜːvɪŋ] a заслуживающий, достойный; ~ (of) praise [censure] заслуживающий /достойный/ похвалы [порицания]; the least ~ candidate наименее достойный из кандидатов; however ~ he may be каковы бы ни были его заслуги

déshabillé [ˌdeɪzæˈbiːeɪ] = dishabille

deshooting [ˌdiːˈʃuːtɪŋ] n обрезка, удаление побегов (при формировании деревьев)

desiccant I [ˈdesɪkənt] n тех. 1) сиккатив 2) десикант, осушитель

desiccant II [ˈdesɪkənt] a спец. сушащий

desiccate I [ˈdesɪkɪt] n сухой продукт; осушитель; десикант

desiccate II [ˈdesɪkeɪt] v спец. 1) высушивать 2) редк. высыхать, терять влажность

desiccated [ˈdesɪkeɪtɪd] a спец. высушенный; сушёный, сухой; ~ milk сухое молоко; молочный порошок; ~ apples сушёные яблоки

desiccation [ˌdesɪˈkeɪʃ(ə)n] n спец. высушивание; сушка; десикация

desiccative I, II [deˈsɪkətɪv] = desiccant I и II

desiccator [ˈdesɪkeɪtə] n спец. 1) сушильная печь, сушильный шкаф 2) десикатор, эксикатор 3) испаритель

desiderata [dɪˌzɪdəˈreɪtə] pl от desideratum 2) лат. дезидераты, предметы, книги (необходимые для пополнения коллекции и т. п.)

desiderate [dɪˈzɪdəreɪt] v книжн. чувствовать отсутствие, недостаток (чего-л.); желать приобрести

desiderative [dɪˈzɪd(ə)rətɪv] a лингв. дезидеративный

desideratum [dɪˌzɪdəˈreɪtəm] n (pl -ta) лат. что-л. недостающее, желаемое

desiderium [dezɪˈdɪərɪəm] n книжн. 1) жажда; горячее желание 2) горечь утраты

design I [dɪˈzaɪn] n 1. 1) замысел, план; far-reaching ~s далеко идущие замыслы; to have a ~ for /of/ an insurrection планировать восстание; to frustrate smb.'s ~s сорвать чьи-л. замыслы /планы/ 2) часто pl (злой) умысел; criminal ~ преступный замысел; to harbour ~s вынашивать (коварные) замыслы; to have ~s on /against/ smb. вынашивать коварные замыслы против кого-л.; to have ~s on smb.'s life покушаться на чью-л. жизнь 3) рел. божье провидение, божественный промыс(е)л 2. цель, намерение; stern ~ твёрдое намерение; the ~s of France намерения Франции; with this ~ с этой целью; with (a) ~ с намерением, с целью; without ~ без всякого намерения; by ~ намеренно; преднамеренно, предумышленно; it was done by ~ это было сделано намеренно; my ~ was to go to London я собирался поехать в Лондон 3. 1) (творческий) замысел, план, проект; the composer's ~ замысел композитора; conceptual ~ эскизный проект 2) планирование; ~ of experiments планирование экспериментов 3) вчт. проектирование, конструирование; computer ~ проектирование или конструирование вычислительных машин; ~ engineer (инженер-) конструктор; on-line ~ оперативное проектирование (в режиме взаимодействия человека с машиной) 4. 1) чертёж, эскиз; конструкция; проект, расчёт; antiseismic ~ антисейсмическая конструкция; ~ office конструкторское бюро; ~ drawing рабочий чертёж; ~ conditions исходные условия расчёта; ~ load расчётная нагрузка (самолёта, корабля); ~ for a building чертёж здания 2) рисунок, узор; ~ of flowers узор из цветов; (of) poor ~ плохо выполненный, бедный, бедного рисунка; (of) fine ~ прекрасно выполненный; arts of ~ изобразительные искусства; school of ~ школа изобразительных искусств, художественная школа 3) модель; our latest ~ наша последняя модель; car of the latest ~ последняя модель автомобиля 4) композиция; the picture lacks ~ в картине есть композиционные недостатки 5) искусство композиции 5. дизайн; внешний вид, исполнение; industrial ~ промышленная эстетика; in marketing an article ~ is as important as construction для коммерческого успеха товара дизайн имеет такое же значение, как конструкция 6. произведение искусства

design II [dɪˈzaɪn] v 1. замышлять; намереваться; планировать 2. предназначать; to ~ the room as /to be/ a study отвести комнату под кабинет; the books are ~ed for the German reader книги предназначаются для /рассчитаны на/ немецкого читателя 3. 1) составлять план, схему; планировать, проектировать, конструировать; to ~ the construction of the docks проектировать строительство доков 2) вынашивать замысел; задумать; to ~ a book [a musical composition] вынашивать замысел книги [музыкального произведения] 4. 1) чертить; вычерчивать схему 2) заниматься проектированием, проектировать, быть проектировщиком, конструктором; to ~ a building создать архитектурный проект здания 3) создавать узор, рисунок, фасон и т. п.; to ~ a carpet создать узор для ковра; to ~ a dress придумать фасон платья 5. исполнять, выполнять; the picture is superbly ~ed картина выполнена великолепно; the new model is ~ed much better в новом исполнении модель сильно выигрывает 6. книжн. собираться поехать; to ~ for France собираться во Францию

designability [dɪˌzaɪnəˈbɪlɪtɪ] n тех. конструктивность, способность к воплощению в конструкции

designable [dɪˈzaɪnəbl] a поддающийся расчёту, планированию

designata [ˌdezɪɡˈneɪtə] pl от designatum

designate I [ˈdezɪɡnɪt] a назначенный, но ещё не вступивший в должность; Ambassador D. посол, назначенный президентом, но ещё не утверждённый сенатом (США)

designate II [ˈdezɪɡneɪt] v 1. определять, устанавливать; указывать; to ~ the boundaries of a country установить границы страны 2. обозначать, называть; to ~ smth. by a number обозначать что-л. числом /номером/; to ~ smb. (as) the greatest poet назвать кого-л. величайшим поэтом 3. означать; предвещать; that ~s a coming snowstorm это предвещает буран /метель/; his dress ~d (that he was) a person of importance судя по платью, это была важная персона 4. назначать; to ~ an officer for /to/ a post назначить офицера на пост; to ~ smb. as one's successor назначить кого-л. своим преемником

designation [ˌdezɪɡˈneɪʃ(ə)n] n 1. (действие) обозначение, называние; десигнация; определение, указание 2. знак; обозначение; имя, название, наименование; symbolic ~ символическое обозначение /наименование/; the ~s of the days of the week названия дней недели; known under several ~s известный под несколькими именами 3. указание (при фамилии) профессии и адреса 4. назначение на должность (тж. ~ to a post) 5. спец. маркировка

designative [ˈdezɪɡneɪtɪv] a указательный; обозначающий; ~ function указательная функция

designator [ˈdezɪɡneɪtə] n 1. см. designate II + -or 2. указатель; function ~ спец. указатель функции [индекса]

designatum [ˌdezɪɡˈneɪtəm] n (pl -ta) лат. лингв. обозначаемое, десигнат

designed [dɪˈzaɪnd] a 1. спланированный 2. предназначенный; приспособленный, годный 3. намеренный, предумышленный

designedly [dɪˈzaɪnɪdlɪ] adv умышленно, (пред)намеренно

designee [ˌdezɪɡˈniː] n кандидат на должность; подобранный, но ещё официально не оформленный сотрудник

designer [dɪˈzaɪnə] n 1. см. design II + -er 2. 1) конструктор, проектировщик; разработчик; algorithm ~ разработчик алгоритма 2) чертёжник; расчётчик 3. 1) рисовальщик 2) конструктор одежды, модельер 3) декоратор; stage ~ театральный декоратор, театральный художник 4) дизайнер 4. интриган, заговорщик

designer clothes [dɪˈzaɪnəˌkləʊdz] одежда, сшитая по авторской модели

designful [dɪˈzaɪnf(ə)l] a намеренный, предумышленный; сделанный по плану

designing I [dɪˈzaɪnɪŋ] n 1. 1) проектирование, конструирование 2) планировка 2. интриганство

designing II [dɪˈzaɪnɪŋ] a 1. планирующий, проектирующий 2. интригующий, строящий козни

desilter [diːˈsɪltə] n 1. илоочиститель 2. тех. отстойник

desilting [diːˈsɪltɪŋ] n обезыливание

desilver [diːˈsɪlvə] = desilverize

desilverization [diːˌsɪlv(ə)r(ə)ɪˈzeɪʃ(ə)n] n извлечение серебра; обессеребрение (свинцовых руд и т. п.)

desilverize [diːˈsɪlvəraɪz] v извлекать серебро; обессеребривать (свинцовые руды и т. п.)

desinence ['desɪnəns] *n* 1) *книжн.* конец, окончание, завершение 2) *грам.* суффикс

desinent, desinential ['desɪnənt, ˌdesɪ'nenʃ(ə)l] *a книжн.* конечный; завершающий

desipience, -cy [dɪ'sɪpɪəns, -sɪ] *n книжн.* глупость; шалость, баловство

desirability [dɪˌzaɪ(ə)rə'bɪlɪtɪ] *n* желательность

desirable [dɪ'zaɪ(ə)rəbl] *a* 1. желательный; it is most ~ that he should do it он непременно должен это сделать 2. желанный; соблазнительный 3. приятный, подходящий 4. *мат.* искомый

desirableness [dɪ'zaɪ(ə)rəblnɪs] *n* желательность

desirably [dɪ'zaɪ(ə)rəblɪ] *adv* в соответствии с желанием

desire I [dɪ'zaɪə] *n* 1. (сильное) желание; ~ for knowledge жажда знаний; ~ to do smth. желание сделать что-л.; to have /to feel/ no ~ for smth. /to do smth./ не иметь желания /охоты/ сделать что-л.; to satisfy /to meet/ smb.'s ~ удовлетворять чьи-л. желания, страсть, вожделение; consumed with ~ (весь) во власти желания, пожираемый страстью 3. просьба, пожелание; by ~ по просьбе, по указанию; in accordance with your ~(s), at your ~ в соответствии с вашим пожеланием, по вашему желанию /требованию/ 4. предмет желания; мечта; to have /to get/ one's ~ добиться своего; добиться осуществления своих желаний

desire II [dɪ'zaɪə] *v* 1. желать; испытывать желание, хотеть; to ~ peace [happiness] хотеть мира [счастья]; to ~ to glory жаждать славы; to ~ to be left alone, to ~ that one should be left alone хотеть /желать/ остаться одному; since you ~ it если вам так хочется; it leaves much to be ~d это оставляет желать лучшего; to be all that can be ~d быть пределом желаний, не оставлять желать ничего лучшего 2. (настоятельно) просить; выражать желание; требовать; to ~ an explanation [a prompt answer] (по)требовать объяснений [немедленного ответа]; I ~ you to go at once, I ~ that you should go at once прошу вас ехать немедленно; ~ Mr. Jones to come in попросите м-ра Джонса (войти)

desired [dɪ'zaɪəd] *a* желанный

desirous [dɪ'zaɪ(ə)rəs] *a* желающий, жаждущий; ~ of success /of succeeding, to succeed/ жаждущий успеха

desist [dɪ'zɪst] *v книжн.* переставать; воздерживаться; to ~ from doing smth. воздерживаться от чего-л.; to ~ from attempts отказаться от попыток

desistance [dɪ'zɪstəns] *n книжн.* прекращение

desk [desk] *n* 1. 1) письменный стол, рабочий стол; he is at his ~ all day long он работает /сидит за столом/ целый день; to sit at the ~ а) писать; б) быть чиновником 2) парта 3) конторка 4) ящик для письменных принадлежностей 5) бювар 6) касса; to pay at the ~ платить в кассу 2. *церк.* аналой 2) *преим. амер.* кафедра проповедника 3. *муз.* пюпитр 4. 1) *тех.* пульт управления; щит (control) ~ центральный пульт /щит/ управления 2) эл. панель распределительного устройства *спец.* стенд; test ~ испытательный стенд 5. *амер.* редакция газеты 6. *офиц.* отделение, сектор референтуры 7. *амер. шутл.* 1) клерк, чиновник 2) проповедник ◊ to ride /to fly/ a ~ *воен.* занимать штабную должность

desk book ['deskbʊk] настольная книга; справочник

deskbound ['deskbaʊnd] *a* 1. сидячий (*о работе*) 2. *неодобр.* канцелярский, чиновничий; ~ executives бюрократическое руководство 3. *воен. разг.* небоевой; нестроевой; ~ commandos штабисты; ≅ штабные крысы

desk diary ['deskˌdaɪ(ə)rɪ] настольный календарь

desk drudge ['deskdrʌdʒ] ≅ канцелярская крыса

deskill [diː'skɪl] *v* сокращать количество квалифицированных рабочих на предприятии (*в связи с автоматизацией*)

desk lamp ['desklæmp] настольная лампа (*канцелярского типа*)

deskman ['deskmən] *n (pl* -men [-mən]) *амер.* 1. административный работник 2. помощник редактора (*в газете*); литературный сотрудник

desk officer ['deskˌɒfɪsə] референт

desk pad ['deskpæd] 1) бювар 2) настольный блокнот

desk room ['deskrʊm] контора

desk sergeant ['deskˌsɑːdʒ(ə)nt] дежурный по отделению (*в полиции*)

desk set ['deskset] настольный телефон

desk-size ['desksaɪz] *a* 1. малогабаритный 2. настольного типа

desk study ['deskˌstʌdɪ] кабинетное или предварительное исследование (*какого-л. вопроса*); чисто теоретическое исследование

desktop I ['desktɒp] *n* настольный прибор *или* -ая установка (*компьютер и т. п.*)

desktop II ['desktɒp] *a* настольный (*о приборе и т. п.*); ~ computer настольная (персональная) ЭВМ; ~ system *вчт.* система типа «рабочий стол»

desk-work, deskwork ['deskwɜːk] *n* 1. канцелярская работа; административная работа; работа в управлении, конторе *и т. п.* 2. работа за письменным столом (*авторская и т. п.*)

desliming [diː'slaɪmɪŋ] *n* обезыливание

desman ['desmən] *n зоол.* выхухоль (*Desmana moschata*)

desmid ['desmɪd] *n бот.* десмидиевая водоросль (*Desmidiaceae fam.*)

desmosome ['desmə(ʊ)səʊm] *n биол.* десмосома

desmotropism [des'mɒtrəpɪz(ə)m] *n физиол.* десмотропия

desolate I ['desələt, 'dezələt] *a* 1. заброшенный, запущенный; разрушенный; ~ wilderness бесплодная пустыня 2. необитаемый, пустынный; безлюдный; ~ region безлюдный район, безлюдное место; ~ territory безлюдные пространства; ~ of inhabitants безлюдный 3. 1) покинутый, оставленный всеми, одинокий; ~ heart /soul/ одинокая душа; ~ death одинокая смерть 2) несчастный, неутешный; ~ craving неутешная скорбь

desolate II ['desəleɪt, 'dezəleɪt] *v* 1. обезлюдить; to ~ a home /a hearth/ *возвыш.* покинуть домашний очаг; the city was ~d by the plague чума унесла почти всё население города 2. опустошать, разорять; приводить в запустение; to ~ a country опустошать страну; to ~ the houses разграбить дома 3. 1) оставлять, покидать 2) делать несчастным, приводить в отчаяние; to ~ a heart наполнить душу скорбью 4. *амер. разг.* вызывать сожаление; I am ~d to have you go как жаль, что вы не можете остаться

desolately ['desələtlɪ] *adv* неутешно, безысходно

desolateness ['desələtnɪs] *n* заброшенность *и пр.* [*см.* desolate I]

desolater ['desəleɪtə] *n* 1. *см.* desolate II + -er 2. опустошитель, разрушитель

desolation [ˌdesə'leɪʃ(ə)n, ˌdezə'leɪʃ(ə)n] *n* 1. 1) опустошение, разрушение; разорение; in utter ~ в полном запустении; to fall to ~ прийти в запустение; to emerge from ~ восстать из руин; to become a ~ превратиться в пустыню 2) *библ., поэт.* мерзость запустения 2. одиночество; the feeling of ~ чувство одиночества 3. безысходное отчаяние, скорбь; to bring ~ to smb. причинить кому-л. горе

desolator ['desəleɪtə] = desolater

desorb [ˌdiː'sɔːb] *v спец.* десорбировать, выделять

desorption [dɪ'sɔːpʃ(ə)n] *n спец.* десорбция

despair I [dɪs'peə] *n* 1. отчаяние; безысходность, безнадёжность; dumb ~ немое отчаяние; act of ~ акт отчаяния; in (the depths of) ~ в (полном) отчаянии; out of ~ в отчаянии, с горя; to drive smb. to ~ довести кого-л. до отчаяния; to fall into ~ to sink in/ ~ впасть в отчаяние; to throw up one's hands in ~ в отчаянии воздеть руки к небу 2. источник страдания, огорчения; he is the ~ of his mother он причиняет много горя матери

despair II [dɪs'peə] *v* отчаиваться, терять надежду; впадать в отчаяние; to ~ of success потерять веру в успех; the patient's life is ~ed of состояние больного безнадёжно

despairing [dɪs'peərɪŋ] *a* отчаянный, безнадёжный; ~ look взгляд, полный отчаяния; ~ wail вопль отчаяния

despairingly [dɪs'peərɪŋlɪ] *adv* в отчаянии, безнадёжно

despan [ˌdes'spæn] *past om* despin

despatch I, II [dɪs'pætʃ] = dispatch I *и* II

despecificate [ˌdiːspɪ'sɪfɪkeɪt] *v редк.* лишать специфических свойств

despectant [dɪs'pektənt] *a гералд.* смотрящий вниз; склонённый

desperado [ˌdespə'rɑːdəʊ] *n (pl* -oes, -os [-əʊz]) *исп.* отчаянный человек, сорвиголова; головорез

desperate I ['desp(ə)rɪt] *a* 1. отчаянный, доведённый до отчаяния; безрассудный; ~ attempt отчаянная попытка; ~ daring безумная отвага; ~ energy энергия отчаяния; ~ resistance отчаянное сопротивление; they were ~ они были готовы на всё; ~ to blot out the memory of defeat отчаянно пытающийся искоренить /истребить/ саму память о поражении 2. безнадёжный, безвыходный; ~ condition безнадёжное положение /состояние/; ~ woe безутешная /безысходная/ скорбь; ~ disease неизлечимая болезнь 3. *эмоц.-усил.* 1) ужасный, отъявленный; закоренелый; ~ villain закоренелый негодяй; ~ gambler отчаянный /заядлый/ картёжник; ~ fool страшный /беспросветный/ дурак 2) отвратительный, гнусный; ~ weather мерзкая погода 3) очень сильный; ~ thirst страшная /безумная/ жажда

desperate II ['desp(ə)rɪt] *adv эмоц.-усил.* крайне, очень, ужасно, отчаянно, страшно; ~ bad никуда негодный

desperately ['desp(ə)rɪtlɪ] *adv* 1. отчаянно, безрассудно; to fight ~ драться до последнего 2. безнадёжно 3. *эмоц.-усил.* крайне, остро, страшно, отчаянно; позарез; ~ ill вконец расхворавшийся; ~ in love with smb. безумно влюблённый в кого-л.; he borrowed a small sum of money ~ needed он занял небольшую сумму, в которой

DES — DES

отчáянно /óстро/ нуждáлся; I was ~ afraid я стрáшно испугáлся; here everything is possible and so almost nothing is ~ precious ≅ здесь всё достýпно, и поэ́тому почти́ ничто́ по-настоя́щему не цéнится

desperateness ['desp(ə)rıtnıs] *n* отчáянность, безрассýдство *и пр.* [*см.* desperate I]

desperation [,despə'reıʃ(ə)n] *n* безрассýдство, безýмие; to drive smb. to ~ доводи́ть кого́-л. до крáйности /до бéшенства/; I was in ~ я был доведён до крáйности

despicable [dı'spıkəbl, 'despıkəbl] *a* вызывáющий презрéние, презрéнный; жáлкий

despin [,di:'spın] *v* (despun, despan; despun) *спец.* останáвливать вращéние, стабилизи́ровать

despisable [dıs'paızəbl] = despicable

despisal [dıs'paız(ə)l] *n книжн.* презрéние

despise [dıs'paız] *v* презирáть, ни во что́ не стáвить; this is not to be ~d э́того нельзя́ не приня́ть во внимáние

despite I [dıs'paıt] *n арх.* злóба; презрéние
◇ in smb.'s ~ во вред кому́-л.

despite II [dıs'paıt] *prep* вопреки́, несмотря́ на; ~ our efforts несмотря́ на нáши уси́лия

despiteous [dıs'pıtıəs] *a книжн.* злóбный, жестóкий, безжáлостный

despoil [dı'spɔıl] *v книжн.* 1. грáбить, разоря́ть 2. (of) обирáть; лишáть (*чего́-л.*)

despoliation [dı,spəulı'eıʃ(ə)n] *n книжн.* грабёж, расхищéние; разграблéние

despond [dıs'pɒnd] *v книжн.* пáдать дýхом, унывáть; теря́ть вéру, надéжду

despondence, -cy [dıs'pɒndəns, -sı] *n книжн.* уны́ние, упáдок дýха, подáвленность; to fall into ~ впасть в уны́ние

despondent [dıs'pɒndənt] *a* уны́лый, мрáчный, подáвленный; ~ gesture безнадёжный жест; to feel ~ быть в уны́нии /в подáвленном состоя́нии, не в настроéнии/

despot ['despɒt, 'despət] *n* дéспот, тирáн

despotic, despotical [des'pɒtık, -(ə)l] *a* деспоти́ческий, деспоти́чный

despotically [des'pɒtıkəlı] *adv* деспоти́чески, деспоти́чно

despotism ['despətız(ə)m] *n* 1. деспоти́я 2. деспоти́зм, произвóл; деспоти́чность

despumate [dıs'pju:meıt] *v книжн.* 1) снимáть пéну *или* нáкипь 2) очищáться от пéны *или* нáкипи

despun [,di:'spʌn] *past и p. p. от* despin

desquamate ['deskwəmeıt] *v мед.* шелуши́ться, лупи́ться; слу́щиваться

desquamation [,deskwə'meıʃ(ə)n] *n мед.* шелушéние, десквамáция, слу́щивание

desquamative [des'kwæmətıv] *a мед.* 1) вызывáющий шелушéние 2) шелуша́щийся

dessert [dı'zɜ:t] *n* 1) десéрт, слáдкое (блю́до); ~ knife [fork, plate] десéртный нож [-ая ви́лка, -áя тарéлка]; ~ wine десéртное вино́ 2) пиро́жное, пу́динг, морóженое (*как десéрт*)

dessert-spoon [dı'zɜ:tspu:n] *n* десéртная лóжка

dessiatine ['desjəti:n] *n русск. ист.* десяти́на

dessicator ['desıkeıtə] *n хим.* эксикáтор

destabilization [dı,steıbıl(a)ı'zeıʃ(ə)n] *n* дестабилизáция; нарушéние усто́йчивости

destabilize [dı'steıbılaız] *v* дестабилизи́ровать; нарушáть усто́йчивость; to ~ the situation in Africa дестабилизи́ровать положéние в Áфрике

destinate ['destıneıt] *редк.* = destine

destination [,destı'neıʃ(ə)n] *n* 1. мéсто назначéния; цель (*путешéствия, похóда и т. п.*); port of ~ порт назначéния; to forward a letter to its ~ отпрáвить письмо́ по áдресу; to reach one's /the/ ~, to arrive at one's ~ прибы́ть к мéсту назначéния 2. назначéние, предназначéние, предопределéние

destine ['destın] *v* 1. назначáть, предназначáть; предопределя́ть; hopes not ~d to be realized надéжды, кото́рым не сужденó осуществи́ться /сбы́ться/; they are not ~d to meet не судьбá им встрéтиться; he was ~d for science ему́ бы́ло сужденó /на роду́ напи́сано/ занимáться наýкой 2. направля́ть; быть предназнáченным для; to ~ for some place направля́ться кудá-л.; a vessel ~d for London сýдно, направля́ющееся в Лóндон

destined ['destınd] *a* назнáченный, преднáзначенный, предначéртанный; the ~ hour роковой час; to set smb. on his ~ path напрáвить кого́-л. по предначéртанному ему́ пути́

destinism ['destınız(ə)m] *n редк.* фатали́зм

destiny ['destını] *n* 1. 1) судьбá; дóля, ýчасть; strange [fortunate] ~ стрáнная (счастли́вая) судьбá; to settle smb.'s ~ реши́ть чью-л. ýчасть; to be reconciled to one's ~ примири́ться с судьбой; to start on one's ~ пойти́ по пути́, предначéртанному судьбой; every man has but one ~ у кáждого человéка (тóлько) своя́ судьбá; he was carried along by ~ его́ велá судьбá 2) неизбéжность; рок; inevitable ~ неотврати́мая судьбá /-ый рок/; a number of people have met sterner destinies со мнóгими судьбá обошлáсь ещё сурóвее 2. (D.) *миф.* 1) боги́ня судьбы́ 2) *pl* Пáрки

destitute I ['destıtju:t] *n* нуждáющийся, бедня́к

destitute II ['destıtju:t] *a* 1. си́льно нуждáющийся; бéдный; ~ condition крáйняя нуждá, бéдность; to be utterly ~ жить в пóлной нищетé; to be left ~ остáться без вся́ких средств 2. лишённый (*чего́-л.*); ~ of vegetation лишённый расти́тельности; ~ of feeling бесчу́вственный

destitute III ['destıtju:t] *v редк.* 1. снимáть с дóлжности, смещáть 2. лишáть 3. опустошáть, разорять

destitution [,destı'tju:ʃ(ə)n] *n* 1. нуждá, нищетá; to bring ~ разори́ть; left in a state of ~ остáвленный без (вся́ких) средств 2. лишéние, недостáток, отсýтствие; ~ of all principle(s) пóлная беспри́нципность 3. *редк.* смещéние (с дóлжности)

destrer ['destrə] *n ист.* боевóй конь

destress [,dı:'stres] *v* 1. *физ.* разгружáть, снимáть избы́точное напряжéние 2. *ж.-д.* уменьшáть грузонапряжённость 3. *мед.* снимáть стресс

destrier ['destrıə] = destrer

destroy [dıs'trɔı] *v* 1. разрушáть; разбивáть; to ~ a building разрýшить /снести́/ здáние; to ~ an army разби́ть áрмию 2. разбивáть, расстрáивать; to ~ smb.'s hopes разби́ть чьи-л. надéжды; to ~ smb.'s plans расстро́ить чьи-л. плáны 3. ломáть, пóртить; to ~ a dress разорвáть /испóртить/ плáтье; excesses ~ our powers of resistance to disease изли́шества подрывáют нáшу спосо́бность сопротивля́ться боле́зням 4. уничтожáть; истребля́ть; to ~ a document [the rights] уничтóжить докумéнт [прав´а]; to ~ smb.'s love уби́ть чью-л. любóвь; to ~ a reputation погуби́ть репутáцию 5. убивáть; to ~ an injured horse уби́ть рáненую лóшадь; to ~ oneself кóнчить жизнь самоуби́йством

destroyable [dıs'trɔıəbl] *a* могýщий быть разрýшенным; поддающийся разрушéнию, непрóчный

destroyer [dıs'trɔıə] *n* 1. разруши́тель 2. *мор.* эскáдренный миноно́сец, эсми́нец; ~ flotilla флоти́лия эскáдренных миноно́сцев 3. *ав.* истреби́тель 4. *амер. воен.* самохóдное противотáнковое орýдие

destroyer escort [dıs'trɔıə,eskɔ:t] *мор.* сторожевóй корáбль

destruct I ['di(:)s'trʌkt] *n* 1. ликвидáция в полёте (*снарядá, ракéты в слýчае неиспрáвности*) 2. уничтожéние устанóвки, оборýдования, материáлов (*в слýчае возмóжности их захвáта проти́вником и т. п.*)

destruct II [dıs'trʌkt] *v* 1. разрушáть, разлагáть (*материáл и т. п.*) 2. подрывáть в полёте (*ракéту и т. п.*)

destructibility [dıs,trʌktı'bılıtı] *n* разруши́мость, непрóчность

destructible [dıs'trʌktəbl] *a* разруши́мый, непрóчный

destruction [dıs'trʌkʃ(ə)n] *n* 1. 1) разрушéние, уничтожéние; ~ fire *воен.* огóнь на разрушéние /уничтожéние/; ~ by fire /caused by fire/ разрушéние, причинённое пожáром; war means death and ~ войнá означáет /несёт/ смерть и разрушéние 2) умерщвлéние; ~ of beasts of prey уничтожéние хи́щников; child ~ *юр.* умерщвлéние плодá 3) ги́бель; крушéние; разорéние; ~ of hopes крушéние надéжд; to bring smb. to ~ разруши́ть что́-л., довести́ что́-л. до крáха; to bring smb. to ~ погуби́ть кого́-л.; to be on the path to ~ находи́ться на пути́ к ги́бели, быть на краю́ прóпасти; to rush to one's own ~ стреми́тельно идти́ навстрéчу сóбственной ги́бели 4) разложéние, деструкция (*материáла и т. п.*) 2. причи́на ги́бели, крáха *или* разорéния; gambling [drinking] was his ~ его́ погуби́ли кáрты [винó]

destructionist [dıs'trʌkʃənıst] *n* разруши́тель; ниги́лист; анархи́ст

destructive I [dıs'trʌktıv] *n* 1. разруши́тельная си́ла 2. = destructionist 3. *лог.* деструкти́вный силлоги́зм

destructive II [dıs'trʌktıv] *a* 1. 1) разруши́тельный; ~ storm бýря, причини́вшая большие разрушéния; ~ power *воен.* разруши́тельная мощь; ~ child неловкий /неуклю́жий/ ребёнок; ребёнок, кото́рый всё ломáет; ≅ не рýки, а крюки́; ~ instinct инсти́нкт разрушéния; ~ distillation *хим.* сухáя перегóнка 2) уничтожáющий; ~ criticism уничтожáющая кри́тика 3) деструкти́вный; ~ test *тех.* испытáние на разрушéние (*образцá*) 2. врéдный, пáгубный, губи́тельный; ~ example пáгубный /дурнóй/ примéр; to be ~ of smth. разруши́тельно /пáгубно/ дéйствовать на что́-л.; ~ /to/ health губи́тельный для здорóвья 3. *лог.* деструкти́вный (*о силлоги́зме*)

destructively [dıs'trʌktıvlı] *adv* разруши́тельно; губи́тельно, пáгубно, врéдно

destructiveness [dıs'trʌktıvnıs] *n* разруши́тельность, разруши́тельное дéйствие *и пр.* [*см.* destructive II]

destructor [dıs'trʌktə] *n* 1. *редк.* разруши́тель 2. мусоросжигáтельная печь; печь для сжигания отходов производства 3. *воен.* взрыватель, механизм подрыва (*для уничтожения ракеты или управляемого снаряда в случае неисправности*)

destuffation [ˌdɪstʌˈfeɪʃ(ə)n] *n* «дестафация» денег (*ликвидация вещественных средств обращения и платежа и их замена электронными средствами*)

desudation [ˌdiːsjuˈdeɪʃ(ə)n] *n мед.* усиленное потение

desuete [ˈdeswiːt] *a книжн.* устаревший; вышедший из моды; ~ masters забытые мастера

desuetude [ˈdeswɪtjuːd] *n книжн.* устарелость (*закона, обычая и т. п.*); неупотребительность; to fall /to pass/ into ~ выходить из употребления

desulphur, **desulphurate** [diːˈsʌlfə, diːˈsʌlfəreɪt] = desulphurize

desulphuration, **desulphurization** [diːˌsʌlfəˈreɪʃ(ə)n, diːˌsʌlfər(a)ɪˈzeɪʃ(ə)n] *n хим.* десульфурация, обессеривание

desulphurize [diːˈsʌlfəraɪz] *v хим.* удалять серу, обессеривать

desultorily [ˈdes(ə)lt(ə)rɪlɪ, ˈdez-] *adv* несвязно, отрывочно; бесцельно

desultoriness [ˈdes(ə)lt(ə)rɪnɪs, ˈdez-] *n* несвязность и *пр.* [*см.* desultory]

desultory [ˈdes(ə)ltrɪ, ˈdez-] *a* 1. несвязный, отрывочный, несистематический; бесцельный; ~ remarks отрывочные /отдельные/ замечания; ~ reading бессистемное чтение; ~ conversation бессвязный разговор; ~ fire [flight] беспорядочная стрельба [-ое бегство] 2. *редк.* пёстрый

desurfacing [diːˈsɜːfɪsɪŋ] *n* удаление поверхностного слоя

desyatin [ˈdesjətɪ(ː)n] *n* = dessiatine

desynchronize [diːˈsɪŋkrənaɪz] *v спец.* десинхронизировать

desynchronized sleep [diːˈsɪŋkrənaɪzdˌsliːp] *физиол.* быстрая фаза сна, быстрый сон

detach [dɪˈtætʃ] *v* 1. 1) разъединять, разделять, отделять; to ~ a region from a country оторгнуть область от страны; to ~ one country from another посеять рознь между странами; to ~ oneself from the world удалиться от мира 2) отвязывать, отцеплять; to ~ a watch from a chain отстегнуть цепочку от часов, снять часы с цепочки 3) разделяться, разъединяться; отделяться, отъединяться 4) отвязываться, отцепляться 2. чеканить, отчеканивать; отчётливо произносить *или* исполнять 3. *воен.*, *мор.* отряжать, посылать (*отряд, судно*) *и* направлять в распоряжение другого лица

detachable [dɪˈtætʃəbl] *a* 1) отрывной, отрезной 2) съёмный, отделяемый; ~ jaws вставные челюсти; ~ rim съёмный обод; ~ section *тех.* съёмная /разъёмная, сменная/ часть конструкции

detached [dɪˈtætʃt] *a* 1. отдельный, обособленный, стоящий особняком; ~ event отдельное событие; ~ extracts вырванные из контекста отрывки; ~ post *воен.* отдельный пост /караул/; the house stands ~ дом стоит на отлёте /на отшибе/ 2) оторванный, несвязанный; a theory ~ from life теория, оторванная от жизни; to live ~ from the world жить отшельником, жить в одиночестве /в (полной) изоляции/ 3) отдельный, выполняющий самостоятельную задачу; ~ battalion отдельный батальон 2. беспристрастный, непредубеждённый, независимый; ~ view независимый взгляд; ~ manner бесстрастная манера; with an expression of polite and ~ interest с выражением вежливой скуки на лице; "it's true," he said, carefully ~ «это правда», — сказал он с хорошо разыгранным безразличием 3. *воен.* (от)командированный; ~ duty командировка; ~ service *амер.* командировка; ~ for service командированный 4. *геол.* отжатый

detachedly [dɪˈtætʃtlɪ] *adv* 1. отдельно; особняком 2. беспристрастно

detachment [dɪˈtætʃmənt] *n* 1. разъединение; отделение, отъединение; отцепление 2. 1) беспристрастность, непредубеждённость, независимость (*суждений и т. п.*); бесстрастность; to treat smb. with courteous ~ относиться к кому-л. с вежливым безразличием; to speak with ~ говорить бесстрастно; говорить так, словно это тебя не касается 2) оторванность, отчуждённость; отрешённость; an air of ~ отрешённый вид; ~ from the world оторванность от мира 3. отряд войск *или* кораблей; ~ commander командир отряда; ~ headquarters *воен.* группа управления отряда 4. *воен.* орудийный *или* миномётный расчёт 5. *воен.* (от)командирование; on ~ откомандированный 6. *мед.* отслойка, отслоение; retinal ~, ~ of the retina отслойка /отслойка/ сетчатки 7. *геол.* отслоение 8. *физ.* отрыв (*частицы*)

detail I [ˈdiːteɪl] *n* 1. 1) деталь, подробность; in ~ детально, подробно, обстоятельно; in every ~, in the fullest ~ во всех подробностях; minor ~s мелкие /незначительные/ детали; war of ~ *воен.* мелкие стычки; to give all the ~s рассказать со всеми подробностями; to go /to enter/ into ~s вдаваться в подробности; to go into the smallest ~s вдаваться в мельчайшие подробности; to leave out ~ опускать подробности; to destroy in ~ *воен.* уничтожать по частям; without boring with the ~(s) не входя в подробности; I cannot give you any ~s не могу сообщить вам никаких подробностей; более точных сведений у меня нет; let us have the exact ~s давайте уточним 2) мелкая подробность, частность; full of uninteresting ~(s) перегруженный ненужными подробностями /частностями/; care for ~ забота о мелочах; this is only /but/ a ~, this is a mere ~ это частность, это не имеет принципиального значения 2. деталь (*здания или машины*); часть, элемент; ~ of design фрагмент, деталь 3. детальный чертёж (*тж.* ~ drawing) 4. *воен.* наряд; команда; general [particular] ~ общий [частный] наряд; a special ~ of private detectives специальная группа частных детективов 5. *тлв.* детальность, чёткость

detail II [ˈdiːteɪl] *v* 1. подробно рассказывать, входить *или* вдаваться в подробности, детализировать; to ~ all the facts обстоятельно изложить все факты 2. *воен.* выделять, наряжать, назначать в наряд; to ~ smb. for guard duty назначить кого-л. в караул 3. делать детальный чертёж

detailed [ˈdiːteɪld] *a* 1. детальный, подробный, обстоятельный; ~ study подробное /глубокое/ изучение; ~ interrogation полный допрос; ~ decontamination *воен.* полная дезактивация; to give a ~ account of smth. подробно /обстоятельно/ изложить что-л. 2. *воен.* назначенный, (от)командированный

detailer [ˈdiːteɪlə] *n* чертёжник-конструктор

detain [dɪˈteɪn] *v* 1. задерживать; he was ~ed by business его задержали дела; don't let me ~ you не буду вас задерживать; something ~ed him что-то помешало ему прийти вовремя 2. задерживать, арестовывать; (со)держать под стражей 3. *юр.* незаконно удерживать, присваивать

detained [dɪˈteɪnd] *a* 1) задерживаемый, задержанный 2) удерживаемый; удержанный; ~ pay *воен.* часть денежного содержания, удерживаемая до увольнения в запас

detainee [ˌdiːteɪˈniː] *n юр.* лицо, содержащееся под стражей, задержанный

detainer [dɪˈteɪnə] *n* 1. *юр.* 1) незаконное удержание имущества; forcible ~ насильственный захват (*земель, владений*) 2) содержание арестованного под стражей; writ of ~ ордер на (дальнейшее) содержание под стражей, предписание о (дальнейшем) содержании арестованного под стражей 2. *тех.* арретир

de-tank [diːˈtæŋk] *v воен.* высаживаться, вылезать из танка

detect [dɪˈtekt] *v* 1. 1) открывать, находить, обнаруживать; to ~ the murderer найти убийцу; to ~ smb. in the act поймать кого-л. с поличным, застать кого-л. на месте преступления 2) расследовать (*преступление*) 2. замечать, обнаруживать; to ~ a smell уловить запах; to ~ a sound [a noise] услышать звук [шум]; to ~ several mistakes заметить несколько ошибок; to ~ a leakage of gas обнаружить утечку газа; to ~ a trace of irony in her voice уловить иронические нотки в её голосе 3. *эл.*, *элк.* выпрямлять, детектировать 4. *спец.* обнаруживать, регистрировать, детектировать

detectable [dɪˈtektəbl] *a* могущий быть обнаруженным, поддающийся обнаружению; обнаружимый, детектируемый

detectaphone [dɪˈtektəfəʊn] *n* детектафон (*устройство для подслушивания телефонных разговоров*)

detectible [dɪˈtektəbl] = detectable

detection [dɪˈtekʃ(ə)n] *n* 1. 1) открытие, обнаружение; ~ system система обнаружения; ~ rate процент раскрытых преступлений; radar ~ радиолокационное обнаружение; long-range ~ дальнее обнаружение; automatic error ~ автоматическое обнаружение ошибок; ~ of a fraud разоблачение обмана; ~ of crime раскрытие преступления; ~ of nuclear explosions [testing] обнаружение ядерных взрывов [испытаний]; to avoid ~ избежать обнаружения /разоблачения/; to escape ~ а) ускользнуть; скрыться; б) остаться незамеченной (*об ошибке и т. п.*) 2) расследование 2. *радио* детектирование 3. *спец.* детектирование, регистрация 4. *эл.* выпрямление

detection limit [dɪˈtekʃ(ə)nˌlɪmɪt] *спец.* предел чувствительности

detective I [dɪˈtektɪv] *n* 1. агент сыскной полиции, детектив, сыщик; private ~ частный детектив 2. детективный роман *или* рассказ

detective II [dɪˈtektɪv] *a* 1. сыскной; ~ police /force/ сыскная полиция; ~ agency (частная) детективная контора 2. детективный; ~ novel /story/ детективный роман

detector [dɪˈtektə] *n* 1. *см.* detect + -or 2. 1) прибор для обнаружения; детектор, чувствительный *или* воспринимающий элемент; следящее устройство; error ~ детектор ошибок; ~ обнаружения ошибок; seismic ~ сейсмометр, сейсмоприёмник 2) *хим.* индикатор 3. *радио* детектор; crystal [valve] ~ кристаллический [ламповый] детектор

DET — DET

detector crayon [dɪˈtektəˌkreɪən] *воен.* карандаш-индикатор (*отравляющих веществ*)

detent [dɪˈtent] *n тех.* 1) стопор, защёлка, собачка, упор, арретир 2) фиксатор

détente [deˈtɑ:nt, ˈdeɪtɒnt] *n* ослабление напряжённости, разрядка (*особ. в отношениях между государствами*); political [military] ~ политическая [военная] разрядка; an era of ~ эпоха разрядки; increased contacts through ~ более широкие контакты благодаря разрядке

detention [dɪˈtenʃ(ə)n] *n* 1. 1) задержка, оставление (*сверх срока*); ~ after school hours оставление после уроков; to give a pupil ~ задержать /оставить/ ученика после уроков 2) вынужденная задержка; accidental ~ on a journey непредвиденная задержка в пути 2. 1) задержание, арест 2) содержание под арестом; illegal ~ незаконное содержание в тюрьме; ~ in (a) jail тюремное заключение; six weeks ~ шесть недель тюрьмы; ~ on suspicion /on remand/, ~ awaiting trial *юр.* предварительное заключение; to place smb. in ~ задержать кого-л., взять кого-л. под стражу; to be under ~ быть под арестом /под стражей/; to keep smb. under ~ держать кого-л. под арестом; consider yourself under ~ считайте, что вы арестованы 3. *мор.* 1) задержка, простой (*судна*); to order the ~ of a ship отдать приказ о задержке судна 2) возмещение на задержку судна 4. *воен.* удержание из денежного содержания 5. *тех.* арретирование, остановка

detention camp [dɪˈtenʃ(ə)nˌkæmp] 1) лагерь для интернированных 2) *амер. воен.* карантинный лагерь 3) карантин для новобранцев

detention centre [dɪˈtenʃənˌsentə] исправительное учреждение (*для молодых преступников*)

détenu [ˌdetəˈnju:] *n фр.* задержанный; арестованный

deter [dɪˈtɜ:] *v* (from) удерживать, останавливать; отпугивать; to ~ smb. from trying again удерживать кого-л. от новых /повторных/ попыток; the weather ~red them from going for a picnic погода помешала им устроить пикник; nothing will ~ him его ничто не остановит

deterge [dɪˈtɜ:dʒ] *v часто мед.* очищать, счищать; смывать; промывать

detergency [dɪˈtɜ:dʒ(ə)nsɪ] *n* моющее действие; моющая способность

detergent I [dɪˈtɜ:dʒ(ə)nt] *n* 1) очищающее *или* моющее средство, детергент 2) *мед.* слабительное

detergent II [dɪˈtɜ:dʒ(ə)nt] *a* очищающий, моющий; ~ additive *тех.* моющая присадка (*к маслу*); ~ power моющее действие

deteriorate [dɪˈtɪərɪəreɪt] *v* 1) ухудшать, портить; to ~ the value of smth. снижать ценность чего-л. 2) ухудшаться, портиться; art was deteriorating искусство приходило в упадок 3) вырождаться 4) разрушаться; ветшать

deterioration [dɪˌtɪərɪəˈreɪʃ(ə)n] *n* 1) ухудшение; ~ of style вырождение стиля (*в архитектуре и т. п.*); ~ of the purchasing value of money уменьшение покупательной силы /способности/ денег; ~ in quality снижение качества; ~ in morals падение нравов 2) порча, износ

deteriorative [dɪˈtɪərɪəreɪtɪv] *a* разрушительный; ухудшающий

determent [dɪˈtɜ:mənt] *n* удерживание

determinable [dɪˈtɜ:mɪnəbl] *a* 1. определимый; поддающийся определению 2. *юр.* истекающий; a lease ~ at the end of seven years договор найма /аренды/ сроком на семь лет

determinacy [dɪˈtɜ:mɪnəsɪ] *n* 1) *филос.*, *мат.* детерминированность; causal ~ причинная детерминированность 2) *лог.* определённость

determinant I [dɪˈtɜ:mɪnənt] *n* 1. решающий фактор 2. *мат.* детерминант, определитель 3. *ист.* соискатель степени бакалавра 4. *биол.* детерминанта, наследственный фактор 5. *биол.* часть антигена, соединяющаяся с антителом

determinant II [dɪˈtɜ:mɪnənt] = determinative II

determinantal [dɪˌtɜ:mɪˈnæntl] *a мат.* детерминантный

determinate [dɪˈtɜ:mɪ(ɪ)nət] *a* 1. ясный, определённый, установленный; ~ order определённый /установленный/ порядок; ~ shape отчётливая форма; ~ variations закономерные изменения; in a ~ sense в определённом смысле 2. окончательный, последний; ~ reply окончательный ответ 3. решительный; ~ character решительный характер 4. *бот.* полузонтичный (*о соцветии*) 5. *с.-х.* детерминантный (*о сорте и т. п.*) 6. *филос.* детерминированный

determinately [dɪˈtɜ:mɪnətlɪ] *adv* 1. определённо 2. окончательно 3. решительно

determination [dɪˌtɜ:mɪˈneɪʃ(ə)n] *n* 1. решимость; решительность; set ~ твёрдое решение; with ~ решительно, непреклонно; ~ to do smth. решимость сделать что-л.; a man of a certain ~ and force решительный и волевой человек; to come to a ~ прийти к решению, принять решение [*см. тж.* 3]; to move smb. from his ~ поколебать чью-л. решимость 2. 1) определение, установление; ~ of price калькуляция цен; установление уровня цен 2) измерение, (экспериментальное) определение; ~ of a wave-length измерение длины волны 3) анализ; quantity ~ количественный анализ *спец.* задание, задавание (*параметров или режима*) 3. *юр.* определение, постановление (*суда*); to come to a ~ прийти к заключению /к выводу/ [*см. тж.* 1] 4. направление; стремление, тенденция 5. *мед.* прилив (*крови и т. п.*); ~ of blood to the head прилив крови к голове 6. *лог.* 1) ограничение понятия 2) существенный признак (*понятия*) 7. *ист.* схоластический диспут (*в университете*) [*см. тж.* determine 7]

determinative I [dɪˈtɜ:mɪnətɪv] *n* 1. решающий фактор 2. *грам.* определяющее слово; детерминатив

determinative II [dɪˈtɜ:mɪnətɪv] *a* 1. определяющий; устанавливающий 2. решающий; an incident ~ of his career случай, коренным /решающим/ образом повлиявший на его карьеру /определивший его дальнейшую жизнь/

determinator [dɪˈtɜ:mɪneɪtə] = determiner

determine [dɪˈtɜ:mɪn] *v* 1. 1) определять, устанавливать; to ~ smb.'s duties очертить круг чьих-л. обязанностей; demand ~s prices спрос обусловливает уровень цен; to ~ the meaning of a word установить значение слова; to ~ the cause of death установить причину смерти 2) измерять, вычислять; to ~ the saltness of sea-water найти /определить/ солёность морской воды 3) обусловливать, детерминировать; to ~ the choice обусловить /определить/ выбор 3. побуждать, заставлять; толкать, подталкивать; to ~ smb. to smth. побуждать кого-л. к чему-л.; this ~d him to act at once это заставило его действовать без промедления 4. 1) разрешать, решать; to ~ smb.'s fate решить чью-л. судьбу /участь/; to ~ the case *офиц.* решить дело, вынести решение по делу 2) решаться, принимать решение; делать выбор; to ~ (up)on /to be ~d on/ a course of action определить линию поведения; he ~d to go at once он решил ехать немедленно; we were ~d to sell the car мы решили /были настроены/ продать машину 5. 1) оканчивать, заканчивать; to ~ the crisis положить конец кризису 2) *юр.* истекать (*о сроке действия*) 6. *лог.* ограничивать (*понятие*) 7. *ист.* участвовать в схоластическом диспуте (*о соискателе степени бакалавра искусств в средневековом университете*)

determined [dɪˈtɜ:mɪnd] *a* 1. решительный, полный решимости; непреклонный; ~ character а) твёрдый характер; б) решительный человек; ~ chin волевой подбородок; he is more ~ than ever он настроен более решительно, чем когда-либо раньше; ~ attack решительный удар 2. определённый, установленный; ~ price определённая /твёрдая/ цена

determiner [dɪˈtɜ:mɪnə] *n* 1. *см.* determine + -er 2. *лингв.* определяющее слово

determinism [dɪˈtɜ:mɪnɪz(ə)m] *n* детерминизм

determinist [dɪˈtɜ:mɪnɪst] *n* детерминист

deterministic [dɪˌtɜ:mɪˈnɪstɪk] *a* детерминистический; детерминистский

deterrence [dɪˈter(ə)ns] *n* 1) удерживание, устрашение, запугивание 2) отпугивание, запугивание; nuclear ~ ядерное устрашение 3) средство устрашения 4) сдерживание

deterrent I [dɪˈter(ə)nt] *n* 1. удерживающее, сдерживающее средство; средство устрашения; to act as a ~ of crime служить средством предупреждения преступления 2. *хим.* ингибитор, замедлитель реакции

deterrent II [dɪˈter(ə)nt] *a* удерживающий, сдерживающий, препятствующий; отпугивающий, устрашающий; ~ weather неблагоприятная погода; ~ diplomacy дипломатия сдерживания; ~ fire *воен.* огонь на воспрещение

deterrer [dɪˈtɜ:rə] = deterrent I 1

detersion [dɪˈtɜ:ʃ(ə)n] *n спец.* промывание, очищение

detersive I, II [dɪˈtɜ:sɪv] = detergent I и II

detest [dɪˈtest] *v* ненавидеть, питать отвращение; I ~ being interrupted терпеть не могу, когда меня прерывают

detestable [dɪˈtestəbl] *a* отвратительный, внушающий отвращение; мерзкий, мерзостный; ~ act мерзкий поступок

detestation [ˌdi:tesˈteɪʃ(ə)n] *n* 1) сильное отвращение, омерзение; fierce ~ крайнее отвращение; ~ of smb. отвращение к кому-л.; to be in ~ вызывать отвращение /гадливое чувство/; to hold /to have/ smb. in ~ питать /испытывать/ отвращение к кому-л. 2) отвратительная вещь; гадкий, омерзительный человек

dethrone [dɪˈθrəʊn] *v* 1) свергать с трона, престола 2) смещать (*с высшей должности*) 3) развенчать

dethronement [dɪˈθrəʊnmənt] *n* 1) свержение с трона, престола 2) смещение (*с высшей должности*)

detinue [ˈdetɪnju:] *n юр.* 1. незаконное владение чужим (движимым) имуществом; action of ~ иск о возвраще-

нии незако́нно захва́ченного иму́щества 2. = action of ~ [см. 1]
detonate ['detəneɪt] *v* 1) детони́ровать, взрыва́ться 2) взрыва́ть; to ~ a nuclear device взорва́ть я́дерное устро́йство; to ~ a nuclear explosion произвести́ я́дерный взрыв 3) вы́звать, породи́ть; to ~ controversies вы́звать бу́рные спо́ры; to ~ a war привести́ к войне́; ≅ вспы́хнула война́
detonating ['detəneɪtɪŋ] *a* детони́рующий; взрывча́тый; ~ agent детони́рующее вещество́; ~ explosive детони́рующее взрывча́тое вещество́; ~ fuse детони́рующий запа́л; ~ mixture взрывча́тая смесь; ~ wave взрывна́я волна́
detonation [ˌdetə'neɪʃ(ə)n] *n* 1. 1) детона́ция, взрыв; nuclear test ~ испыта́тельный я́дерный взрыв 2) стук при детона́ции (*в двигателе*) 2. гром, гро́хот
detonative ['detəneɪtɪv] *a* взрывча́тый
detonator ['detəneɪtə] *n* 1. детона́тор; chemical [electrical] ~ хими́ческий [электри́ческий] детона́тор 2. иниции́рующее взрывча́тое вещество́ 3. *ж.-д.* петарда́
detonator explosive ['detəneɪtəɪks,pləusɪv] *тех.* ка́псюльный соста́в
detorsion [dɪ'tɔ:ʃ(ə)n] *n биохим.* раскру́чивание спира́ли (*биополимера*)
detour I ['di:tuə] *n* око́льный путь; обхо́д, объе́зд; ~ ticket *ж.-д.* ≅ транзи́тный биле́т (*предусматривающий заезд в ряд пунктов, не лежащих на прямом пути следования*); ~s of a river изги́бы реки́; to make a ~ сде́лать крюк
detour II ['di:tuə] *v* отклоня́ться (*от прежнего пути следования*), изменя́ть маршру́т; to ~ to the right round an obstacle обогну́ть препя́тствие спра́ва
détour ['deɪtuə] *фр.* = detour I
detox I ['di:tɒks] *n разг.* кли́ника для лече́ния алкого́ликов и наркома́нов
detox II [di:'tɒks] *v разг.* лечи́ть, вы́лечить от алкоголи́зма *или* наркома́нии
detoxication [di:ˌtɒksɪ'keɪʃ(ə)n] *n* детоксика́ция, обезвре́живание я́да
detract [dɪ'trækt] *v* 1. принижа́ть; умаля́ть, приуменьша́ть; this does not ~ from his merit э́то не умаля́ет его́ досто́инств; it ~s somewhat from his reputation э́то в како́й-то ме́ре подрыва́ет его́ репута́цию; э́то броса́ет на него́ не́которую тень; anger ~s much from her beauty в гне́ве она́ стано́вится некраси́вой 2. уменьша́ть, отнима́ть; to ~ a great deal from smb.'s pleasure ≅ испо́ртить кому́-л. всё удово́льствие; to add or to ~ приба́вить и́ли уба́вить 3. *амер.* отвлека́ть (*внимание и т. п.*)
detraction [dɪ'trækʃ(ə)n] *n* 1) умале́ние (*достоинств*); приниже́ние, приуменьше́ние; this is no ~ from his merits э́то ниско́лько не умаля́ет его́ досто́инств 2) злосло́вие, клевета́; to listen to ~ ве́рить клевете́
detractive [dɪ'træktɪv] *a* умаля́ющий; поро́чащий, принижа́ющий; ~ from the merits of a book снижа́ющий це́нность кни́ги; ~ from smb.'s reputation поро́чащий чью-л. репута́цию 2) уменьша́ющий, приводя́щий к уменьше́нию; ~ influences on the volume of foreign investment фа́кторы, приводя́щие к сокраще́нию объёма иностра́нных инвести́ций
detractor [dɪ'træktə] *n* 1. *см.* detract + -or 2. клеветни́к; хули́тель, кри́тик; the ~s of the new theatre хули́тели но́вого теа́тра
detrain [ˌdi:'treɪn] *v* 1) выса́живать из по́езда 2) разгружа́ть (*ваго́ны*); выгружа́ть (*това́ры*) 3) выса́живаться из по́езда, выходи́ть (из по́езда)

detraining point [di:'treɪnɪŋpɔɪnt] *ж.-д.* пункт вы́грузки
detrainment [di:'treɪnmənt] *n спец.* 1) вы́садка 2) разгру́зка, вы́грузка
detribalize [ˌdi:'traɪbəlaɪz] *v* 1. изгоня́ть из пле́мени 2. лома́ть обы́чаи кла́на, племе́ни
detriment I ['detrɪmənt] *n* 1. уще́рб, вред; to the ~ of smth. в уще́рб /во вред/ чему́-л.; without ~ to smb. без уще́рба для чего́-л.; I know nothing to his ~ я не зна́ю о нём ничего́ предосуди́тельного 2. *pl проф.* взно́сы, сбо́ры (*в университетах*)
detriment II ['detrɪmənt] *v* причиня́ть *или* наноси́ть уще́рб
detrimental I [ˌdetrɪ'mentl] *n разг.* 1. незави́дная па́ртия (*о женихе*) 2. мла́дший брат насле́дника
detrimental II [ˌdetrɪ'mentl] *a* причиня́ющий уще́рб, вред; вре́дный, па́губный; ~ to one's character подрыва́ющий репута́цию; ~ to one's health вре́дный для здоро́вья; it would be ~ to my interests э́то могло́ бы повреди́ть /нанести́ уще́рб/ мои́м интере́сам
detrimentally [ˌdetrɪ'ment(ə)lɪ] *adv* с уще́рбом, во вред; to affect smth. ~ па́губно отрази́ться на чём-л.
detrital [dɪ'traɪt(ə)l] *a геол.* детри́товый, обло́мочный
detrited [dɪ'traɪtɪd] *a* 1. *редк.* сно́шенный, стёршийся 2. = detrital
detrition [dɪ'trɪʃ(ə)n] *n преим. геол.* стира́ние, изна́шивание (*от трения*)
detritus [dɪ'traɪtəs] *n* 1. *геол.* детри́т 2. оско́лки, обло́мки, разва́лины; mineral ~ обло́мочный минера́л
de trop [də'trɒ] *фр.* 1) сли́шком, чересчу́р 2) нену́жный; меша́ющий; ни к чему́
detruck [dɪ'trʌk] *v амер.* 1) выса́живать, выгружа́ть из маши́н 2) выса́живаться из маши́н
detrucking area [dɪ'trʌkɪŋˌeə(ə)rɪə] *амер.* зо́на вы́грузки грузово́го автотра́нспорта
detrucking point [dɪ'trʌkɪŋpɔɪnt] *амер.* пункт вы́грузки грузово́го автотра́нспорта
detrude [dɪ'tru:d] *v редк.* 1. выта́лкивать, выбра́сывать 2. ста́лкивать, сбра́сывать
detruncate [di:'trʌŋkeɪt] *v редк.* укора́чивать, обреза́ть; среза́ть
detrusion [dɪ'tru:ʒ(ə)n] *n спец.* сдвиг
detumescence [ˌdi:tju:'mes(ə)ns] *n мед.* уменьше́ние припу́хлости
detune [ˌdi:'tju:n] *v радио* расстра́ивать, наруша́ть настро́йку
detuning [di:'tju:nɪŋ] *n радио* расстро́йка, наруше́ние настро́йки
detur [dɪ'tɜ:] *n амер.* пре́мия в ви́де кни́ги (*присуждается ежегодно в Га́рвардском университете*)
deuce¹ [dju:s] *n* 1. дво́йка; два очка́ (*в ка́ртах и т. п.*); ~ of hearts дво́йка черве́й 2. ра́вный счёт 40:40 (*в те́ннисе*; *тж.* ~ game); set сет при ра́вном счёте (*в теннисе*)
deuce² I [dju:s] *n эмоц.-усил.* чёрт, дья́вол; the ~ knows чёрт его́ зна́ет; the ~ is in it if I cannot чёрт побери́, коне́чно, могу́!; a ~ of a row ужа́сный сканда́л; a ~ of a time ago чёрт зна́ет когда́; ужа́сно давно́; go to the ~ иди́ /прова́ливай/ ко всем чертя́м
◊ to play the ~ with smth. переверну́ть что-л. вверх дном; the ~ (and all) to pay ≅ сам чёрт но́гу сло́мит; затрудни́тельное положе́ние, тру́дная зада́ча; it is the very ~! в э́том-то вся загво́здка!
deuce² II [dju:s] *int* 1) чёрт!, чёрт возьми́!, чёрт побери́! "It's a vision", she said. "The ~!" «Чёрт побери́! Ведь э́то привиде́ние!» — сказа́ла она́; I wish

the ~ you hadn't! чёрт возьми́, лу́чше бы вы э́того не де́лали! 2) *эмоц.-усил.* по́сле вопроси́тельных слов who, what, why *и т. п.* выража́ет недово́льство, раздраже́ние чёрт возьми́!, что за чёрт!, како́го чёрта!; what the ~? что за чёрт?!; why the ~? како́го чёрта?!; who the ~ are you?! кто же вы, чёрт побери́?! 3) *как эмоц. отрица́ние* как бы не так!, чёрта с два!; is he coming? — The ~ is! Он придёт? — Чёрта с два! /Как бы не так!/; the ~ a bit! чёрта с два!, как бы не так! 4) *эмоц.-усил. в составе реплики выражает недоверие к словам собеседника или неприятное удивление* ещё не хвата́ло!, скажи́те на ми́лость!, неуже́ли!; the English are so amiable. — The ~ they are! They haven't got that reputation англича́не тако́й приве́тливый наро́д. — Чёрта с два! Их таки́ми не счита́ют; I say, Elderson's a member here. — The ~ he is! зна́ете, Элдерсон член э́того клу́ба. — Ещё недостава́ло! /Неуже́ли?!/; he knew it.— The ~ he did! Он знал э́то.— Неуже́ли?
deuce-ace ['dju:seɪs] *n* 1. три очка́ (*в игре́ в ко́сти*) 2. чертовское невезе́ние
deuced I [dju:st] *a эмоц.-усил.* чертовский, ужа́сный; I'm in a ~ hurry я ужа́сно спешу́; he was in a ~ mess он попа́л в чертовски неприя́тное положе́ние
deuced II [dju:st] *adv эмоц.-усил.* чертовски, дья́вольски, ужа́сно; ~ uncomfortable чертовски неудо́бный
deucedly ['dju:sɪdlɪ] = deuced II
deus ex machina ['di:əksˌmækɪnə] *лат.* неожи́данное спасе́ние (*благодаря счастливому вмешательству*); счастли́вая развя́зка [*букв.* «бог из маши́ны»]
deuteranopia [ˌdju:t(ə)rə'nəupɪə] *n мед.* девтерано́пия, нечувстви́тельность к зелёному цве́ту
deuteride ['dju:t(ə)raɪd] *n хим.* дейтери́д
deuterium [dju:(')'tɪərɪəm] *n хим.* дейте́рий, тяжёлый водоро́д; ~ oxide тяжёлая вода́
deutero- ['dju:tərə-, 'dju:tə'rɒ-] (*тж.* deuto-) в сло́жных слова́х (*с греч. корнями*) *имеет значение* второ́й, втори́чный: Deuteronomy Второзако́ние, deuterostoma *биол.* втори́чный рот; deutoplasma дейтопла́зма (*желток яйцеклетки*)
deuterogamy [ˌdju:tə'rɒgəmɪ] *n книжн.* второ́й брак
deuteron ['dju:t(ə)rɒn] *n физ.* дейтро́н
Deuteronomy [ˌdju:tə'rɒnəmɪ] *n библ.* Второзако́ние
deuteroxide [ˌdju:tə'rɒksaɪd] *n хим.* тяжёлая вода́, о́кись дейте́рия
deuto- ['dju:təu-] = deutero-
deutoxide [dju:'tɒksaɪd] = deuteroxide
deva ['deɪvə] *n инд. миф.* де́ва, дэв
devaluate [di:'væljueɪt] = devalue
devaluation [di:ˌvæljʊ'eɪʃ(ə)n] *n фин.* девальва́ция
devalue [ˌdi:'vælju:] *v фин.* проводи́ть девальва́цию, девальви́ровать
devanagari [ˌdeɪvə'nɑ:gərɪ] *n инд.* девана́гари (*слоговое письмо*)
devaporate [dɪ'væpəreɪt] *v редк.* 1) конденси́ровать 2) конденси́роваться
devastate ['devəsteɪt] *v* 1. 1) опустоша́ть, разоря́ть; to ~ a country опустоши́ть страну́; ~d by fire [by earthquake] разру́шенный огнём [землетрясе́нием]; his face was ~d *образн.* пережива́ния оста́вили неизглади́мую печа́ть на его́ лице́ 2) подавля́ть, угнета́ть; he was ~d by grief он был разда́влен го́рем

2. *юр.* расхищать наследственное имущество

devastating ['devəsteɪtɪŋ] *a* 1. опустошительный, разрушительный; ~ storm опустошительная буря 2. *эмоц.-усил.* ужасающий, потрясающий, невероятный; ~ shyness патологическая застенчивость; he is a ~ bore он невыносимый зануда; how ~ ужасно! (*тж. ирон.*)

devastatingly ['devəsteɪtɪŋlɪ] *adv эмоц.-усил.* ужасающе, потрясающе, невероятно; ~ beautiful красивый до жути; ~ funny ужасно смешной /забавный/; ≅ просто умора!

devastation [,devə'steɪʃ(ə)n] *n* 1. опустошение, разорение; the enormous ~ and suffering associated with the war невероятная разруха и страдания, которые несёт с собой война 2. *юр.* расхищение наследственного имущества душеприказчиком

devastative ['devəsteɪtɪv] *a* опустошительный, разорительный

devastator ['devəsteɪtə] *n* 1. *см.* devastate + -or 2. 1) опустошитель, разоритель 2) язва, мор, бич

devastavit [,di:və'steɪvɪt] *n юр.* 1. жалоба на душеприказчика или администратора наследства о расхищении им имущества 2. расхищение имущества душеприказчиком или администратором наследства

develop [dɪ'veləp] *v* 1. 1) развивать, совершенствовать; to ~ one's business [memory, mind] развить дело [память, ум]; to ~ a melody *муз.* развивать тему 2) развиваться, расти; расширяться (*о деле, предприятии*); превращаться; his character is still ~ing его характер ещё не сложился окончательно; let things ~ пусть всё идёт своим чередом 2. 1) развиваться, проходить, протекать; the fever ~s normally лихорадка протекает /течёт/ нормально; the situation ~ed rapidly события развивались стремительно 2) начинаться; a ~ing snowstorm начинающийся буран 3. 1) показывать, обнаруживать; to ~ a passion for art проникнуться страстной любовью к искусству; he ~ed symptoms of fever у него обнаружились симптомы лихорадки; he ~ed a strange habit у него появилась странная привычка; at school he ~ed a great gift for mathematics в школе у него обнаружились недюжинные математические способности 2) проявляться, оказываться, обнаруживаться; a new feature of the case ~ed today сегодня дело приняло другой оборот; it ~s that... оказывается, что... 4. излагать; раскрывать; to ~ an argument [an idea] развивать аргумент [идею]; to ~ a case [one's plans] to an audience излагать дело [свои планы] слушателям 5. 1) разрабатывать; to ~ mineral resources разрабатывать полезные ископаемые; it was at a time when atomic energy has not yet been ~ed это произошло в эпоху, когда атомной энергетики ещё не существовало 2) *горн.* развить (*добычу*) 3) *горн.* вскрыть (*месторождение*) 6. создавать; to ~ a strong organization создать сильную организацию 7. 1) создавать, вырабатывать, получать; to ~ heat получать тепловую энергию 2) создавать, разрабатывать; to ~ a system разработать систему 3) *с.-х.* вывести (*сорт или породу*) 4) *спец.* развивать, достигать, иметь (*мощность, скорость и т. п.*); the motor ~s 100 horsepower мощность двигателя составляет 100 лошадиных сил 5) *спорт.* разучивать; to ~ new routines разучить новые элементы (*о гимнасте*) 8. *амер., арх.* выявлять, выяснять, раскрывать; to ~ smb.'s position выяснить чью-л. позицию; the inquiry has ~ed some new facts расследование вскрыло несколько новых фактов 9. *фото* 1) проявлять 2) проявляться 10. *шахм.* 1) выводить (*фигуру*); развивать (*фигуры*); to ~ a rook вывести ладью 2) развиваться 11. *воен.* расчленять, развёртывать (*войска*) 12. *воен.* развивать (*успех*); to ~ an attack развивать наступление 13. *мат.* 1) разлагать, раскрывать (*выражение*) 2) развёртывать (*кривую поверхность*)

developable I [dɪ'veləpəbl] *n мат.* развёртывающаяся поверхность

developable II [dɪ'veləpəbl] *a* 1. *мат.* 1) разлагаемый в ряд 2) выводимый 3) развёртывающийся (*о поверхности*) 2. *редк.* способный к развитию

developed [dɪ'veləpt] *a* (экономически) развитой (*о стране, регионе*)

developer [dɪ'veləpə] *n* 1. *см.* develop + -er; late ~ ребёнок с замедленным развитием 2. *фото* проявитель

developing I [dɪ'veləpɪŋ] *n* 1. развитие, разработка *и т. п.* [*см.* develop] 2. *фото* проявление; ~ bath ванн(очк)а для проявления

developing II [dɪ'veləpɪŋ] *a* развивающийся; ~ countries развивающиеся страны

development [dɪ'veləpmənt] *n* 1. 1) развитие, рост; совершенствование; stage of ~ стадия развития; ~ of civilization [of one's powers] развитие цивилизации [способностей]; ~ of a plant развитие растения; ~ from boyhood to manhood возмужание; extraordinary ~ of literature необычайный расцвет литературы 2) *биол.* эволюция 2. 1) изложение, раскрытие; ~ of a plan изложение плана; ~ of an argument [of an idea] развитие аргумента [идеи] 2) *муз.* разработка (*в сонатной форме*) 3. результат (*развития*); a new ~ in the situation 1) новое в ситуации; 2) новое осложнение положения; a new ~ in literature новое течение /направление/ в литературе 4. *преим. pl* событие; to await ~s ждать (развития) событий; we were waiting for the next ~ мы ждали нового поворота событий; to meet unexpected ~s столкнуться с непредвиденными обстоятельствами; what are the latest ~s? *разг.* что новенького?; it was a ~ unimaginable a decade earlier десять лет назад это событие было бы немыслимо 5. предприятие 6. обрабатываемый участок земли 7. 1) разработка; engineering ~ конструкторская /техническая/ разработка; exploratory ~ экспериментальная разработка; advanced ~ разработка опытного образца; operational ~ эксплуатационная доводка; nuclear weapon ~ разработка ядерного оружия; ~ activity опытно-конструкторские разработки; under ~ (находящийся) в процессе разработки 2) производство; ~ of heat получение тепловой энергии 8. *лог.* развёртывание, разъяснение; экспликация понятия 9. *с.-х.* выведение (*сорта*) 2) мелиорация (*почвы*) 10. *мат.* 1) преобразование 2) развёртывание (*кривой поверхности*) 3) разложение ~ series ~ разложение в ряд 11. *шахм.* вывод (*фигуры*); развитие (*фигур*) 12. *фото* проявление; heat ~ термопроявление (*записи*) 13. *горн.* подготовка или вскрытие месторождения 14. *воен.* расчленение, организация позиций

developmental [dɪ,veləp'mentl] *a книжн.* связанный с развитием; эволюционный; ~ disease болезнь роста; ~ age подростковый возраст; ~ morphology *биол.* эволюционная морфология; биология развития (*организма*)

development area [dɪ'veləpmənt,e(ə)rɪə] 1) район (острой) безработицы 2) район строительства

development batch [dɪ'veləpmənt,bætʃ] *спец.* опытная, установочная партия (*изделий*)

development biology [dɪ'veləpmənt baɪ,ɒlədʒɪ] биология развития (*организма*)

development centre [dɪ'veləpmənt,sentə] исследовательский центр

development company [dɪ'veləpmənt,kʌmpənɪ] строительная компания (*тж.* development and construction company)

development engineer [dɪ'veləpmənt,endʒɪ'nɪə] 1) инженер-разработчик 2) рационализатор

development engineering [dɪ'veləpmənt,endʒɪ'nɪərɪŋ] 1) разработка новых конструкций 2) рационализация

development face [dɪ'veləpmənt,feɪs] *горн.* подготовительный забой; забой, находящийся в работе

development laboratory [dɪ'veləpmənt lə,bɒrətrɪ] исследовательская лаборатория; конструкторское бюро

development road [dɪ'veləpmənt,rəʊd] временная дорога

development type [dɪ'veləpmənt,taɪp] опытный образец

deverbal, deverbative [di:'vɜ:bəl, di:'vɜ:bətɪv] *a лингв.* отглагольный, образованный от глагола

devest [dɪ'vest] *v юр.* лишать (*права*); отчуждать; to ~ oneself of one's right поступиться своим правом

deviance ['di:vɪəns] *n* 1) отклонение от нормы, сдвиг (*в психике и т. п.*) 2) *лингв.* неправильность, аномальность (*предложения и т. п.*)

deviant I ['di:vɪənt] *n* 1. человек с отклонением от нормы; sexual ~s люди с половыми извращениями; an intellectual ~ человек, который не разделяет общепринятых мнений; инакомыслящий 2. что-л. странное, отклоняющееся от нормы

deviant II ['di:vɪənt] *a* 1) отклоняющийся от нормы; ~ social behaviour антисоциальное поведение 2) *лингв.* отклоняющийся от нормы, неправильный; stylistically ~ стилистически шероховатый

deviate ['di:vɪeɪt] *v* 1) отклоняться, уклоняться (*от принятого направления, курса и т. п.*); to ~ from a path a) пойти не по дороге; б) отклониться от принятого пути; to ~ to the south отклониться к югу 2) отходить, уклоняться; to ~ from a topic отклониться от темы; to ~ from the truth отклониться от истины; to ~ from one's duty уклоняться от выполнения долга 3) отклонять; вызывать отклонение; менять направление; a deep iron keel will tend to ~ the compass массивный стальной киль вызовет отклонение компаса; to ~ the incoming blade of the opponent отводить оружие противника (*фехтование*)

deviation [,di:vɪ'eɪʃ(ə)n] *n* 1. 1) отклонение, отступление; ~ from the original отступление от оригинала; ~ from the truth отход от истины 2) *тех.* отступление, отклонение (*от технических условий, стандартов и т. п.*) 2. *полит.* уклон 3. *спец.* 1) девиация; ~ of the compass девиация компаса 2) угол девиации 3) отклонение; absolute [mean /average/] ~ абсолютное [среднее] отклонение; standard ~ среднее квадратическое отклонение (*в статистике*) 4) сдвиг; phase ~ сдвиг по фазе, фазовый сдвиг 4. *ком.* отклонение от договорного рейса

deviation clause [ˌdiːvɪˈeɪʃ(ə)nklɔːz] *мор.* пункт во фрахтовом контракте, предусматривающий заход судна в другой порт помимо порта назначения

deviationism [ˌdiːvɪˈeɪʃ(ə)nɪz(ə)m] *n полит.* уклонизм

deviationist [ˌdiːvɪˈeɪʃənɪst] *n полит.* уклонист

deviator [ˈdiːvɪeɪtə] *n спец.* отклоняющее устройство, девиатор, дефлектор

device [dɪˈvaɪs] *n* 1. схема, план, проект; happy ~ удачный план; to invent /to hit upon/ a ~ придумать план 2. 1) приём; stylistic ~ стилистический приём; stale ~ избитый приём 2) (злая) проделка; коварный замысел; the ~s of the devil бесовские проделки; through this ~ he put the police off the scent с помощью этой уловки он сбил полицию со следа 3. устройство, приспособление; механизм, аппарат, прибор; safety ~ предохранительный механизм; labour-saving ~s a) механические приспособления; б) бытовые приборы; nuclear ~ ядерное устройство; reconnoitring /reconnaissance/ [radio-measuring] ~s разведывательная (радиоизмерительная] аппаратура; electronic ~ электронный прибор; laser ~ лазерная установка; input-output ~s устройства ввода-вывода; encoding ~ кодирующее устройство, шифратор; error sensing ~ детектор ошибок; time-delay ~ механизм замедленного действия; реле времени 2) элемент; active [passive] ~ активный [пассивный] элемент 4. 1) эмблема, девиз 5. *арх.* рисунок; композиция; of rare ~ редкого рисунка; of strange ~ странного вида 6. *pl* изощрённость
◇ to leave smb. to his own ~s предоставить кого-л. самому себе

devil I [ˈdevl] *n* 1. дьявол, чёрт, бес; ~ worship поклонение дьяволу; the ~ on two sticks диаболо (*игрушка*); the ~ rebuking sins грешник, прикидывающийся невинным; prince of ~s князь тьмы; to cast out a ~ изгонять беса; to sell one's soul to the ~ продать душу дьяволу 2. дьявол во плоти; искуситель; коварный *или* злой человек; the blue ~ злой дух-искуситель; she is the (very) ~ она настоящая /сущая/ дьяволица /ведьма/ 3. *разг.* энергичный, напористый человек; little /young/ ~ a) чертёнок; б) отчаянный малый, сущий дьявол; to be a ~ for work работать как чёрт, работать за двоих 4. *разг.* боевой дух, азарт, напористость; without much ~ вяло, без огонька; без настроения; to have ~ enough to do smth. иметь достаточно мужества /упорст./, чтобы сделать что-л. 5. *разг.* человек; малый, парень; poor ~ бедняга; lucky ~ счастливчик; queer /rum/ ~ чудак, чудик 6. *разг.* 1) тот, кто выполняет работу за другого, «негр», «невидимка» (*особ. о журналисте, литераторе*) 2) *арх.* ученик *или* мальчик на побегушках в типографии (*тж.* printer's ~) 7. воплощение (*обычно порока*); the ~ of avarice сам демон жадности, дьявольская жадность 8. настроение; the blue ~s уныние, меланхолия, хандра [*ср. тж.* 2]; to be the victim to a morbid ~ хандрить, впасть в меланхолию 9. острое блюдо из жареного мяса *или* рыбы с пряностями и специями 10. самум; смерч; dust ~ пыльный столб, пылевой смерч; самум 11. род фейерверка 12. *текст.* пылевыколачивающая машина, трепальная машина 13. *тех.* щётка для чистки труб 14. *эмоц.-усил.* чёрт; like the ~, like ~s как чёрт; чертовски, дьявольски; ужасно; to be as drunk as the ~ напиться до чёртиков; a ~ of a fellow сущий чёрт, сорвиголова; a ~ of a racket невообразимый /адский/ шум; the very ~ of a life сущий ад, каторжная жизнь; to be a ~ to eat есть за двоих; уплетать за обе щеки 15. *в грам. знач. междометия* 1) чёрт!, чёрт возьми!, чёрт побери!; the ~ take it! чёрт возьми! 2) *эмоц.-усил.* после вопросительных слов who, what, why *и т. д.* выражает недовольство, раздражение чёрт возьми!, что за чёрт!, какого чёрта!; what the ~? что за чёрт?; why the ~? какого дьявола /чёрта/?; what the ~ do you mean? что вы этим хотите сказать, чёрт возьми?; where is my book? — How the ~ do I know?! где моя книга? — А почём я знаю! /А чёрт её знает!/ 3) *после эмоц. отрицания* как бы не так!, чёрта с два!; is he coming? — The ~ he is! Он придёт? — Черта с два! /Как бы не так!/; the ~ a bit /a penny/ как бы не так!, чёрта с два! 4) *эмоц.-усил. в составе реплики выражает недоверие к словам собеседника или неприятное удивление* ещё *или* не хватало!, скажите на милость!, неужели!; she is in the room now.— The ~ she is! она сейчас в комнате. — Чёрт возьми! /Неужели?!/; he came yesterday. — The ~ he did! он приехал вчера. — Вот так так! /Неужели?!/, Как бы не так!/
◇ ~ dog *амер. воен. жарг.* солдат морской пехоты; the ~'s dust шерстяные очёски; limb of the ~ сатанинское отродье; исчадие ада; the ~'s dozen чёртова дюжина; the ~'s advocate a) «адвокат дьявола» (*человек, защищающий неправое дело или неправильное положение*); б) спорщик из любви к искусству; the ~'s paternoster чёртова молитва, молитва, произнесённая с конца; the ~'s bones игральные кости; the ~'s (picture) books карты; the ~'s bed-post карт. четвёрка треф; the ~'s brew *сл.* «адская смесь», нитроглицерин; the ~'s delight *шутл.* ад кромешный; столпотворение; the ~'s luck a) необыкновенная удача, редкое везение; б) *ирон.* чертовское /дьявольское/ невезение; the ~ of it самое неприятное, самое (что ни на есть) плохое /поганое/; б) всё целиком; the ~ and all to do невообразимый шум, адский беспорядок; кавардак; столпотворение; the ~ and all to pay все ужасные последствия; ~ a one ≅ ни одна собака; the ~ among the tailors a) общая драка, свалка; б) род фейерверка; between the ~ and the deep sea ≅ между двух огней; в трудном *или* безвыходном положении; to raise the ~ буянить, шуметь, скандалить, поднять шум, учинить разнос; to go to the ~ а) пойти ко всем чертям, пойти прахом; развалиться; б) разориться, вылететь в трубу; to give the ~ his due отдавать должное противнику; to play the (very) ~ with smth., to play the ~ and all with smth. погубить что-л., испортить всю музыку; перевернуть что-л. вверх дном; drinking has played the ~ with his health вино /пьянство/ подорвало /погубило/ его здоровье; пьянство его доконало; to whip /to beat/ the ~ round the stump *амер.* добиваться своего окольным путём, обходить трудности; the ~ is dead теперь нам сам чёрт не страшен, главные трудности позади; when the ~ is blind ≅ когда рак свистнет; talk of the ~, speak of the ~ and he will /is sure to/ appear, talk /speak/ of the ~ and his horns will appear ≅ лёгок на помине; the ~ take the hindmost /hindermost/ всяк за себя; к чертям неудачников; to paint the ~ blacker than he is сгущать краски; изображать (*что-л.*) в мрачном свете; the ~ is not so black as he is painted *посл.* а) не так уж он плох, как его изображают; б) ≅ не так страшен чёрт, как его малюют

devil II [ˈdevl] *v* 1. (for) исполнять черновую работу (*для кого-л.*), быть (*чьим-л.*) «белым негром» [*см.* devil I 6, 1)] 2. *амер. разг.* дразнить, изводить; to ~ smb. with questions изводить кого-л. вопросами 3. готовить острое мясное *или* рыбное блюдо

devildom [ˈdevldəm] *n* 1. *собир.* дьяволы, бесы, нечистая сила 2. дьявольщина

deviled [ˈdevld] *a* приготовленный с пряностями, со специями

deviless [ˈdevlɪs] *n* дьяволица

devil-fish [ˈdevlfɪʃ] *n* 1. *зоол.* скат — морской дьявол (*Manta, Mobula*) 2. 1) осьминог 2) каракатица 3) серый кит (*Eschrichtius gibbosus*)

devil-in-a-bush [ˈdevlɪnəˌbuʃ] *n бот.* «девица в зелени», чернушка дамасская (*Nigella damascena*)

devilish [ˈdevlɪʃ] *a* 1. дьявольский, сатанинский, бесовский; a ~ plot to ruin you сатанинский заговор, чтобы погубить вас 2. *эмоц.-усил.* чертовский, ужасный; огромный; he's in a ~ mess он попал в ужасный переплёт 3. *в грам. знач. нареч. разг.* чертовски, ~ uncomfortable страшно /чертовски/ неудобный

devilishly [ˈdevlɪʃlɪ] *adv* чертовски, ужасно, страшно, отчаянно; ~ well done чертовски здорово сделано; ~ pretty чертовски хорошенькая; ~ hot страшно /ужасно/ горячий

devilize [ˈdevlaɪz] *v книжн.* 1) ожесточать; будить зверя (*в ком-л.*) 2) неистовствовать

devilkin [ˈdevlkɪn] *n* чертёнок; постреленок

devilled [ˈdevld] = deviled

devil-may-care [ˈdevlmeɪˈkɛə] *a* беззаботный, беспечный; бесшабашный; небрежный; ~ attitude наплевательское отношение; ~ spirit беспечность

devilment [ˈdevlmənt] *n* 1. сатанинская радость; буйное веселье; he was full of ~ в него (будто) дьявол вселился 2. проделка, выходка; there's some ~ afoot что-то (недоброе) затевается

devilry [ˈdevlrɪ] *n* 1. 1) коварство, злоба; сатанинская радость 2) *шутл.* проказа, шалость, проделка 2. чёрная магия 3. *собир.* черти, дьяволы

devil's apple [ˈdevlzˈæpl] *бот.* 1. дурман обыкновенный (*Datura stramonium*) 2. мандрагора (*Mandragora gen.*)

devil's apron [ˈdevlzˈeɪpr(ə)n] *бот.* ламинария сахарная (*Laminaria saccharina*)

devil's-bit [ˈdevlzbɪt] *n бот.* сивец луговой (*Succisa pratensis*)

devil's claw [ˈdevlzklɔː] *мор.* 1. двурогий гак 2. кочегарный скребок

devil's coach-horse [ˌdevlzˈkəʊtʃhɔːs] большой чёрный жук

devil's darning-needle [ˈdevlzˈdɑːnɪŋˌniːdl] «чёртова игла», стрекоза (*Anisoptera и др.*)

devil's fig [ˈdevlzfɪg] *бот.* опунция (*Opuntia gen.*)

devil's finger [ˈdevlzˈfɪŋgə] чёртов палец, белемнит

DEV — DEW

devil's food ['devlzfu:d] (тёмный) шоколадный торт

devil's guts ['devlzgʌts] *бот.* 1) вьюнок, вьющееся растение, плющ 2) повилика (*Cuscuta gen.*)

devil's leaf ['devlzli:f] *бот.* ядовитая крапива (*Urtica spathulata*)

devil's-milk ['devlzmɪlk] *n бот.* молочай (*Euphorbia*)

devils on horseback ['devlzɒn'hɔ:sbæk] устрицы *или* куриная печёнка, запечённые в беконе

devil's-paintbrush ['devlz'peɪntbrʌʃ] *n бот.* ястребинка золотистая (*Hieracium aurantiacum*)

devil's toe-nail ['devlz'təʊneɪl] чёртов палец, белемнит

Devil's Triangle [,devlz'traɪæŋgl] = Bermuda Triangle

devil-worship ['devl,wɜ:ʃɪp] *n* культ сатаны

devious ['di:vjəs] *a* 1. непрямой, окольный; ~ paths окольные пути 2. 1) заблуждающийся, заблудший 2) хитрый, неискренний; ~ person неискренний человек; to be ~ лавировать, изворачиваться, хитрить 3. отдалённый, уединённый; ~ coasts далёкие берега

devirilize [,di:'vɪrɪlaɪz] *v* феминизировать, изнеживать

devisable [dɪ'vaɪzəbl] *a* 1. могущий быть придуманным *или* изобретённым 2. *юр.* могущий быть завещанным; передаваемый по наследству

devise I [dɪ'vaɪz] *n юр.* 1. 1) завещание, завещательный отказ недвижимости 2) легат 2. завещанное имущество; завещанная недвижимость

devise II [dɪ'vaɪz] *v* 1. придумывать, изобретать; разрабатывать; to ~ a plan of attack разработать план наступления; a speech ~d to impress речь, рассчитанная на (внешний) эффект 2. (to) *юр.* завещать недвижимость

devisee [,devɪ'zi:, dɪ,vaɪ'zi:] *n юр.* наследник недвижимости по завещанию

deviser [dɪ'vaɪzə] *n см.* devise II + -er 2. изобретатель

devising [dɪ'vaɪzɪŋ] *n* придумывание; it's of his own ~ он сам это придумал, это его выдумка

devisor [,devɪ'zɔ:, dɪ'vaɪzə] *n юр.* завещатель недвижимости

de visu [deɪ'vi:su:] *лат.* воочию, как очевидец

devitalization [di:,vaɪt(ə)laɪ'zeɪʃ(ə)n] *n* лишение жизнеспособности

devitalize [,di:'vaɪt(ə)laɪz] *v* 1) лишать жизнеспособности; делать безжизненным, ослаблять 2) убивать пульпу зуба

devitaminize [,di:'vɪtəmɪnaɪz] *v* девитаминизировать

devitrification [di:,vɪtrɪfɪ'keɪʃ(ə)n] *n спец.* расстекловывание, зарухание

devitrify [,di:'vɪtrɪfaɪ] *v спец.* 1) расстекловывать 2) подвергаться расстекловыванию, расстекловываться, зарухать

devocalization [di:,vəʊkəlaɪ'zeɪʃ(ə)n] *n лингв.* девокализация, оглушение

devocalize [di:'vəʊkəlaɪz] *v лингв.* девокализовать, оглушать

devoid [dɪ'vɔɪd] *a* (of) лишённый (*чего-л.*), свободный (*от чего-л.*); ~ of pity [sense, fear] безжалостный [бессмысленный, бесстрашный]; utterly ~ of pretension без малейшего притворства; ~ of cares беспечный; a place totally ~ of interest место, не представляющее ни малейшего интереса; ~ of inhabitants незаселённый; ~ of malice не замышляющий зла

devoir ['devwa:] *n фр. обыкн. pl* акт вежливости; to pay /to do/ one's ~s to smb. засвидетельствовать кому-л. своё почтение, нанести кому-л. визит

devolatilize [,di:və'lætɪlaɪz] *v спец.* дегазировать, удалять летучие компоненты, вещества

devolution [,di:və'lu:ʃ(ə)n] *n* 1. передача (*обязанностей, функций и т. п.*); ~ of authority передача полномочий 2. переход (*имущества, функций и т. п.*); ~ of the crown переход престола наследнику; the War of D. *ист.* война за наследство 3. *биол.* вырождение, регресс; перерождение

devolve [dɪ'vɒlv] *v* 1. 1) (to, (up)on) передавать (*обязанности, функции*); to ~ power on one's representative передать полномочия своему представителю; to ~ one's responsibility to /(up-)on/ the vice-chairman возложить исполнение своих обязанностей на заместителя председателя 2) (on, upon) переходить (*о полномочиях, функциях*); a heavy weight ~d upon his shoulders на него легла тяжёлая ответственность; too much work ~d upon him на его долю выпало слишком много работы; the responsibility ~d upon him ответственность (за это) пришлось нести ему 2. 1) передавать (*по наследству, традиции*); to ~ knowledge to smb. передавать кому-л. знания 2) переходить (*по наследству, традиции*); the estate ~d to his son имение перешло к его сыну

Devonian I [de'vəʊnjən] *n* 1. житель Девоншира 2. *геол.* девон, девонский период

Devonian II [de'vəʊnjən] *a* 1. девонширский 2. *геол.* девонский

devonport ['devnpɔ:t] = davenport

devonshire ['devnʃɪə] = denshire

devote [dɪ'vəʊt] *v* 1. 1) посвящать; отдавать (*себя*) целиком; to ~ one's life to art посвятить свою жизнь искусству; to ~ all one's energies to painting отдавать все свои силы живописи; to ~ oneself предаваться; целиком отдаваться; to ~ oneself to amusements предаваться развлечениям 2) посвящать; a review specially ~d to history [to physics] специальный журнал по истории [по физике]; the laboratory is ~d to basic research in physics задача лаборатории — исследование фундаментальных проблем физики 3) отводить; many rooms were ~d to war displays многие залы были отведены под военные экспонаты; two columns are ~d to book reviews две колонки (в газете) посвящены рецензиям на книги 2. *редк.* предавать, обрекать; to ~ smb. to destruction обречь кого-л. на гибель; to ~ the city to the flames предавать город огню

devoted [dɪ'vəʊtɪd] *a* 1. преданный, нежный; любящий; ~ mother любящая мать; ~ father and husband преданный отец и муж; a few ~ friends [admirers] несколько преданных друзей [поклонников]; they are ~ to each other они (очень) преданы друг другу 2. посвящённый 3. увлекающийся, целиком отдающийся (*чему-л.*); ~ to sports [work] увлекающийся спортом [работой] 4. *редк.* обречённый

devotedly [dɪ'vəʊtɪdlɪ] *adv* преданно, самозабвенно; ~ in love нежно /самозабвенно/ любящий; to serve one's master ~ преданно служить хозяину

devotee [,devə'ti:] *n* 1) поборник, ревнитель; ревностный поклонник, приверженец; ~ of the ballet [music] горячий поклонник балета [музыки]; ~ of hockey болельщик хоккея; surrounded by his ~s окружённый своими (горячими) поклонниками; the paper is known by that name among the ~s под этим названием газета известна в кругу её почитателей 2) истово верующий; ярый церковник

devotion [dɪ'vəʊʃ(ə)n] *n* 1. 1) (to) преданность, приверженность; ревностное служение; ~ to the cause беззаветная преданность делу; ~ to golf [science] увлечение гольфом [наукой] 2) (for) глубокая привязанность, любовь; ~ for a child самозабвенная любовь к ребёнку 2. посвящение (*нескольких страниц какой-л. теме и т. п.*) 3. набожность, религиозное рвение 4. 1) *pl* религиозные обряды; молитвы; book of ~s требник; to be at one's ~s молиться 2) молитва; morning [evening] ~ утренняя [вечерняя] молитва

devotional [dɪ'vəʊʃənl] *a* религиозный; благочестивый; ~ attitude молитвенная поза; ~ articles предметы (религиозного) культа

devotionalism [dɪ'vəʊʃnəlɪz(ə)m] *n* религиозное рвение, набожность

devotionalist [dɪ'vəʊʃnəlɪst] *n* богомол; святоша, ханжа

devour [dɪ'vaʊə] *v* 1. 1) пожирать; есть жадно; поглощать; to ~ one's prey пожирать добычу; to ~ one's dinner проглотить обед 2) поглощать, проглатывать; to ~ a novel проглотить роман; to ~ smb. with one's eyes пожирать кого-л. глазами; he ~ed every word он жадно ловил каждое слово 2. разрушать, истреблять, уничтожать; the fire ~ed the house пламя пожирало дом 3. *обыкн. pass* терзать, мучить; to ~ one's heart изводить /терзать/ себя; терзаться, страдать молча; ~ed by anxiety мучимый беспокойством; ~ed by curiosity снедаемый любопытством

devouringly [dɪ'vaʊərɪŋlɪ] *adv* жадно; to gaze ~ at smb. пожирать кого-л. глазами

devourment [dɪ'vaʊəmənt] *n* 1. пожирание 2. поглощение 3. разрушение

devout [dɪ'vaʊt] *a* 1. набожный, религиозный, благочестивый; she was the most ~ lady in town она была самой набожной женщиной в городе 2. искренний, сердечный, преданный; ~ wish заветное желание; a ~ supporter искренний сторонник /приверженец/ 3. благоговейный

devoutly [dɪ'vaʊtlɪ] *adv* глубоко, искренне; it is ~ to be hoped that... мы искренне /всей душой/ надеемся, что....

devoutness [dɪ'vaʊtnɪs] *n* набожность; религиозность; благочестивость

dew I [dju:] *n* 1. роса; morning [evening] ~ утренняя [вечерняя] роса; wet with ~ мокрый от росы; the ~ is falling выпадает роса 2. *поэт.* свежесть, чистота; the ~ of youth свежесть юности; the ~ of sleep освежающий сон 3. капля пота; слеза

dew II [dju:] *v* орошать; обрызгивать, увлажнять; eyes ~ed with tears глаза, увлажнённые слезами; глаза, в которых стоят слёзы

dewar ['dju:ə] *n физ.* дьюар (*тж.* ~ flask)

dewater [dɪ'wɔ:tə] *v спец.* 1. отводить воду; выкачивать, откачивать воду 2. дренировать, осушать (*болото и т. п.*) 3. обезвоживать

dew-berry ['dju:b(ə)rɪ] *n* ежевика

dew-claw ['dju:klɔ:] *n* 1. *зоол.* зачаток пятого пальца (*парнокопытных*) 2. ложное копыто

dewdrop[1] ['dju:drɒp] *n* 1) росинка, капля росы 2) капелька на кончике носа

dewdrop[2] ['dju:drɒp] *n* автопоилка для кур

dew-fall ['dju:fɔ:l] *n* 1. выпадение росы 2. вечерняя роса; время выпадения росы

dewiness ['dju:ɪnɪs] n росистость
dewlap ['dju:læp] n 1. подгрудок (животных) 2. серёжка (у птиц) 3. шутл. второй подбородок
dewless ['dju:lɪs] a поэт. сухой, высохший
DEW-line ['dju:(')laɪn] n спец. линия или рубеж дальнего радиолокационного обнаружения «Дью лайн»
dew-point ['dju:pɔɪnt] n метеор., физ. точка росы; температура таяния или конденсации
dew-pond ['dju:pɒnd] n водоём без питающего источника
dew-ret ['dju:ret] v с.-х. росить, расстилать для росения (о льне, конопле)
dew-retting ['dju:ˌretɪŋ] n с.-х. росяная мочка; стлание, росение (льна, конопли)
dew-worm ['dju:wɜ:m] n дождевой или земляной червь
dewy ['dju:ɪ] a 1. росистый; покрытый росой; ~ morning росистое утро; ~ beads капельки росы, росинки 2. влажный; увлажнённый, блестящий; ~ eyes влажные (от слёз) глаза 3. поэт. свежий, освежающий; бодрящий; ~ sleep /slumbers/ освежающий сон
dewy-eyed ['dju:ɪˈaɪd] a ирон. романтичный и наивный; простодушный и доверчивый
dexiocardia [ˌdeksɪə(ʊ)'kɑ:dɪə] n мед. смещение сердца вправо
dexter I ['dekstə] n книжн. правая сторона
dexter II ['dekstə] a книжн. правый
dexter III ['dekstə] adv книжн. по правую руку, вправо
dexterity [deks'terɪtɪ] n 1. проворство, ловкость, умение; manual ~ ловкость рук; ~ in fighting проворство в драке, умение драться; ~ at the pistol [with the chisel] мастерское владение пистолетом [резцом] 2. сообразительность; способности; ~ in argument умение спорить 3. редк. привычка пользоваться правой рукой
dexterous ['dekst(ə)rəs] a 1. ловкий, проворный; расторопный; ~ hands [fingers] проворные руки [пальцы] 2. сообразительный; способный; умелый, опытный; to be ~ in business умело вести дела 3. искусно сделанный, искусный; ~ management искусное руководство 4. привыкший пользоваться правой рукой
dexterously ['dekst(ə)rəslɪ] adv 1. ловко, проворно 2. искусно, умело
dexterousness ['dekst(ə)rəsnɪs] n = dexterity
dextral ['dekstrəl] a книжн. 1. расположенный справа, правый 2. привыкший пользоваться правой рукой 3. восходящий слева направо (о витках раковины некоторых моллюсков)
dextrality [deks'trælɪtɪ] n 1. правосторонняя асимметрия 2. = dexterity 3
dextrally ['dekstrəlɪ] adv спец. направо, по часовой стрелке; to rotate ~ вращаться по часовой стрелке
dextranase ['dekstrəneɪz] n биохим. декстраназа
dextrer(e), dextrier ['dekstrə(rə), 'dekstrɪə] = destrer, destrier
dextrin ['dekstrɪn] n хим. декстрин
dextrogyrate [ˌdekstrə(ʊ)'dʒaɪreɪt] = dextro-rotatory
dextro- ['dekstrə-] в сложных словах имеет значение правый, правосторонний: dextrocardia декстрокардия (правостороннее положение сердца); dextrorotation правое вращение
dextro-rotatory [ˌdekstrə(ʊ)'rəʊtət(ə)rɪ] a опт. правовращающий, вращающий плоскость поляризации вправо

dextrorse [''deks'trɔ:s] a 1. бот. вьющийся слева направо (о стебле) 2. тех. с правым ходом, с правой резьбой
dextrose ['dekstrəʊs] n хим. декстроза
dextrous ['dekstrəs] = dexterous
Dey, dey [deɪ] n ист. дей (титул правителя Алжира)
dharma ['dɑ:mə] n дхарма, закон, учение; мораль (в индийской философии)
dhobi ['dəʊbɪ] n инд. мужчина-прачка
dhoti ['dəʊtɪ] n инд. дхоти, набедренная повязка
dhow [daʊ] n дау, одномачтовое каботажное судно (в Индийском океане)
dhurrie ['dʌrɪ] n инд. ковёр из хлопка
di-¹ [daɪ-, dɪ-] в сложных словах (с греч. и лат. корнями) имеет значение два: dioxide диоксид, двуокись; dichromatic дихроматический, двуцветный; diode диод; digraph диграф (сочетание двух букв); dimeter диметр; dilemma дилемма; dipole диполь
di-² [daɪ-] = dia-
dia- ['daɪə-, 'daɪæ-] (тж. di- перед гласными) pref встречается в словах греч. происхождения со значением через, сквозь: diabatic диабатический (связанный с передачей тепла); diachrony диахрония; diadermal действующий сквозь кожу: diagenesis диагенез (перестройка минералов); dialysis диализ; diaphonous прозрачный; diuretic мочегонный; dielectric диэлектрический, изоляционный
diabase ['daɪəbeɪs] n мин. диабаз
diabetes [ˌdaɪə'bi:ti:z] n мед. сахарная болезнь, диабет
diabetic I [ˌdaɪə'betɪk] n диабетик
diabetic II [ˌdaɪə'betɪk] a диабетический
diabetical [ˌdaɪə'betɪk(ə)l] = diabetic II
diabetologist [ˌdaɪəbɪ'tɒlədʒɪst] n специалист по диабету
diablerie, diablery [di:'ɑ:blərɪ] n фр. чёрная магия, колдовство
diabolic, diabolical [ˌdaɪə'bɒlɪk, -(ə)l] a 1. дьявольский, сатанинский; ~ grin сатанинская усмешка; ~ arts чёрная магия 2. злобный, жестокий, зверский, свирепый; ~ cruelty зверская жестокость; ~ ingenuity дьявольская изобретательность /хитрость/
diabolically [ˌdaɪə'bɒlɪkəlɪ] adv 1. дьявольски 2. жестоко, свирепо; злобно
diabolism [daɪ'æbəlɪz(ə)m] n 1. колдовство, чёрная магия 2. сатанизм, культ сатаны 3. одержимость, бесноватость 4. сатанинская злоба, свирепость
diabolize [daɪ'æbəlaɪz] v 1) вселять бесов; делать одержимым 2) ожесточать
diabolo [dɪ'ɑ:bələʊ] n диаболо (игрушка и игра)
diacaustic I [ˌdaɪə'kɔ:stɪk] n опт. диакаустика
diacaustic II [ˌdaɪə'kɔ:stɪk] a опт. диакаустический
diachronic [ˌdaɪə'krɒnɪk] a спец. диахронный, диахронический
diachrony [daɪ'ækrənɪ] n лингв. диахрония
diachylon, diachylum [daɪ'ækɪlən, -ləm] n мед. свинцовый пластырь (тж. ~ plaster)
diacid [daɪ'æsɪd] a хим. двухосновный, двукислотный
diaclase ['daɪəkleɪs] n геол. диаклаз
diacodium [ˌdaɪə'kəʊdɪəm] n наркотический сироп (из мака)
diaconal [daɪ'ækənl] a дьяконский
diaconate [daɪ'ækənɪt] n дьяконское звание, дьяконство

DEW — DIA D

diaconicon, diaconicum [ˌdaɪə'kɒnɪkən, -kəm] n церк. ризница
diacritic I [ˌdaɪə'krɪtɪk] n грам. диакритический знак, диакритика
diacritic II [ˌdaɪə'krɪtɪk] a грам. диакритический; ~ mark диакритический знак
diacritical [ˌdaɪə'krɪtɪk(ə)l] = diacritic II
diactinic [ˌdaɪæk'tɪnɪk] a опт. диактиничный, пропускающий ультрафиолетовое излучение
diad ['daɪæd] n хим. двухвалентный радикал
diadem I ['daɪədem] n 1) диадема; корона; венец; ~ of snow образн. снежный венец 2) монаршая власть
diadem II ['daɪədem] v редк. короновать; венчать короной
Diadochi [daɪ'ædəkɪ] n pl ист. диадохи (военачальники — наследователи империи Александра Македонского, впоследствии родоначальники династий Птолемеев и т. п.)
Diadochian [ˌdaɪə'dʊkɪən] a ист. относящийся к диадохам
diaeresis [ˌdaɪ'ɪərɪsɪs] n лингв. 1. раздельное произношение двух гласных 2. трема (знак (¨) над гласной для обозначения её слоговой роли, напр. naïve)
diaglyph ['daɪəglɪf] n редк. инталия
diagnosable [ˌdaɪə'gnəʊzəbl] a диагностируемый
diagnose ['daɪəgnəʊz] v 1. мед. ставить диагноз, диагностировать; to ~ rheumatism диагностировать ревматизм; to ~ the case поставить диагноз больному; to ~ smb. by encephalogram as having a grave brain disease диагностировать с помощью энцефалограммы серьёзное мозговое заболевание у кого-л. 2. 1) распознавать; устанавливать, констатировать 2) обнаруживать, выявлять (ошибки, неисправности)
diagnoses [ˌdaɪəg'nəʊsi:z] pl от diagnosis
diagnosis [ˌdaɪəg'nəʊsɪs] n (pl -ses) 1. мед. диагноз; to make (out) /to form/ a ~ поставить диагноз 2. бот., зоол. диагноз 3. глубокое понимание, точное определение; оценка; ~ of a character точная оценка характера; his ~ of the situation его мнение о (создавшемся) положении 4. диагностика, обнаружение, установление; error /fault/ ~ обнаружение ошибок
diagnostic I [ˌdaɪəg'nɒstɪk] n мед. симптом (болезни)
diagnostic II [ˌdaɪəg'nɒstɪk] a 1. мед. диагностический; ~ skill искусство диагностики 2. 1) биол. диагностический, отличительный 2) геол. симптоматический; ~ mineral симптоматический минерал 3) вчт. тестовый; ~ program программа диагностики, тестовая программа, тест
diagnostically [ˌdaɪəg'nɒstɪkəlɪ] adv 1) по поводу диагноза или диагностики 2) с точки зрения диагностики
diagnosticate [ˌdaɪəg'nɒstɪkeɪt] редк. = diagnose
diagnostician [ˌdaɪəgnɒs'tɪʃ(ə)n] n диагност, диагностик
diagnostics [ˌdaɪəg'nɒstɪks] n диагностика; skill in ~ искусство диагностики
diagonal I [daɪ'ægənl] n 1. диагональ; the white ~s шахм. белые диагонали 2. = diagonal cloth [см. diagonal II 3] 3. тех. диагональ; раскос
diagonal II [daɪ'ægənl] a 1. диагональный; ~ line диагональ (линия) 2. иду-

щий наискось, косой; ~ scale *mop.* поперечный масштаб 3. с косыми линиями, полосками; ~ cloth диагональ (*ткань*)

diagonally [daɪˈægənəlɪ] *adv* по диагонали

diagram I [ˈdaɪəgræm] *n* 1) диаграмма; график; to represent smth. by a ~ представить /изобразить/ что-л. графически; ~ of strains *mex.* эпюра сил 2) схема (*тж.* schematic ~); electric ~ электрическая схема; flow ~ *mex.* блок-схема; key ~ принципиальная схема; engine ~ схема мотора; ~ of blood circulation схема кровообращения; ~ of wirings эл. схема соединений, монтажная схема; in ~ form графически, схематически

diagram II [ˈdaɪəgræm] *v* изображать графически *или* схематически; составлять диаграмму *или* схему

diagrammatic, diagrammatical [ˌdaɪəgrəˈmætɪk, -(ə)l] *a* схематический; ~ view /representation/ эскизное изображение; графическое представление

diagrammatically [ˌdaɪəgrəˈmætɪkəlɪ] *adv* в виде диаграммы, в виде схемы; схематически

diagrammatize [ˌdaɪəˈgræmətaɪz] = diagram II

diagraph [ˈdaɪəgrɑːf] *n* пантограф, диаграф

dial I [ˈdaɪəl] *n* 1. циферблат; круговая шкала; standard /normal/ ~ нормальная шкала; compass ~ роза ветров 2. *тел.* наборный диск, номеронабиратель 3. солнечные часы 4. горный компас (*тж.* miner's ~) 5. *спец.* 1) угломерный круг, лимб 2) круговой нониус 6. *mex.* гранильный круг 7. *прост.* «луна», круглая физиономия

dial II [daɪl] *v* 1. 1) наносить деления 2) измерять 2. набирать (*номер по телефону*); звонить; ~ the number наберите номер; to ~ the police station соединиться с полицейским участком; to ~ information набрать номер справочной (службы) 3. искать станцию (*перемещая движок по шкале радиоприёмника*); настраивать (*приёмник, телевизор*) 4. *горн.* обследовать с помощью горного компаса; производить подземную съёмку

dial back [ˈdaɪəlˈbæk] *phr v разг.* отступать от чего-л.; давать «задний ход»; отменять, аннулировать; to ~ one's plans пересмотреть *или* отменить свои (первоначальные) планы

dialect [ˈdaɪəlekt] *n лингв.* 1. диалект, наречие, говор; local ~ местный диалект; peasant ~ крестьянская речь 2. язык (*как член семьи или группы языков*) 3. профессиональный жаргон; специальный язык; the lawyers' ~ язык судопроизводства

dialectal [ˌdaɪəˈlektl] *a лингв.* диалектальный, диалектный; ~ differences диалектальные различия; ~ word диалектизм

dialectally [ˌdaɪəˈlektəlɪ] *adv* диалектально

dialect atlas [ˈdaɪəlektˈætləs] *лингв.* лингвистический атлас; диалектологический атлас

dialectic I [ˌdaɪəˈlektɪk] *n* 1. диалектика; Marxian ~ марксистская диалектика 2. умение вести полемику 3. диалектик

dialectic II [ˌdaɪəˈlektɪk] *a* 1. диалектический; ~ materialism [method] диалектический материализм [метод] 2.

склонный вступать в спор, склонный к полемике

dialectical [ˌdaɪəˈlektɪk(ə)l] = dialectic II

dialectically [ˌdaɪəˈlektɪk(ə)lɪ] *adv* диалектически

dialectician [ˌdaɪəlekˈtɪʃ(ə)n] *n* 1. диалектик 2. опытный полемист

dialectics [ˌdaɪəˈlektɪks] = dialectic I 1

dialectologist [ˌdaɪəlekˈtɒlədʒɪst] *n* диалектолог

dialectology [ˌdaɪəlekˈtɒlədʒɪ] *n* диалектология

dial exchange [ˈdaɪəlɪksˌtʃeɪndʒ] автоматическая телефонная станция

dial indicator [ˈdaɪəlˌɪndɪkeɪtə] циферблатный индикатор

dialing [ˈdaɪəlɪŋ] = dialling

dial-in-handset telephone [ˈdaɪəlɪnˌhændsetˈtelɪfəʊn] телефонная трубка с (вмонтированным) номеронабирателем

dialler [ˈdaɪələ] *n тел.* номеронабиратель, наборный диск

dialling [ˈdaɪəlɪŋ] *n* 1. 1) сооружение солнечных часов 2) градуировка (*циферблатов*) 2. определение времени по солнечным часам 3. набор телефонного номера 4. *горн.* подземная съёмка компасом

dialling tone [ˈdaɪəlɪŋtəʊn] = dial tone

dialogic, dialogical [ˌdaɪəˈlɒdʒɪk, -(ə)l] *a* диалогический

dialogize [daɪˈælədʒaɪz] *v* 1) (with) *амер. книжн.* вести беседу, разговаривать 2) *кино* перевести в форму диалога, написать в форме диалога (*сцену и т. п.*)

dialogue I [ˈdaɪəlɒg] *n* 1. 1) диалог, разговор, беседа; spirited ~ оживлённая беседа 2) *полит.* неофициальные переговоры, диалог; беседы в порядке зондажа (*двухсторонние и многосторонние*); we decided to have a ~ with progressive forces мы решили начать диалог с прогрессивными силами 3) *информ., вчт.* диалог; man-machine ~ диалог человека с машиной; ~ system диалоговая система 2. 1) литературное произведение в форме диалога (*драма и т. п.*) 2) диалог из литературного произведения

dialogue II [ˈdaɪəlɒg] *v* 1. вести беседу 2. выражать в форме диалога

dialogue des sourds [dɪəˈlɒgdeɪˈsuə, -ˈsuː] *фр.* «диалог глухих» (*когда спорящие не слушают друг друга*)

dialogue of the deaf [ˌdaɪəlɒgəvðəˈdef] = dialogue des sourds

dialphone [ˈdaɪəlfəʊn] *n* автоматический телефон, телефонный аппарат с диском

dial-piece, dial-plate [ˈdaɪ(ə)lpiːs, -pleɪt] *n* циферблат

dial tone [ˈdaɪ(ə)ltəʊn] *тел.* длинный, низкий гудок (*сигнал «линия свободна»*)

dial-up I [ˈdaɪəlʌp] *n* телефонный вызов ЭВМ, установление связи с ЭВМ по телефону

dial-up II [ˈdaɪəlʌp] *v* устанавливать телефонную связь с ЭВМ, «говорить» с ЭВМ по телефону

dial-work [ˈdaɪəlwɜːk] *n* часовой механизм

dialyses [daɪˈælɪsiːz] *pl от* dialysis

dialysis [daɪˈælɪsɪs] *n* (*pl* -ses) *хим.* диализ

dialytic [ˌdaɪəˈlɪtɪk] *a хим.* диалитический; растворяющий

diamagnet [ˈdaɪəˌmægnɪt] *n физ.* диамагнетик

diamagnetic I [ˌdaɪəmægˈnetɪk] = diamagnet

diamagnetic II [ˌdaɪəmægˈnetɪk] *a физ.* диамагнитный

diamagnetism [ˌdaɪəˈmægnɪtɪz(ə)m] *n физ.* диамагнетизм

diamantiferous [ˌdaɪəmənˈtɪfərəs, ˌdiːəmænˈtɪfərəs] *a* алмазоносный

diamantine [ˌdaɪəˈmæntɪn] *n* алмазная пыль

diameter [daɪˈæmɪtə] *n* 1. 1) диаметр; apparent ~ *астр.* видимый диаметр; external [internal] ~ внешний [внутренний] диаметр; conjugate ~ сопряжённый диаметр 2) диаметр, поперечник; ширина; two inches in ~ два дюйма в поперечнике 2. *опт.* единица измерения увеличительной силы линзы; to magnify two thousand ~s увеличивать в две тысячи раз 3. *архит.* диаметр основания колонны; модуль

diametral [daɪˈæmɪtr(ə)l] *a* диаметральный; поперечный; ~ pitch *mex.* диаметральный шаг

diametric, diametrical [ˌdaɪəˈmetrɪk, -(ə)l] *a* 1. относящийся к диаметру; диаметральный, поперечный 2. 1) диаметрально противоположный; in ~ opposition to smth. диаметрально противоположный чему-л. 2) полный, абсолютный (*о противоположности*)

diametrically [ˌdaɪəˈmetrɪk(ə)lɪ] *adv* диаметрально; ~ opposed диаметрально противоположный

diamine [ˈdaɪəmaɪn] *n* 1) *хим.* диамин 2) диаминовый краситель

diamond¹ I [ˈdaɪəmənd] *n* 1. алмаз; бриллиант; black ~ чёрный алмаз; карбонадо; black ~s *образн.* каменный уголь; rough /uncut/ ~, ~ in the rough неотшлифованный алмаз (*тж. перен. о человеке*); ~ of the first water бриллиант чистой воды; cut ~ отшлифованный алмаз, бриллиант; ~ merchant торговец бриллиантами 2. 1) алмаз (*инструмент для резки стекла; тж.* cutting ~) 2) алмаз для правки шлифовальных кругов 3. *мат.* ромб 4. *амер.* площадка для игры в бейсбол; бейсбольное поле 5. *геральд.* чёрный цвет 6. *полигр.* диамант (*шрифт*)
◇ ~ cut ~ один другому не уступит (*в хитрости, ловкости и т. п.*); они достойные противники (*в споре, полемике*); ≅ нашла коса на камень

diamond¹ II [ˈdaɪəmənd] *a* 1. 1) алмазный; бриллиантовый; ~ brooch бриллиантовая брошь; ~ necklace бриллиантовое ожерелье; ~ ring кольцо с бриллиантом [*см. тж.* diamond ring] 2) алмазный, сделанный из алмаза; ~ tool *mex.* алмазный инструмент 2. алмазоносный; алмазосодержащий; ~ bed алмазная россыпь; ~ mine /field/ алмазная копь; ~ pipes *геол.* алмазоносные трубки 3. гранёный, ромбоидальный, ромбовидный; ~ fret ромбоидальный орнамент; ~ netting сеть с ромбовидными ячейками; ~ crossing ромбовидный перекрёсток
◇ ~ anniversary /jubilee/ шестидесятилетний /*амер.* семидесятипятилетний/ юбилей; ~ wedding шестидесятая /*амер.* семьдесят пятая/ годовщина свадьбы, бриллиантовая свадьба; D. State *амер.* «Алмазный штат» (*шутливое название штата Делавэр*)

diamond¹ III [ˈdaɪəmənd] *v редк.* украшать бриллиантами

diamond² [ˈdaɪəmənd] *n карт.* 1) *pl* бубны, бубновая масть; knave of ~s бубновый валет 2) бубна, бубновка, карта бубновой масти; small ~ маленькая /плохая/ карта (*бубновой масти*); to play a ~ ходить |начинать| с бубён

diamond-back [ˈdaɪəmən(d)bæk] = diamond-backed

diamond-backed ['daɪəmən(d),bækt] *a* с ромбовидным рисунком на спине

diamond-back moth ['daɪəmən(d)bæk-mɔθ] *энт.* моль капустная (*Plutella maculipennis*)

diamond-bearing ['daɪəmən(d),beərɪŋ] *a горн.* алмазосодержащий

diamond-beetle ['daɪəmən(d)'biːtl] *n энт.* бразильский жук-долгоносик (*Entimus imperialis*)

diamond-bird ['daɪəmən(d)bɜːd] *n зоол.* австралийский сорокопут (*Pardalotus gen.*)

diamond-borer ['daɪəmən(d),bɔːrə] = diamond-drill

diamond-cut ['daɪəmən(d)kʌt] *a* с огранкой бриллианта, имеющий огранку бриллианта

diamond-cutter ['daɪəmən(d),kʌtə] *n* гранильщик, полировщик алмазов

diamond-drill ['daɪəmən(d)'drɪl] *n* алмазный бур

diamond-dust ['daɪəmən(d)'dʌst] = diamond-powder

diamond-hard ['daɪəmənd,hɑːd] *a* твёрдости алмаза; крепкий как алмаз

diamondiferous [,daɪəmən'dɪf(ə)rəs] *a* алмазоносный

diamond-knot ['daɪəmən(d)nɔt] *n мор.* мусинг

diamond-point ['daɪəmən(d)pɔɪnt] *n* 1. гравировальная игла 2. *обыкн. pl ж.-д.* косое пересечение рельсовых путей; острая крестовина

diamond-powder ['daɪəmən(d)'paʊdə] *n* алмазный порошок

diamond ring ['daɪəmən(d)rɪŋ] *n* светлая зона вокруг тёмного диска при солнечном затмении [*см. тж.* diamond¹ II 1, 1)]

diamond-shaped ['daɪəmən(d)'ʃeɪpt] *a* ромбоидальный; ромбовидный

diamond stylus ['daɪəmən(d)'staɪləs] алмазная граммофонная игла, алмазная игла звукоснимателя

diamond-weevil ['daɪəmən(d)'wiːvɪl] = diamond-beetle

diamond-wheel ['daɪəmən(d)wiːl] *n* гранильный круг (*для обточки твёрдых камней*)

Diana [daɪ'ænə] *n* 1. *рим. миф.* Диана; *образн. тж.* женщина-охотница 2. *поэт.* луна, месяц

Diana monkey [daɪ'ænə'mʌŋkɪ] *зоол.* диана (*Cercopithecus diana*)

dianoetic [,daɪənə(ʊ)'etɪk] *a лог.* дианоэтический

diapase ['daɪəpeɪs] *поэт. см.* diapason

diapason [,daɪə'peɪsn] *n* 1. диапазон, охват 2. *муз.* диапазон 3. *муз.* 1) высота звука 2) камертон 3) принципал (*в органе*) 4. звучность (*мелодии*)

diapause ['daɪəpɔːz] *n энт.* диапауза, состояние покоя, спячка

diapedesis [,daɪəpɪ'diːsɪs] *n мед.* диапедез

diaper I ['daɪəpə] *n* 1. узорчатая ткань (*для скатертей, полотенец и т. п.*); узорчатое полотно с квадратным или ромбовидным узором 2. 1) полотенце или салфетка из узорчатого полотна 2) пелёнка; disposable ~s пелёнки одноразового (ис)пользования 3. 1) ромбовидный рисунок; ~ pattern ромбовидный узор 2) *геральд.* ромбовидный орнамент (*как фон для герба*)

diaper II ['daɪəpə] *v* 1. наносить ромбовидный рисунок; украшать ромбовидным узором 2. пеленать

diaper cloth ['daɪəpəklɔθ] столовое бельё

diaper service ['daɪəpə,sɜːvɪs] доставка пелёнок на дом; прокат пелёнок (*вид бытовых услуг*)

diaphane ['daɪəfeɪn] *n* 1. прозрачное тело *или* вещество 2. шёлковая ткань с прозрачным цветным рисунком

diaphanometer [daɪ,æfə'nɔmɪtə] *n* диафанометр

diaphanous [daɪ'æfənəs] *a* прозрачный

diaphonic, diaphonical [,daɪə'fɔnɪk, -(ə)l] *a* диафонический

diaphony [daɪ'æfənɪ] *n муз.* диафония

diaphoresis [,daɪəfə(ʊ)'riːsɪs] *n мед.* потоотделение, обильное потение (*особ. вызванное искусственно*)

diaphoretic I [,daɪəfə(ʊ)'retɪk] *n мед.* потогонное средство

diaphoretic II [,daɪəfə(ʊ)'retɪk] *a мед.* потогонный

diaphragm I ['daɪəfræm] *n* 1. *анат.* диафрагма, грудобрюшная преграда 2. *бот., зоол.* перепонка 3. *тех.* диафрагма, мембрана; ~ of a telephone мембрана телефона 4. *фото* диафрагма 5. перегородка, перемычка 6. *мед.* противозачаточный резиновый колпачок

diaphragm II ['daɪəfræm] *v тех.* диафрагмировать (*тж.* ~ down)

diaphragmal [,daɪə'frægm(ə)l] = diaphragmatic

diaphragmatic [,daɪəfræg'mætɪk] *a* относящийся к диафрагме, диафрагмальный

diaphragm gas-mask ['daɪəfræm'gæsmɑːsk] противогаз с микрофонной мембраной

diaphragmless [,daɪə'fræmlɪs] *a опт., фото* недиафрагмированный

diaphragm pump ['daɪəfræm,pʌmp] насос «лягушка»

diaphyses [daɪ'æfɪsiːz] *pl от* diaphysis

diaphysis [daɪ'æfɪsɪs] *n* (*pl* -ses) 1. *анат.* диафиз 2. *бот.* неестественное удлинение оси соцветия

diaplasis [daɪ'æpləsɪs] *n мед.* вправка, вправление (*при вывихе*)

diapositive [,daɪə'pɔzɪtɪv] *n фото* диапозитив

diarchy ['daɪɑːkɪ] *n* диархия, двоевластие

diarial, diarian [daɪ'eərɪəl, daɪ'eərɪən] *a* имеющий форму дневника, относящийся к дневнику

diarist ['daɪərɪst] *n* тот, кто ведёт дневник

diarrh(o)ea [,daɪə'rɪə] *n мед.* диарея, понос; ~ of words *образн.* словоизвержение, недержание речи

diarrh(o)eal, diarrh(o)eic [,daɪə'rɪəl, ,daɪə'riːɪk] *a мед.* относящийся к поносу; вызывающий понос

diarthrosis [,daɪə'θrəʊsɪs] *n анат.* истинный сустав; диартроз

diary I ['daɪərɪ] *n* 1. дневник; to keep a ~ вести дневник 2. записная книжка-календарь; календарь; desk ~ настольный календарь 3. журнал для записей; field ~ боевой журнал 4. программа; the daily television ~ ежедневная программа телепередач

diary II ['daɪərɪ] *a книжн.* живущий или продолжающийся один день; эфемерный, недолговечный

diascope ['daɪəskəʊp] *n* диаскоп

Diaspora [daɪ'æspərə] *n* 1. *ист.* диаспора, рассеяние (*особ. о евреях*) 2. (d.) 1) эмигранты; люди, живущие в диаспоре; изгнанники; Palestinian ~ палестинцы (*изгнанные со своей родины*); Irish ~ ирландская диаспора; ирландцы, живущие не в своей стране 2) распространение (*культуры, языка и т. п.*); the ~ of English speech проникновение английского языка в другие страны

diaspore ['daɪəspɔː] *n мин.* диаспор

diastaltic [,daɪə'stæltɪk] *a физиол.* проводящий

diastase ['daɪəsteɪs] *n хим.* диастаза

diaster [daɪ'æstə] *n биол.* диастер, двойная или дочерняя звезда

diastole [daɪ'æstəlɪ] *n* 1. *физиол.* диастола 2. *стих.* удлинение слога

diastrophism [daɪ'æstrəfɪz(ə)m] *n геол.* диастрофизм

diastyle I ['daɪəstaɪl] *n архит.* диастиль

diastyle II ['daɪəstaɪl] *a архит.* с промежутком между колоннами в 3—4 диаметра

diathermancy [,daɪə'θɜːmənsɪ] *n физ.* диатермичность, теплопрозрачность

diathermanous [,daɪə'θɜːmənəs] = diathermic

diathermic [,daɪə'θɜːmɪk] *a физ.* диатермический, теплопрозрачный; ~ heating нагрев токами высокой частоты

diathermous [,daɪə'θɜːməs] = diathermic

diathermy ['daɪəθɜːmɪ] *n мед.* диатермия, глубокое прогревание; treatment by ~ лечение глубоким прогреванием

diatheses [daɪ'æθɪsiːz] *pl от* diathesis

diathesis [daɪ'æθɪsɪs] *n* (*pl* -ses) *мед.* диатез; arthritic ~ предрасположение к артриту

diatom ['daɪətɔm] *n бот.* диатомея, диатомовая водоросль

diatom earth, diatomaceous earth ['daɪətɔm,ɜːθ, ,daɪətə'meɪʃəs-] = diatomite

diatomic [,daɪə'tɔmɪk] *a хим.* 1. двухатомный 2. *в грам. знач. сущ.* двухатомная молекула

diatomin [daɪ'ætəmɪn] *n* диатомин, пигмент диатомовых водорослей

diatomite [daɪ'ætəmaɪt] *n мин.* диатомит

diatonic [,daɪə'tɔnɪk] *a муз.* диатонический

diatonicism [,daɪə'tɔnɪsɪz(ə)m] *n муз.* диатоника

diatreme ['daɪətriːm] *n геол.* диатрема, трубка взрыва

diatribe ['daɪətraɪb] *n книжн.* диатриба; резкая обличительная речь

diazine ['daɪəzɪn] *n хим.* диазин

diazoma [,daɪə'zəʊmə] *n* полукруглый проход (*в древнегреческом театре*)

diazo-material [daɪ'æzəʊ,tɪ(ə)rɪəl] *n спец.* диазоматериал (*вид светочувствительного материала*)

diazo reaction [daɪ'æzəʊrɪ,ækʃ(ə)n] *спец.* диазореакция

dib¹ [dɪb] *n преим. pl* 1. 1) бабки (*игра*); to play at ~s играть в бабки 2) фишки (*игра*) 2. фишки или костяшки для счёта 3. *сл.* «монета»; деньжата; he's got the ~s у него водятся деньжата /бабки/

dib² [dɪb] *v* 1. 1) слегка ударять; слегка прикасаться 2) наносить лёгкий удар, постукивать 2. = dap II

dibasic [daɪ'beɪsɪk] *a хим.* двухосновный; ~ acid двухосновная кислота

dibber ['dɪbə] = dibble¹ I

dibble¹ ['dɪbl] *n с.-х.* ямкоделатель, лункоделатель, сажальный кол

dibble² II ['dɪbl] *v с.-х.* 1) делать ямку или ямки в земле; работать лункоделателем 2) сажать под кол (*тж.* ~ in, ~ into)

dibbling ['dɪblɪŋ] *n с.-х.* посадка под кол

dib-hole ['dɪbhəʊl] *n горн.* зумпф

dibrach ['daɪbræk] *n редк. стих.* пиррихий

dibranchiate [daɪ'bræŋkɪɪt] *a зоол.* двужаберный

dibstones ['dɪbstəʊnz] = dib¹ 1

dicarbonate [daɪˈkɑːbənɪt] *n хим.* бикарбонат
dicast [ˈdɪkæst] *n ист.* выборный судья *(в Афинах)*
dice¹ I [daɪs] *n* 1. *pl от* die¹ I 1, 3 и 4 2. *употр. с гл. в ед. ч.* игра в кости; to play ~ играть в кости 3. пластина 4. элк. чип, кристалл *(для размещения микроэлектронной схемы)*
◊ по ~ *разг.* отсутствие ответа *или* отрицательный ответ; ≅ ничего не слышно; не выгорело, ничего не вышло; today, or it's no ~ сегодня, или у нас с вами ничего не получится; сегодня или никогда
dice¹ II [daɪs] *v* 1. 1) играть в кости 2) проигрывать *(что-л.; тж.* ~ away); to ~ away all one's money проиграться в пух и прах; спустить всё 3) идти на риск; делать опасный ход; to ~ with death *разг.* рисковать жизнью, играть со смертью 2. нарезать кубиками *(особ. в кулинарии)* 3. 1) наносить узор из кубиков *или* квадратиков 2) расчерчивать, графить в клеточку 3) вышивать узор квадратиками
dice² I [daɪs] *n* тесное сближение *(на автомобильных гонках)*
dice² II [daɪs] *v* обгонять друг друга на трассе *(автомобильных гонок)*; ехать наперегонки
dice-box [ˈdaɪsbɒks] *n* коробочка, из которой бросают игральные кости
dicephalous [daɪˈsefələs] *a спец.* двуглавый
dicer [ˈdaɪsə] *n* игрок в кости
dicerous [ˈdaɪsərəs] *a энт.* с двумя щупальцами *или* усиками
dice-throw [ˈdaɪsθrəʊ] *n* бросание костей *(в игре)*
dicey [ˈdaɪsɪ] *a разг.* ненадёжный, рискованный; связанный с неожиданностями, опасностью; their future is ~ неизвестно, как сложится их судьба
dichloride [daɪˈklɔːraɪd] *n хим.* двухлористое соединение
dichloroethane [daɪˌklɔːrəʊˈiːθeɪn] *n хим.* дихлорэтан
dichlorvos [daɪˈklɔːvɒs] *n хим.* дихлорфос, дихлофос [⟨dichlorovinyl + phosphate⟩]
dichogamous [daɪˈkɒgəməs] *a бот.* дихогамный
dichogamy [daɪˈkɒgəmɪ] *n бот.* дихогамия
dichord [ˈdaɪkɔːd] *n муз.* дву(х)струнный инструмент
dichoree [ˌdaɪkə(ʊ)ˈriː] *n стих.* двустопный хорей
dichotomic [ˌdaɪkə(ʊ)ˈtɒmɪk] *a* дихотомический
dichotomize [daɪˈkɒtəmaɪz] *v* 1) делить на две части 2) делиться на две части
dichotomous [daɪˈkɒtəməs] *a* делящийся *или* разделённый на два; дихотомический
dichotomy [daɪˈkɒtəmɪ] *n* 1. *спец.* последовательное деление на две части; дихотомия 2. *бот.* вилообразное разветвление, дихотомия
dichroic [daɪˈkrəʊɪk] *a* двухцветный *(о кристалле)*
dichroism [ˈdaɪkrə(ʊ)ɪz(ə)m] *n опт.* дихроизм
dichromate [daɪˈkrəʊmɪt] *n хим.* дихромат, бихромат
dichromatic [ˌdaɪkrə(ʊ)ˈmætɪk] *a* 1. *спец.* дихроматический, двухцветный 2. *мед.* различающий два основных цвета
dichromatism [daɪˈkrəʊmətɪz(ə)m] *n* 1. *спец.* двухцветность 2. *мед.* частичный дальтонизм

dichronous [ˈdaɪkrənəs] *a стих.* дихронный
dicing [ˈdaɪsɪŋ] *n* 1. игра в кости 2. орнаментация *(книжных переплётов)* рисунком из квадратиков *или* ромбиков
Dick [dɪk] *n* 1. 1) *(сокр. от* Richard) Дик 2) (d.) *разг.* парень, малый 2. (d.) *разг.* хлыст 3. (d.) *амер. сл.* сыщик, детектив; I won't have a ~ tailing me! я не позволю какому-то гнусному детективу ходить за мной по пятам! 4. (d.) *вульг.* (мужской) член
dick [dɪk] *n (сокр. от* declaration) *сл.* клятва, божба; to take one's ~ (that...) клясться /божиться/, (что)...; to take one's ~ to smth. поклясться /побожиться/ в чём-л.
dickens [ˈdɪkɪnz] *n разг.* 1. чёрт, дьявол; to go to the ~ сорваться, не выгореть; пойти прахом; to play the ~ with smth. ≅ испортить всю музыку; to raise the ~ of a row поднять невообразимый шум 2. бесёнок, чертёнок *(о ребёнке)* 3. *в грам. знач. междометия:* what the ~! что за чёрт!; why the ~?! какого чёрта?!; за каким лешим?!
Dickensian [dɪˈkenzɪən] *a* диккенсовский, относящийся к Ч. Диккенсу
dicker¹ [ˈdɪkə] *n разг.* 1. десяток, дюжина 2) десяток, дюжина шкур *(как единица обмена)*
dicker² I [ˈdɪkə] *n обмен;* мелкая сделка; to make a ~ заключить сделку
dicker² II [ˈdɪkə] *v разг.* 1. обмениваться; торговать по мелочам 2. торговаться; to ~ over prices не сходиться в цене, торговаться из-за цены
dickey¹ [ˈdɪkɪ] = dicky¹
dickey² [ˈdɪkɪ] = dicky²
dicky¹ [ˈdɪkɪ] *n* 1. 1) манишка; вставка 2) *амер., диал.* пришивной *или* пристежной воротничок 2. 1) детский фартук, передник 2) кожаный фартук 3) прорезиненный костюм 4) парусиновая куртка, спецовка 3. птичка, пташка 4. осёл 5. 1) козлы *(тж.* ~ box) 2) сиденье для лакея *или* сопровождающего почту *(сзади экипажа)* 3) заднее откидное сиденье *(в двухместной машине; тж.* ~ seat) 6. *мор.* помощник капитана, *особ.* второй помощник
dicky² [ˈdɪkɪ] *a разг.* 1) слабый, хворый; нетвёрдый на ногах; ~ heart больное сердце 2) неустойчивый, шаткий; ~ on his pins ≅ гнилой, вот-вот свалится /развалится/ 3) плохой, никуда не годный; ~ concern гиблое дело 4) странный; to feel ~ чувствовать себя не в своей тарелке
dicky-bird [ˈdɪkɪbɜːd] *детск. см.* dicky¹ 3
diclinous [daɪˈklaɪnəs] *a бот.* разнополый, раздельнополый; несовершенный *(о цветке)*
dicotyledon [ˌdaɪˌkɒtɪˈliːd(ə)n] *n бот.* двудольное растение
dicrotic [daɪˈkrɒtɪk] *a физиол.* двуударный, дикротический *(о пульсе)*
dicrotism [ˈdaɪkrətɪz(ə)m] *n физиол.* дикротический пульс, дикротия
dicta [ˈdɪktə] *pl от* dictum
dictabelt [ˈdɪktəbelt] *n* пластиковая лента для записи в диктофоне
dictaphone [ˈdɪktəfəʊn] *n* диктофон
dictate I [ˈdɪkteɪt] *n* 1. предписание, веление; the ~s of taste требование хорошего вкуса; the ~s of reason веление разума; the ~s of conscience голос совести; the ~s of fashion требования моды; to follow the ~s of one's heart следовать зову сердца 2. 1) повеление, приказ 2) диктат, навязанный договор
dictate II [dɪkˈteɪt] *v* 1. диктовать; to ~ a letter диктовать письмо; to ~ to a typist диктовать машинистке; to ~

предписывать, диктовать; to ~ terms to the enemy продиктовать /навязать/ противнику условия; this is ~d by common sense это продиктовано соображениями здравого смысла; I refuse to be ~d to я не потерплю диктата
dictating machine [dɪkˈteɪtɪŋməˌʃiːn] диктофон
dictation [dɪkˈteɪʃ(ə)n] *n* 1. 1) диктант 2) диктовка; to take ~, to write from ~ писать под диктовку [*см. тж.* 2, 2)]; to write at smb.'s ~ писать под чью-л. диктовку [*ср. тж.* 2, 1)]; a passage taken down from ~ отрывок, записанный под диктовку 2. 1) предписание, распоряжение; веление, повеление; at smb.'s ~ в соответствии с чьим-л. предписанием, по чьему-л. велению [*ср. тж.* 1, 2)] 2) диктат; to take ~, to yield to ~, to submit to ~ подчиниться диктату [*см. тж.* 1, 2)]; don't attempt ~ with me не пытайтесь мне диктовать 3. диктофон
dictator [dɪkˈteɪtə] *n* 1. диктатор 2. *см.* dictate II + -or
dictatorate [dɪkˈteɪtərɪt] *n книжн.* диктаторство; диктаторская власть
dictatorial [ˌdɪktəˈtɔːrɪəl] *a* 1. диктаторский; ~ a man человек с диктаторскими замашками; in anger people become ~ *образн.* в состоянии гнева люди не хотят слышать возражений 2. властный; повелительный, безапелляционный; ~ tone повелительный тон; ~ manner властная манера
dictatorship [dɪkˈteɪtəʃɪp] *n* диктатура; the ~ of the military диктатура военных
diction [ˈdɪkʃ(ə)n] *n* 1. выбор слов, манера выражаться; poetic ~, the ~ of poetry язык поэзии, поэтический язык; her ~ was deadly она говорила убийственным тоном 2. дикция
dictionary [ˈdɪkʃ(ə)n(ə)rɪ] *n* 1. словарь; standard ~ нормативный словарь; explanatory ~ толковый словарь; ~ of synonyms [of idioms] словарь синонимов [идиом]; stem ~ словарь основ; ~ making составление словарей; лексикография; it's a ~ word, nobody ever uses it это книжное слово, так никто не говорит; ~ English [style] педантично правильный /безупречный/ английский язык [стиль]; ~ look-up *информ.* поиск по словарю 2. справочник *(построенный по алфавитному принципу)* 3. язык лица *или* группы лиц; терминология определённой области
◊ walking /living/ ~, a person who has swallowed the ~ *шутл.* ходячая энциклопедия
dictograph [ˈdɪktəgrɑːf] *n* диктограф
dictophone [ˈdɪktəfəʊn] = dictaphone
dictum [ˈdɪktəm] *n (pl тж.* dicta) 1. изречение, афоризм 2. авторитетное заявление, авторитетное мнение, суждение 3. *юр.* мнение судьи 4. *лингв.* диктум
dictum-factum [ˌdɪktəmˈfæktəm] *лат.* сказано — сделано
dicynodont [daɪˈsɪnədɒnt] *n палеонт.* дицинодонт
did [dɪd] *past от* do¹ II
didactic [dɪˈdæktɪk] *a* 1. дидактический; поучительный; нравоучительный; ~ literature дидактическая литература 2. вечно поучающий, морализирующий *(о человеке)*
didactically [daɪˈdæktɪkəlɪ] *adv* дидактически; нравоучительно
didacticism [daɪˈdæktɪsɪz(ə)m] *n* дидактичность, нравоучительность; морализм
didactics [daɪˈdæktɪks] *n* дидактика
didactive [daɪˈdæktɪv] = didactic

didactyl(e) [daɪˈdæktɪl] *a зоол.* с двумя пальцами, двупалый

didapper [ˈdaɪdæpə] *n* 1. = dabchick 2. *шутл.* человек с изменчивой судьбой

diddle [ˈdɪdl] *v сл.* 1. надуть, облапошить; to ~ smb. out of his money обобрать кого-л. как липку 2. 1) погубить; разорить дотла 2) укокошить 3. тратить без толку, зря; to ~ away one's time терять время попусту, транжирить время

diddle-daddle [ˈdɪdlˌdædl] *n разг.* чушь, ерунда; вздор

diddle-dee [ˌdɪdlˈdiː] *n бот.* вороника красная, водяника красная (*Empetrum rubrum*)

diddler [ˈdɪdlə] *n разг.* мошенник, плут

didelphid [daɪˈdelfɪd] *n зоол.* 1. многорезцовое сумчатое 2. опоссум (*Didelphys gen.*)

didn't [ˈdɪdnt] *разг. сокр. от* did not

Dido [ˈdaɪdəʊ] *n рим. миф.* Дидона, Элисса

dido [ˈdaɪdəʊ] *n* (*pl* -oes [-ouz]) *амер. разг.* шалость, проказа; to cut (up) ~es дурачиться, откалывать /выкидывать/ номера; поднимать шум

didrachm [ˈdaɪdræm] *n* две драхмы (*древнегреческая монета*)

didst [dɪdst] *уст.* 2-е л. ед. ч. прошедшего времени гл. do¹

didy [ˈdaɪdɪ] *n детск.* пелёночка

didymate [ˈdɪdɪmɪt] = didymous

didymous [ˈdɪdɪməs] *a бот., зоол.* парный, сдвоенный

die¹ I [daɪ] *n* 1. (*pl* dice) игральная кость (*чаще* one of the dice) 2. *pl* ~ I 2 3. (*pl* dice) *редк.* риск, удача 4. (*pl* dice) кубик; to cut smth. into dice нарезать что-л. кубиками 5. (*pl* dies) *тех.* 1) штамп (*пуансон или матрица*; *тж.* stamping ~, embossing ~) 2) штемпель, мундштук (*пресса*) 6. (*pl* dies) *тех.* 1) клупп; 2) винторезная головка, плашка 7. (*pl* dies) 1) *тех.* волочильная доска, фильера (*тж.* ~ plate) 2) *метал.* пресс-форма 8. (*pl* dies) *архит.* кубическая часть пьедестала 9. (*pl* dies) *тех.* деталь, имеющая форму кубика 10. (*pl* dies) *спец.* сапожный нож (*для вырезания заготовок*) 11. (*pl* dies) *шотл.* игрушка 12. (*pl* dies) полупроводниковая пластина (*заготовка под интегральную схему*)
◊ as smooth as a ~ ≅ гладкий как мрамор; as straight as a ~ a) прямой, честный; ≅ такой не подведёт; б) прямой как стрела; to risk everything on an uncertain ~ ≅ совершить прыжок в неизвестность; to set smth. upon the ~ ≅ поставить что-л. на карту; the ~ is cast /thrown/ жребий брошен

die¹ II [daɪ] *v тех.* штамповать

die² [daɪ] *v* 1. 1) умирать; to ~ well хорошо держаться перед смертью; to ~ of hunger [of old age, of cancer] умереть голодной смертью /от старости, от рака/; to ~ by violence умереть насильственной смертью; to ~ by an enemy's hand пасть от руки врага; to ~ by one's own hand кончить жизнь самоубийством; to ~ from /of/ wounds умереть от ран; to ~ on the scaffold [at the stake] умереть на эшафоте [на костре]; to ~ in battle погибнуть в бою; to ~ in poverty умереть в нищете; to ~ on smb. a) умереть в чьём-л. присутствии (*может быть, навлекая подозрение на свидетеля смерти*); б) потерять интерес для кого-л.; ≅ он для меня умер; to ~ a beggar умереть нищим; to ~ a man умереть, как подобает мужчине; to ~ rich [poor] умереть богатым [бедным]; to ~ a hero's death /like a hero/ пасть смертью храбрых, умереть смертью героя; to ~ a natural [violent] death умереть естественной [насильственной] смертью; to ~ an early death /before one's time/ умереть рано, безвременно скончаться; to ~ the death быть казнённым 2) умирать, пропадать; to ~ of /with/ laughter /laughing/ умирать со смеху; to ~ of curiosity умирать /сгорать/ от любопытства; to ~ of boredom помирать с тоски /со скуки/; to ~ of cold умирать от холода 3) исчезать, пропадать; the smile ~d on her lips улыбка сошла с её губ; the secret ~d with him тайна умерла вместе с ним, он унёс свою тайну в могилу; great deeds cannot ~ великие дела бессмертны, великие дела не забываются; day is dying день гаснет, вечереет 2. 1) отмирать, увядать 2) засыхать (*о растениях и т. п.*); to ~ from /through/ lack of care погибнуть из-за плохого ухода 3. терять интерес, становиться равнодушным; to ~ to the world утратить интерес к жизни 4. *разг.* очень хотеть, жаждать, сгорать от нетерпения; she is dying to learn the secret ей до смерти хочется узнать тайну; he is dying for a drink a) ему до смерти хочется выпить; б) он погибает от жажды; he is dying to see [to meet] you ему не терпится увидеть вас [познакомиться с вами]; I am dying for you to tell me я умру, если вы мне не расскажете (этого); she's dying to go on the stage она хочет любой ценой стать актрисой 5. 1) (into) переходить (*во что-л.*), становиться другим; twilight ~d into dark сумерки сгущались 2) (in) кончаться (*во что-л.*) 3) (against) упираться (*во что-л.*) 6. останавливаться; глохнуть; затихать; the motor ~d мотор заглох; the engine ~d on me (в самый ответственный для меня момент) мотор заглох; the wine ~d вино выдохлось; her heart ~d within her сердце замерло /остановилось, сжалось/ у неё в груди 7. *амер. спорт. разг.* выходить из игры (*бейсбол*)
◊ to ~ game умереть мужественно, умереть в борьбе; to ~ dunghill погибнуть как трус; to ~ hard a) бороться со смертью, сопротивляться смерти до конца; б) упорно сопротивляться; to ~ in one's bed умереть естественной смертью; to ~ in one's shoes /boots/ on a) умереть насильственной смертью; б) умереть на своём посту; to ~ in harness умереть на своём посту; to ~ in the last ditch *см.* ditch I ◊; to ~ on the vine *амер.* погибнуть на корню; the plan ~d on the vine из этого плана ничего не вышло /не получилось/; live or ~ чего бы это ни стоило, даже ценой жизни; I shall carry on to the end, live or ~ я не отступлю, чего бы это мне ни стоило; never say ~! не отчаивайся!, не падай духом!, держись!; a man can ~ but once *посл.* ≅ двум смертям не бывать, а одной не миновать; cowards ~ many times (before their deaths) ≅ трус умирает не раз

die away [ˈdaɪəˈweɪ] *phr v* 1. *редк.* падать в обморок, терять сознание; I could have died away with embarrassment я чуть в обморок не упала от неловкости 2. ослабевать, постепенно исчезать; пропадать; замирать, затихать (*о звуке*); спадать, стихать (*о ветре*); the sound was dying away in the distance звуки постепенно затихали вдали 3. (into) переходить (*во что-л.*) 4. (with) сливаться (*с чем-л.*)

die-away [ˈdaɪəˈweɪ] *a* томный; страдальческий

die back [ˈdaɪˈbæk] *phr v* отмирать (*о верхушках побегов*)

die-back [ˈdaɪbæk] *n бот.* отмирание верхушек (*побегов*)

die-casting [ˈdaɪˌkɑːstɪŋ] *n метал.* литьё под давлением

die chuck [ˈdaɪtʃʌk] винторезный патрон

die down [ˈdaɪˈdaʊn] *phr v* 1. исчезать, утихать, успокаиваться; the storm died down буря улеглась 2. = die back

die-hammer [ˈdaɪˌhæmə] *n* 1. молоток для нумерования (*деревьев*) 2. *тех.* штамповочный молот

die-hard I [ˈdaɪhɑːd] *n* 1. живучий, жизнестойкий человек 2. крайний консерватор, твердолобый 3. *pl* твердокаменные, несгибаемые (*прозвище солдат 57-го пехотного полка британской армии*)

die-hard II [ˈdaɪhɑːd] *a* 1. несгибаемый, неустрашимый; сопротивляющийся до последнего 2. крайне консервативный, твердолобый; ~ policy твердолобая политика

dielectric I [ˌdaɪɪˈlektrɪk] *n эл.* диэлектрик, непроводник; изолятор; polar [nonpolar] ~ полярный [неполярный] диэлектрик

dielectric II [ˌdaɪɪˈlektrɪk] *a эл.* диэлектрический, изоляционный; ~ constant диэлектрическая постоянная, диэлектрическая проницаемость вакуума

dielectrophoresis [ˌdaɪɪˌlektrəʊfəˈriːsɪs] *спец.* диэлектрофорез

diencephalon [ˌdaɪenˈsefəlɒn] *n анат.* промежуточный мозг

die off [ˈdaɪˈɒf] *phr v* 1. умирать один за другим; they're dying off like flies они мрут как мухи 2. затихать, утихать, замирать; the debate died off споры утихли, спорщики утихомирились

die out [ˈdaɪˈaʊt] *phr v* 1. вымирать; погибать 2. постепенно исчезать, пропадать; замирать, затихать (*о звуке*); спадать (*о ветре*); the candle died out свеча догорела 3. *геол.* выклиниваться (*о жиле*); затухать (*о складке*) 4. заглохнуть (*о колебаниях, двигателе*)

Diesel [ˈdiːz(ə)l] *n тех.* двигатель Дизеля, дизель (*тж.* ~ engine, motor); ~ oil /fuel/ дизельное топливо

diesel [ˈdiːz(ə)l] *v амер.* работать после выключения зажигания (*о двигателе*)

diesel-electric [ˈdiːz(ə)lɪˈlektrɪk] *a* дизель-электрический

dieselize [ˈdiːzəlaɪz] *v* заменять паровозы тепловозами; переводить железные дороги на тепловозную тягу

diesel locomotive [ˈdiːz(ə)lˌləʊkəˈməʊtɪv] тепловоз

dieses [ˈdaɪɪsiːz] *pl от* diesis

die set [ˈdaɪset] *полигр.* комплект штампа (*пуансон и матрица*)

die-sinker [ˈdaɪˌsɪŋkə] *n* 1) инструментальщик по штампам 2) *тех.* копировальный станок

Dies Irae [ˌdiːeɪzˈɪəraɪ] *лат.* 1) *рел.* судный день, день страшного суда 2) *церк.* Диес ире (*название церковного песнопения*)

diesis [ˈdaɪɪsɪs] *n* (*pl* -ses) *полигр.* двойной крестик (‡)

dies non [ˈdiːeɪzˈnɒn] *лат.* неприсутственный день

diesohol [ˈdiːzəhɒl] *n* «дизохол», смесь дизельного топлива с этиловым спиртом (*для дизелей*)

die-stock [ˈdaɪstɒk] *n тех.* клупп; винтовальная доска

diet¹ I [ˈdaɪət] *n* 1. питание, стол, пища, еда; frugal ~ скудное питание, скудная пища; meat ~, ~ of meat мясной стол; liquid [heavy] ~ жидкая [тяжёлая] пища; milk and vegetable ~ молочно-овощная диета; starvation ~ голодная диета; to go on a milk ~ сесть /перейти/ на молочную диету; to keep /to take/ (a) ~, to be on a ~ соблюдать диету, сидеть на диете; to put smb. on a ~ держать кого-л. на диете; посадить кого-л. на диету

diet¹ II [ˈdaɪət] *v* 1. 1) держать на диете; сажать на диету; to ~ smb. rigorously посадить кого-л. на строжайшую диету; to ~ oneself соблюдать диету, сидеть на диете 2) соблюдать диету, сидеть на диете 2. 1) определять режим питания, устанавливать пищевой рацион 2) питаться 3. *редк.* 1) кормить 2) столоваться

diet² [ˈdaɪət] *n* 1. парламент (*неанглийский*) 2. съезд, конгресс, конференция 3. *шотл.* однодневное заседание; однодневная сессия 4. *шотл.* назначенный день; день явки в суд (*тж.* ~ of appearance) 5. отходы золота и серебра (*на монетном дворе*)

dietary I [ˈdaɪət(ə)rɪ] *n* 1. 1) диета 2) книга о правильном питании 2. паёк (*в тюрьме, работном доме и т. п.*)

dietary II [ˈdaɪət(ə)rɪ] *a* 1) диетический; ~ foods диетические продукты; ~ cure *мед.* диетотерапия 2) поступающий с пищей

dietary fiber [ˈdaɪət(ə)rɪˌfaɪbə] клетчатка овощей и фруктов (*как часть диетического питания*)

diet-bread [ˈdaɪətˌbred] *n* диетический хлеб

dietetic I [ˌdaɪəˈtetɪk] *n* специалист по диететике

dietetic II [ˌdaɪəˈtetɪk] *a* диетический; ~s therapy диетотерапия

dietetics [ˌdaɪəˈtetɪks] *n* диететика

diethyl [daɪˈeθ(ɪ)l] *n хим.* бутан

dietic [daɪˈetɪk] = dietetic II

dietician [ˌdaɪəˈtɪʃ(ə)n] = dietist

dietine [ˈdaɪətiːn] *n ист.* местный сейм; ландтаг (*земли*); местный орган управления

dietist, dietitian [ˈdaɪətɪst, ˌdaɪəˈtɪʃ(ə)n] *n* диетврач

diet-kitchen [ˈdaɪətˌkɪtʃɪn] *n* 1) *амер.* диетическая кухня 2) благотворительная столовая (*для бедняков*)

diet pills [ˈdaɪətˌpɪlz] таблетки для похудения

Dieu et mon droit [ˌdjɜːeɪmɒŋˈdrwɑː] *фр.* бог и моё право (*девиз на гербе английских королей*)

differ [ˈdɪfə] *v* 1. 1) отличаться; различаться; to ~ from each other отличаться друг от друга; to ~ in appearance быть непохожим; to ~ from smb. in age отличаться от кого-л. по возрасту 2) *редк.* отличаться; различать 2. 1) расходиться во мнениях, не соглашаться; the witnesses ~ed свидетели не соглашались друг с другом; показания свидетелей расходились; to ~ from /with/ smb. не соглашаться с кем-л., оспаривать чьё-л. мнение; to ~ in opinion расходиться во мнениях; to ~ about the issue /on the point/ расходиться (во мнениях) по этому вопросу; to agree to ~ оставить попытки убедить друг друга, остаться при своём мнении (*о спорящих*); I beg to ~ позволю себе не согласиться 2) спорить, ссориться

◇ tastes ~ *посл.* ≅ о вкусах не спорят; у каждого свой вкус

difference I [ˈdɪf(ə)rəns] *n* 1. 1) разница; различие, несходство, отличие; ~ in appearance [character] несходство внешности [характеров]; all the ~ in the world существенная /большая/ разница; ~ of opinion расхождение во мнениях, разногласия; the ~ between two versions of the same text различие между двумя редакциями одного и того же текста, разночтение; with the ~ that... с той разницей, что...; to make a ~ (between) проводить различие (между); she doesn't make any ~ between the children она совершенно одинаково относится к своим детям; она не выделяет кого-л. из своих детей; it doesn't make much ~ это не имеет (большого) значения, это не слишком существенно; it makes a great ~, it makes all the ~ in the world а) это (совсем) другое дело; б) в этом-то всё и дело; it makes no ~ (to me) (для меня) не имеет значения, (мне) всё равно; he is a businessman, but with a ~ он бизнесмен, но не такой, как все остальные 2) разница (*количественная*); ~ of five pounds разница в пять фунтов; to pay /to meet/ the ~ уплатить разницу; to speculate in ~s *бирж.* играть на разнице; ~ of potentials *эл.* разность потенциалов 2. разногласие; спор, ссора; to have a ~ with smb. поспорить /поссориться/ с кем-л.; to have a ~ about smth. повздорить (с кем-л.) по какому-л. поводу; we sometimes have our ~s у нас бывают /случаются/ разногласия, нам случается не соглашаться друг с другом; to settle /to resolve/ the ~ уладить спор, устранить разногласия; to exaggerate the ~s преувеличивать разногласия; to play upon ~s among smb. играть на разногласиях между кем-л. 3. 1) = differentia 2) *геральд.* отличительный знак (*герба*) 4. *мат.* разность; first [second] order ~ разность первого [второго] порядка; common ~ of an arithmetical progression разность арифметической прогрессии

◇ to split the ~ а) брать среднюю величину; б) поделить разницу пополам; в) сойтись в цене, сторговаться; г) идти на компромисс; to make a distinction without a ~ проводить слишком тонкие различия; мудрить, перемудрить; ≅ существенной разницы нет; not to know the ~ between chalk and cheese не понимать очевидных различий; ≅ путать божий дар с яичницей

difference II [ˈdɪf(ə)rəns] *v книжн.* 1. различать; отличать 2. *мат.* вычислять разность

difference gauge [ˈdɪf(ə)rənsˌgeɪdʒ] *тех.* предельный калибр

different [ˈdɪf(ə)rənt] *a* 1. различный, разный; отличный, несходный; ~ styles [ideas] различные стили [идеи]; to be ~ from other people отличаться от других; their tastes are widely ~ их вкусы совершенно не совпадают ⚙ 1) иной, другой; особый; I feel a ~ man now теперь я чувствую себя совсем другим человеком; that is ~ это другое дело; he is a ~ kind of man он совершенно другой человек; you look ~ ты выглядишь иначе; she wears a ~ dress every day она ежедневно меняет платье; она каждый день появляется в новом платье; I do it in a ~ way я делаю это иначе /по-иному, не так/; I saw it in a ~ way /light/ я увидел это в новом свете 2) разный, разнообразный; ~ colours [kinds] разные цвета [виды]; ~ people saw him его видели разные люди; at ~ times в разное время;

in ~ ways по-разному; I went to ~ stores я заходил в разные магазины; a lot of ~ things множество разных вещей

differentia [ˌdɪfəˈrenʃɪə] *n* (*pl* -tiae) *лог.* отличительное свойство (*вида или класса*); отличительный, дифференциальный признак

differentiae [ˌdɪfəˈrenʃiː] *pl от* differentia

differential I [ˌdɪfəˈrenʃ(ə)l] *n* 1. *мат., тех.* дифференциал; partial [total] ~ частный [полный] дифференциал; spur-gear ~ дифференциал с цилиндрическими шестернями 2. *физ.* перепад (*давления, температуры, напряжения и т. п.*) 3. *ком.* дифференциальный тариф 4. *эк.* разница в оплате труда (*квалифицированных и неквалифицированных рабочих, женщин и мужчин, рабочих разной национальности или рабочих в разных отраслях промышленности*); hardship ~ надбавка к жалованью за трудные условия работы, надбавка за трудность 5. *ж.-д.* разница в стоимости проезда в одно и то же место разными маршрутами

differential II [ˌdɪfəˈrenʃ(ə)l] *a* 1. отличительный, характерный; ~ peculiarity /characteristic/ отличительная особенность, характерный признак 2. *эк.* дифференциальный, разностный; ~ duties дифференциальные пошлины; ~ tariff дифференциальный тариф 3. дифференциальный; дифференцированный; ~ diagnosis дифференциальный диагноз; ~ focusing *кино* дифференцированная наводка на резкость 3. *мат., тех.* дифференциальный; ~ calculus [equation] дифференциальное исчисление [уравнение]; ~ analyzer дифференциальный анализатор; ~ gear *тех.* дифференциал

differentiate [ˌdɪfəˈrenʃɪeɪt] *v* 1. 1) отличать, различать; проводить *или* устанавливать различие, дифференцировать; разграничивать; to ~ prose from /and/ poetry отличать поэзию от прозы, разграничивать поэзию и прозу; to ~ between the two functions разграничивать (эти) функции; it's wrong to ~ between pupils нехорошо по-разному относиться к ученикам 2) отличать, составлять отличительную черту; it ~s drama from tragedy это и составляет разницу между драмой и трагедией; reason ~s man from other animals разум отличает человека от (других) животных 2. 1) *обыкн. pass* делать несхожим; вызывать расхождение; languages become ~d языки расходятся; species become ~d виды обособляются 2) делаться несхожим, расходиться, обособляться, дифференцироваться; languages tend to ~ языки обнаруживают тенденцию к дифференциации 3. *мат.* дифференцировать

differentiated [ˌdɪfəˈrenʃɪeɪtɪd] *a* дифференцированный; ~ service for manager *информ.* дифференцированное обслуживание руководства, ДОР

differentiation [ˌdɪfərenʃɪˈeɪʃ(ə)n] *n* 1. установление различий, разграничение, различение; дифференциация; ~ of /between/ cause and effect различение причины и следствия 2. разделение, специализация; дифференциация; ~ of labour разделение труда; ~ of Latin into vernaculars образование национальных языков из латыни 3. *мат.* дифференцирование; parameter ~ дифференцирование по параметру 4. *геол.* дифференциация, расчленение

differentiator [ˌdɪfəˈrenʃɪeɪtə] *n вчт.* 1) дифференциатор, дифференцирующее устройство 2) элк. блок дифференцирования

differently ['dɪf(ə)rəntlɪ] *adv* 1. иначе; по-другому; he speaks ~ from you он говорит не так, как ты 2. по-разному; a group of girls ~ dressed группа девушек, одётых (очень) по-разному

difficile ['dɪfɪsɪl] *a книжн.* трудный (*о человеке*); несговорчивый, капризный

difficult ['dɪfɪk(ə)lt] *a* 1. 1) трудный, тяжёлый; ~ ascent [task, text] трудное восхождение [задание, -ый текст]; ~ ground *воен.* труднопроходимая местность; of access неприступный, труднодоступный; it is ~ to imagine трудно вообразить; the most ~ part is done самое трудное (уже) сделано /позади/; this question is ~ to answer на этот вопрос трудно /нелегко/ ответить; there's nothing very ~ about it в этом нет ничего трудного; I find it ~ to learn foreign languages, it is ~ for me to learn foreign languages мне трудно учить иностранные языки 2) тяжёлый, затруднительный; неприятный; ~ situation затруднительное /неприятное/ положение; his loss has made things ~ for us эта потеря очень осложнила /усложнила/ нашу жизнь 2. трудный, упрямый, неуживчивый; ~ child [disposition] трудный ребёнок [тяжёлый характер]; he is ~ to please ему не угодишь

difficult-to-obtain ['dɪfɪk(ə)lttuəb'teɪn] *a* дефицитный

difficulty ['dɪfɪk(ə)ltɪ] *n* 1. 1) трудность; without ~ без труда; to find ~ in understanding с трудом понимать, затрудняться в понимании; he had a ~ in breathing ему с трудом дышал, ему не хватало воздуха; I realize the ~ of answering this question я понимаю, как трудно ответить на этот вопрос 2) препятствие, помеха; затруднение; to be in a ~ быть в затруднении, не знать, как поступить; to face /to meet with/ difficulties встретить препятствия, натолкнуться на трудности; to overcome /to get over/ every ~ преодолеть все трудности /препятствия/; to remove a ~ устранить препятствие /помеху/; to get round /to evade/ a ~ обойти трудность /затруднение/; to make /to raise/ difficulties чинить препятствия, создавать трудности; to make no ~ /difficulties/ не чинить препятствий, не возражать; to look for difficulties where there are none придумывать несуществующие препятствия /затруднения/; to add to smb.'s difficulties осложнить чье-л. и без того тяжёлое положение; there will be no ~ about it это будет совершенно несложно, здесь не возникнет никаких осложнений; I see no ~ about it (я) не вижу в этом ничего трудного /сложного/ 2. *pl* материальные затруднения; financial difficulties финансовые затруднения; income tax difficulties неприятности, связанные с выплатой подоходного налога; to be in difficulties находиться в стеснённых обстоятельствах; to lead smb. into difficulties создать материальные трудности для кого-л.; to get /to involve oneself /into difficulties оказаться в стеснённых обстоятельствах, начать испытывать материальные затруднения; to get out of one's difficulties разрешить свои материальные проблемы 3. *обыкн. pl амер.* разногласия, споры

diffidation [,dɪfɪ'deɪ(ə)n] *n книжн.* разрыв отношений

diffidence ['dɪfɪd(ə)ns] *n* 1. неуверенность в себе, робость; with ~ неуверенно 2. *редк.* недоверие

diffident ['dɪfɪd(ə)nt] *a* 1. неуверенный в себе, робкий, застенчивый; ~ tone [smile] неуверенный тон [-ая улыбка]; I was ~ about speaking to him я стеснялся /не решался/ заговорить с ним 2. (in, of) *редк.* недоверчивый

diffluence ['dɪfluəns] *n редк.* 1. растекание 2. переход в жидкое состояние

diffluent ['dɪfluənt] *a редк.* 1. растекающийся, бесформенный; жидкий 2. переходящий в жидкое состояние

diffract [dɪ'frækt] *v физ.* дифрагировать

diffracted [dɪ'fræktɪd] *a физ.* дифрагированный

diffraction [dɪ'fræk∫(ə)n] *n физ.* дифракция; neutron [wave] ~ дифракция нейтронов [волны]; ~ grating *опт.* дифракционная решётка

diffractive [dɪ'fræktɪv] *a физ.* дифракционный

diffusate [dɪ'fju:zɪt] *n физ.* диффузат, продиффундировавшее вещество

diffuse I [dɪ'fju:s] *a* 1. раскинувшийся, разбросанный 2. 1) рассеянный (*о свете и т. п.*) 2) *физ.* диффузный 3) *мед.* разлитой, диффузный 3. многословный; ~ writer многословный писатель 2) болтливый, говорливый

diffuse II [dɪ'fju:z] *v* 1. 1) распространять; to ~ an odour распространять запах; to ~ learning распространять знания; to ~ kindness излучать доброту 2) распространяться 3) рассыпать, разбрызгивать 2. растрачивать, расходовать; to ~ one's strength растратить силы 3. широко раскидываться (*о растении*) 4. *физ.* 1) рассеивать (*свет и т. п.*) 2) рассеиваться (*о газах и жидкостях*) 4) диспергировать; распылять

diffused [dɪ'fju:zd] *a* 1. разбросанный; распространённый; ~ opinion распространённое мнение 2. рассеянный; ~ illumination /light/ рассеянный свет

diffuseness [dɪ'fju:snɪs] *n опт.* размытость, расплывчатость, смазанность (*изображения*)

diffuser [dɪ'fju:zə] *n* 1) *тех.* распылитель; диффузор 2) *кино* светорассеиватель, рассеивающая линза

diffusible [dɪ'fju:zəbl] *a* 1) могущий распространяться *или* рассеиваться 2) *физ.* способный диффундировать

diffusion [dɪ'fju:ʒ(ə)n] *n* 1. распространение; ~ of knowledge распространение знаний 2. многословие, расплывчатость 3. *физ.* 1) рассеивание 2) диффузия; neutron [radiation] ~ диффузия нейтронов [излучения]; solid-state ~ диффузия в твёрдом теле; ~ of charged particles диффузия заряженных частиц; ~ disc *опт.* диффузионный светофильтр

diffusive [dɪ'fju:sɪv] *a* 1. распространяющийся 2. многословный 3. 1) *опт.* диффузный 2) *физ.* диффузионный

diffusivity [dɪfju:'sɪvɪtɪ] *n* 1) *физ.* коэффициент диффузии; pressure ~ коэффициент диффузии давления 2) температуропроводность

diffusor [dɪ'fju:zə] = diffuser

dig I [dɪg] *n* 1. *разг.* тычок, пинок; to give smb. a ~ with one's elbow [in the ribs] ткнуть кого-л. локтем [под ребро] 2. *разг.* издёвка; колкость, шпилька; насмешка; to give smb. a ~, to get /to have/ a ~ at smb. говорить кому-л. колкости, насмехаться над кем-л.; that's a ~ at you это по вашему адресу, это камешек в ваш огород 3. *амер. разг.* прилежный студент 4. *pl разг.* жильё, «берлога», «нора»; I called at his ~s я наведался /заглянул/ к нему, я завернул в его логово 5. копание, выкапыва-

---

DIF — DIG   D

ние; he is having a ~ in the garden он возится в саду, он что-то копает в саду; they were working on a ~ in Egypt они занимались раскопками в Египте 6. грунт, подлежащий выемке

dig II [dɪg] *v* (dug, *уст. сл.* digged) 1. 1) копать, рыть; to ~ the ground копать землю; to ~ a hole [a trench, a well] копать /рыть/ яму [траншею, колодец]; to ~ for gold искать золото 2) выкапывать (*тж.* ~ out, ~ up); to ~ potatoes копать картошку; to ~ the car out of the snow выкапывать машину из-под снега 2. (into, through, under) прокапывать; прорывать ход; to ~ through a mountain прорывать тоннель в горе; to ~ into the snow закапываться в снег 3. 1) раскапывать, разрывать; делать раскопки 2) докапываться (*до чего-л.*); раскапывать, находить; to ~ (out/up) new facts добыть новые факты; to ~ for information искать информацию, охотиться за информацией 4. (*обыкн.* in, into) *разг.* 1) вонзать, втыкать; to ~ spurs into a horse пришпорить лошадь; to ~ one's hands into one's pockets засунуть руки (глубоко) в карманы 2) толкать; to ~ smb. in the side [in the ribs] ткнуть кого-л. в бок [в рёбра] 3) вонзаться, втыкаться; впиваться; врезаться; въедаться; входить (*об инструменте и т. п.*); his hands dug into his pockets его руки скользнули /нырнули/ в карманы 4) *тех.* заедать 5. *охот.* поднять, выгнать из норы; to ~ (out) a fox [a badger] поднять лису [барсука] 6. *сл.* 1) понимать, разуметь, «сечь»; do you ~ me? понимаешь, к чему я клоню?; before we could ~ what was going on, they started shooting пока до нас дошло, в чём дело, они открыли стрельбу; I don't ~ foreign money я не разбираюсь в иностранных деньгах 2) любить, ценить, «клевать»; I ~ Italy Италия мне по душе /по нраву/; a very corny gag but people seem to ~ it порядочная дрянь, но публика на неё клюёт 7. *амер. сл.* долбить, зубрить; корпеть (*над чем-л.*); «ишачить» 8. *амер. сл.* жить (*где-л.*), «окопаться»; where do you ~? ты где живёшь /обитаешь/?, где твоя хата? 9. *сл.* 1) замечать, видеть; I ~ ged this baby when I was a fresh я приметил /откопал/ эту девчушку ещё на первом курсе; ~ that fancy hat ты глянь-ка, недурственная шляпка 2) смотреть (*пьесу*); слушать (*музыку*); to ~ a performance попасть на представление ◊ to ~ a pit for smb. рыть яму кому-л.; to ~ smb.'s company *сл.* добиваться /искать/ чьего-л. общества

digamist ['dɪgəmɪst] *n* тот, кто вторично вступил в брак

digamous ['dɪgəməs] *a* 1. вступивший в брак второй раз 2. *бот.* гермафродитный; дигамный, двудомный

digamy ['dɪgəmɪ] *n* 1) второй брак 2) двоебрачие, дигамия

digastric [daɪ'gæstrɪk] *a анат.* двубрюшный (*о мышцах*)

digeneous [daɪ'dʒɪnəs] *a* 1. *биол.* двуполый; обоеполый 2. *зоол.* дигенетический

digenesis [daɪ'dʒenəsɪs] *n биол.* дигенез, чередование поколений

digenetic [,daɪdʒɪ'netɪk] *a биол.* дигенетический, относящийся к дигенезу

digenic [daɪ'dʒɪnɪk] *a биол.* обусловленный двумя генами

digenous ['dɪdʒɪnəs] *a биол.* двуполый

567

DIG — DIG

digest I ['daɪdʒest] *n* 1. 1) краткое изложение; резюме; компендиум; a ~ of the week's news сводка событий за неделю 2) справочник 3) сборник (*часто в названиях*) 2. *юр.* 1) систематический сборник *или* свод законов, решений суда *и т. п.* 1) (the D.) *ист.* дигесты, пандекты императора Юстиниана 3. *биохим.* гидролизат (*продукт ферментативного расщепления субстрата*)

digest II [d(a)ɪ'dʒest] *v* 1. 1) переваривать (*пищу*) 2) перевариваться (*о пище*); to ~ well хорошо усваиваться 3) способствовать перевариванию пищи 2. усваивать; воспринимать; овладевать; to ~ the lesson усвоить урок; to ~ what one reads переварить прочитанное; to ~ the facts осмыслить факты, овладеть материалом 3. терпеть, переносить; мириться (*с чем-л.*); to ~ an insult проглотить оскорбление; this is more than I can ~ этого я не потерплю 4. 1) излагать сжато и систематично 2) приводить в систему; классифицировать 5. *хим.* 1) вываривать; выпаривать 2) вывариваться, выпариваться 6. *с.-х.* приготовлять искусственное удобрение; приготовлять компост

digestant I, II [d(a)ɪ'dʒestənt] = digestive I *и* II

digester [d(a)ɪ'dʒestə] *n* 1. 1) *см.* digest II + -er 2) систематизатор 2. 1) герметически закрывающийся сосуд для варки; кастрюля-скороварка 2) *тех.* автоклав 3. = digestor

digestibility [d(a)ɪ,dʒestə'bɪlɪtɪ] *n* 1. удобоваримость 2. *с.-х.* переваримость (*кормов*)

digestible [d(a)ɪ'dʒestəbl] *a* удобоваримый, легко усваиваемый

digestion [d(a)ɪ'dʒestʃ(ə)n] *n* 1. пищеварение, переваривание пищи; усвоение пищи; easy [hard] of ~ легко [с трудом] усваиваемый; good for ~ полезный для пищеварения; to spoil one's ~ испортить себе желудок 2. усвоение (*знаний, фактов и т. п.*); понимание; the ~ of a philosophical treatise усвоение философского трактата 3. *хим.* 1) дигерирование, вываривание 2) *биохим.* ферментативное расщепление субстрата (*белка и т. п.*) 4. сбраживание; перенивание

digestive I [d(a)ɪ'dʒestɪv] *n* средство, способствующее пищеварению

digestive II [d(a)ɪ'dʒestɪv] *a* 1. пищеварительный; ~ glands [organs] пищеварительные железы [органы]; ~ system система органов пищеварения; ~ tract пищеварительный канал /тракт/; ~ trouble расстройство желудка 2. способствующий пищеварению

digestor [d(a)ɪ'dʒestə] = digester

digger ['dɪgə] *n* 1. 1) *см.* dig II + -er 2) копатель; землекоп 2. рудокоп, копатель; золотоискатель 4. 1) копалка, копатель, копательный инструмент 2) картофелекопалка (*тж.* potato ~) 3) землеройная машина, экскаватор 5. (Diggers) *pl* калифорнийские индейцы (*племя, питающееся кореньями*) 6. (Diggers) *pl ист.* диггеры 7. *сл.* австралиец 8. роющая оса, сфеция 9. суслик

digger plough ['dɪgə,plaʊ] плуг-канавокопатель

digging ['dɪgɪŋ] *n* 1. копание, рытьё; земляные работы; выемка грунта 2. *pl* 1) то, что выкопано, вырыто 2) ископаемые 3. *pl* раскопки 4. *pl употр. тж. с гл. в ед. ч. горн.* рудник, копи;

золотой прииск 5. *горн.* открытая добыча 6. *pl разг.* жильё, «берлога», «нора» 7. *pl амер. разг.* район, место; he hasn't been seen around these ~s lately его давненько не видно в этих местах

digging-in ['dɪgɪŋ'ɪn] *n воен.* окапывание; рытьё окопов

dight [daɪt] *v* (dight, dighted [-ɪd]) *арх., поэт.* 1. наряжать; украшать; убирать; облачать 2. готовить; снаряжать

dig in ['dɪg'ɪn] *phr v* вонзать; to ~ the spurs вонзить шпоры, пришпорить 2. закапывать; to ~ manure удобрять землю навозом 3. окапываться 4. укрепляться, закрепляться; big firms dug in and took commercial root in China крупные фирмы закрепились и пустили глубокие корни в экономике Китая 5. *разг.* окапываться, укрыться; засесть (*в безопасном месте*); обезопасить себя 6. браться по-настоящему, приступать всерьёз
◊ to ~ one's toes /heels/ a) укрепиться, утвердиться, укрепить своё положение; занять твёрдую позицию; б) упорствовать (*в своих заблуждениях и т. п.*); проявлять упрямство; to dig oneself in a) вселяться, навязываться (*кому-л.*), втираться; б) окапываться

digit ['dɪdʒɪt] *n* 1. 1) палец (*особ. у животных*) 2) *шутл.* перст 2. *мат., вчт.* цифра, однозначное число, разряд; binary [decimal] ~ двоичный [десятичный] разряд; ~ keyboard цифровая клавиатура 3. единица длины (= 3/4 дюйма)

digital I ['dɪdʒɪt(ə)l] *n* 1. *шутл.* перст; 2. *муз.* клавиш(а)

digital II ['dɪdʒɪt(ə)l] *a* 1. относящийся к пальцам 2. пальцевидный, перстовидный, пальцеобразный 3. *спец.* имеющий разряды; цифровой; ~ computer цифровая вычислительная машина; ~ recorder цифровой самописец; ~ display *спец.* цифровой дисплей; ~ product (магнитная) лента с цифровой информацией

digital clock [,dɪdʒɪt(ə)l'klɒk] 1) часы с цифровым табло 2) электронные часы

digital information [,dɪdʒɪt(ə)lɪnfə'meɪʃ(ə)n] *спец.* цифровая информация

digitalis [,dɪdʒɪ'teɪlɪs] *n бот.* дигиталис, наперстянка (*Digitalis gen.*)

digitalization [,dɪdʒɪt(ə)laɪ'zeɪʃ(ə)n] *n вчт.* оцифровывание, преобразование данных в цифровую форму

digitalize ['dɪdʒɪt(ə)laɪz] *v спец.* переводить в цифровую форму, кодировать аналоговую информацию; «отцифровывать»

digitally ['dɪdʒɪt(ə)lɪ] *adv* 1) пальцами; по пальцам 2) в цифровой форме

digital socks ['dɪdʒɪt(ə)l,sɒks] носки с пальцами, носки-перчатки

digital tape ['dɪdʒɪt(ə)l,teɪp] *вчт.* магнитная лента; перфолента

digital tape transport [,dɪdʒɪt(ə)l,teɪp'trænspɔːt] *вчт.* лентопротяжное устройство

digitate ['dɪdʒɪt(e)ɪt] *a* 1. *зоол.* имеющий развитые пальцы 2. *бот.* пальчатый (*о листе*)

digitation [,dɪdʒɪ'teɪʃ(ə)n] *n* 1. *зоол.* наличие развитых пальцев 2. *бот.* пальчатость (*листа*)

digitize ['dɪdʒɪtaɪz] *v спец.* 1) делать (цифровой) отсчёт 2) = digitalize

digitizer ['dɪdʒɪtaɪzə] *n спец.* цифрователь, преобразователь аналоговых сигналов в цифровые, аналого-цифровой преобразователь

digit punch ['dɪdʒɪtpʌntʃ] *вчт.* перфорация

digitronics [,dɪdʒɪ'trɒnɪks] *n амер. разг.* «диджитроника», культ компьютеров

digit row ['dɪdʒɪtrəʊ] = digit punch

diglossia [daɪ'glɒsɪə] *n лингв.* диглоссия (*владение двумя подъязыками данного языка*)

diglot I ['daɪglɒt] *n книжн.* книга на двух языках

diglot II ['daɪglɒt] *a книжн.* двуязычный

diglott I, II ['daɪglɒt] = diglot I *и* II

diglyph ['daɪglɪf] *n архит.* диглиф

dignified ['dɪgnɪfaɪd] *a* 1. обладающий чувством собственного достоинства; величественный, горделивый; to have ~ manners держаться с достоинством; to assume ~ air напустить на себя важность 2. возвышенный

dignify ['dɪgnɪfaɪ] *v* 1. 1) воздавать почести, возвеличивать 2) возводить в достоинство, в сан 3) облагораживать 2. удостаивать имени; величать; he dignifies a small shop with the name of stores он величает маленький магазинчик универмагом

dignitary I ['dɪgnɪt(ə)rɪ] *n* 1) сановник 2) прелат

dignitary II ['dɪgnɪt(ə)rɪ] *a преим. церк.* сановный, обладающий высоким саном

dignity ['dɪgnɪtɪ] *n* 1. достоинство; чувство собственного достоинства; with ~ с достоинством, гордо; to maintain /to preserve/ one's ~ держать /вести/ себя с достоинством; to stand on /upon/ one's ~ держаться с большим достоинством; требовать к себе уважения; to humiliate smb.'s ~ унизить чьё-л. достоинство; it's beneath his ~ это ниже его достоинства 2. величие, величественность; the ~ of labour величие труда; ~ of bearing царственная /величественная/ осанка; to have an impressive ~ иметь внушительный вид 3. 1) высокое положение, высокий пост 2) титул; звание, сан, достоинство; ~ of chancellor титул канцлера; to confer the ~ of a peerage даровать /пожаловать/ звание пэра 4. 1) *собир.* лица высокого звания, знать 2) *редк.* сановник 5. положение звезды, когда она имеет наибольшую силу (*в астрологии*)

digoneutic [,daɪgə(ʊ)'njuːtɪk] *a биол.* размножающийся дважды в году

dig out ['dɪg'aʊt] *phr v* 1. раскапывать, откапывать, докапываться; to ~ interesting documents in the archives откопать интересные документы в архивах; to ~ the truth докопаться до правды 2. вынимать (*землю, грунт и т. п.*) 3. *амер. разг.* удирать, давать стрекача /дёру/

digram ['daɪgræm] = digraph

digraph ['daɪgrɑːf] *n* 1. диграф (*тж. фон.*) 2. *полигр.* лигатура; диаграмма

digress [d(a)ɪ'gres] *v* 1. отступать, отклоняться, отходить (*от темы и т. п.*); отвлекаться; to ~ into /on/ a subject перейти к (другой) теме 2. *уст.* отклоняться (*от пути и т. п.*); отходить (*в сторону*)

digression [d(a)ɪ'greʃ(ə)n] *n* 1. отступление, отклонение, отход (*от темы и т. п.*); дигрессия; this is by way of ~ уклоняясь немного в сторону; между прочим; to engage in a ~ отойти от темы; to ramble off into a ~, to lose oneself in a ~ уклониться от темы, заговорить не о том; потерять нить рассуждений, запутаться 2. *редк.* уход в сторону, отклонение (*от пути и т. п.*) 3. *астр.* элонгация

digressional [d(a)ɪ'greʃənl] = digressive

digressive [d(a)ɪˈgresɪv] *a* отступающий, отклоняющийся, отвлекающийся (*от темы*)

dig round [ˈdɪgˈraund] *phr v* окапывать (*дерево и т. п.*)

dig up [ˈdɪgˈʌp] *phr v* 1) выкапывать, вырывать; to ~ a bush вырыть куст 2) откапывать; where did you dig that up? где вы это откопали? 3) вскапывать (*землю*) 4) *амер. разг.* с трудом добывать, изыскивать (*средства и т. п.*); to ~ evidence выискивать доказательства 5) *амер. разг.* давать деньги, ссужать деньгами
◊ to ~ the tomahawk /the hatchet/ начинать войну, возобновлять борьбу

dihedral I [daɪˈhiːdrəl] = dihedron

dihedral II [daɪˈhiːdrəl] *a* 1. двугранный; ~ angle двугранный угол, диэдр 2. дигедральный (*о кристалле*)

dihedron [daɪˈhiːdr(ə)n] *n мат.* двугранный угол, диэдр

dihexagonal [ˌdaɪhekˈsægən(ə)l] *a* двенадцатиугольный, дигексагональный (*о кристалле*)

dihydrate [daɪˈhaɪdreɪt] *n хим.* дигидрат

dika [ˈdaɪkə] 1. = dika-bread 2. = dika-fat

dika-bread [ˈdaɪkəbred] *n* кушанье из плодов мангового дерева со специями (*у африканских племён*)

dika-fat, dika-oil [ˈdaɪkəfæt, -ˈ(·)ɔɪl] *n* маслянистый сок из семян мангового дерева (*пища африканских племён*)

dik-dik [ˈdɪkdɪk] *n* мелкая восточноафриканская антилопа

dike I [daɪk] *n* 1. сточная канава, сток; ров; траншея 2. 1) дамба, плотина, насыпь 2) преграда, препятствие; the ~s have burst преграды были сметены 3. земляная *или* каменная ограда 4. *геол.* дайка 5. *сл.* лесбиянка

dike II [daɪk] *v* 1. 1) защищать дамбой, перегораживать плотиной 2) воздвигать плотину, дамбу 2. окапывать; окружать рвом 3. осушать, дренировать 4. вымачивать в канавах (*лён, пеньку*)

diktat [dɪkˈtæt] *n нем.* диктат

dilacerate [d(a)ɪˈlæsɪreɪt] *v книжн.* раздирать, разрывать на части

dilamination [daɪˌlæmɪˈneɪʃ(ə)n] *n бот.* расслоение мутовки

dilapidate [dɪˈlæpɪdeɪt] *v* 1. 1) приводить в упадок, вызывать обветшание; разрушать 2) приходить в упадок, ветшать; разрушаться 2. растратить, промотать (*состояние и т. п.*)

dilapidated [dɪˈlæpɪdeɪtɪd] *a* 1. ветхий, обветшалый; полуразрушенный, полуразвалившийся; ~ house ветхий /полуразвалившийся/ домик 2. растраченный (*о состоянии*) 3. неряшливо одетый; растрёпанный, растерзанный

dilapidation [dɪˌlæpɪˈdeɪʃ(ə)n] *n* 1. 1) ветшание, обветшание 2) ветхость, обветшалость; полуразрушенное состояние 2. *pl юр.* повреждение; нанесение ущерба недвижимой собственности; to pay for ~s возмещать убытки за ущерб, причинённый недвижимой собственности; the outgoing tenant is liable for all ~s при сдаче квартиры съёмщик несёт материальную ответственность за все повреждения 3. камнепад

dilatable [daɪˈleɪtəbl] *a спец.* способный расширяться, растяжимый

dilatancy [daɪˈleɪtənsɪ] *n* 1. *спец.* способность расширяться (*особ. при деформации*) 2. *геол.* дилатансия — предполагаемый предвестник землетрясения

dilatant I [daɪˈleɪtənt] *n* 1. *спец.* вещество, способное расширяться 2. *мед.* расширитель (*инструмент*)

dilatant II [daɪˈleɪtənt] *a* расширяющийся, растягивающийся

dilatation [ˌdɪləˈteɪʃ(ə)n] *n* 1) расширение, растяжение; linear ~ линейное расширение; thermal ~ тепловое расширение; ~ of the heart расширение сердца 2) расширение, расширенная часть

dilatator [ˈdaɪləˌteɪtə] *n* 1. *анат.* дилятатор, расширяющая мышца 2. *мед.* расширитель (*инструмент*)

dilatatory [daɪˈleɪtət(ə)rɪ] = dilatator 2

dilate [daɪˈleɪt] *v* 1. 1) расширять, растягивать, увеличивать 2) расширяться, растягиваться, увеличиваться 2. *книжн.* распространяться; to ~ on /upon/ smth. пространно рассуждать о чём-л.

dilated [daɪˈleɪtɪd] *a* 1. расширенный; his face was white, his eyes ~ лицо у него было белое, глаза широко открыты 2. *геральд.* раскрытый

dilater [daɪˈleɪtə] = dilatator

dilation [daɪˈleɪʃ(ə)n] = dilatation

dilative [daɪˈleɪtɪv] *a* 1) расширяющийся 2) вызывающий расширение, расширяющий

dilatometer [ˌdaɪləˈtɒmɪtə] *n тех.* дилатометр

dilator [daɪˈleɪtə] = dilatator

dilatory [ˈdɪlət(ə)rɪ] *a* 1. оттягивающий, отсрочивающий; ~ policy политика оттяжек /выжидания/; ~ motion *парл.* проект *или* поправка, внесённые с целью затормозить прохождение законопроекта *или* помешать принятию решения; ~ methods обструкционистские методы, методы проволочек; ~ plea *юр.* отлагательное возражение (*не по существу иска*) 2. *книжн.* медленный, медлительный; нерасторопный (*о человеке*); ~ movements медлительные движения; ~ servant нерасторопный слуга

dilemma [d(a)ɪˈlemə] *n* 1. дилемма (*тж. лог.*); необходимость выбора; on the horns of a ~ перед необходимостью выбора; to be (put) in(to) a ~, to face a ~ стоять перед дилеммой [*см. тж.* 2]; to place smb. in a ~ поставить кого-л. перед дилеммой 2. затруднительное *или* безвыходное положение; to be in a ~ быть в трудном положении; ≅ быть между молотом и наковальней [*см. тж.* 1]

dilettant I, II [ˈdɪlɪtɑːnt] = dilettante I *и* II

dilettante I [ˌdɪlɪˈtæntɪ] *n* (*pl* -ti, *редк.* -s [-z]) *ит.* дилетант, любитель

dilettante II [ˌdɪlɪˈtæntɪ] *a* дилетантский, любительский; ~ artist художник-любитель

dilettanti [ˌdɪlɪˈtæntɪ] *pl от* dilettante I

dilettantish [ˌdɪlɪˈtæntɪʃ] *a* дилетантский, поверхностный

dilettantism [ˌdɪlɪˈtæntɪz(ə)m] *n* дилетантизм, дилетантство

diligence[1] [ˈdɪlɪdʒ(ə)ns] *n* 1. прилежание, усердие, старание, старательность 2. *юр.* внимательное отношение 3. *шотл. юр.* наложение ареста на имущество в обеспечение долга *или* в порядке исполнительного производства 2) приказ о явке в суд *или* о представлении в суд письменных документов

diligence[2] [ˈdɪlɪʒɑːns, ˈdɪlɪdʒ(ə)ns] *n* дилижанс

diligent [ˈdɪlɪdʒ(ə)nt] *a* 1. прилежный, усердный, старательный 2. неустанный; кропотливый (*о работе*); ~ cultivation (of smth.) пестование (чего-л.) 3. *уст.* внимательный, заботливый

diligently [ˈdɪlɪdʒ(ə)ntlɪ] *adv* прилежно, усердно, старательно, с усердием

dill [dɪl] *n* укроп (*Anethum graveolens*); ~ water укропная вода; the pungent tang of ~ острый запах укропа

dillenia [dɪˈliːnɪə] *n бот.* дилления (*Dilleniaceae fam.*)

dill pickle [ˈdɪlˌpɪkl] маринованный огурец (с укропом)

dilly[1] [ˈdɪlɪ] *сокр. от* daffodilly

dilly[2] [ˈdɪlɪ] *n разг.* прелесть, чудо; a ~ of a movie чудесный фильм

dilly-dally [ˈdɪlɪˌdælɪ] *v разг.* 1) колебаться; мешкать 2) попусту тратить время

dilogical [daɪˈlɒdʒɪk(ə)l] *a* 1. дилогический 2. двусмысленный

dilogy [ˈd(a)ɪlədʒɪ] *n* 1. дилогия 2. двусмысленность

diluent I [ˈdɪljuənt] *n хим.* разбавитель, растворитель

diluent II [ˈdɪljuənt] *a* разбавляющий, разжижающий, растворяющий

dilute I [ˌdaɪˈl(j)uːt] *a* 1. разведённый, разбавленный 2. 1) ослабленный, слабый; обескровленный 2) смягчённый, приглушённый (*о цвете*)

dilute II [daɪˈl(j)uːt] *v* 1. (with) разбавлять, разжижать, разводить; растворять; to ~ wine (with water) разбавлять вино (водой); to ~ gases разрежать газы 2. 1) лишать яркости (*краску*) 2) выцветать 3. ослаблять, подрывать; выхолащивать; to ~ smb.'s objections свести на нет чьи-л. возражения; to ~ smb.'s earnestness охладить чей-л. пыл 4. *горн.* разубоживать

diluted [daɪˈl(j)uːtɪd] = dilute I

dilution [daɪˈluːʃ(ə)n] *n* 1. 1) разжижение, разбавление, разведение 2) разжижённость 3) раствор 2. ослабление, подрыв 3. замена части квалифицированных рабочих неквалифицированными; временное использование неквалифицированных рабочих на работе, требующей квалификации

diluvial [dɪˈluːvjəl] *a* 1. *библ.* относящийся к всемирному потопу 2. *геол.* делювиальный; ~ deposits [formations] делювиальные отложения [образования]

diluvian [dɪˈluːvjən] = diluvial 1

dilivium [daɪˈluːvjən] *n геол.* делювий

dim I [dɪm] *n* 1. темнота, сумерки; to sit in the ~ сидеть в темноте, сумерничать 2. *авт.* ближний свет фар

dim II [dɪm] *a* 1. 1) тусклый; неяркий, слабый (*о свете*); ~ candle свеча, горящая слабым светом; ~ bulb тусклая лампочка; the ~ ball of the sun тусклый диск солнца; the reading-lamp was so ~ that you could hardly read свет (от) настольной лампы был так слаб, что почти нельзя было читать 2) плохо освещённый /полутёмная/ комната 2. 1) неясный, смутный, туманный; труднопаразличимый; the ~ outline of buildings неясные очертания зданий; to grow ~ исчезать /таять/ вдали; a ~ island in an infinite dark sea едва различимый остров в безграничном мраке моря; her eyes wandered over the ~ landscape её взор блуждал по погружённому в полутьму ландшафту; her eyes were ~ with tears слёзы затуманили её взор 2) туманный, с неясными перспективами; the outlook is pretty ~ рассчитывать /надеяться/ особенно не на что 3) слабый (*о зрении*); ~ eyes плохое

DIM — DIN

зрение 4) слабый, приглушённый (о звуке); the ~ roar of a great city неясный /приглушённый/ гул огромного города 3. матовый; мутный, тусклый 4. 1) смутный, неясный; ~ idea неясная мысль; ~ remembrance смутное воспоминание; his fears have grown ~ его страхи рассеялись 2) слабо разбирающийся 5. 1) *разг.* бесцветный, серый, скучный; a ~ sort of joke пресная /глупая/ шутка 2) *разг.* тупой, глупый; don't be so ~! ≅ нельзя ли придумать что-нибудь поумнее?; he's pretty ~ он изрядный тупица
◊ from the ~ and distant past с незапамятных времён; to take a ~ view of smth. не ждать ничего хорошего от чего-л., недоверчиво относиться к чему-либо

dim III [dɪm] *v* 1. 1) делать тусклым, затуманивать; лишать яркости; to ~ a mirror затуманить зеркало; her eyes were ~med with tears слёзы затуманили её глаза 2) тускнеть, затуманиваться; терять яркость, затягиваться дымкой; the lights ~med perceptibly яркость освещения заметно упала 2. 1) затенять; the light of a candle is ~med by that of the sun при ярком солнце пламя свечи почти незаметно 2) ослаблять, притуплять; to ~ feelings притуплять чувства 3) ослабляться, притупляться 3. *авт.* переходить на «ближний свет» (*тж.* to ~ the lights)

dime [daɪm] *n* 1. *амер.* десятицентовик, дайм, монета в десять центов 2. *ист.* (церковная) десятина (*налог*)
◊ not to care a ~ ни в грош не ставить; (на)плевать; a ~ a dozen дешёвый; ≅ дешевле пареной репы, пятачок пучок

dime museum ['daɪmmju,zɪəm] общедоступная выставка

dime novel ['daɪm‚nɒv(ə)l] 1) дешёвый приключенческий *или* детективный роман 2) бульварный роман

dimension I [d(a)ɪ'menʃ(ə)n] *n* 1. *pl* 1) размеры, величина; объём; протяжение; linear ~s линейные размеры; specified ~ (указанный) размер (*на чертеже*); of considerable ~s внушительных размеров, большой; to take the ~s of smth. измерить что-л.; to reduce smth. to the required ~s довести что-л. до нужных размеров 2) размах; важность; a fad reaching the ~s of a mania причуда, переходящая в манию; a project of large ~s грандиозный проект /замысел/ 2. 1) *мат.* измерение; fourth ~ четвёртое измерение; of two ~s двухмерный 2) *физ.* размерность 3. *мор.* размерение (*судна*) 4. аспект (*проблемы*)

dimension II [d(a)ɪ'menʃ(ə)n] *v* 1. проставлять размеры 2. соблюдать нужные размеры, обрабатывать точно по размеру

dimensional [d(a)ɪ'menʃ(ə)nəl] *a* 1. размерный, относящийся к размеру или величине; ~ characters размеры; параметры 2. 1) имеющий три измерения, пространственный; ~ drawing объёмный чертёж 2) (-dimensional) *в сложных словах имеет значение* имеющий столько-то измерений, -мерный; three-dimensional трёхмерный; n-dimensional n-мерный 3) *физ.* размерный (*о величине*)

dimensioned [d(a)ɪ'menʃ(ə)nd] = dimensional 2

dimensionless [d(a)ɪ'menʃ(ə)nlɪs] *a* 1. безразмерный; без указания размеров 2. не поддающийся измерению, огромный

dimension line [d(a)ɪ'menʃ(ə)n‚laɪn] размерная линия (*на чертеже*)

dimension-lumber, dimension-timber [d(a)ɪ'menʃ(ə)n'lʌmbə, -'tɪmbə] *n* стандартные пиломатериалы; пиломатериалы заказного размера

dimer ['daɪmə] *n хим.* димер

dimeran ['daɪmərən] *a энт.* двучленный, двухсегментный (*о плюсне насекомых*)

dimerization [‚daɪməraɪ'zeɪʃ(ə)n] *n хим.* димеризация, образование димера

dime store ['daɪm‚stɔː] 1) дешёвый магазин; лавка, торгующая дешёвыми товарами

dimeter ['dɪmɪtə] *n стих.* двухстопный размер

dimethyl [daɪ'meθɪl] *n хим.* этан

dimetric [daɪ'metrɪk] *a мин.* тетрагональный

dimidiate I [dɪ'mɪdɪɪt] *a* 1. разделённый на две части 2. *биол.* с асимметричным развитием

dimidiate II [dɪ'mɪdɪeɪt] *v* 1. делить пополам, делить на две части 2. *геральд.* разрезать пополам; изображать одну половину (*чего-л.*)

diminish [dɪ'mɪnɪʃ] *v* 1. 1) уменьшать, убавлять, сокращать; ослаблять; to ~ pressure уменьшать давление; to ~ suspicions рассеивать подозрения 2) уменьшаться, убавляться; слабеть; to ~ in bulk сокращаться в объёме 2. *амер.* 1) умалять, преуменьшать (*значение чего-л.*); to ~ the importance of smth. a) преуменьшать важность чего-л.; б) приводить к переоценке важности чего-л. 2) унижать (*достоинство*) 3. *муз.* уменьшать (*интервал*) на полтона

diminishable [dɪ'mɪnɪʃəbl] *a* могущий быть уменьшенным или сокращённым

diminished [dɪ'mɪnɪʃt] *a* 1. уменьшенный; ~ interval *муз.* уменьшенный интервал 2. *архит.* сжатый; суживающийся; ~ arch сжатая /плоская/ арка; ~ column сужающаяся кверху колонна

diminished responsibility [dɪ‚mɪnɪʃtrɪ‚spɒnsə'bɪlɪtɪ] *юр.* ограниченная ответственность (*правонарушителя; преим. в связи с умственной неполноценностью*)

diminishing [dɪ'mɪnɪʃɪŋ] *a* 1) уменьшающийся, убывающий; ~ returns а) *эк.* сокращающиеся доходы; б) *с.-х.* убывающее плодородие; ~ scale убывающая шкала 2) уменьшающий; ~ lens уменьшительная линза

diminuendo [dɪ‚mɪnjʊ'endəʊ] *муз.* диминуэндо

diminution [‚dɪmɪ'njuːʃ(ə)n] *n* 1. *книжн.* уменьшение, убавление, сокращение; ~ of power частичная утрата власти; ~ of taxes сокращение налогов; ~ in smth. уменьшение чего-л.; to show ~ уменьшаться, убывать; подходить к концу 2. *геральд.* 1) стирание изображения, рисунка 2) = difference I 3. 2) 3. *муз.* уменьшение, сокращение вдвое ритмической длительности ноты и паузы при повторении темы или мотива 4. *юр.* неполнота, дефектность (*дела, направляемого из нижестоящего суда в вышестоящий*) 5. *архит.* сужение (*колонны*)

diminutival [dɪ‚mɪnjʊ'taɪv(ə)l] *a* 1. = diminutive II 1 2. *в грам. знач. сущ. грам.* уменьшительный суффикс

diminutive I [dɪ'mɪnjʊtɪv] *n* 1. *грам.* уменьшительное существительное 2. 1) небольшая вещь, вещица 2) тщедушный человечек 3. *геральд.* небольшая фигура на щите, по положению и форме соответствующая большой

diminutive II [dɪ'mɪnjʊtɪv] *a* 1. *грам.* уменьшительный; диминутивный 2. маленький, крохотный 3. слабый; ~ attempts слабые попытки

diminutively [dɪ'mɪnjʊtɪvlɪ] *adv грам.* в уменьшительном смысле, уменьшительно, диминутивно

dimity ['dɪmɪtɪ] *n* канифас, хлопчатобумажная ткань (*для покрывал, штор и т. п.*)

dimly ['dɪmlɪ] *adv* тускло и пр. [*см.* dim II]; ~ conscious смутно сознающий

dimmer ['dɪmə] *n* 1. *эл.* реостат для регулирования силы света лампы 2. *pl авт.* ближний свет фар 3. переключатель света фар (*тж.* head-lamp ~)

dimming ['dɪmɪŋ] *n* 1. уменьшение силы света; затемнение 2. переключение фар на ближний свет

dimmish, dimmy ['dɪmɪʃ, 'dɪmɪ] *a* тусклова́тый, темнова́тый

dimness ['dɪmnɪs] *n* тусклость и пр. [*см.* dim II]

dimorphic [daɪ'mɔːfɪk] *a спец.* диморфный

dimorphism [daɪ'mɔːfɪz(ə)m] *n* 1. *спец.* диморфизм 2. *лингв.* вариантность; дублетность

dimorphous [daɪ'mɔːfəs] = dimorphic

dim out ['dɪm'aʊt] *phr v* частично затемнять

dim-out ['dɪmaʊt] *n* частичное затемнение

dimple I ['dɪmpl] *n* 1. ямочка (*на щеке, подбородке, руке*) 2. впадина, углубление (*в земле*) 3. рябь (*на воде*); to break into ~s покрываться рябью

dimple II ['dɪmpl] *v* 1. 1) покрывать рябью 2) покрываться рябью 2. появляться (*о ямочках*); she ~d with laughter на щеках у неё появились ямочки от смеха 3. вызывать вдавленность

dimply ['dɪmplɪ] *a* 1) с ямочками, покрытый ямочками 2) подёрнутый рябью

dim-sighted ['dɪm'saɪtɪd] *a* 1) имеющий слабое зрение 2) близорукий, недальновидный; ~ politicians близорукие /недальновидные/ политики

dimuon ['dɪmjʊɒn] *n физ.* димюон (*пара мюонов*)

dimwit ['dɪmwɪt] *n разг.* идиот, болван, тупица, кретин

dim-witted [‚dɪm'wɪtɪd] *a* тупой, недалёкий

dimyary ['dɪmjərɪ] *a зоол.* 1. 1) двумышечный 2) двустворчатый 2. пластинчатожаберный

din I [dɪn] *n* назойливый шум; грохот; the ~ of a city шум большого города; to make /to kick up/ a ~ подымать шум, шуметь; heard against the ~ of engines слышный (даже) в грохоте моторов; the ~ of constant conversation kept him awake непрестанный громкий разговор не давал ему уснуть

din II [dɪn] *v* 1. шуметь, грохотать, греметь; оглушать шумом; I had my ears ~ned by hooters я почти оглох от гудков автомобилей; автомобильные гудки оглушили меня 2. 1) назойливо повторять; to ~ smth. into smb.'s ears /head/ прожужжать кому-л. все уши; вдалбливать что-л. кому-л. 2) гудеть, звенеть; to ~ in one's ears звенеть в ушах

dinanderie [dɪ'nɑːndərɪː] *n* медная церковная или кухонная утварь

dinar [dɪ'nɑː] *n* 1. *ист.* динар (*золотая монета в ряде мусульманских стран*) 2. динар (*денежная или расчётная единица Ирака, Ирана, Туниса и др. стран*)

dinch [dɪntʃ] *v* затоптать (*огонь*); погасить (*окурок*); he ~ed his cigar in a flowerpot он погасил сигару, воткнув её в цветочный горшок

dine [daɪn] *v* 1. обедать; to ~ late обедать поздно; to ~ on /upon, off/ smth. есть что-л. на обед; to ~ in /at home/ обедать дома; to ~ out /at a restaurant/ обедать не дома /в ресторане/; to ~ off the remains of roast lamb пообедать остатками жареного барашка 2. угощать обедом; приглашать к обеду; давать обед; to wine and ~ smb. принимать /угощать/ кого-л.; накормить и напоить кого-л. 3. вмещать (*количество обедающих*); this table [room] ~s twelve comfortably за этим столом [в этой комнате] вполне могут обедать двенадцать человек
◇ to ~ with Duke Humphrey *шутл.* остаться без обеда; to ~ with Mohammed умереть; ≅ попасть на тот свет /в рай/; to ~ with Democritus прозевать обед; остаться голодным /без обеда/ по глупости

diner ['daɪnə] *n* 1. 1) обедающий 2) гость, приглашённый к обеду 2. 1) *разг.* вагон-ресторан 2) *амер. разг.* дешёвый ресторан-закусочная, построенный как вагон-ресторан

diner-out ['daɪnə(r)'aʊt] *n* тот, кто обедает вне дома; he is a regular ~ он никогда не обедает дома

dinette [daɪ'net] *n* обеденный уголок (*кухни; часто в виде алькова с окном*)

dinette set [daɪˌnet'set] обеденный столик с табуретками

ding [dɪŋ] *n* звон (*колокола*)

ding II [dɪŋ] *v* 1. звенеть (*подобно колоколу, металлу*); to ~ in one's ears звенеть /звучать/ в ушах 2. назойливо повторять; вдалбливать, вбивать; he ~ed it into my ears он мне об этом все уши прожужжал

ding-a-ling ['dɪŋə'lɪŋ] *n амер. сл.* псих

dingbat ['dɪŋbæt] *n амер. разг.* 1. болван; псих 2. камень, палка *и т. п.*, используемые для бросания (*в кого-л.*) 3. *в грам. знач. вопр. частицы* как это?; как его там? (*вместо забытого слова*)

ding-dong I ['dɪŋ'dɒŋ] *n* 1. 1) звон (*колокола*); перезвон, «динь-дон» 2) лязг; звякание 2. монотонное повторение 3. приспособление, с помощью которого часы отбивают каждую четверть

ding-dong II ['dɪŋ'dɒŋ] *a* 1. звенящий, звонкий 2. монотонно повторяющийся 3. *разг.* чередующийся; ~ struggle /battle/ борьба с переменным успехом; ~ fight а) быстрый обмен ударами; б) *воен. жарг.* бой с переменным успехом 4. напряжённый; отчаянный; ~ race бег *или* скачки «голова в голову»

ding-dong III ['dɪŋ'dɒŋ] *adv* рьяно, усердно, всерьёз, по-настоящему; to set to work ~ всерьёз взяться за работу

ding-dong IV ['dɪŋ'dɒŋ] *v* звонить, звенеть (*тж. перен.*)

dinghy ['dɪŋɡɪ] *n* 1) корабельная шлюпка 2) прогулочная лодка; маленькая лодка, ялик; collapsible ~ складная лодка 3) индийская весельная *или* парусная лодка

dingle ['dɪŋɡl] *n* глубокая (лесистая) лощина

dingle-dangle I ['dɪŋɡl'dæŋɡl] *n* 1. качание взад и вперёд 2. качающийся предмет

dingle-dangle II ['dɪŋɡl'dæŋɡl] *a* качающийся (из стороны в сторону)

dingle-dangle III ['dɪŋɡl'dæŋɡl] *adv* качаясь из стороны в сторону

dingo ['dɪŋɡəʊ] *n* (*pl* -oes [-əʊz]) *зоол.* динго (*Canis dingo*)

dingus ['dɪŋəs] = dingbat 3

dingy ['dɪndʒɪ] *a* 1. тусклый, неяркий; выцветший; ~ wall-paper выцветшие обои; ~ furniture старая, с вытертой обивкой мебель; ~ sky тусклое /серое/ небо 2. грязный, пропылённый, закопчённый; покрытый сажей; ~ white грязно-белый; his shirt was ~ на нём была несвежая рубашка 3. плохо одетый, в поношенной одежде 4. сомнительный, небезупречный (*о репутации и т. п.*); ~ hotel отель с сомнительной репутацией; ~ acquaintances сомнительные знакомства

dining-car ['daɪnɪŋkɑː] *n* вагон-ресторан

dining-hall ['daɪnɪŋhɔːl] *n* столовая (*в школе, колледже и т. п.*)

dining-room ['daɪnɪŋruː(ː)m] *n* столовая (*в квартире*)

dining-table ['daɪnɪŋˌteɪbl] *n* обеденный стол

dinkey ['dɪŋkɪ] *n амер. разг.* небольшой маневровый паровоз, «кукушка»

dinkum I ['dɪŋkəm] *n австрал.* 1. истина, правда 2. работа

dinkum II ['dɪŋkəm] *a австрал.* истинный, подлинный; ~ Aussie настоящий /стопроцентный/ австралиец; ~ oil *сл.* сущая правда

dinky ['dɪŋkɪ] *a разг.* 1. нарядный, изящный; привлекательный; a ~ little hat изящная шляпка 2. миниатюрный 3. *амер. сл.* дрянной

dinner I ['dɪnə] *n* обед; formal ~ официальный обед; public ~ банкет; to go out to ~ пойти на обед (*в ресторан, к знакомым и т. п.*); to be at ~ обедать, быть за столом); to have /to take/ ~ обедать, пообедать; to give a ~ дать /устроить/ обед; to ask smb. to ~ пригласить кого-л. на обед; you can get a good ~ here здесь можно хорошо пообедать
◇ ~ without grace сожительство до бракосочетания; ≅ пробный брак

dinner II ['dɪnə] *v* 1. обедать 2. угощать обедом; кормить обедом

dinner clothes ['dɪnəˌkləʊðz] одежда для (званого) обеда; закрытое вечернее платье; смокинг

dinner dress ['dɪnəˌdres] женское платье для (званого) обеда (*закрытое, длинное, с длинными рукавами или жакетом*)

dinner-hour ['dɪnə(r)ˌaʊə] *n* 1) обеденное время 2) обеденный час 2) обеденный перерыв; обед

dinner-jacket ['dɪnəˌdʒækɪt] *n* смокинг

dinner pail ['dɪnəˌpeɪl] *амер.* судки

dinner-party ['dɪnəˌpɑːtɪ] *n* званый обед

dinner-service, dinner-set ['dɪnəˌsɜːvɪs, -set] *n* обеденный сервиз

dinner-table ['dɪnəˌteɪbl] *n* обеденный стол

dinner-time ['dɪnətaɪm] = dinner-hour

dinner-trolley ['dɪnəˌtrɒlɪ] = dinner-wagon

dinner-wagon ['dɪnəˌwæɡən] *n* передвижной столик на колёсиках (*для подачи кушаний*)

dinner ware ['dɪnəˌweə] столовая посуда; столовое серебро

Dinocerata [ˌdaɪnəʊ'serətə] *n pl палеонт.* диноцераты

dinomic [daɪ'nɒmɪk] *a* распространённый в определённом полушарии (*о видах животных и растений*)

dinornis [daɪ'nɔːnɪs] *n палеонт.* динорнис

dinosaur ['daɪnəsɔː] *n палеонт.* динозавр

dinothere, dinotherium ['daɪnəθɪə, ˌdaɪnə(ʊ)'θɪərɪəm] *n палеонт.* динотерий

dinsome ['dɪnsəm] *а шотл.* шумный

dint I [dɪnt] *n* 1. вмятина, впадина; отпечаток, след; a deep ~ глубокая вмятина 2. *редк.* нанесение ударов; натиск; сила
◇ by ~ of посредством (*чего-л.*), с помощью (*чего-л.*); by ~ of hard work we achieved success мы добились успеха благодаря упорному труду

dint II [dɪnt] *v* делать вмятину; оставлять отпечаток или след

diocesan I [daɪ'ɒsɪs(ə)n] *n* 1. епископ данной епархии 2. *редк.* священник данной епархии 3. *редк.* прихожанин данной епархии

diocesan II [daɪ'ɒsɪs(ə)n] *a* епархиальный

diocese ['daɪəsɪs] *n* 1. *церк.* епархия 2. *ист.* провинция

diode ['daɪəʊd] *n элк.* диод; double-base двухбазовый диод; tube ~ вакуумный /ламповый/ диод

dioecious [daɪ'iːʃəs] *а* 1. *биол.* раздельнополый 2. *бот.* двудомный

Diogenes [daɪ'ɒdʒɪniːz] *n* Диоген
◇ ~' lantern диогенов фонарь

Diogenes-crab [daɪ'ɒdʒɪniːz'kræb] *n зоол.* рак-отшельник (*Cenobita diogenes*)

Dionysiac [ˌdaɪə'nɪsɪæk, ˌdaɪə'nɪzɪæk] *a* относящийся к Дионису (*см.* Dionysus)

Dionysiacs [ˌdaɪə'nɪsɪæks, ˌdaɪə'nɪzɪæks] *n pl* дионисии, празднества в честь бога Диониса (*в Древней Греции*)

Dionysus [ˌdaɪə'naɪsəs] *n греч. миф.* Дионис

Diophantine [ˌdaɪəʊ'fæntɪn] *а мат.* диафантов; ~ equations диафантовы уравнения

diopside [daɪ'ɒps(a)ɪd] *n мин.* диопсид

dioptase [daɪ'ɒpteɪs] *n мин.* диоптаз

diopter, dioptre [daɪ'ɒptə] *n* 1. диоптр 2. диоптрия

dioptric I [daɪ'ɒptrɪk] = diopter

dioptric II [daɪ'ɒptrɪk] *a* диоптрический; преломляющий

dioptrical [daɪ'ɒptrɪk(ə)l] = dioptric II

dioptrics [daɪ'ɒptrɪks] *n* диоптрика

diorama [ˌdaɪə'rɑːmə] *n* 1. *иск.* диорама 2. диорамный павильон, диорама

diorite ['daɪəraɪt] *n мин.* диорит

diorthosis [daɪɔː'θəʊsɪs] *n* 1. *мед.* вправка, вправление; выпрямление 2. *книжн.* просмотр и исправление текста

diota [daɪ'əʊtə] *n* сосуд с двумя ручками, амфора (*в Древней Греции и Древнем Риме*)

dioxid [daɪ'ɒksɪd] = dioxide

dioxide [daɪ'ɒks(a)ɪd] *n хим.* двуокись

dioxin [daɪ'ɒksɪn] *n хим.* диоксин (*сильный яд*)

dip I [dɪp] *n* 1. 1) погружение; окунание; макание; the ~ of oars погружение вёсел (в воду) 2) *разг.* купание; to have /to go for, to take/ a ~ пойти выкупаться /поплавать/; shall we have a ~ before breakfast? не пойти ли нам выкупаться перед завтраком?; to give smb. a ~ окунуть кого-л. в воду 3) (кратковременное) погружение, углубление; to have a ~ in(to) a book заглянуть в книгу; пробежать /просмотреть/ книгу 4) *спец.* обработка погружением 2. раствор (*для крашения, уничтожения паразитов и т. п.*); протрава 3. *разг.* соус, подливка 4. маканая свеча 5. приспущенное положение

DIP — DIP

флага; at the ~ в приспущенном положении, приспущенный (*о флаге*) 6. впадина, углубление (*тж.* ~ in the ground) 7. 1) уклон; откос 2) *геол.* падение (*жилы, пласта*) 8. 1) провес (*провода*) 2) прогиб (*кривой*; *тж.* ~ in a curve) 9. наклонение видимого горизонта (*тж.* ~ of the horizon) 10. магнитное наклонение (*тж.* ~ of the needle) 11. глубина погружения 12. резкое падение высоты (*у самолёта*), «нырок» 13. *сл.* 1) вор-карманник 2) очистка карманов 14. *сл.* алкаш, пьянчужка

dip II [dɪp] *v* 1. 1) погружать; окунать; макать; to ~ one's fingers in the water погрузить пальцы в воду; to ~ a pen in(to) the ink обмакнуть перо в чернила; to ~ one's pen in gall *образн.* писать жёлчно 2) погружаться; окунаться; to ~ in(to) the water погружаться в воду 2. 1) бегло знакомиться; to ~ into a book перелистать /пробежать/ книгу; to ~ into a subject бегло коснуться (*какой-л.*) темы 2) погружаться; углубляться; to ~ into the future заглянуть в будущее; to ~ into the past углубляться в прошлое 3) «залезать» (*в сбережения и т. п.*); использовать; to ~ (deeply) into one's means /purse/ транжирить /растрачивать/ деньги; сильно поиздержаться [*см. тж.* ◇]; they only keep going by ~ping into capital saved from better years они сводят концы с концами исключительно за счёт сбережений, сделанных в лучшие годы 3. 1) погружать в (*какой-л.*) раствор; a dress ~ped in purple платье, окрашенное в фиолетовый цвет 2) мыть в дезинфицирующем растворе; дезинфицировать; обеззараживать; to ~ sheep уничтожать паразитов у овец 3) дубить; изготовлять дублением; протравливать; to ~ skins дубить кожу 4. 1) макать, изготовлять повторным опусканием; to ~ candles макать свечи 2) лудить; to ~ a wire лудить проволоку 5. доставать, черпать; вычерпывать (*тж.* ~ out, ~ up); to ~ (up) water from a pond зачерпнуть воды из пруда; to ~ up a fact from one's memory *образн.* припомнить факт 6. 1) приспускать (*флаг*); to ~ the colours /one's flag/ салютовать флагом; приспускать флаг 2) опускать, спускать (*парус*) 3) наклонять (*голову*) 4) *авт.* опускать, наклонять (*фары*); to ~ one's headlights перевести свет фар с дальнего на ближний 7. 1) опускаться; скрываться, прятаться; the sun ~s below the horizon солнце уходит за горизонт, солнце садится 2) *ав.* резко терять высоту (*о самолёте*) 8. 1) идти под уклон, уходить вниз; the road ~s дорога уходит под гору 2) падать, понижаться (*о цене*); oil contracts ~ped below 30 dollars per barrel цена на нефть упала ниже тридцати долларов за баррель 3) *геол.* понижаться, падать (*о жиле, пласте*) 9. *спорт.* делать мах назад через упор на согнутых руках 10. наклоняться (*о магнитной стрелке*) 11. удить рыбу (*слегка погружая приманку в воду*) 12. *церк.* пренебр. погружать в купель, крестить ◇ to ~ one's hand into one's purse /pocket/ транжирить /растрачивать/ деньги; раскошеливаться [*см. тж.* 2, 3)]

dipartite [daɪˈpɑːtaɪt] *a книжн.* разделённый на части

dip-bucket [ˈdɪpˌbʌkɪt] *n* ведро для зачерпывания воды

dip-candle [ˈdɪpˌkændl] = dip I 4

dip-circle [ˈdɪpˌsɜːkl] *n* горный компас

dip compass [ˈdɪpˌkʌmpəs] = dip-circle

dip equator [ˌdɪpɪˈkweɪtə] магнитный экватор

dipetalous [daɪˈpet(ə)ləs] *a бот.* двулепестковый

diphase, diphasic [ˈdaɪfeɪz, ˌdaɪˈfeɪzɪk] *а эл.* двухфазный

diphenyl [daɪˈfenɪl] *n хим.* дифенил

diphtheria [dɪfˈθɪ(ə)rɪə] *n мед.* дифтерия, дифтерит; ~ vaccine противодифтерийная /антидифтерийная/ вакцина

diphtherial, diphtherian [dɪfˈθɪ(ə)rɪəl, dɪfˈθɪ(ə)rɪən] *а мед.* дифтерийный

diphtheric, diphtheritic [dɪfˈθerɪk, dɪfˈθerɪtɪk] *а мед.* дифтерийный; ~ membrane дифтеритная плёнка

diphtheritis [ˌdɪfθəˈraɪtɪs] = diphtheria

diphthong [ˈdɪfθɒŋ] *n фон.* дифтонг

diphthongal [dɪfˈθɒŋg(ə)l] *а фон.* дифтонгический

diphthongize [ˈdɪfθɒŋgaɪz] *v фон.* 1) дифтонгизировать 2) произносить как дифтонг

diple [ˈdɪpliː] *n полигр.* знак

diplegia [daɪˈpliːdʒɪə] *n мед.* параплегия, двусторонний паралич

dipleurobranchiate [daɪˌpluərə(ʊ)ˈbræŋkɪɪt] *а зоол.* парножаберный

diplex [ˈdaɪpleks] *n радио, тлв.* диплекс

diploblastic [ˌdɪplə(ʊ)ˈblæstɪk] *а биол.* диплобластический, имеющий два зародышевых листка

diplocardiac [ˌdɪplə(ʊ)ˈkɑːdɪæk] *а зоол.* имеющий сердце с соматической и лёгочной половинами

diplococcus [ˌdɪpləʊˈkɒkəs] *n (pl* -cocci [-ˈkɒk(s)aɪ]) *бакт.* диплококк

diplodocus =[dɪˈplɒdəkəs] *n палеонт.* диплодок

diploe [ˈdɪpləʊiː] *n анат.* диплоэ, губчатое вещество плоских костей

diploid [ˈdɪplɔɪd] *n* дидодекаэдр (*многогранник*)

diploma I [dɪˈpləʊmə] *n (pl тж.* -ta) 1. 1) диплом; teacher's ~ диплом учителя; student (студент-)дипломник; ~ in architecture диплом архитектора; ~ in education диплом педагога 2) *амер.* аттестат (*об окончании средней школы*) 2. 1) официальный *или* исторический документ 2) жалованная грамота

diploma II *v редк.* выдавать диплом, дипломировать

diplomacy [dɪˈpləʊməsɪ] *n* 1. дипломатия; open [secret] ~ открытая [тайная] дипломатия; shuttle ~ челночная дипломатия (*связанная с попеременным посещением то одной, то другой страны*) 2. 1) дипломатичность, такт; to attain one's ends by ~ дипломатично добиваться своих целей 2) ловкость, умение действовать в своих интересах 3. *ред.* = diplomatics 2 4. *уст.* дипломатический корпус

diplomaed [dɪˈpləʊməd] *a* дипломированный

diploma mill [dɪˈpləʊməˌmɪl] *презр.* «фабрика дипломов»; сомнительное высшее учебное заведение (*часто мошенническое*)

diplomat [ˈdɪpləmæt] *n* 1. дипломат 2. = diplomatist 2

diplomata [dɪpˈləʊmətə] *pl от* diploma I

diplomatic [ˌdɪpləˈmætɪk] *a* 1. дипломатический; ~ agent дипломатический представитель; ~ courier /messenger/ дипломатический курьер; ~ corps /body/ дипломатический корпус; ~ immunity дипломатическая неприкосновенность /-ий иммунитет/; ~ mail дипломатическая почта; ~ relations /intercourse/ дипломатические отношения; ~ service дипломатическая служба 2. 1) дипломатичный, обходительный; тактичный; ~ conduct дипломатичное поведение; ~ answer дипломатичный ответ; he knows how to be ~ он умеет быть дипломатичным 2) ловкий, действующий в своих интересах 3. 1) дипломатический, относящийся к дипломатике 2) точно воспроизводящий оригинал; текстуальный, буквальный; ~ copy точная копия

diplomatical [ˌdɪpləˈmætɪk(ə)l] = diplomatic 2 *и* 3

diplomatically [ˌdɪpləˈmætɪkəlɪ] *adv* 1. дипломатически; по дипломатическим каналам 2. дипломатично

diplomatics [ˌdɪpləˈmætɪks] *n* 1. дипломатия 2. дипломатика

diplomatist [dɪˈpləʊmətɪst] *n* 1. = diplomat 1 2. дипломат, дипломатичный, обходительный человек

diplomatize [dɪˈpləʊmətaɪz] *v редк.* действовать дипломатично

diplopia, diplopy [dɪˈpləʊpɪə, dɪˈpləʊpɪ] *n мед.* диплопия, двойное видение

diplostemonous [ˌdɪplə(ʊ)ˈstiːmənəs] *а бот.* имеющий два круга тычинок

diplozoa [ˌdɪplə(ʊ)ˈzəʊə] *pl от* diplozoon

diplozoon [ˌdɪplə(ʊ)ˈzəʊɒn] *n (pl* -zoa) *зоол.* паразитирующая на рыбах трематода

dip-needle [ˈdɪpˌniːdl] = dipping-needle

dip-net [ˈdɪpnet] *n* ручной сачок (*для ловли рыбы*)

dipneustal [dɪpˈnjuːst(ə)l] = dipnoan

dipnoan [ˈdɪpnə(ʊ)ən] *а зоол.* двоякодышащий

dipnoous [ˈdɪpnə(ʊ)əs] *a* 1. = dipnoan 2. *мед.* сквозной (*о ране*)

dipody [ˈdɪpədɪ] *n стих.* диподия

dipolarize [daɪˈpəʊləraɪz] = depolarize

dipole [ˈdaɪpəʊl] *n* 1. *радио* антенна-диполь (*тж.* ~ aerial); вибратор 2. *эл.* диполь; electric [magnetic] ~ электрический [магнитный] диполь

dipolymer [daɪˈpɒlɪmə] *n хим.* двойной сополимер, сополимер из двух мономеров

dipper [ˈdɪpə] *n* 1) *см.* dip II + -er 1) красильщик 2. *презр.* анабаптист; баптист 3. 1) ковш, черпак 2) (D.) *амер.* Большая Медведица (*тж.* Big D.); Little D. Малая Медведица 4. 1) ныряющая птица, птица-нырок 2) *зоол.* оляпка (*Cinclus gen.*) 5. 1) *метал.* литейный ковш; ковш экскаватора 3) *авт.* черпачок (*шатуна*) 6. *геол.* нисходящий сброс 7. *фото* держатель (*в ванночке для проявления*) 8. *авт.* переключатель света фар

dipping [ˈdɪpɪŋ] *n* 1. 1) погружение, окунание; макание 2) опускание, понижение; ~ of headlamps *авт.* переключение света фар с дальнего на ближний 2. едкая жидкость, едкий раствор; дезинфицирующий состав (*для овец*)

dipping compass [ˈdɪpɪŋˌkʌmpəs] инклинатор

dipping liquid, dipping liquor [ˈdɪpɪŋˌlɪkwɪd, -ˌlɪkə] состав для травления, протравливания металлических изделий

dipping-needle [ˈdɪpɪŋˌniːdl] *n* магнитная стрелка (*на горизонтальной оси*)

dippy [ˈdɪpɪ] *a сл.* рехнувшийся, спятивший

diprotodon [daɪˈprəʊtədɒn] *n палеонт.* дипротодон

dip-sector [ˈdɪpˌsektə] *n* прибор для измерения наклонения видимого горизонта

dipsetic [dɪpˈsetɪk] *a* вызывающий жажду

dipso [ˈdɪpsəʊ] *n* (*pl* -os [-əʊz]) *сл.* алкоголик, алкаш

dipsology [dɪpˈsɒlədʒɪ] *n* изучение причин алкоголизма

dipsomania [ˌdɪpsə(ʊ)ˈmeɪnjə] *n мед.* алкоголизм, запойное пьянство

dipsomaniac [ˌdɪpsə(ʊ)ˈmeɪnɪæk] *n* алкоголик, запойный пьяница

dipsosis [dɪpˈsəʊsɪs] *n мед.* болезненная жажда

dip-stick [ˈdɪpstɪk] *n тех.* измерительный стержень, указатель уровня

dipsy-doodle [ˈdɪpsɪˌduːdl] *n сл.* тёмные делишки; махинации

dipteral I [ˈdɪptər(ə)l] *n архит.* 1) диптераль, здание с двумя крыльями 2) греческий храм, окружённый двумя рядами колонн

dipteral II [ˈdɪptər(ə)l] *a* 1. *архит.* с двумя рядами колонн 2. = dipterous 1

dipteran [ˈdɪptər(ə)n] = dipterous

dipteros [ˈdɪptərɒs] = dipteral I 2)

dipterous [ˈdɪptərəs] *a зоол., энт., бот.* двукрылый

diptych [ˈdɪptɪk] *n* 1. диптих (*дощечки для письма у древних греков*) 2. 1) *церк.* диптих, двустворчатый складень 2) *иск.* диптих

dipus [ˈdaɪpəs] *n зоол.* трёхпалый тушканчик (*Dipodidae*)

dip working [ˈdɪpˌwɜːkɪŋ] *горн.* выработка по падению

dipyrenous [ˌdaɪpaɪˈriːnəs] *a бот.* двукосточковый

dire [ˈdaɪə] *a* 1) ужасный, страшный, зловещий; ~ revenge страшная месть; ~ forebodings ужасные предчувствия; this decision will have ~ consequences это решение будет иметь пагубные /роковые/ последствия 2) *эмоц.-усил.* крайний, полный; ~ necessity жестокая необходимость; ~ poverty страшная нищета; ~ need крайняя нужда; ~ foe заклятый враг; exposed to the ~st dangers подвергаясь страшным опасностям; ≅ с риском для жизни

direct I [d(a)ɪˈrekt] *a* 1. прямой; ~ road [line, rays] прямая дорога [линия, -ые лучи]; in the ~ line по прямой линии; in a ~ line with smth. на одной линии с чем-л.; ~ motion *муз.* параллельное голосоведение 2. 1) прямой, открытый; правдивый; ясный, недвусмысленный; ~ person [question, reply] прямой человек [вопрос, ответ]; ~ statement ясное /недвусмысленное/ заявление; ~ charge открытое обвинение 2) очевидный, явный; ~ lie явная ложь; ~ contradiction явное /очевидное/ противоречие 3. 1) прямой, непосредственный; ~ influence непосредственное влияние; ~ contact непосредственный контакт; ~ knowledge сведения из первоисточника; ~ communication непосредственная связь; ~ tax прямой налог; ~ method прямой метод (*в педагогике*); ~ action прямые действия (*забастовка, демонстрация и т. п.*); to take ~ action объявлять забастовку; ~ evidence *юр.* прямые доказательства; ~ reading *тех.* прямой отсчёт; ~ drive *тех.* прямая передача; ~ process *метал.* процесс непосредственного получения железа из руд, бездоменный процесс; ~ hit *воен.* прямое попадание; ~ fire *воен.* огонь прямой наводкой, огонь с открытых позиций; ~ laying *воен.* прямая наводка; ~ position *воен.* открытая (огневая) позиция; ~ pressure /pursuit/ *воен.* фронтальное преследование; ~ access *вчт.* прямой доступ; ~ stroke прямой удар молнии; to have a ~ interest in smth. быть непосредственно заинтересованным в чём-л.; he had ~ charge of the laboratory лаборатория находилась в его непосредственном подчинении 2) происходящий по прямой линии; ~ ancestor [heir] прямой предок [наследник]; he was a ~ descendant of duke Wellington он происходил по прямой линии от герцога Веллингтонского 4. *усил.* полный, абсолютный; ~ opposite /contrary/ полная /диаметральная/ противоположность 5. вертикальный; отвесный; перпендикулярный к данной плоскости; ~ sun отвесно падающие лучи солнца 6. 1) *лингв.* прямой; ~ speech [question, object] прямая речь [-ой вопрос, -ое дополнение] 2) *мат.* прямой; ~ ratio прямая пропорциональность; in ~ ratio to distance прямо пропорционально расстоянию 7. *астр.* движущийся с запада на восток 8. *эл.* постоянный; ~ current постоянный ток; ~ voltage постоянное напряжение

direct II [d(a)ɪˈrekt] *adv* прямо; сразу; непосредственно; to go [to come] ~ to London поехать [прибыть] прямо в Лондон; I shall communicate with you ~ я сразу же свяжусь с вами; the concert will be transmitted ~ from Paris концерт будет транслироваться непосредственно из Парижа

direct III [d(a)ɪˈrekt] *v* 1. 1) направлять, наводить; to ~ a telescope towards the Moon направить телескоп на Луну 2) направлять, обращать, устремлять; to ~ one's steps to a house направиться к дому; to ~ attention to an interesting fact обратить внимание на интересный факт; to ~ one's efforts /energies/ to smth. отдавать силы /энергию/ чему-л.; to ~ measures against smth. принять меры против чего-л.; to ~ the fire on a target *воен.* направлять огонь на цель 2. руководить, управлять; контролировать; to ~ a business [a campaign] руководить предприятием [кампанией] 3. 1) предписывать; давать указание, распоряжение; to ~ smb. to come предписать /дать указание, предложить/ кому-л. явиться; as ~ed в соответствии с указаниями /с предписанием/; to ~ John to drive to New York распорядиться, чтобы Джон ехал в Нью-Йорк; he is ~ed by his conscience он следует велениям своей совести 2) решать; the judge ~ed the verdict for the defendant судья решил дело в пользу ответчика 4. наставлять; давать советы, учить; инструктировать; to ~ the jury проводить инструктаж судей; to ~ smb. in matters of diplomacy быть чьим-л. наставником в вопросах дипломатии 5. показывать дорогу; can you ~ me to the railway station? не скажете ли вы (мне), как пройти на вокзал? 6. 1) обращать, предназначать; to ~ words [remarks] to smb. обращаться к кому-л. со словами [с замечаниями]; he never heard the words the judge ~ed to him он не слышал обращённых к нему слов судьи 2) адресовать; to ~ a letter [a parcel] to smb. адресовать кому-л. письмо [посылку] 3) направлять, посылать; they were ~ed to work at the archives они были направлены на работу в архив 7. 1) дирижировать; to ~ an orchestra дирижировать оркестром; who ~ed at yesterday's concert? кто вчера дирижировал? 2) режиссировать, ставить кинофильм

direct-action [d(a)ɪˈrektˈækʃ(ə)n] *a* 1) *тех.* прямого действия 2) *воен.* быстрого реагирования; мгновенного действия; ~ corps *амер.* корпус быстрого развёртывания /реагирования/

direct-current [d(a)ɪˈrektˈkʌrənt] *a эл.* постоянного тока

directed [d(a)ɪˈrektɪd] *a вчт., мат.* ориентированный; ~ edge ориентированное ребро, дуга; ~ graph ориентированный граф, орграф

directed-energy weapon [d(a)ɪˈrektɪdˈenədʒɪˈwepən] *воен.* лучевое оружие; лазерное оружие

direct-flow [d(a)ɪˈrektˈfləʊ] *a тех.* прямоточный

directing-gun [d(a)ɪˈrektɪŋgʌn] *n воен.* основное орудие

directing mark [d(a)ɪˈrektɪŋˌmɑːk] веха, вешка

direction [d(a)ɪˈrekʃ(ə)n] *n* 1. 1) направление; ~ of propagation [of the ray] направление распространения [луча]; in the ~ of London по направлению к Лондону; from all ~s со всех сторон; in every ~, in all ~s во всех направлениях; in the opposite ~ в противоположном направлении; ~ of the traffic направление движения (транспорта); ~ of attack *воен.* направление наступления; sense of ~ умение ориентироваться, чувство ориентировки 2) область, направление, линия; reforms in many ~s реформы во многих областях 2. руководство, управление; the ~ of a bank руководство банком; to work under smb.'s ~ работать под чьим-л. руководством; to follow the ~ of one's instinct действовать инстинктивно 3. 1) указание, предписание, распоряжение 2) *pl* инструкция; директива; ~s for use правила пользования, инструкция; to give ~s to smb. давать кому-л. инструкции 3) указание дороги; совет, как пройти куда-л.; to put smb. in the right ~ указать кому-л. дорогу; I'll make certain of the ~ s я попытаюсь разузнать дорогу 4. правление, дирекция 5. *обыкн. pl* адрес 6. 1) постановка (*спектакля, пьесы*) 2) режиссура, работа с актёрами 3) ремарка; stage ~ (авторская) ремарка 7. *спец.* направление, ось; ~ of magnetization ось намагничивания

directional [d(a)ɪˈrekʃənl] *a* направленный; ~ gyro *ав.* гирополукомпас; ~ antenna /aerial/ *радио* направленная антенна; радиопеленгаторная антенна

direction-finder [d(a)ɪˈrekʃ(ə)nˌfaɪndə] *n* 1) пеленгатор 2) радиопеленгатор

direction finding [d(a)ɪˈrekʃ(ə)nˌfaɪndɪŋ] радиопеленгование; пеленгация, пеленгование

direction-finding [d(a)ɪˈrekʃ(ə)nˌfaɪndɪŋ] *a* пеленгаторный; ~ station пеленгаторная станция; ~ apparatus радиопеленгатор

direction sign [d(a)ɪˈrekʃ(ə)nˌsaɪn] дорожный знак, дорожный указатель

directive I [d(a)ɪˈrektɪv] *n* директива, указание, установка; a recent party ~ недавняя директива партии

directive II [d(a)ɪˈrektɪv] *a* 1. указывающий (направление); указательный 2. управляющий, направляющий; директивный 3. *биол.* направленный; ~ evolution направленная эволюция

directivity [ˌdɪrekˈtɪvɪtɪ] *n физ.* направленность (*излучения и т. п.*)

directly I [d(a)ɪˈrektlɪ] *adv* 1. прямо; to go ~ towards a house направиться прямо к дому 2. прямо, открыто, откровенно; to condemn smb. ~ открыто осудить кого-л.; to come ~ to the point подойти прямо к сути дела, без обиняков заговорить о главном 2. непосредственно; ~ responsible несущий непосредственную ответственность; he is ~ affec-

DIR — DIS

ted /concerned/ его это непосредственно касается 4. сразу, немедленно, тотчас; очень скоро, вскоре; ~ after this сразу после этого; I will come ~ я скоро вернусь 5. полностью; точно; ~ contrary /opposed/ прямо противоположный; to stand ~ in the path стоять прямо на дороге; to live ~ opposite the theatre жить прямо напротив театра 6. по прямой линии; to be ~ descended from smb. быть чьим-л. прямым потомком; происходить по прямой линии от кого-л. 7. *мат.* прямо; ~ as the square прямо пропорционально квадрату

directly II [d(a)ɪˈrektlɪ] *cj разг.* как только; I will come ~ I have finished я приду, как только закончу

directness [dɪˈrektnɪs] *n* 1. прямота; прямизна 2. непосредственность, откровенность; ~ of speech прямота /откровенность/ высказываний 3. отсутствие посредствующих звеньев; ~ of information сведения из первых рук /из первоисточников/

Directoire [dɪˌrekˈtwɑː] *n ист. фр.* Директория

director [d(a)ɪˈrektə] *n* 1. член правления, директората; директор; board of ~s правление 2. руководитель, начальник; ~ of public prosecutions главный прокурор; ~ of studies руководитель исследований; ~ of photography *кино* главный оператор 3. режиссёр, режиссёр-постановщик; продюсер; assistant ~ помощник режиссёра; artistic ~ художественный руководитель 4. дирижёр 5. *церк.* духовный отец, духовник 6. 1) *спец.* буссоль 2) *воен.* прибор управления артиллерийским, зенитным огнём 7. *радио* директор (*антенны*) 8. *тех.* направляющее устройство

directorate [d(a)ɪˈrekt(ə)rɪt] *n* 1. директорат, правление 2. директорство

director-general [d(a)ɪˈrektəˈdʒen(ə)rəl] *n* генеральный директор

directorial [dɪˌrekˈtɔːrɪəl] *a* 1. директорский 2. директивный

director-plane [d(a)ɪˈrektəpleɪn] *n мат.* направляющая плоскость

director's chair [d(a)ɪˈrektəzˌtʃeə] складное парусиновое кресло

directorship [d(a)ɪˈrektəʃɪp] *n* директорство; during his ~ во время его директорства; за то время, что он был директором

directory I [d(a)ɪˈrekt(ə)rɪ] *n* 1. 1) руководство, справочник, указатель 2) адресный справочник, адресная книга; telephone /phone/ ~ телефонная книга, телефонный справочник 2. *амер.* = directorate 1 3. (D.) = Directoire 4. *церк.* служебник

directory II [d(a)ɪˈrekt(ə)rɪ] *a* содержащий указания, рекомендации; директивный

directory inquiries [d(a)ɪˈrekt(ə)rɪɪŋkˌwaɪ(ə)rɪz] *тел.* справочная

direct-recording [dɪˈrektrɪˌkɔːdɪŋ] самопишущий (*о приборе*)

directress [d(a)ɪˈrektrɪs] *n* 1) директор (*о женщине*) 2) директриса

directrices [d(a)ɪˈrektrɪsiːz] *pl от* directrix

directrix [d(a)ɪˈrektrɪks] *n (pl тж.* -rices) 1. = directress 2. *мат.* директриса

direful [ˈdaɪəf(ə)l] *a книжн.* страшный, ужасный

direly [ˈdaɪəlɪ] *adv книжн.* ужасно, страшно, зловеще

dirge [dɜːdʒ] *n* 1. плач; погребальная песнь 2. погребальная служба; панихида

dirham [dɪəˈhæm, dəˈræm] = dirhem

dirhem [dɪəˈhem] *n* диргем, дирхем (*мера веса в арабских странах и монета в Марокко*)

dirigibility [ˌdɪrɪdʒəˈbɪlɪtɪ] *n авт.* управляемость, послушность рулю; держание дороги

dirigible I [ˈdɪrɪdʒəbl] *n* дирижабль

dirigible II [ˈdɪrɪdʒəbl] *a тех.* управляемый, поддающийся управлению

diriment [ˈdɪrɪmənt] *a юр.* аннулирующий, делающий недействительным; ~ impediment обстоятельство, делающее брак недействительным *или* невозможным

dirk I [dɜːk] *n* 1. (шотландский) кинжал 2. кортик (*у корабельного гардемарина*)

dirk II [dɜːk] *v* закалывать кинжалом

dirk-knife [ˈdɜːknaɪf] *n (pl* -knives [-naɪvz]) большой складной нож

dirndl [ˈdɜːndl] *n* 1) платье с плотно облегающим лифом и широкой юбкой в сборку 2) широкая юбка в сборку

dirt [dɜːt] *n* 1. грязь; to wade through ~ брести по грязи; месить грязь; covered with ~ покрытый грязью; hands engrained with ~ руки, в которые въелась грязь 2. 1) земля, грунт; ~ floor земляной пол 2) *геол.* наносы 3) *горн.* пустая порода 4) *горн.* руда, требующая обогащения 5) *горн.* золотосодержащий песок 3. нечистоты 4. пакость, мерзость, подлость, гадость; to do smb. ~ сделать кому-л. пакость; to do ~ on smb. нагадить /напакостить/ кому-л., сделать кому-л. подлость /пакость/; ≅ подложить свинью кому-л.; to spill /dish out/ ~ рассказывать гадости (*о ком-л.*), сплетничать 5. безнравственность, непристойность; to talk ~ говорить сальности; to flood the book market with ~ наводнить книжный рынок бульварной *или* порнографической литературой

◊ yellow ~ а) золото; звонкая монета; б) инородные тела, грязь, примеси (*в растворе, установке и т. п.*); to cut ~ *амер. разг.* смыться; you cut ~ а ну, проваливай!; to throw /to cast, to fling/ ~ at smb. смешать с грязью кого-л.; втоптать в грязь кого-л.; to treat smb. like ~ не считаться с кем-л.; ни во что не ставить кого-л.; ≅ обращаться с кем-л. по-свински; to eat ~ *см.* eat

◊ as cheap as ~ а) дешевле пареной репы; б) самый обычный, заурядный

dirt-bed [ˈdɜːtbed] *n геол.* прослоек пустой породы

dirt-cheap [ˈdɜːtˈtʃiːp] *a разг.* очень дешёвый; ≅ дешевле пареной репы

dirt farmer [ˈdɜːtˌfɑːmə] *амер. разг.* фермер, лично обрабатывающий землю

dirtily [ˈdɜːtɪlɪ] *adv* 1. грязно 2. подло, низко, бесчестно

dirtiness [ˈdɜːtɪnɪs] *n* 1. грязь, неопрятность 2. подлость, низость, гадость

dirt money [ˈdɜːtˌmʌnɪ] = dirty money

dirt-pie [ˈdɜːtpaɪ] *n* глиняный *или* песочный кулич (*в детских играх*)

dirt pile [ˈdɜːtpaɪl] *горн.* террикон(ик), отвал породы

dirt poor [ˈdɜːtpʊə] находящийся в крайней бедности, влачащий нищенское существование

dirt road [ˌdɜːtˈrəʊd] грунтовая дорога

dirt-track [ˈdɜːttræk] *n* 1) трек для мотоциклетных гонок 2) = dirt road

dirty I [ˈdɜːtɪ] *a* 1. 1) грязный, нечистый; испачканный, замаранный; ~ hands (street) грязные руки [-ая улица]; ~ task чёрная /грязная/ работа; to get (one's clothes) ~ запачкаться, испачкаться 2) загрязнённый; заражённый; ~ wound инфицированная рана 2. низкий, подлый, грязный, нечестный; ~ war грязная война; ~ trick низкая проделка; to play a ~ trick on smb. сыграть с кем-л. подлую штуку; ≅ подложить свинью кому-л.; it's a ~ business это грязное /нечистое/ дело; he is a ~ sort /type, rat/ он грязный субъект /тип/ 3. непристойный, неприличный; ~ mind извращённый ум; ~ novel порнографический роман; ~ talk сальности; ~ word грязное /непристойное/ слово; ≅ old man грязный старик; to tell ~ stories говорить непристойности 4. ненастный, бурный; пасмурный; ~ night ненастная ночь; ~ weather ненастье; ~ sea бурное море 5. 1) грязный (*о цвете*); ~ green грязно-зелёный 2) тёмный; ~ clouds свинцовые тучи 6. *спец.* 1) дающий радиоактивные осадки; приводящий к радиоактивному заражению местности; ~ bomb «грязная» бомба 2) радиоактивный 7. *сл.* употребляющий наркотики; наркоманский

◊ to do the ~ on smb. сыграть с кем-л. подлую штуку; ≅ подложить кому-л. свинью

dirty II [ˈdɜːtɪ] *v разг.* 1) загрязнять; пачкать, марать; to ~ one's hands пачкать руки (*тж. перен.*) 2) пачкаться

dirty money [ˈdɜːtɪˌmʌnɪ] 1. грязные деньги; незаконные доходы 2. 1) надбавка за вредность 2) надбавка за понесённый *или* возможный ущерб

dirty pool [ˌdɜːtɪˈpuːl] *амер.* 1) нечестная игра на биллиарде 2) нечестная игра, игра без правил; удар ниже пояса

dis- [dɪs-] *pref* 1. *образует слова со значением, противоположным значению производящей основы, или со значением отсутствия, лишения чего-л.*: disfluency потеря беглости речи; disincentive подавление стимула; disqualify дисквалифицировать; disapproval неодобрение; disarmament разоружение; dishonest бесчестный; disinfect дезинфицировать; dislike не любить 2. *встречается в словах, обозначающих разделение, отделение*: discriminate различать; disgorge изрыгать; dismiss отпускать; dispatch отправить; distribute, dispence распределять; dissect разрезать

disability [ˌdɪsəˈbɪlɪtɪ] *n* 1. 1) неспособность, бессилие; ~ to do /for doing/ smth. неспособность сделать что-л.; under a ~ неспособный 2. препятствие, помеха 3. неплатёжеспособность 4. нетрудоспособность, инвалидность; temporary [partial, total] ~ временная [частичная, полная] потеря трудоспособности; ~ insurance страхование по нетрудоспособности; ~ pension пенсия по инвалидности /нетрудоспособности/ 5. *юр.* 1) недееспособность; ограничение дееспособности 2) неправоспособность; ограничение правоспособности 3) ограничение в праве; поражение в правах

disable [dɪsˈeɪbl] *v* 1. делать неспособным *или* непригодным; приводить в негодность; выводить из строя, калечить; to ~ smb. from doing smth. /to do smth./ сделать кого-л. неспособным на что-л.; he was ~d temporarily он был на время выведен из строя; он временно потерял трудоспособность; he was ~d by rheumatism ревматизм сделал его инвалидом 2. *юр.* делать неправоспособным, лишать права 3. *спец., вчт.* блокировать; запирать; запрещать; отключать

disabled [dɪsˈeɪbld] *a* искалеченный; повреждённый; ~ soldier [worker] инвалид войны [труда]; ~ motor recovery vehicle аварийная машина, «техпомощь»

disablement [dɪsˈeɪblmənt] *n* 1) лишение способности; выведение из строя, приведение в негодность 2) инвалидность; состояние негодности; degree of ~ степень инвалидности; permanent ~ полная нетрудоспособность, инвалидность

disabuse [ˌdɪsəˈbjuːz] *v* выводить из заблуждения; освобождать от иллюзий

disaccord I [ˌdɪsəˈkɔːd] *n* 1) несогласие; разногласие; расхождение 2) несоответствие

disaccord II [ˌdɪsəˈkɔːd] *v* 1) расходиться (*во взглядах*); не соглашаться 2) не соответствовать

disaccustom [ˌdɪsəˈkʌstəm] *v книжн.* отучать от привычки

disacknowledge [ˌdɪsəkˈnɒlɪdʒ] *v книжн.* не признавать, отказываться признать

disadjust [ˌdɪsəˈdʒʌst] *v тех.* разрегулировать; расстраивать

disadvantage I [ˌdɪsədˈvɑːntɪdʒ] *n* 1) невыгодное, неблагоприятное положение; to be at a ~ быть в невыгодном положении; to feel at a ~ понимать /ощущать/ невыгоды своего положения; чувствовать себя неуютно; to take smb. at a ~ застать кого-л. врасплох; to show oneself at a ~ /to ~/ показать себя в невыгодном свете /с невыгодной стороны/; to study under a ~ заниматься в неблагоприятных условиях; to be oppressed /crushed/ by one's ~s согнуться под тяжестью неудач; ~s in pay to workers in consumer industries compared to those in heavy industry преимущества в оплате труда, которые имеют рабочие, занятые в тяжёлой промышленности, по сравнению с рабочими, занятыми в лёгкой промышленности 2) недостаток; the machine has two serious ~s в этой машине два больших дефекта 2. вред, убыток, убыток; to sell to /at a/ ~ продать с убытком, быть в накладе; to spread reports to the ~ of smb. представлять кого-л. в невыгодном свете; it worked to the ~ of the family business это наносило ущерб семейному бизнесу 3. *шахм.* потеря

disadvantage II [ˌdɪsədˈvɑːntɪdʒ] *v* 1. ставить в невыгодное положение 2. причинять вред, ущерб

disadvantaged [ˌdɪsədˈvɑːntɪdʒd] *a книжн.* 1) не имеющий благоприятных условий (*о человеке*) 2) *эвф.* бедный, неимущий; ~ children дети из неблагополучных семей; дети трущоб

disadvantageous [ˌdɪsædvənˈteɪdʒəs] *a* невыгодный, неблагоприятный

disadvantageously [ˌdɪsædvənˈteɪdʒəslɪ] *adv* невыгодно, неблагоприятно

disadvise [ˌdɪsədˈvaɪz] *v книжн.* не советовать, отсоветовать

disaffected [ˌdɪsəˈfektɪd] *a книжн.* недовольный (*особ. правительством*); нелояльный; недружелюбный; настроенный против

disaffection [ˌdɪsəˈfekʃ(ə)n] *n книжн.* 1) недовольство (*особ. правительством*); недружелюбие; неприязнь 2) неудовлетворённость (*работой и т. п.*)

disaffirm [ˌdɪsəˈfɜːm] *v* 1. отрицать 2. *юр.* отменять (*решение*); аннулировать

disaffirmance [ˌdɪsəˈfɜːməns] *n юр.* отмена, аннулирование

disafforest [ˌdɪsəˈfɒrɪst] *v спец.* вырубать леса

disafforestation [ˈdɪsəˌfɒrɪsˈteɪʃ(ə)n] *n спец.* вырубка леса; обезлесение

disaggregate [dɪsˈægrɪgeɪt] *v* 1) разъединять; разбирать на составные части 2) разбираться; отделяться

disaggregation [dɪsˌægrɪˈgeɪʃ(ə)n] *n* разукрупнение

disaggregative [dɪˈsægrɪgətɪv] *a* 1) разбитый *или* разделённый на части 2) состоящий из нескольких частей

disagree [ˌdɪsəˈgriː] *v* 1. расходиться, не соответствовать; противоречить; to ~ with the facts не соответствовать /противоречить/ фактам; the accounts ~ счета не сходятся; the reports of the affair ~d описания этого события не совпадали 2. 1) расходиться во мнениях, не соглашаться; to ~ with an opinion не соглашаться с мнением; to ~ with smb. over a matter расходиться с кем-л. во мнениях по какому-л. вопросу; to ~ with smb. on the issue быть несогласным с кем-л. в (этом) вопросе; I ~ я не согласен; я думаю иначе 2) спорить, ссориться; we always ~ мы вечно спорим /ссоримся/ 3. (to, with) не давать согласия; to ~ to amendment не соглашаться на поправку, отвергать поправку 4. (with) быть противопоказанным, вредным; оказывать плохое действие; to ~ with one's digestion плохо действовать на желудок; the climate ~s with him /with his health/ этот климат для него вреден /ему противопоказан/

disagreeable I [ˌdɪsəˈgriːəb(ə)l] *n* 1. неприятное обстоятельство 2. *pl* неприятности, огорчения, заботы

disagreeable II [ˌdɪsəˈgriːəbl] *a* 1) неприятный, противный; ~ odour [weather] неприятный запах [-ая погода]; this is ~ to me мне это неприятно 2) с тяжёлым характером; сварливый; неприятный; ~ person неприятный субъект

disagreeably [ˌdɪsəˈgriːəblɪ] *adv* 1. неприятно 2. чересчур

disagreement [ˌdɪsəˈgriːmənt] *n* 1. различие, расхождение, несоответствие; противоречие; ~ between the evidence of the two sides расхождения в свидетельских показаниях сторон 2. 1) расхождение во мнениях, несогласие; полемика; ~ in the cabinet разногласия в кабинете /в правительстве/; ~ on /over, about/ the issue разногласия по этому вопросу; to be in ~ with smb. расходиться во мнениях с кем-л.; at the price of ~ with allies ценой обострения разногласий с союзниками 2) спор, ссора, разлад, раздоры 3. *редк.* противопоказанность (*пищи, климата*) 4. *редк.* неприятность, недоразумение; трения

disalignment [ˌdɪsəˈlaɪnmənt] *n тех.* несовпадение осей; нарушение правильного положения

disallow [ˌdɪsəˈlaʊ] *v* 1. отказывать, отклонять; to ~ a claim *юр.* отклонить претензию /иск/ 2. отвергать, отрицать; to ~ a charge отводить /не принимать/ обвинение 3. запрещать; аннулировать

disallowance [ˌdɪsəˈlaʊəns] *n* 1. отказ; отклонение 2. отвержение 3. запрещение

disambiguate [ˌdɪsæmˈbɪgjuːeɪt] *v лингв.* снимать *или* разрешать омонимию, неоднозначность

disanimate [dɪsˈænɪmeɪt] *v книжн.* 1. приводить в уныние, лишать присутствия духа; деморализовать 2. лишать жизни

disannul [ˌdɪsəˈnʌl] *v* аннулировать, полностью уничтожать

disappear [ˌdɪsəˈpɪə] *v* 1. исчезать, скрываться; to ~ from smb.'s sight скрыться из виду; to ~ in the darkness исчезнуть во тьме; ≅ растаять в темноте; to ~ in /into/ the crowd смешаться с толпой; the ship ~ed корабль скрылся (вдали); to ~ into thin air исчезнуть без следа 2. пропадать, теряться; стираться; this distinction ~ed это различие стёрлось 3. *разг.* отлучаться; may I ~ for a moment? позвольте мне отлучиться на минуту; извините, я на минуточку (исчезну)

disappearance [ˌdɪsəˈpɪ(ə)rəns] *n* 1. исчезновение 2. пропажа

disappearing bed [ˌdɪsəˈpɪ(ə)rɪŋˌbed] *амер.* откидная постель

disappoint [ˌdɪsəˈpɔɪnt] *v* 1. разочаровывать, не оправдывать надежд; to be ~ed in love разочароваться в любви; I was agreeably ~ed я был приятно удивлён; he was ~ed in his friend он разочаровался в друге; she was ~ed with the present подарок разочаровал её; I was ~ed not to see him there [at not finding her at home] я испытал чувство разочарования, не увидев его там [не застав её дома]; don't ~ me я на вас рассчитываю; смотрите не подведите 2. разрушать, разбивать; to ~ smb.'s plans расстроить чьи-л. планы; to ~ smb.'s expectations обмануть чьи-л. ожидания 3. лишать; to be ~ed of one's prize лишиться награды /приза/

disappointed [ˌdɪsəˈpɔɪntɪd] *a* 1. разочарованный, разочаровавшийся; огорчённый; ~ look огорчённый вид; ~ customers неудовлетворённые /недовольные/ клиенты 2. обманутый, несбывшийся; ~ ambitions /hopes/ обманутые /несбывшиеся/ надежды 3. непрошедший, неизбранный, провалившийся; ~ candidate кандидат, которому отказали в доверии

disappointedly [ˌdɪsəˈpɔɪntɪdlɪ] *adv* разочарованно; огорчённо

disappointing [ˌdɪsəˈpɔɪntɪŋ] *a* неутешительный, вызывающий разочарование

disappointingly [ˌdɪsəˈpɔɪntɪŋlɪ] *adv* неутешительно

disappointment [ˌdɪsəˈpɔɪntmənt] *n* 1) разочарование; разочарованность; vivid /bitter/ ~ острое чувство разочарования; ~ in love разочарование в любви; to my great ~ к моему великому огорчению; to feel ~ испытывать разочарование; to express ~ выразить разочарование; to leave a feeling of ~ оставить чувство неудовлетворённости /разочарования/; to give smb. ~ не оправдать чьих-л. надежд; to suffer ~s быть обманутым в своих ожиданиях; he is in for a big ~ его ждёт жестокое разочарование 2) причина разочарования, досада, неприятность; the party was a great ~ все были разочарованы вечером; the meeting was a ~ встреча не оправдала (возлагавшихся на неё) надежд; he is a ~ to his parents он обманул надежды своих родителей

disapprobation [ˌdɪsæprəˈbeɪʃ(ə)n] *n* неодобрение, осуждение

disapprobative, **disapprobatory** [dɪsˈæprəbeɪtɪv, -beɪt(ə)rɪ] *a* неодобрительный, осуждающий

disappropriate [ˌdɪsəˈprəʊprɪeɪt] *v книжн.* лишать прав собственности

disapproval [ˌdɪsəˈpruːv(ə)l] *n* неодобрение; неблагоприятное мнение; look of ~ неодобрительный взгляд; to shake one's head in ~ неодобрительно покачать головой

disapprove [ˌdɪsəˈpruːv] *v* 1. 1) не одобрять, осуждать; to ~ smb. [smb.'s conduct] осуждать кого-л. [чьё-л. поведение] 2) (of) относиться неодобрительно; выражать порицание, осуждение; to ~ of an action осуждать поступок; to ~ of smb. порицать кого-л. 2. не одобря́ть, отверга́ть, отклоня́ть (законопрое́кт и т. п.)

disapprovingly [ˌdɪsəˈpruːvɪŋlɪ] *adv* неодобри́тельно, осужда́юще; to look at smb. ~ неодобри́тельно посмотре́ть на кого́-л.

disarm [dɪsˈɑːm] *v* 1. 1) лиша́ть ору́жия, обезору́живать; to ~ one's opponent обезору́жить проти́вника; вы́бить ору́жие из рук проти́вника; to ~ smb. of his rifle *редк.* отобра́ть у кого́-л. ружьё 2) умиротворя́ть, укроща́ть, смиря́ть, утихоми́ривать; to ~ smb.'s anger укроти́ть чей-л. гнев; ~ed by her frankness обезору́женный её и́скренностью; complete submission ~ed his violence по́лная поко́рность смиря́ла /обезору́живала/ его́ неукроти́мый нрав 2. разоружа́ть; to ~ a fort разоружа́ть кре́пость 2) разоружа́ться 3. *воен.* обезвре́живать; to ~ mines обезвре́живать ми́ны; to ~ a bomb обезвре́дить бо́мбу

disarmament [dɪsˈɑːməmənt] *n* разоруже́ние; general and complete ~ всео́бщее и по́лное разоруже́ние; partial [total] ~ части́чное [всео́бщее] разоруже́ние; ~ problem пробле́ма разоруже́ния; ~ conference конфере́нция по вопро́сам разоруже́ния

disarming [dɪsˈɑːmɪŋ] *a* обезору́живающий; ~ smile обезору́живающая улы́бка

disarrange [ˌdɪsəˈreɪn(d)ʒ] *v* расстра́ивать, приводи́ть в беспоря́док; to ~ one's hair взъеро́шить во́лосы; to ~ smb.'s plans расстро́ить чьи-л. пла́ны

disarrangement [ˌdɪsəˈreɪndʒmənt] *n* беспоря́док, расстро́йство

disarray I [ˌdɪsəˈreɪ] *n* 1. беспоря́док, расстро́йство; замеша́тельство, смяте́ние; in ~ в замеша́тельстве; в беспоря́дке, беспоря́дочно; the troops were in ~ войска́ дро́гнули 2. беспоря́док в оде́жде; he has never seen her in ~ он никогда́ не ви́дел её нера́шливо оде́той

disarray II [ˌdɪsəˈreɪ] *v* 1. приводи́ть в беспоря́док, смяте́ние *или* замеша́тельство 2. *поэт.* раздева́ть, снима́ть оде́жду, облача́ть

disarticulate [ˌdɪsɑːˈtɪkjʊleɪt] *v спец.* разъединя́ть, расчленя́ть

disarticulation [ˌdɪsɑːˌtɪkjʊˈleɪʃ(ə)n] *n спец.* разъедине́ние, расчлене́ние

disassemble [ˌdɪsəˈsembl] *v тех.* разбира́ть; демонти́ровать; the machine can be completely ~d маши́на по́лностью разбира́ется

disassembly [ˌdɪsəˈsemblɪ] *n тех.* разбо́рка, демонта́ж

disassimilation [ˌdɪsəˌsɪmɪˈleɪʃ(ə)n] *n физиол.* катаболи́зм, диссимиля́ция, распа́д вещества́

disassociate [ˌdɪsəˈsəʊʃɪeɪt, -sɪeɪt] *v* (with, from) *спец.* разъединя́ть; отделя́ть

disaster [dɪˈzɑːstə] *n* бе́дствие, несча́стье; political ~ полити́ческая катастро́фа; public ~ наро́дное бе́дствие; railway ~ железнодоро́жная катастро́фа; to scent ~ чу́ять /не мдвига́ющуюся/ беду́; to reach ~ proportions дости́чь катастрофи́ческих масшта́бов; to bring ~ upon smb. накли́кать беду́ на кого́-л.; to meet with /to suffer/ ~ попа́сть в беду́; the trip turned into an unqualified ~ пое́здка оберну́лась фо́рменной катастро́фой; he is courting /heading for/ ~ он идёт навстре́чу ги́бели, его́ ждёт неминуе́мая катастро́фа /ги́бель/

disaster area [dɪˈzɑːstə(r),e(ə)rɪə] райо́н бе́дствия

disaster unit [dɪˈzɑːstəˌjuːnɪt] отря́д пе́рвой по́мощи (*на слу́чай наводне́ния, пожа́ра, взры́ва и т. п.*)

disastrous [dɪˈzɑːstrəs] *a* 1) бе́дственный, ги́бельный; ~ effects губи́тельные /катастрофи́ческие/ после́дствия; that would be ~ э́то бы́ло бы катастро́фой 2. *эмоц.-усил.* стра́шный, ужа́сный; ~ inadequacies крича́щие недоста́тки

disavow [ˌdɪsəˈvaʊ] *v книжн.* 1. отрица́ть, не признава́ть; отрека́ться, снима́ть с себя́ отве́тственность; to ~ one's signature отка́зываться от свое́й по́дписи; to ~ one's son отрека́ться от сы́на; to ~ one's relatives отре́чься от ро́дственников 2. дезавуи́ровать

disavowal [ˌdɪsəˈvaʊəl] *n книжн.* 1. отрица́ние; отрече́ние; отка́з призна́ть (*что-л.*) 2. дезавуи́рование

disbalance I [dɪsˈbæləns] *n* дисбала́нс; наруше́ние равнове́сия, пра́вильного соотноше́ния часте́й

disbalance II [dɪsˈbæləns] *v* наруша́ть равнове́сие, разбаланси́ровать

disband [dɪsˈbænd] *v* 1. 1) распуска́ть 2) *воен.* расформиро́вывать; to ~ an army расформиро́вывать а́рмию 3) *редк.* увольня́ть (*из а́рмии*) 2. расходи́ться, разбега́ться; рассе́иваться; the troops ~ed во́йско рассе́ялось

disbandment [dɪsˈbændmənt] *n воен.* расформирова́ние

disbar [dɪsˈbɑː] *v юр.* исключа́ть ба́ристера из корпора́ции

disbark¹ [dɪsˈbɑːk] *v спец.* сдира́ть кору́

disbark² [dɪsˈbɑːk] = disembark

disbarment [dɪsˈbɑːmənt] *n юр.* исключе́ние ба́ристера из корпора́ции

disbelief [ˌdɪsbɪˈliːf] *n* неве́рие; недове́рие; in utter ~ не ве́ря свои́м глаза́м *или* уша́м; to eye smb. with ~ недове́рчиво погля́дывать на кого́-л.; to listen to the story with amused ~ слу́шать расска́з с изумле́нием и недове́рием; "they've really gone", I cried in ~ «они́ действи́тельно уе́хали!» — воскли́кнул я, не в си́лах э́тому пове́рить

disbelieve [ˌdɪsbɪˈliːv] *v* 1) не ве́рить; to ~ a story сомнева́ться в и́стинности исто́рии; to ~ every word не ве́рить ни одному́ /ни еди́ному/ сло́ву; they ~d the Western press version они́ не пове́рили ве́рсии за́падной печа́ти 2) (in) не доверя́ть; I ~ in him он не вызыва́ет у меня́ дове́рия

disbeliever [ˌdɪsbɪˈliːvə] *n книжн.* неве́рующий

disbody [dɪsˈbɒdɪ] = disembody

disboscation [ˌdɪsbɒsˈkeɪʃ(ə)n] *n с.-х.* вы́рубка ле́са, превраще́ние лесны́х площаде́й в па́шни

disbowel [dɪsˈbaʊəl] = disembowel

disbranch [dɪsˈbrɑːntʃ] *v спец.* 1) обреза́ть ве́тви, подстрига́ть (*де́рево*) 2) отреза́ть, среза́ть

disbud [dɪsˈbʌd] *v спец.* обреза́ть (ли́шние) по́чки

disburden [dɪsˈbɜːdn] *v* 1. 1) снима́ть тя́жесть, груз; избавля́ть от но́ши 2) освобожда́ться *или* избавля́ться от тя́жести, гру́за; разгружа́ться; to watch a ship ~ следи́ть за разгру́зкой корабля́ 2. *книжн.* 1) освобожда́ть от бре́мени; to ~ one's mind /heart/ of smth. облегчи́ть чем-л. ду́шу; to ~ one's mind of a secret снять с души́ тя́жесть /груз/, рассказа́в о свое́й та́йне 2) сбра́сывать тя́жесть, бре́мя; to ~ one's cares upon another переложи́ть свои́ забо́ты на друго́го

disburse [dɪsˈbɜːs] *v* 1) плати́ть; опла́чивать 2) тра́тить

disbursement [dɪsˈbɜːsmənt] *n юр.* 1. вы́плата 2. расхо́ды, изде́ржки

disc I [dɪsk] *n* 1. 1) диск, круг; digital [magnetic, removable] ~ цифрово́й [магни́тный, съёмный] диск 2) (D.) диск Луны́, Со́лнца 2. (грам)пласти́нка 3. *уст.* = discus 4. *разг.* ша́йба (*хокке́й*) 5. *бот.* 1) листова́я пласти́нка 2) корзи́нка (*соцве́тия*) 6. *зоол.* очки́ (*вокру́г глаз совы́*) 7. *анат.* межпозвоно́чный хрящ 8. *вчт.* магни́тный диск (*па́мяти ЭВМ*; *тж.* magnetic ~); flexible ~ ги́бкий диск, диске́та; rigid ~ жёсткий диск; ~ cartridge диско́вый паке́т, кассе́тный диск; ~ drive дисково́д; ~ handler диско́вое запомина́ющее устро́йство; ~ storage а) па́мять на ди́сках, диско́вая па́мять; б) диско́вое запомина́ющее устро́йство; ~ unit диско́вое запомина́ющее устро́йство, накопи́тель на магни́тных ди́сках

disc II [dɪsk] *амер.* = disk II

discal [ˈdɪsk(ə)l] *a* похо́жий на диск, дискообра́зный

discalceate, discalceated, discalced [dɪsˈkælsɪ(e)ɪt, dɪsˈkælsɪeɪtɪd, dɪsˈkælst] *a* босоно́гий (*о чле́не религио́зного о́рдена*)

discard I [ˈdɪskɑːd] *n* 1. *карт.* 1) сбра́сывание (*ка́рты*) 2) сбро́шенная ка́рта; сбро́шенные ка́рты 2. *косм.* отделе́ние; stage ~ отделе́ние ступе́ни (*раке́ты*) 3. что-л. нену́жное 4. *тех.* брак

discard II [dɪsˈkɑːd] *v* 1. *карт.* сбра́сывать, сноси́ть (*ка́рту*); to ~ a suit сбро́сить масть 2) сбра́сывать (*бо́мбу, ступе́ни раке́ты и т. п.*) 2. 1) отбра́сывать, отверга́ть; отка́зываться; to ~ a hypothesis отве́ргнуть гипо́тезу; to ~ old friends забы́ть ста́рых друзе́й; to ~ one's suspicions [the unessential] отбро́сить подозре́ния [несуще́ственное]; by his will alone he ~ed all external evidence of his weakened frame одни́м уси́лием во́ли он ликвиди́ровал все вне́шние при́знаки теле́сной не́мощи 2) перестава́ть испо́льзовать; to ~ one's winter clothing переста́ть носи́ть /отложи́ть до сле́дующей зимы́/ зи́мние ве́щи 3. увольня́ть, отка́зывать от ме́ста 4. *тех.* бракова́ть 5. 1) *эк.* спи́сывать (*за него́дностью*) 2) *воен.* снима́ть с вооруже́ния

discard head [ˈdɪskɑːdˈhed] *метал.* при́быль

discarding [dɪsˈkɑːdɪŋ] *n* 1. сброс (*отрабо́тавшей ступе́ни раке́ты*) 2. *горн.* ски́дка из добы́чи на пусту́ю поро́ду

discarnation [ˌdɪskɑːˈneɪʃ(ə)n] *n рел.* отделе́ние душ от теле́сной оболо́чки

discern [dɪˈsɜːn] *v* 1. 1) разгляде́ть, (у)ви́деть; to ~ a spire in the distance уви́деть вдали́ (го́рный) пик 2) заме́тить; to ~ an odour почу́ять за́пах; to ~ a muffled sobbing услы́шать приглушённые рыда́ния 2. ви́деть, понима́ть; различа́ть; to ~ no difference не ви́деть ра́зницы; to ~ real causes обнару́жить /поня́ть/ и́стинные причи́ны; only then did I ~ how their feelings differed from mine то́лько тогда́ я по́нял, наско́лько их чу́вства отлича́лись от мои́х; to ~ good and bad /good from bad, between good and bad/ различа́ть добро́ и зло, отлича́ть добро́ от зла 3. *книжн.* отлича́ть, отделя́ть, выделя́ть; де́лать, проводи́ть разли́чие

discernible [dɪˈsɜːnəbl] *a* ви́димый, различи́мый; заме́тный; ~ outline едва́ различи́мые очерта́ния; for no ~ reason без како́й-л. ви́димой причи́ны

discernibly [dɪˈsɜːnəblɪ] *adv* 1) ви́димо, различи́мо 2) очеви́дно, заме́тно, ощути́мо

discerning [dɪˈsɜːnɪŋ] *a* уме́ющий различа́ть *или* распознава́ть; проница́тельный; ~ critic проница́тельный кри́тик; he was ~ enough to decipher the real meaning of the communication он был достаточно проницателен, чтобы расшифровать истинный смысл сказанного

discernment [dɪˈsɜːnmənt] *n* 1) распознавание 2) умение различать, распознавать; проницательность; интуиция; ~ of character умение разбираться в людях

discharge I [dɪsˈtʃɑːdʒ] *n* 1. разгрузка; ~ of a ship разгрузка корабля 2. разряд; выстрел, залп, разряжение; the ~ of a rifle выстрел из ружья; разряжение (*винтовки, орудия и т. п.*) выстрелом; ~ in the air выброс в атмосферу (*радиоактивных веществ и т. п.*) 3. 1) эл. разрядка (*аккумулятора и т. п.*) 2) *физ.* разряд; electron ~ электронный разряд; spark ~ искровой разряд; globular ~ шаровая молния 4. 1) выделение, выпускание, спуск; слив, опоражнивание; ~ of water from a lake спуск воды из озера; hidden ~ скрытый сток; ground-water ~ выход грунтовых вод 2) *психиатр.* разряжение; снятие напряжения 3) *физиол., мед.* выделение; истечение; ~ of mucus отделение слизи 4) *физиол., мед.* выделения, секрет; отделяемое; ~ from a wound выделения из раны 5. 1) выполнение, исполнение, отправление; ~ of one's duties выполнение служебных обязанностей; in ~ of one's functions при исполнении служебных обязанностей 2) уплата (*долга*); ~ of one's liabilities расплата по долговым обязательствам 6. 1) освобождение от обязанностей, увольнение; ~ from the army увольнение из армии; honourable ~ *воен.* почётное увольнение на пенсию с сохранением чинов, знаков отличия; ~ with disgrace *воен.* увольнение со службы с лишением чинов, знаков отличия и права на пенсию; ~ certificate свидетельство об увольнении из армии; to take one's ~ уволиться; выйти в отставку; демобилизоваться 2) удостоверение об увольнении; рекомендация (*выдаваемая уволенному*) 3) выписка (*больного*); ~ diagnosis диагноз при выписке больного 7. 1) освобождение от выполнения обязательств; освобождение от уплаты долга; ~ in bankruptcy, order of ~ восстановление в правах несостоятельного должника 2) квитанция, расписка; give smb. his ~ вернуть кому-л. расписку 8. *юр.* 1) освобождение из заключения; ~ from prison освобождение из тюрьмы 2) прекращение уголовного дела 3) отмена решения суда 9. *стр.* подпорка, опора; свая, столб 10. 1) *гидр.* расход (*воды*); ~ of a river дебит (*реки*) 2) *тех.* подача; нагнетание; ~ by gravity гравитационная разгрузка или подача 3) производительность; ~ of pump производительность насоса 11. *тех.* выпускное отверстие 12. *текст.* 1) вытравление, вытравка 2) обесцвечивающий состав

discharge II [dɪsˈtʃɑːdʒ] *v* 1. разгружать; выгружать; to ~ a vessel разгрузить корабль 2. 1) разряжать; стрелять; to ~ a rifle разрядить ружьё; to ~ an arrow выпустить стрелу; to ~ a volley дать залп; to ~ oneself in laughter *образн.* разразиться смехом 2) лопаться; ~d pods лопнувшие стручки (*без зёрен*) 3. эл. разряжать (*аккумулятор*) 4. выделять, извергать; выбрасывать, выпускать; спускать, сливать; опоражнивать; to ~ hormones выделять гормоны; the chimney ~s smoke из трубы идёт /валит/ дым; the train ~d passengers пассажиры выгрузились из поезда; the river ~s its waters /itself/ into the sea река несёт свои воды в море 2) высказывать, выкладывать; to ~ one's conscience отвести /облегчить/ душу; to ~ one's anger upon smb. обрушить свой гнев на кого-л. 5. 1) выполнять, исполнять, отправлять; to ~ one's duties исполнять /отправлять/ свои обязанности 2) выполнять долговые обязательства; платить, погашать (*долг*); to ~ one's debt уплатить долг; to ~ one's liabilities in full, to ~ all obligations выполнить все обязательства 6. 1) освобождать от (выполняемых) обязанностей, увольнять; снимать с работы; to ~ a soldier демобилизовать /уволить/ солдата; to ~ the members of the jury освободить присяжных 2) выписывать; to ~ a patient from hospital выписать больного из госпиталя 7. освобождать от выполнения; to ~ smb. of an obligation освобождать кого-л. от выполнения обязательства; to ~ a bankrupt a) освободить несостоятельного должника от уплаты долгов (*сделанных до банкротства*); б) восстановить в правах несостоятельного должника; to ~ smb. of his debts простить кому-л. долги 8. *юр.* 1) освобождать из заключения; ~ a prisoner освободить заключённого 2) прекращать уголовное преследование, оправдывать (*подсудимого*); to ~ the accused on every count оправдать подсудимого по всем пунктам обвинения 3) отменять, аннулировать (*решение суда, приговор*); to ~ a court order отменить решение суда 9. *гидр.* нагнетать 10. *текст.* вытравливать 11. *мор.* расснащивать (*судно*)

discharge cock [dɪsˈtʃɑːdʒˌkɒk] *тех.* выпускной, спускной *или* сливной кран

dischargee [ˌdɪstʃɑːˈdʒiː] *n амер.* уволенный из армии, демобилизованный

discharge head [dɪsˈtʃɑːdʒˌhed] *тех.* напор, высота нагнетания (*насоса*)

discharge pipe [dɪsˈtʃɑːdʒˌpaɪp] *тех.* выпускная, отводная труба

discharger [dɪsˈtʃɑːdʒə] *n* 1. 1) *см.* discharge II + -er 2) разгрузочный механизм 2. *эл.* 1) разрядник 2) искровой промежуток 3. пусковое устройство ракеты

discharge tube [dɪsˈtʃɑːdʒˌtjuːb] *элк.* (газо)разрядная трубка

discharging [dɪsˈtʃɑːdʒɪŋ] *n* 1. *эл.* разрядка (*аккумулятора*) 2. разгрузка 3. опорожнение, выпуск

disci [ˈdɪskaɪ] *pl от* discus

disciform [ˈdɪsɪfɔːm] *a книжн.* дискообразный

disciple [dɪˈsaɪpl] *n* 1. ученик, последователь; представитель (*определённой школы*); сторонник, приверженец 2. *рел.* 1) апостол; the twelve ~s двенадцать апостолов 2) христианин 3. *обыкн. pl амер.* баптисты

discipleship [dɪˈsaɪplʃɪp] *n* ученичество

disciplinable [ˈdɪsɪplɪnəbl] *a* 1. послушный 2. подлежащий наказанию, наказуемый; ~ offence наказуемый проступок

disciplinal [ˈdɪsɪplɪn(ə)l] *a* дисциплинарный

disciplinant [ˈdɪsɪplɪnənt] *n ист.* флагеллант

disciplinarian I [ˌdɪsɪplɪˈneərɪən] *n* 1. сторонник строгой дисциплины; педант; he is no ~ он очень нетребователен, у него можно делать что хочешь 2. *ист.* приверженец пресвитерианства

disciplinarian II [ˌdɪsɪplɪˈneərɪən] *a* 1. дисциплинарный 2. *ист.* пресвитерианский

disciplinary [ˈdɪsɪplɪnərɪ] *a* 1. дисциплинарный; ~ action *воен.* дисциплинарные меры; ~ barracks *амер. воен.* штрафные казармы; ~ case *воен.* а) дисциплинарный проступок; б) нарушитель дисциплины 2. воспитывающий (*ум, волю и т. п.*)

disciplinatory [ˈdɪsɪplɪˌneɪtərɪ] *a книжн. см.* disciplinary

discipline I [ˈdɪsɪplɪn] *n* 1. дисциплина, порядок; school [military] ~ школьная [воинская] дисциплина; iron ~ железная дисциплина; to keep children under ~ держать детей в руках; to enforce ~ вводить жёсткую дисциплину; to keep /to maintain/ ~ поддерживать дисциплину; to destroy /to undermine/ the ~ of the troops подрывать дисциплину в войсках; деморализовать войска; ~ in space should be steel hard дисциплина в космосе должна быть железной 2. дисциплинированность, дисциплина; noted for his ~ известный своим послушанием; to have a reputation for ~ иметь репутацию дисциплинированного человека 3. 1) обучение, тренировка; intellectual ~ тренировка ума 2) *воен. редк.* муштрование, муштра 4. отрасль знаний, дисциплина; дело 5. 1) наказание; ~ with the rod наказание розгами 2) *церк.* епитимья; умерщвление плоти 3) бич, кнут 6. *церк.* благочиние

discipline II [ˈdɪsɪplɪn] *v* 1. 1) обучать, тренировать; to be ~d by suffering /by adversity/ пройти суровую школу жизни 2) *воен.* муштровать 2. дисциплинировать; устанавливать строгую дисциплину 3. 1) наказывать, пороть, сечь 2) *воен.* подвергать дисциплинарному взысканию 3) *церк.* бичевать; умерщвлять плоть; налагать епитимью

discipular [dɪˈsɪpjʊlə] *a книжн.* ученический

discission [dɪˈsɪʃ(ə)n] *n мед.* разрез сумки хрусталика

disc-jockey [ˈdɪskˌdʒɒkɪ] = disk-jockey

disclaim [dɪsˈkleɪm] *v* 1. *юр.* отказываться (*от чего-л.*); отрекаться; to ~ an estate отказаться от прав на имение 2. не признавать, отрицать; отводить, отклонять; to ~ all responsibility отказываться от ответственности (*за что-л.*); to ~ all intention of doing smth. категорически отрицать намерения сделать что-л. 3. отрицать (*чьё-л.*) право на дворянский титул или герб

disclaimer [dɪsˈkleɪmə] *n* 1. *юр.* отказ от права (*на что-л.*); отречение 2. отрицание; отклонение; отвод 3. опровержение; to send a ~ to the press послать в газету опровержение 4. оговорка о случайном характере совпадений (*в книге; напр., о сходстве персонажей с живыми людьми и т. п.*) 5. заявление об отсутствии (*у кого-л.*) законных прав на дворянский титул или герб

disclimax [dɪsˈklaɪmæks] *n биол.* дисклимакс

disclination [ˌdɪsklɪˈneɪʃ(ə)n] *n физ.* дисклинация, смещение с поворотом (*в твёрдых телах*)

disclose [dɪsˈkləʊz] *v* 1. раскрывать, открывать; обнажать, показывать; to ~ one's point of view изложить /предать гласности/ свою точку зрения; she refused to ~ whether there were any seats available отказалась сообщить, есть ли свободные места 2. 1) обнаруживать, находить; to ~ a hidden treasure найти спрятанное сокровище 2) открывать, разоблачать, обнаруживать; to ~ smb.'s designs разоблачить чьи-л. (преступные) замыслы; to ~ one's intentions обнаружить свои намерения

disclosure [dɪsˈkləʊʒə] *n* 1. раскрытие; обнаружение, разоблачение; ~ of armaments выявление вооружений; the ~s touched off numerous rumours эти разоблачения породили множество слухов 2. то, что открыто, вскрыто, обнаружено; these ~s produced a scandal эти разоблачения вызвали скандал

disco [ˈdɪskəʊ] *n разг.* 1. *см.* discotheque 2. диско (*стиль современного танца*)

discoboli [dɪsˈkɒbəlaɪ] *pl от* discobolus

discobolus [dɪsˈkɒbələs] *n* (*pl* -li) дискобол

discodance [ˈdɪskə(ʊ)dɑːns] = disco 2

discoid [ˈdɪskɔɪd] *a спец.* дискообразный; имеющий форму диска

discoidal [dɪsˈkɔɪdl] = discoid

disco jockey [ˈdɪskəʊˌdʒɒkɪ] = disk-jockey 2

discolor [dɪsˈkʌlə] = discolour

discoloration [dɪsˌkʌləˈreɪʃ(ə)n] *n* 1. изменение цвета, обесцвечивание, выцветание 2. выцветшее место; пятно

discolored [dɪsˈkʌləd] = discoloured

discolorment [dɪsˈkʌləmənt] = discoloration

discolour [dɪsˈkʌlə] *v* 1) лишать цвета, обесцвечивать; a dress ~ed by the sun платье, выцветшее на солнце 2) обесцвечиваться, выцветать; блёкнуть, тускнуть

discolouration [dɪsˌkʌləˈreɪʃ(ə)n] = discoloration

discoloured [dɪsˈkʌləd] *a* изменивший цвет, обесцвеченный, выцветший

discolourment [dɪsˈkʌləmənt] = discoloration

discomfit [dɪsˈkʌmfɪt] *v* 1. расстраивать, разрушать *или* срывать (*планы, намерения*) 2. приводить в замешательство 3. *арх.* наносить поражение; громить

discomfiture [dɪsˈkʌmfɪtʃə] *n* 1. расстройство, крушение планов 2. (*полное*) замешательство, растерянность 3. *арх.* поражение, разгром

discomfort I [dɪsˈkʌmfət] *n* 1. 1) неудобство, неловкость; стеснённое положение; затруднение; дискомфорт; ~ of traffic нарушение в движении транспорта 2) *лингв.* неудобство *и т. п.* 2. *мед.* недомогание; his ~ was from the humidity из-за повышенной влажности он чувствовал себя неважно

discomfort II [dɪsˈkʌmfət] *v* причинять неудобство, стеснять, затруднять

discomfortable [dɪsˈkʌmfətəbl] *a редк.* 1. неудобный, причиняющий неудобство; стесняющий, затрудняющий 2. чувствующий себя неловко, стеснённый 3. огорчительный, опечаливающий

discommend [ˌdɪskəˈmend] *v* 1. *книжн.* порицать, осуждать 2. не рекомендовать, не советовать, отговаривать

discommode [ˌdɪskəˈməʊd] *v книжн.* причинять неудобство, стеснять; тревожить

discommodity [ˌdɪskəˈmɒdɪtɪ] *n книжн.* неудобство, стеснённое положение

discommon [dɪsˈkɒmən] *v* 1. лишать права пользования общественной землёй 2. завладевать общественными пастбищами, лугами 3. *ист.* лишать (*торговца*) права обслуживания студентов (*Оксфордского и Кембриджского университетов*)

discompose [ˌdɪskəmˈpəʊz] *v* 1. расстроить; взволновать, встревожить; don't let their objections ~ you пусть их возражения вас не волнуют 2. *редк.* нарушать порядок, приводить в беспорядок

discomposedly [ˌdɪskəmˈpəʊzɪdlɪ] *adv* расстроенно; взволнованно, встревоженно

discomposure [ˌdɪskəmˈpəʊʒə] *n* беспокойство, волнение, замешательство

disconcert [ˌdɪskənˈsɜːt] *v* 1. приводить в замешательство, лишать самообладания; смущать; it completely ~ed him это привело его в совершенное замешательство 2. расстраивать (*планы*)

disconcerted [ˌdɪskənˈsɜːtɪd] *a* 1) смущённый; the spectators were ~ that their favourite desisted from fighting зрители были обескуражены тем, что их любимец отказался от продолжения боя 2) расстроенный

disconformity [ˌdɪskənˈfɔːmɪtɪ] *n* 1. несоответствие, несообразность 2. *геол.* перерыв в отложении

disconnect [ˌdɪskəˈnekt] *v* 1. (from) разъединять, разобщать, расцеплять; I've been ~ed нас разъединили (*реплика в телефонном разговоре*) 2. *тех.* отключать, отсоединять; выключать; to ~ the engine отключить мотор

disconnected [ˌdɪskəˈnektɪd] *a* 1. сбивчивый, отрывистый, несвязный; бессвязный; ~ conversation несвязный /сбивчивый/ разговор 2. несвязанный, изолированный, отдельный

disconnectedly [ˌdɪskəˈnektɪdlɪ] *adv* 1. сбивчиво, отрывисто, несвязно, бессвязно; to speak ~ говорить сбивчиво 2. отдельно, изолированно

disconnectedness [ˌdɪskəˈnektɪdnɪs] *n* 1. сбивчивость, отрывистость, несвязность, бессвязность 2. изолированность

disconnection [ˌdɪskəˈnekʃ(ə)n] = disconnexion

disconnector [ˌdɪskəˈnektə] *n эл.* разъединитель, треншальтер

disconnexion [ˌdɪskəˈnekʃ(ə)n] *n* 1) разъединение; расцепление; размыкание 2) *тех.* отключение, выключение сцепления 3) *эл.* разрыв, обрыв (*цепи*)

disconsolate [dɪsˈkɒns(ə)lɪt] *a* 1) неутешный, безутешный; несчастный; ~ сгу крик /вопль/ отчаяния 2. мрачный; нагоняющий тоску; приводящий в уныние

disconsolately [dɪsˈkɒns(ə)lɪtlɪ] *adv* несчастно, неутешно, безутешно; to say smth. ~ сказать что-л. убитым голосом

discontent I [ˌdɪskənˈtent] *n* недовольство, неудовлетворённость; неудовольствие; досада; general ~ общее недовольство; popular ~ недовольство народа; worker ~ недовольство /возмущение/ рабочих; ~ with smth. недовольство чем-л.; ~ among workers can boil over недовольство рабочих может привести к взрыву; чаша терпения рабочих может переполниться

discontent II [ˌdɪskənˈtent] *a* недовольный, неудовлетворённый, раздосадованный

discontent III [ˌdɪskənˈtent] *v редк.* вызывать недовольство, досаду

discontented [ˌdɪskənˈtentɪd] *a* недовольный; to be ~ with one's lot [with one's position] быть недовольным своей судьбой [-им положением]

discontentedly [ˌdɪskənˈtentɪdlɪ] *adv* недовольно; с досадой

discontentment [ˌdɪskənˈtentmənt] = discontent I

discontiguous [ˌdɪskənˈtɪɡjʊəs] *a редк.* разобщённый; несоприкасающийся; состоящий из изолированных частей

discontinuance [ˌdɪskənˈtɪnjʊəns] *n* 1. прекращение, перерыв; ~ of nuclear tests прекращение ядерных испытаний 2. *юр.* прекращение *или* приостановление производства дела (*особ.* гражданского)

discontinuation [ˌdɪskənˌtɪnjʊˈeɪʃ(ə)n] = discontinuance 1

discontinue [ˈdɪskənˈtɪnju(ː)] *v* 1. 1) прекращать; останавливать, прерывать; to ~ one's work /working/ прекращать /бросать/ работу; to ~ one's habit отказаться от привычки; to ~ a newspaper перестать подписываться на газету; I direct the speaker to ~ his speech лишаю (оратора) слова 2) прекращаться; приостанавливаться, прерываться; the publication will ~ публикация будет прекращена 2. *юр.* прекращать дело; оставлять дело без движения

discontinuity [ˈdɪsˌkɒntɪˈnju(ː)ɪtɪ] *n* 1. разрыв непрерывности; дискретность; ~ of ideas отсутствие непрерывной интеллектуальной традиции 2. отсутствие закономерности 3. 1) *спец.* перерыв, разрыв 2) *мат.* точка разрыва 3) *мат.* разрывность 4. *геол.* неоднородность структуры

discontinuous [ˌdɪskənˈtɪnjʊəs] *a* 1. 1) лишённый непрерывности; прерывающийся, прерывистый; перемежающийся; ~ series прерывающийся ряд; ~ flight полёт с пересадками /с посадками/; ~ operation *эк.* периодическая работа 2) разрывной; ~ morpheme разрывная морфема 2. *мат.* дискретный (*о величинах и функциях*); разрывный, прерывный; ~ function разрывная функция

discontinuously [ˈdɪskənˈtɪnjʊəslɪ] *adv* прерывисто, с перерывами

discophile [ˈdɪskə(ʊ)f(а)ɪl] *n* коллекционер граммпластинок, дискофил

discophoran I [dɪsˈkɒfərən] *n зоол.* 1) дискомедуза (*Discomedusae*) 2) скифомедуза (*Scyphomedusae*) 2. пиявка (*Hirudinea*)

discophoran II [dɪsˈkɒfərən] = discophorous

discophorous [dɪsˈkɒfərəs] *a зоол.* дискообразный (*часто о медузах*)

discord I [ˈdɪskɔːd] *n* 1. разногласие, разлад, несогласие; civil ~ междоусобие, междоусобица; to bring ~ into a family внести в семью разлад 2. шум, нестройные звуки 3. *муз.* неблагозвучие, диссонанс

discord II [dɪsˈkɔːd] *v* 1. расходиться (во мнениях); не соглашаться; to ~ with smb. on two points разойтись с кем-л. во мнениях по двум вопросам 2. не соответствовать, не гармонировать 3. *муз.* звучать диссонансом

discordance [dɪsˈkɔːd(ə)ns] *n* 1. 1) несогласие, разногласие; ~ of opinions расхождение мнений 2) несоответствие 2. *муз.* неблагозвучие, диссонанс

discordant [dɪsˈkɔːd(ə)nt] *a* 1. противоречащий, несоответствующий; несогласующийся; противоречивый; ~ accounts противоречивые сообщения; views ~ with present-day ideas взгляды, противоречащие современным представлениям 2. 1) *муз.* неблагозвучный, диссонирующий, нестройный 2) неблагозвучный, неприятно звучащий; ~ voice визглявый голос

discotheque [ˈdɪskəˌtek] *n* дискотека; ночной клуб *или* дансинг с танцами под радиолу, магнитофон *и т. п.*

discotheque dress [ˈdɪskəˌtekˌdres] короткое декольтированное платье (с оборками)

discount I [ˈdɪskaʊnt] *n* 1. *ком.* скидка, сбавка; to give 10% ~ for cash делать десятипроцентную скидку при условии расплаты наличными; at a ~ а) ниже нарицательной цены; со скидкой; б) обесцененный; имеющийся в избытке; в) *разг.* непопулярный; sentiment is at a ~ чувства упали в цене; politeness is at a ~ вежливость перестала цениться /стала непопулярной, нынче не в моде/ 2. *фин.* 1) дисконт, учёт векселей 2) процент учёта

discount II [dɪsˈkaʊnt] *v* 1. *фин.* 1) дисконтировать, учитывать векселя 2) снижать учётный процент при досрочной оплате векселя 3) ссужать под векселя при условии выплаты процентов вперёд 2. снижать, сбавлять 3. портить, омрачать; сводить на нет; to ~ smb.'s enjoyment (of a book) испортить кому-л. всё удовольствие (от книги); my gains are largely ~ed by my previous losses мои (нынешние) приобретения почти уравновешиваются предшествующими потерями; мои прежние потери почти сводят на нет мои (нынешние) приобретения 4. не принимать в расчёт, во внимание; игнорировать; to ~ smb.'s opinion не принимать в расчёт чьё-л. мнение; you must ~ half of what he says половина того, что он говорит, не заслуживает доверия 5. относиться скептически, не принимать на веру; to ~ a story усомниться в истинности рассказа 6. предвидеть неблагоприятные обстоятельства и стараться ослабить их действие

discountable [dɪsˈkaʊntəbl] *a фин.* годный для учёта

discountenance [dɪsˈkaʊntɪnəns] *v книжн.* 1. смущать, приводить в замешательство; пристыдить; to look ~d выглядеть смущённым /пристыжённым/ 2. не одобрять, порицать 3. мешать осуществлению

discounter [ˈdɪskaʊntə] *n фин.* дисконтёр

discouple [dɪsˈkʌpl] *v* разъединять, расцеплять

discourage [dɪsˈkʌrɪdʒ] *v* 1. приводить в уныние; обескураживать; лишать мужества; his failures ~d him неудачи сломили его; to ~ the garrison сломить сопротивление гарнизона 2. расхолаживать, отбивать охоту; отговаривать; he ~d them from going there он отговаривал их от поездки туда; it might ~ her from collecting souvenirs это может отбить у неё охоту собирать сувениры 3. мешать, препятствовать; to ~ smb.'s attempts не поощрять /не поддерживать/ чьих-л. усилий

discouragement [dɪsˈkʌrɪdʒmənt] *n* 1. расхолаживание, обескураживание, отговаривание 2. обескураженность; уныние; a moment of ~ минута разочарования; he has never known ~ он никогда не впадал в уныние, уныние было ему неведомо 3. препятствие, затруднение, противодействие; to meet with ~ не встретить одобрения

discouragingly [dɪsˈkʌrɪdʒɪŋlɪ] *adv* расхолаживающе; обескураживающе

discourse I [ˈdɪskɔːs] *n* 1. *книжн.* 1) лекция, речь, слово; to deliver a ~ произнести речь 2) трактат; рассуждение; ~ on the nature of man трактат о природе человека 2. *книжн.* разговор, беседа; to hold ~ with smb. беседовать /вести беседу/ с кем-л. 3. *лингв.* 1) дискурс, сверхфразовое единства 2) высказывание

discourse II [dɪsˈkɔːs] *v книжн.* 1. 1) ораторствовать, произносить речи; to ~ upon /of/ smth. рассуждать о чём-л. 2) писать трактат (о чём-л.) 2. разговаривать, вести беседу

discourteous [dɪsˈkɜːtjəs] *a книжн.* невоспитанный, невежливый; грубый

discourtesy [dɪsˈkɜːtəsɪ] *n* 1) *книжн.* невоспитанность, невежливость; грубость 2) грубая выходка, грубое замечание

discover [dɪsˈkʌvə] *v* 1. 1) открывать, делать открытие; to ~ radium [a new island] открыть радий [новый остров] 2) обнаруживать, находить; to ~ that one has made a mistake обнаружить, что допустил ошибку; to ~ a plot раскрыть заговор; to ~ a good chauffeur найти хорошего шофёра; we ~ed it to be a small lake мы обнаружили, что это было небольшое озерцо 2. *арх.* открывать, раскрывать; поведать; to ~ a secret to one's friends поделиться секретом с друзьями; to ~ oneself открыться (кому-л.) 3. *шахм.* объявлять со вскрытием или со взятием фигуры; to ~ check объявить вскрытый шах

discoverable [dɪsˈkʌv(ə)rəbl] *a* поддающийся обнаружению, проверке

discoverer [dɪsˈkʌv(ə)rə] *n* 1. *см.* discover + -er 2. исследователь; первооткрыватель

discovert [dɪsˈkʌvət] *a юр.* незамужняя; вдова

discoverture [dɪsˈkʌvətʃə] *n юр.* незамужнее состояние; вдовство (*женщины*)

discovery [dɪsˈkʌv(ə)rɪ] *n* 1. 1) открытие; ~ of radium открытие радия; recent ~ недавнее открытие, последняя находка; unexpected ~ неожиданное открытие; to make a great ~ сделать замечательное открытие 2) *горн.* открытие (*месторождения*) 2. обнаружение, раскрытие; in fear of ~ he changed his lodgings every night боясь, что его найдут /обнаружат/, он постоянно менял место ночёвки 3. раскрытие, разоблачение; ~ of the plot раскрытие заговора 4. *юр.* представление (*суду*) документов

Discovery Day [dɪsˈkʌv(ə)rɪˌdeɪ] *амер.* день открытия Америки (*12 октября*)

discovery well [dɪsˈkʌv(ə)rɪˌwel] *горн.* скважина-открывательница

discredit I [dɪsˈkredɪt] *n* 1. недоверие; сомнение; to throw /to cast/ ~ on (his previous evidence) поставить под сомнение (его предыдущие показания) 2. дискредитация, компрометация; позор; to our ~ к нашему стыду; to bring ~ upon oneself дискредитировать /компрометировать/ себя; to bring smb. into ~ дискредитировать кого-л.; to fall /to come/ into ~ покрыть себя позором 3. позорное пятно, позор; a ~ to the school позор для школы 4. лишение коммерческого кредита

discredit II [dɪsˈkredɪt] *v* 1. 1) не доверять; подвергать сомнению, ставить под сомнение; to ~ a report не верить сообщению; to ~ all that has been said подвергать сомнению всё услышанное; лишать доверия; подрывать доверие 2) дискредитировать, компрометировать; позорить; to ~ oneself покрыть себя позором

discreditable [dɪsˈkredɪtəbl] *a* дискредитирующий, компрометирующий; позорный, постыдный; ~ acquaintances [profession] сомнительные знакомства [-ая профессия]

discreditably [dɪsˈkredɪtəblɪ] *adv* позорно, постыдно

discreet [dɪsˈkriːt] *a* осторожный, осмотрительный; рассудительный; благоразумный; сдержанный; скромный; ~ diplomat осторожный дипломат; ~ moderation разумное воздержание; ~ question тактичный вопрос; ~ smile сдержанная улыбка; we maintained /kept/ a ~ silence мы благоразумно /тактично/ молчали; he is an absolutely ~ man он воплощённое благоразумие, он сама осмотрительность

discreetly [dɪsˈkriːtlɪ] *adv* осторожно, осмотрительно; благоразумно; сдержанно; to criticize ~ осторожно критиковать

discrepancy [dɪsˈkrep(ə)nsɪ] *n* 1. несоответствие, расхождение; различие; несогласие; there is a ~ between the two stories эти два рассказа противоречат друг другу 2. *спец.* отклонение от точного размера

discrepant [dɪsˈkrep(ə)nt] *a* несоответствующий, противоречащий; отличный (*от чего-л.*)

discrete I [dɪsˈkriːt] *n тех.* обособленный элемент системы

discrete II [dɪsˈkriːt] *a* 1. 1) прерывистый, дискретный; ~ quantity *мат.* дискретная величина 2) разрозненный, состоящий из разрозненных частей 2. оторванный; отвлечённый, абстрактный

discretely [dɪsˈkriːtlɪ] *adv* 1) прерывисто, дискретно 2) разрозненно, разобщённо

discreteness [dɪsˈkriːtnɪs] *n мат.* дискретность; разрывность

discretion[1] [dɪsˈkreʃ(ə)n] *n* 1. осторожность, осмотрительность; рассудительность; благоразумие; age of ~ (years of ~) возраст, с которого человек несёт ответственность за свои поступки (*в Великобритании — 14 лет*); б) зрелый возраст; to show ~ обнаруживать /проявлять/ осмотрительность; to act with ~ действовать осторожно /осмотрительно/; he is the soul of ~ он воплощённое благоразумие, он сама осмотрительность 2. 1) свобода действий; право свободно решать, выбирать; полномочия; large ~ широкие полномочия; at (smb.'s) ~, at the ~ of smb. по чьему-л. усмотрению; to have full ~ to act иметь полномочия действовать по собственному усмотрению; to surrender at ~ сдаться на милость победителя; use your own ~, I leave it to your ~ поступайте, как считаете нужным; it is within my ~ to go or not мне решать, идти или нет 2) *юр.* дискреционное право

◊ ~ is the better part of valour ≅ без осторожности нет и доблести (*часто как шутливое оправдание трусости*)

discretion[2] [dɪsˈkreʃ(ə)n] *n* 1) прерывистость 2) разобщение, разделение

discretional [dɪsˈkreʃənl] = discretionary

discretionary [dɪsˈkreʃən(ə)rɪ] *a юр.* предоставленный на усмотрение, дискреционный; ~ power(s) дискреционная власть; ~ decision дискреционное решение

discretionary income [dɪsˈkreʃən(ə)rɪˈɪŋkʌm] *эк.* часть личного дохода, остающаяся после удовлетворения основных потребностей

discretization [dɪsˌkriːt(a)ɪˈzeɪʃ(ə)n] *n мат.* дискретизация

discretive [dɪsˈkriːtɪv] = disjunctive II

discriminant I [dɪsˈkrɪmɪnənt] *n* 1) *мат.* дискриминант 2) критерий распознавания; ~ for an earthquake [for a nuclear explosion] критерий распознавания землетрясения [ядерного взрыва]

discriminant II [dɪsˈkrɪmɪnənt] *a* 1. = discriminating 1 и 2 2. *мат.* дискриминантный

discriminate I [dɪsˈkrɪmɪnɪt] *a* различающий; способный различать

discriminate II [dɪsˈkrɪmɪneɪt] *v* 1. отличать, различать; видеть различие; to ~ red from scarlet отличать красный цвет от алого; to ~ between fact and fancy отличать факты от вымысла 2. выделять, отличать; this ~d him from his followers в этом состояло различие между ним и его последователями 3. 1) проявлять пристрастие, быть небеспристрастным; to ~ against smb.'s friends предвзято относиться к чьим-л. друзьям; быть настроенным против чьих-л. друзей; in favour of smb. проявлять к кому-л. особое пристрастие, благоволить к кому-л. 2) (against) дискриминировать; проводить политику дискриминации

discriminating [dɪsˈkrɪmɪneɪtɪŋ] *a* 1. отличительный, различительный; особый, специфический; ~ mark отличительный признак 2. умеющий различать, разбираться; ~ critic проницательный критик; ~ taste тонкий вкус; ~ buyers разборчивые покупатели 3. 1) дискриминационный 2) дифференциальный; ~ tariff /rate/ дифференциальный тариф 4. *тех.* селективный; ~ gear механизм с избирательным действием

discrimination [dɪsˌkrɪmɪˈneɪʃ(ə)n] *n* 1. различение; установление различия; ~ between error and truth отделение заблуждений от истины 2. 1) способность различать, проницательность; разборчивость; man of ~ человек с тонким вкусом /чутьём/; проницательный человек; to show ~ in smth. разбираться в чём-л.; знать /понимать/ толк в чём-л. 2) *спец.* разрешающая способность (*системы, устройства и т. п.*) 3. 1) пристрастие, небеспристрастность; to make a ~ относиться по-разному; быть небеспристрастным; the law applies to everyone without ~ закон один для всех, перед законом все равны 2) дискриминация, ограничение в правах; racial /race/ ~ расовая дискриминация; ~ against women дискриминация женщин; free of ~ свободный от дискриминации; to face ~ in education and at work столкнуться с дискриминацией при приёме в университеты и при найме на работу 3) *спец.* распознавание; дискриминация; ~ of a nuclear explosion распознавание ядерного взрыва

discriminative [dɪsˈkrɪmɪnətɪv] *a* 1. отличительный, отличающий; характерный; ~ mark отличительная черта 2. умеющий различать, проницающийся; ~ taste тонкий вкус 3. дифференциальный (*о тарифе и т. п.*)

discriminator [dɪsˈkrɪmɪneɪtə] *n* 1. dicrimine II + *v* 2. *элк.* дискриминатор 3. *радио* частотный детектор

discriminatory [dɪsˈkrɪmɪnət(ə)rɪ] *a спец.* избирательный, селективный

discrown [dɪsˈkraʊn] *v* лишать короны; свергать с престола

disculpate [dɪsˈkʌlpeɪt] *v книжн.* оправдывать

discumber [dɪsˈkʌmbə] = disencumber

discursive [dɪsˈkɜːsɪv] *a* 1. сбивчивый, непоследовательный; перескакивающий с одного вопроса на другой 2. *редк.* переходящий с места на место 3. *спец.* дискурсивный

discus [ˈdɪskəs] *n* (*pl тж.* disci) *спорт.* 1) диск 2) метание диска (*тж.* ~ throw, ~ throwing); ~ thrower метатель диска, дискобол

discuss [dɪsˈkʌs] *v* 1. обсуждать, дискутировать; to ~ measures [a question] обсуждать меры [вопрос]; to ~ a trip говорить о поездке; to ~ art [one's friends, the future of the children] (with smb.) говорить об искусстве (с своими друзьями, о будущем детей) (с кем-л.); to ~ the problem with oneself обдумывать вопрос; they were ~ing me они говорили обо мне; we ~ed the best road to take [how to do it] мы обсуждали, по какой дороге лучше ехать [как это сделать] 2. *шутл.* есть, пить с удовольствием; смаковать; to ~ one's food [wine] смаковать пищу [вино]

discussant [dɪsˈkʌsənt] *n* участник дискуссии; выступающий в прениях

discusser [dɪsˈkʌsə] *n* 1) *см.* discuss + -er 2) *спец.* участник дискуссии

discussible [dɪsˈkʌsəbl] *a* поддающийся обсуждению

discussion [dɪsˈkʌʃ(ə)n] *n* 1. обсуждение, дискуссия; прения, дебаты; lively [keen, fruitful] ~ живое [острое, плодотворное] обсуждение; heated ~ горячая дискуссия; a subject for ~ предмет для обсуждения; ~ on a question дискуссия по вопросу; the question under ~ обсуждаемый /рассматриваемый/ вопрос, предмет обсуждения; after much ~ после долгого обсуждения; to have /to hold/ a ~ of smth. обсуждать что-л.; проводить обсуждение чего-л.; the question will come up for ~ tomorrow завтра этот вопрос будет поднят /станет предметом обсуждения/ 2. *шутл.* смакование (*пищи, вина и т. п.*)

discussion group [dɪsˈkʌʃ(ə)nˌgruːp] коллоквиум, семинар

disdain I [dɪsˈdeɪn] *n* презрение; пренебрежение; to treat smb. with ~ относиться к кому-л. свысока; ~ for fascist propaganda презрение к фашистской пропаганде

disdain II [dɪsˈdeɪn] *v* 1. презирать; пренебрегать; to ~ flattery пренебрегать лестью; to ~ an offer пренебречь предложением 2. считать ниже своего достоинства; to ~ to notice /noticing/ an insult считать ниже своего достоинства заметить оскорбление; they ~ed the town library они не снисходили до городской библиотеки

disdainful [dɪsˈdeɪnf(ə)l] *a* презрительный, пренебрежительный, надменный; ~ smile [look] надменная улыбка [-ый взгляд]

disdainfully [dɪsˈdeɪnf(ə)lɪ] *adv* презрительно, пренебрежительно, надменно; to brush aside ~ the contention that... пренебрежительно отмахнуться от утверждения, что...

disdar [ˈdiːzdɑː] = dizdar

disease I [dɪˈziːz] *n* 1. болезнь; infectious ~ инфекционная болезнь; ~ of childhood детская болезнь; ~s of the mind психические заболевания; skin ~ кожное заболевание; to suffer from a ~ страдать болезнью; ~ of society *образн.* болезнь общества 2. *тех.* неисправность (*машины*)

disease II [dɪˈziːz] *v* 1) *спец.* вызывать заболевание 2) отравлять; подрывать

diseased [dɪˈziːzd] *a* 1) больной; заболевший; ~ imagination больное /нездоровое/ воображение; ~ in body and mind больной телом и духом 2) болезненный

disease incidence [dɪˈziːzˈɪnsɪd(ə)ns] *мед.* заболеваемость

disease-producing [dɪˈziːzprəˌdjuːsɪŋ] *a* болезнетворный

diseconomics [dɪsˌekəˈnɒmɪks] *n* 1. опасная экономическая политика 2. недостаточный экономический рост

diseconomy [ˌdɪsɪˈkɒnəmɪ] *n* неэкономичность

disembark [ˌdɪsɪmˈbɑːk] *v* 1) выгружать; высаживать на берег; to ~ troops высаживать войска 2) высаживаться, выгружаться; we ~ed first from the plane мы первыми вышли из самолёта

disembarkation [ˌdɪsembɑːˈkeɪʃ(ə)n] *n* высадка, выгрузка (*с судов*)

disembarrass [ˌdɪsɪmˈbærəs] *v* книжн. (of) выводить из затруднения; освобождать, избавлять; выпутывать; to ~ oneself of a responsibility [of a burden] освобождать себя от ответственности [от бремени]

disembody [ˌdɪsɪmˈbɒdɪ] *v* 1. *редк.* распускать, расформировывать 2. *рел.* освобождать от телесной оболочки, делать бесплотным

disembogue [ˌdɪsɪmˈbəʊg] *v* впадать, вливаться, сбрасывать воды; the river ~s its waters /itself/ into the lake река впадает в озеро

disembosom [ˌdɪsɪmˈbʊzəm] *v книжн.* 1) открывать, раскрывать (*секрет и т. п.*) 2) поверять; to ~ oneself to smb. открыться /открыть душу/ кому-л.

disembowel [ˌdɪsɪmˈbaʊəl] *v* 1) потрошить, вынимать внутренности 2) лишать содержания

disemplane [ˌdɪsɪmˈpleɪn] *v* сходить с самолёта, высаживаться из самолёта

disemploy [ˌdɪsɪmˈplɔɪ] *v редк.* увольнять

disenable [ˌdɪsɪˈneɪbl] *v книжн.* делать неспособным

disenchant [ˌdɪsɪnˈtʃɑːnt] *v* освобождать от чар

disenchantment [ˌdɪsɪnˈtʃɑːntmənt] *n* разочарование; to fall into ~ with smb. разочароваться в ком-л.

disencumber [ˌdɪsɪnˈkʌmbə] *v книжн.* освобождать, избавлять (*от хлопот, бремени и т. п.*); облегчать; ~ed of his heavy responsibilities освобождённый от своих обременительных обязанностей; ~ed of his armour освобождённый от доспехов

disendow [ˌdɪsɪnˈdaʊ] *v юр.* лишать пожертвований, завещанных сумм и т. п.

disenfranchise [ˌdɪsɪnˈfræn(t)ʃaɪz] *книжн. см.* disfranchise

disengage I [ˌdɪsɪnˈgeɪdʒ] *n* перевод в темп (*фехтование*)

disengage II [ˌdɪsɪnˈgeɪdʒ] *v* 1. 1) освобождать, выпутывать, высвобождать; to ~ one's hand освободить руку; to ~ oneself from an obligation снять с себя обязательство; to ~ smb. from a pledge освободить кого-л. от данного им слова /обещания/; to ~ truth from a mass of lies отделить правду от лжи 2) освобождаться, выпутываться, высвобождаться 2. *воен.* 1) отрываться от противника; выходить из боя 2) выводить (*войска*) из боя 3. переводить оружие (*фехтование*) 4. *тех.* разобщать, выключать (*муфту сцепления и т. п.*); расцеплять, разъединять 5. *хим.* выделять; to ~ oxygen [hydrogen] выделять кислород [водород]

disengaged [ˌdɪsɪnˈgeɪdʒd] *a* 1. свободный, незанятый; are you ~ this evening? вы свободны сегодня вечером? 2. *тех.* разобщённый, выключенный, разъединённый, расцепленный

disengagement [ˌdɪsɪnˈgeɪdʒmənt] *n* 1. освобождение, выпутывание 2. 1) свобода (*от занятий, дел и т. п.*); ~ from influence свобода от влияний 2) непринуждённость, естественность (*манер*) 3. расторжение помолвки 4. *воен.* 1) выход из боя, отрыв от противника 2) взаимный вывод вооружённых сил государств (*из определённой зоны*); разъединение; ~ zone зона разъединения (*вооружённых сил*) 5. = disengage I 6. *хим.* выделение

disengagement cutting [ˌdɪsɪnˈgeɪdʒməntˈkʌtɪŋ] *лес.* прочистка леса

disentail I [ˌdɪsɪnˈteɪl] *n юр.* отмена ограничительного условия наследования имущества

disentail II [ˌdɪsɪnˈteɪl] *v юр.* отменять ограничительное условие наследования имущества

disentangle [ˌdɪsɪnˈtæŋgl] v **1.** выпу́тывать, высвобожда́ть; to ~ a few facts from a mass of fable извле́чь не́сколько зёрен и́стины из ку́чи небыли́ц **2.** 1) распу́тывать; to ~ a knot распу́тать у́зел 2) распу́тываться; the skein won't ~ мото́к ника́к не распу́тывается

disentanglement [ˌdɪsɪnˈtæŋglmənt] n **1.** выпу́тывание **2.** 1) распу́тывание 2) расшифро́вка

disenthral(l) [ˌdɪsɪnˈθrɔːl] v отпуска́ть на во́лю; освобожда́ть от ра́бства

disentitle [ˌdɪsɪnˈtaɪtl] v лиша́ть пра́ва (на что-л.); лиша́ть ти́тула

disentomb [ˌdɪsɪnˈtuːm] v выка́пывать из моги́лы

disentwine [ˌdɪsɪnˈtwaɪn] = disentangle

disequilibrium [ˌdɪsekwɪˈlɪbrɪəm] n нарушение равнове́сия

disestablish [ˌdɪsɪsˈtæblɪʃ] v **1.** отменя́ть **2.** отделя́ть це́рковь от госуда́рства

disestablishment [ˌdɪsɪsˈtæblɪʃmənt] n **1.** отме́на **2.** отделе́ние це́ркви от госуда́рства

diseur [diːˈzɜː] n фр. мелодеклама́тор

diseuse [diːˈzɜːz] n фр. 1) же́нщина-деклама́тор 2) шансоне́тка, исполни́тельница пе́сенок

disfavor I, II [dɪsˈfeɪvə] = disfavour I и II

disfavour I [dɪsˈfeɪvə] n **1.** неодобре́ние, осужде́ние; неприя́знь; to regard smb. with ~ относи́ться к кому́-л. с неприя́знью; to incur ~ вы́звать осужде́ние **2.** неми́лость, опа́ла; to be /to live/ in ~ быть в неми́лости; быть не в фаво́ре; to fall /to come/ into ~ впасть в неми́лость **3.** невы́года; in (the) ~ of smb., to the ~ of smb. не в чью-л. по́льзу, про́тив кого́-л.

disfavour II [dɪsˈfeɪvə] v лиша́ть расположе́ния; относи́ться неприя́зненно; не одобря́ть

disfeature [dɪsˈfiːtʃə] v книжн. обезобра́живать

disfellowship [dɪsˈfeləʊʃɪp] n амер. исключе́ние (из учебного заведения, религиозной общины)

disfiguration [dɪsˌfɪgjʊ(ə)ˈreɪʃ(ə)n] = disfigurement

disfigure [dɪsˈfɪgə] v обезобра́живать, уро́довать; искажа́ть; to ~ a face изуро́довать лицо́; to ~ a landscape испо́ртить пейза́ж; the girl was ~d for life де́вочка была́ обезобра́жена на всю жизнь **2.** по́ртить; to ~ smb.'s career испо́ртить чью-л. карье́ру

disfigured [dɪsˈfɪgəd] a **1.** обезобра́женный, изуро́дованный, искажённый; ~ face обезобра́женное лицо́ **2.** испо́рченный

disfigurement [dɪsˈfɪgəmənt] n **1.** обезобра́живание; искаже́ние; she goes out very little after her ~ она́ почти́ не выхо́дит по́сле несча́стного слу́чая, обезобра́зившего её вне́шность **2.** 1) уро́дство; these factories are a ~ to the countryside э́ти фа́брики уро́дуют се́льский пейза́ж 2) изъя́н

disforest [dɪsˈfɔrɪst] v своди́ть лес, выруба́ть лес; обезле́сить

disfranchise [ˈdɪsˈfræn(t)ʃaɪz] v юр. лиша́ть гражда́нских или избира́тельных прав, привиле́гий

disfranchisement [dɪsˈfræn(t)ʃɪzmənt] n юр. лише́ние гражда́нских или избира́тельных прав, привиле́гий

disfrock [dɪsˈfrɒk] v лиша́ть духо́вного зва́ния, са́на

disfunction [dɪsˈfʌŋkʃ(ə)n] n мед. дисфу́нкция

disgavel [dɪsˈgævl] v юр. освобожда́ть от де́йствия зако́на о ра́вном разде́ле насле́дства ме́жду сыновья́ми или бра-тья́ми поко́йного (при наличии завещания)

disgorge [dɪsˈgɔːdʒ] v **1.** 1) изрыга́ть; отры́гивать 2) изверга́ть; to ~ lava изверга́ть ла́ву 3) изверга́ться **2.** отдава́ть, возвраща́ть (что-л. присвоенное незаконно); to ~ property возвраща́ть незако́нно присво́енную со́бственность **3.** разгружа́ть, выгружа́ть; опорожня́ть; the ship ~d itself кора́бль разгружа́лся **4.** 1) сбра́сывать (воды); the river ~s itself /its waters/ into a lake река́ впада́ет в о́зеро 2) влива́ться, впада́ть; to ~ into a lake впада́ть в о́зеро **5.** спец. дегоржи́ровать (вино)

disgown [dɪsˈgaʊn] v **1.** поэт. раздева́ть **2.** церк. 1) лиша́ть духо́вного зва́ния 2) слага́ть с себя́ сан

disgrace I [dɪsˈgreɪs] n **1.** 1) позо́р, бесче́стье; to bring ~ upon smb., to bring smb. into ~ навле́чь позо́р на кого́-л.; you are a ~ to your family ты позо́ришь семью́; these slums are a ~ to the town э́ти трущо́бы — позо́р го́рода; there is no ~ in doing that в э́том нет ничего́ позо́рного, э́того не́чего стыди́ться 2) позо́рный посту́пок **2.** неми́лость, опа́ла; to be in ~ быть в неми́лости /в опа́ле/; to fall into ~ (with smb.) впасть в неми́лость (у кого́-л.)

disgrace II [dɪsˈgreɪs] v **1.** позо́рить, бесче́стить, пятна́ть; to ~ one's name запятна́ть свою́ репута́цию; опоро́чить себя́; ~ habits which ~ a man привы́чки, недосто́йные челове́ка **2.** 1) лиша́ть расположе́ния; накла́дывать опа́лу 2) воен. разжа́ловать; to ~ an officer разжа́ловать офице́ра

disgraceful [dɪsˈgreɪsf(ə)l] a позо́рный, бесче́стный, посты́дный; ~ submission позо́рная /унизи́тельная/ поко́рность; ~ behaviour недосто́йное поведе́ние; it is ~ that he has not yet settled his debts позо́р, что он до сих пор не расплати́лся с долга́ми

disgrade [dɪsˈgreɪd] книжн. см. degrade

disgruntle [dɪsˈgrʌntl] v вызыва́ть недово́льство, раздража́ть, серди́ть

disgruntled [dɪsˈgrʌntld] a недово́льный, раздражённый; рассе́рженный; ~ at smth. [with smb.] недово́льный чем-л. [кем-л.]

disguise I [dɪsˈgaɪz] n **1.** маскиро́вка, измене́ние вне́шнего ви́да; to make no ~ of one's feelings не скрыва́ть свои́х чувств **2.** 1) ма́ска; изменённая вне́шность; изменённый костю́м; a peasant in ~ переоде́тый крестья́нин; parts of his ~ ча́сти наря́дов, кото́рые он испо́льзовал для переодева́ния; to strip /to relieve/ smb. of his ~ сорва́ть с кого́-л. бутафо́рский костю́м 2) обма́нчивая вне́шность; ма́ска, личи́на; a compliment [a reproach] in ~ скры́тый комплиме́нт [упрёк]; under the ~ of charity под личи́ной ми́лосердия; to throw off all ~ сбро́сить ма́ску /личи́ну/ **3.** лицеме́рие, обма́н; to speak without ~ говори́ть откры́то /пря́мо/

disguise II [dɪsˈgaɪz] v **1.** маскирова́ть, изменя́ть вне́шность; переодева́ть; to ~ oneself in a woman's dress переоде́ться в же́нское пла́тье; to ~ oneself as a monk переоде́ться мона́хом; to ~ oneself with a false beard измени́ть свою́ вне́шность, прикле́ив фальши́вую бо́роду; a door ~d as a bookcase дверь в ви́де кни́жного шка́фа; to ~ one's voice [one's handwriting] изменя́ть го́лос [по́черк]; a face ~d by death лицо́, кото́рое смерть измени́ла до неузнава́емости **2.** представля́ть в ло́жном све́те, искажа́ть; to ~ truth искажа́ть и́стину **3.** скрыва́ть, не пока́зывать; to be ~d with snow быть скры́тым под сне́гом; to ~ one's feel-ings [intentions] скрыва́ть свои́ чу́вст-ва [наме́рения]; to ~ one's sorrow beneath a cheerful manner скрыва́ть печа́ль под ма́ской беззабо́тности; there is no disguising the fact that... невозмо́жно скрыть тот факт, что... **4.** разг. опьяня́ть, тума́нить го́лову (о вине)

disguised [dɪsˈgaɪzd] a **1.** переоде́тый **2.** замаскиро́ванный **3.** разг. пья́ный, «под му́хой»; ~ in /with/ liquor в подпи́тии, накача́вшийся

disgust I [dɪsˈgʌst] n **1.** отвраще́ние, омерзе́ние; ~ at /for, towards/ smth. [with smb.] отвраще́ние к чему́-л. [к кому́-л.]; to hold smth. in ~ относи́ться к чему́-л. с отвраще́нием; to excite ~ (in smb.) вызыва́ть отвраще́ние (у кого́-л.); to do smth. in ~ де́лать что-л. с отвраще́нием **2.** раздраже́ние, недово́льство; ссо́ра; to John's great ~ к большо́му неудово́льствию Джо́на

disgust II [dɪsˈgʌst] v внуша́ть отвраще́ние, омерзе́ние; быть проти́вным; this smell ~s me я не переношу́ э́того за́па-ха; his actions ~ed everybody все счита́ли его́ посту́пки омерзи́тельными; his business methods ~ me то, как он ведёт дела́, внуша́ет мне отвраще́ние

disgusted [dɪsˈgʌstɪd] a чу́вствующий отвраще́ние, обнару́живающий отвраще́ние; ~ expression выраже́ние отвраще́ния; to be ~ at /with/ smth. испы́тывать отвраще́ние к чему́-л.; he is ~ that you haven't kept your word ему́ проти́вно, что ты нару́шил обеща́ние; I am ~ with myself я проти́вен самому́ себе́

disgustedly [dɪsˈgʌstɪdlɪ] adv с отвраще́нием; испы́тывая омерзе́ние; he look-ed ~ at the dirty room он с отвраще́нием гляде́л на гря́зную ко́мнату

disgusting [dɪsˈgʌstɪŋ] a отврати́тельный, омерзи́тельный, проти́вный; it's ~! это отврати́тельно /омерзи́тельно/!

disgustingly [dɪsˈgʌstɪŋlɪ] adv **1.** отврати́тельно, омерзи́тельно **2.** эмоц.-усил. стра́шно, ужа́сно; ~ long ужа́сно дли́нный

dish I [dɪʃ] n **1.** 1) блю́до; glass ~ стекля́нное блю́до 2) уст. ми́ска; ча́шка; ~ of tea а) ча́шка ча́ю; б) чаепи́тие; ~ of gossip образн. болтовня́ 3) хим. ча́шка для выпа́ривания **2.** часто pl посу́да; ~ rack подста́вка для су́шки посу́ды, суши́лка; to wash the ~es помы́ть посу́ду **3.** 1) еда́, блю́до, ку́шанье; vegetable [meat] ~ овощно́е [мясно́е] блю́до; cold [plain, dainty] ~ холо́дное [просто́е, изы́сканное] блю́до; standing ~ а) неизме́нное /дежу́рное/ блю́до; б) постоя́нная /дежу́рная/ те́ма; посто-я́нный но́мер репертуа́ра; ~ warmer приспособле́ние для подогрева́ния блюд; to serve a ~ пода́ть блю́до 2) сл. что-л. хоро́шее; (вещь) что на́до; the girl is a ~ де́вочка — па́льчики обли́жешь /зака́чаешься/ **4.** по́лное блю́до; ~ of fish [of beans] блю́до ры́бы [бобо́в] **5.** пло́ский неглубо́кий сосу́д **6.** 1) впа́дина, вмя́тина 2) ложби́на, лощи́на **7.** радио параболи́ческая анте́нна, «ча́ша» **8.** авт. разва́л (передних колёс) **9.** тех. таре́лка (клапана) **10.** тех. кюве́та, ва́нна

dish II [dɪʃ] v **1.** (часто ~ up) 1) класть на блю́до; подава́ть к столу́; to ~ (up) a meal пода́ть еду́ на стол; ~ up! подава́й на стол!, собери́ пое́сть! 2) подава́ть, преподноси́ть; to ~ up an old joke преподнести́ ста́рый анекдо́т под но́вым со́усом 3) сл. болта́ть; спле́тничать, перемыва́ть ко́сточки **2.** загреба́ть нога́ми (о лошади) **3.** разг. 1) надува́ть, проводи́ть; одура́чивать; to ~ one's political opponents оставить в дураках своих политических противников 2) путать карты; губить; to ~ smb.'s schemes спутать чьи-л. планы; this will ~ him /his chances/ это его погубит, на этом он погорит 4. *авт.* смещать ось; to ~ a wheel сместить ось колеса

dishabille [͵dɪsəˈbiːl] *n* домашнее платье; дезабилье; in ~ в домашнем платье

dish aerial [ˈdɪʃˏeərɪəl] радио параболическая антенна, антенна с параболическим отражателем (*для спутникового вещания и т. п.*)

disharmonious [͵dɪshɑːˈmoʊnjəs] *a* 1) негармонирующий, несоответствующий 2) дисгармоничный, нестройный

disharmonize [dɪsˈhɑːmənaɪz] *v* 1) нарушать гармонию, согласие 2) дисгармонировать; диссонировать

disharmony [ˈdɪsˈhɑːmənɪ] *n* 1. отсутствие гармонии, дисгармония, несоответствие; разногласие 2. дисгармония, диссонанс

dish-cloth, dish-clout [ˈdɪʃklɒθ, -klaʊt] *n* 1) кухонное полотенце 2) тряпка для мытья посуды

dishcloth gourd [ˈdɪʃklɒθˏɡʊəd] люффа, тыква мочальная

dish-cover [ˈdɪʃˏkʌvə] *n* крышка на блюдо или тарелку (*для сохранения тепла*)

dishearten [dɪsˈhɑːtn] *v* приводить в уныние; лишать мужества, энтузиазма; сломить волю; don't get ~ed не унывай

disheartenment [dɪsˈhɑːtnmənt] *n* уныние; утрата мужества

dished [dɪʃt] *a* 1. *спец.* полусферический; вогнутый; чашевидный 2. *тех.* тарельчатый 3. *авт.* со смещённой осью; ~ wheel колесо со смещённой осью

disherison [dɪsˈherɪzn] = disinheritance

dishevel [dɪˈʃev(ə)l] *v* растрепать, взъерошить

dishevel(l)ed [dɪˈʃev(ə)ld] *a* 1) растрёпанный, всклокоченный, взъерошенный; ~ hair взъерошенные волосы 2) неаккуратный, неопрятный

dishful [ˈdɪʃfəl] *n* полное блюдо (*чего-л.*)

dishonest [dɪsˈɒnɪst] *a* 1. нечестный, непорядочный, мошеннический, бессовестный; бесчестный, позорный; ~ lawsuit позорный судебный процесс; ~ profits грязные барыши 2. нечестный, недобросовестный, небрежный

dishonestly [dɪsˈɒnɪstlɪ] *adv* нечестно, непорядочно; бессовестно

dishonesty [dɪsˈɒnɪstɪ] *n* 1. нечестность, непорядочность, бессовестность; she was dismissed for ~ она была уволена за бесчестность 2. обман, мошенническая проделка (*тж.* piece *или* act of ~)

dishonor I, II [dɪsˈɒnə] *амер.* = dishonour I и II

dishonorable [dɪsˈɒn(ə)rəbl] *амер.* = dishonourable

dishonorably [dɪsˈɒn(ə)rəblɪ] *амер.* = dishonourably

dishonored [dɪsˈɒnəd] *амер.* = dishonoured

dishonour I [dɪsˈɒnə] *n* 1. бесчестье; позор; to incur ~ to bring/ ~ on smb. навлечь позор на кого-л. 2. позорное пятно, позор, позорище; he is a ~ to his country он позорит свою страну 3. оскорбление, унижение достоинства; this work offers you no ~ эта работа вовсе не унизительна для вас 4. *фин.* отказ в акцепте (*векселя или чека*); отказ в платеже (*по векселю или чеку*)
◇ in ~ в немилости, в опале

dishonour II [dɪsˈɒnə] *v* 1. 1) бесчестить, пятнать; позорить; to ~ a woman обесчестить женщину; to ~ one's name покрыть позором своё имя; to ~ one's reputation запятнать свою репутацию; to ~ one's word [one's promise, one's signature] отречься от своего слова [обещания, своей подписи] 2) насиловать 3) осквернять 2. оскорблять, унижать достоинство 3. *фин.* отказывать в акцепте (*векселя или чека*); отказывать в платеже (*по векселю или чеку*)

dishonourable [dɪsˈɒn(ə)rəbl] *a* 1) позорный, постыдный; бесчестящий, позорящий; ~ action постыдный поступок; ~ discharge *воен.* увольнение из армии с лишением прав и привилегий; I think it ~ to break one's word я считаю бесчестным нарушать слово 2) бесчестный, гнусный, низкий, подлый (*о людях*)

dishonourably [dɪsˈɒn(ə)rəblɪ] *adv* бесчестно, позорно, постыдно

dishonoured [dɪsˈɒnəd] *a* обесчещенный, опозоренный

dishorn [dɪsˈhɔːn] *v* *с.-х.* удалять рога

dishorse [dɪsˈhɔːs] *v* *книжн.* спешиваться

dish out [ˈdɪʃˈaʊt] *phr v* 1. 1) *разг.* подавать; давать; to ~ meat подать мясо 2) раздавать (*с блюда*); распределять; to ~ money [goodies] раздавать деньги [сладости] 3) производить; to ~ punishment a) наказывать (*учеников и т. п.*); б) осыпать ударами, наносить удары 4) *разг.* сказать, сморозить; am I supposed to take everything he dishes out? а я, по-вашему, должен проглотить всё, что он скажет? 2. 1) делать впадину; придавать вогнутую форму; выгибать 2) выгибаться; быть вогнутым, западать
◇ dish it out *сл.* вздуть (*кого-л.*); всыпать (*кому-л.*)

dishpan [ˈdɪʃpæn] *n* *амер.* лоханка для мытья посуды

dish-rag [ˈdɪʃræɡ] *амер.* *см.* dish-towel

dish-towel [ˈdɪʃtaʊəl] = dish-cloth
◇ to feel like a (wet) ~ быть совершенно измочаленным; чувствовать себя как выжатый лимон

dish up [ˈdɪʃˈʌp] *phr v* 1. подавать на стол (*блюдо и т. п.*); приправлять; to ~ well-known facts in a new form *образн.* подавать давно известные факты под новым соусом 2. придумывать; to ~ some excuse or other придумать отговорку; сослаться на уважительные причины

dishware [ˈdɪʃweə] *n* столовая посуда (*фаянсовая, фарфоровая*); обеденные сервизы

dish-wash [ˈdɪʃwɒʃ] *n* вода из-под грязной посуды, помои

dish-washer [ˈdɪʃˏwɒʃə] *n* 1. судомойка 2. посудомоечная машина

dishwater [ˈdɪʃˏwɔːtə] *n* (посудные) помои; вода из-под грязной посуды, обмывки

dishy [ˈdɪʃɪ] *a* *сл.* привлекательный, соблазнительный, «что надо»; ~ girl аппетитная девица

disillusion I [͵dɪsɪˈluːʒ(ə)n] *n* разочарование, утрата иллюзий

disillusion II [͵dɪsɪˈluːʒ(ə)n] *v* разочаровывать; разрушать иллюзии

disillusionize [͵dɪsɪˈluːʒənaɪz] = disillusion II

disillusionment [͵dɪsɪˈluːʒ(ə)nmənt] *n* разочарованность; разочарование; утрата, крушение иллюзий

disimprison [͵dɪsɪmˈprɪz(ə)n] *v* *юр.* освобождать (из заключения)

disimprove [͵dɪsɪmˈpruːv] *v* *книжн.* 1) ухудшать, портить 2) ухудшаться, портиться

disincentive I [͵dɪsɪnˈsentɪv] *n* расхолаживание; тормоз, подавление стимула; heavy taxation is a ~ to expansion высокие налоги сковывают деловую инициативу

disincentive II [͵dɪsɪnˈsentɪv] *a* расхолаживающий; тормозящий (*порыв, инициативу*)

disinclination [͵dɪsɪŋklɪˈneɪʃ(ə)n] *n* нерасположение, несклонность, нежелание; ~ to meet smb. нежелание видеть кого-л.; to have a ~ for smth. не испытывать расположения к чему-л.; to show a ~ to /for/ smb. неприязненно относиться к кому-л., быть нерасположенным к кому-л.

disincline [͵dɪsɪnˈklaɪn] *v* 1. лишать желания, отбивать охоту; внушать отвращение; he felt ~d for /to/ sleep, he was ~d to go to bed ему совсем не хотелось спать 2. быть не склонным (*к чему-л.*)

disincorporate [͵dɪsɪnˈkɔːpəreɪt] *v* распускать, закрывать (*общество, корпорацию*)

disincrustant [͵dɪsɪnˈkrʌstənt] *n* *спец.* антинакипин

disinfect [͵dɪsɪnˈfekt] *v* дезинфицировать

disinfectant I [͵dɪsɪnˈfektənt] *n* дезинфицирующее средство

disinfectant II [͵dɪsɪnˈfektənt] *a* дезинфицирующий; ~ bath /pan/ *с.-х.* дезковрик (*в животноводческих помещениях*)

disinfection [͵dɪsɪnˈfekʃ(ə)n] *n* обеззараживание, дезинфекция

disinfector [͵dɪsɪnˈfektə] *n* 1. *см.* disinfect + -or 2. дезинфекционный аппарат

disinfest [͵dɪsɪnˈfest] *v* *спец.* дезинсектировать, дератизировать; уничтожать грызунов, вредных насекомых *и т. п.*; to ~ a cellar of rats дератизировать погреб, уничтожать /травить/ в погребе крыс

disinfestation [͵dɪsɪnfesˈteɪʃ(ə)n] *n* *спец.* дезинсекция; дератизация; борьба с грызунами, вредными насекомыми *и т. п.*

disinflation [͵dɪsɪnˈfleɪʃ(ə)n] *n* *эк.* дефляция

disinflationary [͵dɪsɪnˈfleɪʃ(ə)nərɪ] *a* *эк.* дефляционный

disinform [͵dɪsɪnˈfɔːm] *v* дезинформировать; сообщать искажённую или ложную информацию

disinformation [͵dɪsɪnfəˈmeɪʃ(ə)n] *n* дезинформация

disingenuity [͵dɪsɪndʒɪˈnjuː(ː)ɪtɪ] *n* *книжн.* неискренность; изворотливость

disingenuous [͵dɪsɪnˈdʒenjʊəs] *a* *книжн.* неискренний; изворотливый; ~ excuses неискренние отговорки

disingenuously [͵dɪsɪnˈdʒenjʊəslɪ] *adv* неискренне; изворотливо

disingenuousness [͵dɪsɪnˈdʒenjʊəsnɪs] = disingenuity

disinherit [͵dɪsɪnˈherɪt] *v* лишать наследства

disinheritance [͵dɪsɪnˈherɪt(ə)ns] *n* лишение наследства

disinhibition [͵dɪsɪnhɪˈbɪʃ(ə)n] *n* *физиол.* растормаживание

disinsection [͵dɪsɪnˈsekʃ(ə)n] *n* *спец.* дезинсекция

disinsectization [͵dɪsɪnˏsektəˈzeɪʃ(ə)n] = disinsection

disintegrant I [dɪsˈɪntɪɡrənt] *n* *спец.* агент, вызывающий дезинтеграцию

disintegrant II [dɪsˈɪntɪɡrənt] *a* *спец.* дезинтегрирующий

disintegrate [dɪsˈɪntɪɡreɪt] *v* 1. 1) дезинтегрировать; раздроблять; измельчать 2) разлагаться, распадаться на составные части; раздробля́ться; измельча́ться 3) *геол.* разруша́ться, выве́триваться; rock ~d by frost and rain скала́, разру́шенная моро́зом и дождём 2. (from) отделя́ть, отбива́ть 3. *хим., физ.* расщепля́ть

disintegration [dɪsˌɪntɪˈgreɪʃ(ə)n] *n* 1. 1) дезинтегра́ция; раздробле́ние; измельче́ние 2) разложе́ние на составны́е ча́сти 2. распа́дение, разруше́ние, распа́д; the ~ of the colonial system распа́д колониа́льной систе́мы 3. *геол.* разруше́ние, выве́тривание 4. *хим., физ.* расщепле́ние; nuclear ~ я́дерный распа́д, расщепле́ние ядра́; radioactive ~ радиоакти́вный распа́д; beta ~ бе́та-распа́д

disintegrator [dɪsˈɪntɪgreɪtə] *n* 1. то, что подрыва́ет *или* приво́дит к распа́ду; причи́на распа́да; modern industry has been a great ~ of family life совреме́нное произво́дство ослабля́ет /подрыва́ет/ семе́йные связи /усто́и/ 2. *тех.* дезинтегра́тор, дроби́лка; дефибрёр

disinter [ˌdɪsɪnˈtɜː] *v книжн.* 1) эксгуми́ровать, выка́пывать из моги́лы 2) отрыва́ть, отка́пывать

disinterest I [dɪsˈɪntrəst] *n* отсу́тствие интере́са; незаинтересо́ванность; равноду́шие; ~ in modern art отсу́тствие интере́са /безразли́чие/ к совреме́нному иску́сству

disinterest II [dɪsˈɪntrəst] *v* не интересова́ться; to ~ oneself in question не интересова́ться (э́тим) вопро́сом

disinterested [dɪsˈɪntrəstɪd] *a* 1. незаинтересо́ванный, бескоры́стный; ~ help бескоры́стная по́мощь 2. безуча́стный; безразли́чный, равноду́шный, не проявля́ющий интере́са; скуча́ющий; to be ~ in the theatre быть равноду́шным к теа́тру; ~ listeners скуча́ющие /равноду́шные/ слу́шатели

disinterestedly [dɪsˈɪntrɪstɪdlɪ] *adv* незаинтересо́ванно, бескоры́стно

disintermediate [ˌdɪsɪntəˈmiːdɪeɪt] *v амер.* изыма́ть де́ньги с ба́нковских счето́в для помеще́ния в це́нные бума́ги

disintermediation [ˌdɪsɪntəˌmiːdɪˈeɪʃ(ə)n] *n эк.* изъя́тие де́нег с ба́нковских счето́в для помеще́ния их в це́нные бума́ги

disinterment [ˌdɪsɪnˈtɜːmənt] *n книжн.* выка́пывание из моги́лы, эксгума́ция

disinvestment [ˌdɪsɪnˈvestmənt] *n эк.* сокраще́ние (чи́стых) капиталовложе́ний, «проеда́ние» капита́ла

disinvolve [ˈdɪsɪnˈvɒlv] *v книжн.* 1) развёртывать 2) распу́тывать

disject [dɪsˈdʒekt] *v редк.* 1) разбра́сывать; рассе́ивать 2) разбива́ть на куски́

disjecta membra [dɪsˈdʒektəˈmembrə] *лат.* разро́зненные ча́сти; несвя́занные цита́ты

disjoin [dɪsˈdʒɔɪn] *v* 1) разъединя́ть; расчленя́ть 2) разъединя́ться, расчленя́ться, распада́ться

disjoint I [dɪsˈdʒɔɪnt] *a мат.* 1) непересека́ющийся; ~ sets непересека́ющиеся мно́жества 2) дизъюнкти́вный

disjoint II [dɪsˈdʒɔɪnt] *v* 1. 1) разделя́ть, раздробля́ть 2) разреза́ть, разде́лывать (*птицу и т. п.*) 3) разделя́ться, распада́ться 2. 1) разбира́ть (на составны́е ча́сти); разнима́ть, расчленя́ть, разъединя́ть 2) разбира́ть, разнима́ться 3. вывёртывать; выви́хивать; смеща́ть

disjointed [dɪsˈdʒɔɪntɪd] *a* 1. расчленённый, разъединённый 2. несвя́зный, бессвя́зный; ~ phrases бессвя́зные фра́зы 3. вы́вернутый; вы́вихнутый; смещённый

disjointedly [dɪsˈdʒɔɪntɪdlɪ] *adv* без ви́димой свя́зи; бессвя́зно; to think ~ мы́слить нелоги́чно

disjointedness [dɪsˈdʒɔɪntɪdnɪs] *n* несвя́зность, бессвя́зность

disjunct [dɪsˈdʒʌŋ(k)t] *a* разъединённый, расчленённый; отде́льный

disjunction [dɪsˈdʒʌŋ(k)ʃ(ə)n] *n* 1. разъедине́ние; расчлене́ние; отделе́ние 2. *лог.* 1) дизъю́нкция; inclusive [exclusive] ~ неразделйтельная /включа́ющая/ [раздели́тельная /исключа́ющая/] дизъю́нкция 2) дизъюнкти́вное сужде́ние 3. *тех.* разобще́ние, размыка́ние (*электри́ческой це́пи и т. п.*)

disjunctive I [dɪsˈdʒʌŋ(k)tɪv] *n* 1. *грам.* раздели́тельный союз 2. *лог.* дизъюнкти́вное сужде́ние 3. *книжн.* альтернати́ва

disjunctive II [dɪsˈdʒʌŋ(k)tɪv] *a* 1. разделя́ющий, разъединя́ющий 2. *лог.* дизъюнкти́вный; раздели́тельный; ~ proposition [syllogism] дизъюнкти́вное сужде́ние [-ый силлоги́зм] 3. *книжн.* альтернати́вный 4. *грам.* раздели́тельный; ~ conjunction раздели́тельный сою́з; ~ question раздели́тельный вопро́с

disjuncture [dɪsˈdʒʌŋktʃə] = disjunction 1

disk I [dɪsk] *амер.* = disc I

disk II [dɪsk] *v с.-х.* дискова́ть

disk brake [ˈdɪskbreɪk] *авт.* ди́сковый то́рмоз

disk coil [ˈdɪskˌkɔɪl] *радио* пло́ская кату́шка

diskette [dɪsˈket] *n вчт.* диске́т(а), ги́бкий диск, фло́ппи-ди́ск; blank ~ пуста́я /неразмече́нная/ диске́та

disk-feeder [ˈdɪskˌfiːdə] *тех.* таре́льчатый пита́тель

disk harrow [ˈdɪskˌhærəʊ] *с.-х.* ди́сковая борона́

disking [ˈdɪskɪŋ] *n с.-х.* дискова́ние (*по́чвы*)

disk-jockey [ˈdɪskˌdʒɒkɪ] *n амер.* диск-жоке́й, веду́щий дискоте́ки

disk pack [ˈdɪskpæk] *вчт.* паке́т (магни́тных) ди́сков, компле́кт (магни́тных) ди́сков

disk plough [ˈdɪskˌplaʊ] *с.-х.* ди́сковый плуг

disk plough-harrow [ˈdɪskˌplaʊˈhærəʊ] *с.-х.* ди́сковый луща́льник

disk saw [ˈdɪskˌsɔː] *тех.* кру́глая, циркуля́рная ди́сковая пила́

disk-shaped [ˈdɪskʃeɪpt] *a* дискообра́зный, име́ющий фо́рму ди́ска

disk tiller [ˈdɪskˌtɪlə] = disk plough-harrow

disk valve [ˈdɪskvælv] *тех.* таре́льчатый кла́пан

disk wheel [ˈdɪskwiːl] *тех.* цельное колесо́

dislikable [dɪsˈlaɪkəbl] *a* неприя́тный, вызыва́ющий неприя́знь; ~ qualities неприя́тные ка́чества

dislike I [dɪsˈlaɪk] *n* нерасположе́ние; неприя́знь, антипа́тия; likes and ~s симпа́тии и антипа́тии; to show a strong ~ for /of, to/ smb. не терпе́ть кого́-л.; to take a ~ to smb. невзлюби́ть кого́-л.; to conceive a ~ for smth. почу́вствовать отвраще́ние к чему́-л.; I have a particular ~ for him он внуша́ет мне кра́йнюю неприя́знь

dislike II [dɪsˈlaɪk] *v* испы́тывать неприя́знь, не люби́ть; to ~ going away from home не люби́ть уезжа́ть и́з дому; I ~ the man э́тот челове́к мне не нра́вится; the two ~ each other by instinct и тот и друго́й инстинкти́вно недолю́бливают друг дру́га

dislocate I [ˈdɪsləkeɪt] *n спорт. проф.* вы́крут

dislocate II [ˈdɪsləkeɪt] *v* 1. *мед.* вы́вихнуть; to ~ one's shoulder вы́вихнуть плечо́ 2. наруша́ть, расстра́ивать; вноси́ть беспоря́док; to ~ traffic нару́шить движе́ние; to ~ affairs расстро́ить дела́ 3. *редк.* сдвига́ть, смеща́ть 4. дислоци́ровать

dislocation [ˌdɪsləˈkeɪʃ(ə)n] *n* 1. *мед.* вы́вих; смеще́ние (*обло́мков ко́сти*); ~ of the hip вы́вих бедра́ 2. *геол.* смеще́ние, наруше́ние 3. наруше́ние; беспоря́док; пу́таница, неуря́дица; непола́дки; the ~ of trade caused by the blocking of the canal наруше́ния в торго́вле, вы́званные блока́дой кана́ла 4. *воен. редк.* дислока́ция 5. *физ.* дислока́ция (*в криста́лле*)

dislocation earthquake [ˌdɪsləˈkeɪʃ(ə)nˈɜːθkweɪk] *геол.* тектони́ческое землетрясе́ние

dislodge [dɪsˈlɒdʒ] *v* 1. 1) заста́вить (*кого́-л.*) уйти́; to ~ smb. from a hiding-place заста́вить кого́-л. поки́нуть убе́жище; to ~ an animal from its lair подня́ть зве́ря 2) вытесня́ть, смеща́ть; to ~ a chairman смести́ть председа́теля, заста́вить председа́теля поки́нуть свой пост 3) сдвига́ть, смеща́ть; to ~ a lid сдви́нуть кры́шку 4) приводи́ть в движе́ние, к паде́нию; in climbing the cliff he ~d a stone взбира́ясь на утёс, он столкну́л ка́мень 5) перемеща́ться; снима́ться с ме́ста 2. *воен.* выбива́ть (*с пози́ций*); to ~ the enemy from a hill вы́бить проти́вника с высоты́ 3. *спорт.* сбива́ть; to ~ the bar сбить пла́нку 4. *физ.* выбива́ть (*части́цу*)

dislodged [dɪsˈlɒdʒd] *a* смещённый; перемещённый

dislodg(e)ment [dɪsˈlɒdʒmənt] *n* смеще́ние; перемеще́ние

disloyal [dɪsˈlɔɪəl] *a* 1) нелоя́льный; I couldn't be ~ to him я не мог отказа́ть ему́ в подде́ржке 2) неве́рный, вероло́мный, преда́тельский; ~ friend неве́рный друг

disloyalty [dɪsˈlɔɪəltɪ] *n* (to) 1) нелоя́льность 2) неве́рность, вероло́мство, преда́тельство 3) акт преда́тельства, вероло́мства

dismal I [ˈdɪzm(ə)l] *n* (the ~s) *обыкн. pl разг.* мра́чное настрое́ние, уны́ние

dismal II [ˈdɪzm(ə)l] *a* 1. 1) гнету́щий, дави́щий; злове́щий; ~ weather гнету́щая /тяжёлая/ пого́да; ~ sound зауны́вный звук; ~ prophecy злове́щее предсказа́ние; ~ facts удруча́ющие фа́кты 2) мра́чный, тёмный, уны́лый; ~ rooms мра́чные ко́мнаты 2. печа́льный, уны́лый; угрю́мый, пода́вленный; ~ face угрю́мое лицо́; ~ mood пода́вленное /угнетённое/ настрое́ние; in a ~ voice упа́вшим го́лосом 3. *редк.* катастрофи́ческий, бе́дственный

dismally [ˈdɪzməlɪ] *adv* 1. угнета́юще, злове́ще; мра́чно 2. печа́льно, уны́ло; угрю́мо

dismantle [dɪsˈmæntl] *v* 1. 1) снима́ть, убира́ть *и т. п.*; to ~ a room вы́нести из ко́мнаты ме́бель; to ~ a house of its roof снять с до́ма кры́шу; to ~ military bases ликвиди́ровать вое́нные ба́зы; to ~ a chin of its beard *шутл.* сбрить бо́роду 2) разбира́ть (*маши́ну*); демонти́ровать (*узлы́ или обору́дование*) 3) разбира́ть (*декора́цию*) 4) расса́щивать (*су́дно*) 2. разоружа́ть (*кре́пость*) 3. разруша́ть, сноси́ть, срыва́ть (*сте́ну, го́род*)

dismantlement [dɪsˈmæntlmənt] *n* 1. 1) демонта́ж (*обору́дования*); разбо́рка 2) расса́щивание (*су́дна*) 2. разоруже́ние (*кре́пости*)

dismantling [dɪsˈmæntlɪŋ] *n воен.* демонта́ж (*вооруже́ний*)

dismast [dɪsˈmɑːst] *v* снима́ть ма́чты; сноси́ть ма́чты

dismay I [dɪsˈmeɪ] *n* смяте́ние, трево́га; испу́г; in (blank) ~ в смяте́нии; filled /seized/ with ~ охваченный тревогой; to strike smb. with ~ ошеломить кого-л., привести кого-л. в смятение /в крайнее замешательство/; to his ~ she came in company он растерялся, когда увидел, что она пришла не одна

dismay II [dɪsˈmeɪ] v приводить в смятение; встревожить, пугать, вселять страх; he was ~ed at the news, the news ~ed him эта новость привела его в (полное) смятение

dismember [dɪsˈmembə] v 1. расчленять; разрывать на части, разнимать 2. *редк.* исключать, лишать членства

dismembered [dɪsˈmembəd] a *геральд.* (изображённый) без конечностей, без головы *или* с отрезанными конечностями

dismemberment [dɪsˈmembəmənt] n 1. расчленение; разделение на части 2. *редк.* исключение, лишение членства

dismiss [dɪsˈmɪs] v 1. опускать; распускать; to ~ the assembly распустить собравшихся; to ~ one's guests (вежливо) выпроводить /не задерживать/ гостей 2) *воен.* распускать (*строй*); ~ed! разойдись! (*команда*) 3) расходиться (*тж. воен.*) 2. 1) увольнять, освобождать от работы; to ~ a servant [an official] уволить слугу [чиновника] 2) *воен.* увольнять (*со службы*); to be ~ed from the army /from service/ быть уволенным /демобилизованным/ из армии 3) *воен.* отпускать (*в увольнение*) 3. отвергать, отбрасывать; to ~ doubts [hesitations] отбросить сомнения [колебания]; to ~ the idea оставить мысль, отказаться от мысли; to ~ a possibility не допускать возможности; to ~ a matter from one's thoughts перестать думать о чём-л.; to ~ the information as incorrect отмахнуться от этой информации как неверной; to ~ smb.'s comment about medical care отвести чьи-л. высказывания о здравоохранении (как необоснованные) 4. заканчивать (*обсуждение*); подводить итог, подытоживать; to ~ the subject /the issue/ прекратить обсуждение вопроса 5. посылать (*мяч — крикет*) 6. *юр.* 1) освобождать (*из заключения*); to ~ the accused освободить заключённого 2) прекращать (*дело*); to ~ a charge снять обвинение, прекратить дело за отсутствием состава преступления 3) отклонять (*иск*); to ~ a case отказывать в иске, отклонять иск

dismissal [dɪsˈmɪs(ə)l] n 1. роспуск; ~ of a jury роспуск присяжных 2) предложение *или* разрешение уйти; he took it for a ~ он понял, что ему было предложено уйти; it was a ~ он дал понять, что хочет остаться один; his tone held a ~ своим тоном он дал понять, что беседа закончена /разговор окончен/; he waved a casual ~ to the manservant небрежным жестом он отпустил слугу 2. 1) увольнение, освобождение от работы; upon pain of immediate ~ под угрозой /под страхом/ немедленного увольнения; a wave of ~s волна увольнений 2) *воен.* увольнение из армии 3. отказ от мысли *и т. п.*; the hypothesis is worthy of ~ эту гипотезу следует отбросить

dismission [dɪsˈmɪʃ(ə)n] n *редк.* 1. = dismissal 2. освобождение (*из заключения*)

dismissive [dɪsˈmɪsɪv] a *книжн.* дающий освобождение, освобождающий

dismount I [ˈdɪsˈmaʊnt] n 1. спуск (*действие*) 2. *спорт.* 1) отход от снаря-

да 2) соскок выкрутом назад (*с колец*)

dismount II [ˈdɪsˈmaʊnt] v 1. сходить, слезать; спешиваться; to ~ a bicycle слезть с велосипеда; to ~ (from) a horse спешиться; to ~ from a train сойти с поезда 2. выбивать из седла; сбрасывать; the horse ~ed him лошадь сбросила его 3. сдвигать, убирать, снимать; to ~ a statue from the pedestal снять статую с пьедестала; to ~ a gun from the carriage снять орудие с лафета 4. 1) разбирать, разнимать 2) снимать, демонтировать 5. *спорт.* отходить от снаряда

dismountable [ˈdɪsˈmaʊntəbl] a *тех.* разъёмный, разборный; съёмный

dismounted [ˈdɪsˈmaʊntɪd] a 1) спешившийся 2) пеший; ~ action [messenger] *воен.* пеший бой [связной]

Disneyland [ˈdɪznɪlænd] n Диснейленд, «Страна Диснея» (*парк с аттракционами в Калифорнии, основанный У. Диснеем*)

disobedience [ˌdɪsəˈbiːdjəns] n неповиновение, непослушание

disobedient [ˌdɪsəˈbiːdjənt] a 1. непослушный, непокорный; stubbornly ~ horse норовистая лошадь 2. упрямый, не поддающийся воздействию

disobediently [ˌdɪsəˈbiːdjəntlɪ] adv непослушно; непокорно; to behave ~ не слушаться

disobey [ˌdɪsəˈbeɪ] v 1) не повиноваться, не подчиняться; не слушаться; to ~ one's parents не слушаться родителей; to ~ the order не подчиниться приказу; ослушаться приказа; he won't be ~ed он не терпит неповиновения; he respected his father too much to ~ он слишком уважал своего отца, чтобы не подчиниться 2) нарушать (*закон и т. п.*)

disoblige [ˌdɪsəˈblaɪdʒ] v *книжн.* 1. поступать нелюбезно, неучтиво; не считаться (*с кем-л.*); досаждать, обижать 2. причинять неудобства, беспокоить

disobliging [ˌdɪsəˈblaɪdʒɪŋ] a нелюбезный, неучтивый; не желающий считаться с другими

disomatous [daɪˈsəʊmətəs] a *биол.* двухтелый

disomic [daɪˈsəʊmɪk] a *биол.* дисомный

disorder I [dɪsˈɔːdə] n 1. 1) беспорядок; путаница; неупорядоченность; the papers are in ~ бумаги в беспорядке; to throw troops into ~ смять войска; the ranks fell into ~ ряды /шеренги/ смешались; the enemy fled in ~ противник обратился в беспорядочное бегство 2) (*массовые*) волнения; беспорядки; serious ~ has broken out начались серьёзные беспорядки 2. *спец.* разупорядочение 3. расстройство, болезнь; mental ~, ~ of the mind расстройство психической деятельности; functional [nervous] ~ функциональное [нервное] расстройство

disorder II [dɪsˈɔːdə] v 1. приводить в беспорядок; вносить беспорядок; to ~ documents перепутать документы; to ~ one's hair взъерошить волосы; to ~ smb.'s arrangements спутать чьи-л. планы 2. расстраивать; to ~ the health расстраивать здоровье; to ~ the mind помрачить рассудок

disordered [dɪsˈɔːdəd] a 1. приведённый в беспорядок, спутанный; ~ hair всклоченные волосы 2. расстроенный, нарушенный; ~ imagination расстроенное воображение; ~ mind помрачившийся рассудок 3. *спец.* разупорядоченный неупорядоченный

disorderliness [dɪsˈɔːdəlɪnɪs] n беспорядок; неорганизованность, путаница

disorderly I [dɪsˈɔːdəlɪ] a 1. беспорядочный, неорганизованный; спутанный; ~ rabble беспорядочная толпа; ~ life неустроенная жизнь; papers in a ~ state бумаги в (полном) беспорядке 2. бесчинствующий, буйствующий; to charge smb. with being drunk and ~ обвинить кого-л. в нарушении порядка в нетрезвом виде 3. *юр.* нарушающий закон; недозволенный, противозаконный; ~ conduct мелкое хулиганство; нарушение общественного порядка /тишины и спокойствия/; ~ person лицо, виновное в нарушении общественного порядка; ~ house a) дом терпимости; б) игорный дом

disorderly II [dɪsˈɔːdəlɪ] adv 1. беспорядочно; неорганизованно; в беспорядке 2. буйно, шумно

disorganization [dɪsˌɔːgən(a)ɪˈzeɪʃ(ə)n] n дезорганизация; расстройство, беспорядок

disorganize [dɪsˈɔːgənaɪz] v дезорганизовать; вносить беспорядок, приводить в беспорядок, расстраивать; the train service was ~d by fog поезда перестали ходить из-за тумана

disorganizer [dɪsˈɔːgənaɪzə] n дезорганизатор; нарушитель порядка

disorientate [dɪsˈɔːrɪenteɪt] v дезориентировать, сбивать с толку

disorientation [dɪsˌɔːrɪenˈteɪʃ(ə)n] n дезориентация; дезориентированность

disown [dɪsˈəʊn] v не признавать, отказываться; отрицать; to ~ one's opinion отступиться от своего (первоначального) мнения; to ~ one's son не признавать сына, отрекаться от сына; to ~ one's signature снять свою подпись

disparage [dɪsˈpærɪdʒ] v 1. 1) относиться с пренебрежением; недооценивать, умалять 2) порочить, поносить 2. унижать, принижать; бросать сомнение

disparagement [dɪsˈpærɪdʒmənt] n 1) пренебрежение; недооценка; умаление; in terms of ~ пренебрежительно; this is not written in ~ of his work мы не имеем в виду умалить этим достоинства его работы; his caustic ~ of the younger generation его язвительные и пренебрежительные высказывания о молодом поколении 2) поношение; хула 2. унижение достоинства, принижение

disparaging [dɪsˈpærɪdʒɪŋ] a уничижительный, умаляющий достоинство; the article was considered to be too ~ of the writer было сочтено, что статья содержит чересчур уничижительную оценку писателя

disparagingly [dɪsˈpærɪdʒɪŋlɪ] adv пренебрежительно, в невыгодном свете; to speak ~ of smb. говорить пренебрежительно о ком-л.

disparate I [ˈdɪspərət] n *обыкн. pl лог.* диспаратные понятия, несравнимые вещи

disparate II [ˈdɪspərət] a 1. *лог.* диспаратный, несравнимый, несоизмеримый 2. (в корне) отличный

disparity [dɪsˈpærɪtɪ] n 1. несоответствие, неравенство, несоразмерность; ~ in position неравенство в положении; ~ in /of, between/ years разница в возрасте 2) *воен.* неравенство (сил), отсутствие паритета (вооружений) 2. различие

dispark [dɪsˈpɑːk] v 1) передать частный парк в общественное пользование 2) использовать территорию парка для других целей

dispart [dɪsˈpɑːt] v 1) делить, разделять 2) разделяться, распадаться

dispassion [dɪsˈpæʃ(ə)n] n *книжн.* бесстрастие

dispassionate [dɪsˈpæʃ(ə)nɪt] a 1. бесстрастный, хладнокровный, спокойный 2. беспристрастный, непредубеждённый; ~ view беспристрастный взгляд (на вещи); ~ stance беспристрастная позиция

dispassionately [dɪsˈpæʃ(ə)nɪtlɪ] *adv* 1. бесстрастно, хладнокровно 2. беспристрастно

dispatch I [dɪsˈpætʃ] *n* 1. отправка, отсылка; ~ of a letter [of a messenger] отправка письма [курьера] 2. быстрота, скорость; with all possible /with the greatest possible, with the utmost/ ~ как можно скорее; не откладывая ни на минуту; to do smth. with ~ делать что-л. быстро 3. официальное сообщение, донесение, депеша; diplomatic ~es дипломатическая корреспонденция; to deliver a ~ доставить депешу 4. решение, урегулирование (*вопроса*); quick ~ быстрое решение; prompt ~ of affairs урегулирование дел без волокиты; ~ of current business ведение текущих дел, решение текущих вопросов 5. 1) курьер; to send smth. by ~ послать что-л. с курьером 2) агентство по доставке товаров 6. предание смерти, казнь; убийство; happy ~ а) *шутл.* харакири; б) мгновенная смерть при казни

dispatch II [dɪsˈpætʃ] *v* 1. отправлять, посылать; to ~ troops отправлять войска; to ~ a letter посылать письмо; to ~ smb. on an errand послать кого-л. с поручением; researchers were confidently ~ed без лишнего шума были организованы поиски 2. *разг.* быстро справляться; разделываться, кончать; to ~ one's business быстро утрясти дело; to ~ one's meal расправиться с едой 3. разделываться, расправляться (*с кем-л.*); предавать смерти, казнить; to ~ a wounded animal прикончить раненого зверя; to ~ the prisoners «пустить в расход» заключенных

dispatch-bearer [dɪsˈpætʃˌbɛərə] *n* дипломатический курьер

dispatch-boat [dɪsˈpætʃbəʊt] *n* посыльное судно

dispatch-box [dɪsˈpætʃbɒks] *n* вализа (дипкурьера) для официальных бумаг

dispatch-case [dɪsˈpætʃkeɪs] *n воен.* полевая сумка

dispatcher [dɪsˈpætʃə] *n* 1. *см.* dispatch II + -er 2. отправитель 3. 1) диспетчер 2) экспедитор

dispatching [dɪsˈpætʃɪŋ] *n спец.* диспетчеризация

dispatch-rider [dɪsˈpætʃˌraɪdə] *n воен.* мотоциклист связи

dispatch service [dɪsˈpætʃˌsɜːvɪs] экспедиция; служба рассылки

dispatch-station [dɪsˈpætʃˌsteɪʃ(ə)n] *n* станция отправления

dispauper [dɪsˈpɔːpə] *v книжн.* лишать (*бедняка*) права пользоваться общественной благотворительностью

dispauperize [dɪsˈpɔːpəraɪz] *v книжн.* выводить из нищеты

dispel [dɪsˈpel] *v* 1) разгонять, рассеивать; to ~ the darkness [smb.'s doubts] рассеять темноту [чьи-л. сомнения]; to ~ clouds развеять тучи; to ~ the gloom разрядить мрачную атмосферу, развеять мрачное настроение 2) рассеиваться, развеиваться; исчезать

dispendious [dɪsˈpendɪəs] *n книжн.* дорогостоящий, дорогой

dispensable [dɪsˈpensəbl] *a* 1. необязательный; такой, без которого можно обойтись; несущественный 2. допустимый, простительный (*по церковному праву*) 3. подлежащий выдаче, раздаче

dispensary [dɪsˈpensərɪ] *n несовр.* 1. аптека (*особ.* благотворительная), бесплатная аптека для бедняков (*тж.* charitable *или* public ~) 2. 1) (бесплатная) амбулатория; (бесплатный) диспансер 2) *воен.* амбулаторный пункт

dispensation [ˌdɪspenˈseɪʃ(ə)n] *n* 1. 1) распределение; раздача; ~ of pensions распределение пенсий; ~ of food раздача пищи 2) то, что выдают, дают 2. управление; осуществление (*руководства и т. п.*); ~ of justice отправление правосудия 3. (with) избавление 4. предусмотрительность; this is a happy ~ of nature природа великолепно об этом позаботилась 5. (from) 1) освобождение от обязательства, обета 2) разрешение на отступление от норм, правил *и т. п.* 3) *юр., рел.* разрешение, представляемое в исключительных случаях; marriage ~ разрешение брака между родственниками 6. *рел.* произволение, божий промыс(е)л 7. *рел.* закон, завет; the Mosaic ~s Моисеевы законы; Christian ~s заповеди христианства

dispense [dɪsˈpens] *v* 1. распределять; раздавать; to ~ bounties раздавать щедрые подарки; to ~ money одаривать деньгами 2. отправлять (*правосудие*) 3. 1) прописывать (*лекарство*) 2) приготовлять и отпускать (*лекарства*) 4. (from) освобождать (*от обязательств, обетов*); to ~ from duty освободить от выполнения обязанностей; to ~ smb. from fasting освобождать кого-л. от соблюдения постов; ~d from all fatigues *воен.* освобожденный от всех нарядов 5. (with) 1) обходиться (*без чего-л.*); to ~ with formalities [with smb.'s support] обходиться без формальностей [без чьей-л. поддержки]; these men could be ~d with без этих людей можно обойтись; to ~ with a rule пренебречь правилом 2) *редк.* освобождать (*от обязательств, обетов*); to ~ with an oath освобождать от (принятия) присяги; to ~ with the necessity of doing smth. освободить от необходимости сделать что-л.

dispenser [dɪsˈpensə] *n* 1. *см.* dispense + -er 2. фармацевт 3. 1) *тех.* раздаточное устройство; дозатор 2) торговый автомат

dispensing [dɪsˈpensɪŋ] *n* 1. раздача; ~ equipment *тех.* а) раздаточное оборудование; б) сливно-наливное устройство 2. освобождение (*от обязательств и т. п.*); ~ power право освобождать от обязательств, возложенных законом 3. *воен.* разведение, разделение (*боеголовок*); ~ mechanism блок разведения (боеголовок)

dispeople [dɪsˈpiːpl] = depopulate 1)

dispermous [daɪˈspɜːməs] *a бот.* двусемянный

dispersal [dɪsˈpɜːs(ə)l] = dispersion

dispersal area [dɪsˈpɜːs(ə)lˌɛ(ə)rɪə] *воен.* зона рассредоточения

dispersal field [dɪsˈpɜːs(ə)lˌfiːld] *воен.* запасной аэродром

dispersal point [dɪsˈpɜːs(ə)lˌpɔɪnt] *воен.* пункт рассредоточения

dispersant [dɪsˈpɜːs(ə)nt] *n хим.* диспергатор, диспергирующий агент

disperse I [dɪsˈpɜːs] *a мат., вчт.* разреженный; ~ array разреженный массив; dispersion матрица

disperse II [dɪsˈpɜːs] *v* 1. 1) рассеивать, развеивать, разгонять; to ~ a crowd разогнать толпу; to ~ clouds развеять тучи; to ~ smb.'s doubts рассеять чьи-л. сомнения; brutally ~d by plainclothes police грубо разогнанные переодетыми полицейскими 2) рассеиваться, расходиться; the crowd ~d толпа разошлась 2. 1) разбрасывать; рассеивать, рассредоточивать (*тж. воен.*); the fugitives were ~d about the country беженцы были разбросаны по всей стране; to ~ sentinels (in various places) расставить часовых (в разных местах); the teacher ~d the kids учительница велела детям сесть на места 2) рассредоточивать; децентрализовать; to ~ power рассредоточивать власть 3. 1) распространять; to ~ news [books] распространять новости [книги] 2) *вчт.* распределять (*данные*) по блокам памяти 4. 1) уничтожать, сводить; рассасывать; to ~ a tumour вызвать рассасывание опухоли 2) исчезать; рассасываться 5. 1) *спец.* рассеивать 2) *опт.* диспергировать

dispersed [dɪsˈpɜːst] *a* 1) рассеянный; рассредоточенный; ~ disposition(s) *воен.* расчлененный боевой порядок 2) диспергированный (*о веществе*)

dispersedly [dɪsˈpɜːsɪdlɪ] *adv* отовсюду; повсюду; здесь и там

disperser [dɪsˈpɜːsə] = dispersant

dispersion [dɪsˈpɜːʃ(ə)n] *n* 1. 1) рассеивание; разбрасывание; рассредоточение (*тж. воен.*); *воен.* зона рассеивания 2) (the D.) *ист.* иудейская диаспора 2. распространение, распространенность 3. уничтожение, рассасывание (*опухоли*) 4. 1) *спец.* дисперсия; atmospheric ~ атмосферная дисперсия; normal [spatial] ~ нормальная [пространственная] дисперсия 2) *физ.* рассеивание (*лучистой энергии и т. п.*); energy ~ рассеивание энергии 5. *физ., хим.* дисперсность, степень дисперсности 6. *тех.* диспергирование, распыление 7. *стат.* дисперсия; разброс

dispersive [dɪsˈpɜːsɪv] *a* 1) диссипативный, рассеивающий (*энергию*) 2) дисперсионный, относящийся к дисперсии (*волн*)

dispiration [ˌdɪspaɪˈreɪʃ(ə)n] *n физ.* диспирация, перемещение по спирали или винтовой линии (*в твердых телах*)

dispirit [dɪˈspɪrɪt] *v книжн.* приводить в уныние, удручать

dispirited [dɪˈspɪrɪtɪd] *a* 1) удрученный, подавленный, унылый 2) вялый, безжизненный; ~ conformity безропотное подчинение

dispiritedly [dɪˈspɪrɪtɪdlɪ] *adv книжн.* удрученно, подавленно, уныло

dispiteous [dɪsˈpɪtɪəs] *a книжн.* безжалостный, неумолимый, жестокий

displace [dɪsˈpleɪs] *v* 1. перемещать, переставлять, перекладывать; класть на другое место; to ~ a chair переставить стул 2. вытеснять; weeds ~d all other plants сорняки вытеснили все другие растения; he ~d John in her affections он занял место Джона в её сердце 3. 1) снимать (с должности *и т. п.*); смещать; to ~ an official сместить чиновника 2) заменять; the territorials were ~d by regulars территориальная армия была заменена регулярной 4. иметь водоизмещение; a ship displacing 10,000 tons корабль водоизмещением в 10 000 тонн 5. *хим.* замещать

displaceable [dɪsˈpleɪsəbl] *a тех.* переносной

displaced [dɪsˈpleɪst] *a* перемещенный; ~ person перемещенное лицо

displacement [dɪsˈpleɪsmənt] *n* 1. 1) перемещение, перестановка, перекладывание 2) *мед., физ.* смещение (*частей кости при переломе, грунта при взрыве и т. п.*); disruptive [elastic] ~ разрушающее [упругое] смещение; horizontal [vertical, lateral] ~ горизонтальное [вертикальное, поперечное] смещение; ~ of earth смещение грунта 3) *воен.* передвижение, перемещение (*огневой позиции*) 2. замещение, замена; ~ of human labour by machinery замена ручного труда машинами (на

DIS — DIS

производстве) **3.** снятие (*с должности и т. п.*); смещение **4.** 1) вытеснение 2) *тех.* вытесненный объём 3) *тех.* литраж, рабочий объём цилиндра (*двигателя*) 4) *тех.* подача (*насоса или компрессора*) **5.** *мор.* водоизмещение; a ship of 5,000 tons ~, a ship with a ~ of 5,000 tons корабль водоизмещением в 5 000 тонн **6.** *геол.* сдвиг (*пластов*) **7.** *хим.* замещение **8.** *спец.* фильтрование, процеживание **9.** *психол.* 1) перенос (*привязанности, ненависти и т. п.*) с одного объекта на другой 2) вытеснение, замена (*одной*) моделью поведения (*другой*)

displacement reaction [dɪsˈpleɪsmənt-rɪˌækʃ(ə)n] *хим.* реакция замещения

displacency [dɪsˈpleɪsənsɪ] *n редк.* неудовлетворённость; недовольство

display I [dɪsˈpleɪ] *n* **1.** 1) показ, демонстрация; military ~ of troops военный парад; fashion ~ демонстрация мод; simultaneous ~ *шахм.* сеанс одновременной игры; ~ note надпись на выставочном стенде; ~ stand *тех.* демонстрационный /ремонтный/ стенд; ~ window витрина 2) выставка; ~ of pictures [goods] выставка картин [товаров] 3) экспонат; in the local museum many rooms were devoted to ~s about the war в местном музее многие залы были отведены под военные экспонаты **2.** проявление, демонстрация; ~ of loyalty [of power] демонстрация лояльности [силы]; to give a ~ of courage проявить мужество; to give a ~ of stupidity показать /обнаружить/ свою глупость; to make a ~ of wit щеголять своим остроумием; to make a ~ of generosity [of one's knowledge] кичиться своей щедростью [своими знаниями]; he is fond of ~ он любит порисоваться **4.** *полигр.* выделение особым шрифтом **5.** воспроизводящее устройство (*магнитофона и т. п.*) **6.** *спец.* дисплей (*устройство для визуального отображения информации*); экран дисплея; монитор; black-and-white [colour] ~ дисплей с чёрно-белым [цветным] изображением; computer ~ дисплей ЭВМ; ~ capacity ёмкость дисплея; ~ field поле экрана дисплея; окно **7.** индикация, отображение (*информации*)

display II [dɪsˈpleɪ] *v* **1.** показывать, демонстрировать; to ~ the national flag вывесить национальный флаг; to ~ goods in a shop-window выставить товары в витрине магазина; she pulled up her sleeve to ~ a scratch она завернула /отогнула/ рукав, чтобы показать царапину **2.** 1) проявлять, демонстрировать; to ~ one's intelligence [bravery, reasonableness, character] проявить ум [смелость, благоразумие, свой характер] 2) выказывать, выдавать; обнаруживать; to ~ one's ignorance выдать своё невежество /незнание/; to ~ one's plans обнаружить свои намерения; he ~ed no sign of the emotion he was feeling он ни единым знаком не выдал своих чувств **3.** выставлять напоказ; кичиться, хвастать **4.** *полигр.* выделять, особым шрифтом **5.** *вчт.* воспроизводить на (видео)дисплее

displayed [dɪsˈpleɪd] *a преим. геральд.* с распростёртыми крыльями (*о хищной птице*)

display-letters [dɪsˈpleɪˌletəz] *n pl полигр.* накладные, объёмные буквы

display-type [dɪsˈpleɪtaɪp] *n полигр.* выделительный шрифт

displease [dɪsˈpliːz] *v* быть неприятным; не нравиться, быть не по вкусу; the painter's colouring ~s me краски (этого) художника раздражают меня; to be ~d to have to do smth. делать что-л. неохотно /без удовольствия/; to be ~d with /at/ smth. быть недовольным /неудовлетворённым/ чем-л.; I'm ~d with myself я недоволен собой

displeasing [dɪsˈpliːzɪŋ] *a* неприятный; раздражающий; вызывающий неудовольствие, неприязнь

displeasure [dɪsˈpleʒə] *n* неудовольствие; неудовлетворённость; недовольство; to incur smb.'s ~ вызвать чьё-л. неудовольствие

disport [dɪsˈpɔːt] *v refl книжн.* забавляться, развлекаться; играть (в азартные игры); to ~ oneself at /with/ smth. развлекаться чем-л.

disposable I [dɪsˈpəʊzəbl] *n* 1) предмет одноразового использования (*банка, бутылка и т. п.*) 2) нечто ненужное, лишнее; бросовая вещь

disposable II [dɪsˈpəʊzəbl] *a* **1.** свободный, доступный; могущий быть использованным; ~ for service годный для использования; ~ income доход, остающийся после уплаты налогов; ~ load *тех.* а) полезная нагрузка (*без веса тары*); б) полная грузоподъёмность **2.** одноразового использования (*банка, бутылка и т. п.*); ~ dinnerware обеденная посуда одноразового использования; for many years fast-food restaurants have served meals on ~ plates в течение многих лет в кафе самообслуживания блюда подавались на тарелках одноразового использования

disposal [dɪsˈpəʊz(ə)l] *n* **1.** (of) передача, вручение; ~ of property [of offices] передача собственности [функций] **2.** (of) удаление (*чего-л.*); избавление (*от чего-л.*); ~ of the dead захоронение трупов; ~ of bombs *воен.* обезвреживание бомб; ~ of salvage *воен.* реализация трофейного имущества; waste ~ размещение /захоронение/ отходов **3.** 1) право распоряжаться; to have entire ~ of an estate полностью распоряжаться имением; at /in/ smb.'s ~ в чьём-л. распоряжении; at your ~ к вашим услугам; to place /to put/ smth. at smb.'s ~ предоставить что-л. в чьё-л. распоряжение; to leave smth. at smb.'s ~ оставить что-л. на чьё-л. усмотрение 2) управление, контроль; ~ of business affairs управление делами, ведение дел 3) использование; продажа; for ~ на продажу; the ~ of these goods at a loss продажа этих товаров с убытком **4.** расположение, размещение, расстановка; ~ of furniture расстановка мебели; ~ of the troops расположение войск **5.** устройство, урегулирование; ~ of a question урегулирование вопроса **6.** *воен.* продвижение; ~ of an officer дальнейшее продвижение офицера **7.** *рел.* промыс(е)л; the divine ~ божественный промыс(е)л, провидение

dispose [dɪsˈpəʊz] *v* **1.** располагать, размещать; расставлять; to ~ troops расположить войска; to ~ the body weight *спорт.* распределить вес тела; to ~ in line располагать в ряд 2) приводить в порядок, улаживать **2.** располагать, склонять; to ~ smb. to smth. /to do smth./ склонять кого-л. к чему-л. **3.** *редк.* делать распоряжения; приказывать **4.** (of) 1) удалять, убирать; избавляться; to ~ of rubbish убрать мусор 2) разделаться (съесть, выпить и т. п.); to ~ of food разделаться с едой 3) расправиться, разделаться; покончить; to ~ of one's opponent [of an enemy] разделаться с противником [распра-

виться с врагом]; to ~ of an argument опровергнуть аргумент 4) заканчивать, завершать; to ~ of a piece of business завершить /утрясти/ дело; to ~ of a question разрешить /уладить/ дело 5) использовать; to ~ of one's time использовать своё время 6) отдавать, передавать; дарить; продавать; to ~ of property распорядиться имуществом (*путём продажи, дарения, завещания*); to ~ of goods продать /сбыть/ товары **5.** *книжн., арх.* готовить; to ~ oneself to /for/ smth. быть готовым к чему-л. ◊ man proposes (but) God ~s *посл.* человек предполагает, а бог располагает

disposed [dɪsˈpəʊzd] *a* **1.** расположенный, размещённый, расставленный **2.** настроенный, склонный; I'm ~ for a walk я не прочь пройтись; I am ~ to believe it я склонен /готов/ этому (по-)верить; I'm not ~ to help him у меня нет желания помогать ему; sing if you feel so ~ пойте, если у вас есть настроение; he is ~ to pity у него доброе сердце, он всех жалеет **3.** расположенный; относящийся; he is well [ill] ~ towards /to/ me он питает ко мне расположение [неприязнь], он ко мне хорошо [плохо] относится

disposer [dɪsˈpəʊzə] *n* **1.** *см.* dispose + -er **2.** управляющий, управитель **3.** распорядитель

disposition [ˌdɪspəˈzɪʃ(ə)n] *n* **1.** 1) характер, нрав; gay ~ весёлый нрав; to be of a cruel ~ быть жестокого /крутого/ нрава; to have a domineering ~ иметь властный характер 2) настроение, расположение (духа) 3) склонность, тенденция; ~ to jealousy склонность к ревности, ревнивый характер; to show a ~ to do smth. обнаружить /проявить/ склонность к чему-л. или намерение сделать что-л. **2.** 1) расположение, размещение; расстановка; ~ of rooms расположение комнат; ~ of fortification расположение укреплений; ~ plan *тех.* план расположения (устройств) 2) *обыкн. pl воен.* расположение войск; боевой порядок (в обороне); распределение сил; ~ in depth эшелонирование в глубину; ~ of enemy forces расположение сил противника **3.** контроль; управление; право распоряжаться (чем-л.); at /in/ smb.'s ~ в чьём-л. распоряжении; he has the ~ of the land земля находится в его ведении; a ~ of Providence *рел.* божественный промыс(е)л, провидение **4.** (of) передача (кому-л.); ~ of surplus goods ликвидация товарных излишков; the ~ of garbage вывоз мусора **5.** *юр.* распоряжение, постановление; the ~s of the statute положения /установления/ закона **6.** *книжн.* план; приготовления; ~s for a journey приготовления к путешествию **7.** *мед.* 1) предрасположение; to have a natural ~ to catch cold быть предрасположенным к простудам 2) диатез

dispositive [dɪsˈpɒzɪtɪv] *a книжн.* располагающий, настраивающий (на что-л.)

dispossess [ˌdɪspəˈzes] *v* **1.** *юр.* лишать собственности, права владения; выселять; to ~ smb. of his land отобрать землю у кого-л. **2.** *уст.* изгонять (злых духов)

dispossession [ˌdɪspəˈzeʃ(ə)n] *n юр.* 1) незаконное владение (имуществом) 2) лишение права владения; выселение (арендатора и т. п.)

dispraise I [dɪsˈpreɪz] *n книжн.* 1) осуждение, неодобрение, порицание; to speak in ~ of smb. говорить о ком-л. неодобрительно 2) предмет осуждения

dispraise II [dɪs'preɪz] *v книжн.* осуждать, не одобрять, порицать

disproof [dɪs'pru:f] *n книжн.* опровержение

disproportion I [ˌdɪsprə'pɔ:ʃ(ə)n] *n* диспропорция, несоразмерность, непропорциональность; ~ in age разница в возрасте

disproportion II [ˌdɪsprə'pɔ:ʃ(ə)n] *v* делать непропорциональным, несоразмерным, нарушать пропорции

disproportional [ˌdɪsprə'pɔ:ʃənl] = disproportionate

disproportionate [ˌdɪsprə'pɔ:ʃ(ə)nɪt] *a* 1) несоразмерный (*с чем-л.*); непропорциональный (*чему-л.*); a ~ share непропорционально большая доля

disproportionately [ˌdɪsprə'pɔ:ʃ(ə)nɪtlɪ] *adv* несоразмерно, непропорционально

disprovable [dɪs'pru:vəbl] *a книжн.* опровержимый

disprove [dɪs'pru:v] *v* (disproved [-d], disproved, disproven) опровергать; доказывать ложность (*чего-л.*)

disproven [dɪs'pru:vn] *редк. p. p. от* disprove

disputable ['dɪspjʊtəbl] *a* спорный, неясный; недоказанный, сомнительный; ~ points спорные вопросы

disputant [dɪs'pju:t(ə)nt] *n книжн.* диспутант, участник диспута

disputation [ˌdɪspjʊ(:)'teɪʃ(ə)n] *n книжн.* 1) 1) спор 2) искусство спора 3) дебаты; to hold a ~ проводить диспут 2. *арх.* обсуждение, беседа

disputatious [ˌdɪspjʊ(:)'teɪʃəs] *a книжн.* любящий спорить; несговорчивый

disputative [dɪs'pju:tətɪv] *a книжн.* 1. *см.* disputatious 2. имеющий характер диспута

dispute I ['dɪspju:t] *n* 1. диспут, дискуссия, дебаты; heated ~ горячая /оживлённая/ дискуссия; bitter ~ острая /резкая/ полемика 2. спор; пререкания, ссора; border [international, legal] ~ пограничный [международный, правовой] спор; labour ~ трудовой конфликт /спор/; конфликт между рабочими и предпринимателями; ~ at law *юр.* тяжба; matter in ~ предмет спора; beyond /out of, past, without/ ~ вне всяких сомнений, бесспорно; to settle a ~ разрешить спор 3. спорный вопрос; the three hour sit-down resolved none of the substantive ~s between them трёхчасовая встреча не разрешила ни одного из существенных вопросов, по которым они расходятся

dispute II [dɪs'pju:t] *v* 1. 1) обсуждать, дискутировать; принимать участие в диспуте; to ~ a question обсуждать вопрос 2) спорить, пререкаться; to ~ about /on, upon/ smth. спорить о чём-л.; to ~ with /against/ smb. спорить с кем-л., прекословить кому-л.; to ~ with smb. about the education of children спорить с кем-л. о воспитании детей; some husbands and wives are always disputing в иных семьях мужья и жёны вечно пререкаются 2. ставить под сомнение, оспаривать; сомневаться (*в чём-л.*); to ~ a statement [a fact] ставить под сомнение заявление [факт]; to ~ an election [a right] оспаривать результаты выборов [право]; that he didn't ~ это он не оспаривал, против этого он не возражал; but it has happened — and there is no disputing its logic но это произошло, и нет сомнений в том, что это было не случайно 3. выступать против, сопротивляться с оружием в руках; to ~ the enemy's advance сдерживать наступление противника 4. бороться за, добиваться; to ~ a victory [a prize] добиваться победы [приза]; to ~ in arms every inch of ground отстаивать с оружием в руках каждую пядь земли

disputer [dɪs'pju:tə] *n* 1. *см.* dispute II + -er 2. 1) участник спора *или* диспута 2) спорщик

disqualification [dɪsˌkwɒlɪfɪ'keɪʃ(ə)n] *n* 1. лишение права (*на что-л.*); дисквалификация (*тж. спорт.*) 2. 1) негодность (*к чему-л.*); ~ for service, ~ to hold an office негодность к службе 2) *юр.* неправоспособность 3) недостаток, порок; препятствие; a degree is not a ~ for business образование /учёная степень, диплом/ не может служить препятствием для карьеры бизнесмена

disqualify [dɪs'kwɒlɪfaɪ] *v* 1. лишать права; дисквалифицировать (*тж. спорт.*); to ~ smb. for the Olympic games лишить кого-л. права участвовать в Олимпийских играх; to ~ smb. from driving ≅ отобрать у кого-л. водительские права; to ~ women from such careers as diplomacy лишать женщин возможности работать в таких областях, как дипломатия 2. 1) лишать возможности; делать негодным, неспособным; this alone would ~ him for the position уже одно это делает его неподходящим для данного поста 2) *юр.* лишать права, поражать в правах

disqualifying foul [dɪs'kwɒlɪfaɪɪŋ'faʊl] *спорт.* дисквалифицирующая ошибка

disquiet I [dɪs'kwaɪət] *n* беспокойство, волнение; тревога; дурные предчувствия

disquiet II [dɪs'kwaɪət] *a редк.* беспокойный, тревожный; полный дурных предчувствий

disquiet III, *редк.* **disquieten** [dɪs'kwaɪət, dɪskwaɪət(ə)n] *v* беспокоить, волновать, тревожить; лишать спокойствия; ~ed by rumours of war обеспокоенный слухами о войне

disquietude [dɪs'kwaɪɪtju:d] *n* обеспокоенность, беспокойство, тревога

disquisition [ˌdɪskwɪ'zɪ(ə)n] *n* 1. (on) *книжн.* 1) подробное обсуждение 2) исследование, изыскание 2. *юр.* тщательное расследование

disquisitional [ˌdɪskwɪ'zɪʃənl] *a книжн.* носящий характер исследования

disquisitive [dɪs'kwɪzɪtɪv] *a книжн.* исследовательский; ~ powers аналитические способности

disrank [dɪs'ræŋk] *v воен.* 1. разжаловать 2. расстроить (ряды)

disrate [dɪs'reɪt] *v амер. воен.* понижать в звании; дисквалифицировать

disrated [dɪs'reɪtɪd] *a амер. воен.* пониженный в звании

disregard I [ˌdɪsrɪ'gɑ:d] *n* 1. невнимание, равнодушие 2. неуважение, пренебрежение; ~ of a rule [of the law] нарушение правила [закона]; ~ for one's parents неуважение к родителям; in callous ~ of smb.'s needs грубо пренебрегая чьими-л. нуждами, проявляя полное пренебрежение к чьим-л. нуждам

disregard II [ˌdɪsrɪ'gɑ:d] *v* 1. не принимать во внимание; не обращать внимания, игнорировать; to ~ orders не выполнять приказы; to ~ the warning пренебречь предупреждением; to ~ entreaties быть глухим к мольбе; this has been systematically ~ed на это систематически не обращали внимания 2. не уважать, пренебрегать; to ~ one's friends пренебрегать друзьями

disremember [ˌdɪsrɪ'membə] *v диал.* забывать; быть не в состоянии вспомнить

disrepair [ˌdɪsrɪ'peə] *n* ветхость, обветшалость, плохое состояние; неисправность; to fall into ~ прийти в упадок, обветшать; the building was in bad ~ здание сильно обветшало

disreputable I [dɪs'repjʊtəbl] *n* человек с сомнительной репутацией

disreputable II [dɪs'repjʊtəbl] *a* 1. позорный, постыдный; позорящий, бесчестящий; ~ act позорный поступок; incidents ~ to his character as a teacher инциденты, дискредитирующие его как учителя 2. пользующийся дурной славой, имеющий сомнительную репутацию; ~ district район, пользующийся дурной славой 3. истрёпанный, поношенный; ~ old hat изношенная старая шляпа

disreputableness [dɪs'repjʊtəblnɪs] *n* дурная слава, сомнительная репутация

disreputably [dɪs'repjʊtəblɪ] *adv* позорно, бесчестно; to behave ~ вести себя очень некрасиво

disrepute [ˌdɪsrɪ'pju:t] *n* дурная слава, сомнительная репутация; to fall into ~ приобрести дурную славу; to bring smb., smth. into ~ навлечь на кого-л., что-л. дурную славу

disrespect I [ˌdɪsrɪs'pekt] *n* неуважение; пренебрежение; непочтительность; грубость; ~ to the flag оскорбление флага; to treat smb. with ~ относиться к кому-л. без должного уважения /неуважительно/

disrespect II [ˌdɪsrɪs'pekt] *v* относиться без уважения, пренебрежительно, непочтительно

disrespectable [ˌdɪsrɪs'pektəbl] *a* не заслуживающий уважения; нереспектабельный

disrespectful [ˌdɪsrɪs'pektf(ə)l] *a* непочтительный, невежливый; дерзкий; in a ~ manner непочтительно; ~ remark невежливое замечание; to be ~ to smb. непочтительно относиться к кому-л.; it's not ~ to dispute one's elders спорить со старшими — не значит проявлять к ним неуважение

disrespectfully [ˌdɪsrɪs'pektfʊlɪ] *adv* непочтительно, невежливо, дерзко; to speak ~ of /about/ smb. неуважительно отзываться о ком-л.

disrespectfulness [ˌdɪsrɪs'pektf(ə)lnɪs] *n* непочтительность, невежливость; дерзость

disrobe [dɪs'rəʊb] *v возвыш.* 1) раздевать, разоблачать; снимать одежды (*с кого-л.*) 2) раздеваться, разоблачаться; снимать (с себя) одежды

disroot [dɪs'ru:t] *v* 1) вырывать с корнем 2) искоренять

disrupt I [dɪs'rʌpt] *a поэт.* разорванный; разрушенный

disrupt II [dɪs'rʌpt] *v* 1. разрывать, разрушать; the ground was ~ed by an earthquake землетрясение раскололо землю /оставило на земле глубокие трещины/ 2. подрывать, разрушать; срывать; разрывать (узы *и т. п.*); to ~ a meeting сорвать собрание; to ~ a trade-union расколоть профсоюз

disrupter [dɪs'rʌptə] *см.* disrupt II + -er

disruption [dɪs'rʌpʃ(ə)n] *n* 1. 1) подрыв; срыв; the accident caused a ~ of the train service between London and Edinburgh авария вызвала нарушение железнодорожного сообщения между Лондоном и Эдинбургом; production has yet to recover from ~s caused by the war производству ещё предстоит оправиться от потрясений, вызванных войной 2) крушение; ~ of an empire крах империи 2. 1) отрыв, отпадение,

DIS — DIS

отделе́ние 2) раско́л 3) (the D.) *ист.* раско́л в шотла́ндской це́ркви (*1843 г.*) 3. разва́лины, руи́ны 4. *мед.* 1) разры́в 2) тре́щина 5. *геол.* распа́д, дезинтегра́ция (*пород*) 6. *эл.* пробо́й (*изоляции*)

disruptive [dɪsʹrʌptɪv] *a* 1. подрыва́ющий, разруши́тельный; he is a ~ influence in the class он по́льзуется дурны́м влия́нием в кла́ссе 2. подрывно́й 3. *спец.* бриза́нтный, дробя́щий; ~ explosives бриза́нтные взры́вчатые вещества́ 4. *эл.* пробивно́й

dissatisfaction [dɪsˌsætɪsʹfækʃ(ə)n] *n* неудовлетворённость, недово́льство; неудово́льствие; grave /serious/ ~ серьёзное недово́льство; to express one's ~ at /with, over/ smth. вы́разить своё недово́льство по по́воду чего́-л.

dissatisfactory [dɪsˌsætɪsʹfækt(ə)rɪ] *a* неудовлетвори́тельный; не вызыва́ющий удовлетворе́ния

dissatisfied [dɪsʹsætɪsfaɪd] *a* неудовлетворённый, недово́льный; выража́ющий недово́льство; ~ with /at doing smth./ недово́льный чем-л.

dissatisfy [dɪsʹsætɪsfaɪ] *v* не удовлетворя́ть; вызыва́ть недово́льство, неудово́льствие

dissaving [dɪsʹseɪvɪŋ] *n* превыше́ние расхо́дов над дохо́дами; *проеда́ние капита́ла*; уменьше́ние сбереже́ний

disseat [dɪsʹsiːt] *v книжн.* 1. сверга́ть (*правителя*) 2) отзыва́ть (*депута́та*) 3) снима́ть (*с должности*)

dissect [dɪʹsekt] *v* 1. 1) разреза́ть, рассека́ть 2) *спец.* препари́ровать, анатоми́ровать, вскрыва́ть; to ~ a body вскрыть труп 2. разбира́ть, анализи́ровать, рассма́тривать крити́чески; to ~ a theory анализи́ровать тео́рию 3. *геол.* расчленя́ть, рассека́ть; изрезывать (*рельеф*)

dissected [dɪʹsektɪd] *a* 1. 1) разре́занный; рассечённый 2) разрезно́й; состоя́щий из (скла́дывающихся) часте́й; ~ map составна́я /сбо́рная/ ка́рта 2. 1) изрезанный, иссечённый, изборождённый 2) *бот.* рассечённый; ~ leaf рассечённый лист 3. *геол.* расчленённый, изре́занный; ~ plain расчленённая равни́на

dissecting [dɪʹsektɪŋ] *a* разрезающий, рассекающий; ~ aneurism *мед.* рассла́ивающая аневри́зма (*ао́рты*)

dissecting-knife [dɪʹsektɪŋʹnaɪf] *n* (*pl* -knives [-ʹnaɪvz]) *мед.* анатоми́ческий ска́льпель

dissecting-room [dɪʹsektɪŋruː(ː)m] *n мед.* секцио́нная ко́мната

dissection [dɪʹsekʃ(ə)n] *n* 1. диссе́кция; рассече́ние 2) препари́рование, анатоми́рование, вскры́тие 2. разбо́р, ана́лиз, крити́ческое рассмотре́ние 3. разложе́ние; image — *тлв.* развёртка или разложе́ние изображе́ния (*на элеме́нты*); vertical ~ вертика́льная развёртка

dissective [dɪʹsektɪv] *a* разбира́ющий, анализи́рующий; разлага́ющий на составны́е ча́сти

dissector [dɪʹsektə] *n* 1. прозе́ктор 2. *мед.* секцио́нный инструме́нт 3. *тлв.* диссе́ктор

dissect out [dɪʹsektʹaʋt] *phr v мед.* выреза́ть, иссека́ть (*о́пухоль и т. п.*)

disseise [dɪsʹsiːz] *v юр.* незако́нно наруша́ть пра́ва владе́ния недви́жимым иму́ществом

disseisee [ˌdɪssiːʹziː] *n юр.* лицо́, незако́нно лишённое владе́ния недви́жимым иму́ществом

disseisin [dɪsʹsiːzɪn] *n юр.* незако́нное (*иногда́* наси́льственное) наруше́ние пра́ва владе́ния недви́жимым иму́ществом

disseisor [dɪsʹsiːzə] *n юр.* лицо́, незако́нно лиша́ющее (*кого́-л.*) недви́жимого иму́щества

disseize [dɪsʹsiːz] = disseise
disseizee [ˌdɪssiːʹziː] = disseisee
disseizin [dɪsʹsiːzɪn] = disseisin
disseizor [dɪsʹsiːzə] = disseisor

dissemble [dɪʹsembl] *v* 1. *книжн.* 1) скрыва́ть, маскирова́ть; to ~ one's feelings скрыва́ть свои́ чу́вства; to ~ one's knowledge of smth. утаи́ть, что зна́ешь о чём-л.; ~d thought за́дняя мысль 2) лицеме́рить 2. *арх.* игнори́ровать; закрыва́ть глаза́ (*на что-л.*); to ~ an insult не реаги́ровать на оскорбле́ние 3. *уст.* притворя́ться, прики́дываться, симули́ровать

dissembler [dɪʹsemblə] *n* 1. *см.* dissemble + -er 2. обма́нщик; лицеме́р

disseminate [dɪʹsemɪneɪt] *v* 1. 1) разбра́сывать, рассе́ивать; разноси́ть (*семена́ и т. п.*) 2) вкрапля́ть; copper ~d through rock вкрапле́ния ме́ди в поро́де 2. распространя́ть; to ~ ideas [knowledge] распространя́ть иде́и [зна́ния]; to ~ lies and slander се́ять /распространя́ть/ ложь и клевету́; not to ~ nuclear weapons не допуска́ть распростране́ния я́дерного ору́жия

dissemination [dɪˌsemɪʹneɪʃ(ə)n] *n* 1. 1) разбра́сывание, рассе́ивание 2) *бот.* рассе́ивание семя́н; распростране́ние семена́ми 2. 1) распростране́ние; ~ of knowledge распростране́ние зна́ний; ~ of (false) information распростране́ние (ло́жных) све́дений; ~ of nuclear weapons распростране́ние я́дерного ору́жия; переда́ча я́дерного ору́жия други́м стра́нам; selective ~ of information *инфо́рм.* избира́тельное распростране́ние информа́ции, ИРИ 2) рассы́лка (*прика́за*)

disseminator [dɪʹsemɪneɪtə] *n* распространи́тель (*информа́ции*)

dissension [dɪʹsenʃ(ə)n] *n* 1. 1) разногла́сие; несогла́сие 2) раздо́р, вражда́, тре́ния 2. *церк. уст.* раско́л

dissent I [dɪʹsent] *n* 1. 1) расхожде́ние во взгля́дах; разногла́сие; ~ from an opinion несогла́сие с каки́м-л. мне́нием; to express strong ~ категори́чески возража́ть 2) инакомы́слие; pressures against ~ давле́ние на инакомы́слящих 2. несогла́сие; отка́з дать согла́сие 3. *церк.* раско́л; секта́нтство

dissent II [dɪʹsent] *v* (from) 1. расходи́ться во мне́ниях, не соглаша́ться; возража́ть; to ~ from smb.'s opinion выража́ть несогла́сие /не соглаша́ться/ с чьим-л. мне́нием; разойти́сь с кем-л. во взгля́дах по какому́-л. вопро́су 2. *церк.* отступа́ть от взгля́дов ортодокса́льной це́ркви, быть раско́льником

dissenter [dɪʹsentə] *n* 1. *см.* dissent II + -er 2. 1) (*обыкн.* D.) *церк.* раско́льник; секта́нт; диссиде́нт 2) *pl* (Dissenters) диссе́нтеры (*протеста́нские се́кты, отдели́вшиеся от англика́нской це́ркви в XVI—XIX вв.*)

dissentient I [dɪʹsenʃɪənt] *n* тот, кто приде́рживается друго́го мне́ния; инакомы́слящий; the motion was passed with two ~s предложе́ние бы́ло при́нято при двух голоса́х про́тив

dissentient II [dɪʹsenʃɪənt] *a* несогла́сный, приде́рживающийся друго́го мне́ния; инакомы́слящий; passed without a voice принятый единогла́сно

dissenting [dɪʹsentɪŋ] *a* 1. отколо́вшийся; неортодокса́льный; раско́льнический; ~ minister свяще́нник-диссиде́нт 2. диссиде́нтский, инакомы́слящий; counter-culture неофициа́льная, диссиде́нтская культу́ра

dissentious [dɪʹsenʃəs] *a ре́дк.* не находя́щий о́бщего языка́ с други́ми; вздо́рный, сварли́вый

dissepiment [dɪʹsepɪmənt] *n* 1) *биол.* перегоро́дка 2) *бот.* гнездо́

dissert, dissertate [dɪʹsɜːt, ʹdɪsəteɪt] *v книжн.* (*ча́сто* upon) 1) рассужда́ть 2) писа́ть тракта́т, диссерта́цию

dissertation [ˌdɪsəʹteɪʃ(ə)n] *n* 1) тракта́т; диссерта́ция; ~ on /upon/ mathematics диссерта́ция по матема́тике; ~ for the degree of Ph. D. диссерта́ция на соиска́ние учёной сте́пени до́ктора филосо́фии; to defend a ~ защити́ть диссерта́цию 2) рассужде́ние

dissertation fellowship [ˌdɪsəʹteɪʃ(ə)nʹfeləʋʃɪp] *амер.* стипе́ндия на вре́мя написа́ния диссерта́ции

disserve [ʹdɪsʹsɜːv] *v* ока́зывать плоху́ю услу́гу; причиня́ть неприя́тность, вред

disservice [ʹdɪsʹsɜːvɪs] *n* плоха́я услу́га; вред, уще́рб; to do (a) ~ to smb., to do smb. a ~ оказа́ть кому́-л. плоху́ю услу́гу

dissever [dɪsʹsevə] *v* 1. 1) отделя́ть, разъединя́ть; to ~ a phrase from its context вы́рвать фра́зу из конте́кста 2) отделя́ться, разъединя́ться 2. дели́ть на ча́сти

dissidence [ʹdɪsɪd(ə)ns] *n книжн.* несогла́сие; разногла́сие; расхожде́ние, разномы́слие

dissident I [ʹdɪsɪd(ə)nt] *n* 1. дисsidéнт, инакомы́слящий; to denounce ~s заклейми́ть дисsidéнтов 2. *церк.* диссиде́нт, секта́нт

dissident II [ʹdɪsɪd(ə)nt] *a* 1. несогла́сный; расходя́щийся с други́ми во мне́ниях, диссиде́нтский, инакомы́слящий 2. *церк.* секта́нтский

dissilient [dɪʹsɪlɪənt] *a бот.* ло́пающийся (*о плоде́*)

dissimilar [dɪʹsɪmɪlə] *a* несхо́дный, непохо́жий, отли́чный, разли́чный; ~ tastes ра́зные вку́сы; a picture ~ to /from, with/ the others карти́на, соверше́нно непохо́жая на други́е

dissimilarity [dɪˌsɪmɪʹlærɪtɪ] *n* (to, between) несхо́дство, отли́чие, разли́чие

dissimilarly [dɪʹsɪmɪləlɪ] *adv* несхо́дно, непохо́же, отли́чно

dissimilars [dɪʹsɪmɪləz] *n pl* разли́чные, несхо́дные ве́щи

dissimilation [dɪˌsɪmɪʹleɪʃ(ə)n] *n* 1. расхожде́ние, утра́та схо́дства 2. *лингв.* диссимиля́ция 3. *физиол.* диссимиля́ция; катаболи́зм

dissimilitude [ˌdɪsɪʹmɪlɪtjuːd] *n* несхо́дство, непохо́жесть; разли́чие, отли́чие

dissimulate [dɪʹsɪmjʋleɪt] *v книжн.* 1) скрыва́ть, таи́ть; to ~ one's feelings скрыва́ть свои́ (по́длинные) чу́вства 2) лицеме́рить, притворя́ться

dissimulation [dɪˌsɪmjʋʹleɪʃ(ə)n] *n книжн.* сокры́тие, ута́йка

dissipate [ʹdɪsɪpeɪt] *v* 1. 1) рассе́ивать; разгоня́ть; to ~ clouds [darkness] рассе́ять ту́чи [мрак]; to ~ sorrow разгоня́ть тоску́; to ~ fears рассе́ять стра́хи; to ~ attention отвлека́ть внима́ние; to ~ the tension снять напряжённость, разряди́ть обстано́вку 2) рассе́иваться, исчеза́ть; the clouds ~d ту́чи рассе́ялись 2. 1) разлага́ть, разруша́ть; to ~ a substance разложи́ть вещество́ 2) разлага́ться, разруша́ться 3. 1) прома́тывать, прожива́ть; прожига́ть; растра́чивать; to ~ one's money [one's fortune] прожи́ть де́ньги [состоя́ние]; to ~ one's time попу́сту тра́тить вре́мя; to ~ one's energy растра́чивать эне́ргию впусту́ю 2) предава́ться разгу́лу; вести́ разгу́льный, распу́тный о́браз жи́зни; кути́ть, пья́нствовать; to ~ and idle вести́ рассе́янный и пра́здный о́браз жи́зни 4. *физ.* 1) диссипи́ровать (*энергию*) 2) рассе́иваться, диссипи́роваться (*об энергии*) 5. *уст.* громи́ть, рассе́ивать (*во́йска*)

dissipated ['dɪsɪpeɪtɪd] *a* 1. рассе́янный, разбро́санный 2. растра́ченный, промо́танный 3. 1) развра́тный, распу́тный; to lead a ~ life вести́ разгу́льную жизнь 2) беспу́тный, пью́щий

dissipater ['dɪsɪpeɪtə] *n* 1. *см.* dissipate + -er 2. мот, транжи́р(а); гуля́ка

dissipation [ˌdɪsɪ'peɪʃ(ə)n] *n* 1. рассе́ивание, рассе́яние, исчезнове́ние; ~ of heat [of darkness, of clouds] рассе́ивание тепла́ [мра́ка, туч]; ~ of energy а) *физ.* рассе́яние /диссипа́ция/ эне́ргии б) *эл.* уте́чка то́ка; [*см. тж.* 3]; ~ of mind рассе́янность 2. разложе́ние, разруше́ние; распа́д; ~ of a molecule [of a state] распа́д моле́кулы [госуда́рства] 3. мотовство́; растра́чивание, прома́тывание; ~ of time пуста́я тра́та вре́мени; ~ of energy растраче́ние сил [*см. тж.* 1] 4. отвлече́ние; развлече́ние; to allow oneself a little ~ немно́го развле́чься 5. разгу́льный о́браз жи́зни; (пья́ный) разгу́л

dissipative ['dɪsɪpeɪtɪv] *a* 1) *спец.* рассе́ивающий, вызыва́ющий рассе́ивание 2) *физ.* диссипати́вный

dissociable [dɪ'səʊʃəbl] *a* 1. *книжн.* необщи́тельный 2. несовмести́мый, неподходя́щий, несоотве́тствующий 3. [dɪ'səʊʃjəbl] отдели́мый

dissocial [dɪ'səʊʃ(ə)l] *a редк.* недру́жественный

dissocialize [dɪ'səʊʃəlaɪz] *v редк.* де́лать необщи́тельным

dissociate [dɪ'səʊʃɪeɪt] *v* 1. (from) 1) разъединя́ть, отделя́ть, разобща́ть; to ~ oneself from others отмежева́ться от други́х; to ~ oneself from the provocative measures отмежева́ться от э́тих провокацио́нных мер; to ~ oneself from the opinion подчеркну́ть своё несогла́сие с да́нной то́чкой зре́ния; one must ~ these two ideas э́ти две мы́сли необходи́мо чётко разграни́чивать 2) отделя́ться, отмежёвываться 2. *хим.* диссоции́ровать

dissociated [dɪ'səʊʃɪeɪtɪd] *a психол.* раздво́енный; ~ personality раздвое́ние ли́чности

dissociation [dɪˌsəʊsɪ'eɪʃ(ə)n] *n* 1. 1) разъедине́ние, отделе́ние, разобще́ние 2) разобще́нность 2. размежева́ние, отмежева́ние 3. 1) *хим.* разложе́ние (*особ. при нагрева́нии*) 2) *тех.* креки́нг-проце́сс 3) *спец.* диссоциа́ция, распа́д, разложе́ние; ~ of (the) rock разруше́ние поро́ды; ~ heat теплота́ диссоциа́ции 4. *психиатр.* диссоциа́ция

dissolubility [dɪˌsɒljʊ'bɪlɪtɪ] *n спец.* 1) разложи́мость 2) раствори́мость

dissoluble [dɪ'sɒljʊbl] *a* 1. *спец.* 1) разложи́мый 2) спосо́бный распа́даться 3) раствори́мый 2. 1) наруши́мый, руши́мый; ~ bond непро́чная связь 2) расторжи́мый (*о догово́ре, бра́ке*) 3. могу́щий быть распу́щенным (*о законода́тельном о́ргане, комите́те и т. п.*)

dissolute ['dɪsəluːt] *a* распу́щенный, распу́тный, беспу́тный, развра́тный; ~ life распу́тный о́браз жи́зни; ~ conduct беспу́тное поведе́ние

dissolutely ['dɪsəluːtlɪ] *adv* распу́щенно, беспу́тно, разну́зданно

dissoluteness ['dɪsəluːtnɪs] *n* распу́щенность, беспу́тность; разну́зданность

dissolution [ˌdɪsə'luːʃ(ə)n] *n* 1. 1) растворе́ние 2) разжиже́ние, та́яние; ~ of ice та́яние льда 2. разложе́ние, разруше́ние, распа́д; ~ of a state распа́д госуда́рства 3. расторже́ние, разры́в; ~ of a treaty расторже́ние /разры́в/ догово́ра; ~ of a marriage расторже́ние бра́ка 4. 1) ро́спуск; закры́тие; ~ of Parliament ро́спуск парла́мента 2) ликвида́ция (*де́ла, предприя́тия*); ~ of (a) partnership ликвида́ция компа́нии 5. оконча́ние, коне́ц; круше́ние, крах; ~ of morals паде́ние нра́вов 6. смерть, кончи́на; арproaching ~ бли́зкая смерть; приближе́ние сме́рти

dissolvable [dɪ'zɒlvəbl] *a* 1. 1) раствори́мый 2) разложи́мый (на составны́е ча́сти) 2. 1) расторжи́мый 2) могу́щий быть распу́щенным (*о комите́те и т. п.*)

dissolve I [dɪ'zɒlv] *n кино* наплы́в; постепе́нное превраще́ние одного́ изображе́ния в друго́е

dissolve II [dɪ'zɒlv] *v* 1. 1) растворя́ть; to ~ sugar in water раствори́ть са́хар в воде́ 2) разжижа́ть; his features were ~d in fat его́ лицо́ заплы́ло жи́ром 3) растворя́ться; to ~ in water раствори́ться в воде́; to ~ into thin air раствори́ться в во́здухе (*о дыме и т. п.*) 4) разжижа́ться; snow ~s in the sun снег та́ет на со́лнце 2. 1) топи́ть; to ~ action in speech потопи́ть де́ло в слова́х; мно́го говори́ть и ничего́ не де́лать 2) тону́ть; to ~ in tears залива́ться слеза́ми 3. *редк.* 1) разлага́ть; разруша́ть 2) разлага́ться; разруша́ться, подверга́ться распа́ду 4. 1) распуска́ть, прекраща́ть де́ятельность; to ~ Parliament распусти́ть парла́мент 2) прекраща́ть де́ятельность, распада́ться; the committee ~d комите́т прекрати́л своё существова́ние 5. 1) разруша́ть, уничтожа́ть 2) исчеза́ть; her illusions ~d её иллю́зии рассе́ялись 6. 1) расторга́ть, разрыва́ть; to ~ a marriage расто́ргнуть брак 2) отменя́ть, аннули́ровать; to ~ an injunction отмени́ть распоряже́ние (*суда́*) 3) ликвиди́ровать (*де́ло, предприя́тие*); to ~ a partnership ликвиди́ровать де́ло /компа́нию/ 4) утра́чивать связь; подверга́ться разры́ву 5) распада́ться, разва́ливаться 7. *кино* 1) дава́ть наплы́вом 2) наплыва́ть 8. *редк.* реша́ть (*вопро́с*)

dissolved gas [dɪˌzɒlvd'gæs] *горн.* газ, растворённый в не́фти

dissolvent I [dɪ'zɒlvənt] *n хим.* раствори́тель

dissolvent II [dɪ'zɒlvənt] *a* растворя́ющий

dissolving [dɪ'zɒlvɪŋ] *a* 1) растворя́ющий; ~ agent *хим.* раствори́тель 2) *кино* наплыва́ющий; ~ view наплы́в

dissonance ['dɪsənəns] *n* 1. *муз.* диссона́нс 2. (between) разногла́сие; несоотве́тствие, отсу́тствие гармо́нии

dissonant ['dɪsənənt] *a* 1. *муз.* диссони́рующий; нестро́йный 2. негармони́чный, противоре́чивый, противоре́чащий; несовмести́мый; ~ from the spirit of the poem не соотве́тствующий ду́ху поэ́мы; ~ to truth не соотве́тствующий и́стине

dissuade [dɪ'sweɪd] *v* 1. отгова́ривать, разубежда́ть; to ~ smb. from smth. /from doing smth./ отговори́ть кого́-л. от чего́-л. 2. *уст.* не сове́товать, не рекомендова́ть

dissuasion [dɪ'sweɪʒ(ə)n] *n* отгова́ривание; no ~ could keep him from continuing the journey никаки́е угово́ры не могли́ заста́вить его́ прерва́ть путеше́ствие

dissuasive I [dɪ'sweɪsɪv] *n* попы́тка отговори́ть

dissuasive II [dɪ'sweɪsɪv] *a* отгова́ривающий; разубежда́ющий; ~ advice сове́т не де́лать (*чего́-л.*)

dissyllabic [ˌdɪsɪ'læbɪk] = disyllabic

dissymmetric, dissymmetrical [ˌdɪsɪ'metrɪk, -(ə)l] *a* 1) несимметри́чный, асимметри́чный 2) *спец.* зерка́льно симметри́чный

dissymmetry [dɪ'sɪmɪtrɪ] *n* 1) асимметри́я, несимметри́чность 2) *спец.* зерка́льная симметри́я

distad ['dɪstæd] *adv анат.* по направле́нию от це́нтра к диста́льному концу́

distaff ['dɪstɑːf] *n* 1. ручна́я пря́лка 2. 1) же́нское де́ло, же́нская рабо́та 2) же́нщина; the ~ side же́нская ли́ния (*в генеало́гии*)

distaff thistle ['dɪstɑːfˌθɪsl] *бот.* ди́кий шафра́н (*Carthamus lanatus*)

distal ['dɪst(ə)l] *a анат.* отдалённый от це́нтра, перифери́ческий, нару́жный

distance I ['dɪst(ə)ns] *n* 1. 1) расстоя́ние; some /quite a/ ~ поря́дочное /прили́чное/ расстоя́ние; air-line ~ расстоя́ние по прямо́й; free ~ зазо́р, просве́т; sense of ~ а) чу́вство расстоя́ния; our torches gave us no sense of ~ на́ши фа́келы не дава́ли ни мале́йшего представле́ния о расстоя́нии; а short ~ away неподалеку́, неподалёку; at a ~ на не́котором расстоя́нии; at a visual ~ наско́лько ви́дит глаз; the ~ from here to London расстоя́ние отсю́да до Ло́ндона; within easy ~ совсе́м ря́дом; within shooting [jumping, striking] ~ на расстоя́нии вы́стрела [прыжка́, уда́ра]; hailing ~ а) расстоя́ние слы́шимости челове́ческого го́лоса; they were within hailing ~ of the island они́ уже́ могли́ окли́кнуть люде́й на о́строве; б) бли́зкое расстоя́ние; ≅ руко́й пода́ть; success is within hailing ~ успе́х уже́ мая́чит; within speaking ~ на тако́м расстоя́нии, что мо́жно разгова́ривать; you should be in (the) calling ~ не уходи́ далеко́, а то тебя́ не дозовёшься; within five minutes walking ~ на расстоя́нии пяти́ мину́т ходьбы́ /пе́шего хо́да/; my house is within /in/ walking ~ of the school от моего́ до́ма до шко́лы мо́жно дойти́ пешко́м; the bridge is a good ~ off [some little ~ from here] до моста́ (ещё) далеко́ [руко́й пода́ть]; to keep the ~ *авт.* сохраня́ть /держа́ть/ диста́нцию 2) большо́е расстоя́ние; отдалённость, отдале́ние, даль; no ~ at all небольшо́е расстоя́ние; the station is no ~ at all до ста́нции руко́й пода́ть; from a ~ издалека́; to come from a ~ прие́хать [прийти́] издалека́; in the ~ в отдале́нии, вдали́, вдалеке́; out of ~ о́чень далеко́, вне преде́лов досяга́емости; to vanish into the ~ раста́ять вдали́; to move to a ~ отодви́нуться на почти́тельное расстоя́ние 3) *спорт.* диста́нция; long [medium, short] ~ дли́нная [сре́дняя, коро́ткая] диста́нция; ~ advantage преиму́щество в диста́нции; to hit the ~ пробежа́ть диста́нцию; to run the ~ at record time пройти́ /пробежа́ть/ диста́нцию в реко́рдное вре́мя 4) *спец.* глубина́; глубина́ проникнове́ния (*излуче́ния*) 5) *ав.* пробе́г; take-off ~ длина́ пробе́га при взлёте; stopping ~ тормозно́й путь 2. диста́нция огро́много разме́ра; несхо́дство, разли́чие; mental ~ несхо́дство интелле́ктов; the ~ between the culture of two countries разли́чие в культу́рах двух стран 3. сте́пень отдалённости кро́вного родства́ 4. сде́ржанность, хо́лодность; почти́тельное расстоя́ние; to keep one's ~ а) знать своё ме́сто; держа́ться на почти́тельном расстоя́нии; б) не допуска́ть фамилья́рности; быть сде́ржанным (с кем-л.); to know one's ~, to keep at a ~ = to keep one's

DIS — DIS   **D**

~ a); to keep smb. at a ~ держать кого-л. на почтительном расстоянии; указать кому-л. его место 5. промежуток, отрезок, период; ~ of time период времени; the ~ between two events промежуток времени между двумя событиями; at this ~ of time по прошествии этого времени; over a ~ of 40 years на протяжении 40 лет 6. перспектива (*в живописи*); middle ~ средний план 7. предфинишная черта (*скачки*) 8. дистанция (*фехтование*); closed ~ закрытая дистанция; fencing /striking/ ~ боевая дистанция 9. *воен.* дистанция; интервал 10. *тех.* зазор (*тж.* separation).
◊ to go /to last, to stay/ the ~ держаться до конца

distance II ['dɪst(ə)ns] *v* 1. (from) помещать на (определённом) расстоянии 2. оставлять далеко позади; to ~ one's rivals [pursuers] оставить далеко позади своих соперников [преследователей] 3. владеть перспективой (*о художнике*)

distance control ['dɪst(ə)nskən'trəʊl] телеуправление

distanced ['dɪst(ə)nst] *a* оставленный далеко позади, безнадёжно отставший

distance gauge ['dɪst(ə)ns,geɪdʒ] дальномер

distance light ['dɪst(ə)ns,laɪt] *авт.* дальний свет фар

distance piece ['dɪst(ə)ns,pi:s] *тех.* прокладка, распорка

distance rates ['dɪst(ə)ns,reɪts] дифференцированный железнодорожный тариф

distance runner ['dɪst(ə)ns,rʌnə] *спорт.* бегун на длинные дистанции

distance shot ['dɪst(ə)ns,ʃɒt] *кино* дальний план

distant ['dɪst(ə)nt] *a* 1. 1) отдалённый, удалённый, дальний; далёкий; ~ city далёкий город; ~ voyages путешествия в дальние страны; ~ view вид вдаль, перспектива; ~ control телеуправление; ~ point *физиол.* дальнейшая точка ясного зрения; ~ reception *радио* дальний приём; ~ reconnaissance *воен.* дальняя /оперативная/ разведка; this is a ~ prospect на это пока мало надежд; до этого ещё далеко; the other item, on a ~ page другая заметка далеко, через несколько страниц 2) дальний, отдалённый (*о степени родства*); ~ relation дальний родственник; ~ cousin дальний родственник; ~ седьмая вода на киселе 2. 1) отстоящий от (*чего-л.*); находящийся на (*каком-л.*) расстоянии; some miles ~ (from the city) на расстоянии нескольких миль (от города); the city seemed ~ but a mile or so город, казалось, находился на расстоянии всего только одной мили (от нас) 2) редкий, широко расставленный; ~ teeth редкие зубы 3. устремлённый, обращённый вдаль; доносящийся издалека; ~ eyes взор, устремлённый вдаль; ~ thoughts мысли о далёком прошлом *или* будущем; ~ sounds звуки, доносящиеся издалека; ~ whistle отдалённый свист 4. слабый, лёгкий; неуловимый; ~ likeness /resemblance/ отдалённое сходство; ~ memory /recollection/ далёкое /смутное/ воспоминание; the old man had only a ~ memory of the school days у старика остались лишь смутные воспоминания о школе; to have not even a ~ idea of the matter не иметь ни малейшего представления об (этом) деле; not even the most ~ allusion was made to it это обстоятельство даже вскользь не упоминалось 5. 1) сдержанный, сухой, холодный; ~ politeness холодная /сдержанная/ вежливость; ~ manner сухая /надменная/ манера (держать себя); she gave me only a ~ nod [look] она лишь холодно поклонилась мне [посмотрела на меня] 2) отчуждённый, сухой, холодный, неприветливый, сдержанный (*о человеке*); to be ~ with smb. сухо держаться с кем-л.; he promised himself that this little lady would not always be so ~ and dignified про себя он решил, что эта дамочка не всегда будет с ним такой чопорной и недоступной 6. 1) давний, прошлый; далёкий; ~ times /age/ далёкие времена; ~ past далёкое прошлое; ~ prewar days далёкие довоенные времена 2) отдалённый; in the ~ future в отдалённом будущем; that day is still far ~ до этого дня ещё надо дожить, этот день наступит ещё очень не скоро; at a ~ date нескоро; через много лет 7. чуждый, несвойственный; далёкий (*от чего-л.*).

distantly ['dɪst(ə)ntlɪ] *adv* 1. на расстоянии 2. вдалеке, в отдалении, вдали 3. отдалённо; ~ related (состоящий) в дальнем родстве 4. сдержанно, сухо; ~ polite сдержанно /высокомерно/ вежливый

distant-measuring ['dɪst(ə)nt,meʒərɪŋ] *a* телеметрический

distant-sensing ['dɪst(ə)nt,sensɪŋ] *a* 1) чувствующий (*что-л.*) на расстоянии 2) = distant-measuring

distaste ['dɪs'teɪst] *n* 1. неприязнь, отвращение; ~ for smb. неприязнь к кому-л.; he had /felt/ a ~ for such work такая работа ему претила; to note with ~ заметить с неудовольствием; to conceive a ~ for smth. почувствовать отвращение к чему-л.; she looked at me with more than faint ~ она посмотрела на меня с нескрываемым неудовольствием 2. *редк.* отвращение, тошнота

distasteful [dɪs'teɪstf(ʊ)l] *a* 1) неприятный; тошнотворный, противный; ~ scent неприятный запах; this is most ~ to me мне это в высшей степени неприятно; to find it ~ to admit one's fault неохотно признавать свою вину 2) неприятный, обидный; ~ truth горькая истина

distemonous [daɪ'stɪ:mənəs] *a бот.* с двумя тычинками, двухтычинковый

distemper¹ I [dɪs'tempə] *n* 1. плохое настроение, хандра; дурное расположение духа; раздражение 2. *вет.* чума собак 3. волнения, беспорядки; смута, брожение умов

distemper¹ II [dɪs'tempə] *v редк.* 1. нарушать душевное равновесие; расстраивать 2. 1) расстраивать (*здоровье*) 2) помрачать (*ум*) 3. вызывать смятение *или* хаос

distemper² I [dɪs'tempə] *n* 1. *жив.* темпера; to paint in ~ писать темперой 2) живопись темперой 3) картина, написанная темперой; темпера 2. клеевая краска

distemper² II [dɪs'tempə] *v* 1. *жив.* писать темперой 2. красить клеевой краской

distend [dɪs'tend] *v* 1. 1) раздувать, надувать; расширять; to ~ a bladder надуть пузырь; sails ~ed by the wind паруса, наполненные ветром 2) раздуваться, надуваться; расширяться; his heart ~ed with pride его сердце наполнилось гордостью; он был преисполнен гордости 2. *уст.* растягивать, вытягивать

distensibility [dɪ,stensə'bɪlɪtɪ] *n тех.* растяжимость

distensible [dɪs'tensəbl] *a* растягивающийся, растяжимый, эластичный

distension [dɪs'tenʃ(ə)n] *n* 1. 1) раздувание, надувание 2) расширение; растяжение 3) раздутость, расширенность 2. опухоль 3. *уст.* растяжение, растягивание

distent [dɪs'tent] *a редк.* раздутый, надутый; расширенный

distention [dɪs'tenʃ(ə)n] *амер.* = distension

disthene [' dɪsθi:n] *n мин.* кианит, дистен

disthrone [dɪs'θrəʊn] = dethrone

distich¹ ['dɪstɪk] *n стих.* двустишие, дистих

distich² ['dɪstɪk] *редк.* = distichous

distichous ['dɪstɪkəs] *a бот.* двурядный, расположенный двумя рядами

distil(l) [dɪs'tɪl] *v* 1. 1) дистиллировать, очищать; to ~ a liquid дистиллировать жидкость (*воду*) 2) подвергаться дистилляции; дистиллироваться, очищаться (*тж.* ~ over) 2. 1) перегонять, гнать; to ~ wheat (into spirits) перегонять пшеницу (на спирт) 2) получать с помощью перегонки; to ~ spirits from grain получать спирт из зерна 3) извлекать сущность, квинтэссенцию; he ~led a theory out of his experience из его опыта выкристаллизовалась (целая) теория; he ~led this for me to mean that... он объяснил это мне в том смысле, что... 3. 1) выдавливать, выделять по капле; to ~ a few drops of poison выделить несколько капель яда; flowers that ~ nectar цветы, выделяющие нектар; to ~ poison into smb.'s mind *образн.* медленно отравлять чью-л. душу 2) сочиться, выделяться; истекать, вытекать; капать, течь капля за каплей; to ~ in drops сочиться по капле

distilland ['dɪstɪlənd] *n* вещество, подвергаемое перегонке

distillate ['dɪstɪlɪt] *n* 1) продукт перегонки, дистиллят; погон 2) очищенная нефть 3) опреснённая вода

distillation [,dɪstɪ'leɪʃ(ə)n] *n* 1. дистилляция, перегонка, ректификация; ~ column *тех.* ректификационная колонна; coal ~ газификация угля; dry /destructive/ ~ сухая перегонка, возгонка; дробная /фракционная/ перегонка 2. сущность, квинтэссенция 3. выделение капля за каплей

distillatory [dɪs'tɪlət(ə)rɪ] *a* дистилляционный, перегонный

distiller [dɪs'tɪlə] *n* 1. 1) дистиллятор, мастер заводской перегонки спирта 2) винокур 2. 1) перегонный аппарат, дистиллер 2) опреснитель

distillery [dɪs'tɪlərɪ] *n* 1) винокуренный завод; спиртоводочный завод 2) нефтеперерабатывающий *или* перегонный завод *или* цех 3) установка для перегонки

distilling [dɪ'stɪlɪŋ] *n* перегонка; ~ of oil перегонка нефти

distinct [dɪs'tɪŋ(k)t] *a* 1. 1) ясный, явственный; отчётливый; членораздельный; ~ order ясный /точный/ приказ; ~ writing отчётливый /разборчивый/ почерк; ~ memory ясная память; ~ refusal недвусмысленный отказ; in ~ terms недвусмысленно; my recollection of it is ~ я помню это совершенно отчётливо 2) определённый, явный; ~ improvement явное улучшение; ~ preference заметное предпочтение; ~ inclination ярко выраженная склонность 2. 1) различный, разный; ~ dialects различные /разные/ диалекты 2) отдельный; особый; индивидуальный; a person of very ~ character человек совершенно особого склада; to have a ~ line of one's own идти своим путём; to keep two things ~ не смешивать двух (разных) вещей 3. (from) отличный, отличающийся (*от чего-л.*); несхожий, непохожий; ~ from each other отличающиеся друг от друга;

town life as ~ from country life городская жизнь в отличие от деревенской
distinction [dɪsˈtɪŋ(k)ʃ(ə)n] *n* **1.** различение, распознавание; разграничение; nice /fine/ ~ умение тонко различать [*см. тж.* 2] **2.** разница, отличие, различие; nice [vital] ~ тонкое [существенное] различие [*см. тж.* 1]; ~ in meaning различие в значении; ~ of degree [of kind] количественное [качественное] различие; without ~ без различия; без исключения; без разбора; in ~ from smth. в отличие от чего-л.; a ~ without a difference несущественное разграничение; кажущееся /искусственное/ различие; to make /to draw/ a ~ between smth. провести различие между чем-л.; to make no ~ between traitors and spies не делать никакого различия между предателями и шпионами; to see no ~ between two things не видеть разницы между двумя вещами **3.** отличительный признак; особенность, характерная черта; the chief ~ of Egyptian sculpture основная особенность египетской скульптуры **4. 1)** почтительное отношение, почёт; почесть; academic ~s академические почести; to load smb. with ~s окружить кого-л. почётом; to give /to grant/ smb. ~s оказывать кому-л. почести **2)** награда; to confer a ~ on smb. наградить кого-л. **5. 1)** знатность; person of ~ знатная особа **2)** известность; man of ~ известный человек; writer of ~ популярный /выдающийся/ писатель; to gain ~ приобрести известность **3)** оригинальность; индивидуальность, исключительность; ~ of style своеобразие стиля; the book has ~ в книге ощущается яркая индивидуальность **4)** исключительность, безупречность; to serve with ~ безупречно служить; the book has ~ это замечательная книга
distinctive I [dɪsˈtɪŋ(k)tɪv] *n* отличительное свойство; особенность, характерная черта
distinctive II [dɪsˈtɪŋ(k)tɪv] *a* **1.** отличительный, характерный, особенный; ~ feature отличительная /характерная/ черта [*см. тж.* 2] **2.** *лингв.* различительный; ~ function различительная функция; ~ feature дифференциальный признак [*см. тж.* 1] **3.** *редк.* проницательный **4.** *редк.* своеобразный
distinctively [dɪsˈtɪŋ(k)tɪvlɪ] *adv* отчётливо, ясно; явно; определённо
distinctiveness [dɪsˈtɪŋ(k)tɪvnɪs] *n* отчётливость, ясность
distinctly [dɪsˈtɪŋ(k)tlɪ] *adv* **1. 1)** отчётливо, ясно; ~ audible ясно слышный; to speak ~ говорить внятно **2)** ясно, недвусмысленно; to promise ~ недвусмысленно пообещать; it must be ~ understood следует раз и навсегда понять; it was ~ said that было совершенно ясно сказано, что **2.** *разг.* определённо, заметно, несомненно; ~ better значительно лучше; a ~ revolutionary paper откровенно революционная газета
distinctness [dɪsˈtɪŋ(k)tnɪs] *n* **1.** характерность, своеобразие; индивидуальность **2.** ясность, отчётливость, определённость, точность
distinct-stage insects [dɪsˈtɪŋ(k)tsteɪdʒˈɪnsekts] *энт.* насекомые с полным циклом превращений
distingué [dɪsˈtæŋgeɪ] *a* изысканный, утончённый, изящный
distinguish [dɪsˈtɪŋgwɪʃ] *v* **1.** отличать, различать; to ~ one thing from another отличать одну вещь от другой; to ~ between two things проводить различие между двумя вещами **2.** разглядеть, различить; распознать, узнавать; to ~ a light in the distance увидеть вдали огонёк; to ~ the sound of a drum различить /узнать/ звук барабана; I could not ~ him among the crowd я не мог разглядеть его в толпе **3. 1)** отделять, обособлять; to ~ sounds into high and low делить звуки на высокие и низкие **2)** характеризовать; служить различительным признаком; my opinion as ~ed from my wife's моё мнение в отличие от мнения моей жены; man is ~ed from the animals by the gift of speech человек отличается от животных даром речи **4.** выделять; делать заметным; to ~ oneself отличиться (*тж. ирон.*); he will ~ himself он далеко пойдёт; you have ~ed yourself хорош, ничего не скажешь /нечего сказать/!
distinguishable [dɪsˈtɪŋgwɪʃəbl] *a* **1.** различимый, отличимый; a hardly ~ sound едва различимый звук; Tom is hardly ~ from his twin brother Тома трудно отличить /почти не отличишь/ от его брата-близнеца **2.** различимый, видимый, заметный; the coast was hardly ~ through the haze берег был едва виден сквозь дымку /в тумане/
distinguished [dɪsˈtɪŋgwɪʃt] *a* **1. 1)** известный, выдающийся; ~ writer известный писатель; ~ career блистательная карьера; ~ for valour прославившийся (своим) мужеством; ~ for his strength известный своей (физической) силой; he is ~ for his knowledge of economics /as an economist/ он выдающийся знаток экономики; ~ figure in architecture выдающийся архитектор **2)** высокопоставленный, важный; знатный; ~ guest высокий гость; ~ delegates уважаемые делегаты (*обращение*); of ~ birth знатного происхождения **2.** изысканный, утончённый, необычный; ~ manners изысканные манеры; ~ appearance запоминающаяся /незаурядная, аристократическая/ внешность; ~ style а) отточенный стиль; б) характерный стиль; to look ~ иметь аристократическую внешность **3.** отличный, безупречный; D. Service Medal *амер.* медаль «За выдающиеся заслуги»; D. Service Order *амер.* орден «За безупречную службу» (*офицерский*)
distinguishing [dɪsˈtɪŋgwɪʃɪŋ] *a* отличительный; характерный
distort [dɪsˈtɔːt] *v* **1.** искажать; искривлять; перекашивать; his face was ~ed with /by/ pain его лицо исказилось от боли **2.** искажать, извращать, передёргивать; to ~ facts извращать/ передёргивать/ факты; to ~ the meaning of a text исказить смысл текста **3.** *тех.* деформировать; коробить
distorted [dɪsˈtɔːtɪd] *a* **1.** искажённый, искривлённый; перекошенный; ~ face перекошенное лицо **2.** искажённый, извращённый; ~ picture of smth. искажённая картина чего-л. **3.** *тех.* деформированный; покоробленный
distortion [dɪsˈtɔːʃ(ə)n] *n* **1. 1)** искажение; искривление; linear [non-linear] ~ линейное [нелинейное] искажение; to undergo a sudden ~ внезапно перекоситься /искривиться/ (*о лице*) **2)** искривлённая, неправильная форма **2.** искажение, извращение, передёргивание; ~ of opinions [facts] искажение мнений [фактов] **3.** судорожное движение **4.** *мед.* дисторсия, растяжение; permanent ~ постоянное растяжение **5.** *тех.* деформация; коробление; перекашивание; ground ~ деформация грунта **6.** *радио* искажение **7.** *опт.* дисторсия
distortionist [dɪsˈtɔːʃ(ə)nɪst] *n* **1.** акробат, «человек-змея» **2.** карикатурист **3.** исказитель (*фактов и т. п.*)
distortionless [dɪsˈtɔːʃ(ə)nlɪs] *a спец.* неискажённый, свободный от искажений

distract [dɪsˈtrækt] *v* **1.** отвлекать, уводить в сторону; рассеивать; to ~ smb.'s attention /mind/ from smth. отвлечь чьё-л. внимание от чего-л.; you are ~ing me ты мне мешаешь, ты отвлекаешь меня от дела **2.** раздирать душу; приводить в смятение, растерянность; расстраивать; her mind was ~ed by grief горе оглушило её, она обезумела от горя; to be ~ed with pain обезуметь от боли; I am ~ed with doubts меня мучают /раздирают/ сомнения
distracted [dɪsˈtræktɪd] *a* **1.** сбитый с толку, смущённый, встревоженный, расстроенный; ~ with /by/ anxiety [grief] снедаемый беспокойством [горем]; ~ between hope and fear переходящий от надежды к отчаянию, раздираемый противоречивыми чувствами надежды и страха; she's run ~ looking for her son она вся извелась, пока искала сына **2.** обезумевший (*от горя, забот и т. п.*); like one ~ как безумный; ~ person душевнобольной; to drive smb. ~ сводить кого-л. с ума; I shall go ~ я сойду с ума
distractedly [dɪsˈtræktɪdlɪ] *adv* **1.** в смятении, встревоженно *и пр.* [*см.* distracted] **2.** безумно, без памяти, без ума; ~ in love with smb. влюблённый в кого-л. до безумия
distraction [dɪsˈtrækʃ(ə)n] *n* **1. 1)** отвлечение (внимания) **2)** рассеянность **2.** то, что отвлекает внимание (*шум и т. п.*) **3.** развлечение; not to have enough ~s жить без особых развлечений; редко развлекаться; to seek ~ искать развлечений; it may have been some ~ for her это, видимо, немного её отвлекло **4. 1)** раздор, распря; political ~s политические распри **2)** путаница, беспорядок **5. 1)** смятение; тревога **2)** сильное возбуждение; помутнение, помрачение рассудка; безумие; to love smb. to ~ любить кого-л. до безумия, без памяти любить кого-л.; to drive smb. to ~ а) сводить кого-л. с ума; б) доводить кого-л. до отчаяния; he was driven to ~ его довели до отчаяния
distrain [dɪsˈtreɪn] *v юр.* завладевать имуществом в обеспечение выполнения обязательства; накладывать арест на имущество в обеспечение долга
distrainee [ˌdɪstreɪˈniː] *n юр.* лицо, у которого описано имущество в обеспечение выполнения обязательства
distrainer [dɪsˈtreɪnə] *n юр.* лицо, завладевшее имуществом в обеспечение выполнения обязательства
distrainment, distraint [dɪsˈtreɪnmənt, dɪsˈtreɪnt] *n юр.* завладевание имуществом в обеспечение выполнения обязательства; наложение ареста на имущество в обеспечение долга; under ~ (находящийся) под арестом (*об имуществе*); to levy a ~ upon smb.'s belongings завладеть чьим-л. имуществом в обеспечение выполнения обязательства; наложить арест на чьё-л. имущество в обеспечение долга
distrait [dɪsˈtreɪ] *a фр.* рассеянный, невнимательный
distraught [dɪsˈtrɔːt] *a* **1.** смятённый, смущённый; the purists are ~ at the intrusion of foreign words наплыв иностранных слов лишил пуристов душевного покоя, пуристы растерялись перед наплывом иностранных слов; a ~ lady complained bitterly about the heavy burden of women потерявшая душевное равновесие дама горько жаловалась /сетовала/ на тяжёлую женскую долю **2.**

DIS — DIS

арх. потерявший рассудок, обезумевший, безумный

distress I [dɪs'tres] *n* 1. 1) горе, беда; страдание; in ~ в горе, в беде [*см. тж.* 2 *и* 3]; ~ of soul душевные страдания 2) сильное недомогание; боль; to be in great physical ~ испытывать сильную физическую боль; he showed signs of ~ ему было не по себе 3) причина страданий; несчастье; his conduct is a great ~ to his father его поведение очень огорчает (его) отца 2. нищета, нужда; in ~ в бедственном положении [*см. тж.* 1, 1) *и* 3]; to relieve ~ помогать в нужде; to be in great ~ for money быть крайне стеснённым в средствах 3. бедствие, бедственное положение; ship in ~ судно, терпящее бедствие [*ср. тж.* 1, 1) *и* 2]; ~ call /signal/ сигнал бедствия 4. *физиол.* отрицательный стресс, дистресс 5. *юр.* 1) = distrainment; ~ sale *юр.* продажа описанного имущества; to levy /to put in/ a ~ накладывать арест на имущество, описывать имущество (*за долги*) 2) имущество, взятое в обеспечение выполнения обязательства 6. *диал.* 1) давление, сдавливание; напряжение, натяжение 2) давление, принуждение, нажим

distress II [dɪs'tres] *v* 1. причинять горе, страдание; мучить, тревожить; to ~ oneself беспокоиться, мучиться, терзаться; to be ~ed for smb. переживать за кого-л.; to be ~ed about smth. волноваться по поводу чего-л.; I'm ~ed to hear it эта весть беспокоит меня; your letter deeply ~ed me ваше письмо глубоко меня взволновало /очень встревожило/; it ~es me to give you any trouble мне очень жаль беспокоить вас 2. причинять боль; доводить до изнеможения, подрывать силы 3. доводить до нищеты 4. = distrain

distressed [dɪs'trest] *a* 1. бедствующий; ~ area район массовой /хронической/ безработицы 2. терпящий бедствие; потерпевший аварию 3. *мед.* нарушенный; болезненный; ~ breathing нарушенное дыхание; дыхание, причиняющее боль

distressful [dɪs'tresf(ə)l] *a* 1. мучительный; причиняющий горе; ~ uncertainty мучительная неизвестность; ~ situation бедственное положение 2. скорбный, горестный; многострадальный

distress-gun [dɪs'tresgʌn] *n ист.* орудие, подающее сигнал бедствия (*на судне*)

distress information [dɪs'tresɪnfə'meɪʃ(ə)n] передача сигналов бедствия

distressing [dɪs'tresɪŋ] *a* огорчительный, тревожный; what is there so ~ about it? из-за чего вы так разволновались?

distressingly [dɪs'tresɪŋlɪ] *adv* мучительно

distress-warrant [dɪs'tres,wɒr(ə)nt] *n юр.* приказ о наложении ареста на имущество (*обыкн.* должника)

distributable [dɪs'trɪbjʊtəbl] *a* могущий быть распределённым; подлежащий распределению

distributary I [dɪs'trɪbjʊtərɪ] *n* рукав дельты (*реки*)

distributary II [dɪs'trɪbjʊtərɪ] = distributive II

distribute [dɪs'trɪbju(:)t] *v* 1. распределять, раздавать, разносить; to ~ examination papers to the class [among the pupils] раздать экзаменационные работы классу [ученикам]; to ~ letters among the addressees раздать письма адресатам 2. 1) распределять (*часто по поверхности*); (равномерно) разбрасывать; to ~ fertilizer over the field разбрасывать удобрение по полю; to ~ (printing-) ink over the form накатать краску на форму; to ~ in depth *воен.* располагать /эшелонировать/ в глубину; the load was evenly ~d груз был равномерно распределён 2) рассредоточивать 3. распространять; this species is ~d all over Europe этот вид распространён по всей Европе, этот вид встречается во всех частях Европы 4. разделять, распределять; классифицировать; to ~ plants into twenty two groups классифицировать растения по двадцати двум группам 5. *полигр.* разбирать шрифт и раскладывать его по кассам 6. *юр. уст.* отправлять; to ~ justice отправлять правосудие

distributed [dɪs'trɪbju(:)tɪd] *a вчт.* распределённая; ~ data base распределённая база данных; ~ intelligence /logic/ распределённое управление; ~ system распределённая (вычислительная) система

distributed charge [dɪs'trɪbju(:)tɪd'tʃɑ:dʒ] *воен.* удлинённый заряд

distributee [dɪs,trɪbju'ti:] *n юр.* сонаследник (*при наследовании по закону или по завещанию*)

distributer [dɪs'trɪbjutə] *см.* distribute + -er

distributing [dɪs'trɪbju(:)tɪŋ] *a* распределительный; ~ board *эл.* распределительный щит; коммутатор; ~ point *спец.* распределительный пункт; ~ station *ж.-д.* сортировочная станция

distribution [,dɪstrɪ'bju:ʃ(ə)n] *n* 1. 1) распределение, раздача; ~ of books распределение книг; prize ~ вручение наград /призов/; ~ organs распределительные органы 2) доставка *или* транспортировка товаров 3) то, что распределяется; определённая часть, доля; charitable ~s пособия, выдаваемые благотворительными организациями 2. распространение, размещение, расположение; restricted ~ ограниченное распространение (*печатных изданий и т. п.*); ~ of population размещение населения; ~ of the stars расположение звёзд; a rational geographical ~ of industry рациональное размещение промышленности; to have a wide ~ быть широко распространённым 3. распределение (*часто по поверхности*); (равномерное) разбрасывание 4. *эк.* 1) распределение доходов 2) распределение национального дохода (*тж.* ~ of wealth) 3) *эк.* сфера обращения 5. *юр.* распределение наследства между наследниками (*по закону или по завещанию*) 6. *спец.* распределение; density [pressure] ~ распределение плотности [давления]; ~ of explosion energy распределение энергии взрыва; ~ (of smth.) in time распределение (чего-л.) во времени; ~ substation распределительная подстанция; ~ cable распределительный кабель; ~ main распределительная магистраль; ~ (switch)board распределительный щит 7. 1) разделение, размещение 2) классификация; size ~ распределение /классификация/ по размерам 8. 1) *мат.* распределение; probability ~ распределение вероятностей; normal ~ нормальное /гауссово/ распределение; binomial ~ биномиальное распределение 2) *лингв.* распределение, дистрибуция; complementary [free] ~ дополнительное [свободное] распределение 9. *полигр.* разбор и раскладка шрифта по кассам 10. *тех.* цикл работы (*паровой машины*) 11. *тех.* система распределения 12. *воен.* распределение; рассредоточение; эшелонирование; ~ of troops эшелонирование войск; ~ in depth эшелонирование в глубину; ~ in width рассредоточение по фронту; ~ of artillery тактическое распределение артиллерии 13. *воен.* рассылка 14. *воен.* рассеивание (*пуль*) 15. *юр. уст.* отправление (*правосудия*)

distributional [,dɪstrɪ'bju:ʃ(ə)n(ə)l] *a спец.* дистрибутивный; ~ analysis *лингв.* дистрибутивный анализ

distribution function [,dɪstrɪ'bju:ʃ(ə)n'fʌŋkʃ(ə)n] *мат.* функция распределения

distribution list [,dɪstrɪ'bju:ʃ(ə)n,lɪst] *воен.* расчёт рассылки (*документа*)

distribution margin [,dɪstrɪ'bju:ʃ(ə)n'mɑ:dʒɪn] *ком.* торговая наценка

distribution network [,dɪstrɪ'bju:ʃ(ə)n'netwɜ:k] *тех.* 1) распределительная сеть 2) система коммуникаций

distribution satellite [,dɪstrɪ'bju:ʃ(ə)n'sætəlaɪt] *св.* маломощный ретрансляционный спутник

distributive I [dɪs'trɪbjʊtɪv] *n* разделительное слово (*местоимение или прилагательное*)

distributive II [dɪs'trɪbjʊtɪv] *a* 1. 1) распределительный 2) занимающийся распределением, распространением 3) занимающийся доставкой *или* транспортировкой; the ~ trades железные дороги и морской транспорт 2. *грам.* разделительный 3. *мат., лингв.* дистрибутивный

distributor [dɪs'trɪbju(:)tə] *n* 1. *см.* distribute + -or 2. агент по продаже (*автомобилей и т. п.*) 3. 1) *тех.* загрузочно-распределительное устройство 2) *эл.* распределительная магистраль 3) *эл.* разветвительная коробка (*тж.* ~ box) 4) *дор.* гудронатор 5) *тех.* направляющий аппарат (*турбины*) 6) *авт.* распределитель зажигания 4. кинопрокатчик, владелец кинопрокатной конторы 5. *спец.* распределитель; устройство распределения; data ~ распределитель /устройство распределения/ данных

district I ['dɪstrɪkt] *n* 1. 1) округ, район; участок; дистрикт; police ~ полицейский участок; federal ~ федеральный округ; consular ~ *дип.* консульский округ; D. of Columbia округ Колумбия (*в США*) 2) военный округ 2. 1) район, область, местность; rural ~ сельский район; agricultural ~ сельскохозяйственный район; mountainous ~ гористая местность; the English lake ~ район озёр в Англии, Озёрный край 2) *воен.* участок, район 3. *амер.* 1) избирательный участок; congressional [senate] ~ избирательный участок по выборам в конгресс [в сенат] 2) *юр.* судебный округ 4. церковный приход (*в Англии*) 5. участок (*горных работ; тж.* mining ~)

district II ['dɪstrɪkt] *v* делить на районы *или* округа; районировать

district-attorney [,dɪstrɪktə'tɜ:nɪ] *n амер.* окружной прокурор

district-council ['dɪstrɪkt'kaʊnsl] *n* окружной совет

district-councillor ['dɪstrɪkt'kaʊnsɪlə] *n* член окружного совета

district-court ['dɪstrɪkt'kɔ:t] *n* 1) окружной суд 2) первая инстанция Федерального суда по гражданским делам (*в США*)

district heating ['dɪstrɪkt,hi:tɪŋ] 1. теплоцентраль 2. централизованное теплоснабжение

district-judge ['dɪstrɪkt'dʒʌdʒ] *n амер.* 1) федеральный окружной судья 2) судья местного суда

district nurse ['dɪstrɪkt'nɜ:s] медсестра, обслуживающая больных на дому
district visitor ['dɪstrɪkt,vɪzɪtə] прихожанка, помогающая священнику посещать больных *и т. п.*
distringas [dɪs'trɪŋgæs] *n юр.* исполнительный лист на опись имущества
distrust I [dɪs'trʌst] *n* недоверие; сомнение; подозрение; to hold smb. in ~ не доверять кому-л.; сомневаться в ком-л.; to look at smb. with ~ недоверчиво смотреть на кого-л.; he has a ~ of foreigners он не доверяет иностранцам
distrust II [dɪs'trʌst] *v* не доверять; сомневаться, подозревать; to ~ one's own eyes не верить собственным глазам, глазам своим не верить
distrustful [dɪs'trʌstf(ə)l] *a* недоверчивый, подозрительный, полный сомнений; ~ look подозрительный /недоверчивый/ взгляд; ~ of oneself /of one's capabilities/ сомневающийся в своих силах
distune [dɪs'tju:n] *v* расстраивать (*музыкальный инструмент*)
disturb [dɪs'tɜ:b] *v* 1. нарушать ход, движение, равновесие *и т. п.*; выводить из состояния покоя; the oars ~ed the smooth surface of the lake вёсла рассекли гладь озера; to ~ the course of a comet вызвать возмущение в движении кометы; to ~ smb.'s rest нарушить чей-л. покой; to ~ smb.'s peace of mind вывести кого-л. из душевного равновесия; to ~ the balance нарушить равновесие; to ~ the train of thought нарушить ход мыслей; to ~ the peace вызвать общественные беспорядки; нарушить общественное спокойствие 2. 1) волновать, тревожить; беспокоить; выводить из душевного равновесия; he was much ~ed by what he heard он был очень взволнован /встревожен, обеспокоен/ тем, что услышал 2) доставлять хлопоты, причинять беспокойство; don't ~ father оставь отца в покое, не мешай отцу; don't ~ yourself не беспокойтесь, не стоит беспокойства; sorry to ~ you извините за беспокойство; try to ~ him as little as possible старайся поменьше его трогать; he was not to be ~ed он попросил, чтобы его не беспокоили 3. 1) расстраивать, нарушать; срывать; to ~ smb.'s plans расстроить чьи-л. планы; to ~ smb.'s work мешать чьей-л. работе 2) портить; приводить в беспорядок; to ~ the apparatus вывести аппарат /прибор/ из строя; don't ~ my papers не трогайте мои бумаги 4. *юр.* мешать беспрепятственному использованию права 5. *радио* создавать помехи 6. *с.-х.* поднимать; to ~ the area поднять /распахать/ площадь 7. *физ.* возмущать (*движение*)
disturbance [dɪs'tɜ:b(ə)ns] *n* 1. нарушение равновесия, покоя; ecological ~ нарушение экологической системы 2. 1) *тж. pl* волнение, беспорядки, пертурбации, потрясения; political ~s политическая смута; to make /to create, to cause/ a ~ а) вызвать беспорядки; б) поднять шум, нарушить общественный порядок; устроить беспорядки; there was a ~ at the back of the hall в задних рядах что-то происходило 2) конфликт; the ~ between the North and the South конфликт между Севером и Югом 3. волнение, тревога; беспокойство; нарушение душевного равновесия; emotional ~s треволнения 4. нарушение; повреждение; неисправность; срыв 5. *юр.* воспрепятствование использованию права; ~ of franchise нарушение избирательного права, недопущение к выборам 6. *мед.* расстройство; патологическое отклонение; ~ of respiration расстройство дыхания; ~ of speech расстройство речи 7. *тех.* нарушение режима 8. *спец.* скачок (*кривой*) 9. *радио* помехи 10. *физ., геол.* возмущение, пертурбация; atmospheric ~s возмущения в атмосфере 11. *геол.* 1) дислокация 2) перерыв (*геологического периода*)
disturbant [dɪs'tɜ:b(ə)nt] *a* 1. нарушающий, возмущающий 2. волнующий, тревожащий
disturbed [dɪs'tɜ:bd] *a* 1. нарушенный; прерванный 2. встревоженный, взволнованный 3. *мед.* дефективный; ~ child дефективный ребёнок 4. *физ.* возмущённый (*о движении*)
disturber [dɪs'tɜ:bə] *n* 1. см. disturb + -er 2. 1) нарушитель тишины, спокойствия 2) помеха 3. *юр.* нарушитель (*чьих-л.*) прав
disturbing [dɪs'tɜ:bɪŋ] *a* 1. вызывающий нарушение равновесия; возмущающий; ~ factors дестабилизирующие факторы 2. тревожный, вызывающий беспокойство; ~ news огорчительные новости
distyle ['d(a)ɪstaɪl] *n архит.* портик с двумя колоннами
disulphate [daɪ'sʌlfeɪt] *n хим.* дисульфат
disulphide [daɪ'sʌlfaɪd] *n хим.* дисульфид
disuniform [dɪs'ju:nɪfɔ:m] *a* лишённый единообразия
disunion [dɪs'ju:njən] *n* 1. 1) разобщение, разъединение; разделение 2) разобщённость, разъединённость 2. разногласие, разлад
disunionist [dɪs'ju:njənɪst] *n* 1. сторонник отделения, раскола 2. *амер. ист.* противник союза штатов, сторонник отделения южных штатов
disunite [,dɪsju:'naɪt] *v* 1) разделять, разъединять; вызывать раскол; to ~ a family разделить семью 2) отделяться, разъединяться
disunity [dɪs'ju:nɪtɪ] *n* 1. отсутствие единства 2. = disunion
disuse I [dɪs'ju:s] *n* неупотребление; неупотребительность; to fall /to come, to get/ into ~ выйти из употребления; the word has fallen into ~ это слово стало неупотребительным; the machine had become rusty from ~ машиной долго не пользовались, и она заржавела; the mine fell into ~ шахта была заброшена; customs that are falling into ~ обычаи, уходящие в прошлое
disuse II [dɪs'ju:z] *v* 1. перестать пользоваться; прекратить применение 2. *уст.* отучать
disused [dɪs'ju:zd] *a* заброшенный; вышедший из употребления; a ~ well заброшенный колодец
disutility [,dɪsju:(')tɪlɪtɪ] *n книжн.* 1. вред, вредность, пагубность 2. неудобство; бесполезность
disyllabic [,daɪsɪ'læbɪk] *a стих.* двусложный
disyoke [dɪs'jəuk] *v редк.* 1. освобождать, избавлять от ига 2. распрягать (*волов*)
dita ['di:tə] *n* 1) *бот.* альстония (*Alstonia scholaris*) 2) кора альстонии (*тж.* ~ bark)
ditch I [dɪtʃ] *n* 1. 1) ров, канава, кювет; drainage ~ дренажная канава; open ~ водяной ров; anti-tank ~ противотанковый ров; ~ канал; арык 2) траншея, окоп 2. котлован; выемка 3. *диал.* дамба, насыпь
◇ the D. а) Атлантический океан; б) Ла-Манш; в) Северное море; to die in a ~ умереть под забором, умереть в нищете; to die in the last ~ биться до последнего /до конца, до последней капли крови/; to be driven to the last ~ а) быть доведённым до крайности; б) быть припёртым к стенке
ditch II [dɪtʃ] *v* 1. окапывать рвом, канавой (*тж.* ~ about, ~ around) 2. отрывать канаву, ров, траншею 3. осушать почву с помощью дренажных рвов; to ~ a swamp осушать заболоченную местность 4. 1) чистить ров, канаву 2) укреплять ров, канаву 5. 1) сбрасывать в ров 2) пускать под откос 6. 1) *сл.* угробить, разбить (*самолёт и т. п.*); to ~ a motor car разбить /угробить/ машину 2) *ав. проф.* сделать вынужденную посадку на воду 7. *разг.* бросать, оставлять (*кого-л.*); отделываться (*от кого-л., чего-л.*); he's ~ed his girlfriend он бросил свою девушку; I ~ed that old hat of yours я выбросила твою старую шляпу 8. *сл.* припрятывать; to ~ stolen goods припрятать наворованное добро
ditcher ['dɪtʃə] *n* 1. см. ditch II + -er 2. землекоп 3. 1) *стр.* траншейный экскаватор; канавокопатель 2) *с.-х.* распашник, двухотвальный плуг
ditching ['dɪtʃɪŋ] *n* 1. *дор.* рытьё канав, кюветов 2. *ав. проф.* вынужденная посадка (*самолёта*) на воду
ditching machine ['dɪtʃɪŋmə,ʃi:n] = ditcher 3 1)
ditch-water ['dɪtʃ,wɔ:tə] *n* стоячая, затхлая вода
◇ as dull as ~ смертельно скучный; ≅ «тоска зелёная»
dithecous [daɪ'θi:kəs] *a бот.* двухкамерный, двухгнездовой (*о пыльнике и т. п.*)
dither I ['dɪðə] *n* 1. *разг.* смятение; крайнее возбуждение; to be all of a ~ быть в состоянии крайнего возбуждения 2. *диал.* дрожь, дрожание; to have the ~s дрожать с головы до ног
dither II ['dɪðə] *v* 1. *разг.* 1) находиться в крайнем возбуждении 2) приводить в смятение, в возбуждение 2. *диал.* дрожать, трепетать
dithering-grass ['dɪðərɪŋgra:s] *n бот.* трясунка (*Briza gen.*)
dithyramb ['dɪθɪræm(b)] *n* 1) дифирамб (*гимн в честь бога Диониса*) 2) *книжн.* дифирамб, восхваление, хвала
dithyrambic [,dɪθɪ'ræmbɪk] *a* 1) дифирамбический 2) *книжн.* неистовый, несдержанный
ditokous ['dɪtəkəs] *a зоол.* 1) рождающая двух детёнышей 2) откладывающая два яйца
ditrematous [daɪ'tri:mətəs] *a зоол.* с раздельными выводными путями для половой и выделительной систем
ditremid [daɪ'tri:mɪd] *n зоол.* особь с раздельными выводными путями для половой и выделительной систем
ditriglyph [daɪ'traɪglɪf] *n архит.* дитриглиф
dittander [dɪ'tændə] *n бот.* клоповник широколистный (*Lepidium latifolium*)
dittany ['dɪtənɪ] *n бот.* дикий бадьян, ясенец белый (*Origanum dictamnus*)
ditto I ['dɪtəu] *n* (*pl* -os [-ouz]) 1. 1) то же самое, та же сумма (*употр. в счетах и т. п. во избежание повторения*); paid to Mr. Jones £ 10, ~ to Mr. Brown уплачено мистеру Джоунзу 10 фунтов, мистеру Брауну столько же; he has been very foolish and you ~ он вёл себя очень глупо, и ты тоже 2) знак повторения того же самого, знак " (*тж.* ~ mark) 2. *разг.* точная копия; he is the ~ of his father он как две капли воды похож на отца, он вылитый отец 3. *pl* костюм из

одного материала (*тж.* ~ suit, suit of ~s)
◊ to say ~ to smb. (in smth.) поддакивать кому-л.; соглашаться с кем-л. (в чём-л.)
ditto II ['dɪtəʊ] *adv* так же, таким же образом; to act ~ поступать так же
ditto III ['dɪtəʊ] *v разг.* повторять; делать копию; подбирать пару
dittography [dɪ'tɒgrəfɪ] *n* случайное повторение буквы *или* слова при переписке
dittology [dɪ'tɒlədʒɪ] *n* двойное чтение *или* толкование
ditty ['dɪtɪ] *n* (короткая) песенка, частушка
ditty-bag ['dɪtɪbæg] *n* мешочек для ниток, иголок, туалетных принадлежностей и других мелких вещей (*у матроса или солдата*)
ditty-box ['dɪtɪbɒks] *n* коробка для ниток, иголок, туалетных принадлежностей и других мелких вещей (*у матроса или солдата*)
diuresis [ˌdaɪjʊ'riːsɪs] *n мед.* диурез
diuretic I [ˌdaɪjʊ'retɪk] *n мед.* мочегонное средство
diuretic II [ˌdaɪjʊ'retɪk] *a мед.* мочегонный
diurnal I [daɪ'ɜːnl] *n* 1. дневная бабочка, мошка *или* птица 2. *церк.* служебник
diurnal II [daɪ'ɜːnl] *a* 1. *книжн.* дневной, выполняемый за день 2. дневной; действующий днём; ~ hours дневные часы; ~ star *поэт.* дневное светило, солнце 3. *редк.* эфемерный 4. *зоол., бот.* дневной 5. *энт.* однодневный 6. *спец.* суточный (*цикл и т. п.*)
diurnation [ˌdaɪɜː(ː)'neɪʃ(ə)n] *n* дневная спячка (*у ночных животных*)
div [dɪv] *n перс. миф.* див, дэв
diva ['diːvə] *n* примадонна, дива
divagate ['daɪvəgeɪt] *v книжн.* 1) бродить; слоняться 2) отклоняться от темы
divagation [ˌdaɪvə'geɪʃ(ə)n] *n книжн.* 1) бесцельная ходьба с места на место 2) отклонение, отступление (*от темы*)
divalent [ˌdaɪ'veɪlənt] *a хим.* двухвалентный
divan¹ [dɪ'væn] *n* 1. тахта, софа; оттоманка; ~ bed диван-кровать 2. курительная комната, куда подаётся кофе 3. табачная лавка (*тж.* cigar ~)
divan² [dɪ'væn] *n ист.* 1) диван (*государственный совет в Турции*) 2) зал заседаний дивана
divan³ [dɪ'væn] *n* диван, сборник лирических стихотворений (*в восточной поэзии*)
divaricate I [daɪ'værɪkɪt] *a* 1) расходящийся (*обыкн.* под большим углом) 2) *бот., зоол.* широко расходящийся
divaricate II [daɪ'værɪkeɪt] *v* 1) расходиться, разветвляться; раздваиваться 2) разветвлять; раздваивать
divarication [daɪˌværɪ'keɪʃ(ə)n] *n* 1. расхождение, разветвление; деление надвое, раздвоение 2. развилка (*дорог*) 3. расхождение во мнениях
dive I [daɪv] *n* 1. прыжок в воду (*обыкн.* головой); нырок; compulsory [free] ~s обязательные [произвольные] прыжки в воду; highboard [springboard] ~s прыжки с вышки [с трамплина]; surface /duck/ ~ проныривание; running [standing] ~ прыжок с разбега [с места]; to take a (running) ~ прыгнуть в воду (с разбега), нырнуть с разбега; to take a ~ into the midst of things *образн.* окунуться в гущу событий 2. внезапное движение; прыжок; рывок, бросок; to make a ~ into a shop нырнуть в лавку; заскочить в магазин; to make a ~ for shelter броситься в укрытие; to make a ~ into his pocket его рука скользнула в карман 3. *мор.* погружение (*подводной лодки*) 4. *ав.* пикирование (*тж.* vertical ~, nose ~); ~ angle угол пикирования; to pull the plane out of a ~ вывести самолёт из пике 5. 1) *разг.* винный погребок; пивнушка; «забегаловка»; притон 2) дешёвый ресторанчик, закусочная (*в подвальном помещении*); oyster ~ устричный ресторанчик 6. подземный тоннель (*для транспорта*)
dive II [daɪv] *v* 1. прыгать в воду; нырять; to ~ for pearls нырять за жемчугом 2. бросаться, прыгать вниз 3. *мор.* погружаться (*о подводной лодке*) 4. *ав.* пикировать; to ~ down on the enemy спикировать на врага /на войска противника/ 5. исчезать, скрываться из виду; броситься, шмыгнуть; to ~ into the bushes юркнуть в кусты; to ~ down an alley исчезнуть в глубине аллеи; to ~ for shelter броситься в укрытие 6. окунаться, погружаться, уходить с головой (*во что-л.*); углубляться; to ~ into one's work с головой уйти в работу 7. 1) засовывать, запускать руку; to ~ (one's hand) into one's pocket [into a box] сунуть /запустить/ руку в карман [в коробку] 2) *разг.* лазить по карманам 8. *редк.* плавать под водой, проныривать
dive-bomb ['daɪvbɒm] *v воен.* бомбить с пикированием
dive-bomber ['daɪvˌbɒmə] *n воен.* пикирующий бомбардировщик
dive-bombing ['daɪvˌbɒmɪŋ] *n воен.* бомбометание с пикирования
divective [dɪ'vektɪv] *a спец.* центростремительный
diver ['daɪvə] *n* 1. *см.* dive II + -er 2. 1) ныряльщик 2) *спорт.* прыгун в воду 3. водолаз; ~'s paralysis кессонная болезнь 4. искатель жемчуга; ловец губок (*тж.* sponge ~) 5. *разг.* вор-карманник 6. 1) *pl* ныряющие птицы (пингвины, нырки и др.) 2) *зоол.* гагара (*Gavia gen.*) 3) *зоол.* поганка (*Colymbus gen.*) 7. *воен. ист.* самолёт-снаряд 8. *воен. проф.* подводная лодка
diverge [daɪ'vɜːdʒ] *v* 1. расходиться (*о лучах и т. п.*); their paths ~d их пути разошлись 2. 1) отклоняться, отходить; to ~ from a straight line отклониться от прямой линии; to ~ from the beaten track сойти с проторённой дороги; to ~ from an opinion отказаться от (прежнего) мнения; to ~ from a promise нарушить обещание; отступиться от слова 2) отклоняться (*от нормы, стандарта*) 3. приобретать отличие 2) разниться, отличаться (*о мнениях*) 4. *спец.* вызывать отклонение
divergence, -cy [daɪ'vɜːdʒ(ə)ns, -sɪ] *n* 1. 1) расхождение; отклонение; absolute [relative] ~ of parameter абсолютное [относительное] отклонение параметра; ~ between two results расхождение между двумя результатами (*экспериментов и т. п.*) 2) отличие, отход, отступление, отклонение (*от нормы или стандарта*) 3. *спец.* дивергенция; ~ from type *биол.* дивергенция видов 4. *физ.* разгон (*реактора*) 5. *мат.* расходимость; ~ of series расходимость ряда
divergent [daɪ'vɜːdʒ(ə)nt] *a* 1. расходящийся (*о лучах и т. п.*); ~ series *мат.* расходящийся ряд; they took ~ paths от развилки они пошли разными тропками 2. отклоняющийся, отступающий, отходящий, уклоняющийся 3. отклоняющийся, отличный; ~ opinions различные мнения; ~ viewpoints резко расходящиеся точки зрения 4. *спец.* вызываемый отклонением; характеризуемый дивергенцией 5. 1) *спец.* дивергентный 2) *опт.* рассеивающий (*о линзе*)
divergently [daɪ'vɜːdʒ(ə)ntlɪ] *adv* в разных направлениях
diverging [daɪ'vɜːdʒɪŋ] = divergent 1
divers ['daɪvəz] *a уст.* 1) разные; различные; всевозможные 2) = diverse
diverse [daɪ'vɜːs] *a* 1. различный; несходный; ~ judgements upon the subject разные мнения по (этому) вопросу 2. разный, разнообразный 3. *тех.* разнотипный
diversely ['daɪvɜːslɪ] *adv* 1) различным образом, несходно 2) в разных направлениях
diversification [daɪˌvɜːsɪfɪ'keɪʃ(ə)n] *n* 1. расхождение 2. разнообразие, многообразие 3. расширение ассортимента 4. *с.-х.* смена культур; плодосмен 5. *эк.* диверсификация, разностороннее развитие
diversified [daɪ'vɜːsɪfaɪd] *a* разнообразный; многообразный; ~ farming многоотраслевое сельское хозяйство; ~ areas районы с многоотраслевым хозяйством
diversiform [daɪ'vɜːsɪfɔːm] *a книжн.* имеющие различные формы
diversify [daɪ'vɜːsɪfaɪ] *v* 1. разнообразить, варьировать; порождать многообразие 2. *амер.* вкладывать в различные предприятия (*капитал*)
diversion [daɪ'vɜːʃ(ə)n] *n* 1. 1) отклонение, отход 2) уклонение; отступление 2. отвлечение; ~ of the mind (from smth.) отвлечение внимания (от чего-л.); to create /to make/ a ~ создать отвлекающий фактор; to seek ~ from smth. пытаться отвлечься 3. развлечение, забава; cultural ~s культурные развлечения; indoor ~s развлечения /игры/ в помещении; outdoor ~s игры на открытом воздухе; the ~s of youth утехи /проказы/ молодости 4. 1) отвод; ~ of traffic отвод движения в сторону; ~ of a stream from its channel изменение русла потока; ~ channel деривационный канал; отводной канал; ~ ditch отводная канава 2) обходное направление 5. *воен.* ложная атака, отвлекающий удар
diversionary [daɪ'vɜːʃnərɪ] *a воен.* отвлекающий, ложный (*об ударе, манёвре*)
diversionist [daɪ'vɜːʃ(ə)nɪst] *n* диверсант; саботажник
diversity [daɪ'vɜːsɪtɪ] *n* 1. разнообразие; многообразие 2. отличие, различие; несходство; своеобразие; ~ of tastes своеобразие вкусов 3. разновидность 4. *физ.* фактор разнообразности
divert [daɪ'vɜːt] *v* 1. 1) отклонять, отводить; направлять в другую сторону; to ~ the course of a river изменить русло реки; traffic was ~ed to the side street движение было отведено на боковую улицу; flights were ~ed because of poor visibility из-за плохой видимости маршруты самолётов были изменены 2) направлять в другую сторону, в другое русло; to ~ the conversation переменить тему разговора, перевести разговор на другое /на другую тему/ 3) отводить, выделять; to ~ a sum to charity выделить сумму для нужд благотворительности 2. сбивать (с пути); уводить в сторону; to ~ smb. from a purpose заставить кого-л. отказаться от своей цели; nothing will ~ him from this trip ничто не заставит его отказаться от этой поездки 3. отвлекать (*внимание и т. п.*); to ~ smb.'s thoughts отвлечь чьи-л. мысли, отвлечь кого-л. 4. развлекать, увеселять, забавлять; to ~ smb. with an amusing story позабавить кого-л. смешным рассказом; to ~ oneself by reading parodies развлекаться чтением пародий

diverter [daɪ'vɜ:tə] *n физ.* **1.** диве́ртор **2.** молниеотво́д

diverticula [ˌdaɪvə'tɪkjʊlə] *pl om* diverticulum

diverticulum [ˌdaɪvə'tɪkjʊləm] *n* (*pl* -la) *анат.* дивертикул

divertimento [dɪˌvɜ:tɪ'mentəʊ] *муз.* дивертисме́нт

diverting [daɪ'vɜ:tɪŋ] *a* развлека́тельный, увесели́тельный, заба́вный

divertissement [daɪˌvɜ:tɪs'mɑ:ŋ, dɪ'vɜ:tɪsmənt] *n* **1.** развлече́ние **2.** дивертисме́нт

divertive [daɪ'vɜ:tɪv] *a редк.* **1.** отклоня́ющий; отводя́щий; сбива́ющий **2.** развлека́ющий

divest [daɪ'vest] *v* **1.** *возвыш.* раздева́ть; снима́ть оде́жды; to ~ oneself of one's garment снять одея́ние, разоблачи́ться **2.** *книжн.* лиша́ть; отнима́ть; to ~ smb. of his right [of his rank] лиши́ть кого́-л. пра́ва (чина); to ~ oneself of one's authority сложи́ть полномо́чия; to ~ oneself of an office уйти́ с до́лжности **3.** *книжн.* отбра́сываться, отка́зываться; I can't ~ myself of the idea я (ника́к) не могу́ отде́латься от (э́той) мы́сли

divestible [daɪ'vestɪv] *a книжн.* разоблача́ющий

divestiture [daɪ'vestɪtʃə] *n книжн.* **1.** раздева́ние, разоблаче́ние **2.** лише́ние (*прав*)

divestment [daɪ'vestmənt] = divestiture

divi ['dɪvɪ] *разг. сокр. от* dividend

dividable [dɪ'vaɪdəbl] *a* деля́щийся

divide I [dɪ'vaɪd] *n* **1.** 1) водоразде́л 2) грани́ца, рубе́ж; the continental ~ between Europe and Asia континента́льная грани́ца ме́жду Евро́пой и А́зией **3.** *разг.* делёж; распределе́ние
◊ the Grand /Great/ D. *амер.* а) Скали́стые го́ры; б) смерть; to go over the D. *амер.* перейти́ в мир ино́й, умере́ть

divide II [dɪ'vaɪd] *v* **1.** 1) дели́ть, разделя́ть; to ~ smth. in two дели́ть что́-л. попола́м; to ~ smth. (into three parts) раздели́ть что́-л. (на три ча́сти); to ~ one's hair in the middle [at the side] носи́ть во́лосы на прямо́й [на косо́й] пробо́р; ~d between hatred and pity *образн.* со сме́шанным чу́вством не́нависти и жа́лости 2) дели́ться, разбива́ться на ча́сти; to ~ into smaller groups разби́ться на бо́лее ме́лкие гру́ппы; to ~ at the mouth образо́вывать де́льту (*о реке́*) **2.** *мат.* 1) производи́ть деле́ние; to ~ 60 by 12, to ~ 12 into 60 раздели́ть 60 на 12 2) быть дели́телем; 9 ~s into 36, 36 ~s by 9 36 де́лится на 9 3) дели́ться без оста́тка **3.** классифици́ровать, подразделя́ть; to ~ words into simple, derived and compound дели́ть слова́ на просты́е, производ́ные и сло́жные **4.** 1) отделя́ть; отреза́ть; отрыва́ть; to ~ two houses отделя́ть два до́ма друг от дру́га (стено́й *и т. п.*); to ~ fancy from fact отлича́ть вы́мысел от и́стины; to ~ smb. from the world отре́зать кого́-л. от ми́ра; to ~ the sheep from the goats *библ.* отдели́ть ове́ц от ко́злищ 2) отделя́ть, служи́ть прегра́дой; the railing that ~ed the spectators from the court пери́ла, кото́рые отделя́ли зри́телей от суда́; the mountains that ~ France from Spain го́ры, разделя́ющие Фра́нцию и Испа́нию **5.** 1) распределя́ть; производи́ть делёж; to ~ the profits among /between/ them подели́ть при́быль ме́жду ни́ми; to ~ smth. with a friend подели́ться чем-л. с дру́гом; to ~ one's time between work and play распределя́ть вре́мя ме́жду рабо́той и развлече́ниями; we ~ the work among us мы распределя́ем (всю) рабо́ту ме́жду собо́й 2) распределя́ть (*внима́ние*); to ~ one's attention between two things ду́мать одновреме́нно о двух веща́х **6.** 1) вы́звать разногла́сия, расхожде́ния во мне́ниях; to be ~d in opinion разойти́сь во взгля́дах; opinions are ~d on the point по э́тому вопро́су мне́ния расхо́дятся; my mind is ~d on the point у меня́ сомне́ния /я не при́нял реше́ния/ по э́тому вопро́су 2) расходи́ться во мне́ниях, обнару́живать разногла́сия; the parties ~d on the point the pa'ties разошли́сь во мне́ниях по э́тому вопро́су; a party ~d against itself па́ртия, раздира́емая разногла́сиями; a House ~d against itself не суме́вшая прийти́ к о́бщему /еди́ному/ мне́нию **7.** *парл.* 1) голосова́ть, ста́вить на голосова́ние, проводи́ть голосова́ние; to ~ the House провести́ голосова́ние в пала́те; D.!, D.! ста́вьте на голосова́ние! 2) разделя́ть на гру́ппы при голосова́нии 3) вызыва́ть разделе́ние голосо́в; the proposal ~d the meeting при голосова́нии э́того предложе́ния голоса́ уча́стников собра́ния раздели́лись **8.** *спец.* градуи́ровать, наноси́ть деле́ния на шкалу́ **9.** *тех.* измельча́ть, дисперги́ровать
◊ ~ and rule дели́ и вла́ствуй

divided [dɪ'vaɪdɪd] *a* **1.** 1) разделённый на ча́сти; ~ payments вы́плата по частя́м; ~ hoof раздво́енное /па́рное/ копы́то; ~ skirt кюло́ты, ю́бка-штаны́ 2) *бот.* рассечённый (*о ли́стьях*) **2.** распределённый, разделённый; ~ attention распределённое внима́ние **3.** расходя́щийся во мне́ниях, обнару́живающий разногла́сия **4.** *тех.* 1) составно́й; разъёмный; секцио́нный 2) парциа́льный; измельчённый, диспергированный **5.** *спец.* градуи́рованный; ~ dial градуи́рованный циферблат

divide et impera [dɪˌvi:deɪet'ɪmperə] *лат.* разделя́й и вла́ствуй

dividend ['dɪvɪdend, -dənd] *n* **1.** дивиде́нд; to pay a ~ выпла́чивать дивиде́нды; ~ payment *фин.* а) опла́та дивиде́нда; б) дивиде́нд к опла́те **2.** до́ля, часть **3.** *мат.* дели́мое

dividend-warrant ['dɪvɪdendˌwɒr(ə)nt] *n* 1) проце́нтный купо́н (*в А́нглии*) 2) свиде́тельство на получе́ние дивиде́нда

divider [dɪ'vaɪdə] *n* **1.** *см.* divide II + -er **2.** 1) *с.-х.* отдели́тель (*в жа́твенных маши́нах*) 2) эл. дели́тель 3) *тех.* дели́тельное устро́йство 4) сепара́тор **3.** = dividers

dividers [dɪ'vaɪdəz] *n pl* измери́тельный ци́ркуль, дели́тельный ци́ркуль (*тж.* pair of ~)

dividing [dɪ'vaɪdɪŋ] *a* разделя́ющий, дели́тельный; ~ range /ridge/ водоразде́л; ~ rule масшта́бная лине́йка; ~ dial *тех.* дели́тельный круг; ~ plane *хим.* конта́ктный слой

divi-divi ['dɪvɪ'dɪvɪ] *n бот.* **1.** ди́ви-ди́ви (*Caesalpinia coriaria*) **2.** цезальпи́ния краси́льная (*Caesalpinia tinctoria*)

dividual [dɪ'vɪdjʊəl] *a редк.* **1.** отде́льный **2.** дели́мый; распада́ющийся на ча́сти **3.** распределённый

dividuous [dɪ'vɪdjʊəs] *редк.* = dividual 1 и 2

divination [ˌdɪvɪ'neɪʃ(ə)n] *n* **1.** гада́ние, ворожба́; предска́зывание бу́дущего **2.** предсказа́ние, прорица́ние **3.** уда́чный прогно́з, пра́вильная дога́дка

divine I [dɪ'vaɪn] *n* **1.** богосло́в, тео́лог **2.** *книжн.* свяще́нник

divine II [dɪ'vaɪn] *a* **1.** боже́ственный; бо́жий; ~ will *рел.* произволе́ние бо́жие; во́ля бо́жия; D. Comedy «Боже́ственная коме́дия» **2.** богода́нный; ~ right пра́во пома́занника бо́жьего **3.** 1) свято́й, свяще́нный 2) религио́зный; обращённый к бо́гу; ~ service церко́вная слу́жба, богослуже́ние **4.** небе́сный, богоподо́бный; боже́ственный; the ~ Shakespeare боже́ственный Шекспи́р **5.** *эмоц.-усил.* изуми́тельный, боже́ственный; ~ weather ди́вная /боже́ственная/ пого́да; ~ hat преле́стная шля́пка; you look ~ in that dress вы преле́стно вы́глядите в э́том пла́тье

divine III [dɪ'vaɪn] *v* **1.** предска́зывать, прорица́ть; проро́чествовать **2.** предуга́дывать; дога́дываться, понима́ть интуити́вно; to ~ smb.'s intentions разгада́ть чьи-л. наме́рения; to ~ the meaning of smth. поня́ть значе́ние чего́-л.; to ~ what the future will be like предви́деть бу́дущее **3.** *арх.* предвеща́ть; быть предте́чей, предве́стником

divinely [dɪ'vaɪnlɪ] *adv* **1.** 1) боже́ственно 2) подо́бно бо́гу, богоподо́бно **2.** *эмоц.-усил.* боже́ственно, изуми́тельно, превосхо́дно

diviner [dɪ'vaɪnə] *n* **1.** предсказа́тель; прорица́тель **2.** тот, кто и́щет во́ду или руду́ с по́мощью «волше́бной лозы́», лозоиска́тель

diving I ['daɪvɪŋ] *n* **1.** ныря́ние; прыжки́ в во́ду; long ~ *спорт.* ныря́ние в длину́; head first ~ *спорт.* ныря́ние голово́й вперёд; ~ championship чемпиона́т по прыжка́м в во́ду; ~ pond бассе́йн для прыжко́в в во́ду; high ~-event соревнова́ния по прыжка́м в во́ду /по прыжка́м/ с вы́шки **2.** *спорт.* прыжо́к в высоту́; «нырóк» (*в перекидно́м сти́ле*) **3.** *мор.* погруже́ние (*подво́дной ло́дки*) **4.** *мор.* водола́зное де́ло **5.** *ав.* пики́рование (*самолёта*)

diving II ['daɪvɪŋ] *a* **1.** ныря́ющий, пры́гающий в во́ду **2.** *ав.* пики́рующий

diving-bell ['daɪvɪŋˌbel] *n* водола́зный ко́локол

diving-board ['daɪvɪŋbɔ:d] *n* трампли́н для прыжко́в в во́ду; high ~ вы́шка для прыжко́в в во́ду

diving-buck ['daɪvɪŋbʌk] *n зоол.* южноафрика́нская антило́па (*Cephalophus mergens*)

diving-dress ['daɪvɪŋdres] *n* водола́зный костю́м, скафа́ндр

diving-duck ['daɪvɪŋdʌk] *n зоол.* ныро́к, ныркóвая у́тка (*Aythya gen.*)

diving-helmet ['daɪvɪŋˌhelmɪt] *n* водола́зный шлем

diving-pigeon ['daɪvɪŋˌpɪdʒɪn] *n зоол.* ка́йра (*Uria grylle*)

diving-plane ['daɪvɪŋˌpleɪn] = diving rudder

diving reflex ['daɪvɪŋri:fleks] *физиол.* «рефле́кс ныря́ния» (*замедле́ние сердцебие́ния и др. явле́ния при погруже́нии головы́ в холо́дную во́ду*)

diving-rudder ['daɪvɪŋˌrʌdə] *n* 1) *ав.* руль высоты́ или глубины́ 2) *мор.* горизонта́льный руль

diving-spider ['daɪvɪŋˌspaɪdə] *n энт.* водяно́й пау́к (*Argyroneta aquatica*)

diving suit ['daɪvɪŋsju:t] *n* костю́м для прыжко́в в во́ду 2) скафа́ндр

diving-tower ['daɪvɪŋˌtaʊə] *n* вы́шка для прыжко́в в во́ду

divinify [dɪ'vɪnɪfaɪ] *v* обожествля́ть

divining-rod [dɪ'vaɪnɪŋrɒd] *n* **1.** волше́бный, маги́ческий жезл; волше́бная па́лочка **2.** прут, «волше́бная лоза́» для отыска́ния воды́ или руды́

divinity [dɪ'vɪnɪtɪ] *n* **1.** боже́ственность **2.** божество́; бог **3.** теоло́гия, богосло́вие; ~ course курс богосло́вия; Doctor of D. до́ктор богосло́вия **4.** факульте́т богосло́вия (*тж.* ~ school)

divinity calf [dɪ'vɪnɪtɪˌkɑ:f] тёмно-кори́чневая ко́жа для переплётов

divinyl [daɪ'vaɪnɪl] *n хим.* дивини́л

DIV — DO

divisi [dɪ'viːziː] *муз.* для двух
divisibility [dɪ,vɪzɪ'bɪlɪtɪ] *n* 1) делимость; ~ of matter делимость материи 2) *мат.* делимость
divisible [dɪ'vɪzəbl] *a* 1) делимый; to be ~ into подразделяться на; состоять из 2) (by) *мат.* делимый без остатка; 8 is ~ by 2 8 делится на 2
division [dɪ'vɪʒ(ə)n] *n* 1. деление; разделение; ~ of labour разделение труда; ~ of political power разделение политической власти 2. распределение, раздача 3. *мат.* деление; simple /exact/ ~ деление без остатка; restoring ~ деление с восстановлением (остатка); abridged /short-cut/ ~ сокращённое деление; ~ mark знак деления 4. деление, расхождение во мнениях; раздоры; to cause /to stir up/ ~s сеять рознь; to bring ~ into a family посеять рознь в семье 5. 1) голосование; on a ~ при голосовании; to come to a ~ голосовать, прибегать к голосованию; to challenge a ~ потребовать голосования, добиться голосования (*по какому-л. вопросу*); without a ~ не ставя вопрос на голосование; без голосования 2) разделение голосов во время голосования 6. 1) классификация, деление 2) *зоол.* отдел (*классификационная единица*) 3) *бот.* тип 4) *спорт.* место; top ~ первое место 7. 1) категория, подразделение; отдел, раздел 2) сектор 3) *тех.* отсек 8. 1) перегородка, барьер 2) межа; граница 9. округ; administrative [parliamentary] ~ административный [избирательный] округ 10. *амер.* отделение (*нескольких факультетов*); ~ of modern languages отделение новых языков 11. 1) *юр.* отделение, отдел, контора; King's Bench D. отделение королевской скамьи Высокого суда (*в Англии*); Divorce D. отдел по разводам Высокого суда (*в Англии*); Probate D. отделение по наследственным делам Высокого суда (*в Англии*) 2) *спец.* отдел; ~ of laser fusion отдел лазерного синтеза; ~ of technical information extension отдел по распространению технической информации 12. *спец.* 1) деление (*шкалы*) 2) цена деления 13. *воен.* дивизия; armoured ~ бронетанковая дивизия; ~ engineer дивизионный инженер; ~ headquarters штаб дивизии 14. *мор.* дивизион 15. *тех.* измельчение, диспергирование
◊ the first [the second, the third] ~ мягкий [усиленный, строгий] тюремный режим
divisional [dɪ'vɪʒənl] *a* 1. 1) относящийся к делению; разделяющий, разделительный 2) составляющий часть (*чего-л.*); дробный 2. *воен.* дивизионный; ~ commander командир дивизии; ~ trains тыловые подразделения дивизии
divisionary [dɪ'vɪʒən(ə)rɪ] *редк.* = divisional
divisionism [dɪ'vɪʒənɪz(ə)m] *n жив.* получение цветовых эффектов сочетанием точечных мазков; пуантилизм
divisionist [dɪ'vɪʒənɪst] *n жив.* пуантилист
division plane [dɪ'vɪʒ(ə)n,pleɪn] *спец.* плоскость раздела
division sign [dɪ'vɪʒ(ə)n,saɪn] *мат.* 1) знак деления 2) диагональная черта, знак дроби, «дробь»
divisive [dɪ'vaɪsɪv] *a* 1. разделяющий, аналитический 2. сеющий распри, вызывающий рознь, разногласия; these issues are ~ эти вопросы вызывают (глубокие) разногласия /раскол/; because of Vietnam, war has become an extremely ~ issue in America из-за Вьетнама вопрос о войне приобрёл в Америке исключительную остроту /породил глубокий раскол в американском обществе/
divisiveness [dɪ'vaɪsɪvnɪs] *n* 1) спорность 2) наличие поводов для раздоров, разлада
divisor [dɪ'vaɪzə] *n* 1. *мат.* делитель 2. *эл.* делитель напряжения
divorce I [dɪ'vɔːs] *n* 1. развод, расторжение брака; bill of ~ решение суда о расторжении брака; ~ rate процент разводов; ~ case /suit/ дело о разводе /о расторжении брака/; ~ court суд по бракоразводным делам; to file a petition for ~, to sue for a ~ потребовать развода в судебном порядке; to take /to start/ ~ proceedings начать дело о разводе; to obtain a ~ получить развод, развестись 2. разрыв, разъединение; the ~ between science and religion пропасть между наукой и религией
divorce II [dɪ'vɔːs] *v* 1. 1) разводиться, расторгать брак; to ~ smb. развестись с кем-л. 2) разводить (*кого-л.; о суде и т. п.*); to be ~d from smb. быть в разводе с кем-л., развестись с кем-л. 2. 1) разрывать, отрывать, разъединять; to ~ form from matter отрывать форму от содержания; to ~ one's conduct from one's principles действовать вразрез со своими принципами; a passage ~d from its context отрывок, вырванный из контекста 2) отделять, разделять; to ~ the church from the State отделять церковь от государства
divorcé [dɪ,vɔː'seɪ, -'siː] *n* разведённый муж
divorcee [dɪ,vɔː'siː] *n* разведённый муж; разведённая жена
divorcée [dɪ,vɔː'siː, -'seɪ] *n* разведённая жена
divorcement [dɪ'vɔːsmənt] *n* 1. расторжение брака; bill of ~ свидетельство о разводе (*выданное судом*) 2. книжн. разрыв, отрыв, разъединение; the ~ of the written language from the spoken разрыв между письменным и разговорным языком
divot [dɪvət] *n диал.* дёрн
divulgate ['daɪvʌlgeɪt] = divulge
divulgation [,d(a)ɪvʌl'geɪʃ(ə)n] *n книжн.* разглашение; обнародование
divulge [d(a)ɪ'vʌldʒ] *v книжн.* 1) разглашать, обнародовать; to ~ a secret разгласить тайну 2) *редк.* становиться известным; разглашаться
divulgence [daɪ'vʌldʒ(ə)ns] *n книжн.* разглашение; обнародование
divulsion [daɪ'vʌlʃ(ə)n] *n книжн.* отрыв, отделение; разрыв
divvy I ['dɪvɪ] *разг. сокр. от* dividend
divvy II ['dɪvɪ] *n разг.* (*тж.* ~ up) делиться; входить в пай
Dixie ['dɪksɪ] *n* Южные штаты США (*тж.* ~ Land)
dixie ['dɪksɪ] *n воен. жарг.* 1) походный котелок 2) кухонный котёл
Dixiecrat ['dɪksɪkræt] *n амер. неодобр.* диксикрат, член демократической партии из Южных штатов
Dixieland ['dɪksɪlænd] *n амер.* «диксиленд» (*тип джаза*)
dixit ['dɪksɪt] *n книжн.* безапелляционное утверждение
dizain [dɪ'zeɪn] *n стих.* десятистрочное стихотворение *или* -ая строфа
dizdar ['diːzdɑː] *n ист.* охранитель замка, командир крепости (*в Турции и Персии*)
dizygotic [,daɪzaɪ'gɒtɪk] *a биол.* дизиготный, дву(х)зиготный
dizz [dɪz] = dizzy II 1)
dizzily ['dɪzɪlɪ] *adv* головокружительно; a ~ high bridge очень высокий мост; to walk ~ идти пошатываясь /едва не падая/ (*от головокружения*)
dizziness ['dɪzɪnɪs] *n* головокружение; a fit of ~ приступ головокружения
dizzy I ['dɪzɪ] *a* 1. 1) чувствующий головокружение, дурноту; to feel ~ чувствовать головокружение; my head is quite ~, I am quite ~ у меня сильно кружится голова; it made me ~ от этого у меня закружилась голова 2) сбитый с толку; ошеломлённый 2. 1) головокружительный, вызывающий головокружение, дурманящий; ~ climb [height] головокружительный подъём [-ая высота] 2) бешено вертящийся 3. качающийся, плывущий 4. *разг.* дурной, глупый
dizzy II ['dɪzɪ] *v* 1) вызывать головокружение, дурноту; дурманить 2) ошеломлять, приводить в смятение, оглушать
do¹ [duː] *n* (*pl* dos, do's [duːz]) 1. *разг.* обман, мошенничество, надувательство; «розыгрыш»; nothing but a do формéнное надувательство; the scheme was a do from the start план с самого начала был сплошной липой 2. *разг.* развлечение, веселье, вечер; we've got a do on tonight у нас сегодня вечер; to take part in a big do провести вечер в большой весёлой компании 3. *разг.* 1) сделка 2) участие, доля; fair do's /dos/! всем поровну!; that's not fair do's это несправедливо, доли неравные 4. *австрал. разг.* удача, успех 5. *разг.* обслуживание; one gets a poor do at this hotel в этой гостинице плохо обслуживают
◊ do's /dos/ and don'ts а) правила, нормы; the dos and don'ts of polite manners правила поведения /хорошего тона/, этикет; he's in one of his do's на него нашло; б) предписания и запреты; a diet with numerous dos and don'ts диета с многочисленными предписаниями и запретами
do² II [duː (*полная форма*); du, də, d (*редуцированные формы*)] *v* (did; done; *3-е л. ед. ч. наст. вр.* does) I 1. 1) делать, производить действие; what are you doing? что вы делаете?; I shall do nothing of the sort ничего подобного я делать не стану; he has done much for me он много сделал для меня; он мне оказал большую услугу; what can I do for you?, can I do anything for you? чем я могу быть вам полезен?, что я могу сделать для вас?; do as you are told делайте, что вам велят /как вам говорят/; what shall I do next? что мне делать дальше?; he did a funny thing он странно себя повёл; there's nothing to be done делать нечего, ничего не поделаешь, it can't be done! это невозможно /немыслимо/!; he won't do anything to you он не сделает тебе ничего плохого, он не обидит тебя; what is to be done? что же делать?, что можно (в данном случае) сделать?; what is to do? *прост.* а) что же делать?; б) в чём дело?; she could do nothing but cry она только и могла что плакать; it was all I could do to lift the box мне едва удалось поднять коробку; do what we would the boat was slowly sinking несмотря на наши усилия, лодка продолжала медленно погружаться; she didn't know what to do with herself она не знала, куда ей себя девать /чем ей себя занять/; he didn't know what to do with his hands он не знал, куда девать свои руки; он был ужасно неловок 2) делаться, происходить; there's nothing doing а) ничего особенного не происходит; б) дела идут неважно; what's the weather doing? как там погода?; he came to see what was doing *прост.* он пришёл посмотреть, что делается /происходит/ 3) поступать, делать; to do well посту-

пать хорошо [*ср. тж.* II Б 1]; you did well to refuse his invitation вы правильно /хорошо/ сделали /поступили/, что не приняли его приглашения; to do right [wrong] поступать правильно [неправильно]; what are you going to do about it? как вы думаете в этом случае поступить?; that's not done, those things are not done так не поступают; that's quite commonly done в этом поступке нет ничего необычного; так не поступают; how could you do such a thing? как вы могли сделать такое?; by so doing /by doing so/ you will save a lot of money (поступив) таким образом вы сэкономите уйму денег 4) заниматься (*чем-л.*), работать; what does he do? чем он занимается?; what does he do for a living? чем он зарабатывает на жизнь?, чем он занимается?; it gives him something to do (как-то) заполняет его время; I have nothing to do мне нечего делать; мне нечем заняться; are you doing anything tomorrow? у вас есть какие-нибудь планы /дела/ на завтра?, вы заняты завтра?; what is there to do? что нужно сделать?, какие есть дела?; get yourself something to do найди себе какое-нибудь дело, займись чем-нибудь; he's building a summer house for something to do он строит себе летний домик от нечего делать 5) обслуживать (*кого-л.*); заниматься (*клиентом и т. п.*); how much do they do you for here? какова здесь стоимость обслуживания?; I'll do you next, madam через минуту я займусь вами, мадам; вы у меня следующая на очереди, мадам 2. 1) осуществлять, выполнять, делать, проделывать; to do one's work [one's duty, one's task, *уст.* smb.'s bidding] выполнять работу [долг, задачу, чью-л. просьбу]; to do odd jobs выполнять случайную работу, иметь случайным заработком; to do smb.'s will исполнять чью-л. волю; the amount of work he has done is amazing просто удивительно, какую он проделал огромную работу; to do one's best /one's utmost, all one can, everything in one's power/ сделать всё возможное, не жалеть сил 2) творить, делать; to do miracles /wonders/ творить чудеса; to do mischief натворить дел; to do good творить добро [*см. тж.* II А 1, 1)]; to do a good deed сделать доброе дело 3. 1) (*часто с* for) годиться, подходить; быть достаточным; this room will do for the office эта комната подойдёт под контору; one blanket did for three men им хватало одного одеяла на троих; he has enough money to do him till the end of the year этих денег ему хватит до конца года; will do a) это подойдёт; б) этого достаточно; that will not do a) это не подойдёт; б) так не выйдет; так не годится; that will not do (for) me это мне не подходит, это меня не устраивает; that will never do это совершенно недопустимо, это никуда не годится; it would never do for you to see them не годится /не следует/ вам встречаться с ними; will that do? a) это годится?; б) этого хватит?; will these shoes do you? такие башмаки вас устроят /вам подойдут/?; that would hardly do a) вряд ли это вам хватит; б) это вряд ли уместно; I will make it do я обойдусь (этим), she made her old dress do another season она подправила старое платье и проносила его ещё сезон 2) (with, without) довольствоваться, обходиться; he does with very little food он очень мало ест; you must make do with what you have нужно обходиться тем, что есть; to be just able to make do иметь скромный достаток, кое-как

сводить концы с концами; how many can you do with? сколько вам нужно?; I think I can do with six думаю, что шести хватит; can he do without cigarettes? он может обойтись без сигарет?; I could do without him я бы мог обойтись без него 4. *разг.* 1) обманывать, надувать; I am afraid you have been done боюсь, что вас обманули; he did me over that в этом он меня надул 2) (out of) обманом отбирать; выживать; to do smb. out of a job подсидеть кого-л.; he's done me out of a thousand pounds он нагрел меня на тысячу фунтов; I've been done out of my money ≅ плакали мои денежки

II А 1. 1) приносить (*пользу и т. п.*); to do good приносить пользу [*см. тж.* I 2]; to do much good быть очень полезным; приводить к (очень) хорошим результатам; a long walk will do you good длительная прогулка пойдёт вам на пользу; that won't do any good от этого толку не будет; did the medicine do you any good? вам помогло (это) лекарство?; try what kind words will do попробуйте подействовать добрым словом; let's see what a bit of flattery will do посмотрим, что даст небольшая доза лести /чего можно добиться небольшой дозой лести/ 2) причинять (*ущерб и т. п.*); to do harm причинять вред; what harm is he doing you? чем он вам мешает? 3) оказывать (*услугу и т. п.*); to do (smb.) a favour [a kindness] оказать (кому-л.) услугу [любезность]; will you do me a favour? не окажете ли вы мне услугу?, могу ли я попросить вас об одной услуге?; to do smb. a good [a bad] turn оказать кому-л. хорошую [плохую] услугу; to do honour оказывать честь /внимание/ 4) воздавать (*должное и т. п.*); to do justice a) воздать должное; оценить по заслугам; that photograph does not do you justice в жизни вы лучше, чем на этой фотографии; б) справедливости ради; to do him justice he is no fool справедливости ради надо сказать, что он совсем не глуп; to do smb. an injustice несправедливо относиться к кому-л.; обижать кого-л. 5) делать (*честь и т. п.*); to do credit делать честь; we'll do you credit вы сможете нами гордиться 2. 1) заниматься (*какой-л. деятельностью или каким-л. делом*); to do lecturing [painting, gardening] заниматься чтением лекций [живописью, садоводством]; I have done enough reading for today сегодня я читал достаточно; he did all the talking at lunch за ленчем только он один и говорил; you'll let me do the thinking разрешите мне самому обдумать всё; to do one's correspondence вести переписку; to do repairs заниматься починкой (*автомобилей и т. п.*); to do one's military service проходить воинскую службу, служить (в армии) 2) выполнять функции (*кого-л.*); выступать (*в каком-л. качестве*); who will do the interpreter? кто возьмёт на себя роль переводчика?; he does the host admirably он замечательно выполняет роль хозяина 3) стараться быть *или* выглядеть (*каким-л.*), усердствовать в (*какой-л.*) роли; to do the agreeable стараться всем угодить; to do the grand строить из себя персону; to do the polite быть сверхвежливым 4) изучать (*какую-л. дисциплину*); he is doing medicine он изучает медицину; I can't do Latin латынь мне не даётся; is he doing German at school? он занимается в школе немецким?; to do a book проработать *или* прорецензировать книгу [*см. тж.* 5)] 5) писать (*статьи и т. п.*);

to do articles for a magazine писать статьи для журнала, сотрудничать в журнале; he did an article on medicine он написал статью по медицине; to do a book написать книгу [*см. тж.* 4)] 6) писать (*портрет и т. п.*); he is doing my son's portrait он пишет портрет моего сына 7) решать (*задачи и т. п.*); to do a sum /a problem/ решать арифметическую задачу 3. 1) делать (*упражнение, фигуру и т. п.*) 2) играть, исполнять (*роль или музыкальное произведение*); to do a concerto исполнить концерт; he does Hamlet very well он очень хорошо играет (роль) Гамлета 4. убирать (*помещение и т. п.*); приводить в порядок (*волосы, платье и т. п.*); to do the room убирать комнату; to do the beds застелить кровати; to do the windows [the dishes] мыть окна [посуду]; to do one's hair причесаться, сделать причёску; to do one's face попудриться, накраситься, сделать макияж; ≅ привести в порядок лицо 5. готовить, приготовлять (*пищу*); жарить, тушить *и т. п.*; do the beets with vinegar приготовьте свёклу с уксусом; I like my meat very well done я люблю, когда мясо хорошо прожарено; is the meat done yet? мясо уже готово?; to do smth. brown поджарить что-л., подрумянить что-л.; done to a turn отлично прожаренный, поджаренный как надо 6. *разг.* осматривать (*достопримечательности*); to do a museum [a picture gallery, a town, (the) sights] осматривать музей [картинную галерею, город, достопримечательности]; you can't do Moscow in a day нельзя познакомиться с Москвой за один день 7. покрывать, проезжать, проходить (*определённое расстояние*); we did the journey in five hours мы проделали весь путь за пять часов; he can do the distance in an hour он может пройти /или проехать/ это расстояние за час; the car was doing 60 miles машина шла со скоростью 60 миль в час 8. отбывать (*срок наказания и т. п.*); he is doing a ten-year term он отбывает десятилетний срок тюремного заключения; he did ten years *разг.* он отсидел десять лет 9. *ком.* 1) продавать, поставлять (*по определённой цене*); they can do you this at £5 a piece они могут продать /поставить/ вам этот товар по 5 фунтов за штуку 2) погасить (*вексель*) 3) оплатить (*чек*)

II Б 1. to do /to be doing/ well, splendidly, etc. *разг.* [*ср. тж.* I 1] 1) процветать, преуспевать; he is doing well now a) у него сейчас хорошо идут дела; б) он сейчас хорошо зарабатывает; both sisters have done splendidly обе сестры прекрасно устроились; vines do well on hillsides виноградники хорошо растут на склонах гор; the wheat is doing well пшеница уродилась хорошая 2) поправляться; чувствовать себя хорошо; the patient is doing well now больной поправляется; больной теперь чувствует себя хорошо; is the baby doing well? хорошо ли растёт /развивается/ малыш? 3) успешно справляться (с чем-л.); хорошо проявлять себя (в чём-л.); the speaker did well оратор произвёл хорошее впечатление; he did very well today a) сегодня он показал себя с очень хорошей стороны; б) сегодня он справился (с делом) очень хорошо; he did brilliantly at his examination он блестяще сдал экзамен 2. to do /to be doing/ badly, poorly, etc. ≅ дела идут

DO — DOC

неважно; he did poorly at his examination он плохо сдал экзамен, он провалил экзамен; how did he do at the exhibition? как у него дела на выставке?, как были приняты на выставке его работы? **3.** *to do smb. well /handsomely, etc./ разг.* хорошо принимать, угощать, обслуживать кого-л.; he will certainly do you well он, конечно, очень хорошо примет вас; they do you very well at that hotel в этой гостинице очень хорошее обслуживание; to do smb. proud угостить кого-л. на славу; to do oneself well /proud/ доставить себе удовольствие; не отказывать себе ни в чём, роскошествовать; cigars! your friend does himself well ещё и сигары! да, ваш друг ни в чём себе не отказывает **4.** *to do somehow by (книжн. to, unto) smb.* обращаться /обходиться/ как-л. с кем-л., относиться как-л. к кому-л.; he complained that he has been hard done by он жаловался, что с ним плохо обошлись /что с ним плохо поступили/; as you would be done by поступай с другими так, как ты хотел бы, чтобы поступали с тобой **5.** *to be /to have/ done (with) разг.* кончать, заканчивать, завершать; we are done мы кончили; one more point and I have /am/ done ещё один пункт, и я кончаю; the day is done день прошёл; that's all over and done with с этим всё кончено; have done (with) crying! перестань(те) плакать!; have done with compliments! довольно комплиментов!; I have done with politics я оставил политику, я больше не занимаюсь политикой; will he never have done? кончит он наконец?; be done!, have done! хватит!, кончай!; have you done supper? ты кончил ужинать? **6.** *разг. to have done (with) smb.* покончить, разделаться с кем-л.; победить кого-л.; he has done with her он с ней порвал; I haven't done with him yet я ещё с ним не рассчитался /не расквитался/; that's done you! попался! **7.** *to do for smb., smth., часто p. p., разг.* 1) губить; to do for a rival разделаться с соперником /с конкурентом/; another stroke would ~ for him ещё один удар — и ему конец, он не перенесёт второго удара; we're done for! мы погибли!; but for you, I'd have been done for если бы не ты, мне была бы крышка 2) портить, приводить в негодность; if such a thing is broken it is done for если такая вещь сломалась, она уже ни на что не годна; I am afraid these shoes are done for боюсь, что этим ботинкам пришёл конец **8.** *to do for smb.* заботиться о ком-л.; ухаживать за кем-л.; вести чьё-л. хозяйство; быть приходящей прислугой у кого-л.; who does for you? кто у вас занимается хозяйством?; кто за вами ухаживает?; she does for Mr. Brown она ведёт хозяйство у г-на Брауна; она приходит убирать к г-ну Брауну; to do for oneself обходиться без прислуги **9.** *to do (a text, etc.) into another language* перевести (текст *и т. п.*) на другой язык; to do an article into English [into French] перевести статью на английский [на французский] язык; done in French составлен на французском языке (*об официальном документе*) **10.** 1) *can /could/ do with smth.* не помешало бы, не повредило бы, хотелось бы; I could /can/ do with a cup of tea я не отказался бы от чашки чая; he could do with a shave ему не мешало бы побриться; I could do with a good rest хотелось бы хорошенько от-

дохнуть 2) *cannot /could not/ do with smth.* не терпеть, не мириться, не выносить; I cannot do with any noise я не выношу ни малейшего шума; I can't do with his insolence я не переношу его наглости

III А 1. *в сочетании с рядом существительных обозначает действия, названные существительным:* to do a battle сражаться; to do a bust ворваться (*куда-л.*) **2.** *употребляется для усиления* 1) *при глаголе:* I do believe you! ну конечно, я вам верю!; you do play the piano well! как хорошо вы играете на рояле!; I do think you ought to go there я убеждён, что вам следует поехать /пойти/ туда; that's just what people did say это как раз то /именно то/, что говорили (люди); he never did come so fast he was I remember it уж это-то я помню очень хорошо!; little did he think then that... тогда ему и в голову не приходило, что...; do help me! ну помоги же мне!; do be quiet! ну замолчи же!; do go! знаешь, уйди!; послушай, уйди!; do come! очень прошу тебя, приходи! 2) *в (инвертированных) оборотах с тавтологическим подлежащим:* he likes to find fault, does the doctor уж и любит этот доктор придираться; he needs to be taught manners, he does! его обязательно надо научить, как себя вести! **3.** *употребляется во избежание повторения глагола:* why act as you do? зачем поступать так, как вы поступаете?; who took that? — I did кто взял это? — Я (взял); I (don't) like coffee, do you? я (не) люблю кофе, а вы?; you didn't see him, nor did I вы его не видели, и я тоже; I don't like being interrupted.— Who does? не люблю, когда меня прерывают.— А кто любит?; they travel a good deal.— Do they? они много путешествуют.— Неужели /Разве/?

III Б *вспомогательный глагол* 1) *служит для образования вопросительной и отрицательной форм настоящего и прошедшего времени:* do you speak English? — Yes, I do вы говорите по-английски? — Да; does he know it? — No, he doesn't он знает это? — Нет 2) *служит для образования отрицательной формы повелительного наклонения:* don't do it! не делай этого!; do not speak! не говори!, молчи!; don't be afraid! не бойся!; don't be silly! не глупи!; don't! перестань!

◇ to have to do with smth. заниматься чем-л.; иметь своим предметом что-л.; philosophy has to do with all aspects of life философия изучает жизнь во всех её аспектах; to have smth. to do with smb. [smth.] иметь отношение к кому-л. [к чему-л.]; I'm sure he has something to do with it я уверен, что без него здесь не обошлось /что он приложил к этому руку/; have you anything to do with it? вы имеете к этому отношение?; this has little to do with art это имеет (весьма) отдалённое отношение к искусству; envy has a lot to do with it зависть имеет к этому прямое отношение; how do you do? а) здравствуйте, добрый день *и т. п.* (*формула приветствия при встрече*); б) как дела?, как поживаете?; в) приятно /рад, рада/ познакомиться, очень приятно (*формула приветствия в момент представления или знакомства*); done (with you)! ладно!, по рукам!, договорились!, идёт!; do tell! неужели?, да ну?!; to do and /or/ die ≅ победить или умереть; to do smb.'s business /the job/ for smb. погубить кого-л.; to do a dry *театр. жарг.* забыть текст; to do a guy *сл.* прогуливать; to do the trick добиться

достигнуть цели; that'll do the trick это решит дело; то доб тъ. дело, to do the dirty on smb. *сл.* сыграть плохую шутку с кем-л.; to do smb. to death а) убить, прикончить кого-л.; б) заездить, затаскать кого-л.; to do smb. up brown, to do smb. in the eye *сл.* нагло обманывать, дурачить кого-л.; done to the wide /to the world/ конченый, потерпевший полную неудачу; побеждённый; well done! браво!, молодец!, здорово!; well begun is half done *посл.* хорошее начало полдела откачало; what is done cannot be undone *посл.* сделанного не воротишь; when in Rome do as the Romans do *посл.* ≅ в чужой стране жить — чужой обычай любить; в чужой монастырь со своим уставом не ходят

do² ['dəʊ] *муз.* до (*в сольмизации*)
do³ [du:] *сокр. от* ditto I 1
doable ['du:əbl] *a* выполнимый
do-all ['du:ɔ:l] *n* 1) мастер на все руки 2) фактотум, доверенное лицо
do away ['du:ə'weɪ] *phr v* (with) *разг.* **1.** избавляться, отделываться (*от кого-л., чего-л.*); покончить (*с кем-л., чем-л.*); to ~ with a rival избавиться от соперника; this practice has been done away with с этой практикой покончено **2.** отменять, ликвидировать; the old museum was done away with старый музей был уничтожен
dobbin¹ ['dɒbɪn] *n* 1) (рабочая) лошадь 2) (старая) кляча (*тж. перен.*)
dobbin² ['dɒbɪn] *n* небольшая чашка
dobby ['dɒbɪ] *n* каретка (*в ткацком станке*)
dobla ['dəʊblə] *n* добла (*старинная испанская золотая монета*)
dobson ['dɒbsn] *n* 1) *энт.* вислокрылка (*Corydalus*) 2) личинка, наживка
doc [dɒk] *n разг.* доктор
docent I [də(ʊ)'sent] *n* 1) преподаватель, лектор 2) *амер.* ассистент
docent II [də(ʊ)'sent] *а книжн.* обучающий
doch-an-doris ['dɒkən'dɒrɪs] *n шотл.* последний, прощальный бокал; ≅ посошок
docile ['dəʊsaɪl] *а* **1.** послушный, покорный; ~ child послушный ребёнок; ~ wax податливый воск **2.** *редк.* понятливый, способный к учению
docilely ['dəʊsaɪlɪ] *adv* послушно, покорно
docility [də(ʊ)'sɪlɪtɪ] *n* **1.** послушание, покорность **2.** *редк.* понятливость, способность к учению; сообразительность
docimasy ['dɒsɪməsɪ] *n* **1.** рассмотрение кандидатур на государственную службу *или* на получение прав гражданства (*в Древней Греции*) **2.** *фарм.* проба; исследование; судебно-медицинская экспертиза трупа **3.** *хим.* количественный анализ содержания металла в руде
dock¹ [dɒk] *n* **1.** 1) док; dry [graving] ~ сухой [ремонтный] док; floating [wet] ~ плавучий [мокрый] док; to put [to lie] in ~ поставить в док [стоять в доке]; to go into ~ входить в док; *часто pl* бассейн для стоянки торговых судов (*тж.* commercial ~s) **2.** 1) судоремонтный завод (*тж.* naval ~s) 2) *разг.* верфь **3.** *амер.* пристань, пирс, причал (*тж.* loading ~); unloading ~ дебаркадер **4.** *ж.-д.* тупик **5.** погрузочная платформа **6.** *театр.* пространство под полом сцены
◇ to be in dry ~ стоять на приколе; to go into dry ~ а) оказаться на мели; б) оказаться без денег
dock¹¹ [dɒk] *v* **1.** 1) вводить (*судно*) в док 2) входить в док (*о судне*) 2. оборудовать доками **3.** *косм.* 1) производить стыковку; a spacecraft is ~ed with a space station космический ко-

рабль состыкован с космической станцией 2) стыковаться; two spaceships meet and ~ (with each other) два космических корабля встречаются и стыкуются (друг с другом)

dock² [dɒk] *n юр.* скамья подсудимых; to appear in the ~, to be placed /to be put/ in(to) the ~ привлекаться к суду в качестве подсудимого

dock³ [dɒk] *n бот.* щавель (*Rumex gen.*)

dock⁴ I [dɒk] *n спец.* 1. репица (*хвоста животного*) 2. обрубленный хвост 3. нахвостник (*в сбруе*)

dock⁴ II [dɒk] *v* 1. 1) подрезать (*хвост*) 2) делать кургузым, куцым 3) (коротко) стричь (*волосы*) 2. 1) сокращать; урезывать; to ~ smb.'s wages урезать заработную плату; to ~ one's life укорачивать /сокращать/ свою жизнь 2) *проф.* производить вычеты из зарплаты; удерживать часть жалованья; to ~ 300 dollars off smb.'s fee вычесть 300 долларов из чьего-л. гонорара 3) лишать; to ~ smb. of his ration лишить кого-л. довольствия 4) *юр.* отменять; to ~ the entail *юр.* отменять ограничения в праве выбора наследника

dockage ['dɒkɪdʒ] *n* 1. доковые, портовые сборы 2. оборудование дока 3. 1) постановка (*судна*) в док 2) стоянка в доке

dock brief ['dɒk,briːf] *юр.* защита по назначению (*по делу неимущего подсудимого*)

dock-dues ['dɒkdjuːz] = dockage 1

docker ['dɒkə] *n* докер, портовый рабочий

docket I ['dɒkɪt] *n* 1. ярлык, этикетка (*с адресом грузополучателя*) 2. 1) квитанция об уплате таможенной пошлины 2) декларация продавца (*содержащая сведения о предъявляемой к сдаче партии товаров*) 3) перечень доставляемых товаров или оказанных услуг 4) инструкция по эксплуатации (*какого-л. прибора и т. п.*); техническая инструкция 3. *амер. юр.* список дел, назначенных к слушанию (*тж.* trial ~); on the ~ в процессе рассмотрения; находящийся на обсуждении, обсуждаемый 4. *юр.* 1) выписка, копия решения или приговора 2) приложение к документу с кратким изложением его содержания 3) реестр, книга судебных решений и приговоров 5. *ист.* извлечение, краткая выписка, сводка

docket II ['dɒkɪt] *v* 1. маркировать, наклеивать этикетки, ярлыки; to ~ goods маркировать товары 2. *юр.* 1) делать краткую выписку для реестра; вносить краткое содержание дела в реестр, в книгу 2) снабжать документ выпиской с кратким изложением его содержания

dock-glass ['dɒkɡlɑːs] *n* дегустационный стакан, сосуд

docking ['dɒkɪŋ] *n* 1. 1) постановка (*судна*) в док 2) *амер.* швартовка 2. *косм.* соединение, стыковка; nose-to-nose ~ стыковка носами, носовая стыковка; to perform a ~ производить стыковку

docking adapter ['dɒkɪŋə'dæptə] *косм.* стыковочно-приёмочное устройство

dockland ['dɒklənd] *n* территория дока

dock line ['dɒklaɪn] *амер.* причальная линия

dock-master ['dɒk,mɑːstə] *n* начальник дока

dock-warrant ['dɒk,wɒr(ə)nt] *n* складское свидетельство; доковый варрант

dockyard ['dɒkjɑːd] *n* верфь, судостроительный *или* судоремонтный завод; naval ~ военный порт

dockyard craft ['dɒkjɑːd,krɑːft] плавучие портовые средства

dockyard staff ['dɒkjɑːd,stɑːf] *воен.* старшинский состав военно-морских сил

doctor I ['dɒktə] *n* 1. доктор, врач; ~'s overall медицинский халат; family ~ домашний врач; ship's ~ судовой /корабельный/ врач; to see a ~ сходить к врачу; to send for a ~ послать за врачом; вызвать врача; to call in a ~ вызвать врача; what's your ~ ~ кто вас лечит? 2. знахарь 3. доктор (*учёная степень*); D. of Philosophy [Law, Medicine] доктор философии [юридических наук, медицины]; to take one's ~'s degree получить степень доктора 4. законник, законовед, знаток законов 5. 1) учёный богослов, теолог 2) *редк.* учёный муж, авторитет 3) *уст.* наставник, учитель 4) *pl уст.* отцы церкви (*тж.* Doctors of the Church) 6. *шутл.* начальник; тот, кто распоряжается и предписывает; you're the ~ ≅ вы тут хозяин; придётся мне подчиниться 7. искусственная муха (*для ужения*) 8. *разг.* прохладный ветерок 9. *австрал.* повар 10. *тех.* вспомогательное устройство 11. *тех.* скребок 12. *тех.* адаптер; переходная муфта 13. суррогат; фальсифицированный *или* испорченный примесями продукт 14. *полигр.* ракель, ракля (*тж.* ~ blade)

doctor II ['dɒktə] *v разг.* 1. 1) лечить, врачевать; to ~ smb. (for rheumatism) лечить кого-л. (от ревматизма); to ~ oneself with tranquillizers лечиться транквилизаторами 2) заниматься врачебной практикой 3) лечиться; принимать лекарство (*тж.* ~ up) 1) разбавлять (*напитки*); to ~ beer with water разбавить пиво водой 2) фальсифицировать (*продукты*) 3. подделывать; to ~ accounts [election returns] подделывать счета [результаты выборов] 4. подправлять, чинить на скорую руку; ремонтировать; налаживать (*машину*); to ~ a cart починить тележку; to ~ a photo вырезать (*что-л.*) на фотографии 5. *редк.* присуждать докторскую степень

doctoral ['dɒkt(ə)rəl] *a* докторский; ~ dissertation докторская диссертация; ~ degree (учёная) степень доктора; ~ student /candidate/ *амер.* докторант

doctorate I ['dɒkt(ə)rɪt] *n* 1. степень доктора 2. докторантура; работа над докторской диссертацией

doctorate II ['dɒkt(ə)reɪt] *v редк.* присуждать степень доктора

doctoress ['dɒkt(ə)rɪs] = doctress

doctorial [dɒk'tɔːrɪəl] = doctoral

Doctors' Commons ['dɒktəz'kɒmənz] *ист.* коллегия юристов гражданского права в Лондоне

doctorship ['dɒktəʃɪp] *n* 1. = doctorate 1 2. положение и функции доктора (наук)

doctress ['dɒktrɪs] *n* 1. *редк.* женщина-врач (*употр. только когда нужно подчеркнуть пол*) 2. *шутл.* жена врача, докторша; дочь врача

doctrinaire I [,dɒktrɪ'neə] *n* 1. доктринёр, начётчик, схоласт 2. *ист.* сторонник доктринёров (*группы буржуазных либералов во Франции в период Реставрации*)

doctrinaire II [,dɒktrɪ'neə] *a* доктринёрский, начётнический, схоластический

doctrinal [dɒk'traɪnl] *a* относящийся к доктрине; содержащий доктрину

doctrinals [dɒk'traɪnlz] *n apx. pl* основные положения доктрины

doctrinarian I, II [,dɒktrɪ'neərɪən] *книжн.* см. doctrinaire I и II

doctrinɛrianism [,dɒktrɪ'neərɪənɪz(ə)m] *n книжн.* доктринёрство

doctrine ['dɒktrɪn] *n* 1. доктрина, теория, учение; the ~ of the atom атомарная теория, атомизм, атомистическая теория; the ~ of relativity теория относительности; the Monroe ~ доктрина Монро 2. догма, догмат

docudrama [,dɒkjʊ'drɑːmə] *n проф.* «документальная драма», телепьеса на документальной основе [< documentary + drama]

document I ['dɒkjumənt] *n* 1. 1) документ, свидетельство; бумага; working ~ рабочий документ; legal ~ а) юридический документ; б) подлинный /аутентичный/ документ; confidential ~ конфиденциальный /секретный/ документ; agreed upon ~ согласованный документ; duplicated ~ копия документа; guiding ~ директивный документ; source ~ первоисточник [*ср. тж.* 2]; ~ system документальная (информационная) система; commercial ~s деловые бумаги; ~ case папка (для бумаг); to draw up a ~ составить документ 2) *pl мор.* судовые документы; shipping ~s грузовые /погрузочные/ документы 2. *информ., вчт.* документ; source ~ исходный /входной/ документ [*ср. тж.* 1, 1)]; optically sensed ~ документ с оптическим считыванием

document II ['dɒkjument] *v* 1. снабжать документами (*особ. судовыми*); выдавать бумаги, удостоверение личности *и т. п.*; оформлять документ (*на что-л.*) 2. документировать, документально доказывать, обосновывать, подтверждать; to ~ one's claim документально обосновать свои притязания; to ~ sharp differences in pay документально подтвердить наличие резких расхождений в оплате труда; it is ~ed by the following phenomenon это подтверждается следующим явлением 3. строить, создавая на основании документов (*роман, фильм и т. п.*)

documental [,dɒkjʊ'mentl] *редк.* = documentary 1 и 2

documentalist [,dɒkjʊ'ment(ə)lɪst] *n информ.* документалист

documentarian [,dɒkjʊmen'teərɪən] *n* сторонник документальных методов (*в кино, фотографии и т. п.*)

documentary I [,dɒkjʊ'ment(ə)rɪ] *n* 1) документальный фильм; a one-hour ~ часовой документальный фильм 2) документальная повесть; документальный роман; очерк

documentary II [,dɒkjʊ'ment(ə)rɪ] *a* 1. документальный; ~ film [evidence] документальный фильм [-ые доказательства]; ~ record письменные /документальные/ свидетельства 2. документально обоснованный, доказанный; these maps have no ~ authority эти карты очень ненадёжны, этим картам нельзя верить 3. *редк.* образовательный; относящийся к преподаванию

documentation [,dɒkjumen'teɪʃ(ə)n] *n* 1. документация; graphic ~ графическая информация /документация, информация/; scientific ~ научная документация; ~ officer *информ.* документалист 2. *информ.* документалистика 3. выдача документов (*особ. судовых*)

documentor ['dɒkjʊmentə] *n вчт.* программа обработки документов

docuterm ['dɒkjʊtɜːm] *n информ., вчт.* ключевое слово документа (*при автоматическом поиске*)

dodder¹ ['dɒdəd] *v* 1. дрожать, трястись (*особ. от старости и т. п.*) 2. *разг.* (*тж.* ~ along) плестись; ковылять 3. 1) мя́млить; плести́ чепуху́ 2) пло́хо сообража́ть

dodder² ['dɒdə] *n бот.* повили́ка (*Cuscuta gen.*)

doddered ['dɒdəd] *a* 1. без верху́шки; оголённый (*особ. о старых дубах*) 2. *диал.* расша́танный, ве́тхий

dodderer ['dɒdərə] *n пренебр.* старика́шка, старика́н; ≅ ста́рый хрен; old ~ ста́рая развали́на

doddery ['dɒdərɪ] *a* 1. нетвёрдый на нога́х, трясу́щийся 2. *редк.* слабоу́мный; ста́рчески болтли́вый

doddle ['dɒdl] *n разг.* лёгкое де́ло, проста́я зада́ча; пустяки́; ≅ раз плю́нуть

dodec- ['dəʊdek-] = dodeca-

dodeca- ['dəʊ'dekə-] (*тж.* dodec-) *в сложных словах, преим. терминологического характера, имеет значение* двенадцати-, додек(а)-; dodecagon двенадцатиуго́льник; dodecahedron додека́эдр, двенадцатигра́нник; dodecastyle *архит.* по́ртик из двена́дцати коло́нн

dodecagon [ˌdəʊ'dekəgən] *n* двенадцатиуго́льник

dodecahedron [ˌdəʊdekə'hi:dr(ə)n] *n* додека́эдр, двенадцатигра́нник

dodecaphonic [ˌdəʊdekə'fɒnɪk] *a муз.* додекафони́ческий

dodecaphony [ˌdəʊde'kæfənɪ] *n муз.* додекафо́ния, двенадцатито́новая му́зыка

dodge I [dɒdʒ] *n* 1. 1) *разг.* плутня́, обма́н, уло́вка, увёртка, хи́трость; проде́лка; calculated ~ преднаме́ренный обма́н; an old ~ ста́рый трюк; to be up to all the ~s знать все хи́трости; he's up to all the ~s он тёртый кала́ч; he's up to all the ~s он стре́ляный воробе́й; to be on the ~ плутова́ть 2) *спорт.* финт, обма́нное движе́ние; to give a ~ to one side уверну́ться 3) *сл.* моше́нническое предприя́тие; афе́ра; нече́стный о́браз жи́зни 2. *разг.* хи́трая шту́ка; хи́трое приспособле́ние; ~ for catching birds лову́шка для птиц 3. *разг.* план; приём, спо́соб; good ~ for remembering names хоро́ший спо́соб запомина́ть имена́ 4. *сл.* профе́ссия, заня́тие

dodge II [dɒdʒ] *v* 1. 1) увёртываться, уклоня́ться (от уда́ра); де́лать обма́нное движе́ние; to ~ a blow увернуться от уда́ра; to ~ the traffic лави́ровать в пото́ке маши́н; to ~ one's opponent *спорт.* обвести́ проти́вника 2) уви́ливать, уклоня́ться; to ~ a question уви́ливать от отве́та; to ~ the problem уходи́ть от реше́ния вопро́са; to ~ military service уклоня́ться от во́инской пови́нности; to ~ the law обходи́ть зако́н 3) плутова́ть, виля́ть 2. пря́таться (*скрыва́ясь от пресле́дования*); to ~ behind /round/ a tree спря́таться за де́ревом 3. сле́довать кра́дучись, незаме́тно (*за кем-л.*) 4. 1) дви́гать взад и вперёд (*тж.* ~ in and out) 2) дви́гаться, снова́ть взад и вперёд 5. лови́ть, сбива́ть (*вопро́сами*) 6. *фото, кино* получа́ть комбини́рованные изображе́ния 7. звуча́ть нестро́йно (*о колоко́льном зво́не*)

dodge about ['dɒdʒə'baʊt] *phr v* 1) ёрзать, верте́ться; don't ~ не верти́сь, сиди́ споко́йно 2) дви́гаться, снова́ть взад и вперёд; to ~ the country переезжа́ть с ме́ста на ме́сто, скрыва́ясь от пресле́дования

dodgem ['dɒdʒəm] *n разг.* электри́ческий автомоби́льчик с ба́мпером (*тж.* ~ car); парко́вый аттракцио́н

dodger ['dɒdʒə] *n* 1. 1) *см.* dodge II + -er 2) увёртливый челове́к; хитре́ц,

ловка́ч, плут; ≅ продувна́я бе́стия; artful ~ пройдо́ха, проны́ра, лиса́, ше́льма, ловка́ч; у́мник, себе́ на уме́; old ~ ста́рая бе́стия /лиса́/, тёртый кала́ч; column ~ ло́дырь, симуля́нт; draft ~ *амер.* челове́к, уклоня́ющийся от призы́ва (в а́рмию) 2. *амер.* рекла́мный листо́к 3. *амер.* кукуру́зная лепёшка 4. *австрал.* 1) хлеб 2) пи́ща

dodgery ['dɒdʒərɪ] *n* моше́нничество, плутовство́; увёртка

dodging ['dɒdʒɪŋ] *n* 1. уклоне́ние от уда́ра (*бокс*) 2. *фото, кино* получе́ние комбини́рованного изображе́ния

dodgy ['dɒdʒɪ] *a разг.* 1. изворо́тливый, ло́вкий, плутова́тый, нече́стный 2. хи́трый, остроу́мный (*о приспособле́нии*) 3. делика́тный, щекотли́вый; ~ situation щекотли́вая ситуа́ция

dodo ['dəʊdəʊ] *n* (*pl* -oes, -os [-oʊz]) 1. *палеонт.* дронт (*Didus ineptus*) 2. *разг.* тупи́ца; ко́сный челове́к 3. *ав. жарг.* курса́нт шко́лы аэродро́мных специали́стов
◊ as dead as a ~ a) мёртвый; уме́рший и похоро́ненный; б) давно́ и́ли по́лностью забы́тый; пре́данный забве́нию, покры́тый мра́ком забве́ния

dodoism ['dəʊdə(ʊ)ɪz(ə)m] *n разг.* ту́пость, ко́сность

do down ['duː'daʊn] *phr v* 1. *сл.* обма́нывать, надува́ть; брать верх (*над кем-л.*); she did me down она́ облапо́шила меня́ 2. *уст.* опуска́ть, класть

doe [dəʊ] *n* са́мка (*лани, зайца, оленя*)

doer ['duː(ː)ə] *n* 1. 1) *см.* do¹ II + -er 2) де́ятель, созида́тель *и т. п.*; ~ of good тот, кто твори́т добро́; ~ of evil тот, кто де́лает зло, злоде́й; he is a ~, not a talker он челове́к де́ла, а не сло́в; she's no end of a ~ она́ о́чень де́ятельная же́нщина, её эне́ргии хва́тит на трои́х 2. *разг.* 1) плут, обма́нщик 2) *австрал.* эксцентри́чный тип 3. *шотл.* аге́нт, дове́ренное лицо́, уполномо́ченный

◊ ~ of good [bad] ~ a) расте́ние, кото́рое бу́йно [пло́хо] растёт и́ли цветёт; б) живо́тное, кото́рое хорошо́ [пло́хо] развива́ется

does [dʌz (*по́лная фо́рма*); dəz, dz (*реду́цированные фо́рмы*)] 3-е *л. ед. ч. настоящего времени гл.* do

doeskin ['dəʊskɪn] *n* 1. 1) оле́нья ко́жа 2) за́мша 2. тяжёлая хлопчатобума́жная ткань с односторо́нним начёсом

doesn't ['dʌznt] *разг. сокр. от* does not

doest ['duː(ː)ɪst] *уст.* 2-е *л. ед. ч. настоящего времени гл.* do

doff [dɒf] *v* 1. 1) снима́ть, сбра́сывать, ски́дывать (*оде́жду*); to ~ oneself раздева́ться 2) снима́ть шля́пу (*в знак приве́тствия*) 2. *редк.* отбра́сывать; отде́лываться; избавля́ться

doffer ['dɒfə] *n текст.* 1. съёмщик 2. 1) съёмный бараба́н 2) собира́тель очёса (*бараба́н*)

dog I [dɒg] *n* 1. 1) соба́ка, пёс; stray ~ бродя́чая соба́ка; sporting [non-sporting] ~ охо́тничья [ко́мнатная] соба́ка; gun ~ лега́вая; tracker /police/ ~ полице́йская соба́ка; ~ racing состяза́ние борзы́х; ~ diseases заболева́ния соба́к; a pack of ~s сво́ра соба́к; to follow smb. like a ~ ходи́ть за кем-л. как соба́чка; to ~ smb. ходи́ть за кем-л. как привя́занный 2) *зоол.* соба́ка (*Canis*) 3) охо́тничья соба́ка 2. кобе́ль; саме́ц (*волка, лисы, шакала*) 3. *уст.* подле́ц, соба́ка, тварь, па́даль, скоти́на (*обы́кн. в сочета́нии с прилага́тельным*); dirty ~ гря́зная тварь /скоти́на/ 4. *разг.* па́рень, ма́лый; cunning /sly/ ~ хи́трая шту́чка, хитре́ц, прохо́дец, ше́льма, хи́трая

бе́стия, лиса́; jolly ~ a) весельча́к; б) бонвива́н; люби́тель удово́льствий; в) кути́ла, гуля́ка; распу́тник, жуи́р 5. *pl амер. разг.* но́ги 6. (the ~s) *pl разг.* состяза́ние борзы́х 7. *астр.*: Great(er) D. созве́здие Большо́го Пса; Little /Lesser/ D. созве́здие Ма́лого Пса 8. *сокр. от* dog-fish 9. *pl* желе́зная подста́вка для дров (*в ками́не*) 10. *мор.* зажи́м; задра́йка 11. *тех.* 1) хому́тик, поводо́к 2) зуб (*му́фты*); кулачо́к (*патро́на*) 3) упо́р, остано́в 4) соба́чка 5) гвоздодёр 12. *сл.* 1) дрянь, барахло́ (*о това́ре и т. п.*); халту́ра (*о произведе́нии и т. п.*) 2) страши́лище, страхоли́дина (*о же́нщине*); what a ~! ну и образи́на!

◊ dead ~ *см.* dead II ◊; hot ~! ай да он!; вот э́то да!, вот э́то здо́рово!; top ~ хозя́ин положе́ния; under ~ побеждённый, поверженный; неуда́чник; the ~s of war бе́дствия /у́жасы/ войны́; to let loose the ~s of war развяза́ть войну́; ~'s age /years/ несконча́емо до́лгое вре́мя; not even a ~'s chance ни мале́йших ша́нсов; a ~'s life соба́чья жизнь; to lead a ~'s life жить как соба́ка; to lead smb. a ~'s life отравля́ть кому́-л. жизнь; не оставля́ть кого́-л. в поко́е; to die a ~'s death /the death of a ~/ издохну́ть как соба́ка; to put on ~ ва́жничать; держа́ться высокоме́рно; задира́ть нос; пы́житься, хорохо́риться, станови́ться в по́зу; рисова́ться; to see a man about a ~ a) вы́пить, подда́ть; б) переспа́ть с же́нщиной; dressed (up) like a ~'s dinner *сл.* расфранчённый, расфуфы́ренный; to go to the ~s разори́ться; пойти́ пра́хом; to throw /to give, to send/ smth. to the ~s вы́бросить что-л. к чертя́м соба́чьим; to teach an old ~ new tricks переу́чивать кого́-л. на ста́рости лет; ~ eat ~ ≅ во́лчий зако́н; челове́к челове́ку волк; ~ doesn't eat ~ ≅ свой своего́ не тро́нет /не оби́дит/; во́рон во́рону глаз не вы́клюет; give a ~ a bad /an ill/ name and hang him a) дурна́я кли́чка накре́пко пристаёт; от худо́й сла́вы вдруг не отде́лаешься; б) кто раз оступи́лся, тому́ и ве́ры нет /и́ли от того́ добра́ не жди/; every ~ has his day *посл.* ≅ y ка́ждого быва́ет све́тлый день; б) ≅ не всё коту́ ма́сленица; a live ~ is better than a dead lion *посл.* живая соба́ка лу́чше мёртвого льва; love me, love my ~ люби́шь меня́, люби́ и мою́ соба́ку; принима́й меня́ таки́м, како́й я есть; to take a hair of the ~ that bit you a) чем уши́бся, тем и лечи́сь; ≅ клин кли́ном вышиба́ть; б) опохмели́ться; whose ~ is dead? в чём де́ло?, что случи́лось?

dog II [dɒg] *v* 1. 1) неотсту́пно сле́довать (*за кем-л.*); высле́живать (*кого́-л.*), следи́ть (*за чем-л.*); to ~ smb. /smb.'s footsteps/ сле́довать по пята́м за кем-л. 2) пресле́довать, не дава́я поко́я; he is ~ged by misfortunes его́ пресле́дуют несча́стья; to ~ a man *спорт. проф.* «дёргать» проти́вника 2. трави́ть соба́ками, напуска́ть соба́к; затра́вливать 3. *спец.* закрепля́ть 4. *мор.* задра́ивать

◊ to ~ it *амер.* a) сбежа́ть; дать дёру; б) фило́нить, ло́дырничать; to ~ the watches *мор.* установи́ть на ночь дежу́рство полува́хтами; ~ it!, my cats! *амер.* прокля́тие!, чёрт возьми́!; I'll be ~ged if I do it *амер.* будь я про́клят, е́сли сде́лаю э́то

dogal ['dəʊg(ə)l] *a ист.* до́жеский

dogate ['dəʊgeɪt] *n ист.* сан до́жа

dogbane ['dɒgbeɪn] *n* = dog's-bane

dog-bee [dɒgbiː] *n энт.* тру́тень

Dogberry ['dɒgbərɪ] *n* безгра́мотный самоуве́ренный чину́ша (*по имени пер-*

сонажа комедии Шекспира «Много шума из ничего»)

dogberry ['dɒgb(ə)rɪ] *n* растение с несъедобными ягодами

dogberry-tree ['dɒgb(ə)rɪˌtriː] *n бот.* кизил (*Cornus gen.*)

dog-bolt, dogbolt ['dɒgbəʊlt] *n тех.* откидной болт (*с барашком*)

dog-box ['dɒgbɒks] *n* отделение для собак в багажном вагоне

dog-bramble ['dɒgˌbræmbl] *n бот.* 1. шиповник (*Rosa canina*) 2. дикий крыжовник (*Rubus cynosbati*)

dog cabbage ['dɒgˌkæbɪdʒ] *бот.* телигонум, собачья капуста (*Thelygonum cynocrambe*)

dog-cart ['dɒgkɑːt] *n* 1. лёгкая тележка, запряжённая собаками 2. догкарт (*высокий двухколёсный экипаж с местом для собак под сиденьями*)

dog-cheap ['dɒgtʃiːp] *a predic. уст.* очень дешёвый; ≅ дешевле пареной репы

dog-collar ['dɒgˌkɒlə] *n* 1. ошейник 2. *разг.* высокий жёсткий воротник (*у лиц духовного звания*)

dog-daisy ['dɒgˌdeɪzɪ] *n бот.* маргаритка (*Bellis perennis*)

dog-days ['dɒgdeɪz] *n pl* 1. самые жаркие летние дни, период летнего зноя (*в июле и августе*) 2. чёрные дни, тяжёлые времена

doge [dəʊdʒ] *n ист.* дож

dog-ear I, II ['dɒgɪə] = dog's-ear I и II

dog-eat-dog [ˌdɒgiːt'dɒg] *a разг.* беспощадный (*о конкуренции и т. п.*); волчий, злобный, звериный

dogface ['dɒgfeɪs] *n амер. разг.* пехотинец, пехота, пехтура

dog-fancier ['dɒgˌfænsɪə] *n* 1) собаковод 2) любитель собак

dog-fennel ['dɒgˌfenl] *n бот.* пупавка вонючая, собачья ромашка (*Anthemis cotula*)

dog-fight ['dɒgfaɪt] *n воен. разг.* 1) воздушный бой 2) рукопашный бой 3) борьба за верховой мяч (*в футболе*)

dog-fish, dogfish ['dɒgfɪʃ] *n зоол.* налим (*Lota maculosa*)

dog-fox ['dɒgfɒks] *n* самец лисицы

dogged I ['dɒgɪd] *a* 1. упрямый, упорный; ~ resolution твёрдая решимость; ~ work упорная работа; to meet with a ~ resistance натолкнуться на упорное сопротивление 2. *редк.* угрюмый
◊ it's ~ (that) does it упорство приносит победу

dogged II ['dɒgɪd] *adv эмоц.-усил.* чертовски, адски

doggedly ['dɒgɪdlɪ] *adv* 1. упрямо; упорно; to pursue ~ упорно преследовать 2. = dogged II

doggedness ['dɒgɪdnɪs] *n* упрямство, упорство

dogger¹ ['dɒgə] *n* 1. *мор.* доггер 2. (D.) *сокр. от* Dogger Bank

dogger² ['dɒgə] *n* 1. (D.) *геол.* доггер (*средний отдел юрской системы*) 2. *диал.* железняк

Dogger Bank ['dɒgəbæŋk] Доггер-банк (*банка в Северном море*)

doggerel I ['dɒg(ə)rəl] *n* вирши, скверные стишки

doggerel II ['dɒg(ə)rəl] *a* скверный, нескладный, бессмысленный (*о стихах*)

doggery ['dɒg(ə)rɪ] *n* 1. *собир.* собаки 2. *ск.* скотское, подлое поведение 3. *амер. уст. сл.* пивная, кабачок; портерная 4. *амер. презр.* чернь, подонки

doggie ['dɒgɪ] = doggy I

dogginess ['dɒgɪnɪs] *n* любовь к собакам

doggish ['dɒgɪʃ] *a* 1. собачий 2. *амер.* стильный, крикливо-модный 3. огрызающийся; резкий; сварливый; a ~ temper сварливый нрав

doggo ['dɒgəʊ] *adv разг.* тихо, притаившись; to lie ~ притаиться

doggone ['dɒˌgɒn] *a амер. сл.* проклятый, чёртов

dog-grass ['dɒg(g)rɑːs] *n бот.* пырей ползучий (*Agropyron repens*)

dog-grate ['dɒg(g)reɪt] *n* каминная решётка на ножках (*для дров*)

doggrel I, II ['dɒgr(ə)l] = doggerel I и II

doggy I ['dɒgɪ] *n* 1. собачка, пёсик 2. *горн. разг.* старший рабочий в угольной шахте 3. *воен. жарг.* «щенок», молодой офицер, офицерик (*особ. об адъютанте*)

doggy II ['dɒgɪ] *a* 1. собачий 2. любящий собак; ~ man собачник 3. = doggish 2

dog-hole ['dɒghəʊl] *n* 1. каморка, собачья конура 2. *горн.* просечка, узкая сбойка

dog-hook ['dɒghʊk] *n* 1. гаечный ключ 2. багор

doghouse ['dɒghaʊs] *n* 1. *амер.* собачья конура 2. каморка, клетушка 3. *мор. жарг.* полурубка 4. *проф.* выступ с приборами (*на обшивке корпуса ракеты*)
◊ in the ~ а) в немилости, в опале; в загоне; б) опозоренный

dog-hutch ['dɒghʌtʃ] = dog-house

dogie ['dəʊgɪ] *n амер.* телёнок, отбившийся от матери

dog-in-a-blanket [ˌdɒgɪnə'blæŋkɪt] *n* пудинг с вареньем

dog(-)in(-)the(-)manger ['dɒgɪnðə'meɪn(d)ʒə] (*n*) собака на сене

dog-iron ['dɒgˌaɪən] *n* = dog I 9

dog-Latin ['dɒgˌlætɪn] *n* вульгарная, «кухонная» латынь

dog-lead ['dɒgliːd] *n* (собачий) поводок

dog-legged staircase ['dɒglegd'steɪkeɪs] *стр.* лестница без просвета, пролёта между маршами

dog-licence ['dɒgˌlaɪsəns] *n* регистрационное свидетельство на собаку

dog-lichen ['dɒgˌlaɪkən] *n бот.* лишайник пельтигера (*Peltigera canina*)

doglike ['dɒglaɪk] *a* преданный, верный; ~ devotion собачья преданность

dog-louse ['dɒglaʊs] *n (pl* -lice [-laɪs]) *энт.* собачий клещ (*Ixodes gen.*)

dogma ['dɒgmə] *n (pl тж.* -ta) 1. 1) догма 2) *церк.* догмат 2. убеждение, твёрдое мнение

dogmata ['dɒgmətə] *pl от* dogma

dogmatic [dɒg'mætɪk] *a* 1. догматический; доктринёрский; ~ philosophy догматическая философия 2. категорический; ~ statement безапелляционное заявление 3. высокомерный; излишне самоуверенный 4. *редк.* дидактический

dogmatical [dɒg'mætɪk(ə)l] = dogmatic

dogmatically [dɒg'mætɪkəlɪ] *adv* 1. догматически 2. категорически, безапелляционно; авторитетным тоном

dogmatics [dɒg'mætɪks] *n* догматика

dogmatism ['dɒgmətɪz(ə)m] *n* 1. догматизм 2. догматичность

dogmatist ['dɒgmətɪst] *n* догматик

dogmatize ['dɒgmətaɪz] *v* 1. говорить или высказывать (*что-л.*) категорически, безапелляционно; говорить авторитетным тоном 2. *редк.* выдвигать в качестве догмы

dog-nail ['dɒgneɪl] *n тех.* костыль

dog-nap ['dɒgnæp] *n* короткий сон (*в кресле и т. п.*); to take a ~ вздремнуть, прикорнуть ненадолго

do-good [ˌduː'gʊd] *a ирон.* благотворительный; добренький

do-gooder [ˌduː'gʊdə] *n ирон.* добрый дядя, благодетель человечества (*о мягкосердечном, доверчивом человеке, особ. филантропе, реформаторе и т. п.*)

do-gooding [ˌduː'gʊdɪŋ] *n ирон.* филантропия; деятельность на благо человечества

dog paddle ['dɒgˌpædl] *разг.* плаванье по-собачьи

dog-paddle ['dɒgpædl] *v разг.* плавать или плыть по-собачьи

dog-parsley ['dɒgˌpɑːslɪ] *n бот.* кокорыш, собачья петрушка (*Aethusa cynapium*)

dog-poor ['dɒgpʊə] *a predic.* нищий; ≅ гол как сокол

dog-rose ['dɒgrəʊz] *n бот.* шиповник дикий *или* собачий (*Rosa canina*)

dog-salmon ['dɒgˌsæmən] *n зоол.* кета (*Oncorhychus keta*)

dog's-bane ['dɒgzbeɪn] *n бот.* кендырь (*Apocynum venetum*)

dogsbody ['dɒgzˌbɒdɪ] *n пренебр.* ≅ ишак, работяга

dog's-bramble ['dɒgzˌbræmbl] = dog-bramble

dog's cabbage ['dɒgzˌkæbɪdʒ] = dog cabbage

dog's-ear I ['dɒgzɪə] *n* загнутый уголок страницы

dog's-ear II ['dɒgzɪə] *v* загибать уголки страницы

dog's-fennel ['dɒgzˌfenl] = dog-fennel

dog's-grass ['dɒgzgrɑːs] = dog-grass

dog-shores ['dɒgʃɔːz] *n pl мор.* упоры (*спускового устройства*)

dog show ['dɒgʃəʊ] 1. выставка собак 2. *воен. жарг.* осмотр состояния ног

dog-sick ['dɒgsɪk] *a predic. разг.* недомогающий; he was ~ он чувствовал себя отвратно /прескверно/

dog-skin ['dɒgskɪn] *n* лайка (*кожа*)

dog-sleep ['dɒgsliːp] *n* чуткий сон

dog's letter ['dɒgzˌletə] старое название буквы R

dog's(-)meat ['dɒgzmiːt] (*n*) 1) мясо для собак; конина 2) падаль

dog's-mercury ['dɒgzˈmɜːkjʊrɪ] *n бот.* пролеска многолетняя (*Mercurialis perennis*)

dog's-nose ['dɒgznəʊz] *n* смесь пива с ромом *или* джином

dog's-parsley ['dɒgzˌpɑːslɪ] = dog-parsley

Dog's-tail ['dɒgzteɪl] *n астр.* Малая Медведица (*созвездие*)

dog's-tail ['dɒgzteɪl] *n бот.* гребенник (*Cynosurus gen.*)

Dog-star ['dɒgstɑː] *n астр.* Сириус (*звезда*)

dog's-tongue ['dɒgztʌŋ] *n бот.* чернокорень (*Cynoglossum gen.*)

dog's-tooth¹ ['dɒgztuːθ] *n бот.* 1. собачий зуб (*Erythronium gen.*) 2. свинорой пальчатый (*Cynodon dactylon*)

dog's-tooth² ['dɒgztuːθ] = dog-tooth

dog's violet ['dɒgzˌvaɪəlɪt] = dog-violet

dog's-wheat ['dɒgzwiːt] = dog-grass

dog tag ['dɒgtæg] 1. регистрационный номер (*собаки*) 2. *воен. жарг.* личный знак

dog-tail ['dɒgteɪl] = dog's-tail

dog tapeworm ['dɒgˈteɪpwɜːm] *гельм.* эхинококк

dog-tent ['dɒgtent] *n разг.* 1) небольшая палатка 2) походная палатка на двоих

dog-tired [ˌdɒg'taɪəd] *a* измотавшийся, усталый как собака

DOG — DOL

dog-tooth ['dɒgtu:θ] *n* (*pl* -teeth [-ti:θ]) 1. клык 2. *архит.* орнаментальная кладка с небольшими выступами

dog-trot ['dɒgtrɒt] *n* рысца

dog-vane ['dɒgveɪn] *n* 1. *мор. проф.* колдунчик (*флюгер*) 2. *шутл.* кокарда

dog-violet ['dɒg‚vaɪəlɪt] *n бот.* фиалка собачья (*Viola canina*)

dog-watch ['dɒgwɒtʃ] *n мор.* полувахта (*от 16 до 18 или от 18 до 20 часов*)

dog-weary [‚dɒg'wɪərɪ] = dog-tired

dog-wheat ['dɒgwi:t] = dog-grass

dogwood ['dɒgwʊd] *n* 1. *бот.* кизил (*Cornus gen.*) 2. *бот.* свидина кроваво-красная (*Cornus sanguinea*) 3. древесина кизила или свидины

doh [dəʊ] = do²

doigté [dwa'teɪ] *n фр.* чувство пальцев (*фехтование*)

doily ['dɔɪlɪ] *n* салфетка, салфеточка (*из полотна или бумаги*)

do in ['du:ɪn] *phr v сл.* 1. укокошить, прикончить; he was done in его прикончили 2. выматывать, изнурять; I feel absolutely done in я больше не могу, у меня нет больше сил, я дошёл до точки /до ручки/

doing I ['du(:)ɪŋ] *n* 1. делание; дело; talking is one thing, ~ is another одно дело — говорить, совсем другое — делать; that takes /wants, requires/ some ~ это требует труда, это не так просто; this is their ~ это их рук дело; this is none of my ~ я здесь ни при чём, я не виноват 2. *pl* 1) дела, действия, поступки; поведение; fine ~s these! хорошенькие дела, нечего сказать!; tell me about all your ~s расскажите мне обо всём, что вы делали 2) события; great ~s in Africa важные события в Африке 3) возня, шум; there have been great ~s at their house у них в доме шло веселье 3. *разг.* нахлобучка; to give smb. a ~ дать нахлобучку кому-л.; устроить кому-л. головомойку 4. *pl амер.* затейливые блюда; приправы 5. *pl разг.* штука, штучка, штуковина; have you brought the ~s? а эти штучки /штуковины/ ты принёс?

doing II ['du(:)ɪŋ] *a* 1. действующий; активно участвующий 2. идущий (*в кино, театре*) 2. what's ~ tonight? что идёт вечером в кино /или в театре/?

doit [dɔɪt] *n* 1) *ист.* мелкая голландская монета 2) мелочь; маленькая сумма
◊ not to care a ~ about smb. ни капельки не интересоваться кем-л.; ни во что не ставить кого-л.

do-it-yourself [‚du:ɪtjə'self] *a разг.* ≃ «делай сам», самодельный (*о ремонте, строительстве и т. п.*); ~ equipment оборудование для работы в домашних условиях (*столярное и т. п.*); ~ books книги по домоводству (*домашнему консервированию, кройке и шитью, ремонту мебели и т. п.*); ~ business *ком.* собственное дело

do-it-yourselfer [‚du:ɪtjə'selfə] *n разг.* домашний умелец, мастер на все руки

dojo ['dəʊdʒəʊ] *n* школа самбо

dol [dɒl] *n* дол (*единица измерения интенсивности боли*)

Dolby, dolby ['dɒlbɪ] *a* относящийся к системе Долби (*подавления шумов при звукозаписи и воспроизведении*)

dolce far niente [‚dɒltʃɪfɑ:'njentɪ] *ит.* восхитительное безделье; блаженное ничегонеделание

dolce vita [‚dɒltʃɪ'vi:tɑ:] *ит.* «дольче вита», сладкая жизнь

doldrums ['dɒldrəmz] *n pl* 1. (the ~) плохое, скверное настроение, депрессия; to be in the ~ хандрить 2. *мор.* экваториальная штилевая полоса

dole¹ I [dəʊl] *n* 1. 1) (the ~) пособие по безработице; to be on the ~ получать пособие; to go on the ~ перейти на пособие 2) небольшое вспомоществование; благотворительная подачка; to live on ~s жить на подачки; жить за счёт благотворительной помощи 2. раздача, распределение (*чего-л.*; *особ.* в благотворительных целях)

dole¹ II [dəʊl] *v* (*тж.* ~ out) 1. неохотно раздавать; скупо выдавать 2. оказывать благотворительную помощь; to ~ (out) foreign aid оказывать помощь другим государствам

dole² [dəʊl] *n поэт.* 1. горе, скорбь 2. стенания; to make ~ стенать

doleful ['dəʊlf(ə)l] *a* скорбный, печальный, меланхолический; страдальческий; ~ face страдальческое лицо; ~ news скорбные вести

dolefully ['dəʊlfʊlɪ] *adv* скорбно, печально, меланхолически, страдальчески

dolefuls ['dəʊlf(ə)lz] *n pl* (the ~) *шутл.* страдания, скорбь; хандра; to be in the ~ хандрить

dolerite ['dɒləraɪt] *n мин.* долерит, кристаллический базальт

dolesome ['dəʊlsəm] *редк.* = doleful

dolia ['dəʊlɪə] *pl от* dolium

dolicho- ['dɒlɪkə(ʊ)-] *биол.* в сложных словах (*с греч. корнями*) имеет значение длинный: dolichostylous длинностолбчатый; dolichofacial длиннолицый

dolichocephal [‚dɒlɪkə(ʊ)'sefəl] *n антр., анат.* долихоцефал

dolichocephalic [‚dɒlɪkə(ʊ)sɪ'fælɪk] *a антр., анат.* долихоцефальный, длинноголовый

dolichurus [‚dɒlɪ'kjʊərəs] *n стих.* дактилический гекзаметр с лишним слогом в последней стопе

dolina [də'li:nə] *n русск.* долина

doline [də'li:nə] *n геол.* карстовая воронка, карстовый провал

do-little ['du:‚lɪtl] *n разг.* лентяй, бездельник

dolium ['dəʊlɪəm] *n* (*pl* -lia) большой глиняный кувшин, сосуд

doll I [dɒl] *n* 1. кукла; stuffed /rag/ ~ тряпичная кукла; Dutch /wooden/ ~ деревянная кукла; Paris ~ манекен; ~'s house кукольный домик (*тж.* перен.); ~'s face кукольное личико 2. 1) *разг.* куколка; пустая женщина с кукольным личиком 2) хорошенький ребёнок 3. *амер. разг.* девушка, женщина 4. *сл.* любовница

doll II [dɒl] *v* (*обыкн.* ~ up) *разг.* 1) наряжать 2) наряжаться, вырядиться, прифрантиться

dollar I ['dɒlə] *n* 1. доллар; the ~s деньги, богатство 2. *разг.* крона; half a ~ полукрона 3. *ист.* талер 4. песо (*тж. ист.* hard ~); пиастр, иена и *т. п.* (*английское название различных иностранных монет и денежных единиц*) 5. *физ.* доллар

dollar II ['dɒlə] *a* долларовый; ~ area долларовая зона, зона доллара; ~ gap долларовый дефицит; ~ diplomacy дипломатия доллара, долларовая дипломатия; ~ store долларовый магазинчик (*где любой товар стоит ровно один доллар*)

dollar-a-year man ['dɒlərə'jɪəmæn] государственный служащий с символическим окладом (*обыкн. представитель крупной фирмы*)

dollar-bird ['dɒləbɜ:d] *n зоол.* широкорот австралийский (*Eurystomus*)

dollar-fish ['dɒləfɪʃ] *n зоол.* поронотус (*Poronotus triacanthus*)

dollarwise ['dɒləwaɪz] *adv* 1. на доллары, в переводе на доллары; how much is it ~? сколько это будет в долларах? 2. в финансовом отношении; с точки зрения средств, затрат и *т. п.*

dollface ['dɒlfeɪs] *n* «куколка», человек с кукольным личиком (*о хорошенькой девушке или о мужчине со смазливой внешностью*)

dollish ['dɒlɪʃ] *a* кукольный, похожий на куклу

dollop ['dɒləp] *n разг.* здоровый кусок; солидная порция; a good ~ of jam [butter] здоровая порция варенья [масла]; with a healthy ~ of nationalism основательно сдобренный национализмом (*о книге, статье и т. п.*)

dolly¹ I ['dɒlɪ] *n* 1. *сл.* куколка; фифа, фифочка 2. *разг., диал.* неряха 3. 1) бельевой валёк 2) мешалка (*для белья*) 4. 1) тележка для транспортировки деталей 2) *кино, тлв. жарг.* тележка «долли», операторская тележка 5. локомотив узкоколейной железной дороги, «кукушка» 6. *тех.* поддерживающее устройство; обжимка, поддержка (*для заклёпок*); оправка 7. *горн.* пест для измельчения руды

dolly¹ II ['dɒlɪ] *a разг.* 1. кукольный; детский, ребяческий 2. лёгкий, простой, несложный

dolly¹ III ['dɒlɪ] *v* 1. бить, отбивать (*бельё*) вальком 2. *горн. проф.* 1) дробить пестом (*руду*) 2) добывать (*золото*) дроблением руды 3) давать определённый выход золота (*о дроблёной руде*)

dolly² ['dɒlɪ] *n инд.* подношение из фруктов и сладостей; ~ mixture ассорти (*конфеты*)

dolly-bird, dolly-girl ['dɒlɪbɜ:d, -gɜ:l] *n разг.* девушка-куколка; хорошенькая глупышка

dolly in ['dɒlɪ'ɪn] *phr v кино, тлв. проф.* делать «наезд»

dolly-in ['dɒlɪ'ɪn] *n кино, тлв. проф.* «наезд»

dolly out ['dɒlɪ'aʊt] *phr v кино, тлв. проф.* делать «отъезд»

dolly-out ['dɒlɪaʊt] *n кино, тлв. проф.* «отъезд»

dolly-shop ['dɒlɪʃɒp] *n* 1) лавка; ломбард, ссудная касса 2) притон, «малина»

dolly-shot ['dɒlɪʃɒt] *n кино, тлв. проф.* кадр, снятый с движения (*камерой, установленной на операторской тележке*)

dolly-tub ['dɒlɪtʌb] *n горн.* простейшая отсадочная машина

dolly up ['dɒlɪ'ʌp] *phr v* 1. *разг.* подремонтировать, подлатать, «подштопать», подновить, подправить; произвести косметический ремонт; to ~ an old car подлатать старую машину 2. *кино, тлв. проф.*

Dolly Varden ['dɒlɪ'vɑ:dn] 1. платье из муслина с крупным рисунком 2. шляпа с загнутыми полями, украшенная цветами 3. калифорнийская форель

dolman ['dɒlmən] *n* 1. доломан (*гусарский мундир*) 2. доломан (*род женской верхней одежды*) 3. доламан (*турецкая длиннополая одежда с узкими рукавами*); ~ sleeve рукав, широкий в пройме и узкий в кисти

dolmen ['dɒlmen] *n археол.* дольмен, кромлех

dolomite ['dɒləmaɪt] *n мин.* доломит

dolomitic [‚dɒlə'mɪtɪk] *a* доломитовый

dolor ['dɒlə] = dolour

dolorific [‚dɒlə'rɪfɪk] *a редк.* вызывающий страдание; горестный, скорбный

dolorimetry [‚dɒlə'rɪmɪtrɪ] *n* долориметрия (*метод измерения интенсивности боли в долах*)

dolorology [ˌdɒləˈrɒlədʒɪ] *n мед.* долорология, изучение причин возникновения и методов снятия боли

dolorous [ˈdɒlərəs] *a* 1. *книжн.* болезненный 2. *поэт.* скорбный, печальный, страдающий

dolose [də(u)ˈləus] *a юр.* злонамеренный, с преступным намерением

dolosse [dəˈlɒsə] (*pl* -ses [-sɪz], -se [-sə]) *n стр.* бетонный тетраэдр (*в волноломе и т. п.*)

dolour [ˈdɒlə] *n редк., поэт.* скорбь, печаль, страдание

dolphin [ˈdɒlfɪn] *n* 1. *зоол.* дельфин, белобочка (*Delphinus gen.*) 2. = dolphin-fly 3. (D.) = delphinus 2 4. *мор.* 1) швартовый пал; причальная тумба; причальная бочка 2) деревянный кранец 5. *спорт.* дельфин (*способ плавания; тж.* ~ kick); ~ dive выныривание «дельфином»

dolphinarium [ˌdɒlfɪˈnɛərɪəm] *n* (*pl тж.* -ia [-ɪə]) дельфинарий

dolphin-fly [ˈdɒlfɪnflaɪ] *n энт.* чёрная тля (*Aphis fabae*)

dolphin-striker [ˈdɒlfɪnˌstraɪkə] *n мор.* мартин-гик

dolt [dəult] *n* дурень, болван, олух

doltish [ˈdəultɪʃ] *a* глуповатый, придурковатый, ограниченный

doltishness [ˈdəultɪʃnɪs] *n* глуповатость, придурковатость, ограниченность

Dom [dɒm] *n* 1. *церк.* ваше, его, их преосвященство 2. дон (*португальский и бразильский титул*)

dom [dɒm] *n* кафедральный собор

-dom [-dəm] *suff* встречается в абстрактных и собирательных существительных (*преим. связанных с тем или иным общественным статусом*): freedom свобода; dukedom титул герцога; wisdom мудрость; martyrdom мученичество; kingdom царство; boredom скука

domain [dəˈmeɪn] *n* 1. 1) владения; территория; to maintain the imperial ~ владычествовать над громадными территориями 2) владение, имение, поместье 2. 1) область, сфера, поле деятельности, знаний *и т. п.*; in the ~ of science [literature] в области науки [литературы]; question within the ~ of astronomy вопрос, относящийся к области астрономии; it doesn't come within my ~ то не моя область; 2) в этом несведущ 2) *мат.* область; ~ of a relation область отношения; ~ of function область определения функции; admissible deviation ~ допустимая область отклонения 3) *мат.* интервал; frequency [time] ~ частотный [временной] интервал 4) *физ.* домен 5) *вчт.* проблемная область; ~ knowledge знания проблемной области

domainal, domainial [dəˈmeɪn(ə)l, dəˈmeɪnɪəl] *a книжн.* относящийся к имению, поместью

domal [ˈdəum(ə)l] *a* 1. *книжн.* относящийся к дому; домашний 2. = domic

domdaniel [dɒmˈdænjəl] *n* сказочный дворец морского волшебника

dome I [dəum] *n* 1. 1) купол, свод; the ~ of a church купол церкви; the onion ~s of a church луковичные купола церкви 2) что-л. куполообразное или дугообразное; spray ~ водяной купол (*при подводном взрыве*); ~ roof куполообразная крыша; ~ lamp /light/ плафон (*в вагоне и т. п.*); a ~ of a forehead высокий выпуклый лоб 3) купол астрономической обсерватории 2. *поэт.* величественное здание 3. *шутл.* голова, котелок; ~ doctor врач-психиатр 4. *тех.* 1) купол (*резервуара*) 2) свод (*печи*) 3) колпак (*цистерны*)

4) сухопарник (*котла; тж.* steam ~)

dome II [dəum] *v* 1. 1) венчать куполом 2) возвышаться куполом 2. придавать куполообразную форму

dome car [ˈdəumkɑː] *ж.-д.* вагон со стеклянной крышей (*для туристов*)

domed [dəumd] *a* 1. с куполом или с куполами 2. 1) куполообразный 2) выпуклый, бочкообразный; ~ nut *тех.* колпачковая гайка

dome drum [ˈdəumdrʌm] *архит.* барабан

domelike [ˈdəumlaɪk] *a* куполообразный

Domesday Book [ˈduːmzdeɪˌbuk] *ист.* кадастровая книга, земельная опись Англии, произведённая Вильгельмом Завоевателем (*в 1086 г.*)

dome-shaped [ˈdəumʃeɪpt] *a* полусферический, выпуклый

domestic I [dəˈmestɪk] *n* 1. слуга, прислуга 2. *pl* 1) товары отечественного производства 2) *амер.* простые хлопчатобумажные ткани 3) постельное бельё

domestic II [dəˈmestɪk] *a* 1. 1) семейный; домашний; ~ trouble семейные неприятности; ~ peace мир в семье; ~ life семейная жизнь; ~ intelligence snooping вмешательство секретных служб в личную жизнь граждан; ~ servant домашняя прислуга; ~ service работа домашней прислуги; ~ cares обязанности по дому, домашние дела; ~ science домоводство 2) бытовой; ~ automation бытовые автоматы, бытовая автоматика; to represent the ultimate in ~ automation представлять собой вершину бытовой автоматики; water for ~ use питьевая вода; ~ fuel бытовое топливо [*см. тж.* 3]; ~ gas коммунальный газ 2. внутренний; ~ loan [policy] внутренний заём [-яя политика]; ~ intervention in the ~ affairs of a country вмешательство во внутренние дела страны; ~ violence *амер.* внутренние беспорядки; ~ dependent nations *амер.* «отечественные зависимые народы» (*об индейских племенах*); ~ airport внутренний аэропорт, аэропорт внутренних авиалиний; ~ issues вопросы внутренней политики; ~ warfare гражданская война; ~ consumption внутреннее потребление; ~ нужды внутреннего рынка 3. местный; отечественный; ~ wine вино местного производства; ~ goods отечественные товары; ~ fuel местное топливо [*см. тж.* 1, 2)] 4. домашний, ручной; ~ animals домашние животные 5. домоседливый; любящий семейный очаг, домашний уют; ~ man [woman] домосед [домоседка]

domesticable [dəˈmestɪkəbl] *a* поддающийся приручению или одомашнению (*о животных*)

domestically [dəˈmestɪkəlɪ] *adv* внутри страны, на внутреннем рынке; computers are in great demand ~ на ЭВМ имеется большой спрос внутри страны

domesticate [dəˈmestɪkeɪt] *v* 1. привязывать к дому, прививать любовь к дому 2. обучать ведению хозяйства; her husband isn't ~d её муж ничего не может *или* не хочет делать по хозяйству /по дому/ 3. 1) приручать, одомашнивать (*животных*) 2) акклиматизировать (*растения, животных*) 4. цивилизовать 5. перенимать; to ~ a custom перенять обычай; to ~ a foreign word ввести в употребление заимствованное слово

domestication [dəˌmestɪˈkeɪʃ(ə)n] *n* 1. приручение, одомашнение (*животных*); доместикация 2. приручённость

domesticity [ˌdəumesˈtɪsɪtɪ] *n* 1. домашняя или семейная жизнь 2. 1) привязанность к дому, к семейному очагу; домоседство 2) семейственность, хозяйственность 3. (the domesticities) *pl* домашние, хозяйственные *или* семейные дела

domesticize [dəˈmestɪsaɪz] = domesticate

domestic wastes [dəˈmestɪkˈweɪsts] жидкие бытовые отходы

domett [də(u)ˈmet] *n* «домётт», полушерстяная ткань

domic, domical [ˈdəumɪk, -(ə)l] *a* 1. куполообразный, сводчатый 2. купольный, с куполами

domicile I [ˈdɒmɪsaɪl] *n* 1) *книжн., юр.* постоянное местожительство, домицилий; ~ of choice [of origin] домицилий по выбору [по происхождению] 2) *ком.* место платежа по векселю, домицилий; commercial ~ торговый домицилий

domicile II [ˈdɒmɪsaɪl] *v* 1. *книжн.* 1) поселить на постоянное жительство 2) иметь постоянное местопребывание 3) *юр.* иметь домицилий 2. *ком.* обозначить место платежа по векселю, домицилировать

domiciliary [ˌdɒmɪˈsɪljərɪ] *a книжн.* 1) *юр.* по месту жительства; домицильный; ~ law право домицилия; ~ visit полицейский обыск частной квартиры; осмотр дома властями 2) на дому; ~ nurse приходящая сиделка или медсестра

domiciliate [ˌdɒmɪˈsɪlɪeɪt] = domicile II

domina [ˈdɒmɪnə] *n* (*pl* -nae) настоятельница монастыря

dominae [ˈdɒmɪniː] *pl от* domina

dominance, -cy [ˈdɒmɪnəns, -sɪ] *n* господство, преобладание, превосходство, влияние; ~ hierarchy *зоол.* иерархия подчинения (*в сообществе животных*)

dominant I [ˈdɒmɪnənt] *n* 1. доминанта, основной признак 2. *муз.* доминанта 3. *зоол.* лидер в группе животных

dominant II [ˈdɒmɪnənt] *a* 1. 1) господствующий, основной, преобладающий; ~ idea главная идея; ~ position ключевая /командная/ позиция 2) правящий, наиболее влиятельный; ~ party правящая партия; the British were formerly ~ in key administrative posts in India на ключевых административных постах в Индии раньше преобладали англичане 2. господствующий над местностью, возвышающийся; ~ hill господствующая /командная/ высота; ~ tree *лес.* маячное дерево, дерево, господствующее над общим уровнем леса 3. доминантный, доминирующий, основной; ~ factor доминирующий фактор; ~ character основной признак 4. *муз.* доминантовый, относящийся к доминанте

dominate [ˈdɒmɪneɪt] *v* 1. 1) господствовать, властвовать; to ~ (over) people подчинять людей своей воле; to ~ an object *воен.* удерживать объект; держать объект под огнём; adolescent gangs ~d the streets of New York улицы Нью-Йорка были во власти банд подростков 2) доминировать, преобладать, влиять, иметь преобладающее влияние; the party ~s the country's parliament (эта) партия имеет большинство мест в парламенте (страны) 3) владеть; he is entirely ~d by ambition он целиком во власти своих амбиций 2. сдерживать, укрощать; to ~ one's emotions владеть своими чувствами 3. занимать, всецело поглощать; to ~ smb.'s mind овладе́ть чьим-л. внима́нием /чьи́ми-л. мы́слями/ 4. возвыша́ться, госпо́дствовать; to ~ (over) the landscape госпо́дствовать над ме́стностью; the fortress ~s the town кре́пость госпо́дствует над го́родом

domination [ˌdɔmɪˈneɪʃ(ə)n] *n* 1. 1) госпо́дство; global /world/ ~ мирово́е госпо́дство 2) власть, влады́чество; during the French ~ of Louisiana в то вре́мя, когда́ Луизиа́на принадлежа́ла Фра́нции; under smb.'s ~ под чьей-л. вла́стью; newspapers free of state ~ незави́симые газе́ты; газе́ты, не контроли́руемые госуда́рством 2. *pl церк.* вла́сти (*степень ангелов*)

dominative [ˈdɔmɪnətɪv] *a* 1) пра́вящий 2) вла́стный

dominator [ˈdɔmɪneɪtə] *n* 1. *см.* dominate + -or 2. прави́тель

domineer [ˌdɔmɪˈnɪə] *v* 1. (over) 1) деспоти́чески пра́вить, безразде́льно вла́ствовать; влады́чествовать 2) помыка́ть 2. (over, above) возвыша́ться, госпо́дствовать (над ме́стностью)

domineering [ˌdɔmɪˈnɪərɪŋ] *a* 1. 1) деспоти́ческий, вла́стный, не допуска́ющий возраже́ний; ~ character вла́стный хара́ктер 2) высокоме́рный 2. госпо́дствующий, возвыша́ющийся (над ме́стностью); кома́ндный

domineeringly [ˌdɔmɪˈnɪərɪŋlɪ] *adv* 1. деспоти́чно, вла́стно 2. высокоме́рно

dominial [dəˈmɪnɪəl] *a книжн.* иму́щественный

dominical [dəˈmɪnɪk(ə)l] *a церк.* 1. госпо́дний, христо́в; the ~ year год по́сле рождества́ Христо́ва 2. воскре́сный, относя́щийся к воскресе́нью; ~ day воскресе́нье

Dominican[1] **I** [dəˈmɪnɪkən] *n* доминика́нец; доминика́нка

Dominican[1] **II** [dəˈmɪnɪkən] *a* доминика́нский (*относящийся к Доминиканской Республике*)

Dominican[2] **I** [dəˈmɪnɪkən] *n* (моня́х-)доминика́нец

Dominican[2] **II** [dəˈmɪnɪkən] *a* доминика́нский, относя́щийся к о́рдену доминика́нцев

dominie [ˈdɔmɪnɪ] *n* 1. *шотл.* шко́льный учи́тель 2. *амер.* па́стор; свяще́нник

dominigene [ˈdɔmɪnɪˌdʒiːn] *n биол.* домина́нтный ген, домине́рант

dominion [dəˈmɪnjən] *n* 1. доминио́н; D. Day День провозглаше́ния доминио́на (*отмечается в Канаде 1 июля, в Но́вой Зеландии — 28 сентября́*); D. Forces *ист.* войска́ доминио́нов Брита́нской импе́рии; to obtain ~ status получи́ть ста́тус доминио́на 2. 1) суверените́т; суверенное пра́во, суверенная власть; to have /to hold/ ~ over the island осуществля́ть суверените́т над о́стровом 2) власть; under the ~ of smth. под вла́стью чего́-л.; to refuse the ~ of other men не признава́ть вла́сти други́х люде́й, не быть под собо́й 3. *pl ист.* 1) владе́ния, зе́мли (*короля́*) 2) име́ние, во́тчина (*феода́ла*) 4. = domination 2 5. *юр.* владе́ние; пра́во владе́ния; иму́щество
◇ the Old D. *амер.* «Ста́рый доминио́н» (*штат Вирги́ния*)

dominium [dəˈmɪnɪəm] = dominion 5

domino [ˈdɔmɪnəʊ] *n* (*pl* -oes [-əʊz]) 1. 1) домино́ (*маскара́дный костюм*) 2) полума́ска 3) ма́ска, уча́стник маскара́да, оде́тый в домино́ 2. кость домино́ 3. *pl употр. с гл. в ед. ч.* домино́ (*игра́*); to play (at) ~es игра́ть в домино́

◇ ~! а) ко́нчил! (*восклица́ние, заверша́ющее партию*); б) коне́ц!; всё!; it's ~ with him с ним всё ко́нчено, тепе́рь ему́ кры́шка; it's ~ with it с э́тим всё ко́нчено, тепе́рь на э́то нет наде́жды

dominoed [ˈdɔmɪnəʊd] *a* оде́тый в домино́

Dom Pedro [dɔmˈpeɪdrəʊ] = don[1] 4

domsat [ˈdɔmsæt] *n св.* региона́льный спу́тник свя́зи (*осуществля́ющий её в преде́лах да́нной страны*)

don[1] [dɔn] *n исп.* 1. (D.) дон; D. Ramon дон Рамо́н 2. 1) предводи́тель, ли́дер, глава́рь 2) *разг.* ма́стер, иску́сник, дока́; to be a ~ at smth. быть ма́стером по ча́сти чего́-л.; he was a great ~ at philosophy он был больши́м знатко́м филосо́фии 3) ва́жная персо́на, ши́шка 4) глава́рь ма́фии 3. *разг.* преподава́тель (*в Оксфорде и Кембридже*) 4. «дон Пе́дро» (*карточная игра́*)
◇ D. Diego (зна́тный) испа́нец

don[2] [dɔn] *v* (*сокр. от* do on) *арх.* надева́ть; to ~ a cloak наки́нуть плащ; to ~ oneself оде́ться; to ~ a gala grey suit облачи́ться в пара́дный се́рый костю́м

dona [ˈdəʊnə] *n португ.* до́на

doña [ˈdəʊnjə] *n исп.* 1. (D.) до́нья 2. же́нщина; да́ма 3. *разг.* возлю́бленная, ми́лая; любо́вница

donary [ˈdəʊnərɪ] *n книжн.* дар, приноше́ние

donatary [ˈdəʊnət(ə)rɪ] *n шотл. юр.* получа́тель

donate [də(ʊ)ˈneɪt] *v* 1) преподноси́ть в ка́честве да́ра, передава́ть в дар 2) (от)дава́ть в ка́честве до́нора; to ~ blood (от)да́ть кровь; быть до́нором

donatio mortis causa [dəˈneɪʃɪəʊˈmɔːtɪsˈkɔːzə] *лат. юр.* даре́ние на слу́чай сме́рти

donation [də(ʊ)ˈneɪʃ(ə)n] *n* 1. переда́ча в дар 2. дар, поже́ртвование; large ~s кру́пные поже́ртвования; to make a ~ of smth. to smb. переда́ть что-л. в дар кому́-л.; to send one's ~s to smb. посла́ть свои́ поже́ртвования кому́-л. 3. *юр.* докуме́нт о даре́нии, да́рственная 4. *спец.* отда́ча, переда́ча

donative I [ˈdəʊnətɪv] *n* 1. дар, поже́ртвование 2. *церк.* бенефи́ций, доброхо́тное дая́ние

donative II [ˈdəʊnətɪv] *a* 1) да́рственный; пе́реданный в дар, поже́ртвованный 2) *спец.* доно́рный, дона́торный

donator [də(ʊ)ˈneɪtə] *n* 1. donate + -or 2. же́ртвователь, дари́тель 3. *спец.* до́нор, дона́тор

donatory [ˈdəʊnət(ə)rɪ] *n юр.* лицо́, получа́ющее дар *или* поже́ртвование, одаря́емый

done [dʌn] *p. p. от* do[1] II

donee [də(ʊ)ˈniː] *n юр.* 1) лицо́, чьи́вшее дар 2) лицо́, кото́рому пе́редано в неограни́ченное владе́ние недви́жимое иму́щество 3) лицо́, облечённое полномо́чиями

doneness [ˈdʌnnɪs] *n преим. кул.* гото́вность; test the meat for ~ попро́буйте, гото́во ли мя́со

dong I [dɔŋ] *n* звук ко́локола, «дон»

dong II [dɔŋ] *v* звуча́ть (*о ко́локоле*)

donga [ˈdɔŋgə] *n южно-афр.* уще́лье

donjon [ˈdɔndʒ(ə)n, ˈdʌndʒ(ə)n] *n* гла́вная ба́шня (*средневеко́вого за́мка*)

Don Juan [ˌdɔnˈdʒuː(ə)n, ˌdɔnˈhwɑːn] Дон-Жуа́н; *образн. тж.* донжуа́н, обольсти́тель, волоки́та

donkey [ˈdɔŋkɪ] *n* 1. *зоол.* осёл (*Equus asinus*); ~ driver пого́нщик осло́в; ~ load осли́ная но́ша; to ride a ~ е́хать на осле́ 2. (D.) *амер.* Осёл (*неофициа́льная эмбле́ма демократи́ческой партии*) 3. = donkey-engine 4. *бран.* осёл, дура́к

◇ ~'s years до́лгие го́ды /-ое вре́мя/; ~ work иша́чий труд, больша́я и неблагода́рная рабо́та; he wants someone to do the ~ work ему́ ну́жен «бе́лый негр»; to win the ~ race прийти́ после́дним; he would talk the hind leg off a ~ он переговори́т кого́ хо́чешь; у него́ язы́к хорошо́ подве́шен

donkey boiler [ˈdɔŋkɪˌbɔɪlə] вспомога́тельный (парово́й) котёл

donkey-engine [ˈdɔŋkɪˌen(d)ʒɪn] *n тех.* вспомога́тельный дви́гатель

donkeyman [ˈdɔŋkɪmən] (*pl* -men [-mən]) *n* пого́нщик осло́в

donkey-pump [ˈdɔŋkɪpʌmp] *n* вспомога́тельный парово́й насо́с, до́нка

donna [ˈdɔnə] *n ит.* 1. до́нна 2. госпожа́, мада́м

donnish [ˈdɔnɪʃ] *a* 1) педанти́чный; академи́чный 2) чо́порный; he's a bit ~ ≅ поро́й он ведёт себя́ пря́мо-таки как мэтр

Donnybrook Fair [ˈdɔnɪbrʊkˈfɛə] 1. *ист.* ежего́дная я́рмарка в До́ннибруке близ Ду́блина 2. шу́мное сбо́рище; галдёж, «база́р»

donor [ˈdəʊnə] *n* 1. *юр.* же́ртвователь; дари́тель 2. до́нор

donor country [ˈdəʊnəˌkʌntrɪ] страна́, ока́зывающая экономи́ческую по́мощь

do-nothing I [ˈduːˌnʌθɪŋ] *n* безде́льник, лоботря́с, лентя́й

do-nothing II [ˈduːˌnʌθɪŋ] *a* 1. лени́вый, пра́здный 2. пасси́вный; ~ policy поли́тика выжида́ния

do-nothingism [ˈduːˌnʌθɪŋɪz(ə)m] *n полит.* 1) пасси́вность (*в приня́тии мер, зако́нов*) 2) сабота́ж, обструкциони́зм

Don Quixote [ˌdɔnˈkwɪksət, ˌdɔnkɪˈhəʊtɪ] *исп.* Дон-Кихо́т; *образн. тж.* пусто́й мечта́тель, идеали́ст

don't I [dəʊnt] *n* запре́т; a long list of ~s дли́нный спи́сок того́, что де́лать не полага́ется; do's and ~s [*см.* do[1] 1

don't II [dəʊnt] *разг. сокр. от* do not

don't-know [ˈdəʊntnəʊ] = floater 6, 2)

donut [ˈdəʊnʌt] *n* по́нчик, жа́реная пы́шка

doob [duːb] *n бот.* свиноро́й па́льчатый (*Cynodon dactylon*)

doodad [ˈduːdæd] *n разг.* 1. побряку́шка; безделу́шка 2. шту́ка, штуко́вина; a kitchen full of the latest ~s ку́хня со все́ми нове́йшими причинда́лами

doodah [ˈduːdɑː] *n разг.* шту́ка, штуко́вина, шту́чка
◇ all of a ~ *сл.* не в себе́, возбуждённый

doodle[1] **I** [ˈduːdl] *n разг.* 1. болва́н; безде́льник 2. чёрточка, па́лочка, закорю́чка; бессмы́сленный рису́нок

doodle[1] **II** [ˈduːdl] *v* 1. *разг.* машина́льно рисова́ть, черти́ть (*что-л.*), ду́мая совсе́м о друго́м; to ~ with a pen рассе́янно рисова́ть ру́чкой 2. *диал.* надува́ть, обма́нывать

doodle[2] [ˈduːdl] *v шотл.* игра́ть на волы́нке

doodle[3] [ˈduːdl] *n* член, мужско́й полово́й о́рган

doodle-bomb [ˈduːdlbɔm] *n воен. жарг.* самолёт-снаря́д

doodlebug [ˈduːdlbʌg] *n разг.* 1. лоза́ для оты́скивания воды́, руды́ 2. самолёт-снаря́д 3. ма́ленький автомоби́ль *или* самолёт, «коро́бочка»

doodlebugging [ˈduːdlˌbʌgɪŋ] *n* лозоиска́тельство

doodle-doo [ˌduːdlˈduː] *int* кукареку́

doodle-sack [ˈduːdlsæk] *n шотл.* волы́нка (*муз. инструме́нт*)

doohickey [ˈduːhɪkɪ] *n разг.* приспособле́ние, шту́ка, штуко́вина

dool [duːl] *n* веха (*столб или камень*)
doolie, dooly [ˈduːlɪ] *n инд.* носилки
doom I [duːm] *n* 1. 1) рок, судьба; фатум 2) роковой конец, гибель; the ~ of a book провал книги; to go to one's ~ идти на верную смерть; to send a man to his ~ послать кого-л. на верную смерть; at the edge of ~ на краю гибели; to meet one's ~ а) погибнуть, встретить смерть /свой конец/; б) *шутл.* погибнуть для общества, жениться 2. 1) *уст.* статут 2) *ист.* декрет 3. *юр. уст.* приговор, особ. осуждение, обвинительное заключение; his ~ is sealed ему подписан приговор, он приговорён 4. *рел.* страшный суд; the day of ~ день страшного суда
doom II [duːm] *v* 1. обрекать, осуждать; предназначать, предопределять; to be ~ed to failure быть обречённым на провал; to be ~ed to die быть обречённым 2. *юр.* выносить обвинительный приговор, осуждать; to ~ smb. to exile приговорить кого-л. к ссылке; to be ~ed to death быть приговорённым к смерти
doomage [ˈduːmɪdʒ] *n амер.* 1) установление размера *или* размер налога с лица, уклоняющегося от его уплаты 2) штраф
doom and gloom [ˈduːmənd'gluːm] *разг.* конец света
Doombook [ˈduːmbʊk] *n ист.* свод древнегерманских законов; судебник короля Альфреда
doomed [duːmd] *a* обречённый; осуждённый; ~ town [man] обречённый город [человек]; ~ to destruction [to death] обречённый на разрушение [на смерть]; hopes ~ to disappointment надежды, которым не суждено сбыться
doomsday [ˈduːmzdeɪ] *n* 1. *рел.* день страшного суда, судный день 2) светопреставление, конец света 2. *юр.* день суда
◊ from now till ~ навсегда; отныне и во веки веков 2); to wait till ~ ждать до второго пришествия; to put smth. off till ~ отложить что-л. на веки вечные
Doomsday Book [ˈduːmzdeɪˌbʊk] = Domesday Book
doomsman [ˈduːmzmən] *n* (*pl* -men [-mən]) судья
doomster [ˈduːmstə] = doomwatcher
doomwatcher [ˈduːmwɒtʃə] *n неодобр.* мрачный пессимист
door [dɔː] *n* 1. 1) дверь; front /street/ ~ парадная дверь; back ~ чёрный ход; sliding ~ раздвижная дверь; outer ~ наружная дверь; chain дверная /предохранительная/ цепочка; ~ curtain портьера; from ~ to ~ от двери к двери; из дома в дом; to bang the ~ хлопнуть дверью; to knock at the ~ стучать в дверь; to answer the ~ открыть дверь (*на стук или звонок*); to shut /to close/ the ~ upon smb. а) захлопнуть дверь за кем-л.; б) навсегда захлопнуть перед кем-л. дверь; отказать от дома кому-л.; to slam /to shut/ the ~ in smb.'s face захлопнуть дверь перед чьим-л. носом 2) дом, квартира, помещение; in ~s, within ~(s) в помещении; out of ~(s), without ~s на открытом воздухе; на улице, на дворе [*см. тж.* ◊]; he lives two [three] ~s away /off/ он живёт через дом /через два дома/; next ~ в соседнем доме, по соседству; неподалёку; поблизости, рядом [*ср. тж.* ◊]; to live next ~ to smb. жить двери в дверь с кем-л.; they lived two [three] ~s to us их дом был третий [четвёртый] от нашего; she boarded across the street one ~ down from us она снимала комнату в доме, стоявшем наискосок от нашего на другой стороне улицы 3) вход; to pay ~ the ~ платить при входе (*на выставку и т. п.*) 4) путь, дорога; ~ to success путь к успеху; to open the ~ to an agreement открыть путь к соглашению; to close the ~ upon an agreement закрыть путь к соглашению 2. 1) дверца; ~s of a wardrobe [of a bookcase] дверцы гардероба [книжного шкафа] 2) *тех.* заслонка 3. дверной проём
◊ at death's ~ *см.* death ◊; out of ~(s) не к месту, неуместно [*см. тж.* 1, 2)]; to be next ~ to smth. быть на грани чего-л.; быть на волосок от чего-л. [*ср. тж.* 1, 2)]; to be next ~ to bankruptcy быть на грани банкротства; it is next ~ to cannibalism это граничит с людоедством; behind closed ~s за закрытыми дверями; при закрытых дверях; тайно; to turn smb. out of ~s выставить кого-л. за дверь; to show the ~ to smb., to show smb. the ~ показать на дверь кому-л.; to deny the ~ to smb., to deny smb. the ~ отказать кому-л. от дома; не принимать кого-л.; don't darken my ~ again *см.* darken ◊; to lie /to be/ at one's ~ быть на чьей-л. совести; быть виноватым (*в чём-л.*); to lay smth. at smb.'s ~ свалить вину на кого-л., обвинять кого-л. в чём-л.

door-bell [ˈdɔːbel] *n* дверной звонок; дверной колокольчик
doorbell-ringing [ˈdɔːbelˌrɪŋɪŋ] *n* обход домов, квартир агитаторами (*перед выборами*)
door-case [ˈdɔːkeɪs] *n* дверная коробка, рама
door check, door closer [ˈdɔːtʃek, ˈdɔːˌkləʊzə] механизм для автоматического закрывания двери
do-or-die [ˌduːəˈdaɪ] *a* 1. отчаянный; не останавливающийся ни перед чем; беззаветный; ~ attempt отчаянная попытка 2. смертельный (*об опасности и т. п.*); критический (*о моменте*)
door-frame [ˈdɔːfreɪm] *n* = door-case
door-handle [ˈdɔːˌhændl] *a* дверная ручка
doorjamb [ˈdɔːdʒæm] *n* дверной косяк; дверная стойка
doorkeeper [ˈdɔːˌkiːpə] *n* 1) швейцар; привратник 2) *амер.* комендант здания
door-knob [ˈdɔːnɒb] *n* (шарообразная) ручка двери
door-knocker [ˈdɔːˌnɒkə] *n* дверной молоток
doorman [ˈdɔːmən] *n* (*pl* -men [-mən]) = doorkeeper 1); he was refused permission by the ~ to re-enter привратник /швейцар/ не разрешил ему вновь войти в здание
door-mat [ˈdɔːmæt] *n* 1. половик, коврик для вытирания ног 2. «тряпка», безвольный, бесхарактерный человек
door-money [ˈdɔːˌmʌnɪ] *n* плата за вход
door-nail [ˈdɔːneɪl] *n* дверной гвоздь
◊ dead as a ~ без каких-л. признаков жизни; deaf as a ~ глух как пень; dumb as a ~ ≅ нем как рыба
door-panel [ˈdɔːˌpænl] *n стр.* филёнка двери
door-plate [ˈdɔːpleɪt] *n* дощечка, табличка на дверях (*с фамилией, званием и т. п.*)
door-post [ˈdɔːpəʊst] *n* дверной косяк
◊ deaf as a ~ ≅ глух как пень
door-step [ˈdɔːstep] *n* ступенька крыльца; to sit on the ~ сидеть на ступеньках крыльца; he's never off our ~ он вечно торчит у нас
door-stone [ˈdɔːstəʊn] *n* каменная плита у крыльца
door-stop [ˈdɔːstɒp] *n* 1. дверная пружина, 2. упор двери
door-to-door [ˌdɔːtəˈdɔː] *a* поквартирный (*об обходе, агитации и т. п.*); ~ poll поквартирный опрос населения; ~ salesman представитель торговой фирмы, обходящий квартиры с предложением товара; коммивояжёр; ~ delivery *ком.* сквозная доставка (*груза*)
doorway [ˈdɔːweɪ] *n* 1) вход в помещение; (to stand) in the ~ (стоять) в дверях 2) *стр.* дверной проём; портал 3) путь, дорога (*к чему-л.*)
door-weed [ˈdɔːwiːd] *n бот.* горец птичий, спорыш (*Polygonum aviculare*)
dooryard [ˈdɔːjɑːd] *n амер.* палисадник
do out [ˈduːˈaʊt] *phr v* 1. убирать, чистить (*помещение и т. п.*); to ~ a room прибрать в комнате 2. *уст.* гасить, тушить
do over [ˈduːˈəʊvə] *phr v* 1. переделывать, делать заново; you'll have to do it over тебе придётся это переделать 2. (with) покрывать, обмазывать, обшивать (*слоем какого-л. вещества, тканью и т. п.*); the seats have been done over with green paint сиденья были перекрашены в зелёный цвет
dop [dɒp] *n* 1. медный зажим (*для огранки бриллиантов*) 2. бренди из виноградной кожуры
dopant [ˈdəʊp(ə)nt] *n элк.* допант, легирующая примесь; присадка, добавка
dope I [dəʊp] *n* 1. 1) паста; густая смазка 2) лак; аэролак 2. 1) допинг 2) *разг.* наркотик; опиум; ~ addict наркоман; ~ habit /addiction/ наркомания; ~ peddler торговец наркотиками 3. *разг.* наркоман 4. *сл.* 1) секретная информация о лошади (*на скачках, бегах*) 2) секретная) информация, (секретные) сведения; inside ~ неофициальная информация; to spill /to hand (out)/ the ~ поделиться секретной информацией; to upset the ~ опровергнуть все предсказания; give us the ~ ну-ка, выкладывай, что ты знаешь; get the ~ разузнай всё как есть 5. *сл.* ложные сведения, обман, надувательство; don't pull /put/ any of this ~ on me ≅ не втирай мне очки 6. дурман 7. *разг.* болван, дубина; идиот; what a ~! ну и болван! 8. *хим.* поглотитель 9. *спец.* присадка; антидетонационная присадка (*к топливу*); добавка; легирующая примесь
dope II [dəʊp] *v* 1. наносить пасту или лак; лакировать 2. разбавлять; подмешивать, фальсифицировать 3. 1) давать наркотики или допинг; to ~ oneself with cocaine нанюхаться кокаину; нюхать кокаин 2) принимать наркотики; he ~s он наркоман 4. одурманивать 5. *сл.* разгадывать; разнюхивать; предсказывать (*обыкн.* ~ out); to ~ (out) the winners наперёд знать победителей (*скачек и т. п.*) 6. *тех.* 1) заливать (*цилиндры*) горючим 2) добавлять присадки (*к топливу или маслам*) 7. *элк.* легировать, допировать (*полупроводник*)
doped [dəʊpt] *a спец.* легированный; heavily [lightly] ~ сильнолегированный [слаболегированный]
dope-fiend [ˈdəʊpfiːnd] *n разг.* наркоман
dope fuel [ˈdəʊpˌfjʊəl] этилированный бензин
doper [ˈdəʊpə] *n разг.* 1) наркоман 2. *проф.* человек, дающий допинг лошади
dope story [ˈdəʊpˌstɔːrɪ] 1) обзор политических событий (*в газете*); колонка комментатора 2) информация из надёжных источников (*для опубликования в газете без ссылки на эти источники*)

DOP — DOT

dopey ['dəʊpɪ] *a разг.* 1. вялый, полусонный, одурманенный 2. одурманивающий; наркотический

doping ['dəʊpɪŋ] *n* 1. = dope I, 2, 1) 2. разбавление, подмешивание *и пр.* [*см.* dope II 3] 3. *тех.* наложение защитных покрытий 2) *ав.* пропитка, покрытие аэролаком 3) *элк.* легирование, допирование (*полупроводника*)

Doppelgänger ['dɒpl‚gæŋgə] *n нем.* 1) = double-ganger 2) второе «я»

dopper ['dɒpə] *n* (голландский) баптист

Doppler effect ['dɒplə(r)ɪ‚fekt] *физ.* эффект Допплера

Doppler-shift, Dopplershift ['dɒplə‚ʃɪft] *v физ.* вызывать допплеровское смещение (*спектральных линий*) или допплеровский сдвиг (*частоты*)

dor [dɔ:] *n* 1. насекомое, жужжащее во время полёта (*жук и т. п.*) 2. *энт.* жук-навозник (*Geotrupes stercorarius*)

Dora[1] [dɔ:rə] *n шутл.* закон об обороне страны (*принятый в Англии в 1914 г.*)

Dora[2] [dɔ:rə] *n* немецкая укреплённая линия в Италии (*во время II мировой войны*)

Dorado [də'ra:dəʊ] *n* (*pl* -os [-əʊz]) 1. *астр.* Золотая Рыба (*созвездие*) 2. (d.) *зоол.* дорадо, большая корифена (*Coryphaena hippurus*)

dor-beetle ['dɔ:‚bi:tl] = dor 2

Dorcas ['dɔ:kəs] *n* 1. английское женское благотворительное общество для снабжения бедных одеждой (*часто* ~ society) 2. собрание благотворительного общества [*см.* 1]

dor-fly ['dɔ:flaɪ] = dor 2

Dorian I ['dɔ:rɪən] *n ист.* дориец

Dorian II ['dɔ:rɪən] *a ист.* дорический, дорийский

Dorian Grey ['dɔ:rɪən'greɪ] 1) Дориан Грей (*герой романа О. Уайльда «Портрет Дориана Грея»*) 2) самовлюблённый эгоист

Doric I ['dɒrɪk] *n* 1. *ист.* дорическое наречие 2. местный диалект, говор; to speak one's native ~ говорить на своём диалекте 3. *архит.* дорический ордер

Doric II ['dɒrɪk] *a* 1. *ист.* дорический, дорийский 2. провинциальный (*о выговоре*); местный (*о диалекте*) 3. *архит.* дорический; ~ order дорический ордер

Dorism ['dɔ:rɪz(ə)m] *n* 1. характерная черта дорической культуры 2. дорицизм (*в греческом языке*)

Dorking ['dɔ:kɪŋ] *n* доркинг (*порода мясных кур*)

dorm [dɔ:m] *разг. см.* dormitory

dormancy ['dɔ:mənsɪ] *n* 1. дремота 2. состояние бездействия 3. *биол.* 1) состояние покоя (*семян, растений*) спячка (*животных*)

dormant I ['dɔ:mənt] = dormer 1

dormant II ['dɔ:mənt] *a* 1. *книжн.* 1) спящий, дремлющий 2) тихий, спокойный 2. 1) бездействующий, пассивный 2) скрытный, потенциальный, латентный; ~ volcano потухший /недействующий/ вулкан; ~ capital мёртвый капитал; ~ faculties нераскрывшиеся способности; ~ passions дремлющие страсти; ~ warrant неподписанный /неоформленный/ бланк (*документа*); ~ law неприменяемый закон; ~ partner компаньон, не принимающий активного участия в ведении дела; to lie ~ 1) бездействовать 2) нереализуемый; ~ claims непредъявленные претензии; ~ title титул, на который не претендуют 3. *биол.* 1) находящийся в покое, в состоянии покоя (*о растении*); ~ state состояние покоя (*семян или растений*) 2) находящийся в (зимней) спячке (*о животных*) 4. *герольд.* спящий; lion ~ спящий лев

dormant bolt ['dɔ:mənt'bəʊlt] *тех.* утопленный болт

dormant window ['dɔ:mənt'wɪndəʊ] = dormer 1

dormer ['dɔ:mə] *n* 1. слуховое, мансардное окно 2. *ист.* опочивальня

dormeuse [dɔ:'mɜ:z] *n ист.* карета со спальными местами, дормез

dormient ['dɔ:mɪənt] = dormant II 1, 1)

dormition [dɔ:'mɪʃ(ə)n] *n книжн.* 1. 1) сон 2) засыпание 2. 1) смерть во сне; тихая безболезненная кончина 2) *рел.* успение

dormitive I ['dɔ:mɪtɪv] *n* снотворное (*средство*)

dormitive II ['dɔ:mɪtɪv] *a* снотворный

dormitory ['dɔ:mɪt(ə)rɪ] *n* 1. 1) спальня, спальная комната, опочивальня 2) дортуар, общая спальня 2. студенческое общежитие; ~ rooms комнаты общежития; in worker apartments and student dormitories в квартирах рабочих и в студенческих общежитиях 3. *шутл.* рабочий посёлок

dormitory car ['dɔ:mɪt(ə)rɪ‚ka:] спальный вагон

dormitory suburb ['dɔ:mɪt(ə)rɪ‚sʌbɜ:b] = bedroom suburb

dormobile ['dɔ:məbi:l] *n разг.* маленький жилой автофургон [< dormitory + automobile]

dormouse ['dɔ:maʊs] *n* (*pl* -mise [-maɪs]) 1) *зоол.* соня (*Myoxidae fam.*) 2) соня, сонливый человек

dornick ['dɔ:nɪk] *n* тяжёлая драпировочная или скатертная ткань

Dorothy bag ['dɒrəθɪbæg] ридикюль, дамская сумочка-мешочек

dorp [dɔ:p] *n* деревня, деревушка

dorsa ['dɔ:sə] *pl от* dorsum

dorsad [dɔ:sæd] *adv анат.* по направлению к спине

dorsal I ['dɔ:s(ə)l] *n* 1. спинной плавник (*у рыбы*) 2. *анат.* спинной позвонок 3. = dossal

dorsal II ['dɔ:s(ə)l] *a* 1. *спец.* спинной, дорсальный; верхний; ~ vertebrae спинные позвонки; ~ spinal cord *анат.* грудной отдел спинного мозга; ~ side *бот.* верхняя сторона (*листа*) 2. *фон.* дорсальный (*о звуке, артикуляции*)

dorse [dɔ:s] *n* молодая треска

dorsi- ['dɔ:sɪ-] (*тж.* dorso-) *биол.* в сложных словах имеет значение спина, спинной: dorsiferous носящий детёныша на спине; dorsoventral дорсовентральный, спиннобрюшной

dorsiferous [dɔ:'sɪfərəs] *a* 1. *бот.* прикреплённый тыльной частью (*о пыльнике*) 2. *зоол.* несущий на спине (*об улитке и т. п.*)

dorsiparous [dɔ:'sɪpərəs] = dorsiferous

dorso- ['dɔ:səʊ-] = dorsi-

dorsum ['dɔ:səm] *n* (*pl* -sa) *спец.* 1. спина 2. тыльная часть; ~ of a foot тыл стопы

dorter, dortour ['dɔ:tə] *n ист.* дортуар (*в монастыре*)

dory[1] ['dɔ:rɪ] *n амер.* лёгкая рыбачья плоскодонка

dory[2] ['dɔ:rɪ] *n зоол.* солнечник (*Zeus*)

dosage ['dəʊsɪdʒ] *n* 1) дозировка 2) доза; ~ meter = dosimeter 2) *спец.* дозировка, доливка (*шампанского*)

dose I [dəʊs] *n* 1. 1) *спец.* доза; daily [maximum, permissible] ~ of smth. дневная [максимальная, допустимая] доза чего-л.; fatal /lethal/ ~ смертельная доза; exposure ~ доза облучения; total ~ суммарная доза (*радиации*); ~ fractionation фракционирование дозы, многократное облучение малыми дозами 2) доза, доля, порция; ~ of flattery порция лести; to have a regular ~ of smth. получить большую порцию чего-л.; пресытиться чем-л. 2. ингредиент, прибавляемый к вину 3. *сл.* венерическая болезнь, *особ.* гонорея; to give smb. a ~ заразить кого-л. венерической болезнью; to get /to cop/ a ~ a) подхватить венерическую болезнь; б) загреметь в тюрягу, попасть за решётку

dose II [dəʊs] *v* 1. дозировать 2. 1) давать определёнными дозами; лечить (большими) дозами лекарства; she was heavily ~d with sedatives её (буквально) оглушали седативными средствами 2) принимать лекарство 3. прибавлять (*какие-л.*) ингредиенты (*к вину*)

dose-meter ['dəʊs‚mi:tə] = dosimeter

dose-rate meter ['dəʊsreɪt'mi:tə] = dosimeter 2

dose-response curve ['dəʊsrɪs‚pɒns'kɜ:v] *спец.* дозная характеристика

dosimeter [də(ʊ)'sɪmɪtə] *n* 1) *тех.* дозатор 2) *физ.* дозиметр; personal ~ индивидуальный дозиметр

dosimetric [‚də(ʊ)sɪ'metrɪk] *a физ.* дозиметрический

dosimetry [də(ʊ)'sɪmɪtrɪ] *n физ.* дозиметрия; radiation ~ дозиметрия излучений, радиационная дозиметрия; internal (irradiation) ~ дозиметрия внутреннего облучения

dosing ['dəʊsɪŋ] *n с.-х.* подкормка (*растений*); дозированное внесение удобрений

doss I [dɒs] *n сл.* 1) кровать или койка в ночлежном доме 2) постель под открытым небом 3) (короткий) сон; to have an hour's ~ вздремнуть (на) часок

doss II [dɒs] *v сл.* 1) ночевать в ночлежном доме 2) спать; to ~ out спать под открытым небом

dossal ['dɒs(ə)l] *n церк.* заалтарная завеса

doss down ['dɒs'daʊn] *phr v сл.* (завалиться) спать

doss-down ['dɒsdaʊn] = doss I 2) *и* 3)

dossel ['dɒs(ə)l] = dossal

dosser[1] ['dɒsə] *n* 1. = dossal 2. корзина, короб (*для ношения на спине*)

dosser[2] ['dɒsə] *n сл.* ночлежник, обитатель ночлежного дома

doss-house ['dɒshaʊs] *n разг.* ночлежка, ночлежный дом

dossier ['dɒsɪeɪ] *n* досье; дело

dossil ['dɒsɪl] *n* 1. *мед.* тампон из корпии 2. *полигр.* подушечка для стирания краски

dost [dʌst] (*полная форма*); dəst (*редуцированная форма*)] *уст.* 2-е л. ед. ч. настоящего времени гл. do[1] II

dot[1] I [dɒt] *n* 1. точка; three ~s отточие, многоточие; ~s and dashes точки и тире (*в азбуке Морзе*) 2. пятнышко 3. крошка, малютка; крохотное существо 4. *муз.* точка (*знак увеличения длительности ноты или паузы в полтора раза или знак стаккато*) ◇ to a ~ до мельчайших подробностей; до последней запятой; to correct smth. to a ~ исправить всё до мелочей; ≅ «вылизать»; off one's ~ тронутый, свихнувшийся; придурковатый; to pay on the ~ платить наличными; (to come) on the ~ (прийти) минута в минуту /тютелька в тютельку/; in the year ~ давным-давно

dot[1] II [dɒt] *v* 1. ставить точки 2. отмечать пунктиром; наносить пунктирную линию 3. усеивать; испещрять; a field ~ted with flowers поле, усеянное цветами; boulders ~ted (about /over/) the

-lunar landscape поверхность Луны была усеяна камнями; the islands are ~ted all round the coast вдоль (всей) береговой линии были разбросаны /рассыпаны/ островки
◊ to ~ the i's ставить точки над i; to ~ and carry one переносить в следующий разряд (*при сложении*); to ~ and go one *редк.* а) = to ~ and carry one; б) ковылять, плестись еле-еле; to ~ smb. one дать кому-л. затрещину; to ~ smb. one in the eye поставить кому-л. синяк /фонарь/ под глазом

dot² [dɒt] *n юр.* приданое

dotage ['dəʊtɪdʒ] *n* 1. старческое слабоумие; to be in one's ~, to sink into ~ впасть в детство 2. обожание; слепая любовь

dot-and-carry-one ['dɒtən'kærɪwʌn] *n* 1. перенос в следующий разряд (*при сложении*) 2. *шутл.* учитель арифметики

dot-and-dash ['dɒtən'dæʃ] *a* состоящий из точек и тире; ~ line штрих-пунктир, штрих-пунктирная линия; ~ code азбука Морзе

dot-and-go-one ['dɒtən'gəʊwʌn] *n* 1. ковыляющая походка 2. «деревянная нога», калека на деревянной ноге; хромой

dotard I ['dəʊtəd] *n* старый дурак; выживший из ума старик

dotard II ['dəʊtəd] *а* одряхлевший, выживший из ума; впавший в детство

dotation [də(ʊ)'teɪʃ(ə)n] *n* 1) пожертвование 2) вклад

dot down ['dɒt'daʊn] *phr v разг.* кратко записывать; набрасывать; to ~ a conversation записать разговор

dote [dəʊt] *v* 1. впасть в детство; страдать старческим слабоумием 2. (on, upon) любить до безумия, души не чаять; быть ослеплённым любовью; she ~s on her son она души не чает в своём сыне, она слепо любит своего сына

doth [dʌθ] (*полная форма*); dəθ (*редуцированная форма*)] *уст.* 3-е л. ед. ч. настоящего времени гл. do¹ II

Dotheboys Hall ['du:ðəbɔɪz,hɔ:l] 1) Дотбойз-холл (*школа для мальчиков в романе Диккенса «Николас Никлби»*) 2) школа, где царит палочная дисциплина, отупляющая учеников

doting ['dəʊtɪŋ] *а* 1. страдающий старческим слабоумием 2. слепо, безумно любящий

dotish ['dəʊtɪʃ] *а* глупый, ребяческий

dot matrix ['dɒt,meɪtrɪks] *вчт.* растр, точечная матрица; ~ display растровый дисплей; ~ printer матричное печатающее устройство

dot product ['dɒt,prɒdəkt] *мат.* скалярное произведение

dotted ['dɒtɪd] *а* 1. с точкой; с точками 2. отмеченный или намеченный точками или точкой; пунктирный; ~ line пунктир; пунктирная линия
◊ to sign on the ~ line а) расписаться (*на документе*); поставить свою подпись (*на обязательстве*); б) взять на себя обязательство (*особ. финансовое*); принять на себя расходы *и т. п.*

dotter ['dɒtə] *n мор.* прибор для обучения наведению орудий

dotterel ['dɒtrəl] *n зоол.* ржанка (*Charadrius*)

dottle ['dɒtl] *n* остаток табака (*в трубке*)

dottrel ['dɒtrəl] = dotterel

dotty ['dɒtɪ] *а* 1. 1) усеянный или испещрённый точками 2) точечный 2. *разг.* прихрамывающий, нетвёрдый на ногах (*тж.* ~ on one's legs) 3. *разг.* не в своём уме, рехнувшийся, тронутый; to go ~ тронуться, свихнуться

doty ['dəʊtɪ] *а* гнилой (*о древесине*)

douane [du(:)'ɑ:n] *n фр.* таможня

douar ['duːɑː] *n араб.* шатры бедуинов; лагерь бедуинов (*состоящий из шатров*)

double I ['dʌbl] *n* 1. двойное количество; to take the ~ of what is due взять вдвое больше, чем положено; to sell smth. for ~ what it costs продать что-л. за двойную цену /вдвое дороже/ 2. 1) дубликат; дублёт 2) *уст.* прототип, прообраз 4. двойник 5. 1) *театр.* актёр, исполняющий в пьесе две роли 2) *театр.* дублёр 3) *кино* дублёр, заменяющий основного исполнителя в некоторых сценах 6. 1) дупель (*домино*) 2) дуплет (*бильярд*), двойной удар 3) *охот.* дублёт, дуплет 7. *pl* парная игра (*теннис*); mixed ~s игра двух смешанных пар 8. двойка (*гребля; тж.* ~ scull) 9. *спорт.* два выигрыша *или* два проигрыша подряд 10. двойное пари (*на скачках или других состязаниях*) 11. беглый шаг; at the ~ быстро; to advance at the ~ продвигаться ускоренным шагом; наступать бегом; to break into the ~ перейти на ускоренный шаг, пойти ускоренным шагом; at the ~! *воен.* бегом марш! 12. 1) петля (*преследуемого животного*) 2) увёртка, уловка, хитрость 3) петля, изгиб, поворот (*реки*) 13. складка; сгиб 14. комната на двоих 15. *астр.* двойная звезда
◊ to give smb. the ~ улизнуть от кого-л.

double II ['dʌbl] *а* 1. 1) двойной, удвоенный; сдвоенный; состоящий из двух частей; ~ bottom [chin, doors, stars] двойное дно [-ой подбородок, -ые двери, -ые звёзды]; ~ track двойная колея; ~ window окно с двойной рамой; ~ bed двуспальная кровать; ~ sharp *муз.* дубль-диез; ~ flat *муз.* дубль-бемоль; a gun with a ~ barrel двуствольное ружьё; a knife with a ~ edge обоюдоострый нож; to give a ~ knock at the door постучать в дверь два раза; ~ image *тлв.* раздвоенное изображение; ~ exposure *кино* двойная экспозиция; сочетание двух изображений в одном кинокадре; ~ feature programme *кино* показ двух полнометражных фильмов в каждом сеансе; ~ bill представление из двух пьес; ~ sessions двухсменные занятия (*в школах*); ~ tooth коренной зуб; ~ consonants *лингв.* геминаты, удвоенные согласные; ~ stress *фон.* двойное ударение; ~ march! *воен.* ускоренным /беглым/ шагом марш!, бегом марш! (*команда*); ~ circuit line *эл.* двухцепная линия; ~ conductor *эл.* расщеплённый провод (*состоящий из двух отдельных проводов*); ~ time! бегом марш! (*команда*); ~ salt *хим.* двойная соль; ~ cropping *с.-х.* а) одновременное культивирование двух культур; б) два урожая в год; ~ check *шахм.* двойной шах; ~ arm bar сковывающий захват двух рук (*борьба*); ~ bind двойной захват оружия (*фехтование*); ~ stem /brake/ *спорт.* торможение плугом (*лыжи*); ~ touches *спорт.* обоюдные удары /уколы/ (*фехтование*); ~ envelopment *воен.* двойной охват 2) парный; ~ harness а) парная упряжь; б) *шутл.* супружество, брак; узы брака; ~ sentry парный сторожевой пост 2. двойной, двоякий; ~ advantage двоякая выгода; ~ service двоякая услуга; ~ cause двоякие причины; ~ standard двойные мерки, двойные стандарты (*разное применение законов по отношению к мужчине и женщине в одинаковых ситуациях*) 3. двойной; вдвое больший, удвоенный, усиленный; ~ blanket [coat of paint, lining] двойное одеяло [-ой слой краски, -ая подкладка]; ~ the number вдвое большее /удвоенное/ число; ~ speed удвоенная скорость; ~ work [whisky] двойная работа [-ое виски]; ~ burden of women двойная нагрузка женщин; his income is ~ what it was его доходы возросли вдвое; he is ~ her age он вдвое старше её 4. двусмысленный; to have a ~ meaning /significance/ быть двусмысленным 5. двуличный, двойственный, двойной; ~ conduct двуличное поведение; ~ game двойная игра; лицемерие; to play a ~ game вести двойную игру, лицемерить; двурушничать; ~ agent двойной агент, «слуга двух господ»; ~ traitor дважды предатель; to wear a ~ face двурушничать, лицемерить; to live /to lead/ a ~ life жить двойной жизнью 6. *муз.* 1) = duple 2 2) звучащий на октаву ниже 7. *бот.* махровый; ~ flower махровый цветок
◊ ~ Dutch *см.* Dutch I ◊

double III ['dʌbl] *adv* 1. вдвое, вдвойне; ~ as bright вдвое ярче; to pay [to cost] ~ платить [стоить] вдвое дороже; to pay ~ the meter заплатить вдвое больше, чем по показаниям счётчика; to be ~ the length of smth. быть вдвое длиннее чего-л.; bent ~ with pain скорчившись /согнувшись пополам/ от боли; to fold a sheet of paper ~ сложить лист бумаги пополам 2. вдвоём; парой, попарно; to ride ~ ехать вдвоём (*на одной лошади*); to sleep ~ спать вдвоём
◊ he sees ~ у него двоится в глазах

double IV ['dʌbl] *v* 1. 1) удваивать, увеличивать вдвое; to ~ one's stake удвоить ставку; to ~ one's offer предложить вдвое больше 2) удваиваться, возрастать, увеличиваться вдвое; the population ~d население увеличилось в два раза 3) *воен.* сдваивать (*ряды*) 2. быть вдвое больше, превосходить вдвое; our force ~s that of the enemy наши силы вдвое превосходят силы противника 3. *театр., кино* 1) исполнять две роли; to ~ the parts of two characters исполнять роли двух персонажей 2) выступать в той же роли, что и дублёром 3) *кино* дублировать 4. замещать; to ~ for smb. выполнять чьи-л. функции 5. бить шар дуплетом (*бильярд*) 6. 1) складывать, складывать вдвое (*часто* ~ up); to ~ a blanket [a piece of paper] сложить вдвое одеяло [листок бумаги]; to ~ one's fists сжать кулаки 2) сгибаться, складываться 3) делать изгиб 7. *мор.* огибать, обходить; to ~ a cape обогнуть мыс 8. подбивать; подшивать или подкладывать ещё один слой; обшивать, делать обшивку 9. *разг.* вселять второго жильца, уплотнять; помещать второго пассажира в то же купе, в ту же каюту; I was ~d with a sick passenger ко мне (в купе, в каюту) поместили больного пассажира 10. *воен.* двигаться беглым шагом; бежать 11. 1) запутывать след, делать петли (*часто о звере*); сбивать со следа; to ~ on smb. сбить кого-л. со следа 2) *уст.* хитрить, обманывать, вилять

double- ['dʌbl-] *в сложных и сложнопроизводных словах (преим. прилагательных и глаголах) имеет значение* двойной, двоякий: double-digit двузначный (*о числах*); doublethink двоемыслие; double-lock закрыть замок на два поворота ключа; double-cross обмануть; double-work *с.-х.* дважды привить

double-acting [,dʌbl'æktɪŋ] *а тех.* двойного действия

DOU — DOU

double-action I [ˌdʌblˈækʃ(ə)n] *n* муз. механика с двойной репетицией

double-action II [ˌdʌblˈækʃ(ə)n] *a* 1. = double-acting 2. *воен.* самовзводный

double-apron fence [ˈdʌblˌeɪpr(ə)nˈfens] *воен.* усиленный проволочный забор

double-axe [ˈdʌblæks] *n* обоюдоострый топор

double back [ˈdʌblˈbæk] *phr v* 1. отгибать, загибать 2. возвращаться по собственным следам (*тж.* ~ (up)on one's tracks)

double-banked [ˌdʌblˈbæŋkt] *a* с вальковыми вёслами (*о шлюпке*)

double-barrelled [ˌdʌblˈbær(ə)ld] *a* 1. двуствольный; ~ gun двустволка; ~ telescope бинокулярный телескоп 2. преследующий две цели 3. двусмысленный; ~ compliment двусмысленный комплимент

double-bass [ˌdʌblˈbeɪs] *n* контрабас (*муз. инструмент*)

double-bedded [ˌdʌblˈbedɪd] *a* с двуспальной кроватью *или* с двумя кроватями; двойной (*о номере гостиницы*)

double-bent [ˈdʌblbent] *a* вдвое согнутый

double bind [ˌdʌblˈbaɪnd] *психол.* путаница понятий; растерянность, вызванная противоречивыми влияниями (*у ребенка при раздорах между родителями и т. п.*)

double-bitt [ˈdʌblbɪt] *v мор.* обносить на двойной кнехт *или* обносить два раза на кнехт

double-blind test [ˈdʌblblaɪndˈtest] *фарм.* дважды слепое испытание (*лекарственного препарата*)

double boiler [ˌdʌblˈbɔɪlə] *амер.* пароварка

double-bottom [ˈdʌblbɒtəm] *n сл.* грузовой автомобиль с двумя прицепами

double-bottomed [ˈdʌblbɒtəmd] *a* с двойным дном

double-breasted [ˌdʌblˈbrestɪd] *a* двубортный (*о пиджаке*)

double-charge [ˌdʌblˈtʃɑːdʒ] *v* заряжать двойным зарядом

double-check [ˌdʌblˈtʃek] *v* перепроверять

double-circuit [ˌdʌblˈsɜːkɪt] *a элк.* двухконтурный

double-coated [ˌdʌblˈkəʊtɪd] *a фото, кино* с двойным слоем (*о плёнке и т. п.*)

double-concave [ˌdʌblˈkɒnkeɪv] *a опт.* двояковогнутый

double-convex [ˌdʌblˈkɒnveks] *a опт.* двояковыпуклый

double cream [ˌdʌblˈkriːm] сливки двойного сепарирования; сливки для взбивания

double-cross I [ˈdʌblkrɒs] *n разг.* обман, хитрость, уловка

double-cross II [ˌdʌblˈkrɒs] *v разг.* обманывать, надувать, проводить

double-current [ˌdʌblˈkʌrənt] *a эл.* постоянного и переменного тока

double-deal [ˌdʌblˈdiːl] *v* двурушничать

double-dealer [ˌdʌblˈdiːlə] *n* обманщик, лицемер; двуличный человек; двурушник

double-dealing I [ˌdʌblˈdiːlɪŋ] *n* обман, лицемерие; двуличность, двурушничество

double-dealing II [ˌdʌblˈdiːlɪŋ] *a* лицемерный; двуличный; двурушнический

double-deck(ed) [ˌdʌblˈdek(t)] *a* двухэтажный (*об автобусе или троллейбусе*)

double-decker [ˌdʌblˈdekə] *n* 1. 1) *мор.* двухпалубное судно 2) двухэтажный автобус или троллейбус 2. *ав. проф.* биплан 3. *разг.* трёхслойный бутерброд (*тж.* ~ sandwich)

double-digit [ˌdʌblˈdɪdʒɪt] *a преим. амер.* двузначный; ~ inflation инфляция, темпы процентного роста которой выражаются двузначными числами

double-dipping [ˌdʌblˈdɪpɪŋ] *n амер. сл.* двойной куш, получение денег дважды (*пенсии и жалованья, гонорара за статьи и за сборник тех же статей и т. п.*)

double-dye [ˌdʌblˈdaɪ] *v* 1) окрасить дважды 2) покрыть несмываемым позором

double-dyed [ˌdʌblˈdaɪd] *a* 1) окрашенный два раза; пропитанный краской 2) покрытый несмываемым позором; закоренелый; матёрый; ~ scoundrel закоренелый /отъявленный/ негодяй

double eagle [ˌdʌblˈiːgl] 1. *геральд.* двуглавый орёл 2. старинная американская золотая монета в двадцать долларов

double-edged [ˌdʌblˈedʒd] *a* 1) обоюдоострый 2) допускающий двойное толкование *или* использование (*об аргументе и т. п.*)

double-ender [ˌdʌblˈendə] *n* двухконечный инструмент; двусторонний инструмент

double entendre [ˈduːblɑːŋˈtɑːŋdr] 1) двойной смысл, двусмысленность 2) двусмысленное слово или выражение, двусмысленность

double-entry [ˈdʌblˈentrɪ] *n* двойная бухгалтерия

double-event [ˌdʌblˈɪvent] *n спорт.* двоеборье

double-F [ˈdʌblˈef] *a воен. разг.* совершенно не годный к военной службе

double(-)face [ˈdʌblfeɪs] 1. = double-dealing I 2. = double-dealer

double-faced [ˌdʌblˈfeɪst] *a* 1. двусторонний (*о материи*) 2. двухбойковый; ~ hammer двухбойковый молоток; двухбоевой молот 3. = double-dealing II

double-feature [ˌdʌblˈfiːtʃə] *n кино* двойной сеанс, программа из двух полнометражных фильмов (*тж.* ~ programme)

double-feint [ˈdʌblfeɪnt] *n* два перевода (*фехтование*)

double-figure [ˌdʌblˈfɪgə] = double-digit

double-first [ˌdʌblˈfɜːst] *n* 1) диплом первой степени по двум специальностям 2) окончивший университет с дипломом первой степени по двум специальностям

double-ganger [ˈdʌblˈgæŋə] *n* дух (*живого человека*); двойник

double-geared [ˌdʌblˈgɪəd] *a* с двумя скоростями

double-handed [ˌdʌblˈhændɪd] *a* 1. имеющий две руки, двурукий 2. с двумя рукоятками 3. работающий с помощником 4. двуличный, фальшивый

double-headed [ˌdʌblˈhedɪd] *a* 1) двуглавый 2) на двойной тяге, с двумя локомотивами (*о поезде*)

double-header [ˌdʌblˈhedə] *n амер.* 1. поезд на двойной тяге 2. два матча, сыгранные подряд в один день теми же командами (*бейсбол*)

double-hearted [ˌdʌblˈhɑːtɪd] *a* двоедушный, лицемерный

double helix [ˌdʌblˈhiːlɪks] *биохим.* двойная спираль (*молекулы ДНК*)

double in [ˈdʌblˈɪn] *phr v* подгибать, загибать внутрь; подтыкать

double indemnity [ˈdʌblɪnˈdemnɪtɪ] *страх.* возмещение в двойном размере (*в случае смерти от несчастного случая*)

double-jointed [ˌdʌblˈdʒɔɪntɪd] *a* феноменально гибкий (*об акробате и т. п.*); «гуттаперчевый»

doubleknit [ˈdʌblˈnɪt] *n* 1) двойная вязка (*ручная*) 2) двойной трикотаж

double-layer [ˌdʌblˈleɪə] *a* двух(х)слойный

double-leaded [ˌdʌblˈledɪd] *a полигр.* набранный на двойные шпоны

double-lock [ˌdʌblˈlɒk] *v* 1) запирать на два поворота 2) закрывать, запирать с особой тщательностью

double-manned [ˌdʌblˈmænd] *a воен.* с удвоенным личным составом

double-meaning [ˌdʌblˈmiːnɪŋ] = double entendre 1)

double-minded [ˌdʌblˈmaɪndɪd] *a* 1. нерешительный, колеблющийся 2. фальшивый, двоедушный

doubleness [ˈdʌblnɪs] *n* 1. двойственность 2. двуличие, двоедушие, лицемерие

double nickel [ˌdʌblˈnɪk(ə)l] *амер. дор. жарг.* ограничение скорости дорожного движения 55 милями в час

double over [ˌdʌblˈəʊvə] *phr v* 1. отгибать 2. сгибаться; he sat doubled over он сидел согнувшись в три погибели

double-park [ˌdʌblˈpɑːk] *v* ставить машину во второй ряд (*мешая движению*); затруднять движение; запруживать улицу

double-pole [ˌdʌblˈpəʊl] *a* двухполюсный; ~ switch двухполюсный выключатель

double-purpose [ˌdʌblˈpɜːpəs] *a* двойного назначения, двухцелевой

double-quick I [ˌdʌblˈkwɪk] *n воен.* беглый шаг; ускоренный марш

double-quick II [ˌdʌblˈkwɪk] *a воен.* беглый, очень быстрый (*о шаге*); ускоренный; in ~ time быстро, в два счёта

double-quick III [ˌdʌblˈkwɪk] *adv* 1. *воен.* беглым шагом; ускоренным маршем 2. очень быстро, в два счёта

double quotes [ˌdʌblˈkwəʊts] кавычки в два штриха, двойные кавычки

doubler [ˈdʌblə] *n* 1. *эл.* удвоитель 2. *текст.* крутильная машина

double-reef [ˈdʌblˈriːf] *v мор.* брать два рифа

double-ripper, double-runner [ˈdʌblˌrɪpə, -ˌrʌnə] *n амер.* спаренные санки

double snipe [ˌdʌblˈsnaɪp] *зоол.* дупель (*Capella media*)

double-space [ˌdʌblˈspeɪs] *v* печатать (*на машинке*) через два интервала

doublespeak [ˈdʌblˌspiːk] *n* 1) = double-talk I 2) демагогия; пышные туманные речи

double standard [ˈdʌblˈstændəd] двойной стандарт; двойные критерии оценки (*поведения, явления и т. п.*); двойной моральный кодекс; пристрастная система квалификации (*поступков и т. п.*)

double-stop [ˈdʌblˈstɒp] *v* прижать две струны одновременно (*при игре на скрипке и т. п.*)

doublet [ˈdʌblɪt] *n* 1. 1) дубликат, копия 2) парная вещь; пара 3) *pl* двойняшки 2. *pl* одинаковое число очков на обеих костях, брошенных одновременно 3. дуплет (*бильярд*) 4. *охот.* 1) = double I 6, 3) 2) две птицы, убитые дуплетом 5. фальшивый камень, фальшивый бриллиант 6. *лингв.* дублет 7. *полигр.* случайное повторение буквы или строчки 8. *физ.* дублет 9. *радио* вибратор; диполь 10. *муз.* дуоль 11. *ист.* род камзола; ~ and hose мужская одежда, мужской костюм

double-take ['dʌblˌteɪk] *n разг.* **1.** повторный взгляд, внимательный осмотр (*чего-л. удивительного или необычного*); to do a ~ получше вглядеться **2.** реакция по размышлении; более поздняя и более правильная оценка

doubletalk I ['dʌbltɔːk] *n* 1) двойной стандарт (*в оценках и т. п.*) 2) пустые или демагогические высказывания; уклончивые речи (*особ. когда человек думает одно, а говорит другое, противоположное*)

doubletalk II ['dʌbltɔːk] *v* **1.** пользоваться двойным стандартом (*в оценках и т. п.*); думать одно, а говорить другое; говорить одно, а иметь в виду другое **2.** отделываться пустыми словами; давать ложные обещания **3.** уговорить, завлечь кого-л. посулами, красивыми словами и т. п.

doublethink ['dʌblˌθɪŋk] *n неодобр.* двоемыслие (*произвольное, по корыстным соображениям или соображениям безопасности*); интеллектуальное или моральное двуличие

double-three ['dʌbl'θriː] *n* двукратная тройка (*фигурное катание*)

double-time [ˌdʌbl'taɪm] *n* **1.** двойная оплата за сверхурочную работу **2.** *воен.* 1) беглый шаг, ускоренный марш; in ~ беглым шагом 2) движение беглым шагом; ~! бегом марш! 3) *разг.* бег

doubleton ['dʌblt(ə)n] *n карт.* две карты одной масти (*на одной руке*)

double-tongued [ˌdʌbl'tʌŋd] *a* лживый, неискренний

double-u ['dʌbl'juː] *n сл.* уборная

double up ['dʌbl'ʌp] *phr v* **1.** 1) сгибать, складывать вдвое; to ~ a sheet of paper сложить /вдвое/ лист бумаги 2) сгибаться, складываться вдвое; the rug won't ~ коврик не складывается **2.** 1) скорчивать, корчить; to ~ one's body скорчиться 2) скорчиваться, корчиться; to ~ with pain скорчиться от боли **3.** 1) жить вместе, занимать то же помещение 2) помещать второго пассажира в то же купе *или* в ту же каюту **4.** торопиться; ~! поторопитесь!, поспешите!

double-weight hydrogen ['dʌblweɪt'haɪdrɪdʒ(ə)n] *хим.* дейтерий

double-wire ['dʌbl'waɪə] *a эл.* двухпроводной

double-worked [ˌdʌbl'wɜːkt] *a сад.* дважды привитый, привитый методом ментора (*о растении*)

double-wound [ˌdʌbl'waʊnd] *a эл.* бифилярный; с двойной обмоткой

doubling ['dʌblɪŋ] *n* **1.** 1) удвоение, удваивание, сдваивание 2) возрастание *или* увеличение вдвое; ~ of the population рост населения в два раза **2.** 1) складывание 2) складка **3.** 1) внезапный поворот (*в беге*), петля 2) петляние (*в беге*) **4.** 1) уловка, увёртка, хитрость 2) уклончивость 3) двоедушие, лицемерие **5.** *геральд.* подкладка **6.** *мор.* 1) деревянная обшивка кнехтов; дополнительный слой обшивки 2) ремонт деревянной обшивки **7.** *спец.* дублирование 8. *спец.* повторная операция (*переплавка и т. п.*) **9.** *текст.* кручение, сучение, сдваивание

doubloon [dʌb'luːn] *n* дублон (*старинная испанская золотая монета*)

doublure [duː'bluːr] *n* шёлк, кожа *и т. п.*, наклеиваемые на внутреннюю сторону переплёта

doubly ['dʌblɪ] *adv* **1.** вдвойне; вдвое; ~ bent с двумя изгибами, двухколенчатый; to be ~ careful быть вдвойне осторожным; to be ~ sure быть абсолютно уверенным **2.** двоедушно, двулично; нечестно; to deal ~ вести двойную игру

doubt I [daʊt] *n* сомнение; нерешительность, колебание; неясность; no ~ a) без сомнения; no ~ he will come он, конечно, придёт; б) *разг.* очень может быть; without /beyond/ (a) ~, beyond /past/ (all) ~ вне /без/ сомнения; beyond a shadow /without a shadow/ of (a) ~ вне всяких сомнений; to be in ~ a) сомневаться; I am in ~ (as to) how to proceed я не знаю, как мне быть дальше; б) быть неясным; the issue of the battle is still in ~ исход битвы всё ещё не ясен; make no ~ about it не сомневайтесь в этом; можете быть уверены в этом; to have ~s of /as to/ smb.'s honesty сомневаться в чьей-л. честности; I have my ~s whether he will come я не уверен /сомневаюсь/, что он придёт; to have /to entertain/ grave ~s about /as to/ smth. иметь серьёзные опасения по поводу чего-л.; to throw /to cast/ ~ upon smth. подвергать что-л. сомнению, брать что-л. под сомнение; to raise ~s возбуждать /вызывать/ сомнения; to resolve smb.'s ~s разрешить чьи-л. сомнения; it's a matter of ~ whether... можно усомниться в том, что...; there is no ~ of his honesty в его честности сомневаться не приходится, его честность вне подозрений
◇ to give smb. the benefit of the ~ принять на веру чьи-л. слова *и т. п.* ввиду отсутствия доказательств обратного

doubt II [daʊt] *v* **1.** сомневаться; подвергать (*что-л.*) сомнению, быть неуверенным (*в чём-л.*); to ~ smb.'s honesty сомневаться в чьей-л. честности; to ~ one's own eyes не верить собственным глазам; there was no ~ing his sincerity не приходилось сомневаться в его искренности; I ~ if this is true не думаю, чтобы это было так; I don't ~ (but) that he will win я уверен /не сомневаюсь/ в его победе **2.** *уст., диал.* 1) бояться, испытывать страх 2) подозревать
◇ nothing ~ing ничтоже сумняшеся /сумняся/

doubtable ['daʊtəbl] *a* вызывающий сомнения; сомнительный

doubter ['daʊtə] *n* 1) *см.* doubt II + -er 2) скептик

doubtful I ['daʊtf(ə)l] *n* сомнительный, вызывающий подозрения человек; сомнительная вещь

doubtful II ['daʊtf(ə)l] *a* **1.** сомневающийся, полный сомнений; нерешительный, колеблющийся; to be ~ of smth. сомневаться в чём-л.; I am ~ what I ought to do не знаю, что мне делать /как мне быть/; I was still ~ about speaking to him я всё ещё колебался по поводу того, стоит ли с ним говорить **2.** сомнительный, неясный, неопределённый; ~ reply неясный ответ; ~ future неопределённое будущее; ~ case [blessing] сомнительный случай [-ое благодеяние] **3.** 1) подозрительный, вызывающий подозрения, сомнительный; ~ character /reputation/ сомнительная репутация; ~ neighbourhood нереспектабельный район; in ~ taste безвкусный; в дурном вкусе; to pursue a ~ path *образн.* идти по опасной дороге 2) двусмысленный, сомнительный; ~ expression /phrase/ двусмысленность
◇ ~ State *амер.* штат, где исход выборов не предрешён

doubtfulness ['daʊtf(ə)lnɪs] *n* **1.** сомнительность; неясность; неопределённость **2.** нерешительность

doubting ['daʊtɪŋ] *a* сомневающийся; колеблющийся; ~ heart робкая душа
◇ ~ Thomas Фома неверный /неверующий/

doubtingly ['daʊtɪŋlɪ] *adv* с сомнением; нерешительно; с опаской

doubtless I ['daʊtlɪs] *a* несомненный

doubtless II ['daʊtlɪs] *adv* **1.** несомненно, вне всяких сомнений, без сомнения; I shall ~ see you tomorrow я, разумеется, увижу вас завтра **2.** очень возможно, вполне вероятно

douceur [duː'sɜː] *n* взятка, чаевые

douche I [duːʃ] *n* **1.** душ **2.** 1) принятие душа; обливание 2) промывание; спринцевание **3.** 1) шприц 2) спринцовка
◇ to throw a cold ~ upon smth. возражать против чего-л., отнестись пренебрежительно к чему-л.; ≅ охладить чей-л. пыл, отбить охоту

douche II [duːʃ] *v* 1) поливать (*из душа*) 2) обливать (*из душа*) 3) промывать; спринцевать; прополаскивать

douche bag ['duːʃbæg] резиновая спринцовка

douching ['duːʃɪŋ] *n* 1) промывание; спринцевание 2) опрыскивание

dough [dəʊ] *n* **1.** тесто, паста, густая масса **3.** *разг.* деньги, гроши, монета
◇ (my) cake is ~, (my) meal is all ~ ≅ не выгорело дело; дело плохо

dough-bird ['dəʊbɜːd] *n зоол.* карликовый кроншнеп, кроншнеп-малютка (*Numenius borealis*)

dough-boy ['dəʊbɔɪ] *n* **1.** 1) клёцка 2) пончик **2.** *амер. разг.* солдат-пехотинец

dough-face, doughface ['dəʊfeɪs] *n амер.* **1.** *ист.* северянин, симпатизирующий южанам **2.** податливый, мягкотелый, слабохарактерный человек

dough-faced ['dəʊfeɪst] *a амер.* податливый, слабохарактерный, мягкотелый

dough-head ['dəʊhed] *n амер. разг.* глупая голова, дурень

doughiness ['dəʊɪnɪs] *n* тестообразное состояние; рыхлость

doughnut ['dəʊnʌt] *n* **1.** пончик; жареный пирожок; пышка **2.** *мат. проф.* тороид
◇ it is dollars to ~s ≅ как дважды два, наверняка

doughnut tyre ['dəʊnʌtˌtaɪə] *авт.* шина низкого давления; баллон; сверхбаллон

dough stage ['dəʊsteɪdʒ] *с.-х.* фаза восковой спелости (*зерна*)

doughty ['daʊtɪ] *a уст., ирон.* доблестный, отважный, бесстрашный; без страха и упрёка; a ~ warrior доблестный вояка

doughy ['dəʊɪ] *a* **1.** тестообразный, рыхлый **2.** одутловатый, нездоровый (*о цвете лица*) **3.** тупой; придурковатый

Doukhobors ['duːkə(ʊ)bɔːz] = Dukhobors

doum [duːm] = doum-palm

doum-palm ['duːmpɑːm] *n бот.* пальма дум (*Hyphaene gen.*)

do up ['duː'ʌp] *phr v* **1.** 1) чинить, ремонтировать; to do the house up отремонтировать дом 2) приводить в порядок; поправлять *и т. п.*; to do up one's face подмазаться, подпудриться; to do up the laundry привести в порядок бельё (*постирать, погладить*); to do up food приправить еду; to do oneself up нарядиться, выряжаться; done up to kill разодетый в пух и прах; to do up one's hair, to do one's hair up a) поправить волосы; сделать (высокую) причёску 2) консервировать; to do up fruit консервировать фрукты **3.** заворачивать, завёртывать,

DOU — DOW

обёртывать; to do up a baby запелена́ть ребёнка 4. 1) завя́зывать, упако́вывать 2) запеча́тывать (*письмо́*) 3) застёгивать (*крючки́, пу́говицы и т. п.*); a dress that does up at the back пла́тье, кото́рое застёгивается сза́ди 4) завя́зывать (*шнурки́ боти́нок*) 5. *обыкн. p. p. разг.* утоми́ть, изму́чить; I am /feel/ done up я изму́чился /вы́дохся/

dour ['duə, 'dauə] *a* 1. суро́вый; непрекло́нный 2. угрю́мый, мра́чный; ~ silence угрю́мое молча́ние

douse[1] [daus] *n* си́льный глухо́й уда́р

douse[2] [daus] *v* 1. 1) опуска́ть в во́ду, погружа́ть; окуна́ть 2) погружа́ться 2. *мор.* 1) бы́стро спуска́ть (*паруса́*) 2) трави́ть 3) закрыва́ть (*иллюмина́тор, амбразу́ру*) 3. снима́ть (*оде́жду, о́бувь*) 4. *разг.* туши́ть, гаси́ть (*свет*); to ~ the glim погаси́ть свет 5. остана́вливать, прекраща́ть, броса́ть 6. *тех.* пропи́тывать жи́дкостью

douse[3] [daus] = dowse[1]

douser ['dausə] *n кино* противопожа́рная засло́нка

dousing ['dausɪŋ] *n* 1) прыжо́к в во́ду 2) душ; he got a ~ он вы́мок /промо́к/ (до косте́й)

dove [dʌv] *n* 1. 1) *зоол.* го́лубь (*Columba livia*); ~ wood 2) *поэт.* го́рлица 3) *полит.* «го́лубь», сторо́нник ми́ра *или* ми́рного разреше́ния спо́рных вопро́сов (*противоп.* hawk «я́стреб»); the ~s and the hawks in the U. S. Senate «го́луби» и «я́стребы» в сена́те Соединённых Шта́тов 2. *ласк.* голу́бчик; голу́бушка, голу́бка 3. = dove-colour

dove-colour [ˌdʌvˈkʌlə] *n* си́зый цвет

dovecot, dovecote ['dʌvkɔt, 'dʌvkəut] *n* голубя́тня
◊ a flutter in the ~ ≅ переполо́х в ти́хом семе́йстве

dove-eyed ['dʌv‚aɪd] *a* с неви́нным, кро́тким взгля́дом

dove-hawk ['dʌvhɔ:k] *n зоол.* лунь полево́й (*Circus cyaneus*)

dovehouse ['dʌvhaus] *n* = dovecot

dovekie ['dʌvkɪ] *n зоол.* 1. чи́стик атланти́ческий (*Cepphus grylle*) 2. ма́лая гага́рка (*Plautus alle*)

dovelet ['dʌvlɪt] *n* голубо́к, ма́ленький го́лубь

dovelike ['dʌvlaɪk] *a* голуби́ный, не́жный, кро́ткий

Dover's powder ['dəuvəz'paudə] *фарм.* до́веров порошо́к

dovetail I ['dʌvteɪl] *n* 1. *тех., стр.* 1) деталь, шип в ви́де ла́сточкина хвоста́ 2) «ла́сточкин хвост» (*соедине́ние; тж.* ~ joint) 2. *амер. воен. жарг.* рядова́я же́нского арме́йского ко́рпуса

dovetail II ['dʌvteɪl] *v* 1. (in, into, to) 1) *тех.* соединя́ть «ла́сточкиным хвосто́м» 2) *стр.* вяза́ть в ла́пу 3) подгоня́ть, приводи́ть в соотве́тствие; увя́зывать, согласо́вывать; to ~ the parts of smth., to ~ one part with another увяза́ть одну́ часть с друго́й 2) подходи́ть, соотве́тствовать, совпада́ть; to ~ into one another соотве́тствовать друг дру́гу, сочета́ться друг с дру́гом

dovetailing ['dʌvteɪlɪŋ] *n* 1. *спец.* соедине́ние в ви́де ла́сточкина хвоста́ *и т. п.* [*см.* dovetail II] 2. переплете́ние

dovish ['dʌvɪʃ] *a полит.* миролюби́вый; стоя́щий за мир *или* ми́рное реше́ние спо́рных вопро́сов

dowager ['dauədʒə] *n* 1. вдова́ (*ти́тулованной осо́бы, высокопоста́вленного лица́*); queen ~ вдо́вствующая короле́ва 2. *шутл.* престаре́лая да́ма с аристократи́ческими мане́рами

dowd [daud] *n* неря́шливо *или* безвку́сно оде́тый челове́к

dowdily ['daudɪlɪ] *adv* 1) неря́шливо 2) немо́дно; безвку́сно

dowdiness ['daudɪnɪs] *n* 1) неря́шливость 2) безвку́сица

dowdy I ['daudɪ] *n* неря́шливо *или* безвку́сно оде́тая же́нщина

dowdy II ['daudɪ] *a* 1) неря́шливо *или* безвку́сно оде́тый 2) безвку́сный; немо́дный, неизя́щный

dowdyish ['daudɪɪʃ] *a* дово́льно неря́шливый

dowel I ['dauəl] *n стр.* 1) на́гель, шпунт, шпо́нка; ~ wedge клин, шпо́нка 2) штырь

dowel II ['dauəl] *v стр.* скрепля́ть на́гелями, шпунта́ми

dowel-joint ['dauəldʒɔɪnt] *n стр.* соедине́ние на шпо́нках

dowel-pin ['dauəlpɪn] *n тех.* устано́вочный штифт

dower I ['dauə] *n* 1. вдо́вья часть насле́дства 2. = dowry 1; ~ chest сунду́к с прида́ным 3. дар; дарова́ние, тала́нт; she had the ~ of beauty она́ была́ наделена́ (ре́дкой) красото́й

dower II ['dauə] *v* 1. 1) оставля́ть насле́дство (*вдове́*) 2) получа́ть вдо́вью часть насле́дства 2. 1) дава́ть в прида́ное 2) получа́ть в прида́ное 3. (with) наделя́ть (*тала́нтом и т. п.*); ~ed with brilliant talents блестя́ще одарённый, наделённый блестя́щими дарова́ниями

dowlas ['dauləs] *n текст.* «до́улас», гру́бое полотно́

down[1] I [daun] *n* 1. 1) спуск, паде́ние; ups and ~s подъёмы и спу́ски [*см. тж.* 1, 2)] 2) неуда́ча; крах; ups and ~s взлёты и паде́ния [*см. тж.* 1, 1)]; ups and ~s of fate /of life/ превра́тности судьбы́; ups and ~s of politics [of the market] ре́зкие измене́ния полити́ческой [ры́ночной] конъюнкту́ры 3) ухудше́ние, сниже́ние, пониже́ние; a ~ in the business cycle спад в экономи́ческом ци́кле 2. *разг.* пристра́стие, неприя́знь; нападки; to have a ~ on smb. пристра́стно /придирчи́во/ относи́ться к кому́-л.; напада́ть на кого́-л.; име́ть зуб про́тив кого́-л. 3. *амер. спорт.* объявле́ние мяча́ вне игры́ (*футбо́л*) 4. *разг.* депресса́нт; успока́ивающий нарко́тик, *особ.* барбитура́т

down[1] II [daun] *a* 1. 1) напра́вленный вниз, опу́щенный; спуска́ющийся, нисходя́щий; ~ leap прыжо́к вниз; ~ look поту́пленный взор; ~ pipe *тех.* перели́вна́я труба́ 2) иду́щий на у́быль, па́дающий, ухудша́ющийся; the ~ trend of business спад делово́й акти́вности 2. 1) иду́щий *или* свя́занный с движе́нием от це́нтра *или* из столи́цы (*о тра́нспорте*); ~ traffic движе́ние тра́нспорта от це́нтра к окра́инам; ~ platform [side] платфо́рма [перро́н] для поездо́в, иду́щих из це́нтра /из столи́цы/ 2) *амер.* иду́щий к це́нтру го́рода (*о тра́нспорте*); ~ line путь для поездо́в, иду́щих к це́нтру го́рода [*см. тж.* 2, 3)] 3) однопу́тный; ~ road /line/ однопу́тный путь [*см. тж.* 2, 2)] 3) 1) безде́ятельный; нездоро́вый, прико́ванный к посте́ли; ~ calver *вет.* коро́ва перед отёлом 2) упа́вший ду́хом, впа́вший в уны́ние; he feels a bit ~ он немно́го приуны́л 4. *амер. разг.* нали́чный; ~ money [payment] нали́чные де́ньги [-ый расчёт] 5. *полигр.* поше́дший в печа́ть 6. *эл.* пло́хо заря́женный; се́вший (*о батаре́е*)

down[1] III [daun] *adv* указывает на 1. 1) движе́ние вниз вниз; передаётся *тж.* глаго́льными приста́вками; to come ~ сойти́ вниз; to bend ~ наклони́ться, нагну́ться; is this elevator going ~? на э́том ли́фте мо́жно спусти́ться?; to take smth. ~ снять /спусти́ть/ что-л.; he took the picture ~ from the wall он снял карти́ну со стены́; to take the burden ~ снять но́шу с плеч, опусти́ть но́шу; to take smb. ~ проводи́ть кого́-л. вниз; to take /to run/ ~ a ship потопи́ть кора́бль; to shoot /to bring/ ~ a plane сбить самолёт; to pull ~ a) дёрнуть вниз; б) снести́ (*зда́ние*); to go ~ а) сойти́ вниз; б) спусти́ться к обе́ду (*тж.* to go ~ to dinner, to come ~); в) утону́ть; the rain was coming ~ heavily шёл си́льный дождь 2) движе́ние из вертика́льного положе́ния в горизонта́льное *и т. п.*: to lie ~ лечь; to sit ~ сесть 3) движе́ние от це́нтра, из столи́цы, от говоря́щего *и т. п.*: further ~ ещё да́льше в ту сто́рону; ~ to the country в дере́вню; to go ~ уе́хать из Ло́ндона, уе́хать в прови́нцию; to come ~ for a week-end прие́хать на да́чу на уик-э́нд 4) *амер.* движе́ние к це́нтру: trains going ~ поезда́, иду́щие к це́нтру го́рода; to go ~ east е́хать на восто́к /в Но́вую А́нглию/ 5) движе́ние *или* возвраще́ние к обы́чной обстано́вке: when did he come ~ from Oxford? когда́ он око́нчил Оксфо́рдский университе́т?; когда́ он прие́хал из Оксфо́рда /из Оксфо́рдского университе́та/? 6) движе́ние на юг: come ~ south this summer приезжа́й(те) ле́том к нам на юг 2. 1) нахожде́ние внизу́ внизу́; he is ~ он внизу́ /спусти́лся/; the shades /the blinds/ are ~ што́ры спу́щены; to hit a man when he is ~ бить лежа́чего; the sun is ~ со́лнце зашло́ /закати́лось/; to walk about head ~ ходи́ть с опу́щенной голово́й; to lay the doll face ~ положи́ть ку́клу вниз лицо́м /на живо́т/ 2) нахожде́ние в дере́вне, на не́котором расстоя́нии от како́го-л. це́нтра *или* говоря́щего: ~ in the country в дере́вне; to live ~ in Hampshire жить в Ге́мпшире; they live ~ by the river они́ живу́т у реки́; ~ there там 3) нахожде́ние, пребыва́ние в обы́чной обстано́вке: to stay ~ for a year не посеща́ть университе́та в тече́ние го́да 4) нахожде́ние в горизонта́льном положе́нии: ~ on his back на спине́, на лопа́тках; several trees were ~ не́сколько дере́вьев бы́ло пова́лено 5) свиса́ние: curtains are ~ on the left side што́ры, свиса́ющие с ле́вой стороны́; her hair is ~ во́лосы у неё распу́щены 3. уменьше́ние коли́чества и объёма, паде́ние, сниже́ние, ослабле́ние, ухудше́ние, остано́вку: to go ~ уменьша́ться; снижа́ться, ослабева́ть; по́ртиться, ухудша́ться; to die ~ стиха́ть (*о ве́тре, бу́ре*); to wear ~ сна́шиваться; to boil ~ (in cooking) вы́кипеть; to bring ~ the price сни́зить це́ну; to bring ~ one's pride обузда́ть /укроти́ть/ свою́ го́рдость; transposed one tone ~ звуча́щий на тон ни́же (*о му́зыке*); visitors are 20% ~ on last year в э́том году́ посети́телей на 20% ме́ньше, чем в про́шлом; the sea is ~ мо́ре успоко́илось; the wind is ~ ве́тер улёгся /ути́х/; the river is ~ река́ возврати́лась в своё ру́сло; bread is ~ хлеб подешеве́л; the machinery broke ~ обору́дование вы́шло из стро́я; the tyres are ~ (flat) ши́ны (совсе́м) спу́щены; the clock has run ~ заво́д в часа́х ко́нчился, часы́ останови́лись 4. (*ча́сто* to) 1) доведе́ние до определённого состоя́ния *или* положе́ния: to burn ~ сгоре́ть дотла́; to thin ~ the cream развести́ /разба́вить/ сли́вки 2) доведе́ние до како́го-л. преде́ла до; ~ to recent times вплоть до после́днего вре́мени; до настоя́щего вре́мени; ~ to date /to here/ до сих пор; ~ to date we've heard

nothing до сих пор мы ничего не слышали; to read a book ~ to the last page дочитать книгу до последней страницы; прочесть книгу от корки до корки; from generals ~ to soldiers от генералов до солдат; ~ to the time of Shakespeare вплоть до эпохи Шекспира 5. *завершённый характер действия*: to write /to note, to set/ smth. ~ записать что-л.; I have it ~ (on paper) у меня это записано 6. *приобретение глаголом каузативного значения*: to talk smb. ~ словами успокоить кого-л.; утихомирить кого-л.; to shout smb. ~ а) перекричать кого-л.; б) криком заставить кого-л. замолчать; to frown smb. ~ усмирить кого-л. гневным взглядом; to ring ~ the curtain дать сигнал к опусканию занавеса; he gets me ~ я с ним совершенно теряюсь; я не знаю, как себя вести с ним 7. *движение от прошлого к настоящему*: ~ to here до настоящего времени; to look ~ from the past взирать из глубины веков на будущее; to hand ~ from generation to generation передавать из поколения в поколение 8. *продажу за наличный расчёт наличными*: to pay part ~ and part on time купить в рассрочку, оплатив часть стоимости наличными; to pay half ~ and the rest in monthly payments оплатить половину наличными, а остальное ежемесячными взносами 9. 1) с недостатком, в убытке; he's 10 pounds ~ у него 10 фунтов недостачи, ему не хватает десяти фунтов 2) *спорт.* сзади, позади (*по числу набранных очков и т. п.*); to be a pawn ~ иметь меньше на одну пешку (*шахматы*); he is one (point) ~ он отстаёт на одно очко 3) в нокдауне (*бокс*) 4) вне игры (*о мяче*) 10. *приказания*: ~! а) ложись, лежи! (*приказание собаке*); б) на колени!; ~ oars! вёсла на воду!
◇ up and ~ вверх и вниз; ~ and out *см.* down-and-out II; ~ under на другом конце света; в Австралии, в Новой Зеландии; ~ at (the) heel(s) а) со стоптанными каблуками; б) бедно /неряшливо/ одетый, жалкий; ~ in the mouth ≅ be ~ (in spirits) быть подавленным /удручённым/; to be ~ in health хворать, иметь слабое здоровье; to be ~ with smth. тяжело болеть чем-л.; to hold smb. ~ держать кого-л. в подчинении; to get /to settle/ ~ to work [to one's lessons] взяться за работу [засесть за уроки]; ~ on the nail сразу, немедленно; ~ to the ground совершенно, полностью; it suits me ~ to the ground это вполне меня устраивает; to be ~ for smth. быть связанным каким-л. обязательством; he is ~ for twenty pounds он должен внести двадцать фунтов; his name is ~ for a speech он в списке ораторов; he put his name ~ for a pound он подписался на один фунт стерлингов; to be ~ on to smth. знать что-л. досконально /во всех деталях/; знать что-л. до тонкостей; to be ~ on smb. нападать /набрасываться/ на кого-л.; придираться к кому-л.; to drop /to come/ on smb. обрушиться на кого-л. с критикой; резко осуждать кого-л.; to look ~ upon smb. смотреть на кого-л. сверху вниз; относиться свысока к кому-л.; to come ~ in the world опуститься, потерять былое положение; to put smb. ~ ехать оборвать /осадить, обрезать/ кого-л.; to ride /to run, to track/ ~ an animal загнать зверя; to run smb. ~ а) сбить кого-л. с ног; задавить; переехать кого-л.; б) говорить пренебрежительно о ком-л.; третировать кого-л.; with! а) долой!; ~ with the traitors! долой предателей!; б) давай, пошёл и

т. п. (*приказ выполнить то, что требуется в данной ситуации*); ~ with it! ну-ка, глотай! (*о лекарстве*); ~ with you! ну-ка, слезай! (*с дерева и т. п.*); ~ masts! руби мачты!

down¹ IV [daʊn] *v разг.* 1. 1) опускать, спускать, сбивать, сбрасывать; to ~ one's opponent положить противника на обе лопатки; his horse ~ed him three times лошадь трижды сбрасывала его 2) спускаться, опускаться 3) сбить *или* вынудить к посадке (*самолёт*) 4) снижать; уменьшать 2. глотать; to ~ medicine проглотить лекарство; to ~ a glass of beer осушить стакан пива 3. одолевать, подчинять; укрощать, усмирять; to ~ opposition подавить оппозицию /сопротивление/ 4. (with) кончать, разделываться 5. (on, upon) набрасываться, нападать, накидываться на (*кого-л.*); атаковать (*кого-л.*)
◇ to ~ tools прекратить работу, забастовать

down¹ V [daʊn] *prep указывает на* 1. *движение* 1) вниз (вниз) с; to walk ~ the hill спускаться с горы, идти под гору; to fall ~ the stairs упасть с лестницы; tears ran ~ her face слёзы текли по её лицу 2) *по течению* (вниз) по; ~ the stream вниз по ручью; to sail ~ the river плыть по реке, по течению 3) *в одном направлении с чем-л.* по; ~ the wind по ветру; to let smth. go ~ the wind выбросить что-л. на ветер, потратить зря 4) *вдоль чего-л.* (вдоль) по; to go ~ the road идти по дороге 2. 1) *нахождение ниже*; situated ~ the Thames расположенный ниже по Темзе; he lives ~ the river (from us) он живёт ещё ниже по реке 2) *нахождение внизу, свисание*: her hair is hanging ~ her back волосы свисают ей на спину 3. *преемственность* через, сквозь; ~ the ages [the years] через века [годы]

down² [daʊn] *n* 1. 1) (первый) пушок; пух 2) *бот.* пушок 2. начёс; ворс

down³ [daʊn] *n* 1. безлесная возвышенность; невысокое обнажённое плато 2. (the Downs) *pl* известковые холмы (*на юге и юго-востоке Англии*); North [South] Downs Северный [Южный] Даунс 3. (песчаная) дюна 4. (D.) «даун» (*порода овец*)

down- ['daʊn-] *в сложных словах имеет значение* вниз; нижний, малый; downcycle цикл упадка в циклическом развитии экономики; down-looking нижнего обзора (*о радаре*); down-market магазин ориентированный на покупателей с низким доходом; downsize уменьшать размеры (*автомобиля*); downplay преуменьшать значение чего-л.

down-and-out I ['daʊnənd'aʊt] *n* бедняк, нищий; голодающий, опустившийся человек

down-and-out II [,daʊnənd'aʊt] *a* 1. разорённый; потерпевший крушение в жизни, потерявший всё; ~ immigrant иммигрант без гроша в кармане 2. *спорт.* получивший нокаут, нокаутированный

down-and-outer [,daʊnənd'aʊtə] = down-and-out II

down-at-heel [,daʊnət'hi:l] *a* 1) стоптанный (*об обуви*) 2) конченый (*о человеке*)

downbear [,daʊn'beə] *v* (downbore; downborne) *уст.* подавлять, одолевать, пересиливать

downbeat¹ ['daʊnbi:t] *n муз.* движение руки (дирижёра) вниз для обозначения сильной доли такта *или* окончания пьесы

downbeat² ['daʊnbi:t] *a разг.* мрачный; пессимистический; movies with ~ endings фильмы с трагическим концом

DOW — DOW   D

down-bed ['daʊn'bed] *n* пуховик, перина

down-bow ['daʊnbəʊ] *n* движение смычка вниз

downcast I ['daʊnkɑ:st] *n* 1. 1) опускание; сбрасывание 2) потупленный взор; меланхолический взгляд 2. *горн.* нисходящий поток воздуха 3. = downthrow 4. *горн.* вентиляционная шахта

downcast II ['daʊnkɑ:st] *a* 1. 1) опущенный; сброшенный 2) потупленный (*о взгляде*) 2. удручённый, подавленный 3. нисходящий; направленный вниз

downcast III [,daʊn'kɑ:st] *v поэт.* удручать, печалить, подавлять

downcheck ['daʊntʃek] *n ав. сл.* неудачный спуск, плохое приземление (*особ. при испытательном полёте*)

downcome ['daʊnkʌm] *n* 1) спуск; падение 2) унижение

downcountry ['daʊn,kʌntrɪ] *a амер.* равнинный; ~ sheep farming равнинное овцеводство

downcycle ['daʊn,saɪk(ə)l] *n* цикл *или* период спада в экономике *или* деловой активности

down-draught ['daʊndrɑ:ft] *n тех.* 1) нисходящий поток воздуха; ~ carburettor *авт.* карбюратор с нисходящим потоком 2) нижняя тяга

down-easter [,daʊn'i:stə] *n амер.* житель Новой Англии, *особ.* житель штата Мэн

downer ['daʊnə] *n амер. сл.* 1. депрессант; успокаивающий наркотик 2. зануда, нытик 3. спад, снижение 4. нечто угнетающее, создающее депрессию; the play turned out to be a ~ пьеса произвела (на нас) угнетающее впечатление 5. обида, «зуб»; to have a ~ on smb. иметь зуб на кого-л.

downfall ['daʊnfɔ:l] *n* 1. 1) падение, крушение, крах; гибель, разорение; ~ of a fortress падение /сдача/ крепости; ~ of all my hopes крушение всех моих надежд; the ~ of a financier разорение финансиста 2) то, что губит; drink was his ~ его погубило пьянство 2. 1) низвержение 2) ливень 3) сильный снегопад 3. западня, ловушка

downfallen ['daʊn,fɔ:l(ə)n] *a* 1. упавший; разрушенный 2. разорённый

down-flow ['daʊnfləʊ] *n тех.* нисходящий поток

downfold ['daʊnfəʊld] *n геол.* прогиб, прогнутая складка, синклиналь

down-grade I ['daʊngreɪd] *n* 1. *дор.* уклон 2. упадок; on the ~ а) в упадке; теряющий влияние *и т. п.*; б) в плохом состоянии; his business is on the ~ его дела в плохом состоянии, его дела идут всё хуже

down-grade II ['daʊn(')greɪd] *a* идущий под уклон

down-grade III [,daʊn'greɪd] *adv* вниз, под уклон

down-grade IV [,daʊn'greɪd] *v* 1. 1) переводить на менее квалифицированную работу 2) понижать в должности, в звании *и т. п.* 3) понижать сортность (*товара*) 2. переводить (*документ*) в более низкую категорию секретности 3. принижать, приуменьшать; умалять важность 4. развенчивать, лишать ореола

downhearted [,daʊn'hɑ:tɪd] *a* упавший духом, впавший в уныние, унылый; don't be ~ не мужайся, не унывай

downhill I ['daʊnhɪl] *n* спуск, склон; the ~ of life *образн.* закат жизни; ~ skiing скоростной спуск (на лыжах);

~ turn поворот при спуске (на лыжах); ~ gate ворота скоростного спуска (на лыжах)

downhill II [ˌdaʊnˈhɪl] *a* покатый, наклонный; нисходящий

downhill III [ˌdaʊnˈhɪl] *adv* 1. вниз, под уклон, под гору; the road goes ~ дорога идёт под уклон /под гору/ [*см. тж.* 2] 2. на закате, на ущербе; в упадке; в плохом состоянии; to go ~ ухудшаться; катиться по наклонной плоскости [*см. тж.* 1]

down-home [ˈdaʊnˌhəʊm] *a* простой, непритязательный; простецкий; ~ hospitality гостеприимство без затей; ~ music незамысловатые мелодии

Downing Street [ˈdaʊnɪŋˈstriːt] 1) Даунинг-стрит (*улица в Лондоне, где находится резиденция премьера*) 2) английское правительство

down jacket [ˈdaʊnˈdʒækɪt] стёганая куртка на гусином пуху

downland [ˈdaʊnlænd] *n* холмистая местность; холмистое пастбище

downlead [ˈdaʊnliːd] *n радио* антенный спуск

downlink I [ˈdaʊnlɪŋk] *n* передача информации (на Землю) с борта космического корабля *или* искусственного спутника

downlink II [ˈdaʊnlɪŋk] *v* передавать информацию (на Землю) с борта космического корабля *или* искусственного спутника

download [ˈdaʊnˌləʊd] *v спец., вчт.* закладывать (*в конструкцию, в программу и т. п.*); загружать, пересылать (*по линии связи*)

down-looking radar [ˈdaʊnlʊkɪŋˈreɪdə] *воен.* радиолокатор нижнего обзора (*для обнаружения низколетящих самолётов или ракет*)

down-lying [ˈdaʊnˌlaɪɪŋ] *n* отход ко сну; время сна

down-market I [ˈdaʊnˌmɑːkɪt] *n* магазин с товарами невысокого качества *или* невысокой цены (*для покупателей с низким доходом*)

down-market II [ˌdaʊnˈmɑːkɪt] *a* 1) рассчитанный на потребителя с низким доходом 2) низкого качества (*о товаре*)

downmost I [ˈdaʊnməʊst] *a* нижний, самый нижний

downmost II [ˈdaʊnməʊst] *adv* ниже всего, в самом низу; to dive ~ нырять головой вниз

down-path [ˈdaʊnpɑːθ] *n* трасса *или* траектория спуска спутника

down-pillow [ˈdaʊnˌpɪləʊ] *n* пуховая подушка

downplay [ˈdaʊnˌpleɪ] *v* преуменьшать; приглушать; сглаживать; to ~ the reports of terrorism преуменьшать значение сообщений о террористических актах

downpour [ˈdaʊnpɔː] *n* ливень; what a ~! ну и льёт!

downright I [ˈdaʊnraɪt] *a* 1. прямой, открытый, честный; ~ sort of man прямой человек 2. *эмоц.-усил.* совершенный, полный; ~ fool круглый /набитый/ дурак; ≅ пень пнём; ~ scoundrel отъявленный /откровенный/ мерзавец; ~ no категорическое нет; ~ truth чистая правда; ~ lie явная /наглая/ ложь; ~ nonsense абсолютная чепуха

downright II [ˈdaʊnraɪt] *adv эмоц.-усил.* совершенно, явно; просто; прямо; ~ scared явно напуганный; it's ~ good of you это просто замечательно с вашей

стороны; he refused ~ он отказал(ся) наотрез

downrightness [ˈdaʊnˌraɪtnɪs] *n* прямота, прямодушие

downrights [ˈdaʊnraɪts] *n pl* грубая шерсть

down-run [ˈdaʊnrʌn] *n* спуск (*лыжный спорт*)

downrush [ˈdaʊnrʌʃ] *n* быстрый спуск

downscale [ˈdaʊnskeɪl] *a* низшего качества, низкокачественный (*о товаре*)

downshift [ˈdaʊnʃɪft] *n авт.* включение понижающей передачи

downside [ˈdaʊnsaɪd] *n* нижняя сторона

downsize [ˈdaʊnsaɪz] *v амер.* уменьшать габариты и массу (*автомобиля*)

downspout [ˈdaʊnspaʊt] *n амер.* водосточная труба

downstage I [ˌdaʊnˈsteɪdʒ] *a* 1. относящийся к авансцене 2. *разг.* дружеский

downstage II [ˌdaʊnˈsteɪdʒ] *adv* 1) на авансцене 2) на авансцену

downstair [ˌdaʊnˈstɛə] = downstairs II

downstairs I [ˌdaʊnˈstɛəz] *n* 1) низ, нижняя часть здания; нижний этаж 2) прислуга (*обыкн. живущая в подвале*)

downstairs II [ˌdaʊnˈstɛəz] *a* нижний, расположенный в нижнем этаже; ~ rooms комнаты первого этажа; ~ neighbours соседи снизу, соседи с нижнего этажа; соседи с первого этажа

downstairs III [ˌdaʊnˈstɛəz] *adv* 1. вниз; to go ~ сойти вниз [*см. тж.* 3]; to fall /to tumble/ ~ покатиться (вниз) по лестнице, лететь кубарем с лестницы; to kick smb. ~ спустить кого-л. с лестницы 2. 1) внизу, в нижнем этаже; to wait ~ ждать внизу 2) *разг.* на улице 3. *ав. проф.* на небольшой высоте; to go ~ терять высоту [*см. тж.* 1]

downstream I [ˌdaʊnˈstriːm] *n гидр.* нижний бьеф

downstream II [ˌdaʊnˈstriːm] *a* 1. находящийся ниже по течению 2. *гидр.* нижний, низовой; ~ water нижний бьеф 3. относящийся к переработке и торговле нефтью; нефтеперерабатывающий

downstream III [ˌdaʊnˈstriːm] *adv* вниз по течению; to go /to drift/ ~ а) идти /плыть/ вниз по течению; б) идти под уклон; катиться по наклонной плоскости; velocity ~ скорость по течению

downstreet [ˈdaʊnstriːt] *adv* 1) в деловую часть города 2) в деловой части города

downstroke [ˈdaʊnstrəʊk] *n тех.* движение вниз, опускание поршня

downswing [ˈdaʊnswɪŋ] *n эк.* спад, упадок

downtake [ˈdaʊnteɪk] *n тех.* 1) спуск 2) наклонный *или* вертикальный канал

down-the-line I [ˈdaʊnðəˈlaɪn] *a* полный, последовательный, безоговорочный; до мозга костей; ~ union man твёрдый сторонник профсоюзной линии, последовательный борец за интересы профсоюза

down-the-line II [ˌdaʊnðəˈlaɪn] *adv* твёрдо, до конца, последовательно; to support the party ticket right ~ безоговорочно поддерживать предвыборную программу партии

downthrow [ˈdaʊnθrəʊ] *n геол.* сброс, нижнее крыло сброса

downtick [ˈdaʊntɪk] *n эк.* биржевая сделка по ценам ниже тех, что были в последней аналогичной сделке

downtime [ˈdaʊntaɪm] *n* 1) простой по организационно-техническим причинам 2) простой под погрузкой 3) время простоя 4) *вчт.* потеря машинного времени (*время бездействия компьютера*)

down-to-earth [ˌdaʊntəˈɜːθ] *a* 1. упавший до предела, предельно низко 2. (предельно) популярный, рассчитанный на неподготовленного читателя или слушателя; не требующий специальной подготовки (*от читателя*)

downtown I [ˈdaʊntaʊn] *n обыкн. амер. разг.* деловая часть города, центр города

downtown II [ˈdaʊntaʊn] *a обыкн. амер. разг.* расположенный в деловой части города, в центре; ~ New York центральная часть /центр/ Нью-Йорка

downtown III [ˈdaʊntaʊn] *adv обыкн. амер. разг.* 1) в деловой части города, в центре 2) в деловую часть города, в центр; he gave me a lift ~ он подвёз меня в центр /до центра/

downtrend [ˈdaʊnˌtrend] *n амер.* спад деловой активности

downtrodden [ˈdaʊnˌtrɒdn] *a* 1. затоптанный; растоптанный; втоптанный 2. попранный, повергнутый в прах; растоптанный; подавленный

downturn [ˈdaʊntɜːn] *n* 1. загибание; загиб 2. (экономический) спад; спад деловой активности

Down-under, down-under [ˌdaʊnˈʌndə] *n разг.* 1. 1) Австралия 2) Новая Зеландия 2. *в грам. знач. нареч.* 1) в Австралию 2) в Новую Зеландию

downward I [ˈdaʊnwəd] *a* 1. спускающийся, нисходящий; направленный книзу; покатый, наклонный; ~ movement движение под уклон; ~ pressure давление сверху вниз; ~ tendency /trend/ ~ понижательная тенденция 2. нисходящий (*от более раннего к более позднему времени*); ~ line of descent нисходящая генеалогическая линия 3. ухудшающийся, скатывающийся по наклонной плоскости; ~ career падение, движение по наклонной плоскости; to be on the ~ path катиться по наклонной плоскости; опускаться; деградировать 4. подавленный, унылый, мрачный; ~ thoughts мрачные /печальные/ мысли

downward II [ˈdaʊnwəd] *adv* 1. вниз, книзу, под уклон; the road runs ~ дорога идёт под уклон 2. по нисходящей линии (*от более раннего к более позднему времени*); children of seven and ~ дети до семи лет, дети семи лет и меньше; from the XVI century ~ начиная с шестнадцатого столетия 3. хуже и хуже

downwards [ˈdaʊnwədz] = downward II

downwash [ˈdaʊnwɒʃ] *n* перемещение масс воздуха вниз

downweigh [daʊnˈweɪ] *v* 1) перевешивать 2) угнетать, подавлять

downwelling [ˈdaʊnˌwelɪŋ] *n* 1. *геол.* понижение океанского дна в результате тектонических процессов 2. *океан.* опускание поверхностных вод

downwind [ˌdaʊnˈwɪnd] *a* подветренный; ~ landing *ав.* посадка по ветру

downy¹ [ˈdaʊnɪ] *a* 1. пушистый; покрытый пухом; his chin is getting ~ его подбородок покрывается пушком 2. пуховый; ~ pillow пуховая подушка 3. мягкий, нежный; ~ sleep лёгкий сон ◊ to seek the ~ норовить поваляться в постели

downy² [ˈdaʊnɪ] *a разг.* дошлый, хитрый; ~ old bird хитрая /продувная/ бестия

downy³ [ˈdaʊnɪ] *a редк.* холмистый

dowry [ˈdaʊ(ə)rɪ] *n* 1. приданое; he went through two dowries in one year он промотал два приданых за один год 2. дар, талант

dowse¹ [daʊz] *v* определять наличие подпочвенных вод *или* минералов при

dowse² [daʊs] = douse²

dowser ['daʊzə] *n* лозоискатель; человек, определяющий наличие подпочвенных вод *или* минералов с помощью ивового прута, «волшебной лозы»

dowsing ['daʊzɪŋ] *n* лозоискательство «волшебной лозы»

dowsing-rod ['daʊzɪŋˌrɒd] *n* ивовый прут, «волшебная лоза»

doxology [dɒk'sɒlədʒɪ] *n церк.* 1. славословие 2. рождественская молитва

doxy ['dɒksɪ] *n разг.* верование, убеждение

doyen ['dɔɪən] *n* 1) старейшина; старшина (*корпорации*) 2) дуайен, старшина (*дипломатического корпуса*)

doze¹ I [dəʊz] *n* 1. дремота; to have a ~, to fall into a ~ вздремнуть 2. гниль, дряблость (*древесины*)

doze¹ II [dəʊz] *v* дремать; клевать носом; to ~ over a book засыпать над книгой

doze² [dəʊz] *v* сносить, разгребать, расчищать (*бульдозером*)

doze away ['dəʊzə'weɪ] *phr v* ≅ спать на ходу; to ~ the time проспать всё на свете

dozed [dəʊzd] *a* дряблый (*о древесине*)

dozen ['dʌz(ə)n] *n* 1. дюжина; round ~ ровно дюжина; in ~s, by the ~ дюжинами; a ~ spoons дюжина ложек; three ~ eggs три дюжины яиц; several ~s of port несколько дюжин (бутылок) портвейна 2. *pl* множество, масса; ~s of people множество людей; I told you so ~s of times я тысячу раз говорил тебе об этом ◇ baker's /devil's, long, printer's/ ~ чёртова дюжина (*тринадцать*); to talk nineteen /thirteen/ to the ~ говорить без конца; трещать, тараторить; (it is) six of one and half a ~ of the other ≅ что в лоб, что по лбу; это одно и то же; одно другого стоит

dozenth ['dʌz(ə)nθ] *a разг.* двенадцатый

doze off, doze out ['dəʊz'ɒf, 'dəʊz'aʊt] *phr v* ≅ спать на ходу

dozer ['dəʊzə] *разг. сокр. от* bulldozer¹

dozy ['dəʊzɪ] *a* 1. дремотный; сонливый 2. дряблый (*о древесине*)

drab¹ I [dræb] *n* 1. грязноватый жёлто-коричневый цвет 2. 1) тускло-коричневая ткань 2) *pl* тускло-коричневые бриджи 3. серость, однообразие, монотонность, скука

drab¹ II [dræb] *a* 1. грязноватый жёлто-коричневый; the ~ visage of the city тусклый /грязно-коричневый/ облик города; she always wears ~ clothes она носит блёклые, бесцветные платья 2. серый, однообразный, скучный, монотонный; ≅ без впечатлений; the ~ realities of everyday life бесцветность и монотонность быта; to lead a ~ existence жить неинтересно

drab² I [dræb] *n* 1. неряха 2. *уст.* проститутка, шлюха

drab² II [dræb] *v* гулять; заниматься проституцией

drabbet ['dræbɪt] *n* грубое небелёное полотно

drabble ['dræbl] *v* 1. 1) замарать, испачкать; забрызгать, замочить 2) вымазаться, испачкаться, забрызгаться, замочиться 2. удить, ловить (*рыбу*)

drab(b)ler ['dræblə] *n мор.* нижний *или* дополнительный лисель

drabble-tail ['dræblˌteɪl] = draggle-tail

dracaena [drə'siːnə] *n бот.* драконник, драконово дерево (*Dracaena draco*)

drachm [dræm] 1. = drachma 1 2. = dram 1

drachma ['drækmə] *n* (*pl тж.* -mae) 1. драхма (*греческая монета*) 2. = dram 1

drachmae ['drækmiː] *pl от* drachma

Draco ['dreɪkəʊ] *n* 1. *астр.* Дракон (*созвездие*) 2. *зоол.* дракон летучий (*Draco volans*)

Draconian [dreɪ'kəʊnjən] = Draconic 1 и 2

Draconic [drə'kɒnɪk] *a* 1. *ист.* драконов, драконтов 2. (*тж.* d.) драконовский, суровый, безжалостный 3. (d.) относящийся к дракону 4. = Dracontic

Dracontic [drə'kɒntɪk] *a астр.* драконический

Dracula ['drækjʊlə] *n* 1) (граф) Дракула (*герой романа Б. Стокера «Дракула»*) 2) вампир

dracunculus [drə'kʌŋkjʊləs] *n* 1. *гельм.* подкожный глист, волосатик (*Dracunculus medinensis*) 2. *зоол.* голомянка-лира (*Callionymus gen.*) 3. *бот.* род растений семейства ароидных (*Dracunculus gen., Araceae*)

draff [dræf] *n* 1. помои, отбросы; отходы 2. пойло 3. барда 4. дрянь; отбросы, падаль

draft I [drɑːft] *n* 1. план, чертёж; ~ for a machine чертёж машины; to make /to draw up/ a ~ сделать чертёж [*см. тж.* 1] 2. 1) проект; набросок; эскиз; first /rough/ ~ черновик; первоначальный /черновой/ набросок; ~ of a bill законопроект; ~ of a contract проект договора; ~ of a poem набросок поэмы; ~ for a speech набросок речи; заметки к докладу; ~s and estimates проекты и сметы; ~ constitution [regulations] проект конституции [устава]; to make /to draw up/ a ~ а) составить проект; б) набросать черновик; [*см. тж.* 1] 2) *кино* вариант (*киносценария*) 3. *фин.* чек; тратта; ~ on a bank чек на банк; ~ on Paris [on London] тратта на Париж [на Лондон]; a ~ at twenty days for £ 500 тратта сроком на двадцать дней на сумму пятьсот фунтов 2) получение денег по чеку; ~ terms *ком.* условия о производстве платежа векселем 4. испытывать; предъявлять высокие требования; this means a serious ~ on industry для этого требуется высокоразвитая промышленность; to make a ~ on smb.'s patience испытывать чьё-л. терпение 5. отбор; ~ of cattle for branding отбор скота для клеймения; his ~ as candidate выдвижение его кандидатуры 6. *воен.* 1) набор; призыв; вербовка; universal ~ всеобщая воинская повинность; deferment ~ отсрочка призыва; ~ board призывная комиссия; ~ exemption освобождение от призыва; eligible for army ~ подлежащий призыву в армию; the compulsory two-year ~ обязательная двухлетняя воинская повинность *или* служба в армии; to serve ~ tours along the border проходить военную службу на границе; to keep smb. out of the ~ уберечь кого-л. от призыва; to defer smb. from the ~ предоставить кому-л. отсрочку от призыва; the ~ has affected some industries призыв отразился на работе ряда отраслей промышленности 2) призванные контингенты; призывной контингент 7. = draught¹ I 3 [*см. тж.* 1] 8. = draught¹ I 7 9. *ком.* скидка на провес 10. тяга, дутьё; inward ~ приток воздуха; natural ~ естественная тяга воздуха (*в трубе*); blast ~ *тех.* а) искусственная тяга воздуха; б) поддувание; forced ~ *тех.* форсированная тяга; ~ fan эксгаустер, дымосос 11. *тех.* тяга, тяговое усилие; ~ gauge тягомер 12. *с.-х.* прицепная скоба 13. = draught¹ I 8 14. *диал.* 1) ущелье 2) ручей

draft II [drɑːft] *v* 1. делать эскиз, набрасывать; составлять план, проект; to ~ a bill [a document] составлять законопроект [документ]; to ~ a drawing набросать рисунок 2. 1) выделять, отбирать; to ~ a vice-presidential candidate подобрать кандидата на пост вице-президента 2) выбраковывать; to ~ sheep выбраковывать овец 3) *воен.* выделять (*команду*) 4) *воен.* призывать; to ~ smb. into the army призывать кого-л. в армию 3. отцеживать 4. отмечать, маркировать 5. *спорт.* «сидеть на пятках», держаться вплотную за лидером на гонках (*чтобы использовать создаваемое им разрежение воздуха*)

draft-cattle ['drɑːftˌkætl] *n* тягло; тягловый *или* рабочий скот

draft dodger ['drɑːftˌdɒdʒə] *амер.* лицо, уклоняющееся от службы в армии

draftee [ˌdrɑːf'tiː] *n воен.* призванный на военную службу; призывник

drafter ['drɑːftə] *n* 1. *см.* draft II + -er 2. рабочая лошадь

drafting ['drɑːftɪŋ] *n* 1. составление (*документа, законопроекта*) 2. редакция, формулировка; the ~ of this clause is obscure этот пункт неясно сформулирован; ~ committee редакционный комитет /-ая комиссия/ 3. черчение; ~ board чертёжный стол; ~ room *амер.* чертёжная; ~ paper чертёжная бумага; computer ~ изготовление чертежей с помощью ЭВМ

draft-quality ['drɑːftˌkwɒlətɪ] *a* черновой

draftsman ['drɑːftsmən] *n* (*pl* -men [-mən]) 1. составитель (*документа*); автор (*законопроекта*) 2. 1) чертёжник, конструктор 2) рисовальщик

draftsmanship ['drɑːftsmənʃɪp] *n* черчение, искусство черчения

drag¹ I [dræg] *n* 1) медленное движение; a heavy ~ uphill трудный подъём в гору 2) волочение; to walk with a ~, to have a ~ in one's walk волочить ногу 2. *разг.* бремя, обуза; помеха; to be a ~ on smb. быть для кого-л. обузой, быть в тягость кому-л.; to be a ~ on smb.'s career мешать чьей-л. карьере; the boy is a ~ on the class этот мальчик тянет назад весь класс 3. 1) землечерпалка; драга 2) кошка, трал для исследования дна 4. *с.-х.* волокуша; шлейф; тяжёлая борона 5. тяжёлые сани 6. *дор.* утюг 7. *мор.* плавучий якорь 8. экипаж, запряжённый четвёркой, с сиденьями внутри и наверху 9. *разг.* затяжка (*папиросой*); to have a ~ on a cigarette затянуться сигаретой 10. *сл.* 1) давление, нажим; влияние 2) *амер.* блат, рука, зацепка; связи; to have a ~ (with smb.) иметь блат (где-л.) 11. танец 12. *тех.* 1) торможение, задержка движения; прихватывание тормоза, сцепления; ~ torque момент сопротивления, тормозящий момент; to put on the ~ тормозить; there is a slight ~ немного заедает; the main ~ of the economy главный тормоз хозяйственного развития 2) тормоз, тормозной башмак 13. бредень, невод, мерёжа 14. тяга, тяговое усилие (*метание*) 15. *амер. разг.* улица; the main ~ главная улица 16. *метал.* нижняя полуформа 17. *ав., авт.* лобовое сопротивление; wing ~ (лобовое) сопротивление на крыле 18. *ав.* полёт на малой высоте 19. *охот.* 1) след (*зверя*) 2) приманка; охота с приманкой 20. *сл.* 1) скучный тип, зануда 2) скучища, тоска зелёная

DRA — DRA

drag[1] II [dræg] *v* 1. 1) тащить (волоком); волочить; to ~ a net тянуть сеть; to ~ one's feet волочить ноги [*см. тж.* ◊]; to ~ oneself (с усилием) тащиться, волочиться; тяжело брести; to ~ oneself along (the street) понуро брести (по улице); the partridge was ~ging a wing куропатка волочила (подбитое) крыло 2) с трудом переставлять, волочить; I could scarcely ~ one foot after another я едва переставлял ноги; I cannot ~ my feet another step я больше не могу сделать ни шагу 3) (about, around) таскаться, бродить, шататься; to ~ about the streets бродить по улицам; tramps are ~ging around the neighbourhood в окрестностях шатаются бродяги 4) подгребать; to ~ water подгребать воду 2. 1) (in, into, to) *разг.* втянуть; притащить; to ~ smb. to a party притащить кого-л. на вечеринку 2) (from, out of) вытянуть, вытащить; we could hardly ~ him from his home нам едва удалось вытащить его из дому; he is not to be ~ged out of bed его из постели не вытянешь; to ~ the truth out of smb. вырвать у кого-л. правду, заставить кого-л. сказать правду 3. (*тж.* ~ behind) 1) тащиться позади; отставать 2) волочиться, тащиться; her gown ~ged behind her её платье волочилось по земле 4. 1) мучить; терзать; ныть; щемить; anxiety ~ging at one's heart-strings мучащая /ноющая/ душу тревога 2) пачкать, марать; he doesn't want his name to be ~ged through all this on не хочет, чтобы его имя трепали /поливали грязью/ (в газетах) 5. (*тж.* ~ on) 1) тянуть, затягивать 2) тянуться, затягиваться; идти мучительно медленно; time [the affair, the performance] ~s (on) время [дело, представление] тянется (мучительно) долго; a scene that ~s затянутая сцена (*в пьесе, спектакле и т. п.*); the conversation ~ged разговор не клеился 6. (on, at) *разг.* затягиваться; to ~ on a cigarette затянуться сигаретой 7. (for) чистить дно (*реки, озера, пруда*) драгой, драгировать; to ~ the lake for a sunk boat искать драгой затонувшую в озере лодку; to ~ one's brains for smth. *образн.* пытаться припомнить что-л. 8. боронить 9. 1) тормозить (*тж.* ~ on); the parachutes ~ on the ship парашюты тормозят (космический) корабль 2) буксировать 10. *мор.* ползти (*о якоре*) 11. *спорт.* вести мяч близко к корпусу 12. *сл.* надоедать; наскучить

◊ to ~ one's feet a) тянуть (*с каким-л. делом*); «раскачиваться»; б) умышленно затягивать что-л., устраивать проволочку; to ~ (*тж.* 1, 1)]; to ~ one's heels не торопиться, не спешить сделать что-л.

drag[2] [dræg] *n сл.* женское платье (*часто трансвестита, педераста*); he was in ~ он был в женском платье

drag-anchor ['dræg,æŋkə] *n мор.* плавучий якорь

drag away ['drægə'weɪ] *phr v* 1) вытащить, вытянуть (*из дому и т. п.*) 2) вырвать (*признание и т. п.*)

drag-bar ['drægbɑ:] *n тех.* сцепное устройство

drag-boat ['drægbəʊt] *n* землечерпальная машина, землечерпалка

drag-bolt ['drægbəʊlt] = drag-bar

drag-chain ['drægtʃeɪn] *n ж.-д.* тяговая цепь

drag conveyor ['dræg kən,veɪə] *тех.* скребковый конвейер

dragée [drɑ:'ʒeɪ, 'dræʒeɪ] *n* драже

dragging I ['drægɪŋ] *n* 1. волочение 2. *автм.* движение вследствие неполного сцепления 3. *тех.* трение (*резца*) 4. *дор.* утюжка (*дорожного полотна*) 5. *с.-х.* боронование 6. *горн.* драгирование

dragging II ['drægɪŋ] *a* тянущий; щемящий, ноющий; ~ pain щемящая /ноющая/ боль

draggle ['drægl] *v* 1. 1) тащить, волочить по грязи; вывозить, вымазать в грязи 2) тащиться, волочиться по грязи 2. тащиться в хвосте; to ~ at the heels of the army тащиться в армейском обозе

draggled ['drægld] *a* вымазанный, испачканный; ~ appearance неопрятная внешность

draggle-tail ['drægltɛɪl] *n* неряха; замарашка; грязнуля, распустёха

draggle-tailed ['drægl,teɪld] *a* измызганный, замаранный

draggy ['drægɪ] *a амер. разг.* скучный, занудный; тягомотный

drag harrow ['dræg,hærəʊ] *с.-х.* волокуша, гвоздёвка

drag-hook ['dræghʊk] *n мор.* дрек

drag-hound ['dræghaʊnd] *n* собака для охоты с приманкой

drag-hunt ['dræghʌnt] *n* охота с приманкой

drag in ['dræg'ɪn] *phr v* притянуть; to ~ a subject притянуть тему (*в разговоре*)

◊ to ~ by the head and shoulders говорить что-л., не относящееся к делу

dragline ['dræglaɪn] *n* 1. *стр., горн.* драглайн; ~ stripper *горн.* вскрышной экскаватор-драглайн 2. *ав.* гайдроп

drag-link ['dræglɪŋk] *n* 1) *тех.* тяга 2) *автм.* продольная рулевая тяга

drag-man ['drægmən] *n* (*pl* -men [-mən]) рыбак, ловящий рыбу бреднем

drag-net ['drægnɛt] *n* 1. бредень 2. птицеловная сеть; силки 3. облава; налёт; to throw a ~ around (a district, *etc.*) устроить полицейскую облаву (на квартал *и т. п.*); ten suspects were picked up in the ~ в результате облавы было арестовано десять человек

drag off ['dræg'ɒf] = drag away

dragoman ['drægə(ʊ)mən] *n* (*pl тж.* -men [-mən]) драгоман, переводчик (*особ. в странах Востока*)

drag on ['dræg'ɒn] *phr v* 1. влачить; to ~ a wretched existence влачить жалкое существование 2. 1) затягивать (*переговоры и т. п.*) 2) тянуться, затягиваться (*о переговорах и т. п.*); he let the matter ~ он позволил этому делу затянуться, из-за него это дело затянулось

dragon ['drægən] *n* 1. дракон; D. class yacht *спорт.* килевая яхта-монотип класса «Дракон» 2. дьявол, демон, сатана (*тж.* the old D.) 3. 1) безжалостный человек 2) дуэнья 4. (D.) = Draco 1 5. *зоол.* дракон летучий (*Draco volans*) 6. *ист.* 1) мушкет с раструбом 2) карабинер 7. *воен.* артиллерийский трактор «Дрэгон»

dragonet ['drægənɪt] *n* 1. = dracunculus 2 2. молодой дракон

dragon-fish ['drægənfɪʃ] = dracunculus 2

dragon-fly ['drægənflaɪ] *n энт.* стрекоза (*Odonata*)

dragonhead ['drægənhɛd] = dragon's head

dragon-root ['drægənru:t] *n бот.* 1. *амер.* аризема (*Arisaema*) 2. арум, аронник пятнистый (*Arum maculatum*)

dragon's blood ['drægənzblʌd] драконова или змеиная кровь (*красная смола драконова дерева*)

dragon's head ['drægənzhɛd] 1. *астр.* восходящий узел лунной орбиты 2. *бот.* змееголовник (*Dracocephalum*)

dragon's tail ['drægənzteɪl] *астр.* нисходящий узел лунной орбиты

dragon's teeth ['drægənzti:θ] 1. *миф.* зубы дракона 2. *воен. проф.* надолбы, противотанковые препятствия

dragon-tree ['drægəntri:] *n бот.* драцена, драконово дерево, драконник (*Dracaena draco*)

dragoon I [drə'gu:n] *n* 1. 1) драгун; D. Guards *воен.* гвардейские драгуны (*в английской армии*) 2) грубый, неподдающийся человек 2. порода домашних голубей

dragoon II [drə'gu:n] *v* 1. посылать карательную экспедицию 2. принуждать силой; to ~ smb. into doing smth. заставить кого-л. сделать что-л. угрозами *и т. п.*; he was ~ed for a work crew in the occupied zone он был насильно угнан на работы в оккупированной зоне

dragoon-bird [drə'gu:n,bɜ:d] *n зоол.* хохлатый головач (*Cephalopterus ornatus*)

drag ore ['dræg,ɔ:] *горн.* обломочная руда

drag out ['dræg'aʊt] *phr v* 1. вытаскивать; ~! вырвать якорь! (*команда — парусный спорт*) 2. затягивать; to ~ the negotiations затянуть переговоры; to ~ an affair продолжать затянувшийся роман /-уюся интрижку/; to ~ one's life for another ten years протянуть /просуществовать/ кое-как ещё лет десять; there's another hour to ~ before lunch надо ещё как-то убить час до обеда

drag race ['dræg,reɪs] *амер. спорт.* гонка за лидером

drag rope ['drægrəʊp] *ав.* гайдроп

drag scraper ['dræg,skreɪpə] 1) *тех.* скрепер-волокуша 2) *с.-х.* конная лопата

drag-sheet ['drægʃi:t] = drag-anchor

drag shovel ['dræg,ʃʌv(ə)l] *тех.* обратная лопата

dragster ['drægstə] *n амер. сл.* драгстер (*разновидность гоночного автомобиля*)

drag up ['dræg'ʌp] *phr v* 1. 1) выуживать, вытаскивать, извлекать драгой; to ~ a corpse выудить из воды труп (*с помощью драги*) 2) вытаскивать; извлекать на свет божий; why do you ~ that old story? зачем (вам понадобилось) ворошить прошлое? 2. *разг.* воспитывать кое-как; плохо воспитывать

dragway ['drægweɪ] *n амер. спорт.* дорожка для гонок за лидером

drain I [dreɪn] *n* 1. 1) вытекание; истечение; отток; ~ from a leaky tap утечка воды из неисправного крана 2) постоянное истощение; постоянная утечка; расход; ~ of money утечка капиталов; ~ on the resources истощение ресурсов; the upkeep of two houses was too great a ~ on my purse жизнь на два дома совершенно истощила мой кошелёк /потребовала чересчур больших трат/; it's a great ~ on my health on подрывает моё здоровье 3) потребление; current [power] ~ потребление тока [мощности] 2. 1) дренаж, осушка, дренирование 2) дренаж; дренажная канава, дрена 3) водосток, водоотвод 4) канализационная труба; the ~s of a house канализация /канализационная система/ дома 5) *мед.* дренажная трубка 3. *разг.* рюмочка; глоток; leave me a ~ оставь мне глоточек 4. *pl* 1) осадок, остатки, опивки 2) *диал.* пивная гуща

◊ brain ~ «утечка мозгов» (*выезд учёных из страны*); to go down the

~ a) ≅ провали́ться сквозь зе́млю; исче́знуть; б) станови́ться всё ху́же; to laugh like a ~ хохота́ть до упа́ду; down the ~ без по́льзы, без то́лку; that's five years' work down the ~ рабо́тали пять лет — и всё впусту́ю, труд пяти́ лет — коту́ под хвост; to throw money down the ~ броса́ть де́ньги на ве́тер

drain II [dreɪn] v 1. 1) отводи́ть, отка́чивать, выпуска́ть (во́ду); to ~ water from a tank вы́пустить во́ду из ба́ка /из резервуа́ра/ 2) истоща́ть, опустоша́ть; выса́сывать, выка́чивать; to ~ a country of its wealth, to ~ the wealth of a country выка́чивать из страны́ её бога́тства; to ~ one's purse опустоши́ть кошелёк; to ~ smb. of his strength истощи́ть чьи-л. си́лы; to ~ smb. dry вы́жать из кого́-л. всё до после́дней копе́йки; разори́ть, пусти́ть по́ миру кого́-л.; to be ~ed of its contents быть выхоло́щенным (о произведе́нии иску́сства и т. п.); black economy ~s more than a billion dollars from the treasury подпо́льная /теневая/ эконо́мика /чёрный ры́нок/ отвлека́ет бо́лее миллиа́рда до́лларов из госуда́рственной казны́ 3) вытека́ть, утека́ть, стека́ть (тж. ~ away); the water will soon ~ (away) вода́ ско́ро вы́течет; his life was slowly ~ing away о́браз. жизнь ме́дленно покида́ла его́; the strength in his arms ~ed away си́ла уходи́ла из его́ рук 4) эл. отводи́ть ток 2. 1) дрени́ровать, осуша́ть; to ~ the land дрени́ровать по́чву; the river ~s the whole countryside река́ собира́ет во́ды всего́ (э́того) райо́на 2) мед. дрени́ровать; to ~ an abscess дрени́ровать абсце́сс 3. стека́ть в ре́ку; сбра́сывать во́ды; to ~ into the river сбра́сывать во́ды в ре́ку (о прито́ке) 4. 1) фильтрова́ть 2) сочи́ться; проса́чиваться 5. обору́довать канализа́цию, проводи́ть канализа́цию; well [badly] ~ed с хоро́шей [плохо́й] систе́мой канализа́ции 6. пить, осуша́ть, выпива́ть до дна (тж. to ~ dry, to ~ to the dregs); to ~ a pint of wine (еди́ным ду́хом) осуши́ть пи́нту вина́; to ~ the cup of sorrow to the dregs о́браз. испи́ть ча́шу страда́ний до дна 7. 1) суши́ть (посу́ду) 2) суши́ться (о посу́де) 8. отжима́ть (бельё в стира́льной маши́не); to set the switch to ~ поста́вить /переключи́ть/ (стира́льную) маши́ну на отжи́м, включи́ть отжи́м

drainage [ˈdreɪnɪdʒ] n 1. 1) дрена́ж, осуше́ние; 2) ditch осушно́й кана́л 2) спуск воды́ 3) сток 2. мед. дрени́рование 3. канализа́ция 4. нечисто́ты 5. эл. отво́д то́ка

drainage-area, drainage-basin [ˈdreɪnɪdʒˌɛərə, -ˌbeɪsn] n бассе́йн (реки́); водосбо́рная пло́щадь

drainage-tube [ˈdreɪnɪdʒˌtjuːb] n мед. дрена́жная тру́бка

drainage-way [ˈdreɪnɪdʒˌweɪ] n отводна́я кана́ва; отводно́й кана́л

drainboard [ˈdreɪnbɔːd] n амер. подста́вка для су́шки (посу́ды, негати́вов); суши́лка, су́шка

drain cock [ˈdreɪnkɒk] тех. спускно́й кран

drained weight [ˈdreɪndˌweɪt] сухо́й вес (консерви́рованных проду́ктов)

drainer [ˈdreɪnə] n 1. см. drain II + -er 2) землеко́п 2. 1) спускно́е, сливно́е отве́рстие 2) спускно́й кана́л 3. суши́лка для посу́ды (тж. dish ~)

draining [ˈdreɪnɪŋ] n 1. осуше́ние, дрена́ж; водоотво́д 2. спуск (воды́ и́ли ма́сла)

draining-board, draining-rack [ˈdreɪnɪŋbɔːd, -ˌræk] = drainboard

drainless [ˈdreɪnlɪs] a неисчерпа́емый, неистощи́мый

drain-pipe [ˈdreɪnpaɪp] n дрена́жная труба́

drain pit [ˈdreɪnpɪt] тех. водосбо́рник, зумпф

drain valve [ˈdreɪnvælv] = drain cock

drain well [ˈdreɪnwel] стр. поглоща́ющий коло́дец

drake[1] [dreɪk] n се́лезень

drake[2] [dreɪk] n 1. му́ха (нажи́вка при уже́нии) 2. ист. небольша́я пу́шка (XVII—XVIII вв.)

drake-stone [ˈdreɪkstəʊn] n пло́ский ка́мешек, го́лыш

dram [dræm] n 1. дра́хма (едини́ца ве́са — торго́вая = 1,77 г, апте́карская = 3,89 г) 2. глото́к спиртно́го; to take a ~ вы́пить /опроки́нуть/ стака́нчик, «приня́ть немно́жко»; he likes a ~ он не дура́к вы́пить 3. глото́к, ка́пелька, чу́точка

drama [ˈdrɑːmə] n 1. дра́ма (пье́са) 2. (обыкн. the ~) драмату́ргия, драмати́ческая литерату́ра, дра́ма; to succeed in the ~ преуспе́ть в о́бласти драматурги́и; the masterpieces of French ~ шеде́вры францу́зской драматурги́и /-ого теа́тра/ 3. драмати́ческое собы́тие, дра́ма; ~ of ideas дра́ма иде́й (об исто́рии нау́чных откры́тий и т. п.); fraught with ~ напо́лненный драмати́ческими собы́тиями; to make a ~ out of a trivial incident драматизи́ровать пустя́чное собы́тие, раздува́ть значе́ние бана́льного происше́ствия 4. эффе́кт, не́что бро́ское, эффе́ктное; her mourning was just for ~ она́ носи́ла тра́ур то́лько ра́ди эффе́кта

dramatic [drəˈmætɪk] a 1. драмати́ческий, театра́льный, драматурги́ческий; ~ performance театра́льное представле́ние; ~ criticism театра́льная кри́тика; ~ reading худо́жественное чте́ние; ~ unities театр. три еди́нства, еди́нство вре́мени, ме́ста и де́йствия; ~ identification перевоплоще́ние 2. драмати́чный, драмати́ческий; to give a ~ turn to an incident драматизи́ровать собы́тие; прида́ть собы́тию драмати́чный отте́нок 3. мелодрамати́ческий, театра́льный; актёрский; де́ланный; to speak in a ~ voice говори́ть театра́льно /де́ланным го́лосом/ 4. 1) волну́ющий, я́ркий; a ~ improvement in the conditions of work ре́зкое улучше́ние усло́вий труда́; ~ confirmation of a prediction нагля́дное /я́ркое/ подтвержде́ние предсказа́ния; a ~ drop ре́зкий спад; the contrast is ~ (э́тот) контра́ст порази́телен; success was ~ успе́х был потряса́ющим; nothing ~ is expected in the near future ничего́ сенсацио́нного в ближа́йшее вре́мя не ожида́ется; they develop more accessible, if less ~ resources elsewhere они́ разраба́тывают бо́лее досту́пные, хотя́ и не столь поража́ющие воображе́ние месторожде́ния в други́х райо́нах 2) эффе́ктный, броса́ющийся в глаза́; a ~ collar [hat] эффе́ктный воротни́к [-ая шля́па]; black gloves for a ~ touch чёрные перча́тки, что́бы подчеркну́ть эффе́кт

◊ ~ soprano драмати́ческое сопра́но; ~ present грам. настоя́щее истори́ческое вре́мя

dramatically [drəˈmætɪk(ə)lɪ] adv 1. драмати́чески 2. драмати́чно 3. мелодрамати́чно, театра́льно; де́ланно 4. эмоц.-усил. 1) ре́зко; жи́во, нагля́дно; to differ ~ ре́зко различа́ться; telephone calls have increased ~ ре́зко увели́чилось число́ телефо́нных разгово́ров; to demonstrate the difference ~ нагля́дно продемонстри́ровать разли́чие 2) волну́юще, я́рко; сенсацио́нно

dramatics [drəˈmætɪks] n 1. драмати́ческое иску́сство 2. представле́ние, спекта́кль (осо́б. люби́тельский); amateur ~ театра́льная самоде́ятельность; люби́тельский спекта́кль 3. драматиза́ция; this is no time for ~ сейча́с не вре́мя устра́ивать дра́му; ≅ не́чего сгуща́ть кра́ски

dramatis personae [ˌdrɑːmətɪsˈpɜːsəʊnaɪ] лат. 1) де́йствующие ли́ца 2) спи́сок де́йствующих лиц

dramatist [ˈdræmətɪst] n драмату́рг

dramatization [ˌdræmətaɪˈzeɪʃ(ə)n] n 1. драматиза́ция, инсцениро́вка 2. драматизи́рование; изображе́ние (чего́-л.) в преувели́ченном, бо́лее эффе́ктном ви́де; the ~ of one's misfortunes драматиза́ция свои́х неприя́тностей

dramatize [ˈdræmətaɪz] v 1. 1) драматизи́ровать, инсцени́ровать 2) годи́ться для инсцениро́вки (о рома́не и т. п.); a novel that would ~ well о́чень сцени́чный рома́н; рома́н, сло́вно со́зданный для инсцениро́вки 3) экранизи́ровать 2. 1) драматизи́ровать, преувели́чивать, сгуща́ть кра́ски; there's no need to ~ неза́чем сгуща́ть кра́ски; ≅ не так уж всё стра́шно, как вы изобража́ете; to ~ oneself ≅ эффе́ктно подава́ть себя́; «интере́сничать»; стро́ить из себя́ геро́я, несчастли́вца и т. п.; ≅ «разы́грывать траге́дию» 3) я́рко вы́явить; подчеркну́ть; бро́сить я́ркий свет (на что-л.); to ~ the importance of smth. подчеркну́ть ва́жность чего́-л.

dramaturge [ˈdræmətɜːdʒ] = dramatist

dramaturgic [ˌdræməˈtɜːdʒɪk] a драматурги́ческий

dramaturgist [ˈdræmətɜːdʒɪst] = dramatist

dramaturgy [ˈdræmətɜːdʒɪ] n драматурги́я

drank [dræŋk] past от drink II

drape I [dreɪp] n 1. портье́ра, драпиро́вка; the ~s were drawn што́ры бы́ли задёрнуты 2. обо́йный материа́л

drape II [dreɪp] v 1. украша́ть тка́нями; the buildings were ~d in red and blue зда́ния бы́ли укра́шены кра́сными и голубы́ми полотни́щами 2. 1) драпирова́ть, изя́щно набра́сывать; to ~ a mantle around the shoulders наки́нуть ма́нтию на пле́чи; ~d in black /in mourning/ облачённый в тра́урное пла́тье; 2) ниспада́ть (краси́выми) скла́дками; slogans ~d from bridges and hotel balconies полотни́ща с ло́зунгами, све́шивающиеся с мосто́в и балко́нов оте́лей 3. отде́лывать; a gown ~d with lace пла́тье, отде́ланное кружева́ми 4. ве́шать; све́шивать; to ~ the coat over a chair пове́сить пальто́ на спи́нку сту́ла 5. refl облока́чиваться, опира́ться, прислоня́ться; she ~d herself against the doorpost ≅ она́ эффе́ктно прислони́лась к косяку́ две́ри; the drunk ~d himself round a lamp-post пья́ный стоя́л в обни́мку с фона́рным столбо́м

draper [ˈdreɪpə] n 1. см. drape II + -er 2. драпиро́вщик 3. торго́вец мануфакту́рными това́рами

drapery I [ˈdreɪp(ə)rɪ] n 1. 1) драпиро́вка 2) pl што́ры 2. тка́ни, мануфакту́ра 3. 1) торго́вля мануфакту́рными това́рами 2) магази́н тка́ней (тж. ~ establishment, ~ stores) 4. оде́жды, убо́р; убра́нство; nature stripped of its summer ~ приро́да, сбро́сившая свой ле́тний наря́д

drapery II [ˈdreɪp(ə)rɪ] v драпирова́ть, украша́ть (тка́нями)

drastic [ˈdræstɪk] a 1. реши́тельный, круто́й; радика́льный, коренно́й; ~ measures круты́е /энерги́чные/ ме́ры; ~

cuts in expenses [in personnel] радика́льное сокраще́ние расхо́дов [шта́тов]; to make ~ alterations провести́ коренны́е преобразова́ния; we mustn't do anything ~ мы не должны́ предпринима́ть никаки́х кра́йних шаго́в 2. *мед.* сильноде́йствующий, си́льный; ~ remedies радика́льные сре́дства

drastically ['dræstɪk(ə)lɪ] *adv* 1) реши́тельно, кру́то; радика́льно; to curtail smth. ~ ре́зко сократи́ть что-л.; to reduce ~ the interference of the military in the operation of the economy ре́зко сократи́ть вмеша́тельство вое́нных в эконо́мику 2) коренны́м о́бразом

drat [dræt] *int бран.* провали́сь ты!, пропади́ ты про́падом!, чёрт возьми́!; ~ their impudence! чёрт бы подра́л их на́глость /наха́льство/!

D. ration ['diː'ræʃ(ə)n] *амер. воен.* авари́йный паёк

dratted ['drætɪd] *a бран.* прокля́тый, пога́ный

draught[1] I [drɑːft] *n* 1. тя́га, тя́говое уси́лие; steady ~ ро́вное тя́говое уси́лие; ~ cattle, beasts of ~ тя́гло, рабо́чий /тя́говый/ скот 2. наце́живание; отце́живание; beer on ~ пи́во из бо́чки 3. 1) глото́к; ~ of water глото́к воды́; ~ of happiness *образн.* одно́ мгнове́ние /чу́точка/ сча́стья; to drink smth. at /in/ a /one/ ~ вы́пить что-л. за́лпом 2) до́ля, часть, не́которое коли́чество, по́рция, ме́ра 3) *разг.* до́за (жи́дкого лека́рства) 4. пото́к (*воды*) 5. 1) сквозня́к; to sit in a ~ сиде́ть на сквозняке́; there is a ~ here зде́сь дует 6. 1) затя́жка; deep ~ глубо́кая затя́жка 2) впи́тывание, усва́ивание 7. 1) забра́сывание, заки́дывание (*невода*) 2) одна́ заки́дка не́вода 3) то́ня, уло́в 4) 20 фу́нтов угря́ (*ме́ра ве́са*) 8. *мор.* оса́дка (*су́дна*); mean ~ сре́дняя оса́дка корабля́; vessels of shallow ~ суда́ с небольшо́й оса́дкой 9. 1) = draft I 2, 3) 2) = draft I 1 10. = draft I 5 11. = draft I 3 12. упря́жка 13. 1) растя́гивание 2) *текст.* вы́тяжка 3) нить 14. *мед.* волды́рь

◊ to feel the ~ а) находи́ться в неблагоприя́тных усло́виях; б) нести́ убы́тки; ≅ запа́хло жа́реным, де́ло па́хнет кероси́ном; в) чу́вствовать хо́лодность или предубежде́ние по отноше́нию к себе́; чу́вствовать себя́ изоли́рованным, нежела́нным; предви́деть неблагоприя́тные измене́ния в своём положе́нии

draught[1] II [drɑːft] = draft II

draught[2] [drɑːft] = draughtsman 3

draught-board ['drɑːftbɔːd] *n* доска́ для игры́ в ша́шки, ша́шечная доска́

draught horse ['drɑːftˌhɔːs] ломова́я, упряжна́я, рабо́чая ло́шадь; тяжелово́з

draught-line ['drɑːftlaɪn] *n мор.* ватерли́ния

draught mark ['drɑːftmɑːk] *мор.* ма́рка углубле́ния

draught-net ['drɑːftnet] *n* бре́день

draughts [drɑːfts] *n употр. с гл. в ед. ч.* ша́шки; to play ~ игра́ть в ша́шки; to make a move at ~ сде́лать ход ша́шкой; to play a game of ~ сыгра́ть па́ртию в ша́шки

draughtsman ['drɑːftsmən] *n (pl* -men [-mən]) 1. = draftsman 1 2. = draftsman 2 3. ша́шка (*в игре́*)

draughtsmanship ['drɑːftsmənʃɪp] = draftsmanship

draughty ['drɑːftɪ] *a* 1) располо́женный на сквозняке́ 2) продува́емый наскво́зь (*о ко́мнате и т. п.*)

Dravidian I [drə'vɪdɪən] *n.* 1. *pl* дравиды 2. 1) гру́ппа дравидских, дравиди́йских языко́в; дравидские, дравиди́йские языки́ 2) дравиди́йский язы́к

Dravidian II [drə'vɪdɪən] *a* дравидский; дравиди́йский

draw[1] I [drɔː] *n* 1. 1) тя́га; ~ pull *тех.* си́ла тя́ги на крюке́, тя́говое уси́лие; ~ test тя́говое испыта́ние (*тра́ктора*) 2) вытя́гивание, выта́скивание; выхва́тывание; to beat to the ~ а) обнажи́ть ору́жие ра́ньше проти́вника; б) опереди́ть (*кого́-л.*); he was quick on the ~ он сра́зу хвата́лся за шпа́гу; [*см. тж.* ◊] 3) *амер.* затя́жка; to take a ~ at a cigarette затяну́ться сигаре́той; to have a ~ *амер.* закури́ть 2. *разг.* то, что нра́вится, привлека́ет зри́телей; прима́нка; гвоздь програ́ммы; the new play proved a great ~ на но́вую пье́су наро́д ва́лом вали́л; но́вая пье́са по́льзовалась больши́м успе́хом 3. *разг.* 1) провокацио́нное замеча́ние, провокацио́нный вопро́с; this was meant as a ~ but he didn't rise to it э́то бы́ло провока́цией, но он не подда́лся на неё; его́ пыта́лись спровоци́ровать, но он не клю́нул на прима́нку 2) тот, кто пыта́ется спровоци́ровать собесе́дника на неосторо́жное замеча́ние; тот, кто допы́тывается, выспра́шивает 3) тот, кто легко́ поддаётся на провока́цию; тот, кто легко́ прогова́ривается, болту́н 4. 1) жеребьёвка; that's just the luck of the ~ в жеребьёвке всё зави́сит от везе́нья; ≅ э́то как повезёт 2) лотере́я 5. вы́тянутый жре́бий; вы́игрыш 6. молодо́й побе́г, *особ.* побе́г сла́дкого картофе́ля 7. *амер. диал.* выдвижно́й я́щик комо́да 8. *спорт.* игра́ вничью́, ничья́; the game ended in a ~ игра́ зако́нчилась вничью́ 9. *амер.* разводна́я часть моста́ 10. бассе́йн (*реки́*) 11. *амер.* лощи́на 12. рикоше́т (*в билиа́рде*; *тж.* ~ shot) 13. *тех.* прока́тка (*мета́лла*)

◊ quick on the ~ а) уме́ющий вы́стрелить пе́рвым; б) бы́стро реаги́рующий; ≅ за сло́вом в карма́н не ле́зет; [*см. тж.* 1, 2)]

draw[1] II [drɔː] *v* (drew; drawn) 1. 1) тащи́ть, волочи́ть; тяну́ть; to ~ a train [a cart] тяну́ть соста́в [пово́зку]; to ~ a net тяну́ть сеть 2) тащи́ться, волочи́ться; тяну́ться; the cart drew slowly along the road пово́зка ме́дленно тащи́лась по доро́ге 2. 1) (near, close, *etc.*) пододвига́ть; подтя́гивать; приближа́ть; grief drew them closer го́ре сбли́зило их 2) (near, close, *etc.*) пододвига́ться; подтя́гиваться; приближа́ться; on ~ing near the mountains по ме́ре приближе́ния к гора́м; we drew near the town мы прибли́зились к /подошли́ к са́мому/ го́роду 3) (to, toward, into, *etc.*) перемеща́ть, передвига́ть (*в како́е-л. положе́ние*); to ~ a book towards oneself пододви́нуть к себе́ кни́гу; ~ your chair to the table придви́ньтесь к столу́; to ~ one's hat over one's eyes надви́нуть шля́пу на глаза́; he drew the blanket over his head он укры́лся с голово́й 4) (to, toward, into, *etc.*) перемеща́ться, передвига́ться (*в како́е-л. положе́ние*); to ~ ahead of smb. обогна́ть кого́-л.; to ~ level with a competitor поравня́ться с сопе́рником; to ~ round the table собра́ться за столо́м; he drew towards the door он стал подвига́ться к две́ри; the crowd drew to one side толпа́ подала́сь в (одну́) сто́рону; the train drew into the station по́езд втяну́лся в зда́ние вокза́ла; they drew apart они́ разошли́сь, они́ отдали́лись друг от дру́га; their affair is ~ing to a close /to an end/ их рома́н бли́зится к концу́; the project is ~ing towards completion прое́кт бли́зится к заверше́нию 3. 1) натя́гивать; вытя́гивать; to ~ a горе натяну́ть верёвку; to ~ a bow натя́гивать тетиву́ (*лу́ка*); to ~ rein /bit, bridle/ а) натя́гивать поводья, остана́вливать ло́шадь; б) остана́вливаться, сде́рживаться; в) сокраща́ть расхо́ды; to ~ smth. tight затяну́ть /стяну́ть/ что-л. [*ср. тж.* 1)]; to ~ tight /taut/ натяну́ться, напря́чься [*ср. тж.* 1)]; his face drew tight его́ лицо́ напрягло́сь 3) *обыкн. pass* вытя́гиваться, искажа́ться; his face was ~n with pain его́ лицо́ искази́лось от бо́ли 4) (straight, erect) вытя́гиваться, выпрямля́ться; to ~ oneself up /straight, erect/ вы́прямиться во весь рост 4. 1) привлека́ть, притя́гивать; собира́ть; to ~ an audience собира́ть аудито́рию, привлека́ть слу́шателей; the accident drew a great crowd на ме́сте происше́ствия собрала́сь больша́я толпа́; a pretty girl drew his eye его́ внима́ние привлекла́ смазли́вая де́вушка; to ~ smb.'s attention (to smth.) обрати́ть чьё-л. внима́ние (на что-л.); to ~ smb.'s mind from smth. отвле́чь чьё-л. внима́ние от чего́-л.; I felt ~n to him меня́ потяну́ло к нему́ 2) привлека́ть зри́телей, слу́шателей; по́льзоваться успе́хом; the play ~s well, the play continues to ~ пье́са всё ещё по́льзуется успе́хом 3) *спорт.* оття́гивать на себя́ (*тж.* ~ in, ~ off); to ~ the opponent оттяну́ть проти́вника на себя́; увле́чь проти́вника 5. 1) выта́скивать, вытя́гивать, выдёргивать, вырыва́ть; to ~ a nail вы́тащить гвоздь; to ~ a bolt отодви́нуть засо́в; to ~ a cork раскупо́рить буты́лку; to ~ a tooth вы́дернуть /вы́тащить/ зуб; to ~ one's sword [one's revolver] вы́хватить шпа́гу [револьве́р]; to ~ bread from the oven вы́тащить хлеб из пе́чи; to ~ a root from the ground вы́копать ко́рень из земли́; to ~ a card from the pack вы́тянуть /взять/ ка́рту из коло́ды; to ~ a parachute вы́рвать кольцо́ парашю́та, раскры́ть парашю́т 2) добыва́ть; to ~ stone from a quarry добыва́ть ка́мень в каменоло́мне; to ~ water from a well брать /кача́ть/ во́ду из коло́дца 6. 1) заста́вить де́йствовать, говори́ть *и т. п.*; вы́вести из равнове́сия; the last taunt drew him после́днее еха́дное замеча́ние вы́вело его́ из себя́; he is not to be ~n а) его́ из себя́ не вы́ведешь; его́ с ме́ста не стро́нешь; б) от него́ сло́ва не добъёшься; ≅ его́ тру́дно расшевели́ть; 2) зонди́ровать, прощу́пывать; to try to ~ the enemy прощу́пывать проти́вника 3) провоци́ровать; the government refused to be ~n прави́тельство не подда́лось на провока́ции 7. отбира́ть, отделя́ть; выбира́ть; to ~ a jury вы́брать прися́жных; to ~ a sample *спец.* отбира́ть про́бу 8. (on, upon) *спорт.* нагоня́ть, настига́ть; сокраща́ть расстоя́ние, разры́в; to ~ upon smb. догоня́ть кого́-л. 9. 1) *спорт.* своди́ть, конча́ть вничью́; to ~ the game зако́нчить игру́ вничью́; he didn't play to ~ он игра́л на вы́игрыш 2) не получа́ть переве́са; the battle was ~n исхо́д би́твы был неопределённым, би́тва не принесла́ побе́ды ни той, ни друго́й стороне́

II А 1. затя́гивать, заде́ргивать *или* открыва́ть, раздвига́ть (*занаве́ску и т. п.*); to ~ the window-curtains задёрнуть /опусти́ть/ *или* раздви́нуть /подня́ть/ занаве́ски; to ~ the blinds подня́ть *или* опусти́ть што́ры; to ~ the curtain а) подня́ть *или* опусти́ть за́навес; б) нача́ть *или* зако́нчить представле́ние 2. 1) получа́ть (*отве́т, подтвержде́ние*); to ~ no reply не получа́ть отве́та; to ~ confirmation from smb. получи́ть подтверждение от кого-л. 2) добывать (*сведения, информацию*); to ~ information from a number of sources иметь несколько источников информации 3) черпать (*вдохновение и т. п.*); to ~ inspiration from smth. черпать вдохновение в чём-л.; to ~ strength from one's literary work черпать силу в своей литературной работе 4) извлекать (*урок, вывод и т. п.*); о ~ a conclusion /an inference/ from smth. вывести заключение /сделать вывод/ из чего-л.; to ~ a lesson from smth. извлечь урок из чего-л. 3. 1) тянуть, бросать (*жребий*); производить жеребьёвку; to ~ lots /*уст.* cuts/ тянуть жребий; to ~ for partners [for places] выбирать партнёров [места] по жребию; to ~ a prize вытянуть /выиграть/ приз 2) тянуть, вытягивать (*лотерейный билет и т.п.*); to be ~n вийти в тираж; these bonds have not been ~n yet эти облигации ещё не вышли в тираж 4. *карт.* выманивать, вытягивать (*козыри*) 5. получать (*зарплату, проценты и т. п.*); извлекать (*доход*); to ~ one's income from writing зарабатывать на жизнь литературным трудом; to ~ rations *воен.* получать довольствие 6. брать (*деньги со счёта и т. п.*); to ~ money from a bank брать деньги в банке 7. 1) вызывать (*слёзы, восторг и т. п.*); to ~ applause вызывать аплодисменты; to ~ tears from smb. исторгнуть /вызвать/ у кого-л. слёзы, заставить кого-л. расплакаться 2) навлекать, накликать (*беду, несчастье; тж.* ~ on, ~ upon, ~ down); to ~ one's own ruin upon oneself стать виновником собственного разорения /-ой гибели/; to ~ the enemy's fire (upon oneself) *воен.* вызывать (на себя) огонь противника 8. 1) втягивать, вдыхать (*воздух; тж.* ~ in); to ~ a (deep) breath сделать (глубокий) вдох; to ~ breath перевести дыхание; передохнуть 2) иметь тягу (*о трубе, печи*); the chimney ~s well в трубе хорошая тяга 3) *тех.* всасывать (*о воздуходувке и т. п.*) 9. 1) разгораться (*об огне*) 2) раскуриваться (*о сигаре, папиросе и т. п.*) 10. забирать ветер (*о парусе*) 11. притягивать (*о магните*) 12. 1) отводить (*воду и т. п.*) 2) осушать (*болото и т. п.*); to ~ a pond осушать пруд 3) *спец.* отводить, отбирать; to ~ the current отбирать ток 4) осушаться, поддаваться осушению (*о болоте и т. п.*) 13. 1) цедить, нацеживать (*пиво и т. п.; тж.* ~ off); to ~ beer from a cask нацедить пива из бочонка 2) наполнять (*сосуд*); to ~ a bath налить /наполнить/ ванну 3) опорожнять (*сосуд*) 14. 1) истощать (*почву*) 2) сосать; to ~ a cow сосать корову (*о телёнке*) 15. 1) пускать (*кровь*) 2) брать (*кровь на анализ*) 3) оттягивать (*гной и т. п.*); this will help ~ the poison это поможет удалить яд из организма 4) приводить к созреванию (*нарыва и т. п.*); this ointment will help ~ the abscess эта мазь (быстро) вытянет нарыв 16. 1) настаивать (*чай, травы и т. п.*) 2) настаиваться (*о чае, травах и т. п.*); let the tea ~ пусть чай настоится как следует 17. 1) вылавливать (*рыбу*), проходить реку (*с бреднем*) 2) ловить, (*дичь*), прочёсывать (*лес*) 18. потрошить (*птицу*) 19. отделять от шелухи, очищать (*зерно*) 20. (*обыкн. -after, on*) *охот.* преследовать (*дичь*) по запаху, идти по запаху (*о собаке; тж.* ~ on) 21. *охот.* выгонять, вытаскивать (*лису, барсука*) из норы 22. *спорт.* переводить (*мяч*) 23. *мор.* иметь (*какую-л.*) осадку (*о судне*); the ship ~s 20 feet судно имеет осадку в 20 футов 24. *метал.* 1) тянуть, волочить 2) расплющивать, ковать 25. *метал.* отпус-

кать (*сталь*) 26. вязать, стягивать (*рот; о вяжущих растениях, веществах и т. п.*)

II Б 1. *to draw smb. to do smth.* вынудить кого-л. сделать что-л.; her behaviour drew him to say the truth она вела себя так, что ему пришлось сказать правду 2. *to draw smb. into smth. /into doing smth./* втянуть, втравить кого-л. в какое-л. дело; to ~ smb. into conversation [into a conspiracy] вовлечь кого-л. в разговор [в заговор]; everyone ~n into the drama of her life каждый, кто так или иначе участвовал в драматических событиях её жизни; he refused to be ~n into the business он не пожелал участвовать в этом деле 3. *to draw smth. out of /from/ smb.* 1) выведать, вытянуть что-л. у кого-л.; it was very difficult to ~ the facts from the witness было очень трудно вытянуть показания из свидетеля 2) добиться чего-л. у кого-л.; выманить что-л. у кого-л.; you will never ~ a compliment from her от неё похвалы не дождёшься; to ~ a confession from smb. добиться признания от кого-л. 4. *to draw on smth.* обращаться к чему-л.; to ~ on smb.'s critical comments опираться на чьи-л. критические замечания; to ~ on one's savings расходовать накопленные средства; to ~ on one's experiences for a novel использовать в качестве материала для романа свой собственный опыт; to ~ on one's memory напрягать память, стараться вспомнить; to ~ on one's imagination (быть склонным) придумывать /выдумывать, привирать/ 5. *to draw on smb.* угрожать (*оружием*) кому-л. 6. *to draw smb. on smth.* вытягивать у кого-л. сведения о чём-л. 7. *to draw smb. over (to one's side)* переманивать, перетягивать кого-л. (на свою сторону) 8. *to draw round smth.* собираться вокруг чего-л.; the whole family drew round the table вся семья собралась за столом

◇ to ~ to a head нарвать (*о фурункуле*); б) созреть, достичь наивысшей точки (*о кризисе и т. п.*); to ~ a knife угрожать (*кому-л.*) ножом; to ~ the sword возвыш. обнажить меч, начать войну; to ~ a blank а) вытянуть пустой (*лотерейный*) билет; б) потерпеть неудачу, вернуться ни с чем; to ~ the winner победить, оказаться победителем; to ~ the cloth *уст.* убирать со стола; to ~ first blood наносить первый удар; to ~ a bow at a venture случайным замечанием попасть в точку; to ~ the long bow преувеличивать, рассказывать небылицы; to ~ the first [one's last] breath *см.* breath ◇; to ~ smb.'s teeth обезвредить кого-л.; ≅ вырвать у змеи жало; to ~ the curtain over /on/ smth. *см.* curtain I ◇; to ~ a veil over smth. опускать завесу над чем-л.; обходить молчанием /замалчивать/ что-л.; to ~ in one's pen /one's quill/against smb. выступить против кого-л. в печати; to ~ in one's horns стать более осторожным, умерить свой пыл; to ~ it fine доводить до последней минуты [*см. тж.* draw² ◇]; to ~ and quarter *ист.* пытать и четвертовать

draw² [drɔː] v (drew; drawn) I 1. 1) рисовать; to ~ cartoons рисовать карикатуры; to ~ from smth. срисовывать с чего-л.; to ~ smth. in ink [in pencil] рисовать что-л. чернилами [карандашом] 2) представлять, изображать, обрисовывать; to ~ a character обрисовать характер; to ~ smb. as a hunter изобразить кого-л. в костюме охотника 2. 1) чертить, вычерчивать (*тж.* ~ out); to ~ figures upon smth. вычерчивать фигуры на чём-л.

II А 1. проводить (*линию, черту; тж.* ~ out); to ~ a line провести линию [*ср. тж.* ◇] 2. проводить (*сравнение, различие*); to ~ a parallel between smth. проводить параллель между чем-л.; to ~ a comparison between smth. сравнивать что-л., проводить сравнение между чем-л. 3. составлять, набрасывать (*проект и т. п.; тж.* ~ out, ~ up); to ~ (out) a scheme [a report] составить схему [доклад]; to ~ a document [a will] составить документ [завещание]; to ~ a cheque (on a bank) for a certain sum of money выписать чек (на банк) на определённую сумму

II Б *to draw on smb. for smth.* выписывать тратту на чьё-л. имя на определённую сумму; to ~ on Johnson for a thousand pounds выписать переводной вексель на тысячу фунтов на (банк) Джонсона

◇ to ~ the line а) проводить границу, разграничивать; б) класть предел, конец; ставить точку; [*ср. тж.* II А 1]; to ~ a line at smth. останавливаться перед чем-л.; he will ~ a line at nothing он ни перед чем не остановится; to ~ it fine тонко разграничивать [*см. тж.* draw¹ II ◇]; ~ it mild! не преувеличивай!, не сгущай краски!; to ~ it strong преувеличивать, сгущать краски

draw-arch ['drɔːɑːtʃ] *n* арка подъёмного моста

draw aside ['drɔːə'saɪd] *phr v* 1) отводить в сторону, увлекать (*кого-л.*) 2) отодвигать; to ~ the curtain отодвинуть занавеску

draw away ['drɔːə'weɪ] *phr v* 1. уводить 2. (from) отвлекать; to draw smb. away from his work отвлекать кого-л. от дела /работы/ 3. (from) *спорт.* оторваться от противника, быть впереди

draw back ['drɔː'bæk] *phr v* 1. отодвигать, отводить назад; to ~ one's fist отвести кулак (для удара) 2. заставить, вынудить отойти 3. 1) оттягивать, отводить (*войска*) 2) отступать, податься назад; to ~ against the wall (отступить и) прислониться спиной к стене 4. выходить (*из дела, игры и т. п.*); it's too late to ~ отступать поздно; ≅ теперь надо идти до конца 5. брать назад (*слово, обещание*) 6. *ком.* возвратить, вернуть (*пошлину*)

drawback ['drɔːbæk] *n* 1. недостаток, изъян; the ~s of your paper недостатки вашей статьи 2. препятствие, помеха; to succeed in spite of ~s добиться своей цели несмотря на препятствия; there are ~s to her coming некоторые обстоятельства мешают ей прийти 3. *фин.* 1) возвратная пошлина 2) возврат пошлины 4. уступка (*в цене*)

draw-bar ['drɔːbɑː] *n* 1. *тех.* тяговый брус; брус автосцепки 2. упряжная тяга

drawbar outfit ['drɔːbɑːˈautfɪt] грузовой автомобиль с двумя прицепами

draw-bench ['drɔːbentʃ] *n тех.* волочильный станок

draw-bolt ['drɔːbəult] *n тех.* затяжной болт

drawbridge ['drɔːbrɪdʒ] *n* 1. подъёмный, разводной мост 2. трап, мостки

drawcard ['drɔːkɑːd] = drawing card

draw down ['drɔː'daun] *phr v* 1. спускать, опускать (*штору, занавес*); to ~ the curtain а) опустить занавес; б) закончить представление; в) поставить точку 2. навлекать; to ~ smb.'s anger on oneself навлечь на себя чей-л. гнев

DRA — DRE

drawdown ['drɔ:daun] *n амер.* 1. снижение; сокращение, урезка 2. понижение уровня воды

drawee [drɔ:'i:] *n фин.* трассат

drawer[1] ['drɔ:ə] *n* 1. *см.* draw[2] + -er 2. буфетчик; официант 3. чертёжник; рисовальщик 4. составитель документа 5. *фин.* трассант

drawer[2] ['drɔ:ə] *n* 1) выдвижной ящик (*комода и т. п.*); chest of ~s комод; file ~ ящик с картотекой; cash ~ выдвижной ящик-касса 2) выдвижная доска (*стола, буфета и т. п.*)

drawers [drɔ:z] *n употр. с гл. во мн. ч.* кальсоны, подштанники

draw forth ['drɔ:'fɔ:θ] *phr v* 1. выводить вперёд (*кого-л.*) 2. вынимать (*что-л.*) 3. вызывать (*смех, возражения, слёзы и т. п.*) 4. вырывать (*признание и т. п.*)

draw-gear ['drɔ:gɪə] *n* 1. упряжь для тягловых животных 2. *тех.* тяговый прибор, сцепной прибор

draw-hoe ['drɔ:həu] *n с.-х.* бороздник

draw in ['drɔ:'ɪn] *phr v* 1. втягивать; to ~ one's breath вздохнуть; the snail drew in its horns улитка спрятала рожки 2. ловить, заманивать, вовлекать 3. 1) сокращать; to ~ one's expenditure сокращать расходы; we'll have to ~ нам придётся сократить расходы /начать экономить/ 2) становиться короче, сокращаться; the evenings are drawing in вечера становятся короче 4. подходить, близиться к концу; the day drew in день угасал 5. требовать возвращения (*о займах и т. п.*) 6. натягивать (*поводья*) 7. 1) ставить (*машину*); to ~ one's car to the curb поставить машину у тротуара 2) останавливаться (*в каком-л. месте*); the car drew in to the kerb машина остановилась /встала/ у тротуара

draw-in ['drɔ:,ɪn] *n* место для стоянки автомобилей, стоянка

drawing[1] I ['drɔ:ɪŋ] *n* 1. 1) протаскивание; вытягивание; подтягивание; приближение 2. 1) лотерея 2) *спорт.* жеребьёвка 3. щепотка чаю для заварки 4. *pl* выручка; прибыль 5. *тех.* 1) волочение, протягивание (*проволоки*) 2) вытяжка 6. *метал.* отпуск (*стали*) 7. 1) выпуск руды 2) выдача угля на поверхность

drawing[1] II ['drɔ:ɪŋ] *a* 1. тянущий, везущий 2. тягловый, грузовой (*о скоте*) 3. оттягивающий 4. вытяжной

drawing[2] ['drɔ:ɪŋ] *n* 1. 1) черчение; engineering /mechanical/ ~ техническое черчение 2) рисование; in ~ нарисованный правильно, с учётом перспективы; out of ~ нарисованный неправильно, с нарушением перспективы; teacher [pen] ~ учитель рисования 2. 1) чертёж; master ~ эталонный чертёж; sectional ~ чертёж (*чего-л.*) в разрезе; rough ~ кроки; эскиз, набросок; ~ office чертёжное бюро 2) рисунок; набросок; изображение; ~ of a tree изображение дерева; pencil [pen] ~ рисунок карандашом [чернилами]; to make a ~ of smth. нарисовать что-л.

drawing account ['drɔ:ɪŋə'kaunt] текущий банковский счёт; *амер.* открытый счёт

drawing-bench ['drɔ:ɪŋbentʃ] = draw-bench

drawing-block ['drɔ:ɪŋblɔk] *n* 1. альбом или блокнот для рисования 2. *метал.* волочильная доска, фильера

drawing-board ['drɔ:ɪŋbɔ:d] *n* чертёжная доска

drawing-book ['drɔ:ɪŋbuk] *n* альбом для рисования

drawing-bridge ['drɔ:ɪŋbrɪdʒ] = drawbridge

drawing card ['drɔ:ɪŋkɑ:d] очень популярный актёр или спектакль; гвоздь программы

drawing-compass(es) ['drɔ:ɪŋ,kʌmpəs(ɪz)] *n (pl)* чертёжный циркуль

drawing-frame ['drɔ:ɪŋfreɪm] = draw-bench

drawing-knife ['drɔ:ɪŋnaɪf] *n (pl* -knives [-naɪvz]) *стр.* струг

drawing-machine ['drɔ:ɪŋmə,ʃi:n] *n тех.* волочильный станок

drawing-master ['drɔ:ɪŋ,mɑ:stə] *n* учитель рисования

drawing-paper ['drɔ:ɪŋ,peɪpə] *n* рисовальная или чертёжная бумага

drawing-pen ['drɔ:ɪŋpen] *n* рейсфедер

drawing-pin ['drɔ:ɪŋpɪn] *n* чертёжная или канцелярская кнопка

drawing-press ['drɔ:ɪŋpres] *n тех.* вытяжной пресс

drawing-room ['drɔ:ɪŋru(:)m] *n* 1. 1) гостиная; ~ manners салонные манеры 2) гости, общество 2. официальный приём (*особ. при дворе*); to hold a ~ устроить приём 3. *амер.* купе в салон-вагоне; ~ car *амер.* салон-вагон

drawk [drɔ:k] *n* сорняк (*в посевах зерновых*)

drawl I [drɔ:l] *n* протяжное произношение; манерная медлительность речи

drawl II [drɔ:l] *v* 1. растягивать слова; говорить с манерной медлительностью (*тж.* ~ out) 2. *редк.* 1) тянуться, идти томительно медленно 2) тянуть

draw-link ['drɔ:lɪŋk] = draw-bar

drawn[1] I [drɔ:n] *a* 1. 1) вытащенный; оттянутый 2) натянутый 2. искажённый, искривлённый; ~ face искажённое /вытянутое, перекошенное/ лицо 3. обнажённый (*о шпаге*) 4. 1) выпотрошенный (*о птице*) 2) спитой (*о чае*) 3) прочёсанный (*о чаще*) 5. *горн.* выработанный 6. 1) *спорт.* закончившийся вничью; нерешённый; ~ battle сражение с неясным исходом 7. *метал.* 1) тянутый 2) отпущенный (*о стали*) 8. *амер.* растопленный; butter ~ растопленное масло; топлёное масло; ~ butter sauce соус из растопленного масла, трав и лимонного сока

drawn[1] II [drɔ:n] *p. p. от* draw[1] II

drawn[2] [drɔ:n] *p. p. от* draw[2]

draw-net ['drɔ:net] = drag-net

drawn-thread work ['drɔ:nθred,wɜ:k] = drawn-work

drawn-work ['drɔ:nwɜ:k] *n* мережка; филейная работа; ажурная строчка

draw off ['drɔ:'ɒf] *phr v* 1. снимать (*перчатки и т. п.*); стягивать (*сапоги и т. п.*) 2. 1) отводить, оттягивать (*войска*) 2) отходить, отступать (*с позиции*) 3) отвлекать (*внимание*) 3. 1) отцеживать; to ~ blood брать кровь 2) отводить или откачивать (*воду*) 3) отсасывать (*воздух*) 4. 1) спускать (*грязное масло*) 2) выпускать (*металл*) 3) отводить, скачивать (*шлак*)

draw on ['drɔ:'ɒn] *phr v* 1. натягивать (*перчатки и т. п.*); надевать (*плащ и т. п.*) 2. приближаться, близиться; наступать, подходить; evening was drawing on приближался вечер 3. манить, влечь; his promises drew me on его обещания для меня очень заманчивы; to draw smb. on to do smth. побуждать кого-л. сделать что-л. 4. продвигаться; as the ship drew on по мере продвижения судна 5. идти, течь, протекать (*о времени*); as time drew on his health improved постепенно состояние его здоровья улучшалось

draw out ['drɔ:'aut] *phr v* 1. 1) вытягивать; удлинять; растягивать; затягивать; the second act is terribly drawn out действие (*пьесы*) ужасно растянуто 2) удлиняться, становиться длиннее (*тж. о днях*) 3) тянуться, затягиваться (*о речи, представлении и т. п.*) 2. выстраиваться, вытягиваться (*о войсках*) 3. вытаскивать, вынимать; извлекать 4. вызывать на разговор, откровенность, заставить заговорить 5. вызвать к жизни, выявить; this situation drew out his latent talent в этих условиях раскрылся его талант; though he was shy I managed to draw him out хотя он был застенчив, мне удалось его расшевелить 6. выводить (*войска*) 7. *спорт.* оторваться от противника, уйти вперёд 8. брать, снимать (*деньги*); to ~ money from the bank брать деньги из банка

draw-out table ['drɔ:(r)aut,teɪbl] раздвижной стол

draw over ['drɔ:'əuvə] *phr v тех.* перегонять, дистиллировать

draw table ['drɔ:teɪbl] = draw-out table

draw-plate ['drɔ:pleɪt] *n тех.* волочильная доска

draw-shave ['drɔ:ʃeɪv] = drawing-knife

draw-sheet ['drɔ:ʃi:t] *n* подстилка; пелёнка

draw-slide ['drɔ:slaɪd] = draw-tube

draw to ['drɔ:'tu:] *phr v* задёргивать; to ~ the curtains задёрнуть занавески

draw together ['drɔ:tə'geðə] *phr v* 1. сближать; the child's illness had drawn them together болезнь ребёнка сблизила их 2) сближаться; собираться вместе 2. задёргивать (*занавески и т. п.*)

draw-tube ['drɔ:tju:b] *n* тубус (*микроскопа*)

draw up ['drɔ:'ʌp] *phr v* 1. натягивать; to draw the blankets up to one's chin натянуть одеяло до подбородка 2. 1) вытягиваться, распрямляться; to draw oneself up (to one's full height) вытянуться (во весь рост) 2) вытягивать; to ~ a boat (on the beach) вытянуть лодку (на берег) 3) затягивать; to ~ the nuts (tight) затянуть гайки (до отказа) 4. 1) пододвигать; to ~ a chair (to the table) пододвинуть стул (к столу) 2) пододвигаться, придвигаться, приближаться; to ~ with smb. поравняться с кем-л.; настигнуть /нагнать/ кого-л.; to ~ to the table подвинуться к столу 5. втягивать, всасывать, набирать; to ~ acid (into a pipette) набрать кислоты (в пипетку) 6. поднимать (*шторы и т. п.*) 7. 1) выстраивать (*войска*) 2) выстраиваться, вытягиваться, строиться (*о войсках*) 8. 1) останавливать 2) останавливаться; to ~ at the kerb остановиться у тротуара (*о машине*)

draw upon ['drɔ:ə'pɒn] = draw on

draw-well ['drɔ:wel] *n* колодец с воротом

dray [dreɪ] *n* 1) подвода, телега 2) грузовая платформа

drayage ['dreɪɪdʒ] *n* 1. перевозка на подводах 2. плата за перевозку

dray-cart ['dreɪkɑ:t] = dray 1)

dray-horse ['dreɪhɔ:s] *n* ломовая лошадь

drayman ['dreɪmən] *n (pl* -men [-mən]) ломовой извозчик

dread I [dred] *n* 1. благоговейный страх; ужас; to have a ~ of smth. бояться /страшиться/ чего-л.; to be /to live/ in ~ of smth. жить в постоянном страхе перед чем-л.; ~ of light *мед.* светобоязнь 2. 1) пугало 2) страшный человек; гроза 3) человек, внушающий благоговейный страх

dread II [dred] *а книжн.* 1) страшный, наводящий ужас 2) внушающий благоговейный страх, грозный

dread III [dred] *v* 1) бояться, страшиться; содрогаться от страха; to ~ the coming winter содрогаться при мысли о наступающей зиме; to ~ dying /to die/ бояться смерти; I ~ (that) it is true боюсь, что это правда; I ~ to think of it боюсь и думать об этом 2) испытывать благоговейный страх

dreadful I ['dredf(ə)l] *n разг.* сенсационный детективный роман; роман ужасов (*тж.* penny ~)

dreadful II ['dredf(ə)l] *a* 1. ужасный, страшный; наводящий ужас; грозный; ~ monster [disaster] страшное чудовище [несчастье]; ~ voice грозный голос; it's ~ that nothing can be done ужасно, что ничего нельзя предпринять 2. 1) *эмоц.-усил.* отвратительный, ужасный; никудышный; ~ weather отвратительная погода 2) *усил.* чрезвычайный, невероятный; ~ bore скучнейший тип; we waited a ~ time мы ждали бог знает сколько (времени); it's a ~ misunderstanding это страшное недоразумение

dreadfully ['dredfʋlɪ] *adv* 1. ужасно, страшно; грозно; ужасающе 2. 1) *эмоц.-усил.* ужасно, отвратительно; из рук вон плохо 2) *усил.* чрезвычайно, невероятно; I am ~ sorry очень сожалею; he was ~ frightened он был страшно перепуган

dreadnought ['drednɔːt] *n* 1. (D.) *мор.* дредноут 2. 1) пальто из толстого сукна 2) «дредноут» (*толстое сукно*) 3. бесстрашный человек 4. *сл.* боксёр-тяжеловес

dream I [driːm] *n* 1. сон, сновидение; good [bad] ~ хороший [дурной] сон; waking ~ сон наяву; ~ fantasies галлюцинации; sweet ~s! приятных снов! (*пожелание перед сном*) [*см. тж.* 3]; to have /to see smth. in/ a ~ видеть сон; to go to one's ~s *возвыш.* ложиться спать; to awake from a ~ проснуться 2. мечта; empty ~s пустые /праздные/ мечты; the land of ~s царство /страна/ грёз; the ~s youth юношеские грёзы; ~ of a car *разг.* мечта, а не машина, машина, о которой можно только мечтать; to cherish a ~ лелеять мечту; to realize all one's (fondest) ~s осуществить все свои (заветные) мечты; to be /to live, to go about/ in a ~ жить в мире грёз; he has ~s of being an actor он мечтает стать актёром; he was the husband of her ~s в мечтах она видела его своим мужем 3. видение; sweet ~ дивное видение [*см. тж.* 1] 4. блаженство; красота; ~ of delight райское блаженство ◊ it worked like a ~ успех был полный, всё удалось как нельзя лучше

dream II [driːm] *v* (dreamed [-d], dreamt) 1. видеть сон; you must have ~t it тебе, должно быть, это приснилось; to ~ of /about/ home видеть во сне дом; I ~ed that I was at home мне приснилось, что я дома 2. мечтать, грезить (*о чём-л.*); to ~ of happiness, to ~ that one will be happy мечтать о счастье; you must be ~ing тебе (всё это) кажется 3. (of) *преим. в отриц. предложениях* думать, помышлять; I shouldn't ~ of such a thing мне бы никогда в голову не пришло такое; у меня в мыслях не было ничего подобного; no one would have ~ed of suspecting him никому бы и в голову не пришло заподозрить его; he never ~ed that such a destiny was to be his он никогда не думал, что его ждёт такая судьба; little did I ~ that I should meet you ≅ мог ли я ждать, что встречу вас 4. *поэт.* плыть, висеть (*над чем-л.*)

dream away ['driːmə'weɪ] *phr v* проводить (время) в мечтах; to ~ one's life [one's time] жить в мире грёз; проводить жизнь [время] в мечтах

dreamboat ['driːmbəʋt] *n разг.* 1. красавица; красавчик 2. предмет вожделения; ≅ голубая мечта

dream-book ['driːmbʋk] *n* сонник, толкователь снов

dream-car ['driːmkɑː] *n* 1. *амер. сл.* автомобиль-мечта 2. экспериментальная автомашина, автомобиль-прототип

dreamer ['driːmə] *n* 1. *см.* dream II + -er 2. мечтатель; фантазёр; оторванный, далёкий от жизни человек

dreamery ['driːm(ə)rɪ] *n* 1. фантазёрство; пустые мечты 2. *разг.* место, располагающее ко сну

dream factory ['driːmˌfækt(ə)rɪ] «фабрика грёз», киностудия

dreamful ['driːmf(ə)l] *a книжн.* полный сновидений (*о сне*)

dream-hole ['driːmhəʋl] *n* отверстие для освещения *или* улучшения акустики в башне

dreamily ['driːmɪlɪ] *adv* 1. сонно, полусонно 2. мечтательно, как во сне; to speak [to look] ~ говорить [смотреть] мечтательно

dreaminess ['driːmɪnɪs] *n* 1. мечтательность; полусон; грёзы наяву 2. задумчивость

dreamland ['driːmlænd] *n* 1. мир *или* царство грёз; сказочная страна 2. *поэт.* сон

dreamless ['driːmlɪs] *a* лишённый сновидений

dreamlike ['driːmlaɪk] *a* 1. сказочный, фантастический 2. призрачный

dream out ['driːm'aʋt] = dream away

dream-reader ['driːmˌriːdə] *n* толкователь снов

dreamscape ['driːmskeɪp] *n* фантастический ландшафт

dreamt [dremt] *past и p. p. от* dream II

dream up ['driːm'ʌp] *phr v разг.* выдумывать, придумывать; what have you dreamed up this time? что ты придумал на этот раз?

dream-world ['driːmwɜːld] = dreamland

dreamy ['driːmɪ] *a* 1. мечтательный, полный грёз; не от мира сего; ~ eyes задумчивые глаза 2. призрачный; неясный, смутный, туманный, подёрнутый дымкой 3. *поэт.* полный сновидений (*о сне*) 4. убаюкивающий, успокаивающий; ~ music убаюкивающая музыка

drear [drɪə] *поэт. см.* dreary II

dreariness ['drɪərɪnɪs] *n* мрачность и *пр.* [*см.* dreary II]

dreary I ['drɪərɪ] *n разг.* мрачный субъект

dreary II ['drɪərɪ] *a* 1. 1) мрачный, сумрачный, безотрадный; отчаянно скучный; ~ room мрачная комната; ~ speech невыносимо скучная речь 2) монотонный, однообразный; ~ diet однообразная диета /-ое питание/ 2. *арх.* печальный; жалобный, меланхоличный

dreary III ['drɪərɪ] *v амер.* делать скучным

dredge¹ [dredʒ] *n* 1. *тех.* землечерпалка; драга; hydraulic ~ землесос 2. сеть для ловли устриц

dredge¹ [dredʒ] *v* 1. драгировать (*тж.* ~ away, ~ out, ~ up); производить дноуглубительные, землечерпальные работы 2. ловить устриц сетью (*тж.* to ~ for oysters)

dredge² [dredʒ] *n* 1. смесь овса с ячменём для посева 2. *спец.* взвесь 3. *горн.* отобранная вручную низкосортная руда

dredge² II [dredʒ] *v* посыпать; to ~ flour over meat, to ~ meat with flour посыпать мясо мукой; his hair was ~d with grey его волосы были тронуты сединой

dredge corn ['dredʒ'kɔːn] лущёная кукуруза, кукуруза в зерне

dredger¹ ['dredʒə] *n* 1. многочерпаковый экскаватор, землечерпалка; драга; ~ shovel одноковшовый экскаватор 2. драгер; устричное судно

dredger² ['dredʒə] *n* сосуд с маленькими дырочками в крышке (*типа перечницы*)

dredging ['dredʒɪŋ] *n* 1. землечерпательные работы; выемка грунта 2. грунт, разрабатываемый драгой

dreg [dreg] *n* 1. *pl* 1) осадок; отбросы 2) отбросы, подонки; отребье; ~s of society подонки общества 3. *хим.* отстой, муть 2. небольшой остаток; немного, чуточка; not a ~ ни капельки ◊ to drink to the ~s выпить до дна

dreggy ['dregɪ] *a* мутный, грязный; содержащий нечистоты

drench I [drentʃ] *n* 1. промокание 2. проливной дождь 3. большая доза лекарства (*особ. для животного*)

drench II [drentʃ] *v* 1. 1) пропитывать влагой; промачивать насквозь; to be ~ed through /to the skin/ вымокнуть до нитки, промокнуть до костей; ~ed in blood залитый кровью 2) смачивать; flowers ~ed with dew цветы, покрытые росой 3) *разг.* пропитывать; to ~ oneself in the classics начитаться классиков; ≅ накачаться классикой 2. вливать лекарство; давать слабительное (*животному*)

drencher ['drentʃə] *n* 1. *см.* drench II + -er 2. проливной дождь, ливень 3. дождевальная установка 4. прибор для вливания лекарства (*в рот животным*)

drenching ['drentʃɪŋ] *a* проливной; ~ fire *воен.* ураганный огонь

dreng [dreŋ] *n ист.* свободный арендатор (*в Нортумберленде*)

Dresden ['drezd(ə)n] *n* 1. *см.* Приложение 2. дрезденский фарфор

dress I [dres] *n* 1. 1) платье, одежда; morning ~ а) домашнее платье, платье-халат; б) визитка; bathing ~ купальный костюм; ~ designer модельер; модельерша; ~ cutter закройщик; ~ model фасон платья; ~ goods платяные ткани; articles of ~ предметы одежды; to talk ~ *образн.* говорить о тряпках; his ~ was faultless он был одет безукоризненно 2) (женское) платье; silk ~es шёлковые платья 2. 1) одеяние, убор, убранство; покров; spring ~ весенний наряд (*деревьев*) 2) оперение; winter ~ зимнее оперение (*птиц*)

dress II [dres] *a* парадный; ~ clothes парадная одежда; ~ cap *амер. воен.* парадная фуражка; ~ uniform *воен.* парадная форма одежды; it's a ~ affair ≅ надо быть при полном параде

dress III [dres] *v* 1. 1) одевать; наряжать; to ~ oneself одеться; to ~ a child одеть ребёнка; she was ~ed simply but faultlessly она одета просто, но с безукоризненным вкусом; she was ~ed in white она была одета во всё белое 2) одеваться, наряжаться; to ~ well [badly] одеваться хорошо [плохо]; to ~ for dinner переодеться к обеду 2. 1) готовить костюмы; to ~ a play сделать костюмы для спектакля 2) украшать, убирать; to ~ a shop-window убирать витрину; to ~ smth. with garlands украсить что-л. гирляндами; to ~ a ship а) расцвечивать корабль (флагами); б) *амер.* поднять государственные флаги на корабле 3. приготовлять; приправлять (*пищу*) 4. причёсывать, делать причёску; to have one's hair ~ed сделать причёску 5. перевязывать (*рану*); to ~ in splints накладывать шину 6. *воен.* 1) выравнивать; to ~ the ranks выравнивать шеренги 2) равняться (*в строю*); to ~ to/by/ the right [the left] равняться направо [налево]; to ~ on the centre держать равнение на центр; ~! равняйсь! (*команда*); right [left] ~! направо [налево] равняйсь! (*команда*) 7. чистить (*лошадь*) 8. провеивать (*зерно*) 9. свежевать, обдирать (*тушу*; *тж.* ~ out) 10. выделывать (*кожу*) 11. 1) подстригать, подрезать (*деревья*) 2) обмазывать, обрабатывать (*деревья*); to ~ a tree with limewash обмазать дерево известковым раствором /известковым молоком/ 12. унавоживать, удобрять (*почву*); обрабатывать (*землю*) 13. протравливать (*семена*) 14. чесать или трепать (*кудель*, *пеньку*) 15. *тех.* зачищать (*шлифовальный круг*); заправлять (*инструмент*) 16. *тех.* выверять, рихтовать, выравнивать 17. *текст.* шлихтовать, аппретировать; to ~ cloth аппретировать ткань 18. обтёсывать, строгать (*доски*) 19. *горн.* обогащать (*руду*), грохотить, выделять ценный концентрат

dressage ['dre(ʹ)sɑ:ʒ] *n* 1. объездка лошадей 2. *спорт.* подготовка к соревнованиям

dress-circle ['dres,sɜ:kl] *n театр.* бельэтаж

dress-coat ['dres,kəut] *n* 1. фрак 2. *воен.* парадный мундир

dress down ['dres'daun] *phr v* 1. *разг.* задать головомойку, отругать; задать трёпку 2. чистить (*лошадь*) 3. *спец.* шлифовать, обтёсывать 4. *разг.* не обращать внимания на одежду; ≅ ходить в чём попало

dressed [drest] *a* 1. одетый 2. украшенный; убранный 3. освежёванный, разделанный (*о туше*); ~ weight убойный вес 4. выезженный (*о лошади*) 5. выделанный (*о коже*) 6. *горн.* отсортированный (*об угле*, *руде*) 7. 1) обработанный 2) строганый; отёсанный 8. *тех.* выверенный; выравненный

dresser¹ ['dresə] *n* 1. *см.* dress II + -er 2. камердинер 3) тот, кто определённым образом одевается; he's a good ~ он прекрасно одевается; he's a careless ~ он ходит в чём попало 4) *амер. разг.* франт, пижон (*тж.* smart ~) 2. тот, кто обрабатывает или выделывает что-л.; мастер по...; flax ~ чесальщик льна; floor ~ мастер по паркету, циклёвщик 3. декоратор, оформитель витрин 4. *театр.* костюмер 5. *мед.* ассистент (*при операции*, *перевязке*); хирургическая сестра 6. 1) сортировщик 2) *горн.* обогатительный механизм 3) *с.-х.* зерноочистительная установка 7. 1) бурозаправщик 2) *горн.* станок для заправки буров

dresser² ['dresə] *n* 1. 1) кухонный стол с полками для посуды 2) кухонный шкаф (*для посуды*) 2. *амер.* туалетный столик или комод с зеркалом

dresser set ['dresə,set] набор туалетных принадлежностей

dress-guard ['dresgɑ:d] *n* предохранительная сетка (*на дамском велосипеде*)

dressiness ['dresɪnɪs] *n* 1) франтоватость, щеголеватость 2) элегантность, изящество (*одежды*)

dressing ['dresɪŋ] *n* 1. одевание; to take a long time over one's ~ долго одеваться 2. украшение, убранство 3. *архит.* орнаменты (*на потолке и т. п.*) 4. приправа; соус; гарнир 5. = dressing-down 6. 1) перевязочный материал 2) повязки, перевязки; first-aid ~ оказание первой помощи (*пострадавшим*); to apply a ~ наложить повязку 7. *воен.* равнение; to get out of ~ потерять равнение 8. чистка (*лошади*) 9. свежевание (*туши*); ~ percentage *с.-х.* убойный выход 10. 1) удобрение; the soil had a heavy ~ of manure почва была обильно удобрена навозом 2) внесение удобрений в подкормку 11. обработка (*земли*); to give the soil a ~ обработать землю 12. трепание или чесание (*кудели*, *пеньки*) 13. *тех.* заправка (*режущих инструментов*) 14. *тех.* правка, рихтовка 15. отделка, очистка; облицовка 16. *текст.* шлихтование, аппретирование 17. *горн.* обогащение (*руды*); ~ plant обогатительная фабрика 18. *метал.* 1) доводка (*плавки*) 2) заливка (*отливок*) 3) приготовление (*формовочной земли*) 19. протравливание (*семян*)

dressing-bag ['dresɪŋbæg] = dressing-case

dressing-bell ['dresɪŋbel] *n* звонок, приглашающий переодеться (*к обеду*, *приёму и т. п.*)

dressing-case ['dresɪŋkeɪs] *n* 1. дорожный несессер 2. ящик для перевязочных материалов

dressing-cloth ['dresɪŋklɔθ] *n* косынка (*для перевязок*)

dressing-down ['dresɪŋ'daun] *n разг.* 1) выговор, нагоняй, головомойка; взбучка; трёпка, лупцовка; to give smb. a good ~ задать кому-л. хорошую головомойку 2) *воен.* выговор

dressing-gown ['dresɪŋgaun] *n* халат, пеньюар

dressing-jacket ['dresɪŋ,dʒækɪt] *n* домашняя куртка

dressing-machine ['dresɪŋmə,ʃi:n] *n* веялка

dressing-out [,dresɪŋ'aut] *n* выезда (*лошади*)

dressing-room ['dresɪŋru(:)m] *n* гардеробная, комната для одевания

dressing-station ['dresɪŋ,steɪʃ(ə)n] *n* перевязочный пункт; пункт первой помощи; main ~ главный перевязочный пункт

dressing-table ['dresɪŋ,teɪbl] *n* 1. туалетный столик с зеркалом 2. перевязочный стол

dress-maker I ['dres,meɪkə] *n* портниха

dress-maker II ['dres,meɪkə] *a* мягкий, изящный, женственный (*о линиях платья*)

dress-making ['dres,meɪkɪŋ] *n* шитьё, пошив дамской одежды

dress out ['dres'aut] *phr v* 1) украшать, наряжать 2) наряжаться; разодеться

dress-preserver ['drespri'zɜ:və] *n* подмышник

dress rehearsal ['dresrɪ,hɜ:s(ə)l] генеральная репетиция

dress-shield ['dresʃi:ld] = dress-preserver

dress-suit ['dres,sju:t] *n* фрак

dress up ['dres'ʌp] *phr v* 1) наряжать; dressed up fit to kill при полном параде, разодетый в пух и прах, расфранчённый 2) наряжаться; принарядиться 3) надевать маскарадный костюм, рядиться; to ~ as a soldier (пере)одеться солдатом; to ~ for a part (пере)одеться к выходу на сцену

dress-up ['('‌)dresʌp] *a* парадный; званый; ~ party званый вечер

dressy ['dresɪ] *a* 1. модный, любящий или умеющий модно одеваться 2. 1) изящный, модный (*о платье*) 2) роскошный (*о приёме*, *вечере и т. п.*)

drew¹ [dru:] *past om* draw¹ II

drew² [dru:] *past om* draw²

drib [drɪb] *n* 1) капля 2) обрывок, капля
◊ ~s and drabs обрывки, мелочи, крохи; to ration out information in ~s and drabs сообщать /выдавать/ жалкие крохи информации, держать на скудном информационном пайке

dribbing ['drɪbɪŋ] *n* мелкий ямочный ремонт (*дороги*)

dribble I ['drɪbl] *n* 1. 1) ручеёк 2) капля 3) моросящий дождь 2. *спорт.* ведение мяча, дриблинг

dribble II ['drɪbl] *v* 1. 1) выпускать по капле 2) сочиться, капать; течь тоненькой струйкой; to ~ from the eaves капать с карнизов; the men came dribbling back *образн.* небольшими группами /по двое, по трое/ рабочие возвращались домой; the line ~d away somewhere *образн.* ближе к хвосту очередь вытягивалась в тонкую линию и сходила на нет 2. (*в бильярде*) 1) медленно закатывать; he ~d the ball into the pocket лёгким ударом он послал шар в лузу 2) медленно закатываться; the ball ~d into the pocket шар медленно закатился в лузу 3. пускать слюни, обслюниться (*о ребёнке или слабоумном*) 4. *спорт.* вести мяч; обводить мячом

dribbler ['drɪblə] *n спорт.* игрок, ведущий мяч

dribblet ['drɪblɪt] = driblet

dribbling ['drɪblɪŋ] *n спорт.* 1. дриблинг, ведение мяча 2. *тех.* подтекание

driblet ['drɪblɪt] *n* 1. небольшая сумма (*денег*) 2. чуточка, капелька; by /in/ ~s понемножку, по капле

dried [draɪd] *a* сухой, высушенный; сушёный; ~ milk сухое /порошковое/ молоко; ~ vegetables сушёные овощи; ~ blood *с.-х.* а) сушёная кровь (*удобрение*); б) кровяная мука (*корм*)

drier I ['draɪə] *n* 1. *см.* dry III + -er 2. сушащее вещество, сушитель; сиккатив 3. сушилка; сушильное устройство; сушильный шкаф; hair ~ фен, сушилка для волос; centrifugal /spin/ ~ центробежная сушилка, центрифуга

drier II ['draɪə] *compar om* dry II

drift I [drɪft] *n* 1. медленное течение; медленное перемещение; the ~ of labour from the city *образн.* приток рабочей силы в город; the ~ from the land *образн.* отток людей из деревни /из сельской местности/; to be on the ~ а) дрейфовать; б) плыть по течению 2. *мор.* дрейф 3. *ав.* 1) девиация, снос 2) скорость сноса 3) угол сноса 4. *воен.* 1) деривация 2) движение облака дыма или отравляющего вещества 5. *радио* уход частоты 6. 1) направление (*развития*); тенденция; ~ of affairs ход дел; направление развития событий 2) *лингв.* тенденция развития языковой структуры; направление языкового развития 7. (подспудный) смысл; (скрытая) цель; стремление; the ~ of a speech скрытый смысл речи; I don't catch /get, see, understand/ your ~ я не понимаю, куда вы клоните /к чему вы ведёте/; what's the ~ of all this? к чему бы это?; что бы это могло значить? 8. пассивность; бездействие; policy of ~ политика бездействия 9. перегон (*скота*) 10. эвакуация раненых (*в тыл*) 11. (быстро проносящийся) ливень; снег, гонимый ветром *и т. п.* 12. 1) сугроб (*снега*); нанос (*песка*); куча (*листьев и т. п.*), нанесённая или намётённая ветром; лёд, вынесенный морем на берег 2) *геол.* моренный материал, делювий; ледниковый нанос

13. 1) молевой лесосплав 2) плывущее бревно **14.** дрифтерная *или* плавная сеть **15.** *южно-афр.* брод **16.** *горн.* горизонтальная выработка; exploratory ~ разведочная горизонтальная выработка; main ~ главная выработка, главная вывозная **17.** *тех.* упругое последствие **18.** *тех.* пробойник

drift II [drıft] *v* **1.** 1) относить *или* гнать (*ветром, течением*); сносить; to ~ logs down the stream сплавлять лес 2) относиться, перемещаться (*по ветру, течению*); дрейфовать; to ~ ashore прибиться к берегу; to ~ down the stream относиться вниз течением; to ~ with the current плыть по течению; сплавляться (*о лесе и т. п.*); the clouds are ~ing across the sky облака плывут по небу 3) изменять состояние; I was slowly ~ing into sleep я медленно погружался в сон; the conversation ~ed from one subject to another разговор переходил с одной темы на другую 4) *радио* уходить (*о частоте*) **2.** плыть по течению; бездействовать; полагаться на волю случая; to ~ through life жить бездумно; to ~ into war втягиваться /вползать/ в войну; to ~ into pessimism становиться всё более пессимистичным; впадать в меланхолию; let things ~ пусть всё идёт как шло; ≅ покоримся судьбе; things are allowed to ~ = всё отдались на волю судьбы, никто не хочет менять (естественный) ход вещей **3.** 1) насыпать (*сугробы*); наносить, заносить (*снегом и т. п.*); the snow had ~ed everywhere всё занесло (*снегом*) 2) вырастать (*о сугробах, наносах и т. п.*) **4.** *спец.* сплавлять (*лес*) молем **5.** пробивать, расширять *или* увеличивать отверстие **6.** *горн.* проводить горизонтальную выработку

driftage ['drıftıdʒ] *n* **1.** снос, дрейф (*судна*) **2.** предметы, выброшенные на берег моря

drift along ['drıftə'lɔŋ] *phv v* фланировать

drift-anchor ['drıft,æŋkə] *n* плавучий якорь

drift apart ['drıftə'pɑ:t] *phr v* 1) расходиться 2) расходиться; терять друг друга из виду; отдаляться всё больше и больше; they are drifting apart они (постепенно) становятся чужими (друг другу)

drift-bolt ['drıftbəʊlt] *n тех.* костыль, штырь

drifter ['drıftə] *n* **1.** *см.* drift II + -er **2.** 1) дрифтер (*рыболовное судно*) 2) рыбак, плавающий на дрифтере **3.** *амер. разг.* 1) никчёмный человек; человек без цели и занятий 2) бродяга

drift-ice ['drıftaıs] *n* дрейфующий лёд; плавучая льдина

drift in ['drıft'ın] *phr v* заходить, заглядывать (*к кому-л.*)

drifting I ['drıftıŋ] *n* **1.** = driftage 1 **2.** снежные *или* песчаные заносы **3.** *горн.* проходка горизонтальных выработок **4.** *тех.* расширение отверстий

drifting II ['drıftıŋ] *a* дрейфующий; ~ mine *воен.* дрейфующая мина

driftless ['drıftlıs] *a* бесцельный; бессмысленный

driftmeter ['drıft,mi:tə] *n ав.* измеритель сноса

drift-net ['drıftnet] *n* дрифтерная, плавная сеть

drift out ['drıft'aʊt] *phr v* выходить, покидать (*какое-л. место*); the audience started to ~ слушатели начали медленно расходиться /покидать свои места/

drift-pin ['drıftpın] *n тех.* оправка, бородок, пробойник

drift together ['drıftə'geðə] *phr v* сходиться, сближаться

driftway ['drıftweı] *n* **1.** дорога для скота **2.** *мор.* дрейф, снос **3.** = drift I 16

drift-weed ['drıftwi:d] *n* 1) прибиваемые к берегу морские водоросли 2) *бот.* ламинария (*Laminaria digitata*)

drift-wood, driftwood ['drıftwʊd] *n* **1.** сплавной лес **2.** лес, прибитый к берегу; плавник; *humor* ~ образн. отбросы общества

drifty ['drıftı] *a* вьюжный; с ветрами и метелями

drill¹ I [drıl] *n* **1.** *тех.* 1) сверло; twist ~ спиральное сверло 2) бур; бурав; rotary ~ турбобур; ~ bit *a) тех.* пёрка; *б) горн.* буровая коронка; ~ maker *горн.* а) заправщик буров; б) буроразправочный станок 3) дрель; коловорот; hand ~ ручная дрель; electric ~ электродрель **2.** *с.-х.* сеялка **3.** *зоол.* брюхоногий моллюск (*Urosalpinx cinerea*)

drill¹ II [drıl] *v* **1.** 1) сверлить, высверливать, просверливать; to ~ a hole просверливать отверстие; to ~ a hole in smb. *разг.* застрелить /«продырявить»/ кого-л. 2) бурить; to ~ for water [for oil] проводить разведочное бурение в поисках воды [нефти] **2.** *спорт.* придавать вращательное движение (*шайбе — хоккей*)

drill² I [drıl] *n* **1.** упражнения; тренировка (*тж. спорт.*); ~ in grammar практические занятия по грамматике; ~ book сборник упражнений; ~ hall тренировочный зал; to know the ~ знать свой урок; знать, что надо делать; to learn [to do] one's ~ отработать [сделать] упражнения **2.** *воен.* строевая подготовка, учение; отработка (*приёмов и т. п.*); *разг. тж.* муштровка; муштра; infantry ~ строевая подготовка пехоты; firing ~ учебные стрельбы; bayonet ~ отработка приёмов штыкового боя; ~ ground плац; ~ ammunition учебные боеприпасы; ~ cartridge учебный патрон; D. Regulations *воен.* строевой устав **3.** *разг.* 1) тренер 2) строевик

drill² II [drıl] *v* **1.** упражнять, тренировать (*тж. спорт.*); натаскивать; обучать; to ~ smb. in Latin натаскивать кого-л. по латыни; to ~ knowledge into smb. пичкать кого-л. знаниями; ≅ вдалбливать науку в кого-л.; to ~ smb. in what he has to say втолковывать кому-л., что он должен сказать; to ~ a dog to do smth. натаскивать собаку; to ~ (it) into him that one doesn't do such things мне никак не удаётся втолковать ему /вбить ему в голову/, что так не поступают 2) упражняться; тренироваться (*тж. спорт.*) **2.** *воен.* 1) обучать строю; муштровать; to ~ troops обучать строю; *разг. тж.* муштровать войска 2) заниматься строевой подготовкой, проходить строевое обучение

drill³ I [drıl] *n с.-х.* **1.** (рядовая) сеялка **2.** рядовой (по)сев (*тж.* ~ planting) **3.** борозда; to sow the grain in ~s производить рядовой посев

drill³ II [drıl] *v с.-х.* сеять, производить рядовой посев

drill⁴ [drıl] *n зоол.* мандрил (*Papio leucophaeus*)

drill⁵ [drıl] *n текст.* тик

drill-barrow ['drıl,bærəʊ] *n с.-х.* гнездовая сеялка

driller ['drılə] *n* **1.** сверловщик **2.** сверлильный станок **3.** буровик

drill-harrow ['drıl,hærəʊ] *n* пропашник

drill-hole ['drılhəʊl] *n горн.* буровая скважина

drilling¹ ['drılıŋ] *n* **1.** 1) сверление 2) бурение; (bore)hole ~ бурение скважины; exploratory ~ разведочное бурение; sample ~ бурение для отбора проб /кернов/; ~ rig *горн.* буровой станок; буровая вышка; deep-sea ~ глубоководное бурение **2.** *pl* 1) стружка от сверления 2) *горн.* буровая мука **3.** *тех.* диаметр в свету

drilling² ['drılıŋ] *n* **1.** упражнение, обучение, тренировка; натаскивание **2.** *воен.* обучение строю, строевая подготовка

drilling³ ['drılıŋ] *n с.-х.* рядовой сев

drilling-machine ['drılıŋmə,ʃi:n] *n* сверлильный станок

drillion ['drılıən] *n амер. шутл.* огромное число; тьма

drill-machine ['drılmə,ʃi:n] = drill³ I 1

drillman ['drılmən] *n* буровик

drillmaster ['drıl,mɑ:stə] *n амер. воен.* инструктор по строевой подготовке

drill off ['drıl'ɔf] *phr v горн.* обуривать забой

drill-plough ['drılplaʊ] *n с.-х.* буккер

drill-press ['drılpres] *n* **1.** сверлильный станок **2.** *горн.* перфоратор

drill-rod ['drılrɒd] *n горн.* буровая штанга

drillship ['drılʃıp] *n* буровое судно

drill-stock ['drılstɒk] *n тех.* патрон сверла

drily ['draılı] = dryly

drink I [drıŋk] *n* **1.** питьё; food and ~ пища /еда/ и питьё; to have a ~ напиться [*ср. тж.* 2, 2)]; to give smb. a ~ дать кому-л. напиться **2.** 1) напиток; soft ~s безалкогольные напитки; strong ~ спиртной напиток; it made a bearable ~ это был вполне сносный напиток 2) спиртной напиток; long ~ стакан пива, сидра; стакан виски с содовой [*см. тж.* 3]; short ~ аперитив; to have a ~ at the bar пропустить стаканчик в баре [*ср. тж.* 1]; to stand smb. a ~ поставить кому-л. стаканчик, угостить кого-л.; to take to ~ пристраститься к спиртному; запить 3) состояние опьянения; in ~ пьяный; в пьяном виде; to be in the worse for ~, under the influence of/ ~ быть в пьяном виде, захмелеть 4) запой; пьянство, алкоголизм; the ~ question вопрос об алкоголизме; to be on the ~ пить запоем, пить горькую; пьянствовать, не просыхать; to die of ~ умереть от пьянства; to drive smb. to ~ довести кого-л. до алкоголизма **3.** глоток; long ~ большой глоток [*см. тж.* 2, 2)]; ~ of water [of milk] глоток воды [молока] **4.** *сл.* водный простор; океан; «лужа»; the big ~ *амер.* а) Атлантический океан; б) река Миссисипи; the D. Ла-Манш; to cross the ~ пересечь океан /море/; to fall into the ~ а) упасть в воду; б) свалиться за борт

drink II [drıŋk] *v* (drank; drunk) **1.** пить; to ~ a glass dry выпить до дна, осушить стакан; to ~ air жадно глотать воздух; to ~ deep сделать большой глоток [*см. тж.* 2, 1)]; fit to ~ ≅ пить можно; what will you have to ~? что вы будете пить?; I could ~ the sea dry я умираю от жажды **2.** 1) выпивать, пить, пьянствовать; to ~ hard /deep, heavily/ пить запоем, сильно пить, пьянствовать; пить мёртвую, пить беспробудно /до бесчувствия, до потери сознания/ [*см. тж.* 1]; to take to ~ing запить, пристраститься к спиртному 2) напаивать, подпаивать; to ~ smb. drunk напоить /подпоить/ кого-л.; to ~ oneself into debt [out of a job] залезть в долги [потерять работу] из-за пьянства 3. (*тж.* to) пить (*за кого-л., за что-л.*); провозглашать тост; to ~ (to) the host [to smb.'s health] выпить за хозяина [за чьё-л. здоровье]; to ~ (a toast) to smb. выпить за кого-л.; to ~ success to smb., to ~ to smb.'s success выпить за чьи-л. успехи 4. испить; отведать, хлебнуть, испытать; to ~ the cup of suffering испить чашу страданий; to ~ the cup of joy пить из чаши радости 5. всасывать, впитывать (*часто* ~ up, ~ in); to ~ up moisture впитывать влагу (*о растении*) 6. пропивать (*тж.* ~ away); to ~ (away) one's earnings пропить всё, что заработал 7. 1) иметь вкус, букет; to ~ flat быть безвкусным /пресным/ 2) «идти» (*о спиртном*); this wine ~s well after a year это вино приобретает приятный вкус /хорошо пьётся, хорошо идёт/ после того, как постоит год

◇ to ~ it упиться, нагрузиться; нализаться, надраться, наклюкаться; to ~ smb. under the table а) напоить кого-л. до бесчувствия /до положения риз/; напоить кого-л. допьяна; б) «перепить» кого-л.; to ~ like a fish ≅ пить как сапожник

drinkable I ['drɪŋkəbl] *n обыкн. pl* напитки

drinkable II ['drɪŋkəbl] *a* годный для питья; питьевой

drink away ['drɪŋkə'weɪ] *phr v* 1. пропивать (*что-л.*) 2. пить стакан за стаканом

drink down ['drɪŋk'daʊn] *phr v* 1. выпить до дна 2. перепить кого-л.

drinker ['drɪŋkə] *n* 1. *см.* drink II + -er 2. пьяница; hard /heavy/ ~ запойный пьяница, алкоголик 3. = drinker-moth

drinker-moth ['drɪŋkəmɔθ] *n энт.* коконопряд (*Cosmotiche potatoria*)

drink in ['drɪŋk'ɪn] *phr v* впитывать (*знания и т. п.*); внимать, жадно слушать; to ~ learning жадно слушать; to ~ the beauty of smth. упиваться красотой чего-л.

drinking ['drɪŋkɪŋ] *n* 1. питьё, выпивание 2. пьянство, алкоголизм; given to ~ пьющий; his ~ destroyed his family своим пристрастием к спиртному он разрушил семью, своим пьянством он довёл семью до развала

drinking-booth ['drɪŋkɪŋbu:ð] *n* (буфетная) стойка

drinking-bout ['drɪŋkɪŋbaʊt] *n* запой

drinking-bowl ['drɪŋkɪŋbəʊl] *n* пойлка (*для скота*)

drinking-cup ['drɪŋkɪŋkʌp] *n* чаша, кубок

drinking-fountain ['drɪŋkɪŋˌfaʊntɪn] *n* питьевой фонтанчик

drinking-horn ['drɪŋkɪŋhɔ:n] *n* рог (*для вина*)

drinking-house, drinking-saloon ['drɪŋkɪŋhaʊs, -səlu:n] *n* бар, пивная

drinking-song ['drɪŋkɪŋsɔŋ] *n* застольная песня

drinking-trough ['drɪŋkɪŋtrɔf] = drinking-bowl

drinking-water ['drɪŋkɪŋˌwɔ:tə] *n* питьевая вода

drink-money ['drɪŋkˌmʌnɪ] *n* деньги на выпивку

drink off ['drɪŋk'ɔf] *phr v* 1. выпить до дна 2. осушить залпом

drink-offering ['drɪŋkˌɔf(ə)rɪŋ] *n* возлияние (*жертвоприношение*)

drink out ['drɪŋk'aʊt] = drink off 1

drink-penny ['drɪŋkˌpenɪ] = drink-money

drink up ['drɪŋk'ʌp] = drink off 1

drip¹ I [drɪp] *n* 1. 1) капанье, стекание капель; there is a ~ of rain from the eaves с карнизов капает 2) капель 3) шум падающих капель 4) капля; he put a pan under the radiator to catch ~s он подставил кастрюлю под капающую батарею; a ~ fell on my nose мне на нос упала капля; ~ lubrication *тех.* капельная смазка 2. *горн.* капёж 2. = dripstone 1 3. = drip-feed

drip¹ II [drɪp] *v* 1) капать; стекать; the tap is ~ping из крана капает вода; кран течёт; rain is ~ping from the trees с деревьев падают капли дождя; your umbrella is ~ping с вашего зонтика течёт; he wrapped his head in a towel он замотал мокрую голову полотенцем; perspiration was ~ping from his forehead капли пота выступили у него на лбу 2) источать; the comb ~s honey из сотов (каплями) стекает мёд 3) истекать; to ~ with blood истекать кровью; he is ~ping with news *образн.* ему не терпится выложить свои новости; he is ~ping with money *образн.* у него денег куры не клюют, ему некуда девать деньги

drip² [drɪp] *n прост.* 1. 1) подонок, дрянь 2) растяпа, тряпка; слюнтяй 2. слезливая чувствительность; слюнтяйство

dripcock ['drɪpkɔk] *n спец.* капельный кран

drip-drop ['drɪpdrɔp] *n* шум падающих капель, капель

drip-dry I ['drɪpdraɪ] *a* быстросохнущая ткань

drip-dry II [ˌdrɪp'draɪ] *a* быстросохнущий (*о ткани*); не требующий выжимания и обыкн. глаженья

drip-dry III ['drɪpdraɪ] *v* сушить без выжимания (*ткань*)

drip-feed ['drɪpfi:d] *n мед.* капельное внутривенное вливание

drip irrigation [ˌdrɪpˌɪrɪ'geɪʃ(ə)n] *с.-х.* капельное орошение

dripping I ['drɪpɪŋ] *n* 1. 1) капанье, стекание каплями; constant ~ wears away a stone капля камень точит 2) просачивание 3) *pl* капель; ~s from the trees [from the roof] капель с деревьев [с крыши] 2. 1) падающая каплями жидкость 2) *обыкн. pl* вытекший сок; жир, стекающий с мяса (*во время жаренья*) 3. *кул.* топлёный говяжий жир

dripping II ['drɪpɪŋ] *a* 1. капающий, каплющий; стекающий каплями 2. мокрый, промокший; ~ coat насквозь промокшее пальто; ~ wet промокший до костей /насквозь, до нитки/

◇ ~ roast а) сочное жаркое; б) «жирный кусок», доходное дело

dripping-pan ['drɪpɪŋpæn] *n* 1. противень; сковорода 2. 1) *тех.* маслоуловитель, маслосборник 2) *спец.* поддон

dripple ['drɪpl] *v* течь; стекать быстрыми каплями

drip sheet ['drɪpʃi:t] *мед.* влажная простыня для обёртывания

dripstone ['drɪpstəʊn] *n* 1. *стр.* слезник; отливина 2. фильтр из пористого камня

drivability [ˌdraɪvə'bɪlɪtɪ] = driveability

drive I [draɪv] *n* 1. 1) езда; full ~ а) на полной скорости; б) полным ходом; within two hour's ~ of Oxford в двух часах езды до Оксфорда; a ~ of 100 kilometres пробег в сто километров 2) прогулка, катание (*в экипаже, машине*); поездка; to go for a ~ поехать (по)кататься 2. 1) подъездная дорога, аллея 2) дорога для экипажей 3) просека 3. гон, гоньба, преследование (*неприятеля, зверя и т. п.*) 4. *воен.* наступление, атака, удар; a massive export ~ in African markets массированное экспортное наступление на африканские рынки; Arab diplomatic ~ in Europe дипломатические инициативы арабов в Европе 5. гонка, спешка; armament(s) ~ гонка вооружений; the constant ~ of work постоянная спешка в работе 6. 1) *амер.* (общественная) кампания; membership ~ кампания по привлечению новых членов (*в партию и т. п.*); economy ~ поход за экономию; борьба за режим экономии; ~ for signatures кампания по сбору подписей; ~ to raise funds кампания по сбору средств; to put on a ~ начать кампанию 2) стремление; a ~ for self-affirmation стремление к самоутверждению; ~ for power борьба за власть 7. энергия, напористость; his style has ~ у него энергичный стиль; what he lacked in physical size he more than made up in sheer ~ and determination свой маленький рост он с избытком компенсировал исключительной напористостью и решительностью 8. стимул, побуждение, внутренний импульс 9. тенденция, направление; liberal economic ~ либеральные тенденции в экономике 10. *амер. разг.* распродажа товаров по низким ценам 11. 1) сплав леса 2) сплавной лес 12. 1) удар (*по мячу*); драйв (*теннис, крикет*) 2) толчок (*лёгкая атлетика*) 13. 1) *тех.* привод, передача; front wheel ~ *авт.* привод на передние колёса; electric ~ электрический привод; flexible ~ привод с гибким валом 2) *вчт.* дисковод; лентопротяжное устройство, лентопротяжный механизм; tape ~ привод лентопротяжного устройства 14. *горн.* штрек 15. дека (*магнитофон без усилителя*)

drive II [draɪv] *v* (drove; driven) 1. 1) водить, вести, править; управлять; to ~ a car [a train] вести машину [состав]; to ~ a pair править парой; to ~ one's own carriage иметь собственный выезд 2) ездить, ехать; to ~ in a car [to London] ехать на машине [в Лондон]; to ~ to one's door подъехать к двери дома; to ~ on the right (of the road) держаться правой стороны (*дороги*) 3) водить машину; управлять лошадью; to learn to ~ научиться водить машину; to ~ recklessly лихо водить машину, быть лихачом; to ~ like mad гнать как сумасшедший /во весь опор/; to ~ to the public danger ≅ нарушать все правила дорожной безопасности; to ~ to the bit *спорт.* взять лошадь на повод 4) быть хорошим *или* плохим в эксплуатации (*о машине*); the car ~s well (эту) машину легко водить, эта машина (хорошо) слушается руля 2. 1) гнать; to ~ cattle гнать скот; to ~ smb. from /out of/ the house выгнать кого-л. из дому [*ср. тж.* II Б 3, 2)] 2) отбрасывать, теснить; to ~ the enemy from his positions выбить противника с позиций; to ~ the enemy down the hill сбросить противника с высоты; to ~ the invaders across the border изгнать интервентов за пределы страны /со своей земли/ 3) гнать; рассеивать; to ~ the image out of one's head гнать от себя /стараться забыть/ этот образ; his words drove all doubts from my mind его слова рассеяли все мои сомнения 3. 1) гнать, нести, перемещать; the wind is driving the clouds ветер гонит тучи; the waves drove the ship upon the rocks волны вынесли корабль на скалы; the ship was ~n ashore корабль был выброшен на берег 2) нестись; налетать; перемещаться; the rain was driving against the window-panes дождь барабанил в окна; the snow was driving against the walls стены заметало снéгом; the rain drove faster every minute с кáждой минýтой дождь усиливался 4. нестись, мчáться; the ship drove across the waves корáбль рéзал волнý; he drove rudely past her into the room оттолкнýв её, он влетéл /ворвáлся/ в кóмнату; to ~ into the curve *спорт.* бежáть с ускорéнием; to ~ for the tape *спорт.* закáнчивать дистáнцию; финишировать; to ~ into the curve *спорт.* войти в поворóт 5. 1) загоня́ть, забивáть, вбивáть; вонзáть; to ~ a rivet посадить заклёпку; to ~ a wedge a) вбить клин; б) *воен.* вклиниться; to ~ a nail home /to the head/ a) загнáть гвоздь по сáмую шля́пку; б) довести дéло до концá, урегулировать *(что-л.)*; to ~ bullets straight посылáть пýли тóчно в цель 2) входить, вонзáться; the nail won't ~ гвоздь никáк не забьёшь 6. 1) подгоня́ть; to ~ a committee подгоня́ть /торопить/ комиссию /комитéт/ 2) перегружáть; don't ~ me too hard *разг.* не наседáй /не нажимáй/ на меня́ 7. *разг.* затя́гивать, оття́гивать; to ~ smth. to the last minute затянýть что-л. до послéдней минýты

II А 1. 1) преслéдовать, гнать *(зверя)*; to ~ game преслéдовать /загоня́ть/ дичь 2) гнать, сплавля́ть *(лес)* 2. вести *(дело и т. п.)*; to ~ a trade вести торгóвлю; to ~ a bargain заключить сдéлку 3. 1) проводить, проклáдывать *(дорогу и т. п.)*; to ~ a railroad through the desert провести желéзную дорóгу чéрез пусты́ню 2) *горн.* проходить *(горизонтáльную вы́работку)* 3) *горн.* бурить *(сквáжину)* 4. ловить дрифтéрной сéтью *(рыбу)* 5. нагнетáть, напускáть *(воду, газ и т. п.)*; to ~ water into the bath напускáть вóду в вáнну *(под большим напóром)* 6. *спорт.* 1) ударя́ть *(по мячý)* 2) отбивáть драйвом *(мяч)* 7. крутить *(обруч, сéрсо)*

II Б 1. to drive smb., smth. to a place подвозить, отвозить когó-л., что-л. кудá-л.; to ~ smb. home подвезти когó-л. домóй 2. to have smb. smth. driven to a place отправля́ть когó-л., что-л. кудá-л.; to have the luggage ~n to the station отпрáвить багáж на стáнцию (машиной) 3. 1) to drive smb. into smb. into a corner загнáть когó-л. в ýгол; *перен. тж.* постáвить когó-л. в безвы́ходное положéние 2) to drive smb. out of a place выгоня́ть, выживáть когó-л. откýда-л.; to ~ smb. out of a flat вы́жить когó-л. из квартиры; the noise would ~ you out of the place из-за шýма вы сáми оттýда сбежите; to ~ smb. out of a market вы́теснить когó-л. с ры́нка 4. to drive a place for smb., smth. устрáивать облáву где-л., прочёсывать какýю-л. мéстность; to ~ a wood for a tiger устрóить в лесý облáву на тигра 5. to drive smb. to smth. /to do smth./ застáвить, вы́нудить когó-л. сдéлать что-л.; to ~ smb. to a decision /to take a decision/ вы́нудить когó-л. приня́ть решéние; he was ~n to steal by hunger гóлод застáвил егó пойти на воровствó; he won't /can't/ be ~n он не из тех, когó мóжно принýдить; егó не застáвишь сдéлать то, что он не хóчет 6. to drive by smth. приводить в движéние чегó-л., при пóмощи чегó-л.; to ~ a mill by water power приводить мéльницу в движéние водóй; an engine ~n by steam /by electricity/ двигатель, приводимый в дéйствие пáром /электричеством/; he is ~n by his own passions им движут свои страсти, он раб своих страстéй 7. to drive smb. into a state довести когó-л. до какóго-л. состоя́ния; to ~ smb. to drink довести когó-л. до пья́нства; to ~

smb. mad /crazy/, to ~ smb. out of his senses /out of his mind/ доводить когó-л. до безýмия, сводить когó-л. с умá; to ~ smb. into panic привести когó-л. в паническое состоя́ние; to ~ smb. wild вы́вести когó-л. из себя́, довести когó-л. до крáйности 8. to drive at smth. вести, клонить к чемý-л.; what are you driving at? кудá ты клóнишь?, к чемý ты ведёшь?, чегó ты хóчешь? 9. *разг.* 1) *to let drive at smb. with smth.* удáрить /стýкнуть/ когó-л. чем-л.; he let ~ at the boy with his fists [with a stick] он набрóсился на мáльчика с кулакáми [с пáлкой] 2) *to let drive at smth. with smth.* удáрить по чемý-л. чем-л.; he let ~ at the ball with his club он стýкнул по мячý клю́шкой /лаптóй/

◇ to ~ a quill /a pen/ писáть, быть писáтелем; to ~ stakes *амер.* а) располагáться лáгерем, разбивáть лáгерь; б) застолбить участок; дéлать зая́вку *(на учáсток)*; в) обосновáться; to ~ smb. round the bend доводить когó-л. до безýмия, сводить когó-л. с умá; to ~ smb. to the wall прижáть когó-л. к стéнке; to ~ it home to smb. убедить когó-л. *(в чём-л.)*; растолковáть комý-л. свою́ мысль; to ~ a lesson into smb.'s head вбивáть /вдолбить/ комý-л. урóк

driveability [ˌdraɪvəˈbɪlɪtɪ] *n* дорóжные кáчества автомобиля

drive along [ˈdraɪvəˈlɒŋ] *phr v* éхать на машине; вести машину; to ~ at a hundred kilometres an hour éхать /вести машину/ со скóростью сто киломéтров в час

drive away [ˈdraɪvəˈweɪ] *phr v* 1. 1) прогоня́ть, отсылáть; отгоня́ть, гнать от себя́; to ~ care гнать от себя́ забóты 2) разгоня́ть 2. уезжáть, отъезжáть

drive back [ˈdraɪvˈbæk] *phr v* 1. возвращáться, éхать обрáтно 2. *воен.* отбрáсывать *(противника)*

drive-bolt [ˈdraɪvbəʊlt] = drift-bolt

drive down [ˈdraɪvˈdaʊn] *phr v* выезжáть зá город; we shall ~ for Sunday в воскресéнье мы поéдем на прогýлку зá город

drive-down [ˈdraɪvdaʊn] *n тех.* понижáющая передáча

drive in [ˈdraɪvˈɪn] *phr v* 1. загоня́ть; to ~ the cows загнáть корóв 2. вгоня́ть, всáживать, вбивáть 3. въезжáть

drive-in [ˈdraɪvɪn] 1) ресторáн для автомобилистов *(едý подаю́т прямо в автомобили)* 2) кинó для автомобилистов на открытом вóздухе *(фильм смóтрят из автомобилей)* 3) магазин или банк для автомобилистов *(клиéнтов обслýживают прямо в автомобилях)*

drivel I [ˈdrɪvl] *n* 1. *разг.* глýпая болтовня́; околéсица, бессмы́слица; бред; to talk ~ нести околéсицу, порóть чушь 2. *редк.* слюни, слюнá

drivel II [ˈdrɪvl] *v* 1. *разг.* порóть чушь, нести околéсицу, чепухý; what is he ~ling about? что он там несёт? 2. распускáть слю́ни

driveline [ˈdraɪvlaɪn] *n* автомобильная трансмиссия

driveller [ˈdrɪvlə] *n* 1. *см.* drivel II + -er 2. глýпый болтýн; болвáн

drivelling [ˈdrɪvlɪŋ] *a* несýщий околéсицу, чепухý; вы́живший из умá; he is a ~ idiot он совсéм вы́жил из умá, он несёт дикий бред

driven I [ˈdrɪvn] *a* 1. гонимый; нанесённый; наносимый, намéтаемый *(о снéге и т. п.)* 3. 1) *тех.* приводимый в движéние, приводимый, ведóмый; ~ wheel ведóмое колесó 2) *вчт.* управля́емый; key-board ~ управля́емый с пýльта, управля́емый с клавиатýры

driven II [ˈdrɪvn] *p. p. от* drive II

drive off [ˈdraɪvˈɒf] *phr v* 1. = drive away 3 2. = drive II 7 3. отрывáться, отталкиваться; to ~ the ground *спорт.* отрывáться от земли; to ~ the marks *спорт.* отталкиваться от стáртовых я́мок 4. = drive back 2

drive on [ˈdraɪvˈɒn] *phr v* 1. = drive II 7 2. продолжáть путь; ~! пошёл!

drive out [ˈdraɪvˈaʊt] *phr v* 1. = drive II 7 2. выбивáть, вышибáть 3. загнáть *(лóшадь)* 4. проéхаться, прокатиться

drive over [ˈdraɪvˈəʊvə] *phr v* подъезжáть, приезжáть; shall I ~ to your place? я заéду за тобóй?

driver [ˈdraɪvə] *n* 1. *см.* drive II + -er 2. 1) водитель; шофёр; truck ~ шофёр грузовикá; tractor and combine ~s трактористы и комбайнёры; racing ~ гóнщик; he's an expert ~ он отлично вóдит машину; to be in the ~'s seat а) сидéть за рулём; б) верховóдить, комáндовать; держáть бразды́ правлéния *(в дóме, в семье́)* 2) вагоновожáтый 3) машинист *воен.* механик-водитель 3. извóзчик, кýчер 4. 1) погóнщик *(скотá)*, гуртовщик 2) надсмóтрщик за рабáми, погóнщик *(тж.* slave ~*)* 5. оперáтор; crane ~ крановщик 6. *тех.* 1) двигатель; движитель 2) ведýщий элемéнт передáчи 3) проводник, возбудитель; current ~ формировáтель тóка; digit ~ разря́дный формировáтель 7. клю́шка *(для гóльфа)* 8. *мор.* пáрусный дрифтер 9. *мор.* 1) дрáйвер, косáя бизáнь 2) бизáнь-мáчта 10. *тех.* 1) пуансóн, бородóк 2) отвёртка 3) поводóк 11. *радио* возбудитель 12. *вчт.* дрáйвер *(устрóйство сопряжéния между ЭВМ и управля́емым ею устрóйством)*; управля́ющая прогрáмма

driver-ant [ˈdraɪvə(r)ænt] *n энт.* африкáнский муравéй *(Anomma gen.)*

driver's license (certificate) [ˈdraɪvəzˌlaɪs(ə)ns(səˈtɪfɪkət)] *амер.* удостоверéние на прáво вождéния автомобиля, водительское удостоверéние

drive-screw [ˈdraɪvskruː] *n тех.* ходовóй винт

drive-shaft [ˈdraɪvʃɑːft] *n тех.* ведýщий вал

drive through [ˈdraɪvˈθruː] *phr v* 1. проезжáть *(чéрез гóрод, дерéвню и т. п.)* 2. пронзáть, пробивáть 3. вести, проводить, осуществля́ть

drive-through [ˈdraɪvθruː] *a авт.* сконструированный или обóрудованный для наблюдéния без вы́хода из движущегося автомобиля

drive up [ˈdraɪvˈʌp] *phr v* 1. подъезжáть, подкáтывать; to ~ to the door подкатить к двéри 2. вести, направля́ть 3. *горн.* проходить вы́работку снизу вверх

drive-up I [ˈdraɪvʌp] *n авт.* повышáющая передáча

drive-up II [ˈdraɪvʌp] *a* подъездной; рассчитанный на обслýживание клиéнтов в автомобилях; ~ window подъезднóе окóшко *(ресторáна, бáнка)*

driveway [ˈdraɪvweɪ] *n* дорóга, проéзд, подъезднáя аллéя

drive-wheel [ˈdraɪvwiːl] = driving-wheel

drive-yourself car [ˈdraɪvjəˌselfˈkɑː] машина напрокáт без шофёра

drive yourself service [ˈdraɪvjəˌselfˈsɜːvɪs] прокáт машин без шофёра

driving I [ˈdraɪvɪŋ] *n* 1. катáние, ездá; cross-country ~ ездá по пересечённой мéстности; ~ test а) дорóжное испытáние автомобиля; б) испытáние дорóги; *[см. тж. 2]* 2. вождéние *(автомоби-*

DRI — DRO

ля); ~ licence водительские права; ~ lessons уроки вождения автомобиля; ~ test экзамен на вождение автомобиля [*см. тж.* 1]; ~ seat место водителя; to be in the ~ seat а) быть за рулём; б) верховодить, руководить, командовать; backseat ~ давление со стороны помощников /советников/ 3. гоньба, гон 4. *мор.* дрейф 5. *тех.* передача, привод 2) приведение в действие, запуск; push-pull ~ двухтактный запуск 3) управление 6. *горн.* проходка штрека

driving II ['draɪvɪŋ] *a* гонящий 2. 1) движущий, приводящий в движение; ~ power движущая сила 2) характеризующий движение; ~ age стремительный век, бурная эпоха 3. сильный, неистовый; ~ storm ураган; ~ rain проливной дождь 4. *тех.* 1) ведущий; ~ machine двигатель, движитель; ~ moment вращающий момент 2) приводной; ~ chain трансмиссия

driving-axle ['draɪvɪŋˌæksl] *n тех.* ведущая ось

driving-belt ['draɪvɪŋbelt] *n тех.* приводной ремень

driving-box ['draɪvɪŋbɔks] *n* козлы; облучок

driving club ['draɪvɪŋ'klʌb] клуб автолюбителей

driving-force ['draɪvɪŋfɔ:s] *n* движущая сила

driving-gear ['draɪvɪŋgɪə] *n тех.* приводной механизм

driving school ['draɪvɪŋ'sku:l] школа водителей

driving-wheel ['draɪvɪŋwi:l] *n тех.* ведущее колесо

drizzle I ['drɪzl] *n* 1. мелкий дождь, изморось; the rain came down in a steady ~ дождь не переставал моросить, дождь моросил не переставая 2. *амер. разг.* 1) рохля, лапша 2) урод, уродина, страхолюдина

drizzle II ['drɪzl] *v* моросить; идти (*о мелком дожде*); the rain ~d моросил дождь; it often ~s часто моросит

drizzly ['drɪzlɪ] *a* моросящий; the morning was ~ утром моросило

drogher ['drəʊgə] *n голл.* небольшое вест-индское каботажное судно

drogue [drəʊg] *n* 1. буёк, прикреплённый к гарпуну 2. *мор.* плавучий якорь 3. *косм.* тормозной парашют (*космического корабля; тж.* ~ parachute)

droit [drɔɪt] *n* 1) юридическое право, прерогатива 2) *pl* пошлины

droll I [drəʊl] *n* шутник, забавник; фигляр, паяц; to play the ~ паясничать

droll II [drəʊl] *a* смешной, забавный; шутовской; чудной *или* странный; ~ fellow чудак

droll III [drəʊl] *v редк.* 1. шутить; паясничать, фиглярничать; дурачиться 2. 1) (with, at, on) подшучивать, потешаться, издеваться 2) вышучивать, высмеивать

drollery ['drəʊlərɪ] *n* 1. шутки, проказы; шутовство, фиглярство 2. 1) смешная история, выходка *и т. п.* 2) чудаковатость 3. юмор

drome [drəʊm] *разг. сокр. от* aerodrome

-drome [-drəʊm] *в сложных словах имеет значение:* 1. место гонок, испытаний; hippodrome ипподром; motordrome автодром; velodrome велодром 2. большое, специально оборудованное место: airdrome аэродром; seadrome гидроаэродром; picturedrome большой кинотеатр

dromedary ['drʌməd(ə)rɪ, 'drɔm-] *n зоол.* верблюд одногорбый, дромадер (*Camelus dromedarius*)

dromond ['drɔmənd] *n ист.* большая парусная галера

dromophobia [ˌdrɔməˈfəʊbɪə] *n мед.* дромофобия, боязнь уличного движения

drone¹ I [drəʊn] *n* 1. *энт.* трутень, пчелиный самец 2. трутень, тунеядец, захребетник 3. *ав.* беспилотное средство нападения, управляемый снаряд; беспилотный самолёт

drone¹ II [drəʊn] *v* 1. бездельничать, жить за чужой счёт; жить за чужой спиной 2. растрачивать, расточать бесцельно (*тж.* ~ away, ~ out)

drone² I [drəʊn] *n* 1. 1) приглушённое жужжание, гудение, гул; ~ of a motor гул мотора 2) *разг.* монотонная речь; нудный *разг.* занудный человек, нуда 2. 1) волынка 2) басовая трубка волынки 3) басовый звук волынки

drone² II [drəʊn] *v* 1. гудеть, жужжать (*о пчеле и т. п.*) 2. говорить, читать *или* петь монотонно; бубнить, гудеть (*тж.* ~ out)

drone-fly ['drəʊnflaɪ] *n энт.* журчалка (*Eristalis tenax*)

drongo ['drɔŋgəʊ] *n* 1. = drongo cuckoo 2. *австрал. сл.* тупица; ничтожество

drongo cuckoo ['drɔŋgəʊ ˌkuku:] *зоол.* дронго, индийская кукушка (*Dicrurus gen.*)

droningly ['drəʊnɪŋlɪ] *adv* монотонно, однообразно

droop I [dru:p] *n* 1. 1) наклон; понижение 2) спад 2. сутулость, сутуловатость; to walk with a ~ ходить сутулясь, горбиться при ходьбе 3. просторное платье без пояса

droop II [dru:p] *v* 1. 1) наклоняться, склоняться; поникать; свисать; the branches ~ed over the water ветви склонились над водой 2) наклонять, опускать; to ~ one's eyes потупить взор; to ~ one's head повесить голову; to ~ the colour *амер. воен.* салютовать флагом 2. опускаться, спускаться, сползать 3. *поэт.* падать, закатываться, склоняться к закату 4. провисать 5. 1) ослабевать; чахнуть, вянуть; to ~ from drought вянуть /сохнуть/ от недостатка влаги 2) изнемогать; to ~ in the heat изнемогать от жары 6. унывать, падать духом, впадать в уныние; she ~ed with sorrow она была убита горем

droopingly ['dru:pɪŋlɪ] *adv* изнеможённо, поникнув; слабо, вяло

droop nose, **droop snoot** ['dru:pˌnəʊz, 'dru:pˌsnu:t] *ав.* опускающийся (под углом к фюзеляжу) нос (*для лучшего обзора при посадке*)

droopy ['dru:pɪ] *a* упавший духом, впавший в уныние

drop I [drɔp] *n* 1. 1) капля; ~ of rain [of dew] капля дождя [росы]; ~ by ~ капля за каплей, капля по капле, по капельке; to drink to the last ~ выпить до последней капли 2) слезинка; капля крови; капелька пота; cold ~s of sweat капли холодного пота 2. 1) капля, капелька, чуточка, глоток; ~ of tea [of water] глоток чаю [воды] 2) глоток спиртного; to take one's ~ выпивать; to have /to take/ a ~ too much хватить лишнего, напиться; to have a ~ in one's /the/ eye быть под хмельком /навеселе/ 3. *pl мед.* капли; nasal ~s капли для носа; eye ~s глазные капли 4. *амер.* леденец; chocolate ~s шоколадное драже 5. 1) серьга; подвеска; висюлька 2) *архит.* орнаментная отделка в виде подвески 6. падение, понижение, снижение; спад, спуск; a great ~ in prices [in temperature] резкое падение цен [понижение температуры]; ~ in the market падение цен на рынке; a ~ of 10 % падение (*курса, цен и т. п.*) на 10 процентов 7. спад (*гимнастика*) 8. *ав.* 1) разбрасывание, сбрасывание с самолёта (*листовок и т. п.*); сбрасывание на парашюте (*боеприпасов, продовольствия и т. п.*) 2) десант; paratroop ~ авиадесант, парашютный десант 9. расстояние сверху вниз, высота; обрыв; глубина падения *или* погружения; ~ to the sea обрыв к морю; ~ of a hundred feet стофутовая высота 10. *театр.* опускной занавес 11. опускающаяся подставка (*виселицы*) 12. падающее устройство, падающая дверца, трап 13. пластинка, закрывающая замочную скважину 14. прорезь, щель (*для денег, писем и т. п.*); money ~ щель /отверстие/ для монет (*у автомата*) 15. 1) = drop-kick 2) = drop-shot 16. *тех.* перепад (*давления и т. п.*); падение (*потенциала*); voltage ~ перепад напряжения 17. результат поиска, выдача (*в информационно-поисковой системе*) 18. *сл.* тайник (*для передачи шпионской информации*) 19. *амер. сл.* круглый сирота; беспризорник

◊ a ~ in the /a/ bucket /ocean/ ≅ капля в море; at the ~ of the /a/ hat а) по знаку, по сигналу; б) без колебаний; to have /to get/ the ~ on smb. *амер.* поставить кого-л. в невыгодное положение, иметь преимущество перед кем-л.

drop II [drɔp] *v* 1. 1) капать, стекать каплями; to ~ from the eaves капать с карниза; a gentle rain ~ped накрапывал дождик; sweat ~ped from his forehead с его лба падали капли пота; he ~s at the nose у него из носа течёт 2) капать, выпускать по капле; to ~ a tear over smth. проливать слёзы над чем-л., говорить о чём-л. 2. 1) падать, выпадать, вываливаться; the book ~ped out of his hand книга выпала у него из рук 2) ронять, выпускать; to ~ a handkerchief [a book] выронить платок [книгу]; to ~ one's purse обронить кошелёк; to ~ the curtain а) опустить занавес; б) закончить рассказ, представление; поставить точку; to ~ the reins а) бросить поводья; б) отдаться на волю судьбы 3. 1) бросать, сбрасывать; спускать; to ~ anchor бросать якорь; to ~ bombs сбрасывать бомбы; to ~ a boat спустить шлюпку; to ~ a letter into the post-box бросить письмо в почтовый ящик 2) спускать *или* сбрасывать на парашюте 4. 1) падать, опускаться; to ~ into a chair опуститься на стул; to ~ dead упасть замертво (*ср. тж.* ◊); to be ready to ~ валиться с ног от усталости, выбиться из сил; to work till one ~s работать до изнеможения; to ~ on /to/ one's knees опуститься /упасть/ на колени; he almost ~ped with surprise он чуть не упал от удивления 2) валить, сваливать; сшибать, сбивать; to ~ a bird подстрелить /подбить/ птицу; to ~ smb. at once уложить /сразить/ кого-л. одним ударом /выстрелом/ 5. умирать (*тж.* ~ off); he ~ped off peacefully in his sleep он скончался тихо во сне; men ~ped like flies люди мёрли как мухи 6. 1) падать, снижаться, понижаться; спадать, стихать; the production of bauxite ~ped добыча боксита сократилась; his voice ~ped almost to a whisper он понизил голос почти до шёпота 2) снижать, понижать; to ~ the level of water снизить уровень воды; to ~ one's voice понизить голос 3) идти (круто) вниз; the road ~s into the valley дорога круто спускается в долину 4) падать с определённой высотой; the river ~s some 700 feet река́ па́дает с высоты́ в 700 фу́тов 5) *мор.* погружа́ться вертика́льно **7.** 1) опуска́ться; her eyes ~ped она́ опусти́ла глаза́; his jaw ~ped у него́ отви́сла че́люсть; his shoulders ~ped with fatigue его́ пле́чи бы́ли уста́ло опу́щены /уста́ло пони́кли/ 2) опуска́ть; to ~ one's eyes поту́пить взор 3) *мат.* опуска́ть; to ~ a perpendicular on /to/ a line опусти́ть перпендикуля́р на ли́нию **8.** 1) посыла́ть; to ~ smb. a note посла́ть кому́-л. запи́ску; to ~ smb. a line черкну́ть кому́-л. не́сколько строк 2) *спорт.* посыла́ть, забива́ть (*мяч*); to ~ the ball to the back of the court посла́ть мяч в коне́ц ко́рта **9.** (*часто* ~ down) 1) спуска́ться, идти́ вниз по тече́нию; the boat ~ped down the river ло́дку отнесло́ вниз тече́нием 2) спуска́ть по тече́нию **10.** 1) отступа́ть наза́д (*часто* ~ behind); to ~ to the rear отступа́ть наза́д; to ~ astern *мор.* дать за́дний ход [*ср. тж.* 2)] 2) оставля́ть сза́ди, обгоня́ть (*часто* ~ behind); to ~ smth. astern оста́вить что-л. за кормо́й [*ср. тж.* 1)] 3) *спорт.* передава́ть наза́д **11.** *разг.* 1) конча́ться, подходи́ть к концу́; прекраща́ться; the search did not ~ по́иски не прекраща́лись; there the matter ~ped на э́том де́ло (за)ко́нчилось; when she came in the conversation ~ped с её прихо́дом разгово́р оборва́лся, когда́ она́ вошла́, наступи́ло молча́ние; for a moment the pedantry ~ped from his manner на како́е-то мгнове́ние он утра́тил прису́щую ему́ педанти́чность 2) конча́ть, прекраща́ть; to ~ one's studies забро́сить заня́тия; to ~ smoking бро́сить кури́ть; to ~ the subject оста́вить те́му; ~ it!, let it ~! оста́вим э́то!, дово́льно!, оста́вьте!; бро́сьте!; не бу́дем бо́льше об э́том говори́ть; you'll have to ~ this idea вам придётся расста́ться с э́той мы́слью; I've ~ped politics я оста́вил поли́тику, я распроща́лся с поли́тикой 3) оставля́ть, броса́ть; to ~ one's friends порва́ть с друзья́ми 4) распуска́ть; to ~ a team *спорт.* распусти́ть /ликвиди́ровать/ кома́нду **12.** пропуска́ть; to ~ a letter пропусти́ть бу́кву; to ~ one's h's не произноси́ть h; име́ть простонаро́дный вы́говор; to ~ one's lines забыва́ть слова́, пропуска́ть свою́ ре́плику (*об актёре*)

◊ II А **1.** исключа́ть (*из списков, из школы*); увольня́ть, отстраня́ть; to ~ smb. from command отстави́ть /отстрани́ть/ кого́-л. от кома́ндования; he was ~ped from the board of directors он был исключён из правле́ния /из сове́та дире́кторов/ **2.** *разг.* 1) теря́ть, растра́чивать, спуска́ть (*де́ньги*); she ~ped $ 300 on her new spring outfit на весе́ннем костю́ме она́ потра́тила 300 до́лларов; he was ~ping money every day on the track ка́ждый день он прои́грывал де́ньги на ипподро́ме; how much did you ~? ско́лько ты спусти́л? 2) прои́грывать, терпе́ть пораже́ние (*на соревнова́ниях*); to ~ a set проигра́ть сет /па́ртию/; the team ~ped five straight games кома́нда проигра́ла пять игр подря́д **3.** 1) промо́лвить, оброни́ть (*сло́во и т. п.*); to ~ a hint оброни́ть намёк; to ~ a remark отпусти́ть замеча́ние 2) быть произнесённым кем-л.; a remark ~ped from him он отпусти́л /оброни́л/ замеча́ние **4.** сбра́сывать (*ка́рту*); to ~ a king сбро́сить короля́ **5.** 1) *текст.* (*петлю́ — в вяза́нии*) **6.** 1) роди́ть, мета́ть (*детёнышей*); тели́ться, жереби́ться, пороси́ться, коти́ться *и т. п.* 2) роди́ться (*о живо́тном*) **7.** испражня́ться (*о живо́тном*) **8.** *сл.* глота́ть, загла́тывать (*нарко́тик и т. п.*)

II Б **1.** 1) *to drop smb. somewhere* сса́живать, выса́живать кого́-л. где́-л.; to ~ smb. at his door подвезти́ кого́-л. к до́му 2) *to drop smth. somewhere* подвезти́ что-л. куда́-л.; to ~ a parcel at smb.'s door оста́вить паке́т у чьих-л. двере́й **2.** *to drop into a place* загляну́ть /зайти́/ мимохо́дом куда́-л.; to ~ into one's club зайти́ /загляну́ть/ ненадо́лго в свой клуб **3.** *to drop out of smth.* 1) выбыва́ть, выходи́ть из чего́-л.; to ~ out of a game вы́быть /вы́йти/ из игры́; to ~ out of the contest вы́быть из соревнова́ния 2) вы́быть из уче́бного заведе́ния; оказа́ться исключённым 3) оторва́ться от о́бщества, от обы́чной жи́зни; отказа́ться от при́нятых норм поведе́ния, мора́ли *и т. п.* **4.** *to drop upon /across/ smb., smth.* ната́лкиваться, натыка́ться на кого́-л., что-л.; to ~ upon /across/ smb. случа́йно встре́тить кого́-л. **5.** 1) *to drop on /upon/ smb., to drop across smb.* *разг.* обру́шиваться, напада́ть, набра́сываться на кого́-л.; отчи́тывать, нака́зывать кого́-л.; to ~ on smb. like a ton of bricks обру́шиться на кого́-л. с руга́тельствами 2) *to drop (up-)on smth., to drop on to smth.* случа́йно наткну́ться на что-л.; to ~ on to smb.'s secret случа́йно узна́ть чей-л. секре́т **6.** *to drop into a state* (ре́зко) переходи́ть в друго́е состоя́ние; to ~ into one's old habits верну́ться к ста́рым привы́чкам; he ~ped into a troubled sleep он забы́лся беспоко́йным сном; to ~ into a walk *спорт.* перейти́ с бе́га на шаг; to ~ into the local dialect (сно́ва) заговори́ть на ме́стном диале́кте **7.** *to drop in with smb.* встреча́ться с кем-л. **8.** *to drop with smth.* истека́ть чем-л.; to ~ with blood истека́ть кро́вью; he ~ped with sweat пот гра́дом кати́лся с него́

III А *в сочета́нии с ря́дом существи́тельных называ́ет де́йствия, соотве́тствующие значе́нию существи́тельных:* to ~ a sigh вздохну́ть; to ~ a nod кивну́ть; to ~ a curtsey присе́сть в реве́рансе; to ~ a hint of doubt усомни́ться, вы́разить сомне́ние

◊ to ~ out of smb.'s sight исче́знуть из чьего́-л. по́ля зре́ния; to ~ out of things переста́ть интересова́ться происходя́щим; ~ a word for me! замо́лви за меня́ слове́чко; ~ dead! *груб.* чтоб тебе́ сдо́хнуть!, иди́ ты к чёрту! [*ср. тж.* I 4, 1)]; to ~ a brick *сл.* сде́лать ля́псус, допусти́ть беста́ктность; ~ like a hot potato /a hot brick, a hot chestnut/ поспе́шно бро́сить, избави́ться; one could hear a pin ~ ≅ бы́ло слы́шно, как му́ха пролети́т

drop ammo ['drɒp‚æməʊ] *воен. жарг.* авиабо́мба

drop-and-check descent ['drɒpən‚tʃekdɪ'sent] *спорт.* ступе́нчатый спуск с горы́ (*на лы́жах*); спуск «ле́сенкой»

drop angle ['drɒp‚æŋgl] *воен.* у́гол бомбомета́ния

drop area ['drɒp‚e(ə)rɪə] = dropping zone

drop away I ['drɒpə‚weɪ] укло́н (*приём защи́ты в бо́ксе*)

drop away II ['drɒpə‚weɪ] *phr v* **1.** отделя́ться ка́пля за ка́плей **2.** уходи́ть по одному́ **3.** отпада́ть **4.** уменьша́ться

drop back ['drɒp'bæk] *phr v спорт.* воен. отступа́ть; отходи́ть

drop behind ['drɒpbɪ'haɪnd] *phr v* **1.** отстава́ть; he dropped behind in his work он отста́л в рабо́те **2.** уходи́ть или отступа́ть наза́д

drop bottle ['drɒp‚bɒtl] ка́пельница

drop-curtain ['drɒp‚kɜ:tn] *n теа́тр.* опускно́й за́навес

drop delivery [‚drɒpdɪ'lɪv(ə)rɪ] *тех.* гравитацио́нная пода́ча

drop down ['drɒp'daʊn] *phr v* **1.** па́дать; to ~ dead упа́сть за́мертво **2.** (on, upon) обру́шиваться, набра́сываться (*на кого́-л.*)

drop-fly ['drɒpflaɪ] = dropper

drop-forging ['drɒpfɔ:dʒɪŋ] *n тех.* **1.** ко́вка *или* горя́чая прессо́вка в шта́мпах **2.** изде́лие, отко́ванное в шта́мпе

drop glass ['drɒpglɑ:s] = drop bottle

drop-hammer ['drɒp‚hæmə] *n тех.* 1) па́дающий мо́лот 2) копёр

drophead coupé ['drɒphed'ku:peɪ] автомоби́ль с откидны́м ве́рхом

drop in ['drɒp'ɪn] *phr v* **1.** заходи́ть, загля́дывать; to ~ at smb.'s place, to ~ on smb. навести́ть кого́-л.; зайти́ к кому́-л.; to ~ for a moment зайти́ на мину́тку; I'll ~ some day я ка́к-нибудь к вам загляну́ **2.** заходи́ть, входи́ть по одному́

drop-in ['drɒp‚ɪn] *n* 1) случа́йный гость 2) дом, куда́ всегда́ мо́жно забежа́ть без приглаше́ния 3) вечери́нка, встре́ча без осо́бых приглаше́ний; ≅ зайти́ на огонёк; заходи́те посиде́ть 4) всегда́ откры́тое прибе́жище (*о рестора́не, клу́бе и т. п.*) 5) *вчт.* появле́ние ло́жных зна́ков *или* разря́дов

drop-in process ['drɒp‚ɪn'prəʊses] автоматизи́рованный (технологи́ческий) проце́сс, допуска́ющий вмеша́тельство опера́тора

drop-kick ['drɒp‚kɪk] *n* уда́р с полулёта (*футбо́л*)

drop-leaf ['drɒp‚li:f] *n* откидна́я доска́ (*у стола́*)

droplet ['drɒplɪt] *n* ка́пелька; ~ infection *мед.* возду́шно-ка́пельная инфе́кция

drop-letter ['drɒp‚letə] *n амер.* ме́стное, городско́е письмо́

drop-light ['drɒplaɪt] *n амер.* опускна́я ла́мпа

drop-message container ['drɒp‚mesɪdʒkən'teɪnə] *ав.* вы́мпел

drop-meter ['drɒp‚mi:tə] *n* бюре́тка, ка́пельная пипе́тка

drop off ['drɒp'ɒf] *phr v* **1.** выходи́ть, уходи́ть по одному́; выходи́ть оди́н за други́м; расходи́ться **2.** выходи́ть (*из маши́ны и т. п.*) **3.** выса́живать; drop me off at the corner вы́садите меня́ на углу́ **4.** отходи́ть ко сну; as soon as he was in bed he dropped right off он лёг в посте́ль и мгнове́нно усну́л **5.** умира́ть (*тж.* ~ the hooks) **6.** станови́ться ре́же, уменьша́ться; his practice has dropped off его́ пра́ктика сократи́лась; publication of new work dropped off объём публика́ции но́вых рабо́т ре́зко сократи́лся

drop-off facility ['drɒp‚ɒfə'sɪlɪtɪ] у́личный почто́вый я́щик

drop out ['drɒp'aʊt] *phr v* **1.** 1) опуска́ть, выпуска́ть, пропуска́ть (*бу́кву, имя и т. п.*) 2) оказа́ться выпущенным, пропу́щенным; the letter "m" has dropped out бу́ква «m» вы́пала **2.** выходи́ть (*из соревнова́ний, из спорти́вной борьбы́*) **3.** броса́ть, оставля́ть (*учёбу, заня́тия*); выбыва́ть; after the eighth grade poorer pupils drop out completely по́сле восьмо́го кла́сса сла́бые ученики́ ухо́дят из шко́лы

drop-out, dropout ['drɒp‚aʊt] *n разг.* **1.** 1) вы́бывший, исключённый 2) недоу́чка **2.** челове́к, (созна́тельно) поста́вивший себя́ вне о́бщества, челове́к без определённых заня́тий; деклассиро́ванная ли́чность; хи́ппи **3.** *вчт.* 1) небольшо́й уча́сток стёршейся за́писи (*на магни́тной ле́нте*) 2) пропада́ние зна́ков или разря́дов **4.** сокраще́ние; ликвида́-

DRO — DRU

ция 5. выключение (*механизма*) 6. выпадение, выпадание (*особ. радиоактивных осадков*) 7. *физ.* высыпание частиц (*в ионосфере*) 8. *информ.* результат поиска, выдача

dropout rate ['drɒpaut,reit] процент отсева (*из учебного заведения*)

droppable ['drɒpəbl] *a* сбрасываемый; ~ tank *воен.* сбрасываемый топливный бак

dropper ['drɒpə] *n* 1. *см.* drop II + -er 2. сеттер (*порода собак*) 3. искусственная мушка (*на удочке*) 4. висюлька, подвеска 5. 1) пипетка 2) капельница 6. *с.-х.* лобогрейка 7. *геол.* побочная жила

dropper-in [,drɒpə(r)'ɪn] = drop-in 1)

dropping I ['drɒpɪŋ] *n* 1. опускание, понижение 2. 1) падение 2) сбрасывание; сброс; satellite ~ *косм.* сброс искусственного спутника (*с носителя*)

dropping II ['drɒpɪŋ] *a* 1. сбрасывающий 2. беспорядочный; ~ fire беспорядочный огонь

dropping angle ['drɒpɪŋ,æŋgl] = drop angle

dropping board ['drɒpɪŋ,bɔːd] насест

dropping-bottle ['drɒpɪŋ,bɒtl] *n* капельница

dropping-gear ['drɒpɪŋgɪə] *n* 1. *ав.* бомбосбрасыватель 2. *мор.* жёлобный торпедный аппарат

dropping ground ['drɒpɪŋ,graund] *ав.* 1) площадка авиасигнального поста для приёма вымпелов 2) = dropping zone

droppings ['drɒpɪŋz] *n употр. с гл. во мн. ч.* помёт (*испражнения животных*); mouse ~ мышиный помёт

dropping station ['drɒpɪŋ,steɪʃ(ə)n] *воен.* пост авиасигнальной связи

dropping-tube ['drɒpɪŋtjuːb] *n мед. редк.* бюретка

dropping zone ['drɒpɪŋ,zəun] *воен.* 1) зона бомбардировки 2) район сбрасывания десанта или груза с самолётов

drop pit ['drɒpɪt] *горн.* гезенк

drop point ['drɒppɔɪnt] *физ.* точка росы

drop-scene ['drɒpsiːn] *n* 1. = drop-curtain 2. заключительная сцена; сцена у занавес

drop-seat ['drɒpsiːt] *n* откидное сиденье

drop-shaped ['drɒpʃeɪpt] *a* каплевидный, каплеобразный, в форме капли

drop-shot ['drɒpʃɒt] *n* укороченный удар (*теннис*)

drop-shutter ['drɒp,ʃʌtə] *n фото* падающий затвор

dropsical ['drɒpsɪk(ə)l] *a* 1. *мед.* водяночный; опухший; отёчный 2. страдающий водянкой

drop-sided ['drɒp,saɪdɪd] *a авт.* с откидными бортами

dropsied ['drɒpsɪd] *a* 1. больной водянкой 2. *мед.* вздувшийся, распухший

drop-sonde ['drɒpsɒnd] *n* спускаемый радиозонд

drop-stamp ['drɒpstæmp] *n* отштампованное (*под молотом*) изделие

dropsy ['drɒpsɪ] *n мед.* водянка

drop-table ['drɒp,teɪbl] *n* откидной стол у стены

drop through ['drɒp'θruː] *phr v разг.* окончиться ничем

drop window ['drɒp,wɪndəu] подъёмное окно

dropwise ['drɒpwaɪz] *adv* капля по капле, капля за каплей

dropwort ['drɒpwɜːt] *n бот.* лабазник, таволга (*Filipendula gen.*)

drop wrist ['drɒprɪst] *мед.* висячая кисть руки

drop-zone ['drɒpzəun] = dropping zone

droshky, drosky ['drɒʃkɪ] *n русск.* дрожки

drosometer [drɒ'sɒmɪtə] *n метеор.* росомер

drosophila [drɒ'sɒfɪlə] *n энт.* дрозофила, плодовая мушка (*Drosophila*)

dross [drɒs] *n* 1. *метал.* окалина, шлак; дросс; ~ coal угольная пыль 2. отбросы; остатки, подонки 3. бренность, тщета, суета сует

drossy ['drɒsɪ] *a* 1. загрязнённый (*о металле*) 2. нечистый, загрязнённый

drought [draut] *n* 1) засуха; absolute ~ *метеор.* четырнадцатидневный или более длительный период без дождей; ~ resistance *с.-х.* засухоустойчивость 2. засушливость, сухость (*воздуха, климата*)

drought-resistant [,drautrɪ'zɪstənt] *a с.-х.* засухоустойчивый

droughty ['drautɪ] *a* 1. засушливый 2. сухой, пересохший 3. испытывающий жажду

drouth [drauθ] *шотл.* = drought

drouthy ['drauθɪ] *шотл.* = droughty

drove¹ I [drəuv] *n* 1. 1) гурт, стадо; ~ of horses табун лошадей 2) стая, косяк 3) толпа; ватага; группа; ~s of young soldiers группы молодых солдат; people were leaving the courtroom in ~s люди группами уходили из зала заседаний суда 2. *тех.* долото для обтёски камней

drove¹ II [drəuv] *v* 1. 1) гнать скот на рынок 2) заниматься продажей скота 2. обтёсывать камень

drove² [drəuv] *past от* drive II

drover ['drəuvə] *n* 1. *см.* drove¹ II + -er 2. дрифтерное судно

drown [draun] *v* 1. 1) тонуть 2) топить; to ~ oneself in the sea 1) погружаться 2) заливать, затоплять; to ~ the land затопить местность 3) заливать, топить; to ~ one's grief in wine топить горе в вине, заливать горе вином; to ~ oneself in sleep погрузиться в сон; ~ed in tears весь в слезах, заливаясь слезами 3. заглушать, перекрывать (*тж.* out); his voice was ~ed in the noise его голос потонул в (общем) шуме

drowned [draund] *a* 1. утонувший, утопленный 2. 1) погружённый 2) затопленный 2. 1) работающий в масле или под водой (*о механизме*); ~ pump глубинный насос

drowner ['draunə] *n* 1) *см.* drown + -er 2) утопающий

drowning I ['draunɪŋ] *n* 1. утопление; death by ~ *юр.* смерть через утопление; to save smb. from ~ спасти утопающего 2. *с.-х.* полегание (*хлеба*)

drowning II ['draunɪŋ] *a* утопающий ◊ a ~ man catches /will catch/ at a straw утопающий за соломинку хватается

drown out ['draun'aut] *phr v* 1. заглушать, перекрывать 2. вынуждать (*население и т. п.*) покинуть данный район (*о наводнении*)

drowse I [drauz] *n* 1) дремота, полусон 2) сонливость

drowse II [drauz] *v* 1. дремать; быть сонным 2. усыплять; навевать сон 2. проводить время в мечтах, предаваться мечтам (*тж.* ~ away, ~ off); to ~ the days away грезить целыми днями

drowsily ['drauzɪlɪ] *adv* сонно, вяло, дремотно

drowsiness ['drauzɪnɪs] *n* дремота; сонливость, вялость

drowsy ['drauzɪ] *a* 1. сонливый, сонный; дремлющий; to feel ~ хотеть спать; to make smb. ~ нагнать сон на кого-л. 2. усыпляющий, снотворный; нагоняющий дремоту; дремотный; ~ hour [afternoon] дремотный час [полдень] 3. сонный, вялый, ленивый; оцепенелый

drub I [drʌb] *n* удар палкой или дубинкой

drub II [drʌb] *v* 1. 1) бить палкой, дубинкой; колотить, колошматить; to ~ smb. to death забить кого-л. до смерти 2) (into) вбивать; to ~ an idea into smb.'s head вбить /вдолбить/ мысль кому-л. в голову 3) (out of) выбивать; to ~ an idea out of smb.'s head выбить мысль у кого-л. из головы 2. разбить, нанести поражение, разгромить 3. топать, стучать; барабанить 4. поносить, ругать на чём свет стоит

drubbing ['drʌbɪŋ] *n* 1. избиение, трёпка; взбучка; to give smb. a ~ задать кому-л. трёпку /взбучку/ [*см. тж.* 2] 2. *разг.* поражение, разгром; to take a ~ потерпеть (сокрушительное) поражение; to give smb. a ~ нанести сокрушительное поражение кому-л., разгромить /разбить/ кого-л. наголову [*см. тж.* 1]

drudge I [drʌdʒ] *n* 1. работяга, «рабочая лошадь», «ишак»; the ~ of the household козёл отпущения, «золушка»; to lead the life of a ~ не знать ни отдыху ни сроку, «ишачить»; работать как каторжный 2. = drudgery

drudge II [drʌdʒ] *v* выполнять тяжёлую, нудную работу; «ишачить»; to ~ and slave работать как каторжный /как раб на галерах/; to ~ away the best years of one's life протрубить (впустую) лучшие годы своей жизни

drudger ['drʌdʒə] = drudge I 1

drudgery ['drʌdʒərɪ] *n* тяжёлая, нудная работа; to go back to ~ снова надеть хомут

drudgingly ['drʌdʒɪŋlɪ] *adv* старательно, усердно

drug¹ I [drʌg] *n* 1. лекарство, средство; медикамент; снадобье; narcotic ~s наркотики; ~ of abuse лекарство, вызывающее злоупотребление (*стимулятор, наркотик, галлюциноген и т. п.*); ~ administration применение лекарств; ~ plant лекарственное растение; ~ industry фармацевтическая промышленность; to be doing ~s *разг.* заниматься фармакологией 2. наркотик; ~ addict /fiend/ наркоман; ~ habit /addiction/ наркомания; ~ courier курьер, перевозящий наркотики; ~ traffic /*разг.* pushing, peddling/ торговля наркотиками; to take ~s принимать наркотики, быть наркоманом 3. неходкий товар (*часто* ~ in или on the market) 4. *pl* = dope I [2, 1)

drug¹ II [drʌg] *v* 1. подмешивать наркотики или яд; to ~ smb.'s wine подмешать наркотик в вино кому-л. 2. давать наркотики; to ~ oneself a) принять наркотики; б) принимать наркотики, быть наркоманом 3. злоупотреблять наркотиками, быть наркоманом 4. *разг.* насыщать, накачивать; ~ged with pleasure пресыщенный; ублаготворённый, размякший от удовольствия

drug² [drʌg] *n* лесовоз

drug agent ['drʌg,eɪdʒənt] агент Бюро по борьбе с наркотиками (*США*)

drugget ['drʌgɪt] *n* ткань для дорожек, половиков

druggist ['drʌgɪst] *n* 1) аптекарь 2) *амер.*, *шотл.* фармацевт

druggy ['drʌgɪ] *n амер. сл.* наркоман

drugola [drʌ'gəulə] *n амер. сл.* взятка полиции за разрешение торговать наркотиками [< drug + payola]

drugpusher ['drʌg,puʃə] *n сл.* торговец наркотиками

drug-saturated [ˌdrʌgˈsætʃəreɪtɪd] *a* обалдевший от наркотика
drugster [ˈdrʌgstə] *n сл.* наркоман
drugstore [ˈdrʌgstɔ:] *n* 1) аптекарский магазин 2) *амер.* аптека-закусочная; магазин, торгующий лекарствами, косметикой, журналами, мороженым, кофе *и т. п.*
Druid [ˈdru(:)ɪd] *n ист.* друид; жрец
druidic, druidical [druˈ(:)ɪdɪk, -(ə)l] *a* друидический, жреческий
druidism [ˈdru(:)ɪdɪzm] *n* друидизм
drum¹ I [drʌm] *n* 1. барабан; bass ~ большой барабан (*муз. инструмент*); side /snare/ ~ малый барабан (*муз. инструмент*); to beat /to play/ the ~ бить в барабан; with ~s beating под барабанный бой 2. 1) звук барабана, барабанный бой 2) *воен.* барабанный бой 3. *анат.* 1) барабанная перепонка 2) барабанная полость (*тж.* ~ of the ear) 4. *зоол.* 1) дром, шумящая рыба (*Pogonias chromis*) 2) сцена (*Sciaenops ocellata*) 5. *архит.* подушка капители 6. *архит.* барабан купола 7. архитектурная секция колонны 8. корпус банджо 9. *метеор.* цилиндр (*сигнальный*) 10. цилиндрическая часть вазы 11. цилиндрический ящик, цилиндрическая коробка (*для упаковки фруктов, рыбы и т. п.*) 12. *тех.* 1) барабан; concrete mixing ~ бетономешалка 2) цилиндр, коллектор (*котла*) 13. *вчт.* барабан, цилиндр; магнитный барабан (*тж.* magnetic ~; fast [slow] ~ быстродействующий [медленно действующий] барабан; recording ~ регистрирующий барабан, барабан самописца 14. *арх.* шумное сборище; званый вечер; раут ◇ to beat the (big) ~ *см.* beat¹ III ◇; to follow the ~s быть солдатом, пойти в солдаты

drum¹ II [drʌm] *v* 1. 1) бить в барабан, барабанить 2) выстукивать, выбивать, исполнять на барабане; to ~ a tune выстукивать /выбивать/ мелодию (*на барабане и т. п.*) 2. 1) стучать, барабанить; to ~ (on) the table with one's fingers барабанить пальцами по столу 2) колотиться; бешено стучать (*о сердце*) 3) топать; to ~ one's heels with one's heels/ on the floor, to ~ the floor with one's heels стучать каблуками по полу 3. 1) гудеть, жужжать (*о насекомых*) 2) хлопать крыльями (*о птицах*) 4. раздаваться, отдаваться; шуметь; грохотать 5. (into) вбивать, вдалбливать, вколачивать; to ~ Latin into smb. /into smb.'s head/ вдалбливать латынь кому-л. в голову; to ~ smth. into smb.'s ears бить в уши прожужжать кому-л. о чём-л. 6. (out of) изгонять, разжаловать; to ~ smb. out of a place с позором изгнать кого-л. откуда-л. 7. *амер. разг.* заниматься рекламой товаров, быть коммивояжёром (*тж.* to ~ for customers)

drum² [drʌm] *n* гребень, кряж; гряда
drumbeat [ˈdrʌmbi:t] *n* 1. барабанный бой 2. *разг.* крикливая реклама; to keep up the ~ for two weeks неделю рекламировать (*что-л.*) в течение двух недель
drumbeater [ˈdrʌmˌbi:tə] *n амер. разг.* агент по рекламе
drum belly [ˈdrʌmˌbelɪ] *вет.* тимпанит
drum-fire [ˈdrʌmˌfaɪə] *n воен.* ураганный огонь
drum-fish [ˈdrʌmfɪʃ] = drum¹ I 4
drumhead [ˈdrʌmhed] *n* 1. кожа на барабане 2. *мор.* дромгед, голова шпиля 3. полукочанная или полулистовая форма капусты (*тж.* ~ cabbage)
drumhead court-martial [ˈdrʌmhedkɔ:tˈmɑ:ʃ(ə)l] военно-полевой суд
drumhead service [ˈdrʌmhedˈsɜ:vɪs] *воен.* богослужение под открытым небом, на открытом воздухе
drumlin [ˈdrʌmlɪn] = drum²
drumly [ˈdrʌmlɪ] *a шотл.* 1) пасмурный, хмурый, облачный 2) мутный (*о воде*)
drum-major [ˌdrʌmˈmeɪdʒə] *n* старший полковой барабанщик, тамбурмажор
drum majorette [ˌdrʌmmeɪdʒəˈret] *амер.* девушка в военной форме (*участница военного парада*)
drummer [ˈdrʌmə] *n* 1. 1) барабанщик 2) ударник (*в оркестре, особ. джазовом*) 2. *амер. разг.* коммивояжёр 3. *австрал.* бродяга 4. = drum¹ I 4 5. кролик
drumming [ˈdrʌmɪŋ] *n* 1. барабанный бой; барабанная дробь 2. 1) грохот 2) дребезжание, гудение 3) *тех.* вибрация 3. *амер.* ловля шумящих рыб («барабанщиков») 4. *амер.* 1) профессия, ремесло коммивояжёра 2) реклама товаров; зазывание покупателей 5. *тех.* обработка в барабане, галтовка
Drummond light [ˈdrʌməndˌlaɪt] друммондов свет
drum-roll [ˈdrʌmrəʊl] *n* 1) тремоло на литаврах 2) барабанная дробь
drum saw [ˈdrʌmsɔ:] ленточная пила (*станок*)
drumstick [ˈdrʌmstɪk] *n* 1. барабанная палочка 2. куриная ножка 3. *pl разг.* тонкие ноги, «спички»
drum up [ˈdrʌmˈʌp] *phr v* созывать, собирать барабанным боем *или* барабанной дробью; привлекать; to ~ customers *амер.* зазывать покупателей /заказчиков/
drum-wheel [ˈdrʌmwi:l] *n ист.* тимпанное, барабанное колесо
drungar [ˈdrʌŋgə] *n ист.* военачальник
drunk I [drʌŋk] *n разг.* 1. пьяный 2. попойка 3. дело о дебоширстве (*разбираемое в полицейском суде*)
drunk II [drʌŋk] *a predic* 1. пьяный; blind /dead/ ~ мертвецки пьяный; to get ~ напиться (пьяным), упиться; to drink oneself ~ *разг.* напиться, нализаться, нарезаться, надраться; to make smb. ~ напоить кого-л.; ~ and disorderly в нетрезвом виде; ~ and disorderly behaviour нарушение общественного порядка, мелкое хулиганство в нетрезвом состоянии 2. опьянённый; ~ with success опьянённый успехом; ~ with happiness опьянённый от счастья; ~ with tiredness шатающийся /ошалевший/ от усталости 3. неустойчивый ◇ ~ as as a lord /as as noble, as a fish/ ≅ пьяный как сапожник /в стельку/
drunk III [drʌŋk] *p. p. от* drink II
drunkard [ˈdrʌŋkəd] *n* пьяница; алкоголик; a hopeless ~ запойный пьяница
drunken [ˈdrʌŋk(ə)n] *a* 1. 1) пьяный, напившийся; хмельной, опьяневший; ~ man пьяный 2) ~ state состояние опьянения 2) пьяный, свойственный пьяным; ~ brawl [frolic] пьяная ссора [-ое веселье]; ~ driving вождение автомобиля в нетрезвом виде 2. пьющий 3. неровный, шаткий, кривой, косой 4. *тех.* 1) пьяный (*о резьбе*) 2) перекошенный; ~ chimney покосившаяся труба
drunkenness [ˈdrʌŋk(ə)nnɪs] *n* 1. опьянение, пьянство, хмель 2. пьянство, алкоголизм
drunkometer [drʌŋˈkɒmɪtə] *n разг.* прибор для определения степени опьянения
drunk tank [ˈdrʌŋktæŋk] *разг.* камера для пьяных (*подобранных полицией*)
drupaceous [druˈpeɪʃəs] *a бот.* косточковый (*о плоде*)
drupe [dru:p] *n бот.* косточковый плод
drupel, drupelet [ˈdru:pl, ˈdru:plɪt] *n бот.* костяночка

druse [dru:z] *n мин.* друза
Druses [ˈdru:zɪz] *n pl* друзы (*религиозная секта в Сирии и Ливане*)
druthers [ˈdrʌðəz] *n употр. с гл. в ед. ч. амер. разг.* предпочтение; if I had my ~ I'd take a shotgun если бы я мог выбирать, я предпочёл бы охотничье ружьё; we can't always have our ~ события не всегда поворачиваются так, как мы хотим, не всё происходит в соответствии с нашими желаниями
druxy [ˈdrʌksɪ] *a* гнилой внутри (*о древесине*)
dry I [draɪ] *n* 1. 1) сушь; засуха 2) сухая погода 3) сухость 2. суша 3. (*pl* drys [draɪz] *амер. разг.* сторонник запрещения спиртных напитков; сторонник сухого закона 4. *стр.* сухая кладка 5. = drying-house
dry II [draɪ] *a* 1. 1) сухой; ~ clothing сухая одежда; ~ bread сухой хлеб [*см. тж.* 3, 1)]; ~ wash выстиранное и высушенное (*но не глаженное*) бельё; with ~ eyes без слёз; to rub smth. ~ вытереть что-л. насухо; to wring linen ~ тщательно /почти досуха/ выжать бельё; to be kept ~ держать в сухом месте, предохранять от влаги (*указание об условиях хранения изделия*) 2) сухой, не обмочившийся; my child was ~ at two years мой ребёнок просился на горшок с двух лет 3) *спец.* сухой; ~ ice сухой лёд; ~ steam сухой пар; ~ weight сухой вес, вес без заправки [*см. тж.* 2]; ~ assay сухая проба, сухой анализ; ~ battery сухая электрическая батарея 2. лишённый влаги, жидкости; обезвоженный; ~ fountain-pen авторучка без чернил; ~ weight вес высушенного материала [*см. тж.* 1, 3)]; ~ concrete *стр.* жёсткий бетон 3. 1) ненамазанный, без масла, джема *и т. п.*; ~ toast [bread] гренок [хлеб] без масла [*см. тж.* 1, 1)] 2) работающий всухую, несмазанный; ~ joint *тех.* притёртое соединение; ~ masonry *стр.* кладка без раствора, сухая кладка; ~ walling *стр.* сухая кладка стен 4. 1) засушливый, сухой; ~ year засушливый год; ~ summer сухое лето (*о воздухе и т. п.*); ~ frost сухой мороз 5. 1) высохший, пересохший; ~ well высохший колодец; ~ brook пересохший ручей; to run ~ а) пересохнуть; б) исчерпать себя; исписаться (*о писателе*); at the end of five minutes he has run ~ через пять минут он исчерпал все свои доводы; в) истощиться, кончиться 2) высохший, сморщенный; ~ breast тощая /опавшая/ грудь 6. 1) сухой, сдержанный; бесстрастный; ~ answer сухой ответ; ~ humour сдержанный юмор; ~ thanks [manners] сдержанная благодарность [-ые манеры]; he was very ~ with us он был очень сух с нами 2) строгий, сухой; ~ facts голые факты; ~ manner of execution холодная /строго классическая/ манера исполнения 3) пресный, скучный, неинтересный; ~ book [subject] скучная книга [тема]; ~ lecture скучная лекция; that'll be pretty ~ to most people большинству это покажется скучным; ≅ никто на это не клюнет 4) блёклый (*о звуке*) 7. сухой, неслащёный; ~ wine сухое вино; medium ~ wine полусухое вино 8. находящийся на суше; to leave smth. ~ выбросить что-л. на берег; оставить что-л. на берегу; high and ~ выброшенный /вытащенный/ на берег 9. твёрдый, сыпучий; ~ provisions сухие продукты; ~ measure мера сыпучих тел 10. непредвзятый,

беспристра́стный, непредубеждённый; ~ light непредубеждённый взгляд на ве́щи 11. *редк.* нали́чный; упла́чиваемый зво́нкой моне́той; ~ money зво́нкая моне́та 12. *амер. разг.* подде́рживающий сухо́й зако́н; ~ town [state] го́род [штат], в кото́ром запрещена́ прода́жа спиртны́х напи́тков; to go ~ приня́ть сухо́й зако́н; запрети́ть прода́жу спиртны́х напи́тков; to vote ~ проголосова́ть за приня́тие сухо́го зако́на 13. *мед.* сухо́й, без выделе́ний, без сли́зи; ~ cough сухо́й ка́шель 14. *разг.* 1) испы́тывающий жа́жду; I am /feel/ ~ a) о́чень хо́чется пить; в го́рле пересо́хло; б) не прочь вы́пить /пропусти́ть стака́нчик/ 2) вызыва́ющий жа́жду; it's ~ work от э́той рабо́ты всегда́ пересыха́ет го́рло 15. *с.-х.* недо́йный, я́ловый; ~ sheep я́ловая овца́; ~ cow недо́йная /сухосто́йная, я́ловая/ коро́ва 16. 1) *воен.* трениро́вочный, уче́бный; ~ firing имитацио́нная стрельба́; ~ run a) = dry firing; б) *ав.* уче́бный захо́д на цель 2) *амер.* проводи́мый без те́хники; ~ rehearsal репети́ция без декора́ций ◊ ~ death *юр.* а) смерть, после́довавшая по любо́й причи́не, кро́ме утопле́ния; б) наси́льственная смерть без проли́тия кро́ви; ~ lodging ко́мната, сдава́емая без стола́; he is not yet ~ behind the ears = у него́ ещё молоко́ на губа́х не обсо́хло; as ~ as a bone /a tinder/ сухо́й как спи́чка; соверше́нно сухо́й, без ка́пли вла́ги

dry III [draɪ] *v* 1. 1) суши́ть; высу́шивать; to ~ herbs суши́ть тра́вы; to ~ smth. by the fire суши́ть что-л. на огне́ /у огня́/; the wind dried the skin на ветру́ ко́жа вы́сохла 2) суши́ться, со́хнуть; to ~ in the wind суши́ться на ветру́ 2. вытира́ть (на́сухо); to ~ one's hands (on a towel) вы́тереть ру́ки (полоте́нцем); to ~ smth. with a cloth вы́тереть что-л. тря́пкой; to ~ one's eyes вы́тереть глаза́, утере́ть слёзы; to ~ one's tears а) утере́ть слёзы; б) снять тра́ур 3. 1) перестава́ть дои́ть (*коро́ву пе́ред отёлом; тж.* ~ off, ~ up) 2) не дава́ть молока́ (*о коро́ве*)

dryad ['draɪæd] *n греч., рим. миф.* дриа́да, лесна́я ни́мфа

dry agriculture ['draɪˌægrɪˌkʌltʃə] = dry-farming

Dryasdust [ˌdraɪəz'dʌst] *n* «г-н Суха́рь», сухо́й и педанти́чный челове́к, учёный педа́нт, учёный суха́рь (*по и́мени вы́мышленного лица́, кото́рому В. Скотт посвяща́ет ряд рома́нов*)

dryasdust [ˌdraɪəz'dʌst] *a* сухо́й, ску́чный, педанти́чный

dry-bob ['draɪbɒb] *n* уча́щийся, занима́ющийся спо́ртом (*не во́дным*)

dry-castor ['draɪˌkɑːstə] *n* шку́ра бобра́

dry-clean ['draɪˌkliːn] *v* подверга́ть хими́ческой чи́стке

dry-cleaner [ˌdraɪ'kliːnə] *n* 1. 1) владе́лец масте́рской хими́ческой чи́стки 2) рабо́тник масте́рской химчи́стки 2. = dry-cleaner's

dry-cleaner's [ˌdraɪ'kliːnəz] *n* хими́ческая чи́стка, химчи́стка (*масте́рская*); to spend an hour at the ~ потра́тить час в химчи́стке

dry-cleaning [ˌdraɪ'kliːnɪŋ] *n* хими́ческая чи́стка, химчи́стка (*проце́сс*)

dry-cupping [ˌdraɪ'kʌpɪŋ] *n мед.* сухи́е ба́нки

dry-cure ['draɪkjʊə] *v* заса́ливать, вя́лить

dry-dock I ['draɪˌdɒk] *n мор.* сухо́й док

dry-dock II ['draɪˌdʌk] *v мор.* 1) ста́вить в сухо́й док 2) входи́ть в сухо́й док (*о су́дне*)

dryer ['draɪə] *n* 1. *см.* dry III + -er 2. суши́льщик 3. суши́лка; суши́льная маши́на; clothes ~ суши́льная маши́на для оде́жды 4. *тех.* сиккати́в

dry-eyed ['draɪˌaɪd] *a* с сухи́ми глаза́ми, без слёз

dry farming ['draɪˌfɑːmɪŋ] сухо́е земледе́лие; бога́рное земледе́лие

dry-fly ['draɪflaɪ] *n рыб.* иску́сственная му́шка; ~ fishing ры́бная ло́вля на иску́сственную прима́нку

dry goods ['draɪˌɡʊdz] 1. *амер.* 1) мануфакту́ра; ~ store a) магази́н тка́ней; б) магази́н новино́к 2) галантере́я 2. *амер.* 1) оде́жда 3. сухи́е, сыпу́чие проду́кты *и т. п.* 4. *австрал.* скобяны́е изде́лия

drying I ['draɪɪŋ] *n* 1) су́шка, просу́шка 2) суши́льня

drying II ['draɪɪŋ] *a* 1) суша́щий; высу́шивающий; ~ cupboard /closet/ суши́льный шкаф 2) высыха́ющий, со́хнущий; ~ oil оли́фа

drying-house ['draɪɪŋhaʊs] *n* ри́га, ови́н

drying loss ['draɪɪŋlɒs] усу́шка (*поте́ря ве́са*)

drying-out station ['draɪɪŋaʊt'steɪʃ(ə)n] вытрезви́тель

dryish ['draɪɪʃ] *a* сухова́тый

dry land ['draɪlænd] су́ша

dryly ['draɪlɪ] *adv* су́хо; хо́лодно; to smile [to answer] ~ су́хо улыбну́ться [отве́тить]

dryness ['draɪnɪs] *n* су́хость

dry-nurse I ['draɪˌnɜːs] *n* 1) ня́ня, ня́нька 2) наста́вник, ня́нька

dry-nurse II ['draɪnɜːs] *v* ня́нчить

dryography [draɪ'ɒɡrəfɪ] *n полигр.* сухо́й офсе́т (<dry + lithography)

dry out ['draɪ'aʊt] *phr v* 1. 1) высу́шивать, суши́ть; испаря́ть 2) высыха́ть, со́хнуть, испаря́ться; our clothes soon dried out на́ша оде́жда бы́стро вы́сохла 2. выводи́ть я́ды (*из органи́зма алкого́лика, наркома́на и т. п.*); to ~ an alcoholic проводи́ть курс лече́ния алкого́лика 3. *разг.* 1) лечи́ться от наркома́нии или алкоголи́зма 2) протрезви́ться (*с по́мощью медикаме́нтов и т. п.*)

dry-point ['draɪpɔɪnt] *n* 1) игла́ для гравирова́ния без кислоты́ 2) суха́я игла́ (*спо́соб гравирова́ния*) 3) гравю́ра, испо́лненная сухо́й иглой

dry pruning ['draɪˌpruːnɪŋ] *с.-х.* обре́зка сухи́х ветве́й

dry-rot [ˌdraɪ'rɒt] *n* 1) суха́я гниль (*боле́знь расте́ний*) 2) мора́льное разложе́ние; упа́док, загнива́ние

dry-salt ['draɪsɔːlt] = dry-cure

drysalter ['draɪˌsɔːltə] *n* 1. москате́льщик, торго́вец москате́льными това́рами 2. торго́вец марина́дами, консе́рвами *и т. п.*

drysaltery ['draɪˌsɔːltərɪ] *n* 1. 1) москате́льный магази́н 2) магази́н марина́дов 2. 1) торго́вля москате́льными това́рами 2) торго́вля марина́дами, соле́ньями *и т. п.*

dry-shod ['draɪʃɒd] *a* не замочи́в ног; to go /to walk/ ~ пройти́ не замочи́в ног

dryster ['draɪstə] *n* рабо́чий, за́нятый на просу́шке (*зерна́ и т. п.*)

dry-stone ['draɪstəʊn] *a стр.* сло́женный без раство́ра (*о стене́, зда́нии и т. п.*)

dry-topped [ˌdraɪ'tɒpt] *a* с сухо́й верху́шкой (*о де́реве*)

dry up ['draɪ'ʌp] *phr v* 1. 1) пересо́хнуть, вы́сохнуть; the well has dried up коло́дец пересо́х 2) вы́сушить, обезво́дить; to ~ a spring ≅ заcы́пать исто́чник /родни́к/; to ~ a pump вы́пустить

во́ду из насо́са 3) осуши́ть; to ~ land осуши́ть зе́млю 2. истощи́ться, исся́кнуть; his income dried up исто́чники его́ дохо́дов исся́кли; his ambitious projects dried up one after another его́ честолюби́вые за́мыслы увя́ли один за други́м 3. 1) *разг.* умо́лкнуть, замо́лкнуть; he dried up when father looked up at him он сра́зу умо́лк, когда́ оте́ц взгляну́л на него́; he never dries up on the subject он мо́жет говори́ть об э́том бесконе́чно; I was slowly drying up запа́с мои́х тем для разгово́ра постепе́нно иссяка́л 2) *сл.* заткну́ться; ~! заткни́сь!, закро́йся! 4. *теа́тр. проф.* забы́ть роль

duad ['djuːæd] *n кни́жн.* диа́да, число́ два; дво́йка; па́ра

dual I ['djuː(ː)əl] *n лингв.* 1) двойственное число́ 2) слово в двойственном числе́

dual II ['djuː(ː)əl] *a* 1. двойно́й; ~ nationality /citizenship/ двойно́е гражда́нство /по́дданство/; D. Monarchy *ист.* Австро-Венге́рская мона́рхия; ~ control *ав., авт.* двойно́е управле́ние; ~ processor computer *вчт.* двухпроце́ссорный компью́тер, двухпроце́ссорная ЭВМ; ~ programme кино́ удлинённая (кино)програ́мма (*состоя́щая из двух полнометра́жных фи́льмов*); ~ loudspeaker сдво́енный репроду́ктор 2. дво́йственный; ~ conscience [personality] раздво́енное созна́ние [раздвое́ние ли́чности]; ~ ownership совме́стное владе́ние; ~ number *лингв.* дво́йственное число́ 3. *мат., лог.* обра́тный; ~ operation обра́тная опера́ция

dual card ['djuː(ː)əlˌkɑːd] *информ.* дуа́ль-ка́рта

dual cropping ['djuː(ː)əl'krɒpɪŋ] *с.-х.* 1) одновреме́нное культиви́рование двух культу́р 2) два урожа́я в год

dualism ['djuː(ː)ɪz(ə)m] *n* 1. *филос.* дуали́зм 2. дво́йственность, раздво́енность 3. *лингв.* выраже́ние или катего́рия дво́йственного числа́

dualist ['djuː(ː)əlɪst] *n* дуали́ст

dualistic [ˌdjuː(ː)ə'lɪstɪk] *a филос.* дуалисти́ческий

duality [djuː(ː)'ælɪtɪ] *n* 1) дво́йственность; раздво́енность 2) *филос.* дуали́зм, дуа́льность

dualize ['djuː(ː)əlaɪz] *v* раздва́ивать

dually ['djuː(ː)əlɪ] *adv* дво́йственно; раздво́енно

dual pricing ['djuː(ː)əl'praɪsɪŋ] указа́ние на упако́вке по́лной сто́имости проду́кта и сто́имости едини́цы его́ ма́ссы (*килогра́мма и т. п.*)

dual-purpose ['djuː(ː)əl'pɜːpəs] *a спец.* двойно́го назначе́ния; ~ cattle *с.-х.* мя́со-моло́чный скот

dual-purpose gun ['djuː(ː)əl'pɜːpəsgʌn] *воен.* универса́льная пу́шка, противоми́нная зени́тная пу́шка

dual slalom [ˌdjuː(ː)əl'slɑːləm] *спорт.* паралле́льный сла́лом

dual-track [ˌdjuː(ː)əl'træk] *a спец.* двухдоро́жечный (*о за́писи и т. п.*)

duan ['duːən] *n* песнь (*часть эпи́ческой поэ́мы*)

dub¹ I [dʌb] *n* 1. бой или дробь бараба́на 2. *редк.* уда́р

dub¹ II [dʌb] *v* 1. (at) ты́кать, ударя́ть 2. 1) обруба́ть 2) подреза́ть (*гре́бень петуха́*) 3. *спец.* 1) обтёсывать, строга́ть 2) отде́лывать; ровня́ть; пригоня́ть 4. нажи́влять (*червя́*); наса́живать (*му́ху*) 5. сма́зывать жи́ром (*ко́жу, сапоги́*)

dub² [dʌb] *n амер. разг.* 1) неуме́лый, нело́вкий игро́к 2) у́валень, недотёпа

dub³ [dʌb] *v* 1. посвяща́ть в ры́цари; to ~ smb. a knight посвяти́ть кого́-л. в ры́цари 2. дарова́ть ти́тул или зва́ние 3. *шутл.* дать про́звище, окрести́ть

dub[4] [dʌb] *v кино* дублировать (*фильм*), производить дубляж

dubbin ['dʌbɪn] = dubbing[1] 1

dubbing[1] ['dʌbɪŋ] *n* 1. жир для смазывания кожи 2. *тех.* мягчение, пластификация

dubbing[2] ['dʌbɪŋ] *n кино* 1) дубляж 2) перезапись разных фонограмм на одну

dubiety [djuː'baɪətɪ] *n книжн.* 1) сомнение; колебание 2) что-л. сомнительное

dubiosity [ˌdjuːbɪ'ɒsɪtɪ] = dubiousness

dubious ['djuːbɪəs] *a* 1. 1) сомнительный; неясный; двусмысленный; ~ answer [compliment] двусмысленный ответ [комплимент]; ~ advantage [honour] сомнительное преимущество [-ая честь] 2) нерешённый, находящийся под вопросом; ~ battle битва с неясным исходом; ~ result неясный результат 2. подозрительный, сомнительный, тёмный; ~ character подозрительная личность; ~ transaction тёмное дело; ~ company сомнительное общество 3. 1) сомневающийся, колеблющийся; ~ what to do не знающий, что делать; ~ of /about/ smb.'s honesty сомневающийся в чьей-л. честности; I'm ~ of sanctions санкции кажутся мне сомнительной мерой 2) выражающий или отражающий сомнение; his face had a ~ expression на его лице отразилось сомнение; судя по лицу, он сомневался

dubiously ['djuːbɪəslɪ] *adv* с сомнением; сомнительно; to say smth. ~ сказать что-л. с сомнением (в голосе)

dubiousness ['djuːbɪəsnɪs] *n* сомнительность, двусмысленность

dubitable ['djuːbɪtəbl] *a книжн.* сомнительный, спорный

dubitate ['djuːbɪteɪt] *v редк.* сомневаться, колебаться

dub up ['dʌb'ʌp] *phr v разг.* уплачивать, платить; раскошеливаться

ducal ['djuːk(ə)l] *a* герцогский

ducat ['dʌkət] *n ист.* 1. дукат (*монета*) 2. *разг.* 1) монета 2) *pl* деньги 3. *амер. разг.* (входной) билет

duce ['duːtʃɪ] *n ит.* дуче

duchess ['dʌtʃɪs] *n* 1. герцогиня 2. *шутл.* дама с внушительной внешностью; the old ~ моя половина, моя жена

duchesse [djuː'ʃes] *n* род атласа

duchess pear ['dʌtʃɪsˌpeə] груша дюшес

duchy ['dʌtʃɪ] *n* герцогство; ~ rights герцогские права

duck[1] [dʌk] *n* 1. *зоол.* утка (*Anas*); domestic [wild] ~ домашняя [дикая] утка; to shoot ~s стрелять (диких) уток 2) самка селезня, утка 2. утиное мясо, утятина 3. *разг.* человек; парень, малый; queer ~ чудак, человек с причудами; dead ~ а) бедняга, бедолага, неудачник; б) конченый человек, в) ничего не стоящая вещь; ≅ гроша ломаного не стоит 4. неудачник, «несчастненький» (*тж.* lame ~) 5. *разг.* 1) голубушка, голубка; голубчик; солнышко *и т. п.* (*в обращении*); what do you want, ~? что вы хотели, голубушка?; что вам предложить, голубушка? 2) душка, прелесть (*о ребёнке*); she is a perfect ~ она просто прелесть; a ~ of a child прелесть, а не ребёнок; чудо что за ребёнок 6. «утка на скале» (*детская игра; тж.* ~ on the rock) 7. *спорт.* 1) = duck's egg 3 2) игрок, не набравший ни одного очка 8. *воен. жарг.* грузовик-амфибия; D. Pond пункт сбора грузовиков-амфибий [*ср. тж.* duck-pond] 9. *воен. жарг.* новобранец, новичок; необстрелянный солдат 10. растратчик, банкрот

◊ a sitting ~ лёгкая жертва, человек, которого легко обмануть; ~s and drakes «блины» (*бросание плоских камешков так, чтобы они прыгали по поверхности воды*); to play /to make/ ~s and drakes «печь блины» [*см. выше*]; to play ~s and drakes with smth., to make ~s and drakes of /with/ smth. проматывать /растрачивать, разбазаривать/ что-л.; расточать *или* растранжиривать что-л.; fine weather for young ~s *шутл.* дождливая погода; like a ~ in a thunderstorm с растерянным /перепуганным/ видом; like water off a ~'s back ≅ как с гуся вода; хоть бы что; like a ~ to water ≅ как рыба в воде; in two shakes of a ~'s tail ≅ в мгновение ока; ~ soup лёгкое дело, плёвое дело; ≅ раз плюнуть; he was ~ soup for the crooks он был лёгкой добычей для мошенников; любой мошенник мог обвести его вокруг пальца; does /can, will, would/ a ~ swim? ≅ ещё бы!

duck[2] I [dʌk] *n* 1. ныряние, окунание, погружение; to give smb. a ~ искупать кого-л. 2. 1) быстрый наклон головы 2) «нырок» (*бокс*)

duck[2] II [dʌk] *v* 1. 1) нырнуть 2) окунуть, быстро погрузить 2. 1) наклониться, нагнуться; увернуться, уклониться от удара 2) наклонить, нагнуть; to ~ one's head нагнуть голову 3) сделать «нырок» (*бокс*) 3. избегать, уходить, уклоняться; to ~ the issue обойти проблему; he tried to ~ my question он попытался уйти от ответа на мой вопрос 4. пресмыкаться, раболепствовать

duck[3] [dʌk] *n* 1. грубое полотно, парусина; *мор.* грубая парусина, равендук 2. *pl* парусиновые брюки; the crew were in ~s на матросах были парусиновые брюки

duck-bill ['dʌkˌbɪl] *n зоол.* утконос (*Ornithorhynchus*)

duck-billed ['dʌkbɪld] *a* с утиным носом

duck-boards ['dʌkbɔːdz] *n pl* дощатый настил

duck egg ['dʌkeg] = duck's egg

ducker[1] ['dʌkə] *n* 1) утковод 2) охотник на уток

ducker[2] ['dʌkə] *n* 1. ныряльщик 2. подхалим

ducket ['dʌkɪt] *n сл.* (лотерейный) билет

duck-foot cultivator ['dʌkfʊt'kʌltɪveɪtə] *с.-х.* лапчатый культиватор

duck-hawk ['dʌkhɔːk] *n зоол.* лунь болотный (*Circus aeruginosus*)

ducking[1] ['dʌkɪŋ] *n* охота на диких уток

ducking[2] ['dʌkɪŋ] *n* 1. ныряние; погружение 2) ныряние головой вперёд (*плавание*) 2. 1) нагибание; наклон головы, увёртывание 2) «нырок» (*бокс*)

ducking-pond ['dʌkɪŋpɒnd] *n* пруд, где охотятся на уток

ducking-stool ['dʌkɪŋstuːl] *n ист.* позорный стул (*укреплённый на подвижном бревне стул, к которому привязывали женщин дурного поведения или мошенников и опускали в воду*)

duck-legged ['dʌk'legd] *a* коротконогий; ходящий вперевалочку, утиной походкой

duckling ['dʌklɪŋ] *n* утёнок

duckmeat ['dʌkmiːt] = duckweed

duck-mole ['dʌkməʊl] = duck-bill

duck out ['dʌk'aʊt] *phr v разг.* скрыться, улизнуть

duck-out ['dʌkaʊt] *n воен.* дезертирство

duck-pond ['dʌkpɒnd] *n* пруд для домашних уток [*ср. тж.* Duck Pond, *см.* duck[1] 8]

duck's bill ['dʌksbɪl] утиный клюв

duck's egg ['dʌkseg] 1. утиное яйцо 2. цвет утиного яйца, тёмный серо-зелёный цвет 3. нулевой счёт (*крикет*)

duck's meat ['dʌksmiːt] = duckweed

duckweed ['dʌkwiːd] *n бот.* ряска (*Lemna gen.*)

duck-wheat ['dʌkwiːt] *n бот.* гречиха татарская (*Fagopyrum tataricum*)

ducky ['dʌkɪ] = duck[1] 5

duct [dʌkt] *n* 1) трубочка, капилляр 2) *анат.* проток (*железы*); канал; bile ~ жёлчный проток; auditory ~ слуховой канал 3) *тех.* проход, канал 4) *тех.* трубопровод; oil ~ маслопровод; air ~ воздухопровод, вентиляционный канал 5) *радио проф.* волновод 6) *эл.* труба для кабеля

ducted ['dʌktɪd] *a спец.* канализированный, направленный

ductile ['dʌktaɪl] 1. 1) вязкий, ковкий, тягучий (*о металле*) 2) поддающийся обработке; эластичный, гибкий, пластичный; ~ clay пластичная глина 2. податливый, послушный; поддающийся чужому влиянию; ~ character податливый характер

ductility [dʌk'tɪlɪtɪ] *n* 1. ковкость, тягучесть, вязкость (*металла*); эластичность, пластичность 2. податливость, послушность

ducting ['dʌktɪŋ] *n спец.* 1) канализация; направление потоков; airblast ~ канализация воздушной ударной волны 2) вентиляция, вентиляционная сеть

ductless ['dʌktlɪs] *a анат.* не имеющий выводного протока; ~ gland железа внутренней секреции

dud I [dʌd] *n* 1. *разг.* неразорвавшийся снаряд (*тж.* ~ shell) 2. 1) *разг.* никчёмный человек; неудачник; as a doctor he is a ~ как врач он ничего собою не представляет 2) *pl* отстающие ученики; неполноценные ученики 3. подделка, липа; липовый документ или чек 4. *ав. жарг.* нелётная погода

dud II [dʌd] *a* 1. бесполезный; негодный; тщетный 2. *ав. жарг.* нелётный

dude I ['djuːd] *n амер. разг.* 1. хлыщ, фат, пижон 2. 1) истый горожанин 2) избалованное, изнеженное существо 3) житель большого города, отдыхающий на ферме [*см.* dude ranch] 3. *сл.* парень, тип, субъект; strange ~ чудак

dude II ['djuːd] *a амер. разг.* фатоватый, пижонский

duded-up [ˌdjuːdɪd'ʌp] *a амер. разг.* разодетый, расфранчённый

dude ranch ['djuːdræntʃ] *амер.* ранчо, приспособленное для приёма отдыхающих; ферма-пансионат (*с обучением верховой езде и т. п.*)

dudgeon[1] ['dʌdʒ(ə)n] *n ист.* 1. деревянная рукоятка кинжала 2. кинжал с деревянной рукояткой

dudgeon[2] ['dʌdʒ(ə)n] *n* обида; возмущение; in high /great, deep/ ~ с глубоким возмущением, обиженный /уязвлённый/ до глубины души

duds [dʌdz] *n pl* 1. *шутл., пренебр.* одежонка; лохмотья, рвань 2) *разг.* ветошь, тряпки 2. *разг.* пожитки, манатки

due I [djuː] *n* 1. *тк. sing* должное; то что причитается; to give smb. his ~ воздавать кому-л. по заслугам; отдать кому-л. должное; to give the devil his ~ отдавать должное противнику; to get one's ~ получить по заслугам; that is ~ это положено ему по праву, это его право 2. *pl* 1) сборы, налоги, пошлины; harbour /port/ ~s портовые сборы;

DUE — DUM

~s and fees *эк.* сборы (*в отличие от налогов*) 2) взносы (*партийные или профсоюзные*); to pay one's ~s заплатить взносы; ~s shop цех *или* предприятие, где работают члены профсоюза
◊ for a full ~ на века, прочно, на совесть

due II [dju:] *a* 1. должный, соответствующий, надлежащий; ~ process of law законный порядок; in ~ course своим чередом, в своё /в надлежащее/ время; in ~ time в своё время; in ~ form по всем правилам, по форме, в должной форме; with ~ regard с должным вниманием; with ~ respect со всем уважением; after /upon/ ~ consideration после внимательного рассмотрения; within ~ limits в разумных пределах; to give smb. ~ warning официально предупредить кого-л.; to take ~ measures принять надлежащие меры; he was received with ~ ceremony он был принят по всей форме / ≅ с полным соблюдением протокола/ 2. *обыкн. predic* 1) должный, обязанный; he is ~ at his office on Monday он должен явиться в контору в понедельник; he is ~ to speak он должен выступить; it is ~ to you to explain things мы ждём от вас объяснений 2) ожидаемый; the mail is ~ tomorrow почта придёт завтра; the train is ~ at 8 o'clock поезд прибывает в 8 часов; he was ~ to start tomorrow он должен был выезжать /выехать/ завтра; I'm ~ for a rise меня ждёт повышение; пришло время повысить мне зарплату 3. подлежащий выплате; ~ date срок выплаты долга; ~ bill счёт к оплате; the bill falls ~ вексель подлежит оплате 4. заслуженный, полагающийся, причитающийся; ~ penalty [respect] заслуженное наказание [уважение]; the reward ~ to his services вознаграждение, причитающееся за его услуги; the first place is ~ to John первое место заслуживает Джон, первое место должно быть присуждено Джону

due III [dju:] *adv* 1. точно, прямо; to go ~ east идти прямо на восток 2. *уст.* надлежащим образом

duel I ['dju(:)əl] *n* 1) дуэль, поединок; pistol ~ дуэль на пистолетах; ~ with swords дуэль на шпагах; to fight a ~ драться на дуэли 2) поединок, состязание, борьба; artillery ~ артиллерийская дуэль; punting ~ соревнование плоскодонок; verbal ~ словесный поединок

duel II ['dju(:)əl] *v* драться на дуэли
dueller ['dju(:)ələ] = duellist
duelling ['dju(:)əlɪŋ] *n* дуэль, поединок; ~ pistols дуэльные пистолеты
duellist ['dju(:)əlɪst] *n* дуэлянт
deullo [dju:'eləu] *n* *um.* 1) искусство дуэли 2) правила дуэли
duende [dju'endeɪ] *n* *исп.* шарм, обаяние
duenna [dju(:)'enə] *n* *исп.* 1. дуэнья, компаньонка (*девушки*) 2. *ист.* старшая придворная дама (*в Испании*)
duet [dju(:)'et] *n муз.* дуэт
due to ['dju:tu:] *phr prep* благодаря; вследствие; в результате; his death was ~ pneumonia он умер от пневмонии /воспаления лёгких/; he failed ~ faulty training его неудача объясняется плохой подготовкой; it is ~ his negligence это произошло из-за его небрежности; ~ fog the train arrived late поезд прибыл с опозданием из-за тумана
duett [dju(:)'et] = duet

duettist [dju(:)'etɪst] *n* один из исполнителей дуэта
duetto [dju(:)'etəu] *um.* = duet
duff¹ [dʌf] *n* 1. *мор. разг.* варёный пудинг с ягодами, пряностями *и т. п.* 2. *диал.* тесто 3. *шотл.* мякоть (*булки, плода*)
duff² [dʌf] *n диал.* 1. *амер.* лесная подстилка 2. угольная мелочь, штыб, высевки угля
duff³ [dʌf] *v разг.* 1. подновлять; подделывать 2. надувать, обманывать 3. *австрал.* красть скот и менять клеймо
duff⁴ [dʌf] *v разг.* смазать, угробить, загробить (*мяч — в гольфе*)
duffel ['dʌf(ə)l] *n* 1. шерстяная байка 2. *амер.* спортивный *или* туристический костюм; снаряжение туриста
duffel bag ['dʌf(ə)l,bæg] брезентовый мешок для личных вещей; вещевой мешок
duffel coat ['dʌf(ə)l,kəut] мужское пальто свободного покроя, обыкн. с капюшоном и с застёжкой на деревянные пуговицы
duffer ['dʌfə] *n* 1. *разг.* 1) никчёмный человек, пустое место; ничтожество 2) неловкий, нескладный человек; well, you are a ~! какой ты всё-таки недотёпа! 3) тупица, балда, остолоп; ничего не смыслящий человек; a perfect ~ at history ≅ он в истории ни бум-бум; he is a ~ at dancing он танцует как слон /как медведь/ 2. *разг.* 1) никуда не годная вещь 2) фальшивая монета 3. *уст.* 1) фальсификатор 2) торговец подделками 4. *австрал.* выработанная шахта
duffle ['dʌfl] = duffel
dug¹ [dʌg] *n* 1) сосок (*животного*) 2) вымя
dug² [dʌg] *past u p. p. от* dig II
dugong ['du:gɒŋ] *n зоол.* (обыкновенный) дюгонь (*Dugong dugong*)
dug-out I ['dʌgaut] *n* 1. челнок, выдолбленный из ствола дерева 1) землянка 2) *воен.* блиндаж, убежище 3. *воен. жарг.* офицер, призванный из запаса
dug-out II ['dʌgaut] *a* 1) вырытый 2) выдолбленный
dui ['dju:i(:)] *pl от* duo
duiker ['daɪkə] *n зоол.* южноафриканская антилопа (*Cephalopus mergens*)
duke [dju:k] *n* 1. герцог; Grand D. великий князь; эрцгерцог 2. род хереса 3. *pl сл.* кулак, рука
dukedom ['dju:kdəm] *n* 1. герцогство 2. титул герцога
dukery ['dju:kərɪ] *n* резиденция *или* имение герцога; the Dukeries группа герцогств в Ноттингемшире
Dukhobors ['du:kə(u)bɔ:z] *n pl русск. рел.* духоборы
Dulag ['du:læg] *n нем.* пересыльный лагерь для военнопленных
dulcamara [,dʌlkə'mɑ:rə] *n бот.* паслён сладко-горький (*Solanum dulcamara*)
dulcet ['dʌlsɪt] *a поэт.* приятный, сладкозвучный; нежный
dulcify ['dʌlsɪfaɪ] *v* 1. *книжн.* смягчать, делать мягким 2. *редк.* подслащивать
dulcimer ['dʌlsɪmə] *n* цимбалы
Dulcinea [,dʌlsɪ'nɪə] *n* 1) Дульцинея 2) *шутл.* возлюбленная
dulia [du:'laɪə] *n* поклонение святым, ангелам
dull I [dʌl] *a* 1. тупой, бестолковый, тупоумный; ~ brain /intelligence/ тупоумие; ~ curiosity тупое любопытство; ~ with drinking отупевший от пьянства; ~ with old age плохо соображающий от старости; to be ~ at mathematics туго соображать по математике; it was ~ to have brought him here

было глупо привозить его сюда 2. неворотливый, тяжёлый, медлительный; вялый; ~ style of the team неизобретательный стиль игры (этой) команды 3. подавленный; печальный, хмурый, невесёлый; ~ mood невесёлое настроение; I feel ~ у меня плохое настроение 4. 1) унылый, печальный, приводящий в уныние; безрадостный; ~ landscape унылый пейзаж 2) хмурый, пасмурный (*о погоде и т. п.*); ~ day пасмурный день 5. 1) скучный, наводящий скуку; монотонный; ~ book [occupation] скучная книга [-ое занятие]; a thoroughly ~ evening убийственно скучный вечер; it is deadly ~ here здесь страшная скукотища; ≅ жить здесь — скука смертная 2) невкусный, пресный; the hospital food is pretty ~ в больнице готовят невкусно 6. 1) тупой, неотточенный; ~ razor тупая бритва 2) *тех.* засалившийся (*о шлифовальном круге*) 7. 1) тусклый, неяркий; блёклый; матовый; ~ light тусклый свет; ~ colour неяркий цвет; ~ mirror тусклое зеркало; paper with a ~ finish несатинированная бумага; the fire is getting ~ огонь /костёр/ угасает 2) притупленный, приглушённый; неясный, смутный; ~ sound [blow] глухой звук [удар] 3) тупой (*о боли*) 8. 1) слабый, неясный; ~ hearing глуховатость; ~ sight слабое зрение; ~ of hearing /of ear/ тугой на ухо; ~ of eye подслеповатый; ~ sense of touch притупленное осязание 2) безжизненный, бесчувственный, тусклый (*о взгляде*) 3) нечувствительный; ~ to grief безразличный к горю 9. вялый (*о торговле и т. п.*); бездеятельный; ~ season мёртвый сезон; business is ~ произошёл спад деловой активности 10. не имеющий спроса, неходкий (*о товаре*) 11. *горн.* плохо проветриваемый (*о руднике*)

dull II [dʌl] *v* 1. делать тупым, вялым; утомлять 2. затуплять, делать тупым (*нож и т. п.*) 3. притуплять; уменьшать; to ~ smb.'s senses [pain] притуплять чьи-л. чувства [боль]; to ~ the edge of appetite [of pleasure] испортить аппетит [удовольствие]; to ~ the edge of hunger заглушить голод; sorrow is ~ed with the passage of time со временем горе притупляется; time ~s the memory of the war со временем память о войне стирается 4. 1) делать смутным, неясным; делать тусклым, блёклым 2) наводить мат, делать матовым, матировать 3) тускнеть; становиться матовым; the varnish ~s лак тускнеет 5. *редк.* хмуриться, делаться пасмурным (*о погоде*)
dullard ['dʌləd] *n* тупица
dullish ['dʌlɪʃ] *a* 1. туповатый *и пр.* [*см.* dull I] 2. затупленный
dullness ['dʌlnɪs] *n* тупость *и пр.* [*см.* dull I]
dullsville ['dʌlzvɪl] *n разг.* скучища
dully ['dʌlɪ] *adv* тупо *и пр.* [*см.* dull I]
dulness ['dʌlnɪs] = dullness
dulse [dʌls] *n бот.* красная водоросль (*Dilsea edulis et al.*)
duly ['dju:lɪ] *adv* 1) должным, надлежащим образом; commission ~ appointed официально назначенная комиссия 2) в должное время; to pay ~ платить своевременно 3) вполне
duma ['du:mə] *n русск. ист.* дума
dumb I [dʌm] *a* 1. 1) немой; deaf and ~ глухонемой; ~ from birth немой от рождения 2) *predic* онемевший, немой; ~ with fear онемевший от страха; to be (struck) ~ with astonishment онеметь /лишиться

да́ра ре́чи/ от удивле́ния; to strike smb. ~ а) порази́ть кого́-л. немото́й; б) заста́вить замолча́ть кого́-л.; в) лиши́ть кого́-л. да́ра ре́чи; the press was struck ~ пре́сса сло́вно воды́ в рот набрала́ 2. бессло́весный; ~ animals /brutes/ бессло́весные живо́тные /тва́ри/; ≅ бра́тья на́ши ме́ньшие 3. 1) молчали́вый, неразгово́рчивый; ~ dog разг. молча́льник 2) безмо́лвный, немо́й; храня́щий молча́ние; the millions полит. молчали́вое большинство́; to remain ~ храни́ть молча́ние; history is ~ on it исто́рия об э́том ума́лчивает 4. соверша́ющийся или сде́ланный в молча́нии; ~ show нема́я сце́на; пантоми́ма; in ~ show немо́й же́стами; мими́чески; to express one's joy in ~ show вы́разить свою́ ра́дость ми́микой 5. неслы́шный, ти́хий, приглушённый; ~ peal глухо́й /приглушённый/ уда́р ко́локола 6. поэт. ти́хий; со́нный, спя́щий, дремо́тный; ~ forest спя́щий лес; ~ hills молчали́вые го́ры 7. лишённый основно́го ка́чества; ~ nettle глуха́я крапи́ва 8. беззву́чный, незвуча́щий; ~ notes незвуча́щие кла́виши (у роя́ля); ~ piano нема́я клавиату́ра 9. амер. разг. глу́пый, тупо́й; to play /to act/ ~ разы́грывать дурачка́ /простофи́лю/; ~ валя́ть дурака́ /ва́ньку/ 10. редк. лишённый смы́сла, бессмы́сленный 11. мед. лате́нтный, скры́тый; перемежа́ющийся; ~ fever /ague/ скры́тая маляри́я 12. стр. глухо́й (без око́нных проёмов) 13. в грам. знач. сущ. (the ~) собир. немы́е
◇ ~ as a fish нем как ры́ба

dumb II [dʌm] v редк. заста́вить замолча́ть; лиши́ть да́ра ре́чи

dumb barge ['dʌm,baːdʒ] мор. несамохо́дная ба́ржа

dumb-bell ['dʌmbel] n 1. 1) ганте́ль 2) ги́ря для гимна́стики 2. амер. разг. дура́к, болва́н 3. в грам. знач. глаго́ла занима́ться ганте́льной гимна́стикой

dumb crambo ['dʌm,kræmbəʊ] шара́да-пантоми́ма

dumb drift ['dʌmdrɪft] горн. тупи́к

dumbfound [dʌm'faʊnd] v огоро́шивать, ошара́шивать, ошеломля́ть

dumbhead ['dʌmhed] n амер. разг. 1. у́валень 2. болва́н, крети́н

dumbly ['dʌmlɪ] adv без слов, не гово́ря ни сло́ва; безмо́лвно, молчали́во

dumbness ['dʌmnɪs] n 1. немота́ 2. молча́ние; безмо́лвие; тишина́

Dumbo ['dʌmbəʊ] n воен. 1) лета́ющая ло́дка «Ката́лина» 2) самолёт авари́йно-спаса́тельной слу́жбы

dumb terminal [,dʌm'tɜːmɪn(ə)l] вчт. «немо́й», неинтеллиге́нтный термина́л

dumb-waiter [,dʌm'weɪtə] n 1. сто́йка с (враща́ющимися) по́лками для заку́сок 2. амер. лифт для пода́чи блюд с одного́ этажа́ на друго́й, ку́хонный лифт

dumb well ['dʌm,wel] 1) дрена́жный коло́дец 2) выгребна́я я́ма

dumby I, II ['dʌmɪ] = dummy I и II

dumdum¹ ['dʌmdʌm] n пу́ля «дум-ду́м»

dumdum² ['dʌmdʌm] n сл. болва́н, тупи́ца, крети́н

dumfound [dʌm'faʊnd] = dumbfound

dummy I ['dʌmɪ] n 1. ку́кла, чу́чело, манеке́н, моде́ль; tailor's [barber's] ~ манеке́н портно́го [парикма́хера]; he's nothing but a tailor's ~ он всего́-на́всего безмо́зглый хлыщ /франт/; could you help me instead of sitting there like a stuffed ~? чем сиде́ть как чу́чело, помо́г бы лу́чше 2) кино бутафо́рская фигу́ра челове́ка (испо́льзуется в сце́нах, съёмка кото́рых сопряжена́ с опа́сностью для жи́зни актёра) 3) спец. маке́т 2. 1) иску́сственная или фальши́вая вещь; вставно́й зуб, фальши́вая кни́жная по́лка и т. п.; these doors are dummies э́то фальши́вые две́ри 2) воен. уче́бный патро́н 3) ло́жная боеголо́вка 3. со́ска-пусты́шка (тж. baby's ~) 4. театр. стати́ст; стати́стка 5. раздели́тель, спе́йсер (для библиоте́чной по́лки) 6. тупи́ца 7. 1) «пе́шка», подставно́е лицо́ 2) марионе́тка, ору́дие в чужи́х рука́х 8. 1) вообража́емый партнёр, «болва́н» (в ка́рточных и́грах) 2) игра́ с «болва́ном»; double ~ игра́ с двумя́ «болва́нами»; ~ whist вист с «болва́ном»; to be /to play/ ~ игра́ть (в ка́рты) в ка́честве «болва́на» 9. спорт. финт, обма́нное движе́ние; to give /to sell/ smb. the ~ обвести́ кого́-л. (в футбо́ле) 10. разг. доро́жный указа́тель 11. полигр. маке́т изда́ния 12. мор. ба́ржа или плашко́ут для швартóвки

dummy II ['dʌmɪ] a 1. ненастоя́щий, подде́льный, фальши́вый, ло́жный; ~ watch игру́шечные часы́; ~ window ло́жное окно́; ~ cartridge воен. уче́бный патро́н; ~ gun воен. маке́т ору́дия; ~ mine [position] воен. ло́жная ми́на [пози́ция]; ~ charge воен. холосто́й заря́д; ~ variety с.-х. мни́мый сорт 2. 1) подставно́й; ~ holder фикти́вный владе́лец 2) тех. вре́менно заменя́ющий другу́ю дета́ль 3. немо́й; бесшу́мный 4. тех. холосто́й; нерабо́чий 5. тех. глухо́й; ~ shaft горн. слепо́й ствол; гезенк

dummy head ['dʌmɪhed] проф. муля́ж головы́ с микрофо́нами (для иссле́дования стереофони́ческого и т. п. эффе́ктов)

dummy up ['dʌmɪʌp] phr v амер. разг. 1. сиде́ть, сло́вно воды́ в рот набра́вши; молча́ть; ≅ ни гу-гу́ 2. обману́ть, обвести́; сде́лать обма́нное движе́ние (в футбо́ле)

dump¹ I [dʌmp] n 1. 1) гру́да хла́ма; ку́ча му́сора 2) спец. отва́л 2. сва́лка; refuse ~ му́сорная сва́лка 3) разг. дыра́ (о помеще́нии, ме́сте рабо́ты, го́роде и т. п.) 3. амер. ж.-д. разг. платфо́рма-самосва́л 4. амер. вре́менный лесоскла́д 5. воен. 1) полево́й склад (тж. ammunition ~) 2) перева́лочный пункт 6. вчт. разгру́зка (па́мяти) (тж. memory ~); вы́вод на печа́ть (содержи́мого па́мяти), распеча́тка (па́мяти); core ~ разгру́зка операти́вного запомина́ющего устро́йства 7. спец. сня́тие, выключе́ние; power ~ сня́тие /выключе́ние/ электропита́ния 8. амер. сл. 1) прито́н, «мали́на» 2) тюрьма́, тюря́га 9. глухо́й уда́р; глухо́й звук от паде́ния тяжёлого предме́та 10. косм. сброс да́нных (при пролёте спу́тника в зо́не радиови́димости)

dump¹ II [dʌmp] v 1. сва́ливать (в ку́чу); to ~ the refuse сва́ливать му́сор (на сва́лке) 2. 1) выбра́сывать, выва́ливать; выгружа́ть; to ~ coal вы́грузить у́голь; to ~ the contents of a lorry разгрузи́ть грузови́к 2) опроки́дывать; разгружа́ть, опорожня́ть (ваго́нетку и т. п.) 3. эк. наводня́ть ры́нок дешёвыми това́рами; устра́ивать де́мпинг; to ~ goods on a foreign market выбросить на вне́шний ры́нок това́ры по де́мпинговым це́нам 4. австрал. ту́го набива́ть тюки́ с ше́рстью 5. (тж. ~ down) 1) роня́ть с глухи́м шу́мом 2) шлёпаться; па́дать с глухи́м шу́мом 6. (on) амер. сл. перебива́ть вопро́сами, вы́криками (ора́тора) 7. сл. убива́ть, угро́бить, укоко́шить, убра́ть; they can turn him loose or ~ him depending on how they feel они́ мо́гут отпусти́ть его́ или прико́нчить, в зави́симости от настрое́ния

dump² [dʌmp] n pl разг. уны́ние, тоска́ зелёная; to be (down) in the ~s хандри́ть

dump³ [dʌmp] n 1. свинцо́вый кружо́к; свинцо́вая фи́шка 2. разг. 1) ме́лкая моне́та; not worth a ~ ≅ гроша́ ме́дного /ло́маного/ не сто́ит 2) pl де́ньги, деньжа́та; «моне́та» 3. драже́ 4. невысо́кий кря́жистый челове́к; крепы́ш

dump barge ['dʌm(p)baːdʒ] саморазгружа́ющаяся ба́ржа

dump body ['dʌm(p),bɒdɪ] авт. ку́зов-самосва́л, опроки́дывающийся ку́зов

dump-car(t) ['dʌm(p)kaː(t)] n тех. опроки́дывающаяся теле́жка или ваго́нетка, ду́мпкар

dumper ['dʌmpə] n 1. см. dump¹ II + -er 2. тех. опроки́дыватель; опроки́дывающаяся ваго́нетка 3. (автомоби́ль-)самосва́л, автосамосва́л

dumpiness ['dʌmpɪnɪs] n уны́ние, хандра́

dumping ['dʌmpɪŋ] n 1. выва́ливание; вы́грузка; разгру́зка нава́лом; ~ site горн. отва́л 2. то, что выгружа́ется 3. эк. де́мпинг, бро́совый э́кспорт 4. да́мпинг, сброс отхо́дов в мо́ре

dumping body ['dʌmpɪŋ,bɒdɪ] = dump body

dumping cart ['dʌmpɪŋ,kaːt] = dump cart

dumping ground ['dʌmpɪŋ,graʊnd] сва́лка (тж. перен.)

dumping truck ['dʌmpɪŋ,trʌk] = dump truck

dumpish ['dʌmpɪʃ] a редк. уны́лый, меланхоли́чный

dumpling ['dʌmplɪŋ] n 1. клёцка 2. я́блоко, запечённое в те́сте 3. разг. короты́шка (о челове́ке); пы́шка

dump on ['dʌmp'ɒn] phr v черни́ть; охаивать

dump rake ['dʌmpreɪk] с.-х. ко́нные гра́бли

dumpsite ['dʌmpsaɪt] n ме́сто сва́лки отхо́дов

dumptruck ['dʌmptrʌk] n автомоби́ль-самосва́л, автосамосва́л; мусорово́з(-самосва́л)

dumpy¹ ['dʌmpɪ] a уны́лый, как в во́ду опу́щенный

dumpy² I ['dʌmpɪ] n невысо́кий кря́жистый челове́к, крепы́ш

dumpy² II ['dʌmpɪ] a кря́жистый, коре́настый

dum spiro, spero [dʊm,spɪ(ə)rəʊ'spɛrəʊ] лат. пока́ дышу́, наде́юсь

dun¹ I [dʌn] n 1. серова́то-кори́чневый цвет 2. ло́шадь мыши́стой ма́сти 3. рыб. иску́сственная се́рая му́шка

dun¹ II [dʌn] a 1. серова́то-кори́чневый; мыши́ного цве́та 2) мыша́стый (о ма́сти) 2. поэт. тёмный, су́мрачный

dun¹ III [dʌn] v окра́шивать в серова́то-кори́чневый цвет

dun² I [dʌn] n 1. назо́йливый кредито́р 2. насто́йчивое тре́бование упла́ты до́лга

dun² II [dʌn] v 1) насто́йчиво тре́бовать упла́ты до́лга; напомина́ть (письмо́м) об упла́те до́лга; he was ~ned on all sides со всех сторо́н его́ осажда́ли кредито́ры 2) надоеда́ть, докуча́ть

dun-bird ['dʌnbɜːd] n зоол. ныро́к красноголо́вый (Fuligula ferina)

dunce [dʌns] n тупи́ца, болва́н, остоло́п

dunce cap, dance's cap ['dʌnskæp, 'dʌnsɪz-] дура́цкий колпа́к (бума́жный колпа́к, надева́вшийся лени́вому ученику́ в ви́де наказа́ния)

dunderhead ['dʌndəhed] n глу́пая башка́, болва́н, дуби́на

dun-diver ['dʌn,daɪvə] n 1. са́мка или детёныш крохаля́ 2. зоол. америка́нская у́тка (Erismatura jamaicensis)

DUN — DUR

Dundreary whiskers [dʌn'drɪərɪ'wɪskəz] длинные пушистые бакенбарды (без бороды)

dune [dju:n] n дюна; static /fixed/ ~ стационарная дюна; active ~ подвижная дюна

dune bug(gy) ['dju:n,bʌg(ɪ)] авт. багги для езды по песку

dunemobile ['dju:nməbi:l] n автомобиль для езды по (песчаным) дюнам [<dune + automobile]

dung I [dʌŋ] n 1) навоз, помёт 2) удобрение; to spread ~ разбрасывать навоз, унаваживать 3) кал, фекалии, экскременты

dung II [dʌŋ] v 1. унаваживать землю, удобрять землю навозом 2. выделять экскременты

dungaree [,dʌŋgə'ri:] n 1. текст. «дангери», хлопчатобумажная саржа 2. pl рабочие брюки из хлопчатобумажной саржи

dung-beetle ['dʌŋ,bi:tl] n энт. навозный жук (Coprinae)

dung-cart ['dʌŋka:t] n ассенизационная повозка

dung-chafer ['dʌŋ,tʃeɪfə] = dung-beetle

dungeon I ['dʌndʒən] n 1. подземная тюрьма, темница 2. = donjon

dungeon II ['dʌndʒən] v редк. заключать в темницу

dung-fly ['dʌŋflaɪ] n энт. навозная муха (Scatophagida)

dung-fork ['dʌŋfɔ:k] n навозные вилы

dunghill ['dʌŋhɪl] n 1. навозная куча 2. что-л. грязное, отвратительное, грязь; грязное жилище
◊ to rise from the ~ (выйти) из грязи да в князи; to raise smb. from the ~ вывести кого-л. в люди

dunghill-cock ['dʌŋhɪl,kɔk] n домашний петух

dunghill-fowl, dunghill-hen ['dʌŋhɪl,faul, -,hen] n домашняя курица

dung-spreader ['dʌŋ,spredə] n с.-х. навозоразбрасыватель

dungy ['dʌŋɪ] a 1. навозный 2. грязный

dung-yard ['dʌŋja:d] n с.-х. навозохранилище

dunite ['dʌnaɪt] n геол. дунит

duniwassal ['du:nɪwɔs(ə)l] n шотл. 1. мелкий дворянин 2. слушатель военного заведения для дворянской семьи

dunk [dʌŋk] v 1) макать; окунать; to ~ one's croissant in one's coffee макать рогалик в кофе 2) окунаться

Dunkers ['dʌŋkəz] n pl рел. «окунанцы» (баптистская секта)

Dunkirk [dʌn'kə:k] n 1) см. Приложение 2) эвакуация под огнём, «Дюнкерк»; to do a ~ отступить без паники, осуществить планомерный отход; to show the ~ spirit проявить дух Дюнкерка, обнаружить несокрушимое /непоколебимое/ мужество в трудных обстоятельствах 3) отчаянное положение

dunlin ['dʌnlɪn] n зоол. чернозобик (Calidris alpina)

dunnage ['dʌnɪdʒ] n мор. 1) деннаж, закрепление груза 2) материал для компактной укладки груза

dunner ['dʌnə] n назойливый кредитор

dunno [də'nəu] сл. сокр. от don't know

dunnock ['dʌnək] n зоол. завирушка (Accentor modularis)

dunny ['dʌnɪ] n разг. 1. платяной шкаф, гардероб 2. туалет без водопровода

duo ['dju:əu] n (pl duos ['dju:əuz], dui) ит. муз. дуэт, дуо

duo- ['dju:əu-] в сложных словах, преим. терминологического характера (иногда ошибочно употребляется вместо префиксов bi- или di-: duocameral = bicameral; duoglott = diglott), имеет значение двух-, два-; duo-diode двухдиодный диод; duomachy единоборство

duodecim- ['dju:(:)ə(u)'desɪm] в сложных словах, преим. терминологического характера, имеет значение двенадцати-; дуодецим-; duodecimal двенадцатеричный, дуодецимальный

duodecimal I [,dju:(:)ə(u)'desɪm(ə)l] 1. двенадцатая часть 2. pl мат. двенадцатеричная система

duodecimal II [,dju:(:)ə(u)'desɪm(ə)l] a двенадцатеричный, дуодецимальный

duodecimo [,dju:(:)ə(u)'desɪməu] n (pl -os [-əuz]) 1. формат книги в двенадцатую долю листа 2. книга форматом в двенадцатую долю листа

duodena [,dju:(:)ə(u)'di:nə] pl от duodenum

duodenal [,dju:(:)ə(u)'di:nl] a анат. дуоденальный, относящийся к двенадцатиперстной кишке; ~ ulcer мед. язва двенадцатиперстной кишки

duodenary [,dju:(:)ə(u)'di:nərɪ] a мат. двенадцатеричный

duodenitis [,dju:(:)ə(u)di:'naɪtɪs] n мед. воспаление двенадцатиперстной кишки

duodenum [,dju:(:)ə(u)'di:nəm] n (pl -na) анат. двенадцатиперстная кишка

duologue ['dju:əlɔg] n диалог (особ. на сцене)

duomi ['dwɔ:mɪ(:), du:'əumɪ(:)] pl от duomo

duo-mill ['dju:əumɪl] n метал. стан дуо

duomo ['dwɔ:məu, du:'əuməu] n (pl -mi) ит. кафедральный собор

Duomycin ['dju:ə'maɪsɪn] n мед. ауреомицин (антибиотик)

duoplasmatron [,dju:əu'plæzmətrɔn] n физ. дуоплазмотрон (источник ионов)

duopoly [dju:'ɔpəlɪ] n эк. монополия двух конкурирующих компаний

duorail ['dju:əureɪl] n двухрельсовый путь

duostroller [,dju:ə(u)'strəulə] n детская коляска для двойняшек

duotone [,dju:ə(u)təun] n двухцветный автомобиль

dupable ['dju:pəbl] = dupeable

dupe¹ I [dju:p] n жертва обмана; простак, простофиля; to be the ready ~ of smb. позволять кому-л. водить себя за нос

dupe¹ II [dju:p] v одурачивать, надувать, оставлять в дураках

dupe² I [dju:p] n кино проф. контрнегатив, дубль-негатив, негатив, отпечатанный с позитивной копии

dupe² II [dju:p] v кино проф. 1. контратипировать, печатать вторичный негатив или позитив 2. дублировать, озвучивать отснятый фильм

dupeable ['dju:pəbl] a легко поддающийся обману; наивный

dupery ['dju:pərɪ] n надувательство

duping ['dju:pɪŋ] n кино проф. 1. контратипирование, изготовление вторичного негатива или позитива 2. дублирование

duple ['dju:pl] a 1. мат. двойной 2. муз. двухчастный; ~ time двухчастный такт

duplet ['dju:plɪt] n муз. дуоль

duplex I ['dju:pleks] n 1. спец. дуплекс 2. биол. двойная спираль (молекула ДНК)

duplex II ['dju:pleks] a 1) двойной, спаренный; ~ apartment амер. квартира, расположенная в двух этажах (с внутренней лестницей); ~ house двухквартирный дом, дом на две семьи; ~ lamp двухфитильная лампа; ~ DNA биохим. двойная спираль ДНК, двунитевая /двуспиральная/ ДНК; ~ paper двухцветная бумага 2) спец. дуплексный, двусторонний; ~ communication дуплексная связь; ~ channel двусторонний канал (связи и т. п.); ~ process метал. дуплекс-процесс

duplicate I ['dju:plɪkɪt] n 1. 1) копия; ~ of an engraving копия гравюры; in ~ в двух экземплярах; ~s of machine parts запасные части, запчасти 2) точная копия, «двойник»; their ship was a ~ of ours их корабль был точной копией нашего 2. дубликат (документа и т. п.); ~ collection информ. дублетный фонд 3. залоговая квитанция

duplicate II ['dju:plɪkɪt] a 1. точно соответствующий; воспроизведённый в точности; идентичный; скопированный; ~ document копия документа; ~ work а) повторная работа; б) массовое производство взаимозаменяемых деталей; в) копирование (на станке); ~ proportion /ratio/ мат. двойная пропорция 2. 1) запасный, запасной; ~ parts запасные части; ~ set of tools запасной набор инструментов 2) дублирующий 3) двойной, сдвоенный, спаренный, состоящий из двух одинаковых частей 4) двойной, удвоенный

duplicate III ['dju:plɪkeɪt] v 1. 1) дублировать, делать дубликат или копию; воспроизводить; повторять в точности; to ~ a circular letter размножить циркулярное письмо 2) кино, фото контратипировать, печатать вторичный негатив или позитив 2. 1) удваивать, увеличивать вдвое; to ~ expenses удвоить расходы 2) удваиваться, увеличиваться вдвое 3. церк. служить две службы в один день

duplicating machine ['dju:plɪkeɪtɪŋmə'ʃi:n] = duplicator 1

duplication [,dju:plɪ'keɪʃ(ə)n] n 1. дублирование; повторение 2. 1) копирование 2) кино, фото контратипирование 3. дубликат, копия 4. геол. перекрытие 5. юр. новые возражения ответчика (в гражданском процессе) 6. биол. удвоение, удваивание; ~ of chromosomes удвоение хромосом

duplicator ['dju:plɪkeɪtə] n 1. тех. копировальный или множительный аппарат; копировальное приспособление (станка) 2. вчт. дупликатор; tape ~ устройство для перезаписи лент

duplicidentate [,dju:plɪsɪ'dentɪt] a зоол. двоякозубчатый

duplicity [dju:'plɪsɪtɪ] n 1. двуличность 2. удвоенное количество; удвоенность 3. юр. соединение нескольких исковых требований в одном производстве; соединение разных правонарушений в одном пункте обвинения

duprene [dʌp'ri:n] n хим. дюпрен

dura ['djuərə] сокр. от dura mater

durability [,djuə(ə)rə'bɪlɪtɪ] n 1) выносливость, живучесть 2) долговечность 3) тех. длительная прочность; стойкость, износостойкость

durable ['djuə(ə)rəbl] a 1. прочный, крепкий, надёжный; ~ cloth прочная ткань; ~ friendship прочная дружба; ~ paints устойчивые /стойкие/ краски 2. долговечный, длительный, долговременный; ~ peace прочный мир 3. эк. длительного пользования; ~ goods товары длительного /долговременного/ пользования

durable press ['djuə(ə)rəbl,pres] 1) стойкое глаженье 2) несминаемость (ткани); несминаемые складки, плиссе

durables ['djʊ(ə)rəblz] *n pl* 1) товары длительного пользования; such ~ as refrigerators and televisions такие товары длительного пользования; холодильники и телевизоры 2) отрасли промышленности, производящие товары длительного пользования

durably ['djʊ(ə)rəblɪ] *adv* 1. прочно 2. длительно, долговременно

dural ['djʊər(ə)l] *a анат.* относящийся к твёрдой мозговой оболочке

duralumin [djʊ(ə)'ræljʊmɪn] *n* дюралюминий

dura mater [,djʊ(ə)rə'meɪtə, -'mɑ:tə] 1. *анат.* твёрдая мозговая оболочка 2. = duramen

duramen [djʊ(ə)'reɪmen, -'rɑ:mɪn] *n спец.* ядровая древесина

durance ['djʊər(ə)ns] *n книжн.* заточение; in ~ vile *возвыш.* в заточении

durante [djʊ'rænti] *prep лат.* в продолжение; ~ vita в течение жизни

duration [djʊ(ə)'reɪʃ(ə)n] *n* 1. продолжительность; ~ of human life продолжительность человеческой жизни; ~ of a telephone call [of exposure] in minutes продолжительность телефонного разговора [облучения] в минутах; ~ of response, response ~ время выдачи ответа (*информационно-поисковой системой*); of short ~ непродолжительный, недолговечный 2. отрезок времени, срок; время; ~ of starting *тех.* пусковое время 3. продолжение службы; to sign up for the ~ подписать контракт на продолжение службы на время войны; остаться на сверхсрочную (службу)

durbar ['də:bɑ:] *n инд.* 1. торжественный приём; аудиенция 2. дворец или зал для торжественных приёмов

durene ['djʊri:n] *n хим.* дюрол

duress(e) [djʊ(ə)'res] *n* 1. *часто юр.* принуждение; ~ by menaces принуждение под угрозой смерти или физического насилия; ~ of goods незаконный арест имущества; to do smth. under ~ сделать что-л. под давлением 2. = durance

during ['djʊərɪŋ] *prep* в продолжение, в течение; во время; ~ the whole week в течение всей недели; he came the interval он пришёл во время перерыва

durmast ['də:mɑ:st] *n бот.* дуб скальный (*Quercus petraea*)

durometer [djʊ(:)'rɒmɪtə] *n тех.* дюрометр, твердомер

durra ['dʊrə] *n инд.* сорго

durst [də:st] *уст. past от* dare[1] II

durum wheat ['djʊərəm'wi:t] *бот.* пшеница твёрдая (*Triticum durum*)

dusk I [dʌsk] *n* 1) сумерки; till ~ до темноты; in the ~ в сумерках; it is growing ~ сгущаются сумерки 2) сумрак

dusk II [dʌsk] *a поэт.* сумеречный, тёмный, неясный; тенистый; ~ light сумрачный свет; ~ forest сумрачный лес

dusk III [dʌsk] *v поэт.* смеркаться

duskiness ['dʌskɪnɪs] *n* 1. сумеречность; сумрак 2. смуглость

dusky ['dʌskɪ] *a* 1. 1) сумеречный, тёмный; темноватый; тенистый; ~ cave тёмная пещера; ~ thicket сумрачная чаща; ~ vale тенистая долина; a ~ winter day тусклый зимний день; ~ air мглистое небо; only a few fields lay between me and the ~ hill лишь несколько полос возделанной земли отделяло меня от окутанной вечерней мглой горы 2) неясный, плохо различимый, видимый как бы сквозь туман; a ~ form неясный /туманный/ силуэт 2. смуглый, тёмный 3. поэт. сумрачный, печальный, меланхоличный

dust I [dʌst] *n* 1. пыль; fine ~ мелкая пыль; brick ~ кирпичная пыль; cosmic [radioactive] ~ космическая [радиоактивная] пыль; gold ~ золотоносный песок; a cloud of ~ облако пыли; ~ catcher /trap/ пылеулавливатель; ~ collector пылесборник; ~ content содержание пыли (в воздухе); ~ control борьба с пылью; ~ filter пылевой фильтр; ~ mulch *с.-х.* пылевая мульча; to lay the ~ прибить пыль; to cover smth. with ~ покрыть что-л. пылью; to remove the ~ from smth. удалить пыль с чего-л.; to take a ~ bath возиться /купаться/ в пыли; принять пылевую ванну (о птицах); there was always a film of ~ on the floor на полу всегда лежал слой пыли 2. 1) пылинка 2) щепотка 3. 1) туча, облако пыли; to raise the ~ поднять пыль столбом; the ~ settled пыль улеглась [см. тж. 2)] 2) шум, суматоха; to make /to raise, to kick up/ a ~ поднять шум, учинить скандал; поднять суматоху /переполох/; the ~ settled страсти улеглись [см. тж. 1)] 4. прах, бренные останки; тлен; the ~ of one's ancestors прах отцов; ~ and ashes прах и тлен; to rake over the ~ and ashes of the past ворошить прошлое, копаться в прошлом; to shake the ~ off /from/ one's feet отрясти прах от своих ног 5. *разг.* деньги, звонкая монета; down with the ~ выкладывай денежки 6. *австрал. разг.* мука 7. *бот.* пыльца 8. = dust-brand

◊ (humbled) in(to) the ~ повержённый в прах; humbler than the ~ ≅ тише воды, ниже травы; to lick the ~ a) пресмыкаться; унижаться; б) = to bite the ~; to bite the ~ свалиться замертво; быть повержённым в прах; to reduce smb. [smth.] to ~ смешать кого-л. [что-л.] с грязью; to take the ~ *амер.* отстать, плестись в хвосте; to give the ~ to smb. *амер.* обогнать /опередить/ кого-л.; to throw in smb.'s eyes /in the eyes of smb./ ≅ втирать кому-л. очки

dust II [dʌst] *v* 1. стирать, смахивать пыль; выбивать, выколачивать пыль; обметать; стряхивать пыль (*тж.* ~ off); to ~ a table вытереть пыль со стола; to ~ furniture протирать мебель; to ~ the floor мести пол; to ~ clothes выбивать одежду; to ~ off the specks смахнуть пылинки 2. 1) посыпать, обсыпать (порошком, мукой) опылять; to ~ a cake with sugar обсыпать торт сахарной пудрой; to ~ oneself in the road копошиться в пыли (на дороге) (*о птицах*) 2) сыпать, подсыпать; to ~ a little pepper over smth. немного поперчить что-л. 3) *амер. разг.* нестись, мчаться; перегонять; оставлять позади (*тж.* to ~ it) 5. *разг.* втирать очки

◊ to ~ smb.'s coat /jacket/ вздуть кого-л.; to ~ smb.'s eyes пускать пыль в глаза, втирать очки кому-л.

dust-bin ['dʌstbɪn] *n* мусорный ящик

Dust Bowl, dust bowl ['dʌstbəʊl] 1) район пыльных бурь, засушливый район (*на западе США*) 2) *с.-х.* территория с сильной эрозией почвы (*где часты пыльные бури*)

dust-box ['dʌstbɒks] = duster

dust-brand ['dʌstbrænd] *n бот.* пыльная головня (*на злаках*)

dust-cart ['dʌstkɑ:t] *n* фургон для сбора мусора

dust-chamber ['dʌst,tʃeɪmbə] *n тех.* пылеуловительная камера

dust-cloak ['dʌstkləʊk] *n* пыльник (*плащ*)

dust cloud ['dʌstklaʊd] *астр.* пылевое облако, облако космической пыли

dust-coat ['dʌstkəʊt] = dust-cloak

dust collector [,dʌstkə'lektə] пылесборник, пылесос, пылеулавливатель

dust-colour ['dʌst,kʌlə] *n* сероватокоричневый цвет

dust-cover ['dʌst,kʌvə] *n* суперобложка

duster ['dʌstə] *n* 1. *см.* dust II + -er 2. тряпка для вытирания пыли; пыльная тряпка; щётка для обметания пыли, чистки *и т. п.*; feather ~ веничек для чистки (*платья, мебели*); метёлка из перьев (*для удаления пыли*); blackboard ~ щётка для стирания с доски (*в школе*) 3. 1) распылитель; опудриватель, приспособление для обсыпания (*сахарной пудрой и т. п.*) 2) *с.-х.* опыливатель 4. *амер.* = dust-cloak

dust-guard ['dʌstgɑ:d] *n тех.* пылеограждающее устройство

dust-hole ['dʌsthəʊl] *n* мусорная яма, свалка

dust-infection ['dʌstɪn,fekʃ(ə)n] *n мед.* пылевая инфекция, пылевое заражение

dusting ['dʌstɪŋ] *n* 1. вытирание, смахивание пыли; выбивание, выколачивание пыли 2. 1) присыпание, обсыпание 2) присыпка, антисептический порошок для присыпки (*тж.* ~ powder) 3) *тех.* напыление 3. *с.-х.* опыливание 4. трёпка, побои; to give smb. a ~ задать кому-л. трёпку, вздуть кого-л. 5. *мор. разг.* шторма́га, качка

dust-jacket ['dʌst,dʒækɪt] = dust-cover

dust-laden [,dʌst'leɪdn] *a* насыщенный пылью

dustless ['dʌstlɪs] *a* безукоризненно чистый; без единой пылинки

dustlike ['dʌstlaɪk] *a* тонко измельчённый; пылевидный, пылеобразный

dust-louse ['dʌstlaʊs] *n энт.* вошь книжная, книгоед (*Troctes divinatorius*)

dustman ['dʌstmən] *n* (*pl* -men [-mən]) 1. мусорщик 2. *сл.* проповедник, без конца жестикулирующий во время проповеди 3. *детск.* дрёма, песчаный человечек (*сказочный человечек, который сыплет детям в глаза песок, чтобы им хотелось спать*)

dustoff ['dʌstɒf] *n воен. разг.* санитарный вертолёт

dust-pan ['dʌstpæn] *n* совок для мусора

dust-proof ['dʌstpru:f] *a* пыленепроницаемый

dust-shot ['dʌstʃɒt] *n охот. проф.* бекасник, самая мелкая дробь

dust-storm ['dʌststɔ:m] *n* пыльная буря

dust tail ['dʌst,teɪl] *n* пылевой хвост (*кометы*)

dust-up ['dʌst,ʌp] *n прост.* шум, переполох; скандал; перебранка; to have a ~ with smb. вздорить /грызться/ с кем-л.; they had a ~ они выясняли отношения

dusty ['dʌstɪ] *a* 1. пыльный, запылённый; to get ~ запылиться 2. пылевидный, как пыль; порошковый 3. сероватокоричневый; ~ white грязно-белого цвета 4. сухой; серый, неинтересный 5. *разг.* разочаровывающий; he got a ~ answer он был разочарован ответом, он ждал другого ответа; not so ~ недурно, неплохо 6. *мор. разг.* штормовой

dusty miller [,dʌstɪ'mɪlə] *бот.* василёк (*Centaurea gen.*)

Dutch I [dʌtʃ] *n* 1. (the ~) *собир.* голландцы 2. нидерландский язык; Cape ~, South African ~ африкаанс 3. *уст., амер.* немецкий язык; High [Low] ~ *уст.* верхненемецкий [нижненемецкий] язык

◊ double ~ тарабарщина, галиматья; in ~ *амер.* а) в немилости; б) в затруд-

DUT — DWE

ни́тельном /нело́вком/ положе́нии; to beat the ~ сде́лать что-л. из ря́да вон выходя́щее; превзойти́ все ожида́ния; that /it/ beats the ~! э́то превосхо́дит всё!; э́то великоле́пно!; вот э́то да!

Dutch II [dʌtʃ] *a* **1.** голла́ндский; ~ cheese а) голла́ндский сыр; б) *амер.* творо́г **2.** *уст., амер. разг.* неме́цкий ◇ ~ auction *см.* auction I ◇; ~ bargain сде́лка, заключённая вы́пивкой /заключённая за буты́лкой вина́/; ~ barn наве́с для се́на *или* соло́мы; ~ clock стенны́е часы́ с куку́шкой; ~ comfort /consolation/ сла́бое утеше́ние; ≅ могло́ бы быть и ху́же; D. concert *см.* concert I ◇; ~ defence зашита́ для ви́димости; ~ doll деревя́нная ку́кла; ~ feast пиру́шка, на кото́рой хозя́ин напива́ется пе́рвым; ~ gold ме́дная фольга́; мишура́; ~ treat угоще́ние, при кото́ром ка́ждый пла́тит за себя́; скла́дчина, угоще́ние в скла́дчину; to go ~ плати́ть свою́ часть за угоще́ние; устро́ить скла́дчину; to talk like a ~ uncle оте́чески наставля́ть, жури́ть; to do the ~ act а) дать дёру, удра́ть; навостри́ть лы́жи; б) поко́нчить с собо́й

dutch [dʌtʃ] *n сл., шутл.* жена́; my old ~ моя́ стару́ха (*о жене*)

Dutch brick ['dʌtʃbrɪk] кли́нкерный кирпи́ч

Dutch clover [,dʌtʃ'kləʊvə] *бот.* бе́лый кле́вер ползу́чий (*Trifolium repens*)

dutch harrow [,dʌtʃ'hærəʊ] *с.-х.* борона́-гвозде́вка

Dutch leaf ['dʌtʃli:f] = Dutch metal

Dutchman ['dʌtʃmən] *n* (*pl* -men [-mən]) **1.** голла́ндец **2.** голла́ндское су́дно
◇ Flying ~ лету́чий голла́ндец; I'm a ~ if... я не я бу́ду, е́сли..., провали́ться мне на э́том са́мом ме́сте, е́сли...

Dutchman's breeches [,dʌtʃmənz'bri:tʃɪz] **1.** *мор. разг.* кусо́к голубо́го не́ба в разры́ве туч, просве́т в ту́чах **2.** *бот.* бикуку́лла (*Bikukulla cucullaria*)

Dutchman's laudanum [,dʌtʃmənz'lɔ:d(ə)nəm] *бот.* оди́н из ви́дов пассифло́ры, страстоцве́та

Dutchman's pipe ['dʌtʃmənzpaɪp] **1.** гнездо́ южноамерика́нской осы́ **2.** *бот.* кирказо́н (*Aristolochia gen.*)

Dutch metal [,dʌtʃ'metl] *спец.* листово́й томпа́к «под зо́лото»

Dutch oven [,dʌtʃ'ʌvn] небольша́я жаро́вня

Dutch Rushes [,dʌtʃ'rʌʃɪz] *бот.* хвощ (*Equisetum gen.*)

duteous ['dju:tɪəs] *книжн. см.* dutiful 1) *и* 2)

dutiable ['dju:tɪəbl] *a* подлежа́щий обложе́нию по́шлиной; ~ articles това́ры, облага́емые по́шлиной

dutied ['dju:tɪd] *a амер. арх.* обло́женный нало́гом *или* по́шлиной

dutiful ['dju:tɪf(ə)l] *a* 1) исполни́тельный; испо́лненный созна́ния до́лга 2) послу́шный; поко́рный; ~ son послу́шный сын; ~ servant пре́данный слуга́ 3) почти́тельный; ~ affection почте́ние, почти́тельность

dutifully ['dju:tɪfʊlɪ] *adv* 1) с созна́нием до́лга; the fact was reported ~ by every newspaper все газе́ты поспеши́ли сообщи́ть об э́том 2) послу́шно, поко́рно; she followed him ~ она́ поко́рно сле́довала за ним 3) почти́тельно, с почте́нием

duty ['dju:tɪ] *n* **1.** долг, мора́льное обяза́тельство, a sense of ~ чу́вство до́лга; in ~ bound, in bounden ~ из чу́вства до́лга; по до́лгу слу́жбы; one's ~ to one's country патриоти́ческий долг, долг пе́ред ро́диной; one's ~ by smb. мора́льное обяза́тельство по отноше́нию к кому́-л.; to do one's ~ вы́полнить свой долг; it's your ~ to do this твой долг сде́лать э́то; ты до́лжен /обя́зан/ сде́лать э́то; to shirk one's ~ уклоня́ться от выполне́ния своего́ до́лга; to fail in one's ~ не вы́полнить своего́ до́лга; he knows where his ~ lies он зна́ет, в чём состои́т его́ долг /к чему́ призыва́ет его́ долг/; I shall make it my ~ /a point of ~/ to do so я бу́ду счита́ть свои́м до́лгом сде́лать э́то **2.** 1) фу́нкция, обя́занность; public duties обще́ственные фу́нкции /обя́занности/; bedroom duties супру́жеские обя́занности; the duties of a soldier обя́занности солда́та; ~ status *воен.* исполне́ние служе́бных обя́занностей; in ~ status при исполне́нии служе́бных обя́занностей; to do ~ for smb., to take smb.'s ~ выполня́ть чьи-л. обя́занности, замеща́ть кого́-л.; to do ~ for smth. заменя́ть что-л.; испо́льзоваться /употребля́ться/ вме́сто чего́-л.; the settee does ~ for a bed *разг.* канапе́ слу́жит /испо́льзуется/ как крова́ть; to take up /to enter upon/ one's duties приступи́ть к исполне́нию свои́х обя́занностей; to assume the duties of parenthood взять на себя́ роди́тельские обя́занности; to return to ~ возврати́ться к исполне́нию свои́х обя́занностей; to relieve smb. of the ~ of doing smth. освободи́ть кого́-л. от обя́занности сде́лать что-л. 2) дежу́рство; ва́хта; пребыва́ние на слу́жбе; ~ officer дежу́рный офице́р; ~ list *воен.* гра́фик дежу́рств; ~ roster *воен.* кни́га /лист/ наря́дов на рабо́ту; on ~ а) дежу́рный; б) во вре́мя дежу́рства; в служе́бное вре́мя; на слу́жбе; to be on ~ дежу́рить; находи́ться при исполне́нии служе́бных обя́занностей; I am on ~ for the week я дежу́рю /на дежу́рстве/ в тече́ние неде́ли; to go on ~ приступи́ть к дежу́рству /к несе́нию дежу́рства/; to be off ~ быть свобо́дным, не дежу́рить; to come off ~ сдать дежу́рство, смени́ться; to hand over ~ to smb. сдать дежу́рство кому́-л.; to have the ~ *мор.* нести́ ва́хту, стоя́ть на ваха́х; to pull ~ нести́ дежу́рство, быть на дежу́рстве; to be on temporary ~ *амер.* быть в командиро́вке 3) *церк.* слу́жба; ministerial /clerical/ ~ церко́вная слу́жба 4) во́инская пови́нность 5) ми́ссия, зада́ча; the duties of infantry зада́чи пехо́ты; the chief duties of reconnaissance aircraft основны́е зада́чи разве́дывательной авиа́ции **3.** *книжн.* почте́ние, уваже́ние, почти́тельность; to pay one's ~ to smb. ока́зывать почте́ние кому́-л.; to present one's ~ to smb. свиде́тельствовать своё почте́ние кому́-л.; in ~ to your wishes из уваже́ния к ва́шим жела́ниям, уважа́я ва́ши жела́ния **4.** ге́рбовый сбор, нало́г, по́шлина; customs duties тамо́женные по́шлины; excise duties акци́зный сбор; export [import] duties вывозна́я [ввозна́я] по́шлина; ~ ad valorem по́шлина, взима́емая (*в проце́нтах*) со сто́имости това́ра; stamp ~ почто́вый сбор; liable to ~ подлежа́щий обложе́нию; to lay /to levy/ duties on smth. обложи́ть что-л. нало́гом; to take the ~ off goods освободи́ть това́ры от обложе́ния нало́гом **5.** *детск. разг.* «больши́е дела́»; have you done your ~? ты сде́лал свои́ дела́?; ты сде́лал по-большо́му? **6.** *тех.* 1) производи́тельность (*котла́, насо́са и т. п.*); мо́щность; поле́зная рабо́та (*маши́ны*) 2) режи́м загру́зки *или* рабо́ты (*маши́ны, констру́кции*); heavy /severe/ ~ тяжёлые усло́вия рабо́ты; continuous [operating, varying] ~ дли́тельный [рабо́чий, переме́нный] режи́м **7.** *с.-х.* гидромоду́ль (*тж.* ~ of water)

duty call ['dju:tɪ,kɔ:l] официа́льный визи́т

duty-free [,dju:tɪ'fri:] *a* не подлежа́щий обложе́нию тамо́женной по́шлиной *или* сбо́ром

duty man ['dju:tɪ,mæn] *воен.* рядово́й *или* сержа́нт, не име́ющий осо́бой специа́льности; солда́т рабо́чего подразделе́ния

duty-paid ['dju:tɪpeɪd] *a* опла́ченный по́шлиной

duumvir [dju(:)'ʌmvə] *n* (*pl тж.* -viri) *ист.* дуумви́р (*в Дре́внем Ри́ме*)

duumvirate [dju(:)'ʌmvɪrɪt] *n ист.* дуумвира́т (*в Дре́внем Ри́ме*)

duumviri [du:'ʌmvɪri:] *pl от* duumvir

duvet ['dju(:)'veɪ] *n фр.* **1.** пухо́вое одея́ло **2.** стёганая ку́ртка

dux [dʌks] *n* **1.** *книжн.* вождь, глава́ **2.** *шотл.* пе́рвый учени́к **3.** *муз.* вождь (*назва́ние те́мы фу́ги*)

dwang [dwæŋ] *n* 1) *тех.* большо́й га́ечный ключ 2) *стр.* ри́гель

dwarf I [dwɔ:f] *n* **1.** ка́рлик **2.** ка́рликовое живо́тное *или* расте́ние **3.** *фольк.* гном **4.** *астр.* ка́рлик, ка́рликовая звезда́; white ~ бе́лый ка́рлик

dwarf II [dwɔ:f] *a* ка́рликовый; малоро́слый; ~ star *астр.* ка́рликовая звезда́

dwarf III [dwɔ:f] *v* **1.** 1) меша́ть ро́сту; остана́вливать разви́тие 2) остана́вливаться в ро́сте; заде́рживаться в разви́тии **2.** подчёркивать ма́лые разме́ры *или* незначи́тельность (*чего́-л.*) по контра́сту; затмева́ть; the big steamer ~ed our little boat ря́дом с больши́м парохо́дом на́ша ло́дка каза́лась совсе́м кро́шечной; he ~s other writers по сравне́нию с ним други́е писа́тели ка́жутся пигме́ями; I felt completely ~ed by my surroundings ≅ я чу́вствовал себя́ соверше́нно поте́рянным среди́ э́тих грома́д

dwarfish ['dwɔ:fɪʃ] *a* 1) ка́рликовый; малоро́слый, низкоро́слый 2) недора́звитый, дефекти́вный

dwarfism ['dwɔ:fɪz(ə)m] *n* нани́зм, ка́рликовость

dwarf oak [,dwɔ:f'(ʊ)əʊk] *бот.* ка́рликовый дуб (*Quercus nana*)

dwarf-wall ['dwɔ:fwɔ:l] *n* ни́зкая стена́ (*вокру́г са́да и т. п.*)

dwarfy ['dwɔ:fɪ] = dwarfish

dwell I [dwel] *n* вы́держка, переры́в (*в рабо́те маши́ны*)

dwell II [dwel] *n* (dwelt, *редк.* dwelled [-d]) **1.** 1) обита́ть, жить; жи́тельствовать; пребыва́ть; to ~ abroad [at home, in the country] жить за грани́цей [до́ма, в дере́вне] 2) остава́ться; жить; her memory will always ~ with me па́мять о ней навсегда́ оста́нется в моём се́рдце; я никогда́ её не забу́ду; this hope ~s within our hearts наде́жда на э́то живёт в на́ших сердца́х **2.** (on, upon) 1) подро́бно остана́вливаться *или* заде́рживаться (*на чём-л.*); рассужда́ть (*о чём-л.*); he dwelt upon the subject он подро́бно останови́лся на э́том предме́те; we shall not ~ on it не бу́дем бо́льше об э́том говори́ть 2) остана́вливаться, заде́рживаться (*о взгля́де и т. п.*); to let one's glance /one's eye/ ~ on smth. останови́ть /заде́ржать/ взгляд на чём-л. 3) сосредото́чивать своё внима́ние; вспомина́ть; размышля́ть; to allow the mind to ~ upon the past унести́сь мы́сленно в про́шлое 4) тяну́ть, ме́шкать; to ~ on a note тяну́ть но́ту; to ~ on a word растя́гивать сло́во **3.** заде́рживаться *или* ме́длить пе́ред препя́тствием (*о ло́шади*)

dweller ['dwelə] *n* житель, обитатель; ~s on the mountain-heights горцы, жители гор; ~s in cities, town ~s городские жители; cave ~ троглодит, пещерный человек
dwelling ['dwelɪŋ] *n* 1. проживание 2. жилище, дом
dwelling-house ['dwelɪŋhaʊs] *n* жилой дом
dwelling-place ['dwelɪŋpleɪs] *n* местожительство
dwelling-space ['dwelɪŋspeɪs] *n* жилая площадь
dwelt [dwelt] *past* и *p. p. om* dwell II
dwindle ['dwɪndl] *v* 1. 1) сокращаться, уменьшаться; убывать, истощаться (*тж.* ~ away); to ~ to nothing сойти на нет; the boat ~d to invisibility лодка становилась всё меньше и (теперь) была едва заметна 2) сокращать, уменьшать; вызывать истощение 2. ухудшаться, вырождаться; приходить в упадок, терять значение
dyad ['daɪæd] *n* 1. *книжн.* число два, двойка; пара 2. *хим.* двухвалентный элемент 3. *биол.* бивалент (*о хромосомах*); диада 4. *мат.* диада 5. *опт.* пара дополнительных цветов
dyadic [daɪ'ædɪk] *a* 1. *хим.* состоящий из двух элементов 2. *мат.* двойчный; ~ system двойчная система (*счисления*)
dyarchy ['daɪɑːkɪ] = diarchy
Dyas ['daɪæs] *n геол.* диас, первичная система
dye I [daɪ] *n* 1. краска, краситель, красящее вещество; synthetic ~ синтетическая краска; fast ~ прочная /стойкая/ краска; fading ~ непрочная /нестойкая/ краска; vat ~ кубовый краситель; to take a ~ окрашиваться, принимать окраску 2. краска, окраска, цвет; rainbow ~s цвета радуги ◊ of the blackest /deepest/ ~ отъявленный, прожжённый, закоренелый; отвратительный, мерзкий
dye II [daɪ] *v* (dyed [-d]) 1) красить, окрашивать; to ~ one's hair красить волосы; to ~ smth. red окрасить что-л. в красный цвет; to ~ a blue over a white перекрасить (*что-л.*) из белого в голубой цвет; to ~ smth. in the wool /in the grain/ окрашивать что-л. в пряже, прочно пропитывать краской что-л.; to have a dress ~d отдать покрасить платье 2) окрашиваться, краситься, принимать краску; to ~ well хорошо краситься
d'ye [djə] *разг. сокр. от* do you
dye-bath, dye-beck ['daɪbɑːθ, -bek] *n* 1) красильная ванна 2) раствор красителя
dyed-in-the-wool [,daɪdɪnðə'wʊl] *a* 1) выкрашенный в пряже 2) закоренелый; стопроцентный; ~ Englishman чистокровный /стопроцентный/ англичанин; ~ Tory твердолобый тори 3) стойкий, выносливый
dye-house ['daɪhaʊs] *n* красильня
dyeing ['daɪɪŋ] *n* 1. 1) крашение, окраска тканей 2) *физ.* окрашивание, приобретение цвета 2. красильное дело (*тж.* ~ trade)
dye laser ['daɪleɪzə] *физ.* лазер на красителе
dyer ['daɪə] *n* красильщик; ~ and cleaner ≅ крашение и чистка (одежды)
dyer's broom ['daɪəzbruːm] = dyer's weed 2)
dyer's oak ['daɪəz'əʊk] *бот.* дуб красильный (*Quercus velutina*)
dyer's weed ['daɪəzwiːd] *бот.* 1) резеда красильная, церва (*Reseda luteola*) 2) дрок красильный (*Genista tinctoria*)
dyer's woad ['daɪəzwəʊd] *бот.* вайда красильная (*Isatis tinctoria*)

dye solution ['daɪsə,luːʃ(ə)n] *фото* вираж
dye-stuff, dye-ware ['daɪstʌf, -weə] *n* красящее вещество, краситель
dye-wood ['daɪwʊd] *n* красильное дерево
dye-works ['daɪwɜːks] *n* красильня
dying I ['daɪɪŋ] *n* 1) умирание, смерть; ~ without issue *юр.* отсутствие у наследодателя нисходящих родственников 2) угасание, затухание
dying II ['daɪɪŋ] *a* 1. 1) умирающий, находящийся при смерти 2) погибающий, гибнущий, разрушающийся; ~ social order отживающий свой век общественный строй 3) гиблый, безнадёжный; ~ cause гиблое дело 3) кончающийся, истекающий (*о сроке, времени*); the ~ year истекающий год 2. 1) предсмертный; ~ wish [words] последнее желание [-ие слова]; ~ declaration *юр.* заявление умирающего о причинах смерти 2) смертный; on one's ~ bed на смертном одре; to /till/ one's ~ day до конца дней своих, до последнего часа; I shall remember it to my ~ day я буду помнить это до своего смертного часа; ≅ умирать буду, а об этом вспомню 3. слабый, вялый, угасающий; тóмный; ~ look угасающий /томный/ взгляд; in a ~ voice томным голосом
dying-out [,daɪɪŋ'aʊt] *n* 1. вымирание 2. *физ.* затухание, замирание 3. *геол.* выклинивание
dyke I, II [daɪk] = dike I и II
dynameter [daɪ'næmɪtə] *n опт.* динаметр
dynamic I [daɪ'næmɪk] *n* 1. = dynamics 2. *радио* динамический громкоговоритель, динамик
dynamic II [daɪ'næmɪk] *a* 1. динамический; ~ test *тех.* испытание на удар 2. динамичный; активный, энергичный; движущий; живой; ~ personality [character] динамичная личность /-ый характер/; ~ brushwork *иск.* динамичная манера письма 3. исследующий что-л. в развитии; ~ linguistics диахроническая лингвистика 4. *филос.* относящийся к динамической теории 5. *мед.* функциональный
dynamical [daɪ'næmɪk(ə)l] = dynamic II
dynamically [daɪ'næmɪkəlɪ] *adv* динамически; динамично
dynamicize [daɪ'næmɪsaɪz] *v спец.* преобразовывать (*данные*) из статической формы в динамическую
dynamic positioning [daɪ'næmɪkpə'zɪʃ(ə)nɪŋ] *мор.* динамическое позиционирование, удерживание корабля в данной точке с помощью двигателей
dynamics [daɪ'næmɪks] *n* 1. динамика; ~ of solid bodies динамика твёрдых тел; ~ of explosion динамика взрыва; rock ~ динамические характеристики пород 2. движущие силы
dynamic scattering [daɪ'næmɪk'skæt(ə)rɪŋ] *физ.* динамическое рассеяние (*света в жидких кристаллах*)
dynamism ['daɪnəmɪz(ə)m] *n* динамизм (*тж. филос.*)
dynamite I ['daɪnəmaɪt] *n* 1. динамит; ~ store склад динамита; ~ outrage *образн.* бурный взрыв 2. *разг.* нечто необычное, из ряда вон выходящее; it's ~ ! это потрясающе!; это настоящая сенсация! 3. *разг.* наркотик, *особ.* героин или марихуана 4. человек или вещь, таящие в себе опасность
dynamite II ['daɪnəmaɪt] *v* взрывать динамитом; закладывать динамит; to ~ the gorge of the river заложить заряд динамита в узком месте реки

DWE — DYS D

dynamite meteor ['daɪnəmaɪt,miːtɪə] *воен.* управляемый реактивный снаряд, снаряд класса «воздух — земля»
dynamiter ['daɪnəmaɪtə] *n* 1) террорист 2) мятежник
dynamitism ['daɪnə,maɪtɪz(ə)m] *n* терроризм
dynamize ['daɪnəmaɪz] *v* усиливать действие (*лекарственных средств*)
dynamo ['daɪnəməʊ] *n* (*pl* -os [-əʊz]) эл. генератор, динамо-машина
dynamoelectric(al) [,daɪnəməʊɪ'lektrɪk(əl)] *a эл.* динамоэлектрический
dynamograph ['daɪnəmə(ʊ),grɑːf] *n* динамограф
dynamometamorphism ['daɪnəməʊ,metə'mɔːfɪz(ə)m] *n геол.* динамометаморфизм
dynamometer [,daɪnə'mɒmɪtə] *n* динамометр
dynamometry [,daɪnə'mɒmɪtrɪ] *n* динамометрия
dynamotor ['daɪnə,məʊtə] *n эл.* динамотор, двигатель-генератор
dynapolis [daɪ'næpəlɪs] *n* динаполис (*город, планомерно растущий вдоль транспортной артерии*)
dynast ['dɪnəst] *n* 1) наследный принц *или* правитель 2) представитель *или* основатель династии
dynastic [dɪ'næstɪk] *a* династический
dynastidan [d(a)ɪ'næstɪdən] *a энт.* пластинчатоусый
dynasty ['dɪnəstɪ] *n* династия
dynatron ['daɪnətrɒn] *n радио* динатрон
dyne [daɪn] *n физ.* дина
dyon ['daɪɒn] *n физ.* дайон (*гипотетическая частица*)
dypso ['dɪpsəʊ] *n* (*сокр. от* dipsomaniac) *сл.* алкаш
dys- [dɪs-] *pref биол., мед. образует термины со значением* аномальный, недостаточный: dysmelia дисмелия (*врождённые аномалии конечностей*); dysbarism дисбаризм (*болезненные реакции на изменения атмосферного давления*); dystopia дистопия (*воображаемая страна антиутопии*)
dysadaptation [,dɪsædəp'teɪʃ(ə)n] *n* плохая адаптация
dysaesthesia [,dɪsiːs'θiːsɪə] *n мед.* дизестезия, расстройство чувствительности
dysbarism [dɪs'bɑːrɪz(ə)m] *n мед.* дисбаризм, аэроэмболия (*заболевание лётчиков*)
dyschronous ['dɪskrə(ʊ)nəs] *a* несинхронный
dyscrasia, discrasy [dɪs'kreɪzjə, -zɪ] *n мед.* дискразия
dysenterie [,dɪs(ə)n'terɪk] *a мед.* дизентерийный
dysentery ['dɪs(ə)nt(ə)rɪ] *n мед.* дизентерия
dysfunction [dɪs'fʌŋkʃ(ə)n] *n мед.* дисфункция
dysgenic [dɪs'dʒenɪk] *a* генетически опасный, дисгенический
dysgenics [dɪs'dʒenɪks] *n биол.* изучение причин дисгенезиса (*вырождения*)
dyslectic [dɪs'lektɪk] = dyslexic
dyslexia [dɪs'leksɪə] *n мед.* дислексия, неспособность к чтению
dyslexic [dɪs'leksɪk] *a мед.* неспособный к чтению, неспособный обучаться чтению
dyslogistic [,dɪslə'dʒɪstɪk] *a книжн.* неодобрительный, осуждающий
dysmenorrhoea [,dɪsmenə'rɪə] *n мед.* дисменорея

635

dysmerism ['dɪsmərɪz(ə)m] *n биол.* дисмеризм, агрегация несходных частей
dysmetria [dɪs'metrɪə] *n мед.* дисметрия, расстройство координации движений
dyspathy ['dɪspəθɪ] *n редк.* антипатия
dyspepsia, dyspepsy [dɪs'pepsɪə, -sɪ] *n мед.* расстройство пищеварения, диспепсия
dyspeptic I [dɪs'peptɪk] *n* человек, страдающий диспепсией
dyspeptic II [dɪs'peptɪk] *a* 1. страдающий диспепсией, расстройством пищеварения 2. находящийся в подавленном состоянии
dysphagia [dɪs'feɪdʒɪə] *n мед.* дисфагия, затруднённое глотание
dysphasia [dɪs'feɪzjə] *n мед.* дисфазия (*вид расстройства речи*)
dysphoria [dɪs'fɔːrɪə] *n мед.* дисфория, подавленное настроение; безотчётная тревога
dysplasia [dɪs'pleɪzɪə] *n мед.* нарушение, расстройство роста
dyspn(o)ea [dɪs'(p)niː(ː)ə] *n мед.* одышка, диспноэ
dysprosium [dɪs'prəʊsɪəm] *n хим.* диспрозий
dystrophic [dɪs'trɒfɪk] *a* 1) *мед.* дистрофический; дистрофичный 2) *биол.* дистрофный
dystrophication [ˌdɪstrɒfɪ'keɪʃ(ə)n] *n биол.* обеднение природной среды в результате загрязнений
dystrophy ['dɪstrəfɪ] *n мед.* дистрофия
dysury ['dɪsjʊrɪ] *n мед.* болезненное мочеиспускание
dyvour ['daɪvə] *n шотл.* банкрот
dzeren ['dzɪərən] *n зоол.* дзерен (*Procapra gutturosa*)
dziggetai ['(d)zɪgɪtaɪ] *n зоол.* джигетай, кулан (*Equus hemionus*)

E

E, e [iː] *n* (*pl* Es, e's [iːz]) 1. 5-я буква английского алфавита 2. 5-й номер серии 3. (е) *мат.* неперово число, основание натуральных логарифмов 4. (Е) *муз.* ми 5. (Е) *мор.* судно 2-го класса 6. 1) оценка «удовлетворительно условно»; тройка с минусом 2) оценка «неудовлетворительно», «плохо» 3) *разг.* неуспевающий учащийся 7. *в грам. знач. прил.* пятый по счёту
e-[1] [iː] *pref* встречается в словах от латинских корней; указывает на 1. *отсутствие или утрату*: edentate беззубый; ecaudate бесхвостый 2. *направление вовне*: evaporate выпаривать; emit излучать; emigrate эмигрировать
e-[2] [1-] = ex-[1]
ea [ɪə] *n диал.* 1) река, поток 2) проточная вода
each I [iːtʃ] *a* каждый; ~ elector has one vote каждый избиратель имеет один голос; the teacher gave two books to ~ boy учитель дал каждому мальчику по две книги; ~ side of a cube is equal to ~ other side каждая сторона куба равна любой другой
each II [iːtʃ] *pron* каждый, любой; they cost five pence ~ каждый стоит пять пенсов; ~ has his own place каждому своё место; they gave two apples to ~ of the children они дали по два яблока каждому ребёнку; we ~ earn one pound каждый из нас зарабатывает по одному фунту; they came in in twos, ~ with his girl они вошли по двое, каждый со своей девушкой; they stood still, ~ gazing at the other они стояли молча, глядя друг на друга; ~ of the wheels has twelve spokes в каждом колесе по 12 спиц
◊ ~ and all все (без исключения), все без разбору; ~ and every все до единого; he gives figures to prove ~ and every statement он приводит цифры в подтверждение каждого своего положения
each other [ˌiːtʃ'ʌðə] друг друга; they all know ~ все они друг друга знают; for ~ друг за друга; we call on ~ мы бываем друг у друга; they are afraid of ~ они боятся друг друга; they fight ~ они дерутся друг с другом
each way [ˌiːtʃ'weɪ] тройное пари (*на скачках*); ставка на лошадь, которая придёт первой, второй *или* третьей
each-way [ˌiːtʃ'weɪ] *a разг.* 1. неопределённый, рискованный; an ~ chance возможность, которая неизвестно как обернётся 2. тройной (*о пари на скачках*)
eager ['iːgə] *a* 1. (for, after, about) страстно стремящийся (*к чему-л.*), жаждущий (*чего-л.*); нетерпеливый; he is ~ to begin ему не терпится начать; ~ for fame жаждущий славы; he is ~ for knowledge у него тяга к знаниям; he is very ~ in his studies он очень увлечён своими занятиями; I am not ~ to defend them я не стремлюсь /не рвусь/ их защищать; he is ~ for you to come он очень хочет, чтобы вы пришли; ~ for revenge жаждущий мщения 2. 1) *редк.* напряжённый; an ~ look ищущий взгляд 2) энергичный, острый; ~ fight острая схватка; ~ pursuit энергичное преследование
eager beaver [ˌiːgə'biːvə] *разг.* работяга; слишком усердный, ретивый работник
eagerness ['iːgənɪs] *n* 1. пыл, рвение, стремление; ~ to learn тяга к знаниям 2. *редк.* напряжение; to watch smth. with intense ~ напряжённо всматриваться во что-л.
eagle ['iːg(ə)l] *n* 1. *зоол.* орёл (*Aquila*) 2. 1) орёл, символическое изображение орла (*на гербах, знамёнах и т. п.*); the Roman ~ римский орёл (*на знамени в Древнем Риме*) 2) монета с изображением орла; 3) старая американская золотая монета в 10 долларов; double ~ монета в 20 долларов 3. 1) орёл (*герб и эмблема США*) 2) эмблема (*звания*) полковника 4. (Е.) *астр.* Орёл (*созвездие*) 5. *амер. воен. жарг.* курсант лётной школы; ~'s nest аэродром
◊ ~ day *воен.* день получки; to fly the ~ *амер. ирон.* проповедовать американский шовинизм
eagle-boat ['iːg(ə)l,bəʊt] *n амер. разг.* морской охотник, торпедный катер
eagle-eye [ˌiːg(ə)l'aɪ] *n* 1. орлиный взор, острое зрение 2. *пренебр.* недреманное око (*преим. о сыщике*)
eagle-eyed [ˌiːg(ə)l'aɪd] *a* зоркий, проницательный; с орлиным взором
eagle freak ['iːg(ə)l,friːk] *амер. сл. неодобр.* слишком ревностный защитник природы
eagle-owl ['iːg(ə)l,aʊl] *n зоол.* филин (*Bubo bubo*)
eagle-sighted [ˌiːg(ə)l'saɪtɪd] = eagle-eyed
eagle-stone ['iːg(ə)l,stəʊn] *n мин.* этит, орлиный камень
eagle swing ['iːg(e)l,swɪŋ] большой оборот в вис сзади (*гимнастика*)
eaglet ['iːglɪt] *n* орлёнок
eagre ['eɪgə] *n* 1) течение; толчея, прибой 2) приливный вал в устье реки

ear[1] [ɪə] *n* 1. ухо; to stop one's ~s заткнуть (себе) уши 2. 1) слух; to grate on smb.'s ~s резать слух; the distant roll of thunder reached our ~s мы услышали отдалённые раскаты грома; this came to the ~s of the minister это дошло до (ушей) министра; his pronunciation offends English ~s от его произношения англичанина коробит 2) музыкальный слух; to play by ~ играть по слуху [*см. тж.* ◊]; he has a true ~ for melody у него верный слух на мелодию 3. *pl* верхние углы первых полос газеты с рекламным материалом, сводкой погоды *и т. п.* 4. ручка (*сосуда и т. п.*) 5. *pl кул.* ушки (*макаронные*) 6. *тех.* 1) ушко, проушина 2) подвеска, дужка 3) *редк.* скважина; отверстие 7. *эл.* зажим для контактного провода 8. *pl амер. сл.* любительская радиостанция
◊ to turn a deaf ~ не слушать, не вникать; he turned a deaf ~ to my entreaties он остался глух к моим мольбам; the protest fell on deaf ~s протест прошли мимо ушей; to lend /to give/ an ~ (to) выслушать кого-л.; he gave ~ to this prudent advice он прислушался к этому благоразумному совету; to have smb.'s ~ пользоваться чьим-л. благосклонным вниманием; to win /to gain/ smb.'s ~ добиться, чтобы тебя выслушали; to be all ~s обратиться в слух, слушать с напряжённым вниманием; in at one ~ and out at the other в одно ухо вошло, в другое вышло; to bring a storm about one's ~s навлечь на себя бурю негодования /град упрёков/; over head and ~s, head over ~s, up to the ~s по уши; ≅ по горло; he is up to his ~s in the conspiracy он самым непосредственным образом замешан в заговоре; to set friends by the ~s рассорить друзей; not for one's ~s ни за что; ≅ ни за какие коврижки; I would give my ~s for smth. /to do smth./ я бы дал /пошёл/ на /что угодно ради чего-л. /чтобы сделать что-л./; my ~s itch for information мне не терпится узнать новости; to have itching ~s любить сплетни; to bend smb.'s ~ *амер.* надоедать кому-л. скучным разговором; ≅ зудеть; he will bend your ~ for hours if given the chance держитесь от него подальше, он вас до смерти заговорит; on one's ~ в состоянии раздражения, в негодовании; the insults really put me on my ~ эти оскорбления окончательно вывели меня из себя; to have /to keep/ an ~ to the ground быть всегда в курсе событий; to pin smb.'s ~s back взгреть /исколотить/ кого-л.; ≅ все уши оборвать кому-л.; to play by (the) ~ принимать решение по ходу дела; действовать по обстоятельствам; ≅ там видно будет, что делать [*см. тж.* 2, 2)]; to prick up one's ~s насторожиться, быть начеку
ear[2] **I** [ɪə] *n* 1) колос; corn in the ~ колосящаяся пшеница 2) початок (*кукурузы*)
ear[2] **II** [ɪə] *v* 1) колоситься, выбрасывать колос; the rye should soon be ~ing up рожь скоро заколосится 2) давать початки
earache ['ɪəreɪk] *n* боль в ухе
ear-banger ['ɪə,bæŋə] *n амер. сл.* 1. хвастун 2. подхалим
earbash ['ɪəbæʃ] *v австрал. разг.* болтать, говорить без умолку; разглагольствовать; she ~ed her husband она изводила мужа болтовнёй
earbasher ['ɪə,bæʃə] *n австрал. разг.* болтун, зануда
earbrush ['ɪəbrʌʃ] *n мед.* аппарат для промывания ушей
ear-cap ['ɪəkæp] *n* наушник (*для защиты от холода*)

ear-catcher ['ɪə,kætʃə] *n разг.* навязчивая мелодия

earclip ['ɪəklɪp] *n* клипс, серьга с зажимом

ear conch ['ɪə,kɒntʃ, 'ɪə,kɒnk] *анат.* ушная раковина

eardrop ['ɪədrɒp] *n* 1. длинная серьга, серьга подвеской 2. *бот.* фуксия садовая (*Fuchsia*)

eardrops ['ɪədrɒps] *n pl* ушные капли

eardrum ['ɪədrʌm] *n анат.* 1. барабанная перепонка 2. полость среднего уха

eared[1] [ɪəd] *a* 1. 1) имеющий уши 2) *бот.* имеющий ушки 3) *зоол.* ушастый 2. (-eared) с какими-л. ушами; long-eared длинноухий

eared[2] [ɪəd] *a* колосящийся, имеющий колосья или початки

eared nut [,ɪəd'nʌt] *тех.* гайка-барашек

eared seal [,ɪəd'si:l] *зоол.* сивуч (*Otariidae fam.*)

earflap ['ɪəflæp] *n* 1. *анат.* 1) ушная мочка 2) наружное ухо 2. *амер.* наушник (*шапки*); hat with ~s шапка с ушами, ушанка

ear formation ['ɪəfɔ:'meɪʃ(ə)n] *с.-х.* колошение, выколашивание, выметывание

earful ['ɪəful] *n* 1. 1) куча всяких сплетен и новостей; to hear an ~ наслушаться всякой всячины 2) масса советов, *особ.* непрошенных; ≅ все уши прожужжали 2. разнос, нагоняй

earing ['ɪərɪŋ] *n с.-х.* колошение, выколашивание

earl [ɜ:l] *n* граф (*титул в Великобритании*)

earlap ['ɪəlæp] *n* 1. *анат.* ушная мочка 2. = earflap 2

earldom ['ɜ:ldəm] *n* 1. графство; титул графа 2. *ист.* земельные владения графа, графство

earless ['ɪəlɪs] *a* 1. безухий 2. без ручки (*о сосуде*) 3. лишённый музыкального слуха 4. *поэт.* глухой, непроницаемый (*для звуков*)

earlet ['ɪəlɪt] *n* 1. ушко 2. *уст.* серьга

earlierize ['ɜ:lɪəraɪz] *v офиц.* 1) переносить на более раннее число 2) сделать что-л. досрочно

earlier on [ɜ:lɪər'ɒn] *phr adv* раньше, ранее; we discussed the matter ~ мы раньше уже обсуждали этот вопрос

earliness ['ɜ:lɪnɪs] *n* 1. заблаговременность; ~ of forecast заблаговременность прогноза 2. *с.-х.* раннеспелость, скороспелость

Earl Marshal [,ɜ:l'mɑ:ʃ(ə)l] 1. граф-маршал (*главный церемониймейстер и председатель геральдической палаты в Великобритании*) 2. *ист.* заместитель судьи на рыцарском суде чести

ear-lobe ['ɪələʊb] *n анат.* ушная мочка

ear-lock ['ɪəlɒk] *n* прядь волос, завиток у уха

earlship ['ɜ:lʃɪp] *n* графское достоинство, титул графа

early I ['ɜ:lɪ] *a* 1. 1) ранний; ~ morning раннее утро; in ~ spring ранней весной; ~ breakfast ранний завтрак; at an ~ hour рано утром, в ранний час; he is an ~ riser он рано встаёт; ~ delivery первая /утренняя/ доставка (*почты*); ~ edition а) утренний выпуск (*газеты*); б) одно из первых изданий (*книги*); to be too ~ прийти раньше назначенного /нужного/ времени; it's too ~ to go in, the doors don't open till 8 o'clock ещё не пускают, двери открываются только в 8 часов; to keep ~ hours рано ложиться и рано вставать 2) ранний, раннеспелый, скороспелый; ~ fruit скороспелка, скороспелый сорт; ~ tomatoes ранние помидоры 3) *в срав*нит. ст. предыдущий; earlier studies ранее проведённые исследования; in the earlier chapters в предыдущих главах 4) начальный; the ~ Middle Ages раннее средневековье; in the ~ 20th century в начале XX века; in the ~ forties в начале сороковых годов; a man in his ~ forties человек сорока лет с небольшим; man's ~ experience [environment] впечатления [обстановка] раннего детства; in the earliest days of our history на заре нашей истории; ~ Rembrandt ранний Рембрандт; ~ stage ранняя фаза, начальная стадия; ~ cancer *мед.* начальный рак 2. заблаговременный, своевременный; ~ warning заблаговременное предупреждение; ~ diagnosis ранний диагноз, раннее распознавание болезни; ~ sheet *полигр.* пробный оттиск, пробный набор 3. близкий, ожидаемый в ближайшем будущем, скорейший; at an ~ date в ближайшее время; at the earliest opportunity при первой возможности; at your earliest convenience как только вы сможете; prospects of an ~ peace надежды на скорое установление мира; demands for ~ independence требования незамедлительного предоставления независимости 4. преждевременный, досрочный; ~ election досрочные выборы; ~ closing закрытие магазинов и учреждений раньше обычного (*в один из дней недели*); ~ death безвременная смерть 5. старинный, древний; ~ manuscript старая /древняя/ рукопись; ~ philosophers древние философы; ~ printed book старопечатная книга; E. English (style) *архит.* раннеанглийский стиль 6. *тех.* происходящий ранее заданного момента времени; ~ timing опережение зажигания (*двигателя*) 7. *геол.* нижний (*о свитах*); древний

early II ['ɜ:lɪ] *adv* 1. рано; to be up ~ рано вставать; to wed ~ рано вступать в брак; in June, at the earliest самое раннее в июне; he died ~ in life он рано умер, он умер молодым 2. в начале (*чего-л.*); (in) this year in early этого года; ~ next month в начале будущего месяца 3. своевременно, заблаговременно; to arrive ~ at a meeting явиться на собрание своевременно /заблаговременно/ 4. скоро, в ближайшее время

◊ as ~ as possible как можно скорее; ~ to bed and ~ to rise makes a man healthy, wealthy and wise *посл.* ≅ кто рано ложится и рано встаёт, здоровье, богатство и ум наживёт

Early American [,ɜ:lɪə'merɪkən] колониальный стиль (*стиль мебели или архитектуры, возникший в период существования 13 английских колоний в Северной Америке*)

early bird ['ɜ:lɪ,bɜ:d] *разг.* 1. ранняя пташка (*о том, кто рано встаёт*) 2. делец, умеющий опередить конкурентов [*см. тж.* bird I ◊]

Early English [,ɜ:lɪ'ɪŋglɪʃ] раннеанглийский архитектурный стиль, раннеанглийская готика (*XII — XIII вв.*)

early on ['ɜ:lɪ'ɒn] *phr adv* 1. вначале, на раннем этапе 2. вскоре; по прошествии короткого срока

early warning system [,ɜ:lɪ'wɔ:nɪŋ,sɪstɪm] 1. система заблаговременного предупреждения (*о надвигающейся опасности*) 2. *воен.* система раннего, дальнего обнаружения

earmark ['ɪəmɑ:k] *n* 1. клеймо на ухе животного, тавро 2. отличительный знак; знак принадлежности (*кому-л.*); the whole book bears the ~s of the scholar who is enamoured with his subject вся книга пронизана любовью учёного к своей теме; a film with all the ~s of Chaplin фильм, несущий на себе печать таланта Чаплина 3. загнутый угол страницы 4. *pl спец.* выделенные лимиты; занаряженное имущество

earmark II ['ɪəmɑ:k] *v* 1. клеймить, накладывать тавро 2. отмечать; to ~ a page загибать угол страницы 3. предназначать, ассигновать, резервировать (*средства*) для определённой цели; бронировать; sums ~ed for subsidies суммы, ассигнованные /выделенные/ для субсидий; to ~ some goods for export предназначить определённые товары для экспорта

ear-minded ['ɪə,maɪndɪd] *a психол.* обладающий преимущественно слуховой памятью

earmuffs ['ɪəmʌfs] *n pl* наушники для защиты от холода или шума

earn[1] [ɜ:n] *v* 1. 1) зарабатывать; to ~ one's living /one's livelihood/ by smth. зарабатывать на жизнь /жить/ чем-л.; to ~ one's daily bread добывать хлеб насущный; how much do you ~? сколько вы зарабатываете /получаете/? 2) приносить доход, быть рентабельным; bonds ~ing 10% interest облигации, приносящие десять процентов дохода 2. заслуживать; to ~ fame заслужить славу; to ~ a great reputation завоевать авторитет; to ~ hatred навлечь на себя ненависть; she ~ed a scolding from her boss она заработала нагоняй от своего начальника; fair dealing ~s confidence честность в делах рождает доверие; to ~ distinction by service заслужить награды своей службой; his services ~ed for him the gratitude of his fellow-citizens его деятельность принесла ему благодарность сограждан; his devotion to duty ~ed him a promotion продвижением (по службе) он обязан своей преданностью делу

earn[2] [ɜ:n] *v* выть (*о собаке, волке*)

earned income ['ɜ:nd,ɪŋkʌm, -'ɪŋkəm] *эк.* 1) трудовой доход, зарплата, гонорар и *т. п.* (*в отличие от ренты и дохода от ценных бумаг*) 2) производственный доход, доход от производственной деятельности

earner ['ɜ:nə] *n* 1. *см.* earn[1] + -er 2. 1) лицо, получающее зарплату; wage and salary ~s рабочие и служащие 2) кормилец, добытчик 3. *эк.* источник дохода; dollar ~ источник получения долларов

earnest[1] I ['ɜ:nɪst] *n* серьёзность, нешуточность; in ~, in good /dead/ ~ всерьёз, очень серьёзно; I am perfectly in ~ я говорю совершенно серьёзно, я не шучу; if you work in ~, you will succeed если вы будете серьёзно /упорно, по-настоящему/ работать, вы добьётесь успеха

earnest[1] II ['ɜ:nɪst] *n* 1. серьёзный, важный, нешуточный; to pay ~ heed обратить (самое) серьёзное внимание; children ~ at their play дети, увлечённые игрой; an ~ request for help настоятельная просьба о помощи; he's so ~ about it он так серьёзно к этому относится 2. убеждённый, искренний; ~ desire искреннее стремление; ~ conviction глубокое убеждение 3. горячий, ревностный; ~ worker усердный /старательный/ работник; человек, упорно работающий (*над чем-л.*); ~ pupil прилежный ученик; an ~ student of philosophy человек, углублённо изучающий философию; he is ~ for success он ревностно добивается успеха

earnest[2] ['ɜːnɪst] *n* **1.** 1) задаток; take this as an ~ примите это как задаток 2) залог; предвкушение, предвестник; ~ of fresh achievements залог новых достижений; the sun was rising over the peak giving an ~ of a hot day над вершиной вставало солнце, предвещая жаркий день **2.** = earnest money

earnest money ['ɜːnɪst‚mʌnɪ] (денежный) задаток

earnest-penny ['ɜːnɪst‚penɪ] = earnest money

earnful ['ɜːnf(ə)l] *диал.* грустный, печальный

earning power ['ɜːnɪŋ‚pauə] *эк.* **1.** способность предприятия прибыльно поместить капитал; доходность, прибыльность **2.** квалификация работника, обеспечивающая ему определённый заработок

earnings ['ɜːnɪŋz] *n pl* **1.** заработок, заработанные деньги; трудовой доход **2.** *эк.* доход; прибыль; поступления; (валовая) выручка; company ~ доход(ы) фирмы; dollar ~ поступления долларов; erratic ~ неустойчивая прибыль

earphone ['ɪəfəun] *n* **1.** 1) головной телефон 2) *pl* наушники **2.** слуховой аппарат для тугоухих

ear-pick, ear-picker ['ɪəpɪk, 'ɪə‚pɪkə] *n* ушной пинцет

earpiece ['ɪəpiːs] *n* **1.** раковина телефонной трубки; наушник, головной телефон **2.** *pl ист.* науши, часть шлема, прикрывающая ухо **3.** шлемофон

ear-piercing ['ɪə‚pɪəsɪŋ] *a* пронзительный (*о звуке*)

ear-plate ['ɪəpleɪt] = earpiece

earplug ['ɪəplʌg] *n* 1) затычка для ушей (*у пловцов и т. п.*) 2) *мед.* ушной тампон

earreach ['ɪəriːtʃ] *n* **1.** = earshot **2.** *мед.* расстояние ясного слуха

ear shell ['ɪəʃel] = abalone

earshot ['ɪəʃɒt] *n* предел слышимости; within ~ в пределах слышимости; out of /beyond/ ~ вне пределов слышимости

ear-splitting ['ɪə‚splɪtɪŋ] *a* оглушительный

ear-stone ['ɪəstəun] *n мед.* отолит

ear-tag ['ɪətæg] *n с.-х.* серьга, серёжка (*в ухе свиньи, овцы и т. п.*); ушная бирка

ear test ['ɪə‚test] проба слуха

earth [ɜːθ] *n* **1.** земля; мир, в котором мы живём; земной шар; the greatest poet on ~ величайший поэт на земле; the most absurd spectacle on ~ ≅ такого абсурдного зрелища свет не видал **2.** (*тж.* E., the E.) Земля (*планета*); the E. goes round the Sun Земля обращается вокруг Солнца; ~ crust земная кора; ~ gravity сила притяжения Земли **3.** 1) земля, почва, грунт; clayey ~ глинистая почва; ~ bank земляная насыпь; ~ excavation выемка грунта; the airplane fell to (the) ~ самолёт упал на землю 2) суша **4.** *возвыш.* 1) (земной) мир; among the things of ~ среди земных /житейских/ интересов 2) люди, смертные **5.** нора; to run to ~ а) загнать в нору (*лисицу*); б) скрыться в норе (*тж.* to take to ~, to go to ~); [*см. тж.* ◇] **6.** *возвыш.* прах; плоть; sinful ~ грешная плоть **7.** *уст.* страна; this ~... this England (*Shakespeare*) наша страна... наша Англия **8.** *эл.* «земля», заземление; ~ electrode заземляющий провод, молниеотвод **9.** *хим.* земля; rare ~s редкие земли, редкоземельные элементы; alkaline ~s щелочные земли

◇ down to ~ практический, реалистический, приземлённый; to bring smb. back /down/ to ~ заставить кого-л. спуститься с облаков на землю; to come to ~ спуститься с небес на землю, взглянуть на истинное положение вещей; no use on ~ решительно ни к чему; how on ~? каким же образом?; how on ~ did you know it? как же вы всё-таки это узнали?, как вам удалось это узнать?; what on ~ was I to do? что же мне в конце концов оставалось делать?; why on ~? почему же?, с какой стати?; to run to ~ а) нагнать, разыскать; б) укрыться, скрыться, спрятаться; [*см. тж.* 5]; to cost the ~ стоить кучу денег; to burn the ~ *амер.* мчаться во весь опор, гнать машину

earth II [ɜːθ] *v* **1.** окапывать, окучивать; напахивать борозды (*тж.* ~ up) **2.** 1) загонять в нору 2) зарываться в землю, в нору **3.** *диал.* зарывать, закапывать; предавать земле **4.** *эл.* заземлять

earth-bag ['ɜːθbæg] *n* мешок с песком, землёй

earth-balls ['ɜːθbɔːlz] *n pl* трюфели (*грибы*)

earth-board ['ɜːθbɔːd] *n с.-х.* отвал плуга

earthborn ['ɜːθbɔːn] *a* земной, смертный, человеческий; порождённый землёй; creatures ~, not spirits детища земли, не духи

earthbound ['ɜːθbaund] *a* **1.** земной, житейский; с земными устремлениями; ~ poetry бескрылая, приземлённая поэзия **2.** 1) земной, связанный с Землёй 2) направленный к Земле; ~ cosmic rays космическое излучение, направленное на Землю; ~ meteor метеор, летящий к Земле; ~ spaceship космический корабль, направляющийся к Земле /возвращающийся на Землю/

earth-bred ['ɜːθbred] *a* пресмыкающийся, расстилающийся (*перед кем-л.*); лебезящий

earth closet ['ɜːθ‚klɒzɪt] засыпная уборная

earth currents ['ɜːθ‚kʌrənts] *спец.* **1.** блуждающие токи; паразитные токи **2.** теллурические токи

earthday ['ɜːθdeɪ] *n астр.* земные сутки

earthen ['ɜːθ(ə)n, 'ɜːð(ə)n] *a* **1.** 1) земляной; ~ floor земляной пол 2) глиняный **2.** земной, материальный

earthenware ['ɜːθ(ə)nweə, 'ɜːð(ə)nweə] *n* 1) глиняная посуда; гончарные изделия; ~ pipe гончарная труба; ~ utensils глиняная утварь 2) керамика 3) фаянс; ~ plate фаянсовая тарелка

earthfall ['ɜːθfɔːl] *n* оползень, обвал

earth-fed ['ɜːθ‚fed] *a* пекущийся только о земном, житейском; бездуховный

earth-flax ['ɜːθflæks] *n мин.* асбест; амиант, горный лён

earth-god ['ɜːθgɒd] *n миф.* божество плодородия

earth-goddess ['ɜːθ‚gɒdɪs] *n миф.* богиня плодородия

earthhog ['ɜːθhɒg] = aardvark

earth-house ['ɜːθhaus] *n* 1) подземное жилище 2) могила

earthian I ['ɜːθɪən] = Earthman

earthian II ['ɜːθɪən] = earthly

earthiness ['ɜːθɪnɪs] *n* **1.** землистость **2.** приземлённость, озабоченность житейскими делами

earthing ['ɜːθɪŋ] *n* **1.** *эл.* заземление **2.** *с.-х.* пескование; ~ of seeds пескование семян, стратификация

earthlight ['ɜːθlaɪt] *n* пепельный свет (*Луны*)

earthliness ['ɜːθlɪnɪs] *n* приверженность к суетным материальным благам; отсутствие духовных интересов; приземлённость, бездуховность

earthling ['ɜːθlɪŋ] *n* **1.** обитатель Земли, землянин **2.** заземлённый, приземлённый человек, человек, поглощённый житейскими заботами, прозой жизни

earthlubber ['ɜːθ‚lʌbə] *n шутл.* человек, не побывавший в космосе ([<earth + landlubber])

earthly ['ɜːθlɪ] *a* **1.** 1) земной, суетный 2) прозаический, приземлённый **2.** *редк.* земляной **3.** *эмоц.-усил.* абсолютный, малейший; of no ~ use совершенно бесполезный; not an ~ (chance) ни малейшей надежды; ≅ и думать нечего

Earthman, earthman ['ɜːθmæn] (*pl* -men [-men]) *n* землянин; житель Земли (*в фантастике*)

Earth Mother, earth mother ['ɜːθ‚mʌðə] 1) мать-земля 2) мать всего сущего, источник жизни (*о женщине*)

earth movement ['ɜːθ‚muːvmənt] движение земной коры

earthmover ['ɜːθ‚muːvə] *n* землеройная машина

earthmoving I ['ɜːθ‚muːvɪŋ] *n* земляные, землеройные работы

earthmoving II ['ɜːθ‚muːvɪŋ] *a* землеройный, экскаваторный

earth-nut ['ɜːθnʌt] *n бот.* **1.** земляной орех, арахис (*Arachis gen.*) **2.** земляной миндаль, чуфа (*Cyperus esculentus*)

earth oil ['ɜːθ‚ɔɪl] (сырая) нефть

earth-pea ['ɜːθpiː] = earth-nut 1

earth-pillar ['ɜːθ‚pɪlə] *n геол.* земляная пирамида, скальный столб, «монах», «брат»

earthpitch ['ɜːθpɪtʃ] *n* минеральная смола

earthquake ['ɜːθkweɪk] *n* землетрясение; ~ lights /lightning/ яркие световые вспышки при землетрясениях; ~ engineering а) прикладная сейсмология; б) техника строительства в сейсмоопасных районах, сейсмическое строительство; social and political ~ социальный и политический катаклизм

earthquaked ['ɜːθkweɪkt] *a* разрушенный или пострадавший от землетрясения

earthquake-proof ['ɜːθkweɪk‚pruːf] *a* антисейсмический, сейсмостойкий

earth resources satellite ['ɜːθrɪ'zɔːsɪs‚sætəlaɪt, -rɪ'sɔːsɪs-] *косм.* искусственный спутник (предназначенный) для изучения природных ресурсов

earthrise ['ɜːθraɪz] *n* восход Земли (*видимый с Луны*)

earth-road ['ɜːθrəud] *n* грунтовая дорога

earth-sack ['ɜːθsæk] = earth-bag

earthscape ['ɜːθskeɪp] *n* вид Земли с космического корабля; земной ландшафт

earthshaker ['ɜːθ‚ʃeɪkə] *n* 1) потрясающее событие; нечто поразительное 2) коренной переворот; эпохальный перелом

earthshaking ['ɜːθ‚ʃeɪkɪŋ] *a* 1) *эмоц.-усил.* потрясающий, поразительный 2) эпохальный, исторический

earthshine ['ɜːθʃaɪn] = earthlight

earthshock ['ɜːθʃɒk] *n бот.* крупная стихийная катастрофа (*землетрясение и т. п.*)

earth shoes ['ɜːθ‚ʃuːz] *n* башмаки на толстой подошве *или* платформе

earthshrinker ['ɜːθ‚ʃrɪŋkə] *n* фактор, вызывающий засуху

earth-smoke ['ɜːθsməuk] = fumitory

earth-star ['ɜːθ‚stɑː] *n бот.* земляная звёздочка, звездовик (*Geaster gen.*)

earth station ['ɜːθ‚steɪʃ(ə)n] наземная станция (*приёма сигналов от спутника или космического корабля*)

earth-table ['ɜːθ‚teɪbl] *n архит.* цоколь

earth time ['ɜ:θ‚taɪm] *астр.* земно́е вре́мя
earthward I ['ɜ:θwəd] *a* напра́вленный к земле́; направля́ющийся к земле́
earthward II ['ɜ:θwəd] *adv* по направле́нию к земле́
earthwards ['ɜ:θwədz] = earthward II
Earthwatch, earthwatch ['ɜ:θwɒtʃ] *n* «ва́хта Земли́», всеми́рная сеть ста́нций для регистра́ции глоба́льного загрязне́ния среды́
earth-wave ['ɜ:θ‚weɪv] *n* сейсми́ческая волна́
earth wax ['ɜ:θwæks] *мин.* озокери́т, го́рный воск
earthwolf ['ɜ:θwʊlf] = aardwolf
earthwork ['ɜ:θwɜ:k] *n* обыкн. *pl* 1. 1) земляно́е укрепле́ние, земляно́й вал 2) земляно́е сооруже́ние 2. земляны́е рабо́ты
earthworm ['ɜ:θwɜ:m] *n* 1) *зоол.* червь дождево́й *или* земляно́й (*Lumbricus terrestris*) 2) подхали́м
earthy ['ɜ:θɪ] *a* 1. земляно́й; земли́стый 2. 1) жите́йский, земно́й; ~ man челове́к, стоя́щий обе́ими нога́ми на земле́ 2) просте́цкий, земно́й (*о стиле, шутке и т. п.*) 3. *редк.* гру́бый, ни́зкий 4. *библ.* пе́рстный; of the earth ~ а) из земли́ пе́рстный; б) сме́ртный, тле́нный 5. *эл.* заземлённый
earthyear ['ɜ:θjɪə] *n* астрономи́ческий, земно́й год
earthy water ['ɜ:θɪ'wɔ:tə] жёсткая известко́вая вода́
ear trumpet ['ɪə‚trʌmpɪt] слухова́я тру́бка (*для тугоу́хих*)
earwax ['ɪəwæks] *n* ушна́я се́ра
earwig[1] ['ɪəwɪɡ] *n зоол.* уховёртка обыкнове́нная (*Forficula auricularia*)
earwig[2] ['ɪəwɪɡ] *v редк.* нагова́ривать (*на кого́-л.*)
earwitness ['ɪə‚wɪtnɪs] *юр.* свиде́тель, даю́щий показа́ния о том, что он сам слы́шал, свиде́тель по слу́ху
ease I [i:z] *n* 1. свобо́да, непринуждённость; a life of ~ споко́йная, обеспе́ченная жизнь; жизнь, свобо́дная от (материа́льных) забо́т; безбе́дное существова́ние; ~ of body and mind душе́вное и физи́ческое здоро́вье; ~ of manner непринуждённость обраще́ния; to be at ~ а) чу́вствовать себя́ свобо́дно /непринуждённо/, не стесня́ться; б) с лёгкостью обраща́ться (*с чем-л.*), не испы́тывать затрудне́ний (*в чём-л.*); at ~! во́льно! (*команда*); to stand at ~ — *воен.* стоя́ть во́льно 2. 1) лёгкость; with ~ легко́; they marched ten miles with ~ они́ легко́ /без труда́/ прошли́ де́сять миль; true in writing comes from art, not chance настоя́щая лёгкость сти́ля — результа́т мастерства́, а не случа́йности; to acquire ~ in translating приобрести́ бе́глость в перево́де 2) удо́бство (*управле́ния маши́ной и т. п.*); for ~ of consultation /reference/ для удо́бства по́льзования (*словарём и т. п.*) 3. облегче́ние, прекраще́ние (*трево́ги и т. п.*); the medicine brought almost instant ~ лека́рство почти́ то́тчас же принесло́ облегче́ние; ~ from pain прекраще́ние бо́ли; no ~ from the burdens of life трево́лнения жи́зни неска́емы; you can set your mind at ~ мо́жете не волнова́ться /не трево́житься/; to take one's ~ а) успоко́иться; б) отдыха́ть, наслажда́ться досу́гом
ease II [i:z] *v* 1. 1) облегча́ть (*страда́ния и т. п.*); успока́ивать (*боль и т. п.*); to ~ pain облегчи́ть боль; to ~ smb.'s anxiety успоко́ить чью-л. трево́гу; to ~ one's mind успоко́иться, умери́ть свою́ трево́гу; 2) (of) избавля́ть, освобожда́ть (*от чего́-л.*); to ~ smb. of pain изба́вить кого́-л. от бо́ли; to ~ a porter of

his load взять у носи́льщика покла́жу; I'll ~ you of that care я освобожу́ /изба́влю/ вас от э́той забо́ты 2. де́лать бо́лее свобо́дным, удо́бным; распуска́ть (*швы в оде́жде*); растя́гивать (*о́бувь*); to ~ a coat under the arms сде́лать пальто́ бо́лее свобо́дным в про́ймах; to ~ a drawer испра́вить я́щик, что́бы он ле́гче открыва́лся 3. 1) осла́бить, смягчи́ть; to ~ customs formalities упрости́ть тамо́женную процеду́ру; to ~ international tension осла́бить /смягчи́ть/ междунаро́дную напряжённость; to ~ the deadlock найти́ вы́ход из тупика́; to ~ the grade *дор.* смягча́ть укло́н (*доро́ги*) 2) слабе́ть, уменьша́ться, понижа́ться; prices have ~d це́ны не́сколько сни́зились 4. 1) (into) осторо́жно уста́навливать (*на ме́сто*); they ~d the heavy block into position они́ осторо́жно установи́ли тяжёлый блок на ме́сто; to ~ the piano into place поста́вить роя́ль на ме́сто; to ~ a car into a parking space осторо́жно припаркова́ть маши́ну 2) *refl* опусти́ться (*в кре́сло и т. п.*); (удо́бно) усе́сться, устро́иться 5. *мор.* 1) потра́вливать (*снасть*; *тж.* ~ down) 2) отводи́ть (*руль*); уменьша́ть ско́рость; ~ (her) ahead! ма́лый ход вперёд!
ease down ['i:z'daʊn] *phr v* 1. убавля́ть ход (*дви́гателя и т. п.*); сба́вить ско́рость; there is a narrow bridge ahead, so you'd better ~ впереди́ у́зкий мост, так что тебе́ лу́чше сбро́сить ско́рость 2. разгружа́ть, облегча́ть 3. уменьша́ть (*напряже́ние*) 4. ослабля́ть (*затя́жку га́йки или болта́*)
easeful ['i:zf(ə)l] *a кни́жн.* 1. успокои́тельный, успока́ивающий; даю́щий поко́й 2. споко́йный, непринуждённый 3. пра́здный, лени́вый
ease in ['i:z'ɪn] *phr v* 1. осторо́жно вставля́ть, вдвига́ть; to ~ a bolt осторо́жно задви́нуть запо́р 2. постепе́нно приуча́ть к рабо́те (*новичка́*); to ~ a new employee смягча́ть но́вому рабо́тнику для нача́ла нетру́дные зада́ния
easel ['i:z(ə)l] *n* 1. мольбе́рт 2. вы́ставочный стенд 3. пюпи́тр для чте́ния; подста́вка для книг 4. *полигр.* 1) экра́н (*в репродукцио́нной ка́мере*) 2) оригиналодержа́тель
easement ['i:zmənt] *n* 1. *кни́жн.* удо́бство; преиму́щество 2. *кни́жн.* облегче́ние, смягче́ние, успокое́ние 3. *юр.* сервиту́т 4. *спец.* полоса́ отво́да, полоса́ отчужде́ния
easement curve ['i:zmənt‚kɜ:v] *дор.* перехо́дная крива́я
ease off ['i:z'ɒf] *phr v* 1. 1) смягча́ться; умеря́ться; станови́ться ме́нее напряжённым; the storm eased off бу́ря улегла́сь; he crossed the road when the flow of traffic had eased off он перешёл доро́гу, когда́ пото́к маши́н уме́ньшился 2) замедля́ться; you are working too hard, you'd better ~ вы сли́шком мно́го рабо́таете, лу́чше сба́вьте темп 2. 1) рассла́блять 2) рассла́бляться 3. *мор.* убавля́ть ход
ease out ['i:z'aʊt] *phr v* (постепе́нно) выжива́ть (*кого́-л. с до́лжности и т. п.*); спрова́дить под благови́дным предло́гом (*слу́жащего и т. п.*)
ease up ['i:z'ʌp] *phr v* 1. замедля́ться; ослабева́ть; don't take life so seriously. Ease up! не воспринима́йте жизнь столь серьёзно. Поле́гче /Расслабьтесь/!; I am very busy now, but when things have eased up a little I'll come and see you сейча́с я о́чень за́нят, но когда́ у нас ста́нет поти́ше, я к вам зайду́ 2. потесни́ться, подви́нуться; I wonder if you could ~ a little, as there are several

people without seat подви́ньтесь немно́го, пожа́луйста, да́йте лю́дям сесть 3. уступа́ть; поддава́ться, смягча́ться
easily ['i:zɪlɪ] *adv* 1. легко́, свобо́дно; без труда́; we can ~ do it мы э́то легко́ мо́жем сде́лать; he speaks Spanish ~ он легко́ /бе́гло/ говори́т по-испа́нски 2. охо́тно, с гото́вностью, без сопротивле́ния; he agreed ~ он охо́тно согласи́лся; он не сопротивля́лся; he lied ~ ему́ ничего́ не сто́ило солга́ть 3. 1) *разг.* несомне́нно, бесспо́рно; he is ~ the most popular author in the world он, без сомне́ния, са́мый популя́рный писа́тель в ми́ре; this is ~ the best course э́то бесспо́рно са́мый лу́чший путь 2) вполне́ вероя́тно; he can ~ change his mind вполне́ возмо́жно /отню́дь не исключено́/, что он переду́мает
easiness ['i:zɪnɪs] *n* 1. лёгкость и *пр.* [*см.* easy II]. 2. *уст.* легкове́рие
easing-off ['i:zɪŋ'ɒf] *n* смягче́ние; ~ of the recession уменьше́ние спа́да (*в эконо́мике*)
eassel ['i:sl] *adv шотл.* 1. на восто́к 2. с восто́ка (*о ве́тре*)
east I [i:st] *n* 1. восто́к; to look to the ~ выходи́ть на восто́к (*об окне́ и т. п.*); Barking is seven miles to the ~ of London Ба́ркинг располо́жен в семи́ ми́лях на восто́к от Ло́ндона 2) (E.) Восто́к; Near (Far) E. Бли́жний [Да́льний] Восто́к 3) *мор.* ост; E. by North ост-тень-но́рд 2. восто́чный ве́тер 3. (E.) восто́к страны́ *или* райо́на 4. (E.) *амер.* се́веро-восто́чная часть США, осо́б. Но́вая А́нглия
east II [i:st] *a* 1. 1) восто́чный; ~ wind восто́чный ве́тер, ост 2) *мор.* о́стовый 2. обращённый к восто́ку; выходя́щий на восто́к; ~ window окно́ (выходя́щее) на восто́к
east III [i:st] *adv* 1. к восто́ку, на восто́к, в восто́чном направле́нии; to travel ~ идти́ к восто́ку; due ~ пря́мо на восто́к; Yosemite Valley is due ~ of San Francisco доли́на Йосе́мити лежи́т пря́мо на восто́к от Сан-Франци́ско 2. с восто́ка (*о ве́тре*); the wind blows ~ ве́тер ду́ет с восто́ка
east IV [i:st] *v редк.* 1. 1) дви́гаться в восто́чном направле́нии; повора́чивать на восто́к, уклоня́ться на восто́к 2) *refl* ориенти́роваться; определя́ть своё местоположе́ние 2. задува́ть с восто́ка (*о ве́тре*)
eastbound ['i:stbaʊnd] *a* иду́щий, дви́жущийся на восто́к (*о по́езде и т. п.*)
East-country ['i:st‚kʌntrɪ] *n ист.* Приба́лтика
East End [‚i:st'end] *n* Ист-Энд (*большо́й промы́шленный и порто́вый рабо́чий райо́н к восто́ку от ло́ндонского Си́ти*)
Easter ['i:stə] *n церк.* па́сха; ~ Sunday /Day/ пе́рвый день па́схи; ~ Monday второ́й день па́схи; ~ holidays пасха́льные кани́кулы; ~ week пасха́льная неде́ля; ~ egg пасха́льное яйцо́ (*кра́шеное, шокола́дное*)
Easter bonnet ['i:stə‚bɒnɪt] наря́дная весе́нняя шля́пка
Easter-eve [‚i:stər'i:v] *n церк.* страстна́я суббо́та
eastering ['i:stərɪŋ] *a редк.* передвига́ющийся в восто́чном направле́нии
Easter lily ['i:stə‚lɪlɪ] 1) *бот.* ли́лия длинноцветко́вая (*Lilium longiflorum*) 2) *разг.* бе́лая ли́лия
easterling ['i:stəlɪŋ] *n* 1) жи́тель страны́, располо́женной к восто́ку, восто́чный сосе́д 2) *ист.* жи́тель стран, рас-

easterly I ['i:stəlɪ] *n* восточный ветер, ост

easterly II ['i:stəlɪ] *a* 1) восточный; ~ direction восточное направление; ~ variation восточное склонение магнитной стрелки 2) *мор.* остовый

easterly III ['i:stəlɪ] *adv* 1. к востоку, на восток, в восточном направлении 2. с востока (*о ветре*)

Eastern ['i:stən] *n* 1. уроженец Востока 2. принадлежащий к православной церкви

eastern ['i:stən] *a* 1. 1) восточный, относящийся к востоку 2) находящийся на востоке 3) выходящий на восток, обращённый к востоку 2. дующий с востока 3. (Е.) *амер.* относящийся к северо-восточной части США
◊ ~ cut-off /cut-out/ *спорт.* прыжок в высоту способом «волна»

easterner ['i:stənə] *n* 1. житель восточных районов страны 2. (Е.) *амер.* уроженец *или* житель северо-восточной части США

easternize ['i:stənaɪz] *v* 1. придавать восточный, ориентальный характер 2. *амер.* подвергать влиянию восточных штатов

easternmost ['i:stənməust] *a* самый восточный; выдвинутый на восток

Eastern Roman Empire ['i:stən'rəumən'empaɪə] *ист.* Восточная Римская империя

Eastern time ['i:stən,taɪm] восточноевропейское время

Easter term ['i:stə,tə:m] весенний триместр, пасхальный триместр (*в колледжах и т. п.*)

Eastertide ['i:stə,taɪd] *n церк.* 1) пасхальная неделя 2) период от пасхи до праздника вознесения *или* троицы

East India [,i:st'ɪndɪə] = East Indies

East India Company [,i:st'ɪndɪə'kʌmpənɪ] *ист.* Ост-Индская компания

East Indiaman [,i:st'ɪndɪəmən] *ист.* 1) корабль Ост-Индской компании 2) торговое судно, совершающее рейсы в Ост-Индию

East-Indian I [,i:st'ɪndɪən] *n ист.* житель *или* уроженец Ост-Индии

East-Indian II [,i:st'ɪndɪən] *a ист.* ост-индский

East Indies [,i:st'ɪndɪz] *ист.* Ост-Индия

easting ['i:stɪŋ] *n* 1. 1) движение *или* направление на восток 2) *мор.* курс на ост; отшествие на восток 2. *геогр., топ.* восточное указание на координатной *или* географической сетке; восточное положение в координатах

Eastland ['i:stlənd] *n ист.* 1. Прибалтийские страны 2. восточные страны, восток

eastmost ['i:stməust] = easternmost

East Side [,i:st'saɪd] Ист-Сайд, восточная (*беднейшая*) часть Нью-Йорка

east-to-west [,i:sttə'west] *adv* в одном направлении (*не обязательно с востока на запад*)

eastward I ['i:stwəd] *a* 1) восточный (*о направлении*); направленный на восток; обращённый на восток 2) движущийся на восток 3) *мор.* остовый

eastward II ['i:stwəd] *adv* к востоку, на восток, в восточном направлении

eastwardly I ['i:stwədlɪ] *a*
eastwardly II ['i:stwədlɪ] *adv* 1. на восток 2. с востока (*о ветре*)

eastwards ['i:stwədz] = eastward II

easy I ['i:zɪ] *n* передышка (*гребля*)

easy II ['i:zɪ] *a* 1. лёгкий, нетрудный; ~ task лёгкое задание; ~ path удобная тропа; ~ country *воен.* легкопроходимая местность; it's an ~ place to get to туда легко добраться; ~ of access легкодоступный, достижимый без труда; ~ money деньги, доставшиеся легко, легко нажитые деньги; ~ reading series книги *или* пособия для начинающих (изучать иностранные языки); ~ book *спец.* книга для детей младшего возраста 2. нетрудный, необременительный; on ~ terms на лёгких условиях; to buy [to sell] on ~ terms *ком.* а) покупать [продавать] на выгодных условиях; б) покупать [продавать] в рассрочку 3. удобный, приятный, покойный; ~ coat просторный пиджак; ~ cushions мягкие подушки 4. спокойный; ~ conscience спокойная совесть; make your mind ~ не волнуйтесь, успокойтесь; the patient became easier больному стало легче; I am much easier since my wound was dressed после того, как рану перевязали, я чувствую себя гораздо лучше; I don't feel ~ on this point в этом вопросе я не чувствую себя спокойно /уверенно/; I made him ~ я его успокоил 5. неторопливый; ~ pace неторопливый темп /шаг, аллюр/; to travel by ~ stages путешествовать, часто останавливаясь на отдых 6. 1) уживчивый, покладистый, сговорчивый; ~ disposition покладистый характер; an ~ person to get on with покладистый /уживчивый/ человек; he is not ~ to deal with с ним нелегко иметь дело /трудно сговориться/ 2) снисходительный, терпимый; he is ~ on his subordinates он не требователен к подчинённым; an ~ master нетребовательный хозяин; we ought to be ~ on him because everyone makes mistakes мы должны отнестись к нему снисходительно, так как ошибки делают все; ~ in one's morals нестрогих правил; ≅ лёгкого поведения 7. непринуждённый, естественный; ~ manners непринуждённое /естественное/ поведение, непринуждённая манера; ~ conversation непринуждённая беседа 8. пологий, плавный; ~ slopes пологие откосы; ~ grade *дор.* лёгкий подъём; ~ curve *спец.* плавная кривая, кривая малой кривизны 9. обеспеченный, состоятельный; ~ circumstances материальная обеспеченность 10. *австрал. разг.* равнодушный, безразличный; I am ~ мне всё равно; меня это не волнует 11. *эк.* 1) вялый, застойный (*о рынке и т. п.*) 2) не имеющий спроса (*о товаре*); rubber is ~ спрос на каучук невысок /небольшой/
◊ ~ game /mark/ лёгкая добыча, легковерный человек; простофиля, простак; ~ as pie *амер. разг.* не составляющий никакого труда; ~ digging *амер. сл.* пустяковое дело; ≅ раз плюнуть; woman of ~ virtue женщина не строгих правил

easy III ['i:zɪ] *adv разг.* 1) легко, без труда; easier said than done легче сказать, чем сделать 2) спокойно, неторопливо
◊ take it ~ относитесь спокойно, не волнуйтесь; ≅ не принимайте близко к сердцу; не усердствуйте; ~ all! *спорт.* легче грести! (*команда*); stand ~! *воен.* а) отойти от орудий! (*команда*); б) вольно! (*команда*); ~ does it! потихоньку да полегоньку!, не спешите!; ≅ тише едешь — дальше будешь!; to go ~ on smb. беречь себя с кем-л. тактично /мягко/; to go ~ on smth. не наваливаться на что-л. (*на еду и т. п.*); dentists recommend that children go ~ on candy стоматологи рекомендуют детям не злоупотреблять сладким; ~ come, ~ go *посл.* ≅ дёшево досталось — легко потерялось

easy-care [,i:zɪ'keə] *a* не требующий сложного ухода (*о несминаемой ткани, о стрижке, завивке, парике и т. п.*); простой в обращении

easychair [,i:zɪ'tʃeə] *n* мягкое кресло

easygoing [,i:zɪ'gəuɪŋ] *a* 1. лёгкий, спокойный (*о ходе лошади*) 2. 1) добродушно-весёлый 2) покладистый, с лёгким характером 3. беззаботный, беспечный; с ленцой

easy meat [,i:zɪ'mi:t] *сл.* 1) доступная женщина 2) беззащитная жертва (*обмана и т. п.*); простофиля 3) лёгкое дело; ≅ раз плюнуть

easy-rider ['i:zɪ,raɪdə] *n амер. сл.* 1. 1) бабник, распутник; ≅ кобель 2) альфонс 2. гитара

easy street ['i:zɪ,stri:t] *разг.* зажиточность, богатство, безбедное существование; to live in ~ жить припеваючи; ≅ как сыр в масле кататься

easy-to-follow [,i:zɪtə'fɒləu] *a* удобочитаемый, понятно написанный

easy-to-use [,i:zɪtə'ju:z] *a* удобный в работе

eat [i:t] *v* (ate; eaten) 1. есть, поедать; питаться; to ~ one's dinner обедать, пообедать; where shall we ~? куда мы пойдём поесть?, где будем обедать /завтракать, ужинать/; to ~ well а) иметь хороший аппетит; the child does not ~ well ребёнок плохо ест /потерял аппетит/; б) плотно поесть; хорошо питаться; to ~ at a restaurant [at the same table] обедать /ужинать/ в ресторане [за одним столом]; to ~ freely of various fruit есть вволю разные фрукты; olives are ~en with the fingers маслины берут за столом /едят/ руками; to ~ with a fork [a spoon] есть вилкой [ложкой]; to ~ to repletion [to fullness] наесться досыта; to ~ to one's heart content наесться до отвала; to ~ to excess переедать; объедаться; to ~ with relish есть с удовольствием, смаковать еду 2. иметь вкус; it ~s well это вкусно; to ~ short рассыпаться /таять/ во рту (*о печенье*); potatoes ~ better hot than cold горячая картошка вкуснее холодной 3. 1) разъедать, разрушать (*тж.* ~ away, ~ up); the river had eaten (away) its banks вода размыла берега; ~en by canker с червоточиной; to be ~en away with rust проржаветь, быть съеденным ржавчиной; the flame ate up the forest огонь пожирал лес 2) разъедать (*о кислоте и т. п.*); the acid has eaten holes in my suit я прожёг себе костюм кислотой 4. (into) растрачивать; these two sicknesses have ~en deeply into his savings эти две болезни пробили большую брешь в его сбережениях 5. тревожить, мучить; what's ~ing you? что с вами?, что вас тревожит?; ≅ какая муха вас укусила?
◊ to ~ dirt /dog, humble pie, *амер.* crow/ а) проглотить обиду; покориться; смириться; сносить оскорбления; б) прийти с повинной; унижаться; to ~ for the Bar, to ~ one's dinners /terms/ готовиться к адвокатуре, учиться на юридическом факультете; to ~ one's head off объедаться, обжираться; to ~ one's heart out страдать молча, терзаться, мучиться; to ~ one's words брать назад свои слова; to ~ out of smb.'s hand полностью подчиняться кому-л.; быть совсем ручным; to ~ smb. out *сл.* пилить кого-л, поносить, разносить; to ~ smb. out of house and home объедать кого-л.

eatable ['i:təb(ə)l] *a* съедо́бный
eatables ['i:təb(ə)lz] *n pl разг.* съестно́е, съестны́е припа́сы, пи́ща
eatage ['i:tɪdʒ] *n диал.* 1. трава́, го́дная лишь для пастьбы́, *преим.* подро́ст, ота́ва 2. пра́во вы́паса
eaten ['i:tn] *p. p. от* eat
eater ['i:tə] *n* 1. 1) *см.* eat + -er 2) едо́к; bread ~s потреби́тели хле́ба; discriminating ~ челове́к, разбира́ющийся в еде́, гастроно́м; the child is a poor ~ ребёнок пло́хо ест; this is enough for five ~s э́той еды́ хва́тит на пять челове́к; non-meat ~ вегетариа́нец 2. *разг.* столо́вый плод (*кото́рый мо́жно есть сыры́м*)
eatery ['i:tərɪ] *n разг.* заку́сочная, столо́вка
eath [i:θ] *a шотл.* лёгкий
eat in [i:θ] *phr v* 1. пита́ться, столова́ться до́ма 2. въеда́ться
eating I ['i:tɪŋ] *n* 1. еда́, приём пи́щи; he is abstemious in ~ он воздержан в еде́ 2. еда́, пи́ща; ~ habits привы́чная пи́ща, привы́чный рацио́н; обы́чная еда́; rabbits are excellent ~ when young молоды́е кро́лики о́чень вку́сны
eating II ['i:tɪŋ] *a* 1. го́дный для еды́, *особ. в сыро́м ви́де*; ~ apple столо́вое я́блоко *(для еды)*; ~ quality пищева́я /пита́тельная/ це́нность 2. испо́льзуемый для еды́ *(о помеще́нии и т. п.)* 3. разъеда́ющий; ~ ulcer *мед.* разъеда́ющая я́зва; ~ tetter *арх., диал. мед.* волча́нка
eating club ['i:tɪŋklʌb] *амер.* университе́тская столо́вая
eating hall ['i:tɪŋhɔ:l] = eating club
eating house ['i:tɪŋhaʊs] столо́вая, рестора́н
eating pea ['i:tɪŋpi:] *бот.* горо́х огоро́дный *или* са́харный (*Pisum sativum или saccharum*)
eat out ['i:t'aʊt] *phr v* 1. пита́ться, столова́ться вне до́ма; let's ~ tonight дава́й сего́дня пойдём куда́-нибудь пообе́дать 2. *амер. сл.* пробира́ть *(кого-л.)*; выгова́ривать *(кому-л.)*
eats [i:ts] *n pl амер.* 1. *разг.* еда́, харчи́ 2. ("E.") столо́вая, кафе́ *(на автодоро́ге)*
eat up ['i:t'ʌp] *phr v* 1. доеда́ть; to ~ one's food дое́сть то, что на таре́лке; съесть всё (что поло́жено); ~ your vegetables, there's a good girl! будь у́мницей и дое́шь о́вощи!; ~, children! де́ти, не оставля́йте ничего́ на таре́лке! 2. есть с аппети́том; there is plenty for everyone, so ~ еды́ хва́тит на всех, так что ку́шайте без стесне́ния 3. пожира́ть, снеда́ть; curiosity was simply eating her up, she was simply eaten up by curiosity её про́сто снеда́ло любопы́тство, любопы́тство не дава́ло ей поко́я 4. *разг.* загла́тывать, прогла́тывать; she is eating up the course in algebra она́ бы́стро усва́ивает курс а́лгебры; they offered him the most absurd flattery, and he ate it up они́ льсти́ли ему́ са́мым чудо́вищным о́бразом, а он при́нял всё за чи́стую моне́ту /всё э́то проглоти́л/
eau de Cologne [,əʊdəkə'ləʊn] *фр.* одеколо́н
eau de vie ['əʊdə'vi:] *фр.* конья́к; ви́ски, во́дка
eaves [i:vz] *n употр. с гл. в ед. и мн. ч.* 1. *архит.* свес кры́ши, венча́ющий карни́з 2. *поэт.* ве́ки; ресни́цы
eavesdrip ['i:vzdrɪp] = eavesdrop¹
eavesdrop¹ ['i:vzdrɒp] *n* ка́пель
eavesdrop² ['i:vzdrɒp] *v* подслу́шивать *(тж. с помощью микрофо́нов)*
eavesdropper ['i:vz,drɒpə] *n* 1. *см.* eavesdrop² + -er 2. подслу́шивающий; люби́тель подслу́шивать
eavesdropping ['i:vz,drɒpɪŋ] *n* 1) под-
слу́шивание; electronic ~ сле́жка с по́мощью микрофо́нов и звукоза́писи; radio ~ радиоперехва́т 2) перехва́т телефо́нных разгово́ров
eavestrough ['i:vztrɒf] *n амер.* кро́вельный жёлоб
ebb I [eb] *n* 1. 1) (морско́й) отли́в 2) отли́вное тече́ние 2. упа́док, регре́сс; ухудше́ние; to be at an ~ a) находи́ться в упа́дке; б) быть в затрудни́тельном положе́нии; his fortunes were at a low ~ дела́ у него́ шли пло́хо; our relations reached their lowest ~ на́ши отноше́ния совсе́м испо́ртились 3. сниже́ние; to be on the ~ снижа́ться
◊ ~ and flow a) превра́тности судьбы́; б) бы́страя сме́на *(настрое́ния и т. п.)*
ebb II [eb] *v* 1. отступа́ть *(о мо́ре при отли́ве)*; убыва́ть *(о воде́)* 2. ослабева́ть, угаса́ть *(тж.* ~ away); daylight is ~ing away день угаса́ет; his life is ~ing его́ жизнь ко́нчена, он умира́ет 3. лови́ть *(ры́бу)* во вре́мя отли́ва
ebb tide [,eb'taɪd] (морско́й) отли́в
E-beam, e-beam ['i:,bi:m] *n* электро́нный пучо́к
ebeneous [ə'bi:nɪəs] *a книжн.* эбе́новый
Eblis ['eblɪs] *n* ибли́с, дья́вол *(в мусульма́нской мифоло́гии)*
E-boat ['i:bəʊt] *n (сокр. от* enemy boat) вра́жеский торпе́дный катер
ebon I ['ebən] *поэт.* эбе́новое, чёрное де́рево
ebon II ['ebən] *поэт. см.* ebony II
ebonist ['ebənɪst] *n* столя́р-краснодере́вец
ebonite ['ebənaɪt] *n* эбони́т, вулканизи́рованная рези́на
ebony I ['ebənɪ] *n* 1) *бот.* чёрное *или* эбе́новое де́рево (*Diospyros gen.*) 2) эбе́новое де́рево *(древеси́на)*
ebony II ['ebənɪ] *a* 1. эбе́новый, из чёрного де́рева 2. чёрный как смоль
eboulement [,eɪbu:l'mɑ̃:] *n фр.* 1) обва́л, о́ползень 2) обва́л *(сте́ны, укрепле́ния)*
ebracteate, ebracteated [i(:)'bræktɪɪt, -ɪd] *a бот.* лишённый прицве́тников
ebriate(d) ['i:brɪɪt, 'i:brɪeɪtɪd] *a книжн.* пья́ный, опьяне́вший
ebriety [i(:)'braɪətɪ] *n книжн.* 1) опьяне́ние 2) пья́нство
ebriose ['i:brɪəʊs] *a шутл.* пья́ный, подвы́пивший
ebriosity [,i:brɪ'ɒsɪtɪ] *n книжн.* 1. хрони́ческое пья́нство 2. опьяне́ние, весёлое возбужде́ние
ebrious ['i:brɪəs] *a книжн.* 1) пья́ный, опьяне́вший 2) пья́нствующий
ebulliate [ɪ'bʌlɪeɪt] *v книжн.* 1) кипе́ть; перелива́ться че́рез край 2) бить ключо́м; бу́рно протека́ть
ebullience [ɪ'bʌlɪəns] *n книжн.* 1. кипе́ние; бу́рное вскипа́ние 2. (ра́достное) возбужде́ние, волне́ние; кипу́честь *(эне́ргии и т. п.)*; энтузиа́зм
ebullient [ɪ'bʌlɪənt] *a книжн.* 1. кипу́чий, перелива́ющийся че́рез край, бью́щий ключо́м, по́лный энтузиа́зма 2. кипя́щий
ebullioscope [ɪ'bʌlɪəskəʊp] *n физ.* эбуллиоско́п
ebullism [ɪ'bʌlɪz(ə)m] *n косм., физиол.* эбулли́зм; возду́шная эмфизе́ма
ebullition [,ebə'lɪʃ(ə)n] *n* 1. *книжн.* кипе́ние; вскипа́ние 2. *книжн.* взрыв, вспы́шка *(стра́сти, негодова́ния)* 3. *тех.* барбота́ж
eburnean, eburnian [ɪ'bɜ:nɪən] *a* 1) из слоно́вой ко́сти 2) похо́жий на слоно́вую кость
ec- [ɪk-] *pref* встреча́ется в слова́х греч. происхожде́ния со значе́нием вне, из: eccentric эксцентри́ческий; eccrino-

logy эккриноло́гия *(физиоло́гия секре́ции)*; eclosion вылупле́ние; ectype ко́пия
écarté [eɪ'kɑ:teɪ] *n фр.* экарте́ *(ка́рточная игра́)*
ecaudate [i(:)'kɔ:deɪt] *a зоол.* бесхво́стый
ecbasis [ek'beɪsɪs] *n редк.* дигре́ссия, отступле́ние *(а́втора, ора́тора)*
ecbatic [ek'bætɪk] *a лингв.* обознача́ющий результа́т *или* сле́дствие
ecbole ['ekbəlɪ] = ecthlipsis
ecbolic I [ek'bɒlɪk] *n мед.* сре́дство, уси́ливающее родову́ю де́ятельность; аборти́вное сре́дство
ecbolic II [ek'bɒlɪk] *a мед.* усиливающий родову́ю де́ятельность
ecce¹ ['eksɪ, 'ekeɪ] *n жив.* изображе́ние Христа́ в терно́вом венце́
ecce² ['eksɪ, 'ekeɪ] *лат.* вот, смотри́
ecce homo ['ekeɪ'həʊməʊ] 1) *библ.* се челове́к 2) = ecce¹
eccentric I [ɪk'sentrɪk] *n* 1. чуда́к, оригина́л, стра́нный челове́к 2. *тех.* эксце́нтрик, кула́к, кулачо́к
eccentric II [ɪk'sentrɪk] *a* 1. эксцентри́чный, чудакова́тый, стра́нный, эксцентри́ческий; экстравага́нтный; ~ behaviour стра́нное поведе́ние; чуда́чество; an ~ man эксцентри́чный, оригина́л 2. *спец.* 1) эксцентри́чный, внеце́нтренный; ~ motion планета́рное движе́ние; ~ position положе́ние вне це́нтра
eccentrical [ɪk'sentrɪk(ə)l] *a* эксцентри́ческий
eccentricity [,eksen'trɪsɪtɪ] *n* 1. эксцентри́чность; стра́нность, оригина́льность, чуда́чество; экстравага́нтность 2. *спец.* 1) эксцентри́чность 2) эксцентриси́тет
eccentric pain [ɪk'sentrɪk'peɪn] *мед.* иррадии́рующая боль
ecclesia [ɪk'li:zɪə] *n (pl* -ae) 1. *ист.* экклеси́я *(в Афи́нах)* 2. *книжн.* це́рковь, вероиспове́дание
ecclesiae [ɪk'li:zɪi:] *pl от* ecclesia
ecclesial [ɪk'li:zɪəl] *a книжн.* церко́вный
ecclesiarch [ɪk'li:zɪɑ:k] *n преим. ист.* 1. князь це́ркви *(особ. в Виза́нтии)* 2. *церк.* экклисиа́рх, ри́зничий
ecclesiast [ɪk'li:zɪæst] *n* 1. *библ.* екклизиа́ст, пропове́дник 2. *ист.* член Афи́нской экклеси́и
Ecclesiastes [ɪk,li:zɪ'æstiːz] *n библ.* Екклизиа́ст
ecclesiastic I [ɪk,li:zɪ'æstɪk] *n* духо́вное лицо́, священнослужи́тель
ecclesiastic II [ɪk,li:zɪ'æstɪk] *a редк.* 1. церко́вный 2. относя́щийся к духо́вному лицу́, свяще́ннический; ~ attire свяще́нническая оде́жда
ecclesiastical [ɪ,kli:zɪ'æstɪk(ə)l] *a* 1. духо́вный, церко́вный, относя́щийся к це́ркви; ~ courts церко́вные суды́; ~ law церко́вное пра́во; ~ judge судья́ церко́вного суда́; ~ modes *муз.* церко́вные /средневеко́вые/ лады́ 2. свяще́ннический, относя́щийся к духове́нству
ecclesiasticism [ɪ,kli:zɪ'æstɪsɪz(ə)m] *n* церко́вность
ecclesiolatry [ɪ,kli:zɪ'ɒlətrɪ] *n* преклоне́ние пе́ред це́рковью, её обря́дами и тради́циями
ecclesiology [ɪ,kli:zɪ'ɒlədʒɪ] *n* 1. изуче́ние исто́рии це́ркви 2. изуче́ние церко́вной архитекту́ры 3. доктри́на о це́ркви *(в богосло́вии)*
eccoprotic I [,ekə'prɒtɪk] *n мед.* лёгкое слаби́тельное *(сре́дство)*
eccoprotic II [,ekə'prɒtɪk] *a мед.* послабля́ющий
ecdemic [ek'demɪk] *a бот., зоол.* экдеми́чный, завезённый

ecdysiast [ek'dızıæst] *n редк.* исполнительница стриптиза; танцовщица, раздевающаяся на глазах у публики

ecdysis ['ekdısıs] *n зоол.* сбрасывание кутикулярного покрова, линька

ecesis [ı'si:sıs] *n биол.* эцезис, захват организмом нового местообитания

echelon I ['eʃəlɒn] *n* **1.** эшелон, ступенчатое расположение; in /en/ уступами [*см. тж.* 3]; in double ~ уступами с обеих сторон; ~ grating *физ.* эшелон Майкельсона, ступенчатая дифракционная решётка **2.** звено; инстанция; эшелон; ~ of command *воен.* командная инстанция, орган управления; ~ of supply *воен.* звено системы снабжения; higher ~ а) вышестоящее звено, вышестоящая инстанция; б) высокопоставленные лица, руководящие круги, руководство; the top ~ of a political party руководящий эшелон /руководство/ партии **3.** *спорт.* старты, расположенные таким образом, что все бегуны проходят одинаковую дистанцию; in ~ «гуськом», цепочкой (*о передвижении альпинистов*) [*см. тж.* 1]

echelon II ['eʃəlɒn] *v* **1.** *воен.* 1) эшелонировать 2) строиться эшелоном **2.** располагать уступами

echelonment ['eʃəlɒnmənt] *n воен.* эшелонирование; ~ in depth эшелонирование в глубину

echidna [ı'kıdnə] *n* **1.** *зоол.* ехидна (*Echidna aculeata*) **2.** (E.) *греч. миф.* Ехидна (*полуженщина-полузмея*)

echinate, echinated ['ekınıt, -ıd] *а бот., зоол.* колючий, иглистый

echini [ı'kaınaı] *pl от* echinus

echinococci [ı,kaınə'kɒksaı] *pl от* echinococcus

echinococcus [ı,kaınə'kɒkəs] *n* (*pl* -cocci) *гельм.* эхинококк

echinocystis [ı,kaınə'sıstıs] *n бот.* дикий огурец (*Cucurbitaceae*)

echinoderms [ı'kaınəʊdɜ:mz] *n pl зоол.* иглокожие (*Echinodermata*)

echinulate [ı'kınjʊlıt] *а* колючий, покрытый колючками

echinus [ı'kaınəs] *n* (*pl* -ni) **1.** *зоол.* морской ёж (*Echinus esculenta*) **2.** *архит.* эхин

echo I ['ekəʊ] *n* (*pl* -oes, *редк.* -os [-əʊz]) **1.** 1) эхо; отражённый звук; to arouse an ~ вызвать эхо 2) *спец.* отражение; ~ from ground ~ отражение от наземных предметов; intermittent ~ прерывистый след (*отражения радиоволн*) **2.** отклик; this opinion will find an ~ in every man's heart это мнение отзовётся /найдёт отклик/ в сердцах всех людей **3.** *пренебр.* 1) подражатель, эпигон 2) подражание, эпигонство **4.** *амер. сл.* плагиатор **5.** *сл.* прихлебатель, приспешник **6.** *спец.* эхосигнал; отражённый сигнал **7.** (E.) *греч. миф.* Эхо (*нимфа*)
◇ to applaud /to cheer/ to the ~ бурно аплодировать; разразиться громом аплодисментов

echo II ['ekəʊ] *v* **1.** 1) повторять, отражать звук; оглашаться эхом; the valley ~ed as he sang эхо долины вторило его песне 2) повторяться эхом, отражаться (*о звуке*); the shot ~ed through the woods эхо от выстрела прокатилось по всему лесу; the sound of the cannon ~ed around прогремел пушечный выстрел; the applause ~ed through the hall по залу прокатились аплодисменты **2.** вторить, подражать, поддакивать; they ~ed every word of their master они без конца поддакивали своему хозяину; to ~ smb.'s manner подражать чьим-л. повадкам

echocardiogram [,ekəʊ'ka:dıəgræm] *n мед.* эхокардиограмма

echocardiograph [,ekəʊ'ka:dıəgra:f] *n мед.* эхокардиограф

echocardiography ['ekəʊ,ka:dı'ɒgrəfı] *n мед.* эхокардиография

echo chamber ['ekəʊ,tʃeımbə] *спец.* эхокамера

echo effect ['ekəʊı,fekt] *книжн.* отзвук, (отдалённое) последствие; a temporary rise in births is possibly an ~ of the postwar baby boom временный рост рождаемости, возможно, связан с демографическим взрывом послевоенных лет

echo fathom ['ekəʊ,fæð(ə)m] *мор.* эхосажень

echogram ['ekəʊgræm] *n* эхограмма, запись отражённых сигналов

echograph ['ekəʊgra:f] *n* эхолот-самописец

echoic [e'kəʊık] *а* **1.** эхоподобный, отражённый (*о звуке*) **2.** *лингв.* ономатопический, ономатопоэтический, звукоподражательный

echo image ['ekəʊ,ımıdʒ] *тлв.* удвоение изображения

echoing I ['ekəʊıŋ] *n* эхо (*явление*); отражение сигналов

echoing II ['ekəʊıŋ] *a* 1) отвечающий эхом; гулкий (*о помещении*) 2) создающий, рождающий эхо

echoism ['ekəʊız(ə)m] *n лингв.* ономатопея, звукоподражание

echolalia [,ekəʊ'leılıə] *n психол.* эхолалия (*неосмысленное повторение слышимого, особ. детьми и дебилами*)

echolocate ['ekəʊlə(ʊ)keıt] *v спец.* обнаруживать с помощью эхолокации

echolocation [,ekəʊlə(ʊ)'keıʃ(ə)n] *n спец.* эхолокация

echometry [ı'kɒmıtrı] *n архит.* эхометрия, определение акустических свойств помещений

echopraxia [,ekəʊ'præksıə] *n психиатр.* непроизвольная имитация движений других людей (*у психотиков*)

echo ranging ['ekəʊ,reındʒıŋ] *спец.* дальнометрия с помощью отражённых сигналов

echo sounder ['ekəʊ,saʊndə] эхолот

echo technique ['ekəʊtek,ni:k] *спец.* метод отражённых сигналов (*в радиолокации и т. п.*)

ecize [ı'saız] *v биол.* 1) приживаться в новом местообитании 2) колонизировать

eclair [ı'kleə, eı'kleə] *n* эклер (*пирожное*)

éclaircissement [ə,kleəsi:s'ma:ŋ] *фр.* разъяснение, выяснение, объяснение

éclat [eı(')kla:] *n фр.* **1.** известность, знаменитость; (громкая) слава; a diplomatist of great ~ дипломат, пользующийся большой известностью; the ~ of a great achievement слава, принесённая большим достижением (*в области чего-л.*) **2.** (шумный) успех; they performed with the expected ~ как и предполагалось, они выступали с огромным успехом **3.** шумиха; to celebrate the occasion with much ~ отметить событие с большим размахом /очень торжественно/ **4.** *арх.* разоблачение, огласка; with a view of saving an ~ чтобы избежать огласки

eclectic I [ı'klektık] *n* эклектик

eclectic II [ı'klektık] *a* **1.** эклектический; ~ method [system, school] эклектический метод [-ая система, школа] **2.** *амер. ист.* лечащий травами; ~ medicine лечение травами; ~ physician врач-травник

eclectical [ı'klektık(ə)l] = eclectic II

eclecticism [ı'klektısız(ə)m] *n* эклектизм, эклектицизм, эклектика

eclipse I [ı'klıps] *n* **1.** *астр.* затмение; total [partial] ~ полное [частичное] затмение **2.** потемнение, потускнение; his reason suffered an ~ у него помутился рассудок **3.** утрата блеска, упадок; ~ of feudalism закат феодализма; ~ of one's powers истощение /упадок/ сил; his power is in ~ его влияние /власть/ идёт на убыль; a reputation in ~ потускневшая былая слава **4.** *зоол.* потемнение оперения, смена яркого оперения

eclipse II [ı'klıps] *v* **1.** *астр.* затемнять, закрывать (*о небесном теле*); the moon ~s the sun луна закрывает солнце; наблюдается солнечное затмение **2.** затмевать, заслонять; she was so beautiful that she ~d every other woman она была так прекрасна, что затмила всех других женщин **3.** 1) *поэт.* приходить в упадок, утрачивать блеск, закатываться (*о славе*); слабеть (*о могуществе*) 2) омрачать

eclipse year ['ı'klıps,jıə] *астр.* драконический год

ecliptic I [ı'klıptık] *n астр.* эклиптика

ecliptic II [ı'klıptık] *a* **1.** *астр.* эклиптический **2.** потускневший, потерявший блеск

ecliptic period [ı'klıptık,pı(ə)rıəd] латентный, скрытый период (*между инфекцией и выходом вирусных частиц из клетки*)

eclogue ['eklɒg] *n лит.* эклога; идиллия, пастораль

eco- [i:kə(ʊ)-, 'ekə(ʊ)-] *в сложных словах имеет значение* экологический: ecofallow *с.-х.* экологический пар; ecomone экомон (*гормон, влияющий на окружающие организмы*); econiche экологическая ниша; ecopolitics экологическая политика; ecotecture архитектура, учитывающая экологические факторы

eco-activity ['i:kəʊæk,tıvıtı] *n* борьба с загрязнением биосферы

ecocatastrophe ['i:kəʊkə,tæstrəfı] *n* глобальная экологическая катастрофа

ecocide ['i:kəʊsaıd, 'ekə(ʊ)-] *n биол.* экоцид, разрушение природной среды

ecodevelopment ['i:kəʊdı,veləpmənt] *n* экоразвитие; экономическое развитие с учётом экологических факторов

ecodoom ['i:kəʊdu:m] *n книжн.* крупномасштабная экологическая катастрофа; гибель среды обитания человека

ecofallow ['i:kəʊ,fæləʊ] *n с.-х.* агрономические методы, основанные на неглубокой вспашке, подавлении сорняков и сохранении почвенной структуры

ecofreak ['i:kəʊfri:k] *n разг.* экоманьяк; фанатичный приверженец охраны окружающей среды

eco-fuel ['i:kəʊ,fjʊəl] *n* биотопливо, биологическое топливо

ecogeographic [,i:kəʊdʒıə'græfık] *a* биогеографический

ecogeography [,i:kəʊdʒı'ɒgrəfı] *n* биогеография

ecologic [,i:kə'lɒdʒık] = ecological

ecological [,i:kə'lɒdʒık(ə)l] *a* экологический; ~ niche — econiche; ~ balance экологическое /природное/ равновесие

ecologist [ı'kɒlədʒıst] *n* эколог, специалист по экологии

ecology [ı'kɒlədʒı] *n* экология, охрана окружающей среды

ecomone ['i:kəməʊn] *n* гормон, влияющий на экологическое равновесие [< ecological + hormone]

econecol [ı'kɒnıkɒl] *n* исследования влияния экологических факторов на экономику [< economy + ecology]

econiche ['i:kəʊnɪtʃ] *n биол.* экологическая ниша

economancy [ɪ'kɒnəmənsɪ] *n* экономансия, наука об использовании отходов производства

econometric [ɪˌkɒnə'metrɪk] *a* эконометрический

econometrics [ɪˌkɒnə'metrɪks] *n* эконометрия, математическая экономия

economic [ˌekə'nɒmɪk, ˌi:kə'nɒmɪk] *a* 1. экономический; хозяйственный; народнохозяйственный; ~ policy экономическая политика; ~ forces экономические факторы; ~ adviser экономический советник /консультант/; ~ questions /problems/ проблемы экономики; E. Message to Congress *амер.* послание президента конгрессу по вопросам экономики; ~ cycle экономический цикл; ~ development экономическое развитие; ~ conditions хозяйственная конъюнктура; ~ intelligence экономическая разведка; ~ law экономический закон; ~ system экономический строй; ~ plan *несовр.* народнохозяйственный план 2. экономически выгодный, целесообразный; рентабельный; ~ freight rates *эк.* рентабельные фрахтовые ставки; ~ grade *дор.* оптимальный /наивыгоднейший/ уклон (*дороги*); ~ mineral промышленный минерал 3. практический, прикладной; ~ botany прикладная ботаника; сельскохозяйственная ботаника; ~ maturity хозяйственная /потребительская/ спелость (*плодов, древесины и т. п.*) 4. *разг.* 1) экономный 2) дешёвый

economical [ˌekə'nɒmɪk(ə)l, ˌi:kə'nɒmɪk(ə)l] *a* 1. экономный, бережливый; ~ habits бережливость, экономная жизнь, привычка экономить; to be ~ соблюдать экономию; to be ~ of one's time беречь своё время; she is ~ of her smiles она редко улыбается 2. экономичный; ~ combustion *тех.* полное сгорание; ~ lot *спец.* оптимальная партия (*одновременно обрабатываемых изделий*); the engine is fairly ~ of fuel этот двигатель расходует не очень много топлива 3. экономический

economically [ˌekə'nɒmɪklɪ, ˌi:kə'nɒmɪklɪ] *adv* 1. экономно; бережливо 2. с экономической точки зрения

Economic and Social Council [ˌekə'nɒmɪkənd'səʊʃ(ə)l'kaʊns(ə)l] Экономический и Социальный Совет (*ООН*)

economic entomology [ˌekə'nɒmɪk,entə'mɒlədʒɪ] использование насекомых вместо инсектицидов, биологические методы борьбы с вредителями растений

economics [ˌekə'nɒmɪks, ˌi:kə'nɒmɪks] *n* 1. экономика; народное хозяйство; supply-side ~ «экономика предложения», ориентированная на предложение экономика 2. экономическая наука, политическая экономия; to take a course in ~ пройти курс политической экономии 3. хозяйственная жизнь; хозяйство; home ~ домоводство; rural ~ сельское хозяйство

economic zone [ˌekə'nɒmɪk,zəʊn] *юр.* экономическая зона (*океана*)

economist [ɪ'kɒnəmɪst] *n* 1. экономист 2. экономный хозяин; бережливый человек 3. *арх.* экономка

economize [ɪ'kɒnəmaɪz] *v* экономить; экономно расходовать *или* использовать

economizer [ɪ'kɒnəmaɪzə] *n* 1. бережливый человек 2. *тех.* экономайзер, подогреватель

economy I [ɪ'kɒnəmɪ] *n* 1. хозяйство, экономика; political ~ политическая экономия; national ~ народное хозяйство, национальная экономика; rural ~ сельское хозяйство; экономика сельского хозяйства; robber ~ расточительное хозяйствование, разбазаривание невозобновляемых природных ресурсов 2. экономия, бережливость; with a view to ~ с целью /в целях/ экономии; ~ of words лаконичность; ≅ без лишних слов; to exercise ~ проявлять бережливость; to practise ~ in dress не тратить много на одежду 3. *pl* сбережения 4. система, структура, организация; композиция (*произведения искусства*) 5. *рел.* система мироздания; промыс(е)л; divine ~ божественный промыс(е)л 6. 1) *церк.* осмотрительность в проповеди христианства; постепенное раскрытие истины 2) *ирон.* благоразумное умолчание

economy II [ɪ'kɒnəmɪ] *a* 1. экономичный; ~ car экономичный автомобиль 2. *ком.* удешевлённый, дешёвый; выгодный; ~ class туристический /туристский/ класс (*удешевлённый; особ. на самолёте*)

econut ['i:kəʊnʌt] = ecofreak

ecophysiology ['i:kə(ʊ)ˌfɪzɪ'ælədʒɪ] *n* экофизиология, наука о связи физиологических процессов с окружающей средой

ecopolitics ['i:kəʊˌpɒlɪtɪks] *n* внешняя или экономическая политика с учётом экологических факторов

ecospecies ['i:kə(ʊ)ˌspi:ʃi(:)z] *n биол.* экологический вид, эковид

ecosphere ['i:kə(ʊ)ˌsfɪə] *n* биосфера, экосфера

ecossaise [ˌeɪkɒ'sez] *n* экосез (*танец*)

ecostandard ['i:kə(ʊ)ˌstændəd] *n* экостандарт, стандарт в области охраны природы

ecostate [ɪ'kɒstət] *a* 1. *зоол.* безрёберный, не имеющий рёбер 2. *бот.* без жилок, не имеющий жилок

ecosynthesis ['i:kə(ʊ)ˌsɪnθəsɪs] *n* экосинтез, создание среды обитания (*напр., на других планетах*)

ecosystem ['i:kə(ʊ)ˌsɪstəm] *n биол.* экосистема, экологическая система; биогеоценоз

ecotage ['i:kə(ʊ)tɑ:ʒ] *n* нелепые действия ревностных защитников окружающей среды (*уничтожение дорожных рекламных щитов и т. п.*) [< ecological + sabotage]

ecotecture ['i:kə(ʊ)ˌtektʃə] *n* архитектура, гармонирующая с окружающей средой; проектирование зданий с учётом экологических факторов [< ecological + architecture]

ecotone ['i:kə(ʊ)təʊn] *n биол.* экотон, пограничное сообщество

ecotope ['i:kə(ʊ)təʊp] *n биол.* экотоп, местообитание

ecotoxicity ['i:kə(ʊ)təˌksɪsɪtɪ] *n* экотоксичность, ядовитость для окружающей среды

ecotype ['i:kə(ʊ)taɪp] *n биол.* экотип, генетическая разновидность вида, адаптировавшегося к окружающей среде

ecphasis, ecphrasis ['ekfəsɪs, 'ekfrəsɪs] *n* ясное, исчерпывающее заявление; точное описание

ecru ['e(ɪ)kru:] *a* серовато-бежевый, цвета сурового полотна

ecstasis ['ekstəsɪs] *уст.* = ecstasy I 2

ecstasize ['ekstəsaɪz] *v книжн.* 1. впадать в экстаз, в восторженное состояние 2. вызывать экстаз, восторг

ecstasy I ['ekstəsɪ] *n* 1. экстаз; исступление; исступлённый восторг; ~ of joy порыв радости; he is in ~ over the new opera он в полном восторге от новой оперы 2. *возвыш.* транс; найтие, самозабвенный порыв; поэтическое вдохновение

ecstasy II ['ekstəsɪ] *v* приводить в экстаз; вызывать бурный восторг

ecstatic [ɪk'stætɪk] *a* 1. исступлённый, экстатический 2. впавший в транс

ectasis ['ɪktəsɪs] *n* 1. *лингв.* знак долготы гласного 2. *мед.* эктазия, растяжение, расширение

ecthlipsis [ek'θlɪpsɪs] *n лингв.* эктлипсис, элизия

ecthyma [ek'θaɪmə] *n мед.* эктима (*кожное заболевание*)

ecto- ['ektə(ʊ)-] *в сложных словах (с греч. корнями) имеет значение* внешний; ectoblast эктобласт (*наружный зародышевый листок*); ectoparasite эктопаразит (*наружный паразит*)

ectoblast ['ektə(ʊ)ˌblæst] *n спец.* эктобласт, эпибласт

ectoderm ['ektə(ʊ)ˌdɜ:m] *n спец.* эктодерма, эктобласт, эпибласт

ectogenesis [ˌektə(ʊ)'dʒenəsɪs] *n биол.* эктогенез

ectoparasite [ˌektə(ʊ)'pærəsaɪt] *n биол.* эктопаразит, наружный паразит

ectopia [ek'təʊpɪə] *n мед.* 1) эктопия, врождённое перемещение или смещение (*внутренних органов*) 2) внематочная беременность

ectopic [ek'tɒpɪk] *a мед.* смещённый

ectopic pregnancy [ekˌtɒpɪk'pregnənsɪ] *мед.* внематочная беременность

ectoplasm ['ektəˌplæz(ə)m] *n* 1. *биол.* эктоплазма 2. эманация (*медиума на спиритическом сеансе*)

ectosarc ['ektə(ʊ)sɑ:k] *n биол.* эктосарк

ectype ['ektaɪp] *n* 1. *книжн.* копия, слепок, отпечаток 2. *полигр.* репродукция; факсимиле 3. *архит.* рельефная деталь

ectypography [ˌektɪ'pɒgrəfɪ] *n* 1. выпуклое гравирование 2. эктипография, выпуклая печать для слепых

écu [e'kju:] *n фр.* экю (*старинная серебряная монета*)

Ecuadorean, Ecuadorian I [ˌekwə'dɔ:rɪən] *n* эквадорец; житель или уроженец Эквадора

Ecuadorean, Ecuadorian II [ˌekwə'dɔ:rɪən] *a* эквадорский

ecumene ['i:kjumi:n] *n* ойкумена, обитаемая часть земли (*в представлении древних греков*)

ecumenic, ecumenical [ˌi:kju'menɪk, -(ə)l] *a* 1. всемирный 2. *церк.* вселенский (*о соборе*) 3. экуменический; отстаивающий единство христианских церквей; E. movement экуменическое движение, экуменизм

ecumenicity [ˌi:kjʊmə'nɪsɪtɪ] *n церк.* экуменизм

ecumenism [e'kju:mənɪz(ə)m] *n* экуменизм, движение за объединение христианских церквей

ecumenopolis [ˌɪkju:mə'nɒpəlɪs] *n* экуменополис, всемирный город; город-мир (*в футурологии*)

eczema ['eksɪmə] *n мед.* экзема

-ed[1] [-d *после звонких*, -t *после глухих*, -ɪd *после звуков* t *и* d] *suff образует форму прошедшего времени стандартных глаголов:* loved, looked, wanted

-ed[2] [-d *после звонких*, -t *после глухих*, -ɪd *после звуков* t *и* d] *suff образует форму причастия I прошедшего времени стандартных глаголов:* loved, looked, wanted

-ed[3] [-d, -t *после глухих*, -ɪd *после* t *и* d] *suff образует от существительных (сложнопроизводные) прилагательные:* barbed колючий, с шипами; double-faced двусторонний; red-headed рыжий; single-minded целеустремлённый; bearded бородатый; one-legged одноногий; columned с колоннами; feathered с перьями; talented талантливый

EDA — EDI

edacious [ɪ'deɪʃəs] *a* 1. относящийся к еде 2. 1) прожорливый 2) жадный

edacity [ɪ'dæsɪtɪ] *n* 1. съедобность 2. 1) прожорливость 2) жадность

Edam ['i:dəm, 'i:dæm] *n* эдамский сыр (*тж.* ~ cheese)

edaphic [ɪ'dæfɪk] *a спец.* 1) почвенный; эдафический 2) местный, локальный

edaphology [͵edə'fɒlədʒɪ] *n* почвоведение

Edda ['edə] *n лит.* Эдда; Elder ~ Старшая Эдда (*тж.* Poetic ~, Verse ~); Younger ~ Младшая Эдда (*тж.* Prose ~)

Eddaic [e'deɪk] *лит.* относящийся к Эдде

eddy I ['edɪ] *n* 1. (небольшой) водоворот; little eddies of people were dancing in the streets на улицах небольшие группы людей кружились в танце 2. 1) вихрь, порыв (*ветра*); an ~ of dust столб пыли 2) порыв, вихрь, буря (*страстей и т. п.*) 3. *физ.* вихревое, турбулентное движение; ~ currents *эл.* вихревые токи, токи Фуко; ~ diffusion турбулентная диффузия

eddy II ['edɪ] *v* 1. крутиться в водовороте 2. клубиться, завихряться; the crowd frantically eddied толпа исступлённо металась

eddy wind ['edɪ͵wɪnd] порывистый ветер; вихрь

edelweiss ['eɪdlvaɪs] *n бот.* эдельвейс (*Leontopodium alpinnm*)

edema [ɪ'di:mə] *n* (*pl тж.* -ta) *мед.* 1) отёк 2) водянка

edemata [ɪ'di:mətə] *pl от* edema

edematose [ɪ'demətə(v)s] *a мед.* 1) отёчный 2) страдающий водянкой

Eden ['i:dn] *n* Эдем, рай

Edenic [ɪ'denɪk] *a поэт.* райский

edental [ɪ'dentl] = edentate II

edentate I [ɪ'dentɪt] *n* 1. *pl зоол.* неполнозубые 2. *шутл.* беззубый человек

edentate II [ɪ'dentɪt] *a* 1. *бот.* без зубцов, зубчиков 2. *зоол.* неполнозубый 3. *шутл.* без передних зубов; беззубый

edentulous [ɪ'dentjʊləs] *a* беззубый

Edgar ['edgə] *n* «Эдгар», ежегодная премия за детективный роман (*в виде бюста Эдгара По*)

edge I [edʒ] *n* 1. 1) остриё, лезвие; режущая кромка (*инструмента*); a sword with two ~s обоюдоострый меч 2) острый край, острота; the knife has no ~ нож затупился; to put an ~ on a knife наточить нож; the razor has a keen ~ бритва остро наточена 3) острота (*замечания, чувства и т. п.*); the ~ of sarcasm остриё сарказма; the remark has a biting ~ это очень колкое замечание; the keen ~ of his sorrow grew more blunt острота его горя притупилась; to take the ~ off smth. ослабить /смягчить/ что-л.; to take the ~ off one's appetite заморить червячка; to give an ~ to smth. обострять /усиливать, стимулировать/ что-л.; to give an ~ to one's appetite раздразнить аппетит 2. край, кромка; from ~ to ~ от края до края; ~ of a wood опушка леса; waters' ~ урез воды; on the ~ of winter на пороге зимы; to sit on the ~ of a chair сидеть на краешке стула; he is on the ~ of death он на пороге смерти 3. 1) обрез (*книги*) 2) поле (*страницы*) 3) бордюр; ~ stone бордюрный камень 4. 1) кряж, хребет, гребень (*горы*) 2) бровка (*уступа, канавы*) 5. 1) грань; фаска; ребро 2) опорная призма (*маятника, коромысла весов*) 6. критическое положение, критический момент; the ~ of battle разгар битвы 7. *разг.* преимущество, перевес; to have a slight ~ (on /over/) *спорт.* иметь небольшой перевес (над); to win an ~ in the elections победить на выборах с незначительным перевесом на выборах 8. дуга (*фигурное катание*) 9. 1) ребро (*конька*); inside (outside) ~ внутреннее [внешнее] ребро конька 2) кант (*лыжи*)

◊ on ~ нетерпеливый; to be (all) on ~ быть раздражённым /в большом нетерпении/; нервничать, волноваться; to set the teeth [the nerves] on ~ набивать оскомину [действовать на нервы, раздражать]; to give smb. the ~ of one's tongue резко поговорить с кем-л.; not to put too fine an ~ on it говорить без обиняков; to have an ~ on *сл.* быть пьяным, нализаться

edge II [edʒ] *v* 1. точить, оттачивать; заострять 2. (with) окаймлять, обрамлять; to ~ a handkerchief with lace обшить носовой платок кружевами; the road was ~d with grass по обеим сторонам дороги росла трава 3. (медленно) продвигаться; (постепенно) приближаться; to ~ one's way through a crowd пробираться сквозь толпу; the climbers ~d warily along the narrow shelf альпинисты осторожно двигались по узкому выступу; he ~d away он отошёл бочком; он тихонько улизнул; to ~ away from one's responsibilities увиливать от своих обязанностей; they ~d off они стали потихоньку отходить; они постепенно ретировались 4. 1) (into) проскользнуть, пробраться; to ~ into a room проскользнуть в комнату; to ~ into a job пролезть на должность; to ~ oneself into a conversation постепенно присоединиться к разговору, влезть в разговор 2) (out of) выскользнуть, выбраться 3) (out of) столкнуть, спихнуть; to ~ smb. out of a position of influence спихнуть кого-л. с важного поста 5. *тех.* кантовать 6. *спорт.* кантовать, вдавливать лыжи кантами в снег 7. *диал.* раздражать

edge-bolt ['edʒ͵bəʊlt] *n полигр.* неразрезанная петля, сгиб сфальцованного листа книги

edgebone ['edʒbəʊn] *n* крестцовая кость, крестец

edged [edʒd] *a* 1. окаймлённый, обведённый, окружённый 2. имеющий острие, заострённый; режущий 3. колкий (*о замечании и т. п.*) 4. *сл.* пьяный

edge effect ['edʒɪ͵fekt] *спец.* краевой эффект

edge in ['edʒ'ɪn] *phr v* 1. 1) вставить (*слово, замечание*) 2) втискиваться, пролезать, влезать 3) вмешиваться (*в беседу*) 4) присоединять; сочетать; he edged in some business while on vacation во время отпуска он провернул кое-какие делишки 2. *мор.* входить в косом, облическом направлении

edge iron ['edʒ͵aɪən] угловое железо

edge joint ['edʒ͵dʒɔɪnt] *тех.* стыковое соединение

edgeless ['edʒlɪs] *a* 1. с неясными контурами 2. тупой, незаострённый

edge out ['edʒ'aʊt] *phr v* 1. оттеснить, вытеснить; занять чьё-л. место 2. победить с небольшим преимуществом (*в спорте и т. п.*)

edger ['edʒə] *n тех.* кромкострогальный станок; машина для обрезания кромок листов

edgetool ['edʒ͵tu:l] *n* острый, режущий инструмент

◊ to play with ~s ≅ играть с огнём

edge-way ['edʒweɪ] *редк.* = edgeways

edgeways ['edʒweɪz] *adv* 1. остриём, краем (вперёд) 2. бочком 3. на ребро, в поперечном направлении

◊ to get a word in ~ с трудом вставить слово, заставить себя выслушать; I couldn't get a word in ~ мне и слова вставить не дали

edgewise ['edʒwaɪz] = edgeways

edgily ['edʒɪlɪ] *adv* 1) резко 2) нетерпеливо; to wait ~ for smth. с нетерпением ждать чего-л.

edging ['edʒɪŋ] *n* 1. 1) край; бордюр 2) кайма; обшивка, оторочка, кант 2. окаймление, окантовка 3. *спорт.* 1) постановка коньков на боковые зубья (*альпинизм*) 2) вдавливание лыж кантами в снег 4. *тех.* 1) загиб или отделка кромки, края 2) кантовка; ~ machine кантовочный станок, кромкозагибочный станок 5. *обыкн. pl* отходы лесопиления 6. *дор.* устройство кромки

edgy ['edʒɪ] *a* 1. острый, заострённый; режущий 2. *жив.* имеющий резкий контур 3. раздражённый; нетерпеливый; нервный; to feel ~ испытывать раздражение, тревогу *и т. п.*, нервничать

edibility [͵edə'bɪlɪtɪ] *n* съедобность; пригодность к употреблению в пищу

edible ['edəb(ə)l] *a* съедобный, годный в пищу; ~ roots столовые корнеплоды

edible frog ['edəb(ə)l'frɒg] *зоол.* съедобная, прудовая лягушка (*Rana esculenta*)

edible mussel [͵edəb(ə)l'mʌsl] *зоол.* мидия съедобная (*Mytilus edulis*)

edibleness ['edəb(ə)lnɪs] = edibility

edibles ['edəb(ə)lɪz] *n pl* съестное, пища, еда

edible snail [͵edəb(ə)l'sneɪl] *зоол.* улитка виноградная (*Helix pomatia*)

edict ['i:dɪkt] *n* 1. 1) эдикт; указ; to issue an ~ издать эдикт /указ/; to invoke an ~ сослаться на какой-л. эдикт /указ/ 2) (непреложный) закон; ~s of nature законы природы 2. (строгий) приказание, распоряжение; we held firm to Grandmother's ~ мы неукоснительно выполняли всё, что требовала бабушка

edictal [ɪ'dɪkt(ə)l] *a* 1. относящийся к эдикту 2. указующий, декретирующий 3. *арх.* законодательный, законополагающий; ~ powers законодательная власть, право издавать законы

edification [͵edɪfɪ'keɪʃ(ə)n] *n* назидание, наставление, поучение (*тж. ирон.*); for the ~ of visitors к сведению посетителей; for your ~ в назидание вам

edificatory [͵edɪfɪ'keɪt(ə)rɪ] *a* поучительный, назидательный

edifice ['edɪfɪs] *n* 1) (величественное) здание; сооружение; ~ complex чрезмерное увлечение большим и дорогостоящим строительством 2) стройная система (*взглядов*); доктрина

edificial [͵edɪ'fɪʃ(ə)l] *a книжн.* относящийся к зданиям, сооружениям, строительный

edifier ['edɪfaɪə] *n редк.* наставник

edify ['edɪfaɪ] *v* 1. *часто ирон.* поучать, наставлять; укреплять (*морально или в вере*) 2. *арх.* строить, сооружать

edifying ['edɪfaɪɪŋ] *a часто ирон.* поучительный, назидательный

edile ['i:daɪl] *n др.-рим.* эдил (*должностное лицо, наблюдавшее за сохранностью домов, порядком в городе и т. п.*)

edit I ['edɪt] *n разг.* 1. редакционная статья 2. монтаж (*кино- или телефильма*) 3. редакция (*какой-л. работы*); редактура

edit II ['edɪt] *v* 1. редактировать, готовить к печати; to ~ a manuscript редактировать рукопись 2. быть редактором, редакторствовать; to ~ a newspaper быть редактором газеты 3. 1) монтировать (кино- или телефильм) 2) компилировать; to ~ data from various sources сводить (воедино) данные из разных источников 4. *ирон.* извращать, подвергать произвольной переработке; to ~ the news тенденциозно излагать сообщения 5. *арх.* издавать, публиковать 6. *спец.* проверять, анализировать, вносить коррективы; to ~ a request производить проверку заявки

editing ['edɪtɪŋ] *n* монтаж, монтирование (*кино- или телефильма*)

edition [ɪ'dɪʃ(ə)n] *n* 1. издание, library ~ издание для библиотек; popular ~ популярное /массовое/ издание; pocket ~ карманное издание; ~s file картотека изданий (*какого-л. произведения в библиотеке*); the book has just entered the seventh ~ книга только что начала выходить седьмым изданием 2. версия, вариант; improved ~ of the airship усовершенствованный вариант самолёта; her younger sister, a weaker ~ of herself её младшая сестра — ухудшенное издание её самой; the newest ~ of a popular musical revue последняя постановка популярного мюзикла 3. выпуск; evening ~ вечерний выпуск (*газеты*) 4. *полигр.* 1) оттиск; proof ~ пробный оттиск; ~ in boards набранное издание; ~ in quires [in sheets] издание в сфальцованных /несфальцованных/ листах; advance(d) ~ предварительное /пробное/ издание 2) тираж; added ~ дополнительный тираж; the work is to be issued in an ~ limited to 100 copies работа будет выпущена тиражом всего в 100 экземпляров

editionalize [ɪ'dɪʃ(ə)nəlaɪz] *v* печатать несколько выпусков (*газеты: утренний, дневной и т. д.*)

edition binding [ɪ'dɪʃ(ə)n,baɪndɪŋ] издательский переплёт (*часто из кожзаменителя*)

édition de luxe [ɪ,dɪʃ(ə)ndɪ'lʌks] *фр.* роскошное издание

editiones principes [ɪ,dɪʃɪ,əʊniːz'prɪnsɪpiːz, eɪ,dɪtɪəʊ'prɪŋkɪpez] *pl от* editio princeps

editio princeps [ɪ,dɪʃɪəʊ'prɪnseps, eɪ,dɪtɪəʊ'prɪŋkeps] (*pl* editiones principes) *лат.* первое издание

editola [,edɪ'təʊlə] *кино* мовиола, звукомонтажный аппарат

editor ['edɪtə] *n* 1. редактор; senior ~ старший редактор; acquiring ~ старший редактор (*книжного издательства*), имеющий право заключать договоры с авторами 2. заведующий отделом (*журнала, газеты*); foreign affairs ~ заведующий внешнеполитическим отделом; fashion ~ заведующий отделом мод 3. *кино, тлв.* 1) редактор (*тж.* film ~); story ~ редактор сценарного отдела киностудии 2) монтажёр 4. автор передовых статей; автор «колонки редактора»

editorial I [,edɪ'tɔːrɪəl] *n* 1. передовая статья, передовица; редакционная статья 2. *радио, тлв.* передача, излагающая принципиальные взгляды станции, канала *и т. п.*; установочная радио- или телепередача

editorial II [,edɪ'tɔːrɪəl] *a* редакторский, редакционный; ~ board редакция, редакционная коллегия; ~ office редакция (*помещение*); ~ copy экземпляр для отзыва; ~ note «от редакции», редакционное примечание; ~ "we" авторское «мы»

editorialist [,edɪ'tɔːrɪəlɪst] *n* автор передовых статей

editorialize [,edɪ'tɔːrɪəlaɪz] *v* 1. тенденциозно излагать сообщения (*в газете*); without editorializing беспристрастно, без тенденциозной редакционной обработки 2. разглагольствовать; говорить поучительным тоном прописные истины, проповедовать

editorially [,edɪ'tɔːrɪəlɪ] *adv* 1) в качестве передовой статьи; как редактор; she wrote ~ for a London paper она помещала передовые /редакционные/ статьи в лондонской газете 2) в передовой статье; to express smth. ~ напечатать что-л. от (имени) редакции

editor in chief [,edɪtərɪn'tʃiːf] (*pl* editors- [,edɪtəz-]) главный редактор

editorship ['edɪtəʃɪp] *n* 1. редакция, редактирование; under the ~ (of) под редакцией (*кого-л.*) 2. редакторство, должность редактора; during his ~ когда он был редактором; to assume the ~ of a magazine стать редактором журнала

edit out ['edɪt'aʊt] *phr v разг.* исключать при редактировании; the author edited out all references to his own family автор вычеркнул всякое упоминание о своей семье

editress ['edɪtrɪs] *n редк.* редактор (*о женщине*)

editrices ['edɪtrɪsiːz] *pl от* editrix

editrix ['edɪtrɪks] *n* (*pl тж.* editrices) женщина-редактор, редакторша

Edomite ['iːdəmaɪt] *n ист., библ.* идумей, эдомитянин; житель Идумеи, Эдома

educability [,edjʊkə'bɪlɪtɪ] *n* 1. обучаемость, способность воспринять обучение; восприимчивость к обучению 2. *редк.* возможность получить образование

educable ['edjʊkəbl] *a* обучаемый, поддающийся обучению

educand ['edjʊkænd] *n проф.* объект обучения; обучаемое лицо

educate ['edjʊkeɪt] *v* 1. обучать, давать образование; to ~ smb. for a profession [a trade] обучить кого-л. профессии [ремеслу]; дать кому-л. профессию [ремесло] 2. воспитывать, развивать; to ~ smb.'s taste in literature прививать кому-л. охоту к литературе, развивать литературный вкус; to ~ one's ear to music развивать музыкальный слух; научить(ся) разбираться в музыке; to ~ smb. out of prejudice помочь кому-л. освободиться от предрассудков 3. *редк.* тренировать, дрессировать (*животных*)

educated ['edjʊkeɪtɪd] *a* 1. образованный, получивший образование; ~ woman образованная женщина; ~ at Eton получивший образование в Итонском колледже 2) культурный, развитой; ~ mind [taste] развитой ум [вкус] 2. *редк.* дрессированный, тренированный; ~ dogs дрессированные собаки 3. *книжн.* основанный на информации; обоснованный; an ~ estimate of next year sales квалифицированная оценка объёма сбыта на будущий год; an ~ guess догадка, основанная на фактах; he was forming an ~ reply он готовил обдуманный /аргументированный/ ответ

educatee [,edjʊkeɪ'tiː] *n книжн.* учащийся, обучаемый; воспитанник, воспитуемый

education [,edjʊ'keɪʃ(ə)n] *n* 1. 1) образование, просвещение; all-round ~ разностороннее образование; compulsory ~ обязательное обучение; free ~ бесплатное обучение; party ~ партийное просвещение; trade /vocational/ ~ профессиональное образование /обучение/; physical ~ физическое воспитание, физическая подготовка; audio-visual ~ аудиовизуальное обучение; ~ through play игровое обучение; by ~ he is a lawyer по образованию он юрист; he has had very little formal ~ он не получил систематического образования 2) воспитание; the ~ of the will воспитание воли; the ~ of the audience to appreciate modern music воспитание у публики вкуса к современной музыке; an ~ in dealing with one's fellowmen привитие норм общения с людьми; ~ for citizenship воспитание гражданина 2. образованность, культура; a man of ~ образованный /просвещённый, культурный/ человек 3. *редк.* дрессировка (*животных*)

educational [,edjʊ'keɪʃ(ə)nəl] *a* 1. образовательный, воспитательный; ~ advancement прогресс в области образования; ~ qualification образовательный ценз 2. учебный, педагогический; ~ book учебник, учебное пособие; ~ discount скидка на учебную литературу 3. просветительный; ~ film учебный /научно-популярный/ кинофильм; an ~ show on TV научно-познавательная программа на телевидении; ~ computing программированное обучение, обучение с помощью ЭВМ

educationalist [,edjʊ'keɪʃ(ə)nəlɪst] *n* 1) педагог; деятель в области образования; педагог-методист 2) теоретик педагогики

educationally [,edjʊ'keɪʃ(ə)nəlɪ] *adv* в области образования, просвещения; с точки зрения образования; this is ~ valuable это имеет воспитательное значение

educational package [,edjʊ'keɪʃ(ə)nəl'pækɪdʒ] обязательная учебная программа

educational park [,edjʊ'keɪʃ(ə)nəl'pɑːk] школьный комплекс (*из нескольких начальных и средних школ*)

educational psychology [,edjʊ'keɪʃ(ə)nəlsaɪ'kɔlədʒɪ] психология обучения

educational television [,edjʊ'keɪʃ(ə)nəl'telɪ,vɪʒ(ə)n] 1) научно-познавательное телевидение; передачи на темы об искусстве, науке *и т. п.*; познавательные программы (*без рекламных объявлений*) 2) учебное телевидение (*в т. ч. по замкнутому каналу*)

educationary [,edjʊ'keɪʃ(ə)nərɪ] *n* педагог, *особ.* педагог-энтузиаст

educationese [,edjʊ'keɪʃ(ə)niːz] *n неодобр.* невнятный язык педагогической науки (*особ. в теоретических трудах*); педагогическая заумь

educationist [,edjʊ'keɪʃ(ə)nɪst] = educationalist

educative ['edjʊkətɪv] *a* 1. воспитывающий, воспитательный; поучительный; ~ knowledge сведения, имеющие воспитательное значение 2. просветительный; обучающий; the ~ value of travel познавательная ценность путешествий; the ~ process процесс обучения

educator ['edjʊkeɪtə] *n* 1. преподаватель, учитель; педагог; воспитатель 2. деятель в области образования, просвещения 3. образовательный или воспитательный фактор

educatory ['edjʊkət(ə)rɪ] = educative

educatress ['edjʊkeɪtrɪs] *n уст.* 1) воспитательница, преподавательница 2) деятельница в области образования

educe [ɪ'djuːs] *v* 1. выявлять (*скрытые способности*); развивать 2. выводить (*заключение*), делать вывод; notions ~d from experience понятия, выведенные из опыта 3. *хим.* выделять (*газ и т. п.*)

EDU — EFF

educible [ɪ'dju:səbl] *a* выявляемый, выводимый, могущий быть выведенным

educrat ['edjukræt] *n амер. презр.* бюрократ от просвещения (*о школьном инспекторе и т. п.*)

educt [i:dʌkt] *n* 1. *книжн.* вывод, полученный результат 2. *хим.* продукт извлечения

eduction [ɪ'dʌkʃ(ə)n] *n* 1. выявление (*способностей, возможностей*) 2. вывод 3. выявленное, выявившееся, результат 4. 1) выпуск, выход 2) извлечение

eductive [ɪ'dʌktɪv] *a* 1. *книжн.* приводящий к выводу 2. *спец.* выводящий

eductor [ɪ'dʌktə] *n тех.* эжектор

edulcorate [ɪ'dʌlkəreɪt] *v* 1. *книжн.* 1) смягчаться (*об отношении и т. п.*); делаться приятнее 2) смягчать; делать более приятным 2. *вчт.* очищать (*информационный массив*), проводить чистку (*фонда*) 3. *хим.* очищать от кислот, солей *и т. п.* промыванием

edulcorator [ɪ'dʌlkəreɪtə] *n спец.* подслащивающее средство

Edward ['edwəd] *n* 1. *см.* Приложение 2. *ист.* золотая монета времён Эдуардов III *и* IV; ~ shovelboard шиллинг времён Эдуарда VI

Edwardian I [ed'wɔ:dɪən] *n* 1. современник одного из английских королей Эдуардов, *преим.* Эдуарда VII 2. *сл.* хлыщ, стиляга; хулиган

Edwardian II [ed'wɔ:dɪən] *a* 1. времён Эдуардов VI *и* VII 2. *архит.* эдвардианский, времён Эдуардов I, II *и* III
◊ ~ clothes /suit/ костюм с сильно заужёнными брюками; ~ dress сильно приталенное женское платье; ≅ с талией в рюмочку

ee [i:] *n* (*pl* een) *шотл.* глаз

-ee[1] ['-i:] *suff* образует существительные (*часто юридические термины*), обозначающие 1. *лицо, испытывающее действие, выраженное производящей глагольной основой*: bribee взяточник; pledgee залогодержатель; bailee залогополучатель; expellee высылаемый; trainee стажёр; examinee экзаменуемый; referee арбитр 2. *лицо, связанное с действием, признаком, предметом, выраженными производящей основой*: standee зритель на стоячих местах; refugee беженец; debauchee развратник; townee горожанин (*университетского города*); conferee участник конференции

-ee[2] [-i:] *suff* встречается в существительных с уменьшительным значением: bootee детский вязаный башмачок; фетровый сапожок (*детский или женский*); coatee короткий жакетик, фигаро; goatee бородка клинышком

eel [i:l] *n* 1. 1) *зоол.* угорь (*Anguilla anguilla*) 2) *разг.* (*любая*) угреобразная рыба; минога, мурена, бельдюга *и т. п.* 3) ≅ eelworm 2. *сл.* конец (*верёвки*); линёк, плеть
◊ to hold the ~ by the tail браться за трудное дело, пытаться сделать невозможное

eel-basket ['i:l,bɑ:skɪt] *n* верша для ловли угрей

eel-bed ['i:lbed] *n* 1. садок для разведения угрей 2. бивак на болотистой местности

eelblenny ['i:l,blenɪ] = eelpout

eel-buck ['i:lbʌk] = eel-basket

eelfork ['i:lfɔ:k] *n* трезубец для ловли угрей

eelgrass ['i:lgrɑ:s] *n бот.* 1. зостера, морская трава (*Zostera marina*) 2. валлиснерия (*Vallisneria spiralis*)

eelpout ['i:l,paʊt] *n зоол.* бельдюга (*Zoarces viviparus*)

eel-skin ['i:lskɪn] *n* кожа угря
◊ ~ trousers брюки в обтяжку

eelspear ['i:lspɪə] ≅ eelfork

eelworm ['i:lwɜ:m] *n разг.* нематода, червяк

eely ['i:lɪ] *a* 1) угревидный, угреобразный 2) скользкий, неуловимый, ускользающий из рук

een [i:n] *pl от* ee

e'en [i:n] *поэт. см.* even[2] III

-een [-'i:n] *suff* встречается в названиях тканей, имитирующих ткань, обозначаемую производящей основой: suedeen имитация замши; sateen сатин; velveteen полубархат, вельветин

-eer [-'ɪə] *suff* встречается в названиях лиц по роду их деятельности: bandoleer бандольёр; mountaineer альпинист; engineer инженер; auctioneer аукционист; cannoneer канонир; muleteer погонщик мулов; *часто имеет уничижительное значение*: buccaneer пират; racketeer вымогатель; profiteer спекулянт

e'er [eə] *поэт. см.* ever

eerie, eery ['ɪ(ə)rɪ] *a* 1. жуткий, мрачный, внушающий суеверный страх; ~ shriek вопль, от которого кровь стынет в жилах 2. испытывающий непонятный страх, охваченный предчувствием беды; ~ feeling страх перед чем-то неведомым 3. *шотл.* боязливый, суеверно-трусливый

ef [ef] *n* эф, название буквы F

ef- [ef-] = ex-[1]

effable ['efəb(ə)l] *a арх.* выразимый (*словами*)

efface [ɪ'feɪs] *v* 1. стирать, изглаживать; the image on the coin is ~d изображение на монете стёрлось; the inscription was ~d by time время стёрло надпись; to ~ a word from the blackboard стереть слово с классной доски 2. вычёркивать, зачёркивать; 3. уничтожать; отменять; to ~ the boundaries уничтожить /стереть/ границы 4. предавать забвению; to ~ a memory of smth. вычеркнуть /вытравить/ что-л. из памяти 5. *refl* стушёвываться, держаться в тени

effaceable [ɪ'feɪsəb(ə)l] *a* поддающийся стиранию, уничтожению, забвению

effacement [ɪ'feɪsmənt] *n* 1. стирание, сглаживание 2. вычёркивание 3. отмена

effaré [e'fɑ:reɪ] *а фр.* скачущий (*о геральдическом животном*)

effect I [ɪ'fekt] *n* 1. результат, следствие; cause and ~ причина и следствие; ~s of war последствия войны; beneficial ~ положительное воздействие; salutary ~ благотворное влияние; long-range ~s долгосрочные последствия; worries have a bad ~ on the nervous system неприятности плохо действуют на нервную систему; he began to feel the evil ~s of drinking он начал ощущать пагубные /зловещие/ последствия пьянства; of no ~, to no ~, without ~: а) безрезультатно; б) безрезультатный; [*ср. тж.* 2, 1)]; to have /to take/ ~ дать (желаемый) результат; подействовать [*см. тж.* 3, 2)]; the medicine took ~ лекарство подействовало /помогло/; the medicine has had no ~ on her symptoms лекарство не сняло симптомов болезни 2. 1) цель; намерение; to this ~ для этого, для этой цели; to no ~ бесцельно [*ср. тж.* 1] 2) смысл; сущность, существо (*дела*); содержание; in ~ в сущности; по существу, фактически; his poetry was, in ~, his life по существу /по сути дела/ поэзия была его жизнью 3. 1) действие, воздействие, влияние; flutter ~ *спец.* вибрация, дрожание; the ~ of light ~ действие света; б) *фото* актиничный эффект; to exercise ~ оказывать воздействие; the ~ of environmen' upon man's life влияние окружающей среды на жизнь человека 2) действие, действенность, сила; binding ~ *дип.* обязательная сила; lack of ~ *юр.* недействительность; to take ~ вступать в силу [*см. тж.* 1]; with ~ from... вступающий в силу с...; to be in ~ действовать, быть действительным (*о законе, соглашении и т. п.*) 4. осуществление, выполнение; to give ~ to приводить в действие (*закон*); to put /to bring, to carry/ into /to/ ~ осуществлять, проводить в жизнь, выполнять; in order to give ~ to the decisions of the Security Council для осуществления решений Совета Безопасности; to give practical ~ to an idea осуществить замысел 5. эффект, впечатление; for ~ для (внешнего) эффекта, напоказ; чтобы произвести впечатление; general ~ общее впечатление; the speech did not fail to have its ~ on the audience как и ожидалось, речь произвела впечатление на аудиторию 6. *pl кино* звуковое сопровождение кинофильма (*кроме речи и музыки*); шум; special ~s специальные эффекты (*дождь, снег, туман, пожар и т. п.*); ~s track фонограмма шумов 7. *воен.* огневое воздействие, убойность 8. *тех.* полезный эффект; производительность (*машины*)
◊ to the ~ that... в том смысле, что...; следующего содержания...; there is considerable authority to the ~ that многие компетентные люди полагают, что...; the answer was to the ~ that... они ответили (в том смысле), что...; the letter was to the following ~ содержание письма сводилось к следующему; he said he did not care, or words to that ~ он сказал, что ему всё равно или что-то в этом роде

effect II [ɪ'fekt] *v* 1. осуществлять; совершать; выполнять; проводить (*в жизнь*); производить; to ~ the will of the citizens осуществлять волю граждан; to ~ a settlement of a dispute добиться урегулирования спора; their transition to automation was ~ed last year их переход на автоматику был проведён в прошлом году; the admission to membership in the U. N. will be ~ed by a decision... приём в члены ООН производится постановлением...; to ~ payment *фин.* производить платёж; 2. заключать, оформлять (*сделку и т. п.*); to ~ a marriage заключать брак; to ~ a policy (of insurance) застраховаться, приобрести страховой полис

effecter [ɪ'fektə] *n редк.* 1. исполнитель 2. совершитель 3. сторона (*в сделке*)

effectible [ɪ'fektəb(ə)l] *a редк.* осуществимый, выполнимый

effective I [ɪ'fektɪv] *n воен.* 1. 1) боец 2) *pl* численный состав (*армии*), эффективы 3. *pl* боевой состав

effective II [ɪ'fektɪv] *a* 1. действительный, действенный; эффективный; успешный; полезный; ~ co-operation плодотворное сотрудничество; ~ measures действенные меры; ~ control эффективный контроль; ~ steps towards peace эффективные шаги, направленные на укрепление мира; to be ~ against smth. помогать против чего-л.; ~ beaten zone *воен.* полоса действительного поражения; ~ range *воен.* эффективная дальность; дальность действительного огня; ~ bursting radius *воен.* радиус поражения осколками; убойный радиус; ~ depth *воен.* глубина поражения; ~ fire *воен.* действительный огонь; ~ dust *спец.* сильнодействующий инсектицид, дуст 2. действующий, имеющий силу (*о законе и т. п.*); ~ date дата вступления в силу, the /to become/ ~ вступать в силу 3. эффектный, впечатляющий; ~ speaker оратор, владеющий аудиторией; ~ picture эффектная /впечатляющая/ картина 4. фактический; ~ revenue реальный доход; ~ rate *фин.* фактическая ставка (налогового обложения); ~ demand *эк.* фактический /платёжеспособный/ спрос; ~ forces *воен.* наличный боевой состав; кадровые войска 5. имеющий хождение (*о деньгах*); ~ coin звонкая монета; ~ money наличные деньги 6. *лингв.* завершительный, результативный, эффектный 7. *тех.* полезный, рабочий (*об объёме и т. п.*); ~ area а) рабочая поверхность; б) полезная площадь сечения; ~ power эффективная мощность (*двигателя*); ~ head *гидр.* полезный напор; ~ resistance *эл.* эффективное сопротивление ◊ ~ cough кашель с мокротой

effectiveness [ɪˈfektɪvnɪs] *n* эффективность, действенность

effectless [ˈfektlɪs] *a* безрезультатный, неэффективный, недейственный, недействительный

effector [ɪˈfektə] *n* 1. *тех.* эффектор, исполнительный орган *или* механизм 2. *физиол.* 1) эффектор, исполнительный орган 2) нервное окончание (*передающее возбуждение*) 3. *биохим.* действующее начало

effectrix [ɪˈfektrɪks] *n книжн.* побудительная причина, движущая сила

effects [ɪˈfekts] *n pl* 1) *эк.* имущество, собственность; movable ~ движимость; personal ~ недвижимость; household ~ домашние вещи, пожитки, утварь; ~ found on the body *воен.* вещи, снятые с погибшего; to leave no ~ ничего не оставить наследникам; no ~ *фин.* нет средств (*надпись банка на неакцептованном чеке*) 2. предметы *или* вещи, принадлежащие туристам *или* путешественникам (*при таможенном досмотре*)

effectual [ɪˈfektʃʊəl] *a* 1. эффективный, действенный; дающий результат; целесообразный, достигающий цели; ~ measure действенная мера; ~ demand *эк.* платёжеспособный /действительный/ спрос; punishment was ~ наказание достигло цели 2. *юр.* действительный, имеющий (законную) силу

effectuality [ɪˌfektʃʊˈælɪtɪ] *n* эффективность, действенность

effectually [ɪˈfektʃʊəlɪ] *adv* целесообразно; результативно

effectuate [ɪˈfektʃʊeɪt] *v книжн.* совершать, выполнять, приводить в исполнение; to ~ a conclusion сделать вывод; to ~ one's desire somehow or other любыми средствами осуществить своё желание

effectuation [ɪˌfektʃʊˈeɪʃ(ə)n] *n книжн.* выполнение, приведение в исполнение, осуществление

effeir [eˈfiːr] *v шотл. юр.* 1) принадлежать 2) надлежать; as ~s как надлежит; как подобает

effeminacy [ɪˈfemɪnəsɪ] *n* 1. изнеженность (*мужчины*); недостойная (*мужчины*) слабость 2. женоподобие 3. *уст.* женолюбие

effeminate I [ɪˈfemɪnɪt] *n* женоподобный мужчина; слабый, изнеженный человек; «баба»

effeminate II [ɪˈfemɪnɪt] *a* 1. женоподобный 2. изнеженный; чрезмерно чувствительный; немужественный; ~ art сентиментальное искусство 3. *уст.* томный, сладострастный (*о звуках музыки и т. п.*)

effeminate III [ɪˈfemɪneɪt] *v редк.* 1) расслаблять, изнеживать (*мужчину*); лишать мужества, стойкости; феминизировать; ≅ «обабить» 2) изнежиться, излениться; ≅ «обабиться»

effemination [ɪˌfemɪˈneɪʃ(ə)n] *n* 1. *уст.* утрата мужественности 2. *физиол.* феминизация, эффеминация

effeminize [ɪˈfemɪnaɪz] *v редк.* лишать мужественности; изнеживать; ≅ «обабить»

effendi [eˈfendɪ] *n тур.* эфенди

efferent [ˈefərənt] *a физиол.* 1) выносящий, выводящий, центробежный 2) эфферентный; ~ fiber эфферентное нервное волокно

effervesce [ˌefəˈves] *v* 1. выделяться в виде пузырьков (*о газе*) 2. 1) шипеть, пениться (*о напитке*) 2) быть в ударе, испытывать подъём, искриться; to ~ with joy светиться радостью; to ~ with pride сиять от гордости

effervescence, -cy [ˌefəˈves(ə)ns, -sɪ] *n* 1. 1) выделение пузырьков газа; шипение (*шампанского и т. п.*); вспенивание; flat beer which has lost its ~ безвкусное, выдохшееся пиво 2) возбуждение, подъём; the ~ of invention игра воображения; in ~ of hospitality в порыве гостеприимства

effervescent [ˌefəˈves(ə)nt] *a* 1) шипучий (*о напитке*) 2. кипучий, искромётный, брызжущий весельем

effete [ɪˈfiːt] *a* 1. расслабленный, ослабевший, неспособный к действию 2. 1) изнеженный, избалованный 2) упадочный; ~ poetry декадентская поэзия; to become ~ прийти в упадок 3. бесплодный; истощённый 4. *уст.* неспособный к воспроизведению потомства (*о животных*) 5. *в грам. знач. сущ. pl* 1) деклассированные элементы 2) декаденты 3) (изнеженные) бездельники

efficacious [ˌefɪˈkeɪʃəs] *a* 1. *книжн.* эффективный, действенный; quinine is ~ against malaria хинин — эффективное средство против малярии 2. действующий, имеющий силу; ~ law действующий закон

efficacy [ˈefɪkəsɪ] *n* 1. эффективность, сила; действенность; the ~ of a medicine эффективность лекарства 2. *тех.* работоспособность

efficiency [ɪˈfɪʃ(ə)nsɪ] *n* 1. умение, расторопность, точность (*в работе*); деловитость, сноровистость; the highest standards of ~ высокий уровень работоспособности 2. эффективность, действенность; military /fighting/ ~ боеспособность 3. 1) производительность, продуктивность, прибыльность; the ~ of labour производительность труда; to increase ~ and to diminish cost of output повысить производительность труда и снизить себестоимость производства 2) выполнение норм выработки 3) (высокий) организационно-технический уровень; ~ engineer специалист по рационализации производства /по научной организации труда/ 4. *тех.* 1) коэффициент полезного действия 2) коэффициент использования (*машины*); the machine is not working at its highest ~ машина работает не на полную мощность 3) пропускная способность 5. *амер.* однокомнатная квартира с кухонной нишей (*тж.* ~ apartment)

efficiency plan [ɪˈfɪʃ(ə)nsɪˌplæn] *эк.* повременно-прогрессивная система оплаты труда

efficiency report [ɪˈfɪʃ(ə)nsɪrɪˌpɔːt] служебная характеристика; аттестация

efficiency wages [ɪˈfɪʃ(ə)nsɪˌweɪdʒɪz] сдельная оплата труда

efficient [ɪˈfɪʃ(ə)nt] *a* 1. квалифицированный, умелый, знающий своё дело; деятельный; расторопный; ~ worker знающий и энергичный работник; ~ secretary исполнительный /квалифицированный/ секретарь 2. эффективный, действительный, действенный; the ~ discharge of the committee's responsibilities эффективное осуществление обязанностей комитета 3. целесообразный; рациональный; ~ distribution целесообразное распределение 4. *тех.* 1) продуктивный, работающий с высоким коэффициентом полезного действия 2) исправный (*о механизме*)

Effie [ˈefɪ] *n амер.* Эфи, ежегодная награда составителям реклам (*учреждена рекламной промышленностью*)

effigial [ɪˈfɪdʒɪəl] *a редк.* изображающий (*кого-л.*); портретный

effigiate [ɪˈfɪdʒɪeɪt] *v редк.* изображать, делать изображение, портрет; ~d in smb.'s image созданный по чьему-л. образу

effigy [ˈefɪdʒɪ] *n* изображение; статуя; портрет (*преим. объёмный или рельефный*); wax ~ восковая фигура; to execute [to hang, to burn] in ~ символически предать казни [повесить, сжечь чьё-л. изображение]

efflation [ɪˈfleɪʃ(ə)n] *n книжн.* 1. выдох, выдыхание 2. порождение; эманация

effloresce [ˌefloːˈres] *v* 1. зацветать, расцветать 2. *спец.* 1) выветриваться 2) выцветать 3) выкристаллизовываться (*на поверхности и т. п.*) 4) образовывать налёт

efflorescence [ˌefloːˈres(ə)ns] *n* 1. 1) зацветание; цветение 2) расцвет; periods of ~ in science and art периоды расцвета науки и искусства 2. *спец.* 1) выцвет, выцветание 2) выветривание (*кристаллов, пород*) 3. *мед.* высыпание, сыпь

efflorescent [ˌefloːˈres(ə)nt] *a* 1. расцветающий, цветущий 2. процветающий 3. *спец.* 1) выцветающий 2) выветривающийся (*о кристаллах, породах*)

effluence [ˈefluəns] *n книжн.* 1. приток, ток, течение; the mist was an ~ from the swamp с болота поднимался туман 2. истечение, эманация; ~ of radioactivity утечка радиации

effluent I [ˈefluənt] *n* 1. река или ручей, вытекающий из другой реки, озера 2. поток (*лавы*) 3. 1) сток (*канализационный*) 2) *pl* сточные воды; жидкие промышленные отходы 3) радиоактивные жидкие отходы атомных электростанций

effluent II [ˈefluənt] *a* 1. вытекающий, просачивающийся 2. сточный; ~ drain сточная труба

effluvia [ɪˈfluːvɪə] *pl от* effluvium

effluvious [eˈfluːvɪəs] *a* 1. 1) испаряющийся 2) издающий запах; зловонный 2. излучающий

effluvium [eˈfluːvɪəm] *n* (*pl тж.* -via) 1. испарение (*преим. вредное или зловонное*); миазмы 2. эманация; излучение

efflux [ˈeflʌks] *n* 1. утечка, истечение (*жидкости, газа и т. п.*); an ~ of gold coins from the country утечка золотых монет из страны 2. *тех.* 1) выхлоп двигателя 2) (газовая) реактивная струя 3. истечение (*срока*); the ~ of time истечение времени 4. эманация

effluxion [ɪˈflʌkʃ(ə)n] *книжн.* 1. = efflux 1 *и* 3 2. = effluvium

EFF — EGG

efforce [e'fɔ:s] *v редк.* 1) 1) взломать 2) вломиться (в) 2). вырвать (силой)

effort ['efət] *n* 1. усилие, напряжение; last ~ последнее усилие; he spoke with ~ ему было трудно говорить, он еле-еле говорил; without ~ легко, без напряжения; to make ~s приложить усилия; ~s will be made to do this будут приложены все силы, чтобы сделать это; I will make every ~ to help you я приложу все усилия /сделаю всё, что в моих силах/, чтобы помочь вам; to spare no ~ не жалеть сил; it does not need much (of an) ~ для этого не требуется много усилий, это не очень трудно; through the ~s of smb. чьими-л. стараниями 2. попытка; to make an ~ попытаться, сделать попытку, постараться; it may be worth our ~ to investigate the matter пожалуй, стоит попытаться внимательно изучить этот вопрос 3. усилия, борьба (*за что-л.*); a peace ~ усилия в борьбе за мир; joint /combined, concerted/ ~ объединённые усилия; co-operative ~ совместные усилия; constant ~ to attain one's end постоянная борьба за достижение цели 4. что-л. достигнутое, созданное; произведение; a literary ~ литературное произведение; the painting is one of his finest ~s эта картина — одно из лучших его созданий 5. программа работ; объём работ; research ~ программа научно-исследовательских работ; space ~ программа космических исследований

effortless ['efəθls] *a* 1. не требующий усилий, лёгкий 2. не делающий усилий; пассивный

effort rating ['efət,reɪtɪŋ] 1) оценка напряжения при работе 2) оценка темпа работы

effraction [ɪ'frækʃ(ə)n] *n книжн.* взлом (*двери, замка*)

effranchise [e'fræn(t)ʃaɪz] *v книжн.* предоставлять права *или* привилегии, *преим.* право участвовать в выборах

effrontery [ɪ'frʌnt(ə)rɪ] *n* наглость, нахальство, бесстыдство; to have the ~ to do smth. иметь наглость сделать что-л.

effulge [ɪ'fʌldʒ] *v книжн.* 1) сверкать, сиять, *ирон.* блистать; 2) with the sun соперничать в блеске с солнцем

effulgence [ɪ'fʌldʒ(ə)ns] *n книжн.* блеск, лучезарность, сияние, сверкание

effulgent [ɪ'fʌldʒ(ə)nt] *a книжн.* лучезарный, сияющий, сверкающий; smile лучезарная улыбка; ~ beauty а) ослепительная красота; б) необыкновенная красавица; an ~ flash of intuition вспышка интуиции, озарение

effuse I [ɪ'fju:s] *a* 1. *книжн.* 1) изливающийся, льющийся через край 2) безудержный; ~ expense безумное расточительство 2. *бот.* разросшийся, развесистый

effuse II [ɪ'fju:z] *v* 1. 1) изливать, проливать 2) испускать, выделять, излучать 3) извергать (*лаву, горные породы*) 2. распространять, источать

effusion [ɪ'fju:ʒ(ə)n] *n* 1. излияние, пролитие; ~ of blood а) кровоизлияние; б) кровотечение, потеря крови; в) *уст.* кровопролитие; ~ of wine возлияния 2. извержение (*лавы, горных пород*) 3. (душевное) излияние; поток (*слов, стихов*) 4. *физ.* эффузия, истечение (*газа через отверстие*) 5. *мед.* 1) выпот 2) излияние, пропотевание

effusive [ɪ'fju:sɪv] *a* 1. экспансивный, несдержанный; ~ thanks шумное выражение признательности; to be ~ in one's gratitude рассыпаться в благодарностях

2. вытекающий, истекающий; выливающийся, переливающийся (через край) 3. *геол.* эффузивный, изверженный; ~ rocks изверженные /вулканические/ породы

eft [eft] *n* тритон, саламандра

eftsoons [eft'su:nz] *adv арх.* 1. опять, снова 2. потом; после; вскоре; ~ I'll tell thee why сейчас я скажу тебе причину этого 3. время от времени

egad(s) [i(:)'gæd(z)] *int* (*искаж.* oh God) *уст., шутл.* боже мой!, чёрт возьми!; проклятие!; ~, that's true! о боже/чёрт возьми/, это правда!

egads button, egads switch [i(:)'gædz,bʌtn,-swɪtʃ] = chicken button

egalitarian I [ɪ,gælɪ'tɛərɪən] *n* эгалитарист, сторонник эгалитаризма

egalitarian II [ɪ,gælɪ'tɛərɪən] *a* уравнительный, уравнительский, эгалитарный; ~ utopia эгалитарная утопия

egalitarianism [ɪ,gælɪ'tɛərɪənɪz(ə)m] *n* эгалитаризм

egality [ɪ'gælɪtɪ] *n редк.* равенство

Egeria [i(:)'dʒɪərɪə] 1) *рим. миф.* Эгерия 2) *преим. ирон.* советчица, вдохновительница

egest [i(:)'dʒest] *v физиол.* экскретировать, извергать; выделять (*пот и т. п.*)

egesta [i(:)'dʒestə] *n pl лат. физиол.* выделения; экскременты

egestion [i(:)'dʒestʃ(ə)n] *n физиол.* экскретирование, выделение (*пота и т. п.*); дефекация

egestive [i(:)'dʒestɪv] *a физиол.* выделительный

egg¹ I [eg] *n* 1. яйцо; goose's [hen's] ~s гусиные [куриные] яйца; hard-boiled ~ яйцо вкрутую, крутое яйцо; soft-boiled ~ яйцо всмятку; poached ~ яйцо-пашот; powdered ~s яичный порошок; shell ~s натуральные яйца (*не порошок*); fried ~(s) яичница-глазунья; scrambled ~(s) яичница-болтунья; ham [bacon] and ~s яичница с ветчиной [с беконом]; ~ tray картонный поддон для яиц; ~ dish блюдо из яиц 2. 1) зародыш; in the ~ в зародыше, в начальной стадии; to crush in the ~ подавить в зародыше 2) *биол.* яйцеклетка 3. *разг.* человек, парень; bad ~ непутёвый человек /малый/; негодяй; good ~ славный парень /малый/; молодец; odd ~ чудак; dumb ~ тупица, олух 4. *воен. жарг.* бомба; мина; to lay ~s сбрасывать бомбы; устанавливать мины
◊ to be like as two ~s ≅ быть похожими как две капли воды; to put all one's ~s in one basket рисковать всем сразу; ~ поставить всё на карту; to shave an ~ ≅ делать невыполнимую *или* бесполезную работу; to teach one's grandmother to suck ~s ≅ учить учёного /старшего/; ≅ яйца курицу не учат; to have ~s on the spit ≅ хлопот полон рот; there is reason in roasting ~s и яичницу делают не без причины; на всё есть свой резон; to tread upon ~s а) действовать осмотрительно; тщательно выбирать слова; б) вступить на опасную почву; касаться щекотливого вопроса; to lay an ~ провалиться с треском (*о спектакле и т. п.*); go lay an ~! *амер. груб.* убирайся!, проваливай!; he was left with ~ on his face он совершенно оскандалился /проявил полную несостоятельность/; то пришлось краснеть за себя; to be full as an ~ *амер. сл.* быть пьяным до бесчувствия /в стельку/

egg¹ II [eg] *v* 1. смазывать яичным желтком 2. *разг.* забрасывать (тухлыми) яйцами 3. собирать птичьи яйца

egg² [eg] *редк.* = egg on

egg-apple ['eg,æpl] *n редк.* баклажан

eggbeater ['eg,bi:tə] *n* 1. взбивалка, веничек (*для взбивания яичных белков и т. п.*) 2. *разг.* вертолёт 3. *разг.* навесной лодочный мотор

egg-bird ['egbɜ:d] *n* морская птица, дающая съедобные яйца

eggbox ['egbɒks] *n* 1. яичная коробка 2. *разг.* (многоквартирный) дом-коробка

egg-case ['egkeɪs] *n* 1. *биол.* защитная оболочка яйца 2. ящик для упаковки яиц

egg-cell ['egsel] *n биол.* яйцеклетка

eggcosy ['eg,kəʊzɪ] *n* стёганый чехольчик для варёного яйца (*чтобы оно не остывало*)

egg cream ['eg,kri:m] *амер.* напиток из молока и содовой воды с сиропом

eggcup ['egkʌp] *n* рюмка для яйца

egg-dance ['eg,dɑ:ns] *n* 1) танец с завязанными глазами среди разложенных яиц (*игра*) 2) трудновыполнимая задача; рискованное предприятие

egger ['egə] *n* охотник за птичьими яйцами

egger-on [,egər'ɒn] *n разг.* подстрекатель

eggery ['egərɪ] *n* гнездо для кладки яиц

egg-flip ['egflɪp] = eggnog

egg foo yo(u)ng [,egfu:'jʌŋ] омлет «фу-юнг» (*с зелёной фасолью, креветками или свининой; китайское блюдо, популярное в США*)

egg-glass ['eggla:s] *n* 1. рюмка для яйца 2. песочные часы (для варки яиц)

egghead ['eghed] *n часто ирон.* мыслящая личность, интеллектуал; эрудит

eggheaded [,eg'hedɪd] *a часто ирон.* мыслящий; интеллигентный; эрудированный; ~ persons интеллектуалы

eggheadism [,eg'hedɪz(ə)m] *n обыкн. ирон.* интеллектуализм; эрудированность

egg-laying ['eg,leɪɪŋ] *n* кладка яиц, яйцекладка

eggmass ['egmæs] *n преим. неодобр.* интеллектуалы, интеллигенция

eggnog ['egnɒg] *n* напиток из взбитых яиц с сахаром, ромом или вином

egg on ['eg'ɒn] *phr v* подстрекать, подбивать; they egged him on to fight они подбивали его на драку; we egged our team on when it was behind мы криками подбадривали нашу команду, когда она отставала

eggplant ['egplɑ:nt] *n* 1. *бот.* баклажан (*Solanum melongena*) 2. красновато-лиловый цвет

egg-plum ['eglʌm] *n* продолговатая жёлтая слива

egg-pop ['egpɒp] *амер.* = eggnog

egg roll ['egrəʊl] блинчик с овощами, овощи в кляре (*обжаренные во фритюре*)

egg rolling ['eg,rəʊlɪŋ] катанье крашеных яиц с горки (*на пасху*)

egg sac ['egsæk] = egg-case

Egg-Saturday ['eg,sætədɪ] *n* суббота перед масленицей

egg-shaped ['eg,ʃeɪpt] *a* яйцевидный, овальный, в форме яйца

eggshell I ['egʃel] *n* 1. яичная скорлупа 2. бледно-жёлтый цвет

eggshell II ['egʃel] *a* 1. хрупкий; ~ china /porcelain/ тончайший фарфор 2. матовый; ~ paper шероховатая рисовальная бумага 3. бледно-жёлтый, желтоватый

eggslice ['egslaɪs] *n* широкий нож или лопаточка для снимания яичницы со сковороды

eggspoon ['egspu:n] *n* ложечка для яйца (*меньше чайной*)

egg stage ['eg,steɪdʒ] *биол.* инкубационный период

eggstone ['egstəʊn] *n мин.* оолит, искряной камень
egg-sucker ['eg,sʌkə] *n* **1.** *прост.* тукан (*птица*) **2.** *сл.* подхалим, подлиза
Egg-Sunday ['eg,sʌndɪ] *n* воскресенье перед масленицей
egg-tester ['eg,testə] *n спец.* овоскоп
eggtimer ['eg,taɪmə] *n* часы для варки яиц (*обыкн. песочные на 3 минуты или заводные*)
egg-to-egg cycle [,egtʊ'eg,saɪkl] *биол.* полный цикл развития (*насекомого или птицы*)
egg-trot ['egtrɒt] *n* мелкая рысца
egg-whisk ['egwɪsk] = eggbeater 1
eggwhite ['egwaɪt] *n* яичный белок
egis ['iːdʒɪs] = aegis
eglantine ['eglən taɪn, 'eglən tiːn] *n бот.* шиповник ржавчинный, роза ржавая (*Rosa eglanteria*)
ego ['iːgəʊ, 'egəʊ] *n* **1.** *филос.* я (сам); эго; субъект мысли **2.** *шутл.* собственная персона **3.** самомнение **4.** самолюбие; a blow to one's ~ удар по самолюбию
egocentric I [,iːgəʊ'sentrɪk, ,egəʊ-] *n* **1.** крайний индивидуалист, эгоцентрист **2.** сторонник *или* последователь солипсизма
egocentric II [,iːgəʊ'sentrɪk, ,egəʊ-] *a* эгоцентрический, эгоцентричный
egocentrism [,iːgəʊ'sentrɪz(ə)m, ,egəʊ-] *n* **1.** крайний эгоизм *или* индивидуализм, эгоцентризм **2.** *филос.* солипсизм
ego-dystonic [,iːgəʊdɪs'tɒnɪk, ,egəʊ-] *a психол.* неприемлемый для личности; разрушающий эго; ~ acts [thoughts] действия [мысли], уничтожающие личность
ego ideal [,iːgəʊaɪ'dɪəl, ,egəʊ-] *психол.* идеализированное представление человека о себе
egoism ['iːgəʊɪz(ə)m, 'egəʊ-] *n* эгоизм, эгоистичность, себялюбие
egoist ['iːgəʊɪst, 'egəʊ-] *n* эгоист, себялюбец
egoistic, egoistical [,iːgəʊ'ɪstɪk, -(ə)l, ,egəʊ-] *a* эгоистичный, эгоистический, себялюбивый
egoity [e'gəʊɪtɪ] *n книжн.* индивидуальность; сущность (моего) «я»
egomania [,iːgəʊ'meɪnɪə, ,egəʊ-] *n* **1.** *психол.* эгомания, болезненная погружённость в себя; крайний индивидуализм **2.** *шутл.* самовлюблённость, ячество
egomaniac [,iːgəʊ'meɪnɪæk, ,egəʊ-] *n* **1.** самовлюблённый человек **2.** погружённый в себя человек
ego-state [,iːgəʊ,steɪt, 'egəʊ-] *n* эго-статус (*одно из трёх состояний сознания — родительского, взрослого и детского; в психоанализе*)
ego-syntonic [,iːgəʊsɪn'tɒnɪk, ,egəʊ-] *a психол.* укрепляющий эго; совместимый с представлением человека о себе
egotism ['egətɪz(ə)m, 'iːgə-] *n* самомнение, самовлюблённость; эготизм
egotist ['egətɪst, 'iːgə-] *n* самовлюблённый человек; индивидуалист; эготист
egotistic, egotistical [,egə'tɪstɪk, ,iː-gə-] *a* сосредоточенный на самом себе; самовлюблённый, с большим самомнением
egotize ['egə(ʊ)taɪz] *v* беспрестанно говорить, думать о себе
ego trip ['iːgəʊ(,)trɪp, 'egəʊ-] 1) самолюбование, самовозвеличение; to go on an ~ заниматься самовосхвалением 2) *преим. неодобр.* поглощённость собственными интересами; углублённость в себя
ego-trip ['iːgəʊ(,)trɪp 'egə-] *v* действовать эгоистично *или* корыстно; не считаться с другими
ego-tripper ['iːgəʊ,trɪpə, 'egəʊ-] *n* самовлюблённый человек; эгоист, себялюбец

egregious [ɪ'griːdʒəs] *a книжн.* 1) отъявленный; ~ liar отъявленный лжец; ~ fool набитый дурак 2) вопиющий; ~ error вопиющее заблуждение; ~ blunder грубейшая ошибка; ~ lie наглая ложь 3) непревзойдённый; she has an ~ need to be successful её обуревает желание добиться успеха
egregiously [ɪ'griːdʒəslɪ] *adv книжн. неодобр.* крайне, явно, в высшей степени; this is ~ silly это крайне глупо; he is ~ wrong он совершенно неправ, он глубоко заблуждается; an ~ criminal act вопиющее преступление
egress I ['iːgres] *n* 1. выход 2. право выхода, выезда; free ingress and ~ свободный въезд и выезд 3. *геол.* выход на поверхность 4. *астр.* выступление из тени
egress II [ɪ'gres] *v книжн.* выходить
egression [ɪ'greʃ(ə)n] *n* 1. *книжн.* выход, уход 2. *косм.* выход (*из корабля*) на небесное тело
egret ['iːgrɪt, 'iːgret] *n* 1. белая цапля 2. = aigrette 1
Egyptian [ɪ'dʒɪpɪæk] *a* древнеегипетский; ~ civilization цивилизация Древнего Египта
Egyptian I [ɪ'dʒɪpʃ(ə)n] *n* 1. египтянин; египтянка; the ~s *собир.* египтяне 2. древнеегипетский язык (*хамитский*) 3. *амер. шутл.* житель южной части штата Иллинойс (*в районе г. Каиро*) 4. *pl разг.* египетские папиросы 5. *разг.* египетский хлопок 6. *уст.* цыган; цыганка
Egyptian II [ɪ'dʒɪpʃ(ə)n] *a* 1. египетский; ~ architecture египетская архитектура; ~ hieroglyphics египетские иероглифы; ~ calendar древнеегипетский календарь; ~ darkness *библ.* тьма египетская; ~ bondage *библ.* рабство египетское 2. *уст.* цыганский
◇ ~ days несчастливые дни
Egyptian clover [ɪ,dʒɪpʃ(ə)n'kləʊvə] *бот.* клевер египетский *или* александрийский; берсим-клевер (*Trifolium alexandrinum*)
Egyptian cotton [ɪ,dʒɪpʃ(ə)n'kɒtn] 1) *бот.* хлопчатник египетский (*Gossypium barbadense*) 2) египетский тонковолокнистый хлопок
Egyptian reed [ɪ,dʒɪpʃ(ə)n'riːd] папирус (*растение*)
Egyptologer, Egyptologist [,iːdʒɪp'tɒlədʒə, ,iːdʒɪp'tɒlədʒɪst] *n* египтолог
Egyptology [,iːdʒɪp'tɒlədʒɪ] *n* египтология
eh [eɪ] *int* 1. а?, что (вы сказали)?; как? 2. не правда ли?; wasn't it lucky, eh? удачно получилось, да?
ehen ['ehen] *int лат.* увы!
eide ['eɪdeɪ, 'aɪdiː] *pl от* eidos
eident ['aɪdənt] *a шотл.* прилежный, внимательный
eider ['aɪdə] *n* 1. *зоол.* гага обыкновенная (*Somateria mollissima*) 2. гагачий пух
eiderdown ['aɪdədaʊn] *n* 1. 1) гагачий пух 2) *разг.* пух 2. стёганое пуховое одеяло
eider duck ['aɪdədʌk] = eider 1
eidetic [aɪ'detɪk] *a психол.* эйдетический; рельефный, живой (*особ. о зрительном образе*); ~ memory эйдетическая память; ~ image эйдетический образ (*предстающий в воображении, особ. детском, но чёткий, как при галлюцинации*)
eidola [aɪ'dəʊlə] *pl от* eidolon
eidolon [aɪ'dəʊlən] *n* (*pl тж.* -la) *греч.* 1) видение, фантом, привидение 2) кумир, идол
eidoptometry [,aɪdɒp'tɒmətrɪ] *n* определение остроты зрения
eidos ['eɪdɒs] *n* (*pl* eide) *книжн.* эйдос,

форма культуры (*в отличие от её духа*)
eigenfrequency ['aɪg(ə)n,friːkwənsɪ] *n физ.* собственная частота
eigenfunction ['aɪg(ə)n,fʌŋkʃ(ə)n] *n мат.* собственная функция
eigenvalue ['aɪg(ə)n,væljuː] *n мат.* собственное значение
eigenvector ['aɪg(ə)n,vektə] *n мат.* собственный вектор
eight I [eɪt] *n* 1) восьмёрка (*цифра; тж.* figure of ~) 2) *карт.* восьмёрка; ~ of spades восьмёрка пик 3) восемь, восьмеро; а) по восьми, восьмерками; б) *стих.* строками по восемь слогов; в) в восьмую долю листа 4) восемь лет (*о возрасте*); he is ~ ему восемь лет; at ~ в восемь лет, в восьмилетнем возрасте; a boy of ~ восьмилетний мальчик 5) восемь часов; she will come at ~ она придёт в восемь 6) *спорт.* восьмёрка (*лодка*) 7) фигура в виде восьмёрки; to cut ~s делать восьмёрки (*фигурное катание*)
◇ to have one over the ~ *сл.* напиться, хватить лишнего
eight II [eɪt] *num* 1) (*число*) восемь; ~ and ~ make sixteen восемь плюс /и/ восемь — шестнадцать; ~ books восемь книг; ~ fives are forty восемью пять — сорок; sixteen is ~ times as much as two шестнадцать в восемь раз больше двух 2) (*номер*) восьмой; ~ chapter — восьмая глава; Room ~ комната (номер) восемь
|| ~-and-twenty, ~-and-thirty, *etc.* двадцать восемь, тридцать восемь *и т. д.*
eight ball ['eɪtbɔːl] 1. шар № 8 (*биллиард*) 2. неудачник 3. *проф.* круглый микрофон
◇ behind the ~ в опасном *или* затруднительном положении
eighteen I [eɪ'tiːn] *n* 1) восемнадцать (*цифра тж.* figure of ~) 2) восемнадцать; группа из восемнадцати предметов *или* человек; there are ~ of them их восемнадцать; in ~s по восемнадцати (в каждом) 3) восемнадцать лет (*о возрасте*); he is ~ ему восемнадцать лет; at ~ в восемнадцать лет, в восемнадцатилетнем возрасте; a girl of ~ восемнадцатилетняя девушка
eighteen II [eɪ'tiːn] *num* 1) (*число*) восемнадцать; ~ and ~ make thirty-six восемнадцать плюс /и/ восемнадцать — тридцать шесть; ~ people восемнадцать человек; ~ twos are thirty-six восемнадцать, помноженное на два, — тридцать шесть; ~ times as much в восемнадцать раз больше; 2) (*номер*) восемнадцать, (номер) восемнадцатый; chapter ~ восемнадцатая глава; Room ~ комната (номер) восемнадцать
eighteenmo [eɪ'tiːnməʊ] *n полигр.* формат книги в 1/18 листа
eighteenth I [eɪ'tiːnθ] *n* 1) (the ~) восемнадцатое (число); on the ~ of May восемнадцатого мая 2) восемнадцатая часть; (одна) восемнадцатая; three ~s три восемнадцатых
eighteenth II [eɪ'tiːnθ] *a* 1) восемнадцатый (по счёту); he is in his ~ year ему восемнадцатый год; Louis the E. Людовик XVIII 2) составляющий одну восемнадцатую
◇ E. Amendment восемнадцатая поправка к конституции США, «сухой закон»
eightfold I ['eɪtfəʊld] *a* 1. состоящий из восьми частей 2. восьмикратный 3. 1) в восемь раз больший (по величине) 2) насчитывающий в восемь раз больше

EIG — EL

eightfold II ['eɪtfəʊld] *adv* в восемь больше; в восьмикратном размере; to increase ~ увеличивать *или* увеличиваться в восемь раз

eightfold way ['eɪtfəʊld,weɪ] *физ.* «восьмеричный путь» *(симметрия элементарных частиц)*

eighth I [eɪtθ] *n* 1) (the ~) восьмое (число); on the ~ of May восьмого мая 2) восьмая часть; одна восьмая; three ~s три восьмых 3) *муз.* октава

eighth II [eɪtθ] *a* 1) восьмой (по счёту); Henry the E. Генрих VIII; he arrived ~ он прибыл восьмым; he is in his ~ year ему восьмой год 2) составляющий одну восьмую

eighthly ['eɪtθlɪ] *adv* в-восьмых *(при перечислении)*

eighth note ['eɪtθ'nəʊt] *амер.* восьмая нота

eight-hour ['eɪtaʊə] *a* восьмичасовой; ~ day восьмичасовой (рабочий) день; ~ movement движение за восьмичасовой рабочий день

Eight Hours [,eɪt'aʊəz] *австрал.* День труда *(праздник)*

eighth rest ['eɪtθ'rest] *муз.* восьмая пауза

eighties ['eɪtɪz] *n pl* 1) числа от восьмидесяти до восьмидесяти девяти 2) (the ~) восьмидесятые годы *(века)* 3) возраст от восьмидесяти до восьмидесяти девяти лет; she is in her early [late] ~ ей восьмидесят с небольшим [далеко за восемьдесят] 4) деления шкалы *(термометра и т. п.)* от 80 до 90

eightieth ['eɪtɪəθ] *a* 1. 1) восьмидесятый (по счёту); he is in his ~ year ему восьмидесятый год 2) составляющий одну восьмидесятую 2. *в грам. знач. сущ.* восьмидесятая часть; (одна) восьмидесятая; eleven ~s одиннадцать восьмидесятых

eight-oar ['eɪtɔ:] *n* восьмивесельная лодка, восьмёрка

Eights, the [eɪts] *n pl* «Восьмёрки», традиционные состязания по гребле между восьмёрками колледжей Оксфордского и Кембриджского университетов

eightsome ['eɪts(ə)m] *n* 1. шотландская кадриль *(тж.* ~ reel) 2. *редк.* восьмёрка *(людей, предметов)*

eight-square ['eɪt,skweə] *a* восьмиугольный

eightvo ['eɪtvəʊ] *n полигр.* формат в $^1/_8$ листа

eighty I ['eɪtɪ] *n* 1) восемьдесят *(цифра; тж.* figure of ~) 2) группа из восьмидесяти предметов *или* человек; in eighties по восьмидесяти (в каждом) 3) восемьдесят лет *(о возрасте)*; he is ~ ему восемьдесят (лет); he must be under [about, over] ~ ему ещё нет [около, больше] восьмидесяти; he is not far off ~, he is getting on for ~ ему скоро стукнет восемьдесят лет; he is ~ if he is a day ему по крайней мере восемьдесят лет; at ~ в восемьдесят лет, в восьмидесятилетнем возрасте; a man of ~ восьмидесятилетний старик

eighty II ['eɪtɪ] *num* 1) (число) восемьдесят; ~ houses восемьдесят домов; ~ tens are eight hundred восемьдесят, помноженное на десять, — восемьсот; ~ times as much в восемьдесят раз больше 2) (номер) восьмидесятый; page ~ восьмидесятая страница; Room ~ комната (номер) восьмидесят

|| ~ -one, ~ -two, *etc.* восемьдесят один, восемьдесят два *и т. д.;* ~ -first,

~ -second, *etc.* восемьдесят первый, восемьдесят второй *и т. д.*

eightyniner [,eɪtɪ'naɪnə] *амер. ист.* первый поселенец *(обосновавшийся в Оклахоме в 1889)*

eighty-six I [,eɪtɪ'sɪks] *v амер. сл.* 1. оскорбить, обидеть 2. выбросить, вышвырнуть *(из бара и т. п.)*

eighty-six II [,eɪtɪ'sɪks] *int амер. сл.* нет!; нельзя!; ничего не выйдет!; нет и не будет! *(того, что вам нужно)*

eigne [eɪn] *a юр.* первородный, старший *(о сыне);* ~ estate майорат

eikon ['aɪkɒn] = icon

eild [i:ld] *а шотл.* не дающий молока, недойный *(о корове)*

Eingang ['aɪŋɡæŋ] *n нем.* вход

einstein ['aɪnstaɪn] *n физ.* эйнштейн *(единица количества энергии, поглощённой в фотохимической реакции)*

Einsteinian [,aɪn'staɪnɪən] *a* эйнштейновский; ~ theory of relativity теория относительности Эйнштейна

einsteinium [,aɪn'staɪnɪəm] *n хим.* эйнштейний

Eirene [aɪ'ri:nɪ] *n греч. миф.* Эйрена, Ирена *(богиня мира)*

eirenic [aɪ'ri:nɪk] *a книжн.* мирный, миролюбивый

eirenicon [aɪ'ri:nɪkɒn] *n книжн.* призыв к примирению

Eisenhower jacket ['aɪz(ə)nhaʊə'dʒækɪt] куртка «эйзенхауэр» *(до пояса, с нагрудными карманами)*

eisteddfod [aɪ'steðfɒd, aɪ'steðvɒd] *n* 1) (E.) айстедвод, состязание бардов *(ежегодный фестиваль в Уэльсе)* 2) конкурс непрофессиональных певцов и поэтов *(часто молодых)*

either I ['aɪðə] *a* 1. любой (из двух), один из двух; тот или другой; you can go by ~ road вы можете пойти по любой из этих двух дорог; he can take ~ side, it makes no difference к какой стороне он ни примкнёт, это дела не меняет; without taking ~ side не принимая ни ту, ни другую сторону; there is no evidence ~ way нет доказательств ни за, ни против; take ~ cake берите любое пирожное 2. и тот и другой, оба; каждый, оба; the river overflowed on ~ side река залила оба берега; curtains hung on ~ side of the window гардины висели по обеим сторонам окна; danger on ~ side опасность с обеих сторон; they were sitting on ~ side of the fire они сидели по обе стороны камина

either II ['aɪðə] *pron* 1. любой; take ~ of the cakes берите любое пирожное; do you want this flower or that one? — E. вы хотите взять этот цветок или тот? — Любой; you can take both these books. E. will illustrate what I say можешь взять обе книги, и та и другая подтвердят то, что я говорю; take ~ of the two routes можешь пойти по одной из этих двух дорог; ~ of these forms is possible обе эти формы возможны /употребительны/; how different was the fate of ~! как по-разному сложились их судьбы! 2. *редк.* кто-нибудь *(из двух);* что-нибудь (одно) *(из двух)*

either III ['aɪðə] *adv* 1. также, тоже *(в отриц. предложениях);* if he does not come I shall not ~ если он не придёт, то и я не приду; they didn't tell me ~ они и мне не сказали; she's caught cold, and she isn't very strong ~ *разг.* она простудилась, к тому же она не очень здоровый человек; not wise or handsome ~ неумён и к тому же некрасив 2. *эмоц.-усил.* (обыкн. возражение в ответ на утверждение): you took it. — I didn't ~ вы взяли. — Я даже и не думал брать

either... or ['aɪðə...ɔ:] *corr cj* или..., или..., либо..., либо; either he goes or I do либо он уйдёт, либо я; the dress must be either black or brown платье должно быть или чёрным или коричневым; either one thing or the other либо одно, либо другое, одно из двух

either-or ['aɪðər'ɔ:] *n* неизбежный выбор; альтернатива, дилемма; untender ~s of history беспощадные исторические дилеммы; жёсткие альтернативы истории

ejaculate I [ɪ'dʒækjʊleɪt] *n физиол.* эякулят *(спермы)*

ejaculate II [ɪ'dʒækjʊleɪt] *v* 1. воскликнуть 2. 1) выбрасывать, извергать, метать 2) *физиол.* извергать семя

ejaculation [ɪ,dʒækjʊ'leɪʃ(ə)n] *n* 1. восклицание; an ~ of welcome приветственный возглас 2. выбрасывание, извержение *(жидкости);* ~ of flame выброс пламени 3. *физиол.* эякуляция

eject [ɪ'dʒekt] *v* 1. выбрасывать, извергать; the chimney is ~ing smoke из трубы валит дым 2. 1) (from) выгонять, изгонять; to ~ an intruder from one's house выгнать непрошенного гостя 2) прогонять, увольнять 3. *юр.* выселять 4. *спец.* испускать *(нейтроны и т. п.);* выпускать *(снаряд и т. п.)* 5. катапультировать

ejecta [ɪ'dʒektə] *n употр. с гл. в ед. и мн. ч. спец.* 1. 1) извержение, выброс *(лавы и т. п.)* 2) изверженная порода 2. промышленные выбросы

ejectable [ɪ'dʒektəb(ə)l] *a* выбрасываемый; сбрасываемый; ~ seat катапультируемое сиденье

ejection [ɪ'dʒekʃ(ə)n] *n* 1. 1) выбрасывание, извержение *(дыма, лавы и т. п.)* 2) выброшенная, изверженная масса *или* лава 2. 1) увольнение *(со службы)* 3. *юр.* выселение 4. выброс *(пламени)* 5. *физ.* испускание; выбрасывание 6. *ав.* катапультирование; ~ seat /chair/ катапультируемое сиденье /кресло/; ~ mechanism механизм катапультирования; ~ chute аварийный парашют

ejective [ɪ'dʒektɪv] *a* 1. извергающий, выбрасывающий 2. *фон.* толчковый, эйективный *(о согласном)*

ejectment [ɪ'dʒektmənt] *n юр.* 1. выселение, насильственное удаление 2. изъятие имущества *(по суду);* action of ~ иск о восстановлении нарушенного владения недвижимостью 3. предписание о выселении *или* лишении имущества

ejector [ɪ'dʒektə] *n* 1. *см.* eject + -or 2. лицо, нарушающее чужое право владения *(недвижимостью)* 3. *тех.* 1) эжектор 2) выталкиватель, выбрасыватель 3) стреляющий механизм *(катапультного кресла)* 4. эжекторный насос *(тж.* ~ pump)

ejector-seat [ɪ'dʒektə,si:t] *n* катапультируемое сиденье *или* кресло

eke I [i:k] *adv арх.* также, тоже; к тому же

eke II [i:k] *v диал.* добавлять, прибавлять

eke out ['i:k'aʊt] *phr v* добавлять, восполнять; to ~ a scanty income with odd jobs восполнять недостаток средств случайной работой; to ~ a living зарабатывать себе на хлеб тяжёлым трудом, перебиваться кое-как

ekistics [ɪ'kɪstɪks] *n книжн.* 1. экистика, наука о поселениях человека 2. планирование городов и других населённых пунктов

ekklesia [ɪk'li:zɪə] *n (pl тж.* -ae) 1. = ecclesia 2. *рел.* богоизбранные

ekklesiae [ɪk'li:zɪi:] *pl от* ekklesia

el¹ [el] *n эл.* название буквы L

el² [el] *n амер. разг.* (*сокр. от* elevated railroad; *часто* E.) надземная железная дорога

ELa, Ela [ˈiːlɑː] *n* 1) *муз. ист.* самая высокая нота в гамме Гвидо д'Ареццо 2) нечто преувеличенное, напыщенное

elaborate I [ɪˈlæb(ə)rət] *a* 1. тщательно, детально разработанный; продуманный; подготовленный; ~ plan тщательно продуманный план; ~ study детальное изучение; ~ preparations тщательная подготовка 2. 1) сложный; ~ design сложная конструкция; ~ hair-do замысловатая причёска; ~ dinner обед из многих блюд 2) усложнённый (*о конструкции и т. п.*) 3) усовершенствованный, «умный» (*о механизме*) 3. *уст.* выработанный, произведённый (с трудом) 4. *уст.* усердный, старательный; ~ collector неутомимый собиратель (*чего-л.*)

elaborate II [ɪˈlæbəreɪt] *v* 1. детально, тщательно разрабатывать *или* обдумывать; вырабатывать; to ~ a plan [details] тщательно разработать план [уточнить детали] 2. 1) развивать, дополнять (*мысль, предложение*); to ~ upon a theme развивать тему; to ~ on a theory расширять рамки теории 2) уточнять, конкретизировать; he called the talks useful, but he did not ~ он назвал переговоры полезными, но далее это высказывание не развил; would you care to ~ on that statement? не уточните ли вы это заявление?

elaborated [ɪˈlæbəreɪtɪd] *a* 1) тщательно разработанный 2) искусно сделанный; тонкой работы

eleborately [ɪˈlæb(ə)rətlɪ] *adv* 1) тщательно, продуманно 2) искусно

elaboration [ɪˌlæbəˈreɪʃ(ə)n] *n* 1. тщательная разработка; выработка (*плана, проекта*) 2. развитие, уточнение; совершенствование; gradual ~ постепенное усовершенствование; I'll forgo further ~ here я не буду здесь вдаваться в подробности; the idea needs ~ эту мысль нужно развить 3. тщательность, сложность 4. *физиол.* выработка (*веществ, необходимых для роста и питания*)

Elamite [ˈiːləmaɪt] *n ист.* эламит; житель *или* уроженец Элама

élan, Elan [eɪˈlɒn, eɪˈlɑːŋ] *n фр.* 1. стремительность; порыв; пыл; ~ vital сила жизни; a duet performed with great ~ дуэт, исполненный с большим подъёмом 2. наступательный порыв (*войск*)

eland [ˈiːlənd] *n зоол.* антилопа кана (*Taurotragus oryx*)

elaphine [ˈeləfaɪn] *a книжн.* олений

elapse [ɪˈlæps] *v* проходить, протекать, пролетать (*о времени*); истекать (*о сроке*); fourteen months now ~d срок в четырнадцать месяцев уже истёк; four years ~d before he returned он вернулся только через четыре года

elastic I [ɪˈlæstɪk] *n* 1. резинка, ластик 2. резинка (*для вздёржки*); резиновая жилка; прорезиненный шнур; прорезиненная тесьма

elastic II [ɪˈlæstɪk] *a* 1. эластичный, упругий; пружинящий; rubber is ~ резина эластична; an ~ step пружинящий шаг; ~ bandage *мед.* гибкая шина, эластичная повязка; ~ stocking *мед.* резиновый чулок; ~ tissue *анат.* эластичная соединительная ткань; ~ web *текст.* эластичная прорезиненная ткань; ~ limit *тех.* предел упругости 2. гибкий, растяжимый; ~ rules нестрогие правила; ~ resolution «резиновая» /нечётко сформулированная/ резолюция; ~ conscience «резиновая» совесть, беспринципность; ~ clause *амер.* «резиновый пункт» конституции США (*об обязанностях конгресса*); ~ currency *амер.* эластичное денежное обращение 3. быстро оправляющийся (*от удара, горя*); an ~ temperament неунывающий характер

elasticity [ˌiːlæsˈtɪsɪtɪ, eˌlæs-] *n* 1. эластичность; упругость 2. гибкость; способность быстро применяться к обстановке *или* оправляться от удара; price ~ *эк.* эластичность цен

elasticize [ɪˈlæstɪsaɪz] *v* продёргивать резинку; to ~ the waistband of a dress собрать платье в поясе на тонкую резинку

elasticized [ɪˈlæstɪsaɪzd] *a* прорезиненный; собранный на тонкую резинку; ~ waistband эластичный пояс (*брюк, юбки*)

elastic-sides [ɪˈlæstɪkˌsaɪdz] *n pl* штиблеты с резинками

elastohydrodynamics [ɪˈlæstə(ʊ)ˌhaɪdrə(ʊ)daɪˈnæmɪks] *n* эластогидродинамика, упругогидродинамика

elastomer [ɪˈlæstəmə] *n хим.* эластомер, упругий полимер

elastometer [ˌelæsˈtɒmɪtə] *n мед.* прибор для измерения эластичности тканей

elastoplastic [ɪˈlæstəˌplæstɪk] *a физ.* упругопластический

elate I [ɪˈleɪt] *a поэт.* ликующий; with victory опьянённый победой

elate II [ɪˈleɪt] *v* поднимать настроение; приводить в восторг; вызывать подъём, гордость; he was highly ~d about it /over this/ он был в большом восторге от этого; the news that he was safe ~d his parents известие о том, что сын в безопасности, окрылило родителей

elated [ɪˈleɪtɪd] *a* в приподнятом настроении; в восторге, ликующий; ~ with success окрылённый успехом; an ~ winner ликующий победитель

elater [ɪˈleɪtə] *n энт.* жук-щелкун (*Elateridae*)

elation [ɪˈleɪʃ(ə)n] *n* приподнятое настроение; душевный подъём; восторг; бурная радость; энтузиазм

elative [ɪˈleɪtɪv] *n линг.* 1) элатив, чрезвычайная, абсолютная превосходная степень 2) исходный падеж в финно-угорских языках; элатив

elbow I [ˈelbəʊ] *n* 1. локоть; ~ bone локтевая кость; to lean one's ~ облокотиться; to raise oneself upon an ~ приподняться на локте; at one's ~ под рукой, рядом; he has assistants at his elbow помощники всегда с ним (рядом) 2. (резкий) изгиб, поворот (*дороги, реки*) 3. ручка (*кресла*); подлокотник 4. *тех.* 1) прямое колено трубы 2) отвод, угольник 3) патрубок (*коленчатый*) 5. *pl* рожки (*макаронные*)
◊ out at ~s a) с продранными локтями, обтрёпанный; б) без средств; up to the ~s занятый по горло, целиком поглощённый (*чем-л.*); to rub ~s with death играть со смертью; to lift /to bend/ the /one's/ ~ *сл.* пить, пьянствовать; more power to your ~ *сл.* а) желаю удачи; б) за ваше здоровье; ≅ дай бог не последнюю (*рюмку*); a knight of the ~ игрок (*в азартную игру*)

elbow II [ˈelbəʊ] *v* 1. толкать локтем; толкаться локтями 2) толкать, сталкивать, выталкивать; to ~ people aside отталкивать людей; the small farmers have been gradually ~ed out of their holdings мелких фермеров постепенно сгоняют с их земель 2. проталкиваться, протискиваться, пробираться (*через толпу*); to ~ up to counters пробиваться к прилавкам; to ~ one's way out выбираться (*откуда-л.*), расталкивая других; to ~ one's way in /into, through/ пробираться куда-л., расталкивая других; работать локтями 3. (in, into) проникать, втираться; he ~ed his way into society он втёрся в высшее общество; he'll ~ his way in wherever he wishes to go он пробьёт себе дорогу куда угодно, не считаясь ни с чем 4. изгибаться, делать зигзаг *или* крутой поворот (*о реке, дороге*)

elbow-bending [ˈelbəʊˌbendɪŋ] *n сл.* выпивка; пьянство

elbow-board [ˈelbəʊbɔːd] *n* подлокотник

elbow-chair [ˈelbəʊtʃeə] *n* кресло с подлокотниками

elbow-circle [ˈelbəʊˌsɜːkl] *n спорт.* оборот на перекладине на локте

elbow-cushion [ˈelbəʊˌkʊʃ(ə)n] *n* маленькая диванная подушка

elbowed [ˈelbəʊd] *a* 1. изгибающийся, извивающийся (*о реке, дороге*) 2. с острыми углами, выступами 3. с подлокотниками (*о скамье, кресле*) 4. *тех.* коленчатый

elbow grease [ˈelbəʊˌgriːs] *шутл.* тяжёлая работа (*физическая*); cleaning out this kitchen will take a lot of ~ пока уберёшь эту кухню, семь потов сойдёт

elbow-pad [ˈelbəʊpæd] *n* 1. мягкий подлокотник (*кресла*) 2. *спорт.* налокотник

elbow-piece [ˈelbəʊpiːs] *n ист.* налокотник (*часть доспеха*)

elbow-rest [ˈelbəʊrest] *n* подлокотник

elbow-room [ˈelbəʊruːm] *n* 1) простор, пространство, место; give me ~! посторонись!, подвинься!; this plane needs ~ to fly этому самолёту для взлёта нужно место 2) свобода, простор

elbow-shaking [ˈelbəʊˌʃeɪkɪŋ] *n сл.* игра в кости

eld I [eld] *n* 1. *поэт.* старость 2. *арх.* старина, былое; monuments of ~ памятники прошлого /древности/ 3. *диал.* возраст (*человека*)

eld II [eld] *поэт., арх. см.* old

elder¹ [ˈeldə] *n* 1. *pl* старшие; I know my duty to my ~s я знаю свой долг перед старшими 2. старец 3. старейшина; the village ~s старейшины деревни 4. *церк.* 1) пресвитер 2) церковный староста

elder¹ II [ˈeldə] *a* 1. *арх. compar от* old 2. старший (*по возрасту или положению*); the ~ brother старший брат (*из двух*); he is my ~ by two years он старше меня на два года 3. предшествующий, более ранний; ~ title ранее возникшее право 4. старинный, древний, ранний; ~ times стародавние времена
◊ the ~ hand *карт.* игрок, ходящий первым

elder² [ˈeldə] *n бот.* бузина, самбук (*Sambucus spp.*)

elderberry [ˈeldəb(ə)rɪ] *n* плод самбука

elderborn [ˈeldəbɔːn] *a* старший (*о брате, сестре*)

eldercare [ˈeldəkeə] *n* 1. 1) гериатрия 2) уход за стариками 2. (E.) *амер.* медицинская помощь неимущим престарелым

elderling [ˈeldəlɪŋ] *n редк.* старичок; старушка

elderly [ˈeldəlɪ] *a* 1. пожилой, преклонного возраста 2. *в грам. знач. сущ.* престарелые

eldern [ˈeldən] *a* бузинный, бузиновый

eldership [ˈeldəʃɪp] *n* 1. старшинство 2. собрание старейшин 3. *церк.* пресвитерия

elder statesman [ˌeldəˈsteɪtsmən] (*pl* -men [-mən]) 1. (уважа́емый) госуда́рственный *или* полити́ческий де́ятель прекло́нного во́зраста, сове́тами кото́рого по́льзуются 2. *pl* гэ́кро, сове́тники япо́нского импера́тора

eldest [ˈeldɪst] *a* 1. *арх. superl от* old 2. 1) (са́мый) ста́рший; my ~ (child) a) мой пе́рвенец; б) ста́рший из мои́х (живы́х) дете́й 2) старе́йший (*по возрасту*); the ~ of these only shall be considered as elected избра́нным счита́ется лишь ста́рший по во́зрасту 3. *арх.* стари́нный, дре́вний, древне́йший, ра́нний; the primal ~ curse (*Shakespeare*) древне́йшее прокля́тие ◊ the ~ hand *карт.* игро́к, ходя́щий пе́рвым

El Dorado [ˌeldəˈrɑːdəʊ] *n ист.* Эльдора́до, легенда́рная страна́ ска́зочных бога́тств

eldritch [ˈeldrɪtʃ] *a шотл.* таи́нственный, сверхъесте́ственный; жу́ткий

Eleatic I [ˌelɪˈætɪk] *n филос.* элеа́т
Eleatic II [ˌelɪˈætɪk] *a* эле́йский; элеа́тский; the ~ school *филос.* эле́йская шко́ла

elecampane [ˌelɪkæmˈpeɪn] *n* 1. *бот.* девяси́л высо́кий (*Inula helenium*) 2. леденец́ с кусо́чками девяси́лового ко́рня

elect I [ɪˈlekt] *n* 1. (the ~) и́збранные, избра́нники; the ~ of the land цвет /лу́чшие лю́ди/ страны́ 2. *рел.* бо́жьи избра́нники (*тж.* God's ~)

elect II [ɪˈlekt] *a* 1. и́збранный; отбо́рный; са́мый лу́чший 2. 1) вы́бранный, ото́бранный, тща́тельно подо́бранный; the bride ~ наречённая неве́ста 2) *тж. как компонент сложных слов* вы́бранный (*на должность*); и́збранный, но ещё не вступи́вший в до́лжность; the mayor ~ но́вый /то́лько что и́збранный/ мэр; the president-~ но́вый президе́нт (*до официа́льного вступле́ния в до́лжность*)

elect III [ɪˈlekt] *v* 1. выбира́ть, избира́ть (*голосова́нием*); to be ~ed president быть и́збранным на пост президе́нта; he was ~ed chairman его́ вы́брали председа́телем; to be ~ed into the committee [to office] быть и́збранным в комите́т [на до́лжность]; he was ~ed to Parliament [to Congress] он был и́збран в парла́мент [в конгре́сс]; to be ~ed by ballot [by a plurality of votes] быть и́збранным баллотиро́вкой [(относи́тельным) большинство́м голосо́в]; the president of the U.S. is ~ed for four years президе́нт США избира́ется на четы́ре го́да 2. де́лать вы́бор, принима́ть реше́ние; I ~ed to remain я реши́л оста́ться; he ~ed to say nothing он предпочёл промолча́ть

electable [ɪˈlektəb(ə)l] *a* 1. име́ющий пра́во быть и́збранным 2. заслу́живающий избра́ния

electee [ɪˌlekˈtiː] *n* и́збранный, вы́бранный (*голосова́нием*)

election [ɪˈlekʃ(ə)n] *n* 1. вы́боры; general ~ всео́бщие вы́боры; midterm ~(s) промежу́точные вы́боры; presidential [gubernatorial] ~(s) вы́боры президе́нта [губерна́тора]; special ~ *амер.* дополни́тельные вы́боры; ~ results результа́ты вы́боров; to stand for (an) ~ баллоти́роваться на вы́борах; he is seeking ~ to the House of Representatives он вы́двинул свою́ кандидату́ру в пала́ту представи́телей 2. (вы́бор; students will make their ~ of courses студе́нты вы́берут дисципли́ны, кото́рые они́ хотя́т изуча́ть 2) отбо́р; the ~ of winners in the music contest определе́ние победи́телей на ко́нкурсе музыка́нтов 3. *рел.* предопределе́ние; у́часть (бо́жьего) избра́нника

election board [ɪˈlekʃ(ə)nˌbɔːd] = election committee 2)

election committee [ɪˌlekʃ(ə)nkəˈmɪtɪ] 1) избира́тельная коми́ссия 2) *амер.* двухпарти́йная избира́тельная коми́ссия

Election Day [ɪˈlekʃ(ə)nˌdeɪ] *амер.* день вы́боров (*президе́нта, губерна́торов и т. п.; пе́рвый вто́рник по́сле пе́рвого понеде́льника в ноябре́*)

election division [ɪˈlekʃ(ə)ndɪˈvɪʒ(ə)n] избира́тельный о́круг

electioneer [ɪˌlekʃəˈnɪə] *v* проводи́ть предвы́борную кампа́нию; вести́ предвы́борную агита́цию за кандида́та

electioneerer [ɪˌlekʃəˈnɪərə] *n* уча́ствующий в проведе́нии избира́тельной кампа́нии; агита́тор (*за кандида́та*)

electioneering [ɪˌlekʃəˈnɪə(ə)rɪŋ] *n* предвы́борная кампа́ния; ~ agent дове́ренное лицо́ (*кандида́та*)

election-law [ɪˈlekʃ(ə)nˌlɔː] *n* избира́тельный зако́н; избира́тельное пра́во

election manifesto [ɪˌlekʃ(ə)nˌmænɪˈfestəʊ] предвы́борный манифе́ст

elective I [ɪˈlektɪv] *n амер.* факультати́вная дисципли́на (*в шко́ле, ко́лледже*)

elective II [ɪˈlektɪv] *a* 1. вы́борный; ~ office вы́борная до́лжность 2) избира́тельный, относя́щийся к вы́борам; the ~ constitution положе́ние о вы́борах; the ~ franchise избира́тельное пра́во 2. име́ющий пра́во выбира́ть; ~ body избира́тели, континге́нт избира́телей *или* вы́борщиков; избира́тельный о́рган 3. факультати́вный, необяза́тельный; ~ system *амер.* систе́ма обуче́ния, при кото́рой уча́щийся сам выбира́ет дисципли́ны для изуче́ния; ~ appendectomy удале́ние аппе́ндикса, проведённое по жела́нию пацие́нта 4. *хим.* избира́тельный, электи́вный; ~ affinity [attraction] избира́тельное сре́дство [притяже́ние]; ~ culture электи́вная культу́ра

electively [ɪˈlektɪvlɪ] *adv* по (свое́му) вы́бору

electivity [ɪlekˈtɪvɪtɪ] *n* 1. вы́бор 2. вы́борность

elector [ɪˈlektə] *n* 1. избира́тель 2. 1) вы́борщик 2) *амер.* член колле́гии вы́борщиков (*на президе́нтских вы́борах*) 3. *ист.* курфю́рст

electoral [ɪˈlekt(ə)rəl] *a* 1. избира́тельный; ~ district избира́тельный уча́сток; ~ quota /quotient/ *амер.* наиме́ньшее число́ голосо́в, доста́точное для избра́ния кандида́та (*при пропорциона́льном представи́тельстве*); ~ reform рефо́рма избира́тельной систе́мы 2. *ист.* курфю́рстский

electoral college [ɪˌlekt(ə)rəlˈkɒlɪdʒ] *амер.* колле́гия вы́борщиков (*на президе́нтских вы́борах*)

electoral register [ɪˌlekt(ə)rəlˈredʒɪstə] спи́сок избира́телей; спи́сок лиц, име́ющих пра́во голосова́ть

electoral roll [ɪˌlekt(ə)rəlˈrəʊl] = electoral register

electoral vote [ɪˌlekt(ə)rəlˈvəʊt] *амер.* голоса́, по́данные чле́нами колле́гии вы́борщиков (*на президе́нтских вы́борах*)

electorate [ɪˈlekt(ə)rɪt] *n* 1. избира́тели, континге́нт избира́телей 2. избира́тельный о́круг 3. *ист.* курфю́ршество; зе́мли курфю́рста

electorial [ˌɪlekˈtɔːrɪəl] *редк.* = electoral

electorship [ɪˈlektəʃɪp] *n* ста́тус избира́теля *или* вы́борщика

Electra [ɪˈlektrə] *n греч. миф.* Эле́ктра

electrecology [ɪˌlektrɪˈkɒlədʒɪ] *n* электри́ческие характери́стики среды́ обита́ния

electress [ɪˈlektrɪs] *n* 1. *редк.* 1) избира́тельница 2) же́нщина-вы́борщик 2. *ист.* жена́ курфю́рста, курфю́рстина

electret [ɪˈlektrɪt] *n эл.* электре́т

electric [ɪˈlektrɪk] *a* 1. электри́ческий; ~ light электри́чество, электри́ческое освеще́ние; ~ current электри́ческий ток; ~ force электродви́жущая си́ла; ~ power электроэне́ргия; ~ railway электри́ческая желе́зная доро́га; ~ station электроста́нция; ~ torch [iron, lamp] электри́ческий фона́рь [утю́г, -ая ла́мпа]; ~ heater электронагрева́тель; электри́ческий нагрева́тельный прибо́р; ~ locomotive электрово́з; ~ pad электри́ческая гре́лка; ~ fire электрокамин; ~ automobile /car/ электромоби́ль; ~ wiring электропрово́дка 2. 1) наэлектризо́ванный; грозово́й; ~ atmosphere наэлектризо́ванная атмосфе́ра 2) возбужда́ющий, электризу́ющий; ~ eloquence электризу́ющее (аудито́рию) красноре́чие

electrical [ɪˈlektrɪk(ə)l] *a* 1. относя́щийся к электри́честву, электри́ческий; ~ engineering электроте́хника; ~ accessories электроаппарату́ра; ~ department освети́тельный цех киностуди́и; ~ advertising светова́я рекла́ма 2. удиви́тельный, поража́ющий

electrical engineer [ɪˈlektrɪk(ə)lendʒɪˈnɪə] инжене́р-эле́ктрик

electrical storm [ɪˌlektrɪk(ə)lˈstɔːm] = electric storm

electric blanket [ɪˌlektrɪkˈblæŋkɪt] электроодея́ло (*с подогре́вом*)

electric blue [ɪˌlektrɪkˈbluː] (цвет) электри́к

electric broom [ɪˌlektrɪkˈbruːm] *амер.* лёгкий пылесо́с

electric chair [ɪˌlektrɪkˈtʃeə] электри́ческий стул (*ору́дие ка́зни*)

electric eel [ɪˌlektrɪkˈiːl] *зоол.* электри́ческий у́горь (*Electrophorus electricus*)

electric eye [ɪˌlektrɪkˈaɪ] *разг.* 1. фотоэлеме́нт 2. электро́нно-лучева́я тру́бка

electric guitar [ɪˌlektrɪkɡɪˈtɑː] электрогита́ра

electrician [ɪˌlekˈtrɪʃ(ə)n, ˌeləkˈtrɪʃ(ə)n] *n* 1. электроте́хник, эле́ктрик; инжене́р-эле́ктрик 2. электромонтёр 3. *кино* освети́тель

electric injury [ɪˌlektrɪkˈɪndʒərɪ] *мед.* электротра́вма

electricity [ɪˌlekˈtrɪsɪtɪ] *n* 1) электри́чество; dynamic ~ электри́ческий ток 2) наэлектризо́ванность; спосо́бность внеза́пно вспы́хивать; the natural ~ of youth есте́ственное сво́йство мо́лодости легко́ загора́ться

electricize [ɪˈlektrɪsaɪz] *редк.* = electrify 1 *и* 2

electric organ[1] [ɪˌlektrɪkˈɔːɡən] электри́ческий о́рган (*у ска́та, угря́ и т. п.*)

electric organ[2] [ɪˌlektrɪkˈɔːɡən] электро́нный о́рган

electric ray [ɪˌlektrɪkˈreɪ] *зоол.* электри́ческий скат (*Torpedo torpedo*)

electrics [ɪˈlektrɪks] *n* электрообору́дование; электроаппарату́ра

electric seal [ɪˌlektrɪkˈsiːl] *ком.* «кро́лик под ко́тик»

electric shaver [ɪˌlektrɪkˈʃeɪvə] электробри́тва

electric shock [ɪˌlektrɪkˈʃɒk] уда́р электри́ческим то́ком; электрошо́к

electric shock therapy [ɪˌlektrɪkˈʃɒkˌθerəpɪ] электрошо́ковая терапи́я

electric sleep [ɪˌlektrɪkˈsliːp] электросо́н

electric storm [ɪˌlektrɪkˈstɔːm] 1) гроза́ 2) *метеор.* электри́ческая бу́ря

electric torch [ɪˌlektrɪk'tɔ:tʃ] ручно́й фона́рик

electrification [ɪˌlektrɪfɪ'keɪʃ(ə)n] *n* **1.** электрифика́ция; ~ project строи́тельство электротехни́ческих сооруже́ний **2.** электриза́ция

electrify [ɪ'lektrɪfaɪ] *v* **1.** электрифици́ровать **2.** электризова́ть, подверга́ть электриза́ции **3.** возбужда́ть, потряса́ть, электризова́ть; to ~ an audience наэлектризова́ть аудито́рию **4.** обору́довать электро́нными усили́телями (*орке́стр*); уси́ливать с по́мощью электро́ники (*звук*)

electrization [ɪˌlektrɪ'zeɪʃ(ə)n] *n* **1.** электриза́ция **2.** электрифика́ция

electrize [e'lektraɪz] *v* **1.** электризова́ть **2.** электрифици́ровать

electro I [ɪ'lektrəʊ] *n* (*pl* -os [əʊz]) *разг.* **1.** *сокр. от* electroplate I **2.** *сокр. от* electrotype

eletro II [ɪ'lektrəʊ] *v разг. сокр. от* electroplate II

electro- [ɪ'lektrə(ʊ)-] *в сложных словах имеет значение* электри́ческий: electrogenic электроге́нный; electropaint наноси́ть кра́ску электролити́ческим спо́собом; electrosleep электросо́н (*вызыва́емый то́ком о́чень сла́бого напряже́ния*)

electroacupuncture [ɪˌlektrəʊ'ækjʊˌpʌŋktʃə] *n мед.* электроиглоука́лывание

electrobus [ɪ'lektrəʊbʌs] *n* аккумуля́торный авто́бус, электроавто́бус, электро́бус

electrocar [ɪ'lektrə(ʊ)ka:] *n* электри́ческая самохо́дная теле́жка, электрока́р

electrocardiogram [ɪˌlektrəʊ'ka:dɪəgræm] *n мед.* электрокардиогра́мма

electrocardiography [ɪˌlektrəʊˌka:dɪ'ɒgrəfɪ] *n мед.* электрокардиогра́фия, ЭКГ

electrochemical [ɪˌlektrə(ʊ)'kemɪk(ə)l] *a* электрохими́ческий; ~ series ряд напряже́ний; ~ equivalent электрохими́ческий эквивале́нт

electrochemistry [ɪˌlektrə(ʊ)'kemɪstrɪ] *n* электрохи́мия

electrocision [ɪˌlektrə(ʊ)'sɪʒ(ə)n] *n мед.* разре́з электри́ческим ска́льпелем

electrocontact mine [ɪˌlektrəʊ'kɒntæktˌmaɪn] электроконта́ктная ми́на

electroconvulsive [ɪˌlektrəʊkən'vʌlsɪv] *a* электрошо́ковый

electroconvulsive therapy [ɪˌlektrəʊkən'vʌlsɪvˌθerəpɪ] *мед.* лече́ние электрошо́ком

electrocorticogram [ɪˌlektrəʊ'kɔ:tɪkəgræm] = electroencephalogram

electrocorticography [ɪ'lektrʊˌkɔ:tɪ'kɒgrəfɪ] = electroencephalography

electrocute [ɪ'lektrəkju:t] *v* **1.** казни́ть на электри́ческом сту́ле **2.** убива́ть электри́ческим то́ком; he was ~d by accident он был случа́йно уби́т электри́ческим то́ком; lightning ~d them их уби́ло мо́лнией

electrocution [ɪˌlektrə'kju:ʃ(ə)n] *n* **1.** казнь на электри́ческом сту́ле **2.** смерть от электри́ческого то́ка

electrode [ɪ'lektrəʊd] *n* электро́д

electrodeposit [ɪˌlektrə(ʊ)dɪ'pɒzɪt] *n спец.* гальвани́ческое покры́тие

electrodeposition [ɪˌlektrə(ʊ)ˌdepə'zɪʃ(ə)n] *n* **1.** гальваностеги́я **2.** электроосажде́ние (*пы́ли и т. п.*)

electrodermal [ɪˌlektrə(ʊ)'dɜ:m(ə)l] *a физиол.* ко́жно-электри́ческий; ~ response ко́жно-электри́ческий *или* ко́жно-гальвани́ческий рефле́кс

electrodynamic, eletrodynamical [ɪˌlektrə(ʊ)daɪ'næmɪk, -(ə)l] *a* электродинами́ческий

electrodynamics [ɪˌlektrə(ʊ)daɪ'næmɪks] *n* электродина́мика

electrodynamism [ɪˌlektrə(ʊ)'daɪnəmɪz(ə)m] = electrodynamics

eletrodynamometer [ɪˌlektrə(ʊ)ˌdaɪnə'mɒmɪtə] *n* электродинамо́метр

electro-ejaculator [ɪˌlektrə(ʊ)ɪ'dʒækjʊleɪtə] *n с.-х.* электроэякуля́тор

electroencephalogram [ɪˌlektrə(ʊ)ɪn'sefələgræm] *n мед.* электроэнцефалогра́мма

electroencephalography [ɪˌlektrə(ʊ)ɪnˌsefə'lɒgrəfɪ] *n мед.* электроэнцефалогра́фия, ЭЭГ

electrofilter [ɪˌlektrə(ʊ)'fɪltə] *n* электрофи́льтр (*для очи́стки га́зов*)

electrofishing [ɪˌlektrə(ʊ)'fɪʃɪŋ] *n* электроло́в ры́бы

electrogasdynamics [ɪˌlektrəʊˌgæsdaɪ'næmɪks] *n* электрогазодина́мика

electrogenesis [ɪˌlektrə(ʊ)'dʒenɪsɪs] *n физиол.* **1)** возбужде́ние электри́ческой акти́вности (*о́ргана, тка́ни и т. п.*) **2)** вы́работка электри́ческого то́ка (*о́рганом*)

electrogenic [ɪˌlektrə(ʊ)'dʒenɪk] *a физиол.* **1)** электроге́нный (*о проце́ссе*) **2)** электри́ческий (*об о́ргане*)

electrography [ɪˌlek'trɒgrəfɪ] *n* **1. 1.** электрогравирова́ние **2.** = electrophotography

electrohydraulics [ɪˌlektrə(ʊ)haɪ'drɒlɪks] *n* электрогидра́влика

electrohydrodynamics [ɪ'lektrə(ʊ)ˌhaɪdrə(ʊ)daɪ'næmɪks] *n* электрогидродина́мика

electrojet [ɪ'lektrə(ʊ)ˌdʒet] *n физ.* электростру́я, электроджéт (*вид то́ка в ионосфе́ре*)

electrokinetic [ɪˌlektrə(ʊ)kɪ'netɪk] *a* электрокинети́ческий

electrolier [ɪˌlektrə(ʊ)'lɪə] *n* **1)** лю́стра **2)** *мор.* электри́ческий фона́рь

electrolyse [ɪ'lektrə(ʊ)laɪz] *v* подверга́ть электро́лизу; электролизова́ть

electrolysis [ɪˌlek'trɒlɪsɪs] *n* **1.** электро́лиз **2.** *мед.* уничтоже́ние электри́ческим то́ком (*корне́й воло́с, камне́й и т. п.*)

electrolyte [ɪ'lektrə(ʊ)laɪt] *n* **1)** электроли́т **2)** аккумуля́торная (*се́рная*) кислота́

electrolytic [ɪˌlektrə(ʊ)'lɪtɪk] *a* электролити́ческий; ~ cell *тех.* а) электролити́ческая ва́нна, электролизёр; б) гальвани́ческий элеме́нт

electrolyze [ɪ'lektrə(ʊ)laɪz] = electrolyse

electromagnet [ɪˌlektrə(ʊ)'mægnɪt] *n* электромагни́т

electromagnetic [ɪˌlektrə(ʊ)mæg'netɪk] *a* электромагни́тный

eletromagnetics [ɪˌlektrə(ʊ)mæg'netɪks] = electromagnetism

electromagnetism [ɪˌlektrə(ʊ)'mægnɪtɪz(ə)m] *n* электромагнети́зм

electromedical [ɪˌlektrə(ʊ)'medɪk(ə)l] *a* электромедици́нский

electrometallurgy [ɪˌlektrə(ʊ)'metælədʒɪ, -'metəlɜ:dʒɪ] *n* электрометаллу́ргия

electrometer [ɪˌlek'trɒmɪtə] *n* электро́метр

electrometric [ɪˌlektrə(ʊ)'metrɪk] *a* электрометри́ческий

electrometry [ɪˌlek'trɒmɪtrɪ] *n* электроме́трия

electromobile [ɪ'lektrə(ʊ)məbi:l] *n* электромоби́ль, аккумуля́торный автомоби́ль

electromotive I [ɪˌlektrə'məʊtɪv] *n* электрово́з

electromotive II [ɪˌlektrə'məʊtɪv] *a* электродви́жущий; ~ force электродви́жущая си́ла; ~ car электромоби́ль

electromotor [ɪˌlektrə'məʊtə] *n* электродви́гатель, электромото́р, электри́ческий дви́гатель

ELE — ELE   E

electromusic [ɪˌlektrə(ʊ)'mju:zɪk] *n* электро́нная му́зыка; му́зыка, исполня́емая на электро́нных инструме́нтах

electron¹ [ɪ'lektrɒn] *n физ.* электро́н; heavy ~ мюо́н; ~ beam пучо́к электро́нов; ~ theory электро́нная тео́рия

electron² [ɪ'lektrɒn] = electrum 1, 2)

electron-beam [ɪ'lektrɒnˌbi:m] *a спец.* электро́нно-лучево́й

electronegative [ɪˌlektrə(ʊ)'negətɪv] *a* электроотрица́тельный

electron gun [ɪ'lektrɒnˌgʌn] *элк.* электро́нная пу́шка, электро́нный проже́ктор

electron-hole drop(let) [ɪ'lektrɒnˌhəʊl'drɒp(lɪt)] *физ.* электро́нно-ды́рочная ка́пля, эксито́нный конденса́т (*в твёрдых тела́х*)

electronic [ɪˌlek'trɒnɪk] *a физ.* электро́нный; ~ heating нагре́в электро́нным пучко́м; ~ banking автомати́ческие ба́нковские опера́ции (*для клиенту́ры*); ~ robot электро́нный автома́т; ~ brain *разг.* «электро́нный мозг», электро́нная вычисли́тельная маши́на; ~ music электро́нная му́зыка; му́зыка, исполня́емая на электро́нных инструме́нтах

electronician [ɪˌlektrə'nɪʃ(ə)n] *n редк.* специали́ст по электро́нике, электро́нщик

electronicize [ɪlek'trɒnɪsaɪz] *v* обору́довать электро́никой

electronic journal [ɪˌlek'trɒnɪkˌdʒɜ:n(ə)l] «электро́нный» журна́л (*подгота́вливаемый на всех ста́диях и печа́таемый с по́мощью ЭВМ*)

electronic journalism [ɪlekˌtrɒnɪk'dʒɜ:nəlɪz(ə)m] *преим. амер.* сбор, обрабо́тка и переда́ча теку́щей информа́ции по телеви́дению, телевизио́нный журнали́зм

electronic journalist [ɪlekˌtrɒnɪk'dʒɜ:nəlɪst] *преим. амер.* журнали́ст, рабо́тающий на телеви́дении; телекомментáтор

electronicker [ɪˌlek'trɒnɪkə] *n* фи́рма, выпуска́ющая электро́нную аппарату́ру

electronic media [ɪlekˌtrɒnɪk'mi:dɪə] ра́дио и телеви́дение

electronic newspaper [ɪlekˌtrɒnɪk'nju:sˌpeɪpə] «телевизио́нная газе́та» (*систе́ма информи́рования подпи́счиков или абоне́нтов по ка́бельному телеви́дению*)

electronic office [ɪlekˌtrɒnɪk'ɒfɪs] «электро́нное бюро́» (*обору́дованное совреме́нной «безбума́жной» аппарату́рой*)

electronics [ɪˌlek'trɒnɪks] *n* **1.** электро́ника **2.** электро́нная аппарату́ра

electronic smog [ɪlekˌtrɒnɪk'smɒg] **1)** электро́нный смог, чрезме́рная концентра́ция радиопереда́ющих устро́йств (*в диапазо́не коро́тких волн*) **2)** электро́нный смог, высо́кая пло́тность в окружа́ющей среде́ электромагни́тных излуче́ний иску́сственного происхожде́ния

electronic warfare [ɪlekˌtrɒnɪk'wɔ:feə] (ра́дио)электро́нная война́ *или* борьба́ (*примене́ние электро́нных средств для наруше́ния свя́зи в боевы́х усло́виях*)

electron microscope [ɪˌlektrɒn'maɪkrəskəʊp] электро́нный микроско́п

electronography [ɪˌlektrə'nɒgrəfɪ] *физ.* электроногра́фия

electron-optical [ɪˌlektrɒn'ɒptɪk(ə)l] *a* электро́нно-опти́ческий

electron spin resonance [ɪ'lektrɒnˌspɪnˌrezənəns] *физ.* электро́нный парамагни́тный резона́нс, ЭПР

ELE — ELE

electron tube [ɪˈlektrɒn‚tjuːb] *n* 1) электронная лампа 2) электронный прибор

electron-tube [ɪˈlektrɒn‚tjuːb] *a* элк. ламповый

electron-volt [ɪˈlektrɒn‚vəʊlt] *n физ.* электрон-вольт

electrooptics [ɪ‚lektrə(ʊ)ˈɒptɪks] *n физ.* электрооптика

electropaint [ɪ‚lektrə(ʊ)ˈpeɪnt] *v тех.* наносить краску электролитическим способом (*на поверхность металла*)

electropathy [ɪ‚lekˈtrɒpəθɪ] *n мед.* 1. электролечение, электротерапия 2. электропатия

electrophone [ɪˈlektrəfəʊn] *n* 1. электрофон, электрический музыкальный инструмент 2. телефон для тугоухих 3. система радиовещания по телефонным проводам

electrophoresis [ɪ‚lektrəfəˈriːsɪs] *n спец.* электрофорез, катафорез

electrophorus [ɪlekˈtrɒfərəs] *n* электрофор

electrophotograph [ɪ‚lektrəˈfəʊtəgraːf] *n* снимок эффекта Кирлиан (*свечения, окружающего живые организмы в электрическом поле*)

electrophotography [ɪ‚lektrə(ʊ)fəˈtɒɡrəfɪ] *n* электрография, ксерография

electrophysiology [ɪˈlektrə(ʊ)‚fɪzɪˈɒlədʒɪ] *n* электрофизиология

electroplate I [ɪˈlektrə(ʊ)pleɪt] *n полигр.* гальвано, гальваноклише, гальваностереотип

electroplate II [ɪˈlektrə(ʊ)pleɪt] *v спец.* покрывать металлом с помощью электролиза

electroplating [ɪ‚lektrə(ʊ)ˈpleɪtɪŋ] *n спец.* электролитическое осаждение, гальванопокрытие, гальваностегия

electropositive [ɪ‚lektrə(ʊ)ˈpɒzɪtɪv] *a* электроположительный

electroretinography [ɪˈlektrə(ʊ)‚retɪˈnɒɡrəfɪ] *n мед.* электроретинография (*определение активности сетчатки глаза*)

electroscope [ɪˈlektrə‚skəʊp] *n* электроскоп

electrosensitivity [ɪˈlektrə(ʊ)‚sensɪˈtɪvɪtɪ] *n* 1. электрическая чувствительность (*живых организмов*) 2. способность регистрировать электрические сигналы (*у рыб*)

electroshock [ɪˈlektrəʃɒk] *n мед.* электрошок; ~ therapy лечение электрошоком

electrosleep [ɪˈlektrə(ʊ)sliːp] *n мед.* электросон

electrostatic, electrostatical [ɪ‚lektrə(ʊ)ˈstætɪk‚-(ə)l] *a* электростатический

electrostatic printing [ɪˈlektrə(ʊ)‚stætɪkˈprɪntɪŋ] *полигр.* электростатическая печать

electrostatics [ɪ‚lektrə(ʊ)ˈstætɪks] *n* электростатика

electrotherapy [ɪ‚lektrə(ʊ)ˈθerəpɪ] *n* лечение электричеством, электротерапия

electro-thermal [ɪ‚lektrə(ʊ)ˈθɜːm(ə)l] *a* электротермический

electrothermy [ɪˈlektrə(ʊ)‚θɜːmɪ] *n тех.* электротермия

electrotone [ɪˈlektrətəʊn] = electrophone 1

electrotonus [ɪ‚lektrə(ʊ)ˈtɒnəs] *n физиол.* электротонус

electrotransport [ɪ‚lektrə(ʊ)ˈtrænspɔːt] *n* электроперенос (*перенос вещества в электрическом поле*)

electrotype [ɪˈlektrə(ʊ)taɪp] *n* 1) репродукция детали электролитическим путём 2) *полигр.* электротипия 3) *полигр.* гальвано, гальваностереотип

electrotypy [ɪˈlektrə(ʊ)‚taɪpɪ] *n* гальванопластика

electrovalence [ɪ‚lektrə(ʊ)ˈveɪləns] *n хим.* электровалентность

electrum [ɪˈlektrəm] *n* 1. 1) *мин.* природное золото с большим содержанием серебра 2) электрон, сплав золота и серебра 3) сплав меди, цинка, никеля 2. *арх.* янтарь

electuary [ɪˈlektjʊərɪ] *n мед.* электуарий, лекарственная кашка

eleemosynary I [‚elɪˈmɒsɪn(ə)rɪ] *n* 1. *уст.* = almonry 2. *редк.* = almoner 3. *уст.* живущий подаянием, нищий

eleemosynary II [‚elɪˈmɒsɪn(ə)rɪ] *a* 1. благотворительный; подающий милостыню 2. даровой, безвозмездный; ~ relief бесплатная помощь (*бедным*) 3. живущий милостыней, подачками

elegance [ˈelɪɡəns] *n* 1. элегантность, изящество; to dress with ~ одеваться со вкусом 2. изысканность, утончённость; ~ of style изысканность стиля 3. отточенность, ясность, простота (*формулировки, научного доказательства и т. п.*); the ~ of a mathematical proof чёткость математического доказательства 4. что-л. изящное

elegancy [ˈelɪɡənsɪ] *обыкн. pl* = elegance 4

elegant I [ˈelɪɡənt] *n ирон.* щёголь, денди, модник

elegant II [ˈelɪɡənt] *a* 1. элегантный, изящный; ~ room со вкусом обставленная комната; to be ~ in dress элегантно /со вкусом/ одеваться 2. утончённый, изысканный; a style ~ but not ostentatious утончённый, но не вычурный стиль; to be ~ in taste [manner] отличаться утончённым вкусом [-ными манерами] 3. отточенный, ясный, простой (*о формулировке, научном определении и т. п.*); ~ proof /demonstration/ красивое доказательство 4. *амер. разг.* отличный, первоклассный
◇ ~ arts изящные искусства

elegante [‚elɪˈɡɑːnt] *n фр.* модница, щеголиха

elegiac, elegiacal [‚elɪˈdʒaɪək‚-(ə)l] *a* 1. элегический; ~ distich элегический дистих; ~ stanza строфа из четырёх строк, написанная пятистопным ямбом; схема рифм абаб; ~ poet a) поэт, пишущий элегическим дистихом; б) автор элегических стихов 2. мечтательно-грустный, элегический; ~ mood грустное настроение; an ~ lament for departed youth сетования по поводу ушедшей юности

elegiacs [‚elɪˈdʒaɪəks] *n pl* элегические стихи

elegiast [eˈliːdʒɪəst] = elegist

elegist [ˈelɪdʒɪst] *n* автор элегий

elegit [ɪˈliːdʒɪt] *n юр.* 1. исполнительный лист о наложении запрещения на часть имущества (*ответчика*) 2. имущество, переданное истцу впредь до уплаты ему ответчиком суммы, определённой решением суда

elegize [ˈelɪdʒaɪz] *v* 1) писать элегические стихи 2) *ирон.* воспевать 3) *неодобр.* плакаться (*на судьбу и т. п.*), вздыхать (*о чём-л.*)

elegy [ˈelɪdʒɪ] *n поэт.* 1) элегия 2) стихотворение, написанное элегическим дистихом 3) погребальная песнь, плач 2. *муз.* элегия 3. надгробная речь (*тж.* funeral ~)

element [ˈelɪmənt] *n* 1. 1) элемент, составная часть; the basic ~ of one's character основная черта характера; the ~s of feudalism черты феодализма; the time ~ фактор времени; the personal ~ личные соображения; to reduce smth. to its ~s свести что-л. к первоначальным составляющим /к первоэлементам/; the event has in it something of the ~s of tragedy в этом событии есть оттенок трагедии 2) слой (*общества*); прослойка, группа (*людей*); the criminal ~ преступный элемент 2. небольшое количество, частица; an ~ of truth доля истины; an ~ of uncertainty отсутствие определённости; некоторая неопределённость 3. стихия; the four ~s четыре (основные) стихии (*земля, вода, воздух, огонь*); water is the ~ of fishes вода — родная стихия рыб; war of the ~s борьба стихий; to be in one's ~ быть в своей стихии; to be out of one's ~ чувствовать себя как рыба, вынутая из воды; he was in his ~ when talking politics он чувствовал себя в своей стихии, рассуждая о политике 4. *pl* 1) атмосферные условия, *преим.* плохая погода; daunted by the ~s задержанный непогодой; to brave the ~s не испугаться плохой погоды; ≅ невзирая на погоду 2) природные условия (*данной местности*) 5. *pl* основы; азы, начатки; the ~s of science основы науки; the ~s of arithmetic начатки арифметики 6. 1) *тех.* секция (*котла и т. п.*) 2) элемент (*механизма*) 3) элемент движения 7. *хим., физ.* элемент; chemical ~ химический элемент; tracer ~ а) *физ.* изотопный индикатор; б) *хим.* следовой элемент; voltaic ~ гальванический элемент; temperature ~ термоэлемент 8. 1) *воен.* подразделение 2) *мор.* секция 3) *амер. ав.* звено самолётов 9. *pl церк.* хлеб и вино (*при причащении*) 10. *pl уст.* азбука, алфавит

elemental [‚elɪˈment(ə)l] *a* 1. стихийный; природный; ~ strife борьба стихий; ~ worship поклонение силам природы; ~ grandeur величие природы; an ~ sense of rhythm врождённое чувство ритма 2. сильный, непреодолимый, неудержимый; ~ passions непреоборимые страсти; ~ rage неукротимая ярость, бешенство 3. основной, фундаментальный; certain ~ biological and social relationships некоторые основополагающие биологические и социальные взаимоотношения 4. основной, начальный; простейший; he taught ~ arts and crafts to the children он обучал детей начаткам народных ремёсел 5. *хим.* элементарный (*о составе*)

elementary [‚elɪˈment(ə)rɪ] *a* 1. 1) элементарный, простой; ~ colours основные цвета; this is ~ это элементарно /крайне просто/ 2) простейший, первичный; ~ cell первичная /зародышевая/ клетка 2. первоначальный, начальный; ~ knowledge начатки знаний; ~ school начальная школа; ~ teachers *разг.* учителя начальной школы; ~ treatise труд, излагающий основы (*науки*) 3. стихийный, относящийся к стихиям 4. *хим.* неразложимый

elementary particle [‚elɪˌment(ə)rɪˈpɑːtɪk(ə)l] *физ.* элементарная частица

elemi [ˈelɪmiː] *n* элеми (*группа смол*)

elenchi [ɪˈleŋkaɪ] *pl от* elenchus

elenchus [ɪˈleŋkəs] *n* (*pl -chi*) *греч. лог.* 1) эленхос, опровержение в форме силлогизма; Socratic ~ сократов способ выяснения истины 2) неубедительное опровержение; софизм

elenctic, elenctical [ɪˈleŋktɪk‚-(ə)l] *a книжн.* 1. опровергающий (*преим. в форме силлогизма*) 2. добивающийся истины путём раскрытия противоречий в суждении противника 3. перекрёстный (*о допросе*)

elephant [ˈelɪfənt] *n* 1. *зоол.* слон (*Elephantidae*) 2. (the E.) *амер.* Слон (*эмблема республиканской партии*); the E.

and the Donkey республиканская и демократическая партии 3. 1) *спец.* формат чертёжной *или* писчей бумаги (20×27 *д.*) 2) *полигр.* формат печатной бумаги (23×30 *д.*) 4. *уст.* слоновая кость

◇ white ~ ненужная, никчёмная вещь; to see the ~ *амер.* увидеть свет, узнать жизнь; to see pink ~s допиться до (зелёных) чертиков

elephanta [ˌelɪˈfæntə] *n* шторм, предвещающий конец *или* начало муссона

elephant-fish [ˈelɪfəntˌfɪʃ] *n зоол.* 1) 1) химера каллоринхус (*Callorhynchus*) 2) химеровые (*Callorhynchus spp.*) 2. гнатонемус (*Gnathonemus numenius*)

elephantiac [elɪˈfæntɪæk] *n мед.* страдающий слоновостью

elephantiasis [ˌelɪfənˈtaɪəsɪs] *n мед.* слоновость, слоновая болезнь, элефантиаз(ис)

elephantic [ˌelɪˈfæntɪk] *редк.* = elephantine

elephantine [ˌelɪˈfæntaɪn] *a* 1. слоновый; ~ bodies туши слонов 2. слоноподобный, неуклюжий, тяжеловесный; ~ grace слоновая грация; ~ humour тяжеловесный юмор; ~ attempt неуклюжая попытка; ~ tread тяжёлая поступь 3. *уст.* из слоновой кости; E. books древнеримские записи на дощечках из слоновой кости

◇ E. papyri папирусы, найденные на о-ве Слоновом; E. epoch *геол.* неогеновый период

elephant-leg [ˈelɪfəntˌleɡ] = elephantiasis

elephantoid [ˌelɪˈfæntɔɪd] *a* 1. слоноподобный 2. слоновый

elephant-paper [ˈelɪfəntˌpeɪpə] *n* 1. = elephant 3. 2. слоновая бумага

elephantry [ˈelɪfəntrɪ] *n воен. ист.* войска, передвигающиеся на слонах

elephant seal [ˈelɪfəntˌsiːl] *зоол.* морской слон (*Mirounga*)

elephant's-ear [ˈelɪfəntsˌɪə] *n бот.* 1) бегония (*Begonia gen.*) 2. *амер.* таро

Eleusinian [ˌeljuː(ː)ˈsɪnɪən] *a греч. миф.* элевсинский; ~ mysteries элевсинские таинства /мистерии/

Eleutherian [eljuː(ː)ˈθɪərɪən] *n греч. миф.* Элевтерий, Зевс-Освободитель

elevate I [ˈelɪveɪt] *a поэт.* возвышенный

elevate II [ˈelɪveɪt] *v* 1. 1) повышать (*в должности*); возводить (*в какое-л. звание*); to ~ to dukedom возводить в герцогское достоинство; to be ~d in rank for bravery быть повышенным в звании за отвагу 2) поднимать; повышать; to ~ the voice повышать голос; to ~ eyebrows *преим. ирон.* поднимать брови 3) повышать, развивать; to ~ the standards of taste развивать вкус; to ~ the mind расширять кругозор, облагораживать ум; a kind of sorrow that ~s возвышающая /облагораживающая/ скорбь 2. возбуждать, поднимать настроение 3. *воен.* придавать угол возвышения (*орудию*)

elevated I [ˈelɪveɪtɪd] *n разг.* надземка

elevated II [ˈelɪveɪtɪd] *a* 1. высокий, возвышенный, поднятый; ~ lakes горные озёра 2. надземный; ~ line /road/ дорога на эстакаде; ~ railway /*амер.* railroad/ надземная железная дорога (*на эстакаде*); ~ train поезд надземной железной дороги 3. 1) высокий, возвышенный; величественный; ~ poetry высокая поэзия; ~ thoughts возвышенные мысли; an ~ mind высокий ум 2) полный достоинства 4. возбуждённый; в приподнятом настроении 5. *шутл.* подвыпивший, навеселе, под хмельком

elevating [ˈelɪveɪtɪŋ] *a* 1. подъёмный; ~ gear подъёмный механизм; ~ sight *воен.* прицел 2. возвышающий, облагораживающий; a taste for music is an ~ passion любовь к музыке облагораживает

elevation [ˌelɪˈveɪʃ(ə)n] *n* 1. 1) поднятие, повышение; ~ of temperature повышение температуры; a sudden ~ in life внезапный успех в жизни; ~s and depressions взлёты и падения 2) повышение (*в должности*); возведение (*в звание*); ~ to the peerage возведение в звание пэра 2. возвышенность, величие; ~ of style возвышенность стиля; the ~ of mind величие ума; the lack of any ~ in his thoughts приземлённость его мышления 3. возвышение, возвышенность; высота, пригорок 4. высота (*над уровнем моря*); ~ changes перепады высот (*альпинизм*); at an ~ of about 2000 feet above the sea на высоте около 2000 футов над уровнем моря; the mountain is about 1,300 feet in ~ гора возвышается примерно на 1300 футов 5. *астр.* высота небесного тела над горизонтом 6. *спец.* высотная отметка 7. *воен.* 1) вертикальная наводка 2) угол возвышения 8. *стр.* профиль, вертикальная проекция; front ~ передний фасад, вид спереди; side ~ боковая часть, вид сбоку 9. элевация (*в балете*) 10. (*обыкн.* E.) *церк.* вознесение даров; ~ of the host вознесение даров

elevator [ˈelɪveɪtə] *n* 1. 1) грузоподъёмник 2. *амер.* подъёмник, лифт; ~ shaft шахта лифта; to go up [down] in an ~ подниматься [спускаться] на лифте 2. элеватор (*тж.* grain ~) 3. *ав.* руль высоты 4. *анат.* поднимающая мышца 5. *мед.* элеватор, элеваторий (*инструмент*)

elevator shoes [ˈelɪveɪtəˌʃuːz] мужская обувь с внутренним каблуком и толстой стелькой (*увеличивающая рост*)

elevatory I [ˈelɪveɪt(ə)rɪ] = elevator 5

elevatory II [ˈelɪveɪt(ə)rɪ] *a* возвышающий, поднимающий

eleven I [ɪˈlev(ə)n] *n* 1) одиннадцать (*цифра; тж.* figure of ~) 2) группа из одиннадцати человек, *преим.* команда из одиннадцати игроков (*футбол, крикет*); there were ~ of them их было одиннадцать; in ~s по одиннадцати (*в каждом*) 2) одиннадцать лет (*о возрасте*); he is ~ ему одиннадцать лет; at ~ в одиннадцать лет, в одиннадцатилетнем возрасте; a girl of ~ одиннадцатилетняя девочка 4) одиннадцать часов; she will come at ~ она придёт в одиннадцать

eleven II [ɪˈlev(ə)n] *num* 1) (*число*) одиннадцать; ~ and ~ make twenty-two одиннадцать плюс /и/ одиннадцать — двадцать два; ~ books одиннадцать книг; ~ fives are fifty-five одиннадцать, помноженное на пять, — пятьдесят пять; ~ times as much в одиннадцать раз больше 2) (*номер*) одиннадцать, (*номер*) одиннадцатый; chapter ~ одиннадцатая глава; Room ~ комната (номер) одиннадцать

eleven-plus [ɪˌlev(ə)nˈplʌs] *n* экзамены для одиннадцатилетних (*отборочные для зачисления в ту или иную среднюю школу; в Великобритании*)

elevenses [ɪˈlev(ə)nzɪz] *n употр. с гл. во мн. ч.* лёгкий завтрак в одиннадцать часов

eleventh I [ɪˈlev(ə)nθ] *n* 1) (the ~) одиннадцатое (*число*); on the ~ of May одиннадцатого мая 2) *муз.* ундецима 3) одиннадцатая часть; (одна) одиннадцатая; three ~s три одиннадцатых

eleventh II [ɪˈlev(ə)nθ] *a* 1) одиннадцатый (*по счёту*); he is in his ~ year ему одиннадцатый год; Louis the E. Людовик XI; he arrived ~ он прибыл одиннадцатым 2) составляющий одну одиннадцатую

◇ at the ~ hour в последнюю минуту; he won his reprieve at the ~ hour буквально в последнюю минуту ему удалось добиться отсрочки приговора

eleventh-hour [ɪˈlev(ə)nθˌaʊə] *a* случившийся в последнюю минуту, в последний момент; an ~ change in the programme изменение, внесённое в программу в последнюю минуту

elevon [ˈelɪvɒn] *n ав.* элевон

elf I [elf] *n* (*pl* elves) 1. 1) *фольк.* эльф; фея; King of the elves король эльфов 2) малютка, крошка 2. карлик 3. постреленок, проказник

elf II [elf] *v уст.* путать (*волосы*)

elf-arrow, elf-bolt [ˈelfˌærəʊ, -ˌbəʊlt] *n* 1. кремнёвый наконечник стрелы 2. *геол.* белемнит

elf-child [ˈelfˌtʃaɪld] *n* (*pl* -children [-ˌtʃɪldrən]) ребёнок, оставленный эльфами взамен похищенного (*в сказках*)

elf-dock [ˈelfˌdɒk] = elecampane

elf-fire [ˈelfˌfaɪə] *n* 1) блуждающий огонёк 2) обманчивая надежда

elfin I [ˈelfɪn] *n* 1. эльф; фея 2. пострел, проказник

elfin II [ˈelfɪn] *a* 1. относящийся к эльфам, феям; сказочный, волшебный; ~ dance танец эльфов; ~ castle замок эльфов; ~ laugh колдовской смех 2. 1) landscape феерический пейзаж 2. миниатюрный и проказливый, похожий на эльфа; the child's ~ smile лукавая улыбка ребёнка

elfish [ˈelfɪʃ] *a* 1. относящийся к эльфам 2. волшебный, таинственный, призрачный, 3. проказливый

elf-knot [ˈelfˌnɒt] = elf-lock

elf-land [ˈelfˌlænd] *n* волшебная страна

elf-lock [ˈelfˌlɒk] *n* спутанные волосы

elf-marked [ˈelfˌmɑːkt] *a* с изъяном, с врождённым недостатком

elf-shot [ˈelfˌʃɒt] *n* 1. *фольк.* болезнь, насылаемая эльфами 2. = elf-arrow 1

elf-stone [ˈelfˌstəʊn] = elf-arrow 2

elf-struck [ˈelfˌstrʌk] *a* заколдованный; зачарованный

elf-wort [ˈelfˌwɜːt] = elecampane

elhi [ˈelhaɪ] *a амер.* школьный; ~ textbooks школьные учебники [< elementary + high]

elicit [ɪˈlɪsɪt] *v* 1. извлекать, выявлять; to ~ a fact выявить факт; to ~ truth by discussion установить истину в споре 2. (from) делать вывод, выводить; to ~ a principle from data на основе имеющихся данных вывести принцип 3. добиваться, допытаться; to ~ a reply добиться ответа; to ~ universal admiration стать предметом всеобщего восхищения; to ~ applause from an audience вызвать аплодисменты аудитории; he could not ~ a syllable from her он не мог выжать из неё ни слова /звука/

elide [ɪˈlaɪd] *v* 1) выпускать, опускать (*тж.* слог, гласный) 2) вычёркивать 2. не учитывать, игнорировать 3. *шотл. юр.* аннулировать, делать недействительным

eligibility [ˌelɪdʒəˈbɪlɪtɪ] *n* 1. право на избрание, пассивное избирательное право 2. приемлемость; ~ of officers *амер.* данные, необходимые для занятия поста (*возраст и т. п.*) 3. *pl* приемлемые возможности 4. *pl* положительные качества

eligible ['elɪdʒəb(ə)l] *a* 1. могущий, имеющий право быть избранным; ~ for membership имеющий право стать членом; he is ~ for /to/ re-election он имеет право на переизбрание 2. 1) подходящий, желательный, приемлемый; to be ~ for the vacancy подходить для данной должности; ~ to retire имеющий право выйти в отставку *или* на пенсию; ~ list *амер.* список кандидатов для государственной гражданской службы; seismic events ~ for inspection сейсмические явления, подпадающие под инспекцию; ~ acceptance *фин.* акцептованный вексель, приемлемый для переучёта; ~ investment выгодное капиталовложение 2) *разг.* подходящий в качестве мужа; ~ young man подходящий жених; a small town with no ~ young men городок, где не за кого замуж выйти

Elijah [ɪ'laɪdʒə] *n библ.* (пророк) Илия

eliminable [ɪ'lɪmɪnəb(ə)l] *a* устранимый

eliminant [ɪ'lɪmɪnənt] *a мед.* изгоняющий

eliminate [ɪ'lɪmɪneɪt] *v* 1. 1) устранять, исключать; to ~ errors устранять ошибки; to ~ a possibility исключить возможность; to ~ unnecessary words убрать лишние слова; to ~ smb. from an organization исключить кого-л. из организации 2) *спорт.* снять с соревнования; in the first round most of the amateur teams ~d from the competition большинство любительских команд выбыло из соревнования в первом круге 2. уничтожать, ликвидировать; to ~ war ликвидировать войны; устранить возможность возникновения войны; to ~ poverty ликвидировать /искоренить/ нищету 3. игнорировать, не принимать во внимание; не считаться; to ~ the personal factor отбросить личные соображения 4. 1) *хим.* отщеплять, выделять, отводить, удалять 2) *физиол.* очищать; выделять; удалять из организма 5. *мат.* исключать (*неизвестное*)

elimination [ɪ,lɪmɪ'neɪʃ(ə)n] *n* 1. 1) удаление; исключение; выбрасывание; ~ of the impossible исключение невозможного 2) отсев; выбывание (*тж. спорт.*); ~ process процесс отбора (*кандидатов и т. п.*); путём отсева менее пригодных; ~ competitions *спорт.* отборочные соревнования; ~ system *спорт.* система соревнований на выбывание проигравших; to screen applicants for ~ беседовать с подавшими заявления и отсеивать неподходящих 2. устранение; уничтожение, ликвидация; ~ of errors устранение ошибок; ~ of nuclear weapons ликвидация ядерного оружия 3. *физиол.* очищение; выделение; удаление; экскреция; удаление из организма 4. *мат.* исключение (*неизвестного*)

eliminative [ɪ'lɪmɪnətɪv] *a* выделительный (*об органе и т. п.*)

eliminator [ɪ'lɪmɪneɪtə] *n* 1. *см.* eliminate + -or 2. 1) *тех.* сепаратор, отделитель (*воды, масла и т. п.*) 2) *радио* заграждающий фильтр 3) *тех.* выталкиватель

eliminatory [ɪ'lɪmɪnət(ə)rɪ] *a спорт.* отборочный; ~ matches [games] отборочные соревнования [игры]

elint ['elɪnt] *n* (*сокр. от* electronic intelligence) *воен.* 1) электронная разведка; разведка с помощью электронной аппаратуры 2) «элинт», самолёт-разведчик *или* разведывательный корабль, оборудованный электронной аппаратурой

eliquate ['elɪkweɪt] *v* 1. плавить (*руду*); выплавлять (*металл*) 2. *уст.* растоплять; превращать в жидкое состояние

eliquation [,elɪ'kweɪʃ(ə)n] *n* 1. 1) плавка (*руды*); выплавка (*металла*) 2) *метал.* ликвация 2. *уст.* растапливание; превращение в жидкое состояние

Elisha ['ɪ'laɪʃə] *n библ.* (пророк) Елисей

elision [ɪ'lɪʒ(ə)n] *n* 1. 1) *лингв.* элизия 2) пропуск (*слова и т. п.*); ~ marks многоточие (*из трёх точек*); знак пропуска 2. *редк.* прекращение, прерывание

elisor ['elɪzə] *n юр. ист.* должностное лицо, подбирающее состав присяжных для слушания данного дела

elite [eɪ'liːt, ɪ'liːt] *n* 1. 1) элита, отборная часть, цвет (*общества и т. п.*) 2) верхушка; a power ~ of the major political party обладающая (реальной) властью верхушка крупнейшей политической партии 2. шрифт пишущей машинки в 12 знаков на дюйм; ≅ цицеро

elitism [eɪ'liːtɪz(ə)m,ɪ'liːtɪz(ə)m] *n* 1. 1) власть в руках элиты 2) элитизм, теории элиты 2. аристократическое высокомерие

elixir [ɪ'lɪksə] *n* 1. эликсир, чудодейственный напиток, панацея; ~ of life эликсир жизни, секрет бессмертия 2. *фарм.* эликсир, крепкий настой (*на спирту, кислотах*) 3. *редк.* = elixir-stone

elixir-stone [ɪ'lɪksə,stəʊn] *n* философский камень (*алхимиков*)

Elizabethan I [ɪ,lɪzə'biːθ(ə)n] *n* елизаветинец, поэт, драматург, государственный деятель эпохи английской королевы Елизаветы I

Elizabethan II [ɪ,lɪzə'biːθ(ə)n] *a* елизаветинский, относящийся к эпохе английской королевы Елизаветы I; ~ Age эпоха королевы Елизаветы; ~ literature литература елизаветинской эпохи

elk [elk] *n зоол.* 1) лось, сохатый (*Alces alces*) 2) олень вапити (*Cervus canadensis*)

ell¹ [el] *n* 1. *ист.* локоть, эль [*см.* Приложение] 2. колено трубы; угловое соединение

ell² [el] *n* 1) крыло дома 2) *амер.* пристройка, флигель

ellipse ['ɪlɪps] *n* 1. *мат.* эллипс; овал 2. предмет овальной формы 3. *редк.* = ellipsis 1

ellipses ['ɪlɪpsiːz] *pl от* ellipsis

ellipsis ['ɪlɪpsɪs] *n* (*pl* -ses) 1. *лингв.* эллипсис 2. *полигр.* тире (—), многоточие (…) *или* звёздочки (***) как знак пропуска букв *или* слов 3. *редк.* = ellipse 1 *и* 2

ellipsograph [ɪ'lɪpsəgrɑːf] *n* эллипсограф

ellipsoid I [ɪ'lɪpsɔɪd] *n мат.* эллипсоид

ellipsoid II [ɪ'lɪpsɔɪd] *a* эллиптический

ellipsoidal [,lɪp'sɔɪdl] = ellipsoid II

elliptic¹ [ɪ'lɪptɪk] *a мат.* эллиптический; овальный

elliptic² [ɪ'lɪptɪk] *a* 1) *лингв.* эллиптический (*с пропуском чего-л.*)

elliptical¹ I [ɪ'lɪptɪk(ə)l] *n астр.* эллиптическая галактика, галактика эллиптической формы

elliptical¹ II [ɪ'lɪptɪk(ə)l] = elliptic¹

elliptical² [ɪ'lɪptɪk(ə)l] 1. = elliptic²; ~ construction эллиптическая конструкция 2. 1) краткий, сжатый (*о высказывании и т. п.*) 2) туманный (*о стиле*); недоговаривающий чего-л.; an ~ prose that is difficult to translate нарочитая туманность прозы, трудно поддающаяся переводу

elliptically [ɪ'lɪptɪk(ə)lɪ] *adv* 1. *лингв.* эллиптически 2. кратко, сжато; to speak ~ говорить кратко 3. без (логической) связи; to jump ~ from general principles to specific conclusions без всякого перехода с изложения общих принципов перескакивать на конкретные выводы

ellipticity [,ɪlɪp'tɪsɪtɪ] *n* 1. *мат.* эллиптичность 2. *астр.* эксцентриситет (*орбиты*); ~ of Earth сжатие /коэффициент сжатия/ Земли

elliptograph [ɪ'lɪptəgrɑːf] = ellipsograph

ell-wand ['elwɒnd] *n* 1. *диал.* мерка; палочка для измерения длины 2. (E.-W.) *шотл.* Пояс Ориона (*созвездие*)

elm [elm] *n бот.* вяз, ильм (*Ulmus gen.*)

elm-balm ['elm,bɑːm] *n* жидкость в галлах ильма, вяза

elm-tree ['elmtriː] = elm

elmy ['elmɪ] *a* заросший вязами

elocute ['eləkjuːt] *v неодобр.* ораторствовать; разглагольствовать

elocution ['eləkjuːʃ(ə)n] *n* 1. ораторское искусство; красноречие 2. дикция 3. устное высказывание, речь

elocutionary [,elə'kjuːʃ(ə)n(ə)rɪ] *a* 1) ораторский; владеющий речью 2) декламаторский

elocutionist [,elə'kjuːʃ(ə)nɪst] *n* 1. преподаватель ораторского искусства *или* дикции 2. чтец, мастер художественного слова

elogy ['elədʒɪ] *уст.* = eulogy

Elohim [e'ləʊhɪm] *n др.-евр.* Элогим, бог

eloi(g)n [ɪ'lɔɪn] *v арх.* 1. изъять из юрисдикции 2. изъять, вывезти, вынести (*имущество, которому грозит бедствие*)

elongate I ['iːlɒŋgeɪt, ɪ'lɒŋgeɪt] *a* вытянутый, удлинённый

elongate II ['iːlɒŋgeɪt, ɪ'lɒŋgeɪt] *v* 1. 1) растягивать; удлинять 2) растягиваться, удлиняться, расти в длину 2. продлить (*срок*) 3. *астр.* увеличивать видимое угловое расстояние (*планеты от Солнца*)

elongation [,iːlɒŋ'geɪʃ(ə)n, ,elɒŋ'geɪʃ(ə)n] *n* 1. 1) вытягивание, удлинение 2) *тех.* относительное удлинение (*образца*) при разрыве 2. продление (*срока*) 3. *мед.* 1) вытяжение 2) растяжение (*связки*) 4. *тех.* удлиняющая наставка 5. *астр.* элонгация

elope [ɪ'ləʊp] *v* 1. сбежать (*с возлюбленным*) 2) уйти от мужа (*к сожителю*) 2. (from) скрыться, тайно бежать (*откуда-л.*)

elopement [ɪ'ləʊpmənt] *n* 1. 1) побег (*с возлюбленным*) 2) уход от мужа (*к сожителю*) 2. тайный побег

eloquence ['eləkwəns] *n* 1. красноречие; ораторское искусство; fiery [vehement, flowery] ~ пылкое [страстное, цветистое] красноречие; to be gifted with ~ иметь ораторский дар; to be unrivalled in ~ быть непревзойдённым оратором 2. риторика, элоквенция; professor of ~ преподаватель риторики

eloquent ['eləkwənt] *a* 1. красноречивый; he was ~ on his own behalf он горячо и убедительно отстаивал свои интересы; to be naturally ~ родиться оратором; to have an ~ tongue говорить красиво; ≅ иметь хорошо подвешенный язык; he is ~ on the necessity of… он много говорит о необходимости… 2. яркий, выразительный; ~ evidence убедительное /яркое/ доказательство; ~ eyes выразительные глаза; ~ silence красноречивое молчание; the record is ~ of national prosperity эти данные красноречиво свидетельствуют о процветании страны

eloquential [ˌeləˈkwenʃ(ə)l] *a* редк. относящийся к красноречию; риторический

else [els] *adv* ещё; кроме; anything ~? ещё что-нибудь?; what ~? что ещё?; what ~ could I do but this? что же ещё я мог сделать кроме этого?; who ~? а) кто (же) ещё?; кто (же) кроме него?; кто же, как не он?; who ~ is coming? кто ещё придёт?; don't tell it to anybody ~ не говорите этого никому другому; where ~? где же ещё?; somewhere ~ где-нибудь в другом месте; somebody ~'s *разг.* принадлежащий кому-то другому, не свой; somebody ~'s children чужие дети
◊ or ~ или, иначе, а то; something ~ *разг.* а) нечто особенное; что-л. замечательное; ≅ такое поискать надо; б) незаурядная личность

elsewhere [ˈɛlsˈweə] *adv* 1) (где-нибудь) в другом месте 2) (куда-нибудь) в другое место

elsewhither [ˈɛlsˈwɪðə] *уст.* = elsewhere 2)

elsewise [ˈelswaɪz] *adv* иначе, по-другому

elucidate [ɪˈluːsɪdeɪt] *v* проливать свет; пояснять, разъяснять; an explanation that ~d his strange behaviour объяснение, сделавшее его странное поведение понятным; to ~ a text толковать текст

elucidation [ɪˌluːsɪˈdeɪʃ(ə)n] *n* разъяснение, пояснение; выяснение; толкование (*текста*); he said in ~ of his statement that... поясняя своё заявление, он сказал, что...

elucidative [ɪˈluːsɪdeɪtɪv] *a* объяснительный; проливающий свет; поясняющий, поясняющий

elucidator [ɪˈluːsɪdeɪtə] *n* толкователь, истолкователь

elucidatory [ɪˈluːsɪdeɪt(ə)rɪ] = elucidative

elude [ɪˈluːd] *v* 1. избегать, уклоняться; ускользать; to ~ the grasp не даваться в руки; to ~ argument уклоняться от спора; to ~ a treaty уклоняться от соблюдения договора; to ~ payment увильнуть от уплаты, не заплатить; to ~ pursuit ускользнуть от преследования; to ~ the vigilance обмануть бдительность; to ~ definition не поддаваться определению; the meaning ~s me не могу вспомнить значения, значение ускользает от меня 2. *спорт. проф.* «обвести» противника

elusion [ɪˈluːʒ(ə)n] *n* уклонение; увёртка, уловка; ~ of danger умение вывернуться из опасного положения

elusive [ɪˈluːsɪv] *a* 1. неуловимый, ускользающий, уклончивый; ~ reply уклончивый ответ; ~ data *информ.* труднонаходимые данные; an ~ bachelor холостяк, которого никак не удаётся «заарканить» /склонить к женитьбе/ 2. слабый (*о памяти*); смутный (*о воспоминании*) 3. трудный для запоминания или понимания (*о слове, понятии*); an ~ concept that means many things to many people расплывчатая концепция, которую каждый понимает по-своему

elusory [ɪˈluːs(ə)rɪ] *a* 1. ускользающий, не дающийся в руки; ~ problem не поддающаяся разрешению проблема 2. обманчивый, иллюзорный; призрачный

elution [iːˈl(j)uːʃ(ə)n] *n хим.* вымывание, смыв

elutriate [iˈ(ː)l(j)uːtrɪeɪt] *v хим., тех.* вымывать, смывать, декантировать; отмучивать

elutriation [ɪˌl(j)uːtrɪˈeɪʃ(ə)n] *n* 1. *хим., тех.* смыв, декантирование; отмучивание, сцеживание, промывание 2. *горн.* классификация (*при мокром обогащении*)

eluvial [ɪˈ(ː)l(j)uːvɪəl] *a геол.* элювиальный

eluvium [ɪˈ(ː)l(j)uːvɪəm] *n геол.* элювий

elvan [ˈelvən] *n мин.* эльван, гранитный порфир

elve [elv] *уст.* = elf

elver [ˈelvə] *n* молодой угорь

elves [elvz] *pl от* elf I

elvish [ˈelvɪʃ] = elfish

Elysée [ˌeɪliːˈzeɪ] *n* 1. Елисейский дворец (*в Париже*); резиденция президента Франции 2. французское правительство

Elysian [ɪˈlɪzɪən] *a* 1. *греч. миф.* относящийся к элизиуму, елисейский; ~ Fields Елисейские поля, поля блаженных, загробный мир блаженства 2. райский; блаженный

Elysium [ɪˈlɪzɪəm] *n* 1. *греч. миф.* элизий, элизиум; поля блаженных 2. рай, мир блаженства

elytra [ˈelɪtrə] *pl от* elytron *и* elytrum

elytron, elytrum [ˈelɪtrɔn, ˈelɪtrəm] *n* (*pl* -ra) надкрылье (*насекомого*)

Elzevir [ˈelzɪvɪə] *n* 1. *полигр.* эльзевир; ~ letter /type/ шрифт эльзевир 2. *pl ист.* эльзевиры, книги издания фирмы Эльзевиров (*Голландия; XVI—XVII вв.*)

em [em] *n* 1. эм, название буквы М 2. *полигр.* 1) буква «m» как единица монотипной системы измерения (*соответствующей круглую*) 2) эм, цицеро (*шрифт*)

em- [ɪm-] = en-[1]

'em [em] *разг. сокр. от* them; put 'em down положи их; up and at 'em, boys! бей их, ребята!

emaciate I [ɪˈmeɪʃɪɪt] = emaciated
emaciate II [ɪˈmeɪʃɪeɪt, ɪˈmeɪsɪeɪt] *v* 1. истощать, изнурять 2. чахнуть (*о человеке*)

emaciated [ɪˈmeɪʃɪeɪtɪd, ɪˈmeɪsɪeɪtɪd] *a* 1) изнурённый, истощённый; худой, чахлый; body ~ by illness тело, изнурённое болезнью 2) скудный, слабый; ~ outlook on life узкое мировоззрение

emaciation [ɪˌmeɪsɪˈeɪʃ(ə)n] *n* истощение, истощённость, (крайняя) худоба, исхудание

emalangeni [ˌeməlɑːŋˈgenɪ] *pl от* lilangeni

emanant [ˈemənənt] *a книжн.* 1. выходящий, вытекающий, исходящий 2. (from) происходящий (*от чего-л.*)

emanate [ˈeməneɪt] *v* 1. исходить, истекать, излучаться 2. (from) происходить 3. излучать, испускать

emanation [ˌeməˈneɪʃ(ə)n] *n* 1. 1) эманация; истечение; излучение, испускание 2) *физ. уст.* радон 2. *книжн.* порождение

emanative [ˈemənətɪv] *a* 1. испускающий, источающий (*лучи и т. п.*) 2. испускаемый, источаемый

emancipate I [ɪˈmænsɪpɪt] *поэт. см.* emancipate

emancipate II [ɪˈmænsɪpeɪt] *v* 1. 1) освобождать (*рабов и т. п.*); предоставлять свободу; to ~ slaves [serfs] освободить рабов [крепостных] 2) (from) освобождать от чего-л.; to ~ from civil disabilities освобождать от ограничения гражданских прав; to ~ oneself from the habit of gambling [smoking, drinking] освободиться от (плохой) привычки играть в азартные игры [курить, пить] 3) эмансипировать (*женщин*) 2. *юр.* объявлять совершеннолетним, освобождать от родительской опеки

emancipated [ɪˈmænsɪpeɪtɪd] *a* 1. 1) свободный, освобождённый (*от рабства, зависимости*) 2) эмансипированный (*преим. о женщине*) 2. *юр.* совершеннолетний, свободный от родительской опеки

emancipation [ɪˌmænsɪˈpeɪʃ(ə)n] *n* 1. 1) освобождение; предоставление свободы; the ~ of slaves [of serfs] освобождение рабов [крепостных]; E. Proclamation *ист.* манифест (*Линкольна*) об освобождении рабов (*1863 г.*) 2) (from) освобождение, избавление от чего-л.; ~ from discriminative treatment освобождение от дискриминации; ~ from many old superstitions изжитие многих старых предрассудков 3) эмансипация (*преим. женщин*) 2. *юр.* совершеннолетие, выход из-под родительской опеки

emancipationist [ɪˌmænsɪˈpeɪʃ(ə)nɪst] *n* сторонник освобождения (*угнетённого класса, угнетённой национальности*); *ист. тж.* сторонник освобождения рабов

emancipative [ɪˈmænsɪpeɪtɪv] *a* освобождающий, освободительный

emancipator [ɪˈmænsɪpeɪtə] *n* освободитель; the Great E. *амер.* «Великий Освободитель» (*Авраам Линкольн*)

emancipist [ɪˈmænsɪpɪst] *n австрал. ист.* поселенец, каторжник, отбывший срок наказания

emarginate I [ɪˈmɑːdʒɪnɪt] *a* выемчатый; вырезной (*о листе и т. п.*)

emarginate II [ɪˈmɑːdʒɪneɪt] *v* не оставлять полей; обрезать края

emasculate I [ɪˈmæskjʊlɪt] *a* 1. кастрированный, холощёный 2. 1) выхолощенный, бесцветный, вялый (*о языке, стиле*) 2) бессильный, лишённый воли, энергии, мужества; изнеженный

emasculate II [ɪˈmæskjʊleɪt] *v* 1. кастрировать, холостить, оскоплять 2. выхолащивать (*идею*); обеднять, делать вялым, бесцветным (*язык*); to ~ a speech сделать выступление беззубым; the bill heavily ~d became law законопроект, сильно урезанный, стал законом 3. ослаблять, обессиливать; изнеживать

emasculation [ɪˌmæskjʊˈleɪʃ(ə)n] *n* 1. кастрирование, холощение 2. бессилие, импотенция 3. 1) выхолащивание; *особ.* исключение непристойностей из литературных произведений 2) выхолощенность, вялость

emasculator [ɪˈmæskjʊleɪtə] *n вет.* эмаскулятор

emasculatory [ɪˈmæskjʊleɪt(ə)rɪ] *a* выхолащивающий, обессиливающий, делающий вялым

embale [emˈbeɪl] *v* укладывать в тюки, кипы

embalm [ɪmˈbɑːm] *v* 1. 1) бальзамировать (*труп*) 2) *поэт.* сохранять от забвения; his memory is ~ed in our hearts память о нём будет вечно жить в наших сердцах 2. 1) наполнять благоуханием 2) *арх.* натирать благовониями

embalmed [ɪmˈbɑːmd] *a* 1. набальзамированный 2. *сл.* пьяный
◊ ~ meat *воен. жарг.* мясные консервы

embalmer [ɪmˈbɑːmə] *n* 1. бальзамировщик 2. бальзамирующее средство

embalming fluid [ɪmˌbɑːmɪŋˈfl(j)uːɪd] 1. бальзамирующий состав (*формальдегид и т. п.*) 2. *сл.* 1) крепкий кофе 2) виски

embalmment [ɪmˈbɑːmmənt] *n* 1. бальзамирование 2. = embalmer 2

embank [ɪmˈbæŋk] *v* 1) ограждать или защищать насыпью, валом, дамбой 2) построить каменную набережную, одеть (*реку*) в гранит

embankment [ɪmˈbæŋkmənt] *n* 1. насыпь, дамба; гать; вал 2. набережная (*каменная*) 3. ограждение, обнесение насыпью, дамбой, валом 4. закраина дороги

embar [emˈbɑː] *v* 1. заключать в тюрьму 2. мешать, препятствовать; запрещать

embarcadero [emˌbɑːkəˈdereʊ] *n амер.* причал, пристань

embarcation [ˌembɑːˈkeɪʃ(ə)n] = embarkation

embargo I [ɪmˈbɑːɡəʊ] *n* (*pl* -oes [-əʊz]) 1. эмбарго; запрещение, запрет (*ввоза, вывоза, захода в порты*); ~ list ограничительный список, список товаров, запрещённых к ввозу *или* вывозу; to lay /to place/ an ~ (on) налагать эмбарго (на); to lay an ~ on free speech наложить запрет на свободу слова; to be under an ~ быть под запретом; to take off /to lift, to remove/ the ~ снимать эмбарго; the ~ on private radio stations now in force запрет на частые радиостанции 2. наложение ареста на судно *или* его груз 3. запрет; помеха, препятствие

embargo II [ɪmˈbɑːɡəʊ] *v* 1. накладывать эмбарго; to ~ a ship задерживать судно в порту 2. накладывать арест на судно *или* его груз 3. реквизировать; отчуждать для нужд государства; конфисковать 4. накладывать запрет

embark [ɪmˈbɑːk] *v* 1. 1) грузить на корабль; принимать на борт 2) грузиться *или* садиться на корабль *или* самолёт; to ~ at Kobe сесть на пароход *или* на самолёт в Кобе, отправиться (пароходом, самолётом) из Кобе; to ~ for a country [a port, home] отправиться в страну [порт, домой]; to ~ on a steamer [on a plane] сесть на пароход [на самолёт]; to ~ on an uncharted sea пуститься в плавание по неизведанным морям 2. начинать (*дело*); браться (*за что-л.*); предпринимать (*что-л.*); to ~ upon a new course взять новый курс; to ~ upon a career начать карьеру /трудовую деятельность/; to ~ on hostilities начинать военные действия; to ~ in /on/ a most dangerous venture пуститься в крайне рискованное предприятие; to ~ on a vast rearmament programme начать осуществлять гигантский план перевооружения; to ~ one's fortune in trade вложить свой капитал в торговлю

embarkation [ˌembɑːˈkeɪʃ(ə)n] *n* 1. посадка *или* погрузка (на корабль, на самолёт); ~ ground район посадки *или* погрузки на суда; ~ regulations правила посадки на суда 2. груз

embarras de richesse [ˌɒmbɑːˌrɑːdəriːˈʃes] *фр.* чрезмерное богатство выбора; разнообразие, затрудняющее выбор; ≅ глаза разбежались

embarrass [ɪmˈbærəs] *v* 1. беспокоить, смущать; приводить в замешательство, сбивать с толку; it ~ed him to admit it он стеснялся в этом признаться; to feel ~ed чувствовать себя неловко; her question ~ed me её вопрос поставил меня в трудное положение 2. затруднять, стеснять (*движения*); мешать; to ~ smb. with parcels нагрузить кого-л. свёртками 3. мешать; препятствовать; the law ~ed transactions between individuals закон затруднял заключение сделок между частными лицами; digestion ~ed by overeating плохое пищеварение от переедания; the motion was advanced in order to ~ the progress of the bill предложение было выдвинуто с целью затруднить принятие законопроекта; to ~ the communications *воен.* нарушать коммуникации (противника) 4. усложнять, запутывать (*вопрос, дело*) 5. 1) обременять долгами; his estate was ~ed его имение было заложено 2) вызывать денежные затруднения; the decline in sales ~ed the company уменьшение сбыта товаров поставило компанию в трудное финансовое положение; he is ~ed financially он стеснён в средствах, он испытывает денежные затруднения

embarrassing [ɪmˈbærəsɪŋ] *a* смущающий, затруднительный, стеснительный; ~ questions нескромные вопросы; ~ situation неловкое /неудобное/ положение

embarrassment [ɪmˈbærəsmənt] *n* 1. 1) смущение, замешательство, смятение; to my great ~ к своему стыду 2) нерешительность, колебание 2. запутанность (*в делах, в долгах*); обременённость (*долгами*); to be in pecuniary ~ запутаться /увязнуть/ в долгах 3. обуза; that nasty child is an ~ to his parents этот ужасный ребёнок родителям житья не даёт 4. затруднение, препятствие, помеха

◊ ~ of riches слишком богатый выбор; ≅ глаза разбегаются [*см. тж.* embarras de richesse]

embassador [emˈbæsədə] *уст.* = ambassador

embassage [ˈembəsɪdʒ] *n* 1. *амер.* = embassy 2 2. *арх.* embassy 1

embassy [ˈembəsɪ] *n* 1. 1) посольство 2) здание посольства 2. дипломатическое поручение, миссия; he was sent on an ~ to the Middle East его направили с дипломатическим поручением на Ближний Восток 3. *возвыш.* посланцы

embathe [ɪmˈbeɪð] *v поэт.* 1. купать; погружать, окунать; заливать 2. окроплять, орошать; обрызгивать

embattle [ɪmˈbætl] *v* 1. 1) строить в боевой порядок; приводить в боевую готовность 2) строиться в боевой порядок 2. *ист.* сооружать на стенах зубцы и бойницы

embattled [ɪmˈbætld] *a* 1. построенный в боевой порядок; приведённый в боевую готовность 2. 1) *ист.* укреплённый; защищённый зубцами и бойницами 2) зубчатый (*о стене*) 3. *геральд.* украшенный зубцами

◊ ~ city город-крепость; укреплённый город

embattlement [ɪmˈbætlmənt] = battlement

embay¹ [ɪmˈbeɪ] *v* 1. 1) вводить (*судно*) в залив 2) *мор.* запереть в заливе 3) окружать, запирать; ~ed by the ice затёртый льдами 2. изрезывать заливами (*берег*)

embay² [ɪmˈbeɪ] *v поэт.* купать, погружать; заливать

embayed crystals [ɪmˈbeɪdˈkrɪstlz] *мин.* кристаллы, включённые в другие кристаллы

embayment [ɪmˈbeɪmənt] *n* 1. 1) образование залива 2) залив 3) изрезанность заливами 2. ниша, углубление (*в стене*)

embed [ɪmˈbed] *v* 1. 1) вставлять, врезать, вмазывать, вделывать; заделывать (*во что-л.*); вкраплять; to ~ in concrete забетонировать; a shell splinter ~ded itself in the wall осколок снаряда застрял в стене 2) закапывать, закапывать, укреплять (*в грунте*) 3) врезаться, запечатлеться; ~ded in one's memory врезавшийся в память; незабвенный, незабываемый 2. укладывать (*шпалы и т. п.*) 3. *топ.* ставить межевые знаки, вехи 4. внедрять

embedded [ɪmˈbedɪd] *a* 1. *геол.* включённый, вкрапленный (*в породу*), залегающий (*среди пластов*) 2. *стр.* вмурованный; заделанный; ~ heating panel панельное отопление; ~ length заделанная часть (*сваи*) 3. *мед.* заделанный, залитый (*о препарате*) 4. *спец.* 1) вложенный 2) встроенный; ~ computer встроенная ЭВМ

embedment [ɪmˈbedmənt] *n* 1. 1) вделывание, заделывание (*во что-л.*) 2) вкапывание, укрепление (*в грунте*) 2. вставка, вкладыш; включение, постороннее тело; прослойка 3. погружённость, включённость

embellish [ɪmˈbelɪʃ] *v* 1. украшать, разукрашивать; to ~ a dress with lace and ribbons оживить /отделать/ платье кружевами и лентами; the book was ~ed with /by/ drawings книгу украшали рисунки 2. приукрашивать (*выдумкой*), привирать; to ~ a story with details присочинить подробности 3. наделять красотой, делать красивым

embellisher [ɪmˈbelɪʃə] *n* любитель приукрасить (*рассказ выдумкой и т. п.*); выдумщик, враль

embellishment [ɪmˈbelɪʃmənt] *n* 1. украшение 2. приукрашивание, преувеличение (*в рассказе*); to tell a story without ~ рассказать правдиво /без прикрас/

ember¹ [ˈembə] *n обыкн. pl* 1) последние тлеющие красные угольки; горячая зола; live ~s горячие угольки, жар 2) неугасшие чувства; ещё живые воспоминания; smouldering ~s не совсем угасшие чувства

ember² [ˈembə] = ember-goose

Ember days [ˈembəˌdeɪz] *церк.* дни поста и молитвы (*по три дня зимой, весной, летом и осенью*)

ember-goose [ˈembəˌɡuːs] *n* (*pl* -geese [-ɡiːs]) полярная *или* чернокловая гагара

embezzle [ɪmˈbez(ə)l] *v* присваивать, растрачивать (*чужие деньги*)

embezzlement [ɪmˈbezlmənt] *n* растрата; присвоение чужого имущества *или* чужих денег

embezzler [ɪmˈbezlə] *n* растратчик

embind [ɪmˈbaɪnd] *v редк.* связывать, приковывать, не выпускать

embitter [ɪmˈbɪtə] *v* 1. озлоблять, ожесточать; наполнять горечью; failures had ~ed him неудачи ожесточили его 2. раздражать 3. отравлять, портить (*существование*); to ~ smb.'s life испортить кому-л. жизнь 4. *редк.* делать горьким (*на вкус*); hops ~ beer хмель придаёт горечь пиву

embittered [ɪmˈbɪtəd] *a* озлобленный, ожесточённый

emblaze¹ [ɪmˈbleɪz] *v арх.* 1. зажигать, придавать блеск, сверкание; diamonds ~ her forehead её чело сияет алмазами 2. поджечь, заставить вспыхнуть; to ~ the blood зажечь огонь в крови

emblaze² [ɪmˈbleɪz] = emblazon

emblazon [ɪmˈbleɪz(ə)n] *v* 1. (with) украшать гербом; расписывать гербами, геральдическими фигурами, девизами 2. превозносить, прославлять, расписывать (*подвиги и т. п.*) 3. 1) украшать роскошной росписью 2) делать надпись (*на видном месте*)

emblazonment [ɪmˈbleɪz(ə)nmənt] *n* 1. роспись гербами, девизами 2. восхваление, прославление

emblazonry [ɪmˈbleɪz(ə)nrɪ] *n* 1. расписывание гербов 2. геральдические фигуры и девизы 3. роскошная роспись, пышная, пёстрая отделка (*помещения*) 4. прославление, восхваление

emblem I [ˈembləm] *n* 1) эмблема, символ; national ~ герб страны, государ-

ственный герб; a dove is an ~ of peace голубь — символ мира; the balance is an ~ of justice весы — символ правосудия 2) эмблема (*фирмы и т. п.*); фирменный знак; radiator ~ фирменная статуэтка на радиаторе (*автомобиля*); ~ mark заводская марка (*изображающая что-л.*)
emblem II ['embləm] *v редк.* 1. служить эмблемой, символизировать 2. украшать гербом, эмблемой *и т. п.*
emblematic, emblematical [,embləˈmætɪk, -(ə)l] *a* эмблематический, символический; a crown is ~ of royalty корона символизирует королевскую власть, корона — эмблема королевской власти; the forget-me-not is ~ of fidelity незабудка — символ верности
emblematist [emˈblemətɪst] *n* автор эмблем, составитель девизов
emblematize [emˈblemətaɪz] *v* 1) служить эмблемой; символизировать 2) изображаться символически
emblements ['embl(ə)mənts] *n pl юр.* 1. доход(ы) или урожай с засеянной земли 2. *редк.* доход(ы) с земли (*в том числе с лугов и садов*)
emblemize ['embləmaɪz] *редк.* = emblematize
embodied [ɪmˈbɒdɪd] *a* 1. воплощённый, олицетворённый 2. *эк.* воплощённый, материализованный; ~ value овеществление стоимости; ~ labour овеществлённый труд 3. *воен.* сформированный
embodiment [ɪmˈbɒdɪmənt] *n* 1. воплощение; олицетворение; he is an ~ of perfect health [of kindness] он воплощённое здоровье [-ая доброта]; the ~ of all our hopes олицетворение всех наших надежд 2. объединение, слияние, интеграция 3. *эк.* материализация; овеществление; ~ of labour овеществление труда; ~ of value материализация стоимости
embody [ɪmˈbɒdɪ] *v* 1. воплощать, претворять в жизнь, реализовать; облекать в плоть и кровь; to ~ a theoretical opinion into a definite scheme облечь теоретическое воззрение в форму конкретного плана 2. воплощать (в себе); олицетворять; быть символом (*чего-л.*) 3. включать, делать составной частью; clauses embodied in the treaty статьи, включённые в договор; embodied in the armed forces входящие в состав вооружённых сил; to ~ a treaty in law сделать договор частью законодательства (*страны*) 4. заключать в себе, содержать; article that embodies the following regulation статья, содержащая следующее положение 5. 1) объединять, сливать; соединять в одно целое 2) объединяться, сливаться (*в акционерное общество и т. п.*)
embog [ɪmˈbɒɡ] *v редк.* бросить в болото, утопить в болоте; завязить; to be ~ged in a morass of calculations погрязнуть в вычислениях
embolden [ɪmˈbəʊld(ə)n] *v* ободрять, поощрять; придавать смелости; I feel ~ed to say... беру на себя смелость сказать...
embole ['embəlɪ] *n мед.* 1. образование гаструлы, впячивание 2. эмболия, закупорка кровеносного сосуда
embolectomy [,embəˈlektəmɪ] *n мед.* эмболэктомия, хирургическое удаление эмбола
emboli ['embəlaɪ] *pl от* embolus
embolic [emˈbɒlɪk] *a мед.* эмболический
embolism ['embəlɪz(ə)m] *n* 1. *мед.* эмболия, закупорка кровеносного сосуда (эмболом) 2. вставка дня или дней для уравнения летосчислительных периодов (*напр., 29 февраля*)

embolus ['embələs] *n* (*pl* -li) *мед.* эмбол
emboly ['embəlɪ] *n мед.* гаструляция; инвагинация; впячивание; врастание
embonpoint [,ãbɔ̃ˈpwæŋ, ,ɔːmbɔ̃ˈpwæŋ] *n фр. эвф.* полнота, дородность; тучность
emborder [ɪmˈbɔːdə] *v* окаймлять
embosom [ɪmˈbʊz(ə)m] *v* 1. лелеять, хранить, таить (*в груди, в сердце*) 2. обнимать, прижимать к груди 3. *обыкн. pass* окружать; a village was ~ed in /with/ hills деревня была окружена холмами 4. *редк.* прятать на груди, за пазухой
emboss [ɪmˈbɒs] *v* 1. выбивать, чеканить; тиснить 2. 1) лепить рельеф, украшать рельефом 2) выдавливать выпуклое изображение 3. выделяться, рельефно выступать; berries ~ the grass трава пестрит ягодами
embossed [ɪmˈbɒst] *a* 1. выпуклый, рельефный; the ~ alphabet шрифт для слепых 2. лепной; резной; тиснёный; чеканный 3. *уст.* напыщенный, надутый; цветистый (*о стиле*)
embossing [ɪmˈbɒsɪŋ] *n полигр.* рельефное тиснение; бескрасочное тиснение; блинт
embossment [ɪmˈbɒsmənt] *n* 1. лепка; чеканка; резьба; тиснение 2. рельефное изображение 3. выпуклость
embouchment [emˈbuːʃmənt] *n* устье (*реки*)
embouchure [,ɔmbuˈʃʊə] *n* 1. устье (*реки, ручья*) 2. вход (*в долину, ущелье*) 3. *муз.* 1) мундштук 2) амбушюр
embound [ɪmˈbaʊnd] *v поэт.* ограничивать, заключать (*в границы*); класть предел
embow [ɪmˈbaʊ] *v архит.* выводить в свод
embowed [ɪmˈbaʊd] *a* 1) дугообразный, согнутый в дугу; изогнутый 2) сводчатый
embowel [ɪmˈbaʊəl] *v арх.* потрошить; вынимать кишки
embower [ɪmˈbaʊə] *v* 1) укрывать, затенять; a house ~ed in trees дом в тени деревьев 2) дать приют; принять в лоно
embrace¹ I [ɪmˈbreɪs] *n* объятие; объятия; an ~ of iron железные объятия; to hold smb. in one's ~ держать кого-л. в объятиях; in the ~ of terror объятый ужасом
embrace¹ II [ɪmˈbreɪs] *v* 1. 1) обнимать, заключать в объятия; прижимать к груди 2) обниматься 2. использовать, воспользоваться; to ~ an opportunity [an offer] воспользоваться случаем [предложением] 3. 1) принимать, воспринимать; to ~ a doctrine [a theory] принять доктрину [теорию]; стать сторонником учения [теории]; to ~ a course (of action) принять программу действий; to ~ a cause стать сторонником какого-л. дела /какой-л. идеи/; to ~ smb.'s cause ≅ стать под чьи-л. знамёна 2) избирать, вступать в; to ~ a profession выбрать профессию; to ~ a soldier's life стать военным, избрать военную карьеру; to ~ Christianity принять христианство 4. включать, заключать в себе; the treaty ~s the following provisions договор включает следующие положения; to ~ all the cases in a single formula подвести все случаи под одну формулировку; his assets ≅ $10 у него за душой всего 10 долларов 2) охватывать; to ~ a situation видеть все аспекты ситуации; from the terrace the eye ~s the whole valley с террасы можно охватить взглядом всю долину 5. *арх., поэт.* окружать; ~d with fire в кольце огня 6. *уст.* принять, подчиниться; ~ thy death умри безропотно
embrace² [ɪmˈbreɪs] *v юр.* пытаться повлиять на присяжных *или* судей путём подкупа *или* иными незаконными средствами
embraceable [ɪmˈbreɪsəb(ə)l] *a* соблазнительный
embracement [ɪmˈbreɪsmənt] *n* 1. *редк.* = embrace¹ I 2. принятие, восприятие; ~ of a doctrine усвоение /принятие/ доктрины, переход на сторону (*какого-л.*) учения
embraceor [ɪmˈbreɪsə] = embracer
embracer [ɪmˈbreɪsə] *n юр.* лицо, пытающееся повлиять на присяжных *или* судей путём подкупа *или* иными незаконными средствами
embracery [ɪmˈbreɪs(ə)rɪ] *n юр.* воздействие на присяжных *или* судей путём подкупа *или* иными незаконными средствами
embracive [ɪmˈbreɪsɪv] *a* 1. ласковый, любящий обниматься 2. всеобъемлющий; ~ political and economic controls всесторонние политические и экономические ограничения
embranchment [ɪmˈbrɑːntʃmənt] *n* 1. разветвление 2. ветвь, ответвление
embrangle [ɪmˈbræŋɡl] *v редк.* 1. запутывать, усложнять; ~d in difficulties запутавшийся в трудностях 2. смущать, сбивать с толку, ставить в тупик
embranglement [ɪmˈbræŋɡlmənt] *n редк.* запутанность, путаница
embrasure I [ɪmˈbreɪʒə] *n* 1. *архит.* проём в стене, амбразура; ~ door ставень амбразуры 2. *воен.* бойница, амбразура
embrasure II [ɪmˈbreɪʒə] *v* делать проёмы, бойницы, амбразуры
embrave [ɪmˈbreɪv] *v поэт.* 1. придавать храбрости, вдохновлять на подвиги 2. роскошно украшать; to ~ with flowers усыпать цветами
embreastment [ɪmˈbrestmənt] *n поэт.* холм
embreathe [ɪmˈbriːð] *v поэт.* 1. вдохнуть (*душу, жизнь и т. п.*) 2. вдохновлять
embrew [ɪmˈbruː] *v редк.* запятнать, обагрить
embrittle [ɪmˈbrɪtl] *v метал.* 1) делать хрупким, охрупчивать 2) становиться хрупким
embrittlement [ɪmˈbrɪtlmənt] *n метал.* охрупчивание
embrocate ['embrə(ʊ)keɪt] *v* 1. втирать мазь; растирать жидкой мазью 2. класть припарку
embrocation [,embrəˈkeɪʃ(ə)n] *n* 1. втирание жидкого лекарства; растирание 2. жидкая мазь, примочка 3. припарка
embroglio [ɪmˈbrəʊljəʊ] = imbroglio
embroider [ɪmˈbrɔɪdə] *v* 1. вышивать; украшать вышивкой; the mantle was ~ed in gold мантия была расшита золотом; meadow ~ed with flowers луг, усеянный цветами 2. приукрашивать, расцвечивать (*рассказ*); расписывать (*происшествие*); to ~ (on) one's stories ≅ привирать, приукрашивать
embroiderer [ɪmˈbrɔɪdərə] *n* вышивальщик; вышивальщица
embroideress [ɪmˈbrɔɪd(ə)rɪs] *n* вышивальщица
embroidery [ɪmˈbrɔɪd(ə)rɪ] *n* 1. вышивание; ~ frame пяльцы; ~ hoops круглые пяльцы; ~ scissors ножницы для рукоделия 2. вышивка; вышитое изде-

лие 3. украшение; богатый узор; an ~ of wild flowers узорный ковёр полевых цветов 4. прикрасы, приукрашивание
embroil [ɪmˈbrɔɪl] *v* 1. запутывать (*дело, рассказ*) 2. возбуждать, волновать, вносить смятение 3. впутывать, вовлекать (*в неприятности и т. п.*); to ~ a country in civil war втянуть страну в гражданскую войну; to be ~ed in war быть вовлечённым в войну; ~ ed in arguments вовлечённый в споры 4. (with) ссорить; ставить во враждебные отношения; to ~ a person with his relatives поссорить человека с родственниками; his drinking often ~ed him with the law пьянство часто приводило его в столкновение с законом
embroilment [ɪmˈbrɔɪlmənt] *n* 1. запутанность, путаница 2. запутывание, впутывание, вовлечение (*в неприятности, конфликт*) 3. волнение; скандал 4. смута, раздор, ссора
embronze [ɪmˈbrɒnz] *v* бронзировать, покрывать бронзой
embrown [ɪmˈbraʊn] *v* 1. *редк.* 1) делать коричневым, смуглым; покрывать загаром 2) загорать, смуглеть 2. *поэт.* покрываться мглою, мраком; air ~ed with shadows меркнущий свет, угасающий день
embrue [ɪmˈbruː] *v* запятнать, обагрить
embrute [ɪmˈbruːt] *v* 1) превращать в животное 2) уподобляться животному
embryectomy [ˌembrɪˈektəmɪ] *n редк. мед.* хирургическое удаление плода; аборт
embryo [ˈembrɪəʊ] *n* (*pl* -os [-əʊz]) 1) *биол.* зародыш, эмбрион; ~ state зачаточное состояние; ~ fiber первичное волокно; ~ transfer трансплантация зародыша 2) нечто неразвившееся, находящееся в зачаточном состоянии; ~ scheme набросок плана; in ~ а) в зачаточном состоянии; the plan is still in ~ план пока ещё детально не разработан; б) имеющий задатки (*стать кем-л.*); a dancer in ~ подающая надежды юная танцовщица
embryo-cell [ˈembrɪəʊˌsel] *n биол.* зародышевая клетка
embryogenesis [ˌembrɪəʊˈdʒenəsɪs] = embryogeny
embryogenetic, embryogenic [ˌembrɪəʊdʒəˈnetɪk, -ˈdʒenɪk] *a биол.* эмбриогенетический, относящийся к зародышу и развитию
embryogeny [ˌembrɪˈɒdʒɪnɪ] *n* эмбриогенез, развитие зародыша
embryologic, embryological [ˌembrɪəˈlɒdʒɪk, -(ə)l] *a* эмбриологический, зародышевый
embryologist [ˌembrɪˈɒlədʒɪst] *n* эмбриолог
embryology [ˌembrɪˈɒlədʒɪ] *n* эмбриология
embryon [ˈembrɪɒn] *редк.* = embryo
embryonal [ˈembrɪənl, emˈbraɪən(ə)l] *a* эмбриональный, зародышевый, зачаточный; ~ rest зародышевый /эмбриональный/ остаток
embryonary [ˈembrɪən(ə)rɪ] = embryonic
embryonated [ˈembrɪəneɪtɪd] *a биол.* с зародышем; an ~ egg оплодотворённое яйцо
embryonic [ˌembrɪˈɒnɪk] *a* 1) *биол.* зародышевый, эмбриональный 2) находящийся в зачаточном состоянии, не успевший развиться; незрелый
embryo sac [ˈembrɪəʊˌsæk] *бот.* зародышевый мешок

embryotic [ˌembrɪˈɒtɪk] *книжн.* см. embryonic
embryotomy [ˌembrɪˈɒtəmɪ] *n мед.* рассечение зародыша, эмбриотомия
embus [ɪmˈbʌs] *v* 1. *преим. воен.* 1) сажать, грузить на автомашины 2) садиться, грузиться на автомашины, садиться в автобус; we ~sed for Ridgeway мы сели в автобус, идущий в Риджуэй
embusqué [ˌɑːnbuː(ː)sˈkeɪ] *n фр. пренебр.* окопавшийся (*об уклоняющемся от военной службы под предлогом своей незаменимости*); ~ job *воен. жарг.* «тёпленькое местечко» в тылу, тыловая должность
embussing point [ɪmˈbʌsɪŋˌpɔɪnt] *воен.* пункт посадки или погрузки на автотранспорт
emcee I [ˌemˈsiː] *n разг.* 1) конферансье 2) ведущий (*радиопрограммы и т. п.*) 3) распорядитель (*бала и т. п.*)
emcee II [ˌemˈsiː] *v разг.* 1) быть конферансье, ведущим, распорядителем 2) конферировать, вести (*программу, концерт*)
eme [iːm] *n шотл.* дядя, дядюшка
-eme [-ˌiːm] *suff лингв.* образует названия языковых единиц: phoneme фонема; toneme тонема; lexeme лексема
emeer(e) [eˈmɪə] = emir
emend [i(ː)ˈmend] *v* исправлять, выправлять (*текст*); устранять ошибки, недостатки; вносить поправки, уточнения
emendate [ˈiːmendeɪt] *v* править (*текст*); исправлять; вносить правку или поправки; устранять ошибки; уточнять (*формулировку и т. п.*)
emendation [ˌiːmenˈdeɪʃ(ə)n] *n* 1. исправление, улучшение (*литературного произведения и т. п.*); a manuscript full of ~s рукопись с множеством поправок 2. 1) устранение ошибок и разночтений (*из текста*) 2) восстановление первоначального текста
emerald I [ˈem(ə)rəld] *n* 1. *мин.* изумруд; смарагд 2. изумрудный цвет 3. *полигр.* имеральд (*шрифт*)
emerald II [ˈem(ə)rəld] *a* 1. изумрудного, ярко-зелёного цвета 2. изумрудный; ~ ring кольцо с изумрудом
◊ ~ wedding «изумрудная свадьба», сорокалетие супружеской жизни
emerald-green [ˌem(ə)rəldˈɡriːn] *a* изумрудный (*о цвете*); изумрудно-зелёный
emeraldine [ˌem(ə)rəlˈdiːn] *a* изумрудного цвета; изумрудно-зелёный
Emerald Isle [ˌem(ə)rəldˈaɪl] *поэт.* «Изумрудный остров», Ирландия
emerge [ɪˈmɜːdʒ] *v* 1. 1) (from) появляться, показываться; выходить (*откуда-л.*); the sun ~d from the clouds солнце вышло из-за облаков 2) *мор.* всплывать, появляться на поверхности; the submarine ~d подводная лодка всплыла 3) выйти, подняться, выбраться; to ~ from poverty [slavery, ignorance] выйти из нищеты [рабства, выбиться из невежества]; to ~ into notice заставить себя заметить; he ~d from the ordeal triumphantly он с честью вышел из этого тяжкого испытания; on ~ing from boyhood he... едва выйдя из отроческого возраста, он... 2. выясняться, явствовать, следовать, выявляться; from this report he ~s as an able administrator отчёт рисует его как способного администратора; из сообщения явствует, что он способный администратор; from these facts it ~s... из этих фактов следует...; no new idea ~d during his speech в своей речи он не предложил ничего нового 3. всплывать, возникать, появляться (*о вопросе и т. п.*); here ~s the question as to... тут возникает вопрос

относительно...; there ~d a necessity of... появилась необходимость в...
emergence [ɪˈmɜːdʒ(ə)ns] *n* 1. 1) выход, появление; возникновение; ~ of seedlings прорастание /появление/ всходов; the ~ of many new nations возникновение многих новых государств 2) выход на поверхность 3) *мор.* всплытие, появление на поверхности 2. выявление, проявление 3. *бот.* эмергенц 4. *геол.* прирост (*суши*); отрицательное движение уровня моря
emergency [ɪˈmɜːdʒ(ə)nsɪ] *n* 1. непредвиденный случай; чрезвычайное происшествие; крайность; ~ decree правила техники безопасности; ~ set *тех.* запасной или аварийный агрегат; in case of ~, on ~ в случае крайней необходимости; to face an ~ столкнуться с чем-л. непредвиденным; I have made every arrangement to meet any ~ я принял все меры на любой непредвиденный случай; this signal is only used in an ~ этим сигналом пользуются только в крайнем случае 2. чрезвычайные обстоятельства, критическое положение; аварийная ситуация; the state of ~ чрезвычайное положение (*в стране*); ~ legislation чрезвычайное законодательство; ~ measures чрезвычайные меры; меры, принятые в связи с чрезвычайным положением; ~ powers чрезвычайные полномочия 3. 1) *мед.* тяжёлое состояние (*больного*) 2) *разг.* неотложная помощь; to administer ~ to the wounded оказывать первую помощь раненым 4. срочность, неотложность; on an ~ basis в особо срочных случаях; ~ work экстренная работа; аврал; ~ repairs срочный ремонт; ~ hands временные рабочие (*нанимаемые для проведения срочных работ*)
emergency ambulance [ɪˌmɜːdʒ(ə)nsɪˈæmbjʊləns] карета скорой помощи; автомашина «скорая (медицинская) помощь»
emergency bag [ɪˈmɜːdʒ(ə)nsɪˌbæɡ] сумка для оказания первой помощи
emergency boat [ɪˈmɜːdʒ(ə)nsɪˌbəʊt] *мор.* спасательная шлюпка
emergency brake [ɪˈmɜːdʒ(ə)nsɪˌbreɪk] *ж.-д.* экстренный, запасной тормоз
emergency case [ɪˈmɜːdʒ(ə)nsɪˌkeɪs] *мед.* больной, нуждающийся в неотложной помощи
emergency crop [ɪˈmɜːdʒ(ə)nsɪˌkrɒp] *с.-х.* культура с коротким вегетационным периодом
emergency door, emergency exit [ɪˈmɜːdʒ(ə)nsɪˌdɔː, -ˌeɡzɪt, -ˌeksɪt] запасный выход
emergency landing [ɪˌmɜːdʒ(ə)nsɪˈlændɪŋ] *ав.* вынужденная посадка
emergency lighting [ɪˌmɜːdʒ(ə)nsɪˈlaɪtɪŋ] дежурное освещение (*в больнице и т. п.*)
emergency ration [ɪˈmɜːdʒ(ə)nsɪˌræʃ(ə)n] 1) *воен.* неприкосновенный запас продовольствия, НЗ 2) *ав.* аварийный паёк
emergency release [ɪˌmɜːdʒ(ə)nsɪˈriːs] *ав.* аварийный сброс
emergency station [ɪˈmɜːdʒ(ə)nsɪˌsteɪʃ(ə)n] *мед.* пункт первой помощи; травматологический пункт, травмпункт
emergency store [ɪˈmɜːdʒ(ə)nsɪˌstɔː] неприкосновенный запас
emergency vehicle [ɪˈmɜːdʒ(ə)nsɪˌviːɪk(ə)l] специальная автомашина, спецмашина (*полицейская, пожарная и т. п.*)
emergent [ɪˈmɜːdʒ(ə)nt] *a* 1. (from) (внезапно) появляющийся, выходящий (*откуда-л.*) 2. (неожиданно) возникающий; all ~ controversies все возникаю-

щие спо́ры /разногла́сия/; ~ hopes нарожда́ющиеся наде́жды 3. *полит.* но́вый, получи́вший незави́симость (*о госуда́рстве*); развива́ющийся; ~ nations of Africa наро́ды /стра́ны/ Áфрики, неда́вно получи́вшие незави́симость 4. *мед.* растущий из по́лости

emergent evolution [ɪˈmɜːdʒ(ə)nt‚iːvəˈluːʃ(ə)n] *филос., биол.* эмерге́нтная или эмерджентная эволю́ция

emergent year [ɪˈmɜːdʒ(ə)nt‚jɪə] пéрвый год летосчислéния; our ~ is the birth of Christ совремéнное летосчислéние ведётся от рождествá Христо́ва

emerging [ɪˈmɜːdʒɪŋ] = emergent 3

emerita I, II [ɪˈmerɪtə] *женск.* к emeritus I *и* II

emeritae [ɪˈmerɪtiː] *pl от* emerita I

emeriti [ɪˈmerɪtaɪ] *pl от* emeritus I

emeritus I [ɪˈmerɪtəs] *n* (*pl* -ti) заслу́женный де́ятель в отста́вке (*преим. о профéссоре*)

emeritus II [ɪˈmerɪtəs] *a лат.* заслу́женный, имéющий почётное звáние; ~ professor заслу́женный профéссор в отста́вке

emersed [ɪˈmɜːst] *a* всплы́вший, появи́вшийся, возни́кший

emersion [ɪˈmɜːʃ(ə)n] *n* 1. всплыва́ние, всплы́тие 2. появлéние, вы́ход из тéни (*небе́сного тéла после затмéния*)

emery I [ˈem(ə)rɪ] *n* нажда́к, кору́нд

emery II [ˈem(ə)rɪ] *v* терéть наждако́м

emery board [ˈem(ə)rɪ‚bɔːd] нажда́чная пи́лочка для ногтéй

emery cloth [ˈem(ə)rɪ‚klɒθ] нажда́чное полотно́, шку́рка

emery grit [ˈem(ə)rɪ‚grɪt] дроблённый нажда́к

emery paper [ˈem(ə)rɪ‚peɪpə] нажда́чная бумáга

emery powder [ˈem(ə)rɪ‚paʊdə] кору́ндовый порошо́к

emery wheel [ˈem(ə)rɪ‚wiːl] точи́ло, шлифова́льный круг; нажда́чный круг

emeses [ˈemɪsiːz] *pl от* emesis

emesis [ˈemɪsɪs] *n* (*pl* -ses) *мед.* рво́та

emetic I [ɪˈmetɪk] *n* рво́тное (сре́дство)

emetic II [ɪˈmetɪk] *a* 1) рво́тный (*о лека́рстве*) 2) тошнотво́рный; проти́вный; притóрно-сентиментáльный

emetical [ɪˈmetɪk(ə)l] = emetic II 1)

emetine [ˈemət(a)ɪn] *n хим., фарм.* эмети́н

emeu [ˈiːmjuː] = emu

émeute [eɪˈmɜːt] *n фр.* (наро́дное) восстáние, волнéние

emew [ˈiːmjuː] = emu

emiction [ɪˈmɪkʃ(ə)n] *n ре́дк. физиол.* 1) мочеиспускáние 2) моча́

emictory [ɪˈmɪkt(ə)rɪ] *n ре́дк.* мочего́нное (сре́дство)

emigrant I [ˈemɪgrənt] *n* 1. переселéнец 2. эмигрáнт (*не полити́ческий*); ~ ship су́дно, перевозя́щее эмигрáнтов 3. *ре́дк.* = émigré

emigrant II [ˈemɪgrənt] *a* 1. переселя́ющийся 2. эмигри́рующий 3. переселéнческий 4. эмигрáнтский 5. перелётный (*о пти́цах*)

emigrate [ˈemɪgreɪt] *v* 1. переселя́ться; переезжáть 2. эмигри́ровать 3. переселя́ть, перемещáть (*населéние*)

emigration [‚emɪˈgreɪʃ(ə)n] *n* 1. переселéние, переéзд 2. эмиграция; ~ officer должностно́е лицó, вéдающее вопрóсами эмигрáции, осóб. въéзда в странý; ~ control ограничéние въéзда в странý 3. *собир.* эмигрáнты, эмигрáция

emigrational [‚emɪˈgreɪʃən(ə)l] *a* эмиграцио́нный

emigrationist [‚emɪˈgreɪʃ(ə)nɪst] *n* сторо́нник развития эмиграции (*из страны́*)

emigrator [ˈemɪgreɪtə] *ре́дк.* = emigrant I

emigratory [ˈemɪgreɪt(ə)rɪ] *a* 1. переселя́ющийся; эмигри́рующий 2. эмиграцио́нный 3. *ре́дк.* 1) перелётный (*о пти́це*) 2) мигри́рующий (*о живо́тных*)

emigre, émigré [ˈemɪgreɪ] *n* эмигрáнт (*полити́ческий*)

eminence [ˈemɪnəns] *n* 1. высóкое положéние, высóкий пост; surgeons of ~ выдаю́щиеся хиру́рги; ~ in science выдаю́щиеся нау́чные заслу́ги; ~ of soul вели́чие души́; a poet of ~ выдаю́щийся поэ́т; men of international ~ лю́ди, по́льзующиеся междунарóдным признáнием; to rise to ~ in one's profession дости́чь больши́х профессионáльных высо́т; заня́ть веду́щее положéние в свое́й о́бласти; to reach ~ as a doctor [statesman, writer] стать знамени́тым /выдаю́щимся/ врачо́м [госудáрственным де́ятелем, писа́телем] 2. 1) высота́; возвышéние; возвышенность 2) *топ.* госпо́дствующая высота́; команду́ющая то́чка 3) *анат.* бугóр; frontal [malar] ~ лóбный [скулово́й] бугóр; genital ~ половóй бугóр (*у эмбрио́на*) 3. (E.) *церк.* преосвящéнство; высокопреосвящéнство, эминéнция (*ти́тул кардиналa*)

éminence grise [‚eɪmɪˌnɑːŋsˈgriːz] (*pl* eminences grises) *фр.* 1) *ист.* «сéрый кардинáл» (*прозвище прибли́женного кардинала Ришельё*) 2) влия́тельное лицó, дéйствующее за кули́сами

eminency [ˈemɪnənsɪ] *ре́дк.* = eminence

eminent [ˈemɪnənt] *a* 1. 1) выдаю́щийся, знамени́тый; ви́дный, занимáющий высо́кое положéние; ~ scientists выдаю́щиеся учёные; ~ writers знамени́тые /веду́щие/ писа́тели; to be ~ for valour прослáвиться свое́й до́блестью; to be ~ in science [art] занимáть высо́кое положéние в нау́ке [иску́сстве] 2) замечáтельный, превосхóдный, выдаю́щийся; an ~ work of art замечáтельное произведéние иску́сства 2. возвы́шенный, возвышáющийся 3. *церк.* преосвящéнный; most ~ высокопреосвящéнный

eminent domain [‚emɪnəntdəˈmeɪn] *юр.* прáво госудáрства на принуди́тельное отчуждéние чáстной со́бственности

eminently [ˈemɪnəntlɪ] *adv* 1. в вы́сшей, в высо́кой сте́пени; чрезвычáйно; an ~ respectable family в вы́сшей сте́пени почте́нное /досто́йное/ семе́йство 2. *филос.* в вы́сшем смы́сле

emir [eˈmɪə] *n* эми́р

emirate [ˈemɪ(ə)reɪt‚ˈemɪrət] *n* эмирáт

emissary I [ˈemɪs(ə)rɪ] *n* 1. эмиссáр; агéнт 2. шпио́н, разве́дчик, лазу́тчик

emissary II [ˈemɪs(ə)rɪ] *a* 1. посланный, посылáемый 2. агенту́рный, развéдывательный 3. отводя́щий (*о ве́нах и др. сосу́дах*)

emission [ɪˈmɪʃ(ə)n] *n* 1. эми́ссия, испускáние, излучéние (*процесс*); ~ line *физ.* ли́ния испускáния, эмиссио́нная ли́ния 2. *фин.* вы́пуск в обращéние, эми́ссия 3. *физиол.* поллю́ция 4. вы́брос (*газообрáзных отхóдов*); вы́хлоп (*автомоби́ля и т. п.*); вы́пуск (*ды́ма*)

emissive [ɪˈmɪsɪv] *a* выделя́ющий, испускáющий, излучáющий; распространя́ющий; эмиссио́нный

emissivity [‚emɪˈsɪvɪtɪ] *n физ.* излучáтельная спосо́бность

emit [ɪˈmɪt] *v* 1. 1) испускáть, излучáть, выделя́ть (*тепло́*); издавáть (*звук*); he ~ted a groan у него́ вы́рвался стон 2) распространя́ть (*зловóние, кóпоть*) 3) извергáть (*дым, газ*) 4) *физ.* излучáть (*радиоакти́вные части́цы*) 2. *арх.* издавáть (*приказ, закон*); публиковáть 3. *фин.* выпускáть (*де́ньги*); эмити́ровать

emittance [ɪˈmɪtəns] *n физ.* 1) свети́мость, све́тность 2) = emissivity

emitter [ɪˈmɪtə] *n* 1. *см.* emit + -er 2. *фин.* эмите́нт 3. 1) *элк.* эми́ттер 2) *физ.* эми́ттер, излучáтель, исто́чник излучéния

emma [ˈemə] *n радио проф.* бу́ква M

emma gee [‚eməˈdʒiː] *воен. жарг.* 1. пулемёт 2. пулемётчик

emma pip [‚eməˈpɪp] *воен. жарг.* военный полицéйский

emmarble [ɪˈmɑːbl] *v поэт.* 1. воплоти́ть в мрáморе; изобрази́ть в скульпту́ре 2. облицо́вывать мрáмором 3. преврати́ть в мрáмор, заста́вить окамене́ть

emmarvel [ɪˈmɑːv(ə)l] *v ре́дк.* изуми́ть; порази́ть (*чьё-л.*) воображéние

emmenagogue [eˈmiːnəgɒg] *n фарм.* мéсячногóнное срéдство

Emmentaler, Emmenthaler [ˈemənta:lə] *n* эммента́льский сыр

emmer [ˈemə] *n бот.* э́ммер, культу́рная двузерня́нка (*Triticum dicoccum*)

emmet [ˈemɪt] *n арх., диал.* муравéй

emmetropia [‚emɪˈtrəʊpɪə] *n* нормáльное зрéние, эмметропия

emmetropic [‚emɪˈtrɒpɪk] *a* име́ющий нормáльное зрéние

emmetropy [ɪˈmetrəpɪ] = emmetropia

Emmy [ˈemɪ] *n тлв.* «Э́мми», статуэ́тка-приз за лу́чшую телепередáчу, телефи́льм *и т. п.*

emollescence [‚eməˈles(ə)ns] *n спец.* размягчéние

emolliate [ɪˈmɒlɪeɪt] *v* 1. *книжн.* размягчáть, изнéживать, лишáть му́жественности 2. *мед.* мягчи́ть, размягчáть

emollient I [ɪˈmɒlɪənt] *n преим. pl фарм.* мягчи́тельное срéдство, мягчи́тель

emollient II [ɪˈmɒlɪənt] *a* 1. *книжн.* смягчáющий, размягчáющий 2. *фарм.* мягчи́тельный

emolument [ɪˈmɒljʊmənt] *n книжн.* зárаботок, жáлованье, дохóд; вознаграждéние (*за услу́ги*); the ~s of a profession дохóд от профéссии

emolumentary [ɪˈmɒljʊmənt(ə)rɪ] *a* вы́годный, при́быльный

emote [ɪˈməʊt] *v* 1. 1) *ирон.* проявля́ть эмо́ции, «пережи́вать» 2) *театр.* изобрáжать стрáсть; переи́грывать 2. *разг.* разы́грывать из себя́, представля́ться

emotion [ɪˈməʊʃ(ə)n] *n* 1) чу́вство, эмо́ция; basic ~s such as love and hate таки́е основны́е чу́вства, как любо́вь и нéнависть; a man of strong ~s глубо́ко чу́вствующий /эмоционáльный/ человéк; with ~ с чу́вством; to appeal to the ~s rather than to the reason взывáть к чу́вствам, а не к рáзуму 2) душе́вное волнéние, возбуждéние; deep ~ глубо́кое пережива́ние; without showing the least ~ не проявля́я ни малéйшего волнéния; voice touched with ~ взволно́ванный го́лос; to weep with ~ плáкать от волнéния /пережива́ний/; I cannot hear these chimes without ~ не могу́ без волнéния слы́шать э́ти курáнты

emotional [ɪˈməʊʃ(ə)nəl] *a* 1. 1) свя́занный с эмо́циями, эмоционáльный; ~ disturbance /disorder/ нéрвное расстрóйство; ~ instability /imbalance/ эмоционáльная неусто́йчивость, бы́страя смéна настроéния; ~ stress си́льные эмо́ции, душе́вные пережива́ния; нéрвное напряжéние 2) эмоционáльный, впечатли́тельный; нéрвный; she's an ~ woman

EMO — EMP

easily upset by any disturbance она женщина впечатлительная / нервная / и легко теряет голову при любых неурядицах; he gets ~ at funerals он всегда расстраивается на похоронах, на похоронах у него всегда сдают нервы 2. волнующий; ~ music [poetry] волнующая музыка [поэзия]; ~ speech темпераментная речь

emotionalism [ɪˈməʊʃ(ə)nəlɪz(ə)m] *n* эмоциональность; (излишняя) чувствительность

emotionalist [ɪˈməʊʃ(ə)nəlɪst] *n* 1. человек, живущий чувствами 2. человек, взывающий к чувствам других в своих интересах

emotionality [ɪˌməʊʃəˈnælɪtɪ] *n* эмоциональность

emotionalize [ɪˈməʊʃ(ə)nəlaɪz] *v* 1. волновать, вызывать эмоции 2. придавать эмоциональный характер

emotionally [ɪˈməʊʃ(ə)nəlɪ] *adv* 1. эмоционально, в отношении чувств, эмоций; ~ immature с неразвитыми/незрелыми/ чувствами, эмоционально незрелый; ~ unstable эмоционально неустойчивый; to affect ~ волновать, трогать 2. с чувством, с волнением, эмоционально

emotioned [ɪˈməʊʃənd] *a редк.* движимый чувствами, эмоциями; эмоциональный

emotionless [ɪˈməʊʃ(ə)nlɪs] *a* бесчувственный; бесстрастный; an ~ attitude бесчувственное /равнодушное/ отношение

emotive [ɪˈməʊtɪv] *a* 1. волнующий, возбуждающий, вызывающий эмоции 2. эмоциональный 3. выражающий чувства; the ~ power of words способность слов выражать чувства 4. *лингв.* эмотивный, аффективный; ~ meaning эмотивное значение; ~ prose эмотивная проза

empaestic art [ɪmˈpiːstɪkˌɑːt] *редк.* искусство чеканки, рельефной лепки, выпуклой резьбы

empanada [ˌempəˈnɑːdə] *n амер.* эмпанада, блинчик с мясом

empanel [ɪmˈpænl] *v* вносить в списки присяжных заседателей

empanelment [ɪmˈpænlmənt] *n* внесение в список присяжных заседателей

empathetic, **empathic** [ˌempəˈθetɪk, emˈpæθɪk] *a* эмпатический, умеющий поставить себя на место другого, сопереживающий; чуткий

empathize [ˈempəθaɪz] *v* сопереживать; глубоко проникаться чувствами другого человека; to ~ with smb.'s frustration переживать чужое разочарование как своё

empathy [ˈempəθɪ] *n психол.* эмпатия, сочувствие; сопереживание; умение поставить себя на место другого

empennage [emˈpenɪdʒ] *n ав.* хвостовое оперение

emperor [ˈemp(ə)rə] *n* 1. император 2. формат бумаги (48 × 72 д. — в Англии; 40 × 60 д. — в Америке)
◇ drunk as an ~ *шутл.* пьян вдребезги

emperor penguin [ˈemp(ə)rəˈpeŋgwɪn] *зоол.* императорский пингвин (*Aptenodytes fosteri*)

emperorship [ˈemp(ə)rəʃɪp] *n* 1. титул императора, императорский престол; императорское достоинство 2. царствование (*императора*)

empery [ˈempərɪ] *n поэт.* 1. безраздельная власть, полное господство 2. 1) империя, царство 2) царство, край; ~ of joys страна радости

emphases [ˈemfəsɪːz] *pl от* emphasis

emphasis [ˈemfəsɪs] *n* (*pl* -ses) 1. 1) подчёркивание, ударение, эмфаза; to put /to lay, to place/ an ~ on /upon/ smth. делать ударение на чём-л., уделять особое внимание чему-л.; to lay special ~ on smth. подчёркивать /выделять/ что-л., придавать особое значение чему-л.; morality was the ~ of his speech основной упор в своей речи он сделал на моральную сторону дела 2) *лингв.* ударение, акцент; выделение 3) *полигр.* выделение в тексте (*курсивом и т. п.*); выделительный шрифт; "~ added" «курсив мой» (*помета в скобках*). 1) яркость (*чувств*); резкость; выразительность (*жестов и т. п.*) 2) *жив.* резкость контуров

emphasize [ˈemfəsaɪz] *v* 1. 1) подчёркивать, придавать особое значение, выделять; делать (особое) ударение (*на факте, мысли*); it cannot be ~d enough that... ≅ необходимо ещё и ещё раз подчеркнуть, что...; I need hardly ~ the point вряд ли есть необходимость подчёркивать эту мысль 2) *лингв.* ставить логическое ударение 2. придавать выразительность; gesticulation ~s speech жесты делают речь более выразительной

emphasizing [ˈemfəsaɪzɪŋ] *n* подчёркивание, выделение; an advantage which needs no ~ самоочевидное преимущество

emphatic [ɪmˈfætɪk] *a* 1. 1) выразительный, подчёркнутый, эмфатический; her answer was an ~ "No!" она ответила категорически «Нет!» 2) настойчивый, настоятельный (*о просьбе и т. п.*); ~ opinion твёрдое убеждение; ~ denial категорический отказ; he was ~ in his assertion that... он настойчиво утверждал, что...; I must be ~ on this point я должен настаивать на этом моменте 3) явный; яркий; бросающийся в глаза; ~ success несомненный успех; ~ speaker темпераментный оратор 2. *лингв.* эмфатический; ~ mood эмфатическое наклонение; ~ pronoun усилительное местоимение; ~ stress эмфатическое ударение; ~ plural эмфатическое или поэтическое множественное число

emphatically [ɪmˈfætɪk(ə)lɪ] *adv* 1. 1) подчёркнуто, многозначительно; с особенным выражением 2) *лингв.* эмфатически 2. 1) настойчиво, решительно, категорически 2) *усил.* несомненно; решительно; he is most ~ a/the/ leader он несомненно является лидером

emphysema [ˌemfɪˈsiːmə] *n мед.* эмфизема

emphysematous [ˌemfɪˈsiːmətəs] *a мед.* эмфизематозный; ~ chest бочкообразная грудная клетка при эмфиземе

emphyteusis [ˌemfɪˈtjuːsɪs] *n юр.* долгосрочная *или* бессрочная аренда земли

emphyteuta [ˌemfɪˈtjuːtə] *n юр.* арендатор земли на долгий срок

Empire [ˈempaɪə] *n* (стиль) ампир; ~ furniture мебель в стиле ампир; ~ gown платье с высокой талией

empire I [ˈempaɪə] *n* 1. империя; the E. *ист.* а) Британская империя; б) Священная Римская империя; в) Первая империя (*во Франции*); Lower ~ Восточная Римская империя, Византия 2) империя (*о капиталистической монополии*); the Krupp industrial ~ промышленная империя Круппа 2. 1) верховная власть, господство, владычество; the ~ of man over things власть человека над вещами; to establish one's ~ over smth. установить (свое) господство над чем-л.; to be the ~ of the minds of men быть властителем умов 2) царство; the ~ of dreams царство грёз 3. = emperorship

empire II [ˈempaɪə] *a* (*обыкн.* E.) имперский; ~ preferences эк. имперские преференции; ~ goods имперские товары, имперские грузы (*из английских владений*)

Empire City [ˈempaɪəˌsɪtɪ] *амер.* «Имперский город» (*прозвище г. Нью-Йорка*)

Empire State [ˈempaɪəˌsteɪt] *амер.* «Имперский штат» (*прозвище штата Нью-Йорк*); ~ of the South «Имперский штат Юга» (*прозвище штата Джорджия*)

empiric I [ɪmˈpɪrɪk] *n* 1. 1) эмпирик, практик; человек, опирающийся только на опыт, недооценивающий теорию 2) узкий, сугубо практичный человек 3) эмпирик, последователь эмпиризма 2. *уст.* знахарь, лекарь-шарлатан

empiric II [ɪmˈpɪrɪk] = empirical

empirical [ɪmˈpɪrɪk(ə)l] *a* 1. *преим. филос.* эмпирический, опытный, основанный на опыте; ~ knowledge знания на основе опыта /эмпирического познания/; ~ method эмпирический метод (исследования); ~ data опытные данные; данные, полученные в результате опыта 2. недооценивающий теорию, узкопрактический; to be ~ in confronting reality быть реалистом в подходе к действительности 3. *филос.* придерживающийся эмпиризма 4. *уст.* знахарский; шарлатанский; ~ remedies народные средства

empirically [ɪmˈpɪrɪk(ə)lɪ] *adv* эмпирически, опытным путём, на основе опыта

empiricism [ɪmˈpɪrɪsɪz(ə)m] *n* 1. 1) эмпиризм; эмпирика, эмпирический подход 2) практицизм; дельчество 2. эмпирический вывод; положение, выведенное эмпирическим путём 3. *филос.* эмпиризм 4. *уст.* знахарство

empiricist [ɪmˈpɪrɪsɪst] *n* эмпирик

empirics [ɪmˈpɪrɪks] *n* эмпирика, эмпирический подход

empiriocritic [emˌpɪrɪə(ʊ)ˈkrɪtɪk] *n* эмпириокритик

empiriocriticism [emˌpɪrɪə(ʊ)ˈkrɪtɪsɪz(ə)m] *n филос.* эмпириокритицизм

empiriomonism [emˌpɪrɪə(ʊ)ˈmɒnɪz(ə)m] *n филос.* эмпириомонизм

empiriomonistic [emˌpɪrɪə(ʊ)mɒˈnɪstɪk] *a филос.* эмпириомонистический

empiriosymbolism [emˌpɪrɪə(ʊ)ˈsɪmbəlɪz(ə)m] *n филос.* эмпириосимволизм

empirism [ˈempɪrɪz(ə)m] = empiricism 3

empiristic [ˌempɪˈrɪstɪk] = empirical

emplace [ɪmˈpleɪs] *v* 1. устанавливать на место; располагать; определять местоположение 2. *воен.* устанавливать на огневой позиции

emplacement [ɪmˈpleɪsmənt] *n* 1. установка на место; выбор местоположения 2. *редк.* местоположение, место расположения 3. *воен.* 1) оборудованная огневая позиция 2) орудийный окоп

emplane [ɪmˈpleɪn] *v спец.* 1) садиться, грузиться на самолёт; to ~ at Honolulu for San Francisco сесть в самолёт, летящий из Гонолулу в Сан-Франциско 2) производить посадку *или* погрузку на самолёт; сажать, грузить на самолёт 3) брать на борт самолёта

emplanement [ɪmˈpleɪnmənt] *n спец.* посадка *или* погрузка на самолёт

empleomania [ˌemplɪəˈmeɪnɪə] *n амер. книжн.* раздутое честолюбие; стремление занимать видные посты (*особ. выборные*)

employ I [ɪmˈplɔɪ] *n* 1. работа по найму; служба; to be in [out of] ~ иметь работу /службу/ [быть безработным]; to be in the ~ of smb. работать /служить/ у кого-л.; to have in one's ~ иметь у себя на службе, нанимать; the company

has ten stenographers in its ~ в компании работает 10 стенографисток; to be in the government's ~ быть на государственной службе 2. *арх., поэт.* дело, занятие
employ II [ɪmˈplɔɪ] *v* 1. предоставлять работу; нанимать; держать на службе, работе; пользоваться услугами; the factory ~s about a thousand workers на фабрике занято около тысячи рабочих; to be ~ed работать по найму, служить (*у кого-л.*); 100 men are ~ed by the firm штат фирмы состоит из 100 человек; to be gainfully ~ed иметь оплачиваемую работу 2. употреблять, использовать, применять; to ~ one's time in reading проводить время за чтением; to ~ a pen for sketching для эскизов пользоваться пером; to ~ questionable methods пользоваться сомнительными методами; to ~ capital использовать капитал; to ~ the right word употребить нужное слово; your time can be more profitably ~ed вы можете употребить своё время с большей пользой 3. 1) *часто refl* заниматься; he ~ed himself in growing roses after he retired после выхода на пенсию он занялся разведением роз 2) занимать (*кого-л.*); to ~ a child at cutting out paper dolls занять ребёнка вырезанием бумажных кукол 4. *тех.* загружать оборудование
employability [ɪmˌplɔɪəˈbɪlɪtɪ] *n* 1) возможность устроиться на работу 2) трудоспособность
employable [ɪmˈplɔɪəb(ə)l] *a* трудоспособный
employe [ˌemplɔɪˈiː, ɪmˌplɔɪˈiː] *амер.* = employee
employé [ɒmˈplɔɪeɪ] *фр.* = employee
employed [ɪmˈplɔɪd] *a* имеющий работу; ~ workers занятые рабочие (*не безработные*)
◊ ~ personnel *воен.* вольнонаёмный состав, гражданский персонал
employee [ˌemplɔɪˈiː, ɪmˌplɔɪˈiː] *n* рабочий; служащий; работающий по найму; the mill's ~s рабочие и служащие фабрики; ~ magazine журнал для рабочих и служащих (*какой-л.*) компании; ~s' insurance страхование рабочих или служащих, социальное страхование; ~ bargaining agent *амер.* представитель работающих по найму, отстаивающий их интересы
employer [ɪmˈplɔɪə] *n* 1. 1) наниматель, работодатель 2) хозяин, хозяйка 3) агент по найму 2. потребитель (*чего-л.*)
employment [ɪmˈplɔɪmənt] *n* 1. 1) работа (*по найму*), служба; to begin ~ начать работу; to terminate ~ уволить с работы, прекратить трудовые отношения; to obtain ~ as stenographer in a newspaper office получить работу в качестве стенографистки в редакции газеты; a large proportion of the population is engaged in industrial ~ большая часть населения работает /занята/ в промышленности 2) занятие, работа; knitting is a comforting ~ вязание — успокаивающее занятие, вязание успокаивает нервы 3) занятие, профессия 2. занятость (*рабочей силы*); full ~ полная занятость, отсутствие безработицы; ~ figures статистика занятости; those in and out of ~ работающие и безработные 3. приём (*на работу*); наём (*работников*); in the ~ of the staff при приёме на службу 4. применение, использование; ~ of modern machinery применение современной техники; ~ of children использование детского труда
employment agency [ɪmˈplɔɪmənt,eɪdʒ(ə)nsɪ] бюро, контора по трудоустройству

employment agent [ɪmˈplɔɪmənt,eɪdʒ(ə)nt] агент по найму (*рабочей силы*)
employment book [ɪmˈplɔɪmənt,bʊk] расчётная книжка
employment bureau [ɪmˈplɔɪmənt,bjʊ(ə)rəʊ] бюро по найму (*рабочих, служащих*)
employment exchange [ɪmˈplɔɪməntɪksˈtʃeɪndʒ] биржа труда
employment injury [ɪmˈplɔɪmənt,ɪndʒərɪ] производственная травма, несчастный случай на производстве
employment manager [ɪmˈplɔɪmənt,mænədʒə] заведующий отделом найма
employment sheet [ɪmˈplɔɪmənt,ʃiːt] послужной список
emplume [ɪmˈpluːm] *v* украшать пером, перьями, плюмажем, султаном
emplumed [ɪmˈpluːmd] *a* украшенный пером, перьями, плюмажем, султаном
empoison [ɪmˈpɔɪz(ə)n] *v редк.* 1. 1) отравлять (*существование*); портить (*жизнь*) 2) *уст.* отравлять (*кого-л.*); класть яд (*во что-л.*) 2. наполнять ядом, горечью; ожесточать, озлоблять
emporia [emˈpɔːrɪə] *pl от* emporium
emporium [emˈpɔːrɪəm] *n (pl тж.* -ria) 1. торговый центр, рынок 2. 1) большой магазин, универмаг 2) *ирон.* магазин, где торгуют всем; сельская лавка 3) *ирон.* заведение; hot-rod ~ авторемонтная мастерская; movie ~ киношка; Chinese chop-suey ~ китайский ресторанчик
empower [ɪmˈpaʊə] *v* 1. уполномочивать; доверять; to ~ smb. to do smth. уполномочить кого-л. сделать что-л.; I am ~ed to state я уполномочен заявить 2. давать возможность *или* право (*сделать что-л.*); разрешать; long training ~s an artist to work with ease хорошая выучка позволяет художнику работать с лёгкостью
empowerment [ɪmˈpaʊəmənt] *n юр.* 1. доверенность; (у)полномочие 2. оформление доверенности, полномочия
empress [ˈemprɪs] *n* 1) императрица 2) царица, повелительница, владычица; ~ of the night царица ночи (*о луне*); the ~ of his heart владычица его сердца
empressement [ˌɒmpresˈmɑːŋ] *n фр.* подчёркнутая любезность; экспансивная сердечность
emprise [ɪmˈpraɪz] *n поэт.* смелое предприятие; рыцарский подвиг; knights of bold ~ доблестные рыцари
empt [em(p)t] *v диал.* опорожнять, выливать; выбрасывать
emptier [ˈemptɪə] *n тех.* опорожнитель
emptiness [ˈemptɪnɪs] *n* пустота, бессодержательность *и т. п.* [*см.* empty II]; to feel an ~ чувствовать пустоту (*в желудке*), проголодаться
emption [ˈempʃ(ə)n] *n* 1. *книжн.* покупка 2. *юр.* купля
emptional [ˈempʃ(ə)nəl] *a книжн.* подлежащий покупке; продажный
emptor [ˈem(p)tə] *n юр.* покупатель
empty I [ˈemptɪ] *n преим. pl* 1. порожняя тара; returned empties возвращённые пустые бутылки, банки *и т. п.*; empties returned *ком.* обратная тара; empties to be returned *ком.* тара подлежит возврату 2. порожний вагон, грузовик 3. *pl ж.-д.* порожняк
empty II [ˈemptɪ] *a* 1. 1) пустой, незаполненный, порожний; ~ box пустой ящик; ~ combs сушь (*пустые пчелиные соты*); ~ goal гол, забитый в пустые ворота; the room was nearly ~ of furniture в комнате не было почти никакой мебели; a bottle ~ of wine пустая винная бутылка 2) необитаемый, нежилой (*о доме и т. п.*) 3) без груза, порожний (*о транспорте*) 4) *тех.* без

нагрузки, холостой; ~ weight собственный вес (*автомобиля и т. п.*) 5) *физ.* вакантный, незанятый, незаполненный 2. пустопорожний, бессодержательный; ~ talk пустые разговоры, переливание из пустого в порожнее; ~ promises [words] пустые обещания [слова]; words ~ of meaning слова, не имеющие никакого смысла 3. 1) легковесный, несерьёзный (*о замысле и т. п.*) 2) легкомысленный, пустой (*о человеке*) 4. *разг.* голодный, с пустым желудком; to feel ~ проголодаться; on an ~ stomach натощак, на голодный желудок; ~ stomachs голодный люд, голодающие; ~ cupboards голод, недоедание, недостаток продовольствия
empty III [ˈemptɪ] *v* 1. 1) опорожнять; осушать (*стакан*); he emptied his pockets of their contents он вынул всё из карманов 2) выливать; высыпать; to ~ water out of a glass вылить воду из стакана; to ~ dust out of the dust-pan высыпать пыль /сор/ из совка; the bag had broken and emptied its contents along the road мешок лопнул, и содержимое высыпалось на дорогу 2. 1) переливать, пересыпать (*во что-л.*) 2) выкачивать, сливать (*топливо из баков*) 3. впадать (*о реке; тж.* to ~ oneself); the St. Lawrence empties (itself) into the Atlantic река святого Лаврентия впадает в Атлантический океан 4. пустеть; the streets soon emptied when the rain began улицы сразу опустели, когда пошёл дождь
empty glume [ˈemptɪˌgluːm] *с.-х.* полова
empty-handed [ˌemptɪˈhændɪd] *a* с пустыми руками; to come ~ прийти с пустыми руками /без подарка/; to go ~ уйти ни с чем
empty-headed [ˌemptɪˈhedɪd] *a* пустоголовый, бездумный, легкомысленный
empty-hearted [ˌemptɪˈhɑːtɪd] *a* бессердечный
emptying [ˈemptɪɪŋ] *n* 1. отстой (*на дне сосуда*); осадок 2. *pl амер.* закваска
empty-pated [ˌemptɪˈpeɪtɪd] = empty-headed
emptysis [em(p)ˈtaɪsɪs] *n мед.* кровохарканье
empurple [ɪmˈpɜːp(ə)l] *v поэт.* обагрять
Empusa, Empuse [emˈpjuːsa, emˈpjuːs] *n* 1) *греч. миф.* Эмпуса 2) (*тж. е.*) страшилище, чудовище 2. (е.) призрак
empyema [ˌempaɪˈiːmə] *n мед.* скопление гноя в полости, эмпиема
empyesis [ˌempaɪˈiːsɪs] *n мед.* гнойничковые высыпания на коже
empyreal [ˌemp(a)ɪˈriːəl] *a поэт.* 1. небесный, заоблачный 2. пламенный; пылающий (*чистым*) небесным огнём 3. *в грам. знач. сущ.* = empyrean I
empyrean I [ˌemp(a)ɪˈriːən] *n* 1. *греч. миф.* эмпирей; рай; небеса 2. *поэт.* небесная твердь, небо; мировое пространство 3. *поэт.* седьмое небо
empyrean II [ˌemp(a)ɪˈriːən] *a* 1. 1) *греч. миф.* относящийся к эмпирею 2) райский (*у ранних христиан*) 2. = empyreal 1 *и* 2
empyreuma [ˌemprˈruːmə] *n (pl* -ta) *спец.* гарь; запах гари
empyreumata [ˌemprˈruːmətə] *pl от* empyreuma
empyreumatic [ˌempruːˈmætɪk] *a* 1. *спец.* гарный; ~ oil горное масло 2. горелый; пригорелый; с запахом гари
empyrical [emˈpɪrɪk(ə)l] *a редк.* относящийся к горению, сгоранию

em-quad, em-quadrat ['emkwɒd, ˌem'kwɒdrɪt] *n полигр.* круглая, кегельная шпация

em-rule ['emru:l] *n полигр.* тире

emu ['i:mju:] *n зоол.* эму (*Dromiceius novae-hollandiae*)

emulate ['emjʊleɪt] *v* 1. 1) соревноваться, состязаться; стремиться превзойти 2) подражать; thine eye would ~ the diamond (*Shakespeare*) твой глаза соперничают в блеске с алмазом 2. подражать, следовать примеру; to ~ the best следовать примеру лучших 3. *вчт.* (полностью) имитировать работу одной системы средствами другой

emulation [ˌemjʊ'leɪʃ(ə)n] *n* 1. 1) соревнование, состязание; socialist ~ *несовр.* социалистическое соревнование 2) соперничество 2. подражание (*примеру*); in ~ of each other следуя примеру друг друга, подавая друг другу пример 3. *вчт.* эмуляция, идеальная имитация работы одной системы средствами другой

emulative ['emjʊlətɪv] *a* 1. соревновательный 2. стремящийся; ~ of perfection стремящийся к совершенству 3. подражательный; ~ poetry подражательная поэзия

emulator ['emjʊleɪtə] *n* 1. соперник 2. последователь 3. подражатель 4. *вчт.* (программа-)эмулятор (*тж.* ~ program)

emulgator ['emʌlgeɪtə] = emulsifier 2

emulge [ɪ'mʌldʒ] *v редк. мед.* извлекать жидкость (*из выделительных органов*); дренировать; сцеживать, выдаивать

emulgent [ɪ'mʌldʒ(ə)nt] *a* извлекающий; дренирующий; ~ vessel *анат.* почечный кровеносный сосуд

emulous ['emjʊləs] *a* 1. соревнующийся; побуждаемый духом соревнования; соперничающий; to be ~ of smb. соперничать /соревноваться/ с кем-л.; they worked with ~ zeal они соперничали в рвении к работе 2. жаждущий; ~ of fame стремящийся к славе 3. подражательный

emulsible [ɪ'mʌlsɪb(ə)l] *a спец.* эмульгируемый, способный образовывать эмульсию

emulsification [ɪˌmʌlsɪfɪ'keɪʃ(ə)n] *n* 1. 1) образование эмульсии 2) приготовление *или* получение эмульсии 2. *хим.* эмульгация

emulsifier [ɪ'mʌlsɪfaɪə] *n спец.* 1. эмульгатор, вещество, способствующее эмульгированию 2. эмульсификатор, аппарат для эмульгирования

emulsify [ɪ'mʌlsɪfaɪ] *v* 1) делать эмульсию, эмульгировать 2) превращаться в эмульсию, эмульгировать

emulsin [ɪ'mʌlsɪn] *n хим.* эмульсин

emulsion [ɪ'mʌlʃ(ə)n] *n* эмульсия

emulsive [ɪ'mʌlsɪv] *a* образующий эмульсию; эмульсионный

emunctory I [ɪ'mʌŋ(k)t(ə)rɪ] *n физиол. редк.* 1. выделительный орган (*о почке и т. п.*) 2. выводной проток

emunctory II [ɪ'mʌŋ(k)t(ə)rɪ] *a физиол.* 1. выделительный, выводной, экскреторный 2. относящийся к сморканию

en¹ [en] *n* 1. эн, название буквы N 2. *полигр.* буква «n» как типографская единица системы мер (*соответствует полукруглой*)

en² [ɒn, ɒ̃, ʊn] *prep фр.* в, как, по; famille в семейном кругу, по-домашнему; ~ garçon по-холостяцки

en-¹ [in-] (*тж.* em- *перед* b *и* p) *pref* встречается в глаголах со значением 1. помещать в то, что обозначено производящей именной основой: encage сажать в клетку; enchain заковывать; enlist, enroll зачислять; entrench окапывать; envelope окутывать 2. приводить в состояние, обозначенное производящей именной основой: enamour очаровывать; encourage ободрять; enable давать возможность; enjoy наслаждаться; enlarge увеличивать; enrich обогащать; enslave порабощать; ensure гарантировать; embitter ожесточать; embody воплощать; empower уполномочивать 3. в некоторых глаголах, образованных от глагольных основ, имеет усилительное значение: enclose окружать; ensue следовать; enlighten просвещать

en-² [en-, ɪn-] *pref* выделяется в научных терминах греч. происхождения со значением внутри, внутренний: enhondral энхондральный, внутрихрящевой; engram энграмма (*след памяти*); enharmonic энгармонический

-en¹ [-ən] *suff* образует форму множественного числа у небольшого числа существительных: oxen волы; children дети; brethren братья

-en² [-(ə)n] (*тж.* -n) *suff* встречается в форме причастия II многих нестандартных глаголов: broken, spoken, fallen, written, blown, seen

-en³ [-(ə)n] *suff* встречается в прилагательных, образованных от существительных, обозначающих материал, вещество: leaden свинцовый; golden золотой; earthen земляной; silken шёлковый; woollen шерстяной

-en⁴ [-(ə)n] *suff* встречается в глаголах со значением приобретения признака (*или* наделения признаком), который выражен производящей именной основой: madden бесить; blacken чернить; quicken ускорять; loosen ослаблять, освобождать; strengthen усилить

enable [ɪ'neɪb(ə)l] *v* 1. давать (*кому-л.*) возможность *или* право (*что-л. сделать*); leisure ~d him to read more досуг позволил ему больше читать 2. делать возможным, создавать возможность, облегчать; electricity ~s rapid transit electricity электричество создаёт условия для быстрых перевозок 3. *уст.* делать годным; exercise ~s the body физические упражнения укрепляют тело 4. *юр.* уполномочивать 5. *юр.* узаконивать, давать юридический статус; legislation enabling the admission of a state законодательство, санкционирующее принятие штата в состав США 6. *вчт.* разрешать; разблокировать; включать

enabling [ɪ'neɪblɪŋ] *a* 1. дающий возможность 2. *юр.* уполномочивающий, облекающий правом (*преим. о законодательстве*); ~ act /statute/ *амер.* а) законодательный акт о предоставлении чрезвычайных полномочий; б) акт конгресса США, разрешающий какой-л. территории начать подготовку к переходу на статус штата

enact [ɪ'nækt] *v* 1. предписывать, постановлять, декретировать 2. принимать, вводить в действие (*закон*); придавать законную силу (*распоряжению и т. п.*); устанавливать в законодательном порядке; the president ~ed the bill президент подписал /утвердил/ закон; the bill was ~ed into law законопроект стал законом; be it ~ed by this... настоящим постановляется /предписывается/... (*формула начала законодательных актов*); be it further ~ed that... далее предписывается /постановляется/...; as by law ~ed как предусмотрено законом, в соответствии с законом, как гласит закон 3. 1) представлять, разыгрывать (*пьесу*); to ~ Hamlet играть (роль) Гамлета 2) играть роль, изображать; to ~ a philosopher разыгрывать философа 4. *преим. pass* совершать; the place where the murder was ~ed место, где было совершено /где произошло/ убийство 5. *арх.* провозглашать, официально заявлять

enacting clause [ɪ'næktɪŋˌklɔ:z] 1) преамбула закона 2) постановляющая часть закона

enaction [ɪ'nækʃ(ə)n] = enactment

enactive [ɪ'næktɪv] *a редк.* постановляющий

enactment [ɪ'næktmənt] *n* 1. принятие закона, введение закона в силу; утверждение, подписание закона (*королём, президентом*) 2. закон, указ, статут; законодательный акт; постановления (*законодательной власти*); правовое предписание 3. положение, условие, статья (*закона*); the ~s for the regulation of trade статьи /положения/, регулирующие торговлю

enactor [ɪ'næktə] *n* 1. законодатель 2. *редк.* исполнитель (*роли*)

enactory [ɪ'nækt(ə)rɪ] = enactive

enamel I [ɪ'næm(ə)l] *n* 1. эмаль, финифть; ~ locket эмалевый медальон; ~ ring перстень с финифтью 2. глазурь, полива, мурава, обливка (*в керамике*) 3. изделие из эмали, финифти; collection of ~s коллекция эмалей 4. эмаль (*на зубах*) 5. эмалевая краска 6. эмалировка; ~ pan эмалированная кастрюля 7. 1) притирание для кожи 2) лак для ногтей

enamel II [ɪ'næm(ə)l] *v* 1. покрывать эмалью; эмалировать 2. покрывать глазурью, глазуровать, муравить 3. писать эмалевыми красками 4. *поэт.* испещрять, украшать; the meadow ~led with flowers луг, усеянный цветами 5. лакировать (*кожу*)

enamelar [ɪ'næm(ə)lə] = enamellar

enamel bead [ɪ'næm(ə)lˌbi:d] *хим.* перл, стёклышко (*буры и т. п.*)

enameled [ɪ'næm(ə)ld] = enamelled

enameler [ɪ'næm(ə)lə] = enameller

enameling [ɪ'næm(ə)lɪŋ] = enamelling

enamelist [ɪ'næm(ə)lɪst] = enameller 1

enamellar [ɪ'næm(ə)lə] *a редк.* 1. эмалевый 2. похожий на эмаль, глянцевитый

enamelled [ɪ'næm(ə)ld] *a* 1. 1) покрытый эмалью, эмалевый; украшенный эмалевым узором 2) эмалированный; ~ ware = enamelware 2. глазурованный, муравленый; ~ stoneware глазурованная керамика; ~ paper = enamel-paper 3. мелованный, глянцевый, глазированный (*о бумаге*)

enamelled cloth [ɪ'næm(ə)ldˌklɒθ] *текст.* 1) дерматин 2) техническая ткань

enameller [ɪ'næm(ə)lə] *n* 1. живописец цветными эмалями *или* по эмали; финифтяных дел мастер 2. эмалировщик

enamelling [ɪ'næm(ə)lɪŋ] *n* 1. 1) покрытие эмалью 2) живопись эмалями *или* по эмали 3) эмалировка 2. глазуровка

enamel-painting [ɪ'næm(ə)lˌpeɪntɪŋ] *n* живопись цветными эмалями *или* огнеупорными красками по эмали

enamel-paper [ɪ'næm(ə)lˌpeɪpə] *n* мелованная, глянцевая бумага

enamelware [ɪ'næm(ə)lweə] *n* эмалированная посуда

en ami [ˌɒnæ'mi:] *фр.* по-дружески; на дружеской ноге

enamour [ɪ'næmə] *v преим. pass* 1. возбуждать любовь, очаровывать; to be ~ed of smb. быть влюблённым в кого-л.; the poet is ~ed of beauty красота чарует поэта 2. увлекать, приводить в восторг, в восхищение; to be ~ed of

(*разг. тж.* with) smth. увлека́ться чем-л.; I am not greatly ~ed of life in the tropics я не в большо́м восто́рге от жи́зни в тро́пиках; he is ~ed of scientific research нау́чные иссле́дования увлека́ют его́; he is ~ed with ballet он без ума́ от бале́та
enamourment [ɪˈnæməmənt] *n редк.* влюблённость; увлече́ние
enantiosis [enˌæntɪˈəʊsɪs] *n греч. стил.* антите́за
enarm [enˈɑːm] *v уст.* обнима́ть
enarthrosis [ˌenɑːˈθrəʊsɪs] *n анат.* орехови́дный суста́в
enascent [ɪˈnæs(ə)nt] *a арх.* нарожда́ющийся
enate I [ˈiːneɪt] *n* ро́дственник по ма́тери
enate II [ˈiːneɪt] *a* состоя́щий в родстве́ по матери́нской ли́нии
en avant [ˌɒnæˈvɒŋ] *фр.* вперёд!
en bloc [ˌɒmˈblɒk] *фр.* 1. целико́м, гу́ртом, о́птом 2. в це́лом, не входя́ в подро́бности 3. 1) моноли́тный (*о констру́кции*) 2) *геол.* в ви́де глы́бы
en brochette [ˌɒmbrəʊˈʃet] *фр. кул.* на шампу́рах
en brosse [ˌɒmˈbrɒs] *фр.* ёжик (*о мужско́й стри́жке*)
encaenia [enˈsiːnɪə] *n* 1) пра́зднование годовщи́ны (*основа́ния чего-л.*) 2) (Е.) «День поминове́ния», ежего́дный пра́здник в Оксфо́рдском университе́те
encage [ɪnˈkeɪdʒ] *v* 1) сажа́ть в кле́тку 2) лиша́ть свобо́ды
encamp [ɪnˈkæmp] *v* 1) располага́ться ла́герем 2) разбива́ть ла́герь, стоя́нку, располага́ться ла́герем
encampment [ɪnˈkæmpmənt] *n* 1. ла́герь, ла́герная стоя́нка 2. разби́вка ла́геря; расположе́ние ла́герем 3. привал, вре́менная стоя́нка 4. стоя́нка (*коче́вников*)
encapsidate [ɪnˈkæpsɪdeɪt] *v бакт.* заключа́ть (*ви́рус*) в капси́д или белко́вую оболо́чку
encapsidation [ɪnˌkæpsɪˈdeɪʃ(ə)n] *n бакт.* инкапсули́рование (*ви́руса*)
encapsulate [ɪnˈkæpsjʊleɪt] *v* 1. заключа́ть в ка́псулу, инкапсули́ровать 2. кра́тко излага́ть (*фа́кты, све́дения*)
encapsulation [ɪnˌkæpsjʊˈleɪʃ(ə)n] *n* инкапсуля́ция
encapsule [ɪnˈkæpsjuːl] *v* заключа́ть в ка́псулу
encarnadine I, II [ɪnˈkɑːnədaɪn] = incarnadine I и II
encarnalize [ɪnˈkɑːnəlaɪz] *v* 1. воплоща́ть, де́лать пло́тью и кро́вью 2. де́лать гру́бым, чу́вственным; придава́ть плотско́й хара́ктер
encarpi [enˈkɑːpaɪ] *pl om* encarpus
encarpus [enˈkɑːpəs] *n* (*pl* -pi) *архит.* энка́рпы, орна́мент в ви́де гирля́нды
encase [ɪnˈkeɪs] *v* 1. упако́вывать; положи́ть в я́щик, футля́р; заключа́ть в оболо́чку 2. 1) покрыва́ть, облицо́вывать; banks ~d in granite берега́, оде́тые в грани́т; ~d in marble облицо́ванный мра́мором 2) вставля́ть, вдёлывать; a bullet ~d in steel пу́ля в стально́й ги́льзе 3) зако́вывать, заключа́ть; to ~ in armour зако́вывать в ла́ты; the soul ~d in the body душа́, заключённая в те́ле 3. *стр.* заключи́ть в опалу́бку
encasement [ɪnˈkeɪsmənt] *n* 1) общи́вка, облицо́вка; опа́лубка 2) футля́р; покры́шка 3) упако́вка 4) кожу́х
encash [ɪnˈkæʃ] *v ком.* 1. реализова́ть (*това́р*) 2. получа́ть нали́чными
encashable [ɪnˈkæʃəb(ə)l] *a ком.* могу́щий быть реализо́ванным, про́данным, превращённым в (нали́чные) де́ньги
encashment [ɪnˈkæʃmənt] *n ком.* 1. получе́ние нали́чными, инкасса́ция 2. су́мма, полу́ченная нали́чными
encaustic I [ɪnˈkɔːstɪk] *n* энка́устика, жи́вопись восковы́ми кра́сками с по́мощью горя́чих инструме́нтов
encaustic II [ɪnˈkɔːstɪk] *a* 1. энкаусти́ческий, относя́щийся к жи́вописи восковы́ми кра́сками 2. обожжённый, относя́щийся к о́бжигу (*о кера́мике, эма́ли*); ~ brick [tile] обожжённый разноцве́тный кирпи́ч [изразе́ц]
encave [ɪnˈkeɪv] *v* 1) *уст.* пря́тать в подва́ле, в по́гребе 2) скрыва́ть, пря́тать
-ence [-əns] = -ance
enceinte¹ [ɒnˈsænt] *n фр.* 1. огоро́женное ме́сто 2. 1) огра́да 2) *воен.* крепостна́я огра́да
enceinte² [ɒnˈsænt] *a фр.* бере́менная, в интере́сном положе́нии; she is ~ она́ ждёт ребёнка
encephalic [ˌensɪˈfælɪk] *a анат.* относя́щийся к головно́му мо́згу, мозгово́й, церебра́льный
encephalitic [ɪnˌsefəˈlɪtɪk] *a мед.* энцефали́тный
encephalitis [ɪnˌsefəˈlaɪtɪs] *n мед.* энцефали́т
encephalitogen [ɪnˌsefəˈl(a)ɪtədʒen] *n мед.* ви́рус энцефали́та
encephalization [ɪnˌsefəlaɪˈzeɪʃ(ə)n] *n* эволюцио́нное разви́тие мо́зга живо́тных; ~ quotient *зоол.* отноше́ние ма́ссы те́ла к ма́ссе мо́зга (*показа́тель эволюцио́нного разви́тия*)
encephalocele [ɪnˈsefələsiːl] *n мед.* мозгова́я гры́жа
encephalogram [ɪnˈsef(ə)ləɡræm] *n* энцефалогра́мма
encephalograph [ɪnˈsef(ə)ləɡrɑːf] = encephalogram
encephalography [ɪnˌsefəˈlɒɡrəfɪ] *n* энцефалогра́фия
encephaloid [enˈsef(ə)lɔɪd] *a мед.* подо́бный мозгово́му веществу́ (*преим. о новообразова́нии*); ~ cancer мозгови́дный рак, мозгови́к
encephalon [enˈsefəlɒn] *n анат.* головно́й мозг
encephalopathy [enˌsefəˈlɒpəθɪ] *n* энцефалопа́тия
enchafe [ɪnˈtʃeɪf] *v* 1) греть, согрева́ть 2) распаля́ть, раздража́ть, серди́ть
enchain [ɪnˈtʃeɪn] *v* 1) зако́вывать, сажа́ть на цепь 2) ско́вывать, око́вывать; свя́зывать; ~ed by rules свя́занный (по рука́м и нога́м) пра́вилами; a speaker hoping to ~ the attention of the audience ора́тор, наде́ющийся завладе́ть внима́нием аудито́рии; ~ed by ignorance and superstition в плену́ неве́жества и суеве́рий
enchainment [ɪnˈtʃeɪnmənt] *n* 1. 1) зако́вывание (*в цепи*); прико́вывание (*цепью*) 2) ско́ванность, свя́занность, прико́ванность 2. цепь (*собы́тий*)
enchant [ɪnˈtʃɑːnt] *v* 1. очарова́ть, обворожи́ть; привести́ в восто́рг; he was ~ed by her beauty он был пленён её красото́й; she was ~ed by /with/ the flowers sent to her она́ была́ в восто́рге от при́сланных цвето́в; I am ~ed чрезвыча́йно рад; the landscape ~ed her пейза́ж восхити́л её; her wit ~ed us all свои́м остроу́мием она́ нас всех очарова́ла 2. заколдо́вывать, зачаро́вывать; Sleeping Beauty was ~ed Спя́щая Краса́вица была́ заколдо́вана 3. наделя́ть волше́бной си́лой; to ~ a ring сде́лать кольцо́ талисма́ном
enchanted [ɪnˈtʃɑːntɪd] *a* 1) очаро́ванный, пленённый, заворожённый 2) заколдо́ванный, волше́бный, маги́ческий
enchanter [ɪnˈtʃɑːntə] *n* 1. чароде́й, волше́бник, колду́н 2. *уст.* фо́кусник 3. *ист., библ.* обая́тель
enchanting [ɪnˈtʃɑːntɪŋ] *a* 1. очарова́тельный, обворожи́тельный, плени́тельный, обая́тельный 2. колдовско́й, волше́бный
enchantment [ɪnˈtʃɑːntmənt] *n* 1. очарова́ние, обая́ние; she set her ~s at work она́ пусти́ла в ход свои́ ча́ры 2. колдовство́, ма́гия, волшебство́; as if by ~ как по волшебству́
enchantress [ɪnˈtʃɑːntrɪs] *n* 1. очарова́тельница, чаровни́ца, обворожи́тельная же́нщина 2. колду́нья, волше́бница, чароде́йка
encharge [ɪnˈtʃɑːdʒ] *v редк.* 1. *книжн.* возлага́ть, поруча́ть, вверя́ть; to ~ with a task дать зада́ние /поруче́ние/ 2. *уст.* обя́зывать
enchase [ɪnˈtʃeɪs] *v* 1. 1) (*обыкн.* in, with) оправля́ть, вставля́ть в опра́ву; ~d in gold в золото́й опра́ве; to ~ a gem with gold вста́вить драгоце́нный ка́мень в золоту́ю опра́ву 2) служи́ть опра́вой, обрамля́ть 2. (with) инкрусти́ровать 3. украша́ть гравиро́вкой, резьбо́й, насе́чкой 4. (in) (бе́режно) храни́ть; to ~ in a crystal ball заключи́ть в хруста́льный шар; to ~ in one's heart храни́мый в се́рдце; to have smth. ~d in one's па́мяти 5. *церк.* класть в ра́ку
enchaser [ɪnˈtʃeɪsə] *n* 1. *см.* enchase + -er 2. 1) гравёр, ре́зчик (*по драгоце́нным мета́ллам*) 2) инкруста́тор
enchilada [ˌentʃɪˈlɑːdə] *n амер.* энчила́да, бли́нчик с о́строй мясно́й начи́нкой
enchiridion [ˌenkaɪˈrɪdɪən] *n книжн.* спра́вочник, кра́ткое руково́дство
enchisel [ɪnˈtʃɪz(ə)l] *v редк.* 1) чека́нить; высека́ть (*ста́тую и т. п.*) 2) покрыва́ть насе́чкой
enchondroma [ˌenkɒnˈdrəʊmə] *n* (*pl* -ta) *мед.* хрящева́я о́пухоль, хондро́ма
enchondromata [ˌenkɒnˈdrəʊmətə] *pl от* enchondroma
enchorial [enˈkɔːrɪl] *a* 1. демоти́ческий (*о еги́петском письме́*) 2. *редк.* сво́йственный да́нной стране́, тузе́мный, ме́стный
encincture [ɪnˈsɪŋktʃə] *v книжн.* опоя́сывать
encipher [ɪnˈsaɪfə] *v* 1. зашифро́вывать, писа́ть ши́фром; коди́ровать (*ци́фрами*) 2. сплета́ть (*бу́квы*) в моногра́мму, в шифр
enciphering [ɪnˈsaɪfərɪŋ] *n* шифрова́ние, коди́рование
encircle [ɪnˈsɜːk(ə)l] *v* 1. окружа́ть; ~d by the sea [by the enemy] окружённый мо́рем [неприя́телем]; our troops ~d the enemy на́ши войска́ окружи́ли проти́вника 2. (*часто* with) охва́тывать, опоя́сывать; окружа́ть; ~d with a girdle подпоя́санный куша́ком; an ancient city ~d with walls опоя́санный /обнесённый/ стена́ми стари́нный го́род 3. обраща́ться (*вокру́г чего-л.*); the Moon ~s the Earth Луна́ обраща́ется вокру́г Земли́; moths ~d the candle мотыльки́ кружи́лись вокру́г свечи́
encirclement [ɪnˈsɜːk(ə)lmənt] *n* окруже́ние
encircling [ɪnˈsɜːklɪŋ] *a преим. воен.* окружа́ющий, охва́тывающий; ~ disposition охва́тывающее расположе́ние; ~ force гру́ппа, производя́щая обхо́д; гру́ппа, соверша́ющая манёвр на окруже́ние; ~ manoeuvre обхо́д; манёвр на окруже́ние
en clair [ˌɒnˈkleə] *фр.* откры́тым те́кстом, кле́ром
enclasp [ɪnˈklɑːsp] *v* охва́тывать, обнима́ть

enclave ['enkleɪv] *n* 1. территория, окружённая со всех сторон владениями другого государства, анклав 2. замкнутая группа; privileged ~ привилегированная группа населения

enclitic I [ɪn'klɪtɪk] *n лингв.* энклитика

enclitic II [ɪn'klɪtɪk] *a лингв.* энклитический

encliticism [ɪn'klɪtɪsɪz(ə)m] *n лингв.* энклитика

encloister [ɪn'klɔɪstə] *v уст.* 1. заточать в монастыре 2. замуровывать, прятать от людского глаза

enclose [ɪn'kləʊz] *v* 1. окружать, огораживать; окаймлять; to ~ with a fence обнести забором; to ~ a porch with glass застеклить веранду 2. вкладывать (*в конверт и т. п.*); to ~ money in a letter вложить в письмо деньги; I ~ herewith *канц.* при сём прилагаю; ~d please find *канц.* прилагается 3. ограничивать, закрывать (*проезд и т. п.*) 4. заключать (*в кавычки и т. п.*); to ~ a word in /by, with/ brackets заключить слово в скобки 5. вставлять (*в раму, оправу*) 6. 1) запирать (*кого-л.*); держать в заключении 2) = encloister 1 7. *ист.* огораживать общинные земли

enclosed [ɪn'kləʊzd] *a* 1. закрытый, замкнутый, огороженный; ~ space закрытое /замкнутое/ пространство; ~ ground under cultivation огороженный засаженный участок 2. *тех.* в закрытом исполнении
◇ ~ nun монахиня, не выходящая из монастыря; схимница

encloser [ɪn'kləʊzə] *n ист.* огораживающий общинные земли

enclosing I [ɪn'kləʊzɪŋ] *n* окружение, огораживание *и пр.* [*см.* enclose]; ~ of game охотничья облава, обкладывание зверя

enclosing II [ɪn'kləʊzɪŋ] *a* окружающий *и пр.* [*см.* enclose]; ~ rhyme *стих.* обрамляющая рифма типа абба

enclosure [ɪn'kləʊʒə] *n* 1. огороженное место 2. ограда, ограждение 3. 1) огораживание, отгораживание 2) *ист.* огораживание общинных земель (*в Англии*) 4. вложение (*содержимое пакета*); приложение (*к письму, документу*) 5. *геогр., топ.* контур угодий (*на карте*) 6. *геол.* включение 7. *стр.* тепляк (*при зимнем строительстве*)
◇ Royal E. королевская трибуна (*на скачках; Великобритания*)

enclosure pasturing [ɪn'kləʊʒə,pɑːstʃərɪŋ] загонная пастьба

enclothe [ɪn'kləʊð] *v книжн.* облачать, облекать

encloud [ɪn'klaʊd] *v* окутывать облаками; затемнять

encode [ɪn'kəʊd] *v* шифровать, зашифровывать по коду, кодировать

encoder [ɪn'kəʊdə] *n* кодирующее устройство, шифратор

encoding [ɪn'kəʊdɪŋ] *n* кодирование, шифрование

encoffinment [ɪn'kɒfɪnmənt] *n рел.* положение во гроб

encoignure [ɒn'kɔɪnjə] *n* угловой шкафчик или столик; предмет мебели для установки в углу комнаты

encolour [ɪn'kʌlə] *v* (слегка) окрашивать, придавать оттенок

encolure [enkə'ljʊə] *n редк. поэт.* грива (*лошади*)

encomia [ɛn'kəʊmɪə, en-] *редк. pl от* encomium

encomiast [ɛn'kəʊmɪæst, en-] *n книжн.* панегирист, (неумеренный) хвалитель, восхвалитель

encomiastic [ɛn'kəʊmɪæstɪk, en-] *a книжн.* панегирический, хвалебный, восхваляющий

encomium [ɛn'kəʊmɪəm, en-] *n* (*pl тж.* -mia) *книжн.* панегирик, восторженно-хвалебный отзыв, восхваление; to bestow ~ on smb. осыпать кого-л. комплиментами, хвалить без удержу

encompass [ɪn'kʌmpəs] *v* 1. 1) окружать; обносить (*стеной и т. п.*); обводить (*рвом и т. п.*); mountains ~ing the town горы, окружающие город; he was ~ed by his guard он был окружён телохранителями 2) окружать; обступать; to ~ with care and attention окружить заботой и вниманием; he was ~ed with perils опасности подстерегали его на каждом шагу 3) окутывать; the folds of a cape ~ed her person широкая накидка окутывала её с головы до ног 2. заключать (в себе), касаться; the report ~es a number of problems в докладе затрагивается ряд вопросов; a work which ~es the entire range of man's heroic achievements труд, охватывающий все сферы героической деятельности человека 3. *амер.* выполнить, осуществить; to ~ a task выполнить задание 4. *арх.* обращаться (*вокруг чего-л.*); ходить кругом (*чего-л.*); to ~ the globe объехать вокруг света 5. *уст.* обойти, перехитрить 6. *охот.* делать облаву

encore I [ɒŋ'kɔː] *n* 1) крики бис, вызов на бис; her performance evoked an enthusiastic ~ её выступление вызвало восторженные крики бис 2) бисирование; исполнение на бис; вещь, исполняемая на бис; the violinist gave three ~s скрипач сыграл три пьесы на бис; she gave us an ~ to her song на бис она повторила свою песню

encore II [ɒŋ'kɔː] *v* кричать бис; to ~ a singer вызывать певца на бис; to ~ a song требовать повторного исполнения песни

encore III [ɒŋ'kɔː] *int* бис!

encounter I [ɪn'kaʊntə] *n* 1. (неожиданная) встреча 2. столкновение; схватка, стычка 3. дуэль; состязание; турнир 4. *спорт.* встреча, схватка 5. *физ.* столкновение, соударение (*частиц*) 6. *арх.* любовное свидание

encounter II [ɪn'kaʊntə] *v* 1. (неожиданно) встретить; to ~ an old acquaintance случайно встретить старого знакомого 2. иметь столкновение, стычку; встретиться (*в бою и т. п.*); we will ~ the enemy at dawn на рассвете мы встретимся с противником 3. наталкиваться (*на трудности и т. п.*); we ~ so many problems in our work мы сталкиваемся в своей работе с многочисленными проблемами 4. *спорт.* встретиться (*с противником*); провести схватку 5. *физ.* сталкиваться, соударяться (*о частицах*)

encounter attack [ɪn'kaʊntərə,tæk] *воен.* встречный бой

encounter group [ɪn'kaʊntə,gruːp] 1) групповая встреча для обсуждения общих проблем (*особ. алкоголизма, наркомании и т. п.*); групповая психотерапия 2) встреча для свободного и откровенного обмена мнениями в узком кругу 3) *эвф.* групповой секс

encounter grouper, encounter groupie [ɪn'kaʊntə,gruːpə, -gruːpɪ] участник групповой встречи [*см.* encounter group]

encourage [ɪn'kʌrɪdʒ] *v* 1. ободрять; вселять мужество, надежду; воодушевлять; to be ~d by smb.'s example вдохновиться чьим-л. примером; your appreciation of my work ~s me greatly ваша оценка моей работы очень меня окрыляет 2. поощрять, поддерживать; to ~ the arts поощрять искусства; I am ~d to do the same мне рекомендуют поступить так же 3. подстрекать, потворствовать; to ~ the people to hostility подстрекать население к враждебным действиям

encouragement [ɪn'kʌrɪdʒmənt] *n* 1. ободрение; воодушевление; cries of ~ одобрительные возгласы; to take ~ from smb.'s example воодушевиться чьим-л. примером 2. поощрение, поддержка; export ~ стимулирование экспорта; to give ~ to smth. поощрять что-л.; to give no ~ холодно отнестись; it is desirable that every ~ should be given to... желательно оказать всяческую поддержку (*кому-л., чему-л.*) 3. подстрекательство; потворство; поблажка; to give no ~ to не потакать (*кому-л., чему-л.*)

encourager [ɪn'kʌrɪdʒə] *n* 1. *см.* encourage + -er 2) вдохновитель 2. покровитель, сторонник 3. 1) подстрекатель 2) пособник

encouraging [ɪn'kʌrɪdʒɪŋ] *a* 1) ободряющий, обнадёживающий; ~ smile одобрительная улыбка 2) поощряющий; the results are not ~ результаты неутешительны, результаты не стимулируют продолжение работы

encradle [ɪn'kreɪdl] *v поэт.* класть в колыбель

encrimson [ɪn'krɪmz(ə)n] *v редк.* 1. красить в малиновый цвет 2. заставить покраснеть

encroach [ɪn'krəʊtʃ] *v* 1. вторгаться (*особ. постепенно*); захватывать (*особ. мало-помалу*); to ~ upon the territory of a state вторгнуться на территорию государства; the sea is ~ing upon the land море наступает на сушу; to ~ on functions that do not belong to one присваивать себе чужие функции; to ~ upon the domain of psychiatry вторгаться в область психиатрии 2. посягать; to ~ upon /on/ human rights посягать на права человека; to ~ upon smb.'s time отнимать чьё-л. время 3. выходить за пределы (*разумного, возможного*); impertinence ~es when it is tolerated наглость переходит границы, когда ей не дают отпора

encroachment [ɪn'krəʊtʃmənt] *n* 1. вторжение; (постепенный) захват; ~ on our territory вторжение на нашу территорию 2. посягательство; criminal ~ *юр.* преступное посягательство; ~ on /upon/ smb.'s rights посягательство на чьи-л. права 3. выход за свои пределы; ~ of a forest by natural seeding наступление леса в результате естественного обсеменения

encrown [ɪn'kraʊn] *v редк. книжн.* возлагать корону, короновать

encrust [ɪn'krʌst] *v* 1. инкрустировать; ~ed with jasper инкрустированный яшмой 2. покрывать коркой, накипью, ржавчиной *и т. п.*; откладывать тонкий слой (*чего-л.*); ice ~ed the edges of the pool края пруда покрылись корочкой льда 3. оседать; образовывать корку; salt ~ed on the bottom of the kettle соль осела на дне котелка; barnacles were ~ed on the ship's hull ракушки облепили корпус корабля 4. затвердевать; превращаться в корку, в наст (*о снеге*)

encrypt [ɪn'krɪpt] *v* шифровать; to ~ a secret message зашифровать тайное сообщение

encryption [ɪn'krɪpʃ(ə)n] *n* шифрование, зашифрование

encryptor [ɪn'krɪptə] *n* шифрующее устройство, шифратор

enculturate [ɪn'kʌltʃəreɪt] *v книжн.* приобщать к какой-л. культуре

enculturation [ɪnˌkʌltʃəˈreɪʃ(ə)n] *n* приобщение к какой-л. культуре

encumber [ɪnˈkʌmbə] *v* **1.** затруднять, препятствовать; мешать, стеснять; to ~ foreign trade with heavy duties затруднять внешнюю торговлю высокими пошлинами; his movements were ~ed by a heavy coat тяжёлое пальто стесняло его движения; the project was ~ed by lack of funds мероприятие тормозилось из-за недостатка средств **2.** загромождать, заваливать; a passage ~ed with furniture коридор, загромождённый мебелью **3.** обременять; ~ed with a large family обременённый большой семьёй; ~ed with doubts обуреваемый сомнениями **4.** *юр.* закладывать; обременять долгами; to ~ an estate with mortgages заложить и перезаложить имение **5.** *уст.* запутать, завязить (*в грязи и т. п.*)

encumbered estate [ɪnˌkʌmbədɪsˈteɪt] заложенное имение; заложенная недвижимость

encumbrance [ɪnˈkʌmbrəns] *n* **1.** препятствие, помеха; препона, затруднение **2.** бремя, обуза **3.** лицо, находящееся на иждивении, иждивенец (*преим. о детях*); without ~(s) *разг.* бездетный; five ~s *шутл.* пятеро детей **4.** *юр.* **1)** закладная (*на имущество*), долг, обязательство (*с обеспечением имуществом*) **2)** обременение (*лежащее на имуществе*)

encumbrancer [ɪnˈkʌmbrənsə] *n* *юр.* лицо, в пользу которого существует обременение; залогодержатель; лицо, имеющее законные права на часть имущества другого лица

encurl [ɪnˈkɜːl] *v* *редк.* **1.** завивать (*волосы*) **2.** свивать, переплетать (*нити*)

encurtain [ɪnˈkɜːtn] *v* *редк.* **1)** окружать занавеской, ширмой **2)** окутывать тайной, маскировать

ency(.), **encyc(.)** *n сокр. от* encyclop(a)edia

-ency [-(ə)nsɪ] = -ance 2

encyclic I, II [ɪnˈsɪklɪk] = encyclical I и II

encyclical I [ɪnˈsɪklɪk(ə)l] *n церк.* энциклика

encyclical II [ɪnˈsɪklɪk(ə)l] *a церк.* окружной (*о церковных посланиях, преим. папы римского*)

encyclop(a)edia [ɪnˌsaɪkləˈpiːdɪə] *n* энциклопедия, энциклопедический словарь
◊ walking ~ «ходячая энциклопедия», эрудит

encyclop(a)ediac, **encyclop(a)ediacal** [ɪnˌsaɪkləˈpiːdɪək, -(ə)l] = encyclop(a)edic

encyclop(a)edial [ɪnˌsaɪkləˈpiːdɪəl] *a* относящийся к энциклопедии

encyclop(a)edic [ɪnˌsaɪkləˈpiːdɪk] *a* энциклопедический; всеобъемлющий, многосторонний; an expert with ~ knowledge специалист широкого профиля; эрудированный специалист

encyclop(a)edism [ɪnˌsaɪkləˈpiːdɪz(ə)m] *n* **1.** энциклопедизм, всесторонняя образованность; широкая осведомлённость **2.** (E.) *филос.* учение (французских) энциклопедистов

encyclop(a)edist [ɪnˌsaɪkləˈpiːdɪst] *n* **1.** энциклопедист, всесторонне образованный человек **2.** составитель энциклопедии **3.** *pl* (the ~) *ист.* французские энциклопедисты (*XVIII в.*)

encyclop(a)edize [ɪnˌsaɪkləˈpiːdaɪz] *v* **1.** систематизировать, располагать материал как в энциклопедии **2.** описывать в энциклопедии

encyst [enˈsɪst] *v* *биол.* образовывать оболочку, капсулу

encystation [ˌensɪsˈteɪʃ(ə)n] *n* *биол.* образование капсулы, инкапсулирование, инцистирование

encysted [enˈsɪstɪd] *a биол.* осумкованный, заключённый в кисту, инкапсулированный, окружённый оболочкой; ~ tumo(u)r новообразование, окружённое капсулой

encystment [enˈsɪstmənt] *n биол.* образование капсулы, инкапсулирование, инцистирование

end I [end] *n* **I 1.** конец, окончание; happy ~ счастливый /благополучный/ конец; счастливая развязка; to put /to set/ an ~ to smth. положить конец чему-л., покончить с чем-л.; to put an ~ to an argument [to war] положить конец спору [войне]; to bring to an ~ закончить, завершить; to make an ~ of smth. закончить что-л.; положить конец чему-л.; to come to an ~, to be at an ~ прийти к концу, кончиться; I've come to the ~ of my endurance моё терпение истощилось; we'll see no ~ of it, there is no ~ to it ≅ этому конца не будет; to follow smth. to its logical ~ довести что-л. до логического конца; in the ~ в конце концов, в конечном счёте; to the ~ of time вечно, во веки веков; this will remain a secret to the ~ of time это навеки останется тайной; the ~ crowns the deed конец венчает дело **2.** конец, последний, заключительная часть; завершение; the ~ of the year конец года; the ~ of a sentence [of a story] последняя часть /конец/ предложения [рассказа]; a story without an ~ рассказ, который ничем не кончается; toward the ~ of 1914 к концу 1914 г.; by the ~ of the third quarter к концу третьего квартала; at the ~ of the 16th century в конце /в последние годы/ XVI столетия **3. 1)** смерть, кончина, конец; untimely ~ безвременная кончина; to be near(ing) one's ~ быть при смерти; to come to a tragic ~ трагически погибнуть; to be ~ (of) довести до гибели, прикончить; this cough will be the ~ of me этот кашель меня доконает; you will be the ~ of me ты меня в могилу сведёшь **2)** прекращение существования; that will be the ~ of all war это положит конец всякой войне, войны исчезнут навсегда; the ~ of the world конец света

II. 1. 1) конец, край; a silver watch at the ~ of a chain серебряные часы, подвешенные на конце цепочки; on the ~ of a stick на конце палки; ~ on а) концом вперёд; б) *мор.* прямо носом или кормой; ~ up стоймя, прямо; ~ to ~ непрерывной цепью, впритык; at the southern ~ of the town в южном конце /на южной окраине/ города; from one ~ of the country to the other из одного конца страны в другой; to sign one's name at the ~ of a list поставить свою подпись в конце списка; at the other ~ of the world на другом конце света; at the world's ~ на краю света; ≅ у чёрта на куличках **2)** конец, сторона; to approach the subject from the wrong ~ подойти к вопросу не с того конца; look through the wrong ~ of a telescope воспринимать всё в искажённом виде **3)** *амер.* аспект, сторона; the business ~ практическая или коммерческая сторона дела; at the consuming ~ со стороны потребителей, в сфере потребления; the advertising ~ of insurance реклама в страховом деле; at the broadcasting [listening] ~ на радиостанции [у радиослушателей] **4)** *амер.* часть, отделение; our selling ~ наш торговый отдел, коммерческая часть нашего предприятия **2.** остаток, обломок, обрывок, обрезок; rope's ~ *мор.* линёк, конец (*троса*) **3.** (of) *амер. разг.* верх, вершина (*чего-л.*); непревзойдённое совершен-

ство; she is the very /the living/ ~ of femininity она воплощённая женственность **4.** торец; ~ elevation вид с торца, вид сбоку; ~ face лобовая *или* торцовая /торцевая/ поверхность **5.** *спец.* **1)** комель **2)** *pl* эндсы, дилены (*пиломатериалы*) **6.** *текст.* одиночная или кордная нить; ~ down обрыв нити; ~s per inch число нитей основы на один дюйм **7.** днище **8.** *спорт.* половина поля, площадки; to change ~s меняться сторонами поля /площадки/ **9.** *спорт.* крайний (*в футболе*)

III цель; намерения, виды; to accomplish one's ~ достичь цели; to gain one's ~ достичь цели, добиться своего; to pursue one's own ~s преследовать свои собственные цели; to work together for a common ~ работать на общее дело; with this ~ in view с этой целью, для этого; the ~ justifies the means цель оправдывает средства; an ~ in itself самоцель; to what ~? для чего?, с какой целью?; to that /this/ ~ с этой целью; to the ~ that... для того чтобы..., с той целью чтобы...; to no ~ бесцельно, бесполезно, напрасно; to serve an ~ служить какой-л. цели; to serve no useful ~ быть бесполезным /ненужным/; for public ~s на общественные нужды, в интересах общества; to defeat one's [its] own ~ идти вразрез с поставленной целью

◊ no ~ бесконечно, чрезвычайно; no ~ obliged to you чрезвычайно вам признателен; no ~ disappointed ужасно разочарованный; he was no ~ put out он страшно обозлился, он вышел из себя; this should liven up the debate no ~ это должно чрезвычайно оживить дебаты; no ~ of масса, много; no ~ of trouble масса хлопот /неприятностей/; he deserves no ~ of praise он заслуживает всяческих похвал; it does no ~ of mischief это наносит огромный вред; on ~ а) стоймя; дыбом (*о волосах*); б) беспрерывно, подряд; for hours on ~ целыми часами (подряд); to be all on ~ быть в состоянии раздражения /нетерпения/; at a loose ~ не у дел, неустроенный; to the bitter ~ до (самого) конца, до последнего, до последней капли крови; to be at the ~ of one's rope быть в безвыходном положении; to be at the ~ of one's tether дойти до предела, дойти до точки; to be at one's wits' ~ совершенно растеряться; I am at my wits' ~ ума не приложу; to go (in) off the deep ~ а) взволноваться, разозлиться; б) рисковать, действовать сгоряча /необдуманно/; пороть горячку; не узнавши броду, сунуться в воду; to hold /to keep/ one's ~ up не сдаваться, не падать духом; to make both /two/ ~s meet сводить концы с концами; to come out on /at/ the short ~ оказаться в невыгодном положении, опростоволоситься; to hand the short /the dirty/ ~ of the stick *амер.* обвести /подвести/ (*кого-л.*); поставить (*кого-л.*) в невыгодное положение; to hold /to keep/ up one's ~ стойко держаться в трудном положении; неукоснительно выполнять свой долг, принятые на себя обязательства и т. п.

end II [end] *v* **1.** (часто ~ off, ~ up) **1)** кончать; заканчивать; to ~ one's labour on a book кончить свою работу над книгой; to ~ off /up/ a speech with a quotation закончить выступление цитатой; we ~ed the dinner up with fruit and coffee мы закончили

END — END

обед фруктами и кофе; if you don't change your ways you'll ~ up in prison если ты не изменишь своё поведение, то кончишь тюрьмой 2) кончаться, завершаться; to ~ in disaster кончиться катастрофой; to ~ in success завершиться успехом; how does the story ~? чем кончается рассказ?; the plateau ~s in a precipice плато кончается пропастью; to ~ in a draw /in a tie/ *спорт.* окончить или окончиться вничью; the expedition ~ed in the death of two climbers в результате экспедиции погибли два альпиниста; not all English words which in -ly are adverbs не все английские слова, кончающиеся на -ly, являются наречиями 2. прекращать; to ~ testing now and for all time прекратить испытания (ядерного оружия) немедленно и навсегда; to ~ the cold war положить конец холодной войне; to ~ one's life покончить с собой 3. *редк.* кончиться, умереть 4. *уст.* прикончить, убить
◇ all's well that ~s well *посл.* всё хорошо, что хорошо кончается; to ~ in smoke кончиться ничем

end-all ['endɔ:l] *n уст., диал.* конец всему; последний удар, развязка; be-all and ~ всё в жизни; конец и начало всего

endamage [ɪn'dæmɪdʒ] *v редк.* наносить ущерб; вредить (*кому-л.*); повреждать (*что-л.*)

endanger [ɪn'deɪndʒə] *v* подвергать опасности; ставить под угрозу; угрожать (*чему-л.*); to ~ international peace угрожать миру между народами; to ~ an undertaking поставить под удар какое-л. предприятие /мероприятие/; his health is ~ed by overwork рабочие перегрузки угрожают его здоровью

endangered [ɪn'deɪndʒəd] *a* 1) угрожаемый; находящийся в опасности, под ударом 2) исчезающий, вымирающий; ~ species *биол.* вымирающие виды; the rhino is an ~ mammal носорог — млекопитающее, находящееся под угрозой вымирания

endangered-species list [ɪn,deɪndʒəd'spi:ʃi:z,lɪst] перечень исчезающих видов, Красная книга

endarteritis [end,ɑ:tə'raɪtɪs] *n мед.* эндартериит

end artery ['end,ɑ:tərɪ] *анат.* конечная, концевая артерия

end beam ['endbi:m] *мор.* концевой бимс

end-bulb ['endbʌlb] *a анат.* концевая луковица, окончание чувственного нерва

end-cap ['endkæp] *n тех.* заглушка

end-consumer ['endkən,sju:mə] *n эк.* конечный потребитель

endear [ɪn'dɪə] *v* внушить любовь; заставить полюбить; to ~ oneself to one's friends внушить друзьям любовь к себе

endearing [ɪn'dɪ(ə)rɪŋ] *a* милый, привлекательный, внушающий любовь; ~ smile подкупающая улыбка

endearment [ɪn'dɪəmənt] *n* ласка, нежность; a term of ~ ласковое обращение или прозвище

endeavor I, II [ɪn'devə] *амер.* = endeavour I и II

endeavour I [ɪn'devə] *n* (энергичная) попытка, старание, усилие; moral ~ нравственное усилие; to do one's ~s приложить силы; to make every ~, to use one's best ~s приложить все старания, сделать всё возможное

endeavour II [ɪn'devə] *v* 1) прилагать усилия, стараться; to ~ to comporomise the case пытаться кончить дело компромиссом; to ~ to see things as they are стараться видеть вещи как они есть; we must constantly ~ if we are to succeed если мы хотим добиться успеха, мы должны постоянно прилагать усилия; she was ~ing to control her disgust она прилагала все усилия, чтобы сдержать отвращение 2) стремиться, добиваться; to ~ to win стремиться выиграть /победить/; to ~ at perfection стремиться к совершенству; to ~ after riches добиваться богатства; to ~ the extirpation of smth. добиваться искоренения чего-л.

ended ['endɪd] *a* 1. оконченный, закончившийся, пришедший к концу; законченный 2. (-ended) *как компонент сложных слов* имеющий такой-то конец: round-ended с закруглённым концом

endeictic [en'daɪktɪk] *a* 1. *мед.* симптоматический 2. *филос.* доказательный

endemial [en'di:mɪəl] = endemic II

endemic I [en'demɪk] *n* 1) *мед.* эндемическое заболевание 2) повальное увлечение (*чем-л.*); вспышка (*чего-л.*) 2. *биол.* эндемик (*вид, распространение которого ограничено определённым районом*)

endemic II [en'demɪk] *a* 1) свойственный данной местности; эндемический; ~ disease *мед.* эндемия, эндемическая болезнь; ~ species *биол.* эндемичные виды 2) местный; ~ folkways местные народные обычаи

endemical [en'demɪk(ə)l] = endemic II

endemicity [,endə'mɪsɪtɪ] *n* эндемичность, эндемический характер

endemism ['endəmɪz(ə)m] *n биол.* эндемизм, распространение вида в узком ареале

endenizen [en'denɪz(ə)n] *v книжн.* 1. 1) принимать в число граждан; натурализовать (*иностранца*) 2) предоставлять гражданские права 2. 1) акклиматизировать (*растение, животное*) 2) ввести в обиход, внедрить (*слово, понятие и т. п.*)

endermatic [,endə:'mætɪk] = endermic

endermic [en'dɜ:mɪk] *a мед.* внутрикожный, интракутанный; ~ administration подкожное введение лекарств

end-fence ['endfens] *n* лицевой бортик (*хоккейной площадки*)

endgame ['endgeɪm] *n* 1) *шахм.* эндшпиль 2) завершающая фаза борьбы, войны *и т. п.*

endgate ['endgeɪt] *n авт.* задняя дверь (*фургона*); задний откидной борт (*грузовика*)

end-gauge ['endgeɪdʒ] *n тех.* штихмас

ending I ['endɪŋ] *n* 1) окончание, конец, завершение 2) заключительная часть (*произведения*); happy ~ счастливая развязка, счастливый конец 3) *уст.* смерть, гибель 2. *грам.* окончание, флексия 3. *спец.* обрыв (*нити, цепи и т. п.*)

ending II ['endɪŋ] *a* заключительный, конечный

endisked [ɪn'dɪskt] *a редк.* записанный на пластинку; an ~ speech речь, записанная на пластинке

end-item ['end,aɪtəm] *n эк.* конечное изделие

endive ['endɪv] *n бот.* 1. эндивий (*Cichorium endivia*); ~ salad салат из листьев эндивия 2. = chicory 1

end-leaf ['endli:f] *n* (*pl* -leaves [-li:vz]) *полигр.* форзац, пустой лист в начале или в конце книги

endless ['endlɪs] *a* 1. 1) бесконечный; нескончаемый; беспредельный; ~ debates нескончаемые споры 2) *спец.* непрерывный; ~ belt *тех.* бесконечный (приводной) ремень; ~ track *авт.* гусеничный ход 3) рулонный (*о бумаге*) 2. бесчисленный, многократный; ~ attempts бесчисленные попытки

endless chain [,endlɪs'tʃeɪn] 1. *тех.* цепь привода *или* передачи 2. *амер. ист.* повторная продажа казначейских облигаций для пополнения золотого запаса
◇ ~ fraud *амер.* многократное голосование одного человека на выборах (*мошенничество*)

endless loop [,endlɪs'lu:p] *вчт.* зацикливание

endlessly ['endlɪslɪ] *adv* нескончаемо, бесконечно

endlessness ['endlɪsnɪs] *n* бесконечность, беспредельность; нескончаемость

end line ['endlaɪn] лицевая линия (*баскетбол*)

endlong ['endlɒŋ] *adv* 1. вдоль; прямо; в длину 2. стоймя, вертикально

endman ['endmən] *n* крайний (*в ряду, шеренге*)

end matter ['end,mætə] *полигр.* аппарат (*книги*)

endmost ['en(d)məʊst] *a редк.* самый дальний; ~ lands of the earth дальние страны; ≅ край земли

endnote ['endnəʊt] *n* замечания и дополнительные пояснения (*в конце книги, главы и т. п.*)

endo- ['endə(ʊ)-, en'dɒ-] *в сложных словах-терминах (с греч. корнями) имеет значение* внутри, внутренний: endogamy эндогамия (*браки внутри рода*); endothelium эндотелий (*слой клеток, выстилающих внутреннюю поверхность сосудов*); endocrinology эндокринология

endoatmospheric [,endə(ʊ),ætməs'ferɪk] *a воен.* атмосферный, внутриатмосферный

endoblast ['endə(ʊ)blɑ:st] *n биол.* эндобласт, гипобласт

endocardiac, endocardial [,endə(ʊ)'kɑ:dɪæk, -'kɑ:dɪəl] *a анат.* внутрисердечный

endocarditis [,endə(ʊ)kɑ:'daɪtɪs] *n мед.* эндокардит

endocardium [,endə(ʊ)'kɑ:dɪəm] *n анат.* внутренняя оболочка полости сердца, эндокард

endocarp ['endəkɑ:p] *n бот.* эндокарпий

endocrine I ['endə(ʊ)krɪn] *n физиол.* железа внутренней секреции

endocrine II ['endə(ʊ)krɪn] *a физиол.* внутрисекреторный, эндокринный; ~ gland железа внутренней секреции, эндокринная железа; ~ therapy лечение препаратами желёз внутренней секреции

endocrinology [,endə(ʊ)krɪ'nɒlədʒɪ] *n* эндокринология

end-of-day glass [,endəv'deɪ,glɑ:s] разноцветное стекло

endogamic [,endə'gæmɪk] = endogamous

endogamous [en'dɒgəməs] *a* эндогамный

endogamy [en'dɒgəmɪ] *n* эндогамия

endogenous [en'dɒdʒɪnəs] *a* 1. *физиол.* эндогенный 2. *геол.* эндогенный, глубинного происхождения (*о породе*)

endomorphic [,endə(ʊ)'mɔ:fɪk] *a геол.* эндоморфный

endomorphism [,endə(ʊ)'mɔ:fɪz(ə)m] *n геол.* эндоморфизм

end on ['end'ɒn] *phr adv* в лоб; прямиком; the ships collided ~ суда столкнулись лоб в лоб

end-on ['endɒn] *a* лобовой; прямой; an ~ collision лобовое столкновение

endonuclease [ˌendə(ʊ)'nju:klɪeɪz] *n* биохим. эндонуклеаза

endophasia [ˌendə'feɪzɪə, -'feɪʒ(ɪ)ə] *n* психол. внутренняя речь

endophilic [ˌendə'fɪlɪk] *a* биол. эндофильный; экологически связанный с человеком, живущий рядом с человеком (*о животном*)

endophyte ['endə(ʊ)faɪt] *n* эндофит (*растение, паразитирующее внутри другого растения*)

Endor ['endɔ:] *n* библ. Аэндор; witch of ~ а) Аэндорская волшебница; б) прорицательница

endoradiosonde [ˌendə(ʊ)'reɪdɪəʊsɒnd] *n* мед. эндорадиозонд, микроэлектронный зонд

endorse [ɪn'dɔ:s] *v* 1. *фин.* делать передаточную надпись, индоссировать, жирировать; to ~ a bill in blank сделать на векселе бланковую передаточную надпись; to ~ a bill to smb. переводить вексель на кого-л.; индоссировать вексель в чью-л. пользу 2. подписываться (*под документом*); расписываться (*преим. на обороте*) 3. отмечать на обороте (*документа*); вписывать (*в документ*); to ~ a motorist's licence отметить нарушение в водительских правах 4. подтверждать (*правильность и т. п.*); одобрять, подписываться (*под чем-л.*); to ~ a candidate поддерживать (*чью-л.*) кандидатуру; to ~ a conclusion подписаться под каким-л. выводом; to ~ everything that the last speaker has said присоединиться к предыдущему оратору; to ~ an advertised article рекомендовать рекламируемый товар; it is ~d by public opinion это пользуется поддержкой общественного мнения, общественное мнение это одобряет 5. *книжн.* навьючить (*животное*)

endorsed [ɪn'dɔ:st] *a* 1. *фин.* индоссированный, с передаточной надписью 2. *геральд.* соединённые спинами (*о львах*)

endorsee [ˌendɔ:'si:] *n фин.* индоссатор, жират

endorsement [ɪn'dɔ:smənt] *n* 1. *фин.* передаточная надпись (*на чеке, векселе и т. п.*), индоссамент, жиро; blank ~ бланковый индоссамент, бланковая передаточная надпись; qualified ~ индоссамент без гарантии, освобождающий индоссанта от ответственности; restrictive ~ ограниченный индоссамент; special ~ именной индоссамент, именная передаточная надпись 2. подпись или надпись на обороте (*документа*) 3. подтверждение, одобрение, поддержка; to give an unofficial ~ неофициально одобрить что-л.; this doctrine bears the ~ of the very highest names эту доктрину поддерживают величайшие авторитеты

endorser [ɪn'dɔ:sə] *n* 1. 1) *см.* endorse + -er 2) сторонник 2. *фин.* индоссант, жират

endorsing ink [ɪn'dɔ:sɪŋˌɪŋk] штемпельная краска, краска для штампа

endosmometer [ˌendɒz'mɒmɪtə] *n физ.* прибор для измерения осмотического давления, эндосмометр

endosmose, endosmosis ['endɒzməʊs, ˌendɒz'məʊsɪs] *n биол., физ.* эндосмос

endosperm ['endəspɜ:m] *n бот.* эндосперм

endotherm ['endə(ʊ)θɜ:m] *n зоол.* эндотерм, теплокровное животное

endothermic [ˌendə(ʊ)'θɜ:mɪk] *a спец.* эндотермический, теплопоглощающий

endotoxin [ˌendə(ʊ)'tɒksɪn] *n биохим.* эндотоксин

enlotrophic [ˌendə(ʊ)'trəʊfɪk] *a* эндотрофный

endow [ɪn'daʊ] *v* 1. обеспечивать постоянным доходом; назначать доход, содержание; материально обеспечивать; делать дар (*учреждению, на благотворительные цели и т. п.*); to ~ a college [a hospital, a church] пожертвовать капитал на содержание колледжа [больницы, церкви] 2. давать, предоставлять (*привилегии, права*); наделять 3. *обыкн. pass* одарять, наделять; man is ~ed with reason человек наделён разумом; nature has ~ed him with great talents природа дала ему большие способности /одарила его талантом/; he is poorly ~ed by nature природа его обошла /обделила/ 4. *юр.* выделять законную часть жене, вдовё

endowed [ɪn'daʊd] *a* 1. имеющий постоянный доход от дарственных вкладов, пожертвований и завещаний (*преим. о благотворительных учреждениях*) 2. одарённый, талантливый

endowment [ɪn'daʊmənt] *n* 1. назначение вклада, передача фонда (*институту, колледжу и т. п.*) 2. вклад, дар, пожертвование; *амер. тж.* (дарственный) фонд; the Carnegie E. фонд Карнеги; the hospital is under an ~ больница содержится на средства жертвователя 3. дарование, талант; natural ~s природные способности; intellectual ~s умственные /интеллектуальные/ способности

endowment insurance [ɪn'daʊmənt ɪnˌʃʊ(ə)rəns] страхование-вклад (*страховая сумма выплачивается застрахованному или лицам, указанным в полисе, при дожитии до истечения срока действия договора*)

endpaper ['endˌpeɪpə] *n полигр.* форзац, пустой лист в начале или в конце книги

end-piece ['endpi:s] *n* 1. горбушка (*хлеба*) 2. концовка (*книги*)

end-plate ['endpleɪt] *n анат.* концевая пластинка, окончание двигательного нерва

end-play ['endpleɪ] *n тех.* осевой люфт

end product ['endˌprɒdəkt] 1. 1) конечный продукт, готовая продукция (*отрасли промышленности*; готовое изделие) 2) *хим., физ.* конечный продукт 2. конечный вывод, результат

end-rhyme ['endraɪm] *n стих.* конечная рифма

end-sheet ['endʃi:t] = end-leaf

end slice ['endˌslaɪs] = end-piece

end-stopped ['endˌstɒpt] *a стих.* представляющий собой законченный смысловой отрезок

end-stress ['endstres] *фон.* ударение на последнем слоге

Endsville ['endzvɪl] *n амер. разг.* нечто небывалое, потрясающее, сногшибательное

endsville ['endzvɪl] *a разг. эмоц.-усил.* самый замечательный, самый огромный, красивый *и т. п.*

end table ['endˌteɪbl] приставной столик (*к дивану и т. п.*)

end tipper ['endˌtɪpə] самосвал с кузовом, опрокидывающимся назад

end title ['endˌtaɪtl] титр «конец» (*фильма*)

end-to-end [ˌendtʊ'end] *a* непрерывный (*о производственном цикле*)

endue [ɪn'dju:] *v* 1. наделять, облекать; одарять; to ~ with force наделять силой (*кому-л.*); to ~ with citizenship присваивать (*кому-л.*) гражданство; to ~ with authority облечь властью 2. *редк.* 1) облачать 2) надевать, облачаться (*во что-л.*); to ~ a heavy mail облачиться в тяжёлую кольчугу 3. *книжн.* напускать на себя; прикидываться

END — ENE E

endungeon [ɪn'dʌndʒən] *v возвыш.* заключать в темницу

endurable [ɪn'djʊ(ə)rəb(ə)l] *a* 1. терпимый, выносимый; сносный 2. *редк.* прочный

endurance [ɪn'djʊ(ə)rəns] *n* 1. выносливость, стойкость; терпеливость, долготерпение; ~ race *спорт.* бег или гонки на выносливость; this is past /beyond/ ~ это невыносимо; to show remarkable powers of ~ оказаться необыкновенно выносливым; to come to the end of one's ~ потерять остатки терпения 2. 1) прочность, долговечность; ~ test испытание на прочность 2) *тех.* стойкость, износоустойчивость; долговечность 3) *тех.* выносливость, сопротивление усталости 3. *редк.* испытания, невзгоды 4. 1) *мор.* дальность плавания 2) *ав.* продолжительность полёта

endurant [ɪn'djʊ(ə)rənt] *a редк.* 1. выносливый; терпеливый; ~ of evil не противящийся /терпимый к/ злу 2. устойчивый, стойкий; ~ variety of wheat погодоустойчивый сорт пшеницы

endure [ɪn'djʊə] *v* 1. вынести, выдержать, вытерпеть (*что-л.*); to ~ the rigours of an arctic winter вынести трудности арктической зимы; few of the runners ~d to the finish мало кто из бегунов дотянул до финиша 2. 1) терпеть, переносить (*страдания и т. п.*); безропотно выносить 2) относиться терпимо или терпеливо (*к чему-л.*); I cannot ~ that man терпеть не могу этого человека; he cannot ~ jazz он не выносит джаза 3. 1) выживать, не гибнуть, стойко держаться; if help does not come, we must ~ to the end если не подоспеет помощь, мы должны держаться до конца /стоять насмерть/; he may not ~ long он, вероятно, долго не продержится /не проживёт/; his name will ~ его имя не умрёт; his plays have ~d for more than three centuries его пьесы держатся на сцене более трёх веков 2) продолжаться, длиться; as long as life ~s пока есть жизнь, пока человек жив 4. *уст.* дозволять, допускать; the phrase will not ~ such an interpretation эта фраза не допускает такого истолкования

enduring [ɪn'djʊ(ə)rɪŋ] *a* 1. прочный; стойкий; ~ substance прочное вещество; ~ peace прочный мир 2. выносливый, устойчивый; ~ disposition терпеливый характер 3. живучий; бессмертный; ~ poetry вечная поэзия; an ~ novel роман, выдержавший проверку временем

end use ['endˌju:s] конечное назначение (*товара, продукта*)

end-user ['endˌju:zə] *n* 1. = end-consumer 2. *вчт.* конечный пользователь (*ЭВМ*)

end-view ['endˌvju:] *n* вид с конца; вид сбоку (*на чертеже*)

endways, endwise ['endweɪz, 'endwaɪz] *adv* 1. концом вперёд, вверх, к зрителю (*тж.* ~ on) 2. одним концом к другому, концами 3. стоймя; прямо, отвесно 4. вдоль

end-wool ['endwʊl] *n текст.* шерстяные очёски

Endymion [en'dɪmɪən] *n* 1) *греч. миф.* Эндимион 2) прекрасный юноша, молодой красавец

end-zone ['endzəʊn] *n спорт.* зона защиты

-ene [-i:n] *suff хим.* образует названия ненасыщенных органических соединений (*особ. с двойной связью*): alkene алкен; pгopene пропен; polyene полиен

ENE — ENF

Eneid ['i:nɪɪd, i:'ni:ɪd] = Aeneid
enema ['enɪmə] *n мед.* 1) клизма; to give /to administer/ an ~ ставить клизму 2) резиновая клизма, спринцовка (*тж.* ~ syringe)
enemy[1] I ['enɪmɪ] *n* 1. враг, недруг, противник; bitter ~ злейший /заклятый/ враг; to be sworn enemies быть заклятыми врагами; he is an ~ of our cause он враг нашего дела; he is но ~ to wine *шутл.* он не прочь выпить; the ~ from within [without] внутренний [внешний] враг; to be one's own ~ действовать во вред себе; ≅ сам себе злейший враг 2. *воен. употр. тж. с гл. во мн. ч.* 1) неприятель, противник; the ~ is /are/ in large force противник выступает значительными силами; the ~ are forced to retreat противник вынужден отступать 2) корабль противника 3. (the ~, the E.) *эвф.* дьявол, сатана; the ~ of mankind враг рода человеческого, сатана 4. *шутл.* время; how goes the ~? который час?; to kill the ~ (стараться) убить время 5. *спец.* вредитель (*о насекомом и т. п.*)
◇ the great /last/ ~ смерть
enemy[1] II ['enɪmɪ] *a* 1. *воен.* вражеский, враждебный, относящийся к противнику; ~ alien гражданин /подданный/ враждебного государства; ~ camp вражеский лагерь; ~ dead погибшие солдаты и офицеры противника; ~ lines расположение противника; ~ aviation [ships, submarines] вражеская авиация [-ие корабли, подводные лодки] 2. *арх.* враждебно настроенный, недружелюбный
enemy[2] ['enɪmɪ] *диал. см.* anemone
enemy-held ['enɪmɪˌheld] *a воен.* занимаемый противником
enepidermic [ˌɪnˌepɪ'dɜ:mɪk] *a мед.* втираемый в кожу (*о лекарстве*)
energetic, energetical [ˌenə'dʒetɪk, -(ə)l] *a* 1. энергичный, сильный, активный 2. сильнодействующий; ~ remedy сильнодействующее средство /лекарство/ 3. энергетический; ~ particle *физ.* частица большой энергии
energetics [ˌenə'dʒetɪks] *n* энергетика
energico [ɪ'nɜ:dʒɪkəʊ] *adv муз.* энергично, с силой, решительно
energization [ˌenədʒɪ'zeɪʃ(ə)n] *n спец.* 1. возбуждение, актив(из)ация 2. питание энергией
energize ['enədʒaɪz] *v* 1. *книжн.* возбуждать, пробуждать энергию; побуждать к действию 2. *книжн.* проявлять энергию; to ~ needlessly без нужды тратить силы 3. *тех.* питать энергией 4. *эл.* (по)ставить под напряжение
energizer ['enədʒaɪzə] *n фарм.* антидепрессант
energumen [ˌenə'gju:men] *n книжн.* 1. бесноватый; одержимый (бесом) 2. фанатик, маньяк, одержимый (страстью *и т. п.*)
energy ['enədʒɪ] *n* 1. энергия; сила; a man of indomitable ~ человек неукротимой энергии; to work with ~ работать энергично; through their own ~ and enterprise благодаря собственной энергии и предприимчивости 2. *pl* усилия, активность, деятельность; to apply /to devote/ one's energies приложить усилия; to brace one's energies собраться с духом 3. *физ., тех.* энергия; electrical ~ электроэнергия; potential [kinetic /motive/, static, latent] ~ потенциальная [кинетическая, статическая, скрытая] энергия 4. *тех.* энергетика
energy accounting ['enədʒɪˌkaʊntɪŋ] расчёт энергетических потребностей
energy audit ['enədʒˌɔ:dɪt] систематический контроль за расходованием энергии
energy beaming ['enədʒɪˌbi:mɪŋ] направленная передача энергии
energy carrier ['enədʒɪˌkærɪə] *тех.* энергоноситель; рабочее тело или вещество
energy centre ['enədʒɪˌsentə] энергетический центр (*совокупность энергетической станции и расположенных вокруг неё предприятий, городов и т. п.*)
energy conservation ['enədʒɪˌkɒnsəˌveɪʃ(ə)n] 1. *физ.* сохранение энергии 2. *тех.* экономия энергии
energy-conservative ['enədʒɪkənˌsɜ:vətɪv] *a* энергосберегающий (*о технологии и т. п.*)
energy-conserving ['enədʒɪkənˌsɜ:vɪŋ] = energy-conservative
energy-consuming ['enədʒɪkənˌsju:mɪŋ] *a спец.* энергопотребляющий
energy crisis ['enədʒɪˌkraɪsɪs] энергетический кризис
energy-efficient [ˌenədʒɪɪ'fɪʃ(ə)nt] *a тех.* энергосберегающий (*о технологии и т. п.*)
energy gap ['enədʒɪˌgæp] 1. нехватка энергии; энергетический кризис 2. *физ.* энергетическая щель, запрещённая зона (энергий)
energy industry ['enədʒɪˌɪndəstrɪ] энергетическая промышленность; производство энергии
energy-intensive [ˌenədʒɪɪn'tensɪv] *a эк. тех.* энергоёмкий (*о производстве или технологии*)
energy level ['enədʒɪˌlev(ə)l] *физ.* энергетический уровень
energy park ['enədʒɪˌpɑ:k] *амер.* топливно-энергетический комплекс
energy quantum ['enədʒɪˌkwɒntəm] *физ.* квант энергии
energy saver ['enədʒɪˌseɪvə] *тех.* устройство, экономящее (электро)энергию
energy-saving [ˌenədʒɪ'seɪvɪŋ] = energy-conservative
energy storage ['enədʒɪˌstɔ:rɪdʒ] аккумулирование, накопление энергии
energy value ['enədʒɪˌvælju:] энергетическая ценность (*пищи*)
enervate I [ɪ'nɜ:vɪt] *a* 1. *книжн.* слабый, расслабленный; безвольный 2. 1) *бот.* без жилкования (*о листе*) 2) *зоол.* без нервов, лишённый нервов
enervate II ['enəveɪt] *v* 1. обессиливать, расслаблять, подрывать силы; расстраивать нервы 2. лишать мужества, воли; морально разлагать; he is ~d with /from/ dissipation разгульная жизнь опустошила /развратила/ его
enervation [ˌenə'veɪʃ(ə)n] *n* 1. слабость, расслабленность 2. *мед.* расслабление, снижение нервной энергии
enervative [ɪ'nɜ:vətɪv] *a* 1) расслабляющий, изнеживающий 2) морально разлагающий
eneuch, eneugh I, II [ɪ'nʊf] *шотл.* = enough I *и* II
en face [ˌɒn'fɑ:s] *фр.* 1. анфас; a portrait ~ портрет анфас 2. напротив; French poems with English translation ~ французские стихи с английским переводом на противоположной странице
en famille [ˌɒnfæ'mi:j] *фр.* всей семьёй; в семейном кругу
enfant chéri [ˌɒnfɒnʃe'ri:] *фр.* любимчик
enfant terrible [ˌɒnfɒntə'ri:bl] *фр.* 1) несносный ребёнок (*делающий неуместные замечания*) 2) человек, ставящий других в неловкое положение своей бестактной непосредственностью, нескромными вопросами *и т. п.*
enfeeble [ɪn'fi:b(ə)l] *v* ослаблять; лишать сил; ~d by illness ослабевший после болезни; a country ~d by war страна, ослабленная войной; ~d by age одряхлевший
enfeeblement [ɪn'fi:b(ə)lmənt] *n* ослабление, одряхление; intellectual ~ деградация интеллекта
enfeoff [en'fef, ɪn'fi:f] *v ист.* давать лен; жаловать поместье
enfeoffment [en'fefmənt, ɪn'fi:fmənt] *n ист.* 1. пожалование леном, поместьем 2. лен, жалованное поместье 3. грамота о вассальной зависимости; жалованная грамота
enfetter [ɪn'fetə] *v книжн.* 1) заковывать в кандалы; надевать оковы 2) порабощать, закабалять
enfever [ɪn'fi:və] *v редк.* 1. вызывать лихорадку, бросать в жар 2. приводить в гнев, в ярость
enfilade I ['enfɪleɪd] *v* 1. анфилада (комнат) 2. *воен.* анфиладный или продольный огонь (*тж.* ~ fire)
enfilade II ['enfɪleɪd] *v воен.* обстреливать продольным огнём
enflesh [ɪn'fleʃ] *v книжн.* 1. 1) превратить в плоть, дать плотскую оболочку 2) воплотить 2. дать обрасти мясом 3. укоренить; внедрить в плоть и кровь
enfleurage [ˌɒnflɜ:'rɑ:ʒ] *n* анфлераж (*извлечение из цветов ароматических веществ*)
enflower [ɪn'flaʊə] *v книжн.* покрывать цветами
enfold[1] [ɪn'fəʊld] *v* 1. 1) закутывать, завёртывать; to be ~ed in a shawl закутаться в шаль 2) окутывать, охватывать; ~ed in silence погружённый в молчание; умолкший, притихший; ~ed in mystery окутанный тайной; night ~ed the day ночь поглотила день 2. обнимать; he ~ed her in his arms он заключил её в объятия 3. образовывать складки, собираться в складки
enfold[2] [ɪn'fəʊld] *v редк.* загонять в загон (*овец и т. п.*)
enforce [ɪn'fɔ:s] *v* 1. принуждать, заставлять; to ~ obedience заставить слушаться, принудить к послушанию; добиться повиновения; the doctor ~d a strict dietary regime врач предписал /велел соблюдать/ строгую диету 2. навязывать; to ~ a plan upon smb. навязать кому-л. план; to ~ conformity проводить обязательную регламентацию 3. проводить в жизнь (*закон и т. п.*); обеспечивать соблюдение или исполнение; to ~ laws проводить законы в жизнь; следить за соблюдением законов; to ~ one's rights осуществлять свои права; this regulation is difficult to ~ это распоряжение трудно провести в жизнь, за соблюдением этого распоряжения трудно проследить; order was ~d by militia милиция следила за порядком 4. *юр.* 1) взыскивать; to ~ by action взыскать в судебном порядке; to ~ payment взыскать платёж 2) приводить в исполнение; to ~ judg(e)ment приводить в исполнение судебное решение; to ~ a sentence приводить приговор в исполнение 3) обеспечивать санкцией 5. *амер.* усиливать, подкреплять
enforceable [ɪn'fɔ:səb(ə)l] *a* 1) осуществимый (*о законе, плане*); поддающийся проведению в жизнь 2) *юр.* обеспеченный правовой санкцией 3) *юр.* имеющий исковую силу
enforced [ɪn'fɔ:st] *a* 1. вынужденный; ~ silence вынужденное молчание 2. *мед.* вызванный или усиленный искусственно; ~ labour искусственные роды

enforcement [ɪnˈfɔːsmənt] *n* 1. давление, принуждение; ~ action принудительные действия; ~ measures принудительные меры; by ~ путём принуждения; в принудительном порядке 2. осуществление или наблюдение за проведением в жизнь (*закона и т. п.*); ~ of a treaty обеспечение выполнения договора; law ~ обеспечение правопорядка; деятельность правоохранительных органов; law ~ officers стражи порядка (*полиция, прокуратура и т. п.*) 3. юр. приведение в исполнение; ~ of judg(e)ment [of a writ] приведение в исполнение судебного решения [приказа суда] 4. юр. принудительное взыскание (платежей)

enforcible [ɪnˈfɔːsɪb(ə)l] = enforceable
enframe [ɪnˈfreɪm] *v* 1) вставлять в рамку 2) обрамлять (*чем-л.*)
enfranchise [ɪnˈfræntʃaɪz] *v* 1. предоставлять политические (*преим.* избирательные) права; to ~ women предоставить избирательное право женщинам 2. 1) отпускать на волю (*крепостного, раба*) 2) освобождать (*из заключения*) 3. предоставлять (*городу*) самоуправление (*обыкн.* право представительства в парламенте) 4. принимать в гражданство, натурализовать 5. вводить в употребление (*слово и т. п.*); давать права гражданства (*идее и т. п.*)
enfranchisement [ɪnˈfræntʃɪzmənt] *n* 1. предоставление гражданских, политических прав (*преим.* избирательного права); ~ of women предоставление избирательного права женщинам 2. освобождение (*от рабства, зависимости, из заключения*) 3. предоставление (*городу*) самоуправления (*обыкн.* права посылать представителей в парламент) 4. принятие в гражданство 5. *ист.* превращение арендной земли в собственную; превращение копигольдера в фригольдера
enfrenzy [ɪnˈfrenzɪ] *v книжн.* приводить в ярость, в бешенство
engage [ɪnˈgeɪdʒ] *v* 1. 1) нанимать, принимать на работу; to ~ a guide [a clerk] нанять проводника [клерка]; he ~d Smith as his lawyer он нанял Смита в качестве адвоката; I ~d her for the position я принял /зачислил/ её на эту должность 2) заказывать; to ~ hotel rooms заказать номера в гостинице; to ~ a seat заказать билет (*в театр, на концерт и т. п.*) 2. 1) (in, on, with) заниматься; to ~ in teaching заниматься преподаванием, быть преподавателем; to ~ in an attempt делать попытку; to ~ in conversation вести беседу; to ~ in a game of tennis играть в теннис; to be ~d in research заниматься научно-исследовательской работой; say I am ~d скажите, что я занят; the members of the Court when ~d on the business of the Court члены суда при исполнении ими судебных обязанностей; he was ~d with a pipe он сосредоточенно курил трубкой; he was ~d with "Macbeth" он углубился в чтение «Макбета»; he has long been ~d on that book он уже давно трудится над этой книгой; he is busily ~d in phoning он беспрерывно звонит по телефону 2) участвовать; to ~ in a contest участвовать в соревновании /состязании/; to ~ in local politics принимать участие в местной политической жизни; I do not ~ myself in such affairs в такие дела я не вмешиваюсь 3. 1) занимать; reading ~s all my spare time чтение занимает всё моё свободное время; her work ~s her completely она совершенно поглощена своей работой; the number [the line] is ~d номер занят [линия занята]; the seat is ~d

это место занято 2) привлекать; завладевать (*вниманием*); to ~ all eyes обратить на себя всеобщее внимание, приковать взоры; to ~ the sympathy снискать сочувствие; good nature ~s everyone to him своей добродушием он привлекает к себе всех; she ~d the shy boy in conversation она втянула застенчивого мальчика в беседу 4. 1) ручаться, гарантировать; that is more than I can ~ for это больше, чем я могу обещать /гарантировать/; he ~s for the honesty of his brother он ручается за честность своего брата 2) *refl* обязываться, брать на себя обязательство, обещать; to ~ oneself to provide accomodation for the delegates взять на себя обязательство обеспечить делегатов помещением 3) налагать обязательство; to ~ by new commitments связать новыми обязательствами 5. *обыкн.* pass обручиться; he was ~d to her он был обручён с ней; he has ~d himself to a charming girl он стал женихом очаровательной девушки 6. *преим. pass* пригласить, ангажировать; she was ~d for the cotillion она была приглашена на котильон; I am ~d to dinner я принял приглашение на обед 7. *редк.* побуждать, убеждать, склонять; I hope to ~ you to be serious надеюсь убедить вас быть серьёзнее; she ~d me to write to her она уговаривала меня писать ей 8. *воен.* 1) завязывать бой, вступать в бой; we decided to ~ with the enemy at dawn мы приняли решение вступить в бой с противником на рассвете; the cavalry did not ~ кавалерия не участвовала в бою 2) вводить в бой 3) открывать огонь; поражать огнём; to ~ the target поразить цель 9. *тех.* 1) находиться в зацеплении (*о зубчатых колёсах*) 2) включать; соединять 10. соединять (*оружие; фехтование*); to ~ the swords скрестить шпаги

engagé [ˌɒŋgæˈʒeɪ] *a фр.* придерживающийся определённых убеждений; идейный (*о человеке, искусстве и т. п.*); гражданственный, активно занимающийся политикой
engaged [ɪnˈgeɪdʒd] *a* 1. обручённый, помолвленный; ~ couple обручённые, жених и невеста 2. занятый, занятой; the ~ signal сигнал «занято» 3. занимающий определённую позицию (*в идеологической борьбе*); ~ poetry гражданская поэзия; ~ authors идейные писатели
engagement [ɪnˈgeɪdʒmənt] *n* 1. дело, занятие 2. 1) обязательство; обещание; to meet one's ~s выполнять обязательства, платить долги; to break an ~ нарушить обязательство /обещание/ 2) *юр.* формальное обязательство, соглашение; international ~ международное обязательство; to enter into an ~ принимать на себя обязательство 3. обручение, помолвка; to announce the ~ of X to Y объявить о помолвке X с Y; to break off one's ~ расторгнуть помолвку 4. (принятое) приглашение; (назначенная) встреча; свидание; договорённость (о встрече); to call off an ~ отменить встречу *и т. п.*; we had an ~ to play golf at 4 мы договорились играть в гольф в 4 часа; a prior ~ prevents my attendance я не смогу быть из-за другого /ранее принятого/ приглашения; ~s keep him busy ему вечно надо куда-то идти /с кем-то встречаться/; owing to pressing ~s I am unable to attend в связи с большой занятостью я не смогу присутствовать 5. ангажемент; контракт (*на выступления и т. п.*); speaking ~ (договор на) цикл лекций; the manager offered her an ~ of one performance директор предложил ей конт-

ракт /ангажемент/ на одно выступление 6. *воен.* стычка, бой, схватка 7. *тех.* 1) зацепление; сцепление 2) сцепляющий механизм 8. соединение (*оружия; фехтование*); double ~ двойная перемена соединения
◇ the E. *ист.* тайный договор Карла I с шотландскими пресвитерианами
engagement radar [ɪnˈgeɪdʒməntˌreɪdə] *воен.* радиолокационная станция перехвата
engagement ring [ɪnˈgeɪdʒməntrɪŋ] кольцо невесты, обручальное кольцо (*подаренное женихом при помолвке*)
engager [ɪnˈgeɪdʒə] *n* 1. *см.* engage + -er 2. наниматель 3. 1) лицо, принимающее на себя обязательства 2) поручитель 3) *ист.* сторонник договора Карла I с пресвитерианами
engaging [ɪnˈgeɪdʒɪŋ] *a* 1. привлекательный, обаятельный; располагающий; ~ smile обворожительная улыбка; ~ manners приятные манеры 2. *тех.* зацепляющий; зацепляющийся
en garçon [ˌɒŋgɑːˈsɒŋ] *фр.* по-холостяцки
en garde [ɒŋˈgɑːd] *фр.* 1. настороже 2. в стойке «к бою» (*фехтование*)
engarland [ɪnˈgɑːlənd] *v* украшать гирляндами
engem [ɪnˈdʒem] *v редк.* украшать драгоценными камнями
engender [ɪnˈdʒendə] *v* 1. порождать; вызывать, возбуждать; to ~ discontent [strife, despair] вызывать недовольство [вражду, отчаяние]; to ~ hope пробудить надежду; to ~ argument возбудить спор 2) *преим. поэт.* рождать, давать жизнь; man ~s his like человек рождает себе подобных; the mother who engender'd thee породившая тебя мать 2) рождаться, возникать; conditions for war were ~ing in Europe в Европе создавались /зрели/ условия для начала войны
engild [ɪnˈgɪld] *v поэт.* 1) золотить; позлащать 2) украшать, озарять
engine I [ˈendʒɪn] *n* 1. машина, двигатель; portable ~ локомобиль; barring ~ пусковой двигатель; (internal) combustion /explosion, gas/ ~ двигатель внутреннего сгорания; steam ~ паровая машина; паровой двигатель; ~ oil машинное масло; ~ speed число оборотов двигателя; ~ rating условная /налоговая/ мощность двигателя; to run /to start/ the ~ запускать двигатель [*см. тж.* 2, 1)]; to warm up the ~ прогревать двигатель; to open up the ~ прибавлять газ; 2. 1) локомотив, паровоз; to run an ~ вести локомотив [*см. тж.* 1] 2) = fire-engine[2] 3. орудие, механизм; средство; ~s of torture орудия пытки; an ~ of destruction средство уничтожения; the hidden ~s тайные средства
engine II [ˈendʒɪn] *v* 1) оборудовать машинами 2) устанавливать машину, мотор
engine-crew [ˈendʒɪnkruː] *n* локомотивная, паровозная бригада
engine-driver [ˈendʒɪnˌdraɪvə] *n* ж.-д. машинист
engineer I [ˌendʒɪˈnɪə] *n* 1. инженер; конструктор; electrical ~ инженер-электрик; mechanical ~ инженер-механик; industrial ~ инженер-технолог; инженер по организации производства; audio-control ~ звукооператор; тонмейстер; methods ~ инженер по рационализации методов работы; survey ~ инженер-топограф 2. 1) (ин-

женер-)механик 2) мор. судовой механик; ship's ~ старший механик судна 3. амер. машинист (локомотива) 4. воен. 1) сапёр; combat company сапёрная рота; ~ battalion сапёрный /инженерный/ батальон 2) pl инженерные части

engineer II [ˌendʒɪˈnɪə] v 1. 1) создавать, сооружать; проектировать; he ~ed several big industrial projects он спроектировал несколько крупных промышленных объектов 2) оборудовать 2. работать в качестве инженера или техника 3. неодобр. подстраивать; организовывать (путём происков, махинаций); riots ~ed by racialists бесчинства, спровоцированные расистами; to ~ a campaign of slander развернуть /раздуть/ клеветническую кампанию; to ~ a bill through Congress протащить законопроект в конгрессе

Engineer Corps [ˌendʒɪˈnɪəkɔː] инженерный корпус армии США

engineered food [ˌendʒɪˈnɪədˈfuːd] искусственная пища, синтетическая пища

engineering I [ˌendʒɪˈnɪ(ə)rɪŋ] n 1. 1) техника; инженерное искусство; технология; radio ~ радиотехника; chemical ~ химическая технология; electrical ~ электротехника; environmental ~ технология, учитывающая последствия для окружающей среды; safety ~ техника безопасности; cinematograph ~ кинотехника; industrial ~ организация производства; development ~ разработка новых конструкций; ~ fee вознаграждение /гонорар/ за технические услуги 2) машиностроение (тж. mechanical ~) 2. неодобр. махинации, интриги, происки; election ~ предвыборные махинации; фальсификация выборов 3. инженерия; social ~ социальная инженерия (изучает методы перестройки общества); human ~ а) психотехника; б) эргономика; в) инженерная психология 4. разработка, проектирование; ~ time а) время технического обслуживания, инженерное время; б) цикл разработки (вычислительной системы)

engineering II [ˌendʒɪˈnɪ(ə)rɪŋ] a 1. прикладной (о науке) 2. технический; технологический; ~ data технические данные; ~ library техническая библиотека; ~ cloth а) ткань для спецодежды; б) техническая ткань 3. машиностроительный; ~ industry машиностроение

engineer officer [ˌendʒɪˈnɪərˌɒfɪsə] (судовой) инженер-механик

engineer scale [ˌendʒɪˈnɪəskeɪl] топографическая линейка

engineer's chain [ˌendʒɪˈnɪəztʃeɪn] строительный чейн (мера длины = 30,48 м)

engineership [ˌendʒɪˈnɪəʃɪp] n редк. профессия или должность инженера, техника

engine-house [ˈendʒɪnhaʊs] n 1) локомотивное, паровозное депо 2) пожарное депо

engineman [ˈendʒɪnmən] n (pl -men [-mən]) машинист; механик

engine-room [ˈendʒɪnruː(ː)m] n машинное, моторное отделение

enginery [ˈendʒɪn(ə)rɪ] n 1. собир. 1) машины; механическое оборудование; техника 2) военная техника 2. неодобр. происки, махинации

engird [ɪnˈgɜːd] v (engirded [-ɪd], engirt) опоясывать

engirdle [ɪnˈgɜːdl] = engird

engirt [ɪnˈgɜːt] past и p. p. от engird

englacial [ɪŋˈgleɪsɪəl] a геол. ледниковый, заключённый в ледник

England [ˈɪŋglənd] n 1. см. Приложение 2. уст. поэт. король Англии

Englander [ˈɪŋgləndə] n редк. англичанин

English I [ˈɪŋglɪʃ] n 1. (the ~) собир. англичане 2. 1) английский язык; American [British] ~ американский [британский] вариант английского языка; Old ~ древнеанглийский язык [см. тж. 3]; Middle ~ среднеанглийский язык; Modern ~ современный английский язык; Standard ~ литературный /нормативный/ английский язык; to speak ~ (уметь) говорить по-английски; to speak in ~ говорить /выступать/ на английском языке; translated from the ~ перевод с английского; the King's /the Queen's, BBC/ ~ безукоризненно правильный английский язык; to murder the King's ~ коверкать английский язык; broken ~ ломаный английский язык; his ~ is poor он плохо говорит по-английски; he is quite at home in ~ он свободно владеет английским языком 2) английское слово, английский эквивалент; what's the ~ for "стол"? как по-английски «стол»? 3) всем понятный язык; in plain ~ прямо, ясно, без обиняков; the ~ of this is ≅ проще говоря, попросту сказать 3. полигр. миттель; Old ~ готический шрифт [см. тж. 2, 1)]

English II [ˈɪŋglɪʃ] a 1. 1) английский 2) относящийся к английскому языку, английский; ~ teacher учитель английского языка; ~ scholar учёный-англист 2. ист. англосаксонский

English III [ˈɪŋglɪʃ] v 1. переводить на английский язык 2. англизировать, устраивать на английский образец 3. включать (иностранное слово) в словарный состав английского языка; "liqueur" is not yet ~ed слово «liqueur» ещё воспринимается как иностранное

English breakfast [ˌɪŋglɪʃˈbrekfəst] плотный утренний завтрак (с горячим блюдом)

English Canadians [ˈɪŋglɪʃkəˈneɪdɪənz] канадцы, говорящие на английском языке; англо-канадцы

English disease [ˈɪŋglɪʃdɪˈziːz] редк. 1) английская болезнь, рахит 2) сплин, хандра

Englisher [ˈɪŋglɪʃə] n редк. 1. переводчик на английский язык 2. англичанин, английский подданный

English-finish paper [ˈɪŋglɪʃˌfɪnɪʃˌpeɪpə] спец. глазированная, сатинированная бумага

English horn [ˌɪŋglɪʃˈhɔːn] муз. английский рожок

Englishism [ˈɪŋglɪʃɪz(ə)m] n 1. английская черта, английский обычай; английский стиль 2. англомания, привязанность ко всему английскому 3. идиома, употребляемая в Англии

English laurel [ˌɪŋglɪʃˈlɒrəl] бот. лавровишня (Prunus laurocerasus)

Englishman [ˈɪŋglɪʃmən] n (pl -men [-mən]) 1. англичанин 2. мор. «англичанин», корабль под английским флагом

English Revolution [ˈɪŋglɪʃˌrevəˈluːʃ(ə)n] ист. Английская буржуазная революция (1640—1653 гг.)

Englishry [ˈɪŋglɪʃrɪ] n редк. 1. 1) английская национальность; the symbol of their ~ символ их принадлежности к английской нации 2) ист. английское подданство; presentment of ~ юр. доказательства, что данное лицо является английским подданным 2. ист. английское меньшинство населения (особ. в Ирландии) 3. 1) английский квартал 2) собир. англичане

English setter [ˌɪŋglɪʃˈsetə] английский сеттер (порода собак)

English sonnet [ˌɪŋglɪʃˈsɒnət] амер. шекспировский сонет (три четверостишия и заключительное двустишие)

English sparrow [ˌɪŋglɪʃˈspærəʊ] зоол. воробей домовый (Passer domesticus)

English-speaking [ˈɪŋglɪʃˌspiːkɪŋ] a 1) говорящий на английском языке 2) англоговорящий, англоязычный; ~ countries страны английского языка, англоязычные страны

Englishwoman [ˈɪŋglɪʃˌwʊmən] n (pl -women [-ˌwɪmɪn]) англичанка

englobe [ɪnˈgləʊb] v книжн. 1. 1) заключать в шар 2) обволакивать, поглощать 2. придавать сферическую форму

engloom [ɪnˈgluːm] v книжн. помрачать, затемнять; омрачать

englut [ɪnˈglʌt] v редк. 1. (жадно) глотать, заглатывать; пожирать 2. насыщать, пресыщать

engobe [ɪnˈgəʊb] n ангоб (в керамике)

engolden [ɪnˈgəʊld(ə)n] v поэт. золотить, позлащать

engore [ɪnˈgɔː] v книжн. залить кровью; запачкать кровью

engorge [ɪnˈgɔːdʒ] v 1. 1) жадно и много есть; поглощать 2) объедаться, обжираться 2. мед. наливаться кровью (об органе)

engorgement [ɪnˈgɔːdʒmənt] n 1. обжорство, прожорливость 2. мед. 1) застой 2) прилив крови 3. люк, засыпное отверстие 4. метал. зависание (шихты в доменной печи и т. п.)

engraft [ɪnˈgrɑːft] v 1. сад. прививать, делать прививку; peach trees can be ~ed upon plum trees персик можно привить на сливу 2. прививать, внедрять; to ~ thrift воспитывать бережливость; to ~ an idea in the mind внушить мысль; to ~ one scheme into another согласовать /скоординировать/ два плана 3. мед. делать пересадку (ткани)

engraftment [ɪnˈgrɑːftmənt] n сад. 1) прививка 2) черенок

engrail [ɪnˈgreɪl] v 1. 1) придавать форму зубцов, изрезывать зубцами 2) геральд. украшать зубцами 2. делать волнистым (край)

engrailment [ɪnˈgreɪlmənt] n насечка (по краю монеты и т. п.)

engrain [ɪnˈgreɪn] v 1. внедрять, укоренять; прививать (привычки и т. п.) 2. арх. 1) красить кошенилью, прочной краской; пропитывать (краской) 2) текст. красить в пряже

engrained [ɪnˈgreɪnd] a 1. укоренившийся, установившийся (о вкусах, привычках) 2. отъявленный, закоренелый, неисправимый

engram [ˈengræm] n спец. энграмма

engrasp [ɪnˈgrɑːsp] v редк. обнимать, обхватывать

engrave [ɪnˈgreɪv] v (engraved [-d]; engraved, уст. engraven) 1. 1) гравировать; резать (по дереву, камню, металлу); to ~ on wood [on copper, on metal] гравировать на дереве [на меди, на металле] 2) полигр. делать клише; делать оттиск с гравюры или с клише 2. (on, upon) запечатлевать; the old man's words were ~d on my memory слова старика врезались мне в память; that image is ~d in my mind этот образ не выходит у меня из головы

engraved copperplate [ɪnˈgreɪvdˈkɒpəpleɪt] гравюра на меди

engraven [ɪnˈgreɪv(ə)n] уст. p. p. от engrave

engraver [ɪnˈgreɪvə] n 1. 1) см. engrave + -er 2) гравёр, резчик 2. граверовáльный инструмéнт; electronic ~ *полигр.* электрóнно-гравирова́льная маши́на

engraving [ɪnˈgreɪvɪŋ] *n* **1.** гравирова́ние; ~ needle гравёрная игла́ **2.** 1) гравю́ра; эста́мп, о́ттиск с гравю́ры; an ~ after a painting by Turner гравю́ра с карти́ны Тёрнера 2) вы́резанная, вы́сеченная на́дпись; вы́резанное, вы́сеченное изображе́ние **3.** *полигр.* клише́

engross [ɪnˈgrəʊs] *v* **1.** завладева́ть (*внима́нием и т. п.*); поглоща́ть, занима́ть (*вре́мя, внима́ние*); to ~ the conversation монополизи́ровать разгово́р, завладе́ть бесе́дой; to ~ the mind занима́ть ум; to be ~ed in /by/ smth. быть поглощённым чем-л.; углубля́ться во что-л.; to get ~ed with one's work увле́чься рабо́той, с голово́й уйти́ в рабо́ту; a scholar ~ed in his research учёный, увлечённый свои́ми иссле́дованиями **2.** 1) писа́ть кру́пным кру́глым по́черком; перепи́сывать на́бело 2) переписывать докуме́нт, облека́я его́ в юриди́ческую фо́рму **3.** *амер.* составля́ть оконча́тельный прое́кт (*зако́на, постановле́ния*) **4.** скупа́ть, сосредото́чивать в свои́х рука́х (*това́р*); монополизи́ровать **5.** *редк.* 1) увели́чивать, расширя́ть 2) увели́чиваться, расшира́ться; толсте́ть

engrosser [ɪnˈgrəʊsə] *n* **1.** писе́ц; перепи́счик (*докуме́нтов, пи́шущий кру́пным по́черком*) **2.** (опто́вый) скупщи́к (*това́ров*); монополи́ст

engrossing [ɪnˈgrəʊsɪŋ] *a* поглоща́ющий (*всё внима́ние и́ли вре́мя*); увлека́тельный (*о заня́тии и т. п.*); ~ narrative захва́тывающий расска́з

engrossment [ɪnˈgrəʊsmənt] *n* **1.** сосредото́ченность; за́нятость (*чем-л.*) **2.** перепи́ска на́бело, кру́пным по́черком **3.** *амер.* составле́ние оконча́тельного прое́кта резолю́ции и́ли законопрое́кта пе́ред голосова́нием в конгре́ссе **4.** ску́пка (*това́ров, земли́ и т. п.*); монополиза́ция

engulf [ɪnˈgʌlf] *v* 1) поглоща́ть, заса́сывать (*о пучи́не и т. п.*); the overflowing river has ~ed many small towns река́ вы́шла из берего́в и затопи́ла мно́гие посёлки 2) зава́ливать, засыпа́ть; ~ed by letters зава́ленный пи́сьмами; he ~ed himself in his studies он с голово́й ушёл в учёбу

enhalo [ɪnˈheɪləʊ] *v книжн.* окружа́ть ни́мбом, орео́лом

enhance [ɪnˈhɑːns] *v* 1) увели́чивать, уси́ливать; the candlelight ~d her beauty при свеча́х она́ была́ ещё краси́вее 2) повыша́ть це́ну и́ли це́нность 3) *спец.* повыша́ть ка́чество (*фотогра́фии*) с по́мощью ЭВМ

enhanced radiation [ɪnˈhɑːnstˌreɪdɪˈeɪʃ(ə)n] уси́ленное, повы́шенное излуче́ние (*нейтро́нной бо́мбы*); ~ weapon нейтро́нное ору́жие; ору́жие с повы́шенным излуче́нием

enhanced recovery [ɪnˈhɑːnstrɪˈkʌv(ə)rɪ] *спец.* добы́ча не́фти с примене́нием разли́чных ме́тодов интенсифика́ции

enhancement [ɪnˈhɑːnsmənt] *n* **1.** увеличе́ние, повыше́ние **2.** улучше́ние, оздоровле́ние (*окружа́ющей среды́*)

enhancer [ɪnˈhɑːnsə] *n* уси́ливающий аге́нт

enharmonic, enharmonical [ˌenhɑːˈmɒnɪk, -(ə)l] *a муз.* энгармони́ческий

enharmonics [ˌenhɑːˈmɒnɪks] *n муз.* энгармони́зм

enhearten [ɪnˈhɑːtn] *v редк.* ободря́ть; придава́ть му́жество; вдохновля́ть (*на по́двиг и т. п.*)

enhydrous [enˈhaɪdrəs] *a спец.* содержа́щий во́ду

enigma [ɪˈnɪgmə] *n* 1) зага́дка; answer to an ~ отга́дка, разга́дка 2) зага́дочное, непостижи́мое явле́ние; зага́дочный челове́к; it is an ~ to foreigners для иностра́нцев э́то зага́дка

enigmatic, enigmatical [ˌenɪgˈmætɪk, -(ə)l] *a* зага́дочный; таи́нственный, покры́тый та́йной

enigmatically [ˌenɪgˈmætɪk(ə)lɪ] *adv* зага́дочно; to speak ~ выража́ться тума́нно, говори́ть зага́дками

enigmatize [ɪˈnɪgmətaɪz] *v редк.* **1.** 1) составля́ть зага́дки 2) говори́ть зага́дками **2.** де́лать зага́дочным

enisle [ɪˈnaɪl] *v книжн.* **1.** превраща́ть в о́стров, окружа́ть водо́й **2.** 1) помеща́ть, размеща́ть на о́строве 2) отделя́ть, изоли́ровать

enjail [ɪnˈdʒeɪl] *v редк.* заключи́ть в тюрьму́; заточи́ть

enjamb(e)ment [ɪnˈdʒæmmənt] *n стих.* анжамбема́н, перено́с

enjoin [ɪnˈdʒɔɪn] *v* **1.** 1) предпи́сывать (*что-л.*), обя́зывать (*к чему́-л.*); their religion ~s obedience их рели́гия предпи́сывает послуша́ние; to ~ smth. on /upon/ smb. обя́зывать кого́-л. к чему́-л.; to ~ secrecy upon one's friends обяза́ть друзе́й храни́ть та́йну; to ~ diligence on pupils тре́бовать от ученико́в прилежа́ния; to ~ prudence призыва́ть к благоразу́мию; to ~ penance *церк.* налага́ть епитимью́ 2) повелева́ть, прика́зывать (*кому́-л.*); they ~ed their children to be quiet они́ приказа́ли де́тям не шуме́ть **2.** *юр.* 1) запреща́ть; to ~ smb. from infringing a right запрети́ть кому́-л. наруша́ть пра́во друго́го (челове́ка) 2) налага́ть запре́т

enjoy [ɪnˈdʒɔɪ] *v* **1.** люби́ть (*что-л.*), получа́ть удово́льствие (*от чего́-л.*); to ~ music [poetry] люби́ть му́зыку [поэ́зию]; he ~s life ≅ он жизнелю́б **2.** *тж. refl* наслажда́ться (*чем-л.*); весели́ться, хорошо́ проводи́ть вре́мя; did you ~ your holiday? вы хорошо́ провели́ о́тпуск?; did you ~ the film? вам понра́вился э́тот фильм?; to ~ one's meal есть с аппети́том; he ~ed himself in the Crimea он ве́село провёл вре́мя в Крыму́ **3.** по́льзоваться, облада́ть, име́ть; to ~ good [bad] health име́ть хоро́шее [плохо́е] здоро́вье, отлича́ться хоро́шим [плохи́м] здоро́вьем; to ~ a good reputation по́льзоваться до́брой сла́вой; to ~ diplomatic privileges по́льзоваться дипломати́ческими привиле́гиями; to ~ rights облада́ть права́ми **4.** улучша́ться, усоверше́нствоваться; automobile manufacturers ~ed a six-percent rise in sales over the past year за про́шлый год производи́тели автомоби́лей увели́чили прода́жу маши́н на 6% **5.** облада́ть (*же́нщиной*)

enjoyable [ɪnˈdʒɔɪəb(ə)l] *a* прия́тный; доставля́ющий удово́льствие; we had a most ~ evening мы чуде́сно провели́ ве́чер

enjoyment [ɪnˈdʒɔɪmənt] *n* **1.** удово́льствие, ра́дость, наслажде́ние; his ~ of music его́ любо́вь к му́зыке; to take great ~ in smth. наслажда́ться чем-л.; находи́ть удово́льствие в чём-л.; I can read a novel in French with ~ and a fair understanding я чита́ю рома́ны на францу́зском языке́ с удово́льствием и почти́ всё понима́ю **2.** облада́ние (*чем-л.*), испо́льзование (*чего́-л.*); ~ of a fortune облада́ние состоя́нием; ~ of one's legal right испо́льзование /осуществле́ние/ своего́ зако́нного пра́ва; I hope you are in ~ of good health наде́юсь, что вы в до́бром здра́вии

enkindle [ɪnˈkɪndl] *v* 1) *редк.* зажига́ть; воспламеня́ть, поджига́ть 2) разжига́ть (*войну́, стра́сти и т. п.*)

enlace [ɪnˈleɪs] *v* **1.** обвива́ть, оплета́ть; tree ~d with ivy де́рево, обви́тое плющо́м **2.** окружа́ть, охва́тывать **3.** пу́тать, запу́тывать (*ни́тки и т. п.*)

enlarge [ɪnˈlɑːdʒ] *v* **1.** 1) увели́чивать; расширя́ть; to ~ a hotel by building a new wing расши́рить гости́ницу пристро́йкой но́вого крыла́; the dictionary has been ~d to 1,500 pages объём словаря́ был доведён до 1500 страни́ц; to ~ the scope of activity увели́чить разма́х де́ятельности; to ~ the powers vested in the government расши́рить полномо́чия прави́тельства; to ~ the legal operation of an instrument *юр.* продли́ть срок де́йствия докуме́нта 2) увели́чиваться, расширя́ться; разраста́ться **2.** (upon) распространя́ться (*о чём-л.*); вдава́ться в подро́бности; to ~ upon a theme распространя́ться на каку́ю-л. те́му; I shall ~ upon the point хочу́ подро́бнее останови́ться на э́том вопро́се; it would be better if the unfortunate incident was not ~d upon бу́дет лу́чше, е́сли мы не бу́дем распространя́ться об э́том неприя́тном инциде́нте **3.** *уст. амер.* освобожда́ть (из-под стра́жи) **4.** *фото* увели́чивать (*сни́мок*)

enlarged [ɪnˈlɑːdʒd] *a* увели́ченный, расши́ренный; ~ meeting расши́ренное заседа́ние; ~ edition допо́лненное изда́ние; ~ photograph увели́ченный сни́мок

enlargement [ɪnˈlɑːdʒmənt] *n* **1.** расшире́ние, увеличе́ние **2.** пристро́йка **3.** разви́тие, рост; the ~ of the mind духо́вный рост **4.** *фото* 1) увеличе́ние; ~ ratio отноше́ние увели́ченного изображе́ния к первонача́льному 2) репроду́кция в увели́ченном масшта́бе

enlarger [ɪnˈlɑːdʒə] *n фото* увеличи́тель

enlaurel [ɪnˈlɒrəl] *v поэт.* уве́нчивать ла́врами

enleague [ɪnˈliːg] *v редк.* объединя́ть в сою́з

enlevement [ɪnˈliːvmənt] *n шотл. юр.* похище́ние (*же́нщины и́ли ребёнка*)

enlight [ɪnˈlaɪt] *v уст.* 1) освеща́ть 2) пролива́ть свет (*на что-л.*)

enlighten [ɪnˈlaɪtn] *v* **1.** просвеща́ть; to ~ the minds просвеща́ть умы́; to ~ the masses нести́ просвеще́ние в ма́ссы **2.** осведомля́ть, ста́вить в изве́стность, сообща́ть; to ~ smb. as to /in regard to/ smth. осведомля́ть кого́-л. о чём-л.; he was thoroughly ~ed on the subject он хорошо́ осведомлён в э́том вопро́се; we hope to ~ them in regard to the discoveries made during our research мы наде́емся проинформи́ровать их относи́тельно откры́тий, сде́ланных на́ми в хо́де иссле́довательской рабо́ты; the hint ~ed her по́сле э́того намёка ей всё ста́ло я́сно; he ~ed them он раскры́л им глаза́; он поста́вил их в изве́стность **3.** *поэт.* освеща́ть; a smile ~ed her face улы́бка освети́ла её лицо́

enlightened [ɪnˈlaɪt(ə)nd] *a* **1.** просвещённый; in our ~ age в наш просвещённый век; an ~ people цивилизо́ванный наро́д; ~ views передовы́е взгля́ды **2.** осведомлённый, информи́рованный; the judge issued an ~ ruling судья́ вы́нес обосно́ванное постановле́ние

enlightener [ɪnˈlaɪt(ə)nə] *n* **1.** просвети́тель **2.** осведоми́тель, исто́чник информа́ции

enlightenment [ɪnˈlaɪt(ə)nmənt] *n* **1.** просвеще́ние; просвещённость; to work for the ~ of mankind соде́йствовать просвеще́нию челове́чества **2.** (E.) филосо́фия просвети́телей (XVIII ве́ка); the age of E. эпо́ха Просвеще́ния **3.** (допо́лнительные) све́дения; to seek further ~ искать дополнительную информацию

enlist [ɪnˈlɪst] v 1. 1) (добровольно) поступать на военную службу; to ~ in the army [in the navy] поступить на службу в армию [во флот] 2) набирать, вербовать, зачислять на военную службу 2. 1) вступать (*в члены*) 2) зачислять (*в организацию, группу, категорию*) 3) заручаться (*содействием, поддержкой*); завербовать (*союзника*); to ~ co-operation заручиться содействием, договориться о совместных действиях; to ~ smb. as one's friend сделать кого-л. своим другом, склонить кого-л. на свою сторону, ~ smb. in /on/ a cause сделать кого-л. сторонником идеи /дела/; to ~ citizens' aid in the fight against crime привлечь граждан к борьбе с преступностью; to ~ smb.'s sympathies привлечь кого-л. на свою сторону, заручиться чьим-л. сочувствием

enlisted [ɪnˈlɪstɪd] a амер. воен. срочнослужащий; ~ status категория рядового или сержантского состава срочной службы; ~ quarters помещение для рядового состава

enlisted man [ɪnˈlɪstɪdmæn] амер. солдат (*мужчина или женщина*); военнослужащий рядового или сержантского состава (*срочной службы*)

enlisted woman [ɪnˈlɪstɪd,wʊmən] амер. разг. военнослужащая (*рядового состава*)

enlistee [ˌenlɪsˈtiː] n амер. воен. поступивший на военную службу; состоящий на военной службе

enlistment [ɪnˈlɪstmənt] n 1. воен. 1) (добровольное) поступление на военную службу; ~ drive кампания по вербовке добровольцев на военную службу 2) зачисление на военную службу 3) срок службы добровольца (*по контракту*) 2. зачисление, вступление (*в организацию и т. п.*)

enliven [ɪnˈlaɪv(ə)n] v 1) оживлять, вливать жизнь, воодушевлять 2) веселить; делать веселее, светлее; the conversation was ~ed with jokes беседа оживлялась шутками

enlock [ɪnˈlɒk] v запирать, держать под замком

en masse [ˌɒŋˈmæs] фр. в массе, в целом; скопом; people cheered ~ публика единодушно зааплодировала

enmesh [ɪnˈmeʃ] v 1) опутывать; ловить в сети; to get ~ed попасться в сети 2) *обыкн.* pass запутываться; we became too ~ed in the legal niceties мы окончательно запутались в юридических тонкостях

enmeshment [ɪnˈmeʃmənt] n запутанность; затруднительное положение

enmity [ˈenmɪtɪ] n 1. вражда; ~ at with smb. [with smth.] во враждебных отношениях с кем-л. [в разладе с чем-л.]; his inveterate ~... его застарелая /закоренелая/ ненависть к...; the ~ between two persons вражда между двумя людьми 2. враждебность; неприязнь; злоба, недоброжелательство; to harbour ~ against smb. затаить злобу на /против/ кого-л.; to incur the ~ of smb. навлечь на себя чью-л. неприязнь

enmoss [ɪnˈmɒs] v *редк.* обрастать, порасти мхом

ennead [ˈenɪæd] n *книжн.* девятка; группа из девяти (*человек, предметов*)

enneagon [ˈenɪəɡɒn] n *мат.* девятиугольник

enneagonal [ˌenɪˈæɡən(ə)l] a *мат.* девятиугольный

enneastyle [ˈenɪəstaɪl] a *архит.* девятиколонный

enneasyllabic [ˌenɪəsɪˈlæbɪk] a *стих.* девятисложный

ennoble [ɪˈnəʊb(ə)l] v 1. облагораживать 2. делать дворянином, жаловать дворянством; to be ~d быть возведённым в дворянское достоинство

ennoblement [ɪˈnəʊb(ə)lmənt] n 1. облагораживание 2. возведение в дворянское достоинство

ennui [ɒnˈwiː] n *фр.* скука; томление, тоска; to dispel one's ~ рассеять чью-л. тоску

ennuyé [ˌɒnwiːˈjeɪ] n *фр.* скучающий, томящийся

Enoch [ˈiːnɒk] n *библ.* Енох

enology [iːˈnɒlədʒɪ] n наука о виноделии

enomotarch [eˈnɒmətɑːk] n *ист.* эномотарх, начальник эномотии [*см.* enomoty]

enomoty [eˈnɒmətɪ] n *ист.* эномотия (*отряд спартанского войска*)

enoptromancy [ɪˈnɒptrəmænsɪ] n *редк.* гадание с зеркалом

enorganic [ˌenɔːˈɡænɪk] a *мед.* присущий организму

enormity [ɪˈnɔːmɪtɪ] n 1. чудовищность, гнусность; the ~ of his offences чудовищность его преступлений 2. чудовищное преступление; the bombing of the defenceless population was an ~ beyond belief бомбёжка беззащитного населения была преступлением невероятной жестокости 3. огромность, громадность; the ~ of this task грандиозность этой задачи

enormous [ɪˈnɔːməs] a 1. громадный, огромный, грандиозный; ~ changes огромные перемены; ~ sum громадная сумма; ~ appetite чудовищный аппетит; ~ bliss беспредельное блаженство; ~ woe безмерное горе 2. ужасный, чудовищный; ~ crime ужасное /гнусное/ злодеяние; ~ offences тяжкие преступления

enormously [ɪˈnɔːməslɪ] adv чрезвычайно, крайне, очень; I enjoyed it ~ мне это ужасно понравилось; the town has changed ~ город изменился до неузнаваемости

enormousness [ɪˈnɔːməsnɪs] n огромность, огромный размах; the ~ of a whale громадные размеры кита; the ~ of the costs of war огромная тяжесть военных затрат

enosis [ˈenəʊsɪs] n *полит.* энозис, объединение Кипра с Грецией

enough I [ɪˈnʌf] n достаточное количество; we have ~ of everything у нас всего довольно; I've had ~ of him он мне надоел; I've had ~ of fighting я устал от битв; ~ and to spare более чем достаточно; больше чем нужно ◇ ~ is ~ хорошенького понемножку

enough II [ɪˈnʌf] a достаточный; to have ~ food [work, time] иметь достаточно продовольствия [работы, времени]; is there ~ seats for all? хватит ли стульев на всех?

enough III [ɪˈnʌf] adv 1. 1) достаточно; he is old ~ to understand он достаточно взрослый, чтобы понимать; you know well ~ вы отлично знаете; this rope is not long ~ этой верёвке не хватает должной длины 2) *усил.* весьма, довольно; she is fool ~ to believe him с неё станется ему поверить; are you man ~ for this dangerous job? вам такая опасная работа по плечу? 2. довольно, до некоторой степени; she sings well ~ она довольно хорошо поёт; she is pretty ~ она недурна; I know him well ~ я неплохо его знаю; oddly ~ he was late как ни странно, он запоздал ◇ fair ~ ладно, хорошо; while you cook dinner I will sit with the child.— Fair ~ пока ты готовишь обед, я посижу с ребёнком. — Правильно; sure ~ конечно; he said he would come and sure ~ he came он сказал, что придёт и действительно пришёл

enounce [ɪ(ː)ˈnaʊns] v *редк.* 1. выражать, заявлять; излагать 2. произносить

enow I, II [ɪˈnaʊ] *уст., поэт. см.* enough II и III

enow² [ɪˈnaʊ] adv *шотл.* сейчас

en passant [ˌɒnpæˈsɒŋ] *фр.* 1) мимоходом, между прочим 2) *шахм.* на проходе

enplane [ɪnˈpleɪn] v садиться или грузиться на самолёт(ы)

en pointe(s) [ˌɒmpˈwænt] *фр.* на пуантах (*балет*)

enquire, enquirer, enquiry [ɪnˈkwaɪə, -rə, -rɪ] = inquire, inquirer, inquiry

enrage [ɪnˈreɪdʒ] v приводить в ярость, в бешенство, бесить; his supercilious attitude ~d me его высокомерное отношение взбесило меня; I was terribly ~d with him я был ужасно зол на него; he is ~d with me он разозлился на меня

enraged [ɪnˈreɪdʒd] a взбешённый, разгневанный, в ярости

enragement [ɪnˈreɪdʒmənt] n ярость, бешенство; неудержимый гнев

enrank [ɪnˈræŋk] v 1) *уст.* располагать рядами 2) *воен.* строить в шеренгу

en rapport [ˌɒnræˈpɔː] *фр.* в соответствии; в связи, в контакте; to be ~ а) быть в контакте; б) соответствовать; spiritually we were not ~ духовно мы были чужды друг другу

enrapt [ɪnˈræpt] a *книжн.* 1. поглощённый, увлечённый, углубившийся, сосредоточенный 2. восхищённый, в восторге

enrapture [ɪnˈræptʃə] v 1. восхищать, приводить в восторг; he is ~d with his stroke of good fortune он в восторге от этой удачи 2. приводить в экстаз, в упоение, в поэтический восторг, вдохновлять

enravishment [ɪnˈrævɪʃmənt] n *редк.* восторженное состояние; экстаз, упоение

enregister [ɪnˈredʒɪstə] v *книжн.* 1. вносить в список, в акт, в протокол и т. п.; регистрировать 2. воплощать в законе, оформлять как закон 3. отмечать (*в памяти и т. п.*); запоминать; ~ed in memory врезавшийся в память

enrich [ɪnˈrɪtʃ] v 1. 1) обогащать, делать богатым; ~ed by commerce [by successful speculation] разбогатевший на торговле [на успешной биржевой спекуляции] 2) обогащать, расширять, повышать; music has ~ed his life музыка обогатила его жизнь; to ~ one's vocabulary by reading расширить запас слов чтением; to ~ the mind with knowledge обогатить ум знаниями 2. 1) улучшать, обогащать; to ~ soil удобрять почву 2) повышать питательность (*продуктов*); витаминизировать 3) прибавлять сдобы (*в тесто*) 4) обогащать (*руду и т. п.*) 3. украшать, отделывать; ~ed with carvings украшенный резьбой 4. *пед.* расширять (*учебный план и т. п.*), углублять (*изучение темы и т. п.*)

enriched [ɪnˈrɪtʃt] a 1. обогащённый, улучшенный; ~ uranium уран, обогащённый делящимся изотопом, обогащённый уран 2. витаминизированный; ~ bread хлеб с добавлением жиров, витаминов и т. п. 3. *пед.* расширенный;

an ~ curriculum for brighter students расширенная программа для способных студентов 4. *физиол.* многостимульный; с количеством раздражителей большим, чем в лабораторных условиях
enrichment [ɪn'rɪtʃmənt] *n* **1.** обогащение **2.** украшение, отделка **3.** 1) удобрение (*почвы*) 2) повышение питательности (*продуктов*); витаминизация 3) обогащение (*руды и т. п.*) **4.** накопление (*химического вещества в живом организме*)
enring [ɪn'rɪŋ] *v поэт.* окружать, охватывать кольцом, обвивать
enrobe [ɪn'rəʊb] *v* **1.** 1) облачать; ~d in velvet облачённый в бархат 2) облекать **2.** глазировать (*конфеты и т. п.*)
enrockment [ɪn'rɒkmənt] *n редк.* каменная осыпь, куча, груда камней
enrol(l)ed [ɪn'rəʊl] *v* **1.** вносить в список; регистрировать; to ~ smb. on the list of... внести кого-л. в список...; it took two days to ~ the new students регистрация новых студентов заняла два дня; he was ~ed among the ranks of the immortals он был причислен к «бессмертным» **2.** 1) записывать (*в члены организации и т. п.*); зачислять; the school ~s about 800 pupils в эту школу зачислено около 800 учеников; they ~ed him on their staff они зачислили его в штат; to ~ smb. as a member [as an entrant] включать кого-л. в качестве члена [кандидата]; ~ me for membership зачислите меня в список членов 2) записываться (*в организацию и т. п.*); вступать в члены; to ~ for a course of lectures записаться на курс лекций; to ~ with an employment agency стать на учёт в бюро найма **3.** *воен.* 1) зачислять на военную службу 2) поступать на военную службу **4.** свёртывать; завёртывать; обёртывать **5.** *амер.* составлять окончательный проект закона для представления на утверждение
enrol(l)ed bill [ɪn,rəʊld'bɪl] *амер.* закон, принятый конгрессом и в окончательной редакции представляемый на подпись
enrollee [,enrəʊ'li:] *n* абитуриент, поступающий (*в учебное заведение*)
enrol(l)ment [ɪn'rəʊlmənt] *n* **1.** 1) внесение в список, в реестр; регистрация 2) акт регистрации, запись (*в книге актов и т. п.*) **2.** запись, приём (*в члены организации и школу и т. п.*); зачисление; the fee should be paid on ~ плата (за обучение) вносится сразу после зачисления **3.** набор; количество принятых (*учащихся и т. п.*); количество новых членов (*организации*); the school has a total ~ of 300 общее количество учеников в школе составляет 300 человек **4.** *воен.* зачисление *или* поступление на военную службу **5.** *амер.* регистрация сторонников партии для участия в первичных выборах
enroot [ɪn'ru:t] *v редк., арх. обыкн. p. p.* 1) укоренять 2) вкоренять, внедрять
enrough [ɪn'rʌf] *v арх.* делать бурным, волновать (*море*); вздымать (*волны*)
en route [,ɒn'ru:t] *фр.* в пути; по пути, по дороге; ~ to London по пути в Лондон; ~ center *ав.* районный центр управления полётами; ~ traffic control *ав.* маршрутный контроль полётов
ens [enz] *n* (*pl* entia) *филос.* **1.** бытие, существование **2.** сущность, существо; ~ legis юридическое лицо, организация; E. Supremum высшее существо, бог
ensanguine [ɪn'sæŋgwɪn] *v поэт.* залить кровью; обагрить (*кровью*)
ensate ['enseɪt] *a бот.* мечевидный (*о листьях ириса и т. п.*)

ensconce [ɪn'skɒns] *v* **1.** 1) укрыться; I will ~ me behind the arras (*Shakespeare*) я укроюсь за стенным ковром 2) (*часто pass, тж. refl*) уютно устроиться; to be ~d in an armchair уютно усесться в кресле; to ~ oneself in a corner of the bar уютно пристроиться в уголке бара **2.** *воен.* засесть
ensemble [ɒn'sɒmb(ə)l] *n* **1.** единое, стройное целое, ансамбль **2.** 1) согласованность (*исполнения и т. п.*); acting ансамблевое исполнение (*пьесы*) 2) общее впечатление (*от игры, исполнения*) **3.** ансамбль из нескольких предметов; her dress and coat made an attractive ~ на ней был элегантный ансамбль из платья и пальто; a dress-and-jacket ~ костюм, состоящий из платья и жакета **4.** гарнитур (*мебели*) **5.** (*часто* E.) (*музыкальный*) **6.** *театр.* 1) участники массовки 2) хор (*в опере*) 3) кордебалет **7.** *физ.* ансамбль, совокупность, группа (*частиц*) **8.** *мат.* множество
ensepulchre [ɪn'sep(ə)lkə] *v поэт.* класть в гробницу; погребать; cities ~d beneath the flood затопленные города
enserf [ɪn'sɜ:f] *v* закрепощать
ensheath(e) [ɪn'ʃi:ð] *v редк.* вкладывать в ножны
enshield I [ɪn'ʃi:ld] *a поэт.* скрытый, спрятанный, утаённый
enshield II [ɪn'ʃi:ld] *v редк.* прикрывать щитом, защищать
enshrine [ɪn'ʃraɪn] *v* **1.** хранить, лелеять (*воспоминание и т. п.*); ~d in memory [in one's heart] бережно хранимый в памяти [в сердце]; his love for her is ~d forever in his poetry он обессмертил свою любовь к ней в своих стихах **2.** *церк.* класть в раку
enshroud [ɪn'ʃraʊd] *v поэт.* покрывать (*как*) саваном, скрывать от глаз, обволакивать; ~ed in darkness [in fog] окутанный темнотой [туманом]
ensiform ['ensɪfɔ:m] *a анат.* мечевидный; ~ cartilage *анат.* мечевидный отросток грудины
ensign ['ensaɪn] *n* **1.** знамя, флаг, вымпел; blue ~ синий (английский) кормовой флаг; red ~ английский торговый флаг; white ~ английский военно-морской флаг; to serve under the white ~ *мор.* служить в военно-морском флоте; ~ cloth ткань для знамён и флагов; ~ staff (кормовой) флагшток; to hoist [to haul down] the ~ поднять [спустить] флаг; the ~ dropped half-mast флаг был приспущен **2.** знаменосец **3.** 1) значок, эмблема, кокарда 2) символ, знак; the ~ of a king is his crown королевскую власть символизирует королевская власть **4.** *ист.* прапорщик **5.** *амер. мор.* лейтенант, энсин (*первичное офицерское звание в ВМС*)
ensign-bearer ['ensaɪn,beərə] *n* **1.** знаменосец **2.** *сл.* пьяница
ensign ship ['ensaɪn,ʃɪp] флагманское судно, флагманское судно
ensilage I ['ensɪlɪdʒ] *n* **1.** силосование **2.** силосованный корм, силосная масса, силос
ensilage II ['ensɪlɪdʒ] *v* силосовать
ensilage cutter ['ensɪlɪdʒ,kʌtə] силосорезка
ensilage harvester ['ensɪlɪdʒ,hɑ:vəstə] силосоуборочный комбайн
ensile [en'saɪl] = ensilage II
ensilver [ɪn'sɪlvə] *v поэт.* серебрить
ensisternal [,ensɪs'tɜ:n(ə)l] *a анат.* относящийся к мечевидному отростку грудины
ensky [ɪn'skaɪ] *v поэт.* возносить на небеса
enslave [ɪn'sleɪv] *v* 1) порабощать 2) делать рабом (*условностей и т. п.*);

to be ~d by one's passions быть рабом своих страстей; to ~ hearts покорять сердца; to be ~d to habit [superstition] стать рабом привычки [предрассудка]; her beauty kept him ~d её красота пленила его
enslavement [ɪn'sleɪvmənt] *n* **1.** порабощение **2.** рабство **3.** рабская покорность
enslaver [ɪn'sleɪvə] *n* 1) поработитель 2) покоритель; покорительница, обворожительница; fair ~ прекрасная чародейка /чаровница/
ensnare [ɪn'sneə] *v* 1) поймать в ловушку 2) залучить, заманить в сети; опутать; обольстить 3) *часто pass* запутаться в сетях, попасться на удочку, поддаться обману
ensnarl [ɪn'snɑ:l] *v поэт.* путать, запутывать; he was ~ed in the plot его вовлекли в заговор
ensorcell [ɪn'sɔ:s(ə)l] *v редк.* околдовать, заворожить
ensoul [ɪn'səʊl] *v поэт.* **1.** делать частью (своей) жизни **2.** вдохнуть душу; воодушевить
ensphere [ɪn'sfɪə] *v книжн.* **1.** заключать, обволакивать (со всех сторон), покрывать **2.** придавать форму шара
ensuant [en'sjʊənt] *a книжн.* являющийся следствием чего-л.; вытекающий; conditions ~ on the war условия, создавшиеся в результате войны
ensue [ɪn'sju:] *v* **1.** следовать, являться результатом, вытекать, проистекать; silence ~d последовало /воцарилось/ молчание; it does not ~ that... из этого не следует, что...; a catastrophe must ~ катастрофа неизбежна; what will ~ from this? что из этого вытекает?; the evils that ~ from this misunderstanding пагубные последствия этого недоразумения **2.** *поэт.* стремиться, искать, добиваться; to ~ peace [beauty] стремиться к миру [искать красоты]
ensuing [ɪn'sju:ɪŋ] *a* (по)следующий; вытекающий; the ~ panic возникшая вслед за этим паника; ~ consequences вытекающие последствия; the ~ difficulties связанные с чем-л. затруднения; in the ~ years в последующие годы
ensure [ɪn'ʃʊə] *v* **1.** обеспечивать; гарантировать; to ~ independence обеспечить независимость; to ~ an income гарантировать доход; we cannot ~ success мы не можем ручаться за успех; in order to ~ prompt and effective action для обеспечения быстрых и эффективных действий **2.** страховать, застраховать **3.** *арх.* заверять, уверять **4.** *спорт.* страховать (*во время исполнения упражнения*)
enswathe [ɪn'sweɪð] *v* 1) *редк.* пеленать; укутывать 2) *поэт.* обволакивать
-ent [-ənt] = -ant 1 и 2
entablature [en'tæblətʃə] = entablement
entablement [en'teɪblmənt] *n* **1.** *архит.* антаблемент **2.** *тех.* вспомогательная рама, станина
entail I ['enteɪl] *n* **1.** *юр.* майоратное наследование; to break /to cut (off), to bar/ an ~ добиться отмены майората; отменять ограничения прав на собственность (*в отношении порядка её наследования и отчуждения*) **2.** родовое, заповедное имение, майорат; заповедное имущество
entail II [ɪn'teɪl] *v* **1.** влечь за собой; вызывать; the work ~s expense эта работа связана с расходами; this ~s trouble это влечёт за собой неприятности **2.** (on, upon) навлекать; to ~ inconven-

ENT — ENT

ience on smb. создать неудобства для кого-л.; this plan will ~ great labour upon those who carry it out этот план потребует больших усилий от тех, кто его будет проводить в жизнь 3. *юр.* ограничивать права распоряжения собственностью (*в отношении установления порядка её наследования и отчуждения*); учреждать заповедное имущество; the estate is ~ed имение закреплено за наследниками /является неотчуждаемым/

entailable [ɪnˈteɪləb(ə)l] *a юр.* могущий быть закреплённым как майорат

entailed [ɪnˈteɪld] *a юр.* заповедный; ~ property заповедное /родовое/ имение, майорат; заповедное имущество, урезанная собственность (*ограниченная в порядке её наследования и отчуждения*); ~ interests заповедные права (*ограниченные в отношении порядка наследования и отчуждения недвижимости*)

entailment [ɪnˈteɪlmənt] *n юр.* ограничение права распоряжения собственностью (*в отношении установления порядка её наследования и отчуждения*); учреждение заповедного имущества

entame [ɪnˈteɪm] *v книжн.* укрощать, приручать

entangle [ɪnˈtæŋgl] *v* 1. (in) запутывать; спутывать; my fishing line got ~d in some weeds леска запуталась в водорослях; ~d in contradictions запутавшийся в противоречиях 2. 1) впутывать, вмешивать, втягивать, вовлекать; to ~ smb. in a quarrel втянуть кого-л. в ссору; he was ~d in a plot его вовлекли в заговор 2) поймать в ловушку, обойти (*лестью и т. п.*); to be ~d by intrigue попасться в сети интриганов 3. осложнять, запутывать 4. *воен.* ограждать проволокой

entangled [ɪnˈtæŋgld] *a* запутанный, путаный; ~ argument путаная аргументация

entanglement [ɪnˈtæŋg(ə)lmənt] *n* 1. запутанность 2. затруднение, затруднительное положение; сложность (*положения*) 3. вовлечение, втягивание 4. *воен.* (проволочное) заграждение

entangling alliance [ɪnˌtæŋglɪŋəˈlaɪəns] *амер.* договор с иностранным государством, втягивающий страну в акции, в которых она не заинтересована

entasis [ˈentəsɪs] *n архит.* энтазис, выпуклость колонны

entassment [enˈtæsmənt] *n редк.* куча, груда, скопление

entelech(e)ia [enˈtelekɪ(:)ə] = entelechy

entelechy [enˈtelɪkɪ] *n филос.* энтелехия

entellus [enˈteləs] *n зоол.* длиннохвостая обезьяна, хульман (*Presbytis entellus*)

entente [ɒnˈtɒnt] *n* 1. 1) соглашение, согласие, договорённость 2) *дип.* дружеское соглашение между группой государств 2. (the E.) *ист.* Антанта, (Тройственное) Согласие

entente cordiale [ˌɒntɒntkɔːˈdɪæl] *фр.* сердечное согласие (*между странами*)

enter I [ˈentə] *n* 1. *театр.* выход (*на сцену*) 2. *редк.* вход

enter II [ˈentə] *v* 1. входить; to ~ a room [a city] войти в комнату [вступить в город]; to ~ a house at the front [back] door войти в дом с парадного подъезда [с чёрного хода]; we were surprised to see a stranger ~ мы удивились, увидев вошедшего незнакомца; ~ Hamlet входит Гамлет (*ремарка в пьесе*); to ~ into a forest войти в лес; the idea never ~ed my head эта мысль никогда не приходила мне в голову 2. (*часто* into) вступать, входить; to ~ a battle [a war, a new era] вступить в бой [в войну, в новую эру]; to ~ the curve *спорт.* входить в поворот; to ~ into high society попасть /проникнуть/ в высшее общество; to ~ into negotiations [into a debate] вступить в переговоры [в спор]; to ~ into a treaty заключать договор; to ~ into obligations принимать на себя обязательства; to ~ into correspondence [conversation] вступить в переписку [разговор]; to ~ into partnership [alliance] with... вступить в чьи-л. партнёрство [союзники]; to ~ upon an inheritance вступить во владение наследством 3. 1) вонзать, втыкать; to ~ a wedge into a log вбить клин в бревно 2) вонзаться, проникать; the thorn ~ed the flesh шип вонзился в тело; the bullet ~ed the heart пуля попала /проникла/ в сердце 4. 1) поступать, вступать; становиться членом; to ~ the army [a school, the legal profession, parliament] вступать в армию [поступать в школу, стать юристом, членом парламента]; to ~ Catholicism принять католичество 2) быть частью, входить в состав; water ~s into the composition of all organisms вода входит в состав всех организмов 5. 1) (*часто* in, into) вписывать, вносить, заносить (*в списки*); регистрировать; to ~ a date вписать дату; to ~ a word in a dictionary включить слово в словарь; to ~ a name in the list зарегистрировать кого-л.; внести чью-л. фамилию в список; to ~ the names of qualified voters составлять списки избирателей; to ~ a sum against smb.'s account внести деньги на чей-л. счёт 2) записывать (*куда-л.*); to ~ a boy in a college записать мальчика в школу /в лицей *и т. п.*/; to ~ smb. at a school подать заявление о приёме кого-л. в школу; to ~ a horse for a race записать /зарегистрировать/ лошадь для участия в скачках 6. принимать участие, участвовать; to ~ a short story contest участвовать в конкурсе на лучший рассказ; to ~ a race выступать /участвовать/ в гонках; to ~ for a contest as a singer участвовать в конкурсе вокалистов; to ~ the competition /the event/ выступить в соревновании, участвовать в состязании 7. (on, upon) начинать, приступать; to ~ upon a career начать профессиональную деятельность; to ~ on a project приступить к выполнению проекта; взяться за осуществление проекта; to be ~ing a new phase вступать в новую стадию; to ~ on a new stage of development вступить в новую фазу развития; he ~ed upon his duties at the Ministry он приступил к исполнению своих обязанностей в министерстве; he ~ed upon the task with insufficient preparation он взялся за выполнение задания без достаточной подготовки; mankind is ~ing upon a new era человечество вступает в новую эру; he is ~ing on his 30th year ему пошёл тридцатый год 8. (into) 1) разделять (*чувства и т. п.*), сочувствовать; to ~ into smb.'s ideas [feelings] разделять чьи-л. мысли [чувства] 2) вникать; вдаваться; to ~ into internal motives вдумываться во внутренние мотивы, анализировать внутренние побуждения; to ~ into details вникать /вдаваться/ в подробности; this need not be ~ed into на этом останавливаться не обязательно; the illustrator must ~ into the spirit of the text художник-иллюстратор должен проникнуться духом иллюстрируемого текста 9. *ком.* поступать (*куда-л.*); ~ed for consumption поступило на внутреннее потребление; ~ed for warehouse поступило на таможенные склады 10. *юр.* 1) начинать процесс; вступать в процесс путём подачи письменного заявления; to ~ an action against smb. возбуждать дело против кого-л. 2) заявить (*письменно*); представить, подать, приобщить к делу (*документ*); to ~ a protest заявить протест; to ~ a writ представить предписание; to ~ a caveat подавать заявление *или* ходатайство; сделать письменное предупреждение 11. *амер. юр.* 1) регистрировать заявку (*на земельный участок*) 2) регистрировать авторское право, патент; ~ed according to act of Congress зарегистрировано в соответствии с актом конгресса 12. *эк.* подавать таможенную декларацию; to ~ a ship at the custom-house подавать в таможню судовую декларацию 13. *охот.* дрессировать (*собаку*)

enter- [ˈentər-] = entero-

enteral [ˈentərəl] = enteric II

enterectomy [ˌentəˈrektəmɪ] *n мед.* удаление отрезка кишечника

enteric I [enˈterɪk] *n мед.* брюшной тиф

enteric II [enˈterɪk] *a анат.* брюшной, кишечный; ~ fever *мед.* брюшной тиф

entering port [ˈentərɪŋpɔːt] входной порт (*в борту пассажирского судна*)

enteritis [ˌentəˈraɪtɪs] *n мед.* энтерит, воспаление тонких кишок

entero- [ˈentərə-] (*тж.* enter- *перед гласными*) *мед.* в сложных словах имеет значение брюшной, кишечный: enterocolitis энтероколит; enteralgia энтералгия

enterogenous [ˌentəˈrɒdʒɪnəs] *a мед.* энтерогенный, кишечного происхождения

enteropathy [ˌentəˈrɒpəθɪ] *n мед.* болезнь кишок

enterovirus [ˌentərə(ʊ)ˈvaɪərəs] *n* кишечный вирус

enterprise [ˈentəpraɪz] *n* 1. предприятие (*особ.* смелое, рискованное); to embark on an ~ пуститься в смелое предприятие; exploits and mighty ~s (*Shakespeare*) подвиги и великие свершения 2. предприимчивость, (смелая) инициатива; man of ~ предприимчивый человек, смельчак; spirit of ~ дух отважных поисков; the plan has been materialized through his ~ благодаря его инициативе план был осуществлён 3. предпринимательство 4. (промышленное) предприятие; завод, фабрика; фирма, компания; small ~s мелкие предприятия; parent ~ головное предприятие; public ~ государственное предприятие; multi-unit ~ предприятие с (несколькими) филиалами

enterpriser [ˈentəpraɪzə] *n* 1. предприниматель 2. искатель приключений; авантюрист 3. антрепренёр

enterprising [ˈentəpraɪzɪŋ] *a* предприимчивый, инициативный

entertain [ˌentəˈteɪn] *v* 1. 1) принимать гостей; оказывать гостеприимство; устраивать приёмы (*гостей*); we seldom ~ у нас редко бывают гости; they ~ a great deal они часто устраивают приёмы, у них постоянно бывают гости; to ~ friends at /to/ dinner пригласить друзей на обед, устраивать званый обед; to ~ друзей обедом; they like to ~ они гостеприимны, они любят принимать гостей; he was hospitably ~ed by... он был гостеприимно принят ...; to ~ with all kinds of delicacies угощать всякими лакомствами 2) *спорт.* принимать (*другую команду*) на своём поле, корте *и т. п.* 2. питать, лелеять (*надежду и т. п.*); to ~ an idea [a theory] придерживаться мысли [теории]; to ~ a thought лелеять мысль; to ~ a purpose вынашивать замысел; to ~ a grudge against smb. иметь зуб против кого-л.; to ~ resentment таить обиду; people ~ed great expectations of him люди возлагали на него большие надежды; to ~ a high esteem for smb. питать к кому-л. глубокое уважение; to ~ hostile intentions вынашивать враждебные планы; to ~ doubts about smth. испытывать сомнения относительно чего-л. 3. развлекать, забавлять; to ~ smb. with songs развлекать кого-л. песнями; the clown ~ed us very much клоун нас очень позабавил; the child ~ed himself with his toys ребёнок забавлялся игрушками 4. принимать во внимание, в расчёт; учитывать; to ~ a proposal принять предложение к рассмотрению; to ~ an opinion учесть мнение; if you put the idea before him, he may ~ it если вы подадите ему эту идею, он может ею заинтересоваться 5. *редк.* поддерживать *(разговор, переписку)*

entertainable [,entə'teɪnəb(ə)l] *a книжн.* допустимый; приемлемый; подлежащий рассмотрению, обсуждению *(о мысли, предложении и т. п.)*

entertainer [,entə'teɪnə] *n* 1. *см.* entertain + -er 2. эстрадный артист, эстрадник; конферансье

entertaining [,entə'teɪnɪŋ] *a* 1) занимательный, интересный 2) забавный, развлекательный

entertainment [,entə'teɪnmənt] *n* 1. 1) зрелище, представление 2) эстрадный концерт, дивертисмент 3) (любое) зрелищное *или* увеселительное мероприятие; ~ tax налог на зрелища /увеселения/ 4) книга для лёгкого чтения, "чтиво" 2. развлечение, увеселение; to give /to afford/ ~ развлекать, занимать, забавлять; to smb.'s ~ к чьему-л. удовольствию; much to the ~ of smb. к большому удовольствию кого-л. 3. приём *(гостей)*; (званый) вечер; ~ allowance средства на представительские расходы; to give an ~ устроить приём /банкет/; дать обед /ужин, бал/ 4. 1) обслуживание; гостеприимство; he met with very good ~ его встретили очень радушно 2) угощение; a great deal of company but poor ~ гостей много, а еды мало

enter up ['entə'ʌp] *phr v* фиксировать, записывать; the bookkeeper was entering up profits for the last month счетовод записывал /вносил в книги/ прибыль за прошлый месяц; to ~ temperature, blood pressure, pulse rate of the patient фиксировать температуру, кровяное давление и пульс пациента

enthalpy [en'θælpɪ] *n физ.* энтальпия, теплосодержание

enthral(l) [ɪn'θrɔːl] *v* 1. порабощать; to be ~ed by illusions быть в плену иллюзий 2. очаровывать, увлекать; to ~ the eye приковать взор

enthraller [ɪn'θrɔːlə] *n редк.* поработитель

enthralling [ɪn'θrɔːlɪŋ] *a* обворожительный, увлекательный

enthralment [ɪn'θrɔːlmənt] *n* 1. порабощение *(кого-л.)*; обращение в рабство 2. рабство, положение раба 3. 1) увлечённость, 2) рабская преданность

enthrone [ɪn'θrəʊn] *v* 1. возвести на престол, посадить на трон; he was ~d in 1741 он вступил на престол в 1741 году; to sit ~d восседать на троне; to be ~d in the heart царить в сердце 2. *церк.* возвести, поставить на епархию, митрополию *и т. п.*; интронизировать *(патриарха, папу)*

enthronement [ɪn'θrəʊnmənt] *n* 1. 1) восшествие, вступление на престол 2) возведение на престол 2. *церк.* 1) возведение, поставление на епархию, митрополию *и т. п.*; интронизация *(патриарха, папы)* 2) восшествие на епархию, митрополию *и т. п.*

enthuse [ɪn'θjuːz] *v разг.* 1) вызывать энтузиазм, приводить в восторг; he ~d the audience with his suggestions его предложения вызвали восторженное одобрение слушателей; to be ~d быть в восторге, приходить в восторг; they were not ~d over the prospect такая перспектива не вызвала у них восторга 2) приходить в восторг, восторгаться; проявлять энтузиазм; they ~d over the painting картина привела их в восторг; he was always enthusing about the latest plays он всегда бурно восхищался новыми пьесами

enthusiasm [ɪn'θjuːzɪæz(ə)m] *n* 1. 1) энтузиазм; воодушевление; ~ for research [for sport, for work] увлечённость научными изысканиями [спортом, работой]; there was great ~ among the students это вызвало большой подъём /энтузиазм/ у студентов 2) (бурный) восторг; to receive smb. without ~ холодно принять /встретить/ кого-л.; book that arouses ~ восторженно принятая книга 3) увлечение, страсть; hunting is his latest ~ его последнее увлечение — охота 2. *арх.* экстаз; (религиозное) исступление 3. *арх.* наитие, вдохновение

enthusiast [ɪn'θjuːzɪæst] *n* 1. энтузиаст; горячий поклонник *или* приверженец *(чего-л.)*; a dance [movie, music, judo] ~ горячий поклонник балета [кино, музыки, дзюдо]; an ~ for international peace страстный борец за мир во всём мире 2. *арх.* исступлённый фанатик

enthusiastic, enthusiastical [ɪn,θjuːzɪ'æstɪk, -(ə)l] *a* 1. восторженный; полный энтузиазма; ~ theatre-goer страстный поклонник театра; to be enthusiastic over one's favourite actress восхищаться любимой актрисой; to become enthusiastic over smth. приходить в восторг от чего-л.; his welcome was less than ~ его встретили без особого восторга /прохладно/ 2. *арх.* исступлённый, фанатический

enthusiastically [ɪn,θjuːzɪ'æstɪk(ə)lɪ] *adv* восторженно, с восторгом; с радостью; с энтузиазмом

enthymematic, enthymematical [,enθɪmɪ'mætɪk, -(ə)l] *a лог.* 1) относящийся к энтимеме 2) состоящий из энтимем

enthymeme ['enθɪmiːm] *n лог.* энтимема, силлогизм без второй посылки

entia ['enʃɪə] *pl от* ens

entice [ɪn'taɪs] *v* 1) соблазнять, увлекать, обольщать; to ~ with false promises соблазнить лживыми обещаниями 2) вовлекать, заманивать; переманивать; to ~ a bird into a cage заманить птицу в клетку; to ~ smb. into a place заманить кого-л. куда-л.; to ~ smb. away увлечь кого-л. за собой; to ~ smb.'s gardener away переманить у кого-л. садовника

enticement [ɪn'taɪsmənt] *n* 1) заманивание; обольщение, искушение 2) приманка, соблазн; novelist indifferent to the ~s of the screen писатель, равнодушный к соблазнам кино /которого не манит экран/ 3) очарование, чары, соблазнительность

enticer [ɪn'taɪsə] *n* соблазнитель

enticing [ɪn'taɪsɪŋ] *a* соблазнительный, заманчивый; to make a dish ~ сделать блюдо аппетитным

entify ['entɪfaɪ] *v редк.* считать сущностью; признавать реально, объективно существующим

entire I [ɪn'taɪə] *n* 1. *редк.* 1) полнота, всеобъемлющий характер; the ~ of the night целая ночь; the ~ of his property всё его имущество 2) целое; the ~ flawed by poor workmanship плохое исполнение /плохая работа/ портит всё 2. *с.-х.* некастрированное животное, *особ.* жеребец 2. портер *(пиво)*

entire II [ɪn'taɪə] *a* 1. полный, целый, весь; the ~ country вся страна; the ~ world целый мир, весь свет; the ~ medical profession все медицинские работники; ~ liberty of conscience полная свобода совести; ~ happiness полное счастье; ~ ignorance а) полное неведение; б) полное невежество; his ~ devotion to his family его безраздельная преданность семье 2. целый, неповреждённый; нетронутый; the fortifications were ~ укрепления были целы (и невредимы) 3. цельный, из одного куска; the book is ~ in mood книга отличается цельностью настроения; his heart was ~ его сердце не было затронуто, он ещё не любил 4. чистый, беспримесный; однородный 5. некастрированный *(о животном)* 6. *уст.* чистый, непорочный

entirely [ɪn'taɪəlɪ] *adv* 1. всецело, вполне, совсем, совершенно; he is ~ convinced он совершенно убеждён; he is ~ reliable на него можно полностью положиться; I am ~ at your disposal я всецело в вашем распоряжении; this is not ~ convincing это не совсем убедительно; he was ~ ruined он вконец разорился 2. исключительно, единственно, только; I say it ~ for your own good я говорю это исключительно для вашей пользы; this is ~ my fault я один во всём виноват; the invitation was ~ formal приглашение было чисто формальным

entirety [ɪn'taɪə(ə)rətɪ] *n* 1. полнота, цельность; in its ~ во всей полноте, полностью; taken in its ~ взятый в целом /как единое целое/ 2. общая сумма 3. *юр.* совместное владение неразделённым недвижимым имуществом

entitative ['entɪtətɪv] *a филос.* 1) имеющий реальное бытие; объективно существующий 2) относящийся к бытию, к существованию 2. абстрагированный от всех связей и отношений

entitle [ɪn'taɪtl] *v* 1. давать право; to be ~d иметь право [*см. тж.* 3]; to be ~d to a leave иметь право на отпуск; to be ~d to speak and vote пользоваться правом решающего голоса; his knowledge ~s him to speak его познания дают ему право говорить; we are ~d to know the truth мы имеем право знать правду; every boy was ~d to his own views каждый мальчик мог иметь своё мнение; these discoveries ~ us to believe that... эти открытия дают нам основания считать, что...; this ticket ~s the bearer to free admission этот билет предоставляет предъявителю право свободного входа 2. озаглавливать, давать название, называть; to ~ an article озаглавить статью; the book ~d "Jane Eyre" книга под заглавием «Джейн Эйр»; the association shall be ~d... ассоциация будет именоваться... 3. уполномочивать; *юр. тж.* давать право, управомочивать; to be ~d иметь полномочия /правомочия/, быть уполномоченным [*см. тж.* 1]; I am ~d to say я управомочен заявить; he ~d me to speak for him он уполномочил меня выступить от его имени; we are not ~d to refuse them this right мы не полномоч-

ны отнимать у них это право 4. титуловать, величать, называть; an ambassador is ~d "Your Excellency" посла титулуют «ваше превосходительство» 5. *арх.* приписывать; a sonnet ~d to N. сонет, приписываемый N; an opinion ~d to Aristotle мнение, которого якобы придерживался Аристотель /приписываемое Аристотелю/
 entitlement [ɪn'taɪtlmənt] *n* 1. наименование 2. *спец.* право (*на помощь, пособие и т. п.*); положенная, установленная норма; ~ to furlough право на отпуск (*военным*); ~ to replacement установленная норма замены имущества; foreign exchange ~ свидетельство на получение инвалюты
 entity ['entɪtɪ] *n* 1. 1) бытие, существование 2) реальное существование (*в метафизике*) 2. нечто объективно, реально существующее; данность; объект; time and space are entities время и пространство объективно существуют 3. сущность, существо; class ~ классовая сущность, существо 4. существо, организм; to think of a state as an ~ представлять себе государство как единый организм; international ~ *юр.* субъект международных отношений; legal ~ юридическое лицо, юридический субъект; economic ~ экономическая единица, экономический объект
 entoblast ['entəblɑːst] *n биол.* внутренний зародышевый мешок, энтобласт
 entocranial [,entə'kreɪnɪəl] *a анат.* внутричерепной
 entoderm ['entədɜːm] *n спец.* энтодерма
 entoil [ɪn'tɔɪl] *v поэт.* поймать в сети, опутать тенётами
 entomb [ɪn'tuːm] *v* 1. погребать 2. служить гробницей; Florentine churches ~ many great men в церквах Флоренции погребено много великих людей 3. укрывать, скрывать, прятать от людского взора
 entombment [ɪn'tuːmmənt] *n* 1. погребение 2. могила, гробница
 entomic [en'tɔmɪk] *a книжн.* относящийся к насекомым
 entomolite [ɪn'tɔmətaɪt] *n палеонт.* ископаемое насекомое
 entomological [,entəmə'lɔdʒɪk(ə)l] *a* энтомологический
 entomologist [,entə'mɔlədʒɪst] *n* энтомолог
 entomologize [,entə'mɔlədʒaɪz] *v* 1) заниматься энтомологией; изучать энтомологию 2) коллекционировать насекомых 3) наблюдать поведение насекомых
 entomology [,entə'mɔlədʒɪ] *n* энтомология
 entomophagous [,entə'mɔfəgəs] *a* насекомоядный
 entomophilous [,entə'mɔfɪləs] *a бот.* энтомофильный
 entomophily [,entə'mɔfɪlɪ] *n бот.* энтомофилия, опыление насекомыми
 entomophobia [,entəmə'fəʊbɪə] *n мед.* болезненный страх перед насекомыми
 entophyte ['entəfaɪt] *n бот.* растительный паразит
 entoptic [ɪn'tɔptɪk] *a анат.* расположенный внутри глазного яблока; ~ sensation субъективное зрительное ощущение
 entourage ['ɔntʊrɑːʒ] *n* окружение, антураж
 en tous cas [,ɔntuː'kɑː] *фр.* 1) зонтик от солнца и дождя 2) теннисный корт с твёрдым покрытием

en-tous-cas [,ɔntuː'kɑː] *a фр.* подходящий для любой погоды; быстро сохнущий; ~ tennis courts теннисные корты с твёрдым покрытием
 entozoa [,entə'zəʊə] *pl от* entozoon
 entozoal, entozoic [,entə'zəʊəl, ,entə'zəʊɪk] *a* 1) относящийся к энтозоонам 2) изучающий энтозооны
 entozoologist [,entəzə(ʊ)'ɔlədʒɪst] *n* специалист по энтозоонам
 entozoology [,entəzə(ʊ)'ɔlədʒɪ] *n* раздел зоологии, изучающий энтозооны
 entozoon [,entə'zəʊɔn] *n* (*pl* -zoa) гельм. энтозоон
 entr'acte ['ɔntrækt] *n театр., муз.* антракт
 entrails ['entreɪlz] *n pl* 1. *анат.* внутренности, кишки 2. недра; the ~ of the earth недра земли 3. *редк.* внутренняя часть, нутро; to look into the ~ заглянуть в нутро
 entrails readers ['entreɪlz,riːdəz] 1) *уст.* прорицатели, предсказывающие исход битвы по внутренностям убитых врагов 2) гадалки «на кофейной гуще»
 entrain[1] [ɪn'treɪn] *v редк.* увлекать за собой, с собой
 entrain[2] [ɪn'treɪn] *v* 1) грузить, сажать в поезд 2) грузиться, садиться в поезд
 entrain[3] [ɪn'treɪn] *v* 1. *книжн.* определять, устанавливать 2. *биол.* подгонять биологический ритм организма к 24-часовой периодичности; circadian rhythms are ~ed by a light cycle суточные ритмы определяются световым циклом 3. *физ.* определять или изменять фазу *или* период колебания (*в каком-л. действующем факторе*)
 entraining [ɪn'treɪnɪŋ] *n* погрузка, посадка в поезд; ~ officer *воен.* комендант посадки /погрузки/ в эшелон; ~ point *воен.* посадочный /погрузочный/ пункт; ~ station *воен.* станция погрузки /посадки/
 entrainment [ɪn'treɪnmənt] *n спец.* 1. увлечение (*тж. частиц*); унос 2. подгонка (*биологических часов*) к суточному ритму
 entrammel [ɪn'træm(ə)l] *v редк.* связывать, сковывать; окутывать; обременять
 entrance[1] ['entrəns] *n* 1. 1) вход; входная дверь; въездные ворота; back ~ чёрный ход; front ~ парадный ход; ~ to the hall [to the cave] вход в зал [в пещеру] 2) вход; въезд; free ~ and safe egress свободный въезд и беспрепятственный выезд; no ~ вход воспрещён; въезда нет; ~ to a country въезд в страну; to block the ~ to the harbour преграждать /блокировать/ вход в гавань; to force an ~ ворваться, вломиться 2. 1) *театр.* выход; the ~ of an actor upon the stage выход актёра на сцену; the young actor made only two ~s у молодого актёра было только два выхода 2) (торжественный) выход; to await the ~ of the king ожидать выхода короля 3) *муз.* вступление (*голоса, инструмента*) 3. вступление (*в союз и т. п.*); поступление (*в школу и т. п.*); his ~ to Princeton его поступление в Принстонский университет; ~ to the college is by examination only приём в колледж только по сдаче экзаменов; ~ into public life выход на общественную арену; the ~ of an heir into his estate вступление во владение наследством; ~ upon his twentieth year ≅ ему пошёл двадцатый год 4. доступ, право входа; free ~ to... а) свободный доступ (*куда-л.*); б) бесплатный вход (*в кино и т. п.*) 5. *с.-х.* леток (*в улье*)
 entrance[2] [ɪn'trɑːns] *v* 1. привести в восторг, очаровать, заворожить; they

listened ~d они слушали как заворожённые; he was ~d with joy он был вне себя от радости 2. приводить в состояние транса, экстаза, оцепенения; the snake ~d the rabbit with its gaze кролик оцепенел под взглядом змеи; they were ~d with what the preacher said слова проповедника привели их в экстаз
 entrance channel ['entrəns,tʃænl] *мор.* входной фарватер
 entrance duty ['entrəns,djuːtɪ] ввозная пошлина
 entrance examinations ['entrənsɪg,zæmɪ'neɪʃ(ə)nz] вступительные экзамены
 entrance fee ['entrənsfiː] 1) входная плата 2) вступительный взнос
 entrance hall ['entrənshɔːl] вестибюль, холл; прихожая
 entrancement [ɪn'trɑːnsmənt] *n* 1. восторг, заворожённость 2. 1) транс, экстаз; оцепенение 2) приведение в транс, оцепенение, экстаз
 entrance ticket ['entrəns,tɪkɪt] 1) входной билет 2) пропуск
 entrance visa ['entrəns,viːzə] въездная виза; виза на въезд
 entranceway ['entrənsweɪ] = entryway
 entrancing [ɪn'trɑːnsɪŋ] *a* 1) увлекательный 2) обворожительный; очаровательный, чарующий; ~ melody чарующая мелодия
 entrant ['entrənt] *n* 1. тот, кто входит, въезжает; входящий, въезжающий; the last ~ человек, вошедший последним; an illegal ~ иммигрант без визы; человек, нелегально въехавший в страну 2. абитуриент; поступающий (*в учебное заведение*); вступающий (*в союз и т. п.*); кандидат на должность; new ~s into the teaching profession начинающие педагоги 3. участник (*состязания и т. п.*)
 entrap [ɪn'træp] *v* 1. поймать в ловушку; отлавливать 2. заманить в ловушку; запутать; to ~ smb. into making a dangerous admission запутать человека и добиться от него опасного признания; to be ~ped попасться в ловушку; запутаться; застрять 3. *спец.* захватывать (*воздух и т. п.*); задерживать (*воду и т. п.*)
 entrapment [ɪn'træpmənt] *n* 1. отлов (*диких животных*) 2. *юр.* провоцирование на уголовно наказуемое деяние; police ~ ≅ полицейская ловушка 3. *физ.* захват (*частиц и т. п.*)
 entrapper [ɪn'træpə] *n* 1. см. entrap + -er 2. зверолов
 entreasure [ɪn'treʒə] *v* 1) класть в сокровищницу 2) хранить как сокровище
 entreat [ɪn'triːt] *v* 1. умолять; to ~ smth. of smb. вымаливать что-л. у кого-л.; молить кого-л. о чём-л.; to ~ smb. for mercy молить кого-л. о пощаде; I ~ you to think умоляю вас подумать; I ~ you r indulgence умоляю вас отнестись ко мне снисходительно 2. *арх.* умолить, умилостивить 3. *уст.* считать (*кем-л.*); they were ~ed as maniacs их считали сумасшедшими
 entreatingly [ɪn'triːtɪŋlɪ] *adv* умоляюще; с мольбой
 entreaty [ɪn'triːtɪ] *n* мольба; настойчивая, горячая, страстная просьба; a look of ~ умоляющий взгляд
 entrechat ['ɔntrəʃɑː] *n фр.* антраша (*в балете*)
 entrecôte ['ɔntrəkɔt] *n фр.* антрекот
 entrée, entree ['ɔntreɪ] *n* 1. доступ; право входа; to procure the ~ of the best houses получить доступ в лучшие дома, быть принятым в лучших домах 2. 1) личный доклад 2) право личного доклада 3. 1) блюдо, подаваемое перед жарким 2) *амер.* основное блюдо к обеду 4. 1) *муз.* антре 2) вступление; it was nothing but an ~ to a series of

misfortunes это было лишь прелюдией к целому ряду неудач

entremets ['ɒntrəmeɪ] *n фр.* 1. *употр. с гл. в ед. и мн. ч.* дополнительное блюдо за обедом (*салат, гарниры и т. п.*) 2. *употр. с гл. во мн. ч. ист.* танцы, песни *и т. п.*, исполняемые во время пира

entrench [ɪnˈtrentʃ] *v* 1. 1) *воен.* окапываться, закрепляться (*тж. refl*) 2) *воен.* окапывать, укреплять траншеями; производить траншейные работы 2. укрепляться, укрепиться; strongly ~ed занимающий сильную позицию; deeply ~ed prejudices глубоко укоренившиеся предрассудки; ~ed within tradition and law подкреплённый традициями и законом 3. укрывать, скрывать; safely ~ed behind undeniable facts под надёжным прикрытием неопровержимых фактов 4. (upon) нарушать (*права и т. п.*), вторгаться; to ~ upon the privileges of parliament посягать /покушаться/ на парламентские привилегии; to ~ upon smb.'s leisure отнимать у кого-л. досуг; to ~ upon smb.'s time занимать чьё-л. время; to ~ upon smb.'s fortune захватить часть чужого имущества

entrenched [ɪnˈtrentʃt] *a* 1. *воен.* укреплённый траншеями; ~ position укреплённая позиция 2) окопавшийся 2. крепкий, сильный

entrenching tool [ɪnˈtrentʃɪŋˌtuːl] *воен.* шанцевый инструмент

entrenchment [ɪnˈtrentʃmənt] *n* 1. *воен.* 1) окоп, траншея 2) *обыкн. pl* полевое укрепление, траншеи 3) укрепление 2. *уст., амер.* нарушение; посягательство; an ~ upon their prerogatives нарушение их прерогатив

entre nous [ˌɒntrəˈnuː] *фр.* между нами (говоря)

entrepot ['ɒntrəpəʊ] *n фр.* склад, пакгауз (*особ. для транзитных грузов*); ~ trade *эк.* транзитная торговля

entrepreneur [ˌɒntrəprəˈnɜː] *n фр.* 1. предприниматель; владелец предприятия; small ~ владелец мелкого предприятия 2. 1) устроитель концертов *и т. п.* 3. подрядчик

entrepreneurship [ˌɒntrəprəˈnɜːʃɪp] *n* предпринимательство

entresol ['ɒntrəsɒl] *n архит.* антресоли; полуэтаж (*преим. между первым и вторым этажом*)

entrism ['entrɪz(ə)m] = entryism

entropy ['entrəpɪ] *n физ.* энтропия

entruck [ɪnˈtrʌk] *v редк.* 1) садиться на грузовую машину; грузиться на автотранспорт 2) грузить на автотранспорт

entrucking [ɪnˈtrʌkɪŋ] *n редк.* посадка, погрузка на автотранспорт; ~ area район посадки /погрузки/ на автотранспорт; ~ point пункт посадки /погрузки/ на автотранспорт

entrust [ɪnˈtrʌst] *v* 1. 1) (with) вверять, доверять (*что-л. кому-л.*); to ~ a committee with smth. передать что-л. в комитет, поручить что-л. комитету; we ~ed him with our lives мы вверили ему свою жизнь; to ~ smb. with a secret поверить кому-л. тайну, поделиться с кем-л. секретом 2) поручать, вверять; передавать; to ~ an errand to a boy дать поручение мальчику; she ~ed the children to the care of a baby-sitter она поручила детей заботам приходящей няни, она оставила детей под присмотром приходящей няни 2. уполномочивать (*на что-л.*); возлагать обязанности; предоставлять право (*на что-л.*); the government ~ed with ample powers правительству были предоставлены /присвоены/ широкие полномочия; to ~ a university with power to confer degrees предоставить университету право присваивать учёные степени

entry ['entrɪ] *n* I 1.1) вход; въезд; no ~ вход нет, вход запрещён; port of ~ порт ввоза; they have a right of free ~ to the exhibition они имеют право проходить на выставку бесплатно 2) *спорт.* вход в воду 3) *косм.* вход, вхождение в атмосферу 4) *вчт.* ввод данных; ~ conditions начальные условия; предусловия; ~ instruction точка входа 2. 1) (торжественный) выход; the King's ~ выход короля 2) выход актёра (*на сцену*) 3. вступление; ~ into war вступление в войну; ~ into combat *амер.* вступление в бой; his ~ into literature начало его литературной деятельности; ~ into force of the agreement по вступлении соглашения в силу 4. поступление (*в школу и т. п.*); to take examinations for ~ to a university сдавать вступительные экзамены в университет 5. (входная) дверь, ворота; вход, проход; he stood in the ~ он стоял в дверях /при входе/; to park one's car at the ~ поставить машину у подъезда /у входа/ 6. 1) передняя; вестибюль; сени 2) *амер.* лестничная площадка 7. устье (*реки*) 8. *амер.* начало (*периода*); наступление; ~ of a month начало месяца; наступление нового месяца 9. *юр.* 1) фактическое вступление во владение недвижимым имуществом 2) восстановление нарушенного владения 10. *юр.* проникновение в жилой дом с целью совершения преступления; burglarious ~ кража со взломом; illegal ~ of a dwelling незаконное вторжение в дом; нарушение неприкосновенности жилища 11. *горн.* откаточный штрек 12. *метал.* посадка (*в печь*)

II 1. 1) занесение, внесение (*в список, в торговую книгу*) 2) бухгалтерская проводка 2. (отдельная) запись, отметка (*в книге, документе и т. п.*); to make an ~ сделать запись; занести в книгу *и т. п.*; to make an ~ in a diary записать что-л. в дневник; to post on ~ *воен.* сделать запись (*в учётном документе*); ~ on the map пометка на карте 3. статья (*в словаре, справочнике и т. п.*); the latest edition of the glossary contains 5,000 entries последнее издание глоссария содержит 5 тыс. словарных статей 4. 1) список участников (*конкурса, выставки, соревнования*); large ~ большой конкурс 2) записавшийся (*для участия в соревновании, конкурсе*), претендент, соискатель 3) *спорт.* заявка на участие 5. экспонат (*на выставке*); произведение, присланное на конкурс, конкурсная работа; to judge between the entries быть членом жюри; Entries by 3 December срок представления до 3 декабря (*о рукописях и т. п. в конкурсном объявлении*) 6. *спец.* содержание графы *или* таблицы; данные в таблице 7. *спец.* 1) описание (*библиографическое*); author's ~ [subject ~] (библиографическое) описание под фамилией автора [под предметной рубрикой] 2) заголовок описания (*тж.* ~ heading) 8. таможенная декларация; ~ inwards [outwards] декларация по приходу [отходу]

entryism ['entrɪɪz(ə)m] *n* внедрение в политическую партию для влияния на её политику

entry level ['entrɪˌlev(ə)l] первый этаж

entry list ['entrɪˌlɪst] состав участников (*соревнования, конкурса и т. п.*)

entry visa ['entrɪˌviːzə] въездная виза, виза на въезд

entryway ['entrɪweɪ] *n амер.* лестничная площадка

entry word ['entrɪwɜːd] 1. заглавное, заголовочное слово (*словарной статьи*) вокабула 2. порядковое слово (*в библиографическом описании*)

entwine [ɪnˈtwaɪn] *v* 1. 1) плести; to ~ a myrtle wreath сплести миртовый венок 2) сплетать, переплетать; to ~ roses with lilies сплести розы с лилиями; raspberry bushes are ~d with woodbine кусты малины переплелись с жимолостью; his interests are so ~d with my own его интересы тесно переплетаются с моими 3) сплетаться, переплетаться 2. 1) обвивать (*тж.* ~ around, ~ round); the trunk of the tree was ~d (around) with ivy ствол дерева был обвит плющом 2) *тж. refl* обвиваться; ivy ~s itself about /around, round/ trees плющ обвивается вокруг деревьев /обнимает деревья/ 3. обнимать, обхватывать; they walked with arms ~d они шли рука об руку

entwinement [ɪnˈtwaɪnmənt] *n* 1. сплетение, переплетение 2. тесная связь, тесное переплетение

entwist [ɪnˈtwɪst] *v* 1. сплетать, переплетать 2. обвивать, опутывать

enucleate [ɪˈnjuːklɪeɪt] *v* 1. *книжн.* выяснять, выявлять существо (*дела, вопроса*); to ~ the sense which underlies a difficult construction выявить скрытый смысл трудного построения 2. *мед.* вылущивать (*опухоль и т. п.*), энуклеировать

enucleation [ɪˌnjuːklɪˈeɪʃ(ə)n] *n* 1. *книжн.* выяснение, выявление существа (*дела, вопроса*) 2. *мед.* вылущение, энуклеация

enumerable [ɪˈnjuːm(ə)rəb(ə)l] *a мат.* перечислимый; счётный; ~ set перечислимое множество

enumerate [ɪˈnjuːməreɪt] *v* 1. перечислять; to ~ the capitals of some of the states перечислить столицы нескольких государств 2. 1) пересчитывать; (точно) подсчитывать 2) производить перепись, переписывать (*население и т. п.*)

enumerated [ɪˈnjuːməreɪtɪd] *a* перечисленный; приведённый; ~ powers *амер.* перечисленные в конституции США полномочия конгресса и президента

enumeration [ɪˌnjuːməˈreɪʃ(ə)n] *n* 1. перечисление 2. 1) учёт, подсчёт, исчисление; перепись (*населения*); universal ~ *эк.* сплошной учёт 2) *книжн.* подведение итогов (*в конце выступления*); суммирование основных доводов 3. перечень, реестр, список

enumerational [ɪˌnjuːməˈreɪʃ(ə)n(ə)l] *a* числовой; ~ law числовой закон

enumerative [ɪˈnjuːm(ə)rətɪv] *a* 1. перечисляющий 2. исчисляющий, подсчитывающий

enumerator [ɪˈnjuːməreɪtə] *n* 1. *см.* enumerate + -or 2. счётчик (*участвующий в переписи и т. п.*) 3. *канад.* чиновник, составляющий списки избирателей; регистратор избирательного участка

enunciable [ɪˈnʌnsɪəb(ə)l] *a книжн.* 1. выразимый; поддающийся формулированию 2. произносимый

enunciate [ɪˈnʌnsɪeɪt] *v* 1. 1) объявлять, провозглашать; to ~ a principle провозглашать принцип 2) формулировать, излагать (*теорию, предложение и т. п.*) 2. произносить; to ~ correctly правильно /хорошо/ произносить, иметь чёткую дикцию

enunciation [ɪˌnʌnsɪˈeɪʃ(ə)n] *n* 1. 1) объявление, провозглашение 2) формулировка, изложение 2. произнесение; произношение, дикция

enunciative [ɪˈnʌnʃɪətɪv] *a книжн.* 1. провозглашающий; декларативный 2. произносительный

enunciatory [ɪˈnʌnʃɪeɪt(ə)rɪ] *амер.* = enunciative

enure [ɪˈnjuə] *v юр.* 1) вступать в силу 2) иметь юридическое действие

enuresis [ˌenjuˈriːsɪs] *n мед.* недержание мочи

enveil [ɪnˈveɪl] *v книжн.* 1. окутывать покрывалом; скрывать под вуалью 2. окутывать, обволакивать (*туманом и т. п.*)

envelop I [ɪnˈveləp] = envelope

envelop II [ɪnˈveləp] *v* 1. 1) окутывать, покрывать со всех сторон; distant hills ~ed in a blue haze далёкие холмы, окутанные голубой дымкой; the drowsy silence that ~ed the yacht сонная тишина, царившая на яхте; ~ed in flames объятый пламенем; ~ in mystery окутанный тайной, покрытый мраком неизвестности; ~ed in sin погрязший в грехе 2) завёртывать, обёртывать, упаковывать; a baby ~ed in blankets ребёнок, закутанный в одеяла 2. *воен.* охватывать; окружать; обходить

envelope [ˈenvələup] *n* 1. 1) конверт; a stamped ~ конверт с маркой; ~ ballot *амер.* голосование запечатанными конвертами; pay ~ а) заработная плата; б) получка, заработок 2) обёртка; обложка; ~ paper обёрточная *или* конвертная бумага 2. 1) оболочка; the ~ of air around the Earth воздушная оболочка Земли, земная атмосфера 2) *спец.* обшивка; кожух 3. *тех.* 1) обечайка 2) обмуровка 4. *мат.* огибающая (линия); ~ curve огибающая (кривая) 5. *элк.* колба, баллон 6. *физиол.* оболочка, плёнка 7. *бот.* обвёртка (*растения*)

envelopment [ɪnˈveləpmənt] *n* 1. обёртывание, закутывание; окутывание 2. обёртка; покрышка 3. *воен.* охват; double ~ двойной охват; vertical ~ вертикальный охват; воздушный десант 4. круговой захват (*фехтование*)

envenom [ɪnˈvenəm] *v* 1. отравлять (*что-л.*); вливать, всыпать яд (*во что-л.*); to ~ arrows отравить стрелы 2. 1) отравлять, портить, делать невыносимым; to ~ smb.'s life отравлять существование /портить жизнь/ кому-л. 2) озлоблять, раздражать, наполнять ядом; jealousy ~ed his mind ревность отравила его душу

envenomate [ɪnˈvenəmeɪt] *v редк.* впрыскивать змеиный яд

envenomation [ɪnˌvenəˈmeɪʃ(ə)n] *n редк.* 1) действие змеиного яда 2) отравление змеиным ядом 3) укус (*змеи*); укол (*скорпиона и т. п.*)

envenomed [ɪnˈvenəmd] *a* 1. злобный; озлобленный; ядовитый; ~ diatribe злая, обличительная речь; ~ tongue злой /ядовитый/ язык; ~ campaign злобная кампания 2. *арх.* отравленный; ~ cup отравленный кубок

envenomization [ɪnˌvenəm(ə)ɪˈzeɪʃ(ə)n] = envenomation

enviable [ˈenvɪəb(ə)l] *a* завидный; вызывающий зависть; ~ position завидное положение

enviably [ˈenvɪəblɪ] *adv* завидным образом, завидно

envier [ˈenvɪə] *n* завистник; завистница

envious [ˈenvɪəs] *a* 1. завистливый; завидующий; ~ looks завистливые взгляды; ~ tongues завистливые языки, языки завистников; to be ~ of another's good fortune завидовать чужой удаче

2. *арх.* побуждаемый духом соперничества

enviously [ˈenvɪəslɪ] *adv* с завистью, завистливо

envirology [ɪnˌvaɪ(ə)ˈrɒlədʒɪ] *n* энвирология, наука об окружающей среде

environ I [ɪnˈvaɪ(ə)rən] *n* 1. *разг.* окружение; среда 2. = environs

environ II [ɪnˈvaɪ(ə)rən] *v книжн.* окружать; the town is ~ed by /with/ forests город окружён лесами; to be ~ed by bad influences со всех сторон подвергаться плохому влиянию

environics [ɪnˌvaɪ(ə)ˈrɒnɪks] *n употр. с гл. в ед. ч.* 1. энвироника, наука об окружающей среде 2. *психол.* методика изменения поведения путём изменения среды, обстановки

environment [ɪnˈvaɪ(ə)rənmənt] *n* 1. 1) окружающая обстановка, окружение; среда; one's home ~ семейная обстановка, домашнее окружение; moral ~ моральная атмосфера, моральный климат 2) окружающая среда; human ~ среда обитания человека 3) *спец.* среда, стихия (*вода и т. п.*); ending nuclear weapon tests in all ~s прекращение испытаний ядерного оружия в любой среде 4) *вчт.* (командная) среда 2) *геол.* фация 3. *театр.* произведение искусства (*особ.* драматического), вовлекающее зрителей в действие; спектакль с участием зрителей 4. *эк. проф.* конъюнктура

environmental [ɪnˌvaɪ(ə)rənˈmentl] *a* 1. 1) *книжн.* относящийся к окружающей обстановке, окружению 2) относящийся к окружающей среде, к среде обитания человека, к природе; ~ changes изменение окружающей среды *или* среды обитания; изменения в природе; ~ engineer специалист по охране окружающей среды; ~ engineering инженерные методы и средства охраны окружающей среды; ~ management /protection/ охрана окружающей среды; ~ impact воздействие на окружающую среду (*обыкн.* неблагоприятное); ~ sciences науки об окружающей среде; ~ chamber камера искусственного климата, климатрон 2. *театр.* с активным участием зрителей (*о спектакле и т. п.*) 3. *спец.* экзогенный

environmental biology [ɪnˌvaɪ(ə)rənˈmentlbaɪˈɒlədʒɪ] экология

environmentalism [ɪnˌvaɪ(ə)rənˈment(ə)lɪz(ə)m] *n* движение в защиту окружающей среды

environmentalist [ɪnˌvaɪ(ə)rənˈment(ə)lɪst] *n* 1. сторонник защиты окружающей среды 2. специалист по вопросам окружающей среды

environment-conscious [ɪnˌvaɪ(ə)rənmənt,kɒnʃəs] *a* учитывающий необходимость охраны окружающей среды

environmentology [ɪnˌvaɪ(ə)rənmenˈtɒlədʒɪ] *n* изучение проблем окружающей среды; научный анализ состояния окружающей среды

environment-oriented [ɪnˌvaɪ(ə)rənmənt,ɔːrɪˈentɪd] *a* 1) отвечающий требованиям охраны окружающей среды 2) направленный на охрану окружающей среды; природоохранный

environ-politics [ɪnˌvaɪ(ə)rənˌpɒlɪtɪks] *n употр. с гл. в ед. ч.* мероприятия по охране окружающей среды

environs [ɪnˈvaɪrənz, ɪnˈvaɪ(ə)rənz] *n pl* окрестности; London and its ~ Лондон с пригородами

envisage [ɪnˈvɪzɪdʒ] *v* 1. 1) предусматривать, намечать; to ~ changes предусматривать перемены, намечать изменения; a programme ~d by the government программа, намеченная правительством; the plan ~s use of automatic equipment план предусматривает использование автоматического оборудования; the proposals ~ no land reforms земельные реформы в этих предложениях не предусмотрены 2) предвидеть; to ~ success предвидеть успех 2. смотреть в лицо (*опасности и т. п.*); you must ~ realities не надо закрывать глаза на факты 3. представлять себе; they tried to ~ the future они пытались представить себе будущее; I had not ~d the matter in that light я представлял себе это в другом свете

envision [ɪnˈvɪʒ(ə)n] *v книжн.* представлять себе; предвидеть

envoi [ˈenvɔɪ] = envoy[2]

envoy[1] [ˈenvɔɪ] *n* 1. 1) посланник; ~ extraordinary and minister plenipotentiary чрезвычайный посланник и полномочный министр 2) (главный) дипломатический представитель (*посол, посланник*); temporary ~ временный представитель 2. посланец; ~s of good will посланцы доброй воли 3. представитель, уполномоченный, доверенное лицо

envoy[2] [ˈenvɔɪ] *n* 1) заключающая строфа стихотворения 2) *редк.* заключительная часть прозаического произведения, содержащая посвящение *или* обращение к читателю

envy I [ˈenvɪ] *n* 1. зависть; out of /through/ ~ из зависти; in ~ of smb. из зависти к кому-л.; to excite /to raise/ ~ возбуждать зависть; to feel no ~ at smb.'s success не завидовать чьему-л. успеху; to be green with ~ позеленеть от зависти 2. предмет зависти; she was the ~ of all the younger girls in (the) school для всех младших школьниц она была предметом зависти

envy II [ˈenvɪ] *v* завидовать; to ~ no man никому не завидовать; to ~ a man for his courage завидовать мужеству другого (человека); to be envied быть предметом зависти; I don't ~ you the task не завидую, что вам поручили эту работу

enwall [ɪnˈwɔːl] *v редк.* окружать стеной

enweave [ɪnˈwiːv] *v редк.* воткать; соткать

enwind [ɪnˈwaɪnd] *v книжн.* 1) обвивать 2) обвиваться, виться (*вокруг*)

enwomb [ɪnˈwuːm] *v* 1. *книжн.* прятать, таить; зарывать; to ~ oneself in words прятаться за словами 2. *арх.* носить во чреве

enwrap [ɪnˈræp] *v* 1) завёртывать, укутывать; a shabby overcoat ~ped him он кутался в поношенное пальто; designed to ~ porcelain предназначенный для упаковки фарфора 2) погружать, затягивать; ~ped in slumber [in thought] погружённый в сон [в думы]; ~ped in the game увлечённый игрой

enwreathe [ɪnˈriːð] *v книжн.* обвивать, окружать; to be ~d in smiles сиять улыбками

Enyo [eˈnaɪəu] *n греч. миф.* Энио, богиня войны

Enzed, Enzedder [ˌenˈzed, ˌenˈzedə] *n австрал. разг.* новозеландец

enzootic I [ˌenzəu(ə)ˈɒtɪk] *n вет.* энзоотия

enzootic II [ˌenzəu(ə)ˈɒtɪk] *a вет.* энзоотический, относящийся к энзоотии

enzymatic [ˌenzaɪˈmætɪk] *a* ферментативный, энзимный

enzyme [ˈenzaɪm] *n* энзим, фермент

enzyme detergent [ˈenzaɪmdɪˌtɜːdʒ(ə)nt] *спец.* моющее средство с водорастворимыми ферментами

enzyme engineering [ˈenzaɪmˌendʒɪˈnɪ(ə)rɪŋ] инженерная энзимология, ферментная инженерия, технологическое использование ферментов

enzymic [enˈz(a)ımık] = enzymatic
eoan [ıˈəuən] *a поэт.* относящийся к утренней заре, к восходу солнца; восточный
Eocene I [ˈiːəusiːn] *n геол.* эоцен
Eocene II [ˈiːəusiːn] *a геол.* эоценовый
Eohippus [ˌiːəuˈhıpəs] *n палеонт.* эогиппус *(ископаемая примитивная лошадь)*
eolation [ˌiːəuˈleıʃ(ə)n] *n геол.* выветривание
Eolian, Eolic [iːˈəulıən, iːˈɒlık] = Aeolian, Aeolic
eolith [ˈiːə(u)lıθ] *n археол.* эолит *(осколок камня, используемый как орудие)*
eolithic [ˌıəˈlıθık] *a археол.* эолитический
eolomotion [ˌiːələ(u)ˈməuʃ(ə)n] *n спец.* ветровое перемещение *(песков и т. п.)*
Eolus [ˈiːələs] = Aeolus
eon [ˈiːən] = aeon
Eos [ˈiːɒs] *n греч. миф.* Эос *(богиня утренней зари)*
eosin, eosine [ˈiːə(u)sın] *n хим.* эозин *(краситель)*
-eous [-ıəs] = -ous
Eozoic [ˌiːə(u)ˈzəuık] *a геол.* эозойский
ep- [ep-, ıp-] = epi-
epact [ˈiːpækt] *n астр.* эпакта
epactal [iˈ(ː)pækt(ə)l] *a книжн.* лишний, дополнительный; ~ bone *анат.* вормиева кость
epagoge [ˌepəˈgəudʒı] *n лог.* индукция; наведение
epagogic [ˌepəˈgɒdʒık] *a лог.* индуктивный
epalpebrate [ıˈpælpıbrıt] *a книжн.* безбровый
epanthous [ıˈpænθəs] *a бот.* растущий на цветке *(обыкн. о грибах)*
eparch [ˈepɑːk] *n* 1. *ист.* эпарх *(градоначальник в Византии)* 2. *церк.* архиерей
eparchial [eˈpɑːkıəl] *a церк.* епархиальный
eparchy [ˈepɑːkı] *n церк.* епархия
epaulet, epaulette [ˈepəˈlet] *n* 1. эполет; to win one's ~s заслужить эполеты, получить офицерское звание за боевое отличие 2. *ист.* оплечье лат
epauletted [ˈepəˈletıd] *a* носящий эполеты
épée [ˈepeı] *n* эспадрон, шпага
épéist, epeeist [ˈepeıst] *n* фехтовальщик
ependyma [eˈpendımə] *n анат.* эпендима
epenthesis [eˈpenθısıs] *n лингв.* эпентеза *(появление в составе слова дополнительного звука)*
epenthetic [ˌepenˈθetık] *a лингв.* 1) вставной *(о звуке или букве)* 2) относящийся к эпентезе
epergne [ıˈpɜːn] *n* 1) ваза для середины обеденного стола *(обыкн. из нескольких отделений, ярусов)* 2) свечной канделябр для обеденного стола
epexegesis [eˌpeksıˈdʒiːsıs] *n лингв.* эпексегезис, объяснительное расширение
epharmone [ˌepˈhɑːməun] *n спец.* эфармон, приспособившийся к окружающей среде организм
epharmony [ˌepˈhɑːmənı] *n спец.* эфармония, приспособляемость организмов к окружающей среде
ephebe [eˈfiːb] *n др.-греч.* эфеб *(юноша 18—20 лет, обучающийся военному делу)*
ephebi [eˈfiːbaı] *pl от* ephebus
ephebic [eˈfiːbık] *a* 1. *биол.* взрослый, зрелый; ~ stage зрелый возраст 2. *др.-греч.* относящийся к эфебам

epheboi [eˈfiːbɔı] *pl от* ephebos
ephebos [eˈfiːbɒs] *n (pl* -boi*)* = ephebe
ephebus [eˈfiːbəs] *n (pl* -bi*)* = ephebe
ephectic [eˈfektık] *a книжн.* нерешительный, колеблющийся
ephedrin(e) [ˈefıdrın, ıˈfedrın] *n фарм.* эфедрин
ephemera [ıˈfemərə] *n (pl* -rae, -ras [-rəs]) 1. *(pl тж.* -ridae) *бот., зоол.* эфемер; подёнка, однодневка 2. что-л. мимолётное, преходящее, эфемерное
ephemerae [ıˈfemərı] *pl от* ephemera
ephemeral I [ıˈfem(ə)rəl] 1) однолетнее растение 2) однодневное насекомое
ephemeral II [ıˈfem(ə)rəl] *a* 1. эфемерный, недолговечный, преходящий, мимолётный; ~ pleasures мимолётные наслаждения; ~ joys of childhood скоропреходящие радости детства 2. *биол.* однодневный, существующий лишь один день *(о растении, насекомом);* ~ fever *мед.* однодневная лихорадка
ephemeralization [ıˌfem(ə)rəlaıˈzeıʃ(ə)n] *n эк.* производство товаров, рассчитанных на минимальный срок службы; запланированное быстрое устаревание продукции
ephemeridae [ıˈfem(ə)rıdiː] *pl от* ephemera I
ephemerides [ˌefımˈerıdiːz] *pl от* ephemeris
ephemeris [ıˈfemərıs] *n (pl* -rides) *обыкн. pl* эфемериды, астрономические таблицы
Ephesian I [ıˈfiːʒən] *n* 1) *ист.* житель Эфеса, эфесец 2) *библ.* эфесянин; Epistle to the ~s послание к ефесянам
Ephesian II [ıˈfiːʒən] *a* 1) *ист.* эфесский, относящийся к Эфесу 2) *библ.* эфесский
ephetae [ˈefıtiː] *n pl ист.* эфеты, судейская коллегия в древних Афинах
ephippium [eˈfıpıəm] *n анат.* турецкое седло
ephod [ˈiːfɒd] *n* 1) *библ.* ефод, часть облачения первосвященников 2) облачение раввина
ephor [ˈefɔː] *n (pl тж.* -ri) *греч.* 1. *ист.* эфор; 2. коллегия пяти в древней Спарте 2. чиновник *(в современной Греции);* инспектор общественных работ
ephori [ˈefə(u)raı] *pl от* ephor
epi- [ˈepı-, ıpı-] *(тж.* ер- *перед гласными) pref образует (от греч. корней)* термины со значением на, над, сверху, после: epicentrum эпицентр; epidermis эпидермис *(наружный слой кожи);* epigraph эпиграф; eponym эпоним *(имя, по которому называется что-л.)*
epiblast [ˈepıblɑːst] *n биол.* эпибласт, наружный зародышевый листок, эктобласт
epiblema [ˌepıˈbliːmə] *n бот.* эпиблема
epic I [ˈepık] *n* 1. 1) эпическая поэма; эпопея; national ~ национальный эпос 2) героические, легендарные события; эпопея; the defence of the city was a great ~ оборона города вошла в историю 2. *амер.* фильм на историческую или библейскую тему; пышный постановочный фильм, киноэпопея
epic II [ˈepık] *a* 1. эпический; ~ poetry эпическая поэзия; E. dialect *лит.* эпический диалект *(язык поэм Гомера)* 2. 1) героический 2) легендарный
epical [ˈepık(ə)l] *a* эпический
epicalyx [ˌepıˈkælıks] *n бот.* наружная чашечка, подчашие
epicarp [ˈepıkɑːp] *n бот.* эпикарпий, внеплодник
epic drama [ˈepıkˈdrɑːmə] «эпическая драма», (современная) пьеса, рассчитанная на критическое осмысление социальной темы

epicedia [ˌepıˈsiːdıə] *pl от* epicedium
epicedian [ˌepıˈsiːdıən] *a возвыш.* элегический, печальный; погребальный
epicedium [ˌepıˈsiːdıəm] *n (pl* -dia, -s [-z]) *книжн.* погребальная песнь
epicene I [ˈepısiːn] *n* 1. *грам.* эпицен, видовое слово, объединяющее в себе понятия самца и самки *(крыса, обезьяна)* 2. *редк.* гермафродит; двуполое или бесполое существо
epicene II [ˈepısiːn] *a* 1. *грам.* общего рода 2. *книжн.* 1) бесполый 2) двуполый; fashions in clothing are becoming increasingly ~ модная одежда всё меньше отражает различие между полами 3. *книжн.* 1) никчёмный, бесполезный; ~ fury бессильная ярость; ~ creature ни к чему не пригодный человек, ни то ни сё 2) женоподобный, немужественный
epicenter [ˈepıˌsentə] *амер.* = epicentrum
epicentra [ˈepıˌsentrə] *pl от* epicentrum
epicentral [ˌepıˈsentr(ə)l] *a* эпицентрический
epicentre [ˈepıˌsentə] = epicentrum
epicentrum [ˌepıˈsentrəm] *n (pl* -tra) эпицентр *(землетрясения, взрыва)*
epichorial [ˌepıˈkɔːrıəl] *a книжн.* местный, локальный; свойственный данному месту
Epichristian [ˌepıˈkrıstʃən] *a книжн.* относящийся к эпохе раннего христианства; раннехристианский
epicist [ˈepısıst] *n книжн.* эпик, автор эпических произведений
epicontinental [ˌepıˌkɒntıˈnent(ə)l] *a геол.* эпиконтинентальный; ~ sea прибрежное море
epicotyl [ˌepıˈkɒtıl] *n бот.* эпикотиль, надсемядольное колено
epic theatre [ˈepıkˈθıətə] театр, ставящий «эпические драмы» *[см.* epic drama*]*
epicure [ˈepıkjuə] *n* эпикуреец, любитель чувственных наслаждений, *преим.* любитель вкусно поесть; an ~ in reading человек с изысканным литературным вкусом; an ~ in words тот, кто смакует слова
Epicurean I [ˌepıkjuˈrıən] *n* эпикуреец, последователь Эпикура
Epicurean II [ˌepıkjuˈrıən] *a* 1. эпикурейский, относящийся к Эпикуру и его последователям 2. (e.) эпикурейский, чувственный
Epicureanism [ˌepıkjuˈrıənız(ə)m] *n филос.* эпикурейство
epicurism [ˈepıkjuərız(ə)m] *n* эпикурейство, склонность к чувственным наслаждениям
epicycle [ˈepısaık(ə)l] *n астр.* эпицикл
epicyclic, epicyclical [ˌepıˈsaıklık, -(ə)l] *a тех.* эпициклический; ~ train планетарная передача
epicycloid [ˌepıˈsaıklɔıd] *n мат.* эпициклоида
epideictic [ˌepıˈdaıktık] *a* 1. *лингв.* эпидейктический, дейктический 2. *ритор.* эпидиктический *(о красноречии);* поучительный *или* украшенный *(в ораторской речи)*
epidemic I [ˌepıˈdemık] *n* 1) эпидемия; a cholera ~ has broken out разразилась эпидемия холеры 2) вспышка; an ~ of political assassinations [of railway accidents] волна политических убийств [железнодорожных аварий] 3) повальное увлечение
epidemic II [ˌepıˈdemık] *a* 1) *мед.* эпидемический; ~ disease эпидемическое

заболевание; ~ parotitis свинка, заушница, эпидемический паротит 2) повальный (*об увлечении и т. п.*); the practice has reached ~ proportions такой порядок стал повсеместным явлением

epidemical [,epɪ'demɪk(ə)l] *a* эпидемический

epidemiologic, epidemiological [,epɪ,di:mɪə'lɒdʒɪk, -(ə)l] *a* эпидемиологический; ~ evidence эпидемические данные

epidemiologist [,epɪ,di:mɪ'ɒlədʒɪst] *n* эпидемиолог

epidemiology [,epɪ,di:mɪ'ɒlədʒɪ] *n* эпидемиология

epidemy ['epɪdemɪ] *n уст.* эпидемическое заболевание

epiderm ['epɪdɜ:m] = epidermis

epidermal, epidermatous [,epɪdɜ:'m(ə)l, ,epɪ'dɜ:mətəs] *a анат.* эпидермический

epidermic [,epɪdɜ:mɪk] *a анат.* эпидермический; ~ tissue кожица, наружный слой эпидермы

epidermin [,epɪ'dɜ:mɪn] *n биохим.* эпидермин (*основной белок эпидермиса*)

epidermis [,epɪ'dɜ:mɪs] *n анат.* кожица, эпидерма, эпидермис

epidiascope [,epɪ'daɪəskəʊp] *n спец.* эпидиаскоп

epidictic [,epɪ'dɪktɪk] *уст.* = epideictic

epidote ['epɪdəʊt] *n мин.* эпидот

epifauna [,epɪ'fɔ:nə] *n океан.* эпифауна (*донный бентос*)

epigamic [,epɪ'gæmɪk] *зоол.* эпигамный

epigastric [,epɪ'gæstrɪk] *a анат.* надчревный; ~ burning изжога

epigastriocele [,epɪ'gæstrɪəsi:l] *n мед.* грыжа в надчревной области

epigastrium [,epɪ'gæstrɪəm] *n анат.* надчревная область

epigenesis [,epɪ'dʒenəsɪs] *n биол.* 1. преобразование частей зародыша во время развития 2. эпигенез (*теория*)

epigenetic [,epɪdʒɪ'netɪk] *a* 1. *геол.* эпигенетический, вторичный 2. *биол.* эпигенетический, относящийся к эпигенезу

epigenous [ɪ'pɪdʒɪnəs] *a бот.* живущий или растущий на поверхности листа, стебля

epiglottis [,epɪ'glɒtɪs] *n анат.* надгортанник

epigone ['epɪgəʊn] *n* эпигон

Epigoni [e'pɪgənaɪ] *n pl миф.* эпигоны (*мстители за отцов*)

epigonic [,epɪ'gɒnɪk] = epigonous

epigonous [ɪ'pɪgənəs] *a* эпигонский

epigram ['epɪgræm] *n* 1. сентенция; краткое выразительное, остроумное речение 2. эпиграмма

epigrammatic, epigrammatical [,epɪgrə'mætɪk, -(ə)l] *a* 1) афористический, афористичный; ~ terseness афористическая краткость 2) эпиграмматический 3) колкий, язвительный

epigrammatically [,epɪgrə'mætɪk(ə)lɪ] *adv* 1) афористически; в виде афоризма 2) эпиграмматически; в стиле эпиграммы 3) колко, язвительно

epigrammatism [,epɪ'græmətɪz(ə)m] *n* эпиграмматический или афористический стиль

epigrammatist [,epɪ'græmətɪst] *n* эпиграмматист, автор эпиграмм

epigrammatize [,epɪ'græmətaɪz] *v* 1. сочинять эпиграммы 2. выражаться эпиграмматически или афористически; выражать (*что-л.*) в форме эпиграммы или афоризма 3. сочинить эпиграмму (*на кого-л.*)

epigraph I ['epɪgrɑ:f] *n* 1. эпиграф 2. надпись (*на здании, гробнице, статуе и т. п.*)

epigraph II ['epɪgrɑ:f] *v* снабжать эпиграфом

epigraphic, epigraphical [,epɪ'græfɪk, -(ə)l] *a* эпиграфический; относящийся к надписям

epigraphist [ɪ'pɪgrəfɪst] *n* специалист по эпиграфике

epigraphy [ɪ'pɪgrəfɪ] *n* эпиграфика

epigynous [ɪ'pɪdʒɪnəs] *a бот.* эпигинный, надпестичный

epilate ['epɪleɪt] *v мед.* удалять волосы с корнем

epilation [,epɪ'leɪʃ(ə)n] *n мед.* 1) удаление волос, депиляция 2) выпадение волос, эпиляция

epilator ['epɪleɪtə] *n* депилятор, средство для удаления волос

epilepsy ['epɪlepsɪ] *n мед.* падучая болезнь, эпилепсия

epileptic I [,epɪ'leptɪk] *n* эпилептик; страдающий падучей болезнью

epileptic II [,epɪ'leptɪk] *a мед.* 1. эпилептический; ~ attack /fit, seizure/ эпилептический припадок 2. страдающий эпилепсией

epileptical [,epɪ'leptɪk(ə)l] *a* 1) эпилептический 2) припадочный

epileptiform [,epɪ'leptɪfɔ:m] *a мед.* подобный эпилепсии, эпилептиформный

epileptoid [,epɪ'leptɔɪd] *a мед.* похожий на эпилепсию, эпилептоидный

epilogize [e'pɪlədʒaɪz] *v* 1. *книжн.* служить эпилогом 2. 1) писать или произносить эпилог [*см.* epilogue 2] 2) положить конец (*чему-л.*)

epilogue ['epɪlɒg] *n* 1. эпилог, заключение 2) развязка, конец 2. *театр.* 1) обращение к зрителям в конце пьесы 2) (*тж.* E.) эпилог, актёр, читающий такое обращение 3) *радио, тлв.* короткая программа, *обыкн.* религиозного содержания (*завершающая передачи*)

epimyth ['epɪmɪθ] *n лит.* мораль басни

epinastic [,epɪ'næstɪk] *a бот.* искривлённый (*о растении*)

epinasty ['epɪnæstɪ] *a бот.* эпинастия, искривление побега

epinician [,epɪ'nɪʃ(ɪ)ən] *a книжн.* торжественный, славящий победу (*о песне, оде*)

epinicion [,epɪ'nɪʃɪən] *n ист.* 1) ода в честь победителя 2) эпиникий, торжества в честь победителей

epinosic [,epɪ'nəʊsɪk] *a книжн.* нездоровый, болезнетворный

epiorganism [,epɪ'ɔ:gənɪz(ə)m] *n биол.* сверхорганизм, организм высшего порядка (*колония термитов и т. п.*)

epipetalous [,epɪ'petələs] *a бот.* налепестный, с тычинками, расположенными на венчике или приросшими к лепесткам

Epiphany [ɪ'pɪfənɪ] *n* 1. *церк.* богоявление; крещение (*праздник*) 2. (е.) явление (*божества, сверхъестественного существа*); an ~ of Vishnu воплощение Вишну 3. (е.) *возвыш.* прозрение

epiphenomena [,epɪfə'nɒmɪnə] *pl от* epiphenomenon

epiphenomenon [,epɪfə'nɒmɪnən] *n* (*pl* -nomena) 1. *спец.* сопутствующее или второстепенное явление 2) *мед.* вторичное патологическое явление; осложнение (*болезни*) 2. *филос.* эпифеномен

epiphonema [,epɪfə(ʊ)'ni:mə] *n* (*pl тж.* -mae) 1. *ритор.* эффектное заключение (*речи*); горячий призыв к слушателям 2. шумное одобрение; одобрительные возгласы

epiphonemae [,epɪfə(ʊ)'ni:mi:] *pl от* epiphonema

epiphora [ɪ'pɪfərə] *n стил.* эпифора

epiphyll ['epɪfɪl] *n биол.* эпифилл

epiphyllous [,epɪ'fɪləs] *a бот.* растущий на листе

epiphyte ['epɪfaɪt] *n* 1. *бот.* эпифит 2. *биол.* растительный эктопаразит; грибковый паразит (*животного*)

epiphytoxics [,epɪfaɪ'tɒksɪks] *n с.-х.* массовое заражение (*растений*)

epiploon [ɪ'pɪpləʊn] *n анат.* сальник

episcopacy [ɪ'pɪskəpəsɪ] *n церк.* 1. епископальная система управления 2. *редк.* епископство 3. (the ~) *собир.* епископы

episcopal [ɪ'pɪskəp(ə)l] *a церк.* 1. епископский 2. епископальный 3. (E.) относящийся к епископальной, *особ.* к английской церкви

Episcopalian I [,pɪskə'peɪlɪən] *n* 1. член епископальной, *особ.* англиканской церкви 2. (е.) сторонник епископальной системы (церковного) управления

Episcopalian II [,pɪskə'peɪlɪən] *a* 1. принадлежащий или относящийся к епископальной, *особ.* англиканской церкви 2. (е.) епископальный (*о системе церковного управления*)

episcopate [ɪ'pɪskəpət] *n церк.* 1. епископство; сан епископа 2. епархия 3. (the ~) *собир.* епископы, епископат

episcopize [ɪ'pɪskəpaɪz] *v* 1. 1) возводить в сан епископа 2) быть епископом; возглавлять епархию 2. обратить в англиканство

episcopy [ɪ'pɪskəpɪ] *n* 1. скамья епископов (*в парламенте*) 2. *ист.* суд епископов

episodal [,epɪ'səʊd(ə)l] = episodic

episode ['epɪsəʊd] *n* 1. эпизод, случай; происшествие 2. интермедия (*в фуге*) 3. серия (*телефильма, радиопостановки и т. п.*)

episodial [,epɪ'səʊdɪəl] *редк.* = episodic

episodic, episodical [,epɪ'sɒdɪk, -(ə)l] *a* 1. 1) эпизодический 2) состоящий из отдельных частей 2. случайный

episome ['epɪsəʊm] *n биол.* эписома (*внехромосомный элемент наследственности*)

episperm ['epɪspɜ:m] *n бот.* эписпермий, внешняя оболочка семени

epispore ['epɪspɔ:] *n бот.* эписпорий, внешняя оболочка споры

epistaxis [,epɪs'tæksɪs] *n мед.* носовое кровотечение

epistemological [,epɪsti(:)mə'lɒdʒɪk(ə)l, ɪ,pɪstə-] *a филос.* гносеологический, относящийся к теории познания, эпистемологический

epistemology [,epɪstɪ(:)'mɒlədʒɪ, ɪ,pɪstə-] *n филос.* гносеология, теория познания, эпистемология

epistle [ɪ'pɪs(ə)l] *n* 1. послание (*тж. ирон. о письме*); эпистола 2. *церк.* 1) апостольское послание 2) (the E.) отрывок из апостольского послания; to read the E. читать из апостола

epistler [ɪ'pɪslə] *n* 1. *книжн.* автор послания 2. *церк.* чтец из апостола

epistle side [ɪ'pɪs(ə)l,saɪd] *церк.* южная часть алтаря (*откуда читают апостола*)

epistolary [ɪ'pɪstəl(ə)rɪ] *a* 1. эпистолярный; ~ style эпистолярный стиль; ~ novel роман в письмах 2. *книжн.* письменный; проводимый путём переписки; ~ intercourse письменное общение, переписка

epistoler [ɪ'pɪstələ] = epistler

epistolet [ɪ'pɪstələt] *n редк.* посланьице; письмецо

epistolize [ɪ'pɪstəlaɪz] *v редк.* писать письмо; обращаться с письмами

epistolographic [ɪ,pɪstələ'græfɪk] *a книжн.* 1. используемый для написания писем 2. демотический (*о египетском письме*)

epistolography [ɪˌpɪstəˈlɒgrəfɪ] *n книжн.* писание писем, посланий
epistyle [ˈepɪstaɪl] *n 1) архит.* эпистиль, архитрав 2) *стр.* перекладина
episyllogism [ˌepɪˈsɪlədʒɪz(ə)m] *n лог.* эписиллогизм, последующий силлогизм
epitactic [ˌepɪˈtæktɪk] *a книжн.* 1) увещевательный 2) запретительный
epitaph I [ˈepɪtɑːf] *n* 1. эпитафия, надгробная надпись 2. *редк.* краткий некролог
epitaph II [ˈepɪtɑːf] *v редк.* писать в эпитафии, некрологе; he was ~ed a great man in эпитафии /некрологе/ его назвали великим человеком
epitaphic, epitaphical [ˌepɪˈtæfɪk, -(ə)l] *a* некрологический
epithalamia [ˌepɪθəˈleɪmɪə] *pl от* epithalamium
epithalamic [ˌepɪθəˈlæmɪk] *a* относящийся к эпиталаме
epithalamium [ˌepɪθəˈleɪmɪəm] *n (pl тж. -mia) ист., поэт.* эпиталама (*свадебная песнь*)
epithelia [ˌepɪˈθiːlɪə] *pl от* epithelium
epithelial [ˌepɪˈθiːlɪəl] *n биол.* эпителиальный
epithelioid [ˌepɪˈθiːlɪɔɪd] *a биол.* эпителиоидный, подобный эпителию
epithelium [ˌepɪˈθiːlɪəm] *n (pl тж. -lia) биол.* эпителий
epithem [ˈepɪθəm] *n мед.* компресс, припарка; наружная лечебная процедура
epithet I [ˈepɪθet] *n* 1. эпитет 2. 1) название; термин; to use a French term for want of an English ~ использовать французский термин за неимением английского; to apply harsh ~s to smb. а) обзывать кого-л. плохими словами; б) сурово отзываться о ком-л. 2) *арх., поэт.* выражение, слово; ~s of war (*Shakespeare*) военные словечки
epithet II [ˈepɪθet] *v* 1) давать эпитет, определять эпитетами 2) называть, давать название
epitome [ɪˈpɪtəmɪ] *n книжн.* 1. 1) конспект, краткое изложение; ~ of French history краткий очерк истории Франции 2) выписка, извлечение (*из книги и т. п.*) 3) резюме; компендиум 4) итог; an ~ of one's life итог жизни 2. воплощение, олицетворение; the ~ of tradition воплощение традиции; the living ~ of heroism живое олицетворение героизма; he is an ~ of goodness он воплощенная доброта
epitomic, epitomical [ˌepɪˈtɒmɪk, -(ə)l] *a редк.* 1) конспективный; краткий, сокращенный 2) резюмирующий, подводящий итог
epitomize [ɪˈpɪtəmaɪz] *v книжн.* 1. 1) конспектировать; кратко излагать; сокращать (*произведение*) 2) резюмировать (*содержание*); составлять компендиум (*книги и т. п.*) 3) выражать кратко; to ~ in the single word выразить всего одним словом 2. олицетворять, воплощать; представлять; Galahad and Lancelot ~ the knighthood Галаад и Ланселот олицетворяют рыцарские добродетели; the tribe ~d the nation это племя было типичным представителем всего народа
epitope [ˈepɪtəup] *n биол.* антигенная детерминанта (*реагирующая с антителом часть антигена*)
epizoa [ˌepɪˈzəuə] *pl от* epizoon
epizoon [ˌepɪˈzəuɒn] *n (pl -zoa)* гельм. животный эктопаразит
epizootic I [ˌepɪzəuˈɒtɪk] *a вет.* эпизоотия
epizootic II [ˌepɪzəuˈɒtɪk] *a вет.* эпизоотический
epizooty [ˌepɪˈzəuətɪ] *n вет.* эпизоотия
e pluribus unum [eɪˌpluərɪbəsˈuːnəm] *лат.* из многих единственное

epoch [ˈiːpɒk] *n* 1. 1) эпоха, век, эра; an ~ of scientific discoveries век научных открытий; in ~s beyond historical reach в доисторические времена 2) поворотный пункт, переломный момент (*истории, жизни и т. п.*); to mark /to make/ an ~ открыть новую эру; the treaty ushered in an ~ of peace этим договором была открыта новая эра мира; his coming of age was an ~ in his life совершеннолетие открыло новую страницу в его жизни 2. *астр.* эпоха; ~ of equinox эпоха равноденствия 3. *геол.* период; век; glacial ~ ледниковый период
epochal [ˈepɒk(ə)l] = epoch-making
epoch-making [ˈiːpɒkˌmeɪkɪŋ] *a* эпохальный; открывающий новую эру; ~ discovery открытие мирового значения
epode [ˈepəud] *n стих.* эпод
epoist [ˈepɔɪst] *n редк.* эпик
eponym [ˈepə(u)nɪm] *n* 1. 1) эпоним; тот, кто дает свое имя (*чему-л.*); the ~ of Washington D. C. is George Washington город Вашингтон (округ Колумбия) назван в честь Джорджа Вашингтона; Athene is the ~ of Athens город Афины назван в честь богини Афины 2) тот, чье имя стало синонимом или символом (*чего-л.*); Charles the Great became, so to speak, an ~ of Empire имя Карла Великого стало символом /олицетворением/ Империи 2. *ист.* эпоним (*высшее должностное лицо, именем которого обозначался год в Афинах, Ассирии*)
eponymic [ˌepəˈnɪmɪk] *a* эпонимический
eponymize [ɪˈpɒnəmaɪz] *v* 1. быть эпонимом; давать свое имя (*чему-л.*) 2. быть синонимом (*чего-л.*), символизировать, олицетворять
eponymous [ɪˈpɒnəməs] *a* дающий свое имя; Romulus, the ~ founder of Rome Ромул, именем которого назван основанный им Рим; the ~ hero а) заглавная роль (*в пьесе; напр.,* роль Гамлета) б) герой, именем которого названо произведение
eponymy [ɪˈpɒnəmɪ] *n* 1. установление эпонимов 2. наименование в честь (*кого-л.*) 3. *ист.* время пребывания в должности (*см.* еропум 2.)
eopee [ˈepə(u)piː] *n редк.* 1) эпопея, эпическая поэма 2) эпическая поэзия
eoport [ˈepɔːt] *n ист.* участник элевсинских мистерий 2. посвященный; приобщенный к тайне *или* таинству
epos [ˈepɒs] *n* 1. эпос, эпика 2. эпическая поэма 3. грандиозные события, величественные подвиги
epoxy I [ɪˈpɒksɪ] *n тех.* эпоксидная смола; эпоксидный клей
epoxy II [ɪˈpɒksɪ] *v тех.* склеивать эпоксидной смолой
epsilon [ˈepsɪlɒn] *n* 1. эпсилон (*5-я буква греческого алфавита*) 2. *шутл.* крошка, ребеночек
Epsom salts [ˌepsəmˈsɔːlts] английская соль, горькая соль (*слабительное*)
ept [ept] *a часто шутл.* способный; умелый, ловкий; they are ~est at getting what they want они лучше всех умеют добиваться своего
eptitude [ˈeptɪtjuːd] *n часто шутл.* умение; способность
epulary [ˈepjuː(ː)lərɪ] *a редк.* пиршественный
epulation [ˌepjuː(ː)ˈleɪʃ(ə)n] *n уст.* пир, пиршество
epulotic [ˌepjuː(ː)ˈlɒtɪk] *a мед.* ускоряющий рубцевание
epurate [ˈepjuː(ː)reɪt] *v книжн.* очищать
epuration [ˌepjuː(ː)ˈreɪʃ(ə)n] *n* 1. *книжн.* очищение 2. *тех.* очистка
equability [ˌekwəˈbɪlɪtɪ] *n* 1. равномер-

ность 2. равенство, единообразие 3. уравновешенность; ~ of mind уравновешенность (характера)
equable [ˈekwəb(ə)l] *a* 1. равномерный, ровный; ~ pulse ровный /ритмичный/ пульс; ~ climate ровный климат 2. равный, единообразный; an ~ system of taxation единообразная система налогообложения 3. уравновешенный, спокойный; ~ temper уравновешенный /спокойный/ характер
equableness [ˈekwəb(ə)lnɪs] = equability
equaeval [ɪˈkwiːv(ə)l] *a книжн.* одного возраста *или* века; относящийся к одному периоду
equal I [ˈiːkwəl] *n* 1) равный, ровня; ~s in age сверстники; to have no ~ for wisdom не иметь себе равного по уму; he is not your ~ он вам не ровня; to mix with one's ~s общаться с людьми своего круга; he has no ~ in elocution ему нет равного в красноречии; he has few ~s among living authors из современных писателей с ним мало кто может сравниться 2) (*чего-л.*) подобное; it is without ~ in the history of journalism ничего подобного история журналистики не знает; I never saw its ~ ничего равного этому я не видел 3) что-л. равное другому; let x be the ~ of y *мат.* пусть /предположим, что/ x равен y
equal II [ˈiːkwəl] *a* 1. одинаковый, равный; ~ parts равные части; ~ distance одинаковое расстояние; ~ rights равноправие; ~ triangles *мат.* равновеликие треугольники; to be of ~ height быть одного роста (*с кем-л.*); ~ pay for ~ work равная оплата за равный труд; ~ opportunity employer *амер.* предприятие, принимающее работников независимо от расы, пола *и т. п.*; add an ~ quantity of sugar добавьте столько же сахару; with ~ ease одинаково свободно; с той же лёгкостью; on ~ terms на равных началах; other things being ~ при прочих равных условиях; ~ in number [strength] равный по количеству [по силе]; it is ~ to me мне всё равно 2. равноправный; равный (*по положению*); all of the citizens are ~ under the law все граждане равны перед законом 3. 1) (with, to) не уступающий, такой же, равный; ~ in bravery to ancient heroes не уступающий в храбрости героям древности; for wisdom he was ~ to his father по мудрости он не уступал своему отцу; all men are not ~ in ability to мощностям люди отличаются друг от друга 2) (to) равняющийся, равный; four times five is ~ to twenty четырежды пять равняется двадцати 4. (to) способный, пригодный; he is not ~ to the task он не может справиться с этим заданием; the task is ~ to him ему не по силам /не по плечу/; I don't feel ~ to it я не в состоянии это сделать, это выше моих сил; to be ~ to the occasion быть на высоте положения; to be ~ to smb.'s expectations оправдать чьи-л. надежды /ожидания/; he is ~ to anything он способен на всё 5. (*часто* to) соответствующий, достаточный; reward ~ to merit достойная награда (за заслуги); ~ to demand *эк.* соответствующий спросу; ~ to sample *ком.* полностью соответствующий образцу; an ~ treatment of a subject достаточно тщательное рассмотрение /достаточно полная разработка/ вопроса 6. 1) уравновешенный, спокойный; to keep an ~ mind сохранять невозмутимость /спокойствие/ 2) равномерный, единообразный

equal III ['i:kwəl] v **1.** 1) равняться, быть равным; if $x \sim s\ 5$, then $5x \sim s\ 25$ если x равен 5, то $5x$ равны 25 2) не уступать, равняться, быть таким же, быть равным; peonies often ~ roses in beauty пионы часто по красоте не уступают розам; he ~s me in strength у нас с ним силы равны; nothing can ~ this с этим ничто не может сравниться; not to be ~led не иметь себе равного **2.** приравнивать, отождествлять; ставить знак равенства; he ~led life with art он отождествлял жизнь и искусство; to ~ desertion with treason приравнивать дезертирство к предательству **3.** сравниться; to ~ smb.'s record повторить чей-л. рекорд **4.** *амер.* полностью отплачивать; компенсировать; he ~led all her love on платил ей такой же любовью **5.** *редк.* сровнять; уровнять; cities ~led to the ground города, которые сровняли с землёй

equalitarian I, II [,i:kwɒlɪ'te(ə)rɪən] = egalitarian I и II

equality [i:'kwɒlɪtɪ] n **1.** равенство; sovereign ~ суверенное равенство; the ~ of men равенство людей; on an ~ with smb. на равных правах /условиях, основаниях/ с кем-л.; on a footing of ~ на равном положении; ~ of votes разделение голосов поровну, равенство голосов **2.** равноправие; ~ between the sexes равноправие мужчин и женщин **3.** *редк.* единообразие **4.** *мат.* равенство ◊ E. State *амер.* «Штат Равноправия» (*Вайоминг, первым предоставивший женщинам право голоса*)

equalization [,i:kwəlaɪ'zeɪʃ(ə)n] n **1.** уравнивание, уравнение (*в правах и т. п.*); ~ fee *амер. эк.* уравнительный взнос (*для компенсации потерь отдельных участников операции, сделки и т. п.*); ~ tax *фин.* уравнительный налог **2.** *спец.* стабилизация, выравнивание; коррекция **3.** *фон.* полная ассимиляция (*звуков*) **4.** пособие или компенсация многодетным

equalize ['i:kwəlaɪz] v **1.** делать равным; уравнивать; to ~ education opportunities предоставить равное право на образование **2.** 1) делать одинаковым, уравнивать, сравнивать; to ~ the burden of taxation равномерно распределить бремя налогов 2) *спорт.* сравнять, сквитать счёт **3.** уравновешивать

equalizer ['i:kwəlaɪzə] n **1.** *см.* equalize + -er **2.** *тех.* 1) уравнитель, компенсатор 2) балансир 3) корректирующая система 4) эквалайзер (*в звуковоспроизводящих стереофонических устройствах*) **3.** *эл.* уравнительный провод **4.** *амер. сл.* пистолет

equally ['i:kwəlɪ] adv **1.** поровну; divide it ~ разделите (это) поровну **2.** в равной степени; равным образом, одинаково; to be ~ binding быть равно /одинаково/ обязательным; ~ as good *разг.* такой же хороший; ~ as rare *разг.* столь же редкий; he was ~ as astonished as the others *разг.* он был удивлён не меньше остальных

equal mark ['i:kwəlma:k] = equal sign

equal opportunity ['i:kwəl,ɒpə'tju:nɪtɪ] равные возможности при приёме на работу; отсутствие дискриминации по полу, цвету кожи и т. п.

equal sign ['i:kwəlsaɪn] знак равенства (=)

equal-spaced ['i:kwəlspeɪst] a *спец.* равноотстоящий

equal time ['i:kwəl'taɪm] *амер.* 1) *радио, тлв.* «равное время»; равное количество минут, предоставляемое бесплатно кандидатам от разных партий, групп и т. п. 2) равная возможность (*для ответа, оправдания и т. п.*)

equanimity [,i:kwə'nɪmɪtɪ, ,ekwə-] n хладнокровие; невозмутимость; спокойствие, самообладание; to bear misfortune with ~ не терять самообладания при неудаче; to upset /to disturb/ smb.'s ~ вывести кого-л. из равновесия; to say smth. with complete ~ сказать что-л. совершенно невозмутимым тоном

equanimous [i:'kwænɪməs] a хладнокровный; невозмутимый; спокойный

equatable [ɪ'kweɪtəb(ə)l] a *книжн.* отождествимый; сопоставимый

equate [ɪ'kweɪt] v **1.** считать равным; равнять, приравнивать; to ~ art with success отождествлять мастерство и успех **2.** *мат.* 1) устанавливать равенство 2) представить в виде уравнения; составлять уравнение

equation [ɪ'kweɪʒ(ə)n] n *книжн.* **1.** выравнивание, уравнивание; уравновешивание; error ~ *спец.* уравнивание ошибок; уравнивание погрешностей; side ~ *геод.* уравнивание сторон; ~ of condition *физ.* уравнение состояния **2.** уравновешенность, правильное соотношение; согласованность; ~ of demand and supply *эк.* равенство спроса и предложения; ~ of payments *ком.* установление средних сроков платежа **3.** приравнивание; personal ~ *психол.* поправка на личные особенности, на характер **4.** *мат.* уравнение; simple ~ уравнение первой степени; second-degree /quadratic/ ~ уравнение второй степени, квадратное уравнение; to solve an ~ решить уравнение **5.** *хим.* уравнение, формула реакции **6.** *спец.* уравнение; ~ of time *астр.* уравнение времени (*разность между средним и истинным солнечным временем*)

equative [ɪ'kweɪtɪv] n *лингв.* 1) экватив, тождественная степень 2) сравнительный падеж (*в финно-угорских языках*)

equator [ɪ'kweɪtə] n **1.** экватор; terrestrial ~ географический /земной/ экватор; at the ~ на экваторе; north of the ~ к северу от экватора **2.** *биол.* экватор, плоскость деления; egg ~ экватор яйца; ~ of a cell экватор клетки, плоскость деления клетки

equatorial I [,ekwə'tɔ:rɪəl] n *астр.* экваториал

equatorial II [,ekwə'tɔ:rɪəl] a экваториальный; относящийся к экватору; ~ vegetation тропическая растительность; ~ temperatures экваториальная жара; ≅ жара как на экваторе; ~ orbit экваториальная орбита; орбита, лежащая в плоскости экватора

equatorial climate [,ekwə'tɔ:rɪəl'klaɪmɪt] *метеор.* экваториальный климат

equatorward I [ɪ'kweɪtəwəd] a направленный к экватору; ~ winds ветры, дующие к экватору

equatorward II [ɪ'kweɪtəwəd] *амер.* = equatorwards

equatorwards [ɪ'kweɪtəwədz] adv *спец.* по направлению к экватору; currents flowing ~ течения в направлении экватора

equerry [ɪ'kwerɪ, 'ekwərɪ] n конюший (*придворный, ведающий королевскими лошадьми, экипажами; тж. придворное звание в Англии*)

equerryship [ɪ'kwerɪʃɪp, 'ekwərɪ-] n придворное звание конюшего

equestrial [ɪ'kwestrɪəl] *редк.* = equestrian II

equestrian I [ɪ'kwestrɪən] n 1) всадник; наездник; конник 2) цирковой наездник

equestrian II [ɪ'kwestrɪən] a **1.** конный; верховой; ~ skill искусство верховой езды; ~ statue конная статуя **2.** рыцарский; an ~ code of honour кодекс рыцарской чести **3.** *ист.* относящийся к всадникам (*в Древнем Риме*); the ~ order сословие всадников

equestrianism [ɪ'kwestrɪənɪz(ə)m] n искусство верховой езды

equestrienne [ɪ,kwestrɪ'en] n 1) всадница; наездница 2) цирковая наездница

equi- ['i:kwɪ-, 'ekwɪ-] *в сложных словах (с лат. корнями) имеет значение* равный: equidistant равноотстоящий; equilibrium равновесие; equiprobable равновероятный

equiangular [,i:kwɪ'æŋgjʊlə, ,ekwɪ-] a *мат.* равноугольный

equiangulator [,i:kwɪ'æŋgjʊleɪtə, ,ekwɪ-] n астролябия

equicaloric [,i:kwɪkə'lɒrɪk, ,ekwɪ-] a содержащий равное число калорий; ~ diets диеты, сбалансированные по калориям

equidimensional [,i:kwɪd(a)ɪ'menʃ(ə)nəl, ,ekwɪ-] a *спец.* с одинаковой размерностью

equidistant [,i:kwɪ'dɪst(ə)nt] a *спец.* равноотстоящий; эквидистантный; равноудалённый; the city of X is ~ from the city of Y and the city of Z город X находится на одинаковом расстоянии как от города Y, так и от города Z

equiform ['i:kwɪfɔ:m, 'ekwɪ-] a *спец.* одинаковой формы

equilateral [,i:kwɪ'læt(ə)rəl] a *мат.* равносторонний

equilibrant [ɪ'kwɪlɪbrənt] n *физ.* уравновешивающая (сила)

equilibrate [,i:kwɪ'laɪbreɪt] v **1.** 1) уравновешивать, приводить в равновесие 2) уравновешиваться, приходить в равновесие 3) быть в состоянии равновесия **2.** служить противовесом

equilibration [i:kwɪlaɪ'breɪʃ(ə)n] n **1.** уравновешивание **2.** равновесие; сохранение равновесия **3.** взвешивание, оценка (*обыкн. советов и т. п.*)

equilibrator [ɪ'kwɪlɪbreɪtə] n уравновешивающий механизм

equilibratory [,i:kwɪ'laɪbrət(ə)rɪ] a уравновешивающий; служащий противовесом

equilibria [,i:kwɪ'lɪbrɪə] pl *от* equilibrium

equilibrious [,i:kwɪ'lɪbrɪəs] a находящийся в равновесии

equilibrist [ɪ'kwɪlɪbrɪst] n (акробат-) эквилибрист; канатоходец, канатный плясун

equilibristic [,i:kwɪlɪ'brɪstɪk] a эквилибристический

equility [,i:kwɪ'lɪbrɪtɪ] *редк.* = equilibrium

equilibrium [,i:kwɪ'lɪbrɪəm] n (pl *тж.* -ia) **1.** равновесие; stable ~ устойчивое равновесие; a political ~ политическое равновесие; a perfect ~ of forces абсолютное равновесие сил **2.** уравновешенность, самообладание; to maintain one's ~ сохранять спокойствие; to lose one's ~ выйти из равновесия; выйти из себя

equimultiple [,i:kwɪ'mʌltɪp(ə)l, ,ekwɪ-] n *мат.* число, имеющее общий множитель с другими

equine I ['ekwaɪn, 'i:-] n *книжн.* лошадь

equine II ['ekwaɪn, 'i:-] a *книжн.* конский, лошадиный

equinia [ɪ'kwɪnɪə] n *вет.* сап

equinoctial I [,i:kwɪ'nɒkʃ(ə)l] n **1.** *астр.* небесный экватор; равноденственная линия **2.** *редк.* земной экватор **3.** суровый экваториальный шторм

equinoctial II [ˌiːkwɪˈnɒkʃ(ə)l] *a* 1. равноде́нственный; ~ point равноде́нствие 2. *астр.* экваториа́льный; ~ line /circle/ небе́сный эква́тор

equinox [ˈiːkwɪnɒks, ˈe-] *n* равноде́нствие; autumnal [vernal] ~ осе́ннее [весе́ннее] равноде́нствие

equip [ɪˈkwɪp] *v* 1. 1) обору́довать, снаряжа́ть; оснаща́ть; вооружа́ть; to ~ a ship оснасти́ть су́дно; to ~ oneself for a journey снаряди́ться в путь; to ~ a plant обору́довать заво́д; to ~ with nuclear weapons оснасти́ть я́дерным ору́жием; the trawler was ~ped with masses of electronic devices на тра́улере бы́ло устано́влено мно́жество электро́нных устро́йств; she came out of her room ~ped for the ball *шутл.* она́ вы́шла из свое́й ко́мнаты, принаряди́вшись для ба́ла 2) снабжа́ть, экипирова́ть; обеспе́чивать; the travellers were well ~ped путеше́ственники бы́ли снабжены́ всем необходи́мым 2. дать всё необходи́мое, вооружи́ть (*знаниями и т. п.*); to ~ one's children with a good education дать де́тям хоро́шее образова́ние; to be ~ped for emergencies быть гото́вым ко всем случа́йностям; he was ill ~ped for such life он был пло́хо подгото́влен к тако́й жи́зни; he's admirably ~ped for this task у него́ прекра́сные да́нные для выполне́ния э́той зада́чи

equipage [ˈekwɪpɪdʒ] *n* 1. 1) вы́езд (*лошади, экипаж и кучер*) 2) экипа́ж, каре́та 2. оснаще́ние, снаряже́ние 3. *арх.* компле́кт (*украшений, посуды и т. п.*); tea ~ ча́йный серви́з

equiparation [ˌiːkwɪpəˈreɪʃ(ə)n] *n книжн.* прира́внивание; сравне́ние

equipment [ɪˈkwɪpmənt] *n* 1. обору́дование, оснаще́ние, снаряже́ние; the ~ of the laboratory took much time обору́дование лаборато́рии потре́бовало мно́го вре́мени 2. 1) обору́дование, снаряже́ние; аппарату́ра; capital ~ ору́дия /сре́дства/ произво́дства, капита́льное обору́дование; fixed ~ стациона́рное обору́дование; measuring ~ измери́тельная аппарату́ра; automatic ~ автома́тика; diving ~ водола́зное снаряже́ние; ~ stock станочны́й парк; with modern ~ с совреме́нным обору́дованием; с совреме́нными удо́бствами 2) оснастка; yacht's ~ оснаще́ние я́хты 3) экипиро́вка 4) *воен.* материа́льная часть; боева́я те́хника; ~ density насы́щенность те́хникой 5) *спец.* иму́щество; ~ park склад иму́щества 3. (у́мственный) бага́ж (*тж.* intellectual ~, mental ~); professional ~ профессиона́льная подгото́вка; ~ for smth. подгото́вленность /зада́тки/ к чему́-л. 4. *амер. ж.-д.* подвижно́й соста́в

equipoise I [ˈekwɪpɔɪz] *n* 1. ра́венство сил *или* ве́са; равнове́сие; an ~ of doubt кра́йняя нереши́тельность; ≅ червь сомне́ния 2. 1) *физ.* уравнове́шивающее уси́лие; противове́с 2) противове́с; aristocracy as the ~ of clergy аристокра́тия как противове́с духове́нству

equipoise II [ˈekwɪpɔɪz] *v* уравнове́шивать; держа́ть в равнове́сии

equipollence, -cy [ˌiːkwɪˈpɒləns, -sɪ] *n книжн.* 1. равноси́льность, равнозна́чность 2) *спец.* эквипоте́нтность

equipollent [ˌiːkwɪˈpɒlənt, ˌekwɪ-] *a* 1) *книжн.* равнозна́чный; равноси́льный; равноце́нный 2) *спец.* эквивале́нтный

equiponderance, -cy [ˌiːkwɪˈpɒnd(ə)rəns, -sɪ] *n книжн.* 1. ра́вный вес 2. равнове́сие

equiponderant [ˌiːkwɪˈpɒnd(ə)rənt] *a* 1) *спец.* ра́вный по ве́су 2) ра́вный, име́ющий переве́с; ~ strife борьба́, где си́лы сторо́н равны́

equiponderants [ˌiːkwɪˈpɒnd(ə)rənts] *n pl спец.* предме́ты, ра́вные по ве́су

equiponderate [ˌiːkwɪˈpɒndəreɪt] *v спец.* 1. находи́ться в состоя́нии равнове́сия; 2. быть ра́вным по ве́су 3. уравнове́шивать; служи́ть противове́сом

equipotent [ˌiːkwɪˈpəʊt(ə)nt, ˌekwɪ-] *a редк.* равноси́льный; име́ющий одина́ковую си́лу

equipotential [ˌiːkwɪpəˈtenʃ(ə)l, ˌekwɪ-] *a физ.* эквипотенциа́льный; под одни́м, одина́ковым потенциа́лом; ~ surface эквипотенциа́льная пове́рхность

equiprobable [ˌiːkwɪˈprɒbəb(ə)l, ˌekwɪ-] *a книжн.* равновероя́тный

equiseta [ˌekwɪˈsiːtə] *pl от* equisetum

equisetum [ˌekwɪˈsiːtəm] *n* (*pl тж.* -ta) *бот.* хвощ (*Equisetum spp.*)

equitable [ˈekwɪtəb(ə)l] *a* 1. справедли́вый; беспристра́стный; ~ conditions справедли́вые усло́вия; ~ judges беспристра́стные су́дьи; ~ treaty равнопра́вный догово́р; on an ~ basis на справедли́вой осно́ве; fair and ~ trade торго́вля на справедли́вой и ра́вной осно́ве 2. *юр.* относя́щийся к пра́ву справедли́вости [*см.* equity 2]; ~ interests права́ на недви́жимость, осно́вывающиеся на пра́ве справедли́вости; ~ sanctions са́нкции пра́ва справедли́вости

equitable dower [ˈekwɪtəb(ə)lˈdaʊə] *юр.* вдо́вья часть насле́дства

equitably [ˈekwɪtəblɪ] *adv* справедли́во, беспристра́стно; по справедли́вости

equitant [ˈekwɪtənt] *a бот.* перекрыва́ющий, объе́млющий

equitation [ˌekwɪˈteɪʃ(ə)n] *n спорт.* верхова́я езда́; иску́сство верхово́й езды́

equites [ˈekwɪteɪz, -tiːz] *n pl др.-рим. ист.* 1) ко́нница 2) сосло́вие вса́дников

equity [ˈekwɪtɪ] *n* 1. справедли́вость; беспристра́стность 2. *юр.* 1) пра́во справедли́вости (*система права, действующая наряду с общим правом и писаным статутным правом; дополняет обычное право*); court of ~, решающий дела́, осно́вываясь на пра́ве справедли́вости; ~ of redemption пра́во вы́купа зало́женного иму́щества 2) ча́сто *pl* (чьё-л.) пра́во, при́знанное судо́м справедли́вости 3. *ком.* ма́ржа 4. *эк.* обыкнове́нная а́кция, а́кция без фикси́рованного дивиде́нда (*тж.* ~ share); stockholder's ~ до́ля акционе́ра в сре́дствах предприя́тия 5. (E.) «Э́квити» (*профсою́з актёров в Англии*)

equivalence [ɪˈkwɪv(ə)ləns] *n* эквивале́нтность, равноце́нность, равнози́льность, равнозна́чность

equivalency [ɪˈkwɪv(ə)lənsɪ] *n* 1. = equivalence 2. *геол.* соотве́тствие по во́зрасту *или* стратиграфи́ческому положе́нию

equivalent I [ɪˈkwɪv(ə)lənt] *n* 1. эквивале́нт, равноце́нный замени́тель; the exact ~ of the English word "home" то́чный эквивале́нт англи́йского сло́ва «home»; popular ~s of Latin botanical names наро́дные назва́ния, заменя́ющие лати́нские ботани́ческие наименова́ния 2. *физ., хим.* эквивале́нт 3. *шахм.* компенса́ция

equivalent II [ɪˈkwɪv(ə)lənt] *a* 1. равноце́нный, равноси́льный; ра́вный по величине́ *или* значе́нию; эквивале́нтный; what is $ 5 ~ to in French money? чему́ равня́ются 5 до́лларов в перево́де на фра́нки?; his remark is ~ to an insult его́ замеча́ние не что ино́е, как оскорбле́ние /равноси́льно оскорбле́нию/ 2. *мат.* ра́вный по пло́щади 3. *геол.* соотве́тствующий по геологи́ческому во́зрасту *или* стратиграфи́ческому положе́нию

equivalent table [ɪˈkwɪv(ə)ləntˈteɪb(ə)l] перево́дная табли́ца (*мер и весов и т. п.*)

equivocal [ɪˈkwɪvək(ə)l] *a* 1. двусмы́сленный, име́ющий двойно́й смысл; нея́сный, нечёткий; ~ answer укло́нчивый отве́т; ~ clause статья́, допуска́ющая двойно́е (ис)толкова́ние; ~ remark двусмы́сленное замеча́ние 2. 1) сомни́тельный; вызыва́ющий подозре́ние; their sentiments were not ~ в их чу́вствах мо́жно бы́ло не сомнева́ться; ~ mode of life сомни́тельный о́браз жи́зни 2) нея́сный; ~ outcome нея́сный /неопределённый/ исхо́д

equivocality [ɪˌkwɪvəˈkælɪtɪ] *n* 1. двусмы́сленность, двойно́й смысл; in order to avoid all ~ что́бы избежа́ть вся́кой возмо́жности двоя́кого /двойно́го/ понима́ния 2. 1) сомни́тельность 2) неопределённость 3. игра́ слов, каламбу́р

equivocate [ɪˈkwɪvəkeɪt] *v* говори́ть двусмы́сленно *или* укло́нчиво, уви́ливать, уверта́ться (*от отве́та*)

equivocation [ɪˌkwɪvəˈkeɪʃ(ə)n] *n* 1. 1) уви́ливание (*от отве́та*); to answer without ~ отвеча́ть напрями́к 2) укло́нчивый отве́т; двусмы́сленное утвержде́ние, игра́ слова́ми, слове́сные уло́вки 2. *лог.* эквивока́ция, двусмы́сленность 3. *вит.* расхожде́ние (*решения задачи*) с ожида́емым отве́том; ненадёжность *или* неопределённость (*решения*)

equivocatory [ɪˈkwɪvəkeɪt(ə)rɪ] *a* укло́нчивый, уви́ливающий, уверта́ющийся (*от ответа и т. п.*)

equivoke [ˈekwɪvəʊk, ˈiːkwɪ-] = equivoque

equivoque [ˈekwɪvəʊk, ˈiːkwɪ-] *n* 1. 1) двусмы́слица, выраже́ние с двойны́м значе́нием 2) игра́ слов, каламбу́р 2. двусмы́сленность, тума́нный намёк, эквиво́к; to speak in ~s говори́ть намёками /обиняка́ми/

equivorous [ɪˈkwɪv(ə)rəs] *a редк.* пита́ющийся кони́ной

-er[1] [-ə] *suff образует форму сравни́тельной сте́пени* 1. односло́жных и не́которых двусло́жных прилага́тельных: colder, warmer, busier, cleverer, narrower 2. односло́жных наре́чий, *а та́кже наре́чия* early: faster, harder, earlier

-er[2] [-ə] (*тж.* -ier) *suff образует существи́тельные от глаго́льных* (baker пе́карь) *и имённых* (hatter шля́пник) *осно́в, а также сложнопроизво́дные существи́тельные со второ́й компоне́нтом либо в ви́де осно́вы глаго́ла* (loudspeaker громкоговори́тель), *либо в ви́де осно́вы существи́тельного* (backbencher «заднескаме́ечник», рядово́й член парла́мента). *Слова́ с су́ффиксом* -er *име́ют значе́ние* 1. челове́к по ро́ду заня́тий *или* профе́ссии: teacher учи́тель; robber разбо́йник; barber парикма́хер; plumber водопрово́дчик; archer лу́чник; soldier солда́т; financier финанси́ст; drummer бараба́нщик; bookbinder переплётчик; shoemaker сапо́жник; landowner землевладе́лец; slave-trader работорго́вец; wholesaler опто́вый торго́вец 2) челове́к по обы́чному поведе́нию, привы́чкам: lier лгун; mocker насме́шник; sinner гре́шник; wisecracker остря́к; movie-goer люби́тель кино́ 3) челове́к, де́лающий что-л. (*постоя́нно или в да́нное вре́мя*): dancer танцо́р; singer певе́ц; skier лы́жник; runner бегу́н; rider нае́здник; leader вождь; peacemaker миротво́рец 4) челове́к, де́лающий что-л. в да́нное вре́мя *или* в како́й-л. моме́нт вре́мени: founder основа́тель; reader чита́тель; briber взяткода́тель; giver даю́щий; boarder постоя́-

лец; beginner начина́ющий; winner победи́тель; bystander (посторо́нний) свиде́тель 5) челове́к таки́х-то взгля́дов, уча́стник тако́го-то движе́ния: free-trader сторо́нник свобо́дной торго́вли; right-winger челове́к пра́вых полити́ческих взгля́дов; crusader крестоно́сец 6) челове́к по обще́ственному положе́нию, во́зрасту, ме́сту рожде́ния или прожива́ния: commoner недворяни́н; courtier придво́рный; villager жи́тель дере́вни; prisoner заключённый; teen-ager молодо́й челове́к, подро́сток; insider член гру́ппы; borderer живу́щий на грани́це; foreigner иностра́нец; Londoner ло́ндонец 2. 1) маши́на, устро́йство со специа́льной фу́нкцией: burner горе́лка; buffer бу́фер; revolver револьве́р; bomber бомбардиро́вщик; blower вентиля́тор; launcher пускова́я устано́вка; poker кочерга́; container конте́йнер; freighter грузово́е су́дно; silencer глуши́тель; brazier жаро́вня; steamer парохо́д; breech-loader ору́жие, заряжа́ющееся с казённой ча́сти; airconditioner кондиционе́р 2) конкре́тный предме́т: bedder спа́льня; slipper ко́мнатная ту́фля; ledger гла́вная кни́га, гроссбу́х; hamburger га́мбургер; double-decker двухпа́лубный кора́бль; six-pager газе́та на шести́ страни́цах; fiver банкно́та в пять фу́нтов; primer буква́рь; sweater сви́тер 3) ре́дко отде́льное де́йствие или абстра́кция: header ныро́к вниз голово́й; jaw-breaker труднопроизноси́мое сло́во; clincher реша́ющий аргуме́нт 4) ре́дко живо́тное: terrier терье́р; pointer по́йнтер; woodpecker дя́тел

era [ˈɪ(ə)rə] *n* 1) э́ра, эпо́ха; the Elizabethan ~ елизаве́тинская эпо́ха; to bring in /to introduce, to mark, to usher in/ a new ~ откры́ть но́вую э́ру; in this high-cost-of-living ~ в наш век дороговизны 2) летосчисле́ние, э́ра; in the year 570 of our ~ в 570 году́ на́шей э́ры; the Common E. на́ша э́ра; in the Christian E. по́сле рождества́ Христо́ва, по христиа́нскому летосчисле́нию 3) геологи́ческая э́ра 4) эпоха́льное собы́тие, э́ра

eradiate [ɪˈreɪdɪeɪt] *v* излуча́ть; испуска́ть лучи́; сия́ть

eradiation [ɪˌreɪdɪˈeɪʃ(ə)n] *n* излуче́ние, испуска́ние луче́й; сия́ние

eradicable [ɪˈrædɪkəb(ə)l] *a* искореня́мый

eradicate [ɪˈrædɪkeɪt] *v* 1. вырыва́ть с ко́рнем 2) истребля́ть, искоренять; to ~ illiteracy ликвиди́ровать негра́мотность; to ~ yellow fever уничто́жить жёлтую лихора́дку 2. *с.-х.* выпа́лывать с ко́рнем (*сорные травы*)

eradication [ɪˌrædɪˈkeɪʃ(ə)n] *n* 1. 1) вырыва́ние с ко́рнем 2) искорене́ние; ~ of poverty искорене́ние бе́дности 2. *с.-х.* выпа́лывание (*сорных трав*)

eradicative [ɪˈrædɪkeɪtɪv] *a* радика́льный; де́йствующий радика́льно; ~ of smth. искореняющий, уничтожа́ющий с ко́рнем что-л.

eradicator [ɪˈrædɪkeɪtə] *n* 1. *см.* eradicate + -or 2. 1) радика́льное сре́дство (*для уничтоже́ния чего-л.*) 2) сре́дство для выведе́ния пя́тен 3) сре́дство для удале́ния воло́с, депиля́тор

eradicatory [ɪˈrædɪkeɪt(ə)rɪ] *a* искореня́ющий; уничтожа́ющий с ко́рнем, радика́льно

erasability [ɪˌreɪzəˈbɪlɪtɪ] *n* *вт.* стира́емость (*записи*)

erasable [ɪˈreɪzəb(ə)l] *a* 1) поддаю́щийся подчи́стке (*резинкой, ножом*); стира́емый 2) недолгове́чный (*о воспомина́нии и т. п.*)

erase [ɪˈreɪz] *v* 1. 1) стира́ть, соска́бливать, подчища́ть (*резинкой, ножом*) 2) вычёркивать; исключа́ть; to ~ a name from the list вы́черкнуть фами́лию из спи́ска; to ~ from the agreement the following provisions исключи́ть из соглаше́ния сле́дующие положе́ния 3) стира́ть за́пись с магни́тной ле́нты 2. изгла́живать, стира́ть, вычёркивать (*из па́мяти*); memories that will not easily be ~d воспомина́ния, кото́рые нелегко́ стере́ть из па́мяти 3. 1) стере́ть с лица́ земли́ 2) *сл.* уби́ть; ликвиди́ровать (*челове́ка*)

erasement [ɪˈreɪzmənt] *n* 1) стира́ние, соска́бливание, подчи́стка (*резинкой, ножом и т. п.*) 2) подчи́стка, стёртое ме́сто (*в те́ксте*) 3) стира́ние за́писи с магни́тной ле́нты

eraser [ɪˈreɪzə] *n* 1. *см.* erase + -er 2. 1) рези́нка, ла́стик (*для стира́ния*); pencil [hard] ~ каранда́шная [черни́льная] рези́нка 2) нож для соска́бливания (*те́кста*) 3) тря́пка для стира́ния с доски́

erasion [ɪˈreɪʒ(ə)n] *n* 1. = erasement 2. *мед.* удале́ние, соска́бливание (*поражённой тка́ни*)

erasure [ɪˈreɪʒə] *n* 1. 1) стира́ние, соска́бливание, подчи́стка (*резинкой, ножом*) 2) подчи́стка, стёртое ме́сто (*в те́ксте*) 2. по́лное уничтоже́ние, стира́ние с лица́ земли́

Erato [ˈerətəʊ] *n греч. миф.* Эра́то, му́за любо́вной поэ́зии

erbium [ˈɜːbɪəm] *n хим.* э́рбий

ere I [eə] *adv шотл.* ра́но

ere II [eə] *prep поэт.* 1. до, пе́ред; ~ night до но́чи 2. *в сочета́ниях*: ~ then до тех пор; ~ this уже́

ere III [eə] *cj поэт.* 1. пре́жде чем 2. скоре́е чем; I would die ~ I would consent я скоре́е умру́, чем соглашу́сь

Erebus [ˈerɪbəs] *n* 1) *греч. миф.* Эре́б, подзе́мное ца́рство, ца́рство мёртвых 2) ве́чный мрак

erect I [ɪˈrekt] *a* 1. прямо́й; to stand ~ стоя́ть прямо́ 2. 1) по́днятый, стоя́чий, вертика́льный; with head ~ с по́днятой голово́й; with ears ~ насторожи́в у́ши 2) торча́щий, вста́вший ды́бом (*о волоса́х, ше́рсти*) 3) *физиол.* находя́щийся в состоя́нии эре́кции 3. *бот.* прямостоя́чий, неполега́ющий

erect II [ɪˈrekt] *v* 1. 1) стро́ить, сооружа́ть, воздвига́ть; to ~ a house постро́ить дом; to ~ a temple соору́дить храм; to ~ a monument воздви́гнуть па́мятник; "~ed from the design by..." «сооружено́ по прое́кту...» 2) создава́ть (*тео́рию и т. п.*); to ~ a proposition вы́двинуть положе́ние 2. выпрямля́ть, поднима́ть; придава́ть стоя́чее положе́ние; to ~ a flagstaff поста́вить флагшто́к; to ~ the ears насторожи́ть у́ши; to ~ oneself, to ~ one's body выпрямля́ться 3. учрежда́ть, осно́вывать; two courts were ~ed бы́ли учреждены́ два суда́; to ~ a (new) government созда́ть (но́вое) прави́тельство 4. монти́ровать, устана́вливать, собира́ть (*маши́ну*) 5. *книжн.* (into) повыша́ть, возводи́ть; преобразо́вывать на бо́лее высо́ком у́ровне; to ~ a territory into a state предоста́вить террито́рии ста́тус шта́та; to ~ a barony into a dukedom возвести́ баро́на в ге́рцогское досто́инство 6. *мат.* стро́ить, восставля́ть перпендикуля́р 2) стро́ить, (*фигу́ру*) 7. *опт.* обора́чивать изображе́ние

erecter [ɪˈrektə] = erector

erectile [ɪˈrektaɪl] *a* 1. спосо́бный выпрямля́ться 2. *физиол.* спосо́бный напряга́ться; ~ tissue *анат.* пещери́стая ткань

erection [ɪˈrekʃ(ə)n] *n* 1. сооруже́ние, постро́йка 2. зда́ние, строе́ние, сооруже́ние 3. выпрямле́ние; устано́вка в вертика́льном положе́нии, подня́тие (*коло́нны и т. п.*) 4. учрежде́ние, основа́ние (*организа́ции и т. п.*) 5. *тех.* устано́вка (*маши́ны*); монта́ж, сбо́рка; ~ work устано́вочные /монта́жные/ рабо́ты; ~ time вре́мя сбо́рки 6. *физиол.* эре́кция; ~ centre центр эре́кции

erective [ɪˈrektɪv] *a спец.* выпрямля́ющий

erectopatent [ɪˌrektəˈpeɪt(ə)nt] *a бот.* части́чно сте́лющийся, полусто́ячий

erector [ɪˈrektə] *n* 1. *см.* erect II + -or 2. строи́тель; сбо́рщик, монта́жник 3. *анат.* выпрямля́ющая мы́шца

erector set [ɪˈrektəset] констру́ктор (*де́тская насто́льная игра́*)

erelong [ˌeəˈlɒŋ] *adv поэт.* 1. вско́ре 2. неда́вно

eremic [ɪˈriːmɪk, ˈerəmɪk] *a биол.* пусты́нный, живу́щий в пусты́не

eremite [ˈerɪmaɪt] *n поэт.* отше́льник, затво́рник, анахоре́т, пусты́нник

eremitic, eremitical [ˌerɪˈmɪtɪk, -(ə)l] *a поэт.* отше́льнический, затво́рнический

eremitish [ˌerɪˈmɪtɪʃ] = eremitic

eremium [ɪˈriːmɪəm] *n биол.* (экологи́ческое) соо́бщество пусты́нь

erenow [ˌeəˈnaʊ] *adv поэт.* пре́жде, ра́ньше; уже́

ereption [ɪˈrepʃ(ə)n] *n редк.* выхва́тывание, вырыва́ние

erethism [ˈerɪθɪz(ə)m] *n мед.* эрети́зм, повы́шенная возбуди́мость (*тка́ни или о́ргана*)

erewhile(s) [ˌeəˈwaɪl(z)] *adv поэт.* неда́вно; то́лько что

Erewhon [ˈerɪwɒn] *n лит.* «Эдгин» (*уто́пия в одноимённом рома́не С. Ба́тлера; части́чная анагра́мма от Nowhere — Нигде́*)

erf [ɜːf, erf] *a* (*pl* erven) ю́жно-афр. небольшо́й приуса́дебный уча́сток

erg [ɜːɡ] *n физ.* эрг

ergasthenia [ˌɜːɡæsˈθiːnɪə] *n физиол.* переутомле́ние

ergate [ˈɜːɡeɪt] *n энт.* рабо́чий мураве́й

ergative [ˈɜːɡətɪv] *n лингв.* эргати́в

ergatocracy [ˌɜːɡəˈtɒkrəsɪ] *n книжн.* власть трудя́щихся

ergo [ˈɜːɡəʊ] *adv лат.* сле́довательно

ergoism [ˈɜːɡəʊɪz(ə)m] *n книжн.* педанти́чное соблюде́ние зако́нов форма́льной ло́гики

ergometer [ɜːˈɡɒmɪtə] *n спец.* эрго́метр; exercise ~ эрго́метр для физи́ческих упражне́ний

ergometric [ˌɜːɡəˈmetrɪk] *a мед.* эргометри́ческий; ~ bicycle велоэрго́метр

ergonomics [ˌɜːɡəˈnɒmɪks] *n* эрго́но́мика, эргоно́мия; изуче́ние трудовы́х проце́ссов и усло́вий труда́

ergonomist [ɜːˈɡɒnəmɪst] *n* эргоно́мист, специали́ст по эргоно́мике

ergophobia [ˌɜːɡəˈfəʊbɪə] *n шутл.* отвраще́ние к труду́

ergosphere [ˈɜːɡəsfɪə] *n астр.* эргосфе́ра

ergot [ˈɜːɡət] *n бот.* спорынья́ (*Claviceps purpurea*)

ergotism[1] [ˈɜːɡətɪz(ə)m] *n мед.* отравле́ние спорынье́й

ergotism[2] [ˈɜːɡətɪz(ə)m] *n книжн.* 1. аргумента́ция 2. логи́ческий вы́вод

Eric [ˈerɪk] *n* 1) *лит.* Эрик (*персона́ж нравоучи́тельной по́вести Ф. У. Фа́ррера «Эрик»*) 2) благонра́вный ма́льчик, ма́льчик-па́инька; ма́ленький ханжа́

erica [ˈerɪkə] *n* ве́реск (*любо́й вид*)

ericaceous [ˌerɪˈkeɪʃəs] *a бот.* ве́рескóвый

ericetal [ˌerɪˈsiːt(ə)l] *a бот.* ве́рескóвый

Erin [ˈerɪn] *n поэт.* Ирла́ндия

erinaceous [ˌerɪˈneɪʃəs] *a зоол.* иглокожий

eringo [ɪˈrɪŋgəʊ] *n бот.* синеголовник (*Eryngium spp.*)

Erin go bragh! [ˈerɪŋgəʊˌbrɑː] *ирл.* да здравствует Ирландия!

Erinnic [ɪˈrɪnɪk] *a книжн.* мстительный, характерный для Эринний [см. Erinyes]

Erinyes [ɪˈrɪniːz] *n pl греч. миф.* Эриннии, богини проклятия, кары и мести (*в Риме отождествлялись с Фуриями*)

Erinys [ɪˈrɪnɪs] *sing к* Erinyes

Eris [ˈerɪs] *n греч. миф.* Эрида, Эрис, богиня раздора

eristic I [eˈrɪstɪk] *n книжн.* 1. эристика, искусство полемики 2. полемист, искусный спорщик

eristic II, eristical [eˈrɪstɪk, -(ə)l] *a книжн.* 1) полемический; эристический 2) спорный

Eritrean [ˌerɪˈtrɪən] *a* эритрейский

erk [ɜːk] *n воен. жарг.* 1. рядовой ВВС 2. простофиля

erlang [ˈɜːlæŋ] *n тел.* эрланг (*международная единица загрузки*)

erlking [ˈɜːlkɪŋ] *n фольк.* лесной царь, король эльфов

ermine I [ˈɜːmɪn] *n* 1. 1) *зоол.* горностай (*Mustela erminea*) 2) мех горностая; ~ skin горностаевая шкурка; ~ tips горностаевые хвостики; ~ white белоснежный 3) *тж. pl* отделка *или* одеяние из горностая 2. символ неподкупности судей; *тж.* судейское достоинство в пэров Англии (*их мантии оторочены мехом горностая*); to assume [to wear] the ~ стать [быть] судьёй; he was robed in ~ его сделали судьёй *или* пэром; dispute between silk and ~ спор между адвокатом и судьёй 3. *геральд.* горностаевый мех (*чёрные мушки по белому полю*)

ermine II [ˈɜːmɪn] *v* облачать в горностай, делать судьёй *или* пэром [см. ermine I 2]

ermined [ˈɜːmɪnd] *a* 1. отделанный мехом горностая 2. получивший звание судьи *или* достоинство пэра

ern [ɜːn] = erne

-ern [-ən] *suff* выделяется в прилагательных, образованных от названий стран света: eastern восточный; northern северный; southern южный; western западный

erne [ɜːn] *n зоол.* орлан-белохвост (*Haliaeetus albicilla*)

erode [ɪˈrəʊd] *v* 1. 1) разъедать, разрушать (*постепенно*) 2) подрывать, портить; constant worry ~s the nerves постоянные волнения подрывают нервную систему 2. *метал.* разъедать, вытравлять 3. *геол.* 1) выветривать; размывать; эродировать 2) подвергаться эрозии

eroded [ɪˈrəʊdɪd] *a геол.* размытый, выветренный; эродированный

erodent [ɪˈrəʊd(ə)nt] *a мед.* разъедающий, едкий

erodibility [ɪˌrəʊdəˈbɪlɪtɪ] *n геол.* подверженность эрозии

erogenic [ˌerəˈdʒenɪk] = erogenous

erogenous [ɪˈrɒdʒənəs] *a* 1. *физиол.* эрогенный 2. эротический

Eros [ˈɪ(ə)rɒs, ˈerɒs] *n* 1. *греч. миф.* Эрос, Эрот, бог любви 2. (е.) *книжн.* чувственная любовь

erose [ɪˈrəʊs] *a бот.* выемчатый, неровный (*о краях листовых пластинок и т. п.*)

erosion [ɪˈrəʊʒ(ə)n] *n* эрозия, разъедание; разрушение; размывание; размыв, вымывание; выветривание; soil ~ эрозия почвы; wind ~ ветровая эрозия; land liable to ~ земли, подверженные эрозии

erosion-preventive [ɪˌrəʊʒ(ə)npriˈventɪv] *a спец.* противоэрозионный

erosive [ɪˈrəʊsɪv] *a спец.* 1) эрозийный; вызывающий эрозию; размывающий, выветривающий 2) эрозионный, вызванный эрозией

erotetic [ˌerəˈtetɪk] *a книжн.* вопросительный, вопрошающий

erotesis [ˌerəˈtiːsɪs] *n книжн.* риторический вопрос

erotic I [ɪˈrɒtɪk] *n редк.* 1. любовное стихотворение 2. эротика; любовная наука 2. эротик; человек, предающийся чувственной любви, эротоман

erotic II [ɪˈrɒtɪk] *a* 1) любовный 2) эротический; чувственный; ~ love чувственная любовь; ~ art a) эротика (*в искусстве*); б) порнография

erotica [ɪˈrɒtɪkə] *n* 1) эротическая литература, поэзия; эротика 2) порнография

eroticism [ɪˈrɒtɪsɪz(ə)m] *n* 1. чувственность 2. *мед.* повышенный половой инстинкт; эротизм

eroticist [ɪˈrɒtɪsɪst] *n* 1. сластолюбец; человек, склонный к эротике 2. 1) порнограф 2) торговец порнографией

eroticize [ɪˈrɒtɪsaɪz] *v* делать эротичным, эротизировать; a film version that ~s the original story фильм, вносящий эротику в произведение, по которому он поставлен

erotism [ˈerətɪz(ə)m] *n* 1. = eroticism 2 2. *физиол.* эмоциональная фаза полового импульса

erotogenic [ɪˌrɒtəˈdʒenɪk] *a физиол.* эротогенный

erotology [ˌerəˈtɒlədʒɪ, ˌɪ(ə)rə-] *n* эротика (*в литературе и искусстве*)

erotomania [ɪˌrɒtəˈmeɪnɪə] *n мед.* эротомания

erotophobic [ɪˌrɒtəˈfəʊbɪk] *a* испытывающий отвращение к половой жизни

err [ɜː] *v* 1. ошибаться, заблуждаться; to ~ is human человеку свойственно ошибаться; to ~ in one's judgement of circumstances неправильно оценить обстоятельства /обстановку/; to ~ on /upon/ the side of smth. ошибаться в какую-л. сторону; it is best to ~ on the safer side ≅ всегда лучше перестраховаться; he does not ~ on the side of modesty его нельзя упрекнуть в излишней скромности 2. грешить, совершать прегрешение; to ~ out of ignorance согрешить по неведению 3. сбиваться с пути; отклоняться (*от цели, взятого курса и т. п.*); to ~ from the straight path сбиться с праведного пути

errabund [ˈerəbənd] *a редк.* неосновательный, подверженный ошибкам; ~ guesses необоснованные догадки

errancy [ˈerənsɪ] *n книжн.* заблуждение

errand [ˈerənd] *n* поручение, задание; to go on an ~ пойти /поехать/ по поручению; to send on an ~ послать с поручением /с миссией/; to run ~s быть на посылках /на побегушках/

errand-boy [ˈerəndbɔɪ] *n* мальчик на посылках; посыльный; рассыльный, курьер (*в конторе*)

errant I [ˈerənt] *n редк.* странствующий рыцарь

errant II [ˈerənt] *a* 1. *поэт.* странствующий (*в поисках приключений*); ~ knights странствующие рыцари 2. блудный (*о мыслях и т. п.*) 3. заблудший; грешный 4. кочевой (*о племени*) 5. бродячий (*о скоте*); ~ calf телёнок, отбившийся от стада 6. нарушающий (*нормы поведения*); отклоняющийся (*от истины и т. п.*); ~ child отбившийся от рук ребёнок; ~ husband неверный муж

errantly [ˈerəntlɪ] *adv редк.* наугад, наобум, наудачу

errantry [ˈerəntrɪ] *n поэт.* 1. странствия 2. приключения странствующего рыцаря

errare est humanum, errare humanum est [eˌrɑːreɪestˈhuːmɑːnəm, eˌrɑːreɪhuːˈmɑːnəmest] *лат.* человеку свойственно ошибаться

errata [eˈrɑːtə] *n лат.* 1. *pl от* erratum 2. *употр. с гл. в ед. и мн. ч.* список опечаток (*тж.* ~ slip)

erratic I [ɪˈrætɪk] *n* 1. эксцентричная личность, чудак, оригинал 2. *геол.* эрратический валун

erratic II [ɪˈrætɪk] *a* 1. 1) неустойчивый, колеблющийся (*о взглядах и т. п.*); ~ temperature неустойчивая температура; his opinions were ~ его мнения не отличались постоянством 2) рассеянный (*о мыслях*) 3) *эк.* неравномерный, изменчивый, непостоянный (*о ценах*) 2. странный, беспорядочный; ~ behaviour сумасбродное поведение; ~ life беспорядочная жизнь; ~ opinions странные взгляды; ~ reading беспорядочное чтение; ~ genius гений, ведущий себя непредсказуемо 3. *арх.* блуждающий; ~ stars блуждающие звёзды /планеты/ 4. *тех.* неритмичный, неравномерный (*о работе*) 5. *геол.* эрратический; ~ boulder эрратический валун

erratum [eˈrɑːtəm] *n (pl -ta) лат.* 1. *полигр.* опечатка 2. ошибка, недосмотр

erring [ˈɜːrɪŋ] *a* 1) заблудший, грешный 2) заблуждающийся, ошибающийся

erringly [ˈɜːrɪŋlɪ] *adv редк.* ошибочно; вследствие заблуждения

erroneous [ɪˈrəʊnɪəs] *a* 1. ошибочный, неправильный, ложный; ~ impression ложное впечатление; ~ notion неверное представление; ~ spelling неправильное написание, орфографическая ошибка; ~ doctrine лжеучение; ~ assumption необоснованное предположение; ~ premises ошибочные посылки 2. *арх.* заблуждающийся

error [ˈerə] *n* 1. ошибка, заблуждение, ложное представление; human ~ ошибка, свойственная человеку; ~s of taste плохой вкус в одежде; an ~ of judgement неверное суждение, ошибочный расчёт, ошибочная оценка; in ~ ошибочно, по ошибке; to do smth. in ~ сделать что-л. по ошибке; to make /to commit/ an ~ сделать /совершить/ ошибку; впасть в заблуждение; to be in ~ ошибаться, заблуждаться; to dispossess smb. of an ~ *книжн.* выводить кого-л. из заблуждения; to lead smb. into ~ вводить кого-л. в заблуждение; to fall into a serious ~ впасть в серьёзную ошибку; he has seen the ~ of his ways он понял, что поступал неправильно 2. ошибка, погрешность; spelling ~ ошибка в правописании; printers' ~ опечатка; noise ~ *спец.* искажение, вызванное шумами; permissible ~ *тех.* допуск; actual ~ *спец.* истинная ошибка, истинная величина ошибки; appreciable ~ существенная ошибка; inappreciable ~ незначительная погрешность; ~ code *вчт.* код ошибки; ~ log *вчт.* файл регистрации ошибок; ~ of omission упущение, недосмотр; ~ in reading *спец.* ошибка отсчёта; to eliminate the ~s устранять ошибки 3. проступок, грех; cardinal ~ смертный грех; ~s of youth грехи молодости; to repent one's ~s покаяться в грехах 4. 1) *тех.* отклонение (*от номинала*); потеря точности; ~ station ~ уклонение отвеса 2) *радио* рассогласование 5. *юр.* фактическая *или* юриди́ческая оши́бка, допу́щенная в суде́бном проце́ссе; ~ in /of/ fact [in /of/ law] факти́ческая [правова́я] оши́бка; ~ in procedure процессуа́льная оши́бка; writ of ~ хода́тайство об отме́не пригово́ра суда́ всле́дствие допу́щенной им при рассмотре́нии де́ла оши́бки; апелляцио́нная жа́лоба

error catastrophe ['erəkə͵tæstrəfɪ] «катастро́фа оши́бок» (*одна́ из тео́рий старе́ния*)

error-free [͵erə'fri:] *a* безоши́бочный, свобо́дный от оши́бок

errorful ['erəf(ə)l] *a* содержа́щий оши́бки, упуще́ния; непра́вильный, неве́рный

errorist ['erərɪst] *n редк.* 1. челове́к, скло́нный заблужда́ться 2. челове́к, снисходи́тельный к заблужде́ниям

errorless ['erəlɪs] *a* 1) не содержа́щий оши́бок; безоши́бочный 2) безгре́шный

error-prone ['erəprəʊn] *a* подве́рженный оши́бкам

ersatz ['eəzæts] *n* суррога́т, эрза́ц; ~ coffee суррога́т ко́фе (*ячме́нный ко́фе и т. п.*); serve as an ~ for smth. служи́ть замени́телем чего́-л.

Erse [ɜ:s] *n* 1) г(а)э́льский язы́к за́падной Шотла́ндии 2) *редк.* ирла́ндский г(а)э́льский язы́к

erst [ɜ:st] *adv уст.* 1. снача́ла, пре́жде всего́ 2. ра́ньше, пре́жде, не́когда 3. неда́вно, то́лько что

erstwhile I ['ɜ:stwaɪl] *a возвыш.* пре́жний; было́й; our ~ friends лю́ди, кото́рые не́когда бы́ли на́шими друзья́ми

erstwhile II ['ɜ:stwaɪl] *adv арх.* пре́жде, не́когда, быва́ло

erubescence [͵erʊ'bes(ə)ns] *n* 1. *редк.* румя́нец 2. *мед.* покрасне́ние ко́жи

erubescent [͵erʊ'bes(ə)nt] *a книжн.* 1. красне́ющий, вспы́хивающий румя́нцем 2. *амер.* кра́сный, краснова́тый

eruct [ɪ'rʌkt] *v* 1) рыга́ть, отры́гивать 2) извepгáть (*дым и т. п.*)

eructate [ɪ'rʌkteɪt] *v редк.* 1. изрыга́ть; изверга́ть 2. отры́гивать; вы́рвать

eructation [͵i:rʌk'teɪʃ(ə)n] *n книжн.* 1. отры́жка 2. 1) изверже́ние (*вулка́на*) 2) изверже́ния, изве́рженная ма́сса

erudite I ['erʊdaɪt] *n* эруди́т, челове́к большо́й эруди́ции

erudite II ['erʊdaɪt] *a* 1. эруди́рованный, всесторо́нне образо́ванный, учёный; an ~ pedant учёный-педа́нт 2. нау́чный, учёный (*о кни́ге и т. п.*; *ча́сто иро́н.*); ~ commentary нау́чный коммента́рий

erudition [͵erʊ'dɪʃ(ə)n] *n* эруди́ция; учёность; всесторо́нние зна́ния; начи́танность; a man of great ~ разносторо́нне образо́ванный челове́к; he wears his ~ lightly он не чва́нится свое́й эруди́цией /широто́й свои́х зна́ний/

erupt [ɪ'rʌpt] *v* 1) изверга́ться (*о ла́ве, пе́пле*) 2) изверга́ть, выбра́сывать (*ла́ву, пе́пел и т. п.*) 2. *книжн.* проре́зываться (*о зуба́х*) 3. прорыва́ться, врыва́ться; the crowd ~ed into the yard толпа́ ворвала́сь во двор

eruption [ɪ'rʌpʃ(ə)n] *n* 1. 1) изверже́ние (*вулка́на, ла́вы*) 2) проры́в (*пла́мени*) 2. 1) взрыв (*сме́ха, гне́ва*) 2) вспы́шка (*эпиде́мии и т. п.*); an ~ of violence волна́ наси́лия 3. *редк.* 1) вторже́ние, набе́г (*враго́в*) 2) вы́лазка (*из кре́пости*) 4. *мед.* 1) сыпь 2) высыпа́ние

eruptive [ɪ'rʌptɪv] *a* 1. *геол.* эрупти́вный, изве́рженный, вулкани́ческий 2. *мед.* сопровожда́ющийся сы́пью; ~ stage ста́дия высыпа́ния

erven ['ɜ:v(ə)n, 'erv(ə)n] *pl от* erf

-ery [-(ə)rɪ] (*тж.* -ary[3], -ry) *suff* встре-чается в существи́тельных со значе́нием 1. совоку́пность люде́й или веще́й: jewellery ювели́рные изде́лия; drapery драпиро́вка; hosiery трикота́жные изде́лия; imagery о́бразы; machinery маши́ны; scenery пейза́ж; peasantry крестья́нство; infantry пехо́та; gentry дже́нтри 2. черты́ хара́ктера, поведе́ния (*ча́сто неодобр.*): bravery, gallantry хра́брость; snobbery сноби́зм; bigotry ха́нжество; foolery дура́чество; robbery грабёж; bribery взя́точничество; mockery насме́шки; rivalry сопе́рничество 3. профе́ссия, род заня́тий, социа́льное положе́ние; surgery хирурги́я; cookery стряпня́; masonry масо́нство; joinery столя́рное де́ло; slavery ра́бство 4. ме́сто де́ятельности (произво́дства, прода́жи, хране́ния чего́-л.): colliery ша́хта; bakery пека́рня; nursery де́тская; refinery очисти́тельный заво́д; grocery бакале́йная ла́вка; vestry ри́зница; library библиоте́ка; seminary семина́рия

Erymanthian boar [͵erɪ'mænθɪən'bɔ:] *греч. миф.* эрима́нфский, эрима́нтский вепрь

erysipelas [͵erɪ'sɪp(ə)ləs] *n мед.* ро́жистое воспале́ние, ро́жа

erythema [͵erɪ'θi:mə] *n мед.* покрасне́ние ко́жи, эрите́ма

erythr(a)ean [͵erɪ'θrɪən] *a поэт.* кра́сный

erythro- [ɪ'rɪθrə-] в сложных сло́вах (*с греч. корня́ми*) име́ет значе́ние кра́сный: erythrocyte эритроци́т; erythrophore эритрофо́р (*хромато́фор с кра́сным пигме́нтом*); erythrosin эритрози́н (*кра́сный краси́тель*)

erythrocyte [ɪ'rɪθrəsaɪt] *n физиол.* кра́сное кровяно́е те́льце, эритроци́т

-es[1,2] [-ɪz] = -s[1] *и* -s[2]

Esau ['i:sɔ:] *n библ.* Иса́в

esbat ['esbæt] *n* (*тж.* the E.) ша́баш ведьм

escalade [͵eskə'leɪd] *n воен. ист.* эскала́да (*штурм стены́, ва́ла с по́мощью ле́стниц*)

escalate ['eskəleɪt] *v* 1. поднима́ться на эскала́торе 2. 1) обостря́ть (*конфли́кт, положе́ние и т. п.*); the conflict was ~d конфли́кт обостри́лся 2) обостря́ться (*о конфли́кте, о положе́нии и т. п.*); the conflict ~d into war столкнове́ние переросло́ в войну́ 3) (into) вверга́ть; to ~ the world into a war вве́ргнуть челове́чество в войну́ 3. 1) расти́, увели́чиваться; costs ~ изде́ржки расту́т 2) увели́чивать, повыша́ть (*це́ны, зарпла́ту и т. п.*)

escalation [͵eskə'leɪʃ(ə)n] *n* 1. эскала́ция, расшире́ние, распростране́ние, перераста́ние (*конфли́кта и т. п.*) 2. рост, повыше́ние (*осо́б. цен*) 3. скользя́щая шкала́ (*увеличе́ния тонна́жа и т. п.*) 4. эк. шкала́ надба́вок и наки́док; ~ clause = escalator clause

escalator ['eskəleɪtə] *n* 1. эскала́тор, дви́жущаяся ле́стница; social ~ социа́льная ле́стница 2. скользя́щая шкала́; cost-of-living ~ шкала́ /и́ндекс/ сто́имости жи́зни

escalator clause ['eskəleɪtə(ʳ)klɔ:z] 1) эк. «эскалацио́нная кла́узула», усло́вие в коллекти́вном догово́ре, устана́вливающее повыше́ние зарпла́ты соотве́тственно росту́ цен на потреби́тельские това́ры 2) ком. огово́рка о скользя́щих це́нах (*в зави́симости от изде́ржек произво́дства*)

escallop [e'skɒləp, e'skæləp] *n* 1. *зоол.* гребешо́к (*Pecten*) 2. escallop-shell 2 3. зубе́ц (*в орна́менте и т. п.*)

escallop-shell ['eskɒləpʃel, -'skæl-] *n* 1. 1) ство́рчатая ра́ковина 2) ство́рка ра́ковины гребешка́ 2. *геральд.* ство́рка ра́ковины (*на щите́ герба́*)

escapable [ɪ'skeɪpəb(ə)l] *a* необяза́тельный; отврати́мый; не неизбе́жный

escapade ['eskəpeɪd] *n* 1. сме́лая проде́лка; весёлое, но риско́ванное предприя́тие; эскапа́да 2. побе́г (*из заключе́ния*)

escape I [ɪ'skeɪp] *n* 1. 1) бе́гство, побе́г; to make good one's ~ соверши́ть уда́чный побе́г; to make one's ~ by a back door сбежа́ть че́рез чёрный ход; an ~ from captivity [from prison] побе́г из пле́на [из тюрьмы́]; to seek ~ from the heat пыта́ться спасти́сь от жары́ 2) ухо́д от жи́зни, замыка́ние в (само́м) себе́; ~ literature, literature of ~ эскапи́стская литерату́ра, литерату́ра, уводя́щая от основны́х пробле́м жи́зни (*детекти́вная, развлека́тельная и т. п.*) 2. избавле́ние, спасе́ние; doom from which there is no ~ судьба́, от кото́рой не убежи́шь /не уйдёшь/; to find no ~ from the dilemma не найти́ вы́хода из тру́дного положе́ния; to have a narrow /hairbreadth/ ~ едва́ избежа́ть опа́сности, быть на волоске́ (*от сме́рти и т. п.*) 3. 1) уте́чка (*га́за, па́ра и т. п.*) 2) *мед.* выделе́ние, истече́ние; ~ of blood кровотече́ние 3) вы́пуск (*га́за, па́ра*) 4) *тех.* выпускно́е отве́рстие 4. одича́вшее культу́рное расте́ние 5. 1) рыво́к (*борьба́*) 2) *pl* ухо́ды с ковра́ (*борьба́*) 6. *гидр.* сброс, водосбро́с на кана́ле; ~ canal сто́чный /спускно́й/ кана́л 7. *физ.* высвобожде́ние, вы́лет (*части́цы*) 8. *юр.* заключённый, соверши́вший побе́г 8. 1) перехо́д 2) вы́ход; ~ code управля́ющий код; ~ key кла́виша вы́хода

escape II [ɪ'skeɪp] *v* 1. 1) бежа́ть (*из заключе́ния*); соверша́ть побе́г, убега́ть (*из тюрьмы́ и т. п.*); to ~ (from) pursuit ускользну́ть от пресле́дования; he ~d to the mountains он скры́лся в гора́х 2) уходи́ть, отключа́ться; to ~ from everyday life уйти́ от повседне́вной жи́зни 2. избежа́ть (*опа́сности и т. п.*); спасти́сь, отде́латься; to ~ a blow уверну́ться от уда́ра; to ~ observation ускользну́ть от наблюде́ния; to ~ punishment избежа́ть наказа́ния; оста́ться безнака́занным; he just ~d being killed его́ чуть не уби́ли; they barely ~d with their lives ~ они́ е́ле-е́ле унесли́ но́ги; all children ~d the measles никто́ из дете́й не заболе́л ко́рью; he ~d with fright он отде́лался испу́гом; we cannot ~ the impression that.. мы не мо́жем отде́латься от впечатле́ния, что... 3. ускольза́ть (*о смы́сле и т. п.*); your point ~s me я не понима́ю (к чему́ вы кло́ните); the details ~d my mind подро́бности вы́пали у меня́ из па́мяти; his name ~s me ника́к не могу́ вспо́мнить его́ и́мени 4. вы́рваться (*о слова́х, сто́не*); a cry ~d him он испусти́л крик /вскри́кнул/; not a word ~d his lips он не произноси́л ни сло́ва 5. *спец.* улету́чиваться; проса́чиваться; gas is escaping есть уте́чка га́за 6. *физ.* высвобожда́ться, вылета́ть (*о части́це*)

escape artist [ɪ'skeɪp͵ɑ:tɪst] 1) цирково́й арти́ст, демонстри́рующий уме́ние освобожда́ться от цепе́й *и т. п.* 2) престу́пник, многокра́тно убега́вший из заключе́ния

escape clause [ɪ'skeɪp(ʳ)klɔ:z] *амер. эк.* «кла́узула возмо́жного отка́за» (*огова́ривающая пра́во на освобожде́ние от отве́тственности или от догово́рных обяза́тельств*)

escape-cock [ɪ'skeɪpkɒk] *n тех.* выпускно́й кран

escapee [͵eskeɪ'pi:, ͵skeɪ'pi:] *n* 1) бе́женец 2) бегле́ц 3) бе́глый престу́пник

escape hatch [ɪ'skeɪphætʃ] 1. спаса́тельный люк; авари́йный люк 2. удо́бная возмо́жность увильну́ть от выполне́ния обеща́ния *и т. п.*; удо́бный предло́г

escapeless [ɪˈskeɪplɪs] *a редк.* 1. неизбе́жный 2. не име́ющий вы́хода, тако́й, из кото́рого нельзя́ убежа́ть

escape mechanism [ɪˈskeɪpˌmekənɪz(ə)m] *психол.* механи́зм ухо́да от действи́тельности (*путём погруже́ния в мечты́ и т. п.*)

escapement [ɪˈskeɪpmənt] *n* 1. *редк.* = escape I 1 2. *тех.* спуск, а́нкерный механи́зм

escape-proof [ɪˈskeɪppruːf] *a* надёжный (*о ме́сте заключе́ния*); исключа́ющий возмо́жность побе́га

escape-valve [ɪˈskeɪpvælv] *n тех.* выпускно́й кла́пан

escape velocity [ɪˈskeɪpvɪˌlɒsɪtɪ] 1) втора́я косми́ческая ско́рость 2) *астр.* ско́рость убега́ния

escape-warrant [ɪˈskeɪpˌwɒrənt] *n юр.* оповеще́ние о ро́зыске и аре́сте соверши́вшего побе́г заключённого (*рассыла́ется всем шери́фам гра́фств*)

escaping neutron [ɪˈskeɪpɪŋˈnjuːtrɒn] *физ.* вылета́ющий нейтро́н

escaping radiation [ɪˈskeɪpɪŋˌreɪdɪˈeɪʃ(ə)n] *физ.* уте́чка излуче́ния

escapism [ɪˈskeɪpɪz(ə)m] *n* эскапи́зм, стремле́ние уйти́ от действи́тельности

escapist I [ɪˈskeɪpɪst] *n* писа́тель-эскапи́ст; а́втор произведе́ний, уводя́щих от основны́х пробле́м жи́зни

escapist II [ɪˈskeɪpɪst] *a* эскапи́стский, уводя́щий от основны́х пробле́м жи́зни; развлека́тельный (*о кни́гах, фи́льмах и т. п.*)

escapologist [ˌeskəˈpɒlədʒɪst] *n* 1. = escape artist 2. *шутл.* челове́к, легко́ выпу́тывающийся из тру́дных положе́ний; ≅ в воде́ не то́нет, в огне́ не гори́т

escapology [ˌeskəˈpɒlədʒɪ] *n* 1. уме́ние освобожда́ться от цепе́й *и т. п.* (*см.* escape artist 1)) 2. *шутл.* ло́вкость, проны́рливость; parliamentary ~ парла́ментские махина́ции

escarole [ˈeskərəʊl] *n бот.* (сала́т) эскарио́ль (*Cichorium endiva или scariola*)

escarp I [ɪˈskɑːp] *n* 1. *воен.* эска́рп 2. крута́я на́сыпь; отко́с, обры́в

escarp II [ɪˈskɑːp] *v воен.* эскарпи́ровать

escarpment [ɪˈskɑːpmənt] *n* 1) отко́с, круто́сть 2) *воен.* эска́рп 3) *геол.* вертика́льное обнаже́ние поро́ды

-esce [-ˈes] *suff* выделя́ется в не́которых глаго́лах (*с лат. корня́ми*) преим. со значе́нием перехо́да в но́вое ка́чество: acquiesce неохо́тно согласи́ться; coalesce сраста́ться; effervesce пе́ниться; evanesce исчеза́ть, испаря́ться; fluoresce флюоресци́ровать; convalesce выздора́вливать

eschalot [ˈeʃəlɒt] *n бот.* лук-шало́т (*Allium ascalonicum*)

eschar [ˈeskɑː] *n мед.* струп (*по́сле ожо́га и т. п.*)

escharotic [ˌeskəˈrɒtɪk] *n мед.* е́дкое или прижига́ющее сре́дство

eschatology [ˌeskəˈtɒlədʒɪ] *n филос.* эсхатоло́гия

escheat I [ɪsˈtʃiːt] *n юр.* 1. 1) вы́морочное *или* конфиско́ванное иму́щество 2) перехо́д в казну́ вы́морочного иму́щества 2. *шотл.* конфиска́ция иму́щества

escheat II [ɪsˈtʃiːt] *v юр.* 1. конфискова́ть вы́морочное иму́щество 2. станови́ться вы́морочным (*об иму́ществе*)

eschew [ɪsˈtʃuː] *v возвыш.* тща́тельно избега́ть, сторони́ться, остерега́ться (*чего́-л., кого́-л.*); возде́рживаться или отка́зываться (*от чего́-л.*); ~ evil and do good *библ.* отойди́ от зла и сотвори́ бла́го

eschewal, eschewance [ɪsˈtʃuːəl, -əns] *n возвыш.* избежа́ние, уклоне́ние (*от зла*)

escort I [ˈeskɔːt] *n* 1. охра́на; эско́рт; карау́л; mounted ~ ко́нная охра́на; ~ of honour почётный карау́л; почётный эско́рт; under police ~ в сопровожде́нии полице́йских; под конво́ем 2. *воен.* эско́рт, конво́й, прикры́тие; merchant ships under ~ конво́й, конвои́руемые торго́вые суда́; ~ aircraft самолёт(ы); ~ destroyer а) конво́йный эсми́нец; б) сторожево́й кора́бль; ~ duty *амер.* конво́йная слу́жба 3. 1) кавале́р, партнёр; young ladies and their ~s деви́цы со свои́ми кавале́рами 2) на́нятый кавале́р (*для сопровожде́ния дам, осо́б. пожи́лых*) 3) эвф. «спу́тница» (*же́нщина, на́нятая для сопровожде́ния мужчи́ны; ча́сто фо́рма проститу́ции*)

escort II [ɪsˈkɔːt] *v* 1. сопровожда́ть; провожа́ть; эскорти́ровать (*почётного го́стя и т. п.*); ~ed by her husband в сопровожде́нии супру́га; to ~ a lady to her home проводи́ть да́му до до́ма; to ~ smb. round the sights of the city пока́зывать кому́-л. го́род 2. *воен.* эскорти́ровать, конвои́ровать, прикрыва́ть 3. *юр.* конвои́ровать (*аресто́ванного*)

escort bureau [ˈeskɔːtˌbjʊ(ə)rəʊ] = escort service

escort service [ˈeskɔːtˌsɜːvɪs] бюро́ на́йма спу́тников (*для сопровожде́ния в ночны́е клу́бы и т. п.*)

escribed [ɪˈskraɪbd] *a мат.* впи́санный (*о фигу́ре*)

escritoire [ˌeskrɪˈtwɑː] *n* пи́сьменный стол, секрете́р

escrow [ˈeskrəʊ] *n юр.* 1) усло́вно вручённый докуме́нт, депони́рованный у тре́тьего лица́ 2) усло́вное депони́рование де́нежной су́ммы у тре́тьего лица́; in ~ with the bank на хране́нии в ба́нке

escuage [ˈeskjʊɪdʒ] *n ист.* 1. слу́жба в во́йске (*феода́льная пови́нность*) 2. по́дать феода́лу за освобожде́ние от войсково́й слу́жбы

escudo [eˈskuːdəʊ] *n* (*pl* -os [-əʊz]) *исп., португ.* эску́до (*де́нежная едини́ца*)

Esculapian [ˌiːskjʊˈleɪpɪən] = Aesculapian

Esculapius [ˌiːskjʊˈleɪpɪəs] = Aesculapius

esculent I [ˈeskjʊlənt] *n* съестно́е, пи́ща (*осо́б. об овоща́х*)

esculent II [ˈeskjʊlənt] *a* съедо́бный, пищево́й, го́дный в пи́щу (*осо́б. об овоща́х*)

escutcheon [ɪˈskʌtʃ(ə)n] *n* 1. щит герба́; герб 2. *архит.* орнамента́льный щит 3. доска́ с назва́нием су́дна 4. *тех.* ра́мка; обрамле́ние шкалы́ ◊ a blot on one's ~ пятно́ на репута́ции, позо́рное пятно́; to sully /besmirch/ one's ~ запятна́ть своё и́мя

-ese [-iːz] *suff* образу́ет прилага́тельные (*и существи́тельные*) со значе́нием 1. национа́льность, язы́к (*от геогр. назва́ний*): Javanese ява́нский (язы́к); Portuguese португа́льский (язы́к); португа́лец 2. мане́ра ре́чи, стиль (*обы́чно пренебр.*): novelese хара́ктерный для языка́ рома́на; scientese наукообра́зный; journalese газе́тный язы́к; officialese официа́льный язы́к

eskar [ˈeskə] = esker

esker [ˈeskə] *n геол.* о́скер, оз

Eskimo I [ˈeskɪməʊ] *n* (*pl* -os [-əʊz], *тж.* без измене́ния) 1. 1) эскимо́с, эскимо́ска; the ~(s) эскимо́сы 2. эскимо́сский язы́к 3. красно́вато-кори́чневый цвет

Eskimo II [ˈeskɪməʊ] = Eskimoan

Eskimoan [ˌeskɪˈməʊən] *a* эскимо́сский

Eskimo dog [ˈeskɪməʊˈdɒg] ла́йка

Eskimo pie [ˈeskɪməʊˈpaɪ] эскимо́ (моро́женое)

Esky [ˈeskɪ] *n австрал.* «эскимо́сик», портати́вный холоди́льник (*для напи́тков*)

esne [ˈeznɪ] *n ист.* крепостно́й

esodic [ˈesɒdɪk] *a физиол.* центростреми́тельный, афферентный (*о не́рве*)

esophageal [ɪˌsɒfəˈdʒiːəl] *a анат.* относя́щийся к пищево́ду

esophagi [ɪˈsɒfəgaɪ] *pl от* esophagus

esophagus [ɪˈsɒfəgəs] *n* (*pl* -gi) *анат.* пищево́д

Esopian [iːˈsəʊpɪən] *амер.* = Aesopian

esoteric I [ˌesəˈterɪk, ˌiːsə-] *n* посвящённый

esoteric II [ˌesəˈterɪk, ˌiːsə-] *a* 1. та́йный, изве́стный лишь посвящённым; ~ truth и́стина, откры́тая и́збранным 2. та́йный, скры́тый; ~ purpose та́йная цель; ~ motive скры́тое побужде́ние 3. нея́сный, сло́жный, запу́танный, поня́тный лишь немно́гим; эзотери́ческий; ~ poetry поэ́зия для и́збранных

esoterics [ˌesəˈterɪks, ˌiːsə-] = esotery

esotery [ˈesɒt(ə)rɪ] *n* та́йное уче́ние

espadrilles [ˌespəˈdrɪlz] *n pl* эспадри́льи; санда́лии на верёвочной подо́шве

espagnolette [eˌspænjəˈlet] *n* шпингале́т

espalier I [ɪˈspælɪə] *n сад.* шпале́ра; ~ lath шпале́рник

espalier II [ɪˈspælɪə] *v сад.* формова́ть, выра́щивать на шпале́рах

esparto (grass) [ɪˈspɑːtəʊ(ˈgrɑːs)] (*n*) *бот.* эспа́рто, трава́ альфа́ (*Stipa tenacissima, Lygeum spartum*)

esparto paper [ɪˈspɑːtəʊˌpeɪpə] *полигр.* лёгкая печа́тная бума́га из эспа́рто [*см.* esparto (grass)]

especial [ɪˈspeʃ(ə)l] *a* 1. 1) осо́бенный, осо́бый, специа́льный; a matter of ~ importance де́ло осо́бой ва́жности 2) исключи́тельный, гла́вный, осо́бо ва́жный; his ~ friend его́ лу́чший друг; my ~ aversion ≅ э́то мне осо́бенно отврати́тельно 2. ча́стный, конкре́тный; an ~ case ча́стный слу́чай; I repeat this for your ~ benefit я повторю́ э́то специа́льно для вас; this has no ~ reference to any person э́то ни к кому́ конкре́тно не отно́сится

especially [ɪˈspeʃ(ə)lɪ] *adv* 1. осо́бенно, в осо́бенности; the criticism is ~ deserved in this case в э́том слу́чае кри́тика явля́ется осо́бенно заслу́женной; the book is designed ~ for family use кни́га предназна́чена специа́льно для семе́йного чте́ния 2. гла́вным о́бразом; ~ for this reason в основно́м по э́той причи́не; the more ~ as... тем бо́лее что... 3. в ча́стности

Esperanto [ˌespəˈræntəʊ] *n* (язы́к) эспера́нто

espial [ɪˈspaɪəl] *n* та́йное наблюде́ние; высле́живание; подсма́тривание

espionage [ˈespɪənɑːʒ] *n* шпиона́ж; ~ ring агенту́рная сеть, шпио́нская организа́ция

esplanade [ˌespləˈneɪd] *n* 1. 1) эсплана́да, площа́дка *или* доро́га для прогу́лок и ката́ния 2) ро́вная откры́тая ме́стность; луг, лужа́йка 2. *воен.* эсплана́да

esplees [eˈspliːz] *n pl юр.* дохо́д с земли́ (*проду́кты земледе́лия, дохо́д от сда́чи земе́льных уго́дий и т. п.*)

espousal [ɪˈspaʊz(ə)l] *n* 1. *кни́жн.* уча́стие, подде́ржка (*иде́и, при́нципа*); open ~ of a cause откры́тая подде́ржка де́ла 2. *ча́сто pl возвыш.* 1) обруче́ние 2) сва́дьба

espouse [ɪ'spaʊz] v 1. 1) жениться 2) *редк.* выходить замуж 2. *уст.* выдавать замуж 3. *книжн.* поддерживать (*идею и т. п.*); отдаваться (*делу и т. п.*); to ~ the cause of peace отстаивать дело мира, бороться за мир; to ~ a party поддерживать (какую-л.) партию; to ~ a quarrel принять сторону в споре

espresso [e'spresəʊ, ɪ'spre-] n (*pl* -os [-əʊz]) *um.* 1. (E.) «экспресс» (*тип кофеварки*) 2. кафе (*тж.* ~ bar); ~ coffee кофе, сваренный в кофеварке типа «экспресс»; кофе «эспрессо»

espringal [e'sprɪŋəl] n *воен. ист.* катапульта, метательная машина

esprit [e'spriː] n 1. *книжн.* дух; ум; ~ fort вольнодумец, свободомыслящий человек 2. остроумие; живость ума

esprit de corps [e,spriːdə'kɔː] *фр.* честь мундира; кастовый дух

espy [ɪ'spaɪ] v 1. увидеть, завидеть издалека 2. заметить, обнаружить (*недостаток и т. п.*)

Esq. [ɪ'skwaɪə] *сокр. от* esquire 2

-esque [-'esk] *suff образует прилагательные со значением* 1. (выполненный) в манере данного автора (*художника*) *или* данного жанра: Dantesque дантовский; picaresque плутовской; chivalresque рыцарский 2. подобный чему-л.: statuesque как статуэтка; picturesque живописный

Esquimau I, II ['eskɪməʊ] (*pl* -aux [-əʊz]) = Eskimo I *и* II

esquire [ɪ'skwaɪə] n 1. эсквайр, нетитулованный дворянин 2. (E.) господин (*вежливое наименование в адресе после фамилии*); John Smith, Esquire /Esq./ г-ну Джону Смиту 3. *ист.* сквайр, оруженосец рыцаря

esquisse [e'skiːs] n *фр.* эскиз, набросок

ess [es] n (*pl* -es [-ɪz]) 1) эс, название буквы S 2) крутой изгиб дороги в форме буквы S

-ess [-ɪs, -əs] (*тж.* -tress) *suff встречается в существительных, обозначающих женщин* (*и самок животных*): princess принцесса; abbess аббатиса; stewardess стюардесса; duchess герцогиня; murderess женщина-убийца; actress актриса; mistress хозяйка; tigress тигрица

essart I, II [ɪ'sɑːt] = assart I 2 *и* II

essay I ['eseɪ] n 1. *лит.* очерк, этюд, эссе; an ~ on modern dramatics эссе о современном драматическом искусстве; an ~ on Russian literature очерк русской литературы 2. попытка, проба; испытание

essay II [e'seɪ] v *книжн.* 1. подвергать испытанию, испытывать, пробовать; to ~ one's powers испытать свои силы 2. пытаться; to ~ a task взять на себя трудную задачу; he ~ed escape он совершил попытку побега

essayist ['eseɪɪst] n *лит.* 1) эссеист, автор эссе 2) очеркист

esse ['esɪ] n *лат.* 1) существование, бытие; in ~ *юр.* фактически существующий; находящийся в живых 2) сущность

essence ['es(ə)ns] n 1. сущность, существо; in ~ по существу, в сущности; the ~ of the proposal существо предложения; ~ of crime сущность /существенное качество/ преступления; to be of the ~ быть существенно важным, относиться к существу дела 2. *филос.* 1) сущность 2) пятая стихия, основная сущность вещей, квинтэссенция (*у древних греков*) 3. квинтэссенция; верх (*чего-л.*); the ~ of nonsense сущий вздор, полная бессмыслица 4. эссенция; экстракт; meat ~ мясной экстракт; pear ~ грушевая эссенция 5. существо, создание; heavenly ~s небесные создания, духи небес 6. духи; аромат 7. 1) спиртовой раствор 2) летучее масло, эфирное масло 8. *авт. проф.* бензин

Essene ['esiːn] n *ист.* ессей, член секты ессеев (*в Иудее*)

essential I [ɪ'senʃ(ə)l] n 1. *обыкн. pl* сущность, неотъемлемая часть; основное, самое главное; the ~s of astronomy основные положения /основы/ астрономии; to grasp the ~ ухватить самое главное; to hold different views on the ~s of the situation расходиться в оценке основных моментов /сущности/ создавшегося положения; on these ~s they will back him они поддержат его по этим основным вопросам; to come down to ~s перейти к сути вопроса 2. *pl* 1) предметы первой необходимости, основные жизненные блага (*пища, одежда, жильё*) 2) *воен.* основные предметы снабжения

essential II [ɪ'senʃ(ə)l] a 1. 1) непременный, обязательный, необходимый; ~ condition обязательное /непременное/ условие; an ~ first step первый шаг, без которого нельзя обойтись; ~ to health необходимый для здоровья; water is ~ to life без воды нет жизни; experience not ~ стаж необязателен, стаж иметь необязательно; impartiality is absolutely ~ to a judge беспристрастность — это самое необходимое качество любого судьи; struggle is ~ to the historical process борьба является неотъемлемой частью исторического процесса; disarmament is ~ for the progress of mankind разоружение необходимо для прогресса человечества 2) составляющий сущность; относящийся к сущности, к существу; основной; ~ disagreement расхождение по существу; ~ difference a) существенный признак (*по которому классифицируются предметы*); б) *биол.* видовое различие; ~ notes *муз.* аккордовые звуки; ~ part of his character основная черта его характера 3) неотъемлемый, присущий 2. существенный, существенно важный; ~ service важная услуга; ~ history важнейшие исторические факты; punctuality is ~ in the business world пунктуальность очень важна в деловом мире 3. *редк.* полный, совершенный; ~ happiness (полное) блаженство 4. *спец.* эфирный, относящийся к эфирному маслу; ~ oils эфирные масла 5. *мед.* идиопатический, первичный (*о заболевании*)

essential goods [ɪ'senʃ(ə)l'ɡʊdz] товары первой необходимости

essentialism [ɪ'senʃ(ə)lɪz(ə)m] n 1. эссенциализм (*педагогическая теория, отстаивающая традиционные методы обучения основам знаний*) 2. *филос.* реализм; материализм

essentially [ɪ'senʃ(ə)lɪ] adv 1. по существу; ~ negative approach в основном отрицательное отношение; matters which are ~ within domestic jurisdiction дела, по существу входящие во внутреннюю компетенцию (государства) 2. существенно, существенным образом; the new model differs ~ from the old one новая модель существенно отличается от старой

essentic [ɪ'sentɪk] a *психол.* открытый, выраженный внешне (*об эмоциях*); an ~ form of joy открытое проявление радости

essive ['esɪv] n *лингв.* эссив, изобразительный падеж (*в финно-угорских языках*)

essoign [e'sɔɪn] = essoin I

essoin I [e'sɔɪn] n *юр.* уважительная причина для неявки в суд (*по вызову*)

essoin II [e'sɔɪn] v *юр.* приводить суду уважительные причины неявки (*о лице, вызванном в суд*)

-est[1] [-ɪst] *suff образует превосходную степень односложных и некоторых двусложных прилагательных и наречий*: dearest, latest, barrenest, loyalest, quickliest

-est[2] [-ɪst] (*тж.* -st) *встречается в архаической форме глаголов второго лица ед. ч.*: gettest, didst, canst, dost

establish [ɪ'stæblɪʃ] v 1. основывать, учреждать; создавать, организовывать; to ~ a state создать государство; to ~ a newspaper основать газету; to ~ an international organization учредить международную организацию; ~ed in 1901 существует с 1901 г. (*о фирме и т. п.*) 2. устанавливать, создавать; to ~ order навести порядок; to ~ conditions under which... создать условия, при которых...; to ~ a price in the market установить рыночную цену; to ~ relations установить отношения; to ~ a precedent создать прецедент; peace was ~ed был установлен мир; the seat of the Court shall be ~ed at the Hague местопребыванием суда устанавливается Гаага 3. 1) упрочивать, укреплять; утверждать; to ~ one's health укрепить своё здоровье; to ~ one's reputation упрочить свою репутацию; to be ~ed in the faith утвердиться в вере 2) устраивать; to ~ one's son in business создать своему сыну положение в деловом мире; to ~ oneself устраиваться; to ~ oneself in a new house переехать в новый дом; to ~ oneself in literature создать себе имя в литературе; the doctor ~ed a good practice in London доктор создал себе /приобрёл/ в Лондоне широкую практику; he ~ed himself as a leading surgeon он занял положение ведущего хирурга; we ~ed ourselves *воен.* мы закрепились на местности 4. устанавливать, выяснять, определять; to ~ smb.'s whereabouts установить чьё-л. местопребывание; to ~ smb.'s name выяснить чью-л. фамилию /чьё-л. имя/; to ~ certain facts выяснить некоторые данные; facts ~ed by the Commission факты, установленные комиссией; it is ~ed beyond controversy that... бесспорно установлено, что...; the theory is not yet scientifically ~ed эта теория ещё научно не обоснована 5. 1) приняться (*о растении*) 2) укоренить, вкоренить; the habit was now well ~ed привычка уже стала прочной; this scientific belief is too well ~ed to be overthrown это научное представление слишком укоренилось, чтобы его можно было опровергнуть 6. назначать, устраивать (*на должность и т. п.*); возводить (*в сан и т. п.*) 7. 1) издавать (*закон*); устанавливать (*правило*); вводить (*систему*) 2) постановлять, устанавливать (*законом*); as ~ed by law как установлено законом, в установленном порядке 8. *юр.* 1) доказывать; to ~ a claim обосновать претензию /право/; to ~ a fact установить /доказать/ (какой-л.) факт; to ~ smb.'s guilt [innocence] установить чью-л. виновность [невиновность]; to ~ a point обосновать положение 2) утверждать; to ~ a will утвердить (*судом*) завещание 9. *юр. редк.* передавать права (*кому-л.*). 10. *спец.* 1) заложить (*фундамент*) 2) разбить (*трассу, сад*) 3) *воен.* развёртывать (*склад, госпиталь*) 11. *фин.* открывать (*аккредитив*)

◇ to ~ a Church возвести церковь в положение господствующей /официальной, государственной/

established [ɪ'stæblɪʃt] *a* 1. установленный, доказанный; ~ fact установленный факт 2. упрочившийся, установившийся, укоренившийся; the ~ order существующий строй; ~ reading habits установившиеся навыки чтения; ~ tastes устойчивые вкусы; ~ custom укоренившийся обычай 3. признанный, ~ authority признанный авторитет (*о человеке*); ~ author известный писатель; a dramatist of ~ reputation драматург с именем 4. закреплённый; ~ bound *воен.* занятый рубеж 5. *биол.* акклиматизировавшийся

Established Church [ɪ'stæblɪʃt'tʃɜ:tʃ] государственная церковь (*в Великобритании*)

establisher [ɪ'stæblɪʃə] *n* основатель, учредитель; создатель

establishment [ɪ'stæblɪʃmənt] *n* 1. установление, основание; создание, учреждение; введение; ~ charges организационные расходы; the ~ of a new state создание нового государства; the ~ of Christianity введение христианства 2. учреждение (*государственное и т. п.*); организация; заведение; higher education ~ s высшие учебные заведения; an ~ for the maintenance of orphans дом призрения сирот; an ~ for the training of nurses училище для среднего медперсонала 3. (*прочное*) положение в обществе; устроенность; достаточные средства, постоянный доход; he has in view an ~ for his daughter он рассчитывает хорошо пристроить /выдать замуж/ свою дочь 4. 1) закон, правило, постановление 2) уложение, кодекс законов 5. хозяйство, семья, дом; principal ~ *юр.* место основного жительства *или* нахождения; to keep a splendid ~ жить на широкую ногу 6. (the E.) 1) господствующая, официальная, государственная церковь 2) *часто неодобр.* господствующая верхушка, правящие круги; истеблишмент 3) влиятельные круги (*в какой-л. области науки и т. п.*); health ~ a) влиятельные медицинские круги; б) организованная медицина (*особ. союзы медиков и т. п.*); artistic ~ заправилы мира искусства 7. 1) штатное расписание 2) штат сотрудников; an ~ of 28 штат в 28 человек 3) *воен.* штат личного состава; peace [war] ~ штаты мирного [военного] времени; to be up to ~ иметь полный штатный состав; to be below ~ a) иметь некомплект в личном составе; б) иметь неполный комплект положенного по штату имущества

Establishmentarian [ɪ,stæblɪʃmən'tɛ(ə)rɪən] *n* (*тж. e.*) 1. сторонник существующего порядка, консерватор 2. противник отделения церкви от государства

estaminet [e'stæmɪneɪ] *n фр.* кабачок, маленькое кафе

estancia [e'stɑ:nsɪə] *n исп.* большое имение, *особ.* большое скотоводческое хозяйство; (крупная) животноводческая ферма (*в Латинской Америке*)

estanciero [e,stɑ:n'sjeɪrəʊ] *n* (*pl* -os [-əʊz]) *исп.* владелец животноводческой фермы (*в Латинской Америке*)

estate I [ɪ'steɪt] *n* 1. 1) поместье, имение; земельное владение (*тж. a country ~*); rubber ~ плантация каучуконосов; ~ agent а) управляющий имением; б) агент по продаже недвижимости; to own a landed ~ иметь (большое) имение; to be крупным землевладельцем /помещиком/; to reside on an ~ жить (в своём) имении 2) имущество, состояние; personal [real] ~ движимое [недвижимое] имущество; ~ duty налог на наследство, наследственная пошлина; ~ for life *юр.* пожизненное владение имуществом; ~ in tail *юр.* (недвижимое) имущество, владелец которого ограничен в праве его отчуждения и распоряжения им на случай смерти; he is heir to a large ~ он наследник крупного состояния; he left an ~ of ... он оставил состояние в размере...; to administer a deceased's ~ быть чьим-л. душеприказчиком 2. участок, площадка; industrial ~ промышленная площадка; территория завода; housing ~ район жилой застройки; группа домов 3. сословие; Third E. *ист.* третье сословие, буржуазия; the fourth ~ *шутл.* «четвёртое сословие», пресса; the ~s of the realm (три) сословия королевства (*Великобритания*) 4. *редк.* положение; man's [woman's] ~ совершеннолетие /зрелость/ мужчины [женщины]; the ~ of matrimony законный брак, состояние в браке; to suffer in one's ~ тяготиться своим положением 5. *книжн.* положение в обществе; статус; звание (*преим. высокое*); their high ~ их высокое положение; the ~ of a clerk in the church духовный сан

estate II [ɪ'steɪt] *v ист.* одарить; пожаловать (*имение и т. п.*)

estate car [ɪ'steɪtkɑ:] (легковой) автомобиль с кузовом «универсал»

estate road [ɪ'steɪtrəʊd] дорога местного значения

Estates General [ɪ,steɪts'dʒen(ə)rəl] *ист.* Генеральные штаты

estatesman [ɪ'steɪtsmən] *n* (*pl* -men [-mən]) *ист.* йомен (*на северо-западе Англии*)

estate wagon [ɪ'steɪt,wægən] = estate car

esteem I [ɪ'sti:m] *n* уважение, почтение; to hold in ~ уважать, чтить, почитать; to be held in ~ пользоваться уважением /признанием/; to hold smb. in low [no] ~ [совершенно] не уважать кого-л.; to feel no ~ for smth., smb. не иметь чувства уважения к чему-л., кому-л.; to rise [to fall] in smb.'s ~ возвыситься [упасть] в чьих-л. глазах

esteem II [ɪ'sti:m] *v* 1. уважать, почитать, чтить; (высоко) ценить; to ~ learned men уважать людей науки; to be highly ~ed among... пользоваться большим уважением у... 2. полагать, считать (*каким-л.*); рассматривать (*как что-л.*); to ~ a theory useless считать какую-л. теорию бесплодной; to ~ money lightly мало ценить деньги, не придавать важности деньгам; I ~ it a great favour я считаю это большой любезностью 3. *спец.* давать оценку (*в статистике*)

esteemed [ɪ'sti:md] *a* уважаемый; ~ members of the Presidium уважаемые члены президиума

esteemer [ɪ'sti:mə] *n книжн.* 1. см. esteem II + -er 2. почитатель, поклонник

ester ['estə] *n хим.* сложный эфир

esterification [e,sterɪfɪ'keɪʃ(ə)n] *n хим.* превращение в сложный эфир

Esther ['estə] *n библ.* 1) Эсфирь 2) Книга Эсфири

esthesia [es'θi:ʒə, -zɪə] *n спец.* эстезия, ощущение, восприятие, чувствительность (*напр., к боли*)

esthesiometer [es,θi:zɪ'ɒmɪtə] *n* эстезиометр

esthesis [es'θi:sɪs] = esthesia

esthete, esthetic, esthetics ['i:sθi:t, i:s'θetɪk, -s] = aesthete, aesthetic, aesthetics

Esthonian I, II [es'θəʊnɪən] = Estonian I *и* II

estimable ['estɪməb(ə)l] *a* 1. достойный (уважения); почтенный 2. поддающийся оценке, учёту

estimably ['estɪməblɪ] *adv* значительно, заметно

estimate I ['estɪmɪt] *n* 1. оценка; to form an ~ составить мнение, оценить (*положение и т. п.*); critical ~ of an author критическая оценка произведений какого-л. автора; to form a correct ~ of modern art составить верное представление о современном искусстве; what is your ~ of the crop? как вы оцениваете урожай (этого года)?, каково ваше мнение об урожае?; ~s of radiation intensity определение интенсивности излучения 2. 1) смета, калькуляция; исчисление; предварительный подсчёт; rough ~ ориентировочная оценка, приблизительный /грубый/ подсчёт; ~ for funds смета на денежные ассигнования; ~ of requirements план-заявка; by ~ по смете, по предварительному подсчёту; примерно; the bibliography runs by ~ to 1,650 titles библиография содержит около /примерно/ 1650 названий; on /at/ a conservative ~ по самым скромным подсчётам 2) *pl* (сметные) предположения; the Estimates а) проект (государственного) бюджета (*в Великобритании*); б) проект расходной части бюджета (*сметы-заявки ведомств — в США*); budgetary ~s бюджетные предположения

estimate II ['estɪmeɪt] *v* 1. оценивать, устанавливать стоимость; to ~ the value of a gem оценить драгоценный камень; the losses are ~d at £50 убытки оцениваются в 50 фунтов 2. оценивать, давать оценку; выносить суждение, судить (*о чём-л.*); to ~ the powers of an author судить о таланте /о возможностях/ писателя, дать оценку таланту писателя; to ~ highly высоко ценить 3. составлять смету; приблизительно подсчитывать, прикидывать; the press ~d the number of demonstrators as 2,000 по мнению журналистов, в демонстрации приняло участие по меньшей мере 2 тысячи человек; the age of the icon is ~d at two hundred years считают, что икона была написана 200 лет назад; the population of the country is variously ~d at from... to... по разным подсчётам население страны составляет от... до... 4. *спец.* оценивать, делать оценку (*величины*)

estimated ['estɪmeɪtɪd] *a* 1. предполагаемый, предположительный; примерный, приблизительный; ~ readership примерное количество читателей; ~ casualties а) предполагаемые потери; б) примерное число жертв (*катастрофы и т. п.*) 2. *спец.* планируемый, плановый; сметный; предполагаемый, теоретический, расчётный; ~ amount рассчитанная величина; ~ cost проектная /сметная/ стоимость; ~ profit плановая прибыль; ~ requirements плановая потребность; ~ strength *воен.* плановая численность; ~ casualty area *воен.* предполагаемый район поражения 3. *спец.* номинальный, расчётный; оценённый

estimation [,estɪ'meɪʃ(ə)n] *n* 1. оценка, суждение, мнение; in my ~ по моему мнению; in the ~ of most people как считает большинство 2. уважение; to hold in ~ уважать; to be held in high ~ пользоваться большим уважением; to rise [to fall] in the ~ of the public возвыситься [упасть] в глазах общественности 3. 1) расчёт, подсчёт, вычисление; калькуляция, смета, (примерное) определение; ocular ~ определение (расстояния) на глаз, глазомерная оцен-

EST — ETH

ка; range ~ воен. определение расстояния (до цели); terrain ~ воен. оценка местности 2) оценивание, нахождение оценки (в статистике)
estimative ['estɪmətɪv] *a* 1. оценочный 2. умеющий (правильно) оценивать; ~ faculty способность оценивать (явления, обстановку)
estimator ['estɪmeɪtə] *n* 1. *мат.* оценка, оценочная функция 2. 1) оценщик, эксперт по оценке 2) сметчик 3) таксатор
estival ['estɪv(ə)l] = aestival
estivate ['estɪveɪt] = aestivate
estivation [,estɪ'veɪʃ(ə)n] = aestivation
estoc ['estɒk] *n* короткая шпага
estocade [,estə'keɪd] *n исп.* эстокада, удар шпагой (матадора), убивающий быка
estoil(e) [ɪ'stɔɪl] *n геральд.* звезда с лучами
Estonian I [e'stəʊnɪən] *n* 1. эстонец; эстонка; the ~s эстонцы 2. эстонский язык
Estonian II [e'stəʊnɪən] *a* эстонский
estop [ɪ'stɒp] *v* 1. *юр.* 1) отводить (в гражданском процессе) заявление противной стороны, противоречащее её прежним высказываниям 2) заявлять процессуальный отвод 2. *редк.* мешать, препятствовать, останавливать
estoppel [ɪ'stɒp(ə)l] *n юр.* процессуальный отвод; лишение права возражения, лишение права ссылаться на какие-л. факты *или* отрицать какие-л. факты
estoque ['estəʊk] = estoc
estovers [e'stəʊvəz] *n pl юр.* 1. право арендатора на получение из леса помещика дров и лесных материалов для ремонта 2. содержание, выплачиваемое вдове *или* жене, проживающей отдельно от мужа, алименты
estrade [e'strɑːd] *n редк.* 1) эстрада 2) возвышение, помост (для трона и т. п.)
estrado [e'strɑːdəʊ] *n исп.* 1. гостиная 2. = estrade
estragon ['estrəgɒn] *n бот.* эстрагон, тархун (Artemisia dracunculus)
estral ['estrəl] = estrous
estrange [ɪ'streɪndʒ] *v* 1) отдалять, отстранять, делать чуждым; his need to dominate ~d all of the children его властность оттолкнула от него всех детей; his conduct ~d him from his friends его поведение отдалило его от друзей 2) *pass* жить врозь, разойтись (о супругах); Mr. and Mrs. Brown have been ~d for a year г-н и г-жа Браун уже год живут врозь 3) *refl* отходить, отставать; отдаляться; he ~d himself from life он оторвался от жизни
estranged [ɪ'streɪndʒd] *a* 1) живущий отдельно; his ~ wife жена, с которой он живёт раздельно; the ~ couple супруги, живущие врозь 2) отрешённый, отсутствующий; she gave him an ~ look она посмотрела на него отсутствующим взглядом
estrangement [ɪ'streɪndʒmənt] *n* 1. отдаление, отрыв; разрыв; to cause ~ between old friends быть причиной разрыва между старыми друзьями 2. отчуждённость, отчуждение 3. разрыв, раздельная жизнь (мужа и жены)
estray [ɪ'streɪ] *n* 1. *юр.* приблудное, бесхозяйное домашнее животное 2. беспризорный человек; бродяга
estreat I [ɪ'striːt] *n* 1) *юр.* точная копия с документа (*особ. по которому*

производится взыскание штрафа, недоимки и т. п.) 2) *спец.* аутентичный экземпляр
estreat II [ɪ'striːt] *v юр.* 1. направлять для исполнения документы о взыскании штрафа, недоимки и т. п. 2. штрафовать
estriol ['estrɪɒl] *n биол.* эстриол (гормон)
estrogen ['estrədʒən] *n биол.* эстроген (гормон)
estrone ['estrəʊn] *n биол.* эстрон (гормон)
estrous ['estrəs] *a биол.* эстральный; относящийся к половой охоте [*см.* estrus]; ~ cycle течковый цикл
estrum ['estrəm] = estrus
estrus ['estrəs] *n* 1) эструс, течка, половая охота (*у животных*) 2) период токования (*у тетеревиных птиц*) 3) период нереста (*у рыб*) 4) гон (*у зверей*) 5) непреодолимое желание
estuarial, estuarian, estuarine [,estjʊ'e(ə)rɪəl, -'e(ə)rɪən, 'estjʊ(ə)rɪn] *a* относящийся к устью, эстуарию и т. п. [*см.* estuary]
estuary ['estjʊərɪ] *n* 1) устье (*реки*); эстуарий, дельта 2) *редк.* морской рукав
esurience, -cy [ɪ'sjʊ(ə)rɪəns, -sɪ] *n книжн.* 1. голод; чувство голода 2. жадность (голодного)
esurient [ɪ'sjʊ(ə)rɪənt] *a книжн.* 1. голодный 2. жадный, прожорливый
-et¹ [-ɪt, -ət] *suff* встречается в существительных с уменьшительным значением: hogget годовалый барашек; flasket маленькая фляжка; cygnet молодой лебедь; baronet баронет; coffret сундучок; tablet дощечка с надписью
-et² [-et] = -ette²
eta [ɪ'tə] *n* эта (7-я буква греческого алфавита)
étagère, etagere [,etə'ʒeə] *n фр.* 1. этажерка 2. горка (шкаф)
et alia [et'eɪlɪə] *лат.* и прочее
et alibi [et'ælɪbaɪ] *лат.* и в других местах
et alii [et'eɪlaɪ] *лат.* и прочие
eta meson, eta particle ['iːtə'miːzɒn, -'pɑːtɪk(ə)l] эта-мезон
etc [et'set(ə)rə] и т. д., и т. п.
et-cetera, etcetera [et'set(ə)rə] *лат.* и так далее, и тому подобное
etceteras [et'set(ə)rəz] *n pl разг.* 1) всякая всячина 2) всё остальное; все дополнения, приложения; joint with all the ~ жаркое со всем, что к нему полагается
etch [etʃ] *v* 1. 1) гравировать, протравливать (*на металле, стекле*); делать гравюру, офорт 2) оставлять неизгладимый след; to be ~ed in one's memory врезаться в память 2. разъедать, травить (*кислотой*)
etchant ['etʃ(ə)nt] *n хим.* травитель, травящее вещество, травящий агент
etched [etʃt] *a* 1) выгравированный, награвированный, травленый 2) врезавшийся, неизгладимый (*о воспоминании и т. п.*)
etcher ['etʃə] *n* гравёр, травильщик, офортист; dot ~ гравёр-травильщик
etching ['etʃɪŋ] *n* 1. гравирование (травлением); травление 2. гравюра, офорт; награвированное, протравленное изображение 3. *хим., физ.* травление; ion ~ ионное травление, травление ионной бомбардировкой
etching ground ['etʃɪŋ,graʊnd] *спец.* офортный грунт (*лак*)
etching-needle ['etʃɪŋ,niːdl] *n* гравировальная, офортная игла
etch pit ['etʃ,pɪt] 1. *метал.* ямка травления 2. небольшая впадина на поверхности Марса

Eteocles [ɪ'tiːəkliːz] *n греч. миф.* Этеокл (один из участников похода Семерых против Фив)
eternal I [ɪ'tɜːn(ə)l] *n возвыш.* 1. (the ~) вечное 2. (the E.) Предвечный, Бог
eternal II [ɪ'tɜːn(ə)l] *a* 1. вечный; вечно существующий; бесконечный (*во времени*); life ~ *возвыш.* жизнь вечная, бессмертие; ~ punishment вечные муки (ада); ~ God предвечный бог; matter is ~ материя вечна; from time ~ испокон веку /веков/ 2. вечный, неизменный; ~ truths /verities/ вечные истины; ~ principles непреложные принципы, непоколебимые основы 3. *эмоц.-усил.* вечный, нескончаемый, беспрерывный, постоянный; their ~ chatter их беспрестанная /нескончаемая/ болтовня; sipping her ~ tea за своим нескончаемым чаепитием 4. *арх.* проклятый, дьявольский
Eternal City [ɪ'tɜːn(ə)l'sɪtɪ] (the ~) Вечный город, Рим
eternalize [ɪ'tɜːnəlaɪz] = eternize
eternal light [ɪ'tɜːn(ə)l'laɪt] 1. вечный огонь (*у мемориала, особ. воинского*) 2. *церк.* лампада у ковчега завета (*в синагоге*)
eterne [ɪ'tɜːn] *n поэт.* 1. (the ~) вечное 2. (the E.) Предвечный, Бог
eternity [ɪ'tɜːnɪtɪ] *n* 1. вечность; he kept me waiting for an ~ он заставил меня ждать целую вечность 2. вечная жизнь, бессмертие; загробная жизнь; to send smb. into ~ *эвф.* отправить кого-л. на тот свет 3. *pl* вечные истины ◇ from all ~ испокон веку /веков/; for all ~ во веки веков; from here to ~ отныне и во веки веков; damned from here to ~ осуждённые на вечные муки
eternity box [ɪ'tɜːnɪtɪ'bɒks] *сл.* гроб
eternity ring [ɪ'tɜːnɪtɪ'rɪŋ] кольцо с камнями вокруг
eternize [ɪ'tɜːnaɪz] *v* 1. увековечивать; делать вечным, нескончаемым; to ~ smb.'s memory увековечить чью-л. память 2. обессмертить, наделить вечной славой, прославить в веках
etesian [ɪ'tiːʒ(ə)n] *a* (*тж.* E.) *метеор.* годичный; периодический (*о ветре*)
-eth [-ɪθ] (*тж.* -th) встречается в архаической форме глаголов третьего лица ед. ч. наст. вр.: knoweth, thinketh, doth, hath
ethane ['iːθeɪn] *n хим.* этан
ethanol ['eθənɒl, 'iːθ-] *n хим.* этиловый спирт; этанол
ethel ['eθ(ə)l] *n ист.* родовое поместье, вотчина
ether [ɪːθə] *n* 1. *хим.* простой эфир; ~ anaesthesia /narcosis/ *мед.* эфирный наркоз; ~ addict эфироман 2. *разг.* эфир, радио; over the ~ по радио; ~ wave радиоволна 3. *поэт.* небо, небесное пространство, высь 4. *физ.* эфир (*гипотетическая среда*)
ethereal [ɪ'θɪ(ə)rɪəl] *a* 1. *поэт.* эфирный, воздушный, неземной; бесплотный; ~ messenger посланец неба; ~ light неземной свет; ~ beauty а) неземная /бесплотная/ красота; б) воздушное /эфирное/ создание 2. *спец.* эфирный; ~ oil эфирное масло
ethereality [ɪ,θɪ(ə)rɪ'ælɪtɪ] *n* 1. *поэт.* эфирность, воздушность, лёгкость; бесплотность 2. *спец.* эфирность
etherean [ɪ'θɪ(ə)rɪən] *редк.* = ethereal
ethereous [ɪ'θɪ(ə)rɪəs] *уст.* = ethereal
etherial [ɪ'θɪ(ə)rɪəl] = ethereal
etheric [ɪ'θerɪk] *a* эфирный
etherification [ɪ,θerɪfɪ'keɪʃ(ə)n] *n хим.* этерификация, образование простого эфира
etherify [ɪ'θerɪfaɪ] *v хим.* этерифицировать, превращать в эфир

etherize ['i:θəraɪz] v 1. *мед.* усыплять эфиром; давать эфир (*для наркоза*) 2. *хим.* превращать в эфир
etheromania [,i:θɪ(ə)rə'meɪnɪə] n *мед.* эфиромания
ethic I ['eθɪk] = ethics
ethic II ['eθɪk] *редк.* = ethical II
ethical I ['eθɪk(ə)l] n патентованное лекарство, отпускаемое только по рецепту
ethical II ['eθɪk(ə)l] a 1. этический, относящийся к этике; ~ system система этики; ~ thinkers мыслители, занимавшиеся разработкой вопросов этики; ~ principles основы (теории) нравственности, этические принципы; ~ code моральный кодекс; нормы нравственности /добропорядочности/ 2. этичный, моральный, нравственный; ~ person нравственный человек; ~ conduct этичное поведение; this is not ~ это неэтично 3. *фарм.* отпускаемый по рецепту (*о патентованном лекарстве*)
ethicality [,eθɪ'kælɪtɪ] n этичность; the ~ of business этика деловых отношений
ethician, ethicist [e'θɪʃ(ə)n, 'eθɪsɪst] n этик; специалист по этике; преподаватель этики
ethicize ['eθɪsaɪz] v *редк.* 1. морализировать; обсуждать вопросы этики 2. делать нравственным; морально совершенствовать
ethics ['eθɪks] n 1. этика; учение о морали; теория нравственности; the ~ of Aristotle этика Аристотеля; a code of ~ моральный кодекс 2. мораль, нравственность, этика, этичность; Christian ~ христианская мораль; medical ~ деонтология, врачебная этика; professional ~ профессиональная этика; doubtful ~ сомнительная этичность (*поступка и т. п.*) 3. принятые нормы поведения; правила порядочности; корректность; the ~ of dining умение вести себя за столом
Ethiop I, II ['i:θɪɒp] *редк.* = Ethiopian I и II
Ethiopian I [,i:θɪ'əʊpɪən] n 1. *ист.* эфиоп; уроженец *или* житель Эфиопии 2. эфиоп; эфиопка 3. *уст., лит.* негр, чернокожий
Ethiopian II [,i:θɪ'əʊpɪən] a 1. эфиопский, относящийся к Эфиопии *или* эфиопам 3. негритянский; относящийся к неграм
Ethiopic [,i:θɪ'ɒpɪk, -'əʊpɪk] n древнеэфиопский язык
ethmoid ['eθmɔɪd] a *анат.* решётчатый; ~ bone решётчатая кость
ethnarch ['eθnɑ:k] n этнарх, начальник области, наместник (*в Древней Греции*)
ethnarchy ['eθnɑ:kɪ] n этнархия, область, провинция (*в Древней Греции*)
ethnic I ['eθnɪk] n 1. 1) представитель (какой-л.) этнической группы 2) представитель национальной группы, обыкн. национального меньшинства (*особ. придерживающийся обычаев своей группы и говорящий на своём языке*) 3) *пренебр.* туземец 2. *рел.* язычник
ethnic II ['eθnɪk] a 1. 1) этнический; the changing ~ composition of the city меняющийся этнический состав жителей города 2) национальный; ~ origin национальное происхождение 3) туземный; ~ dances народные танцы туземцев 2. *рел.* языческий
ethnical ['eθnɪk(ə)l] = ethnic II
ethnic group ['eθnɪk'gru:p] этническая группа; национальное *или* расовое меньшинство
ethnicism ['eθnɪsɪz(ə)m] n этницизм, национализм; этническая обособленность; разделение на этнические группы (*в пределах одной страны*)

ethnicity [,eθ'nɪsɪtɪ] n этническая *или* расовая принадлежность
ethnicon ['eθnɪkɒn] n *лингв.* этноним, название племени, народности, народа
ethnic purity ['eθnɪk'pjʊə(ə)rɪtɪ] *амер.* «этническая чистота»; расовая, культурная *или* национальная обособленность в пределах одного района *или* города
ethno ['eθnəʊ] n *презр.* туземец
ethno- ['eθnə(ʊ)-] *в сложных словах имеет значение* этнографический: ethnoarcheology этноархеология; ethnogenesis этногенез
ethnoarcheology ['eθnəʊ,ɑ:kɪ'ɒlədʒɪ] n этноархеология
ethnobiology [,eθnəʊbaɪ'ɒlədʒɪ] n этнобиология
ethnobotany [,eθnə(ʊ)'bɒtənɪ] n этноботаника
ethnocentrism [,eθnə(ʊ)'sentrɪz(ə)m] n *социол.* этноцентризм, национальное *или* расовое чванство
ethnocide ['eθnəsaɪd] n *книжн.* этноцид, умышленное истребление культуры какой-л. этнической группы (*напр., индейцев*)
ethnocracy [eθ'nɒkrəsɪ] n *книжн.* этнократия, власть в руках одной национальности
ethnodicy [eθ'nɒdɪsɪ] n *редк.* сравнительное законоведение
ethnogenesis [,eθnə(ʊ)'dʒenɪsɪs] = ethnogeny
ethnogeny [eθ'nɒdʒɪnɪ] n этногенез, происхождение народа
ethnographer [eθ'nɒgrəfə] n этнограф
ethnographic, ethnographical [,eθnə'græfɪk, -(ə)l] a этнографический
ethnographist [eθ'nɒgrəfɪst] = ethnographer
ethnography [eθ'nɒgrəfɪ] n этнография
ethnologic, ethnological [,eθnə'lɒdʒɪk, -(ə)l] a этнологический
ethnologist [eθ'nɒlədʒɪst] n этнолог
ethnology [eθ'nɒlədʒɪ] n этнология
ethnopsychology [,eθnə(ʊ)saɪ'kɒlədʒɪ] n этнопсихология
ethnos ['eθnɒs] n этнос, этническая общность
ethnoscience [,eθnə(ʊ)'saɪəns] n 1) народная медицина 2) народные приметы (*на основе наблюдений над природой*)
ethnosemiotics [,eθnə(ʊ),semɪ'ɒtɪks] n этносемиотика (*изучение моделей неосознанного человеческого поведения*)
ethnozoology [,eθnəʊz(ə)ʊ'ɒlədʒɪ] n этнозоология
ethogram ['i:θəgræm] n *спец.* этограмма (*подробное описание поведения животного*)
ethologist [ɪ'θɒlədʒɪst] n этолог
ethology [ɪ'θɒlədʒɪ] n 1. этология 2. изучение этических и моральных систем
ethos ['i:θɒs] n *филос.* 1. этос; моральная цель, идеал 2. характер, дух (*установления системы*)
ethyl ['eθ(ə)l, 'i:θaɪl] n *хим.* этил
ethyl alcohol [,eθ(ə)l'ælkəhɒl, ,i:θaɪl-] *хим.* этиловый, винный спирт
ethylated ['eθɪleɪtɪd] a *хим.* этилированный (*о бензине и т. п.*)
ethylene ['eθɪli:n] n *хим.* этилен
etidium [ɪ'tɪdɪəm] n *хим.* этидий, этанольный радикал
etiolate ['i:tɪəleɪt] v 1. *спец.* этиолировать, лишать хлорофилла (*растение*); выращивать при недостатке света 2. 1) делать бледным, придавать болезненный вид; these industries are ~d образн. эти отрасли промышленности зачахли 2) бледнеть от недостатка света 3) хиреть, чахнуть
etiolated ['i:tɪəleɪtɪd] a 1) *спец.* этиолированный, лишённый хлорофилла

2) бледный; 3) хилый, чахлый, анемичный
etiolation [,i:tɪə'leɪʃ(ə)n] n *спец.* этиолирование, лишение хлорофилла; выращивание (*растений*) при недостатке света
etiologic [,etɪə'lɒdʒɪk] = etiological
etiological [,etɪə'lɒdʒɪk(ə)l] a *спец.* этиологический, причинный; ~ agent этиологический агент, возбудитель
etiology [,etɪ'ɒlədʒɪ] = aetiology
etiquette ['etɪket] n 1. этикет; церемониал 2. правила поведения в обществе; нормы учтивости, такта, гостеприимства; the ~ governing the setting of a table for a formal dinner правила сервировки стола для официального /званого/ обеда; diplomatic ~ дипломатический протокол; international ~ международный церемониал 3. корректность, хорошие манеры; that is not ~ так вести себя не полагается, это некорректно; in golf it is against the ~ of the game to talk во время игры в гольф беседовать не принято 4. (профессиональная) этика 5. *редк.* этикетка
etna ['etnə] n спиртовка
Eton ['i:tn] n Итон, Итонский колледж (*тж.* ~ College); ~ suit школьная форма учащихся Итона
Eton blue [,i:tn'blu:] «итонский голубой» (*цвет формы учеников Итонского колледжа*); светло-синий цвет
Eton collar ['i:tn'kɒlə] 1) отложной крахмальный воротник учащихся Итона [*см.* Eton) 2) широкий круглый отложной воротник (*на женском платье*)
Eton crop ['i:tn'krɒp] n *женская* стрижка под «мальчика»
Etonian I [i:'təʊnɪən] n 1. учащийся Итонского колледжа 2. окончивший Итонский колледж; выпускник Итона
Etonian II [i:'təʊnɪən] a итонский; относящийся к Итону, к Итонскому колледжу
Etrurian I, II [ɪ'trʊə(ə)rɪən] = Etruscan I и II
Etruscan I [ɪ'trʌskən] n *ист.* 1. этруск; уроженец Этрурии 2. этрусский язык
Etruscan II [ɪ'trʌskən] a *ист.* этрусский; относящийся к этрускам *или* Этрурии
-ette¹ [-et] *suff* 1. *образует уменьшительные существительные:* roomette одноместное купе; kitchenette кухонька; tankette танкетка; novelette повесть; statuette статуэтка 2. *встречается в существительных, обозначающих женщин по роду занятий, общественной деятельности:* suffragette суфражистка; majorette женщина-тамбурмажор; usherette билетёрша
-ette² [-et] *suff встречается в существительных со значением* группа *из такого-то числа участников:* octet(te) октет; quintet(te) квинтет
etude [eɪ'tju:d] n *муз.* этюд
etui, etwee [e'twi:] n футлярчик для иголок, булавок, зубочисток *и т. п.*
-ety [-ɪtɪ] = -ity
etyma ['etɪmə] *pl от* etymon
etymologer [,etɪ'mɒlədʒə] n *редк.* этимолог
etymologic, etymological [,etɪmə'lɒdʒɪk, -(ə)l] a *лингв.* этимологический
etymologicon [,etɪmə'lɒdʒɪkɒn] n *книжн.* этимологический словарь
etymologist [,etɪ'mɒlədʒɪst] n этимолог
etymology [,etɪ'mɒlədʒɪ] n *лингв.* этимология; popular /folk/ ~ народная этимология

etymon ['etɪmɒn] *n* (*pl* тж. -ma) *лингв.* этимон, исходное слово

eu- [juː-] *pref* встречается в словах греч. происхождения со значением благой; хороший, настоящий: eugenics евгеника; eulogy хвалёбная речь; euphemism эвфемизм; euphony благозвучие; euthanasia эйтаназия

eucalypti [ˌjuːkəˈlɪptaɪ] *pl от* eucalyptus

eucalyptic [ˌjuːkəˈlɪptɪk] *a* **1.** эвкалиптовый **2.** *в грам. знач. сущ.* эвкалиптовое масло (*тж.* ~ oil)

eucalyptus [ˌjuːkəˈlɪptəs] *n* (*pl* -ti, -es [-ɪz]) *бот.* эвкалипт (*Eucalyptus gen.*)

eucaryote, eukaryote [juːˈkærɪə(ʊ)t] *n биол.* эукариот (*организм, клетки которого имеют оформленное ядро*)

Eucharist ['juːkərɪst] *n церк.* **1.** евхаристия; (святое) причастие **2.** святые дары **3.** (е.) благодарственный молебен

eucharistic, eucharistical [ˌjuːkəˈrɪstɪk, -(ə)l] *a церк.* **1.** (*обыкн.* Е.) евхаристический; причастный; относящийся к (святому) причастию **2.** благодарственный (*о молебне*)

euchre I ['juːkə] *n* юкер (*карточная игра*)

euchre II ['juːkə] *v* **1.** 1) *карт.* переиграть противника в игре в юкер; заставить его платить штраф; to be ~d не взять трёх взяток; платить штраф [*см. тж.* 2, 1)] **2.** 1) перехитрить, побить противника; to be ~d оказаться в трудном положении 2) обмануть; обставить; they were ~d out of their life savings у них выманили все их сбережения

Euclid ['juːklɪd] *n* **1.** Евклид **2.** «Начала» Евклида; труды Евклида **3.** *школ. жарг.* геометрия; to know one's ~ знать геометрию

Euclidean, Euclidian [juːˈklɪdɪən] *a* евклидов; ~ geometry евклидова геометрия; ~ space евклидово пространство; пространство Евклида

eucommia [juːˈkɒmɪə] *n бот.* эвкоммия (*Eucommia gen.*)

eudaemon [juːˈdiːmən] = eudemon

eudaemonia [ˌjuːdɪˈməʊnɪə] *n греч.* **1.** счастье **2.** *филос.* эвдемонизм (*у Аристотеля*)

eudaemonic, eudaemonical [ˌjuːdɪˈmɒnɪk, -(ə)l] *a* = eudemonic

eudemon [juːˈdiːmən] *n книжн.* добрый дух (*дома*); дух-наставник

eudemonic, eudemonical [ˌjuːdɪˈmɒnɪk, -(ə)l] *a книжн.* ведущий к счастью; счастливый (*о звезде и т. п.*)

euge ['juːdʒɪ] *int редк.* хорошо!, браво!

eugenesic [juːˈdʒɪːnɪsɪk] *a биол.* имеющий способность к размножению, дающий потомство (*особ. о гибридах*)

eugenesis [juːˈdʒɪːnɪsɪs] *n биол.* способность к размножению; способность давать здоровое потомство

Eugenia [juːˈdʒɪːnɪə] *n бот.* миртовые (*Myrtaceae gen.*)

eugenic [juːˈdʒenɪk] *a биол.* евгенический

eugenics [juːˈdʒenɪks] *n* евгеника

eugranitic [ˌjuːɡrəˈnɪtɪk] *a геол.* евгранитовый (*о породе*); ~ texture кристаллически-зернистая текстура

euharmonic [ˌjuːhɑːˈmɒnɪk] *a редк.* сладкозвучный; благозвучный; гармонически совершенный

euhedral [juːˈhiːdrəl] *a мин.* автоморфный, с хорошо развитыми гранями

euhemerism [juːˈhemɪrɪz(ə)m] *n* эвгемеризм, эвгемеристика (*метод толкования мифов*)

euhominid [juːˈhɒmɪnɪd] *n антроп.* (современный) человек (*в отличие от других гоминидов*)

Eulerian [juːˈlɪ(ə)rɪən] *a мат.* эйлеров; Эйлера; ~ function функция Эйлера; ~ integrals эйлеровы интегралы

eulogia[1] [juːˈləʊdʒɪə] *pl от* eulogium

eulogia[2] [juːˈləʊdʒɪə] *n церк.* артос (*кусочки просфоры, раздаваемые после причастия*)

eulogic [juːˈlɒdʒɪk] *a* 1) хвалебный 2) относящийся к панегирику

eulogism ['juːlədʒɪz(ə)m] *n* 1) панегирик 2) превознесение (*кого-л.*)

eulogium [juːˈləʊdʒɪəm] (*pl* тж. -gia) = eulogy

eulogize ['juːlədʒaɪz] *v* превозносить, восхвалять; произносить панегирики; неумеренно восхищаться

eulogy ['juːlədʒɪ] *n* **1.** 1) хвалебная речь; превознесение заслуг; ~ on a person [thing] хвала кому-л. [чему-л.] 2) надгробное слово, надгробная речь **2.** панегирик, восхваление; indiscriminate eulogies восхваление всех и вся

Eumenides [juːˈmenɪdɪːz] *n pl греч. миф.* Эвмениды, Эриннии, богини мщения

eunomy ['juːnəmɪ] *n редк.* правление, основанное на началах законности и справедливости

eunuch ['juːnək] *n* 1) евнух 2) кастрат, скопец

eunuchism ['juːnəkɪz(ə)m] *n* **1.** евнухизм **2.** *ист.* кастрирование мальчиков-хористов

eunuchize ['juːnəkaɪz] *v* 1) кастрировать, оскоплять, холостить 2) выхолащивать; ослаблять, лишать силы

eunuchoid ['juːnəkɔɪd] *n биол.* евнухоид (*неполноценная в половом отношении особь*)

euodic [juːˈəʊdɪk] *a спец.* благовонный, ароматический

eupathy ['juːpəθɪ] *n филос.* 1) душевное равновесие, мудрое спокойствие 2) самочувствие мудреца (*у стоиков*)

eupatrid [juːˈpætrɪd] *n* (*pl* тж. -dae) **1.** *ист.* эвпатрид, представитель афинской родовой знати **2.** *редк.* патриций, аристократ

eupatridae [juːˈpætrɪdiː] *pl от* eupatrid

eupepsia [juːˈpepsɪə] *n мед.* нормальное пищеварение

eupeptic [juːˈpeptɪk] *a* 1) *физиол.* обладающий хорошим пищеварением 2) жизнерадостный, оптимистичный

euphemious [juːˈfiːmɪəs] *a редк.* **1.** = euphemistic **2.** пользующийся доброй славой

euphemism ['juːfɪmɪz(ə)m] *n стил.* эвфемизм; to express by a ~ выразить эвфемистически, смягчить; for him work is a mere ~ for pastime своё безделье он для приличия называет работой

euphemistic, euphemistical [ˌjuːfɪˈmɪstɪk, -(ə)l] *a* 1) *стил.* эвфемистический 2) смягчённый, более пристойный, приемлемый (*о выражении, слове*)

euphemistically [ˌjuːfɪˈmɪstɪk(ə)lɪ] *adv* 1) *стил.* эвфемистически, как эвфемизм; used ~ употреблённый в качестве эвфемизма 2) смягчённо, более пристойно, приятно (*выражаться, высказываться*); ~ called ≅ для приличия называемый; мягко выражаясь

euphemize ['juːfɪmaɪz] *v* 1) заменять эвфемизмом (*грубое слово*) 2) делать более пристойным, смягчать

euphenics [juːˈfenɪks] *n* евфеника (*наука об улучшении фенотипа технологическими средствами*)

euphobia [juːˈfəʊbɪə] *n шутл.* боязнь похвал, хороших известий *и т. п.*; ≅ как бы не сглазить

euphonia [juːˈfəʊnɪə] = euphony

euphonic, euphonical [juːˈfɒnɪk, -(ə)l] *a* 1) благозвучный 2) *спец.* эвфонический

euphonious [juːˈfəʊnɪəs] *a* благозвучный; сладкозвучный, ласкающий слух

euphoniously [juːˈfəʊnɪəslɪ] *adv* благозвучно; согласно, стройно (*о пении и т. п.*)

euphonism ['juːfənɪz(ə)m] *n* 1) благозвучная речь 2) *спец.* эвфония

euphony ['juːfənɪ] *n* 1) благозвучие 2) *спец.* эвфония

euphoria [juːˈfɔːrɪə] *n мед.* эйфория 2) повышенно-радостное настроение

euphoriant [juːˈfɔːrɪənt] *a фарм.* средство, улучшающее настроение; эйфориант

euphoric [juːˈfɒrɪk] *a* 1) эйфористический 2) беспричинно радостный; в приподнятом настроении

euphorigenic [juːˌfɒrɪˈdʒenɪk] *a преим. фарм.* улучшающий настроение; вызывающий эйфорию

euphory ['juːfərɪ] = euphoria

euphrasia [juːˈfreɪzɪə] *n* **1.** = euphrasy **2.** хорошее настроение; бодрость

euphrasy ['juːfrəsɪ] *n бот.* очанка лекарственная (*Euphrasia officinalis*)

Euphrosyne [juːˈfrɒzɪnɪ] *n греч. миф.* Ефросина, Радость (*одна из харит*)

euphuism ['juːfjuːɪz(ə)m] *n лит.* эвфуизм, напыщенный стиль

euphuistic, euphuistical [ˌjuːfjuːˈɪstɪk, -(ə)l] *a лит.* эвфуистический, напыщенный (*о стиле*)

euplastic [juːˈplæstɪk] *a физиол.* образующий (здоровую) ткань

eupn(o)ea [juːpˈniːə] *n мед.* нормальное дыхание; свободное равномерное дыхание

eupnoic [juːpˈnɔɪk] *a мед.* 1) относящийся к нормальному дыханию 2) дышащий свободно и равномерно

Eurafrican [jʊ(ə)ˈræfrɪkən] *a* **1.** европейско-африканский **2.** смешанной крови (*о потомстве белых и негров*)

Euramerican [jʊ(ə)rəˈmerɪkən] *a* **1.** европейско-американский **2.** *зоол., бот.* встречающийся как на европейском, так и на американском континенте

Eurasian I [jʊ(ə)ˈreɪʒ(ə)n, -ʃ(ə)n] *n* евразиец, потомок от смешанного брака представителей народов Европы и Азии (*особ. европейцев и индийцев*)

Eurasian II [jʊ(ə)ˈreɪʒ(ə)n, -ʃ(ə)n] *a* **1.** евразийский, относящийся к континенту Европы и Азии **2.** смешанной крови (*о потомстве от смешанных браков*) [*см. тж.* Eurasian I]

eureka [jʊ(ə)ˈriːkə] *int греч.* эврика!, нашёл!

eurhythmic [juːˈrɪðmɪk] *a редк.* 1) ритмичный, ритмический 2) гармоничный, пропорциональный

eurhythmics [juːˈrɪðmɪks] *n* ритмика; ритмическая гимнастика, художественная гимнастика

eurhythmy [juːˈrɪðmɪ] *n книжн.* **1.** ритмичность, эвритмия, равномерность ритма (*музыки, танца, речи*) **2.** пропорциональность сложения, стройность **3.** слаженность (*движений и т. п.*) **4.** *архит.* соразмерность, гармония частей **5.** *мед.* ритмичность пульса

Euro ['jʊ(ə)rə(ʊ)] *a* (*сокр. от* European) европейский, *особ.* относящийся к Западной Европе; ~ Parliament Европейский парламент; ~ MP член Европарламента

Euro- ['jʊ(ə)rə(ʊ)-] *в сложных словах* имеет значение европейский (*особ. относящийся к Европейскому экономическому сообществу*): Euromarket Общий рынок; Euronet Европейская информационная сеть; Europlug вилка, совместимая со штепселями, принятыми в разных европейских странах

Euro-African [ˌjʊ(ə)rəʊˈæfrɪkən] = Eurafrican

Euro-American [ˌjʊ(ə)rəʊəˈmerɪkən] = Euramerican

Eurobank [ˈjʊ(ə)rəʊbæŋk] *n фин.* евробанк (*дочерний банк нескольких банков европейских стран*)

Eurobanker [ˈjʊ(ə)rəʊˌbæŋkə] *n фин.* 1. банкир евробанка 2. банк, входящий в систему евробанков

Eurobonds [ˈjʊ(ə)rəʊbɒndz] *n фин.* еврооблигации; convertible [straight] ~ обратимые [необратимые] еврооблигации

Eurocentric [ˈjʊ(ə)rəʊˌsentrɪk] *a* ориентирующийся на Европу (*особ. Западную*) и европейцев

Euroclear [ˈjʊ(ə)rəʊklɪə] *n фин.* расчётная палата евробанков

Eurocracy [jʊ(ə)ˈrɒkrəsɪ] *n преим. ирон.* еврократия, административные органы Европейского экономического сообщества

Eurocrat [ˈjʊ(ə)rəʊkræt] *n преим. ирон.* еврократ, сотрудник администрации Европейского экономического сообщества

Eurocredit [ˈjʊ(ə)rəʊˌkredɪt] *n фин.* кредит в системе евробанков

Eurodollars [ˈjʊ(ə)rəʊˌdɒləz] *n фин.* евродоллары

Euromarket, Euromart [ˈjʊ(ə)rəˌmɑːkɪt, ˈjʊ(ə)rəʊmɑːt] *n разг.* Общий рынок, Европейское экономическое сообщество

Euro-missile [ˈjʊ(ə)rəʊˌmɪsaɪl] *n воен.* «евроракета» (*ракета, размещённая в Европе*)

Euronet, EURONET [ˈjʊ(ə)rənet] «Евронет» (*телекоммуникационная сеть банков научно-технических данных в рамках Европейского экономического сообщества*) [< European + network]

Europa [jʊ(ə)ˈrəʊpə] *n греч. миф.* Европа (*дочь финикийского царя, похищенная Зевсом*)

European I [ˌjʊ(ə)rəˈpɪən] *n* 1. европеец; Continental ~s все европейцы, кроме жителей Британских островов 2. *южно-афр.* белый, человек белой расы 3. = Europeanist

European II [ˌjʊ(ə)rəˈpɪən] *a* 1. европейский 2. *южно-афр.* белый, белой расы; non-European ~ цветной /темнокожий/ из Европы, европеец не белой расы; American ~ белый американец 3. относящийся к интеграции (*Западной*) Европы, *особ.* к укреплению Европейского экономического сообщества

European Economic Community [ˌjʊ(ə)rəˌpɪənəkəˌnɒmɪkkəˈmjuːnɪtɪ] Европейское экономическое сообщество

Europeanist [ˌjʊ(ə)rəˈpɪənɪst] *n* 1) сторонник интеграции (*Западной*) Европы 2) сторонник вступления в Европейское экономическое сообщество

Europeanize [ˌjʊ(ə)rəˈpɪənaɪz] *v* европеизировать

European Parliament [ˌjʊ(ə)rəˈpɪənˈpɑːləmənt] *полит.* Европейский парламент, Европарламент

europium [jʊəˈrəʊpɪəm] *n хим.* европий

Europlug [ˈjʊ(ə)rəplʌg] *n* универсальная штепсельная вилка

Europocentric [ˌjʊ(ə)rəʊpəˈsentrɪk] = Eurocentric

Eurovision [ˈjʊ(ə)rəˌvɪʒ(ə)n] *n тлв.* Евровидение

Eurydice [jʊ(ə)ˈrɪdɪsiː] *n греч. миф.* Эвридика (*нимфа, жена Орфея*)

eurypterid [ˌjʊ(ə)rɪˈptɛrɪd] *n палеонт.* эвриптер, эвриптерус

eurythmic [juːˈrɪðmɪk] = eurhythmic
eurythmics [juːˈrɪðmɪks] = eurhythmics
eurythmy [juːˈrɪðmɪ] = eurhythmy

eurytopic [ˌjʊ(ə)rɪˈtɒpɪk] *a биол.* обладающий большой приспособляемостью

eusocial [juːˈsəʊʃ(ə)l] *a энт.* (очень) общественный (*о пчёлах и т. п.*)

Eustachian [juːˈsteɪʃ(ə)n] *a спец.* евстахиев; ~ catheter *мед.* ушной катетер; ~ tube *анат.* евстахиева труба; ~ channel *анат.* канал евстахиевой трубы

eustatic [juːˈstætɪk] *a геол.* эвстатический

eustress [ˈjuːstres] *n физиол.* положительный стресс, эвстресс

eutectic I [juːˈtektɪk] *n спец.* 1) эвтектика 2) эвтектический сплав; эвтектическая смесь

eutectic II [juːˈtektɪk] *a спец.* эвтектический, плавящийся легко или при низкой температуре

Euterpe [juːˈtɜːpɪ] *n греч. миф.* Эвтерпа (*муза-покровительница музыки и поэзии*)

Euterpean [juːˈtɜːpɪən] *a возвыш.* музыкальный [*см. тж.* Euterpe]

euthanasia [ˌjuːθəˈneɪzɪə] *n* 1. лёгкая безболезненная смерть 2. 1) эйтаназия, умерщвление безнадёжно больных (*по гуманным соображениям*); active ~ активная эйтаназия 2) отказ от искусственного поддержания жизни пациента в последней стадии болезни; passive ~ пассивная эйтаназия; the E. Society общество сторонников эйтаназии

euthanasic [ˌjuːθəˈneɪzɪk] *a* 1. относящийся к эйтаназии 2. безболезненный, гуманный (*о смерти*)

euthanatic [ˌjuːθəˈnætɪk] *a* 1. относящийся к эйтаназии 2. *в грам. знач. сущ.* сторонники эйтаназии

euthanatize [ˌjuːˈθænətaɪz] = euthanize

euthanize [ˈjuːθənaɪz] *v* применить к кому-л. эйтаназию; умертвить (*безнадёжно больного*) по соображениям гуманности

euthenics [juːˈθenɪks] *n* эвтеника, система улучшения человеческого рода путём влияния на среду обитания человека

Eutopia [juːˈtəʊpɪə] *n* утопия

eutrophicate [juːˈtrɒfɪkeɪt] *v биол.* эвтрофицироваться, загрязняться водорослями (*о водоёме*)

eutrophication [juːˌtrɒfɪˈkeɪʃ(ə)n] *n биол.* эвтрофикация, загрязнение водоёмов водорослями

eutrophy [ˈjuːtrəfɪ, juːˈtrəʊfɪ] *n физиол.* здоровая пища; правильное питание

Euxine [ˈjuːksaɪn] *n ист.* Понт Эвксинский, Чёрное море

evacuable [ɪˈvækjʊəb(ə)l] *a спец.* транспортоспособный; транспортабельный, допускающий перевозку; удобный для перевозки

evacuant I [ɪˈvækjʊənt] *n мед.* слабительное (*средство*)

evacuant II [ɪˈvækjʊənt] *a мед.* слабительный; вызывающий опорожнение; ~ enema очистительная клизма

evacuate [ɪˈvækjʊeɪt] *v* 1. 1) эвакуировать (*население, раненых и т. п.*); to ~ the civilians эвакуировать гражданское население; during the war thousands of children were ~d from the industrial to rural areas во время войны тысячи детей были вывезены из промышленных районов в сельские 2) эвакуироваться 3) очищать, освобождать; they were ordered to ~ the building им было предложено очистить дом 4) *воен.* выводить (*войска*); оставлять (*место*); the garrison ~d the fort гар-

---

EUR — EVA   E

низон очистил /оставил/ форт 2. 1) опорожнять, очищать (*от содержимого*) 2) *мед.* опорожнять; очищать (*желудок и т. п.*) 3) *мед.* удалять, отсасывать, высасывать, откачивать (*гной и т. п.*) 3. *тех.* откачивать (*воздух*), создавать вакуум

evacuation [ɪˌvækjʊˈeɪʃ(ə)n] *n* 1. 1) эвакуация (*населения, раненых и т. п.*); ~ hospital эвакогоспиталь 2) отвод, вывод (*войск*); ~ by road *спец.* эвакуация автотранспортом 2. 1) *мед.* опорожнение, удаление; эвакуация 2) *физиол.* испражнение 3. *тех.* откачивание, откачка; обезгаживание, вакуумирование

evacuee [ɪˌvækjʊˈiː] *n* эвакуируемый; эвакуированный; ~s from Paris лица, эвакуированные /эвакуировавшиеся/ из Парижа

evadable [ɪˈveɪdəb(ə)l] *a* не являющийся неизбежным; отвратимый

evade [ɪˈveɪd] *v* 1. 1) ускользнуть (*от преследования и т. п.*) 2) отводить от себя (*подозрение, наказание*) 3) уклоняться, увёртываться (*от ответа, вопроса*); избегать (*расспросов и т. п.*); they ~d the real issues они отворачивались от реальных проблем 4) уклоняться (*от исполнения долга, уплаты налогов и т. п.*); to ~ service уклоняться от (*военной*) службы 5) обходить (*закон и т. п.*) 2. не поддаваться (*усилиям, определению и т. п.*); notions that ~ definition понятия, не поддающиеся определению; the simple personal meaning ~d them то простое значение, которое вложил этот человек в свои слова, до них не доходило; the solution ~d him он никак не мог найти решения 3. *редк.* бежать, ускользнуть; совершить побег 4. *спорт.* 1) ускользать 2) уклоняться 3) обвести (*противника*); to ~ the block обойти блок (*волейбол*)

evader [ɪˈveɪdə] *n* 1. *см.* evade + -er 2. уклоняющийся (*преим. от военной службы*); an income-tax ~ уклоняющийся от уплаты подоходного налога

evagation [ˌiːvəˈgeɪʃ(ə)n] *n редк.* блуждание; блуждания, скитания

evaginate [ɪˈvædʒɪneɪt] *v мед.* 1) выпячивать 2) выпячиваться (*об органе*)

evagination [ɪˌvædʒɪˈneɪʃ(ə)n] *n мед.* выпячивание (*органа*)

eval [ˈiːv(ə)l] *a редк.* вековой

evaluable [ɪˈvæljʊəb(ə)l] *a* 1. поддающийся оценке 2. *мат.* поддающийся вычислению

evaluate [ɪˈvæljʊeɪt] *v* 1. 1) оценивать, устанавливать стоимость 2) определять количество 2. оценивать, давать оценку; определять качество, важность и т. п.; to ~ the full significance оценить всё значение; to ~ a new antibiotic проверить действенность нового антибиотика; to ~ arguments взвесить аргументы 3. *мат.* вычислять; выражать (*численно*); to ~ the altitude of a star вычислить высоту звезды

evaluation [ɪˌvæljʊˈeɪʃ(ə)n] *n* 1. 1) оценка; оценивание, определение (*количества, качества, пригодности и т. п.*); анализ (*данных, обстановки*); critical ~ of the student's paper критический разбор реферата студента 2) вычисление 2. *редк.* оценка, определение цены, стоимости

evaluative [ɪˈvæljʊətɪv] *a* оценочный, содержащий оценку; ~ abstract аннотация с оценкой произведения

evaluator [ɪ'væljueɪtə] *n* оценщик
evanesce [ˌevə'nes] *v* исчезать (как дым), таять, испаряться, пропадать
evanescence [ˌevə'nes(ə)ns] *n* 1. исчезание, исчезновение 2. недолговечность, хрупкость; мимолётность, минутность; эфемерность; ~ of human life бренность человеческой жизни
evanescent [ˌevə'nes(ə)nt] *a* 1. исчезающий (как дым); скрывающийся (из виду), тающий, испаряющийся; пропадающий 2. недолговечный, хрупкий; мимолётный, минутный; эфемерный; ~ glory минутная слава 3. 1) *мат.* приближающийся к нулю; бесконечно малый 2) крохотный, мельчайший
evangel [ɪ'vændʒ(ə)l] *n* 1. (E.) *рел.* евангелие; the E. of St. Matthew Евангелие от Матфея 2. *возвыш.* благая весть 3. = evangelist
evangelic [ˌi:væn'dʒelɪk] *a* 1. евангельский 2. (*часто* E.) евангелический; протестантский
evangelical I [ˌi:væn'dʒelɪk(ə)l] *n* приверженец одной из евангелических церквей; протестант
evangelical II [ˌi:væn'dʒelɪk(ə)l] *a* 1. (*обыкн.* E.) евангелический; протестантский 2. евангельский 3. фанатический; пылкий в проповеди своей веры, убеждений *и т. п.*; the ~ zeal of the movement's leaders проповеднический пыл руководителей движения
evangelicalism [ˌi:væn'dʒelɪk(ə)lɪz(ə)m] *n* 1. приверженность евангелической церкви 2. доктрины евангелической церкви; протестантство
evangelism [ɪ'vændʒɪlɪz(ə)m] *n* 1. проповедование евангелия 2. *преим. пренебр. см.* evangelicalism
evangelist [ɪ'vændʒɪlɪst] *n* 1. евангелист; автор одного из четырёх евангелий 2. 1) проповедник евангелия (*у ранних христиан*) 2) странствующий проповедник; миссионер 3. проповедник, апостол (*идеи и т. п.*)
evangelistary [ˌi:vændʒɪ'lɪst(ə)rɪ] *n* 1. евангелистарий (*экземпляр книги*) 2. церковная книга с извлечениями из евангелия
evangelistic [ˌi:vændʒɪ'lɪstɪk] *a* относящийся к евангелистам; евангелистский
evangelization [ˌi:vændʒɪlaɪ'zeɪʃ(ə)n] *n* обращение в христианство
evangelize [ɪ'vændʒɪlaɪz] *v* 1) проповедовать евангелие 2) обращать в христианство 3) наставлять в христианской вере
evanish [ɪ'vænɪʃ] *v* *поэт.* исчезать (как дым), скрываться (из виду), таять
evanition [ˌi:væ'nɪʃ(ə)n] *n* *поэт.* исчезновение
evaporability [ɪˌvæpərə'bɪlɪtɪ] *n* *спец.* испаряемость; способность к испарению
evaporable [ɪ'væp(ə)rəb(ə)l] *a* испаряемый, испаряющийся
evaporate [ɪ'væpəreɪt] *v* 1) испарять, превращать в пар(ы) 2) испаряться, превращаться в пар(ы) 2. 1) выпаривать; обезвоживать; to ~ down to a proper consistency выпарить до нужной консистенции 2) выпариваться, улетучиваться 3) сгущать (*молоко*) 3. 1) улетучиваться, исчезать без следа; his anger ~d его гнев рассеялся; his hopes ~d его надежды развеялись, от его надежд ничего не осталось 2) *разг.* исчезать, испаряться, улетучиваться (*о людях*)
evaporated milk [ɪˌvæpəreɪtɪd'mɪlk] сгущённое (стерилизованное) молоко (*без сахара*)

evaporation [ɪˌvæpə'reɪʃ(ə)n] *n* 1. испарение 2. *спец.* парообразование; превращение в пар 3. 1) выпаривание; обезвоживание 2) сгущение 4. *редк.* пары, пар 5. *ком.* усушка 6. исчезновение
evaporative [ɪ'væp(ə)rətɪv] *a* *спец.* 1. 1) испаряющий 2) парообразующий 2. испарительный 3. испаряющийся; power испаряемость
evaporator [ɪ'væpəreɪtə] *n* 1. *см.* evaporate + -or 2. выпарной аппарат 3. испаритель
evaporize [ɪ'væpəraɪz] *v* превращать в пар(ы)
evaporograph [ɪ'væpərəgrɑ:f] *n* эвапорограф (*прибор для ночного видения*)
evasible [ɪ'veɪsəb(ə)l] *a* *редк.* не являющийся неизбежным, отвратимый
evasion [ɪ'veɪʒ(ə)n] *n* 1. 1) уклонение (*от исполнения долга и т. п.*); tax ~ уклонение от уплаты налогов 2) обход (*закона и т. п.*) 3) *воен.* выход из-под удара; уклонение от встречи с противником 2. увёртка, уловка; отговорка; вымышленный предлог; уклончивый ответ; ~s and delays отговорки и оттяжки; without ~ без всяких отговорок; to resort to /to use/ ~s прибегать к увёрткам /уловкам/; he took shelter in ~s он отделывался уклончивыми ответами 3. *редк.* бегство, побег 4. *спорт.* отклонение; уклонение
evasive [ɪ'veɪsɪv] *a* 1. уклончивый; ~ answers уклончивые ответы; ~ promises неопределённые обещания 2. еле заметный, неуловимый; ~ aroma неуловимый аромат 3. уклоняющийся, избегающий; ~ of the truth уклоняющийся от правдивого ответа
evasive manoeuvre [ɪ'veɪsɪvmə'nu:və] *воен.* противозенитный манёвр
Eve [i:v] *n* 1) *библ.* Ева 2) женщина; daughters of ~ дочери Евы, женщины ◇ ~'s pudding бисквитный пудинг с фруктами
eve [i:v] *n* 1. канун; Christmas E. сочельник; on the ~ накануне; to be on the ~ of revolution [of success] быть на пороге революции [успеха]; the job is on the ~ of completion работа почти завершена 2. *поэт.* вечер
eve-churr [i:vtʃɜ:] = eve-jar
evection [ɪ'vekʃ(ə)n] *n* *астр.* отклонение, эвекция; смещение; ~ in latitude [in longitude] смещение по широте [по долготе]
eve-jar ['i:vdʒɑ:] *n* *зоол.* козодой обыкновенный (*Caprimulgus europaeus*)
even¹ ['i:v(ə)n] *n* *поэт., арх.* вечер; склон дня
even² I ['i:v(ə)n] *n* 1. чётное число; ~ or odd? чёт или нечет? 2. целое число
even² II ['i:v(ə)n] *a* 1. ровный, гладкий; to make ~ подравнивать, выравнивать (*поверхность*); сглаживать (*ср. тж.* 4, 1)]; ~ ground *воен.* слабопересечённая местность 2. ровный, равномерный; ~ breathing ровное дыхание; ~ development равномерное развитие; ~ running спокойный ход (*машины*); ~ temperature ровная температура; ~ trot мерная рысь; ~ voice монотонный голос; ~ load *спец.* равномерная /равномерно распределённая/ нагрузка 3. равный, одинаковый; такой же, тот же (самый); ~ stress *фон.* два ударения равной силы (*в слове*); ~ bet пари с равными шансами; ~ break *амер.* равные шансы; a letter of ~ date *юр., ком.* письмо от того же числа; to divide into ~ shares делить поровну; to break ~ *см.* break¹ II ◇; they meet on ~ ground их силы равны, никто из них не имеет перевеса 4. 1) на одном уровне, вровень; ~ with the pavement вровень с тротуаром; snow ~ with the eaves

снег до самых стрех; to make /to lay/ ~ with the ground сровнять с землёй [*ср. тж.* 1] 2) параллельный 5. 1) уравновешенный; ~ temper спокойный /уравновешенный/ характер; ~ scale *поэт.* равновесие; the two scales hang ~ чаши весов находятся в равновесии 2) рассчитавшийся, расквитавшийся; to be /to get/ ~ свести счёты, расквитаться; we will not be ~ until you repay my visit вы будете моим должником до тех пор, пока не отдадите мне визит 6. справедливый, честный; ~ bargain честная сделка; an ~ exchange равноценный обмен 7. чётный; ~ number а) чётное число; б) *полигр.* чётная колонцифра; the ~ pages of a book чётные страницы книги; evenly ~ кратный четырём (*о числе*); oddly /unevenly/ ~ кратный двум, но не кратный четырём (*о числе*) 8. 1) целый (*о числе*) 2) точный; ~ mile ровно миля; ~ dozen точно дюжина 9. *полигр.* весь; ~ caps (всё) слово, набранное прописными буквами; ~ smalls (всё) слово, набранное строчными буквами
◇ ~ at ~ *фин.* без процентов; ~ reckoning makes lasting /long/ friends *посл.* ≅ честный расчёт укрепляет дружбу; ≅ счёт дружбе не помеха
even² III ['i:v(ə)n] *adv* 1. 1) даже; ~ if даже если, хотя бы и; ~ if I knew даже если бы я знал; ~ if they asked for it хотя бы они и просили его; ~ though хотя бы, даром что; he went ~ though we wanted him он уехал, хотя он нам и был нужен; they agreed ~ though I warned them они согласились, даром что /хотя/ я их предупреждал; ~ now даже теперь; ~ so даже при этих условиях, даже в таком случае; ~ so the difficulties would be unsurmountable даже в этом случае трудности будут непреодолимыми 2) (даже) ещё (*при сравнении*); ~ worse даже /ещё/ хуже; ~ more interesting ещё интереснее 3. 1) усил. как раз; as he spoke, it began to rain как раз когда он говорил, пошёл дождь 2) *поэт.* точно, именно; this is ~ so это именно так; это совершенно верно; ~ thus как раз таким образом; ~ unto death до самой смерти, не щадя жизни; to the edge of doom до (самой) гробовой доски 3. *полигр.* в подбор; to begin ~ начинать в подбор; набирать без абзаца; to end ~ разогнать строку до поля /в подбор к следующей строке/
even² IV ['i:v(ə)n] *v* 1. 1) выравнивать, сглаживать, делать ровным, гладким (*тж.* ~ up); to ~ with the soil сровнять с землёй 2) выравниваться (*тж.* ~ out); after Bristol the road will ~ out после Бристоля дорога будет ровнее; the racing odds ~ed before the race шансы на выигрыш уравнялись ещё до начала скачек 2. *преим. амер.; шотл.* равнять, приравнивать, ставить на одну доску; делать *или* считать равным; to ~ Homer and Dante приравнивать Гомера к Данте, считать Гомера и Данте равными 3. *эк.* уравнять; нивелировать; to ~ an account *бухг.* уравнять счёт; to ~ incomes нивелировать доходы 4. *амер.* (on) отплатить, отомстить; to ~ on smb. расквитаться с кем-л.
evenaged [ˌi:v(ə)n'eɪdʒd] *a* одновозрастной
evendown I ['i:v(ə)ndaun] *a* 1) прямой, отвесный (*о дожде*) 2) прямой, искренний, правдивый
evendown II ['i:v(ə)ndaun] *adv* прост. прямо, явно, совершенно
evener ['i:v(ə)nə] *n* 1. *см.* even² IV + -er 2. уравнитель, приспособление для

even-fall ['iːv(ə)nfɔːl] *n поэт.* наступление вечера; сумерки

even-grained [ˌiːv(ə)n'ɡreɪnd] *a спец.* равнозернистый; одинаковый по гранулометрическому составу

even-handed [ˌiːv(ə)n'hændɪd] *a* справедливый, беспристрастный

evening ['iːvnɪŋ] *n* **1.** вечер; ~ performance вечернее представление; ~ paper вечерний выпуск (*газеты*); ~ clothes /wear/ *см.* evening dress; ~ gown вечернее, бальное платье (*обыкн. декольтированное*); ~ meal ужин; ~ wrap манто, накидка (*на вечернее платье*); ~ parade *воен.* вечернее построение; ~ rise *мед.* вечернее повышение температуры; ~s out выходные вечера (*у прислуги*); in the ~ вечером; on the ~ of the 8th вечером восьмого числа; on Sunday ~ в воскресенье вечером; this ~ сегодня вечером; toward the ~ к вечеру **2.** закат; the sad ~ of a stormy life печальный закат бурной жизни; in the ~ of life когда жизнь клонится к закату **3.** вечеринка, вечер (*тж.* ~ party); вечерний приём (*гостей*); to make an ~ of it весело провести вечер, повеселиться
◊ good ~! а) добрый вечер! б) до свидания, всего хорошего! (*при расставании вечером*)

evening colors [ˌiːvnɪŋ'kʌləz] *амер. мор.* сигнал «спуск флага»

evening dress ['iːvnɪŋdres] (нарядная) вечерняя одежда; (парадная) вечерняя форма одежды; full ~ фрак; to be in ~ быть одетым парадно, в вечернем туалете (*фрак, смокинг, длинное платье*)

evening gun [ˌiːvnɪŋ'ɡʌn] *воен., мор.* пушечный выстрел при спуске флага

Evening Prayer [ˌiːvnɪŋ'preə] = Evensong 1

evenings ['iːvnɪŋz] *adv* вечером; по вечерам; to work ~ работать по вечерам; работать в вечернюю смену

evening star [ˌiːvnɪŋ'stɑː] 1) вечерняя звезда, Венера 2) *уст.* вечерняя звезда — Венера, Юпитер *или* Меркурий

evenly I ['iːv(ə)nlɪ] *a шотл.* **1.** равный, одинаковый **2.** ровный, гладкий **3.** равномерный

evenly II ['iːv(ə)nlɪ] *adv* **1.** поровну; равномерно **2.** гладко, ровно **3.** равно, одинаково; ~ divided равномерно градуированный (*о шкале*); the two sides are ~ matched силы обеих сторон равны, ни та ни другая сторона не имеет перевеса

even-minded [ˌiːv(ə)n'maɪndɪd] *a* спокойный, уравновешенный

even money ['iːv(ə)n'mʌnɪ] *разг.* **1.** выигрыш, равный ставке; to pay ~ принести выигрыш в 100% **2.** равные шансы на успех и неудачу; the candidate is no better than an ~ bet кандидат имеет шанс быть избранным, но вполне может и провалиться

evenness ['iːv(ə)nnɪs] *n* **1.** 1) ровность, гладкость 2) плавность (*движений*) **2.** равномерность **3.** (душевное) спокойствие, уравновешенность

Evensong ['iːv(ə)nsɒŋ] *n* **1.** *церк.* вечерня **2.** (е.) *поэт.* вечерняя песня

even Stephen, even Steven [ˌiːv(ə)n'stiːv(ə)n] *амер. сл.* **1.** 1) ровный счёт (*в спорте, играх и т. п.*) 2) равные шансы на успех и неудачу **2.** поровну, одинаково; справедливо, честно (*при дележе*); give me ten dollars and we'll call it ~ дай мне 10 долларов, и мы будем квиты

event [ɪ'vent] *n* **1.** событие, важное явление; значительный факт; international ~s международные события; the happy ~ счастливое событие (*преим. рождение ребёнка, свадьба*); seismic ~ сейсмическое явление; quite an ~ целое событие; a train /chain/ of ~s цепь событий; the course of human ~s ход развития человечества; in the natural course of ~s при нормальном развитии событий **2.** случай; in the ~ of в случае (*чего-л.*); in the ~ of his death в случае его смерти; at all ~s во всяком случае; in either ~ и в том и в другом случае; in any ~ так или иначе, в любом случае; in that ~ в таком случае; in no ~ ни в коем случае **3.** мероприятие (*приём, вечер, зрелище и т. п.*); social ~ неофициальная встреча; встреча друзей; formal ~ официальное мероприятие (*заседание и т. п.*); musical and theatrical ~s музыкальные и театральные выступления; концерты и спектакли **4.** *спорт.* 1) соревнование; combined ~s комбинированные соревнования; jumping ~ a) соревнование по прыжкам б) прыжки на лыжах; throwing ~ соревнование по метанию 2) вид спорта 3) номер в программе состязания **5.** исход, результат; in the ~ как оказалось; to be unhappy in the ~ в конечном счёте потерпеть неудачу **6.** кино эпизод **7.** *тех.* такт (*двигателя внутреннего сгорания*) **8.** *физ.* ядерное превращение (*тж.* nuclear ~) **9.** *ком.* распродажа по сниженным ценам **10.** авария или разрушение ядерного реактора (*на атомной электростанции*) **11.** *физ.* событие, (элементарный) акт
◊ to be wise after the ~ поздно догадаться; ≅ задним умом крепок

even-tempered [ˌiːv(ə)n'tempəd] *a* **1.** уравновешенный, невозмутимый; ~ man человек, которого нелегко вывести из себя **2.** *муз.* равномерно темперированный

eventful [ɪ'ventf(ə)l] *a* **1.** полный событий; богатый событиями; ~ day день, насыщенный событиями; важный день **2.** чреватый важными последствиями

event horizon [ɪ'venthəˌraɪz(ə)n] *астр.* «горизонт событий», (условный) радиус чёрной дыры

eventide ['iːv(ə)ntaɪd] *n арх., поэт.* вечер, вечерняя пора

eventilation [ɪˌventɪ'leɪʃ(ə)n] *n с.-х.* отвеивание (*зерна*)

eventing [ɪ'ventɪŋ] *n* конноспортивное состязание (*включая выездку, конный кросс и скачку с препятствиями*)

eventless [ɪ'ventlɪs] *a* бедный событиями; скучный, однообразный

even-toed [ˌiːv(ə)n'təʊd] *a зоол.* парнопалый; парнокопытный

eventration [ˌiːven'treɪʃ(ə)n] *n редк.* **1.** вспарывание брюха (*животного*) **2.** *мед.* эвентрация; выпячивание внутренностей

event tree [ɪ'venttriː] *спец.* «дерево событий», диаграмма возможных следствий данного события; ~ for pipe failure диаграмма последствий разрыва трубы

eventual [ɪ'ventʃuəl] *a* **1.** возможный; зависящий от обстоятельств, эвентуальный; ~ losses возможные убытки; an ~ surplus is to be divided излишек, в случае его возникновения, подлежит разделу **2.** конечный, окончательный; ~ result конечный результат; ~ success успешный конец, успешное завершение; what will her ~ choice be? что в конце концов она выберет?; there will come ~ rest в конце концов мы обретём покой; blunders leading to ~ disaster ошибки, которые в конечном счёте приведут к катастрофе

eventuality [ɪˌventʃu'ælɪtɪ] *n* 1) возможный случай; возможность; rain is an ~ to be reckoned with надо считаться с возможностью дождя 2) случайность, непредвиденное обстоятельство; to be prepared for all eventualities быть готовым ко всяким случайностям

eventually [ɪ'ventʃuəlɪ] *adv* в конечном счёте, в итоге, в конце концов; he will ~ be the gainer by it в конечном счёте он только выиграет от этого; he will do it ~ в конце концов он это сделает, он сделает это рано или поздно

eventuate [ɪ'ventʃueɪt] *v* **1.** (in) *книжн.* разрешаться, кончаться (*чем-л.*); иметь своим результатом; discussions which ~d in Acts of Parliament прения, завершившиеся принятием парламентских актов; to ~ in failure кончиться /завершиться/ провалом; these plans will soon ~ эти планы вскоре будут окончательно разработаны **2.** случаться, возникать; являться результатом; the fighting ~d from a dispute спор привёл к вооружённому столкновению **3.** приводить к (определённому) результату

even up ['iːv(ə)n'ʌp] *phr v* сравнивать, уравнивать; сквитать (*счёт*)

ever ['evə] *adv* **1.** когда-либо; когда бы то ни было; the best film we ~ saw лучший фильм, который мы когда-либо видели; have we ~ met before? мы с вами когда-нибудь раньше встречались?; hardly /scarcely/ ~ почти никогда, очень редко; he is seldom if ~ a visitor он бывает редко, можно сказать, почти не бывает; not then or ~ ни тогда, ни после; foxes are seldom if ~ tamed лисицы, если и становятся ручными, то очень редко; more than ~ before более чем когда-либо (раньше); as good as ~ не хуже, чем раньше; the argument is as convincing as ~ аргумент не потерял своей убедительности **2.** всегда, вечно; for ~ навсегда, навеки; for ~ and ~ a) на вечные времена; б) *церк.* во веки веков; pedants will ~ be carping педанты вечно придираются /никогда не перестанут придираться/; Shakespeare will ~ be a great poet Шекспир останется великим поэтом во все времена **3.** *эмоц.-усил.* 1) *в вопросительных и восклицательных предложениях*: who ~ can it be? да кто же это (может быть)?; who ~ would have thought it! кто бы мог (это) подумать!, кому бы это могло прийти в голову?!; did you ~? *разг.* неужели?, слышали ли вы что-либо подобное?; where ~ did I put my glasses? куда же это я девал свои очки?; why ~ didn't you ask them? так почему же вы их не спросили?; as if he would ~ do such a thing! (как) будто он на это способен! 2) *в сравнительных оборотах*: I shall do it as soon as I ~ can я сделаю это как только смогу /при первой возможности/; run as fast as ~ you can беги как можно быстрее; she is as good a girl as ~ was на свете не сыщешь девочки лучше неё; he works as well as ~ a man could лучше него работать просто невозможно 3) *в отрицательных предложениях*: никогда; did you love him? — Not ~ вы его любили? — Нет, никогда; no man can ~ understand you никто никогда вас не сможет понять; nobody has ~ done this before этого никто никогда раньше не делал; I do not think we have ~ met мы, кажется, никогда не встречались; по-

thing ~ happens in our village в нашей деревушке никогда ничего не случается 4. *эмоц.-усил.* очень, чрезвычайно; he is ~ such a rich man он очень богатый человек, он баснословно богат; ~ so очень, чрезвычайно; гораздо, намного; this road is ~ so much shorter эта дорога гораздо короче; he is ~ so strong он настоящий силач; he has ~ so many friends у него масса друзей; I like him ~ so much он мне очень нравится /очень по душе/; be the weather ~ so bad... как бы ни была плоха погода...; I waited ~ so long я ждал бесконечно долго /целую вечность/; thank you ~ so much большое вам спасибо, очень вам благодарен 5. *в сочетаниях*: after ~ тех пор (и до конца); they married and lived happily ~ after они поженились и были счастливы всю жизнь; ~ since с тех (самых) пор, с того времени; I've known him ~ since he was a boy я знаю его с самого детства; ~ and again, ~ and anon a) время от времени; б) то и дело, поминутно
◊ yours, ~ yours всегда ваш, преданный вам (*перед подписью в конце письма*); for ~ and a day *шутл.* навсегда, навеки

ever- ['evə-] *в сложных словах имеет значение* постоянный: everblooming цветущий круглый год; evergreen вечнозелёный; eversporting непрерывно выщепляющий рецессивные формы (*в генетике*)

everbearer [,evə'be(ə)rə] *n бот.* ремонтантное растение

everbearing [,evə'be(ə)rɪŋ] *a бот.* непрерывно плодоносящий, ремонтантный

ever-being [,evə'bi:ɪŋ] *a возвыш.* вечный, предвечный, бессмертный

everblooming [,evə'blu:mɪŋ] *a* 1) = everbearing 2) вечно цветущий

everburning [,evə'bɜ:nɪŋ] *a возвыш.* неугасаемый; неугасимый

ever-frost ['evəfrɒst] *n* вечная мерзлота

ever-frozen [,evə'frəʊz(ə)n] *a* вечномёрзлый (*о грунте*)

everglade ['evəgleɪd] *n* болотистая равнина; эверглейд; the Everglades Эверглейды (*болотистая часть Флориды*)

Everglade State ['evəgleɪd,steɪt] *амер.* «Болотистый штат» (*шутл. название штата Флорида*)

evergreen I ['evəgri:n] *n* 1. 1) вечнозелёное растение 2) *pl* ветки ели и др. вечнозелёных растений (*для украшения комнат*) 2. вечный фаворит (*песенке и т. п.*); ≅ неувядаемая популярность

evergreen II ['evəgri:n] *a* 1) вечнозелёный (*о ели и т. п.*) 2) вечно зеленеющий, всегда зелёный (*о луге, долине и т. п.*) 3) неувядающий, неумирающий; optimism неистребимый оптимизм; ~ topic никогда не надоедающая тема (*разговора*)

Evergreen State ['evəgri:n,steɪt] *амер.* «Вечнозелёный штат» (*шутл. название штата Вашингтон*)

ever-growing [,evə'grəʊɪŋ] *a* постоянно растущий, расширяющийся; ~ use всё более широкое применение, всё возрастающее использование

ever-increasing [,evə(r)ɪn'kri:sɪŋ] *a* всё возрастающий, постоянно увеличивающийся

everlasting I [,evə'la:stɪŋ] *n* 1. *поэт.* вечность; from ~ испокон века /веков/; from ~ to ~ во веки веков 2. *рел.* (the E.) Предвечный, Бог 3. *бот.* 1) бессмертник, иммортель 2) цмин (*Helichrysum*) 4. *текст.* обувной ластик

everlasting II [,evə'la:stɪŋ] *a* 1. *возвыш.* вечный, бессмертный; th'everlasting bonfire (*Shakespeare*) вечный огонь (ада); ~ fame неувядаемая слава; the E. Father, the E. God предвечный бог; ~ punishment *библ.* вечные муки; ~ woe неизбывное горе 2. *эмоц.-усил.* вечный, постоянный, надоевший, наскучивший; ~ headaches непрестанная головная боль; this ~ noise этот вечный шум; his ~ stupidity его безнадёжная глупость; I am tired of her ~ complaints мне надоели её вечные жалобы 3. долговечный, прочный; выносливый; ~ wear очень большая носкость, прочность 4. *бот.* многолетний; самовозобновляющийся; ~ flower бессмертник, иммортель

everlastingly [,evə'la:stɪŋlɪ] *adv возвыш.* вечно; навсегда, навеки; во веки веков

everlasting pea [,evə'la:stɪŋ,pi:] *бот.* чина многолетняя (*Lathyrus latifolius*)

ever-living [,evə'lɪvɪŋ] *a* бессмертный, вечно живой; ~ source неиссякаемый источник

evermore [,evə'mɔ:] *adv* 1. *возвыш.* всегда, вечно; the mind of man desireth ~ to know the truth ум человеческий постоянно стремится к познанию истины; not ~ *арх.* никогда (уже) 2. *в грам. знач. сущ.* вечность, бесконечность; for ~ возвыш. вечно, навеки, навсегда; he will regret it for ~ он будет сожалеть об этом всю жизнь

everpresent [,evə'prez(ə)nt] *a* вездесущий

eversible [ɪ'vɜ:səb(ə)l] *a спец.* выворачивающийся, выворотный

eversion [ɪ'vɜ:ʃ(ə)n] *n* 1. *мед.* выворот 2. опрокидывание

eversive [ɪ'vɜ:sɪv] *a книжн.* опровергающий, ниспровергающий, низвергающий; ~ of morality ниспровергающий /отрицающий/ нравственность

evert [ɪ'vɜ:t] *v* выворачивать (наизнанку)

evertebrate I, II [ɪ'vɜ:tɪbrɪt] = invertebrate I *и* II

every ['evrɪ] *a* 1. 1) каждый, всякий; once in ~ week раз в неделю; ~ hour on the hour *амер.* каждый час, в 6, 7, 8 и т. д. часов; *обыкн. в радиопередачах*); ~ hour on the half-hour ровно в половине первого, второго и т. д. (*в радиопередачах*); ~ word of it is false каждое слово тут — ложь; I'm expecting him ~ minute я жду его с минуты на минуту; not ~ man could do it не всякий человек мог бы это сделать 2) всякий, все; ~ face was smiling на всех лицах была улыбка; the task will take up his ~ spare moment эта задача займёт всё его свободное время; he spends ~ penny he earns он до копейки проживает всё, что зарабатывает; it engaged his ~ thought это занимало все его мысли; he has copied ~ word of it он переписал это слово в слово; I enjoyed ~ minute /hour, word/ of it я получил полное удовольствие (от этого), это было сплошное удовольствие 3) каждый; любой; ~ three hours [days, weeks, months] каждые три часа [дня, недели, месяца]; ~ few months раз в несколько месяцев, каждые два-три месяца; ~ second day через день; ~ other a) каждый второй; б) другой day через день; write only on ~ other line пиши через строчку; б) все остальные; Tom was early but ~ other boy was late Том пришёл рано, но все остальные мальчики опоздали; ~ other minute а) через минуту; б) каждую минуту, ежеминутно, без конца; ~ time he comes [speaks] каждый раз, когда он приходит [говорит]; in ~ way а) во всех отношениях; б) всячески, любым способом; ~ one *эмоц.-усил.* все без исключения; ~ one of his friends has left him его оставили все его друзья; ~ one of us was there мы были там в полном составе /все как один/; б) everyone 4) *в отрицательных предложениях* (не) каждый, (не) все; ~ pupil is not talented не каждый ученик талантлив; ~ day is not suitable for walks не все дни подходят для прогулок 2. всякий, всевозможный; we have ~ confidence in him мы питаем к нему полное доверие; I wish you ~ success желаю вам всяческого /полного/ успеха; with ~ good wish с наилучшими пожеланиями; there is ~ reason to believe that this is true есть все основания полагать, что это правда
◊ ~ now and then, ~ now and again, ~ so often время от времени; по временам; ~ last всё до последнего; всё без исключения; strike out ~ last sentence of it зачеркни всё до самого конца; ~ here and there а) иногда; б) то там, то тут; ~ inch a) весь, полностью, с головы до пят; б) настоящий, истинный; ~ bit а) полностью; всё; he is ~ bit of sixty ему все шестьдесят; шестьдесят-то ему есть наверняка; б) совершенно, во всех отношениях; точно; this plan is ~ bit as good as that one этот план ни в чём не уступает тому; he is ~ bit as clever as she он так же умён, как она; he is ~ bit of a soldier он настоящий солдат; ~ man Jack, ~ mother's son все до одного; ~ man for himself каждый за себя; спасайся кто может

everybody ['evrɪbɒdɪ] *pron indef* 1) каждый, всякий (человек); все; not ~ can understand it не каждый может /не все могут/ это понять; ~ knows this все это знают; это каждый знает; ~ who comes here admires the scenery все, кто сюда приходит, любуются этим видом; I was late, ~ else was early я опоздал, все остальные пришли рано; does ~ know about the change? все ли знают об этом изменении? 2) все, всё общество; ~ will be there там будут все, там будет весь свет /всё общество/; he knows ~ who is anybody *ирон.* он знает всех, кого следует знать 3) *с гл. в отриц. форме* (не) все; ~ does not want to gone все хотят уходить; ~ does not like him он не всем нравится

everyday ['evrɪdeɪ] *a* 1. ежедневный, каждодневный; ~ affairs ежедневные /повседневные/ дела /занятия/ 2. обычный, часто встречающийся, повседневный; ~ occurrence повседневное явление, обычный случай; this was no ~ writer такие писатели встречаются не каждый день 3. будничный; повседневный; clothes for ~ wear одежда для повседневной носки, повседневная одежда 4. шаблонный, избитый; she had only an ~ story to tell то, что она нам могла рассказать, мы уже не раз слышали

everydayness ['evrɪ,deɪnɪs] *n* будничность, приземлённость; рутина, скучная повседневность

everyhow ['evrɪhaʊ] *adv разг.* 1) во всех отношениях 2) любым образом или способом

everyman ['evrɪmən] *n* рядовой человек, всякий и каждый; E.'s Library библиотека для всех

every one, everyone ['evrɪwʌn] *pron* каждый, всякий (человек); все; his words are in ~'s mouth его слова у всех на устах; as ~ knows как все знают; in this small town ~ knows ~ else в этом маленьком городке все знают друг друга

ever-young [ˌevəˈjʌŋ] *a* нестареющий, вечно молодой; неувядающий, неувядаемый

everyplace ['evrɪpleɪs] *adv амер. разг.* везде, всюду; I looked ~ я везде смотрел /искал/

everything I ['evrɪθɪŋ] *n обыкн. pl шутл.* всякая всячина

everything II ['evrɪθɪŋ] *pron indef* 1) всё; he thinks he knows ~ он думает, что (он) всё знает; ~ for sports всё для спорта (*вывеска*); to put ~ in its place класть всё на своё место 2) *разг.* всё самое важное, самое главное *и т. п.*; money is ~ to him деньги для него всё; art was his ~ главным в жизни для него было искусство 3) *с гл. в отриц. форме* (не) всё; ~ is not clear не всё ясно; ~ was not lost не всё было потеряно ◊ ~ is good in its season *посл.* всё хорошо в своё время; ~ comes to him who waits *посл.* кто ждёт, тот дождётся; to know ~ is to know nothing *посл.* знать всё — значит не знать ничего

everyway ['evrɪweɪ] *adv* 1. во всех отношениях; во всех смыслах; любым образом *или* способом; you wrong me ~ (*Shakespeare*) ты несправедлив ко мне во всём 2. во всех направлениях

everywhen ['evrɪwen] *adv возвыш.* всегда, во всякое время

everywhere ['evrɪweə] *adv* всюду, повсюду, везде; you'll find kind men ~ вы всюду найдёте добрых людей ◊ here, there and ~ везде и повсюду

everywhereness ['evrɪˌweənɪs] *n книжн.* вездесущность

every which way [ˌevrɪˈwɪtʃweɪ] *adv phr амер. разг.* 1. в разные стороны; fragments flew ~ осколки разлетелись в разные стороны; they run ~ они разбежались кто куда 2. в беспорядке; как попало; toys were scattered about ~ игрушки валялись где попало

everywhither ['evrɪˌwɪðə] *adv редк.* во всех направлениях; куда бы то ни было; всюду

Everywoman ['evrɪˌwumən] *n (pl -women* [-ˌwɪmɪn]*)* типичная женщина; воплощение женственности

eve-star ['iːvstɑː] *n поэт.* вечерняя звезда

evict [ɪˈvɪkt] *v* 1. выселять (*особ. арендатора*); the tenants were ~ed for non-payment of rent жильцы были выселены из-за неуплаты за квартиру 2. *юр.* 1) лишать владения на законном основании, по суду 2) виндицировать; вернуть себе (*имущество*) по суду; he ~ed the property from its unlawful possessor он отсудил себе незаконно захваченное имущество 3. выгонять; исключать; to ~ smb. out of his post сместить кого-л. с должности

evicted [ɪˈvɪktɪd] *a* выселенный; ~ farm пустующая ферма; ферма, арендатор которой выселен

evictee [ˌɪvɪkˈtiː] *n* выселенный, *особ.* арендатор

eviction [ɪˈvɪkʃ(ə)n] *n* 1. выселение, *особ.* с фермы, из квартиры 2. *юр.* 1) эвикция; лишение владения по суду 2) виндикация; возвращение (себе) (*имущества*) по суду

evidence I ['evɪd(ə)ns] *n* 1. 1) основание; данные, факт(ы), признак(и); свидетельства; archaeological ~ археологические свидетельства /находки/; climatological ~ климатологические данные; historical ~ исторические факты /свидетельства/; there is little ~ that... а) мало оснований думать, что...; б) не заметно, чтобы..., нет никаких признаков того, чтобы...; there is some ~ of recovery есть некоторые признаки улучшения; speculation from ~ предположения на основании имеющихся фактов; ~ in favour of a theory данные, говорящие в пользу теории; despite ~ to the contrary несмотря на факты, свидетельствующие об обратном 2) доказательство, свидетельство; to bear /to give/ ~ of свидетельствовать о, подтверждать, показывать; let's have an ~ of good faith нам нужны доказательства (вашей) добросовестности; to adduce ~ in support of... приводить доказательства в поддержку... 2. очевидность, явность; а) наличный, присутствующий; б) заметный; [*см. тж.* 3, 1)]; to be in ~ а) иметь место, присутствовать; he was not in ~ его нигде не было видно; to be very much in ~ а) иметь распространение, быть обычным явлением; б) быть постоянно на виду; быть заметным; ≅ мозолить глаза 3. *юр.* 1) доказательство; улика; circumstantial /indirect/ ~ косвенные улики; косвенное доказательство; collateral ~ косвенная улика; conclusive ~ неоспоримое доказательство; documentary ~ письменное доказательство; oral and written ~ устные и письменные доказательства; cumulative ~ совокупность улик; in ~ принятый в качестве доказательства [*см. тж.* 2]; law of ~ доказательственное право 2) показание свидетеля или обвиняемого; parole ~ устное показание; hearsay ~ показания с чужих слов; to call in ~ вызывать в качестве свидетеля; to give ~ давать (свидетельское) показание; to take the ~ of smb. допрашивать кого-л. и протоколировать /фиксировать/ его показания 3) свидетель; King's /Queen's, *амер.* State's/ а) сообвиняемый, изобличающий своих сообщников (*с целью самому избежать наказания*); б) показание такого сообвиняемого; to turn King's /Queen's, State's/ ~ изобличать своих сообщников (*с целью самому избежать наказания*) 4. *юр.* документ, которым подтверждается какое-л. право

evidence II ['evɪd(ə)ns] *v* 1. свидетельствовать, показывать; to ~ one's appreciation выказать удовлетворение, засвидетельствовать своё одобрение; expressions evidencing an intention выражения, свидетельствующие о каком-л. намерении; his pleasure was ~d by his smile улыбка показала, что он доволен; their impatience was ~d in loud interruptions их раздражение проявлялось в громких репликах 2. служить доказательством, подтверждать; documents evidencing shipment документы, подтверждающие отгрузку 3. *юр.* 1) давать показания; her friend ~d against her её подруга показала против неё 2) доказывать; служить доказательством

evident ['evɪd(ə)nt] *a* очевидный, явный, ясный; наглядный; it is ~ очевидно /ясно/; he looked at it with ~ pride он смотрел на это с нескрываемой гордостью; it is ~ to anyone that.. всем ясно, что...; it is too ~ to require proof это настолько очевидно, что не требует доказательств; as is ~ from... как явствует из...; suddenly the truth became ~ to him внезапно он понял /узрел/ истину

evidential [ˌevɪˈdenʃ(ə)l] *a* 1. основанный на очевидности; очевидный, явный; answer ~ of intelligence ответ, свидетельствующий об уме /о сообразительности/ 2. = evidentiary

evidentiary [ˌevɪˈdenʃ(ə)rɪ] *a преим. юр.* доказательный, имеющий значение доказательства; lack of ~ support бездоказательность; неподтверждённость фактами

evidently ['evɪd(ə)ntlɪ] *adv* очевидно, явно, ясно

evil I ['iːv(ə)l] *n* 1. зло; good and ~ добро и зло; lesser /less/ ~ меньшее зло; to believe ~ of others дурно думать о других; to speak ~ злословить; ~ comes from ~ зло порождает зло; to return good for ~ отплатить добром за зло; keep thy tongue from ~ *библ.* удерживай язык твой от зла 2. порок; an ~ of long standing закоренелый порок; the social ~ *эвф.* общественное зло (*проституция*); to lead a life of ~ вести порочную жизнь; to correct the ~s of the system устранить пороки системы 3. 1) бедствие, несчастье; to wish smb. ~ желать кому-л. беды 2) неудача 4. *библ.* 1) грех; to shun ~ отойти от греха 2) горе; be to him that... горе тому, кто... 5. *уст.* болезнь; king's ~ золотуха; the falling ~ падучая (болезнь) ◊ but deliver us from ~ *библ.* но избави нас от лукавого

evil II ['iːv(ə)l] *a* 1. злой, зловредный, злонамеренный; the E. One *рел.* нечистый, сатана; ~ spirits злые духи; ~ tongue злой язык 2. 1) испорченный, порочный; ~ conscience нечистая совесть; ~ fruit *библ.* плоды худые 2) развратный, порочный, грешный; преступный; ~ deeds преступления; ~ life распутная жизнь, путь разврата; ~ men *библ.* грешники; a man of ~ reputation человек, пользующийся дурной славой; the ~ institution of slavery позорный институт рабовладения 3. вредный, пагубный (*о примере, совете и т. п.*) 4. зловещий, дурной, неблагоприятный; ~ hour недобрый час; ~ sign зловещий признак, неблагоприятное предзнаменование 5. *разг.* очень плохой, отвратительный; the ~ day чёрный день; ~ dinner очень плохой /ужасный/ обед; ~ slander гнусная клевета; ~ temper несносный характер; ~ weather отвратительная погода; ~ workmanship никуда негодная работа; ~ odour зловоние; to fall on ~ days впасть в нищету; хлебнуть горя

evil-boding [ˌiːv(ə)lˈbəudɪŋ] *a* зловещий, предвещающий несчастье

evil-doer [ˌiːv(ə)lˈduːə] *n* 1. злодей; преступник 2. грешник

evil-doing [ˌiːv(ə)lˈduːɪŋ] *n* злые поступки; злодеяния

evil eye [ˌiːv(ə)lˈaɪ] 1) дурной глаз 2) человек, который может сглазить

evil-eyed [ˌiːv(ə)lˈaɪd] *a* 1) завистливый; ревнивый к чужому успеху 2) могущий сглазить

evil-living [ˌiːv(ə)lˈlɪvɪŋ] *a* развратный; ведущий распутную жизнь

evil-minded [ˌiːv(ə)lˈmaɪndɪd] *a* злой, злобный; недоброжелательный

evil-smelling [ˌiːv(ə)lˈsmelɪŋ] *a* зловонный; дурно пахнущий

evil-speaking [ˌiːv(ə)lˈspiːkɪŋ] *n* злословие

evince [ɪˈvɪns] *v* 1. выказывать, показывать; проявлять; to ~ curiosity [intelligence] проявлять любопытство [сообразительность]; to ~ a taste for smth проявлять вкус к чему-л. 2. *редк.* до-

EVI — EXA

ка́зывать; to ~ the truth вы́явить и́стину; act that ~s a kind heart посту́пок, свиде́тельствующий о серде́чной доброте́

evincible [ɪˈvɪnsəb(ə)l] *a* доказу́емый

evincive [ɪˈvɪnsɪv] *a* дока́зывающий; доказа́тельный

evirate [ˈiːvɪreɪt] *v книжн.* 1) кастри́ровать 2) лиша́ть му́жественности

eviration [ˌiːvɪˈreɪʃ(ə)n] *n книжн.* 1) кастра́ция 2) лише́ние му́жественности 2. *мед.* 1) приобрете́ние мужчи́ной же́нских черт 2) приобрете́ние черт хара́ктера друго́го по́ла

eviscerate [ɪˈvɪsəreɪt] *v* 1. 1) *спец.* потроши́ть (*пти́цу*, *рыбу*); свежева́ть, нутрова́ть (*ту́шу*) 2) разгра́бить, опустоши́ть 3) лиша́ть содержа́ния, выхола́щивать; де́лать бессодержа́тельным (*литерату́рное произведе́ние и т. п.*); де́лать безду́шным (*зако́н и т. п.*) 2. *мед.* извлека́ть вну́тренности для осмо́тра (*при опера́ции*)

evisceration [ɪˌvɪsəˈreɪʃ(ə)n] *n* 1. 1) *спец.* потроше́ние (*пти́цы*, *ры́бы*); свежева́ние, нутрова́ние (*ту́ши*) 2) опустоше́ние, разграбле́ние, разгро́м 2. *мед.* эксцентера́ция; извлече́ние вну́тренностей 3. *мед.* выбуха́ние вну́тренностей; выпаде́ние вну́тренних о́рганов

evitable [ˈevɪtəb(ə)l] *a ре́дк.* не явля́ющийся неизбе́жным, предотврати́мый

evite [ɪˈvaɪt] *v арх. шотл.* избега́ть, сторони́ться

evocable [ˈevəkəb(ə)l] *a* могу́щий быть вы́званным [см. evoke]

evocation [ˌevəˈkeɪʃ(ə)n] *n книжн.* 1. вызыва́ние (*ду́хов*) 2. воскреше́ние в па́мяти; a film that is an ~ of the past фильм, воскреша́ющий про́шлое 3. вы́зывание к жи́зни; воплоще́ние (*осо́б. в иску́сстве*) 4. *юр.* истре́бование де́ла из нижестоя́щего суда́ в вышестоя́щий

evocative [ɪˈvɒkətɪv] *a* вызыва́ющий, пробужда́ющий воспомина́ния, чу́вства *и т. п.*; ~ words слова́, кото́рые напо́мнили /вы́звали в па́мяти, пробуди́ли/ каки́е-л. чу́вства, воспомина́ния *и т. п.*

evoe [ɪˈvəʊɪ] *int греч.* эво́э!

evoke [ɪˈvəʊk] *v* 1. вызыва́ть (*воспомина́ния, о́тклики, восхище́ние и т. п.*); пробужда́ть (*чу́вства и т. п.*); to ~ sleeping energies пробуди́ть спя́щие си́лы; to ~ a smile вы́звать улы́бку; this ~s a parallel э́то напомина́ет /заставля́ет вспо́мнить/ аналоги́чный слу́чай 2. вызыва́ть (*ду́хов*) 3. *юр.* истре́бовать де́ло из нижестоя́щего суда́ в вышестоя́щий

evolute I [ˌiːvəˈluːt] *n мат.* эволю́та

evolute II [ˌiːvəˈluːt] *v книжн. см.* evolve

evolution [ˌiːvəˈluːʃ(ə)n, ˌevə-] *n* 1. разви́тие; проце́сс измене́ния, ро́ста; the ~ of the child [of the drama, of a language] разви́тие ребёнка [драмату́ргии, языка́] 2. эволю́ция, постепе́нное разви́тие; Theory of E. тео́рия эволю́ции, дарвини́зм; the ~ of one species out of another разви́тие одного́ ви́да из друго́го; превраще́ние одного́ ви́да в друго́й 3. разви́тие, развёртывание (*мы́сли, сюже́та, аргумента́ции и т. п.*); the ~ of the ages ход исто́рии 4. *pl* 1) изги́бы, завитки́; the ~s of an arabesque pattern причу́дливые изги́бы, арабе́ски 2) фигу́ры (*в та́нцах и т. п.*) 5. *воен., мор.* перестрое́ние; манёвр, передвиже́ние 6. *мат.* извлече́ние ко́рня 7. *спец.* 1) выделе́ние (*га́за, тепла́*) 2) образова́ние (*ды́ма*)

evolutional [ˌiːvəˈluːʃ(ə)nəl, ˌevə-] = evolutionary

evolutionary [ˌiːvəˈluːʃn(ə)rɪ, ˌevə-] *a* 1. эволюцио́нный; относя́щийся к разви́тию; ~ order *спец.* эволюцио́нный поря́док (*расположе́ния материа́ла в классифика́ции*) 2. эволюцио́нный, относя́щийся к эволюциони́зму, к дарвини́зму; ~ biologist био́лог-дарвини́ст

evolutionism [ˌiːvəˈluːʃ(ə)nɪz(ə)m, ˌevə-] *n* 1. тео́рия эволю́ции, эволюциони́зм 2. *филос.* эволюциони́зм, тео́рия эволюцио́нного, постепе́нного разви́тия

evolutionist [ˌiːvəˈluːʃ(ə)nɪst, ˌevə-] *n* 1. сторо́нник тео́рии эволю́ции (*в биоло́гии*), эволюциони́ст, дарвини́ст 2. сторо́нник тео́рии эволю́ции (*в филосо́фии*), эволюциони́ст; ~ views эволюциони́стские взгля́ды

evolutionistic [ˌiːvəluːʃəˈnɪstɪk, ˌevə-] *a* 1. эволюциони́стский, эволюциони́ческий 2. соде́йствующий разви́тию

evolutive [ˌiːvəˈluːtɪv] *a* 1. относя́щийся к разви́тию 2.) соде́йствующий разви́тию, развива́ющий 2) развива́ющийся, находя́щийся в проце́ссе разви́тия

evolve [ɪˈvɒlv] *v* 1. развива́ть, развёртывать; to ~ the powers of (the) mind развива́ть у́мственные спосо́бности; to ~ a scheme разверну́ть план; to ~ social, political and literary philosophies создава́ть /выраба́тывать/ социа́льные, полити́ческие и литерату́рные тео́рии 2. 1) развива́ться, эволюциони́ровать; society ~d through the ages о́бщество развива́лось на протяже́нии веко́в 2) (into) превраща́ться; to ~ into a human being разви́ться /преврати́ться/ в челове́ка 3. выделя́ть (*газ и т. п.*); испуска́ть, издава́ть (*за́пах*) 4. раскрыва́ть, выявля́ть; to ~ a secret раскры́ть та́йну; to ~ new talents выявля́ть но́вые тала́нты 5. *арх.* 1) развёртывать (*свито́к и т. п.*) 2) распу́тывать (*клубо́к и т. п.*)

evolvement [ɪˈvɒlvmənt] *n книжн.* разви́тие, эволю́ция

evolvent [ɪˈvɒlvənt] *n мат.* эвольве́нта, развёртка

evolving [ɪˈvɒlvɪŋ] *n* эволюциони́рование, эволю́ция

evulgate [ɪˈvʌlgeɪt] *v книжн.* раскрыва́ть, разоблача́ть; предава́ть гла́сности

evulse [ɪˈvʌls] *v книжн.* вырыва́ть, выдёргивать; исторга́ть

evulsion [ɪˈvʌlʃ(ə)n] *n* 1) вырыва́ние, наси́льственное извлече́ние; исторже́ние 2) *мед.* аву́льсия

ewe [juː] *n* овца́; ~ with lamb сухя́гная овца́; ~ hogg /hogget, teg /я́рочка до пе́рвой стри́жки

ewe-lamb [ˈjuːlæm] *n* ове́чка, я́рочка; my one ~ *перен.* моё еди́нственное сокро́вище (*преим. о еди́нственном ребёнке*)

ewer [ˈjuːə] *n* кувши́н (*преим. для умыва́ния*)

ewery, ewry [ˈjʊ(ə)rɪ] *n ист.* помеще́ние, где храни́лись (короле́вская) столо́вая посу́да, столо́вое бельё

Ewigkeit [ˈeviçkait] *n нем.* ве́чность

ex[1] [eks] *n* экс, назва́ние бу́квы X

ex[2] [eks] *n* (*pl* exes) 1) *разг.* бы́вшая жена́; бы́вший муж; the ~es used never to meet in society бы́ло вре́мя, когда́ разведённые супру́ги никогда́ не встреча́лись в о́бществе 2) бы́вший возлю́бленный; бы́вшая возлю́бленная 3) бы́вший президе́нт, чемпио́н *и т. п.*

ex[3] [eks] *prep лат.* 1. *ком.* с; фра́нко; ex elevator фра́нко элева́тор, с элева́тора; ex store со скла́да 2. *фин.* без; ex dividend без дивиде́нда (*об а́кции, продава́емой без пра́ва получе́ния ближа́йшего дивиде́нда*); ex coupon, ex interest без купо́на (*об облига́ции, продава́емой без купо́на на пра́во ближа́йшего получе́ния проце́нтов*) 3. от (*тако́й-то ма́тки*); a calf by Eric ex Martha телёнок от быка́ Э́рика и коро́вы Ма́рты 4. *в сочета́ниях*: ex animo от души́, и́скренне; ex officio по до́лжности, по служе́бному положе́нию

ex-[1] [eks-, ɪks-, ɪgz-] (*тж.* e- пе́ред d, j, l, m, n, r, v; ef- пе́ред f) *pref* встреча́ется в слова́х лат. происхожде́ния со значе́нием движе́ния нару́жу, удале́ния, изъя́тия: excavate раска́пывать; exception исключе́ние; exhibit выставля́ть; exit вы́ход; expiratory выдыха́тельный; explode взрыва́ть; extend расширя́ть; educe выявля́ть; eject выбра́сывать; elect выбира́ть; emasculate кастри́ровать; emigrant эмигра́нт; enunciate объявля́ть; eradicate искореня́ть; eruption изверже́ние; evaporate испаря́ться

ex-[2] [eks-] *pref* образу́ет существи́тельные со значе́нием бы́вший, отставно́й: ex-champion экс-чемпио́н; ex-president бы́вший президе́нт; ex-convict бы́вший заключённый

exa- [ˈeksə-] *pref* образу́ет назва́ния метри́ческих едини́ц со значе́нием 10^{18}: exagram эксагра́мм

exacerbate [ɪgˈzæsəbeɪt] *v книжн.* 1. 1) углубля́ть (*кри́зис*); уси́ливать (*недово́льство*) 2) *мед.* обостря́ть (*боле́знь*) 2. 1) раздража́ть, злить, ожесточа́ть 2) раздража́ться, зли́ться

exacerbation [ɪgˌzæsəˈbeɪʃ(ə)n] *n книжн.* 1. углубле́ние, обостре́ние (*кри́зиса*); усиле́ние (*недово́льства, волне́ний*) 2. 1) раздраже́ние, озлобле́ние (*кого́-л.*) 2) зло́ба, озло́бленность, раздраже́ние; in a state of ~ в состоя́нии раздраже́ния 3. *мед.* парокси́зм, обостре́ние (*боле́зни*)

exact[1] [ɪgˈzækt] *a* 1. 1) то́чный; ~ meaning то́чный смысл, то́чное значе́ние; ~ directions то́чные указа́ния; ~ memory хоро́шая па́мять; his ~ words в то́чности его́ слова́ 2) то́чный (*не приблизи́тельный*); стро́го соотве́тствующий; ~ size то́чный разме́р; ~ translation то́чный перево́д; the ~ sum due то́чная су́мма до́лга; ~ division *мат.* деле́ние без оста́тка; ~ to rule в то́чном соотве́тствии с пра́вилом; to be more ~ точне́е говоря́ 3) пунктуа́льный, то́чный, аккура́тный; to be ~ in one's payments стро́го соблюда́ть сро́ки платеже́й, аккура́тно выпла́чивать; he is ~ in business в дела́х на него́ мо́жно положи́ться 2. стро́гий, неукло́нный; ~ discipline жёсткая дисципли́на

exact[2] [ɪgˈzækt] *v* 1. 1) (настоя́тельно) тре́бовать, домога́ться, добива́ться; to ~ an account from smb. тре́бовать у кого́-л. отчёта; to ~ promises добива́ться обеща́ний; to ~ concessions домога́ться /добива́ться/ усту́пок 2) доби́ться; to ~ obedience [respect] from everybody добива́ться всео́бщего послуша́ния [уваже́ния]; to ~ compliance доби́ться согла́сия 2. тре́бовать, заслу́живать (*како́го-л. отноше́ния*); work that ~s very careful attention рабо́та, тре́бующая осо́бого внима́ния; their grey hairs ~ of us a particular respect на седи́ны тре́буют от нас осо́бого уваже́ния 3. взы́скивать; to ~ payment взыска́ть сле́дуемую су́мму 4. *юр.* 1) вымога́ть; взы́скивать (*нало́ги и т. п., обы́чно чрезме́рные или незако́нные*) 2) получа́ть, принима́ть (*взя́тку*) 5. *юр.* вызыва́ть в суд

exact classification [ɪgˈzækt ˌklæsɪfɪˈkeɪʃ(ə)n] *спец.* дро́бная классифика́ция

exacting [ɪgˈzæktɪŋ] *a* **1.** требовательный, взыскательный; строгий **2.** настоятельный (*о требовании*); to be ~ about cleanliness настоятельно добиваться чистоплотности **3.** трудный, обременительный, изнурительный; the ~ life of the seaman суровая /трудная/ жизнь моряка

exaction [ɪgˈzækʃ(ə)n] *n* **1.** настоятельное требование; домогательство **2.** (*насильственное*) взыскание; ~ of tribute наложение дани; ~ of dues взыскание пошлин **3.** вымогательство **4.** (*насильственно*) взысканные суммы, взносы, поборы *и т. п.* **5.** *юр.* вызов в суд

exactitude [ɪgˈzæktɪtju:d] *n* точность, аккуратность; to ascertain with ~ совершенно точно установить

exactly [ɪgˈzæktlɪ] *adv* **1.** точно; let it be ~ weighed надо это точно взвесить; I don't know ~ what happened я не знаю точно /толком/, что произошло **2.** как раз, именно; she does ~ what she likes она делает только то, что ей хочется; ~ the man for the post как раз подходящий человек на эту должность **3.** *разг.* да, совершенно верно; вот именно (*выражает согласие со сказанным*); do you mean I can go? — E.! значит я могу уйти? — Ну конечно! **4.** (*с отрицанием*) совсем, полностью; not ~ (это) не совсем так; he is not ~ a scholar он, в сущности /строго говоря/, не учёный; this is not ~ what I had in mind я имел в виду несколько другое

exactness [ɪgˈzæktnɪs] *n* **1.** точность **2.** тщательность, старательность

exactor [ɪgˈzæktə] *n* **1.** *см.* exact² + -or; ~s of adulation люди, напрашивающиеся на похвалы **2.** вымогатель; чиновник, получивший незаконное вознаграждение, взяточник **3.** *ист.* сборщик налогов

exact sciences [ɪgˈzæktˈsaɪənsɪz] точные науки

exaggerate [ɪgˈzædʒəreɪt] *v* **1.** преувеличивать; the gravity of the situation must not be ~d серьёзность положения не следует преувеличивать; положение не так серьёзно, как кажется; the gravity of the situation cannot be ~d серьёзность положения трудно переоценить **2.** увеличивать, расширять; to ~ in scale увеличивать в масштабе; the pain ~d by wrong treatment боль, усиленная неправильным лечением **3.** (*чрезмерно*) подчёркивать; these shoes ~ the size of her feet в этих туфлях её ноги кажутся ещё больше

exaggerated [ɪgˈzædʒəreɪtɪd] *a* **1.** преувеличенный; to have an ~ opinion of oneself быть слишком высокого мнения о себе; with ~ coldness [courtesy, bonhomie] с подчёркнутой холодностью [учтивостью, приветливостью] **2.** *мед.* ненормально расширенный, увеличенный (*о сердце и т. п.*)

exaggerated test [ɪgˈzædʒəreɪtɪdˈtest] *спец.* испытание при особо неблагоприятных условиях

exaggeration [ɪgˈzædʒəˈreɪʃ(ə)n] *n* **1.** преувеличение; given to ~ склонный преувеличивать; it may be said without ~ that... без всякого преувеличения можно сказать, что... **2.** *спец.* ужесточение условий испытаний; ~ of conditions ухудшение условий испытания по сравнению с условиями эксплуатации **3.** *жив.* чрезмерная резкость (*рисунка, цвета*)

exaggerative [ɪgˈzædʒərətɪv] *a* **1)** склонный преувеличивать **2)** преувеличенный **3)** напыщенный (*о стиле*)

exaggeratory [ɪgˈzædʒərət(ə)rɪ] = exaggerative

exalate [ekˈseɪleɪt] *a бот.* лишённый крылообразных придатков

exalt [ɪgˈzɔ:lt] *v* **1. 1)** возносить, возвеличивать, возвышать **2)** возводить (*в сан, на трон*); he was ~ed to the most eminent station он был назначен на очень высокий пост; to ~ bribery to a system *ирон.* возвести взяточничество в систему **2.** превозносить, прославлять; to ~ to the skies превозносить до небес **3. 1)** усиливать (*эффект*) **2)** сгущать (*краски*) **4.** возбуждать (*воображение*); разжигать (*фантазию*) **5)** будить (*силы*) **6)** приводить (*кого-л.*) в восторг, в экзальтацию

exaltation [ˌegzɔ:ˈleɪʃ(ə)n, ˌeksɔ:l-] *n* **1. 1)** возвышение, возвеличение **2)** возведение (*в сан, на трон и т. п.*) **2. 1)** восторг, восторженное состояние, экзальтация **2)** возбуждение

exalted [ɪgˈzɔ:ltɪd] *a* **1.** возвышенный (*о чувстве и т. п.*); благородный; величественный **2.** высокий (*о положении, сане*); his ~ position его высокий пост; from an ~ throne с высоты трона **3. 1)** экзальтированный, восторженный; to speak in an ~ strain говорить в восторженном тоне **2)** возбуждённый

exam [ɪgˈzæm] *n разг.* экзамен

examen [egˈzeɪmen] *n* **1. 1)** *церк.* расследование (*ереси и т. п.*) **2)** собеседование с кандидатом на рукоположение в священники **2.** критический разбор

examinable [ɪgˈzæmɪnəb(ə)l] *a* **1.** познаваемый; доступный расследованию, исследованию **2.** *юр.* подсудный

examinant [ɪgˈzæmɪnənt] *n* **1.** экзаменатор **2.** исследователь, расследователь **3. редк. 1)** экзаменующийся **2)** допрашиваемый

examinate [ɪgˈzæmɪneɪt] *n редк.* экзаменующийся

examination [ɪgˌzæmɪˈneɪʃ(ə)n] *n* **1. 1)** осмотр, освидетельствование; обследование; custom-house ~ таможенный досмотр; post-mortem ~ вскрытие (*трупа*); immigration ~ паспортный контроль (*при въезде иммигрантов в страну*); ~ record book *тех.* журнал осмотра (*оборудования и т. п.*); ~ of equipment технический осмотр; ~ by touch *мед.* пальпация; to make (an) ~ осмотреть, освидетельствовать; to undergo a medical [X-ray, mental] ~ подвергнуться медицинскому [рентгенологическому, психиатрическому] обследованию [*см. тж.* 5] **2)** исследование, изучение; thorough ~ a) всестороннее исследование; б) тщательное изучение (*материала*); geological ~ геологическое изыскание, бурение; an ~ into the authorship of the book рассмотрение вопроса об авторстве данной книги; his infamous conduct is under ~ проводится расследование его безобразного поведения **2.** экзамен; written [oral] ~ письменный [устный] экзамен; an ~ in English [in mathematics] экзамен по английскому языку [по математике]; ~s for teachers' certificate экзамены на получение права преподавать; competitive ~ конкурсный экзамен; admitted by /upon/ competitive ~ принятый по конкурсу; to give an ~ экзаменовать; to go in for /to sit for, to take/ an ~ держать экзамен; to pass an ~ выдержать экзамен; to fail in an ~ провалиться на экзамене **3.** проверка, поверка; рассмотрение; экспертиза (*тж.* expert ~); field ~ *спец.* полевая поверка, поверка на местности; on /upon/ ~ при поверке; по рассмотрении; on closer ~ it proved that... при ближайшем рассмотрении оказалось, что...; ~ of a claim рассмотрение претензии; ~ of accounts проверка отчётности, проверка счетов; to subject a theory to a critical ~ подвергнуть теорию весьма тщательной проверке **4.** *юр.* следствие **5.** *юр.* **1)** допрос свидетеля или подсудимого; direct ~ допрос свидетеля стороной, которая на него ссылается; to undergo /to be under/ ~; to take the ~ of smb. допрашивать кого-л. и протоколировать ответы **2)** протокол допроса **6.** *спец.* анализ (*химический и т. п.*)

examinational [ɪgˌzæmɪˈneɪʃ(ə)nəl] *a* **1.** экзаменационный **2.** опросный **3.** исследовательский; the ~ phase стадия исследования

examination-in-chief [ɪgˌzæmɪˌneɪʃ(ə)nɪnˈtʃi:f] *n юр.* первоначальный допрос свидетеля выставившей его стороной

examinationism [ɪgˌzæmɪˈneɪʃ(ə)nɪz(ə)m] *n* приверженность системе экзаменов (*как наилучшему способу проверки знаний*)

examination paper [ɪgˌzæmɪˈneɪʃ(ə)nˌpeɪpə] *n* **1)** опросный лист **2)** экзаменационная работа

examinator [ɪgˈzæmɪneɪtə] *n шотл.* экзаменатор

examine [ɪgˈzæmɪn] *v* **1. 1)** рассматривать; осматривать; to ~ smth. through the field glasses [with a magnifying glass] рассматривать что-л. в бинокль [через лупу]; to ~ by touch [by tasting] пробовать на ощупь [на вкус]; he was closely examining the picture он внимательно рассматривал картину **2)** *мед.* осматривать; выслушивать; обследовать; have yourself carefully ~d вам нужно пройти тщательное медицинское обследование **2. 1)** (*часто* into) исследовать, проверять, изучать; to ~ accounts проверять счета /отчётность/; to ~ facts изучить факты; to ~ (into) the conditions обследовать условия; to ~ into details вникать в подробности; to ~ one's conscience обращаться к своей совести; to ~ documents познакомиться с документами, изучить документы **2)** *спец.* проверять на местности **3.** экзаменовать; to ~ smb. orally устроить кому-л. устный экзамен; I was ~d in Latin меня проэкзаменовали по латыни **4.** опрашивать; допрашивать (*пленного, обвиняемого, свидетеля*) **5.** *библ.* искушать, испытывать

examinee [ɪgˌzæmɪˈni:] *n* экзаменующийся, экзаменуемый

examiner [ɪgˈzæmɪnə] *n* **1.** *см.* examine + -er **2.** экзаменатор; external ~ экзаменатор со стороны (*из другой школы и т. п.*); приглашённый экзаменатор; to satisfy the ~s сдать экзамен удовлетворительно /без отличия/ **3.** обследователь; наблюдатель; исследователь **4. 1)** эксперт **2)** браковщик, бракёр

examining [ɪgˈzæmɪnɪŋ] *a* **1.** испытующий (*о взгляде и т. п.*) **2.** контрольный; ~ post *воен.* контрольно-пропускной пункт **3.** экзаменационный (*о комиссии и т. п.*)

examiningly [ɪgˈzæmɪnɪŋlɪ] *adv* испытующе; to look ~ at smb. смотреть на кого-л. испытующе

example I [ɪgˈzɑ:mp(ə)l] *n* **1.** пример; for ~ например; to give /to set/ an ~ (по)давать пример; to follow the ~ of smb. следовать чьему-л. примеру; to learn by ~ учиться на (хороших) примерах; to adduce ~s приводить примеры; ~s abound за примером недалеко ходить **2. 1)** образец; образчик; ~s of the great masters образцы произведений

EXA — EXC

вели́ких мастеро́в 2) экземпля́р; an ~ of a (rare) book экземпля́р (ре́дкой) кни́ги 3. приме́рное наказа́ние, уро́к; предостереже́ние; to make an ~ of an offender приме́рно наказа́ть престу́пника, наказа́ть престу́пника в назида́ние други́м; let this be an ~ to you пусть э́то послу́жит тебе́ уро́ком 4. аналоги́чный слу́чай, прецеде́нт; beyond ~ непревзойдённый; without ~ беспрецеде́нтный; беспри́мерный; generosity without ~ невида́нная ще́дрость

example II [ɪɡ'zɑ:mp(ə)l] *v книжн. pass* служи́ть приме́ром, явля́ть собо́й образе́ц; not ~d in modern literature не встреча́ющийся /не предста́вленный/ в совреме́нной литерату́ре; with an assiduity that has not often been ~d с ре́дким /ре́дко встреча́ющимся/ прилежа́нием

exanimate [ɪɡ'zænɪmət, -meɪt] *a поэт.* 1. бездыха́нный 2. безжи́зненный, вя́лый

ex animo [eks'ænɪməʊ] *лат.* от души́, и́скренне, от всего́ се́рдца

exanthema [,eksæn'θi:mə] *n (pl тж. -mata) мед.* экзанте́ма

exanthemata [,eksæn'θi:mətə] *pl от* exanthema

exarch ['eksɑ:k] *n* 1. *ист.* экза́рх, наме́стник византи́йского импера́тора (*в отдалённых прови́нциях*) 2. *церк.* экза́рх

exarchate ['eksɑ:keɪt] *n ист., церк.* экзарха́т

exarchy ['eksɑ:kɪ] = exarchate

exarticulation [,eksɑ:tɪkju'leɪʃ(ə)n] *n мед.* экзартикуля́ция

exasperate I [ɪɡ'zɑ:spəreɪt] *a* 1. *арх., поэт.* раздражённый, гне́вный 2. *биол.* шершáвый, шерохова́тый; острощети́нистый

exasperate II [ɪɡ'zɑ:spəreɪt] *v* 1. серди́ть, раздража́ть, выводи́ть из себя́; изводи́ть; she [her jealousy] ~s me она́ [её ре́вность] раздража́ет меня́ /выво́дит меня́ из себя́/ 2. вызыва́ть озлобле́ние, негодова́ние; озло́бить; he was ~d against the pupil учени́к вы́вел его́ из себя́ 3. 1) уси́ливать (*боль и т. п.*); раздража́ть (*ра́нку, боля́чку*) 2) береди́ть (*ра́ну и т. п.*); to ~ enmity разжига́ть вражду́

exasperated [ɪɡ'zɑ:spəreɪtɪd] *a* 1. раздражённый, вы́веденный из себя́ 2. озло́бленный

exasperating [ɪɡ'zɑ:spəreɪtɪŋ] *a* раздража́ющий; несно́сный

exasperation [ɪɡ'zɑ:spə'reɪʃ(ə)n] *n* 1. раздраже́ние; to say smth. in ~ говори́ть что-л. раздражённым то́ном 2. озлобле́ние; гнев, зло́ба 3. обостре́ние, усиле́ние (*боле́зни, бо́ли и т. п.*)

excalate [ek'skeɪleɪt] *v книжн.* исключи́ть из се́рии, из ряда́

Excalibur [eks'kælɪbə] *n* 1) *лит.* экскалибу́р, меч короля́ Арту́ра 2) меч, облада́ющий чуде́сной, сверхъесте́ственной си́лой

excandescence [,ekskən'des(ə)ns] *n спец.* нагре́в, нака́л

excardinate [eks'kɑ:dɪneɪt] *v церк.* перевести́ (*свяще́нника, дья́кона*) из одного́ прихо́да в друго́й

excarnate [eks'kɑ:nɪt] *a книжн.* беспло́тный

excarnation [,ekskɑ:'neɪʃ(ə)n] *n книжн.* освобожде́ние от пло́ти, от пло́тского; развоплоще́ние

ex cathedra [,ekskə'θi:drə] 1) *лат.* с ка́федры 2) *церк.* с па́пского престо́ла, экс-кате́дра; the Pope said ~ that... па́па заяви́л экс-ка́тедра, что...

3) авторите́тно, непререка́емо, безапелляцио́нно; to utter one's views ~ с уве́ренностью излага́ть свои́ взгля́ды; ≡ изрека́ть что-л.

excathedral [,ekskə'θi:drəl] *a книжн.* 1) авторите́тный (*о мне́нии, заявле́нии*) 2) *преим. ирон.* непререка́емый, безапелляцио́нный

excaudate [eks'kɔ:deɪt] *a зоол.* бесхво́стый

excavate ['ekskəveɪt] *v* 1. 1) копа́ть, рыть; to ~ a cellar вы́копать по́греб; to ~ a tunnel проры́ть тунне́ль; to ~ a tooth вы́сверлить по́лость в зу́бе 2) выка́пывать, отка́пывать; раска́пывать; вырыва́ть, отрыва́ть (*из земли́*); to ~ a buried treasure отры́ть /найти́/ клад 2. *тех.* вынима́ть грунт; производи́ть земляны́е рабо́ты 3. *археол.* раска́пывать, производи́ть раско́пки, де́лать раско́п; they have been excavating in that country for three years они́ веду́т раско́пки в э́той стране́ уже́ три го́да

excavation [,ekskə'veɪʃ(ə)n] *n* 1. 1) ко́пка, рытьё 2) выка́пывание, отка́пывание (*из земли́*); раска́пывание 3) выда́лбливание 2. вы́рытая я́ма, котлова́н; вы́емка 3. 1) *стр.* экскава́ция, вы́емка гру́нта, земляны́е рабо́ты; ~ quantities коли́чество вы́нутого гру́нта 2) *горн.* откры́тые рабо́ты 4. *археол.* раско́пки; раско́п 5. *геол.* вы́моина в ру́сле 6. *мед.* 1) образова́ние по́лости 2) по́лость, вдавле́ние

excavator ['ekskəveɪtə] *n* 1. *см.* excavate + -or 2. землеко́п 3. *тех.* экскава́тор; землечерпа́лка; drag-line ~ драгла́йн; walking ~ шага́ющий экскава́тор; ~ bucket ковш экскава́тора 4. *мед.* экскава́тор (*зубоврабе́бный*)

excavatory ['ekskəveɪt(ə)rɪ] *a* 1. земляно́й (*о рабо́тах*); землеро́йный 2. относя́щийся к раско́пкам; ~ archeology археологи́ческие раско́пки

excave [ɪk'skeɪv] *v ре́дк.* выда́лбливать, де́лать вы́емку, впа́дину, вмя́тину

exceed [ɪk'si:d] *v* 1. превыша́ть, быть бо́льше; the amount of arrears ~s the amount of contributions су́мма задо́лженности превыша́ет су́мму взно́сов; the task ~s his ability э́та зада́ча ему́ не по си́лу; her grief ~s all consolation её го́ре безуте́шно 2. превосходи́ть; to ~ in strength быть сильне́е, превосходи́ть си́лой; to ~ in height быть вы́ше ро́стом; the reality ~ed our expectations действи́тельность превзошла́ на́ши ожида́ния; some man-made fibres ~ natural fibres не́которые иску́сственные воло́кна лу́чше /про́чнее/ есте́ственных 3. превыша́ть; наруша́ть; выходи́ть за преде́лы; to ~ authority а) превы́сить власть б) вы́йти за преде́лы полномо́чий; to ~ instructions нару́шить полу́ченные директи́вы; the river will ~ its banks река́ вы́йдет из берего́в; to ~ the speed limit *авт.* превы́сить дозво́ленную ско́рость 4. просро́чивать; превыша́ть, пропуска́ть (*срок*); to ~ one's leave просро́чить о́тпуск; to ~ the allotted time не вы́полнить в срок; затяну́ть (*выполне́ние рабо́ты и т. п.*); не уложи́ться (*в срок, в регла́мент и т. п.*)

exceedable [ɪk'si:dəb(ə)l] *a ре́дк.* допуска́ющий превыше́ние; могу́щий быть превзойдённым

exceeding I [ɪk'si:dɪŋ] *n* 1. превыше́ние 2. отсро́чка; ~ of leave *воен.* просро́чка о́тпуска

exceeding II [ɪk'si:dɪŋ] *a* чрезме́рный; огро́мный; the ~ disorder of the room невероя́тный беспоря́док в ко́мнате; a girl of ~ beauty потряса́ющая краса́вица

exceedingly [ɪk'si:dɪŋlɪ] *adv* чрезвыча́йно, о́чень, кра́йне; I am ~ grateful to you чрезвыча́йно вам благода́рен

excel [ɪk'sel] *v* 1 превосходи́ть; to ~ one's teacher превзойти́ своего́ учи́теля; not to be ~led быть непревзойдённым; a babe all babes ~ling дитя́, каки́х не ви́дел свет 2) (*ча́сто in, at*) выделя́ться (*чем-л. хоро́шим*); отлича́ться, выдава́ться; to ~ at games отлича́ться в спорти́вных и́грах; to ~ as an orator быть выдаю́щимся ора́тором; to ~ in shooting превосхо́дно /отли́чно/ стреля́ть; he ~led in nothing at all at school он не отлича́лся успе́хами ни по одному́ предме́ту

excellence ['eks(ə)ləns] *n* 1. соверше́нство; выдаю́щееся мастерство́; высо́кое ка́чество; the ~ of rendition высо́кое мастерство́ исполне́ния; the ~ of workmanship замеча́тельное мастерство́, великоле́пная рабо́та; отли́чное ка́чество обрабо́тки /выполне́ния рабо́ты/; your other ~s други́е ва́ши соверше́нства /досто́инства/; he received a prize for ~ in mathematics он получи́л приз за отли́чные успе́хи в матема́тике 2. превосхо́дство; преиму́щество; distinctive ~ бесспо́рное преиму́щество 3. (E.) *ре́дк.* превосходи́тельство

◊ his sable E. князь тьмы (*сатана́*)

excellency ['eks(ə)lənsɪ] *n* 1. (E.) превосходи́тельство; their Excellencies их превосходи́тельства; His E. the French Ambassador [the Governor of Massachusetts] Его́ превосходи́тельство посо́л Фра́нции [губерна́тор шта́та Массачу́сетс] 2. *арх., поэт.* превосхо́дство; выдаю́щееся ка́чество

excellent ['eks(ə)lənt] *a* 1. превосхо́дный, отли́чный, великоле́пный; ~ song превосхо́дная пе́сня; ~ dinner отли́чный обе́д; ~ idea великоле́пная мысль; ~ man прекра́сный челове́к; students ~ in English студе́нты, отли́чно успева́ющие по англи́йскому языку́ 2. *арх., поэт.* превосходя́щий (*всех*), непревзойдённый; ~ hypocrite лицеме́р, каки́х свет не ви́дел; ~ liar отъя́вленный лжец; the ~ brightness of the sun сия́ние со́лнца, кото́рое ничто́ не мо́жет затми́ть 3. *арх.* возвы́шенный, высокопоста́вленный; высокочти́мый

excelsior[1] [ɪk'selsɪɔ:, -sɪə] *n амер.* 1. мя́гкая древе́сная стру́жка (*для наби́вки матра́цев и упако́вки*) 2. *полигр.* шрифт эксцельсио́р

excelsior[2] [ɪk'selsɪɔ:, -sɪə] *лат.* (всё) вы́ше (*тж. деви́з шта́та Нью-Йо́рк*)

Excelsior State [ɪk'selsɪə,steɪt] *амер.* «Недосяга́емый штат» (*шутли́вое назва́ние шта́та Нью-Йо́рк*)

excenter [ek'sentə] *n мат.* 1) центр вневпи́санной окру́жности 2) то́чка пересече́ния биссектри́с двух вне́шних угло́в

excentric I, II [ɪk'sentrɪk] = eccentric I *и* II

excentrical [ɪk'sentrɪk(ə)l] = eccentrical

except I [ɪk'sept] *v* 1. исключа́ть; to ~ from operation of a law изыма́ть из-под де́йствия (*како́го-л.*) зако́на; present company ~ed за исключе́нием прису́тствующих, о прису́тствующих не говоря́т; nobody ~ed все без исключе́ния; he was ~ed from the general pardon он не подпа́л под всео́бщую амни́стию; those who passed the first test were ~ed from the second проше́дшие пе́рвый тур освобожда́лись от уча́стия во второ́м 2. протестова́ть, возража́ть; I ~ against his statement я возража́ю про́тив его́ заявле́ния 3. *юр.* отводи́ть (*свиде́теля*)

except II [ɪk'sept] *prep* 1. исключа́я, за исключе́нием, кро́ме; every day ~

Sunday ежедневно кроме воскресенья; everyone is ready ~ me уже все готовы, кроме меня; I take no orders ~ from my commander я не принимаю приказов ни от кого, кроме своего командира 2. *в сочетаниях*: ~ as кроме (тех) случаев (когда); за исключением (того); ~ as may be agreed... за исключением случаев, которые могут быть согласованы; ~ as provided for in Article 12 за исключением предусмотренного в статье 12; it shall remain in force ~ as amended by this Protocol это остаётся в силе с учётом поправок, внесённых настоящим протоколом; ~ that кроме того, что; за исключением того, что; если не считать того, что; the suit is good ~ that the sleeves are a little too long костюм хорош, только /если не считать того, что/ рукава длинноваты

except III [ɪkˈsept] *cj арх.* **1.** кроме как; nowhere else ~ here только здесь и больше нигде; he does nothing ~ laugh он только и делает, что смеётся; ~ where otherwise expressly indicated *канц.* кроме как в случаях, когда конкретно указано иное **2.** *библ.* если не; ~ you repent если не покаетесь; ~ the Lord build the house, they labour in vain that build it если господь не созиждет дома, напрасно трудятся строящие его

exceptant [ɪkˈsept(ə)nt] *n* **1)** лицо, выдвигающее возражения (*против кандидатуры и т. п.*), заявляющее отвод или требующее исключения (*кого-л.*) **2)** *юр.* обвиняемый, заявивший отвод судье *или* присяжному заседателю

except for [ɪkˈseptfə] *phr prep* за исключением, кроме; если бы не; если не считать; your composition is good ~ a few spelling mistakes сочинение у вас хорошее, если не считать нескольких орфографических ошибок; ~ your presence I should be bored если бы не ваше присутствие, мне было бы скучно; ~ you I would be dead если бы не вы, я бы погиб

excepting I [ɪkˈseptɪŋ] *prep* = except II **1**; everyone not ~ myself все, в том числе и я; all were there not ~ him все были там, и он в том числе

excepting II [ɪkˈseptɪŋ] = except III **1**
exception [ɪkˈsepʃ(ə)n] *n* **1.** исключение, изъятие; an ~ from /to/ the rule исключение из правила; the ~ proves the rule исключение подтверждает правило; by way of ~ в виде исключения; with the ~ of smb., smth. за исключением кого-л., чего-л.; without ~ без исключения, без изъятия; to make an ~ делать исключение; to constitute no ~ to smth. не являться исключением из чего-л. **2. 1)** возражение; to take ~ to smth. возражать против чего-л. [*ср. тж.* **2, 1)**]; to bring in an ~ against а) сделать отвод (*кандидату и т. п.*); б) выступить против; to be beyond /above/ ~ не вызывать никаких возражений /жалоб/; не подлежать сомнению; authority beyond /above/ ~ непререкаемый авторитет; a witness beyond ~ свидетель, которому можно безоговорочно доверять **2)** неодобрение; укоризна; to take ~ at /to/ smth. оскорбляться, обижаться на что-л.; I take ~ to this remark я считаю такое замечание неуместным **3.** *юр.* **1)** оговорка (*в документе, договоре*) **2)** возражение ответчика в процессе; bill of ~ жалоба стороны в вышестоящий суд на то, что нижестоящий суд не принял во внимание сделанные ею выводы; Е., Your Honour! возражение, Ваша честь! (*в суде*); to sustain [to overrule] ~ принимать [отклонять] to take ~ to

/against/ a witness отводить свидетеля [*ср. тж.* **2, 1)**]

exceptionable [ɪkˈsepʃ(ə)nəb(ə)l] *a* предосудительный, небезупречный, вызывающий возражения; ~ conduct предосудительное поведение; ~ remark неуместное /некорректное/ замечание; there was nothing ~ in his comment в его высказываниях не было ничего недопустимого /оскорбительного/

exceptional [ɪkˈsepʃ(ə)nəl] *a* **1.** исключительный, необычный; ~ opportunity исключительная /неповторимая/ возможность; ~ issue *воен.* особая выдача; ~ load *спец.* особый груз; ~ article *воен.* внеплановый предмет потребления (*конфеты и т. п.*); an ~ use of a word необычное употребление слова; an ~ number of rainy days необычно много дождливых дней **2.** незаурядный; выше среднего уровня; an ~ violinist скрипач с незаурядным талантом; an ~ child одарённый ребёнок **3.** *эвф.* имеющий отклонение от нормы; schools for ~ children специальные (детские) школы (*для неполноценных детей*)

exceptionalism, exceptionality [ɪkˈsepʃ(ə)nəlɪz(ə)m, ɪkˌsepʃəˈnælɪtɪ] *n книжн.* исключительность

exceptionless [ɪkˈsepʃ(ə)nlɪs] *a* не допускающий исключений, осуществляемый без всяких исключений

exceptious [ɪkˈsepʃəs] *a книжн.* придирчивый, ворчливый; всегда недовольный

exceptive [ɪkˈseptɪv] *a книжн.* **1.** исключающий; ~ propositions взаимоисключающие заявления **2.** придирчивый

excerpt I [ˈeksɜːpt] *n* **1.** отрывок; выдержка; выписка; цитата **2.** (отдельный) оттиск

excerpt II [ekˈsɜːpt] *v* подбирать цитаты; выбирать отрывки; делать выдержки, выписки

excerpta [ekˈsɜːptə] *pl от* excerptum
excerption [ekˈsɜːpʃ(ə)n] *n* **1.** выдержка; цитата, отрывок **2.** подбор, выбор цитат, выдержек, отрывков

excerptum [ekˈsɜːptəm] *n* (*pl* -ta) *книжн.* **1)** отрывок (*из сочинения и т. п.*) **2)** *pl* избранные места (*из сочинения и т. п.*)

excess I [ɪkˈses, ˈekses] *n* **1.** избыток, излишек; ~ of provisions излишки продовольствия; ~ of caution излишняя осторожность /осмотрительность/; to dispose ~es *спец.* реализовать излишки **2. 1)** излишество, чрезмерность; крайность; to ~ чрезмерно, больше чем нужно, до излишества; to drink to ~ пьянствовать, злоупотреблять алкоголем; she was serious almost to ~ она была, пожалуй, слишком серьёзна; he is generous to ~ он излишне щедр; indulgence carried to ~ потворство, доведённое до крайности **2)** крайнее, чрезмерное проявление; an ~ of grief бурное проявление горя; in an ~ of joy вне себя от радости; in an ~ of mirth задыхаясь от смеха **3. 1)** превышение; the ~ of one over the other количество, на которое одно превышает другое; ~ of jurisdiction on the part of the House превышение палатой (представителей) своих полномочий; in ~ of больше, свыше, сверх (*нормы и т. п.*); production in ~ of plan производство сверх плана, перевыполнение производственного задания; last year there was an ~ of imports over exports в прошлом году ввоз превысил вывоз; to act in ~ of one's rights действовать неправомерно; превышать свои полномочия **2)** разница в (денежных) суммах; he paid ~ of first over third class он допла-

тил разницу между стоимостью билета первого и третьего класса; any ~ in payment will be refunded всякая переплата будет возмещена **4.** выход за пределы допустимого, разумного; излишество, превышение, эксцесс; to control ~es не допускать крайностей /излишеств, перегибов/; to denounce ~es осудить перегибы **5.** эксцесс, беспорядок, волнение; the ~es of the Right акты насилия, совершаемые правыми **6.** невоздержанность, невоздержание, неумеренность (*в еде, питье и т. п.*) **7. 1)** *мат.* остаток; ~ of nine остаток при делении на девять **2)** угловой избыток, угловой дефект **8.** *стат.* эксцесс

excess II [ˈekses] *a* **1)** излишний, избыточный; ~ weight лишний вес; ~ energy избыток сил; энергия, бьющая ключом /через край/; ~ stock [arms] *воен.* избыточные запасы (вооружения) **2)** превышающий норму; ~ fare доплата, приплата (*за билет*); ~ acid *мед.* повышенная кислотность; ~ load *тех.* чрезмерная нагрузка; ~ voltage *эл.* перенапряжение; ~ waste *тех.* отходы, превышающие норму

excess III [ɪkˈses] *v амер.* **1)** уволить по сокращению штатов (*учителя, чиновника*) **2)** перевести на другую работу в связи с рационализацией **3)** временно зачислить в резерв с сохранением жалованья

excess baggage [ˈeksesˈbægɪdʒ] **1. 1)** излишек багажа; багаж выше нормы; charges for ~ доплата за лишний багаж **2)** *разг.* обуза **2.** предрассудки, устарелые понятия; препятствия на пути развития

excessive [ɪkˈsesɪv] *a* **1.** чрезмерный; излишний; избыточный; ~ praise неумеренные похвалы; an ~ smoker заядлый курильщик; the price is ~ цена чрезмерно /излишне/ высока; an ~ drinker пить лишнего **2.** *в грам. знач. сущ. лингв.* чрезмерная степень, эксцессив

excessiveness [ɪkˈsesɪvnɪs] *n* чрезмерность

excess profit(s) [ˈeksesˈprɒfɪt(s)] *эк.* сверхприбыль

ex-champion [eksˈtʃæmpɪən] *n* бывший чемпион, экс-чемпион

exchange I [ɪksˈtʃeɪndʒ] *n* **1. 1)** обмен, мена; cultural ~s культурный обмен; heat ~ *физ.* теплообмен; in ~ for в обмен на; ~ of goods /commodities/, commodity ~s товарообмен; medium of ~ средство обмена [*см. тж.* **3, 3)**]; ~ of civilities обмен любезностями, светская беседа; ~ of views обмен мнениями; ~ of prisoners *воен.* обмен военнопленными; ~ of instruments of ratification обмен ратификационными грамотами; ~ of fire *воен.* артиллерийская перестрелка; to give [to offer, to take] in ~ давать [предлагать, брать] в обмен; to make an ~ а) обменять; б) обменяться; to have an ~ of confidence делиться секретами **2)** *фин.* размен (денег) **2. 1)** замена, смена; the ~ of tears for smiles слёзы сменились улыбками **2)** (библиотечный) обмен **3. 1)** иностранная валюта (*тж.* foreign ~); переводный вексель, тратта (*тж.* bill of ~); ~ loss а) потеря валюты, сокращение валютных резервов; б) потеря на разнице валютных курсов; ~ permit валютное разрешение; разрешение на перевод валюты; ~ restrictions валютные ограничения; ограничения в переводе иностранной валюты; ~ transac-

tions валютные операции, операции в валюте; arbitration of ~ валютный арбитраж; par of ~ валютный паритет; piece of foreign ~ девиза 2) курс (*иностранной валюты*); ~ is falling [rising, steady] курс падает [повышается, устойчив]; ~ of the day курс дня; ~ fluctuations колебания курса (*валюты*) 3) расчёты посредством девиз; расплата посредством переводов векселей; medium of ~ средство международных расчётов [*см. тж.* 1, 1)] 4. биржа; commodity /goods/ ~ товарная биржа; corn /grain/ ~ хлебная биржа; stock ~ фондовая биржа; ~ business биржевые операции; биржевая торговля; rules of the ~ биржевые правила 5. (центральная) телефонная станция; коммутатор 6. гарнизонный магазин, магазин военно-торговой службы (*тж.* post ~) 7. обменная книга, обменный экземпляр (*тж.* ~ copy; *в библиотеке*) 8. *физиол.* обращение, обмен 9. *мат., физ.* обмен местами, перестановка
  exchange II [ɪksˈtʃeɪndʒ] *v* 1. 1) менять, обменивать; to ~ farm products for manufactured goods обменивать продукты сельского хозяйства на промышленные товары; to ~ a book обменять книгу (*в библиотеке*) 2) обмениваться; меняться; to ~ letters [views] обмениваться письмами [мнениями]; to ~ seats поменяться местами; to ~ prisoners [instruments of ratification] обменяться /произвести обмен/ военнопленными [ратификационными грамотами]; to ~ greetings /salutations/ приветствовать друг друга, обменяться приветствиями; to ~ a few words with a friend переброситься с другом несколькими словами; to ~ pawns *шахм.* разменять пешки; to ~ words with smb. спориться, браниться, препираться с кем-л.; to ~ from /out of/ one regiment into another перевестись в другой полк путём встречного обмена; ~ forgiveness with me, noble Hamlet (*Shakespeare*) простим друг друга, благородный Гамлет 2. променять; to ~ a palace for a cell променять дворец на келью; he ~d honour for wealth он добыл богатство ценой чести 3. 1) разменивать (*деньги*) 2) обменивать (*одну валюту на другую и т. п.*); to ~ old yen for new обменять старые иены на новые; to ~ American money into English обменять доллары на фунты
  exchangeable [ɪksˈtʃeɪndʒəb(ə)l] *a* 1. подлежащий обмену; ~ within five days подлежащий обмену в течение пяти дней; not ~ в обмен не принимается, обмену не подлежит 2. годный для обмена 3. *тех.* взаимозаменяемый, сменный
  exchangee [ˌekstʃeɪnˈdʒi:] *n* 1. лицо, прибывшее в страну по обмену (*культурному, научному и т. п.*) 2) = exchange student
  exchange format [ɪksˈtʃeɪndʒˌfɔ:mæt] *инф.* коммуникативный формат
  exchange student [ɪksˈtʃeɪndʒˌstju:d(ə)nt] (иностранный) студент, приехавший по обмену, по соглашению об обмене студентами
  exchange value [ɪksˈtʃeɪndʒˌvælju:] *полит.-эк.* меновая стоимость
  exchequer [ɪksˈtʃekə] *n* 1. 1) казначейство; (государственная) казна 2) (*обыкн.* E.) министерство финансов (*в Великобритании*); Chancellor of the E. канцлер казначейства (*министр финансов в Великобритании*); ~ bill *уст.* казна-
чейский вексель 2. *шутл.* ресурсы, финансы, карман; my family ~ бюджет моей семьи, мой семейный бюджет 3. (E.) *ист.* суд по делам казначейства, казны (*тж.* Court of E.)
  Exchequer Chamber [ɪksˈtʃekəˌtʃeɪmbə] *ист.* 1. казначейская палата 2. апелляционный суд
  excide [ɪkˈsaɪd] *v книжн.* 1) вырезать 2) исключить; вычеркнуть
  excimer [ˈeksɪmə] *n физ.* эксимер (*двухатомная возбуждённая молекула из одинаковых атомов*)
  excipient [ɪkˈsɪpɪənt] *n* 1. *фарм.* среда для лекарства; воспринимающее средство; инертный наполнитель 2. *жив.* грунт, загрунтовка
  exciplex [ˈeksɪpleks] *n физ.* эксимерный комплекс
  excisable¹ [ɪkˈsaɪzəb(ə)l] *a* облагаемый *или* подлежащий обложению акцизом
  excisable² [ɪkˈsaɪzəb(ə)l] *a мед.* подлежащий удалению; поддающийся иссечению, удалению; операбельный
  excise¹ I [ˈeksaɪz] *n* 1. акциз, акцизный сбор (*тж.* ~ duty); to levy ~ облагать акцизным сбором; ~ on sugar [tobacco] акцизный сбор на сахар [табак] 2. лицензия 3. (the E.) *ист.* акцизное управление
  excise¹ II [ɪkˈsaɪz] *v* 1. взимать акцизный сбор, облагать акцизным сбором 2. *разг.* взимать *или* запрашивать слишком высокую цену
  excise² [ɪkˈsaɪz] *v* 1) вырезать, отрезать 2) *мед.* иссекать, удалять оперативно; to ~ a tumour вырезать /удалить/ опухоль 3) вырезать, исключать (*из текста и т. п.*); to ~ a reference снять ссылку
  exciseman [ˈeksaɪzmæn] *n* (*pl* -men [-men]) сборщик акциза, акцизный чиновник; служащий акцизного управления
  excision [ɪkˈsɪʒ(ə)n] *n* 1. 1) вырезание, отрезание 2) *мед.* иссечение, удаление, отрезание 3) вырезка, исключение, снятие (*части текста и т. п.*); the censor made ~s in the film цензор изъял /вырезал/ из фильма некоторые кадры 4) *биохим.* эксцизия, удаление повреждённого участка (*из молекулы ДНК*); ~ repair эксцизионная репарация, восстановление путём удаления повреждённого участка (*молекулы ДНК*) 2. *церк.* отлучение
  excitability [ɪkˌsaɪtəˈbɪlɪtɪ] *n* 1. возбудимость 2. *физиол.* чувствительность (*органа, ткани к раздражителю*)
  excitable [ɪkˈsaɪtəb(ə)l] *a* 1. возбудимый; легко возбуждающийся, приходящий в волнение 2. *физиол.* чувствительный к раздражению
  excitant I [ɪkˈsaɪt(ə)nt] *n спец.* возбуждающее средство
  excitant II [ɪkˈsaɪt(ə)nt] *a спец.* возбуждающий
  excitation [ˌeksaɪˈteɪʃ(ə)n] *n* 1. возбуждение (*тж. физиол.*) 2. возбуждённое состояние, возбуждение; волнение
  excitative [ɪkˈsaɪtətɪv] *a книжн.* возбудительный
  excitatory [ɪkˈsaɪtət(ə)rɪ] *a биол.* возбудительный; ~ cell моторная клетка
  excite [ɪkˈsaɪt] *v* 1. возбуждать, волновать; to ~ the imagination волновать воображение; to get ~d about smth. волноваться по поводу чего-л.; to be ~d at /with/ smb. радоваться /относиться с энтузиазмом к/ чему-л.; the news ~d them известие взволновало их; don't ~ yourself сохраняйте спокойствие 2. возбуждать, вызывать; to ~ curiosity [interest, envy, jealousy] возбуждать /вызывать/ любопытство
[интерес, зависть, ревность]; to ~ passions [enmity] разжигать страсти [вражду]; to ~ a rebellion вызвать восстание 3. побуждать; стимулировать; I ~d him to anger я вызвал у него гнев; я разозлил его; to ~ to pity вызывать сострадание; he ~d them to resist он побуждал /призывал/ их к сопротивлению; we ~ children by praising them похвалой мы поощряем детей, похвала является стимулом для детей 4. *физиол.* раздражать; to ~ a nerve раздражать нерв
  excited [ɪkˈsaɪtɪd] *a* 1. возбуждённый, взволнованный; an ~ crowd возбуждённая толпа 2. оживлённый; деятельный; an ~ buying and selling of stocks оживлённая купля-продажа ценных бумаг 3. *спец.* возбуждённый
  excitedly [ɪkˈsaɪtɪdlɪ] *adv* в волнении; с волнением, взволнованно, возбуждённо, в возбуждении
  excitement [ɪkˈsaɪtmənt] *n* 1. возбуждение, волнение; flushed with ~ раскрасневшийся от волнения; to act under alcoholic [emotional] ~ действовать под влиянием алкогольного [эмоционального] возбуждения; to feel no ~ over smth. равнодушно /без энтузиазма/ относиться к чему-л. 2. *редк.* побуждение, стимул
  exciter [ɪkˈsaɪtə] *n* 1. *см.* excite + -er 2. *спец.* возбудитель 3. *радио* задающий генератор
  exciting [ɪkˈsaɪtɪŋ] *a* 1. возбуждающий, волнующий; захватывающий, увлекательный (*о рассказе, новости и т. п.*); how ~! *разг.* как интересно! 2. возбуждающий, ускоряющий; ~ cause *мед.* непосредственная причина болезни
  excitive [ɪkˈsaɪtɪv] *a* возбуждающий
  exciton [ˈeks(ə)ɪtɒn] *n физ.* экситон (*квазичастица*)
  excitonic [ˌeks(ə)ɪˈtɒnɪk] *a физ.* экситонный
  excitor [ɪkˈsaɪtə] *n* 1. *анат.* двигательный нерв, нейрон 2. = exciter
  exclaim [ɪkˈskleɪm] *v* 1. восклицать, воскликнуть (*тж.* ~ out); to ~ in despair воскликнуть в отчаянии; to ~ with delight разразиться радостными восклицаниями 2. *книжн.* 1) кричать, вопить, издавать громкий крик 2) *библ.* вопиять 3. (against, at) поднимать голос (*протеста*); роптать; to ~ against oppression поднять голос против угнетения
  exclamation [ˌekskləˈmeɪʃ(ə)n] *n* 1. восклицание; ~ note /point/, mark /note, point/ of ~ = exclamation mark; to give /make, to utter/ an ~ of surprise [of joy] вскрикнуть от удивления [от радости] 2. *книжн.* (вс)крик, вопль 3. ропот, протест 4. *грам. редк.* междометие
  exclamation mark [ˌekskləˈmeɪʃ(ə)nmɑ:k] восклицательный знак
  exclamative [ɪkˈsklæmətɪv] *a* восклицательный
  exclamatory [ɪkˈsklæmət(ə)rɪ] *a* 1. восклицательный; ~ sentence восклицательное предложение 2. громкий, шумный; крикливый; sorrow несдержанность в горе; a bright ~ scarf яркий, крикливый шарф
  exclave [ˈeksˌkleɪv] *n полит.* часть территории государства, отделённая от него территорией другого государства; эксклав
  excludable [ɪkˈsklu:dəb(ə)l] *a* 1) подлежащий исключению 2) не имеющий права доступа, участия, въезда *и т. п.* 3) возможный для исключения; могущий быть исключённым
  exclude [ɪkˈsklu:d] *v* 1. не допускать; не впускать; исключать; to ~ from a

club а) не принимать в члены клуба; б) исключать из клуба; to ~ from certain privileges не предоставлять некоторых привилегий; to ~ the light не допускать проникновения света; to ~ mistakes исключить возможность ошибок; to ~ a new war сделать невозможным возникновение новой войны, исключить возможность новой войны; words ~d from polite conversation слова, недопустимые в разговоре культурных людей 2. 1) изымать; исключать, снимать; to ~ from consideration снять с рассмотрения; to ~ all reference to... изъять всякое упоминание о... 2) *юр.* не допускать; to ~ evidence не принимать в качестве доказательства, не приобщать к делу 3. *редк.* изгнать; to ~ from a country изгнать из страны 4. *книжн.* уничтожать; to ~ the causes of war устранить причины войн; to ~ the power of the foe разбить вражескую силу

excluder [ɪk'sklu:də] *n* 1. *см.* exclude + -er 2. разделительная решётка в улье

exclusion [ɪk'sklu:ʒ(ə)n] *n* 1. недопущение, исключение; ~ method *лог.* метод исключения; (Pauli) ~ principle *физ.* принцип исключения /запрета/ (Паули); to the ~ of *канц.* за исключением; to the ~ of other nationals за исключением граждан других стран 2. исключение, изгнание; an ~ from a country выдворение из страны; an ~ from a village изгнание из деревни; an ~ from an association исключение из ассоциации 3. запрещение въезда в страну; Е. Act закон о высылке из США определённых лиц и запрещении въезда в США определённым лицам

exclusionary rule [ɪk'sklu:ʒən(ə)rɪ'ru:l] *юр.* правило о непринятии (судом) доказательств, полученных незаконным путём

exclusion zone [ɪk'sklu:ʒ(ə)n,zəʊn] 200-мильная запретная зона (*промысловая, военная и т. п. в океане*)

exclusive I [ɪk'sklu:sɪv] *n* 1. материал, напечатанный только в одной газете 2. исключительное право, патент (*на продажу чего-л. и т. п.*) 3. *редк.* замкнутый человек; человек, разборчивый в знакомствах

exclusive II [ɪk'sklu:sɪv] *a* 1. 1) исключительный, особый; ~ privileges особые привилегии; ~ right *амер.* исключительное право; ~ power *амер.* исключительное право издавать закон по определённому вопросу (*принадлежащее либо конгрессу США, либо конгрессам отдельных штатов*); ~ jurisdiction а) исключительная юрисдикция (*подсудность*); б) исключительное право законодательства; ~ sale *ком.* исключительное право продажи; ~ interview эксклюзивное интервью (*только одной газете, журналу и т. п.*); ≅ специально для нашей газеты /журнала и т. п./; ~ agency *ком.* представительство с исключительными правами 2) исключающий, несовместимый; mutually ~ взаимоисключающие, несовместимые; ~ proposition *лог.* исключающее суждение 2. 1) привилегированный, престижный; ~ school аристократическая школа; ~ club клуб для избранных 2) не допускающий негров, евреев (*о клубах, гостиницах и т. п.*); ~ caste-system замкнутая кастовая система 3. 1) *амер.* первоклассный, фешенебельный (*о гостинице и т. п.*); ~ hotel первоклассная гостиница; ~ shop роскошный /дорогой/ магазин; 2) модельный, сделанный на заказ (*об одежде и т. п.*) 4. 1) единственный (в своём роде); ~ agent единственный представитель; this has not been my ~ employment я занимался не только этим 2) предназначенный исключительно для какой-л. цели; сосредоточенный на одном; to give one's ~ attention to the matter посвятить всё своё внимание данному вопросу 5. разборчивый, взыскательный; ~ standards повышенные требования 6. *лингв.* эксклюзивный, исключительный 7. *в сочетаниях:* ~ of исключая, за исключением; the ship had a crew of 57 ~ of officers экипаж корабля состоял из 57 человек, не считая офицеров; price of the dinner ~ of wine стоимость обеда без /не считая/ вина; ~ of wrappings без упаковки (*о весе товара и т. п.*)

exclusive III [ɪk'sklu:sɪv] *adv* исключительно, не считая; from 100 to 121 ~ со 101 по 120 включительно; rent... pounds ~ аредная плата... фунтов без пансиона

exclusive depth [ɪk,sklu:sɪv'depθ] *полигр.* длина полосы без колонтитула, подстрочных примечаний и т. п.

exclusive economic zone [ɪk'sklu:sɪv,ekə'nɒmɪk'zəʊn] = economic zone

exclusively [ɪk'sklu:sɪvlɪ] *adv* исключительно; единственно; только

exclusiveness [ɪk'sklu:sɪvnɪs] *n* 1. исключительность; замкнутость в своём кругу; аристократизм; снобизм

exclusivity [,eksklu:'sɪvɪtɪ] *n* 1. = exclusiveness 2. исключительные права или привилегии

exclusory [ɪk'sklu:s(ə)rɪ] *a редк.* исключающий

excogitate [eks'kɒdʒɪteɪt] *v книжн.* 1. выдумывать, придумывать; *неодобр. тж.* измышлять 2. *амер.* размышлять, обдумывать

excogitation [eks,kɒdʒɪ'teɪʃ(ə)n] *n книжн.* выдумывание, придумывание; *неодобр. тж.* измышление, вымысел

excommunicable [,ekskə'mju:nɪkəb(ə)l] *a церк.* 1. подлежащий отлучению 2. наказуемый отлучением

excommunicate I [,ekskə'mju:nɪk(e)ɪt] *n* 1) *церк.* отлучённый (от церкви) 2) изгнанник, отверженный

excommunicate II [,ekskə'mju:nɪkeɪt] *v* 1) *церк.* отлучить (от церкви) 2) изгнать, выгнать (*из школы, организации и т. п.*)

excommunication [,ekskəmju:nɪ'keɪʃ(ə)n] *n* 1) *церк.* отлучение; greater /major/ ~ полное отлучение, анафема; lesser /minor/ ~ неполное отлучение 2) изгнание, изоляция; исключение (*из круга избранных и т. п.*)

excoriate [ɪks'kɔ:rɪeɪt] *v разг.* 1. 1) содрать кожу, ссадить 2) вызывать шелушение (кожи) 2. разносить, громить (о критике)

excoriation [ɪks,kɔ:rɪ'eɪʃ(ə)n] *n разг.* 1. ссадина 2. сдирание кожи 3. разнос, суровая критика

excorticate [ɪks'kɔ:tɪkeɪt] *v* 1. сдирать кожу, кору, оболочку, шелуху 2. снимать оболочку, покров

excortication [ɪks,kɔ:tɪ'keɪʃ(ə)n] *n* облупливание, сдирание кожи, коры, оболочки, шелухи

excrement ['ekskrɪmənt] *n физиол.* 1) экскременты, испражнения, выделения 2) помёт (*животных*) 3) *с.-х.* фекалии

excremental [,ekskrɪ'mentl] = excrementitious

excrementitious [,ekskrɪmen'tɪʃəs] *a физиол.* фекальный

excrescence [ɪk'skres(ə)ns] *n* 1. 1) нарост 2) *бот.* нарост, кап 3) *вет.* опухоль 2. 1) разрастание, бурный рост 2) рост (*волос, рогов и т. п.*) 3) нарастание, взрыв (*радости и т. п.*) 3. уродство; что-л. режущее глаз; many new office buildings are ~s upon the city многие новые административные здания уродуют город

excrescent [ɪk'skres(ə)nt] *a* 1. 1) образующий нарост 2) ненормально растущий 2. лишний; the ~ population избыточное население

excreta [ɪk'skri:tə] *n pl физиол.* выделения, испражнения, отбросы

excrete [ɪk'skri:t] *v физиол.* выделять; извергать

excretion [ɪk'skri:ʃ(ə)n] *n* 1. *физиол.* экскреция, выведение из организма продуктов, отходов жизнедеятельности 2. = excrescence 3. *спец.* извержение

excretive [ɪk'skri:tɪv] *a* 1) *физиол.* способствующий выделению 2) *анат.* выводящий

excretory [ɪk'skri:t(ə)rɪ] *a анат.* выделительный; выводной, экскреторный; ~ duct выводной проток

excruciate [ɪk'skru:ʃɪeɪt] *v книжн.* мучить, терзать; to ~ the mind with cares терзать ум заботами

excruciating [ɪk'skru:ʃɪeɪtɪŋ] *a* 1) мучительный; ~ pain мучительная боль; most ~ problems самые больные вопросы; ~ noise невыносимый шум 2) *неодобр.* надуманный, искусственный; with ~ politeness с подчёркнутой вежливостью

excruciation [ɪk,skru:ʃɪ'eɪʃ(ə)n] *n* 1) мучительство 2) мучения, муки 3) пытка

excubant ['ekskjʊbənt] *a книжн.* стерегущий; бдительный

exculpable [ɪk'skʌlpəb(ə)l] *a редк.* простительный; могущий быть искуплённым

exculpate ['ekskʌlpeɪt] *v* 1) юр. снимать обвинение, оправдывать, реабилитировать; he was ~d from both charges с него были сняты оба обвинения 2) оправдывать, снимать вину (*с кого-л.*); to ~ oneself from a charge of inconsistency отвести от себя обвинение в непоследовательности

exculpation [,ekskʌl'peɪʃ(ə)n] *n юр.* 1) оправдание, реабилитация 2) основание, причина оправдания; оправдывающее обстоятельство

exculpative ['ekskʌlpeɪtɪv] *a юр.* оправдательный, оправдывающий

exculpatory [ɪk'skʌlpət(ə)rɪ] = exculpative

ex curia [eks'kjʊrɪə] *лат.* вне суда; во внесудебном порядке

excurrent [eks'kʌrənt] *a* 1. *книжн.* вытекающий, утекающий; выходящий 2. *спец.* выводящий, выводной, выносящий

excurse [ɪk'skɜ:s] *v редк.* 1. бродить, блуждать 2. ходить на прогулку 3. отвлекаться (*от темы*); делать отступление

excursion I [ɪk'skɜ:ʃ(ə)n] *n* 1. экскурсия; (туристическая) поездка; pedestrian /walking/ ~ пешая экскурсия; owner-driver ~ туристическая поездка на своих машинах; ~ train экскурсионный /туристический/ поезд; ~ rates пониженные расценки для туристов (*на билеты, гостиницы и т. п.*); to go on an ~ поехать на экскурсию; отправиться в туристическую поездку; to take part in an ~ принять участие в экскурсии 2) группа экскурсантов, экскурсия 2. выезд (*особ. за город*); поход или поездка (*куда-л.*); angling /fishing/ ~ поездка на рыбалку; hunting ~ выезд на охоту; shopping ~ поход по магазинам 3. экскурс; ~ into the historical domain экскурс в область истории 4. 1)

EXC — EXE

отступление (*от принятого курса, темы, предмета*); needless ~s into abstruse theory ненужный переход к малопонятному теоретизированию 2) *спец.* отклонение от номинального значения 5. *тех.* возвратно-поступательное движение (*поршня и т. п.*) 6. *физ.* цепная реакция в быстром реакторе-размножителе (*ядерного топлива*)

excursion II [ɪkˈskɜ:ʃ(ə)n] *v* ездить, ходить на экскурсию

excursionist [ɪkˈskɜ:ʃ(ə)nɪst] *n* 1. экскурсант; турист 2. *разг.* организатор экскурсий; агент туристической компании

excursionize [ɪkˈskɜ:ʃ(ə)naɪz] *v редк.* ездить на экскурсию; отправиться в туристическую поездку

excursive [ɪkˈskɜ:sɪv] *a* 1. беспорядочный, бессистемный (*о чтении*) 2. отклоняющийся (*от пути, курса*) 3. изобилующий отступлениями (*авторскими*)

excursus [ekˈskɜ:səs] *n* (*pl тж. редк. без измен.*) 1. экскурс 2. отступление (*от темы и т. п.*)

excurvation [ˌekskɜ:ˈveɪʃ(ə)n] *n спец.* искривление кнаружи

excurved [eksˈkɜ:vd] *a спец.* искривлённый кнаружи

excusable [ɪkˈskju:zəb(ə)l] *a* извинительный, простительный

excusably [ɪkˈskju:zəblɪ] *adv* извинительно, простительно; he was ~ irritated он был раздражён, что было вполне простительно /понятно/

excusal [ɪkˈskju:z(ə)l] *n редк.* прощение; извинение

excusatory [ɪkˈskju:zət(ə)rɪ] *a* 1) извиняющийся (*о тоне и т. п.*) 2) извинительный (*о письме и т. п.*)

excuse I [ɪkˈskju:s] *n* 1. извинение; there is no ~ for it это непростительно; give them my ~s извинитесь перед ними за меня; I owe you every ~ for my behaviour yesterday я должен принести вам глубочайшее извинение за мой вчерашний поступок 2. 1) оправдание; in ~ в оправдание; this is no ~ это не может служить оправданием /извинением/; without good ~ без уважительной причины; it affords ample ~ for... это служит достаточным оправданием для...; ignorance of the law is no ~ незнание закона не может служить оправданием 2) отговорка, предлог; lame /poor, thin/ ~ слабая /неубедительная/ отговорка; on /under/ various ~s под разными предлогами; to make /to offer/ ~s оправдываться, находить отговорки; he had numerous ~s to offer for being late он находил многочисленные отговорки /предлоги/, чтобы оправдать свой опоздание; he is good at making ~s ≅ он всегда сумеет отговориться 3) повод, предлог; he gave his audience an ~ for yawning его выступление не могло не заставить слушателей зевать; ~ for a prosecution повод для привлечения к суду; ~ for aggression предлог для агрессии 3. освобождение (*от обязанности, работы и т. п.*) 4. *презр.* бракованный экземпляр; суррогат; подделка; that coward is barely an ~ for a man этот трус просто пародия на человека; his latest effort is a poor ~ for a novel его последнее произведение — это суррогат романа

excuse II [ɪkˈskju:z] *v* 1. извинять, прощать; ~ me! прости(те)!, виноват!; извини(те)!; please ~ my interruption извините, что я вас перебиваю; ~ my glove простите, что я не снял перчатку (*при рукопожатии*); ~ me for coming late, ~ my coming late извините за опоздание; please ~ the delay *канц.* просим извинить нас за задержку 2. служить оправданием; this does not ~ him это его не оправдывает; to be ~d by law находить юридическое оправдание; injustice ~s strong responses несправедливость оправдывает энергичный отпор 3. освобождать (*от обязанности, работы*); to ~ smb. from attendance освободить кого-л. от присутствия, разрешить кому-л. не присутствовать (*на собрании и т. п.*); I cannot ~ you from attending the classes я не могу освободить вас от посещения /отпустить вас с/ занятий; we will ~ your presence мы разрешаем вам не присутствовать; he asked to be ~d from the lesson он просил отпустить его с урока; he was ~d the entrance fee он был освобождён от вступительного взноса 4. *refl* 1) извиняться, просить прощения; he ~d himself for being so careless он извинился за свою неосторожность 2) просить разрешения удалиться; I ~d myself from the table я извинился и вышел из-за стола 3) отпрашиваться; просить освободить (*от чего-л.*); he ~d himself from participating in the card game он попросил уволить его от участия в карточной игре; I should like to ~ myself from attending the meeting разрешите мне не присутствовать на собрании 4) оправдываться; отговариваться чем-л.; he ~d himself by saying he was not well-disposed в своё оправдание он сослался на нездоровье

excuseless [ɪkˈskju:zlɪs] *a* непростительный; не имеющий оправдания

ex-directory [ˌeksd(ə)ɪˈrekt(ə)rɪ] *a* 1. не указанный в перечне 2. не внесённый в телефонную книгу; they are ~ их номера в телефонной книге нет

exeat [ˈeksɪæt] *n лат.* отпускной билет; разрешение на отлучку (*в университете, монастыре и т. п.*)

execrable [ˈeksɪkrəb(ə)l] *a* отвратительный; ужасный; ~ crime гнусное преступление; ~ weather мерзкая погода; ~ manners отталкивающие манеры

execrate [ˈeksɪkreɪt] *v* 1. ненавидеть, питать отвращение 2. проклинать, призывать проклятие (*на чью-л. голову*); осыпать проклятиями; they ~ their lot они клянут свою судьбу

execration [ˌeksɪˈkreɪʃ(ə)n] *n* 1. проклятие 2. омерзение, отвращение, ненависть 3. предмет отвращения; омерзительный человек; омерзительное явление

execrative [ˈeksɪkrətɪv] *a* ненавидящий; выражающий ненависть, отвращение

execrator [ˈeksɪkreɪtə] *n* хулитель; ненавистник

execratory [ˈeksɪkreɪt(ə)rɪ] = execrative

exect [ekˈsekt] = exsect

executable [ɪɡˈzekjʊtəb(ə)l] *a* выполнимый, исполнимый

executant I [ɪɡˈzekjʊt(ə)nt] *n* исполнитель (*преим. музыкант*)

executant II [ɪɡˈzekjʊt(ə)nt] *a* исполняющий (*музыкальное произведение*)

execute [ˈeksɪkju:t] *v* 1. 1) исполнять, выполнять (*приказ, волю и т. п.*) проводить в жизнь, осуществлять; to ~ a plan осуществить /провести в жизнь, реализовать/ план; to ~ an order a) выполнить заказ; б) исполнить приказ; to ~ a purpose осуществить замысел, добиться поставленной цели 2) выполнять (*работу и т. п.*); to ~ a piece of work выполнить работу /задание/; to ~ an assault провести атаку; to ~ delay *амер. воен.* сдерживать противника; to ~ fire *воен.* вести огонь; to ~ a halt *воен.* останавливаться на привал 2. 1) исполнять (*роль и т. п.*); to ~ an adagio исполнить адажио; the part of Hamlet was badly ~d роль Гамлета была исполнена плохо 2) создать (*картину, статую и т. п.*); Mercury ~d in marble статуя Меркурия, выполненная в мраморе; ~d in oil (выполненный) масляными красками /маслом, в масле/ (*о картине*) 3. казнить; the murderer was ~d убийца был казнён 4. *юр.* 1) приводить в исполнение (*судебное решение, приговор и т. п.*) 2) оформлять (*договор, доверенность, завещание и т. п.*) 3) исполнять завещание, быть душеприказчиком

execution [ˌeksɪˈkju:ʃ(ə)n] *n* 1. выполнение, исполнение; ~ time *вчт.* а) время счёта; б) время выполнения; ~ of an order a) выполнение заказа; б) исполнение приказа; ~ of the plan проведение плана в жизнь; ~ of an office исполнение служебных обязанностей; in the ~ of official duty при исполнении служебных обязанностей; a man of ~ человек дела; to carry smth. into ~, to put smth. in ~ провести в жизнь, осуществить что-л. 2. исполнение (*произведения искусства, особ. музыкального*) 2) мастерство исполнения; the pianist has marvellous ~ пианист обладает замечательным мастерством исполнения 3. 1) действенность, эффективность (*преим. о средствах разрушения*) 2) разрушение, опустошение; to do ~ произвести разрушения; to make good ~ *воен.* разгромить (*врага*), нанести большие потери; he did great ~ among the cakes *шутл.* он уничтожил /съел/ много пирожных 4. (смертная) казнь; ~ by hanging смертная казнь через повешение 5. *юр.* 1) приведение в исполнение (*судебного решения, приговора*) 2) выполнение формальностей, оформление, совершение (*договора, доверенности и т. п.*) 3) исполнительный лист (*тж. writ of* ~)

executioner [ˌeksɪˈkju:ʃ(ə)nə] *n* палач (*тж. перен.*)

executive I [ɪɡˈzekjʊtɪv] *n* 1. 1) (the ~, the E.) исполнительная власть 2) (the ~) исполнительный орган 3) (the E.) исполком (*партии*) 4) (E.) *амер.* глава исполнительной власти; Chief E. президент (*США*) 2. руководитель, администратор; руководящий работник; (ответственный) сотрудник; major [minor] ~s руководящие [рядовые] сотрудники; business ~ руководящий работник, администратор (*компании, корпорации и т. п.*) 3. *амер. воен.* 1) начальник штаба части 2) помощник командира

executive II [ɪɡˈzekjʊtɪv] *a* 1. 1) исполнительный; ~ power исполнительная власть; the ~ branch (of the government) исполнительная власть 2) *амер.* правительственный; президентский, относящийся к президенту; ~ agent личный представитель президента за границей; ~ discretion компетенция президента, круг вопросов, решаемых президентом; ~ department a) министерство, ведомство; б) отдел администрации отдельных штатов; ~ business а) административные вопросы (*повестки дня*); б) вопросы, внесённые (в сенат) президентом; ~ privilege прерогатива президента, *особ.* конфиденциальность его переписки и бесед; the ~ head of the nation а) глава́ исполни́тельной вла́сти, глава́ прави́тельства; б) глава́ госуда́рства, президе́нт 2. администра́торский; организа́торский; ~ duties администрати́вные обя́занности; ~ talent организа́торский тала́нт; ~ ability администрати́вные спосо́бности; ~ producer нача́льник производства (*на киностудии*); ~ staff управле́нческий персона́л, руководя́щие ка́дры 3. 1) соотве́тствующий вку́сам и возмо́жностям руководи́телей, ме́неджеров; ~ suite кабине́т нача́льника с прилега́ющими помеще́ниями (*приёмной, ко́мнатой о́тдыха и т. п.*); ~ airplane самолёт корпора́ции и т. п. 2) вы́сшего ка́чества; дорого́й, роско́шный; ~ housing дома́ вы́сшей катего́рии; дороги́е кварти́ры; ~-class car роско́шный автомоби́ль

executive agreement [ɪgˈzekjutɪvəˈgri:mənt] *амер.* исполни́тельное соглаше́ние (*заключа́емое президе́нтом с иностра́нным госуда́рством и не тре́бующее утвержде́ния сена́том*)

executive clemency [ɪgˈzekjutɪvˈklemənsɪ] *амер.* смягче́ние ме́ры наказа́ния осуждённому престу́пнику по распоряже́нию президе́нта США или губерна́тора шта́та

executive committee [ɪgˈzekjutɪvkəˈmɪtɪ] 1) исполни́тельный комите́т, исполко́м 2) *амер.* коми́ссия при президе́нте; коми́ссия, назна́ченная президе́нтом

executive council [ɪgˈzekjutɪvˈkauns(ə)l] 1. исполни́тельный сове́т; сове́т, осуществля́ющий исполни́тельную власть 2. *амер.* сове́т при президе́нте, президе́нтский сове́т 3. *канад.* сове́т прови́нции

Executive Mansion [ɪgˈzekjutɪvˈmænʃ(ə)n] *амер.* 1) резиде́нция президе́нта (*официа́льное наименова́ние Бе́лого до́ма*) 2) резиде́нция губерна́тора шта́та

executive officer [ɪgˈzekjutɪvˈɒfɪsə] 1) строево́й офице́р корабе́льной слу́жбы 2) *амер.* ста́рший помо́щник (*команди́ра корабля́*)

executive order [ɪgˈzekjutɪvˈɔ:də] *амер.* прави́тельственное распоряже́ние, распоряже́ние президе́нта

executive secretary [ɪgˈzekjutɪvˈsekrət(ə)rɪ] 1) отве́тственный секрета́рь 2) исполни́тельный секрета́рь (*в междунаро́дных организа́циях и т. п.*)

executive session [ɪgˈzekjutɪvˈseʃ(ə)n] закры́тое заседа́ние конгре́сса или друго́го о́ргана

executor [ɪgˈzekjutə] *n* 1. см. execute + -er 2. душеприка́зчик, исполни́тель завеща́ния 3. *редк.* суде́бный исполни́тель 4. *арх.* пала́ч

executorial [ɪgˌzekjuˈtɔ:rɪəl] *a редк.* 1. исполни́тельный; администрати́вный 2. относя́щийся к душеприка́зчику

executory [ɪgˈzekjut(ə)rɪ] *a* 1. = executive II 1, 2) 2. подлежа́щий исполне́нию, име́ющий си́лу (*о зако́не, прика́зе*) 3. *юр.* вступа́ющий в си́лу лишь в бу́дущем, подлежа́щий исполне́нию лишь в бу́дущем

executrices [ɪgˈzekjutrəsɪ:z] *pl от* executrix

executrix [ɪgˈzekjutrɪks] *n* (*pl тж.* -trices) душеприка́зчица, исполни́тельница завеща́ния

exedra [ˈeksɪdrə] *n* (*pl* -rae) 1. эксе́дра, полукру́глая деревя́нная или ка́менная скамья́ 2. *архит.* апси́да, ни́ша

exedrae [ˈeksɪdri:] *pl от* exedra

exegeses [ˌeksɪˈdʒi:si:z] *pl от* exegesis

exegesis [ˌeksɪˈdʒi:sɪs] *n* (*pl* -ses) *лит.* экзеге́за, интерпрета́ция, толкова́ние (*те́кста, осо́б. анти́чного или библе́йского*); коммента́рий

exegete [ˈeksɪdʒi:t] *n книжн.* 1. экзеге́т, толкова́тель (*выска́зываний ораку́лов, зако́нов, анти́чных и библе́йских те́кстов*) 2. коммента́тор; интерпрета́тор, истолкова́тель

exegetics [ˌeksɪˈdʒetɪks] *n лит., рел.* экзеге́тика, интерпрета́ция, толкова́ние (*те́кста, осо́б. анти́чного или библе́йского*); коммента́рование

exegetist [ˌeksɪˈdʒi:tɪst] = exegete 2

exegi monumentum aere perennius [ekˈseɡɪˌmɒnuˈmentəmˌaɪerepɪˈrenɪəs] *лат.* я па́мятник воздви́г про́чнее ме́ди

exempla [ɪgˈzemplə] *pl от* exemplum

exemplar [ɪgˈzemplə, -plɑ:] *n книжн.* 1. образе́ц, приме́р для подража́ния 2. тип, о́браз; ~ of goodness воплоще́ние доброты́; Stendhal's Sorel, this ~ of rugged individualism Соре́ль Стенда́ля — о́браз, в кото́ром воплощён кра́йний индивидуали́зм 3. экземпля́р (*кни́ги и т. п.*)

exemplarily [ɪgˈzempləraɪlɪ] *adv* 1. в назида́ние други́м; для приме́ра 2. приме́рно, образцо́во

exemplary [ɪgˌzempları] *a* 1. приме́рный, образцо́вый; досто́йный подража́ния; ~ pupil приме́рный учени́к; ~ courage му́жество, досто́йное подража́ния 2. сде́ланный в назида́ние, поучи́тельный; ~ damages *юр.* штрафны́е убы́тки; the punishment was severe but ~ наказа́ние бы́ло суро́вым, но послужи́ло хоро́шим уро́ком други́м 3. *редк.* иллюстрати́вный; ~ instances иллюстрати́вные приме́ры

exemplifiable [ɪgˌzemplɪˈfaɪəb(ə)l] *a* могу́щий быть подтверждённым приме́ром; доказу́емый приме́ром

exemplification [ɪgˌzemplɪfɪˈkeɪʃ(ə)n] *n* 1. поясне́ние приме́ром 2. (*иллюстрати́вный*) приме́р; in ~ of smth. как приме́р чего́-л. 3. воплоще́ние; he is the very ~ of piety он воплощённое благоче́стие 4. *юр.* заве́ренная ко́пия докуме́нта

exemplificative [ɪgˌzemplfɪˈkeɪtɪv] *a книжн.* служа́щий приме́ром, иллюстри́рующий

exemplify [ɪgˌzemplɪfaɪ] *v* 1. поясня́ть, подтвержда́ть приме́ром; приводи́ть приме́р; to ~ a rule поясни́ть пра́вило приме́ром 2. служи́ть приме́ром; иллюстри́ровать; his courage is strongly exemplified in... я́рким приме́ром его́ му́жества мо́жет служи́ть... 3. воплоща́ть (*како́е-л. ка́чество*) 4. *юр.* снима́ть и заверя́ть ко́пию

exempli gratia [ɪgˌzemplɪˈgreɪʃ(ɪ)ə] *лат.* наприме́р

exemplum [ɪgˈzempləm] *n* (*pl* -la) *лат.* 1. приме́р, иллюстра́ция 2. поучи́тельный, назида́тельный расска́з

exempt I [ɪgˈzempt] *n* 1. лицо́, по́льзующееся льго́тами, привиле́гиями 2. *ист.* монасты́рь, це́рковь или свяще́нник, не входя́щие в ве́дение епи́скопа

exempt II [ɪgˈzempt] *a* 1) свобо́дный, освобождённый; не подлежа́щий (*чему́-л.*); ~ from duties беспо́шлинный; ~ from taxation не подлежа́щий обложе́нию нало́гом 2) свобо́дный (*от недоста́тков и т. п.*); ~ from passions не зна́ющий страсте́й 3) по́льзующийся осо́быми льго́тами, привилегиро́ванный; ~ class *амер.* катего́рия кандида́тов на до́лжности в прави́тельственных учрежде́ниях, освобождённая от прове́рки (*приго́дности, зна́ний и т. п.*); ~ monastery *ист.* монасты́рь, не входя́щий в ве́дение епи́скопа

exempt III [ɪgˈzempt] *v* (*p. p. тж.* без измен.) 1) освобожда́ть (*от обя́занности и т. п.*); to ~ from taxation [from military service] освободи́ть от налогообложе́ния [от вое́нной слу́жбы]; to ~ from a fine [from customs examination] освободи́ть от упла́ты штра́фа [от тамо́женного досмо́тра] 2) изыма́ть; to ~ from the jurisdiction изъя́ть из юрисди́кции

exemptee [ɪgˌzempˈtiː] *n* освобождённое лицо́, *осо́б.* от вое́нной слу́жбы

exemption [ɪgˈzempʃ(ə)n] *n* 1. освобожде́ние (*от чего́-л.*); ~ from duties [from military service, from taxation] освобожде́ние от по́шлин [от вое́нной слу́жбы, от налогообложе́ния] 2. льго́та; изъя́тие; привиле́гия; to claim ~ for dependents тре́бовать льго́ты по нало́гу в связи́ с нали́чием иждиве́нцев 3. *редк.* свобо́да (*от недоста́тков, слабо́стей и т. п.*)

exenterate [ekˈsentəreɪt] *v* 1. *книжн.* опустоша́ть, (раз)гра́бить 2. 1) *мед.* удаля́ть вну́тренности; удаля́ть содержи́мое по́лости 2) потроши́ть

exenteration [ekˌsentəˈreɪʃ(ə)n] *n* 1. *мед.* экзентера́ция, удале́ние вну́тренностей; по́лное удале́ние содержи́мого по́лости 2. *книжн.* опустоше́ние, огра́бление, разгра́бление

exequatur [ˌeksɪˈkweɪtə] *n* 1. экзеква́тура (*удостовере́ние, выдава́емое иностра́нному ко́нсулу о призна́нии его́ таковы́м*) 2. *ист.* разреше́ние суверена на опубликова́ние па́пских булл в стране́

exequial [ekˈsi:kwɪəl] *a возвыш.* погреба́льный, похоро́нный

exequy [ˈeksɪkwɪ] *n возвыш.* 1) *pl* погреба́льные обря́ды, по́хороны 2) *редк.* погреба́льная проце́ссия

exercisable [ˈeksəsaɪzəb(ə)l] *a* могу́щий быть испо́льзованным, осуществлённым; ~ right реа́льное /осуществи́мое/ пра́во

exercise I [ˈeksəsaɪz] *n* 1. 1) упражне́ние, трениро́вка 2) *обыкн. pl* упражне́ния; ко́мплекс упражне́ний; five-finger ~s фортепиа́нные упражне́ния, экзерси́сы; map ~s уче́бные заня́тия по ка́рте; compulsory ~ *спорт.* обяза́тельные упражне́ния; voluntary /optional/ ~s *спорт.* произво́льные упражне́ния; conditioning ~s *спорт.* подготови́тельные упражне́ния; floor /free/ ~s *спорт.* во́льные упражне́ния; pre-water ~s упражне́ния на су́ше (*пла́вание*); balancing ~ *спорт.* упражне́ние в равнове́сии; hanging [skipping-rope] ~s *спорт.* упражне́ния в виса́х [со скака́лкой] 3) упражне́ние (*граммати́ческое и т. п.*); зада́ча; приме́р (*арифмети́ческий и т. п.*); an ~ in geometry зада́ча по геоме́трии; to do an ~ in English выполня́ть упражне́ние по англи́йскому языку́ 2. физи́ческая заря́дка, моцио́н, прогу́лка; пла́вание *и т. п.*; to take ~ де́лать моцио́н, гуля́ть; де́лать гимна́стику; you do not take enough ~ вы ма́ло дви́гаетесь; to walk for ~ ходи́ть пешко́м для моцио́на 3. осуществле́ние, примене́ние; проявле́ние; the ~ of hospitality [of caution, of care, of willpower] проявле́ние гостеприи́мства [осторо́жности, внима́ния, си́лы во́ли]; ~ of rights осуществле́ние /испо́льзование/ прав; ~ of parental authority примене́ние роди́тельской вла́сти; ~ of functions отправле́ние обя́занностей; ~ of judg(e)ment самостоя́тельная оце́нка (*собы́тия и т. п.*); an ~ in compromise приня́тие компроми́ссного реше́ния; in the ~ of при осуществле́нии; in the ~ of its advisory functions при осуществле́нии свои́х консульта́тивных фу́нкций 4. *pl амер.* церемо́ния, торжества́, пра́зднества; commencement ~s выпускной акт (*в колледжах*) 5. *pl* обряды, ритуал; religious ~s религиозные обряды; церковная служба; free ~ of religion свобода отправления религиозных культов 6. научный диспут 7. *воен.* учение, занятие, боевая подготовка; military ~ военные учения; ~ cruise *мор.* учебное плавание, тренировочный поход; ~ ground *воен.* учебное поле, учебный плац; ~ mine *мор.* учебная мина; ~ casualty условно выведенный из строя (*на тактических учениях*)

exercise II ['eksəsaɪz] *v* 1. 1) упражнять, развивать, тренировать; to ~ the body with some labour укреплять тело физическим трудом; to ~ smb. in swimming тренировать кого-л. в плавании; to be ~d подвергаться тренировке; the will can be ~d волю можно развить 2) упражняться, тренироваться (*тж. refl*); we ~ every day мы тренируемся каждый день; to ~ oneself in fencing упражняться в фехтовании; to ~ oneself in reading music упражняться в игре по нотам 3) *преим. в повел. форме* выполнять (*упражнения*); ~! a) *спорт.* делай! (*команда при выполнении упражнений*); б) *мор.* начать занятия /работы/! 2. делать моцион или физическую зарядку, двигаться; you do not ~ enough вы мало двигаетесь 3. осуществлять, применять, использовать; пользоваться; проявлять; to ~ administration осуществлять управление; to ~ control а) контролировать, осуществлять контроль; б) управлять, осуществлять управление; to ~ dominion over иметь власть над (*чем-л., кем-л.*); to ~ functions выполнять функции, исполнять обязанности; to ~ a right использовать /осуществить/ право; to ~ patience проявлять терпение; to ~ smb.'s patience испытывать чьё-л. терпение; to ~ a salutary influence over... оказывать благотворное влияние на... 4. *преим. pass.* волновать, тревожить, беспокоить; to be ~d about /over/ smth. быть взволнованным чем-л.; the problem that is exercising our minds проблема, волнующая умы /нас/ 5. *воен.* проводить учения

exercise book ['eksəsaɪzbʊk] 1) тетрадь 2) сборник упражнений 3) абонементная книга (*в библиотеке*)

exerciser ['eksəsaɪzə] *n* 1. аппарат для лечебной физкультуры 2. тренажёр, имитатор (*устройство*)

exercitation [eg‚zɜ:sɪ'teɪʃ(ə)n] *книжн. см.* exercise I 1, 2 и 3

exercycle ['eksə‚saɪk(ə)l] *n* (*тж. E.*) велотренажёр (*гимнастический снаряд*)

exergue [ek'sɜ:g] *n* 1) место для надписи, даты и *т. п.* (*снизу на монете или медали*) 2) надпись, дата (*снизу на монете или медали*)

exergy ['eksədʒɪ] *n тех., физ.* эксергия (*доля тепловой энергии, которую можно превратить в работу*)

exert [ɪg'zɜ:t] *v* 1. напрягать (*силы*); прилагать (*усилия*); to ~ all one's strength напрячь все силы; to ~ every effort приложить все усилия; to ~ influence оказать влияние; to ~ oneself стараться, прилагать усилия; he didn't ~ himself much он не особенно старался, он не утруждал себя; to ~ yourself on his behalf постарайтесь помочь ему, сделайте для него всё возможное 2. проявлять; to ~ one's intelligence проявить ум; he ~ed his leadership abilities intelligently он разумно использовал /приложил/ свои организаторские способности 3. *тех.* вызывать (*напряжение*); производить (*давление*)

exertion [ɪg'zɜ:ʃ(ə)n] *n* 1. напряжение (*сил и т. п.*); ~ of memory напряжение памяти; it was so hot that it seemed too much ~ even to breathe стояла такая жара, что даже дышать было трудно 2. усилие, старание; in spite of all his ~s несмотря на все его усилия /старания/ 3. *книжн.* применение, использование; проявление; ~ of authority применение власти

exertive [ɪg'zɜ:tɪv] *a книжн.* вызывающий напряжение

exes[1] ['eksɪz] *n* (*сокр. от* expenses) *pl разг.* расходы

exes[2] ['eksɪz] *pl от* ex[2]

exeunt ['eksɪʌnt, -ʊnt] *лат.* уходят (*ремарка в пьесе*); ~ omnes все уходят

exfiltrate ['eksfɪltreɪt] *v амер. воен. жарг.* «просачиваться» или скрытно выходить из вражеской зоны

exfoliate [eks'fəʊlɪeɪt] *v спец.* лупиться, сходить слоями, шелушиться; отслаиваться; расслаиваться

ex gratia [‚eks'greɪʃ(ɪ)ə] *лат.* 1) из милости 2) добровольно; не по обязанности; ~ payment добровольный платёж; ~ pension payments выплата пенсий лицам, не имеющим законного права на них

exhalation [‚ekshə'leɪʃ(ə)n] *n* 1. выдыхание, выдох 2. испарение; выделение (*газа, пара и т. п.*) 3. пар; туман

exhale [eks'heɪl] *v* 1. выдыхать, производить выдох 2. 1) выделять (*газ, пар и т. п.*) 2) выделяться (*о газе, паре и т. п.*); испаряться; sweet odours ~ from the flowers цветы льют свой аромат 3. выдохнуться; исчезнуть как дым 4. давать выход (*гневу и т. п.*)

exhaust I [ɪg'zɔ:st] *n тех.* 1. выпуск, выхлоп 2. выхлопные газы (*двигателя*) 3. 1) отсос, откачка 2) степень разрежения (*в сосуде*)

exhaust II [ɪg'zɔ:st] *v* 1. 1) истощать, исчерпывать; to ~ resources [patience] истощать ресурсы [терпение]; to ~ a subject исчерпать тему; to ~ all possible combinations перепробовать все возможные комбинации; our stock is nearly ~ed наши запасы на исходе; we ~ed our funds in a week за неделю от наших средств ничего не осталось 2) вычерпывать, опустошать; to ~ a well вычерпать колодец до дна 2. 1) изнурять, истощать; выматывать (*силы*); to ~ one's health подорвать своё здоровье; to ~ the soil истощать почву; the climb ~ed us восхождение изнурило нас 2) *refl* изнурять себя, чрезмерно напрягать силы, не жалеть себя, своих сил 3. разрежать, выкачивать, высасывать, вытягивать (*воздух*); выпускать (*пар*) 4. отработать (*рудник*); исчерпать (*полезные ископаемые*)

exhausted [ɪg'zɔ:stɪd] *a* 1. измученный, изнурённый, истощённый; to feel /to be/ ~ быть в изнеможении, изнемогать; ~ by toil [by disease] изнурённый тяжёлой работой [болезнью] 2. 1) выдохшийся, иссякший; использованный; ~ edition распроданное издание; my patience is ~ моё терпение иссякло 2) истощённый, неплодородный (*о почве*)

exhauster [ɪg'zɔ:stə] *n тех.* 1) эксгаустер, вытяжной вентилятор 2) аспиратор 3) пылесос 4) дымосос

exhaust hood [ɪg'zɔ:st‚hʊd] *спец.* вытяжной шкаф

exhaustibility [ɪg‚zɔ:stə'bɪlɪtɪ] *n* полнота представления (*информации*)

exhaustible [ɪg'zɔ:stəb(ə)l] *a* истощимый, могущий быть исчерпанным; ограниченный, небезграничный

exhausting [ɪg'zɔ:stɪŋ] *a* утомительный, изнурительный; изнуряющий; ~ day трудный день

exhaustingly [ɪg'zɔ:stɪŋlɪ] *adv* исчерпывающим образом, с исчерпывающей полнотой

exhaustion [ɪg'zɔ:stʃ(ə)n] *n* 1. изнурение, истощение; изнеможение; to be in a state of ~ быть в изнеможении, лишиться сил; he died of ~ он умер от истощения; he fell down with ~ он упал обессиленный 2. вытягивание, высасывание 3. *тех.* выпуск; выхлоп 4. *спец.* разрежение, степень разрежения 5. *физ.* опустошение (*состояния, уровня*)

exhaustive [ɪg'zɔ:stɪv] *a* 1. исчерпывающий; ~ survey исчерпывающий обзор; ~ investigation всестороннее исследование; ~ division *спец.* дробное деление, деление с максимальной степенью дробности (*в системе классификации*); ~ search *вчт.* полный перебор 2. истощающий

exhaustless [ɪg'zɔ:stlɪs] *a* неистощимый, неисчерпаемый

exhaust pipe [ɪg'zɔ:stpaɪp] *тех.* выхлопная труба

exhaust steam [ɪg'zɔ:ststi:m] *тех.* мятый, отработанный пар

exhedra [ek'si:drə] = exedra

exheredate [eks'herɪdeɪt] *v редк.* лишать наследства

exhibit I [ɪg'zɪbɪt] *n* 1. экспонат 2. показ, экспозиция; выставка; a travelling ~ передвижная выставка; ~ hall выставочный зал; ~ rack выставочный стенд /-ая витрина/; ~s office отдел по организации выставок; the British ~ at the World Fair английский павильон на всемирной выставке; to hold an ~ of arms and armour устроить выставку оружия и рыцарских доспехов 3. *юр.* вещественное доказательство; ~ A a) основное вещественное доказательство; б) самый убедительный довод; наглядная демонстрация (*чего-л.*); examination of ~s осмотр вещественных доказательств

exhibit II [ɪg'zɪbɪt] *v* 1. показывать, обнаруживать, проявлять; to ~ bravery проявить мужество; he ~ed his ignorance он показал /обнаружил/ своё невежество; the coast ~ed an unbroken line of cliffs берег представлял собой цепь отвесных скал 2. 1) выставлять, экспонировать, показывать (*на выставке*); to ~ paintings [flowers] экспонировать картины [цветы]; to ~ goods in a shop-window выставлять товары в витрине; to ~ before the public представить на всеобщее обозрение; открыть (*галерею и т. п.*) для публики 2) участвовать в выставке, выставляться; this artist ~s in all art galleries этот художник выставляется /выставляет свои картины/ во всех картинных галереях 3. предъявлять, представлять; to ~ a charge выдвинуть /предъявить/ обвинение; representatives who have ~ed their full powers представители, предъявившие свои полномочия 4. *юр.* представлять вещественное доказательство 5. *мед.* давать, вводить, применять (*лекарство и т. п.*); the patient should fast before chlorophorm is ~ed хлороформ даётся больному натощак

exhibition [‚eksɪ'bɪʃ(ə)n] *n* 1. 1) выставка; art ~ выставка картин или скульптуры; industrial ~ промышленная выставка; simultaneous ~ *шахм.* сеанс одновременной игры в шахматы; ~ case выставочный шкаф; выставочная витрина; ~ goods образцы́ това́ров, отправля́емые на вы́ставку; ~ of flowers вы́ставка цвето́в 2) экспона́т(ы) 2. проявле́ние; an ~ of bad manners проявле́ние невоспи́танности; a notable ~ of courage приме́р выдаю́щегося му́жества; an opportunity for the ~ of one's knowledge слу́чай блесну́ть свое́й учёностью /вы́ставить напока́з свои́ зна́ния/; to make an ~ of oneself а) показа́ть себя́ с дурно́й стороны́; выставля́ть напока́з свои́ недоста́тки; б) сде́лать себя́ посме́шищем 3. 1) пока́з, демонстра́ция; to stop the ~ of a film запрети́ть пока́з (како́го-л.) фи́льма 2) спорт. показа́тельное выступле́ние; ~ match показа́тельный матч 4. амер. публи́чный экза́мен 5. повы́шенная или именна́я стипе́ндия 6. дип. предъявле́ние, представле́ние (полномо́чий и т. п.) 7. юр. представле́ние суду́ (докуме́нтов, состяза́тельных бума́г и т. п.) 8. мед. назначе́ние, примене́ние лека́рства

exhibitional [ˌeksɪˈbɪʃ(ə)nəl] *a* вы́ставочный

exhibitioner [ˌeksɪˈbɪʃ(ə)nə] *n* 1. экспоне́нт 2. стипендиа́т [*см. тж.* exhibition 5]

exhibitionism [ˌeksɪˈbɪʃ(ə)nɪz(ə)m] *n* 1) *мед.* эксгибициони́зм 2) несде́ржанность в проявле́нии чувств; выставле́ние напока́з свое́й ли́чности, свои́х пережива́ний

exhibitionist [ˌeksɪˈbɪʃ(ə)nɪst] *n* 1) *мед.* эксгибициони́ст, страда́ющий эксгибициони́змом 2) тот, кто выставля́ет напока́з свою́ ли́чность, свои́ пережива́ния

exhibitive [ɪgˈzɪbɪtɪv] *a книжн.* (of) показа́тельный, пока́зывающий; ~ of smth. ука́зывающий на что-л., дока́зывающий что-л.

exhibitor [ɪgˈzɪbɪtə] *n* 1. *см.* exhibit II + -or 2. экспоне́нт 3. *арх.* предъяви́тель 4. кинотеа́тр, получи́вший пра́во прока́та како́го-л. фи́льма; the ~s of "War and Peace" кинотеа́тры, в кото́рых идёт «Война́ и мир»

exhibitory [ɪgˈzɪbɪt(ə)rɪ] *a* 1) вы́ставочный 2) предназна́ченный для пока́за 3) показа́тельный

exhilarant [ɪgˈzɪlərənt] *a* освежа́ющий, возбужда́ющий, бодря́щий; ~ gas веселя́щий газ, за́кись азо́та

exhilarate [ɪgˈzɪləreɪt] *v* 1) весели́ть, ра́довать 2) оживля́ть, бодри́ть, подба́дривать

exhilarated [ɪgˈzɪləreɪtɪd] *a* 1. 1) весёлый, развесели́вшийся 2) оживлённый, бо́дрый 2. навеселе́

exhilarating [ɪgˈzɪləreɪtɪŋ] *a* 1. бодря́щий, освежа́ющий, возбужда́ющий 2. опьяня́ющий, кружа́щий го́лову (*о во́здухе, успе́хе и т. п.*)

exhilaration [ɪɡˌzɪləˈreɪʃ(ə)n] *n* 1. весёлость, весе́лье; прия́тное возбужде́ние 2. опьяне́ние; the ~ of success опьяне́ние успе́хом 3. оживле́ние, прида́ние жи́вости, весе́лья

exhilarative, exhilaratory [ɪgˈzɪlərətɪv, ɪgˈzɪlərət(ə)rɪ] = exhilarant

exhort [ɪgˈzɔːt] *v* 1) призыва́ть, побужда́ть; to ~ smb. to repent призыва́ть кого́-л. к раска́янию; to ~ smb. to good deeds призыва́ть кого́-л. к до́брым дела́м 2) увещева́ть, угова́ривать, наставля́ть, поуча́ть 3) предупрежда́ть, предостерега́ть

exhortation [ˌeksɔːˈteɪʃ(ə)n] *n книжн.* 1) призы́в, побужде́ние 2) увещева́ние, наставле́ние 3) *церк.* про́поведь

exhortative [ɪgˈzɔːtətɪv] *a книжн.* увещева́тельный, нравоучи́тельный; поучи́тельный

exhortatory [ɪgˈzɔːtət(ə)rɪ] = exhortative

exhorter [ɪgˈzɔːtə] *n книжн.* 1. *см.* exhort + -er 2. пропове́дник

exhumate [ˈeks(h)juːmeɪt] = exhume

exhumation [ˌeksjuˈmeɪʃ(ə)n] *n* выка́пывание тру́па, эксгума́ция

exhume [ɪgˈzjuːm, eksˈhjuːm] *v* 1. 1) выка́пывать из земли́ 2) эксгуми́ровать (*труп*) 2. откопа́ть, раскопа́ть (*све́дения и т. п.*); вы́тащить на свет бо́жий (*что-л. забы́тое*)

exiccate [ˈeksɪkeɪt] = exsiccate

exigeant [ˌeksɪˈʒɑ̃] *a* тре́бующий больши́х уси́лий; тру́дный, трудновыполни́мый; ~ love тре́бовательная любо́вь

exigence [ˈeksɪdʒ(ə)ns, ˈegzɪ-] *n книжн.* 1) о́страя, кра́йняя необходи́мость; сро́чность 2) затрудни́тельное, крити́ческое положе́ние; equal to any ~ гото́вый ко всем неожи́данностям

exigency [ˈeksɪdʒ(ə)nsɪ, ɪgˈzɪ-] *n книжн.* 1. = exigence 2. *pl* потре́бности, ну́жды; запро́сы; the exigencies of business неотло́жные дела́ бизнесме́на

exigent [ˈeksɪdʒ(ə)nt] *a книжн.* 1. неотло́жный, сро́чный, не те́рпящий отлага́тельства; настоя́тельный (*о ну́ждах и т. п.*) 2. (сли́шком) тре́бовательный; предъявля́ющий (сли́шком) больши́е тре́бования

exigible [ˈeksɪdʒəb(ə)l] *a книжн.* подлежа́щий взыска́нию; мо́гущий быть истре́бованным

exiguity [ˌeksɪˈgjuːɪtɪ] *n книжн.* ску́дость, незначи́тельность

exiguous [ɪgˈzɪgjʊəs] *a книжн.* ску́дный, ничто́жный, незначи́тельный; ~ pay ни́щенская зарпла́та

exile[1] I [ˈeksaɪl, ˈegzaɪl] *n* 1. 1) изгна́ние; to live in ~ жить в изгна́нии; быть в ссы́лке *или* эмигра́ции; to go into ~ эмигри́ровать из страны́ (*преим. по полити́ческим моти́вам*) 2) высы́лка, ссы́лка; to send smb. into ~ вы́слать кого́-л.; б) вы́слать кого́-л. (из страны́); to condemn to ~ осуди́ть на изгна́ние /ссы́лку, высы́лку/ 3) (the E.) *библ.* вавило́нское плене́ние 2. 1) изгна́нник; an ~ from the paternal roof изгна́нник из о́тчего до́ма 2) ссы́льный 3) эмигра́нт

exile[1] II [ˈeksaɪl, ˈegzaɪl] *v* изгоня́ть; ссыла́ть; he was ~d for life он был пригово́рен к пожи́зненной ссы́лке; he was ~d from his country его́ вы́слали с ро́дины /вы́дворили из страны́/

exile[2] [ˈeksaɪl, ˈegzaɪl] *а уст.* 1. худо́й, то́щий 2. ску́дный 3. неплодоро́дный 4. то́нкий, невесо́мый 5. (сли́шком) утончённый

exilement [ɪkˈsaɪlmənt] *n книжн.* изгна́ние

exilian [egˈzɪlɪən] = exilic

exilic [egˈzɪlɪk] *a* 1) *поэт.* изгна́ннический 2) *библ.* относя́щийся к (вавило́нскому) плене́нию

exility [egˈzɪlɪtɪ] *n* 1. *редк.* 1) худоба́, тщеду́шность 2) ничто́жность, незначи́тельность 2. то́нкость, утончённость

eximious [egˈzɪmɪəs] *а редк.* замеча́тельный, выдаю́щийся

exinanition [egˌzɪnəˈnɪʃ(ə)n] *n редк.* 1. опустоше́ние; истоще́ние 2. 1) опустошённость 2) изнурённость, истощённость 3. униже́ние

exist [ɪgˈzɪst] *v* 1. быть, существова́ть; does life ~ on Mars? есть ли жизнь на Ма́рсе? there ~s a number of books on the subject по э́тому вопро́су име́ется ряд книг 2. жить, существова́ть; we cannot ~ without air без во́здуха жить нельзя́; to ~ on a salary жить на зарпла́ту; he is able to ~ on very little он мо́жет прожи́ть на са́мые скро́мные сре́дства; how do they ~ in such conditions? как они́ живу́т /существу́ют/ в таки́х усло́виях? 3. име́ться, встреча́ться, находи́ться; lime ~s in many soils и́звесть встреча́ется во мно́гих по́чвах; fats ~ in milk молоко́ соде́ржит жиры́

existence [ɪgˈzɪst(ə)ns] *n* 1. существова́ние; нали́чие; in ~ существу́ющий, нали́чный, име́ющийся (в приро́де); the ~ of civilization существова́ние цивилиза́ции; the ~ of a fact нали́чие фа́кта; the Gregorian calendar had no ~ until 1582 григориа́нского календаря́ не́ было до 1582 г., григориа́нский календа́рь существу́ет то́лько с 1582 г.; agreements already in ~ уже́ существу́ющие соглаше́ния; to call /to bring/ into ~ создава́ть; to come into ~ возника́ть, появля́ться; to spring into ~ внеза́пно возни́кнуть; to put out of ~ уничто́жить, ликвиди́ровать 2. жизнь, существова́ние; air and water are necessary for ~ для жи́зни необходи́мы во́здух и вода́; to lead a wretched ~ влачи́ть жа́лкое существова́ние; to lead a dangerous ~ вести́ жизнь, по́лную опа́сностей; to lead a nomad ~ вести́ кочево́й о́браз жи́зни; the newspaper had a very short-lived ~ газе́та просуществова́ла о́чень недо́лго 3. *книжн.* существо́, не́что существу́ющее

existent I [ɪgˈzɪst(ə)nt] *n* не́что существу́ющее

existent II [ɪgˈzɪst(ə)nt] *a книжн.* 1. существу́ющий, реа́льный 2. нали́чный, существу́ющий в настоя́щее вре́мя; совреме́нный

existential [ˌegzɪˈstenʃ(ə)l] *a* 1. *книжн.* относя́щийся к существова́нию, реа́льности 2. *филос.* экзистенциа́льный

existentialism [ˌegzɪˈstenʃ(ə)lɪz(ə)m] *n филос.* экзистенциали́зм

existentialist I [ˌegzɪˈstenʃ(ə)lɪst] *n* 1. *филос.* экзистенциали́ст 2. *ирон.* представи́тель боге́мы

existentialist II [ˌegzɪˈstenʃ(ə)lɪst] *a филос.* относя́щийся к экзистенциали́зму; экзистенциали́стский

existentialistic [ˌegzɪˌstenʃəˈlɪstɪk] = existentialist II

exit I [ˈegzɪt, ˈeksɪt] *n* 1. вы́ход; "по" ~ «вы́хода нет» (*на́дпись*); "~ only" «вхо́да нет» (*на́дпись*); ~ visa выездна́я ви́за, ви́за на вы́езд; a fire ~ запа́сный вы́ход; an ~ to Gorki street вы́ход на у́лицу Го́рького; ~ into space вы́ход в ко́смос 2. 1) ухо́д (*актёра со сце́ны*) 2) исчезнове́ние, смерть; to make one's ~ сойти́ со сце́ны, умере́ть

exit II [ˈegzɪt, ˈeksɪt] *a тех.* выходно́й, выпускно́й (*об отве́рстии и т. п.*)

exit III [ˈegzɪt, ˈeksɪt] *v* 1. *лат.* ухо́дит; ~ Hamlet Га́млет ухо́дит (*рема́рка в пье́се*) 2. 1) уйти́; he ~ed in a hurry он поспе́шно удали́лся 2) умере́ть, сойти́ со сце́ны

ex libris [ˌeksˈlaɪbrɪs, -ˈliː-] *лат.* из книг (*тако́го-то*)

ex-libris [ˌeksˈlaɪbrɪs, -ˈliː-] *n* кни́жный знак, экслибри́с

ex-librist [ˌeksˈlaɪbrɪst] *n* коллекционе́р экслибри́сов, экслибри́ст

exo- [ˈeksə(ʊ)-] *в сло́жных слова́х-те́рминах* (*с греч. корня́ми*) *име́ет значе́ние* вне́шний: exogamy экзога́мия; exophthalmus *мед.* пучегла́зие; exothermic экзотерми́ческий (*иду́щий с выделе́нием тепла́*)

exoatmospheric [ˌeksəʊˌætməˈsferɪk] *a* 1) *спец.* заатмосфе́рный; надатмосфе́рный 2) *воен.* внеатмосфе́рный

exobase [ˈeksəbeɪs] *n косм.* сфе́ра влия́ния *или* притяже́ния Земли́

exobiology [ˌeksəʊbaɪˈɒlədʒɪ] *n* экзобиоло́гия (*биоло́гия внеземно́й жи́зни*)

EXO — EXP

exobiota [͵eksəʊbaɪ'əʊtə] *n pl* внеземна́я жизнь; живо́тные и расте́ния внезе́много происхожде́ния

exobotany [͵eksəʊ'bɒtənɪ] *n* косми́ческая бота́ника

exocannibalism [eksəʊ'kænɪb(ə)lɪz(ə)m] *n ист.* каннибали́зм, напра́вленный на иноплеме́нников; пожира́ние представи́телей други́х племён

exocrine ['eksəkr(a)ɪn] *a физиол.* внешнесекрето́рный; ~ gland железа́ с вне́шней /нару́жной/ секре́цией

exocytosis [͵eksəʊsaɪ'təʊsɪs] *n биол.* экзоцито́з, внекле́точный проце́сс

exode ['eksəʊd] *n ист. театр.* 1) эксо́д, заключи́тельная часть (*греческой траге́дии*) 2) эксо́д, фарс, разы́грываемый по́сле представле́ния (*в римском теа́тре*)

exoderm ['eksədɜːm] *n бот.* экзоде́рма

exodia [ek'səʊdɪə] *pl om* exodium

exodic [ek'səʊdɪk] *a* 1. *физиол.* эффере́нтный, выносно́й 2. относя́щийся к исхо́ду (*см.* exodus)

exodist ['eksədɪst] *n редк.* 1. бегле́ц, уча́стник исхо́да, ма́ссового вы́езда *или* ухо́да 2. эмигра́нт

exodium [ek'səʊdɪəm] *n* (*pl* -dia) эксо́д (*в анти́чном теа́тре*)

exodontia [͵eksə'dɒn(ɪ)ə] *n мед.* удале́ние зубо́в

exodontist [͵eksə'dɒntɪst] *n мед.* стомато́лог-хиру́рг

exodus ['eksədəs] *n* 1. *библ.* (the E.) 1) исхо́д (евре́ев из Еги́пта) 2) Исхо́д (*втора́я кни́га Ве́тхого заве́та*) 2. ма́ссовый ухо́д *или* вы́езд; бе́гство (*часто иро́н.*); vacation came, with its annual ~ from the city пришло́ вре́мя отпуско́в с ежего́дным отли́вом населе́ния из городо́в

exoelectron [͵eksəʊɪ'lektrɒn] *n физ.* экзоэлектро́н (*электро́н, испу́щенный мета́ллом, находя́щимся в напряжённом состоя́нии*); ~ emission экзоэлектро́нная эми́ссия

ex officio [͵eksə'fɪʃɪəʊ] *лат.* по служе́бному положе́нию, по до́лжности; ~ member член (*комите́та и т. п.*), входя́щий (*в него́*) по до́лжности

exogamic [͵eksəʊ'gæmɪk] *a биол.* экзога́мный; относя́щийся к экзога́мии

exogamous [ek'sɒgəməs] *a биол.* экзога́мный; ~ marriage брак вне преде́лов одного́ пле́мени *или* ро́да, экзога́мный брак

exogamy [ek'sɒgəmɪ] *n биол.* 1. экзога́мия 2. конъюга́ция гаме́т от разли́чных пре́дков

exogenetic [͵eksə(ʊ)dʒɪ'netɪk] = exogenous

exogenous [ek'sɒdʒɪnəs] *a* 1. *спец.* исходя́щий извне́; иду́щий с пове́рхности внутрь 2. *биол.* экзоге́нный

exohormone [͵eksə(ʊ)'hɔːməʊn] *n биол.* экзогормо́н

exolife ['eksəlaɪf] *n* внеземна́я жизнь, внеземны́е фо́рмы жи́зни

exon ['eksɒn] *n* 1. *физ.* экзоти́ческая части́ца 2. *биохим.* экзо́н (*уча́сток ДНК, не коди́рующий си́нтез РНК*)

exonerate I [ɪg'zɒnərɪt] *a книжн.* опра́вданный, реабилити́рованный

exonerate II [ɪg'zɒnəreɪt] *v* 1. освободи́ть (*от обяза́тельства, отве́тственности и т. п.*); to ~ from duties of a citizen [from a liability] освободи́ть от гражда́нских обя́занностей [от обяза́тельства] 2. оправда́ть, реабилити́ровать; to ~ from blame снять обвине́ние, оправда́ть, призна́ть невино́вным; to ~ smb. charged with theft снять с кого́-л. обвине́ние в воровстве́ /в кра́же/; to ~ oneself оправда́ться; he ~d himself from the charge of neglect он опрове́рг обвине́ние в неради́вости

exoneration [ɪg͵zɒnə'reɪʃ(ə)n] *n книжн.* 1. освобожде́ние (*от обяза́тельства, отве́тственности и т. п.*) 2. оправда́ние, реабилита́ция

exonerative [ɪg'zɒnərətɪv] *a* 1. снима́ющий бре́мя (*обяза́тельства, отве́тственности и т. п.*) 2. освобожда́ющий (*от обвине́ния*); оправда́тельный, реабилити́рующий

exonuclease [͵eksə(ʊ)'njuːklɪeɪs] *n биохим.* экзонуклеа́за (*ферме́нт*)

exonumia [͵eksə(ʊ)'njuːmɪə] *n собир.* экзонуми́я; немоне́тные нумизмати́ческие объе́кты (*меда́ли, жето́ны, бо́ны и т. п.*)

exonumist [ek'sɒnjuːmɪst] *n* экзонуми́ст; нумизма́т, собира́ющий меда́ли, жето́ны *и т. п.* (*не моне́ты*)

exopathic [͵eksə(ʊ)'pæθɪk] *a мед.* вы́званный вне́шней причи́ной (*о боле́зни и т. п.*)

exophagy [ek'sɒfədʒɪ] = exocannibalism

exophilic [͵eksə(ʊ)'fɪlɪk] *a биол.* экзофи́льный; экологи́чески не зави́сящий от челове́ка

exophthalmus [͵eksɒf'θælməs] *n мед.* пучегла́зие

exoplasm ['eksə(ʊ)plæz(ə)m] *n биол.* экзопла́зма, нару́жная часть протопла́змы кле́тки

exorable ['eksərəb(ə)l] *a книжн.* сгово́рчивый; поддаю́щийся угово́рам, убежде́нию

exorbitance, -cy [ɪg'zɔːbɪt(ə)ns, -sɪ] *n* непоме́рность, чрезме́рность (*тре́бований, це́ны и т. п.*)

exorbitant [ɪg'zɔːbɪt(ə)nt] *a* 1. непоме́рный, чрезме́рный (*о тре́бованиях, цене́ и т. п.*); ~ luxury ни с чем не сообра́зная ро́скошь; to charge ~ prices зала́мывать непоме́рные це́ны 2. *спец.* отклони́вшийся от пути́, от орби́ты

exorcise ['eksɔːsaɪz] *v* 1. 1) изгоня́ть нечи́стую си́лу, бе́са; заклина́ть (*злых ду́хов*); to ~ the demon изгна́ть бе́са 2) освободи́ть, очи́стить 2. *редк.* заклина́ть (*ду́хов*)

exorcism ['eksɔːsɪz(ə)m] *n* 1. изгна́ние нечи́стой си́лы, экзорци́зм 2. за́говор, заклина́ние, маги́ческая фо́рмула (*для изгна́ния бе́са*)

exorcist ['eksɔːsɪst] *n* заклина́тель, изгоня́ющий бе́са, экзорци́ст

exordia [ek'sɔːdɪə] *pl om* exordium

exordial [ek'sɔːdɪəl] *a книжн.* вво́дный, вступи́тельный (*о главе́ сочине́ния и т. п.*)

exordium [ek'sɔːdɪəm] *n* (*pl тж.* -dia) *лат. книжн.* вступле́ние, введе́ние (*в сочине́нии, ре́чи и т. п.*)

exosmose, exosmosis ['eksɒzməʊs, ͵eksɒz'məʊsɪs] *n биол., физ.* экзо́смос

exosphere ['eksəʊsfɪə] *n* экзосфе́ра

exostracize [ek'sɒstrəsaɪz] *v книжн.* подверга́ть остраки́зму; изгоня́ть из страны́

exoteric I [͵eksə(ʊ)'terɪk] *n книжн.* 1. непосвящённый, посторо́нний, профа́н 2. *pl* экзотери́ческие труды́ *или* доктри́ны

exoteric II [͵eksə(ʊ)'terɪk] *a книжн.* 1. экзотери́ческий, предназна́ченный и для непосвящённых; откры́тый для всех (*о религио́зных обря́дностях*) 2. общедосту́пный, общепоня́тный, поня́тный и непосвящённым; our ~ opinion is that he will resign по на́шему непросвещённому мне́нию, он уйдёт в отста́вку

exoterical [͵eksə(ʊ)'terɪk(ə)l] = exoteric II

exotery [ɪg'zɒt(ə)rɪ] *n книжн.* экзотери́ческое уче́ние

exothermal [͵eksə(ʊ)'θɜːm(ə)l] = exothermic

exothermic [͵eksə(ʊ)'θɜːmɪk] *a спец.* экзотерми́ческий

exotic I [ɪg'zɒtɪk] *n* 1. 1) *бот.* экзо́т, экзоти́ческое расте́ние 2) экзоти́ческое существо́; стра́нный, необы́чный челове́к (*преим. о же́нщине*) 2. иностра́нное сло́во (*в языке́*) 3. *редк.* чужезе́мец 4. *эвф.* экзоти́ческая танцо́вщица (*об исполни́тельнице стрипти́за*) 5. *физ.* экзоти́ческая части́ца

exotic II [ɪg'zɒtɪk] *a* 1. 1) экзоти́ческий 2) *бот.* экзоти́ческий, чужезе́мный (*о расте́нии*) 2. *редк.* чужезе́мный, инозе́мный 3. необы́чный, экстравага́нтный (*об оде́жде и т. п.*); эксцентри́чный 4. *эвф.* эроти́ческий; ≅ для люби́телей; ~ club ночно́й клуб со стрипти́зом; ~ dancer обнажённая танцо́вщица

exoticism [ɪg'zɒtɪsɪz(ə)m] *n редк.* экзо́тика; экзоти́чность

expand [ɪk'spænd] *v* 1. 1) расширя́ть, развива́ть, распространя́ть; education ~s the mind образова́ние развива́ет ум /расширя́ет кругозо́р/; to ~ cultural exchanges расширя́ть /развива́ть/ культу́рный обме́н; to ~ the volume of trade расши́рить объём торго́вли 2) расширя́ться, развива́ться, распространя́ться; расти́; milk production is ~ing произво́дство молока́ увели́чивается /растёт/; cultural exchanges ~ развива́ется /увели́чивается/ культу́рный обме́н 2. 1) увели́чивать (*разме́р, объём*); расширя́ть; to ~ a bridgehead *воен.* расширя́ть плацда́рм; to ~ the chest *спорт.* вытя́гиваться, расши́рить грудну́ю кле́тку 2) увели́чиваться (*в разме́ре, объёме*); раздава́ться; metals ~ when they are heated мета́ллы расширя́ются при нагрева́нии 3. 1) развёртывать; распуска́ть (*паруса́ и т. п.*); the breeze ~ed the flag ве́тер разверну́л флаг 2) развёртываться, растя́гиваться; the flag ~ed in the breeze флаг разверну́лся на ветру́; we saw Sicily ~ing like a map below под на́ми, как на ка́рте, распростёрлась Сици́лия 3) расправля́ть (*кры́лья*) 4) раски́дывать (*ве́тви*) 5) раскрыва́ться, распуска́ться; the tulips ~ in the sun тюльпа́ны раскрыва́ются /расцвета́ют/ на со́лнце; his face ~ed in a smile его́ лицо́ расплы́лось в улы́бке 4. (into) 1) развёртывать (*во что-л.*); доводи́ть (*до чего́-л.*); увели́чивать (*до како́го-л. разме́ра*); to ~ a phrase into a sentence разверну́ть фра́зу в предложе́ние; to ~ a short story into a novel перерабо́тать расска́з в рома́н; the pocket-size dictionary was ~ed into a full-sized one карма́нный слова́рь был допо́лнен и превращён в по́лный 2) расширя́ться, превраща́ться, перераста́ть (*во что-л.*); the river ~ed into a lake река́ ста́ла о́зером, река́ преврати́лась в о́зеро 5. излага́ть подро́бно; распространя́ться (*на каку́ю-л. те́му*); he did not ~ on his statement он ничего́ не приба́вил к своему́ заявле́нию; I intend to ~ on this theme tomorrow за́втра я намерева́юсь бо́лее подро́бно останови́ться на э́той те́ме 6. станови́ться бо́лее общи́тельным, серде́чным, откровенным 7. *тех.* развёртывать, развальцо́вывать 8. *мат.* разлага́ть (*в ряд*)

expanded [ɪk'spændɪd] *a* 1) расши́ренный; ~ edition расши́ренное изда́ние; ~ reproduction *эк.* расши́ренное воспроизво́дство; ~ rubber по́ристая /микропо́ристая, гу́бчатая/ рези́на 2) *полигр.* широ́кий (*о шри́фте*) 3) *мат.* разло́женный (*в ряд*)

expanded cinema [ɪk͵spændɪd'sɪnɪmə] кинофи́льм с интерме́диями (*с живы́ми*

актёрами, музыкантами и т. п.)
expander [ɪkˈspændə] *n* 1. *см.* expand + -er 2. 1) *спец.* расширитель 2) *тех.* труборасширитель, развальцовка 3) *текст.* ширитель ткани 3. *спорт.* эспандер

expanding [ɪkˈspændɪŋ] *a* 1. расширяющийся, растущий; ~ universe *астр.* расширяющаяся вселенная 2. раскрывающийся, распускающийся (*о бутоне и т. п.*) 3. увеличивающийся (*в объёме*) 4. *тех.* 1) раздвижной 2) разжимный

expanding bullet [ɪkˈspændɪŋˈbulɪt] пуля дум-дум

expanse [ɪkˈspæns] *n* 1. пространство, протяжение, простор; the ~ of heaven небосвод; the broad ~ of the ocean широкий простор /бескрайняя гладь/ океана 2. увеличение, расширение

expansibility [ɪkˌspænsəˈbɪlɪtɪ] *n* расширяемость; растяжимость

expansible [ɪkˈspænsəb(ə)l] *a* 1) поддающийся расширению, способный расширяться 2) растяжимый

expansile [ɪkˈspænsaɪl] *a редк.* расширяющийся, поддающийся расширению, растяжению

expansion [ɪkˈspænʃ(ə)n] *n* 1. рост, развитие, распространение; economic ~ экономический подъём; ~ of armaments рост вооружений; ~ in cultural exchanges развитие культурного обмена; ~ of the currency расширение денежного обращения 2. 1) расширение, растяжение, растяжка; увеличение (*в объёме*) 2) *спец.* (тепловое) расширение; linear /line/ ~ линейное расширение; ~ clearance а) *стр.* температурный шов; б) *тех.* тепловой компенсационный зазор; ~ device *тех.* компенсатор 3. пространство, протяжение; простор; the starred ~ of the skies звёздный простор неба 4. экспансия; territorial ~ территориальные захваты 5. (более) подробное изложение; детализация; the ~ of a monograph переработка монографии с целью дополнения; the subject is one capable of almost indefinite ~ по этому вопросу можно распространяться бесконечно 6. *мат.* раскрытие (*формулы*); разложение (*в ряд*) 7. *тех.* раскатка, развальцовка 8. *геол.* распространение на большую поверхность

expansionary [ɪkˈspænʃən(ə)rɪ] *a* 1. расширяющийся 2. экспансионистский 3. инфляционный

expansionism [ɪkˈspænʃ(ə)nɪz(ə)m] *n* экспансионизм

expansionist [ɪkˈspænʃ(ə)nɪst] *n* экспансионист, сторонник экспансии

expansive [ɪkˈspænsɪv] *a* 1. 1) экспансивный, несдержанный; to be in an ~ mood быть в приподнятом настроении 2) открытый (*о характере и т. п.*); ~ smile широкая /располагающая/ улыбка; to become ~ начать откровенничать 2. расширяющийся, способный расширяться; ~ materials расширяющиеся материалы 3. 1) обширный, просторный; широкий 2) intellect широкий /огромный/ ум; ~ forehead высокий лоб; ~ glittering lake огромное сверкающее озеро 2) широкий, роскошный (*об образе жизни*) 4. экспансионистский 5. расширительный; ~ interpretation расширительное толкование

expansiveness [ɪkˈspænsɪvnɪs] *n* экспансивность, несдержанность

expansivity [ˌekspænˈsɪvɪtɪ] *редк.* = expansiveness

ex parte [ˌeksˈpɑːtɪ] *лат.* 1) *юр.* односторонний, исходящий лишь от одной стороны (*обыкн. без ведома другой стороны*; *о заявлении, ходатайстве и т. п.*) 2) односторонний; пристрастный

expatiate [ɪkˈspeɪʃɪeɪt] *v книжн.* 1. разглагольствовать, распространяться; to ~ upon a subject распространяться на какую-л. тему /о каком-л. предмете/; to ~ in praise of smb. рассыпаться в похвалах кому-л.; his manners were ~d on его поведении много толковали 2. 1) *арх., поэт.* скитаться, бродить 2) блуждать (*о мыслях*); беспорядочно думать о разных предметах; ≅ растекаться мыслью по древу

expatiation [ɪkˌspeɪʃɪˈeɪʃ(ə)n] *n книжн.* 1) разглагольствование 2) длинная и скучная речь; тирада 3) пространное рассуждение

expatiative [ɪkˈspeɪʃɪətɪv] *a книжн.* 1. распространённый, пространный (*о высказывании*) 2. экспансивный

expatriate I [ekˈspætrɪət, -trɪeɪt] *n* экспатриант, человек, покинувший родину; эмигрант; American ~s in Paris постоянно живущие в Париже американцы

expatriate II [ekˈspætrɪət, -trɪeɪt] *a* отказавшийся от родины; покинувший родину; эмигрировавший

expatriate III [ekˈspætrɪeɪt] *v* 1. 1) экспатриировать; лишать гражданства 2) изгонять из отечества 2. (*обыкн.* to ~ oneself) 1) эмигрировать 2) отказываться от гражданства

expatriation [ekˌspætrɪˈeɪʃ(ə)n] *n* 1. 1) экспатриация; лишение гражданства 2) изгнание из отечества; высылка за границу 2. 1) эмиграция, отъезд из родной страны 2) экспатриация, отказ от гражданства; выход из гражданства; right of ~ право экспатриации 3) переезд на (постоянное) жительство в другую страну 3. отказ от присяги на верность, клятвы в преданности и т. п.

expect [ɪkˈspekt] *v* 1. ожидать, ждать; I ~ed you yesterday я ждал вас вчера; I ~ a telephone call мне должны позвонить; I did not ~ such a thing of you такого я от тебя не ожидал; the conference is ~ed to meet in summer конференция, по всей вероятности /как ожидают/, состоится летом; to be ~ing *эвф.* ожидать ребёнка 2. 1) рассчитывать, надеяться; I ~ to be back on Sunday я рассчитываю вернуться в воскресенье; it's not to be ~ed на это нельзя рассчитывать; that's ~ing too much на это трудно надеяться; the boy's parents ~ed too much of him родители возлагали на юношу слишком большие надежды; he ~ed respect [obedience] from his students [children] он рассчитывал на уважение [повиновение] со стороны своих учеников [детей] 2) требовать; you do not ~ me to do this work in a day, do you? вы же не требуете, чтобы я сделал эту работу в один день (не так ли)?; a reporter is ~ed to have a good memory для работы репортёра требуется хорошая память; a scholar is ~ed to know the latest works on his speciality предполагается, что учёный знаком с новейшими трудами по своей специальности; guests are not ~ed to tip у нас не принято давать чаевые 3. *разг.* предполагать, полагать, думать; I ~ he'll come думаю, что он придёт; will he be late? — I ~ so он опоздает? — Вероятно, да/Думаю, что/ да; their job is ~ed to take between ten and twelve days на эту работу у них уйдёт дней десять — двенадцать; the price is ~ed to rise higher полагают, что цена повысится; I ~ you are hungry вы, наверное, голодны

expectable [ɪkˈspektəb(ə)l] *a* ожидаемый; вероятный; the ~ trouble developed today сегодня возникло осложнение, которого можно было ожидать

EXP — EXP

expectance [ɪkˈspekt(ə)ns] *арх.* = expectancy

expectancy [ɪkˈspekt(ə)nsɪ] *n* 1. ожидание; предвкушение 2. надежда, упование; to give the patient the ~ of cure вселить в больного надежду на выздоровление 3. вероятность; ~ of hitting *воен.* вероятность попадания 4. *стат.* математическое ожидание 5. *стат.* вероятная продолжительность жизни

expectant I [ɪkˈspekt(ə)nt] *n* 1. *юр.* предполагаемый наследник 2. предполагаемый кандидат (*на должность, пост и т. п.*)

expectant II [ɪkˈspekt(ə)nt] *a* 1. ожидающий, выжидающий; поджидающий 2. рассчитывающий, надеющийся, предвкушающий; ~ heir *юр.* предполагаемый наследник; ~ of something unusual надеющийся на нечто исключительное 3. выжидательный; ~ policy выжидательная политика; ~ method /treatment/ *мед.* выжидательная терапия, симптоматическое лечение 4. *эвф.* беременная; ~ mother женщина, готовящаяся стать матерью

expectation [ˌekspekˈteɪʃ(ə)n] *n* 1. 1) ожидание; in ~ of smth. в ожидании /в предвкушении/ чего-л.; according to ~(s) как и следовало ожидать, как ожидалось; against /contrary to/ ~(s) против ожидания, вопреки ожиданиям, неожиданно; beyond ~ сверх ожидания 2) надежда, упование; to answer /to meet, to come up to, to live up to/ ~(s) оправдать надежды /ожидания, чаяний/; to fall short of /not to come up to/ ~(s) не оправдать надежд /ожиданий, чаяний/; we have great ~s of you мы возлагаем на вас большие надежды, мы ждём от вас многого 2. *pl* виды на будущее, на наследство; to have great ~s ≅ быть наследником богатых родственников; иметь виды на большое наследство 3. вероятность; ~ of life вероятная продолжительность жизни (*по статистическим данным*) 4. *стат.* математическое ожидание

expectative [ɪkˈspektətɪv] *a редк.* 1. выжидательный; выжидающий 2. возможный, ожидаемый

expected [ɪkˈspektɪd] *a* 1) предполагаемый, ожидаемый 2) расчётный

expectedly [ɪkˈspektɪdlɪ] *adv* как и следовало ожидать

expectorant I [ɪkˈspektərənt] *n фарм.* отхаркивающее средство

expectorant II [ɪkˈspektərənt] *a фарм.* отхаркивающее

expectorate [ɪkˈspektəreɪt] *v* 1. отхаркивать, откашливать 2. плевать; don't ~ on the floor не плюй на пол

expectoration [ɪkˌspektəˈreɪʃ(ə)n] *n* 1. отхаркивание, откашливание 2. (выделенная) мокрота

expectorative [ɪkˈspektərətɪv] = expectorant II

expede [ɪkˈspiːd] *v шотл.* отправлять, направлять; посылать

expedience, -cy [ɪkˈspiːdɪəns, -sɪ] *n* 1. 1) целесообразность; on grounds of ~ исходя из целесообразности 2) выгодность; рациональность; уместность; своевременность 2. 1) практическая целесообразность, практические соображения, требования момента; to put more emphasis on ~ than on principle придавать большее значение целесообразности, чем принципиальным соображениям; following his duty instead of consulting ~ подчиняясь долгу, а не практическим соображениям 2) беспринципность, оппортунизм

expedient I [ɪkˈspiːdɪənt] *n* средство для достижения цели, приём; уловка; questionable ~s сомнительные приёмы; to exhaust every ~ for... исчерпать все средства к...

expedient II [ɪkˈspiːdɪənt] *a* 1. 1) целесообразный; I deemed it ~ to... я считал целесообразным... 2) выгодный, рациональный, подходящий, уместный; it is not ~ to interfere now сейчас вмешиваться несвоевременно /некстати/; it is ~ that you go вам лучше уйти, будет лучше, если вы уйдёте 2. практически целесообразный, выгодный (*а не принципиальный*); соответствующий требованиям момента (*а не справедливый или правильный*); ловкий (*о ходе, шаге и т. п.*) 3. *арх., библ.* полезный

expediential [ekˌspediˈenʃ(ə)l] *a* (практически) целесообразный

expedite I [ˈekspɪdaɪt] *a уст.* 1. свободный, беспрепятственный; лёгкий, необременённый 2. быстрый, срочный 3. удобный

expedite II [ˈekspɪdaɪt] *v книжн.* 1. ускорять; to ~ delivery ускорить доставку; to ~ destruction способствовать разрушению; to ~ the growth of plants способствовать быстрому росту растений 2. быстро выполнять; to ~ an order быстро выполнить приказ; to ~ one's desire немедленно осуществить своё желание 3. *редк.* 1) отправлять (*войска и т. п.*) 2) направлять, посылать (*оружие и т. п.*)

expediter [ˈekspɪdaɪtə] *n* 1. *см.* expedite II + -er 2. 1) диспетчер 2) уполномоченный по продвижению проекта *и т. п.*; ≅ толкач

expedition [ˌekspɪˈdɪʃ(ə)n] *n* 1. 1) экспедиция; an ~ to the North Pole экспедиция на Северный полюс; to go on an ~ отправиться в экспедицию 2) поход, вылазка; hunting ~ выход на охоту; fishing ~ поездка на рыбалку; whaling ~ китобойная экспедиция; shopping ~ поход по магазинам 2. посылка, отправка (*войск, товаров и т. п.*) 3. быстрота, поспешность, срочность исполнения; with ~ срочно, быстро, незамедлительно, без проволочки

expeditionary [ˌekspɪˈdɪʃ(ə)rɪ] *a* экспедиционный; ~ force экспедиционные войска

expeditionist [ˌekspɪˈdɪʃ(ə)nɪst] *n* участник экспедиции

expeditious [ˌekspɪˈdɪʃəs] *a книжн.* 1. 1) быстрый, скорый; ~ march быстрый марш /поход/ 2) проворный; ~ workman быстрый работник 2. спешный, неотложный; поспешный; ~ measures неотложные меры 3. ускоренный; an ~ method of packing ускоренный /рационализованный/ способ упаковки

expel [ɪkˈspel] *v* 1. выгонять, изгонять; исключать; to ~ a student from college исключить студента из колледжа 2. высылать; to ~ smb. from a country выдворить кого-л. из страны 3. 1) выталкивать, выбрасывать; to ~ smoke выдохнуть дым 2) вышибать, выбивать; to ~ the enemy from his trenches выбить неприятеля из (его) окопов

expellant [ɪkˈspelənt] = expellent

expellee [ˌekspəˈliː] *n* высланное, депортированное лицо

expellent [ɪkˈspelənt] *a* 1. удаляющий, изгоняющий 2. выталкивающий, выбрасывающий

expend [ɪkˈspend] *v* 1. (on, upon) 1) *канц.* тратить, затрачивать, расходовать; to ~ money on smth. тратить деньги на что-л.; to ~ $ 1,000,000 upon a project затратить 1 000 000 долларов на какое-л. мероприятие 2) тратить; to ~ time [energy] in doing smth. тратить время [силы] на что-л.; to ~ blood проливать кровь 2. истратить, использовать (до конца); to ~ itself израсходоваться; кончиться, прийти к концу; having ~ed their arrows, they drew their swords когда у них кончился запас стрел, они обнажили мечи

expendable [ɪkˈspendəb(ə)l] *a* 1. 1) потребляемый, расходуемый; ~ material /property/ расходуемое имущество; to be ~ (быстро) расходоваться [*см. тж.* 2)] 2) невозвратимый, невосстановимый; to be ~ не допускать восстановления [*см. тж.* 1)] 2. *спец.* одноразового применения; неспасаемый (*о ракете и т. п.*); ~ supplies like pencils and paper запас таких товаров одноразового употребления, как карандаши и бумага 3. бросовый; не представляющий ценности (*тж. перен. о людях*); ≅ и́ми не дорожат, их не берегут (*часто о войсках*); their soldiers were ~ они не считались с потерями в живой силе

expendables [ɪkˈspendəb(ə)lz] *n pl* *воен.* 1) расходуемые предметы снабжения 2) *воен. жарг.* солдаты, рядовые 2. *тех.* полностью изнашиваемое в производственном процессе оборудование, инструмент и материалы 3. *косм.* запас продуктов

expenditure [ɪkˈspendɪtʃə] *n* 1. 1) расходование, расход (*средств, материалов, сил*); трата, потребление; his household and personal ~s его хозяйственные и личные расходы; at a minimum ~ of effort при минимальной трате сил; to meet ~s обеспечивать пополнение расхода; to save ~ давать экономию в расходе 2) статья расхода (*тж.* item of ~); a car can be a considerable ~ содержание автомобиля может обойтись дорого /потребовать довольно больших расходов/ 2. расход(ы); receipts and ~s доходы и расходы; ~ account учёт расходов; ~ record учёт расхода; on the ~ side *фин.* по расходам (*о бюджете*); ~ on armaments расходы на вооружение

expense I [ɪkˈspens] *n* 1. расход, трата; to go to ~ тратиться; at an ~ of over 50,000 dollars с затратой свыше 50 000 долларов; at one's own ~ за свой счёт, на свой средства; to go to the ~ of smth. выделить средства на что-л.; раскошелиться на что-л.; put smb. to ~ вводить кого-л. в расход; "E. no object" «за расходами не постою» (*в объявлении*) 2. *обыкн. pl* 1) расходы, издержки; incidental [travelling] ~s непредвиденные [дорожные] расходы; running ~s эксплуатационные затраты; ~s of production *эк.* издержки производства; the ~s of the Court shall be borne by the U. N. Объединённые Нации несут расходы Суда 2) возмещение расходов; to get a salary and ~s получать жалованье и возмещение расходов (*на деловые нужды*) 3. счёт, цена; at the ~ of one's health за счёт /ценой/ своего здоровья; at the ~ of one's life ценою жизни; to profit at the ~ of another получить выгоду за счёт другого /в ущерб другому/; to laugh at smb.'s ~ смеяться над кем-л., прохаживаться на чей-л. счёт; an estate [an automobile] is a great ~ содержание имения [автомобиля] — это большой расход

expense II [ɪkˈspens] *v бухг.* 1. предъявлять счёт (*за что-л.*); относить за чей-л. счёт (*покупателя и т. п.*) 2. записывать в счёт подотчётных сумм 3. списывать в расход

expense account [ɪkˈspensəˌkaʊnt] *бухг.* счёт подотчётных сумм; misuses of the ~ *амер.* незаконное отнесение к служебным /фирменным/ расходам части личного дохода (*для уменьшения подоходного налога*); to put it on the ~ отнести расход за счёт фирмы /учреждения/; to put in an ~ предъявлять фирме /учреждению/ счёт на суммы, израсходованные на деловые нужды; their paying audience is chiefly ~ публика ходит туда преимущественно за казённый счёт /за счёт фирмы/

expensive [ɪkˈspensɪv] *a* 1. дорогой, дорогостоящий; ~ clothes дорогая одежда; ~ furs ценные меха; ~ education образование, стоящее больших денег; ~ indulgence *образн.* потворство, которое дорого обошлось; to be too ~ for one's pocketbook быть не по карману 2. *редк.* 1) расточительный; ~ man расточительный человек; he has an ~ wife жена заставляет его много тратить 2) (of) требующий больших затрат; ~ of time требующий слишком много времени; ~ of health подрывающий здоровье

experience I [ɪkˈspɪ(ə)rɪəns] *n* 1. (жизненный) опыт; to know by /from/ ~ знать по опыту; to learn by ~ узнать по (горькому) опыту, убедиться на опыте; to speak from ~ говорить на основании личного опыта; it has been my ~ that... я имел возможность убедиться (на опыте), что...; this has not been my ~ я этого не встречал, со мной этого не случалось, у меня было не так; я мог убедиться в обратном 2. 1) опытность; a man of ~ опытный человек; квалифицированный работник 2) опыт работы; стаж; five-year ~ пятилетний стаж; ~ in teaching опыт преподавания, педагогический стаж; battle ~ боевой опыт; the ship's first combat ~ первый бой корабля; no ~ necessary для приёма на работу стажа не требуется 3. 1) случай, приключение; alarming ~s опасные приключения; strange [interesting, unpleasant] ~ странный [интересный, неприятный] случай; I'll never forget my ~ with bandits я никогда не забуду, как на меня напали бандиты 2) впечатление, переживание; childhood ~s впечатления детства; tell us about your ~s in Africa расскажите нам о том, как вы были в Африке

experience II [ɪkˈspɪ(ə)rɪəns] *v* 1. испытать, узнать по опыту; it has to be ~d to be understood чтобы это понять, надо самому это испытать 2. испытывать, переживать; to ~ pain чувствовать боль; to ~ joy испытывать радость; to ~ grief переживать горе

◇ to ~ religion *амер.* обратиться в (какую-л.) веру, стать новообращённым

experienced [ɪkˈspɪ(ə)rɪənst] *a* 1) опытный, знающий, сведущий 2) квалифицированный; со стажем

experient I [ɪkˈspɪ(ə)rɪənt] *n* бывалый человек

experient II [ɪkˈspɪ(ə)rɪənt] = experienced

experiential [ɪkˌspɪ(ə)rɪˈenʃ(ə)l] *a филос.* опытный, основанный на опыте; данный в опыте, эмпирический; ~ philosophy эмпиризм

experientialism [ɪkˌspɪ(ə)rɪˈenʃ(ə)lɪz(ə)m] *n филос.* эмпиризм

experiment I [ɪkˈsperɪmənt] *n* 1) опыт, эксперимент; as an ~ в порядке опыта; в качестве эксперимента; an ~ in chemistry [biology] химический [биологический] опыт; ~s on animals опыты на животных; to make /to carry out/ an ~ проводить опыт 2) экспериментирование, постановка опытов; the result of some centuries of ~ результат экспериментирования в течение нескольких столетий; to prove smth. by ~ доказать что-л. с помощью эксперимента

experiment II [ɪk'sperɪment] *v* 1) производить опыты, экспериментировать; to ~ on guinea-pigs проводить опыты на морских свинках; to ~ with teaching methods экспериментировать в области методов обучения; several medicines, even narcotics, were ~ed with некоторые лекарства и даже наркотики подверглись экспериментальному изучению 2) пробовать (что-л., особ. для развлечения); баловаться (чем-л.)

experimental I [ɪk,sperɪ'mentl] *n филос.* 1) (чувственный) опыт 2) *pl* данные опыта; опытное знание

experimental II [ɪk,sperɪ'mentl] *a* 1. экспериментальный, опытный; ~ farm опытное хозяйство, опытная ферма; ~ plot опытный участок; ~ station опытная станция 2. 1) экспериментальный, пробный; ~ service опытная эксплуатация 2) экспериментирующий; ~ playwright драматург, экспериментирующий в области формы 3. подопытный 4. *филос.* основанный на опыте; эмпирический

experimentalism [ɪk,sperɪ'ment(ə)lɪz(ə)m] *n* 1. *филос.* эмпиризм 2. экспериментирование

experimentalist [ɪk,sperɪ'ment(ə)lɪst] *n* экспериментатор

experimentalize [ɪk,sperɪ'ment(ə)laɪz] *v* производить опыты, экспериментировать

experimentally [ɪk,sperɪ'ment(ə)lɪ] *adv* 1. опытным путём; с помощью, на основании опыта; экспериментально 2. в качестве опыта; для пробы

experimentation [ɪk,sperɪmen'teɪʃ(ə)n] *n* экспериментирование, проведение опытов

experimentative [ɪk,sperɪ'mentətɪv] = experimental II

expert I ['ekspɜ:t] *n* 1. специалист; эксперт; chemical ~ специалист-химик; financial [scientific, technical] ~ финансовый [научный, технический] эксперт; beauty ~ косметолог; foreign affairs ~ специалист-международник; ~ evidence *юр.* показания экспертов (*в суде*); ~ report доклад эксперта; экспертиза; ~ personnel специалисты, кадры специалистов; an ~ in questions of international law специалист по вопросам международного права 2. знаток; умелец, искусник; an ~ with the sword [needle] искусный фехтовальщик [-ая вышивальщица] 3. *амер. воен.* отличный стрелок, стрелок 1-го класса

expert II ['ekspɜ:t] *a* 1. опытный, знающий, сведущий; (высоко)квалифицированный; ~ accountant высококвалифицированный бухгалтер; ~ rifleman *амер. воен.* отличный стрелок, стрелок 1-го класса; ~ with a rifle искусный стрелок; ~ in /at/ driving a motor-car опытный водитель (автомашины); the Egyptians were especially ~ in the working of stone египтяне особенно отличались искусной резьбой по камню; neither of them was ~ in riding верхом ни тот ни другой как следует не умел 2. данный специалистом *или* экспертом; ~ opinion заключение специалиста; экспертиза; экспертное заключение; ~ advice а) квалифицированный совет; б) экспертное заключение; ~ work квалифицированная /тонкая/ работа; to determine smth. by ~

knowledge определить что-л. экспертным расчётом

expert III [ek'spɜ:t] *v амер.* 1. подвергать экспертизе, изучать; to ~ the accounts of a company проверять бухгалтерские книги компании 2. быть экспертом (*в каком-л. деле*); to ~ at bridge судействовать на матче по бриджу

expertise [,ekspɜ:'ti:z] *n* 1. специальные знания; компетентность; эрудиция (*в какой-л. области*) 2. экспертиза, заключение специалистов 3. ловкость, искусность; a clever piece of ~ ловкий ход

expertize ['ekspɜ:taɪz] *v амер.* 1. проводить экспертизу; давать заключение специалиста 2. проявлять искусность, ловкость

expiable ['ekspɪəb(ə)l] *a* искупимый; ~ wrong искупимая вина; восстановимый ущерб

expiate ['ekspɪeɪt] *v книжн.* искупать (*грех*); заглаживать (*вину*); to ~ the act with one's life искупить проступок своей жизнью; to ~ an affront загладить оскорбление

expiation [,ekspɪ'eɪʃ(ə)n] *n книжн.* искупление (*греха*); заглаживание (*вины*); in ~ во искупление

expiational [,ekspɪ'eɪʃ(ə)nəl] *a книжн.* искупительный

expiative, expiatory ['ekspɪeɪtɪv, 'ekspɪeɪt(ə)rɪ] *a книжн.* искупительный

expiration [,ekspɪ'reɪʃ(ə)n] *n* 1. 1) выдыхание; выдох; ~ valve выдыхательный клапан (*противогаза, акваланга*) 2) *фон.* экспирация, выдыхание 2. окончание, истечение (*срока*); ~ date *спец.* срок годности; срок хранения; ~ of lease истечение срока аренды; ~ of service *воен.* истечение срока службы; ~ of a sentence *юр.* окончание срока наказания; the copyright will run until the ~ of fifty years after the author's death срок действия авторского права истечёт лишь спустя 50 лет после смерти автора

expiratory [ɪk'spaɪ(ə)rət(ə)rɪ] *a* 1) выдыхательный; ~ centre *анат.* дыхательный центр 2) *фон.* экспираторный; ~ accent экспираторное ударение

expire [ɪk'spaɪə] *v* 1. 1) выдыхать, делать выдох 2) испустить последний вздох, угаснуть, скончаться; he ~d (his last breath) он испустил последний вздох, он умер; the fire ~d костёр погас 2. 1) оканчиваться, истекать (*о сроке*); his term of office ~s next year срок его пребывания на посту истечёт в будущем году; the subscription ~s with the current number ваша подписка истекает с получением этого номера 2) терять силу (*о законе и т. п.*)

expiree [,ekspaɪ'ri:] *n австрал. ист.* поселенец, отбывший срок каторги

expiring [ɪk'spaɪ(ə)rɪŋ] *a* 1. 1) выдыхательный 2) выдыхающий 2. истекающий, кончающийся (*о сроке*); the ~ year уходящий год 3. находящийся при последнем издыхании, умирающий

expiry ['ekspɪrɪ, ɪk'spaɪ(ə)rɪ] *n* 1. *юр.* истечение, окончание (*срока*); ~ of a contract истечение срока действия контракта; the convention shall remain in force until the ~ of five years from the date of its signature конвенция будет оставаться в силе до истечения пяти лет со дня её подписания 2. *арх.* кончина

expiscate [eks'pɪskeɪt] *v книжн.* выуживать, подыскивать, подбирать

explain [ɪk'spleɪn] *v* 1. объяснять; to ~ the meaning of a word объяснить значение слова; ~ this problem to me объясните мне эту задачу; to ~ what this means объясните мне, что это значит 2. оправдываться, давать

объяснения; he was unable to ~ his conduct он не смог объяснить своего поведения; he ~ed that he had been delayed by the rain он объяснил, что задержался из-за дождя; when he has done wrong he never ~s когда он поступает неправильно, он никогда не оправдывается 3. толковать, разъяснять; to ~ smb.'s viewpoint изложить /разъяснить, развить/ чью-л. точку зрения 4. *refl* 1) объясняться 2) объяснять своё поведение, свои мотивы *и т. п.*

explainable [ɪk'spleɪnəb(ə)l] *a* поддающийся объяснению, объяснимый

explain away [ɪk'spleɪnə'weɪ] *phr v* отделываться (поверхностным) объяснением; оправдываться, отговариваться; it will be difficult to ~ this error найти оправдания для этой ошибки будет трудно; to ~ the difficulties изобразить дело так, как будто никаких трудностей нет; to explain and ~ anti-social behaviour объяснять и оправдывать антиобщественные поступки, подыскивать объяснения и оправдания антиобщественному поведению

explanation [,eksplə'neɪʃ(ə)n] *n* 1. 1) объяснение, пояснение; разъяснение; the ~ of difficulties разъяснение трудностей; after repeated ~s после неоднократных объяснений; by way of ~ в пояснение, для ясности; he said a few words by way of ~ он коротко пояснил свою мысль; it needs no ~ that... нет нужды пояснять, что... 2) объяснение, разговор, выяснение отношений; they had an ~ они объяснились между собой, между ними произошло объяснение 2. объяснение, оправдание; legal ~ юридическое обоснование; satisfactory ~ удовлетворительное объяснение; in ~ of his conduct в оправдание своего поведения; an ~ of their delay was demanded от них потребовали объяснения причин задержки 3. толкование, истолкование; differing ~s разные толкования; the ~ proved to be erroneous толкование оказалось ошибочным

explanative [ɪk'splænətɪv] *a редк.* объяснительный

explanatorily [ɪk'splænət(ə)rɪlɪ] *adv* в порядке пояснения; в качестве пояснения

explanatory [ɪk'splænət(ə)rɪ] *a* объяснительный; пояснительный; ~ note пояснение, примечание; ~ guide card справочная карточка (*в каталоге*)

explantation [,ekspla:n'teɪʃ(ə)n] *n биол.* 1) эксплантация, культивирование ткани вне организма 2) культура ткани, тканевая культура

explement ['eksplɪmənt] *n мат.* пополнение (*угла*)

expletive I [ɪk'spli:tɪv] *n* 1. 1) *лингв.* вставное слово (*напр., «значит» и т. п.*); слово-паразит 2) *шутл.* человек *или* предмет, нужный для заполнения пустого места; an apple-pie with other ~s яблочный пирог и другие украшения стола 2. бранное слово *или* выражение, особ. постоянно вставляемое в речь; "~ deleted" *амер.* «непечатное пропущено» (*в стенограмме и т. п.*)

expletive II [ɪk'spli:tɪv] *a* 1. служащий для заполнения пустого места; дополнительный, вставной; he used oaths as ~ phrases он пересыпал речь ругательствами 2. восполняющий, компенсирующий; ~ justice правосудие, восстанавливающее справедливость 3. бранный (*о слове*) 4. *лингв.* вставной, эксплетивный

expletory [ˈeksplɪt(ə)rɪ] = expletive II 1

explicable [ˈeksplɪkəb(ə)l] *a* объяснимый

explicand [ˈeksplɪkænd] *n лог.* экспликанд (*понятие, требующее уточнения*)

explicate [ˈeksplɪkeɪt] *v* 1. развивать (*мысль*); развернуть (*идею, план*) 2. *редк.* объяснять, толковать

explication [ˌeksplɪˈkeɪʃ(ə)n] *n* 1. объяснение, толкование; экспликация 2. *книжн.* развёртывание (*лепестков и т. п.*) 3. экспликация, легенда

explicative [ˈeksplɪkətɪv] *a книжн.* 1. поясни́тельный, поясняющий; относящийся к толкованию 2. ясный, точный

explicatory [ˈeksplɪkeɪt(ə)rɪ] *a книжн.* объясни́тельный; поясни́тельный

explicatum [ˌeksplɪˈkɑːtəm] *n лог.* эксплика́т (*данные, уточняющие содержание понятия*)

explicit [ɪkˈsplɪsɪt] *a* 1. 1) я́сный, то́чный; определённый; вы́сказанный до конца́; недвусмы́сленный; ~ assurances недвусмы́сленные завере́ния; ~ consent я́сно вы́раженное согла́сие; an ~ statement of the problem я́сное изложе́ние пробле́мы; he was quite ~ on that point он не оста́вил сомне́ний на э́тот счёт 2) подро́бный, дета́льный; an ~ statement of his objectives подро́бное изложе́ние его́ наме́рений 3) *спец.* экспли́цитный 2. и́скренний, открове́нный; ~ belief беззаве́тная ве́ра; to be quite ~ about modern art не скрыва́ть своего́ мне́ния о совреме́нном иску́сстве 3. *мат.* я́вный; ~ function я́вная фу́нкция

explicit costs [ɪkˈsplɪsɪtˈkɒsts] *ком.* де́нежные затра́ты

explicitly [ɪkˈsplɪsɪtlɪ] *adv* 1) я́сно, то́чно; открыто, недвусмы́сленно, без обиняко́в; it was ~ stated that… бы́ло сде́лано я́сное заявле́ние, что... 2) экспли́цитно

explodable [ɪkˈspləʊdəb(ə)l] *a* 1. взры́вчатый 2. непро́чный; this paradox is easily ~ э́тот парадо́кс легко́ опрове́ргнуть

explode [ɪkˈspləʊd] *v* 1. 1) взрыва́ть; to ~ a mine взорва́ть ми́ну 2) взрыва́ться; a bomb ~d бо́мба взорвала́сь, произошёл взрыв бо́мбы 2. разруша́ть, подрыва́ть; разбива́ть, опроки́дывать; отбра́сывать; to ~ a lie опрове́ргнуть ложь; to ~ a fallacy [a superstition] разоблачи́ть заблужде́ние [суеве́рие]; to ~ a theory опрове́ргнуть тео́рию; to ~ the reputation of smb. испо́ртить чью-л. репута́цию; подорва́ть чей-л. авторите́т; развенча́ть кого́-л. 3. разража́ться (*гне́вом и т. п.*); взрыва́ться; прорва́ться, вы́рваться нару́жу (*о си́льном чу́встве*); to ~ with laughter разрази́ться хо́хотом; he ~d with anger on впал в я́рость 4. распуска́ться (*о цвета́х*) 5. внеза́пно и бы́стро увели́чиваться (*о населе́нии*) 6. *фон.* произноси́ть со взры́вом

exploded [ɪkˈspləʊdɪd] *a* 1. взо́рванный, подо́рванный; ~ custom изжи́вший себя́ обы́чай 2. *спец.* в разо́бранном ви́де; ~ view изображе́ние механи́зма в разо́бранном /перспекти́вном/ ви́де

explodent [ɪkˈspləʊd(ə)nt] *n фон.* взрывно́й согла́сный

exploder [ɪkˈspləʊdə] *n* 1) *спец.* взрыва́тель; взрывна́я электри́ческая маши́нка 2) *горн.* детона́тор

exploit[1] [ˈeksplɔɪt] *n* по́двиг; to perform ~s соверша́ть по́двиги; to sing smb.'s ~s воспева́ть чьи-л. по́двиги

exploit[2] [ɪkˈsplɔɪt] *v* 1. эксплуати́ровать; to be ~ed (by) подверга́ться эксплуата́ции (с чьей-л. стороны́) 2. испо́льзовать (в свои́х интере́сах); to ~ smb.'s kindness по́льзоваться /злоупотребля́ть/ чьей-л. доброто́й 3. 1) разраба́тывать (*месторожде́ния*) 2) *воен.* развива́ть успе́х (*тж.* to ~ success) 4. *амер. ком.* реклами́ровать, выдвига́ть; to ~ a product продвига́ть това́р на ры́нок, создава́ть спрос на како́е-л. изде́лие

exploitability [ɪkˌsplɔɪtəˈbɪlɪtɪ] *n* 1. (при)го́дность к эксплуата́ции 2. продолжи́тельность эксплуата́ции

exploitable [ɪkˈsplɔɪtəb(ə)l] *a* го́дный для испо́льзования, разрабо́тки; приго́дный к эксплуата́ции; го́дный на сво́дку (*о ле́се*)

exploitage [ɪkˈsplɔɪtɪdʒ] *n редк.* эксплуата́ция

exploitation [ˌeksplɔɪˈteɪʃ(ə)n] *n* 1. эксплуата́ция; harmonious ~ рациона́льное природопо́льзование, рациона́льное испо́льзование приро́дных ресу́рсов; ~ of man by man эксплуата́ция челове́ка челове́ком 2. испо́льзование (в свои́х интере́сах) 3. *горн.* разрабо́тка, эксплуата́ция (*месторожде́ния*) 4. *воен.* разви́тие успе́ха (*тж.* ~ of a success)

exploitative [ɪkˈsplɔɪtətɪv] *a* 1. эксплуата́торский 2. эксплуатацио́нный, свя́занный с эксплуата́цией

exploiter [ɪkˈsplɔɪtə] *n* 1. см. exploit[2] + -er 2. эксплуата́тор

exploiting [ɪkˈsplɔɪtɪŋ] *n редк.* эксплуати́рование

exploration [ˌekspləˈreɪʃ(ə)n] *n* 1. иссле́дование (*географи́ческое и т. п.*); cosmic /outer space/ ~ иссле́дование /освое́ние/ ко́смоса; Arctic ~ иссле́дование А́рктики; aerial ~ возду́шная разве́дка; the patient ~ of written records тща́тельное /терпели́вое/ изуче́ние па́мятников пи́сьменности 2. *горн., геол.* разве́дка (*месторожде́ния*); изыска́тельские рабо́ты; разве́дка (*с попу́тной добы́чей*); про́бная эксплуата́ция 3. *мед.* иссле́дование, эксплора́ция

explorative [ɪkˈsplɔːrətɪv] *a* иссле́довательский

exploratory [ɪkˈsplɔːrət(ə)rɪ] *a* 1. иссле́довательский 2. разве́дочный; to drill an ~ well *горн.* пробури́ть разве́дочную сква́жину 3. про́бный; испыта́тельный; ~ puncture *мед.* про́бный проко́л

explore [ɪkˈsplɔː] *v* 1. иссле́довать, изуча́ть; to ~ the Antarctica [outer space] иссле́довать Анта́рктику [ко́смос]; to ~ a problem [a question] изучи́ть пробле́му [вопро́с] 2. разве́дывать, выявля́ть, выясня́ть; to ~ possibilities of reaching an agreement вы́яснить возмо́жности достиже́ния соглаше́ния; to ~ every avenue испро́бовать все пути́ (*к це́ли*); to ~ the economic conditions of the period установи́ть /определи́ть/ экономи́ческие усло́вия того́ пери́ода 3. *горн., геол.* разве́дывать; to ~ for oil вести́ нефтеразве́дку 4. *мед.* иссле́довать; the patient was ~d больно́й подве́ргся иссле́дованию

explored [ɪkˈsplɔːd] *a* изу́ченный, иссле́дованный; ~ reserve *горн.* разве́данный /достове́рный/ запа́с

explorer [ɪkˈsplɔːrə] *n* 1. см. explore + -er 2. иссле́дователь; путеше́ственник (*по неиссле́дованным места́м*) 3. *мед.* зонд

exploring [ɪkˈsplɔːrɪŋ] *n* 1. иссле́дование, осмо́тр; ~ needle *мед.* игла́ для про́бной пу́нкции 2. иссле́дования; путеше́ствия с це́лью иссле́дования (*неизве́стных райо́нов*) 3. *горн., геол.* изыска́ния, разве́дка (*месторожде́ний поле́зных ископа́емых*) 4. *тлв.* разложе́ние изображе́ния

explosible [ɪkˈspləʊzəb(ə)l] *a* взрыва́ющийся; взры́вчатый

explosion [ɪkˈspləʊʒ(ə)n] *n* 1. взрыв; разры́в; volcanic ~ изверже́ние вулка́на; stellar ~ *астр.* звёздная вспы́шка, взрыв звезды́; an ~ of a boiler взрыв котла́; the ship was sunk by an ~ су́дно взорвало́сь и затону́ло 2. вспы́шка (*гне́ва*); взрыв (*сме́ха*); an ~ of public indignation взрыв /волна́/ обще́ственного негодова́ния 3. бу́рный рост; cultural /culture/ ~ расцве́т культу́ры; population ~, ~ of population а) *биол.* вспы́шка размноже́ния популя́ции; б) бу́рный рост населе́ния (*в стране́*), демографи́ческий взрыв 4. *фон.* взрыв; эксплози́я, размыка́ние 5. 1) *тех.* взрыв; вспы́шка 2) *авт.* вы́хлоп

explosion engine [ɪkˈspləʊʒ(ə)nˌendʒɪn] дви́гатель вну́треннего сгора́ния (*рабо́тающий на лёгком то́пливе*)

explosion motor [ɪkˈspləʊʒ(ə)nˌməʊtə] = explosion engine

explosion-proof [ɪkˈspləʊʒ(ə)nˈpruːf] *a тех.* взрывобезопа́сный

explosion stroke [ɪkˈspləʊʒ(ə)nˌstrəʊk] *тех.* рабо́чий такт (*дви́гателя*)

explosive I [ɪkˈspləʊsɪv] *n* 1. взры́вчатое вещество́; high ~ си́льное взры́вчатое вещество́; permissible ~ *горн.* безопа́сное взры́вчатое вещество́ 2. *фон.* взрывно́й согла́сный

explosive II [ɪkˈspləʊsɪv] *a* 1. 1) взры́вчатый; взрывно́й; ~ substance взры́вчатое вещество́; ~ force взрывна́я си́ла 2) разрывно́й; ~ bullet разрывна́я пу́ля 2. 1) бу́рный, бы́стрый; подо́бный взры́ву; ~ laughter взры́вы сме́ха; the ~ increase of population бу́рный рост населе́ния 2) вспы́льчивый, несде́ржанный (*о челове́ке, хара́ктере*); ~ temper взрывно́й темпера́мент 3. *горн.* стреля́ющий (*о поро́де*); ~ gas грему́чий газ 4. *фон.* взрывно́й; экспло́зивный 5. *спец.* скачкообра́зный 6. *тех.* со́зданный управля́емым взры́вом

Expo [ˈekspəʊ] *n* (*сокр. от* exposition) «Экспо́», больша́я, *особ.* междунаро́дная вы́ставка

exponent I [ɪkˈspəʊnənt] *n книжн.* 1. 1) истолкова́тель; a popular ~ of science популяриза́тор нау́ки; the foremost ~ of Hegel изве́стнейший истолкова́тель Ге́геля 2) исполни́тель (*музыка́льных произведе́ний*); the topnotch ~s of the new dances популя́рнейшие исполни́тели совреме́нных та́нцев 2. 1) представи́тель (*направле́ния и т. п.*); вырази́тель (*иде́й и т. п.*); an ~ of the age типи́чный представи́тель своего́ ве́ка 2) выраже́ние, знак; price is the ~ of exchangeable value в цене́ выража́ется менова́я сто́имость 3. тип, образе́ц 4. экспоне́нт, уча́стник вы́ставки 5. *мат.* 1) экспоне́нта 2) показа́тель сте́пени

exponent II [ɪkˈspəʊnənt] *a книжн.* объясни́тельный

exponential I [ˌekspəˈnenʃ(ə)l] *n мат.* показа́тельная фу́нкция

exponential II [ˌekspəˈnenʃ(ə)l] *a* 1. *мат.* экспоненциа́льный, показа́тельный; ~ curve показа́тельная крива́я, экспоне́нта; ~ equation [function] показа́тельное уравне́ние [-ая фу́нкция] 2. *редк.* пока́зывающий, демонстри́рующий

exponentiation [ˌekspəˌnenʃɪˈeɪʃ(ə)n] *n мат.* возведе́ние в сте́пень

export I [ˈekspɔːt] *n* 1) вы́воз, э́кспорт, экспорти́рование; ~ version /make/ э́кспортное исполне́ние; the ~ of wheat вы́воз зерна́; articles of ~ предме́ты вы́воза, статьи́ э́кспорта 2) предме́т

вы́воза 3) *обыкн. pl* э́кспорт (*о стоимости или количестве вы́везенных товаров*); invisible ~s невиди́мые статьи́ э́кспорта; ~s amounted to... э́кспорт соста́вил су́мму...; ~s of imported merchandise реэ́кспорт; ~s of goods and services э́кспорт това́ров и услу́г (*статья́ бюдже́та*); value of ~s це́нность /сто́имость/ э́кспорта
export II [ɪk'spɔːt] *v* вывози́ть, экспорти́ровать
exportable [ɪk'spɔːtəb(ə)l] *a* 1) э́кспортный, го́дный *или* предназна́ченный для э́кспорта 2) разрешённый к вы́возу, к э́кспорту
exportation [ˌekspɔː'teɪʃ(ə)n] *n* 1. вы́воз, экспорти́рование 2. *амер.* предме́т вы́воза
exporter [ɪk'spɔːtə] *n* 1. *см.* export II + -er 2. экспортёр
exposal [ɪk'spəʊz(ə)l] *редк.* = exposure
expose [ɪk'spəʊz] *v* 1. (to) 1) выставля́ть, подверга́ть де́йствию (*со́лнца, непого́ды и т. п.*); to be ~d to rain находи́ться под дождём; ~d to radioactive radiation подверга́ющийся радиоакти́вному облуче́нию; ~d to the wind наве́тренный 2) подверга́ть (*опа́сности, случа́йностям и т. п.*); to ~ to unnecessary risks подверга́ть изли́шнему /нену́жному/ ри́ску; to be ~d to scarlet fever подве́ргнуться опа́сности зараже́ния скарлати́ной; to be ~d to ridicule подве́ргнуться насме́шкам, стать посме́шищем; ~d to severe trials подве́ргшийся суро́вым испыта́ниям; to ~ to radiation а) подве́ргнуть облуче́нию; б) созда́ть опа́сность облуче́ния (*для кого́-л.*); to ~ smb. to odium вы́звать недоброжела́тельное отноше́ние /не́нависть, отвраще́ние/ к кому́-л.; to be ~d (to) встреча́ться, ста́лкиваться; подверга́ться; to ~ oneself to the influence of bad company ≅ води́ться с дурно́й компа́нией 3) ста́вить под уда́р, экспони́ровать 2. 1) one's character to attack ста́вить под уда́р свою́ репута́цию; to ~ troops needlessly без нужды́ ста́вить под уда́р войска́; to ~ to fire *воен.* подверга́ть опа́сности огнево́го возде́йствия 4) (*обыкн. р. р.*) быть повёрнутым, обращённым; a house ~d to the south дом, обращённый на юг 5) *фото, кино* дава́ть вы́держку, экспони́ровать 2. 1) раскрыва́ть (*та́йну и т. п.*); разоблача́ть, срыва́ть ма́ску, личи́ну; to ~ deception [a plot] раскры́ть обма́н [за́говор]; to ~ an impostor [warmongers] разоблачи́ть /сорва́ть ма́ску с/ самозва́нца [поджига́телей войны́]; he ~d the secret she had confided to him он вы́болтал дове́ренную е́ю та́йну 2) *карт.* раскры́ться; откры́ть ка́рты 3. пока́зывать, выставля́ть напока́з; экспони́ровать; to ~ goods for sale выставля́ть това́р на прода́жу; the beggar ~d his sores ни́щий выставля́л напока́з свои́ я́звы; to ~ one's ignorance продемонстри́ровать своё неве́жество; to be ~d to the public eye оказа́ться пе́ред судо́м обще́ственности; to ~ to the light of the day вы́тащить на со́лнышко /на свет бо́жий/; to ~ a beam /a searchlight/ *воен.* откры́ть луч прожёктора 4. броса́ть на произво́л судьбы́; to ~ a child подки́дывать /броса́ть/ ребёнка 5. *геол.* выходи́ть (*на пове́рхность*), обнажа́ться 6. *полигр.* копи́ровать 7. *церк.* возноси́ть (*дары́*)
exposé [ek'spəʊzeɪ] *n фр.* 1. разоблаче́ние; a newspaper ~ of discrimination of women разоблачи́тельная статья́ в газе́те о дискримина́ции же́нщин 2. кра́ткое изложе́ние; экспозе́ 3. отчёт, докла́д; дета́льное поясне́ние *или* изложе́ние фа́ктов

exposed [ɪk'spəʊzd] *a* 1. 1) обнажённый, откры́тый; незащищённый 2) *воен.* откры́тый для наблюде́ния 3) *воен.* поста́вленный под уда́р; ~ flank откры́тый фланг 4) *тех.* незащищённый (*огражде́нием*); подве́рженный де́йствию (*огня́, корро́зии и т. п.*); ~ wall нару́жная стена́ 2. разоблачённый 3. *фото, кино* экспони́рованный; ~ film экспони́рованная плёнка (*до проявле́ния*) 4. *полигр.* откопи́рованный
exposer [ɪk'spəʊzə] *n* 1. *см.* expose + -er 2. экспоне́нт 3. разоблачи́тель
exposition [ˌekspə'zɪʃ(ə)n] *n* 1. 1) толкова́ние, объясне́ние; описа́ние; изложе́ние; a very able ~ of the company's views весьма́ чёткое изложе́ние взгля́дов компа́нии 2) вы́ставка; экспози́ция; пока́з; демонстра́ция (*това́ров и т. п.*) 3. *лит., муз.* экспози́ция 4. *фото, кино* вы́держка, экспози́ция 5. *лог.* вы́бор 6. *церк.* вознесе́ние даро́в
expositional [ˌekspə'zɪʃ(ə)nəl] *a редк.* 1) экспозицио́нный 2) объясни́тельный
expositive [ɪk'spɒzɪtɪv] *a* 1) описа́тельный 2) объясни́тельный; поясни́тельный
expositor [ɪk'spɒzɪtə] *n* толкова́тель; коммента́тор; интерпрета́тор
expository [ɪk'spɒzɪt(ə)rɪ] *a* 1. описа́тельный 2. пока́зывающий, демонстри́рующий; показа́тельный; экспозицио́нный 3. разъясни́тельный, поясни́тельный
ex post facto [ˌekspəʊst'fæktəʊ] *лат.* 1) *юр.* име́ющий обра́тную си́лу; ~ law зако́н, (*и́зданный по́сле соверше́ния преступле́ния и отягча́ющий положе́ние обвиня́емого*) 2) постфа́ктум; ~ approval одобре́ние постфа́ктум
expostulate [ɪk'spɒstʃʊleɪt] *v* 1. 1) угова́ривать, увещева́ть, убежда́ть; разубежда́ть; стара́ться усо́вестить; she ~d with him on /upon, about/ the impropriety of such conduct она́ пыта́лась убеди́ть его́ в недопусти́мости тако́го поведе́ния 2) протестова́ть, возража́ть; to ~ in vain напра́сно /тще́тно/ протестова́ть 2. *уст.* жа́ловаться, пеня́ть, се́товать 3. *уст.* спо́рить; рассужда́ть
expostulation [ɪkˌspɒstʃə'leɪʃ(ə)n] *n* 1. увещева́ние, угова́ривание; попы́тка (раз)убеди́ть, усо́вестить 2. уко́ри́зна, упрёк; проте́ст, возраже́ние (*обращённые к вино́внику*)
expostulatory [ɪk'spɒstʃʊlət(ə)rɪ] *a* 1) увещева́тельный 2) укори́зненный; протесту́ющий
exposure [ɪk'spəʊʒə] *n* 1. 1) подверга́ние вне́шнему возде́йствию; выставле́ние (*под дождь, на со́лнце и т. п.*); ~ case *мед.* пострада́вший от атмосфе́рных усло́вий; обморо́женный, перегре́вшийся на со́лнце и т. п.; ~ test *спец.* испыта́ние на возде́йствие вне́шней среды́; ~ suit скафа́ндр (*косми́ческий и т. п.*); radiation ~ (*радиоакти́вное*) облуче́ние; ~ to light *мед.* инсоля́ция; ~ to the air *мед.* вы́держка на во́здухе; ~ of the body to sunlight is recommended by doctors врачи́ рекоменду́ют принима́ть со́лнечные ва́нны; avoid ~ to cold берегите́сь переохлажде́ния; ~ to fallout облуче́ние в результа́те радиоакти́вных выпаде́ний; his face was brown from ~ to the weather его́ лицо́ обве́трело и загоре́ло; to die of ~ поги́бнуть (*от хо́лода и т. п.*) 2) незащищённость (*от опа́сности и т. п.*); *воен. тж.* незащищённое положе́ние, выставле́ние на откры́том ме́сте 2. разоблаче́ние; ~ of a crime [of a plot] раскры́тие преступ-

ле́ния [за́говора] 3. положе́ние (*в отноше́нии стран све́та*); местоположе́ние; a house with a southern ~ дом фаса́дом на юг; a room with a northern ~ ко́мната с о́кнами на се́вер 4. обнаже́ние; indecent ~ *юр.* непристо́йное обнаже́ние (*те́ла*); the ~ of the bone showed the depth of the wound кость обнажи́лась, и бы́ло ви́дно наско́лько глубо́кая ра́на 5. *фото, кино* вы́держка, экспози́ция; ~ meter экспоно́метр; time ~ больша́я вы́держка 6. *геол.* обнаже́ние *или* вы́ход пласто́в 7. *pl эк.* возмо́жность возникнове́ния дефици́та
exposure age [ɪk'spəʊʒə(r)ˌeɪdʒ] *астр.* пери́од облуче́ния (*метеори́та*); срок, в тече́ние кото́рого метеори́т подверга́лся косми́ческому облуче́нию до паде́ния на Зе́млю
expound [ɪk'spaʊnd] *v* 1. (подро́бно) излага́ть 2. разъясня́ть, развива́ть (*тео́рию, то́чку зре́ния*) 2) толкова́ть, интерпрети́ровать, комменти́ровать (*зако́ны, свяще́нное писа́ние и т. п.*)
expounder [ɪk'spaʊndə] *n кни́жн.* 1. *см.* expound + -er 2. (ис)толкова́тель; коммента́тор
express I [ɪk'spres] *n* 1. экспре́сс (*по́езд, авто́бус и т. п.*); to travel by ~ е́хать экспре́ссом 2. на́рочный, курье́р, посы́льный 3. сро́чное письмо́; сро́чное почто́вое отправле́ние 4. *амер.* 1) сро́чная пересы́лка (*това́ров, де́нег*); сро́чная пересы́лка че́рез тра́нспортную конто́ру; to send by ~ отпра́вить с посы́льным /че́рез тра́нспортную конто́ру/ 2) тра́нспортная конто́ра (*тж.* ~ company) 5. *воен.* винто́вка с повы́шенной нача́льной ско́ростью пу́ли (*тж.* ~ rifle)
express II [ɪk'spres] *a* 1. 1) определённый, то́чно вы́раженный; я́сный, недвусмы́сленный; ~ command то́чное /я́сное/ приказа́ние; ~ wish я́сно вы́раженное жела́ние; ~ assent пря́мо вы́раженное согла́сие 2) *арх.* то́чный, ве́рный, не приблизи́тельный; ~ image of a person то́чная ко́пия кого́-л.; ≅ как две ка́пли воды́ похо́жий на кого́-л. 2. специа́льный; наро́читый; he came with this ~ purpose он прие́хал специа́льно с э́той це́лью, то́лько для э́той це́ли он и прие́хал; there was an ~ stipulation to the effect that... бы́ло специа́льно огово́рено, что... 3. сро́чный, спе́шный; э́кстренный; ~ delivery сро́чная доста́вка, доста́вка с на́рочным (*в А́нглии — по́чтой, в США — че́рез тра́нспортную конто́ру*); ~ goods груз большо́й ско́рости; ~ train курье́рский по́езд, экспре́сс; ~ bus авто́бус-экспре́сс; ~ services *спец.* сро́чные ви́ды рабо́т; ~ charges допла́та за сро́чность 4. скоростно́й; ~ bullet *воен.* экспресси́вная пу́ля, облегчённая пу́ля с повы́шенной ско́ростью; ~ rifle *воен.* винто́вка с повы́шенной нача́льной ско́ростью пу́ли; at ~ speed с высо́кой ско́ростью
◊ ~ powers полномо́чия центра́льной исполни́тельной вла́сти, специа́льно огово́ренные в конститу́ции США
express III [ɪk'spres] *adv* 1. сро́чно, спе́шно; э́кстренно; экспре́ссом; с на́рочным; to send smth. ~ отпра́вить что-л. с на́рочным /с посы́льным/; to travel ~ е́хать курье́рским по́ездом /экспре́ссом/ 2. *редк.* специа́льно, наро́чно; he came here ~ to visit his old friends он прие́хал сюда́ то́лько для того́, что́бы повида́ться со ста́рыми друзья́ми

express IV [ɪkˈspres] v 1. 1) выражать; to ~ one's opinion выразить /высказать/ своё мнение; I cannot ~ to you how grateful I am не могу выразить, как я вам благодарен; to ~ one's sympathy [deep regret] at the untimely death of... выразить сочувствие [глубокое сожаление] по поводу безвременной кончины... 2) отражать, выражать; his face ~ed sorrow на его лице отразилась печаль, лицо его было печально 2. *refl* 1) выражать себя, свою личность (*в художественном произведении*) 2) высказываться, выражать свои мысли; to ~ oneself on smth. высказаться по поводу чего-л.; to ~ oneself in English объясниться по-английски; to ~ oneself officially официально выразить своё мнение 3. изображать, символизировать; отражать 4. 1) отправлять срочной почтой (*почтовым*) 2) *амер.* отправлять через транспортную контору 5. ехать экспрессом, курьерским поездом 6. 1) выжимать; to ~ the juice from an apple, to ~ an apple выжимать сок из яблока 2) исторгать; the false evidence was ~ed by torture это ложное свидетельство было получено под пыткой

expressage [ɪkˈspresɪdʒ] n *спец.* 1. отправка срочной почтой (*посылки, письма*); these prices include ~ указанные цены включают доставку срочной почтой 2. доплата за срочность (*доставки и т. п.*)

express company [ɪkˌspresˈkʌmpənɪ] транспортная контора; транспортное агентство

express highway [ɪkˌspresˈhaɪweɪ] автострада

expressible [ɪkˈspresəb(ə)l] a выразимый, поддающийся выражению; ~ by signs [in simple formulae] поддающийся выражению жестами [простыми формулами]

expression [ɪkˈspreʃ(ə)n] n 1. выражение (*чего-л.*); beyond /past/ ~ невыразимо; to give ~ выражать; to seek ~ стремиться найти выход (*о чувстве*); to find ~ найти выражение, выразиться (*в чём-л.*); вылиться, излиться; to offer an ~ of regret принести сожаления; his talent found ~ in the plastic art его талант нашёл своё выражение в скульптуре; his anger found ~ in a string of oaths он излил свой гнев в потоке брани; kindly accept this ~ of my cordial thanks пожалуйста, примите это как выражение моей сердечной благодарности 2. выражение (*лица, глаз и т. п.*); there was a quizzical ~ on his face его лицо стало лукавым, на его лице отразилось лукавство 3. выражение, оборот речи; фраза; colloquial [literary] ~ разговорный [литературный] оборот; modern [trite, archaic, racy] ~s современные [избитые, устарелые, колоритные] выражения 4. выразительность, экспрессия; to read with ~ читать выразительно 5. *спец.* изображение; cartographical ~ картографическое изображение, изображение на карте 6. *мат.* выражение; algebraic ~ алгебраическое выражение 7. *спец.* выжимание, выдавливание; ~ of oil выжимание масла 8. *биол.* экспрессия, проявление активности гена

expressional [ɪkˈspreʃ(ə)nəl] a выразительный (*о произведениях искусства*); экспрессивный

expressionism [ɪkˈspreʃ(ə)nɪz(ə)m] n *иск.* экспрессионизм

expressionist [ɪkˈspreʃ(ə)nɪst] n *иск.* экспрессионист

expressionistic [ɪkˌspreʃəˈnɪstɪk] a *иск.* экспрессионистический, экспрессионистский

expressionless [ɪkˈspreʃ(ə)nlɪs] a невыразительный; ничего не выражающий; an ~ face лицо без всякого выражения

expressive [ɪkˈspresɪv] a 1. выразительный; ~ voice [face] выразительный голос [-ое лицо]; ~ smile [nod] многозначительная улыбка [-ый кивок] 2. 1) выражающий, служащий для выражения; ~ means of language экспрессивные /выразительные/ средства языка; ~ function of language экспрессивная функция языка 2) (*of*) выражающий; to be ~ of smth. выражать что-л.; a look [a gesture] ~ of joy [of hope, of despair] взгляд [жест], выражающий радость [надежду, отчаяние] 3. экспрессивный, полный экспрессии; dance is a highly ~ art танец — это искусство глубоко экспрессивное

expressively [ɪkˈspresɪvlɪ] adv выразительно; многозначительно

expressly [ɪkˈspreslɪ] adv 1. определённо, точно, ясно; rules ~ recognized by the contesting states правила, определённо признанные спорящими государствами; ~ or by implication *юр.* прямо или косвенно 2. специально, намеренно; ~ provided специально предусмотренный; here is a shawl which I bought ~ for you эту шаль я купил специально для вас; I did it ~ to please you я сделал это только для того, чтобы вам угодить

expressman [ɪkˈspresmən] n (*pl* -men [-mən]) *амер.* посыльный; служащий транспортной конторы

expresso [ɪkˈspresəʊ] = espresso

expressway [ɪkˈspresweɪ] n скоростная автомагистраль с развязками на разных уровнях

ex professo [ˌeksprəʊˈfesəʊ] *лат.* 1) по своей специальности, по профессии 2) со знанием дела, обстоятельно

expromission [ˌeksprəˈmɪʃ(ə)n] n *юр.* принятие (*кем-л.*) на себя чужого долга с освобождением от него первоначального должника

expromissor [ˌeksprəˈmɪsə] n *юр.* лицо, принимающее на себя долг другого [*см.* expromission]

expropriate [ɪkˈsprəʊprɪeɪt] v 1. экспроприировать; the revolutionary government ~d landowners from their estates революционное правительство экспроприировало помещичьи землевладения 2. конфисковать; отчуждать (*на общественные нужды*) 3. *юр.* лишать (*кого-л.*) права собственности на имущество

expropriation [ɪkˌsprəʊprɪˈeɪʃ(ə)n] n 1. экспроприация; ~ of expropriators экспроприация экспроприаторов 2. конфискация; отчуждение (*на общественные нужды*) 3. *юр.* лишение (*кого-л.*) права собственности на имущество

expropriator [ɪkˈsprəʊprɪeɪtə] n экспроприатор

expugnable [ekˈspʌgnəb(ə)l] a *редк.* уязвимый; преодолимый

expulse [ɪkˈspʌls] v *редк.* изгонять

expulsion [ɪkˈspʌlʃ(ə)n] n 1. изгнание; исключение (*из школы, клуба и т. п.*); увольнение (*за проступок и т. п.*) 2. *юр.* ссылка, изгнание; высылка; ~ from the country высылка из страны 3. *тех.* 1) выдувка 2) выхлоп, выпуск; ~ of gases продувка отработанных газов 3) выталкивание, выбрасывание; выстреливание 4. *мед.* изгнание, выталкивание

expulsive [ɪkˈspʌlsɪv] a изгоняющий; ~ pains *мед.* изгоняющие родовые схватки

expulsory [ɪkˈspʌls(ə)rɪ] a *редк.* изгоняющий; относящийся к изгнанию, исключению

expunction [ɪkˈspʌŋk(ʃ)(ə)n] n 1. *книжн.* вычёркивание, исключение (*части текста*) 2. стирание, подчистка

expunge [ɪkˈspʌndʒ] v *книжн.* 1. вычёркивать, исключать (*из списка, текста*); to ~ smth. from the record вычеркнуть что-л. из протокола; time had ~d from his memory all recollections of the event время стёрло в его памяти все воспоминания о том событии 2. стирать (*резинкой*); соскабливать 3. уничтожать, ликвидировать, стирать с лица земли 4. удалять, убирать (*кого-л.*)

expurgate [ˈekspəgeɪt] v *книжн.* 1) вычёркивать нежелательные места (*в книге*); to ~ one's manuscripts for publication подчистить свои рукописи до их издания 2) смягчать (*резкое выражение*); убирать (*непристойности, обидные слова*) 2. очищать (*нравы и т. п.*) 3. прикрашивать, изображать в благоприятном свете

expurgated edition [ˈekspəgeɪtɪdɪˌdɪʃ(ə)n] издание с исключением нежелательных мест; адаптированное издание (*для детей и т. п.*)

expurgation [ˌekspəˈgeɪʃ(ə)n] n *книжн.* 1. исключение нежелательных мест, особ. устранение непристойностей (*в книге*) 2. очищение (*нравов*); повышение морального уровня 3. 1) прикрашивание, представление в благоприятном свете; the ~ of history прикрашивание истории 2) смягчённый вариант

expurgatory [ɪkˈspɜːgət(ə)rɪ] a *книжн.* 1. исключающий нежелательные места (*из книги*); ~ index *церк.* указатель книг, чтение которых католикам разрешается только после изъятия нежелательных мест 2. очистительный, очищающий (*от греха, вины и т. п.*)

expurge [ɪkˈspɜːdʒ] *редк.* = expurgate

exquisite I [ɪkˈskwɪzɪt] n 1) щёголь, фат, денди 2) *ирон.* тонкая натура, изысканная личность

exquisite II [ɪkˈskwɪzɪt, ˈekskwɪzɪt] a 1. изысканный, утончённый, тонкий; изящный; ~ beauty изысканная /утончённая/ красота; ~ lace тончайшие кружева; ~ morsels отборные кусочки; ~ poetry рафинированная /утончённая/ поэзия; ~ taste тонкий вкус; ~ workmanship тонкая /затейливая/ работа; to do smth. with ~ art сделать что-л. с необыкновенным искусством 2. острый, сильный (*об ощущении*); ~ joy беспредельная радость; ~ pain острая /невыносимая/ боль 3. совершенный, законченный; ~ gentleman настоящий джентльмен; ~ sloven *ирон.* воплощённое неряшество, невыносимый неряха; an ~ ear for music абсолютный музыкальный слух

exquisiteness [ɪkˈskwɪzɪtnɪs, ˈekskwɪ-] n 1. утончённость, изысканность; изящество 2. острота (*ощущения*) 3. высшая степень (*чего-л.*)

exquisitism [ɪkˈskwɪzɪtɪz(ə)m, ˈekskwɪ-] n *книжн.* щегольство, фатовство, фатоватость

exsanguinate [ɪkˈsæŋgwɪneɪt] v *мед.* обескровливать (*тж. перен.*)

exsanguine [ɪkˈsæŋgwɪn] a 1) обескровленный, бескровный 2) *мед.* анемичный

exsanguinity [ˌeksæŋˈgwɪnɪtɪ] n *мед.* анемия

exscind [ekˈsɪnd] v *книжн., спец.* вырезать, отрезать

exsect [ekˈsekt] v 1) *спец.* вырезывать, иссекать 2) выкраивать

exsert [ekˈsɜːt] v 1. *книжн.* выпячивать 2. *биол.* выступать, выдаваться

exserted [ek'sɜːtɪd] *a биол.* выступа́ющий, выдаю́щийся

ex-service [ˌeksˈsɜːvɪs] *a* служи́вший в вооружённых си́лах

ex-serviceman [ˌeksˈsɜːvɪsmən] *n* (*pl* -men [-mən]) 1) бы́вший военнослу́жащий; демобилизо́ванный 2) ветера́н войны́; бы́вший фронтови́к

exsibilate [ekˈsɪbɪleɪt] *v редк.* осви́стать (*актёра*); ши́каньем прогна́ть со сце́ны

exsiccant [ˈeksɪkənt] *a спец.* 1) высу́шивающий 2) поддаю́щийся высу́шиванию; засыха́ющий, высыха́ющий

exsiccata [ˌeksɪˈkɑːtə] *n* вы́сушенный материа́л для герба́рия

exsiccate [ˈeksɪkeɪt] *v спец.* 1. высу́шивать, суши́ть 2. высыха́ть, иссыха́ть, засу́шиваться; bodies that ~d into mummies тела́, преврати́вшиеся в му́мии

exsiccation [ˌeksɪˈkeɪʃ(ə)n] *n спец.* 1. высу́шивание, обезво́живание; осуше́ние 2. высыха́ние

exsiccator [ˈeksɪkeɪtə] *n тех.* экскика́тор, суши́льный шкаф

exspuition [ˌekspjʊˈɪʃ(ə)n] *n книжн.* 1. 1) выплёвывание, отплёвывание 2) изверже́ние 2. плево́к; мокро́та

exstrophy [ˈekstrəfɪ] *n мед.* вы́ворот

exsuccous [eksˈsʌkəs] *a книжн.* 1) без со́ка; худосо́чный; вы́жатый, истощённый 2) бессодержа́тельный, бле́дный, ску́чный

exsuction [eksˈsʌkʃ(ə)n] *n книжн.* вса́сывание

exsufflate [eksˈsʌfleɪt] *v редк.* 1) надува́ть 2) сдува́ть

exsufflicate [eksˈsʌflɪk(e)ɪt] *a арх.* разду́тый, наду́тый

exsurge [eksˈsɜːdʒ] *v книжн.* поднима́ться, вздыма́ться

exsurgent [eksˈsɜːdʒ(ə)nt] *a книжн.* поднима́ющийся, вздыма́ющийся

exta [ˈekstə] *n лат.* кишки́, вну́тренности (*уби́тых враго́в, по кото́рым предсказа́тели предвеща́ли бу́дущее*)

extant [ɪkˈstænt] *a книжн.* 1. существу́ющий; живо́й; the most original writer ~ са́мый оригина́льный из живу́щих писа́телей; ~ and projected programs проводи́мые сейча́с /ны́нешние/ и плани́руемые мероприя́тия 2) сохрани́вшийся; доше́дший до нас; the earliest ~ papyri древне́йшие папи́русы (*из доше́дших до нас*); apocrypha which are ~ only in small fragments апо́крифы, от кото́рых сохрани́лись лишь небольши́е отры́вки; Shakespeare manuscripts which were ~ at the time ру́кописи Шекспи́ра, кото́рые в то вре́мя ещё существова́ли 2. *арх.* выдаю́щийся; примеча́тельный

extemporaneous [ɪkˌstempəˈreɪnɪəs] *a* 1. 1) неподгото́вленный, импровизи́рованный; ~ speech импровизи́рованное выступле́ние; ~ actors актёры-импровиза́торы; ~ shelter against the storm импровизи́рованное укры́тие от непого́ды 2) произнесённый без напи́санного те́кста; ~ lecture ≅ ле́кция «без бума́жки» (*в том числе предвари́тельно подгото́вленная*) 2. непредумы́шленный 3. непредусмо́тренный, случа́йный; ~ supper на́спех со́бранный /импровизи́рованный/ у́жин; a great deal of criminal behaviour is ~ мно́гие престу́пные дея́ния соверша́ются случа́йно /непредумы́шленно/ 4. *мед.* пригото́вленный для неме́дленного приёма (*о лека́рстве*)

extemporary [ɪkˈstemp(ə)rərɪ] *a* 1. непредумы́шленный, не обду́манный зара́нее 2. случа́йный, сде́ланный на́спех, импровизи́рованный, испо́льзуемый вре́менно за неиме́нием лу́чшего; ~ bridge вре́менный мост

extempore I [ɪkˈstemp(ə)rɪ] *a* 1. 1) неподгото́вленный, импровизи́рованный; ~ oration импровизи́рованное выступле́ние; ~ poem экспро́мт, стихотво́рная импровиза́ция; ~ translation перево́д с листа́ 2) (подгото́вленный, но) произнесённый без напи́санного те́кста; ~ address ≅ речь «без бума́жки» 2. случа́йный, внеза́пный; непредви́денный; ~ business чрезвыча́йное происше́ствие 3. вре́менный, испо́льзуемый за неиме́нием лу́чшего, на́спех сде́ланный

extempore II [ɪkˈstemp(ə)rɪ] *adv* без подгото́вки, экспро́мтом; без напи́санного те́кста; to speak ~ говори́ть /выступа́ть/ без подгото́вки *или* без напи́санного те́кста

extemporization [ɪkˌstempəraɪˈzeɪʃ(ə)n] *n книжн.* 1. импровиза́ция 2) экспро́мт 3) неподгото́вленное выступле́ние; речь-экспро́мт

extemporize [ɪkˈstempəraɪz] *v* 1. 1) импровизи́ровать; выступа́ть без подгото́вки 2) выступа́ть без напи́санного те́кста 2. *ирон.* измышля́ть, выду́мывать; вы́сосать из па́льца 3. де́лать (*что-л.*) на́спех, несолидно; the campers ~d a shelter for the night тури́сты на́спех сооруди́ли укры́тие на ночь

extemporizer [ɪkˈstempəraɪzə] *n* 1. *см.* extemporize + -er 2. импровиза́тор

extencisor [ɪkˈstensaɪzə] *n спец.* (механи́ческое) устро́йство для разрабо́тки и укрепле́ния па́льцев рук и ки́сти [< extensor + exerciser]

extend [ɪkˈstend] *v* 1. 1) протя́гивать, вытя́гивать, простира́ть; to ~ a helping hand (to) протяну́ть ру́ку по́мощи; she ~ed both her hands to him она́ протяну́ла ему́ о́бе руки́ 2) натя́гивать; to ~ a rope across the street натяну́ть кана́т поперёк у́лицы 2. 1) простира́ться, тяну́ться; the garden ~s as far as the river сад дохо́дит до са́мой реки́; the road ~s for miles and miles доро́га тя́нется на мно́го миль 2) выходи́ть за грани́цы, преде́лы; his knowledge of Russian does not ~ beyond small talk его́ зна́ния ру́сского языка́ хвата́ет то́лько на то, что́бы вести́ све́тскую бесе́ду /говори́ть о пустяка́х/ 3) тяну́ться, продолжа́ться; a custom ~ing back over many generations обы́чай, уходя́щий в глубь поколе́ний; his researches ~ed over ten years его́ нау́чная рабо́та растяну́лась на де́сять лет 3. 1) расширя́ть; удлиня́ть; растя́гивать, увели́чивать; to ~ a school building расши́рить шко́льное зда́ние; to ~ the city boundaries расши́рить грани́цы го́рода; to ~ a railway line to X довести́ железнодоро́жную ли́нию до X; to ~ the reach *спорт.* а) увели́чить прово́дку весла́ (*в гребле*); б) увели́чить преде́л досяга́емости; by that time the fire had greatly ~ed itself к тому́ вре́мени ого́нь си́льно распространи́лся 2) расширя́ть, углубля́ть; уси́ливать; ~ing one's potential through job training расши́рить свои́ возмо́жности путём повыше́ния квалифика́ции 4. 1) распространя́ть, расширя́ть; to ~ power [influence] распространи́ть власть [влия́ние]; penal consequences cannot be ~ed to these activities э́ти де́йствия не подлежа́т наказа́нию в уголо́вном поря́дке; уголо́вная наказу́емость не распространя́ется на э́ти де́йствия; his authority was ~ed to new departments в его́ ве́дение перешли́ но́вые отде́лы 2) распространя́ться (*на что-л.*); his jurisdiction ~ed over the whole area его́ юрисди́кция распространи́лась на всю террито́рию 5. 1) продли́ть, оттяну́ть, удлини́ть (*срок*); пролонги́ровать; to ~ a visit for another day продли́ть пребыва́ние на оди́н день; endeavour to get the time ~ed until the end of next month уси́лия с це́лью доби́ться отсро́чки до конца́ бу́дущего ме́сяца 2) дли́ться; продолжа́ться; his visit will ~ from... to... его́ визи́т бу́дет продолжа́ться с... по...; the exhibition will ~ for a fortnight вы́ставка продли́тся две неде́ли 6. предоставля́ть (*за́ймы и т. п.*); ока́зывать (*услу́ги и т. п.*); to ~ credit to customers продава́ть в креди́т; to ~ aid to the needy ока́зывать по́мощь нужда́ющимся; to ~ special privilege to smb. ста́вить кого́-л. в привилегиро́ванное положе́ние; to ~ an invitation [congratulations] посла́ть приглаше́ние [поздравле́ния]; to ~ a warm welcome раду́шно встреча́ть *или* приглаша́ть 7. выска́зывать, выража́ть (*сочу́вствие и т. п.*); проявля́ть (*внима́ние*); to ~ good wishes выска́зывать до́брые пожела́ния, посыла́ть приве́т; to ~ thanks вы́разить благода́рность; to ~ felicitations on /upon/ the birth of a son поздра́вить с рожде́нием сы́на 8. выжима́ть всё возмо́жное (*из кого́-л., чего́-л.*); to ~ a horse гнать ло́шадь во весь опо́р; he does not ~ himself а) он не выкла́дывается целико́м (*в спо́рте и т. п.*); б) он не надрыва́ется на рабо́те; he could work long and hard without seeming to ~ himself он мог рабо́тать до́лго и упо́рно без вся́кого ви́димого напряже́ния 9. *тех.* нара́щивать (*трубопрово́д, ка́бель, конве́йер*) 10. *воен., спорт.* 1) размыка́ть, рассыпа́ть це́пью; расчленя́ть; ~! разомкни́сь! (*кома́нда*); to ~ one's flank растяну́ть фланг 2) рассыпа́ться це́пью 11. *спец.* детализи́ровать

◇ to ~ shorthand notes расшифрова́ть стеногра́мму

extended [ɪkˈstendɪd] *a* 1. 1) протя́нутый, вы́тянутый; растя́нутый 2) натя́нутый 2. дли́тельный; затяну́вшийся, растя́нутый; his ~ remarks его́ затяну́вшееся /растя́нутое/ выступле́ние; ~ storage *спец.* дли́тельное хране́ние 3. 1) расши́ренный; широ́кий; in an ~ sense в широ́ком смы́сле, в расши́ренном значе́нии 2) расши́рительный, распространи́тельный (*о толкова́нии зако́на, смы́сле сло́ва и т. п.*) 4. 1) продлённый, продо́лженный; ~ warranty *спец.* продлённый срок гара́нтии 2) увели́ченный; удлинённый; ~ distance *воен.* увели́ченная диста́нция; ~ interval *воен.* увели́ченный интерва́л 5. *тех.* нара́щенный; надста́вленный 6. *воен., спорт.* разо́мкнутый; расчленённый; ~ formation /order/ расчленённый строй 7. *спец.* протяжённый, име́ющий протяже́ние

extended family [ɪkˈstendɪdˈfæmɪlɪ] больша́я семья́, расши́ренная семья́ (*включа́ющая, кроме роди́телей и дете́й, та́кже ближа́йших ро́дственников*; ср. nuclear family)

extended play [ɪkˈstendɪdˈpleɪ] долгоигра́ющая пласти́нка на 45 оборо́тов

extended type [ɪkˈstendɪdˈtaɪp] *полигр.* выдели́тельный шрифт; жи́рный *или* полужи́рный шрифт

extender [ɪkˈstendə] *n* 1. *см.* extend + -er 2. удлини́тель 3. *спец.* 1) наполни́тель 2) материа́л, добавля́емый к осно́вному для его́ удешевле́ния

extendible [ɪkˈstendəb(ə)l] = extensible

extensibility [ɪkˌstensəˈbɪlɪtɪ] *n* растяжи́мость

extensible [ɪkˈstensəb(ə)l] *a* 1. растяжи́мый 2. *спец.* раздвижно́й; телескопи́ческий 3. *вчт.* откры́тый

extensile [ɪkˈstensaɪl] *a тех.* 1. растяжимый 2. раздвижной

extension [ɪkˈstenʃ(ə)n] *n* 1. 1) вытягивание; протягивание 2) натягивание 2. 1) протяжение; протяжённость 2) *геол.* простирание (*пласта*) 3. 1) расширение, удлинение, растяжение; увеличение; ~ of a railway удлинение линии железной дороги; tools are ~s of the human hands орудия — это продолжение рук человека 2) распространение, расширение; ~ of useful knowledge расширение практических знаний; the ~ of influence рост влияния; the ~ of competence распространение компетенции (*на что-л.*); a greater ~ of liberty расширение границ свободы; by ~ расширительно, в расширительном смысле; by ~ the word has come to mean... расширительно это стало означать... 4. продление, удлинение (*срока*); отсрочка, пролонгация; I want an ~ until... я прошу отсрочки до... 5. 1) пристройка; надставка; ~ bag складной чемодан; ~ table раздвижной стол; a table with side ~s стол с двумя откидными досками; a house with two ~s дом с двумя пристройками; an ~ for an electric-light cord удлинитель электропровода 2) дополнение; приложение; ~ of remarks *амер.* приложение к речи в конгрессе (*печатается как часть протокола*) 3) *тех.* надставка; выступ 6. курсы при колледже (*в т. ч. вечерние и заочные*); University E. курсы при университете 7. 1) предоставление (*кредита, помощи*) 2) оказание (*услуги, гостеприимства и т. п.*) 8. 1) телефонный отвод; отводная трубка 2) добавочный номер; E. 23 добавочный 23 (*о телефоне*) 9. *ж.-д.* ветка 10. *мед.* выпрямление; вытяжение; ~ apparatus *мед.* приспособление для вытяжения 11. *лог.* объём понятия 12. *воен., спорт.* размыкание; расчленение 13. *спец.* детализация

extensional [ɪkˈstenʃ(ə)nəl] *a* 1) пространственный 2) имеющий протяжённость, протяжённый

extension-bed [ɪkˈstenʃ(ə)nbed] *n мед.* выпрямляющий аппарат; ортопедическая кровать

extension cord [ɪkˈstenʃ(ə)nkɔːd] *эл.* удлинитель (*шнура*)

extension course [ɪkˈstenʃ(ə)nkɔːs] = extension 6

extension phone, extension telephone [ɪkˈstenʃ(ə)nˌfəʊn, -ˌtelɪfəʊn] = extension 8 2)

extension-type [ɪkˈstenʃ(ə)ntaɪp]-extensible 2

extensity [ɪkˈstensɪtɪ] *n* экстенсивность

extensive [ɪkˈstensɪv] *a* 1. обширный, пространный, большой; ~ plantations огромные плантации; ~ front *воен.* широкий фронт; ~ repairs крупный ремонт; ~ knowledge обширные знания, широкая осведомлённость; эрудиция; ~ reading начитанность; ~ plans далеко идущие планы; ~ quotation обильное цитирование 2. экстенсивный; ~ farming экстенсивное земледелие

extensometer [ˌekstenˈsɒmɪtə] *n тех.* экстензометр (*прибор*)

extensor [ɪkˈstensə] *n анат.* разгибатель, разгибающая мышца; экстензор; ~ tendon сухожилие разгибателя

extent [ɪkˈstent] *n* 1. 1) протяжение, протяжённость; latitudinal [longitudinal] ~ протяжённость по широте [по долготе]; ~ of front *воен.* протяжение фронта; we were able to see the full ~ of the park нам удалось осмотреть всю территорию парка 2) объём, пределы; the ~ of power пределы власти; I was amazed at the ~ of his knowledge я был поражён широтой его знаний; he has prepared to supply money to the ~ of $10,000 он был готов предоставить средства в пределах 10000 долларов; to reduce the ~ of the law's application сузить рамки применимости этого закона 2. степень, мера; to a great ~ в большой мере, в значительной степени; to the full ~ в полной мере; to a certain ~ в известной мере; to some ~ до некоторой степени; to such an ~ до такой степени, до таких пределов, в такой мере; to what ~ can he be trusted? насколько ему можно верить?; the quarrel was carried to a foolish ~ в этом споре они дошли до нелепости 3. размер, величина; ~ of error величина ошибки /погрешности/; a serpent of huge ~ змея огромного размера 4. *вчт.* экстент, поле, область или зона памяти

extenuate [ɪkˈstenjʊeɪt] *v* 1. 1) ослаблять, уменьшать, смягчать (*вину*) 2) служить оправданием, извинением; nothing can ~ his wrong-doing его проступку нет оправдания; his foreign upbringing ~s his faulty pronunciation недостатки его произношения объясняются тем, что он в детстве жил за границей 3) пытаться найти оправдание 2. *редк.* разрежать (*рассаду, воздух*) 3. *поэт.* относиться с пренебрежением, хулить

extenuating [ɪkˈstenjʊeɪtɪŋ] *a* смягчающий, уменьшающий; ~ circumstances *юр.* смягчающие вину обстоятельства

extenuation [ɪkˌstenjʊˈeɪʃ(ə)n] *n* 1. *книжн.* извинение, частичное оправдание; he pleaded circumstances in ~ of his guilt в оправдание своего поступка он сослался на обстоятельства 2. изнурение, истощение, ослабление

extenuative [ɪkˈstenjʊətɪv] *a книжн.* смягчающий (*вину*)

extenuatory [ɪkˈstenjʊət(ə)rɪ] *a* смягчающий (*вину*); ослабляющий (*боль*)

exterior I [ɪkˈstɪərɪə] *n* 1. внешность, наружность; внешний, наружный вид; nice [engaging, rough] ~ приятная [привлекательная, грубая] внешность; house with an imposing ~ дом с внушительным фасадом 2. экстерьер (*животного*) 3. *pl* внешнее, несущественное, кажущееся внешние обстоятельства 4. *театр.* декорация, изображающая (открытый) пейзаж 5. *спец.* внешняя часть, внешняя область

exterior II [ɪkˈstɪərɪə] *a* 1. 1) внешний, наружный; ~ quietness внешнее спокойствие; ~ angle *мат.* внешний угол; ~ guard *воен.* наружный караул; ~ unit *амер. воен.* фланговая часть; ~ ballistics *воен.* внешняя баллистика; the ~ side [surface] наружная сторона [поверхность]; the ~ features of a building наружный вид здания; nor the ~ nor the inward man resembles what it was (*Shakespeare*) так неузнаваем он внутренне и внешне 2) *кино* натурный; ~ shooting натурная съёмка, съёмка на открытом воздухе; ~ shot кадр, снятый на натуре 2. посторонний, сторонний; without ~ help без помощи со стороны, без посторонней помощи; ~ motives мотивы, не имеющие отношения к существу вопроса 3. чужеземный, иностранный; зарубежный; ~ policy внешняя политика

exteriority [ɪkˌstɪərɪˈɒrɪtɪ] *n книжн.* 1. внешняя сторона, поверхность 2. положение вне, за пределами (*чего-л.*) 3. поверхностность, приверженность к внешнему, показному

exteriorization [ɪkˌstɪərɪəraɪˈzeɪʃ(ə)n] *n книжн.* придание конкретной формы; овеществление

exteriorize [ɪkˈstɪərɪəraɪz] *v книжн.* облекать в конкретную форму; овеществлять

exteriorly [ɪkˈstɪərɪəlɪ] *adv книжн.* 1. 1) внешне, наружно; с внешней, наружной стороны; на поверхности 2) по виду, по внешности 2. вне (*чего-л.*); за пределами (*чего-л.*) 3. внешне; the argument is quite unobjectionable ~ аргумент на первый взгляд бесспорный

exterminable [ɪkˈstɜːmɪnəb(ə)l] *a* уничтожимый; истребимый; искоренимый

exterminate [ɪkˈstɜːmɪneɪt] *v* 1) уничтожать, истреблять; to ~ rats уничтожить крыс 2) искоренять; to ~ heresy искоренить ересь

extermination [ɪkˌstɜːmɪˈneɪʃ(ə)n] *n* 1) уничтожение; истребление; ~ camp лагерь смерти, лагерь уничтожения 2) *спец.* дезинсекция; дератизация

exterminative [ɪkˈstɜːmɪnətɪv] *a* уничтожающий, искореняющий; разрушительный

exterminator [ɪkˈstɜːmɪneɪtə] *n* 1) истребитель 2) *спец.* крысолов, дератизатор; дезинсектор 3) искоренитель

exterminatory [ɪkˈstɜːmɪnət(ə)rɪ] *a* 1. = exterminative 2. истребительный, убийственный; ~ war истребительная война

extern I [ekˈstɜːn] = externe I

extern II [ekˈstɜːn] *редк.* = external II 1, 3, 4 и 5

external I [ɪkˈstɜːn(ə)l] *n* 1. наружная, внешняя сторона, поверхность 2. *pl* внешнее, показное, несущественное; ~s of religion религиозная обрядность, внешние проявления религиозности; the subordination of ~s to essentials подчинение внешней стороны существу дела 3. *pl* 1) наружность, внешность, внешний облик; to judge things and people by ~s судить всё и вся по внешнему виду 2) внешние обстоятельства

external II [ɪkˈstɜːn(ə)l] *a* 1. 1) наружный, внешний; ~ angle *мат.* внешний угол; ~ action внешнее воздействие; ~ ear *анат.* наружное ухо; ~ cause *мед.* внешняя причина (*болезни*), экзогенный фактор; ~ agency *спец.* воздействие внешней среды; ~ appearance внешний вид, экстерьер; ~ attack нападение извне; ~ crack *геол.* поверхностная трещина; ~ dimensions *спец.* габариты; for ~ use (only) *фарм.* (только) для наружного употребления 2) (*часто* to) находящийся вне; ~ force внешняя сила; ~ evidence объективные данные /показания/; свидетельства со стороны; ~ circumstances привходящие обстоятельства; problems ~ to our own sphere проблемы, не входящие непосредственно в нашу область 2. внешний, иностранный; ~ loan [debt] внешний заём [долг]; ~ trade внешняя торговля; ~ relations внешние сношения; ~ affairs иностранные дела, внешние сношения; Department for /*канад.* of/ E. Affairs министерство иностранных дел (*Австралии, Канады*) 3. посторонний, не относящийся к данному вопросу, существу дела *и т. п.*; ~ considerations сторонние соображения 4. поверхностный, внешний, показной; ~ politeness показная вежливость; ~ acts of worship религиозная обрядность 5. *филос.* объективный, существующий независимо от нас; ~ world внешний /объективно существующий/ мир; ~ reality объективная реальность 6. учащийся или изучаемый экстерном; an ~ degree диплом /степень бакалавра/, полученный /-ная/ экстерном

external deficit [ɪkˌstɜːn(ə)lˈdefɪsɪt] дефицит платёжного баланса, отрицательный платёжный баланс

external fertilization [ɪkˈstɜːn(ə)l ˌfɜːtɪlaɪˈzeɪʃ(ə)n] *биол.* оплодотворение вне организма (*выращивание зародыша в пробирке*)

externalism [ɪkˈstɜːnəlɪz(ə)m] *n* 1. 1) поверхностность; приверженность к показному, внешнему; отсутствие глубины 2) внешний аспект религии; обрядность 2. *филос.* феноменализм

externality [ˌekstɜːˈnælɪtɪ] *n* *книжн.* 1. 1) внешность, наружная, внешняя сторона 2) внешнее, показное 3) внешняя сторона (*жизни*) 2. *филос.* 1) объект чувственного восприятия; феномен 2) = externalism 2

externalization [ɪkˌstɜːnəlaɪˈzeɪʃ(ə)n] *n* *книжн.* 1. облечение в конкретную форму, воплощение, овеществление 2. воплощение, олицетворение

externalize [ɪkˈstɜːnəlaɪz] *v* 1. *книжн.* облекать в конкретную форму; овеществлять, воплощать; to ~ oneself воплощаться, находить конкретное выражение 2. *филос.* признавать объективное существование (*чего-л.*) 3. *психол.* видеть причину глубокой внутренней неудовлетворённости во внешних обстоятельствах; he ~d his inability to succeed свои неудачи он объяснил объективными причинами 4. выражать, проявлять, находить (*чему-л.*) внешнее выражение

externally [ɪkˈstɜːn(ə)lɪ] *adv* 1. 1) наружно, внешне; ~ secreting gland *анат.* железа с наружной секрецией 2) извне, снаружи 2. для вида, напоказ; для формы, по существу

externate [ˈekstəneɪt] *редк.* = externalize 1

externe I [ekˈstɜːn] *n* 1. 1) приходящий ученик (*школы*); не пансионер 2) экстерн, вольнослушатель 3. 1) внештатный сотрудник; врач, не живущий при больнице 2) амбулаторный больной

externe II [ekˈstɜːn] = external II 1, 3, 4 и 5

exteroceptor [ˌekstərəˈseptə] *n* *биол.* экстероцептор

exterrestrial [ˌekstəˈrestrɪəl] *a* находящийся за пределами Земли, внеземной

exterritorial [ˌeksterɪˈtɔːrɪəl] = extraterritorial

exterritoriality [ˈeksˌterɪtɔːrɪˈælɪtɪ] = extraterritoriality

extinct [ɪkˈstɪŋkt] *a* 1. 1) потухший; ~ volcano a) потухший /угасший/ вулкан; б) человек, отошедший от жизни 2) угасший (*о чувстве и т. п.*) 2. 1) вымерший (*о племени, виде животного и т. п.*); to become ~ вымереть [*см. тж.* 3] 2) пресёкшийся (*о роде*) 3) прерванный (*о должности, титуле и т. п.*) 3. исчезнувший, вышедший из употребления (*о слове, обычае и т. п.*); to become ~ отмереть, прекратить существование [*см. тж.* 2,1)]; boundaries will become ~ границы отомрут

extinction [ɪkˈstɪŋkʃ(ə)n] *n* 1. тушение (*огня*) 2. 1) потухание, затухание, угасание 2) прекращение, изжитие (*вражды и т. п.*) 3. *спец.* погасание, затухание, самоэкранирование; экстинкция (*излучения*) 4. 1) вымирание (*племени, вида животного и т. п.*) 2) пресечение (*рода*); the ~ of the male line пресечение рода по мужской линии 3) отмирание; исчезновение (*с лица земли*); ~ of a meteor исчезновение метеора 5. *тех.* гашение (*извести*) 6. *юр.* погашение (*долга*)

extinctive [ɪkˈstɪŋktɪv] *a* *книжн.* угасательный; угашенный; ~ inhibition *физиол.* угасательное торможение; ~ reflex *физиол.* угашенный рефлекс

extinguish [ɪkˈstɪŋgwɪʃ] *v* 1. гасить, тушить 2. уничтожать, истреблять 3. 1) убивать, гасить (*надежду, любовь*); to ~ all memory thereof стереть всякую память об этом 2) омрачать (*радость*) 3) подавлять (*способности, страсти*) 4. погашать (*долг*) 5. *юр.* аннулировать (*документ, право и т. п.*) 6. *редк.* гаснуть, потухать 7. *книжн.* затмевать; her beauty ~ed all others красотой она затмила всех соперниц 8. *физиол.* тормозить, гасить (*рефлекс*)

extinguishable [ɪkˈstɪŋgwɪʃəb(ə)l] *a* могущий быть потушенным; угасимый

extinguished [ɪkˈstɪŋgwɪʃt] *a* 1) потухший, погасший, угасший; ~ volcano потухший вулкан; ~ waterfall исчезнувший водопад 2) погашенный

extinguisher [ɪkˈstɪŋgwɪʃə] *n* 1. *см.* extinguish + -er 2. огнетушитель 3. *тех.* гаситель

extinguishment [ɪkˈstɪŋgwɪʃmənt] *n* 1. гашение (*пожара*) 2. уничтожение, истребление 3. 1) омрачение (*радости*) 2) подавление (*страсти и т. п.*) 4. погашение (*долга*) 5. *юр.* аннулирование (*документа*)

extirpate [ˈekstɜːpeɪt] *v* *книжн.* 1. вырывать с корнем; to ~ weeds уничтожать сорняки 2. 1) искоренять (*заблуждения, предрассудки и т. п.*); to ~ drunkenness [crime] изжить пьянство [преступность]; to ~ militarism уничтожить милитаризм 2) ликвидировать (*неграмотность, болезни*) 3. истреблять (*людей, животных и т. п.*); выводить (*насекомых и т. п.*) 4. *мед.* удалять; вылущивать, экстирпировать

extirpation [ˌekstɜːˈpeɪʃ(ə)n] *n* *книжн.* 1. вырывание с корнем 2. 1) искоренение (*предрассудков и т. п.*); изжитие (*пьянства и т. п.*) 2) уничтожение, ликвидация (*неграмотности, болезней и т. п.*) 3. истребление (*людей, животных и т. п.*) 4. *мед.* удаление, экстирпация

extirpative [ˈekstɜːpeɪtɪv, ɪkˈstɜːpətɪv] *a* *книжн.* искореняющий, уничтожающий

extirpator [ˈekstɜːpeɪtə] *n* *книжн.* 1. *см.* extirpate + -or 2. искоренитель; борец (*против чего-л.*) 3. *с.-х.* экстирпатор, культиватор, полольник

extispex [ekˈstɪspeks] *n* (*pl* -pices [-pɪsiːz]) *ист.* предсказатель, гадающий на внутренностях жертвенных животных

extol(l) [ɪkˈstəʊl] *v* *книжн.* превозносить, расхваливать; to ~ to the skies превозносить до небес

extol(l)ment [ɪkˈstəʊlmənt] *n* *книжн.* 1. превознесение, восхваление 2. панегирик, хвала

extort [ɪkˈstɔːt] *v* 1. вырывать (*силой, угрозами*); исторгать, вымогать; to ~ a confession вырвать /исторгнуть/ признание, заставить сознаться; to ~ a promise from smb. вынудить кого-л. дать обещание; to ~ taxes выжимать налоги; to ~ compassion домогаться сочувствия; to ~ a secret выпытать /вырвать/ тайну 2. вымогать (*деньги, имущество*); to ~ money from smb. вымогать деньги у кого-л. 3. *разг.* (*невольно*) вызывать; her charm ~s our admiration мы не могли не восхищаться ею

extorter [ɪkˈstɔːtə] *n* 1. *см.* extort + -er 2. вымогатель 3. *редк.* мучитель, палач

extortion I [ɪkˈstɔːʃ(ə)n] *n* 1. вымогательство 2. выпытывание (*тайны*); принуждение (*к признанию, даче обещания и т. п.*) 3. *разг.* грабительские цены; ≅ грабёж средь бела дня

extortion II [ɪkˈstɔːʃ(ə)n] *v* 1. вымогать; заниматься вымогательством 2. назначать грабительские цены

extortionate [ɪkˈstɔːʃ(ə)nɪt] *a* 1. вымогательский 2. насильственный 3. грабительский (*о ценах*)

extortioner [ɪkˈstɔːʃ(ə)nə] *n* 1. 1) вымогатель 2) чиновник-взяточник 2. ростовщик 3. спекулянт, «грабитель» [*см. тж.* extortion I 3]

extortive [ɪkˈstɔːtɪv] *a* 1. вымогательский 2. насильственный

extra I [ˈekstrə] *n* 1. 1) часто *pl* особая плата, приплата; наценка; no ~s без всяких приплат (*в объявлениях гостиниц означает, что услуги, отопление и т. п. включаются в цену номера*); to pay a little ~ to a chauffeur [for a larger room] немного приплатить шофёру [за большую комнату] 2) что-л. предоставляемое за дополнительную плату; the school fees are £ 10 a term, singing and dancing are ~s обучение в школе стоит 10 фунтов в семестр, за уроки танцев и музыки взимается особая плата 2. экстренный выпуск (*газеты*) 3. высший сорт; сорт экстра 4. *амер. разг.* временный, сезонный рабочий 5. *кино, театр. разг.* статист; статистка; *актёр массовки* 6. *pl тех.* дополнительные, нестандартные или поставляемые за особую плату принадлежности; a new car equipped with many ~s новый автомобиль с массой дополнительных приспособлений

extra II [ˈekstrə] *a* 1. добавочный, дополнительный; ~ amount излишек; ~ edition a) дополнительный тираж (*газеты*); б) экстренный выпуск; ~ hours сверхурочные часы; ~ pay a) дополнительная оплата; б) добавочный оклад; ~ postage дополнительная почтовая оплата; ~ period /time/ *спорт.* добавочное /дополнительное/ время; ~ player *кино, театр.* статист; статистка; *актёр массовки*; ~ allowances *воен.* добавочное денежное довольствие [*ср. тж.* 2]; ~ fare /messing/ *воен.* дополнительный паёк; ~ nutrition *с.-х.* подкормка 2) подлежащий особой оплате; room service is ~ за подачу еды и напитков в номера взимается дополнительная плата 2. особый, специальный; экстраординарный; ~ size a) большой размер (*одежды*); б) *воен.* дополнительный рост (*обмундирования*); ~ allowance /discount/ *ком.* особая скидка [*ср. тж.* 1, 1)]; ~ charge особая плата; ~ duty *воен.* наряд вне очереди; ~ excitation *мед.* перевозбуждение; ~ risks *страх.* особые риски 3. высшего качества; ~ grade сорт экстра; ~ binding роскошный переплёт 4. *спец.* лишний, избыточный

extra III [ˈekstrə] *adv* особо, особенно; отдельно; дополнительно; ~ strong binding особо прочный переплёт; ~ large sizes размеры для полных и высоких; an ~ high price чрезвычайно высокая цена; to work ~ работать сверхурочно; to work ~ well работать особенно хорошо

extra- [ˈekstrə-] *pref* образует прилагательные (*от лат. корней*) со значением вне, за пределами: extracurricular внеаудиторный; extramarital внебрачный; extralinguistic экстралингвистический; extraterritorial *дип.* экстерриториальный

extra-artistic [ˌekstrɑː'tɪstɪk] *a книжн.* находящийся за пределами искусства; не поддающийся выражению художественными средствами

extrabold ['ekstrəbəʊld] *a полигр.* экстражирный (*о шрифте*)

extracanonical [ˌekstrəkə'nɒnɪk(ə)l] *a церк.* неканонический (*о тексте, книге*); не входящий в канон

extra-capsular [ˌekstrə'kæpsjʊlə] *a спец.* внекапсулярный

extra-cellular [ˌekstrə'seljʊlə] *a биол.* внеклеточный

extrachromosomal [ˌekstrəˌkrəʊmə'səʊml] *a биол.* с лишней хромосомой, экстрахромосомный

extracondensed [ˌekstrəkən'denst] *a полигр.* экстратонкий (*о шрифте*)

extraconstitutional [ˌekstrəˌkɒnstɪ'tjuːʃ(ə)nəl] *a амер.* 1. не предусмотренный конституцией 2. противоречащий конституции, неконституционный

extracontinental state [ˌekstrəˌkɒntɪ'nentl,steɪt] внеконтинентальное государство

extracorporeal [ˌekstrəkɔː'pɔːrɪəl] *a* происходящий вне организма (*об искусственных физиологических процессах*); heart surgery employing ~ circulation операция на сердце с применением аппарата искусственного кровообращения

extracranial [ˌekstrə'kreɪnɪəl] *a анат.* внечерепной

extract I ['ekstrækt] *n* 1. экстракт, вытяжка; tanning ~ кож. дубильный экстракт; meat ~ мясной экстракт; lemon ~ лимонная эссенция 2. 1) выдержка, цитата, извлечение (*из книги*); ~s from Shakespeare цитаты из Шекспира; an ~ from a letter выдержка из письма 2) выписка (*из документа*) 3) *юр.* засвидетельствованная выписка (*из документа*) 4. выбирать (*примеры, цитаты*); делать выписки; to ~ examples from... подбирать примеры из... (*какого-л. источника*) 5. извлекать, получать (*пользу и т. п.*); to ~ pleasure from a party получить удовольствие от вечеринки; to ~ comfort from work находить утешение в работе; to ~ a principle from a collection of facts выбрать /извлечь/ принцип из набора фактов 6. *горн.* добывать 7. *мат.* извлекать корень

extract II [ɪk'strækt] *v* 1. извлекать, вытаскивать, вытягивать; to ~ a bullet извлечь пулю; to ~ a cork вытащить пробку, откупорить бутылку; to ~ a tooth удалить зуб 2. 1) выжимать (*тж. перен.*); to ~ juice выжимать сок; when he has ~ed everything he can from a new acquaintance, he drops him выжав всё возможное из нового знакомого, он оставляет его 2) выпаривать 2) получать, экстрагировать 3. получить с трудом, добыть (*согласие и т. п.*); to ~ information получить сведения (*угрозами, уговорами*); to ~ a confession добиться признания (*у преступника и т. п.*) 4. выбирать (*примеры, цитаты*); делать выписки; to ~ examples from... подбирать примеры из... (*какого-л. источника*) 5. извлекать, получать (*пользу и т. п.*); to ~ pleasure from a party получить удовольствие от вечеринки; to ~ comfort from work находить утешение в работе; to ~ a principle from a collection of facts выбрать /извлечь/ принцип из набора фактов 6. *горн.* добывать 7. *мат.* извлекать корень

extractable [ɪk'stræktəb(ə)l] *a* извлекаемый

extracted [ɪk'stræktɪd] *a* добытый; извлечённый; ~ honey центробежный мёд

extractible [ɪk'stræktəb(ə)l] = extractable

extracting [ɪk'stræktɪŋ] *a* 1. 1) извлекающий 2) добывающий 2. *арх.* отвлекающий

extraction [ɪk'strækʃ(ə)n] *n* 1. 1) извлечение, вытаскивание, вытягивание; экстрагирование; ~ of stumps выкорчёвывание пней 2) *мед.* извлечение, удаление, экстракция; ~ of a tooth удаление зуба 2. 1) выжимание, вытягивание; ~ of dust пылеотсасывание, очистка от пыли 2) приготовление экстракта, вытяжки 3. выбор(ка) цитат, примеров, выдержек 4. *горн.* добывание, добыча, выемка; ~ of ore добыча руды 5. происхождение; an American of German ~ американец немецкого происхождения; a family of ancient ~ семейство, принадлежащее к древнему роду 6. *мат.* извлечение корня

extractive I [ɪk'stræktɪv] *n* 1. извлечение, экстракт 2. *спец.* экстрактивное вещество

extractive II [ɪk'stræktɪv] *a* 1. извлекаемый, добываемый 2. добывающий, экстрагирующий; ~ industry добывающая промышленность 3. *спец.* экстрактивный

extractor [ɪk'stræktə] *n* 1. *см.* extract II + -or 2. *тех.* 1) экстрактор, извлекающее устройство; клещи 2) отжимная центрифуга; water ~ сепаратор влаги 3. *мед.* инструмент для удаления инородного тела, щипцы 4. *воен.* выбрасыватель 5. *с.-х.* медогонка

extracurial [ˌekstrə'kjʊ(ə)rɪəl] *a* внесудебный; решённый не в суде; ~ compromise компромисс, к которому пришли стороны до судебного разбирательства; полюбовное соглашение

extracurricular I [ˌekstrəkə'rɪkjʊlə] *n* 1. *унив.* внеаудиторная, внеклассная или общественная работа учащихся

extracurricular II [ˌekstrəkə'rɪkjʊlə] *a унив.* внеаудиторный; внепрограммный; факультативный; ~ activities а) общественная работа; б) общественные мероприятия (*спортивные соревнования, художественная самодеятельность и т. п.*); [*см. тж.* 4] 2. *воен.* проводимый вне программы боевой подготовки 3. внеурочный; ~ work работа, не входящая в непосредственные обязанности 4. *сл.* неположенный; не предусмотренный законом, правилами, этикой и т. п.; ~ activities внебрачные связи; ≅ грешить на стороне [*см. тж.* 1]

extraditable ['ekstrədaɪtəb(ə)l] *a юр.* 1. подлежащий выдаче (*другому государству, амер. тж. другому штату — о преступнике*) 2. обусловливающий выдачу; ~ offense преступление, влекущее за собой обязательную выдачу преступника

extradite ['ekstrədaɪt] *v юр.* 1. выдавать иностранному государству лицо, нарушившее законы этого государства; *амер. тж.* передавать арестованного другому штату 2. добиться экстрадиции, выдачи преступника иностранному государству, *амер. тж.* другим штатом

extradition [ˌekstrə'dɪʃ(ə)n] *n юр.* экстрадиция, выдача иностранному государству лица, нарушившего законы этого государства; *амер. тж.* передача преступника другому штату; ~ treaty договор о выдаче преступников

extrados [ek'streɪdɒs] *n архит.* верхняя выпуклая поверхность между пятами арки или свода

extradotal [ˌekstrə'dəʊtl] *a юр.* не являющийся частью приданого (*об имуществе супруги*)

extraexcitation [ˌekstrəˌeksaɪ'teɪʃ(ə)n] *n спец.* перевозбуждение, избыточное возбуждение

extragalactic [ˌekstrəgə'læktɪk] *a астр.* внегалактический

extrahistorical [ˌekstrəhɪ'stɒrɪk(ə)l] *a* доисторический

extrajudicial [ˌekstrədʒuː'dɪʃ(ə)l] *a юр.* 1) внесудебный; ~ confession внесудебное признание; ~ investigation внесудебное расследование; ~ execution казнь без суда 2) неофициальный; не относящийся к рассматриваемому делу; the judge's ~ statements неофициальные высказывания судьи; замечания, сделанные судьёй в качестве частного лица 3) неподсудный

extralegal [ˌekstrə'liːg(ə)l] *a юр.* 1) не подпадающий под действие закона; не предусмотренный законом 2) неузаконенный, произвольный

extralimital [ˌekstrə'lɪmɪtl] *a биол.* не представленный в данной местности (*о растениях, животных*)

extralinguistic [ˌekstrəlɪŋ'gwɪstɪk] *a* внелингвистический

extrality [ek'strælɪtɪ] = extraterritoriality

extralunar [ˌekstrə'luːnə] *a астр.* внелунный; ~ components of a meteorite компоненты метеорита внелунного происхождения

extramarginal [ˌekstrə'mɑːdʒɪnl] *a психол.* находящийся вне пределов сознания

extramarital [ˌekstrə'mærɪtl] *a* внебрачный; ~ affair связь на стороне (*женатого или замужней*)

extra-matrimonial [ˌekstrəˌmætrɪ'məʊnɪəl] *a* внебрачный

extramental [ˌekstrə'mentl] *a* не охватываемый разумом; неосознаваемый

extramundane [ˌekstrəmʌn'deɪn] *a книжн.* 1. потусторонний 2. 1) находящийся за пределами вселенной 2) внеземной

extramural [ˌekstrə'mjʊ(ə)rəl] *a* 1. *книжн.* находящийся или происходящий вне стен или за стенами (*города, крепости*); ~ interment погребение /захоронение/ за пределами города /вне городских стен/ 2. *унив.* 1) заочный или вечерний (*о факультете, курсе*) 2) внеаудиторный; ~ courses /teaching/ циклы лекций и практических занятий при колледжах и университетах 3) межшкольный; ~ athletics спортивное состязание учащихся нескольких школ 3. внебольничный; амбулаторный; ~ medical care provided by hospital personnel амбулаторное лечение, обеспечиваемое персоналом больницы

extra-national [ˌekstrə'næʃ(ə)nəl] *a юр.* выходящий за пределы одной нации, одного государства; международный, интернациональный

extranatural [ˌekstrə'nætʃ(ə)rəl] *a* сверхъестественный

extraneity [ˌekstrə'niːɪtɪ] *n книжн.* 1) чуждость 2) несвязанность

extraneous [ɪk'streɪnɪəs] *a книжн.* 1. чуждый, посторонний; ~ interference постороннее вмешательство; ~ body инородное тело; ~ circumstances побочные /привходящие/ обстоятельства 2. стоящий вне (*чего-л.*); не связанный (*с чем-л.*); arguments ~ to the real issue аргументы, не имеющие отношения к существу спора; persons ~ to the church лица, не являющиеся членами данной церкви; ~ points that do not serve his argument сторонние соображения, не подкрепляющие его довод 3. ненужный, лишний; ~ remark неуместное замечание; ~ decorations излишние украшения; an ~ scene that adds nothing to the play вставная сцена, ничего не прибавляющая к пьесе

extra-nuclear [ˌekstrə'njuːklɪə] *a физ.* внеядерный

extra-official [ˌekstrəə'fɪʃ(ə)l] *a* 1) не входящий в круг обычных обязанностей 2) не полагающийся по должности (*о вознаграждении и т. п.*)

extraordinaire [ˌekstrɔːdɪˈneə] *a фр.* исключительный, экстраординарный (*употр. после сущ.*); jazz artist ~ гениальный джазист

extraordinarily [ɪkˈstrɔːd(ə)n(ə)rɪlɪ] *adv* необычайно; удивительно; чрезвычайно

extraordinary [ɪkˈstrɔːd(ə)n(ə)rɪ] *a* **1.** необычайный; замечательный, выдающийся; ~ beauty удивительная красота; a man of ~ genius выдающийся талант, гений **2.** необычный, удивительный; странный; ~ remedies необычные средства; on ~ occasions в исключительных случаях; what an ~ idea! что за странная мысль! **3.** [ˌekstrɔːˈdɪn(ə)rɪ] 1) чрезвычайный, экстраординарный; исключительный; ~ powers [measures] чрезвычайные полномочия [меры]; ~ session чрезвычайная сессия, внеочередное заседание; on ~ occasions в исключительных случаях; при особых обстоятельствах 2) внештатный, нештатный, сверхштатный; временный (*о работнике*) 3) чрезвычайный (*о после, посланнике*)

extra-parochial [ˌekstrəpəˈrəʊkɪəl] *a церк.* не принадлежащий (к) приходу

extra-peritoneal [ˌekstrəˌperɪtəʊˈniːəl] *a анат.* внебрюшинный

extrapolate [ɪkˈstræpəleɪt] *v* 1) *мат.* экстраполировать 2) распространять в другую область

extrapolation [ɪkˌstræpəˈleɪʃ(ə)n] *n мат.* экстраполяция, экстраполирование

extraprovincial [ˌekstrəprəˈvɪnʃ(ə)l] *a* **1.** находящийся за пределами (данной) провинции **2.** *церк.* находящийся в другой епархии

extrapunitive [ˌekstrəˈpjuːnɪtɪv] *a книжн. неодобр.* склонный винить всех кроме себя; любящий сваливать вину на других

extra-red [ˌekstrəˈred] *a физ.* инфракрасный

extra-regular [ˌekstrəˈregjʊlə] *a* являющийся исключением из правила; неправильный, нерегулярный

extrarenal [ˌekstrəˈriːnl] *a мед.* внепочечный

extra-scientific [ˌekstrəsaɪənˈtɪfɪk] *a* 1) находящийся за пределами науки; не поддающийся научному объяснению 2) не связанный с наукой; young scientists spend too much time on ~ affairs молодые учёные тратят слишком много времени на работу, не имеющую отношения к науке

extrasensory [ˌekstrəˈsens(ə)rɪ] *a книжн.* внечувственный; выходящий за пределы чувств; ~ perception внечувственное восприятие, телепатия

extrasolar [ˌekstrəˈsəʊlə] *a астр.* 1) внесолнечный 2) (находящийся) вне солнечной системы

extrasystole [ˌekstrəˈsɪstəlɪ] *n физиол.* экстрасистола

extratellurian, extratelluric [ˌekstrətəˈl(j)ʊ(ə)rɪən, ˌekstrətəˈl(j)ʊ(ə)rɪk] = extraterrestrial II

extraterrene [ˌekstrətəˈriːn] = extraterrestrial II

extraterrestrial I [ˌekstrətəˈrestrɪəl] *n* инопланетянин; представитель внеземной цивилизации, космический пришелец

extraterrestrial II [ˌekstrətəˈrestrɪəl] *a* 1) *астр.* внеземной, находящийся за пределами Земли 2) относящийся к внеземному пространству; ~ exploration космические исследования; ~ vehicle межпланетный корабль

extraterritorial [ˌekstrəˌterɪˈtɔːrɪəl] *a юр.* экстерриториальный; ~ jurisdiction экстерриториальная юрисдикция; ~ status статус экстерриториальности; ~ person лицо, имеющее дипломатический иммунитет

extraterritoriality [ˌekstrəˌterɪtɔːrɪˈælɪtɪ] *n* **1.** *юр.* экстерриториальность; privilege of ~ привилегия экстерриториальности; to grant ~ предоставить статус экстерриториальности **2.** отсутствие патриотизма *или* национальной гордости; космополитизм

extra-tropical [ˌekstrəˈtrɒpɪk(ə)l] *a спец.* внетропический, затропический; ~ cyclone внетропический циклон

extrauterine [ˌekstrəˈjuːtər(a)ɪn] *a мед.* внематочный; ~ gestation /pregnancy/ внематочная беременность

extravagance [ɪkˈstrævəgəns] *n* **1.** расточительность; мотовство **2.** сумасбродство, нелепая выходка; блажь; причуды **3.** несдержанность, невыдержанность, невоздержанность **4.** преувеличение; крайность; ~ in description of smth. преувеличение в описании чего-л.

extravagancy [ɪkˈstrævəgənsɪ] = extravagance

extravagant [ɪkˈstrævəgənt] *a* **1.** расточительный; ~ tastes and habits вкусы и привычки, требующие больших расходов; ~ of time тратящий время попусту **2.** сумасбродный, нелепый; экстравагантный (*об одежде, поведении*) **3.** 1) непомерный (*о требованиях и т. п.*); to be ~ in one's admiration of неумеренно восторгаться (кем-л.) 2) крайний (*о мнении, убеждениях*) **4.** *арх.* скитающийся; блуждающий

extravaganza [ɪkˌstrævəˈɡænzə] *n* **1.** 1) *театр.* феерия; буффонада; представление-буфф 2) *лит.* произведение жанра фантастики; фантасмагория **2.** 1) напыщенность и несдержанность речи; преувеличения в описании событий и чувств 2) экстравагантное поведение, экстравагантность

extravagate [ɪkˈstrævəgeɪt] *v редк.* **1.** забрести (куда-л.); бродить **2.** выйти за пределы, за рамки (*дозволенного, уместного*)

extravasate I [ɪkˈstrævəseɪt] *n мед.* экссудат; вытекшая из сосудов в ткань жидкость

extravasate II [ɪkˈstrævəseɪt] *v мед.* вытекать из сосудов в ткань (*о крови, лимфе*)

extravasation [ɪkˌstrævəˈseɪʃ(ə)n] *n мед.* 1) излияние крови, лимфы 2) кровоподтёк

extravascular [ˌekstrəˈvæskjʊlə] *a анат.* находящийся вне сосуда, внесосудистый

extravehicular [ˌekstrəvɪˈhɪkjʊlə] *a* 1) (находящийся) вне (движущегося) космического корабля 2) происходящий за бортом космического корабля; ~ activity деятельность вне космического корабля; выход (человека) в открытый космос; ~ suit скафандр для выхода из космического корабля; ~ lunar suit лунный скафандр

extraversion [ˌekstrəˈvɜːʃ(ə)n] *n* = extroversion

extravert I, II [ˈekstrəvɜːt] = extrovert I, II

extremal I [ɪkˈstriːm(ə)l] *n мат.* экстремаль, линия экстремума

extremal II [ɪkˈstriːm(ə)l] *a* экстремальный; крайний

extreme I [ɪkˈstriːm] *n* **1.** крайность; чрезмерность; крайняя степень; in the ~ в высшей степени, чрезвычайно; at the ~ of poverty в ужасающей /страшной/ нищете; to run to an ~ впадать в крайность; to go to ~s a) удариться в крайность; б) прибегать к крайним мерам; I find the task wearisome in the ~ я считаю эту работу в высшей степени скучной; his enthusiasm was carried to the ~ его энтузиазм не знал предела **2.** *обыкн. pl* (крайняя) противоположность; крайности; диаметрально противоположные предметы *или* явления; love and hate are ~s любовь и ненависть — противоположные чувства; ~s meet крайности /противоположности/ сходятся; to go to the other ~ впадать в другую крайность **3.** *мат.* 1) экстремум, экстремальное, крайнее значение 2) крайний член пропорции **4.** *лог.* крайний термин (*больший или меньший в отличие от среднего*)

extreme II [ɪkˈstriːm] *a* **1.** крайний, предельный; самый дальний; the ~ edge /border/ of a field самый (дальний) край поля; ~ length [width] наибольшая длина [ширина]; ~ range a) крайний предел, максимум; б) наибольшая дальность (полёта); в) *воен.* предел досягаемости; ~ old age глубокая старость; ~ youth ранняя молодость; the country's ~ north крайний север страны; at the ~ end в самом конце **2.** 1) крайний, чрезвычайный; высший; ~ patience величайшее терпение; ~ poverty крайняя нищета; ~ penalty *юр.* высшая мера наказания; ~ fashions ≅ крайности моды; ~ cold weather clothing *спец.* полярное обмундирование; to go on an ~ diet сесть на голодную диету 2) предельный, экстремальный; ~ conditions предельно тяжёлые /экстремальные/ условия работы или испытания **3.** крайний, экстремистский; to hold ~ views придерживаться крайних воззрений, быть экстремистом

extremeless [ɪkˈstriːmlɪs] *a редк.* бесконечный, безграничный

extremely [ɪkˈstriːmlɪ] *adv* крайне, чрезвычайно; в высшей степени

extreme-range gun [ɪkˈstriːmreɪndʒˌgʌn] *воен.* сверхдальнобойное орудие

extreme unction [ɪkˈstriːmˈʌŋkʃ(ə)n] *церк.* соборование

extremism [ɪkˈstriːmɪz(ə)m] *n* экстремизм

extremist I [ɪkˈstriːmɪst] *n* 1) экстремист; человек, придерживающийся крайних взглядов; сторонник чрезвычайных мер 2) человек крайностей

extremist II [ɪkˈstriːmɪst] *a* экстремистский; ~ views [organizations] экстремистские взгляды [организации]

extremistic [ˌekstrɪˈmɪstɪk] = extremist II

extremity [ɪkˈstremɪtɪ] *n* **1.** конец, край, оконечность; at the southern ~ of the peninsula на южной оконечности полуострова **2.** *pl анат.* конечности **3.** 1) крайность; высшая, крайняя степень; an ~ of misery высшая степень страдания или нищеты; an ~ of caution предельная осмотрительность; an ~ of joy беспредельная радость; бурное проявление радости 2) крайнее, тяжёлое, безвыходное положение; help them in their ~ помогите им в их отчаянном положении; driven /reduced/ to ~ доведённый до крайности /до отчаяния/ **4.** *преим. pl* крайние, суровые меры; крайности, перегибы; to go to the extremities прибегнуть к крайним мерам, впасть в крайность **5.** *поэт.* крайняя суровость, непреклонность; o time's ~! о неумолимое время! **6.** *pl* последние минуты жизни

extremum [ɪkˈstriːməm] *n мат.* экстремум (*максимум или минимум*)

extricable [ˈekstrɪkəb(ə)l] *a* могущий быть высвобожденным, выведенным (*из затруднительного положения и т. п.*)

extricate [ˈekstrɪkeɪt] *v* **1.** выпутывать;

высвобождать; выводить (*из затруднительного положения*); to ~ an animal from a net высвободить животное из сетей; to ~ a carriage from the mud вытащить экипаж из грязи; to ~ a friend from debt выручить друга, запутавшегося в долгах 2. *refl* ~ oneself from difficulties выпутаться из затруднительного положения; he ~d himself from /out of/ a crisis он выкарабкался из критического положения

extrication [ˌekstrɪˈkeɪʃ(ə)n] *n* выпутывание, высвобождение

extrinsic, extrinsical [ekˈstrɪnsɪk, -(ə)l] *a книжн.* 1. внешний, наружный; ~ stimuli [advantages] внешние стимулы [преимущества]; ~ muscles *анат.* мышцы, прикрепляющиеся к туловищу и конечностям 2. не относящийся (*к существу дела*); не присущий, случайный, несущественный; ~ value особая ценность (*не связанная прямо со стоимостью самой вещи*); questions as to the subject under consideration вопросы, не относящиеся к существу дела 3. посторонний, внешний; ~ influence влияние со стороны 4. *элк.* несобственный, примесный

extrinsically [ekˈstrɪnsɪk(ə)lɪ] *adv* 1. внешне; наружно 2. не в соответствии с существом (*дела, вопроса*); случайно 3. со стороны

extroitive [ekˈstrɔɪtɪv] *a редк.* направленный на внешние предметы

extroversion [ˌekstrəˈvɜːʃ(ə)n] *n* 1. выворачивание наружу 2. *мед.* выворот 3. 1) *психол.* экстроверсия, экстровертность, сосредоточенность на внешних предметах 2) чрезмерная заинтересованность во внешнем успехе, материальных благах; отсутствие духовных интересов

extrovert I [ˈekstrəvɜːt] *n* 1) *психол.* экстроверт, экстровертированный человек; человек, интересующийся только внешними предметами; человек, не склонный к интроспекции 2) человек, интересующийся только материальными благами; человек без духовных интересов 3) общительный, дружелюбный человек

extrovert II [ˈekstrəvɜːt] *a психол.* экстровертированный; ~ personality экстроверт

extrovert III [ˌekstrəˈvɜːt] *v* выворачивать наружу

extrude [ɪkˈstruːd] *v* 1. 1) выталкивать, вытеснять 2) вытеснять, изгонять 2. выступать, выдаваться; выпячиваться 3. *тех.* формовать выдавливанием, экструдировать

extruding [ɪkˈstruːdɪŋ] *n тех.* формование выдавливанием, экструдирование

extrusion [ɪkˈstruːʒ(ə)n] *n* 1. 1) выталкивание, вытеснение 2) вытеснение, изгнание 2. *тех.* 1) экструдирование, горячая штамповка выдавливанием 2) горячее прессование (*в полужидком состоянии*) 4. *геол.* экструзия

extrusive [ɪkˈstruːsɪv] *a* 1. 1) выталкивающий, вытесняющий 2) вытесняющий, изгоняющий 2. выступающий, торчащий 3. выжимающий, выдавливающий 4. *геол.* экструзивный; ~ rock экструзивная вулканическая порода

extumescense [ˌekstjuːˈmes(ə)ns] *n редк.* набухание

exuberance, -cy [ɪɡˈzjuːb(ə)rəns, -sɪ] *n* изобилие, избыток, богатство; ~ of vegetable growth буйная растительность; ~ of feeling избыток чувств; ~ of high spirits радость, бьющая ключом; безудержное веселье

exuberant [ɪɡˈzjuːb(ə)rənt] *a* 1. роскошный, обильный, буйный (*о растительности*); ~ foliage пышная листва 2. 1) бьющий через край, бьющий ключом, неудержимый; ~ high spirits бурное /неудержимое/ веселье; ~ talent щедрый талант 2) жизнерадостный, полный сил, воодушевления; ~ personality человек кипучей энергии 3. 1) излишний, избыточный; ~ population избыточное население 2) пышный, цветистый (*о стиле и т. п.*); ~ eloquence пышное красноречие 3) цветущий (*о виде*); ~ health несокрушимое здоровье

exuberate [ɪɡˈzjuːb(ə)reɪt] *v* 1. *книжн.* изобиловать 2. бурно проявлять восторг; they ~d over their victory они ликовали по случаю своей победы

exudate I [ˈeksjʊdeɪt] *n мед.* выпот, экссудат

exudate II [ˈeksjʊdeɪt] *v мед.* выпотевать

exudation [ˌeksjʊˈdeɪʃ(ə)n] *n* 1. выделение (*жидкости, пота через поры*) 2. *мед.* 1) выпот, экссудат 2) экссудация

exudative [ekˈsjuːdətɪv] *a мед.* выпотной, экссудативный

exude [ɪɡˈzjuːd] *v* 1. 1) выделять (*пот и т. п.*) 2) выделяться; выступать, проступать сквозь поры 2. распространять вокруг себя; дышать (*злобой и т. п.*); he ~s malevolence он пышет недоброжелательством; she ~s charm она полна обаяния

exulcerate [ɪɡˈzʌlsəreɪt] *v* 1. *мед.* 1) изъязвлять 2) изъязвляться 2. *редк.* 1) раздражать 2) раздражаться

exulceration [ɪɡˌzʌlsəˈreɪʃ(ə)n] *n мед.* 1) изъязвление 2) больное место

exult [ɪɡˈzʌlt] *v* (in, at, on, over) 1. ликовать, торжествовать; бурно радоваться; to ~ in a victory торжествовать победу; to ~ to find one has succeeded ликовать, узнав о своем успехе 2) злорадствовать; he ~ed over his fallen enemy он злорадствовал по поводу неудач своего врага

exultance, -cy [ɪɡˈzʌlt(ə)ns, -sɪ] *n* ликование, торжество

exultant [ɪɡˈzʌlt(ə)nt] *a* ликующий; торжествующий; ~ cry торжествующий крик; to be ~ over smth. ликовать по поводу чего-л.

exultation [ˌeɡzʌlˈteɪʃ(ə)n] *n* 1. ликование, торжество; there was general ~ over the naval victory все ликовали по поводу одержанной на море победы 2. *pl* (радостные) клики, торжествующие возгласы

exurb [ˈeksɜːb, ˈeɡzɜːb] *n амер.* пригородный поселок (*заселённый материально обеспеченными людьми*)

exurban [ekˈsɜːbən, eɡˈzɜːbən] *a* 1) пригородный; an ~ retreat домик за городом 2) *редк.* живущий в пригородном посёлке (*обыкн. о человеке, работающем в городе*)

exurbanite [ekˈsɜːbənaɪt, eɡˈzɜːbənaɪt] *n амер.* (зажиточный) человек, переехавший из большого города в пригородный посёлок; бывший горожанин

exurbia [ekˈsɜːbɪə, eɡˈzɜːbɪə] *n* (*тж.* Е.) *амер.* 1) загородные посёлки, куда выезжают зажиточные люди из приходящих в упадок городов 2) население загородных посёлков; мир зажиточных мещан

exuviae [ɪɡˈzjuːviː] *n pl лат.* 1. *зоол.* сброшенные при линьке покровы животных (*чешуя, кожа*) 2. *палеонт.* ископаемые органические остатки

exuvial [ɪɡˈzjuːvɪəl] *a зоол.* экзувиальный

exuviate [ɪɡˈzjuːvɪeɪt] *v зоол.* линять, сбрасывать кожу, чешую

exuviation [ɪɡˌzjuːvɪˈeɪʃ(ə)n] *n зоол.* линька, сбрасывание кожи

ex voto [ˌeksˈvəʊtəʊ] *лат.* по обету (*о жертвоприношении и т. п.*)

ex-works [ˈeksˈwɜːks] *adv ком.* 1. франко-предприятие 2. непосредственно с предприятия

eyas [ˈaɪəs] *n* 1) *охот.* соколёнок 2) птенец, птенчик
◊ ~ thoughts незрелые мысли; ~ wings неокрепшие крылья

eye I [aɪ] *n* 1. 1) глаз, око; blue [brown, large, near-sighted] ~s голубые [карие, большие, близорукие] глаза; compound ~ сложный /многофасетный/ глаз (*у насекомых*); naked ~ невооруженный глаз; black ~ синяк под глазом [*см. тж.* ◊]; ~ specialist /doctor/ окулист, офтальмолог, врач по глазным болезням, «глазник»; ~ hospital/infirmary/ глазная больница /лечебница/; the whites of the ~s белки глаз; for бибя. око за око; with open ~s а) с открытыми глазами; б) сознательно, отдавая себе полный отчёт; to see with one's own ~s видеть собственными глазами; the sun [the light] is in my ~s солнце [свет] режет мне глаза; to cast down one's ~s опустить глаза, потупить взор; to cock one's ~ подмигивать; to screw up one's ~s прищуриться; to close /to put/ one's ~s together сомкнуть глаза, заснуть; to cry one's ~s out выплакать все глаза; it strikes /it leaps to/ the ~ это бросается в глаза 2) *чаще pl* взгляд, взор; green ~ ревнивый взгляд; ~ contact встретившиеся взгляды; to maintain ~ contact смотреть друг другу в глаза; to set /to lay, to clap/ ~s on smth. увидеть /заметить/ что-л.; I never set ~s on him я его в глаза не видел; to run /to pass/ one's ~s over /through/ smth. бегло просмотреть что-л., пробежать глазами что-л.; to throw /to cast/ one's ~s on smth. бросить взгляд /взглянуть/ на что-л.; to arrest the ~ остановить (*чей-л.*) взор; заставить взглянуть на себя; to meet smb.'s ~ а) поймать чей-л. взгляд; б) прямо смотреть в глаза кому-л.; в) попадаться на глаза кому-л.; more than meets the ~ больше, чем кажется на первый взгляд; не так просто; to catch smb.'s ~ а) поймать чей-л. взгляд; б) броситься кому-л. в глаза. [*см. тж.* ◊]; to turn a blind ~ to smth., to close one's ~s to smth. закрывать глаза на что-л.; ≅ смотреть сквозь пальцы на что-л.; one cannot shut one's ~s to the fact that... нельзя закрывать глаза на то, что...; to have /to keep/ one's ~s glued on smth., smb. не отрывать взгляда от чего-л., кого-л.; не спускать глаз с чего-л., кого-л., любоваться чем-л., кем-л.; to burst upon the ~ а) бросаться в глаза; б) представать перед взором; to have ~s only for... не смотреть ни на кого другого /ни на что другое/, кроме...; to see in the mind's ~ видеть внутренним взором /в воображении/ 3) взгляды, мнение, воззрение; суждение; in the ~(s) of smb. по чьему-л. мнению; in the ~ of the law в глазах закона; I look upon the problem with a different ~ я иначе смотрю на этот вопрос, я не разделяю такого взгляда на этот вопрос; to see ~ to ~ сходиться во взглядах, полностью соглашаться; смотреть одними глазами; she does not see ~ to ~ with me мы с ней расходимся во взглядах /по-разному смотрим на вещи/ 4) зрение; ~ training тренировка зрения; education through the ~ визуальное обучение; to open smb.'s ~s а) вернуть кому-л. зрение; б) открыть кому-л. глаза; вывести кого-л. из заблуждения /заставить кого-л. прозреть/ в отношении чего-л.; he opened my ~s to her perfidy он открыл мне глаза на её обман; в) библ. исцелить слепого 2. вкус (к чему-л.); понимание (чего-л.); to have an ~ for smth. а) быть знатоком /любителем/ чего-л., ценить что-л., знать толк в чём-л.; to have an ~ for beauty быть ценителем прекрасного; б) разбираться в чём-л.; to have an ~ for colour обладать чувством цвета; to have an ~ for the ground обладать способностью быстро ориентироваться на местности; the Japanese have an ~ for flowers японцы понимают толк в цветах 3. 1) внимание к чему-л., присмотр; with all one's ~s во все глаза, очень внимательно; to give an ~ to smb., smth. обращать внимание на кого-л., что-л., уделять внимание кому-л., чему-л.; присматривать, следить за кем-л., чем-л.; give an ~ to the child присмотрите за ребёнком; to keep an ~ on глаз не спускать с, следить за; keep your ~ on him! не спускайте с него глаз!; he kept an ~ on his luggage он приглядывал за своим багажом; he could not take his ~s off it он не мог спускать глаз с этого, он не мог отвести взгляд от этого; to be all ~s смотреть внимательно, не отрывать глаз; to make smb. open his ~s удивить /изумить/ кого-л.; to have an ~ in one's head а) обладать наблюдательностью; б) быть бдительным; to have ~s at the back of one's head всё видеть, всё замечать; to have all one's ~s about one быть начеку /настороже/, смотреть в оба 2) план, замысел; to have an ~ to иметь на примете (что-л.); не упускать из виду (шанс, возможность); with an ~ to с видами на (что-л.), в расчёте на (что-л.), с целью; для того чтобы; to marry smb. with an ~ to her fortune жениться по расчёту; he always has an ~ to his own interest о своих собственных интересах он никогда не забывает 4. взгляд; ~ sketch /work/ спец. глазомерная съёмка; определение расстояния на глаз /глазомером/; to estimate by (the) ~ определить на глазок /на глаз/; to have a good ~ for distances уметь хорошо определять расстояния на глаз 5. центр; средоточие (света, науки и т. п.); the ~ of day /of heaven/ поэт. дневное светило, солнце, «небесное око»; the ~ of Greece поэт. око Греции, Афины; the ~ of the problem суть проблемы; ~ of the storm метеор. око /глаз/ бури; центр тропического циклона; wind's ~ — направление, откуда дует ветер; in the wind's ~ мор. против ветра 6. глазок (для наблюдения); смотровое окошко 7. тех. ушко (иголки и т. п.) 8. 1) петелька (для крючка) 2) колечко (к которому что-л. прицепляется) 9. ноздря, глазок (в сыре) 10. с.-х. сыщик, детектив 11. сл. экран телевизора 12. тех. проушина; глазоќ коуш 13. мор. том. 14. горн. устье шахты 15. с.-х., бот. глазок 16. = bull's-eye

◊ black ~ а) стыд и срам; б) амер. плохая репутация; [см. тж. 1, 1)]; camera ~ хорошая зрительная память; ship's ~s мор. клюзы; (oh) my ~! ≅ вот те на!, вот так так!, ну и ну!, подумать только!; that's all my ~ сл. всё это вздор /враки/; "~s only" «только лично» (гриф на секретной переписке); "for the ~s of the President" «президенту только лично» (гриф); up to the ~s in smth. ≅ по уши /по горло/ в чём-л.; he is up to the ~s in work он занят по

горло; ~s right [left]! равнение направо [налево]! (команда); easy on the ~ красивый, привлекательный; in a pig's ~ амер. сл. никогда, ни в коем случае; ≅ когда рак свистнет; to do smb. in the ~ прост. нагло обманывать /надувать/ кого-л.; to give smb. the ~ сл. глазеть, пялиться на кого-л. (в восхищении); to give smb. the fishy /beady/ ~ сл. посмотреть на кого-л. неодобрительно; to make ~s at smb. строить кому-л. глазки; to close one's ~s уснуть /закрыть глаза/ навеки, скончаться [см. тж. 1, 1)]; to catch the chairman's ~ получить слово (на собрании, в парламенте и т. п.) [см. тж. 1, 2)]; to keep an ~ out for smth. амер. следить за чем-л.; поджидать появления чего-л.; to keep one's ~s on the ball амер. не упускать из виду основной цели, быть настороже /начеку/; to be in the public ~ а) пользоваться славой /известностью/; б) часто показываться в общественных местах; to wipe smb.'s ~s а) осушить чьи-л. слёзы; утешить кого-л.; б) сл. утереть нос кому-л.; to show the whites of one's ~s таращить или закатывать глаза; to see the whites of the enemy's ~s подпускать противника на близкое расстояние; ~ of the master ≅ хозяйский глаз везде нужен; to see with half an ~ увидеть с первого взгляда, легко заметить; one could see with half an ~ that... бросалось в глаза, что...; нельзя было не увидеть, что...; if you had half an ~ ≅ если бы вы не были совершенно слепы; mind your ~! берегись!, внимание!, гляди в оба!; damn your ~s! груб. будьте вы прокляты!; four ~s see more than two четыре глаза заметят то, чего не заметят два; ≅ ум хорошо, а два лучше; to feast one's ~s with /on/ smth. любоваться чем-л.; to keep one's /both/ ~s open /wide open, peeled, skinned/ не зевать, смотреть в оба; ≅ держать ухо востро; to knock smb.'s ~s out произвести на кого-л. огромное впечатление; ошеломить кого-л. (особ. женской красотой)

eye II [aɪ] v 1. разглядывать; рассматривать; взирать; to ~ smb. with suspicion уставиться на кого-л. с подозрением, бросать подозрительные взгляды на кого-л.; to ~ with curiosity разглядывать /взирать/ с любопытством 2. держать под наблюдением, следить (за кем-л.), не спускать глаз (с кого-л.) 3. делать глазки, петельки, проушины и т. п.

eye appeal ['aɪə,piːl] разг. привлекательность, красота; ≅ смотреть приятно; глаз радуется

eye-baby ['aɪ,beɪbɪ] n своё отражение, которое видит человек в глазу другого

eyeball ['aɪbɔːl] n анат. глазное яблоко
◊ to the ~s разг. по горло (о занятости и т. п.); под завязку; mortgaged to the ~s заложен /перезаложен/; to ~ to ~ а) лицом к лицу; смотря друг другу в глаза; б) полит. прямая конфронтация (государств); острый кризис в отношениях

eyeball-readable ['aɪbɔːl,riːdəb(ə)l] a различимый невооружённым глазом (о тексте)

eyeball-to-eyeball [,aɪbɔːltuːˈaɪbɔːl] a стоящий лицом к лицу; we were ~ and he blinked мы смотрели друг другу в глаза, и он первый моргнул

eye-bandage ['aɪ,bændɪdʒ] n мед. глазная повязка

eye-bank ['aɪbæŋk] n мед. запас роговицы (для пересадки)

eye-bath ['aɪbɑːθ] n мед. глазная ванночка

eye-beam ['aɪbiːm] n быстрый взгляд
eye-bolt ['aɪbəʊlt] n 1) болт с ушком 2) мор. рым-болт
eyebright ['aɪbraɪt] n 1. бот. очанка лекарственная (Euphrasia officinalis) 2. ист. род пива
eyebrow ['aɪbraʊ] n бровь; to raise the ~s поднять брови (в знак удивления, недовольства и т. п.); this caused a lot of raised ~s это вызвало всеобщее недоумение; ~ pencil карандаш для бровей
◊ up to the ~s ≅ по уши; to hang on by one's ~s a) настойчиво требовать, упорно добиваться; б) быть на краю гибели, висеть на волоске
eyebrowless ['aɪbraʊlɪs] a безбровый
eye-bulb(e) ['aɪbʌlb] n анат. глазное яблоко
eye-catcher ['aɪ,kætʃə] n разг. нечто бросающееся в глаза; her dress was a real ~ её платье нельзя было не заметить
eye-catching ['aɪ,kætʃɪŋ] a привлекательный, останавливающий внимание
eye-chart ['aɪtʃɑːt] мед. оптометрическая таблица
eye-cup ['aɪkʌp] n 1. глазная ванночка (в форме рюмки) 2. наглазник (окуляра)
eyed [aɪd] a 1. спец. имеющий проушину, глазок 2. испещрённый пятнышками, мушками 3. (-eyed) как компонент сложных слов -глазый, имеющий такие-то глаза; blue-eyed голубоглазый; Argus-eyed с глазами Аргуса, бдительный; ~ недремлённое око
eye dialect ['aɪ,daɪəlekt] «зрительный диалект»; написание, имитирующее диалектное или просторечное произношение (sorta вм. sort of, feller вм. fellow и т. п.)
eye distance ['aɪ,dɪstəns] расстояние между зрачками
eye-draught ['aɪdrɑːft] n набросок плана, чертёж, сделанный на глазок
eye-drop ['aɪdrɒp] n 1. поэт. слеза 2. pl глазные капли
eyedropper ['aɪ,drɒpə] n пипетка
eye-filling ['aɪ,fɪlɪŋ] a разг. радующий глаз; красивый, привлекательный
eye-flap ['aɪflæp] n 1) наглазник 2) pl шоры
eyeful ['aɪfʊl] n разг. 1. зрелище; to see /to get/ an ~ а) достаточно насмотреться; увидеть более чем достаточно; б) увидеть кое-что интересное 2. сл. интересная штучка (о предмете или человеке); an exciting ~ волнующая девица
eyeglass ['aɪglɑːs] n 1. линза, окуляр 2. монокль 3. pl очки; пенсне; лорнет 4. смотровое стекло, смотровое окно 5. мед. глазная ванночка
eye-ground ['aɪgraʊnd] n анат. глазное дно
eye-guard ['aɪgɑːd] = eye-shield 1
eyehole ['aɪhəʊl] n 1. глазок, щёлка (для подсматривания) 2. ушко, петелька; дырочка 3. анат. глазная впадина; орбита 4. диал. глазок картофеля
eye-in-the-sky [,aɪɪnðəˈskaɪ] n (pl eyes- [aɪz-]) электронная разведывательная аппаратура, установленная на самолёте или спутнике
eyelash ['aɪlæʃ] n ресница
◊ without turning an ~ глазом не моргнув; без малейшего смущения; to hang on by one's ~es а) настойчиво требовать (чего-л.); б) быть на краю гибели, висеть на волоске

eye-lens ['aɪlenz] *n* 1. окуляр 2. *анат.* хрусталик (*глаза*)
eye-lesion ['aɪˌliːʒ(ə)n] *n мед.* поражение глаза
eyeless ['aɪlɪs] *a* 1. не имеющий глаз; безглазый 2. *библ., поэт.* слепой, незрячий; ~ destiny слепой рок 3. без глазков
eyeless sight ['aɪlɪs'saɪt] *спец.* кожное зрение
eyelet ['aɪlɪt] *n* 1. ушко, петелька 2. = eyehole 1 3. 1) небольшое отверстие, дырочка (*в обуви, поясах и т. п.*) 2) петелька, дырочка (*в вязании и вышивке как часть узора*); ~ lace шитьё (*род кружева*) 4. маленький глаз, глазок, глазик
eyeleteer [ˌaɪlə'tɪə] *n* шило
eyelet-hole ['aɪlɪtˌhəʊl] = eyelet 1, 2 и 3
eyelet-puncher ['aɪlɪtˌpʌntʃə] *n разг.* перфоратор, дырокол
eyelet-ring ['aɪlɪtˌrɪŋ] *n* пистон (*для шнурков в обуви и т. п.*)
eyelid ['aɪlɪd] *n* веко
◊ without batting an ~ а) не сомкнув глаз; б) и глазом не моргнув; без малейшего смущения; to hang on by the ~s а) еле-еле держаться, висеть на волоске; б) остаться незаконченным
eyeliner ['aɪˌlaɪnə] *n* карандаш или жидкость для подведения глаз
eye memory ['aɪˌmemərɪ] зрительная память
eye-minded [ˌaɪ'maɪndɪd] *a психол.* обладающий преимущественно зрительной памятью; воспринимающий мир преимущественно визуально
eye-muscle ['aɪˌmʌs(ə)l] *n анат.* глазная мышца
eyen ['aɪən] *арх. pl от* eye I
eye-opener ['aɪˌəʊp(ə)nə] *n амер.* 1. *разг.* 1) потрясающая новость; сенсационное сообщение 2) разоблачение; развенчание; разочарование; a woeful ~ прискорбное разочарование; that was an ~ for him это сразу открыло ему глаза 2. *сл.* глоток спиртного (*чтобы опохмелиться*)
eye-patch ['aɪpætʃ] *n* повязка на повреждённый глаз
eyepiece ['aɪpiːs] *n* окуляр
eye-pit ['aɪpɪt] *n анат.* глазная впадина, орбита, глазница
eye-popper ['aɪˌpɒpə] *n разг.* потрясающее событие; ≅ глаза выпучишь
eye-popping ['aɪˌpɒpɪŋ] *a разг.* сногсшибательный, потрясающий
eye-probe ['aɪprəʊb] *n мед.* глазной зонд
eye-protector ['aɪprəˌtektə] = eye-shield 1
eye rhyme ['aɪraɪm] *стих.* зрительная рифма (*напр.*, love: move: bough: though)
eye-service ['aɪˌsɜːvɪs] *n* 1. нерадивое отношение к работе; работа из-под палки 2. восхищённые взгляды
eyeshade ['aɪʃeɪd] *n* 1. *мед.* глазной бинт, глазная повязка 2. (зелёный) козырёк для защиты глаз от резкого света 3. = eye shadow
eye shadow ['aɪˌʃædəʊ] тени для век
eye-shield ['aɪʃiːld] *n* 1. = eyeshade 2 2. *pl* защитные очки
eyeshot ['aɪʃɒt] *n* 1. поле зрения; out of ~ вне поля зрения; to be within ~ быть в поле зрения, поддаваться наблюдению 2. быстрый взгляд
eyesight ['aɪsaɪt] *n* 1. зрение; good [poor] ~ хорошее [плохое] зрение; by /from, in/ smb.'s ~ с чьей-л. точки зрения 2. кругозор, поле зрения 3. *спец.* смотровое отверстие, глазок
eyesome ['aɪs(ə)m] *a редк.* привлекательный, приятной наружности
eyes-only [ˌaɪz'əʊnlɪ] *a амер.* (имеющий гриф) «только лично» (*о переписке*); an ~ message послание с грифом «только лично»
eyesore ['aɪsɔː] *n* 1) что-л. противное, оскорбительное (*для глаза*); уродство; to be an ~ to smb. оскорблять чей-л. взор; bills in the park are ~s афиши уродуют парк 2) бельмо на глазу
eye-splice ['aɪsplaɪs] *n мор.* огон
eyespot ['aɪspɒt] *n* 1. глазок, пятнышко, мушка 2. *зоол.* теменной глаз, теменной орган, третий глаз
eyespotted ['aɪˌspɒtɪd] *a* испещрённый глазками, пятнышками; пятнистый; покрытый мушками
eyestalk ['aɪstɔːk] *n зоол.* стебельчатый глаз (*у крабов и т. п.*)
eyestrain ['aɪstreɪn] *n* чрезмерное напряжение глаз, зрения; he suffers from ~ у него глаза болят от чтения мелкого шрифта и т. п.
eyestring ['aɪstrɪŋ] *n анат.* сухожилие глазной мышцы
eye teaser ['aɪˌtiːzə] (графическая) головоломка
eye-tooth [ˌaɪ'tuːθ] *n* (*pl* -teeth [-'tiːθ]) *анат.* верхний клык, глазной зуб
◊ to cut one's eye-teeth, to have one's eye-teeth cut приобрести жизненный опыт, войти в разум; стать взрослым; to draw smb.'s eye-teeth сбить спесь с кого-л.; to give one eye-teeth for smth. мечтать о чём-л.; ≅ спать и видеть что-л.
eye-view ['aɪvjuː] *n разг.* точка зрения; his novel takes the conventional god's ~ его роман написан как бы с точки зрения всевидящего бога
eyewall ['aɪwɔːl] *n метеор.* облачный вихрь вокруг ядра тайфуна, «глаз бури»
eye-wash ['aɪwɒʃ] *n* 1. *мед.* глазная примочка 2. *сл.* 1) очковтирательство 2) лесть; подлизывание 3) вздор, чушь
eyewater ['aɪˌwɔːtə] *n* 1. глазная примочка 2. слёзы 3. *сл.* джин
eyewear ['aɪweə] *n* защитные очки
eyewink ['aɪwɪŋk] *n* 1. 1) мигание, подмигивание 2) знак, поданный глазами 2. (быстрый) взгляд 3. миг, мгновение (ока)
eyewinker ['aɪˌwɪŋkə] *n* 1. 1) ресница 2) веко 2. соринка в глазу
eye-wise ['aɪwaɪz] *a* кажущийся умным; поверхностный (*о человеке*)
eyewitness ['aɪˌwɪtnɪs] *n* 1) очевидец 2) *юр.* свидетель-очевидец
eyewitnesser ['aɪˌwɪtnɪsə] *n проф.* сообщение корреспондента-очевидца (*событий*)
eye-worship ['aɪˌwɜːʃɪp] *n* восхищённые взгляды; немое обожание, безмолвный восторг
eyne [eɪn] *арх. pl от* eye I
eyot [eɪt, eɪət] *n* островок (*особ.* речной)
eyres ['e(ə)rɪz] *n pl ист.* разъездные суды
eyrie ['ɪ(ə)rɪ, 'e(ə)rɪ, 'aɪ(ə)rɪ] = aerie
Ezekiel [ɪ'ziːkɪəl] *n библ.* Иезекииль
Ezra ['ezrə] *n библ.* Ездра [*см. тж.* Приложение]

F

F, f [ef] *n* (*pl* Fs, f's [efs]) 1. 6-я буква английского алфавита 2. 6-й номер серии 3. (F) *муз.* фа 4. (F) *амер.* отметка «плохо» 5. (F) отметка «удовлетворительно» 6. *в грам. знач. прил.* шестой (по счёту); column f шестая колонка, колонка f; company F шестая рота, рота f; F string шестая струна
fa [fɑː] *n муз.* фа (*в сольмизации*)
fab [fæb] *a* (*сокр. от* fabulous) *разг.* потрясающий, баснословный
fabaceous [fə'beɪʃəs] *a бот.* бобовый
Fabian I ['feɪbɪən] *n* фабианец, член Фабианского общества
Fabian II ['feɪbɪən] *a* 1. *ист.* 1) относящийся к римскому роду Фабиев 2) свойственный Фабию Кунктатору (*добивавшемуся победы выжидательной тактикой*) 2. осторожный, медлительный; выжидательный (*о тактике, методах*); ~ policy выжидательная политика, политика оттяжек 3. фабианский; the ~ Society Фабианское общество
Fabianism ['feɪbɪənɪz(ə)m] *n* фабианство
fabiform ['feɪbɪfɔːm] *a редк. бот.* имеющий форму боба, бобовидный
fable I ['feɪb(ə)l] *n* 1. басня; Aesop's ~s басни Эзопа; ~ book сборник басен; ~ writer баснописец 2. небылица, выдумка; ложь; this is a mere ~ это всё выдумка; old wive's /women's/ ~s бабьи сказки 3. предмет всеобщих толков, излюбленная тема; he became the chief ~ of the village в деревне только о нём и говорили 4. легенда; предание 5. *редк.* фабула, сюжет
fable II ['feɪb(ə)l] *v поэт.* 1) сочинять или рассказывать басни; придумывать небылицы, рассказывать сказки; лгать; to say verity, and not to ~ говорить правду, а не выдумывать 2) болтать вздор 3) гласить (*о предании*)
fabled ['feɪb(ə)ld] *a поэт.* 1. легендарный 2. выдуманный, придуманный
fabler ['feɪblə] *n* 1) сочинитель или рассказчик басен 2) сочинитель небылиц, выдумщик
fabliau ['fæblɪəʊ] *n* (*pl* -aux [-əʊ(z)]) *лит.* фабльо
fabric ['fæbrɪk] *n* 1. ткань, материя; silk and woollen ~s шёлковые и шерстяные ткани; ~ gloves нитяные перчатки 2. 1) структура, строение, устройство; the ~ of society, the social ~ общественный строй 2) *спец.* текстура 3. выделка, выработка; cloth of a beautiful ~ ткань красивой выработки 4. изделие, фабрикат 5. сооружение, здание; остов 6. *редк.* фабрика; мануфактура
fabricable ['fæbrɪkəb(ə)l] *a* поддающийся (механической) обработке
fabricant ['fæbrɪkənt] *n амер. редк.* фабрикант
fabricate ['fæbrɪkeɪt] *v* 1. выдумывать, сочинять; фабриковать; the story was ~d from beginning to end история была выдумана с начала и до конца; to ~ a charge состряпать /сфабриковать/ обвинение 2. подделывать; to ~ papers изготовлять фальшивые документы; to ~ a will подделать завещание 3. производить, выделывать, изготовлять; собирать из готовых, стандартных частей 4. *редк.* сооружать, строить
fabricated ['fæbrɪkeɪtɪd] *a* 1. сборный; из готовых частей; ~ barge баржа из готовых узлов; ~ house стандартный дом, дом из сборных элементов, изготовленных на заводе 2. готовый к употреблению; ~ food дешёвые блюда, продаваемые в готовом виде (*особ. не мясные*)
fabrication [ˌfæbrɪ'keɪʃ(ə)n] *n* 1. производство, изготовление 2. 1) выдумка, ложь; his insane ~s его бредни /фантазии/; his story was an entire ~ его рассказ был сплошной выдумкой 2) измышление, выдумывание 3) 1) подделка, фальшивка; the document was undoubtedly a ~ документ, несомненно, был

поддельным 2) подделывание, подделка 4. *редк.* сооружение, постройка 5. *тех.* холодная обработка давлением; формовка 6. сборка из готовых узлов
fabricator [ˈfæbrɪkeɪtə] *n* 1. *см.* fabricate + -or 2. производитель (продукции); (промышленное) предприятие
fabular [ˈfæbjʊlə] = fabulous
fabulate [ˈfæbjʊleɪt] *v* придумывать, сочинять небылицы
fabulator [ˈfæbjʊleɪtə] *n* 1. *см.* fabulate + -or 2. 1) выдумщик 2) рассказчик
fabulist [ˈfæbjʊlɪst] *n* 1. 1) баснописец 2) рассказчик 2. выдумщик, лжец
fabulosity [ˌfæbjʊˈlɒsɪtɪ] *n* 1. баснословность, легендарность 2. *арх.* неправдоподобное утверждение; басня
fabulous [ˈfæbjʊləs] *a* 1. 1) вымышленный, легендарный, мифический; басенный; ~ beasts сказочные животные; ~ description вымышленное описание 2) *эмоц.-усил.* потрясающий, поразительный, невероятный; ~ wealth сказочное богатство; at a ~ price по баснословной цене; a house of ~ size дом невероятных размеров 2. выдумывающий небылицы
fabulously [ˈfæbjʊləslɪ] *adv* 1) вымышленно, неправдоподобно; the voyages, indeed, are ~ narrated о морских путешествиях рассказывают поистине неправдоподобные вещи 2) *эмоц.-усил.* потрясающе, невероятно, баснословно; her cruelties were ~ exaggerated её жестокость сильно преувеличивали; he is reported to be ~ wealthy говорят, что он баснословно богат
fabulousness [ˈfæbjʊləsnɪs] *n* 1. баснословность, легендарность, сказочность 2. фиктивность, вымышленность
facade, façade [fəˈsɑːd, fæ-] *n* 1. *фасад*; the stately ~ of the new building величественный фасад нового здания 2. внешняя сторона, видимость; the ~ of honesty личина честности; a ~ of indifference напускное равнодушие; the whole ~ of this theory вся внешняя сторона этой теории; to maintain a ~ of contentment делать вид, что вполне доволен
face I [feɪs] *n* 1. 1) лицо, физиономия; ~ massage массаж лица; ~ angle *антр.* лицевой угол; black /blue, red/ in the ~ багровый (*от гнева, напряжения и т. п.*) 2) морда (*животного*) 2. 1) выражение лица; ~ of a dying calf глуповато-меланхолическое выражение лица; his ~ fell у него вытянулась физиономия; straight ~ бесстрастное /ничего не выражающее/ лицо, «маска»; to straighten one's ~ пытаться принять невозмутимый вид, успокоиться, перестать смеяться; to keep a straight ~, keep one's ~ straight сохранять невозмутимое /бесстрастное/ выражение /лицо/; удерживаться от смеха; to make /to pull, to wear/ a long ~ иметь огорчённый /печальный, кислый, мрачный, разочарованный/ вид; to read people's ~s быть хорошим физиономистом 2) *разг.* гримаса; to make /to pull/ a ~ сделать гримасу, гримасничать; to make ~s корчить /строить/ рожи; to make /to pull/ a pitiful [sad, silly] ~ скорчить постную [скорбную, глупую] физиономию; to make a wry ~ скорчить рожу 3. внешний вид; on /upon/ the ~ of (it) судя по внешнему виду; на первый взгляд; upon the ~ of the document как исходит из буквального смысла документа; on the ~ of it you are guilty похоже на то, что вы виновны; the idea is absurd on the ~ of it на первый взгляд, эта мысль кажется абсурдной; to carry /to have/ the ~ (of) держаться (*кем-л., чем-л.*); this version carries no ~ of probability эта версия лишена правдоподобия /маловероятна/; to carry on its ~ быть совершенно очевидным /ясным/ 4. аспект, сторона (*вопроса*) 5. *разг.* наглость, нахальство; to have the ~ (to say smth.) иметь наглость (сказать что-л.); to show a ~ нахально /нагло, вызывающе/ держаться 6. поверхность, внешняя сторона; ~ of a door сторона двери (*внешняя или внутренняя*); ~ of a racket *спорт.* струнная поверхность /ударная часть/ ракетки 7. поверхность (*земли, воды*); on the ~ of the earth на земле, на свете, в целом мире; from /off/ the ~ of the earth с лица земли; the north ~ of the mountain северный склон горы 8. лицевая сторона, лицо (*ткани, игральных карт, медали и т. п.*); правая сторона; to lie on its ~ лежать обратной стороной кверху; put your cards on the table ~ down положите ваши карты рубашкой вверх 9. циферблат 10. фасад; the ~ of the building is covered with ivy фасад дома зарос плющом 11. престиж; репутация; достоинство; (the) loss of ~ унижение; потеря престижа /доброго имени/; to lose ~ быть униженным; потерять престиж; to save (one's) ~ избежать позора, спасти свою репутацию /свой престиж/, не уронить своего достоинства 12. 1) *разг.* личность, человек с именем, знаменитость 2) *сл.* детина, «лоб» *амер. сл.* белый (*в речи негров*) 13. 1) *геом.* грань 2) фас, грань (*кристалла*) 14. *тех.* 1) (лобовая) поверхность, торец; срез; фаска 15. *воен.* фас 16. *горн.* забой, плоскость забоя; лава; ~ cut забойка, вруб 17. *полигр.* 1) очко (*литеры*) 2) шрифт, рисунок шрифта; гарнитура шрифта; шрифт 18. ширина (*доски*) 19. *тлв.* экран (*трубки*) 20. *тех.* уровень (*жидкости*) 21. *тех.* (плоский) боёк (*молота*) 22. *тех.* передняя грань (*резца*) 23. *спец.* облицовка; ~ brick облицовочный кирпич
◊ in /to/ smb.'s ~ в лицо, в глаза, открыто; в присутствии кого-л.; it's written all over his ~ у него на лбу написано; to laugh in smb.'s ~ смеяться в лицо кому-л.; открыто смеяться над кем-л.; to look full in /into/ the ~ of smb. смотреть прямо в лицо /в глаза/ кому-л.; to be unable to look smb. in the ~ стыдиться взглянуть в лицо кому-л.; to cast /to fling, to throw/ smth. in smb.'s ~ бросать что-л. в лицо кому-л.; at /in, on/ the first ~ а) с первого взгляда; б) на первый взгляд; to bear /to carry, to have/ two ~s under one hood, to have two ~s а) быть двуличным, лицемерным; б) быть двусмысленным; to show a false ~ притворяться, лицемерить; before smb.'s ~ перед носом у кого-л.; in the ~ of а) перед лицом; открыто, на глазах; б) вопреки, наперекор; под угрозой; to act in the ~ of direct orders действовать вопреки прямому приказу; to succeed in the ~ of many difficulties добиться успеха несмотря на все трудности; in the ~ of day /of the sun/ не скрываясь, открыто; среди бела дня; ~ to ~ а) лицом к лицу; б) лично, наедине; let's get together and talk the whole thing over ~ to ~ давайте встретимся и потолкуем обо всём лично; to open one's ~ *амер.* ≅ открыть рот, заговорить; to fly in the ~ (of) держаться; открыто, на глазах; б) вопреки, бросать вызов (*кому-л.*); to fly in the ~ of facts игнорировать факты, пренебрегать фактами; to fly in the ~ of nature действовать вопреки законам природы; to set one's ~ against smb., smth. решительно воспротивиться кому-л., чему-л.; бороться с кем-л., чем-л.; относиться враждебно к кому-л., чему-л.;

to put a bold ~ on smth. казаться уверенным в чём-л., не растеряться; to put a good ~ on smth. а) делать довольное лицо по поводу чего-л. малоприятного; б) изображать что-л. в наилучшем виде, истолковывать что-л. в благоприятном свете; to put a new ~ on smth. представить что-л. в новом /другом/ свете; to run one's ~ to travel on one's ~ *амер.* использовать приятную внешность, чтобы добиться продвижения, кредита и т. п.; выезжать на хорошенькой личике; to stare smb. in the ~ а) бросаться в глаза, быть очевидным /явным/; б) быть неминуемым /неотвратимым/; death stared him in the ~ он был на пороге /на волосок от/ смерти; to fall on one's ~ — *см.* fall¹ II ◊; a ~ as long as a fiddle унылое /мрачное/ лицо; the ~ is the index of the mind ≅ лицо — зеркало души; a fair ~ may hide a foul heart за приятной внешностью может скрываться низкая душонка; a good ~ is a letter of recommendation хорошее /приятное/ лицо — лучшая рекомендация
face II [feɪs] *v* 1. 1) находиться лицом к; they sat so as to ~ each other они сидели друг против друга /лицом друг к другу/; the man now facing me человек, который сейчас находится передо мной; stand facing the light станьте лицом к свету; to be обращённым к; the house ~d eastwards дом выходил фасадом на восток; my window ~s the street моё окно выходит на улицу; the picture ~s page 7 рисунок к странице 7 3) смотреть в лицо; I can't ~ him now я не могу показаться ему на глаза; to ~ away отвернуться 2. встречать (*что-л.*) смело; смотреть в лицо (*чему-л.*) без страха; to ~ the ordeal стойко выдержать испытание; to ~ the facts смотреть в лицо фактам; to ~ danger мужественно встретить опасность; I can't ~ the disgrace of a failure я не могу перенести позор провала; you'll have to ~ it yourself вам самому придётся с этим справиться 3. сталкиваться лицом к лицу (*с чем-л.*); to be ~d with a difficulty встретиться /столкнуться/ с трудностью; to be ~d with bankruptcy оказаться перед угрозой банкротства; he was suddenly ~d with the necessity of... он внезапно очутился перед необходимостью...; the problem now facing us проблема, стоящая сейчас перед нами 4. отделывать (*платье*); to ~ a coat with gold braid отделать мундир золотым галуном 5. облицовывать; to ~ a building with marble облицевать здание мрамором; to ~ a table with rose-wood veneering фанеровать стол розовым деревом 6. полировать; обтачивать; this stone has not been properly ~d этот камень плохо отполирован 7. повёртывать лицом вверх (*игральную карту*) 8. *воен.* скомандовать поворот; the captain ~d his company left капитан скомандовал роте «налево»; right ~! направо! 9. подкрашивать (*чай*)
◊ to ~ the knocker просить милостыню у дверей; to ~ the music а) храбро встречать трудности /неприятности/; б) держать ответ, расплачиваться за свои действия
face about [ˈfeɪsəˈbaʊt] *phr v воен.* поворачиваться кругом
face-about [ˈfeɪsəˌbaʊt] *n воен.* поворот кругом
face-ache [ˈfeɪseɪk] *n* 1. *мед.* невралгия лицевого нерва 2. 1) уродливость (*лица*) 2) уродина

FAC — FAC

face amount [ˌfeɪsəˈmaʊnt] номинальная сумма
face-bone [ˈfeɪsbəʊn] *n арх.* скула
face-card [ˈfeɪskɑːd] *n* фигура, фигурная карта
face-centered [ˌfeɪsˈsentəd] *a спец.* гранецентрированный
facecloth [ˈfeɪsklɒθ] *n* 1. мягкая мочалка; салфеточка из махровой ткани 2. покрывало (*на лицо покойника*)
face-cream [ˈfeɪskriːm] *n* крем для лица
faced [feɪst] *a* 1. облицованный; отделанный; покрытый; обтянутый; ~ wall *стр.* облицованная стена 2. (-faced) *как компонент сложных слов со значением* имеющий *такое-то* лицо; red-faced краснолицый; покрасневший; sad-faced имеющий убитый вид, грустный
face down [ˈfeɪsˈdaʊn] *phr v* осадить; запугать (*противника и т. п.*)
facedown¹ [ˈfeɪsdaʊn] *adv* лицом вниз, ничком
facedown² [ˈfeɪsdaʊn] = face-off¹
face flannel [ˈfeɪsˌflænl] фланелька или махровая салфетка (*для умывания, мытья*)
face-fungus [ˈfeɪsˌfʌŋɡəs] *n сл.* борода; усы
faceguard [ˈfeɪsɡɑːd] *n* предохранительная, защитная маска
face-harden [ˈfeɪsˌhɑːdn] *v метал.* поверхностно упрочнять
face-hardening [ˈfeɪsˌhɑːdnɪŋ] *n метал.* поверхностное упрочнение; нанесение твёрдосплавного покрытия
faceless [ˈfeɪslɪs] *a* 1. не имеющий лица; безликий; a ~ statue статуя с разбитым лицом; a row of grey ~ figures ряд серых безликих фигур 2. анонимный
facelift I [ˈfeɪsˌlɪft] *n* 1. косметическая операция на лице по удалению морщин, подтяжка 2. косметический ремонт; внешнее обновление, освежение (*здания, комнаты и т. п.*); to give a room a ~ заново отделать комнату 3. реорганизация (*учреждения*) 4. рационализация (*процесса*)
facelift II [ˈfeɪsˌlɪft] *v* 1. производить косметическую операцию на лице по удалению морщин, подтягивать кожу 2. ремонтировать (*здание, комнату и т. п.*) 3. реорганизовать (*учреждение*) 4. рационализировать (*процесс*)
facelifting [ˈfeɪsˌlɪftɪŋ] = facelift I
face-mould [ˈfeɪsməʊld] *n тех.* шаблон; лекало
face off¹ [ˈfeɪsˈɒf] *phr v* хоккей 1) вбросить шайбу между двумя противниками 2) сделать начальный бросок
face off² [ˈfeɪsˈɒf] *phr v амер.* встретить (*противника*) лицом к лицу; дать отпор; помериться силами
face-off¹ [ˈfeɪsɒf] *n* хоккей 1) вбрасывание шайбы между двумя противниками 2) начальный бросок
face-off² [ˈfeɪsɒf] *n амер.* лобовое столкновение; конфронтация; a ~ between generations антагонизм между поколениями; ready for a ~ with any man готовый встретиться лицом к лицу с кем угодно, готовый противостоять кому угодно
face out [ˈfeɪsˈaʊt] *phr v* 1. выдержать, не испугаться; we faced them out мы не дрогнули перед ними 2. выполнить, справиться с чем-л.; to face the matter out довести дело до конца 3. списывать как устаревшее (*оборудование и т. п.*)
face-pack [ˈfeɪspæk] *n* косметическая маска

face-paint [ˈfeɪspeɪnt] *n* румяна; грим
face-painter [ˈfeɪsˌpeɪntə] *n* 1) тот, кто красит щёки, подводит глаза *и т. п.* 2) гримёр 2. художник-портретист
face-painting [ˈfeɪsˌpeɪntɪŋ] *n* 1) неумеренное применение косметики 2) гримирование; макияж 2. писание портретов
face-piece [ˈfeɪspiːs] *n* маска (*противогаза*)
face-plate [ˈfeɪspleɪt] *n тех.* 1) планшайба (*токарного станка*) 2) круглый стол (*станка*) 2. разметочная плита, выверочная плита 3. *тлв.* фронтальное стекло (*экран кинескопа*)
facepowder [ˈfeɪsˌpaʊdə] *n* пудра
facer [ˈfeɪsə] *n* 1. см. face II + -er 2. *разг.* удар в лицо; to give a ~ ударить по лицу 3. *разг.* непредвиденные трудности 4. *амер.* 1) кружка, бокал 2) *сл.* стакан виски, пунша
face-saver [ˈfeɪsˌseɪvə] *n* уловка, манёвр или шаг для спасения престижа, доброго имени, репутации
face-saving I [ˈfeɪsˌseɪvɪŋ] *n* спасение престижа, доброго имени, репутации; an unsuccessful attempt at ~ неудачная попытка спасти престиж *и т. п.*
face-saving II [ˈfeɪsˌseɪvɪŋ] *a* спасающий престиж *и т. п.*
face slip [ˈfeɪsˌslɪp] *геол.* сдвиг поверхности
face-stone [ˈfeɪsstəʊn] *n* облицовочный камень
facet I [ˈfæsɪt] *n* 1. 1) грань 2) фаска 2. аспект; to study all the ~s of the matter рассмотреть дело со всех сторон 3. 1) *анат.* небольшая суставная поверхность 2) *энт.* фасетка, простой глазок; часть сложного глаза насекомого 4. *спец.* фасет, фацет
facet II [ˈfæsɪt] *v* гранить, шлифовать; to ~ a diamond гранить алмаз
faceted [ˈfæsɪtɪd] *a* 1. гранёный; многогранный; шлифованный 2. *спец.* фасеточный, фасетированный; ~ eye *энт.* фасеточный глаз
facetiae [fəˈsiːʃiiː] *n pl лат.* 1. шутки, остроты 2. фацеции, книги грубоватого, непристойного или шутливого содержания
faceting [ˈfæsɪtɪŋ] *n* 1. *информ.* фасетизация; разбивка на фасеты; классификация по фасетному принципу 2. *спец.* гранение
facetious [fəˈsiːʃəs] *a* 1) весёлый, игривый; шутливый; остроумный; ~ reply остроумный ответ; ~ story весёлая история; ~ name шутливое прозвище; ~ companion весельчак, остроумный собеседник 2) *часто неодобр.* шуточный, несерьёзный; ~ remark шуточка (*часто неуместная*); a ~ treatment of a serious subject несерьёзное отношение к серьёзному вопросу
face-to-face [ˌfeɪstəˈfeɪs] *a* личный (*о встрече*); происходящий с глазу на глаз; they had a ~ argument они сцепились в споре
face up [ˈfeɪsˈʌp] *phr v* 1. (to) быть готовым (*к чему-л.*); встретить смело; to ~ to one's responsibilities выполнять свой долг; не уклоняться от ответственности; to ~ to difficulties мужественно справляться с трудностями; truth has to be faced up to не надо закрывать глаза на правду 2. *спец.* 1) выравнивать 2) наваривать (*сталью*)
faceup [ˌfeɪsˈʌp] *adv* лицом вверх, навзничь
face value [ˈfeɪsˌvæljuː] 1. номинальная, нарицательная стоимость (*монеты, банкноты, акции*) 2. видимая, кажущаяся ценность; to take /to accept/ smth. at its ~ принимать что-л. за

чистую монету; оценивать что-л. по внешнему виду; I took his promise at ~ я принял его обещание всерьёз
face-wall [ˈfeɪswɔːl] *n стр.* фасадная, лицевая стена
face-work [ˈfeɪswɜːk] *n стр.* 1) облицовочная работа 2) облицовочная кладка
facia [ˈfeɪʃə] *n* 1. вывеска 2. приборная доска (*автомобиля*; *тж.* ~ panel)
facial I [ˈfeɪʃ(ə)l] *n разг.* 1) уход за лицом, массаж лица 2) косметическая маска
facial II [ˈfeɪʃ(ə)l] *a* 1. лицевой; относящийся к лицу; ~ expression выражение лица; ~ nerve *анат.* лицевой нерв; ~ angle *антр.* лицевой угол; ~ index *антр.* лицевой индекс; ~ palsy /paralysis/ *мед.* паралич лицевого нерва; ~ spasm *мед.* тик 2. *мед.* поверхностный; ~ layer поверхностный слой 3. косметический; ~ massage косметический массаж; ~ tissue косметическая салфетка
facient [ˈfeɪʃ(ə)nt] *n редк.* деятель
-facient [-ˈfeɪʃ(ə)nt] компонент сложных слов со значением образующий (*что-л.*); absorbefacient вызывающий абсорбцию; calorifacient теплообразующий, теплотворный
facies [ˈfeɪʃiːz] *n* 1. *бот., зоол.* внешний вид, общий облик 2) *бот.* характеристика растительного сообщества, ценоза 2. *геол.* фация
facile [ˈfæsaɪl] *a* 1. *часто неодобр.* лёгкий, не требующий усилий; ~ victory [success] лёгкая победа [-ий успех] 2. 1) гибкий, подвижный, восприимчивый (*об уме*) 2) лёгкий, свободный, гладкий (*о стиле*); плавный (*о речи и т. п.*); ~ pen лёгкость стиля; бойкое перо; ~ verse гладкие стихи; ~ manners свободные манеры 3. поверхностный, поспешный; ~ decision поспешное решение; ~ generalizations поверхностные /поспешные/ обобщения 4. покладистый, снисходительный; легко поддающийся влиянию; a person with a ~ disposition (слишком) покладистый человек; ~ nature покладистость; мягкий характер; ~ parents снисходительные родители 5. делающий что-л. с лёгкостью, без усилий; a ~ liar прирождённый лжец; he is ~ in everything he does всё у него спорится
facilitate [fəˈsɪlɪteɪt] *v* облегчать, помогать, способствовать; to ~ the execution of a task облегчать выполнение задачи; to ~ economic recovery способствовать восстановлению экономики; modern inventions ~ housework современные приспособления облегчают труд домашней хозяйки /работу по дому/
facilitation [fəˌsɪlɪˈteɪʃ(ə)n] *n книжн.* облегчение, помощь
facility [fəˈsɪlɪtɪ] *n* 1. лёгкость, несложность; the ~ of the task несложность задачи; the ~ with which he has done it лёгкость, с которой он это проделал 2. 1) способность; подвижность, гибкость (*ума*); to have great ~ in learning languages иметь хорошие способности к языкам 2) гладкость (*стиля*); плавность (*речи*); to speak with ~ говорить гладко 3. умение, ловкость, лёгкость; to write letters with ~ легко писать письма; to play the piano with ~ бегло играть на фортепиано; he showed marvellous ~ in playing difficult music мастерство достигается практикой 4. мягкость, покладистость; уступчивость; подверженность влиянию (со стороны); it's a great error to take ~ for good nature принимать покладистость за доброту — большая ошибка 5. 1) *тех.* доступность; ~ of access до-

ступность (*для осмотра и т. п.*) 6. *обыкн. pl* 1) удобства; средства обслуживания; good transportation facilities хорошо организованный транспорт 2) возможности, благоприятные условия; льготы; facilities for research благоприятные условия для исследований; my way of life offers no facilities for study у меня нет благоприятных условий для занятий; they are not given the facilities you have у них нет таких возможностей /льгот/, как у вас 7. *pl* оборудование; средства; устройства, установка, аппаратура; athletic facilities спортивные сооружения; bathing facilities оборудование пляжа /бассейна/; lighting facilities осветительные устройства 8. 1) объект *или* сооружение (*ракетная база и т. п.*); установка 2) *pl* средства; оборудование 9. *pl эк.* производственные мощности 10. *вит.* линия связи
◊ local police ~ местный полицейский участок; местная полиция

facility trip [fəˈsɪlɪtɪˌtrɪp] увеселительная поездка за счёт государства *или* предприятия

facing [ˈfeɪsɪŋ] *n* 1. 1) облицовка; отделка 2) обточка (*поверхности*) 2. 1) наружное покрытие, внешний слой; a brick wall with a ~ of stone кирпичная стена, облицованная камнем 2) *дор.* одежда откоса 3. 1) отделка (*платья и т. п.*); a black dress with red silk ~ чёрное платье с красной шёлковой отделкой 2) подшивка борта *и т. п.* 3) *pl* цветные нашивки, канты *и т. п.* на (военных) мундирах 4. *обыкн. pl воен.* поворот на месте 5. *метал.* облицовочный песок (*тж.* ~ sand) 6. *горн.* главные вертикальные трещины, вертикальный кливаж
◊ to go through one's ~s подвергнуть испытанию; пройти проверку; to put smb. through his ~s проверить пригодность кого-л., проверить чьи-л. знания, подвергнуть испытанию /«прощупать»/ кого-л.

facing distance [ˈfeɪsɪŋˌdɪstəns] *воен.* дистанция между шеренгами

facing lathe [ˈfeɪsɪŋˌleɪð] *тех.* лобовой токарный станок

facing-off [ˌfeɪsɪŋˈɒf] = face-off¹

facing page [ˈfeɪsɪŋpeɪdʒ] *полигр.* противоположная страница (*книги*); facing pages разворот

facing stone [ˈfeɪsɪŋstəʊn] 1. облицовочный камень 2. бесёдка

façon de parler [fæˌsɔ̃dəˈpɑːleɪ] *фр.* 1) манера выражаться 2) речевой этикет

facsimile I [fækˈsɪmɪlɪ] *n* 1. факсимиле; in ~ в виде факсимиле 2. факсимильная связь (*тж.* ~ telegraph)

facsimile II [fækˈsɪmɪlɪ] *a* факсимильный

facsimile III [fækˈsɪmɪlɪ] *v* 1. воспроизводить в виде факсимиле 2. передавать по факсимильной связи

facsimilist [fækˈsɪmɪlɪst] *n* оператор факсимильной связи

fact [fækt] *n* 1. факт, событие, явление; обстоятельство; dry ~s голые факты; stark ~s голые /неприкрашенные/ факты; established ~ установленный факт; fixed ~ твёрдо установленный факт; salient ~ самые существенные /основные/ факты; суть дела; accomplished ~ свершившийся факт; to place before an accomplished ~ поставить перед свершившимся фактом; a certain physical ~ известное физическое явление; ~ of common knowledge *юр.* общеизвестный факт (*не требующий доказательств*); ~s of life а) факты как они есть; правда жизни; б) *эвф.* сведения о

половой жизни; to let children know the ~s of life сообщать детям сведения, нужные им для полового воспитания; the ~s are as follows факты таковы; ~s are stubborn things факты — упрямая вещь 2. истина, реальность, действительность; to look ~s in the face видеть вещи такими, какие они есть; смотреть фактам в лицо; but this is a ~! но ведь это правда!; I know it for a ~ я знаю, что это факт /правда/; в этом нет никакого сомнения; he would always do it himself, that's a ~ он всегда делал это сам, честное слово; is this a ~ or is it just your opinion? это действительно факт или только ваше предположение?; the ~ is that... дело в том, что...; the ~ is she didn't even read the letter дело в том, что она даже не прочла этого письма; in /as a matter of, in point of/ ~ а) на самом деле, в действительности; in ~, not in word не на словах, а на деле; б) даже, к тому же; I think so, in ~ I am sure думаю, что это так, я даже уверен в этом; he does not mind, in ~ he is very pleased on вовсе не огорчён, наоборот, он очень рад 3. *pl* 1) данные; аргументы; his ~s are false приведённые им данные неверны; you must prove your ~s вам придётся доказать правильность ваших данных; I dispute all your ~s я отрицаю всё, что вы утверждаете 2) *юр.* доказательства, улики 4. *юр.* противоправное деяние; правонарушение; преступление; accessory after [before] the ~ *см.* accessory I 1; to confess the ~ сознаться в преступлении /в правонарушении/

facta [ˈfæktə] *pl от* factum

fact-find [ˈfæktfaɪnd] *v* расследовать (обстоятельства); устанавливать факты, выяснять детали

fact-finder [ˈfæktˌfaɪndə] *n* 1) беспристрастный расследователь фактов, обстоятельств *и т. п.* 2) арбитр, посредник (*особ. в конфликтах между рабочими и предпринимателями*)

fact-finding I [ˈfæktˌfaɪndɪŋ] *n* расследование (обстоятельств); установление фактов, выяснение деталей

fact-finding II [ˈfæktˌfaɪndɪŋ] *a* занимающийся расследованием (обстоятельств), установлением фактов, выяснением деталей; ~ organ [committee] орган [комиссия] по расследованию

faction¹ [ˈfækʃ(ə)n] *n* 1. 1) фракция 2) клика 2. фракционность; разногласия, раздор; распри; they are in great ~ among themselves у них большие разногласия

faction² [ˈfækʃ(ə)n] *n* документальный роман [<fact + fiction]

-faction [-ˈfækʃ(ə)n] *компонент сложных слов, означающий* процесс, действие *или* результат; petrifaction окаменение; satisfaction удовлетворение

factional [ˈfækʃ(ə)nəl] *a* 1. 1) групповой, связанный с групповщиной; ~ interests интересы своей группы 2) фракционный 2. своекорыстный; предвзятый

factionalism [ˈfækʃ(ə)nəlɪz(ə)m] *n* групповщина; фракционность

factionalist [ˈfækʃ(ə)nəlɪst] *n* фракционер

factionalize [ˈfækʃ(ə)nəlaɪz] *v амер.* вносить раскол; порождать групповщину; to be ~d распадаться на фракции, группы (*о партии*)

factionary I [ˈfækʃən(ə)rɪ] *n* член фракции; фракционер

factionary II [ˈfækʃən(ə)rɪ] *a* фракционный

factioneer, factionist [ˌfækʃəˈnɪə, ˈfækʃənɪst] *n* фракционер

factious [ˈfækʃəs] *a* 1. фракционный; ~ disputes разногласия между фракциями 2. раскольнический 3. раздираемый враждой, междоусобицей

factitious [fækˈtɪʃəs] *a* 1) искусственный; созданный искусственно; ~ mound насыпь, искусственный курган 2) искусственный, условный, деланный; надуманный; ~ enthusiasm фальшивый энтузиазм; ~ demand for smth. искусственный /искусственно созданный/ рост спроса на что-л.

factitive [ˈfæktɪtɪv] *a грам.* фактитивный, каузальный

factive [ˈfæktɪv] = factitive

-factive [-ˈfæktɪv] *компонент сложных слов обыкн. терминологического характера со значением* образующий, вызывающий; petrifactive вызывающий окаменение

factor I [ˈfæktə] *n* 1. 1) фактор, движущая сила; the main ~ in this process основной фактор этого процесса; water is an important ~ вода играет очень важную роль /является весьма существенным фактором/ 2) фактор, составной элемент 2. агент; представитель 3. 1) комиссионер, посредник, фактор 2) доверенное лицо, агент 4. *шотл.* управляющий (*имением*) 5. *амер. юр.* лицо, обязанное по приказу суда наложить арест на имеющееся у него имущество должника *или* суммы, причитающиеся должнику 6. *ист.* фактор, мелкий чиновник (*в Ост-Индской компании*) 7. *мат.* множитель 8. *спец.* коэффициент, фактор; ~ of safety коэффициент безопасности; запас прочности; ~ of merit а) доброкачественность; б) чувствительность (*прибора*) 9. *биол.* ген 10. витамин; гормон

factor II [ˈfæktə] *v мат.* разлагать на множители; to ~ out выносить за скобки

factorage [ˈfækt(ə)rɪdʒ] *n* 1. работа, обязанности агента, комиссионера; посредничество 2. оплата агента, посредника 3. *собир.* агенты, посредники

factorial I [fækˈtɔːrɪəl] *n* 1. *мат.* факториал 2. *стат.* факторный эксперимент

factorial II [fækˈtɔːrɪəl] *a* 1. комиссионерский; посреднический; ~ duties обязанности посредника 2. *мат.* факториальный 3. *стат.* факторный (*об эксперименте*)

factoring [ˈfækt(ə)rɪŋ] *n амер. ком.* факторные операции

factorization [ˌfæktəraɪˈzeɪʃ(ə)n] *n мат.* разложение на множители, представление в виде произведения; факторизация

factorize [ˈfæktəraɪz] *v мат.* разлагать на множители

factorship [ˈfæktəʃɪp] *n* посредничество

factory [ˈfækt(ə)rɪ] *n* 1. фабрика, завод; ~ workers промышленные рабочие; ~ committee фабрично-заводской комитет; ~ overhead *эк.* общезаводские накладные расходы; ~ test заводское испытание; ~ waste промышленные отходы; on the ~ floor на производстве, непосредственно на предприятии 2. фактория 3. = factory farm
◊ a boiler ~ *амер.* шумное сборище; галдёж, гвалт; home-run ~ *амер. спорт. жарг.* бейсбольная команда, одерживающая одну победу за другой

factory accident [ˈfækt(ə)rɪˈæksɪd(ə)nt] несчастный случай на производстве; производственная травма

factory-built [ˈfækt(ə)rɪbɪlt] *a* заводского изготовления

factory-buster ['fækt(ə)rɪ,bʌstə] *n* *воен. проф.* тяжёлая фугасная бомба
factory farm ['fækt(ə)rɪfɑ:m] *с.-х.* большое специализированное хозяйство (*птицефабрика, конный завод и т. п.*)
factory hygiene ['fækt(ə)rɪ'haɪdʒi:n] промышленная гигиена, гигиена труда
factory ship ['fækt(ə)rˌʃɪp] плавучий рыбозавод
factorum¹ [fæk'təʊtəm] *n* 1. 1) фактотум, доверенный слуга 2) *шутл.* помощник *или* личный секретарь 2. мастер на все руки
factotum² [fæk'təʊtəm] *n* *полигр.* инициал в орнаментальной рамке
factual ['fæktʃʊəl] *a* 1) фактический, связанный с фактами; ~ report изложение фактов 2) действительный, фактически существующий, реальный 3) *информ.* фактографический; ~ data фактографические данные /сведения/ 4) *спец.* информативный, содержащий достаточную информацию
factum ['fæktəm] *n* (*pl* -ta, -s [-z]) *лат. юр.* 1. 1) обстоятельства дела 2) изложение обстоятельств дела 3) поступок, действие 2. документ, акт
facture ['fæktʃə] *n* 1. *иск.* фактура 2. *ком.* фактура, накладная 3. 1) *редк.* способ изготовления 2) изготовление, производство
facula ['fækjʊlə] *n* (*pl* -lae) *лат. астр.* факел
faculae ['fækjʊli:] *pl* *от* facula
facultative ['fæk(ə)ltətɪv] *a* 1. факультативный, необязательный; ~ studies факультативные занятия; ~ money *фин.* деньги, не являющиеся законным платёжным средством; ~ position *лингв.* факультативная позиция 2. случайный, несистематический 3. *биол.* факультативный (*о паразите или хозяине*)
facultatively ['fæk(ə)ltətɪvlɪ] *adv* *редк.* 1. факультативно, необязательно 2. случайно
faculty¹ ['fæk(ə)ltɪ] *n* 1. способность, дар; ~ of hearing [of vision] слух [зрение]; ~ of speech дар речи; the mental faculties умственные способности; the ~ of making friends способность легко заводить друзей; to have a great ~ for mathematics иметь большие способности к математике; ~ for saying the right thing умение говорить всегда кстати; ~ of making oneself agreeable умение нравиться; to collect one's faculties взять себя в руки, прийти в себя; to be in possession of all one's faculties сохранять все свои умственные и физические способности 2. власть, право (*особ. церковное*)
faculty² ['fæk(ə)ltɪ] *n* 1. факультет, отделение; the ~ of law [of medicine] юридический [медицинский] факультет; the four faculties богословский факультет, юридический факультет, медицинский факультет и отделение гуманитарных наук 2. профессорско-преподавательский состав (*данного факультета в Великобритании, всего университета в США*); ~ member преподаватель высшего учебного заведения; ~ wives жёны профессоров и преподавателей вузов 3. *собир.* лица с высшим образованием, принадлежащие к одной профессии; the medical ~ врачи; the legal ~ юристы
fad [fæd] *n* причуда, пунктик; this is a passing ~ это преходящее /кратковременное/ увлечение; to be full of ~s

иметь массу причуд; crossword puzzles were the ~ of the year в этом году все помешались на кроссвордах; it is a ~ with him у него такой пунктик, это его пунктик
faddish ['fædɪʃ] *a* чудаковатый; с прихотями *или* фантазиями; he is ~ about his food в отношении еды у него есть причуды
faddist ['fædɪst] *n* человек с пунктиком, чудак; he is a food ~ в отношении еды у него определённый заскок; literary ~s поклонники литературной моды
faddy ['fædɪ] = faddish
fade I [feɪd] *a* *редк.* пресный; плоский, обыденный, банальный
fade II [feɪd] *v* 1. вянуть, увядать; the flowers have ~d цветы завяли; beauty ~s красота вянет /блёкнет/ 2. выгорать, выцветать, линять, блёкнуть (*о красках*); guaranteed not to ~ краснение прочное (*надпись*); my socks ~d in the wash мои носки полиняли в стирке 3. обесцвечивать (*что-л.*); the sun has ~d the curtains [wall-paper] занавески [обои] выгорели на солнце 4. сливаться (*об оттенках*); расплываться (*об очертаниях и т. п.*); the outline has ~d очертания расплылись; the daylight ~d начало смеркаться; summer ~s into autumn лето постепенно переходит в осень 5. замирать, постепенно затихать (*о звуках*); the music ~d in the distance музыка замерла вдали 6. постепенно исчезать, сглаживаться; the coast ~d from sight берег постепенно исчез из виду; all memory of their friendship has ~d даже память об их дружбе исчезла; the idea has ~d from my mind со временем я совершенно забыл об этом 7. *кино* 1) постепенно расплываться (*тж.* ~ out) 2) становиться более чётким на экране (*тж.* ~ in)
fade away ['feɪdə'weɪ] *phr v* постепенно исчезать, угасать; she was fading away она угасала; when the police arrived the crowd faded away с появлением полиции толпа разошлась; the sound faded away into the distance звук растаял вдали
fadeaway ['feɪdəˌweɪ] *n амер.* постепенное исчезновение
faded ['feɪdɪd] *a* увядший, поблёкший, выцветший; ~ curtains [cushions] выцветшие шторы [подушки]; ~ cheeks поблёкшие щёки; ~ photograph пожелтевшая фотография
fade in ['feɪdˌɪn] *phr v* *радио, тлв., кино* 1) постепенно усиливаться (*о звуке*); становиться яснее, отчётливее (*об изображении*) 2) постепенно усиливать (*звук*)
fade-in ['feɪdɪn] *n* 1. 1) *кино, тлв.* постепенное возникновение изображения 2) *кино* съёмка «из затемнения» 2. *радио, тлв., кино* постепенное усиление звука
fadeless ['feɪdlɪs] *a* неувядающий; неувядаемый; ~ glory неувядаемая слава; ~ memories of childhood незабываемые воспоминания детства
fadeometer [feɪ'dɒmɪtə] *n* *текст.* прибор для определения прочности окраски
fade out ['feɪd'aʊt] *phr v* *радио, тлв., кино* 1) постепенно ослабевать (*о звуке, сигнале*); исчезать (*об изображении*) 2) убавлять (*звук*); ~ the storm effects убавьте громкость шума бури
fade-out ['feɪdaʊt] *n* 1. 1) *кино, тлв.* постепенное исчезновение изображения 2) *кино* съёмка «в затемнение» 2. *радио, тлв., кино* постепенное затухание (*звука*)
fade-over ['feɪdˌəʊvə] *n* *кино* наплыв

fader ['feɪdə] *n* 1. *тлв.* регулятор яркости изображения 2. *кино* регулятор громкости звука
fade up ['feɪd'ʌp] *phr v* 1) = fade in 1) 2) усиливать (*звук*); music was faded up громкость музыки была усилена
fadge¹ [fædʒ] *n* *шотл.* большой плоский каравай хлеба из пшеничной *или* ячменной муки
fadge² [fædʒ] *n* 1. *диал.* вязанка хвороста, связка кож *и т. п.* 2. *австрал.* нестандартная кипа шерсти (*от 60 до 200 фунтов*)
fadge³ [fædʒ] *разг.* = farthing
fading ['feɪdɪŋ] *n* 1. увядание *и пр.* [*см.* fade II] 2. *радио* затухание, фединг
fado ['fɑ:dʊ] *n* *португ.* протяжная народная песня
fadometer [feɪ'dɒmɪtə] = fadeometer
fady ['feɪdɪ] *a* *редк.* блёкнущий, увядающий
faecal ['fi:k(ə)l] *a спец.* 1. содержащий осадок 2. фекальный
faeces ['fi:si:z] *n pl спец.* 1. осадок 2. фекалии
faecula ['fi:kjʊlə] *n* (*pl* -lae) *лат.* 1. крахмал 2. *редк.* осадок
faeculae ['fi:kjʊli:] *pl* *от* faecula
faerie I ['fe(ə)rɪ] *n* *арх., поэт.* 1. волшебное царство (*тж.* ~ land) 2. фея, волшебница
faerie II ['fe(ə)rɪ] *a* *арх., поэт.* феерический, фантастический, волшебный; ~ story волшебная сказка
faery I, II ['fe(ə)rɪ] = faerie I *и* II
fag¹ I [fæg] *n* 1. *разг.* тяжёлая, изнурительная *или* скучная работа; what a ~! ну и работёнка!, какая волынка!; it's too much (of a) ~ это слишком нудно и трудно; grammar lessons are a real ~! уроки грамматики просто мучение! 2. *школ.* «шестёрка», младший ученик, прислуживающий старшекласснику (*в английских школах*)
fag¹ II [fæg] *v* 1. *разг.* 1) трудиться, работать, корпеть (*над чем-л., тж.* ~ away) 2) утомлять, изнурять (*о работе, занятии*) 2. *школ.* 1) гонять младших учеников по поручениям 2) прислуживать старшим ученикам 3. *мор.* раскручивать конец каната, троса
fag² [fæg] *n* 1. узелок в ткани 2. овечий клещ
fag³ [fæg] *n* 1. = fag-end 2. *разг.* сигарета; they were enjoying a rest and a ~ они отдыхали и курили
fag⁴ [fæg] *n* (*сокр. от* fag(g)ot²) *сл.* педераст
fag-end [ˌfæg'end] *n разг.* 1. 1) негодный остаток (*чего-л.*); обрывок 2) остаток ткани 3) чинарик, окурок 2. конец; ~ of a day [of a party] (самый) конец дня [вечеринки] 3. *мор.* распущенный конец каната, троса
fagged [fægd] *a разг.* усталый, измотанный; I'm ~ after that hard job это трудное задание меня совершенно измотало
fagged-out [ˌfægd'aʊt] = fagged
fag(g)ot¹ I ['fægət] *n* 1. 1) вязанка хвороста, пук прутьев; фашина; ~ wood фашинник 2) *разг.* вязанка, пучок 2. *ист.* сожжение на костре (*еретиков*) 3. 1) запечённая и приправленная рубленая печёнка 2) *амер.* фрикаделька 4. щепотка пряностей 5. *тех.* пакет (*железа*)
fag(g)ot¹ II ['fægət] *v* 1. 1) связывать хворост в вязанки 2) *тех.* соединять металл в пакеты 2. *ист.* сжигать на костре 3. делать мережку
fag(g)ot² ['fægət] *n* 1) *сл.* педераст 2) *пренебр.* мерзкая баба; гнусный тип (*часто* old ~)

fag(g)oting ['fægɪtɪŋ] *n* **1.** связывание хвороста в вязанку **2.** 1) мережка 2) вышивание мережкой **3.** *тех.* пакетирование **4.** *ист.* сожжение на костре

fag(g)otry ['fægətrɪ] *n сл.* педерастия

fag(g)ot-vote ['fægətvəʊt] *n* право голоса, создаваемое путём временной передачи имущества лицу, не имеющему этого права

fagotti [fə'gɒtɪ] *pl om* fagotto

fagotto [fə'gɒtəʊ] *n* (*pl* -tti) *муз.* фагот

fag out ['fæg'aʊt] *phr v* **1.** *разг.* утомлять, выматывать; standing on your feet all day fags you out стоять на ногах целый день очень изнурительно; his conversation fags me out разговоры с ним изматывают меня **2.** *школ.* прислуживать старшим ученикам (*особ. в спорт. играх*) **3.** *спорт. разг.* отбивать (*мяч*) с лёта

fahlband ['fɑːlbænd] *n геол.* фальбанд

fahlerz ['fɑːleəts] = fahlore

fahlore ['fɑːlɔː] *n мин.* фалерц, блёклая руда (*медная*); тетраэдрит

Fahrenheit ['færənhaɪt] *n* 1) термометр Фаренгейта (*тж.* ~ thermometer) 2) шкала Фаренгейта

faience [faɪ'ɑːns, -'ɒns] *n* фаянс

fail I [feɪl] *n* 1) неудача, провал 2) провалившийся на экзамене
◊ without ~ непременно, обязательно; наверняка; I'll come without ~ я обязательно приду

fail II [feɪl] *v* I **1.** 1) терпеть неудачу; to ~ in life быть неудачником (*в жизни*); to ~ in a suit *юр.* проиграть процесс; he ~ed for want of foresight он потерпел неудачу из-за своей недальновидности 2) не сбываться, не удаваться; all our plans ~ed все наши планы рухнули; his attempt has ~ed его попытка не удалась; if our hopes should ~ если наши надежды не оправдаются; to ~ the height не взять высоту (*лёгкая атлетика*) **2.** подводить, не оправдать ожиданий; as usual, he ~ed me at the last minute как всегда, он подвёл меня в последнюю минуту; I'll be waiting for you, don't ~ me я буду ждать вас, не подведите меня; his heart didn't ~ him у него сердце не дрогнуло; он не испугался [*ср. тж* 4, 1) *и* 5] **3.** 1) быть недостаточным, не хватать; time would ~ me у меня не будет времени, я не успею; words ~ me я не нахожу слов, мне не хватает слов; his courage ~ed him в конце концов у него не хватило мужества /он струсил/; for once his wit ~ed him на этот раз он не нашёл остроумного ответа; I ~ words to express my thanks у меня нет слов, чтобы выразить благодарность 2) уменьшаться в количестве; кончаться, иссякать; our water supply has ~ed у нас кончился запас воды, нам не хватило воды **4.** 1) слабеть, ослабевать; терять силу; the wind ~ed ветер стих; the light ~ed свет погас; daylight is ~ing смеркается; his health ~ed его здоровье сильно пошатнулось; his sight is ~ing его зрение слабеет, он теряет зрение; his heart is ~ing у него сердце сдаёт [*ср. тж.* 2 *и* 5]; he is old and ~ing rapidly он стар и быстро теряет силы 2) замирать; the radio signals ~ed радиосигналы стали неразличимы 3) прекращаться, приходить к концу; вымирать; their family line ~ed их род угас; this house belonged to them until their family line ~ed этот дом принадлежал им, пока не умер последний представитель их рода /пока не кончился их род/ **5.** переставать действовать, выходить из строя; the engine ~ed unex-

pectedly двигатель неожиданно отказал; the patient's heart ~ed сердце больного перестало биться (*ср. тж.* 2 *и* 4, 1)] **6.** *вчт., лог.* не выполняться; быть ложным

II А **1.** 1) проваливаться (*на экзамене*); he ~ed in mathematics он провалился по математике 2) провалить (*кого-л. на экзамене*); they ~ed two candidates они провалили двух кандидатов 3) *разг.* завалить, засыпать (*какой-л. предмет на экзамене*); he ~ed chemistry он провалился по химии; she ~ed her driving test она не сдала экзамен по вождению **2.** не уродиться (*о какой-л. культуре*); быть небольшим (*об урожае*); the potato crop ~ed this year в этом году картофель не уродился **3.** терпеть крах, обанкротиться (*о фирме и т. п.*); прекратить платежи (*о банке и т. п.*)

II Б **1.** *to fail to do smth.* 1) не суметь, не быть в состоянии, оказаться неспособным сделать что-л.; we ~ed to arrive in time нам не удалось приехать вовремя; all precautions ~ed to prevent the quarrel никакие предосторожности не смогли предотвратить ссору; they ~ed to understand him они оказались не в состоянии /не смогли/ понять его; to ~ to be moved оставаться равнодушным; his statements rarely ~ed to startle his hearers его высказывания почти всегда поражали слушателей; they could hardly ~ to meet они не могли не встретиться; things that cannot ~ to be seen вещи, которых нельзя не заметить; we cannot ~ to be conscious of it мы не можем не сознавать этого 2) забыть, не позаботиться о чём-л.; the janitor had ~ed to call the fire department дворник не позаботился о том, чтобы позвонить в пожарную охрану; don't ~ to let me know не забудьте сообщить мне 3) не быть, не оказаться; he ~ed to appear in the list его фамилия оказалась невключённой в список; the report cannot ~ to arouse grave misgivings доклад не может не вызвать серьёзных опасений; he never ~s to write to his mother every month он неукоснительно пишет своей матери каждый месяц; he did not ~ to keep his word он сдержал своё слово **2.** *to fail in smth.* иметь какой-л. недостаток; to ~ in beauty быть некрасивым; to ~ in respect for smb. не уважать кого-л., непочтительно относиться к кому-л.; this novel ~s in unity в этом романе недостаёт внутреннего единства; he's a clever man but ~s in perseverance он умный человек, но ему не хватает упорства; his visit ~ed in its purpose его визит не достиг цели /оказался неудачным/

failed [feɪld] *a* **1.** неудачный, неудавшийся; ~ try *спорт.* неудачная попытка **2.** обанкротившийся; ~ firm обанкротившаяся фирма; ~ actor актёр-неудачник; ~ mother мать, не сумевшая воспитать детей; a ~ affair with... неудачный роман с...

failing I ['feɪlɪŋ] *n* **1.** ошибка; слабость; недостаток; we all have our ~s у всех нас есть свои слабости; tardiness is one of his ~s медлительность — один из его недостатков **2.** неудача, неуспех; провал **3.** *тех.* отказ, перебой (*в работе*)

failing II ['feɪlɪŋ] *a* **1.** недостающий **2.** слабеющий; ~ sight слабеющее зрение

failing III ['feɪlɪŋ] *prep* 1) за неимением, ввиду отсутствия; в случае отсутствия; ~ his arrival we shall stay here в случае, если он не приедет, мы

останемся здесь; ~ a purchaser, he let the house так как покупателя не нашлось /ввиду отсутствия покупателя/, он сдал дом в аренду; ~ instructions I did what I thought best не получив никаких указаний, я поступил по своему разумению; ~ an expression of a different intention (by a state) *юр.* если только (*государство*) не заявит об ином намерении; ~ any such provision *юр.* при отсутствии такого постановления 2) в случае неудачи; если это не удастся; ~ payment, we shall sue если нам не заплатят, мы подадим в суд

faille [feɪl] *n* фай (*шёлковая ткань*)

fail-operational ['feɪl,ɒpə'reɪʃ(ə)nəl] = = fail-safe II

fail-place ['feɪlpleɪs] *n* 1) огрех (*на посеве*) 2) плешина (*в лесопосадках*)

fail-safe I ['feɪlseɪf] *n тех.* безопасность при аварии

fail-safe II ['feɪlseɪf] *a* **1.** *тех.* 1) надёжный; прочный 2) работающий без сбоев, без ошибок; бесперебойный; ~ system ошибкоустойчивая /отказоустойчивая/ система 3) безопасный; безаварийный **2.** 1) сохраняющий работоспособность при отказе отдельных элементов 2) *спец.* самоотключающийся (*при аварии*)

fail-safe III [,feɪl'seɪf] *v спец.* 1) автоматически устранять повреждения 2) устанавливать аппаратуру для автоматического устранения повреждений

fail-safety [,feɪl'seɪftɪ] *n спец.* **1.** безаварийность **2.** сохранение работоспособности при отказе отдельных элементов **3.** надёжность; бесперебойность

failsoft ['feɪlsɒft] = fault-tolerance

failure ['feɪljə] *n* **1.** 1) неудача, неуспех, провал; dead ~ полный провал; bitter ~s горькие неудачи; ~ of justice *юр.* неправильное судебное решение, судебная ошибка; to end in ~ окончиться неудачей; all his efforts ended in ~ все его усилия были напрасны /окончились неудачей/; to meet with ~ терпеть неудачу; to invite ~ а) обрекать себя на неудачу; б) вести к неудаче; by saying so you yourself invite ~ говоря так, вы сами себе готовите неудачу 2) провал на экзамене **2.** недостаток (*чего-л.*); отсутствие (*чего-л.*); ~ of rain сушь, отсутствие дождей; crop ~ неурожай **3.** 1) неудачник; he was a ~ in art он был неудачником в искусстве 2) неудавшееся дело; his invention turned out (to be) a ~ его изобретение не оправдало надежд; the play was a ~ пьеса провалилась **4.** 1) невыполнение, неосуществление; ~ to keep a promise нарушение обещания; ~ to pay a bill неуплата по счёту 2) оплошность, недосмотр; ошибка; they made a ~ of keeping watch они проглядели 3) что-л. несостоявшееся или не сделанное; ~ to report *юр.* недонесение; alarm was felt at his ~ to return когда он не вернулся, все встревожились; ~ to explain the noise worried us источник шума был не установлен, и это нас волновало; his ~ to anwer questions made the police suspicious подозрения полиции были вызваны тем, что он не отвечал на вопросы **5.** несостоятельность, банкротство; прекращение платежей; numerous bank ~s многочисленные банкротства **6.** 1) *тех.* авария, повреждение; перебой; отказ в работе; остановка или перерыв в действии; there was a ~ of electricity отключилось электричество; ~ of a pump [of a dynamo] повреждение насоса [динамо-машины]; ~ of shots *горн.* осечки (*при палении*); ~ inhibi-

FAI — FAI

tion предупреждение аварий; ~ load 1) разрушающая нагрузка 2) *физ., тех.* разрушение 3) *вчт.* отказ; выход из строя; сбой; фатальная ошибка 7. *геол.* обвал, обрушение; оседание; сползание

fain I [feɪn] *a predic* **1.** *книжн.* принуждённый, вынужденный; he was ~ to comply with their demands он был вынужден согласиться на их требования; she was ~ to keep silence она должна была молчать **2.** *арх., поэт.* склонный, готовый сделать *(что-л.)*

fain II [feɪn] *adv арх., поэт.* (*употр. тк. с* would) охотно, с радостью; I would ~ follow him я с радостью последовал бы за ним

fainaigue [fəˈneɪɡ] *v* **1.** *карт.* делать ренонс **2.** *разг.* мошенничать

faineance, -cy [ˈfeɪnɪəns, -sɪ] *n* безделье, праздность

fainéant I [ˈfeɪnɪənt] *n* лентяй, бездельник

fainéant II [ˈfeɪnɪənt] *a* ленивый, праздный

fains [feɪnz] *int школ.* чур не; ~ I! чур не я!; ~ I keeping goal! чур не мне водить!

faint I [feɪnt] *n* обморок; a dead ~ глубокий обморок, полная потеря сознания; to be in a ~ быть в обмороке; to fall down in a ~ падать в обморок

faint II [feɪnt] *a* **1.** 1) слабый, ослабевший; his breathing became ~er его дыхание становилось слабее; my heart felt ~ within me у меня сердце замерло; he was ~ with hunger and cold он совсем ослабел от голода и холода 2) испытывающий слабость, головокружение *и т. п.*; to feel ~ чувствовать дурноту /слабость/ **2.** слабый, тусклый; неотчётливый, неясный; a tinge of pink розоватый оттенок; ~ colour тусклый /блёклый/ цвет; ~ sound слабый /неясный/ звук; ~ odour неуловимый запах; ~ resemblance слабое сходство; to have a ~ idea of smth. иметь смутное представление о чём-л.; to have not the ~est idea of smth. не иметь ни малейшего представления о чём-л.; ~ traces of smth. еле заметные следы чего-л.; a ~ show of resistance ≅ сопротивление только для вида; ~ efforts слабые усилия; not the ~est hope ни малейшей надежды; not the ~est chance никакой возможности; ~ reflections смутные воспоминания **3.** *арх.* робкий; ~ heart never won fair lady ≅ робость мешает успеху **4.** *арх., амер.* расслабляющий, угнетающий; the ~ atmosphere of a tropical port духота тропического порта

faint III [feɪnt] *v* **1.** ослабевать (*от усталости, голода и т. п.*) **2.** падать в обморок, терять сознание (*тж.* ~ away) **3.** *поэт.* терять мужество, падать духом **4.** *редк.* тускнеть, бледнеть (*о красках и т. п.*)

faint-heart [ˈfeɪnthɑːt] *n* трус; малодушный человек

faint-hearted [ˌfeɪntˈhɑːtɪd] *a* трусливый; малодушный; слабовольный, нерешительный

faint-heartedly [ˌfeɪntˈhɑːtɪdlɪ] *adv* малодушно, трусливо; нерешительно

faint-heartedness [ˌfeɪntˈhɑːtɪdnɪs] *n* малодушие, трусость

fainting-fit [ˈfeɪntɪŋfɪt] *n* обморок

faintish [ˈfeɪntɪʃ] *a* слабоватый, тусклова́тый

faintly [ˈfeɪntlɪ] *adv* 1) бледно; слабо; he smiled ~ он слабо улыбнулся; she sighed ~ она еле слышно вздохнула; ~ sarcastic tone слегка саркастический тон 2) едва, еле-еле; ~ visible едва видный

faintness [ˈfeɪntnɪs] *n* **1.** слабость **2.** дурнота **3.** бледность, тусклость **4.** малодушие; трусость

fainty [ˈfeɪntɪ] = faintish

fair¹ [feə] *n* **1.** ярмарка; the Leipzig Spring F. весенняя Лейпцигская ярмарка **2.** благотворительный базар; church ~ церковный (благотворительный) базар **3.** выставка; World F. всемирная выставка

◊ a day after [before] the ~ слишком поздно [рано]

fair² I [feə] *n* **1.** *арх., поэт.* 1) красавица; возлюбленная; the ~ прекрасный пол 2) женщина **2.** посредственная, удовлетворительная отметка; посредственно, удовлетворительно

◊ for ~ *амер.* действительно, несомненно; полностью; the rush was on for ~ (предпраздничная) толкотня развернулась вовсю; no ~ *амер.* не по правилам; that was no ~ это нарушение правил

fair² II [feə] *a* **1.** честный; справедливый, беспристрастный; законный; by ~ means честным путём; by ~ means or foul любыми средствами; ~ deal честная /справедливая/ сделка [*см. тж.* Fair Deal]; ~ play а) игра по правилам; б) честная игра; честность; справедливость; it was a ~ fight бой вёлся по правилам (*бокс*); ~ price справедливая /настоящая/ цена; ~ employment practices *амер.* приём на работу без дискриминации; strict but ~ строгий, но справедливый; ~ game *охот.* законная добыча (*тж. перен.*); it's all ~ and above-board здесь всё честно; it's all ~ and proper это только справедливо; to give smb. [to get] a ~ hearing дать кому-л. [получить] возможность изложить свою точку зрения, оправдаться *и т. п.* 2**.** достаточно хороший, сносный; in ~ condition в приличном состоянии; a ~ number достаточное количество; house of ~ size довольно большой дом; to have a ~ amount of sense быть не лишённым здравого смысла; he is in a ~ way of business его дела /дела его фирмы/ идут неплохо 2) посредственный; it's only a ~ movie это весьма посредственный фильм 3) благовидный; to put smb. off with ~ speeches [promises] успокоить, убедить кого-л. прекрасными речами [обещаниями] **3.** белокурый; светлый; ~ hair светлые волосы; ~ skin белая кожа; ~ man [woman] блондин [блондинка] **4.** чистый, незапятнанный; ~ name хорошая репутация, честное имя **5.** 1) ясный и солнечный; ~ weather хорошая /ясная/ погода; ~ sky чистое /ясное/ небо; ~ day /daylight/ дневной свет 2) благоприятный; ~ wind благоприятный /попутный/ ветер; to have a ~ chance of success иметь много шансов на успех; to be in the ~ way to smth. /to do smth./ быть на пути к чему-л., иметь шансы на что-л. 3) ясный, чёткий; ~ writing /hand/ ясный /разборчивый/ почерк; ~ copy беловик; чистовой экземпляр (*документа и т. п.*); please make a ~ copy of this letter пожалуйста, перепишите это письмо набело **6.** *арх., поэт.* красивый, прекрасный; ~ woman красавица; ~ one красивая или любимая женщина; the ~ sex прекрасный пол; ~ landscape красивый пейзаж; (as) ~ as a lily [as a rose] прекрасный как лилия [как роза] **7.** *амер.* чистый, полный; a ~ swindle /do/ чистое мошенничество; it's a ~ pleasure to watch him смотреть на него одно удовольствие

◊ ~ enough справедливо; согласен; ~ go правда, честно; ~ wear and tear *тех.* естественный износ; ~ and square честно и справедливо [*см. тж.* fair² III ◊]; ~ cop *вор. жарг.* обоснованный арест; ≅ попался за дело, поймали с поличным; ~ do's *сл.* справедливый делёж; равные доли; all is ~ in love and war в любви и на войне все средства хороши; ~ without, false /foul/ within красиво снаружи, да гнило внутри

fair² III [feə] *adv* **1.** честно; to play ~ а) играть честно /по правилам/; б) действовать открыто /честно/; to hit ~ *спорт.* нанести удар по правилам **2.** прямо, точно; to strike smb. ~ on the chin ударить кого-л. прямо в подбородок **3.** чисто; ясно; to copy a letter out ~ переписать письмо начисто /набело/ **4.** *арх.* вежливо, учтиво; to speak ~ to smb. *арх.* учтиво, любезно поговорить с кем-л.

◊ to bid ~ — *см.* bid II ◊; ~ and softly! тише, легче!; ~ and square а) честно и справедливо б) прямо, точно

fair² IV [feə] *v* **1.** проясняться (*о погоде*) **2.** переписывать начисто, перебелять (*документ*) **3.** *тех.* обеспечивать обтекаемость, сглаживать контур

fair-copy [ˈfeəˌkɒpɪ] *v* переписывать начисто, перебелять

fair-curve [ˈfeəkɜːv] *n спец.* плавная кривая

Fair Deal [ˌfeəˈdiːl] *амер.* «справедливый курс» (*лозунг президента Трумэна*)

fair-dealing I [ˌfeəˈdiːlɪŋ] *n* честность, прямота

fair-dealing II [ˌfeəˈdiːlɪŋ] *a* честный, прямой

fair-faced [ˈfeəfeɪst] *a* **1.** 1) светлолицый; со светлой кожей 2) красивый **2.** с честным, открытым лицом **3.** благовидный

fairground [ˈfeəɡraʊnd] *n* ярмарочная площадь, место, где обычно происходят ярмарки

fair-haired [ˈfeəheəd] *a* **1.** светловолосый **2.** *амер. разг.* любимый; the ~ boy of the family любимец /баловень/ семьи

fair-headed boy [ˈfeəˌhedɪdˈbɔɪ] *амер. разг.* любимчик, фаворит

fair-housing [ˈfeəˌhaʊzɪŋ] *n амер.* запрещение расовой и религиозной дискриминации при продаже домов и сдаче квартир

fairily [ˈfe(ə)rɪlɪ] *adv редк.* **1.** волшебно, сказочно **2.** грациозно, изящно

fairing¹ [ˈfe(ə)rɪŋ] *n* гостинец; подарок с ярмарки

◊ to get one's ~ *шотл.* получить по заслугам; to give smb. his ~ *шотл.* воздать кому-л. по заслугам

fairing² [ˈfe(ə)rɪŋ] *n спец.* **1.** придание обтекаемой формы **2.** обтекатель

fairish I [ˈfe(ə)rɪʃ] *a разг.* 1) порядочный, довольно большой 2) подходящий, сносный

fairish II [ˈfe(ə)rɪʃ] *adv разг.* 1) порядочно, достаточно 2) подходяще, сносно

fair-lead [ˈfeəliːd] *n мор.* киповая планка, полуклюз

fairly [ˈfeəlɪ] *adv* **1.** честно; справедливо, беспристрастно; to win /to gain/ smth. ~ получить что-л. честно /по справедливости/; to act ~ by all men поступать справедливо по отношению ко всем людям **2.** 1) довольно, в известной степени; сносно; ~ good довольно хорошо; she sings ~ well она неплохо поёт; we could see and hear ~ well нам было довольно хорошо видно и слышно; his suggestion ~ took my breath away от его предложения у меня просто дух захватило 2) *эмоц.-усил.* совершенно, явно; весьма; he is ~ beside himself он совершенно вне себя; the boat was ~ under way корабль был уже на полном ходу **3.** благоприятно; надлежащим, соответствующим образом; a town ~ situated город, хорошо расположенный; he may ~ have high hopes on в праве питать большие надежды **4.** ясно, чётко, разборчиво; to write ~ писать разборчиво

fair-maid ['feəmeɪd] *n* **1.** = fumade **2.** *в названиях различных растений:* ~s of February, February ~s подснежники

fair-minded [,feə'maɪndɪd] *a* справедливый, беспристрастный, непредубеждённый

fair-spoken [,feə'spəʊkən] *a* обходительный; вежливый; ~ words мягкие /ласковые/ слова

fair to middling [,feətə'mɪdlɪŋ] *амер.* посредственный, так себе; приемлемый; ≅ серединка на половинку

fair trade [,feə'treɪd] **1.** торговля на основе взаимности **2.** законная торговля **3.** *эвф.* контрабанда

fairway ['feəweɪ] *n* **1.** *мор.* фарватер (*тж. перен.*); правильный курс (*корабля*) **2.** *ав.* место посадки и взлёта гидропланов (*на воде*)

fair-weather ['feə,weðə] *a* **1)** предназначенный для хорошей погоды; ~ boat лодка, на которой можно выходить только в хорошую погоду; ~ task задание, выполнимое при хорошей погоде **2)** ненадёжный, хороший только при благоприятных обстоятельствах; ~ friend друг до первой беды; ~ sailor неопытный или робкий моряк

fairy I ['feərɪ] *n* **1.** фея; волшебница; эльф; ~ of the mine кобольд, гном; bad ~ злая фея; злой гений; good-mother добрая фея; крёстная Золушки **2.** *амер. сл.* гомосексуалист

fairy II ['feərɪ] *a* **1.** волшебный, сказочный **2.** воображаемый; иллюзорный **3.** тонкий, прозрачный; ~ textures тонкие ткани

fairy-circle ['feərɪ,sɜ:k(ə)l] *n* **1. 1)** танец фей **2)** хоровод фей **2.** = fairy rings

fairy godfather ['feərɪ'gɒd,fɑ:ðə] *амер. сл.* покровитель, благодетель (*особ. театральной труппы*); меценат

fairyism ['feərɪɪz(ə)m] *n* **1.** волшебство **2.** вера в волшебные силы

fairyland ['feərɪlænd] *n* сказочная, волшебная страна

fairy lights ['feərɪlaɪts] *pl* китайские фонарики

fairy-money ['feərɪ,mʌnɪ] *n* фольк. колдовские деньги (*рассыпающиеся в прах*)

fairy-mushroom ['feərɪ,mʌʃrʊm] *n* поганка (*гриб*)

fairy rings ['feərɪrɪŋz] *pl* «ведьмины кольца» (*из грибов, растущих кругами на лужайках*)

fairy-stone ['feərɪstəʊn] *n* **1.** археол. кремнёвый наконечник стрелы **2.** геол. конкреция необычной формы

fairytale I ['feərɪteɪl] *n* **1.** (волшебная) сказка **2.** *часто pl разг.* выдумки, небылицы, «сказки»

fairytale II ['feərɪteɪl] *a* сказочный, волшебный; ~ princess принцесса из сказки; ~ beauty сказочная красота

fait accompli [ˌfeɪtəˈkɒmplɪ, ˌfetəkɔm'pli:] *фр.* совершившийся факт

faites votre jeu [ˌfe(ɪ)tˌvɒtrə'ʒɜ:] *фр.* делайте ставки (*слова крупье при игре в рулетку*)

faith [feɪθ] *n* **1.** вера, доверие; to have ~ in smth. верить во что-л.; to pin one's ~ on /to/ smth., to place one's ~ in smth. слепо верить чему-л., полагаться на что-л.; to shake smb.'s ~ поколебать чью-л. веру; to shatter smb.'s ~ убить /подорвать/ чью-л. веру; (to get) on ~ (принимать) на веру; I haven't much ~ in this medicine я не очень-то верю в это лекарство; I've lost all ~ in that fellow я совершенно перестал доверять этому человеку; on the ~ of your advice *арх.* по вашему совету, полагаясь на ваш совет **2.** вера, религия; вероисповедание; the Christian ~ христианство; the Mohammedan ~ магометанство **3.** кредо; убеждения, взгляды; political ~ политическое кредо; to keep one's ~ твёрдо придерживаться своих убеждений; to break one's ~ отступиться от своих взглядов [*см. тж.* 5] **4.** верность, преданность, честность; лояльность; good ~ а) добросовестность; честные намерения; б) преданность, верность; in good ~ а) честно, по чистой совести, чистосердечно; добросовестно; I told you that in all good ~ я говорил вам об этом, совершенно не желая вас обмануть /думая, что это так и есть/; б) в духе доброй воли; to negotiate in good ~ вести переговоры в духе доброй воли; bad ~ а) недобросовестность, нечестность; б) вероломство, предательство; in bad ~ вероломно, предательски **5.** обещание, ручательство, слово; to give [to pledge, to plight] one's ~ дать слово (one's) ~ держать слово; to break [to violate] (one's) ~ нарушить слово [*см. тж.* 3]; breach of ~ нарушение слова, нечестный поступок **6.** офиц. удостоверение; in ~ whereof в удостоверение чего...; in ~ whereof the undersigned plenipotentiaries... в удостоверение чего нижеподписавшиеся полномочные представители...
◇ Punic /*редк.* Carthaginian/ ~ предательство, вероломство; upon /by/ my ~!, I ~ клянусь честью!

faith-cure ['feɪθkjʊə] *n* **1)** лечение внушением (*обыкн. лекарское*); «чудесное исцеление» (*часто самовнушением*) **2)** исцеление с помощью молитвы

faithful I ['feɪθf(ə)l] *n* (the ~) *обыкн. собир.* **1)** верующие, правоверные (*особ. о мусульманах*); Father of the ~ отец правоверных **2)** *часто ирон.* ортодоксы (*в партии и т. п.*)

faithful II ['feɪθf(ə)l] *a* **1.** верный, преданный; ~ friend преданный друг; ~ husband верный муж; to be ~ to one's promise [principles] быть верным своему обещанию [своим принципам]; your ~ servant *офиц.* ваш покорный слуга **2. 1)** правдивый, заслуживающий доверия; достоверный; ~ narrative правдивый рассказ; to give a ~ account of the course of events дать точный /правдивый/ отчёт о событиях **2)** точный, верный; ~ portrait правдивая картина; верный портрет; a copy ~ in every detail копия, точная во всех деталях; ~ memory хорошая память **3.** добросовестный

faithfully ['feɪθf(ə)lɪ] *adv* **1)** верно, честно; to serve smb. ~ служить кому-л. преданно /верно/ **2)** точно; to reproduce smth. ~ воспроизводить точно /во всех деталях/
◇ yours ~ с совершенным почтением, готовый к услугам (*заключение письма*)

faithfulness ['feɪθf(ə)lnɪs] *n* **1.** верность, преданность; лояльность **2.** достоверность **3.** честность, правдивость

faith-healer ['feɪθ,hi:lə] *n* знахарь, лечащий больных молитвами и наложением рук

faith-healing ['feɪθ,hi:lɪŋ] = faith-cure

faithless ['feɪθlɪs] *a* **1.** вероломный; a ~ wife неверная жена **2.** не заслуживающий доверия; ненадёжный; недостоверный; a man of a ~ disposition ненадёжный человек **3.** *редк.* неверующий, неверный

faithworthy ['feɪθ,wɜ:ðɪ] *a* достойный веры, доверия

fake¹ I [feɪk] *n* **1.** *мор.* кольцо, бухта каната; шлаг (*троса*) **3.** *геол.* песчанистый сланец **3.** *тех.* мягкий припой для ювелирных работ

fake¹ II [feɪk] *v мор.* укладывать (*канат в бухты*)

fake² I [feɪk] *n* **1.** *разг.* **1)** подделка; подлог; фальшивка; (газетная) «утка»; the painting was not Renoir, but a ~ картина оказалась не Ренуаром, а подделкой под него **2)** подчищенная марка (*в коллекции*) **2.** плутовство, мошенничество **3.** *редк.* мошенник, обманщик; самозванец **4.** *спорт.* финт; ~ blow ложный удар (*фехтование*)

fake² II [feɪk] *v* **1.** подделывать; фальсифицировать; фабриковать (*тж.* ~ up); to ~ result подделать результаты **2. 1)** мошенничать, дурачить; обманывать; he was not telling the truth, but was faking он не говорил правду, а морочил нас **2)** притворяться, прикидываться; to ~ surprise притворяться удивлённым; she ~d illness so she did not have to go to school чтобы не пойти в школу, она прикинулась больной /симулировала болезнь/ **3)** *спорт.* делать финт **3.** *вор. жарг.* грабить; убивать
◇ to ~ a line *театр.* нести отсебятину; импровизировать

fake book ['feɪkbʊk] *n* песенник, сборник текстов популярных песен (*изданный с нарушением авторского права*)

faked [feɪkt] *a* фальшивый, поддельный; фальсифицированный; сфабрикованный; ~ diamonds фальшивые бриллианты; ~ report сфабрикованный отчёт

fakelore ['feɪklɔ:] *n* псевдофольклор (*о песнях и т. п.*)

fakement ['feɪkmənt] *n разг.* подделка, фальсификация; обман; мошенничество; симуляция

fake off ['feɪk'ɒf] *phr v разг.* отлынивать от работы; прогуливать, лодырничать

fake out ['feɪk'aʊt] *phr v разг.* обманывать, морочить; вводить в заблуждение; to fake smb. out одурачить кого-л.

faker ['feɪkə] *n разг.* **1. 1)** *см.* fake² II + -er **2)** обманщик; фальсификатор; симулянт **3)** мошенник, жулик **2.** разносчик; уличный торговец **3.** *амер. проф.* литературный правщик

fakir ['feɪkɪə, 'fæ-, fæ'kɪə] *n* факир

fa la (la) [fɑ:'lɑ:(lɑ:)] тра-ля-ля

Falange [fə'lændʒ] *n* фаланга (*испанская фашистская организация*)

Falangist [fə'lændʒɪst] *n* фалангист (*член испанской фашистской организации*)

falbala ['fælbələ] *n* волан, оборка

falcade [fæl'keɪd] *n* фалькада (*приседание — конный спорт*)

falcate, falcated ['fælkeɪt, fæl'keɪtɪd] *a спец.* серповидный

falchion ['fɔ:l(t)ʃ(ə)n] *n* **1)** короткая широкая кривая сабля **2)** *поэт.* меч

falciform ['fælsɪfɔ:m] *a спец.* серповидный; изогнутый; крючковидный

falcon ['fɔ:lkən] *n* **1.** сокол **2.** *ист.* фалькон (*лёгкая пушка*)

falconer ['fɔ:lkənə] *n* **1)** сокольничий охотник **2)** сокольничий

falconet [,fɔ:lkə'net] *n* **1.** *зоол.* сорокопут (*Microhierax gen.*) **2.** *ист.* фальконет (*лёгкая пушка XVI—XVII вв.*)

falcon-gentle [ˌfɔːlkən'dʒentl] *n* са́мка *или* птене́ц я́стреба-тетеревя́тника
falconine ['fɔːlkənaɪn] *a* соколи́ный
falconry ['fɔːlkənrɪ] *n* 1. соколи́ная охо́та 2. вы́носка ло́вчих птиц
falculate ['fælkjʊl(e)ɪt] *a спец.* серпови́дный
falderal, falderol ['fældəræl, 'fɔːldərɒl] *n* 1. безделу́шка, украше́ние, пустячо́к 2. припе́в в стари́нных пе́снях
faldstool ['fɔːldstuːl] *n церк.* 1. небольшо́й анало́й 2. складно́й стул епи́скопа
falk [fɔːk] *n шотл.* гага́рка
fall[1] I [fɔːl] *n* 1. 1) паде́ние; a ~ from one's horse паде́ние с ло́шади; the ~ of an apple паде́ние я́блока; the ~ of the hammer уда́р молотка́ (*на аукцио́не*); intentional ~ *спорт.* преднаме́ренное паде́ние; pin ~ паде́ние на о́бе лопа́тки (*борьба́*); to have a ~ упа́сть; to take a ~ быть сби́тым с ног 2) паде́ние, зака́т; the rise and ~ of the Roman Empire расцве́т и упа́док Ри́мской импе́рии 2. пониже́ние, паде́ние; спад; ~ in temperature пониже́ние /паде́ние/ температу́ры; the rise and ~ of the waves волне́ние мо́ря /воды́/; a ~ in prices паде́ние цен 3. *обыкн. pl* водопа́д; Niagara Falls Ниага́рский водопа́д 4. укло́н, обры́в, склон (*холма́*); the ~ of the plain пониже́ние равни́ны 5. выпаде́ние (*волос, зубо́в*) 6. *амер.* о́сень; ~ fashions о́сенние мо́ды; ~ overcoat (*мужско́е*) осе́ннее пальто́ 7. выпаде́ние (*осадко́в и т. п.*); a heavy ~ of rain си́льный дождь, ли́вень; a two-inch ~ of snow сне́жный покро́в в два дю́йма толщино́й; a ~ of rocks blocked the road ка́мнепа́д завали́л доро́гу; ~ of leaves опаде́ние листвы́ 8. впаде́ние реки́ 9. 1) око́т, рожде́ние (*ягня́т и т. п.*) 2) вы́водок, помёт 10. 1) ру́бка ле́са 2) сру́бленный лес 11. 1) покрыва́ло, вуа́ль 2) ниспада́ющий воротни́к 3) накладны́е во́лосы в ви́де «ко́нского хвоста́»; шиньо́н из дли́нных воло́с 12. *спорт.* круг, схва́тка, ра́унд; he won two ~s out of three он вы́играл две схва́тки из трёх; to try a ~ with smb. поборо́ться /поме́ряться си́лами/ с кем-л. 13. *тех.* напо́р; высота́ напо́ра 14. 1) *тех.* кана́т подъёмного бло́ка (*обы́кн.* block and ~) 2) *мор.* фал 15. *муз.* када́нс 16. (the F.) *рел.* грехопаде́ние, перворо́дный грех (*тж.* ~ from grace); before [after] the F. до [по́сле] грехопаде́ния
◇ to ride for a ~ а) неосторо́жно е́здить верхо́м; б) де́йствовать безрассу́дно, неосмотри́тельно, во вред себе́; pride will have a ~ кто высоко́ зано́сится, тот ни́зко па́дает; вся́кой го́рдыне прихо́дит коне́ц

fall[2] II [fɔːl] *v* (fell; fallen) I 1. па́дать; to ~ to the ground упа́сть на зе́млю [*см. тж.* ◇]; I fell and hurt my knee я упа́л и уши́б коле́но; to ~ out of a window вали́ться из окна́; to ~ down a precipice сорва́ться с обры́ва; to ~ over a chair in the dark наткну́ться на стул в темноте́ и упа́сть; to ~ full length упа́сть плашмя́, растяну́ться (во весь рост); to ~ on (to) one's knees пасть на коле́ни 2. 1) опуска́ться, спуска́ться; the curtain ~s за́навес па́дает; her hair ~s loosely on her shoulders во́лосы (свобо́дно) спада́ют ей на пле́чи; dress ~ing freely пла́тье, ниспада́ющее свобо́дными скла́дками; to ~ in smb.'s estimation упа́сть в чьих-л. глаза́х 2) ни́зко опуска́ться, склоня́ться; her head fell on his shoulder она́ склони́ла го́лову ему́ на плечо́; his eyes fell он опусти́л глаза́ 3) наступа́ть, опуска́ться; darkness fell стемне́ло; a mist fell опусти́лся тума́н; night is ~ing fast надвига́ется ночь 4) охва́тывать, одолева́ть; sleep fell upon them их свали́л /одоле́л/ сон; fear fell upon him его́ охвати́л страх 3. 1) па́дать, понижа́ться; the temperature fell температу́ра упа́ла; the glass has ~en баро́метр упа́л; prices have ~en це́ны упа́ли; the market is ~ing це́ны на ры́нке па́дают; stocks fell several points а́кции упа́ли на не́сколько пу́нктов; the river has fallen у́ровень воды́ в реке́ пони́зился, вода́ в реке́ спа́ла 2) стиха́ть, ослабева́ть; the wind fell ве́тер стих; here his voice fell он заговори́л ти́ше; он сказа́л э́то упа́вшим го́лосом; the flames rose and fell пла́мя то разгора́лось, то затиха́ло; the music rose and fell му́зыка звуча́ла то гро́мче, то ти́ше; his anger suddenly fell его́ гнев внеза́пно исся́к; the conversation fell for a few minutes разгово́р стих на не́сколько мину́т 3) ухудша́ться, по́ртиться; my spirits fell у меня́ упа́ло настрое́ние 4. 1) пасть; поги́бнуть; to ~ in (a) battle пасть в бою́; to ~ by the sword пасть от меча́; two elephants fell to his gun он уби́л двух слоно́в; the fortress [the town] fell кре́пость [го́род пал]; the Cabinet fell прави́тельство па́ло 2) до́хнуть; large numbers of cattle fell in the drought во вре́мя за́сухи был большо́й падёж скота́ 5. устремля́ться, направля́ться; when his eye fell on me когда́ он уви́дел меня́; his eye fell on a misprint опеча́тка бро́силась ему́ в глаза́; the sunlight fell upon the mountain лучи́ со́лнца освети́ли го́ру; music fell on his ear до него́ услы́шал му́зыку, до него́ донесла́сь му́зыка 6. опуска́ться, идти́ под укло́н; the plain fell to the north равни́на понижа́лась к се́веру 7. ру́шиться, обва́ливаться; оседа́ть; many houses fell in the earthquake во вре́мя землетрясе́ния бы́ло разру́шено мно́го домо́в; the bank fell бе́рег осе́л 8. 1) (on, upon) распространя́ться, ложи́ться (на кого́-л., что-л.); suspicion fell on him подозре́ние па́ло на него́; the lot fell on him жре́бий пал на него́; the responsibility ~s on me отве́тственность па́дает /ло́жится/ на меня́; the expense fell on him распла́чиваться пришло́сь ему́; the accent ~s (up)on the last syllable ударе́ние па́дает на после́дний слог; May Day this year ~s on Monday первома́йский пра́здник в э́том году́ прихо́дится на понеде́льник 2) (to) выпада́ть (на чью-л. до́лю); достава́ться (кому́-л.); to ~ to smb.'s share /to smb.'s lot/ достава́ться, выпада́ть на чью-л. до́лю; it fell to me to break the news to her на мою́ до́лю вы́пало /мне пришло́сь/ сообщи́ть ей э́ту но́вость; his property ~s to his wife его́ иму́щество перехо́дит к жене́ /насле́дует жена́/; it fell upon me to open the exhibition мне довело́сь /пришло́сь/ открыва́ть вы́ставку 9. срыва́ться с уст; not a word fell from his lips с его́ уст не сорвало́сь ни еди́ного сло́ва; to let ~ a word проронить сло́во; the excellent advice that fell from his lips превосхо́дные сове́ты, кото́рые он раздава́л; I agree with what has ~en from the last speaker я согла́сен с тем, что сказа́л после́дний ора́тор 10. *сл.* угоди́ть в тюрьму́; he fell twice on два ра́за сиде́л 11. пасть (*о же́нщине*), утра́тить целому́дрие

II А 1. 1) опада́ть (*о ли́стьях и т. п.; тж.* ~ off); blossoms ~ from the trees цвет опада́ет с дере́вьев; the petals are ~ing off the flower цвето́к осыпа́ется 2) выпада́ть (*о волоса́х, зуба́х; ча́сто* ~ out); a child's first teeth ~ у ребёнка выпада́ют моло́чные зу́бы; his hair is ~ing у него́ выпада́ют /ле́зут/ во́лосы 2. идти́, выпада́ть (*о дожде́, сне́ге*); rain is ~ing идёт дождь; snow fell вы́пал снег 3. впада́ть (*о реке́*); rivers that ~ into the sea ре́ки, впада́ющие в мо́ре 4. попада́ть (*в лову́шку и т. п.*); to ~ into a snare /a trap/ попа́сть в лову́шку; to ~ into smb.'s clutches попа́сть в чьи-л. ла́пы; to ~ to temptation подда́ться искуше́нию 5. распада́ться (*на ча́сти*); to ~ (in)to pieces, to ~ apart /asunder/ распада́ться на ча́сти; the work ~s into three divisions рабо́та де́лится на три ча́сти; they fell into two factions они́ раскололи́сь на две фра́кции 6. запада́ть (*в го́лову*); приходи́ть (*на ум*); when this strange idea fell into his mind когда́ ему́ пришла́ на ум э́та стра́нная иде́я; it fell into my mind to write you a letter мне вдруг захоте́лось написа́ть вам письмо́ 7. рожда́ться (*о ягня́тах, щеня́тах и т. п.*)

II Б 1. *to fall across smb., smth.* натыка́ться на кого́-л., что́-л.; неожи́данно встре́тить (*кого́-л.*), налете́ть, нарва́ться (*на что́-л., на кого́-л.*) 2. *to fall on /upon/ smb., smth.* 1) натыка́ться на кого́-л., что́-л.; she had ~en on hard times для неё наступи́ли тяжёлые времена́ 2) напада́ть, набра́сываться, броса́ться на кого́-л., что́-л.; to ~ upon smb.'s neck ки́нуться на ше́ю кому́-л. 3. *to fall among smb.* попада́ть в како́е-л. о́бщество; to ~ among evil companions попа́сть в дурну́ю компа́нию; to ~ among thieves а) попа́сть в ру́ки /в ла́пы/ граби́телей /моше́нников/; б) *библ.* попа́сться разбо́йникам 4. *to fall under smth.* 1) подверга́ться чему́-л.; испы́тывать что-л.; to ~ under smb.'s displeasure заслужи́ть чью-л. неми́лость, попа́сть у кого́-л. в неми́лость; to ~ under suspicion попа́сть под подозре́ние; to ~ under smb.'s power попа́дать под чью-л. власть; these things do not ~ under human observation таки́е явле́ния недосту́пны челове́ческому наблюде́нию 2) подпада́ть под каку́ю-л. катего́рию *и т. п.*, входи́ть в каку́ю-л. гру́ппу *и т. п.*; these facts ~ into another category э́ти фа́кты отно́сятся к друго́й катего́рии 5. *to fall within smth.* входи́ть в каки́е-л. грани́цы, преде́лы *и т. п.*; находи́ться в преде́лах, сфе́ре чего́-л.; to ~ within a certain sphere of influence находи́ться в определённой сфе́ре влия́ния; this doesn't ~ within my province э́то вне мое́й компете́нции 6. *to fall in(to) a state* 1) приходи́ть, впада́ть в како́е-л. состоя́ние; доходи́ть до како́го-л. состоя́ния; to ~ into a rage впада́ть в я́рость /в гнев/; to ~ into error впасть в оши́бку /в заблужде́ние/; to ~ in love влюби́ться; to be in and out of love very easily он о́чень влю́бчивый челове́к; to ~ into talk заговори́ть, разговори́ться; the custom fell into abuse э́тот обы́чай вы́родился; to ~ into a spin *ав.* войти́ в што́пор 2) ока́зываться в како́м-л. положе́нии; to ~ into disfavour /into disgrace /into disfavour/ впада́ть в неми́лость 7. *to fall to (doing) smth.* бра́ться, принима́ться за что-л., начина́ть де́лать что-л.; one night I fell to thinking of the past одна́жды но́чью я заду́мался о про́шлом; she fell to brooding again ею сно́ва овладе́ли гру́стные мы́сли 8. *to fall for smb. разг.* увле́чься кем-л., влюби́ться в кого́-л.; every girl ~s for him все де́вушки без ума́ от него́ 9. *to fall for smth.*

разг. попада́ться на у́дочку; he at once fell for it он то́тчас же попа́лся на э́ту у́дочку; he fell for the trick он подда́лся обма́ну, он попа́лся на у́дочку
III А *как глагол-связка в составном именном сказуемом:* to ~ asleep засыпа́ть; to ~ sick заболе́ть; to ~ dumb онеме́ть; to ~ silent замолча́ть; to ~ vacant освободи́ться; to ~ due подлежа́ть опла́те (*о векселе и т. п.*); the rent ~s due next Monday срок кварти́рной пла́ты в бу́дущий понеде́льник; to ~ a-laughing [a-crying] *уст.* расхохота́ться [распла́каться]
◇ to ~ at hand надвига́ться, приближа́ться; to ~ flat не име́ть успе́ха, не уда́ться; не произвести́ жела́емого впечатле́ния; his jokes all fell flat его́ шу́тки никого́ не развесели́ли; to ~ over one another doing smth. а) де́лать что-л. с чрезме́рным усе́рдием; б) о́чень торопи́ться; to ~ all over oneself из ко́жи вон лезть; стара́ться изо всех сил; to ~ foul *см.* foul III ◇; to ~ from grace а) теря́ть расположе́ние; б) греши́ть, сбива́ться с пути́ и́стинного; to ~ into line а) *воен.* постро́иться; б) подчини́ться, согласи́ться; to ~ into place встава́ть на (своё) ме́сто; when he told me his story all the facts I had known before fell into place когда́ он рассказа́л мне свою́ исто́рию, все фа́кты, изве́стные мне и ра́ньше, ста́ли поня́тны; to ~ into a habit приобрета́ть привы́чку, привыка́ть; to ~ out of a habit отвыка́ть; he fell out of the habit of smoking он отвы́к от куре́ния; to ~ short (of) а) потерпе́ть неуда́чу; б) не хвата́ть; his income ~s short of his expenditure by £500 его́ дохо́ды на 500 фу́нтов ме́ньше, чем его́ расхо́ды; в) не достига́ть це́ли; our efforts have ~en short на́ши уси́лия не увенча́лись успе́хом; to ~ on one's feet счастли́во отде́латься, уда́чно вы́йти из тру́дного положе́ния; to ~ to the ground ру́шиться, ока́зываться бесполе́зным/безрезульта́тным/ [*см. тж.* I 1]; to ~ on one's face прова́литься (с тре́ском); оскандалиться; потерпе́ть фиа́ско; to ~ between two stools сесть ме́жду двух сту́льев; his face fell у него́ вы́тянулось лицо́

fall² [fɔ:l] *редк. см.* fall-trap
fall³ [fɔ:l] *n проф.* 1) крик, издава́емый китобо́ями при ви́де кита́ 2) охо́та на кито́в

fall about ['fɔ:lə'baʊt] *phr v* валя́ться, ката́ться (*от смеха*); to ~ laughing /with laughter/ пока́тываться со́ сме́ху; just the sight of him is enough to make you ~ laughing сто́ит его́ уви́деть и сра́зу начина́ешь хохота́ть; we fell about when he told us what he was doing когда́ он рассказа́л нам, что он де́лает, мы не могли́ удержа́ться от сме́ха /покати́лись со́ смеху/

fallacious [fə'leɪʃəs] *a* 1. непра́вильный; оши́бочный, ло́жный; ~ arguments оши́бочные /ло́жные/ аргуме́нты 2. обма́нчивый, иллюзо́рный; ~ hopes напра́сные наде́жды

fallacy ['fæləsɪ] *n* 1. оши́бка, заблужде́ние; a statement based on ~ оши́бочное утвержде́ние; popular fallacies обы́чные заблужде́ния 2. оши́бочность, обма́нчивость; the ~ of friendship ненадёжность дру́жбы 3. 1) софи́зм, ло́жный аргуме́нт 2) софи́стика 3) ло́жный вы́вод (*в статистике*)

fallal [fæ'læl] *n* 1) *обыкн. pl* украше́ние, блестя́щая безделу́шка 2) *pl* ле́нты, ба́нты

fallalery [fæ'læl(ə)rɪ] *n пренебр.* 1) безделу́шки; побряку́шки 2) же́нские наря́ды, «тря́пки»

fall apart ['fɔ:lə'pɑ:t] *phr v* 1. разва-

ли́ться; to keep the family from falling apart не допусти́ть разва́ла семьи́ 2. *амер. сл.* 1) потеря́ть го́лову (*от восто́рга, стра́ха и т. п.*) 2) безу́мно влюби́ться

fall astern ['fɔ:lə'stɜ:n] *phr v мор.* отстава́ть

fall away ['fɔ:lə'weɪ] *phr v* 1. 1) покида́ть, изменя́ть; all his old friends fell away from him все ста́рые друзья́ поки́нули его́ 2) отступа́ться (*от ве́ры, убежде́ний и т. п.*) 2. 1) уменьша́ться, спада́ть, ослабева́ть; in London trade always falls away during the summer торго́вля в Ло́ндоне всегда́ идёт ху́же ле́том; output fell away sharply вы́пуск проду́кции ре́зко упа́л; to ~ to a certain level опусти́ться до определённого преде́ла 2) худе́ть; теря́ть в ве́се 3. отпада́ть; prejudices fell away предрассу́дки бы́ли изжи́ты 4. постепе́нно сходи́ть вниз; спуска́ться; woodland falls away to the river-bank лес спуска́ется к са́мому бе́регу реки́

fall-away ['fɔ:lə,weɪ] *n реакт.* отделе́ние (*ступе́ни раке́ты*)

fallback ['fɔ:lbæk] *n вчт.* перехо́д на авари́йный режи́м

fall back ['fɔ:l'bæk] *phr v* 1. 1) отступа́ть; the guns began to fire, and the troops fell back пу́шки на́чали стреля́ть, и войска́ отступи́ли /откати́лись наза́д/ 2) уступа́ть (*доро́гу*) 2. (on, upon) 1) прибега́ть к чему́-л.; to ~ upon lies прибега́ть ко́ лжи; to ~ upon smb.'s help прибега́ть к чьей-л. по́мощи 2) возвраща́ться (*к чему́-л.*); to ~ upon the old method испо́льзовать ста́рый спо́соб; doctors sometimes ~ on old cures врачи́ иногда́ испо́льзуют ста́рые спо́собы лече́ния 3) полага́ться (*на что́-л.*); it is always useful to have something to ~ on всегда́ поле́зно име́ть ко́е-что́ про запа́с; when facts are scarce he falls back on his imagination когда́ у него́ не хвата́ет фа́ктов, он полага́ется на своё воображе́ние

fallback ['fɔ:lbæk] *n* 1. отступле́ние, отхо́д 2. запа́с, резе́рв; опо́ра в слу́чае необходи́мости 3. 1) выпаде́ние, паде́ние (*обло́мков и т. п.*); ~ of an explosion оско́лки от взры́ва 2) радиоакти́вные оса́дки

fallback position ['fɔ:lbækpə'zɪʃ(ə)n] *амер. полит.* 1) пози́ция, подгото́вленная для отступле́ния 2) запасно́й кандида́т (*на слу́чай, если вы́яснится непопуля́рность основно́го кандида́та*)

fall behind ['fɔ:lbɪ'haɪnd] *phr v* 1. отстава́ть; he always falls behind when we are going uphill когда́ мы идём в го́ру, он всегда́ отстаёт; to ~ in the arms race отста́ть /оказа́ться в числе́ отстаю́щих/ в го́нке вооруже́ний 2. (with) отста́ть по сро́кам; to ~ сде́лать во́время; to ~ with one's work запусти́ть /не сдать в срок/ рабо́ту; to ~ with the bill не опла́тить своевре́менно счёт; don't ~ with your rent вноси́те кварти́рную пла́ту во́время; I have fallen behind with my correspondence у меня́ накопи́лось мно́го неотве́ченных пи́сем

fall dandelion ['fɔ:l'dændɪlaɪən] *бот.* одува́нчик осе́нний (*Taraxacum gymnauthum*)

fall down ['fɔ:l'daʊn] *phr v* 1. 1) па́дать 2) пасть ниц 3) идти́ вниз по тече́нию, *о ло́дке и т. п.* 2. (on) 1) *амер. разг.* потерпе́ть неуда́чу в чём-л., прова́литься; he fell down on the job он не спра́вился с рабо́той 2) нару́шить; to ~ on one's promises не сдержа́ть свои́х обеща́ний; to ~ on one's obligations to smb. не вы́полнить свои́х обя́занностей по отноше́нию к кому́-л.

fall-down ['fɔ:ldaʊn] *n эк.* паде́ние вы́работки

fallen I ['fɔ:lən] *n* (the ~) *собир.* па́вшие (в бою́)

fallen II ['fɔ:lən] *a* 1. 1) упа́вший; ~ deadwood вале́жник 2) опа́вший; ~ leaves опа́вшие ли́стья 2. па́вший; ~ in battle па́вший в бою́ 3. 1) па́дший, опусти́вшийся; ~ woman па́дшая же́нщина 2) разорённый, разори́вшийся

fallen III ['fɔ:lən] *p. p. от* fall¹ II

faller ['fɔ:lə] *n* 1. *см.* fall¹ II + -er 2. лунь (*пти́ца*) 3. лесору́б, дровосе́к 4. па́дающий гре́бень (*в тексти́льных маши́нах*)

fall guy ['fɔ:lgaɪ] *амер. сл.* 1. тот, кто распла́чивается за чужи́е преступле́ния; козёл отпуще́ния; they have been made fall guys вину́ свали́ли на них; ≅ их заставля́ют расхлёбывать ка́шу 2. изли́шне дове́рчивый челове́к; лёгкая же́ртва обма́на

fallibility [,fælə'bɪlɪtɪ] *n* 1) подве́рженность оши́бкам 2) оши́бочность

fallible ['fæləb(ə)l] *a* 1) подве́рженный оши́бкам, могу́щий ошиба́ться; all men are ~ всем лю́дям сво́йственно ошиба́ться 2) оши́бочный; не исключа́ющий оши́бки; ненадёжный; ~ rule пра́вило, име́ющее исключе́ния

fall in ['fɔ:l'ɪn] *phr v* 1. прова́ливаться, обру́шиваться (*о кры́ше и т. п.*) 2. 1) *воен.* станови́ться в строй; стро́иться; ~! станови́сь! 2) поста́вить в строй; sergeants fell their men in сержа́нты постро́или солда́т 3. (with) 1) случа́йно встре́титься, столкну́ться с кем-л.; on my way home I usually ~ with Smith по доро́ге домо́й я обы́чно встреча́юсь со Сми́том 2) гармони́ровать с чем-л.; соотве́тствовать чему́-л.; it falls in exactly with my views э́то по́лностью соотве́тствует мои́м взгля́дам 3) присоедини́ться к чему́-л.; поддержа́ть что-л.; to ~ with a proposal присоедини́ться к предложе́нию, поддержа́ть предложе́ние 4) счита́ться с чем-л.; принима́ть во внима́ние что-л. 4. пристро́иться к чему́-л., кому́-л.; (*обыкн.* to ~ alongside, ~ beside); I fell in beside him я зашага́л ря́дом с ним; onlookers fell in alongside the demonstrators пу́блика присоедини́лась к демонстра́нтам 5. истека́ть (*о сро́ке*); the leases on these properties fell in сро́ки аре́нды э́той недви́жимости истекли́ 6. (for) 1) навле́чь на себя́ что-л.; подве́ргнуться чему́-л.; he fell in for the major share of the blame его́ вини́ли бо́льше, чем други́х 2) получи́ть до́лю в чём-л.

falling I ['fɔ:lɪŋ] *n* 1. паде́ние *и пр.* [*см.* fall¹ II] 2. *геол.* оседа́ние

falling II ['fɔ:lɪŋ] *a* 1. па́дающий; ~ leaf *ав.* «паде́ние листо́м» (*фигу́ра пило́тажа*) 2. понижа́ющийся

falling-band ['fɔ:lɪŋbænd] *n* ниспада́ющий воротни́к

falling-off [,fɔ:lɪŋ'ɒf] *n* 1) упа́док 2. распа́д 3. *спорт.* срыв (*со снаря́да*)

falling-out [,fɔ:lɪŋ'aʊt] *n* ссо́ра, несогла́сие, размо́лвка

falling sickness ['fɔ:lɪŋ,sɪknɪs] *арх.* эпиле́псия, паду́чая

falling star [,fɔ:lɪŋ'stɑ:] *n* метео́р, па́дающая звезда́

falling-stone ['fɔ:lɪŋstəʊn] *n* аэроли́т, ка́менный метео́рит

fall off ['fɔ:l'ɒf] *phr v* 1. отпада́ть, отва́ливаться; all the leaves have fallen off все ли́стья опа́ли 2. отступа́ть, удали́ться 3. уменьша́ться; ослабева́ть; membership of the club has fallen off

количество членов клуба сократилось 4. ухудшаться; приходить в упадок; the quality of his painting has fallen off greatly его картины стали намного хуже 5. *мор.* не слушаться руля; уваливаться
fall-off ['fɔ:lɒf] *n* падение, сокращение, уменьшение
fall on ['fɔ:l'ɒn] *phr v* приниматься (*за дело, работу и т. п.*)
Fallopian tubes [fə,ləʊpɪən'tju:bz] *анат.* фаллопиевы трубы
fall out ['fɔ:l'aʊt] *phr v* 1. выпадать 2. *воен.* выходить из строя, расходиться; ~! разойдись! 3. ссориться; discussing the new play the two friends fell out обсуждая новую пьесу, друзья поссорились 4. оказываться; случаться; all fell out for the best всё вышло к лучшему; it fell out that... случилось так, что...; it may never ~ that we meet again может случиться так, что мы больше никогда не встретимся; how did it ~ that... как получилось, что... 5. *амер. сл.* уснуть
fall-out ['fɔ:laʊt] *n* 1. *метеор.* осадки 2. 1) радиоактивные осадки 2) *of* radioactive dust осадок радиоактивной пыли 2) выпадение радиоактивных осадков 3) 1) побочный продукт 2) непредвиденные последствия, непредсказуемый побочный результат; дополнительная выгода; ≅ с неба упало 3) *амер. полит.* непредвиденная отрицательная реакция; отрицательный побочный эффект (*мероприятия и т. п.*)
fall over ['fɔ:l'əʊvə] *phr v* 1. 1) опрокидываться 2) падать; he slipped and fell over он поскользнулся и упал 2. *шотл.* засыпать, заснуть
◊ to ~ backwards to do smth. из кожи лезть, чтобы сделать что-л.
fallow[1] **I** ['fæləʊ] *n с.-х.* 1. 1) пар, земля под паром; summer ~ летний пар; "black" ~ чёрный /чистый/ пар 2) вспашка под пар; ~ ground /land, soil/ парующая земля, поле под паром; ~ crop а) паровая культура; б) культура по пласту 2. залежная земля, залежь
fallow[1] **II** ['fæləʊ] *a* 1. *с.-х.* вспаханный под пар, парующий; to lie ~ оставаться под паром; to lay land ~ оставлять землю под паром 2. *с.-х.* необработанный, невспаханный; virgin and ~ lands целинные и залежные земли 3. неразвитой (*о человеке*); ~ mind грубый /неразвитой/ ум
fallow[1] **III** ['fæləʊ] *v с.-х.* 1. 1) вспахивать под пар; поднимать зябь 2) оставлять под паром 2. распахивать залежь; поднимать целину; to ~ clayed land разрыхлять /обрабатывать/ глинистую почву
fallow[2] ['fæləʊ] *a* 1. красновато-жёлтый; коричневато-жёлтый 2. *в грам. знач. сущ.* красновато-жёлтый цвет; коричневато-жёлтый цвет
fallow-deer ['fæləʊdɪə] *n зоол.* лань (*Dama dama*)
fallowing ['fæləʊɪŋ] *n с.-х.* парование
fall-plough ['fɔ:lplaʊ] *v с.-х.* вспахивать на зябь, поднимать зябь
fall-ploughing ['fɔ:l,plaʊɪŋ] *n с.-х.* подъём зяби, зяблевая пахота
fall through ['fɔ:l'θru:] *phr v* провалиться, потерпеть неудачу; the scheme fell through план провалился; the deal has fallen through сделка не состоялась
fall to ['fɔ:l'tu:] *phr v* 1. взяться, приняться (*за еду и т. п.*); they fell to with good appetite они принялись за еду

с большим аппетитом; ~! *разг.* налетайте! 2. захлопываться; the door fell to дверь захлопнулась сама
fall together ['fɔ:ltə'geðə] *phr v лингв.* совпадать (*о звуках речи, формах слов*)
fall-trap ['fɔ:ltræp] *n* ловушка
false I [fɔ:ls] *n разг.* 1. лжец, обманщик 2. подделка; фальшивка
false II [fɔ:ls] *a* 1. ложный, неверный, ошибочный; ~ accusation ложное обвинение; ~ note фальшивая нота; ~ shame ложный стыд; ~ pride ложная гордость; ложное самолюбие; ~ pains *мед.* ложные /предварительные/ схватки (*при родах*); to take a ~ step сделать неверный шаг; совершить ошибку; to be in a ~ position оказаться в ложном /неловком/ положении; to give /to put/ a ~ colour on smth. искажать что-л., представлять что-л. в ложном свете; to give a ~ impression создать неправильное впечатление; the news has proved ~ сообщение оказалось неверным 2. фальшивый, неискренний, притворный; вероломный, лживый; ~ tears притворные /≅ «крокодиловы»/ слёзы; ~ to the core лживый /фальшивый/ насквозь; to be ~ to smb.'s trust обмануть чьё-л. доверие; to be ~ to smb. обманывать кого-л., быть неверным кому-л. 3. поддельный, фальшивый; ~ coin фальшивая монета; ~ hair фальшивые /накладные/ волосы, парик; ~ teeth искусственные /вставные/ зубы; ~ jewelry фальшивые драгоценности; ~ pillars декоративные колонны; ~ window глухое окно; декоративное окно; ~ prophet лжепророк 4. *тех.* дополнительный, вспомогательный (*об элементах конструкции*); временный; ~ timbering *горн.* временное крепление; ~ keel *мор.* фальшкиль 5. *юр.* неправомерный, противозаконный; ~ imprisonment незаконное лишение (*кого-л.*) свободы
◊ (to sail) under ~ colours а) (плыть) под чужим флагом; б) выдавать себя за другого
false III [fɔ:ls] *adv* обманным путём; коварно; to play smb. ~ а) обмануть кого-л.; б) предать кого-л.; his memory played him ~ память подвела его; his wife played him ~ жена ему изменяла
false alarm [,fɔ:lsə'la:m] 1. ложная тревога 2. человек, обещавший много, но не оправдавший ожиданий
false arrest [,fɔ:lsə'rest] *юр.* незаконный, неправомерный арест
false bottom [,fɔ:ls'bɒtəm] 1) двойное дно 2) двоедушие, двурушничество
false-coiner ['fɔ:ls,kɔɪnə] *n* фальшивомонетчик
false face [,fɔ:ls'feɪs] маска (*закрывающая всё лицо, особ. комическая или страшная*)
false-faced [,fɔ:ls'feɪst] *a* фальшивый, двуличный
false flax [,fɔ:ls'flæks] *бот.* рыжик (*Camelina sativa*)
false front [,fɔ:ls'frʌnt] 1. декоративный, фальшивый фасад 2. обманчивая внешность; маскировка
false-hearted [,fɔ:ls'hɑ:tɪd] *a* вероломный, предательский
falsehood [,fɔ:lshʊd] *n* 1. ложь, неправда, обман; he never told ~s он никогда не лгал; his ~ cost us much его обман дорого обошёлся нам 2. лживость, вероломство 3. *шотл. юр.* подлог; обман
falsely ['fɔ:lslɪ] *adv* 1. ложно, ошибочно 2. фальшиво, притворно; вероломно; he was ~ accused of theft его ложно обвинили в воровстве
falseness ['fɔ:lsnɪs] *n* 1. ошибочность; the ~ of charge ложность

обвинения 2. неискренность; лживость, вероломство
false nettle [,fɔ:ls'netl] *бот.* рами (*Boehmeria nivea*)
false pregnancy ['fɔ:ls'pregnənsɪ] *мед.* ложная, мнимая *или* воображаемая беременность
false pretences [,fɔ:lsprɪ'tensɪz] 1. обман, притворство 2. *юр.* мошенничество
false representation ['fɔ:ls,reprɪzen'teɪʃ(ə)n] введение в заблуждение
false rib [,fɔ:ls'rɪb] *анат.* ложное ребро
false saffron [,fɔ:ls'sæfrən] *бот.* сафлор (*Carthamus tinctorius*)
false start [,fɔ:ls'stɑ:t] 1) *спорт.* фальстарт; сорванный старт 2) неудачное начало; to make a ~ неудачно начать (*что-л.*)
false testimony ['fɔ:ls'testɪmənɪ] *юр.* лжесвидетельство, ложное свидетельское показание
falsetto I [fɔ:l'setəʊ] *n* (*pl* -os [-əʊz]) *муз.* фальцет
falsetto II [fɔ:l'setəʊ] *adv муз.* фальцетом; to sing ~ петь фальцетом
false witness ['fɔ:ls'wɪtnɪs] 1. лжесвидетель 2. лжесвидетельство; to bear ~ лжесвидетельствовать
falsework ['fɔ:lswɜ:k] *n стр.* опалубка; (строительные) леса; подмости
falsie ['fɔ:lsɪ] *n часто pl разг.* чашечка бюстгальтера с толстой прокладкой (*поролоновой и т. п.*)
falsifiability [,fɔ:lsɪfaɪə'bɪlɪtɪ] *n лог.* опровергаемость, фальсифицируемость
falsifiable ['fɔ:lsɪfaɪəb(ə)l] *a* могущий быть подделанным, фальсифицированным
falsification [,fɔ:lsɪfɪ'keɪʃ(ə)n] *n* 1. фальсификация, подделка; искажение 2. *юр.* подлог (*документа*)
falsificator ['fɔ:lsɪfɪ,keɪtə] *n* фальсификатор
falsified ['fɔ:lsɪfaɪd] *a* 1) фальсифицированный, искажённый 2) подложный, сфабрикованный
falsifier ['fɔ:lsɪfaɪə] *n* фальсификатор, подделыватель
falsify ['fɔ:lsɪfaɪ] *v* 1. 1) фальсифицировать; искажать 2) подделывать (*документы и т. п.*) 2. обманывать (*надежды*); my hopes [fears] have been falsified мои надежды [страхи] оказались напрасными 3. доказать ложность, необоснованность; опровергнуть; to ~ a prophecy опровергнуть предсказание
falsism ['fɔ:lsɪz(ə)m] *n* заведомая, явная ложь
falsity ['fɔ:lsɪtɪ] *n* 1. ложность, ошибочность, недостоверность; the ~ of method ошибочность метода 2. неискренность, вероломство; the ~ of an ally вероломство союзника 3. ложь, лживое утверждение
Falstaff ['fɔ:lstɑ:f] *n* 1) *лит.* Фальстаф (*персонаж двух пьес Шекспира*) 2) весёлый толстяк, любитель выпивки и бахвальства
Falstaffian [fɔ:l'stɑ:fɪən] *a* 1) фальстафовский (*по имени шекспировского героя*) 2) неунывающий; любящий хорохориться; хвастливый, бахвалящийся; ~ wit грубый юмор
faltboat ['fɔ:ltbəʊt] *n* разборная байдарка
falter[1] **I** ['fɔ:ltə] *n* 1) колебание, нерешительность 2) бормотание, невнятная речь
falter[1] **II** ['fɔ:ltə] *v* 1. спотыкаться; двигаться пошатываясь, неуверенно; he ~ed across the room он неуверенно прошёл по комнате; the old man ~ed a few steps and fell старик сделал несколько неуверенных шагов и упал; the old car ~ed down the road старенький автомо-

би́ль е́ле полз по доро́ге 2. запина́ться, говори́ть неуве́ренно, заика́ться; to ~ (out) an excuse пробормота́ть извине́ние; his tongue ~s у него́ язы́к заплета́ется 3. 1) де́йствовать нереши́тельно, колеба́ться; I wouldn't ~ to tell him я бы не коле́бался и, прежде чем сказа́ть, сказа́л ему́; he ~ed and delayed before saying "yes" or "no" он колеба́лся и тяну́л, прежде чем сказа́ть «да» и́ли «нет» 2) дро́гнуть; his heart ~ed его́ се́рдце дро́гнуло 4. слабе́ть; the business ~ed and then failed дела́ фи́рмы пошатну́лись, и вско́ре она́ обанкро́тилась; he could feel his legs ~ing он почу́вствовал, что под ним подгиба́ются но́ги /его́ но́ги не де́ржат/

falter[2] ['fɔ:ltə] v редк. очища́ть (зерно́)
faltering ['fɔ:lt(ə)rɪŋ] a 1) нереши́тельный, неуве́ренный; ~ steps неуве́ренные шаги́; ~ voice дрожа́щий го́лос; a weak ~ old man стари́к, едва́ держа́щийся на нога́х от сла́бости 2) запина́ющийся; ~ speech невня́тная речь 3) ненадёжный; to bail out of a ~ airplane вы́броситься с парашю́том из повреждённого самолёта /из самолёта, кото́рый вот-во́т упадёт/
falunian [fə'lu:nɪən] n геол. верхнемиоце́новый
falx [fælks] n анат. серпови́дная скла́дка (тка́ни или вещества́), серп
famatinite [fə'mætɪnaɪt] n мин. фаматини́т
fame I [feɪm] n 1. сла́ва, изве́стность; love of ~ тщесла́вие; to win ~ доби́ться изве́стности; стать знамени́тым; his ~ as a poet was great он был просла́вленным поэ́том 2. репута́ция; house of ill ~ публи́чный дом; woman of ill ~ проститу́тка 3. арх. молва́, слух; as the ~ runs как глася́т молва́
fame II [feɪm] v редк. де́лать изве́стным, прославля́ть
famed [feɪmd] a просла́вленный; изве́стный, знамени́тый; to be ~ for smth. просла́виться чем-л.
fameful ['feɪmf(ə)l] a редк. изве́стный, просла́вленный
fameless ['feɪmlɪs] a редк. неизве́стный, незнамени́тый; one of the ~ writers of the past century оди́н из малоизве́стных писа́телей про́шлого ве́ка
familia [fə'mɪlɪə] n (pl -ae) зоол., бот. семе́йство
familiae [fə'mɪlɪi:] pl от familia
familial [fə'mɪlɪəl] a 1. семе́йный, семе́йственный; ~ ties семе́йные у́зы 2. насле́дственный; ~ disease насле́дственная боле́знь
familiar I [fə'mɪlɪə] n 1. бли́зкий друг 2. дома́шний дух 3. ист. член семьи́, домоча́дец 4. 1) монасты́рский слу́жка 2) приближённый па́пы или епи́скопа 3) ист. фамилья́р, член инквизи́ции, производя́щий аре́сты подозрева́емых 5. 1) знато́к (чего́-л.) 2) завсегда́тай
familiar II [fə'mɪlɪə] a 1. бли́зкий, инти́мный; ~ friends бли́зкие друзья́; to be on ~ terms with smb. быть в прия́тельских отноше́ниях /на коро́ткой ноге́/ с кем-л. 2. хорошо́ знако́мый (с чем-л.), зна́ющий (что-л.); to be ~ with smth. хорошо́ знать что-л.; to grow ~ with smth. освои́ться с чем-л.; to make oneself ~ with a language вы́учить како́й-л. язы́к 3. давно́ знако́мый, обы́чный, привы́чный; ~ sight знако́мый /привы́чный/ вид; ~ face [voice] знако́мое лицо́ [-ый го́лос]; amid ~ surroundings в привы́чной обстано́вке 4. фамилья́рный; ill bred and ~ manner дурна́я и фамилья́рная мане́ра 5. приручённый (о живо́тном)
◇ ~ spirit a) дух-покрови́тель (да́нной) семьи́; б) до́брый или злой дух, подска́зывающий челове́ку его́ де́йствия; в) дух уме́ршего (в спирити́зме)
familiarity [fə,mɪlɪ'ærɪtɪ] n 1. бли́зость, бли́зкое знако́мство; to be on terms of ~ with smb. быть в прия́тельских отноше́ниях с кем-л. 2. хоро́шее знако́мство (с чем-л.); хоро́шая осведомлённость (в чём-л.); he learnt German but never reached ~ with it он изуча́л неме́цкий язы́к, но так и не вы́учил его́ как сле́дует 3. 1) фамилья́рность 2) обыкн. pl фамилья́рный посту́пок; жест; фамилья́рное выраже́ние; she allowed no familiarities она́ не допуска́ла никаки́х фамилья́рностей
◇ ~ breeds contempt ≅ чем бли́же зна́ешь, тем ме́ньше почита́ешь
familiarization [fə,mɪlɪəraɪ'zeɪʃ(ə)n] n ознакомле́ние (с чем-л.); осва́ивание (чего́-л.)
familiarize [fə'mɪlɪəraɪz] v 1. познако́мить, ознако́мить; to ~ smb. with a new job ознако́мить кого́-л. с но́вой рабо́той; to ~ oneself with smth. ознако́миться /освои́ться/ с чем-л.; students are ~d with a variety of methods уча́щихся знако́мят с са́мыми разнообра́зными ме́тодами 2. сде́лать (что-л.) хорошо́ изве́стным
familiarly [fə'mɪlɪəlɪ] adv 1. бли́зко, хорошо́; to be ~ acquainted with smb. хорошо́ знать кого́-л. 2. обы́чно, как пра́вило 3. фамилья́рно; to salute smb. ~ бесцеремо́нно приве́тствовать кого́-л.
family ['fæm(ə)lɪ] n 1. семья́, семе́йство; ~ likeness семе́йное схо́дство; there is a ~ likeness between the two cousins ме́жду двою́родными бра́тьями есть семе́йное схо́дство; ~ trait семе́йная /фами́льная/ черта́; ~ film /movie/ фильм для всей семьи́: кинокарти́на, кото́рую мо́гут смотре́ть и де́ти и взро́слые; ~ friend друг семьи́, друг до́ма; a man of ~ семе́йный челове́к [см. тж. 2)]; how are all your ~? как пожива́ет ва́ша семья́ /ва́ше семе́йство/?; my ~ are early risers у нас в семье́ все встаю́т ра́но 2) семья́, род; ~ jewels фами́льные драгоце́нности; ~ silver фами́льное серебро́; ~ estate родово́е име́ние; a man of ~ челове́к зна́тного ро́да [см. тж. 1)]; a man of good ~ челове́к из хоро́шей семьи́; a man of no ~ челове́к без ро́ду, без пле́мени; to run in the ~ быть характе́рной семе́йной осо́бенностью /черто́й/; disease that runs in the ~ насле́дственная боле́знь 3) де́ти (одно́й семьи́); wife and ~ жена́ и де́ти; my wife and I want a large ~ мы с жено́й хоти́м име́ть мно́го дете́й; to start a ~ роди́ть или зача́ть пе́рвого ребёнка 2. спец. семе́йство; cat ~ зоол. семе́йство коша́чьих; rose ~ бот. семе́йство ро́зоцве́тных; ~ of languages лингв. языкова́я семья́; ~ of curves мат. семе́йство кривы́х; chlorine ~ хим. гру́ппа хло́ра; radium ~ хим. ряд ра́дия; the Jupiter ~ астр. семе́йство (плане́т) Юпи́тера 3. коллекти́в, объедине́ние; F. of Love ист. О́бщество христиа́нской любви́ (религио́зная се́кта); the President's official ~ амер. чле́ны кабине́та (мини́стров) 4. «семья́», «семе́йство» (в мафии); га́нгстерский синдика́т, ору́дующий в определённом райо́не (ча́сто его́ главари́ — чле́ны одно́й семьи́) 5. «семья́»; гру́ппа хи́ппи, живу́щая комму́ной
◇ first families амер. а) пе́рвые поселе́нцы; б) пренебр. аристокра́тия; the Holy F. свято́е семе́йство; happy ~ счастли́вая семе́йка (живо́тные и пти́цы ра́зных поро́д, ми́рно живу́щие в одно́й кле́тке); in a ~ way по-дома́шнему, без церемо́ний; in the ~ way эвф. в интере́сном положе́нии, бере́менная

FAL — FAM   F

family allowance [,fæm(ə)lɪə'lauəns] семе́йное посо́бие; госуда́рственное посо́бие многоде́тным се́мьям
family Bible [,fæm(ə)lɪ'baɪb(ə)l] семе́йная би́блия (на чи́стых листа́х кото́рой запи́сываются важне́йшие семе́йные да́ты)
family circle [,fæm(ə)lɪ'sɜ:k(ə)l] 1. семе́йный, дома́шний круг 2. амер. теа́тр. балко́н
family-compact ['fæm(ə)lɪ,kɒmpækt] n ист. династи́ческое соглаше́ние (чле́нов Бурбо́нской дина́стии про́тив А́нглии и А́встрии)
family court [,fæm(ə)lɪ'kɔ:t] амер. суд по семе́йным дела́м (примири́тельная ка́мера, разбира́ющая дела́ об алиме́нтах, ме́сте жи́тельства дете́й и т. п.)
family doctor [,fæm(ə)lɪ'dɒktə] 1) дома́шний, семе́йный врач 2) врач о́бщей пра́ктики
family hotel [,fæm(ə)lɪhəʋ'tel] гости́ница для семе́йных, меблиро́ванные ко́мнаты
family hours ['fæm(ə)lɪ,aʋəz] амер. тлв. вре́мя пока́за програ́мм для всей семьи́ (без элеме́нтов се́кса и жесто́кости)
family jewels [,fæm(ə)lɪ'dʒu:əlz] амер. сл. 1) = family skeleton 2) тща́тельно скрыва́емая а́кция; позо́рная де́ятельность
family man ['fæm(ə)lɪmæn] 1) семе́йный челове́к; we don't see much of him now that he has become a ~ с тех пор, как он обзавёлся семьёй, мы его́ почти́ не ви́дим 2) семьяни́н; домосе́д; he's never been much of a ~ он никогда́ не был домосе́дом
family name [,fæm(ə)lɪ'neɪm] 1. фами́лия 2. и́мя, традицио́нное в да́нной семье́; John and Mary are our ~ names Джон и Мэ́ри — традицио́нные имена́ в на́шей семье́
family physician [,fæm(ə)lɪfɪ'zɪʃ(ə)n] = family doctor
family planning [,fæm(ə)lɪ'plænɪŋ] плани́руемая рожда́емость; ограниче́ние рожда́емости, контро́ль над рожда́емостью, плани́рование (разме́ров) семьи́
family practitioner [,fæm(ə)lɪpræk'tɪʃ(ə)nə] = family doctor 2)
family room ['fæm(ə)lɪru:m, -rʋm] о́бщая ко́мната (в кварти́ре)
family skeleton [,fæm(ə)lɪ'skelɪtn] семе́йная та́йна; тща́тельно скрыва́емый позо́р семьи́
family status [,fæm(ə)lɪ'steɪtəs] семе́йное положе́ние
family style ['fæm(ə)lɪstaɪl] сервиро́вка а-ля́ фурше́т
family therapy [,fæm(ə)lɪ'θerəpɪ] мед. семе́йная терапи́я; психотерапи́я с привлече́нием чле́нов семьи́ больно́го; психотерапевти́ческое лече́ние всей семьи́
family tree [,fæm(ə)lɪ'tri:] родосло́вная; генеалоги́ческое дре́во
famine ['fæmɪn] n 1. го́лод (стихи́йное бе́дствие); in the years of ~ в голо́дные го́ды 2. голода́ние; to die of ~ умере́ть с го́лоду 3. о́стрый недоста́ток (чего́-л.); coal ~ о́страя нехва́тка у́гля, у́гольный го́лод
◇ ~ prices несообра́зно высо́кие це́ны; дороговизна
famine fever [,fæmɪn'fi:və] мед. голо́дный тиф, сыпно́й тиф; возвра́тный тиф
famine-stricken, famine-struck [,fæmɪn'strɪkən, -'strʌk] a поражённый го́лодом, неурожа́ем

735

famish ['fæmɪʃ] v 1. голодать, умирать голодной смертью; I'm ~ing разг. я умираю с голоду, есть хочу до смерти 2. быть лишённым (чего-л.); жаждать; he's ~ing for sympathy он жаждет сочувствия 3. арх. морить голодом; to ~ affection образн. заглушить чувство

famished ['fæmɪʃt] a голодный, изголодавшийся

famishment ['fæmɪʃmənt] n редк. голод, голодание; голодная смерть

famous ['feɪməs] a 1. знаменитый, прославленный, славный, известный; he is a ~ explorer [writer, painter] он знаменитый исследователь [писатель, художник]; a town ~ for its monuments город, славящийся своими памятниками; to be ~ for smth. быть известным /славиться/ чем-л. 2. разг. отличный, превосходный; that's ~! великолепно!; he has a ~ appetite у него великолепный аппетит; ~ weather for a swim [a walk] дивная погода для купания [для прогулки]

famously ['feɪməslɪ] adv разг. отлично, здорово, превосходно; they dined ~ in a restaurant они знатно пообедали в ресторане; he is doing ~ in his new job он отлично справляется со своей новой работой

famuli ['fæmjʊlaɪ] pl от famulus

famulus ['fæmjʊləs] n (pl -li) лат. 1) личный секретарь 2) ассистент, особ. учёного или фокусника

fan¹ I [fæn] n 1. веер, опахало 2. 1) вентилятор; electric ~ электрический вентилятор; ~ draught ветерок от вентилятора 2) фен, сушилка для волос 3. 1) крыло ветряной мельницы 2) тех. лопасть винта (воздушного или гребного) 4. поэт. крыло 5. с.-х. веялка 6. с.-х. провеянное зерно 7. обмахивание 8. геол. конус выноса 9. мат. веер

fan¹ II [fæn] v 1. обмахивать; to ~ oneself обмахиваться веером; to ~ away flies отмахиваться от мух 2. раздувать; to ~ the flame a) раздувать пламя; б) разжигать страсти; this conduct ~ned his rage такое поведение привело его в ярость 3. поэт. обвевать, освежать (о ветерке) 4. с.-х. веять (зерно) 5. развёртывать веером (часто ~ out); to ~ out the cards держать карты веером 6. тех. дуть, подавать дутьё 7. амер. сл. 1) нашлёпать, надавать шлепков 2) ощупать (человека), обыскать, обшарить 3) болтать, сплетничать

◊ to ~ the breeze см. 7, 3); to ~ the air замахнуться, но попасть мимо, зря руками махать

fan² [fæn] n разг. поклонник, почитатель; фанат; football ~ болельщик футбола; film ~ любитель кино; Charlie Chaplin ~ поклонник Чарли Чаплина

fanal ['feɪnəl] n редк. маяк, маячный огонь

fanatic I [fə'nætɪk] n фанатик, изувер; to be a ~ of smth. фанатически относиться к чему-л.; вести себя как фанатик /фанатично/ в отношении чего-л.; a fresh-air ~ страстный любитель свежего воздуха; человек, который помешался на свежем воздухе; food ~s люди, строго придерживающиеся какой-л. диеты (о вегетарианцах и т. п.)

fanatic II [fə'nætɪk] a фанатичный, фанатический; изуверский; ~ zeal фанатическое рвение; ~ sects секты фанатиков; he's ~ about sports он помешался на спорте

fanatical [fə'nætɪk(ə)l] = fanatic II

fanatically [fə'nætɪk(ə)lɪ] adv фанатически, фанатично, изуверски

fanaticism [fə'nætɪsɪz(ə)m] n фанатизм, изуверство; religious ~ религиозный фанатизм

fanaticize [fə'nætɪsaɪz] v 1) становиться фанатиком; впадать в фанатизм 2) превращать в фанатика

fan belt ['fænbelt] авт. ремень вентилятора

fancied ['fænsɪd] a 1. воображаемый; ~ wrong воображаемая обида 2. любимый, излюбленный

fancier ['fænsɪə] n 1. фантазёр, мечтатель 2. любитель, знаток (особ. разводящий кого-л., что-л.); pigeon ~ голубятник; dog ~ собачник; rose ~ цветовод-любитель, выращивающий розы

fancies ['fænsɪz] фасонные пирожные

fanciful ['fænsɪf(ə)l] a 1. 1) капризный, с причудами; ~ child капризный ребёнок; ~ mind причудливый ум 2) обладающий живым воображением, фантазией; ~ writer писатель-фантаст, сказочник и т. п. 2. фантастический, нереальный; ~ scheme нереальный план 3. причудливый, странный, прихотливый; ~ head-dress причудливый головной убор; ~ drawings затейливые рисунки

fancifully ['fænsɪf(ə)lɪ] adv причудливо, фантастично; the room was ~ decorated with flowers and garlands комната была причудливо украшена цветами и гирляндами

fanciless ['fænsɪlɪs] a лишённый фантазии, воображения

fancily ['fænsɪlɪ] adv 1. фантастически; с фантазией 2. причудливо, странно; ~ dressed причудливо одетый

fan club ['fænklʌb] клуб болельщиков

fancy I ['fænsɪ] n 1. фантазия, воображение; to have a lively ~ иметь живое воображение; the power of ~ сила воображения; all those stories only tickled his ~ все эти рассказы только дразнили его воображение 2. воображаемый, мысленный образ, иллюзия, мечта; fancies of a poet поэтические образы; I have a ~ that... мне кажется, что...; did I really hear it or was it only a ~? я действительно слышал это или мне показалось? 3. прихоть, каприз; passing ~ мимолётная прихоть; it was his ~ that we should go there by plane это он придумал, чтобы мы летели туда самолётом 4. вкус, склонность, пристрастие; to have a ~ for smb. полюбить кого-л., привязаться к кому-л.; to take a ~ for smth. захотеть чего-л.; to catch /to take/ smb.'s ~ поразить чьё-л. воображение, понравиться, прийтись по вкусу /по душе/ (кому-л.); the place caught my ~ at once место сразу понравилось мне 5. понимание, (художественный) вкус; to possess ~ for form обладать чувством формы 6. (the ~) собир. энтузиасты, любители; болельщики; the great book-sale had congregated all the ~ большой книжный аукцион собрал всех любителей

fancy II ['fænsɪ] a 1. причудливый, затейливый, прихотливый, фантастический; ~ picture фантастическая картина; ~ design причудливый узор; a ~ hairdo затейливая причёска 2. 1) орнаментальный, украшенный; фасонный; ~ bread фигурный хлеб; ~ cakes фасонные пирожные; ~ weaving фигурное /жаккардовое/ ткачество 2) фигурный, непростой; ~ dives фигурные /спортивные, сложные/ прыжки в воду; ~ swimming фигурное плавание; ~ skating фигурное катание 3. модный; изысканный, высшего качества; ~ articles /goods/ модные товары; ~ haberdasher продавец модных товаров мужского туалета; ~ fruit изысканные фрукты; this dress is too ~ to wear to work это платье слишком нарядно для работы 4. фантастический, экстравагантный; at a ~ price по баснословно дорогой цене; ~ names вымышленные экстравагантные имена 5. (о животном или растении) обладающий особыми свойствами; выведенный для получения особых свойств 6. пёстрый, многоцветный (о растении)

fancy III ['fænsɪ] v 1. воображать, представлять себе; I can't ~ him as a soldier! никак не могу представить его солдатом!; ~ his doing a thing like that подумать только, что он мог это сделать; just ~!, only ~! можете себе представить!, подумайте только!; ~ that, now! удивительно! странно! 2. предполагать, полагать; I ~ he has gone я полагаю, что его уже нет /что он уже ушёл/; I rather ~ she isn't happy я не думаю, что она счастлива 3. нравиться, любить; I don't ~ this place at all мне совсем не нравится это место; the patient may eat anything that he fancies больной может есть всё, что захочет; what do you ~ for your dinner? что бы ты съел на обед? 4. разг. быть высокого мнения о себе, быть самодовольным, «воображать» (обыкн. ~ oneself); he fancies himself as an orator он воображает себя оратором 5. воображать; напрасно надеяться; he fancies that he can succeed without working hard он воображает, что может достичь успеха без труда 6. выводить вид животного или растения для получения особых свойств

fancy-ball [,fænsɪ'bɔːl] n костюмированный бал, маскарад; карнавал

fancy dan [,fænsɪ'dæn] n амер. 1) стиляга, франт 2) спортсмен, работающий на публику (особ. боксёр)

fancy dress [,fænsɪ'dres] маскарадный костюм

fancy-dress ball ['fænsɪdres'bɔːl] костюмированный бал; бал-маскарад

fancy fair [,fænsɪ'feə] благотворительный базар с продажей мелочей, безделушек и т. п.

fancy-free [,fænsɪ'friː] a 1. неженатый, необручённый, невлюблённый; ≅ «незанятый», свободный (от обязательств) 2. беззаботный

fancy girl, fancy lady ['fænsɪgɜːl, -leɪdɪ] = fancy woman

fancy man ['fænsɪmæn] разг. 1. 1) любовник 2) шутл. кавалер; who is your ~ tonight? с кем ты сегодня идёшь? (в театр, на танцы и т. п.) 2. сутенёр, сводник

fancy pants ['fænsɪpænts] амер. сл. 1) нюня, девчонка (о мальчике); слабак 2) баба (о мужчине)

fancy stitch [,fænsɪ'stɪtʃ] декоративный шов

fancy woman ['fænsɪ,wʊmən] 1. 1) любовница 2) содержанка 2. амер. проститутка

fancywork ['fænsɪwɜːk] n 1) вышивание 2) вышивка

fan dancer ['fæn,dɑːnsə] амер. танцовщица с веерами (в стриптизе)

fandangle [fæn'dæŋg(ə)l] n разг. 1. 1) дурачество, шутовство 2) побрякушка, дешёвое украшение 2. в грам. знач. прил. шутовской, дурашливый

fandango [fænˈdæŋgəʊ] *n* (*pl* -os [-əʊz]) 1. фанда́нго (*испанский танец*) 2. *амер.* дура́чество; валя́ние дурака́
fandom [ˈfændəm] *n собир.* люби́тели, покло́нники, боле́льщики
fane [feɪn] *n поэт.* храм
fanega [fəˈniːgə] *n* фане́га (*мера сыпучих тел или земельной площади в Испании и странах Латинской Америки*)
fanfare [ˈfænfɛə] *n муз.* фанфа́ра
fanfaron [ˈfænfərɒn] *n* 1. хвасту́н, фанфаро́н 2. *в грам. знач. прил.* хвастли́вый
fanfaronade [ˌfænfərəˈnɑːd] *n* 1. фанфаро́нство, фанфарона́да, бахва́льство 2. = fanfare 3. *в грам. знач. глагола* фанфаро́нить, хва́стать, бахва́литься
fang I [fæŋ] *n* 1. клык 2. ядови́тый зуб (*змеи*) 3. ко́рень зуба́ 4. *горн.* вентиляцио́нная вы́работка 5. *тех.* клык; крюк; захва́т; ~ bolt а́нкерный болт 6. *тех.* вса́сывающая спосо́бность; to be in a ~ кре́пко запу́таться; to lose the ~ не попа́сть в цель
fang II [fæŋ] *v* 1. *редк.* запусти́ть зу́бы 2. *тех.* залива́ть (*насос перед пуском*)
fanged [fæŋd] *a* 1) снабжённый, облада́ющий клыка́ми 2) снабжённый, облада́ющий ядови́тым зу́бом
fanging [ˈfæŋɪŋ] *n* 1. *тех.* зали́вка (*насоса*) 2. *горн.* вентиляцио́нная вы́работка
fangle [ˈfæŋ(ə)l] *n арх.* неле́пое изобрете́ние, бессмы́сленное нововведе́ние; new ~ *редк., пренебр.* но́вая мо́да, крик мо́ды
fangless [ˈfæŋlɪs] *a* лишённый клыко́в *или* ядови́тых зубо́в
fanion [ˈfænjən] *n редк.* флажо́к, вы́мпел
fanlight [ˈfænlaɪt] *n архит.* 1) веерообра́зное окно́ (*над дверью*); ве́рхний свет 2) фраму́га
fan magazine [ˈfænˌmægəˌziːn] «журна́л для боле́льщиков», журна́л для люби́телей кино́, спо́рта *и т. п.* (*часто со сплетнями об актёрах, чемпионах и т. п.*)
fan mail [ˈfænmeɪl] *n* пи́сьма к знамени́тостям; пи́сьма покло́нников, боле́льщиков
fannell [ˈfænəl] *ист. см.* fanon
fanner [ˈfænə] *n* 1. *см.* fan¹ II + -er 2. 1) ве́ялка 2) вентиля́тор ве́ялки 3. вентиля́тор 4. поро́да со́колов 5. *разг. см.* fan dancer
fanning-machine [ˈfænɪŋməˌʃiːn] *n* ве́ялка
fanning-mill [ˈfænɪŋmɪl] *n* 1) ве́ялка 2) вентиля́тор очи́стки
fanny [ˈfænɪ] *n* 1. корма́ 2. 1) *сл.* зад, по́па 2) *неприст.* половы́е о́рганы же́нщины
Fanny Adams [ˈfænɪˈædəmz] *воен. жарг.* 1. ничто́, пусто́е ме́сто; «ничего́ не ви́дно», нулева́я ви́димость 2. мясны́е консе́рвы, *особ.* из бара́нины
fanon [ˈfænən] *n церк.* мани́пула
fan out [ˈfænˈaʊt] *phr v* 1. разветвля́ться; the roads fanned out from the town in all directions *от го́рода доро́ги расходи́лись во все сто́роны 2. *преим. воен.* 1) развёртывать ве́ером 2) развёртываться ве́ером; the army was fanning out north of N. войска́ развёртывались к се́веру от N.; police were fanning out over the moor [across the fields] поли́ция рассыпа́лась по боло́ту [по по́лю] 3. = fan¹ II 5
fan palm [ˈfænˈpɑːm] ве́ерная па́льма
fan-shaped [ˈfænʃeɪpt] *a* веерообра́зный
fantail [ˈfænteɪl] *n* 1. веерообра́зный хвост *или* коне́ц 2. трубя́стый го́лубь 3. *мор. разг.* зюйдве́стка (*тж.* ~ hat)

4. *разг.* автомоби́ль-амфи́бия 5. *в грам. знач. глагола* рабо́тать хвосто́м как ве́ером (*о ките*)
fan-tailed [ˈfænteɪld] *a* с веерообра́зным хвосто́м
fantan [ˈfæntæn] *n* 1) кита́йская игра́ в ко́сти (*иногда с бросанием монет, бобов и т. п.*) 2) фанта́н, аза́ртная ка́рточная игра́
fantasia [fænˈteɪzɪə, ˌfæntəˈzɪə] *n* 1) *муз.* фанта́зия 2) попурри́ из популя́рных мело́дий
fantasied [ˈfæntəsɪd] *a* 1. облада́ющий живы́м воображе́нием 2. *арх.* вообража́емый, со́зданный воображе́нием
fantasist [ˈfæntəsɪst] *n* 1) писа́тель-фантаст 2) ска́зочник
fantasize [ˈfæntəsaɪz] *v* 1) фантази́ровать; предава́ться мечта́м 2) представля́ть в воображе́нии; ~ oneself into a hero вообрази́ть себя́ геро́ем
fantasm [ˈfæntæz(ə)m] *n* 1. фанто́м, при́зрак 2. иллю́зия
fantasmo [fænˈtæzməʊ] *разг. см.* fantastic 1 *и* 3
fantasque [fɒnˈtæsk] *a редк.* фантасти́ческий
fantassin [ˈfæntəsɪn] *n книжн.* пехоти́нец
fantast [ˈfæntæst] *n* 1. фанта́ст, мечта́тель 2. чуда́к, оригина́л; фантазёр 3. писа́тель-фантаст
fantastic [fænˈtæstɪk] *a* 1. причу́дливый, фантасти́ческий, стра́нный, эксцентри́чный; ~ costumes эксцентри́чные костю́мы; ~ music стра́нная /фантасти́ческая/ му́зыка 2. экстравага́нтный, капри́зный; ~ acts of kindness экстравага́нтная /чрезме́рная/ доброта́ 3. *эмоц.-усил.* изуми́тельный, потряса́ющий; I find the book ~ я счита́ю э́ту кни́гу замеча́тельной; the results were ~ результа́ты все ожида́ния; a ~ sum of money ≅ ку́ча де́нег 4. *арх.* вообража́емый, нереа́льный, фантасти́чный; ~ fears вы́думанные стра́хи
fantastical [fænˈtæstɪk(ə)l] = fantastic
fantastically [fænˈtæstɪk(ə)lɪ] *adv* 1. причу́дливо, фантасти́чески 2. нереа́льно, фантасти́чно 3. *эмоц.-усил.* изуми́тельно, порази́тельно; сногсшиба́тельно
fantasticate [fænˈtæstɪkeɪt] *v редк.* фантази́ровать
fantasy I [ˈfæntəsɪ] *n* 1. воображе́ние, фанта́зия; by the power of ~ си́лой воображе́ния 2. 1) плод, игра́ воображе́ния; this is no more than ~ э́то не бо́лее чем иллю́зия 2) *уст.* галлюцина́ция 3. капри́з 4. необосно́ванное предположе́ние, фанта́зия, бред 5. = fantasia 1 6. *лит.* фанта́стика; science fiction and ~ нау́чная и чи́стая /нена́учная/ фанта́стика
fantasy II [ˈfæntəsɪ] *v* 1. = fancy III 1 2. *муз.* игра́ть фанта́зии; импровизи́ровать
fantigue [fænˈtiːg] *n сл.* загу́л, запо́й; to be on the ~ быть в загу́ле, загуля́ть; запи́ть
fantoccini [ˌfæntɒˈtʃiːnɪ] *n pl um.* 1. марионе́тки, ку́клы 2. теа́тр марионе́ток, ку́кол, спекта́кль ку́кол
fantods [ˈfæntɒdz] *n сл.* хандра́, меланхо́лия
fantom [ˈfæntəm] *n* фанто́м
fan-tracery [ˈfænˌtreɪs(ə)rɪ] *n архит.* рёбра (ребри́стого сво́да (*в готике*))
fan-vault(ing) [ˈfænˌvɔːlt(ɪŋ)] *n архит.* ве́ерный свод, ребри́стый свод
fan-window [ˈfænˌwɪndəʊ] *n архит.* ве́ерное окно́
fanzine [ˈfænziːn] *разг. см.* fan magazine [<fantasy + magazine]
faquir [ˈfeɪkɪə, ˈfæ-, fæˈkɪə] = fakir

FAN — FAR   F

far I [fɑː] *a* (farther, further; farthest, furthest) 1. да́льний, далёкий; отдалённый; from a ~ country из далёкой страны́; ~ journey далёкое путеше́ствие; ~ future далёкое /отдалённое/ бу́дущее 2. (бо́лее) отдалённый; at the ~ side of the room [of the stage] в глубине́ ко́мнаты [сце́ны]; on the ~ side of the river на той стороне́ реки́
◊ a ~ cry а) большо́е расстоя́ние; it is a ~ cry to that place до э́того ме́ста далеко́; б) большо́й промежу́ток вре́мени; в) больша́я ра́зница
far II [fɑː] *adv* (farther, further; farthest, furthest) 1. 1) далеко́, на большо́м расстоя́нии (*тж.* ~ away, ~ off, ~ out); to wander ~ броди́ть далеко́; not to seek ~ недалеко́ иска́ть; ~ into the air высоко́ в во́здух; ~ into the ground глубоко́ в зе́млю; to dig ~ down копа́ть глубоко́; ~ from далеко́ от (*ср. тж.* ◊]; how ~? как далеко́?; I don't know how ~ I should believe him не зна́ю, наско́лько ему́ мо́жно ве́рить; thus ~ до сих пор; that ~ так далеко́; на тако́м расстоя́нии 2) давно́; в далёком про́шлом *или* бу́дущем; к концу́, в конце́ (*какого-л. периода*); ~ back in the past в далёком про́шлом; as ~ back as June ещё в ию́не; ~ in the day к концу́ дня; ~ into the night до по́здней /до глубо́кой/ но́чи 2. гора́здо, намно́го; ~ the best of all намно́го лу́чше всех остальны́х; са́мый лу́чший; ~ different си́льно отлича́ющийся; a ~ surer method гора́здо бо́лее надёжный ме́тод; he was not ~ wrong он был недалёк от и́стины 3. *в грам. знач. сущ.* далёкое расстоя́ние; from ~ и́здали, издалека́; by ~ намно́го, гора́здо; to surpass by ~ значи́тельно превосходи́ть; to prefer by ~ безусло́вно предпочита́ть 4. *в сочетаниях*: as ~ as a) до; we went as ~ as the station мы дошли́ до ста́нции; б) наско́лько; as ~ as I remember наско́лько я по́мню; so ~ (as) a) до сих пор, до тех пор пока́; it's all right so ~ пока́ всё в поря́дке; б) наско́лько; so ~ as I know наско́лько я зна́ю
◊ ~ and away а) несравне́нно, намно́го, гора́здо; б) несомне́нно; ~ and near повсю́ду, везде́; ~ and wide а) повсю́ду; б) всесторо́нне; to see ~ and wide облада́ть широ́ким кругозо́ром; ~ from it совсе́м не, отню́дь не [*ср. тж.* 1, 1)]; to go ~ мно́гого доби́ться [*см. тж.* go III ◊]; to go /to carry/ it too ~ заходи́ть сли́шком далеко́; so ~ so good пока́ всё хорошо́; ~ from бо́все не, далеко́ не; he is ~ from clever он далеко́ не умён; I am ~ from saying that... я во́все не хочу́ сказа́ть, что...; be it from me to... я отню́дь не наме́рен... (*сделать что-л.*); ~ be it from me to put pressure on you! я во́все /отню́дь/ не собира́юсь ока́зывать давле́ние на вас!
far- [fɑː] *в сложных прилагательных* (*в т. ч. и субстантивированных прилагательных*) *имеет значение* далеко́, да́льний: faraway далёкий, far-come яви́вшийся издалека́; far-off отдалённый; far-sighted дальнозо́ркий
farad [ˈfærəd] *n эл.* фара́д(а)
faraday [ˈfærədɪ] *n эл.* фараде́й
faradization [ˌfærədaɪˈzeɪʃ(ə)n] *n* фарадиза́ция (*лечение индукционным током*)
faradize [ˈfærədaɪz] *v мед.* фарадизи́ровать
farandole [ˌfærənˈdəʊl] *n* фарандо́ла (*провансальский танец*)
faraway [ˈfɑːrəweɪ] *a* 1. далёкий, да́льний, отдалённый; he is a ~ cousin of

mine он мой дальний родственник 2. отсутствующий, рассеянный (о взгляде); there was a ~ look on his face у него был мечтательный вид 3. в грам. знач. сущ. 1) далёкое 2) дальность

far-back ['fɑ:bæk] *a* старый, древний

far between [,fɑ:bɪ'twi:n] редкий; his visits were few and ~ его посещения были очень редки

farce¹ I [fɑ:s] *n арх., амер.* фарш, начинка

farce¹ II [fɑ:s] *v арх., амер.* 1. фаршировать, шпиговать 2. *лит.* оживлять (*литературное произведение*); начинять, приукрашивать (*пикантными подробностями*)

farce² [fɑ:s] *n* 1. 1) фарс, грубый юмор 2) *театр.* фарс 2. фарс, комедия; насмешка; the talks were a ~ since the decision had already been made переговоры были простой комедией, так как решение уже было принято

farcer ['fɑ:sə] *n* 1) сочинитель фарсов 2) исполнитель фарсов

farceur [fɑ:'sɜ:] *n* 1) *фр.* шутник, балагур; остряк 2) = farcer 1)

farci [fɑ:'si:] *a кул.* фаршированный

farcical¹ ['fɑ:sɪk(ə)l] *a* 1. фарсовый, шуточный; ~ play фарс 2. смехотворный, нелепый, шутовской; the situation was becoming ~ положение становилось абсурдным

farcical² ['fɑ:sɪk(ə)l] *a вет.* относящийся к кожному сапу

farcicality [,fɑ:sɪ'kælɪtɪ] *n* 1. шутовство 2. смехотворность

farcie [fɑ:'si:] = farci

farctate ['fɑ:ktɪt] *a бот.* сплошной, нетрубчатый

farcy ['fɑ:sɪ] *n вет.* кожный сап; хронический сап; ~ bud /button/ сапная опухоль

fard [fɑ:d] *n арх.* белила (*для лица*); rouge and ~ румяна и белила

fardel ['fɑ:dl] *n арх.* 1) узелок (*с вещами*) 2) бремя, тяжесть; несчастье

farding-bag ['fɑ:dɪŋbæg] *n* первый желудок (*жвачных*)

fare I [feə] *n* 1. плата за проезд; стоимость проезда; what is the ~? сколько стоит проезд /билет/?; all ~s, please!, pay your ~! платите за проезд! 2. ездок, седок, пассажир; to pick up a ~ взять пассажира 3. пища (*тж. перен.*); провизия, съестные припасы; стол; simple [homely] ~ простая [грубая] пища; spiritual ~ духовная пища; bill of ~ меню 4. *амер.* улов (*рыболовного судна*)

fare II [feə] *v* 1. поживать, жить, быть; how did you ~ during your journey? как вы съездили?; he didn't ~ very well on his last job на последнем месте ему работалось не очень хорошо /дела/ у него шли неважно/; it has ~d ill /badly/ with him ему пришлось плохо; how ~s it? *редк.* как дела?; как жизнь?; I ~d quite well in the examination я неплохо сдал экзамен 2. питаться, кормиться 3. *арх.* путешествовать, ехать (*обыкн.* ~ forth, ~ on, ~ out)
◊ ~ you well прощайте!, счастливо!; you may go farther and ~ worse будьте довольны тем, что имеете; ≅ от добра добра не ищут

Far East [,fɑ:(r)'i:st] Дальний Восток

Far Eastern [,fɑ:(r)'i:stən] дальневосточный

fare-the-well [,feəðə'wel] *n* (*pl* fare-the-wells [-'welz]) 1) верх совершенства; the meal was done to a ~ обед был как нельзя лучше 2) всё возможное (*и невозможное*); to play a role to a ~

выжать из роли всё, что можно; to beat smb. to a ~ избить кого-л. до полусмерти

farewell I [feə'wel] *n* 1) прощание; to bid one's ~, to take ~ of, to make one's ~s прощаться 2) прощальный приём гостей (*перед отъездом и т. п.*); «отвальная» (*тж.* party)

farewell II [feə'wel] *a* прощальный; ~ smile [speech, look] прощальная улыбка [речь, -ый взгляд]

farewell III [feə'wel] *v* прощаться

farewell IV [feə'wel] *int* прощай!; ~ to the holidays! прощайте, праздники!

far-famed [,fɑ:'feɪmd] *a* широко известный, знаменитый, прославленный

far-fetched [,fɑ:'fetʃt] *a* 1. неестественный, натянутый, притянутый за уши; ~ analogy искусственная аналогия; ~ idea странная /заумная/ идея 2. *арх.* 1) принесённый *или* привезённый издалека 2) дошедший из старины

far-flung [,fɑ:'flʌŋ] *a* широко раскинувшийся, обширный

far-forth [,fɑ:'fɔ:θ] *adv* 1. *арх.* до определённой степени; на определённом расстоянии 2. *амер.* далеко, значительно, намного

far gone [,fɑ:'gɒn] 1. 1) далеко зашедший; sitting in the ~ night засидевшись до глубокой ночи; ~ in pregnancy на сносях 2) тяжелобольной, обессиленный; he was too ~ to raise his head он был так слаб, что не мог поднять головы 2. сильно пьяный 3. по уши влюблённый 4. погрязший в долгах 5. помешанный; ≅ не в своём уме; не в себе

farina [fə'ri:nə] *n* 1. фарина (*мука-крупчатка*) 2. тонкий порошок 3. манная крупа 4. крахмал; картофельная мука 5. *бот.* пыльца; цветочная пыль; белый налёт на листьях

farinaceous [,færɪ'neɪʃəs] *a* 1. мучнистый, мучной 2. крахмалистый

far-infrared ['fɑ:(r),ɪnfrə'red] *n физ.* дальняя инфракрасная область (*спектра*)

farinha [fæ'ri:njə] *n* маниоковая мука

farinose ['færɪnəʊs] *a* 1. мучнистый 2. словно посыпанный мукой 3. *бот., зоол.* с белым, мучнистым налётом

farinotom [fə'raɪnətəm] *n* фаринотом (*прибор для определения крахмалистости зерна*)

fario ['fe(ə)rɪəʊ] *n* молодой лосось

farm I [fɑ:m] *n* 1. ферма, хозяйство; milk /dairy/ ~ молочная ферма, молочное хозяйство; poultry ~ птицеферма; ~ household *амер.* ферма с наделом более 3 акров; ~ labourer сельскохозяйственный рабочий; батрак; ~ layout планировка хозяйства; ~ management управление хозяйством; ведение хозяйства; ~ surpluses излишки продуктов сельского хозяйства; избыточная сельскохозяйственная продукция 2. (крестьянское) хозяйство; collective ~ колхоз; state ~ совхоз; individual ~ индивидуальное /единоличное/ хозяйство 3. питомник; silver-fox ~ питомник чёрно-бурых лисиц; лисоферма 4. жилой дом на ферме 5. семья, которая берёт на воспитание детей (*за плату*)
◊ to buy a ~ *ав. жарг.* разбиться на самолёте; to buy the ~ *воен. жарг.* погибнуть

farm II [fɑ:m] *v* 1. заниматься сельским хозяйством; their younger son is ~ing их младший сын — фермер 2. обрабатывать (*землю*); he ~ed his own land он обрабатывал свою собственную землю 3. (*часто* ~ out) 1) брать в аренду 2) сдавать в аренду 4. 1) брать на откуп; to ~ a lottery брать на откуп лотерею 2) отдавать на откуп (*тж.* ~ out); to ~ taxes [tithes] отдавать на откуп сбор налогов [церковной десятины] 5. брать на воспитание детей, присматривать за детьми (*за плату*)

farmer ['fɑ:mə] *n* 1. 1) фермер — скотовод, владелец животноводческой фермы; collective ~ колхозник 2) арендатор (*земли*) 2. откупщик 3. тот, кто берёт детей на воспитание (*за плату*) 4. *амер. сл.* зелёный, новичок; простофиля, болван
◊ afternoon ~ канительщик, волынщик

farmeress ['fɑ:m(ə)rɪs] *n редк.* фермерша

farmerette ['fɑ:m(ə)rɪt] *n разг.* работница на ферме

farmer-general [,fɑ:mə'dʒen(ə)rəl] *n* (*pl* farmers- [,fɑ:məz-]) *ист.* генеральный откупщик (*во Франции*)

farmery ['fɑ:m(ə)rɪ] *n редк., арх.* хозяйственные постройки на ферме, службы

farmhand ['fɑ:mhænd] *n* сельскохозяйственный рабочий

farmhold ['fɑ:mhəʊld] *n* земля, принадлежащая фермеру; a rather big ~ довольно крупная ферма

farmhouse ['fɑ:mhaʊs] *n* жилой дом на ферме

farming ['fɑ:mɪŋ] *n* 1. занятие сельским хозяйством; земледелие и животноводство; high ~ интенсивное земледелие; cattle ~ скотоводство; dairy ~ молочное животноводство; fur ~ пушное звероводство; to take up ~ заняться сельским хозяйством 2. сдача в аренду, на откуп

farmland ['fɑ:mlænd] *n* 1) земля, пригодная для обработки; обрабатываемая земля 2) сельскохозяйственный район

farm leveller [,fɑ:m'lev(ə)lə] *с.-х.* шлейф, волокуша

farm-market agriculture ['fɑ:m,mɑ:kɪt'ægrɪ,kʌltʃə] товарное сельскохозяйственное производство

farm out ['fɑ:m'aʊt] *phr v* 1. истощать землю, *особ.* засевая одну культуру 2. сдавать в аренду 3. отдавать на откуп (*сбор налогов и т. п.*) 4. передавать (*производство*) в другую организацию, субподрядчику *и т. п.*; the work of producing many electrical components was farmed out to small manufacturers производство многих компонентов электрооборудования было передано мелким предприятиям; we have more work than we can deal with and must farm it out у нас больше работы, чем мы можем выполнить, и поэтому мы вынуждены часть её отдавать на сторону 5. отдавать детей на воспитание (*кормилице в деревню и т. п.*) 6. *амер.* передавать заключённых какой-л. частной организации в качестве рабочей силы

farmstead ['fɑ:msted] *n* ферма со службами; хозяйство; усадьба

farmyard ['fɑ:mjɑ:d] *n* двор фермы; ~ manure стойловое удобрение, навозное удобрение, компост

farness ['fɑ:nɪs] *n редк.* 1. отдалённость, удалённость; дальность 2. *поэт.* дальние края; from the ~ издали, из дальних краёв

faro ['fe(ə)rəʊ] *n* фараон (*карточная игра*); ~ bank a) игорный дом, где играют в фараон; б) банк в игре фараон

far-off [,fɑ:(r)'ɒf] *a* далёкий, отдалённый; it happened in those ~ days это случилось в те далёкие дни; a ~ look came into her eyes в её глазах появилось отсутствующее выражение

farouche [fə'ru:ʃ] *a фр.* нелюдимый, дикий, угрюмый; she was at her ease and no longer ~ она чувствовала себя свободно и больше не дичилась

far-out [,fa:(r)'aut] *a разг.* 1. 1) оторванный от жизни, не замечающий окружающего; ≅ не от мира сего; ~ people мечтатели 2) странный, чудной; ~ clothes экстравагантная одежда; ~ ideas дикие представления *2. завиральные идеи* 2. критически мыслящий, скептический; разочарованный 3. восхитительный, замечательный 4. отдалённый, далёкий; ~ planet далёкая планета 5. *преим. муз.* рассчитанный на знатоков, на посвящённых (*о джазе и т. п.*); сложный, трудный для понимания

far-outer [,fa:(r)'autə] *n редк.* человек, не считающийся с условностями, не признающий традиционных ценностей; своеобразно мыслящая личность

farraginous [fə'reɪdʒɪnəs] *a книжн.* смешанный, сборный; пёстрый

farrago [fə'ra:gəu] *n* (*pl* -os [-əuz]) смесь, всякая всячина; that ~ of cowardice, cunning and cant эта смесь трусости, хитрости и лицемерия; a ~ of nonsense всякая всячина, чепуха

far-reaching [,fa:'ri:tʃɪŋ] *a* далеко идущий; широкий; чреватый серьёзными последствиями; ~ plans [aims] далеко идущие планы /цели/; ~ effect далеко идущие /серьёзные/ последствия

farrier ['færɪə] *n* 1. ковочный кузнец 2. *арх.* коновал, ветеринар

farriery ['færɪərɪ] *n* 1. кузнечное ремесло 2. *арх.* ветеринарная хирургия

farrow[1] I ['færəu] *n* 1. опорос 2. помёт поросят

farrow[1] II ['færəu] *v* пороситься

farrow[2] ['færəu] *a шотл., амер.* яловая, непокрытая (*о корове*); to be /to go, to run/ ~ быть яловой

farrowing ['færəuɪŋ] *n* опорос

farruca [fə'ru:kə] *n* фарука (*испанский танец*)

farse [fa:s] *n ист.* вставки на местном наречии, включённые в латинский текст церковной службы

far-seeing [,fa:'si:ɪŋ] *a* дальновидный, прозорливый, предусмотрительный

far-sighted [,fa:'saɪtɪd] *a* 1. дальнозоркий 2. дальновидный, прозорливый, предусмотрительный; he was known as a wise and ~ politician он был известен как мудрый и дальновидный политический деятель 3. *в грам. знач. сущ.* (the ~) дальнозоркий; spectacles for the ~ очки для дальнозорких

far-sightedly [,fa:'saɪtɪdlɪ] *adv* 1. дальнозорко 2. дальновидно, прозорливо, предусмотрительно; he ~ refrained from interference in the quarrel он благоразумно воздержался от вмешательства в эту ссору

far-sightedness [,fa:'saɪtɪdnɪs] *n* 1. дальнозоркость 2. дальновидность, прозорливость, предусмотрительность

fart I [fa:t] *n груб.* 1. пукание; неустойчивый звук 2. старик; old ~ старпёр, старый хрыч

fart II [fa:t] *v груб.* 1. пукнуть 2. зря терять время (*обыкн.* ~ about, ~ around)

farther I ['fa:ðə] *a* 1. *compar от* far I 2. 1) более отдалённый; at the ~ shore на другом /на том/ берегу 2) дальнейший; поздейший; at a ~ stage of development на более поздней /высокой/ стадии развития; to prevent ~ communication предотвратить дальнейшие сношения 3. дополнительный; down he sat without ~ bidding и он сел, не дожидаясь нового приглашения; have you anything ~ to say? что ещё вы можете добавить?; he made no ~ objection он больше ничего не возразил

farther II ['fa:ðə] *adv* 1. *compar от* far II 1 2. дальше, далее; he moved ~ away он отодвинулся подальше; he lives ~ он живёт (ещё) дальше; I can suffer no ~ я не могу больше страдать; he sees ~ than all of us он дальновиднее всех нас 3. *арх.* кроме того, также; более того; ~, let us consider the causes далее рассмотрим причины

farther III ['fa:ðə] *редк.* = further III

farthermost ['fa:ðəməust] *a* самый дальний; the ~ point самая отдалённая точка; the ~ distance самое далёкое расстояние

farthest I ['fa:ðɪst] *a* 1. *superl от* far I 2. 1) самый дальний, отдалённый; it was the ~ point they could reach by car это была самая дальняя точка, до которой можно было добраться на машине 2) самый долгий, самый поздний; at (the) ~ самое большое, самое позднее; he promised to be back by 5 o'clock at the ~ он обещал вернуться самое позднее к 5 часам

farthest II ['fa:ðɪst] *adv* 1. *superl от* far II 1 2. дальше всего (*тж.* ~ off); to go ~ заходить очень далеко

farthing ['fa:ðɪŋ] *n* 1) *ист.* фартинг (¼ *пенса*) 2) грош; the uttermost ~ последний грош; it's not worth a ~ гроша ломаного не стоит; it doesn't matter a ~ это ровно ничего не значит; not to care a (brass) ~ ни в грош не ставить; совершенно не интересоваться; I can see you don't care a brass ~ for me я вижу, что тебе до меня нет ровно никакого дела

farthingale ['fa:ðɪŋgeɪl] *n ист.* юбка с фижмами (*мода XVI — XVII вв.*)

farthing-faced ['fa:ðɪŋfeɪst] *a* с. имеющий мелкие, невыразительные черты лица

Fartlek ['fa:tlek] *n спорт.* фартлек (*метод тренировки бега с переменной скоростью на местности*)

far-ultraviolet ['fa:(r),ʌltrə'vaɪəlɪt] *n физ.* дальняя ультрафиолетовая область (*спектра*)

Far West [,fa:'west] Дальний Запад (*в США*)

fasces ['fæsi:z] *n pl* 1) пучок прутьев ликтора (*в Древнем Риме*) 2) символ, атрибуты власти; to lay down the ~ of authority сложить с себя полномочия

fascia ['feɪʃə, 'fæʃɪə] *n* (*pl* -iae) 1. полоса, полоска 2. *архит.* пояс 3. *мед.* повязка, бинт 4. *архит.* поясок, валик 5. *анат.* фасция 6. *астр.* кольцо планеты 7. *зоол.* полоса 8. приборная доска (*автомобиля*)

fasciae ['feɪʃɪi:, 'fæʃɪi:] *pl от* fascia

fascial ['fæʃɪəl] *a анат.* фасциальный

fasciate ['fæʃɪeɪt] *v редк.* обвязать, связать; перевязать

fasciated ['fæʃɪeɪtɪd] *a* 1. обвязанный, связанный 2. *бот.* сросшийся, связанный 3. *зоол.* полосатый

fasciation [,fæʃɪ'eɪʃ(ə)n] *n* 1. перевязывание, перевязка 2. *бот.* образование пучков

fascicle ['fæsɪk(ə)l] *n* 1. *бот.* пучок, гроздь 2. *анат.* пучок нервов *и т. п.* 3. отдельный выпуск (*издания*)

fascicular [fə'sɪkjulə] *a бот.* пучковый, растущий пучком

fasciculate [fə'sɪkjulɪt] *a* расположенный в виде пучка, грозди

fasciculi [fə'sɪkju:l] = fascicle 2 *и* 3

fasciculi [fə'sɪkjulaɪ] *pl от* fasciculus

fasciculus [fə'sɪkjuləs] *n* (*pl* -li) = fascicle

fascinate ['fæsɪneɪt] *v* 1. 1) очаровывать, приводить в восхищение, пленять; the idea of going on a sea-voyage ~d him мысль о морском путешествии привела его в восторг 2) увлекать, вызывать острый или глубокий интерес; space exploration ~s mankind человечество увлечено освоением космоса; to be ~d by /with/ smth. увлекаться чем-л. 2. зачаровывать; оказывать гипнотическое влияние, гипнотизировать взглядом; a serpent ~s its prey змея гипнотизирует свою жертву

fascinating ['fæsɪneɪtɪŋ] *a* 1. очаровательный, обворожительный, пленительный; ~ smile обворожительная улыбка; ~ woman обаятельная женщина 2. увлекательный, захватывающий; ~ idea увлекательная мысль; ~ discovery интереснейшее открытие; the prospect is pre-eminently ~ от этой перспективы дух захватывает

fascinatingly ['fæsɪneɪtɪŋlɪ] *adv* 1) очаровательно, обворожительно 2) увлекательно; the Russian language is ~ different from English ≅ в русском языке меня увлекает его полное несходство с английским

fascination [,fæsɪ'neɪʃ(ə)n] *n* 1. обаяние, очарование, прелесть; he learnt the ~ of words он узнал волшебную силу слов 2. чары, колдовство

fascinator ['fæsɪneɪtə] *n* 1. чародей 2. *амер.* лёгкий (кружевной) шарф

fascine [fæ'si:n] *n* 1. фашина 2. *в грам. знач. глагола* сооружать при помощи фашин

fascine-dwelling [fə'si:n,dwelɪŋ] *n* свайная постройка

fascism ['fæʃɪz(ə)m] *n* фашизм

fascist I ['fæʃɪst] *n* фашист

fascist II ['fæʃɪst] *a* фашистский

fash I [fæʃ] *n шотл.* беспокойство; мучение; досада

fash II [fæʃ] *v шотл.* 1) беспокоиться, мучиться (*тж.* to ~ oneself); never ~ yourself with me не беспокойтесь обо мне 2) раздражать, беспокоить; мучить; to ~ one's head забивать себе голову, беспокоить 3) теребить; to ~ one's beard теребить бороду

fashion I ['fæʃ(ə)n] *n* 1. образ; манера, вид; he behaved in a strange ~ он странно вёл себя; I don't like the ~ of his speech мне не нравится его манера говорить; in one's own ~ по-своему; he will certainly do it in his own ~ он обязательно сделает это по-своему; the grain was threshed after the old ~ зерно молотили по-старому; after /in/ a ~ некоторым образом, до некоторой степени, немного, не очень хорошо; he was tall, athletic and after a ~ handsome это был высокий, атлетически сложенный и по-своему красивый человек; he plays tennis after a ~ он немного играет в теннис; after in a чьей-л. манере [*ср. тж.* 2]; a novel after the ~ of Maugham роман в манере /в духе/ Моэма 2. фасон; покрой; форма; the two cups are made after the same ~ обе чашки одинаковой формы; the ~ of a dress фасон платья; the little box was made after the ~ of the Japanese lacquered boxes коробочка была сделана по образцу японских лакированных шкатулок [*ср. тж.* 1] 3. мода; to keep up with the latest ~s следовать последней моде; to be in the ~ следовать моде; dressed in the height of ~ одетый по последней моде; he was dressed in the Eastern ~ он был одет на восточный манер; to be the ~, to be in ~ быть в моде; this writer was in ~ at the beginning

of the century этот писатель был в моде в начале века; to bring [to come, to grow] into ~ вводить [входить] в моду; to be out of ~ быть не в моде; to go out of ~ выходить из моды; to lead the ~ быть законодателем мод; ~ queen законодательница мод 4. (the ~) фешенебельное общество, высший свет; the restaurant was crowded with men and women of ~ ресторан был переполнен светской публикой 5. *в грам. знач. прил.* 1) фасонный; ~ parts *тех.* фасонные части 2) модный; ~ paper модный журнал
  ◇ to make ~ *шотл.* делать вид, притворяться; he only put a bit on the plate to make ~ он только для вида положил кусочек на тарелку

fashion II ['fæʃ(ə)n] *v* 1. 1) придавать вид, форму; выделывать; they ~ boats out of tree-trunks они выдалбливают лодки из стволов деревьев; to ~ a vase from clay вылепить сосуд из глины 2) *тех.* фасонировать, моделировать 2. *редк.* приспосабливать; to ~ a lamp out of an old churn сделать из старой маслобойки лампу

fashionable I ['fæʃ(ə)nəb(ə)l] *n* человек, следящий за модой

fashionable II ['fæʃ(ə)nəb(ə)l] *a* 1) модный, фешенебельный, светский; ~ dressmaker модная портниха; ~ club фешенебельный клуб; ~ amusement модное развлечение 2) модный, следящий за модой; ~ clothes модная одежда

fashionably ['fæʃ(ə)nəblɪ] *adv* 1. модно; ~ dressed одетый по последней моде 2. светски, фешенебельно; he came ~ late to the theatre он явился в театр поздно, как принято в свете

fashion designer ['fæʃ(ə)ndɪˌzaɪnə] модельер (женской) одежды

fashion house ['fæʃ(ə)nhaʊs] 1) ателье мод (*высокого класса*) 2) (F.) Дом моды

fashionist ['fæʃ(ə)nɪst] *n редк.* 1) модник 2) законодатель мод

fashionless ['fæʃ(ə)nlɪs] *a* 1. бесформенный 2. немодный

fashionmonger ['fæʃ(ə)nˌmʌŋgə] *n* модник; модница

fashion plate ['fæʃ(ə)npleɪt] 1) модная картинка, страничка мод 2) модно одетая женщина; ≅ как с картинки (сошла); модник, франт

fast¹ I [fɑːst] *n* 1. запор, задвижка; door ~ дверной засов; window ~ оконная задвижка, шпингалет 2. *мор.* швартов 3. *геол.* первый твёрдый слой породы 4. припай (*лёд, примёрзший к берегам*)

fast¹ II [fɑːst] *a* 1. 1) прочный, крепкий; hard and ~ rule жёсткое правило; ~ grip крепкая хватка; to take /to have/ ~ hold of smth. крепко ухватиться /держаться/ за что-л.; she kept a ~ hold on her purse она не выпускала из рук свою сумочку 2) твёрдый 2. 1) прочный, прочно закреплённый *или* прикреплённый; ~ roof *горн.* устойчивая кровля; to make ~ а) закреплять, привязывать (*лодку и т. п.*); б) запирать; all the drawers were made ~ все ящики были заперты; movable items were made ~ to the deck все подвижные предметы были принайтовлены к палубе 2) a shell ~ in the chamber of a gun снаряд, застрявший в пушке 2) нелиняющий, прочный (*о краске*); ~ to light *спец.* светопрочный 3. стойкий, верный; ~ friend верный друг; ~ foe заклятый враг 4. *арх.* 1) крепко спящий 2) крепкий, глубокий (*о сне*)

fast¹ III [fɑːst] *adv* 1. прочно, крепко, твёрдо; to be ~ asleep крепко спать; the lake was frozen ~ озеро покрылось толстым слоем льда 2. накрепко; he was ~ bound by the feet ему крепко связали ноги; the door was ~ shut дверь была плотно закрыта; to stick ~ безнадёжно застрять; ≅ ни с места (*тж. перен.*); the car stuck ~ in the mud машина завязла в грязи 3. верно, преданно
  ◇ stand ~! *воен.* стой!; ~ by /beside/ *поэт.* совсем рядом

fast² I [fɑːst] *a* 1. скорый, быстрый; ~ horse быстрый конь; ~ tank быстроходный танк; ~ train скорый поезд; he is a ~ worker [reader] он быстро работает [читает]; ~ neutron *физ.* быстрый нейтрон; ~ fission *физ.* деление быстрыми нейтронами; ~ milker *с.-х.* легкодойная корова 2. приспособленный для быстрого движения или быстрой езды; ~ track *ж.-д.* линия, приспособленная для быстрого движения поездов; ~ tennis-court хороший теннисный корт 3. 1) спешащий (*о часах*); my watch is 5 minutes ~ мои часы на 5 минут спешат 2) неточный, показывающий больший вес (*о весах*); the scales are 2 g ~ весы показывают на 2 грамма больше 4. легкомысленный, фривольный; the ~ set кутилы, гуляки; ~ woman женщина нестрогих правил; to lead a ~ life вести беспутную жизнь, прожигать жизнь
  ◇ ~ time «летнее» время; to pull a ~ one (on) *амер.* обманывать, надувать, мошенничать; ~ and furious весёлый и шумный (*об играх и т. п.*); живой, активный

fast² II [fɑːst] *adv* 1. быстро, скоро; to run ~ бежать быстро; her tears fell ~ её слёзы закапали одна за другой; his health was breaking ~ его здоровье быстро ухудшалось; give me a cup of coffee and make it ~ дайте мне чашку кофе, да поскорей 2. легкомысленно, беспутно; to live ~ прожигать /вести беспутную/ жизнь

fast³ I [fɑːst] *n* 1) пост, ~ day, a day for a general ~ постный день; to observe the ~s and feasts of the church соблюдать церковные посты и праздники; to break (one's) ~ разговеться 2) голодание (*лечебное*); строгая диета 3) голодовка (*заключённого и т. п.*)
  ◇ a clean ~ is better than a dirty breakfast ≅ лучше беднее, да честнее

fast³ II [fɑːst] *v* 1) поститься 2) голодать, не есть; I have been ~ing since breakfast я ничего не ел с самого завтрака

fast-acting [ˌfɑːstˈæktɪŋ] *a* быстродействующий

fast and loose [ˌfɑːstən(d)ˈluːs] безответственно; бесцеремонно; ненадежно; to play ~ with the truth искажать истину; he played ~ with his wife's money он растранжирил деньги своей жены

fast-and-loose [ˌfɑːstən(d)ˈluːs] *n* ярмарочная игра в верёвочку (*мошенническая*)

fastback ['fɑːstbæk] *n* 1. гоночная лодка с плавно изогнутой кормой 2. автомобиль с крышей, плавно спускающейся к заднему бамперу

fast breeder, fast-breeder reactor [ˌfɑːstˈbriːdə, ˈfɑːstˌbriːdərɪˈæktə] *физ.* быстрый бридер(ный реактор)

fast buck [ˌfɑːstˈbʌk] *амер. сл.* деньги, доставшиеся без труда (*часто нечестно*); ≅ шальные деньги; to make a ~ подхалтурить

fasten ['fɑːs(ə)n] *v* 1. 1) связывать, скреплять; завязывать; to ~ shoe-laces завязать шнурки (на обуви); to ~ one's hair завязать *или* заколоть волосы; to ~ two parcels together связать два свёртка вместе 2) прикреплять, привязывать; to ~ a boat to a tree привязать лодку к дереву; to ~ a nickname давать /приклеивать/ прозвище; to ~ off a thread закрепить нитку 3) (on, upon) навязать; to ~ a quarrel upon smb. втянуть кого-л. в ссору; затеять ссору с кем-л.; they ~ed themselves on him and spoiled his holiday они навязались ему в компанию и испортили ему отдых 2. укреплять, свинчивать, завинчивать, зажимать; to ~ by cotter *тех.* зашплинтовать; to ~ an idea in smb.'s mind укрепить кого-л. в мысли /в убеждении/ 3. 1) запирать; ~ the window закройте окно (*на шпингалет*) 2) запираться; the lock would not ~ замок не запирался 3) застёгивать (*тж.* ~ on); she ~ed her gloves она застегнула перчатки; ~ your seat belts, please! просьба пристегнуть ремни! (*в самолёте*) 4) застёгиваться; her skirt wouldn't ~ у неё юбка не застёгивалась; the dress ~s down the back у этого платья застёжка на спине 4. затвердевать, застывать; схватываться; the plaster ~s slowly штукатурка твердеет медленно 5. (on, upon) приписывать, сваливать; to ~ the blame upon smb. возлагать вину на кого-л.; someone must have broken the plate, but why ~ it on me? кто-то, очевидно, разбил тарелку, но зачем сваливать это на меня? 6. устремлять, сосредоточивать (*взгляд, внимание и т. п.*); he ~ed his eyes on the picture он не сводил глаз с картины; she ~ed all her hopes on his arrival все свои надежды она возлагала на его приезд 7. (on, upon) 1) зацепиться, ухватиться; the director ~ed on the idea at once директор сразу же ухватился за эту мысль 2) прицепиться, придраться; the defence counsel ~ed on this discrepancy in her testimony защитник прицепился к этому противоречию в её показаниях; one of his points was ~ed upon by the treasurer к одному из его аргументов придрался казначей

fasten down [ˌfɑːs(ə)nˈdaʊn] *phr v* 1. = **fasten up** 2. добиться определённого ответа; ≅ прижать к стене; can you fasten him down to a firm date? сможете ли вы добиться, чтобы он, наконец, назначил определённый срок?

fastener ['fɑːs(ə)nə] *n* 1. *см.* **fasten** + -er 2. запор, задвижка 3. 1) застёжка 2) застёжка-молния 4. скрепка для бумаг 5. *тех.* зажим; крепёжная деталь

fastening ['fɑːs(ə)nɪŋ] *n* 1. связывание, скрепление; завязывание; привязывание 2. запирание 3. 1) = **fastener** 2 и 4 2) *тех.* деталь крепления

fasten up [ˌfɑːs(ə)nˈʌp] *phr v* закрывать, завязывать; to ~ a parcel [a box] завязывать пакет [коробку]

fast food [ˌfɑːstˈfuːd] несложные блюда; еда, которую можно перехватить на скорую руку (*гамбургеры, сосиски и т. п.*)

fastfood ['fɑːstfuːd] *a* с подачей несложных блюд (*о кафе и т. п.*); ~ restaurant chain сеть закусочных

fasti ['fæstiː] *n лат.* 1. летопись, анналы 2. *ист.* календарь (*древнеримский*)

fastidious [fæˈstɪdɪəs] *a* 1) разборчивый, привередливый, требовательный; don't be so ~ не привередничай; he is ~ about his food он очень привередлив в еде 2) брезгливый 2. тонкий; утончённый, изощрённый; ~ hands тонкие /изящные/ руки; ~ mind утончённый ум; ~ taste in art утончённый художественный вкус

fastidiously [fæˈstɪdɪəslɪ] *adv* **1.** разборчиво, привередливо; he picked at his food ~ он привередливо ковырял вилкой еду **2.** тонко, утончённо, изощрённо; the work has been done ~ работа была выполнена очень тонко

fastidiousness [fæˈstɪdɪəsnɪs] *n* **1.** привередливость, разборчивость **2.** тонкость; утончённость, изощрённость

fastigia [fæˈstɪdʒɪə] *pl от* fastigium

fastigiate [fæˈstɪdʒɪ(e)ɪt] *a* **1.** конусообразный, конический; суживающийся к вершине **2.** 1) *зоол.* соединяющийся в конический пучок 2) *бот.* прямопараллельный

fastigium [fæˈstɪdʒɪəm] *n* (*pl тж.* -gia) *книжн.* **1.** верхушка, вершина **2.** *архит.* конёк крыши, шпиц **3.** кризис (*болезни*)

fasting [ˈfɑːstɪŋ] *n* 1) пост 2) лечебное голодание

fasting-day [ˈfɑːstɪŋdeɪ] *n* постный день, пост

fastland [ˈfɑːstlænd] *n редк.* материк, континент

fast-moving [ˌfɑːstˈmuːvɪŋ] *a* **1.** скоростной **2.** стремительный, динамичный; ~ novel роман со стремительно развивающейся фабулой

fastness[1] [ˈfɑːstnɪs] *n* **1.** 1) прочность; крепость 2) стойкость; ~ to light светопрочность (*о красках*) **2.** крепость, твердыня, оплот, цитадель; the soldiers retired to their ~ солдаты отступили к своей крепости **3.** *биол.* сопротивляемость организма некоторым ядам; иммунитет

fastness[2] [ˈfɑːstnɪs] *n* **1.** быстрота, скорость **2.** легкомыслие, беспутство

fast-paced [ˌfɑːstˈpeɪst] *a* идущий быстрыми шагами; быстро развивающийся; a ~ world быстро меняющийся мир

fast reactor [ˈfɑːstrɪˌæktə] *физ.* (*ядерный*) реактор на быстрых нейтронах, быстрый реактор

fast-response [ˌfɑːstrɪˈspɒns] *a* малоинерционный (*о приборе*)

fast-setting [ˈfɑːstˌsetɪŋ] *a* быстросхватывающийся (*о цементе и т. п.*); быстро отверждаемый (*о пластмассе и т. п.*)

fast talk [ˈfɑːs(t)tɔːk] *амер. разг.* уговоры; обхаживание, улещивание (*покупателя и т. п.*); «красивые слова» (*с целью втянуть во что-л.*)

fast-talk [ˌfɑːs(t)ˈtɔːk] *v* уговорить, уговорами втянуть во что-л.; the salesman ~ed me into buying the suit продавец уговорами всучил мне этот костюм

fast worker [ˈfɑːstˌwɜːkə] *неодобр.* **1.** проныра, пролаза; he is a ~ этот своего не упустит **2.** завзятый бабник

fat I [fæt] *n* **1.** жир, сало; vegetable ~ растительный жир; to fry smth. in deep ~ жарить что-л. в кипящем жире; to live on one's own ~ жить за счёт подкожного жира [*см. тж.* ◇]; ~ content содержание жира; ~ hardening гидрогенизация жиров **2.** 1) полнота, тучность; to be inclined to ~ быть склонным к полноте; to run to ~ *разг.* жиреть, толстеть 2) (*иногда* F.) *разг.* толстяк (*часто как прозвище*); толстуха **3.** *арх. амер.* лучшая часть (*чего-л.*); to live on the ~ of the land жить роскошно, пользоваться всеми благами **4.** *проф.* 1) *театр.* выигрышная роль; выигрышное место для роли 2) *полигр.* выгодная работа 3) *амер. полигр.* выгодная печать **5.** *тех.* смазка, мазь, тавот **6.** 1) *сл.* деньги 2) *амер. полит.* средства на проведение кампании; to fry the ~ out of, to fry out ~ *амер. сл.* выжимать средства на проведение избирательной кампании (*у корпораций*

и т. п.); ~ frying *амер. сл.* «выжаривание сала», нажим (*на фирмы и т. п.*) с целью получения средств на избирательную кампанию в обмен на привилегии

◇ the ~ is in the fire а) дело сделано; now when they have been given an ultimatum the ~ is in the fire теперь, им поставлен ультиматум, отступать поздно; б) решение принято; в) быть беде; с) to live on one's own ~ а) жить старыми запасами (*знаний и т. п.*); б) жить на свой капитал; [*см. тж.* 1]; б) *сл.* а) чесать язык, трепаться; б) жаловаться, ныть

fat II [fæt] *a* **1.** 1) жирный, сальный; маслянистый; ~ soup жирный суп; ~ mutton жирная баранина 2) жировой; ~ cell жировая клетка; ~ metabolism жировой обмен; ~ deposit жировые отложения 2. 1) толстый, тучный; with years he has grown ~ с годами он растолстел; (as) ~ as a pig жирный как свинья; (as) ~ as butter жирный, толстый 2) пухлый, толстый; ~ cheeks пухлые щёки; ~ fingers толстые пальцы; ~ book толстая книга, пухлый том **3.** откормленный, упитанный; ~ ox откормленный бык **4.** 1) плодородный, тучный (*о земле*); a ~ soil yields a good crop плодородная почва даёт богатый урожай 2) урожайный; it was a ~ year for fruit в этом году был большой урожай фруктов 2) обильный, богатый; a ~ feast обильный /роскошный/ пир; ~ larder полная кладовая; ~ purse туго набитый кошелёк 2) богатый чем-л., полный; ~ coal кузнечный /жирный/ уголь; ~ clay жирная глина; ~ wood *амер.* смолистое дерево **6.** *разг.* выгодный, доходный; ~ job выгодная работа /-ое дело/; доходное место; ~ benefice выгодный приход (*священника*); тёпленькое местечко; ~ part *театр.* выигрышная роль **7.** тупой, тупоумный, глупый; ~ smile глупая улыбка **8.** *полигр.* жирный (*о шрифте*) **9.** *сл.* никудышный; ничтожный; ~ chance никакой надежды; слабая надежда (*на что-л.*); a ~ chance you have of winning! ≅ куда уж вам выиграть!; ≅ девать некуда (*ирон. о малом количестве*); a ~ lot you care! ≅ вам наплевать на это!

◇ to cut it ~ хвастаться, выставлять напоказ; to cut up ~ оставлять большое наследство

fat III [fæt] *v* **1.** откармливать (*на убой; тж.* ~ up); to ~ (up) fowls откармливать птицу **2.** жиреть, толстеть, набирать вес

fatal [ˈfeɪtl] *a* **1.** фатальный, роковой, неизбежный; the ~ hour а) роковой час; б) смертный час; ~ spot роковое место **2.** губительный, пагубный, роковой; смертельный; his wound proved ~ его рана оказалась смертельной; he was the victim of a ~ accident он погиб от несчастного случая; ~ infection *вет.* смертельная инвазия; the event was ~ to my hopes это событие погубило мои надежды; he has made a ~ error он сделал роковую ошибку; the great heat was ~ to many persons жара оказалась губительной для многих **3.** *в грам. знач. сущ.* несчастный случай со смертельным исходом (*особ. на дороге*)

◇ the ~ sisters *миф.* парки; the ~ thread (of life) нить жизни; the ~ shears смерть; the ~ books книги судьбы

fatalism [ˈfeɪtlɪz(ə)m] *n* фатализм

fatalist [ˈfeɪtlɪst] *n* фаталист

fatalistic [ˌfeɪtəˈlɪstɪk] *a* фаталистический

fatality [fəˈtælɪtɪ] *n* **1.** пагубность, губительность **2.** несчастье, катастрофа, смерть (*на войне, от несчастного случая и т. п.*); a wreck with ten fatalities крушение с десятью смертными случаями; ~ (accident) rate статистика несчастных случаев со смертельным исходом **3.** обречённость **4.** рок; фатальность; to believe in ~ верить в рок /в судьбу/

fatally [ˈfeɪt(ə)lɪ] *adv* **1.** фатально, роковым образом, неизбежно **2.** пагубно, смертельно; ~ wounded смертельно раненный

fata morgana [ˌfɑːtəmɔːˈɡɑːnə] **1.** фата-моргана, мираж (*тж. перен.*) **2.** (F. M.) *фольк.* фея Моргана

fatback [ˈfætbæk] *n* свиной хребтовый шпик

fat-bird [ˈfætbɜːd] *n зоол.* гуахаро, жирный козодой (*Steatornis caripensis*)

fat-brained [ˌfætˈbreɪnd] *a* глупый, тупой, бестолковый

fat cat [ˌfætˈkæt] *амер. неодобр.* **1.** богач; денежный мешок **2.** капиталист, финансирующий политическую кампанию, *особ.* избирательную **3.** туз, воротила **4.** лентяй, рохля

fat city [ˈfætˌsɪtɪ] *сл.* 1) хорошая жизнь, полное благоденствие (*материальное*); ≅ как сыр в масле 2) *ирон.* хорошенькое житьё; положение хуже быть не может

fat depot [ˈfætˌdepəʊ] жировые отложения

fate I [feɪt] *n* **1.** 1) судьба, рок; the irony of ~ ирония судьбы; to leave smb. to his ~ оставить кого-л. на произвол судьбы; to tempt ~ искушать судьбу 2) участь, жребий, удел; to meet one's ~ найти свою судьбу [*см. тж.* 2]; to accept one's ~ смириться с судьбой; to decide /to fix, to seal/ smb.'s ~ решить чью-л. судьбу; to share the same ~ разделить ту же участь **2.** гибель, смерть; to go to one's ~ идти навстречу своей гибели; to meet one's ~ погибнуть [*см. тж.* 1, 2)]

◇ no flying from ~ от судьбы не уйдёшь; as sure as ~ наверняка, неизбежно; whenever I'm late, as sure as ~ I meet the director on the stairs стоит мне опоздать, как я неизменно встречаю на лестнице директора; to suffer a ~ worse than death *эвф.* подвергнуться изнасилованию

fate II [feɪt] *v обыкн. pass* предопределять; the plan was ~d to failure план был обречён на провал; the two seemed ~d for each other эти двое, казалось, были предназначены друг для друга самой судьбой

fated [ˈfeɪtɪd] *a* 1) предопределённый; one's ~ lot in life предопределённая участь 2) обречённый; the ~ city обречённый город

fateful [ˈfeɪtf(ə)l] *a* **1.** роковой; the ~ hour роковой час **2.** пророческий, зловещий; the ~ cawings of the crow зловещее карканье ворона **3.** важный; имеющий решающее значение; ~ decision важное решение

fatefully [ˈfeɪtf(ə)lɪ] *adv* **1.** фатально **2.** зловеще; пророчески **3.** важно; решающим образом

Fates [feɪts] *n pl* (the ~) 1) парки (*в др.-греч. мифологии*) 2) норны (*в скандинавской мифологии*)

fat-faced [ˌfætˈfeɪst] *a* **1.** толстолицый, толстомордый **2.** *полигр.* жирный

FAT — FAT

(*о шрифте*); ~ words слова, выделенные жирным шрифтом

fat farm ['fætfɑ:m] *разг.* курорт для тучных

fat-free [,fæt'fri:] *a* обезжиренный
fat-guts ['fætgʌts] *n сл.* толстяк
fathead ['fæthed] *n* олух, болван, глупец
fatheaded [,fæt'hedɪd] *a* тупоголовый, глупый
fat-hen [,fæt'hen] *n бот.* 1. марь (*Chenopodium spp.*) 2. лебеда (*Atriplex gen.*)
father I ['fɑ:ðə] *n* 1. 1) отец; adoptive ~ приёмный отец; natural ~ отец внебрачного ребёнка 2) заступник, защитник, отец (родной); to be a ~ to smb. проявлять отеческую заботу о ком-л. 2. 1) создатель, творец; the Fathers (of the Constitution) *амер. ист.* авторы /творцы/ конституции США; F. of the Constitution «отец конституции» (*прозвище президента Медисона*); F. of his Country отец отечества (*прозвище Дж. Вашингтона*) 2) родоначальник, предок, прародитель; the F. of English printing родоначальник книгопечатания в Англии 3) предшественник; предвестник; прототип 3. старейший член; city ~s отцы города, члены городского управления, городские советники, олдермены; ~ of the chapel *шт.* старшина типографских рабочих; F. of the House а) *парл.* старейший член палаты общин; б) *амер.* «отец палаты», старейший член палаты представителей (*по сроку пребывания в палате*); F. of the Senate *амер.* «отец сената», старейший сенатор (*по сроку непрерывного пребывания в сенате*); F. of the bar *юр.* старший барристер; Conscript Fathers *ист.* отцы-сенаторы (*обращение к римским сенаторам*) 4. (F.) бог; God the F. бог-отец; our F. отче наш (*молитва*) 5. 1) духовный отец; священник; ~ confessor, ghostly ~ *арх.* духовник, исповедник; the Holy F. его святейшество (*титул римского папы*); Most Reverend F. in God его высокопреосвященство (*титул архиепископа*); Right Reverend F. in God его преосвященство (*титул епископа*) 2) отец (*обращение к католическому священнику*); F. Brown отец Браун
◇ ~ Abraham *библ.* Авраам (*прозвище Авраама Линкольна*); the F. of Waters а) Нил, отец вод; б) *амер.* ≅ матушка Миссисипи (*тж.* the Great F.); ~ Knickerbocker *амер.* папаша Никербокер (*шутл. прозвище города Нью-Йорка*); F. Time ≅ седое время; the F. of lies лукавый, сатана; the F. of Lights создатель, бог; to be gathered to one's ~s отправиться к праотцам, скончаться; to lie /to sleep/ with one's ~s быть похороненным (в родном краю); Fathers of the Church а) отцы церкви; б) первоотцы (*христианские писатели I — V вв.*; *тж.* early Fathers); writings of the early Fathers патристика, первоотеческие книги; the wish is ~ to the thought ≅ мы склонны принимать желаемое за действительное; верят потому, что хотят верить; like ~, like son *посл.* каков отец, таков и сын; ≅ яблоко от яблони недалеко падает; many a good ~ hath but a bad son *посл.* ≅ в семье не без урода; a miserly ~ makes a prodigal son *посл.* ≅ у отца-скряги сын — мот; ~ and mother (of) *сл.* потрясающий, невиданный; ~ and mother of a row [of a thrashing] скандал, каких свет не видывал [избиение до полусмерти]

father II ['fɑ:ðə] *v* 1. порождать, производить; cowardice ~s cowardice одна трусость порождает другую 2. быть, считаться отцом, автором, создателем, творцом 3. (on, upon) 1) приписывать отцовство (*кому-л.*) 2) приписывать авторство; to ~ an invention [a plan] on smb. приписывать кому-л. изобретение [разработку плана] 4. (on, upon) *сл.* сваливать на (*кого-л. вину и т. п.*); «пришить» (*кому-л. дело*); to ~ the responsibility on /upon/ smb. сваливать ответственность на кого-л. 5. отечески заботиться; he would ~ small boys who first come to school он всегда отечески заботился о малышах, только что пришедших в школу
◇ to ~ a thing upon smth. проследить что-л. до истоков /до источника/

Father Christmas [,fɑ:ðə'krɪsməs] дед-мороз, рождественский дед

father-figure ['fɑ:ðə,fɪgə] *n* 1) *психол.* идеальный образ отца; взрослый, обладающий качествами, которые ребёнок хотел бы видеть в отце 2) *ирон.* непогрешимый руководитель, непререкаемый авторитет

Father Frost [,fɑ:ðə'frɔst] дед-мороз

fatherhood ['fɑ:ðəhʊd] *n* отцовство; he was greatly proud of his ~ он очень гордился тем, что стал отцом

father image ['fɑ:ðə(r),ɪmɪdʒ] = father-figure 1)

father-in-law ['fɑ:ð(ə)rɪnlɔ:] *n* (*pl* fathers- ['fɑ:ðəz-]) 1. 1) свёкор 2) тесть 2. *редк.* отчим

fatherland ['fɑ:ðəlænd] *n* отечество, отчизна, родина

fatherless ['fɑ:ðəlɪs] *a* 1. (оставшийся) без отца; не имеющий отца; to be left ~ остаться без отца 2. не имеющий автора; ~ essays очерки неизвестного автора

fatherlike I ['fɑ:ðəlaɪk] *a* отеческий, относящийся по-отечески

fatherlike II ['fɑ:ðəlaɪk] *adv* отечески

fatherliness ['fɑ:ðəlɪnɪs] *n* отеческая заботливость

fatherly I ['fɑ:ðəlɪ] *a* 1. отцовский, свойственный отцу; ~ responsibility ответственность отца; ~ blessing отцовское благословение 2. отеческий; покровительственный; ~ love отеческая любовь

fatherly II ['fɑ:ðəlɪ] *adv* отечески, как отец родной

Father's Day ['fɑ:ðəzdeɪ] «день отца» (*в США отмечается в третье воскресенье июня*)

fathership ['fɑ:ðəʃɪp] *n* отцовство

fathogram ['fæðəgræm] *n мор.* кривая глубин

fathom I ['fæð(ə)m] *n* 1. фатом [*см. тж.* Приложение]; морская сажень (= 6 *футам*; *преим. для измерения глубины воды*); ~ line *мор.* лот; б) *геогр.* изобата 2. единица кубатуры древесины (= 6 × 6 × 6 *футов*) 3. понимание
◇ ~s deep глубоко, основательно; to be ~s deep in love ≅ быть влюблённым по уши; he sank ~s deep in my respect моё уважение к нему сильно поколебалось

fathom II ['fæð(ə)m] *v* 1. измерять глубину (*воды*); делать промер лотом 2. 1) постигать, понимать; to ~ a mystery постичь тайну; I cannot ~ his intentions я не могу понять его намерений 2) соображать; догадываться (*обыкн.* ~ out); I cannot ~ out where my keys have got to не могу сообразить, куда девались мои ключи; let me try to ~ it out for myself погоди, я постараюсь сам додуматься

fathomable ['fæð(ə)məb(ə)l] *a мор.* измеримый, досягаемый лотом

fathometer [fə'ðɔmɪtə] *n мор.* эхолот

fathomless ['fæð(ə)mlɪs] *a* 1. неизмеримый, бездонный; the ~ depths of the sea бездонные глубины моря 2. непостижимый, непонятный; ~ mystery непостижимая тайна

fatidic, fatidical [feɪ'tɪdɪk, -(ə)l] *a книжн.* пророческий; those proved to be ~ words эти слова оказались пророческими

fatigable [fə'tɪgəb(ə)l] *a* легко, быстро утомляющийся

fatigue I [fə'ti:g] *n* 1. утомление, усталость; bodily [mental] ~ физическая [умственная] усталость; to drop with ~ валиться с ног от усталости 2. утомительность; утомительная работа 3. *тех.* усталость (*материала*) 4. *с.-х.* истощение (*почвы*) 5. *воен.* 1) = fatigue-duty 2) = fatigue party 3) *pl* рабочая одежда (*солдата; тж.* ~ uniform)

fatigue II [fə'ti:g] *v* 1. 1) утомлять, изнурять 2) уставать, утомляться 2. *воен.* выполнять хозяйственные работы

fatigue-call [fə'ti:gkɔ:l] *n воен.* вызов на выполнение хозяйственных работ

fatigue-cap [fə'ti:gkæp] *n воен.* головной убор рабочей формы одежды

fatigue dress [fə'ti:gdres] *воен.* рабочая одежда солдата

fatigue-duty [fə'ti:g,dju:tɪ] *n воен.* хозяйственная работа

fatigueless [fə'ti:glɪs] *a* неутомимый

fatigue-limit [fə'ti:g,lɪmɪt] *n тех.* предел усталости (*материала*)

fatigue party [fə'ti:g,pɑ:tɪ] *воен.* команда солдат, наряженных на выполнение хозяйственной работы

fatiguesome [fə'ti:gs(ə)m] *a поэт.* утомительный

fatiguing [fə'ti:gɪŋ] *a* утомительный, изнурительный; ~ day утомительный день

fatiloquent [feɪ'tɪləkwənt] *a редк.* пророческий

fatiscent [fə'tɪs(ə)nt] *a редк.* треснувший, расколотый

fatless ['fætlɪs] *a* нежирный; обезжиренный; а ~ diet диета, ограничивающая употребление жиров

fatling ['fætlɪŋ] *n* откормленное на убой молодое животное

fatly ['fætlɪ] *adv* 1. жирно, сально 2. богато, обильно 3. неловко, нескладно 4. самодовольно; to snicker ~ at smb.'s mistake самодовольно захихикать над чьей-л. ошибкой

fat-mouth ['fætmaʊθ] *v амер. сл.* болтать попусту; болтнёй прикрывать бездействие

fatness ['fætnɪs] *n* 1. полнота, толщина 2. тучность (*земли*)

fatso ['fætsəʊ] *n* (*pl* -sos, -soes [-əʊz]) *сл.* толстяк; толстуха

fat-soluble [,fæt'sɔljʊb(ə)l] *a спец.* растворимый в жирах (*особ. о витаминах*)

fatstock ['fætstɔk] *n* скот, откормленный на убой

fat-tailed [,fæt'teɪld] *a* курдючный (*об овцах*)

fatted ['fætɪd] *a* откормленный (на убой)
◇ to kill the ~ calf *библ.* заклать упитанного тельца

fatten ['fætn] *v* 1. 1) откармливать (на убой) 2) жиреть, толстеть; the sheep ~ quickly on these rich pastures на этих богатых пастбищах овцы быстро тучнеют; you need ~ing up тебе нужно поправиться 2. удобрять (землю)

fattening I ['fætnɪŋ] *n с.-х.* откорм, нагул (*скота*)

fattening II ['fætnɪŋ] *a* 1. ведущий к ожирению; ~ food пища, от которой

толстеют; bread is ~ от хлеба толстеют 2. с.-х. нагульный (*о скоте*)
  fat test [ˌfæt'test] *с.-х.* проба на жирность (*молока и т. п.*)
  fattiness ['fætɪnɪs] *n* 1. полнота, тучность 2. ожирение 3. жирность
  fatty I ['fætɪ] *n разг.* толстяк
  fatty II ['fætɪ] *a* 1. жирный, маслянистый 2. полный, тучный 3. *спец.* жировой; ~ degeneration *мед.* жировое перерождение; ~ tissue *биол.* жировая ткань; ~ heart *мед.* ожирение сердца; ~ tumour *мед.* жировая опухоль, липома; ~ acid *хим.* жирная кислота, кислота жирного ряда
  fatuism [fə'tju:ɪz(ə)m] = fatuity 2
  fatuitous [fə'tju:ɪtəs] *a* глупый, бессмысленный
  fatuity [fə'tju:ɪtɪ] *n* 1. глупость, бессмысленность 2. *арх.* слабоумие
  fatuous ['fætjʊəs] *a* глупый, бессмысленный; ~ smile глупая /бессмысленная/ улыбка; ~ attempt бессмысленная попытка 2. *арх.* слабоумный
  fatuously ['fætjʊəslɪ] *adv* глупо, бессмысленно
  fat-witted [ˌfæt'wɪtɪd] *a* тупой, тупоумный; глупый
  faubourg ['fəʊbʊəg] *n* пригород, предместье
  faucal ['fɔ:k(ə)l] *a фон.* 1. гортанный; заднеязычный (*о звуке*) 2. *в грам. знач. сущ.* гортанный звук
  fauces ['fɔ:si:z] *n pl употр. с гл. в ед. и мн. ч.* 1. *анат.* зев, глотка 2. *зоол.* зев, глотка, ротоглотка, горло, пасть
  faucet ['fɔ:sɪt] *n преим. амер.* 1. водопроводный кран 2. *тех.* 1) вентиль 2) втулка; затычка 3) раструб
  faugh [fɔ:] *int* тьфу! (*выражает отвращение*)
  fault I [fɔ:lt] *n* 1. недостаток, дефект; an essential ~ in /of/ a theory существенный недостаток теории; a ~ in cloth дефект в ткани; to acknowledge one's ~s признавать свои недостатки; it is his great ~ это его большой недостаток; with all ~s *ком.* без гарантии 2. *тк. sing* вина; the ~ lies with you, not with me вы виноваты, а не я; whose ~ is it? чья это вина?; кто в этом виноват?; it is my ~ это моя вина; at /*редк.* in/ ~ виноватый [*см. тж.* 3, 6 *и* ◇]; I'm not at ~ я не виноват; who is at ~? кто виноват?; party in /at/ ~ *юр.* виновная сторона; my memory is at ~ меня подводит /мне изменяет/ память 3. ошибка; промах; your essay contains many ~s in grammar в вашем сочинении много грамматических ошибок; there's your ~ вот в чём ваша ошибка; to be at ~ ошибаться, заблуждаться [*см. тж.* 2, 6 *и* ◇]; to find ~ with smb., smth. придираться к кому-л., чему-л., ворчать /жаловаться/ на кого-л., что-л.; I have no ~ to find with your work по вашей работе я замечаний не имею 4. проступок, провинность; нарушение (*закона и т. п.*) 5. *тж.* of a child проступки ребёнка 5. неправильно поданный мяч (*теннис*) 6. *охот.* потеря следа; cold ~ *арх.* потерянный след; to be at ~ потерять след [*см. тж.* 2, 3 *и* ◇] 7. *эл.* замыкание (*тока*) 8. *тех.* авария, повреждение, неисправность; ~ image *тлв.* искажённое изображение; ~ indicator *тех.* дефектоскоп, указатель повреждений 9. *геол.* разлом, сброс, сдвиг (*породы*)
    ◇ to a ~ чрезмерно, слишком; gentle to a ~ слишком кроткий /мягкий/; she is generous to a ~ в своей щедрости она не знает меры; to be in ~ находиться в затруднительном положении, не знать, что делать *или* что сказать [*см. тж.* 2, 3 *и* 6]; a ~ confessed is half re-dressed *посл.* за признание — половина наказания; ≅ повинную голову меч не сечёт; ≅ ~s are thick where love is thin кто не любит, тот видит одни недостатки
  fault II [fɔ:lt] *v* 1. считать виновным, обвинять; придираться; it was difficult to ~ her performance было трудно придраться к её исполнению; ≅ её исполнение было безукоризненным 2. ошибаться, допускать ошибки 3. *геол.* образовать разрыв *или* сброс 4. осуждать, порицать; to ~ smb. for smth. порицать кого-л. за что-л.; I ~ myself for not doing it ругаю себя за то, что не сделал этого
  faulted ['fɔ:ltɪd] *a геол.* сброшенный, нарушенный, разорванный
  fault-finder ['fɔ:ltˌfaɪndə] *n* 1. придирчивый человек, критикан 2. *тех.* прибор для определения повреждения, дефектоскоп
  fault-finding I ['fɔ:ltˌfaɪndɪŋ] *n* 1. придирчивость; придирки 2. *тех.* обнаружение аварии, повреждения
  fault-finding II ['fɔ:ltˌfaɪndɪŋ] *a* придирчивый; критиканский
  faultily ['fɔ:ltɪlɪ] *adv* неправильно, ошибочно; the wire was ~ connected провод был неправильно подсоединён
  faulting ['fɔ:ltɪŋ] *n геол.* сбрасывание, сбросовая деятельность, образование разрывов *или* сбросов
  faultless ['fɔ:ltlɪs] *a* 1) безупречный; ~ piece [model] совершенное произведение [-ый образец] 2) безошибочный; ~ performance [pronunciation] безукоризненное исполнение [произношение] 2) безошибочный; his reasoning proved ~ его доводы оказались абсолютно правильными /нельзя было оспорить/ 3) невинный, правый
  faultlessly ['fɔ:ltlɪslɪ] *adv* 1) безупречно, безукоризненно; he is always ~ dressed он всегда безупречно одет 2) безошибочно
  faultlessness ['fɔ:ltlɪsnɪs] *n* 1) безупречность; the ~ of his speech betrayed a foreigner подчёркнутая правильность речи выдавала в нём иностранца 2) безошибочность
  fault-tolerance ['fɔ:ltˌtɒl(ə)rəns] *n спец.* амортизация отказов, отказоустойчивость (*возможность работы системы при отказе отдельных её элементов*)
  fault-tolerant ['fɔ:ltˌtɒl(ə)rənt] *a* малочувствительный *или* нечувствительный к повреждению, отказоустойчивый; ~ system ошибкоустойчивая /отказоустойчивая/ система
  fault tree ['fɔ:lt tri:] диаграмма всех возможных последствий несрабатывания *или* аварии системы
  faulty ['fɔ:ltɪ] *a* 1. имеющий недостатки, дефекты; несовершенный; ~ digestion плохое пищеварение; ~ condition *тех.* дефектное состояние 2. неправильный, ошибочный; ~ argument неправильный довод 3. испорченный, повреждённый, дефектный; ~ mechanism испорченный механизм
  faun [fɔ:n] *n рим. миф.* фавн
  fauna ['fɔ:nə] *n* (*pl* -ae, -s [-z]) фауна; ~ of the Ice Age фауна ледникового периода
  faunae ['fɔ:ni:] *pl от* fauna
  faunal ['fɔ:nl] *a* относящийся к фауне
  faunistic, faunistical [fɔ:'nɪstɪk, -(ə)l] *a спец.* фаунистический
  faunology [fɔ:'nɒlədʒɪ] *n* зоогеография
  fauteuil [fəʊ'tɜ:j] *n* 1. 1) кресло президента *или* председателя 2. кресло в партере 3. членство во французской академии
  fautor ['fɔ:tə] *n редк.* приверженец

dressed *посл.* за признание — половина наказания; ≅ повинную голову меч не сечёт; ≅ ~s are thick where love is thin кто не любит, тот видит одни недостатки

FAT — FAV F

  fauvism ['fəʊvɪz(ə)m] *n жив.* фовизм (*направление, к которому принадлежал Матисс*; *от фр.* fauve хищный зверь)
  faux pas [ˌfəʊ'pɑ:] 1) ложный шаг; бестактность; I committed a ~ by offering wine to a Muslim я совершил бестактность, предложив вино мусульманину 2) *эвф.* нарушение супружеской верности (*женщиной*); ≅ она оступилась
  favel(l)a [fə'velja] *n португ.* фавела, трущобный пригород (*в Бразилии*)
  faveolate [fə'vi:əleɪt] *a бот.* имеющий ячеистое строение
  favonian [fə'vəʊnɪən] *a книжн.* 1) относящийся к западному ветру 2) мягкий, благотворный
  favor, favorable, favored, favorer, favorite, favoritism ['feɪvə, 'feɪv(ə)rəb(ə)l, 'feɪvəd, 'feɪv(ə)rə, 'feɪv(ə)rɪt, 'feɪv(ə)rɪtɪz(ə)m] *амер.* = favour, favourable, favoured и *др.*
  favour I ['feɪvə] *n* 1. благосклонность, расположение; in ~ в почёте, в фаворе, в чести [*ср. тж.* 9]; out of ~ не в чести, не в чести, в немилости; to win smb.'s ~, to find ~ in smb.'s eyes /in the eyes of smb./ снискать /заслужить/ чьё-л. расположение; to be /to stand/ high in smb.'s ~, to be in high ~ with smb. очень нравиться кому-л., быть любимцем кого-л., пользоваться чьей-л. благосклонностью, быть в милости у кого-л.; to enjoy the ~s of a woman пользоваться благосклонностью женщины; to look with ~ on smb. относиться доброжелательно /благосклонно/ к кому-л.; to look with ~ on smth. относиться к чему-л. благожелательно, одобрять что-л.; to worm oneself into smb.'s ~ втираться к кому-л. в доверие; снискать чьё-л. расположение; to curry ~ with smb., *шотл. арх.* to claw ~ with smb. заискивать /подхалимничать/ перед кем-л. 2. одолжение, милость, любезность; do me [him] a ~ сделайте мне [ему] одолжение; to do smth. as a ~ сделать что-л. в виде одолжения; to heap ~s upon smb. осыпать кого-л. милостями; to owe smb. a ~ быть в долгу у кого-л.; to consider необходимым ответить услугой за услугу 3. протекция, покровительство (*влиятельного лица*); to win a position by ~ more than by merit достигнуть положения не столько благодаря заслугам, сколько по протекции; he succeeded in winning the ~ of the authorities ему удалось завоевать покровительство властей 4. 1) бант, ленточка; розетка; значок; wedding ~s банты шафера; he wore his lady's ~ на нём была ленточка его возлюбленной; political party [football team] ~s значки /розетки/ с названием политической партии [футбольной команды] 2) фант 3) небольшой сувенир (*получаемый на вечеринке, детском празднике*: хлопушка, маска *и т. п.*) 5. *арх.* поддержка, помощь; содействие; under ~ of the darkness под покровом ночи 6. *арх.* позволение, разрешение; by /with/ your ~ с вашего позволения; under ~ осмелюсь заметить, с вашего позволения 7. *арх.* сообщение, письмо; your ~ of yesterday ваше вчерашнее письмо 8. *арх.* привлекательность, прелесть 9. *в сочетаниях*: in ~ (of) а) в защиту, за; на (*чьей-л.*) стороне; he was in ~ of women's suffrage он был сторонником предоставления избирательного права женщинам; all

743

those in ~ raise your hands кто «за», поднимите руки; б) в пользу; in smb.'s ~ в чью-л. пользу; на чьё-л. имя; to withdraw in ~ of another отказаться в пользу другого; to draw a check in smb.'s ~ выписать чек на чьё-л. имя; it speaks in his ~ это говорит в его пользу; by ~ of переданный кем-л. (*о письме*)
◊ the last ~ обладание женщиной
favour II [ˈfeɪvə] *v* 1. 1) благоволить, быть благосклонным; fortune ~s the brave счастье сопутствует храбрым; the judge ~ed the plaintiff судья благосклонно отнёсся к истцу 2) оказывать внимание, проявлять любезность; ~ me with an answer будьте любезны ответить мне; he ~ed them with a copy of his book он любезно подарил им экземпляр своей книги 3) мирволить, оказывать предпочтение; проявлять пристрастие; a mother must not ~ one of her children more than the others мать не должна оказывать предпочтение одному ребёнку перед остальными 2. благоприятствовать; содействовать, помогать; the darkness ~ed his escape темнота способствовала его побегу; the tax system ~s early marriage эта налоговая система поощряет ранний брак 3. поддерживать; одобрять; he couldn't ~ the proposal он не мог одобрить это предложение; these facts ~ his theory эти факты подтверждают его теорию 4. (with) оказывание честь, приносить удовольствие, сделать приятное (*кому-л. чем-л.*); ~ us with a song доставьте нам удовольствие и спойте что-нибудь 5. *разг.* обращаться осторожно, беречь, щадить; he sat in the shade to ~ his eyes он сидел в тени, чтобы не утомлять глаза; the boxer ~ed his injured hand боксёр щадил больную руку 6. *разг.* напоминать, быть похожим; the child ~s his mother ребёнок похож на мать
favourable [ˈfeɪv(ə)rəb(ə)l] *a* 1. благоприятный, подходящий; удобный; ~ wind благоприятный /попутный/ ветер; the moment is not ~ for it момент для этого неподходящий; an opportunity now presents itself сейчас представляется благоприятный случай 2. благосклонный, настроенный, расположенный благосклонно; he was quite ~ to our project он вполне благосклонно отнёсся к нашему проекту 3. одобрительный, положительный; ~ report благоприятный /положительный/ отзыв; ~ answer благоприятный ответ; ~ opinion положительное мнение
favourably [ˈfeɪv(ə)rəblɪ] *adv* 1. благоприятно 2. одобрительно; to speak ~ of smth. высказаться одобрительно о чём-л. /в пользу чего-л./
favoured [ˈfeɪvəd] *a* 1. привилегированный, пользующийся преимуществами; предпочитаемый; ~ friend любимый друг; most ~ nation *дип.* наиболее благоприятствуемая нация; the regime of most ~ nation, most ~ nation treatment *дип.* режим наиболее благоприятствуемой нации, режим наибольшего благоприятствования 2. благодатный (*о климате и т. п.*); a place ~ by nature цветущий уголок 3. (-favoured) как компонент сложных слов имеющий такую-то внешность, такие-то черты лица; well-favoured красивый, привлекательный; ill-favoured некрасивый; уродливый; hard-favoured с грубыми /резкими/ чертами лица; с непривлекательной внешностью
favourer [ˈfeɪv(ə)rə] *n* 1) покровитель 2) помощник, сторонник, приверженец
favourite I [ˈfeɪv(ə)rɪt] *n* 1. любимец, фаворит; general ~ общий любимец 2. любимая вещь; that book is a great ~ of mine это одна из моих самых любимых книг 3. (the ~) *спорт.* фаворит 4. *pl* короткие локоны у висков (*причёска, модная в XVII — XVIII вв.*)
favourite II [ˈfeɪv(ə)rɪt] *a* 1) любимый, излюбленный; ~ child любимый ребёнок, любимчик; my ~ writer is Hemingway мой любимый писатель — Хемингуэй 2) популярный, пользующийся успехом
favourite son [ˌfeɪv(ə)rɪtˈsʌn] *амер.* 1. лучший сын (*города и т. п.*) 2. лицо, выдвигаемое в президенты делегацией своего штата (*на предвыборном съезде партии*) 3. кумир, избранник (*какой-л. группы*)
favouritism [ˈfeɪv(ə)rɪtɪz(ə)m] *n* фаворитизм
fawn¹ I [fɔːn] *n* 1. молодой олень (*до одного года*) 2. желтовато-коричневый цвет; цвет беж
fawn¹ II [fɔːn] *a* желтовато-коричневый; бежевый
fawn² [fɔːn] *v* 1. вилять хвостом, ласкаться (*о собаках*; часто on, ~ upon); Spot was ~ing on him as if he understood every word Меченый ласкался к нему, как будто понимал каждое слово 2. льстить, подлизываться, прислуживаться; раболепствовать; to ~ on a rich uncle заискивать перед богатым дядей
fawn-coloured [ˈfɔːnˌkʌləd] *a* желтовато-коричневый; бежевый
fawner [ˈfɔːnə] *n* льстец, подхалим; лизоблюд
fawning [ˈfɔːnɪŋ] *a* 1. ласковый (*о собаке*) 2. раболепный, льстивый; ~ smile заискивающая улыбка
fawnlike [ˈfɔːnlaɪk] *a* похожий на молодого оленя; ~ grace ≅ грация лани
fawn lily [ˈfɔːnˌlɪlɪ] *бот.* собачий зуб (*Erythronium gen.*)
fax I [fæks] *n* (*сокр. от* facsimile I) *разг.* 1) факс; in ~ факсом 2) связь по факсу
fax II [fæks] *v* (*сокр. от* facsimile III) *разг.* передавать по факсу
fay¹ [feɪ] *n* 1. *поэт.* фея; эльф 2. хрупкий, грациозный, красивый ребёнок; хрупкая девушка
fay² [feɪ] *n амер. презр.* белый человек (*в речи негров*)
fay³ [feɪ] *v амер.* 1. *мор.* плотно соединять, пригонять, прилаживать (*часто* ~ into, ~ with, ~ together) 2. годиться, быть впору; his coat ~s well пальто его идёт ему хорошо
fayalite [ˈfeɪəlaɪt] *n мин.* файялит, железистый оливин
faze [feɪz] *v разг.* беспокоить, досаждать; расстраивать; calamitous personal defeat did not seem to ~ him полный провал, казалось, вовсе не обескуражил его
fazenda [fəˈzendə] *n* 1) (кофейная) плантация (*в Бразилии*) 2) фазенда, дом на плантации [*см. 1*]
fealty [ˈfiː(ə)ltɪ] *n* 1. *ист.* верность вассала феодалу; присяга на верность; to do /to make, to swear/ ~ присягать на верность; to receive ~ принимать присягу верности 2. *поэт.* вера, верность, преданность, лояльность; to owe ~ to one's friends быть преданным своим друзьям
fear I [fɪə] *n* 1. страх, боязнь; needless ~s напрасные страхи; in ~ в страхе, со страхом; в тревоге; to be in ~ бояться; тревожиться; in ~ and trembling со страхом и трепетом; for ~ из страха, из боязни; she daren't enter for ~ of the dog она не решается войти, боясь собаки; in /for/ ~ of one's life в страхе за свою жизнь; the ~ of death was upon him им овладел страх смерти; to put smb. in ~, to put ~ in smb.'s heart нагонять страх на кого-л. 2. опасение; there is not the slightest ~ of rain today нет никаких опасений, что сегодня будет дождь; I had a ~ that you had missed the train я опасался, что вы опоздали на поезд; shut the window for ~ of rain закройте окошко, как бы не пошёл дождь /на случай дождя/; they are in daily ~ of dismissal им каждый день грозит увольнение; no ~ *разг.* конечно, нет; ни в коем случае; опасаться не приходится; you will not fail me.— No ~ вы не подведёте меня.— Нет, не беспокойтесь 3. благоговейный страх, трепет; to put the ~ of God into smb. нагнать страх на кого-л., расправиться с кем-л.; ≅ держать в страхе божьем; without ~ or favour беспристрастно, объективно
fear II [fɪə] *v* 1. бояться; пугаться; she ~ed for the boy when she saw him at the top of the tree она испугалась за мальчика, увидев, что он влез на дерево; never ~ *разг.* не бойтесь [*ср. тж.* 2] 2. 1) опасаться, ожидать (*чего-л. нежелательного*); to ~ the worst ожидать наихудшего; you shall know, never ~ вам сообщат, не беспокойтесь [*ср. тж.* 1]; I ~ the guests are late боюсь, что гости опоздают; two are ~ed drowned есть основания опасаться, что двое утонули 2) *разг.* сожалеть; I ≅ к сожалению; is there enough money? — I ~ not хватит ли денег? — К сожалению, нет /Боюсь, что нет/; it is raining I ~ кажется, идёт дождь 3. почитать; относиться с благоговейным страхом; to ~ God бояться бога
fearful [ˈfɪə(ə)l] *a* 1. ужасный, страшный; пугающий; they drove along the edge of a ~ precipice они ехали по краю страшной пропасти 2. 1) напуганный, испуганный; to cast ~ glances at smb. испуганно /боязливо, со страхом/ смотреть на кого-л. 2) (for) боящийся, испытывающий страх; ~ for his safety дрожащий за свою безопасность 3) робкий, пугливый; ~ to offend боящийся обидеть 3. полный благоговения, почтения 4. (of, lest) *арх.* полный страха, опасений; to be ~ lest the prisoner commit suicide опасаться, что заключённый покончит с собой 5. *эмоц.-усил.* страшный, ужасный; it's a ~ bore это ужасная скука; ~ liar отчаянный лгун; to be in a ~ mess попасть в жуткую неприятность
fearfully [ˈfɪəf(ə)lɪ] *adv эмоц.-усил.* ужасно, страшно; ~ pleased ужасно довольный
fearless [ˈfɪəlɪs] *a* бесстрашный, неустрашимый; мужественный
fearlessly [ˈfɪəlɪslɪ] *adv* бесстрашно, неустрашимо; мужественно
fearlessness [ˈfɪəlɪsnɪs] *n* бесстрашие, неустрашимость
fear-monger [ˈfɪəˌmʌŋɡə] *n* паникёр
fearnought [ˈfɪənɔːt] *n арх.* 1. 1) толстое сукно (*для пальто*); кастор 2) пальто из сукна [*см. 1*] 2. *текст.* кардный волчок
fearsome [ˈfɪəs(ə)m] *a* 1. 1) *поэт.* грозный, страшный; вызывающий страх; ~ sight ужасное зрелище; ~ apparition призрак, наводящий ужас 2) *эмоц.-усил.* ужасный, жуткий; ~ noise ужасный шум; ~ self-confidence потрясаю-

щая самоуве́ренность 2. ро́бкий, засте́нчивый

feasibility [ˌfiːzəˈbɪlɪtɪ] *n* 1. осуществи́мость, выполни́мость; ~ study иссле́дование осуществи́мости прое́кта; те́хнико-экономи́ческое обоснова́ние 2. го́дность 3. возмо́жность, вероя́тность

feasible [ˈfiːzəb(ə)l] *a* 1. осуществи́мый, выполни́мый; ~ plan выполни́мый план 2. подходя́щий, го́дный; ~ for cultivation приго́дный для обрабо́тки (*о почве*); an explanation ~ enough вполне́ подходя́щее объясне́ние 3. возмо́жный, вероя́тный; ~ story правдоподо́бная исто́рия

feasibly [ˈfiːzəblɪ] *adv* 1. выполни́мо, осуществи́мо 2. возмо́жно, вероя́тно

feast I [fiːst] *n* 1. пир, пра́зднество; банке́т; marriage ~ бра́чный пир; to make (a) ~ пирова́ть, устра́ивать пир; to give /to hold/ a ~ дать банке́т; to make a ~ of smth. лакоми́ться чем-л., наслажда́ться хоро́шей едо́й; наеда́ться до отва́ла; ~ for the gods пи́ща бого́в, чуде́сная еда́; ~ of fat things, the ~ of Lucullus луку́ллов пир, роско́шное угоще́ние 2. наслажде́ние; intellectual ~ интеллектуа́льное наслажде́ние; ~ for the eyes наслажде́ние для глаз, прия́тное зре́лище; ~ of intelligent conversation удово́льствие, получа́емое от разгово́ра с у́мным собесе́дником 3. (религио́зный) пра́здник; movable [immovable] ~s пра́здники, отмеча́емые в ра́зные [в оди́н и те же] дни; ~ day пра́здничный день, *особ.* день прихо́дского пра́здника; ~ rite пра́здничный обря́д, пра́здничная слу́жба

◇ enough is as good as a ~ *посл.* ≅ от добра́ добра́ не и́щут; ~ today and fast tomorrow *посл.* ≅ то гу́сто, ра́зом пу́сто; Dutch ~ *см.* Dutch II ◇; a death's head [a skeleton] at the ~ кто-л. омрача́ющий весе́лье; ≅ уны́лая физионо́мия на пра́зднике; то, что по́ртит удово́льствие /отравля́ет весе́лье/; неприя́тное происше́ствие во вре́мя пра́здника; F. of Fools /of Asses/ *ист.* «пир дурако́в» (*средневеко́вое пра́зднество*)

feast II [fiːst] *v* 1. пирова́ть, пра́здновать; they ~ed the night away они́ пирова́ли всю ночь 2. угоща́ть; по́тчевать; принима́ть, че́ствовать; the king ~ed his friends коро́ль созва́л на пир свои́х приближённых; to ~ smb. on chicken and green peas угоща́ть кого́-л. цыплёнком с зелёным горо́шком 3. 1) наслажда́ться 2) услажда́ть, ласка́ть (*слух, зре́ние*); to ~ one's eyes on a landscape любова́ться ландша́фтом; to ~ the ears with music услажда́ть слух му́зыкой 4. соверша́ть богослуже́ние в пра́здники; пра́здновать (*рождество́ и т. п.*)

feaster [ˈfiːstə] *n* 1. *см.* feast II + -er 2. организа́тор или уча́стник пи́ра, пра́зднества. 1) гурма́н 2) эпикуре́ец

feat I [fiːt] *n* 1. по́двиг; ~ of arms ра́тный /боево́й/ по́двиг 2. мастерство́, ло́вкость, иску́сство; the acrobat's performance was a regular ~ выступле́ние акроба́та бы́ло настоя́щим иску́сством; brilliant ~ of engineering блестя́щее достиже́ние в машинострое́нии

◇ (the) ~ of war *арх.* война́, веде́ние войны́; ~s of war a) вое́нные обя́занности; б) вое́нное обуче́ние; by ~ of посре́дством, путём; by way of ~ си́лой, наси́льно

feat II [fiːt] *a арх.* 1. (for, to) подходя́щий, го́дный 2. ло́вкий; прово́рный; иску́сный 3. 1) вку́сный, изя́щный 2) (иду́щий) к лицу́ (*о пла́тье*)

feather I [ˈfeðə] *n* 1. перо́ (*пти́чье*); as light as a ~ лёгкий как пёрышко

2. *тж. pl собир.* 1) опере́ние; пе́рья 2) плюма́ж; Prince of Wales's ~s, the ~(s) плюма́ж из трёх стра́усовых пе́рьев 3) наря́д, украше́ние; full ~ наря́дное пла́тье; to preen one's ~s «чи́стить пёрышки», прихора́шиваться, наводи́ть красоту́ 3. *охот.* дичь, пти́ца 4. что-л. о́чень лёгкое, пустячо́к, ма́лость 5. дли́нная шерсть на нога́х (*у соба́к*) 6. опере́ние стрелы́ 7. тре́щина (*в драгоце́нном ка́мне, стекле́*) 8. *тех.* 1) направля́ющая шпо́нка 2) шип; вы́ступ, гре́бень; ребро́; ~ piece шип 9. *мор. разг.* бурýн (*от периско́па подво́дной ло́дки*) 10. *мор., спорт.* развора́чивание весла́ плашмя́

◇ rumpled ~s взъеро́шенный /всклоко́ченный/ вид; туале́т в беспоря́дке; to smooth one's rumpled ~s а) привести́ себя́ в поря́док; б) прийти́ в себя́, успоко́иться; birds of a ~ ≅ одного́ по́ля я́года; люди одного́ полёта; birds of a ~ flock together *посл.* ≅ свояк свояка́ ви́дит издалека́; a ~ in one's cap /redk. in one's bonnet/ предме́т го́рдости, достиже́ние; in full /fine, good, great, high/ ~ а) в хоро́шем настрое́нии и в до́бром здра́вии; б) при деньга́х; в) при по́лном пара́де, в по́лной фо́рме; to crop smb.'s ~s /the ~s of smb./ сбить спесь с кого́-л., осади́ть или уни́зить кого́-л.; to cut smb. out of all ~s ≅ за́ пояс заткну́ть кого́-л.; совершенно затми́ть кого́-л.; to find a white ~ in smb.'s tail замети́ть у кого́-л. при́знак тру́сости /малоду́шия/; to show /to fly, to mount/ the white ~ стру́сить, прояви́ть тру́сость, смалоду́шничать; fine ~s make fine birds ≅ оде́жда кра́сит челове́ка; to make the ~s fly а) подня́ть ссо́ру /бу́чу/; б) энерги́чно наки́нуться (*на кого́-л.*), распуши́ть (*кого́-л.*), зада́ть жа́ру; not to have a ~ to fly with разори́ться, обанкро́титься, быть без гроша́; to pick ~s off smb. *уст.* огра́бить /обчи́стить, «пощипа́ть»/ кого́-л.; to rise at a ~ *амер.* вспыли́ть, рассерди́ться из-за пустяка́; to singe one's ~s опали́ть себе́ кры́лышки, обже́чься (*на чём-л.*); to knock down with a ~ ≅ ошеломи́ть, потрясти́

feather II [ˈfeðə] *v* 1. оперя́ть, украша́ть или отде́лывать пе́рьями; he was tarred and ~ed *амер.* его обма́зали дёгтем и вы́валяли в пе́рьях 2. выстила́ть пе́рьями (*гнездо́*); to ~ one's nest *образн.* набива́ть себе́ карма́н, обогаща́ться 3. оперя́ться (*часто* ~ out) 4. *амер.* всплыва́ть хло́пьями (*о сли́вках в ча́е и т. п.*) 5. де́лать фо́рму о́стрым, то́нким 6. придава́ть фо́рму пера́; boughs ~ed with frost опушённые и́неем сучья́ 7. *мор., спорт.* выноси́ть (*весло́*) плашмя́; развора́чивать плашмя́ (*весло́*); to ~ the oars грести́ «ла́сточкой» 8. *охот.* 1) сбить вы́стрелом пе́рья с пти́цы 2) дрожа́ть (*о го́нчей*) при оты́скании сле́да 3) направля́ть (*го́нчих*) по сле́ду 9. *ав.* 1) флюги́ровать винт 2) цикли́чески изменя́ть шаг (*несу́щего винта́ вертолёта*) 10. *тех.* соединя́ть на шпунт или шпо́нку

featherbed I [ˈfeðəbed] *n* 1. 1) пери́на 2) тёпленькое месте́чко; синеку́ра; ~ campaigner /soldier, warrior/ а) солда́т, отси́живающийся в тылу́; б) люби́тель тёпленьких месте́чек 2. сла́вка (*пе́вчая пти́ца*)

featherbed II [ˈfeðəbed] *v* 1. балова́ть, изне́живать 2. *амер.* 1) иску́сственно раздува́ть шта́ты; сохраня́ть чи́сленность рабо́чей си́лы незави́симо от потре́бности в ней (*обыкн. по настоя́нию профсою́зов*) 2) снижа́ть но́рмы вы́работки (*для предотвраще́ния увольне́ний*)

feather-bedded [ˈfeðəˈbedɪd] *a* избало́ванный; изне́женный

feather-bedding [ˈfeðəˌbedɪŋ] *n* 1. баловство́, изне́живание 2. *амер.* иску́сственное раздува́ние шта́тов; сохране́ние чи́сленности рабо́чей си́лы незави́симо от потре́бности в ней при уменьше́нии норм вы́работки (*обыкн. по тре́бованию профсою́зов*)

featherbrain [ˈfeðəbreɪn] *n* вертопра́х, пусто́й челове́к

featherbrained [ˈfeðəbreɪnd] *a* глу́пый, пусто́й, ве́треный (*о челове́ке*)

feathercut [ˈfeðəkʌt] *n* же́нская стри́жка «ле́сенкой»

feather duster [ˈfeðəˌdʌstə] метёлка из пе́рьев для сма́хивания пы́ли

feathered [ˈfeðəd] *a* 1. опере́нный, покры́тый или укра́шенный пе́рьями; the ~ tribe перна́тые, пти́цы 2. перови́дный, име́ющий вид пера́; ~ asparagus перови́дная декорати́вная спа́ржа 3. крыла́тый, бы́стрый; ~ words крыла́тые слова́; ~ Mercury крыла́тый Мерку́рий 4. нанесённый стрело́й (*о ра́не*)

feather-edge I [ˈfeð(ə)redʒ] *n* 1) (о́чень) то́нкий край, тонча́йшее ле́звие 2) ско́шенная кро́мка

feather-edge II [ˈfeð(ə)redʒ] *v* 1) *тех.* то́нко ска́шивать или среза́ть 2) поверну́ться в про́филь, в сто́рону

feather-edged [ˈfeð(ə)redʒd] *a* 1. име́ющий о́стрый край; зао́стренный; спу́щенный на нет 2. *полигр.* с необре́занными края́ми; с необре́занными поля́ми

feather-fern [ˈfeðəfɜːn] *n бот.* та́волга япо́нская, спире́я япо́нская (*Astilbe japonica*)

feather-footed [ˌfeðəˈfʊtɪd] *a* 1) име́ющий но́ги, покры́тые пе́рьями 2) дви́гающийся бы́стро и бесшу́мно

feather game [ˈfeðəgeɪm] перна́тая дичь

feather grass [ˈfeðəgrɑːs] *n бот.* кови́ль пе́ристый (*Stipa pennata*)

featherhead [ˈfeðəhed] *n* бестолочь, пуста́я голова́, глупе́ц

featherheaded [ˌfeðəˈhedɪd] *a* глу́пый, пусто́й, бестолко́вый (*о челове́ке*)

feather-heeled [ˌfeðəˈhiːld] = feather-footed

feather in [ˈfeðə(r)ˈɪn] *phr v сл.* срабо́таться (*с коллекти́вом, с това́рищами*); ужива́ться (*на рабо́те*); дру́жно рабо́тать (*с кем-л.*)

featheriness [ˈfeð(ə)rɪnɪs] *n книжн.* 1) оперённость 2) лёгкость, невесо́мость, возду́шность

feathering [ˈfeð(ə)rɪŋ] *n* 1. опере́ние 2. образова́ние хло́пьев на пове́рхности горя́чего ко́фе (*от молока́, сли́вок*) 3. *ав.* флюги́рование (*винта́*)

feathering-out [ˌfeð(ə)rɪŋˈaʊt] *n геол.* выкли́нивание (*жи́л*)

featherless [ˈfeðəlɪs] *a* лишённый пе́рьев, опере́ния

feather-mail [ˈfeðəmeɪl] *n* оде́жда из пе́рьев (*у мексика́нских инде́йцев*)

feather meal [ˈfeðəmiːl] мука́ из пе́рьев (*корм*)

feather merchant [ˈfeðəˈmɜːtʃ(ə)nt] *амер. сл.* «сачо́к», челове́к, отлы́нивающий от рабо́ты

feather-ore [ˈfeðə(r)ɔː] *n геол.* пе́ристая руда́, волокни́стый джемсони́т

feather-pate [ˈfeðəpeɪt] = featherbrain

feather-pated [ˌfeðəˈpeɪtɪd] = featherbrained

feather star [ˈfeðəstɑː] *зоол.* морска́я ли́лия (*Antedon*)

featherstitch ['feðəstɪtʃ] *n* строчка «ёлочкой»

feather-top ['feðətɒp] *n* «хохлатый» (*прозвище попугая*)

feather-topped ['feðətɒpt] *a* завитой на макушке (*о парике*)

featherway ['feðəweɪ] *n тех.* шпоночная канавка

featherweight ['feðəweɪt] *n* 1) очень лёгкий вес 2) очень лёгкий человек *или* предмет 3) *спорт.* полулёгкий вес, «вес пера»

feather-work ['feðəwɜːk] *n* 1. 1) искусство изготовления изделий из перьев; отделка перьями 2) изделие из перьев 2. = featherstitch

feathery ['feð(ə)rɪ] *a* 1. пернатый, покрытый перьями 2. оперённый, украшенный *или* отделанный перьями 3. перистый, похожий на перья; ~ clouds перистые облака 4. лёгкий, воздушный; ~ pastry лёгкое сдобное тесто

featly ['fiːtlɪ] *adv арх.* 1. изящно 2. ловко, умело, умно 3. уместно; к месту

feature I ['fiːtʃə] *n* 1. *обыкн.* pl черты лица; her eyes are her best ~ в её лице самое красивое — это глаза; he had regular but rather small ~s у него были правильные, но довольно мелкие черты лица; she had oriental ~s у неё был восточный тип лица 2. 1) особенность, характерная черта; признак, свойство; a lake is an important ~ of a landscape озеро является важной чертой пейзажа; the geographical ~s of a district географические особенности района; the speech contained some excellent ~s в этой речи было немало положительных моментов; wet weather is a ~ of life in Scotland сырая погода — это неотъемлемая черта жизни в Шотландии; unusual ~ in a political programme нетрадиционные пункты политической программы; pl *воен.* особенности, признаки; distinguishing [observable] ~s отличительные [наблюдаемые] признаки; terrain ~s рельеф местности 2. гвоздь программы; аттракцион; интересный момент; the actress is the main ~ of the show на этой актрисе держится вся программа 4. 1) статья, очерк (*в газете, журнале*); ~ story тематическая статья; документальный очерк; ~ page газетная страница, на которой помещаются основные статьи 2) сенсационный *или* нашумевший материал (*о статье, сообщении, иллюстрации*); an account of the fire was a ~ of the Sunday supplement сенсацией воскресного приложения было описание пожара 3) постоянный раздел (*в газете, журнале и т. п.*); weather reports are a ~ of the morning papers в утренних газетах всегда отводится место для сводки погоды; ~ editor редактор отдела (*в газете и т. п.*) *радио, тлв.* телеочерк или радиоочерк (*биографический и т. п.*); документальная передача 5. 1) игровой полнометражный фильм (*тж.* ~ film) 2) основной фильм кинопрограммы 6. останки, остатки человеческих поселений, обнаруживаемые при раскопках

feature II ['fiːtʃə] *v* 1. быть *или* являться характерной чертой, отличать; small hills which ~ the landscape невысокие холмы, характерные для этой местности 2. отличаться; string quartets ~ a style more characteristic of the last century струнные квартеты более характерны для музыки прошлого столетия 3. показывать (*на экране*);

выводить в главной роли; a new film featuring... новый фильм с участием (в главной роли)... 4. помещать в газете (*на видном месте*); her article was ~d in this magazine статья её была напечатана на видном месте в этом журнале; the newspaper ~d the story of the murder в газете на первых страницах поместили подробное сообщение об убийстве 5. фигурировать; быть представленным; other lesser-known figures that ~ in the book другие, менее известные персонажи, которые фигурируют в книге; fish ~s very largely in the food of these islanders рыба занимает важное место в пище этих островитян 6. *амер. разг.* 1) уделять особое место, внимание; делать гвоздём программы 2) создавать рекламу; рекламировать; they're featuring the fall styles early this year в этом году рано начали показывать осенние моды 7. *амер. разг.* представлять себе, воображать; can you ~ wearing a necktie out here подумай только, как можно здесь появиться в галстуке

featured ['fiːtʃəd] *a* 1. 1) имеющий характерные особенности, черты, признаки 2) обработанный, отделанный; ~ stone отшлифованный камень 2. *амер.* прославленный, разрекламированный, нашумевший; ~ attraction разрекламированное мероприятие (*представление, выставка и т. п.*); ~ actor исполнитель главных ролей; актёр на первых ролях 3. (-featured) *как компонент сложных слов* имеющий такие-то черты лица; fine-featured красивый, с правильными чертами лица; plain-featured некрасивый, с заурядной внешностью

feature-length ['fiːtʃəleŋθ] *a* 1. *кино* полнометражный 2. большой (*о статье*)

featureless ['fiːtʃlɪs] *a* 1) не имеющий резко выраженных особенностей 2) совершенно ровный (*о местности*) 3) невыразительный, бесцветный

featurette [ˌfiːtʃə'ret] *n* 1) короткометражка; короткометражный документальный фильм (*видовой, научно-популярный и т. п.*) 2) короткометражный художественный фильм (*обычно низкого качества*)

feature-writer ['fiːtʃəˌraɪtə] *n* 1. очеркист, журналист 2. автор текстов для радиопередач

feaze [fiːz] *v мор.* 1) рассучивать 2) рассучиваться

febricity [fɪ'brɪsɪtɪ] *n арх.* лихорадка; лихорадочное состояние

febricula [fɪ'brɪkjʊlə] *n мед.* лёгкий жар, небольшая лихорадка

febriculose [fɪ'brɪkjʊləʊz] *a мед.* слегка лихорадящий

febriculosity [fɪˌbrɪkjʊ'lɒsɪtɪ] *n мед.* лихорадка, лихорадочное состояние

febrifugal [fɪ'brɪfjʊɡ(ə)l] *a мед.* жаропонижающий, снижающий температуру, противолихорадочный

febrifuge ['febrɪfjuːdʒ] *n* 1) *мед.* жаропонижающее (средство), противолихорадочное средство 2) *разг.* прохладительный напиток

febrile ['fiːbraɪl] *a мед.* лихорадочный; ~ chill лихорадочный озноб; ~ state лихорадочное состояние

febrility [fɪ'brɪlɪtɪ] *n мед.* лихорадочное состояние, лихорадка

February ['febrʊ(ə)rɪ] *n* февраль; in ~ в феврале; by ~ к февралю; ~ days февральские дни; ~ fair-maid подснежник

fecal ['fiːk(ə)l] = faecal

feces ['fiːsiːz] *амер. см.* faeces

fecial ['fiːʃ(ə)l] = fetial

fecit ['fiːsɪt] *лат.* исполнил(и), сделал(и) (*перед подписью художника*)

feckless ['feklɪs] *a* 1. слабый, беспомощный 2. бесполезный, тщетный 3. 1) ленивый, нерадивый 2) безответственный 4. бездумный; ~ gaiety бездумное веселье 5. незадачливый

feckly ['feklɪ] *adv преим. шотл.* почти, большей частью

feculence ['fekjʊləns] *n* 1. муть, мутность 2. мутный осадок; грязь

feculent ['fekjʊlənt] *a* мутный, загрязнённый, грязный

fecund ['fekənd, 'fiːkənd] *a* 1. 1) плодородный; ~ soil плодородная почва 2) плодовитый; ~ beasts плодовитые животные; ~ writer плодовитый писатель 2. *редк.* оплодотворяющий

fecundate ['fekəndeɪt, 'fiː-] *v* 1. делать плодородным 2. 1) *биол.* оплодотворять 2) пробуждать творческую активность

fecundity [fɪ'kʌndɪtɪ] *n* 1) плодородность, плодородие; the ~ of good soil плодородие тучной почвы 2) плодовитость (*тж. перен.*); the ~ of the publishers поток изданий; the ~ of Shakespeare's genius щедрость шекспировского гения 3) *спец.* результативность

Fed [fed] *n обыкн. pl амер.* 1) сотрудник одного из федеральных ведомств (*часто в противоположность властям штата*) 2) агент ФБР

fed [fed] *past и p. p. от* feed[1] II

Fedai, fedai, fedayee [fɪˌdɑː'jiː] *n* (*pl* fedayin [-'jiːn]) федаин, палестинец-партизан

federacy ['fed(ə)rəsɪ] *n* 1. *редк.* союз, договор 2. федерация, союз

federal I ['fed(ə)rəl] *n* (*обыкн.* F.) 1. *ист.* федералист; the Federals «северяне» (*в американской гражданской войне 1861—65 гг.*) 2. = Fed

federal II ['fed(ə)rəl] *a* 1. федеральный, относящийся к федерации; союзный 2. (F.) *амер.* федеральный, правительственный, общегосударственный; F. government федеральное правительство; правительство США (*в противоположность властям отдельного штата*); F. legislation федеральное законодательство; F. Constitution федеральная конституция США; F. and State budgets государственный бюджет и бюджеты (*отдельных*) штатов; to reduce F. employment сократить (*центральный*) государственный аппарат; ~ court федеральный суд; ~ district федеральный округ (*о территории столицы США, не входящей ни в один штат*) 3. *амер. ист.* лояльный по отношению к правительству США (*в гражданской войне 1861—65 гг.*); принадлежащий к «северянам»; федералистский

◇ F. City г. Вашингтон; to make a ~ case out of smth. *амер.* а) передать дело федеральным властям (*изъяв его из юрисдикции штата*); б) раздувать (*чью-л. ошибку и т. п.*); преувеличивать значение чего-л.; all right, I was wrong but don't make a ~ case out of it ну хорошо, я был неправ, но зачем же об этом так много говорить?

Federalese [ˌfed(ə)rə'liːz] *n амер. ирон.* бюрократический жаргон

federalism ['fed(ə)rəlɪz(ə)m] *n* федерализм

federalist ['fed(ə)rəlɪst] *n* (*обыкн.* F.) 1. федералист; сторонник идеи федерализма 2. *амер. ист.* федералист

federalistic [ˌfed(ə)rə'lɪstɪk] *a* федералистский; придерживающийся идей федерализма

federalization [ˌfed(ə)rəlaɪ'zeɪʃ(ə)n] *n* федерализация; образование федерации

federalize ['fed(ə)rəlaɪz] *v* федерали-

зи́ровать; создава́ть федера́цию, сою́з
federally ['fed(ə)rəlɪ] *adv* **1.** по при́нципу федера́ции, федера́льно **2.** *амер.* федера́льно, общегосуда́рственно; прави́тельственно, на у́ровне прави́тельства США; ~ directed управля́емый федера́льным прави́тельством; проводи́мый по указа́нию прави́тельства США (*а не власте́й шта́та*)
federate I ['fed(ə)rɪt] *n* **1.** уча́стник соглаше́ния *или* ли́ги; сою́зник **2.** *ист.* федера́т (*во Фра́нции*)
federate II ['fed(ə)rɪt] *a* федерати́вный
federate III ['fedəreɪt] *v* **1)** объединя́ть на федерати́вных нача́лах **2)** объединя́ться в федера́цию
federation [ˌfedə'reɪʃ(ə)n] *n* **1. 1)** федера́ция, сою́з (госуда́рств) **2)** федера́ция, сою́з *или* объедине́ние о́бществ, организа́ций *и т. п.*; the International Women's F. Междунаро́дная федера́ция же́нщин; World F. of Trade Unions Всеми́рная федера́ция профсою́зов **2.** образова́ние федера́ции; объедине́ние в федера́цию
federationist [ˌfedə'reɪʃ(ə)nɪst] *n* сторо́нник иде́и федера́ции
federatist ['fedərətɪst] = federationist
federative ['fed(ə)rətɪv] *a* федерати́вный
fedora [fɪ'dɔːrə] *n преим. амер.* мя́гкая мужска́я шля́па с продо́льной вмя́тиной
fed-up [ˌfed'ʌp] *a разг.* **1.** (with) сы́тый по го́рло чем-л., пресы́тившийся чем-л., соску́чившийся; I'm ~ with your complaints мне надое́ли ва́ши жа́лобы; young generation ~ with sensational novels молодо́е поколе́ние, кото́рому прие́лись /наску́чили, опроти́вели/ сенсацио́нные рома́ны **2.** расстро́енный, огорчённый; she's very ~ about it она́ э́тим о́чень расстро́ена; mother will be a bit ~ if you don't telephone ма́ма немно́го огорчи́тся, е́сли ты не позвони́шь
fee I [fiː] *n* **1.** гонора́р; вознагражде́ние; жа́лованье; doctor's [lawyer's] ~ гонора́р врача́ [адвока́та]; officials' ~ жа́лованье чино́вников; tuition ~s пла́та за обуче́ние; retaining ~ предвари́тельный гонора́р адвока́та; one must pay a considerable ~ for a consultation за консульта́цию ну́жно плати́ть дово́льно до́рого; no ~ show конце́рт, в кото́ром выступа́ющие не получа́ют вознагражде́ния **2.** чаевы́е; ~s are prohibited here «здесь на чай не даю́т» (*на́дпись*) **3.** взнос; admission ~ вступи́тельный взнос; entrance ~ a) входна́я пла́та; б) вступи́тельный взнос; club ~ чле́нский взнос в клуб; to pay one's ~s плати́ть взно́сы **4.** сбор, по́шлина; custom-house ~s тамо́женный сбор **5.** лицензио́нное вознагражде́ние (*тж.* licence ~) **6.** *ист.* лен, фео́д, феода́льное поме́стье **7.** *юр.* (*тж.* ~ simple) **1)** пра́во насле́дования без ограниче́ний **2)** абсолю́тное пра́во со́бственности
◇ not to set /to value/ at a pin's ~ не придава́ть значе́ния; ни в грош не ста́вить
fee II [fiː] *v* **1.** плати́ть гонора́р *или* жа́лованье; to ~ a doctor плати́ть гонора́р врачу́ **2.** дава́ть на чай; to ~ a waiter дава́ть на чай официа́нту **3.** *редк.* нанима́ть; we ~d a lawyer to act for us мы взя́ли адвока́та для веде́ния на́шего де́ла
feeb [fiːb] *n* (*сокр. от* feeble-minded) *сл.* крети́н
Feebie ['fiːbɪ] *n амер. сл.* «фи́би», сотру́дник ФБР
feeble I ['fiːb(ə)l] *n* **1)** *книжн.* сла́-

бость, сла́бое ме́сто, слаби́на́ **2)** *арх.* сла́бый, хи́лый челове́к **3)** сла́бая часть клинка́ (*фехтова́ние*)
feeble II ['fiːb(ə)l] *a* **1. 1)** сла́бый; ~ pulse сла́бый пульс; ~ light ту́склый свет; to give a ~ moan издава́ть сла́бый стон; the book fell from his ~ grasp кни́га вы́пала из его́ осла́бевшей руки́ **2)** незначи́тельный, ничто́жный; ~ hope сла́бая наде́жда; ~ attempt сла́бая попы́тка; ~ argument неубеди́тельный аргуме́нт; ~ support ненадёжная опо́ра **2.** сла́бый, хи́лый, не́мощный; ~ old man не́мощный стари́к; to grow ~ слабе́ть, ослабева́ть, хире́ть; he's a ~ sort of chap он сла́бый, безво́льный челове́к; it is incomprehensible to his ~ mind э́то недосту́пно его́ сла́бому уму́; can't you be ~! *разг.* а умне́е ты ничего́ не ска́жешь? **3.** сла́бый, непро́чный; a flower with a ~ stem цвето́к с ло́мким стебле́м **4.** бле́дный, невырази́тельный; ~ work бле́дное /невырази́тельное/ произведе́ние, сла́бая рабо́та; a ~ joke несмешна́я шу́тка
feeble III ['fiːb(ə)l] *v арх.* ослабля́ть
feeble-minded [ˌfiːb(ə)l'maɪndɪd] *a* **1. 1)** слабоу́мный **2)** придуркова́тый, глу́пый **3)** крети́нский, бессмы́сленный; ~ remarks дура́цкие /идио́тские/ замеча́ния **2.** слабово́льный, безво́льный, нереши́тельный; he is ~ in a crisis в крити́ческих ситуа́циях он теря́ется
feeble-mindedness [ˌfiːb(ə)l'maɪndɪdnɪs] *n* **1.** слабоу́мие **2.** слабово́лие, безво́лие
feebling ['fiːblɪŋ] *n* сла́бый, хи́лый челове́к; замо́рыш
feeblish ['fiːblɪʃ] *a* сла́бенький; слабова́тый
feebly ['fiːblɪ] *adv* **1.** сла́бо; нему́щно; the patient spoke ~ больно́й говори́л невня́тно /сла́бым го́лосом/ **2.** нея́сно, бле́дно; the light shone ~ through the slit свет сла́бо пробива́лся сквозь щель
feed¹ I [fiːd] *n* **1.** пита́ние, кормле́ние; let the horse have a ~ покорми́те ло́шадь **2. 1)** корм; фура́ж; ~ for pigs корм для свине́й; ~ bunk корму́шка; ~ crop кормова́я культу́ра; ~ grinder дроби́лка для кормо́в, кормодроби́лка; ~ meal кормова́я мука́; ~ mill a) кормодроби́лка; б) комбико́рмовый заво́д; ~ oats фура́жный /кормово́й/ овёс; ~ processing room кормоприготови́тельное помеще́ние, кормоку́хня, кормомеце́х; ~ steaming plant кормозапа́рник **2)** по́рция, да́ча (*ко́рма*); how many ~s a day does a dog get? ско́лько раз в день кормя́т соба́ку? **3.** *разг.* пи́ща, еда́; to have a good ~ нае́сться до отва́ла; that certainly was a swell ~! вот э́то бы́ло угоще́ние так угоще́ние! **4.** вы́гон, па́стбище; to be out at ~ быть на подно́жном корму́ **5.** *тех.* **1)** пита́ние, загру́зка; ~ box загру́зочная воро́нка, загру́зочный ковш [*см. тж.* 2] **2)** пода́ча материа́ла; ~ box коро́бка пода́ч (*станка́*); ~ mark след от пода́чи, «ря́бь»; ~ spool *кино́* подаю́щая *или* ве́рхняя боби́на **3)** подава́емый материа́л
◇ to be off one's ~ a) лиши́ться аппети́та; б) быть в пода́вленном настрое́нии /в уны́нии/; в) пло́хо себя́ чу́вствовать, прихворну́ть; on the ~ в по́исках пи́щи (*о ры́бе*)
feed¹ II [fiːd] *v* (fed) **1. 1)** корми́ть, дава́ть пи́щу (*кому́-л.*); to ~ a baby at the breast корми́ть ребёнка гру́дью; to ~ oneself есть (*самостоя́тельно*); the invalid is too weak to ~ himself больно́й сли́шком слаб, что́бы есть самостоя́тельно; the baby can't ~ itself yet ребёнок ещё не мо́жет сам есть; малы́ша ещё на́до корми́ть с ло́жки; the

child refused to let anyone ~ her ребёнок не позволя́л никому́ себя́ корми́ть **2)** пита́ть (*что-л.*); дава́ть пи́щу (*чему́-л.*); to ~ plants with bone meal подка́рмливать расте́ния костяно́й муко́й; the incident fed his vanity э́тот слу́чай поте́шил его́ тщесла́вие; to ~ the mind дава́ть пи́щу уму́; this stuff will ~ the roots of the hair э́тот препара́т даёт пита́ние корня́м воло́с **2. 1)** корми́ть, обеспе́чивать, содержа́ть; he has a family of 5 to ~ он до́лжен корми́ть семью́ из 5 челове́к; children are very well fed in this camp дете́й в э́том ла́гере о́чень хорошо́ ко́рмят; the land will ~ a thousand head of cattle э́та земля́ мо́жет прокорми́ть ты́сячу голо́в скота́ **2)** снабжа́ть, обеспе́чивать, пита́ть; this river is fed by two tributaries э́та река́ получа́ет во́ду /пита́ется водо́й/ из двух прито́ков; to ~ the flame of passion *образн.* разжига́ть страсть **3)** *амер.* задава́ть корм **4)** *амер.* ска́рмливать; they ~ turnips to cows брю́ква идёт на корм коро́вам; ~ this old bread to the pigeons скорми́ чёрствый хлеб голубя́м **5)** броса́ть (*куда́-л.*); отправля́ть; one must ~ coal to a stove to keep it going что́бы печь не пога́сла, ну́жно всё вре́мя подбра́сывать в неё у́голь; to ~ a wire into /through/ a hole пропуска́ть про́волоку в /сквозь/ отве́рстие; you ~ in the money here and the cigarettes come out there вы опуска́ете сюда́ моне́ту, а сигаре́ты получа́ете здесь **3.** пасти́ (*скот*) **4. 1)** есть, корми́ться (*о живо́тных*); the cows are ~ing in the pasture коро́вы ко́рмятся на па́стбище; to ~ out of smb.'s hand брать корм из рук (*о живо́тном*); an animal ~ing off smaller animals живо́тное, поеда́ющее бо́лее ме́лких живо́тных **2)** *шутл.* есть, подкрепля́ться (*о лю́дях*); we ~ at 8 o'clock мы еди́м в 8 часо́в **5.** (on, upon) корми́ться, пита́ться (*чем-л.*); cattle ~ chiefly on grass скот в основно́м пита́ется тра́вой; to ~ on smb. *образн.* жить за чей-л. счёт; сиде́ть у кого́-л. на ше́е; to ~ upon praise *образн.* расцвета́ть от похва́л **6.** *теа́тр. проф.* **1)** подава́ть ре́плику партнёру; подыгрывать партнёру **2)** подска́зывать, суфли́ровать **7.** *спорт. проф.* подава́ть, передава́ть (*мяч и т. п.*) партнёру, проти́внику **8.** *тех.* **1)** пита́ть, снабжа́ть (*то́пливом, водо́й*) **2)** нагнета́ть, накача́ть **9.** *спец.* **1)** подава́ть (*материа́л на обрабо́тку*) **2)** вводи́ть да́нные (*в компью́тер*)
◇ to ~ the fishes a) «корми́ть ры́бку»; утону́ть; б) страда́ть морско́й боле́знью, «трави́ть»; talks to ~ the poor разгово́ры в по́льзу бе́дных; better fed than taught ≅ вы́рос, а ума́ не вы́нес; вели́к пень, да ду́рень; to ~ the press *полигр. проф.* посыла́ть материа́л в типогра́фию небольши́ми по́рциями
feed² [fiːd] *a редк.* получа́ющий жа́лованье, гонора́р; на́нятый
feed back ['fiːd'bæk] *phr v* **1. 1)** возвраща́ть к исто́чнику; the information is fed back to the government department concerned э́та информа́ция возвраща́ется в заинтересо́ванное ве́домство **2)** возвраща́ться к исто́чнику; a lot of ideas are feeding back from the applied sciences into the pure science мно́гие иде́и из прикладны́х нау́к сно́ва перехо́дят в чи́стую нау́ку **2.** проявля́ть реа́кцию; teachers complain that nothing is feeding back to them from the class-

FEE — FEE

room учителя жалуются, что ученики никак не реагируют (*на сообщаемые им сведения*)

feedback ['fi:bæk] *n* **1.** *спец.* обратная связь; ответная реакция; ~ from readers читательские отклики **3.** *эк.* связь производителя с потребителем, информация от потребителя (*тж.* user ~) **4.** используемые результаты, полученные в другой области знания

feedbag ['fi:dbæg] *n* торба
◇ to put on the ~ *сл.* перекусить, поесть

feed-cock ['fi:dkɒk] *n тех.* питательный кран

feed down ['fi:d'daʋn] *phr v с.-х.* скармливать культуру (*скоту*) на корню

feeder ['fi:də] *n* **1.** 1) см. feed¹ II + -er 2) *разг.* едок; a large /gross/ ~ обжора; he is a quick ~ он ест очень быстро **2.** 1) *тех.* питатель, подающий механизм; загрузочное устройство 2) *эл.* фидер **3.** 1) вспомогательная воздушная, автобусная *и т. п.* линия (*тж.* ~ line); ~ airline местная авиалиния; ~ airliner=feederliner 2) *гидр.* приток реки; канал **4.** бутылочка (*для детского питания*) **5.** детский нагрудник **6.** *с.-х.* 1) (высокопитательное) кормовое растение 2) животное, откармливаемое на убой **7.** кормушка; кормораздатчик **8.** *амер.* воспитатель, тренер **9.** *амер. разг.* источник пополнения, поставщик **10.** *геол.* побочная жила **11.** *горн.* суфляр (*газа*) **12.** *театр. проф.* актёр, подающий реплики (*герою*); актёр на вторые роли

feederliner ['fi:də,laɪnə] *n* пассажирский самолёт местной авиалинии

feed-forward ['fi:d,fɔ:wəd] *n спец.* прямая связь, связь вперёд по цепи

feed-head ['fi:dhed] *n метал.* литник

feed-in ['fi:dɪn] *n* бесплатная кормёжка, раздача бесплатных обедов

feeding I ['fi:dɪŋ] *n* **1.** питание, кормление; forced ~ *мед.* принудительное /насильственное/ кормление **2.** *редк.* пища, еда **3.** *тех.* питание, подача; снабжение **4.** *спорт. проф.* 1) пасовка 2) передача (*мяча*)

feeding II ['fi:dɪŋ] *a* **1.** 1) питающий, подающий; питательный; ~ block а) питательный кубик (*для выращивания рассады*); б) *тех.* блок питания 2) *с.-х.* кормовой; ~ crop кормовая культура; ~ passage кормовой проход (*в скотном дворе*); ~ standard кормовая норма **2.** растущий, развивающийся; ~ storm нарастающая /всё усиливающаяся/ буря

feeding-bottle ['fi:dɪŋ,bɒtl] *n* бутылочка (*для детского питания*)

feeding centre ['fi:dɪŋ,sentə] *с.-х.* кормоподготовительный цех, кормокухня

feeding rack ['fi:dɪŋræk] *с.-х.* решётчатая кормушка, ясли

feeding station ['fi:dɪŋ'steɪʃ(ə)n] *воен.* раздаточный пункт (*полевой кухни*)

feeding stuff ['fi:dɪŋstʌf] *собир.* корма, корм

feeding tube ['fi:dɪŋtju:b] *n мед.* питательная трубка, искусственный пищевод, зонд для искусственного кормления

feedlot ['fi:dlɒt] *n с.-х.* площадка или загон для откорма скота

feed-motion ['fi:d,məʋʃ(ə)n] *n тех.* 1) механизм подачи 2) подача; движение подачи

feed off ['fi:d'ɒf] *phr v с.-х.* **1.** откармливать на убой *или* на продажу (*скот*) **2.** = feed down

feed out ['fi:d'aʋt] *phr v* **1.** = feed off 1 **2.** *спорт.* передавать мяч в сторону

feedpipe ['fi:dpaɪp] *n тех.* питательная *или* подающая труба

feed-pump ['fi:dpʌmp] *n тех.* питательный насос

feed-screw ['fi:dskru:] *n тех.* винт подачи

feedstock ['fi:dstɒk] *n* сырьё для промышленности

feed-stuff ['fi:dstʌf] *n* корм, кормовое вещество; комбикорм

feed-tank ['fi:dtæŋk] *n* питательный резервуар; расходный резервуар *или* бак

feedthrough ['fi:dθru:] *n эл.* провод, соединяющий две схемы на противоположных сторонах платы

feed-trough ['fi:dtrɒf] *n* **1.** кормушка для животных **2.** *ж.-д.* паровозный тендер

feed up ['fi:d'ʌp] *phr v* **1.** 1) откармливать, усиленно питать; you must ~ the child этот ребёнок нуждается в усиленном питании 2) поправиться, прибавлять в весе **2.** *обыкн. pass разг.* надоедать, наскучивать; to be fed up (with) пресытиться, быть сытым по горло; I am fed up with your promises мне надоели ваши обещания **3.** *спорт.* передавать мяч вперёд

feedwater ['fi:d,wɔ:tə] *n тех.* питательная вода

feed-wheel ['fi:dwi:l] *n тех.* колесо механизма подачи; маховичок ручной подачи

fee-farm ['fi:fa:m] *n юр.* наследственное пользование землёй

fee-faw-fum [,fi:fɔ:'fʌm] *int* **1.** фи-фо-фам! (*восклицание людоеда в английской сказке*) **2.** *в грам. знач. сущ.* 1) смехотворная угроза; this is all ~ это всё чепуха 2) *шутл.* кровожадный человек, людоед

feel I [fi:l] *n* **1.** осязание; cold [smooth] to the ~ холодный [гладкий, мягкий] на ощупь; let me have a ~ дайте мне потрогать /пощупать/; the cloth was rough and coarse to the ~ ткань была шершавая и грубая на ощупь; by the ~ я могу на ощупь определить, что это шёлк **2.** ощущение; this handle has a sticky /greasy/ ~ эта ручка липкая [жирная]; the ~ of a gnat's bite ощущение комариного укуса; he had a ~ of utter joy он почувствовал огромную радость **3.** чувство, чутьё; she has a ~ for good poetry она чувствует хорошие стихи; to get the ~ of smth. освоиться с чем-л.; научиться чему-л.; if you keep practising, you'll soon get the ~ of it если вы будете продолжать упражняться, вы с этим скоро освоитесь **4.** обстановка, атмосфера; the factory had a homely ~ на фабрике была неказённая обстановка; the place has the ~ of an old English pub здесь царила атмосфера старинного английского кабачка

feel II [fi:l] *v* (felt) I **1.** 1) трогать, щупать, осязать; the blind recognize objects by ~ing them слепые узнают предметы на ощупь; ~ how sharp the edge of this knife is потрогай, какой острый нож; ~ whether the water is warm enough попробуй, достаточно ли нагрелась вода; ~ how cold my hands are! потрогайте, какие у меня холодные руки!; the doctor felt my pulse доктор пощупал мне пульс 2) шарить, искать ощупью (*тж.* ~ about, ~ around); he felt in his purse and took a penny out of it он порылся в кошельке и вынул оттуда один пенс; he felt under his chair with his right foot and got into his shoe он пошарил под стулом правой ногой и попал в туфлю; he felt along the wall until he found the door он пробирался ощупью вдоль стены, пока не наткнулся на дверь; to ~ (about) in one's pocket for a box of matches искать в кармане коробку спичек; to ~ нащупывать что-л., искать что-л. ощупью; the blind man felt for the kerb with his stick слепой пытался палкой нащупать край тротуара; we are ~ing around for an answer to our difficulty мы пытаемся нащупать выход из затруднительного положения; to ~ after smth. искать что-л. ощупью; to ~ one's way а) идти ощупью, нащупывать дорогу; б) действовать осторожно /осмотрительно/ **2.** 1) чувствовать, ощущать; to ~ smth. under one's foot наступить на что-л.; to ~ smb.'s presence in the dark чувствовать чьё-л. присутствие в темноте; to ~ pity for smb. жалеть кого-л., испытывать жалость к кому-л.; сочувствовать кому-л.; to ~ smb.'s mood changing ощутить в ком-л. перемену настроения; he felt the cold touch of the wet twig он почувствовал /ощутил/ холодное прикосновение мокрой ветки; I felt the floor trembling я почувствовал, что пол дрожит; shut the door, please, I ~ the draught пожалуйста, закройте дверь, здесь сквозняк /мне дует/; he knows how it ~s to be hungry он знает, что значит быть голодным; I ~ ten years younger я чувствую себя моложе на десять лет; he doesn't ~ quite himself он чувствует себя не в своей тарелке 2) испытывать (неприятное) воздействие чего-л.; to ~ the heat [the cold] с трудом переносить жару [холод]; to ~ the liquor ощущать воздействие алкоголя, чувствовать опьянение; to ~ the effect of an accident испытывать последствия несчастного случая; to ~ as if /as though/... иметь ощущение как будто...; ≅ казаться; she felt as if her head were bursting ей казалось, что голова у неё раскалывается; my leg ~s as though it was broken, I ~ as if my leg was broken у меня, кажется, сломана нога **3.** переживать, испытывать; she ~s her friend's death она переживает смерть своего друга; some people cannot ~ некоторые люди неспособны к переживаниям; to ~ an insult deeply глубоко /остро/ переживать обиду **4.** воспринимать, понимать; to ~ keenly the beauty of the landscape остро чувствовать красоту пейзажа; to ~ music [poetry] deeply глубоко чувствовать /понимать/ музыку [поэзию] **5.** 1) сознавать; he felt the truth of what was said он сознавал правильность сказанного; to ~ the force of smb.'s arguments сознавать силу чьих-л. доводов; I ~ that he has told the truth я чувствую, что он говорит правду 2) полагать, считать; it was felt to be unwise полагали, что это неразумно; I ~ that I ought to say no more at present я считаю, что сейчас мне больше ничего не следует говорить; I felt it necessary to interfere я счёл необходимым вмешаться; he felt that such a plan would be unwise он считал такой план неразумным; to ~ free to do smth. не стесняться делать что-л.; please ~ free to make suggestions пожалуйста, вносите предложения, не стесняйтесь **6.** предчувствовать; I felt that there was going to be a disaster я предчувствовал, что случится несчастье; I can ~ winter coming я чувствую приближение зимы; to ~ smth. in one's bones инстинктивно предвидеть что-л.; быть совершенно уверенным (*в чём-л. предстоящем*); he felt it in his bones that he will succeed он не сомневался, что добьётся успеха 7. *воен. разг.* производить разведку, «прощупывать»

II Б 1. 1) *to feel for smb.* сочувствовать кому-л.; I ~ for you deeply я глубоко вам соболезную; to ~ for people in need жалеть нуждающихся 2) *to feel with smb.* сочувствовать кому-л., разделять чьи-л. чувства 2. *to feel up to (doing) smth.* быть в состоянии делать что-л.; I don't ~ up to walking now сейчас я не в состоянии идти 3. *to feel like (doing) smth.* быть склонным, иметь, испытывать желание сделать что-л.; I ~ like a cup of tea я бы выпил чашечку чая; I ~ like a walk мне хочется пойти погулять; he ~s like being alone он хочет остаться /побыть/ один; I don't ~ like eating мне не хочется есть; if you ~ like it если вам так хочется 4. *to feel like smth.* производить впечатление чего-л., быть похожим на что-л.; it ~s like wood [glass, velvet] это похоже на дерево [стекло, бархат]; what does it ~ like to be (at) home again? ну как вам дома (*после долгого отсутствия*)?; что может сравниться с возвращением домой?; it ~s like rain похоже, что будет дождь

III А *как глагол-связка в составном именном сказуемом* 1. быть в каком-л. состоянии, чувствовать себя; to ~ ill быть больным, болеть; to ~ tired устать, чувствовать усталость; my foot ~s better ноге у меня болит меньше; to ~ empty быть голодным, почувствовать голод; to ~ fine прекрасно себя чувствовать; to ~ low чувствовать себя плохо, быть в подавленном настроении; I ~ cold [hot] мне холодно [жарко]; he felt sad ему было грустно 2. вызывать ощущение, производить впечатление; the air felt warm воздух был тёплым; how cold your hand ~s какая у вас холодная рука; the cloth ~s soft and silky ткань на ощупь мягкая и шелковистая; the room ~s damp в комнате сыро; to ~ heavy to me по-моему, груз довольно тяжёлый

feelable ['fi:ləb(ə)l] *a* ощутимый, осязаемый

feeler ['fi:lə] *n* 1. *см.* feel II + -er 2. *зоол.* щупальце, усик; антенна 3. пробный шар; зондирование почвы; his remark was meant as a ~ его слова имели целью прозондировать почву; to put forth /to send out, to throw out/ a ~ зондировать почву, пускать пробный шар; закидывать удочку 4. *воен.* 1) разведчик 2) орган войсковой разведки 5. *тех.* щуп; щупло

feeling I ['fi:lɪŋ] *n* 1. 1) ощущение, чувство, сознание; ~ of safety [of injury] чувство безопасности [обиды]; ~ of cold [of discomfort, of pain, of hunger] ощущение холода [неловкости, боли, голода]; the sudden blow made him lose all ~ внезапный удар вызвал у него полную потерю сознания 2) чувствительность; I have no ~ in my arm у меня онемела рука; I have no ~ in my leg у меня затекла нога; a sense of ~ чувство осязания 3) ощупывание; ~ of smb.'s pockets прощупывание /обыскивание/ чьих-л. карманов 2. 1) чувство, эмоция; a ~ of pride [joy, gratitude] чувство гордости [радости, благодарности]; a man of ~ сентиментальный или эмоциональный человек; to be dead /lost/ to all ~ быть бесчувственным /бессердечным, чёрствым/; to speak with ~ говорить с чувством /эмоционально/ 2) *обыкн. pl* чувства, переживания; to appeal to the ~s rather than to the reason взывать к чувствам, а не к рассудку; to have mixed ~s испытывать двойное /смешанное/ чувство (*радости и сожаления и т. п.*); to have strong ~s on smth. принимать что-л. близко к сердцу; he has strong ~s on... он не может говорить спокойно о...; to hurt smb.'s ~s обижать кого-л., задевать чьё-л. самолюбие; to relieve one's ~s облегчить /отвести/ душу; the conversation helped her to relieve her ~s разговор помог ей облегчить душу; to control one's ~s держать себя в руках, владеть собой 3) сочувствие, симпатия; доброта; not to show much ~ for the sufferings of other people не проявлять сочувствия к страданиям ближних; to have no ~ for smb. не сочувствовать кому-л., быть безразличным к кому-л. 3. волнение, возбуждение; ~s ran high at the time страсти разгорелись в то время; the speech aroused strong ~ on all sides речь глубоко взволновала всех присутствующих; I have no ~ about his attack on me я не сержусь на него за его нападки; to entertain a ~ against smb. ≅ иметь зуб против кого-л. 4. мнение; впечатление; he expressed his ~s about the latest discoveries он выразил своё мнение о последних открытиях; what is the general ~ on this question? каково отношение к этому вопросу?; а что все думают /говорят/ об этом? 5. восприятие, понимание (*искусства, красоты и т. п.*); to have a deep ~ for beauty глубоко чувствовать красоту; she has a fine ~ for language у неё очень тонкое чувство языка 6. (эмоциональная) атмосфера; настроение; the place has the ~ of a haunted house кажется, что этот дом полон привидений; his new picture is full of ~ его новая картина (написана) с большим настроением; to play the piano with ~ играть (на рояле) с чувством /с воодушевлением/ 7. предчувствие; he had a ~ that smth. was going to happen on чувствовал /у него было предчувствие/, что что-то должно произойти; I had a ~ of danger у меня было ощущение (надвигающейся) опасности

◊ good ~ дружелюбие, доброжелательность, добрые чувства; ill ~ враждебность, недружелюбие; to bear good [ill] ~ испытывать добрые [враждебные] чувства; hard ~s обида; I hope you have no hard ~s about my going without you надеюсь, что вы не обиделись за то, что я ушёл без вас; no hard ~s! ≅ всё в порядке!, я не в обиде!

feeling II ['fi:lɪŋ] *a* 1. чувствительный; ~ heart чувствительное /доброе/ сердце 2. прочувствованный; ~ speech прочувствованная речь 3. сочувственный, сочувствующий; ~ remark сочувственное замечание 4. *уст.* остро переживаемый, глубокий (*о чувстве*); ~ grief глубокое горе; ~ pleasure истинное наслаждение /удовольствие/

feelingful ['fi:lɪŋf(ə)l] *n* прочувствованный, горячий; полный чувства

feel out ['fi:l'aʊt] *phr v* 1) выпускать щупальце (*о животном*) 2) выведывать, разузнавать; to ~ the situation прозондировать почву

fee-paying ['fi:ˌpeɪɪŋ] *a* платный; а ~ school платная /частная/ школа; а ~ student студент, вносящий плату за обучение

fee simple [ˌfi:'sɪmp(ə)l] = fee I 6

fee-splitting ['fi:ˌsplɪtɪŋ] *n амер.* делёж врачебного гонорара (*между специалистом и врачом, направившим к нему больного в нарушение врачебной этики*)

feet [fi:t] *pl от* foot I

FEE — FEL   F

fee tail ['fi:'teɪl] *юр.* заповедное имущество, урезанная собственность (*ограниченная в порядке наследования и отчуждения*)

feet-first [ˌfi:t'fɜ:st] *adv* 1. вперёд ногами 2. в гробу

feetless ['fi:tlɪs] *a* безногий

feeze [fi:z] *n амер. разг.* смятение, волнение

feign [feɪn] *v* 1. притворяться, симулировать; прикидываться; to ~ indifference [surprise] притворяться безразличным [удивлённым]; to ~ a sickness симулировать болезнь; to ~ that one is mad симулировать сумасшествие, прикидываться сумасшедшим; he ~ed that he believed her story он сделал вид, что поверил её словам 2. *арх.* придумывать; выдумывать; to ~ an excuse придумать оправдание; to ~ a story выдумать историю 3. поддельвать (*документы*) 4. *редк.* придавать форму, вид

feigned [feɪnd] *a* 1. притворный, ненастоящий; ~ illness притворная болезнь, симуляция; ~ smile неестественная /натянутая/ улыбка; to write in a ~ hand писать изменённым почерком; ~ column *архит.* ложная колонна 2. вымышленный, воображаемый; ~ name вымышленное имя 3. фальшивый, поддельный; she presented him with a ~ copy, not with the original она подарила ему подделку, а не оригинал

feigner ['feɪnə] *n* 1. *см.* feign + -er 2) симулянт, притворщик 2. выдумщик, лжец 3. подделыватель (*документов*)

feint I [feɪnt] *n* 1. притворство; видимость; to make a ~ of doing smth. притворяться /делать вид/, что занят чем-то; his anger was but a ~ его гнев был притворным 2. ложный удар или выпад (*фехтование, бокс*); финт 3. *воен.* отвлекающая атака

feint II [feɪnt] *v* 1) наносить ложный удар, делать ложный выпад или обманное движение 2) финтить, обманывать 3) *воен.* наносить отвлекающий удар

feist [faɪst] *n амер.* (злая) дворняжка

feisty ['faɪstɪ] *a амер. разг.* сварливый; вспыльчивый; злющий; сколькой

feldspar ['feldspɑ:] *n мин.* полевой шпат

felicific [ˌfelɪ'sɪfɪk] *a книжн.* приносящий счастье, удачу; счастливый

felicitate [fɪ'lɪsɪteɪt] *v* 1. (on) *книжн.* желать счастья, поздравлять 2. *арх.* делать счастливым, осчастливливать

felicitation [fɪˌlɪsɪ'teɪʃ(ə)n] *n книжн.* 1) поздравление 2) поздравительное послание

felicitator [fɪ'lɪsɪteɪtə] *n книжн.* поздравитель

felicitous [fɪ'lɪsɪtəs] *a* 1. *книжн.* удачный; подходящий, уместный; ~ remark удачное /уместное/ замечание; to have a ~ style of writing писать легко и изящно 2. приятный 3. *арх.* счастливый; приносящий удачу; удачливый

felicity [fɪ'lɪsɪtɪ] *n* 1. *книжн.* счастье, блаженство; to beam with ~ сиять от счастья 2. 1) удачность, меткость (*выражения*); to express oneself with ~ очень удачно выразиться, найти подобающие слова 2) удачное, яркое выражение; his speech was marked by felicities его речь отличалась яркими и удачными оборотами 3. счастливый дар; способность (*особ. к искусству или языку*); ~ in painting portraits дар портретиста 4. *редк.* благосостояние

felid ['fi:lɪd] *n зоол.* животное из семейства кошачьих

FEL — FEM

feliform ['fi:lifɔ:m] *a зоол.* кошачий, из семейства кошачьих

feline I ['fi:laɪn] *n* 1) *зоол.* животное из семейства кошачьих 2) *преим. шутл.* домашняя кошка

feline II ['fi:laɪn] *a* 1. 1) *зоол.* кошачий 2) кошачий, похожий на кошку; with ~ grace с кошачьей грацией 2. хитрый, злобный, коварный; ~ amenities колкости под видом любезности

felinity [fɪ'lɪnɪtɪ] *n* 1) кошачьи повадки, гибкость движений, грация *и т. п.* 2) хитрость, злобность, коварство

fell¹ [fel] *n* 1. 1) шкура *(животного)* 2) *разг.* кожа *(человека)* 2. волосы; шерсть, руно; ~ of hair космы волос

fell² I [fel] *n* 1. рубка, валка *(леса)* 2. лес, срубленный за один сезон 3. окот ягнят 4. 1) запошивной шов 2) подрубка, подшивка

fell² II [fel] *v* 1. рубить, валить *(лес)* 2. 1) валить, сваливать, сбивать с ног; to ~ a man with a single blow сбить человека с ног одним ударом 2) убить; the final attack of fever ~ed him последний приступ лихорадки сразил /убил/ его; to ~ an ox убить быка 3. запошивать *(шов)*, подрубать, подшивать

fell³ [fel] *past от* fall¹ II

fell⁴ [fel] *a* 1. *поэт.* 1) жестокий, свирепый, беспощадный; ~ tortures жестокие пытки 2) мучительный, тяжёлый, разрушительный; ~ blow тяжкий удар 3) смертельный; ~ poison [disease] смертельный яд [-ая болезнь] 2. *шотл.* странный, необъяснимый
◇ at one ~ swoop одним злодейским /коварным/ ударом

fella ['felə] *прост. см.* fellow I 1

fellable ['feləb(ə)l] *a* годный для рубки *(о лесе)*

fellah ['felə] *n (pl* -heen, -s [-z]) *араб.* феллах

fellaheen [,felə'hi:n] *pl от* fellah

felled [feld] *a* срубленный, сведённый *(о лесе)*

feller¹ ['felə] *прост. см.* fellow I 1

feller² ['felə] *n* 1. *см.* fell² II + -er 2. дровосек, лесоруб 3. приспособление для запошивного шва *(у швейной машины)*

felling ['felɪŋ] *n* 1. рубка, валка *(леса)*, лесоповал; ~ direction направление падения дерева при валке; ~ notch зарубка, отмечающая дерево, предназначенное к свалке; ~ series /sequence/ лес. порядок вырубки 2) вырубка; ~ area площадь вырубки *или* лесосеки 2. шитьё запошивным швом; сшивка, стачка; подшивка, подрубка

fellmonger ['fel,mʌŋgə] *n* 1) меховщик, торговец мехами 2) скорняк, меховщик

felloe ['feləʊ] *n* обод *(колеса)*

fellow I ['feləʊ] *n* 1. *разг.* 1) человек, парень, малый; a ~ кто-то, любой человек *(в т. ч. говорящий)*; a ~ can't work all day long не может же человек работать весь день; why can't you let a ~ alone! оставьте меня в покое!; good ~ славный малый; jolly ~ весёлый малый, весельчак; компанейский парень; ~ little ~ малыш, ребёнок; poor ~ бедняга; old ~ старик, старина, дружище; my dear ~ мой дорогой; my good ~ любезный, дорогой мой *(обыкн.* с оттенком протеста *или* неодобрения*)* 2) *презр.* тип; that captain ~ who is always with her этот капитанишка, который крутится около неё; tell that ~ to go away (про)гони этого типа; there is a ~ downstairs who would like to speak to you какая-то личность внизу хочет поговорить с вами 2. товарищ, собрат; ~s at school товарищи по школе; a ~ in misery товарищ по несчастью; ~s in arms соратники, товарищи по оружию; a ~ in crime *арх.* соучастник преступления 3. 1) аспирант; стипендиат, занимающийся исследовательской работой 2) младший научный сотрудник колледжа *или* университета *(в Великобритании)* 4. *(обыкн.* F.) член совета колледжа, университета 5. (F.) действительный член научного общества; F. of the Royal Society член Королевского (научного) общества *(в Великобритании)* 6. 1) парная вещь, парный предмет, пара; I've found one shoe, but its ~ is missing я нашёл один ботинок, а другой куда-то пропал 2) кто-л. равный *(по положению, званию, способностям и т. п.)*; in his art he has no ~ в своём искусстве он не имеет себе равных; нет равных по мастерству 7. *амер. разг.* «молодой человек» *(о возлюбленном, женихе)*; поклонник
◇ stone dead hath no ~ *посл.* ≅ мёртвый не расскажет /не выдаст/

fellow II ['feləʊ] *a* принадлежащий к той же группе *(людей)*; ~ boarders питающиеся совместно *(в пансионе и т. п.)*; ~ captive товарищ по плену; ~ citizen согражданин; ~ delegate член той же (самой) делегации; ~ employee товарищ по работе; ~ student товарищ по занятиям; ~ pupil соученик; ~ workers сотрудники *(одного учреждения)*; ~ sufferers больные одной болезнью; ~ soldier товарищ по оружию, однополчанин, боевой товарищ; ~ соратник; ~ subject соотечественник, подданный того же государства; I met a ~ lion hunter я встретил ещё одного охотника на львов; ~ servants *юр.* лица, работающие по найму у одного работодателя

fellow III ['feləʊ] *v* 1. *редк.* найти, подобрать пару 2. обращаться дружески, фамильярно *(к кому-л.)*; don't "fellow" me не говорите со мной так фамильярно

fellow-commoner [,feləʊ'kɒmənə] *n ист.* привилегированный студент; студент последнего курса, имеющий привилегию обедать за столом старших членов колледжа *(в Кембридже и Дублине)*

fellow-countryman [,feləʊ'kʌntrɪmən] *n (pl* -men [-mən]) соотечественник, земляк

fellow-craftsman [,feləʊ'krɑːftsmən] *n (pl* -men [-mən]) товарищ по ремеслу

fellow creature [,feləʊ'kriːtʃə] 1) ближний, человек; to love one's fellow creatures любить человечество /людей/ 2) собрат

fellow feeling [,feləʊ'fiːlɪŋ] 1. сочувствие, симпатия; to have a ~ for smb. сочувствовать /симпатизировать/ кому-л. 2. общность взглядов *или* интересов, взаимопонимание

fellow-heir [,feləʊ'eə] *n* сонаследник

fellowheirship [,feləʊ'eəʃɪp] *n* сонаследование

fellowless ['feləʊlɪs] *a поэт.* не имеющий равных, несравненный

fellowly ['feləʊlɪ] *a поэт.* 1. общительный 2. обладающий чувством товарищества

fellowman ['feləʊmən] *n (pl* -men [-mən]) ближний, (другой) человек; собрат

fellow-member [,feləʊ'membə] *n* член одной и той же организации; товарищ по партии *и т.п.*

fellowship I [ˈfeləʊʃɪp] *n* 1. 1) товарищество, братство; содружество; ~ of man братство людей 2) корпорация; сообщество; a banquet товарищеский банкет 2. чувство товарищества, дружеские взаимоотношения; good ~ хорошие /тёплые/ отношения; товарищеское чувство; long-standing ~ давняя дружба; a ~ in sorrow взаимная поддержка в горе 3. соучастие, участие; ~ in crime *арх.* соучастие в преступлении 4. 1) членство *(в научном обществе и т. п.)* 2) звание члена совета *(колледжа или научного общества и т. п.)* 5. стипендия аспиранта *или* младшего научного сотрудника; дотация научному *или* творческому работнику; to obtain a ~ получить стипендию *или* дотацию

fellowship II ['feləʊʃɪp] *v преим. амер.* 1) принять в члены религиозного общества, братства 2) стать членом религиозного общества, братства

fellow traveller [,feləʊ'trævələ] 1. *часто неодобр.* сочувствующий *(политической партии)*; попутчик 2. спутник, попутчик

felly¹ ['felɪ] *adv поэт.* жестоко, свирепо

felly² ['felɪ] = felloe

felo-de-se [,fiːləʊdə'seɪ] *n юр.* 1. *(pl* felones- [fɪˌləʊniːz-], felos- [feləʊz-]) самоубийца 2. *тк. sing* самоубийство

felon¹ I ['felən] *n* 1. *юр.* преступник (совершивший тяжкое преступление); уголовный преступник; фелон 2. *арх.* злодей, негодяй

felon¹ II ['felən] *a арх. поэт.* жестокий; преступный; предательский; ~ blow [steel] предательский удар [клинок]

felon² ['felən] *n мед.* панариций

felonious [fɪ'ləʊnɪəs] *a* 1. *юр.* преступный; умышленный; ~ homicide преднамеренное /предумышленное/ убийство 2. *преим. поэт.* преступный, злонамеренный, злоумышленный

felonry ['felənrɪ] *n собир.* преступники *(см. тж.* felon¹ 1]

felony ['felənɪ] *n юр.* (тяжкое) уголовное преступление; фелония; to commit a ~ совершить уголовное преступление

felspar ['felspɑ:] = feldspar

felstone ['felstəʊn] = felsite

felt¹ I [felt] *n* 1. фетр; войлок; кошма; ~ boots валенки; ~ slippers войлочные туфли 2. 1) *текст.* войлочно-фетровое изделие 2) фетровая шляпа 3. *стр.* строительный тряпичный картон

felt¹ II [felt] *v* 1. 1) валять, сбивать войлок 2) сбиваться в войлок, сваляться 2. покрывать, обивать войлоком

felt² [felt] *past и p. p. от* feel II

felting ['feltɪŋ] *n* 1. валяние; свойлачивание 2. фетр, войлок

felt-lined ['feltlaɪnd] *a* 1) на войлочной подкладке, подбитый войлоком 2) обитый войлоком, кошмой

felt-tip pen, felt-tipped pen [,fel(t)tɪp'pen, fel(t)tɪpt-] фломастер

felucca [fe'lʌkə] *n мор.* фелюга, фелюка

female I ['fiːmeɪl] *n* 1. особь женского пола; *пренебр. тж.* женщина; there is a young ~ to see you, sir сэр, вас хочет видеть какая-то девица 2. *зоол.* самка 3. *бот.* женская особь 4. *тех.* охватывающая *или* объемлющая деталь

female II ['fiːmeɪl] *a* 1. женского пола, женский; ~ child девочка; ~ relations родственницы; ~ patients пациентки; ~ lead *кино проф.* главная женская роль; ~ insect самка насекомого; ~ bee пчелиная матка; ~ hemp plant *бот.* материнка, женское растение конопли; ~ lamb ярка 2. женский; для женщин; ~ education женское образование; ~ weakness [charm] женская слабость [-ое очарование]; ~ suffrage избирательное право для женщин 3. *тех.* 1) охватывающий, объемлющий 2) наружный, внешний *(о поверхности)* 3) с внутренней резьбой; ~ screw a) гайка; б) гаечная резьба; ~ thread внутренняя резьба

femality [fɪ'mælɪtɪ] *n редк.* **1.** женственность; женские черты *или* особенности; женская природа **2.** женоподобие

femalize ['fi:məlaɪz] *v* придавать слову окончание женского рода (*в именах собственных и т. п.*)

feme [fi:m] *n юр.* жена; ~ covert замужняя женщина; ~ sole а) незамужняя женщина; б) вдова; в) замужняя женщина с независимым состоянием

femerell ['femərel] *n* вытяжка, вытяжное отверстие

femicide ['femɪsaɪd] *n* **1.** убийство женщины **2.** убийца женщины

femineity [,femɪ'ni:ɪtɪ] *n* **1.** женственность **2.** женоподобность

feminine I ['femɪnɪn] *n* **1.** женщина **2.** олицетворение женственности; the eternal ~ вечно женственное; вечная женственность **3)** *грам.* женский род

feminine II ['femɪnɪn] *a* **1.** женский, свойственный женщинам; ~ voice женский голос; ~ modesty [curiosity] женская скромность [-ое любопытство]; ~ society женское общество **2.** женоподобный **3.** *грам., стих.* женский; ~ gender женский род; ~ noun существительное женского рода; ~ rhyme женская рифма

femininity [,femɪ'nɪnɪtɪ] *n* **1.** женственность **2.** *собир.* женщины, женский пол **3.** женоподобие

feminism ['femɪnɪz(ə)m] *n* **1.** феминизм **2.** *редк.* **1)** женские черты **2)** слово или выражение, употребляемое женщинами

feminist ['femɪnɪst] *n* феминист; феминистка

feminization [,femɪnaɪ'zeɪʃ(ə)n] *n* феминизация

feminize ['femɪnaɪz] *v* **1. 1)** делать женственным, изнеженным; феминизировать **2)** становиться женственным, изнеженным, феминизироваться **2.** увеличивать число женщин (*в составе какого-л. органа, общества и т. п.*)

femme de chambre [,fæmdə'ʃɔmbr(ə)] *фр.* (*pl* femmes de chambres) горничная, камеристка

femme fatale [,fæmfə'tɑ:l] *фр.* (*pl* femmes fatales) роковая женщина

femora ['femərə] *pl от* femur

femoral ['femərəl] *a анат.* бедренный; ~ artery бедренная артерия

femto- ['femtə(ʋ)-] *pref образует названия единиц со значением* 10^{-15}: femtoampere фемтоампер

femur ['fi:mə] *n* (*pl тж.* femora) *анат.* бедро; бедренная кость

fen [fen] *n* болото, топь; the Fens Болота, низкая болотистая местность в Кембриджшире и Линкольншире; ~ grass болотная трава; ~ farming обработка болотистых земель
◊ ~ nightingale *шутл.* «болотный соловей», лягушка

fen-berry ['fenb(ə)rɪ] *n* **1)** мелкая клюква **2)** морошка

fence I [fens] *n* **1. 1)** забор, изгородь, ограда; green ~ живая изгородь; picket ~ частокол; sunk ~ низкая изгородь вокруг сада, проходящая по канаве; ~ stone бутовый камень (*из которого сложена ограда сухой кладки*); ~ wire проволока для оград **2)** *воен.* (проволочный) забор; ограждение (*минного поля*) **3)** препятствие (*конный спорт*) **4)** *вит.* барьер (*знак разделения последовательности элементов*) **2. 1)** *спец.* предохранительное ограждение **2)** *ав.* аэродинамическая перегородка **3)** *воен. разг.* рубеж радиолокационного обнаружения **3.** фехтование; master of ~ а) искусный фехтовальщик; б) искусный спорщик **4.** *сл.* **1)** укрыватель *или* скупщик краденого **2)** притон для укрывания краденого **5.** *тех.* направляющая деталь
◊ to be on both sides of the ~ *амер.* ≅ служить и нашим и вашим; to be on the other side of the ~ быть в другом лагере; придерживаться противоположного мнения; to be on the same side of the ~ быть в том же лагере; занимать такую же позицию; to sit on the ~, to be /to ride/ on the ~, *амер.* to straddle the ~ сохранять нейтралитет; занимать выжидательную позицию; to come down on the right side of the ~ встать на сторону победителя; to mend one's ~s, to look after one's ~s *амер.* а) укреплять свои личные политические позиции; б) стараться подружиться, установить хорошие, дружеские отношения; to make a Virginia ~, to walk like a Virginia ~ *амер.* идти, шатаясь как пьяный; to rush one's ~s действовать слишком поспешно; to stop to look at a ~ остановиться в нерешительности перед препятствием; спасовать перед трудностями; to hit it over the ~ *полит. жарг.* произвести впечатление (*о речи и т. п.*); донести до аудитории

fence II [fens] *v* **1.** ограждать, огораживать (*тж.* ~ about, ~ in, ~ around); to ~ a town about with walls обнести город стеной; the house was ~d about with olive trees дом был окружён оливковыми деревьями; to ~ in machinery обнести машины (предохранительным) ограждением; he felt ~d in by her nine to five daily routine *образн.* на своей однообразной работе с девяти до пяти она чувствовала себя как в ловушке **2.** фехтовать **3.** уклоняться от прямого ответа; to ~ with a question уклоняться от ответа на вопрос; let's stop fencing around this proposition давайте перестанем ходить вокруг да около этого предложения **4.** *арх.* защищать; to ~ one's head from /against/ blows защищать голову от ударов **5.** брать барьер (*о лошади*) **6.** запрещать охоту и рыбную ловлю (*на каком-л. участке на определённый срок*) **7.** *сл.* **1)** укрывать краденое **2)** торговать краденым

fenceful ['fensf(ə)l] *a поэт.* защищающий, дающий защиту, защитный

fenceless ['fenslɪs] *a* **1)** открытый, неогороженный **2)** незащищённый

fence-mending ['fens,mendɪŋ] *n преим. полит.* налаживание отношений (*с избирателями, печатью и т. п.*)

fence-month ['fensmʌnθ] *n* = fense-season

fence off ['fens'ɔf] *phr v* **1.** отгораживать, выгораживать; to ~ one corner of a field отгородить кусок поля **2.** отражать, отгонять; избегать; to ~ the consequences избежать последствий

fence out ['fens'aʋt] = fence off

fence-play ['fenspleɪ] *n* **1.** дискуссия **2.** *ист.* гладиаторские бои

fencer ['fensə] *n* **1.** *см.* fence II + -er **2. 1)** фехтовальщик **2)** тренер по фехтованию **3.** искусный спорщик **4.** рабочий, ставящий *или* чинящий ограды **5.** лошадь, участвующая в скачках с препятствиями **6.** *вор. жарг.* укрыватель краденого

fence-season ['fens,si:z(ə)n] *n* время года, когда охота или рыбная ловля запрещена; закрытый сезон

fence-shop ['fensʃɔp] *n вор. жарг.* лавка, торгующая краденым

fence-sitting ['fens,sɪtɪŋ] *n* нейтральная позиция; выжидательный образ действий; колебание между двумя мнениями *или* решениями

fencible I ['fensəb(ə)l] *n ист.* солдат, проходящий службу в метрополии

fencible II ['fensəb(ə)l] *a* обыкн. *шотл.* пригодный для обороны

fencing ['fensɪŋ] *n* **1.** ограждение **2. 1)** изгородь, забор, ограда; iron ~ железная ограда; wire ~ проволочная изгородь; the ~ of a farm изгороди и заборы на ферме **2)** материал для изгородей **3. 1)** фехтование; to practise ~, to go in for ~ заниматься фехтованием; ~ mask фехтовальная маска; ~ school школа фехтования **2)** борьба, спор **4.** *сл.* укрывательство краденого

fencing-cully ['fensɪŋ,kʌlɪ] *n вор. жарг.* укрыватель *или* скупщик краденого

fencing-ken ['fensɪŋken] *n вор. жарг.* притон для хранения или скупки краденого

fencing-master ['fensɪŋ,mɑ:stə] *n* учитель фехтования

fen-cricket ['fen,krɪkɪt] *n энт.* медведка обыкновенная (*Gryllotalpa vulgaris*)

fend [fend] *v* (*сокр. от* defend) **1.** отражать, парировать (*тж.* ~ off); to ~ off a blow парировать удар; to ~ off the inevitable disclosure постараться избежать неминуемого разоблачения; to ~ off difficult questions отмахиваться от трудных вопросов; to ~ smb. off from doing smth. не дать кому-л. возможности /помешать кому-л./ сделать что-л. **2.** не подпускать; отгонять (*тж.* ~ away) **3.** (for) *преим. шотл.* заботиться (*обыкн. о себе*); добывать пропитание; to ~ for oneself and one's children кормить себя и семью; I had to ~ for myself since I was fourteen мне пришлось жить своим трудом с четырнадцати лет **4.** *арх., поэт.* защищать

fender ['fendə] *n* **1.** каминная решётка **2.** предохранительная решётка (*на трамвае и т. п.*); буферное устройство **3.** крыло (*автомобиля*) **4.** *мор.* кранец, привальный брус **5.** *горн.* целик

fender-beam ['fendəbi:m] *n мор.* ограждательный брус

fender-bender ['fendə,bendə] *n амер. сл.* **1)** лёгкое столкновение автомобилей; дорожно-транспортное происшествие **2)** неосторожный водитель

fender-lamp ['fendəlæmp] *n авт.* подфарник

fender-pile ['fendəpaɪl] *n* отбойная свая

fenestella [,fenə'stelə] *n* (*pl* -lae) *архит.* окошечко

fenestellae [,fenə'steli:] *pl от* fenestella

fenestra [fɪ'nestrə] *n* (*pl* -rae) **1.** *анат.* окно, отверстие **2.** *энт.* **1)** прозрачное пятно (*на крыле*) **2)** ямка, прикрытая мембраной

fenestrae [fɪ'nestri:] *pl от* fenestra

fenestral I [fɪ'nestrəl] *n ист.* окно без застекления, обтянутое тканью или бумагой

fenestral II [fɪ'nestrəl] *a* **1.** оконный **2.** *анат.* имеющий (окнообразные) отверстия

fenestrate ['fenɪstreɪt] *a* **1.** *бот., зоол.* с многочисленными отверстиями, окошечками **2.** = fenestrated 3

fenestrated ['fenɪstreɪtɪd] *a* **1.** *уст.* имеющий окна **2.** = fenestrate 1 **3.** *энт.* имеющий прозрачные пятна

fenestration [,fenɪ'streɪʃ(ə)n] *n* **1.** *архит.* распределение окон в здании; использование окон в декоративных целях **2.** *анат.* ячеистая структура, фенестрация

fen-fire ['fen,faɪə] *n* блуждающий огонёк

Fenian I ['fi:nɪən] *n ист.* фений (*член ирландского тайного общества, боровшегося за освобождение Ирландии от английского владычества*)

FEN — FER

Fenian II [ˈfiːnɪən] *a ист.* фениа́нский

Fenianism [ˈfiːnɪənɪz(ə)m] *n ист.* фениа́нство

fenland [ˈfenlænd] *n* 1) боло́тистая ме́стность 2) (F.) Боло́тный край (*в Кембриджшире и Линкольншире*)

fen-man [ˈfenmən] *n (pl* -men [-mən]) жи́тель Боло́тного кра́я [*см.* fenland 2]

fennec [ˈfenek] *n зоол.* фе́нек, африка́нская лиси́ца (*Fennecus zerda*)

fennel [ˈfen(ə)l] *n бот.* фе́нхель обыкнове́нный, сла́дкий укро́п (*Foeniculum vulgare*); ~ oil фе́нхелевое ма́сло; ~ water укро́пная вода́

fennish [ˈfenɪʃ] = fenny

fenny [ˈfenɪ] *a* 1. боло́тистый, то́пкий; ~ area боло́тистая ме́стность 2. боло́тный, расту́щий на боло́те; ~ grass боло́тная трава́

fen-reeve [ˈfenriːv] *n* чино́вник, ве́дающий мелиорати́вными рабо́тами

Fenrir [ˈfenrɪə] *n сканд. миф.* волк Фе́нрир

fenugreek [ˈfenjʊɡriːk] *n бот.* па́житник гре́ческий (*Trigonella foenum-graecum*)

feod [fjuːd] = feud²

feodal [ˈfjuːdl] = feudal²

feodary [ˈfjuːd(ə)rɪ] *n* 1. васса́л 2. *уст.* сообщник

feoff I [fef, fiːf] = fief

feoff II [fef, fiːf] *v ист.* жа́ловать (*кого-л.*) феода́льным поме́стьем

feoffee [feˈfiː] *n ист.* держа́тель ле́нного поме́стья; ле́нник

feoffer [ˈfefə, ˈfiːfə] = feoffor

feoffment [ˈfefmənt, ˈfiːfmənt] *n ист.* 1. отчужде́ние феода́льного поме́стья или фриго́льда; даре́ние недви́жимости 2. докуме́нт, кото́рым э́то отчужде́ние оформля́ется [*см.* 1] 3. пожа́лование ле́нным поме́стьем

feoffor [ˈfefɔː] *n ист.* тот, кто жа́лует ле́нным поме́стьем; дари́тель недви́жимости

feracious [fəˈreɪʃəs] *a уст.* плодоро́дный; плодоно́сный

ferae naturae [ˌfe(ə)rɪˈneɪtʊ(ə)raɪ] *лат.* 1) неприруче́нный, ди́кий 2) непруча́емый; не поддаю́щийся дрессиро́вке

feral¹ [ˈfɪ(ə)rəl] *a арх.* 1. похоро́нный, погреба́льный; мра́чный; ~ birds that love darkness злове́щие пти́цы, лю́бящие темноту́ 2. роково́й, сме́ртельный; ~ diseases сме́ртельные боле́зни

feral² [ˈfɪ(ə)rəl] *a книжн.* 1. ди́кий, неприруче́нный, одича́вший (*о растениях и т. п.*) 3. гру́бый, жесто́кий

ferberite [ˈfɜːbəraɪt] *n мин.* фербери́т

fer-de-lance [ˌfeədəˈlɑːns] *n* ямкоголо́вая гадю́ка (*Trimeresurus atrox*)

fer-de-moline [ˌfeədəˈmɒlɪn] *n* гера́льд. желе́зная опо́ра для жёрнова

fere [fɪə] *n арх.* 1. това́рищ, друг 2. супру́г; супру́га 3. ра́вный, ровня́

feretory [ˈferɪt(ə)rɪ] *церк.* ра́ка

feria [ˈfɪ(ə)rɪə] *n (pl -ae) лат.* 1. *pl ист.* пра́здничные дни, кани́кулы; feriae Jovi пра́зднества в честь Юпи́тера 2. *церк.* 1) бу́дний день 2) скоро́мный день

feriae [ˈfɪ(ə)riː] *pl от* feria

ferial [ˈfɪ(ə)rɪəl] *a* 1. *церк.* 1) бу́дний, непра́здничный 2) непо́стный, скоро́мный (*о дне*)
◇ ~ day /time/ *шотл. юр.* день, когда́ не происхо́дят суде́бные заседа́ния

ferine [ˈfɪ(ə)raɪn] *a книжн.* 1. ди́кий, непруче́нный 2. гру́бый, жесто́кий; зве́рский 3. *редк.* злока́чественный

ferity [ˈferɪtɪ] *n* ди́кость, ва́рварство

fermata [fɜːˈmɑːtə] *n муз.* ферма́та

ferment I [fɜːˈment] *n* 1. 1) заква́ска; дрожжи 2) *спец.* ферме́нт, энзи́м 2. возбужде́ние, волне́ние, броже́ние; the country was in a ~ вся страна́ была́ охва́чена волне́ниями; his mind is in a ~ его́ ум напряжённо рабо́тает

ferment II [fəˈment] *v* 1. 1) вызыва́ть броже́ние 2) броди́ть, находи́ться в состоя́нии броже́ния 2. 1) волнова́ть, возбужда́ть, вызыва́ть броже́ние; while youth ~s your blood пока́ ю́ность волну́ет ва́шу кровь; quick-spreading rumours ~ed the city бы́стро распространи́вшиеся слу́хи взбудора́жили го́род 2) волнова́ться, быть в возбужде́нии 3. 1) выха́живать (*пиво*) 2) выха́живаться (*о пиве*)

fermentable [fəˈmentəb(ə)l] *a* спосо́бный к броже́нию, сбра́живающийся

fermentation [ˌfɜːmenˈteɪʃ(ə)n] *n* 1. броже́ние, фермента́ция; ~ cabinet броди́льная ка́мера; ~ tube броди́льная тру́бка 2. волне́ние, возбужде́ние; the intellectual ~ of the country броже́ние умо́в в стране́

fermentative [fəˈmentətɪv] *a* 1) вы́званный броже́нием; броди́льный; фермента́тивный; ~ changes измене́ния, возника́ющие при броже́нии 2) вызыва́ющий броже́ние; броди́льный, сбра́живающий

fermentive [fəˈmentɪv] = fermentative 2)

fermery [ˈfɜːm(ə)rɪ] *n ист.* лазаре́т (*особ. при монастыре́ и т. п.*)

fermi [ˈfɜːmɪ] *n физ.* фе́рми (*едини́ца длины́,* 10^{-15} *м*)

fermium [ˈfɜːmɪəm] *n хим.* фе́рмий

fern [fɜːn] *n бот.* 1. вы́сшее споро́вое расте́ние 2. па́поротник (*Filicales*)

ferned [fɜːnd] *a* заро́сший па́поротником

fernery [ˈfɜːn(ə)rɪ] *n* па́поротниковая оранжере́я

fern leaves [ˈfɜːnliːvz] *сл.* новозела́ндские солда́ты (*по фо́рме кока́рды*)

fern owl [ˈfɜːnaʊl] *зоол.* козодо́й обыкнове́нный (*Caprimulgus europaeus*)

fern seed [ˈfɜːnsiːd] 1) спо́ры па́поротника 2) семена́ па́поротника (*по наро́дному пове́рью, де́лающие невиди́мым их облада́теля*)

ferny [ˈfɜːnɪ] *a* 1. па́поротниковый 2. поро́сший, заро́сший па́поротником; ~ patch поля́нка, заро́сшая па́поротником 3. папоротникообра́зный, папоротнико-ви́дный; the frozen glass looked ~ узо́ры на замёрзшем стекле́ напомина́ли па́поротник

ferocious [fəˈrəʊʃəs] *a* 1. жесто́кий, свире́пый; ди́кий; ~ animal свире́пое живо́тное; ~ look свире́пый вид 2. *эмоц.-усил.* ужа́сный; the sunshine there would be ~ at this time of year в э́то вре́мя го́да со́лнце там печёт невыноси́мо; a ~ thirst нестерпи́мая жа́жда

ferociously [fəˈrəʊʃəslɪ] *adv* 1. жесто́ко, свире́по; ди́ко; to glare at smb. ~ свире́по уста́виться на кого́-л. 2. *эмоц.-усил.* ужа́сно; невыноси́мо

ferociousness [fəˈrəʊʃəsnɪs] *n* жесто́кость, свире́пость; ди́кость

ferocity [fəˈrɒsɪtɪ] *n* жесто́кость, свире́пость; ди́кость

-ferous [-f(ə)rəs] = -iferous

ferreous [ˈferɪəs] *a* 1) желе́зный, содержа́щий желе́зо 2) желе́зный, похо́жий на желе́зо (*по твёрдости или по цве́ту*)

ferret¹ [ˈferɪt] *n* 1. *зоол.* хорёк (*Mustela furo*) 2. *разг.* 1) ище́йка 2) упо́рный иссле́дователь; челове́к, произво́дящий разыска́ния (*в како́й-л. о́бласти*); сы́щик
◇ ~ satellite спу́тник-шпио́н

ferret¹ II [ˈferɪt] *v* 1. охо́титься с хорько́м (*обыкн.* to go ~ing) 2. (from, out of) выгоня́ть (*из норы́; тж.* ~ off) 3. разы́скивать, ры́ться, ша́рить (*тж.* ~ about); to ~ (about) in one's pockets ша́рить в карма́нах (*в по́исках чего́-л.*); to ~ about among old documents ры́ться в ста́рых докуме́нтах 4. пресле́довать, беспоко́ить; his problems ~ed him day and night неприя́тности не дава́ли ему́ поко́я ни днём ни но́чью

ferret² [ˈferɪt] *n* 1) шёлковая отде́лочная тесьма́ 2) пло́тная бума́жная или шерстяна́я тесьма́

ferreting [ˈferɪtɪŋ] = ferret²

ferret out [ˈferɪtaʊt] *phr v* выню́хивать, разве́дывать, выпы́тывать, разузнава́ть; to ~ a secret вы́ведать секре́т /та́йну/; to ~ a fugitive разыска́ть /вы́следить/ беглеца́; to ~ the facts установи́ть /разузна́ть/ фа́кты; he ferreted out my address somewhere он где́-то раскопа́л /вы́знал/ мой а́дрес

ferrety [ˈferɪtɪ] *a* хорько́вый, напомина́ющий хорька́

ferri- [ˈferɪ-] *в сло́жных слова́х име́ет значе́ние* желе́зо (*трёхвале́нтное*); ferricyanide феррициани́д; ferrihemoglobin метгемоглоби́н

ferriage [ˈferɪdʒ] *n* 1. перево́з, перепра́ва 2. пла́та за перево́з

ferric [ˈferɪk] *a хим.* желе́зный, содержа́щий трёхвале́нтное желе́зо; ~ acid желе́зная кислота́; ~ chloride хло́рное желе́зо

ferricyanic acid [ˈferɪsaɪˌænɪkˈæsɪd] *хим.* железосинероди́стая кислота́

ferrier [ˈferɪə] = ferryman

ferriferous [feˈrɪf(ə)rəs] *a* желе́зистый, содержа́щий желе́зо

ferrimagnetism [ˌferɪˈmæɡnɪtɪz(ə)m] *n физ.* ферримагнети́зм

Ferris wheel [ˈferɪsˌwiːl] чёртово колесо́ (*аттракцио́н*)

ferro- [ˈferə(ʊ)-] *в сло́жных слова́х име́ет значе́ние* желе́зо, желе́зный, желе́зистый; ferrocyanide ферроциани́д (*соль желе́зистосинеро́дистой кислоты́*); ferrohemoglobin гемоглоби́н вено́зной кро́ви; ferroconcrete железобето́н

ferro-alloy [ˌferəʊˈæləɪ] *n* желе́зный сплав, ферроспла́в

ferrochrome [ˈferə(ʊ)krəʊm] *n метал.* феррохро́м (*сплав железа с хромом*)

ferroconcrete [ˌferə(ʊ)ˈkɒnkriːt] *n* железобето́н

ferroelecric [ˌferəʊɪˈlektrɪk] *a физ.* сегнетоэлектри́ческий

ferroelectricity [ˌferəʊɪˌlekˈtrɪsɪtɪ] *n физ.* сегнетоэлектри́чество

ferro et igni [ˌferəʊetˈɪɡnɪ] *лат.* огнём и мечо́м

ferrofluid [ˌferə(ʊ)ˈfluːɪd] *n* магни́тная жи́дкость

ferromagnetism [ˌferə(ʊ)ˈmæɡnɪtɪz(ə)m] *n физ.* ферромагнети́зм

ferromanganese [ˌferə(ʊ)ˌmæŋɡəˈniːz] *n метал.* феррома́рганец

ferropseudobrookite [ˈferə(ʊ)ˌsjuːdə(ʊ)ˈbrʊkaɪt] *n* ферропсевдобруки́т (*лу́нная поро́да*)

ferrotungsten [ˌferə(ʊ)ˈtʌŋstən] *n метал.* ферровольфра́м

ferrotype [ˈferə(ʊ)taɪp] *n фото* ферроти́пия

ferrous [ˈferəs] *a хим.* желе́зистый, содержа́щий двухвале́нтное желе́зо; ~ metal чёрный мета́лл

ferruginous [fəˈrʌdʒɪnəs, fe-] *a* 1. желе́зистый, содержа́щий желе́зо 2. цве́та ржа́вчины, краснова́то-кори́чневый

ferrule [ˈferʊl, ˈferəl] *n* 1. металли́ческий обо́д или наконе́чник 2. *воен.* предохрани́тельное кольцо́ 3. *тех.* му́фта

ferruminate [feˈruːmɪneɪt] *v* спа́-

вать, скреплять, соединять (*преим.* металл)

ferry I ['ferɪ] *n* 1. 1) переправа, перевоз; to cross the ~ переправляться /переезжать/ на другой берег; to row smb. over the ~ перевезти кого-л. на другой берег (*на лодке*); a ~ was established where London Bridge now stands на том месте, где находится Лондонский мост, когда-то была переправа 2) *воен.* перевозка на плавучих средствах 2. 1) паром; паромное судно; to take the ~ а) переправляться на пароме; б) пересекать море /Ла-Манш, Атлантический океан/; [*см. тж.* ◇]; ~ ticket билет на паром; ~ captain капитан парома *или* транспортного судна на переправе 2) *поэт.* ладья; Charon's ~ ладья Харона 3. *ав.* перегон (*самолётов*); ~ pilot лётчик, перегоняющий самолёты к месту назначения 4. регулярная авиатранспортная служба; ~ plane самолёт авиатранспортной службы; the Transatlantic ~ трансатлантическая авиатранспортная линия 5. *юр.* право перевозки пассажиров и грузов через переправу и взимания за это платы
◇ to take the ~ to cross the Stygian ~ умереть, скончаться, отправиться к праотцам [*см. тж.* 2, 1)]

ferry II ['ferɪ] *v* 1. перевозить (*на лодке, пароме; часто* ~ across, ~ over); will you ~ me over? вы перевезёте меня на ту сторону?; he ferried the passengers across the river он переправил пассажиров через реку 2) переезжать, переправляться (*через реку и т. п.*) 3) *воен.* перевозить (*на плавучих средствах*) 4) *ав.* перевозить по воздуху 2. перегонять (*самолёты*)

ferryboat ['ferɪbəʊt] *n* паром, паромное судно; перевозочное средство

ferry-bridge ['ferɪbrɪdʒ] *n* 1. железнодорожный паром 2. сходни между пристанью и паромом

ferryman ['ferɪmən] *n* (*pl* -men [-mən]) перевозчик, паромщик

ferry service ['ferɪ,sɜːvɪs] 1. паромное сообщение 2. служба морских перевозок 3. служба перегонки самолётов

fertile ['fɜːtaɪl] *a* 1. плодородный, богатый, изобильный; ~ pastures богатые /тучные/ пастбища; a race ~ in genius народ, богатый талантами; land ~ in natural resources земля, изобилующая полезными ископаемыми; ~ imagination богатое воображение 2. всхожий (*о семенах*); плодоносящий 3. способствующий плодородию, плодоношению, развитию *и т. п.*; ~ climate благоприятный /благодатный/ климат; a ~ area for research многообещающая область научных исследований 4. способный к размножению; ~ eggs яйца, из которых выводятся цыплята; the young of a horse and a donkey is not ~ гибрид лошади и осла бесплоден 5. плодовитый; he is always ~ in new plans у него постоянно рождаются новые планы; a ~ mind изобретательный ум 5. *физ.* делящийся; ~ uranium делящийся изотоп урана

fertility [fɜː'tɪlɪtɪ] *n* 1. плодородие; ~ of soil плодородие почвы 2) изобилие, богатство; ~ of thought [imagination] богатство мысли [воображения] 2. *эк.* производительность при оптимальных условиях (*почвы*) 3. *биол.* 1) плодовитость 2) способность к воспроизведению потомства 4. фертильность, рождаемость (*в демографии*); ~ rate коэффициент рождаемости

fertilizable ['fɜːtɪlaɪzəb(ə)l] *a* 1. пригодный для удобрения (*о почве*) 2. *биол.* (при)годный для оплодотворения *или* опыления

fertilization [,fɜːtɪlaɪ'zeɪʃ(ə)n] *n* 1. удобрение (*почвы*); внесение удобрения 2. *биол.* оплодотворение; опыление

fertilize ['fɜːtɪlaɪz] *v* 1. удобрять, вносить удобрение; обогащать (*почву*); to ~ the intellect обогащать /развивать/ ум 2. *биол.* оплодотворять; опылять

fertilizer ['fɜːtɪlaɪzə] *n* 1. *см.* fertilize + -er 2. удобрение; удобритель, тук, минеральное удобрение; ~ attachment *с.-х.* приспособление для внесения удобрений; тукоразбрасыватель; ~ mixer *с.-х.* смеситель (минеральных) удобрений; тукосмеситель; ~ briquettes удобрительные брикеты; питательные кубики (*для растений*); ~ formula формула удобрения, соотношение основных удобрительных элементов; ~ grinder *с.-х.* тукодробилка, измельчитель (минеральных) удобрений; ~ plan схема внесения удобрений; ~ plant туковый завод, завод по производству минеральных удобрений; to apply ~ вносить удобрение 3. *биол.* оплодотворитель, опылитель; bees are good ~s пчёлы — хорошие опылители

ferula ['feru:lə] *n* 1. = ferule I 1 2. скипетр (*византийских императоров*) 3. *бот.* ферула, гигантский укроп (*Amiaceae*)

ferulaceous [,feru'leɪʃəs] *a* тростниковый; напоминающий тростник

ferule I ['feru:l] *n* 1. 1) ферула, линейка, трость (*для наказания школьников*) 2) школьная дисциплина, строгий режим 2. = ferula 3
◇ to be under the ~ а) быть учеником; б) быть в подчинении /под началом/

ferule II ['feru:l] *v* наказывать, бить линейкой

fervency ['fɜːv(ə)nsɪ] *n* горячность, рвение, пыл; to argue with ~ горячо спорить

fervent ['fɜːv(ə)nt] *a* 1. горячий, жаркий, пылающий; ~ heat сильная жара, зной 2. пылкий, горячий, пламенный; ревностный; ~ affection горячая привязанность; ~ love пылкая любовь; ~ hatred жгучая ненависть; ~ admirer ревностный поклонник; ~ desire страстное желание; ~ in spirit пылкий духом

fervently ['fɜːv(ə)ntlɪ] *adv* горячо, пылко, пламенно; ревностно; to speak ~ говорить с жаром; to wish ~ страстно желать; he ~ begged us not to go он умолял нас не уходить

fervescent [fɜː'ves(ə)nt] *a* нагревающийся, разогревающийся

fervid ['fɜːvɪd] *a* 1. пылкий, страстный; ~ partisan ярый сторонник; ~ preacher страстный проповедник 2. жгучий, палящий, горячий; ~ rays of the sun жгучие лучи солнца

fervidity [fɜː'vɪdɪtɪ] *n* пылкость, горячность; рвение

fervidly ['fɜːvɪdlɪ] *adv* горячо, пылко, ревностно

fervor ['fɜːvə] *амер.* = fervour

fervour ['fɜːvə] *n* 1. жар, пыл; горячность, рвение; страсть; ~ of the orator ораторский пыл; ~ of devotion страстная преданность; ~ of love жар любви; to greet with ~ встретить с энтузиазмом; горячо приветствовать 2. жара, зной

fescue ['feskjuː] *n* 1. указка 2. *бот.* овсяница (*тж.* ~ grass; *Festuca gen.*)

fess¹ [fes] = fesse

fess² [fes] *v* (*сокр. от* confess) сознаваться; ~ up! ну, сознавайся!

fesse [fes] *n* *геральд.* горизонтальная полоса *или* перекладина щита

festa ['festə] *n* *ит.* ежегодный церковный праздник

festal ['festl] *a* праздничный; радостный, весёлый; ~ day праздник; ~ music праздничная /весёлая/ музыка; ~ dress праздничная одежда

fester I ['festə] *n* 1. гноящаяся ранка 2. нагноение

fester II ['festə] *v* 1. 1) гноиться (*о ране*); the cut began to ~ порез начал гноиться 2) вызывать нагноение 2. гнить, разлагаться 3. мучить, терзать; растравлять; the insult ~ed in his mind он никак не мог забыть это оскорбление

festering ['fest(ə)rɪŋ] *n* нагноение, абсцесс

festina lente [fe,stiːnə'lenteɪ] *лат.* не делай наспех; ≅ тише едешь — дальше будешь [*букв.* спеши медленно]

festination [,festɪ'neɪʃ(ə)n] *n* 1. *мед.* торопливость походки, семенящая походка (*при различных нервных заболеваниях*) 2. *арх.* поспешность, торопливость

festival I ['festɪv(ə)l] *n* 1. 1) празднество, праздник; harvest ~ праздник урожая; to hold /to keep, to make/ ~ праздновать, веселиться 2) церковный праздник; the ~ of Christmas праздник Рождества 2. 1) фестиваль; the World Youth F. Всемирный фестиваль молодёжи; a Shakespeare ~ шекспировский фестиваль 2) показ, выставка, демонстрация; film ~ фестиваль кинофильмов

festival II ['festɪv(ə)l] *a* 1) праздничный; ~ dress праздничная одежда 2) пиршественный

festive ['festɪv] *a* праздничный; весёлый; ~ evening праздничный вечер; the ~ season святки; to gather round the ~ board собираться за праздничным столом; to be in ~ mood быть в праздничном /приподнятом, весёлом/ настроении 2. *школ. жарг.* дерзкий, нахальный

festively ['festɪvlɪ] *adv* празднично, весело

festivity [fe'stɪvɪtɪ] *n* 1. веселье, праздничность; праздничное, весёлое настроение; ~ is in the air повсюду чувствуется веселье /праздничное настроение/ 2. *преим. pl* празднество; торжества; Christmas festivities рождественские развлечения; to take part in the festivities принять участие в празднествах

festivous ['festɪvəs] = festive

festoon I [fe'stuːn] *n* 1. гирлянда; ~ lamp лампочка накаливания для иллюминационных гирлянд 2. *архит.* фестон 3. *мед.* аркообразное, фестончатое очертание края десны у шейки зуба

festoon II [fe'stuːn] *v* 1. украшать гирляндами или фестонами 2. висеть в виде гирлянд, фестонов; icicles ~ the eaves сосульки разукрасили карниз

festoonery [fe'stuːn(ə)rɪ] *n* украшения в виде гирлянд, фестонов

festschrift ['fest,ʃrɪft] *n* (*pl тж.* -en [-ən]) юбилейный сборник (*посвящённый учёному и т. п.*)

fetal ['fiːtl] *a физиол.* утробный, зародышевый, эмбриональный; ~ position а) положение плода (*в матке*); б) поза (*спящего*), напоминающая положение эмбриона; ≅ свернувшийся «калачиком»; ~ alcohol syndrome *мед.* синдром «пьяного зачатия»

fetation [fiː'teɪʃ(ə)n] *n преим. амер. физиол.* развитие плода, эмбриона; зачатие; беременность

fetch¹ I [fetʃ] *n* 1. уловка; хитрость; every little ~ of wit все ухищрения ума; to cast a ~ расставить сети 2. усилие; to take a ~ сделать большое усилие 3. *мор.* расстояние от наветренного берега по линии ветра

FET — FEV

fetch¹ II [fetʃ] *v* 1. 1) (сходить и) принести, привести; to (go and) ~ a doctor привести врача; the chair is in the garden, please ~ it in стул в саду, пожалуйста, внесите его в дом; shall I ~ your coat for you? не сходить ли мне за вашим пальто?; she went out to ~ our supper она пошла, чтобы принести нам ужин; will you ~ the children from school? пожалуйста, приведите детей из школы 2) заезжать, заходить (*за кем-л.*); come and ~ him on your way home зайдите за ним по дороге домой; will you ~ me from the theatre? вы заедете за мной в театр? **2.** 1) вызывать (*слёзы и т. п.*); to ~ a laugh from the audience вызвать смех у зрителей; to ~ tears from the eyes выжать слёзы 2) издать, испустить; to ~ a deep sigh глубоко вздохнуть; to ~ a dreadful groan издать ужасный стон; to ~ one's breath дышать с трудом **3.** извлекать, вытаскивать; привлекать, вовлекать; a play ~ing large audiences every night пьеса, которая ежедневно привлекает массу зрителей; the scamper of feet ~ed me out of my berth and up on the deck топот ног заставил меня покинуть каюту и выйти на палубу; to ~ the discussion to a close прекратить прения **4.** *разг.* наносить (*удар*); to ~ smb. a blow on the head ударить кого-л. по голове; to ~ smb. a slap across the face дать кому-л. пощёчину; to ~ smb. one *сл.* ударить кого-л. ≅ врезать кому-л. **5.** *разг.* нравиться, очаровывать; to ~ the audience захватить зрителей, понравиться зрителям; to praise the child ~es the parents если хочешь понравиться родителям — хвали ребёнка; that'll ~ him! это его соблазнит!, на это он клюнет! **6.** выручать (*за проданную вещь*); this won't ~ much за это много не дадут; how much did the picture ~? сколько выручили за картину? **7.** прибывать; достигать (*какого-л. пункта*); to ~ into port *мор.* входить в порт **8.** *тех.* забирать воду (*о насосе*) ◊ to ~ a circuit /a compass/ совершать круг, идти по кругу; to ~ and carry а) достать и принести убитую дичь (*о собаке*); б) прислуживать; быть на побегушках; в) распространять (*новости, слухи*); to ~ way а) *мор.* трогаться с места; набирать ход; б) *мор.* сидеть неплотно, расшатываться; в) вырываться, освобождаться

fetch² [fetʃ] *n* привидение; двойник

fetch about [ˈfetʃəˈbaut] *phr v* 1) действовать окольным путём 2) раскрутить (*чтобы метнуть дальше*)

fetch away [ˈfetʃəˈweɪ] *phr v* 1) вырваться, освободиться 2) *мор.* оторваться

fetch-candle [ˈfetʃˌkændl] = fetch-light

fetch down [ˈfetʃˈdaun] *phr v* 1. сразить; to ~ one's opponent сразить противника **2.** снизить; to ~ prices сбить цены

fetcher [ˈfetʃə] *n* 1. *см.* fetch¹ II + -er; ~ and carrier слуга; человек на побегушках **2.** *амер.* соблазн, приманка; that was a ~ he couldn't resist он не мог устоять перед таким соблазном

fetching [ˈfetʃɪŋ] *a разг.* привлекательный, очаровательный, соблазнительный; ~ girl прелестная девушка; ~ smile обаятельная улыбка; you look very ~ in this beret вам очень к лицу этот берет; he could say an awful lot of ~ things он мог наговорить кучу всяких приятных вещей

fetch-light [ˈfetʃlaɪt] *n* таинственный свет, предвещающий смерть

fetch round [ˈfetʃˈraund] *phr v* 1. прийти в себя (*после обморока*) **2.** *разг.* убедить, уговорить

fetch up [ˈfetʃˈʌp] *phr v* 1. рвать; отплёвывать, отхаркивать **2.** нагонять, навёрстывать **3.** поднимать **4.** 1) останавливаться; to ~ all standing *мор.* останавливаться, не убирая парусов 2) останавливать; прекращать **5.** *преим. амер.* кончаться, оканчиваться; I wonder where all this is going to ~ интересно, чем всё это кончится **6.** прибывать; to ~ at a port прибывать в порт

fete, fête I [feɪt] *n* **1.** празднество, праздник (*особ. на открытом воздухе*) **2.** 1) именины 2) церковный праздник какого-л. святого

fete, fête II [feɪt] *v* праздновать; устраивать праздник в честь (*кого-л.*); чествовать

fête champêtre [ˌfeɪtʃɒmˈpetr(ə)] *фр.* праздник на лоне природы, пикник; сельский праздник

fête day [ˈfeɪtdeɪ] = fete I 2

fetial [ˈfiːʃ(ə)l] *a ист.* **1.** геральдический, посольский **2.** связанный с объявлением войны *или* заключением мира; ~ law *юр.* раздел права, трактующий вопросы войны и мира

feticidal [ˈfiːtɪsaɪdl] *a* абортивный

feticide [ˈfiːtɪsaɪd] *n* вытравливание плода; аборт

fetid [ˈfiːtɪd] *a* зловонный, вонючий; имеющий запах сероводорода; ~ breath дурной запах изо рта

fetidity [fɪˈtɪdɪtɪ] *n* зловоние, вонь

fetish [ˈfetɪʃ] *n* 1. 1) фетиш, амулет 2) идол, кумир; to make a ~ of smth. фетишизировать что-л.; to make a ~ of the past идеализировать прошлое, возводить прошлое в культ; some women make a ~ of clothes некоторые женщины помешались на тряпках **2.** *ист.* магические обряды и песнопения идолопоклонников

fetisheer [ˌfetɪˈʃɪə] = fetisher

fetisher [ˈfetɪʃə] *n* **1.** колдун, знахарь **2.** = fetish 1

fetishism [ˈfetɪʃɪz(ə)m] *n* **1.** фетишизм **2.** *психол.* навязчивая идея, комплекс; мания; фетишизм

fetishist [ˈfetɪʃɪst] *n* фетишист

fetishistic [ˌfetɪˈʃɪstɪk] *a* фетишистский

fetish-man [ˈfetɪʃmən] *n* (*pl* -men [-mən]) **1.** колдун **2.** идолопоклонник, фетишист

fetlock [ˈfetlɒk] *n* **1.** щётка (*над копытом лошади*) **2.** = fetterlock 1 ◊ hairy about /at, on/ the ~s невоспитанный, не умеющий себя вести /держать/

fetlocked [ˈfetlɒkt] *a* 1) имеющий щётку (*о лошади*) 2) стреноженный

fetology [fiːˈtɒlədʒɪ] *n* эмбриология

fetor [ˈfiːtə, -tɔː] *n* зловоние, вонь

fetoscope [ˈfiːtəskəup] *n мед.* фетоскоп

fetter I [ˈfetə] *n обыкн. pl* **1.** путы **2.** ножные кандалы; in ~s закованный; скованный (*тж. перен.*) **3.** оковы, узы; to burst one's ~s разбить оковы, освободиться

fetter II [ˈfetə] *v* **1.** спутывать (*лошадь*) **2.** сковывать, заковывать (*в кандалы*) **3.** связывать, стеснять, сковывать; ~ed by convention связанный условностями; ~ed by superstition опутанный суеверием

fetterless [ˈfetəlɪs] *a* свободный, ничем не связанный

fetterlock [ˈfetəlɒk] *n* **1.** путы для лошади **2.** *неправ. вм.* fetlock 1

fettle I [ˈfetl] *n* **1.** состояние, положение; in good ~ в хорошем состоянии /виде/, в прекрасной форме; in fine ~ в хорошем настроении **2.** *метал.* футеровочная масса

fettle II [ˈfetl] *v метал.* 1) футеровать (*печь*) 2) очищать (*слиток*)

fettled ale [ˈfetldeɪl] подогретое пиво со специями

fettler [ˈfetlə] *n* **1.** *см.* fettle II + -er **2.** ремонтный рабочий **3.** футеровщик

fettling [ˈfetlɪŋ] *n метал.* 1) набойка, футеровка 2) очистка (слитков)

fetus [ˈfiːtəs] *n* плод; зародыш; эмбрион

feu [fjuː] *n шотл. юр.* **1.** владение землёй с арендной платой зерном *или* деньгами вместо несения воинских обязанностей **2.** земля, арендуемая на определённых условиях [*см.* 1]

feud¹ I [fjuːd] *n* **1.** наследственная вражда; blood ~ кровавая вражда; deadly ~ смертельная вражда; right of ~ право кровной мести **2.** вражда, антагонизм; to be at ~ with smb. смертельно враждовать /быть на ножах/ с кем-л.; to sink a ~ забыть вражду, помириться; a potitical ~ of long standing давние политические разногласия

feud¹ II [fjuːd] *v* враждовать, ссориться; участвовать в (наследственной) распре

feud² [fjuːd] *n ист.* лен, феод, феодальное владение

feudal¹ [ˈfjuːdl] *a* враждебный, связанный отношениями кровной мести

feudal² [ˈfjuːdl] *a* феодальный, ленный; ~ lord феодал; ~ system феодализм, феодальный строй; ~ law феодальное право

feudalism [ˈfjuːdlɪz(ə)m] *n* феодализм, феодальный строй

feudalist [ˈfjuːdlɪst] *n* **1.** феодал **2.** приверженец феодального строя **3.** специалист по истории феодализма

feudalistic [ˌfjuːdəˈlɪstɪk] *a* 1) феодальный 2) характерный для феодализма

feudality [fjuːˈdælɪtɪ] *n* **1.** феодализм, феодальный режим **2.** лен

feudalization [ˌfjuːdlaɪˈzeɪʃ(ə)n] *n* феодализация

feudalize [ˈfjuːdlaɪz] *v* **1.** феодализировать **2.** 1) превращать в вассалов 2) превращать (*землю*) в лен

feudatory I [ˈfjuːdət(ə)rɪ] *n* **1.** вассал, ленник **2.** лен, феодальное владение

feudatory II [ˈfjuːdət(ə)rɪ] *a* 1. (to) вассальный; подчинённый 2. зависимый (*о государстве*)

feuding I [ˈfjuːdɪŋ] *n* наследственная вражда; распря

feuding II [ˈfjuːdɪŋ] *a* враждующий; принимающий участие в (наследственной) распре

feudist¹ [ˈfjuːdɪst] *n* **1.** специалист по феодальному праву **2.** *уст.* вассал

feudist² [ˈfjuːdɪst] *n амер.* лицо, находящееся (*с кем-л.*) в отношениях непримиримой вражды, кровной мести; ~s смертельные враги

feu-farm [ˈfjuːfɑːm] *n шотл. юр.* 1) аренда земли на определённых условиях 2) годовая арендная плата за землю

feuillemorte [ˌfɜːjˈmɔːt] *a фр.* цвета осенних листьев; желтовато-коричневого цвета

feuilleton [ˌfɜːjˈtɒŋ] *n* **1.** 1) подвал (*в газете*); статья из определённой серии 2) фельетон **2.** 1) роман с продолжением (*печатающийся в газете*) 2) низкопробный роман; книга, рассчитанная на невзыскательного читателя

fever I [ˈfiːvə] *n* **1.** 1) жар, лихорадочное состояние; he has a high ~ у него сильный жар /высокая температура/; has he any ~? у него жар, есть у него температура? 2) лихорадка; intermitting [yellow, jungle] ~ перемежаю-

щаяся [жёлтая, тропическая] лихорадка; bout of ~ приступ лихорадки; brain ~ воспаление мозга; scarlet ~ скарлатина; spotted ~ сыпной тиф; typhoid ~ брюшной тиф 2. нервное возбуждение; mike ~ страх перед микрофоном (*у новичков, выступающих по радио*); stage ~ сценическая лихорадка, страстное желание стать актёром; train ~ боязнь опоздать на поезд; предотъездная лихорадка; to be in a ~ лихорадочном состоянии /в возбуждении/; to send /to throw/ smb. into a ~ of excitement [of joy] сильно взволновать [обрадовать] кого-л.
◊ gold ~ золотая лихорадка; Channel ~ *см.* Channel I 1, 1)
fever II ['fi:və] *v* 1. вызывать жар, лихорадку; бросать в жар; лихорадить 2. волновать, возбуждать
fever bark ['fi:vəba:k] хинная, лечебная кора (*средство от лихорадки*)
fever blister ['fi:və‚blɪstə] лихорадка (*на губе*)
fever-curve ['fi:vəkə:v] *n мед.* температурная кривая
fevered ['fi:vəd] *a* 1) лихорадочный 2) возбуждённый; ~ imagination пылкое воображение
feveret ['fi:v(ə)rɪt] *n редк.* лёгкая лихорадка
feverfew ['fi:vəfju:] *n бот.* пиретрум (*Chrysanthemum parthenium*)
fever heat ['fi:vəhi:t] 1. *мед.* жар, повышенная температура 2. высшая точка напряжения *или* волнения; the excitement rose to ~ волнение достигло высшей точки
feverish ['fi:v(ə)rɪʃ] *a* 1. 1) лихорадочный; ~ symptoms признаки лихорадки; ~ dreams бредовое состояние; the patient is ~ больной лихорадит, у больного жар; the child's forehead feels ~ у ребёнка жар, у ребёнка горячая голова 2) нездоровый, малярийный (*о климате, местности*); ~ swamps малярийные болота 2. 1) возбуждённый, взволнованный; лихорадочный; ~ activity лихорадочная деятельность; ~ desire неудержимое стремление 2) неустойчивый; a ~ condition of the stock market неустойчивое положение на бирже 3. душный; the day was ~ for so temperate a seacoast день выдался душный, необычный для побережья с умеренным климатом
feverishly ['fi:v(ə)rɪʃlɪ] *adv* лихорадочно; возбуждённо
feverous ['fi:v(ə)rəs] *a* 1. лихорадочный 2. вызывающий лихорадку
fever pitch ['fi:vəpɪtʃ] крайняя степень возбуждения, энтузиазма *и т. п.*; to bring to ~ привести в крайнее возбуждение (*особ. толпу*)
fever sore ['fi:vəsɔ:] = fever blister
fever therapy ['fi:və‚θerəpɪ] *мед.* лихорадочная терапия /пиротерапия/
fever-tree ['fi:vətri:] *n бот.* хинное дерево (*Pinckneya pubens*)
fever-weed ['fi:vəwi:d] *n бот.* синеголовник (*Eryngium gen.*)
few I [fju:] *n* 1) немногие; незначительное количество; ~ of the inhabitants were to be seen только немногих жителей можно было увидеть 2) мало кто, почти никто; ~ of them had travelled мало кто из них путешествовал; there are very ~ of us нас очень мало; there are very ~ of us who can remember почти никто из нас не помнит, ~ (of) a) немного, незначительное количество; a ~ thought otherwise немногие думали иначе; quite a ~ большое /порядочное/ количество; there were a good ~ of them их было немало; a good ~ of the inhabitants добрая половина

населения /жителей/; not a ~ много, большое количество; б) некоторые; некоторое количество; we shall only be a ~ нас будет немного; I know a ~ of them я знаю кое-кого из них; the a) меньшинство; б) «избранные»; the thinking ~ думающее меньшинство; the fortunate ~ немногие счастливцы; some ~ незначительное число, несколько, немного
◊ ~ know and ~er care немногие знают, а таких, кто хочет знать, ещё меньше; in ~ в нескольких словах, кратко
few II [fju:] *a* 1) немногие, немного, мало; he has but ~ chances of success у него мало шансов на успех; with exceptions so ~ as редким исключением; one of his ~ pleasures одно из его немногих удовольствий; during the last ~ days [years] за последние несколько дней [лет]; ~ people are able to understand him мало кто способен понять его; every ~ hours [days, years] через каждые несколько часов [дней, лет]; a ~ hours несколько часов; a ~ people were present присутствовало всего несколько человек; I know a ~ people who... я знаю людей, которые...; I have only a ~ pounds у меня всего только несколько фунтов; the chairman said a ~ words председатель сказал несколько слов; in a ~ minutes через несколько минут; скоро, вскоре; he went away for a ~ days он уехал на несколько дней; I'd like a ~ more of these [berries] положите /дайте/ мне, пожалуйста, ещё (ягод) 2) *преим. predic* немногочисленный; such occasions are ~ такие случаи очень редки; his friends are ~ у него мало друзей
◊ ~ and far between немногочисленные и отделённые большим промежутком времени *или* расстоянием; our meetings are ~ and far between мы редко встречаемся; the trees were ~ and far between деревья росли редко
fewness ['fju:nɪs] *n* немногочисленность
fey [feɪ] *a преим. шотл.* 1. обречённый (*на смерть*); умирающий 2. шальной; a girl взбалмошная девчонка 3. волшебный, сказочный; неземной
fez [fez] *n* феска
fiacre [fɪ'ɑ:kr(ə)] *n фр.* фиакр
fiancé [fɪ'ɒnseɪ] *n* жених
fiancée [fɪ'ɒnseɪ] *n* невеста
fianchetti [‚fjæŋ'ketɪ] *pl от* fianchetto
fianchetto [‚fjæŋ'ketəʊ] *n* (*pl* -tti) *шахм.* фианкетто
fiar [fɪə] *n шотл.* владелец поместья, надела (*передаваемого по наследству*)
fiasco [fɪ'æskəʊ] *n* (*pl* -os, -oes [-əʊz]) 1. провал, неудача, фиаско; the new play was a ~ новая пьеса провалилась; the conference ended in a ~ конференция закончилась провалом /фиаско/ 2. оплетённая бутылка (*для итальянского вина*)
fiat I ['faɪæt, 'fi:æt] *n лат.* 1. 1) декрет; указ, приказ; распоряжение судьи *или* суда 2) указание, понуждение; ~ of conscience веление совести; ~ of will усилие воли; government by ~ авторитарное правление 2. согласие, одобрение, санкция; to give one's ~ to smth. одобрить /санкционировать/ что-л.
fiat II ['faɪæt, 'fi:æt] *v редк.* санкционировать
fiat justitia, ruat caelum [‚fi:ætju:'stɪtɪə‚ru:æt'kaɪləm] *лат.* пусть торжествует правосудие вопреки всему [букв. пусть торжествует правосудие, хотя бы обрушилось небо]
fiat money ['faɪæt‚mʌnɪ] *амер.* неразменные бумажные деньги

fib¹ I [fɪb] *n разг.* 1. выдумка, неправда; враньё; to tell ~s привирать 2. *редк.* выдумщик, враль
fib¹ II [fɪb] *v разг.* выдумывать, говорить неправду, привирать
fib² I [fɪb] *n разг.* удар
fib² II [fɪb] *v разг.* осыпать ударами (*бокс*)
fibber ['fɪbə] *n* выдумщик, враль
fiber ['faɪbə] *амер.* = fibre
fiberfill ['faɪbəfɪl] *n тех.* волокнистый наполнитель
fiberglass ['faɪbəglɑ:s] *n* фиберглас, стеклопластик
fiber optics [‚faɪbə'ɒptɪks] волоконная оптика
fiberscope ['faɪbəskəʊp] *n спец.* световолоконный эндоскоп
fibr- [faɪbr-] = fibro- (*перед гласным звуком*)
fibration [faɪ'breɪʃ(ə)n] *n мат.* расслоение, расслоённое пространство
fibre ['faɪbə] *n* 1. 1) волокно, фибра; нить; wool [silk, flax] ~ шерстяное [шёлковое, льняное] волокно; glass ~ стекловолокно, стеклянное волокно; muscle ~ мышечное волокно; ~s of a nerve волокна нервного ствола; ~s of the cocoa-nut волокна кокосового ореха; ~ composite волоконный композиционный материал, волокнит; ~ silk искусственный шёлк; ~ crops волокнистые прядильные культуры; ~ fracture *геол.* волокнистый излом 2) лыко; мочало 2. 1) характер, склад характера; a man of fine [coarse] ~ тонкий [грубый] человек 2) сила, устойчивость; to lack moral ~ быть морально неустойчивым 3. грубая пища; грубая часть пищевых продуктов (*тж.* dietary ~)
fibreboard ['faɪbəbɔ:d] *n* 1) фибровый картон; листовая фибра 2) фибролит, древесноволокнистая плита
fibred ['faɪbəd] *a* волокнистый
fibrefill ['faɪbəfɪl] *a* синтетический
fibre flax ['faɪbəflæks] *бот.* лён-долгунец (*Linum usitatissimum*)
fibreglass ['faɪbəglɑ:s] = fiberglass
fibreless ['faɪbəlɪs] *a* 1. не имеющий волокон, нитей 2. бессильный; слабохарактерный
fibre-optic [‚faɪbə(r)'ɒptɪk] *a* волоконно-оптический; стекловолоконный
fibre-tip pen [‚faɪbətɪp'pen] фломастер
fibriform ['faɪbrɪfɔ:m] *a* волокнистый; нитевидный
fibril ['f(a)ɪbrɪl] *n* 1. волоконце; жилка; фибрилла 2. *анат.* мышечное *или* нервное волоконце, ниточка 3. *бот.* мочка (*корня*); корневой волосок
fibrilla [faɪ'brɪlə] *n* (*pl* -lae) = fibril
fibrillar, fibrillary ['f(a)ɪbrɪlə, -l(ə)rɪ] *a* 1) волокнистый, фибриллярный 2) связанный с нервными волокнами; ~ twitchings нервные подёргивания
fibrillate ['fɪbrɪleɪt] *v* свёртываться (*о крови*)
fibrillated ['fɪbrɪleɪtɪd] *a* имеющий волокнистую структуру
fibrillation [‚fɪbrɪ'leɪʃ(ə)n] *n* 1. 1) свёртывание (*крови*) 2) приобретение волокнистой структуры 2. волокнистая масса 3. *мед.* фибрилляция
fibrilliform [f(a)ɪ'brɪlɪfɔ:m] *a* имеющий форму волоконца
fibrillose ['f(a)ɪbrɪləʊs] *a бот.* с тонкими жилками *или* нитями; с тонкими жилкованием
fibrin ['faɪbrɪn] *n физиол.* фибрин
fibrination [‚faɪbrɪ'neɪʃ(ə)n] *n мед.* ненормальное количество фибрина в крови

fibrinbioplast [ˌfaɪbrɪnˈbaɪə(ʊ)plæst] *n мед.* фибринбиопласт, синтетический волокнистый материал для замены тканей в организме человека

fibrinous [ˈfaɪbrɪnəs] *a* фибриновый; клейковидный

fibro- [ˈfaɪbrə(ʊ)-] *в сложных словах имеет значение* волокно, волокнистый: fibroblast фибробласт (*клетка соединительной ткани*); fibrocement асбестоцемент

fibrogenesis [ˌfaɪbrə(ʊ)ˈdʒenɪsɪs] *n мед.* фиброгенез, образование и прорастание соединительной ткани

fibroid I [ˈfaɪbrɔɪd] *n* 1. *мед.* фиброзная опухоль, фиброид 2. волокнистый материал

fibroid II [ˈfaɪbrɔɪd] *a* волокнистый, фиброзный

fibroin [ˈfaɪbrəʊɪn] *n спец.* фиброин

fibrolite [ˈfaɪbrəlaɪt] *n мин.* фибролит

fibroma [faɪˈbrəʊmə] *n* (*pl* -ta) *мед.* фиброма

fibromata [faɪˈbrəʊmətə] *pl от* fibroma

fibrose [faɪˈbrəʊs] *a* фиброзный

fibroses [faɪˈbrəʊsiːz] *pl от* fibrosis

fibrosis [faɪˈbrəʊsɪs] *n* (*pl* -ses) *мед.* фиброз, образование волокнистой ткани

fibrotic [faɪˈbrɒtɪk] *a мед.* фиброзный

fibrous [ˈfaɪbrəs] *a* волокнистый, жилистый; мочковатый (*о корке*); фиброзный; ~ husk of the coconut волокнистая оболочка кокосового ореха; ~ root (system) мочковатая корневая система; ~ insulation *спец.* изоляция из волокнистого вещества; ~ peat гниль, труха

fibster [ˈfɪbstə] *n разг.* лгунишка, враль

fibula [ˈfɪbjʊlə] *n* (*pl* -lae, -s [z]) 1. *ист.* фибула, застёжка (*в Древних Греции и Риме*) 2. *анат.* малоберцовая кость

fibulae [ˈfɪbjʊliː] *pl от* fibula

fibular [ˈfɪbjʊlə] *a анат.* относящийся к малоберцовой кости

fiche [fiːʃ] *n информ.* микрофиша; jumbo ~ увеличенная микрофиша

fichu [ˈfiːʃuː] *n* фишю (*кружевная и т. п. косынка*)

fickle I [ˈfɪk(ə)l] *a* непостоянный, переменный; ~ disposition непостоянный /неустойчивый/ характер; ~ weather неустойчивая погода; ~ friends неверные друзья; ~ health слабое здоровье; ~ crop *с.-х.* неустойчивая культура

fickle II [ˈfɪk(ə)l] *v* озадачивать, ставить в тупик

fico [ˈfiːkəʊ] *n арх.* 1. ничего, пустое место 2. фига, кукиш

ficoid [ˈfaɪkɔɪd] *a бот.* относящийся к фикусам, фикусоподобный

ficoidal [faɪˈkɔɪdl] *a* фикусовый; относящийся к семейству фикусовых

fictile [ˈfɪktaɪl] *a* 1. глиняный, сделанный из глины; ~ deity глиняный божок 2. гончарный; ~ art [craft] гончарное искусство [ремесло] 3. 1) пластичный, принимающий заданную форму 2) податливый, сговорчивый

fictileness [ˈfɪktaɪlnɪs] = fictility

fictility [fɪkˈtɪlɪtɪ] *n* 1. вязкость 2. гончарное изделие

fiction [ˈfɪkʃ(ə)n] *n* 1. 1) беллетристика, художественная литература, художественная проза; works of ~ романы, повести; light ~ лёгкое чтение; writer of ~ писатель; прозаик; беллетрист; he prefers history to ~ он предпочитает истории беллетристике 2) художественное произведение (*роман, рассказ и т. п.*) 2. вымысел, выдумка, фикция; her account was complete ~ сказанное ею было выдумано с начала до конца; to distinguish fact from ~ отличить реальность от вымысла; fact is stranger than ~ действительность бывает более удивительной, чем вымысел 3. *юр.* фикция; legal ~, ~ of law юридическая фикция

fictional [ˈfɪkʃ(ə)nəl] *a* 1. вымышленный, выдуманный 2. беллетристический
◊ ~ parts of territory *юр.* фиктивные /условные/ части территории (*судно, самолёт и т. п.*)

fictionalization [ˌfɪkʃ(ə)nəlaɪˈzeɪʃ(ə)n] *n* беллетризация; the ~ of the Battle of Gettysburg документальный роман о битве при Геттисберге

fictionalized [ˈfɪkʃ(ə)nəlaɪzd] *a* беллетризованный

fictioneer [ˌfɪkʃəˈnɪə] *n пренебр.* плодовитый романист; ≅ поставщик чтива

fictionist [ˈfɪkʃ(ə)nɪst] *n* беллетрист, романист

fiction-monger [ˈfɪkʃ(ə)nˌmʌŋgə] *n разг.* 1) выдумщик, враль 2) сплетник

fictitious [fɪkˈtɪʃəs] *a* 1. вымышленный, выдуманный; воображаемый; ~ being сказочное /фантастическое/ существо; ~ characters вымышленные (действующие) лица /персонажи/; ~ narrative вымысел, выдумка; ~ name вымышленное имя 2. фиктивный; ~ marriage фиктивный брак 3. ложный; притворный; ~ tears притворные слёзы; ~ fame дутая слава; her account of the accident was totally ~ её версия несчастного случая была сплошной выдумкой 4. взятый из романа; his favourite ~ heroes and heroines его любимые литературные герои и героини

fictitiously [fɪkˈtɪʃəslɪ] *adv* 1. вымышленно 2. фиктивно

fictive [ˈfɪktɪv] *a* 1. = fictitious 1, 2 и 3 2. творческий; обладающий творческим воображением; ~ art искусство вымысла; ~ talent талант беллетриста

ficus [ˈfaɪkəs] *n бот.* 1) фикус, растение семейства тутовых (*Ficus gen.*) 2. = fig tree

fid I [fɪd] *n* 1. *тех.* клин, колышек; шпилька 2. *мор.* свайка (для рассучивания), шлагтов (стеньги); драёк 3. *pl разг.* масса, множество; there were ~s of them их было великое множество

fid II [fɪd] *v мор.* крепить клином; to ~ the mast заклинить мачту

fiddle I [ˈfɪdl] *n* 1. *разг.* 1) скрипка 2) струнный инструмент 2. *шотл.* 1) скрипач 2) весельчак, шутник, душа общества 3. *сл.* ордер на арест 4. 1) *сл.* обман 2) *разг.* (мелкое) мошенничество 5. *мор.* сетка на столе (чтобы вещи не падали во время качки) 6. *с.-х.* волокуша 7. *в грам. знач. междометия* ерунда!
◊ a face as long as a ~ мрачное лицо; to play first ~ играть первую скрипку, занимать ведущее /руководящее/ положение; задавать тон; to play second ~ занимать второстепенное положение; to play third ~ играть незначительную роль; (to be) (as) fit /amer. fine/ as a ~ (быть) в добром здравии *или* в хорошем настроении; to hang up one's ~ оставить работу, уйти на покой; выйти в отставку; to hang up one's ~ anywhere *редк.* осваиваться в любой обстановке; to hang up one's ~ when one comes home ≅ быть весёлым на людях и нудным дома; there is many a good tune played on an old ~ *посл.* ≅ старый конь борозды не испортит

fiddle II [ˈfɪdl] *v* 1. *разг.* играть на скрипке; «пиликать» 2. вертеть в руках, играть (чем-л.); he ~d with the pipe until he broke it он вертел в руках трубку до тех пор, пока не сломал её; don't ~ with the device! не трогай прибор! 3. *разг.* 1) обманывать 2) надувать; мошенничать 4. *амер. разг.* тратить попусту; растрачивать (время, деньги)
◊ to ~ while Rome burns ≅ заниматься пустяками перед лицом серьёзной опасности

fiddle about [ˈfɪdləˈbaʊt] *phr v разг.* бездельничать, шататься; I spent the whole morning fiddling about я проболтался целое утро

fiddle around [ˈfɪdləˈraʊnd] *phr v* (with) возиться; he fiddled around with the engine for hours он возился с машиной /копался в машине/ часами

fiddle away [ˈfɪdləˈweɪ] *phr v разг.* проматывать, расточать, растрачивать; to ~ one's time попусту тратить время

fiddle-back [ˈfɪdlbæk] *n* спинка стула в форме скрипки

fiddle bow [ˈfɪdlbəʊ] 1. = fiddlestick 1 2. *мор.* клиперский нос, клиперский форштевень

fiddle-case [ˈfɪdlkeɪs] *n* футляр для скрипки

fiddle-de-dee, fiddledeedee [ˌfɪdldɪˈdiː] *n* 1. вздор, чепуха 2. *в грам. знач. междометия* чепуха!, чушь!, вздор!

fiddle-dock [ˈfɪdldɒk] *n бот.* щавель красивый (*Rumex pulcher*)

fiddle-faddle I [ˈfɪdlˌfædl] *n* 1. 1) обыкн. *pl* пустяки, глупости 2) болтовня; вздор 2. бездельник, болтун 3. *в грам. знач. междометия* чепуха!, вздор!, чушь!

fiddle-faddle II [ˈfɪdlˌfædl] *v* заниматься пустяками, суетиться без толку; болтать вздор

fiddle-fish [ˈfɪdlfɪʃ] *n зоол.* морской ангел (*Squatina spp.*)

fiddle-footed [ˈfɪdlˌfʊtɪd] *a* 1. *разг.* пугливый (*о лошади и т. п.*) 2. склонный к бродяжничеству; ~ drifters бродяги; люди без постоянного местожительства

fiddlehead [ˈfɪdlhed] *n* 1. резное украшение на носу корабля 2. *разг.* пустая голова, тупица

fiddle-headed [ˌfɪdlˈhedɪd] *a* 1. имеющий резное украшение на носу (*о корабле*) 2. имеющий ручку в форме скрипки (*о ноже, вилке*) 3. *разг.* пустоголовый

fiddler [ˈfɪdlə] *n* 1. скрипач (особ. уличный) 2. *сл.* шестипенсовик 3. 1) *сл.* обманщик 2) *разг.* мошенник 4. *амер. разг.* лентяй, бездельник 5. = fiddler crab
◊ ~'s money мелочь, разменная монета; to pay the ~ нести расходы; расплачиваться; отвечать (за последствия своих действий); if you dance you must pay the ~ ≅ любишь кататься, люби и саночки возить

fiddler crab [ˈfɪdləkræb] *зоол.* краб (*Uca gen.*)

fiddlestick [ˈfɪdlstɪk] *n* 1. смычок 2. *шутл.* пустяк; вздор; not to care a ~ совершенно не интересоваться; не обращать никакого внимания

fiddlesticks [ˈfɪdlstɪks] *int* вздор!, чепуха!, чушь!

fiddle-string [ˈfɪdlstrɪŋ] *n* скрипичная струна
◊ to fret oneself to ~s изводить себя; есть себя поедом

fiddley [ˈfɪdlɪ] *n мор.* котельный кожух

fiddling [ˈfɪdlɪŋ] *a* 1. занятый пустяками, пустой (*о людях*) 2. бесполезный, пустячный, ничтожный

fiddly [ˈfɪdlɪ] *a разг.* канительный (особ. *о ручной работе*); кропотливый

fidei-commissary [ˌfaɪdɪaɪˈkɒmɪs(ə)rɪ] *n юр.* бенефициарий

fideism [ˈfaɪdɪɪz(ə)m, ˈfiːdeɪ-] *n* фидеизм

fidejussion [ˌfaɪdɪˈdʒʌʃ(ə)n] *n юр.* поручительство; взятие на поруки

fidejussor [ˌfaɪdɪˈdʒʌsə] *n юр.* поручитель; гарант

fidelity [fɪˈdelɪtɪ] *n* 1. верность, преданность, лояльность; ~ to one's principles верность принципам, принципиальность 2. 1) точность, верность, правильность; the ~ of the translation точность перевода 2) *тех.*, *радио* верность воспроизведения

fidepromissor [ˌfaɪdɪprəˈmɪsə] *n юр.* поручитель

fidget I [ˈfɪdʒɪt] *n* 1. *часто pl* беспокойство, беспокойное состояние; нервные, суетливые движения; to give smb. the ~s *разг.* действовать кому-л. на нервы, раздражать кого-л.; to have the ~s, to be in a ~ беспокоиться, нервничать 2. нервный, беспокойный, суетливый человек, непоседа; what a ~ you are! ну и веретено же ты!, что ты всё вертишься?

fidget II [ˈfɪdʒɪt] *v* 1. беспокойно двигаться, вертеться, ёрзать; to ~ with smth. играть чем-л., нервно перебирать руками; stop ~ing with your pen! не верти ручку, оставь ручку в покое!; don't ~! не вертись! 2. волноваться, суетиться, быть неспособным сосредоточиться; hurry up, your father is ~ing! поторопись, твой отец волнуется! 3. волновать, нервировать; what's ~ing you? что тебя волнует?, из-за чего ты нервничаешь?

fidgety [ˈfɪdʒɪtɪ] *a* 1) неугомонный, беспокойный; ~ child непоседливый ребёнок; don't be so ~! не вертись!, не нервничай! 2) суетливый; ~ old man суетливый/суматошный/ старик

fidibus [ˈfɪdɪbəs] *n* скрученный кусочек бумаги (*для зажигания трубки*)

fido [ˈfaɪdəʊ] *n* (*pl* -dos [-dəʊz]) бракованная монета (*в нумизматике*)

fi donc! [ˌfiːˈdɔŋk] *фр.* фу!, позор!

fiducial [fɪˈdjuːʃ(ə)l] *a* 1. 1) основанный на вере, доверии; to have ~ rather than intellectual knowledge знать (*что-л.*) интуитивно, на разум; скорее чувствовать, чем знать 2) *юр.* фидуциарный; фидуциальный (*в статистике*) 2. *спец.* принятый за основу сравнения; ~ point отправная или нулевая точка измерения; ~ time опорное время

fiduciary I [fɪˈdjuːʃɪərɪ] *n* 1) попечитель, опекун 2) *юр.* доверенное лицо

fiduciary II [fɪˈdjuːʃɪərɪ] *a* 1. доверенный, порученный 2. конфиденциальный; пользующийся доверием; фидуциарный; in a ~ capacity в положении доверенного лица 3. *амер. фин.* основанный на общественном доверии (*о бумажных деньгах, не обеспеченных золотом*); ~ issue выпуск банкнот, не покрытых золотом

fie [faɪ] *int* фу!; тьфу!; ~ upon you!, ~ for shame! какой стыд!; to ~ cry upon smb. стыдить /срамить, позорить/ кого-л.

fief [fiːf] *n* 1) *ист.* феодальное (ленное) поместье, владение, феод; male ~, ~ masculine поместье, владельцем которого мог быть только мужчина 2) *ирон.* (чья-л.) вотчина; местность или сфера, подвластная кому-л.

fie-fie [ˈfaɪfaɪ] *a* неприличный

field I [fiːld] *n* 1. 1) поле, луг; ~ of wheat [rye] поле пшеницы [ржи]; flowers [beasts] of the ~ полевые цветы [животные]; in the ~ в поле 2) большое пространство; ~ of ice ледяное поле; ~s of snow снежные поля 2. 1) площадка, участок (*для какой-л. цели*); flying ~ лётное поле; auxiliary ~ вспомогательный аэродром; stage ~ промежуточный аэродром; bleaching ~ площадка для отбелки холста 2) *спорт.* площадка; athletic ~ стадион, спортивная площадка; jumping ~ дорожка для прыжков; the teams are coming onto the ~ команды выходят на площадку /на поле/ 3) *собир. спорт.* игроки, участники состязания; to bet /to back, to lay/ against the ~ держать пари, делать ставку (*на лошадь и т. п.*); were you among the ~? вы были среди участников? 3. *геол.* месторождение; diamond ~s алмазные копи; gold ~s золотые прииски 4. 1) поле сражения, поле битвы; in the ~ в походе, на войне; в действующей армии, в полевых условиях; to take [to keep] the ~ начинать [вести] военные действия; to hold the ~ удерживать позиции; to hold the ~ against smb. *образн.* оставить за собой поле боя, не сдаться; to lose the ~ проиграть сражение; to pitch /to set/ a ~ выбрать поле сражения; расположить войска для боя; to withdraw from the ~ отступить с поля сражения; оставить поле сражения; ~ of honour возвыш. поле чести (*о месте дуэли или поле сражения*) 2) битва, сражение; a hard-fought ~ жестокая битва; to win the ~ одержать победу; взять верх; to enter the ~ вступать в борьбу /в соревнование/; to leave the ~ to smb. потерпеть поражение в споре или состязании с кем-л. 3) *воен.* район развёртывания 5. область, сфера деятельности; ~ of action поле деятельности; a wide ~ for trade широкие возможности для торговли; to be eminent in one's ~ быть выдающимся человеком в своей области; he's the best man in his ~ он лучший специалист в своей области; this is not my ~ это не моя область /специальность/; what's your ~? какова ваша специальность? 6. *спец.* поле, область; ~ of attraction поле притяжения; ~ of definition *мат.* поле определения; ~ of events *мат.* поле событий; ~ of a relation *мат.* поле отношения; ~ of view поле зрения; magnetic ~ магнитное поле; the ~ of a telescope поле зрения телескопа; ~ of vision поле зрения (*оптического прибора*); зона видимости 7. *геральд.* поле щита 8. *иск.* фон, грунт (*картины*) 9. гладкая сторона монеты 10. *тлв.* кадр
◇ ~ fair — and no favour равные шансы для всех; игра или борьба на равных условиях; to leave smb. a clear ~ предоставить кому-л. свободу действий; to leave the ~ open воздерживаться от вмешательства; out in left ~ *амер.* рехнувшийся; не в своём уме; to lead the ~ идти или ехать верхом во главе охотников; to be late in the ~ опоздать, прийти слишком поздно; ≅ прийти к шапочному разбору

field II [fiːld] *a* 1. 1) полевой; ~ flowers полевые цветы; ~ crop *с.-х.* полевая культура; ~ stack *с.-х.* хлебный скирд 2) производимый в полевых условиях; ~ test а) внелабораторное, полевое испытание; б) эксплуатационные исследования 3) периферийный, работающий на периферии 2. выездной, разъездной; ~ arrangement организация работы на местах; ~ agent местный агент (*разведки и т. п.*) 3. *воен.* (военно-)полевой; ~ army полевая армия; ~ hygiene военно-полевая гигиена, военно-санитарное дело; ~ force(s) *воен.* полевые войска, действующая армия; ~ fortification полевое укрепление; ~ firing боевые стрельбы; ~ jacket полевая куртка; ~ order боевой приказ; ~ security контрразведка в действующих войсках; ~ service а) служба в действующей армии; б) обслуживание войск; ~ message боевое распоряжение; ~ base /depot/ полевой склад; ~ dressing первая перевязка на поле боя 4. *спорт.* относящийся к лёгкой атлетике

field III [fiːld] *v* 1. принимать мяч (*крикет*) 2. сушить (*зерно и т. п.*) на открытом воздухе 3. 1) выставлять, выдвигать; to ~ candidates for elections выдвигать кандидатов на выборах 2) делать ставку (*на лошадь и т. п.*); держать пари 4. отвечать без подготовки, экспромтом; to ~ questions отвечать на вопросы, *особ.* неожиданные (*о докладчике, лекторе*); to ~ numerous phone calls tactfully тактично отделываться от многочисленных звонков по телефону 5. *спорт.* выпустить на поле, выставить (*игроков*); the school ~s two football teams от школы выступают две футбольные команды

field allowance [ˌfiːldəˈlaʊəns] *воен.* 1) полевая норма снабжения 2) полевая надбавка

field ambulance [ˈfiːldˈæmbjʊləns] 1. *воен.* медицинский отряд 2. санитарная машина

field-and-track [ˌfiːldən(d)ˈtræk] *a спорт.* легкоатлетический; ~ athletics лёгкая атлетика; ~ man легкоатлет

field artillery [ˈfiːldɑːˈtɪl(ə)rɪ] полевая или лёгкая артиллерия

field-ash [ˈfiːldæʃ] *n бот.* рябина обыкновенная (*Sorbus aucuparia*)

field basil [ˈfiːldˈbæz(ə)l] *бот.* базилик душистый (*Ocimum basilicum*)

field bean [ˈfiːldbiːn] *бот.* конский боб (*Vicia faba*)

field-bed [ˈfiːldbed] *n* 1. походная кровать 2. постель на земле

field bindweed [ˈfiːldˈbaɪndwiːd] *бот.* полевой вьюнок (*Convolvulus arvensis*)

field book [ˈfiːldbʊk] *спец.* полевой журнал; полевая книжка

field-club [ˈfiːldklʌb] *n* общество изучения живой природы

field-colours [ˈfiːldˌkʌləz] *n pl воен.* флажки для разметки расположения подразделений

field company [ˈfiːldˈkʌmpənɪ] *воен.* сапёрная рота

field-cricket [ˈfiːldˌkrɪkɪt] *n энт.* сверчок (*Gryllus gen.*)

field day [ˈfiːlddeɪ] 1. день, посвящённый атлетическим состязаниям, охоте или ботанизированию 2. 1) памятный, знаменательный день 2) счастливый, приятный день; возможность или случай повеселиться; to have a ~ with smth. упиваться чем-л.; newspapers had a ~ with the scandal газеты смаковали этот скандал 3. *воен.* манёвры; тактические занятия в поле; выход в поле

field dodder [ˈfiːldˈdɒdə] *бот.* повилика (*Cuscuta pentagona*)

field-duty [ˈfiːldˌdjuːtɪ] *n воен.* служба в действующей армии

fielded [ˈfiːldɪd] *a* 1. сражающийся, находящийся на поле сражения 2. принятый (*о мяче в крикете*)

field-effect [ˈfiːldɪˌfekt] *a элк.* полевой; автоэлектронный

field emission [ˈfiːldɪˈmɪʃ(ə)n] *физ.* холодная или полевая эмиссия, автоэмиссия

field-engine [ˈfiːldˌendʒɪn] *n* трактор; локомобиль

field engineer [ˈfiːldˌendʒɪˈnɪə] наладчик

field equipment [ˈfiːldɪˈkwɪpmənt] 1. полевое, передвижное оборудование 2. кино «передвижка» 3. *воен.* походное снаряжение

FIE — FIF

fielder ['fi:ldə] = fieldsman
field-events ['fi:ld‚vents] *n pl спорт.* спортивные состязания (*не на беговой дорожке*); легкоатлетические виды спорта (*метание, прыжки*)
fieldfare ['fi:ldfeə] *n зоол.* дрозд-рябинник (*Turdus pilaris*)
field-glass(es) ['fi:ld‚glɑ:s(ɪz)] *n* полевой бинокль
field-gun ['fi:ldgʌn] *n воен.* полевая пушка
field-hand ['fi:ldhænd] *n* 1) сельскохозяйственный рабочий; батрак 2) *ист.* раб на плантации (*особ. об американских неграх*)
field-handball ['fi:ld‚hændbɔ:l] *n спорт.* ручной мяч
field hockey ['fi:ld‚hɒkɪ] хоккей на траве
field hospital ['fi:ld‚hɒspɪtl] 1. полевой госпиталь 2. санитарная машина
field-husbandry ['fi:ld‚hʌzbəndrɪ] *n* полеводство
field-ice ['fi:ldaɪs] *n* ледяное поле
fielding ['fi:ldɪŋ] *n спорт.* перемещение игрока по полю (*с мячом*)
field ion microscope ['fi:ld‚aɪən'maɪkrəskəup] *физ.* автонный микроскоп
field judge ['fi:ldʤʌʤ] *спорт.* судья на поле
field-kitchen ['fi:ld‚kɪtʃɪn] *n воен.* походная кухня
field-lark ['fi:ldlɑ:k] *n зоол.* жаворонок полевой (*Alauda arvensis*)
field madder ['fi:ld‚mædə] *бот.* шерардия полевая (*Sherardia arvensis*)
field magnet ['fi:ld‚mægnɪt] *эл.* возбуждающий магнит
Field Manual ['fi:ld'mænjuəl] боевой устав
field marshal ['fi:ld'mɑ:ʃ(ə)l] фельдмаршал
field-meeting ['fi:ld'mi:tɪŋ] *n* 1. дуэль 2. *ист.* молебствие на открытом воздухе
field mouse ['fi:ldmaus] *n зоол.* полевая мышь, полёвка (*Apodemus agrarius*)
field night ['fi:ldnaɪt] памятный, знаменательный вечер
field officer ['fi:ld‚ɒfɪsə] *амер.* 1) старший офицер 2) *pl* старший офицерский состав
field pea ['fi:ldpi:] *бот.* горох полевой, пелюшка (*Pisum arvense или sativum*)
field-period ['fi:ld‚pɪ(ə)rɪəd] *n унив.* студенческая практика в поле (*геологов и т. п.*)
field-piece ['fi:ldpi:s] *n* (лёгкое) полевое орудие
field-practice ['fi:ld‚præktɪs] *n воен.* полевые тактические занятия
field-proven [‚fi:ld'pru:v(ə)n] *a* проверенный на практике (*об изделии, конструкции и т. п.*)
field show ['fi:ldʃəu] = field trial
field sketch ['fi:ldsketʃ] *топ.* кроки (*-мэн*)
fieldsman ['fi:ldzmən] *n* (*pl* -men [-mən]) полевой игрок (*крикет*)
field-southernwood ['fi:ld‚sʌðənwud] *n бот.* полынь полевая (*Artemisia campestris*)
field spaniel ['fi:ld‚spænɪəl] фильд-спаниель (*порода охотничьих собак*)
field-sparrow ['fi:ld‚spærəu] *n зоол.* спизелла-крошка (*Spizella pusilla*)
field-sports ['fi:ldspɔ:ts] *n* охота, рыбная ловля, стрельба *и т. п.*
field study ['fi:ld‚stʌdɪ] *преим. социол.* исследование со сбором фактических данных на местах (*путём опроса и т. п.*)

field-telegraph ['fi:ld‚telɪgrɑ:f] *n воен.* полевой телеграф
field-telephone ['fi:ld'telɪfəun] *n воен.* полевой телефон
field-test ['fi:ldtest] *v* испытывать в полевых условиях; the equipment has been ~ed in tropical conditions оборудование подверглось испытанию в условиях тропиков
field-titling ['fi:ld‚tɪtlɪŋ] *n зоол.* шеврица луговая (*Anthus pratensis*)
field-train ['fi:ldtreɪn] *n воен.* 1) обоз второго разряда, полевой обоз 2) хозяйственный транспорт (*части*)
field trial ['fi:ld‚traɪəl] испытания в полевых условиях, проверка выучки (*служебных и охотничьих собак*)
field trip ['fi:ld‚trɪp] 1. 1) экскурсия учащихся (*на предприятие, ферму, в музей и т. п.*) 2) производственная практика (*учащихся*) 2. научная командировка
field-vole ['fi:ldvəul] *n зоол.* полёвка пашенная (*Microtus agrestis*)
field work ['fi:ldwɜ:k] 1) полевая съёмка, работа в поле (*геолога и т. п.*); разведка, съёмка 2) сбор на местах фактического материала, статистических данных для научной работы
fieldwork ['fi:ldwɜ:k] *n воен.* 1) полевое укрепление 2) *pl* оборонительные сооружения
field-worker ['fi:ld‚wɜ:kə] *n* 1) тот, кто работает в поле 2) студент, геолог *и т. п.*, собирающий фактические, статистические данные в поле
fiend ['fi:nd] *n* 1. 1) дьявол, враг рода человеческого 2) злой дух, демон 2. злодей, изверг, дьявол, монстр 3. 1) *разг.* раб привычки; drug /*амер.* dope/ ~ наркоман; cigarette ~ заядлый курильщик 2) *шутл.* энтузиаст (*чего-л.*); fresh-air ~ любитель свежего воздуха; golf ~ страстный любитель гольфа; autograph ~ усердный собиратель автографов 3) *шутл.* знаток; he's a ~ at mathematics он в математике собаку съел
fiendish [‚fi:ndɪʃ] *a* 1. дьявольский, злодейский, жестокий; ~ tortures нечеловеческие /жестокие/ пытки; ~ grin дьявольская усмешка 2. *эмоц.-усил.* ужасный; ~ weather мёрзкая погода; ~ heat невыносимая жара; ~ difficulty ≅ здесь чёрт ногу сломит
fiendishly ['fi:ndɪʃlɪ] *adv* 1. жестоко; с нечеловеческой жестокостью 2. *эмоц.-усил.* дьявольски, чертовски; it was ~ cold было чертовски холодно; a ~ clever plan дьявольски хитрый план
fierce [fɪəs] *a* 1. свирепый, лютый, жестокий; ~ dog злая собака; ~ expression of countenance свирепое выражение лица; ~ competition жестокая конкуренция 2. неистовый, сильный; ~ tempest ≅ неистовство бури; ~ heat невыносимая жара; ~ hatred лютая ненависть; ~ desire горячее /безудержное/ желание 3. бодрый, энергичный; to make a ~ effort приложить все силы 4. *сл.* отвратительный; the weather has been ~ погода была мёрзкая 5. *тех.* резко действующий (*о сцеплении и т. п.*)
fiercely ['fɪəslɪ] *adv* 1. свирепо, люто, жестоко 2. неистово, сильно; неудержимо, горячо
fieri facias [‚faɪərɪ'feɪkɪəs, ‚faɪ(ə)raɪ'feɪʃɪəs] *лат. юр.* предписание шерифу покрыть взыскиваемую сумму из имущества обвиняемого
fiery ['faɪ(ə)rɪ] *a* 1. 1) огненный; the ~ gulf of Etna огнедышащий кратер Этны; ~ sun огненное солнце; ~ beams жгучие лучи; ~ trial испытание огнём 2) пламенный, горячий; ~ eyes горящие глаза; огненный взор; ~ speeches пламенные /зажигательные/ речи; ~ horse горячая лошадь 3) воспалённый, горячечный; a ~ boil дёргающий нарыв; a ~ forehead пылающий лоб 4) яркий, огненно-красный; ~ lips and fingernails ярко накрашенные губы и ногти; ~ red hair огненно-рыжие волосы 2. горячий, вспыльчивый; ~ disposition вспыльчивый характер 3. воспламеняющийся, самовозгорающийся 4. *горн.* газовый, содержащий гремучий газ
◇ ~ cross горящий крест (*ку-клукс-клана*)
fiesta [fɪ'estə] *n исп.* 1) празднество, фестиваль; карнавал 2) день какого-л. святого; приходский праздник
fife I [faɪf] *n* 1. дудка; маленькая флейта 2. = fifer
fife II [faɪf] *v* играть на дудке, флейте
fifer ['faɪfə] *n* флейтист, дудочник
fifish ['faɪfɪʃ] *a шотл.* чудаковатый; не в своём уме
fifteen I [fɪf'ti:n] *n* 1. 1) группа в пятнадцать человек, игроков *и т. п.* 2) *спорт.* команда игроков в регби (*тж.* rugby ~) 2. (the F.) *ист.* восстание якобитов в 1715 г.
fifteen II [fɪf'ti:n] *num* 1) (число) пятнадцать; ~ and ~ make thirty пятнадцать плюс /и/ пятнадцать — тридцать; ~ people пятнадцать человек; ~ twos are thirty пятнадцать, помноженное на два, — тридцать; ~ times as much в пятнадцать раз больше; ~ of them их пятнадцать 2) (номер) пятнадцать; (номер) пятнадцатый; Chapter ~ пятнадцатая глава; Room ~ комната (номер) пятнадцать 3) пятнадцать лет (*о возрасте*); he is ~ ему пятнадцать лет; at ~ в пятнадцать лет, в пятнадцатилетнем возрасте; a girl of ~ пятнадцатилетняя девочка
fifteenth I [fɪf'ti:nθ] *n* 1) (the ~) пятнадцатое (число); on the ~ of May пятнадцатого мая 2) *муз.* квинтдецима 3) пятнадцатая часть; (одна) пятнадцатая; two ~s две пятнадцатых
fifteenth II [fɪf'ti:nθ] *a* 1. 1) пятнадцатый (по счёту); he is in his ~ year ему пятнадцатый год; Louis the F. Людовик Пятнадцатый 2) составляющий одну пятнадцатую 2. *в грам. знач. нареч.* пятнадцатым; he arrived ~ он прибыл пятнадцатым
fifth I [fɪfθ] *n* 1. (the ~) пятое (число); on the ~ of May пятого мая 2. пятый (человек); you are the ~ to ask me about it ты пятый, кто меня об этом спрашивает 3. *муз.* квинта 4. *pl* товар пятого сорта 5. пятая часть; (одна) пятая; two ~s две пятых 6. бутылка (*спиртного*; около 0,9 литра, одна пятая галлона)
fifth II [fɪfθ] *a* 1. 1) пятый (по счёту); he is in his ~ year ему пятый год; Henry the F. Генрих V; the ~ wheel *авт.* опорный круг полуприцепа; пятое колесо (*при дорожных испытаниях*) 2) составляющий одну пятую 2. пятый (из следующих друг за другом); ~ form пятый класс (*в школе*); he is doing it for the ~ time он делает это в пятый раз 3. *в грам. знач. нареч.* пятым; he arrived ~ он прибыл пятым
◇ the ~ wheel (of a coach) пятое колесо в телеге; что-л. лишнее; ≅ пятая спица в колеснице; ~ column *полит.* пятая колонна
fifthly ['fɪfθlɪ] *adv* в-пятых
fifties ['fɪftɪz] *n pl* 1) числа от пятидесяти до пятидесяти девяти 2) (the ~) пятидесятые годы (*века*) 3) возраст от пятидесяти до пятидесяти девяти лет; she is in her early [in the late] ~

fiftieth I ['fɪftɪɪθ] *n* пятидеся́тая часть; (одна́) пятидеся́тая; three ~s три пятидеся́тых

fiftieth II ['fɪftɪɪθ] *a* 1) 1) пятидеся́тый (по счёту); he is in his ~ year ему́ пятидеся́тый год 2) составля́ющий одну́ пятидеся́тую 2. *в грам. знач. нареч.* пятидеся́тым; he arrived ~ он при́был пятидеся́тым

fifty I ['fɪftɪ] *n* 1) гру́ппа из пяти́десяти челове́к *или* предме́тов; in /by/ fifties по пяти́десяти 2) пятьдеся́т лет (*о во́зрасте*); he is ~ ему́ пятьдеся́т; he must be under [about, over] ~ ему́, должно́ быть, ещё нет [о́коло, бо́льше] пяти́десяти; at ~ в пятьдеся́т лет, в пятидесятиле́тнем во́зрасте; a man of ~ пятидесятиле́тний челове́к

fifty II ['fɪftɪ] *num* 1) (число́) пятьдеся́т; ~ books пятьдеся́т книг; ~ people пятьдеся́т челове́к; ~ tens are five hundred пятьдеся́т, помно́женное на де́сять, — пятьсо́т; ~ times as much в пятьдеся́т раз бо́льше 2) (но́мер) пятидеся́тый; Chapter ~ пятидеся́тая глава́; Room ~ ко́мната (но́мер) пятьдеся́т

∥ ~ -one, ~ -two, *etc.* пятьдеся́т оди́н, пятьдеся́т два *и т. д.*; ~ -first, ~ -second *etc.* пятьдеся́т пе́рвый, пятьдеся́т второ́й *и т. д.*

◊ I have ~ things to tell you мне о́чень мно́го ну́жно рассказа́ть вам

fifty-fifty [,fɪftɪ'fɪftɪ] *a разг.* 1. ра́вный; разделённый попола́м; on a ~ basis на ра́вных нача́лах; a ~ chance ра́вные ша́нсы (*на успе́х и неуда́чу*) 2. *в грам. знач. наречия* попола́м; to go ~ дели́ть по́ровну (*особ. расхо́ды*)

fig¹ [fɪg] *n* 1. ви́нная я́года, инжи́р, фи́га; green ~ све́жий инжи́р; pulled ~s прессо́ванный инжи́р; ви́нные я́годы 2. = fig tree; F. Sunday Ве́рбное воскресе́нье

fig² [fɪg] *n сл.* 1. шиш, фи́га 2. пустя́к, ме́лочь; I don't care /give/ a ~ /a ~'s end/ for it мне наплева́ть на э́то; to value smb., smth. a ~ ни во что́ не ста́вить кого́-л., что́-л.

fig³ I [fɪg] *n* 1. наря́д; пара́дный костю́м; in full ~ в по́лном пара́де; to be dressed full ~ быть оде́тым наря́дно /в вече́рний туале́т/ 2. состоя́ние, настрое́ние; to be in good ~ быть в хоро́шем состоя́нии /настрое́нии/

fig³ II [fɪg] *v разг.* 1) наряжа́ть, укра́шать, прихора́шивать 2) оживля́ть (*что-л.*); обновля́ть (*тж.* ~ out, ~ up)

figgery ['fɪg(ə)rɪ] *n* украше́ния, безделу́шки

fight I [faɪt] *n* 1. 1) бой, би́тва; *воен. тж.* боевы́е де́йствия; hand-to-hand ~ рукопа́шный бой; ~ in retreat отхо́д с бо́ем; running ~ a) отхо́д с боя́ми; бой на отхо́де; б) упо́рное отста́ивание свои́х пози́ций; to start the ~ завяза́ть сраже́ние, нача́ть бой 2) дра́ка; схва́тка; free ~ всео́бщая дра́ка, сва́лка; to make a poor ~ of it ока́зывать сла́бое сопротивле́ние; to put up a good ~ сража́ться му́жественно /хра́бро/ 3) встре́ча по бо́ксу, бой (на ри́нге) 4) ссо́ра, сты́чка 2. борьба́; finish ~ *амер.* борьба́ до конца́; a ~ for social justice борьба́ за социа́льную справедли́вость; to the death ~ борьба́ не на жизнь, а на смерть; the good ~ а) борьба́ за пра́вое де́ло; б) *библ.* по́двиг до́брый; to carry on a stubborn ~ against smb. вести́ упо́рную борьбу́ про́тив кого́-л.; to have a hard ~ to make the two ends meet с больши́м трудо́м своди́ть концы́ с конца́ми 3. боево́й дух; задо́р; драчли́вость; to have plenty of ~ in one быть по́лным боево́го задо́ра; he had still some ~ in him он ещё не совсе́м пал ду́хом; to put some ~ into smb. подбодри́ть /воодушеви́ть/ кого́-л.; to show ~ быть гото́вым к борьбе́, не поддава́ться

fight II [faɪt] *v* (fought) 1. 1) вести́ боевы́е де́йствия, бой; сража́ться, воева́ть; to ~ for one's country сража́ться /воева́ть/ за ро́дину; to ~ a battle принима́ть уча́стие в сраже́нии 2) дра́ться; to ~ a duel дра́ться на дуэ́ли; to ~ desperately отча́янно сража́ться; to ~ fair дра́ться че́стно; to ~ like a lion сража́ться как лев; porters fought for our luggage носи́льщики наперебо́й хвата́ли на́ши ве́щи 3) вести́ бой (*бокс*); встреча́ться на ри́нге; to ~ a bout with smb. провести́ схва́тку (*с кем-л.*) 4) ссо́риться 2. боро́ться; to ~ against disease [against sleep] боро́ться с боле́знью [со сном]; to ~ a fire боро́ться с огнём, туши́ть пожа́р; to ~ against temptation боро́ться с искуше́нием; he fought through all these troubles он успе́шно преодоле́л все э́ти тру́дности; to ~ the good fight а) боро́ться за пра́вое де́ло; б) *библ.* подвиза́ться по́двигом до́брым; to ~ a bad habit [despair] боро́ться с дурно́й привы́чкой [с отча́янием] 3. защища́ть, подде́рживать (*в борьбе́*); to ~ a case /an action/ защища́ть де́ло (*в суде́*) 4. *редк.* руководи́ть, управля́ть; маневри́ровать (*кем-л. в сраже́нии*); to ~ one's ship вести́ морско́й бой; to ~ the gun вести́ ого́нь из ору́дия в бою́ 5. стра́вливать, натра́вливать друг на дру́га; заставля́ть дра́ться; to ~ cocks устра́ивать петуши́ные бои́

◊ to ~ one's way с бо́ем прокла́дывать /пробива́ть/ себе́ доро́гу; to ~ one's way in life /in the world/ пробива́ть себе́ доро́гу в жи́зни; to ~ with one's own shadow а) боро́ться с при́зраками; вести́ бесполе́зную борьбу́; б) боро́ться с воображаемым враго́м; ≅ боро́ться с со́бственной те́нью; to ~ the problem *амер. полит.* уклоня́ться от реше́ния вопро́са; ≅ финти́ть, виля́ть; to ~ for one's own hand отста́ивать свои́ интере́сы, постоя́ть за себя́; to ~ a lone hand боро́ться в одино́чку; to ~ shy of smb., smth. уклоня́ться, избега́ть кого́-л., чего́-л., держа́ться в стороне́ от кого́-л., чего́-л.; to ~ dog, to ~ bear би́ться до после́днего; an army ~s on its belly *посл.* голо́дная а́рмия сража́ется пло́хо

fight back ['faɪt'bæk] *phr v* 1. отвеча́ть уда́ром на уда́р 2. отража́ть, сопротивля́ться; to ~ a disease не поддава́ться боле́зни

fightback ['faɪtbæk] *n* 1) контрнаступле́ние 2) отве́тный уда́р (*тж. перен.*)

fight down ['faɪt'daʊn] *phr v* подавля́ть; to ~ anger [rage] подави́ть гнев [я́рость]; to ~ disappointment спра́виться с разочарова́нием

fighter ['faɪtə] *n* 1. *см.* fight II + -er 2. 1) бое́ц; во́ин 2) боксёр 3. *ав.* истреби́тель 4. *в грам. знач. прил. воен.* истреби́тельный; ~ aircraft /plane/ (самолёт-)истреби́тель; ~ aviation истреби́тельная авиа́ция; ~ command кома́ндование /соедине́ние/ истреби́тельной авиа́ции; ~ cover прикры́тие истреби́телями; ~ pilot лётчик-истреби́тель; ~ wing авиацио́нное крыло́

fighter-bomber [,faɪtə'bɔmə] *n* истреби́тель-бомбардиро́вщик; штурмови́к

fighting I ['faɪtɪŋ] *n* 1) бой, сраже́ние; hand-to-hand ~ рукопа́шный бой; street ~ у́личные бои́; house-to-house ~ бой за ка́ждый дом; he did not do any ~ он не сража́лся /не уча́ствовал в боя́х/ 2) схва́тка; дра́ка; бой; ~ at close quarters бли́жний бой (*бокс*) 3) борьба́

◊ ~ the problem *амер. полит.* уклоне́ние от реши́тельных де́йствий; отгово́рки, укло́нчивость

fighting II ['faɪtɪŋ] *a* 1) вои́нственный, боево́й; ~ speech [policy] вои́нственная речь [поли́тика]; to be on ~ terms with smb. быть на ножа́х с кем-л. 2) *воен.* боево́й; ~ qualities боевы́е ка́чества, боева́я характери́стика; ~ compartment боево́е отделе́ние; ~ troops строевы́е ча́сти; ~ retreat отхо́д с бо́ем; ~ efficiency боеспосо́бность; ~ method ме́тод веде́ния боевы́х де́йствий

fighting chance [,faɪtɪŋ'tʃɑːns] возмо́жность успе́ха при усло́вии напряжённой борьбы́ *или* дли́тельных уси́лий; the patient has a ~ to live больно́й бо́рется за жизнь и, возмо́жно, вы́живет

fighting cock ['faɪtɪŋkɔk] 1. бойцо́вый пету́х 2. драчу́н, забия́ка

◊ to live like ~s ≅ как сыр в ма́сле ката́ться; to feel like a ~ чу́вствовать себя́ здоро́вым и бо́дрым

fighting fit [,faɪtɪŋ'fɪt] 1) боеспосо́бный 2) в хоро́шей фо́рме; в отли́чном состоя́нии

fightingly ['faɪtɪŋlɪ] *adv* задо́рно; по-боево́му, вои́нственно

fighting-mad [,faɪtɪŋ'mæd] *a* 1) опьянённый борьбо́й 2) жа́ждущий борьбы́, схва́тки; рву́щийся в бой; ле́зущий в дра́ку

fight off ['faɪt'ɔf] *phr v* отби́ть, отогна́ть; to ~ a cold with aspirin изба́виться от просту́ды при по́мощи аспири́на; to ~ a competition победи́ть /изба́виться от/ конкуре́нтов

fight out ['faɪt'aʊt] *phr v* 1. победи́ть, доби́ться побе́ды (*обыкн.* to fight it out); to ~ a storm at sea вы́стоять в шторм на мо́ре 2. разреши́ть путём борьбы́; they fought out their differences in court свои́ разногла́сия они́ в конце́ концо́в разреши́ли в суде́

fig leaf ['fɪgliːf] (*pl* -leaves [-liːvz]) фи́говый лист, листо́к (*ча́сто перен.*)

fig marigold ['fɪg,mærɪgəʊld] *бот.* фи́га лошади́ная *или* готтенто́тская (*Mesembryanthemum edule*)

figment ['fɪgmənt] *n* вы́мысел, вы́думка; фи́кция; a ~ of the mind вы́думка, плод воображе́ния

figmental [fɪg'mentl] *a* вы́думанный, вы́мышленный

fig tree ['fɪgtriː] *бот.* смоко́вница, фи́говое де́рево, инжи́р (*Ficus gen.*)

◊ one's own vine and ~ а) родно́й дом, дома́шний оча́г; б) *библ.* своя́ виногра́дная лоза́ и своя́ смоко́вница

figuline I ['fɪgjʊlɪn] *n* 1. 1) гли́няный сосу́д; гли́няная фигу́рка 2) *pl* гли́няные изде́лия 2. гонча́рная гли́на

figuline II ['fɪgjʊlɪn] *a* 1. гли́няный 2. гонча́рный

figurability [,fɪgjʊrə'bɪlɪtɪ] *n* пласти́чность; спосо́бность принима́ть определённую фо́рму, поддава́ться обрабо́тке

figurable ['fɪgjʊrəb(ə)l] *a* пласти́чный, ги́бкий; спосо́бный принима́ть определённую фо́рму; поддаю́щийся обрабо́тке

figural ['fɪgjʊrəl, -gə-] *a* 1. = figurative 2. *иск.* фигурати́вный, предме́тный (*о жи́вописи*)

figurant ['fɪgjʊrənt, -gə-] *n* 1) фигура́нт 2) (*уст.*) 3) арти́ст кордебале́та

figurante [,fɪgjʊ'rɔnt, -gə-] *n* 1) фигура́нтка 2) стати́стка 3) арти́стка кордебале́та

figurate ['fɪgjʊreɪt] *a* 1. имеющий определённую форму, в виде (какой-л.) фигуры 2. фигурный (*тж. мат.*)

figurately ['fɪgjʊreɪtlɪ] *adv* в определённой форме, фигурно

figuration [ˌfɪgjʊ'reɪʃ(ə)n] *n* 1. оформление, придание определённой формы 2. аллегорическое изображение 2) орнаментация 3. вид, форма, контур, конфигурация 4. *муз.* фигурация

figurative ['fɪgjʊrətɪv, -gə-] *a* 1. фигуральный; in a ~ sense в переносном смысле 2. метафорический, образный; ~ style образный стиль 3. изобразительный; пластический; the ~ arts изобразительные искусства

figuratively ['fɪgjʊrətɪvlɪ, -gə-] *adv* метафорически, образно; фигурально

figure I ['fɪgə] *n* 1. 1) цифра; число; double {three, four} ~s двузначные {трёхзначные, четырёхзначные} числа; target /control, key/ ~s контрольные цифры; in round ~s в круглых цифрах; income running into six ~s доход, выраженный шестизначным числом; *pl* количественная информация, количественные данные; цифры 2. *pl разг.* арифметика; to be smart [quick] at ~s хорошо [быстро] считать; to be a poor hand at ~s не быть не в ладах с арифметикой 3. диаграмма, рисунок, чертёж (*в книге*); see ~ 2 on page 5 смотрите рис. 2 на с. 5 4. фигура, внешний вид; телосложение; облик, образ; a fine ~ of a man видный /представительный/ мужчина; the girl had a nice slender ~ у девушки была красивая стройная фигура; a garment adjusted to the ~ одежда по фигуре; to keep one's ~ следить за фигурой 5. 1) фигура, персона, личность; he was one of the greatest ~s of his age он был одним из самых выдающихся людей своего времени; public ~ общественный деятель; a person of ~ выдающаяся /замечательная/ личность 2) человек; кто-то, некто; I saw ~s moving in the dusk в полутьме я видел какие-то движущиеся фигуры; there's a ~ in the темноте кто-то ходит 6. 1) изображение; портрет; статуя; lay ~ манекен (*художника*); the wall was decorated with ~s of beasts, birds, flowers стена была украшена изображениями животных, птиц, цветов; a ~ of a deer stood on the mantelpiece на камине стояла фигурка оленя 2) (of) воплощение *или* предмет (*чего-л.*); a ~ of fun предмет всеобщего осмеяния; посмешище; she was a ~ of distress она была само отчаяние 7. впечатление; the couple cut quite a ~ эта пара произвела большое впечатление 8. риторическая фигура, троп (*тж.* ~ of speech) 9. фигура (*в танцах, фигурном катании, пилотаже*) 10. узор (*на ткани, бумаге*); a polka-dot ~ рисунок в горошек 11. *разг.* цена; to buy at a high [at a low] ~ покупать по высокой [по низкой] цене; what's the ~? сколько я вам должен?, сколько это стоит? 12. *мат.* фигура, тело 13. гороскоп (*в астрологии*); to cast a ~ составить гороскоп

◊ to cut /to make/ a conspicuous /good, great/ ~ играть важную роль; to cut /to make/ a little [poor, ridiculous] ~ играть незначительную [жалкую, смешную] роль; to cut no ~ *преим. амер.* не играть никакой роли, не иметь никакого значения; не производить никакого впечатления; to do things on the big ~ *амер.* делать что-л. в большом масштабе, поставить что-л. на широкую ногу; to miss a /one's/ ~ *амер.* допустить грубую ошибку /просчёт/, просчитаться

figure II ['fɪgə] *v* 1. изображать (*графически, диаграммой и т. п.*) 2. 1) представлять себе; how do you ~ it to yourself? как вы это себе представляете? 2) *амер. разг.* считать, полагать; I ~ that it will take three years я считаю, что на это понадобится три года; I ~ that you'd want your tea я полагаю, что вам пора пить чай; will it explode? — John ~s not а оно не взорвётся? — Джон думает, что нет; they backed him because they ~d him an upright man они поддерживали его, так как считали его честным человеком 3. (on) 1) рассчитывать на; they ~d on extra income они рассчитывали на дополнительный доход 2) полагаться; I ~d on him leaving early я надеялся, что он рано уйдёт 3) планировать, собираться; I ~ on going into town я думаю поехать в город 4. 1) играть важную роль; the vice-president really ~d in the company в этой фирме вице-президент был (важной) фигурой; he will certainly ~ in history он, несомненно, войдёт в историю; the envoy ~d often at court посланник часто появлялся при дворе 2) фигурировать, участвовать; his name ~s on the list его фамилия есть в списке; persons who ~d in a robbery лица, замешанные в ограблении 5. украшать (*фигурами*) 6. обозначать цифрами 7. *разг.* (*часто* ~ up) 1) считать, подсчитывать; вычислять 2) складывать; to ~ smth. in включать что-л. в подсчёт; have you ~d in the cost of the hotel? а вы учли расходы на гостиницу? 8. выполнять фигуры (*в танцах, фигурном катании и т. п.*) 9. придавать форму 10. *амер. разг.* быть подходящим; that ~s! это меня устраивает!

figure-caster ['fɪgəˌkɑːstə] *n* 1. литейщик (*по фигурному литью*) 2. *арх.* астролог

figure-casting ['fɪgəˌkɑːstɪŋ] *n* фигурное литьё (*процесс и изделие*)

figured ['fɪgəd] *a* 1. узорный, узорчатый; фигурный; ~ silk травчатый шёлк 2. изобилующий метафорами *и т. п.*, образный (*о языке, стиле*)

figured bass ['fɪgəd'beɪs] *муз.* цифрованный бас; бассо континуо

figure eight [ˌfɪgə(r)'eɪt] = figure of eight

figurehead ['fɪgəhed] *n* 1. *мор.* носовое украшение, фигура на носу корабля 2. номинальный глава; лицо, возглавляющее что-л. номинально; подставное лицо; he had no intention of playing ~ он не собирался занимать свой пост лишь номинально; ǁ ≅ лишь «для мебели» 3. *шутл.* лицо

figure of eight [ˌfɪgə(r)əv'eɪt] в виде восьмёрки; ~ attack нападение восьмёркой (*баскетбол*); ~ bandage *мед.* крестообразный ход (*бинта*)

figure of merit [ˌfɪgə(r)əv'merɪt] *спец.* сравнительный показатель качества

figure of speech [ˌfɪgə(r)əv'spiːtʃ] фигура речи, риторическая фигура, троп

figure out ['fɪgə(r)'aʊt] *phr v* 1. вычислять; to ~ overhead expenses подсчитывать накладные расходы 2. понимать, постигать; I couldn't ~ what he was going to do я не мог понять, что он собирается делать; I can't figure him out я никак не могу раскусить его; to ~ an escape from a situation найти выход из положения

figure-skater ['fɪgəˌskeɪtə] *n* фигурист, конькобежец-фигурист

figure-skating ['fɪgəˌskeɪtɪŋ] *n* фигурное катание

figure-work ['fɪgəwɜːk] *n полигр.* табличный набор

figurine [ˌfɪgjʊ'riːn, 'fɪgjʊriːn] *n* статуэтка, фигурка

fike [faɪk] *n шотл.* 1. беспокойство по пустякам; суетливость 2. ухаживания, флирт

filament ['fɪləmənt] *n* 1. нить, волокно 2. *бот.* 1) тычиночная нить 2) гифа 3. *эл.* нить, волосок накала; ~ lamp лампа накаливания

filamentary [ˌfɪlə'ment(ə)rɪ] *a* нитеобразный, нитевидный

filamentous [ˌfɪlə'mentəs] *a* 1) волокнистый, состоящий из волокон 2) *спец.* нитевидный, нитчатый

filar ['faɪlə] *a спец.* филярный; ниточный; ~ microscope микроскоп с отсчётной нитью

filaria [fɪ'leə(r)rɪə] *n* (*pl* -ae) нитчатка, филярия (*нематода*)

filariae [fɪ'leə(r)riː] *pl от* filaria

filatory ['fɪlət(ə)rɪ] *n* прядильная машина

filature ['fɪlətʃə] *n* 1. 1) шёлкопрядение 2) кокономотание 2. 1) шёлкомотальная фабрика 2) шёлкопрядильная фабрика

filbert ['fɪlbət] *n* 1. *бот.* лещина, фундук; американский лесной орех (*Corylus gen.*) 2. орешник 3. *сл.* франт, денди 4. *в грам. знач. прил.* ореховый; ~ brown орехового /коричневого/ цвета

filch [fɪltʃ] *v* (у)красть, стащить, стянуть

filcher ['fɪltʃə] *n* мелкий воришка

file¹ I [faɪl] *n* 1. 1) напильник, слесарная пила; to touch a piece up with a ~ подпилить что-л. 2) пилочка (*для ногтей*) 3) шлифовка, отделка (*особ. литературного произведения*); the story needs the ~ рассказ требует доработки /отделки/ 2. *разг.* хитрец, пройдоха; old /deep/ ~ продувная бестия

◊ to bite /to gnaw/ the ~ делать безнадёжные попытки

file¹ II [faɪl] *v* 1) пилить, подпиливать; шлифовать напильником; to ~ a saw наточить пилу; to ~ an iron bar in two (ножовкой) распилить брусок на две части; to ~ one's fingernails подпилить ногти; to ~ down /away, off/ спиливать 2) отделывать, дорабатывать (*произведение и т. п.*); every sentence has been carefully ~d каждое предложение было тщательно отделано

file² I [faɪl] *n* 1. 1) скоросшиватель, регистратор (*для бумаг*) 2) шпилька (*для накалывания бумаг*) 2. 1) подшитые документы, бумаги; do we have your application on ~? вы уже подали заявление? 2) подшивка (*газеты*); a ~ of the "Times" комплект «Таймс» 3) дело, досье; here is our ~ on the Far East наше досье по Дальнему Востоку; to read one's own personal ~ прочитать своё личное дело; to keep a ~ on smth. вести досье на что-л., кого-л.; to be on ~ a) быть подшитым к делу; б) быть в досье, быть под рукой для справок 3. ≡ file-cabinet 4. *вчт., информ.* файл, массив; inverted ~ инвертированный файл, файл с инверсной организацией; ~ device файловое устройство; ~ locking захват файла; ~ maintenance сопровождение файла; ~ store файловая система 5. ряд

file² II [faɪl] *v* 1. 1) хранить, подшивать (*бумаги*) в определённом порядке (*тж.* ~ away); to ~ letters in alphabetical order располагать письма в алфавитном порядке 2) подшивать (*газеты*) 3) сдавать в архив 4) регистрировать (*документы*) **2.** *амер.* 1) подавать, представлять документы; to ~ a petition [an application for a patent] подать петицию [заявку на патент]; to ~ a resignation подать заявление об отставке; to ~ a charge against smb. *юр.* подать на кого-л. в суд. в суд 2) обращаться с заявлением, просьбой; to ~ for a civil-service job подавать заявление о приёме на государственную службу **3.** передавать (*сообщения*) по телефону, телеграфу (*о журналисте*) **4.** принять (*заказ*) к исполнению

file[3] I [faɪl] *n* **1.** ряд, шеренга; колонна (*людей*); full ~ полный ряд; blank ~ неполный ряд; in single /in Indian/ гуськом, змейкой; to march in (double) ~ идти колонной по два; to close a ~ сомкнуть ряд /шеренгу/; ~ formation *спорт.* колонна **2.** очередь, хвост **3.** *шахм.* вертикаль **4.** заячий след; to run one's ~ петлять, путать следы

file[3] II [faɪl] *v* 1) идти гуськом, передвигаться колонной; to ~ in входить шеренгой; to ~ out выходить шеренгой 2) дефилировать, торжественно проходить; they ~d past the grave of their comrades они прошли друг за другом мимо могилы своих товарищей

file-cabinet [ˈfaɪlˌkæbɪnɪt] *n амер.* 1) картотека; картотечный шкаф 2) шкафчик для систематического хранения документов; шкафчик-регистратор (*обыкн. металлический*)

file clerk [ˈfaɪlklɑːk] *амер.* канцелярский служащий; делопроизводитель

file-closer [ˈfaɪlˌkləʊzə] *n воен.* замыкающий

filefish [ˈfaɪlfɪʃ] *n зоол.* спинорог (*Monacanthus*)

file-hard [faɪlhɑːd] *a тех.* 1) обладающий твёрдостью калёной стали 2) калёный (*о стали*)

file-leader [ˈfaɪlˌliːdə] *n воен.* головной (*отряда*), направляющий

filer[1] [ˈfaɪlə] *n* **1.** скоросшиватель, регистратор **2.** делопроизводитель

filer[2] [ˈfaɪlə] *n сл.* карманник

file-soft [ˈfaɪlsɔft] *а тех.* поддающийся обработке напильником

filet[1] [ˈfɪlɪt, ˈfɪleɪ] *n* филе (*кружево*), филейная работа (*тж.* ~ lace)

filet[2] [ˈfɪlɪt, ˈfɪleɪ] *n кул.* филе(й); ~ mignon бифштекс из вырезки

filial [ˈfɪlɪəl] *a* **1.** сыновний; дочерний; ~ duty [respect, love] сыновний долг [-ее почтение, послушание]; ~ love сыновняя или дочерняя любовь; любовь детей к родителям **2.** филиальный; ~ branch местное отделение, филиал

filially [ˈfɪlɪəlɪ] *adv* по-сыновнему; по-дочернему; как подобает сыну или дочери

filiate [ˈfɪlɪeɪt] = affiliate II

filiation [ˌfɪlɪˈeɪʃ(ə)n] *n* **1.** 1) отношение родства (*сына или дочери к родителям*) 2) происхождение **2.** ответвление, ветвь; ~s from a common stock ветви одной семьи (*о языках и т. п.*) **3.** 1) образование филиала, местного отделения 2) филиал, местное отделение **4.** *юр.* установление отцовства

filibeg [ˈfɪlɪbeg] *n* юбка шотландского горца или солдата

filibuster I [ˈfɪlɪbʌstə] *n* **1.** 1) флибустьер, пират 2) военный авантюрист **2.** *амер.* 1) обструкционист 2) обструкция (*в законодательном органе*)

filibuster II [ˈfɪlɪbʌstə] *v* **1.** 1) заниматься морским разбоем 2) участвовать в военных авантюрах **2.** *амер.* устраи-

вать обструкцию в законодательном органе (*особ. в сенате*)

filibusterism [ˈfɪlɪˌbʌstərɪz(ə)m] *n* флибустьерство; авантюризм

filical [ˈfɪlɪk(ə)l] *a бот.* папоротниковый

filicide [ˈfɪlɪsaɪd] *n* **1.** детоубийца **2.** детоубийство

filicoid [ˈfɪlɪkɔɪd] *a бот.* папоротниковидный

filiferous [fɪˈlɪf(ə)rəs] *a спец.* с нитями или жилками, из нитей или жилок

filiform [ˈfɪlɪfɔːm] *a спец.* нитевидный; капиллярный; волосной

filigranist [ˈfɪlɪgrənɪst] *n* филигранщик

filigree [ˈfɪlɪgriː] *n* 1) *иск.* филигрань, филигранная работа; ~ baskets филигранные корзинки 2) филигрань, водяной знак (*на бумаге*)

filigreed [ˈfɪlɪgriːd] *a* филигранный, филигранной работы

filing[1] [ˈfaɪlɪŋ] *n* **1.** опиловка **2.** *pl* металлические опилки

filing[2] [ˈfaɪlɪŋ] *n* 1) систематизация (*документов, архива*) 2) подшивка (*газет*); ~ system порядок /система/ подшивки и хранения документов; ~ clerk делопроизводитель; ~ cabinet = file-cabinet; ~ card (картотечная) карточка

filiopietistic [ˌfɪlɪə(ʊ)ˌpaɪəˈtɪstɪk] *а книжн.* 1) поклоняющийся предкам 2) преклоняющийся перед обычаями отцов, старыми традициями *и т. п.*

Filipino I [ˌfɪlɪˈpiːnəʊ] *n (pl* -os [-əʊz]) *амер.* **1.** филиппинец; филиппинка **2.** филиппино (*язык Филиппин*)

Filipino II [ˌfɪlɪˈpiːnəʊ] *а* филиппинский

fill I [fɪl] *n* **1.** достаточное количество (*чего-л.*); a ~ of tobacco щепотка табаку (*для набивки трубки*); to eat [to drink] one's ~ вволю наесться [напиться]; to weep one's ~ выплакаться, наплакаться вдоволь; to have one's ~ of sorrow меня хватит *и* **2.** *амер. ж.-д.* насыпь **3.** *горн.* закладка **4.** *тех.* загрузка; заправка **5.** *вчт.* 1) заполнение, роспись 2) закрашивание, закраска

fill II [fɪl] *v* **1.** 1) (*with*) наполнять (*чем-л.*); переполнять; to ~ a bucket with water налить полное ведро воды; to ~ a page with writing исписать страницу; sails ~ed with wind паруса, надутые ветром; the report was ~ed with facts доклад был насыщен фактами; to ~ one's heart with joy [with hope] наполнить сердце радостью [надеждой]; to be ~ed with admiration [with despair] быть в восхищении [в отчаянии]; to be ~ed with one's own importance быть преисполненным сознания собственной важности 2) заполнять, наполнять (*что-л.*); water ~ed the pool вода наполнила бассейн; the crowd ~ed the hall толпа заполнила зал; an odour of cooking ~ed the house дом был пропитан кухонными запахами; his bulk ~ed the chair он едва умещался в кресле 3) наполняться, заполняться; her eyes ~ed with tears её глаза наполнились слезами; the hall soon ~ed зал быстро наполнился 4) переполнять; быть в изобилии; fish ~ed the rivers реки были полны рыбы **2.** 1) затыкать, закладывать, засыпать *и т. п.*; to ~ a hole with sand засыпать яму песком; to ~ seams with oakum заткнуть щели паклей; wreckage ~ed the channel пролив был забит обломками судов 2) пломбировать (*зубы*) **3.** 1) накормить, насытить; they ~ed their guests with good food они хорошо накормили гостей 2) удовлетворять; fruit doesn't ~ a man фруктами сыт не будешь; to ~ a long felt want

удовлетворить давнишнюю потребность **4.** заполнять (*бланк и т. п.*; *тж.* ~ in) **5.** 1) нанимать (*на должность*); занимать (*должность*); to ~ a vacancy подобрать работника на вакантную должность; his place will not be easily ~ed его будет нелегко заменить 2) исполнять (*обязанности*); he ~s the office satisfactorily он хорошо исполняет свои обязанности **6.** *амер.* 1) исполнять, выполнять (*заказ и т. п.*) 2) приготавливать лекарство (*по рецепту*) **7.** наливать; нагружать, заправлять (*топливо в бак*); to ~ wine into bottles разливать вино по бутылкам; to ~ coal into vessels загружать уголь на суда **8.** наливаться (*о зерне*) **9.** подмешивать (*суррогаты*); ухудшать примесями; ~ed soaps мыла низкого качества; ~ed gold дутое золото; ~ed milk снятое молоко с добавкой растительного жира **10.** *вчт.* заполнять, расписывать

◊ to ~ time записывать какие-л. дела на свободные дни; to ~ in (the) time убивать время; to ~ (smb.'s) shoes занимать место (*предшественника*); to ~ the bill а) *театр. проф.* занимать слишком много места на афише; б) соответствовать назначению, подходить; does this ~ the bill? это вас устраивает?

fill away [ˈfɪləˈweɪ] *phr v мор.* 1) наполняться (*о парусах*) 2) наполняться (*о ветре*); to ~ a sail наполнить парус 3) продолжать движение после приведения к ветру

fill-belly [ˈfɪlˌbelɪ] *n* обжора

fill-dike [ˈfɪldaɪk] *n шотл.* водолей-месяц (*февраль*)

filler [ˈfɪlə] *n* **1.** см. fill II + -er **2.** 1) наполнитель (*вещество*) 2) начинка, набивка **3.** наполнительная машина, наполнитель **4.** заряд (*снаряда*) **5.** *стр.* шпатлёвка, шпаклёвка (*материал*) **6.** *спец.* ингредиент **7.** *тех.* прокладка **8.** воронка; наливное отверстие **9.** *с.-х.* промежуточная культура **10.** *полигр.* подвёрстка

◊ ~ replacement *воен.* укомплектование; ~ day *амер. воен.* день поступления пополнения

fillet I [ˈfɪlɪt, ˈfɪleɪ] *n* **1.** (узкая) лента или повязка (*на голову*) **2.** *кул.* филе(й) **3.** *спец.* ободок, багет, поясок; галтель 2) углубление, желобок **4.** *спец.* кромка; полоска

fillet II [ˈfɪlɪt, ˈfɪleɪ] *v* **1.** повязывать лентой *и т. п.* **2.** *кул.* филетировать, приготавливать филе **3.** украшать ободком, пояском *и т. п.* (*обыкн. в переплётном деле*)

fill in [ˈfɪlˈɪn] *phr v* 1) заполнять, заделывать; to ~ an old fireplace заделать /замуровать/ старый камин; to ~ a hole заткнуть отверстие; the ruts must be filled in колеи надо засыпать 2) заполняться; the harbour is gradually filling in гавань постепенно заполняется 2. 1) заполнять (*анкету и т. п.*); to ~ a form заполнить бланк; to ~ one's name [one's sex, one's age] указывать своё имя [свой пол, свой возраст]; to ~ the date проставить число /дату/, датировать; to ~ an application form подать заявление на бланке 2) вписывать; to ~ omitted names [words] вставить пропущенные фамилии [слова] **3.** работать временно; замещать; I'm just filling in here я здесь только временно /замещаю другого работника/; he often filled in in emergencies ≅ когда не хватало людей, он часто нас выручал; to ~ time тянуть время **4.** (on) *разг.*

информи́ровать, ста́вить в изве́стность; fill me in on the events введи́те меня́ в курс собы́тий; I was filled in on the latest development я получи́л информа́цию о после́дних собы́тиях

fill-in I ['fɪlɪn] *n* 1. (вре́менная) заме́на, (вре́менный) замести́тель 2. све́дения, впи́сываемые в анке́ту 3. кра́ткая информа́ция; to give smb. a ~ вкра́тце информи́ровать /ввести́ в курс де́ла/ кого́-л.

fill-in II ['fɪlɪn] *a* вре́менный (*о рабо́тнике, рабо́те*); ~ summer job вре́менная рабо́та на ле́то

filling ['fɪlɪŋ] *n* 1. заполне́ние, наполне́ние; ~ material *тех.* наполни́тель; материа́л для засы́пки 2. погру́зка; засы́пка 3. зали́вка, запра́вка горю́чим; ~ point запра́вочный пункт 4. 1) пломбирова́ние зуба́ 2) пло́мба 5. *стр.* шпатлёвка 6. *спец.* наполне́ние 7. *спец.* прокла́дка 8. начи́нка; фарш 9. заря́д (*снаря́да*) 10. *дор.* на́сыпь 11. *текст.* уто́к

filling station ['fɪlɪŋˌsteɪʃ(ə)n] *амер.* бензи́новая коло́нка, бензоколо́нка; запра́вочная ста́нция

filling-up [ˌfɪlɪŋˈʌp] *n* подса́дка (*дере́вьев*)

fillip I ['fɪlɪp] *n* 1. щелчо́к; to give a ~ щёлкнуть, дать щелчо́к 2. толчо́к, побужде́ние, сти́мул; a ~ to the memory напомина́ние 3. 1) пустя́к; ме́лочь; not worth a ~ ничего́ не сто́ит 2) мгнове́ние, миг

fillip II ['fɪlɪp] *v* 1. щёлкнуть, дать щелчо́к; to ~ off crumbs сбить щелчко́м кро́шки 2. подта́лкивать, стимули́ровать; to ~ smb.'s memory дать толчо́к чьим-л. воспомина́ниям

fillister ['fɪlɪstə] *n тех.* фальцо́вка, калёвка; ~ head кру́глая голо́вка (*винта́*)

fill out ['fɪl'aʊt] *phr v* 1. 1) расширя́ться 2) надува́ться (*о паруса́х*) 2. толсте́ть; the children are filling out visibly де́ти поправля́ются на глаза́х; her cheeks are filling out у неё щёки округля́ются 3. разлива́ть (*по стака́нам*) 4. = fill in 2

fill up ['fɪl'ʌp] *phr v* 1. заполня́ть, наполня́ть, налива́ть до краёв; reading fills up my evening я заполня́ю ве́чер чте́нием; we must ~ all the buckets we can find на́до нали́ть во́ду во все вёдра, кото́рые есть; all parts of the theatre were quickly filled up все места́ в теа́тре бы́стро оказа́лись за́нятыми 2) дополня́ть, возмеща́ть (*недоста́ток*) 3) заполня́ться, наполня́ться 2. залива́ть в автомоби́ль горю́чее; fill her up! ≅ нале́йте по́лный бак! 3. *стр.* шпаклева́ть 4. = fill II 2

fill-up ['fɪlʌp] *n* запра́вка (*горю́чим*); stop at the next filling station for a ~ останови́сь у ближа́йшей бензоколо́нки, на́до запра́виться

filly ['fɪlɪ] *n* 1. кобы́лка, молода́я кобы́ла 2. *разг.* шу́страя девчо́нка

film I [fɪlm] *n* 1. то́нкий слой (*чего́-л.*); ~ of oil нефтяна́я плёнка; ~ of dust то́нкий слой пы́ли; ~ crust *тех.* твёрдая плёнка 2. фотоплёнка, киноплёнка; coloured ~ цветна́я плёнка; to develop a ~ проявля́ть фотоплёнку; reversal ~ обрати́мая плёнка; nonreversing ~ необрати́мая плёнка; fast ~ чувстви́тельная плёнка 3. (кино)фильм, (кино)карти́на; feature [documentary] ~ худо́жественный [документа́льный] фильм; dubbed(-in) ~ дубли́рованный фильм; popular-science ~ нау́чно-популя́рный фильм; three-dimensional /часто 3 D/ ~ стереофи́льм; art ~ а) экспериме́нтальный, некомме́рческий фильм; б) документа́льная карти́на о худо́жественных вы́ставках, рабо́те худо́жников *и т. п.*; to release a ~ выпуска́ть фильм на экра́ны; to screen [to shoot] a ~ пока́зывать [снима́ть] фильм; the ~ is on /playing, showing/ фильм идёт 4. 1) кино́, киноиску́сство; the art of the ~ иску́сство кино́; the great masters of the ~ мастера́ кино́; ~ actor киноактёр; ~ director кинорежиссёр; ~ producer продю́сер; ~ people кинематографи́сты, де́ятели кино́; ~ unit съёмочная гру́ппа; ~ writer сцена́рист, кинодрамату́рг; ~ company кинокомпа́ния, кинофи́рма; ~ medium вырази́тельные сре́дства кино́; ~ studio киносту́дия; ~ test кинопро́ба бу́дущего актёра *или* актри́сы; ~ analysis *спец.* иссле́дование с по́мощью киносъёмки; to have a ~ face быть фотогени́чным 2) (the ~s) *pl разг.* кино́; to be in the ~s быть киноактёром; to quit the ~s уйти́ из кино́ 5. лёгкий тума́н, ды́мка 6. то́нкая нить 7. *тех.* перепо́нка, оболо́чка

film II [fɪlm] *v* 1. снима́ть (кино)фи́льм; производи́ть киносъёмки; снима́ть на киноплёнку; to ~ a meeting засня́ть собра́ние 2. экранизи́ровать (*литерату́рное произведе́ние*); the story won't ~ well э́тот расска́з не подойдёт для экраниза́ции 3. снима́ться в кино́; быть киноактёром; this actor has been ~ing for many years э́тот актёр уже́ мно́го лет снима́ется в кино́ 4. быть подходя́щим материа́лом для кино́; this story ~s easily э́тот расска́з легко́ экранизи́ровать; he ~s well он фотогени́чен 5. 1) покрыва́ть плёнкой, оболо́чкой 2) покрыва́ться плёнкой; застила́ться ды́мкой, тума́ном (*тж.* ~ over)

filmable ['fɪlməb(ə)l] *a* 1) подходя́щий для экраниза́ции (*о рома́не, пье́се*) 2) фотоген́ичный; a very ~ face лицо́, кото́рое о́чень хорошо́ вы́глядит на экра́не

film badge ['fɪlmbædʒ] *спец.* плёночный (карма́нный) дози́метр

film card ['fɪlmkɑːd] *информ.* микрофи́ша

film-goer ['fɪlmˌɡəʊə] *n* кинозри́тель

film-going ['fɪlmˌɡəʊɪŋ] *n* хожде́ние в кино́, посеще́ние кино́

filmic ['fɪlmɪk] *a* 1) кинематографи́ческий 2) кинематографи́чный

filmily ['fɪlmɪlɪ] *adv* тума́нно, нея́сно, сквозь ды́мку

filming ['fɪlmɪŋ] *n* киносъёмка; ~ and photography кинофотосъёмка

filmland ['fɪlmlænd] *n* мир, страна́ кино́

film library ['fɪlmˌlaɪbr(ə)rɪ] 1) фильмоте́ка 2) храни́лище кинофотоматериа́лов

film-magazine ['fɪlmˌmæɡəˈziːn] *n* кассе́та для плёнки *или* для кинофи́льма

film-maker ['fɪlmˌmeɪkə] *n* созда́тель кинофи́льма; кинорежиссёр

film-making ['fɪlmˌmeɪkɪŋ] *n* 1) произво́дство, созда́ние кинофи́льма 2) киноиндустри́я

film play ['fɪlmpleɪ] сцена́рий кинофи́льма

filmscript ['fɪlmˌskrɪpt] *n* сцена́рий кинофи́льма

film set ['fɪlmset] кино́ съёмочная площа́дка (*с устано́вленными декора́циями*)

filmsetting ['fɪlmˌsetɪŋ] *n полигр.* фотонабо́р с изображе́нием ли́тер на фотоплёнке

film star ['fɪlmstɑː] кинозвезда́; ~ system систе́ма кинопроизво́дства, осно́ванная на испо́льзовании популя́рности киназвёзд

film stock ['fɪlmstɒk] неиспо́льзованная плёнка; но́вая кату́шка плёнки

film strip ['fɪlmˌstrɪp] диафи́льм

film theatre ['fɪlmˌθɪətə] кинотеа́тр

filmy ['fɪlmɪ] *a* 1. покры́тый плёнкой, плёнчатый 2. покры́тый ды́мкой, тума́нный 3. то́нкий как паути́нка; a ~ silk dress пла́тье из прозра́чного шёлка

filose ['faɪləʊs] *a бот., зоол.* 1) нитеви́дный 2) име́ющий нитеви́дные отро́стки

filoselle ['fɪləsel] *n* 1. «филозе́ль» (*кручёный вышива́льный шёлк*) 2. отхо́ды кокономота́ния и шёлкокруче́ния

filter I ['fɪltə] *n* 1) фильтр; ~ box патро́н противога́за; ~ cake *тех.* концентра́т из-под фи́льтра; ~ circuit *ра́дио* фильтру́ющий ко́нтур; ~ liquor *хим.* фильтра́т 2) светофи́льтр 3) фильтрова́льный материа́л

filter II ['fɪltə] *v* 1. фильтрова́ть, проце́живать, очища́ть (*тж.* ~ off, ~ out) 2. проса́чиваться, проника́ть (*тж.* переи.); the news ~ed through to everyone но́вость ста́ла изве́стна всем; people came ~ing out of the cinema пу́блика постепе́нно выходи́ла из кинотеа́тра 3. *воен.* обраба́тывать све́дения слу́жбы возду́шного наблюде́ния, оповеще́ния и свя́зи 4. *авт.* дви́гаться незави́симо от о́бщего направле́ния движе́ния

filterable ['fɪlt(ə)rəb(ə)l] *a* 1) поддаю́щийся фильтрова́нию 2) *бакт.* фильтру́ющийся; ~ virus фильтру́ющийся ви́рус

filter bed ['fɪltəbed] *спец.* фильтру́ющий слой

filter centre ['fɪltəˌsentə] *воен.* пункт обрабо́тки донесе́ний слу́жбы возду́шного наблюде́ния, оповеще́ния и свя́зи

filter cloth ['fɪltəklɒθ] *спец.* фильтру́ющая ткань; полотня́ный фильтр

filtering ['fɪlt(ə)rɪŋ] *n* фильтрова́ние, проце́живание, очище́ние; ~ medium *спец.* фильтру́ющая среда́

filtering press ['fɪlt(ə)rɪŋpres] = filter press

filter paper ['fɪltəˌpeɪpə] фильтрова́льная бума́га

filter-passer ['fɪltəˌpɑːsə] *n биол.* фильтру́ющий ви́рус

filter press ['fɪltəpres] *тех.* фильтр-пресс

filter tip ['fɪltətɪp] 1) фильтр (*в сигаре́те*) 2) сигаре́та с фи́льтром

filter-tipped [ˌfɪltəˈtɪpt] *a* име́ющий фильтр; ~ cigarette сигаре́та с фи́льтром

filth [fɪlθ] *n* 1. 1) грязь; ме́рзость; отбро́сы 2) грязь, загрязнённость; запу́щенность (*помеще́ния и т.п.*) 2. безнра́вственность; непристо́йность; развра́т 3. скверносло́вие

filthify ['fɪlθɪfaɪ] *v* 1. загрязня́ть, па́чкать; де́лать ме́рзким, отврати́тельным 2. развраща́ть

filthily ['fɪlθɪlɪ] *adv* 1. гря́зно, отврати́тельно 2. непристо́йно, ме́рзко

filthy ['fɪlθɪ] *a* 1. гря́зный, немы́тый; ~ clothes заношенная оде́жда 2. ме́рзкий, отврати́тельный; ~ weather ме́рзкая пого́да; to treat smb. in a ~ manner отврати́тельно обойти́сь с кем-л. 3. гря́зный, непристо́йный; ~ language поха́бщина; скверносло́вие 4. *преим. шутл.* бога́тый (*чем-л.*); ~ lucre презре́нный мета́лл; ~ rich несме́тно бога́тый; they are ~ with money они́ купа́ются в деньга́х; у них де́нег ку́ры не клюю́т

filtrability [ˌfɪltrəˈbɪlɪtɪ] *n* фильтруе́мость

filtrable ['fɪltrəb(ə)l] = filterable

filtrate I ['fɪltrɪt] *n хим.* фильтра́т

filtrate II ['fıltreıt] *v* фильтровать

filtration [fıl'treıʃ(ə)n] *n* фильтрация, фильтрование

fimble ['fımb(ə)l] *n бот.* посконь (*мужское растение конопли; тж.* ~ hemp)

fimbria ['fımbrıə] *n* (*pl* -ae) *спец.* бахрома, фимбрия

fimbriae ['fımbriː] *pl от* fimbria

fimbriate ['fımbrı(e)ıt] *a спец.* бахромчатый

fin¹ I [fın] *n* 1. плавник (*рыбы, кита*); dorsal [tail] ~ спинной [хвостовой] плавник 2. *шутл.* рука, лапа; tip /give/ us your ~ давай лапу 3. 1) *ав.* киль; стабилизатор 2) *мор.* шверц 4. *pl спорт.* ласты 5. *тех.* ребро, пластина (*радиатора*) 6. *тех.* заусенец

fin¹ II [fın] *v* 1. обрезать плавники 2. разрезать воду плавниками

fin² [fın] *n амер. сл.* бумажка в пять долларов; пятёрка

finable¹ ['faınəb(ə)l] *a* 1) подлежащий штрафу, облагаемый штрафом; ~ offence проступок, караемый штрафом 2) облагаемый пеней

finable² ['faınəbəl] *a спец.* поддающийся очистке, рафинированию

finagle [fı'neıg(ə)l] *v разг.* 1. обманывать, надувать; to ~ smb. out of smth. выманить что-л. у кого-л. 2. добиться чего-л. нечестным путём; to ~ oneself out of a jail term отвертеться от тюрьмы; to ~ free tickets получить по блату бесплатные билеты

final I ['faın(ə)l] *n спорт.* 1) финальная, решающая игра; финал 2) финальный заезд (*скачки, велоспорт*) 2. *pl разг.* выпускные экзамены (*особ. в университете*); to take one's ~ s сдавать выпускные экзамены 3. *разг.* последний (*за день*) выпуск газеты

final II ['faın(ə)l] *a* 1. последний, заключительный, конечный; the ~ day of the term последний день занятий; the ~ chapter заключительная глава; ~ results конечные результаты; in the ~ analysis в конечном счёте; ~ approach *ав.* последняя прямая захода на посадку; ~ assembly position *воен.* исходное положение для наступления; ~ line *воен.* конечный рубеж огневого вала; ~ objective *воен.* конечный объект (*наступления*); ~ protective line *воен.* рубеж сплошного заградительного огня; ~ examinations выпускные экзамены 2. окончательный; решающий; this battle was ~ эта битва оказалась решающей; ~ judg(e)ment окончательное решение; ~ sentence *юр.* окончательный приговор; окончательный приговор (*суда*); to give a ~ touch окончательно отделать; is that ~? это окончательно?; to declare a vote /a ballot/ to be ~ утвердить результаты голосования 3. 1) *филос.* относящийся к (конечной) цели; ~ cause а) конечная цель; б) конечная причина (*у Аристотеля*) 2) целевой; ~ clause *грам.* придаточное предложение цели

final drive ['faın(ə)l'draıv] *авт.* главная передача; бортовая передача (*трактора и т. п.*)

finale [fı'nɑːlı] *n муз., лит.* финал; the ~ of a ballet заключительная сцена балета

finalist ['faın(ə)lıst] *n спорт.* финалист, участник финальных состязаний; losing [winning] ~ спортсмен, проигравший [выигравший] финальную игру

finality [faı'nælıtı] *n* 1. окончательность; ~ of a decision окончательность решения; to speak with an air of ~ говорить тоном, не допускающим возражений; to claim ~ for a statement [for a theory] утверждать, что вывод [теория] являются окончательными; ~ of criminal judg(e)ments *юр.* окончательность решений по уголовным делам 2) законченность, завершённость; he has not been able to bring to ~ any of his interesting ideas он не смог довести до конца /завершить/ ни одного из своих интересных замыслов 2. завершение, заключительная процедура

finalize ['faın(ə)laız] *v амер.* 1) заканчивать, завершать 2) придавать окончательную форму, оформлять (*соглашение и т. п.*) 3) утверждать, одобрять, подписывать

finally ['faınəlı] *adv* 1. в конце, в заключение, под конец; ~, I have to say... в заключение я должен сказать... 2. окончательно; раз и навсегда; the matter is settled ~ дело решено окончательно 3. в конце концов, в конечном счёте; ~ he agreed в конце концов он согласился

final nucleus ['faın(ə)l'njuːklıəs] *физ.* остаточное ядро

final product ['faın(ə)l'prɒdʌkt] *эк.* конечный продукт

final straight ['faın(ə)l'streıt] *спорт.* финишная прямая

finance I ['faınæns] *n* 1. финансы, денежные отношения; a system of ~ финансовая система; ~ committee финансовая комиссия; F. Act закон о вступлении в силу государственного бюджета; Ministry of F. министерство финансов; to be versed in questions of ~ хорошо разбираться в финансовых проблемах 2. *pl* финансы; доходы, деньги; the ~s of a state государственные доходы; his ~s are low у него плохо с деньгами 3. финансирование; ◇ high ~ а) крупные финансовые операции; б) финансовая олигархия; финансовая аристократия

finance II [faı'næns] *v* 1. финансировать; to ~ a new house финансировать строительство нового дома 2. содержать на свои средства; to ~ a son through college предоставлять сыну средства для жизни на время учёбы в колледже (*включая плату за обучение*) 3. продавать в кредит; auto producers unable to ~ their dealers автомобильные заводы, не имеющие возможности предоставлять кредит своим посредникам

finance company ['faınæns,kʌmpənı] ссудная касса

financial [f(a)ı'nænʃ(ə)l] *a* 1. финансовый; ~ year отчётный [финансовый] год; ~ system [circles] финансовая система [-ые круги]; ~ administration ведение финансовых дел 2. платящий взносы (*о действительном члене в отличие от почётного*) 3. *австрал. разг.* платёжеспособный; обладающий материальным достатком

financially [f(a)ı'nænʃ(ə)lı] *adv* с точки зрения финансов, в финансовом отношении

financial service [f(a)ı'nænʃ(ə)l,sɜːvıs] финансовая консультационная фирма

financier I [f(a)ı'nænsıə] *n* 1) финансист; специалист по финансовым вопросам 2) капиталист, финансист

financier II [f(a)ı'nænsıə] *v* производить финансовые операции (*часто незаконные*)

fin back ['fınbæk] *зоол.* 1) кит-полосатик (*Balaenoptera gen.*) 2) финвал (*Balaenoptera physalus*)

finch [fıntʃ] *n* 1. *зоол.* вьюрок (*Fringillidae*) 2. *разг.* зяблик

find I [faınd] *n* 1) находка; this book [my new secretary] is a regular ~ эта книга [мой новый секретарь] — настоящая находка 2) открытие (*месторождения и т. п.*) 3) *горн.* новое месторождение

◇ a sure ~ а) *охот.* местонахождение зверя; б) человек, которого обязательно найдут /разыщут/

find II [faınd] *v* (found) I 1. 1) находить, отыскивать; to ~ means изыскать средства; to ~ nothing to say не найтись, что сказать; I can't ~ my book anywhere я нигде не могу найти свою книгу; I have found what I want я нашёл, что мне нужно; I run to ~ a doctor я побежал за врачом; he is not to be found его невозможно найти; его нигде нет; the committee must ~ a suitable man for the job комиссия должна подыскать подходящего человека для этой работы 2) найти (*случайно*), наткнуться, встретиться; to ~ a treasure найти клад; he found a coin in the dust он нашёл монету в пыли; to ~ some difficulty in doing smth. встретить затруднение в чём-л.; it is found everywhere это можно встретить где угодно; such men are not often found такие люди не часто встречаются 2. открывать, находить; to ~ a mistake in the calculations обнаружить ошибку в расчёте; to ~ the answer to the problem разрешить проблему, найти решение вопроса; he found a more modern method он открыл более современный метод; you must take us as you ~ us принимайте нас такими, какие мы есть 3. 1) обнаруживать; we must leave everything as we ~ it нужно оставить всё как есть /ничего не трогать/; I found the key missing я обнаружил, что ключа нет; when the doctor came he found him already dead когда пришёл врач, он уже был мёртв 2) застать, найти (*где-л., за каким-л. занятием*); to ~ smb. at home застать кого-л. дома; I found everybody out никого не оказалось дома, я никого не застал; she found him gone она обнаружила, что его нет /что он уехал или ушёл/; I found her waiting in the hall я увидел, что она ждёт меня в вестибюле; six months later we ~ him saying the exact opposite и вот полгода спустя он говорит прямо противоположные вещи; Christmas found him still looking for work на рождество он всё ещё был без работы 4. находить, обретать; to ~ a good friend [a supporter] in smb. обрести хорошего друга [сторонника] в ком-л.; to ~ courage to... найти в себе мужество, чтобы...; to ~ oneself а) найти и обрести себя, своё призвание; she suddenly found herself and left the family to work in a hospital она внезапно поняла, в чём её призвание, и уехала из дома, чтобы работать в больнице; to help the student to ~ himself as an individual помочь учащемуся осознать себя как личность; б) чувствовать себя; how do you ~ yourself today? как вы себя чувствуете сегодня?; his theory found no acceptance among scholars его теория не получила признания в учёных кругах; the new product found few buyers на новый товар почти не было спроса 5. достигать, попадать; the bullet found its mark пуля попала в цель; the blow found his chin удар пришёлся ему по подбородку; to ~ bottom in a lake коснуться дна озера 6. 1) считать, находить; to ~ it impossible [necessary, easy, difficult] to... считать невозможным [необходимым, лёгким, трудным] сделать что-л.; to ~ the terms reasonable находить условия приемлемыми; I ~

FIN — FIN

it pays to get up early я считаю, что имеет смысл рано вставать; this letter, arrived yesterday это письмо, как я вижу, пришло вчера; how do you ~ him? как вы его находите? 2) убеждаться, приходить к заключению; you will ~ that I am right вы убедитесь, что я прав; I found that I was mistaken я понял, что ошибся; I was surprised to ~ that... я с удивлением увидел, что...; it has been found that... выяснилось, что ...; you may ~ it do you good может оказаться, что это пойдёт вам на пользу 3) составить мнение; I found him a sensible man он показался мне разумным человеком; I ~ smth. repellent about the man мне кажется, что в этом человеке есть что-то отталкивающее; she found him pleasant to talk to она нашла в нём приятного собеседника 7. *юр.* 1) выносить приговор, определение, решение; they found a verdict of guilty они вынесли определение о виновности; the jury found the prisoner guilty присяжные признали подсудимого виновным; he was found guilty [innocent] его признали виновным [невиновным]; to ~ that the deceased had been murdered by a person unknown признать, что покойный был убит неизвестным лицом; to ~ for [against] the plaintiff решить в пользу [против] истца 2) удостоверять действительность документа 8. обеспечивать, субсидировать [*см. тж.* II Б 3]; to ~ one's son with everything necessary снабдить своего сына всем необходимым; the State ~s half of the sum, leaving the parent to ~ the rest государство оплачивает половину (расходов), глава семьи — остальное; £2 a week and ~ yourself 2 фунта в неделю без питания; all /everything/ found на всём готовом; wages £10 and all found жалованье 10 фунтов на всём готовом 9. *мат.* определять, вычислять; to (try to) ~ the value of the unknown quantity определять неизвестную величину 10. *воен.* выделять, выставлять; to ~ the advance guard выделить авангард 11. *охот.* взять след

II А выбрать, выделить, уделить (*время*); I can't ~ time to do it у меня нет времени на это, я не могу выбрать время /собраться/ сделать это

Б 1. 1) to find oneself somewhere оказаться, очутиться где-л.; I found myself in a dark forest я оказался в тёмном лесу; when he awoke he found himself in hospital когда он проснулся, то увидел, что находится в больнице; you will ~ yourself in prison soon if you act in that way будешь себя так вести, в тюрьму угодишь 2) to find oneself in a state оказаться, очутиться в каком-л. положении; she found herself in a dilemma она очутилась в затруднительном положении; he found himself at a loss он растерялся, он не знал, что ему делать 2. to find oneself doing smth. сделать что-л. неожиданно для себя; when I heard the details I found myself crying когда я услышал подробности, у меня покатились слёзы /я заплакал/; I found myself saying "yes" и вдруг неожиданно для себя я согласился 3. to find smb., oneself in smth. обеспечивать кого-л., себя чем-л. [*см. тж.* II 8]; she pays for her board and lodging but her father ~s her in clothes она платит за стол и квартиру, а отец одевает её; we are found in everything — house, food мы всем обеспечены — и жильём и пищей; the house was well found in plate and linen в доме было много посуды и столового белья; he was well found in classical learning он обладал большими познаниями в области античной культуры

◊ to ~ one's way попасть; пробраться, получить доступ; how did it ~ its way into this book? каким образом это попало в книгу?; how did he ~ his way into the laboratory? как ему удалось проникнуть в лабораторию?; to ~ one's bearings a) ориентироваться, определять своё местонахождение; б) осваиваться; wait till he ~s his bearing he'll show himself обожди, он ещё покажет себя, дай ему только освоиться; to ~ one's feet a) стоять на ножках, ходить (*о ребёнке*); б) освоиться, стать на ноги; в) оправиться (*после неудачи и т. п.*); to ~ one's tongue /voice/ вновь обрести дар речи; to ~ fault (with) *см.* fault I 3; to ~ favour *см.* favour I 1; to ~ it in one's heart to do smth. решиться на что-л.; I can't ~ it in my heart to scold him у меня не хватает духу бранить его

finder ['faɪndə] *n* 1. *см.* find II + -er; lost a ring, ~ will be rewarded утеряно кольцо, нашедший получит вознаграждение 2. *фото* видоискатель 3. *тех.* искатель; визирное приспособление, окуляр; вспомогательный телескоп 4. маклер (*особ. банковский*) 5. (-finder) *как компонент сложного слова* искатель; pathfinder следопыт; viewfinder видоискатель

◊ ~s keepers а) находка принадлежит нашедшему; б) «чур, моё!», «я нашёл!»

fin de siècle [ˌfændə'sjeklə] *фр.* характерный для конца XIX века; декадентский

finding ['faɪndɪŋ] *n* 1. находка, обнаружение, открытие 2. 1) решение (*суда*) 2) вывод, заключение (*комиссии и т. п.*); the ~s of the conference выводы конференции 3. *pl* полученные данные; добытые сведения 4. *pl* 1) приклад (*портного*) 2) фурнитура (*сапожника*)

find out ['faɪnd'aʊt] *phr v* 1) разузнать, выяснить; to ~ smb.'s name and occupation узнать чью-л. фамилию и профессию; when he will come разузнай, когда он придёт; we found out that he was gone мы узнали, что он уехал; I have found out all about it я всё выяснил; can you ~ when he is likely to arrive? вы не могли бы выяснить /выясните, пожалуйста,/, когда он может приехать? 2) раскрыть (*обман, тайну*); разгадать (*загадку*); to ~ the truth узнать правду, найти истину 3) разоблачить, уличить (*кого-л.*); he has been found out его разоблачили; to find smb. out in a lie поймать кого-л. на лжи, уличить кого-л. во лжи

◊ one's sin(s) will find one out преступление, совершённое человеком, когда-нибудь раскроется

fine[1] I [faɪn] *n* штраф; пеня; heavy ~ большой штраф; to impose a ~ налагать штраф

fine[1] II [faɪn] *v* штрафовать, налагать штраф, пеню; he was ~d half a crown его оштрафовали на полкроны

fine[2] [faɪn] *n уст.* конец; in ~ в общем; вкратце, словом; в заключение; в итоге

fine[3] I [faɪn] *a* 1. 1) ясный, хороший, сухой (*о погоде*); a ~ day погожий день; we sleep in the open when it's ~ в хорошую погоду мы спим на открытом воздухе 2) здоровый, хороший (*о воздухе, климате*) 2. прекрасный, превосходный; славный; ~ woman превосходная женщина [*см. тж.* 7]; ~ apples прекрасные яблоки; ~ singer прекрасный певец; ~ workman мастер своего дела; ~ future блестящее будущее; a ~ specimen прекрасный представитель /образец/; ~ example of Romanesque architecture прекрасный образец романской архитектуры; to have a ~ time хорошо провести время; that's ~ хорошо, согласен; ну и отлично 3. 1) тонкий; ~ thread [needle] тонкая нить [игла]; ~ linen [china] тонкое бельё [-ий фарфор]; ~ skin тонкая нежная кожа; ~ texture *спец.* микроструктура 2) с тонким концом, острый; ~ pen [edge] острое перо [лезвие] 4. мелкий; ~ sand мелкий песок; ~ dust тонкая пыль; ~ rain изморось; ~ gas разрежённый газ; ~ sieve тонкое сито; ~ soil *с.-х.* мелкокомковатая почва 5. чистый, очищенный, высококачественный; ~ copper чистая медь; gold 22 carats ~ золото 88 пробы; ~ chemicals *хим.* чистые реактивы; a wine of ~ bouquet ароматное /высококачественное/ вино; вино с тонким букетом 6. утончённый, изящный; тонкий, деликатный; ~ point /question/ тонкий /деликатный/ вопрос; ~ mind тонкий ум; ~ nature тонкая натура; ~ compliments изысканные комплименты; ~ manners прекрасные манеры, благовоспитанность; to dress with ~ taste одеваться с большим вкусом; to appeal to smb.'s ~r feelings взывать к чьим-л. лучшим чувствам 7. крупный, внушительный; ~ baby крупный ребёнок; ~ woman видная /представительная/ женщина [*см. тж.* 2]; a ~ slice of bread большой кусок /ломоть/ хлеба 8. нарядный, блестящий; ~ clothes элегантная одежда 9. претенциозный, жеманный; she is too much of a ~ lady for me она слишком жеманна; она строит из себя аристократку; ~ writing претенциозно-изысканный стиль; стилистические изыски 10. *эмоц.-усил.* большой; крайний; in a ~ embarrassment в крайнем замешательстве; you make a ~ mistake if you think that вы глубоко заблуждаетесь, если так думаете; he was in a ~ old temper! ну и взбесился же он!; to be in a ~ frenzy быть вне себя от ярости; that's a ~ excuse! хорошенькое оправдание; ~ goings-on ну и дела 11. *в грам. знач. сущ.* хорошая, ясная погода; to get home in the ~ добраться домой до дождя

◊ one /some/ ~ day, one of these ~ days в один прекрасный день; когда-нибудь; ~ as silk a) мягкий как шёлк; б) прекрасно себя чувствующий; ~ feathers make ~ birds *см.* feather I ◊; ~ and dandy *разг.* великолепный, превосходный; not to put too ~ a point on it откровенно говоря; выражаясь проще

fine[3] II [faɪn] *adv* 1. *разг.* тонко; прекрасно; to talk ~ говорить остроумно; that will suit me ~ это мне как раз подойдёт 2. *шотл.* конечно, определённо

◊ to cut /to run/ it too ~ дать слишком мало (*особ. времени*); he never misses his trains but he cuts it ~ он никогда не опаздывает на поезд, но всегда приходит в последнюю минуту

fine[3] III [faɪn] *v* 1. 1) очищать, делать прозрачным; to ~ gold очищать золото (*от примеси*) 2) очищаться, становиться прозрачным, ясным; the weather ~d погода прояснилась; the ale will ~ пиво отстоится 2. 1) делать мельче, тоньше; to ~ the soil придавать почве более тонкую структуру 2) становиться меньше, мельче, тоньше (*часто* ~ away, ~ down, ~ off); their profits have ~d away to nothing их доходы сошли на нет 3. заострять, делать острее (*тж. перен.*)

fine[4] [faɪn] *n* ирландский клан
fine[5] [ˈfiːnə] *n* муз. конец
fineable [ˈfaɪnəb(ə)l] = finable
fine art [ˌfaɪnˈɑːt] 1. = fine arts 2. большое умение; the ~ of making friends прекрасное умение находить друзей /завязывать знакомства/
fine arts [ˌfaɪnˈɑːts] изящные искусства; изобразительные искусства
fine-bored [ˌfaɪnˈbɔːd] *a* спец. тонкий, с узким отверстием (*о трубке*)
fine-boring [ˈfaɪnˌbɔːrɪŋ] *n* тонкая отделка ружейного или револьверного дула
fine-cut [ˌfaɪnˈkʌt] *n* 1. изящно отделанный, выточенный 2. измельчённый, тонко нарезанный (*о табаке и т. п.*)
fine-draw [ˈfaɪndrɔː] *v* (fine-drew; fine-drawn) 1. сшивать незаметным швом; штуковать 2. *тех.* волочить (*тонкие сорта проволоки*)
fine-drawn I [ˌfaɪnˈdrɔːn] *a* 1. сшитый незаметным швом 2. *тех.* тонкотянутый, тонкого волочения (*о проволоке*) 3. искусный; тонкий; ~ arguments [distinctions] тонкие аргументы [различия] 4. *спорт.* в хорошей форме (*без излишнего веса*)
fine-drawn II [ˌfaɪnˈdrɔːn] *p. p.* от fine-draw
fine-drew [ˈfaɪndruː] *past* от fine-draw
fine-earth [ˌfaɪnˈɜːθ] садовая земля
fine-fleece [ˌfaɪnˈfliːs] *a* тонкорунный; ~ sheep тонкорунная овца
fine-focused [ˌfaɪnˈfəʊkəst] *a* остро сфокусированный
fine-grained [ˌfaɪnˈɡreɪnd] *a* спец. 1. мелкозернистый; ~ film мелкозернистая плёнка; ~ print мелкозернистая позитивная копия кинофильма 2. мелкослойный (*о древесине*)
fineless [ˈfaɪnlɪs] *a* редк. безграничный, бесконечный
finely [ˈfaɪnlɪ] *adv* ясно *и пр.* [*см.* fine[3]]
finely-fibred [ˌfaɪnlɪˈfaɪbəd] *a* тонковолокнистый
fine mechanics [ˈfaɪnmɪˈkænɪks] *спец.* точная механика
fine-meshed [ˌfaɪnˈmeʃt] *a* мелкоячеистый, мелкий (*о сетке*)
fineness [ˈfaɪnnɪs] *n* 1. тонкость; ~ of thread тонкость нити 2. изящество, гибкость 3. 1) чистота, высокое содержание металла; the ~ of these silver coins is 9/10 в этих монетах содержится 9/10 чистого серебра 2) проба (*благородных металлов*) 4. совершенство, высокое качество; to surpass in ~ превосходить /быть выше/ по качеству 5. острота, тонкость, сила; ~ of intellect острота ума; ~ of observation точность наблюдения; тонкая наблюдательность; ~ of feelings острота чувств 6. *спец.* мелкозернистость
fine-pored [ˌfaɪnˈpɔːd] *a* мелкопористый, тонкопористый
fine print [ˌfaɪnˈprɪnt] 1) мелкая печать; мелкий шрифт 2) (the ~) важная информация, напечатанная мелким шрифтом (*в контракте и т. п.*); read the ~ before signing тщательно изучить все условия, прежде чем подписать
finer [ˈfaɪnə] *n* метал. кричный мастер
finery[1] [ˈfaɪn(ə)rɪ] *n* пышный наряд, украшение, убранство; cheap ~ дешёвые украшения, блестящие побрякушки; the garden is in its summer ~ сад стоит в своём пышном летнем убранстве; decked out in all her ~ разодетая во всё самое лучшее /в пух и в прах/
finery[2] [ˈfaɪn(ə)rɪ] *n* метал. кричный горн; ~ hearth пудлинговая печь
fines [faɪnz] *n pl* горн. мелочь (*руда, уголь и т. п.*), штыб, высевки

fines herbes [ˌfiːnzˈeəb] *фр. кул.* душистая приправа; кухонные травы
fine-spun [ˈfaɪnspʌn] *a* 1. тонкий (*о ткани*) 2. 1) запутанный, хитросплетённый; ~ theories запутанные, хитроумные теории 2) слишком изощрённый
finesse I [fɪˈnes] *n* 1. тонкость, тактичность; to show ~ проявить такт 2. 1) искусность, мастерство 2) хитрость 3) ухищрение; ловкий приём 3. *карт.* прорезывание (*ход*)
finesse II [fɪˈnes] *v* 1. искусно, тонко, дипломатично действовать 2. хитростью вовлекать (*во что-л.*); ловко обойти (*кого-л.*) 3. *карт.* прорезать
finest [ˈfaɪnɪst] *n* (the ~) *употр. с гл. во мн. ч.* часто ирон. полицейские; the city's ~ городская полиция
fine-tooth [ˈfaɪntuːθ] *a* 1) частый (*о гребне*) 2) тщательный, подробный, ничего не упускающий; ~ survey детальное исследование
fine-tooth(ed) comb [ˌfaɪntuːθ(t)ˈkəʊm] *амер.* частый гребень
◇ to go over with a ~ прочесать что-л.; тщательно изучить /рассмотреть/ что-л.
fine-tune [ˈfaɪntjuːn] *v* 1) тонко настраивать (*радиоприёмник и т. п.*) 2) точно регулировать; мелочно регламентировать (*экономику и т. п.*)
fine-wool, fine-wooled [ˌfaɪnˈwʊl, -d] *a* тонкорунный
fine-zoned [ˌfaɪnˈzəʊnd] *a* спец. тонкослойный (*о древесине*)
fin-fish [ˈfɪnˌfɪʃ] *n* 1. = fin back 2. *амер. разг.* настоящая рыба (*в отличие от креветок и т. п.*)
finfoot [ˈfɪnfʊt] *n* зоол. лапчатоног (*Heliornithidae*)
finger I [ˈfɪŋɡə] *n* 1. 1) палец; перст; index ~ указательный палец; middle ~ средний палец; the ring ~ безымянный палец; little ~ мизинец; ~ notation *муз.* аппликатура; the ~ of Fate [of God] перст судьбы [перст божий]; they can be counted on the ~s of one hand их можно пересчитать по пальцам; to twist one's ~s ломать пальцы (*в волнении, горе*); to eat with one's ~s есть что-л. руками; I never laid a ~ on her! я её никогда и пальцем не тронул! 2) стрелка часов (*тж. перчатки и т. п.*) 2. 1) указатель на шкале 3. 1) ширина пальца (*как мера длины, около 3/4 дюйма*); two ~s of gin джина на два пальца (*отмеряется на стакане*) 2) фингер [*см. тж.* Приложение]; длина пальца (*около 4½ дюйма*) 3) чуточка; just a ~ of bread маленький кусочек хлеба 4. *муз.* туше; she has a very good ~ у неё прекрасное туше 5. *тех.* (направляющий) штифт 6. *фарм.* палочка лекарственного растения; ~ of rhubarb палочка ревеня 7. грубый жест; ~ики кукиш
◇ by a ~'s breadth еле-еле; his ~s are all thumbs он очень неловок /неуклюж/; ≅ у него всё из рук валится; to be ~ and thumb быть закадычными /неразлучными/ друзьями; ~ on the wall а) *библ.* рука на стене; б) зловещее предзнаменование; to burn one's ~s, to get one's ~s burned, to put one's ~s in the fire поплатиться за непрошенное вмешательство (*во что-л.*); ≅ обжечься на чём-л.; to dip /to put/ one's ~ in smth. вмешиваться во что-л.; to have a ~ in smth. участвовать в чём-л., иметь касательство к чему-л.; вмешиваться во что-л.; to have a ~ in the pie быть замешанным в чём-л.; приложить руку к чему-л.; to cock one's little ~, напиваться; to give smb. the ~ обмануть чьи-л. ожидания; nothing that I can put my ~ on ничего определённого, ничего точного, ничего реаль-

FIN — FIN   **F**

ного; to let slip between /through/ one's ~s упустить что-л.; not to lift /to move, to raise, to stir/ a ~ пальцем не пошевелить, палец о палец не ударить; to look through one's ~s смотреть сквозь пальцы; his ~s itch у него руки чешутся (*сделать что-л.*); to rap smb.'s ~s наказать кого-л., сделать кому-л. выговор, дать нагоняй; to snap one's ~ at smth. смотреть с презрением на кого-л., на что-л.; игнорировать кого-л., что-л.; to stick in /to/ smb.'s ~s прилипать к рукам (*особ. о деньгах*); to turn /to twist, to wind/ smb. round one's (little) ~ помыкать кем-л.; ≅ вить верёвки из кого-л.; with a wet ~ с лёгкостью, без труда; to work one's ~s to the bone работать не покладая рук; to keep one's ~s crossed складывать пальцы крестообразно (*от дурного глаза*); keep your ~s crossed тьфу, тьфу, не сглазьте!; ~ on the button *амер. полит.* палец на кнопке, готовность развязать ядерную войну; ~ in the dike отчаянная попытка спасти положение
finger II [ˈfɪŋɡə] *v* 1. трогать, прикасаться пальцами; вертеть в руках (*тж.* ~ over); to ~ through the cards перебирать карты; she ~ed the rich silk она пощупала плотный шёлк 2. 1) играть на музыкальном инструменте; to ~ a piano [a guitar] бренчать на рояле [на гитаре] 2) *муз.* указывать аппликатуру 3. *сл.* воровать, красть; to ~ smb.'s money присваивать чужие деньги 4. 1) указывать (пальцем); устанавливать (*личность, причину и т. п.*) 2) *сл.* опознать кого-л.; донести на кого-л. (*полиции*); ≅ указать пальцем
finger-alphabet [ˈfɪŋɡə(r)ˌælfəbet] *n* азбука глухонемых
fingerboard [ˈfɪŋɡəbɔːd] *n* 1) гриф 2) клавиатура
finger-bowl [ˈfɪŋɡəbəʊl] *n* небольшая чаша (*для ополаскивания пальцев*)
fingerbreadth [ˈfɪŋɡəbredθ] *n* ширина пальца (*как мера длины*)
finger-cushion [ˈfɪŋɡəˌkʊʃ(ə)n] *n* подушечка пальца
finger-cymbals [ˈfɪŋɡəˌsɪmb(ə)lz] *n pl* кастаньеты
fingered [ˈfɪŋɡəd] *a* 1. испачканный, захватанный пальцами 2. *бот.* пальчатый; пальцевидный 3. (-fingered) как компонент сложных слов имеющий такие-то пальцы или столько-то пальцев; three-fingered трёхпалый
finger-end [ˈfɪŋɡə(r)end] = fingertip
fingerer [ˈfɪŋɡ(ə)rə] *n сл.* вор; взяточник
finger-fish [ˈfɪŋɡəfɪʃ] *n* зоол. морская звезда (*Asteroidea*)
finger-flower [ˈfɪŋɡəˌflaʊə] = foxglove
finger-glass [ˈfɪŋɡəɡlɑːs] = finger-bowl
finger-guard [ˈfɪŋɡəɡɑːd] *n* предохранитель для пальцев (*особ. у меча, шпаги*)
finger-hole [ˈfɪŋɡəhəʊl] *n* боковое отверстие, клапан (*в духовом инструменте*)
fingering[1] [ˈfɪŋɡ(ə)rɪŋ] *n* 1. прикосновение пальцев; быстрое движение пальцев 2. игра на музыкальном инструменте 3. *муз.* аппликатура
fingering[2] [ˈfɪŋɡ(ə)rɪŋ] *n* тонкая шерсть (*для чулок*)
fingerling [ˈfɪŋɡəlɪŋ] *n* 1. *спец.* пестрянка, молодь лосося 2. 1) рыбка, рыбёшка 2) крошка, капелька (*о чём-л. маленьком*)
fingermark I [ˈfɪŋɡəmɑːk] *n* 1. след, пятно от пальца 2. дактилоскопический отпечаток (*пальца*)

765

FIN — FIR

fingermark II ['fɪŋgəmɑːk] *v* захватать пальцами

finger-mirror ['fɪŋgəˌmɪrə] *n* ручное зеркало (*зубного врача*); зубное зеркало

fingernail ['fɪŋgəneɪl] *n* ноготь пальца (*руки*)
◊ to the ~s полностью, абсолютно

finger-nut ['fɪŋgənʌt] *n тех.* гайка-барашек

finger-paint I ['fɪŋgəpeɪnt] *n* смывающаяся краска для рисования

finger-paint II ['fɪŋgəpeɪnt] *v* рисовать пальцами (*смывающейся краской, обыкн. о детях*)

finger-parted [,fɪŋgə'pɑːtɪd] *a бот.* пальчатый

fingerplate ['fɪŋgəpleɪt] *n* наличник дверного замка

finger-popping ['fɪŋgəˌpɒpɪŋ] *a* с подчёркнутым ритмом (*о музыке*)

fingerpost ['fɪŋgəpəʊst] *n* **1.** указательный столб на развилке дороги (*часто в виде пальца*) **2.** *сл.* священник

fingerprint I ['fɪŋgəˌprɪnt] *n* **1.** отпечаток пальца **2.** характерный признак (*чего-л.*); свой почерк (*писателя*); печать (*гения и т. п.*) **3.** *биохим.* пептидная карта

fingerprint II ['fɪŋgəˌprɪnt] *v* **1.** снимать отпечатки пальцев **2.** опознавать по характерным признакам

fingerprinting ['fɪŋgəˌprɪntɪŋ] *n* снятие отпечатков пальцев

fingerstall ['fɪŋgəstɔːl] *n* напальчник

finger-stone ['fɪŋgəstəʊn] *n* белемнит, «чёртов палец»

fingertip ['fɪŋgəˌtɪp] *n* кончик пальца; ~ information всегда доступный источник информации; to have smth. at one's ~s иметь что-л. под рукой; Nick has the whole subject at his ~s Ник знает этот предмет как свои пять пальцев; to one's ~s с головы до пят; he's British to his ~s он типичный англичанин

finger wave ['fɪŋgəweɪv] холодная завивка (*волос*)

finial ['faɪnɪəl] *n архит.* заканчивающее украшение, флерон *и т. п.*

finical ['fɪnɪk(ə)l] *a книжн.* **1)** разборчивый, придирчивый, мелочно-требовательный **2)** жеманный; аффектированный; манерный

finick ['fɪnɪk] *v неодобр.* **1)** проявлять чрезмерную разборчивость, требовательность; придираться **2)** возиться, копаться; ковыряться (*в тарелке*)

finicking ['fɪnɪkɪŋ] *a книжн.* (*излишне*) утончённый, изысканный, вычурный

finicky ['fɪnɪkɪ] *a неодобр.* разборчивый, придирчивый; мелочно-требовательный; ≅ на него не угодишь

finific [faɪ'nɪfɪk] *a книжн.* ограничивающий

fining ['faɪnɪŋ] *n тех.* очистка, рафинирование; ~ agent *хим.* осветляющее вещество; ~ process *метал.* передельный процесс

finis ['fɪnɪs] *n* (*pl* finises) *лат.* конец
finis coronat opus [,fɪnɪskə'rəʊnæt'əʊpəs] *лат.* конец венчает дело; ≅ конец — делу венец

finises ['fɪnɪsɪz] *pl om* finis

finish I ['fɪnɪʃ] *n* **1.** 1) конец, окончание; to be in at the ~ присутствовать при окончании (*состязания и т. п.*); to fight to a ~ бороться до конца; that was the ~ of him это добило его 2) *спорт.* финиш; ~ post финишная стойка 3. законченность, завершённость; совершенство; to lack ~ быть неотделанным; быть далёким от совершенства; the want of ~ недостаточность отделки; незавершённость; his manners lack ~ его манеры нельзя назвать изысканными; он несколько неотёсан **3.** завершающая деталь; the picture gives just the right ~ to the room картина удачно завершает убранство комнаты; to give a smooth /delicate/ ~ заканчивать гладко /изящно/ **4.** 1) *тех.* отделка, доводка; полировка; чистовая обработка 2) *текст.* аппретура 3) чистота поверхности **5.** *сл.* место, где заканчиваются ночные кутежи **6.** *с.-х.* финиш; последняя фаза откорма

finish II ['fɪnɪʃ] *v* **1.** 1) кончать, заканчивать; завершать; to ~ one's work закончить работу; to ~ doing smth. заканчивать /прекращать/ (делать) что-л.; to ~ one's military service отбыть срок службы в армии; you will ~ by breaking your neck дело кончится тем, что вы сломаете себе шею 2) заканчиваться, кончаться; to ~ in a point заканчиваться остриём; the war hasn't ~ed yet война ещё не кончилась **2.** 1) отделывать; сглаживать; выравнивать 2) доводить до совершенства 3) полировать, доводить начисто; to ~ a table with varnish покрыть стол лаком **3.** доводить *или* использовать до конца; заканчивать что-л. начатое (*тж.* ~ up); to ~ a book закончить книгу; he ~ed the meal to the last crumb он доел до последней крошки **4.** *разг.* 1) прикончить, убить; погубить; the fever nearly ~ed him лихорадка чуть не /почти/ доконала его; the scandal ~ed his carrier этот скандал погубил его карьеру; now that I've lost my job I'm ~ed теперь, когда я потерял работу, я человек конченый; the news will ~ your father эта новость может вогнать в гроб вашего отца 2) до крайности изнурить; the long climb almost ~ed him долгий подъём изнурил его 3) (with) покончить; больше не нуждаться (*в ком-л., чём-л.*); I'll borrow the dictionary if you've ~ed with it я возьму словарь, если он вам больше не нужен; if you have ~ed with me, sir, I'll go home если я вам больше не нужен, сэр, я поеду домой; I have not ~ed with you yet я ещё не всё тебе сказал (*обыкн. в ходе ссоры и т. п.*) 4) (with) покончить (*с кем-л.*); порвать связь; I've ~ed with Nina между мной и Ниной всё кончено **5.** завершить образование, воспитание; she was ~ed at Miss A.'s она получила образование в пансионе мисс А. **6.** *спорт.* финишировать; he ~ed third он пришёл к финишу третьим **7.** *с.-х.* завершать откорм

finished ['fɪnɪʃt] *a* 1) законченный, завершённый; совершенный; отделанный; ~ manners изысканные манеры; ~ gentleman настоящий джентльмен; a very ~ performance исполнение — верх совершенства; a beautifully ~ wood отлично отполированное дерево 2) *спец.* готовый; обработанный; ~ ore *горн.* отсортированная /чистая/ руда; ~ product *эк.* готовая продукция; ~ trench *воен.* траншея полного профиля; ~ size *тех.* чистовой размер; размер готового изделия; ~ to gauge *тех.* обработанный по калибру (*точно по размеру*)

finisher ['fɪnɪʃə] *n* **1.** *см.* finish II + -er **2.** 1) отделочник; аппретурщик 2) приспособление для окончательной, чистовой отделки **3.** финишер (*дорожная машина*) **4.** *разг.* 1) сокрушающий удар 2) решающий довод
◊ F. of the Law палач

finishing I ['fɪnɪʃɪŋ] *n* **1.** завершение, отделка **2.** 1) *тех.* отделка, чистовая обработка, доводка; полировка 2) *текст.* аппретура 3) *метал.* рафинирование

finishing II ['fɪnɪʃɪŋ] *a* завершающий; the ~ stroke а) последний /смертельный/ удар, б) = the ~ touch(es); the ~ touch(es) последние штрихи /мазки/; заключительный аккорд *и т. п.*; to give /to put/ the ~ touch(es) завершать, заканчивать, отделывать, наносить последние штрихи

finishing-coat ['fɪnɪʃɪŋkəʊt] *n* 1) последний, верхний слой краски 2) *стр.* накрывочный слой, отделочный слой

finishing school ['fɪnɪʃɪŋskuːl] пансион благородных девиц (*готовит к светской жизни*)

finish off ['fɪnɪʃ'ɒf] *phr v* **1.** завершать; to ~ a piece of work закончить работу; to ~ a picture завершить картину **2.** добивать; to ~ a wounded beast прикончить раненое животное **3.** = finish up 3

finish up ['fɪnɪʃ'ʌp] *phr v* **1.** = finish off 1 **2.** закончить отделку **3.** доесть, допить *и т. п.*; he finished up the remains of my whisky он допил всё, что оставалось от моего виски **4.** (with) прекратить связь, порвать (*с кем-л.*)

finite ['faɪnaɪt] *a* **1.** 1) ограниченный, имеющий предел 2) *мат.* ограниченный, конечный **2.** *грам.* личный (*о глаголе*)

finitesimal [,faɪnɪ'tesɪm(ə)l] *a мат.* конечный

finitude ['fɪnɪtjuːd] *n мат.* конечность

fink I [fɪŋk] *n преим. амер. сл.* 1) штрейкбрехер 2) шпик, доносчик 3) прохвост, подлец

fink II [fɪŋk] *v амер. сл.* **1.** 1) быть штрейкбрехером, доносчиком, быть стукачом **2.** (out of) дезертировать (*откуда-л.*); стать ренегатом (*какой-л. организации*) [*см. тж.* fink out 1)]

fink out [fɪŋk'aʊt] *phr v* 1) стать предателем, ренегатом [*см. тж.* fink II 2] 2) провалиться, осрамиться 3) нарушить обещание, обязательство *и т. п.*

finlet ['fɪnlɪt] *n* плавничок

Finn [fɪn] *n* финн; финка; the ~s *собир.* финны

finnan ['fɪnən] *n* копчёная пикша

finned [fɪnd] *a* **1.** имеющий плавники; снабжённый плавниками **2.** *тех.* ребристый

Finnic ['fɪnɪk] *a* финский

Finnish I ['fɪnɪʃ] *n* финский язык

Finnish II ['fɪnɪʃ] *a* финский

Finno-Ugric [,fɪnəʊ'juːgrɪk] *a* финно-угорский (*о языках*)

finny ['fɪnɪ] *a* **1.** имеющий плавники; ~ tribes *поэт.* рыбы **2.** похожий на плавник **3.** *поэт.* рыбный, богатый рыбой

fiord [fjɔːd] *n* фьорд, фиорд

fioritura [ˌfjɔːrɪ'tʊ(ə)rə] *n* (*pl* -re) *муз.* фиоритура

fioriture [ˌfjɔːrɪ'tʊ(ə)r(e)ɪ] *pl om* fioritura

fir [fɜː] *n бот.* 1) пихта (*Abies gen.*) 2) ель (*Picea*); ~ cone /apple/ еловая шишка

fire I ['faɪə] *n* **1.** 1) огонь, пламя; ~ endurance огнестойкость; ~ point *тех.* температура воспламенения; to keep up a good ~ поддерживать сильный огонь; to be on ~ гореть; быть в огне /в пламени/; to set on ~, to set ~ to поджигать; to catch /to take/ ~ загораться, воспламеняться; to cook smth. on a slow ~ готовить что-л. на медленном огне; to strike ~ высекать огонь; to lay the /a/ ~ разложить огонь /костёр/ 2) топка, печь, камин; electric ~ электрическая печка; ~ электрический камин; gas ~ газовая плита; газовый камин; to light the ~, to make up the ~ развести огонь, затопить печку; to stir /to poke/ the ~ помешать в печке; to nurse the ~ поддерживать огонь; to mend the ~ усиливать огонь, подбрасывать дрова *и т. п.*; to blow the ~

а) раздува́ть ого́нь; б) разжига́ть недово́льство /страсть, вражду́ и т. п./ 2. пожа́р; forest ~s лесны́е пожа́ры; ~ prevention противопожа́рная те́хника; противопожа́рные мероприя́тия; house that has suffered ~ дом, пострада́вший от пожа́ра 3. жар, лихора́дка; St. Anthony's ~ мед. анто́нов ого́нь, ро́жистое воспале́ние, ро́жа 4. пыл, воодушевле́ние; жи́вость; sacred ~ «свяще́нный ого́нь», вдохнове́ние; ~ and fury пла́менность, неи́стовая страсть; full of ~ and courage пы́лкий и му́жественный 5. 1) воен. оруди́йный ого́нь, стрельба́; running ~ а) бе́глый ого́нь; б) град возраже́ний, крити́ческих замеча́ний; under ~ под огнём, под обстре́лом; to be under ~ а) подверга́ться обстре́лу; б) служи́ть мише́нью для напа́док; to direct one's ~ against а) направля́ть ого́нь на; б) обру́шиваться на; to draw the ~ of (the enemy) а) вы́звать на себя́ ого́нь (проти́вника); б) вы́звать кри́тику /возраже́ния/; to hand ~ а) производи́ть затяжно́й вы́стрел; б) дать осе́чку; to miss ~ а) дать осе́чку; б) бить ми́мо це́ли, не дости́чь це́ли; не дать до́лжного эффе́кта; to open ~ а) открыва́ть ого́нь; б) выступа́ть про́тив (кого́-л.); to stand ~ а) вы́держивать ого́нь проти́вника; б) выде́рживать кри́тику /испыта́ние/; to cease ~ прекраща́ть ого́нь; line of ~ ли́ния огня́; ~ at will одино́чный ого́нь; ~ for adjustment пристре́лка; ~ for demolition ого́нь на разруше́ние; ~ for effect ого́нь на пораже́ние; ~ over (open) sights стрельба́ прямо́й наво́дкой 2) пуск раке́ты 6. блеск, сверка́ние; the ~ of a diamond сверка́ние алма́за 7. в грам. знач. прил. 1) воен. огнево́й; ~ accompaniment огнево́е сопровожде́ние; ~ assault огнево́й налёт; ~ power огнева́я мощь; ~ command /order/ кома́нда для стрельбы́; ~ co-operation огнево́е взаимоде́йствие; ~ cover /support/ огнева́я подде́ржка; ~ curtain огнева́я заве́са; ~ density пло́тность огня́; ~ effect огнево́е возде́йствие; ~ mission огнева́я зада́ча; ~ sector се́ктор обстре́ла; ~ trench транше́я 2) пожа́рный, противопожа́рный; связанный с огнём; ~ point тех. температу́ра воспламене́ния или вспы́шки; ~ prevention противопожа́рные мероприя́тия
◇ ~s of heaven поэт. небе́сные огни́, звёзды; liquid ~ кре́пкие спиртны́е напи́тки; council ~ ист. костёр инде́йцев, разводи́мый во вре́мя совеща́ний; between two ~s ме́жду двух огне́й; to play with ~ ~ игра́ть с огнём; to flight with ~ ≅ клин кли́ном вышиба́ть; one ~ drives out another ≅ клин кли́ном вышиба́ют; ~ and brimstone а́дские му́ки; ~ and brimstone! ≅ чёрт возьми́!; to flash /to shoot/ ~ мета́ть и́скры (о глаза́х); to go through ~ and water пройти́ ого́нь и во́ду; to pull /to snatch/ smb. out of the ~ спасти́ кого́-л., вы́ручить кого́-л. из беды́; with ~ and sword огнём и мечо́м; to put to ~ and sword преда́ть огню́ и мечу́; ~ and water are good servants, but bad masters ≅ ого́нь и вода́ хоро́шие слу́ги челове́ка, но во́ли им дава́ть нельзя́; out of the frying-pan into the ~ ≅ из огня́ да в по́лымя; to add fuel to the ~ ≅ подли́ть ма́сла в ого́нь; there is no smoke without ~ посл. нет ды́ма без огня́; ~ that's closest kept burns most of all посл. скры́тый ого́нь сильне́е гори́т; the ~ which lights /warms/ us at a distance will burn us when near посл. ого́нь, гре́ющий нас на расстоя́нии, жжёт вблизи́; a little ~ is quickly trodden out посл. ≅ ле́гче погаси́ть и́скру, чем потуши́ть пожа́р; и́скру туши́ до пожа́ра

fire II [ˈfaɪə] v 1. зажига́ть, разжига́ть, поджига́ть; to ~ a house подже́чь дом; to ~ a boiler тех. развести́ котёл 2. 1) воспламеня́ть; взрыва́ть; to ~ a hole горн. взорва́ть шпур; to ~ a mine взорва́ть ми́ну 2) воспламеня́ться 3. 1) воодушевля́ть, воспламеня́ть; to ~ with anger [with pride] разжига́ть гнев [го́рдость] 2) воодушевля́ться, загора́ться (чем-л.) 4. 1) стреля́ть, производи́ть вы́стрел; вести́ ого́нь; ~! ого́нь! (кома́нда); to ~ blank стреля́ть холосты́ми патро́нами; to ~ smoke вести́ ого́нь дымовы́ми снаря́дами; to ~ a target обстре́ливать цель; to ~ a volley дать залп; to ~ at /on, upon/ smb., smth. стреля́ть в кого́-л., по чему́-л.; to ~ at a target стреля́ть по це́ли; police ~d into the crowd поли́ция стреля́ла в толпу́ 2) запуска́ть; ~! пуск! (кома́нда); to ~ a rocket запусти́ть раке́ту 5. прижига́ть (калёным желе́зом) 6. топи́ть (печь) 7. 1) обжига́ть (кирпичи́, кера́мику) 2) суши́ть (чай и т. п.) 8. 1) швыря́ть, броса́ть; to ~ wet clothes into a corner швырну́ть мо́крые ве́щи в у́гол; to ~ a grenade бро́сить грана́ту 2) выпали́ть; to ~ questions at smb. засыпа́ть кого́-л. вопро́сами 9. амер. разг. увольня́ть, выгоня́ть с рабо́ты
fire ahead [ˈfaɪə(r)əˈhed] = fire away 1
fire alarm [ˈfaɪ(ə)rəˌlɑːm] 1. пожа́рная трево́га 2. автомати́ческий пожа́рный сигна́л
fire-arm [ˈfaɪ(ə)rɑːm] n обыкн. pl огнестре́льное ору́жие
fire assay [ˈfaɪ(ə)rəˌseɪ] тех. суха́я про́ба, пробирный ана́лиз
fire away [ˈfaɪə(r)əˈweɪ] phr v 1. разг. начина́ть говори́ть; ~! дава́й!, начина́й!; I want to ask you something.— F. я хочу́ вас ко́е о чём спроси́ть. — Ну, дава́й, я слу́шаю 2. расстре́лять (патро́ны)
fireback [ˈfaɪəbæk] n 1) глубина́ ками́на 2) за́дняя сте́нка ками́на (часто декорати́вная)
fireball [ˈfaɪəbɔːl] n 1. боли́д 2. шарова́я мо́лния 3. воен. ист. зажига́тельное ядро́ 4. физ. файербо́л
fire-bar [ˈfaɪəbɑː] n тех. колосни́к
firebird [ˈfaɪəbɜːd] n 1. воен. 1) управля́емая торпе́да 2) зени́тный реакти́вный снаря́д «файербёрд» 2. (the F.) фольк., муз. жар-пти́ца
fireboat [ˈfaɪəbəʊt] n мор. пожа́рный ка́тер
fire bomb [ˈfaɪəbɒm] зажига́тельная бо́мба
firebomb [ˈfaɪəbɒm] v воен. броса́ть зажига́тельные бо́мбы
fire boss [ˈfaɪəbɒs] амер. горн. деся́тник по га́зу
firebox [ˈfaɪəbɒks] n тех. то́пка, огнева́я коро́бка
firebrand [ˈfaɪəbrænd] n 1. головня́, головёшка 2. зачи́нщик, подстрека́тель; смутья́н
fire-break [ˈfaɪəbreɪk] n противопожа́рная полоса́; просе́ка (в лесу́)
firebreak [ˈfaɪəbreɪk] n перехо́д от обы́чных войн и вооруже́ний к глоба́льным я́дерным (во́йнам)
firebrick [ˈfaɪəbrɪk] n огнеупо́рный кирпи́ч
fire-bridge [ˈfaɪəbrɪdʒ] n тех. пла́менный поро́г; то́почный поро́г
fire brigade [ˈfaɪəbrɪˌɡeɪd] пожа́рная кома́нда
firebug [ˈfaɪəbʌɡ] n амер. разг. поджига́тель
fireclay [ˈfaɪəkleɪ] n огнеупо́рная гли́на
fire-cock [ˈfaɪəkɒk] n пожа́рный кран
fire-company [ˈfaɪəˌkʌmpənɪ] n 1. = fire brigade 2. о́бщество страхова́ния от огня́

fire-control [ˈfaɪəkənˌtrəʊl] n 1. борьба́ с лесны́ми пожа́рами 2. воен. управле́ние огнём; ~ map артиллери́йская ка́рта; ~ station пост управле́ния артогнём
firecracker [ˈfaɪəˌkrækə] n шути́ха, фейерве́рк
fire-cured [ˈfaɪəˌkjʊəd] a огнево́й су́шки (о табаке́)
fired [ˈfaɪəd] a 1) взо́рванный 2) стре́ляный; ~ cartridge воен. стре́ляная ги́льза
firedamp [ˈfaɪədæmp] n рудни́чный газ, грему́чий газ
fire department [ˈfaɪədɪˌpɑːtmənt] амер. пожа́рное депо́
firedog [ˈfaɪədɒɡ] n = andiron
fire-door [ˈfaɪədɔː] n тех. то́почная две́рца
firedrake [ˈfaɪədreɪk] n миф. огнеды́шащий драко́н; ≅ Змей Горы́ныч
fire-drill [ˈfaɪədrɪl] n 1. пожа́рное уче́ние 2. па́лочка для добыва́ния огня́
fire-eater [ˈfaɪə(r)ˌiːtə] n 1. пожира́тель огня́ (фо́кусник); брете́р; драчу́н 3. ирон. стра́стный боре́ц (за что-л.); пла́менный ора́тор и т. п.
fire-engine [ˈfaɪə(r)ˌendʒɪn] n 1) пожа́рный насо́с 2) пожа́рная маши́на
fire-escape [ˈfaɪə(ə)rɪˌskeɪp] n 1. 1) пожа́рная ле́стница 2) пожа́рный вы́ход, запа́сный вы́ход 2. пожа́рная маши́на с выдвижно́й ле́стницей
fire-extinguisher [ˈfaɪ(ə)rɪkˌstɪŋɡwɪʃə] n огнетуши́тель
fire-eyed [ˈfaɪ(ə)raɪd] a поэт. с пыла́ющим взо́ром
fire-fang [ˈfaɪəfæŋ] v с.-х. сгоре́ть, перепре́ть (о зерне́ и т. п.)
fire-fanging [ˈfaɪəˌfæŋɪŋ] n с.-х. самосогрева́ние, самовозгора́ние (зерна́)
fire-fight [ˈfaɪəfaɪt] n перестре́лка
fire-fighter [ˈfaɪəˌfaɪtə] n пожа́рный, пожа́рник (особ. лесно́й)
fire-fighting [ˈfaɪəˌfaɪtɪŋ] n пожа́рное де́ло; противопожа́рные мероприя́тия; борьба́ с пожа́рами (особ. лесны́ми)
fireflaught [ˈfaɪəflɔːt] n шотл. мо́лния; вспы́шка мо́лнии
firefly [ˈfaɪəflaɪ] n 1. жук-светля́к 2. густо́й желтова́то-кра́сный цвет
fire-grate [ˈfaɪəɡreɪt] n 1. ками́нная решётка 2. тех. колоснико́вая решётка
fireguard [ˈfaɪəɡɑːd] n 1. ками́нная решётка 2. пожа́рный, пожа́рник 3. лес. противопожа́рная полоса́
fire handler [ˈfaɪəˌhændlə] член се́кты огнепокло́нников
fire-hazardous [ˈfaɪəˌhæzədəs] a огнеопа́сный
fire-hook [ˈfaɪəhʊk] n 1. пожа́рный баго́р 2. тех. шурова́льный лом
fire-hose [ˈfaɪəhəʊz] n пожа́рный рука́в, шланг
fire hydrant [ˈfaɪəˌhaɪdrənt] амер. = fireplug
fire insurance [ˈfaɪə(r)ɪnˌʃʊ(ə)rəns] страхова́ние от огня́
fire irons [ˈfaɪ(ə)raɪənz] ками́нный прибо́р (кочерга́, ками́нные щипцы́, сово́к)
fireless [ˈfaɪəlɪs] a 1) без огня́ 2) поту́хший
firelight [ˈfaɪəlaɪt] n свет от ками́на
firelighter [ˈfaɪəˌlaɪtə] n расто́пка
firelock [ˈfaɪəlɒk] a 1. кремнёвое ружьё; кремнёвый замо́к 2. кремнёвое ружьё; ~ musket кремнёвый мушке́т
fireman [ˈfaɪəmən] n (pl -men [-mən]) 1. пожа́рный 2. кочега́р 3. 1) взры́вник 2) горн. деся́тник по га́зу

fire marshal ['faɪəˌmɑːʃ(ə)l] *амер.* начальник пожарной охраны
fire off ['faɪə(r)'ɒf] *phr v разг.* 1) палить; выстрелить 2) выпалить; to ~ jests at smb. без конца подтрунивать над кем-л. 2. истратить; have you fired off all your questions? вы все свои вопросы исчерпали? 3. расстрелять (*патроны*)
fire office ['faɪə(r)ˌɒfɪs] общество, компания по страхованию от огня
fire opal ['faɪə(r)ˌəʊp(ə)l] *мин.* огненный опал
fire out ['faɪə(r)'aʊt] *phr v амер. разг.* увольнять; выгонять с работы
fire-pan ['faɪəpæn] *n* жаровня
fire-piece ['faɪəpiːs] = fire-arm
fireplace ['faɪəpleɪs] *n* 1. камин, очаг 2. топка; кузнечный горн
fireplug ['faɪəplʌɡ] *n* гидрант, пожарный кран
fire policy [ˌfaɪə'pɒlɪsɪ] полис страхования от огня
firepot ['faɪəpɒt] *n* 1. *ист.* зажигательный снаряд (*горючий состав в глиняной оболочке*) 2. топка (*печи*) 3. *метал.* тигель
fire power ['faɪəˌpaʊə] *воен.* огневая мощь
fireproof I ['faɪəpruːf] *a* огнеупорный, жаропрочный, огнестойкий; несгораемый; ~ dope огнестойкая пропитка
fireproof II ['faɪəpruːf] *v* придавать огнеупорность, огнестойкость
fire-protective ['faɪəprəˌtektɪv] *a* огнезащитный
firer ['faɪ(ə)rə] *n* 1. *см.* fire II + -er 2. стрелок 3. ружьё 4. производящий взрыв 5. оператор, осуществляющий запуск двигателя ракеты 6. *уст.* поджигатель
fire-raising ['faɪəˌreɪzɪŋ] *n редк.* поджог
fire-resistance ['faɪ(ə)rɪˌzɪstəns] *n* огнестойкость
fire-resistant ['faɪ(ə)rɪˌzɪstənt] = fireproof I
fire risk ['faɪərɪsk] 1) пожароопасность, огнеопасность 2) причина возможного возникновения пожара
fire-roll ['faɪərəʊl] *n мор.* пожарный сигнал
fire-room ['faɪəruːm, -rʊm] *n амер. мор.* кочегарка
fire sale ['faɪəseɪl] *амер. ком.* распродажа по сниженным ценам
fire science(s) ['faɪə'saɪəns(ɪz)] пожарное дело
firescreen ['faɪəskriːn] *n* 1. каминный экран 2. *мор.* 1) заслонка 2) противопожарная сетка
fireset ['faɪəset] *n* каминный прибор
fire-setting ['faɪəˌsetɪŋ] *n горн.* протайка мёрзлого грунта
fire ship ['faɪəʃɪp] *мор. ист.* брандер
fire-shovel ['faɪəˌʃʌv(ə)l] *n* кочегарная лопата
fireside ['faɪəsaɪd] *n* 1) место у камина; by the ~ у камелька; ~ chair кресло у камина 2) домашний очаг; семейная жизнь; ~ comfort семейный /домашний/ уют
◊ ~ chat *амер.* «беседа у камелька», беседа президента с населением (*по радио и телевидению*)
fire-site ['faɪəsaɪt] *n* гарь (*место лесного пожара*)
fire station ['faɪəˌsteɪʃ(ə)n] пожарное депо
fire step ['faɪəstep] *воен.* стрелковая ступень (*в окопе*)
fire-stick ['faɪəstɪk] *n* 1. горящая головня 2. = fire-drill 2

firestone ['faɪəstəʊn] *n* 1) кремень для высекания огня (*пирит*) 2) огнеупорный камень
firestorm ['faɪəstɔːm] *n амер.* 1. огненная буря (*вызванная сильным пожаром*) 2. вспышка гнева, «громы и молнии»
fire tower ['faɪəˌtaʊə] *n* 1. каланча, пожарная вышка 2. огнестойкая лестничная клетка
firetrap ['faɪətræp] *n* помещение, из которого трудно выбраться во время пожара, «ловушка»
fire up ['faɪə(r)'ʌp] *phr v* 1. разжечь огонь 2. вспылить; he fires up for the least thing он взрывается по малейшему поводу
firewalker ['faɪəˌwɔːkə] *n* человек, ходящий босиком по раскалённым камням или углям (*ритуальное действие*)
firewall ['faɪəwɔːl] *n* 1. *стр.* брандмауэр 2. *ав.* теплозащитный кожух двигателя
firewarden ['faɪəˌwɔːdn] *n* 1. пожарный объездчик (*в лесу*) 2. брандмейстер
firewatcher ['faɪəˌwɒtʃə] *n* 1) дежурный пожарный 2) доброволец пожарной охраны (*во время войны*)
firewater ['faɪəˌwɔːtə] *n* «огненная вода» (*спиртные напитки*)
firewood ['faɪəwʊd] *n* дрова, топливо
firework ['faɪəwɜːk] *n* 1. обыкн. *pl* фейерверк 2. *pl* блеск ума; фейерверк остроумных замечаний 3. *pl* гнев, ярость; there will be ~s if you are late если ты опоздаешь, будет скандал
fireworker ['faɪəˌwɜːkə] *n* пиротехник
fire-worship ['faɪəˌwɜːʃɪp] *n* огнепоклонничество
fire-worshipper ['faɪəˌwɜːʃɪpə] *n* огнепоклонник
firing ['faɪ(ə)rɪŋ] *n* 1. разжигание, растапливание 2. поджигание 3. сжигание топлива 4. топливо 5. стрельба; производство выстрела; cease ~! прекратить огонь!; ~ angle угол стрельбы; ~ data данные для стрельбы 6. *тех.* обжиг 7. *горн.* пaление (*шпуров*); взрывание 8. 1) запуск (*ракеты*) 2) работа (*реактивного двигателя*) 9. ~ sequence *тех.* порядок работы цилиндров (*двигателя внутреннего сгорания*)
firing area ['faɪ(ə)rɪŋˌe(ə)rɪə] *амер.* стрельбище
firing device ['faɪ(ə)rɪŋdɪˌvaɪs] *воен.* 1) взрыватель 2) ударный механизм
firing ground ['faɪ(ə)rɪŋɡraʊnd] полигон, стрельбище
firing hammer ['faɪ(ə)rɪŋˌhæmə] курок
firing line ['faɪ(ə)rɪŋlaɪn] 1. *воен.* огневой рубеж; линия огня; to be on the ~ а) находиться на линии огня; быть впереди в первых рядах/; б) постоянно подвергаться нападкам, обвинениям *и т. п.* 2. передовые позиции 3. предмет нападок
firing party ['faɪ(ə)rɪŋˌpɑːtɪ] = firing squad
firing-point ['faɪ(ə)rɪŋpɔɪnt] *n* 1. *воен.* огневая точка 2. *тех.* момент зажигания
firing-position ['faɪ(ə)rɪŋpəˈzɪʃ(ə)n] *n воен.* 1) положение для стрельбы 2) боевое положение орудия
firing squad ['faɪ(ə)rɪŋˌskwɒd] *воен.* 1) салютная команда 2) команда, наряженная для расстрела; to have to face the ~ попасть под расстрел
firing-step ['faɪ(ə)rɪŋstep] = fire step
firing test ['faɪ(ə)rɪŋtest] *реакт.* огневое испытание
firkin ['fɜːkɪn] *n* 1) маленький бочонок 2) мера жидкости (≅ 8—9 галлонам)
firm¹ [fɜːm] *n* фирма; торговый дом
◊ long ~ компания мошенников, закупающих товары в кредит от имени несуществующей фирмы

firm² I [fɜːm] *a* 1. твёрдый; ~ ground суша; to be on ~ ground чувствовать твёрдую почву под ногами, чувствовать себя уверенно; ~ flesh [muscles] упругое тело [-ие мускулы] 2. 1) крепкий, прочный, устойчивый; ~ foundation прочный фундамент, прочное основание; ~ nerves крепкие нервы; a ~ seat in the saddle устойчивая посадка в седле; ~ roots in the earth корни, крепко сидящие в земле; to be ~ on one's legs крепко держаться на ногах; to walk with a ~ tread идти уверенной походкой 2) твёрдый, неизменный; ~ prices твёрдые цены; ~ power *амер.* обеспеченная мощность электростанции 3. твёрдый, непоколебимый, нерушимый; верный (*своим убеждениям*); ~ conviction твёрдое убеждение; ~ faith /belief/ твёрдая вера; ~ friends верные друзья 4. решительный, настойчивый; ~ measures решительные меры; ~ treatment of children строгое обращение с детьми; ~ chin упрямый подбородок; ~ offer окончательное предложение; to look ~ иметь непреклонный вид; to take a ~ hold of smth. взять что-л. в свои руки
◊ to rule with a ~ hand править твёрдой рукой; to be as ~ as a rock быть твёрдым как скала; не поддаваться искушениям
firm² II [fɜːm] *adv* крепко, твёрдо, прочно, неизменно; to stand ~ стоять прочно (*тж. перен.*); to hold ~ to smth. крепко держаться за что-л., прочно придерживаться чего-л.
firm² III [fɜːm] *v* 1. 1) укреплять; уплотнять; to ~ the soil уплотнять почву; to ~ the ground after planting утрамбовывать землю после посадки растений 2) укрепляться; уплотняться (*тж.* ~ up) 2. застывать; the jelly ~ed quickly желе быстро застыло 3. замораживать (*цены и т. п.*; *тж.* ~ up); we must act to ~ the prices up мы должны принять меры к тому, чтобы сохранить прежний уровень цен
firmament ['fɜːməmənt] *n* 1) *библ.* твердь небесная 2) *поэт.* небесный свод
firman [fɜːˈmɑːn] *n* 1. *ист.* фирман (*указ султана или шаха*) 2. разрешение; лицензия
firm-land ['fɜːmlænd] *n* суша; твёрдая земля, материк
firmness ['fɜːmnɪs] *n* 1. твёрдость 2. крепость; прочность 3. устойчивость, неизменность 4. решительность, настойчивость 5. уплотнённость (*почвы*)
firm-ripe stage ['fɜːmraɪpˌsteɪdʒ] *с.-х.* состояние твёрдой спелости (*зерна*)
firmware ['fɜːmweə] *n вчт.* 1) микропрограммное обеспечение, микропрограммы 2) программно-аппаратные средства; встроенные программы
firn [fɪən] *n* фирн
fir-needle ['fɜːˌniːdl] *n* еловая игла; хвоя
firry ['fɜːrɪ] *a* 1) пихтовый; еловый 2) заросший пихтами, елями
first I [fɜːst] *n* 1. 1) (the ~) первое (*число*); on the ~ of May первого мая 2. первый (*человек*) (*который что-л. делает*); we were the ~ to arrive мы прибыли первыми; he was among the very ~ он был среди первых (*сделавших что-л.*) 3. начало; at ~ сначала, сперва; at the ~ (в) первое время; from the (very) ~ с самого начала 4. получивший первую премию, первый приз *и т. п.*; получивший высшую оценку; to come in an easy ~ прийти к финишу первым /намного раньше других/ 5. степень бакалавра с отличием первого класса (*в университетах Великобритании*) 6. *муз.* самый высокий голос

или самая высокая партия (*в дуэте, трио и т. п.*) **7.** *pl* товар первого сорта, высшего качества **8.** *pl горн.* лучшая кусковая руда; концентрат **9.** место в первом классе (*какого-л. транспорта*) **10.** *разг.* = first base **11.** *разг.* = first speed

first II [fɜ:st] *a* **1.** первый (*по счёту*); the ~ three years первые три года; the ~ turning on the right первый поворот направо; the ~ man I saw on arrival первый, кого я увидел по приезде; I'll do it ~ thing я сделаю это прежде всего [*ср.* 2, 4)]; I'll call you ~ thing in the morning завтра утром первым делом я позвоню вам; Peter the F. Пётр Первый **2.** 1) первый по времени, самый ранний; the ~ flowers of spring первые весенние цветы; the ~ writer of history первый историк 2) первый (*из следующих друг за другом*), начальный; ~ form первый класс (*в школе*); ~ performance первое представление, премьера; ~ round первый раунд (*бокс*); to succeed the very ~ time добиться успеха с (самого) первого раза /с самого начала/; to wear a new dress for the ~ time надеть новое платье (в) первый раз; his ~ experience under fire его первое боевое испытание, его боевое крещение 3) первый, пробный; ~ attempt первая попытка; ~ steps первые шаги 4) первый, основной; the ~ thing to do первое, что надо сделать [*ср. тж.* 1] **3.** первый попавшийся; первый представившийся; любой; I'll do it at the ~ opportunity я сделаю это при первой возможности; ask the ~ man you meet спросите любого, кого вы встретите **4.** первый, предварительный; ~ field dressing индивидуальный перевязочный пакет; ~ working *горн.* подготовительные работы; ~ tooth молочный зуб **5.** первый, передний (*о части чего-л.*); ~ tier boxes ложи первого яруса; the ~ row of seats первый ряд (мест) **6.** 1) первый, выдающийся, самый знаменитый; the ~ scholar of the day самый крупный учёный своего времени 2) первосортный, самый лучший; articles of ~ quality товар первого сорта 3) первый, ведущий; ~ violin /*разг.* fiddle/ *муз.* первая скрипка; F. Family *амер.* семья президента 4) первый (*по величине, значению и т. п.*); it is the ~ (important) city in the country это самый крупный город страны; matter of the ~ importance дело первостепенной важности **7.** *грам.* первый; ~ person первое лицо; ~ conjugation первое спряжение
◇ ~ call *амер. воен.* повестка (утренняя или вечерняя заря); F. Commoner спикер (*в палате общин до 1919 г.*); ~ wing надкрылье, первое крыло; ~ swarm рой-перва́к (*пчелиный*); the ~ but one второй по порядку; in the ~ place a) во-первых; прежде всего; б) вообще; why did you speak about it in the ~ place? зачем вы вообще об этом говорили?; ~ or last рано или поздно; ~ and foremost в первую очередь; ~, last and all the time *амер.* раз и навсегда; at ~ sight, at the ~ blush с первого взгляда; I haven't the ~ idea of what you mean совершенно не представляю себе, что вы имеете в виду; to play ~ fiddle *см.* fiddle I ◇; ~ come, ~ served первого первым и обслуживать

first III [fɜ:st] *adv* **1.** сперва, сначала; ~ of all прежде всего; to say ~ one thing and then another сначала сказать одно, а потом другое; I'll go there ~ сначала я пойду туда **2.** впервые; when he went to war когда он впервые попал на войну; when did you ~ see him? когда

ты впервые встретил /увидел/ его? **3.** скорее, предпочтительно; surrender? We'll die ~ сдаться? Да мы скорее умрём **4.** первым; в первую очередь; to stand ~ быть первым; быть в первых рядах; he arrived ~ он прибыл первым; he claimed the right to speak ~ он требовал, чтобы ему первому дали слово; you go ~ идите первым; who plays ~? *карт.* чей первый ход?; ladies ~! проходите, пожалуйста!; сначала дамы!; women and children ~ женщин и детей (спасать) в первую очередь; to put ~ things ~ отобрать /выделить/ самое важное

first aid [,fɜ:st'eɪd] **1.** первая помощь; скорая помощь; to apply ~ to smb. оказать кому-л. первую помощь; ~ dressing package индивидуальный (перевязочный) пакет, пакет первой помощи; ~ post /station/ пункт первой медицинской помощи **2.** *тех.* аварийный ремонт

first-aid kit [,fɜ:steɪd'kɪt] санитарная сумка; походная аптечка; пакет первой помощи

First Americans ['fɜ:stə'merɪkənz] «первые американцы», американские индейцы

first base [,fɜ:st'beɪs] **1.** первая база (*бейсбол*) **2.** первый этап, первый шаг (*к чему-л.*); to get to ~ добиться первого /хотя бы небольшого/ успеха; his plan never got to ~ его план так и остался неосуществлённым; I never got to ~ with her я не пользовался у неё ни малейшим успехом

first-birth [,fɜ:st'bɜ:θ] *n* первенец
first blood [,fɜ:st'blʌd] 1) первая кровь (*на поединке*) 2) первый шаг к победе; первая завоёванная позиция в борьбе с противником

first-born I ['fɜ:stbɔ:n] *n* первенец
first-born II ['fɜ:stbɔ:n] *a* родившийся первым, старший
first-calf heifer [,fɜ:stkɑ:f'hefə] *с.-х.* первотёлка
first cause [,fɜ:st'kɔ:z] *филос.* первопричина
first-chop [,fɜ:st'tʃɒp] *a инд. разг.* первосортный; первого сорта
first class [,fɜ:st'klɑ:s] **1.** первый класс, первая группа (*в классификации*) **2.** 1) первый класс (*на транспорте*) 2) первый класс (*почтового отправления*); письма (*в отличие от посылок*)
first-class I [,fɜ:st'klɑ:s] *a* **1.** *разг.* первоклассный; превосходный; ~ hotel первоклассная гостиница; he is a ~ player [fencer] он первоклассный игрок [фехтовальщик]; ~ liar первостатейный лжец **2.** первого класса (*о вагоне и т. п.*); ~ mail почтовые отправления первого класса; письма (*в отличие от посылок*)
first-class II [,fɜ:st'klɑ:s] *adv* **1.** *разг.* превосходно; to feel ~ великолепно себя чувствовать **2.** в первом классе (*парохода, поезда, самолёта*); to travel ~ путешествовать первым классом
first-coat ['fɜ:stkəʊt] *n* **1.** *стр.* намёт, обмазка **2.** *спец.* грунт, грунтовка
first cost ['fɜ:stkɒst] 1) себестоимость 2) начальная стоимость; фабричная цена
first cousin [,fɜ:st'kʌz(ə)n] *n* двоюродный брат; двоюродная сестра
First day [,fɜ:st'deɪ] воскресенье (*у квакеров*)
first degree [,fɜ:stdɪ'griː] *унив.* первая (учёная) степень; степень бакалавра (*в Великобритании*)
first-degree [,fɜ:stdɪ'griː] *a* **1.** самый слабый; ~ burns *мед.* ожог первой степени **2.** самый тяжкий; ~ murder предумышленное убийство

first estate [,fɜ:stɪ'steɪt] *ист.* первое сословие, духовенство (*особ. во Франции*)
first fleet [,fɜ:st'fliːt] *австрал. ист.* «первый флот»; суда, доставившие первых поселенцев из заключённых
first floor [,fɜ:st'flɔː] 1) второй этаж (*в Великобритании*) 2) первый этаж (*в США*)
first-foot ['fɜ:stfʊt] *n шотл.* первый гость в новом году
first-footer ['fɜ:st,fʊtə] = first-foot
first fruit ['fɜ:stfruːt] *обыкн. pl* первые плоды
first-generation ['fɜ:st,dʒenə'reɪʃ(ə)n] *a* относящийся к первому поколению; ~ American а) натурализованный гражданин США; б) американец первого поколения; сын *или* дочь натурализованных граждан США; ~ intellectuals интеллигенция первого поколения
first hand [,fɜ:st'hænd] 1) первоисточник (*информации*); he got the news at ~ он узнал эту новость из первых рук 2) личный опыт; to learn smth. at ~ убедиться в чём-л. на личном опыте
first-hand I [,fɜ:st'hænd] *a* 1) непосредственный, прямой; ~ experience личный опыт 2) (полученный) из первых рук; ~ information информация, полученная из первоисточника
first-hand II [,fɜ:st'hænd] *adv* 1) непосредственно 2) из первых рук; to learn smth. ~ а) знать что-л. из личного опыта; б) узнать что-л. из первых рук
first-in, first-out [,fɜ:st'ɪn, ,fɜ:st'aʊt] в порядке поступления
first lady [,fɜ:st'leɪdɪ] **1.** *амер.* 1) (*часто* F. L.) супруга президента 2) супруга губернатора штата 3) супруга главы (любого) государства **2.** «первая дама» (*в какой-л. области*); ведущая фигура; ~ of the theatre ведущая актриса
first lieutenant [,fɜ:stlef'tenənt] *амер.* 1) *воен.* первый лейтенант 2) *мор.* помощник командира корабля
firstling ['fɜ:stlɪŋ] *n* **1.** *pl* первые плоды **2.** первенец (*животного*)
First Lord of the Admiralty ['fɜ:st,lɔːd əv ðɪ'ædm(ə)rəltɪ] *см.* Admiralty 1
firstly ['fɜ:stlɪ] *adv* во-первых; прежде всего
first name ['fɜ:stneɪm] имя (*в отличие от фамилии*); his first names are Peter George его зовут Питер Джордж
first night [,fɜ:st'naɪt] премьера, первое представление
first-nighter [,fɜ:st'naɪtə] *n театр. разг.* завсегдатай, постоянный посетитель театральных премьер
first offender [,fɜ:stə'fendə] (человек) судимый в первый раз
first papers [,fɜ:st'peɪpəz] *амер. разг.* заявление о приёме в гражданство США; to take out one's ~ подать заявление о приёме в гражданство США
first position [,fɜ:stpə'zɪʃ(ə)n] первая позиция (*в балете*), позиция «пятки вместе, носки врозь»
first principle [,fɜ:st'prɪnsɪp(ə)l] *филос.* 1) первопричина 2) *pl* основные принципы, начала
first-rate I [,fɜ:st'reɪt] *a* **1.** 1) первоклассный; ~ quality высшее качество 2) (самый) важный; крупнейший; a book of ~ significance книга огромной важности; ~ blunder грубейшая ошибка **2.** *разг.* превосходный, великолепный; ~ dinner превосходный обед; ~ idea блестящая идея **3.** *мор.* первого ранга
first-rate II [,fɜ:st'reɪt] *adv разг.* превосходно; to feel ~ чувствовать себя

великолепно; to do one's work ~ сделать работу «классно» /отлично/
first-rater [ˌfɜːstˈreɪtə] *n спорт.* яхта, судно первого класса
first reading [ˈfɜːstˈriːdɪŋ] *парл.* первое чтение (*официальное внесение законопроекта*)
first-run [ˌfɜːstˈrʌn] *a* 1) демонстрирующий первым экраном (*о кинотеатре*) 2) идущий первым экраном (*о кинофильме*)
First Sea Lord [ˈfɜːstˈsiːˌlɔːd] первый морской лорд; начальник главного морского штаба (*Великобритании*)
first speed [ˌfɜːstˈspiːd] *авт.* первая скорость
first strike [ˌfɜːstˈstraɪk] *воен.* первый удар (*ядерного оружия*)
first-strike [ˌfɜːstˈstraɪk] *a воен.* предназначенный для первого (*ядерного*) удара
first-string [ˌfɜːstˈstrɪŋ] *a* 1. виднейший, крупнейший; the ~ critics ведущие критики 2. основной (*о составе актёрской труппы, футбольной команды и т. п.*)
first-term [ˌfɜːstˈtɜːm] *a* служащий первый срок; избранный в первый раз
first water [ˈfɜːstˈwɔːtə] 1) чистой воды (*о бриллианте*) 2) чистейшей воды, превосходный; an artist of the ~ выдающийся художник, талант первой величины
First World [ˈfɜːstˈwɜːld] (the ~) «первый мир», промышленно развитые капиталистические страны
firth [fɜːθ] *n* 1. узкий морской залив 2. устье реки (*особ. в Шотландии*)
fir-tree [ˈfɜːtriː] = fir
fisc [fɪsk] *n* 1. фиск, императорская казна (*в Древнем Риме*) 2. фиск, государственная казна
fiscal I [ˈfɪsk(ə)l] *n* 1. сборщик налогов 2. судебный исполнитель 2. *амер.* гербовая марка
fiscal II [ˈfɪsk(ə)l] *a* фискальный, финансовый; ~ year фискальный /финансовый, бюджетный/ год
fiscally [ˈfɪsk(ə)lɪ] *adv* с точки зрения финансов; в финансовом отношении
fish¹ I [fɪʃ] *n* (*pl часто без измен.*) 1. 1) рыба; fresh-water ~ пресноводная /речная/ рыба; salt-water ~ морская рыба; young ~ мальки, молодь; dried ~ вяленая /сушёная/ рыба; to catch ten ~es [a lot of ~] поймать десять рыб [много рыбы] 2) рыба, рыбные блюда; ~ soup рыбный суп, уха; to eat ~ on Fridays по пятницам есть рыбу; ~ and chips рыба с жареной картошкой 2. *разг.* крабы, устрицы *и т. п.* 3. *разг.* рыбная ловля; stakes сети на кольях, рыбный закол 4. (Fishes) Рыбы (*созвездие и знак зодиака*) 5. *разг.* тип, персона; big ~ «кит», большая шишка; poor ~ жалкая личность; cold ~ неприветливый, необщительный человек; бука; cool ~ нахал, наглец; dull ~ скучный /нудный/ человек; odd /queer, strange/ ~ чудак, странный тип; shy ~ робкий /застенчивый/ человек 6. *амер. сл.* доллар; 500 ~ пятьсот долларов 7. = fish-dive
◊ to feel like a ~ out of water чувствовать себя как рыба, вынутая из воды; to cry stinking ~ а) хулить свой товар; б) ≅ выносить сор из избы; to feed the ~es а) утонуть, ≅ кормить рыб; б) страдать морской болезнью; the great ~ eat the small ≅ сильные пожирают слабых; to have other ~ to fry иметь другие /более важные/ дела; to hook /to

land/ one's ~ добиться своего, поймать (*кого-л.*) на удочку; to make ~ of one and flesh /fowl/ of another относиться к людям пристрастно; neither ~ nor flesh /nor good red herring/, neither ~, flesh nor fowl ни рыба ни мясо; ни то ни сё; never fry a ~ till it's caught не дели шкуру неубитого медведя; ≅ never offer to teach ~ to swim смешно учить рыбу плавать; ≅ не учи учёного; to venture a small ~ to catch a great one ≅ рискнуть малым ради большого; as dumb as a ~ нем как рыба; as drunk as a ~ ≅ пьян в стельку; a ~ story «охотничий» рассказ; преувеличение; ~ begins to stink at the head рыба гниёт с головы; all is ~ that comes to his net *посл.* он ничем не брезгует; ≅ доброму вору всё впору; the best ~ swim near the bottom *посл.* 1. рыба ищет где глубже, а человек где лучше 2. рыбачья лодка 3. 1) *зоол.* илька, пекан-рыболов (*Martes pennanti*) 2) мех пекана
хорошее нелегко даётся; he who would catch ~ must not mind getting wet *посл.* ≅ без труда не вынешь и рыбку из пруда; it is a silly ~ that is caught twice with the same bait *посл.* глуп тот, кто дважды попадается на ту же удочку
fish¹ II [fɪʃ] *v* 1. 1) ловить, удить рыбу; to ~ and hunt быть рыболовом и охотником 2) использовать для рыбной ловли; to ~ a stream [a lake] ловить рыбу в ручье [в озере]; the men who ~ the waters люди, занимающиеся рыболовством в этих водах 3. быть пригодным для рыбной ловли; the pond ~es well в этом пруду хорошо ловится рыба 3. (for) 1) искать (в воде); to ~ for pearls искать жемчуг 2) *разг.* стараться получить; to ~ for information добывать сведения /информацию/; to ~ for compliments [for an invitation] напрашиваться на комплименты [на приглашение] 4. *разг.* вытаскивать, извлекать (*тж.* ~ out); to ~ a coin from one's pocket вытащить монету из кармана; several derelict cars are ~ed out of the river every year из реки каждый год извлекают несколько брошенных автомобилей; why are you ~ing around in your pockets? что вы ищете у себя в карманах? 5. *амер. с.-х.* удобрять (*землю*) рыбными отходами
◊ to ~ in troubled waters ловить рыбку в мутной воде; to ~ or cut bait *амер.* принять то или иное решение
fish² I [fɪʃ] *n* 1. *мор.* 1) фиш (*в якорном устройстве*) 2) шкало (*у мачты*) 2. = fish-plate 3. *ав. жарг.* торпеда
fish² II [fɪʃ] *v* 1. *мор.* 1) брать на фиш (*якорь*) 2) накладывать шкало (*у мачты*) 2. *ав. жарг.* торпедировать
fish³ [fɪʃ] *n* фишка
fish⁴ I [fɪʃ] *n тех.* накладка
fish⁴ II [fɪʃ] *v тех.* соединять накладкой
fishable [ˈfɪʃəb(ə)l] *a* пригодный для рыбной ловли
fish-ball [ˈfɪʃbɔːl] *n* тефтели из рыбы и картофеля
fish-basket [ˈfɪʃˌbɑːskɪt] *n* плетёная корзинка для рыбы
fish-bed [ˈfɪʃbed] *n геол.* слой, богатый окаменелыми останками рыб
fish-bellied [ˈfɪʃˌbelɪd] *a* выпуклый, выгнутый снизу
fish-block [ˈfɪʃblɒk] *n мор.* фиш-блок
fish boat [ˈfɪʃbəʊt] рыбачья лодка
fish bolt [ˈfɪʃbəʊlt] *ж.-д.* путевой болт
fish-bone I [ˈfɪʃbəʊn] *n* 1. рыбья кость 2. *спорт.* подъём на гору «ёлочкой»
fish-bone II [ˈfɪʃbəʊn] *a тех.* ёлочного типа
fishbowl [ˈfɪʃbəʊl] *n амер.* круглый аквариум

◊ to live in a ~ быть всегда на людях, подвергаться обсуждению *и т. п.*
fish broth [ˈfɪʃbrɒθ] *сл.* «рыбный навар», вода
fish-carver [ˈfɪʃˌkɑːvə] *n* широкий нож для рыбы
fish-culture [ˈfɪʃˌkʌltʃə] *n* рыбоводство
fish-davit [ˈfɪʃˌdævɪt] *n мор.* фиш-балка
fish-day [ˈfɪʃdeɪ] *n* рыбный день, постный день
fish-diet [ˈfɪʃˌdaɪət] *n* рыбная пища
fish-dive [ˈfɪʃdaɪv] *n* «рыбка», прыжок танцовщицы с подхватом её партнером
fish duck [ˈfɪʃdʌk] *зоол.* крохаль (*Mergus*)
fish-eater [ˌfɪʃˈiːtə] *n* 1. (человек) питающийся преимущественно рыбой 2. *pl* нож и вилка для рыбы
fisher [ˈfɪʃə] *n* 1. *уст., поэт.* рыбак, рыболов 2. рыбачья лодка 3. 1) *зоол.* илька, пекан-рыболов (*Martes pennanti*) 2) мех пекана
◊ ~s of men *библ.* ловцы человеков (*об апостолах*)
fisherman [ˈfɪʃəmən] *n* (*pl* -men [-mən]) 1. рыбак, рыболов 2. рыболовное судно 3. (the F.) *церк.* апостол Пётр
◊ Fisherman's ring печать римского папы с изображением св. Петра с сетью
fishery [ˈfɪʃərɪ] *n* 1. 1) рыболовство; рыбный промысел 2) рыбоводство 3) рыбные ресурсы 2. рыбные места; тоня; oyster ~ устричное поле; pearl fisheries жемчужные поля 3. *юр.* право рыбной ловли; common ~ равное для всех право на рыбную ловлю, основанное на государственном указе; free ~ исключительное право на рыбную ловлю, основанное на государственном указе
fisheye [ˈfɪʃaɪ] *n* 1. *разг.* подозрительный *или* неприветливый взгляд; the doorman gave him the ~ швейцар взглянул на него с подозрением 2. *проф.* фотообъектив «рыбий глаз»
fish-fag [ˈfɪʃfæg] = fishwife
fish-farm I [ˈfɪʃfɑːm] *n* 1) рыборазводный садок 2) рыбоводческое хозяйство
fish-farm II [ˈfɪʃfɑːm] *v* разводить рыбу в искусственных условиях
fish finder [ˈfɪʃˌfaɪndə] рыболокатор (*устройство для обнаружения рыбных косяков*)
fish fingers [ˌfɪʃˈfɪŋgəz] = fish sticks
fish-flour [ˌfɪʃˈflaʊə] = fish-meal
fish-fork [ˈfɪʃfɔːk] *n* 1. столовая вилка для рыбы 2. острога
fish fry [ˈfɪʃfraɪ] 1. жареная рыба 2. пикник на берегу реки (*с жареньем рыбы и т. п.*)
fish-gaff [ˈfɪʃgæf] *n* багор
fish-gig [ˈfɪʃgɪg] *n* багор с крючком
fish-globe [ˈfɪʃgləʊb] *n* шаровидный аквариум
fish glue [ˈfɪʃgluː] рыбий клей
fish-guano [ˌfɪʃˈgwɑːnəʊ] = fish-manure
fish-hawk [ˈfɪʃhɔːk] *n зоол.* скопа (*Pandion haliaetus*)
fishhook [ˈfɪʃhʊk] *n* 1. рыболовный крючок 2. *мор.* фиш-гак, интер-гак
fishily [ˈfɪʃɪlɪ] *adv разг.* с сомнением; подозрительно
fish-in [ˈfɪʃɪn] *n* демонстративная рыбная ловля в запретной зоне (*в знак протеста против запрета*)
fishing¹ I [ˈfɪʃɪŋ] *n* 1. рыбная ловля; рыболовство; ~ season путина, период рыбной ловли 2. = fishery 2 и 3 3. *горн.* ловильные работы
fishing¹ II [ˈfɪʃɪŋ] *a* 1. рыболовный; ~ tackle рыболовная снасть 2. выпытывающий; наводящий (*о вопросе*)
fishing² [ˈfɪʃɪŋ] *n тех.* соединение встык с накладками

fishing-boat ['fɪʃɪŋbəʊt] *n* рыболовное судно
fishing-crib ['fɪʃɪŋkrɪb] *n* рыбный садок
fishing expedition ['fɪʃɪŋ͵ekspɪ'dɪʃ(ə)n] *амер. сл.* подбор (комиссией) компрометирующих материалов (*для политической дискредитации*); необъективная комиссия по расследованию; he went on a ~ он начал задавать вопросы с целью что-л. разузнать
fishing line ['fɪʃɪŋlaɪn] леса, леска
fishing-net ['fɪʃɪŋnet] *n* рыболовная сеть
fishing rod ['fɪʃɪŋrɒd] удилище; удочка
fishing smack ['fɪʃɪŋsmæk] рыболовный смак (*судно*)
fish kettle ['fɪʃ͵ketl] котёл для варки рыбы целиком; рыбоварка
fishkill ['fɪʃkɪl] *n* массовая гибель рыбы (*из-за загрязнения воды*)
fish knife ['fɪʃnaɪf] 1) столовый нож для рыбы 2) = fish-carver
fish ladder ['fɪʃ͵lædə] *n* рыбоход (*в плотине и т. п.*)
fish-liquor [͵fɪʃ'lɪkə] *n* рыбный бульон
fish-lock ['fɪʃlɒk] = fish-weir
fish-louse ['fɪʃlaʊs] *n* ракообразный паразит (*рыб*)
fish-manure ['fɪʃmə͵njʊə] *n* рыбный тук, удобрение из рыбных отходов
fish-maw ['fɪʃmɔː] *n* плавательный пузырь (*у рыб*)
fish-meal ['fɪʃmiːl] *n* рыбная мука (*кормовая или для удобрения*)
fishmonger ['fɪʃmʌŋgə] *n* торговец рыбой
fishnet ['fɪʃnet] *n* 1. рыболовная сеть 2. *текст.* крупноклеточный гардинный тюль; сетчатая ткань, сетка
fish-oil ['fɪʃɔɪl] *n* рыбий жир
fish out ['fɪʃ'aʊt] *phr v* 1. *разг.* 1) извлекать, вытаскивать 2) выпытывать (*секрет и т. п.*); he tried to fish some information out of me он пытался выудить у меня кое-какую информацию 2. истощить рыбные богатства, выловить всю рыбу; this lake has been fished out в этом озере уже не осталось рыбы
fish-pass ['fɪʃpɑːs] = fish-way
fish-pomace ['fɪʃ͵pʌmɪs] *n* рыбный жом (*удобрение*)
fishpond[1] ['fɪʃpɒnd] *n* 1. рыбоводный пруд; рыбный садок 2. *шутл.* море
fishpond[2] ['fɪʃpɒnd] *n* углубление в карточном столе для хранения фишек
fish-pot ['fɪʃpɒt] *n* верша (*для крабов, угрей*)
fish-sauce [͵fɪʃ'sɔːs] *n* соус к рыбе
fish-scale I ['fɪʃskeɪl] *n* 1) *собир.* рыбья чешуя 2) рыбья чешуйка
fish-scale II ['fɪʃskeɪl] *a* чешуйчатый
fish-scrap ['fɪʃskræp] *n* = fish-pomace
fish-skin ['fɪʃ͵skɪn] *n* рыбья кожа (*особ. кожа акулы, используемая для полировки дерева*)
fishslice ['fɪʃslaɪs] *n* нож для разрезания рыбы или переворачивания её на сковороде
fish spear ['fɪʃspɪə] острога
fish sticks ['fɪʃstɪks] *кул.* рыбные палочки
fish story ['fɪʃ͵stɔːrɪ] *шутл.* выдумка; безбожное враньё; ≅ охотничий рассказ
fish-strainer ['fɪʃ͵streɪnə] *n* дуршлаг для выемки рыбы
fish-tackle ['fɪʃ͵tæk(ə)l] *n* 1. рыболовные снасти 2. *мор.* фиш-тали; ~ wind попутный ветер, меняющий направление
fishtail I ['fɪʃteɪl] *n* 1. рыбий хвост 2. что-л. имеющее форму рыбьего хвоста 3. *ав. проф.* торможение самолёта при помощи руля направления
fishtail II ['fɪʃteɪl] *v ав. проф.* тормозить самолёт при помощи руля направления

fish up ['fɪʃ'ʌp] *phr v* вылавливать; to ~ a mine выловить мину; where did you fish that idea up? как вам это пришло в голову?
fish-way ['fɪʃweɪ] *n* рыбоход (*в плотине и т. п.*)
fish-weir ['fɪʃwɪə] запруда для ловли или разведения рыбы
fishwife ['fɪʃwaɪf] *n* (*pl* -wives [-waɪvz]) 1. торговка рыбой 2. *разг.* грубая, скандальная женщина
fish-wood ['fɪʃwʊd] *n бот.* земляничное дерево (*Euonymus americanus*)
fish-works ['fɪʃwɜːks] *n* 1. завод по переработке рыбы; рыбокомбинат 2. оборудование для рыборазведения
fishy ['fɪʃɪ] *a* 1. рыбий; рыбный; there is a ~ smell пахнет рыбой 2. *поэт.* изобилующий рыбой, рыбный 3. тусклый (*о бриллиантах и т. п.*); невыразительный (*о глазах, взгляде*) 4. *разг.* сомнительный, подозрительный; ~ story неправдоподобная история; ~ business сомнительное дело; it looks (sounds) ~ это выглядит [звучит] подозрительно; there is something ~ about him он что-то не внушает доверия
◇ ~ about the gills бледный и мрачный (*особ. после выпивки*)
fish-yard ['fɪʃjɑːd] = fish-weir
fishyback ['fɪʃɪbæk] *n* перевозка гружёных автоприцепов на баржах и судах
fisk [fɪsk] = fisc
fissile ['fɪsaɪl] *a* 1. *физ.* делящийся, способный к делению 2. *геол.* сланцеватый, слоистый; листоватый
fissility [fɪ'sɪlɪtɪ] *n* 1. *физ.* делимость, способность к делению 2. *геол.* сланцеватость, слоистость
fission I ['fɪʃ(ə)n] *n* 1. разделение, раскалывание; распадение; раскол 2. *биол.* размножение путём деления клеток 3. *физ.* деление (*атомного ядра; тж.* nuclear ~); ~ chain цепная реакция деления; ~ product продукт деления ядра; spontaneous ~ самопроизвольное деление ядра
fission II ['fɪʃ(ə)n] *v физ.* 1) делиться (*о ядре*) 2) вызывать деление (*ядра*)
fissionable ['fɪʃ(ə)nəb(ə)l] *a физ.* способный к ядерному делению; ~ material делящееся вещество
fission bomb ['fɪʃ(ə)nbɒm] атомная бомба (*урановая*)
fissiparity [͵fɪsɪ'pærɪtɪ] *n биол.* размножение делением, дроблением
fissiparous [fɪ'sɪp(ə)rəs] *a биол.* размножающийся делением
fissiped ['fɪsɪped] *a зоол.* раздельнопалый
fissipede ['fɪsɪpiːd] = fissiped
fissive ['fɪsɪv] *a спец.* способный к делению
fissure I ['fɪʃə] *n* 1. трещина; щель; излом, разрыв; расщелина 2. *анат.* щель; борозда; извилина 3. *мед.* 1) трещина, надлом (*кости*) 2) трещина (*на коже*); язва
fissure II ['fɪʃə] *v* 1) растрескиваться, покрываться трещинами 2) раскалывать; наносить трещины
fissure-needle ['fɪʃə͵niːdl] *n мед.* скобка
fist I [fɪst] *n* 1. кулак; to use one's ~s пускать в ход кулаки; to shake one's ~ at smb. грозить кому-л. кулаком 2. *разг.* рука; give us your ~ дайте руку /лапу/ 3. *шутл.* почерк; to write a good [an ugly] ~ писать красиво [безобразно] 4. *полигр. проф.* указательный знак в виде пальца руки
◇ ~ law кулачное право, право сильного; the mailed ~ бронированный кулак, военная сила; iron ~ in a velvet

glove ≅ мягко стелет — жёстко спать; to grease smb.'s ~ /the ~ of smb./ дать кому-л. взятку, подкупить, «подмазать» кого-л.; to make a good ~ at /of/ smth. сделать удачную попытку, хорошо справиться с чем-л.; to make a poor ~ at /of/ smth. сделать неудачную попытку /не суметь/ сделать что-л.
fist II [fɪst] *v* 1. ударить кулаком 2. зажать в кулак
fistfight ['fɪstfaɪt] *n* кулачная драка, рукопашная
fistful ['fɪstfʊl] *n* горсть, пригоршня
fistiana [͵fɪstɪ'ɑːnə] *n pl шутл.* рассказы, анекдоты о боксе
fistic ['fɪstɪk] *a разг.* боксёрский, кулачный; ~ skill искусство бокса; ~ contest состязание по боксу
fisticuff I ['fɪstɪkʌf] *n* 1. удар кулаком 2. *pl* кулачная драка; to come to ~s начать драку, пустить в ход кулаки
fisticuff II ['fɪstɪkʌf] *v* 1. драться кулаками 2. участвовать в кулачной драке
fisting ['fɪstɪŋ] *n* игра (*вратаря*) кулаками (*футбол*)
fistnote ['fɪstnəʊt] *n полигр.* место в тексте, отмеченное знаком в виде пальца руки [*см.* fist I 4]
fist out ['fɪst'aʊt] *phr v спорт.* выбивать кулаком; to ~ a ball, to fist a ball out отбить мяч кулаком
fistula ['fɪstjʊlə] *n* 1. *мед.* фистула, свищ 2. *муз.* свирель
fistular ['fɪstjʊlə] *a* 1. *мед.* свищевой 2. *бот.* полый; дудчатый
fistuliform ['fɪstjʊlɪfɔːm] *a* трубкообразный, полый, имеющий форму фистулы
fistulose, fistulous [͵fɪstjʊ'ləʊs, 'fɪstjʊləs] = fistular
fit[1] **I** [fɪt] *n* 1. 1) подгонка, прилаживание 2) *тех.* пригонка, посадка 3) аппроксимация, фит 2. прилегаемость (*одежды*); to a ~ точно по мерке; точно по фигуре; to be a bad [a good, an excellent] ~ плохо [хорошо, превосходно] сидеть (*о платье*); to be a tight ~ плотно обтягивать (*фигуру*); to be an easy ~ сидеть свободно (*об одежде*); I want my shoes an easy ~ я хочу, чтобы туфли мне не жали
fit[1] **I** [fɪt] *a* 1. 1) (при)годный; подходящий; соответствующий; a ~ time and place надлежащее время и место; at a ~ter moment в более подходящий момент; the food was not ~ to eat пища оказалась несъедобной; materials not ~ for the job материалы, непригодные для работы; I have nothing ~ to wear мне нечего надеть; у меня нет ничего подходящего (*к данному случаю*); it is not a ~ life for you вы не должны так жить; вам такая жизнь не подходит; ~ for a king *разг.* наилучшего качества 2) *predic* подобающий, достойный; to see /to think/ ~ считать нужным /целесообразным/ (*часто ирон.*); do as you think ~ делайте, как вы считаете нужным; I am not ~ to be seen я не могу показаться; я не одет; he doesn't think ~ to publish his results он считает опубликование результатов (*работы*) нецелесообразным; it is ~ that we should rejoice in such cases мы положено радоваться в таких случаях 2. 1) годный, способный; ~ for duty /for service/ годный к службе; ~ to carry arms способный носить оружие; ~ for nothing он ни на что не способен 2) приспособленный; the survival of the ~test выживание наиболее приспособлен-

FIT — FIV

ных 3. готовый; they went on working until they were ~ to drop они работали до полного изнеможения; ~ to die of shame готовый сгореть со стыда; he was laughing ~ to burst himself он чуть не лопнул со смеху, он хохотал до упаду 4. здоровый, бодрый; to feel ~ быть здоровым и бодрым; to keep ~ поддерживать форму; быть в форме; he is not yet ~ to go back to work он ещё не в состоянии вернуться на работу /приступить к работе/; you don't look very ~ вы неважно выглядите

◇ ~ (as) ~ as a fiddle см. fiddle I ◇; ~ as a flea см. flea I ◇; not ~ to be touched with a barge-pole /with a pair of tongs/ ≅ противно притронуться; not ~ to hold a candle to him ≅ не годится ему в подмётки, не идёт с ним ни в какое сравнение

fit¹ III [fɪt] v 1. 1) соответствовать, годиться; the words ~ the occasion эти /такие/ слова как раз здесь уместны; the punishment ~s the crime наказание вполне соответствует преступлению; theories that ~ the facts теории, не идущие вразрез с фактами; to ~ the case соответствовать случаю 2) подходить, быть впору; the key doesn't ~ the lock ключ не подходит к замку; the coat ~s you пальто сидит на вас хорошо; your coat ~s you too tight пальто вам узковато; tubes that ~ into one another трубки, вставляющиеся одна в другую; to ~ together подходить /соответствовать/ друг другу 3) совпадать, точно подходить; I shall be late because the trains don't ~ я опоздаю, потому что не успею сделать пересадку 2. 1) приспосабливать; прилаживать, подгонять; to ~ a plank in a floor подогнать половицу; to ~ a handle to a broom приделать ручку к метле; to ~ a workshop for a certain purpose переоборудовать мастерскую для определённой цели; to ~ oneself (in)to one's surroundings приспособиться к окружающей обстановке; to ~ one's conduct to circumstances действовать сообразно обстоятельствам 2) (for) подготавливать; готовить или приучать (к чему-л.); military training ~s men for long marches военная подготовка приучает к длинным переходам; this school ~s students for college это училище готовит учащихся к поступлению в колледжи; to ~ oneself for new duties подготовиться к выполнению новых обязанностей 3) примерять; пригонять, подгонять (одежду и т. п.); to ~ a ring to the finger подобрать или подогнать кольцо по пальцу 3. (with) снабжать, оснащать, экипировать; to ~ a library with new shelves оборудовать библиотеку новыми полками; to ~ a ship with new engines оснастить судно новыми машинами 4. устанавливать, собирать, монтировать 5. австрал. наказывать, карать в соответствии с совершённым преступлением

◇ to ~ like a ball of wax плотно облегать; to ~ like a glove быть как раз /впору/; полностью подходить; the cap ~s ≅ не в бровь, а в глаз; to ~ the cap on принять на свой счёт; to ~ to a T /to a tee/ ≅ подходить тютелька в тютельку; to ~ the bill быть тем, чем нужно; what do you want to eat? Will steak ~ the bill? что будете есть? Бифштекс подойдёт /устроит/?

fit² [fɪt] n 1. 1) припадок, приступ; пароксизм; fainting ~ обморок; ~ of apoplexy апоплексический удар; hys-terical ~ истерический припадок; ~ of coughing приступ кашля; he will have a ~ when he knows его удар хватит, когда он узнает об этом 2) порыв, приступ, вспышка; ~ of rage приступ гнева; ~ of generosity порыв великодушия; he had a ~ of the laziness [of the blues] на него нашла лень [хандра]; he has a drinking ~ on он запил; to have sudden ~s of energy испытывать внезапные приливы энергии; he has ~s of silence [of abstraction] на него находит молчаливое [задумчивое] настроение 2. настроение; when the ~ is on him когда он в ударе /в настроении/

◇ by ~s (and starts) а) неравномерно, рывками; б) урывками; to beat /to knock/ smb. into ~s легко победить /разбить наголову/ кого-л.; легко справиться с кем-л.; to give smb. a ~ а) поразить, потрясти кого-л.; б) возмутить, оскорбить кого-л.; to laugh oneself into ~s хохотать до упаду; to scream oneself into ~s отчаянно вопить; to throw a ~ амер. прийти в ярость /в бешенство/; закатить истерику

fitch [fɪtʃ] n 1. = fitchew 2. кисть из волоса хорька; щёточка

fitchet ['fɪtʃɪt] = fitchew

fitchew ['fɪtʃuː] n 1. зоол. хорёк чёрный (Mustela putorius) 2. хорьковый мех

fitful ['fɪtf(ə)l] a судорожный; порывистый; прерывистый; ~ breeze порывистый ветер; ~ energy проявляющаяся вспышками энергия; ~ gleams мерцающий свет

fitfully ['fɪtf(ə)lɪ] adv судорожно; порывисто; прерывисто, толчками

fit in ['fɪt'ɪn] phr v 1. вставлять (на место); приспосабливать; пригонять 2. соответствовать, подходить; it fits in well with my arrangements это совпадает с моими планами; his evidence fits in well with the facts его показания не расходятся с фактами; I must fit my holidays in with yours я должен взять отпуск в то же время, что и вы 3. приспосабливаться, приноравливаться; the new boy fitted in well with his roommates новый ученик хорошо уживается с соседями по комнате; how can they ~ in this new land? как-то они приживутся в этой новой для них стране? 4. включить (в список и т. п.); назначить (на приём и т. п.); I cannot ~ any more callers today сегодня я больше никого не смогу принять; Mrs. Brown must be fitted in next week для г-жи Браун надо найти время на будущей неделе

fitment ['fɪtmənt] n 1. предмет обстановки 2. преим. pl оборудование, арматура; bathroom ~s сантехника

fitness ['fɪtnɪs] n 1. 1) (при)годность, соответствие; ~ for military service годность к военной службе; the (eternal) ~ of things нормальный /надлежащий/ порядок вещей 2) приспособленность, способность, подготовленность; ~ to do /for doing/ smth. способность делать что-л.; подготовленность к чему-л. 2) уместность 2. выносливость, натренированность

fit on ['fɪt'ɒn] phr v 1. примерять 2. пригонять, подгонять; to fit a coat on подогнать пиджак (по фигуре)

fit out ['fɪt'aʊt] phr v 1. снаряжать; оснащать; to ~ a ship for a voyage снарядить корабль в плавание 2. 1) снабжать, обеспечивать; to ~ a party for a polar expedition снабдить всем необходимым партию, направляющуюся в полярную экспедицию 2) экипировать, обмундировывать

fit-out ['fɪtaʊt] n разг. 1. оборудова-ние, снаряжение 2. обмундирование, экипировка

fitted ['fɪtɪd] a 1. 1) приспособленный 2) снаряжённый, приготовленный 2. облегающий; приталенный 3. закрывающий весь пол (о ковре); ~ carpet ковёр во всю комнату 4. спец. подогнанный, аппроксимирующий (о функции и т. п.)

fitter ['fɪtə] n 1. монтёр; слесарь; механик; установщик 2. портной, занимающийся переделкой, примеркой и т. п.

fitting I ['fɪtɪŋ] n 1. 1) примерка, пригонка, подгонка по фигуре (одежды) 2) прилаживание, пригонка 3) спец. фитирование, аппроксимация, подгонка эмпирической кривой 2. тех. установка, сборка, оборудование; монтаж 3. обыкн. pl приспособления, принадлежности, арматура, детали; electrical ~ электроарматура; (plumbing) ~ водопроводная арматура, фитинги; light ~ осветительная арматура; bathroom ~ санитарно-техническое оборудование; kitchen ~ кухонное оборудование 4. аккорд, набор струн (для музыкального инструмента)

fitting II ['fɪtɪŋ] a подходящий, годный; надлежащий; ~ remark уместное замечание; it is ~ that he should take the chair ему именно следует занять председательское место

fitting-out [ˌfɪtɪŋ'aʊt] n воен. оснащение

fitting-room ['fɪtɪŋruːm, -rʊm] n примерочная

fitting-shop ['fɪtɪŋʃɒp] n 1) сборочная мастерская 2) монтажный цех

fitty ['fɪtɪ] adv 1) соответствующим или надлежащим образом; кстати 2) своевременно

fit up ['fɪt'ʌp] phr v 1) (with) снабжать, оснащать; оборудовать, обставлять; fitted up with electric light с электрическим освещением; to fit a patient up with new spectacles подобрать больному новые очки 2) устанавливать, собирать, монтировать (оборудование); the most-up-to-date equipment has been fitted up in the new flats в новых квартирах установлено самое современное оборудование

fit-up ['fɪtʌp] n театр. разг. 1) летний, сезонный театр; помещение, приспособленное для выездных постановок 2) декорации для выездных постановок 3) труппа передвижного или гастрольного театра (тж. ~ company)

five I [faɪv] n 1. 1) пятёрка (цифра; тж. figure of ~) 2) карт. пятёрка; ~ of spades пятёрка пик 3) (номер) пять, (номер) пятый; Chapter ~ пятая глава; Room ~ комната (номер) пять 4) пять, пятеро; in ~s по пяти, пятёрками 5) пять лет (о возрасте); he is ~ ему пять лет; at ~ в пять лет, в пятилетнем возрасте; a girl of ~ пятилетняя девочка 6) пять часов; she will come at ~ она придёт в пять 2. (the F.) «могучая кучка» (Балакирев, Мусоргский, Бородин, Римский-Корсаков, Кюи) 3. команда из пяти человек (баскетбол) 4. pl разг. пять пальцев, пятерня (тж. bunch of ~s); he handles his ~s very well он ловко действует своей пятернёй 5. pl пятипроцентные акции или ценные бумаги 6. банкнота в пять фунтов стерлингов или в пять долларов

◇ to ~ take ~ передохнуть, устроить передышку (минут на пять); ~ of a kind карт. рука из четырёх карт одного наименования (дамы, десятки и т. п.) и одной лишней (в покере)

five II [faɪv] num 1) (число) пять; ~ and ~ make ten пять плюс /и/ пять — десять; ~ books пять книг; ~ eights are forty пятью восемь — сорок; ten is ~ times as much as two десять в пять раз больше двух; ~ of пять, пятеро; there were ~ of them их было пятеро

five-course [,faɪv'kɔːs] *a* 1. *с.-х.* пятипольный; ~ rotation пятипольный севооборот, пятиполье 2. из пяти блюд (*об обеде*)

five-day ['faɪvdeɪ] *a* пятидневный; ~ week пятидневная рабочая неделя

five-finger I ['faɪv,fɪŋgə] 1. = cinquefoil 2 2. = finger-fish

five-finger II ['faɪv,fɪŋgə] *a* производимый всеми пальцами; ~ exercise музыкальное упражнение для пальцев

fivefold I ['faɪvfəʊld] *a* 1. состоящий из пяти частей 2. пятикратный; увеличенный в пять раз 3. 1) в пять раз больший (*по величине*) 2) насчитывающий в пять раз больше

fivefold II ['faɪvfəʊld] *adv* впятеро (больше); в пять раз больше; в пятикратном размере; to increase ~ увеличивать *или* увеличиваться впятеро

five-leaf ['faɪvliːf] = cinquefoil 2

five-o'clock shadow [,faɪvəklɔk'ʃædəʊ] *разг.* лёгкая щетина, выросшая за день (*особ. на лице у брюнетов*)

five-o'clock tea [,faɪvəklɔk'tiː] файв-о-клок (*чай между обедом и ужином*)

fivepence ['faɪvpəns] *n* 1) пять пенсов 2) *амер.* пять центов

fivepenny ['faɪvpənɪ] *a* пятипенсовый

fivepins ['faɪvpɪnz] *n употр. с гл. в ед. ч.* игра типа кеглей

five-pointer [,faɪv'pɔɪntə] *n амер. унив. разг.* 1) студент-отличник 2) оценка «отлично»

fiver ['faɪvə] *n разг.* пятёрка (*банкнот в пять фунтов стерлингов или в пять долларов*)

five-row ['faɪvrəʊ] *a* пятирядный; ~ drill *с.-х.* пятирядная сеялка

fives [faɪvz] *n pl* «пятёрки»; игра в мяч для двух *или* четырех игроков

five-spot ['faɪvspɔt] *n амер. сл.* бумажка в пять долларов, пятёрка

five-star [,faɪv'stɑː] *a* 1) *воен. разг.* с пятью звёздами на погонах; ~ general генерал армии 2) марки «пять звёздочек» (*о коньяке*) 3) наивысшего качества; безупречный; ~ works of art шедевры искусства; ~ hotel отель /гостиница/ высшей категории

fix I [fɪks] *n* 1. *разг.* затруднительное положение; дилемма; to be in a ~ быть в трудном положении; оказаться в тупике /в затруднении/; to get into a ~ попасть в переделку; to put smb. into a ~ поставить кого-л. в затруднительное положение, втравить кого-л. в историю; how are we to get out of this ~? как мы выпутаемся из этого положения? 2. 1) определение местонахождения *или* координат 2) *радио, ав.* засечка 3. *амер.* состояние, положение; in good ~ в порядке, в хорошем состоянии; out of ~, in bad ~ в беспорядке, в плохом состоянии 4. *сл.* отступное, взятка; tax ~es льготы по налогу, предоставляемые за взятку; big ~ *амер.* проворённость» между преступным миром и какой-л. партией, попустительство преступной деятельности за помощь в избирательной кампании 5. *сл.* игра, исход которой предрешён 6. «фикс» (*смесь алкогольного напитка с лимонным соком*) 7. *сл.* доза наркотика 8. = fixation 2

fix II [fɪks] *v* 1. укреплять; закреплять; прикреплять; to ~ a lid on a box закрепить крышку на ящике; to ~ a shelf to a wall прибить полку к стене; to ~ a post in the ground забить, вкопать; столб; to ~ bayonets *воен.* примкнуть штыки 2. 1) устанавливать, назначать, определять; to ~ a date for a meeting назначить день собрания; to ~ prices [rents] установить цены [размер квартплаты]; to ~ a budget определять бюджет; his departure was ~ed for Monday его отъезд был назначен на понедельник; there is nothing ~ed yet ещё ничего не решено; to ~ the limits of a debate установить /принять/ регламент 2) отмечать, фиксировать, констатировать; to ~ a change зафиксировать /констатировать/ изменение; the city of Homer's birth has never been ~ed до сих пор не установлено, в каком городе родился Гомер 3) возлагать; to ~ the blame on smb. возложить вину на кого-л., обвинить кого-л.; it is difficult to ~ the blame трудно определить, кто виноват; to ~ responsibility /guilt/ возлагать ответственность /вину/; to ~ smb. with costs [with liability] возложить расходы [ответственность] на кого-л. 3. *разг.* 1) устраивать; делать; I'll ~ it for you я всё для вас устрою; we'll ~ the whole business мы уладим всё это дело; to ~ a camp разбить лагерь; to ~ a fire развести огонь; they ~ their hair in the Hollywood manner они причёсываются на голливудский лад /делают себе голливудские причёски/; to see one's daughters comfortably ~ed удачно пристроить дочерей 2) приводить в порядок; to ~ oneself [one's hair] привести себя [причёску] в порядок; to ~ one's face подкраситься, подмазаться; she asked me to ~ the table for family dinner она попросила меня накрыть стол для семейного обеда 3) чинить, ремонтировать, налаживать; to ~ a broken lock починить сломанный замок; to ~ the drain прочистить сток; where can I have the car ~ed? где здесь можно починить /отремонтировать/ машину? 4) приготовить, сделать на скорую руку (*обед и т. п.*); to ~ breakfast приготовить завтрак; she ~ed lunch for the children to take to school она приготовила детям с собой завтрак в школу; coffee ~ed with milk кофе с молоком; he ~ed himself a drink он налил себе стаканчик 4. 1) неотрывно смотреть; устремить взгляд; he ~ed her with his eye он сверлил её взглядом; his mother ~ed him icily мать смотрела на него ледяным взглядом; he ~ed a searching look on her он устремил на неё испытующий взгляд 2) сосредоточить (*мысли и т. п.*); he ~ed his attention upon surgery он решил сделать карьеру в хирургии /как хирург/ 3) приковывать, останавливать (*внимание и т. п.*); the object ~ed his eye этот предмет привлёк его взор; the unusual sight ~ed his attention /kept his attention ~ed/ необыкновенное зрелище приковало его внимание; your attention on what you are doing не отвлекайся от того, что ты сейчас делаешь 4) (on, upon) остановиться на (*чём-л.*); выбрать; to ~ on a date for a journey выбрать день отъезда; he ~ed on a cabin by the lake to spend his vacation он решил провести отпуск в домике на озере; she ~ed upon a rural villa её выбор пал на маленькую виллу 5. запечатлеть, фиксировать (*в памяти, сознании*); to ~ facts [dates] in one's mind твёрдо запомнить факты [даты] 6. поселиться, осесть; закрепиться; he ~ed his residence in the city он поселился в городе; он избрал город своим местожительством; he ~ed himself in New York он устроился /осел/ в Нью-Йорке 7. *разг.* вылечить (*часто* ~ up); that doctor ~ed my son (up) этот врач поставил моего сына на ноги; food will ~ her up еда быстро восстановит её силы 8. *разг.* собираться, намереваться; to ~ to do smth. решить сделать что-л.; it's ~ing to rain собирается дождь 9. *разг.* улаживать, разрешать; this won't ~ anything это ничего не решает; anything that is wrong with our life today, people expect the schools to ~ люди ждут от школы разрешения всех жизненных проблем 10. *сл.* подстраивать (*путём подкупа*), «договариваться»; to ~ an election фальсифицировать выборы; the jury has been ~ed с присяжными договорённость, присяжные подкуплены; all his fights were ~ed исход всех его встреч (*по боксу*) был предрешён (*путём сговора*); you can't ~ these officials эти чиновники взяток не берут 11. *разг.* разделаться, расправиться; I'll ~ you! я тебе задам!, я до тебя доберусь!; God'll ~ you! бог вас накажет! 12. *сл.* давать наркотики; снабжать наркотиками 13. *эвф.* кастрировать (*особ. кота*) 14. *спец.* оседать, густеть, твердеть 15. *фото, кино* фиксировать, закреплять 16. *радио, ав.* 1) засекать 2) точно определять широту и долготу

fixate ['fɪkseɪt] *v* 1. 1) фиксировать, закреплять в определённом положении 2) укрепиться, закрепиться 2. *психол.* страдать навязчивой идеей 2) остановиться в развитии (*эмоциональном, половом*)

fixated ['fɪkseɪtɪd] *a* 1) *психол.* остановившийся в эмоциональном развитии 2) (on) одержимый (*чем-л.*), зациклившийся (*на чём-л.*)

fixation [fɪk'seɪʃ(ə)n] *n* 1. 1) фиксация, фиксирование, закрепление; price ~ установление цен 2) *фото, кино* фиксирование, процесс фиксирования 2. *психол.* 1) навязчивая идея, комплекс, мания; ~s about cleanliness помешательство на чистоте; ~ чистотой — её пунктик; public ~ on crime нездоровый интерес публики к преступлениям 2) остановка в развитии (*эмоциональном, половом*); инфантильность 3. *спец.* 1) сгущение 2) обращение в твёрдое состояние 4. *тех.* фиксация, укрепление; связывание

fixative I ['fɪksətɪv] *n спец.* 1) фиксатив 2) *фото, кино* фиксаж, фиксажный раствор

fixative II ['fɪksətɪv] *a* фиксирующий, закрепляющий

fixature ['fɪksətjʊə, -tʃə] *n* фиксатуар

fixed [fɪkst] *a* 1. 1) неподвижный; закреплённый; ~ target *воен.* неподвижная цель; ~ obstacle *воен.* неподвижное заграждение; ~ stone *с.-х.* жёрнов-лежак, неподвижный жёрнов; ~ landing-gear *ав.* неубирающееся шасси 2) *тех.* стационарный, постоянный; ~ aerial жёсткая антенна 2. 1) постоянный, неменяющийся; твёрдо установленный; ~ prices твёрдые цены; he is very ~ in his ways and thought *разг.* он постоянен в своих привычках и образе мыслей 2) навязчивый, неотступный; ~ idea навязчивая идея, идефикс; the man of ~ ideas человек, не поддающийся убеждению, одержимый 3. назначенный, установленный (*о сроке и т. п.*); ~ time назначенный /установленный/ срок; назначенное время 4. *амер. сл.* подстроенный, фальсифицированный; ~ fight бой, об исходе которого заранее договорились (*бокс*) 5. *физ., хим.* связанный; нелетучий; ~ oil нелетучее, жирное масло; ~ elec-

trons *физ.* связанные электроны; ~ **residue** *хим.* твёрдый остаток 6. *эвф.* кастрированный (*особ. о котв*)

fixed assets [,fɪkst'æsets] *эк.* основной капитал; основные средства

fixed capital [,fɪkst'kæpɪtl] = fixed assets

fixed charges [,fɪkst'tʃɑ:dʒɪz] *эк.* 1. постоянные издержки; постоянные затраты 2. финансовые платежи с фиксированными сроками уплаты

fixed feast, fixed holiday [,fɪkst'fi:st, -'hɒlɪdɪ] *церк.* праздник, отмечаемый ежегодно в один и тот же день

fixed liabilities ['fɪkst,laɪə'bɪlɪtɪz] *фин.* долгосрочные обязательства (*облигации и т. п.*)

fixedly ['fɪksɪdlɪ] *adv* 1. неподвижно; устойчиво 2. решительно, твёрдо 3. пристально, в упор; to look ~ at smb. смотреть пристально на кого-л., не сводить глаз с кого-л.

fixed satellite [,fɪkst'sætɪlaɪt] стационарный спутник; спутник на 24-часовой, стационарной орбите

fixed-site [,fɪkst'saɪt] *a стр.* стационарный (*о сооружении*)

fixed-spool reel [,fɪkstspu:l'ri:l] *рыб.* безынерционная катушка (*для спиннинга*)

fixed star [,fɪkʃt'stɑ:] *астр.* неподвижная звезда

fixer ['fɪksə] *n* 1. *см.* fix II + -er 2. 1) наладчик; установщик 2) мастер на все руки; умелец; человек, выполняющий разные мелкие работы по ремонту *и т. п.* 3. *фото* фиксаж, фиксирующий раствор 4. *амер. сл.* 1) посредник (*особ. в конфликтах*) 2) продажный адвокат, ходатай по тёмным делам 3) посредник или связной между гангстерами и властями 4) торговец наркотиками

fixidity [fɪk'sɪdɪtɪ] *редк.* = fixity

fixing ['fɪksɪŋ] *n* 1. установка (*предмета*); закрепление, фиксация 2. *спорт.* разметка (*трека*) 3. *pl* снаряжение, оборудование 4. *pl амер. разг.* 1) принадлежности; men's ~s бельё и галантерея для мужчин; with all the ~s со всеми аксессуарами; turkey with all the ~s индейка со всеми приправами /со всем, что к ней полагается/ 2) отделка (*платья*) 3) набор инструментов 5. *pl стр.* пробки, маяки

fixing-bath ['fɪksɪŋbɑ:θ] *n фото* фиксаж, фиксирующий раствор

fixing bolt ['fɪksɪŋbəʊlt] *тех.* крепёжный болт

fixings ['fɪksɪŋz] *n* 1. *кул.* гарнир; chicken ~ гарнир к курице 2. *амер. сл.* нечто изысканное, неординарное

fixity ['fɪksɪtɪ] *n* 1) неподвижность; ~ of look пристальность /неподвижность/ взгляда 2) устойчивость; стабильность; стойкость; ~ of habits постоянство привычек

fix-it-yourself [,fɪkstjə'self] *n* «собери сам» (*детский конструктор*)

fixive ['fɪksɪv] *a редк.* закрепляющий, укрепляющий

fix out ['fɪks'aʊt] *phr v* снабжать, обеспечивать; to fix smb. out with clothing обеспечить кого-л. одеждой

fixture ['fɪkstʃə] *n* 1. что-л. твёрдо установленное или определённое; there are no ~s in nature нет ничего устойчивого в природе 2. *обыкн. pl* арматура; bathroom ~s сантехника; kitchen ~s плиты, раковины *и т. п.* 3. заранее установленный или назначенный день спортивных соревнований, выставки *и т. п.*; football ~s for the season календарь футбольных игр /соревнований/ сезона 4. *разг.* 1) лицо, (слишком) долго остающееся где-л., обосновавшееся в каком-л. месте; старожил, старый сотрудник; непременный член; he is a ~ in the department отдел невозможно себе представить без него; ~ in most rosters of the world's best-dressed women её неизменно включают в списки самых элегантных женщин мира 2) что-л. ставшее обязательным, непременным, вошедшим в привычку, неотъемлемое качество; to become a ~ стать непременной принадлежностью; foreign economic aid is a budget ~ экономическая помощь другим государствам является постоянной статьёй бюджета; a story that has become a ~ in anthologies рассказ, который неизменно попадает во все сборники 3) *тех.* постоянная принадлежность (*какой-л. машины*) 5. *юр.* движимость, соединённая с недвижимостью 6. *тех.* крепление, прикрепление; permanent ~ жёсткое крепление конька шурупами 7. *тех.* зажим, зажимное приспособление

fix up ['fɪks'ʌp] *phr v* 1. установить; the bed was fixed up in the corner of the room кровать поставили в углу комнаты; to ~ a monument установить памятник 2. устроить, обеспечить; to fix smb. up with smth. обеспечить /снабдить/ кого-л. чем-л.; to fix smb. up for a job устроить кого-л. на работу; if you need a boat I can fix it up for you если вам нужна лодка, я могу вам это устроить; now she is fixed up for life теперь она устроена /обеспечена/ на всю жизнь 3. уладить, урегулировать (раз)решить; to ~ differences урегулировать разногласия; to ~ a quarrel уладить ссору 4. приводить в порядок; to fix one's drawers [shelves] up навести порядок в ящиках стола [на полках]; to fix oneself up принарядиться, приодеться; привести себя в порядок 5. договориться, согласиться

fix-up ['fɪksʌp] *n амер. сл.* 1. приспособление, устройство 2. 1) договорённость; урегулирование (конфликта) 2) нечестная сделка; сговор 3. доза наркотика

fizgig [,fɪzgɪg] *n* 1. кокетливая, легкомысленная женщина, кокетка 2. шутиха (*фейерверк*) 3. *редк.* безделушка 4. волчок 5. гарпун с несколькими остриями

fizz I [fɪz] *n* 1. шипение (*напитка*); this soda-water has lost its ~ эта содовая вода больше не шипит 2. *разг.* 1) шампанское 2) шипучий напиток 3. *разг.* оживление, живость

fizz II [fɪz] *v* 1. шипеть (*тж.* ~ up) 2. 1) играть, пениться (*о вине*) 2) *разг.* гореть (*желанием*); ~ing with the desire to learn the latest news сгорая от желания узнать последние новости

fizzer ['fɪzə] *n сл.* вызов в полицейский суд (*в качестве обвиняемого*); to put on a ~ предъявить (*кому-л.*) обвинение в мелком преступлении

fizzing ['fɪzɪŋ] *a сл.* первоклассный, блестящий

fizzle I ['fɪz(ə)l] *n* 1. лёгкое шипение 2. волнение, беспокойство 3. *разг.* неудача, провал, фиаско

fizzle II ['fɪz(ə)l] *v* 1. слегка шипеть 2. (*обыкн.* ~ out) *разг.* 1) гаснуть, не успев разгореться 2) выдыхаться 3) окончиться неудачей, провалом; потерпеть фиаско

fizzy ['fɪzɪ] *a разг.* шипучий, пенящийся, игристый

fjord [fjɔ:d, fi:ɔ:d] = fiord

flab [flæb] *n разг.* вялые мускулы

flabbergast ['flæbəgɑ:st] *v разг.* изумлять, поражать, ошеломлять; he stood ~ed он застыл от изумления; we were ~ed at the news мы были поражены новостью

flabbily ['flæbɪlɪ] *adv* 1. 1) вяло 2) слабо, неактивно 2. нерешительно, робко

flabbiness ['flæbɪnɪs] *n* 1. вялость, дряблость 2. слабость, слабохарактерность

flabby ['flæbɪ] *a* 1. отвислый; вялый, дряблый; ~ cheeks отвисшие /дряблые/ щёки; ~ muscles вялые мускулы 2. 1) слабый, слабохарактерный; бесхребетный; ~ speech нерешительное /робкое/ выступление 2) вялый, расплывчатый (*о стиле и т. п.*)

flabella [flə'belə] *pl от* flabellum

flabellate [flə'belɪt] *a бот., зоол.* веерообразный

flabelliform [flə'belɪfɔ:m] *a спец.* веерообразный

flabellum [flə'beləm] *n* (*pl* -la) *биол.* веерообразная структура; веерообразный орган

flaccid ['flæksɪd] *a* 1. дряблый; отвислый 2. вялый; слабый; слабохарактерный

flaccidity [flæk'sɪdɪtɪ] *n* 1. вялость, дряблость 2. слабость, слабохарактерность

flack I [flæk] *n прост.* 1. 1) агент по печати 2) агент (*фирмы, кинозвезды и т. п.*) для связи с печатью 2. реклама, паблисити

flack II [flæk] *v прост.* 1) быть агентом (*фирмы, кинозвезды и т. п.*) для связи с печатью 2) рекламировать, создавать шумиху (*вокруг какого-л. имени*)

flacker ['flækə] *v диал.* 1. трепетать, дрожать, биться 2. махать, бить крыльями

flackery ['flæk(ə)rɪ] *n прост.* реклама (*особ. создаваемая какому-л. деятелю*); рекламная шумиха; раздувание (*значения*)

flack out ['flæk'aʊt] = flake out

flacon [flɑ:'kɒŋ] *n* флакон

flag¹ [flæg] *n* 1. 1) флаг; ~ of truce, white ~ (белый) флаг парламентёра; to hang out /to show/ the white ~ вывесить белый флаг; сдаваться [*ср. тж.* ◊]; black ~ a) чёрный /пиратский/ флаг; б) *ист.* флаг, поднимаемый над тюрьмой в знак совершившейся казни; house ~ *мор.* вымпел судоходной компании; to dip the ~ приспустить флаг для салюта; ships of all ~s *образн.* суда всех стран 2) флажок (*в такси и т. п.*); a taxi with the ~ up свободное такси 2. *мор.* флагман, флагманский корабль 3. *сл.* передник 4. 1) полигр. корректорский знак пропуска 2) *вчт.* признак, флаг; разделитель кадров, ограничитель кадра 5. *охот.* хвост (*сеттера, ньюфаундленда и др.*) 6. *спорт.* ворота в сламоме; blind [open] ~s вертикальные [горизонтальные] ворота в сламоме 7. *кино, тлв.* «флаг», экран или затенитель для регулирования освещения

◊ to show the ~ появиться на минуту [*ср. тж.* 1, 1)]; we won't stay long, we'll just show the ~ and then leave мы там долго не останемся, покажемся и уйдём; to fly one's ~ *мор.* командовать соединением; to get one's ~ *мор.* стать адмиралом; to hoist one's /the/ ~ *мор.* принимать командование; to strike one's /the/ ~ a) *мор.* сдавать командование; б) сдаваться, покоряться, прекращать сопротивление; with ~s flying с развевающимися знамёнами, с победой; to keep the ~ flying a) высоко держать знамя (*чего-л.*); б) быть воинственно настроенным, не сдаваться; to drop the ~ *спорт.* махнуть флажком (*сигнал в состязании*)

flag² II [flæg] *v* 1. украшать флагами; вывешивать флаги; to ~ a house вывесить флаги на доме 2. 1) сигнализировать флагами *или* флажками; *мор. тж.* передавать флажными сигналами; to ~ an order передать флажками приказ 2) делать знаки, сигнализировать; to ~ a taxi остановить /поймать/ такси (*тж.* to ~ down) 3) *спорт.* отмечать флажками (*трассу и т. п.*); to ~ a course обозначить флажками трассу соревнований 4) *вчт.* размечать, помечать, метить 3. заманить (*дичь*), размахивая флажком *и т. п.*

flag² [flæg] *n бот.* 1. ирис (*Iris gen.*) 2. удлинённый лист

flag³ I [flæg] *n* 1. каменная плита; плитняк 2. *pl* вымощенный плитняком тротуар 3. *геол.* тонкий слой породы

flag³ II [flæg] *v* мостить, выстилать плитняком

flag⁴ [flæg] *v* 1. повиснуть, поникнуть; the sails were ~ging паруса обвисли; plants ~ging from drought растения, поникшие от засухи 2. *тж.* ослабевать, уменьшаться (*об интересе, энтузиазме и т. п.*); the conversation was ~ging разговор не клеился; his strength was ~ging силы его убывали 3. *редк.* ослаблять, расслаблять; to ~ the spirits действовать угнетающе, портить настроение

flag⁵ [flæg] *n* 1. *pl* перья (*на крыле птицы*) 2. *собир.* перья на лапах (*совы, ястреба*)

flag-boat ['flægbəʊt] *n спорт.* лодка с флажком для обозначения трассы соревнований

flag-broom ['flægbru:m, -rʊm] *n* метла; берёзовый веник

flag captain [ˌflæg'kæptɪn] командир флагманского корабля

Flag Day ['flægdeɪ] *n амер.* «День флага» (*14 июня — национальный праздник США*)

flag day ['flægdeɪ] день продажи на улицах флажков с благотворительной целью

flagella [flə'dʒelə] *pl om* flagellum

flagellant ['flædʒɪlənt, flə'dʒelənt] *n* 1) *обыкн. pl церк. ист.* флагеллант (*член секты XIII века*) 2) человек, занимающийся самобичеванием 2. *мед.* садамазохист

flagellate¹ ['flædʒɪlɪt] *a* 1. *биол.* снабжённый подвижными жгутиками; жгутиковый 2. *бот.* обладающий стелющимися побегами

flagellate² ['flædʒɪleɪt] *v* 1) сечь, пороть 2) бичевать, клеймить; the papers ~d his conduct газеты клеймили позором его поведение

flagellation [ˌflædʒɪ'leɪʃ(ə)n] *n* 1) бичевание, порка 2) самобичевание, истязание плоти

flagellum [flə'dʒeləm] *n (pl* -la, -s [-z]) 1. *шутл.* бич, хлыст, кнут 2. *биол.* жгутик 3. *бот.* стелющийся побег, плеть; ус

flageolet [ˌflædʒə'let] *n муз.* флажолет

flagging¹ ['flægɪŋ] *n* маркировка, разметка (*трассы*)

flagging² ['flægɪŋ] *n* 1. мощение плитняком 2. плитняк 3. мостовая *или* тротуар из плитняка

flagging¹ I ['flægɪŋ] *n* 1. сникание, обвисание 2. ослабление, уменьшение

flagging¹ II ['flægɪŋ] *a* 1. сникающий, свисающий 2. 1) слабый, ослабевший 2) уменьшающийся; затухающий; ~ demand for luxury cars падающий спрос на роскошные автомобили

flaggy¹ ['flægɪ] *a* 1. заросший тростником 2. сделанный из тростника 3. похожий на тростник 4. имеющий удлинённые листья

flaggy² ['flægɪ] *a* 1. спадающий, свисающий 2. вялый, дряблый; слабый

flaggy³ ['flægɪ] *a геол.* способный распадаться по плоскостям наслоения

flagitate ['flædʒɪteɪt] *v* 1) настойчиво просить, умолять 2) *редк.* домогаться, приставать

flagitious [flə'dʒɪʃəs] *a книжн.* 1) гнусный; отвратительный 2) преступный; чудовищный, ужасный

flag-keeper ['flægˌki:pə] *n* судья на трассе (*лыжный спорт*)

flag-leaf ['flægli:f] = flag² 2

flag lieutenant [ˌflæglef'tenənt] флаг-адъютант (*в звании лейтенанта*)

flag-man ['flægmən] *n (pl* -men [-mən]) *воен.* сигнальщик

flag of convenience [ˌflægəvkən'vi:njəns] *мор. юр.* «удобный флаг»; флаг (*обыкн. малого государства*), плавание под которым является наиболее выгодным (*по соображениям налогообложения*)

flag of distress [ˌflægəvdɪ'stres] *мор.* флаг бедствия (*полуспущенный или перевёрнутый*)

flag officer ['flægˌɒfɪsə] адмирал, коммодор; командующий (*в звании адмирала, коммодора*)

flagon ['flægən] *n* 1. графин; кувшин 2. большая плоская бутыль, фляга

flag page ['flægpeɪdʒ] *вчт.* титульный лист

flagpole ['flægpəʊl] *n* 1. флагшток; сигнальная мачта 2. *тлв.* чёрные линии испытательной таблицы

flagrancy ['fleɪgrənsɪ] *n* чудовищность оскорбления, преступления

flag-rank ['flægræŋk] *n мор.* адмиральский чин

flagrant ['fleɪgrənt] *a* 1. ужасный, огромный; ~ crime чудовищное преступление; in ~ delict *юр.* на месте преступления 2. вопиющий, возмутительный; ~ injustice вопиющая несправедливость; ~ case скандальное дело 3. *редк.* пылающий, горящий

flagship ['flægˌʃɪp] *n* 1. *мор.* флагманский корабль 2. флагман; наилучший образец, великолепный представитель, крупнейшее учреждение *и т. п.*; the company's ~ store ведущий магазин этой компании; this orchestra is the ~ of our cultural exchange program этот оркестр — флагман нашей программы культурного обмена

flagstaff ['flægstɑ:f] *n (pl* -staves) флагшток

flag-station ['flægˌsteɪʃ(ə)n] *n* остановка (*поезда*) по требованию

flagstaves ['flægstɑ:vz] *pl om* flagstaff

flag-stone ['flægstəʊn] *n* камень-плитняк; ~ pavement тротуар из каменных плит; ~ artist художник, рисующий на тротуаре *или* мостовой

flag-tower ['flægˌtaʊə] *n мор.* сигнальная башня, сигнальная вышка

flag-wagging ['flægˌwægɪŋ] *n* 1) *воен. жарг.* сигнализация флагами 2) бряцание оружием

flag-waving ['flægˌweɪvɪŋ] *n* шовинизм; ура-патриотизм

flail I [fleɪl] *n* 1. цеп 2. *воен.* трал; ~ tank *воен.* танк-заградитель, танк с бойковым тралом

flail II [fleɪl] *v* 1. молотить 2. бить, ударять, бичевать 3. 1) крутиться, вертеться; propellers ~ing futilely пропеллеры, вращающиеся вхолостую 2) махать, крутить; he ~ed his arms at me он замахал на меня руками; he ~ed his club to drive away the dogs он размахивал палкой, отгоняя собак 3) бродить, мотаться; he ~ed around trying to get a job он в поисках работы

flail-joint [ˌfleɪl'dʒɔɪnt] *n мед.* разболтанный сустав

flair¹ [fleə] *n* 1. чутьё, нюх; to have a ~ for smth. иметь нюх на что-л. 2. способность, склонность, вкус (*к чему-л.*); a true ~ for the theatre подлинная любовь к театру 2. особый отпечаток; своеобразие; fashionable dresses with a ~ of their own элегантные платья в совершенно своеобразном стиле

flair² [fleə] *n шотл.* скат (*рыба*)

flak [flæk] *n (pl без измен.*) 1. зенитная артиллерия 2. зенитный огонь 3. *амер.* 1) разнос; словесный огонь; to take a lot of ~ подвергнуться острой критике 2) перебранка, склока, грызня

flake¹ [fleɪk] *n* 1. 1) лёгкий *или* пушистый комок, клочок (*чего-л.*); ~ of snow снежинка; ~ of fire искорка 2) *pl* хлопья; soap ~s мыльная стружка; picture that is coming off in ~s картина, с которой сыплется краска; slice the potatoes into ~s порежьте картошку тонкими кружочками 2. 1) чешуйка; ~ gold [ice] чешуйчатое золото [-ый лёд]; ~s of scurf перхоть 2) осколок; a ~ of stone [flint] осколок камня [кремня] 3. слой, ряд 4. *геол.* зерно (*минерала*) 5. двуцветная гвоздика 6. трещина в бриллианте

flake¹ II [fleɪk] *v* 1. падать, сыпаться хлопьями 2. покрывать хлопьями 3. 1) расслаивать; делать чешуйчатым 2) расслаиваться, отслаиваться (*тж.* ~ away, ~ off) 3) шелушиться, лупиться; трескаться (*о краске и т. п.*)

flake² [fleɪk] *n* 1. сушилка для рыбы 2. *редк.* полка для провизии 3. бухта (*кабеля*)

flake³ I [fleɪk] *n* 1. яркая индивидуальность, неповторимая личность, оригинал 2. *сл.* псих

flake³ II [fleɪk] *a разг.* яркий, оригинальный; сугубо индивидуальный (*о стиле и т. п.*)

flakeboard ['fleɪkbɔ:d] *n* древесно-стружечная плита

flake-camphor ['fleɪkˌkæmfə] *n* нафталин

flaked ['fleɪkt] *a* 1. хлопьевидный 2. чешуйчатый, слоистый 3. облупившийся, потрескавшийся

flaked-out [ˌfleɪkt'aʊt] *a разг.* измотанный, измочаленный; без сил

flake-knife ['fleɪknaɪf] *n (pl* -knives [-naɪvz]) *археол.* кремнёвый нож

flake out ['fleɪk'aʊt] *phr v разг.* 1) «выключиться», мгновенно заснуть 2) сомлеть; валиться с ног (*от усталости, голода*) 3) одуреть от скуки 2. (on) перестать знаться (*с кем-л.*); разнакомиться 3. улизнуть, смыться 4. упасть в обморок, потерять сознание

flaker ['fleɪkə] *n* 1. кремнедробильщик 2. кремнедробилка 3. *спец.* площильный станок для хлопьев 4. *археол.* древнейшее камнерезное орудие

flake tobacco [ˌfleɪktə'bækəʊ] листовой табак

flake white [ˌfleɪk'waɪt] свинцовые белила в форме хлопьев

flakey ['fleɪkɪ] = flaky²

flakiness ['fleɪkɪnɪs] *n* 1. хлопьевидность 2. чешуйчатость, слоистость

flaking ['fleɪkɪŋ] *n* 1) образование хлопьев 2) выпадение в виде хлопьев 2. расслаивание, отслаивание

flak jacket ['flækˌdʒækɪt] *воен.* бронекуртка (*лётчика*)

flaky¹ ['fleɪkɪ] *a* 1. хлопьевидный 2. слоистый, чешуйчатый; ~ graphite пластинчатый графит; ~ pastry слоёное пирожное

flaky² ['fleɪkɪ] *a амер. сл.* чудной, чокнутый; ≅ «с приветом»; to act ~ чудить; психовать

flam¹ [flæm] *n* 1) враньё, враки, ложь; фальшивка 2) чепуха, вздор

flam² [flæm] *n* барабанная дробь

flambeau ['flæmbəu] *n* (*pl тж.* -eaux [-əuz]) 1. факел 2. декоративный подсвечник; шандал 3. *амер.* котелок для варки сахара 4. *бот.* делоникс (*Delonix regia*)

flamboyance, -cy [flæm'bɔɪəns, -sɪ] *n* яркость, цветистость; чрезмерная пышность

flamboyant [flæm'bɔɪənt] *a* 1. (*часто F.*) *архит.* «пламенеющий» (*название стиля поздней французской готики*) 2. 1) яркий; бросающийся в глаза; ~ dress чересчур яркое /кричащее/ платье 2) цветистый; вычурный; пышный; ~ style цветистый слог

flame I [fleɪm] *n* 1. пламя; in ~s в огне, горящий, пылающий; to burst /to break/ into ~(s), to go up in ~s вспыхнуть, загореться; to commit to the ~s предавать огню, сжигать; to shoot out ~s извергать пламя 2. яркий свет, сияние; silver ~ of moonlight серебристый свет луны; the ~s of sunset зарево /пламя/ заката 3. 1) пыл, страсть; ~ of anger [indignation] вспышка гнева [возмущения]; to fan the ~ разжигать страсти; the ~ of his intellect [imagination] блеск его ума [пылкость его воображения] 2) *шутл.* предмет страсти; an old ~ of his его старая любовь /пассия/

flame II [fleɪm] *v* 1. пылать, гореть пламенем 2. сиять, светиться, пламенеть; the western sky ~d небо на западе пламенело; the garden ~d with tulips сад казался огненно-красным от тюльпанов 3. вспыхивать, пылать (*о страсти и т. п.*); to ~ with indignation пылать негодованием; her anger suddenly ~d она вдруг вспылила 4. вспыхнуть, загореться, покраснеть; her face ~d with excitement её лицо пылало /она покраснела/ от волнения 5. *спец.* проводить через пламя, фламбировать 6. *кул.* поливать горящим напитком (*пуншем и т. п.*)

flame-arrester ['fleɪmə,restə] *n* пламегаситель

flame-bridge ['fleɪmbrɪdʒ] *n тех.* топочный, пламенный порог

flame colour ['fleɪm,kʌlə] *n* огненный цвет; красно-жёлтый *или* оранжевый цвет

flame-engine ['fleɪm,endʒɪn] *n* газовый двигатель; газомотор

flameless ['fleɪmlɪs] *a* 1. горящий без пламени, беспламенный 2. бесстрастный

flamen ['fleɪmen] *n* жрец (*в Древнем Риме*)

flamenco [flə'meŋkəu] *n* фламенко (*цыганско-испанский танец*)

flame out ['fleɪm'aut] *phr v* 1. вспыхнуть, загореться 2. вспылить

flame-out ['fleɪmaut] *n* 1. *реакт.* срыв пламени; заглухание двигателя 2. *амер.* 1) гибель, упадок; the ~ of the old coalition развал старой коалиции 2) человек в подавленном настроении; нытик, пессимист

flame projector ['fleɪmprə,dʒektə] = flame thrower

flame proof ['fleɪmpru:f] *a* 1) невоспламеняющийся 2) огнеупорный, огнестойкий

flame-retardant [,fleɪmrɪ'tɑ:dənt] *a тех.* пламезамедляющий

flame test ['fleɪmtest] *хим.* реакция в пламени

flame thrower ['fleɪm,θrəuə] *n* огнемёт

flame up ['fleɪm'ʌp] *phr v* 1. вспыхнуть, воспламениться, загореться 2. покраснеть, зардеться 3. рассердиться, взволноваться

flaming ['fleɪmɪŋ] *a* 1. пылающий, горящий; ~ gun *воен.* огнемёт; ~ sword *библ.* пламенный меч 2. яркий, пламенеющий; ~ colours яркие краски; ~ sunset sky пылающее закатное небо 3. жаркий; ~ August жаркий август; ~ sun палящее солнце 4. пылкий, пламенный; ~ patriotism горячий патриотизм; ~ devotion пылкая привязанность /приверженность/; ~ speaker пылкий оратор 5. *эмоц.-усил.* отъявленный, ужасный; you ~ fool! дурак ты набитый!

flamingly ['fleɪmɪŋlɪ] *adv* 1. ярко 2. пылко, пламенно

flamingo [flə'mɪŋgəu] *n* (*pl* -os, -oes [-əuz]) 1. *зоол.* фламинго (*Phoenicopterus gen.*) 2. желтовато-красный цвет

flammability [,flæmə'bɪlɪtɪ] *n тех.* воспламеняемость, огнеопасность

flammable ['flæməb(ə)l] *a* воспламеняемый; огнеопасный

flammeous ['flæmɪəs] *a* 1. пламенный 2. яркий, сверкающий 3. огненного цвета

flamy ['fleɪmɪ] *a* 1. пламенный, огненный 2. огнеподобный

flan¹ [flæn] *n* 1. открытый пирог с фруктами, с сыром *и т. п.* 2. диск для чеканки монеты

flan² [flæn] *n шотл.* резкий порыв ветра

flanchetto [flɑ:n'tʃetəu] *n шахм.* фланговое развитие

flanconade ['flæŋkəneɪd] *n* удар в бок (*фехтование*)

flanerie [,flɑ:nə'ri:] *n фр.* фланирование, фланёрство

flaneur [flɑ:'nɜ:] *n фр.* фланёр

flang [flæŋ] *n горн.* двусторонняя кайла

flange [flændʒ] *n* 1. гребень, выступ, борт 2. *тех.* 1) фланец, кромка, закраина 2) пояс (*фермы*) 3) полка (*угольника и т. п.*) 3. *ж.-д.* 1) ребёрда (*колеса*) 2) подошва (*рельса*)

flange-rail ['flændʒreɪl] *n ж.-д.* контррельс

flank I [flæŋk] *n* 1. бок; сторона; ~ wind боковой ветер 2. бочок (*часть мясной туши*) 3. склон (*горы*) 4. *воен.* фланг; to attack on the ~ атаковать с фланга; ~ attack атака во фланг; фланговый удар; ~ defence /protection, security/ обеспечение флангов; ~ detachment боковой отряд; ~ guard боковое охранение; боковая застава; ~ march фланговый марш 5. *геол.* крыло (*складки*) 6. *тех.* 1) профиль ножки зуба 2) задняя грань резца

flank II [flæŋk] *v* 1. 1) быть расположенным сбоку, располагаться по бокам; big fir-trees ~ed the house высокие ели были посажены с обеих сторон дома; road ~ed with trees дорога, обсаженная деревьями 2) *воен.* находиться, располагаться на фланге 3) примыкать, граничить; the fort ~ed on the swamp форт примыкал к болоту 3. *воен.* 1) обходить с фланга 2) атаковать во фланг

flank-bone ['flæŋkbəun] *n анат.* подвздошная кость

flanked ['flæŋkt] *a воен.* 1. прикрытый с фланга 2. фланкированный

flanker ['flæŋkə] *n* 1. *воен.* 1) укрепление, прикрывающее фланг 2) *разг.* удар во фланг, обход; охват 2. торцевая сторона здания; флигель; крыло

flanking ['flæŋkɪŋ] *a воен.* фланговый; фланкирующий; ~ attack наступление во фланг; ~ fire фланкирующий огонь

flannel I ['flænl] *n* 1. 1) шерстяная фланель 2) хлопчатобумажная фланель, бумазея 3) смесовая ткань типа фланели 2. фланелька (*для чистки, натирания*) 3. *разг.* вкрадчивые манеры; льстивые речи 4. *сл.* чепуха, пустые слова; that's just a lot of ~, tell me the truth это всё пустое, скажите мне правду

flannel II ['flænl] *a* фланелевый
◇ ~ dance дружеская вечеринка с танцами (*куда можно приходить в любой одежде*)

flannel III ['flænl] *v* 1. протирать фланелькой 2. заворачивать в мягкую фланель 3. *сл.* втирать очки; замазывать (*недостатки*)

flannelette [,flæn(ə)l'et] *n текст.* фланелет; хлопчатобумажная фланель

flannelled ['flænld] *a* 1. во фланелевом костюме 2. увлекающийся спортом, *особ.* крикетом

flannels ['flænlz] *n употр. с гл. во мн. ч.* 1) костюм или брюки из шерстяной фланели (*преим.* спортивные); to wear ~ носить фланелевый костюм 2) шерстяная спортивная форма 3) фланелевое шерстяное мужское бельё
◇ to get /to receive/ one's ~ *школ. жарг.* попасть в школьную футбольную или крикетную команду

flap I [flæp] *n* 1. 1) откидная доска стола; откидной борт; дверца люка; створка (*ставни и т. п.*); desk with a writing ~ стол с откидной доской (*для письма*) 2) клапан (*кармана*); пола (*одежды*) 3) поля шляпы; hat with wide ~s широкополая шляпа 4) *pl* уши, отвороты (*шапки*) 2. лёгкий удар; шлепок; хлопок; a ~ in the face удар ладонью по лицу, пощёчина 3. хлопанье; the ~ of a sail хлопанье паруса; ~ of a flag хлопанье развевающегося флага 4. хлопушка (*для мух*) 5. *разг.* паника, смятение; to be in a ~ паниковать, психовать; to get into a ~ разнервничаться, потерять голову; to create a ~ вызвать замешательство /панику/ 6. *амер. сл.* 1) шумное сборище, пирушка 2) драка между уличными шайками подростков 3) ошибка, промах; ≅ сел в лужу 4) *воен.* воздушный налёт 7. плоский кусок, ломоть; a ~ of bread ломоть хлеба 8. *pl* длинные висячие уши (*собаки и т. п.*) 9. *мед.* кожный лоскут 10. *с.-х.* мутовка (*в маслобойке*) 11. *тех.* клапан, заслонка 12. *ав.* щиток; закрылок 13. *амер. ав. разг.* переплёт 14. *полигр.* клапан суперобложки

flap II [flæp] *v* 1. 1) колыхать, развевать; the wind ~s the sails ветер полощет паруса 2) колыхаться, развеваться (*тж.* about); a flag ~s in the wind флаг вьётся на ветру; a curtain ~s занавеска развевается 3) махать, хлопать; the bird ~ped its wings птица хлопала крыльями; to ~ flies away отгонять мух 2. слегка ударять, хлопать, шлёпать; the sails were ~ping against the mast паруса хлопали /били/ о мачту; the loose scarf ~ped his face свободный конец шарфа бил ему в лицо 3. 1) опускать (*поля шляпы, наушники*) 2) свисать 4. *амер. сл.* обмануть, обобрать 5. *разг.* шлёпаться, плюхаться
◇ ~ one's chops /jowls, jaw, mouth/ = flap about

flap about ['flæpə'baut] *phr v* 1. *разг.* волноваться попусту, паниковать; do stop flapping about не психуй, не суетись 2. *сл.* 1) болтать, чесать языки 2) злословить, сплетничать

flapdoodle I ['flæp,du:dl] *n* ерунда; дурацкие измышления; трескотня

flapdoodle II ['flæp,du:dl] *v разг.* болтать глупости, чепуху

flap-eared ['flæpɪəd] *a* 1) вислоухий 2) лопоухий

flapjack ['flæpdʒæk] *n* 1. 1) сладкая овсяная лепёшка 2) *амер.* блинчик, оладьи 2. плоская пудреница

flappable ['flæpəb(ə)l] *a разг.* неуравновешенный, нервный

flapper ['flæpə] *n* 1. *см.* flap II + -er 2. 1) хлопушка *(для мух)* 2) колотушка, трещотка *(для птиц)* 3) молотило *(часть цепа)* 3. клапан; пола; фалда 4. ласт *(тюленя, моржа)* 5. *сл.* рука 6. *разг.* дикий утёнок *или* птенец куропатки, не способный летать 7. *разг.* девочка-подросток 8. *разг.* 1) модница; ≅ «эмансипе» 2) вертушка 3) *неодобр.* холостячка; женщина свободной морали 9. молодая избирательница; ~ vote голоса молодых избирательниц

flap planting ['flæp,plɑ:ntɪŋ] *с.-х.* кулисный посев

flappy ['flæpɪ] *a* свисающий, отвислый; ~ skin дряблая кожа; with ~ ears вислоухий *(о собаке)*; loose ~ trousers брюки, сидящие мешком

flare I [fleə] *n* 1. яркий неровный свет; сверкание 2. 1) вспышка *или* язык пламени 2) *астр.* вспышка на Солнце 3) взрыв, вспышка; a sudden ~ of anger внезапная вспышка гнева; a ~ of enthusiasm всплеск энтузиазма 3. (световая) вспышка, световой сигнал 4. 1) осветительный патрон, осветительная ракета *или* бомба 2) сигнальная ракета; the wrecked ship was using ~ s to attract the attention of the coastguards погибающее судно пыталось ракетами привлечь внимание береговой охраны; ~ gun /pistol/ ракетница, сигнальный пистолет; 3) трассёр 5. *фото* блик, засветка; ореол отражения, диффузный ореол 6. выпуклость *(сосуда и т. п.)* 2) *мор.* развал *(борта)* 7. 1) клёш *(юбки и т. п.)*; раструб *(брюк)* 2) раструб *(рупора или трубы)*

flare II [fleə] *v* 1. гореть ярким неровным пламенем; сверкать 2. 1) ярко вспыхивать 2) вспыхнуть, рассердиться, возмутиться *(тж.* ~ up*)* 3. 1) расширять, раздвигать 2) постепенно расширяться к краю *(о чашке)*; расклёшиваться *(о юбке)* 3) выступать наружу, выдаваться; быть выпуклым 4. 1) махать, размахивать; to ~ a scarf from side to side to catch smb.'s eye размахивать платком, чтобы увидели /заметили/ 2) сигнализировать *(вспышками, ракетами и т. п.)*

flareback ['fleəbæk] *n воен.* выбрасывание пламени при открывании затвора; обратное пламя

flared [fleəd] *a* расклёшенный *(об одежде)*; ~ trousers брюки-клёш

flare-path ['fleəpɑ:θ] *n ав.* освещённая взлётно-посадочная полоса

flares [fleəz] *n употр. с гл. во мн. ч. разг.* брюки-клёш

flare up ['fleə(r)'ʌp] *phr v* 1. 1) вспыхивать, загораться *(о свете и т. п.)* 2) вспыхивать, возникать; trouble may ~ suddenly беспорядки /волнения/ могут вспыхнуть внезапно 3) усиливать яркость *(о фарах)* 2. выйти из себя, вскипеть; he flares up at the least thing он начинает кипятиться по малейшему поводу; to make smb. ~ привести кого-л. в ярость, вывести из себя кого-л.

flare-up ['fleə(r)ʌp] *n* 1. вспышка пламени 2. световой сигнал 3. 1) вспышка *(гнева, раздра-*жения *и т. п.)* 2) обострение; a ~ of labour disputes обострение конфликтов между предпринимателями и рабочими 4. шумная ссора 5. блестящий, но непродолжительный успех 6. внезапное обострение болезни

flaring I ['fleərɪŋ] *n тех.* развальцовка, расклётка

flaring II ['fleərɪŋ] *a* 1. ослепительный; ярко горящий 2. кричащий, безвкусный; бросающийся в глаза 3. 1) расширяющийся (книзу), конусообразный; расклёшенный *(о юбке)* 2) выдающийся, выступающий наружу

flash I [flæʃ] *n* 1. 1) вспышка, яркий свет; a ~ of lightning вспышка молнии 2) проблесковый огонь 2. вспышка *(чувства)*; яркое проявление *(чувств, настроения и т. п.)*; a ~ of hope проблеск /луч/ надежды; a ~ of merriment вспышка веселья; a ~ of wit блеск остроумия 3. 1) мгновение, миг; in a ~ мгновенно; в одно мгновение; to have smth. for a ~ обладать чем-л. очень короткое время 2) быстрый взгляд 3) мимолётная улыбка 4. 1) *разг.* показной блеск, пышность 2) *уст.* хвастовство, бахвальство 3) *уст.* бахвал 5. *разг.* воровской жаргон, арго 6. смесь перца с жжёным сахаром для подкраски спиртных напитков 7. краткое телеграфное сообщение *(в газете)*, «молния»; bulletin ~ сводка о ходе выборов *(передаваемая по радио)* 8. кино 1) очень короткий монтажный кадр 2) = flashback 9. *сл.* непристойное обнажение *(мужчины)*; эксгибиционизм 10. *тех.* заусенец, облой, грат 11. *тех.* мгновенное действие; вспышка; ~ set мгновенное схватывание *(бетона)* 12. атака броском *(фехтование)* 13. дульное пламя; вспышка *(выстрела)* 14. *воен.* эмблема части *или* соединения 15. *спец.* подъём воды для прохода судов 16. *тлв.* засветка *(на экране)* 17. = flashbulb 18. *сл.* 1) возбуждённое состояние *(наркомана)*; наркотическая эйфория 2) приятное волнение; приподнятое состояние 19. = flashlight
◊ ~ in the pan а) осечка; б) неудачная попытка; провал, фиаско; в) человек, потерпевший фиаско *или* не оправдавший надежд; неудачник

flash II [flæʃ] *a разг.* 1. 1) современный, привлекательный, шикарный; a very ~ car роскошная машина 2) *амер.* = flashy 1; ~ appearance [behaviour] вызывающая внешность [-ее поведение] 2. поддельный, фальшивый; ~ jewelry поддельные драгоценности; ~ coin [notes] фальшивая монета [-ые банкноты] 3. *уст.* воровской; ~ language блатной жаргон 4. внезапный; быстро возникающий и проходящий; ~ fire внезапно возникший пожар; a valley subject to ~ flooding долина, которую то и дело затопляет 5. *спец.* сверхбыстрый, мгновенный; ~ freezing сверхбыстрое замораживание; ~ drying мгновенное высушивание 6. *сл.* себе на уме, не промах; понимающий что к чему

flash III [flæʃ] *v* 1. 1) вспыхивать, давать вспышку; давать яркий свет 2) сверкать, блестеть; the lightning ~ed across the sky в небе сверкнула молния; the steel ~ed in the sun сталь сверкнула на солнце 2. 1) (внезапно) освещать; быстро направлять *или* бросать яркий свет *(на что-л.)*; to ~ a lantern in smb.'s eyes ослепить кого-л. светом фонаря; to ~ light with a mirror пускать зайчиков зеркалом 2) бросить *(взгляд и т. п.)*; to ~ a glance /a look/ at smb. метнуть взгляд на кого-л.; to ~ a smile at smb. одарить кого-л. улыбкой, ми- молётно улыбнуться кому-л.; his eyes ~ed fire его глаза метали молнии 3. 1) промелькнуть, пронестись, промчаться; the express ~ed through the station экспресс промчался мимо станции; the squirrel ~ed up a tree белка метнулась вверх по дереву; time ~ed by время быстро пролетело 2) внезапно появиться; a small bird ~ed into view мы вдруг увидели откуда-то прилетевшую птичку; the sun ~ed from behind a cloud из-за тучи вдруг показалось солнце 4. внезапно приходить в голову; блеснуть, мелькнуть *(о мысли, догадке и т. п.)*; it ~ed upon me меня вдруг осенило, я вдруг понял; the idea ~ed across /through/, into/ my mind эта мысль молнией промелькнула /молнией пронеслась/ у меня в голове 5. сообщать, передавать *(по телеграфу, радио и т. п.)*; the news was ~ed next day all over England на следующий день сообщение передавалось по всей Англии; the news was ~ed around the world известие с быстротой молнии распространилось по всему свету 6. подавать световой сигнал, сигнализировать; why is this driver ~ing his lights at me? почему этот водитель мигает мне фарами? 7. *разг.* выставлять напоказ, хвастаться; only a fool would ~ a fat wallet in such company только дурак будет демонстрировать набитый бумажник в такой компании 8. подсвечивать 9. вспыхнуть; вспылить *(тж.* ~, up); she ~ed out at him она обрушилась /напала/ на него; her temper ~es out even in normal circumstances её характер даёт себя знать даже в самой мирной обстановке 10. непристойно обнажаться *(о мужчине)*; проявлять эксгибиционизм 11. *тех.* снимать заусенцы

flashback ['flæʃbæk] *n* 1. *кино, лит., театр.* 1) перерыв последовательности действия; возвращение к прошлому, ретроспекция 2) короткий «обратный кадр»; короткая ретроспективная сцена 2. *спец.* обратная вспышка

flash board ['flæʃbɔ:d] *n* щит на гребне плотины

flash bomb ['flæʃbɒm] *воен.* фотобомба

flashbulb ['flæʃbʌlb] *n* лампа-вспышка, импульсная лампа

flash-burn ['flæʃbɜ:n] *n мед.* 1) электротравма, электрический ожог 2) ожог, вызванный световым излучением

flash colours ['flæʃ,kʌləz] *биол.* аллосематическая окраска *(при нападении хищника)*

flash eliminator ['flæʃɪ'lɪmɪneɪtə] *воен.* пламегаситель

flasher ['flæʃə] *n* 1. *см.* flash III + -er 2. проблесковый прибор; маяк-мигалка, маяк с проблесковым огнём 3. эксгибиционист

flash flood ['flæʃ'flʌd] ливневый паводок, внезапное наводнение

flash-forward ['flæʃ,fɔ:wəd] *n кино, театр., лит.* перенесение действия в будущее, забегание вперёд; показ будущего героев; предвосхищение событий

flash fuse ['flæʃfju:z] *воен.* воспламенитель

flashgun ['flæʃgʌn] *n фото* лампа для (магниевой) вспышки, «блиц»

flash hider ['flæʃ'haɪdə] = flash eliminator

flash-house ['flæʃhaus] *n вор. жарг.* притон, «малина»

flashily ['flæʃɪlɪ] *adv* кричаще, безвкусно; напоказ

flashing ['flæʃɪŋ] *n* 1. вспыхивание *и пр.* [*см.* flash III]; ~ arrow светящийся указатель; ~ beacon проблесковый маяк; ~ light а) проблесковый огонь (*маяка и т. п.*); б) сигнальный фонарь 2. *тех.* отжиг стекла 3. мгновенное испарение 4. *горн.* (мокрая) закладка 5. *стр.* гидроизоляция 6. *гидр.* водослив 7. *авт.* мигающий сигнал

flashing-point ['flæʃɪŋpɔɪnt] = flash point

flashlamp ['flæʃlæmp] = flashbulb

flashlight ['flæʃlaɪt] *n* 1. 1) сигнальный огонь маяка 2) проблесковый огонь маяка 3) яркий мигающий огонь (*световых реклам и т. п.*) 2. карманный электрический фонарь 3. *фото* вспышка магния; ~ photograph снимок при вспышке магния

flash-man ['flæʃmən] *n* (*pl* -men [-mən]) 1. 1) тёмная личность 2) вышибала 3) сутенёр 2. завсегдатай скачек, состязаний по боксу *и т. п.*

flash pack ['flæʃpæk] *амер.* упаковка с броско обозначенной сниженной ценой

flash-point ['flæʃpɔɪnt] *n* 1) температура вспышки, точка воспламенения 2) предел; near the ~ of war на грани войны

flash ranging ['flæʃˌreɪnʤɪŋ] = flash reconnaissance

flash reconnaissance ['flæʃrɪ'kɔnɪs(ə)ns] оптическая разведка

flash rider ['flæʃˌraɪdə] *амер. разг.* объездчик лошадей

flash spotting ['flæʃˌspɔtɪŋ] = flash reconnaissance

flash-test ['flæʃtest] *n тех.* определение точки возгорания

flash-wheel ['flæʃwiːl] *n гидр.* водоподъёмное колесо

flashy ['flæʃɪ] *a* 1. показной; бросающийся в глаза, кричащий; дешёвый; ~ dress кричащая одежда; пёстрое, безвкусное платье; ~ manners развязные манеры; ~ jewels аляповатые украшения (*кольца и т. п.*) 2. *книжн.* ослепительный; ярко вспыхивающий 3. кратковременный; мгновенный 4. *разг.* порывистый; вспыльчивый, несдержанный; ~ temper неровный /вспыльчивый/ характер

flask¹ [flɑːsk] *n* 1. 1) фляжка 2) фляга; бутыль; склянка; vacuum ~ термос 3) колба 4) оплетённая бутылка с узким горлом (*часто* Florence ~) 2. пороховница 3. *тех.* опока

flask² [flɑːsk] *n воен.* станина орудийного лафета

flat¹ I [flæt] *n* 1. плоскость, плоская поверхность; the ~ of the hand ладонь; on the ~ жив. на плоскости, в двух измерениях 2. фаска, грань 3. 1) равнина, низина 2) отмель; плоская мель или банка; низкий берег 4. плоскодонка; баржа; шаланда 5. широкая неглубокая корзина 6. *pl* туфли без каблуков 7. *амер.* соломенная шляпа с низкой тульей и широкими полями 8. *сл.* простофиля; тупица 9. *муз.* бемоль; double ~ дубль-бемоль; ~ key бемольная тональность 10. *театр.* задник 11. *разг.* гриб-шляпух 12. *амер. разг.* спущенная шина 13. *сл.* журнал большого формата, напечатанный на тонкой бумаге 14. *геол.* горизонтальный пласт, пологая залежь; ~ wall *горн.* подошва пласта, лежачий бок 15. *стр.* настил 16. *тех.* боёк молотка 17. *ж.-д., горн.* горизонтальный участок 18. = flatcar 19. *горн.* околоствольный двор (*в шахте*)

◇ sharps and ~s жулики и простаки; to join the ~s скомпоновать

flat² II [flæt] *a* I 1. плоский, ровный, гладкий; ~ roof плоская крыша; as ~ as a pancake плоский как блин, совершенно плоский; the storm left the wheat ~ буря побила пшеницу; ~ hand ладонь с вытянутыми пальцами; ~ nose приплюснутый нос; ~ hoof плоское копыто (*порок лошади*); ~ slap dive *спорт.* плоский вход в воду 2. растянувшийся во всю длину, плашмя; to fall ~ on the ground упасть плашмя на землю; to knock smb. ~ сбить кого-л. с ног 3. 1) (находящийся) в той же плоскости; the picture hangs ~ on the wall картина висит плоско /прилегая к стене/; the ladder was ~ against the wall лестница была плотно приставлена к стене 2) нерельефный, плоский; ~ ground *воен.* слабопересечённая местность; to wear (a surface) ~ сносить (шину, подошвы *и т. п.*) 4. мелкий, неглубокий; ~ disk [pan] плоское блюдо [мелкая сковорода] 5. плоскодонный (*о судне*) 6. без каблука, на низком каблуке 7. полосовой (*о железе*) 8. *воен.* настильный; ~ trajectory настильная траектория 9. *полигр.* несфальцованный; листовой, плоский (*о бумаге*) 10. *геол.* пологопадающий

II 1. 1) скучный, неинтересный; вялый, монотонный; ~ speech скучная /бледная/ речь; life is very ~ in a small village в маленькой деревне жизнь течёт очень однообразно; we all feel very ~ now (that) he has gone нам очень скучно после его отъезда 2) плоский (*о шутке*); his joke fell ~ его шутка не удалась /прозвучала неуместно/ 3) тупой, глупый; ~ cloddish mind тупой неповоротливый ум 2. *ком.* вялый, неоживлённый (*о торговле и т. п.*) 3. в плохом настроении, подавленный, угнетённый 4. 1) выдохшийся, безвкусный (*о пиве, газированной воде и т. п.*); the stew is too ~ жаркое совсем пресное 2) спустивший воздух, спущенный (*о шине*); to go ~ спустить воздух (*о шине*); ~ tire спущенная шина [*см. тж.* ◇] 3) *сл.* без гроша, разорившийся 5. одинаковый, однородный; ~ tint ровный цвет, цвет одного оттенка; ~ rate *ком.* единообразная ставка (*налога, тарифа и т. п.*); ~ price одинаковая цена 6. неясный, глухой, нечистый, фальшивый; her high notes are a little ~ она немного фальшивит на высоких нотах 7. *муз.* бемольный; малый (*об интервале*) 8. блёклый (*о цвете*); тусклый (*о краске*); матовый 9. *фото* неконтрастный 10. *грам.* 1) не имеющий частицы to (*об инфинитиве*) 2) не имеющий соответствующего грамматического или словообразовательного показателя (*наречие без -ly и т. п.*) 11. *фон.* 1) среднего подъёма (*о гласном*) 2) звонкий (*о согласном*)

III прямой, ясный, определённый, категорический; ~ decision окончательное решение; ~ failure явная неудача; ~ nonsense чистый вздор; ~ refusal категорический отказ; that's ~ это окончательно (решено), это моё последнее слово; I won't go, and that's ~ я не поеду и всё

◇ b ~, mahogany ~ *шутл.* клоп; ~ tire *амер.* скучная личность, зануда [*см. тж.* II 4, 2)]; ~ race *спорт.* а) скачки без препятствий; б) гладкий бег (*лёгкая атлетика*)

flat¹ III [flæt] *adv* 1. плоско, ровно, гладко; to stamp ~ притоптать 2. плашмя 3. 1) ясно, прямо, определённо, категорически; to come out ~ for smb. открыто выступить за кого-л.; I told him ~ я сказал ему прямо; ~ and plain ясно, точно, определённо 2) совершенно; to go ~ against orders действовать вразрез с распоряжениями; to be ~ broke сидеть без гроша в кармане 4. точно, как раз; to run a hundred metres in ten seconds ~ пробежать сто метров ровно за десять секунд 5. *фин.* без процентов

flat² [flæt] *n* 1. 1) квартира (*расположенная на одном этаже*); block of ~s многоквартирный дом 2) *pl* дом, состоящий из нескольких таких квартир 2. *редк.* этаж

flat-bedded [ˌflæt'bedɪd] *a геол.* горизонтально напластованный

flatbed truck ['flætbedˌtrʌk] *авт.* грузовая платформа (*для крупногабаритных грузов*)

flatboat ['flætbəut] *n* плоскодонная лодка

flat-bottomed [ˌflæt'bɔtəmd] *a* плоскодонный

flat-cap ['flætkæp] *n* 1. *ист.* 1) шляпа с низкой тульей (*которую носили в Лондоне в XVI — XVII вв.*) 2) лондонец 2. формат писчей бумаги (14 × 17 *д.*)

flatcar ['flætkɑː] *n амер. ж.-д.* вагон-платформа

flat end ['flætˌend] торец

flatfish ['flætˌfɪʃ] *n* 1) плоская рыба 2) *зоол.* камбала (*Pleuronectes platessa*)

flatfoot ['flætfut] *n* 1. 1) плоская стопа 2) плоскостопие 2. *сл.* (*pl* -s) 1) простак 2) полицейский 3) моряк, матрос

flat-footed I [ˌflæt'futɪd] *n* 1. 1) страдающий плоскостопием 2) ходящий вперевалку 2. *амер. сл.* 1) твёрдо стоящий на ногах 2) решительный, категорический; прямой; he had an honest ~ way of saying a thing он всегда выражался ясно и недвусмысленно 4. *спорт.* неподвижный (*об игроке*)

◇ to catch ~ а) захватить врасплох; б) застать на месте преступления

flat-footed II [ˌflæt'futɪd] *adv амер. сл.* открыто, решительно; категорически; he came out ~ for the measure он открыто выступил за это мероприятие

flat-hat ['flæthæt] *v ав. сл.* лихачествовать, вести самолёт на бреющем полёте с опасной беспечностью

flat-hatter ['flætˌhætə] *n ав. сл.* лихой лётчик, авиалихач

flat-hatting ['flætˌhætɪŋ] *n ав. сл.* воздушное лихачество

flat-head ['flæthed] *n* 1. человек со сплющенным черепом 2. *разг.* простак, глупец 3. *тех.* плоская головка (*болта и т. п.*)

Flatheads ['flætheðz] *n pl* «плоскоголовые», американские индейцы из племени чинук

flatiron I ['flætˌaɪən] *n* 1. утюг 2. *тех.* полосовое железо

flatiron II ['flætˌaɪən] *v* гладить

flatland ['flætlænd] *n* 1. равнина, местность с плоским рельефом 2. *мат.* «флатландия», двумерный мир

flatlet ['flætlɪt] *n* 1) квартирка 2) *разг.* меблированная комната (*с правом пользоваться кухней и ванной*)

flatly ['flætlɪ] *adv* 1. категорически, решительно; to refuse ~ отказаться наотрез 2. скучно, безжизненно; "It is hopeless", he said — «это безнадёжно», — сказал он без всякого выражения

flatness ['flætnɪs] *n* 1. плоскостность, ровность 2. безвкусица; банальность 3. скука, вялость 4. решительность, прямота, категоричность 5. *воен.* настильность (*траектории*); пологость

flat out ['flæt'aʊt] *phr v* 1. (постепенно) утончаться, сходить на нет 2. *разг.* не оправдать надежд, плохо кончить

flat-out I [,flæt'aʊt] *a разг.* 1. явный, неприкрытый; ~ lie наглая ложь 2. отчаянный, предельный (*о скорости*) 3. приходить в изнеможение, терять силы

flat-out II [,flæt'aʊt] *adv разг.* 1. прямо, открыто; напрямик; I told him ~ what I thought я сказал ему в глаза, что думаю 2. 1) отчаянно, быстро, сломя голову 2) как можно скорее 3. изо всех сил, отчаянно; to be ~ to win напрягать все силы для победы

flat pack ['flætpæk] *элк.* плоский транзисторный модуль

flat-plate collector ['flætpleɪtkə'lektə] пластинчатый солнечный коллектор, плоский гелиоприёмник

flat race ['flætreɪs] *спорт.* скачки без препятствий

flat silver [,flæt'sɪlvə] столовое серебро (*ножи, вилки, ложки*)

flat spin [,flæt'spɪn] *ав.* плоский штопор

flatten ['flætn] *v* 1. 1) делать плоским, ровным, гладким; разглаживать; сглаживать; выравнивать; to ~ the seams разглаживать швы; time ~s the mountains время сглаживает горы; to ~ oneself against a wall плотно прижаться к стене 2) становиться плоским, гладким, ровным; to ~ under a load сплющиваться под тяжестью (*чего-л.*) 2. стихать; ослабевать (*о ветре, буре*) 3. 1) повалить; сбить с ног; the hurricane ~ed the forest ураган повалил лес 2) *спорт.* нокаутировать 4. раздавить; the car ~ed the hen автомобиль раздавил курицу 5. приводить в уныние, удручать; ~ed by grief подавленный горем 6. *разг.* разбить, нанести поражение; the senator ~ed his opposition сенатор подавил всю оппозицию 7. *разг.* разорить (*тж.* ~ out); the depression ~ed many small businesses депрессия разорила много мелких фирм; I was ~ed out я остался без гроша (*в кармане*) 8. *жив.* придавать матовый оттенок 9. *муз.* 1) детонировать 2) понижать на полтона 10. *тех.* плющить; расклёпывать

flattener ['flætnə] *n* 1. *см.* flatten + -er 2. плющильный молоток

flattening ['flætnɪŋ] *n* 1. *спец.* уплощение 2. *ав.* выравнивание (*самолёта*) 3. *дор.* спрямление (*дороги*) 4. *тех.* сплющивание 5. сглаживание, выравнивание (*кривой и т. п.*) 6. сплюснутость (*геометрической фигуры*)

flatten out ['flætn'aʊt] *phr v* 1. *ав.* 1) выравнивать в полёте 2) выходить из планирования в горизонтальный полёт 2. выравниваться; prices are expected to ~ ожидают, что цены выровняются 3. *геол.* сглаживать 4. *горн.* выполаживаться (*о жиле или пласте*)

flatter¹ ['flætə] *v* 1. льстить; чрезмерно хвалить; you ~ me! вы мне льстите!; to ~ smb.'s vanity льстить чьему-л. самолюбию, тешить чьё-л. тщеславие; to ~ oneself быть слишком высокого мнения о себе; переоценивать себя; he ~ed himself that he spoke French with a perfect accent он воображал, что говорит по-французски с безупречным произношением; we ~ ourselves that we can do without their help мы льстим себя надеждой, что можем обойтись без их помощи 2) (*обыкн. pass*) быть польщённым; I feel ~ed by your invitation мне лестно получить ваше приглашение 3) подольщаться (*к кому-л.*) 2. 1) приукрашивать; преувеличивать достоинства; the portrait ~ed her на портрете она красивее, чем в жизни 2) быть к лицу, красить (*кого-л.; об освещении, одежде и т. п.*) 3. *поэт.* быть приятным, ласкать (*слух, глаз и т. п.*)

flatter² ['flætə] *n тех.* гладилка, правильный молоток

flatterer ['flæt(ə)rə] *n* льстец

flattering ['flæt(ə)rɪŋ] *a* 1. льстивый; ~ tongue льстивый язык 2. лестный; ~ review лестный отзыв; ~ portrait приукрашенный портрет; to make ~ remarks about smb. лестно отзываться о ком-л., хвалить кого-л. 3. придающий привлекательность; this is a very ~ hairdo эта причёска вам очень к лицу

flattery ['flæt(ə)rɪ] *n* 1. лесть 2. *арх.* самообольщение, иллюзия

flat-time sentence ['flættaɪm,sentəns] *амер. юр.* фиксированный срок тюремного заключения, предусмотренный за некоторые преступления (*не может быть сокращён судом и исключает досрочное освобождение*)

flatting-mill ['flætɪŋmɪl] *n тех.* листопрокатный стан

flattish ['flætɪʃ] *a* почти плоский, довольно ровный, гладкий

flat-top ['flættɒp] *n* 1. *амер. воен. жарг.* авианосец 2. *разг.* crew cut

flat-topped [,flæt'tɒpt] *a* П-образный, с плоской вершиной

flatty ['flætɪ] *n сл.* полицейский

flatulence, -cy ['flætjʊləns, -sɪ] *n* 1. 1) *мед.* метеоризм, скопление газов в желудке и кишечнике 2) *вет.* вспучивание, вздутие 2. напыщенность, претенциозность

flatulent ['flætjʊlənt] *a* 1. *мед.* вызывающий пучение 2. *мед.* страдающий от газов 3. напыщенный, претенциозный, пустой

flatus ['fleɪtəs] *n* 1. *книжн.* дуновение; дыхание; порыв ветра 2. *мед.* 1) скопление газов (*в желудке и кишечнике*) 2) вздутие 3. *фон.* придыхание

flatware ['flætweə] *n* 1. столовые приборы (*нож, вилка, ложка*) 2. мелкая или плоская посуда

flat water ['flæt'wɔːtə] водное зеркало

flat-ways, flat-wise ['flætweɪz, -waɪz] *adv* плашмя

flatworm ['flætwɜːm] *n гельм.* плоский червь

flaunt [flɔːnt] *v* 1. реять; гордо развеваться (*о знамёнах, плюмажах*) 2. 1) рисоваться; выставлять себя напоказ 2) щеголять; афишировать; to ~ one's wealth похваляться своим богатством; to ~ advanced opinions щеголять передовыми идеями 3. *прост.* пренебрегать; to ~ regulations нарушать устав

flaunting ['flɔːntɪŋ] *a* 1. развевающийся, реющий 2. щегольской; вызывающий; ~ air вызывающий /дерзкий/ вид

flautist ['flɔːtɪst] *n* флейтист

flavescent [flə'ves(ə)nt] *a* желтеющий; желтоватый

flavin ['fleɪvɪn] *n хим.* 1) флавин (*антисептическое средство*) 2) жёлтая краска; кверцитрон

flavor I, II ['fleɪvə] = flavour I и II

flavorous ['fleɪv(ə)rəs] *a* ароматный

flavour I ['fleɪvə] *n* 1. аромат; приятный запах *или* вкус; букет (*вина, чая*); ~ of food запах пищи 2. привкус 3. 1) оттенок; особенность; there is a ~ of mystery about it в этом есть что-то таинственное 2) пикантность, изюминка 4. = flavouring 5. аромат (*физическая характеристика кварка*)

flavour II ['fleɪvə] *v* 1. приправлять; придавать вкус, запах; to ~ soup with onions заправлять суп луком 2. придавать интерес, пикантность; his witty ad libs ~ the whole performance его импровизированные остроты оживляют спектакль 3. *редк.* пробовать, узнавать вкус 4. (of) обладать вкусом, запахом

flavoured ['fleɪvəd] *a* 1. приправленный, пикантный; ~ with smth. приправленный чем-л. 2. ароматный, имеющий особый вкус *или* привкус 3. ароматизированный

flavouring ['fleɪv(ə)rɪŋ] *n* 1. заправка; придание вкуса *или* аромата 2. приправа; специя 3. вкусовое вещество; ароматическое вещество

flavourless ['fleɪvəlɪs] *a* 1. безвкусный, пресный 2. без запаха

flavous ['fleɪvəs] *a спец.* жёлтый

flaw¹ I [flɔː] *n* 1. 1) трещина (*в драгоценном камне, в стекле, фарфоре*) 2) порок, трещины (*в металле*) 3) фаут (*древесины*) 2. изъян, недостаток, дефект, порок; слабое место; this is a ~ in his character это его недостаток; a story without a ~ безупречный рассказ; рассказ — верх совершенства 3. *юр.* упущение, ошибка (*в документе и т. п.*) 4. *шотл.* ложь, выдумка 5. мористая кромка берегового льда
◇ tragic ~ трагическая вина (*героя греческой трагедии*)

flaw¹ II [flɔː] *v* 1. 1) вызывать трещину, портить 2) трескаться; портиться 2. делать недействительным

flaw² [flɔː] *n* сильный порыв ветра; шквал

flaw detection ['flɔːdɪ'tekʃ(ə)n] дефектоскопия

flaw detector ['flɔːdɪ'tektə] дефектоскоп

flawless ['flɔːlɪs] *a* 1) без изъяна; безупречный; совершенный 2) бездефектный (*о материале, изделии*)

flawy¹ ['flɔːɪ] *a* имеющий изъяны, пороки

flawy² ['flɔːɪ] *a* шквалистый

flax [flæks] *n* 1. *бот.* лён (*Linum usitatissimum*) 2. кудель 3. льняное полотно

flax ball ['flæksbɔːl] семенная коробочка льна

flax breaking machine ['flæks,breɪkɪŋmə,ʃiːn] льномялка

flax-comb ['flækskəʊm] *n* льноочёсывающий гребень

flax combing ['flæks,kəʊmɪŋ] чесание льна

flax dressing ['flæks,dresɪŋ] трепание льна

flaxen ['flæks(ə)n] *a* 1. светло-жёлтый, соломенный (*о волосах*) 2. из льна, льняной

flax-fibre ['flæks,faɪbə] *n* льноволокно, льняное волокно

flax hackling ['flæks,hæklɪŋ] = flax combing

flax harvester ['flæks,hɑːvɪstə] льноуборочный комбайн

flax-lily ['flæks,lɪlɪ] *n бот.* лён новозеландский (*Phormium tenax*)

flax-mill ['flæksmɪl] *n* льноперерабатывающее предприятие

flax puller ['flæks,pʊlə] льнотеребилка, льнотеребильная машина

flaxseed ['flækssiːd] *n* 1. льняное семя 2. *бот.* радиола (*Radiola gen.*)

flax waste ['flæksweɪst] льняны́е очёсы
flaxy ['flæksɪ] *a* похо́жий на лён, льняно́й
flay [fleɪ] *v* 1. сдира́ть ко́жу, свежева́ть 2. чи́стить, снима́ть ко́жицу, кору́ *и т. п.* 3. брани́ть, разноси́ть; the critics ~ed him кри́тики разнесли́ его́ /раздела́ли его́ под оре́х/ 4. гра́бить, вымога́ть; «драть шку́ру»
◊ to ~ a flint ≅ из ка́мня лы́ки драть
flayer ['fleɪə] *n* живодёр
flaying ['fleɪɪŋ] *n* свежева́ние *(туши)*
flea I [fli:] *n* 1. энт. блоха́ (*Siphonaptera*) 2. = flea-beetle 3. краснова́то-кори́чневый цвет 4. *амер. сл.* ску́чный, надое́дливый челове́к, зану́да
◊ to catch ~s for smb. *прост.* быть в бли́зких отноше́ниях с кем-л.; a ~ in one's ear a) пощёчина, оплеу́ха; б) ре́зкое замеча́ние, ре́зкий отпо́р; to go away /off/ with a ~ in one's ear получи́ть ре́зкий отпо́р; to send smb. away /off/ with a ~ in his ear a) сде́лать кому́-л. ре́зкое замеча́ние, б) осади́ть кого́-л., дать ре́зкий отпо́р кому́-л.; прогна́ть кого́-л.; (to be) fit as a ~ (быть) в отли́чной фо́рме; let that ~ stick in /to/ the wall *шотл.* хва́тит говори́ть на э́ту те́му; nothing must be done hastily but killing of ~s поспе́шность нужна́ то́лько при ло́вле блох
flea II [fli:] *v редк.* избавля́ться от блох; очища́ть от блох; to ~ a dog вы́чесать блох
fleabag ['fli:bæg] *n амер. сл.* 1. дешёвая гря́зная гости́ница; ночле́жка 2. = fleapit 3. 1) расса́дник блох (*о скаково́й соба́ке и т. п.*) 2) кля́ча (*о скаково́й ло́шади*) 4. *редк.* спа́льный мешо́к
fleabane ['fli:beɪn] *n бот.* блошни́ца дизентери́йная (*Pullicaria dysenterica*)
flea-beetle ['fli:ˌbi:tl] *n энт.* 1) бло́шка (*Phyllotreta*) 2) листое́д, листогры́з (*Altica; Systena*)
fleabite ['fli:baɪt] *n* 1. 1) блоши́ный уку́с 2) пустяко́вая неприя́тность, не́которое неудо́бство 2. *разг.* ры́жее пятно́ на бе́лой ше́рсти ло́шади
flea-bitten ['fli:ˌbɪtn] *a* 1. иску́санный бло́хами 2. *проф. жарг.* чуба́рый (*о ло́шади*) 3. *разг.* поно́шенный, заса́ленный
flea-collar ['fli:ˌkɒlə] *n* блошело́вка (*оше́йник живо́тного, пропи́танный инсектици́дом*)
flea house ['fli:haʊs] = fleabag 1
fleam [fli:m] *n амер.* ланце́т для венн, флебо́том
flea market ['fli:ˌmɑ:kɪt] *разг.* «бло́шиный ры́нок», бараxо́лка
fleapit ['fli:ˌpɪt] *n* дешёвый кинотеа́тр, кино́шка; задри́панный теа́трик
flea trap ['fli:træp] = fleabag 1
fleaworт ['fli:wɜ:t] = fleabane
flèche ['fleʃ] *n* 1. *архит.* высо́кий шпиль 2. *воен.* флешь 3. ата́ка стрело́й (*фехтова́ние*)
fleck I [flek] *n* 1. 1) пятно́, пя́тнышко; кра́пинка; ~s of sunlight со́лнечные бли́ки 2) весну́шка 2. части́чка, крупи́нка; ~s of snow снежи́нки; not a ~ of dust ни пыли́нки
fleck II [flek] *v* покрыва́ть пя́тнами, кра́пинками; the meadow was ~ed with daisies луг пестре́л марга́ритками; hair ~ed with grey во́лосы с про́седью /тро́нутые седино́й/
flecker ['flekə] *v* 1. покрыва́ть пя́тнышками, испещря́ть; распыля́ть 2. рассе́ивать, распыля́ть
fleckless ['fleklɪs] *a* чи́стый, незапя́тнанный

flection ['flekʃ(ə)n] = flexion
flector ['flektə] = flexor
fled [fled] *past и p. p. от* flee *и* fly² II 4
fledge I [fledʒ] *a арх.* 1. спосо́бный лета́ть, оперив́шийся 2. (with) приспосо́бленный для полёта
fledge II [fledʒ] *v* 1. 1) опера́ться 2) станови́ться взро́слым 2. выка́рмливать птенцо́в 3. 1) оперя́ть (*стрелу́*) 2) выстила́ть пу́хом и пе́рьями (*гнездо́*)
fledgeling, **fledgling** ['fledʒlɪŋ] *n* 1) оперив́шийся птене́ц; неопери́вшийся, зелёный юне́ц; ~ dramatists [poets] начина́ющие драмату́рги [поэ́ты]
fledgy ['fledʒɪ] *a редк.* 1) опери́вшийся 2) оперённый
flee [fli:] *v* (fled) 1. бежа́ть, убега́ть, спаса́ться бе́гством; to ~ the country бежа́ть из страны́; the enemy fled in disorder враг бежа́л в беспоря́дке; the clouds fled before the wind ве́тер гнал облака́ 2. избега́ть, стороня́ться; to ~ the society of men избега́ть о́бщества люде́й; to ~ from temptation бежа́ть от искуше́ния 3. *тк. past и p. p.* пролете́ть, промелькну́ть; life had fled жизнь пролете́ла
fleece I [fli:s] *n* 1. 1) ове́чья шерсть, руно́ 2) настри́г с одно́й овцы́ 2. 1) мя́гкая ма́сса, напомина́ющая руно́ 2) «бара́шки», пе́ристо-кучевы́е облака́ 3) ку́да-то па́дающий снег 4) густа́я копна́ воло́с 3. 1) начёс; ворс 2) ткань с начёсом
◊ the golden ~ *миф.* золото́е руно́ (*аргона́втов*)
fleece II [fli:s] *v* 1. стричь ове́ц 2. обира́ть, вымога́ть де́ньги; to ~ a person of all his money очи́стить кого́-л. до после́дней копе́йки; ≅ ободра́ть как ли́пку; they really ~ you at that hotel це́ны в э́той гости́нице — настоя́щий грабёж 3. покрыва́ть сло́вно ше́рстью; a sky ~d with clouds не́бо, покры́тое бара́шками; ~d with moss зарости́ший /покры́тый/ мхом, замшёлый
fleeceless ['fli:slɪs] *a* не име́ющий ше́рсти
fleecy ['fli:sɪ] *a* 1) покры́тый ше́рстью 2) похо́жий на шерсть, шерсти́стый, пуши́стый; ~ snow пуши́стый снег; ~ hair кудря́вые /пы́шные/ во́лосы; ~ clouds кудря́вые облака́; ~ lining ворси́стая подкла́дка
fleer¹ I [flɪə] *n* 1) презри́тельный взгляд, усме́шка 2) насме́шка
fleer¹ II [flɪə] *v* 1) презри́тельно улыба́ться, усмеха́ться 2) насмеха́ться
fleer² [flɪə] *n редк.* беглец́
fleet¹ I [fli:t] *n* 1. флот; the ~ вое́нный флот; Admiral of the F. адмира́л фло́та (*вы́сшее брита́нское вое́нно-морско́е зва́ние*); a ~ in being флот, гото́вый к боевы́м де́йствиям; mercantile ~ торго́вый флот; air ~ возду́шный флот; ~ flagship фла́гманский кора́бль фло́та; F. Marine Force морска́я пехо́та фло́та 2. флоти́лия, карава́н (*судо́в*); fishing ~ рыболо́вная флоти́лия; a ~ of whalers китобо́йная флоти́лия 3. парк (*автомоби́лей, тра́кторов и т. п.*); a ~ of 500 haulage trucks парк из пятисо́т грузовы́х автомоби́лей-тягаче́й 4. *поэт.* 1) (иду́щее) ста́до (*живо́тных*) 2) ста́я (*облако́в, птиц*) 5. компле́кт вы́пущенных *или* поста́вленных сете́й
◊ ~ of the desert «корабли́ пусты́ни», карава́н верблю́дов
fleet² [fli:t] *n диал.* бу́хта; зали́в; небольшо́й прито́к (*реки́*), ручей́
◊ the F. *ист.* а) назва́ние небольшо́го прито́ка Те́мзы; б) тюрьма́ в Ло́ндоне; F. marriage та́йный брак, заключённый в тюрьме́

fleet³ I [fli:t] *a* 1. бы́стрый; ~ operator *разг.* ≅ на ходу́ подмётки рвёт; ~ of foot *книжн.* быстроно́гий; ~er than the wind *книжн.* быстре́е ве́тра 2. *поэт.* быстроте́чный
fleet³ II [fli:t] *v* 1. *арх.* бы́стро протека́ть, проноси́ться; минова́ть 2. *арх.* та́ять, исчеза́ть 3. *мор.* меня́ть положе́ние, передвига́ть
fleet⁴ [fli:t] *v* снима́ть пе́нки, сли́вки (*тж. перен.*)
fleet admiral ['fli:tˌædm(ə)rəl] адмира́л фло́та (*вы́сшее зва́ние в ВМС США*)
fleet-foot(ed) ['fli:tfʊt(ɪd)] *a поэт.* быстроно́гий
fleeting ['fli:tɪŋ] *a* 1) бы́стрый; мимолётный, скороте́чный 2) бы́стро исчеза́ющий; ~ target *воен.* быстропроходя́щая цель; появля́ющаяся мише́нь
fleetingly ['fli:tɪŋlɪ] *adv* бы́стро; мимолётно
fleetly ['fli:tlɪ] *adv поэт.* бы́стро; мимолётно; быстроте́чно
fleetness ['fli:tnɪs] *n поэт.* 1. быстрота́, прово́рство 2. быстроте́чность
Fleet Street ['fli:tstri:t] 1) Флит-стрит (*у́лица в Ло́ндоне, где сосредото́чены реда́кции газе́т*) 2) пре́сса, мир журнали́стики
Fleming ['flemɪŋ] *n* фламáндец
Flemish I ['flemɪʃ] *n* 1. флама́ндский язы́к 2. (the ~) *собир.* флама́ндцы 3. флама́ндская поро́да ломовы́х лошаде́й
Flemish II ['flemɪʃ] *a* флама́ндский; ~ school флама́ндская шко́ла жи́вописи; ~ brick кли́нкер; ~ point браба́нтское кру́жево; гипю́р; ~ stitch гипю́рное плете́ние (*кру́жев*)
flemish ['flemɪʃ] *v охот.* дрожа́ть (*о го́нчей при отыска́нии следа́*)
flench, flense [flentʃ, flens] *v* 1. добыва́ть во́рвань (*из кито́вой или тюле́ньей ту́ши*) 2. сдира́ть шку́ру (*с тюле́ня, кита́*)
flesh I [fleʃ] *n* 1. 1) те́ло; мя́со; in ~ в те́ле, по́лный (*ср. тж.* 4); to make /to gain, to put on, to pick up/ ~ полне́ть, толсте́ть; to lose ~ худе́ть 2) мя́со; мясна́я пи́ща; wolves live on ~ во́лки пита́ются мя́сом, не едя́т мясно́го; ~ diet мясна́я дие́та; пита́ние, состоя́щее в основно́м из мя́са 2. плоть; sins of the ~ пло́тские грехи́; to mortify the ~ умерщвля́ть плоть 2) род челове́ческий; all ~ всё живо́е, сме́ртное; to go the way of all ~ умере́ть 3. мя́коть (*плода́ и т. п.*) 4. *с.-х.* молоды́е ве́точки ча́йного куста́, флеши
◊ in the ~ — во плоти́, живо́й; со́бственной персо́ной (*ср. тж.* 1, 1)); she is prettier in the ~ than in her photographs в жи́зни она́ краси́вее, чем на фотогра́фиях; to make smb.'s ~ creep приводи́ть в содрога́ние, в у́жас; to press the ~ *амер.* пожима́ть ру́ки, обме́ниваться рукопожа́тиями (*с рядовы́ми избира́телями и т. п.*); pressing the ~ *амер.* рукопожа́тия; тесно́е обще́ние с толпо́й (*избира́телей, встреча́ющих и т. п.*); хло́панье по плечу́ и т. п.); ~ presser *сл.* люби́тель фамилья́рничать (*с рядовы́ми избира́телями*); black ~ *ист.* «чёрный това́р», чёрные рабы́, to eat one's own ~ пребыва́ть в ле́ности; to go after the ~ повинова́ться пло́ти, предава́ться чу́вственным наслажде́ниям; an arm of ~ — материа́льная си́ла; to be made ~ воплоти́ться; to demand one's pound of ~ вымога́ть; безжа́лостно тре́бовать (*упла́ты, возвра́та*); the spirit is willing, but the ~ is weak дух кре́пок, да плоть не́мощна

flesh II [fleʃ] *v* 1) приуча́ть к охо́те (*соба́ку, со́кола*) вку́сом кро́ви 2) разжигать кровожадность 2. обагрить меч кровью (впервые) 3. 1) откармливать 2) полнеть 4. спец. мездрить

flesh and blood [ˌfleʃən(d)'blʌd] 1. люди; род человеческий 2. плоть и кровь; one's own ~ a) своя плоть и кровь, родные дети; б) плоть от плоти и кровь (об очень близких по духу людях) 3. человеческая природа; живой человек; to be ~ быть всего лишь человеком, иметь все человеческие слабости; it is more than ~ can bear /stand/ это больше, чем человек может вынести 4. воплощение, придание формы; an attempt to give ~ to nebulous ideas попытка воплотить /конкретизировать/ расплывчатые идеи

flesh-bird ['fleʃbɜ:d] n хищная птица

flesh-brush ['fleʃbrʌʃ] n 1) массажная щётка 2) щётка для мытья

flesh colour ['fleʃˌkʌlə] телесный цвет

flesh-coloured ['fleʃˌkʌləd] a телесного цвета

flesh-eater ['fleʃˌi:tə] n плотоядное животное, хищник

flesh-eating ['fleʃˌi:tɪŋ] a плотоядный

fleshed [fleʃt] a 1. покрытый мясом; с мясом на костях 2. (-fleshed) как компонент сложного слова имеющий такое-то тело; pink-fleshed с розовой кожей; thick-fleshed толстомясый

fleshette [fle'ʃet] n воен. заершённая иголка (из заполненного иголками снаряда)

flesh-fly ['fleʃflaɪ] n энт. мясная муха (Sarcophaga)

flesh-glove ['fleʃglʌv] n перчатка для массажа

fleshhook ['fleʃhuk] n 1) крючок для доставания мяса из горшка 2) крюк, на котором висит мясо

fleshiness ['fleʃɪnɪs] n 1. 1) мясистость 2) полнота, тучность 2. мясистый нарост

fleshing ['fleʃɪŋ] n 1. 1) очистка кожи от мяса; мездрение шкуры 2) pl спец. мездровое клеевое сырьё 2. pl трико телесного цвета 3. приучение (собаки, сокола) к охоте вкусом крови

fleshing-knife ['fleʃɪŋnaɪf] n (pl -knives [-naɪvz]) спец. мездряк

fleshless ['fleʃlɪs] a 1. без мяса, безмясый 2. тощий

fleshliness ['fleʃlɪnɪs] n 1. телесность 2. чувственность; плотские устремления

fleshly ['fleʃlɪ] a 1. 1) телесный; ~ strength физическая сила 2) плотский, чувственный 3) мирской; материальный 2. полный, толстый

flesh-meat ['fleʃmi:t] n мясо, мясная пища

flesh out ['fleʃ'aut] phr v книжн. 1. набирать вес, полнеть 2. облекать плотью; конкретизировать; the playwright fleshed out his characters драматург вдохнул жизнь в свои персонажи

flesh-peddler ['fleʃˌpedlə] n амер. сл. 1. 1) торговец живым товаром, сводник 2) продажная женщина, проститутка 2. хозяин притона, кабачка со стриптизом и т. п. 3. агент актёра, писателя и т. п.; «продавец талантов» 4. сотрудник или заведующий бюро по найму силы

fleshpot ['fleʃpɒt] n котёл для варки мяса
◊ the ~s (of Egypt) а) богатство, роскошь; б) злачные места; в) библ. котлы с мясом в Египте

flesh-taster ['fleʃˌteɪstə] n чиновник, проверяющий доброкачественность мяса

flesh-tights ['fleʃtaɪts] = fleshing 2

flesh-traffic ['fleʃˌtræfɪk] n ист. работорговля

flesh-worm ['fleʃwɜ:m] n гельм. трихина (Trichina spiralis)

flesh wound ['fleʃwu:nd] поверхностная рана

fleshy ['fleʃɪ] a 1. мясистый; ~ nose мясистый нос 2. толстый, полный 3. плотский, чувственный 4. сочный (о фруктах); ~ fruits мясистые фрукты (о ягодах, сливах и т. п.)

fletch [fletʃ] v оперять (стрелу)

fletcher ['fletʃə] n мастер по изготовлению луков и стрел

fleur-de-lis [ˌflɜ:də'li:] n (pl fleurs- [ˌflɜ:-]) 1. бот. 1) ирис 2) ирис флорентийский (Iris germanica florentina) 2. геральдическая лилия (особ. эмблема французского королевского дома) 3. ист. клеймо преступника (во Франции)

fleur-de-luce [ˌflɜ:də'lu:s] арх. = fleur-de-lis

fleuron ['fluərɒn, 'flɜ:-] n 1. архит. флерон 2. кул. шарики из теста для украшения

fleury ['flu(ə)rɪ] a геральд. украшенный королевскими лилиями

flew [flu:] past om fly² II

flews [flu:z] n pl отвислые губы (у собаки-ищейки и т. п.)

flex I [fleks] n эл. гибкий шнур

flex II [fleks] v сгибать, гнуть; to ~ one's muscles разминаться (особ. перед работой)

flexagon ['fleksəgən] n флексагон (математическая головоломка)

flexaton ['fleksətɒn] n флексатон (музыкальный инструмент)

flexi- ['fleksɪ-] в сложных словах, преим. терминологического характера, имеет значение гибкий; флексо-; flexinomics гибкая /подвижная/ экономика; flexi-roof гибкая крыша

flexibility [ˌfleksɪ'bɪlɪtɪ] n 1. гибкость 2. 1) эластичность, упругость 2) тех. ковкость 3. податливость, уступчивость 4. маневренность, подвижность; приспособляемость

flexible ['fleksəb(ə)l] a 1. гибкий; ~ cable гибкий трос; ~ language богатый, выразительный язык 1) эластичный, упругий; ~ wire мягкая проволока; ~ binding мягкий переплёт; ~ pipe шланг 2) тех. ковкий 3. податливый, уступчивый; ~ character мягкий, уступчивый характер 4. маневренный, подвижный; ~ defense манёвренная /эластичная/ оборона; ~ gun турельная (стрелково-пушечная) установка; ~ transport безрельсовый транспорт 5. свободный (о режиме рабочего дня и т. п.); ~ curriculum свободное расписание; ~ time flextime 6. универсальный (о приборе, методе и т. п.)

flexicover ['fleksɪˌkʌvə] n полигр. мягкая обложка, гибкий переплёт

flexile ['fleksa(ɪ)l] a 1. гибкий; подвижный, живой (о чертах лица) 2. разносторонний

flexion ['flekʃ(ə)n] n 1. мед. сгибание 2. тех. сгибание, изгиб 3. мат. кривизна, изгиб (линии, поверхности) 4. грам. флексия, окончание

flexional ['flekʃ(ə)nəl] a грам. флективный

flexionless ['flekʃ(ə)nlɪs] a грам. нефлективный; не имеющий флексии

flexitime ['fleksɪtaɪm] = flextime

flexor ['fleksə] n анат. сгибатель, сгибающая мышца

flexowriter ['fleksəˌraɪtə] n вчт. флексорайтер

flextime ['flekstaɪm] n свободный режим рабочего дня (с правом свободного выбора времени начала и окончания работы); скользящий график

flexuose [ˌfleksjʊ'əus] a бот. извилистый, волнистый; изогнутый

flexuous ['fleksjʊəs] a 1. извилистый; изогнутый 2. колеблющийся; волнообразный

flexure ['flekʃə] n 1. сгибание; выгибание 2. кривизна, искривление; складка; изгиб; выгиб; прогиб, сгиб 3. геол. флексура (изгиб в слоях горных пород)

flib [flɪb] n груб. педераст

flibbertigibbet [ˌflɪbətɪ'dʒɪbɪt] n легкомысленная женщина; вертушка, болтушка

flic [fli:k] n фр. полицейский

flicflac ['flɪkflæk] n флик-фляк, постукивание ногой об ногу (балетное па)

flick¹ I [flɪk] n 1. 1) лёгкий, отрывистый удар (пальцем, хлыстом); щелчок 2) звук удара 2. резкое движение, рывок, толчок 3. pl разг. кино, фильм; took his girl to the ~s пригласил свою девушку в кино 4. воен. кратковременное освещение цели прожектором

flick¹ II [flɪk] v 1. слегка ударить; щёлкнуть; хлестнуть, стегнуть; замахнуться (кнутом и т. п.); to ~ a horse стегнуть лошадь; to ~ a switch щёлкнуть выключателем 2. смахнуть, стряхнуть; to ~ ashes from a cigar стряхнуть пепел с сигары; to ~ away crumbs [dust] смахнуть крошки [пыль]; the horse ~ed the flies away with its tail лошадь отмахивалась от мух хвостом 3. порхать, носиться; a sparrow ~ed across the road воробей (пере)порхнул через дорогу; to ~ out of sight исчезнуть с глаз /из виду/ 4. воен. «захватывать» лучом прожектора

flick² [flɪk] v вор. жарг. резать

flicker¹ I ['flɪkə] n 1. мерцание 2. колеблющийся свет 3. 1) (короткая) вспышка; the final ~ of a dying fire последняя вспышка гаснущего костра 2) проблеск, вспышка; ~ of enthusiam вспышка воодушевления 4. трепетание, дрожание; ~ of the eyelashes взмах ресниц 5. кино тряска, мелькание (изображения) 6. pl сл. кинокартина, кинофильм

flicker¹ II ['flɪkə] v 1. мерцать; вспыхивать и гаснуть; the last hope ~ed and died последняя надежда вспыхнула и погасла; a smile ~ed on his lips на его губах мелькнула улыбка 2. 1) трепетать, дрожать; leaves ~ in the wind листья трепещут на ветру; ~ing shadows дрожащие /колеблющиеся/ тени 2) моргать, мигать 3. бить, хлопать крыльями 4. налетать (о ветерке) 5. амер. подавать световые сигналы

flicker² ['flɪkə] n амер. зоол. золотой, золотистый дятел (Colaptus auratus)

flickering ['flɪk(ə)rɪŋ] n мигание, мерцание; ~ signal проблесковый сигнал

flicker out ['flɪkə(r)'aut] phr v 1) постепенно прекращаться, исчезать 2) гаснуть; the candle flickered out свеча погасла; his life is flickering out его жизнь угасает

flick-knife ['flɪknaɪf] n пружинный, выкидной нож

flick out ['flɪk'aut] phr v 1. выхватывать, вытаскивать 2. высовывать; a lizard flicked out its tongue ящерица высунула язык; the cat flicked out its paw towards the ball of wool кошка протянула лапу к клубку шерсти

flier ['flaɪə] = flyer

flies [flaɪz] n pl театр. жарг. софит

flight¹ [flaɪt] n 1. полёт; the ~ of a bee полёт пчелы; a bird of swift ~ быстрокрылая птица; a manned ~ to other planets полёт человека на другие планеты; home ~ ав. обратный полёт; instrument ~ ав. полёт по приборам,

слепой полёт; ~ indicator авиагоризонт; ~ accident авиационная катастрофа; ~ course курс полёта; ~ book ав. бортовой журнал; ~ commander воен. командир авиазвена; ~ conveyer скребковый транспортёр; ~ hours лётные часы; ~ plan ав. план полёта; полётный лист; ~ personnel воен. лётно-подъёмный состав; ~ service ав. диспетчерская служба, служба обеспечения полётов; ~ range ав. а) дальность полёта; б) радиус действия; ~ mechanic бортмеханик; ~ radio operator бортрадист 2. 1) перелёт; the spring and autumn ~s of birds весенние и осенние перелёты птиц; continuous /non-stop/ ~ ав. беспосадочный перелёт; ~ took two hours перелёт продолжался два часа 2) ав. рейс; F. 447 is ready to leave заканчивается посадка на самолёт, вылетающий рейсом 447; commercial ~s коммерческие рейсы 3. быстрое течение (времени) 4. подъём, возбуждение, порыв; ~ of imagination игра воображения 5. стая (птиц, насекомых) 6. град (пуль, стрел) 7. ав. звено, отряд (самолётов) 8. pl маховые перья 9. спорт. ряд барьеров на скачках 10. ряд шлюзов (на канале) 11. лестничный марш; пролёт лестницы 12. скребок, лопасть 13. в грам. знач. прил. ав., косм. штатный (об оборудовании)
◊ maiden ~ первый полёт (самолёта); in the first ~ в первых рядах, в авангарде

flight² I [flaɪt] *n* 1. бегство; побег; wild ~ паническое бегство; to be in ~ from бежать от; to put /to turn/ to ~ обращать в бегство; to take (to) ~ обращаться в бегство, бежать; to seek safety in ~ искать спасения в бегстве 2. утечка; ~ of money [of capital] abroad утечка валюты [капитала] за границу

flight² II [flaɪt] *v* 1. обращать в бегство, пугать 2. оперять (стрелу) 3. стрелять по движущейся цели 4. лететь, совершать перелёт стаей (о птицах)

flight arrow ['flaɪtˌærəʊ] стрела для полёта на большое расстояние

flight attendant ['flaɪtəˌtendənt] служащий аэропорта, сопровождающий пассажиров к самолёту

flight bag ['flaɪtbæg] 1) сумка или чемодан для авиапутешествий 2) сумка с наименованием авиакомпании

flight capital ['flaɪtˌkæpɪtl] капитал, переводимый из одной страны в другую (во избежание потерь от инфляции, девальвации и т. п.)

flight control ['flaɪtkənˌtrəʊl] 1) управление полётами (по радио) 2) система управления летательным аппаратом

flight deck ['flaɪtdek] ав. 1) кабина экипажа (на тяжёлом самолёте) 2) полётная палуба (авианосца)

flight engineer ['flaɪtˌendʒɪ'nɪə] ав. бортмеханик, бортинженер

flight feather ['flaɪtˌfeðə] маховое перо

flight jacket ['flaɪtˌdʒækɪt] лётная куртка (фасона «авиетка»)

flightless ['flaɪtlɪs] *a* нелетающий; a ~ bird бескрылая птица

flight level ['flaɪtˌlev(ə)l] ав. эшелон

flight lieutenant ['flaɪtlef'tenənt] капитан авиации (в Великобритании)

flight line ['flaɪtlaɪn] 1. район стоянки и обслуживания самолётов (на аэродроме) 2. 1) курс полёта 2) траектория полёта (ракеты и т. п.)

flight manifest ['flaɪt'mænɪfest] ав. 1) полётный лист 2) накладная на перевозимый по воздуху груз

flight path ['flaɪtpɑːθ] воен. 1) траектория полёта 2) курс полёта

flight pay ['flaɪtpeɪ] воен. лётная надбавка (к денежному содержанию)

flight-shooting ['flaɪtˌʃuːtɪŋ] *n* 1. стрельба на дальность (из лука) 2. стрельба влёт

flight-shot ['flaɪtʃɒt] *n* 1. дальность полёта стрелы 2. выстрел влёт

flight strip ['flaɪtˌstrɪp] ав. взлётно-посадочная полоса, ВПП

flight surgeon ['flaɪtˈsɜːdʒ(ə)n] ав. бортврач

flight test ['flaɪttest] ав., косм. лётное испытание

flight-test ['flaɪttest] *v* проводить лётные испытания; to be ~ed пройти лётные испытания (о самолёте, космическом корабле и т. п.)

flightworthy ['flaɪtˌwɜːðɪ] *a* пригодный для полёта или в полёте

flighty ['flaɪtɪ] *a* 1. 1) капризный; взбалмошный; непостоянный; ~ imagination причуды воображения 2) ветреный; ~ conduct легкомысленное поведение 2. помешанный, полоумный 3. пугливый (о лошади) 4. редк. быстрый, преходящий

flimflam I ['flɪmflæm] *n разг.* 1. вздор, ерунда 2. трюк, жульническая проделка

flimflam II ['flɪmflæm] *v разг.* 1) обманывать, одурачивать 2) амер. обсчитывать

flimsy I ['flɪmzɪ] *n* 1. *разг.* 1) тонкая бумага, папиросная бумага (для копий) 2) копия заказа, счёта; дубликат кассового чека и т. п. 2. *разг.* номер газеты 3. *уст.* дубликат телеграфного сообщения 4. *pl амер. разг.* телесное бельё 5. банкнот, «бумажка» 6. *сл.* телеграмма; радиограмма

flimsy II ['flɪmzɪ] *a* 1. хрупкий, непрочный; ~ furniture лёгкая /хрупкая/ мебель 2. неосновательный; ~ argument неубедительный аргумент; ~ excuse слабое оправдание

flinch I [flɪntʃ] *n* 1. отступление, уклонение 2. вздрагивание, дрожь 3. род карточной игры

flinch II [flɪntʃ] *v* 1. отступать, уклоняться (от обязанности, трудности, неприятности); воен. избегать боя; he did not ~ from his duty он не уклонялся от своих обязанностей 2. вздрагивать, передёргиваться (от боли); to bear pain without ~ing переносить боль, не дрогнув

flincher ['flɪntʃə] *n* 1. *см.* flinch II + -er 2. *разг.* непьющий

flinders ['flɪndəz] *n pl* куски, обломки, щепки; to break /to fly/ in /into/ ~ разлететься на мелкие кусочки, разбиться вдребезги

fling I [flɪŋ] *n* 1. 1) бросание, швыряние 2. бросок, швырок; at one ~ одним ударом, одним махом; сразу 2. 1) внезапное резкое или торопливое движение 2) брыкание (лошади) 3. *разг.* попытка; to have a ~ at smth. попытаться /попробовать/ что-л. сделать; I am willing to take a ~ at any job я готов попробовать свои силы на любой работе 4. *разг.* резкое, насмешливое замечание; to have a ~ at smb. задеть кого-л.; that's a ~ at you это камешек в ваш огород 5. *разг.* разгул; весёлое житьё; to have one's ~ перебеситься, отдать дань увлечениям юности 6. *часто pl шотл.* дурное настроение, припадок раздражения; to take the ~(s) a) выходить из повиновения; б) приходить в плохое расположение духа 7. *шотл.* резкий отказ; отпор 8. флинг, шотландская удалая (пляска; *тж.* Highland ~)
◊ (at) full ~ а) поспешно, со всех ног; б) изо всех сил; со всей энергией; in full ~ в полном разгаре

fling II [flɪŋ] *v* (flung) I 1. 1) метать, бросать, швырять; to ~ a stone at smb. бросить камень в кого-л., запустить камнем в кого-л.; to ~ a spear метать копьё; to ~ one's hat into the air подбросить шляпу в воздух; she flung her arms round his neck она бросилась ему на шею; to ~ smth. aside отбрасывать, отвергать, пренебрегать; to ~ smth. away а) отбрасывать; б) проматывать (деньги и т. п.); to ~ smb. back отбрасывать; to ~ back the enemy отбросить врага 2) (into) бросить, отправить, послать (куда-л.); to ~ three divisions into a battle бросить в бой три дивизии; to ~ smb. into prison бросить кого-л. в тюрьму 3. 1) рвануться, броситься; to ~ out of the room броситься вон /выскочить/ из комнаты 2) *refl.* кинуться, броситься; to ~ oneself into a chair броситься в кресло; to ~ oneself into the saddle вскочить в седло; to ~ oneself whole-heartedly into an undertaking с головой окунуться в дело 3. повалить; to ~ smb. down сбить кого-л. с ног; бросить на пол, на землю и т. п.; to ~ smth. down сбросить что-л. (откуда-л.) 4. разбрасывать 5. брыкаться, лягаться 6. *шотл.* танцевать флинг [*см.* fling I 8] 7. *амер. арх.* обманывать

II A 1. накидывать, набрасывать (платье и т. п.); to ~ a scarf over one's shoulders набросить на плечи шарф; to ~ one's clothes on быстро /кое-как/ одеться 2. сбросить (седока) 3. 1) бросать (обвинения и т. п.) 2) осыпать (бранью); to ~ abuse at smb. осыпать кого-л. бранью 4. испускать, распространять (запах и т. п.); the flowers ~ their fragrance all around цветы расточают вокруг аромат 5. сделать что-л. рывком; to ~ the door [window] open распахнуть дверь [окно]; to ~ the door to захлопнуть дверь
◊ to ~ in smb.'s teeth бросить упрёк кому-л. в лицо, упрекать кого-л.; to ~ oneself upon smb.'s mercy отдаться на милость кого-л.; to ~ caution to the winds отбросить всякую осторожность

fling about ['flɪŋə'baʊt] *phr v* 1. разбрасывать 2. делать резкие движения; to fling one's arms about яростно жестикулировать; to fling oneself about like a madman метаться как безумный

flinger ['flɪŋə] *n* 1. *см.* fling II + -er 2. метатель (копья, диска) 3. норовистая, брыкливая лошадь

fling in ['flɪŋ'ɪn] *phr v* добавлять, подбрасывать (сверх чего-л.)

fling off ['flɪŋ'ɒf] *phr v* 1. сбрасывать, скидывать; отделываться; to ~ all restraint отбросить всякую сдержанность; to ~ one's pursuers уйти от погони 2. бросить (замечание и т. п.) 3. выбегать, убегать; she flung off without saying good-bye она бросилась вон не попрощавшись

fling over ['flɪŋ'əʊvə] *phr v* покидать, бросать

fling up ['flɪŋ'ʌp] *phr v* 1) бросить, оставить; to ~ one's job бросить работу; to ~ a design отказаться от замысла 2) подбросить
◊ to ~ one's heels показать пятки, удрать

flint I [flɪnt] *n* 1. 1) кремень, кремнёвая галька; мелкозернистый песчаник 2) камень; the ground was frozen to ~ земля замёрзла и стала как камень

2. кремень для высекания огня огнивом 3. кремнёвое орудие первобытного человека 4. *редк.* скряга 5. = flint glass
◇ a heart of ~ каменное сердце; her heart became ~ сердце её окаменело; he set his face like a ~ его лицо стало каменным; to skin /to flay/ a ~ ≅ из камня лыки драть

flint II [flɪnt] *v* снабжать кремнём
flint clay [ˌflɪntˈkleɪ] твёрдая огнеупорная глина
flint corn [ˈflɪntkɔːn] *бот.* кремнистая кукуруза (*Zea mays indurata*)
flint-flake [ˈflɪntfleɪk] *n археол.* кремнёвый нож
flint glass [ˈflɪntɡlɑːs] флинтглас
flint-gun [ˈflɪntɡʌn] *n ист.* кремнёвое ружьё
flint-head [ˈflɪnthed] *n* кремнёвый наконечник стрелы
flint-hearted [ˌflɪntˈhɑːtɪd] *a* жестокосердный
flintlock [ˈflɪntlɒk] *n ист.* 1. замок кремнёвого ружья 2. кремнёвое ружьё
flint-paper [ˈflɪntˌpeɪpə] *n* наждачная бумага
flint-skinning [ˈflɪntˌskɪnɪŋ] *n* скряжничество, скопидомство
flintstone [ˈflɪntstəʊn] = flint I 1, 2 и 3
flint wheat [ˌflɪntˈwiːt] *бот.* твёрдая пшеница (*Triticum durum*)
flinty [ˈflɪntɪ] *a* 1. кремнистый; кремнёвый 2. жёсткий, суровый, твёрдый
flinty-hearted [ˌflɪntɪˈhɑːtɪd] *a* 1) имеющий твёрдое ядро, твёрдую сердцевину 2) твердокаменный; жестокосердный
flip¹ I [flɪp] *n* 1. лёгкий удар, щелчок 2. *амер. разг.* кувыркание, сальто (*при прыжках в воду и т. п.*) 2) *ав.* переворот через крыло; полубочка 3. *разг.* непродолжительное путешествие самолётом
flip¹ II [flɪp] *v* 1. 1) слегка ударить, щёлкнуть; to ~ (at) the horse with the whip подхлестнуть лошадь кнутом 2) сбросить, смахнуть; to ~ the ash off one's cigarette стряхнуть пепел с сигареты 2. подбросить в воздух (*щелчком — монету и т. п.*) 3. двигаться рывками; колыхаться 4. *разг.* садиться на ходу (*в трамвай и т. п.*) 5. быстро перелистывать; to ~ through a book полистать /быстро просмотреть/ книгу 6. 1) *разг.* обалдеть, потерять голову (*из-за чего-л.*); to ~ over /for/ smth., smb. с ума сходить по чему-л., кому-л.; you'll ~ when you see my new car увидишь мою новую машину — закачаешься 2) *разг.* беситься, неистовствовать; when he ~s it takes three men to hold him когда он входит в раж, его и трое не удержат 3) *сл.* спятить, рехнуться (*тж.* ~ out) 7. *амер. сл.* хохотать до упаду
◇ to ~ one's lid *сл.* а) обозлиться, рассвирепеть; б) запсиховать; в) разразиться хохотом; to ~ one's lip болтать, трепаться
flip² [flɪp] *n* флип, горячий напиток из подслащённого пива со спиртом, яйцом и специями
flip³ [flɪp] *a разг.* 1) легкомысленный, бездумный 2) развязный, бесцеремонный
flip-airplane [ˈflɪpˌɛəpleɪn] *n* комбинированное вращение, пируэт и «либела» (*фигурное катание*)
flip chart [ˈflɪptʃɑːt] несколько лекционных плакатов, скреплённых на верхнем конце рейкой (*так что их можно показывать один за другим*)
flip-flap I [ˈflɪpflæp] *n разг.* 1. хлопанье, шлёпающие звуки 2. кувырканье; сальто-мортале 3. карусель с подвесными сиденьями (*на ярмарке*) 4. род фейерверка, шутиха
flip-flap II [ˈflɪpflæp] *adv* с равномерным хлопаньем
flip-flop I [ˈflɪpflɒp] *n* 1. шлёпающие звуки; шлёп-шлёп 2. внезапный резкий поворот (*направления, точки зрения и т. п.*) 3. *радио проф.* мультивибратор, триггер
flip-flop II [ˈflɪpflɒp] = flip-flap II
flip-flops [ˈflɪpflɒps] *n pl разг.* резиновые шлёпанцы на ремешке (*пропущенном между пальцев*), «вьетнамки»
flip over [ˈflɪpˈəʊvə] *phr v* 1. повалить, свалить; to flip one's opponent over for a fall тушировать противника (*борьба*) 2. перевернуть; he flipped over the envelope and read the address он перевернул конверт и прочитал адрес 2) перевернуться; the plane flipped over and crashed самолёт перевернулся и разбился
flippancy [ˈflɪpənsɪ] *n* 1. легкомыслие, ветреность 2. 1) непочтительность, дерзость 2) дерзкое, непочтительное высказывание, дерзость
flippant [ˈflɪpənt] *a* 1. легкомысленный, ветреный 2. непочтительный, дерзкий; ~ answer дерзкий ответ
flipper [ˈflɪpə] *n* 1. *зоол.* плавник, плавательная перепонка; ласт 2) *pl* ласты (*пловца*) 2. *сл.* рука 3. = flapjack 1 4. *авт.* флиппер 5. *ав. сл.* руль высоты
flipping [ˈflɪpɪŋ] *a разг.* чёртов, проклятый
flip side [ˈflɪpsaɪd] *разг.* обратная сторона грампластинки (*с менее популярной песней, музыкой*)
flirt I [flɜːt] *n* 1) кокетка 2) любитель пофлиртовать, поухаживать 2. внезапный толчок; взмах (*крыльями*)
flirt II [flɜːt] *v* 1) флиртовать, кокетничать; ухаживать 2) заигрывать; reactionary groups that ~ed with the fascists реакционные группы, заигрывавшие с фашистами 2. 1) проявлять преходящий интерес к чему-л.; a man who ~ed with all the arts but mastered none человек, который пытался заниматься всеми видами искусства, но ни в одном не преуспел; to ~ with an idea подумывать о чём-л.; we ~ed with the idea of sending our daughter to a figure-skating school but decided against it мы некоторое время подумывали о том, чтобы устроить дочку в школу фигурного катания, но решили не делать этого 2) играть (*чем-л. опасным*); to ~ with danger вести опасную игру; to ~ with death играть со смертью 3. быстро взмахивать, трясти; to ~ a fan играть веером; a bird ~s its tail птица распускает хвост
flirtation [flɜːˈteɪʃ(ə)n] *n* 1) флирт, ухаживание; to have a ~ (little) ~ with smb. ухаживать /приударять/ за кем-л. 2) (преходящее) увлечение, «роман»; to have a ~ with ancient languages увлечься древними языками 3) игра, заигрывание; a ~ with death игра со смертью
flirtatious [flɜːˈteɪʃəs] *a* кокетливый, любящий пофлиртовать
flirty [ˈflɜːtɪ] *a* любящий пофлиртовать, кокетливый
flit I [flɪt] *n разг.* 1. переезд, перемена местожительства (*особ. тайно от кредиторов*); = elopement
flit II [flɪt] *v* 1. 1) перелетать с места на место; перепархивать; bees are ~ting from flower to flower пчёлы перелетают с цветка на цветок 2) проноситься; мелькать; the clouds ~ along облака проносятся мимо; a smile ~ted across his face на его лице промелькнула улыбка

FLI — FLO   **F**

memories ~ted across his mind воспоминания промелькнули у него в голове 2. *разг.* 1) переезжать, менять местожительство (*особ. тайно от кредиторов*) 2) = elope 3. проходить, бежать, лететь (*о времени*) 4. встрепенуться (*о птице*); взмахнуть (*крыльями*)
flitch I [flɪtʃ] *n* 1. засоленный и копчёный свиной бок 2. кусок ворвани 3. горбыль 4. *pl амер.* брусок неквадратного сечения
flitch II [flɪtʃ] *v* 1. резать ворвань квадратными кусками 2. резать (*дерево*) на планки, горбыли
flitch-beam [ˈflɪtʃbiːm] *n стр.* составная балка
flitter¹ I [ˈflɪtə] *n* 1. порхание; махание крыльями 2. *разг.* человек, тайно съезжающий с квартиры, не уплатив за неё
flitter¹ II [ˈflɪtə] *v* 1. порхать, летать; махать крыльями 2. *редк.* тасовать (*карты*)
flitter² [ˈflɪtə] *n собир.* металлические лепестки (*для украшений и т. п.*)
flittermouse [ˈflɪtəmaʊs] *n* (*pl* -mice [-maɪs]) летучая мышь
flitter-winged [ˌflɪtəˈwɪŋd] *a* с трепещущими крыльями
flitting [ˈflɪtɪŋ] *n* 1. перелетание; перепархивание 2. перемена местожительства, переезд; *особ.* переезд с квартиры (*тайно от кредиторов*)
fliv I [flɪv] *амер. сл.* = flivver I
fliv II [flɪv] *v* провалиться (*обыкн. об исполнителе*)
flivver I [ˈflɪvə] *n разг.* 1. 1) старый дешёвый автомобиль; колымага 2) *шутл.* любой автомобиль (*в т. ч. роскошный*); ≅ тачка 2. старенький самолёт 3. *амер.* провал, неудача
flivver II [ˈflɪvə] *v амер. сл.* терпеть неудачу
float I [fləʊt] *n* 1. плавучая масса (*льда и т. п.*) 2. 1) пробка, поплавок; буёк 2) поплавок гидросамолёта 3. буй 4. плот, паром 5. лопасть, плица (*гребного колеса*) 6. пузырь (*у рыбы*) 7. плавательный пояс; надувная подушка и т. п. для обучающихся плавать 8. 1) полок, телега 2) низкая платформа на колёсах, используемая на карнавалах для рекламы и т. п. 3) электрокар; milk ~ электрокар для развозки молока 9. часто *pl театр.* рампа 10. = floater 6 11. *стр.* мастерок, гладилка, тёрка 12. *геол.* нанос 13. *с.-х.* волокуша, шлейф 14. *фин.* плавающий курс (*валют*) 15. *амер.* прохладительный напиток с мороженым 16. *амер. унив. жарг.* свободный час, окно в расписании
float II [fləʊt] *v* 1. плавать, держаться на поверхности (*воды или другой жидкости*); wood ~s on water дерево не тонет в воде 2. плыть, нестись (*по течению, по воздуху*); the boat ~ed down the river лодка плыла вниз по реке; the clouds ~ slowly тучи плывут медленно; dust ~s in the air пыль носится в воздухе; to ~ before one's eyes [in one's mind] проноситься /промелькнуть/ перед глазами [в уме, в голове] 3. затоплять, наводнять; to ~ oil over a swamp залить нефтью болото 4. 1) спускать (*на воду*) 2) снимать с мели 5. сплавлять (*лес*) 6. 1) выпускать (*заём, акции*) 2) пускать в ход (*предприятие*); обеспечивать поддержку (*деньгами*) 7. пускать (*слух*) 8. *амер.* проявлять неустойчивость (*во взглядах*); вносить частые изменения (*в обстановку и т. п.*) 9. *тех.* работать

FLO — FLO

вхолосту́ю 10. *тех.* быть в равнове́сии 11. нежёстко крепи́ть 12. *горн.* флоти́ровать 13. *фин.* 1) свобо́дно колеба́ться, пла́вать (*о ку́рсах валю́т*) 2) вводи́ть свобо́дно колеблющийся, пла́вающий курс валю́т 14. *амер. прост.* 1) быть на седьмо́м не́бе; чу́вствовать наслажде́ние, быть в припо́днятом настрое́нии 2) ощуща́ть эйфори́ю (*от нарко́тика*)

floatability [ˌfləʊtəˈbɪlɪtɪ] *n* плаву́честь
floatable [ˈfləʊtəb(ə)l] *a* 1. плаву́чий 2. сплавно́й
floatables [ˈfləʊtəb(ə)lz] *n pl* пла́вающие твёрдые части́цы *или* комки́ (*загрязне́ний*)
floatage [ˈfləʊtɪdʒ] *n* 1. пла́вание на пове́рхности 2. *мор.* запа́с плаву́чести 3. *собир.* 1) пла́вающие предме́ты, суда́, ло́дки, плавсре́дства 2) пла́вающие обло́мки 4. надво́дная часть су́дна 5. 1) лесоспла́в 2) *юр.* пра́во сбо́ра плаву́чего ле́са
floatation [fləʊˈteɪʃ(ə)n] *n* 1. 1) пла́вание 2) плаву́честь; centre of ~ центр тя́жести пла́вающего те́ла 2. *ком.* основа́ние предприя́тия 3. *горн.* флота́ция
floatboard [ˈfləʊtbɔːd] *n* пли́ца (*гребно́го колеса́*)
float-boat [ˈfləʊtbəʊt] *n* плот, паро́м
float-case [ˈfləʊtkeɪs] *n* подъёмный кессо́н; подъёмный понто́н
floated concrete [ˈfləʊtɪdˈkɒŋkriːt] *стр.* лито́й бето́н
floater [ˈfləʊtə] *n* 1. *см.* float II + -er 2. 1) плот, паро́м 2) плотого́н; паро́мщик 3. *разг.* 1) бродя́га 2) «летун» (*о рабо́тнике*) 3) *амер.* вре́менный *или* сезо́нный рабо́чий 4. *сл.* оши́бка, ло́жный шаг; to make a ~ попа́сть впроса́к 5. *бирж. проф.* це́нная бума́га 6. *амер. сл.* 1) избира́тель, (незако́нно) голосу́ющий не́сколько раз; подставно́е лицо́ на вы́борах 2) коле́блющийся избира́тель, голосу́ющий то за одну́, то за другу́ю полити́ческую па́ртию 7. *амер. сл.* вы́сылка из го́рода в 24—48 часо́в (*осо́б. бродя́г*); предложе́ние (*поли́ции*) поки́нуть го́род 8. *сл.* клёцка
float fishing [ˈfləʊtˌfɪʃɪŋ] 1. уже́ние ры́бы с ло́дки *или* плота́ 2. уже́ние с попла́вком
float-gauge [ˈfləʊtgeɪdʒ] *n тех.* поплавко́вый указа́тель у́ровня
floating I [ˈfləʊtɪŋ] *n* 1. пла́вание 2. *стр.* сгла́живание соколко́м, мастерко́м 3. *жив.* неоднородность окра́ски, рябь 4. *фин.* флоу́тинг, свобо́дное колеба́ние (*ку́рса*), пла́вающий курс 5. *тех.* «пла́вающая» констру́кция; самоустана́вливающаяся, жёстко не закреплённая дета́ль 6. *тех.* бу́ферный режи́м (*рабо́ты*) 7. *спорт.* зо́нная защи́та
floating II [ˈfləʊtɪŋ] *a* 1. плаву́чий; пла́вающий; ~ cargo морско́й груз; ~ line *мор.* (грузова́я) ватерли́ния; ~ mine *мор.* пла́вающая ми́на; ~ wood сплавно́й лес, пла́вающая древеси́на 2. подвижно́й, незакреплённый, свобо́дный; ~ earth плывун; ~ axle *авт.* разгру́женная ось; ~ battery *эл.* бу́ферная батаре́я; ~ piston пла́вающий /свобо́дный/ по́ршень 3. изме́нчивый, теку́чий; ~ capital оборо́тный капита́л; ~ debt *ком.* краткосро́чный долг; теку́щая задо́лженность; ~ population теку́чее народонаселе́ние 4. *мед.* блужда́ющий; ~ kidney блужда́ющая по́чка, подвижна́я по́чка 5. *фин.* свобо́дно колеблющийся, пла́вающий (*о ку́рсе валю́т*) 6. *амер. сл.* 1) пья́ный 2) одуре́вший от нарко́тиков 3) бесконе́чно счастли́вый; на седьмо́м не́бе (*тж.* ~ on air)

7. *эл.* включённый паралле́льно основно́му исто́чнику пита́ния (*для испо́льзования при вы́ходе его́ из стро́я*)
◊ ~ crap game *амер. сл.* подпо́льный клуб игроко́в в ко́сти (*постоя́нно меня́ющий ме́сто, скрыва́ясь от поли́ции*); ~ coffin *сл.* плаву́чий гроб (*о ненадёжном ста́ром су́дне*)
floating-anchor [ˈfləʊtɪŋˌæŋkə] *n мор.* плаву́чий я́корь
floating assets [ˌfləʊtɪŋˈæsets] *фин.* 1. оборо́тный капита́л; оборо́тные сре́дства 2. теку́щие акти́вы
floating bridge [ˌfləʊtɪŋˈbrɪdʒ] 1) понто́нный *или* наплавно́й мост 2) разводна́я часть моста́ 3) мостово́й паро́м
floating dock [ˌfləʊtɪŋˈdɒk] плаву́чий док
floating island [ˌfləʊtɪŋˈaɪlənd] 1. плаву́чий о́стров 2. десе́рт с заварны́м кре́мом и взби́тыми белка́ми
floating light [ˌfləʊtɪŋˈlaɪt] *мор.* светя́щий плаву́чий знак
floatingly [ˈfləʊtɪŋlɪ] *adv* 1. в пла́вающем, плаву́чем состоя́нии 2. изме́нчиво, теку́че
floating policy [ˌfləʊtɪŋˈpɒlɪsɪ] *страх.* генера́льный *или* постоя́нный по́лис
floating ribs [ˌfləʊtɪŋˈrɪbz] *анат.* ло́жные рёбра
floating vote [ˌfləʊtɪŋˈvəʊt] *амер.* избира́тели, голосу́ющие то за одну́, то за другу́ю полити́ческую па́ртию; ≅ избира́тели, на кото́рых нельзя́ твёрдо рассчи́тывать
floating voters [ˌfləʊtɪŋˈvəʊtəz] = floating vote
float off [ˈfləʊtˈɒf] *phr v* 1) сня́ться с ме́ли 2) снять с ме́ли 3) спусти́ть на́ во́ду
float out [ˈfləʊtˈaʊt] *phr v* 1. смыть (*нечисто́ты и т. п.*) водо́й 2. спусти́ть (*кора́бль*) на во́ду
floatplane [ˈfləʊtpleɪn] *n* гидросамолёт
floatstone [ˈfləʊtstəʊn] *n* 1. *мин.* пори́стый опа́л *или* кварц 2. *геол.* о́сыпь жи́лы на пове́рхности
float-valve [ˈfləʊtvælv] *n тех.* поплавко́вый кла́пан
float-wood [ˈfləʊtwʊd] *n* сплавно́й лес
float-work [ˈfləʊtwɜːk] *n стр.* затирка
floaty [ˈfləʊtɪ] *a* 1. 1) плаву́чий 2) с небольши́м водоизмеще́нием (*о корабле́*) 2. лёгкий
floc [flɒk] = flock²
flocci [ˈflɒksaɪ] *pl от* floccus
floccose [ˈflɒkəʊs] *a* 1. *зоол.* с хохолка́ми, хохла́тый 2. *бот.* опушённый, покры́тый хлопьеви́дным опуше́нием
flocculant [ˈflɒkjʊlənt] *n тех.* флоккуля́тор, флоккули́рующий аге́нт
flocculate I [ˈflɒkjʊlɪt] *a энт.* покры́тый пучка́ми воло́с
flocculate II [ˈflɒkjʊleɪt] *v* 1. *хим.* образо́вывать хло́пья, выпада́ть хло́пьями, флоккули́ровать 2. образо́вывать комо́чки (*о по́чве*)
flocculation [ˌflɒkjʊˈleɪʃ(ə)n] *n* 1. *хим.* флоккуля́ция, выпаде́ние хло́пьями 2. образова́ние комо́чков (*в по́чве*)
flocculator [ˈflɒkjʊleɪtə] = flocculant
flocculent [ˈflɒkjʊlənt] *a* 1. 1) шерсти́стый; похо́жий на пучки́ ше́рсти 2) хлопьеви́дный 2. насы́щенный водяны́ми пара́ми (*об атмосфе́ре*) 3. пуши́стый, покры́тый пушко́м
flocculi [ˈflɒkjʊlaɪ] *pl от* flocculus
flocculus [ˈflɒkjʊləs] *n* (*pl* -li) 1. клочо́к, пучо́к; хло́пья 2. *анат.* флоккулус, вы́ступ на пове́рхности мозжечка́ 3. *энт.* концево́й пучо́к воло́с (*на брюшке́*) 4. *астр.* флоккул
floccus [ˈflɒkəs] *n* (*pl* -cci) 1. *зоол.* пучо́к воло́с на конце́ хвоста́ 2. *бот.* грибно́й мице́лий; гру́ппа ги́фов 3. пух (*у пте́нцов*)

flock¹ I [flɒk] *n* 1. ста́до; ста́я (*птиц*); ота́ра (*ове́ц*); ~s and herds of wild ducks ста́я ди́ких у́ток 2. толпа́, скопле́ние люде́й; a ~ of visitors толпа́ посети́телей; to come in ~s стека́ться толпа́ми, вали́ть толпо́й 3. 1) де́ти (*в семье́*); the flower of the ~ краса́ /украше́ние/ семьи́ 2) ученики́ (*учёного, фило́софа и т. п.*) 4. *церк.* па́ства 5. *редк.* собра́ние, компле́кт; a ~ of pamphlets сто́пка брошю́р
◊ to stray from the ~ a) отби́ться от ста́да; б) сби́ться с пути́ и́стинного; to fire into the wrong ~ *амер.* ≅ попа́сть па́льцем в не́бо; it is a small ~ that has not a black sheep ≅ в семье́ не без уро́да
flock¹ II [flɒk] *v* 1. 1) стека́ться, ска́пливаться, собира́ться толпо́й; to ~ about smb. толпи́ться вокру́г кого́-л., обступи́ть кого́-л.; to ~ after smb. толпо́й сле́довать за кем-л.; держа́ться вме́сте, сби́ться в ку́чу (*тж.* ~ up) 2. вали́ть толпо́й; people ~ed to the cities наро́д повали́л в города́; the door opened and the public ~ed in [out] дверь откры́лась, и пу́блика ста́ла входи́ть [выходи́ть] гурьбо́й
flock² I [flɒk] *n* 1. пуши́нка; клочо́к ше́рсти; пучо́к (*воло́с*) 2. *pl* 1) гру́бая шерсть 2) *текст.* очёски
flock² II [flɒk] *v* набива́ть (*пу́хом, ше́рстью, во́лосом*)
flock-bed [ˈflɒkbed] *n* 1) посте́ль с тюфяко́м 2) пери́на
flock dot [ˈflɒkdɒt] *текст.* рису́нок в горо́шек, сде́ланный ворсопеча́тью
flocked wall-paper [ˈflɒktˈwɔːlˌpeɪpə] = flock paper
flocking [ˈflɒkɪŋ] *n текст.* ворсопеча́ть
flock-master [ˈflɒkˌmɑːstə] *n* 1. овцево́д; хозя́ин (*ста́да*) 2. овча́р
flock paper [ˈflɒkˌpeɪpə] обо́и с во́рсистым рису́нком
flocky [ˈflɒkɪ] *a* 1) пуши́стый 2) клочкова́тый (*о ше́рсти*) 3) хлопьеви́дный; состоя́щий из хло́пьев
floe [fləʊ] *n* 1) плаву́чая льди́на 2) ледяно́е по́ле; standing ~ ропа́к
floeberg [ˈfləʊbɜːg] *n* неся́к, флобе́рг, обло́мок а́йсберга
floe-flat [ˈfləʊflæt] = floe rat
floe-ice [ˈfləʊaɪs] *n* торо́систое ледяно́е по́ле; сплошно́й лёд
floe rat [ˈfləʊræt] *зоол.* не́рпа кольча́тая (*Phoca hispida*)
flog [flɒg] *v* 1. 1) поро́ть, сечь; стега́ть; бить пле́тью, кнуто́м; to ~ smth. into smb. вбива́ть что-л. кому́-л. в го́лову; ро́згами внуша́ть что-л.; to ~ smth. out of smb. побо́ями отуча́ть от чего́-л. 2) подгоня́ть (*тж.* ~ along) 2. лови́ть ры́бу внахлёстку 3. *разг.* побива́ть, превосходи́ть, побежда́ть 4. си́льно хло́пать (*о па́русе*) 5. ре́зко критикова́ть, разноси́ть; newspapers ~ging the Senate over... газе́ты, напада́ющие на сена́т за... 6. *сл.* продава́ть, сбыва́ть (*часто из-под полы́*)
◊ to ~ a dead horse зря тра́тить си́лы; пыта́ться оживи́ть интере́с (*к чему́-л.*); to ~ a willing horse подгоня́ть того́, кто и так изо всех сил стара́ется; занима́ться бесполе́зным де́лом; to ~ one's memory лома́ть го́лову, пыта́ясь вспо́мнить что-л.; to ~ a joke [a request] to death вконе́ц испо́ртить шу́тку [про́сьбу] сли́шком ча́стым повторе́нием; ≅ шу́тка [про́сьба] прие́лась
flogging [ˈflɒgɪŋ] *n* по́рка; теле́сное наказа́ние; to give a ~ вы́пороть /бить/ пле́тью, кнуто́м
flogging-hammer [ˈflɒgɪŋˌhæmə] *n тех.* тяжёлый молото́к

flong [flɒŋ] *n полигр.* 1) бумажная матрица 2) матричный картон

flood I [flʌd] *n* 1. 1) наводнение; половодье; разлив; разлитие; in ~ разлившаяся, затопившая берега (*о реке и т. п.*); a ~ bed /land/ наводнение, заливной луг; ~ flow расход паводка; ~ level уровень наводнения *или* паводка 2) (the F.) всемирный потоп; before the F. в допотопные времена 2. поток; ~ of rain потоки дождя; ~ of light море огней, поток света; ~ of tears море слёз, потоки слёз; ~ of words поток слов; ~s of ink море чернил; golden ~ сноп солнечных лучей; ~ of callers поток посетителей 3. прилив; ebb and ~ прилив и отлив 4. *уст., поэт.* (большая) река; море, океан; ~ and field море и суша 5. *разг. см.* floodlight I 6. *мед.* маточное кровотечение ◊ at the ~ в удобный /благоприятный/ момент; to take at the ~ использовать возможность, не упустить случая; to row against the ~ идти /плыть/ против течения; to stem the ~ сдерживать, противодействовать, преградить путь

flood II [flʌd] *v* 1. 1) заливать, затоплять; to ~ a burning house with water тушить горящий дом струями воды; to ~ with light заливать светом 2) наводнять; to ~ with letters [inquiries] забрасывать письмами [вопросами]; troops ~ed the countryside войска наводнили всю округу; he was ~ed with invitations его засыпали приглашениями; to ~ the market наводнять рынок товарами (*вызывая понижение цен*) 2. 1) устремиться, хлынуть потоком 2) наполняться до краёв 3) выступать из берегов (*о реке и т. п.*); подниматься (*об уровне воды*) 3. орошать; to ~ arable land орошать пахотные земли 4. *мед.* страдать маточным кровотечением 5. *тех.* наполнять водой (*трубы и т. п.*)

flood-anchor [ˈflʌdˌæŋkə] *n* якорь, на котором судно стоит во время прилива

flooded [ˈflʌdɪd] *a* заливаемый; затопленный; ~ condition половодье, паводок; ~ culture *с.-х.* культура с затоплением (*рис и т. п.*)

floodgate [ˈflʌdgeɪt] *n* шлюз, шлюзовой затвор ◊ to open the ~s а) дать волю (*чему-л.*); б) открыть дорогу /путь/ (*кому-л.*); в) залиться слезами

flood-hatch [ˈflʌdhætʃ] = floodgate

flooding¹ [ˈflʌdɪŋ] *n* 1. затопление; ~ valve *мор., тех.* клапан затопления 2. обводнение; ирригация; ~ pipe труба для орошения (*полей*) 3. *pl* приливы 2) полнота; обилие 4. *тех.* захлёбывание (*колонны*) 5. *спец.* изменение цвета 6. *мед.* маточное кровотечение

flooding² [ˈflʌdɪŋ] *n мед.* «погружение», метод психотерапии, погружающий сознание больного в причину его невроза

flooding cock [ˈflʌdɪŋkɒk] *мор.* кингстон затопления

flooding system [ˈflʌdɪŋˌsɪstɪm] *мор.* система затопления

flood irrigation [ˈflʌdˌɪrɪˈgeɪʃ(ə)n] лиманное орошение, орошение затоплением

floodlight I [ˈflʌdlaɪt] *n* 1) широкая полоса света, заливающий свет 2) прожектор (*тж.* projector)

floodlight II [ˈflʌdlaɪt] *v* освещать прожектором

flood-lit [ˈflʌdlɪt] *a* залитый светом прожектора

floodmark [ˈflʌdmɑːk] *n* отметка горизонта полной воды

flood out [ˈflʌdˈaut] *phr v* 1. 1) хлынуть, прорваться 2) заливать, уничтожать затоплением (*имущество*) 2. выгонять (*из жилища*); thousands of people were flooded out тысячи людей вынуждены были из-за наводнения покинуть свои жилища /дома/

flood plain [ˈflʌdpleɪn] пойма, заливной луг

flood tide [ˈflʌdtaɪd] прилив

flood wall [ˈflʌdwɔːl] дамба для защиты от паводковых вод

floodwater [ˈflʌdˌwɔːtə] *n* 1) паводковая вода 2) *pl* наводнение

floodway [ˈflʌdweɪ] *n* канал для сброса *или* пропуска паводковых вод

floo-floo bird [ˈfluːfluːˌbɜːd] *амер. полит.* консерватор, ретроград

floor I [flɔː] *n* 1. 1) пол; настил; перекрытие; помост; dirt ~ земляной пол; parqueted ~ паркетный пол; cement ~ цементный пол; to pace the ~ ходить по комнате взад и вперёд 2. дно (*океана, моря, пещеры*); deep-sea /deep-ocean/ ~ абиссаль; ложе /глубоководная часть/ океана 3. почва, подстилка (*выработки*) 4. гумно, ток (*тж.* corn ~) 5. *мор.* флот 6. *кино проф.* съёмочный павильон, киноателье 7. 1) производственная площадка; цех 2) торговый *или* выставочный зал 3) место в ресторане, отведённое под танцы; танцевальный зал в клубе; to take the ~ пойти танцевать II 1. этаж; first ~ а) второй этаж; б) *амер.* первый этаж; to live on the same ~ жить на одном этаже 2. *геол.* ярус, горизонт 3. минимальный уровень (*цен, ставок, зарплаты и т. п.*) III 1) места членов парламента *и т. п.* в зале заседаний [*см. тж.* I 7, 3] 2) (the ~) право выступления, слово; to have /to take/ the ~ выступать, брать слово; to get [to give] the ~ получить [дать] слово; I ask for the ~ прошу слова; since I have the ~ поскольку мне предоставлено слово; to be on the ~ *парл.* обсуждаться, стоять на обсуждении (*о законопроекте и т. п.*); as has been said on this ~ *парл.* как уже здесь говорилось; как уже было сказано с этой трибуны 3) аудитория, публика; chairman appealed to the ~ председатель обратился к собранию /к присутствующим/; questions from the ~ вопросы с места ◊ to cross the ~ of the House *парл.* перейти из одной партии в другую; to get [to let smb.] in on the ground ~ вступить /принять кого-л./ в дело на выгодных условиях, на равных с другими

floor II [flɔː] *a* минимальный, самый низкий; ~ wage минимальная зарплата; установленный минимум зарплаты

floor III [flɔː] *v* 1. настилать пол 2. 1) повалить на пол; сбить с ног; to ~ a man in a boxing match послать в нокдаун (*бокс*) 2) *разг.* одолеть; справиться; to ~ a question суметь правильно ответить на вопрос, справиться с вопросом 3. *разг.* смутить, поставить в тупик; заставить замолчать; the argument ~ed him completely этот довод сразил его окончательно; the news ~ed me известие потрясло меня; the student was ~ed by the last question студент не смог ответить на последний вопрос /сбился на последнем вопросе/ 4. посадить на место (*ученика, не знающего урок*) 5. рассыпать по полу; поставить, положить на пол; расстилать по полу 6. *разг.* закончить (*работу*) 7. *авт. разг.* жать на педаль, гнать машину

floorboard I [ˈflɔːbɔːd] *n* 1) половица, доска пола *или* настила 2) половая доска

floorboard II [ˈflɔːbɔːd] = floor III 7

floorcloth [ˈflɔːklɒθ] *n* 1. линолеум 2. половая тряпка

floor-crossing [ˈflɔːˌkrɒsɪŋ] *n полит.* переход из одной партии в другую (*особ. о членах парламента*)

floor dip [ˈflɔːdɪp] *спорт.* поднимание на руках с пола

floorer [ˈflɔːrə] *n* 1. *см.* floor III + -er 2. плотник 3. *разг.* 1) сокрушительный удар 2) потрясающая новость 3) решительный отпор 4. *унив. жарг.* очень трудный экзаменационный вопрос, очень трудная экзаменационная работа

floor exercise [ˈflɔːˌeksəsaɪz] вольные упражнения (*гимнастика*)

flooring [ˈflɔːrɪŋ] *n* 1) настил, пол 2) настилка полов

floor-lamp [ˈflɔːlæmp] *n* торшер

floor leader [ˈflɔːˌliːdə] *амер.* организатор партии в конгрессе; руководитель партийной фракции в конгрессе

floor-length [ˈflɔːleŋθ] *a* доходящий до пола; a ~ gown платье до полу

floorman [ˈflɔːmən] *n* (*pl* -men [-mən]) 1. диспетчер гаража 2. дежурный монтёр (*гаража, административного здания и т. п.*) 3. = floorwalker

floor manager [ˈflɔːˌmænɪdʒə] *амер.* 1. = floorwalker 2. *полит.* организатор мероприятий в поддержку кандидата, выдвигаемого какой-л. группой (*на съезде, утверждающем выдвижение кандидатур*), менеджер группы (*непосредственно в зале*)

floor model [ˈflɔːˌmɒdl] 1. образец (*товара в мебельном магазине и т. п.*) 2. консоль; напольная модель (*телевизора и т. п.*)

floor-plan [ˈflɔːplæn] *n* 1. *стр.* поэтажный план здания (*с указанием толщины стен, расположения оконных и дверных проёмов и назначения помещений*) 2. *мор.* план палубы

floor sample [ˈflɔːˌsɑːmp(ə)l] *ком.* товар, потерявший товарный вид (*побывавший на витрине и т. п.*)

floor secretary [ˈflɔːˌsekrət(ə)rɪ] *n* помощник кинорежиссёра на съёмках

floor show [ˈflɔːʃəu] *амер.* представление среди публики (*в ночном клубе, ресторане и т. п.*)

floor space [ˈflɔːspeɪs] 1. площадь (*здания*) 2. *ком.* площадь торгового зала (*без складов, подсобок и т. п.*)

floor-through [ˈflɔːˈθruː] *n амер.* квартира, занимающая целый этаж

floor-timber [ˈflɔːˌtɪmbə] *n* 1. *стр.* брус для перекрытий 2. *мор.* флортимберс

floorwalker [ˈflɔːˌwɔːkə] *n амер.* дежурный администратор магазина

floosie, floosy, floozie, floozy [ˈfluːzɪ] *n пренебр.* 1) бабёнка, красотка 2) шлюха

flop I [flɒp] *n разг.* 1. шлепок, хлопок; to sit down with a ~ шумно усесться, плюхнуться 2. 1) неудача, фиаско; провал 2) кто-л. *или* что-л. не оправдавшие возлагавшихся надежд, обманувшие ожидания; неудачник; he was a ~ as a reporter репортёр он оказался никудышный; the revue was a ~ ревю провалилось 3. *амер. сл.* жульничество; мошенничество; ловкий обман 4. *амер. сл.* 1) ночёвка 2) = flophouse 5. *амер. сл.* шляпа с мягкими полями

flop II [flɒp] *adv разг.* 1) с шумом; she fell ~ on the floor unconscious она грохнулась на пол в обмороке 2) неудачно; to ~ потерпеть неудачу

flop III [flɒp] *v разг.* 1. хлопнуться, плюхнуться, шлёпнуться, бухнуться; he ~ped down on his knees он бухнулся /рухнул/ на колени 2. бить (*крыльями* ми); хлопать (о парусах) 3. швырнуть; to ~ down a heavy sack грохнуть на пол тяжёлый мешок 4. потерпеть неудачу, провалиться; the new play ~ped новая пьеса провалилась 5. переметнуться, перекинуться (к другой партии и т. п.) 6. амер. сл. 1) свалиться (от усталости) 2) завалиться спать 3) переночевать 7. падать в воду плашмя 8. амер. сл. выманить что-л., добыть путём мошенничества

flop about ['flɒpə'baʊt] *phr v* барахтаться; he can't swim, he just flops about in the water он не умеет плавать, он просто барахтается в воде

flop along ['flɒpə'lɒŋ] *phr v* тяжело ступать, ходить, шаркать ногами

flop-eared ['flɒpɪəd] *a* вислоухий, длинноухий

flophouse ['flɒphaʊs] *n амер. сл.* ночлежка

flopperoo [,flɒpə'ru:] *n амер. сл.* 1) неудачник, никчёмный человек 2) грандиозный провал, полнейшая неудача

floppy I ['flɒpɪ] = floppy disk

floppy II ['flɒpɪ] *a разг.* 1. висящий, болтающийся; a ~ hat шляпа с обвисшими полями 2. ленивый, неповоротливый (об уме) 3. 1) безвольный, вялый, разболтанный 2) небрежный (о стиле)

floppy disk [,flɒpɪ'dɪsk] *вт.* дискета, гибкий магнитный диск

flora ['flɔ:rə] *n* (*pl* -ae, -s [-z]) флора

florae ['flɔ:raɪ, -ri:] *pl от* flora

floral ['flɔ:rəl] *a* 1. 1) цветочный; ~ scent цветочный запах (духов); ~ pattern цветочный узор (ткани и т. п.); a ~ tribute подношение цветов (в знак признательности и т. п.) 2) бот. цветковый; ~ organs цветковые органы, части цветка 2. относящийся к флоре; растительный

Floreal ['flɔ:rɪəl] *n фр. ист.* флореаль

florence ['flɒrəns] *n* 1) флорентийская шерстяная ткань 2) шёлковая тафта

Florence flask ['flɒrəns'flɑ:sk] 1) длинногорлая бутылка, часто оплетённая соломой 2) хим. флорентийская склянка

Florentine I ['flɒrəntaɪn] *n* 1. флорентинец 2. (f.) текст. флорентин 3. (f.) плотно прилегающая детская шапочка 4. флорентийский говор тосканского диалекта

Florentine II ['flɒrəntaɪn] *a* 1. флорентийский, флорентинский; ~ mosaic флорентийская мозаика (из полудрагоценных камней и мрамора); ~ marble изделия из итальянского алебастра 2. кул. (подаваемый) с гарниром из шпината

florescence [flɔ:'res(ə)ns, flɒ-] *n* 1) цветение; время цветения 2) расцвет; процветание

florescent [flɔ:'res(ə)nt, flɒ-] *a* 1) расцветающий, цветущий 2) процветающий

floret ['flɔ:rɪt, 'flɒ-] *n* 1) маленький цветок 2) бот. цветочек, отдельный цветок (сложного цветка) 2. полигр. растительный орнамент

florette [flɔ:'ret] *n* шёлк-сырец

floriated ['flɔ:rɪeɪtɪd] *a* с цветочным орнаментом; ~ lace кружево с цветочным узором

floriculture ['flɔ:rɪ,kʌltʃə] *n* цветоводство

floriculturist [,flɔ:rɪ'kʌltʃ(ə)rɪst] *n* цветовод

florid ['flɒrɪd] *a* 1. красный, с красными прожилками или пятнами; с нездоровым румянцем; ~ face красное лицо 2. кричащий, вычурный; вульгарный 3. цветистый, вычурный; напыщенный; ~ style a) витиеватый стиль; б) архит. «пламенеющий» стиль (поздней французской готики); «перпендикулярный» стиль (в Англии); ~ carving вычурная резьба; ~ music напыщенная музыка 4. редк. в расцвете сил

Florida ['flɒrɪdə] *n* 1. см. Приложение 2. «флорида» (сорт апельсинов)

floridity [flɒ'rɪdɪtɪ] *n* 1. краснота; нездоровый румянец 2. цветистость; напыщенность; вычурность

floriferous [flɔ:'rɪf(ə)rəs] *a бот.* цветущий; цветоносный

florification [,flɔ:rɪfɪ'keɪʃ(ə)n] *n бот.* цветение

floriform ['flɔ:rɪfɔ:m] *a* имеющий форму цветка; напоминающий по виду цветок

florilegia [,flɔ:rɪ'li:dʒɪə, ,flɒrɪ-] *pl от* florilegium

florilegium [,flɔ:rɪ'li:dʒɪəm, ,flɒrɪ-] (*pl* -gia) *n лат.* 1. 1) коллекция цветов 2) каталог цветов 2. антология

florin ['flɒrɪn] *n* флорин (монета в разных странах)

florist [,flɒrɪst] *n* 1. торговец цветами; at the ~'s в цветочном магазине 2. цветовод

floruit ['flɔ:rʊɪt] *n книжн.* годы деятельности (исторического лица)

florula ['flɔ:rʊlə] *n* (*pl* -lae, -s [-z]) *бот.* флора ограниченной области; микрофлора

florulae ['flɔ:rʊli:] *pl от* florula

flory ['flɔ:rɪ] = fleury

floscular ['flɒskjʊlə] *a бот.* имеющий соцветия

floscule ['flɒskju:l] = floret 1, 2)

flosculous ['flɒskjʊləs] *a бот.* 1. имеющий вид соцветия 2. трубчатый, цилиндрический

flos ferri ['flɒs'feraɪ] *мин.* железные цветы; коралловидный арагонит

floss¹ I [flɒs] *n* 1. 1) отходы размотки шёлка 2) вышивальный шёлк 2. пух, пушок 3. отходы шелкокручения; ~ thread шёлковая нить 4. нитка для чистки зубов (*тж.* dental ~) 5. *разг.* «сахарные волоконца» (конфета на палочке)

floss¹ II [flɒs] *v* чистить зубы ниткой

floss² [flɒs] *n метал.* пудлинговый шлак

floss³ [flɒs] *n редк.* ручей

flossie ['flɒsɪ] = flossy

floss-silk ['flɒs,sɪlk] = floss¹ I 1

flossy ['flɒsɪ] *a* 1. 1) шелковистый 2) пушистый, лёгкий 2. *амер. сл.* модный; эффектный; кричащий, яркий

flota ['fləʊtə] *n ист.* торговый флот (особ. испанский)

flotage ['fləʊtɪdʒ] = floatage

flotant ['fləʊt(ə)nt] *a геральд.* 1) парящий в воздухе 2) плывущий; струящийся

flotation [fləʊ'teɪʃ(ə)n] = floatation

flotilla [flə'tɪlə] *n* флотилия (обыкн. мелких судов); ~ leader *мор.* лидер

flotsam ['flɒts(ə)m] *n* 1. 1) плавающий груз, смытый с корабля или выброшенный в море во время кораблекрушения 2) плавающие обломки 3) мусор, плавающий на воде 2. свежая устричная икра

◊ ~ and jetsam a) обломки кораблекрушения; б) ненужные вещи, барахло, рвань; в) бездомные бродяги, отребье

flounce¹ I [flaʊns] *n* бросок, рывок; резкое нетерпеливое движение

flounce¹ II [flaʊns] *v* бросаться, метаться; делать резкие движения; the horse ~d about in the mire лошадь барахталась в грязи, пытаясь выбраться; she ~d out of the room in a rage она в гневе бросилась вон из комнаты

flounce² I [flaʊns] *n* оборка, волан

flounce² II [flaʊns] *v* украшать, отделывать оборками, воланами; a ~d skirt юбка с оборками

flouncing ['flaʊnsɪŋ] *n* 1. отделка платья оборками 2. 1) оборка 2) материал для оборок

flounder¹ I ['flaʊndə] *n* 1. барахтанье; спотыкание; попытки выбраться, выпутаться 2. запутанное, затруднительное положение; затруднение (в речи)

flounder¹ II ['flaʊndə] *v* 1. барахтаться, стараться выбраться, выпутаться; спотыкаться; the horses were ~ing in deep snow лошади с трудом передвигались по глубокому снегу; to ~ through a morass пробираться через трясину; to ~ into a morass завязнуть в болоте /в трясине/ 2. спотыкаться, сбиваться, путаться, делать ошибки; to ~ in an explanation запутаться в объяснении; to ~ through a translation с трудом справиться с переводом

flounder² ['flaʊndə] *n* плоская рыба

flour I ['flaʊə] *n* 1. (пшеничная) мука; крупчатка; rye ~ ржаная мука; banana ~ банановая мука; ~ dust мучная пыль; ~ paste клейстер; ~ yield выход муки (в процентах от веса зерна) 2. 1) порошок, пудра; ~ of sulphur серный цвет 2) *сл.* косметическая пудра

flour II ['flaʊə] *v* 1. посыпать мукой; обваливать в муке 2. *амер.* молоть, размалывать (зерно)

flour-beetle ['flaʊə,bi:tl] *n зоол.* хрущак мучной большой (*Tenebrio molitor*)

flour-bolt ['flaʊəbəʊlt] *n* волосяное сито

flour corn [,flaʊə'kɔ:n] *бот.* мучнистая или мягкая кукуруза (*Zea amylacea*)

flour-dresser ['flaʊə,dresə] *n* просеивающая машина (для муки)

floured ['flaʊəd] *a* 1. посыпанный мукой 2. порошкообразный, размолотый; в распылённом состоянии

flour-emery ['flaʊə'em(ə)rɪ] *n* наждачный порошок

flourish I ['flʌrɪʃ] *n* 1. размахивание, помахивание; the ~ of a sword взмах меча 2. росчерк (пера), завитушка 3. 1) напыщенный, претенциозный жест; to take off one's hat with a ~ снять шляпу широким жестом; he went away with a ~ of his hat он ушёл, отсалютовав шляпой 2) эффектная демонстрация (чего-л.); пышность, шумиха; he introduced his guest with a ~ он торжественно представил своего гостя; if I've got to give her a début, I'll do it with a ~ если она будет дебютировать у меня, я сделаю это так, что о ней все заговорят 4. цветистое, напыщенное выражение; a ~ of rhetoric риторическая пышность 5. *муз.* туш, фанфары; a triumphant ~ торжественный туш; a ~ of trumpets a) туш; б) пышное представление (чего-л.), шумная реклама 6. *редк.* цветение, процветание; in full ~ — в полном расцвете

flourish II ['flʌrɪʃ] *v* 1. 1) пышно расти; all plants ~ on this soil на этой почве все растения буйно разрастаются 2) процветать, преуспевать; his business is ~ing его фирма процветает; I hope you are all ~ing надеюсь, что вы все в добром здравии 3) быть в периоде расцвета; жить и работать (об исторических лицах); when the Romanticism ~ed когда процветал романтизм; this system has ~ed for over three centuries эта система процветала больше трёхсот лет 2. размахивать, помахивать; to ~ a whip размахивать кнутом; to ~ a telegram with good news размахивать телеграммой с радостной вестью; to ~ one's arms (about) махать руками, жестикулировать 3. выставлять напоказ, хвастать; to ~ one's

wealth выставля́ть напока́з своё бога́тство 4. де́лать завиту́шки, ро́счерки (*перо́м*) 5. украша́ть (*цвета́ми, фигу́рами и т. п.*); to ~ with silver отде́лать серебро́м
◊ it's one thing to ~ and another to fight ≅ одно́ де́ло — хра́брость на слова́х, друго́е — на де́ле

flourishing ['flʌrɪʃɪŋ] *a* 1. процвета́ющий, преуспева́ющий; ~ firm процвета́ющее де́ло 2. здоро́вый, цвету́щий; he looked ~ у него́ был цвету́щий вид

flour-moth ['flaʊəmɒθ] *n энт.* огнёвка ме́льничная (*Ephestia kuehniella*)

floury ['flaʊ(ə)rɪ] *a* 1. мучно́й 2. посы́панный муко́й *или* порошко́м; her hands were ~ у неё бы́ли ру́ки в муке́ 3. мучни́стый; ~ potato мучни́стый /рассы́пчатый/ карто́фель

flout I [flaʊt] *n* 1. насме́шка, издева́тельство 2. пренебреже́ние

flout II [flaʊt] *v* 1. насмеха́ться, издева́ться; they ~ed at him он был предме́том насме́шек 2. относи́ться с пренебреже́нием, выража́ть презре́ние; to ~ smb.'s advice пренебре́чь чьим-л. сове́том; she ~ed all my offers of help она́ отве́ргла все мои́ предложе́ния помо́чь ей; you have ~ed my orders вы не позво́лили себе́ не вы́полнить моё приказа́ние

floutingly ['flaʊtɪŋlɪ] *adv* 1. насме́шливо, издева́тельски 2. пренебрежи́тельно, презри́тельно

flow¹ [fləʊ] *n* 1. 1) тече́ние, истече́ние; изли́яние; a constant ~ of water постоя́нное вытека́ние воды́ (*о реке*); ~ of gum камедетече́ние, гуммо́з (*у древе́сных и др. расте́ний*); ~ of metal теку́честь мета́лла под давле́нием; free ~ свобо́дное тече́ние; ~ rate расхо́д жи́дкости или га́за 2) пото́к, струя́; a steady ~ непреры́вный пото́к, струя́; a rapid ~ of lava пото́к ла́вы; a rapid ~ of words бы́стрый пото́к слов 3) ход, тече́ние; ~ of conversation пла́вное тече́ние бесе́ды; the ~ of time тече́ние вре́мени 2. прили́в (*морско́й*) 3. наплы́в, прили́в, изоби́лие; ~ of spirits жизнера́достность; ~ of soul серде́чный разгово́р 4. пла́вность ли́ний (*пла́тья, фигу́ры*); a graceful ~ of draperies изя́щные ли́нии драпиро́вки 5. *гидр.* дебит во́ды; annual ~ годово́й сток 6. *пчел.* медосбо́р, взя́ток 7. *спец.* циркуля́ция в за́мкнутой систе́ме 8. *тех.* деформа́ция, коробле́ние 9. *физиол.* менструа́ция

flow² II [fləʊ] *v* 1. 1) течь; ли́ться; to ~ into the sea впада́ть в мо́ре (*о реке́*); rivers ~ from springs and lakes ре́ки беру́т своё нача́ло в родника́х и озёрах; tears ~ed from her eyes слёзы потекли́ из её глаз; to ~ down smth. стека́ть с чего́-л. (*о реке́ и т. п.*); to ~ out of smth. вытека́ть из чего́-л. (*о реке́ и т. п.*); to ~ by heads течь преры́вистой струёй /с переры́вами/ 2) течь, протека́ть (*о вре́мени, бесе́де и т. п.*); conversation began to ~ разгово́р стал непринуждённым 3) струи́ться, бить струёй, оби́льно ли́ться; blood will ~ прольётся мно́го кро́ви; бу́дет большо́е кровопроли́тие; to ~ like water ли́ться реко́й (*о вине́, деньга́х и т. п.*) 4) непреры́вно дви́гаться; cars ~ed in a steady stream along the main road автомоби́ли шли непреры́вным пото́ком по шоссе́ 2. прибыва́ть, поднима́ться (*о воде́*); the tide ~s twice in twenty-four hours прили́в бы́вает поднима́ется два́жды в су́тки 3. ниспада́ть (*о пла́тье, скла́дках, волоса́х*); her wavy hair ~ed over her shoulders волни́стые во́лосы па́дали ей на пле́чи /рассыпа́лись по её плеча́м/ 4. (from) вытека́ть, происходи́ть, проистека́ть; many excellent results ~ed from his actions его́ де́йствия привели́ к пре-

кра́сным результа́там 5. залива́ть, покрыва́ть водо́й; наводня́ть, затопля́ть 6. лить; залива́ть; to ~ wax over smth. залива́ть что-л. во́ском 7. изоби́ловать, оби́ловать; land ~ing with milk and honey а) *библ.* страна́, теку́щая млеко́м и мёдом; б) страна́ изоби́лия, земля́ обетова́нная 8. *горн.* фонтани́ровать; выбра́сывать (*нефть*); to ~ naturally фонтани́ровать есте́ственным путём 9. *физиол.* менструи́ровать 10. *мор.* трави́ть шкот (*па́руса*)

flow² [fləʊ] *n* 1. боло́то, тряси́на; заболо́ченный ни́зкий бе́рег 2. зыбу́чий песо́к

flowability [ˌfləʊəˈbɪlɪtɪ] *n спец.* теку́честь

flowage ['fləʊɪdʒ] *n* 1) тече́ние 2) наводне́ние 3) теку́щая жи́дкость

flow chart ['fləʊtʃɑːt] 1. гра́фик после́довательности (технологи́ческих) опера́ций; схе́ма, ка́рта произво́дственного проце́сса 2. схе́ма информацио́нных пото́ков (*в учрежде́нии, предприя́тии и т. п.*) 3. *вчт.* блок-схе́ма; ~ symbol элеме́нт блок-схе́мы

flow diagram ['fləʊˌdaɪəgræm] = flow chart

flower I ['flaʊə] *n* 1. цвето́к; цвету́щее расте́ние; natural [artificial] ~s живы́е [иску́сственные] цветы́; wild [cut] ~s полевы́е [сре́занные] цветы́; bunch of ~s буке́т; to deck smb., smth. with ~s украша́ть кого́-л., что-л. цвета́ми; ~ market цвето́чный ры́нок; ~ seeds and plants цвето́чные семена́ и расте́ния 2. *тк. sing* цвет, краса́ (*чего́-л.*); the ~ of the nation's youth цвет молодёжи страны́; the ~ of the army цвет а́рмии; the ~ of a family краса́ семьи́ 3. 1) цвете́ние; in ~ в цвету́; to be in ~ цвести́; to burst into ~ распусти́ться, расцвести́ 2) расцве́т; ~ of life расцве́т жи́зни; in the ~ of one's strength в расцве́те сил 4. *pl* украше́ние, орна́мент; ~s of speech цветы́ красноре́чия; краси́вые оборо́ты ре́чи 5. *полигр.* расти́тельный орна́мент; виньетка 6. *сл.* гомосексуали́ст, го́мик
◊ ~ of the winds *мор.* ро́за ветро́в; to sprinkle the ~s *амер.* дава́ть взя́тки; ≅ «подма́зывать»

flower II ['flaʊə] *v* 1. цвести́; this plant ~s in June э́то расте́ние цветёт в ию́не 2. 1) находи́ться в расцве́те; the Italian genius ~ed at the Renaissance ге́ний италья́нского наро́да дости́г наивы́сшего расцве́та в эпо́ху Возрожде́ния 2) развива́ться; his talent ~ed very early его́ тала́нт расцвёл о́чень ра́но 3. выра́щивать, доводи́ть до цвете́ния; to ~ azaleas under glass добива́ться цвете́ния аза́лий в тепли́це 4. украша́ть цвета́ми *или* цвето́чным орна́ментом

flowerage ['flaʊ(ə)rɪdʒ] *n* 1) цвете́ние 2) *собир.* цветы́ 3) цвето́чные украше́ния

flower arrangement ['flaʊə(r)əˈreɪndʒmənt] 1. составле́ние, декорати́вное оформле́ние из цвето́в; икеба́на 2. *бот.* расположе́ние цвето́в

flowerbed ['flaʊəbed] *n* клу́мба

flower-bud ['flaʊəbʌd] *n* буто́н; цвето́чная по́чка

flower child ['flaʊətʃaɪld] 1) хи́ппи, «ребёнок-цвето́к» (*цветы́ символизи́руют любо́вь; 60-е гг. XX в.*) 2) ю́ный безде́льник, лоботря́с

flower-cup ['flaʊəkʌp] *n бот.* ча́шечка цветка́

flower-de-luce [ˌflaʊədəˈljuːs] *n* (*pl* flower-de-luces [-'ljuːsɪz], flowers-de-luce [ˌflaʊəz-]) = fleur-de-lis

flowered ['flaʊəd] *n* 1. цвету́щий, покры́тый цвета́ми 2. укра́шенный цвета́ми *или* цвето́чным узо́ром; ~ silk травча́тый шёлк

flowerer ['flaʊ(ə)rə] *n* цвету́щее расте́ние; early [late] ~ раннецвету́щее [позднецвету́щее] расте́ние

floweret ['flaʊ(ə)rɪt] *n поэт.* цвето́чек

flowerful ['flaʊəf(ə)l] *a* изоби́лующий цвета́ми; по́лный цвето́в

flower garden ['flaʊəˌgɑːdn] цветни́к

flower girl ['flaʊəgɜːl] 1. цвето́чница 2. де́вочка, держа́щая буке́т (*во вре́мя венча́ния*)

flowering I ['flaʊ(ə)rɪŋ] *n* 1. цвете́ние 2. *pl* изображе́ния цвето́в 3. расцве́т; the ~ of Roman Empire Ри́мская импе́рия в пери́од расцве́та

flowering II ['flaʊ(ə)rɪŋ] *a* цвету́щий; цветко́вый; ~ plants *бот.* цветко́вые расте́ния

flowering dogwood ['flaʊ(ə)rɪŋˈdɒgwʊd] *бот.* кизи́л флори́дский (*Cornus florida*)

flowerless ['flaʊəlɪs] *a* 1) не име́ющий цвето́в; бесцветко́вый; ~ plant *бот.* бесцветко́вое расте́ние 2) отцвета́ний

Flower People, flower people ['flaʊəˌpiːp(ə)l] «лю́ди-цветы́» (*тж.* flower children; *см.* flower child)

flower-piece ['flaʊəpiːs] *n жив.* изображе́ние цвето́в; натюрмо́рт с цвета́ми

flowerpot ['flaʊəpɒt] *n* 1. цвето́чный горшо́к 2. вид фейерве́рка

flower-show ['flaʊəʃəʊ] *n* вы́ставка цвето́в

flower-stalk ['flaʊəstɔːk] *n бот.* цвето́чный сте́бель, цветоно́жка

flower-stand ['flaʊəstænd] *n* подста́вка для цвето́в; жардинье́рка

flowery ['flaʊ(ə)rɪ] *a* 1. покры́тый цвета́ми; ~ meadows цвету́щие луга́ 2. цвето́чный, напомина́ющий цветы́; ~ pattern цвето́чный узо́р 3. цвети́стый, витиева́тый; ~ style цвети́стый стиль

flow in ['fləʊˈɪn] *phr v* 1. впада́ть (*о реке́*) 2. стека́ться, притека́ть; contributions were flowing in поступа́ло мно́го поже́ртвований

flowing I ['fləʊɪŋ] *n* тече́ние, истече́ние и *пр.* [*см.* flow¹ II]

flowing II ['fləʊɪŋ] *a* 1. теку́щий, теку́чий; ~ waters проточная вода́ 2. well а) фонтани́рующая сква́жина; б) самоистека́ющий артезиа́нский коло́дец 2. поднима́ющийся, прибыва́ющий; ~ tide прили́в 3. ниспада́ющий; ~ dress пада́ющее свобо́дными скла́дками пла́тье 4. пла́вный, гла́дкий; ~ handwriting бе́глый по́черк 5. обтека́емый (*о фо́рме*); ~ lines of a car обтека́емая фо́рма автомоби́ля

flowing-out [ˌfləʊɪŋˈaʊt] *n спец.* сток

flowmeter ['fləʊˌmiːtə] *n тех.* 1. расходоме́р; водоме́р 2. прибо́р для измере́ния ско́рости жи́дкости (*в трубе́*)

flown¹ I [fləʊn] *a* 1) управля́емый, ведо́мый (*в полёте*) 2) перевози́мый, перебра́сываемый по во́здуху

flown¹ II [fləʊn] *p. p.* от fly² II

flown² [fləʊn] *a* 1. напо́лненный до краёв; перепо́лненный 2. с постепе́нным перехо́дом цвето́в 3. *уст.* отёкший, распу́хший

flow process ['fləʊˈprəʊses] *тех.* пото́чный технологи́ческий проце́сс

flow-production ['fləʊprəˈdʌkʃ(ə)n] *n* пото́чное произво́дство

flowsheet ['fləʊʃiːt] = flow chart

flow-up ['fləʊʌp] *n* подъём (*у́ровня*)

flox [flɒks] *n* (*сокр. от* fluid oxygen) *тех.* жи́дкий кислоро́д

flu [fluː] *n* (*сокр. от* influenza) *разг.* грипп, инфлюэ́нца

flub I [flʌb] *n амер. разг.* прома́х, ляп

flub II [flʌb] *v амер. разг.* 1) испо́ртить, провали́ть (*де́ло*); he ~bed the last shot после́дний вы́стрел он прома́зал 2) провали́ться, потерпе́ть неуда́чу 3) отлы́нивать от рабо́ты; ло́дырничать

flubdub ['flʌbdʌb] *n амер. разг.* 1. 1) глу́пости, чепуха́ 2) трепотня́, болтоло́гия; очковтира́тельство; ~ and guff треску́чая фра́за, напы́щенная речь 2. «тря́пки», наря́ды

fluctuant ['flʌktʃuənt] *a* 1. 1) колы́шащийся, волну́ющийся 2) пока́чивающийся на волна́х 2. неусто́йчивый; коле́блющийся; a ~ foreign exchange rate неусто́йчивый курс иностра́нной валю́ты 3. *спец.* флуктуи́рующий, флюктуи́рующий

fluctuate ['flʌktʃueɪt] *v* 1. колеба́ться; быть неусто́йчивым, нереши́тельным; the cost of sugar ~s це́ны на са́хар коле́блются; to ~ between fear and hope переходи́ть от стра́ха к наде́жде 2. 1) колыха́ться, волнова́ться 2) кача́ться на волна́х 3. *возвыш.* колеба́ть, колыха́ть, волнова́ть 4. *спец.* флуктуи́ровать

fluctuating ['flʌktʃueɪtɪŋ] *a* 1. коле́блющийся, неусто́йчивый, переме́нный; ~ prices коле́блющиеся /неусто́йчивые/ це́ны; ~ battle бой с переме́нным успе́хом; ~ fortunes изме́нчивое сча́стье; превра́тности судьбы́ 2. *спец.* флуктуи́рующий, флюктуи́рующий; ~ attention *психол.* скользя́щее внима́ние

fluctuation [ˌflʌktʃuˈeɪʃ(ə)n] *n* 1. 1) колеба́ние, неусто́йчивость; ~ of prices неусто́йчивость /колеба́ние/ цен; ~ of population теку́честь населе́ния 2) неуве́ренность, нереши́тельность; ~ of opinion отсу́тствие установи́вшегося мне́ния 2. *редк.* колыха́ние, пока́чивание 3. *спец.* флуктуа́ция, флюктуа́ция 4. *спец.* отклоне́ние (*от за́данного режи́ма или параметра*)

flue[1] [flu:] *n* 1. 1) дымохо́д; ~ gases то́почные га́зы 2) *тех.* жарова́я труба́ 3) вытяжна́я труба́, воздухопрово́д 2. *муз.* просты́е *или* лабиа́льные орга́нные тру́бы ◊ in ~ в закла́де; up the ~ а) в закла́де, заложён; б) мёртвый

flue[2] [flu:] *n* род рыболо́вной се́ти

flue[3] [flu:] *n* 1. пушо́к 2. *pl* хло́пья пы́ли (*особ. под ме́белью*)

flue[4] [flu:] = fluke[2] I 1 *и* 2

flue[5] [flu:] = flu

flue-boiler ['flu:ˌbɔɪlə] *n тех.* жаротру́бный котёл

flue-cured [ˌfluːˈkjʊəd] *a* дымово́й су́шки (*о табаке́*)

fluency ['flu:ənsɪ] *n* пла́вность, бе́глость (*ре́чи*); he speaks correctly but without ~ он говори́т пра́вильно, но ему́ не хвата́ет бе́глости

fluent I ['flu:ənt] *n мат.* переме́нная величина́, фу́нкция

fluent II ['flu:ənt] *a* 1. 1) пла́вный, гла́дкий, бе́глый; ~ speech бы́страя /бе́глая/ речь; to speak ~ French бегло /свобо́дно/ говори́ть по-францу́зски 2) свобо́дно говоря́щий; he is ~ in three languages он свобо́дно говори́т на трёх языка́х 2. многосло́вный, разгово́рчивый 3. теку́чий, жи́дкий

fluff I [flʌf] *n* 1. пух, пушо́к; ворс; to lose [to shed] its ~ вытира́ться (*о тка́ни*); there is ~ under the bed под крова́тью бума́жная пыль 2. *сл.* 1) огово́рка, оши́бка (*ора́тора, актёра*) 2) *театр., ра́дио, тлв.* накла́дка; he made a ~ when he called attention to his record он допусти́л опло́шность, заста́вив обрати́ть внима́ние на своё про́шлое 3. *амер. сл.* отпо́р; to give smb. the ~ отши́ть кого́-л. 4. *сл.* (*тж.* a bit /a piece/ of ~) девчо́нка; верту́шка

fluff II [flʌf] *v* 1. 1) взбива́ть; распуши́ть; to ~ (out) one's hair взбива́ть во́лосы; the bird ~ed (up) its feathers пти́ца распуши́ла пе́рья 2) распуши́ться, стать пуши́стым 2. ворси́ть 3) носи́ться в во́здухе как пух 4. *сл.* 1) сбива́ться, огова́риваться (*об актёре, ора́торе*) 2) *теа́тр.* допусти́ть накла́дку; the actress ~ed her lines актри́са сби́лась с ро́ли 3) допусти́ть прома́х, опло́шность; the cricketer ~ed the catch (полево́й) игро́к не пойма́л мяч (*крике́т*) ◊ ~ it! *сл.* прочь!, убери́те!, мне э́то не ну́жно!

fluff-gib ['flʌfgɪb] *n шотл.* петарда, шути́ха

fluff log ['flʌflɒg] *амер. сл.* записна́я кни́жка с адреса́ми и телефо́нами знако́мых де́вушек

fluff off ['flʌfˈɒf] *phr v амер. сл.* 1. отши́ть (*кого́-л.*), отгоня́ть 2. уклоня́ться от обя́занностей; сачкова́ть 3. безде́льничать, теря́ть вре́мя по́пусту

fluff-off ['flʌfɒf] *n амер. сл.* 1. ло́дырь, безде́льник 2. дурья́ башка́; ≅ у него́ в голове́ ка́ша

fluffy ['flʌfɪ] *a* 1. пуши́стый, мя́гкий; ворси́стый; ~ carpet пуши́стый ковёр; ~ whiskers пуши́стые бакенба́рды *или* усы́; ~ summer dress возду́шное ле́тнее пла́тье; ~ omelet пы́шный омле́т 2. *сл.* пло́хо зна́ющий роль; сбива́ющийся, огова́ривающийся 3. *сл.* 1) нетре́звый; подвы́пивший 2) неусто́йчивый, ненадёжный, легкове́сный

fluid I ['flu:ɪd] *n* 1. 1) жи́дкость 2) теку́чая среда́ (*жи́дкость или газ*) 2. флюи́д

fluid II ['flu:ɪd] *a* 1. жи́дкий, теку́чий, газообра́зный; ~ pressure *спец.* давле́ние теку́чей среды́ 2. теку́чий, неусто́йчивый, изменя́ющийся; ~ defence *воен.* манёвренная оборо́на; ~ front *воен.* подви́жной фронт; the opinions of the young are ~ в мо́лодости лю́ди ча́сто меня́ют мне́ние 3. пла́вный, гла́дкий (*о сти́ле, ре́чи*)

fluidal ['flu:ɪdl] *a геол.* флюида́льный; ~ disposition флюида́льное размеще́ние

fluid drive [ˈfluːɪdˈdraɪv] *авт.* гидравли́ческий при́вод

fluid dynamics [ˌfluːɪdˈdaɪˈnæmɪks] гидрогазодина́мика

fluid extract [ˈfluːɪdˈekstrækt] спиртово́й раство́р расти́тельного лека́рства

fluid fuel [ˌfluːɪdˈfjuəl] жи́дкое *или* газообра́зное то́пливо

fluidic [flu:ˈɪdɪk] *a* 1. 1) *спец.* жи́дкий, жи́дкостный 2) *тех.* стру́йный (*усили́тель и т. п.*) 2. флюиди́чный

fluidify [flu:ˈɪdɪfaɪ] *v спец.* ожижа́ть, сжижа́ть

fluidimeter [ˌfluːɪˈdɪmɪtə] *n* измери́тель вя́зкости

fluidism ['flu:ɪdɪz(ə)m] *n* 1. гумора́льная тео́рия, сводя́щая все боле́зни к наруше́нию равнове́сия жи́дкостей в органи́зме 2. флюиди́зм (*в спирити́зме*)

fluidity [flu:ˈɪdɪtɪ] *n* 1. теку́чее состоя́ние; теку́честь 2. сте́пень густоты́ 3. гла́дкость, пла́вность (*ре́чи*) 4. подви́жность, изме́нчивость

fluidize ['flu:ɪdaɪz] *v* де́лать теку́чим, превраща́ть в жи́дкость *или* газ

fluid mechanics [ˌfluːɪdmɪˈkænɪks] *физ.* меха́ника жи́дкостей и га́зов; гидроаэромеха́ника

fluid ounce [ˌfluːɪdˈaʊns] жи́дкая у́нция (*англ.* = 28,4 *см*³, *амер.* = 29,6 *см*³)

fluidram [flu:ˈɪdræm] *n* жи́дкая дра́хма (⅛ *жи́дкой у́нции*)

fluid transmission [ˈfluːɪdtrænzˈmɪʃ(ə)n] *тех.* гидравли́ческая переда́ча, гидротрансформа́тор

fluke[1] [flu:k] *n* 1. *зоол.* ка́мбала (*Pleuronectidae fam.*) 2. *гельм.* тремато́да

fluke[2] [flu:k] *n* 1. *мор.* ла́па, рог (*якоря*) 2. *амер.* зазу́брина гарпуна́ 3. *pl* хвостово́й плавни́к (*кита́*) ◊ to turn /to peak/ the ~s а) уходи́ть под во́ду (*о ките́*); б) *мор. жарг.* завали́ться спать

fluke[2] II [flu:k] *v* 1. рабо́тать хвостовы́ми плавника́ми (*о ките́*) 2. отруби́ть хвост (*при разде́лке кито́вой ту́ши*) 3. привя́зывать кито́вую ту́шу к су́дну

fluke[3] I [flu:k] *n разг.* 1) (неожи́данно) уда́чный уда́р при игре́ (*билья́рд*) 2) счастли́вая случа́йность; неожи́данная уда́ча; he won by a ~ он вы́играл случа́йно, ему́ про́сто повезло́ 3) *амер.* неуда́ча, прова́л 4) *амер.* очковтира́тельство, притво́рство ◊ a ~ of wind поры́в (попу́тного) ве́тра

fluke[3] II [flu:k] *v разг.* 1) сде́лать уда́чный уда́р (*билья́рд*) 2) вы́играть благодаря́ счастли́вой случа́йности 3) *амер.* потерпе́ть неуда́чу

fluky[1] ['flu:kɪ] *a гельм.* заражённый тремато́дами

fluky[2] ['flu:kɪ] *a разг.* 1. уда́чный, счастли́вый; ~ shot уда́чный вы́стрел 2. случа́йный, переме́нчивый

flume [flu:m] *n* 1. 1) иску́сственный кана́л 2) *тех.* лото́к, жёлоб, водово́д 2. *амер.* уще́лье с пото́ком

flummery ['flʌm(ə)rɪ] *n* 1. пусты́е комплиме́нты; пустяки́, вздор 2. (овся́ная) каши́ца, размазня́

flummox ['flʌməks] *v разг.* 1. смуща́ть, сбива́ть с то́лку; приводи́ть в замеша́тельство; he isn't easily ~ed его́ нелегко́ смути́ть; he was completely ~ed by the second examination question второ́й вопро́с на экза́мене оконча́тельно поста́вил его́ в тупи́к 2. погиба́ть; ру́шиться 3. *амер.* позо́рно провали́ться

flump [flʌmp] *v разг.* 1. па́дать с глухи́м сту́ком 2. броса́ть, ста́вить (*что-л.*) с глухи́м зву́ком, сту́ком

flung [flʌŋ] *past и p. p. от* fling II

flunk I [flʌŋk] *n амер. разг.* по́лный прова́л (*особ. на экза́мене*)

flunk II [flʌŋk] *v амер. разг.* 1. 1) завали́ть (*предме́т на экза́мене*); he ~ed history он завали́л исто́рию 2) провали́ться (*на экза́мене, при выступле́нии*) 3) провали́ть (*уча́щегося*); поста́вить плоху́ю отме́тку 2. уклони́ться (*от выступле́ния и т. п.*) 3. провали́ть; послужи́ть причи́ной неуда́чи 4. 1) уво́лить, исключи́ть 2) быть уво́ленным *или* исключённым за непри́годностью; отсе́яться (*из уче́бного заведе́ния*); (*тж.* ~ out)

flunkey[1] ['flʌŋkɪ] *n* 1. *ист.* ливре́йный лаке́й 2. *презр.* лаке́й, подхали́м, низкопокло́нник 3. парохо́дный стю́ард 4. *часто пренебр.* 1) чернорабо́чий, подсо́бник 2) кашева́р (*на лесоразрабо́тках*)

flunkey[2] ['flʌŋkɪ] *n амер. разг.* 1) неуда́чник; неопы́тный игро́к на би́рже 2) провали́вшийся на экза́мене

flunkeydom ['flʌŋkɪdəm] *n собир. презр.* подхали́мы, низкопокло́нники, лаке́и

flunkie ['flʌŋkɪ] *амер. сл. см.* flunkey[1] 4

flunk(-)out ['flʌŋkaʊt] (*n*) *унив. жарг.* студе́нт, исключённый за неуспева́емость; ~s отсе́в

flunk out ['flʌŋkˈaʊt] *phr v* 1. исключа́ть из уче́бного заведе́ния; отсе́ивать 2. оказа́ться исключённым из уче́бного заведе́ния; отсе́яться

flunky ['flʌŋkɪ] = flunkey

fluor ['flʊə] = fluorspar

fluor- [flʊə-] = fluoro-[1]

fluoresce [ˌflu(ə)ˈres] *v* флюоресцировать

fluorescence [ˌflu(ə)ˈres(ə)ns] *n* флюоресценция, свечение

fluorescent [ˌflu(ə)ˈres(ə)nt] *a* флюоресцирующий; ~ lamp лампа дневного света

fluorescer [ˌflu(ə)ˈresə] *n спец.* люминофор

fluoric [fluˈɒrɪk] *a хим.* плавиковый, фтористый

fluoride [ˈflu(ə)raɪd] *n хим.* фтористое соединение, фторид

fluoridization [ˌflu(ə)rɪdaɪˈzeɪʃ(ə)n] *n* фторирование (*воды и т. п.*); насыщение фтором

fluoridize [ˈflu(ə)rɪdaɪz] *v* фторировать (*воду и т. п.*); насыщать фтором

fluoridizer [ˈflu(ə)rɪdaɪzə] *n хим.* фторирующий состав

fluorination [ˌflu(ə)rɪˈneɪʃ(ə)n] *n* = fluoridization

fluorine [ˈflu(ə)ri:n] *n хим.* фтор

fluorite [ˈflu(ə)raɪt] *n* = fluorspar

fluoro-[1] [ˈflu(ə)rə-] (*тж.* fluor-) *в сложных словах имеет значение* фтор, фтористый: fluorocarbon фторуглерод; fluoroform фтороформ; fluoranil фторанил

fluoro-[2] [ˈflu(ə)rə(ʊ)-] *в сложных словах имеет значение* флюоресценция: fluorometer флюорометр; fluorography флюорография

fluorography [ˌflu(ə)ˈrɒgrəfɪ] *n* флюорография

fluoroplastic [ˌflu(ə)rəˈplæstɪk] *n хим.* фторопласт

fluoropolymer [ˌflu(ə)rəˈpɒlɪmə] *n хим.* фторполимер

fluoroscope [ˈflu(ə)rəskəʊp] *n* флюороскоп

fluorspar [ˈflu(ə)spɑ:] *n мин.* плавиковый шпат; флюорит

flurried [ˈflʌrɪd] *a* взволнованный, возбуждённый, встревоженный, встрёпанный; to get ~ разволноваться

flurry I [ˈflʌrɪ] *n* 1. сильный порыв ветра, шквал 2) *преим. амер.* внезапный сильный ливень или снегопад 2. возбуждение, волнение; спешка, суматоха; to be in a ~ волноваться, суетиться; нервничать; to put in a ~ нервировать, дёргать; in a ~ of excitement в порыве волнения 3. *спец.* броски, метание загарпуненного кита

flurry II [ˈflʌrɪ] *v* 1. волновать, возбуждать, взбудораживать (*особ. спешкой*); нервировать 2. дёргать 3. внезапно налетать (*о ливне, снегопаде*)

flush[1] **I** [flʌʃ] *n* 1. внезапный прилив, поток (*воды*) 2. 1) внезапная краска, прилив крови (*к лицу*); румянец; the ~ of angered shame краска стыда и гнева 2) *поэт.* краски зари (*на небе*); the ~ of dawn рассвет, утренняя заря 3. порыв, прилив (*чувства*); a ~ of joy порыв радости; a ~ of hope вспышка надежды; in the first ~ of victory упоённый радостью победы; he felt a ~ of anger он почувствовал, что его охватила вспышка гнева 4. приступ (*лихорадки и т. п.*) 5. 1) буйный рост (*зелени и т. п.*) 2) свежая, молодая поросль 3) расцвет; приток сил, энергии *и т. п.*; in the ~ of youth в расцвете юности; in full ~ в полном расцвете; in the first ~ of manhood на пороге возмужания; she is not in her first ~ она уже не первой молодости 6. *бот.* отросток, побег 7. *спорт.* змейка (*фигура слалома*)

flush[1] **II** [flʌʃ] *a* 1. полный (*до краёв*); rivers are ~ in spring-time реки весной разливаются 2. полный жизни, полнокровный, жизнерадостный 3. 1) богатый, изобилующий (*чем-л.*); he felt very ~ on his first payday в день первой получки он почувствовал себя богачом; money is ~ *разг.* денег хватает; to be ~ of money *разг.* быть при деньгах, иметь много денег; ~ times хорошие времена, времена изобилия 2) щедрый, расточительный; to be ~ with money легко тратить деньги, швыряться деньгами 4. прямой, решительный, определённый; ~ statement открытое заявление; ~ blow прямой /резкий/ удар 5. 1) находящийся на одном уровне; the river is ~ with its banks река течёт вровень с берегами 2) ~ with the ground вровень с землёй 2) *тех.* скрытый; на одном уровне; заподлицо, впотай

flush[1] **III** [flʌʃ] *adv* 1. вплотную; the door fits ~ into its frame дверь вплотную входит в дверную коробку /сделана как раз по коробке/ 2. прямо, точно; I hit him ~ on the jaw я ударил /двинул/ его прямо в челюсть

flush[1] **IV** [flʌʃ] *v* 1. вспыхнуть, покраснеть; раскраснеться; to ~ with shame покраснеть /зардеться/ от стыда 2) румянить, заставлять краснеть; the exercise had ~ed their cheeks от прогулки у них раскраснелись щёки 3) возбуждать, воспламенять; to be ~ed with victory быть упоённым победой 2. 1) внезапно хлынуть; обильно течь, литься 2) приливать (*о крови, краске*); the blood ~ed into his face кровь бросилась ему в лицо 3) затоплять; наполнять до краёв; to ~ a meadow заливать луг 3. 1) промывать сильным напором струй; to ~ the toilet спускать воду в туалете 2) смывать (*при гидромеханизации*) 3) очищать; to ~ the lungs with air продышаться, прочистить лёгкие свежим воздухом 4. *тех.* выравнивать; располагать заподлицо; ~ the headings on the page выровняйте заголовки на этой странице 5. *воен.* застигать врасплох; to ~ by fire подавлять огнём 6. 1) давать отростки, побеги (*о растении*) 2) способствовать росту; rain ~es the plants дождь способствует росту растений

flush[2] **I** [flʌʃ] *n* вспугнутая стая птиц

flush[2] **II** [flʌʃ] *v* 1. 1) спугивать (*дичь*); we ~ed a covey of quail мы вспугнули перепелиный выводок 2) (from, out of) спугивать, выгонять (*людей*); they ~ed the narcotics peddlers from /out of/ their hiding-place они выманили торговцев наркотиками из их притона 2. вспархивать, взлетать

flush[3] [flʌʃ] *n* флеш, пять карт одной масти (*покер*)

flush[4] [flʌʃ] *v* 1. *разг.* игнорировать, сторониться (*кого-л.*); третировать 2. *студ. проф.* (*тж.* to ~ it) провалить (*экзамен*); провалиться (*на экзамене*)

flush deck [ˈflʌʃˈdek] *мор.* гладкая верхняя палуба (*без полубака и полуюта*)

flushed [flʌʃt] *a* 1. вспыхнувший, покрасневший; face ~ with drink лицо, побагровевшее от вина 2. взволнованный, возбуждённый; ~ with success опьянённый успехом; ~ with happiness вне себя от радости

flusher[1] [ˈflʌʃə] *n* 1. *см.* flush[1] IV + -er 2. ассенизатор

flusher[2] [ˈflʌʃə] *n* 1. *см.* flush[1] II + -er 2. охотничья собака, поднимающая дичь

flushing[1] [ˈflʌʃɪŋ] *n* 1. промывка сточных труб 2. расшивка кирпичной кладки

flushing[2] [ˈflʌʃɪŋ] *n* сорт грубой и плотной шерстяной материи

flushy [ˈflʌʃɪ] *a* красноватый

fluster I [ˈflʌstə] *n* волнение, смятение; all in a ~ взволнованный, в волнении, в возбуждении, в смятении

fluster II [ˈflʌstə] *v* 1. 1) волновать, возбуждать; the shouts of the speaker выкрики смутили /сбили с толку/ оратора 2) волноваться, суетиться 2. 1) подпаивать 2) подвыпить; слегка опьянеть

flustered [ˈflʌstəd] *a* 1. взволнованный, возбуждённый 2. слегка подвыпивший

flute I [flu:t] *n* 1. флейта 2. флейтист 3. длинный вытянутый батон 4. *спец.* выемка; рифля, желобок 5. *архит.* каннелюра

flute II [flu:t] *v* 1. играть на флейте 2. свистеть (*о птицах*) 3. *спец.* делать выемки или рифли; желобить

fluted [ˈflu:tɪd] *a* 1. подобный звукам флейты, мелодичный 2. *спец.* рифлёный, гофрированный, волнистый, желобчатый; ~ column *архит.* колонна с каннелюрами

fluting [ˈflu:tɪŋ] *n* 1. игра на флейте 2. 1) *спец.* рифление, гофрировка 2) заутюжка складок 3) плоение (*рюшей и т. п.*); ~ iron плойка, щипцы для плоения 3. *тех.* нарезка пазов или канавок

flutist [ˈflu:tɪst] *n* флейтист

flutter I [ˈflʌtə] *n* 1. 1) трепетание, дрожание; the ~ of wings трепетание крыльев 2) взмахивание; ~ of the feet *спорт.* порхающая работа ног (*плавание*) 2. трепет, волнение; all in a ~ в волнении, в возбуждении; to fall into a ~ прийти в волнение /в нервное состояние/, разволноваться; to put smb. into a ~ взбудоражить /взволновать/ кого-л.; ~ of pleasure приятное возбуждение, радостный трепет; she had a sudden ~ of fear внезапно ей стало страшно 3. *разг.* переполох; сенсация; to cause a ~ произвести сенсацию 4. *разг.* риск на небольшую ставку; to have a ~ on the horses попытать счастья на скачках 5. быстрые, суетливые движения 6. *тех.* вибрация, неустойчивое колебание; дребезжание 7. 1) *радио* пульсирующие помехи, «вой» 2) *тлв.* дрожание изображения 8. *ав.* флаттер 9. *мед.* мерцание, трепетание

flutter II [ˈflʌtə] *v* 1. 1) трепетать, дрожать; колыхаться, развеваться; flags ~ in the wind флаги развеваются на ветру; curtains ~ in a draught шторы колышутся на сквозняке; petals ~ed to the ground лепестки (кружась) опускались на землю 2) бить, взмахивать крыльями 3) неровно биться (*о пульсе*) 2. 1) волновать, возбуждать 2) волноваться, беспокоиться; to ~ with joy трепетать от радости 3. (*обыкн.* about) быстро и суетливо двигаться; she ~ed about the room anxiously она беспокойно металась по комнате; our hostess ~ed about наша хозяйка усердно хлопотала; don't ~ about! не суетись! 4. *разг.* поставить небольшую сумму (*на лошадь и т. п.*) 5. *спорт.* производить порхающие движения ногами (*плавание*)

◊ to ~ the dove-cotes ≅ переполошить всех, устроить переполох (*в тихом семействе*)

flutterboard [ˈflʌtəbɔ:d] *n* доска, за которую держатся при отработке движений ног (*плавание*)

flutter-kick [ˈflʌtəkɪk] *n спорт.* порхающая работа ног в плавании (*особ. кролем*)

flutter mode [ˈflʌtəməʊd] *физ.* желобковая неустойчивость (*плазмы*)

flutter tone [ˈflʌtətəʊn] *спец.* неустойчивый тон

fluty ['fluːtɪ] *a* мелодичный, нежный; подобный звуку флейты

fluvial ['fluːvɪəl] *a* речной; ~ plain *геол.* аллювиальная равнина

fluviatile ['fluːvɪət(ə)l] = fluvial

fluvio- ['fluːvɪə(ʊ)-] *в сложных словах имеет значение* река, речной: fluviograph флювиограф

fluvio-glacial [ˌfluːvɪəˈgleɪʃ(ə)l] *a геол.* флювиогляциальный, водно-ледниковый; ~ deposits флювиогляциальные отложения

fluvio-marine [ˌfluːvɪəməˈriːn] *a геол.* образованный морем и рекой (*о наносах*)

fluviometer [ˌfluːvɪˈɒmɪtə] *n гидр.* флювиометр

flux I [flʌks] *n* 1. течение; поток; a ~ of air поток воздуха; a ~ of words поток слов 2. прилив; ~ and reflux a) прилив и отлив; б) появление и исчезновение 3. постоянное изменение (*состояния*); постоянное движение; in a state of ~ в состоянии непрерывного изменения 4. *мед.* 1) истечение, обильное отделение (*слюны и т. п.*) 2) понос; bloody ~ дизентерия, кровавый понос 5. *физ.* поток; ~ of radiation поток излучения, лучистый поток 6. 1) *тех.* разжижитель 2) *метал.* флюс, плавень 7. *дор.* гудрон

flux II [flʌks] *v* 1. течь, вытекать, истекать 2. 1) *тех.* плавить, разжижать 2) плавиться, делаться жидким 3. *метал.* обрабатывать флюсом; переводить в шлак 4. *мед. арх.* давать слабительное

flexibility [ˌflʌksəˈbɪlɪtɪ] *n* плавкость

fluxible ['flʌksəb(ə)l] *a* 1. плавкий, текучий 2. изменчивый

fluxing ['flʌksɪŋ] *a геол.* флюксующий, флюксирующий; ~ ore самофлюксующаяся легкоплавкая руда

fluxion ['flʌkʃ(ə)n] *n мат.* флюксия, производная

fluxional ['flʌkʃ(ə)nəl] *a мат.* дифференциальный

fluxoid ['flʌksɔɪd] *n физ.* флюксоид, квант магнитного потока

fly¹ [flaɪ] *n* 1. муха 2. *энт.* двукрылое или летающее насекомое (*Diptera*) 3. *рыб.* 1) наживка 2) искусственная мушка; to dress a ~ вязать искусственную мушку ◊ a ~ in amber (музейная) редкость; a ~ in the ointment а) ≅ ложка дёгтя в бочке мёда; б) *библ.* муха в благовонной масти; to be /to look/ a ~ in milk выделяться, представлять собой контраст (*с чем-л.*); to break /to crush/ a ~ upon the wheel ≅ стрелять из пушек по воробьям; don't let flies stick to your heels поторопитесь; быстрее; не теряйте времени; she wouldn't hurt a ~ она и мухи не обидит; there are no flies on him его не проведёшь; он начеку; to rise to the ~ проглотить приманку; откликнуться /отозваться/ на что-л.

fly² I [flaɪ] *n* 1. *разг.* полёт; перелёт; to have a ~ in an airplane лететь самолётом; on the ~ на лету; на ходу; I was late and caught the train on the ~ я опоздал и вскочил в поезд на ходу 2. *разг.* прыжок; long ~ *спорт.* прыжок прогнувшись с опорой на снаряд 3. *ист.* извозчичья пролётка 4. откидное полотнище (*палатки*) 5. 1) крыло (*ветряка и т. п.*) 2) крыльчатка 6. 1) длина (*флага*) 2) косица (*флага*) 7. *pl театр.* колосники 8. = flyleaf 9. *текст.* 1) бегун чесальной машины 2) мотовило 10. гульфик, ширинка (*у брюк*); ~ buttons брючные пуговицы; your ~ is undone ≅ застегни брюки 11. *тех.* маятник, балансир 12. = flywheel 13. *мор.* картушка (*компаса*) 14. *спорт.* передача игроку, бегущему на чужую половину поля

fly² II [flaɪ] *v* (flew; flown) I 1. 1) летать; лететь; birds are ~ing in the air птицы носятся в воздухе; they flew up and up они летели ввысь /всё выше и выше/, они взмыли в вышину; the hawk flew round the farm ястреб кружил над фермой; sparks ~ upwards искры взлетают вверх; dust flies in clouds пыль носится тучами; bullets flew in all directions кругом свистели пули; to catch smth. ~ing поймать /схватить/ что-л. на лету 2) *ав.* лететь, идти; the plane flew across the desert самолёт пересёк пустыню; to ~ over London летать над Лондоном; our planes were ~ing westwards наши самолёты шли на запад; to ~ non-stop выполнять беспосадочные полёты; to ~ the Atlantic перелетать через Атлантический океан 3) пользоваться воздушным транспортом, лететь (*самолётом*); did he go by train? — No, he flew он поехал поездом? — Нет, полетел самолётом; he flew to Paris он полетел в Париж; I flew part of the way часть пути я проделал на самолёте /летел/; to ~ first-class лететь первым классом; we flew "Tourist" to London мы летели в Лондон туристическим классом; ~ N. Airways [Aeroflot] летайте самолётами такой-то компании [Аэрофлота] 2. нестись, мчаться, лететь; спешить; a car flew past me мимо меня промчалась машина; the train was ~ing through the fields and forests поезд мчался через поля и леса; clouds flew across the sky по небу неслись облака; to ~ into a room стремительно вбежать /влететь/ в комнату; to ~ out of the room стремительно выбежать /выскочить/ из комнаты; I flew to meet him я помчался /полетел/ к нему навстречу; it's getting late, we must ~ уже поздно, нам нужно бежать; to ~ to smb's assistance /help/ поспешить кому-л. на помощь; to ~ to smb.'s arms броситься кому-л. в объятия; how time does ~! как летит время!; how rumours do ~! как быстро распространяются слухи! 3. 1) развеваться; flags flew from every mast флаги развевались на всех мачтах; the soldiers came back with flags ~ing образн. солдаты вернулись с победой; with hair ~ing behind her с развевающимися волосами 2) нести (*флаг*); to ~ a flag *мор.* нести флаг, плавать под флагом; the ship flew the British flag корабль шёл под британским флагом; flags flown at half-mast приспущенные флаги 4. (*past и p. p. тж.* fled) спасаться бегством; to ~ the country бежать из страны; to ~ to Belgium бежать в Бельгию; he was forced to ~ for his life он был вынужден спасаться бегством; to send the enemy ~ing обратить противника в бегство; the bird has flown «птичка улетела» (*о преступнике, разыскиваемом лице и т. п.*) 5. улетучиться, исчезнуть; mists ~ing before the morning sun туман, рассеивающийся в лучах утреннего солнца; his inheritance flew его состояние улетучилось; to make money ~ швырять деньгами; пускать деньги на ветер 6. слетать, срываться; strange words flew from her lips с её губ срывались странные слова 7. *разг.* опьянеть, напиться; одуреть от вина или наркотика; нанюхаться 8. *амер. разг.* пользоваться успехом или признанием; this approach will not ~ этот подход ничего не даст 9. (to) ударить, броситься в голову (*о вине и т. п.*); to ~ to the head ударить /броситься/ в голову; the wine flew to his head вино ударило ему в голову; the blood flew to his head кровь бросилась ему в голову; the praise flew to his head похвала вскружила ему голову 10. *охот.* охотиться с соколами 11. *полигр.* снимать с печатного пресса

II А 1. вести, пилотировать (*самолёт, космический корабль*); управлять (*самолётом и т. п.*); he could ~ any type of plane он мог вести любой самолёт; to ~ blind лететь по приборам; to ~ the beam лететь по радиолучу; to ~ a sortie *воен.* совершать /производить/ самолёто-вылет 2. запускать (*змея*); гонять (*голубей*) 3. *ав.* перевозить (*пассажиров, грузы и т. п.*) самолётом; to ~ passengers перевозить пассажиров (*самолётом*); they flew me to Paris меня доставили в Париж (*самолётом*); to ~ munitions перебрасывать боеприпасы (*по воздуху*) 4. (open) распахиваться; (shut) захлопываться; the door flew open [shut] дверь распахнулась [захлопнулась]

II Б 1. to *fly into a state* приходить в какое-л. состояние; to ~ into a rage /into a temper/ прийти в ярость, рассердиться 2. to *fly at* /*upon, on*/ *smb.* броситься на кого-л.; the dog flew at the boy собака (на)бросилась на мальчика; she flew at him like a tigress она кинулась /бросилась, налетела/ на него как тигрица; to ~ at smb.'s throat схватить кого-л. за горло, кинуться душить кого-л. 3. to *fly out at smb.* набрасываться на кого-л. с бранью 4. to *fly to smb. for smth.* обращаться к кому-л. за чем-л.; to ~ to smb. for support искать у кого-л. поддержки, обращаться к кому-л. за поддержкой; whatever happened, she would ~ to him (for help [for comfort]) что бы ни случилось, она всегда обращалась к нему (за помощью [за утешением])

◊ to ~ high /at high pitch, at high game/ высоко заноситься, быть честолюбивым; to ~ low держаться в тени, избегать известности, стараться не привлекать к себе внимания; to ~ short of ≅ не быть на должной высоте, не достичь должного уровня; to ~ in the face /in the teeth/ of бросать вызов; to ~ in the face of Providence искушать судьбу; this would ~ in the face of all common-sense это совершенно противоречит здравому смыслу; to ~ asunder /to bits/ разлетаться вдребезги; the glass flew to bits стакан разлетелся вдребезги; to make the feathers /dust/ ~ *см.* feather I ◊; to send smth. ~ing запустить чем-л.; he sent the plate ~ing out of the window он вышвырнул тарелку из окна; he sent the book ~ing at me он швырнул в меня книгой; to ~ off the handle сорваться, вспылить, выйти из себя; to ~ to arms взяться за оружие; to let ~ (at) а) стрелять (*в кого-л., во что-л.*); б) бросать, швырять; в) сильно выругать (*кого-л.*); as the crow flies по прямой, кратчайшим путём; the devil ~ away with you! чёрт тебя возьми /забери/!; to ~ the coop *сл.* смотать удочки, задать стрекача; let ~ *сл.* а) начать что-л., *особ.* речь или выговор; б) плюнуть; go ~ a kite! *сл.* убирайся отсюда!, сгинь!; to ~ light *амер.* проголодаться

fly³ [flaɪ] *a сл.* 1. осмотрительный, хитрый; he is a ~ customer ему пальца в рот не клади 2. подвижный, ловкий (*о пальцах*) 3. производящий впечатление, приятный, элегантный

flyable ['flaɪəb(ə)l] *a* лётный (*о погоде*)

fly agaric [ˌflaɪˈægərɪk, -əˈgærɪk] мухомор

fly around ['flaɪəˈraʊnd] *phr v разг.* суетиться, метаться

fly-around [ˈflaɪəˌraund] *n* облёт
fly away [ˈflaɪəˈweɪ] *phr v* 1. улетать; the birds flew away птицы улетели 2. убегать
fly-away I [ˈflaɪəweɪ] *n* 1. беглец 2. неуравновешенный человек 3. *мор.* мираж
fly-away II [ˈflaɪəweɪ] *a* 1. перевозимый по воздуху 2. развевающийся (*об одежде, волосах*) 3. ветреный, легкомысленный
flyback [ˈflaɪbæk] *n тлв.* обратный ход (*луча*)
fly-bane [ˈflaɪbeɪn] *n* 1. = fly agaric 2. средство от мух
fly belt [ˈflaɪbelt] территория, заражённая мухой цеце (*в Африке*)
fly-bird [ˈflaɪbə:d] *n* колибри
fly-bitten [ˌflaɪˈbɪtn] *a* 1. покусанный мухами 2. *уст.* засиженный мухами
flyblow[1] [ˈflaɪbləu] *n сл.* внебрачный ребёнок; побочный сын, побочная дочь
flyblow[2] **I** [ˈflaɪbləu] *n* яйцо мухи (*в мясе*)
flyblow[2] **II** [ˈflaɪbləu] *v* 1) откладывать яйца (*о мухе*) 2) портить, пятнать
flyblown [ˈflaɪbləun] *a* 1. поражённый яйцами мухи 2) засиженный мухами 2. 1) замаранный, запачканный, нечистый 2) испорченный, гнилой 3. прогнивший, заплесневелый; ~ metaphors избитые метафоры; he always brings me the same ~ old stories он всегда рассказывает анекдоты, которые я слышал уже сто раз 4. *сл.* пьяный
flyboat [ˈflaɪbəut] *n* 1. быстроходная голландская плоскодонка 2. быстроходное судно; плоскодонное каботажное судно
flybook [ˈflaɪbuk] *n* коробка *или* ящичек для хранения блёсен
fly-borne disease [ˈflaɪbɔ:ndɪˈzi:z] болезнь, распространяемая мухами
fly-boy [ˈflaɪbɔɪ] *n амер. воен. разг.* лётчик; военнослужащий ВВС
fly-by [ˈflaɪbaɪ] *n спец.* 1) облёт (*препятствия и т. п.*) 2) бреющий пролёт 3) пролёт по касательной, пролёт мимо планеты на малой высоте (*для получения научной информации*)
fly-by-night I [ˈflaɪbaɪˌnaɪt] *n разг.* 1. ночной гуляка 2. 1) беглый должник 2) ненадёжная личность
fly-by-night II [ˈflaɪbaɪˌnaɪt] *a разг.* 1. ненадёжный, *особ.* в деловых отношениях 2. непостоянный; временный; ~ theatre театр, который может скоро закрыться; ~ fashions преходящая мода; одежда, которая быстро выходит из моды
fly cake [ˈflaɪkeɪk] *амер. шутл.* булочка с изюмом
flycatcher [ˈflaɪˌkætʃə] *n зоол.* 1. мухоловка (*Muscicapidae; птица*) 2. нек. растение с липким секретом, «мухоловка»
fly-cruise [ˌflaɪˈkru:z] *n* комбинированная туристическая поездка на самолёте и корабле
fly dick [ˈflaɪdɪk] *амер. сл.* сыщик; переодетый полицейский
fly dope [ˈflaɪdəup] *амер.* средство, отгоняющее мух, комаров *и т. п.*
fly-drive [ˌflaɪˈdraɪv] *n* туристическая путёвка «авиа-авто» (*на половину пути предоставляется место в самолёте, на другую половину пути — автомобиль без водителя*)
flyer [ˈflaɪə] *n* 1. лётчик; ~'s clothing *воен.* лётное обмундирование 2. птица, насекомое, летучая мышь *и т. п.* 2) летательный аппарат 3. *амер.* экспресс 4. фляер; резвая лошадь 5. *амер.* листовка; рекламный листок 6. *австрал.* взрослый быстроногий кенгуру 7. мелкий ушастый окунь 8. = fleer[2] 9. *сл.* рискованное предприятие, авантюра; опасная биржевая авантюра 10. *тех.* маховик 11. *текст.* банкоброш 12. *pl стр.* прямой марш лестницы 13. *pl* частиц хмеля в пиве 14. *полигр.* барабан-собиратель; листовое приёмно-выводное устройство
◊ to take a ~ упасть вниз головой
fly-finisher [ˈflaɪˌfɪnɪʃə] *n сл.* мастер-механик (*по муз. инструментам*)
fly-fish [ˈflaɪfɪʃ] *v* удить на муху
fly-flap I [ˈflaɪflæp] *n* хлопушка, мухобойка
fly-flap II [ˈflaɪflæp] *v* ударять хлопушкой; бить мух хлопушкой
fly-floor [ˈflaɪflɔ:] *n театр.* платформа над колосниками
fly front [ˈflaɪfrʌnt] скрытая застёжка (*на одежде*); молния (*на брюках*)
fly-gallery [ˈflaɪˌgælərɪ] = fly-floor
fly-guy [ˈflaɪgaɪ] *амер.* = fly-boy
fly-hook [ˈflaɪhuk] *n* рыболовный крючок
fly in [ˈflaɪɪn] *phr v* 1. довести до аэродрома (*самолёт*); the pilot flew the crippled bomber in on one engine лётчик довёл повреждённый бомбардировщик на одном моторе 2. 1) прилететь; прибыть на самолёте; my friend has just flown in from Rome мой друг только что прилетел из Рима 2) доставлять по воздуху; food and equipment were flown in just in time продовольствие и оборудование были доставлены (*самолётом*) вовремя 3. *ж.-д.* переводить стрелку
flying I [ˈflaɪɪŋ] *n* 1. полёт, полёты; high altitude ~ высотные полёты 2. *ав.* 1) пилотирование; ~ technique техника пилотирования 2) лётное дело; ~ safety *ав.* безопасность полёта; ~ senses *ав.* качества лётчика; ~ time *воен.* часы налёта, налёт
flying II [ˈflaɪɪŋ] *a* 1. летучий, летающий, летательный; ~ rout облёт (*пчёл*) 2. *ав.* лётный; ~ hours лётные часы; ~ gear лётное снаряжение; ~ line *ав.* а) маршрут полёта; б) стоянка самолётов; ~ weather лётная погода; ~ weight *ав.* полётный вес 3. быстрый, стремительный; ~ visit мимолётный визит; ~ jump *спорт.* прыжок с разбега; ~ somersault сальто 4. развевающийся; ~ hair [flags] развевающиеся волосы [флаги]
flying bomb [ˈflaɪɪŋbɒm] *воен.* самолёт-снаряд
flying bridge [ˌflaɪɪŋˈbrɪdʒ] 1. перекидной мост 2. *мор.* 1) крыло ходового мостика 2) продольный мостик танкера
flying buttress [ˌflaɪɪŋˈbʌtrɪs] *архит.* арочный контрфорс; аркбутан
flying cadet [ˌflaɪɪŋkəˈdet] *амер. разг.* курсант лётной школы
flying carpet [ˌflaɪɪŋˈkɑ:pɪt] ковёр-самолёт
flying cat [ˌflaɪɪŋˈkæt] *сл.* сова
flying circus [ˌflaɪɪŋˈsə:kəs] *ав. жарг.* «воздушная карусель» (*групповой воздушный бой*)
flying colours [ˌflaɪɪŋˈkʌləz] 1) развевающиеся знамёна 2) победа; to come with ~ прийти с победой; to come through /off/ with ~ добиться успеха (*в чём-л.*); блестяще выдержать испытание *и т. п.*
flying column [ˌflaɪɪŋˈkɒləm] *воен.* летучий отряд
flying crane [ˌflaɪɪŋˈkreɪn] *ав.* «летающий кран» (*вертолёт, выполняющий монтажные и др. работы*)
flying doctor [ˌflaɪɪŋˈdɒktə] *австрал.* врач, прилетающий на вызовы в труднодоступные места; «авиадоктор»
flying dragon [ˌflaɪɪŋˈdrægən] = flying lizard

Flying Dutchman [ˌflaɪɪŋˈdʌtʃmən] 1) *фольк.* Летучий Голландец 2) «Летучий голландец» (*класс яхты*)
flying field [ˈflaɪɪŋfi:ld] лётное поле, аэродром
flying fish [ˈflaɪɪŋfɪʃ] летучая рыба
Flying Fortress [ˌflaɪɪŋˈfɔ:trɪs] *ав.* бомбардировщик «летающая крепость»
flying fox [ˌflaɪɪŋˈfɒks] *зоол.* летучая собака (*Pteropus*)
flying-in [ˌflaɪɪŋˈɪn] *n* доставка по воздуху, переправка по воздуху; the ~ of supplies доставка припасов по воздуху
flying instrument [ˈflaɪɪŋˌɪnstrəmənt] *ав.* пилотажный прибор
flying lemurs [ˌflaɪɪŋˈli:məz] *зоол.* шерстокрылы (*Dermoptera*)
flying lizard [ˌflaɪɪŋˈlɪzəd] *зоол.* летучий дракон (*ящерица; Draco volance*)
flying machine [ˈflaɪɪŋməˌʃi:n] 1. летательный аппарат; аэроплан 2. трапеция
flying-off [ˌflaɪɪŋˈɒf] *n ав.* взлёт
flying officer [ˈflaɪɪŋˌɒfɪsə] 1) старший лейтенант авиации (*в Англии*) 2) офицер лётно-подъёмного состава
flying saucer [ˌflaɪɪŋˈsɔ:sə] «летающее блюдце», «летающая тарелка» (*НЛО*)
flying squad [ˈflaɪɪŋskwɒd] 1. 1) подвижной полицейский отряд (*на автомобилях*) 2) (F. S.) «летучий отряд» (*подразделение уголовного розыска в Великобритании*) 2. летучий отряд; специальная комиссия по срочной проверке, обследованию, оказанию неотложной помощи *и т. п.*
flying squirrel [ˌflaɪɪŋˈskwɪrəl] *зоол.* белка-летяга (*Glaucomys*)
flying start [ˌflaɪɪŋˈstɑ:t] 1. *спорт.* старт с хода 2. 1) отличное /многообещающее/ начало; to be off to a ~ хорошо начать; he's got off to a ~ in his new job он с ходу вошёл в свою новую работу 2) преимущество; перевес; his knowledge of Italian gave him a ~ over other candidates знание итальянского языка дало ему преимущество перед остальными кандидатами
flying windmill [ˌflaɪɪŋˈwɪndmɪl] *ав. шутл.* вертолёт
flying wing [ˌflaɪɪŋˈwɪŋ] *ав.* «летающее крыло» (*тип самолёта*)
fly-larvae [ˈflaɪˌlɑ:vi:] *n pl* личинки мух
flyleaf [ˈflaɪli:f] *n полигр.* форзац; чистый лист в начале *или* конце книги
fly line[1] [ˈflaɪlaɪn] *n* путь ежегодного перелёта птиц
fly line[2] [ˈflaɪlaɪn] *n* рыболовная леска (*для ловли на муху*)
fly-loft [ˈflaɪlɒft] *театр.* колосники
fly man [ˈflaɪmæn] *сл.* старый опытный вор
flyman [ˈflaɪmən] *n* (*pl* -men [mən]) *театр.* рабочий на колосниках
fly mug [ˈflaɪmʌg] = fly dick
fly-net [ˈflaɪnet] *n* сетка от мух
fly-nut [ˈflaɪnʌt] *n тех.* барашковая гайка
fly off [ˈflaɪˈɒf] *phr v* 1. отскакивать, отлетать; all the buttons flew off все пуговицы отлетели 2. поспешно убежать
◊ to ~ at a tangent сорваться; потерять самообладание, выдержку
fly-off [ˈflaɪɒf] *n* демонстрационные полёты на самолётах разных фирм (*для получения правительственных заказов*)
fly-out [ˈflaɪaut] *n* облёт (*нового*) самолёта, лётные испытания

FLY — FOG

flyover ['flaɪ,əʊvə] *n* 1. *дор. проф.* путепровод; эстакада; ~ crossing пересечение дорог в разных уровнях 2. = fly-past 3. облёт

flypaper ['flaɪ,peɪpə] *n* липкая бумага от мух

fly past ['flaɪ'pɑ:st] *phr v* проводить воздушный парад *или* демонстрационные полёты

fly-past ['flaɪpɑ:st] *n* воздушный парад; демонстрационные полёты

fly-powder ['flaɪ,paʊdə] *n* 1. порошок от мух, мушиная отрава 2. *хим.* неочищенный мышьяковистый ангидрид

fly-press [,flaɪ'pres] *n тех.* фрикционный пресс, винтовой пресс

fly rail ['flaɪ'reɪl] направляющая планка в раздвижном столе

fly rod ['flaɪ'rɒd] удочка для ловли рыбы на муху

fly-sheet ['flaɪʃi:t] *n* 1. листовка 2. оглавление (*справочника, досье и т. п.*) 3. полог; брезент, набрасываемый на палатку (*как защита от дождя*)

flyspeck ['flaɪspek] *n* 1. мушиное пятнышко 2. маленькое пятнышко; точка

fly-spot ['flaɪspɒt] = flyspeck

fly-strike ['flaɪstraɪk] *n* заражённость мушиными яйцами

fly swatter ['flaɪ,swɒtə] хлопушка для мух, мухобойка

fly-title ['flaɪ,taɪtl] *n полигр.* шмуцтитул

flytrap ['flaɪtræp] *n* 1. мухоловка 2. *бот.* кендырь (*Apocynum gen.*) 3. *бот.* дионея (*Dionaea gen.*) 4. *амер. сл.* рот

fly up ['flaɪ'ʌp] *phr v* 1. внезапно подняться (*о шторе, подъёмном окне и т. п.*) 2. *мор.* рыскать к ветру

flyway ['flaɪweɪ] *n биол.* пролётный путь; миграционный маршрут (*птиц*)

flyweight ['flaɪweɪt] *n* 1. борец *или* боксёр наилегчайшего веса, «в весе мухи» 2. наилегчайший вес

flywheel ['flaɪwi:l] *n тех.* маховое колесо, маховик

fly whisk ['flaɪ,wɪsk] мухобойка (*в виде конского хвоста на ручке*)

foal I [fəʊl] *n* 1. жеребёнок; ослёнок; in ~ with жерёбая 2. *сл.* мальчик у шахтёрской вагонетки

foal II [fəʊl] *v* жеребиться

foalfoot ['fəʊlfʊt] *n бот.* мать-и-мачеха (*Tussilago farfara*)

foam I [fəʊm] *n* 1. 1) пена; waves white with ~ волны с барашками 2) мыло, пена (*на лошади*) 3. *арх., поэт.* море 3. пеноматериал, пенопласт

foam II [fəʊm] *v* 1. пениться; покрываться пеной; to ~ over пениться, переливаться через край 2. быть в мыле (*о лошади*) 3. пенить; вспенивать
◇ to ~ at the mouth а) брызгать слюной; б) прийти в бешенство, злиться

foamglass ['fəʊmglɑ:s] *n* пеностекло

foaming ['fəʊmɪŋ] *n* 1. вспенивание, пенообразование 2. тушение пеной (*нефтяных пожаров и т. п.*)

foam plastic [,fəʊm'plæstɪk] пенопласт

foam rubber [,fəʊm'rʌbə] пенорезина

foam-spar ['fəʊmspɑ:] = foam-stone

foam stone ['fəʊmstəʊn] *n геол.* пенистый камень

foamy ['fəʊmɪ] *a* 1. пенящийся, пенистый; ~ structure пенистая структура 2. 1) покрытый пеной 2) взмыленный (*о лошади*)

fob¹ [fɒb] *n* 1. кармашек для часов 2. = fob-chain 3. *амер.* брелок

fob² I [fɒb] *n арх. разг.* обман, хитрость, трюк

fob² II [fɒb] *v арх.* обманывать, надувать; получать *или* навязывать обманным путём; to ~ smb. out of smth. выманить что-л. у кого-л.

fob-chain ['fɒbtʃeɪn] *n* цепочка для карманных часов

fob off ['fɒb'ɒf] *phr v* 1. всучать, подсовывать (*подделку, дрянь и т. п.*); to ~ smth. on smb. всучить что-л. кому-л.; to ~ smb. with smth. всучить кому-л. что-л.; he fobbed the old lady off with a faulty sewing machine, he fobbed off the faulty sewing machine on the old lady он навязал /всучил/ старушке испорченную швейную машину 2. отказывать, отклонять (*что-л.*); отмахиваться, отделываться (*от чего-л., кого-л.*); he just fobbed off our suggestions он отверг все наши предложения; he fobbed us off and talked of something else он отмахнулся от нас и заговорил о другом; he fobbed us off with promises он отделался от нас одними обещаниями 3. *арх.* обмануть, надуть

focal ['fəʊk(ə)l] *a опт.* фокусный, фокальный; ~ distance /length/ фокусное расстояние; ~ point а) фокус, фокальная точка; б) основная /главная/ тема *или* вопрос

focalization [,fəʊk(ə)laɪ'zeɪʃ(ə)n] *n* 1. собирание в фокус; фокусировка 2. локализация (*болезни*)

focalize ['fəʊk(ə)laɪz] *v* 1. собирать в фокус; фокусировать 2. *мед.* 1) локализовать 2) локализоваться

foci ['fəʊkaɪ, -saɪ] *pl от* focus I

focimeter [fɒ'sɪmɪtə] *n опт.* фокометр

focometer [fəʊ'kɒmɪtə] = focimeter

focsle, fo'c'sle ['fəʊks(ə)l] = forecastle

focus I ['fəʊkəs] *n* (*pl* foci, -ses [-sɪz]) 1. *физ.* фокус; in [out of] ~ [не в] фокусе; to check the ~ фокусировать; the glasses are not at the right ~ for me бинокль не в фокусе, не по моим глазам; to bring into ~ а) поместить в фокусе; фокусировать; б) дать ясную картину (*положения и т. п.*); подчеркнуть (*важность чего-л.*); ~ puller *кино проф.* ассистент кинооператора, производящий наводку на резкость; ~ range диапазон фокусировки 2. *мат.* фокус (*эллипса и т. п.*) 3. ярко освещённое пятно (*на сцене*) 4. 1) средоточие; центр; to be a ~ of attention привлекать к себе всеобщее внимание; the ~ of a disease очаг болезни; a ~ of trouble between nations узел международных противоречий 2) *геол.* фокус, очаг землетрясения

focus II ['fəʊkəs] *v* 1. собирать в фокус; фокусировать; to ~ opera-glasses to suit one's sight настроить бинокль (по глазам) 2. помещать в фокусе; to ~ the sunrays on smth. with a burning-glass сфокусировать зажигательным стеклом солнечные лучи на чём-л. 3. сосредоточивать (*внимание и т. п.*); all eyes were ~ed on him все взгляды были обращены на него; to ~ one's attention [thoughts, efforts] on a matter сосредоточить (*на чём-л.*) внимание [мысли, усилия]

focusing ['fəʊkəsɪŋ] *n* установка на фокус, фокусировка; ~ lens фокусирующая линза

fodder I ['fɒdə] *n* 1) корм для скота, фураж; ~ chopper *с.-х.* а) кормоуборочная машина, силосоуборочная машина; б) кормоизмельчитель; ~ grain зернофуражная культура; ~ grass кормовая трава, зелёный корм; ~ steamer *с.-х.* кормозапарник 2) пища, питание; data which became computer ~ данные, которые вводятся в компьютеры

fodder II ['fɒdə] *v* 1. задавать корм скоту 2. *мор.* законопачивать течь

fodder beet [,fɒdə'bi:t] *бот.* свёкла кормовая (*Beta vulgaris*)

foddering ['fɒd(ə)rɪŋ] *n* задаваемые корма; кормление скота

fodder unit ['fɒdə,ju:nɪt] *с.-х.* кормовая единица

foe [fəʊ] *n поэт.* 1. враг, недруг; sworn ~ заклятый враг; to be a ~ to smth. быть противником чего-л.; a political ~ of long standing давний политический противник 2. *собир.* враждебные силы
◇ our ~ враг рода человеческого, сатана, дьявол

foehn [fɜ:n] *n* фён, тёплый ветер (*дующий в Альпах*)

foeman ['fəʊmən] *n* (*pl* -men [mən]) *книжн.* враг (*на войне*)

foetal ['fi:tl] = fetal

foeticidal [,fi:tɪ'saɪdl] = feticidal

foeticide ['fi:tɪsaɪd] = feticide

foetid ['fi:tɪd] = fetid

foetor ['fi:tə] = fetor

foetus ['fi:təs] = fetus

fog¹ I [fɒg] *n* 1. густой туман; ground ~ стелющийся туман; wet ~ сырой туман; ~ patch гряда тумана 2. мгла, дым *или* пыль, стоящие в воздухе 3. неясность; замешательство; неведение; my mind is in a ~ у меня в голове туман, я ничего не понимаю; I am in a ~ я совсем запутался; я в полной растерянности 4. *фото* потускнение, вуаль, затемнение

fog¹ II [fɒg] *v* 1. 1) окутывать, покрывать, покрыть туманом; the steam has ~ged my glasses пар затуманил мне очки 2) затуманиваться; my glasses have ~ged in a steamy room мои очки запотели в парном помещении 2. озадачивать, приводить в недоумение, замешательство; I'm completely ~ged by this French sentence я совершенно запутался в этом французском предложении 3. *фото* покрываться вуалью, быть неясным, туманным

fog² I [fɒg] *n* 1. отава 2. травостой, оставшийся под зиму; to leave under ~ оставить нескошенным (*о луге и т. п.*) 3. *шотл.* мох

fog² II [fɒg] *v* 1. 1) пасти скот на отаве 2) пастись на отаве (*о скоте*) 2. оставлять траву нескошенной на зиму 3. *шотл.* зарастать мхом

fogbank ['fɒgbæŋk] *n* полоса *или* пелена тумана над морем

fog-bell ['fɒgbel] *n мор.* туманный *или* сигнальный колокол

fogbound ['fɒgbaʊnd] *a* 1) задержанный туманом (*о корабле*), не вылетевший из-за тумана (*о самолёте*) 2) задержавшийся, застрявший из-за тумана (*о человеке*)

fog bow ['fɒgbəʊ] *метеор.* белая радуга

fogbroom ['fɒgbru:m, -brʊm] *n* «метла для тумана», рассеиватель тумана

fog dog ['fɒgdɒg] = fog bow

fog drip ['fɒgdrɪp] туманная капель, выпадение капель во время тумана

fogey ['fəʊgɪ] = fogy

foggage ['fɒgɪdʒ] *n* 1. = fog² I 2. *шотл. юр.* право пасти скот на отаве

fogger ['fɒgə] *n* 1. мелочный торговец 2. комиссионер, посредник в скобяной торговле

foggily ['fɒgɪlɪ] *adv* 1. туманно; мглисто 2. смутно, неясно

fogginess ['fɒgɪnɪs] *n* 1. туманность, мглистость 2. неясность, смутность, расплывчатость

fogging ['fɒgɪŋ] *n* 1. *фото* потускнение, вуаль, затемнение 2. *ж.-д. проф.* сигналы, подаваемые при плохой видимости

fog gong ['fɒggɒŋ] туманный гонг

fog gun ['fɒgɡʌn] *мор.* туманная пушка

foggy ['fɒgɪ] *a* 1. 1) туманный; ~ morning туманное утро; it's turning ~ ложится туман 2) тёмный, мглистый 2. смутный, неясный; путаный; to have not the foggiest idea не иметь ни малейшего представления 3. *фото* неясный, с вуалью

Foggy Bottom [,fɒgɪ'bɒtəm] *амер. сл.* государственный департамент (*по его местоположению*)

fog-horn ['fɒghɔːn] *n мор.* сирена, туманный горн

fog lamp ['fɒglæmp] = fog-light

fogle ['fəʊg(ə)l] *n вор. жарг.* (шёлковый) носовой платок

fogless ['fɒglɪs] *a* ясный, незатуманенный

fog-light ['fɒglaɪt] *n авт.* противотуманные фары

fog off ['fɒg'ɒf] *phr v* гибнуть от сырости, гнить (*о растениях*)

fogram I ['fəʊgrəm] = fogy 1

fogram II ['fəʊgrəm] = fogyish

fog-ring ['fɒgrɪŋ] *n* замкнутая полоса тумана (*над морем*)

fog signal ['fɒg,sɪgn(ə)l] *спец.* туманный сигнал

fogy ['fəʊgɪ] *n* 1. (*часто* old ~) старомодный, отсталый, консервативный (*иногда* чудаковатый) человек 2. *шотл.* солдат гарнизонной службы (*часто* инвалид) 3. *воен. жарг.* надбавка (к денежному содержанию) за выслугу лет

fogydom ['fəʊgɪdəm] *n* 1) *собир.* старомодные, отсталые, консервативные люди 2) старомодные манеры, отжившие взгляды, идеи *и т. п.*

fogyish ['fəʊgɪɪʃ] *a* старомодный, отживший

fogyism ['fəʊgɪɪz(ə)m] *n* старомодность, отсталость, консерватизм

foh [fɔː] = faugh

föhn [fɜːn] = foehn

foible ['fɔɪb(ə)l] *n* 1. слабость, уязвимое место, недостаток 2. пунктик, причуда 3. слабая часть клинка (*рапиры, эспадрона, шпаги от середины до конца*)
◊ every man has his ~ *посл.* ≅ всяк по-своему с ума сходит

foie gras [,fwaːˈgrɑː] 1) паштет из гусиной печёнки 2) паштет из печёнки

foil¹ [fɔɪl] *n* 1. фольга 2. амальгама, зеркальная наводка 3. *архит.* лиственный орнамент (*в готике*) 4) 1) контраст; фон; to serve as a ~ to smb.'s beauty оттенять чью-л. красоту 2) партнёр, подающий реплики исполнителю; a ~ for a comedian партнёр комика

foil¹ II [fɔɪl] *v* 1. 1) покрывать фольгой, амальгамировать 2) *кул.* завёртывать в фольгу (*перед жареньем*) 2. подчёркивать, выделять (*что-л.*) путём контраста 3. *архит.* украшать лиственным орнаментом

foil² I [fɔɪl] *n охот.* след зверя; to run upon its own ~ вторично бежать по своему следу (*чтобы сбить с толку собак*)

foil² II [fɔɪl] *v* 1) *охот.* сбивать со следа (*собаку*) 2) одурачивать, ставить в тупик 2. расстраивать, срывать планы; to be ~ed at all points потерпеть неудачу по всем линиям

foil³ [fɔɪl] *n* фехтовальная рапира

foil⁴ [fɔɪl] *n* 1) *ав.* крыло, крыловидный профиль 2) подводное крыло

foiled [fɔɪld] *a архит.* украшенный лиственным орнаментом

foiling¹ ['fɔɪlɪŋ] *n* 1) *охот.* гон (*зверя*) 2) след (*зверя на траве*)

foiling² ['fɔɪlɪŋ] *n* 1. амальгамирование, наведение амальгамы 2. *архит.* 1) лиственный орнамент 2) украшение лиственным орнаментом

foilsman ['fɔɪlzmən] *n (pl* -men) *спорт.* рапирист, фехтовальщик на рапирах

foil-stone ['fɔɪlstəʊn] *n* имитация драгоценного камня; подделка под драгоценный камень

foin [fɔɪn] *n архит.* выпад; удар (*колющим оружием*)

foison ['fɔɪz(ə)n] *n* 1. *арх.* хороший урожай 2. *преим. шотл.* жизнеспособность; мощь

foist [fɔɪst] *v* 1) (on, upon) всучить, навязать; to ~ a bad coin on smb. всучить кому-л. фальшивую монету; to ~ oneself on smb. навязываться кому-л.; he had ~ed her upon us он навязал нам её 2) (in, into) протащить, втиснуть 3) приписать (*авторство*)

folacin ['fəʊləsɪn] = folic acid

fold¹ I [fəʊld] *n* 1. овчарня; загон для овец 2. отара овец 3. *церк.* 1) паства 2) лоно церкви, церковь [*ср. тж.* ◊] 4. свой круг; общество единомышленников, единоверцев; he rejoined the ~ after his youthful escapades после периода юношеских увлечений он вновь занял своё место в обществе /он остепенился/; to receive smb. back into the ~ принять блудного сына в свои ряды
◊ to return to the ~ а) вернуться в отчий дом; б) вернуться в лоно церкви; (*ср. тж.* 3, 2)]; to bring back the stray sheep to the ~ а) *библ.* вернуть заблудшую овцу в овчарню; б) наставить на путь истинный

fold¹ II [fəʊld] *v* загонять (*овец*); помещать (*овец*) в загон

fold² I [fəʊld] *n* 1. складка, сгиб; ~s of fat жировые складки (*на теле*); to carry smth. in a ~ of one's robe прятать что-л. в складках одежды; curtain that falls in perfect ~s занавес, падающий ровными складками 2. сгибание 3. кольцо (*змеи*) 4. *спец.* фальц 5. *геол.* флексура 6. *стр.* створ (*двери*) 7. свёртка (*в геометрии*)

fold² II [fəʊld] *v* 1. 1) складывать, сгибать; загибать; to ~ a letter [a newspaper] сложить письмо [газету]; to ~ clothes складывать одежду; to ~ down the corner of a page загнуть угол страницы; to ~ one's arms скрестить руки на груди; a bird ~s its wings птица складывает крылья; to ~ one's hands *образн.* сложить руки; бездействовать 2) складываться; the bed ~s into a recess in the wall кровать убирается в нишу в стене; does this table ~ ? это складной стол? 2. 1) завёртывать; to ~ one's cloak about oneself закутаться в плащ; to ~ smth. in paper завёртывать что-л. в бумагу 2) окутывать; hills ~ed in mist горы, окутанные туманом 3. обнимать; to ~ smb. in one's arms сжимать кого-л. в объятиях; to ~ smb. to one's breast прижать кого-л. к груди 4. *разг.* 1) прикрыть, свернуть (*предприятие и т. п.*); after a few months he decided to ~ the magazine через несколько месяцев он решил прикрыть журнал 2) закрыться; прогореть (*тж.* ~ up); the play ~ed пьеса сошла со сцены 5. *кул.* осторожно перемешать, соединять (*взбитые белки с тестом*) 6. *спец.* фальцевать 7. *текст.* дублировать 8. свёртывать (*в геометрии*)

-fold [-fəʊld] *suff* образует от числительных прилагательные и наречия со значением во столько-то раз: ninefold в десять раз; twofold двойной, вдвойне; fivefold в пять раз, пятикратный

foldaway ['fəʊldə,weɪ] *a* складной и убирающийся (*в шкаф, в стену и т. п.*); ~ bed складная кровать (*убирающаяся в стенной шкаф*); ~ doors раздвижные двери (*как в купе*)

foldboat ['fəʊldbəʊt] *n* складная шлюпка, разборная байдарка

foldboating ['fəʊld,bəʊtɪŋ] *n спорт.* плавание по порожистым рекам на разборных байдарках

folder¹ ['fəʊldə] *n редк.* пастух; овчар

folder² ['fəʊldə] *n* 1. *см.* fold II + -er 2. 1) папка, скоросшиватель 2) картотечный ящик для бумаг 3) подшивка, досье 3. 1) *амер.* брошюра, проспект (*несшитые, в виде сфальцованной тетради*) 2) книга-раскладка, ширмочка 4. *полигр.* 1) фальцевальный аппарат; фальцевальное устройство 2) фальцевальный нож 3) фальцовщик 5. *pl* 1) складной бинокль 2) складное пенсне

folderol ['fɒldərɒl] = falderal

fold-fault ['fəʊldfɔːlt] *n геол.* складка-сброс

fold in ['fəʊld'ɪn] *phr v кул.* (осторожно) добавлять что-л. (*в тесто и т. п.*); ~ the rest of the sugar and flavouring добавьте остальной сахар и специи; ~ two eggs разбейте (*в тесто и т. п.*) два яйца

folding I ['fəʊldɪŋ] *n* 1. *спец.* фальцовка 2. *геол.* 1) складчатость; складкообразование 2) пликативная дислокация 4. свёртка (*в геометрии*)

folding II ['fəʊldɪŋ] *a* 1) складной; ~ rule складной метр, складная линейка; ~ stairs складная лестница; ~ top складывающаяся крыша (*кузова*) 2) створчатый; ~ sash створчатая рама (*оконная*) 3) откидной; ~ seat откидное сиденье; ~ shutters откидные ставни; ~ sight откидной /шарнирный/ прицел (*ружья*); ~ step /footboard/ откидная подножка

folding-bed ['fəʊldɪŋbed] *n* 1) складная кровать, раскладушка 2) *воен.* походная кровать

folding-boat ['fəʊldɪŋbəʊt] *n* складная лодка *или* шлюпка

folding cabbage ['fəʊldɪŋ,kæbɪdʒ] *сл. см.* folding money

folding doors ['fəʊldɪŋdɔːz] 1) раздвижные двери 2) двери гармошкой

folding green ['fəʊldɪŋgriːn] *сл. см.* folding money

folding lettuce ['fəʊldɪŋ,letɪs] *сл. см.* folding money

folding-machine ['fəʊldɪŋməˌʃiːn] *n* 1. *полигр.* фальцевальная машина 2. *текст.* складально-мерильная машина

folding money ['fəʊldɪŋ,mʌnɪ] *амер.* бумажные деньги

folding-screen ['fəʊldɪŋskriːn] *n* ширма

folding-stick ['fəʊldɪŋ,stɪk] *n полигр.* фальцевальная косточка

folding-table ['fəʊldɪŋ,teɪb(ə)l] *n* раскладной стол

fold mountains ['fəʊld,maʊntɪnz] *геол.* складчатые горы

foldout ['fəʊldaʊt] *n полигр.* сфальцованная вклейка

fold up ['fəʊld'ʌp] *phr v* 1) складывать, свёртывать; to ~ a napkin [a garden chair] сложить салфетку [садовый стул]; to ~ an umbrella закрыть зонтик 2) складываться; chairs [tables] that ~ складные стулья [столы] 2. закрыться (*о предприятии*) прогореть; обанкротиться; several papers have folded up in the last ten years за последние десять лет перестало выходить несколько газет; the company folded up last year because of lack of funds эта фирма закрылась в прошлом году из-за недостатка средств 3. валиться с ног (*от смеха, боли*); the audience folded up the moment the clown appeared как только появился этот клоун, зрители покатились со смеху; he jobbed me just once in the solar plexus and I folded up он ударил меня только разок в солнечное сплетение, и я скорчился от боли

fold-yard [ˌfəʊldˈjɑːd] *n* двор фермы; скотный двор

folia [ˈfəʊlɪə] *n pl* 1. *pl от* folium 2. *биол.* листва 3. *геол.* листоватое сложение (*минерала*); тонкая листоватость

foliaceous [ˌfəʊlɪˈeɪʃəs] *a* 1. *бот.* лиственный; имеющий листву, облиственный 2. *геол.* сланцеватый, листоватый 3. *энт., зоол.* листовидный, листообразный; напоминающий по форме лист

foliage [ˈfəʊlɪɪdʒ] *n* листва; листья; ~ leaf (собственно) лист; ~ plant листопадное растение; ~ variegation пестролистность

foliaged [ˈfəʊlɪɪdʒd] *a книжн.* 1. покрытый *или* украшенный листьями 2. украшенный лиственным орнаментом; ~ velvet бархат с рисунком в виде листьев

foliar [ˈfəʊlɪə] *a* лиственный; ~ application *с.-х.* внекорневая подкормка, листовая подкормка

foliate I [ˈfəʊlɪɪt] *a* 1. *бот.* снабжённый листьями, облиственный; лиственный 2. листовидный, листообразный

foliate II [ˈfəʊlɪeɪt] *v* 1. 1) выходить *или* идти в лист 2) покрываться листьями 2. *архит.* украшать лиственным орнаментом 3. *геол.* расщеплять на тонкие слои 4. наводить ртутную амальгаму (*на зеркало*) 5. нумеровать листы (*книги*)

foliated [ˈfəʊlɪeɪtɪd] *a* 1. облиственный, снабжённый листьями; лиственный 2. *спец.* 1) листоватый, пластинчатый, листовой 2) выбитый в лист 3) разлистованный, сланцеватый; слоистый (*о породе*); ~ coal сланцеватый *или* слоистый каменный уголь 4) слоистый, расслоённый

foliation [ˌfəʊlɪˈeɪʃ(ə)n] *n* 1. образование *или* наличие листвы 2. *спец.* расплющивание; расщепление на тонкие листы 3. *геол.* сланцеватость, листоватость, слоистое строение; ~ plane плоскость отслаивания; ~ surface поверхность листоватости 4. *архит.* лиственный орнамент 5. наведение ртутной амальгамы 6. *спец.* фальцовка 7. *полигр.* фолиация, нумерация листков 8. *мат.* расслоение, слоистость

foliature [ˈfəʊlɪətʃə] *n* 1. *редк.* листва 2. лиственный орнамент

folic acid [ˌfəʊlɪkˈæsɪd] *биохим.* фолиевая кислота (*витамин из группы* B)

folie à deux [ˌfɒlɪɑːˈdɜː] *мед.* двойная навязчивая идея; парная мания (*обыкн. у двух близких людей*)

foliicolous [ˌfəʊlɪˈɪkələs] *a биол.* паразитирующий на листьях

foliiferous [ˌfəʊlɪˈɪf(ə)rəs] = foliaceous 1

folio [ˈfəʊlɪəʊ] *n* (*pl* -os [-əʊz]) 1. ин-фолио (*формат в* 1/2 *листа*) [*ср. тж* 5] 2. фолиант 3. *полигр.* колонцифра, номер страницы 4. лист (*бухгалтерской книги*) 5. *юр.* единица измерения длины документа (*в Великобритании* 72—90 *слов, в США* — 100)

◊ in ~ а) большого формата; б) на большую ногу, на широкую ногу

foliolate [ˈfəʊlɪəlɪt] *a бот.* состоящий из листочков (*о сложном листе*)

foliole [ˈfəʊlɪəʊl] *n* 1. *бот.* листочек,

часть сложного листа 2. *зоол.* листообразный орган

foliose [ˈfəʊlɪəʊs] *a бот.* изобилующий листвой; хорошо облиственный

folious [ˈfəʊlɪəs] = foliose

folium [ˈfəʊlɪəm] *n* (*pl тж* -lia) 1. *геол.* прожилок, слой 2. *анат.* листок (*червячка мозжечка*)

folivore [ˈfəʊlɪvɔː] *n зоол.* животное, питающееся листвой

folk [fəʊk] *n* 1. 1) *собир. употр. с гл. во мн. ч.* люди, народ; country ~ сельское население, сельские жители; old ~ старики; young ~ молодёжь; poor ~ бедняки, бедный люд; rich ~ богачи 2) *pl* люди; fine ~s *разг.* знать; just ~s *разг.* (простые) люди; люди как люди 2. *pl разг.* родня, родные, родственники; my ~s мои, моя родня, мой близкие; the old ~s at home старики, родители 3. *арх.* народ, народность, племя 4. *pl диал.* друзья, близкие знакомые 5. 1) = folk song 2) фольк (*поп-музыка, основанная на народных мелодиях*)

◊ idle ~s lack no excuses у лодырей всегда оправдание найдётся

folk-belief [ˌfəʊkbɪˈliːf] *n* народное поверье

folk-crafts [ˈfəʊkkrɑːfts] *n pl* народные ремёсла

folk-custom [ˌfəʊkˈkʌstəm] *n* народный обычай

folk dance [ˈfəʊkdɑːns] народный танец

folk etymology [ˌfəʊketɪˈmɒlədʒɪ] *лингв.* народная этимология

folk-free [ˈfəʊkfriː] *a ист.* имеющий права свободного человека (*в «Варварских правдах»*)

folk-leasing [ˌfəʊkˈliːsɪŋ] *n юр.* публичная клевета

folk literature [ˌfəʊkˈlɪt(ə)rətʃə] фольклор; изустное народное творчество

folklore [ˈfəʊklɔː] *n* фольклор

folklorist [ˈfəʊklɔːrɪst] *n* фольклорист, собиратель фольклора

folkloristics [ˌfəʊkləˈrɪstɪks] *n* фольклористика

folk mass [ˌfəʊkˈmæs] *церк.* литургия с пением молитв *и т. п.* на народные мотивы

folk-medicine [ˌfəʊkˈmedsɪn] *n* народная медицина

folk-memory [ˌfəʊkˈmem(ə)rɪ] *n* коллективная память народа; воспоминания, передаваемые из поколения в поколение

folkmoot [ˈfəʊkmuːt] *n ист.* фолькмот, народное собрание

folk music [ˈfəʊkˌmjuːzɪk] народная музыка; народные напевы

folk-pop [ˈfəʊkpɒp] *n* поп-музыка на основе народных мелодий; «поп-фольк» [*см. тж.* folk 5, 2)]

folkright [ˈfəʊkraɪt] *n ист.* обычное право (*в «Варварских правдах»*)

folk-rock, folkrock [ˈfəʊkrɒk] *n* народная мелодия, исполняемая в стиле рок; «фольк-рок»

folksay [ˈfəʊkseɪ] *n* 1) народное словечко; поговорка, присловье 2) местный диалект 3) профессиональный жаргон; jazz ~ жаргон джазистов

folk singer [ˈfəʊkˌsɪŋə] 1) исполнитель народных песен 2) исполнитель (поп-музыки *или* рока) в стиле народных песен

folk song [ˈfəʊksɒŋ] народная песня

folk speech [ˈfəʊkspiːtʃ] народная речь

folkster [ˈfəʊkstə] *амер.* = folk singer

folksy [ˈfəʊksɪ] *a разг.* 1) народный; простонародный; ~ humour народный юмор; ~ story простонародный /грубоватый/ анекдот 2) *амер.* простецкий,

фамильярный, панибратский 3) *пренебр.* кустарный, относящийся к народным ремёслам; a ~ little teapot чайничек кустарной работы

folktale [ˈfəʊkteɪl] *n* народная сказка

folk(-)tune [ˈfəʊktjuːn] (*n*) народный напев; народная мелодия

folkways [ˈfəʊkweɪz] *n pl социол.* нравы, представления; обычаи, свойственные определённой социальной группе

follicle [ˈfɒlɪk(ə)l] *n* 1. *бот.* 1) стручок 2) листовка (*тип плода*) 2. *анат.* фолликул, сумка; пузырёк, мешочек; a hair ~ волосяной мешочек 3. *энт.* кокон

follicular [fəˈlɪkjʊlə] *a* 1. *бот.* стручковый 2. *мед.* фолликулярный

folliculated [fəˈlɪkjʊleɪtɪd] *a* 1. *бот.* 1) имеющий стручки 2) находящийся в стручке 2. *анат.* 1) имеющий фолликулы, мешочки 2) заключённый в фолликул

folliculitis [fəˌlɪkjʊˈlaɪtɪs] *n мед.* фолликулит

folliculose [fəˈlɪkjʊləʊs] *a* 1. имеющий стручковидный 2. стручковидный

folliculous [fəˈlɪkjʊləs] = folliculose

follies [ˈfɒlɪz] *n употр. с гл. во мн. ч. амер. разг.* ревю, варьете

follow I [ˈfɒləʊ] *n* удар накатом, накат (*бильярд*)

follow II [ˈfɒləʊ] *v* 1. 1) следовать, идти (*за кем-л., чем-л.*); ~ me идите за мной; a verb ~ed by a preposition глагол с последующим предлогом; ~ing is the full text of ниже даётся /приводится, напечатан/ полный текст; 2) сопровождать; сопутствовать; this thought ~s me everywhere эта мысль не оставляет меня; to ~ smb. in [out] входить [выходить] вслед за кем-л. 2. 1) следовать за, наступать после; night ~s day за днём наступает ночь; meat ~ed the soup после супа подали мясо; dinner was ~ed by a dance после обеда были танцы 2) следовать (*за кем-л.*), быть преемником; he ~ed his father as head of the firm он сменил своего отца на посту главы фирмы 3. 1) преследовать (*кого-л.*); to ~ a retreating enemy преследовать отступающего врага 2) следить (*за кем-л.*); he thinks he's being ~ed ему кажется, что за ним следят 3) следить взглядом; they ~ed all his movements closely они пристально следили за всеми его движениями 4. идти, придерживаться (*какого-л.*) направления; to ~ the right road идти по правильной дороге; ~ this road, then turn left идите по этой дороге, затем поверните налево; to ~ the scent идти по следу 5. придерживаться, следовать; соблюдать; to ~ a policy придерживаться (*какой-л.*) политики; to ~ the custom следовать обычаю; to ~ regulations соблюдать правила; to ~ a strict diet соблюдать строгую диету; to ~ directions [instructions, advice] действовать по указаниям [инструкциям, совету]; выполнять указания [инструкции, совет] 6. 1) понимать; внимательно следить (*за ходом мысли, словами*); слушать; I don't quite ~ you я не совсем понимаю вас, не совсем улавливаю смысл ваших слов; he ~ed the argument easily ход рассуждения был ему понятен 2) следить, интересоваться; he ~s French politics very carefully он очень интересуется французской политикой 7. следовать примеру, быть последователем; ~ing the best authorities следуя крупнейшим авторитетам; to ~ the old masters подражать старым мастерам; to ~ the conservative party быть сторонником консерваторов /членом консервативной партии/; I am unable to ~ you in all your views я не могу

согласиться со всеми вашими взглядами 8. 1) следовать, логически вытекать из; явствовать; from what I have said it ~s that из сказанного мною следует, что; that doesn't ~ отсюда не следует, это не доказано /ещё не ясно/ 2) зависеть, соответствовать; the condition of the ionosphere has ~ed the course of the sun's activity состояние ионосферы зависит от солнечной активности 9. заниматься (чем-л.); избирать (что-л.) своей профессией; they ~ the same profession у них одна и та же профессия; они занимаются одним и тем же; to ~ the drum быть или стать солдатом; to ~ the law быть или стать юристом; to ~ the sea быть /стать/ моряком 10. (with) подавать (после чего-л.); they ~ed dinner with a liqueur в конце обеда подали ликёр; to ~ a tragedy with a light comedy показать после трагедии лёгкую комедию
◊ as ~s как следует ниже; следующим образом, как, как-то; the terms are as ~s условия следующие; his plan was as ~s его план был таков; to ~ a lead подыгрывать; to ~ suit a) карт. ходить в масть; б) подражать; to ~ smb. to his grave провожать кого-л. в последний путь, хоронить кого-л.; to ~ home доводить до конца; to ~ in smb.'s tracks a) идти по пятам; б) следовать примеру; to ~ one's nose a) идти прямо вперёд; б) руководствоваться чутьём /инстинктом/
follow about [ˈfɒləˈbaʊt] *phr v* неотступно следовать за кем-л.; ходить по пятам; the child follows her mother about all day long девочка целый день ни на шаг не отходит от матери
follower [ˈfɒləʊə] *n* 1. *см.* follow II + -er 2. последователь; приверженец; сторонник; ученик; the ~s of this doctrine последователи этого учения 3. *пренебр.* ухажёр, хахаль 4. *тех.* ведомое звено (*механизма*) 5. *тех.* следящее устройство 6. *спец.* повторитель 7. *тех.* подвижной люнет (*станка*)
followership [ˈfɒləʊəʃɪp] *n* 1. *собир.* последователи, приверженцы 2. *психол.* стремление иметь лидера; жажда подчиняться
following I [ˈfɒləʊɪŋ] *n* 1. *собир.* 1) последователи, приверженцы; that singer has a loyal ~ у этого певца много верных поклонников 2) постоянные читатели (*какого-л. журнала и т. п.*) 2. свита; сопровождающие лица; numerous ~ многочисленная свита 3. следование 4. (the ~) (ниже)следующее; следующие 5. *спец.* слежение, сопровождение (*цели*)
following II [ˈfɒləʊɪŋ] *a* 1. 1) следующий; on the ~ day на другой день 2) нижеперечисленный, нижеупомянутый, нижеследующий; the ~ persons have received honourary degrees нижеследующие получили почётные степени 2. попутный (*о ветре*)
following III [ˈfɒləʊɪŋ] *prep* после, вслед за; ~ the lecture the meeting was open to discussion после лекции началось /состоялось/ обсуждение
follow-my-leader [ˌfɒləʊ(a)ɪˈliːdə] *n* детская игра, в которой играющие подражают действиям ведущего
follow on [ˈfɒləʊˈɒn] *phr v разг.* 1. следовать через некоторое время 2. продолжать (пре)следовать
follow out [ˈfɒləʊˈaʊt] *phr v* 1. преследовать до конца 2. 1) полностью осуществлять, выполнять; to ~ smb.'s orders выполнить чьи-л. приказания 2) доводить до логического конца (*рассуждение и т. п.*)
follow-shot [ˈfɒləʊʃɒt] *n* кино кадр, снятый с движения

follow through [ˈfɒləʊˈθruː] *phr v* 1. доводить до конца; to ~ a line of inquiry расследовать /исследовать/ дело /вопрос/ до конца 2. = follow out
follow-through [ˈfɒləʊθruː] *n* 1. *спорт.* 1) проводка (*мяча и т. п.*) 2) сопровождение мяча ракеткой после удара 2. доведение (*дела*) до конца, завершение; систематическая работа 3. проверка исполнения (*приказа и т. п.*) 4. *воен.* развитие успеха; преследование (*противника*)
follow up [ˈfɒləʊˈʌp] *phr v* 1. 1) упорно (пре)следовать 2) доводить до конца; to ~ an advantage *воен.* развивать успех 2. сопровождать; to ~ one's convictions with actions действовать в соответствии со своими убеждениями; ≅ его убеждения подкрепляются соответствующими поступками 3. проводить диспансерное лечение выписавшихся из больниц; наблюдать за больными, прошедшими курс лечения 4. расследовать (*что -л.*) для принятия мер; to ~ complaints and customers' suggestions разбирать жалобы и предложения покупателей
follow-up I [ˈfɒləʊʌp] *n* 1. преследование (*какой-л.*) цели; доведение до конца 2. 1) последовательное выполнение 2) последующие мероприятия; мероприятие, принятое в развитие или в исполнение (*указания и т. п.*); the ~ of the report on smoking hazards меры, принятые в связи с докладом о вреде курения 3. *мед.* 1) диспансеризация, диспансерное наблюдение; контроль, учёт (*больных раком, туберкулёзом и т. п.*); последующее наблюдение врача (*за выписавшимся из больницы*) 2) больной, состоящий на учёте 4. «следящая» система (*в автоматике*) 5. *эк.* контроль сроков исполнения, плановый учёт 6. *воен.* развитие успеха 7. дополнительное сообщение (*о деталях события*); новая информация (*к сообщению в прессе, по радио*) 8. *амер.* рекламное письмо, посланное вслед за другим (*в случае непоступления заказа*)
follow-up II [ˈfɒləʊʌp] *a* 1. последующий, сопутствующий; дополнительный; ~ letter повторное рекламное письмо; ~ work дополнительная работа; ~ care послебольничное лечение; долечивание; ~ survey of delinquent permission надзор за малолетними правонарушителями (*после освобождения из колонии*) 2. *тех.* следящий
follow-up schooling [ˈfɒləʊʌpˈskuːlɪŋ] курс усовершенствования
folly¹ [ˈfɒlɪ] *n* 1. глупость, безрассудство; безумие 2. глупый, безрассудный поступок; what you propose is sheer ~! ваше предложение — чистое безумие!; to pay for one's ~ расплачиваться за собственное безрассудство 2) прихоть, каприз, причуда; follies of fashion причуды моды
folly² [ˈfɒlɪ] *n архит.* искусственные руины (*парковое украшение*); причудливо украшенная беседка
foment I [fəʊˈment] = fomentation 1 и 2
foment II [fəʊˈment] *v* 1. *мед.* класть припарки 2. раздувать, разжигать; подстрекать; to ~ rebellion подстрекать к мятежу; to ~ hatred разжигать ненависть
fomentation [ˌfəʊmenˈteɪʃ(ə)n] *n* 1. *мед.* применение припарок, лечение припарками 2. припарка 3. подстрекательство, разжигание (*вражды, ненависти и т. п.*)
fomes [ˈfəʊmiːz] *n* (*pl* fomites) 1. *спец.* грибы-возбудители гнилей древесины 2. *мед.* предмет, передающий инфекцию (*простыня, книга и т. п.*)

FOL — FOO F

fomites [ˈfəʊmɪtiːz] *pl от* fomes
fond¹ [fɒnd] *a* 1. (of) *predic* любящий; to be ~ of smb., smth. любить кого-л., что-л.; ~ of his nephew [skating, music] любящий своего племянника [коньки, музыку] 2) нежный, любящий (*тж. ирон.*); to have a ~ expression in one's eyes смотреть любящими глазами; ~ wife любящая жена; with ~ est love, N. горячо любящий тебя N. (*концовка письма*); ~ kiss нежный поцелуй; spoiled by a ~ mother избалованный (*слишком*) нежной мамашей 2. *арх.* 1) излишне доверчивый; he had a ~ belief in his own cleverness он твёрдо верил в свой ум 2) безрассудный; эмоциональный; ~ hope несбыточная надежда /мечта/
fond² [fɒnd] *n* 1) фон; основа, основание 2) *спец.* фон узора при плетении кружев
fondant [ˈfɒndənt] *n кул.* 1) помадная масса; помадная глазурь 2) мягкая карамель, помадка
fondle [ˈfɒndl] *v* 1. ласкать, нежно поглаживать; to ~ with smb.'s hair играть чьими-л. волосами 2. *редк.* 1) ласкаться 2) быть ласковым
fondling [ˈfɒndlɪŋ] *n* ласка
fondly [ˈfɒndlɪ] *adv* 1. нежно, любовно, с любовью; to gaze ~ at smb. с нежностью смотреть на кого-л. 2. безрассудно, излишне доверчиво; I ~ imagined я тщетно воображал; he ~ believed that all men were his friends он наивно полагал, что все люди его друзья
fondness [ˈfɒndnɪs] *n* 1. нежность, любовь; his ~ for his children его любовь к детям 2. любовь, пристрастие (*к чему-л.; тж. ирон.*); he has a ~ for argument он любитель поспорить
fondue [ˈfɒndjuː] *n кул.* 1. фондю; cheese ~ сырное фондю (*расплавленный и подогреваемый на столе сыр, в который макают кусочки хлеба*); beef ~ мясное фондю (*кусочки сырого мяса, которые макают в кипящее на столе оливковое масло*) 2. фондюшница, кастрюля для приготовления фондю [*см.* 1]
font¹ [fɒnt] *n* 1. *церк.* купель; ~ name имя, данное при крещении 2. *поэт.* фонтан, источник 3. резервуар керосиновой или масляной лампы
font² [fɒnt] *n полигр.* комплект шрифта
fontal [ˈfɒntl] *a* 1. *книжн.* изначальный, исконный; первоначальный 2. *церк.* крестильный
font-stone [ˈfɒntstəʊn] *n* каменная купель
food [fuːd] *n* 1. 1) пища; питание; еда; wholesome ~ здоровая /питательная/ пища; plain ~ простая пища; bad ~ непитательная /плохая/ пища; ~ and clothing пища и одежда; ~ and drink еда и питьё; the ~ is good there там хорошо кормят; he prefers French ~ он предпочитает французскую кухню; ~ value питательная ценность, питательность; ~ hygiene гигиена питания 2) пища; mental /spiritual/ ~ духовная пища; ~ for thought /reflection/ пища для размышлений 2. продукты питания, продовольствие, съестные припасы; preserved ~ консервированные продукты, консервы; processed ~ пищевой продукт, подвергшийся технологической обработке (*пастеризации, стерилизации и т. п.*); tinned /canned/ ~ консервы (*в жестяных банках*); staple ~s массовые продукты питания; infant's ~ детская мука или питательная смесь, детское питание; ~ supervision санитар-

FOO — FOO

ный надзор за пищевыми продуктами; ~ crop с.-х. пищевая или продовольственная культура; ~ grains с.-х. продовольственные хлеба 3. корм *(животных)*; питательные вещества *(для растений)*; ~ chopper с.-х. кормоизмельчитель; ~ cup с.-х. кормушка; ~ cutter с.-х. корморезка

◇ ~ for powder, ~ for the flames пушечное мясо; to be ~ for fishes утонуть; to be ~ for worms умереть; ~ for squirrels а) тупица, болван; б) псих; в) глупая затея; ≅ мартышкин труд

foodaholic [,fu:də'hɒlɪk] *n амер. шутл.* обжора

food-card ['fu:d,kɑ:d] *n* продовольственная карточка

food chain ['fu:dtʃeɪn] *биол.* пищевая цепь, цепь питания

foodful ['fu:df(ə)l] *а преим. поэт.* изобильный, плодородный, богатый

foodie ['fu:dɪ] *n* любитель поесть, гурман

foodless ['fu:dlɪs] *а* 1. без пищи; голодный 2. бесплодный, бедный *(о стране и т. п.)*

food poisoning ['fu:d,pɔɪz(ə)nɪŋ] *мед.* пищевое отравление

food processor ['fu:d'prəʊsesə] кухонный комбайн

food pyramid ['fu:d,pɪrəmɪd] *биол.* «пищевая пирамида», экологическая иерархия пищевой зависимости *(кто кого поедает)*

food stamp ['fu:dstæmp] *амер.* талон на льготную покупку продуктов

foodstuff ['fu:dstʌf] *n* 1) пищевой продукт; продукт питания; green ~s of the garden зелень с огорода 2) пища; корм

foody I ['fu:dɪ] = foodie

foody II ['fu:dɪ] *а* съедобный, питательный; пищевой

foofaraw ['fu:fərɔ:] *n разг.* 1. буча, шум из-за пустяков 2. завитушки, побрякушки *(в одежде)* 3. украшательство *(в архитектуре)*

fool¹ I [fu:l] *n* 1. дурак, глупец; arrant ~ набитый дурак; what a ~ I was to believe him как глупо, что я ему поверил; he is no ~ — он вовсе не дурак; he isn't such a ~ as he looks он не так глуп, как кажется; to make a ~ of smb. одурачить /провести/ кого-л.; to make a ~ of oneself поставить себя в глупое положение; свалять дурака; to be a ~ for one's pains остаться в дураках, напрасно стараться; ничего не получить за свои труды; I believed her. — The more ~ you are! я ей поверил. — Ну и дурак! 2. *ист.* шут *(при дворе и т. п.)* 3. *амер. разг.* мастер, умелец; a dancing /diving/ ~ опытный танцор [ныряльщик]; he is a letter-writing ~ он превосходно пишет письма 4. посмешище, игрушка; a ~ of circumstances игрушка судьбы, жертва обстоятельств 5. *редк.* слабоумный

◇ nobody's ~ осмотрительный, проницательный человек; he's nobody's ~ его не проведёшь; to be a ~ for smth. иметь слабость /пристрастие/ к чему-л.; to be a ~ to... быть ничем в сравнении с...; в подмётки не годиться; to play the ~ валять дурака; to play the ~ with а) дурачить, обманывать; б) портить, уничтожать; ~ and his money are soon parted у дурака деньги не задерживаются; every man has a ~ in his sleeve *посл.* ≅ на всякого мудреца довольно простоты; a ~'s bolt may sometimes hit the mark *посл.* ≅ иной раз и дурак правду скажет; ~s have fortune *посл.* дуракам счастье; ~s rush in where angels fear to tread ≅ дуракам закон не писан; one ~ praises another *посл.* дурак дурака хвалит; there is no ~ like an old ~ *посл.* ≅ седина в бороду, бес в ребро

fool¹ II [fu:l] *а амер. разг.* глупый, безрассудный; a ~ idea нелепая мысль; the dog was barking his ~ head off глупый пёс надрывался от лая

fool¹ III [fu:l] *v разг.* 1. дурачиться, баловаться; to ~ with smth. баловаться с чем-л.; to ~ away time бесцельно тратить время 2. дурачить, обманывать *(кого-л.)*, водить *(кого-л.)* за нос; you won't ~ me вы меня не проведёте; it didn't ~ him он не попался на удочку, это его не обмануло; to be ~ed into doing smth. быть вовлечённым во что-л. обманным путём; I have been ~ed out of my money у меня выманили деньги

fool² [fu:l] *n* фруктовое *или* ягодное пюре со сбитыми сливками

fool about ['fu:lə'baʊt] *phr v* 1.) дурачиться; you don't ~ on a rifle range на стрельбище нельзя валять дурака 2) болтаться попусту 2. волочиться за *(кем-л.)* 2) (with) играть; you shouldn't ~ with the boy's love не нужно играть любовью этого мальчика

fool around ['fu:lə'raʊnd] *phr v* 1. = fool about 2. дразнить

fool-born ['fu:lbɔ:n] *а* глупый от рождения

foolery ['fu:lərɪ] *n* 1. глупость, дурачество 2. глупое поведение, дурацкие выходки 3. *собир.* дураки

foolhardily ['fu:l,hɑ:dɪlɪ] *adv* безрассудно храбро; отчаянно

foolhardiness ['fu:l,hɑ:dɪnɪs] *n книжн.* безрассудная храбрость, любовь к ненужному риску

foolhardy ['fu:l,hɑ:dɪ] *а* безрассудно храбрый; отчаянный; любящий ненужный риск; ~ person сорвиголова; ~ policy безрассудная политика

fooling ['fu:lɪŋ] *n* дурачество, шутовство; буффонада

foolish ['fu:lɪʃ] *а* 1. глупый, безрассудный; взбалмошный; how ~ of you! как глупо (с вашей стороны)!; it was a ~ thing to say глупо было говорить это 2. дурацкий, нелепый; to look ~ выглядеть нелепо, оказаться в глупом положении; ~ hope тщетная надежда; to feel ~ неловко себя чувствовать, почувствовать себя в глупом положении 3. слабоумный

foolishness ['fu:lɪʃnɪs] *n* 1. глупость, безрассудство 2. нелепость, дурацкий поступок

fool-proof ['fu:lpru:f] *а* 1. несложный, понятный 2. верный, надёжный 3. *тех.* не требующий квалифицированного обслуживания; ~ machinery безопасное *(при неосторожном обращении)* оборудование 4. *в грам. знач. сущ. тех.* защита от случайного включения *или* неосторожного обращения

fool's cap ['fu:lzkæp] шутовской колпак

foolscap ['fu:lskæp] *n* 1. полигр. формат печатной бумаги 33,6 × 42 см 2) *амер.* формат писчей бумаги 34,3 × 43,2 см 2. *редк.* = fool's cap

fool's coat ['fu:lzkəʊt] 1. пёстрая куртка шута 2. *разг.* щёголь

fool's errand [,fu:lz'erənd] бесплодный труд, пустая затея; to send smb. on a ~ послать кого-л. неизвестно за чем; заставить выполнить бессмысленное задание

fool's gold ['fu:lzgəʊld] *мин.* 1. пирит *(иногда ошибочно принимаемый за золото)* 2. халькопирит

fool's paradise [,fu:lz'pærədaɪs] призрачное счастье; самообман; to live in a ~ жить беззаботно, не задумываясь о будущем

foot I [fʊt] *n (pl* feet) 1. 1) нога, ступня; big [small] feet большие [маленькие] ноги; non-kicking ~ *спорт.* опорная нога *(футбол)*; on ~ а) пешком; б) на ходу; в) в процессе; to recover one's feet встать на ноги, подняться; to keep one's feet твёрдо /прочно/ держаться на ногах; устоять; not to lift /to move, to stir/ a ~ с места не двинуться; to be at smb.'s feet (быть) у чьих-л. ног; to be /to get/ on one's feet а) встать с места, взять слово *(на собрании)*; б) встать, поправиться *(после болезни)*; в) стать на ноги, быть самостоятельным /независимым/ (материально) 2) лапа, нога *(животного)*; the fore [hind] feet передние [задние] ноги /лапы/ 3) *pl кул.* ножки; jellied feet заливное /студень/ из ножек 4) шаг; походка; at a ~'s pace шагом; swift of ~ лёгкий на ногу; light [heavy] feet лёгкие [тяжёлые] шаги; лёгкая [тяжёлая] поступь; to be light on one's feet иметь лёгкую походку; to miss one's ~ сбиться с ног, идти не в ногу 2. 1) основание, нижняя часть; at the ~ of the bed в ногах кровати; the ~ of a ladder основание лестницы; at the ~ of a table в конце стола; at the ~ of a page в конце /внизу/ страницы; the ~ of the procession конец процессии; at the ~ of the class ≅ последние /самые плохие/ ученики в классе 2) подножие, подошва *(горы и т. п.)* 3) след *(чулка, носка)* 3. пехота; ~ and horse пехота и кавалерия; a regiment of ~ — батальон пехоты 4. фут *(см. приложение)*; his height is 6 ~ and 2 его рост 6 футов и 2 дюйма; ~ measure размер или измерение в футах 5. *стих.* стопа 6. *тех.* ножка, лапа, опора 7. *геол.* постель, почва *(пласта)*; лежачий бок 8. сошник *(сеялки)* 9. *(pl* foots) *хим.* осадок *(в нефти и т. п.)* 10. *мат.* основание перпендикуляра

◇ to ~ в рукопашном /пешем/ бою; (with one's) feet foremost ногами вперёд *(о покойнике)*; (to be) under /beneath/ smb.'s ~ /feet/ (быть) под чьим-л. башмаком, под пятой /в полном подчинении/ у кого-л.; to lick smb.'s feet лизать кому-л. пятки, унижаться перед кем-л.; to have /to put, to set/ one's ~ on smb.'s neck порабощать /угнетать/ кого-л., всецело подчинять себе кого-л.; to trample /to tread/ under ~ притеснять, угнетать, попирать; to set smb. beneath the feet *шотл.* презирать кого-л., считать кого-л. ниже себя; to carry /to sweep, to take/ smb. off his feet поразить /потрясти/ кого-л.; вызвать чей-л. восторг /энтузиазм/; to die on one's feet а) *шотл.* скоропостижно скончаться; б) «накрыться»; провалиться *(о пьесе и т. п.)*, лопнуть *(о предприятии и т. п.)*; to think on one's feet говорить /выступать/ без подготовки; good debaters speak on their feet хорошие полемисты за словом в карман не лезут; to find /to get, to have, to know, to take/ the length of smb.'s ~ (стараться) узнать чьи-л. слабые стороны; присматриваться к кому-л.; ≅ раскусить кого-л.; to get one's ~ on the ladder сделать первые успехи; to get /to have/ the ~ of smb. опередить /обогнать/ кого-л., действовать быстрее кого-л.; to get one's ~ in а) пробиться *(куда-л.)*; втереться в доверие *(к кому-л.)*; б) ввязаться *(во что-л.)*; to get up with one's wrong ~ foremost встать с левой ноги; to get off on the wrong ~ неудачно начать, произвести плохое (первое) впечатление; to catch smb. on the wrong ~ застать кого-л.

врасплох; to get /to have/ cold feet струсить, смалодушничать; to have /to put, to stretch/ one's feet under smb.'s mahogany пользоваться чужим гостеприимством, жить за чей-л. счёт; to pull ~ бежать со всех ног, дать тягу; to put /to set/ one's ~ down занять твёрдую /решительную/ позицию; решительно воспротивиться, запретить; to put /to set/ (one's) ~ at /in, on/ высадиться, вступить на; to put /to set/ one's /the/ best ~ first /foremost, forward/ а) прибавить шагу, идти очень быстро; торопиться; б) сделать всё возможное; to put one's ~ in /into/ it сплоховать, попасть впросак, сесть в калошу; to put /to set/ smb. on his feet поставить кого-л. на ноги, вывести в люди; to put /to set/ smth. on ~ а) пускать что-л. в ход, начинать осуществлять что-л.; б) снаряжать (экспедицию); feet to the fire a) прижигание пяток (пытка); б) амер. полит. безжалостное давление (с целью добиться чего-л.); put his feet to the fire! нажмите на него как следует!; to take to one's feet a) идти пешком /на своих двоих/; б) удирать; with both feet амер. полностью, целиком; решительно, твёрдо; to have the ball at one's feet иметь шансы на успех; to fall /to drop/ on one's feet счастливо отделаться; удачно выйти из затруднительного положения; to shake one's ~ /feet/ отбивать чечётку; my ~! так я и поверил!, ври больше!, как бы не так!; to measure another man's ~ by one's own last ≅ мерить на свой аршин; to put one's ~ in the door а) не давать захлопнуть перед собой дверь; б) сделать первый шаг, расчищая себе путь; to have both feet on the floor крепко стоять на ногах

foot II [fυt] v 1. надвязывать след (чулка) 2. протанцевать, проплясать 3. подытоживать, подсчитывать 4. разг. оплачивать (расходы); to ~ the bill а) заплатить по счёту; б) расплачиваться (за что-л.); брать на себя ответственность (за последствия, ущерб и т. п.) 5. идти пешком, шагать (по чему-л.)
◇ ~ it а) идти пешком; б) протанцевать; в) пробежать

foot-acre [ˈfʊtˌeɪkə] n акрофут
footage [ˈfʊtɪdʒ] n кино 1. длина плёнки или фильма в футах, метраж 2. отснятый материал фильма
foot-and-mouth disease [ˌfʊtəndˈmaʊθdɪˌziːz] вет. ящур
football [ˈfʊtbɔːl] n 1. футбол; to play ~ играть в футбол; ~ match футбольный матч; ~ cup розыгрыш кубка по футболу; ~ cup final финальная игра розыгрыша кубка по футболу; ~ ace классный футболист 2. футбольный мяч; ~ bladder камера футбольного мяча 3. амер. сл. игрушка; a political ~ предмет политической игры /политических махинаций/
footballer [ˈfʊtbɔːlə] n футболист
football pools [ˈfʊtbɔːlpuːlz] футбольный тотализатор
footbath [ˈfʊtbɑːθ] n 1) ножная ванна 2) таз (для мытья ног)
foot-beater [ˈfʊtˌbiːtə] n педаль (музыкального инструмента)
footboard [ˈfʊtbɔːd] n 1. 1) подножка (экипажа, автомобиля); ступенька 2) запятки 2. тех. подкладка 3. тех. педаль
footboy [ˈfʊtbɔɪ] n 1. мальчик-слуга, паж 2. посыльный
footbrake [ˈfʊtbreɪk] n ножной тормоз
foot-breadth [ˈfʊtbredθ] n редк. ступня (как мера длины)
footbridge [ˈfʊtˌbrɪdʒ] n пешеходный мостик

foot-candle [ˌfʊtˈkændl] n фут(о)-свеча (единица освещённости)
footcloth [ˈfʊtklɒθ] n 1. коврик, подстилка 2. уст. попона
foot-company [ˈfʊtˌkʌmpənɪ] n рота пехоты
foot-control [ˈfʊtkənˌtrəʊl] n тех. ножной привод; педальное управление
footdragging [ˈfʊtˌdrægɪŋ] n проволочка; неповоротливость; (умышленное) затягивание (чего-л.)
footed [ˈfʊtɪd] a (-footed) как компонент сложных слов: имеющий такие-то ноги, нижние конечности; с такими-то ногами; four-footed четвероногий; имеющий четыре ноги 2. надвязанный (о следе чулка)
footer [ˈfʊtə] n 1. разг. пешеход 2. сл. бездельник, праздношатающийся 3. разг. прыжок, падение ногами вперёд 4. спорт. жарг. футбол 5. (-footer) как компонент сложных слов со значением человек ростом, предмет длиной в столько-то футов; a six-footer человек ростом в шесть футов
footfall [ˈfʊtfɔːl] n 1. звук шагов; his ~ died away in the distance звук его шагов замер вдали 2. поступь; light [heavy] ~ лёгкая [тяжёлая] поступь
foot-gauge [ˈfʊtgeɪdʒ] n гидр. футшток
footgear [ˈfʊtgɪə] n разг. 1) обувь 2) чулки и носки
Foot Guards [ˈfʊtgɑːdz] гвардейская пехота (наименование воинской части)
foot-halt [ˈfʊthɔːlt] n = footrot
foot-hang [ˈfʊthæŋ] n спорт. вис носками
foothill [ˈfʊtˌhɪl] n предгорье
foothold [ˈfʊthəʊld] n 1. опора, точка опоры для ног 2. 1) прочное, устойчивое положение; to gain a ~ стать твёрдой ногой, укрепиться, утвердиться 2) исходная позиция; they gained a ~ in the new market они завоевали некоторые позиции /нашли зацепку/ на новом рынке; it isn't easy to get a ~ as a film actor нелегко пробиться в киноактёры 3. воен. опорный пункт, плацдарм
foot-hook [ˈfʊthʊk] = futtock
footing [ˈfʊtɪŋ] n 1. точка опоры, опора; устойчивое положение ног; mind your ~! не оступитесь!, смотрите, куда идёте!; the icy hill provided no ~ на скользкой горке невозможно было удержаться на ногах; to keep one's ~ прочно держаться на ногах, устоять [см. тж. 2, 1)]; to lose one's ~ поскользнуться, оступиться, потерять точку опоры [см. тж. 2, 1)]; he lost his ~ and fell он оступился и упал; to gain a ~ обрести точку опоры, закрепиться на небольшом пространстве [см. тж. 2, 1)] 2. тк. sing 1) положение; to obtain a ~ in society завоевать прочное положение в обществе; to effect [to make, to gain] a ~ приобрести положение в обществе [см. тж. 1]; to keep one's ~ сохранять своё положение [см. тж. 1]; to lose one's ~ потерять своё положение [см. тж. 1]; 2) взаимоотношения; to be on a friendly ~ with smb. находиться в дружеских отношениях с кем-л.; to be on a /one, an equal/ ~ а) быть на равной ноге; б) находиться в равных условиях 3. материал для вязки носка и пятки чулка 4. итог (столбца цифр) 5. фундамент, основание, опора 6. площадь соприкосновения
◇ to put on a war ~ а) привести в состояние боевой готовности; б) поставить на военные рельсы; to pay (for) one's ~ внести свою долю /свой пай/; поставить угощение (в связи с приходом на новую работу и т. п.)
foot-iron [ˈfʊtˌaɪən] n 1. подножка (экипажа) 2. pl ист. ножные кандалы

FOO — FOO F

foot-key [ˈfʊtkiː] n педаль органа
footle I [ˈfuːtl] n сл. болтовня, ерунда; глупость
footle II [ˈfuːtl] v сл. дурить, валять дурака, болтать чепуху (тж. ~ about, ~ around); he's ~d away his chances of success он проморгал /прозевал/ свои шансы на успех
footless [ˈfʊtlɪs] a 1. безногий 2. лишённый основания; ~ fancies пустые мечты 3. амер. бесполезный, тщётный; ~ conferences совещания, не дающие ничего нового 4. амер. разг. нелепый, глупый; ~ rule нелепое правило 5. поэт. нехоженый
footlet [ˈfʊtlɪt] n подследник
foot-licker [ˈfʊtˌlɪkə] n разг. лизоблюд, приживальщик, подхалим
footlights [ˈfʊtlaɪts] n pl 1. 1) рампа 2) свет, огни рампы 2. разг. театр; профессия актёра; to appear before the ~ а) выступить на сцене; б) вступить на актёрское поприще
◇ to get over /across/ the ~ иметь успех, понравиться публике (о пьесе, спектакле); to smell of the ~ быть неестественным /театральным/; позёрствовать
foot-line [ˈfʊtlaɪn] n полигр. линия сигнатуры
footling [ˈfuːtlɪŋ] a разг. 1) глупый, неумный 2) пустяковый, ерундовый; don't waste my time with such ~ questions не отнимай у меня время такими пустяковыми вопросами
foot-locker [ˈfʊtˌlɒkə] n амер. солдатский сундучок
footloose [ˈfʊtluːs] a свободный, вольный, неограниченный; to be ~ and fancy free ≅ сам себе хозяин (обыкн. о холостяке)
footman [ˈfʊtmən] n (pl -men [-mən]) 1. (ливрейный) лакей 2. арх. пешеход 3. уст. пехотинец 4. подставка, тренога (для держания чего-л. перед огнём)
footmark [ˈfʊtmɑːk] n след, отпечаток (ноги)
foot-muff [ˈfʊtmʌf] n ножная муфта
footnote I [ˈfʊtnəʊt] n 1. сноска, подстрочное примечание 2. дополнительная информация; новые сведения; that biography is an illuminating ~ to the history of our times эта биография освещает некоторые доселе неизвестные моменты современной истории
footnote II [ˈfʊtnəʊt] v составлять примечания; аннотировать (текст)
footpace [ˈfʊtpeɪs] n шаг; at (a) ~ шагом
footpad[1] [ˈfʊtpæd] n ист. разбойник (пеший)
footpad[2] [ˈfʊtpæd] n нога механизма мягкой посадки (космического корабля)
foot-page [ˈfʊtpeɪdʒ] n посыльный; мальчик-слуга
foot-pan [ˈfʊtpæn] n таз(ик) для мытья ног
foot-passenger [ˈfʊtˌpæs(ə)ndʒə] n пешеход
footpath [ˈfʊtpɑːθ] n 1) (пешеходная) дорожка, тропинка 2) тротуар
footplate [ˈfʊtpleɪt] n 1. подножка (экипажа) 2. ж.-д. площадка машиниста
foot-plateman [ˈfʊtˌpleɪtmən] n (pl -men [-mən]) ж.-д. машинист локомотива
foot police [ˈfʊtpəˌliːs] пешая полиция
foot-post [ˈfʊtpəʊst] n 1) (пеший) почтальон 2) почта, доставляемая им
footpound [ˌfʊtˈpaʊnd] n физ. футофунт (единица работы)
footprint [ˈfʊtˌprɪnt] n 1. след, отпечаток (ноги); ~s of a deer следы оленя;

FOO — FOR

who left these muddy ~s on the kitchen floor? кто это наследил в кухне? 2. зона влияния *или* наблюдения какого-л. фактора *или* явления 3. *воен.* (географическая) зона расположения ракетных целей 4. зона вокруг аэропорта *или* вдоль авиатрассы с разрешённым повышенным уровнем шума 5. район, в котором ожидается падение обломков искусственного спутника

footprints ['fʊtˌprɪnts] *n* пломбир, щипцы для опломбирования

foot-race ['fʊtreɪs] *n* состязание по ходьбе

footrest ['fʊtrest] *n* подножка; скамеечка для ног

footrill ['fʊtrɪl] *n горн.* штольня

footrope ['fʊtrəʊp] *n мор.* нижняя подбора, футроп (*трала*)

footrot ['fʊtrɒt] *n вет.* копытная гниль

foot rule ['fʊtruːl] 1) складной фут 2) *гидр.* футшток

foots [fʊts] *n pl* (*сокр. от* footlights) *употр. с гл. в ед. и мн. ч.* рампа

footscraper ['fʊtˌskreɪpə] *n* скребок (*у входной двери*)

footsie ['fʊtsɪ] *n сл.* ножка; to play ~ a) пожимать ножку (*под столом*); б) флиртовать; politicians are playing ~ with government officials политиканы заигрывают с государственными чиновниками

foot-slog ['fʊtslɒg] *v разг.* идти, тащиться пешком

foot-slogger ['fʊtˌslɒgə] *n разг.* 1. пешеход 2. пехотинец, пехтура

foot soldier ['fʊtˌsəʊldʒə] пехотинец

footsore ['fʊtsɔː] *a* со стёртыми ногами; by the end of the day half of us were ~ к концу дня половина из нас натёрла себе ноги

footstalk ['fʊtstɔːk] *n бот.* стебель; черешок (*листа*); цветоножка

footstall ['fʊtstɔːl] *n* 1. *архит.* плинтус, пьедестал, цоколь 2. стремя дамского седла

footstep ['fʊtstep] *n* 1. 1) шаг, поступь; he walked two or three ~s behind his father он шёл на два-три шага позади отца 2) звук шагов; I hear ~s я слышу шаги 2. след, отпечаток (ноги) 3. подножка, опора ◊ to follow /to tread, to walk/ in smb.'s ~s a) следовать неотступно за кем-л., идти по пятам; б) идти по чьим-л. стопам, следовать чьему-л. примеру, быть чьим-л. последователем

foot-stone ['fʊtstəʊn] *n стр.* лежень, опорный камень

footstool ['fʊtstuːl] *n* скамеечка для ног

foot supports [ˌfʊtsəˈpɔːts] *спорт.* стартовые колодки

footsure ['fʊtʃʊə] *a* твёрдо стоящий на ногах; идущий уверенно, не спотыкаясь

foot-switch ['fʊtswɪtʃ] *n* ножная педаль

foot-throttle ['fʊtˌθrɒtl] *n авт.* педаль акселератора

foot-troops ['fʊttruːps] *n pl* пехота

foot-walk I ['fʊtwɔːk] *n* тротуар, пешеходная дорожка

foot-walk II ['fʊtwɔːk] *v разг.* идти пешком, шагать (*обыкн. то* ~)

footwall ['fʊtwɔːl] *n* 1. фундаментальная стена (*вала*), низкая стенка у подножия насыпи 2. *геол.* лежачий бок; подошва рудного тела

foot-warmer ['fʊtˌwɔːmə] *n* грелка для ног

foot-washing ['fʊtˌwɒʃɪŋ] *n рел.* омовение ног

footway ['fʊtweɪ] *n* 1. = footpath 2. *горн.* ходок; лестничное отделение

footwear ['fʊtweə] *n* обувь

footwork ['fʊtwɜːk] *n* 1. 1) *спорт.* работа ног; it took a bit of fancy ~ on the boxer's part боксёру пришлось немало попрыгать 2) ловкое маневрирование; it took a bit of fancy ~ to avoid their proposal пришлось порядком покрутиться, чтобы отказаться от их предложения 2. *амер.* беготня за материалом, сбор информации (*репортёром и т. п.*)

footworn ['fʊtwɔːn] *a* 1. истёртый (*ногами*); затоптанный; ~ pavement выбитый ногами тротуар; ~ path вытоптанная тропинка 2. 1) со стёртыми ногами 2) усталый

footy ['fʊtɪ] *a* мутный, содержащий осадки

foozle I ['fuːz(ə)l] *n разг.* 1. 1) неудачный, неловкий удар (*гольф*) 2) неуклюжее, неловкое движение 3) брак (*в работе*) 2. *амер.* тупица 2. 1) ≅ «старый пень» (*о мужчине; тж.* old ~) 2) *школ.* предок, старик (*об отце*)

foozle II ['fuːz(ə)l] *v разг.* 1) делать неудачный удар, портить игру (*гольф*) 2) действовать неумело; делать неловко, неуклюже 3) допустить брак (*в работе*)

fop [fɒp] *n* щёголь, фат, пижон, хлыщ; military ~ «душка-военный»

fopling ['fɒplɪŋ] *n* молодой щёголь, фат, пижон

foppery ['fɒp(ə)rɪ] *n* 1) фатовство, франтовство, пижонство 2) щегольская одежда

foppish ['fɒpɪʃ] *a* 1) щегольской, фатоватый, пижонский; ~ moustache /whiskers/ щегольские усики /бакенбарды/ 2) пустой, тщеславный; ~ young man пустой молодой человек, пижон

foppishly ['fɒpɪʃlɪ] *adv* щегольски, франтовски, в фатовской манере; to dress ~ щегольски одеваться; to behave ~ вести себя претенциозно, фатовато

for I [fɔː] *n* довод в пользу чего-л.; ~s and againsts доводы за и против

for II [fɔː] (*полная форма*); [fə] (*редуцированная форма*)] *prep* 1. *во временном значении указывает на* 1) длительность в течение; the past three weeks ~ в течение последних трёх недель; I have not been there ~ five years уже пять лет я там не был; ~ the time being теперь, пока 2) срок, на который рассчитано действие на; a year на год; this plan is ~ seven years этот план рассчитан на семь лет; ~ a long time надолго; ~ ever (and ever) навсегда 3) *час, день и т. п.*, на который что-л. назначено на; the ceremony was arranged ~ two o'clock церемония была назначена на два часа 2. *в пространственном значении указывает на* 1) место назначения в, к; the train ~ Moscow поезд (идущий) в Москву; to depart /to leave/ ~ London уехать в Лондон; to steer ~ держать курс на (*о судне*); the ship was bound ~ Africa судно направлялось в Африку; change here ~ Bristol здесь пересадка на Бристоль 2) расстояние, протяжённость: to run ~ a mile пробежать милю; the forest stretches a long way лес тянется на многие мили 3. *указывает на* 1) *цель, намерение* для, за, на, к; what do you want this book ~? для чего вам нужна эта книга?; to fight ~ independence [freedom] бороться за независимость [за свободу]; to send ~ a doctor послать за врачом; to go out ~ a walk выйти на прогулку /погулять/, пойти гулять; he was trained ~ a flyer его обучали лётному делу; she is saving ~ old age она копит (деньги) на старость; ~ sale продаётся (*надпись*) 2) *объект стремления, надежды, желания, поисков, забот и т. п.* к, на; *передаётся тж. косв. падежами*; to thirst /to hunger/ ~ knowledge жадно стремиться к знаниям; to hope ~ the best надеяться на лучшее; to be afraid ~ smb. бояться за кого-л.; to look ~ smth. искать что-л. 3) *лицо или предмет, к которому испытывают любовь, склонность, неприязнь и т. п.* к; affection /love/ ~ children любовь к детям; he has no liking ~ medicine [music] у него нет склонности к медицине [к музыке] 4) *назначение предмета или лица, его пригодность для чего-л.* для; books ~ children книги для детей; a tool ~ drilling holes инструмент для сверления отверстий; he is just the man ~ the position он великолепно подходит для этой работы 5) *средство, лекарство против чего-л.*: a cure ~ toothache средство против зубной боли 4. *указывает на* 1) *лицо, иногда предмет, в пользу которого или в ущерб которому совершается действие* для; *передаётся тж. дат. падежом*; can I do anything ~ you? могу ли я что-нибудь сделать для вас?; he bought some flowers ~ her он купил ей цветы; to win a name ~ oneself завоевать себе имя 2) *лицо или предмет, в поддержку или в защиту которого выступают* за; he voted ~ the representative of his Party он голосовал за представителя своей партии; a lawyer acts ~ his client адвокат ведёт дело /дела/ своего клиента; to argue ~ smth. отстаивать что-л. 5. *указывает на причину или повод* от, за, из-за; по; to condemn ~ smth. осуждать за что-л.; to blame ~ smth. винить в чём-л.; to thank ~ smth. благодарить за что-л.; to reward ~ bravery награждать за храбрость; to cry ~ joy плакать от радости; I can't see anything ~ the fog я ничего не вижу из-за тумана; ~ fear of... из боязни, что...; чтобы не...; he walked fast ~ fear he should be late он шагал быстро, чтобы не опоздать /опасаясь опоздать/; ~ want /lack/ of smth. из-за недостатка чего-л.; ~ many reasons по многим причинам; ~ the reason that... так как, потому что; you will be (all) the better ~ a good night's rest вам не мешает выспаться хорошенько; is known ~ his kindness он известен своей добротой; if it were not ~ him, I should not be late если бы не он, я бы не опоздал 6. *указывает на* 1) *замещение, замену* вместо, за; we used boxes ~ chairs мы пользовались ящиками вместо стульев; what is the English ~ «цветок»? как по-английски «цветок»? 2) *использование в качестве чего-л.* как; *передаётся тж. твор. падежом*; they chose him ~ their leader они выбрали его своим руководителем; he wants her ~ his wife он хочет жениться на ней 3) *лицо или предмет, принимаемые за других* за; he took me ~ my brother он принял меня за моего брата; they were left on the battlefield ~ dead их сочли убитыми и оставили на поле боя 4) *представительство в выборной организации от группы лиц, выступление от чьего-л. имени* от, за; to sit [to run, to stand] ~ Glasgow быть представителем [баллотироваться] от Глазго; ~ and on behalf of за и от имени (*в подписях под документами*) 5) *место работы нанимателя и т. п.*; to work ~ an old firm работать /служить/ в старой фирме; she worked ~ Mr. N. as a secretary она работала секретарём у г-на N. 7. *указывает на* 1) *цену* за; to pay a dollar ~ a book заплатить доллар за книгу 2) *предмет обмена* на, за; to exchange

798

one thing ~ another обменя́ть одну́ вещь на другу́ю 3) *разме́р су́ммы* на; a bill [a check] ~ 50 dollars счёт [чек] на 50 до́лларов; put my name down ~ £1 подпиши́те меня́ на 1 фунт, я же́ртвую 1 фунт 4) *вознагражде́ние* за; to be paid ~ one's service получа́ть пла́ту за рабо́ту 8. *ука́зывает на соотноше́ние или противопоставле́ние* на; ~ one enemy he has a hundred friends на одного́ врага́ у него́ сто друзе́й 9. *ука́зывает на нали́чие осо́бых усло́вий* для; it is warm ~ May для ма́я сейча́с тепло́; she reads well ~ her age она́ хорошо́ чита́ет для своего́ во́зраста 10. что каса́ется, в отноше́нии; ~ the rest что каса́ется остально́го 11. *употр. в констру́кции* for + *сущ.* /*местоим.*/ + *инфинитив, кото́рая передаётся прида́точным предложе́нием, а та́кже дат. падежо́м существи́тельного или местоиме́ния с инфинити́вом*; they waited ~ the moon to appear они́ жда́ли, когда́ поя́вится луна́; he stepped aside ~ me to pass on посторони́лся, что́бы дать мне доро́гу; is English difficult ~ you to learn? тру́дно ли вам даётся англи́йский язы́к?; it is not ~ you to blame him не вам осужда́ть его́ 12. *шотл., амер. в честь (кого́-л.)*; he was named ~ his grandfather он был на́зван в честь де́да; the banquet was given ~ him банке́т был дан в его́ честь 13. *в сочета́ниях*: as ~ *см.* as II 3; but ~ *см.* but V 4; ~ all несмотря́ на, что бы ни; she is stupid ~ all her learning она́ глупа́, несмотря́ на всю её учёность; ~ all you say I shall stick to my opinion что бы вы ни говори́ли, я оста́нусь при своём мне́нии; ~ all their claims to the contrary вопреки́ их утвержде́ниям; ~ all that несмотря́ на всё; и всё же; it is a victory ~ all that и всё же э́то побе́да; he says he is innocent, but I am sure he is guilty ~ all that он говори́т, что он невино́вен, но несмотря́ на его́ слова́, я зна́ю, что он винова́т
◊ ~ all I care меня́ э́то не интересу́ет, мне э́то соверше́нно безразли́чно; you may do what you like ~ all I care мо́жете де́лать, что хоти́те, меня́ э́то не каса́ется /мне наплева́ть/; I ~ one... я со свое́й стороны́...; я, наприме́р; I ~ one never liked him мне, наприме́р, он никогда́ не нра́вился; ~ one thing пре́жде всего́, во-пе́рвых; ~ one thing, he talks too much пре́жде всего́, он сли́шком мно́го говори́т; once and ~ all раз и навсегда́; ~ myself, ~ my part что каса́ется меня́; ~ myself I shall do nothing of the sort что каса́ется меня́, то я ничего́ подо́бного не сде́лаю; ~ my part I have no objections что каса́ется меня́, то у меня́ нет возраже́ний; ~ all I know поско́льку я не име́ю противополо́жных све́дений; ~ all I know he might be dead не исключено́, что он уже́ у́мер; жив он и́ли у́мер — поня́тия не име́ю; to do smth. ~ oneself сде́лать что-л. самому́; I must see it ~ myself я до́лжен уви́деть э́то со́бственными глаза́ми; I know it ~ a fact я зна́ю э́то наверняка́ /соверше́нно то́чно/; ~ certain, ~ sure наверняка́, без сомне́ния; oh, ~ ...! до́ если бы...!; oh, ~ a fine day! е́сли бы вы́пал хоро́ший денёк!

for III [fɔː *(по́лная фо́рма)*; fə *(реду́цированная фо́рма)*] *cj* вво́дит ча́сти сло́жных предложе́ний или самостоя́тельные предложе́ния так как, потому́ что, и́бо; he felt no fear, ~ he was a brave man он не испы́тывал стра́ха, так как был хра́брым челове́ком; the windows were open ~ it was hot бы́ло жа́рко, и о́кна бы́ли откры́ты

for- [fɔː-, fə-] *pref* выделя́ется в не́которых глаго́лах: forbid запреща́ть;

forfend оберега́ть; forget забыва́ть; forsake покида́ть; forswear отрека́ться
fora ['fɔːrə] *pl от* forum
forage I ['fɒrɪdʒ] *n* 1. 1) фура́ж, гру́бые корма́ 2) кормовы́е расте́ния; сгр фура́жная культу́ра, кормова́я культу́ра; подно́жный корм; ~ fodder корм для скота́, фура́ж; ~ grass кормова́я трава́, зелёный корм 2. *воен.* фуражиро́вка; on the ~ на фуражиро́вке
forage II ['fɒrɪdʒ] *v* 1. фуражи́ровать 2. (*часто* for, about) 1) разы́скивать (*продово́льствие и т. п.*); to ~ (about) for a meal разы́скивать ме́сто, где мо́жно бы́ло бы пое́сть; I've managed to ~ out a few cakes мне удало́сь раздобы́ть не́сколько пиро́жных; they were foraging for wood to make a fire они́ собира́ли су́чья для костра́; to ~ for oneself a) самому́ покупа́ть себе́ прови́зию; б) самому́ гото́вить себе́ пи́щу 2) иска́ть, ры́ться (*в по́исках чего́-л.*); to ~ about to find a book ры́ться повсю́ду в по́исках кни́ги; to ~ in one's pockets обша́ривать свои́ карма́ны; to ~ among papers ры́ться в бума́гах 3. *с.-х.* корми́ть гру́быми корма́ми 4. *арх.* опустоша́ть (*зе́млю*)
forage cap ['fɒrɪdʒkæp] 1. фура́жка 2. *воен.* пило́тка
forage harvester ['fɒrɪdʒ,hɑːvɪstə] *с.-х.* 1) силосоубо́рочный комба́йн 2) коси́лка-измельчи́тель
forage kitchen ['fɒrɪdʒ,kɪtʃɪn] *с.-х.* кормоку́хня
forager ['fɒrɪdʒə] *n* 1. фуражи́р 2. *редк.* фура́жка 3. *pl воен. ист.* рассыпно́й ко́нный строй, ла́ва 4. = foraging ant
foraging ant [,fɒrɪdʒɪŋ'ænt] мураве́й-фуражи́р
foramen [fɔ'reɪmɪn] *n* (*pl* -mina, -s [-z]) 1. *анат.* дыра́, отве́рстие 2. *геол.* форамéн
foramina [fɔ'ræmɪnə] *pl от* foramen
foraminate [fɔ'ræmɪneɪt] *v спец.* де́лать отве́рстия, перфори́ровать
foraminated [fɔ'ræmɪneɪtɪd] *a спец.* перфори́рованный, по́ристый
foraminifer [,fɒrə'mɪnɪfə] *n зоол.* ра́ковина форамини́фера (*Foraminifera*)
foraminiferous [,fɒrəmɪ'nɪf(ə)rəs] *a зоол.* 1) состоя́щий из ра́ковин форамини́фер 2) относя́щийся к форамини́ферам
forasmuch... as [fərəz'mʌtʃ...əz] *phr cj кни́жн.* принима́я во внима́ние, ввиду́ того́, что; поско́льку
foray I ['fɒreɪ] *n* 1) налёт, набе́г, вы́лазка; to make /to go on/ ~ де́лать набе́ги, соверша́ть налёт 2) *ирон.* покуше́ние (*на что-л.*); попы́тка; his unsuccessful ~ into politics его́ неуда́чная попы́тка заня́ться полити́ческой де́ятельностью
foray II ['fɒreɪ] *v* 1. де́лать набе́ги, соверша́ть налёт 2. опустоша́ть, гра́бить; to ~ a land [a village] опустоша́ть страну́ [дере́вню]
forbad [fə'bæd] *редк. past от* forbid
forbade [fə'beɪd] *past от* forbid
forbear[1] ['fɔːbɛə] = forebear
forbear[2] [fɔː'bɛə] *v* (forbore; forborne) 1. (*часто* from) *кни́жн.* уде́рживаться, возде́рживаться; to ~ the use of a slang word стара́ться не употребля́ть жарго́нных слов; I could not ~ smiling /to smile/ at him я не мог не улыбну́ться ему́; I forbore to comment /from commenting/ on his behaviour я возде́ржался от замеча́ний по по́воду его́ поведе́ния; I longed to go there but I forbore мне о́чень хоте́лось пойти́ туда́, но я возде́ржался; to ~ from doing smth. уклоня́ться от чего́-л.; I cannot ~ from going into details я не могу́ не привести́ не́которые подро́бности; to ~ from being

FOR — FOR   **F**

too deeply involved in the affair стара́ться держа́ться в стороне́ от э́того де́ла 2. *арх.* быть терпели́вым; терпе́ть, выноси́ть
forbearance [fɔː'bɛ(ə)rəns] *n* 1. вы́держка; ~ from smth. /to do smth./ отка́з от чего́-л.; you will have to exercise much ~ in this case в да́нном слу́чае вам придётся прояви́ть большу́ю вы́держку 2. терпе́ние, снисходи́тельность; to treat smb. with ~ обраща́ться с кем-л. терпели́во /снисходи́тельно/ 3. *юр.* отка́з от примене́ния принуди́тельных (суде́бных) мер (*кредито́ра про́тив должника́ и т. п.*)
◊ ~ is no acquittance ≅ вре́менно смири́ться не зна́чит примири́ться
forbearing [fɔː'bɛ(ə)rɪŋ] *a* 1. сде́ржанный, вы́держанный 2. снисходи́тельный, терпели́вый; ~ smile снисходи́тельная улы́бка
forbearingly [fɔː'bɛ(ə)rɪŋlɪ] *adv* 1. сде́ржанно 2. терпели́во, снисходи́тельно
forbid [fə'bɪd] *v* (forbade, forbad; forbidden) 1. запреща́ть, не дава́ть разреше́ния; I ~ you to go there я запреща́ю вам идти́ туда́; I am forbidden to smoke tobacco мне запрещено́ кури́ть; to ~ smb. one's house отказа́ть кому́-л. от до́ма; to ~ smb. the country запрети́ть въезд в страну́ 2. не позволя́ть, не дава́ть возмо́жности, препя́тствовать; my health ~s my coming я не могу́ пое́хать туда́ по состоя́нию здоро́вья; this fact forbade the assumption of his guilt э́тот факт исключа́л его́ вино́вность; an impassable river ~s the approach of the army отсу́тствие перепра́вы де́лает невозмо́жным продвиже́ние а́рмии
◊ ~ God /Heaven, the Lord/ ~! бо́же изба́ви!, бо́же упаси́!; to ~ the banns *см.* banns
forbidden I [fə'bɪdn] *a* запрещённый, запре́тный; ~ trick *спорт.* запрещённый приём; ~ blow *спорт.* запрещённый уда́р; ~ weapons запрещённые ви́ды ору́жия; ~ transition [spectral line] *физ.* запрещённый перехо́д [-ая (спектра́льная) ли́ния]
◊ ~ city закры́тый го́род *или* часть го́рода; F. City *ист.* «Запре́тный го́род» (*дворе́ц кита́йского импера́тора*); the ~ degrees сте́пени родства́, при кото́рых брак запреща́ется; ~ fruit запре́тный плод; ~ ground запре́тная те́ма
forbidden II [fə'bɪdn] *p. p. от* forbid
forbidding [fə'bɪdɪŋ] *a* 1. 1) отта́лкивающий, непривлека́тельный; ~ face [expression] неприя́тное лицо́ [выраже́ние лица́]; ~ appearance /look/ отта́лкивающая вне́шность; ~ person челове́к, вызыва́ющий отвраще́ние, неприя́знь 2) недружелю́бный, неприве́тливый, гро́зный (*о взгля́де и т. п.*); ~ countenance мра́чное выраже́ние лица́; ~ manner холо́дная мане́ра обраще́ния; ~ person неприве́тливый /угрю́мый/ челове́к; ≅ к нему́ подойти́ /обрати́ться/ стра́шно 2. угрожа́ющий, гро́зный; ~ thunderclouds гро́зно нави́сшие грозовы́е ту́чи; a ~ range of hills blocked our way непристу́пная гряда́ гор прегради́ла нам путь
forbore [fɔː'bɔː] *past от* forbear[2]
forborne [fɔː'bɔːn] *p. p. от* forbear[2]
force I [fɔːs] *n* 1. 1) си́ла, мощь; the ~ of the blow [of the explosion] си́ла уда́ра [взры́ва]; with all one's ~ изо всех сил; to hit with ~ си́льно уда́рить 2) си́ла, возде́йствие; the ~ of superstition [of error] си́ла предрассу́дка [заблужде́ния]; the ~ of circumstances си́ла об-

799

стоятельств; the ~ of example [of public opinion] воздействие примера [общественного мнения]; by sheer ~ of will исключительно /только/ силой воли; ~ of habit в силу привычки 3) авторитет, престиж; to be a ~ быть силой, иметь вес, пользоваться большим влиянием; today he is an international ~ сейчас он пользуется авторитетом во всём мире; he is a spent ~ он уже не пользуется влиянием, он вышел в тираж 2. действенность, действительность; the ~ of an agreement [of a document] действительность договора [документа]; the full ~ of the treaty полная сила договора; in ~ действующий, имеющий силу (о договоре, документе и т. п.) [см. тж. ◊]; to put in ~ вводить в силу; делать действительным; проводить в жизнь, осуществлять; to come into ~ вступать в силу; to remain in ~ оставаться в силе; действовать; this law remains in ~ till next year этот закон действителен до будущего года; to have no ~ быть недействительным, не иметь силы 3. насилие, принуждение; brutal ~ грубая сила, насильно; by ~ силой, насильно [ср. тж. ◊]; to achieve smth. by ~ добиться чего-л. силой; to use /to resort to/ ~ прибегать к силе /насилию/; to believe in ~ быть сторонником насильственных методов или методов принуждения; the policy of ~ политика силы; the use of ~ применение силы; the renunciation of ~ отказ от применения силы 4. 1) вооружённый отряд [ср. тж.]; (the F.) полиция 3) (обыкн. pl) войска; вооружённые силы; sea /naval/ ~s военно-морские силы; air ~s военно-воздушные силы; ground ~s сухопутные войска; armed ~s вооружённые силы; effective ~s наличный боевой состав; to join the ~s вступить в армию [ср. тж. ◊] 5. 1) убедительность; смысл, резон; there is ~ in what you say в том, что вы говорите, есть смысл; can't see the ~ of doing what one dislikes нет смысла /необходимости/ делать то, что не нравится 2) смысл; значение; verb used with passive ~ глагол со значением пассивности 6. физ. усилие, сила; attractive ~ сила притяжения; the ~ of steam [of electricity] сила пара [электричества]; centrifugal ~ центробежная сила; ~ of gravity сила тяжести; земное притяжение

◊ by ~ of... путём..., посредством..., при помощи, в силу [ср. тж. 3]; by ~ of contrast путём контраста /противопоставления/; in ~ а) воен. значительными /крупными/ силами, всеми силами; attack in ~ наступление крупными силами; б) толпами, в большом числе /количестве/ [см. тж. 2]; in great ~ а) в разгаре кипучей деятельности; б) в ударе; in full ~ в полном составе; to join ~s объединить усилия, соединиться [ср. тж. 4, 3]; by ~ and arms силой оружия; to hunt at /of, by/ ~ травить (дичь) собаками

force II [fɔːs] v 1. заставлять, принуждать, вынуждать; to ~ smb. to do smth. заставлять кого-л. делать что-л.; to ~ a confession вынудить признание; to ~ a secret заставить открыть тайну /секрет/; to be ~d to yield быть вынужденным уступить; to ~ oneself to work hard заставить себя усиленно работать; to ~ facts to fit a case подтасовывать факты; I am ~d to conclude that... я вынужден

сделать вывод, что... 2. 1) применять силу, брать силой; to ~ an entry ворваться, вломиться (в комнату, дом и т. п.); to ~ a town [a fortress] захватить город [крепость]; to ~ a crossing воен. форсировать реку; to ~ one's way (through a crowd) пробиться (через толпу); he ~d me through the door он протолкнул меня в дверь 2) взломать (крышку, дверь и т. п.); to ~ a lock взломать замок; to ~ a door (open) взломать дверь 3. насиловать 4. 1) делать (что-л.) через силу; to ~ a smile [a laugh] принуждённо улыбнуться [засмеяться], выдавить (из себя) улыбку [смех] 2) чрезмерно напрягать; перенапрягать; to ~ one's voice напрягать голос

II А 1. 1) ускорять (шаг, ход и т. п.); to ~ the pace усиливать темп бега; to ~ events форсировать события; to ~ a bill through the legislature протащить законопроект через парламент 2) тех. добавлять обороты 2. тех. нагнетать, форсировать (режим работы); перегружать (машину) 3. муз. форсировать (звук) 4. выгонять (растение); to ~ lilies for the Easter trade выгонять лилии для предпасхальной торговли; to ~ a pupil разг. торопить развитие учащегося

II Б 1. to force smth., smb. into smth. вогнать, воткнуть что-л. куда-л.; загнать, втолкнуть кого-л. куда-л.; to ~ a knife into smb.'s breast воткнуть нож в чью-л. грудь; to ~ air into the carburettor накачать воздух в карбюратор; she ~d a tip into his hand она сунула ему в руку чаевые 2. to force smb. into smth. вовлечь, втянуть кого-л. во что-л.; to ~ a nation into war втянуть народ в войну 3. 1) to force smth. out of smth. выдавить, выжать что-л. из чего-л.; to ~ juice out of an orange выжать сок из апельсина 2) to force smb. out of smth. вытеснить кого-л. откуда-л.; to ~ smb. out of the room вытолкнуть кого-л. из комнаты 4. to force smth. out of smb. вынудить кого-л. к чему-л.; to ~ facts out of smb. заставить кого-л. рассказать всё, что ему известно 5. to force smth. up(on) smb. навязывать что-л. кому-л.; to ~ a drink upon smb. заставить кого-л. выпить; to ~ smth. on smb.'s attention усиленно привлекать чьё-л. внимание к чему-л.; they said that the war had been ~d upon them они заявили, что война была им навязана

◊ to ~ smb.'s hand заставить кого-л. открыть свои карты, форсировать события; to ~ down the throat навязать что-л. силой

force back [ˈfɔːsˈbæk] phr v 1. сдержать, подавить; to ~ one's tears проглотить слёзы 2. оттеснить (противника); отогнать, заставить отступить

force cup [ˈfɔːskʌp] вантуз (приспособление для очистки стока)

forced [fɔːst] a 1. принудительный, вынужденный; ~ labour /service/ принудительный труд; ~ landing ав. вынужденная посадка; ~ sale принудительная продажа, продажа с молотка 2. принуждённый, натянутый, неестественный; ~ smile натянутая улыбка; ~ laugh принуждённый смех; ~ analogy искусственная /надуманная/ аналогия; ~ style вымученный стиль; аффектация 3. воен. форсированный; ~ march форсированный марш; ~ crossing форсирование (водного рубежа) 4. с.-х. выгоночный, выращенный в теплицах; ~ grapes тепличный виноград 5. тех. принудительный; форсированный, с побуждением; ~ lubrication принудительная смазка, смазка под давлением; ~ draught принудительная тяга; ~ engine форсированный двигатель

forcedly [ˈfɔːsɪdlɪ] adv 1. вынужденно, насильственно 2. принуждённо, натянуто

force down [ˈfɔːsˈdaʊn] phr v 1. с силой опустить, захлопнуть; to ~ the lid of a box захлопнуть крышку ящика 2. сбить, понизить; to ~ prices сбивать цены 3. заставить приземлиться, посадить (самолёт)

force-feed [ˈfɔːsfiːd] v (force-fed [-fed]) 1) кормить насильно (в тюрьме, больнице и т. п.) 2) пичкать (кого-л. чем-л.); навязывать; to ~ students a literary education навязывать учащимся литературное образование

forceful [ˈfɔːsf(ə)l] a 1. 1) сильный, мощный 2) сильный, волевой; he is a ~ sort of person он сильный человек 2. действенный, убедительный; ~ argument убедительный довод

force in [ˈfɔːsˈɪn] phr v 1. продавить; вдавить 2. проложить себе путь, пробиться

force-land [ˈfɔːslænd] v ав. делать, совершать вынужденную посадку

forceless [ˈfɔːslɪs] a бессильный; feeble heart and ~ hand трусливое сердце и слабая рука; ≅ и немощен и труслив

force majeure [ˌfɔːsmæˈʒɜː] фр. 1) непреодолимая сила 2) юр. форс-мажор, непредвиденные обстоятельства; стихийная сила (наводнение и т. п.)

forcemeat [ˈfɔːsmiːt] n фарш

force out [ˈfɔːsˈaʊt] phr v 1. вытеснять 2. выдавливать; to ~ a few words of congratulation с трудом выдавить из себя слова поздравления

forceps [ˈfɔːseps, -sɪps] n (pl без измен., тж. -es [-ɪz]) 1. 1) хирургические щипцы 2) пинцет 3) клещи 2. анат. форцепс

force-pump [ˈfɔːspʌmp] n тех. нагнетательный насос

forcer [ˈfɔːsə] n 1. см. force II + -er 2. садовод или овощевод закрытого грунта 3. тех. 1) поршень (насоса, компрессора) 2) небольшой насос

force together [ˈfɔːstəˈgeðə] phr v прижимать, спрессовывать

force up [ˈfɔːsˈʌp] phr v повышать; взвинчивать (цены и т. п.); to ~ prices взбивать цены; the cost of living was forced up стоимость жизни резко возросла

forcible [ˈfɔːsəb(ə)l] a 1. насильственный, принудительный; ~ entry насильственное вторжение; police had to make a ~ entry полиции пришлось взломать дверь; ~ abduction похищение; насильственное задержание 2. сильный, убедительный, впечатляющий; ~ speaker красноречивый оратор; ~ argument сильный /неопровержимый/ довод

forcibly [ˈfɔːsəblɪ] adv 1. насильственно, принудительно; he was ~ held without good reason он был насильственно задержан без всякого основания 2. сильно, ярко, убедительно; ~ expressed ideas ярко выраженные мысли

forcing [ˈfɔːsɪŋ] n 1. насилие, принуждение; the ~ of an answer попытка заставить отвечать 2. тепличная выгонка (растений) 3. тех. форсаж; форсирование (режима и т. п.) 4. воен. форсирование (водного рубежа и т. п.)

forcing-bed [ˈfɔːsɪŋbed] n парник

forcing crop [ˈfɔːsɪŋkrɒp] с.-х. выгоночная культура

forcing-engine [ˈfɔːsɪŋˌendʒɪn] n спец. пожарная машина

forcing-house [ˈfɔːsɪŋhaʊs] n помещение для выгонки (растений); теплица

forcing-pump [ˈfɔːsɪŋpʌmp] = force-pump

forcipate [ˈfɔːsɪpeɪt] a бот., зоол. сходный с форцепсом, расщеплённый, вильчатый

forclose [fɔ:'kləʊz] = foreclose
Ford [fɔ:d] *n амер.* 1. *разг.* форд (*автомобиль*) 2. (*f.*) *сл.* 1) последний крик моды, популярная модель (*платья и т. п.*) 2) дешёвое платье, скопированное с дорогой модели
ford I [fɔ:d] *n* 1. брод 2. *арх., поэт.* поток, река
ford II [fɔ:d] *v* переходить вброд
fordable ['fɔ:dəb(ə)l] *a* 1) переходимый вброд 2) способный преодолевать броды (*об автомобиле, тракторе*)
fordid [fɔ:'dɪd] *past от* fordo
fording ['fɔ:dɪŋ] *n* переправа вброд
fordless ['fɔ:dlɪs] *a* глубокий, непереходимый вброд
fordo [fɔ:'du:] *v арх.* (fordid; fordone) 1. уничтожить, убить 2. погубить; разорить; разрушить
fordone I [fɔ:'dʌn] *a арх.* измученный, крайне усталый
fordone II [fɔ:'dʌn] *p. p. от* fordo
fore I [fɔ:] *n* 1. *мор.* нос, носовая часть; at the ~ на фок-стеньге, на фок-мачте 2. передняя часть, перёд; to the ~ впереди, на переднем плане, на видном месте; to come to the ~ а) выступать, выдвигаться вперёд; б) пробудиться, проснуться (*о сомнениях, опасениях*); в) предстать перед глазами; открыто появляться; г) всплывать (*о вопросе и т. п.*); д) *спорт.* выйти на первое место
◇ to be at the ~ а) поблизости, под рукой; б) в наличности (*преим. о деньгах*); в) (ещё) живой; [*см. тж.* 2]
fore II [fɔ:] *a* 1. передний; the ~ part of a gown перёд платья; the ~ part of a train головная часть поезда 2. *мор.* носовой; ~ bridge носовой мостик
fore III [fɔ:] *adv мор.* в носовой части, впереди; ~ and aft на носу и на корме; вдоль всего судна, по всей длине судна
fore IV [fɔ:] *int* эй, впереди! (*предупреждающий окрик; в гольфе*)
fore- [fɔ:-] *pref* 1. образует существительные со значением нечто, расположенное впереди; передняя часть; нечто, предшествующее чему-л.: forearm предплечье; forecourt передний двор; forename личное имя; forepleasure волнение в предчувствии удовольствия 2. [fɔ:-, fə-] встречается в глаголах со значением действие, предшествующее чему-л.: forecast предсказывать; forego предшествовать; foresee предвидеть
fore-action ['fɔ:(r),ækʃ(ə)n] *n* движение передних ног лошади
fore-and-aft [,fɔ:(r)ənd'ɑ:ft] *a мор.* продольный; ~ sail косой парус; ~-rigged с косым парусным вооружением
◇ ~ cap *воен.* пилотка
fore-and-after [,fɔ:(r)ənd'ɑ:ftə] *n мор.* 1) судно с косым парусным вооружением 2) шхуна
forearm¹ [,fɔ:r'ɑ:m] *n* предплечье; рука (*от кисти до локтя*); ~ balance *спорт.* стойка на предплечьях
forearm² [,fɔ:r'ɑ:m] *v* заранее вооружаться
forebear ['fɔ:beə] *n* (*обыкн. pl*) 1. предок 2. предшественник
forebode [fɔ:'bəʊd] *v* 1. предвещать, служить предзнаменованием; the sky ~s a storm небо предвещает грозу 2. предчувствовать, иметь (дурные) предчувствия; to ~ disaster предчувствовать беду
forebodement [fɔ:'bəʊdmənt] *n книжн.* дурное предчувствие
foreboding [fɔ:'bəʊdɪŋ] *n книжн.* 1. дурное предзнаменование; предвестник несчастья 2. (дурное) предчувствие; I had a ~ that smth. would happen у меня было предчувствие, что что-то случится
forebodingly [fɔ:'bəʊdɪŋlɪ] *adv* 1. зловеще; предвещая несчастье; the bell was tolling ~ зловеще звонил колокол 2. тревожно; his heart sank ~ его сердце сжала тревога
fore-body ['fɔ:,bɒdɪ] *n* 1. *мор.* передняя часть корпуса судна, торпедо 3. *ав.* носовая часть самолёта *или* ракеты
forebrain ['fɔ:breɪn] *n анат.* передний мозг, прозэнцефалон
fore-cabin ['fɔ:,kæbɪn] *n* 1) каюта в носовой части судна 2) пассажирское помещение 2-го класса (*на торговом судне*)
forecast I ['fɔ:kɑ:st] *n* 1. прогноз; предсказание; weather ~ прогноз погоды; a ~ of the population in 2000 A. D. прогноз численности населения в 2000 г.; a ~ of next year's trade прогноз торговли на будущий год 2. *редк.* предвидение
forecast II ['fɔ:kɑ:st] *v* (forecast, forecasted [-ɪd]) 1. предсказывать, делать прогноз, прогнозировать; to ~ weather предсказывать погоду; to ~ the future предсказывать будущее; to ~ the winner of a competition предсказывать /делать прогноз относительно/ победителя соревнования 2. служить предзнаменованием, предвещать; these clouds ~ storm эти облака предвещают бурю 3. предусматривать (*в плане и т. п.*); заранее готовиться (*к чему-л.*)
forecaster ['fɔ:,kɑ:stə] *n* 1. *см.* forecast II + -er 2. предсказатель; прогнозист 3. синоптик
forecasting ['fɔ:,kɑ:stɪŋ] *n* предсказание, прогноз
forecastle ['fəʊks(ə)l] *n мор.* бак; полубак; баковая надстройка
forecastle deck ['fəʊks(ə)ldek] *мор.* палуба бака
fore-check ['fɔ:tʃek] *v* принудить игрока отступить в его зоне защиты (*хоккей*)
forecited [fɔ:'saɪtɪd] *a книжн.* вышеупомянутый; приведённый выше
foreclose [fɔ:'kləʊz] *v* 1. *книжн.* исключать 2. *юр.* 1) лишать права пользования 2) лишать права выкупа заложенного имущества 3. предрешать (*вопрос и т. п.*); to attempt to ~ discussion попытаться предрешить результаты обсуждения
foreclosure [fɔ:'kləʊʒə] *n юр.* лишение должника права выкупа заложенного имущества
foreconscious [fɔ:'kɒnʃəs] *a психол.* предсознательный
forecourt ['fɔ:kɔ:t] *n* 1. передний двор 2. *спорт.* передняя часть теннисной площадки
forecrop ['fɔ:krɒp] *n с.-х.* предшественник (в севообороте), предшествующая культура
foredate [fɔ:'deɪt] *v* датировать задним, более ранним числом
foredated [fɔ:'deɪtɪd] *a* датированный задним, более ранним числом
foredestine [fɔ:'destɪn] *v книжн.* предопределять
foredoom I [fɔ:'du:m] *n книжн.* предопределение, судьба
foredoom II [fɔ:'du:m] *v книжн.* 1. предопределять, предрешать судьбу; обрекать; the attempt was ~ed to failure попытка была обречена на провал 2. *редк.* предсказывать судьбу
fore edge ['fɔ:redʒ] *полигр.* 1) передний обрез (*книги*) 2) передней поле страницы
fore-end ['fɔ:rend] *n воен.* цевьё ложи
forefather ['fɔ:,fɑ:ðə] *n преим. pl* предок, праотец
◇ Forefathers' Day *амер.* годовщина высадки первых английских колонистов на американском берегу
forefeel [fɔ:'fi:l] *v редк.* предчувствовать

forefeeling [fɔ:'fi:lɪŋ] *n редк.* предчувствие
forefend [fɔ:'fend] = forfend
forefield ['fɔ:fi:ld] *n* 1. *воен.* предполье 2. *горн.* действующий, передовой забой
forefinger ['fɔ:,fɪŋgə] *n* указательный палец
forefoot ['fɔ:fʊt] *n* 1. передняя нога, передняя лапа 2. *мор.* нижняя часть форштевня
forefront ['fɔ:frʌnt] *n* 1. 1) перёд; передняя часть 2) передний край, центр деятельности; in the ~ of the battle на передовой линии 2. первый план; важнейшее место; to be in the ~ of the peace movement быть в авангарде борьбы за мир
◇ to bring to /to place in/ the ~ выдвигать на первый план
foregather [fɔ:'gæðə] = forgather
forego [fɔ:'gəʊ] *v* (forewent; foregone) 1. предшествовать 2. = forgo
foregoer [fɔ:'gəʊə] *n* 1. предшественник; предок 2. 1) идущий впереди, вожак 2) пример, образец
foregoing [fɔ:'gəʊɪŋ] *a* предшествующий, вышеупомянутый; the ~ description предшествующее описание
foregone I [fɔ:'gɒn] *a* 1. предрешённый, неизбежный; ~ conclusion а) предвзятое мнение; заранее принятое решение; б) неизбежный результат 2. прежний, прошлый
foregone II [fɔ:'gɒn] *p. p. от* forego
foreground I ['fɔ:graʊnd] *n* 1. передний план (*картины*); авансцена 2. видное положение; to be /to keep oneself/ in the ~ быть /держаться/ на виду /на переднем плане/ 3. *воен.* предполье
foreground II ['fɔ:graʊnd] *a вчт.* приоритетный; ~ process приоритетный процесс
foreground III ['fɔ:graʊnd] *v лингв.* актуализировать
foregrounding ['fɔ:graʊndɪŋ] *n лингв.* выдвижение, актуализация, эмфаза
forehand I ['fɔ:hænd] *n* 1. передняя часть корпуса лошади 2. *арх.* расположение, положение в передней *или* верхней части; выгодное положение 3. удар справа (*теннис*)
forehand II ['fɔ:hænd] *a* 1. находящийся впереди, в передней части 2. ведущий, занимающий видное место 3. заблаговременный 4. справа (*об ударе в теннисе*)
forehanded [fɔ:'hændɪd] *a* 1. своевременный, заблаговременный; ~ care а) своевременная забота; б) своевременное лечение 2. *амер.* 1) предусмотрительный, запасливый, бережливый, рачительный 2) зажиточный; a ~ farmer зажиточный фермер 3. нанесённый справа (*об ударе в теннисе*)
forehead ['fɒrɪd, 'fɔ:hed] *n* 1. лоб; high [low, broad, retreating] ~ высокий [низкий, широкий, покатый] лоб; the ~ of a thinker лоб мыслителя; to bathe one's ~ смачивать лоб водой, делать примочки; to cool /to refresh/ smb.'s ~ класть кому-л. холод на голову 2. передняя часть (*чего-л.*) 3. *горн.* передовой забой
fore-hearth ['fɔ:hɑ:θ] *n тех.* 1) передний горн, копильник, скоп (*вагранки*) 2) подогреватель, форкамера
forehold ['fɔ:həʊld] *n мор.* носовой трюм
forehoof ['fɔ:hu:f] *n* переднее копыто
fore-horse ['fɔ:hɔ:s] *n* выносная лошадь, передняя лошадь (*в упряжке*)
◇ to ride the ~ быть впереди, играть

foreign ['fɒrɪn] *a* 1. 1) иностранный, чужеземный; заграничный, зарубежный; ~ language иностранный язык; ~ customs чужеземные обычаи; a person of ~ birth уроженец иностранного государства; goods of ~ make товары, произведённые заграницей; иностранные /чужеземные/ товары 2) внешний, иностранный; ~ minister министр иностранных дел; ~ trade внешняя торговля; ~ news зарубежные новости; сообщения из-за границы; ~ periodical зарубежное периодическое издание; outgoing [incoming] ~ mail почта за границу [из-за границы] 2. незнакомый, чужой; the name was ~ to me это имя было мне незнакомо 3. (to) чуждый, несоответствующий; ~ to the purpose не соответствующий данной цели; the question is ~ to the matter in hand вопрос не относится к рассматриваемому делу; deceit is ~ to his nature обман несвойствен его натуре 4. *спец.* чужеродный, инородный; привнесённый, посторонний; ~ substance примесь ◊ ~ attachment *юр.* арест имущества иностранца (*в обеспечение сделанных им в Англии долгов*); ~ letter-paper тонкая почтовая бумага

foreign affairs [,fɒrɪnə'feəz] международные отношения; область внешней политики

foreign aid [,fɒrɪn'eɪd] помощь иностранным государствам (*особ. экономическая*)

Foreign and Commonwealth Office [,fɒrɪnən(d)'kɒmənwelθ,ɒfɪs] Министерство иностранных дел и по делам Содружества (*в Великобритании*)

foreign balance [,fɒrɪn'bæləns] платёжный баланс

foreign bill [,fɒrɪn'bɪl] 1. иностранный вексель (*выписанный в одной стране и оплаченный в другой*) 2. *амер.* вексель, выписанный в одном штате и оплаченный в другом

foreign body [,fɒrɪn'bɒdɪ] 1) инородное тело 2) примесь 3) нечто чуждое, нежелательное *или* ненужное

foreign-born [,fɒrɪn'bɔ:n] *a* родившийся за границей; a ~ American citizen натурализованный гражданин США

foreign correspondent ['fɒrɪn,kɒrɪ'spɒnd(ə)nt] иностранный корреспондент; журналист, работающий за рубежом

foreign deficit [,fɒrɪn'defɪsɪt] дефицит платёжного баланса, отрицательный платёжный баланс

foreigner ['fɒrɪnə] *n* 1. иностранец; чужеземец; his speech marked him for a ~ его речь обличала в нём иностранца 2. *шутл.* чужой, посторонний (человек); I'm a ~ in these parts я чужой в этих краях; ≅ я нездешний 3. *разг.* 1) животное *или* растение, не встречающееся в данной местности *и т. п.* 2) иностранный корабль

foreign exchange [,fɒrɪnɪks'tʃeɪndʒ] *фин.* 1. 1) иностранная валюта 2) курс иностранной валюты (*тж.* ~ rate) 2. иностранная фондовая биржа

foreignism ['fɒrɪnɪz(ə)m] *n* 1. 1) лингв. варваризм 2) чужеземный обычай 2. подражание иностранному

foreign legion [,fɒrɪn'li:dʒ(ə)n] *ист.* иностранный легион

foreignness ['fɒrɪnnɪs] *n книжн.* 1. иностранное происхождение; sometimes he exaggerated his ~ by speech and manner иногда в речи и манерах он нарочито подчёркивал своё иностранное происхождение 2. чуждость, несвойственность; ~ to the customs of the country несоответствие обычаям страны

Foreign Office ['fɒrɪn,ɒfɪs] Форин оффис, Министерство иностранных дел (*Великобритании; официально — до 1968 г.*) [*см. тж.* Foreign and Commonwealth Office]

foreign-owned [,fɒrɪn'əʊnd] *a* принадлежащий иностранным владельцам; to nationalize ~ companies национализировать иностранные компании

foreign policy [,fɒrɪn'pɒlɪsɪ] внешняя политика

foreign relations [,fɒrɪnrɪ'leɪʃ(ə)nz] 1) международные отношения 2) внешние сношения

Foreign Secretary [,fɒrɪn'sekrət(ə)rɪ] министр иностранных дел

foreign service [,fɒrɪn'sɜ:vɪs] 1) дипломатическая служба 2) *амер.* заграничная служба (*в посольствах и консульствах*) 3) *воен.* служба за границей

fore-intend [,fɔ:rɪn'tend] *v книжн.* преднамереваться, намереваться заранее

forejudge [fɔ:'dʒʌdʒ] *v* предрешать исход, предопределять; принимать предвзятое решение

forejudgement [fɔ:'dʒʌdʒmənt] *n* решение, принятое заранее; предвзятое решение

foreknew [fɔ:'nju:] *past от* foreknow

foreknow [fɔ:'nəʊ] *v* (foreknew; foreknown) знать заранее, предвидеть

foreknowledge [fɔ:'nɒlɪdʒ] *n* предвидение

foreknown [fɔ:'nəʊn] *p. p. от* foreknow

forel ['fɒrəl] *n* 1. толстый, переплётный пергамент 2. бордюр, кайма

foreland ['fɔ:lənd] *n* 1. мыс, выступ, коса 2. прибрежная полоса 3. *геол.* предгорье, фронтальная область, форланд

foreleg ['fɔ:leg] *n* передняя нога или лапа

forelock¹ ['fɔ:lɒk] *n* 1) завиток или прядь волос на лбу; вихор 2) чёлка (*лошади*) ◊ to take time /occasion/ by the ~ действовать немедленно; воспользоваться случаем, использовать благоприятный момент; to touch one's ~ to smb. почтительно приветствовать кого-л. (*особ. помещика, хозяина и т. п.*)

forelock² I ['fɔ:lɒk] *n тех.* чека; шплинт

forelock² II ['fɔ:lɒk] *v тех.* зашплинтовывать

foreman ['fɔ:mən] *n* (*pl* -men [-mən]) 1. *юр.* старшина присяжных 2. 1) мастер; старший рабочий; десятник; прораб (*тех.*) 2) *горн.* штейгер

foremast ['fɔ:ma:st] *n мор.* фок-мачта; ~ hand /seaman/ матрос

fore-mention [fɔ:'menʃ(ə)n] *v книжн.* упоминать ранее, выше

fore-mentioned [fɔ:'menʃ(ə)nd] *a книжн.* вышеупомянутый

foremilk ['fɔ:mɪlk] *n физиол.* молозиво, «первое молоко»

foremost I ['fɔ:məʊst] *a* 1. передний, передовой, первый 2. 1) основной, главный; the ~ troops of an army a) *воен.* передовые подразделения; б) отборные части армии 2) выдающийся; the ~ statesman of his age выдающийся государственный деятель своего века

foremost II ['fɔ:məʊst] *adv* 1) вперёд; head ~ головой вперёд 2) прежде всего, во-первых (*чаще* first and ~)

foremother ['fɔ:,mʌðə] *n* праматерь

forename ['fɔ:neɪm] *n* имя (*в отличие от фамилии*)

forenamed ['fɔ:neɪmd] *a* вышеназванный

forenight ['fɔ:naɪt] *n шотл.* время между сумерками и отходом ко сну

forenoon ['fɔ:nu:n] *n* время от восхода солнца до полудня, предполуденное время; утро

forensic [fə'rensɪk, -zɪk] *a* судебный; ~ eloquence судебное красноречие; ~ medicine [psychiatry] судебная медицина [психиатрия]; ~ wig судейский парик

foreordain [,fɔ:rɔ:'deɪn] *v книжн.* предопределять; he was ~ed to success /to succeed/ ему было суждено преуспеть

foreordination [,fɔ:rɔ:dɪ'neɪʃ(ə)n] *n книжн.* предопределение

forepart ['fɔ:pa:t] *n* 1. передняя часть (*чего-л.*), перёд 2. первый, более ранний период (*времени*); начало

forepaw ['fɔ:pɔ:] *n* передняя лапа

foreplay ['fɔ:pleɪ] *n* эротическое стимулирование (*до полового акта*)

forequarter [fɔ:'kwɔ:tə] *n* передняя четвертина (*мясной туши*)

fore-quoted [fɔ:'kwəʊtɪd] *a* цитированный выше; приведённый ранее

foreran [fɔ:'ræn] *past от* forerun¹

forereach [fɔ:'ri:tʃ] *v преим. мор.* 1. обогнать 2. получить преимущество 3. предвосхитить

foreright(s) [fɔ:'raɪt(s)] *a редк.* 1. выступающий прямо вперёд 2. *диал.* 1) своевольный, упрямый 2) прямой, прямолинейный (*о людях*)

forerun¹ [fɔ:'rʌn] *v* (foreran; forerun) 1. предшествовать 2. предвещать

forerun² ['fɔ:rʌn] *n* пробное прохождение (*лыжный спорт*)

forerunner ['fɔ:,rʌnə] *n* 1. предшественник; предтеча 2. предвестник; heavy clouds, the ~s of a storm тяжёлые тучи, предвещающие бурю 3. вестник, герольд

foresaddle ['fɔ:,sædl] *n* передок бараньей или телячьей туши

foresaid [fɔ:'sed] = aforesaid

foresail ['fɔ:s(ə)l, -seɪl] *n мор.* фок

foresaw [fɔ:'sɔ:] *past от* foresee

foresee [fɔ:'si:] *v* (foresaw; foreseen) предвидеть; знать заранее; to ~ trouble предвидеть неприятности; to ~ the result of smth. предугадать результаты чего-л.; to ~ an accident [a catastrophe] предвидеть несчастье [катастрофу]

foreseeable [fɔ:'si:əb(ə)l] *a* предвидимый заранее; предсказуемый; a ~ accident несчастный случай, который можно было предвидеть /которого можно было ожидать/

foreseeing [fɔ:'si:ɪŋ] *a* 1) предвидящий, знающий заранее 2) предусмотрительный

foreseeingly [fɔ:'si:ɪŋlɪ] *adv* 1) предвидя, зная заранее; ~ that... в предвидении того, что... 2) предусмотрительно

foreseen [fɔ:'si:n] *p. p. от* foresee

foreseer [fɔ:'si:ə] *n* 1. *см.* foresee + -er 2. предусмотрительный, дальновидный человек

foreshadow I ['fɔ:,ʃædəʊ] *n* предзнаменование

foreshadow II [fɔ:'ʃædəʊ] *v* 1. предвещать; служить предзнаменованием; present trends ~ future events нынешние тенденции предопределяют будущие события 2. *редк.* предчувствовать (*дурное*)

foreshank ['fɔ:ʃæŋk] *n кул.* рулька, передняя голяшка

foreship ['fɔ:ʃɪp] *n мор.* носовая часть корабля

foreshock ['fɔ:ʃɒk] *n* предвестник землетрясения; предварительный сейсмический толчок

foreshore ['fɔ:ʃɔ:] *n* береговая полоса, затопляемая во время прилива

foreshorten [fɔː'ʃɔːtn] v 1. 1) чертить в перспективе или в ракурсе 2) видеть что-л. в перспективе, в ракурсе, сбоку 2. укорачивать, делать более компактным

foreshow [fɔː'ʃəu] v (foreshowed [-d]; foreshown, foreshowed) предсказывать, предвещать; to ~ the future предсказывать будущее

foreshown [fɔː'ʃəun] p. p. от foreshow

foreside ['fɔːsaid] n 1. 1) фасад, передняя сторона 2) верхняя часть (чего-л.) 2. амер. = foreshore

foresight ['fɔːsait] n 1. предвидение; дар предвидения 2. предусмотрительность; his ~ saved him его спасла предусмотрительность; want of ~ непредусмотрительность, недальновидность; failure due to lack of ~ неудача, вызванная недостаточной прозорливостью 3. воен. мушка

foresighted ['fɔːsaitid] a 1. обладающий даром предвидения 2. предусмотрительный, прозорливый

foresignify [fɔː'signifai] v редк. предвещать, указывать заранее

foreskin ['fɔːˌskin] n анат. крайняя плоть

forespeak [fɔː'spiːk] v (forespoke; forespoken) преим. амер. 1. предсказывать; говорить заранее 2. заранее договариваться (о чём-л.), резервировать (что-л.); all rooms were forespoken weeks ago все комнаты /номера/ были забронированы много недель назад

forespoke [fɔː'spəuk] past от forespeak

forespoken [fɔː'spəukən] p. p. от forespeak

forest I ['fɒrist] n 1. 1) лес; pine ~ сосновый бор; oak ~ дубрава; tropical ~ тропический лес; to lose oneself in the ~ заблудиться в лесу; to plant [to thin] a ~ сажать [прореживать] лес; bog ~ лесное болото; ~ range лесной участок; лесной массив; ~ hygienics лес. оздоровление леса 2) лес, масса (чего-л. стоящего); a ~ of masts [of chimneys, of spears] образн. лес мачт [труб, копий]; a ~ of hands shot up поднялся лес рук 2. охотничий заповедник

forest II ['fɒrist] v сажать лес

forestage ['fɔːsteidʒ] n театр. авансцена

forestall [fɔː'stɔːl] v 1. 1) предупреждать; to ~ disaster предупредить несчастье 2) предвосхищать, опережать 2. скупать товары или препятствовать их поступлению на рынок с целью повышения цен

forestalling [fɔː'stɔːliŋ] n 1. 1) предупреждение 2) предвосхищение, опережение 2. скупка товаров заранее с целью контроля цен

forestation [ˌfɒrɪ'steɪʃ(ə)n] n облесение; лесонасаждение

forest cover [ˌfɒrɪst'kʌvə] 1. 1) подлесок 2) лесная подстилка 2. лесонасаждение

forester ['fɒrɪstə] n 1. лесник 2. лесничий 3. лесовод 4. обитатель леса 5. 1) лесная птица или лесное животное 2) = forest tree 6. австрал. зоол. гигантский кенгуру (Macropus giganteus)

forest floor ['fɒrɪstflɔː] лес. лесная почва; мёртвый травянистый покров и гумус

forest-fly ['fɒrɪstflaɪ] n энт. клещ (Hippobosca equina)

forest green [ˌfɒrɪst'griːn] травянисто-зелёный цвет

forestland ['fɒrɪstlænd] n 1) лесная площадь, лесной массив 2) площадь, отведённая для лесонасаждения

forest management [ˌfɒrɪst'mænɪdʒmənt] лесное хозяйство

forest mensuration [ˌfɒrɪst,menʃə'reɪʃ(ə)n] лес. дендрометрия

forest nursery [ˌfɒrɪst'nɜːs(ə)rɪ] лесопитомник

forest regulation [ˌfɒrɪst,regju'leɪʃ(ə)n] 1) лесоустройство 2) лесное законодательство

forest shelterbelt [ˌfɒrɪst'ʃeltəbelt] полезащитная лесная полоса

forest stand [ˌfɒrɪst'stænd] лес. 1) древостой 2) полнота насаждения

fore-stomach [fɔː'stʌmək] n 1. энт. преджелудок 2. зоол. железистый желудок (у птиц)

forest ranger [ˌfɒrɪst'reɪndʒə] преим. амер. 1) лесник, лесной объездчик 2) лесничий

forestry ['fɒrɪstrɪ] n 1. 1) лесоводство; лесное хозяйство 2) лесничество 2. редк. лесной массив

forest surveying [ˌfɒrɪstsɜː'veɪɪŋ] лесоустройство; инвентаризация лесов

forest tree ['fɒrɪstˌtriː] высокоствольное дерево, лесная порода (в отличие от садовых пород)

forest valuation ['fɒrɪst,væljuˈeɪʃ(ə)n] таксация леса

foreswear [fɔː'sweə] = forswear

foreswing [fɔː'swɪŋ] n мах вперёд (гимнастика)

foretaste I ['fɔːteɪst] n предвкушение; to get a ~ of smth. получить представление о чём-л.; I had a ~ of my present sufferings some years ago несколько лет тому назад мне довелось испытать слабое подобие моих нынешних страданий

foretaste II [fɔː'teɪst] v предвкушать; представлять заранее

foretell [fɔː'tel] v (foretold) предсказывать; предвещать; to ~ smb.'s future предсказывать кому-л. судьбу

foreteller [fɔː'telə] n предсказатель

forethought I ['fɔːθɔːt] n 1. продуманность, обдуманность; преднамеренность; a crime of ~ преднамеренное преступление 2. предусмотрительность; the success was due to his foresight and ~ он добился успеха благодаря проницательности и предусмотрительности; he had the ~ to bring his raincoat он предусмотрительно взял с собой плащ 3. попечение, забота; full of ~ заботливый

forethought II ['fɔːθɔːt] a редк. задуманный, продуманный заранее; преднамеренный

forethoughtful [fɔː'θɔːtf(ə)l] a 1) предусмотрительный 2) заботливый

foretime ['fɔːtaɪm] n книжн. прошедшие времена; прошлое

foretoken I ['fɔːˌtəukən] n предзнаменование, предвестие; a ~ of disaster предвестник несчастья

foretoken II [fɔː'təukən] v предвещать; to ~ good luck предвещать удачу

foretold [fɔː'təuld] past и p. p. от foretell

fore-tooth ['fɔːtuːθ] n (pl -teeth [-tiːθ]) 1. обыкн. pl передний зуб 2. pl арх. молочные зубы

foretop ['fɔːtɒp] n 1. = forelock[1] 2) 2. мор. фор-марс

foretype ['fɔːtaɪp] n прообраз

forevacuum ['fɔːˌvækju(ə)m] n тех. форвакуум, предварительный вакуум

forever I [fə'revə] n вечность

forever II [fə'revə] adv 1. навсегда, навечно, навеки; ~ and ever на веки вечные 2. беспрестанно; the little boy is ~ asking questions мальчуган непрерывно задаёт вопросы
◇ ~ and a day преим. шутл. навеки; ~ and aye арх. во веки веков

forever III [fə'revə] int да здравствует!, виват!

FOR — FOR F

forevermore [fəˌrevə'mɔː] adv возвыш. навсегда, на веки вечные

foreverness [fə'revənɪs] n вечность

forewarn [fɔː'wɔːn] v предостерегать ◇ ~ed, forearmed, ~ed is forearmed посл. кто предостережён, тот вооружён

forewent [fɔː'went] past от forego

forewheel ['fɔːwiːl] n авт. переднее колесо

forewoman ['fɔːˌwumən] n (pl -women [-ˌwɪmɪn]) 1. юр. женщина-старшина присяжных 2. женщина-десятник; женщина-мастер

foreword ['fɔːwɜːd] n предисловие, введение

forfeit I ['fɔːfɪt] n 1. 1) штраф; to pay the ~ уплачивать штраф; неустойка (тж. ~ penalty) 2) расплата (обыкн. за проступок); his life was the ~ for his carelessness он поплатился жизнью за свою беспечность; some scientists have paid the ~ of their lives in the cause of knowledge есть учёные, которые отдали жизнь за дело науки 2. 1) конфискация; наложение штрафа; лишение права (на что-л.); the ~ of civil rights лишение гражданских прав 2) потеря права (на что-л. в результате проступка) 3) конфискованная вещь 3. 1) фант 2) pl игра в фанты (тж. game of ~s)

forfeit II ['fɔːfɪt] a predic конфискованный; property ~ (in)to the state имущество, конфискованное государством

forfeit III ['fɔːfɪt] v 1. лишаться (чего-л.), утрачивать (что-л.); поплатиться (чем-л. за проступок, преступление); to ~ one's property лишиться имущества (в результате конфискации); to ~ one's life поплатиться жизнью; to ~ liberty лишиться свободы; he ~ed his driving licence у него отобрали водительские права 2. лишаться права, утрачивать право (на что-л.); to ~ smb.'s confidence лишаться /не оправдывать/ чьего-л. доверия; to ~ one's honour запятнать свою репутацию; to ~ a point спорт. потерять очко (за отказ от игры или за неявку)

forfeitable ['fɔːfɪtəb(ə)l] a подлежащий конфискации, штрафу и т. п. [см. тж. forfeiture]

forfeiture ['fɔːfɪtʃə] n 1) потеря, утрата (прав, имущества, должности); the ~ of one's good name утрата доброго имени 2) лишение (прав, имущества, должности) 3) конфискация; the ~ of property конфискация имущества

forfend [fɔː'fend] v 1. преим. амер. предохранять, оберегать 2. арх. отвращать; God ~! боже упаси!

forfoughten [fɔː'fɔːtn] a шотл. утомлённый битвой

forgather [fɔː'gæðə] v 1. собираться; to ~ with friends собираться в дружеском кругу 2. встречаться (случайно) 3. объединяться, держаться вместе

forgave [fə'geɪv] past от forgive

forge¹ I [fɔːdʒ] n 1. кузница; to work in /at/ a ~ работать в кузнице; the brain is a ~ of ideas образн. мозг — кузница идей 2. (кузнечный) горн

forge¹ II [fɔːdʒ] v 1. ковать; to ~ iron [steel] ковать железо [сталь]; to ~ an anchor выковать якорь 2. 1) подделывать, фальсифицировать; to ~ smb.'s signature [a cheque] подделать чью-л. подпись [чек] 2) совершать подлог 3) сочинять, измышлять; фабриковать 3. редк. выдумывать, изобретать; to ~ a scheme придумать план

forge² [fɔːdʒ] v 1. (часто ~ ahead) медленно или с трудом продвигаться

803

вперёд; he is forging ahead of all his rivals он постепенно опережает всех своих соперников; business is beginning to ~ ahead again дело снова начинает потихоньку двигаться вперёд; to ~ through dense underbrush продираться сквозь густой кустарник 2. выдвигаться на первое место; the horse ~d into the lead эта лошадь вырвалась вперёд

forgeability [ˌfɔːdʒəˈbɪlɪtɪ] *n тех.* ковкость

forgeable [ˈfɔːdʒəb(ə)l] *a* ковкий, тягучий

forge-fire [ˈfɔːdʒˌfaɪə] *n* кузнечный горн

forge-man [ˈfɔːdʒmən] *n* (*pl* -men [-mən]) кузнец

forge-pig [ˈfɔːdʒˌpɪg] *n* пудлинговый чугун

forger [ˈfɔːdʒə] *n* 1. 1) подделыватель (*документа, подписи*); лицо, совершающее подлог 2) фальшивомонетчик 3) сочинитель; лжец; фальсификатор 2. кузнец; iron ~ кузнец; fork ~ мастер, изготовляющий вилки

forgery [ˈfɔːdʒ(ə)rɪ] *n* 1. подлог; подделка (*документов, денег и т. п.*) 2. 1) поддельная подпись, поддельный документ *и т. п.*; the testimonial is a ~ это свидетельство фальшивое 2) *что-л.* подложное, поддельное; the letter was later found to be a ~ письмо впоследствии оказалось фальшивкой 3. *поэт.* выдумка, вымысел

forget [fəˈget] *v* (forgot; forgotten) 1. забывать, не помнить; don't ~ about it не забудьте об этом; you must not ~ that... вы должны помнить, что...; I forgot how to do it я забыл, как это делается; I always ~ dates я никогда не помню дат; never to be forgotten незабываемый 2. 1) упустить (из виду); to ~ to do smth. забыть сделать что-л.; the following names were forgotten in drawing up the list при составлении списка были пропущены следующие имена 2) пренебречь, не оценить должным образом; to ~ one's duties небрежно относиться к своим обязанностям; to ~ old friends забывать старых друзей; don't ~ the waiter не забудь официанта; ≅ дай официанту на чай 3) забыть (где-л.), оставить; to ~ one's keys забыть ключи (дома)
◊ to ~ oneself а) забывать о себе, думая только о других; б) забываться, вести себя неподобающим образом; в) забываться, терять сознание; ~ it! а) не стоит об этом говорить!, не за что!; не стоит благодарности!; б) (тогда) нам не о чём больше говорить; ≅ разговор кончен; ≅ всё равно не договоримся; eaten bread is soon forgotten *посл.* забыть хлеб-соль; ≅ добро быстро забывается

forgetful [fəˈgetf(ə)l] *a* 1. забывчивый; рассеянный; grandmother has become ~ бабушка стала забывчивой; he is ~ of things он всё забывает; он очень рассеян 2. небрежный, беззаботный; to be ~ of one's responsibilites небрежно относиться к своим обязанностям 3. *поэт.* приносящий забвение

forgetfulness [fəˈgetf(ə)lnɪs] *n* 1. забывчивость; to suffer from ~ быть забывчивым, страдать (*обязанностями*), забвение (*долга и т. п.*) 3. *поэт.* забвение; to save from ~ спасти от забвения

forgetive [ˈfɔːdʒɪtɪv] *a редк.* изобретательный; творческий

forget-me-not [fəˈgetmɪˌnɒt] *n* 1. *бот.* незабудка (*Myosotis palustris*) 2. светло-голубой цвет (*тж.* ~ blue)

forgettable [fəˈgetəb(ə)l] *a* легко забывающийся

forgettery [fəˈget(ə)rɪ] *n редк.* забывчивость, плохая память

forging [ˈfɔːdʒɪŋ] *n метал.* 1) ковка 2) поковка; ~ press кузнечный пресс

forgivable [fəˈgɪvəb(ə)l] *a* простительный

forgive [fəˈgɪv] *v* (forgave; forgiven) 1. прощать; to ~ smb. smth. прощать кому-л. что-л.; to ~ smb. for smth. прощать кого-л. за что-л.; to ~ an offence прощать обиду; he is not a man who easily ~s он не из тех, кто легко прощает (обиды) 2. 1) прощать, не взыскивать, отказываться; to ~ a debt прощать долг, отказываться от получения долга 2) *рел.* оставлять (грехи *и т. п.*); ~ our tresspasses остави нам долги наша

forgiven [fəˈgɪvən] *p. p. от* forgive

forgiveness [fəˈgɪvnɪs] *n* 1. прощение; to beg to ask for/ ~ просить прощения; to grant ~ даровать прощение 2. снисходительность, всепрощение; in the mood of ~ в снисходительном настроении; full of ~ полный снисходительности

forgiving [fəˈgɪvɪŋ] *a* снисходительный, всепрощающий, великодушный; ~ by nature снисходительный по характеру

forgo [fɔːˈgəʊ] *v* (forwent, forgone) отказываться *или* воздерживаться (*от чего-л.*); to ~ all the pleasures отказываться от всех удовольствий; I shall have to ~ my visit to the theatre мне придётся отказаться от посещения театра

forgone [fɔːˈgɒn] *p. p. от* forgo

forgot [fəˈgɒt] *past от* forget

forgotten I [fəˈgɒtn] *a* позабытый, заброшенный; the ~ man пасынок судьбы, человек, о котором никто не думает

forgotten II [fəˈgɒtn] *p. p. от* forget

for-instance [f(ə)rˈɪnstəns] *n амер. разг.* пример; give me a ~ приведите мне пример

forint [ˈfɔːrɪnt] *n* форинт (*денежная единица Венгрии*)

forisfamiliate [ˌfɔːrɪsfəˈmɪlɪeɪt] *v юр.* выдавать сыну его наследственную долю при жизни отца

forjudge [fəˈdʒʌdʒ] *v юр.* 1) лишать (*чего-л.*) по суду 2) выселять по постановлению суда

fork I [fɔːk] *n* 1. вилка 2. вилы; рогуля 3. камертон 4. 1) развилина, разветвление 2) ответвление 3) развилка (*дорог*); стык (*дорог*) 4) рукав (*реки*) 5) *эл.* вилка 5. *горн.* приямок 6. *горн.* стойка в мягкой породе 7. *воен.* вилка; изменение прицела *или* угломера, соответствующее четырём вероятным отклонениям 8. *pl сл.* пальцы 9. *pl сл.* виселица
◊ ~ luncheon [supper] завтрак [ужин] а-ля фуршет; to play a good knife and ~ есть с аппетитом; ≅ уплетать за обе щеки

fork II [fɔːk] *v* 1. работать вилами, кидать вилами; поднимать вилами; to ~ hay убирать сено вилами 2. разветвляться; the road [the river] ~s here здесь дорога [река] разветвляется 3. раздваивать; расщеплять надвое 4. *шахм.* брать в вилку 5. *разг.* свернуть на развилке; ~ left at the motel у мотеля сверни налево /поезжай по левой дороге/

forked [fɔːkt] *a* 1. раздвоенный, разветвлённый; с развилиной; вилкообразный; ~ lightning зигзагообразная молния; ~ tongue раздвоенный язык (*змеи и т. п.*); a ~ road развилка дороги; ~ beard раздвоенная бородка; ~ chain *хим.* разветвлённая цепь; ~ tube *тех.* тройник 2. *редк.* 1) двусмысленный; he speaks with a ~ tongue он говорит одно, а думает другое 2) рогатый (*о муже*)
◊ ~ cap митра епископа

forkful [ˈfɔːkfʊl] *n* количество, которое можно зацепить вилкой *или* вилами; a few ~s of rice немного риса

fork-head [ˈfɔːkhed] *n тех.* вильчатая головка

fork in [ˈfɔːkɪn] *phr v* подцепить на вилы *или* на вилку

fork-joint [ˈfɔːkdʒɔɪnt] *n тех.* 1) вилочное соединение 2) универсальный шарнир

fork-lift (truck) [ˈfɔːkˌlɪft(ˈtrʌk)] (*n*) вильчатый погрузчик, (авто)погрузчик с вильчатым захватом

fork out [ˈfɔːkˈaʊt] *phr v* (for) *разг.* раскошелиться (*на что-л.*); I shall have to ~ £2500 for that car мне придётся отвалить 2500 ф. ст. за эту машину

fork over [ˈfɔːkˈəʊvə] *phr v* 1. поднимать, переворачивать вилами; I shall have to ~ the soil in the garden мне придётся поработать вилами в саду 2. = fork out

fork-tailed [ˈfɔːkteɪld] *a* с раздвоенным хвостом

fork up [ˈfɔːkˈʌp] = fork out

forky [ˈfɔːkɪ] *a* раздвоенный; вилкообразный

forlana [fɔːˈlɑːnə] *n* (*pl* -ne, -s [-z]) форлана (*старинный итальянский танец*)

forlane [fɔːˈlɑːnɪ] *pl от* forlana

forlorn [fəˈlɔːn] *a возвыш.* 1. жалкий, несчастный; he had a ~ look on his face у него было очень жалкое выражение лица 2. заброшенный, покинутый, оставленный, одинокий 3. потерявший надежду; отчаявшийся; a ~ attempt безнадёжная /обречённая на неудачу/ попытка

forlorn hope [fəˌlɔːnˈhəʊp] 1. 1) очень слабая надежда; to cherish a ~ питать слабую надежду 2) отчаянное, безнадёжное предприятие; гиблое дело 2. *воен. разг.* подразделение, обречённое на гибель

forlornness [fəˈlɔːnnɪs] *n возвыш.* 1. заброшенность, покинутость; in a state of utter ~ совсем заброшенный 2. одиночество 3. отчаяние, уныние

form¹ [fɔːm] *n* 1. форма; внешний вид; очертание; without shape or ~ бесформенный; in any shape or ~ в любом виде; in the ~ of a cube в форме куба; to take ~ принять должную форму; to take the ~ of smth. принимать вид /форму/ чего-л.; the cloud was changing its ~ облако меняло очертания 2. 1) фигура (*человека*); well-proportioned ~ пропорциональное сложение, хорошая фигура; fair of face and ~ с прекрасным лицом и фигурой; I saw a well-known ~ standing before me я увидел перед собой хорошо знакомую фигуру 2) обличье; Proteus was able to appear in the ~ of any animal Протей мог являться в обличье любого животного 3) стать (*лошади*) 3. форма, вид; literary [musical] ~ литературная [музыкальная] форма; in tabular ~ в виде таблицы; in the ~ of a sonnet в форме сонета; in the ~ of a drama в драматической форме; ~ and substance форма и содержание; a sense of ~ чувство формы 4. вид, разновидность; тип; ~s of animal and vegetable life формы животной и растительной жизни; it's a of influenza это особая форма гриппа; a ~ of activity род деятельности 5. стиль, манера; his ~ in swimming is bad он плавает плохо /плохим стилем/; bad [good] ~ дурной [хороший] тон; плохие [хорошие] манеры; the rules of good ~ правила хорошего тона 6. 1) состояние; форма (*часто спортивная*); готовность; to be in (good) ~ а) быть в хорошем состоянии; б) быть в хорошей (спортивной) форме; в) быть в ударе; to be in bad ~, to be out of ~ а) быть в плохом состоянии; б) быть в плохой (спортивной) форме; в) быть не в ударе, «не в форме»; to round into ~ *спорт.* приобретать спортивную форму 2) настроение, душевное состояние; Jack was in great ~ at the dinner party Джек был в приподнятом настроении на званом обеде 7. 1) формальность, проформа; as a matter of ~, for ~'s sake для проформы, формально; to attach importance to ~ придавать значение формальностям 2) церемония, порядок; in due ~ по всем правилам; found in good and due ~ *дип.* найденные в должном порядке и надлежащей форме (*о полномочиях*); ~ of action *юр.* процессуальная форма 3) установившаяся форма выражения, формула; the ~ of greeting формула приветствия 8. класс (*в школе*); upper [lower] ~s старшие [младшие] классы; first ~ младший класс 9. форма, бланк, образец; анкета; printed [telegraph] ~ печатный [телеграфный] бланк; a ~ for a deed бланк /форма/ для соглашения; a ~ of application форма заявления; to fill in /up/ a ~ заполнить бланк /анкету и т. п./ 10. длинная скамья, скамейка 11. нора (*зайца*) 12. *грам.* форма слова 13. *спец.* 1) форма исполнения (*машины*) 2) модель, тип, образец; торговый сорт (*металла и т. п.*) 14. *тех.* форма для литья 15. *полигр.* печатная форма 16. *стр.* форма, опалубка; ~ removal распалубка 17. (математическое) выражение

form¹ II [fɔ:m] *v* 1. 1) придавать форму, вид; to ~ a piece of wood into a certain shape придавать куску дерева определённую форму; to ~ smth. after /upon, from, by, in accordance with/ a pattern создавать /делать/ что-л. по определённому образцу; state ~ed after the Roman republic государство, созданное по образцу Римской республики 2) принимать форму, вид 2. 1) составлять, образовывать; формировать; these parts together ~ a perfect whole эти части образуют вместе гармоничное целое; the rain ~ed large pools on the lawn от дождя на газоне образовались большие лужи; the clouds ~ed a veil over the mountain-top облака затянули вершину горы; the baby is beginning to ~ short words ребёнок начинает произносить короткие слова 2) образоваться; формироваться; crystals ~ed in the retort в реторте образовались кристаллы; clouds are ~ing on the hills на вершинах холмов сгущаются облака 3) *грам.* образовывать; to ~ the plural of a noun образовывать множественное число существительного 3. 1) создавать, составлять; формулировать; to ~ an idea создавать себе представление; to ~ an opinion составить мнение; to ~ a plan создать /выработать/ план; to ~ a habit приобрести привычку (*к чему-л.*) 2) возникать, оформляться; the idea slowly ~ed in my mind эта мысль постепенно становилась у меня более отчётливой 4. представлять собой; являться; chocolate ~s a wholesome substitute for staple food шоколад является полноценным заменителем основных продуктов питания; bonds ~ed the bulk of his estate основную часть его состояния представляли облигации 5. тренировать, дисциплинировать; воспитывать; развивать; to ~ the mind развивать ум; to ~ the character воспитывать характер; to ~ a child by care [by attention, by severity] воспитывать ребёнка заботливо [внимательно, строго]; to ~ good habits прививать хорошие привычки /навыки хорошего поведения/ 6. формировать, организовывать; образовывать, создавать; to ~ a class for beginners создать группу начинающих; to ~ an army формировать армию; to ~ a government формировать правительство; to ~ a society организовывать общество; the children were ~ed into small groups дети были разбиты на небольшие группы; they ~ed themselves into a committee они самоорганизовались в комитет 7. *воен.* 1) строить; to ~ a column вытягиваться в колонну 2) строиться 8. *спец.* 1) формировать 2) формовать 9. *сад.* обрезать, подвергать обрезке; формировать крону 10. забираться, забиваться в нору (*о зайце*)

form² [fɔ:m] = forma

-form [f-ɔ:m] *suff от лат. основ* (*с последующим -i-*) *образует прилагательные со значением* подобный чему-л., такой-то формы: cruciform крестообразный; fungiform грибовидный; multiform многообразный

forma ['fɔ:mə] *n* форма (*таксономическая единица*)

formal I ['fɔ:m(ə)l] *n амер. разг.* 1. *pl* = formal dress 2. мероприятие, на котором участники должны быть в вечерних туалетах

formal II ['fɔ:m(ə)l] *a* 1. 1) официальный; ~ agreement [notice, protest] официальное соглашение [уведомление, -ый протест]; ~ dinner официальный /торжественный/ обед; ~ education образование, полученное в учебном заведении 2) выполненный по установленной форме, в соответствии с этикетом; надлежаще оформленный; ~ charge обвинение, предъявленное с соблюдением необходимых формальностей; ~ invitation официальное приглашение; ~ bow сухой /церемонный/ поклон; ~ opening sitting торжественное открытие; ~ operation order *воен.* полный боевой приказ 3) вечерний (*об одежде*); парадный, предназначенный для торжественных приёмов; ~ clothes [attire] *см.* formal dress; to go ~ быть в вечернем туалете 4) (*о языке*) официальный; сухой 2. 1) формальный, сделанный для проформы; ~ politeness формальная вежливость; ~ interest формальный интерес 2) формальный, формалистический; внешний, поверхностный, кажущийся; a ~ resemblance between two things внешнее /кажущееся/ сходство между двумя предметами 4. относящийся к форме; облекающий сущность в определённую форму; ~ defect *юр.* недостаток формы; ~ validity *юр.* действительность со стороны формы 5. правильный, симметричный; строго распланированный; ~ garden английский сад; ~ gardening формовое садоводство; шпалерное садоводство; a ~ beard of ~ cut аккуратно подстриженная бородка

formaldehyde [fɔ:'mældɪhaɪd] *n хим.* формальдегид

formal dress [,fɔ:m(ə)l'dres] одежда для торжественных вечерних приёмов; фрак; длинное вечернее платье

formalin ['fɔ:məlɪn] *n хим.* формалин

formalism ['fɔ:məlɪz(ə)m] *n* 1. формализм; педантичность; ~ in art формализм в искусстве; ~ of habits педантичность в привычках 2. *рел.* обрядовость 3. (теоретический) формализм, (математическая) формулировка теории

formalist ['fɔ:məlɪst] *n* формалист; педант

formalistic [,fɔ:mə'lɪstɪk] *a* формалистический; ~ tendencies формалистические течения

formality [fɔ:'mælɪtɪ] *n* 1. формальность, формальная сторона; принятая форма, процедура; церемония; to comply with all formalities соблюдать все формальности; formalities of law формальности, предписанные законом; it is a pure ~ это чистая проформа, это пустая формальность 2. соблюдение формальностей, условностей; there's too much ~ at official dinners официальные обеды проходят слишком чинно, на официальных обедах чувствуется натянутость 3. формализм, формальное отношение; педантизм; the frozen ~ of his bearing ледяная корректность его манер 4. *pl ист.* одежды должностных лиц при исполнении служебных обязанностей

formalize ['fɔ:məlaɪz] *v* 1. 1) оформлять, делать официальным, легализовать 2) придавать официальный статус 2. действовать официально; подходить бюрократически 3. оформлять, придавать определённую форму 4. формализовать (*теорию*)

formal logic [,fɔ:m(ə)l'lɔdʒɪk] формальная логика

formally ['fɔ:məlɪ] *adv* 1. 1) официально; to act ~ действовать официально; ~ confirmed официально подтверждено 2) с соблюдением принятых правил и норм; по всей форме 2. 1) формально, для проформы; to support smth. ~ формально поддержать что-л. 2) формально, формалистически 3. поверхностно; внешне 4. с точки зрения формы

formant ['fɔ:mənt] *n спец.* форманта (*область концентрации энергии в спектре звука голоса*)

format I ['fɔ:mæt] *n* 1. формат (*книги*) 2. размер, форма; a stamp of triangular ~ треугольная марка; the ~ of 24 by 36 mm размер 24 на 36 мм; TV ~ телевизионный растр 3. характер, форма, вид; the ~ of a conference [an interview] план, «сценарий» конференции [интервью]; the ~ of the new show included music and comedy представление в своём новом варианте включало как музыкальные, так и комедийные номера; exercises to acquaint students with the ~ of the tests упражнения, имеющие целью ознакомить студентов с характером испытаний /экзаменационной работы/ 4. *информ.* формат, форма записи *или* представления информации 5. *вчт.* 1) формат 2) разметка или формат диска 3) формат записи

format II ['fɔ:mæt] *v* 1. *полигр.* оформлять (*книги и т. п.*); a trendily ~ted collection of contemporary material новаторски оформленный сборник современных материалов 2. *вчт.* форматировать

formate ['fɔ:mɪt] *n хим.* соль или эфир муравьиной кислоты

formation [fɔ:'meɪʃ(ə)n] *n* 1. образование, формирование; учреждение; the ~ of a new word образование нового

слова; the ~ of a committee создание комиссии; the ~ of a government формирование правительства; ~ of contracts *юр.* заключение договоров 2. строение, структура; конструкция; the ~ of a flower строение цветка 3. *геол.* 1) формация, свита, породы одного возраста 2) отложение, наслоение 4. *ж.-д.* формирование, составление (*поездов*); ~ yard сортировочный парк 5. *воен.* 1) построение 2) строй 3) боевой порядок; ~ in depth эшелонирование; ~ in width расчленение по фронту; ~ bombing бомбометание боевым порядком 6. войсковое соединение
formative I ['fɔ:mətɪv] *n лингв.* 1) форматив 2) производное слово
formative II ['fɔ:mətɪv] *a* 1. 1) образующий; способствующий образованию, развитию; формирующий; ~ influence влияние, определяющее развитие (*человека*); способный расти, развиваться 2. относящийся к формированию, развитию; a child's ~ years годы, когда складывается личность ребёнка 3. *лингв.* словообразующий
formatting ['fɔ:mætɪŋ] *n информ.* представление (*информации*) в формате
forme [fɔ:m] = **form¹** I 16
formed [fɔ:md] *a* 1. 1) сформировавшийся, сформированный, зрелый; ~ tree дерево, подвергнутое обрезке, дерево со сформированной кроной 2) определённый; ~ intention определённое намерение 2. организованный 3. *спец.* формованный
former¹ ['fɔ:mə] *n* 1. *см.* form¹ II + -er 2. *полигр.* словолитчик 3. *ж.-д.* составитель (*поездов*) 4. *тех.* 1) шаблон; модель; копир 2) фасонный резец 5. *ав.* вспомогательная нервюра
former² ['fɔ:mə] *a* 1. прежний, бывший, предшествующий; прошедший; давний; in ~ times в старину, в прошедшие времена; on occasions прежде, раньше; a ~ president бывший президент; her ~ students её бывшие студенты; the ~ part of the discourse начало выступления; to be more like one's ~ self снова стать самим собой /таким, как был раньше/ 2. (the ~) первый (*из двух*); of these two evils the ~ is the less из этих двух зол первое является меньшим; did he walk or ride? — The ~ is more likely он пришёл пешком или приехал? — Вероятнее всего первое
formerly ['fɔ:məlɪ] *adv* прежде, раньше; некогда
form-factor ['fɔ:m,fæktə] *n физ.* формфактор, фактор формы
form-fitting ['fɔ:m,fɪtɪŋ] *a* облегающий (*об одежде*); a ~ sweater свитер, подчёркивающий формы
formful ['fɔ:mf(ə)l] *a книжн.* 1) многообразный 2) красивый, изящный 3) с богатым воображением; изобретательный 2. *спорт.* отличающийся безукоризненным выполнением упражнений
formic ['fɔ:mɪk] *a хим.* муравьиный, муравьинокислый; ~ acid муравьиная кислота
Formica [fɔ:'maɪkə] *n* «формайка», жаростойкий пластик (*для кухонной мебели; фирменное название*)
formicary ['fɔ:mɪk(ə)rɪ] *n спец.* муравейник
formicate ['fɔ:mɪkeɪt] *v книжн.* 1. ползать, как муравей 2. кишеть (*живыми существами*)
formication [,fɔ:mɪ'keɪʃ(ə)n] *n мед.* чувство ползания мурашек; беганье мурашек

formidability [,fɔ:mɪdə'bɪlɪtɪ] *n* 1. страшный, грозный вид 2. трудность; труднопреодолимость 3. значительность; огромность
formidable ['fɔ:mɪdəb(ə)l, fə'mɪd-] *a* 1. страшный, грозный; устрашающая внешность 2. труднопреодолимый; очень трудный; ~ task невероятно трудная задача 3. огромный, внушительный; ~ army сильная армия, огромная армия; a ~ pile of letters огромная пачка писем; a ~ helping of pudding внушительная порция пудинга
formidably ['fɔ:mɪdəblɪ, fə'mɪd-] *adv* 1. страшно, грозно 2. труднопреодолимо, трудно 3. значительно; огромно, внушительно
forming I ['fɔ:mɪŋ] *n* 1. образование, составление 2. *воен.* выстраивание
forming II ['fɔ:mɪŋ] *a* образующий, формирующий; ~ tool *тех.* фасонный резец
forming-up [,fɔ:mɪŋ'ʌp] *n воен.* 1) построение, выстраивание 2) построение в боевой порядок
forming-up place [,fɔ:mɪŋ'ʌp,pleɪs] *воен.* 1. 1) походный район (*для формирования*) 2) исходное положение (*для наступления*) 2. район сбора после высадки (*десанта*)
formless ['fɔ:mlɪs] *a* бесформенный; аморфный; неопределённой формы; ~ mass бесформенная масса
form letter ['fɔ:m,letə] стандартное письмо, циркуляр (*с напоминанием об уплате, приглашением и т. п.*)
form master ['fɔ:m,mɑ:stə] классный наставник, классный руководитель
form mistress ['fɔ:m,mɪstrɪs] классная наставница, классный руководитель (*женщина*)
formsheet ['fɔ:m,ʃi:t] *n* форматка; бланк
formula ['fɔ:mjulə] *n* (*pl тж.* -lae) 1. формула; legal ~ юридическая формула; "sincerely yours" is a ~ used in letters «искренне ваш» — обычная формула в конце письма; empirical [structural] ~ эмпирическая [структурная] формула; they sought a ~ that would allow settling of the dispute они искали формулировку /основу/ для разрешения спора; ~ weight *хим.* молекулярная масса по формуле соединения; to follow the ~ описываться формулой 2. 1) рецепт; a ~ for a cough mixture рецепт на микстуру от кашля; drinking alcohol and driving is a ~ for trouble *образн.* вести машину в состоянии опьянения — это верный способ заработать неприятность 2) молочная смесь (*для грудных детей*); детская смесь 3. догмат (*религии*) 4. шаблон, стереотип; ~ paintings [fiction] стандартные, шаблонные картины [романы] 5. формула или класс (*гоночного автомобиля*)
formulae ['fɔ:mjuli:] *pl от* formula
formulaic [,fɔ:mju'leɪɪk] *a лит.* состоящий из избитых выражений, клише; шаблонный, стереотипный; написанный по определённому стандарту; ~ poetry ≅ стихоплётство
formularize ['fɔ:mjulərаɪz] *v* 1) выражать или представлять в виде формулы 2) формулировать
formulary I ['fɔ:mjul(ə)rɪ] *n* 1. справочник (*особ.* фармацевтический) 2. *церк.* требник 3. система, свод правил 4. *спорт.* протокол; ~ of the match протокол соревнования
formulary II ['fɔ:mjul(ə)rɪ] *a* 1. выраженный формулой, представленный в виде формулы 2. предписанный правилами 3. склонный к формализму
formulate ['fɔ:mjuleɪt] *v* 1. формулировать; to ~ a proposal сформулировать предложение 2) выработать, создать; to ~ a plan разработать план; to ~ a scientific theory создать научную теорию 2. выражать формулой
formulation [,fɔ:mju'leɪʃ(ə)n] *n* 1. формулирование 2. формулировка; final ~ окончательная редакция 3. согласованное решение (*по какому-л. научному вопросу*) 4. выработка, разработка (*теории, плана и т. п.*) 5. *спец.* формулизация, формульное представление (*данных*) 6. *спец.* состав, рецептура (*лекарства, блюда и т. п.*)
formulism ['fɔ:mjulɪz(ə)m] *n книжн.* безусловное следование или слепая приверженность формуле
formulization [,fɔ:mjulaɪ'zeɪʃ(ə)n] *редк.* = formulation
formulize ['fɔ:mjulaɪz] *редк.* = formulate 2
form up [fɔ:m'ʌp] *phr v* 1) строиться в линейку, в пары *и т. п.* 2) *воен.* строиться
form word ['fɔ:m,wɜ:d] *лингв.* служебное слово или вспомогательный глагол (*как формообразующий элемент*)
formyl ['fɔ:mɪl] *n хим.* формил
fornicate ['fɔ:nɪkeɪt] *v* 1) *арх., шутл.* вступать во внебрачную связь 2) *рел.* предаваться блуду; прелюбодействовать
fornicated ['fɔ:nɪkeɪtɪd] *a спец.* сводчатый, изогнутый
fornication¹ [,fɔ:nɪ'keɪʃ(ə)n] *n* 1) *арх., шутл.* внебрачная связь 2) *рел.* блуд; прелюбодеяние
fornication² [,fɔ:nɪ'keɪʃ(ə)n] *n архит.* арка, свод
fornicator ['fɔ:nɪkeɪtə] *n рел.* блудник; прелюбодей
fornicatress ['fɔ:nɪkeɪtrɪs] *n рел.* блудница
forsake [fə'seɪk] *v* (forsook; forsaken) 1. оставлять, покидать, бросать; to ~ one's old friends [one's family] бросить старых друзей [семью] 2. оставлять (*что-л.*); отказываться (*от чего-л.*); to ~ one's post оставлять пост; to ~ a habit [one's former way of life] отказываться от привычки [от прежнего образа жизни]; to ~ one's principles отрекаться от своих принципов
forsaken I [fə'seɪkən] *a* покинутый, заброшенный; ~ house заброшенный дом; ~ friend покинутый друг
forsaken II [fə'seɪkən] *p. p. от* forsake
forsook [fə'suk] *past от* forsake
forspent [fə'spent] *a арх.* истомлённый, усталый до изнеможения
forspoken [fə'spəukən] *a шотл.* околдованный, заколдованный
forswear [fɔ:'sweə] *v* (forswore; forsworn) 1. отказываться, отрекаться; to ~ bad habits отказаться от плохих привычек; to ~ smoking дать зарок не курить; to ~ a debt отказаться от уплаты долга 2. отвергать, отрицать под присягой 3. *тж. refl* лжесвидетельствовать, нарушать клятву
forswore [fɔ:'swɔ:] *past от* forswear
forsworn I [fɔ:'swɔ:n] *a* 1. отрёкшийся 2. давший ложные показания под присягой 3. *в грам. знач. сущ.* (the ~) лжесвидетель
forsworn II [fɔ:'swɔ:n] *p. p. от* forswear
fort [fɔ:t] *n* 1. *воен.* 1) укреплённый узел 2) форт 2. *амер. ист.* фактория 3. *геол.* возвышенность
◊ to hold the ~ быть на посту; when the mother was in hospital, the eldest daughter had to hold the ~ пока мать была в больнице, по дому всё делала старшая дочь
forte¹ ['fɔ:t(eɪ)] *n* 1. сильная сторона (*человека*); writing is his ~ он хорошо

пи́шет; у него́ прекра́сный слог 2. клино́к меча́ от рукоя́тки до середи́ны
forte[2] ['fɔ:t(e)ɪ] *муз.* фо́рте
forte-piano [,fɔ:t(e)ɪ'pjænəʊ] *муз.* с ре́зким перехо́дом от фо́рте к пиа́но
forth [fɔ:θ] *adv* 1) вперёд, да́льше; back and ~ туда́ и сюда́, вперёд и наза́д 2) *книжн.* нару́жу; to bring ~ производи́ть, рожда́ть; to put ~ leaves покрыва́ться ли́стьями 2. *книжн.* впредь; from that day ~ с э́того дня 3. *в сочета́ниях*: and so ~ и так да́лее; so far ~ насто́лько; so far ~ as насто́лько наско́лько
forthcoming I [,fɔ:θ'kʌmɪŋ] *n* приближе́ние; появле́ние
forthcoming II [,fɔ:θ'kʌmɪŋ] *a* 1. предстоя́щий, гряду́щий; приближа́ющийся; a list of ~ works спи́сок выходя́щих трудо́в 2. *книжн.* зака́нчивающаяся печа́танием; to be ~ вско́ре появи́ться /наступи́ть/; ожида́ться (в ближа́йшее вре́мя) 2. *predic* нали́чный, поступи́вший в чьё-л. распоряже́ние; the promised help was not ~ на обе́щанную по́мощь не приходи́лось рассчи́тывать; at last the truth is ~ наконе́ц обнару́живается и́стина; the answer is ~ отве́т ожида́ется вско́ре 3. обходи́тельный, ве́жливый, общи́тельный; I asked several passers-by the way to the station but none of them were very ~ я спра́шивал у не́скольких прохо́жих, как пройти́ на ста́нцию, но все они́ отвеча́ли о́чень неохо́тно
forthputting I [,fɔ:θ'pʊtɪŋ] *n* 1. испо́льзование, примене́ние 2. *амер.* навя́зчивое, наха́льное поведе́ние 3. *бот.* побегообразова́ние
forthputting II [,fɔ:θ'pʊtɪŋ] *a амер.* навя́зчивый, наха́льный
forthright I ['fɔ:θraɪt] *a* 1. *книжн.* открове́нный, прямолине́йный; че́стный; ~ word открове́нное выска́зывание; a ~ crisic нелицеприя́тный кри́тик 2. *арх.* прямо́й
forthright II [,fɔ:θ'raɪt] *adv* 1. 1) пря́мо 2) реши́тельно 2. *арх.* сра́зу, тут же
forthwith I ['fɔ:θwɪð] *n амер. разг.* прика́з, подлежа́щий незамедли́тельному исполне́нию
forthwith II [,fɔ:θ'wɪð] *adv книжн.* то́тчас, неме́дленно
forties ['fɔ:tɪz] *n pl* 1) числа́ от сорока́ до сорока́ девяти́ 2) (the ~) сороковы́е го́ды (*века*) 3) во́зраст от сорока́ до сорока́ девяти́ лет; he is in his early [in his late] ~ ему́ со́рок с небольши́м [далеко́ за со́рок] 4) деле́ния шкалы́ (*термо́метра и т. п.*) от 40 до 50 5) (the F.) морски́е просто́ры ме́жду се́веро-восто́чным побере́жьем Шотла́ндии и ю́го-за́падным побере́жьем Норве́гии
fortieth I ['fɔ:tɪəθ] *n* сорокова́я часть; (одна́) сорокова́я; seven ~s семь сороковы́х
fortieth II ['fɔ:tɪəθ] *a* 1) 1) сорково́й (*по счёту*); he is in his ~ year ему́ сорково́й год 2) составля́ющий одну́ сороковую 2. *в грам. знач. нареч.* сорковым; he arrived ~ он при́был сорковы́м
fortifiable ['fɔ:tɪfaɪəb(ə)l] *a* могу́щий быть уси́ленным, укреплённым
fortification [,fɔ:tɪfɪ'keɪʃ(ə)n] *n* 1. *воен.* фортифика́ция 2. *обыкн. pl* укрепле́ния, фортификацио́нные сооруже́ния 3. 1) спиртова́ние, крепле́ние (*вина́*) 2) обогаще́ние, повыше́ние пита́тельности; витаминиза́ция (*проду́ктов*)
fortified ['fɔ:tɪfaɪd] *a* 1. *воен.* укреплённый; ~ area [zone] укреплённый райо́н [-ая полоса́] 2. 1) креплёный (*о вине́*) 2) обогащённый, витаминизи́рованный (*о проду́ктах пита́ния*); ~ milk витаминизи́рованное молоко́
fortifier ['fɔ:tɪfaɪə] *n* 1. *см.* fortify + -er 2. строи́тель укрепле́ний 3. *шутл.* рю́мочка спиртно́го «для бо́дрости»
fortify ['fɔ:tɪfaɪ] *v* 1. 1) укрепля́ть, уси́ливать; to ~ a barrel with iron hoops скрепля́ть бочо́нок желе́зными обруча́ми; to ~ one's courage укрепля́ть му́жество 2) (against) защища́ть про́тив (*чего́-л.*); закаля́ть (*те́ло*); to ~ oneself against colds закаля́ться про́тив просту́ды; to ~ oneself against the cold защища́ться от хо́лода, одева́ться потепле́е 2. *воен.* укрепля́ть, стро́ить укрепле́ния; to ~ a town [a position] укрепля́ть го́род [пози́цию] 3. подде́рживать, ока́зывать подде́ржку; to ~ smb. for a hard task поддержа́ть /подбодри́ть/ кого́-л. пе́ред выполне́нием тру́дного зада́ния; fortified by initial successes окрылённый пе́рвыми успе́хами; he fortified himself with a glass of wine он подкрепи́лся стака́ном вина́ 4. подтвержда́ть, подкрепля́ть; to ~ one's statement with facts подкрепля́ть заявле́ние фа́ктами 5. 1) крепи́ть, спиртова́ть (*вино́*) 2) обогаща́ть, повыша́ть пита́тельную це́нность; витаминизи́ровать (*пищевы́е проду́кты*)
fortissimo [fɔ:'tɪsɪməʊ] *муз.* фортисси́мо
fortitude ['fɔ:tɪtju:d] *n* си́ла ду́ха, сто́йкость; to bear smth. with ~ сто́йко переноси́ть что-л.
fortitudinous [,fɔ:tɪ'tju:dɪnəs] *a книжн.* сто́йкий, му́жественный
fortnight ['fɔ:tnaɪt] *n* две неде́ли, четы́рнадцать дней; in a ~ че́рез две неде́ли; today ~ ро́вно че́рез две неде́ли; this ~ две после́дние *или* две бу́дущие неде́ли
fortnightly I ['fɔ:tnaɪtlɪ] *a* двухнеде́льный; происходя́щий *или* выходя́щий раз в две неде́ли; ~ magazine двухнеде́льный журна́л; ~ meeting собра́ние, происходя́щее ка́ждые две неде́ли
fortnightly II ['fɔ:tnaɪtlɪ] *adv* раз в две неде́ли; to write a letter ~ писа́ть пи́сьма раз в две неде́ли
FORTRAN, Fortran ['fɔ:træn] *n* (*сокр. от* Formula Translator) *вчт.* ФОРТРА́Н (*язык программи́рования*)
fortress ['fɔ:trɪs] *n* кре́пость
fortuitous [fɔ:'tju:ɪtəs] *a* 1. *книжн.* случа́йный; ~ meeting случа́йная встре́ча 2. *прост.* счастли́вый; a ~ occasion прия́тный слу́чай
fortuitously [fɔ:'tju:ɪtəslɪ] *adv книжн.* случа́йно
fortuity [fɔ:'tju:ɪtɪ] *n книжн.* случа́йность; слу́чай
Fortuna [fɔ:'tju:nə] *n рим. миф.* Форту́на
fortunate ['fɔ:tʃ(ə)nət] *a* 1. счастли́вый; уда́чливый; ~ event счастли́вое собы́тие; the ~ possessor of this masterpiece счастли́вый облада́тель э́того шеде́вра; how ~ that I have found you today как хорошо́, что я разыска́л вас сего́дня; she's ~ enough to have very good health на её сча́стье у неё хоро́шее здоро́вье; he is ~ in having a good wife ему́ повезло́ с жено́й; it was ~ for her that she met the doctor just when she needed him получи́лось о́чень уда́чно, что она́ встре́тила врача́ как раз, когда́ он пона́добился; he is ~ in life ему́ везёт (в жи́зни) 2. счастли́вый, благоприя́тный; ~ omen хоро́шее предзнаменова́ние; ~ day (for doing smth.) хоро́ший /благоприя́тный/ день (для како́го-л. де́ла); born under a ~ star рождённый под счастли́вой звездо́й
fortunately ['fɔ:tʃ(ə)nətlɪ] *adv* 1. счастли́во 2. к сча́стью; по сча́стью; ~ I remembered his address к сча́стью, я вспо́мнил его́ а́дрес
fortune I ['fɔ:tʃ(ə)n] *n* 1. сча́стье; уда́ча; счастли́вый слу́чай; bad /ill/ ~ несча́стье, неуда́ча; by good ~ по счастли́вой случа́йности; to seek one's ~ иска́ть сча́стья (*обы́кн. на стороне́*); to try one's ~ попыта́ть сча́стья; it was my good ~ to be present мне посчастли́вилось быть там; to push one's ~ де́лать карье́ру 2. (*часто* F.) судьба́, форту́на; жре́бий; to tempt ~ искуша́ть судьбу́; F. favours the brave форту́на улыба́ется хра́брым; the ~ of war вое́нная форту́на; превра́тности войны́; to tell ~s, to read smb.'s ~ гада́ть, предска́зывать судьбу́; ~ is variant судьба́ изме́нчива /капри́зна/ 3. бога́тство, состоя́ние; a man of ~ бога́тый челове́к; to come into a ~ получи́ть бога́тое насле́дство; to make a ~ разбогате́ть, нажи́ть состоя́ние; to marry a ~ жени́ться «на де́ньгах»; to marry smb. for a ~ жени́ться на ком-л. ра́ди де́нег; a small ~ *разг.* ≅ кру́гленькая су́мма
◊ ~ is easily found, but hard to keep *посл.* найти́ сча́стье легко́, да удержа́ть тру́дно; he dances well to whom ~ pipes *посл.* ≅ кому́ сча́стье слу́жит, тот ни о чём не ту́жит
fortune II ['fɔ:tʃ(ə)n] *v арх.* 1. случа́ться; it ~d that... случи́лось так, что... 2. (upon) наткну́ться, случа́йно натолкну́ться 3. дать бога́тство, прида́ное
fortune-book ['fɔ:tʃ(ə)nbʊk] *n* гада́льная кни́га
fortune cooky ['fɔ:tʃ(ə)n,kʊkɪ] «пече́нье-гада́ние» (*в кото́ром запечена́ бума́жка с предсказа́нием судьбы́; подаётся в кита́йских рестора́нах*)
fortune-hunter ['fɔ:tʃ(ə)n,hʌntə] *n* охо́тник за бога́тыми неве́стами, за прида́ным
fortuneless ['fɔ:tʃ(ə)nlɪs] *a* 1) неуда́чливый, несча́стный 2) бе́дный, лишённый средств 3) не име́ющая прида́ного; a ~ young girl беспридо́нница
fortune-tell ['fɔ:tʃ(ə)ntel] *v редк.* гада́ть, предска́зывать бу́дущее; вороже́ить
fortune-teller ['fɔ:tʃ(ə)n,telə] *n* гада́лка, ворожея́, предсказа́тель *или* предсказа́тельница бу́дущего
fortune-telling ['fɔ:tʃ(ə)n,telɪŋ] *n* гада́ние, ворожба́; предсказа́ние бу́дущего
forty I ['fɔ:tɪ] *n* 1. гру́ппа из сорока́ челове́к *или* предме́тов; there were ~ of them их бы́ло со́рок; in /by/ forties по сорока́ 2) со́рок лет (*о во́зрасте*); he is ~ ему́ со́рок лет; he must be under [about, over] ~ ему́ ещё нет [о́коло, бо́льше] сорока́; at ~ в со́рок лет, в сорокалетнем во́зрасте; a man of ~ сорокале́тний челове́к [*см. тж.* froties 3)]; 3) я́хта грузоподъёмностью в со́рок тонн
forty II ['fɔ:tɪ] *пит* 1. 1) (число́) со́рок; ~ books со́рок книг; ~ tens are four hundred со́рок, помно́женное на де́сять, — четы́реста 2) ~ times as much как в со́рок раз бо́льше 2) (но́мер) со́рок, (но́мер) соркково́й; Chapter ~ сороко́вая глава́; Room ~ ко́мната (но́мер) со́рок
|| ~-one, ~-two, *etc* со́рок оди́н, со́рок два *и т. д.*; ~-first, ~-second, *etc* со́рок пе́рвый, со́рок второ́й *и т. д.*
◊ ~ ways for /from, to/ Sunday *амер. сл.* как попа́ло; во все сто́роны; в по́лном беспоря́дке
forty-eight [,fɔ:tɪ'eɪt] *n воен. жарг.* увольне́ние на 48 часо́в
Forty-Five [,fɔ:tɪ'faɪv] *n* (the ~) *ист.* восста́ние якоби́тов 1745 г.

forty-five [ˌfɔːtɪˈfaɪv] *n разг.* **1.** пистолет 45 калибра **2.** пластинка на 45 оборотов, «сорокопятка»

forty-niner [ˌfɔːtɪˈnaɪnə] *n амер. разг.* «человек сорок девятого года», золотоискатель (*в период золотой лихорадки в Калифорнии в 1849 г.*)

forty winks [ˌfɔːtɪˈwɪŋks] **1.** короткий сон днём; to take ~ вздремнуть, всхрапнуть **2.** короткое время; минутка; ≃ моргнуть не успеешь

forum [ˈfɔːrəm] *n* (*pl тж.* fora) **1.** *ист.* форум; the F. римский форум **2.** суд; the ~ of conscience [of public opinion] суд совести [общественного мнения]; the letter page of this newspaper is a ~ for public argument страница писем читателей в этой газете служит ареной открытых споров **3.** 1) форум, съезд, слёт; to hold a ~ проводить форум /съезд, слёт/ 2) дискуссия, диспут

forward I [ˈfɔːwəd] *n спорт.* нападающий (*игрок*); форвард; centre ~ центральный нападающий, центрфорвард

forward II [ˈfɔːwəd] *a* **1.** передний, передовой; ~ echelon *воен.* первый /головной/ эшелон **2.** 1) передовой, прогрессивный; ~ magazine прогрессивный /передовой/ журнал; ~ movement прогрессивное движение 2) рассчитанный на будущее; ~ planning перспективное планирование **3.** лучший, выдающийся; ~ pupil лучший ученик **4.** 1) ранний; ~ spring ранняя весна; to be ~ for the season не по сезону ранний; to be ~ with one's work досрочно выполнять работу 2) слишком рано развившийся; ~ child не по годам развитой ребёнок **5.** радикальный, действенный, решительный **6.** готовый, стремящийся (*что-л.* сделать); to be ~ to assist быть готовым помочь **7.** навязчивый; развязный, нахальный; ~ minx нахальная девчонка **8.** *ком.* 1) заблаговременный 2) срочный, на определённый срок; будущий

forward III [ˈfɔːwəd] *adv* **1.** вперёд, дальше; ~ ! вперёд!; to go ~ продолжать; to send ~ посылать вперёд; to put ~ продвигать; выдвигать **2.** впредь, далее (*во времени*); from this time ~ с этого времени (впредь)
◊ ~ and backward взад и вперёд; to look ~ to smth. предвкушать что-л.; to put /to set/ oneself ~ важничать; быть о себе слишком высокого мнения; carriage ~ за перевозку не уплачено; стоимость перевозки подлежит уплате получателем

forward IV [ˈfɔːwəd] *v* **1.** 1) помогать, способствовать; ускорять; to ~ a plan продвигать проект; to ~ the growth of a plant ускорять рост растения 2) продвигать по службе и т. п.; to ~ smb. in rank повышать кого-л. в ранге /в чине/ 3) продвигать вперёд (*ленту, фотоплёнку в аппарате и т. п.*) **2.** 1) посылать, отправлять; to ~ goods отправлять товары по месту назначения 2) препровождать; to ~ letters to a new address пересылать письма по новому адресу **3.** *полигр.* обрабатывать книжный блок

forward-based [ˈfɔːwədˈbeɪst] *a воен.* передового базирования; выдвинутый; ~ systems средства передового базирования

forwarder [ˈfɔːwədə] *n* **1.** *см.* forward IV + -er **2.** экспедитор **3.** *тех.* транспортёр **4.** рабочий на обработке книжных блоков; переплётчик

forward exchange [ˌfɔːwədɪksˈtʃeɪndʒ] *фин.* валюта, покупаемая или продаваемая на срок

forwarding [ˈfɔːwədɪŋ] *n* **1.** 1) отправка, посылка 2) экспедиторская работа; ~ agent экспедитор 3) пересылка; ~ address адрес, по которому следует пересылать письма **2.** ускорение, продвижение вперёд

forward-looking [ˈfɔːwədˌlukɪŋ] *a* **1.** предусмотрительный, дальновидный **2.** прогрессивный, новаторский

forwardly [ˈfɔːwədlɪ] *adv* развязно, бесцеремонно

forwardness [ˈfɔːwədnɪs] *n* **1.** раннее развитие; the ~ of the crops раннее созревание урожая; the ~ of a child раннее развитие ребёнка **2.** готовность, рвение **3.** навязчивость, развязность, нахальство; the ~ of his behaviour бесцеремонность его поведения

forward quotation [ˌfɔːwədkwəʊˈteɪʃ(ə)n] цена по срочной сделке

forwards [ˈfɔːwədz] = forward III

forwards-area [ˈfɔːwədzˈe(ə)rɪə] *n спорт.* зона нападения

forwent [fɔːˈwent] *past от* forgo

forworn [fɔːˈwɔːn] *a арх.* усталый, измученный

forzando [fɔːtˈsændəʊ] *муз.* сфорцандо

Fosbury [ˈfɒzb(ə)rɪ] *разг. см.* Fosbury-flop

Fosbury-flop [ˈfɒzb(ə)rɪflɒp] *n спорт.* «фосбери-флоп» (*вид прыжка в высоту*)

foss [fɒs] = fosse 1

fossa [ˈfɒsə] *n* (*pl* -ae) *анат.* ямка, впадина

fossae [ˈfɒsiː] *pl от* fossa

fosse [fɒs] *n* **1.** *воен.* ров **2.** = fossa

fossed [fɒst] *a* окружённый рвом

fossette [fɒˈset] *n* небольшая ямка, впадина

fossick [ˈfɒsɪk] *v австрал.* **1.** *горн.* искать золото в заброшенных выработках (*чаще чужих*) **2.** *разг.* искать, шарить; копаться в поисках (*чего-л.*)

fossil I [ˈfɒs(ə)l] *n* **1.** окаменелость; ископаемое; ископаемые остатки; органические остатки или отпечатки в породе 2.) *разг.* «ископаемое», человек с устаревшими воззрениями, консервативными взглядами 2) *разг.* допотопная вещь 3) *pl сл.* родители, «предки»

fossil II [ˈfɒs(ə)l] *a* **1.** окаменелый, ископаемый; amber is ~ resin янтарь — это ископаемая смола; ~ coal каменный уголь; ~ flax *мин.* асбест; ~ oil нефть; ~ wax озокерит, горный воск **2.** *разг.* устарелый, допотопный

fossilate [ˈfɒsɪleɪt] *v спец.* превращаться в окаменелость, окаменевать

fossil botany [ˌfɒs(ə)lˈbɒtənɪ] палеоботаника

fossiliferous [ˌfɒsɪˈlɪf(ə)rəs] *a спец.* содержащий окаменелости, ископаемые организмы или органические остатки

fossilization [ˌfɒsɪlaɪˈzeɪʃ(ə)n] *n спец.* фоссилизация, окаменение

fossilize [ˈfɒsɪlaɪz] *v* **1.** *спец.* 1) превращать в окаменелость; фоссилизировать 2) превращаться в окаменелость, фоссилизироваться **2.** закоснеть

fossil-ore [ˈfɒs(ə)lˈɔː] *n* руда, содержащая обломки органических остатков

fossorial [fɒˈsɔːrɪəl] *a зоол.* 1) роющий, копающий; ~ mammal роющее млекопитающее 2) приспособленный для копания

fossula [ˈfɒsjʊlə] *n* (*pl* -lae) *анат.* фоссула, ямка, впадина

fossulae [ˈfɒsjʊliː] *pl от* fossula

foster [ˈfɒstə] *v* **1.** воспитывать (*чужого ребёнка*); her child was ~ed её ребёнок был отдан на воспитание /был воспитан чужими/ 2) передавать (*ребёнка*) на воспитание (*тж.* to ~ out); the child was ~ed out a few times ребёнка несколько раз передавали на воспитание чужим 3) выхаживать; ухаживать; to ~ the sick ухаживать за больными **2.** лелеять, питать; to ~ hope питать надежду; to ~ a desire for revenge вынашивать мысль о мщении; to ~ feelings of hatred разжигать ненависть **3.** благоприятствовать, способствовать развитию; поощрять; to ~ artistic talent способствовать развитию художественного таланта; to ~ smb.'s interest in smth. привить кому-л. интерес к чему-л.

fosterage [ˈfɒst(ə)rɪdʒ] *n* **1.** воспитание чужого ребёнка **2.** отдача на воспитание **3.** поощрение

foster-brother [ˈfɒstəˌbrʌðə] *n* 1) молочный брат 2) *pl* мальчики, росшие в одной и той же семье как приёмыши

foster care [ˈfɒstəkeə] воспитание чужих детей (*особ. в семье*); to be in ~ воспитываться в чужой семье, жить на воспитании

foster-child [ˈfɒstətʃaɪld] *n* (*pl* -children [-ˌtʃɪldrən]) приёмыш; воспитанник

foster-daughter [ˈfɒstəˌdɔːtə] *n* девочка-приёмыш, воспитанница

fosterer [ˈfɒst(ə)rə] *n* **1.** *см.* foster + -er **2.** кормилица **3.** 1) воспитатель 2) приёмный отец; приёмная мать **4.** *ирл.* = foster-brother

foster-father [ˈfɒstəˌfɑːðə] *n* приёмный отец

foster home [ˈfɒstəhəʊm] семья, принявшая на воспитание ребёнка

fosterling [ˈfɒstəlɪŋ] *n* питомец; воспитанник, приёмыш; подопечный

foster-mother [ˈfɒstəˌmʌðə] *n* **1.** кормилица **2.** приёмная мать **3.** *с.-х.* брудер, искусственная матка (*для цыплят*)

foster-nurse [ˈfɒstənɜːs] = foster-mother 1

foster-parents [ˈfɒstəˌpe(ə)rənts] *n* приёмные родители (*без формального усыновления*); чета, принявшая на воспитание ребёнка

foster-sister [ˈfɒstəˌsɪstə] *n* 1) молочная сестра 2) *pl* девочки, росшие в одной и той же семье как приёмыши

foster-son [ˈfɒstəsʌn] *n* мальчик-приёмыш, воспитанник

fother [ˈfɒðə] *v мор.* подводить пластырь на пробоину

foudroyant [fuːˈdrɔɪənt] *a фр.* **1.** оглушительный, потрясающий; ослепительный **2.** *мед.* скоротечный, бурно протекающий (*о болезни*)

fought [fɔːt] *past и p. p. от* fight II

foul I [faʊl] *n* **1.** что-л. дурное, грязное и т. п. **2.** столкновение (*лодок, всадников и т. п.*) **3.** *спорт.* 1) нарушение правил игры; to claim a ~ требовать назначения штрафа, штрафного удара и т. п. (ввиду нарушения противником правил игры) 2) ошибка, фол
◊ through ~ and fair в беде и в радости

foul II [faʊl] *a* **1.** 1) грязный, отвратительный; ~ hovel грязная лачуга; ~ linen грязное бельё; ~ rags мёрзкие /грязные, отвратительные/ лохмотья 2) вонючий, противный, со скверным запахом; ~ smell отвратительный запах **2.** 1) засорённый, забитый; ~ chimney труба, забитая сажей; ~ pipe засорённая труба; ~ sewer засорившаяся сточная труба 2) нечистый, загрязнённый; ~ air нечистый воздух; ~ water вода, засорённая нечистотами 3) плохой, испорченный (*о пище*) 4) *мед.* обложенный (*о языке*) **3.** 1) подлый, бесчестный, низкий; ~ crime подлое /отвратительное/ преступление; ~ motive низменное побуждение; ~ rogue подлый негодя́й; ~ deed бесче́стный посту́пок 2) *спорт.* не по пра́вилам, непра́вильный, оши́бочный; ~ blow a) запрещённый уда́р *(бокс);* б) преда́тельский уда́р; ~ shot штрафно́й бросо́к *(в баскетболе)* 4. непристо́йный, непотре́бный; ~ term /expression/ непристо́йность, руга́тельство; ~ language /words/ скверносло́вие 5. *разг.* ме́рзкий, отврати́тельный, га́дкий, скве́рный; ~ dancer отврати́тельный танцо́р; ~ journey отврати́тельная пое́здка; ~ show скве́рное представле́ние /-ый спекта́кль/; my cold is perfectly ~ у меня́ ужа́сный насморк 6. 1) бу́рный, ве́треный; ме́рзкий *(о пого́де)* 2) встре́чный, проти́вный *(о ве́тре)* 3) неблагоприя́тный *или* опа́сный *(для пла́вания)* 7. чернови́к со мно́жеством исправле́ний; ~ copy гря́зный /си́льно пра́вленный/ экземпля́р; черновик; ~ proof гря́зная корректу́ра, гра́нки с большо́й пра́вкой 8. запу́тавшийся *(о снастя́х, я́коре);* the rope is ~ кана́т запу́тался 9. обро́сший раку́шками и водоро́слями *(о подво́дной части су́дна)* 10. *диал.* безобра́зный, непривлека́тельный

◇ the ~ fiend /thief/ дья́вол; by fair means or ~ любы́ми сре́дствами; все́ми пра́вдами и непра́вдами

foul III [faʊl] *adv* нече́стно; to hit ~ а) нанести́ запрещённый уда́р *(бокс);* б) нече́стно обойти́сь *(с кем-л.);* to play smb. ~ обману́ть *или* преда́ть кого́-л.; to fall /to run/ ~ of a) *мор.* столкну́ться с *(другим су́дном)* б) ссо́риться; she falls ~ of everybody она́ ссо́рится со все́ми; he fell ~ of his employer and lost his job он повздо́рил с хозя́ином и потеря́л рабо́ту; to fall ~ of the law fall ~ of the law попа́сть в нела́ды с зако́ном

foul IV [faʊl] *v (часто* ~ up) 1. 1) па́чкать, загрязня́ть; factory chimneys ~ up the air фабри́чные тру́бы загрязня́ют /отравля́ют/ во́здух 2) па́чкаться, загрязня́ться 3) по́ртиться; гнить, разлага́ться 2. 1) засоря́ть; grease often ~s sink drains сто́чные тру́бы ча́сто засоря́ются от жи́ра 2) засоря́ться 3. дискреди́тировать, броса́ть тень *(на кого́-л.);* to smb.'s name /reputation/ черни́ть кого́-л., полива́ть кого́-л. гря́зью 4. 1) меша́ть *(движе́нию),* образо́вывать зато́р 2) ста́лкиваться; the two boats ~ed две ло́дки столкну́лись 5. 1) запу́тываться *(о снастя́х, я́коре и т. п.);* the fishing line got ~ed up in the weeds ле́ска зацепи́лась за водоро́сли 2) запу́тывать; to ~ a cable запу́тать трос 6. обраста́ть раку́шками и водоро́слями *(о подво́дной части су́дна)* 7. *спорт.* нече́стно игра́ть

◇ to ~ one's hands with smth. a) зама́рать ру́ки чем-л.; б) уни́зиться до чего́-л.; it's an ill bird that ~s its own nest *посл.* то́лько худа́я тварь в своём гнезде́ га́дит

foul anchor [,faʊl'æŋkə] 1) *мор.* нечи́стый я́корь 2) я́корь, обви́тый це́пью (эмбле́ма Брита́нского адмиралте́йства)

foulard ['fu:la:(d)] *n* 1. *текст.* фуля́р 2) фуля́ровый носово́й плато́к

foul ball [,faʊl'bɔ:l] 1. *сл.* плохо́й боксёр 2. никчёмный челове́к, пусто́е ме́сто 3. чуда́к, оригина́л; he is a ~ он с заки́дом

foul brood [,faʊl'bru:d] гниле́ц пчёл *(боле́знь)*

foulé ['fu:leɪ] *n текст.* фуле́

fouled-up [,faʊld'ʌp] *a сл.* 1. хаоти́ческий, запу́танный 2. испо́рченный, со́рванный *(о де́ле)*

foul-fish ['faʊl,fɪʃ] *n* ры́ба в пери́од не́реста

fouling ['faʊlɪŋ] *n* 1. *тех.* 1) засоре́ние 2) зама́сливание, заса́ливание *(шлифова́льного кру́га)* 2. 1) неве́рное показа́ние *(прибо́ра)* 2) непра́вильное сраба́тывание, неиспра́вность, непола́дки 3) обраста́ние раку́шками и водоро́слями *(подво́дной ча́сти су́дна)* 4. порохово́й нага́р *(при стрельбе́)*

foully ['faʊlɪ] *adv* 1. гря́зно, отврати́тельно; оскорби́тельно; ~ slandered по́дло оклевета́нный 2. преда́тельски, жесто́ко; ~ murdered преда́тельски уби́тый

foul-mouth ['faʊlmaʊθ] *n разг.* скверносло́в, руга́тель; поха́бник

foul-mouthed [,faʊl'maʊdd, -'maʊθt] *a разг.* скверносло́вящий; ~ man скверносло́в; руга́тель

foulness ['faʊlnɪs] *n* 1. грязь *и пр.* [*см.* foul II] 2. *горн.* 1) засорённость пласта́ 2) газоно́сность

foul out [,faʊl'aʊt] *phr v амер. спорт.* вы́вести из игры́ *(игрока́)* за наруше́ние пра́вил

foul play [,faʊl'pleɪ] 1. *спорт.* нече́стная игра́; умышленное наруше́ние пра́вил 2. преступле́ние, *особ.* уби́йство; is ~ suspected? нет ли подозре́ния, что смерть не была́ есте́ственной?

foul-spoken [,faʊl'spəʊkən] = foul-mouthed

foul up ['faʊl'ʌp] *phr v* 1. запу́тывать *(положе́ние и т. п.);* создава́ть ха́ос *(в чём-л., где-л.);* to foul things up вноси́ть беспоря́док, пу́таницу 2. = foul IV 1, 4, 5

foul-up ['faʊlʌp] *n разг.* 1. 1) пи́ковое положе́ние; to be in a ~ попа́сть в пи́ковое положе́ние 2) ха́ос, неразбери́ха 2. про́бка, зато́р; ава́рия, остано́вка *(маши́ны и т. п.);* непола́дки *(в обору́довании)* 4. пу́таник, бестолочь

foumart ['fu:ma:t] *n зоол.* хорёк чёрный (*Mustela putorius*)

foumart-dog ['fu:ma:tdɒg] *n* соба́ка, обу́ченная охо́те на хорька́

found¹ [faʊnd] *n геол.* по́иск, разве́дка

found² [faʊnd] *v* 1. осно́вывать *(го́род и т. п.);* закла́дывать *(фунда́мент и т. п.);* to ~ a building закла́дывать зда́ние; to ~ a memorial /a monument/ заложи́ть па́мятник 2. осно́вывать, учрежда́ть; создава́ть; to ~ an association созда́ть о́бщество; the company [firm] was ~ed in 1777 компа́ния [фи́рма] была́ учреждена́ в 1777 г. /существу́ет с 1777 г./ 2) учреди́ть на свои́ сре́дства; созда́ть фонд для содержа́ния *(больни́цы и т. п.);* to ~ a college [a scholarship] учреди́ть колле́дж [стипе́ндию], вы́делив на это соотве́тствующий фонд 3) осно́вывать, быть основа́телем, новополо́жником; to ~ a theory [a system of philosophy] создава́ть тео́рию [филосо́фскую осно́ву] 3. обосно́вывать, подводи́ть осно́ву; класть в осно́ву; ~ed on facts осно́ванный на фа́ктах; to be ill [well] ~ed быть пло́хо [хорошо́] обосно́ванным; to ~ a novel on old legends положи́ть в осно́ву рома́на ста́рые преда́ния; his conclusion is ~ed on /upon/ very superficial knowledge его́ вы́воды не осно́ваны на доста́точно глубо́ком зна́нии предме́та 4. *редк.* осно́вываться, опира́ться

◇ to ~ a family [a dynasty] стать родонача́льником семьи́ [дина́стии]

found³ [faʊnd] *v* 1) пла́вить, выплавля́ть; to ~ iron [steel] выплавля́ть чугу́н [сталь] 2) лить, отлива́ть; to ~ a bell [gun] отлива́ть ко́локол [пу́шку] 3) вари́ть стекло́

found⁴ I [faʊnd] *a* снабжённый всем необходи́мым; обеспе́ченный жильём и пита́нием; all ~ на всём гото́вом

found⁴ II [faʊnd] *past и p. p. от* find II

foundation [faʊn'deɪʃ(ə)n] *n* 1. осно́вание *(го́рода и т. п.);* закла́дка *(фунда́мента и т. п.);* the ~ of London took place at an unknown date год основа́ния Ло́ндона неизве́стен 2. *(часто pl)* фунда́мент, основа́ние; the explosion shook the building to its ~s взрыв потря́с зда́ние до са́мого основа́ния; to lay the ~(s) of smth. а) заложи́ть фунда́мент чего́-л.; б) положи́ть нача́ло чему́-л.; ~ bolt а́нкерный /фундамента́льный/ болт; ~ pit *стр.* котлова́н *(фунда́мента)* 3. 1) основа́ние, обоснова́ние, обосно́ванность; the rumour is without ~ э́то ни на чём не осно́ванный слух 2) *pl* осно́вы, при́нципы; the ~s of the theory осно́вы тео́рии 4. осно́ва, ба́зис, ба́за; исхо́дный пункт; the ~s of smb.'s career [smb.'s fortune] осно́ва чьей-л. карье́ры [чьего́-л. состоя́ния]; to strike at the ~ of smth. подрыва́ть са́мую осно́ву чего́-л. 5. организа́ция, учрежде́ние, создае́ние; the ~ of a library организа́ция библиоте́ки 6. фонд, поже́ртвованный на *(како́е-л.)* культу́рное начина́ние; to be on the ~ существова́ть за счёт поже́ртвованного фо́нда 7. *(часто F.)* учрежде́ние *или* организа́ция, существу́ющие на поже́ртвованный фонд 8. *жив.* грунт 9. *текст.* жёсткая подкла́дка; бортовка 10. = foundation garment 11. *пчел.* вощи́на 12. = foundation cream

foundational [faʊn'deɪʃ(ə)nəl] *a* 1. служа́щий основа́нием, фунда́ментом 2. основно́й, основополага́ющий

foundation cream [faʊn'deɪʃ(ə)nkri:m] крем под пу́дру

foundationer [faʊn'deɪʃ(ə)nə] *n* стипендиа́т *(получа́ющий стипе́ндию из поже́ртвованного фо́нда)*

foundation garment [faʊn'deɪʃ(ə)n,ga:mənt] гра́ция *(корсе́т вме́сте с бюстга́льтером)*

foundationless [faʊn'deɪʃ(ə)nlɪs] *a* не име́ющий основа́ния, необосно́ванный

foundation-member [faʊn'deɪʃ(ə)n'membə] *n* член-основа́тель, член-учреди́тель

foundation-muslin [faʊn'deɪʃ(ə)n,mʌzlɪn] *n* подкла́дочная ма́рля

foundation-school [faʊn'deɪʃ(ə)n,sku:l] *n* шко́ла, существу́ющая на поже́ртвованный фонд

foundation stock [faʊn'deɪʃ(ə)nstɒk] *с.-х.* основно́й семенно́й материа́л, ма́точный материа́л

foundation stone [faʊn'deɪʃ(ə)nstəʊn] 1. *стр.* фунда́ментный ка́мень; to lay the ~ заложи́ть зда́ние 2. краеуго́льный ка́мень; осно́ва; основно́й при́нцип

founder¹ ['faʊndə] *n* 1. основа́тель, учреди́тель; ~'s kin пото́мок основа́теля учрежде́ния, по́льзующийся осо́быми права́ми 2. основа́тель фо́нда *(на содержа́ние колле́джа, больни́цы и т. п.)*

founder² ['faʊndə] *n* 1) плави́льщик 2) лите́йщик

founder³ ['faʊndə] *n горн.* 1. вскрыва́ющий пласт 2. разве́дочный ствол

founder⁴ I ['faʊndə] *n вет.* лами́нит

founder⁴ II ['faʊndə] *v* 1. *(о ло́шади)* 1) охроме́ть, разби́ть но́гу 2) упа́сть *(от уста́лости)* 2. *(обыкн. о ло́шади)* завя́знуть *(в боло́те, грязи́);* погружа́ться *(в тряси́ну)* 3. 1) наполня́ться водо́й и затону́ть *(о корабле́)* 2) пуска́ть ко дну *(кора́бль)* 4. оседа́ть *(о зда́нии)* 5. 1) провали́ться, терпе́ть неуда́чу *(о пла́не и т. п.);* his efforts ~ed его́ попы́тки бы́ли обречены́ на неуда́чу, он потерпе́л крах 2) прова́ливать, губи́ть

foundering ['faʊndə(ə)rɪŋ] *n геол.* опуска́ние

founder member [ˌfaʊndəˈmembə] член-основа́тель, член-учреди́тель

founderous [ˈfaʊnd(ə)rəs] *a* неро́вный, с я́мами и рытви́нами; ~ road неро́вная /уха́бистая/ доро́га

founders' shares [ˌfaʊndəzˈʃeəz] учреди́тельские а́кции

founders' type [ˌfaʊndəzˈtaɪp] *полигр.* шрифт, отли́тый в словоли́тне

founding [ˈfaʊndɪŋ] *n* лите́йное де́ло; литьё (*процесс*)

Founding Fathers [ˌfaʊndɪŋˈfɑːðəz] 1. *амер. ист.* «отцы́-основа́тели»; чле́ны конве́нта, приня́вшего в 1787 г. Конститу́цию США 2. (f. f.) творцы́, созда́тели; отцы́ (*какой-л. науки и т. п.*); Pasteur was one of the ~ of modern medicine Пасте́р был одни́м из отцо́в совреме́нной медици́ны

foundling [ˈfaʊndlɪŋ] *n* подки́дыш, найдёныш; ~ hospital воспита́тельный дом, прию́т (*для подки́дышей*)

found object [ˈfaʊndˈɒbdʒekt] дар приро́ды, предме́т иску́сства, со́зданный само́й приро́дой (*причу́дливая ве́тка, обто́ченный мо́рем кусо́к де́рева и т. п.*)

found poem [ˌfaʊndˈpəʊɪm] непреднаме́ренные стихи́ (*случа́йно попа́вшие в прозаи́ческий текст*)

foundry [ˈfaʊndrɪ] *n* 1. лите́йная, лите́йный цех; ~ hand /man/ лите́йщик; ~ work лите́йное де́ло 2. *полигр.* словоли́тня

foundry-iron [ˈfaʊndrɪˌaɪən] *n* *метал.* лите́йный чугу́н

foundry proof [ˈfaʊndrɪpruːf] *полигр.* после́дняя корректу́ра пе́ред изготовле́нием стереоти́па; подписна́я корректу́ра

fount¹ [faʊnt] *n* 1. *поэт.* исто́чник, ключ; a ~ of wisdom кла́дезь му́дрости; to be a ~ of inspiration to smb. быть для кого́-л. исто́чником вдохнове́ния 2. резервуа́р

fount² [fɒnt, faʊnt] *n полигр.* компле́кт шрифта́; гарниту́ра; newspaper ~ гарниту́ра газе́тного шрифта́; wrong ~ чужа́я ли́тера, чужо́й шрифт (*поме́тка в корректу́ре*)

fountain [ˈfaʊntɪn] *n* 1. фонта́н; to put up /to build/ a ~ сооруди́ть фонта́н; the ~ is playing фонта́н бьёт 2. *арх., поэт.* 1) исто́к реки́ 2) ключ, исто́чник; F. of Youth исто́чник мо́лодости 3) исто́чник, осно́ва; ~ of trust осно́ва дове́рия 3. питьево́й фонта́нчик 4. резервуа́р (*кероси́новой ла́мпы, авто́ручки и т. п.*) 5. сто́йка или кио́ск с газиро́ванной водо́й, моро́женым, бутербро́дами и т. п.

fountainhead [ˈfaʊntɪnhed] *n* 1. ключ, исто́чник; the ~ of his poetic power исто́чник, пита́вший его́ поэти́ческий дар 2. первоисто́чник; to go to the ~ обрати́ться к первоисто́чнику; to trace an error to its ~ найти́ исто́чник оши́бки

fountainlet [ˈfaʊntɪnlɪt] *n* фонта́нчик

fountain pen [ˈfaʊntɪnpen] авторру́чка

fountain-tree [ˈfaʊntɪntriː] *n бот.* кедр гимала́йский (*Cedrus deodara*)

four I [fɔː] *n* 1. четвёрка (*ци́фра*; *тж.* figure of ~) 2. *карт.* четвёрка; ~ of spades четвёрка пик 3) четвёрка (*люде́й*); in ~s по че́тверо, четвёрками; form ~s! *воен.* ряды́ вздво́й! 4) четы́ре го́да (*о во́зрасте*); she is ~ ей четы́ре го́да; at ~ в четы́ре го́да, в четырёхле́тнем во́зрасте; a girl of ~ четырёхле́тняя де́вочка 5) четы́ре часа́; she will come at ~ она́ придёт в четы́ре 2. 1) четвёрка, четырёхвесе́льная ло́дка; coxed [coxless] ~ четвёрка с рулевы́м [без рулево́го]; canoe ~ байда́рка-четвёрка (*гребля́*) 2) *спорт.* кома́нда четвёрки (*гребля́*) 3) *pl спорт. проф.* соревнова́ния, го́нки четвёрок 3. *pl* четырёхпроце́нтные а́кции *или* це́нные докуме́нты 4. четвёрка лошаде́й; a coach and ~ экипа́ж, запряжённый четвёркой 5. *спорт.* четвёрка, четы́ре очка́ (*крике́т*)

◇ on all ~s a) на четвере́ньках; б) на четырёх нога́х; в) то́чно совпада́ющий, адеква́тный, тожде́ственный

four II [fɔː] *num* 1) (число́) четы́ре; ~ and ~ make eight четы́ре плюс /и/ четы́ре — во́семь; ~ books [houses, dresses] четы́ре кни́ги [до́ма, пла́тья]; ~ children че́тверо дете́й; ~ figures а) четы́ре ци́фры; б) четырёхзна́чное число́; twenty is ~ times as much as five два́дцать в четы́ре ра́за бо́льше пяти́; a piece of music for ~ hands *муз.* пье́са, разы́грываемая в четы́ре руки́ (*на роя́ле*); there were ~ of them [of us] их [нас] бы́ло че́тверо; ~ of my daughters are students четы́ре мои́ до́чери у́чатся 2) (но́мер) четы́ре, (но́мер) четвёртый; Chapter ~ четвёртая глава́; Room ~ ко́мната (но́мер) четы́ре

◇ the ~ corners of the earth а) четы́ре страны́ све́та; б) са́мые отдалённые уголки́ све́та; ≃ край све́та; within the ~ corners of a document /an act/ в преде́лах /в грани́цах/, ука́занных докуме́нтом; within the ~ seas в Великобрита́нии; to the ~ winds а) на все четы́ре сто́роны; б) на ве́тер, по ве́тру; I scattered the ashes to the ~ winds я разве́ял пе́пел по ве́тру; the pieces of paper scattered to the ~ winds клочки́ бума́ги разлете́лись во все сто́роны

four-ale [ˈfɔːreɪl] *n ист.* пи́во, подава́вшееся по 4 пе́нса за кру́жку

four-channel [ˌfɔːˈtʃænl] *a* 1) *св.* четырёхкана́льный 2) квадрафони́ческий (*о звукоза́писи и звуковоспроизведе́нии*)

four-cornered [ˌfɔːˈkɔːnəd] *a* 1. четырёхуго́льный 2. с уча́стием четырёх сторо́н; ~ fight борьба́ с уча́стием четырёх сторо́н, четырёхсторо́нняя борьба́

four-course [ˌfɔːˈkɔːs] *a* 1. *с.-х.* четырёхпо́льный; ~ system четырёхпо́льная систе́ма (*полево́дства*) 2. состоя́щий из четырёх блюд; ~ dinner обе́д из четырёх блюд

four-cycle [ˌfɔːˈsaɪk(ə)l] *a тех.* четырёхта́ктный

four-dimensional [ˌfɔːd(a)ɪˈmenʃ(ə)nəl] *a мат.* четырёхме́рный; ~ space четырёхме́рное простра́нство

four-eyes [ˈfɔːraɪz] *n разг.* очка́рик

Four-F [ˌfɔː(r)ˈef] *n амер. воен. проф.* него́дный к действи́тельной вое́нной слу́жбе

four-flush I [ˈfɔːflʌʃ] *n* 1) *карт.* флеш из четырёх карт 2) *разг.* притво́рство, очковтира́тельство; блеф

four-flush II [ˈfɔːflʌʃ] *a* 1) *карт.* блефу́ющий 2) *разг.* очковтира́тельский, неподлинный

four-flush III [ˌfɔːˈflʌʃ] *v карт.* блефова́ть

four-flusher [ˌfɔːˈflʌʃə] *n* 1) *разг.* очковтира́тель; люби́тель пусти́ть пыль в глаза́ 2) обма́нщик, плут

fourfold I [ˈfɔːfəʊld] *a* 1. 1) состоя́щий из четырёх часте́й 2) объединя́ющий в себе́ четы́ре предме́та, элеме́нта и т. п. 2. четырёхкра́тный; увели́ченный в четы́ре ра́за 3. 1) в четы́ре ра́за бо́льший (*по величине́*) 2) насчи́тывающий в четы́ре ра́за бо́льше

fourfold II [ˈfɔːfəʊld] *adv* вче́тверо (бо́льше); в четы́ре ра́за бо́льше; в четырёхкра́тном разме́ре; to increase ~ увели́чивать *или* увели́чиваться вче́тверо; to return a service ~ с лихво́й расплати́ться за услу́гу

four-foot [ˈfɔːfʊt] *a* четырёхфу́товый; ~ board доска́ длино́й в четы́ре фу́та; ~ way ширина́ железнодоро́жной колеи́ в А́нглии (*1220 мм*)

four-footed [ˌfɔːˈfʊtɪd] *a* четвероно́гий; ~ beasts четвероно́гие (*живо́тные*)

fourgon [fʊəˈgɒŋ] *n фр.* фурго́н

four-H [ˌfɔː(r)ˈeɪtʃ] *n* (H — *сокр. от* head, heart, hands, health) *амер.* програ́мма повыше́ния профессиона́льного и культу́рного у́ровня се́льской молодёжи; ~ clubs клу́бы-шко́лы для се́льской молодёжи

four-handed [ˌfɔːˈhændɪd] *a* 1. четверору́кий (*об обезья́не*) 2. для четырёх челове́к (*об игре́*) 3. разы́грываемый в четы́ре руки́ (*на роя́ле*)

four-horse, **four-horsed** [ˈfɔːhɔːs, -t] *a* запряжённый четвёркой лошаде́й

Four Horsemen (of the Apocalypse) [ˈfɔːˈhɔːsmən(əvðɪəˌpɒkəlɪps)] *библ.* четы́ре вса́дника (апока́липсиса) (*символизи́руют чуму́, войну́, го́лод и смерть*)

Four Hundred [ˌfɔːˈhʌndrɪd] (the ~) *амер.* четы́реста бога́тейших семе́йств страны́

four-in-hand [ˌfɔːrɪnˈhænd] *n* 1. 1) четвёрка лошаде́й 2) экипа́ж четвёркой 2. га́лстук-самовя́з, завя́зывающийся свобо́дным узло́м с двумя́ дли́нными конца́ми

four-leaved [ˌfɔːˈliːvd] *a* четырёхли́стный; ~ clover четырёхли́стный кле́вер (*по пове́рью принося́щий сча́стье*)

four-letter man [ˌfɔːletəˈmæn] *эвф.* 1) поха́бный тип, гну́сная ли́чность 2) тупи́ца, неве́жда (*обыкн. об уча́щемся*)

four-letter word [ˌfɔːletəˈwɜːd] непристо́йное сло́во, руга́тельство

fourling [ˈfɔːlɪŋ] *n редк.* 1. оди́н из четырёх близнецо́в; to give birth to ~s роди́ть четверню́ 2. четверно́й двойни́к (*в кристаллогра́фии*)

four-o [ˌfɔː(r)ˈəʊ] *adv амер. мор. жарг.* отли́чно, превосхо́дно

four-oar [ˈfɔːrɔː] *n* четвёрка (*ло́дка*)

four-oared [ˌfɔː(r)ˈɔːd] *a* четырёхвесе́льный; ~ boat четырёхвесе́льная ло́дка

four o'clock [ˌfɔːrəˈklɒk] *бот.* яла́па (*Mirabilis jalapa*)

four of a kind [ˌfɔːrəvəˈkaɪnd] *карт.* четы́ре ка́рты одного́ досто́инства (*четы́ре короля́ и т. п.*)

four-part [ˈfɔːpɑːt] *a муз.* четырёхголо́сный; a ~ piece пье́са для четырёх голосо́в

fourpence [ˈfɔːp(ə)ns] *n* 1) 4 пе́нса 2) *ист.* четырёхпе́нсовая моне́та

fourpenny [ˈfɔːp(ə)nɪ] *a* четырёхпе́нсовый; ~ loaf четырёхпе́нсовый хле́бец; ~ bit *ист.* моне́та в 4 пе́нса; ~ one *сл.* уда́р; to give smb. a ~ one ≃ дать кому́-л. по ше́е

fourplex [ˈfɔːpleks] *n* четырёхкварти́рный дом

four-ply [ˈfɔːplaɪ] *a* четырёхни́точный (*о пря́же*)

four pointer [ˌfɔːˈpɔɪntə] *амер. унив. жарг.* 1) оце́нка «отли́чно» 2) студе́нт-отли́чник

four-pole [ˈfɔːpəʊl] *n эл.* четырёхпо́люсник

four-poster [ˌfɔːˈpəʊstə] *n* крова́ть с по́логом на четырёх столби́ках

fourragère [ˌfʊrəˈʒeə, ˌfuː-] *n воен.* аксельба́нт (*в а́рмиях США и Фра́нции*)

four-row, **four-rowed** [ˌfɔːˈrəʊ, -d] *a* четырёхря́дный

four-rowed barley [ˌfɔːrəʊdˈbɑːlɪ] *бот.* ячме́нь обыкнове́нный, четырёхря́дный (*Hordeum vulgare*)

fourscore [ˈfɔːskɔː] *n арх., поэт.* во́семьдесят; ~ and seven years ago во́семьдесят семь лет тому́ наза́д

four-seater [ˌfɔːˈsiːtə] *n разг.* четырёхместный автомобиль

foursome I [ˈfɔːs(ə)m] *n* 1. игра в гольф между двумя парами 2. *разг.* компания, группа из четырёх человек

foursome II [ˈfɔːs(ə)m] *a* 1) состоящий из четырёх 2) требующий четырёх участников

four-space [ˌfɔːˈspeɪs] *n мат.* четырёхмерное пространство

four-square I [ˌfɔːˈskweə] *n* квадрат

four-square II [ˌfɔːˈmɑːkɪt] *a* 1. квадратный 2. *разг.* честный, прямой 3. *ирон.* традиционный, консервативный; «добропорядочный»

four-square III [ˌfɔːˈskweə] *adv* 1. квадратной формы 2. *разг.* честно

four-star [ˌfɔːˈstɑː] *a* 1. *воен. разг.* с четырьмя звёздами на погонах; ~ **general** *амер. воен. разг.* генерал-полковник 2. 1) марки «четыре звёздочки» (*о коньяке*) 2) высокого качества; отличный; *a* ~ restaurant [hotel] первоклассный ресторан [-ная гостиница]

four-starred [ˌfɔːˈstɑːd] = four-star 1

four-striper [ˌfɔːˈstraɪpə] *n амер. мор. жарг.* кэптен, капитан I ранга

four-stroke [ˌfɔːˈstrəʊk] = four-cycle

fourteen [ˌfɔːˈtiːn] *num* 1) (*число*) четырнадцать; ~ houses [books, men] четырнадцать домов [книг, человек] 2) *в сочетании с предшествующим числительным*: eighty ~ and ~ make twenty-eight четырнадцать плюс /и/ четырнадцать — двадцать восемь; there were ~ of them их было четырнадцать; ~ twos are twenty-eight четырнадцать, помноженное на два,— двадцать восемь; ~ times as much в четырнадцать раз больше; ~ days две недели 2) 1) номер четырнадцать, (номер) четырнадцатый; Chapter ~ четырнадцатая глава; Room ~ комната (номер) четырнадцать 2) четырнадцать лет (*о возрасте*); he is ~ ему четырнадцать лет; at ~ в четырнадцать лет, в четырнадцатилетнем возрасте; a boy of ~ четырнадцатилетний мальчик

fourteener [ˌfɔːˈtiːnə] *n* 1. 1) стихотворение в 14 строк 2) стихотворная строка в 14 слогов 2. *разг.* ребёнок четырнадцати лет; четырнадцатилетний мальчик; четырнадцатилетняя девочка

fourteenth I [ˌfɔːˈtiːnθ] *n* 1) (the ~) четырнадцатое (число); on the ~ of May четырнадцатого мая 2) *муз.* квартдецима 3) (одна) четырнадцатая; three ~s три четырнадцатых

fourteenth II [ˌfɔːˈtiːnθ] *a* 1. 1) четырнадцатый (по счёту); he is in his ~ year ему четырнадцатый год; Louis the F. Людовик Четырнадцатый, Людовик XIV 2) составляющий одну четырнадцатую 2. *в грам. знач. нареч.* четырнадцатым; he arrived ~ он прибыл четырнадцатым

fourth I [fɔːθ] *n* 1) (the ~) четвёртое (число); on the ~ of May четвёртого мая 2) четвёртый (человек); you are the ~ to take my photograph вы уже четвёртый, кто меня фотографирует 3) четвёртый участник игры; to make a ~ стать четвёртым участником игры 4) *муз.* кварта 5) *pl* товар четвёртого сорта 6) четвёртая часть; (одна) четвёртая, четверть; three ~s три четверти

fourth II [fɔːθ] *a* 1. четвёртый (по счёту); he is in his ~ year ему четвёртый год; Henry the F. Генрих Четвёртый, Генрих IV 2. составляющий одну четвёртую 2. четвёртый (из следующих друг за другом); ~ form четвёртый класс (*в школе*); he is doing it for the ~ time он делает это в четвёртый раз 3. *в грам. знач. нареч.* четвёртым; he arrived ~ он прибыл четвёртым

◇ the ~ arm военно-воздушные силы; the F., the F. of July *амер.* четвёртое июля, День независимости (*праздник в США*); F. of July speech *амер. ирон.* ура-патриотическая речь; F. of June четвёртое июня, большой ежегодный праздник в Итонском колледже

fourth dimension [ˌfɔːθd(a)ɪˈmenʃ(ə)n] 1) *физ.* четвёртое измерение 2) что-л. глубинное, скрытое; the ~ of meaning тайный смысл

fourth estate [ˌfɔːθɪˈsteɪt] *ирон.* «четвёртое сословие», пресса, печать

fourth market [ˌfɔːθˈmɑːkɪt] *эк.* непосредственное распределение незарегистрированных ценностей среди вкладчиков

fourth-rate [ˌfɔːθˈreɪt] *a* четвёртого сорта; не соответствующий стандарту, нестандартный

fourth stomach [ˌfɔːθˈstʌmək] сычуг, четвёртый отдел желудка (*жвачного*)

Fourth World [ˌfɔːθˈwɜːld] *полит.* (the ~) четвёртый мир, страны с крайне низким уровнем жизни (*в Африке, Южной Америке, Азии*)

four-way [ˌfɔːˈweɪ] *a* 1) *тех.* четырёхходовой 2) *эл.* четырёхпроводной

four-wheel [ˌfɔːˈwiːl] *a* четырёхколёсный; ~ drive *авт.* с приводом на четыре колеса

four-wheeled [ˌfɔːˈwiːld] *a* четырёхколёсный

four-wheeler [ˌfɔːˈwiːlə] *n разг.* извозчичья пролётка

fovea [ˈfəʊvɪə] *n* (*pl* -veae [-viiː]) *бот., зоол., анат.* ямка

foveola [fɒˈviːələ] *n* (*pl* -lae [-liː]) *спец.* ямочка, ямка

fowl I [faʊl] *n* (*pl тж. без изм.*) 1. 1) домашняя птица, *особ.* курица; to breed /to rear/ ~s разводить кур; to keep ~s держать птицу /кур/ 2) *амер.* утка; гусь; индюк 3) *собир.* птица, дичь; water ~ водоплавающая птица; sea ~ морская птица 3. *арх., поэт.* птица, пташка; ~s of the air а) *библ.* птицы небесные; б) пернатые 4. птичье мясо, *особ.* курятина

fowl II [faʊl] *v* 1) охотиться на дичь 2) ловить птиц

fowl-cholera [ˈfaʊlˌkɒlərə] *n вет.* птичья холера

fowler [ˈfaʊlə] *n редк.* птицелов, охотник

fowl-farm [ˈfaʊlfɑːm] *n* птицеферма

fowl-grass [ˈfaʊlɡrɑːs] *n бот.* мятлик обыкновенный (*Poa trivialis*)

fowling [ˈfaʊlɪŋ] *n* ловля птиц; охота на птиц

fowling bag [ˈfaʊlɪŋbæɡ] ягдташ

fowling net [ˈfaʊlɪŋnet] птицеловная сеть; силки

fowling piece [ˈfaʊlɪŋpiːs] 1. охотничье ружьё 2. картина с изображением дичи, натюрморт с дичью

fowl-run [ˈfaʊlrʌn] *n* птичий двор, птичник

fox I [fɒks] *n* (*pl тж. без изм.*) 1. 1) лиса, лисица; лис; to hunt the ~ охотиться на лис 2) *зоол.* лисица (*Vulpes*); arctic ~ песец (*Alopex lagopus*); silver ~ черно-бурая лисица (*Vulpes fulvus*) 2. 1) лисий мех 2) *pl* изделия из лисьего меха 3. хитрец, лиса; to play the ~ ловчить, хитрить, притворяться, прикидываться 4. 1) красновато-жёлтый, рыжеватый цвет 2) *редк.* рыжий (*о человеке*) 5. *амер. сл.* красотка

◇ crazy like a ~ *амер.* себе на уме; ≅ пальца в рот не клади; ~ and geese ≅ «волки и овцы» (*игра на шашечной доске*); ~ and hounds «лиса и собака» (*детская игра*); to set a ~ to keep the /one's/ geese ≅ волк не пастух; пришла из лесу птичница в лисьей шубке цыплят посчитать

fox II [fɒks] *v* 1. *разг.* обманывать, одурачивать; действовать ловко; to ~ smb. by pretending to be ill обмануть кого-л., прикинувшись больным; he isn't really ill, he's just ~ing он не вправду болен, он симулирует 2. затруднять, сбивать с толку; the second question on the examination paper ~ed me второй вопрос экзаменационной работы поставил меня в тупик 3. покрываться «лисьими», бурыми пятнами (*о бумаге*); the engraving is badly ~ed гравюра побурела 4. *амер.* охотиться на лисиц 5. *проф.* ставить новые верха (*на ботинки*)

foxbane [ˈfɒksbeɪn] *n бот.* аконит, борец (*Aconitum lycoctonum*)

fox-bat [ˈfɒksbæt] *n зоол.* плотоядная летучая мышь (*Megachiroptera*)

fox-beagle [ˈfɒksˌbiːɡ(ə)l] *n* гончая (для охоты) на лисиц

foxberry [ˈfɒksb(ə)rɪ] *n бот.* 1. брусника (*Vaccinium vitis idaea*) 2. толокнянка (*Arctostaphylos*)

fox-bolt [ˈfɒksbəʊlt] *n тех.* болт с чекой

fox brush [ˈfɒksbrʌʃ] лисий хвост

fox-chase [ˈfɒkstʃeɪs] = fox-hunt

fox-colour [ˈfɒksˌkʌlə] *n* красновато-жёлтый, рыжеватый цвет

fox-cub [ˈfɒkskʌb] *n* лисёнок

fox-earth [ˈfɒksɜːθ] *n* лисья нора

foxed [fɒkst] *a* 1. покрытый «лисьими», бурыми пятнами (*о бумаге*) 2. прокисший (*о вине, пиве*) 3. пьяный

foxery [ˈfɒks(ə)rɪ] *n* хитрость, пронырливость, изворотливость

fox-fire [ˈfɒksˌfaɪə] *n амер.* фосфоресцирующий свет (*гнилого дерева*)

fox-fur [ˈfɒksfɜː] *n* 1) лисий мех 2) одежда, отделанная лисьим мехом

foxglove [ˈfɒksɡlʌv] *n бот.* наперстянка (*Digitalis purpurea*)

foxhole [ˈfɒkshəʊl] *n воен.* стрелковая ячейка, одиночный окоп

foxhound [ˈfɒkshaʊnd] *n* английская паратая гончая

fox-hunt [ˈfɒkshʌnt] *n* охота на лисиц с собаками

fox-hunter [ˈfɒksˌhʌntə] *n* охотник на лисиц

fox-hunting [ˈfɒksˌhʌntɪŋ] *n* верховая охота на лис с гончими

foxiness [ˈfɒksɪnɪs] *n* 1. лисьи повадки; хитрость 2. красно-бурый цвет 3. резкий, острый запах 4. краснуха (*болезнь древесины*)

foxlike [ˈfɒkslaɪk] *a* 1) похожий на лису 2) хитрый, коварный; ~ behaviour хитрое поведение

fox message [ˌfɒksˈmesɪdʒ] *св.* контрольное сообщение (*для проверки работы телеграфной линии*)

fox paw [ˌfɒksˈpɔː] *шутл. см.* faux pas

foxtail [ˈfɒksteɪl] *n* 1. = fox brush 2. *бот.* лисохвост (*Alopecurus pratensis*) 3. *тех.* чека, тонкий клин

fox-terrier [ˌfɒksˈterɪə] *n* фокстерьер; wire-haired ~ жесткошёрстный фокстерьер

fox-trap [ˈfɒkstræp] *n* лисий капкан

foxtrot I [ˈfɒkstrɒt] *n* фокстрот; slow ~ слоуфокс, медленный фокстрот

foxtrot II [ˈfɒkstrɒt] *v* танцевать фокстрот

foxy [ˈfɒksɪ] *a* 1. лисий; ~ face лисья мордочка (*человека*) 2. *разг.* хитрый 3. рыжий, красно-бурый; ~ hair рыжие волосы 4. имеющий резкий запах 5. покрытый «лисьими», бурыми пятнами (*о бумаге*) 6. прокисший (*о пиве, вине*); ~ grapes кислый виноград 7. *разг.*

FOX — FRA

привлека́тельный (*для противополо́жного пола*); ~ girl соблази́тельная краса́тка; to look ~ привлека́ть внима́ние мужчи́н

foyer ['fɔɪeɪ] *n* 1. фойе́ 2. вестибю́ль; холл (*в гости́нице и т. п.*)

fozy ['fəʊzi] *a преим. шотл.* 1. гу́бчатый, по́ристый; ры́хлый 3. сыро́й и те́плый (*о пого́де*) 3. бестолко́вый 4. жи́рный, то́лстый

Fra [frɑ:] *ит.* фра, брат (*о мона́хе*)

frabjous ['fræbdʒəs] *a шутл.* 1) замеча́тельный, чу́дный 2) необыкнове́нный, чудно́й

fracas ['frækɑ:] *n* (*pl* fracas ['frækɑ:z], *амер.* -ses [-sɪz]) сканда́л, шу́мная ссо́ра

fractal ['fræktl] *n мат.* фракта́л, дробна́я разме́рность

fraction I ['frækʃ(ə)n] *n* 1. *мат.* дробь; common /vulgar/ ~ проста́я дробь; continued ~ непреры́вная дробь; decimal ~ десяти́чная дробь; proper [improper] ~ пра́вильная [непра́вильная] дробь 2. 1) часть; части́ца, до́ля, крупи́ца; ~ of a second до́ля секу́нды; not by a ~ ни на йо́ту, ничу́ть; to a ~ *разг.* по́лностью, соверше́нно; to suit to a ~ по́лностью подходи́ть; a ~ closer чуть-чу́ть побли́же 2) отре́зок; ~ of time отре́зок вре́мени; ~ of distance отре́зок диста́нции; часть расстоя́ния 3. *хим.* пого́н, фра́кция, части́чный проду́кт перего́нки 4. 1) *редк.* разла́мывание, отла́мывание 2) *арх.* разры́в

fraction II ['frækʃ(ə)n] *v* дроби́ть, разбива́ть на ме́лкие ча́сти

fractional ['frækʃ(ə)nəl] *a* 1. 1) дро́бный; ~ currency разме́нная моне́та; ме́лкие купю́ры 2) части́чный, непо́лный; ~ load *тех.* непо́лная нагру́зка 2. незначи́тельный, ма́ленький; the difference between his wages and yours is ~ ра́зница ме́жду его́ зарпла́той и твое́й соверше́нно ничто́жная 3. *хим.* фракцио́нный; ~ distillation дробна́я перего́нка

fractionalize ['frækʃ(ə)nəlaɪz] *v книжн.* разделя́ть на ча́сти, гру́ппы; расчленя́ть; control of the river is ~d among four countries э́та река́ поделена́ ме́жду четырьмя́ госуда́рствами

fractionally ['frækʃ(ə)nəlɪ] *adv* 1. части́чно 2. незначи́тельно

fractionary ['frækʃ(ə)rɪ] *a* 1. = fractional 2. раздро́бленный, фрагмента́рный

fractionate ['frækʃ(ə)neɪt] *v хим.* фракциони́ровать

fractionation [ˌfrækʃəˈneɪʃ(ə)n] *n* 1. *хим.* разделе́ние на фра́кции, фракциони́рование 2. *спец.* разби́вка; деле́ние; расслое́ние 3. *воен.* увеличе́ние числа́ боеголо́вок на раке́те

fractionize ['frækʃ(ə)naɪz] *v* 1) распада́ться на ча́сти, дроби́ться 2) разделя́ть на ча́сти, дроби́ть

fractious ['frækʃəs] *a* 1) капри́зный; беспоко́йный; a ~ child капри́зный ребёнок 2) раздражи́тельный, вздо́рный; a ~ person неужи́вчивый челове́к; челове́к с но́ровом; a horse норови́стая ло́шадь

fractocumulus [ˌfræktə(ʊ)ˈkjuːmjʊləs] *n метеор.* разо́рванно-ку́чевые облака́

fractography [fræk'tɒgrəfɪ] *n* фракто́графия, ана́лиз по хара́ктеру разруше́ния (*материа́ла*)

fractonimbus [ˌfræktəˈnɪmbəs] *n метеор.* разо́рванно-дождевы́е облака́

fractostratus [ˌfræktəˈstreɪtəs] *n метеор.* разо́рванно-сло́истые облака́

fracture I ['fræktʃə] *n* 1. *мед.* перело́м; тре́щина; compound [simple] ~

откры́тый [закры́тый] перело́м; ~ of the skull тре́щина в че́репе 2. 1) *спец.* изло́м, пове́рхность изло́ма; разло́м 2) *физ.* разруше́ние, разры́в 3. разво́дье (*во льдах*) 4. *лингв.* преломле́ние

fracture II ['fræktʃə] *v* 1. 1) лома́ть; разбива́ть; to ~ an arm [a thigh] слома́ть ру́ку [бедро́]; to ~ one's leg слома́ть себе́ но́гу; to ~ a pane of glass разби́ть стекло́ 2) лома́ться; быть ло́мким, хру́пким; under the blow the bone ~d от уда́ра произошёл перело́м ко́сти; the ice on the lake ~d under the tractor's weight под тя́жестью тра́ктора лёд на о́зере проломи́лся 2. *амер. сл.* 1) вы́звать гро́мовый смех; умори́ть со́ смеху 2) ошеломи́ть, вы́вести из себя́; you ~ me *ирон.* я поражён в са́мое се́рдце

fractured ['fræktʃəd] *a* 1. трещинова́тый, име́ющий тре́щины, перело́м; сло́манный; ~ rib *мед.* перело́м ребра́ 2. *амер. сл.* пья́ный

fracture toughness [ˌfræktʃəˈtʌfnɪs] *метал.* вя́зкость разруше́ния

frae [freɪ] *шотл.* = from

frag I [fræg] *n воен. проф.* оско́лочная грана́та; оско́лочная ми́на

frag II [fræg] *v воен. проф.* уби́ть оско́лочной грана́той

frag bomb ['frægbɒm] *воен. проф.* оско́лочная бо́мба

fragile ['frædʒaɪl] *a* 1) хру́пкий, ло́мкий; a ~ china cup хру́пкая фарфо́ровая ча́шка 2) хру́пкий, сла́бый; не́жный; ~ health сла́бое здоро́вье 3) непро́чный, недолгове́чный; преходя́щий; ~ happiness непро́чное сча́стье

fragility [frəˈdʒɪlɪtɪ] *n* 1) хру́пкость, ло́мкость; ~ of bones ло́мкость косте́й 2) хру́пкость, сла́бость; an appearance of ~ впечатле́ние хру́пкости /сла́бости/ 3) непро́чность, недолгове́чность, преходя́щий хара́ктер; ~ of life мимолётность жи́зни; ~ of beauty недолгове́чность красоты́ 4) *горн.* сла́бость (*кро́вли*)

fragment I ['frægmənt] *n* 1. 1) обло́мок, оско́лок, кусо́к; ~s of a vase оско́лки ва́зы; ~s of a statue обло́мки ста́туи; to break into ~s разби́ться вдре́безги; to eat up the ~s дое́сть оста́тки 2) *обыкн. pl* обры́вки; ~s of a conversation обры́вки разгово́ра 2. фрагме́нт; отры́вок

fragment II [fræg'ment] *v* 1. разва́ливаться, разла́мываться на куски́; the chair ~ed under his weight стул под ним рассы́пался 2. разбива́ть, разла́мывать; раздробля́ть 3. *спец.* дезинтегри́ровать

fragmental [fræg'mentl] *a геол.* обло́мочный, класти́ческий

fragmentary ['frægmənt(ə)rɪ] 1. *a* фрагмента́рный; отры́вочный; a ~ manuscript непо́лная ру́копись; ру́копись, состоя́щая из отде́льных фрагме́нтов; a ~ conversation несвя́зный разгово́р; a ~ report of an event непо́лные /отры́вочные/ све́дения о происше́дшем; ~ knowledge of smth. несистемати́ческое зна́ние како́го-л. предме́та; ~ order *воен.* ча́стный боево́й прика́з 2. = fragmental

fragmentation [ˌfrægmənˈteɪʃ(ə)n, -men-] *n* 1. распа́д, распаде́ние (*на ча́сти, куски́*) 2. дробле́ние, фрагмента́ция; ~ of holdings разукрупне́ние /дробле́ние/ хозя́йств, уго́дий, земе́льных уча́стков и т. п. 3. разры́в (*снаря́да*) 4. *биол.* размноже́ние деле́нием

fragmentation bomb [ˌfrægmənˈteɪʃ(ə)n-] *воен.* оско́лочная бо́мба

fragmentize ['frægməntaɪz] *v редк.* разбива́ть, раска́лывать; дроби́ть

fragrance ['freɪgrəns] *n* 1) арома́т, благоуха́ние; the ~ of flowers [of scent] арома́т цвето́в [духо́в]; the ~ of youth

образн. благоуха́ние мо́лодости 2) спо́собность издава́ть арома́т, благоуха́ние

fragrant ['freɪgrənt] *a* 1. арома́тный, благоуха́ющий; благоуха́нный; ~ with the delicate scents of spring напоённый не́жными арома́тами весны́; ~ air благоуха́нный во́здух 2. восхити́тельный, очарова́тельный; ~ memories сла́достные воспомина́ния

fraidy cat [ˌfreɪdɪˈkæt] *амер. детск.* труси́шка

frail¹ [freɪl] *n* 1. плетёная корзи́на (*для сухофру́ктов, изю́ма и т. п.*) 2. деревя́нный я́щик стеко́льщика

frail² I [freɪl] *n амер. сл.* же́нщина, де́вушка; ба́бенка

frail² II [freɪl] *a* 1. хру́пкий, непро́чный, неусто́йчивый; a ~ structure непро́чное сооруже́ние; a ~ support непро́чная опо́ра 2. сла́бый, боле́зненный; a child боле́зненный ребёнок; an old man хи́лый стари́к 3. преходя́щий, бре́нный; man's life [happiness] is ~ челове́ческая жизнь [-ое сча́стье] бренна́ [бре́нно] 4. 1) сла́бый; мора́льно неусто́йчивый, легко́ поддаю́щийся собла́зну 2) сла́бый, ненадёжный; a ~ chance of passing the examination сла́бая наде́жда /ма́ло ша́нсов/ на сда́чу экза́мена; what a ~ excuse! како́е неубеди́тельное оправда́ние!

◊ ~ job *амер. сл.* а) распу́тная /гуля́щая/ ба́бёнка; б) полово́й акт

frailty ['freɪltɪ] *n* 1. хру́пкость, непро́чность 2. сла́бость, боле́зненность 3. бре́нность, недолгове́чность 4. недоста́ток, сла́бость; мора́льная неусто́йчивость; he loved her in spite of her little frailties он люби́л её, несмотря́ на её (ма́ленькие) сла́бости

fraize¹ I [freɪz] *n* 1. рюш 2. *воен.* горизонта́льное про́волочное препя́тствие

fraize¹ II [freɪz] *v* 1. обшива́ть рю́шем 2. *воен.* устана́вливать горизонта́льное про́волочное препя́тствие

fraize² [freɪz] *n тех.* небольша́я фреза́

frame I [freɪm] *n* 1. карка́с, осто́в, костя́к; скеле́т сооруже́ния и т. п.; the ~ of a building карка́с зда́ния; ~ construction *стр.* карка́сная констру́кция; the ~ of a car осто́в маши́ны; the gigantic ~ of a mammoth гига́нтский скеле́т ма́монта 2) *тех.* ко́рпус, стани́на 3) констру́кция, сооруже́ние, строе́ние; boring ~ бурова́я вы́шка 2. телосложе́ние; конститу́ция; a man of iron ~ челове́к желе́зной конститу́ции; a man of huge ~ челове́к гига́нтского телосложе́ния; a girl with /of/ a slender ~ то́ненькая де́вушка; sobs shook her ~ рыда́ния сотряса́ли её те́ло; a horse with a good strong ~ ста́тная кре́пкая ло́шадь 3. 1) строе́ние, структу́ра, систе́ма; the ~ of a government структу́ра прави́тельства; the ~ of society социа́льная систе́ма; the ~ of a legal system структу́ра законода́тельства 2) склад, хара́ктер; a character of noble ~ благоро́дный хара́ктер 4. 1) ра́мка, ра́ма; *тех.* фе́рма; the ~ of a window око́нная ра́ма; the ~ of a picture, picture ~ ра́ма для карти́ны; photograph ~ ра́мка для фотогра́фии; embroidery ~ пя́льцы; bicycle ~ велосипе́дная ра́ма 2) обрамле́ние (*в расска́зе, рома́не*) 3) *pl* опра́ва для очко́в 5. ра́ма, парни́к; cucumber ~ парни́к для огурцо́в 6. = frame-up 7. тка́цкий стано́к 8. *стр.* фе́рма; стропи́ла 9. *мор.* 1) набо́р (*су́дна*) 2) элеме́нт набо́ра; шпанго́ут; the most important ~ важне́йший элеме́нт набо́ра 10. стано́к (*крепи́*) 11. *метал.* опо́ка 12. *кино* (отде́льный) кадр, «ка́дрик»; ~ frequency коли́чество ка́дров в секу́нду; 24 ~s a second 24 ка́дра в секу́нду; ~ line ра́мка кадра; междукадровая линия 13. система отсчёта, система координат (*тж.* ~ of reference) 14. *вчт.* фрейм ◇ ~ of mind настроение, расположение духа; one ~ of mind единая точка зрения

frame II [freɪm] *v* 1. создавать, вырабатывать; составлять; to ~ a theory создавать теорию; to ~ a plan составлять /вырабатывать/ план 2. строить, сооружать, конструировать 3. вставлять в раму, в рамку, в рамки; to ~ a picture вставить картину в рамку; a lake ~d in woods озеро, обрамлённое лесом 4. приспосабливать; a structure ~d to resist the fiercest storms сооружение, способное выдержать самые сильные бури; a man not ~d for hardships человек, не способный бороться с трудностями 5. 1) выражать в словах; формулировать; to ~ a sentence построить предложение 2) произносить; his lips could hardly ~ the words он едва мог выговорить эти слова 6. развиваться, развёртываться; the plan is framing satisfactorily разработка плана идёт удовлетворительно; our preparations are framing well приготовления идут полным ходом 7. *разг.* фабриковать (*дело, обвинение*), ложно обвинять кого-л., подтасовывать факты [*см. тж.* ~ up]; the accused declared that he had been ~d обвиняемый заявил, что улики против него сфабрикованы 8. *тех.* собирать (*конструкцию*) 9. *кино, тлв.* устанавливать в рамку

frame aerial ['freɪm,e(ə)rɪəl] радиорамочная антенна

frame area ['freɪm,e(ə)rɪə] 1. *с.-х.* площадь под стеклом, защищённый грунт 2. *кино* площадь кадра

frame-breaker ['freɪm,breɪkə] *n ист.* разрушитель машин, луддит

frame-bridge ['freɪm,brɪdʒ] *n стр.* рамный мост

frame-by-frame [,freɪmbaɪ'freɪm] *a кино, фото* покадровый

frame house ['freɪmhaus] каркасный дом

frameless ['freɪmlɪs] *a* 1) не вставленный в раму; необрамлённый; a ~ picture картина без рамы 2) *тех.* безрамный; ~ vehicle безрамный автомобиль

frame of reference [,freɪməv'ref(ə)rəns] 1. система взглядов; ценностная ориентация; to view a problem from one's own ~ рассматривать проблему со своей точки зрения 2. *физ.* система отсчёта, система координат

framer ['freɪmə] *n* 1. *см.* frame II + -er; the ~s of the system создатели системы 2. *горн.* станок для заделки крепи

framesaw ['freɪmsɔː] *n стр.* рамная пила

frame up ['freɪm'ʌp] *phr v* 1. возвести на кого-л. ложное обвинение; сфабриковать, подтасовать улики; подвести под тюрьму путём провокации, фальсификации *и т. п.* 2. оформить; he framed up the poem at last наконец он записал своё стихотворение

frame-up ['freɪmʌp] *n разг.* 1. 1) ложное обвинение; подтасовка фактов; фальсификация 2) судебная инсценировка; 3) тайный сговор 3. провокация

framework[1] ['freɪmwɜːk] *n* 1. 1) каркас, остов, несущая конструкция; the ~ of vertebrate animals скелет позвоночных животных 2) *мор.* набор (*корпуса*) 2. общая схема (*какой-л. деятельности*) 3. структура, строение; the ~ of society общественный строй; the ~ of the novel композиция /архитектоника/ романа 4. 1) рамки, пределы; within the ~ of smth. в рамках /в пределах/

чего-л.; внутри; to return into the ~ (of) воссоединяться (с) 2) основа; basic [conceptual] ~ of the agreement принципиальная [концептуальная] основа соглашения

framework[2] ['freɪmwɜːk] *v сад.* 1. формировать крону, подрезать 2. производить прививку

framing ['freɪmɪŋ] *n* 1. создание, выработка 2. сооружение, конструирование 3. структура; a new ~ of mutual relations новая структура взаимоотношений 4. рама, обрамление 5. 1) сруб 2) каркас (*здания*); ~ scaffold леса, подмости 6. *кино, тлв.* установка в рамку 7. *спец.* обмер леса рамой 8. *горн.* 1) установка оклада 2) заделка крепи 9. *мор.* набор (*корпуса*)

franc [fræŋk] *n* франк (*денежная единица Франции, Бельгии и Швейцарии*)

franchise ['fræntʃaɪz] *n* 1. право участвовать в голосовании, право голоса 2. 1) привилегия, предоставленная фирмой какому-л. лицу на продажу её товара (со скидкой) 2) таможенное разрешение на беспошлинный провоз грузов 3. привилегия, льгота или особое право, предоставляемые правительством или монархом 4. *страх.* франшиза

franchisee [,fræntʃaɪ'ziː] *n эк.* лицо, получившее от фирмы право самостоятельного представительства

francisc [fræn'sɪsk] *n ист.* боевой топор франков

Franciscan I [fræn'sɪskən] *n* францисканец (*монах*)

Franciscan II [fræn'sɪskən] *a* францисканский

francise ['frænsaɪz] *v канад.* ввести французский язык (*вместо английского; в Квебеке*); to ~ business сделать французский язык языком деловой переписки; to ~ education перевести обучение (*по всем предметам*) на французский язык

francium ['frænsɪəm] *n хим.* франций

francize ['frænsaɪz] = francise

Franco ['fræŋkəu] *n канад.* франко-канадец; the ~s канадцы, говорящие на французском языке; ~ preeminence преобладание франко-канадцев (*в Квебеке*)

Franco- ['fræŋkə(u)-] *компонент сложных слов; в русском языке соответствует компоненту* франко-; Franco-Russian франко-русский; Francophil(e) франкофил

Franco-American [,fræŋkəuə'merɪkən] *n* 1) американец французского происхождения 2) канадский француз, канадец французского происхождения, франко-канадец

francolin ['fræŋkəulɪn] *n зоол.* франколин, турач (*Francolinus francolinus*)

Francophil, Francophile ['fræŋkəfɪl] *n* франкофил

Francophone ['fræŋkəfəun] *a* говорящий на французском языке, франкоязычный (*напр., о канадцах и жителях бывших французских колоний в Африке*)

franc tireur [,frɑːŋtiː'rɜː] *фр.* 1) *ист.* вольный стрелок, франтирёр 2) снайпер

frangibility [,frændʒɪ'bɪlɪtɪ] *n* ломкость, хрупкость; of high [low] ~ материал с высокой [низкой] степенью хрупкости

frangible ['frændʒəb(ə)l] *a* ломкий, хрупкий

frangipane ['frændʒɪpeɪn] *n* 1) миндальный крем 2) пирожное с миндальным кремом 2. = frangipani

frangipani [,frændʒɪ'pɑːnɪ] *n* 1. *бот.* красный жасмин (*Plumiera rubra*) 2. «франжипани», духи с запахом красного жасмина

Franglais ['frɒŋgleɪ] *n шутл.* «франглийский» язык, смесь французского и английского [<français + anglais]

Frank [fræŋk] *n* 1. *ист.* франк 2. (*употр. на Ближнем Востоке*) европеец 3. *поэт.* француз

frank[1] **I** [fræŋk] *n* 1. франкированное письмо 2. право отправлять франкированные письма

frank[1] **II** [fræŋk] *v* 1. 1) франкировать (*письмо*) 2) отправлять франкированным письмом 2. 1) проводить бесплатно (*в театр, на концерт и т. п.*) 2) открыть доступ, двери 3. освобождать (*кого-л.*) от уплаты *и т. п.*

frank[2] [fræŋk] *a* 1. откровенный, искренний, открытый; a ~ look in the eyes открытый взгляд; a ~ avowal of guilt чистосердечное /искреннее/ признание вины; to be ~ говоря откровенно; ~ manner открытая манера держаться 2. очевидный, явный (*о симптомах и т. п.*) 3. *арх.* щедрый

frank[3] [fræŋk] *n* (*сокр. от* frankfurter) *амер. разг.* сосиска

frank chase ['fræŋktʃeɪs] *юр.* право свободной охоты в лесу

Frankenstein ['fræŋkənstaɪn] *n* 1. *лит.* Франкенштейн (*герой одноимённого романа М. Шелли, создавший монстра, которого он не может контролировать*) 2. 1) создание, приводящее к гибели своего создателя 2) *разг.* чудовище в облике человека (*тж.* ~ monster)

Frankfurt black [,fræŋkfət'blæk] *n* франкфуртская чёрная сажа

frankfurter ['fræŋkfɜːtə] *n* сосиска

frankincense ['fræŋkɪnsens] *n* благовоние, ладан

franking ['fræŋkɪŋ] *n* франкирование (*письма*); ~ machine франкировальная машина

franking privilege [,fræŋkɪŋ'prɪvɪlɪdʒ] право бесплатной пересылки почты; право франкирования писем

Frankish I ['fræŋkɪʃ] *n* франкский диалект

Frankish II ['fræŋkɪʃ] *a* 1. *ист.* франкский 2. европейский (*употр. на Ближнем Востоке*)

franklin[1] ['fræŋklɪn] *n ист.* свободный землевладелец недворянского происхождения

franklin[2] ['fræŋklɪn] *n эл.* франклин (*единица*)

franklinite ['fræŋklɪnaɪt] *n мин.* франклинит

frankly ['fræŋklɪ] *adv* прямо, открыто, откровенно; to answer ~ отвечать откровенно /искренне/; ~, I don't like him откровенно говоря, он мне не нравится

frankness ['fræŋkɪnɪs] *n* прямота, искренность, откровенность

frankpledge ['fræŋkpledʒ] *n юр.* круговая порука

frank-tenement [,fræŋk'tenɪmənt] = freehold

frantic ['fræntɪk] *a* 1. неистовый, безумный; to be ~ with grief [with pain, with rage] обезуметь от горя [от боли, от гнева]; ~ appeal for help отчаянная мольба о помощи; to drive smb. ~ by worrying him with endless questions довести кого-л. до бешенства бесконечными вопросами 2. *эмоц.-усил.* страшный, ужасный, возмутительный; ~ muddle возмутительный беспорядок; a ~ toothache жуткая зубная боль; in a ~ hurry в страшной спешке 3. *амер. сл.* 1) замечательный; волнующий 2) мещанский; консервативный, традиционный

frantically ['fræntɪk(ə)lɪ] *adv* неистово, бешено, безумно

frap [fræp] *v мор.* найтовить, связывать

frappé I ['fræpeɪ] *n* 1) десерт из замороженного фруктового сока 2) ликёр на дроблёном льде

frappé II ['fræpeɪ] *a* охлаждённый, замороженный; со льдом; wine ~ замороженное вино

frat I [fræt] *n* 1) *разг.* студенческое землячество 2) *разг.* студент-член землячества 3) *пренебр.* (студент/)мещанин; обыватель; сынок богатых родителей

frat II [fræt] *сл. см.* fraternize

frate ['frɑ:tɪ] *n um.* (*pl* -ti) монах

frater¹ ['freɪtə] *n* 1. брат по духу; товарищ 2. *унив.* товарищ по землячеству

frater² ['freɪtə] *n ист.* монастырская трапезная

fraternal [frə'tɜ:n(ə)l] *a* братский; ~ affection братская любовь; ~ likeness семейное сходство; ~ order association братство, общество (*часто тайное*)

fraternal society [frə,tɜ:n(ə)lsə'saɪətɪ] клуб, общество (*любителей и т. п.; обыкн. мужской*)

fraternal twins [frə,tɜ:n(ə)l'twɪnz] *биол.* двуяйцевые близнецы

fraternity [frə'tɜ:nɪtɪ] *n* 1. братство; liberty, equality and ~ свобода, равенство и братство; the ~ of all men братство всех людей 2. 1) братство, община; to be a member of a ~ быть членом общины 2) = fraternal society 3. *амер.* студенческое братство, землячество 4. общность взглядов 5. группа людей, связанных общей профессией, интересами *и т. п.*; компания, братия; the legal ~ (все) юристы; the angling ~ рыболовы; ~ of the Press журналисты, газетная братия; the race-track ~ любители скачек

fraternization [,frætənaɪ'zeɪʃ(ə)n] *n* 1. тесная дружба 2. *воен.* 1) *разг.* панибратские отношения с подчинёнными 2) *сл.* связь с женщиной из местного населения (*оккупированной страны, страны размещения войск*)

fraternize ['frætənaɪz] *v* 1. относиться по-братски 2. *сл.* 1) общаться с населением оккупированной страны *или* страны размещения войск 2) вступать в связь с женщиной из местного населения 3) обращаться запанибрата; army officers may not ~ with their men офицерам не положено фамильярничать с солдатами 3. брататься

frati ['frɑ:tɪ] *pl om* frate

fratrage ['freɪtrɪdʒ] = fratriage

fratriage ['freɪtrɪdʒ] *n юр.* наследственная доля младшего брата

fratricidal [,frætrɪ'saɪdl] *a* братоубийственный; ~ war братоубийственная война

fratricide ['frætrɪsaɪd] *n* 1. 1) братоубийство 2) убийство сестры 3. *воен.* фратрицид, «братоубийственный эффект»

fratry¹ ['freɪtrɪ] = frater²

fratry² ['freɪtrɪ] *n* 1) братство 2) мужской монастырь

Frau [frau] *n нем.* 1. (*pl* -en) фрау, госпожа (*ставится перед фамилией замужней женщины*); ~ Schmidt фрау /г-жа/ Шмидт 2. (*f.*) *сл.* 1) немка 2) жена

fraud [frɔ:d] *n* 1. *юр.* обман, мошенничество; ~ in fact умышленный /преднамеренный, прямой/ обман; to get money by ~ получить деньги обманным путём 2. *разг.* 1) фальшивка, что-л. поддельное, ненастоящее; much advertised nostrums are often ~s широко рекламируемые патентованные лекарства часто оказываются сплошным надувательством /жульничеством/ 2) обманщик; мошенник; fortune-tellers are usually ~s гадальщицы, как правило, обманывают народ
◊ pious ~ ложь во спасение

fraudful ['frɔ:df(ə)l] *a* мошеннический; жульнический, обманный

fraudulence ['frɔ:djʊləns] *n* обман, мошенничество

fraudulent ['frɔ:djʊlənt] *a* обманный, мошеннический; ~ alteration подделка *или* подчистка документа; there is something ~ about it там что-то нечисто; ~ bankruptcy *юр.* злостное банкротство; ~ gains нечестно нажитое; нетрудовые доходы

fraudulently ['frɔ:djʊləntlɪ] *adv* обманным путём, мошеннически

Frauen ['frauən] *pl om* Frau 1

fraught [frɔ:t] *a* 1. *predic* (with) полный, преисполненный; чреватый; ~ with danger чреватый опасностью; a heart ~ with sorrow сердце, преисполненное печали; ~ with meaning многозначительный 2. *predic арх., поэт.* нагруженный; an argosy ~ with precious wares корабль, гружённый дорогими товарами 3. *разг.* озабоченный, удручённый; to look very ~ иметь очень озабоченный вид

Fräulein ['frɔɪlaɪn] *n* (*pl без изм.*) *нем.* 1. фрейлейн (*ставится перед фамилией незамужней женщины*) 2. гувернантка-немка

fraxinella [,fræksɪ'nelə] *n бот.* ясенец, неопалимая купина (*Dictamnus gen.*)

fray¹ [freɪ] *n* 1. *книжн.* столкновение, драка; eager for the ~ готовый лезть в драку 2. *разг.* деятельность; are you ready for the ~? вы готовы к бою?, вы готовы начать действовать? 3. *арх.* страх, ужас

fray¹ II [freɪ] *v арх.* 1. устраивать столкновение, драку 2. пугать

fray² II [freɪ] *v* 1. 1) протирать, изнашивать; обтрёпывать 2) протираться, изнашиваться; обтрёпываться; the cloth ~s badly эта ткань быстро изнашивается, это очень непрочная ткань; this stuff ~s when it is cut эта ткань распадается при раскрое 2. расстраивать, раздражать; his nerves were ~ed by the noise его нервы не выдерживали такого шума; tempers began to ~ in the hot weather жара сделала всех раздражительными 3. тереться о дерево, чесать рога (*об олене*)

frayed [freɪd] *a* потёртый, поношенный; ~ collar потёртый воротничок; ~ cuffs обтрёпанные манжеты

fray out [freɪ'aut] *phr v геол.* выклиниваться

frazil ['fræz(ə)l, frə'zɪl] *n* шуга, внутриводный лёд

frazzle I ['fræz(ə)l] *n* 1. измотанность, усталость; I'm worn /done/ to a ~ я дошёл до полного изнеможения; to work oneself to a ~ измотаться, уходиться 2. *преим. амер. разг.* изнашивание, обтрёпывание 3. *преим. амер. разг.* лохмотья, махры
◊ to beat /to lick/ to a ~ исколошматить

frazzle II ['fræz(ə)l] *v амер.* 1. 1) протереть, износить (*до дыр*); превратить в лохмотья 2) протираться, изнашиваться (*до дыр*) 2. измучить, вымотать (*тж.* ~ out)

frazzled ['fræz(ə)ld] *a* 1. измотанный 2. *амер.* изношенный, в лохмотьях 3. *амер. сл.* пьяный

freak¹ I [fri:k] *n* 1. причуда; чудачество, каприз; out of mere ~ из чистой прихоти; by some strange ~ a little snow fell in Egypt по какому-то капризу природы в Египте выпало немного снега 2. 1) урод (*тж.* ~ of nature); this calf is a ~, it has two tails этот телёнок — монстр, у него два хвоста 2) урод, чудище, посмешище 3. *сл.* 1) чудак, чудило 3) хиппи 4. *сл.* 1) наркоман 2) *амер.* фанатик; помешанный на чём-л.; film ~ киноман 3) педераст, «гомик» 5. *спец.* ненормальный ход процесса 6. *радио* внезапное прекращение *или* восстановление радиоприёма 7. *кино проф.* частота

freak¹ II [fri:k] *a* аномальный, странный; причудливый; ~ weather капризная погода, погода не по сезону; ~ storm неожиданно налетевшая буря; ~ results *радио* случайный приём отдалённых (коротковолновых) станций

freak¹ III [fri:k] *v* 1. капризничать, чудить; дурачиться 2. *сл.* 1) приходить в возбуждение (*особ. от наркотика*) 2) приводить в возбуждение, ярость

freak² I [fri:k] *n поэт.* цветная полоска; яркое пятнышко

freak² II [fri:k] *v поэт.* покрывать яркими пятнышками *или* полосками; испещрять

-freak [-fri:k] *в сложных словах имеет значение* одержимый, маньяк; *часто соответствует компоненту* -ман; film-freak киноман; football-freak страстный болельщик футбола

freaked [fri:kt] *a* покрытый яркими пятнышками *или* полосками; испещрённый

freakery ['fri:k(ə)rɪ] *n* 1. странность, чудачество 2. урод, монстр

freakish ['fri:kɪʃ] *a* 1. капризный; прихотливый; ~ child капризный /своенравный/ ребёнок; ~ climate неустойчивый климат; ~ behaviour сумасбродное поведение 2. странный; причудливый; ~ root корень причудливой формы

freak out ['fri:k'aut] *phr v сл.* 1. 1) (on) опьяняться, одурманиваться (*наркотиками и т. п.*) 2) впадать в бредовое состояние /в экстаз/, галлюцинировать *и т. п.* 2. терять самообладание; беситься; превращаться в невменяемого 3. оторваться от общества, отказаться от общепринятой морали, от господствующих взглядов *и т. п.*

freak-out ['fri:kaut] *n сл.* 1. возбуждённое состояние; безумие (*у наркомана*) 2. наркоман 3. накачка; собрание с зажигательными речами *и т. п.*

freak show ['fri:kʃəu] паноптикум

freaky ['fri:kɪ] *a* 1. 1) капризный, прихотливый 2) странный, причудливый; сумасбродный 2. *сл.* наркоманский; бредовой 3. *сл.* извращённый

frec [frek] *a диал.* 1. оживлённый, стремительный, преисполненный готовности 2. сильный, крепкий

freckle I ['frek(ə)l] *n* 1. 1) веснушка 2) пятнышко на кожице плода 2. *pl воен. жарг.* рассыпной табак

freckle II ['frek(ə)l] *v* 1) покрывать веснушками *или* пятнышками; the sun ~s one's face and neck лицо и шея покрываются веснушками от солнца 2) покрываться веснушками *или* пятнышками; in spring his nose would ~ весной у него на носу появлялись веснушки

freckled ['frek(ə)ld] *a* 1) веснушчатый, конопатый;

face веснушчатое лицо; ~ nose нос в веснушках 2) покрытый пятнышками
freckling ['frekliŋ] *n* 1) веснушка, пятнышко 2) *собир.* веснушки
free I [fri:] *a* 1. свободный, независимый, вольный; ~ country свободная страна; ~ people свободный народ 2. находящийся на свободе, свободный; to set /to make/ ~ освобождать; to set a bird ~ выпустить птицу (из клетки); to get ~ освобождаться 3. добровольный, свободный, без принуждения; ~ choice свободный выбор; you are ~ to go or stay вы можете уйти *или* остаться — это ваше дело 4. незанятый, свободный; are you ~ in the afternoon? вы свободны днём?; have you any rooms [seats] ~? есть ли у вас свободные комнаты [места]?; to have little ~ time иметь мало свободного времени, быть занятым 5. 1) открытый, без препятствий *или* помех, свободный; the way is ~ путь свободен; to make the road ~ очистить дорогу 2) открытый, доступный; беспрепятственный; ~ access to the courts *юр.* право свободного обращения в суды; to make ~ use of smth. свободно /беспрепятственно/ пользоваться чем-л.; to make smb. ~ of smth. открывать кому-л. доступ к чему-л.; to make smb. ~ of one's house разрешить кому-л. пользоваться домом, как своим собственным; they made their children ~ of their library они разрешили /позволили/ детям читать любую книгу из своей библиотеки 3) *эк.* свободный, вольный, беспошлинный; ~ import беспошлинный ввоз 6. неограниченный, не стеснённый правилами; ~ translation вольный перевод; ~ love свободная любовь; ~ play of imagination свободная игра воображения 7. 1) бесплатный, даровой; ~ of charge бесплатный; ~ board and lodging бесплатное питание и жильё; ~ education бесплатное образование /обучение/; ~ medical attention бесплатная медицинская помощь; ~ treatment бесплатное лечение; admission is ~ on Mondays and Fridays по понедельникам и пятницам вход бесплатный; to all ~ бесплатный вход (для всех); ~ concert бесплатный концерт 2) неоплачиваемый; *ком. тж.* франко; свободный от расходов; ~ of duty беспошлинный; ~ imports беспошлинные товары; ~ of income tax а) не облагаемый подоходным налогом; б) с выплаченным ранее подоходным налогом 8. (of, from) лишённый (*чего-л.*); свободный (*от чего-л.*); a river of ice река, очистившаяся ото льда; a day ~ from wind безветренный день; ~ from pain безболезненный; to be ~ of a disease избавиться от болезни; to be ~ from duty быть не при исполнении служебных обязанностей; быть свободным от дежурства *и т. п.*; ~ of debt не имеющий задолженности, свободный от долгов; ~ from cares беззаботный, свободный от забот 9. 1) неприкреплённый, незакреплённый, свободный; to leave one end of a rope оставить конец каната свободным; ~ balloon свободный /неуправляемый/ аэростат 2) *хим.* несвязанный; ~ atom [hydrogen] свободный атом [водород] 10. щедрый, обильный; to be ~ with one's money свободно обращаться с деньгами, быть расточительным; ~ spender расточитель; to be ~ with one's praise щедро расточать похвалы; he seems rather ~ with his insults ему ничего не стоит оскорбить человека; this rose is a very ~ bloomer эта роза очень пышно цветёт 11. непринуждённый, лёгкий, грациозный; ~ gesture грациозный жест; ~

step лёгкий шаг, лёгкая походка; ~ line изящная /плавная/ линия (*рисунка*) 12. распущенный; вольный; ~ manners небрежные манеры; to make /to be/ ~ with smth., smb. а) бесцеремонно обращаться с чем-л., кем-л.; б) позволять себе вольность по отношению к чему-л., кому-л. 13. *лингв.* 1) нефиксированный; ~ stress свободное ударение 2) свободный, позиционно не обусловленный; ~ vowel гласный в открытом слоге; ~ language *вчт.* естественный /неупорядоченный/ язык; ~ text *вчт.* текст на естественном языке 14. *спец.* 1) свободный, нейтральный; ~ flight свободный полёт; ~ area *тех.* живое сечение; ~ position *тех.* нейтральное положение 2) холостой; ~ pulley *тех.* холостой шкив; ~ running а) *тех.* свободное вращение; холостой ход (*машины*); б) *авт.* движение накатом 15. *спорт.* вольный (*об упражнениях*) 16. *мор.* попутный, благоприятный (*о ветре*)
◇ ~ labour а) *ист.* труд свободных людей (*не рабов*); б) рабочие, не являющиеся членами профсоюза; ~ of за пределами; the ship is not ~ of the harbour yet судно ещё не вышло из гавани; for ~ а) задаром; б) на чужой счёт; to have one's hands ~ а) быть незанятым; б) иметь свободу действий
free II [fri:] *adv* 1. бесплатно; all members admitted ~ все члены общества проходят бесплатно; tickets are given ~ билеты раздаются бесплатно; to give smth. away ~ отдать что-л. даром /без денег/ 2. = freely 3. *мор.* с попутным ветром, не лавируя
free III [fri:] *v* 1. 1) освобождать; to ~ the land from oppression освободить /избавить/ страну от гнёта; to ~ smb. from a charge /an accusation/ снять с кого-л. обвинение, оправдать кого-л. 2) выпускать на свободу; to ~ smb. from restraint освобождать кого-л. из заключения, выпускать кого-л. на свободу 2. (from, of) освобождать, делать свободным (*от чего-л.*); to ~ one's hands from fetters сбросить оковы; to ~ oneself from debt разделаться с долгами; to ~ one's mind from anxiety успокаиваться, избавляться от тревоги /беспокойства/
-free [-fri:] *в сложных словах, преим. терминологического характера*, имеет значение не содержащий чего-л., свободный от чего-л.; salt-free бессолевой; sugar-free не содержащий сахара
free-agency [ˌfri:'eɪdʒ(ə)nsɪ] *n* свободная воля
free agent [ˌfri:'eɪdʒ(ə)nt] 1. 1) человек, обладающий свободной волей 2) независимый, самостоятельный человек; ≃ вольная птица; you are a ~, no one can force you вы можете распоряжаться собой, неволить вас никто не может 2. спортсмен-профессионал, не связанный контрактом
free-and-easy I [ˌfri:ənd'i:zɪ] *n разг.* 1. весёлая компания (*особ. в баре*) 2. бар с эстрадой; кабачок
free-and-easy II [ˌfri:ənd'i:zɪ] *a* 1. вольный, непринуждённый; чуждый условностей; ~ manners непринуждённые манеры 2. бесцеремонный; ~ judgements безапелляционные суждения; he was ~ with his friend's money он распоряжался деньгами своего друга, как своими собственными
free-associate [ˌfri:ə'səʊʃ(ɪ)ɪt] *v* *психол.* высказываться по спонтанной ассоциации с каким-л. словом
free association [ˌfri:əsəʊsɪ'eɪʃ(ə)n, -səʊʃɪ-] 1) *психол.* спонтанная ассоциация, вызываемая каким-л. словом (*психологический тест*) 2) *лит.* свободная ассоциация, поток сознания

freebee, freebie ['fri:bɪ] *n* **1.** *сл.* бесплатное удовольствие; that meal was a ~ мы поели задарма /на дармовщинку/ **2.** *груб.* доступная женщина; «подстилка»
freeboard ['fri:bɔ:d] *n мор.* 1) надводный борт 2) высота надводного борта
freebooter ['fri:ˌbu:tə] *n* пират, флибустьер; корсар, морской разбойник
freebooting ['fri:ˌbu:tɪŋ] *n* грабёж; пиратство; флибустьерство
freeborn [ˌfri:'bɔ:n] *a* 1. свободнорождённый 2. присущий свободнорождённому; ~ rights права свободнорождённого
free city [ˌfri:'sɪtɪ] вольный город
Free Church [ˌfri:'tʃɜ:tʃ] 1. церковь, отделённая от государства 2. нонконформистская церковь
free companion [ˌfri:kəm'pænɪən] *ист.* наёмный солдат, ландскнехт
free company [ˌfri:'kʌmpənɪ] *ист.* вольный отряд, отряд наёмников, ландскнехтов
free-cutting [ˌfri:'kʌtɪŋ] *a тех.* 1) легко поддающийся обработке резанием 2) с высокими режущими свойствами
free diver [ˌfri:'daɪvə] акваланги́ст
freedman ['fri:dmən, -mæn] *n (pl* -men [-mən]) *амер. ист.* 1) вольноотпущенник 2) *амер.* невольник, получивший свободу (*в результате гражданской войны*)
freedom ['fri:dəm] *n* 1. 1) свобода, независимость; the ~ of a country независимость страны; to enjoy ~ пользоваться свободой, быть свободным /независимым/; to give slaves their ~ освободить рабов; to fight for ~ бороться за свободу 2) (from) свобода, освобождение (*от чего-л.*); ~ from fear свобода от страха; ~ from care свобода от забот, беззаботность; ~ from want свобода от нужды, обеспеченность; ~ from taxes освобождение от налогов, необложение налогами; ~ from a burden облегчение, лёгкость 2. 1) право, свобода; ~ and necessity *филос.* свобода и необходимость; ~ of the will *филос.* свобода воли; ~ of speech [of the press, of conscience, of assembly] свобода слова [печати, совести, собраний]; ~ of worship свобода отправления религиозных культов; you have perfect ~ to do as you like вы имеете полное право поступать так, как вам заблагорассудится 2) почётные права и привилегии; the ~ of a city почётное гражданство города; academic ~s унив. академические свободы 3. свободное пользование; to have the ~ of a library свободно пользоваться чьей-л. библиотекой; to give a friend the ~ of one's house предоставить свой дом знакомому в его полное распоряжение 4. 1) прямота, откровенность; to speak with ~ высказываться прямо /откровенно/ 2) *разг.* вольность, свобода; to take /to use/ ~s with smb. позволять себе вольности по отношению к кому-л.; to take undue ~s with smth. вольно истолковывать что-л. 5. подвижность, незакреплённость; degree of ~ *спец.* степень свободы 6. лёгкость, непринуждённость 7. *тех.* люфт, зазор, просвет
freedom fighter ['fri:dəmˌfaɪtə] борец за свободу, борец за независимость
freedom of the seas [ˌfri:dəməvðə'si:z] *юр.* свобода открытого моря
freedom ride ['fri:dəmraɪd] *амер.* поездка борцов за свободу (*для проверки десегрегации в общественном транспорте*)

free enterprise [ˌfriː'entəpraɪz] ж. свободное предпринимательство
free fall [ˌfriː'fɔːl] 1) физ. свободное падение 2) ав. свободное падение (*часть затяжного прыжка парашютиста*); ~ parachutist парашютист, выполняющий затяжные прыжки 3) косм. невесомость (*в криволинейном полёте*)
free fight [ˌfriː'faɪt] = free-for-all I
free-fire zone [ˌfriː'faɪəˌzəʊn] воен. зона свободного огня; зона, в которой разрешается открывать огонь по всему, что движется
free-floating [ˌfriː'fləʊtɪŋ] a 1. нецелеустремлённый, плывущий по течению; ~ intellectuals неустойчивые /нерешительные/ интеллигенты 2. беспричинный; ~ anxiety смутная тревога
free-for-all I [ˌfriːfə(r)'ɔːl] n разг. 1. соревнования, дискуссия и т. п., в которых может участвовать любой 2. всеобщая драка, свалка
free-for-all II [ˌfriːfə(r)'ɔːl] a амер. открытый, доступный для всех; общедоступный
free form [ˌfriː'fɔːm] лингв. необусловленная форма
free goods [ˌfriː'gʊdz] 1. товары, не облагаемые пошлиной 2. даровые блага; природные блага (*воздух и т. п.*)
free hand [ˌfriː'hænd] 1. рисунок от руки 2. свобода действий; to have [to give] a ~ иметь [давать] полную свободу действий 3. щедрая рука; to give with a ~ давать щедрой рукой; to spend with a ~ бросаться деньгами
freehand ['friːhænd] a (сделанный) от руки (*о рисунке*)
free-handed [ˌfriː'hændɪd] a щедрый; ~ help щедрая помощь
free-hearted [ˌfriː'hɑːtɪd] a 1. чистосердечный; откровенный; от всего сердца; ~ mirth непринуждённое веселье 2. щедрый
freehold ['friːhəʊld] n юр. ист. безусловное право собственности на недвижимость, фригольд
freeholder ['friːˌhəʊldə] n ист. свободный землевладелец, фригольдер
free house [ˌfriː'haʊs] независимый паб, пивная, не связанная с отдельной пивоваренной фирмой (*торгует пивом разных марок*)
freeing ['friːɪŋ] n тех. удаление (*воды, газа и т. п.*)
free-kick [ˌfriː'kɪk] n свободный удар (*в футболе*)
free labour [ˌfriː'leɪbə] рабочие-нечлены профсоюза
freelance I [ˌfriː'lɑːns] n 1. ист. ландскнехт; кондотьер 2. политик, не принадлежащий к определённой партии 3. разг. 1) не состоящий в штате, нештатный журналист *или* фотограф 2) свободный художник 3) актёр без постоянного ангажемента 4. человек независимого образа мыслей
freelance II [ˌfriː'lɑːns] a 1. 1) нештатный, внештатный; работающий без контракта; ~ job свободная профессия 2) бездоговорный; ~ writing работа (*писателя, журналиста*) без договора 2. независимый, свободный; ~ intellect независимый образ мыслей
freelance III [ˌfriː'lɑːns] v работать не по найму; ≅ быть свободным художником
freelancer [ˌfriː'lɑːnsə] n человек, работающий не по найму; ≅ свободный художник
free list [ˌfriː'lɪst] 1. список лиц, пользующихся бесплатным доступом (*куда-л.*) 2. список товаров, не облагаемых пошлиной
free-liver [ˌfriː'lɪvə] n жуир, бонвиван
free-living [ˌfriː'lɪvɪŋ] a 1. живущий в своё удовольствие, жуирующий 2. биол. свободно живущий; не паразитирующий
freeload I ['friːləʊd] n амер. разг. угощение на дармовщинку; выпивка на чужой счёт
freeload II ['friːləʊd] v амер. разг. 1) выпить и закусить за, на чужой счёт 2) жить на чужой счёт, паразитировать
freeloader ['friːˌləʊdə] n разг. нахлебник, приживала; охотник выпить и закусить за, на чужой счёт
free lunch [ˌfriː'lʌntʃ] амер., канад. 1. арх. бесплатная закуска (*в пивной, салуне*) 2. сомнительный подарок; дар, за который получателю приходится в конце концов заплатить
freely ['friːlɪ] adv 1. свободно, вольно; to speak one's mind ~ свободно высказываться; to breathe more ~ свободнее дышать 2. щедро, обильно; широко; to help ~ щедро помогать; to entertain ~ принимать (*гостей*) на широкую ногу 3. открыто, откровенно; to admit smth. ~ признать что-л. прямо /открыто/
freeman ['friːmən] n (pl -men [-mən]) 1. свободный, независимый, полноправный гражданин 2. 1) полноправный член (*какого-л.*) общества, корпорации 2) почётный гражданин города
free market [ˌfriː'mɑːkɪt] эк. свободный рынок; торговля на основе неограниченной конкуренции
Freemason ['friːˌmeɪs(ə)n] n масон, франкмасон, вольный каменщик
Freemasonry ['friːˌmeɪs(ə)nrɪ] n 1. масонство, франкмасонство 2. (f.) инстинктивное взаимопонимание и симпатия; there is a sort of ~ among athletes спортсмены обыкновенно сразу понимают друг друга; ~ of the Press круговая порука среди журналистов
free-milling [ˌfriː'mɪlɪŋ] a горн. легко обрабатываемый, легко обогащаемый
free-minded [ˌfriː'maɪndɪd] a беззаботный
free on board [ˌfriːɒn'bɔːd] ком. 1) свободно на борту, франко-борт, фоб 2) амер. франко-вагон
free pardon [ˌfriː'pɑːdn] юр. помилование (*осуждённого*)
free pass [ˌfriː'pɑːs] бесплатный проездной билет (*служебный*)
free path [ˌfriː'pɑːθ] физ. свободный пробег (*частицы*)
free port [ˌfriː'pɔːt] свободный, вольный порт, порто-франко
free-quarter [ˌfriː'kwɔːtə] n ист. 1. постоянная повинность 2. право на постой
free-range [ˌfriː'reɪndʒ] a с.-х. находящийся на свободном выгуле; ~ hens куры на свободном выгуле; I like ~ eggs я предпочитаю яйца от кур, не сидящих в клетках
free rein [ˌfriː'reɪn] свобода действий; to give ~ to smb. ничем не ограничивать кого-л., предоставлять кому-л. полную свободу действий; to give ~ to a horse отпустить поводья
free ride [ˌfriː'raɪd] сл. что-л., полученное бесплатно; незаработанное (*об успехе, развлечении и т. п.*)
free-rider [ˌfriː'raɪdə] n сл. 1) человек, незаслуженно пользующийся чем-л. (*привилегиями и т. п.*) 2) нечлен профсоюза, получающий ту же зарплату и надбавки, что и члены профсоюза
free school [ˌfriː'skuːl] 1. бесплатная школа (*государственная*) 2. амер. «свободная школа» (*с произвольным выбором предметов, без обязательного посещения уроков и т. п.*)
free show [ˌfriː'ʃəʊ] амер. сл. 1) подглядывание за голыми женщинами (*купальщицами и т. п.*) 2) заглядывание за декольте; разглядывание ножек и т. п.
freesia ['friːzɪə] n бот. фрезия (*Freesia gen.*)
freeside ['friːsaɪd] adv амер. сл. на воле, не за решёткой, не в тюрьме
free silver [ˌfriː'sɪlvə] фин. свободная чеканка серебряных монет (*в системе биметаллизма*)
free soil [ˌfriː'sɔɪl] амер. ист. 1. свободный штат (*где запрещено рабовладение ещё до гражданской войны*) 2. (F. S.) партия «Свободная земля» (*боровшаяся против принятия рабовладельческих штатов в США*)
free-soil [ˌfriː'sɔɪl] a амер. ист. 1. запрещающий рабовладение; ~ state свободный штат, штат без рабовладения 2. (F. S.) 1) борющийся против принятия рабовладельческих штатов в союз (*США*) 2) входящий в партию «Свободная земля» *или* сочувствующий ей [*см.* free soil 2]
free speech [ˌfriː'spiːtʃ] свобода слова
free-spoken [ˌfriː'spəʊkən] a откровенный, прямой (*в высказываниях*); ~ man человек, говорящий то, что думает
free-standing [ˌfriː'stændɪŋ] a свободно стоящий, стоящий без поддержки
Free State [ˌfriː'steɪt] ист. 1. амер. свободный штат, штат без рабовладения 2. разг. Ирландское Свободное Государство (*название Ирландии 1922—1937; тж. Irish ~*)
freestone¹ ['friːstəʊn] n спец. вид песчаника, поддающийся обработке по всем направлениям
freestone² ['friːstəʊn] n 1) косточка плода, легко отделяющаяся от мякоти 2) плод с легко отделяющейся косточкой; ~ apricot [peach] абрикос [персик] с отделяющейся косточкой
freestyle I ['friːstaɪl] n спорт. 1. плавание вольным стилем 2. фристайл, фигурное катание на лыжах
freestyle II ['friːstaɪl] a спорт. вольный; ~ wrestling вольная борьба
freestyler ['friːˌstaɪlə] n 1. пловец вольным стилем 2. фристайлер, фристайлист
free-swimming [ˌfriː'swɪmɪŋ] a зоол. свободноплавающий
free-swinging [ˌfriː'swɪŋɪŋ] a дерзкий; отчаянно смелый; бесстрашный; бесшабашный; не задумывающийся о будущем
freethinker [ˌfriː'θɪŋkə] n 1) вольнодумец 2) свободномыслящий; атеист
freethinking I [ˌfriː'θɪŋkɪŋ] n 1) вольнодумство 2) свободомыслие; атеизм
freethinking II [ˌfriː'θɪŋkɪŋ] a вольнодумный
free throw [ˌfriː'θrəʊ] спорт. штрафной бросок; ~ line линия штрафного броска
free-tongued [ˌfriː'tʌŋd] = free-spoken
free trade [ˌfriː'treɪd] 1. 1) беспошлинная торговля 2) эк. свободная торговля, фритредерство 2. арх. контрабанда
free-trader [ˌfriː'treɪdə] n 1. фритредер 2. арх. контрабандист
free university [ˌfriːˌjuːnɪ'vɜːsɪtɪ] 1. «свободный университет», постоянный семинар, проводимый студентами в стенах университета для обсуждения вопросов, не входящих в учебную программу 2. «открытый университет» (*без вступительных требований, определённой программы и учебного плана; включает только гуманитарные науки*)

free verse [ˌfriːˈvɜːs] *стих.* верлибр
free vote [ˌfriːˈvəʊt] *n парл.* «свободное голосование» (*в парламенте*); голосование по личным убеждениям, независимо от партийной принадлежности
free water [ˌfriːˈwɔːtə] *хим.* избыточная вода
freeway [ˈfriːweɪ] *n амер.* 1) скоростная автострада с транспортными развязками 2) автодорога бесплатного пользования
free-wheel [ˌfriːˈwiːl] *n тех.* 1) муфта механизма свободного хода 2) свободное колесо
free-wheeling I [ˌfriːˈwiːlɪŋ] *n тех.* свободный ход
free-wheeling II [ˌfriːˈwiːlɪŋ] *a разг.* 1) свободный, нескованный; ~ life вольное житьё; they lived a ~ existence им жилось привольно; ~ translation *ирон.* вольный перевод; ~ grammar and spelling ≅ пишет как бог на душу положит; ~ market *эк.* свободный рынок 2) щедрый; любящий швыряться деньгами
free will [ˌfriːˈwɪl] 1. свобода воли; of one's own ~ добровольно, по доброй воле 2. *филос.* абсолютная свобода человеческой воли
freewill [ˈfriːwɪl] *a* 1. добровольный; ~ offering добровольное приношение 2. *филос.* относящийся к свободе воли; the ~ controversy разногласия по вопросу о свободе воли
freeze I [friːz] *n* 1. 1) замораживание 2) холод, мороз 2. замораживание, удержание на одном уровне; temporary ~ of prices временное замораживание цен
◊ to put the ~ on smb. недоброжелательно *или* свысока отнестись к кому-л.
freeze II [friːz] *v* (froze; frozen) 1. замерзать, превращаться в лёд; покрываться льдом; the pond has frozen over пруд замёрз; the lake has frozen hard озеро сковано льдом; the water-pipe froze водопроводная труба замёрзла 2. 1) замораживать (*тж. мед.*); сковывать (*морозом*); to ~ meat to preserve it замораживать мясо, чтобы оно не испортилось; the intense cold froze the water-pipes от сильного мороза водопроводные трубы замёрзли; the road is frozen hard дорогу сковало морозом 2) сковывать; fear froze every heart страх сковал все сердца 3. 1) морозить; побить морозом; the cold froze the orange trees морозом побило апельсиновые деревья 2) морозить (*о погоде*); it's freezing hard сильно морозит; it's freezing slightly слегка подмораживает 4. примерзать, смерзаться; the bird's feathers froze together перья у птицы смёрзлись; his hands froze to the oars его руки примёрзли к вёслам 5. 1) мёрзнуть, застывать; I am freezing я замерзаю /мёрзну/ 2) стынуть, застывать; it made my blood ~ у меня кровь застыла в жилах; his face froze with terror его лицо застыло от ужаса 6. застывать; твердеть, затвердевать; the alloy ~s quickly сплав быстро затвердевает 7. *разг.* застыть на месте, не шевелиться (*чтобы остаться незамеченным*) 2) засидеться (*на должности, на месте*); не расти, не двигаться вперёд 8. действовать охлаждающе; to ~ smb's enthusiasm охладить чей-л. пыл; to ~ smb.'s friendliness холодно отнестись к проявлению дружеских чувств 9. 1) замораживать, держать на одном уровне; to ~ wages замораживать заработную плату; to ~ prices замораживать цены 2) *эк.* запрещать использование, производство *или* продажу сырья *или* готовой продукции; замораживать; блокировать 10. *амер.* окончательно принять, стандартизировать (*конструкцию*)

чертежи *и т. п.*) 11. *тех.* прихватывать, заедать
◊ to ~ the puck *спорт. проф.* задерживать шайбу в своей зоне; to ~ to /onto/ smth. а) крепко ухватиться за что-л., вцепиться во что-л.; б) привязаться, пристать, прицепиться к кому-л.
freeze down [ˈfriːzˈdaʊn] *phr v мед.* понижать температуру тела (*перед операцией*)
freeze-drying [ˌfriːzˈdraɪɪŋ] *n спец.* сушка сублимацией
freeze fracture [ˌfriːzˈfræktʃə] *геол.* морозобитие
freeze frame [ˈfriːzfreɪm] *тлв.* стоп-кадр
freeze in [ˈfriːzˈɪn] *phr v* вмерзать; to be frozen in быть затёртым льдами, вмёрзнуть в лёд
freeze off [ˈfriːzˈɒf] *phr v* отнестись (*к кому-л.*) неприветливо; держать на почтительном расстоянии; пресекать (*чьи-л.*) попытки к сближению
freeze out [ˈfriːzˈaʊt] *phr v разг.* 1) выживать, вытеснять, изгонять (*кого-л.*); вымораживать 2) избавляться (*от конкурента, навязчивого человека и т. п.*)
freeze-out [ˈfriːzaʊt] *n спец.* «вымораживание» (*приостановка процесса при низкой температуре*)
freezer [ˈfriːzə] *n* 1. 1) испаритель (*холодильника*) 2) морозилка, морозильная камера 2. вагон-рефрижератор, вагон-ледник 3. *австрал. разг.* поставщик мороженой баранины для экспорта 4. мороженица 5. *сл.* тюрьма
freeze up [ˈfriːzˈʌp] *phr v* 1. 1) замерзать, покрываться льдом (*об озере и т. п.*) 2) застывать, закоченевать 2. *разг.* становиться холодным и надменным в обращении 3. «застывать», переставать говорить и двигаться (*об актёре на сцене*)
freeze-up [ˈfriːzʌp] *n* 1. замерзание (*рек, озёр и т. п.*); ледостав 2. холода, мороз; traffic was brought to a halt during last year's ~ во время прошлогодних холодов уличный транспорт не ходил
freezing I [ˈfriːzɪŋ] *n* 1. 1) замерзание 2) замораживание 2. застывание; затвердевание 3. отморожение 4. 1) замораживание (*заработной платы, цен и т. п.*) 2) *эк.* замораживание, блокирование 5. *метал.* «козёл» (*в домне*)
freezing II [ˈfriːzɪŋ] *a* 1. замораживающий; охлаждающий; ~ machine мороженица 2. ледяной, холодный, отталкивающий; ~ politeness ледяная вежливость; to give a ~ glance холодно /надменно/ взглянуть (*на кого-л.*)
freezing mixture [ˈfriːzɪŋˌmɪkstʃə] замораживающая смесь
freezing point [ˈfriːzɪŋpɔɪnt] *физ.* точка замерзания
freezing-test [ˈfriːzɪŋtest] *n спец.* испытание на морозостойкость
free zone [ˌfriːˈzəʊn] 1) вольная гавань, порто-франко 2) зона беспошлинной торговли
freight I [freɪt] *n* 1. перевозка грузов (*по воде, амер. тж. по суше*); what will be the charges for ~ and delivery? сколько будет стоить перевозка и доставка? 2. фрахт, стоимость перевозки 3. фрахт, груз 4. бремя, груз 5. товарный вагон
freight II [freɪt] *a* 1. грузовой, товарный (*о транспорте*); ~ carrier грузовое судно; ~ elevator грузовой подъёмник *или* лифт; ~ terminal товарная станция 2. фрахтовый; ~ ton фрахтовая тонна
freight III [freɪt] *v* 1. грузить; to ~ a car *амер.* грузить в вагоны 2. фрахтовать; to ~ a ship фрахтовать судно

freightage [ˈfreɪtɪdʒ] *n* 1. фрахтовка 2. перевозка грузов 3. стоимость перевозки 4. груз 5. грузовместимость
freight car [ˈfreɪtkɑː] *амер.* товарный вагон, багажный вагон
freighter [ˈfreɪtə] *n* 1. фрахтовщик; грузоотправитель 2. фрахтовый агент 3. грузовое судно 4. грузовой самолёт
freightliner [ˈfreɪtˌlaɪnə] *n ж.-д.* контейнерный (грузовой) состав
freight rates [ˈfreɪtreɪts] грузовой тариф
freight train [ˈfreɪttreɪn] *амер.* товарный поезд
fremd [fremd] *a шотл.* 1. чужой 2. дикий 3. враждебный
frena [ˈfriːnə] *pl om* frenum
French I [frentʃ] *n* 1. французский язык; to speak ~ говорить по-французски; ~ lesson урок французского языка; ~ master учитель французского языка; to learn ~ учить французский язык 2. (the ~) *собир.* французы; французский народ; customs of the ~ обычаи французов 3. *сл.* ругань, непристойное слово; pardon my ~ ≅ извините за выражение
◊ pedlar's ~ воровской жаргон
French II [frentʃ] *a* французский; ~ art французское искусство; ~ politeness французская вежливость
◊ ~ brandy /cream, lace/ коньяк; to assist in the ~ sense *ирон.* присутствовать, но не помогать; ~ postcard *амер.* непристойная открытка; ~ knot французский узелок (*в вышивке*); ~ mustard французская горчица (*с уксусом*); ~ heel французский каблук
French III [frentʃ] *v редк.* 1. говорить по-французски (*обыкн.* to ~ it) 2. переводить на французский язык 3. *разг.* офранцуживать 4. (*обыкн.* f.) *кул.* 1) готовить на французский манер 2) нарезать тонкими ломтиками, стружкой
French bean [ˌfrentʃˈbiːn] *бот.* фасоль обыкновенная (*Phaseolus vulgaris*)
French-blue [ˌfrentʃˈbluː] *n* парижская лазурь; парижская синь
French bread [ˌfrentʃˈbred] 1. (длинный) батон 2. булочная мелочь; розанчики, рогалики *и т. п.*
French Canadian [ˌfrentʃkəˈneɪdɪən] 1. *см.* French Canadians 2. канадский вариант французского языка
French Canadians [ˌfrentʃkəˈneɪdɪənz] канадцы, говорящие на французском языке, франко-канадцы
French chalk [ˌfrentʃˈtʃɔːk] 1. *мин.* мыльный камень, жировик 2. портняжный мел, тальк
French cuff [ˌfrentʃˈkʌf] отложная манжета
French curve [ˌfrentʃˈkɜːv] лекало
French door [ˌfrentʃˈdɔː] застеклённая створчатая дверь
French drain [ˌfrentʃˈdreɪn] дренажная канава
French dressing [ˌfrentʃˈdresɪŋ] «французская приправа»; прованское масло с уксусом и горчицей
French fried potatoes [ˈfrentʃˌfraɪdpəˈteɪtəʊz] *амер.* = French fries
French fries [ˌfrentʃˈfraɪz] *pl амер.* картофельная стружка (*обжаренная в масле*)
french fry [ˌfrentʃˈfraɪ] (*тж.* F. f.) жарить картофель во фритюре [*см. тж.* French fries]
French grass [ˌfrentʃˈɡrɑːs] *бот.* эспарцет (*Onobrychis sativa*)
French horn [ˌfrentʃˈhɔːn] валторна (*муз. инструмент*)

Frenchify, frenchify ['frentʃɪfaɪ] *v разг.* 1) офранцуживать 2) офранцуживаться

Frenchism ['frentʃɪz(ə)m] *n лингв.* галлицизм

French leave [ˌfrentʃ'liːv] 1. уход без прощания; to take ~ уйти не попрощавшись 2. *сл.* 1) прогул 2) *воен.* самовольная отлучка

French letter [ˌfrentʃ'letə] *сл.* презерватив

French loaf [ˌfrentʃ'ləuf] (длинный) батон

Frenchman ['frentʃmən] *n (pl* -men [-mən]) 1. француз 2. французское судно

French nail [ˌfrentʃ'neɪl] проволочный гвоздь

French pastry [ˌfrentʃ'peɪstrɪ] пирожное

French plums [ˌfrentʃ'plʌmz] сушёный чернослив

French polish [ˌfrentʃ'pɒlɪʃ] шеллачная политура

French provincial [ˌfrentʃprə'vɪnʃ(ə)l] французский провинциальный стиль *(архитектуры, мебели; XVII—XVIII вв.)*

French red [ˌfrentʃ'red] кармин

French roll [ˌfrentʃ'rəul] овальный пучок *(на затылке)*

French-roof [ˌfrentʃ'ruːf] *n* мансардная крыша

French rouge [ˌfrentʃ'ruːʒ] = French red

French seam [ˌfrentʃ'siːm] *спец.* французский шов, запошивочный шов

French-speaking [ˌfrentʃ'spiːkɪŋ] *a* 1) говорящий по-французски; знающий французский язык 2) франкоязычный *(об африканских государствах)*

French telephone [ˌfrentʃ'telɪfəun] телефонная трубка с номеронабирателем

French tile [ˌfrentʃ'taɪl] фальцовая черепица

French toast [ˌfrentʃ'təust] гренок, поджаренный в молоке с яйцом

French twist [ˌfrentʃ'twɪst] = French roll

French walk [ˌfrentʃ'wɔːk] *амер. сл.* 1. высылка из города 2. вышибание из бара, салуна *и т. п.*

French window [ˌfrentʃ'wɪndəu] 1. балконная дверь 2. двустворчатое окно *(доходящее до пола)*

Frenchwoman ['frentʃˌwumən] *n (pl* -women [-ˌwɪmɪn]) француженка

Frenchy I ['frentʃɪ] *n пренебр.* французик, французишка

Frenchy II ['frentʃɪ] *a пренебр.* французский; французистый

frenetic I [frɪ'netɪk] *n* безумец, маньяк

frenetic II [frɪ'netɪk] *a* 1. исступлённый, неистовый; маниакальный 2. фанатичный

Frenglish ['frɪŋglɪʃ] *n редк. шутл.* английский язык, засорённый галлицизмами; to speak ~ говорить «по-франглийски»

frenum ['friːnəm] *n (pl тж.* frena) *анат.* уздечка; ~ of the tongue уздечка языка

frenzied ['frenzɪd] *a* бешеный, взбешённый; яростный; ~ efforts бешеные /лихорадочные/ усилия; ~ rage неистовый гнев; ~ dreams безумные мечты

frenzy I ['frenzɪ] *n* 1. безумие, бешенство; неистовство; a fit of ~ припадок безумия; a ~ of despair безумие отчаяния; to drive smb. to a ~ довести кого-л. до безумия, привести кого-л. в неистовство; to work oneself into a ~ взвинтить себя, довести себя до неистовства 2. 1) безумная мысль 2) безумная страсть; a ~ for travelling безумная страсть к путешествиям

frenzy II ['frenzɪ] *v* приводить в бешенство; доводить до безумия; this frenzied his already excited brain его и без того возбуждённый ум пришёл от этого в окончательное расстройство

freon ['friːɒn] *n хим.* фреон, хладон

frequence ['friːkwəns] = frequency

frequency ['friːkwənsɪ] *n* 1. *стат.* частотность, частость; ~ distribution частотное распределение 2. частое повторение; повторяемость; this happens with extreme ~ это происходит чрезвычайно часто; the same thing recurred again with great and astonishing ~ это повторялось удивительно часто; the ~ of earthquakes in Japan подверженность Японии землетрясениям 3. *физ.* частота; high [low] ~ высокая [низкая] частота; audio ~ звуковая частота; carrier ~ несущая частота; ~ band /range/ полоса, диапазон частот; ~ meter частотомер

frequency word list ['friːkwənsɪ'wɜːdlɪst] *информ.* частотный словарь

frequent I ['friːkwənt] *a* 1. частый; ~ pulse учащённый пульс; his breathing is much too ~ у него сильно учащённое дыхание; there is a very ~ service of trains here здесь поезда ходят очень часто 2. 1) часто встречающийся; обычный; fossils are very ~ in limestone в известняках очень часто встречаются окаменелости; ~ sight /spectacle/ обычное зрелище; ~ disease распространённая болезнь 2) часто повторяющийся; visits частые визиты; ~ pains частые /повторяющиеся/ боли; hurricanes are ~ here in autumn осенью здесь постоянно бывают ураганы 3. постоянный, частый; ~ visitor постоянный посетитель; ~ theatre-goer театрал

frequent II [frɪ'kwent] *v* 1. часто посещать; to ~ a house часто бывать в каком-л. доме; to ~ concerts часто ходить на концерты; tourists ~ this castle туристы часто посещают /осматривают/ этот замок; ships ~ this port корабли часто заходят в этот порт; he no longer ~s bars он уже не ходит по барам; frogs ~ wet places лягушки любят сырые места 2. *редк.* постоянно бывать (с кем-л.); to ~ smb.'s company часто бывать в чьём-л. обществе

frequentation [ˌfriːkwen'teɪʃ(ə)n] *n* частое посещение

frequentative I [frɪ'kwentətɪv] *n грам.* глагол, обозначающий многократное действие

frequentative II [frɪ'kwentətɪv] *a грам.* многократный

frequenter [frɪ'kwentə] *n* частый посетитель, завсегдатай

fresco I ['freskəu] *n (pl* -os, -oes [-əuz]) 1) фреска; the famous ~es of Michelangelo знаменитые фрески Микеланджело 2) фресковая живопись; великие мастера ~ фресковой живописи

fresco II ['freskəu] *v* 1. украшать фресками 2. заниматься фресковой живописью

fresh I [freʃ] *n* 1. прохлада; прохладное время; the ~ of the morning утренняя прохлада 2. *обыкн. pl арх., амер.* = freshet 3. шквал, порыв; a ~ of wind сильный порыв ветра 4. *шотл.* оттепель 5. *амер. унив. жарг. см.* freshman

fresh II [freʃ] *a* 1. свежий, только что полученный или появившийся; the ~ shoots of a plant свежие /молодые/ побеги растения; ~ young thing молодое существо; ~ flowers свежесрезанные цветы; ~ tea свежезаваренный чай; ~ paint непросохшая краска; ~ paint! осторожно, окрашено! *(надпись)* 2. натуральный, свежий; неконсервированный; ~ butter несолёное масло; ~ meat парное /неморожёное/ мясо; ~ weight *кул.* вес (продукта) в сыром виде, сырой вес; ~ herring свежая сельдь; to eat smth. ~ есть что-л. в свежем /натуральном/ виде 3. неиспорченный, свежий; ~ eggs свежие яйца; ~ milk свежее /непрокисшее/ молоко 4. 1) новый, дополнительный, ещё один; ~ supply новые запасы; to begin a ~ chapter начать новую главу; to make a ~ start начать всё заново; take a ~ sheet of paper возьми ещё /другой/ лист бумаги; to throw ~ light on smth. проливать новый свет на что-л. 2) оригинальный, новый; неожиданный; ~ idea новая /оригинальная/; his remarks are always ~ его замечания всегда оригинальны 3) новый, незнакомый; no ~ news ничего нового; to meet ~ faces встречать новые лица; a considerable number of ~ Lincoln letters were turned up было обнаружено много неизвестных ранее писем Линкольна 4) *разг.* новый, только что прибывший, поступивший *и т. п.*; ~ from school прямо со школьной скамьи; ~ from the war только что /недавно/ (вернувшийся) с войны 5. 1) свежий, цветущий; ~ complexion свежий /хороший/ цвет лица 2) яркий, невылинявший, свежий; ~ colours свежие /яркие/ краски; ~ in one's memory свежо в памяти 6. 1) чистый, свежий *(о воздухе)*; ~ air and exercise прогулки на свежем воздухе 2) чистый, незаношенный; ~ shirt [collar] чистая рубашка [-ый воротничок] 7. бодрый, неуставший, полный сил; to feel ~ чувствовать себя бодрым /полным сил/; in the morning he was ~ and gay утром он был бодр и весел 8. 1) неопытный, необученный; ~ hand неопытный человек /рабочий/ 2) *разг.* новенький *(о школьнике и т. п.)*; ~ one новичок *(особ. в тюрьме)* 9. 1) прохладный, освежающий *(о погоде и т. п.)* 2) свежий, крепкий *(о ветре)*; ~ breeze свежий ветер (5 баллов); ~ очень сильный ветер (8 баллов) 10. пресный *(о воде)* 11. *амер. разг.* нахальный; дерзкий *(особ. с женщинами)*; don't get ~ with my sister не приставай к моей сестре; to be ~ with smb. дерзить кому-л. 12. *разг.* слегка выпивший, «тёпленький» 13. *шотл.* трёзвый

◇ to break ~ ground взяться за новое дело; (as) ~ as paint а) бодрый, свежий, полный сил; б) выхоленный; подтянутый и чистенький

fresh III [freʃ] *v редк.* 1) освежать 2) свежеть

fresh-blown [ˌfreʃ'bləun] *a* только что распустившийся

fresh-caught [ˌfreʃ'kɔːt] *a* только что пойманный, живой *(о рыбе)*

fresh-coloured [ˌfreʃ'kʌləd] *a* яркий, свежий *(о цвете лица)*

fresh-complexioned [ˌfreʃkəm'plekʃ(ə)nd] *a* свежий, с хорошим цветом лица

fresh cow [ˌfreʃ'kau] *с.-х.* 1) новотельная корова 2) первотёлка

fresh-drawn [ˌfreʃ'drɔːn] *a* парной *(о молоке)*

freshen ['freʃ(ə)n] *v* 1. 1) = freshen up 1 2) свежеть; flowers ~ after rain цветы оживают после дождя 2. свежеть, крепчать *(о ветре)*; the wind is ~ing ветер свежеет 3. опреснять *(воду)* 4. *амер. с.-х.* 1) телиться 2) становиться дойной *(о корове)* 5. *метал.* фришевать

◇ to ~ a drink долить стаканчик

freshening ['freʃ(ə)nɪŋ] *n* 1. освежение 2. очистка, освежение *(атмосферы)* 3. опреснение 4. *с.-х.* случка 5. *амер.* отёл

freshen up [ˌfreʃ(ə)n'ʌp] *phr v* 1. освежать; to ~ one's memory освежать в па́мяти; to ~ smb.'s memory напомина́ть кому́-л. (о чём-л.); to ~ one's English освежа́ть зна́ния англи́йского языка́; the bath has freshened me up ва́нна освежи́ла меня́ 2. приводи́ть себя́ в поря́док; мы́ться, бри́ться и т. п.

fresher ['freʃə] n 1. амер. унив. жарг. новичо́к, первоку́рсник 2. разг. све́жий ве́тер

freshet ['freʃɪt] n 1. пото́к пре́сной воды́, влива́ющийся в мо́ре 2. па́водок, разли́в реки́ (в результате дождей или снегопа́дов) 3. поэт. ручеёк пре́сной воды́

fresh-keeping ['freʃ,ki:pɪŋ] n хране́ние в све́жем состоя́нии (овоще́й, фру́ктов)

freshly ['freʃlɪ] adv 1. свежо́ 2. бо́дро 3. за́ново 4. неда́вно; но́во-, свеже-; ~ coined penny но́венькая моне́та; ~ washed свежевы́стиранный

freshman ['freʃmən] n (pl -men [-mən]) разг. 1. новичо́к 2. 1) амер. новичо́к в шко́ле 2) первоку́рсник; ~ class амер. мла́дший курс в вы́сшем уче́бном заведе́нии 3. амер. лицо́, находя́щееся на да́нном посту́ и т. п. пе́рвый год; he is a ~ in Congress он заседа́ет в конгре́ссе пе́рвый год

freshness ['freʃnɪs] n 1. 1) све́жесть; the ~ of the air све́жесть во́здуха 2) бо́дрость 2. я́ркость; the ~ of colour я́ркость кра́сок 3. све́жесть, оригина́льность; ~ of an idea оригина́льная мысль; ~ of imagination жи́вость воображе́ния

freshperson ['freʃ,pɜ:s(ə)n] n разг. первоку́рсник или первоку́рсница

fresh-run [,freʃ'rʌn] a то́лько что прише́дшая из мо́ря на нере́ст (о рыбе)

freshwater ['freʃ'wɔ:tə] a 1. пресново́дный; ~ fish пресново́дная ры́ба 2. амер. провинциа́льный, захолу́стный; ~ college непрести́жный /провинциа́льный/ ко́лледж
◊ ~ sailor нео́пытный моря́к

fresnel [fre'nel] n физ. френе́ль (едини́ца частоты́)

fress [fres] v амер. сл. жрать, обжира́ться

fret[1] I [fret] n 1. раздраже́ние; волне́ние; to get /to work oneself/ into a ~ взвинти́ть /довести́/ себя́; разволнова́ться; to be in a fearful (state of) ~ быть в си́льном волне́нии /раздраже́нии/; to be on the ~ быть в состоя́нии постоя́нного раздраже́ния 2. броже́ние (напи́тков) 3. 1) тех. тре́ние, истира́ние 2) протёртое ме́сто в ткани́

fret[1] II [fret] v 1. раздража́ться; беспоко́иться, волнова́ться; to ~ over smth. беспоко́иться о чём-л.; you have nothing to ~ about вам не о чем волнова́ться, вам не́чего беспоко́иться 2. раздража́ть, трево́жить, беспоко́ить; it ~s me to know that he is unhappy мне мучи́тельно созна́вать, что он несча́стен; to ~ one's life (out) with vain regrets по́ртить себе́ жизнь напра́сными сожале́ниями; to ~ the heart by care and anxiety надрыва́ть се́рдце го́рем и забо́тами; to ~ oneself to death замучить себя́ /вогна́ть себя́ в гроб/ трево́гой 3. 1) разъеда́ть, подта́чивать; rust ~s metals ржа́вчина разъеда́ет мета́ллы; moths ~ away clothes моль ест оде́жду 2) размыва́ть; a river ~s out a channel for itself река́ прокла́дывает себе́ ру́сло 4. подёргиваться ря́бью; a surface of water ~s in the wind ве́тер ряби́т во́ду 5. броди́ть (о напи́тках)
◊ to ~ the /one's/ gizzard /guts/ волнова́ться /беспоко́иться/ по пустяка́м

fret[2] I [fret] n 1. прямоуго́льный орна́мент; узо́р из пересека́ющихся ли́ний 2. ист. се́тка для воло́с из золоты́х или сере́бряных ните́й, укра́шенная драгоце́нными камня́ми 3. архит. резно́е или лепно́е украше́ние

fret[2] II [fret] v 1. украша́ть прямоуго́льным орна́ментом или узо́ром из пересека́ющихся ли́ний 2. архит. украша́ть резьбо́й или ле́пкой; to ~ a pattern in wood вы́резать узо́р по де́реву

fret[3] I [fret] n муз. лад (в гита́ре)

fret[3] II [fret] v перебира́ть стру́ны (гита́ры)

fretboard ['fretbɔ:d] = fingerboard 1)

fret-cutting ['fret,kʌtɪŋ] n выпи́ливание ло́бзиком

fretful ['fretf(ə)l] a 1. раздражи́тельный, капри́зный; a ~ temper раздражи́тельность; a ~ child капри́зный ребёнок; a ~ voice капри́зный то́ном 2. подёрнувшийся ря́бью (о воде́) 3. поры́вистый (о ве́тре) 4. бродя́щий (о напи́тках)

fretsaw ['fretsɔ:] n пи́лка для выпи́ливания, ло́бзик

fretted[1] ['fretɪd] a 1. раздражённый; взволно́ванный, обеспоко́енный 2. изно́шенный, вы́тертый, изъе́денный (мо́лью и т. п.) 3. покры́тый ря́бью (о воде́)

fretted[2] ['fretɪd] a архит. укра́шенный резьбо́й или ле́пкой; ~ ceiling лепно́й потоло́к

fretting ['fretɪŋ] n тех. фре́ттинг, корро́зия при тре́нии

fretty[1] ['fretɪ] a 1. = fretful 2. разг. воспалённый, гноя́щийся (о ра́не)

fretty[2] ['fretɪ] a име́ющий резну́ю пове́рхность

fretwork ['fretwɜ:k] n 1. архит. резно́е или лепно́е украше́ние 2. 1) узо́р, вы́пиленный ло́бзиком 2) рабо́та ло́бзиком 3. причу́дливые сплете́ния, узо́ры; the ~ of trees причу́дливые силуэ́ты дере́вьев

Freudian I ['frɔɪdɪən] n фрейди́ст, после́дователь Фре́йда

Freudian II ['frɔɪdɪən] a фрейди́стский

Freudian slip [,frɔɪdɪən'slɪp] психол. «фрейди́стская огово́рка»; огово́рка, выдаю́щая та́йные побужде́ния говоря́щего

Freudism ['frɔɪdɪz(ə)m] n фрейди́зм

friability [,fraɪə'bɪlɪtɪ] n ры́хлость, ло́мкость, хру́пкость; ~ test тех. испыта́ние на хру́пкость

friable ['fraɪəb(ə)l] a 1) кроша́щийся; ло́мкий, хру́пкий 2) ры́хлый; ~ coal ры́хлый у́голь 2. геол. выве́тривающийся; тре́скающийся

friable sand ['fraɪəb(ə)lsænd] 1) сыпу́чий песо́к 2) плыву́н

friar ['fraɪə] n 1. ист. 1) мона́х (ни́щенствующего о́рдена); ~'s habit мона́шеское одея́ние 2) (F.) брат, фра (употр. с именем); F. Tuck брат Тук (духовни́к Роби́н Гу́да) 2. pl ист. 1) террито́рия мужско́го монастыря́ 2) назва́ние ча́сти го́рода, где располо́жен монасты́рь

friarly ['fraɪəlɪ] a 1) мона́шеский 2) монасты́рский

friar's lantern ['fraɪəz,læntən] «блужда́ющие огни́» (свече́ние в боло́тистых места́х)

friary ['fraɪ(ə)rɪ] n мужско́й монасты́рь

fribble I ['frɪb(ə)l] n редк. 1. безде́льник 2. пустя́к 3. фриво́льность

fribble II ['frɪb(ə)l] a редк. 1. пустяко́вый 2. фриво́льный

fribble III ['frɪb(ə)l] v редк. 1. безде́льничать 2. фриво́льничать, вести́ себя́ фриво́льно 3. (тж. ~ away) тра́тить по́пусту; he ~d away one opportunity after another он упуска́л одну́ возмо́жность за друго́й

fricandeau ['frɪkəndəʊ] n (pl -eaux [-əʊz]) фрикасе́ из теля́тины или инде́йки

fricandel [,frɪkæn'del] n кул. фрикаде́льки; тефте́ли

fricassee ['frɪkəsi:, ,frɪkə'si:] n кул. фрикасе́

fricative I ['frɪkətɪv] n фон. фрикати́вный звук

fricative II ['frɪkətɪv] a фон. фрикати́вный

friction I ['frɪkʃ(ə)n] n 1. 1) тре́ние; to reduce ~ уменьши́ть тре́ние; ~ factor /coefficient/ тех. коэффицие́нт тре́ния 2) спец. сцепле́ние; ~ at rest тре́ние поко́я 2. тре́ния, разногла́сия; there is ~ between them ме́жду ни́ми возни́кли разногла́сия 3. растира́ние, обтира́ние; a cold shower with ~ afterwards холо́дный душ с после́дующим растира́нием 4. поме́хи тра́нспортному движе́нию

friction II ['frɪkʃ(ə)n] v 1. тере́ть 2) растира́ть 2. име́ть разногла́сия 3. спец. прорези́нивать ткань

frictional ['frɪkʃ(ə)nəl] a спец. фрикцио́нный; ~ electricity электри́чество тре́ния, стати́ческое электри́чество; ~ resistance сопротивле́ние тре́ния

frictionize ['frɪkʃ(ə)naɪz] v тере́ть, растира́ть

frictionless ['frɪkʃ(ə)nlɪs] a лишённый тре́ния; ~ liquid физ. идеа́льная /невя́зкая/ жи́дкость

frictionproof ['frɪkʃ(ə)nprʊ:f] a антифрикцио́нный

Friday ['fraɪdɪ] n 1. пя́тница; on ~ в пя́тницу; he arrived on the Tuesday and left on the ~ он прие́хал в э́тот вто́рник и уе́хал в пя́тницу на той же неде́ле; Black ~ «чёрная пя́тница»; Good ~ церк. Вели́кая пя́тница /-ий пято́к/, пя́тница на Страстно́й неде́ле 2. Пя́тница, ве́рный пре́данный слуга́ или сотру́дник (тж. Man F.; персона́ж рома́на Д. Дефо́ «Робинзо́н Кру́зо»); ~ girl о́пытная и стара́тельная секрета́рша
◊ to have a ~ look /face/ име́ть мра́чный /по́стный/ вид

Fridays ['fraɪdɪz] adv по пя́тницам; в пя́тницу; I'm free ~ в пя́тницу я не рабо́таю; we meet ~ мы встреча́емся по пя́тницам

fridge ['frɪdʒ] n разг. холоди́льник (дома́шний)

fried ['fraɪd] a 1. жа́реный; ~ fish жа́реная ры́ба; ~ potatoes жа́реный карто́фель; ~ eggs яи́чница 2. сл. пья́ный, окосе́вший
◊ ~ egg воен. жарг. а) кока́рда (курса́нта учи́лища Уэст-По́йнт); б) япо́нский флаг

friedcake ['fraɪdkeɪk] n амер. 1) по́нчик 2) жа́реное вито́е пече́нье (тип хво́роста)

friend I [frend] n 1. 1) друг; bosom /sworn/ ~ закады́чный друг; to be ~s with smb. дружи́ть с кем-л.; to make ~s with smb., to make a ~ of smb. подружи́ться с кем-л.; to make ~s помири́ться; what can I do for you, my ~? чем я могу́ вам помо́чь, друг мой?; ~s, we are here to discuss... друзья́, мы собрали́сь здесь, что́бы обсуди́ть... 2) ирон. прия́тель, знако́мец (ча́сто о незнако́мом); челове́к, тип; our ~ with the loud voice э́тот громогла́сный тип 2. знако́мый; have you any ~s here? у вас есть здесь знако́мые? he is one of my business ~s э́то оди́н из мои́х делов́ых знако́мых 3. 1) това́рищ, колле́га; our ~ here наш това́рищ; our young ~ наш ю́ный друг; my honourable ~ мой достопочте́нный собра́т (упомина́ние одни́м чле́ном парла́мента друго́го в ре́чи); my learned ~ мой учёный колле́га (упомина́ние одни́м адвока́том друго́го в суде́) 2) воен. а) свой, свои́ (о войска́х); б) свой самолёт; ~ or foe? свой и́ли чужо́й? (запро́с по ра́дио) 4.

1) сторо́нник, доброжела́тель; to be no ~ of smth. не принадлежа́ть к числу́ сторо́нников чего́-л. 2) что-л. помога́ющее; предме́т *или* ка́чество, прихо́дящее на вы́ручку; among this wild crowd her shyness was her best ~ в э́той бесшаба́шной компа́нии её выруча́ла засте́нчивость 5. (F.) ква́кер; Society of Friends «О́бщество друзе́й» (*ква́керы*) 6. *шотл.* ро́дственник 7. *разг.* дружо́к, возлю́бленный

◇ a ~ at /in/ court влия́тельный друг; высо́кий покрови́тель; to kiss and be ~s помири́ться; a ~ in need is a ~ indeed *посл.* друзья́ познаю́тся в беде́; ~s are thieves of time *посл.* вор крадёт де́ньги, а друг — вре́мя; a ~ to all is a ~ to none *посл.* тот, кто со все́ми хоро́ш /кто всем друг/, тот никому́ не друг

friend II [frend] *v редк.* относи́ться по-дру́жески, помога́ть; to ~ smb. in distress помо́чь дру́гу в беде́

friendless ['frendlɪs] *a* одино́кий, не име́ющий друзе́й

friendlike ['frendlaɪk] *a* дру́жеский

friendliness ['frendlɪnɪs] *n* 1. дружелю́бие; дру́жественное отноше́ние; to show smb. much ~ отнести́сь к кому́-л. о́чень дружелю́бно 2. *спец.* упроще́ние; удо́бство (*в обраще́нии*)

friendly I ['frendlɪ] *n преим. воен.* ми́рный, дру́жественно настро́енный представи́тель ме́стного населе́ния (*в оккупи́рованной стране́ и т. п.*) 2. *воен.* свой (*о солда́те*); they are friendlies э́то на́ши 2) свой самолёт 3. *разг.* проявле́ние дру́жественного отноше́ния; зна́ки дру́жеского внима́ния 4. *спорт. разг.* това́рищеская встре́ча

friendly II ['frendlɪ] *a* 1. 1) дру́жеский, дру́жески располо́женный; дружелю́бный; to receive smb. in a ~ manner приня́ть кого́-л. по-дру́жески; to be ~ with smb. быть в дру́жеских отноше́ниях с кем-л.; to be on ~ terms with smb. дружи́ть с кем-л., быть в хоро́ших отноше́ниях с кем-л. 2) *спорт.* това́рищеский; ~ match това́рищеская встре́ча; ~ internationals междунаро́дные това́рищеские встре́чи 2. дру́жественный; ~ nation дру́жественная страна́ 3. сочу́вственный; одобри́тельный; to be ~ to smth. подде́рживать /одо́брить/ что-л. 4. 1) благоприя́тный; ~ wind попу́тный ве́тер; ~ showers благоприя́тные дожди́ 2) удо́бный (*в обраще́нии*) 5. (F.) ква́керский 6. *воен.* свой, невра́жеский; принадлежа́щий свои́м войска́м; ~ troops свои́ /на́ши/ войска́; ~ information све́дения о свои́х войска́х *или* от свои́х войск; ~ lines расположе́ние свои́х войск

◇ ~ lead конце́рт (*спекта́кль и т. п.*) в по́льзу нужда́ющихся; ~ society о́бщество взаимопо́мощи (*больны́м, престаре́лым и т. п.*)

friendly III ['frendlɪ] *adv* дру́жески, дру́жественно; дружелю́бно; to greet smb. ~ дру́жески приве́тствовать кого́-л.

friend of the court [ˌfrendəvðə'kɔːt] = amicus curiae

friendship ['frendʃɪp] *n* 1. дру́жба; ties of the closest ~ у́зы тесне́йшей дру́жбы; there is a great ~ between them они́ о́чень дружны́; my cat and dog live in ~ ко́шка и соба́ка у меня́ живу́т в дру́жбе; his ~s never last very long ≅ он бы́стро охладева́ет к друзья́м; to strike up a ~ подружи́ться; to show ~ проявля́ть дружелю́бие

◇ ~ cannot stand always on one side *посл.* дру́жба должна́ быть взаи́мной;

hedge between keeps ~ green *посл.* ≅ с сосе́дом дружи́, а забо́р городи́; sudden ~ sure repentance *посл.* ≅ будь друг, да не вдруг

frier ['fraɪə] = fryer

Friesic ['friːzɪk] = Frisian II

frieze¹ I [friːz] *n текст.* 1. бо́брик; гру́бая ворси́стая шерстяна́я ткань 2. высо́кий (нарезно́й) ворс

frieze¹ II [friːz] *v текст.* ворси́ть

frieze² I [friːz] *n архит.* 1) фриз 2) бордю́р

frieze² II [friːz] *v* 1. гравирова́ть серебро́ 2. *редк.* вышива́ть зо́лотом 3. *архит.* украша́ть фри́зом или бордю́ром

friezed [friːzd] *a архит.* укра́шенный фри́зом *или* бордю́ром

frig¹ [frɪdʒ] = fridge

frig² [frɪg] *v неприст.* 1) обману́ть, наду́ть (*кого́-л.*) 2) болта́ться без де́ла, шля́ться (*обыкн.* ~ around) 3) = fuck II

frigate ['frɪgɪt] *n* 1. *мор.* фрега́т 2. *мор.* 1) сторожево́й кора́бль 2) *амер.* фрега́т; ли́дер эскадре́нных миноно́сцев 3. *зоол.* фрега́т (*Fregata aquila*)

frigate-bird ['frɪgɪtbəːd] = frigate 3

frigging ['frɪgɪŋ] *неприст. см.* fucking

fright I [fraɪt] *n* 1. испу́г; to have /to get/ a ~ напуга́ться, испуга́ться; to give smb. a ~ напуга́ть, испуга́ть кого́-л.; to recover from ~ опра́виться от испу́га; the horse took ~ at the sound of the explosion гро́хот взры́ва испуга́л ло́шадь 2. *разг.* пу́гало, страши́лище; to look a perfect ~ ужа́сно /неле́по/ вы́глядеть; быть похо́жим на чу́чело; her clothes were a ~ она́ была́ ужа́сно оде́та

◇ ~ wig пари́к с волоса́ми, стоя́щими ды́бом (*для маскара́да и т. п.*)

fright II [fraɪt] *v поэт.* пуга́ть; трево́жить

frighten [ˌfraɪtn] *v* пуга́ть; to be ~ed of smth. боя́ться чего́-л.; to ~ a child into fits напуга́ть ребёнка до су́дорог; to ~ smb. into submission стра́хом заста́вить кого́-л. повинова́ться; to ~ smb. out of doing smth. заста́вить отказа́ться от чего́-л. путём запу́гивания; to ~ smb. out of his wits си́льно напуга́ть кого́-л.; to ~ smb., smth. away спугну́ть кого́-л., что-л.

frightened ['fraɪtnd] *a* испу́ганный, напу́ганный; a ~ child [horse] испу́ганный ребёнок [-ая ло́шадь]; ~ at the thought of his coming examination перепу́ганный одно́й мы́слью /дрожа́щий от одно́й мы́сли/ о предстоя́щем экза́мене

frightening ['fraɪtnɪŋ] *a* пуга́ющий; ужа́сный; a ~ dream стра́шный сон; she had a ~ experience то, что она́ пережи́ла, мо́жет привести́ в у́жас

frightful ['fraɪtf(ə)l] *a* 1. стра́шный, ужа́сный; ~ tempest [accident] стра́шная бу́ря [-ое происше́ствие]; the battlefield was a ~ scene вид по́ля бо́я наводи́л у́жас 2. 1) *разг.* безобра́зный, уро́дливый; ~ houses безобра́зные дома́; ~ dress безобра́зное пла́тье 2) *эмоц.-усил.* ужа́сный, стра́шный; ~ noise ужа́сный шум; he is a ~ bore скучне́йший он челове́к

frightfully ['fraɪtf(ə)lɪ] *adv* 1. ужа́сно, стра́шно; to roar ~ устраша́юще рыча́ть 2. *эмоц.-усил.* ужа́сно; о́чень; to look ~ well о́чень хорошо́ вы́глядеть; it's a ~ good thing! э́то о́чень здо́рово!, э́то великоле́пно!

frightless ['fraɪtlɪs] *a* бесстра́шный

frigid ['frɪdʒɪd] *a* 1. *climate* холо́дный кли́мат 2. холо́дный, бесстра́стный, безразли́чный; ~ manner холо́дная мане́ра обраще́ния; ~ smile ледяна́я улы́бка; ~ style ско́ванный стиль; ~ tone холо́дный тон; to look down on smb. with ~ indifference относи́ться

к кому́-л. с холо́дным безразли́чием 3. фриги́дная; сексуа́льно холо́дная

frigidity [frɪ'dʒɪdɪtɪ] *n* 1. моро́зность, хо́лод; ~ of the air моро́зность во́здуха 2. холо́дность; безразли́чие; ~ of demeanour холо́дность обраще́ния (*с кем-л.*) 3. фриги́дность; сексуа́льная холо́дность

frigidly ['frɪdʒɪdlɪ] *adv* хо́лодно; бесстра́стно; to smile ~ натя́нуто улыба́ться; to speak ~ говори́ть холо́дным /ледяны́м/ то́ном

Frigid Zone ['frɪdʒɪd'zəʊn] *геогр.* аркти́ческий по́яс, поля́рная зо́на

frigorific [ˌfrɪgə'rɪfɪk] *a спец.* охлажда́ющий; замора́живающий; ~ mixture охлажда́ющая смесь

frill I [frɪl] *n* 1. 1) обо́рка; рюш; to decorate a dress with ~ обши́ть пла́тье обо́рками 2) жабо́; брыжи 2. *pl разг.* нену́жные украше́ния; выкрута́сы; a style with too many ~s сли́шком вы́чурный /цвети́стый/ стиль 3. *pl* ужи́мки, аффекта́ция; to put on (one's) ~s мане́рничать, ва́жничать, задава́ться; to take the ~s out of smb. сбить спесь с кого́-л. 4. 1) что-л. необяза́тельное, ро́скошь; an apartment with no ~s кварти́ра то́лько с са́мыми необходи́мыми удо́бствами /без вся́кой ро́скоши/; "no-~s" goods нефи́рменные това́ры 2) *pl шкoл.* необяза́тельные предме́ты 5. *сл.* «ю́бка», же́нщина 6. *амер. разг.* делика́тес 7. *анат.* брыже́йка 8. = frilling 3

frill II [frɪl] *v* 1. украша́ть обо́рками, рюшем *и т. п.* 1) to ~ a dress укра́сить пла́тье обо́рками 2. *тех.* гофрирова́ть

frillery ['frɪl(ə)rɪ] *n* обо́рки

frillies ['frɪlɪz] *n pl* 1) *разг.* ни́жние ю́бки с обо́ркой 2) наря́дное же́нское бельё

frilling ['frɪlɪŋ] *n* 1. украше́ние обо́рками, скла́дками *и т. п.* 2. обо́рка; обо́рки 3. *фото* краево́е отсла́ивание

frill-lizard [ˌfrɪl'lɪzəd] *n* плащено́сная я́щерица плащено́сная (*Chlamydosaurus kingii*)

frilly ['frɪlɪ] *a* 1. отде́ланный обо́рками, рюшем *и т. п.* 2. разукра́шенный, цвети́стый; вы́чурный; a ~ style of writing цвети́стый слог

fringe I [frɪndʒ] *n* 1. бахрома́; the ~ of a curtain [of a shawl] бахрома́ на занаве́ске [на ша́ли] 2. чёлка 3. окаймле́ние, кайма́; a ~ of houses round a lake дома́, окаймля́ющие о́зеро 4. край, каёмка; обо́чина; on the ~ of the forest на опу́шке ле́са; on the ~ of a crowd с кра́ю, сбо́ку, не в са́мой толпе́; the outer ~(s) of London вне́шняя грани́ца /вне́шние грани́цы/ Ло́ндона; a boy from the ~s of the town мальчи́шка с окра́ины; ~ area пограни́чная /сме́жная/ о́бласть; ~ collection *информ.* непрофи́льный фонд, фонд по сме́жной тема́тике 5. (*тж.* ~ group) 1) неформа́льная гру́ппа, примыка́ющая к како́му-л. движе́нию 2) кра́йняя гру́ппа (*внутри́ како́го-л. движе́ния или свя́занная с ним*); lunatic ~ экстреми́сты 3) *собир.* «фри́ндж», ма́ленькие и эксперимента́льные теа́тры (*тж.* ~ theatres) 6. *pl* = fringe benefits 7. 1) *физ.* интерференцио́нная полоса́ 2) *спец.* несовмеще́ние цвето́в 3) *кино* цветна́я кайма́ (*ко́нтуров изображе́ния*)

fringe II [frɪndʒ] *v* 1. отде́лывать бахромо́й 2. окаймля́ть; grass ~d the stream по берега́м ручья́ росла́ трава́

fringe benefits ['frɪndʒˌbenɪfɪts] допо́лнительные льго́ты (*пе́нсии, опла́чиваемые отпуска́ и т. п.*)

fringe theatre ['frɪndʒˌθɪətə] 1) эксперимента́льный теа́тр (*обыкн.* небольшо́й) 2) эксперимента́льное драмати́ческое иску́сство

fringe time ['frɪndʒtaɪm] *ра́дио, тлв.* неудо́бное вре́мя (*переда́ч; обыкн.* с 17 до 19 и по́сле 23 чч.)

fringing ['frɪndʒɪŋ] *n* *тлв.* бахромчатость (*изображения*)
fringy ['frɪndʒɪ] *a* 1) бахромчатый 2) отделанный бахромой 2. окаймлённый
frippery I ['frɪp(ə)rɪ] *n* 1. мишура; безделушки; дешёвые украшения 2. претенциозность
frippery II ['frɪp(ə)rɪ] *a* мишурный; показной
Frisco ['frɪskəʊ] *n разг.* г. Сан-Франциско
frisette [frɪ'zet] *n* букли, локоны (*на лбу*)
Frisian I ['frɪzɪən] *n* 1. фриз 2. фризский язык
Frisian II ['frɪzɪən] *a* фризский; ~ cattle фризский молочный скот
frisk¹ I [frɪsk] *n* 1. прыжок, скачок 2. шутка, веселье
frisk¹ II [frɪsk] *v* 1. резвиться, прыгать (*о детях, молодых животных*) 2. 1) махать (*веером*) 2) махать, вилять (*хвостом*)
frisk² I [frɪsk] *n амер. сл.* обыск, шмон
frisk² II [frɪsk] *v амер. сл.* обыскивать (*человека*); производить обыск (*в помещении*)
friskiness ['frɪskɪnɪs] *n* резвость; игривость
frisky ['frɪskɪ] *a* резвый, игривый, живой; ~ kitten игривый котёнок
frisson ['friːsɒŋ] *n фр.* дрожь (*особ. от предвкушаемого удовольствия*)
frith [frɪθ] = firth
fritillaria [ˌfrɪtɪ'leə(ə)rɪə] *n бот.* рябчик (*Fritillaria gen.*)
fritter¹ ['frɪtə] *n* оладья, пончик (*с яблоками и т. п.*)
fritter² I ['frɪtə] *n* 1. маленький кусочек, остаток 2. *pl* удобрение из китовых отходов
fritter² II ['frɪtə] *v* 1) делить на мелкие части 2) делиться, распадаться на мелкие части
fritter away ['frɪtə(r)ə'weɪ] *phr v* растрачивать по мелочам; to ~ time попусту терять время; to ~ strength [energies] тратить силы [энергию] по пустякам; to ~ natural resources истощать природные ресурсы
Fritz [frɪts] *n сл.* 1) фриц, немецкий солдат; немец 2) *собир.* немцы, немецко-фашистские войска
fritz I [frɪts] *n сл.* поломка, авария; the television set is on the ~ телевизор отказал
fritz II [frɪts] *v сл.* испортиться, сломаться (*о технике*); встать, отказать (*тж.* ~ out)
frivol ['frɪv(ə)l] *v разг.* 1. вести праздный образ жизни 2. тратить попусту (*тж.* ~ away)
frivolity [frɪ'vɒlɪtɪ] *n* 1. легкомыслие; легкомысленный поступок; a life of endless ~ легкомысленный и пустой образ жизни 2. 1) фривольность
frivolous ['frɪvələs] *a* 1. легкомысленный, пустой (*о человеке*); ~ person легкомысленный человек 2) поверхностный, пустой; ~ book поверхностная книга 3) фривольный; ~ joke фривольная шутка 2. 1) пустячный, незначительный; ~ argument несерьёзный довод ~ objection пустячное возражение 2) несерьёзный; легковесный; ~ suggestion непродуманное предложение 3. *юр.* необоснованный (*об иске и т. п.*)
frivolously ['frɪvələslɪ] *adv* 1. легкомысленно, поверхностно 2) фривольно 2. незначительно
friz I, II [frɪz] = frizz I *и* II
frizz¹ I [frɪz] *n* курчавые или туго завитые волосы
frizz¹ II [frɪz] *v* 1) завивать 2) курчавиться, завиваться

frizz² [frɪz] *v* шипеть, потрескивать (*при жаренье*)
frizzed [frɪzd] *a* завитой (*о волосах*)
frizzle¹ I ['frɪz(ə)l] *n* 1. завивка 2. 1) (жёсткие) курчавые волосы 2) тугой завиток
frizzle¹ II ['frɪz(ə)l] *v* 1) завивать 2) завиваться (*тж.* ~ up)
frizzle² I ['frɪz(ə)l] *n* поджаривание (*с шипением и потрескиванием*)
frizzle² II ['frɪz(ə)l] *v* 1. 1) жарить (*с шипением*) 2) жариться (*с шипением*) 2. обжигать; to get ~d обжечься 3. изнемогать от жары; I was frizzling in Baghdad for months я в течение нескольких месяцев изнемогал от жары в Багдаде
frizzly ['frɪzlɪ] *a* кудрявый; завитой; ~ hair (жёсткие) курчавые волосы
frizzy ['frɪzɪ] = frizzly
'Fro [frəʊ] *n* (*сокр. от* Afro) *разг.* причёска «под африканца»
fro [frəʊ] *adv арх.* обратно; to and ~ взад и вперёд; туда и сюда
frock I [frɒk] *n* 1. женское или детское платье; a light summer ~ лёгкое летнее платье; a short ~ короткое платье (*девочки*); to think only of ~s and frills думать только о нарядах /о тряпках/ 2. 1) ряса; to wear the ~ носить рясу, быть священником 2) монашеское одеяние 3) *разг.* монах 3. ~ froccoat 4. тельняшка 5. халат, рабочая блуза ◊ ~ of mail кольчуга; to cast one's ~ to the nettles расстричься (*о священнике*)
frock II [frɒk] *v книжн.* 1. надевать (*на кого-л.*) платье, рясу *и т. п.* 2. посвящать в духовный сан
frog¹ [frɒg] *n* 1. *зоол.* лягушка настоящая (*Rana*) 2. стрелка (*в копыте лошади*) 3. стойка (*плуга*) 4. *ж.-д.* крестовина стрелочного перевода 2) *спец.* воздушная стрелка 5. *эл.* лягушка 6. держатель для цветов, вкладыш с отверстиями для цветочной вазы 7. *сл.* 1) подонок 2) скучная личность, зануда, обыватель 8. (F.) *пренебр.* французишка, «лягушатник»; ~ restaurant *амер.* ресторан с французской кухней ◊ the biggest ~ in the pond *амер. сл.* местный заправила; to have a ~ in one's throat хрипеть, сипеть
frog² [frɒg] *n* 1. застёжка из тесьмы, сутажа *и т. п.*; петля из шнура 2. аксельбант 3. петля, крючок (*для прикрепления холодного оружия*) 4. *муз.* колодочка (*смычка*)
frogbit ['frɒgbɪt] *n бот.* лягушечник (*Hydrocharis morsus-ranae*)
frog-cheese ['frɒgtʃiːz] *n* 1. плодовое тело гриба-дождевика 2. плод мальвы
frog-eater ['frɒgˌiːtə] *n пренебр.* лягушатник, французишка
frogfish ['frɒgfɪʃ] *n зоол.* морская мышь (*Antennariidae*)
froggery ['frɒgərɪ] *n* 1. скопление лягушек 2. место, где водятся лягушки, лягушиное болото
froggy I ['frɒgɪ] *n* 1. лягушечка 2. (F.) *пренебр.* французишка
froggy II [ˌfrɒgɪ] *a* 1. лягушечий, лягушачий, лягушиный; ~ eyes лягушечьи глаза 2. изобилующий лягушками; ~ pond лягушиный пруд
frog hair [ˌfrɒg'heə] *амер. сл.* деньги, средства (*особ. на проведение выборной кампании*)
froghopper ['frɒgˌhɒpə] *n энт.* цикада-пенница (*Cercopidae fam.*)
frogland ['frɒglænd] *n* 1. болотистая местность, изобилующая лягушками 2. (F.) *сл.* Голландия
Froglander ['frɒgˌlændə] *n сл.* голландец
frogling ['frɒglɪŋ] *n* лягушонок

FRI — FRO F

frogman ['frɒgmən] *n* (*pl* -men [-mən]) 1) легководолаз 2) ныряльщик с аквалангом 3) *воен.* водолаз-подрывник
frogmarch ['frɒgmɑːtʃ] *v сл.* 1) тащить (*кого-л.*) за руки и за ноги лицом вниз 2) толкать вперёд человека со связанными сзади руками; they ~ed him into the cell они впихнули его в камеру
frogmouth ['frɒgmaʊθ] *n* 1. *зоол.* белоногий, совиный козодой (*Podargidae fam.*) 2. *бот.* львиный зев садовый (*Antirrhinum majus*)
frog-pecker ['frɒgˌpekə] *n разг.* цапля
frogskin ['frɒgskɪn] *n амер. сл.* долларовая бумажка
frogspawn ['frɒgspɔːn] *n* лягушечья икра
frogspit, frogspittle ['frɒgspɪt, -ˌspɪtl] *n* продукт секреции личинок некоторых насекомых на стеблях растений
frogsticker ['frɒgˌstɪkə] *n сл.* 1. большой карманный нож 2. штык
frolic I ['frɒlɪk] *n* 1. веселье; резвость 2. шалость 3. весёлая игра
◊ ~ fun and ~ *см.* fun I
frolic II ['frɒlɪk] *a уст.* шаловливый, резвый; весёлый
frolic III ['frɒlɪk] *v* резвиться, шалить; проказничать, веселиться, развлекаться
frolicsome ['frɒlɪks(ə)m] *a поэт.* игривый, резвый; ~ child резвый ребёнок
from [frɒm] (*полная форма*), frəm (*редуцированная форма*) *prep* 1. в пространственном значении указывает на 1) исходный пункт действия или движения из, с; they started ~ Moscow они выехали /отправились/ из Москвы; to go (away) ~ home уехать /уйти/ из дому; ~ here отсюда; ~ there оттуда; ~ where? откуда?; it fell ~ the roof это упало с крыши; to jump ~ the train спрыгнуть с поезда; I heard it ~ the next room я услышал это из соседней комнаты 2) исходный пункт при определении или отсчёте расстояния; not far ~ the station недалеко от станции; a mile ~ home на расстоянии мили от дома 2) положение предмета или его части по отношению к другому предмету на; из, с; to hang ~ a bough висеть на ветке; a lamp hung ~ the ceiling с потолка свисала лампа; a nail projected ~ the board из доски торчал гвоздь; a handkerchief was sticking ~ his pocket из кармана у него высовывался носовой платок 2. *во временном значении указывает на* 1) *начальный момент процесса* с, начиная с; ~ five years ~ now через пять лет; ~ the very first с самого начала; reckoning ~ yesterday считая со вчерашнего дня; I knew him ~ a boy /a child/ я знаю его с детства 2) *дату и т. п. к*; *передаётся тж. твор. падежом*; the monument dates ~ the 16th century это от памятник относится к XVI в. 3. *указывает на* 1) *источник или происхождение* от, из; *передаётся тж. род. падежом*; a present ~ his father подарок от его отца; he is ~ Minsk он (родом) из Минска; water ~ the well вода из колодца; a quotation ~ Tolstoy цитата из Толстого; a bite ~ a snake укус змеи; tell him that ~ me передайте ему это от моего имени; facts learned ~ reading факты, известные из книг; to write ~ smb's dictation писать под чью-л. диктовку 2) *лицо, у которого что-л. получают, приобретают* у; to buy [to borrow] smth. ~ smb. купить [занять] что-л. у кого-л.; he borrowed a book ~

his friend он взял книгу у товарища 3) *воспроизведение оригинала или образца, а тж. язык, с которого делается перевод* с; to paint ~ nature рисовать с натуры; to translate ~ one language into another переводить с одного языка на другой 4. *указывает на* 1) *причину, побуждение* от, из, по; to be weak [to die] ~ an illness [hunger] быть слабым [умереть] от болезни [голода]; to act ~ a sense of duty поступать как велит долг; it happened ~ carelessness это произошло по небрежности; he acted ~ principle он поступил так из принципа; not ~ any fault of his own не по его вине 2) *основание* по, с; to judge ~ smb.'s conduct судить по чьему-л. поведению; to judge ~ appearances судить по внешности; to know ~ experience знать по опыту; ~ smb.'s point of view с чьей-л. точки зрения; ~ what I can see по тому, что я вижу; to speak ~ memory говорить по памяти; to draw a conclusion ~ smth. сделать вывод из /на основании/ чего-л. 5. *указывает на* 1) *предохранение или воздержание от чего-л.* от; protection of buildings ~ lightning защита зданий от молнии; to prevent smb. ~ doing smth. помешать /не дать/ кому-л. сделать что-л.; to refrain [to abstain] ~ smth. воздерживаться от чего-л. 2) *освобождение, избавление кого-л., реже чего-л.* от, из; he was released ~ prison его освободили из тюрьмы; exemption ~ taxation освобождение от налогов; he was exempted ~ military service его освободили от военной службы 3) *сокрытие чего-л. от кого-л.* от; to hide /to conceal/ smth. ~ smb. прятать /скрывать/ что-л. от кого-л. 4) *расставание* с; she parted ~ him она с ним рассталась 5) *вычитание* из, от; to take /to subtract/ six ~ ten отнять шесть из десяти, вычесть шесть из десяти 6. *указывает на сопоставление* от; to distinguish good ~ bad отличать хорошее от плохого; to differ /to be different, to be distinct/ ~ others отличаться /быть отличным/ от других; I cannot tell him ~ his brother я не могу отличить его от его брата 7. *указывает на материал, из которого что-л. сделано* из; wine is made ~ grapes вино делают из винограда; steel is made ~ iron сталь выплавляется из чугуна 8. *указывает на лицо или предмет, по которому что-л. называют* по; the library was named ~ the founder библиотека была названа в честь её основателя 9. *в сочетаниях*: ~ above сверху; the light falls ~ above свет падает сверху; ~ across из-за; ~ across the sea из-за моря; ~ afar издалека, издали; I saw him ~ afar я увидел его издали; ~ among, ~ amongst из; he came forth ~ amongst the crowd он вышел из толпы, он отделился от толпы; ~ before; ~ that dates ~ before the war это относится к довоенному времени; ~ behind из-за; he appeared ~ behind the house он появился из-за дома; ~ below из-под; снизу; I heard a voice ~ below я услышал голос снизу; ~ beneath книжн. см. ~ under; ~ between из, из-за; he peered out ~ between the curtains он выглянул из-за занавесок; ~ beyond из-за; he came ~ beyond the mountains он приехал из-за гор; ~ L to R, ~ left to right слева направо (*о людях на фотографии и т. п.*); ~ off книжн. см. take it ~ off my heart снимите эту тяжесть с моей души; ~ over из-за; ~ over the sea из-за моря; he looked at her ~ over his spectacles он посмотрел на неё поверх очков; ~ round из-за; he appeared ~ round the corner он появился из-за угла; ~ ... till c... до, от ... до; ~ four till six o'clock c четырёх до шести часов; ~ 1959 till 1960 c 1959 по 1960 год; ~ ... to ... из... в..., от... до...; London to Paris из Лондона в Париж; ~ (the) beginning to (the) end от начала до конца; ~ five to six c пяти до шести; б) от... до, c... до; this bird lays ~ four to six eggs эта птица откладывает от четырёх до шести яиц; the price has been increased ~ sixpence to a shilling цена была увеличена с шести пенсов до шиллинга; ~ under, ~ underneath из-под; to come out ~ under the ground появиться из-под земли

frond [frɒnd] *n* 1. ветвь с листьями 2. *бот.* вайя, лист папоротника или пальмы

frondage ['frɒndɪdʒ] *n собир. редк.* листва; крона

Fronde [frɒnd] *n фр.* 1) *ист.* Фронда 2) (f.) политическая оппозиция, инакомыслие

Frondeur [frɒn'dɜː] *n фр.* 1. *ист.* участник Фронды 2. (f.) фрондёр; ворчун, вечно недовольный человек; инакомыслящий

front I [frʌnt] *n* 1. 1) перёд; передняя сторона; look to your ~ смотри вперёд; the table of contents is in the ~ of the book оглавление находится в начале книги; ~ armour *воен.* лобовая броня 2) передний план; to come to the ~ а) выйти на передний план, выдвинуться; обратить на себя внимание, занять ведущее место; б) бросаться в глаза; to bring to the ~ а) выявлять; делать очевидным, б) способствовать развитию, продвижению 2. 1) фасад; (лицевая) сторона; the fine [west] ~ of a house красивый [западный] фасад дома 2) что-л., служащее фасадом, прикрытием (*для нелегальной организации и т. п.*); «крыша»; ~ man подставное лицо; ~ organization организация, служащая вывеской (*для нелегальной деятельности*) 3. 1) *поэт., ритор.* лоб, чело; лик 2) *разг.* лицо; ~ к ~ лицом к лицу 4. *воен.* фронт; at the ~ на фронте; to go to the ~ идти на фронт; to be invalided back from the ~ вернуться с фронта инвалидом; ~ line линия фронта, передний край [*см. тж.* front-line] 5. фронт, объединение, сплочённость; the people's /popular/ ~ народный фронт; united ~ единый фронт 6. 1) прибрежная полоса 2) набережная; приморский бульвар; to walk on the ~ прогуливаться по набережной 7. накрахмаленная манишка 8. накладка из волос; false ~ чёлка-накладка из чужих волос [*см. тж.* ◊] 9. грудь и передние лапы (*у животного*) 10. зрительный зал; аудитория 11. *геол.* фас сброса 12. *метеор.* фронт 13. *в сочетаниях*: in ~ of а) перед; б) в присутствии; в) впереди

◊ false ~ лживость, стремление обмануть [*см. тж.* 8.]; to change ~ изменить позицию /отношение/; to present /to show, to put on/ a bold ~ а) мужественно переносить, не падать духом; б) нагло /вызывающе/ держаться; to have the ~ to do smth. набраться нахальства сделать что-л.; up ~ а) в зале, в аудитории; среди публики /зрителей, слушателей/; б) на первом плане, на первом месте; в) открыто, не таясь; to finance such projects up ~ оказывать таким мероприятиям открытую финансовую поддержку; г) вперёд, авансом; to offer $ 40,000 up ~ предложить 40 000 долларов в качестве аванса; out ~ = up а)

front II [frʌnt] *a* 1. передний; ~ tooth передний зуб, резец; ~ view вид спереди; ~ elevation а) передний фасад; б) вид спереди; ~ door парадная дверь, парадное; ~ seat а) переднее место (*в автомобиле*); место рядом с водителем; ~ garden сад перед домом; ~ screen /glass/ авт. переднее /ветровое/ стекло; ~ (wheel) drive авт. привод на передние колёса 2. *фон.* переднего ряда; ~ vowels гласные переднего ряда 3. служащий прикрытием, «крышей» (*для нелегальной организации и т. п.*) [*см.* front I 2, 2)]

front III [frʌnt] *v* 1. выходить на, быть обращенным на; the house ~s the square дом выходит на площадь 2. находиться, быть расположенным перед (*чем-л.*), впереди (*чего-л.*); to ~ about оборачиваться лицом в другую сторону; a lawn ~ing the house лужайка, находящаяся перед домом 3. украшать фасад; ~ed with stone облицованный камнем 4. (for) служить фасадом, «крышей» (*для нелегальной организации и т. п.*); ~ing for vested interests прикрывая корыстные интересы большого бизнеса 5. *арх., поэт.* встречать лицом к лицу (*врага и т. п.*)

frontage ['frʌntɪdʒ] *n* 1. (передний) фасад 2. 1) участок между зданием и дорогой; палисадник 2) участок земли, прилегающий к реке, дороге *и т. п.* 3. протяжённость в определённом направлении; обращённость в определённую сторону 4. *воен.* ширина фронта; ~ of the attack ширина фронта наступления

frontager ['frʌntɪdʒə] *n* владелец участка, граница которого проходит по реке, дороге *и т. п.*

frontal I ['frʌntl] *n* 1. *архит.* тимпан; фронтон над окном *или* дверью 2. *анат.* лобная кость 3. налобное украшение 4. *мед.* средство от головной боли

frontal II ['frʌntl] *a* 1. *анат.* лобный; ~ bone лобная кость; ~ sinus лобная пазуха 2. *воен.* лобовой, фронтальный; ~ attack фронтальное наступление; лобовая атака; ~ direction фронтальное направление; ~ fire фронтальный огонь; ~ security охранение с фронта 3. *тех.* лобовой, торцовый; ~ resistance лобовое сопротивление; ~ surface торцевая поверхность

front bench [,frʌnt'bentʃ] 1) передняя скамья (*в палате общин*); правительственная скамья *или* скамья «теневого кабинета» 2) правительство

frontbencher [,frʌnt'bentʃə] *n* 1) министр 2) член «теневого кабинета»

front burner [,frʌnt'bɜːnə] 1. передняя горелка (*на плите*) 2. *амер. разг.* передний план; видное место; on the ~ актуальный, важный

front-door [,frʌnt'dɔː] *a разг.* честный; совершаемый в открытую (*о сделке и т. п.*)

front-end I [,frʌnt'end] *n вчт.* 1) (*тж.* ~ interface) внешний интерфейс 2) коммуникационный процессор 3) препроцессор

front-end II [,frʌnt'end] *a преим. фин.* первоначальный; ~ investments первоначальные капиталовложения; ~ money аванс [*см. тж.* front money]; ~ support (финансовая) поддержка на первых порах

front-end computer [,frʌntendkəm'pjuːtə] компьютер для предварительной обработки данных, фронтальная вычислительная машина

front-end processor [,frʌntendprə'sesə] *вчт.* 1) интерфейсный процессор; процессор ввода-вывода 2) коммуникационный процессор 3) буферный процессор

front-engined [ˌfrʌntˈendʒɪnd] *a* *авт.* с пере́дним расположе́нием дви́гателя
frontier [ˈfrʌntɪə] *n* 1) 1) грани́ца, рубе́ж; distant [long] ~ отдалённая (протяжённая) грани́ца; Italy's French ~ грани́ца Ита́лии с Фра́нцией; the ~ follows a river-valley грани́ца прохо́дит по доли́не реки́; to defend one's ~s защища́ть свои́ грани́цы /рубежи́/; to cross the ~ пересе́чь грани́цу 2) пограни́чная полоса́; ~ town [incident] пограни́чный го́род [инциде́нт]; ~ problems пограни́чные вопро́сы 2. преде́л, грани́ца; ~s of knowledge преде́лы зна́ния; грани́цы позна́ния 3. *амер. ист.* «фронти́р», но́вые зе́мли, за́нятые пионе́рами (*на западе США*) 2) райо́н освое́ния, осва́иваемая террито́рия 3) но́вые возмо́жности, открыва́ющиеся перспекти́вы; New Frontiers *амер. полит.* «но́вые рубежи́», курс президе́нта Ке́ннеди (*США*) 4. (*тж. pl*) пере́дний край, но́вая о́бласть (*науки или техники*)
frontierman, frontiersman [ˈfrʌntɪəmən, -tɪəz-] *n* (*pl* -men [-mən] 1. жи́тель пограни́чной полосы́ 2. *pl амер. ист.* переселе́нцы, колони́сты, пионе́ры, засели́вшие За́пад
Frontignac [ˌfrʌntɪˈnjæk] *n* фронтинья́к (*сорт мускатного винограда и марка вина*)
frontispiece [ˈfrʌntɪspiːs] *n* 1. *архит.* фронто́н; фронтиспи́с 2. *полигр.* фронтиспи́с 3. *сл.* лицо́, физионо́мия
frontlash [ˈfrʌntlæʃ] *a амер. полит.* контрреа́кция; отве́т на отве́тный уда́р
frontlet [ˈfrʌntlɪt] *n* 1. нало́бная повя́зка 2. *лоб живо́тного*
front-line [ˌfrʌntˈlaɪn] *a* 1. фронтово́й; находя́щийся на передово́й ли́нии; ~ soldiers солда́ты на передово́й 2. пограни́чный; грани́чащий с како́й-л. страно́й *или* террито́рией (*особ. вражде́бной*); ~ states «прифронтовы́е госуда́рства», госуда́рства передово́й ли́нии (*граничащие с враждебной страной или зоной конфликта*)
front matter [ˌfrʌntˈmætə] *полигр.* вступи́тельная часть (*книги*); сбо́рный лист
front money [ˌfrʌntˈmʌnɪ] ава́нс; пе́рвый взнос (*при покупке в рассрочку*); вступи́тельный взнос
front name [ˌfrʌntˈneɪm] *амер. разг.* и́мя (*в отличие от фамилии*); his front names are John Paul его́ зову́т Джон Пол
front office [ˌfrʌntˈɒfɪs] 1. *разг.* 1) 1) дире́кция, правле́ние (*фирмы*); гла́вное управле́ние, администра́ция (*корпорации и т. п.*) 2) центр, руково́дство (*организации*) 3) руководя́щие круги́; нача́льство, «верха́» 2. *разг.* глава́ до́ма 3. *вор. жарг.* полице́йский уча́сток
front-office [ˌfrʌntˈɒfɪs] *a разг.* 1) администрати́вный; ~ policy поли́тика руково́дства, дире́кции *и т. п.* 2) авторите́тный; ~ decision оконча́тельное реше́ние; реше́ние, спу́щенное све́рху
frontogenesis [ˌfrʌntəʊˈdʒenɪsɪs] *n метеор.* фронтогене́з, возникнове́ние *или* обостре́ние атмосфе́рного фро́нта
frontolysis [frʌnˈtɒlɪsɪs] *n метеор.* фронто́лиз, размыва́ние атмосфе́рного фро́нта
fronton [ˈfrʌntən] *n архит.* фронто́н; щипе́ц
front page [ˌfrʌntˈpeɪdʒ] 1) ти́тульный лист, загла́вный лист, ти́тул 2) пе́рвая полоса́, пе́рвая страни́ца (*в газете*)
front-page I [ˌfrʌntˈpeɪdʒ] *a* 1) помеща́емый на пе́рвой полосе́ (*газеты*); ~ news сенсацио́нные но́вости 2) о́чень ва́жный
front-page II [ˈfrʌntpeɪdʒ] *v* 1) помеща́ть на пе́рвой полосе́ (*газеты*) 2) появля́ться на пе́рвой полосе́ (*газеты*)

front-pager [ˌfrʌntˈpeɪdʒə] *n амер. разг.* сенсацио́нная но́вость; ва́жное изве́стие
front-rank [ˌfrʌntˈræŋk] *a* 1) передово́й 2) лу́чший; первокла́ссный; a ~ painter живопи́сец с и́менем; he is not quite ~ as an actor он не принадлежи́т к числу́ вели́ких актёров 3) са́мый ва́жный; of ~ importance первостепе́нной ва́жности
front room [ˌfrʌntˈruːm, -ˈrʊm] *амер.* гости́ная, за́ла (*в небольшом доме*)
front-runner [ˌfrʌntˈrʌnə] *n* 1) ли́дер (*в беге, на скачках*) 2) кандида́т на (*какой-л.*) пост, име́ющий бо́льше всего́ ша́нсов; ~ for top nomination са́мая вероя́тная /пе́рвая/ кандидату́ра на пост президе́нта на вы́борах
frontward(s) [ˈfrʌntwəd(z)] *adv* вперёд
frosh [frɒʃ] *n* (*pl без изм.*) *амер. унив. жарг.* студе́нт-первоку́рсник
frost I [frɒst] *n* 1. 1) моро́з; five degrees of ~ пять гра́дусов моро́за; black ~ моро́з без и́нея; sharp /hard, biting/ ~ си́льный моро́з; ringing ~ треску́чий моро́з; slight ~ лёгкий моро́зец; the fruit has been damaged by ~ фрукто́вые дере́вья пострада́ли от моро́зы, хо́лода; early ~s ра́нние за́морозки; ~ resistance морозосто́йкость 2. и́ней (*тж.* hoar ~, white ~); grass covered with ~ трава́, покры́тая и́неем 3. хо́лодность, суро́вость; there is a ~ in his manner в его́ мане́ре есть кака́я-то хо́лодность 4. *разг.* прова́л, неуда́ча; разочарова́ние; the book turned out a ~ кни́га оказа́лась неуда́чной; what a ~! како́е разочарова́ние!; a dead ~ — *сл.* ги́блое де́ло, по́лная неуда́ча 5. *сл.* безрабо́тица
◊ Jack F. ≅ Моро́з Кра́сный Нос
frost II [frɒst] *v* 1. побива́ть моро́зом (*растения*) 2. 1) подмора́живать 2) покрыва́ться и́неем; the windows have ~ed over in the night о́кна за ночь покры́лись и́неем /укра́сились моро́зными узора́ми/ 3. покрыва́ть глазу́рью, посыпа́ть са́харом 4. 1) матирова́ть (*стекло*) 2) стира́ть гля́нец 5. подко́вывать на о́стрые шипы́ 6. *поэт.* сребри́ть (*волосы*) сединой
Frostbelt [ˈfrɒstbelt] *n* «сне́жный по́яс», се́верные райо́ны США
frost-bird [ˈfrɒstbɜːd] *n* 1) пти́ца, прилета́ющая с пе́рвыми за́морозками 2) *зоол.* ржа́нка золоти́стая (*Charadrius apricarius*)
frostbit [ˈfrɒstbɪt] *past от* frostbite II
frostbite I [ˈfrɒstbaɪt] *n* отморо́женное ме́сто
frostbite II [ˈfrɒstbaɪt] *v* (frostbit; frostbitten) обмора́живать
frostbite boating [ˈfrɒstbaɪtˈbəʊtɪŋ] = frostbiting
frostbiting [ˈfrɒstˌbaɪtɪŋ] *n* бу́ерный спорт
frostbitten I [ˈfrɒstˌbɪtn] *a* 1. 1) обморо́женный; ~ nose обморо́женный нос 2) поби́тый, прихва́ченный моро́зом 2. ледяно́й (*о тоне и т. п.*); холо́дный (*о человеке*)
frostbitten II [ˈfrɒstˌbɪtn] *p. p. от* frostbite II
frost-blite [ˈfrɒstblaɪt] *n бот.* марь бе́лая (*Chenopodium album*)
frost boil [ˈfrɒstbɔɪl] = frost heave
frost-bound [ˈfrɒstbaʊnd] *a* ско́ванный моро́зом; промёрзший; заморо́женный
frost-cleft I [ˈfrɒstkleft] *n метеор.* зя́блина; морозоби́на
frost-cleft II [ˈfrɒstkleft] *a* поражённый моро́зом, морозоби́йный
frost-crack [ˈfrɒstkræk] = frost-cleft I
frost-dew [ˈfrɒstdjuː] *n* и́ней
frosted I [ˈfrɒstɪd] *n* напи́ток с моро́женым, глясе́

frosted II [ˈfrɒstɪd] *a* 1. тро́нутый моро́зом; ~ grain *с.-х.* морозобо́йное зерно́ 2. покры́тый и́неем; ~ ground заиндеве́вшая земля́ 3. матиро́ванный, ма́товый (*о стекле*); ~ glass матиро́ванное /шерохова́тое/ стекло́ 4. глазиро́ванный; ~ cake глазиро́ванный торт 5. 1) *поэт.* тро́нутый седино́й 2) обесцве́ченный под седину́; ~ hair во́лосы с иску́сственной про́седью 6. сде́ржанный, холо́дный 7. быстрозаморо́женный (*об овощах*) 8. по́данный с моро́женым (*о десерте*)
frost-free [ˈfrɒstfriː] *a* 1. *метеор.* безморо́зный 2. *тех.* ненамора́живающий (*о холодильной установке*)
frost-grape [ˈfrɒstgreɪp] *n* америка́нский ди́кий виногра́д
frost-hardy [ˈfrɒstˌhɑːdɪ] *a* морозосто́йкий (*о растениях*); морозоусто́йчивый
frosting [ˈfrɒstɪŋ] *n* 1. глазиро́вка, глазирова́ние 2. и́ней, моро́зный узо́р (*на окне*) 3. 1) замора́живание, подмора́живание 2) ско́рое замора́живание (*овощей*) 4. мат (*на стекле*) 5. про́седь, «пёрышки»
frost-mist [ˈfrɒstmɪst] *n* и́зморозь
frost-nail [ˈfrɒstneɪl] *n* о́стрый подко́вный шип
frost-nip [ˈfrɒstnɪp] = frost II 1
frost-nipped [ˌfrɒstˈnɪpt] = frostbitten I
frost pockets [ˌfrɒstˈpɒkɪts] *с.-х.* противоморо́зные мешо́чки (*для растений*)
frostproof [ˈfrɒstpruːf] *a* морозосто́йкий, морозоусто́йчивый
frost-resistant [ˌfrɒstrɪˈzɪstənt] = frostproof
frost-shoe [ˈfrɒstʃuː] *n* (зи́мняя) подко́ва с шипа́ми
frostwork [ˈfrɒstwɜːk] *n* 1. ледяно́й узо́р (*на стекле*) 2. то́нкий узо́р на серебре́ *или* о́лове
frosty [ˈfrɒstɪ] *a* 1. моро́зный; ~ night моро́зная ночь; ~ sky моро́зное не́бо 2. заиндеве́лый; ~ grass [ground] покры́тая и́неем трава́ [земля́]; ~ years of life *образн.* ста́рость 3. *поэт.* поседе́вший, седо́й; ~ head сереби́стые во́лосы 4. холо́дный, ледяно́й; ~ nature холо́дная нату́ра; ~ greeting холо́дное приве́тствие; a ~ welcome ледяно́й приём
froth I [frɒθ] *n* 1. пе́на; beer covered with ~ пе́нящееся пи́во; ~ flotation *тех.* пе́нная флота́ция 2. вздор; пустосло́вие; болтовня́; this talk is all ~ э́то всё пуста́я болтовня́
froth II [frɒθ] *v* 1. 1) пе́ниться, кипе́ть; покрыва́ться пе́ной; a mad dog ~s at the mouth у бе́шеной соба́ки пе́на идёт изо рта́; the sea ~ed on the rocks мо́ре пе́нилось у скал 2) взмы́ливаться, покрыва́ться пе́ной (*о лошади*) 2. вспе́нивать; сбива́ть в пе́ну; to ~ eggs сбива́ть яи́чный бело́к; to ~ up the soap mixture взбить мы́льную пе́ну 3. пустосло́вить, трепа́ться
froth-blower [ˈfrɒθˌbləʊə] *n шутл.* завсегда́тай пивны́х
frothiness [ˈfrɒθɪnɪs] *n* 1. пе́нистость 2. пустота́, легкове́сность
frothing [ˈfrɒθɪŋ] *a* пе́нящийся; ~ agent пенообразова́тель
froth-insect [ˈfrɒθˌɪnsekt] *n* 1. *энт.* цика́да-пе́нница (*Cercopidae fam.*) 2. насеко́мое, оставля́ющее секре́т на расте́ниях
froth-spit [ˈfrɒθspɪt] *n спец.* секре́т цика́ды-пе́нницы и други́х насеко́мых
froth-worm [ˈfrɒθwɜːm] = froth-insect 2
frothy [ˈfrɒθɪ] *a* 1. пе́нистый; ~ beer пе́нистое пи́во 2. пусто́й; легкове́сный;

~ speaker пустозвон; краснобай; ~ conversation разговор о пустяках; болтовня, трёп

frottola ['frɒtələ] *n* (*pl* -le) фроттола (*старинная итальянская песня*)

frottole ['frɒtəleɪ] *pl от* frottola

froufrou ['fru:fru:] *n разг.* **1.** шелест, шуршание (*женского платья*) **2.** вычурность, затейливость (*одежды и т. п.*)

frow [fraʊ] *n разг.* 1) голландка 2) женщина, жена (*обыкн. о голландке или немке*)

froward ['froʊəd] *a* 1) упрямый, своевольный, поступающий наперекор 2) *арх.* неблагоприятный

frown¹ I [fraʊn] *n* **1.** сдвинутые, насупленные брови; a ~ on smb.'s brow хмурый лоб **2.** хмурый, недовольный вид; выражение неодобрения; to be met /greeted/ with a ~ получить холодный приём
◇ ~s of fortune ≅ гримасы судьбы

frown¹ II [fraʊn] *v* **1.** хмурить брови; насупиться; he ~ed trying to remember smth. он хмурился, стараясь вспомнить что-то **2.** смотреть неодобрительно, относиться с неодобрением; to ~ upon a queer idea [an evil habit] с неодобрением относиться к странной идее [к дурной привычке]; to ~ at smb. неодобрительно смотреть на кого-л.; her whole family ~ed on the match вся семья была недовольна её браком 2) (into) приказать взглядом; to ~ smb. into doing smth. одним взглядом заставить кого-л. сделать что-л.; to ~ smb. down суровым взглядом заставить кого-л. повиноваться **3.** *редк.* выражать неодобрение; to ~ to disgust [disapproval] хмуриться с отвращением [с неодобрением]

frown² [fraʊn] *n амер.* фраун, кока-кола с лимоном

frowning ['fraʊnɪŋ] *a* **1.** хмурый; суровый; неодобрительный; ~ face хмурое лицо **2.** грозный, угрожающий; наводящий ужас; ~ cliff грозный утёс

frowst I [fraʊst] *n разг.* духота; спёртый, затхлый воздух (*в комнате*)

frowst II [fraʊst] *v разг.* **1.** бездельничать **2.** сидеть в духоте

frowsty ['fraʊstɪ] *a разг.* затхлый, спёртый

frowsy ['fraʊzɪ] = frowzy

frowziness ['fraʊzɪnɪs] *n* **1.** духота; затхлость **2.** неряшливость **3.** резкость, дисгармоничность

frowzy ['fraʊzɪ] *a* **1.** затхлый, спёртый; душный; вонючий; ~ room непроветренная /душная/ комната **2.** 1) грязный; неряшливый; нечёсаный 2) *редк.* багровый (*о цвете лица*)

froze [froʊz] *past om* freeze II

frozen I ['froʊz(ə)n] *a* **1.** 1) замёрзший, застывший; ~ feet замёрзшие ноги; ~ to death погибший от холода 2) скованный льдом; покрытый льдом; превратившийся в лёд; ~ brook замёрзший ручей **2.** 1) замороженный; ~ meat мороженое мясо 2) быстрозамороженный (*об овощах и т. п.*) **3.** холодный, студёный; the ~ zones полярные зоны **4.** холодный, сдержанный; ~ stare ледяной взгляд **5.** *горн.* застрявший (*в обсадных трубах и т. п.*) **6.** *эк.* замороженный, блокированный; неликвидный
◇ ~ limit предел безобразия, безобразие, каких мало; the ~ mitt *сл.* холодное /неприветливое/ обращение; третирование; to get the ~ mitt получить отпор, не встретить сочувствия

frozen II ['froʊz(ə)n] *p. p. om* freeze II

fructescent [frʌk'tes(ə)nt] *a биол.* начинающий плодоносить

fructiferous [frʌk'tɪf(ə)rəs] *a биол.* плодоносящий

fructification [ˌfrʌktɪfɪ'keɪʃ(ə)n] *n биол.* плодоношение

fructify ['frʌktɪfaɪ] *v биол.* **1.** плодоносить **2.** делать плодородным, обогащать; to ~ the earth делать землю плодородной **3.** оказаться плодотворным, принести плоды; привести к желаемому результату

fructose ['frʌktoʊz, -oʊs] *n хим.* фруктоза

fructuous ['frʌktʊəs] *a* **1.** плодоносный; плодородный **2.** плодотворный

fructuousness ['frʌktʊəsnɪs] *n* **1.** плодоносность; плодородие **2.** плодотворность

frug [frʌg, fru:g] *n* фруг (*танец типа твиста*)

frugal ['fru:g(ə)l] *a* **1.** бережливый, экономный; ~ housekeeper экономная хозяйка; to be ~ of one's time and money беречь время и деньги **2.** умеренный, скромный; скудный; ~ dinner скудный обед

frugality [fru:'gælɪtɪ] *n* **1.** бережливость, экономность **2.** умеренность, скромность

frugally ['fru:g(ə)lɪ] *adv* **1.** бережливо, экономно **2.** умеренно, скромно

frugivore ['fru:dʒɪvɔ:] *n зоол.* плодоядное животное

frugivorous [fru:'dʒɪv(ə)rəs] *a зоол.* плодоядный

fruit I [fru:t] *n* **1.** плод; ~s of the earth плоды земные; to bear ~ плодоносить; a tree in ~ дерево в сезон плодоношения; ~ tree плодовое дерево **2.** *собир.* фрукты; green [ripe, mellow, fragrant] ~ незрелые [спелые, сочные, ароматные] фрукты; preserved /tinned/ ~ консервированные фрукты; консервы из фруктов; dried ~ сухофрукты; candied ~ цукаты; to grow ~ разводить плодовые деревья; to live on ~ питаться только фруктами; ~ shop фруктовая лавка; ~ season сезон фруктов; ~ knife фруктовый нож, нож для фруктов **3.** *часто pl* плод, результат; the ~s of one's labour плоды труда; the ~s of learning плоды учения; to reap the ~s of smth. пожинать плоды чего-л.; their plans haven't borne ~ их планы оказались бесплодными /безрезультатными/ **4.** *арх., биол.* отпрыск; детёныш; ребёнок; ~ of the womb плод чрева **5.** *сл.* 1) тип, личность; фрукт 2) *амер.* гомосексуалист 3) ягодка, персик (*о девушке*)

fruit II [fru:t] *v* приносить плоды; to ~ well хорошо плодоносить
◇ he that would eat the ~ must climb the tree *посл.* ≅ хочется есть, да не хочется лезть; без труда не вынешь и рыбку из пруда

fruitage ['fru:tɪdʒ] *n* **1.** плодоношение, урожай фруктов **3.** *собир.* фрукты, плоды **4.** результат, последствие

fruitarian [fru:'teə(ə)rɪən] *n* человек, питающийся только фруктами

fruit-bat ['fru:tbæt] *n зоол.* крылан, плодоядная летучая мышь (*Megachiroptera*)

fruit-bearing I ['fru:tˌbeə(ə)rɪŋ] *n* плодоношение

fruit-bearing II ['fru:tˌbeə(ə)rɪŋ] *a* плодоносящий

fruit-bud ['fru:tbʌd] *n бот.* плодовая почка

fruitcake ['fru:tkeɪk] *n* **1.** кекс с цукатами и орехами **2.** *сл.* 1) сумасшедший; псих 2) чудак 3) гомосексуалист
◇ as nutty as a ~ совершенно помешанный, спятивший

fruit cocktail, fruit cup [ˌfru:t'kɒkteɪl, -'kʌp] фруктовый салат (*из мелких или измельчённых фруктов*)

fruited ['fru:tɪd] *a* с плодами; увешанный плодами; отягощённый плодами

fruiter ['fru:tə] *n* **1.** плодовое дерево; prolific ~ высокоурожайное плодовое дерево **2.** судно, перевозящее фрукты **3.** садовод

fruiterer ['fru:t(ə)rə] *n* торговец фруктами; фруктовщик

fruit-farming [ˌfru:t'fɑ:mɪŋ] *n* плодоводство; промышленное садоводство

fruit-fly ['fru:tflaɪ] *n энт.* плодовая мушка, дрозофила (*Drosophila*)

fruit-frame ['fru:tfreɪm] *n* шпалера

fruitful ['fru:tf(ə)l] *a* **1.** 1) плодородный; плодоносный; ~ soil плодородная почва; ~ tree плодоносное дерево; ~ rain благодатный дождь 2) плодовитый **2.** плодотворный; ~ plan удачный план; ~ career а) плодотворная деятельность; б) успешная карьера; ~ labours плодотворные усилия **3.** выгодный, полезный

fruitfulness ['fru:tf(ə)lnɪs] *n* **1.** 1) плодородие 2) плодоносность **2.** плодотворность

fruit-grower ['fru:tˌgroʊə] *n* садовод, плодовод

fruit-growing [ˌfru:t'groʊɪŋ] *n* садоводство, плодоводство

fruiting ['fru:tɪŋ] *n биол.* плодоношение; ~ cane *сад.* плодоносящий побег

fruition [fru:'ɪʃ(ə)n] *n* **1.** пользование благами; наслаждение (*чем-л. достигнутым*) **2.** осуществление; достижение желанной цели; hopes brought to ~ осуществлённые надежды; to come to ~ осуществиться, сбыться; дать результаты; success was the ~ of his years of work его многолетний труд увенчался успехом

fruit jar ['fru:tdʒɑ:] стеклянная банка с притёртой крышкой (*для компотов*)

fruit-kiln ['fru:tˌkɪln] *n спец.* плодосушилка, печь для сушки плодов

fruit leather [ˌfru:t'leðə] *кул.* смоква (*род пастилы*)

fruitless ['fru:tlɪs] *a* **1.** бесплодный; ~ tree бесплодное дерево **2.** бесполезный; безуспешный; бесплодный; ~ regrets напрасные сожаления; ~ efforts бесплодные усилия; ~ attempt безуспешная попытка **3.** незадачливый

fruitlet ['fru:tlɪt] *n* **1.** маленький плод **2.** *бот.* часть соплодия

fruit-machine ['fru:tməˌʃi:n] *n* «фруктовая машина» (*игорный автомат*)

fruit-picker ['fru:tˌpɪkə] *n* **1.** сборщик фруктов **2.** *с.-х.* плодосниматель, плодосъёмник

fruit-piece ['fru:tpi:s] *n* натюрморт с фруктами

fruit-pigeon ['fru:tˌpɪdʒɪn] *n зоол.* плодоядный голубь (*Carpophaga gen.*)

fruit-press ['fru:tpres] *n* плодовый пресс, пресс для выжимания фруктового сока

fruit salad [ˌfru:t'sæləd] **1.** салат из фруктов; компот-ассорти **2.** *воен. шутл.* орденские ленточки

fruit-spur ['fru:tspɜ:] *n сад.* ветка с плодами, плодоносящая ветвь

fruit-stalk ['fru:tstɔ:k] *n бот.* плодоножка

fruit-store ['fru:tstɔ:] *n* плодохранилище

fruit-sugar ['fru:tˌʃʊgə] *n хим.* фруктоза; глюкоза

fruit system ['fru:tˌsɪstɪm] *бот.* соплодие

fruit-thinning [ˌfru:t'θɪnɪŋ] *n с.-х.* прореживание завязей

fruity ['fru:tɪ] *a* 1. 1) фрукто́вый, напомина́ющий фру́кты (*по вку́су, за́паху и т. п.*) 2) сохраня́ющий арома́т виногра́да (*о вине́*) 2. *разг.* со́чный, густо́й; ~ voice сла́дкий /прито́рный/ го́лос 3. *разг.* 1) пика́нтный; сканда́льный; ~ story пика́нтная исто́рия 2) со́чный, сма́чный; ~ language со́чный язы́к; сма́чные выраже́ния 4. *сл.* 1) психо́ванный; поме́шанный, не в своём уме́ 2) гомосексуа́льный

frumentation [,fru:men'teɪʃ(ə)n] *n* разда́ча зерна́ наро́ду (*в Дре́внем Ри́ме*)

frumenty ['fru:məntɪ] *n* сла́дкая пшени́чная ка́ша на молоке́

frump [frʌmp] *n* 1. старомо́дно и пло́хо оде́тая же́нщина; неря́ха; чу́чело 2. ста́рый хрыч, разва́лина

frumpish ['frʌmpɪʃ] *a* старомо́дно оде́тый; старомо́дный; неря́шливый; ~ dress старомо́дное пла́тье

frumpy ['frʌmpɪ] *a* 1. пло́хо, безвку́сно оде́тый 2. неприя́тный, непривлека́тельный

frush [frʌʃ] *n собир. шотл.* обло́мки, оско́лки

frusta ['frʌstə] *pl от* frustum

frustrate I ['frʌstreɪt] = frustrated

frustrate II [frʌ'streɪt] *v* 1. расстра́ивать; срыва́ть; наруша́ть; to ~ smb.'s efforts сорва́ть чьи-л. попы́тки; to ~ plans нару́шить пла́ны; to ~ a design расстро́ить за́мысел 2. 1) де́лать тще́тным; своди́ть на нет; to ~ smb.'s hopes обма́нывать чьи-л. наде́жды 2) *психол.* разочаро́вывать; подрыва́ть ве́ру в свои́ си́лы; приводи́ть к фрустра́ции 3. побежда́ть (*кого́-л.*); наноси́ть пораже́ние; разби́ть (*кого́-л.*); to ~ one's opponents разби́ть свои́х проти́вников; to be ~d by bad weather [by disease] чу́вствовать себя́ разби́тым из-за плохо́й пого́ды [из-за боле́зни]

frustrated [frʌ'streɪtɪd] *a* 1. несостоя́вшийся, сорва́вшийся; ~ hopes неоправда́вшиеся /несбы́вшиеся/ наде́жды; а ~ boycott неуда́вшийся /несостоя́вшийся/ бойко́т 2. *психол.* разочаро́ванный, не ве́рящий в свои́ си́лы; испы́тывающий фрустра́цию; critics are often ~ writers кри́тики — э́то неред́ко несостоя́вшиеся писа́тели

frustrating [frʌ'streɪtɪŋ] *a* разочаро́вывающий, создаю́щий неве́рие в свои́ си́лы; fourteen ~ years четы́рнадцать лет, за кото́рые ничего́ не́ было сде́лано

frustration [frʌ'streɪʃ(ə)n] *n* 1. 1) расстро́йство, срыв; the ~ of smb.'s plans срыв чьих-л. пла́нов 2) разгро́м; the ~ of one's opponents разгро́м проти́вников 2. 1) круше́ние, крах; the ~ of one's hopes круше́ние наде́жд; the ~ of one's designs крах за́мыслов; прова́л пла́нов 2) *психол.* фрустра́ция; разочарова́ние; неве́рие в свои́ си́лы 3. *юр.* прекраще́ние обяза́тельства всле́дствие невозмо́жности его́ исполне́ния; ~ of contract невозмо́жность надлежа́щего исполне́ния догово́ра

frustrative [frʌ'streɪtɪv] *a* расстра́ивающий; разочаро́вывающий

frustum ['frʌstəm] *n* (*pl тж.* -ta) *мат.* усечённая фигу́ра

frutescent [fru:'tes(ə)nt] *a бот.* куста́рниковый

frutex ['fru:teks] *n* (*pl тж.* -tices) *бот.* куста́рник

frutices ['fru:tɪsi:z] *pl от* frutex

fruticose, fruticous ['fru:tɪkəus, 'fru:tɪkəs] *a бот.* куста́рниковый, куста́рникоподо́бный

fry¹ [fraɪ] *n* 1. 1) мальки́, мо́лодь; salmon ~ лососёвые мальки́ 2) ме́лкая ры́бёшка 2. *разг.* мелюзга́; малыши́
◊ small ~ а) *пренебр.* мелкота́; ме́лкая со́шка; б) де́ти, ребя́тки

fry² I [fraɪ] *n* 1. жа́реное мя́со; жарко́е 2. *амер.* пикни́к; fish ~ пикни́к, на кото́ром жа́рят ры́бу 3. *разг.* волне́ние, возбужде́ние; to be in a ~ волнова́ться, беспоко́иться

fry² II [fraɪ] *v* 1. 1) жа́рить; to ~ fish and chips жа́рить ры́бу с мелконаре́занным карто́фелем 2) жа́риться; eggs were ~ing in the pan на сковороде́ жа́рилась яи́чница; we shall ~ if we stay long in the sun е́сли мы до́лго пробу́дем на со́лнце, то совсе́м изжа́римся /сгори́м/ 2. *разг.* 1) получа́ть нагоня́й 2) дава́ть нагоня́й, мы́лить ше́ю (*кому́-л.*) 3. *амер. сл.* 1) казни́ть на электри́ческом сту́ле 2) умере́ть на электри́ческом сту́ле
◊ to have other fish to ~ *см.* fish¹ I ◊; to ~ in one's own grease /fat/ распла́чиваться за свои́ посту́пки /за со́бственное безрассу́дство/

fryer ['fraɪə] *n* 1. *см.* fry² II 1, 1) + -er 2. *кул.* обжа́рочный аппара́т 3. *pl* ры́ба, цыпля́та *и т. п.*, предназна́ченные для жа́ренья 4. *кино проф.* мо́щный освети́тельный прибо́р

frying pan ['fraɪŋ,pæn] сковорода́ с ру́чкой
◊ out of the ~ into the fire ≅ из огня́ да в по́лымя

fry-up ['fraɪʌp] *n* поджа́ренные кусо́чки мя́са, колбасы́, карто́феля *и т. п.* (*иногда́ оста́тки*); to do a ~ сгото́вить (*яи́чницу и т. п.*) на ско́рую ру́ку

fu [f(j)u:] *n амер. сл.* марихуа́на

fub [fʌb] = fob² II

fubsy ['fʌbzɪ] *a разг.* ни́зенький и то́лстый; приземи́стый; ~ sofa ни́зенький дива́нчик

fuchsia ['fju:ʃə] *n бот.* фу́ксия (*Fuchsia gen.*)

fuchsine ['fu:ksi:n] *n хим.* фукси́н

fuchsite ['fu:ksaɪt] *n мин.* фукси́т

fucivorous [fju:'sɪv(ə)rəs] *a зоол.* пита́ющийся морски́ми во́дорослями

fuck I [fʌk] *n неприст.* 1. 1) полово́й акт, тра́ханье 2) партнёр по полово́й свя́зи 2. *эмоц.-усил.* чёрт *и т. п.* (*выража́ет доса́ду, гнев, презре́ние*); not to care /to give/ a ~ ≅ мне на э́то наплева́ть, what the ~! чёрт с ним!

fuck II [fʌk] *v неприст.* 1) соверша́ть полово́й акт, тра́хаться 2) вози́ться; занима́ться пустяка́ми (*тж.* to ~ around /about/ with); to ~ with smth. вози́ться с чем-л.
◊ ~ off! убира́йся!; ≅ пошёл ты зна́ешь куда́!; to ~ smth. up испо́ртить /изга́дить/ что-л.; запу́тать; they ~ed everything up он ошш напортачили

fucked-out [,fʌkt'aut] *a неприст.* 1) уста́лый, измо́танный 2) ста́рый, разва́ливающийся; никуда́ не го́дный

fucker ['fʌkə] *n неприст.* 1) распу́тник 2) негодя́й, прохво́ст 3) ли́чность, тип

fucking ['fʌkɪŋ] *a неприст. эмоц.-усил.* прокля́тый, чёртов; you ~ fool! ≅ идио́т несча́стный!; what ~ hell! что за чертовщи́на!; I got my foot caught in the ~ chair я зацепи́лся ного́й за э́тот трекля́тый стул

fuck up ['fʌkʌp] *phr v* потерпе́ть неуда́чу, опростоволо́ситься

fuck-up ['fʌkʌp] *n груб.* 1. пу́таник, бестоло́чь 2. пу́таница, неразбери́ха

fudder ['fʌdə] *n* больша́я ви́нная бо́чка

fuddle I ['fʌdl] *n разг.* 1. 1) опьяне́ние 2) попо́йка; запо́й; he is on the ~ он загуля́л 2) кре́пкий напи́ток 2. пу́таница (*в мы́слях и т. п.*); to get into a ~ запу́таться

fuddle II ['fʌdl] *v разг.* 1. пья́нствовать; напива́ться допьяна́ (*тж.* to ~ oneself) 2. сбива́ть с то́лку; одурма́нивать; strong drinks ~ your brain от кре́пких напи́тков пу́таются мы́сли

fuddle-cap ['fʌdlkæp] *n разг.* го́рький пья́ница

fuddled ['fʌdld] *a разг.* подвы́пивший

fuddler ['fʌdlə] *n разг.* пья́ница; пропо́йца

fuddy I, II ['fʌdɪ] = fuddy-duddy I, II

fuddy-duddy I ['fʌdɪ,dʌdɪ] *n разг.* 1. ворчу́н; критика́н 2. челове́к с устаре́вшими взгля́дами; консерва́тор

fuddy-duddy II ['fʌdɪ,dʌdɪ] *a разг.* 1. ворчли́вый, приди́рчивый 2. отста́лый; закостене́вший, заскору́злый; консервати́вный

fudge I [fʌdʒ] *n* 1. 1) вы́думка, враньё; «стряпня́» 2) *уст.* чушь, вздор; oh ~! кака́я чепуха́! 2. сообще́ние «в после́днюю мину́ту» (*помеща́емое в газе́те*) 3. фадж, сли́вочная пома́дка

fudge II [fʌdʒ] *v* 1. де́лать ко́е-ка́к, недобросо́вестно; «состря́пать» (*тж.* ~ up) 2. расска́зывать небыли́цы, сочиня́ть 3. помеща́ть «в после́днюю мину́ту» (*в газе́те*) 4. *амер.* (*ча́сто* on) жу́льничать; to ~ figures подтасо́вывать ци́фры; to ~ on an exam смоше́нничать на экза́мене; to ~ on the rules обойти́ пра́вила 5. (on) уклоня́ться, уви́ливать (*от чего́-л.*); to ~ on an issue не выска́зываться пря́мо по како́му-л. вопро́су

Fuehrer ['fjuə)rə] = Führer

fuel I ['fjuəl] *n* 1) то́пливо, горю́чее; liquid [solid] ~ жи́дкое [твёрдое] то́пливо; ~ consumption расхо́д то́плива /горю́чего/; ~ filling запра́вка то́пливом /горю́чим/; ~ endurance запа́с хо́да (*дви́гателя вну́треннего сгора́ния*); ~ gauge то́пливный расходоме́р; бензиноме́р; nuclear ~ я́дерное то́пливо; ~ pump *авт.* то́пливный насо́с, бензопо́мпа; ~ tube топливопрово́д, бензопрово́д; ~ tank то́пливный бак, бак для горю́чего 2) разжига́ние страсте́й; to add fresh ~ to a quarrel разжига́ть ссо́ру, подстрека́ть ссо́рящихся
◊ to add ~ to the flame подлива́ть ма́сла в ого́нь

fuel II ['fjuəl] *v* 1. 1) заправля́ть горю́чим *или* то́пливом; заправля́ться горю́чим 2) пита́ть, подде́рживать; this organization is ~led by massive grants э́та организа́ция де́ржится на огро́мных субси́диях 2. зали́ть то́пливо; пита́ть то́пливом 3. *мор.* 1) принима́ть то́пливо, грузи́ть то́пливо; to ~ a ship принима́ть то́пливо на кора́бль 2) грузи́ться то́пливом 4. *ж.-д.* экипирова́ть

fuel-air explosive ['fjuələɪk'spləusɪv] *воен.* то́пливо-возду́шная взрывна́я смесь

fuel cell ['fjuəlsel] *хим.* то́пливный элеме́нт

fuel cycle ['fjuəl,saɪk(ə)l] *спец.* то́пливный цикл (*проце́сс испо́льзования то́плива в я́дерном реа́кторе*)

fuel-efficient [,fjuəlɪ'fɪʃ(ə)nt] *a тех.* топливосберега́ющий, эконо́мящий то́пливо (*об устано́вке и т. п.*)

fuel element ['fjuəl,elɪmənt] *физ.* тепловыделя́ющий элеме́нт, твэл (*в я́дерном реа́кторе*)

fueler ['fjuələ] *n* 1. *тех.* пита́тель 2. пита́тельная среда́ /по́чва/ 3. *авт.* бензозапра́вщик 4. *ав.* топливозапра́вщик

fuff I [fʌf] *n шотл.* 1. дунове́ние ве́тра 2. фы́рканье, шипе́ние (*ко́шки*) 3. вспы́шка гне́ва

fuff II [fʌf] *v шотл.* 1. дуть, ве́ять 2. фы́ркать, шипе́ть (*о ко́шке и т. п.*) 3. попы́хивать тру́бкой 4. рассвирепе́ть, разгнева́ться

fuff III [fʌf] *int амер.* ну и что?; подумаешь!; ещё чего!; как бы не так!

fug I [fʌg] *n разг.* **1.** духота, спёртый воздух **2.** сор, пыль (*в углу комнаты, швах одежды*)

fug II [fʌg] *v разг.* сидеть в духоте; to ~ at home сидеть в четырёх стенах

fugacious [fju:'geɪʃəs] *a* **1)** мимолётный **2)** летучий **2.** *спец.* кратковременный, быстро увядающий *или* опадающий

fugacity [fju:'gæsɪtɪ] *n* **1.** 1) мимолётность 2) летучесть; фугитивность **2.** *спец.* кратковременность; краткосрочность

fugal ['fju:g(ə)l] *a муз.* фуговый, относящийся к фуге

fugato [fju:'gɑ:təʊ] *муз.* фугато

fuggy ['fʌgɪ] *a разг.* **1.** душный, непроветренный, прокуренный (*о комнате*); спёртый (*о воздухе*) **2.** боящийся свежего воздуха

fughetta [fu:'getə] *муз.* фугетта

fugitive I ['fju:dʒɪtɪv] *n* **1.** 1) беглец; a ~ from justice лицо, скрывающееся от правосудия 2) беженец; a ~ from the invaded areas беженец из оккупированных (врагом) районов **2.** странник; бродяга **3.** нечто неуловимое **4.** нестойкая краска

fugitive II ['fju:dʒɪtɪv] *a* **1.** 1) беглый; ~ soldier [slave] беглый солдат [невольник]; ~ debtor сбежавший должник 2) вынужденный покинуть свой дом; беженский, перемещённый **2.** 1) мимолётный, преходящий; ~ idea /thought/ мимолётная мысль 2) непрочный, нестойкий; ~ colours непрочные краски 3) летучий, фугитивный **3.** недолговечный, имеющий преходящий интерес; ~ verse стихотворение-однодневка; the value of most newspaper writing is only ~ интерес к большинству газетных статей быстро улетучивается **4.** странствующий, бродячий; ~ theatrical company гастролирующий театр

fugle ['fju:g(ə)l] *v* вести за собой, служить образцом

fugleman ['fju:g(ə)lmæn] *n* (*pl* -men [-men]) **1.** вожак; человек, служащий примером, образец **2.** *воен. ист.* флигельман

fugue [fju:g] *n муз.* фуга

Führer ['fjʊərə] *n нем.* фюрер

-ful¹ [-f(ə)l] *suff* образует прилагательные со значением обладающий (в полной мере) *таким-то* качеством: graceful грациозный; hopeful обнадёживающий; ireful гневный; faithful верный

-ful² [-fʌl] *suff* от существительных, обозначающих ёмкость, образует существительные со значением соответствующего количества *чего-л.*: handful горсть; thimbleful напёрсток чего-л.; plateful тарелка чего-л.

fulcra ['fʊlkrə, 'fʌl-] *pl от* fulcrum

fulcrum ['fʊlkrəm, 'fʌl-] *n* (*pl* -ra) **1.** *физ.* точка опоры (*рычага*); опорная призма (*весов*) 2) центр вращения; ось или центр шарнира 3) средство для достижения цели **2.** *бот.* прилистник, ствол, стебель 2) *зоол.* опора, поддержка

fulfil [fʊl'fɪl] *v* **1.** 1) выполнять, исполнять; осуществлять; to ~ a promise выполнять обещание; to ~ one's duties [obligations] выполнять свой долг [свои обязательства]; desires [hopes] have been ~led желания [надежды] осуществились 2) соответствовать, удовлетворять; to ~ conditions удовлетворять условиям **2.** завершать; to ~ one's work by a certain date завершать работу к определённому сроку **3.** *психол.* реализовать *или* развивать потенциальные возможности; to ~ oneself показать свои способности, таланты *и т. п.*; she could never ~ herself in such work на такой работе она никогда не смогла проявить себя; she has ~led herself both as an actress and as a mother ей удалось реализовать свои возможности и как актрисе, и как матери

fulfilment [fʊl'fɪlmənt] *n* **1.** исполнение; выполнение; осуществление; the ~ of a condition выполнение условия; the ~ of one's desires исполнение желаний **2.** завершение **3.** *психол.* реализация потенциальных возможностей; search for personal ~ стремление к проявлению своих способностей /к полному использованию своих сил/; желание найти себя; a sense of ~ удовлетворённость достигнутым

fulgent ['fʌldʒ(ə)nt] *а поэт.* сверкающий, сияющий, блестящий

fulgid ['fʌldʒɪd] *а* **1.** сверкающий, сияющий **2.** *зоол.* ярко-красный с металлическим отблеском (*об окраске*)

fulgor, fulgour ['fʌlgə] *n арх.* яркий ослепительный свет; нестерпимый блеск

fulgurant ['fʌlgjʊrənt] *а* **1.** сверкающий (как молния) **2.** *мед.* стреляющий; ~ pain стреляющая боль

fulgurate ['fʌlgjʊreɪt] *v* **1.** сверкать молнией **2.** *мед.* 1) пронзить (*острой болью*) 2) разрушать *или* прижигать ткань током высокой частоты

fulgurating ['fʌlgjʊreɪtɪŋ] = fulgurant 2

fulguration [ˌfʌlgjʊ'reɪʃ(ə)n] *n чаще pl редк.* вспышки молнии

fulgurous ['fʌlgjʊrəs] *а* 1) молниевидный 2) подобный молнии

fulham ['fʊləm] *n сл.* игральная кость, налитая свинцом

fuliginosity [fju:ˌlɪdʒɪ'nɒsɪtɪ] *n спец.* 1) закопчённость 2) сажа

fuliginous [fju:'lɪdʒɪnəs] *а* закопчённый, покрытый сажей

full¹ I [fʊl] *n* **1.** полнота; высшая точка (*чего-л.*); the ~ of the moon полнолуние; the ~ of the tide высшая точка прилива; to the ~ полностью; в полной мере; в высшей степени; at the ~ *спец.* в момент полноты; to enjoy [to appreciate] smth. to the ~ насладиться чем-л. [оценить что-л.] в полной мере **2.** целое; to tell the ~ of smth. рассказывать всё; in ~ полностью; write your name in ~ напишите ваше имя полностью **3.** *шотл.* бушель

full¹ II [fʊl] *а* **1.** 1) полный, налитый *или* наполненный до краёв; ~ glass [bottle] полный стакан [-ая бутылка]; eyes ~ of tears глаза, полные слёз 2) наполненный; заполненный; ~ to the brim /to overflowing/ переполненный, полный до краёв; only half ~ налитый *или* заполненный до половины; ~ audience переполненный зал; a room ~ of furniture комната, заставленная мебелью; ~ stomach полный желудок 3) полный, неукороченный, несокращённый; ~ load полная нагрузка; ~ name полное имя; имя и фамилия; to drive a car at ~ speed вести автомобиль на высшей скорости; ~ inspiration *мед.* глубокий вдох; ~ step *воен.* полный шаг; at ~ length во весь рост, во всю длину 4) исполненный, преисполненный; a person ~ of kindness человек, исполненный доброты; ~ of dignity полный достоинства **2.** полный, исчерпывающий; ~ details of a scheme /of a plan/ подробное изложение плана; a ~ treatment of a subject исчерпывающее изложение /освещение/ темы; a ~ account of smth. полный /исчерпывающий/ отчёт о чём-л. **3.** полного состава; полностью укомплектованный; ~ orchestra полный оркестр; ~ jury полный состав присяжных; ~ pack *воен.* полная выкладка **4.** полный, достигший полноты, высшей степени, высшей точки; ~ moon полная луна; ~ tide высокая вода; ~ summer разгар лета; in ~ vigour в расцвете сил; in ~ bloom в полном расцвете **5.** цельный, нерасчленённый, целый; ~ hour целый час без перерыва; ~ view полный обзор; ~ day весь день; ~ colour чистый цвет; ~ milk цельное /неснятое/ молоко; ~ line сплошная линия **6.** (of) изобилующий, богатый; rivers ~ of fish реки, богатые рыбой; woods ~ of game леса, изобилующие дичью; a cake ~ of plums пирог с изюмом и цукатами; a dictionary ~ of useful examples словарь со множеством полезных примеров; his head is ~ of nonsense его голова не набита чепухой **7.** обильный; ~ meal обильная /сытная/ еда; ~ measure полная мера; very ~ harvest очень богатый урожай **8.** полный, дородный; пухлый; rather ~ in the face круглолицый; ~ figure полная /дородная/ фигура **9.** широкий, свободный; ~ skirt широкая юбка; a coat made ~ across the chest пиджак, свободный в груди; ~ sleeves широкие /пышные/ рукава **10.** 1) поглощённый; ~ of himself самовлюблённый; ~ of one's own affairs всецело занятый своими собственными делами; he is ~ of his coming journey он только и говорит, что о предстоящей поездке 2) охваченный, целиком отдавшийся (*чувству*); ~ of hatred /jealousy/ охваченный ненавистью /ревностью/ **11.** наевшийся досыта; to eat till one is ~ есть до отвала **12.** (полно)звучный, глубокий; ~ voice полнозвучный голос; ~ tone глубокий тон **13.** родной; *юр. тж.* полнородный; ~ sister [brother] родная сестра [-ой брат] **14.** полноправный, действительный (*о членстве*); only ~ members of the club are allowed to vote голосуют только действительные члены клуба ◇ (as) ~ as an egg is of meat битком набитый; полным-полнёшенек; in ~ feather /fig/ в полном параде; ~ and by а) *мор.* круто к ветру; б) в общем и целом; to be on ~ time быть занятым полную рабочую неделю; in ~ swing /blast/ в полном разгаре; he that is ~ of himself is very empty очень пуст тот, кто полон самим собой; ~ of beans /of guts, of hops, of prunes/ а) горячий (*о лошади*); б) энергичный, жизнерадостный; в приподнятом настроении; в) *амер.* любящий подурачиться, дурашливый; г) *амер.* преувеличивающий, завиральный; ~ of hot air мелющий чепуху; ~ plate *сл.* работа, не оставляющая свободного времени; ≅ работы невпроворот

full¹ III [fʊl] *adv* **1.** прямо, точно, как раз; ~ in the centre как раз посредине; the ball hit him ~ on the head мяч ударил его прямо по голове **2.** *эмоц.-усил.* очень; ~ well очень хорошо; they knew ~ well that... они отлично знали, что...; ~ soon очень скоро; ~ many *поэт.* очень многие **3.** *поэт.* полностью, вполне

full¹ IV [fʊl] *v* **1.** кроить широко; шить в сборку, в складку; to ~ a sleeve сделать пышный рукав **2.** быть широким, полным **3.** *диал.* достигать полноты (*о Луне*)

full² [fʊl] *v текст.* валять (*сукно*)

full age [ˌfʊl'eɪdʒ] совершеннолетие; to be of ~ достичь совершеннолетия

full-back ['fʊlbæk] *n спорт.* защитник

full binding [ˌfʊlˈbaɪndɪŋ] *полигр.* цельнотканевый *или* кожаный переплёт

full-blast I [ˌfʊlˈblɑːst] *a амер. разг.* 1. полный; всеобъемлющий; максимальный 2. интенсивный, горячий

full-blast II [ˌfʊlˈblɑːst] *adv* 1. полностью, во всём объёме 2. интенсивно, изо всех сил; во всё горло

full blood [ˈfʊlblʌd] 1. родной (*о брате, сестре*); *юр. тж.* полнородный 2. чистокровный

full-blooded [ˌfʊlˈblʌdɪd] *a* 1. чистокровный; ~ Indian чистокровный индеец 2. полнокровный; a ~ face красное лицо 3. сильный; здоровый, полный жизни; a ~ argument сильный довод; a ~ style of writing яркий /сочный/ язык (*литературного произведения*); a ~ drinking song молодецкая застольная песня 4. законченный; горячий, пылкий (*о стороннике чего-л.*); ~ radical ярый радикал

full-blown [ˌfʊlˈbləʊn] *a* 1. совсем распустившийся, раскрывшийся (*о цветке*); ~ rose пышная роза 2. 1) взрослый, полностью развившийся, созревший 2) развитой; полный; ~ ideology разработанная идеология; border incidents may develop into a ~ war пограничные инциденты могут перерасти в настоящую войну 3. цветущий, пышный, полный жизни (*о человеке*) 4. надутый, наполненный ветром (*о парусе*)

full board [ˌfʊlˈbɔːd] полный пансион

full-bodied [ˌfʊlˈbɒdɪd] *a* 1. полный; склонный к полноте 2. крепкий (*о вине*) 3. солидный, основательный; ~ study of literature глубокое /всестороннее/ изучение литературы

full-bottomed wig [ˌfʊlˌbɒtəmdˈwɪg] алонжевый парик

full-breasted [ˌfʊlˈbrestɪd] *a* полногрудая; с пышным бюстом

full-brimmed [ˌfʊlˈbrɪmd] *a* наполненный до краёв

full-circle [ˌfʊlˈsɜːk(ə)l] *adv* в форме круга; по окружности, по кругу; to come ~ вернуться к исходной точке

full colour [ˌfʊlˈkʌlə] *полигр.* многоцветная иллюстрация

full-court press [ˈfʊlkɔːtˌpres] 1) прессинг по всему полю (*баскетбол*) 2) напряжение всех сил; массированное наступление

full cousin [ˌfʊlˈkʌz(ə)n] двоюродный брат; двоюродная сестра

full cry [ˌfʊlˈkraɪ] погоня по свежим следам; the dogs were in ~ охот. собаки травили лису, зайца *и т. п.*

full dress [ˌfʊlˈdres] полная парадная форма одежды; парадный вечерний костюм (*фрак с белым галстуком*); длинное вечернее платье; парадная форма с орденами; "F. D." «форма одежды парадная» (*надпись на пригласительной карточке*)

full-dress [ˌfʊlˈdres] *a* 1. предусматривающий парадную форму одежды [*см.* full dress]; ~ dinner парадный /официальный/ обед; ~ function торжественный приём; торжественное мероприятие, требующее появления во фраке, в вечернем платье, в парадной форме с орденами 2. генеральный (*о репетиции*) 3. важный, серьёзный; развёрнутый; подробный; a ~ biography развёрнутая /фундаментальная/ биография; ~ debate обстоятельные прения по важному вопросу; ~ investigation тщательное /детальное/ расследование

fuller¹ [ˈfʊlə] *n* вальщик, суконвал

fuller² I [ˈfʊlə] *n тех.* 1. инструмент для выделки желобов 2. желоб

fuller³ II [ˈfʊlə] *v тех.* 1. выделывать желоба 2. чеканить

fullerboard [ˈfʊləbɔːd] *n эл.* прессшпан

fuller's earth [ˌfʊləzˈɜːθ] сукновальная *или* валяльная глина

fuller's grass [ˌfʊləzˈgrɑːs] *бот.* мыльнянка аптечная (*Saponaria officinalis*)

full-eyed [ˌfʊlˈaɪd] *a* большеглазый; лупоглазый

full-face I [ˌfʊlˈfeɪs] *a* изображённый лицом к зрителю, в фас; a ~ drawing of my sister портрет моей сестры анфас

full-face II [ˌfʊlˈfeɪs] *adv* анфас; the photograph was taken ~ фотография была снята анфас

full-faced [ˌfʊlˈfeɪst] *a* 1. круглолицый; с полным лицом 2. = full-face I

full-fashioned [ˌfʊlˈfæʃ(ə)nd] *a текст.* котонный

full-fed [ˌfʊlˈfed] *a* 1. раскормленный, жирный 2. накормленный

full-flavoured [ˌfʊlˈfleɪvəd] *a* ароматный; с сильным запахом

full-fledged [ˌfʊlˈfledʒd] *a* 1. вполне оперившийся 2. 1) развившийся, созревший 2) завершивший подготовку; законченный; ~ barrister адвокат, начавший практику; ~ member полноправный /действительный/ член (*организации*) 3) развёрнутый, полный; ~ debate развёрнутые прения

full-frontal [ˌfʊlˈfrʌntl] *a* 1) показываемый спереди (*об обнажённом человеке, б. ч. мужчине*) 2) видимый во всех деталях; ≅ от глаза ничего не скрыто

full-grown [ˌfʊlˈgrəʊn] *a* 1) выросший, развившийся 2) взрослый

full-hearted [ˌfʊlˈhɑːtɪd] *a* 1. мужественный, уверенный в себе 2. выполняемый охотно, с усердием (*о работе*) 3. переполненный чувством

full house [ˌfʊlˈhaʊs] 1. *театр.* аншлаг 2. *карт.* «полный дом», три карты одного достоинства и две другого (*три дамы и две десятки и т. п.; покер*)

fulling [ˈfʊlɪŋ] *n текст.* 1. валка 2. свойлачивание

fulling-mill [ˈfʊlɪŋmɪl] *n текст.* сукновальная машина

full-length I [ˌfʊlˈleŋθ] *n* портрет во весь рост

full-length II [ˌfʊlˈleŋθ] *a* 1. во весь рост; во всю длину; ~ ball gown бальное платье до полу; ~ mirror зеркало во весь рост 2. 1) полный, без сокращений и купюр (*о книге*) 2) кино полнометражный

full marks [ˌfʊlˈmɑːks] 1) отличная оценка; to get ~ in an examination сдать экзамен на отлично 2) высокая оценка (*кого-л., чего-л.*); признание; почёт

full-mouthed [ˌfʊlˈmaʊθt, -ˈmaʊðd] *a* 1. громкий; ~ welcome шумная встреча 2. с полностью сохранившимися зубами (*о скоте*)

fullness [ˈfʊlnɪs] *n* 1. полнота; ~ of Detail полнота охвата деталей; the ~ of joy безмерное счастье 2. обилие, изобилие 3. ширина, полнота; ~ of a skirt ширина юбки 4. 1) полнота, дородность 2) припухлость, утолщение; ~ under the eyes мешки под глазами 5. сытость; a sense of ~ чувство сытости, насыщения 6. *мор.* полнота обводов ◊ in the ~ of time *возвыш.* когда пробьёт час

full out [ˌfʊlˈaʊt] 1. написанный полностью, несокращённый 2. *полигр.* без втяжки 3. *разг.* изо всех сил, на всю мощность; he was riding his motorcycle ~ он мчался на своём мотоцикле сломя голову

full-page [ˌfʊlˈpeɪdʒ] *a* (помещённый) на всю страницу, занимающий целую страницу (*о рекламе и т. п.*)

full pay [ˌfʊlˈpeɪ] полная ставка; to be on ~ работать на полной ставке

full-pelt [ˈfʊlpelt] *adv* изо всех сил; во весь опор

full powers [ˌfʊlˈpaʊəz] полномочия (*дипломатического представителя*); to dispense with ~ не требовать предъявления полномочий

full ride [ˌfʊlˈraɪd] *амер. сл.* на казённый счёт; за счёт фирмы *и т. п.*

full-rigged [ˌfʊlˈrɪgd] *a* 1) *мор.* с полным парусным вооружением 2) хорошо оснащённый

full-scale [ˌfʊlˈskeɪl] *a* 1) в натуральную величину 2) в полном объёме; a ~ biography подробная /полная/ биография; ~ attack наступление по всему фронту

full-screw [ˈfʊlskruː] *n спорт.* полный винт; поворот (*при прыжке в воду*)

full service bank [ˈfʊlˌsɜːvɪsˈbæŋk] универсальный банк, осуществляющий все виды финансовых операций

full-size [ˌfʊlˈsaɪz] *a* 1. нормального размера 2. *ком.* имеющий размер 54 д. ×75 д. (*о кровати*) 3. *тех.* полноразмерный, в полный размер

full-sized [ˌfʊlˈsaɪzd] = full-size 3

full stop [ˌfʊlˈstɒp] точка

full-term [ˌfʊlˈtɜːm] *a* доношенный (*о ребёнке*)

full tilt [ˌfʊlˈtɪlt] *разг.* с максимальной скоростью; во весь опор; сломя голову

full time [ˌfʊlˈtaɪm] 1. полный рабочий день 2. *спорт.* полное время игры

full-time [ˌfʊlˈtaɪm] *a* занимающий всё (рабочее) время, занимающийся полный рабочий день; ~ job а) штатная работа или должность; б) нелёгкое дело; it's a ~ job to keep her amused её развлекать — нелёгкое дело; ~ worker = full-timer 2 ◊ ~ ambassador *дип.* постоянный представитель

full-timer [ˌfʊlˈtaɪmə] *n* 1. школьник, посещающий все занятия 2. рабочий, занятый полную рабочую неделю

full-track [ˌfʊlˈtræk] *a авт.* гусеничный (*о машине*)

full-trailer [ˌfʊlˈtreɪlə] *n авт.* прицеп

full up [ˌfʊlˈʌp] 1. битком набитый 2. сытый по горло, пресытившийся (*чем-л.*) 3. *амер. разг.* потрясённый; растроганный до слёз

fully [ˈfʊlɪ] *adv* 1) полностью, вполне, совершенно; ~ persuaded [justified] вполне убеждённый [оправданный]; it was ~ seven o'clock before we got home мы попали домой позже семи; I don't ~ understand his reasons for leaving я не совсем понимаю, почему он уехал; I am ~ rewarded я полностью вознаграждён 2) по меньшей мере; the journey will take ~ two hours на эту поездку уйдёт самое малое два часа

fully-buttoned [ˌfʊlɪˈbʌtnd] *a* на пуговицах сверху донизу

fully-fashioned [ˌfʊlɪˈfæʃ(ə)nd] = full-fashioned

fully-fledged [ˌfʊlɪˈfledʒd] = full-fledged

fully-grown [ˌfʊlɪˈgrəʊn] = full-grown

fully-lined [ˌfʊlɪˈlaɪnd] *a* на подкладке сверху донизу

fully-trained [ˌfʊlɪˈtreɪnd] *a* дипломированный; a ~ nurse фельдшерица

fulmar [ˈfʊlmə, -mɑː] *n зоол.* глупыш (*Fulmarus glacialis*)

fulminant [ˈfʊlmɪnənt, ˈfʌl-] *a* 1. молниеносный 2. *мед.* скоротечный; ~ disease скоротечная форма болезни

FUL — FUN

fulminate I ['fʊlmɪneɪt, 'fʌl-] *n хим.* фульминат, соль гремучей кислоты; ~ of mercury гремучая ртуть
fulminate II ['fʊlmɪneɪt, 'fʌl-] *v* 1. сверкать 2. греметь 3. 1) взрываться 2) взрывать 4. (*обыкн.* against) метать громы и молнии; обрушиваться (*на кого-л., что-л.*), громить; older people ~ against the ways of modern young people старики осуждают /ворчат на/ поведение современной молодёжи; to ~ orders издавать громовые приказы 5. *мед.* бурно протекать, принимать острую форму (*о болезни*)
fulminating ['fʊlmɪneɪtɪŋ, 'fʌl-] *a* 1. гремящий, громучий; ~ powder детонирующий порох; ~ silver *хим.* гремучее серебро; ~ cap *воен.* капсюль-детонатор 2. мечущий громы и молнии; угрожающий 3. = fulminant 2
fulmination [,fʊlmɪ'neɪʃ(ə)n, ,fʌl-] *n* 1. *воен.* инициирование взрыва 2. резкое осуждение; ≅ громы и молнии; инвектива
fulminatory ['fʊlmɪnət(ə)rɪ, 'fʌl-] *a* 1. гремящий 2. громящий; грозящий
fulminous ['fʊlmɪnəs, 'fʌl-] *a* 1) относящийся к грому и молнии 2) громоподобный, громовой
fulness ['fʊlnɪs] = fullness
fulsome ['fʊls(ə)m] *a* 1. преувеличенный, чрезмерный; to describe smth. in ~ detail описывать что-л. слишком подробно /до мельчайших деталей/ 2. неискренний; льстивый; подхалимский; ~ flattery грубая лесть, подхалимство; ~ praise неискренняя хвала, превозношение [*см. тж.* 4] 3. мерзкий, противный; тошнотворный 4. *сл.* 1) отличный; весьма положительный; ~ praise лестный отзыв [*см. тж.* 2] 2) всесторонний, полный; ~ view of the Middle East situation всестороннее рассмотрение положения на Ближнем Востоке
fulvous ['fʌlvəs] *a* красновато-жёлтый; бурый; рыжеватый
fumade [fju:'meɪd] *n* копчушка; копчёная сардинка
fumage ['fju:mɪdʒ] *n ист.* налог с очага
fumatory I ['fju:mət(ə)rɪ] *n* коптильня
fumatory II ['fju:mət(ə)rɪ] *a* коптильный
fumble I ['fʌmb(ə)l] *n* неуклюжее, неловкое обращение (*с чем-л.*)
fumble II ['fʌmb(ə)l] *v* 1. нащупывать; шарить; to ~ in one's pocket for a pen шарить у себя в кармане в поисках ручки 2) (with, at) 1) неловко, неумело обращаться (*с чем-л.*); to ~ with a lock возиться с замком; to ~ at a knot безуспешно пытаться развязать узел 2) *спорт.* промахнуться, не ударить (по мячу); не остановить мяч 3. мять, вертеть в руках; to ~ with one's scarf теребить шарф 4. бормотать; to ~ excuses пробормотать что-то в своё оправдание; to ~ for the right word с трудом подбирать нужное слово
fumbler ['fʌmblə] *n* 1. *см.* fumble II + -er 2. недотёпа
fumbling I ['fʌmblɪŋ] *n* 1. неловкое, неуклюжее обращение (*с чем-л.*) 2. бормотание; несвязная речь
fumbling II ['fʌmblɪŋ] *a* 1. неловкий, неуклюжий, неумелый 2. бормочущий; с трудом подбирающий слова
fume I [fju:m] *n* 1. дым; factory ~s фабричный дым; ~s of incense дым благовоний 2. *pl* пары (*не водяные*); испарения; ~s of wine винные пары; to send off ~s выделять испарения

~ chamber лабораторный вытяжной шкаф 3. сильный, резкий запах; the ~s of new-mown hay запах свежескошенного сена 4. 1) возбуждение; волнение; in a ~ of anxiety в припадке волнения /тревоги/ 2) приступ гнева; to put smb. in a ~ разозлить /взбесить/ кого-л.
fume II [fju:m] *v* 1. окуривать, коптить 2. 1) дымить 2) испаряться; to ~ away испаряться без остатка; to ~ smth. (*дуб*) 4. волноваться, раздражаться; кипеть от злости; to fuss and ~ суетиться и волноваться; to ~ over /about/ trifles волноваться по пустякам; to ~ because one is kept waiting возмущаться тем, что заставляют ждать 5. *поэт.* курить благовониями
◊ to ~ and fret ≅ рвать и метать
fumed [fju:md] *a* морёный; a ~ oak table стол из морёного дуба
fumer ['fju:mə] *n см.* fume II + -er
fumify ['fju:mɪfaɪ] *шутл.* = fumigate
fumigant ['fju:mɪgənt] *n* фумигант, препарат для окуривания
fumigate ['fju:mɪgeɪt] *v* 1. дезинфицировать окуриванием, окуривать; to ~ rose-bushes окуривать розовые кусты 2. курить (*благовония*) 3. морить (*дуб*)
fumigation [,fju:mɪ'geɪʃ(ə)n] *n* 1. дезинфекция окуриванием, окуривание 2. курение (*благовоний*) 3. пары *или* вещества, применяемые для окуривания 4. задымление, заполнение дымом (*помещения*)
fumigator ['fju:mɪgeɪtə] *n* 1. 1) аппарат для окуривания, окуриватель 2) *пчел.* дымарь, курилка 2. дезинфектор, фумигатор; производящий фумигацию
fumigatory I ['fju:mɪgət(ə)rɪ] *n* камера окуривания; дезинфекционная камера
fumigatory II ['fju:mɪgət(ə)rɪ] *a* окуривающий; дезинфицирующий
fuming I ['fju:mɪŋ] *n* 1. окуривание; копчение 2. морение (*дуба*) 3. кинооцвечивание, сенсибилизация парами аммиака
fuming II ['fju:mɪŋ] *a* 1. дымящийся; ~ acid *хим.* дымящая кислота 2. дающий пары, испарения 3. рассердившийся, разозлённый; he's ~ он вне себя /взбешён/
fumose ['fju:məʊs] *a* 1. насыщенный парами, испарениями 2. дымный 3. дымчатый, дымчатого цвета
fumous ['fju:məs] *a* 1. = fumose 3 2. *шутл.* курительный
fumulus ['fju:mjʊləs] *n метеор.* дымка
fumy ['fju:mɪ] *a* дымный; дымящийся; полный испарений
fun I [fʌn] *n* 1. 1) веселье, забава; развлечение; figure of ~ смешная фигура, предмет насмешек; full of ~ а) очень забавный; б) полный веселья; to be fond of ~ быть любителем шуток и веселья; it would be such ~ это было бы так весело; what ~! как весело! [*см. тж.* 2)]; to spoil the ~ помешать веселью, испортить шутку; to have ~ веселиться; весело проводить время, развлекаться; have ~! повеселись!; желаю тебе весело /приятно/ провести время!; he has a lot of ~ in him в нём много забавного /занятного/; to make ~ of smb., to poke ~ at smb. высмеивать /дразнить/ кого-л., подсмеиваться /шутить/ над кем-л.; in /for/ ~, for the ~ of it, for the ~ of the thing шутки ради; чтобы посмеяться [*см. тж.* 2)]; the teasing was all in ~ мы поддразнивали его просто в шутку 2) интерес, что-л. интересное; what ~! как интересно! [*см. тж.* 1)]; the game was no ~ игра была совсем неинтересной; I don't see the ~ of it я не вижу в этом ничего интересного /забавного/; sailing a boat is great ~ кататься на лодке очень интересно;

he's learning French for ~ он изучает французский язык потому, что ему это интересно /для собственного удовольствия/ [*см. тж.* 1)]; sickness takes all the ~ out of life болезнь лишает человека радости жизни 2. интересный, занятный человек; he's good ~ он интересный, с ним интересно
◊ like ~ а) стремительно, очень быстро; б) вряд ли, как бы не так; ~ and frolic веселье, забавы; ~ and games а) веселье; приятно проведённое время; б) *сл.* нежности, поцелуи и объятия; в) *сл. эвф.* половой акт; г) *шутл.* неприятная *или* трудная работа; ≅ придётся попотеть
fun II [fʌn] *a разг.* 1. забавный; ~ person занятный человек; a ~ thing to do забавный поступок; ≅ интересное дело 2. прихотливый; вычурный; невзаправдашний, поддельный; ~ hat бумажная шляпа (*карнавальная и т. п.*); ~ fur поддельный мех; ~ car а) игрушечный автомобильчик; б) = funabout
fun III [fʌn] *v разг.* шутить, забавляться; дурачиться
funabout ['fʌnəbaʊt] *n* микроавтомобиль (*спортивный и т. п.*)
funambulism [fju:'næmbjʊlɪz(ə)m] *n* искусство хождения по канату
funambulist [fju:'næmbjʊlɪst] *n* канатоходец
Fun City ['fʌn,sɪtɪ] *преим. ирон.* «Город развлечений» (*шутливое название Нью-Йорка*)
function I ['fʌŋkʃ(ə)n] *n* 1. функция, назначение; the ~ of education is to develop the mind образование имеет своей целью развить умственные способности; glass has an important ~ in modern architecture стекло занимает важное место в современной архитектуре 2. функция, деятельность; отправление (*организма*); regular ~s of the body нормальные функции организма; ~s of the nerves функционирование нервной системы 3. *обыкн. pl* должностные обязанности, функции; круг обязанностей; to perform /to carry out/ one's daily ~s выполнять повседневные служебные обязанности; to exercise administrative ~s исполнять административные обязанности 4. 1) торжественная церемония; торжество; ~ to be held on... торжественное собрание состоится...; to speak at a ~ выступать на собрании; to attend a great state ~ присутствовать на большом торжестве 2) *разг.* приём, вечер (*тж.* public ~, social ~); quite a small ~ вечеринка; to see smb. at a (public /social/) ~ встретить кого-л. на приёме 5. *мат.* функция; linear ~ линейная функция
function II ['fʌŋkʃ(ə)n] *v* 1. функционировать, действовать; работать; the telephone was not ~ing телефон не работал 2. (*часто* as) выполнять функции, исполнять обязанности; the new official started ~ing новый чиновник приступил к своим обязанностям; when the mother was ill the eldest girl had to ~ as both cook and housemaid когда мать была больна, старшей девочке приходилось и готовить, и убирать дом; in earlier English the present tense often ~ed as the future в древнеанглийском языке настоящее время часто заменяло будущее
functional I ['fʌŋk(ə)nəl] *n мат.* функционал
functional II ['fʌŋkʃ(ə)nəl] *a* 1. функциональный; ~ architecture функционально-направленная архитектура; ~ style *архит.* функциональный стиль; ~ modern furniture функциональная /рациональная/ современная мебель;